ヒンディー語・日本語辞典

［付：日本語・ヒンディー語小辞典］

町田和彦［編著］

三省堂

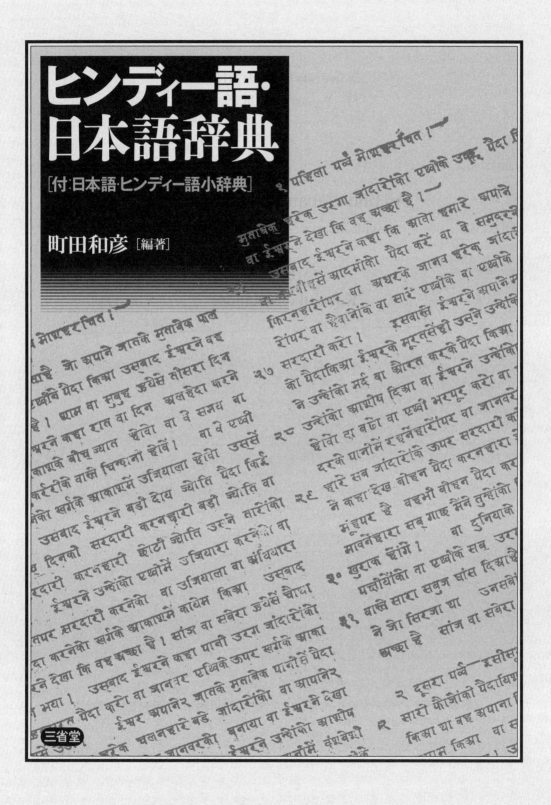

A Hindi-Japanese Dictionary

with Japanese-Hindi Glossary

by

Kazuhiko Machida

*ケース・カバー図版
『旧約聖書』のデーヴァナーガリー文字初期活版印刷（19 世紀初頭）より

装丁
三省堂デザイン室

はしがき

今から30年ほど前に，欧米のヒンディー語研究と教育の実際の一端を現地で見る機会があった．その時，各国のヒンディー語の先生が，初対面の私にいつも決まって同じ質問をしたのがおかしかったのを覚えている．質問は二つで，「なぜヒンディー語を選んだのか」と「ヒンディー語を学んだ学生はどこに就職するのか」だった．

この30年，インドの人口が8億から12億に増えたことは，人口増加率の数学的正確さを裏付けただけであまり驚きはないが，日本とインドの関係は，量と質ともに，私の予想を大きく超えた変化をとげた．日本からの政府開発援助を受けた首都デリーと近郊を結ぶ総延長約200kmの地下鉄デリー・メトロは現在も拡張中で，5年後には総延長が約2倍になりロンドンの地下鉄を超えるらしい．さらに日本の新幹線がインドに輸出されようとする時代，インド・ビジネスマンの子弟用にインド人学校が東京などに開校される時代となり，旅行や仕事のためにヒンディー語を学ぶ日本人も増えてきた．私のところにも，インドで働く日本人用のヒンディー語検定問題作成の依頼が日本の会社から来るほどだ．かつて質問された「学生の就職」に関しては，当時と今とでは大分答え方が違ってくるはずだ．

もう一つの質問「なぜヒンディー語」の答えは，恥ずかしいことに未だによくわからない．当時は苦しまぎれに，「あなたと同じです」と答えた．どの先生も，苦笑して，それ以上このことは質問しなかったのも共通していた．ただ，高校卒業後に「なんとなく選んでしまった」ヒンディー語の教室で，初めて文字と発音に接した時の新鮮な驚きは今もよく覚えている．私は，東京外国語大学，インドのアラーハーバード大学で教育を受けることができた．両大学に関わる多くの先生方の学恩，また友人たちから受けた有形・無形の恩恵は忘れることができない．また，東京外国語大学に勤務してからは，最初の所属である外国語学部（現在，言語文化学部），次に所属したアジア・アフリカ言語文化研究所の同僚の方たちからは，とうてい数え上げることのできないほどの知識や便宜を享受することができた．本来であれば，それぞれお名前をお出ししてここに謝意を表すべきではあるが，ここでは，一番最初にヒンディー語の手ほどきをしてくださり後の私の進路を決定づけた三人の恩師，土井久弥先生，田中敏雄先生，ラクシュミーダル・マーラヴィーヤ先生のお名前を出すだけで許していただきたい．

この辞典がこのような形で出版できたのは，アジア・アフリカ言語文化研究所，特に，情報資源利用研究センターと文部科学省のCOE拠点形成・特別推進研究「アジア書字コーパスに基づく文字情報学の創成（GICAS）」の成果の一端である，電子出版技術の開発と南アジア諸言語のテキストコーパスの構築に負っている．また辞典出版企画には，最初から三省堂辞書出版部に加わっていただいた．ヒンディー語をはじめ，日本ではあまりなじみのない南アジア諸言語の辞典出版を引き受けるという決断をしていただいたことには，いくら感謝してもしきれない気持ちである．昨年度の「シンハラ語」「パンジャービー語」につづいて，今年の「カンナダ語」とこの「ヒンディー語」が，無事，出版にこぎつけることができ，ここに4冊の南アジア諸言語の辞典が誕生した．

編集の最終段階で様々な点検の労を取っていただいた川路さつき氏，三省堂辞書出版部の皆さま，とりわけ企画の始まりから出版に至るまでの一部始終を温かく見守り，時には叱咤激励してくれた柳百合氏には心からの感謝を捧げたい．

2016年6月23日

町田和彦

この辞典の使い方

本辞典は,「ヒンディー語・日本語辞典」と「日本語・ヒンディー語小辞典」で構成されている. ここでは「ヒンディー語・日本語辞典」の使い方を説明する. 「日本語・ヒンディー語小辞典」については, p.916 を参照されたい.

説明の中で人名の直後に(出版年)がある場合は, この説明の末尾に挙げてある参考文献を指す(p.xvi [参考にした辞書・文法書]を参照). 本辞典で使用されている文法用語は, 町田(2008)に準拠する. 各見出し語ごとの内容は, 基本的に以下の順序で説明されている.

1. 見出し語
2. 発音
3. つづりの交替形と変異形
4. 語源
5. 品詞
6. 分野
7. 語義
8. 類義語, 反意語
9. 用例

1. 見出し語

見出し語のヒンディー語は, やや大きめの標準書体のデーヴァナーガリー文字で示した. ヒンディー語辞書の慣例に従い, 語形変化をする見出し語は, 名詞と形容詞は主格・単数形, 動詞は不定詞の形を示した. 固有名詞などの例外は除き, 見出し語には原則として単独形を採用し, 2 語以上から成る語句はなるべく避けた. 見出し語にはならない 2 語以上から成る重要な語句は, 特定の見出し語の用例として収録した.

ヒンディー語の合成語 (たとえば AB) は, 間にスペースを入れた 2 語の形式 A B で表記されたり, ハイフンを使った語形 A-B で表記されることもあり, 必ずしも形が統一されていない. 本辞典の合成語の形は, すでに出版された各種辞書や現代の実際の用例を考慮して, 最終的には編著者が決めた. なお, 見出し語形の「ゆれ」については, 後述する「3. つづりの交替形と変異形」を参照.

2. 発 音

各見出し語の直後に, / /で以下の 2 種の発音を併記した.

1) 転写記号による発音表記(ラテン文字表記)
2) カタカナによる発音表記(カナ発音)

デーヴァナーガリー文字の基本音節文字とその発音(転写記号とカナ発音)の一覧表は，以下の通りである．

a) 母音

母音字	अ	आ	इ	ई	उ	ऊ	ऋ	ए	ऐ	ओ	औ
母音記号	◌	◌ा	ि◌	◌ी	◌ु	◌ू	◌ृ	◌े	◌ै	◌ो	◌ौ
	a	ā	i	ī	u	ū	r̥	e	ai	o	au
	ア	アー	イ	イー	ウ	ウー	リ	エー	アェー	オー	アォー

b) 子音

軟口蓋破裂音	क	का	कि	की	कु	कू	कृ	के	कै	को	कौ
無声・無気	ka	kā	ki	kī	ku	kū	kr̥	ke	kai	ko	kau
	カ	カー	キ	キー	ク	クー	クリ	ケー	カェー	コー	カォー
軟口蓋破裂音	ख	खा	खि	खी	खु	खू	खृ	खे	खै	खो	खौ
無声・有気	k^{h}a	k^{h}ā	k^{h}i	k^{h}ī	k^{h}u	k^{h}ū	k^{h}r̥	k^{h}e	k^{h}ai	k^{h}o	k^{h}au
	カ	カー	キ	キー	ク	クー	クリ	ケー	カェー	コー	カォー
軟口蓋破裂音	ग	गा	गि	गी	गु	गू	गृ	गे	गै	गो	गौ
有声・無気	ga	gā	gi	gī	gu	gū	gr̥	ge	gai	go	gau
	ガ	ガー	ギ	ギー	グ	グー	グリ	ゲー	ガェー	ゴー	ガォー
軟口蓋破裂音	घ	घा	घि	घी	घु	घू	घृ	घे	घै	घो	घौ
有声・有気	g^{h}a	g^{h}ā	g^{h}i	g^{h}ī	g^{h}u	g^{h}ū	g^{h}r̥	g^{h}e	g^{h}ai	g^{h}o	g^{h}au
	ガ	ガー	ギ	ギー	グ	グー	グリ	ゲー	ガェー	ゴー	ガォー
	ङ	ङा	ङि	ङी	ङु	ङू	ङृ	ङे	ङै	ङो	ङौ
鼻子音	ṅa	ṅā	ṅi	ṅī	ṅu	ṅū	ṅr̥	ṅe	ṅai	ṅo	ṅau
	ナ	ナー	ニ	ニー	ヌ	ヌー	ヌリ	ネー	ナェー	ノー	ナォー

硬口蓋破擦音	च	चा	चि	ची	चु	चू	चृ	चे	चै	चो	चौ
無声・無気	ca	cā	ci	cī	cu	cū	cr̥	ce	cai	co	cau
	チャ	チャー	チ	チー	チュ	チュー	チュリ	チェー	チャェー	チョー	チャォー
硬口蓋破擦音	छ	छा	छि	छी	छु	छू	छृ	छे	छै	छो	छौ
無声・有気	c^{h}a	c^{h}ā	c^{h}i	c^{h}ī	c^{h}u	c^{h}ū	c^{h}r̥	c^{h}e	c^{h}ai	c^{h}o	c^{h}au
	チャ	チャー	チ	チー	チュ	チュー	チュリ	チェー	チャェー	チョー	チャォー
硬口蓋破擦音	ज	जा	जि	जी	जु	जू	जृ	जे	जै	जो	जौ
有声・無気	ja	jā	ji	jī	ju	jū	jr̥	je	jai	jo	jau
	ジャ	ジャー	ジ	ジー	ジュ	ジュー	ジュリ	ジェー	ジャェー	ジョー	ジャォー
硬口蓋破擦音	झ	झा	झि	झी	झु	झू	झृ	झे	झै	झो	झौ
有声・有気	j^{h}a	j^{h}ā	j^{h}i	j^{h}ī	j^{h}u	j^{h}ū	j^{h}r̥	j^{h}e	j^{h}ai	j^{h}o	j^{h}au
	ジャ	ジャー	ジ	ジー	ジュ	ジュー	ジュリ	ジェー	ジャェー	ジョー	ジャォー

	ञ	ञा	ञि	ञी	ञु	ञू	ञृ	ञे	ञै	ञो	ञौ
鼻子音	ña	ñā	ñi	ñī	ñu	ñū	ñr̥	ñe	ñai	ño	ñau
	ナ	ナー	ニ	ニー	ヌ	ヌー	ヌリ	ネー	ナェー	ノー	ナォー

そり舌破裂音	ट	टा	टि	टी	टु	टू		टे	टै	टो	टौ
無声・無気	ṭa	ṭā	ṭi	ṭī	ṭu	ṭū		ṭe	ṭai	ṭo	ṭau
	タ	ター	ティ	ティー	トゥ	トゥー		テー	タェー	トー	タォー
そり舌破裂音	ठ	ठा	ठि	ठी	ठु	ठू		ठे	ठै	ठो	ठौ
無声・有気	ṭ^{h}a	ṭ^{h}ā	ṭ^{h}i	ṭ^{h}ī	ṭ^{h}u	ṭ^{h}ū		ṭ^{h}e	ṭ^{h}ai	ṭ^{h}o	ṭ^{h}au
	タ	ター	ティ	ティー	トゥ	トゥー		テー	タェー	トー	タォー
そり舌破裂音	ड	डा	डि	डी	डु	डू		डे	डै	डो	डौ
有声・無気	ḍa	ḍā	ḍi	ḍī	ḍu	ḍū		ḍe	ḍai	ḍo	ḍau
	ダ	ダー	ディ	ディー	ドゥ	ドゥー		デー	ダェー	ドー	ダォー
そり舌破裂音	ढ	ढा	ढि	ढी	ढु	ढू		ढे	ढै	ढो	ढौ
有声・有気	ḍ^{h}a	ḍ^{h}ā	ḍ^{h}i	ḍ^{h}ī	ḍ^{h}u	ḍ^{h}ū		ḍ^{h}e	ḍ^{h}ai	ḍ^{h}o	ḍ^{h}au
	ダ	ダー	ディ	ディー	ドゥ	ドゥー		デー	ダェー	ドー	ダォー
	ण	णा	णि	णी	णु	णू	णृ	णे	णै	णो	णौ
鼻子音	ṇa	ṇā	ṇi	ṇī	ṇu	ṇū	ṇr̥	ṇe	ṇai	ṇo	ṇau
	ナ	ナー	ニ	ニー	ヌ	ヌー	ヌリ	ネー	ナェー	ノー	ナォー

歯裏破裂音	त	ता	ति	ती	तु	तू	तृ	ते	तै	तो	तौ
無声・無気	ta	tā	ti	tī	tu	tū	tr̥	te	tai	to	tau
	タ	ター	ティ	ティー	トゥ	トゥー	トリ	テー	タェー	トー	タォー
歯裏破裂音	थ	था	थि	थी	थु	थू	थृ	थे	थै	थो	थौ
無声・有気	t^{h}a	t^{h}ā	t^{h}i	t^{h}ī	t^{h}u	t^{h}ū	t^{h}r̥	t^{h}e	t^{h}ai	t^{h}o	t^{h}au
	タ	ター	ティ	ティー	トゥ	トゥー	トリ	テー	タェー	トー	タォー
歯裏破裂音	द	दा	दि	दी	दु	दू	दृ	दे	दै	दो	दौ
有声・無気	da	dā	di	dī	du	dū	dr̥	de	dai	do	dau
	ダ	ダー	ディ	ディー	ドゥ	ドゥー	ドリ	デー	ダェー	ドー	ダォー
歯裏破裂音	ध	धा	धि	धी	धु	धू	धृ	धे	धै	धो	धौ
有声・有気	d^{h}a	d^{h}ā	d^{h}i	d^{h}ī	d^{h}u	d^{h}ū	d^{h}r̥	d^{h}e	d^{h}ai	d^{h}o	d^{h}au
	ダ	ダー	ディ	ディー	ドゥ	ドゥー	ドリ	デー	ダェー	ドー	ダォー
	न	ना	नि	नी	नु	नू	नृ	ने	नै	नो	नौ
鼻子音	na	nā	ni	nī	nu	nū	nr̥	ne	nai	no	nau
	ナ	ナー	ニ	ニー	ヌ	ヌー	ヌリ	ネー	ナェー	ノー	ナォー

両唇破裂音	प	पा	पि	पी	पु	पू	पृ	पे	पै	पो	पौ
無声・無気	pa	pā	pi	pī	pu	pū	pr̥	pe	pai	po	pau
	パ	パー	ピ	ピー	プ	プー	プリ	ペー	パェー	ポー	パォー
両唇破裂音	फ	फा	फि	फी	फु	फू	फृ	फे	फै	फो	फौ
無声・有気	p^ha	p^hā	p^hi	p^hī	p^hu	p^hū	p^hr̥	p^he	p^hai	p^ho	p^hau
	パ	パー	ピ	ピー	プ	プー	プリ	ペー	パェー	ポー	パォー
両唇破裂音	ब	बा	बि	बी	बु	बू	बृ	बे	बै	बो	बौ
有声・無気	ba	bā	bi	bī	bu	bū	br̥	be	bai	bo	bau
	バ	バー	ビ	ビー	ブ	ブー	ブリ	ベー	バェー	ボー	バォー
両唇破裂音	भ	भा	भि	भी	भु	भू	भृ	भे	भै	भो	भौ
有声・有気	b^ha	b^hā	b^hi	b^hī	b^hu	b^hū	b^hr̥	b^he	b^hai	b^ho	b^hau
	バ	バー	ビ	ビー	ブ	ブー	ブリ	ベー	バェー	ボー	バォー
	म	मा	मि	मी	मु	मू	मृ	मे	मै	मो	मौ
鼻子音	ma	mā	mi	mī	mu	mū	mr̥	me	mai	mo	mau
	マ	マー	ミ	ミー	ム	ムー	ムリ	メー	マェー	モー	マォー

半母音	य	या	यि	यी	यु	यू	यृ	ये	यै	यो	यौ
y	ya	yā	yi	yī	yu	yū	yr̥	ye	yai	yo	yau
	ヤ	ヤー	イ	イー	ユ	ユー	ユリ	エー	ヤェー	ヨー	ヤォー
半母音	र	रा	रि	री	रु	रू		रे	रै	रो	रौ
r	ra	rā	ri	rī	ru	rū		re	rai	ro	rau
	ラ	ラー	リ	リー	ル	ルー		レー	ラェー	ロー	ラォー
半母音	ल	ला	लि	ली	लु	लू	लृ	ले	लै	लो	लौ
l	la	lā	li	lī	lu	lū	lr̥	le	lai	lo	lau
	ラ	ラー	リ	リー	ル	ルー		レー	ラェー	ロー	ラォー
半母音	व	वा	वि	वी	वु	वू	वृ	वे	वै	वो	वौ
v	va	vā	vi	vī	vu	vū	vr̥	ve	vai	vo	vau
	ワ	ワー	ヴィ	ヴィー	ヴ	ヴー	ヴリ	ヴェー	ワェー	ヴォー	ワォー

歯擦音	श	शा	शि	शी	शु	शू	शृ	शे	शै	शो	शौ
無声	śa	śā	śi	śī	śu	śū	śr̥	śe	śai	śo	śau
	シャ	シャー	シ	シー	シュ	シュー	シュリ	シェー	シャエー	ショー	シャオー
歯擦音	ष	षा	षि	षी	षु	षू	षृ	षे	षै	षो	षौ
無声	ṣa	ṣā	ṣi	ṣī	ṣu	ṣū	ṣr̥	ṣe	ṣai	ṣo	ṣau
	シャ	シャー	シ	シー	シュ	シュー	シュリ	シェー	シャエー	ショー	シャオー

歯擦音	स	सा	सि	सी	सु	सू	सृ	से	सै	सो	सौ
無声	sa	sā	si	sī	su	sū	sr̥	se	sai	so	sau
	サ	サー	スィ	スィー	ス	スー	スリ	セー	サェー	ソー	サォー

声門摩擦音	ह	हा	हि	ही	हु	हू	हृ	हे	है	हो	हौ
無声	ha	hā	hi	hī	hu	hū	hr̥	he	hai	ho	hau
	ハ	ハー	ヒ	ヒー	フ	フー	フリ	ヘー	ハェー	ホー	ハォー

転写記号は，ラテン文字をベースにした，伝統的な表記法にほぼ従った．ただし，以下の 2 点は，本辞典で採用した独自の転写記号である．

		例	本辞典の表記	伝統的な表記
1)	有気音	ख, घ など	k^h, g^h など	kh, gh など
2)	語中・語末の母音 a	तसवीर	tasa̸vīra̸	tasvīr

有気音は無気音を表すラテン文字の右肩に小さな ^{h} を添えて区別した．これにより，たとえば子音 k と子音 h の連続 kh との混同を避けることができる．

ヒンディー語におけるつづりと発音の「ずれ」のほとんどは，子音字に含まれている母音 a が語中の位置によっては消えてしまうことによって生じる．たとえば，子音字 क ka が語中の特定の位置や語末にくると，子音字に本来含まれている母音 a が消えて，子音 k のみの発音になる．どういう条件で a が消えてしまうかという，いわゆる「シュワー削除規則」の説明は，入門書や文法書にゆずることとする．従来の辞書は，発音を併記していても，この消えた母音を特には明示していない．本辞典では，この消えた母音を a̸ と明示し，つづりとの整合性をもたせた．この表記は，ヒンディー語のつづりと発音との対応にまだ慣れていない初心者はもちろんのこと，デーヴァナーガリー文字で書かれたサンスクリット語（書かれた通りに発音する）の知識がある人にも役立つはずである．

カナ発音は，本質的に外国語発音表記としての限界はあるが，声に出して発音してみるとりあえずの目安としては有効である．カナ発音は転写記号を忠実にうつすというよりは，日本語の音連続としてより自然な形を重視したもので，やや割り切った表記になっている箇所もある．

なお，本辞典では，伝統的なデーヴァナーガリー文字に加えて，以下の 7 種の文字も示した．これは，インド語派内で歴史的に発達した音や外来音を表すためで，対応する子音字の下部にヌクターという点 ◌़ を付加したものである．実際には，外来音のほとんどは，表記上ヌクターを無視してもよい．ただ，ज़माना /zamānā/ 「時代」と जमाना /jamānā/ 「集める」のように，ヌクターの有無でのみ語を区別できることもあるので，本辞典ではなるべく厳密に区別した．

			文字	発音表記		
क	+	◌़	क़	qa	カ	無声口蓋垂破裂音．ペルシャ文字の ق に対応．
ख	+	◌़	ख़	xa	カ	無声軟口蓋摩擦音．ペルシャ文字の خ に対応．
ग	+	◌़	ग़	ǧa	ガ	有声軟口蓋摩擦音．ペルシャ文字の غ に対応．

ज	+	़	ज़	za ザ	有声歯茎摩擦音. ペルシャ文字の ذ ز ژ ض ظ に対応.
ड	+	़	ड़	ṛa ラ	有声・無気そり舌弾き音. 母音間のそり舌破裂音 ड ḍa が歴史的に変化した音.
ढ	+	़	ढ़	$\d{r}^{h}$a ラ	有声・有気そり舌弾き音. 母音間のそり舌破裂音 ढ $\d{d}^{h}$a が歴史的に変化した音.
फ	+	़	फ़	fa ファ	無声唇歯摩擦音. ペルシャ文字の ف に対応.

3. つづりの交替形と変異形

南アジアの現代諸語に共通する問題のひとつに, 語のつづりの不統一がある. ヒンディー語の場合, 同じ系統のインド・ヨーロッパ語族インド語派の古い時代に遡ることができる語にも, 借用語の一部にも, つづりの不統一がある. この不統一は, 歴史的な音韻変化の「ゆれ」や, 広大な地域で使用される個人差・地域差の「ゆれ」を反映している. そのため, 科学的観点からも教育的観点からも, この問題に関係している公的機関は, 唯一の規範形を決定することに今日までためらいを見せてきた. 言語学的・社会的・政治的に見て, 唯一の規範形の前提となる原理そのものの決定が困難なのが明らかだからである. 一方, 辞書ですべての「ゆれ」語形に同じ説明を加えることは非現実的であるし, かといって編著者が一方的に特定の語形を切り捨てるわけにもいかない.

本辞典では, 意味も語源もまったく同じ条件で, 語形にのみ「ゆれ」がある場合, 「交替形」と「変異形」というカテゴリーを立てて説明した. 語形に「ゆれ」があっても, 発音が同じであるものを交替形とし, 発音も若干異なるものを変異形とした. 語源・語義・用例などの実際の説明は, 編著者が選んだ代表となる見出し語形のもとで行った. したがって, 見出し語としては交替形および変異形も示し, 説明のある代表的な見出し語形を☞(類義語参照記号)で示した.

以下に, ペルシャ語から借用された मरहम mara̸hama̸ 「軟膏」に対応する交替形と変異形の例を挙げる. 交替形は, 語中の発音されないシュワー a̸ を含む -ra̸ha- を子音連続 -rha- を表す結合文字に変更したつづりである. 変異形は, 語中の子音 -r- が -l- に変化したつづりである.

記号	例	発音	分類
▹	मर्हम	marhama̸ (<mara̸hama̸)	交替形(発音は変わらない)
▸	मलहम	mala̸hama̸	変異形(発音は一部変わる)

サンスクリット語からの借用語の中には, 本来, 語末が純粋に子音で終わるものがある. この場合, 語末の子音字にいわゆるヴィラーマ記号 ् を付けて子音で終わることを明示することが正しいとされる. しかし, ヒンディー語ではもともと語末の子音字に含まれるシュワーは消えるため, あえてヴィラーマ記号を付けない「俗の」つづりがよく使われる. これも一種の交替形と言える. 次の例は, サンスクリット語からの借用語「学者」における2種類のつづりを示したものである.

例	発音	
विद्वान्	vidvān	本来のサンスクリット語形
विद्वान	vidvāna̸	その交替形(発音は変わらない)

このように，語末の子音字に付加されるヴィラーマ記号の有無だけがつづりの違いになっている場合，本来のサンスクリット語形とその交替形は，配列上，隣り合う見出し語となる．本辞典では，煩を避けるために，見出し語には本来のヴィラーマ記号付きの本来のつづりのみを出し，交替形の存在（▹ विद्वान など）を示すにとどめた．

英語からの借用語の表記において，本来の語彙に含まれる英語固有の母音［ɔ］や［ɑ］をあえて表示するために，実際に発音するかどうかは別にして，母音 ā を表す母音字 आ や母音記号 ा にチャンドラ記号 ॅ を付加した表記をする場合がある．これは，一種の変異形と言える．次の例は，英語からの借用語「医者」のつづりの変異形である．

例	発音	
डाक्टर	ḍākṭarạ	チャンドラ記号を使わないつづり
डॉक्टर	(? ḍɑkṭarạ)	チャンドラ記号を使ったつづり，一種の変異形

本辞典では，チャンドラ記号を含むつづりは見出し語に採用せず，変異形の存在(▸ डॉक्टर など）を示すにとどめた．

4．語　源

語源情報を，［　］の中に掲載した．

現代ヒンディー語には，過去から継承してきた語彙以外に，現代までに接触したさまざまな言語から取り入れた語彙が同居している．さらに，それらの要素を組み合わせて新語を作る，旺盛な造語活動も同時に進行してきた．異なる語源の要素が組み合わさる語形成とは別に，すべての要素がサンスクリット語であるにもかかわらずサンスクリット語の辞書には存在しない「ネオ・サンスクリット語」や，すべての要素がペルシャ語であるにもかかわらずヒンディー語を含む南アジアでしか使われない「ネオ・ペルシャ語」なども少なくない．この結果として，ヒンディー語は出自の異なる多くの類義語を抱えることになった．ヒンディー語のこうした「豊かな語彙」は，陰影に富む表現を可能にしている一方，学習者にとっては，語義だけでは類義語の奥行きや輪郭の違いを把握することが困難な場合が多い．本辞典で示した「どの言語から」「どのように（変化，借用，造語など）」などを表すやや詳しい語源情報は，語義だけでは説明しにくい語彙の背後にある，文化的・宗教的コンテクストを示唆するために材料を提供することを目的としている．

語形の表示は，参照した辞典の見出し語形をなるべく忠実に再現した．これは，学習者や研究者が，該当する辞書を更に調べる際の便宜を考慮したためである．

古期インド語派の語形は， Turner (1962-1966) を参照した．その語形は，ラテン文字をベースにした伝統的な転写記号の斜体で表示した．また，参照の便のため表示した語形には，T.09331 などの形式で， Turner (1962-1966) が採用している語彙整理番号を付した．

以下，それぞれの語彙の示し方について説明する．

サンスクリット語は， Monier-Williams (1899) を参照した．語形は，デーヴァナーガリー文字の斜体で示した．なお，語中に連声（れんじょう）を含んでいる場合は，煩瑣にならない程度に，形態素の連続をハイフンを使って復元した．

ペルシャ語は，古典的なペルシャ語辞書である Steingass (1892) を参照した．本辞典では，アラビア語やトルコ語から直接借用された語彙は採用していない．ただし，アラビア語起源，トルコ語起源の語彙であっても Steingass に収録されていれば，ペルシャ語経由で南アジアに借用されたものと見なした．また，アラビア起源の語をペルシャ語が借用し，それが更にペルシャ語内部で派生して生じた語形が借用された場合は，ペルシャ語と見なした．なお，語源情報で示したペルシャ文字による語形は上記の辞書の見出し語形であり，ウルドゥー語で使われている語形とは必ずしも一致しないことをお断りしておく．ペルシャ文字による語形を採用したことで，上記辞書に直接アクセスできるだけでなく，借用当時と現代のペルシャ語の発音の違いに関する考証を省略することができた．ヒンディー語に含まれるペルシャ語からの借用語の発音は，現代ではなく古典期のものが多いと言われているからである．

一部補助的に利用したドラヴィダ諸語関係の語源情報は，改訂版である Burrow and Emeneau (1984) を参照した．この辞書は，語彙整理番号が改訂前と改訂後では異なるので，本辞典で参照した語源には，DEDr.0360 (DED.0302) のように，( )内に改訂前の番号を示した．

語源情報に載せた語形の英訳(‘ ’で示した)は，本辞典の編著者が参考にした英語を参考に改変・省略したものである．以下に，語源情報で使用された記号類とその具体例を挙げる．

表記	意味	見出し語	語源情報欄
＜A	A から変化した	भात	[＜OIA.m. *bhaktá*- ‘food’: T.09331] 古期インド語派に遡る語形．T.09331 は Turner (1962-1966) の語彙整理番号．
		सूरज-	[＜Skt.m. *सूर्य*- ‘the sun or its deity’] 約 15，16 世紀頃を中心に，バクティ運動の高まりと前後して民衆の言語に借用されたサンスクリット語彙が，それ以降の歴史的音韻変化を受けた語彙．
←A	A から借用した	पुस्तक	[←Skt.m. *पुस्तक*- ‘a manuscript, book’] サンスクリット語からの借用は，借用が比較的新しく，語形が変化を受けていない語に限った．
		अजीब	[←Pers.adj. عجیب ‘wonderful, strange’ ←Arab.] ペルシャ語経由のアラビア語からの借用．
		चाबी	[←Port.f. *chave* ‘key’] ポルトガル語からの借用．
A ＋ B	A と B が合成した	अक्लदाढ़	[*अक़्ल* ＋ *दाढ़*] 異なる言語の要素の合成語「親知らず，知恵歯」．A と B がペルシャ語の場合のネオ・ペルシャ語も，このカテゴリーに分類した．
hypercorr.	過剰修正	नर्क	[hypercorr.Skt.m. *नर्क*- for Skt.m. *नरक*- ‘hell, place of torment’] たとえば，本来正しいサンスクリット語つづりを，類推による誤解で誤用と判断して，却って正しくない語形に変えたもの．

metathesis	音位転換	उलथना	[metathesis; cf. *उथलना*] たとえば，語を構成する音素（あるいは音節）の並び順が入れ替わって使用される語形．
neo.Skt.	ネオ・サンスクリット語	वेतनभोगी	[neo.Skt.m. *वेतन-भोगिन्-* 'one who is salaried'] サンスクリット語要素で造語された「サラリーマン」． A ＋ B の特別な場合として別カテゴリーにした．
pseudo.Skt.	疑似サンスクリット	नगण्य	[pseudo.Skt. *न-गण्य-* 'negligible'] 一見ネオ・サンスクリット語に見えるが，サンスクリット語造語法に正しく合致していない合成語．
echo-word	エコー・ワード	सचमुच	[echo-word; cf. *सच*] 語の前半の要素に音を似せた特に意味のない要素を繰り返す，南アジアに多い造語法．
A × B	A と B が混成した	अगस्त	[Port.m. *Agosto* 'August' × Eng.n. *August*] ポルトガル語と英語との混成．
cog. A	A と同起源である	सफ़ेद	[←Pers.adj. سفید 'white, fair'; cog. Skt. *श्वेत-* 'white, bright'] ペルシャ語から借用された語が，サンスクリット語から借用された語と同起源のインド・イラン語派に遡ることを示す．
caus.	動詞の使役形	मिलवाना	[caus. of *मिलना, मिलाना*] 使役形「混ざらせる」が，自動詞「混ざる」と他動詞「混ぜる」の派生形であることを示す．
onom.	擬音語	रिमझिम	[onom.] 女性名詞「しとしと降る小雨」が，雨音の擬音から派生していることを示す．
cf. A	A を参照	समझ	[cf. *समझना*] 女性名詞「理解」が，動詞「理解する」から派生していることを示す．
*A	A は仮説上の語形	सटकना	[＜OIA. **saṭṭ-*[2] 'slip away': T.13100] 古期インド語派の仮説上の語形．意味・語形とともに，この語形から出発すると説明しやすい．
?A	A は疑わしい		[?neo.Skt.n. *सं-तुलन-* 'balance, equilibrium'] ネオ・サンスクリット語であることが疑わしいことを示す．

語源情報で使用した言語名は，以下の通りである（アルファベット順）．

Arab.	アラビア語
Beng.	ベンガル語
Chin.	中国語
Drav.	ドラヴィダ諸語
Eng.	英語
Fr.	フランス語
I.Eng.	インド英語
Japan.	日本語
Gr.	ギリシャ語
Guj.	グジャラーティー語
Lat.	ラテン語
Mar.	マラーティー語
MIA.	中期インド語派
neo.Skt.	ネオ・サンスクリット語
Nepal.	ネパール語
NIA.	新インド語派
OIA.	古期インド語派
Panj.	パンジャービー語
Pers.	ペルシャ語
Port.	ポルトガル語
Skt.	サンスクリット語
Tib.	チベット語
Turk.	トルコ語

5. 品　詞

見出し語の品詞名は，英語の短縮表記を斜体で示した（たとえば，男性名詞 masculine は *m.*）．見出し語の品詞名と語源情報で使用されている品詞名はかなり重複するので，以下にまとめて対照リストを示す．— は，使われていないことを示す．語源情報で示した品詞名は，その言語の文法特性や品詞表示の独自性のため，見出し語の品詞名とは完全には一致しない場合もある．語源情報で品詞を明示するときは，上で見たように言語名と一体化させて<言語名.品詞.>の形で立体で示した（たとえば，サンスクリット語の男性名詞は Skt.m.）．

	見出し語	語源情報	注
形容詞	*adj.*	adj.	
副詞	*adv.*	adv.	
不変化詞	*ind.*	ind.	
名詞	*m.*	m.	男性名詞
	f.	f.	女性名詞
	—	n.	サンスクリット語，マラーティー語の場合は中性名詞 (neuter). 文法性の区別のない英語，ペルシャ語などでは名詞 (noun) を表す.
代名詞	*pron.*	pron.	
動詞	*vi.*	vi.	自動詞.
	vt.	vt.	他動詞.
数詞	*num.*	—	ヒンディー語の基数詞にのみ使用. 序数詞は形容詞として扱った.

接続詞	*conj.*	conj.	
間投詞	*int.*	int.	
後置詞	*postp.*	—	ヒンディー語にのみ使用.
前置詞	—	prep.	英語などにのみ使用.
接頭辞	*pref.*	pref.	
接尾辞	*suf.*	suf.	
連結形	*comb. form*	—	ヒンディー語にのみ使用

なお, 品詞が動詞の場合は, ( )の中に完了分詞・男性・単数の語形を発音とともに示した.

6. 分 野

1) 専門分野に関するもの(五十音順)

〖医学〗
〖イスラム教〗
〖演劇〗
〖音楽〗
〖貝〗
〖化学〗
〖楽器〗
〖キリスト教〗
〖鉱物〗
〖国名〗
〖経済〗
〖ゲーム〗
〖言語〗
〖暦〗
〖昆虫〗
〖コンピュータ〗
〖魚〗
〖植物〗
〖ジャイナ教〗
〖食物〗
〖神話〗
〖スィック教〗
〖数学〗
〖スポーツ〗
〖生物〗
〖単位〗
〖地名〗
〖地理〗
〖動物〗
〖天文〗
〖鳥〗
〖ヒンドゥー教〗
〖仏教〗
〖物理〗
〖文学〗
〖法律〗
〖歴史〗
〖ユダヤ教〗

2）語法に関するもの（五十音順）

〔慣用〕　〔皮肉〕
〔擬音〕　〔俗語〕
〔擬声〕　〔卑語〕
〔敬語〕　〔幼児語〕
〔古語〕　〔略語〕
〔諺〕

3）文法に関するもの（五十音順）

〘継続表現〙　〘進行表現〙
〘受動態〙　〘複合動詞〙

7. 語 義

語義は，必要に応じて番号を付けて分類した．語義そのものではない説明は，《 》の中に示した．ヒンドゥー教や神話に関係したサンスクリット語からの借用語は，定まった日本語訳がない場合，サンスクリット語読みを語義として与え，《 》内で簡単に説明した．たとえば，ヴィシュヌ神の化身の一つ राम は，語義ではヒンディー語発音「ラーム」ではなく，サンスクリット語読み「ラーマ」を優先させた．

語義が別の見出し語で解説されている場合は，☞ で参照先を示した．

8. 類義語，反意語

語義の直後に，必要に応じて類義語と反意語を以下のように示した．

(⇒ 類義語)

(⇔ 反意語)

この表示は網羅的なものではなく，語源の異なる類義語などを主に示した．なお，類義語には，3．に挙げたつづりの交替形や変異形は含めていない．

また，自然性（男と女，雄と雌）を区別する人間・動物を表す名詞に関しては，反意語として対応する名詞を示した．たとえば，「父方の祖父」に対する「父方の祖母」，「雄イヌ」に対する「雌イヌ」など．

9. 用 例

用例は❐で示した．～は見出し語に相当する．例文は，主にプレームチャンド（प्रेमचंद, 1880-1936）の長編小説・短編小説から採取したが，インド独立後のヒンディー語作家の作品やインターネット上に掲載されている記事なども参考にした．プレームチャンドの作品には，作品のテーマや当時の社会背景を反映して，差別表現などの観点からそのままでは不適当と思われる用例もあり，それらは用例としての採用を見送った．ただし，適切な用例が他にないために，採用を優先した箇所が若干あることもあらかじめお断りしておく．

用例は，原文を必要に応じて一部加工した場合がある．たとえば，人名などの固有名詞を代名詞に置き換えた箇所がある．また，原文では三人称代名詞主格の単数形 वह「彼，彼女」が，敬意を表す三人称「あの方」の意としても使われていることが多くあったが，この場合は，教科書的な規範では，複数形 वे の使用が望ましい．しかし，この用例が，ウルドゥー語は無論のこと，ヒンディー語の現実の用法でも支持されていることを考慮し，また原文を尊重して，そのままにした場合もある．

[参考にした辞書・文法書]

参考にした辞書・文法書は多数あるが，「この辞典の使い方」で言及されたものを中心に，以下のものを挙げておく．

1）ヒンディー語，ウルドゥー語（ヒンドゥスターニー語）

古賀勝郎・高橋明（編），『ヒンディー語=日本語辞典』，大修館書店，2006.

土井久弥（編），『ヒンディー語小辞典』，大学書林，1975.

町田和彦，『ニューエクスプレス ヒンディー語』，白水社，2008.

McGregor, R. S. (Ronald Stuart), *The Oxford Hindi-English Dictionary*, London: Oxford University Press, 1993.

Platts, John T. (John Thompson), *A Dictionary of Urdu, Classical Hindi, and English.* London: W. H. Allen & Co., 1884.

Sharma, Ayendra and Hans J. Vermeer, *Hindi-Deutsches Wörterbuch*, Heidelberg: Julius Groos Verlag, 1987. 3v.

वर्मा, रामचन्द्र *मानक हिंदी कोश*, प्रयाग: हिंदी साहित्य सम्मेलन, 1991. 5v.（ヴァルマー，ラームチャンドル，『標準ヒンディー語辞典』，ヒンディー文学協会，プラヤーグ）

2）サンスクリット語，古期インド語派諸言語

Apte, Vaman Shivaram, *Revised and enlarged edition of Prin. V. S. Apte's The practical Sanskrit-English dictionary,* Poona: Prasad Prakashan, 1957-1959. 3v.

Monier-Williams, Monier. *A, Sanskrit-English Dictionary: Etymologically and Philologically Arranged with Special Reference to Cognate Indo-European languages,* revised by E. Leumann, C. Cappeller, et al., Oxford: Clarendon Press, 1899.

Turner, R. L. (Ralph Lilley), Sir. *A Comparative Dictionary of Indo-Aryan Languages,* London: Oxford University Press, 1962-1966. Includes three supplements, published 1969-1985.

3）ペルシャ語

Steingass, Francis Joseph, *A Comprehensive Persian-English Dictionary, including the Arabic words and phrases to be met with in Persian literature,* London: Routledge & K. Paul, 1892.

4）ドラヴィダ諸語

Burrow, T., and M. B. Emeneau, *A Dravidian Etymological Dictionary,* 2nd ed., Oxford [Oxfordshire]: Clarendon Press, 1984.

目次

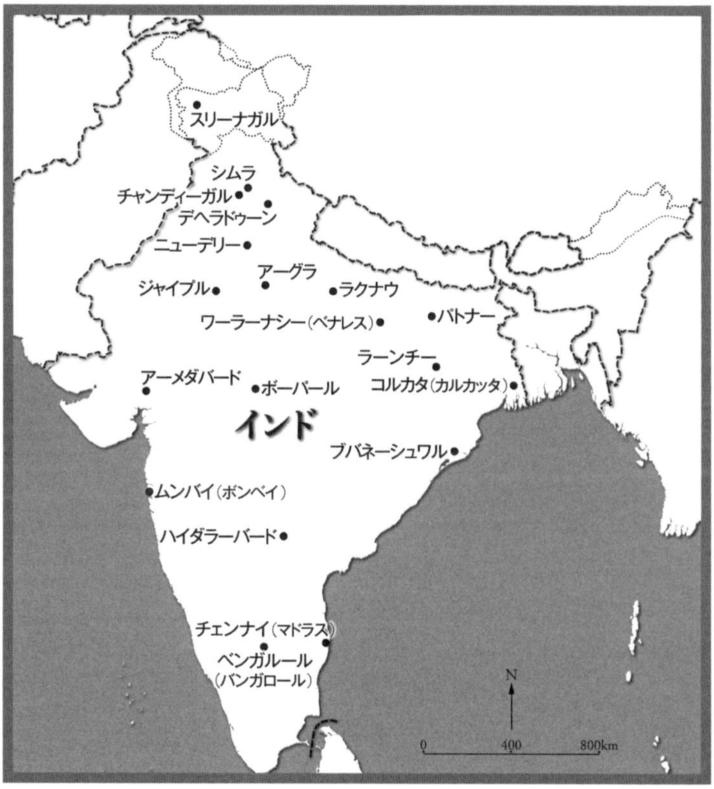

अ	1	ङ	258	न	440
आ	61	च	258	प	483
इ	83	छ	292	फ (फ़)	556
ई	92	ज (ज़)	304	ब	570
उ	93	झ	331	भ	618
ऊ	121	ञ	341	म	635
ऋ	123	ट	341	य	690
ए	124	ठ	351	र	698
ऐ	129	ड (ड़)	357	ल	726
ओ	130	ढ (ढ़)	365	व	755
औ	132	ण	369	श	790
क (क़)	134	त	369	ष	807
ख (ख़)	199	थ	395	स	807
ग (ग़)	219	द	398	ह	888
घ	249	ध	429		

हिंदी-जापानी

Hindi-Japanese

ヒンディー語・日本語

अ

अंक /aṃkạ アンク/ [←Skt.m. *अङ्क-* 'a numerical figure; the lap'] *m.* **1** (0から9までの)数字;番号. (⇒अदद, नंबर, संख्या) ❐देवनागरी ～ デーヴァナーガリー数字《いわゆるアラビア数字のもとになったインド数字 (भारतीय अंक) ०, १, २, ३, ४, ५, ६, ७, ८, ९》. **2** (試験・競技・勝負などの)点数, 得点, ポイント. (⇒नंबर) ❐उसे गणित में अच्छे ～ मिले। 彼は数学でいい点を取った. **3** (定期刊行物の)号数. (⇒नंबर) ❐इस पत्रिका के पिछले ～ में उसकी कविता छपी है। この雑誌の前号に彼の詩が載った. **4**〖演劇〗一幕, 一段. (⇒एक्ट) ❐इस नाटक में तीन ～ हैं। この劇は3幕である. **5** マーク, 印. (⇒चिह्न, निशान) ❐(पर) ～ लगाना (…に)マークをつける. **6** (幼児を抱いてのせる)腰, 膝. (⇒गोद) ❐(बच्चे को) ～ देना [भरना, लगाना] (子どもを)膝に抱く.

अंकक /aṃkakạ アンカク/ [neo.Skt.m. *अङ्क-क-* 'stamping'] *adj.* 印を押す(人・器具).

— *m.* 打印器, スタンプ.

अंकगणित /aṃkạgaṇitạ アンクガニト/ [←Skt.m. *अङ्क-गणित-* 'arithmetic'] *m.*〖数学〗算数;(計)算術. (⇒अंकविद्या, हिसाब)

अँकटा /ãkạṭā アンクター/ [?<OIA.f. *íṣṭakā-* 'brick': T.01600] *m.* 小石.

अँकड़ा /ãkạṛā アンクラー/ ▸अँकुड़ा, आँकुड़ा [<OIA.m. *aṅkuṭa-* 'instrument for moving the bolt or bar of a door': T.00108] *m.* **1** フック, 鉤(状のもの). **2** 矢じり.

अँकड़ी /ãkạṛī アンクリー/ ▸अँकुड़ी [cf. *अँकड़ा*] *f.* **1** (鉤状の)小さな釣り針. **2** 矢じり.

अँकड़ीदार /ãkạṛīdārạ アンクリーダール/ ▸अँकुड़ीदार [*अँकड़ी* + *-दार*] *adj.* 鉤状の.

अंकन /aṃkanạ アンカン/ [←Skt.n. *अङ्कन-* 'a mark; act of marking'] *m.* **1** 刻印すること;(文字・絵などを)彫って刻むこと. **2** 描写, 活写. **3** 評価すること. (⇒मूल्यांकन)

अँकना /ãkạnā アンクナー/ [<OIA. *aṅkáyati* 'marks, brands': T.00104] *vi.* (*perf.* अँका /ãkā アンカー/) 見積もられる.

— *vt.* (*perf.* अँका /ãkā アンカー/) 見積もる. (⇒आँकना)

अंकनीय /aṃkạnīyạ アンクニーエ/ [←Skt. *अङ्कनीय-* 'worth being written'] *adj.* 書き留めるべき(こと), 記録すべき(こと).

अंकल /aṃkalạ アンカル/ [←Eng.n. *uncle*] *m.* おじさん, おじちゃん《特に子どもが父と同年配の男性に親しく呼びかける言葉》. (⇒चाचा)(⇔अंटी) ❐(को) ～ कहकर पुकारना (人を)おじさんと呼ぶ.

अँकवाना /ãkạvānā アンクワーナー/ ▸अँकाना [caus. of *अँकना, आँकना*] *vt.* (*perf.* अँकवाया /ãkạvāyā アンクワーヤー/) 見積もらせる;見積もってもらう.

अँकवार /ãkạvārạ アンクワール/ [<OIA.f. *aṅkapāli-, aṅkapālikā-* 'embrace': T.00103] *m.* **1** 膝. (⇒गोद) **2** 胸;(膝の上で抱く)抱擁.

अंकविद्या /aṃkạvidyā アンクヴィディヤー/ [←Skt.f. *अङ्क-विद्या-* 'science of numbers, arithmetic'] *f.*〖数学〗算数, (計)算術. (⇒अंकगणित, हिसाब)

अंकशायिनी /aṃkạśāyinī アンクシャーイニー/ [←Skt.f. *अङ्क-शायिन्-* '(a woman) lying aside'] *adj.* 添い寝する(女).

— *f.* 添い寝する女;妻.

अंकशायी /aṃkạśāyī アンクシャーイー/ [←Skt. *अङ्क-शायिन्-* '(a person) lying aside'] *adj.* 脇に寝ている(人).

— *m.* 脇に寝ている人.

अंक-शास्त्र /aṃkạ-śāstrạ アンク・シャーストル/ [neo.Skt.n. *अङ्क-शास्त्र-* 'statistics'] *m.* 統計学. (⇒सांख्यिकी)

अंक-शास्त्री /aṃkạ-śāstrī アンク・シャーストリー/ [neo.Skt.m. *अङ्क-शास्त्रिन्-* 'statistician'] *m.* 統計学者. (⇒सांख्यिकी)

अँकाई /ãkāī アンカーイー/ [cf. *आँकना*] *f.* **1** 見積もり, 査定;(小作人と地主の間の取り分を決めるための収穫量の)見積もり. **2** 見積もりの仕事に対する報酬[費用].

अँकाना /ãkānā アンカーナー/ ▸अँकवाना *vt.* (*perf.* अँकाया /ãkāyā アンカーヤー/) ☞अँकवाना

अंकारा /aṃkārā アンカーラー/ [cf. Eng.n. *Ankara*] *m.*〖地名〗アンカラ《トルコ(共和国) (तुर्की) の首都》.

अंकित /aṃkitạ アンキト/ [←Skt. *अङ्कित-* 'marked'] *adj.* **1** 刻印された, 刻まれた, 彫られた;記された;(線・罫が)引かれた. ❐(पर) ～ करना (…に)…を刻印する[記す]. ❐～ मूल्य 額面価格. **2** (文字で)描写された;(線・絵で)描かれた. ❐～ करना …を描写する.

अँकुड़ा /ãkuṛā アンクラー/ ▸अँकड़ा, आँकुड़ा *m.* ☞अँकड़ा

अँकुड़ी /ãkuṛī アンクリー/ ▸अँकड़ी *f.* ☞अँकड़ी

अँकुड़ीदार /ãkuṛīdārạ アンクリーダール/ ▸अँकड़ीदार *adj.* ☞अँकड़ीदार

अंकुर /aṃkurạ アンクル/ [←Skt.m. *अङ्कुर-* 'sprout, shoot, blade; swelling'] *m.* **1**〖植物〗芽, 新芽, 若芽;発芽. (⇒अँखुआ) ❐(में) ～ आना [जमना] (…が)発芽する. ❐(से) ～ निकलना [फूटना] (…から)芽が出る. **2**〖植物〗つぼみ. (⇒कली) **3**〖医学〗(怪我・できものなどの)傷あと, あと;かさぶた. (⇒अंगूर, पपड़ी) **4** 子孫. **5** 芽生え;きざし.

अंकुरण /aṃkuraṇạ アンクラン/ [←Skt.n. *अङ्कुरण-* 'sprouting, shooting'] *m.* 発芽;萌芽, 芽生え. ❐संदेह का ～ 疑念の芽生え.

अँकुरना /ãkurạnā アンクルナー/ ▸अँकुराना [<OIA. **aṅkurayati* 'sprouts': T.00110] *vi.* (*perf.* अँकुरा /ãkurā アンクラー/) **1** 発芽する;萌芽する, 芽生える. (⇒अँखुआना) **2** つぼみをもつ.

अँकुराना /ãkurānā アンクラーナー/ ▸अँकुरना *vi.* (*perf.* अँकुराया /ãkurāyā アンクラーヤー/) ☞अँकुरना

अंकुरित /aṃkurita アンクリト/ [←Skt. अङ्कुरित- 'sprouted'] *adj.* **1** 発芽した;芽ばえた. ❐अंकुर ～ होना 新芽が発芽する. ❐उसके मन में अब एक नई आकांक्षा ～ हुई। 彼の心にその時一つの新しい願いが芽生えた. **2** つぼみのふくらんだ. **3** 発育期の;うら若い(乙女). ❐～ यौवना うら若い乙女.

अंकुश /aṃkuśa アンクシュ/ [←Skt.m. अङ्कुश- 'an elephant-driver's hook'] *m.* **1** (象使いが象をあやつるために使う鉄製の)突き棒. ❐(को) ～ मारना [लगाना] (…に)突き棒をふるう. **2** 統制, 制御;抑制, 抑圧. (⇒कंट्रोल, क़ाबू, नियंत्रण) ❐मुझपर उनकी आँखों का कठोर ～ हर समय लगा रहता था। 私の上には, 彼らの厳しい監視の目が絶えずあった. ❐(को) ～ में रखना (…を)統制下に置く. ❐(पर) ～ रखना [लगाना] (…を)統制[制御]する.

अंकुश-कृमि /aṃkuśa-kr̥mi アンクシュ・クリミ/ [neo.Skt.m. अङ्कुश-कृमि- 'a hookworm'] *m.* 〖生物〗 (十二指腸虫などの)鉤虫. (⇒आँकड़ा-कीड़ा)

अंकेक्षक /aṃkekṣaka アンケークシャク/ [neo.Skt.m. अङ्क-ईक्षक- 'auditor'] *m.* 〖経済〗会計検査官, 監査役.

अंकेक्षण /aṃkekṣaṇa アンケークシャン/ [neo.Skt.n. अङ्क-ईक्षण- 'audit'] *m.* 〖経済〗会計検査, 監査;審査.

अँखिया /ãkʰiyā アンキヤー/ [cf. आँख] *f.* ☞आँख

अँखुआ /ãkʰuā アンクアー/▸अँखुवा [<OIA.n. *akṣa-³* 'eye': T.00023] *m.* 〖植物〗芽, 新芽. (⇒अंकुर)

अँखुआना /ãkʰuānā アンクアーナー/ [cf. अँखुआ] *vi.* (*perf.* अँखुआया /ãkʰuāyā アンクアーヤー/) 新芽が出る. (⇒अंकुरना)

अँखुवा /ãkʰuvā アンクワー/ ▸अँखुआ *m.* ☞अँखुआ

अंग /aṃga アング/ [←Skt.n. अङ्ग- 'a limb of the body'] *m.* **1** (身体の)部分, 肢体;器官. ❐～ मोड़ना 体をひねる. ❐उसका एक-एक ～ चूर हो गया। 彼は体中がへとへとになってしまった. ❐कृत्रिम ～ 義肢. ❐गुप्त ～ 陰部. **2** (無くてはならない)部分, 一部, 要素. (⇒अंश, भाग, हिस्सा) ❐यह आदत उसके जीवन का ～ बन गई। この習慣は彼の生活の一部となった. **3** 部門;分科. (⇒शाखा) **4** (問題点などの)観点, 見方.

अंगचारी /aṃgacārī アングチャーリー/ [←Skt.m. अङ्ग-चारिन्- '(a person) walking with oneself'] *m.* 朋友;同行者.

अंगच्छेद /aṃgaccʰeda アンガッチェード/ [←Skt.m. अङ्ग-च्छेद- 'mutilation of the body'] *m.* **1** (手足などの)切断;切断手術. **2** (手足などの)切断刑.

अंगज /aṃgaja アンガジ/ [←Skt. अङ्ग-ज- 'produced from the body'] *adj.* 体から生じた(もの). (⇒अंगजात)
— *m.* (血肉を分けた)息子. (⇔अंगजा)

अंगजा /aṃgajā アングジャー/ [←Skt.f. अङ्ग-जा- 'produced from the body'] *f.* (血肉を分けた)娘. (⇔अंगज)

अंगजात /aṃgajāta アングジャート/ [←Skt. अङ्ग-जात- 'born from the body'] *adj.* 血肉を分けて生まれ出た. (⇒अंगज)

अंगड़-खंगड़ /aṃgaṛa-kʰaṃgaṛa アンガル・カンガル/ [echo-word] *adj.* 壊れた, がらくたの.
— *m.* がらくた;くず.

अँगड़ाई /ãgaṛāī アングラーイー/ [cf. अँगड़ाना] *f.* (リラックスするために)手足を伸ばすこと, 背伸び. ❐अँगड़ाई [अँगड़ाइयाँ] लेना 背伸びをする.

अँगड़ाना /ãgaṛānā アングラーナー/ [?←Drav.; DEDr.0034 (DED.0036); ?<Skt.n. अङ्ग- 'limb'] *vi.* (*perf.* अँगड़ाया /ãgaṛāyā アングラーヤー/) 手足をのばす, 背伸びする. ❐नींद न लगने से वह अँगड़ा रही है। 彼女は寝つかれなくて伸びをしている.

अंगना /aṃganā アンガナー/ [←Skt.f. अङ्गना- 'a woman (with well rounded limbs)' ?←Austro-as.] *f.* (美しい容姿の)女.

अंग-प्रत्यंग /aṃga-pratyaṃga アング・プラティャング/ [←Skt.n. अङ्ग-प्रत्यङ्ग- 'every limbs, large and small'] *m.* 身体の各部位;体のすみずみ.

अंग-भंग /aṃga-bʰaṃga アング・バング/ [←Skt.m. अङ्ग-भङ्ग- 'palsy or paralysis of limbs'] *adj.* (手足などが)バラバラになった. ❐दो-तीन मिट्टी के हाथी-घोड़े ～ दशा में पड़े हुए थे। 数個の焼き物の象や馬がバラバラに割れた状態で落ちていた.
— *m.* (手足などが)切断されていること;不自由な状態.

अंगभंगिमा /aṃgabʰaṃgimā アングバンギマー/ [अंग + भंगिमा] *f.* 女のなまめかしい仕草, 媚態. (⇒अंगभंगी, अदा)

अंगभंगी /aṃgabʰaṃgī アングバンギー/ [?neo.Skt.f. अङ्ग-भङ्गिन्-] *f.* ☞अंगभंगिमा

अंगभूत /aṃgabʰūta アングブート/ [←Skt. अङ्ग-भूत- 'born from the body'] *adj.* (…の)身体より生まれた.

अंगरक्षक /aṃgarakṣaka アングラクシャク/ [←Skt.m. अङ्ग-रक्षक- 'a body-guard'] *m.* 護衛, ボディーガード.

अँगरखा /ãgarakʰā アンガルカー/ [<OIA. **aṅgarakṣa-* 'garment': T.00120] *m.* アンガルカー《男性用の丈の長い上衣》. (⇒अँगरखी)

अँगरखी /ãgarakʰī アンガルキー/ [cf. अँगरखा] *f.* ☞अँगरखा

अंगराग /aṃgarāga アングラーグ/ [←Skt.m. अङ्ग-राग- 'a scented cosmetic'] *m.* (香水などの)化粧品.

अंगरेज़ /ãgareza アングレーズ/ ▹अंग्रेज़ ▸अँगरेज़ *m.* ☞अँगरेज़

अँगरेज़ /ãgareza アングレーズ/ ▹अँग्रेज़ ▸अंगरेज़ [←Port.m. *ingrês* (modern Port.m. *inglês*) 'Englishman'] *m.* 英国人, イギリス人.

अँगरेज़ियत /ãgareziyata アングレーズィヤト/ ▹अँग्रेज़ियत [अँगरेज़ + -इयत] *f.* **1** 英国[西洋]風, 英国[西洋]流;英国[西洋]びいき. **2**〔皮肉〕英語の教養.

अँगरेज़ी /ãgarezī アングレーズィー/▹अँग्रेज़ी [अँगरेज़ + -ई] *adj.* **1** 英国の. **2** 英語の. ❐～ भाषा 英語. **3** 洋風の, 西洋流の. (⇒विलायती)(⇔देशी) ❐～ कुत्ता 洋犬. ❐～ दवा 西洋医学で使用される薬. ❐～ शराब 洋酒.
— *f.* 英語.

अँगरेज़ीदाँ /ā̃garezīdā̃ アングレーズィーダーン/ [*अँगरेज़ी* + *-दाँ*] *m.* 英語に堪能な人, 英語に精通している人;英語学者.

अंग-विक्षेप /aṃga-vikṣepa アング・ヴィクシェープ/ [←Skt.m. *अङ्ग-विक्षेप-* 'gesticulation; movement of the limbs and arms'] *m.* (舞踏などでの感情表現の)身振り, 手真似.

अंग-विहीन /aṃga-vihīna アング・ヴィヒーン/ [neo.Skt. *अङ्ग-विहीन-* 'limbless'] *adj.* **1** (身体の一部が)欠けている;手足が欠けた(像). ❐~ शव 身体の一部が欠損している死体. **2**〖医学〗身体障害の(人)(⇒लँगड़ा, लूला)

अंग-हानि /aṃga-hāni アング・ハーニ/ [neo.Skt.f. *अङ्ग-हानि-* 'loss of a limb'] *f.*〖医学〗(事故などによる)身体の損傷.

अंगहीन /aṃgahīna アングヒーン/ [←Skt. *अङ्ग-हीन-* 'mutilated'] *adj.*〖医学〗(身体の一部が)欠けている. (⇒लँगड़ा, लूला)

अंगांगीभाव /aṃgāṃgībʰāva アンガーンギーバーオ/ [←Skt. *अङ्ग-अङ्गी-भाव-* 'the relation of a limb to the body'] *m.* 主たるものと従たるものとの関係;全体と各部との関係.

अंगार /aṃgāra アンガール/ [←Skt.m. *अङ्गार-* 'charcoal (whether heated or not)'] *m.* おき;残り火. (⇒अँगारा)

अँगारा /ā̃gārā アンガーラー/ [<OIA.m. *áṅgāra-* 'glowing charcoal': T.00125] *m.* **1** 燃えて真っ赤になっている炭;燃えさし;火炎. (⇒अंगार) **2** 激しい怒りの炎. ❐होरी आँखों से अँगारे बरसाता धनिया की ओर लपका। ホーリーは目から激しい怒りをほとばしらせながらダニヤーに飛びかかった. **3** 猛暑. ❐आज तो अँगारे बरस [उगल] रहे हैं। 今日はものすごい暑さだ.

अँगिया /ā̃giyā アンギヤー/ [<OIA.f. *aṅgikā-* 'woman's bodice': T.00132] *f.* アンギヤー《婦人用の胴着》.

अंगीकरण /aṃgīkaraṇa アンギーカラン/ [←Skt.n. *अङ्गीकरण-* 'acceptance'] *m.* ☞अंगीकार

अंगीकार /aṃgīkāra アンギーカール/ [←Skt.m. *अङ्गीकार-* 'acceptance'] *m.* 受諾, 受理;認容. (⇒अंगीकरण) ❐(को) ~ करना (人を)受け入れる. ❐उसने इस बात को ~ किया। 彼はこのことを受諾した.

अंगीकृत /aṃgīkr̥ta アンギークリト/ [←Skt. *अङ्गी-कृत-* 'agreed to, promised'] *adj.* 受諾された, 受理された;認容された.

अँगीठी /ā̃gīṭʰī アンギーティー/ [<OIA.m. *agniṣṭhá-* 'fire-pan': T.00065] *f.* 火ばち;こんろ;しちりん;(電子)レンジ. ❐~ पर हाँड़ी चढ़ाओ। こんろに土鍋をかけなさい. ❐बिजली की ~ 電気レンジ.

अंगुइला /aṃguilā アングイラー/ [cf. Eng.n. *Anguilla*] *m.*〖地理〗アンギラ《カリブ海にある英領の島;首府はバレー (द वैली)》.

अंगुल /aṃgula アングル/ [←Skt.m. *अङ्गुल-* 'a finger; thumb'] *m.* ☞अंगुलि

अंगुल-छाप /aṃgula-cʰāpa アングル・チャープ/ *f.* 指紋. (⇒उँगली-छाप)

अंगुलि /aṃguli アングリ/ [←Skt.f. *अङ्गुलि-* 'a finger; a toe; thumb'] *f.* **1** 指;親指. (⇒उँगली) ❐~ छाप 指紋. **2**〖単位〗アングリ《成人の指一本分の幅;12 アングリが 1 ビッター (बित्ता) に相当》. (⇒उँगली)

अंगुलि-निर्देश /aṃguli-nirdeśa アングリ・ニルデーシュ/ [neo.Skt.n. अङ्गुलि-निर्देश- 'pointing at a person'] *m.* (非難するために)人を指さすこと, 後ろ指をさすこと.

अँगुली /ā̃gulī アングリー/ ▸उँगली [<OIA.f. *aṅgúli-* 'finger, toe': T.00135] *f.* ☞उँगली

अंगुश्त /aṃguśta アングシュト/ [←Pers.n. انگشت 'the finger'; cog. Skt.m. *अङ्गुष्ठ-* 'the thumb'] *f.* 指. (⇒उँगली)

अंगुश्तनुमा /aṃguśtanumā アングシュトヌマー/ [←Pers.adj. انگشت نما 'pointed at with the finger, famous, mostly in a bad sense'] *adj.* 後ろ指をさされた, 悪名高い.

अंगुश्ताना /aṃguśtānā アングシュターナー/ [←Pers.n. انگشتنه 'a thimble'] *m.* **1** シンブル《裁縫する時針の頭をするため指先にかぶせる金属の杯状の道具;「指貫(ゆびぬき)」に相当》. **2**(矢を射る時親指を保護するための)指輪.

अंगुष्ठ /aṃguṣṭʰa アングシュト/ [←Skt.m. *अङ्गुष्ठ-* 'the thumb'] *m.* 親指. (⇒अँगूठा)

अँगूठा /ā̃gūṭʰā アングーター/ [<OIA.m. *aṅguṣṭhá-, aṅgúṣṭha-* 'the thumb': T.00137] *m.* (手・足の)親指. (⇒अंगुष्ठ) ❐(को) ~ दिखाना (人に対し)あけすけに拒絶の態度を示す.

अँगूठा-छाप /ā̃gūṭʰā-cʰāpa アングーター・チャープ/ *m.* **1** 親指の押捺, 拇印(ぼいん), 爪印(つめいん). ❐(पर [में]) ~ लगाना (…に)拇印を押す. **2** 読み書きのできない人, 文盲(もんもう)《署名ができない代わりに拇印を押すことから;形容詞的に使用されることも》. ❐~ लोग 読み書きのできない人たち.

अँगूठी /ā̃gūṭʰī アングーティー/ [<OIA. *aṅguṣṭhya-* 'pertaining to thumb or big toe': T.00138] *f.* 指輪. ❐~ का नगीना〔慣用〕かけがえのないほど大事なもの[人]. ❐उँगली में ~ पहनना (自分の)指に指輪をはめる. ❐(की) उँगली में ~ पहनाना (人の)指に指輪をはめる.

अंगूर /aṃgūra アングール/ [←Pers.n. انگور 'a grape, a raisin; granulations in a healing sore'; cog. Skt.m. *अङ्कुर-* 'sprout; swelling'] *m.* **1**〖植物〗ブドウ(の実). (⇒दाख) ❐अंगूरों का गुच्छा ブドウの房. **2**〖医学〗(怪我・できものなどの)傷あと, あと;かさぶた. (⇒अंकुर, पपड़ी)

अंगूरी /aṃgūrī アングーリー/ [*अंगूर* + *-ई*] *adj.* **1** ブドウから作られた. ❐~ शरबत ブドウのシャルバト. **2** ブドウ色の;ワインレッドの. ❐~ रंग ブドウ色. **3** ブドウの形をした.

अँगोछना /ā̃gocʰanā アンゴーチナー/ [cf. *अँगोछा*] *vt.* (*perf.*

अँगोछा /ãgocʰā アンゴーチャー/) (体を)タオルで拭く. ❒शरीर को ठीक से अँगोछने से सर्दी नहीं लगती। 体をしっかりタオルで拭けば風邪をひかない.

अँगोछा /ãgocʰā アンゴーチャー/ [<OIA.m. aṅgōñcha- 'towel': T.00139] m. タオル, 手ぬぐい. (⇒तौलिया) ❒अँगोछे से शरीर पोंछना タオルで体を拭く. ❒कमर में ～ बाँधना 腰にタオルを巻く.

अंगोला /aṃgolā アンゴーラー/ [cf. Eng.n. Angola] m. 〖国名〗アンゴラ(共和国)《首都はルアンダ (लुआंडा)》.

अंग्रेज़ /aṃgreza̸ アングレーズ/ ▷अंगरेज़ ▸अँग्रेज़ m. ☞अँगरेज़

अँग्रेज़ /ãgreza̸ アングレーズ/ ▷अँगरेज़ ▸अंग्रेज़ m. ☞अँगरेज़

अँग्रेज़ियत /ãga̸reziyata̸ アングレーズィヤト/ ▷अँगरेज़ियत f. ☞अँगरेज़ियत

अँग्रेज़ी /ãgrezī アングレーズィー/ ▷अँगरेज़ी ▸अंग्रेज़ी adj. ☞अँगरेज़ी

अंग्रेज़ी /aṃgrezī アングレーズィー/ ▸अँग्रेज़ी adj. ☞अँगरेज़ी

अंचल /aṃcala̸ アンチャル/ [←Skt.m. अञ्चल- 'border or end of a garment'] m. 1 (サリー, ドーティーなどの衣服の)へり, ふち;すそ. (⇒आँचल) 2〖地理〗辺境;地方, 辺地. (⇒आँचल)

अंचलिक /aṃcalika̸ アンチャリク/ [neo.Skt. अञ्चलिक- 'regional'] adj. 〖文学〗地方をテーマにした;地方語の. (⇒आंचलिक) ❒～ उपन्यास 地方小説.

अंजन[1] /aṃjana̸ アンジャン/ [←Skt.n. अञ्जन- 'collyrium'] m. 1 アンジャン《目を美しくみせるためにくまどりのように目のふちにつける黒色の着色料;油やギーなどを燃やした煤(すす)を固めたもの;目の病気を防ぐ効能もあると信じられている》. (⇒काजल) ❒आँख में ～ लगाना 目にアンジャンをつける. 2〖化学〗アンチモン(の粉末). (⇒सुरमा)

अंजन[2] /aṃjana̸ アンジャン/ ▸इंजन, एंजन m. ☞इंजन

अंजनी /aṃjanī アンジャニー/ [←Skt.f. अञ्जनित्- 'a woman whose eyes are painted with collyrium'] f. 1 (アンジャン (अंजन)をつけた)女. 2〖神話〗アナジャニー《ハヌマーン(हनुमान)の母の別名》.

अंजर-पंजर /aṃjara̸-paṃjara̸ アンジャル・パンジャル/ m. 体の節々. ❒～ ढीले होना (疲労などのために)体の節々がガタガタになる.

अंजलि /aṃjali アンジャリ/ [←Skt.m. अञ्जलि- 'a cavity formed by folding and joining the open hands together'] f. 1 アンジャリ《片手または両手を上向きに付け, 指を曲げて手のひらにくぼみを作った形》. (⇒अंजली) 2〖単位〗手のひらのくぼみにのる分量. ❒～ भर रुपये ひとつかみ[ひと握り]分の金.

अंजली /aṃjalī アンジャリー/ ▸अँजुरी f. ☞अंजलि

अंजाम /aṃjāma̸ アンジャーム/ [←Pers.n. انجام 'end, extremity, termination, conclusion'] m. 1 結果, 結末. (⇒नतीजा, परिणाम, फल) 2 結論. (⇒नतीजा, निष्कर्ष) 3 終了;最後, 終わり. (⇒अंत, आख़िर)(⇔आगाज़)

अंजीर /aṃjīra̸ アンジール/ [←Pers.n. انجیر 'a fig'] m. 〖植物〗イチジク(の実).

अंजुमन /aṃjumana̸ アンジュマン/ [←Pers.n. انجمن 'a company, assembly, banquet, congregation, synagogue, congress, any place where people meet and converse'] f. 会, 協会, 学会, 組合, 団体, クラブ, 講. (⇒समाज)

अँजुरी /ãjurī アンジュリー/ ▸अँजुली f. ☞अंजलि

अँजुली /ãjulī アンジュリー/ ▸अँजुरी [<Skt.m. अञ्जलि- 'a cavity formed by folding and joining the open hands together'] f. ☞अंजलि

अँजोरा /ãjorā アンジョーラー/ [<OIA. *ujjvālaka- 'bright': T.01673] adj. 明るい;輝いている.

— m. 明かり;輝き.

अँटना /ãṭa̸nā アントナー/▸अटना [<OIA. *aṭṭ-[1] 'contain, of contained, fit into': T.00178] vi. (perf. अँटा /ãṭā アンター/) 1 (容器などに)入りきる, 収まる. (⇒समाना) ❒इतना दूध गिलास में नहीं अँटेगा। こんなにたくさんのミルクは, グラスに入りきらないよ. 2 足りる, 行き渡る, 十分である. ❒मिठाई सभी बच्चों में अँट जाएगी। お菓子は, 子どもみんなに行き渡るだろう.

अंट-शंट /aṃṭa̸-śaṃṭa̸ アント・シャント/ ▸अंट-संट [echo-word] adj. ☞अंट-संट

अंट-संट /aṃṭa̸-saṃṭa̸ アント・サント/ ▸अंट-शंट [echo-word; ?< अटि] adj. 1 支離滅裂な(言葉). (⇒अंड-बंड) ❒～ बकना 支離滅裂なことをほざく. 2 とりとめのない(おしゃべり), 脈絡のない. (⇒अंड-बंड)

अंटा /aṃṭā アンター/ [<OIA *aṭṭa-[3] 'bundle': T.00181; (DED.0571b)] m. 1 玉, 球状の塊;ビー玉;アヘンの塊;糸を巻いた玉. 2 大きなコウリー貝 (कौड़ी). 3〖ゲーム〗玉突き, ビリヤード.

अंटा-गुड़गुड़ /aṃṭā-guṛa̸guṛa̸ アンター・グルグル/ adj. 〔俗語〕泥酔した.

अंटा-चित /aṃṭā-cita̸ アンター・チト/ adj. 1〔俗語〕(酔って)あおむけにだらしなく大の字でのびている. 2〔俗語〕(敗北して)へたばって横たわっている.

अंटी[1] /aṃṭī アンティー/ [<OIA. *aṭṭa-[3] 'bundle': T.00181] f. 1 糸車;糸などを巻きつける巻き枠. 2 腰布 (धोती) を留めるために腰の周囲の部分を捩ってできるこぶ《お金などを中に挟みこむためにも使われる》. (⇒आँटी) 3 二本の指の間. ❒～ मारना 賭け事などで指の間にものを不正に隠す. 4 人差し指に中指を重ねるしぐさ《不潔なものに触れるけがれを防ぐ》.

अंटी[2] /aṃṭī アンティー/ [←Eng.n. auntie] f. おばさん, おばちゃん《特に子どもが母と同年配の女性に親しく呼びかける言葉》. (⇔अंकल)

अंटीगुआ और बारबूडा /aṃṭīguā aura̸ bāra̸būḍā アンティーグアー アォール バールブーダー/ [cf. Eng.n. Antigua and Barbuda] m. 〖国名〗アンティグア・バーブーダ《首都はセントジョンズ (सेंट जोन्स)》.

अंटीबाज़ /aṃṭībāza̸ アンティーバーズ/ [अंटी[1] + -बाज़] adj. (人から財産などを)だまし取る(人), 詐欺(さぎ)を常習とする(人).

अंड /aṃḍa アンド/ [←Skt.n. अण्ड- 'an egg'] *m.* **1** 卵《合成語の要素として; अंडाशय「卵巣」, अंडकोश「陰嚢(いんのう)」, ब्रह्मांड「宇宙」など》. **2** 睾丸(こうがん).

अंडकोश /aṃḍakośa アンドコーシュ/ [←Skt.m. अण्ड-कोश- 'scrotum'] *m.* 陰嚢(いんのう). (⇒फ़ोता)

अंडज /aṃḍaja アンダジ/ [←Skt. अण्ड-ज- 'egg-born'] *adj.* 〖生物〗卵生の《古代インドの生物四分類の一つ》.

— *m.* 〖生物〗(爬虫類, 鳥類, 魚類などの)卵生動物.

अंड-बंड /aṃḍa-baṃḍa アンド・バンド/ [echo-word] *adj.* とりとめのない(考え, 話). (⇒अंट-संट)

— *m.* とりとめのない話.

अंडमान /aṃḍamāna アンダマーン/ [cf. Eng.n. *Andaman*] *m.* 〖地理〗アンダマーン(諸島)《連邦直轄地域アンダマーン・ニコーバール(諸島)(अंडमान और निकोबार) の一部》. ❒～ द्वीप-समूह アンダマーン諸島. ❒～ सागर アンダマーン海.

अंडमान और निकोबार /aṃḍamāna aura nikobāra アンダマーン アォール ニコーバール/ [cf. Eng.n. *Andaman and Nicobar*] *m.* 〖地理〗アンダマーン・ニコーバール(諸島)《連邦直轄地域;主要な町はポート・ブレア (पोर्ट ब्लेअर)》.

अंडरसेक्रेटरी /aṃḍarasekreṭarī アンダルセークレートリー/ [←Eng.n. *undersecretary*] *m.* (省の)次官. (⇒अवर-सचिव)

अंडवृद्धि /aṃḍavr̥ddhi アンドヴリッディ/ [←Skt.f. अण्ड-वृद्धि- 'swelling of the scrotum'] *f.* 〖医学〗水瘤, 睾丸瘤.

अंडा /aṃḍā アンダー/ [＜OIA.n. *āṇḍá-* 'egg': T.01111] *m.* **1** 卵. ❒～ फटना 卵がかえる. ❒～ देना 卵を生む. ❒अंडे उबालना [तोड़ना] 卵を茹でる[割る]. ❒अंडे की ज़रदी [सफ़ेदी] 卵の黄身[白身]. ❒टूटे अंडे 割れた卵. **2** 〖生物〗卵子. (⇒डिंब)

अंडाकार /aṃḍākāra アンダーカール/ [neo.Skt.m. अण्ड-आकार- 'egg-shaped'] *adj.* **1** 卵の形をした, 卵形の. (⇒अंडाकृति) **2** 〖数学〗楕円形の, 長円形の.

— *m.* 卵形;楕円形, 長円形. (⇒अंडाकृति)

अंडाकृति /aṃḍākr̥ti アンダークリティ/ [neo.Skt.f. अण्ड-आकृति- 'ellipse'] *f.* 〖数学〗楕円形, 長円形. (⇒अंडाकार)

अंडाश्रय /aṃḍāśraya アンダーシュラエ/ [neo.Skt.m. अण्ड-आश्रय- 'ovary'] *m.* 〖医学〗卵巣.

अंडी[1] /aṃḍī アンディー/ [＜OIA.m. *āmaṇḍa-, amaṇḍa, maṇḍa-*[3] 'castor-oil plant, *Ricinus communis*': T.01240; DEDr.0360 (DED.0302)] *f.* 〖植物〗トウゴマ, ヒマ(の実). (⇒अरंडी) ❒～ का तेल ひまし油.

अंडी[2] /aṃḍī アンディー/ *f.* きめの粗い絹;きめの粗い絹で作られた衣類などの製品.

अंडोरा /aṃḍorā アンドーラー/ [cf. Eng.n. *Andorra*] *m.* 〖国名〗アンドラ(公国)《首都はアンドラ・ラ・ベリャ(अंडोरा ला वेल्ला)》.

अंडोरा ला वेल्ला /aṃḍorā lā vellā アンドーラー ラー ヴェーッラー/ [cf. Eng.n. *Andorra la Vella*] *m.* 〖地名〗アンドラ・ラ・ベリャ《アンドラ(公国)(अंडोरा) の首都》.

अंत:- /aṃtaḥ- アンタハ・/ ▸अंतर्-, अंतश्-, अंतस्- [←Skt.pref. अन्तर्- 'inner-'] *pref.* 内部の.

अंत:कथा /aṃtaḥkathā アンタハカター/ [?neo.Skt.f. अन्त:-कथा- 'an episode'] *f.* エピソード.

अंत:करण /aṃtaḥkaraṇa アンタハカラン/ [←Skt.n. अन्तर्-करण- 'the internal organ'] *m.* 心.

अंत:कालीन /aṃtaḥkālīna アンタハカーリーン/ [neo.Skt. अंत:-कालीन- 'provisional'] *adj.* 暫定的な;過渡的な. ❒～ अवधि 暫定期間.

अंत:पुर /aṃtaḥpura アンタハプル/ [←Skt.n. अन्तर्-पुर- 'inner apartment of a palace'] *m.* 〖歴史〗後宮, ハーレム. (⇒ज़नानख़ाना, रनिवास)

अंत:प्रेरणा /aṃtaḥ-preraṇā アンタハ・プレールナー/ [neo.Skt.f. अन्त:-प्रेरणा- 'inspiration'] *f.* インスピレーション, 霊感.

अंत:शुद्धि /aṃtaḥśuddhi アンタハシュッディ/ [?neo.Skt.f. अंत:-शुद्धि- 'purity of mind or heart'] *f.* 心が清く純粋であること;心の浄化.

अंत:स्थ /aṃtaḥstha アンタハスト/ [←Skt. अन्त:-स्थ- 'being between or in the midst'] *adj.* 中間に位置する. (⇒अंतस्थ)

अंत /aṃta アント/ [←Skt.m. अन्त- 'end, limit'] *m.* **1** 最後, 終わり. (⇒आख़िर)(⇔आरंभ, शुरुआत) ❒～ में 最後に, ついに, 結局. ❒(के) ～ में (…の)最後[終わり]に. ❒आदि से ～ तक 最初から最後まで. ❒शब्द के ～ में 語の末尾に. **2** 端, 末端;末尾;はずれ. **3** 終止;滅亡;終焉;死. ❒(का) ～ हो जाना (…が)滅亡する[死ぬ]. **4** 結末, 結果. (⇒अंजाम)(⇔परिणाम)

अंतकाल /aṃtakāla アントカール/ [←Skt.m. अन्त-काल- 'time of death'] *m.* 死にぎわ, 末期.

अंतक्रिया /aṃtakriyā アントクリヤー/ [neo.Skt.f. अन्त-क्रिया- 'funeral rites'] *f.* 葬式, 葬儀. (⇒अंत्येष्टि)

अँतड़ी /ãtaṛī アントリー/▸आँतड़ी [＜OIA.n. *āntrá-* 'entrail': T.01182] *f.* 内臓, はらわた;腸. (⇒आँत) ❒छोटी [बड़ी] अँतड़ियाँ 小[大]腸.

अंतत: /aṃtataḥ アントタハ/ [←Skt.ind. अन्त-तस् 'finally'] *adv.* 最後に, ついに, 結局. (⇒आख़िरकार)

अंततोगत्वा /aṃtatogatvā アントトーガトワー/ [neo.Skt.ind. अन्त-त:-गत्वा 'finally'] *adv.* 最終的には. (⇒आख़िरकार)

अंतर्- /aṃtar- アンタル・/ ▸अंत:-, अंतश्-, अंतस्- [←Skt.pref. अन्तर्- 'inner'] *pref.* 内部の.

अंतरंग /aṃtaraṃga アントラング/ [←Skt. अन्तर्-अङ्ग- 'inward'] *adj.* **1** 内部の;奥の;内密の. (⇔बहिरंग) ❒～ परिषद् 内部評議会. **2** 親密な;心の変わらぬ. ❒～ मित्र 親友.

अंतर /aṃtara アンタル/ [←Skt.n. अन्तर- 'the interior; difference'] *m.* **1** 違い, 相違, 差異. (⇒फ़र्क़) ❒थोड़ा

[बड़ा] ～ 少しの[大変な]違い. ❒दोनों में कोई ～ नहीं पड़ता। 両者に何の違いもない. **2** 区別, 差. (⇒फ़र्क़) ❒(का) ～ करना (…を)区別する. ❒(में) ～ करना (…に)差をつける. **3** (時間的・距離的な)差, ひらき, 間隔. (⇒फ़र्क़) ❒उम्र का ～ 年齢の差. ❒समय का ～ 時間の間隔.

अंतरण /aṃtaraṇa アンタラン/ [pseudo.Skt.n. *अन्तरण-* 'spacing; displacement'; cf. Skt. *अन्तरित-* 'gone within, interior, hidden, concealed, screened, shielded'] *m.* **1** (文字の)間隔をあけること;置き換え. **2** (財産・権利などの)移譲, 譲渡;(別口座への)送金, 転送. (⇒हस्तांतरण) **3** 転任, 転勤;移籍. (⇒बदली)

अंतरतम /aṃtaratama アンタルタム/ [←Skt. *अन्तर-तम-* 'nearest; immediate, intimate, internal; like, analogous'] *adj.* **1** 奥深い, 奥底の. **2** 親密な. (⇒आत्मीय)

— *m.* 心の奥底. ❒मेरे ～ में जैसे कोई कह रहा था। 私の心の奥底でまるで誰かが話しているようだった.

अंतरा /aṃtarā アンタラー/ [←Skt.ind. *अन्तरा* 'in the middle, inside, within, among, between'] *adj.*断続的な;周期的な.

— *adv.*中間で.

— *m.* 〖音楽〗アントラー《二番目の歌詞》.

अँतरा /ãtarā アンタラー/ [cf. *अंतर*] *m.* 〖医学〗周期的な発熱.

अंतरात्मा /aṃtarātmā アンタラートマー/ [←Skt.m. *अन्तर्-आत्मन्-* 'the inmost spirit'] *f.* 内なる魂, 精神.

अंतराय /aṃtarāya アントラーエ/ [←Skt.m. *अन्तर्-आय-* 'an impediment'] *m.* 障害になるもの.

अंतराल /aṃtarāla アンタラール/ [←Skt.n. *अन्तराल-* 'intermediate space'] *m.* **1** 内部空間, 中間;内部, 内側. ❒(के) ～ में (…の)内部に. **2** (時間の)間隔. ❒इलाज के बावजूद थोड़े ही काल के ～ से बच्ची और बच्ची की माँ का देहावसान हो गया। 治療にもかかわらず, わずかな時間の差をおいて相次いで女の赤子と赤子の母親は亡くなった.

अंतरिक्ष /aṃtarikṣa アンタリクシュ/ [←Skt.n. *अन्तर्-इक्ष-* 'the intermediate region between heaven and earth'] *m.* **1** 〖天文〗宇宙(空間);天空. **2** 大気, 空. (⇒आकाश, आसमान)

अंतरिक्ष-किरण /aṃtarikṣa-kiraṇa アンタリクシュ・キラン/ [neo.Skt.m. *अन्तरिक्ष-किरण-* 'cosmic ray'] *f.* 〖天文〗宇宙線.

अंतरिक्ष-यात्रा /aṃtarikṣa-yātrā アンタリクシュ・ヤートラー/ [neo.Skt.f. *अन्तरिक्ष-यात्रा-* 'space travel'] *f.* 宇宙旅行.

अंतरिक्ष-यात्री /aṃtarikṣa-yātrī アンタリクシュ・ヤートリー/ [neo.Skt.m. *अन्तरिक्ष-यात्रिन्-* 'an astronaut'] *m.* 宇宙飛行士.

अंतरिक्ष-यान /aṃtarikṣa-yāna アンタリクシュ・ヤーン/ [neo.Skt.m. *अन्तरिक्ष-यान-* 'a spacecraft'] *m.* 宇宙船.

अंतरिक्ष-विज्ञान /aṃtarikṣa-vijñāna アンタリクシュ・ヴィギャーン/ [neo.Skt.n. *अन्तरिक्ष-विज्ञान-* 'meteorology'] *m.* 気象学.

अंतरित /aṃtarita アンタリト/ [←Skt. *अन्तर्-इत-* 'gone within, interior, hidden'] *adj.* **1** 内部の;隠された, 秘められた. **2** 移しかえられた.

अंतरिम /aṃtarima アンタリム/ [pseudo.Skt for Eng.adj. *interim* ←Skt.pref. *अन्तर्-* 'inter-'] *adj.* 臨時の, 仮の, 当座の, 暫定の. ❒～ आज्ञा 仮命令. ❒～ बजट 暫定予算. ❒～ सरकार 臨時政府.

अंतरीप /aṃtarīpa アンタリープ/ [←Skt.m. *अन्तरीप-* 'a portion of land stretching out into the sea'] *m.* 〖地理〗岬.

अंतरीय /aṃtarīya アンタリーエ/ [←Skt. *अन्तरीय-* 'internal'] *adj.* 内部の.

अंतर्कथा /aṃtarkathā アンタルカター/ [pseudo.Skt.f. *अन्तर्-कथा-* for neo.Skt.f. *अन्तः-कथा-* 'an episode'] *f.* ☞ अंत:कथा

अंतर्गत /aṃtargata アンタルガト/ [←Skt. *अन्तर्-गत-* 'gone into'] *adj.* 含まれている《के अंतर्गत の形式で副詞句「…の範囲内に」として使用》. ❒के ～ …の条件[義務, 責任]のもとに, …の範囲内に.

अंतर्जगत् /aṃtarjagat アンタルジャガト/ ▷अंतर्जगत [neo.Skt.m. *अन्तर्-जगत्-* 'inner world'] *m.* 内部世界;内幕.

अंतर्जातीय /aṃtarjātīya アンタルジャーティーエ/ [neo.Skt.m. *अन्तर्-जातीय-* 'inter-caste'] *adj.* 〖ヒンドゥー教〗異なるカースト間の. ❒～ विवाह 異なるカースト間の結婚.

अंतर्जाल /aṃtarjāla アンタルジャール/ [neo.Skt.n. *अन्तर्-जाल-* 'internet'] *m.* 〖コンピュータ〗インターネット. (⇒इंटरनेट) ❒～ पत्रिका インターネット雑誌.

अंतर्ज्ञान /aṃtarjñāna アンタルギャーン/ [←Skt.n. *अन्तर्-ज्ञान-* 'inward knowledge'] *m.* 直観(力).

अंतर्दर्शन /aṃtardarśana アンタルダルシャン/ [neo.Skt.n. *अन्तर्-दर्शन-* 'introspection'] *m.* 内省.

अंतर्दशा /aṃtardaśā アンタルダシャー/ [←Skt.f. *अन्तर्-दशा-* 'the time when a particular planet exercises its influence over man's destiny'] *f.* 〖暦〗アンタルダシャー《特定の星が人の運勢に影響を及ぼす時間》.

अंतर्दृष्टि /aṃtardr̥ṣṭi アンタルドリシュティ/ [←Skt.f. *अन्तर्-दृष्टि-* 'examining one's own soul'] *f.* 洞察(力), 見抜く力.

अंतर्देशीय /aṃtardeśīya アンタルデーシーエ/ [neo.Skt. *अन्तर्-देशीय-* 'inter-state'] *adj.* **1** 国内の, 内国の. (⇔अंतर्राष्ट्रीय) ❒～ पत्र 国内郵便の手紙. **2** 異なる州の間の.

अंतर्द्वंद्व /aṃtardvaṃdva アンタルドワンドオ/ [neo.Skt.n. *अन्तर्-द्वन्द्व-* 'inner conflict'] *m.* (心の)葛藤.

अंतर्धान /aṃtardʰāna アンタルダーン/ [←Skt.n. *अन्तर्-धान-* 'passing out of sight'] *m.* 消滅, 消失. ❒(का) ～ हो जाना (…が)消滅[消失]する.

अंतर्निष्ठ /aṃtarniṣṭ^{h}a̸ アンタルニシュト/ [neo.Skt. *अन्तर्-निष्ठ-* 'based in a particular entity'] *adj.* 内在する;固有の. (⇒अंतर्निहित)

अंतर्निहित /aṃtarnihita̸ アンタルニヒト/ [←Skt. *अन्तर्-निहित-* 'being concealed within'] *adj.* 内在する;固有の;内に秘められている. (⇒अंतर्निष्ठ) ❐मनोविज्ञान की खोज है कि प्रत्येक पुरुष में एक नारी भी ～ होती है, जैसे प्रत्येक नारी में एक पुरुष भी ～ होता है। 心理学の研究によれば, それぞれの男の内には一人の女も内在しているとのことだ, それぞれの女の内には一人の男も内在しているように.

अंतर्भाव /aṃtarb^{h}āva̸ アンタルバーオ/ [←Skt.m. *अन्तर्-भाव-* 'inclusioin'] *m.* 包含, 包括.

अंतर्भावना /aṃtarb^{h}āva̸nā アンタルバーオナー/ [←Skt.f. *अन्तर्-भावना-* 'inward meditation or anxiety'] *f.* 内に秘めた思い[考え].

अंतर्भूत /aṃtarb^{h}ūta̸ アンタルブート/ [←Skt. *अन्तर्-भूत-* 'included'] *adj.* 包含されている.

अंतर्महाद्वीपीय /aṃtarmahādvīpīya̸ アンタルマハードヴィーピーエ/ [neo.Skt. *अंतर्-महाद्वीपीय-* 'intercontinental'] *adj.* 大陸間の. ❐～ प्राक्षेपिक मिसाइल 大陸間弾道ミサイル.

अंतर्मुख /aṃtarmuk^{h}a̸ アンタルムク/ [←Skt. *अन्तर्-मुख-* 'going into the mouth'] *adj.* 内向性の;内省的な.

अंतर्मुखी /aṃtarmuk^{h}ī アンタルムキー/ [cf. *अंतर्मुख*] *adj.* ☞अंतर्मुख

अंतर्यामी /aṃtaryāmī アンタルヤーミー/ [←Skt.m. *अन्तर्-यामिन्-* 'regulating the soul'] *adj.* 内なる思考[感情]に通じている.

अंतर्राष्ट्रीय /aṃtarrāṣṭrīya̸ アンタルラーシュトリーエ/ [neo.Skt. *अन्तर्-राष्ट्रीय-* 'international'] *adj.* 国際的な, 国際間の. (⇒इंटरनेशनल)(⇔अंतर्देशीय) ❐～ कानून [न्यायालय, संबंध]国際法[裁判所, 関係].

अंतर्लीन /aṃtarlīna̸ アンタルリーン/ [←Skt. *अन्तर्-लीन-* 'latent, hidden'] *adj.* 潜在している;隠れている.

अंतर्वस्तु /aṃtarvastu アンタルワストゥ/ [neo.Skt.n. *अन्तर्-वस्तु-* 'contents, substance'] *f.* 内容, 中身;本質.

अंतर्विकार /aṃtarvikāra̸ アンタルヴィカール/ [neo.Skt.m. *अन्तर्-विकार-* 'mental aberration, mental perversion'] *m.* 〖医学〗心の倒錯(とうさく);精神の異常.

अंतर्विरोध /aṃtarvirod^{h}a̸ アンタルヴィロード/ [neo.Skt.m. *अन्तर्-विरोध-* 'inner opposition'] *m.* 自己矛盾, 自己撞着.

अंतर्वेदना /aṃtarveda̸nā アンタルヴェードナー/ [?neo.Skt.f. *अन्तर्-वेदना-* 'inward suffering'] *f.* 苦悩, 苦悶. ❐अब तो अनाहार और अंतर्वेदना के कारण उसकी देह और भी जीर्ण हो गई थी। 今や食事の不摂取と苦悩のために彼女の肉体はさらに衰えていた.

अंतर्हित /aṃtarhita̸ アンタルヒト/ [←Skt. *अन्तर्-हित-* 'covered, concealed, hidden, made invisible, vanished, invisible'] *adj.* 消えて見えなくなった;隠されている. ❐थोड़ी देर के बाद दोनों एक गुफा में ～ हो गए। しばらくして二人ともある洞穴の中に消えて見えなくなった.

अंतश्- /aṃtaś- アンタシュ・/ ▸अंतः-, अंतर्-, अन्तस्- [←Skt.pref. *अन्तर्-* 'inner-'] *pref.* 内部の.

अंतस्- /aṃtas- アンタス・/ ▸अंतः-, अंतर्- [←Skt.pref. *अन्तर्-* 'inner-'] *pref.* 内部の.

अंतस्तल /aṃtastala̸ アンタスタル/ [←Skt.n. *अन्तस्-तल-* 'inner heart'] *m.* 心の内面. ❐(के) ～ में (人の)心の内面で.

अंतस्थ /aṃtast^{h}a̸ アンタスト/ [←Skt. *अन्त-स्थ-* 'being in the end'] *adj.* **1** 最後に位置する. **2** 中間に位置する《この意味では厳密には अंतःस्थ が正しい》. (⇒अंतःस्थ) ❐～ वर्ण 半母音文字《デーヴァナーガーリー文字の伝統的配列上「(閉鎖音のグループと摩擦音のグループの)中間に位置する」の意味で य, र, ल, व の 4 文字を指す》. ❐～ राज्य 緩衝国.

अंतहीन /aṃtahīna̸ アンタヒーン/ [neo.Skt. *अन्त-हीन-* 'endless'] *adj.* 終わりのない. (⇒अनंत)

अंतानानारिवो /aṃtānānārivo アンターナーナーリヴォー/ [cf. Eng.n. *Antananarivo*] *m.* 〖地名〗アンタナナリボ《マダガスカル(共和国) (मैडागास्कर) の首都》.

अंतिम /aṃtima̸ アンティム/ [←Skt. *अन्तिम-* 'final'] *adj.* **1** 最後の, 最終の, 終りの. (⇒अंत्य, आख़िरी) ❐～ से पहला 最後から2つ目の. ❐～ निर्णय 最終決定. ❐～ रूप से 最終的に. **2** 究極の. (⇒आख़िरी)

अंत्य /aṃtya̸ アンティエ/ [←Skt. *अन्त्य-* 'last, final'] *adj.* **1** 最後の, 最終の, 終りの. (⇒अंतिम, आख़िरी) **2** 最下級の.

अंत्यकर्म /aṃtya̸karma̸ アンティエカルム/ [←Skt.n. *अन्त्य-कर्मन्-* 'final oblation'] *m.* 葬式, 葬儀. (⇒अंत्यक्रिया, अंत्येष्टि)

अंत्यक्रिया /aṃtyakriyā アンティャクリヤー/ [←Skt.f. *अन्त्य-क्रिया-* 'final oblation'] *f.* ☞अंत्यकर्म

अंत्यज /aṃtyaja̸ アンティャジ/ [←Skt. *अन्त्य-ज-* 'latest born'] *adj.*最後に生まれた.

— *m.* 〖ヒンドゥー教〗シュードラ《最下層のカースト;インド神話では「最後に生まれた」ことになっている》.

अंत्यलोप /aṃtyalopa̸ アンティャロープ/ [neo.Skt.m. *अन्त्य-लोप-* 'apocope'] *m.* 〖言語〗語尾音消失.

अंत्याक्षर /aṃtyākṣara̸ アンティャークシャル/ [neo.Skt.m. *अन्त्य-अक्षर-* 'final letter of a word'] *m.* 語末の音節文字. (⇔आद्यक्षर)

अंत्याक्षरी /aṃtyākṣarī アンティャークシャリー/ [*अंत्याक्षर* + *-ई*] *f.* 〖文学〗アンティヤークシャリー《一種の尻取り歌遊び;先に歌われた詩歌の末尾の音節で始まる詩歌を歌う》.

अंत्यानुप्रास /aṃtyānuprāsa̸ アンティャーヌプラース/ [←Skt.m. *अन्त्य-अनुप्रास-* 'rhyme'] *m.* 脚韻《押韻 (अनुप्रास) の一つ》.

अंत्येष्टि /aṃtyeṣṭi アンティエーシュティ/ [←Skt.f. *अन्त्य-इष्टि-* 'last oblation'] *f.* ☞अंत्यकर्म

अंत्र /aṃtra̸ アントル/ [←Skt.n. *अन्त्र-* 'entrails, intestines'] *m.* 〖医学〗内臓, はらわた;腸.

अंत्रवृद्धि /aṃtravr̥dd^{h}i アントラヴリッディ/ [←Skt.f.

अन्त्र-वृद्धि- 'inguinal hernia'] *f.* 〚医学〛鼠径(そけい)ヘルニア.

अंदर /aṃdara̸ アンダル/ [←Pers.adv. اندر 'in, into, within'] *adv.* **1** 内部で[に, へ], 中で[に, へ]. (⇒भीतर)(⇔बाहर) ❐～ आइए। 中にお入りください. ❐～ करना …を中に入れる. ❐～ का दृश्य इससे कहीं भयंकर था। 中の光景はこれよりもはるかに恐ろしかった. ❐बाहर से मोटा, ～ से दुर्बल बच्चा 外見は太っていて, その実ひ弱な子ども. **2**《〚名詞 के अंदर〛の形式で, 副詞句「…の内部に, …の中に;…以内に」を表す》❐उसे घर के ～ पाँव न रखने दूँ। あいつには家の中に足を踏み入れさせるもんか. ❐चौबीस घंटे के ～ 24 時間以内に.

अंदरसा /aṃdara̸sā アンダルサー/ [?] *m.* 〚食〛アナダルサー《菓子の一種;米粉に砂糖・水などを入れ溶いたものをギーをしいたフライパンで焼く》.

अंदरूनी /aṃdarūnī アンダルーニー/ [←Pers.adj. اندرونی 'internal'] *adj.* 内部[内側]の. ❐～ झगड़ा 内輪もめ.

अंदाज़ /aṃdāza̸ アンダーズ/ [←Pers.n. انداز 'a measure, a certain quantity; valuation, guess'] *m.* **1** 見積り評価;目分量. ❐～ से 目分量で, 大ざっぱに, だいたい. ❐(का) ～ करना [लगाना] (…の)見積り評価をする. ❐वक़्त का ठीक-ठीक ～ न होने से कभी-कभी दफ़्तर पहुँचने में देर हो जाती है। 時間のまともな観念がないために時々オフィスに遅刻するのである. **2** 推測, 推量, 推定, 推察, 臆測. (⇒अटकल, अनुमान) ❐उसे उतनी देर में घर की परिस्थिति का ～ हो गया था। 彼はそうこうしている間に(現在の)家の状況についておおよそ推測がついた. ❐(का) ～ करना [लगाना] (…の)推測をする. **3** 様式;方法. ❐नाटकीय ～ में 劇的に, 作り話のようだが本当に. **4** 態度, 物腰;(魅力的な)仕草, しな. ❐वह शहंशाह के ～ में बोलता है। 彼は皇帝のような物腰で話をする.

-अंदाज़ /-aṃdāza̸ ・アンダーズ/ [←Pers. انداز '(in comp.) throwing, darting, scattering, seeking, measuring'] *comb. form* 《名詞の後ろに付加して「…を放つ(人)」などの合成語を作る;たとえば गोलंदाज़「砲手」, तीरंदाज़「(弓の)射手」, नज़रअंदादज़「無視された, 見過ごされた」など》

अंदाज़न /aṃdāzana̸ アンダーザン/ [cf. *अंदाज़*] *adv.* 推測[推定]では.

अंदाज़ा /aṃdāzā アンダーザー/ [←Pers.n. اندازه 'an ell, a yard; measure, quantity'] *m.* **1** 見積り評価;目分量. (⇒अंदाज़) ❐आप उसकी क़ीमत का क्या ～ करते हैं? あなたはあれの価値をどくらいに見積もっているのですか? **2** 推測, 推量, 推定, 推察, 臆測. (⇒अंदाज़) ❐(का) ～ लगाना (…の)推測をする.

अंदेशा /aṃdeśā アンデーシャー/ [←Pers.n. اندیشه 'consideration, thought, meditation'] *m.* 憂慮, 懸念;不安, 心配. (⇒चिंता, फ़िक्र) ❐(का) ～ करना (…を)懸念[憂慮]する. ❐(को) (का) ～ है। (人には)(…の)不安がある.

अंध- /aṃd^{h}a̸ アンド/ [←Skt. *अन्ध-* 'blind'] *pref.* 盲目の.

अंधकार /aṃd^{h}a̸kāra̸ アンドカール/ [←Skt.m. *अन्ध-कार-* 'darkness'] *m.* 暗闇, 闇, 暗黒. (⇒अँधेरा) ❐～ में 暗闇の中で. ❐～ युग 〚歴史〛暗黒時代. ❐चारों ओर नीरव ～ छाया हुआ था। 四方は静かな暗闇に覆われていた.

अंधकूप /aṃd^{h}a̸kūpa̸ アンドクープ/ [←Skt.m. *अन्ध-कूप-* 'a well, the month of which is hidden'] *m.* 深い闇.

अंधड़ /aṃd^{h}aṛa̸ アンダル/ [cf. *अंध-*] *m.* 砂あらし. (⇒आँधी)

अंधपरंपरा /aṃd^{h}a̸paraṃparā アンドパランパラー/ [neo.Skt.f. *अन्ध-परम्परा-* 'servile tradition'] *f.* 盲目的に因習に追随すること.

अंधविश्वास /aṃd^{h}a̸viśvāsa̸ アンドヴィシュワース/ [neo.Skt.m. *अन्ध-विश्वास-* 'superstition'] *m.* **1** 迷信. ❐निराधार ～ 根拠のない迷信. **2** 盲信. (⇒अंधश्रद्धा) ❐(का) ～ करना (…を)盲信する.

अंधविश्वासी /aṃd^{h}a̸viśvāsī アンドヴィシュワースィー/ [neo.Skt. *अन्ध-विश्वासिन्-* 'superstitious (person)'] *adj.* 迷信深い(人);盲信的な(人).

अंधश्रद्धा /aṃd^{h}a̸śradd^{h}ā アンドシュラッダー/ [neo.Skt.f. *अन्ध-श्रद्धा-* 'blind faith'] *f.* 盲信, 妄信. (⇒अंधविश्वास)

अंधा /aṃd^{h}ā アンダー/ [<OIA.m. *andhá-* 'blind': T.00385] *adj.* **1** 〚医学〛盲目の, 失明した. ❐～ आदमी 盲人. **2** 正常な判断力を失った, 分別がない, 目が曇っている, 先が見えない;軽率な. ❐क्रोध में आदमी ～ हो जाता है। 怒りで人間は分別を失うものだ. **3** 人の目をくらます[あざむく], 隠れている. ❐～ कुआँ (口が草に覆われてその存在に気がつかない)井戸;枯れた井戸. ❐～ शीशा [आईना] 隠し鏡.

— *m.* **1** 盲人. **2** 目先のきかない人;無分別な人.

अंधा कुआँ /aṃd^{h}ā kuā̃ アンダー クアーン/ *m.* ☞अंधकूप

अंधाधुंध /aṃd^{h}ād^{h}uṃd^{h}a̸ アンダードゥンド/ [*अंध-* + *धुंध*] *adv.* 見さかいなく;手加減なく;向こう見ずに. ❐～ गोलाबारी करना 無差別爆撃をする. ❐(को) ～ पीटना [जमाना, मारना] (人を)手加減なく打ち据える.

अंधानुकरण /aṃd^{h}ānukaraṇa̸ アンダーヌカラン/ [neo.Skt.n. *अन्ध-अनुकरण-* 'blind imitation'] *m.* 盲目的な模倣;盲従.

अंधापन /aṃd^{h}āpana̸ アンダーパン/ [*अंधा* + *-पन*] *m.* **1** 〚医学〛盲目, 失明. **2** 無分別, 無鉄砲. ❐धार्मिक ～ 狂信. **3** 無知.

अँधेर /ād^{h}era̸ アンデール/ [cf. *अँधेरा*] *m.* 不正, 無法, 非道. ❐～ करना 不正を働く.

अँधेर-खाता /ād^{h}era̸-k^{h}ātā アンデール・カーター/ *m.* ☞अँधेरगर्दी

अँधेरगर्दी /ād^{h}era̸gardī アンデールガルディー/ [*अँधेर* + *-गर्दी*] *f.* 無法状態, 無秩序;混乱状態. (⇒अँधेर-खाता)

अँधेरनगरी /ād^{h}era̸nagarī アンデールナグリー/ [*अँधेर* + *नगरी*] *f.* 無法地帯, 法も秩序もない町《バールテーンドゥ・ハリシュチャンドル (भारतेंदु हरिश्चंद्र) による同名の戯曲がもと》. ❐～ चौपट राजा 無法の町と無能な支配者.

अँधेरा /ãdʰerā アンデーラー/ [<OIA. *andhakāra-* 'darkness': T.00386] *adj.* 暗い;暗黒の. ❐～ कमरा 暗い部屋. ❐अँधेरी रात 月明かりのない夜. ❐अँधेरे मुँह, मुँह अँधेरे まだ暗い早朝に.

— *m.* 暗がり, 暗闇, 闇;暗黒. (⇒अंधकार) ❐अँधेरे में 暗闇の中で. ❐आँखों के सामने ～ छा गया। 目の前が真っ暗になった.

अँधेरी /ãdʰerī アンデーリー/ [cf. *अँधेरा*] *f.* **1** 暗闇;月明かりのない夜. **2** 砂あらし. (⇒आँधी) **3** (家畜や鳥の)目隠し;(戦場における馬の)目隠し.

अँधेरे-उजाले /ãdʰere-ujāle アンデーレー・ウジャーレー/ *adv.* 昼も夜も.

अँधौटा /ãdʰauṭā アンダォーター/ [<OIA. **andhapaṭṭa-* 'cloth for covering the eyes': T.00388] *m.* (馬や牛用の)目隠しの布.

अंपायर /aṃpāyara アンパーヤル/ [←Eng.n. *umpire*] *m.* アンパイヤ, 審判, 判定者. (⇒निर्णायक)

अंबर[1] /aṃbara アンバル/ [←Skt.n. *अम्बर-* 'sky, atmosphere, ether'] *m.* **1** 空. ❐～ के तारे डिगना 空の星がぐらつく《「ありえないことが起こる」の意》. **2** 雲. **3** 衣類.

अंबर[2] /aṃbara アンバル/ [?←Skt.n. *अम्बर-* 'ambergris'; ?←Pers.n. عنبر 'ambergris' ←Arab. ; → Eng.n. *amber*] *m.* **1** 琥珀(こはく);琥珀色. **2** 竜涎(りゅうぜん)香, アンバーグリース.

अंबा /aṃbā アンバー/ [←Skt.f. *अम्बा-* 'a mother, good woman (as a title of respect)'] *f.* **1** 母. **2** 〖ヒンドゥー教〗アンバー女神《シヴァ神 (शिव) の妻パールヴァティー (पार्वती) の異名》.

अंबार /aṃbāra アンバール/ [←Pers.n. انبار 'filth, dung, manure'] *m.* 堆積, 積み重ね. (⇒ढेर) ❐ (का) ～ लगाना (…を)積み重ねる. ❐मैं साँस रोककर लाशों के ～ में पड़ा रहा। 私は息をひそめて死体の山に横たわっていた. ❐शायद वे यह सोच रहे थे कि घटनाओं के ～ में से क्या चुनकर मुझे बताया जाए। 多分彼は, 積み重なった多くの出来事の中から何を選んで私に伝えようか, と考えていた.

अंबाला /aṃbālā アンバーラー/ [cf. Eng.n. *Ambala*] *m.* 〖地名〗アンバーラー《ハリヤーナー州 (हरियाणा) の地方都市》.

अंबु /aṃbu アンブ/ [←Skt.n. *अम्बु-* 'water'] *m.* 水.

अंबुज /aṃbuja アンブジ/ [←Skt. *अम्बु-ज-* 'produced in water'] *adj.* 水から生まれた.

— *m.* **1** 蓮(はす). **2** 月.

अंबुद /aṃbuda アンブド/ [←Skt. *अम्बु-द-* 'giving water'] *adj.* 水をもたらす(もの).

— *m.* (雨をもたらす)雲.

अंबुधि /aṃbudʰi アンブディ/ [←Skt.m. *अम्बु-धि-* 'any receptacle of waters'] *m.* (水をたたえる)海.

अँभौरी /ãbʰaurī アンバォーリー/ ▸अम्हौरी *f.* ☞अम्हौरी

अंश /aṃśa アンシュ/ [←Skt.m. *अंश-* 'portion'] *m.* **1** 断片, 部分《अंश は全体を構成する断片としての部分, अंग は全体を成り立たせている要素としての部分》. (⇒अंग) ❐मैं इस कीर्तिमान् परंपरा का ～ हूँ। 私はこの栄光に輝く伝統の一員である. **2** 分け前, 割り当て. (⇒भाग, हिस्सा) **3** 〖数学〗(角・弧・経緯度・寒暖計などの)度数. (⇒डिगरी) ❐३० ～ का तापमान 30 度の温度. **4** 〖数学〗(分数の)分子. (⇔हर)

अंशकालिक /aṃśakālika アンシュカーリク/ [neo.Skt. *अंश-कालिक-* 'part-time'] *adj.* パートタイムの, 非常勤の, 臨時雇いの. ❐～ रोज़गार パートタイムの仕事.

अंशतः /aṃśataḥ アンシュタハ/ [←Skt.ind. *अंश-तस्* 'partly'] *adv.* 部分的に, 局部的に, 一部.

अंशदान /aṃśadāna アンシュダーン/ [neo.Skt.n. *अंश-दान-* 'contribution'] *m.* 寄付;拠金.

अंशदाता /aṃśadātā アンシュダーター/ [neo.Skt.m. *अंश-दातृ-* 'contributor'] *m.* 寄付者;拠金者.

अंशपत्र /aṃśapatra アンシュパトル/ *m.* **1** 〖法律〗(不動産)権利書. **2** 〖経済〗株券.

अंशभागी /aṃśabʰāgī アンシュバーギー/ [←Skt. *अंश-भागिन्-* 'one who has a share, an heir, co-heir'] *adj.* 〖法律〗(財産を)相続する(人).

अंशु /aṃśu アンシュ/ [←Skt.m. *अंशु-* 'a ray, beam of light'] *m.* (太陽などの)光線.

अंशुजाल /aṃśujāla アンシュジャール/ [←Skt.n. *अंशु-जाल-* 'a collection of rays, blaze of light'] *m.* 光線の集り.

अंशुमान् /aṃśumān アンシュマーン/ ▹अंशुमान [←Skt. *अंशु-मत्-* 'fibrous, rich in filaments'] *m.* 太陽.

अंशुमाली /aṃśumālī アンシュマーリー/ [←Skt.m. *अंशु-मालिन्-* 'having a garland of light; the sun'] *m.* 太陽.

अ- /a- ア・/ [←Skt.pref. *अ-* 'un-, anti-'; cf. *अन्-*] *pref.* 《否定を表すサンスクリット語の接頭辞;अज्ञान「無知」, अपरिचित「未知の」など;母音で始まる語の直前では अन्- となる》(⇒बे-)

अकंटक /akaṃṭaka アカンタク/ [←Skt. *अ-कण्टक-* 'without thorns'] *adj.* **1** とげのない. **2** 障害のない.

अकचकाना /akacakānā アクチャカーナー/ ▸अचकचाना [echo-word; cf. DEDr.0020 (DED.0020)] *vi.* (*perf.* अकचकाया /akacakāyā アクチャカーヤー/) ☞अचकचाना

अकड़ /akaṛa アカル/ [<OIA. **ākkaḍa-* 'cramped, stiff': T.01013] *f.* **1** ねじれ;こわばり, 硬直. **2** 尊大さ, 高慢さ;うぬぼれ, おもいあがり. ❐उसके मुख पर अब भी एक प्रकार की गंभीरता, बातचीत में अब भी एक प्रकार की ～, चाल-ढाल में अब भी एक प्रकार का स्वाभिमान भरा हुआ है। 彼の顔には今でも一種のいかめしさが, 会話には今でも一種の尊大さが, 物腰には今も一種の自尊心が満ち満ちている. **3** 気取り, もったいぶり. ❐～ से 気取って.

अकड़न /akaṛana アクラン/ [cf. *अकड़ना*] *f.* こわばり, 硬直. ❐बाँह में ～ है। 腕がこわばっている.

अकड़ना /akaṛanā アカルナー/ [<OIA. **ākkaḍa-* 'cramped, stiff': T.01013] *vi.* (*perf.* अकड़ा /akaṛā アクラ

ー/) **1** (寒さなどで身体や皮膚が)こわばる, 硬直する; (皮膚が)かさかさになる. ❐सर्दी से उसका शरीर अकड़ गया। 寒さで彼の身体はこわばった. **2** 麻痺する, しびれる, 痙攣する. ❐बैठे बैठे पैर अकड़ जाते हैं। 座りつづけていると足がしびれてしまう. **3** 得意になる, 威張ってふんぞりかえる, 尊大に振る舞う. ❐तुम किस बात पर अकड़ते हो? 君は何に得意になっているのだ? ❐वह चाचा जी की राइफ़ल कंधे पर रखकर अकड़ता हुआ चलता था। 彼は叔父のライフルを肩にかけて得意げに歩いたものだった. **4** 腹を立てる, 不愉快に思う.

अकड़बाज़ /akaṛabāza アカルバーズ/ [*अकड़* + *-बाज़*] *adj.* うぬぼれの強い(人), 威張りちらす(人).

अकड़बाज़ी /akaṛabāzī アカルバーズィー/ [*अकड़बाज़* + *-ई*] *f.* うぬぼれの強い態度, 傲慢な態度.

अकड़ाव /akaṛāva アクラーオ/ [cf. *अकड़ना*] *m.* ☞अकड़

अकथनीय /akatʰanīya アカトニーエ/ [←Skt. *अ-कथनीय-* 'not fit to be mentioned'] *adj.* 言葉にあらわせない, 言うに言われない, 言語に絶した, 表現できない. (⇒अकथ्य)

अकथित /akatʰita アカティト/ [←Skt. *अ-कथित-* 'not told'] *adj.* 話されていない, 述べられていない; 明かされていない.

अकथ्य /akatʰya アカティエ/ [←Skt. *अ-कथ्य-* ' not fit to be mentioned'] *adj.* ☞अकथनीय

अकबक /akabaka アクバク/ *m.* 無意味なたわごと, 脈絡のない話.

अकबकाना /akabakānā アクバカーナー/ ▸हकबकाना [symbolic word (echo-word)] *vi.* (*perf.* अकबकाया /akabakāyā アクバカーヤー/) **1** 面食らう, ぎょっとする. (⇒अचकचाना, सकपकाना) ❐चोरी से मिठाई खाता नौकर मालिक को देखकर अकबका गया। お菓子を盗み食いしていた使用人は, 主人を見てぎょっとなった. **2** 無駄口をたたく. (⇒बकना) ❐वह दिन भर अकबकाता रहता है। 彼は一日中無駄口をたたき続けている.

अकबर /akabara アクバル/ [←Pers.adj. اکبر 'greater, greatest' ←Arab.] *adj.* 〖イスラム教〗偉大なる. ❐अल्लाह ～ アッラーは偉大なり.

— *m.* 〖歴史〗アクバル(帝)《ムガル帝国第3代皇帝(在位 1556-1605)》.

अकबराबाद /akabarābāda アクバラーバード/ [*अकबर* + *आबाद*] *m.* 〖地名〗アクバラーバード《現在のアーグラー(आगरा) の古名; アクバル大帝 (अकबर) の名にちなむ》.

अकरकरा /akarakarā アカルカラー/ [?←Pers.n. عاقر قرحا 'dracunculus; pellitory, *Anthemis pyrethrum*' ←Arab. ; cf. Skt.m. *आकल्ल-* 'the plant *Anthemis pyrethrum*'] *m.* 〖植物〗アカルカラー《薬草の一種》.

अकरण /akaraṇa アカラン/ [←Skt.n. *अ-करण-* 'absence of action'] *m.* **1** 何もしないこと. **2** 怠慢, 手抜かり.

अकरणीय /akaraṇīya アカルニーエ/ *adj.* すべきでない, してはいけない.

अकरा /akarā アクラー/ [cf. Eng.n. *Accra*] *m.* 〖地名〗アクラ《ガーナ(共和国) (घाना) の首都》.

अकर्तव्य /akartavya アカルタヴィエ/ [←Skt. *अ-कर्तव्य-* 'improper or unfit to be done'] *adj.* すべきではない(こと), してはならない(こと).

— *m.* すべきではないこと, してはならないこと.

अकर्ता /akartā アカルター/ [←Skt.m. *अ-कर्तृ-* 'not an agent'] *m.* 非行為者, 非能動者.

अकर्म /akarma アカルム/ [←Skt. *अ-कर्मन्-* 'without work, idle'] *m.* **1** 無活動, 不活動; 怠惰. **2** してはいけないこと; 悪事, 悪行.

अकर्मक /akarmaka アカルマク/ [←Skt. *अ-करमक-* 'intransitive'] *adj.* 〖言語〗目的語をとらない(動詞). (⇔सकर्मक) ❐～ क्रिया 自動詞.

अकर्मण्य /akarmaṇya アカルマニエ/ [←Skt. *अ-कर्मण्य-* 'improper to be done'] *adj.* **1** 怠惰な, 不精な, だらしない. (⇒निकम्मा) **2** 役に立たない, 無駄な, 無益な. (⇒बेकार, व्यर्थ)

अकर्मण्यता /akarmaṇyatā アカルマニエター/ [←Skt.f. *अ-कर्मण्य-ता-* 'state of being improper to be done'] *f.* 非力さ, 甲斐性の無さ, 無能さ; だらしなさ. ❐पग-पग पर सरकार के सामने हाथ फैलाना अपनी अयोग्यता और ～ की सूचना देना है। 事あるたびに政府に助けを求めるのは自分の無能さと非力さを教えるようなものだ. ❐वह पति की ～ पर कुढ़ती थी। 彼女は夫の甲斐性の無さにいらいらするのだった.

अकलंक /akalaṃka アカランク/ [←Skt. *अ-कलङ्क-* 'without stains'] *adj.* **1** しみ[汚点]一つ無い, 汚れのない. (⇒अकलंकित) **2** 無実の, 清廉潔白な. (⇒अकलंकित)

अकलंकित /akalaṃkita アカランキト/ [←Skt. *अ-कलङ्कित-* 'not stained'] *adj.* ☞अकलंक

अक़ल /aqala アカル/ ▸अक़्ल *f.* ☞अक़्ल

अकलदाढ़ /akaladāṛʰa アカルダール/ [*अक़्ल* + *दाढ़*] *f.* 知恵歯, 親知らず. (⇒चोर-दंत)

अकलुष /akaluṣa アカルシュ/ [←Skt. *अ-कलुष-* 'not dirty'] *adj.* **1** 汚れの無い, しみ[汚点]一つ無い; 清廉潔白な. (⇒अकलंक) **2** さびの無い. ❐～ इस्पात ステンレス鋼.

अकल्पनीय /akalpanīya アカルパニーエ/ [←Skt. *अ-कल्पनीय-* 'impracticable, impossible'] *adj.* 想像を絶する, 想像を越えた, 考えられない.

अकल्पित /akalpita アカルピト/ *adj.* **1** 想像しなかった. **2** 想像上の産物ではない.

अकल्याण /akalyāṇa アカルヤーン/ [←Skt. *अ-कल्याण-* 'inauspicious'] *adj.* 不吉な, 縁起の悪い.

— *m.* 不吉; 不運.

अकसर /akasara アクサル/ ▹अक्सर [←Pers.adv. اکثر 'generally; often' ←Arab.] *adv.* **1** しばしば, よく, 頻繁に. (⇒प्रायः) **2** 大抵は, 一般に. (⇒प्रायः)

अकसीर /akasīra アクスィール/ ▹अक्सीर [←Pers.n. اکسیر 'an elixir, the philosopher's stone' ←Arab.] *adj.* 効き目のある, 効能[効験]のある. ❐～ दवा 効果てきめん

の薬.

— *m.* **1**〖化学〗錬金薬, 賢者の石. (⇒पारस) **2**〖医学〗万能薬, 霊薬.

अकस्मात् /akasmāt アカスマート/▹अकस्मात [←Skt.ind. *अ-कस्मात्* 'without a why or a wherefore accidentally suddenly'] *adv.* 突然, 不意に. (⇒अचानक) ❐～ उसके कान में रोने की ध्वनि पड़ी। 突然彼の耳に泣き声が聞こえた.

अकांड /akāṇḍa アカーンド/ [←Skt. *अ-काण्ड-* 'accidental'] *adj.* 不意の, 思わぬ.

अकांड-तांडव /akāṃḍa-tāṃḍava アカーンド・ターンダオ/ [←Skt.n. *अकाण्ड-ताण्डव-* 'irrelevant display of erudition'] *m.* 些細なことをめぐって大騒ぎすること.

अकाउंट /akāuṃṭa アカーウント/ [←Eng.n. *account*] *m.* 勘定;会計.

अकाउंटेंट /akāuṃṭeṃṭa アカーウンテーント/ [←Eng.n. *accountant*] *m.*〖経済〗会計係, 主計(官);会計士.

अकाज /akāja アカージ/ *m.* 損失, 損害. (⇒हर्ज, हानि)(⇔फ़ायदा, लाभ)

— *adv.* 無駄に.

अकाट्य /akāṭya アカーティエ/ [pseudo.Skt. *अ-काट्य-*; cf. *काटना*] *adj.* 反駁できない, 争う余地のない, 確かな. (⇒अखंडनीय) ❐～ प्रमाण 反駁できない証拠.

अकाडमिक /akāḍamika アカーダミク/ ▸अकादमिक *adj.* ☞अकादमिक

अकाडमी /akāḍamī アカードミー/ ▸अकादमी, एकेडमी *f.* ☞अकादमी

अकाडमीशियन /akāḍamīśiyan アカードミーシヤン/ [←Eng.n. *academician*] *m.* アカデミー会員;大学人;学者.

अकादमिक /akādamika アカードミク/ ▸अकाडमिक [←Eng.adj. *academic*] *adj.* 学問の;研究者としての. ❐～ जीवन 学究生活, 研究者人生. ❐～ योग्यता 研究者としての資格.

अकादमी /akādamī アカードミー/ ▸अकाडमी, एकेडमी [←Eng.n. *academy*] *f.* (学術・文芸・芸術の)協会, アカデミー. ❐कला [साहित्य] ～ 芸術[文学]協会.

अकाय /akāya アカーエ/ [←Skt. *अ-काय-* 'without body'] *adj.* 実体のない, 無形の.

अकार /akāra アカール/ [←Skt.m. *अ-कार-* 'the letter अ or its sound'] *m.*〖言語〗母音字 अ あるいはその音価 /a/《子音字の潜在母音 /a/ を含む》.

अकारण /akāraṇa アカーラン/ [←Skt. *अ-कारण-* 'causeless'] *adj.* 理由のない, 言われのない.

— *adv.* 理由なく, 訳もなく. ❐वे ～ हँस पड़ते थे। 彼らは訳もなく笑い転げるのだった.

अकारथ /akāratʰa アカーラト/ *adj.* 無駄な. ❐सारा परिश्रम ～ गया। 全ての努力が無駄になった.

अकारांत /akārāṃta アカーラーント/ [←Skt. *अकार-अन्त-* 'ending in the letter अ or its sound'] *adj.*〖言語〗語尾が母音 /a/ で終わっている(語)《語末の子音字に含まれる母音 /a/ が発音されないヒンディー語には音声学的にはこのような語は原則存在しないが, つづりとして子音字で終わる語を指す; अधिक「多い」, देश「国」, समान「同じ」など》. ❐～ शब्द(文字上で)母音 /a/ で終わる語.

अकारादि /akārādi アカーラーディ/ [neo.Skt. *अकार-आदि-* 'beginning with the letter अ'] *adj.* 最初に母音字 अ で始まる, デーヴァナーガリー文字のアルファベット順の. ❐～ क्रम में रखना デーヴァナーガリー文字のアルファベット順に並べる.

अकाल /akāla アカール/ [←Skt. *अ-काल-* 'untimely'] *adj.* 時宜(じぎ)を得ない, 時ならぬ;時期尚早の. ❐～ कुसुम 季節外れに咲いた花. ❐～ मृत्यु 早死に, 突然の死. ❐～ प्रसव 早産.

— *m.* **1** 飢饉, 凶作. ❐～ पड़ना 飢饉になる. **2** 大払底, 欠乏, 不足. ❐अन्न का ～ 食料難.

अकाल-कुसुम /akāla-kusuma アカール・クスム/ [←Skt.n. *अकाल-कुसुम-* 'flower blossoming out of season'] *m.* **1** 季節外れに咲いた花《不吉な前兆》. **2** 時宜を得ないもの, 時期を逸したもの.

अकाल-पीड़ित /akāla-pīṛita アカール・ピーリト/ [neo.Skt. *अकाल-पीडित-* 'suffering from famine'] *adj.* 飢饉に苦しむ(人々).

अकाल-प्रसव /akāla-prasava アカール・プラサオ/ [←Skt.m. *अकाल-प्रसव-* 'premature delivery'] *m.*〖医学〗早産.

अकाल-मृत्यु /akāla-mr̥tyu アカール・ムリティュ/ [←Skt.m. *अकाल-मृत्यु-* 'untimely death'] *f.* 早死;突然死.

अकाल-वृद्ध /akāla-vr̥ddʰa アカール・ヴリッド/ [neo.Skt. *अकाल-वृद्ध-* 'prematurely aged'] *adj.* 実際の年齢より老け込んだ.

अकाली /akālī アカーリー/ [←Panj.adj. *ਅਕਾਲੀ* 'immortal'] *m.*〖スィック教〗アカーリー《「時を超えた永遠不滅を信じるもの」の意》. ❐～ दल アカーリー・ダル《パンジャーブ州のスィック教徒を基盤とする政党》.

अकिंचन /akiṃcana アキンチャン/ [←Skt. *अ-किञ्चन-* 'without anything, quite poor'] *adj.* 赤貧の, 貧窮の, 貧困した, 困窮した.

— *m.* **1** 赤貧, 貧困. **2** 貧民, 貧困者.

अकिंचनता /akiṃcanatā アキンチャンター/ [←Skt.f. *अ-किञ्चन-ता-* 'voluntary poverty (as practised by Jaina ascetics)'] *f.* 赤貧, 貧困, 困窮, 貧窮.

अकीर्ति /akīrti アキールティ/ [←Skt.f. *अ-कीर्ति-* 'infamy, disgrace'] *f.* 不名誉, 汚名;悪名. (⇒अपयश, बदनामी)

अकीर्तिकर /akīrtikara アキールティカル/ [←Skt. *अ-कीर्ति-कर-* 'causing disgrace'] *adj.* 不名誉な(こと), 汚名のもとになる(こと).

अकुलाना /akulānā アクラーナー/ [<OIA. *ākula-* 'confused': T.01012] *vi.* (*perf.* अकुलाया /akulāyā アクラーヤー/) **1** 落ち着かずそわそわする, 落ち着きがなくなる. (⇒उकताना) ❐मेरा मन मित्र से मिलने के लिए अकुला रहा था। 私の心は友人会いたさにいてもたってもいられなかった. **2**

慌て急ぐ. ❐वह अकुलाकर लोगों को फ़ोन करता रहता है। 彼は慌ただしく人々に電話をかけ続けている. **3** (単調さに)飽きる, 嫌になる. (⇒उकताना, ऊबना) ❐एक ही तरह की बात से वह अकुला गया। 単調な話に彼は飽きてしまった.

अकुलाहट /akulāhaṭa/ アクラーハト/ *f.* そわそわする[落ち着きがない]状態.

अकुलीन /akulīna/ アクリーン/ [←Skt. *अ-कुलीन-* 'low-born, of no high decent'] *adj.* 生まれの卑しい. (⇔कुलीन)

अकुशल /akuśala/ アクシャル/ [←Skt. *अ-कुशल-* 'inauspicious; not skillful'] *adj.* **1** 不運な, 不幸な, わざわいのある. (⇔सकुशल) **2** (頭が)鈍い; (腕が)鈍い, へたな.

— *m.* 不幸, 不運, わざわい.

अकृत /akṛta/ アクリト/ [←Skt. *अ-कृत-* 'undone, not committed; not made, uncreated'] *adj.* **1** なされていない; 手の加わっていない; 自然な, 本来の. **2** 完全ではない, 不完全な; いいかげんな; 役に立たない; 効力のない. ❐विवाह को ~ करना [कराना] 結婚を無効にする[無効にしてもらう].

अकृतज्ञ /akṛtajña/ アクリタギエ/ [←Skt. *अ-कृतज्ञ-* 'ungrateful'] *adj.* 恩知らずの. (⇔कृतज्ञ)

अकृत्रिम /akṛtrima/ アクリトリム/ [←Skt. *अ-कृत्रिम-* 'natural, not man-made'] *adj.* **1** 非人工的な, 自然の. (⇔कृत्रिम) **2** 自然のままの; 気取らない. (⇔कृत्रिम)

अकेला /akelā/ アケーラー/ [<OIA. **ēkkala-* 'alone': T.02506; cf. *एकल*] *adj.* **1** 一人だけの, 単独の. ❐~ आदमी क्या कर सकता है? 一人の人間に一体何ができるというのだ. ❐मैं ~ नहीं हूँ। 私は一人ではない. **2** 無二の, 無類の; 唯一の. ❐वह इस कला में ~ है। 彼はこの技術に関して他の追随を許さない. **3** 孤独な, 独りの; 独身の. (⇔शादीशुदा, विवाहित) ❐~ जीवन बिताना 独身生活をおくる. ❐वह अकेली है। 彼女は独身です. ❐अकेले में 独りで, 単独で.

— *adv.* 《主語に合わせて形容詞変化することもある》独りで, 単独で. ❐मैं ~ घर में पड़ा-पड़ा क्या करूँगा। 僕が独り家にくすぶったままで一体何ができるというのだ. ❐अकेले मिर्ज़ा साहब प्रसन्न थे। 独りミルザー氏だけが幸福だった.

अकेला-दुकेला /akelā-dukelā/ アケーラー・ドゥケーラー/ *adj.* 一つ二つ, 一人二人.

अकेलापन /akelāpana/ アケーラーパン/ [*अकेला* + *-पन*] *m.* 孤独, 単独; 孤独感, さびしさ. ❐~ महसूस करना 孤独感を味わう.

अकेले /akele/ アケーレー/ *adv.* 独りで, 単独で. ❐मुझे ~ छोड़कर चले जाओगे? 私を独りにして行ってしまうのかい. ❐वह ~ रहती है। 彼女は独りで住んでいる.

-अक्कड़ /-akkaṛa/ ・アッカル/ [?] *suf.* 《主に動詞語幹と結合して形容詞や男性名詞「…する(人)」を表す接辞; पियक्कड़「飲んべい, 呑み助」भुलक्कड़「忘れん坊」など諧謔的なニュアンスをもつ》

अक्खड़ /akkʰaṛa/ アッカル/ [?<OIA. *akṣára-* 'indestructible': T.00038] *adj.* **1** 頑固で無愛想な(人). **2** 粗雑な[粗野な](人). (⇒अनगढ़, उजड्ड)

अक्खड़पन /akkʰaṛapana/ アッカルパン/ [*अक्खड़* + *-पन*] *m.* **1** 頑固さ, 無愛想さ. **2** (人の)粗雑さ, 不作法さ.

अक्टूबर /akṭūbara/ アクトゥーバル/ ▸अक्तूबर *m.* ☞अक्तूबर

अक्तूबर /aktūbara/ アクトゥーバル/ ▸अक्टूबर [Port.m. *Outubro* 'October' × Eng.n. *October*] *m.* 〚暦〛十月. ❐~ में 十月に. ❐पहली ~ को 十月一日に.

अक़्ल /aqla/ アクル/ ▸अकल [←Pers.n. عقل 'confining, tying up (a camel's) foot; intellect, reason, discrimination' ←Arab.] *f.* **1** 知能; 知恵; 知力; 思考力. (⇒बुद्धि) ❐यह दवा खाने से ~ तेज़ होती है। この薬を服用すると頭が良くなります. ❐~ दौड़ाना [भिड़ाना] 知恵を働かせる, 推理する. **2** 理解(力); 判断力. (⇒समझ, बुद्धि) ❐यह मेरी ~ के बाहर है। これは私の理解を越えている.

अक़्लमंद /aqlamaṃda/ アクルマンド/ [←Pers.adj. عقلمند 'sensible, judicious'] *adj.* **1** 賢い, 利口な, 聡明な. (⇒बुद्धिमान्) **2** 理解力のある, ものわかりのいい, 分別のある. (⇒समझदार)

अक़्लमंदी /aqlamaṃdī/ アクルマンディー/ [←Pers.n. عقلمندی 'intelligence, wisdom, sound sense'] *f.* 賢明さ, 分別; 知恵. (⇒बुद्धिमानी, समझदारी)

अक्लांत /aklāṃta/ アクラーント/ [?neo.Skt. *अ-क्लान्त-* 'not tired'] *adj.* 疲労していない. (⇔क्लांत)

अक्लिष्ट /akliṣṭa/ アクリシュト/ [←Skt. *अ-क्लिष्ट-* 'untroubled; undisturbed; unwearied'] *adj.* (語や文などの意味が)それほど難解ではない. (⇔क्लिष्ट)

अक्ष /akṣa/ アクシュ/ [←Skt.m. *अक्ष-* 'an axis; a die'] *m.* **1** 軸, 車軸, 心棒. (⇒धुरा) **2** 〚天文〛地軸; 緯度. **3** 〚ゲーム〛サイコロ. (⇒पासा)

अक्षत /akṣata/ アクシャト/ [←Skt. *अ-क्षत-* 'uninjured'] *adj.* **1** 無傷の, 損傷のない. **2** 完全無欠の, 元のままの完全な.

अक्षतयोनि /akṣatayoni/ アクシャトヨーニ/ [←Skt.f. *अक्षत-योनि-* 'a virgin'] *adj.* 処女である(女).

— *f.* 処女.

अक्षम /akṣama/ アクシャム/ [←Skt. *अ-क्षम-* 'incompetent'] *adj.* 遂行能力のない(人), 無能な. (⇔सक्षम)

अक्षम्य /akṣamya/ アクシャミエ/ [←Skt. *अ-क्षम्य-* 'unforgivable'] *adj.* 許しがたい(人[こと]). ❐~ भूल 許しがたい過失.

अक्षय /akṣaya/ アクシャエ/ [←Skt. *अ-क्षय-* 'imperishable'] *adj.* 不滅の, 不朽の; 永遠の. ❐~ प्रेम 永遠の愛.

अक्षयतृतीया /akṣayatṛtīyā/ アクシャエトリティーヤー/ [←Skt.f. *अक्षय-तृतीया-* 'name of a festival (the third day of the bright half of *Vaiśākha*'] *f.* 〚ヒンドゥー教〛アクシャヤ・トリティーヤー《ヴァイシャーカ月 (वैशाख) の白半月3日目の祭日》.

अक्षयनवमी /akṣaya̸navaa̸mī アクシャエナオミー/ [←Skt.f. *अक्षय-नवमी-* 'name of a festival (the ninth day of the bright half of *Kārtika*'] *f.* 〖ヒンドゥー教〗アクシャヤ・ナワミー《カールティカ月 (कार्तिक) の白半月9日目の祭日》.

अक्षर /akṣara̸ アクシャル/ [←Skt. *अ-क्षर-* 'imperishable'] *adj.* 不滅の, 不朽の.
— *m.* **1** (個々の)文字. ❐बड़े [छोटे] अक्षरों में लिखिए। 大きな[小さな]文字で書いてください. ❐अभी तक उसने अँग्रेज़ी का एक ～ भी न पढ़ा था। この時まで彼は英語の一文字すらも読んだことがなかった. ❐मकान के बाहर अँग्रेज़ी और बंगला अक्षरों में नाम की संगमरमरी पटिया लगी थी। 家の外には英語とベンガル語の文字で大理石のネームプレートが掲げられていた. **2** (個々の)音節文字《デーヴァナーガリー文字などインド系文字のように子音と母音が一体となっている文字》. **3** 〖言語〗音節.

अक्षर-क्रम /akṣara̸-krama̸ アクシャル・クラム/ [neo.Skt.m. *अक्षर-क्रम-* 'alphabetical order'] *m.* アルファベット順.

अक्षरजीवी /akṣara̸jīvī アクシャルジーヴィー/ [neo.Skt.m. *अक्षर-जीविन्-* 'a person of letters'] *m.* 文筆家.

अक्षरज्ञान /akṣarajñāna̸ アクシャラギャーン/ [neo.Skt.n. *अक्षर-ज्ञान-* 'knowledge of letters'] *m.* 識字, 読み書き能力.

अक्षरन्यास /akṣara̸nyāsa̸ アクシャルニャース/ [←Skt.m. *अक्षर-न्यास-* 'array of syllables or letters'] *m.* (語の)つづり《現在は वर्तनी が一般的》. (⇒वर्तनी)

अक्षरशः /akṣara̸śaḥ アクシャルシャハ/ [←Skt.ind. *अक्षर-शस्* 'syllable by syllable'] *adv.* 文字どおりに, 一字一句そのままに; 逐語的に. ❐उसने वह वार्तालाप भी ～ प्रकाशित कर दिया। 彼はその会話も一字一句そのまま出版した.

अक्षरारंभ /akṣarāraṃbʰa̸ アクシャラーランブ/ [neo.Skt.n. *अक्षर-आरम्भ-* 'first steps towards literacy'] *m.* 読み書きの手習始.

अक्षरार्थ /akṣarārtʰa̸ アクシャラールト/ [←Skt.m. *अक्षर-अर्थ-* 'meaning (of words)'] *m.* (語の)意味; 字義.

अक्षांश /akṣāṃśa̸ アクシャーンシュ/ [neo.Skt.m. *अक्ष-अंश-* 'a degree of latitude'] *m.* 〖地理〗(緯度の)度数. (⇔देशांतर)

अक्षि-गोलक /akṣi-golaka̸ アクシ・ゴーラク/ [neo.Skt.m. *अक्षि-गोलक-* 'eyeball'] *m.* 眼球.

अक्षुण्ण /akṣuṇṇa̸ アクシュンヌ/ [←Skt. *अ-क्षुण्ण-* 'unbroken'] *adj.* 損なわれていない, 完全無欠な; 永続する.

अक्षुण्णता /akṣuṇṇa̸tā アクシュンヌター/ [←Skt.f. *अक्षुण्ण-ता-* 'uncurtailed condition'] *f.* 完全無欠性; 永続性.

अक्स /aksa̸ アクス/ [←Pers.n. عكس 'turning upside down, inverting, placing the last first, transposing; shadow; reflected image' ←Arab.] *m.* **1** 陰影. **2** 写真; 映像.

अक्सर /aksara̸ アクサル/ ▷अकसर *adv.* ☞अकसर

अक्सीर /aksīra̸ アクスィール/ ▷अकसीर *adj.* ☞अकसीर
— *m.* ☞अकसीर

अखंड /akʰaṃḍa̸ アカンド/ [←Skt. *अ-खण्ड-* 'unbroken'] *adj.* **1** 分割されていない, 欠けていない完全な. **2** 不断の, 絶え間なく連続する. ❐～ पाठ 最初から最後まで休みを入れない吟唱[朗唱].

अखंडता /akʰaṃḍa̸tā アカンドター/ [neo.Skt.f. *अ-खण्ड-ता-* 'integrity'] *f.* **1** 総体; 完全無欠の状態. ❐देश की ～ 国家領土の保全. **2** 不断性, 連続性.

अखंडनीय /akʰaṃḍa̸nīya̸ アカンドニーエ/ [←Skt. *अ-खण्डनीय-* 'unbreakable'] *adj.* **1** 壊すことのできない; 分割できない, 不可分の. **2** 反駁できない, 争う余地のない. (⇒अकाट्य) ❐～ तर्क 反論の余地のない論証.

अख़बार /axa̸bāra̸ アクバール/ [←Pers.n. اخبار 'histories, tales; a newspaper' ←Arab.] *m.* 新聞(紙). (⇒समाचारपत्र, पेपर) ❐～ निकालना 新聞を発行する.

अख़बार-नवीस /axa̸bāra̸-navīsa̸ アクバール・ナヴィース/ [←Pers.n. اخبار نويس 'a news-writer, correspondent (of a paper), editor'] *m.* ジャーナリスト; 新聞記者. (⇒पत्रकार)

अख़बार-नवीसी /axa̸bāra̸-navīsī アクバール・ナヴィースィー/ [*अख़बार-नवीस* + *-ई*] *f.* ジャーナリズム. (⇒पत्रकारिता)

अख़बारवाला /axa̸bāra̸valā アクバールワーラー/ *m.* 新聞屋, 新聞販売[配達]人; (記者, 編集者, 社主など)新聞発行に関係する人.

अख़बारी /axa̸bārī アクバーリー/ *adj.* 新聞の, ジャーナリスティクな. ❐～ काग़ज़ 新聞印刷用紙. ❐～ भाषा 新聞雑誌特有の言語.

अखरना /akʰara̸nā アカルナー/ [?<OIA. *āskandati* 'leaps, attacks': T.01501] *vi.* (*perf.* अखरा /akʰarā アクラー/) **1** 気にさわる, 不愉快に感じる, 気にくわない; つらくなる. (⇒खटकना, खलना) ❐उसे यहाँ मजूरों की तरह रहना अखर रहा था। 彼はここで労働者のように生活することが気にくわなかった. ❐बहुतों के साथ होने के बाद अकेले होने पर मेरा अकेलापन मुझे अखरने लगता है। 大勢の人と一緒にいた後で一人ぼっちになると私は孤独をひしひしと感じる. ❐हमें ऐसा व्यवहार करना चाहिए कि किसी को न अखरे। 我々は他人が不愉快にならないような振舞いをしなければいけない. **2** しっくりこない, 何かおかしいと思う. (⇒खटकना, खलना) ❐समाज को उसका अविवाहित रहना अखरने लगा है। 世間は彼が未婚のままでいることは不自然だと感じはじめた.

अख़रोट /axa̸roṭa̸ アクロート/ [<OIA.m. *akṣōṭa-* 'walnut (or pistacio nut?)': T.00048] *m.* 〖植物〗クルミ(胡桃)(の実). ❐～ की गिरी クルミの果肉.

अख़लाक़ /axa̸lāqa̸ アクラーク/ [←Pers.n. اخلاق 'virtues, good qualities; morals, ethics' ←Arab.] *m.* 倫理, 道徳; 礼儀(作法); 礼節.

अखाड़ा /akʰāṛā アカーラー/ [<OIA.m. *akṣavāṭa-, akṣapāṭa-* 'wrestling ground': T.00039] *m.* **1** 〖スポー

ツ】（インド相撲の）土俵；（レスリングなど格闘技の）リング，闘技場．**2** 勝負の場．❐अखाड़े में उतरना 一騎打ちにのぞむ．**3**〚ヒンドゥー教〛アカーラー《サードゥ साधु の宗派別集団》．

अखाद्य /akʰādyạ アカーディエ/ [←Skt. *अ-खाद्य-* 'not edible'] *adj.* 食用に適さない，食べられない．(⇔खाद्य)

अखिल /akʰilạ アキル/ [←Skt. *अ-खिल-* 'whole, entire'] *adj.* すべての，全国の．(⇒सारा) ❐～ संसार 全世界．❐फ़ुटबाल के ～ भारतीय प्रसिद्धि के खिलाड़ी サッカーの全インド的に知られているプレーヤー．

अखिल-भारतीय /akʰilạ-bʰārạtīyạ アキル・バールティーエ/ *adj.* 全インドの，全インド的な．❐～ सम्मेलन 全インド協議会．

अख़्तियार /axtiyārạ アクティヤール/▸इख़्तियार [←Pers.n. اختيار 'choosing, preferring, selecting, picking out; election, choice; option; control, power, authority' ←Arab.] *m.* **1** 権限；裁量権．(⇒अधिकार, हक़) ❐(को) (पर) (का) ～ है।（人に）（…に関して）（…の）権限がある．**2** 選択．(⇒चयन) ❐उसने जीविका के लिए यह पेशा ～ कर लिया। 彼は生計のためにこの仕事を選んだ．

अगणनीय /agaṇạnīyạ アガンニーエ/ [←Skt. *अ-गणनीय-* 'uncountable'] *adj.* **1** 数えきれない，多数の．**2** 数えるほどもない；勘定にいれるほどもない，たいしたことのない．(⇒अगण्य) **3** 不可算の．(⇔गणनीय) ❐～ संज्ञा〚言語〛不可算名詞．

अगणित /agaṇitạ アガニト/ [←Skt. *अ-गणित-* 'uncounted'] *adj.* 数えきれない，無数の．(⇒अगण्य, अनगिनत)

अगण्य /agaṇyạ アガニエ/ [←Skt. *अ-गण्य-* 'countless, immense; worthless'] *adj.* **1**（数え切れないほど）多くの，無数の．(⇒अगणित) **2**（数えるほどの）価値がない，取るに足らない．(⇒नगण्य)

अगति /agati アガティ/ [←Skt.f. *अ-गति-* 'stoppage'] *f.* **1** 動きのないこと．**2**〚ヒンドゥー教〛アガティ《死後の霊魂が解脱できない状態》．

अगम /agamạ アガム/ [←Skt. *अ-गम-* 'not going, unable to go'] *adj.* ☞अगम्य

अगम्य /agamyạ アガミエ/ [←Skt. *अ-गम्य-* 'unapproachable'] *adj.* 到達できない；近づき難い．(⇒अगम)(⇔गम्य)

अगर[1] /agarạ アガル/ [←Pers.conj. اگر 'if'] *conj.* 《〚अगर 条件節 तो 帰結節〛の形式で，条件節「もし…なら」を導く接続詞；省略可能》(⇒यदि) ❐～ वह आएगा तो मैं नहीं आऊँगा। もし彼が来るなら私は来ないつもりだ．

अगर[2] /agarạ アガル/ [<OIA.m/n. *agaru-* 'fragrant Aloe-tree and wood, *Aquilaria agallocha*': T.00049; DEDr.0013 (DED.0014)] *m.*〚植物〛沈香（じんこう）《ジンチョウゲ科の常緑高木；天然香料が採取できる》．(⇒ऊद)

अगरचे /agarạce アガルチェー/ [←Pers.conj. اگرچه 'although'] *conj.* …であるが，…だけれども，…にもかかわらず．(⇒यद्यपि)

अगरतला /agarạtalā アガルタラー/ [cf. Eng.n. *Agartala*] *m.*〚地名〛アガルタラー《トリプラー州（त्रिपुरा）の州都》．

अगरबत्ती /agarạbattī アガルバッティー/ [*अगर*[2] + *बत्ती*] *f.* 香；線香；蚊取り線香．❐～ जलाना [बुझाना]（線）香をたく[消す]．❐कछुआ छाप ～ 亀印の蚊取り線香．

अगर-मगर /agarạ-magarạ アガル・マガル/ *f.* 言い逃れ．❐～ करना ぐずぐず言い逃れをする．

अग़ल-बग़ल /ağalạ-bağalạ アガル・バガル/ *adv.* **1** 周囲に，付近に，近辺に．(⇒आस-पास) ❐के ～ …の周囲[近辺]に．**2** 隣接して．❐～ का 隣接している…．

अगला /agạlā アグラー/ [<OIA.n. *ágra-* 'top, summit': T.00068] *adj.* **1**（空間的に）前の，前部の，前面の；正面の．(⇒अग्र-)(⇔पिछला) ❐～ पहिया 前輪．❐～ मोर्चा 前線．❐～ हिस्सा 前の部分．**2**（時間的に）先の，次の．(⇒अग्र-)(⇔पिछला) ❐इस पत्रिका के अगले अंक में मेरी कहानी छपेगी। この雑誌の次号に私の短編小説が載るだろう．❐अगले दिन [हफ़्ते, महीने, साल] 翌日[週，月，年]に．❐अगली बार 次回に．

अगवाड़ा /agạvāṛā アグワーラー/ [<OIA.m. **agravāṭa-* 'enclosed space in front': T.00080] *m.* **1**（家などの）前面，前部．(⇔पिछवाड़ा) **2** 前庭．(⇔पिछवाड़ा)

अगवानी /agạvānī アグワーニー/ [<OIA. *agrayā́van-* 'going before': T.00078] *f.* 出迎え．❐(की) ～ करना（…を）出迎える．

— *m.*〚ヒンドゥー教〛（結婚式において新郎側を出迎える新婦側の）出迎えの人．

अगस्त /agastạ アガスト/ [Port.m. *Agosto* 'August' × Eng.n. *August*] *m.*〚暦〛八月．❐～ में 八月に．❐पहली ～ को 八月一日に．

अगहन /agạhanạ アグハン/ [<OIA.m. *agrahāyaṇa-* 'the month November-December': T.00088] *m.* ☞अग्रहायण

अगाऊ /agāū アガーウー/ [<OIA. **agragamaṇa-* 'going in front': T.00070, T.00071] *adj.* 前払いの．(⇒अग्रिम) ❐～ पैसा 前金，手付金，内金．

— *m.* 前払い金，手付金，内金．(⇒अग्रिम)

अगाड़ी /agāṛī アガーリー/ [cf. *आगा*] *f.* 前方部分．(⇔पिछाड़ी)

अगाध /agādʰạ アガード/ [←Skt. *अ-गाध-* 'unfathomable'] *adj.* **1**（測れないほど）深い，底知れぬ．(⇒अथाह) ❐～ समुद्र 深海．**2** 絶大の，測れないほどの．(⇒अथाह) ❐～ विश्वास 絶大の信頼．

अगियारी /agiyārī アギヤーリー/▸अग्यारी [<OIA.m. *agnikārya-* 'kindling the sacred fire with butter': T.00058] *f.*〚ヒンドゥー教〛（香などとともに）聖なる火を燃やすこと．

अगुआ /aguā アグアー/ [<OIA. *agrēgū́-* 'going in front': T.00094] *m.* **1** 先導者，率先者，案内人．**2** 指導者；首領．(⇒नायक, नेता, लीडर)

अगुआई /aguāī アグアーイー/ f. 1 先導, 率先, 案内. ❐ ～ करना 先導する. 2 指導.

अगोचर /agocarḁ アゴーチャル/ [←Skt. अ-गोचर- 'imperceptible by the senses'] adj. (perf. अगोरा /agorā アゴーラー/) 五感ではとらえられない(もの), 五感を超越した(もの).

अगोरना /agorḁnā アゴールナー/ [?] vt. (perf. अगोरा /agorā アゴーラー/) (田畑などの)番をする, 見張る, 監視する. ❐वह धान अगोरने चला गया। 彼は稲を見まわりに出かけた.

अग्नि /agni アグニ/ [←Skt.m. अग्नि- 'fire'] f. 火. (⇒आग)

अग्नि-कांड /agni-kāṃḍḁ アグニ・カーンド/ [neo.Skt.m. अग्नि-काण्ड- 'conflagration'] m. 火事, 大火, 火災(事件). ❐इस ～ में करोड़ों रुपये मूल्य की संपत्ति जल कर नष्ट हो गयी। この大火で何億ルピーもの価値の財産が焼けて失われた.

अग्नि-दान /agni-dānḁ アグニ・ダーン/ [neo.Skt.n. अग्नि-दान- 'kindling the funeral pyre'] m. 〖ヒンドゥー教〗アグニダーン《火葬の薪に火を入れること》.

अग्नि-परीक्षा /agni-parīkṣā アグニ・パリークシャー/ [←Skt.f. अग्नि-परीक्षा- 'ordeal by fire'] f. 1 〖神話〗アグニパリークシャー《試罪法の一種;火中を無事くぐりぬけることが清廉潔白の証となる》. 2 (真価が問われる)過酷な試練. ❐～ देना 過酷な試練を受ける.

अग्निमांद्य /agnimāṃdyḁ アグニマーンディエ/ [←Skt.n. अग्नि-मान्द्य- 'slowness of digestion, dyspepsia'] m. 〖医学〗消化不良. (⇒मंदाग्नि)

अग्नि-शामक /agni-śāmakḁ アグニ・シャーマク/ [neo.Skt.m. अग्नि-शामक-] m. 消火器.

अग्नि-संस्कार /agni-saṃskārḁ アグニ・サンスカール/ [←Skt.m. अग्नि-संस्कार- 'consecration of fire'] m. 1 〖ヒンドゥー教〗火葬. 2 〖ヒンドゥー教〗火をもちいる聖なる儀式.

अग्निसह /agnisahḁ アグニサ/ [अग्नि + सहना] adj. 防火の;耐火性の.

अग्निहोत्र /agnihotrḁ アグニホートル/ [←Skt.n. अग्नि-होत्र- 'an oblation to Agni'] m. 〖ヒンドゥー教〗アグニホートラ《アグニ神への供儀》.

अग्यारी /agyārī アギャーリー/ ▸अगियारी f. ☞अगियारी

अग्र- /agrḁ- アグル・/ [←Skt. अग्र- 'foremost'] adj. 1 (空間的に)前の, 前部の, 正面の, 前面の. (⇒अगला) 2 (時間的に)先の, 次の. (⇒अगला)

अग्रगण्य /agrḁgaṇyḁ アグルガニエ/ [←Skt. अग्र-गण्य- 'to be ranked first'] adj. 第一の, 筆頭の, まっさきの.

अग्रगामी /agrḁgāmī アグルガーミー/ [←Skt. अग्र-गामिन्- 'preceding'] adj. 先駆的な;先導的な.
— m. 先駆者, 先人.

अग्रज /agrajḁ アグラジ/ [←Skt. अग्र-ज- 'first born'] adj. 先に生まれた, 年長の. (⇒बड़ा)
— m. 兄. (⇒बड़ा भाई)(⇔अग्रजा)

अग्रजा /agrḁjā アグルジャー/ [←Skt.f. अग्र-जा- 'a sister who was first born'] f. 姉. (⇒बड़ी बहन)(⇔अग्रज)

अग्रणी /agrḁṇī アグルニー/ [←Skt.m. अग्र-णी- 'a leader'] adj. 先導する(人), 指導する(人).
— m. 先導者, 指導者.

अग्रदूत /agrḁdūtḁ アグルドゥート/ [←Skt.m. अग्र-दूत- 'a harbinger'] m. 先触れ;伝令.

अग्रलेख /agrḁlekʰḁ アグルレーク/ [neo.Skt.m. अग्र-लेख- 'a leading article'] m. 1 社説;論説. ❐～ का विषय 論説のテーマ. 2 巻頭言.

अग्रसर /agrasarḁ アグラサル/ [←Skt. अग्र-सर- 'taking the lead'] adj. 先導的な;積極的な;前進する. ❐(में) ～ होना (…において)率先して先頭に立つ.

अग्रहायण /agrḁhāyaṇḁ アグルハーヤン/ [←Skt.m. अग्र-हायण- 'the beginning of the year'] m. 〖暦〗アグラハーヤナ月《インド暦の第9月;西暦の11, 12月の相当》. (⇒अगहन, मार्गशीर्ष)

अग्राम्य /agrāmyḁ アグラーミエ/ [←Skt. अ-ग्राम्य- 'not rustic or rural'] adj. 田舎じみていない, 田舎くさくない.

अग्राह्य /agrāhyḁ アグラーヒエ/ [←Skt. अ-ग्राह्य- 'not acceptable'] adj. 受け入れ難い, 承認し難い.

अग्रिम /agrimḁ アグリム/ [←Skt. अग्रिम- 'first (in order, rank and etc.)'] adj. 1 前面の, 前部の;先の. ❐～ पंक्ति 前線. 2 前払いの. (⇒अगाऊ) ❐～ भुगतान 前払い. ❐～ रायल्टी 前払いの印税.
— m. 前払い金, 手付金, 内金. (⇒अगाऊ)

अग्रेषण /agreṣaṇḁ アグレーシャン/ [neo.Skt.n. अग्र-ईषण- 'forwarding'] m. 〖コンピュータ〗(メールの)転送.

अघ /agʰḁ アグ/ [←Skt.n. अघ- 'sin'] m. 罪. (⇒पाप)

अघटित /agʰaṭitḁ アガティト/ [←Skt. अ-घटित- 'not happened'] adj. 起きなかった;前例のない. (⇒पाप)

अघाना /agʰānā アガーナー/ [<OIA. āghrāpayati 'causes to smell': T.01062] vi. (perf. अघाया /agʰāyā アガーヤー/) 1 (満腹で)満ち足りる;満足する. (⇒अफरना) ❐दावत इतनी अच्छी थी कि खानेवाले अघा गये। 宴は, 会食した者が十分満ち足りたほど, すばらしいものだった. ❐लड़के इस आशीर्वाद से कभी न अघाते थे। 少年達は, この祝福を受けただけで満足していたわけでは決してなかった. 2 (飽きて)嫌になる, うんざりする, 辟易する, 閉口する. (⇒अफरना, ऊबना) ❐हम तो तुम्हारी पुरानी बातें रोज़ सुन-सुनकर अघा गये। 我々は, 君の昔話を毎日聞き続けてうんざりしてしまった.

अघोर /agʰorḁ アゴール/ [←Skt. अ-घोर- 'not terrific'] adj. 1 恐ろしい;おぞましい, ぞっとさせる《原意から「恐ろしいどろこではない」に変化》. 2 アゴーラ《シヴァ神(शिव)の称号の一つ》.
— m. 〖ヒンドゥー教〗 ☞अघोर-पंथ

अघोर-पंथ /agʰorḁ-paṃtʰḁ アゴール・パント/ m. 〖ヒンドゥー教〗アゴール・パント《シヴァ神を信奉する結社の名;肉食や飲酒も禁じられていない》. (⇒अघोर)

अघोर-पंथी /agʰora̸-paṃtʰī アゴール・パンティー/ *m.* 〖ヒンドゥー教〗アゴール・パンティー《アゴール・パントअघोर-पंथ のメンバー》. (⇒अघोरी)

अघोरी /agʰorī アゴーリー/ *adj.* むかつく, 悪臭のある；不潔な, けがれた；おぞましい.

— *m.* 〖ヒンドゥー教〗 ☞अघोर-पंथी

अघोष /agʰoṣa̸ アゴーシュ/ [←Skt. *अ-घोष-* 'hard-sounding'] *adj.* 〖言語〗無声(音)の. (⇔सघोष) ❐～ व्यंजन 無声子音.

अचंभा /acaṃbʰā アチャンバー/ [<OIA. **ācchambha-* 'rigidity': T.01079] *m.* (当惑する)驚き, びっくり；驚異. (⇒अचरज, आश्चर्य, ताज्जुब) ❐(को) अचंभे में डाल देना (人を)驚かせる. ❐अचंभे में पड़ जाना 驚く.

अचकचाना /aca̸kacānā アチカチャーナー/ ▸अकचकाना [symbolic word (echo-word)] *vi.* (*perf.* अचकचाया /aca̸kacāyā アチカチャーヤー/) (不意をつかれて)はっと驚く, びっくりする. (⇒अकबकाना, सकपकाना) ❐शोर करते बच्चे अध्यापक के आते ही अचकचा गये। 騒いでいた子どもたちは, 先生が来た瞬間はっとなった.

अचकन /aca̸kana̸ アチカン/ [?] *f.* アチカン《男子の丈の長いコートの一種；上半身は体にぴったりとし, 裾はゆったりとしている》.

अचर /acara̸ アチャル/ [←Skt. *अ-चर-* 'immovable'] *adj.* **1** 動かない(もの). (⇔चर) ❐～ संपत्ति 不動産. **2** 生命のない(もの). (⇔चर)

— *m.* 〖数学〗定数. (⇔चर)

अचरज /aca̸raja̸ アチラジ/ [<Skt. *आश्चर्य-* 'wonderful': T.01464] *m.* 驚き, びっくり, 驚異. (⇒अचंभा, आश्चर्य, ताज्जुब) ❐(को) ～ में डाल देना (人を)驚かせる.

अचल /acala̸ アチャル/ [←Skt. *अ-चल-* 'immovable'] *adj.* **1** 不動の, 動かない；固定した. (⇔चल) ❐～ संपत्ति 〖法律〗不動産. **2** 揺るぎない, 断固とした. (⇒अटल, अडिग) ❐वह अपनी बात पर ～ है। 彼は自分の言ったことを決してまげない.

अचल-संपत्ति /acala̸-saṃpatti アチャル・サンパッティ/ [neo.Skt.f. *अचल-सम्पत्ति-* 'immovable property'] *f.* 〖法律〗不動産. (⇔चल-संपत्ति)

अचला /aca̸lā アチラー/ [←Skt.f. *अ-चला-* 'the earth'] *f.* 大地.

अचानक /acānaka̸ アチャーナク/ [?<OIA. *ájñāta-* 'unknown': T.00161] *adv.* 突然に, 不意に, 急に. (⇒अकस्मात्, सहसा) ❐उसकी मृत्यु ～ हो गई। 彼は急死した.

अचार /acāra̸ アチャール/ [←Pers.n. آچار 'onions preserved in vinegar'] *m.* 〖食〗アチャール《インド風漬物, ピクルス》. ❐～ डालना 漬物を漬ける.

अचिंतनीय /aciṃtanīya̸ アチンタニーエ/ [←Skt. *अ-चिन्तनीय-* 'inconceivable'] *adj.* ☞अचिंत्य

अचिंत्य /aciṃtya̸ アチンティエ/ [←Skt. *अ-चिन्त्य-* 'inconceivable'] *adj.* 考えられない, 想像も及ばない. (⇒अचिंतनीय)

अचिर /acira̸ アチル/ [←Skt. *अ-चिर-* 'not of long duration'] *adj.* 長くは続かない, 短期間の.

— *adv.* すぐに, 早く.

अचूक /acūka̸ アチューク/ [*अ-* + *चूकना*] *adj.* (狙った標的に)必ず的中する, 決して外れない, 絶対確実な. (⇒अमोघ) ❐उसका निशाना ～ है। 彼は標的を決して外さない. ❐～ दवा 必ず効く薬. ❐～ निशाना 決して外さない標的.

अचेत /aceta̸ アチェート/ [←Skt. *अचेतस्-* 'unconscious, insensible'] *adj.* 〖医学〗意識不明の, 気絶した, 失神した. (⇒बेख़बर, बेसुध, बेहोश)

अचेतन /acetana̸ アチェータン/ [←Skt. *अ-चेतन-* 'inaminate; not conscious'] *adj.* **1** 〖医学〗潜在意識の；無意識の. (⇔सचेतन) **2** 意識をもたない, 生命のない, 無生の. ❐～ पदार्थ 無生物.

— *m.* **1** 〖医学〗潜在意識；無意識. **2** (生命のない)物質, 無生物.

अचैतन्य /acaitanya̸ アチャェータニエ/ [←Skt.n. *अ-चैतन्य-* 'unconsciousness'] *adj.* ☞अचेत

— *m.* 意識喪失(の状態).

अच्छा /accʰā アッチャー/ [<OIA. *accha-*[1] 'clear, transparent': T.00142] *adj.* **1** 良い；良質の, 良性の, 優良の. (⇔ख़राब) ❐अच्छे बच्चे ऐसी बात नहीं कहते। いい子はこんなこと言いませんよ. **2** 道理に合っている；正義の, 正当な. (⇔बुरा) **3** 都合の良い, ふさわしい. ❐अच्छी बात। 承知しました. ❐～ मौक़ा 好機. **4** 健康な. (⇒तंदुरुस्त, स्वस्थ)

— *adv.* **1** 上手に, うまく. (⇒ख़ूब) ❐वह ～ गाती है। 彼女は上手に歌う. **2** ぞんぶんに；ひどく. (⇒ख़ूब) ❐शिकार ～ मिलेगा। 獲物がぞんぶんに手に入るだろう.

— *int.* はい；へー；ああ, まあ；なるほど, おや.

अच्छाई /accʰāī アッチャーイー/ *f.* **1** よさ, 長所, 優れている点, 利点. (⇒ख़ूबी) ❐इसमें क्या ～ है? これは何が優れているのですか. **2** 正しいこと. (⇔बुराई)

अच्छा-ख़ासा /accʰā-xāsā アッチャー・カーサー/ *adj.* **1** 特に優れている, 優秀な. ❐～ खिलाड़ी 優秀な選手. **2** 絶好の, 願ってもない. ❐～ मौक़ा 絶好の機会.

अच्छा-बुरा /accʰā-burā アッチャー・ブラー/ *adj.* 善し悪し《名詞的に使うことが多い》.

अच्युत /acyuta̸ アチュト/ [←Skt. *अ-च्युत-* 'not fallen, firm; imperishable'] *adj.* **1** 道からはずれない, 揺るぎのない. (⇒अटल) **2** 不滅の, 永遠の.

अछूत /acʰūta̸ アチュート/ [*अ-* + *छूत*] *adj.* 触れることが禁じられている；触るのもけがらわしい.

— *m.* 〖ヒンドゥー教〗不可触民, アンタッチャブル.

अछूता /acʰūtā アチューター/ *adj.* **1** 触れられていない, 手のつけられていない, 手つかずの, 未開発の. ❐～ विषय 手つかずのテーマ. **2** 損なわれていない, 汚れていない.

अछूतोद्धार /acʰūtoddʰāra̸ アチュートーッダール/ [*अछूत* + *उद्धार*] *m.* 〖ヒンドゥー教〗不可触民の社会的地位の向上(運動).

अजंट /ajaṃṭa アジャント/ ▸एजंट, एजेंट [←Eng.n. *agent*] *m.* ☞एजेंट

अजंता /ajaṃtā アジャンター/ [cf. Eng.n. *Ajanta*] *m.* 〖地名〗アジャンター《マハーラーシュトラ州 (महाराष्ट्र) 北部丘陵地の村; 古代仏教の石窟寺院で有名》.

अजगर /ajagara アジガル/ [←Skt.m. *अजगर-* 'goat-swallower; a huge serpent, boa constrictor'; cf. Pers.n. اژدر 'a dragon'] *m.* 〖動物〗大蛇, うわばみ《しばしば強欲・貪欲のたとえに》.

अजगर-वृत्ति /ajagara-vr̥tti アジガル・ヴリッティ/ [neo.Skt.f. *अजगर-वृत्ति-* 'languidness'] *f.* ものぐさ(の性癖).

अजगरी /ajagarī アジガリー/ [*अजगर* + *-ई*] *adj.* 大蛇特有の, うわばみのような. ❐～ वृत्ति 労働もせずに大食すること.

अजनबी /ajanabī アジナビー/ [←Pers.n. اجنبی 'a foreigner, a stranger' ←Arab.] *adj.* よそ者の; 他国の; 外国の. ❐～ आदमी よそ者.

― *m.* **1** よそ者; 他国人; 異邦人, 外国人. **2** 不案内者, 不慣れな人. ❐मैं इस शहर में ～ हूँ। 私はこの町に不案内です.

अजन्मा /ajanmā アジャンマー/ [*अ-* + *जन्मना*] *adj.* まだ生まれていない; 生まれなかった. ❐～ शिशु 生まれる前の赤子.

अजपा /ajapā アジャパー/ [*अ-* + *जपना*] *adj.* 〖ヒンドゥー教〗声に出さずに念じる(呪文や称名). ❐～ जाप 無言の称名.

― *m.* 〖ヒンドゥー教〗アジャパー《声に出さないで呪文や称名を念じ心の中で唱えること》.

अजब /ajaba アジャブ/ [←Pers.n. عجب 'being astonished; strange' ←Arab.] *adj.* 驚嘆すべき; 不思議な. (⇒अजीब)

― *m.* 驚き; 驚嘆. (⇒आश्चर्य) ❐कुछ ～ नहीं है। 驚くに足らない.

अजमेर /ajamera アジメール/ [cf. Eng.n. *Ajmer*] *m.* 〖地名〗アジメール《ラージャスターン州 (राजस्थान) の古都》.

अजमोद /ajamoda アジモード/ [←Pers.n. اجمود 'parsley'; cog. Skt.f. *अज-मोदा-* 'goat's delight; common Carroway'] *m.* ☞अजवायन

अजय /ajaya アジャエ/ [←Skt. *अ-जय-* 'invincible'] *adj.* 負かしがたい, 無敵の. (⇒अजेय)

अजर /ajara アジャル/ [←Skt. *अ-जर-* 'not subject to old age'] *adj.* 不老の. ❐～ अमर 不老不死の.

अजर-अमर /ajara-amara アジャル・アマル/ [<Skt. *अजर-अमर-* 'undecaying and immortal'] *adj.* 不老不死の.

अज़रबेजान /azarabejāna アザルベージャーン/ ▸अज़रबैजान *m.* ☞अज़रबैजान

अज़रबैजान /azarabaijāna アザルバェージャーン/ ▸अज़रबेजान [cf. Eng.n. *Azerbaijan*] *m.* 〖国名〗アゼルバイジャン(共和国).

अजवाइन /ajavāina アジワーイン/ ▸अजवायन *f.* ☞अजवायन

अजवायन /ajavāyana アジワーヤン/ ▸अजवाइन [<OIA.f. *yavānī́-* 'a kind of bad barley': T.10439; cf. Skt.m. *अज-मोद-* 'the species called *Ajwaen* (*Ligusticum Ajwaen*)'] *f.* 〖植物〗アジョワン《セリ科の植物; 実や葉は香辛料や薬となる》.

अजस्र /ajasra アジャスル/ [←Skt. *अ-जस्र-* 'not ceasing, perpetual'] *adj.* 永続する.

― *adv.* 永遠に.

अजात[1] /ajāta アジャート/ [←Skt. *अ-जात-* 'not born'] *adj.* 生まれていない.

अजात[2] /ajāta アジャート/ [*अ-* + *जाति*] *adj.* 〖ヒンドゥー教〗低い身分の生まれの.

अजातशत्रु /ajātaśatru アジャートシャトル/ [←Skt. *अजात-शत्रु-* 'having no enemy'] *adj.* 無敵の.

अजान /ajāna アジャーン/ [*अ-* + *जानना*] *adj.* **1** 見知らぬ, 未知の. (⇒अनजान) **2** 無知な. (⇒अनजान) **3** 無邪気な. (⇒मासूम)

अज़ान /azāna アザーン/ [←Pers.n. اذان 'announcing, giving notice; the signal for summoning to prayers' ←Arab.] *f.* 〖イスラム教〗アザーン《祈祷時刻の告知; マスジッドからムッラー (मुल्ला) が知らせる》. ❐～ देना アザーンを呼びかける; (おんどりが)時を告げる.

अजायब /ajāyaba アジャーヤブ/ [←Pers.n. عجائب 'wonders, miracles, prodigies' ←Arab.] *m.* 驚嘆すべきもの; 不思議なもの, 珍奇なもの《合成語の要素として使用; अजायब-घर「博物館」など》.

अजायब-ख़ाना /ajāyaba-xānā アジャーヤブ・カーナー/ *m.* ☞अजायब-घर

अजायब-घर /ajāyaba-gʰara アジャーヤブ・ガル/ *m.* 博物館. (⇒अजायब-ख़ाना, संग्रहालय)

अजित /ajita アジト/ [←Skt. *अ-जित-* 'not conquered, unsubdued, unsurpassed, invincible, irresistible'] *adj.* 無敗の; 無敵の.

अजिन /ajina アジン/ [←Skt.n. *अजिन-* 'the hairy skin of an antelope'] *m.* (動物の)皮《古代インドで敷いたり身にまとったりした》.

अजिर /ajira アジル/ [←Skt.n. *अजिर-* 'place to run or fight in, area, court'] *m.* 広々した場所; 中庭.

अजिल्द /ajilda アジルド/ [*अ-* + *जिल्द*] *adj.* 未製本の; 簡易製本の. (⇔सजिल्द) ❐～ पुस्तक 簡易製本の本.

अजी /ajī アジー/ *int.* 《呼びかけ》ねえ; おーい; ちょっと.

अज़ीज़ /azīza アズィーズ/ [←Pers.adj. عزیز 'excellent; precious, dear' ←Arab.] *adj.* いとおしい; 大切な; 敬愛する. ❐(को) ～ रखना (…を)いとおしく思う. ❐उसे हीरा जान से ज़्यादा ～ है। 彼にとってダイヤモンドは自分の命より大切である.

― *m.* 大切な人; 親友; 近親者.

अजीब /ajība アジーブ/ [←Pers.adj. عجيب 'wonderful, strange, surprising, astonishing' ←Arab.] *adj.* **1** 驚くべき;不思議な;珍しい. (⇒अजब, विचित्र) **2** 奇妙な, おかしな, 風変わりな. (⇒अजब, विचित्र) ❐आप भी ～ आदमी हैं। あなたも変わった方だ.

अजीबो-ग़रीब /ajībo-ğarība アジーボー・ガリーブ/ [*अजीब* + *व* + *ग़रीब*] *adj.* **1** とても不思議な. **2** とてもすばらしい.

अजीर्ण /ajīrṇa アジールン/ [←Skt. *अ-जीर्ण-* 'undigested; undecomposed'] *adj.* **1** 古ぼけていない;傷んでいない. (⇔जीर्ण) **2** 〖医学〗消化不良の, 不消化の.

— *m.* 〖医学〗消化不良. (⇒अपच, बदहज़मी, मंदाग्नि) ❐～ का रोग 消化不良の病.

अजीव /ajīva アジーヴ/ [←Skt. *अ-जीव-* 'lifeless'] *adj.* 無生物の.

— *m.* 無生物. (⇔जीव)

अजूबा /ajūbā アジューバー/ ▸उजूबा [←Pers.n. اعجوبة 'a wonderful thing, a miracle' ←Arab.] *m.* 奇跡;驚異;不思議.

अजेय /ajeya アジェーエ/ [←Skt. *अ-जेय-* 'not fit to be conquered'] *adj.* 征服し難い, 不敗の, 無敵の. (⇒अजय)

अजैवनीय /ajaivanīya アジャェーヴニーエ/ [neo.Skt. *अ-जैवनीय-* 'non-biodegradable'] *adj.* 微生物で分解されない, 生物分解性のない. (⇔जैवनीय)

अज्ञ /ajña アギエ/ [←Skt. *अ-ज्ञ-* 'ignorant'] *adj.* 無知な, 無学な, 不案内な.

अज्ञता /ajñatā アギエター/ [←Skt.f. *अ-ज्ञ-ता-* 'ignorance'] *f.* 無知, 無学, 不案内.

अज्ञात /ajñāta アギャート/ [←Skt. *अ-ज्ञात-* 'unknown'] *adj.* **1** 知られていない;不明の;未知の. ❐～ स्रोत (情報などの)不明な出所. **2** 匿名の.

अज्ञातवास /ajñātavāsa アギャートワース/ [←Skt. *अ-ज्ञात-वास-* 'whose dwelling is unknown'] *m.* **1** 〖ヒンドゥー教〗アギャートワース《自分の本性を他人から悟られることなく身を隠した生活, 潜伏;特に叙事詩マハーバーラタ(महाभारत) の中でパーンダヴァ五王子 (पांडव) が賭け事に負けた罰としての14年の潜伏生活(の期間)》. **2** 隠棲, 隠遁生活. ❐राजनैतिक ～ 政治の第一線から身を引いた生活.

अज्ञान /ajñāna アギャーン/ [←Skt.n. *अ-ज्ञान-* 'non-cognizance; ignorance'] *adj.* **1** 無知な;無学な;不案内な. **2** 愚かな.

— *m.* **1** 無知;無学;不案内. **2** 愚かさ.

अज्ञानतः /ajñānataḥ アギャーンタハ/ [←Skt.ind. *अ-ज्ञान-तस्* 'unawares, inadvertently'] *adv.* **1** 無知ゆえに;無学なために. **2** 愚かにも.

अज्ञानता /ajñānatā アギャーンター/ [←Skt.f. *अ-ज्ञान-ता-* 'ignorance'] *f.* **1** 無知, 無学, 不案内. **2** 愚かさ.

अज्ञानी /ajñānī アギャーニー/ [←Skt. *अ-ज्ञानिन्-* 'ignorant, unwise'] *adj.* **1** 無知な;無学な. (⇒अज्ञ) **2** 愚かな.

अज्ञेय /ajñeya アギエーエ/ [←Skt. *अ-ज्ञेय-* 'unknowable'] *adj.* 不可知の.

अज्ञेयवाद /ajñeyavāda アギエーエワード/ [neo.Skt.m. *अ-ज्ञेय-वाद-* 'agnosticism'] *m.* 不可知論.

अज्ञेयवादी /ajñeyavādī アギエーエワーディー/ [neo.Skt. *अ-ज्ञेय-वादिन्-* 'agnostic'] *adj.* 不可知論(者)の.

— *m.* 不可知論者.

अटक /aṭaka アタク/ [cf. *अटकना*] *f.* (ある行為をする上での)障害;(心の上での)ひっかかり.

अटकना /aṭakanā アタクナー/ [<OIA. **aṭṭakk-* 'obstruct, stop': T.00182, T.00180; DEDr.0083 (DED.0073)] *vi.* (*perf.* अटका /aṭakā アトカー/) **1** (ものが)ひっかかってつかえる, 止まる. (⇒हिलगना) ❐गले में हड्डी अटक गई। 喉に小骨がひっかかった. ❐पतंग पेड़ पर अटकी हुई है। 凧が木にひっかかっている. **2** (期待・記憶が)かすかに残る. ❐मेरे पिता जी के भी मन में कहीं यह आशा अटकी होगी। 私の父の心にも, どこかにこの期待が残っていたのだろう. ❐इस कविता की दो-चार पंक्तियाँ आज भी स्मृति में अटकी हैं। この詩の数行は今日でも記憶に残っている. **3** (思考・言葉が)行き詰まる, つっかえる, 止まる, 停止する, 中断する. (⇒अटपटाना) ❐वह सोचते सोचते अटक गया। 彼は考えているうちに, 行き詰まってしまった. ❐वह अटक-अटककर बोलता था। 彼は, つっかえつっかえ話すのだった. **4** (勘定・支払いが)滞る, 止まる. ❐उसका वेतन अटक गया है। 彼の給料の支払いが止まった. **5** (案件などが)滞る, 宙にうく, 暗礁にのりあげる. (⇒अड़ना) ❐मामला इसपर अटक गया है कि उसको गाने पर कौन नचाएगा? この件は, 誰が彼女を歌に合わせて踊らせるかという問題で暗礁にのりあげた.

अटकल /aṭakala アトカル/ [<OIA. **aṭṭakkalā-* 'guess': T.00183] *f.* 臆測, (根拠のない)推測, 当て推量. (⇒अनुमान, अंदाज़) ❐～ लगाना 臆測する. ❐अटकलें लड़ाना 臆測する. ❐～ से 臆測で.

अटकल-पच्ची /aṭakala-paccū アトカル・パッチュー/ ▸अटकल-पच्चू *adj.* ☞अटकल-पच्चू

अटकल-पच्चू /aṭakala-paccū アトカル・パッチュー/ ▸अटकल-पच्ची *adj.* あてずっぽうな, いいかげんな. (⇒अलल-टप्पू) ❐～ अनुमान 当て推量. ❐～ करना 当て推量をする.

— *m.* あてずっぽう;憶測.

अटकलबाज़ /aṭakalabāza アトカルバーズ/ [*अटकल* + *-बाज़*] *adj.* 当て推量する(人).

अटकलबाज़ी /aṭakalabāzī アトカルバーズィー/ [*अटकल* + *-बाज़ी*] *f.* 当て推量をすること.

अटकाना /aṭakānā アトカーナー/ [cf. *अटकना*] *vt.* (*perf.* अटकाया /aṭakāyā アトカーヤー/) **1** (仕事・目的の)妨害をする, 邪魔をする, 妨げる. ❐मैं आ ही रहा था कि भाई ने काम में अटका दिया। 私が(ここに)来ようとしたその時, 兄が仕事を押し付けた. ❐संयुक्त मोर्चे का यह भी वादा है कि राज्यपाल राष्ट्रपति की मंज़ूरी के लिए जो विधेयक भेजेंगे उन्हें वह अटकाएगा नहीं। 連合戦線の協定には, 州知事が大統領の

許諾を得るために提出する法案を連合戦線が妨害しないということも含まれてる. **2** (決定・事業を)中途半端に延ばす, 先送りする, 宙にうかす. ❐काम को बीच में अटकाना ठीक नहीं। 仕事を中途で先送りするのはよくない. **3** (無造作に)結ぶ;ひっかける. ❐वह शाम के समय भी टाई अटकाये रहता है। 彼は, 夜もネクタイをつけっぱなしだ. ❐घर लौटते ही वह अपनी कमीज़ जहाँ कहीं भी अटका देता है। 彼は家に帰るとすぐ, (脱ぎ捨てた)シャツをあたりかまわずひっかける. **4**〔慣用〕❐(की) राह में रोड़े ～ (人の)邪魔をする.

अटकाव /aṭakāva アトカーオ/ [cf. *अटकाना*] *m.* **1** 邪魔;支障;障害. **2** 停滞.

अटन /aṭana アタン/ [←Skt.n. *अटन-* 'act or habit of wandering about'] *m.* (*perf.* अटा /aṭā アター/) ぶらつくこと, 逍遥;旅.

अटना /aṭanā アトナー/ ▸अँटना *vi.* (*perf.* अटा /aṭā アター/) ☞अँटना

अटपट /aṭapaṭa アトパト/ ▸अटपटा *adj.* ☞अटपटा

अटपटाँग /aṭapaṭāga アトパターング/ ▸ऊटपटाँग [cf. *अटपट*] *adj.* ☞ऊटपटाँग

अटपटा /aṭapaṭā アトパター/ ▸अटपट [echo-word; cf. *अटकना*] *adj.* **1** 支離滅裂な, つじつまの合わない, 不合理な, 一貫性のない. ❐अटपटी बातें 支離滅裂な話. ❐उसके मुँह से यह वाक्य मुझे बड़ा ～ लगा। 彼女の口からのこの言葉は, 私にはひどく支離滅裂に思えた. **2** 気まぐれな;扱いにくい.

अटपटाना /aṭapaṭānā アトパターナー/ [cf. *अटपटा*] *vi.* (*perf.* अटपटाया /aṭapaṭāyā アトパターヤー/) **1** (気持ちが)動揺する, うろたえる;あわてふためく. (⇒घबराना) **2** (言葉に)つかえる, 口ごもる. (⇒अटकना) ❐भाषण के बीच वह अटपटा जाता है। 彼は演説の途中で立ち往生してしまう. **3** 支離滅裂なことをしゃべる.

अटरनी /aṭaranī アタルニー/ ▹अटर्नी ▸एटर्नी *m.* ☞अटर्नी

अटर्नी /aṭarnī アタルニー/ ▹अटरनी ▸एटर्नी [←Eng.n. *attorney*] *m.* 弁護士.

अटल /aṭala アタル/ [←Skt. *अ-टल-* 'not shaky, firm'] *adj.* 揺るぎない, 不動の, 断固とした. (⇒अचल, अडिग) ❐～ विश्वास 揺ぎない信頼. ❐वह अपने वचन पर ～ है। 彼は自分の言ったことを決して翻さない.

अटलस /aṭalasa アトラス/ ▸एटलस, ऐटलस *m.* ☞एटलस

अटलांटिक /aṭalāṃṭika アトラーンティク/ ▸एटलांटिक [←Eng.adj. *Atlantic*] *adj.* 〚地理〛大西洋の. (⇒अतलांतक) ❐～ महासागर 大西洋.

अटवी /aṭavī アトヴィー/ [←Skt.f. *अटवी-* 'place to roam in; a forest'] *f.* 森;木立ち.

अटाटूट /aṭāṭūṭa アタートゥート/ [cf. *अटना, अटूट*] *adj.* 計り知れないほど多大の;あふれるほど満ちた. ❐～ भीड़ 大群衆.

अटारी /aṭārī アターリー/ [<OIA.m. *aṭṭāla-* 'watch-tower': T.00185; cf. Skt.f. अट्टालिका- 'a palace'] *f.* **1** 最上階の部屋;屋上に作られた部屋. **2** (2階建以上の)屋敷.

अटाला /aṭālā アターラー/ [<OIA. **aṭṭa-*[3] 'bundle': T.00181] *m.* 積み重なったもの.

अटूट /aṭūṭa アトゥート/ [*अ-* + *टूटना*] *adj.* **1** 壊れることのない, 強固な. (⇒दृढ़) ❐～ मित्रता [संबंध] 強固な友情[きずな]. **2** 途切れない, 引き続く.

अटेरन /aṭerana アテーラン/ [<OIA. **āvr̥ttikara-* 'twisting': T.01444] *m.* 糸車;糸巻き.

अटेरना /aṭeranā アテールナー/ [<OIA. **āvr̥ttikara-* 'twisting': T.01444] *vt.* (*perf.* अटेरा /aṭerā アテーラー/) **1** (紡ぐ前に糸棒に糸を)巻く, 巻きつける. ❐बुढ़िया एक घंटे में ढेर सा सूत अटेर लेती थी। 老婆は一時間で山のような紡ぎ糸を巻きつけてしまうことができた. **2**〔俗語〕大酒を飲む, 深酒をする. ❐अपने स्वस्थ्य पर ध्यान न देकर वह ढेर सी शराब अटेर लेता था। 自分の健康を気にかけず彼は大酒を飲んでいた.

अटैची /aṭaicī アタェーチー/ [←Eng.n. *attache-case*] *f.* アタッシュケース.

अट्टहास /aṭṭahāsa アッタハース/ [←Skt.m. *अट्ट-हास-* 'a loud laughter'] *m.* 哄笑, 大笑い, 爆笑. ❐～ करना 大笑いする.

अट्टालिका /aṭṭālikā アッターリカー/ [←Skt.f. *अट्टालिका-* 'a palace'] *f.* 高層の大邸宅, 豪華な館;宮殿.

अट्ठा /aṭṭʰā アッター/ [<OIA. *áṣṭaka-* 'consisting of eight parts': T.00933] *m.* 〚ゲーム〛(トランプやサイコロなどの)8. ❐ईंट [पान, चिड़िया, हुकुम] का ～ ダイヤ[ハート, クラブ, スペード]の 8.

अट्ठाईस /aṭṭʰāīsa アッターイース/ [<OIA.f. *aṣṭā́viṁśati-* 'twenty-eight': T.00950] *num.* 28.

अट्ठानबे /aṭṭʰānabe アッターンベー/ ▸अट्ठानवे *num.* ☞अट्ठानवे

अट्ठानवे /aṭṭʰānave アッターンヴェー/ ▸अट्ठानबे [<OIA.f. *aṣṭā́navati-* 'ninety-eight': T.00948] *num.* 98.

अट्ठारह /aṭṭʰāraha アッターラ/ ▸अठारह *num.* ☞अठारह

अट्ठावन /aṭṭʰāvana アッターワン/ ▸अठावन [<OIA.f. *aṣṭā́pañcāśat-* 'fifty-eight': T.00949] *num.* 58.

अट्ठासी /aṭṭʰāsī アッタースィー/ ▸अठासी [<OIA.f. *aṣṭā́śīti-* 'eighty-eight': T.00951] *num.* 88.

अट्ठी /aṭṭʰī アッティー/ [cf. *अट्ठा*] *f.* ☞अट्ठा

अठ- /aṭʰa- アト・/ [cf. *आठ*] *pref.* 《「8」を表す接頭辞; अठगुना「8 倍の」, अठपहिया「八輪の, 8 個の車輪が付いている」, अठहत्तर「78」など》

अठखेली /aṭʰakʰelī アトケーリー/ *f.* (人が真剣になっている時の)ふざけ, からかい, はしゃぎ.

अठगुना /aṭʰagunā アトグナー/ [<OIA. **aṣṭāguṇa-* 'eightfold': T.00942] *adj.* 8 倍の.

अठत्तर /aṭʰattara アタッタル/ ▸अठहत्तर *num.* ☞अठहत्तर

अठन्नी /aṭʰannī アタンニー/ [*अठ-* + *आना*[2]] *f.* 〚経済〛アタンニー《旧インド貨幣制度の 8 アンナ आना 硬貨;1 ルピー रुपया の 8/16;新貨幣制度では 50 パイサ硬貨の意味で使用》.

अठपहला /aṭ^{h}apahalā アトパヘラー/ *adj.* 8面(体)の.

अठपेजी /aṭ^{h}apejī アトページー/ [*अठ-* + *पेज* + *-ई*] *adj.* 八折版の(印刷物, ページ).
— *m.* 八折版《全紙16ページ取り》.

अठमासा /aṭ^{h}amāsā アトマーサー/ [*अठ-* + *मास*] *adj.* **1**〖単位〗 8か月(目)の. **2**〖医学〗妊娠8か月で生まれた(未熟児).

अठवाड़ा /aṭ^{h}avāṛā アトワーラー/ ▸अठवारा *m.* ☞अठवारा

अठवारा /aṭ^{h}avārā アトワーラー/ ▸अठवाड़ा [<OIA. **aṣṭavāra-* 'period of eight days': T.00940] *m.*〖単位〗 8日間(の期間);一週間.

अठहत्तर /aṭ^{h}ahattara アトハッタル/ ▸अठत्तर [<OIA.f. *aṣṭā́saptati-* 'seventy-eight': T.00954] *num.* 78.

अठारह /aṭ^{h}āraha アターラ/ ▸अट्ठारह [<OIA. *aṣṭā́daśa* 'eighteen': T.00946] *num.* 18.

अठारहवाँ /aṭ^{h}ārahavā̃ アターラヘワーン/ [*अठारह* + *-वाँ*] *adj.* 18番目の.

अठावन /aṭ^{h}āvana アターワン/ ▸अट्ठावन *num.* ☞अट्ठावन

अठासी /aṭ^{h}āsī アタースィー/ ▸अट्ठासी *num.* ☞अट्ठासी

अड़ंगा /aṛaṃgā アランガー/ [cf. *अड़ना*; cf. DEDr.0083 (DED.0073)] *m.* **1** 妨害, 邪魔. (⇒अड़चन, बाधा) ❐(में) अड़ंगे डालना [लगाना] (…を)妨害する. **2**〖スポーツ〗(インド相撲で)相手の足に自分の足をひっかけて倒す技. ❐～ मारना 足をひっかけて相手を倒す技をかける.

अड़ंगेबाज़ /aṛaṃgebāza アランゲーバーズ/ [*अड़ंगा* + *-बाज़*] *m.* 邪魔をする人, 妨害者.

अड़ंगेबाज़ी /aṛaṃgebāzī アランゲーバーズィー/ [*अड़ंगा* + *-बाज़ी*] *f.* 邪魔立て, 妨害行為.

अड़ /aṛa アル/ [cf. *अड़ना*] *f.* 頑固さ, 意地っ張り. ❐～ पकड़ना 意地を張る.

अड़चन /aṛacana アルチャン/ [cf. *अड़ना*] *f.* 障害, 支障, 邪魔, 困難. (⇒अड़ंगा, बाधा) ❐(में) ～ डालना (…を)邪魔する. ❐(में) ～ पड़ जाना (…に)支障が出る.

अड़तालीस /aṛatālīsa アルターリース/ [<OIA. *aṣṭā́catvāriṁśat-* 'forty-eight': T.00944] *num.* 48.

अड़तीस /aṛatīsa アルティース/ [<OIA.f. *aṣṭātriṁśat-* 'forty-eight': T.00945] *num.* 38.

अड़ना /aṛanā アルナー/ [<OIA. **aḍḍ-* 'obstruct, stop': T.00187; cf. DEDr.0083 (DED.0073)] *vi.* (*perf.* अड़ा /aṛā アラー/) **1** (馬などが足を突っ張って)頑固に動かなくなる, 進もうとしなくなる. ❐घोड़ा अड़ गया है। 馬は進もうとしなくなった. **2** 意地[強情]をはる, 固執する, 頑固になる, 意固地になる. ❐दोनों अपने-अपने पक्ष पर अड़ गए। 両者とも自分の立場に固執した. ❐मैं अपनी बात पर अड़ा रहा। 私は自分の主張をまげなかった. **3** (事業などが)滞る, 宙に浮く. (⇒अटकना) **4** 干渉する, 口出しする.

अड़सठ /aṛasaṭ^{h}a アルサト/ [<OIA.f. *aṣṭāṣaṣṭi-* 'sixty-eight': T.00953] *num.* 68.

अड़ाना /aṛānā アラーナー/ [cf. *अड़ना*] *vt.* (*perf.* अड़ाया /aṛāyā アラーヤー/) **1** (動いているものを)止める. **2** (物が倒れないように)支えをする, つっかい棒をする. ❐गिरती हुई झोपड़ी के नीचे उसने बाँस अड़ा दिया। 倒れかけている掘っ立て小屋の下に, 彼は竹のつっかい棒をした. **3** 邪魔をする, (障害物を)置く. ❐तुम जो बात नहीं समझती, उसमें टाँग मत अड़ाया करो। おまえは, わからない事に足を踏み入れるな(＝口出しするな). **4** (事業などを)延期する, 保留する. ❐उसने काम को पूरा नहीं किया, बीच में ही अड़ा दिया। 彼は仕事を完成せずに, 中途で延期した.

अडिग /aḍiga アディグ/ [*अ-* + *डिगना*] *adj.* 揺ぎのない, 不動の, 断固とした. (⇒अचल, अटल) ❐～ विश्वास 不動の信念. ❐वह अपने वचन पर ～ रहा। 彼は自分の約束を守り通した.

अड़ियल /aṛiyala アリヤル/ [cf. *अड़ना*] *adj.* **1** 頑固な, 強情な, 意地っ張りな. ❐～ टट्टू 御し難い子馬《比喩的に「強情な奴」》. **2** 怠け者の, のろまな.

अड़ी /aṛī アリー/ [cf. *अड़ना*] *f.* (先に行けず踏みとどまるほどの)困難な局面.

अड़ोस-पड़ोस /aṛosa-paṛosa アロース・パロース/ *m.* 近隣, 近辺, 付近. ❐～ के लोग [मकान] 近隣の人々[家々].

अड़ोसी-पड़ोसी /aṛosī-paṛosī アロースィー・パロースィー/ *m.* 隣人たち, 近所の人々.

अड्डा /aḍḍā アッダー/ [<OIA. **aḍ-* 'obstruct, stop': T.00187, T.00188; DEDr.0083 (DED.0073)] *m.* **1** 基地, 根拠地;集積所. ❐सैनिक ～ 軍事基地. **2** 駐車場, (乗り物の)集合場所. (⇒स्टैंड) ❐टैक्सियों का ～ タクシー・スタンド. ❐बसों का ～ バス・ターミナル. ❐हवाई ～ 飛行場, 空港. **3** 巣くつ, たまり場, 根城, 本拠. ❐बदमाशों [जुआरियों] का ～ ごろつき[ばくち打ち]の巣くつ. **4** (鳥の)止まり木.

अढ़ाई /aṛ^{h}āī アラーイー/ ▸ढाई [<OIA. *ardhatṛtīya-* 'two and a half': T.00651] *adj.* 2と2分の1, 2.5.

अणु /aṇu アヌ/ [←Skt.m. *अणु-* 'a atom, a very small particle'] *m.* **1**〖物理〗原子《正確な語義では अणु は「分子」で「原子」は परमाणु であるが現在混同されて使われる》. (⇒एटम, परमाणु) **2**〖物理〗分子. **3**〖物理〗微粒子.

अणुजीव /aṇujīva アヌジーヴ/ [neo.Skt.m. *अणु-जीव-* 'microbe'] *m.*〖生物〗微生物, ウイルス.

अणुबम /aṇubama アヌバム/ [*अणु-* + *बम*^{3}] *m.* 原子爆弾, 原爆.

अणु-युद्ध /aṇu-yudd^{h}a アヌ・ユッド/ [neo.Skt.n. *अणु-युद्ध-* 'atomic warfare'] *m.* 核戦争.

अणुवाद /aṇuvāda アヌワード/ [←Skt.m. *अणु-वाद-* 'atomism'] *m.* 原子論.

अणुवीक्षण /aṇuvīkṣaṇa アヌヴィークシャン/ [neo.Skt.n. *अणु-वीक्षण-* 'microscopic observation'] *m.* 微細なものを観察すること. ❐～ यंत्र 顕微鏡.

अणुव्रत /aṇuvrata アヌヴラト/ [←Skt.n. *अणु-व्रत-* 'name of the small duties or vows of the layman abhering to the Jain faith'] *m.*〖ジャイナ教〗アヌヴラタ《在俗の人

が守るべき戒律》.

अणु-शक्ति /aṇu-śakti アヌ・シャクティ/ *f.* 〖物理〗原子力, 原子エネルギー.

अतः /ataḥ アタハ/ [←Skt.ind. *अतस्* 'from this, than this; hence'] *conj.* それ故に, したがって, だから. (⇒अतएव, इसलिए)

अतएव /ataeva アトエーオ/ [←Skt.ind. *अत-एव* 'for this very reason; therefore'] *conj.* それ故に, したがって, だから. (⇒अतः, इसलिए)

अतप्त /atapta アタプト/ [←Skt. *अ-तप्त-* 'not heated, cool'] *adj.* 熱くない.

अतर /atara アタル/ ▸इतर, इत्र *m.* ☞इत्र

अतरसों /atarasõ アタルソーン/ [<OIA. **ātriśvas* 'the day after tomorrow': T.01138] *adv.* **1** 明後日. (⇒परसों) **2** 一昨日. (⇒परसों)

अतल /atala アタル/ *adj.* 底の無い.

अतलांतक /atalāṃtaka アトラーンタク/ [pseudo.Skt. *अ-तल-अन्त-क-* *lit.* 'bottomless' for Eng.adj. *Atlantic*] *adj.* 〖地理〗大西洋の. (⇒अटलांटिक) ❐～ महासागर 大西洋.

अतार /atāra アタール/ ▸अत्तार *m.* ☞अत्तार

अति /ati アティ/ [←Skt. *अति-* 'excessive, extraordinary, intense'] *f.* 極端, 過度, 過剰, 行き過ぎ. (⇒हद) ❐(में) ～ करना (…に)度を越す.

— *adv.* 並はずれて, 極端に, 過度に, 度を越して. ❐～ सुंदर घोड़ा 並はずれて美しい馬.

— *pref.* 《「並はずれた, 極端な, 過度な, 超…」を表す接頭辞; अतिशयोक्ति「誇張表現」など》

अतिक्रम /atikrama アティクラム/ [←Skt.m. *अति-क्रम-* 'passing over'] *m.* ☞अतिक्रमण

अतिक्रमण /atikramaṇa アティクラマン/ [←Skt.n. *अति-क्रमण-* 'the act of passing over'] *m.* **1** 逸脱(した行為), 行き過ぎ(の行為). **2** 侵犯, 侵害.

अतिक्रांत /atikrāṃta アティクラーント/ *adj.* **1** 逸脱した, 行き過ぎた. **2** 侵犯された, 侵害された.

अतिचार /aticāra アティチャール/ [←Skt.m. *अति-चार-* 'passing by, overtaking, surpassing'] *m.* (土地建物への)不法侵入.

अतिचारी /aticārī アティチャーリー/ [←Skt. *अति-चारिन्-* 'surpassing, transgressing'] *adj.* 不法侵入する(人).

अतिथि /atithi アティティ/ [←Skt.m. *अ-तिथि-* 'one who has no fixed day for coming, a guest'] *m.* **1** 客, 客人; 賓客, 来賓; ゲスト. (⇒मेहमान) ❐(को) मुख्य ～ के रूप में निमंत्रित करना (人を)主賓として招待する. **2**《形容詞的に》賓客としての, 招待された, ゲストの. ❐～ कलाकार ゲスト出演の芸能人. ❐～ प्रोफ़ेसर 客員教授.

अतिथि-गृह /atithi-gr̥ha アティティ・グリフ/ *m.* ゲスト・ハウス, 迎賓館.

अतिथि-सत्कार /atithi-satkāra アティティ・サトカール/ [←Skt.m. *अतिथि-सत्कार-* 'honourable treatment of a guest'] *m.* (客を)親切にもてなすこと, 歓待. (⇒आतिथ्य, मेहमानदारी, मेहमान-नवाज़ी) ❐(का) ～ करना (人を)もてなす, 歓待する.

अतिमानव /atimānava アティマーナオ/ [neo.Skt.m. *अति-मानव-* 'superman'] *m.* スーパーマン, 超人.

अतियथार्थवाद /atiyathārthavāda アティヤタールトワード/ [←Skt.m.] *m.* 超現実主義, シュールレアリズム.

अतियथार्थ-वादी /atiyathārtha-vādī アティヤタールト・ワーディー/ *adj.* 超現実主義的な, シュールレアリズムの.

— *m.* 超現実主義者.

अतिरंजन /atiraṃjana アティランジャン/ [neo.Skt.n. *अति-रञ्जन-* 'exaggeration'] *m.* 誇張[過大](表現).

अतिरंजित /atiraṃjita アティランジト/ [neo.Skt. *अति-रञ्जित-* 'exaggerated'] *adj.* 誇張された, 大げさに表現された.

अतिराष्ट्रीय /atirāṣṭrīya アティラーシュトリーエ/ [neo.Skt. *अति-राष्ट्रीय-* 'chauvinistic'] *adj.* **1** 超国家主義的な. **2** 狂信的愛国主義の, ショービニスティックな.

अतिराष्ट्रीयता /atirāṣṭrīyatā アティラーシュトリーエター/ [neo.Skt.f. *अति-राष्ट्रीय-ता-* 'chauvinism'] *f.* **1** 超国家主義. **2** 狂信的愛国主義, ショービニズム.

अतिरिक्त /atirikta アティリクト/ [←Skt. *अति-रिक्त-* 'left with or as a surplus, left apart'] *adj.* **1** 臨時の, 特別な. ❐～ आय [ख़र्च] 臨時収入[出費]. ❐～ छूट 特別割り引き. **2** 付加的な, 追加の, 超過の, 割り増しの. ❐～ कर 付加税. **3** 余分の, 余剰の. (⇒फ़ालतू)

— *ind.* 《『名詞 के अतिरिक्त』の形式で, 副詞句「…に加えて, …以外に」を表す》(⇒अलावा)

अतिरेक /atireka アティレーク/ [←Skt.m. *अति-रेक-* 'surplus, excess'] *m.* 過剰, 氾濫.

अतिवाद /ativāda アティワード/ [←Skt.m. *अति-वाद-* 'abusive language'] *m.* 過激主義, 極端論.

अतिवादी /ativādī アティワーディー/ [←Skt. *अति-वादिन्-* 'very talkative'] *adj.* 極端[過激]論(者)の.

— *m.* 極端[過激]論者.

अतिवृष्टि /ativr̥ṣṭi アティヴリシュティ/ [←Skt.f. *अति-वृष्टि-* 'excessive rain'] *f.* 豪雨, 異常降雨.

अतिशय /atiśaya アティシャエ/ [←Skt. *अति-शय-* 'pre-eminent'] *adj.* 過度な, 過剰な, 過大な, 過多の, 極端な.

अतिशयता /atiśayatā アティシャエター/ [←Skt.f. *अतिशय-ता-* 'pre-eminence'] *f.* 過度, 過剰, 過大, 過多, 極端.

अतिशयोक्ति /atiśayokti アティシャヨークティ/ [←Skt.f. *अतिशय-उक्ति-* 'hyperbolical language'] *f.* 誇張表現, 誇張法.

अतिसार /atisāra アティサール/ [←Skt.m. *अति-सार-* 'dysentery'] *m.* **1** 〖医学〗下痢. (⇒आँव, दस्त) **2** 〖医学〗赤痢.

अतींद्रिय /atīṃdriya アティーンドリエ/ [←Skt. *अति-इन्द्रिय-* 'beyond the (cognizance of the) senses'] *adj.* (五感の能力を)超越した. ❐～ दृष्टि 透視.

अतीत /atītá アティート/ [←Skt. *अति-इत-* 'gone by, past, passed away, dead'] *adj.* 過去の, 過ぎ去った. ❐～ जीवन 過ぎ去った人生. ❐पाँच वर्ष के वैवाहिक जीवन की ～ स्मृतियाँ उसकी आँखों के सामने खिंच गईं। 5年間の結婚生活の過ぎ去った思い出が彼の眼前に引き寄せられた.

— *m.* **1** 過去. (⇔भविष्य) ❐～ को भुलाना 過去を忘れる. ❐～ में 過去において. **2**〖言語〗過去(時制). (⇔भविष्य) ❐～ काल 過去時制.

— *suf.*《名詞の後に付けて合成形容詞「…を超えた, …をはずれた」を作る; आशातीत「期待を上回る」, कल्पनातीत「想像を超えた」, दिनातीत「時代遅れの」など》

अतीव /atīvá アティーヴ/ [←Skt.ind. *अति-इव* 'exceedingly, very; excessively, too'] *adv.* 著しく, 甚だしく, 非常に, 過度に. (⇒निहायत)

अतुकांत /atukāṃtá アトゥカーント/ [*अ-* + *तुक* + *अंत*] *adj.* 脚韻をふんでいない. ❐～ कविता 無韻詩.

अतुल /atulá アトゥル/ [←Skt. *अ-तुल-* 'unequalled'] *adj.* **1** 測れないほどの, 限りない, 無限の. (⇒अतुलनीय, अतुल्य) ❐～ संपत्ति 無限の財. **2** 無比の, 比べられない(ほどすばらしい), 無類の. (⇒अतुलनीय, अतुल्य)

अतुलनीय /atulánīyá アトゥルニーエ/ [←Skt. *अ-तुलनीय-* 'unequalled'] *adj.* 比類のない; 量れないほどの. (⇒अतुल, अतुल्य, बेमिसाल)

अतुलित /atulitá アトゥリト/ [?neo.Skt. *अ-तुलित-* 'unequalled'] *adj.* ☞अतुल

अतुल्य /atulyá アトゥルエ/ [←Skt. *अ-तुल्य-* 'unequalled'] *adj.* 比類ない; 量れないほどの. (⇒अतुल, अतुलनीय)

अतृप्त /atṛptá アトリプト/ [←Skt. *अ-तृप्त-* 'unsatisfied, insatiable, eager'] *adj.* 満足していない, 満ち足りない, 不満足な, 飽き足らない. (⇒असंतुष्ट)

अतृप्ति /atṛpti アトリプティ/ [←Skt.f. *अ-तृप्ति-* 'unsatisfied condition, insatiability'] *f.* 不満足. (⇒असंतोष)

अत्तार /attārá アッタール/▸अतार [←Pers.n. عطار 'a dealer in perfumes, drugs, spices, or groceries' ←Arab.] *m.* **1** 香水[香油]売り, 香水商. (⇒गंधी) **2** 薬種商《特にアラビア医術で》.

अत्तारी /attārī アッターリー/ ▸अतार [←Pers.n. عطاری 'the business of a perfume-seller or druggist'] *f.* 香水商や薬種商の商売.

अत्यंत /atyaṃtá アティヤント/ [←Skt. *अत्य्-अन्त-* 'beyond the proper end or limit'] *adv.* 非常に, 大いに, 大層, 極端に, 甚だしく, ひどく. (⇒बेहद)

अत्यधिक /atyadʰiká アティヤディク/ [←Skt. *अत्य्-अधिक-* 'excessive'] *adj.* 過度の, 圧倒的多数の.

अत्याचार /atyācārá アティヤーチャール/ [←Skt.m. *अत्य्-आचार-* 'performance of works of supererogation'] *m.* 暴虐[非道](な行為), 弱い者いじめ. (⇒जुल्म) ❐(पर [के साथ]) ～ करना (…に対して)暴虐非道な扱いをする.

अत्याचारी /atyācārī アティヤーチャーリー/ [neo.Skt. *अत्य्-आचारिन्-* 'tyrannical'] *adj.* **1** 暴虐な, 非道な, 残虐な. **2** 専制君主的な, 圧政的な, 暴君的な.

— *m.* 専制君主; 暴君.

अत्याज्य /atyājyá アティヤージエ/ [←Skt. *अ-त्याज्य-* 'not fit to be abandoned'] *adj.* 放棄すべきでない, 放棄できない, 諦められない.

अत्यावश्यक /atyāvaśyaká アティヤーワシャク/ [?neo.Skt. *अत्य्-आवश्यक-* 'extremely urgent'] *adj.* 絶対不可欠な; 最重要な; 焦眉の急である.

अत्युक्ति /atyukti アティュクティ/ [←Skt.f. *अत्य्-उक्ति-* 'excessive talking'] *f.* 誇張, 大げさな表現.

अथ /atʰá アト/ [←Skt.ind. *अथ* 'an auspicious and inceptive particle'] *conj.* さて; ところで.

— *m.* 始まり, 事の起こり. (⇔इति) ❐～ से इति तक 一部始終, 事の顛末(てんまつ).

अथक /atʰaká アタク/ [*अ-* + *थकना*] *adj.* 疲れを知らぬ; 不屈の. ❐～ परिश्रम 不眠不休の労働. ❐～ प्रयत्न 不屈の努力.

अथर्ववेद /atʰarvávedá アタルオヴェード/ [←Skt.m. *अथर्व-वेद-* 'name of the fourth *Veda*'] *m.*〖ヒンドゥー教〗アタルヴァ・ヴェーダ《呪文のヴェーダ; 呪術的な性格, 思弁的な性格をもつ部分がある讃歌の集録》.

अथवा /atʰávā アトワー/ [←Skt.ind. *अथ-वा* 'or, rather; either or'] *conj.* あるいは, または, もしくは. (⇒या)

अथाह /atʰāhá アターハ/ [*अ-* + *थाह*] *adj.* **1** 底知れぬ. (⇒अगाध) **2** 絶大の, 測れないほどの. (⇒अगाध) ❐～ ज्ञान 測り知れないほど深い知識.

अदंडनीय /adaṃḍanīyá アダンダニーエ/ [←Skt. *अ-दण्डनीय-* 'not deserving punishment'] *adj.* 罰するべきでない, 罰することのできない.

अदद /adadá アダド/ [←Pers.n. عدد 'number' ←Arab.] *m.* **1** 数字, 番号; 数. (⇒अंक, नंबर, संख्या) ❐～ व शुमार 統計. **2** (数えられるものの)単位, 個数. ❐बीस ～ कपड़े 20反の布地.

अदन /adaná アダン/ [cf. Eng.n. *Aden*] *m.*〖地名〗アデン《イエメン(共和国) (यमन) の港湾都市》.

अदना /adánā アドナー/ [←Pers. ادنی 'lower, lowest' ←Arab.] *adj.* **1** 卑しい; つまらぬ, 取るに足らない(人間). (⇒कमीना, तुच्छ) **2** 些細な, ちょっとした, 小さな. (⇒तुच्छ)

अदब /adabá アダブ/ [←Pers.n. ادب 'being courteous, polite, well-bred' ←Arab.] *m.* **1** 礼儀, 礼節; 丁重さ. (⇒तमीज़, शिष्टता, सभ्यता) ❐～ से 礼儀正しく, うやうやしく. **2** (目上の者に対する)敬意, 尊敬, 尊重. (⇒आदर, इज़्ज़त, सम्मान) ❐(का) ～ करना (人を)尊敬する, 敬う. **3** 手厚い接待, 丁重なもてなし, 歓待. (⇒सत्कार) **4**〖文学〗(純)文学. (⇒साहित्य) ❐उर्दू ～ ウルドゥー文学.

अदम- /adamá- アダム・/ [←Pers. عدم 'losing, being deprived of, wanting' ←Arab.] *m.*《ペルシャ語, アラビア語系の合成語や名詞句の先頭の要素となり「不足, 不在」を表す》 ❐～ तामील (命令などの)不履行.

❐～ पैरवी 勝訴のために努力しないこと. ❐～ मौजूदगी 不在. ❐～ सबूत 証拠不足.

अदम्य /adamya アダミエ/ [←Skt. *अ-दम्य-* 'untamable'] *adj.* 抑えきれない, 抑圧［抑制］できない；不屈の. ❐～ उत्साह 抑え難い熱情.

अदरक /adaraka アドラク/ [＜Skt.n. *आर्द्रक-* 'wet ginger, fresh ginger': T.01341] *m.* 〖植物〗ショウガ（生姜）.（⇒जिंजर）

अदर्शन /adarśana アダルシャン/ [←Skt. *अ-दर्शन-* 'non-vision, not seeing'] *m.* 姿が見えないこと.

अदल-बदल /adala-badala アダル・バダル/ [cf. *बदल*] *m.* 入れ替え, 交換.（⇒हेर-फेर）❐（का）～ करना（…を）入れ替える.

अदवाइन /adavāina アドワーイン/ ▸अदवायन *f.* ☞अदवायन

अदवान /adavāna アドワーン/ ▸अदवायन *f.* ☞अदवायन

अदवायन /adavāina アドワーイン/ ▸अदवाइन [＜OIA. **antadāmanī-* 'end cord': T.00353] *f.* アドワーイン, アドワーン《簡易ベッド（चारपाई）の足元側を締めるひも》.（⇒अदवान）

अदहन /adahana アドハン/ [?cf. *दहन*] *m.*（料理用の）熱湯.

अदा[1] /adā アダー/ [←Pers.n. ادا 'payment, satisfaction, performance, fulfilment, accomplishment' ←Arab.] *f.* **1**（支払いの）完済. ❐（को）क़र्ज़ ～ करना（人に）負債を返済する. **2** 実行；遂行；履行. ❐（का）पार्ट ～ करना（…の）役を演じる. ❐फ़र्ज़ ～ करना 義務を果たす. ❐रस्म ～ करना 儀式を遂行する. ❐（को）शुक्रिया ～ करना（人に）礼を述べる.

अदा[2] /adā アダー/ [←Pers.n. ادا 'grace, beauty, elegance; coquetry'] *f.*（女の）なまめかしい仕草, 媚態；色気；艶っぽさ.（⇒अंगभंगिमा）

अदाकार /adākāra アダーカール/ [*अदा*[1] ＋ *-कार*] *m.* **1**〖演劇〗俳優.（⇒अभिनेता, एक्टर）**2** 実行［履行, 遂行］者.

अदाकारी /adākārī アダーカーリー/ [*अदाकार* ＋ *-ई*] *f.*〖演劇〗演技, 所作.（⇒अभिनय）❐（ड्रामे में）～ करना（ドラマで）演技する.

अदायगी /adāyagī アダーエギー/ [cf. *अदा*[1]] *f.* **1** 支払い, 支出. ❐（को）（की）～ करना（人に）（…を）支払う. **2** 実行, 履行, 遂行.

अदायाद /adāyāda アダーヤード/ [←Skt. *अ-दायाद-* 'not entitled to be an heir; destitute of heirs'] *adj.*（財産の）継承権のない.

अदालत /adālata アダーラト/ [←Pers.n. عدالة 'being just, right, equitable, lawful, legitimate; a court of justice' ←Arab.] *f.* 法廷；裁判所.（⇒कचहरी, कोर्ट, न्यायालय）❐～ करना 裁判を争う. ❐दीवानी ～ 民事裁判所. ❐फ़ौजदारी ～ 刑事裁判所.

अदालती /adālatī アダールティー/ [←Pers.adj. عدالتی 'legal, judicial'] *adj.* 法廷の；裁判の；司法の.（⇒न्यायिक）❐～ कार्रवाई 裁判沙汰. ❐～ नोटिस 裁判所通知. ❐～ भाषा 法廷言語.

अदावत /adāvata アダーワト/ [←Pers.n. عداوة 'enmity, hatred, hostility' ←Arab.] *f.* 敵意, 敵愾心, 悪意, 恨み, 憎しみ.（⇒दुश्मनी, द्वेष, वैर, शत्रुता）❐（से）～ रखना（に）敵意をもつ.

अदिस अबाबा /adisa abābā アディス アバーバー/ [cf. Eng.n. *Addis Ababa*] *m.* 〖地名〗アディスアベバ《エチオピア（連邦民主共和国）（इथियोपिया）の首都》.

अदूरदर्शी /adūradarśī アドゥールダルシー/ [neo.Skt. *अ-दूर-दर्शिन्-* 'short-sighted'] *adj.* 近視眼的な, 視野の狭い（人）.

अदृश्य /adr̥śya アドリシエ/ [←Skt. *अ-दृश्य-* 'invisible, latent'] *adj.* 目に見えない. ❐～ हो जाना 消える.

अदृष्ट /adr̥ṣṭa アドリシュト/ [←Skt. *अ-दृष्ट-* 'unseen'] *adj.* いまだ見たことのない.
— *m.* 運命, 宿命.

अदृष्टपूर्व /adr̥ṣṭapūrva アドリシュトプールオ/ [←Skt. *अ-दृष्ट-पूर्व-* 'never seen before'] *adj.* 見たことのない；類のない.

अदृष्टवाद /adr̥ṣṭavāda アドリシュトワード/ [neo.Skt.m. *अदृष्ट-वाद-* 'fatalism'] *m.* 運命論, 宿命論.

अद्धा /addʰā アッダー/ [＜OIA. *ardhá-*[2] 'half': T.00644] *m.* **1** 半分（の数量）, 半分（のもの）.（⇒आधा）**2**（酒などの）ハーフボトル. **3**（半時間ごとに鳴る）鐘, チャイム. **4**（領収書などの）半券.

अद्भुत /adbʰuta アドブト/ [←Skt. *अद्-भुत-* 'supernatural, wonderful, marvellous'] *adj.* **1** 驚嘆すべき；すばらしい. **2** 不可思議な；この世のものとは思われない. ❐～ घटना この世のものとは思われない出来事.

अद्भुत-रस /adbʰuta-rasa アドブト・ラス/ [←Skt.m. *अद्भुत-रस-* 'the marvellous style (of poetry)'] *m.* アドブタ・ラサ《驚嘆・驚異を表すラサ（रस）》.

अद्यतन /adyatana アディャタン/ [←Skt. *अद्यतन-* 'extending over or referring to today; nowadays, modern'] *adj.* 最新の；現代の.

अद्यावधि /adyāvadʰi アディャーワディ/ [←Skt. *अद्य-अवधि-* 'beginning or ending to-day; from or till to-day'] *adv.* 今日でも；現在に至るまで.

अद्वितीय /advitīya アドヴィティーエ/ [←Skt. *अ-द्वितीय-* 'without a second, sole, unique; matchless'] *adj.* 二つとない, 無類の, 無比の；独自の, ユニークな.（⇒अनन्य）❐वे केवल लड़ाई में ही वीर न थे, बल्कि राज्य-शासन में भी ～ थे। 彼は単に戦いにおいて勇敢であったばかりでなく, 国の統治においても並びなきものだった.

अद्वैत /advaita アドワェート/ [←Skt.n. *अ-द्वैत-* 'non-duality'] *m.* 不二一元論.

अद्वैतवाद /advaitavāda アドワェートワード/ [←Skt.m. *अ-द्वैत-वाद-* 'non-duality; monism'] *m.* ☞अद्वैत

अद्वैतवादी /advaitavādī アドワェートワーディー/ [←Skt.m. *अ-द्वैत-वादिन्-* 'one who asserts the doctrine of non-duality'] *m.* 不二一元論者.

अधः- /adʰaḥ- アダハ・/ ▸अधो- [←Skt. *अधस्-* 'below, down'] *pref.* 《「下方に」を意味するサンスリット語の接頭辞; अधःपतन「没落」など; 直後に有声音が来る場合は अधो- となる; अधोमुख「うつむきの」など》

अधःपतन /adʰaḥpatana アダハパタン/ [←Skt.n. *अधः-पतन-* 'downfall'] *m.* **1** 没落, 滅亡. **2** 堕落, 退廃, 退歩.

अध- /adʰa- アド・/ [<OIA. *ardhá-²* 'half': T.00644; cf. *आधा*] *pref.* 半…《「半分の」を意味する接頭辞で आधा の短縮形; अध-उबला, अधपका, अधमरा など》.

अध-उबला /adʰa-ubalā アド・ウバラー/ *adj.* 半煮えの, 半熟の(卵). ❒~ अंडा 半熟卵.

अधकचरा /adʰakacarā アドカチラー/ [*अध- + कच्चा*] *adj.* **1**『食』完全に挽かれていない, 粗挽きの(粉). (⇒दरदरा) ❒~ आटा 粗挽きの小麦粉. **2** 生半可な, 中途半端な. ❒~ ज्ञान 生半可な知識.

अधखिला /adʰakʰilā アドキラー/ [*अध- + खिलना*] *adj.* ほころびかけた(花), 咲きかけた. ❒~ फूल 咲きかけた花.

अधखुला /adʰakʰulā アドクラー/ [*अध- + खुलना*] *adj.* **1** 半開きの. ❒अधखुली ~ आँखें 半分開いた目. ❒~ दरवाज़ा 半開きのドア. **2** 半分むき出しになった, 覆いが半ばとれた.

अधजला /adʰajalā アドジャラー/ [*अध- + जलना*] *adj.* 半焼けの. ❒अधजली लाश 半分焼けこげた死体.

अधनंगा /adʰanaṃgā アドナンガー/ [*अध- + नंगा*] *adj.* 半裸の.

अधपका /adʰapakā アドパカー/ [*अध- + पकना*] *adj.* **1** 半熟の(果実). **2** 半煮えの, 調理が完全に済んでいない. **3** 十分熟していない(考え).

अधम /adʰama アダム/ [←Skt. *अधम-* 'lowest, vilest, worst, very low or vile or bad'] *adj.* 卑しい, あさましい, 低級な.

अधमरा /adʰamarā アドマラー/ [*अध- + मरना*] *adj.* 半死半生の, 死にかけた; 瀕死の. ❒(को) ~ कर देना (人を)半殺しにする.

अधरंग /adʰaraṃga アドラング/ [?neo.Skt.n. *अधर्-अङ्ग-* 'paraplegia'] *m.*『医学』対麻痺(ついまひ).

अधर /adʰara アダル/ [←Skt.m. *अधर-* 'the lower lip, the lip'] *m.* (下)唇. (⇒ओंठ, होंठ) ❒~ चबाना(怒りで)唇を噛みしめる. ❒अधरों पर विष-भरी मुस्कान 唇に浮かんだ毒気に満ちたほほえみ.

अधराधर /adʰarādʰara アドラーダル/ [←Skt.m. *अधर-अधर-* 'the lower lip'] *m.* 下唇. (⇒अधर)

अधरोष्ठ /adʰaroṣṭʰa アドローシュト/ [←Skt.m. *अधर्-ओष्ठ-* 'the lower lip'] *m.* 下唇. (⇒अधर)

अधर्म /adʰarma アダルム/ [←Skt.m. *अ-धर्म-* 'unrighteousness, injustice, irreligion, wickedness'] *m.*『ヒンドゥー教』邪悪; 不正; 罪悪; 不道徳; 不信心. (⇔धर्म)

अधर्मी /adʰarmī アダルミー/ [←Skt. *अ-धर्मिन्-* 'unrighteous, wicked, impious'] *adj.* 邪悪な; 不正の; 罪悪の; 不道徳な; 不信心な.

अधि- /adʰi- アディ・/ [←Skt. *अधि-* 'a prefix to verbs and nouns, expresses above, over and above, besides'] *pref.* 《「上位の, 優れている」などを意味するサンスリット語の接頭辞》(⇔अप-)

अधिक /adʰika アディク/ [←Skt. *अधि-क-* 'additional'] *adj.* **1** 多い, たくさんの. (⇒ज़्यादा) **2** より多い, さらに多い. (⇒ज़्यादा) ❒~ से ~ なるべく多い, せいぜい多くても. **3** 余分の, 追加の. ❒~ मास『暦』うるう月 (अधिमास). — *adv.* より…な, さらに…な. (⇒ज़्यादा) ❒यह उससे ~ सुंदर है। これはあれよりさらに美しい.

अधिकतम /adʰikatama アディクタム/ [←Skt. *अधिक-तम-* 'greatest; maximum'] *adj.* 最高の; 最多数の; 最大の. (⇔न्यूनतम) ❒~ अंक [मूल्य] 最高得点[価格]. ❒आज ~ तापमान चालीस सेंटीग्रेड था। 今日の最高気温は摂氏40度でした.

अधिकतर /adʰikatara アディクタル/ [←Skt. *अधिक-तर-* 'more additional'] *adj.* 大部分の, 大多数の, 大半の. (⇒ज़्यादातर)

— *adv.* 大部分は, 大多数は. (⇒ज़्यादातर)

अधिकता /adʰikatā アディクター/ [←Skt.f. *अधिक-ता-* 'addition, excess, redundancy, preponderance'] *f.* **1** 豊富, 多量, 多数. (⇒आधिक्य, बहुतायत) ❒बर्फ़ ~ से पड़ने लगी। 雪が大量に降り始めた. **2** 過多, 過剰, 過度. (⇒आधिक्य, बहुतायत) ❒नमक की ~ 塩が多すぎること.

अधिकमास /adʰikamāsa アディクマース/ [←Skt.m. *अधिक-मास-* 'an intercalary month'] *m.* ☞अधिमास

अधिकरण /adʰikaraṇa アディカラン/ [←Skt.n. *अधि-करण-* 'the act of placing at the head'] *m.* **1** (特別な目的や任務のために設けられた)裁判所, 法廷. ❒प्रशासनिक ~ 行政裁判所. **2**『言語』処格, 位格. ❒~ कारक 位格, 処格.

अधिकांश /adʰikāṃśa アディカーンシュ/ [neo.Skt.m. *अधिक-अंश-* 'greater part; majority'] *adj.* 大半の, 大部分の; 大多数の. ❒~ लोग 大多数の人々.

— *m.* 大半, 大部分; 大多数. ❒~ में 大半は, 大部分は.

अधिकांशतः /adʰikāṃśataḥ アディカーンシュタハ/ [neo.Skt.ind. *अधिकांश-तस्* 'mostly'] *adv.* **1** 大半は, 大部分は. **2** 大抵は, 一般には.

अधिकाधिक /adʰikādʰika アディカーディク/ [←Skt. *अधिक-अधिक-* 'outdoing one another; exaggerated'] *adj.* 最大の, 最多数の.

अधिकार /adʰikāra アディカール/ [←Skt.m. *अधि-कार-* 'authority; claim, right, especially to perform sacrifices with benefit'] *m.* **1** 権利; 資格. (⇒हक़) ❒नागरिक ~ 市民権. ❒आपको बोलने का कोई ~ नहीं है। あなたに発言権はまったくない. **2** (当然の権利としての)要求[請求, 主張]. (⇒हक़) ❒(का) ~ छोड़ना (…の)

権利［要求］を放棄する．**3** 権限，職権；権力．(⇒अख़्तियार, हक़) ❐～ क्षेत्र 管轄区，管区．❐गिरफ़्तार करने का ～ 逮捕権．**4** 占有（権），所有（権）．(⇒क़ब्ज़ा) ❐（पर）～ करना［जमाना］（…を）占有［占領］する．**5** 自在に操れる能力．❐उसे हिंदी पर पूरा ～ है। 彼はヒンディー語を完全に使いこなせる．❐（पर）～ पाना（…に）熟達する．**6**（問題解決の）権威．

अधिकार-पत्र /adʰikāra̸-patra̸ アディカール・パトル/ [neo.Skt.n. *अधिकार-पत्र-* 'charter; letter of authority'] *m.* 認可書，許可書．

अधिकारपूर्वक /adʰikāra̸pūrvaka̸ アディカールプールワク/ [?neo.Skt.ind. *अधिकार-पूर्वक* 'with authority'] *adv.* 当然の権利のように；権威をもって，厳然と．

अधिकारी /adʰikārī アディカーリー/ [←Skt. *अधि-कारिन्-* 'possessing authority'] *adj.* 権利をもっている；有資格の．(⇔अनधिकारी) ❐～ शोधक 専門的知識を備えた研究者．

— *m.* **1**（上級の）役人；（軍の）将校．(⇒अफ़सर) **2**（会社・組織の）役員．❐कंपनी［बैंक］के ～ 会社［銀行］の役員．❐मुख्य कार्य ～ 代表取締役．**3**（問題解決の）権威者．❐वह इस विषय का ～ है। 彼はこの問題の権威です．**4** 権利者；有資格者．

अधिकृत /adʰikr̥ta̸ アディクリト/ [＜Skt. *अधि-कृत-* 'placed at the head of, appointed; ruled, administered'] *adj.* **1** 公認された，認定された．(⇔अनधिकृत) **2** 占有［占領］された；実効支配されている．❐पाक- ～ कश्मीर パキスタンが実効支配するカシミール．

अधिगम /adʰigama̸ アディガム/ [←Skt.m. *अधि-गम-* 'acquisition'] *m.* 習得，学習．❐यंत्र ～（人工知能の）機械学習．

अधिग्रहण /adʰigrahaṇa̸ アディグラハン/ [neo.Skt.n. *अधि-ग्रहण-* 'requisitioning'] *m.*〖法律〗接収．

अधिनायक /adʰināyaka̸ アディナーヤク/ [neo.Skt. *अधि-नायक-* 'supreme or undisputed leader'] *m.* 最高統治者；独裁者．

अधिनायक-तंत्र /adʰināyaka̸-taṃtra̸ アディナーヤク・タントル/ [neo.Skt.n. *अधिनायक-तन्त्र-* 'dictatorship'] *m.* **1** 独裁制．**2** 独裁国．

अधिनायकवाद /adʰināyaka̸vāda̸ アディナーヤクワード/ [neo.Skt.m. *अधिनायक-वाद-* 'dictatorism'] *m.* 独裁主義．

अधिनायकवादी /adʰināyaka̸vādī アディナーヤクワーディー/ [neo.Skt. *अधिनायक-वादिन्-* 'pertaining to dictatorism'] *adj.* 独裁主義の（人）．

अधिनायकीय /adʰināyakīya̸ アディナーヤキーエ/ [neo.Skt. *अधिनायकीय-* 'dictatorial'] *adj.* **1** 独裁的な．**2** 独裁者の．

अधिनियम /adʰiniyama̸ アディニヤム/ [neo.Skt.m. *अधि-नियम-* 'an act (of legislature)'] *m.*〖法律〗法規，法令．

अधिप्रमाणन /adʰipramāṇana̸ アディプラマーナン/ [neo.Skt.n. *अधि-प्रमाणन-* 'authentication'] *m.*〖法律〗認証．

अधिभार /adʰibʰāra̸ アディバール/ [neo.Skt.m. *अधि-भार-* 'surcharge'] *m.*〖経済〗追加料金；割増料金．

अधिमान /adʰimāna̸ アディマーン/ [neo.Skt.n. *अधि-मान-* 'preference (in law, finance)'] *m.* 優先（権），特恵．(⇒वरीयता) ❐（को）～ देना（…に）優先権を与える．

अधिमास /adʰimāsa̸ アディマース/ [←Skt.m. *अधि-मास-* 'an additional or intercalary month'] *m.*〖暦〗うるう月．(⇒अधिकमास, मलमास)

अधिया /adʰiyā アディヤー/ [＜OIA. *árdhika-* 'measuring half': T.00682] *m.*（農作物の）収穫量の半分．

अधियाना /adʰiyānā アディヤーナー/ [cf. *आधा*] *vi.* (*perf.* अधियाया /adʰiyāyā アディヤーヤー/) 半分になる，半分残る．❐चोर घर में घुसे तो रात अधिया गई थी। 泥棒が家に押し入ったのは夜半過ぎだった．

— *vt.* (*perf.* अधियाया /adʰiyāyā アディヤーヤー/) 二等分にする，半分ずつに分ける，折半する．❐दोनों भाइयों ने अनाज को अधियाया। 二人の兄弟は穀物を二等分した．

अधियोग /adʰiyoga̸ アディヨーグ/ [←Skt.m. *अधि-योग-*] *m.*〖暦〗アディヨーガ《出立に吉祥な星の巡り合わせ》．

अधिवक्ता /adʰivaktā アディワクター/ [←Skt.m. *अधि-वक्तृ-* 'an advocate, protector, comforter'] *m.* 弁護士；弁護人．

अधिवर्ष /adʰivarṣa̸ アディワルシュ/ [neo.Skt.n. *अधि-वर्ष-* 'leap year'] *m.*〖暦〗うるう年．

अधिवास /adʰivāsa̸ アディワース/ [←Skt.m. *अधि-वास-* 'a habitation, abode, settlement, site'] *m.*〖法律〗（住民登録上の）住所．

अधिवासी /adʰivāsī アディワースィー/ [←Skt. *अधि-वासिन्-* 'inhabiting, settled in'] *adj.* 居住者．

अधिवेशन /adʰiveśana̸ アディヴェーシャン/ [neo.Skt.n. *अधि-वेशन-* 'session'] *m.* **1**（開催中の）議会［会議，大会］．(⇒जलसा) ❐वार्षिक ～ 年次大会．**2**（議会，会議，大会の）会期．(⇒सत्र, सेशन) ❐बजट ～（国会の）予算審議会期．

अधिशेष /adʰiśeṣa̸ アディシェーシュ/ [neo.Skt.m. *अधि-शेष-* 'a surplus'] *m.* 剰余．

अधिष्ठाता /adʰiṣṭʰātā アディシュターター/ [←Skt.m. *अधि-ष्ठातृ-* 'ruler, the Supreme Ruler (or Providence personified and identified with one or other of the Hindū gods'] *m.* **1** 創建者，創立者，設立者．**2**〖ヒンドゥー教〗主宰神；守護神．

अधिष्ठान /adʰiṣṭʰāna̸ アディシュターン/ [←Skt.n. *अधि-ष्ठान-* 'standing by'] *m.* **1** 居住地．**2**（神霊などが）鎮座する場所．**3** 統治機関．**4** アディシュターナ《誤って別のものと認識されてしまう元の正体；たとえばヘビに見間違えられるひもなど》．

अधिसूचना /adʰisūcanā アディスーチナー/ [neo.Skt.f. *अधि-सूचना-* 'notification'] *f.* 通知，公告，告示．

अधीक्षक /adʰīkṣakа̸ アディークシャク/ [neo.Skt.m. अधि-ईक्षक- 'superintendent'] *m.* **1** 監督者;管理者;部長, 局長, 所長. **2** 警視. ❒पुलिस ~ 警視.

अधीन /adʰīnа̸ アディーン/ [←Skt. अधीन- 'subject to'] *adj.* **1** 従属[服従]している, 配下の. ❒~ देश 属国. ❒के ~ …に従属[服従]して. **2** 依存している. (⇒निर्भर) ❒के ~ …に依存して.

अधीनता /adʰīnа̸tā アディーンター/ [←Skt.f. अधीन-ता- 'subjection, dependence'] *f.* **1** 従属(関係), 服従. ❒(की) ~ में रहना (…に)従属[服従]する. **2** 依存(関係).

अधीर /adʰīrа̸ アディール/ [←Skt. अ-धीर- 'imprudent; not fixed, movable; confused'] *adj.* **1** (気持が)落ち着かない;そわそわしている;いらいらしている;やきもきしている;我慢できない. **2** (欲しくてたまらなく)むずむずしている. (⇒उतावला) ❒वह अपने कानों से अपना बखान सुनने के लिए अधीर हो रही थी। 彼女は自分の耳で自分の評判を聞きたくてむずむずしていた.

अधीरता /adʰīrа̸tā アディールター/ [←Skt.f. अधीर-ता- 'want of confidence'] *f.* **1** 落ち着きがないこと, じれったいこと, もどかしいこと, やきもきしていること, 我慢できないこと. ❒~ से やきもきして, いらいらして. **2** (欲しくてたまらなく)むずむずすること. (⇒उतावलापन)

अधुना /adʰunā アドゥナー/ [←Skt.ind. अधुना 'at this time, now'] *adv.* 現代, 最近. (⇒आजकल)

अधुनातन /adʰunātanа̸ アドゥナータン/ [←Skt. अधुनातन- 'belonging to or extending over the present time'] *adj.* 現代の, 最近の. (⇒आधुनिक)

अधूरा /adʰūrā アドゥーラー/ [<OIA. **ardhapūraka-* 'half-full': T.00664] *adj.* 不完全な, 不十分な, 中途半端な, 未完成な. (⇒अपूर्ण) ❒(को) ~ छोड़ना (…を)不完全なまま放置する.

अधेड़ /adʰeṛа̸ アデール/ [<OIA. **ardhavēḍa-* 'middle-aged': T.00675] *adj.* 中年の;初老の. (⇒मध्यवयस्क) ❒~ उम्र 中年. ❒~ उम्र का आदमी 中年の男. ❒उनकी मृत्यु ~ अवस्था में हुई। 彼は中年の頃亡くなった.

अधेला /adʰelā アデーラー/ [cf. OIA. *ardhá-²* 'half': T.00644] *m.* 〘単位〙アデーラー《1 パイサ (पैसा) の半分(の旧硬貨);非常にわずかな金額》. (⇒धेला)

अधो- /adʰo- アドー・/ ▸अधः- *pref.* ☞अधः-

अधोगति /adʰogati アドーガティ/ [<Skt.f. अधो-गति- 'descent, downward movement, degradation'] *f.* 衰退;没落;転落.

अधोगामी /adʰogāmī アドーガーミー/ [neo.Skt. अधो-गामिन्- 'descending; declining'; cf. Skt. अधस्-गामिन्- 'going downwards, descending'] *adj.* 衰退していく;没落していく.

अधोमुख /adʰomukʰа̸ アドームク/ [←Skt. अधो-मुख- 'having the face downwards; headlong; upside down'] *adj.* (顔が)うつむきの, 下向きの, うつぶせの.

अधोरेखा /adʰorekʰā アドーレーカー/ [neo.Skt.f. अधो-रेखा- 'underline'] *f.* 下線, アンダーライン. (⇔शिरोरेखा) ❒~ खींचना アンダーラインを引く.

अध्यक्ष /adʰyakṣа̸ アディャクシュ/ [←Skt.m. अध्य्-अक्ष- 'inspector'] *m.* **1** 議長;司会者;座長. **2** (機関, 部署の)長, 主席, 首席, 上席;頭取;(大学の)学部長, 学科主任教授.

अध्यक्षता /adʰyakṣа̸tā アディャクシュター/ [←Skt.f. अध्यक्ष-ता- 'chairmanship'] *f.* **1** 議長[司会者, 座長]の職. ❒(की) ~ करना (…の)議長をつとめる. ❒(की) ~ में (…の)司会で. **2** (機関, 部署の)長の職, 主席[首席, 上席]職, 頭取職;(大学の)学部長職, 学科主任教授職.

अध्ययन /adʰyayanа̸ アディャヤン/ [←Skt.n. अध्य्-अयन- 'reading, studying, especially the Vedas'] *m.* **1** 研究;検討;調査. ❒(का) ~ करना (…の)研究をする. **2** 勉強;学習;学業.

अध्ययनशील /adʰyayanа̸śīlа̸ アディャヤンシール/ [neo.Skt. अध्ययन-शील- 'studious'] *adj.* 学問に励む, 研究熱心な.

अध्यवसाय /adʰyavа̸sāyа̸ アディャオサーエ/ [←Skt.m. अध्य्-अव-साय- 'mental effort, apprehension'] *m.* 勤勉, 精励, 根気強さ.

अध्यवसायी /adʰyavа̸sāyī アディャオサーイー/ [←Skt. अध्य्-अव-सायिन्- 'resolute'] *adj.* 勤勉な, 根気強い.

अध्यात्म /adʰyātmа̸ アディャートム/ [←Skt.n. अध्य्-आत्म- 'the Supreme Spirit'] *m.* 〘ヒンドゥー教〙アディャートマ《最高我 (परमात्मा) と個我 (आत्मा)との関係についての哲学的考察》.

अध्यात्मवाद /adʰyātmа̸vādа̸ アディャートムワード/ [neo.Skt.m. अध्यात्म-वाद- 'spiritualism'] *m.* 唯心論, 観念論.

अध्यात्मवादी /adʰyātmа̸vādī アディャートムワーディー/ [neo.Skt. अध्यात्म-वादिन्- 'spiritual'] *adj.* 唯心論の, 観念論の.

— *m.* 唯心論者, 観念論者.

अध्यादेश /adʰyādeśа̸ アディャーデーシュ/ [neo.Skt.m. अध्य्-आदेश- 'ordinance'] *m.* 〘法律〙法令;布告.

अध्यापक /adʰyāpakа̸ アディャーパク/ [←Skt.m. अध्य्-आपक- 'a teacher (especially of sacred knowledge)'] *m.* (男の)教師, 先生. (⇒मास्टर)(⇔अध्यापिका)

अध्यापकी /adʰyāpа̸kī アディャープキー/ [अध्यापक + -ई] *f.* **1** 教(育)職. ❒पिता जी ~ के पेशे को आदर्श पेशा समझते थे। 父は教職という職業を理想の職業と思っていた. ❒मेरा अधिकांश समय ~ में ही बीता था। 私の大部分の時間は教職で過ぎた. **2** 教育学, 教授法.

अध्यापन /adʰyāpanа̸ アディャーパン/ [←Skt.n. अध्य्-आपन- 'instruction, lecturing'] *m.* 教授すること. ❒~ कला 教授法. ❒~ व्यवसाय 教職.

अध्यापिका /adʰyāpikā アディャーピカー/ [neo.Skt.f. अध्य्-आपिका- 'a lady teacher'] *f.* 女教師, 女の先生.

(⇔अध्यापक)

अध्याय /adʰyāya アディャーエ/ [←Skt.m. अध्य्-आय- 'a lesson, lecture, chapter'] *m.* （書物や論文などの）章. ❐इस पुस्तक का पहला ～ この本の第 1 章.

अध्यारोप /adʰyāropa アディャーロープ/ [←Skt.m. अध्य्-आरोप- 'wrong attribution, erroneous transferring of a statement from one thing to another'] *m.* **1** （同形であることを確認するために）重ね置くこと. (⇒अध्यारोपण) **2** 別のものと勘違いすること. (⇒अध्यारोपण)

अध्यारोपण /adʰyāropaṇa アディャーローパン/ [←Skt.n. अध्य्-आरोपण- 'wrong attribution'] *m.* ☞अध्यारोप

अध्येता /adʰyetā アディエーター/ [←Skt.m. अध्य्-एतृ- 'a student, reader'] *m.* 研究者, 研究員, フェロー.

अनंग /anaṃga アナング/ [←Skt. अन्-अङ्ग- 'bodiless, incorporeal'] *adj.* 肉体をもたない；形のない.
— *m.* 〖神話〗アナンガ《カーマ神 (काम) の別名》.

अनंत /anaṃta アナント/ [←Skt. अन्-अन्त- 'endless, boundless, eternal, infinite'] *adj.* **1** 終わりのない, 無限の, 果てしない；永遠の. (⇒अंतहीन) ❐～ काल 永遠. ❐～ निद्रा 永眠. ❐～ प्रेम 限りない愛.
— *m.* 無限；永遠. ❐मैं आपकी हूँ और सदैव आपकी रहूँगी, इस जीवन में ही नहीं, बल्कि ～ तक। 私はあなたのものですそして常にあなたのものでありましょう, この人生においてだけではなく永遠に.

अनंतर /anaṃtara アナンタル/ [←Skt. अन्-अन्तर- 'having no interior'] *adv.* 直後に, 間を置かず, 即刻. ❐एक क्षण के ～ 一瞬の後.

अनंतिम /anaṃtima アナンティム/ [neo.Skt. अन्-अन्तिम- 'provisional'] *adj.* 暫定的な, 臨時の. ❐～ मतदाता सूची 暫定的な投票者リスト. ❐कुल ～ जनसंख्या 暫定的な総人口数.

अन- /ana- アン・/ *pref.* 《否定を表すヒンディー語の接頭辞; अनकहा「話されなかった」, अनचाहा「望まなかった」, अनदेखा「見たことのない」など》

अनकहा /anakahā アンカハー/ [अन- + कहना] *adj.* **1** 話されなかった；明かされなかった；漏らされなかった；伝えられなかった. ❐अनकही बात 明かされなかったこと. **2** 暗黙の.

अनगढ़ /anagaṛʰa アンガル/ [अन- + गढ़ना] *adj.* **1** （岩や木材などが削られないで）未加工の；天然の, 生地のままの. ❐～ पत्थर 天然の岩. **2** 粗野な, 粗雑な, 洗練されない. (⇒अक्खड़, उजड्ड)

अनगिनत /anaginata アンギナト/ [अन- + गिनना; cf. Skt. अ-गणित- 'uncounted'] *adj.* 無数の, 数え切れない. (⇒अगणित, असंख्य)

अनगिनता /anaginatā アンギンター/ [अन- + गिनना] *adj.* ☞अनगिनत

अनघ /anagʰa アナグ/ [←Skt. अन्-अघ- 'sinless; faultless; uninjured; handsome'] *adj.* 罪のない, 邪気のない；純粋な.

अनचाहा /anacāhā アンチャーハー/ [अन- + चाहना] *adj.* 望まなかった, 望んでいない；思いもかけない. (⇒अवांछित) ❐～ गर्भ 望んでいない妊娠.

अनजान /anajāna アンジャーン/▸अनजाना [अन- + जानना] *adj.* **1** 無知な. (⇒अजान) ❐(को) ～ समझना (人を) 無知だとみなす. ❐～ बनना 知らないふりをする. **2** 見知らぬ；不案内な. (⇒अजान) ❐～ आदमी 見知らぬ男. ❐～ रास्ते पर चलना 不案内な道を行く. **3** 故意ではない. ❐～ में 何気なしに, 知らぬ間に.

अनजाना /anajānā アンジャーナー/ ▸अनजान *adj.* ☞अनजान

अनजाने /anajāne アンジャーネー/ [अन- + जानना] *adv.* 何気なしに；知らぬ間に.

अनदेखा /anadekʰā アンデーカー/ [अन- + देखना] *adj.* 見たことのない. ❐～ करना 見ないふりをする. ❐अनदेखे चेहरे 見たことのない顔.

अनदेखी /anadekʰī アンデーキー/ [cf. अनदेखा] *f.* 見て見ないふり, 黙過, (犯罪行為の) 黙認. ❐(की) ～ करना (…を) 見て見ぬふりをする.

अनद्यतन /anadyatana アナディャタン/ [←Skt.m. अन्-अद्यतन- 'a tense (either past or future) not applicable to the current day'] *adj.* **1** 〖言語〗今日ではない (未来または過去の) 時制の. ❐～ भविष्य 近未来. ❐～ भूत 近過去. **2** 時代遅れの, 旧式な, すたれた. (⇒दिनातीत, पुराना)

अनधिकार /anadʰikāra アナディカール/ [←Skt.m. अन्-अधिकार- 'absence of authority or right or claim'] *adj.* 非公認の；資格のない；権限のない.
— *m.* 非公認；無資格；権限のないこと.

अनधिकारी /anadʰikārī アナディカーリー/ [←Skt. अन्-अधिकारिन्- 'not entitled to'] *adj.* 権利［資格］を有しない. (⇔अधिकारी)

अनधिकृत /anadʰikr̥ta アナディクリト/ [←Skt. अन्-अधिकृत- 'not placed at the head of, not appointed'] *adj.* 非公認の, 認定されていない；正規ではない；無許可の；違法な. (⇔अधिकृत) ❐～ विज्ञापन 無許可の広告.

अनध्याय /anadʰyāya アナディャーエ/ [←Skt.m. अन्-अध्याय- 'a time when there is intermission of study'] *m.* 〖ヒンドゥー教〗アナディヤーヤ《古来太陰暦に基づき定められた「勉学を休むべき日」；満月 (पूर्णिमा) の日, 新月 (अमावस्या) の日など》.

अनन्नास /anannāsa アナンナース/ [←Port.m. *ananás* 'pineapple'] *m.* 〖植物〗パイナップル (の実).

अनन्य /ananya アナニエ/ [←Skt. अन्-अन्य- 'no other, not another; not having a second, unique'] *adj.* **1** 二つとない, ユニークな. (⇒अद्वितीय) **2** 唯一絶対的な. ❐(का) ～ उपासक (…の) 絶対的な信奉者. **3** 親密な, 無二の. ❐～ मित्र 無二の親友.

अनन्याश्रित /ananyāśrita アナニャーシュリト/ *adj.* 他に依存していない.

अनपढ़ /anapaṛʰa アンパル/ [अन- + पढ़ना] *adj.* 無学な, 文盲の, 教育のない. (⇒अशिक्षित, निरक्षर)

अनपराध /ana̸parād^{h}a̸ アンパラード/ [←Skt.m. *अन्-अपराध-* 'innocence, innocuousness'] *adj.* ☞ अनपराधी

— *m.* 無実, 潔白.

अनपराधी /ana̸parād^{h}ī アンパラーディー/ [←Skt. *अन्-अपराधिन्-* 'innocent'] *adj.* 無実の(人), 潔白な;無罪の. (⇒बेक़सूर)(⇔अपराधी)

— *m.* 無実の人, 潔白な人. (⇔अपराधी)

अनबन /ana̸bana̸ アンバン/ [*अन-* + *बनना*] *f.* 不和, 不仲. ❒(की) (से) ～ हो जाना (人が)(人と)不和になる.

अनबूझ /ana̸būj^{h}a̸ アンブージ/ [*अन-* + *बूझना*] *adj.* **1** 理解できない, 難解な, 解けない. ❒～ पहेली 解けない謎. **2** 物分かりが悪い, 聞き分けのない. (⇒नासमझ)

अनबोल /ana̸bola̸ アンボール/▸अनबोला [*अन-* + *बोलना*] *adj.* **1** 口に出さない. **2** 黙っている. (⇒अबोला)

अनबोला /ana̸bolā アンボーラー/ ▸अनबोल [*अन-* + *बोलना*] *adj.* 言葉にならない.

— *m.* (不和により)口をきかないこと. ❒(से) ～ तोड़ना (人との)沈黙を破る.

अनब्याहा /ana̸byāhā アンビャーハー/ [*अन-* + *ब्याहना*] *adj.* 未婚の, (娘が)嫁いでない. (⇒अविवाहित)(⇔शादीशुदा, विवाहित) ❒～ रहना 未婚のままでいる.

अनभिज्ञ /anab^{h}ijña̸ アナビギエ/ [←Skt. *अन्-अभिज्ञ-* 'unacquainted with, ignorant'] *adj.* (ある方面の)知識がない, うとい;不案内な. ❒वह पुरुषों के स्वभाव से ～ थी। 彼女は男の本性に無知だった.

अनभ्यस्त /anab^{h}yasta̸ アナビャスト/ *adj.* **1** 経験不足の, 未熟な. (⇔अभ्यस्त) **2** 不慣れな. (⇔अभ्यस्त)

अनमना /ana̸manā アンマナー/ [*अन-* + *मन*[1]] *adj.* **1** ぼんやりした;うわの空の;放心状態の. **2** 気の進まない;気乗りがしない.

अनमेल /ana̸mela̸ アンメール/ [*अन-* + *मेल*[1]] *adj.* **1** 不調和な, 釣り合いの取れない. ❒～ विवाह 不釣り合いな結婚. **2** 混ざり物のない, 純粋な. (⇒विशुद्ध)

अनमोल /ana̸mola̸ アンモール/ [*अन-* + *मोल* *adj.* (評価できないほど)高価[貴重]な.

अनर्गल /anargala̸ アナルガル/ [←Skt. *अन्-अर्गल-* 'without bars or checks, free, licentious'] *adj.* **1** したい放題の, 野放図な. (⇒मनमाना) **2** みだらな;ふしだらな. ❒～ बातें करना 下品な話をする.

अनर्जित /anarjita̸ アナルジト/ *adj.* 労せず得た. ❒～ आय 不労所得.

अनर्थ /anart^{h}a̸ アナルト/ *m.* **1** 意味の取り違え. **2** (嘆かわしいほどの)不当な行為, 悪事, 虐待. ❒～ करना 不当行為をする. **3** 災厄, 災禍, 不幸.

अनर्ह /anarha̸ アナルフ/ [←Skt. *अन्-अर्ह-* 'unworthy'] *adj.* 資格のない, 無資格の.

अनर्हता /anarhatā アナルハター/ [←Skt.f. *अन्-अर्ह-ता-* 'disqualification'] *f.* 無資格.

अनल /anala̸ アナル/ [←Skt.m. *अनल-* 'fire; the god of fire, digestive power, gastric juice'] *m.* 〖ヒンドゥー教〗火;火の神. (⇒अग्नि)

अनवरत /anavarata̸ アナワラト/ [←Skt. *अन्-अवरत-* 'incessant'] *adj.* 絶え間ない, 連続した. (⇒निरंतर) ❒～ परिश्रम का फल 絶え間ない努力の結果.

— *adv.* 絶え間なく, 連続して. (⇒निरंतर, लगातार)

अनशन /anaśana̸ アンシャン/ [←Skt.n. *अन्-अशन-* 'abstinence from food, fasting (especially as a form of suicide adopted from vindictive motives)'] *m.* **1** 断食, 絶食《宗教的な断食は व्रत》. (⇒उपवास) **2** ハンガー・ストライキ, ハンスト. (⇒भूख-हड़ताल) ❒～ करना [तोड़ना]ハンストをする[中止する]. ❒आमरण ～ पर बैठे ५ कर्मचारियों की तबीयत अचानक बिगड़ गई। 決死のハンストに参加していた5名の従業員の健康が急に悪化した.

अनशनकारी /ana̸śana̸kārī アンシャンカーリー/ [neo.Skt. *अनशन-कारिन्-* 'faster, hunger-striker'] *m.* **1** 断食者, 絶食する人. **2** ハンストをする人.

अनश्वर /anaśvara̸ アナシュワル/ [←Skt. *अ-नश्वर-* 'imperishable'] *adj.* 不滅の, 不死の, 不朽の;永遠の. ❒मातृ-प्रेम ही सत्य है, अक्षय है, ～ है। 母性愛こそが真実であり, 不滅であり, 永遠である.

अनसुना /ana̸sunā アンスナー/ [*अन-* + *सुनना*] *adj.* 聞いたことがない;初めて聞く. ❒अनसुनी बात 聞いたことがない話.

अनसुनी /ana̸sunī アンスニー/ [cf. *अनसुना*] *f.* 聞こえない振り. ❒(की) ～ करना (…を)聞こえないふりをする.

अनस्तित्व /anastitva̸ アナスティトオ/ [?neo.Skt. *अन्-अस्तित्व-* 'non-existence'] *m.* 存在しないこと. (⇔अस्तित्व)

अनहित /ana̸hita̸ アンヒト/ [*अन-* + *हित*] *adj.* ためにならない, 害になる.

— *m.* ためにならないこと, 害になること.

अनहोना /ana̸honā アンホーナー/ [*अन-* + *होना*] *adj.* (この世では)起こりえない.

अनहोनी /ana̸honī アンホーニー/ [cf. *अनहोना*] *f.* (この世では)起こりえないこと.

अनाउंसर /anāuṃsara̸ アナーウンサル/ [←Eng.n. *announcer*] *m.* アナウンサー.

अनाक्रमण /anākramaṇa̸ アナークラマン/ [?neo.Skt.n. *अन्-आ-क्रमण-* 'non-aggression'] *m.* 侵略(行為が)ないこと, 不可侵. ❒～ संधि 不可侵条約.

अनागत /anāgata̸ アナーガト/ [←Skt. *अन्-आगत-* 'not come, not arrived'] *adj.* まだ来ぬ(もの), まだ起こらない(こと), 未来の. (⇔विगत) ❒विगत और ～ 過去と未来.

अनाचार /anācāra̸ アナーチャール/ [←Skt. *अन्-आचार-* 'improper in behaviour'] *m.* **1** 不道徳行為, 倫理に反する行為. **2** 〖法律〗不正行為;背任行為;汚職.

अनाज /anāja̸ アナージ/ [<OIA.n. *annā́dya-* 'food': T.00398] *m.* **1** 穀物. (⇒अन्न, जिंस) **2** 食糧. (⇒अन्न) ❒～ की कमी 食糧不足.

अनाज्ञाकारी /anājñākārī アナーギャーカーリー/ [←Skt.

अन्-आ-ज्ञा-कारिन्- 'one who does not execute orders'] *adj.* 服従[遵奉]しない, 従順でない. (⇔आज्ञाकारी)

अनाटोमी /anāṭomī アナートーミー/ [←Eng.n. *anatomy*] *f.* 〖医学〗解剖学;解剖模型.

अनाड़ी /anāṛī アナーリー/ [＜OIA. *ajñānin-* 'ignorant': T.00162] *adj.* **1** 不器用な(人);下手な, 未熟な, 不慣れな, 経験不足の(人). **2** ものを知らない(人);愚かな(人). ❐मैं ऐसी ～ नहीं हूँ कि किसी के झाँसे में आ जाऊँ। 私は他人のおだてにのるようなバカではないですよ.

अनात्म /anātma アナートム/ [←Skt.m. *अन्-आत्मन्-* 'not self, another; something different from spirit or soul'] *adj.* 物質の;無生物の.

— *m.* (精神に対する)物質, 物.

अनात्मवाद /anātmavāda アナートムワード/ [neo.Skt.m. *अन्-आत्म-वाद-* 'materialism'] *m.* 唯物論. (⇔आत्मवाद)

अनाथ /anātʰa アナート/ [←Skt.n. *अ-नाथ-* 'having no master or protector'] *adj.* 親のない(子);身寄りのない(人);一家の主人がいない(家族). ❐～ परिवार 一家の主人がいない家族. ❐～ बच्चा 孤児. ❐～ लड़की 身寄りのない娘.

— *m.* 孤児. (⇒यतीम)

अनाथालय /anātʰālaya アナーターラエ/ [neo.Skt.m. *अनाथ-आलय-* 'orphanage'] *m.* 孤児院. (⇒अनाथाश्रम, यतीमख़ाना) ❐मैं सरकारी ～ में पाला गया हूँ। 私は公立の孤児院で育てられました.

अनाथाश्रम /anātʰāśrama アナーターシュラム/ [neo.Skt.m. *अनाथ-आश्रम-* 'orphanage'] *m.* 孤児院. (⇒अनाथालय, यतीमख़ाना)

अनादर /anādara アナーダル/ [←Skt.m. *अन्-आदर-* 'disrespect, contemptuous neglect'] *m.* 無礼;侮辱. (⇒अपमान, निरादर, बेइज़्ज़ती)(⇔आदर, इज़्ज़त) ❐(का) ～ करना (…を)侮辱する.

अनादि /anādi アナーディ/ [←Skt. *अन्-आदि-* 'having no beginning, existing from eternity'] *adj.* **1** 始まりのない. **2** 太古の. ❐～ काल से 太古の昔から. **3** 永遠の.

अनाप-शनाप /anāpa-śanāpa アナープ・シャナープ/ [echo-word; cf. *नापना*] *adj.* でたらめの, つじつまの合わない, ばかばかしい. (⇒ऊटपटाँग)

— *m.* (つじつまの合わない)ばかげた話, たわ言;でたらめ;ちんぷんかんぷん. ❐～ बकना たわ言を吐く.

अनाम /anāma アナーム/ [←Skt. *अ-नामन्-* 'nameless'] *adj.* 無名の;匿名の;(書物が)作者不明の. (⇒गुमनाम) ❐～ पत्र 匿名の手紙. ❐～ पुस्तक 作者不明の本.

अनामिका /anāmikā アナーミカー/ [←Skt.f. *अ-नामिका-* 'the ring-finger'] *f.* 薬指.

अनामिष /anāmiṣa アナーミシュ/ [←Skt. *अन्-आमिष-* 'without flesh; bootless, profitless'] *adj.* 菜食主義の, ベジタリアンの. (⇒शाकाहारी)

अनायास /anāyāsa アナーヤース/ [←Skt.m. *अन्-आयास-* 'absence of exertion'] *adv.* **1** 努力せずに, 簡単に, 容易に. **2** 自然に, ひとりでに.

अनार /anāra アナール/ [←Pers.n. انار 'a pomegranate'] *m.* 〖植物〗ザクロ(の実). (⇒दाड़िम)

अनार-दाना /anāra-dānā アナール・ダーナー/ *m.* 〖植物〗ザクロの干した実《消化剤として使用》.

अनार्किस्ट /anārkisṭa アナールキスト/ [←Eng.n. *anarchist*] *m.* アナーキスト, 無政府主義者.

अनार्की /anārkī アナールキー/ [←Eng.n. *anarchy*] *f.* アナーキー, 無政府状態.

अनार्य /anārya アナールエ/ [←Skt. *अन्-आर्य-* 'not honourable or respectable, vulgar, inferior'] *adj.* **1** 非アーリヤ系の. (⇒आर्येतर)(⇔आर्य) **2** 下賤な. (⇔आर्य)

— *m.* **1** 〖歴史〗非アーリヤ系の人. (⇔आर्य) **2** 下賤な人間. (⇔आर्य)

अनावरण /anāvaraṇa アナーワラン/ *m.* **1** (覆い, カバー, 幕などを取り払い)露わにすること. **2** 除幕(式). ❐～ उत्सव 除幕式.

अनावश्यक /anāvaśyaka アナーワシャク/ [←Skt. *अन्-आवश्यक-* 'unnecessary'] *adj.* 不必要な, 不用な. (⇔आवश्यक, ज़रूरी)

अनावश्यकता /anāvaśyakatā アナーワシャクター/ [←Skt.f. *अन्-आवश्यक-ता-* 'unnecessity'] *f.* 不必要であること, 不用なこと. (⇔आवश्यकता)

अनावृत /anāvr̥ta アナーヴリト/ [←Skt. *अन्-आवृत-* 'uncovered'] *adj.* 覆いのない;むき出しの.

अनावृत्ति /anāvr̥tti アナーヴリッティ/ [←Skt.f. *अ-नावृत्ति-* 'non-return to a body, final emancipation'] *f.* 生まれ変わることがないこと, 輪廻転生(りんねてんしょう)からの解放.

अनावृष्टि /anāvr̥ṣṭi アナーヴリシュティ/ [←Skt.f. *अन्-आवृष्टि-* 'want of rain, drought'] *f.* 干ばつ, 日照り.

अनासक्त /anāsakta アナーサクト/ [←Skt. *अन्-आसक्त-* 'detached, unattached'] *adj.* 執着していない, 惜し気もない. (⇔आसक्त)

अनासक्ति /anāsakti アナーサクティ/ [←Skt.f. *अन्-आसक्ति-* 'absence of attachment'] *f.* 執着のないこと.

अनास्था /anāstʰā アナースター/ [←Skt.f. *अन्-आस्था-* 'want of confidence'] *f.* 不信心;不信. (⇔आस्था)

अनाहत /anāhata アナーハト/ [←Skt. *अन्-आहत-* 'unbeaten, unwounded, intact'] *adj.* 怪我のない, 無傷の. (⇔आहत)

अनाहार /anāhāra アナーハール/ [←Skt.m. *अन्-आहार-* 'not taking food, abstinence, non-seizure'] *m.* 食事を摂取しないこと;飢餓.

अनाहूत /anāhūta アナーフート/ [←Skt. *अन्-आहूत-* 'uncalled, uninvited'] *adj.* 招かれざる, 歓迎されない;求められていない. ❐～ अतिथि 招かれざる客.

अनिंदनीय /anim̐danīya アニンダニーエ/ [←Skt. *अ-निन्दनीय-* 'unblamable, faultless'] *adj.* 文句がつけられない, 非の打ちどころがない;すばらしい. (⇒अनिंदित, अनिंद्य) ❐～ रूप-सौंदर्य 非の打ちどころがない姿の美し

さ.

अनिंदित /animdita アニンディト/ [←Skt. अ-निन्दित- 'irreproachable, virtuous'] *adj.* ☞अनिंदनीय

अनिंद्य /animdya アニンディエ/ [←Skt. अ-निन्द्य- 'unblamable, faultless'] *adj.* ☞अनिंदनीय

अनिच्छा /anicchā アニッチャー/ [←Skt.f. अन्-इच्छा- 'absence of wish or design, indifference'] *f.* 不本意, 気が進まないこと, 気乗りしないこと. (⇔इच्छा) ❐～ से 不承不承, しぶしぶ, いやいやながら.

अनित्य /anitya アニティエ/ [←Skt. अ-नित्य- 'not everlasting, occasional; irregular, unusual; unstable'] *adj.* **1** 永遠ではない. (⇔नित्य) **2** 臨時の;特別な. (⇔नित्य)

अनिद्रा /anidrā アニドラー/ [←Skt.f. अन्-इद्रा- 'sleeplessness'] *f.* **1** 不眠. ❐～ रोग 不眠症. **2**〖医学〗不眠症.

अनिपुण /anipuṇa アニプン/ *adj.* 熟練してない, 未熟な, 下手な. (⇔निपुण) ❐～ श्रमिक 不熟練労働者.

अनिमंत्रित /animamtrita アニマントリト/ [←Skt. अ-निमन्त्रित- 'uninvited'] *adj.* 招かれていない.

अनिमेष /animeṣa アニメーシュ/ *adv.* まばたきせずに, 目をこらして.

अनियंत्रित /aniyamtrita アニヤントリト/ [←Skt. अ-नियन्त्रित- 'unrestrained'] *adj.* 統制[制御, 抑制]されてない. (⇔नियंत्रित) ❐～ स्थिति 無秩序状態.

अनियत /aniyata アニヤト/ [←Skt. अ-नियत- 'not regulated, uncontrolled, not fixed, uncertain'] *adj.* **1** 不確定な, 不定な. (⇔नियत) **2** 不規則な, 変則的な. (⇔नियत)

अनियमित /aniyamita アニヤミト/ [←Skt. अ-नियमित- 'having no rule; irregular'] *adj.* **1** 不規則な, 不正規の, 変則的な, 不定期な. (⇔नियमित) ❐～ आय 安定しない収入. ❐～ परीक्षा 臨時試験. ❐～ रूप से 変則的に. **2** 無秩序の, 混乱した. (⇔नियमित) ❐～ भीड़ 無秩序な群衆.

अनियमितता /aniyamitatā アニヤミトター/ [←Skt.f. अनियमित-ता- 'irregularity'] *f.* **1** 不規則(性), 変則(性), 不定期. (⇔नियमितता) **2** 無秩序, 混乱. (⇔नियमितता)

अनिर्णीत /anirṇīta アニルニート/ [←Skt. अ-निर्णीत- 'unascertained, undetermined'] *adj.* **1** 未決定の;不確定な. ❐ईरान परमाणु हथियारों पर ～ है। イランは原子力兵器について態度を未だ決めていない. **2**〖スポーツ〗勝負のついていない;引き分けの. ❐क्रिकेट टेस्ट मैच ～ समाप्त हुआ। クリケット国際試合は引き分けで終わった.

अनिर्वचनीय /anirvacanīya アニルワチニーエ/ [←Skt. अ-निर्-वचनीय- 'unutterable, indescribable; not to be mentioned'] *adj.* 言葉で表現できないほどの, えも言われぬ. ❐अलौकिक ～ आनंद この世のものとは思われないえも言われぬ至福.

अनिल /anila アニル/ [←Skt.m. अनिल- 'air or wind'] *m.* 風;風神.

अनिवार्य /anivārya アニワールエ/ [←Skt. अ-निवार्य- 'not to be warded off, inavertible, unavoidable'] *adj.* **1** 強制的な;義務的な. (⇔ऐच्छिक) ❐～ रूप से 強制的に. ❐～ शिक्षा 義務教育. ❐～ सैन्य सेवा 徴兵制. **2** 避けられない, 免れられない, 必然的な. ❐～ कारणों से やむを得ない理由で. ❐～ रूप से 必然的に.

अनिवार्यता /anivāryatā アニワールエター/ [←Skt.f. अनिवार्य-ता- 'inevitability'] *f.* **1** 強制, 義務. **2** 不可避, 必然性.

अनिश्चय /aniścaya アニシュチャエ/ [?neo.Skt.m. अ-निश्चय- 'uncertainty'] *m.* **1** 不確実;不確定. **2** 優柔不断さ;ためらい.

अनिश्चित /aniścita アニシュチト/ [←Skt. अ-निश्चित- 'unascertained, not certain'] *adj.* 不確実な, 不確定な, はっきりしない. (⇔निश्चित)

अनिश्चितता /aniścitatā アニシュチトター/ [←Skt.f. अनिश्चित-ता- 'uncertainty'] *f.* 不確実, 不確定.

अनिष्ट /aniṣṭa アニシュト/ [←Skt. अन्-इष्ट- 'unwished, undesirable'] *adj.* 望まれない;災いをもたらす.
— *m.* 不運, 不幸, 厄災. ❐किसी ～ की आशंका हुई। 何か不幸なことが起こったのではないかという不安が生じた.

अनिष्टकारी /aniṣṭakārī アニシュトカーリー/ [neo.Skt. अनिष्ट-कारिन्- 'evil, unlucky'] *adj.* 不吉な, 縁起の悪い, 厄災をもたらす.

अनी /anī アニー/ [<OIA.n. ánīka- 'face, front, point, edge, row': T.00308] *f.* (とがった)先端, 先, 突端. (⇒नोक) ❐तीर की ～ 矢の先.

अनीक /anīka アニーク/ [←Skt.m. अनीक- ' front, row, array, march; army, forces'] *m.* 軍, 軍隊.

अनीति /anīti アニーティ/ [←Skt. अ-नीति- 'impropriety, immorality, injustice'] *f.* **1** 不適切な行為;悪事;不道徳な行為. (⇔नीति) **2**〖法律〗不法行為;不正. (⇔नीति)

अनीश्वरवाद /anīśvaravāda アニーシュワルワード/ [←Skt.m. अन्-ईश्वर-वाद- 'atheism'] *m.* 無神論. (⇔ईश्वरवाद)

अनीश्वरवादी /anīśvaravādī アニーシュワルワーディー/ [←Skt. अन्-ईश्वर-वादिन्- 'one who denies a supreme ruler of the universe, an atheist'] *adj.* 無神論の, 無神論を信じる. (⇔ईश्वरवादी)
— *m.* 無神論者. (⇔ईश्वरवादी)

अनु- /anu- アヌ・/ *pref.* 《「…の後に, …に従って」などを意味するサンスクリット語の接頭辞; अनुकरण「模倣」, अनुयायी「信奉者」, अनुसरण「追随」など》

अनुकंपा /anukampā アヌカンパー/ [←Skt.f. अनु-कम्पा- 'sympathy, compassion'] *f.* 思いやり, 哀み, 同情.

अनुकरण /anukaraṇa アヌカラン/ [←Skt.n. अनु-करण- 'the act of imitation or of following an example'] *m.* 模倣, 真似;模造. (⇒नक़ल) ❐(का) ～ करना (…を)模倣する.

अनुकरणात्मक /anukaraṇātmaka アヌカラナートマク/

[neo.Skt. *अनु-करणात्मक-* 'imitative'] *adj.*模倣的な. ❐ ～ शब्द〖言語〗擬音語.

अनुकरणीय /anukaraṇīya アヌカルニーエ/ [←Skt. *अनु-करणीय-* 'deserving to be followed'] *adj.* 倣うべき, 模すべき;模範的な.

अनुकर्ता /anukartā アヌカルター/ [←Skt.m. *अनु-कर्तृ-* 'imitator'] *m.* **1** 模倣者. **2** 服従者.

अनुकूल /anukūla アヌクール/ [←Skt. *अनु-कूल-* 'following the bank; according to the current'] *adj.* 適切な, ふさわしい, 調和する;好都合な, 順風な《〖名詞 के अनुकूल〗の形式で, 副詞句「…に合った」を表す》. (⇔प्रतिकूल) ❐उसने थोड़े ही दिनों में अपने को इस नई अवस्था के ～ बना लिया। 彼はわずかな日数で自身をこの新しい環境に合わせた. ❐यहाँ का जलवायु मेरे ～ था। ここの気候は私には合っていた.

अनुकूलता /anukūlatā アヌクールター/ [←Skt.f. *अनुकूल-ता* 'concord, good-will, favour'] *f.* 適切であること;ふさわしいこと;調和していること;順風であること, 好都合であること. (⇔प्रतिकूलता)

अनुकूलित /anukūlita アヌクーリト/ [neo.Skt. *अनु-कूलित-* 'made suitable or convenient'] *adj.* 適合された;順応された;調節された. ❐～ करना 適合させる;順応させる;調節する.

अनुकृत /anukr̥ta アヌクリト/ [←Skt. *अनु-कृत-* 'imitated, made like'] *adj.* 模倣された.

अनुकृति /anukr̥ti アヌクリティ/ [←Skt.f. *अनु-कृति-* 'imitation, a copy, compliance'] *f.* 模造品, イミテーション;レプリカ.

अनुक्रम /anukrama アヌクラム/ [←Skt.m. *अनु-क्रम-* 'succession, arrangement, order, method'] *m.* (整然とした)順序;連鎖;連続(体).

अनुक्रमणिका /anukramaṇikā アヌクラムニカー/ [←Skt.f. *अनु-क्रमणिका-* 'a table or chapter of contents, index to a collection of Vedic hymns'] *f.* **1** 索引, インデックス. (⇒इंडेक्स) **2** 目次.

अनुक्रमिक /anukramika アヌクラミク/ [neo.Skt. *अनु-क्रमिक-* 'successive, sequential'] *adj.* 連続する.

अनुक्रिया /anukriyā アヌクリヤー/ [←Skt.f. *अनु-क्रिया-* 'imitation, doing anything in like manner or subsequently'] *f.* 応答, 反応;感応;(化学)反応. ❐ रासायनिक ～ 化学反応.

अनुगम /anugama アヌガム/ [←Skt.m. *अनु-गम-* 'following, going after in life or death'] *m.* **1** 追従, 追随. **2** 帰納(法).

अनुगमन /anugamana アヌガマン/ [←Skt.n. *अनु-गमन-* 'following, going after in life or death'] *m.* **1** 追従, 追随. **2**〖ヒンドゥー教〗〔古語〕(寡婦(かふ)の)殉死, 後追い自殺《亡夫の火葬の火で殉死した風習》. (⇒सती)

अनुगामी /anugāmī アヌガーミー/ [←Skt. *अनु-गामिन्-* 'following, a companion'] *adj.* 追従する, 追随する;従順な;信奉する.

— *m.* 追従者;信奉者;模倣者.

अनुगृहीत /anugr̥hīta アヌグリヒート/ [←Skt. *अनु-गृहीत-* 'favoured, obliged'] *adj.* 恩義を受けた;好意を受けた. ❐कृपया मुझे ～ करें। どうか私の願いをいれてください《招待状などの常套文句》. ❐मैं आपका ～ हूँ। 私はあなたに感謝しています.

अनुग्रह /anugraha アヌグラ/ [←Skt.m. *अनु-ग्रह-* 'favour, kindness, showing favour, conferring benefits, promoting or furthering a good object'] *m.* 恩恵, 恩顧, 恩義, 恩寵. ❐(के) ～ से (…の)おかげで. ❐ मुझपर उनका ～ रहा। 私はあの方に世話になった.

अनुचर /anucara アヌチャル/ [←Skt.m. *अनु-चर-* 'companion, follower, servant'] *m.* **1** 侍者, 従者, お供, 随行員. **2** 信奉者, 門人, 追随者.

अनुचित /anucita アヌチト/ [←Skt. *अन्-उचित-* 'improper, wrong, unusual, strange'] *adj.* 不適切な, 不適当な, 妥当でない, 不穏当な. (⇔उचित, मुनासिब) ❐～ शब्द 不適切な言葉. ❐ऐसी दशा में यहाँ रहना मुझे ～ मालूम होता था। このような状況でここにとどまることは私には不適切に思われた.

अनुच्चरित /anuccarita アヌッチャリト/ [←Skt. *अन्-उच्चरित-* 'unpronounced'] *adj.* 発音されない. (⇔उच्चरित) ❐～ वर्ण 黙字《発音されない文字》.

अनुच्छेद /anucchеda アヌッチェード/ [neo.Skt.m. *अनु-च्छेद-* 'section (of a document)'] *m.* (単一のテーマを論じた)項, セクション;段落, パラグラフ.

अनुज /anuja アヌジ/ [←Skt. *अनु-ज-* 'born after, later, younger'] *adj.* 後で生まれた(兄弟).

— *m.* 弟.

अनुज्ञप्त /anujñapta アヌギャプト/ [←Skt. *अनु-ज्ञप्त-* 'authorized, permitted'] *adj.* 認可された.

अनुज्ञप्ति /anujñapti アヌギャプティ/ [←Skt.f. *अनु-ज्ञप्ति-* 'authorization, permission'] *f.* **1** 認可. **2** ライセンス, 免許状, 許可書. (⇒लाइसेंस)

अनुज्ञा /anujñā アヌギャー/ [←Skt.f. *अनु-ज्ञा-* 'assent, assenting, permission'] *f.* 認可, 許認. (⇒अनुज्ञप्ति) ❐ ～ पत्र 認可書, 免許状.

अनुज्ञात /anujñāta アヌギャート/ [←Skt. *अनु-ज्ञात-* 'assented to, permitted, allowed'] *adj.* 認可された, 免許を受けた. (⇒अनुज्ञप्त)

अनुतान /anutāna アヌターン/ [neo.Skt.m. *अनु-तान-* 'intonation'] *m.*〖言語〗イントネーション.

अनुताप /anutāpa アヌタープ/ [←Skt.m. *अनु-ताप-* 'repentance, heat'] *m.* 後悔, 悔恨;良心の呵責, 自責の念.

अनुत्तर /anuttara アヌッタル/ [←Skt. *अन्-उत्तर-* 'best, excellent; without a reply, unable to answer'] *adj.* **1** 答えられない. **2** 比類のない, すばらしい.

अनुत्तरदायित्व /anuttaradāyitva アヌッタルダーイトオ/ [neo.Skt. *अन्-उत्तरदायित्व-* 'irresponsiblity'] *m.*〖法律〗責任を負わないこと, 責任を問われないこと. (⇒

ग़ैर-ज़िम्मेदारी)(⇔उत्तरदायित्व, ज़िम्मेदारी)

अनुत्तरदायी /anuttaradāyī アヌッタルダーイー/ [neo.Skt. *अन्-उत्तरदायिन्-* 'irresponsible'] *adj.* 〖法律〗責任のない;責任を負わない. (⇒ग़ैर-ज़िम्मेदार)(⇔उत्तरदायी, ज़िम्मेदार)

अनुत्तीर्ण /anuttīrṇa アヌッティールン/ [neo.Skt. *अन्-उत्तीर्ण-* 'not passed, failed'] *adj.* (試験に)落ちた, 落第した. (⇒फ़ेल)(⇔उत्तीर्ण, पास)

अनुदात्त /anudātta アヌダーット/ [←Skt. *अन्-उदात्त-* 'not raised, not elevated'] *adj.* **1** 高尚ではない;卑しい. (⇔उदात्त) **2**〖言語〗低アクセントの(母音), 低声調の. (⇔उदात्त)

अनुदान /anudāna アヌダーン/ [neo.Skt.n. *अनु-दान-* 'grant-in-aid'] *m.* 補助金, 助成金. ❐सरकारी ～ 政府助成金.

अनुदार /anudāra アヌダール/ [←Skt. *अन्-उदार-* 'niggardly, mean'] *adj.* **1** 狭量な, 偏狭な. (⇔उदार) **2** けちな, 吝嗇(りんしょく)な. (⇒कंजूस, कृपण)

अनुदेश /anudeśa アヌデーシュ/ [←Skt.m. *अनु-देश-* 'a rule or injunction pointing back to a previous rule'] *m.* 指示, 指図;指令.

अनुद्योग /anudyoga アヌディョーグ/ [←Skt.m. *अन्-उद्योग-* 'absence of exertion or effort, inactivity, laziness'] *m.* 怠惰, 無精.

अनुद्योगी /anudyogī アヌディョーギー/ [←Skt. *अन्-उद्योगिन्-* 'inactive, lazy, indifferent'] *adj.* 怠惰な, 無精な.

अनुधर्मक /anudʰarmaka アヌダルマク/ [neo.Skt. *अनु-धर्मक-* 'analogous'] *adj.* 類似した;相似の.

अनुधावन /anudʰāvana アヌダーワン/ [←Skt.n. *अनु-धावन-* 'chasing, pursuing, running after'] *m.* **1** 追跡. **2** 模倣. **3** 追求;研究.

अनुनय /anunaya アヌナエ/ [←Skt.m. *अनु-नय-* 'conciliation, salutation, courtesy; humble entreaty or supplication'] *m.* 懇願, 嘆願, 哀願. (⇒अनुरोध) ❐(से) ～ करना (人に)懇願する.

अनुनय-विनय /anunaya-vinaya アヌナエ・ヴィナエ/ *m.* (心からの)懇願, 嘆願, 哀願. ❐(से) ～ करना (人に)懇願する.

अनुनासिक /anunāsika アヌナースィク/ [←Skt. *अनु-नासिक-* 'nasal, uttered through the nose'] *adj.*〖言語〗鼻音の. ❐～ व्यंजन 鼻子音. ❐～ स्वर 鼻母音. — *m.* **1**〖言語〗鼻音. ❐～ व्यंजन [स्वर]鼻子音[母音]. **2** アヌナーシク《デーヴァナーガリー文字の鼻母音化記号 ँ》. (⇒चंद्रबिंदु)

अनुन्नत /anunnata アヌンナト/ [←Skt. *अन्-उन्नत-* 'not elevated, not lifted up'] *adj.* 発達の遅れた, 後進の. (⇒पिछला)(⇔उन्नत) ❐～ जनजाति 後進部族《現在は指定部族 (अनुसूचित जनजाति) が一般的》.

अनुपम /anupama アヌパム/ [←Skt. *अन्-उपम-* 'incomparable, matchless; excellent, best'] *adj.* 比類ない;最高の. ❐～ सौंदर्य 比類ない美しさ.

अनुपयुक्त /anupayukta アヌプユクト/ [←Skt. *अन्-उपयुक्त-* 'unsuited, unsuitable, improper; useless, unserviceable'] *adj.* 不適切な, 不適な, ふさわしくない. (⇔उपयुक्त)

अनुपयोगिता /anupayogitā アヌプョーギター/ [←Skt.f. *अन्-उपयोगि-ता-* 'unsuitability'] *f.* 無益, 無用, 無効.

अनुपयोगी /anupayogī アヌプョーギー/ [←Skt. *अन्-उपयोगिन्-* 'unsuitable'] *adj.* 役に立たない, 無用な, 無益な, むだな. (⇒बेकार)

अनुपलब्ध /anupalabdʰa アヌプラブド/ [←Skt. *अन्-उपलब्ध-* 'unobtained, unperceived'] *adj.* 手に入らない;(あるべきものが)存在しない. (⇔उपलब्ध)

अनुपलब्धि /anupalabdʰi アヌプラブディ/ [←Skt.f. *अन्-उपलब्धि-* 'non-perception, non-recognition'] *f.* 入手不可.

अनुपस्थित /anupastʰita アヌパスティト/ [←Skt. *अन्-उपस्थित-* 'not come near, not present, not at hand'] *adj.* 欠席している;不在の;参列していない, 臨席していない. (⇒ग़ैर-हाज़िर)(⇔उपस्थित, मौजूद, हाज़िर)

अनुपस्थिति /anupastʰiti アヌパスティティ/ [←Skt.f. *अन्-उपस्थिति-* 'absence, not being at hand'] *f.* 欠席;欠勤;不在;不参加. (⇒ग़ैर-हाज़िरी)(⇔उपस्थिति, मौजूदगी, हाज़िरी)

अनुपात /anupāta アヌパート/ [←Skt.m. *अनु-पात-* 'falling subsequently upon; proportion (in arithm.)'] *m.*〖数学〗比率, 割合;歩合. (⇒दर, रेट) ❐जनसंख्या में लिंग ～ 人口における男女の比率.

अनुपान /anupāna アヌパーン/ [←Skt.n. *अनु-पान-* 'a fluid vehicle in medicine; drink taken with or after medicine'] *m.*〖医学〗アヌパーン《服用薬を飲み下す飲みもの》.

अनुपालन /anupālana アヌパーラン/ [←Skt.n. *अनु-पालन-* 'preserving, keeping up'] *m.* (規則などの)順守.

अनुप्रयुक्त /anuprayukta アヌプラユクト/ [neo.Skt. *अनु-प्रयुक्त-* 'applied'] *adj.* (実地に)適用[応用]された. ❐～ भाषा-विज्ञान〖言語〗応用言語学.

अनुप्रयोग /anuprayoga アヌプラョーグ/ [←Skt.m. *अनु-प्रयोग-* 'additional use'] *m.* 応用, 適用. ❐(का) ～ करना (…を)応用する.

अनुप्राणित /anuprāṇita アヌプラーニト/ [←Skt. *अनु-प्राणित-* 'imbued with life'] *adj.* 命が吹き込まれた;よみがえった. ❐गाँधी ने अपने चरित्र से सारे देश के वातावरण को आदर्शवादिता से कैसा ～ कर रखा था, इसे वह युग नहीं समझ सकेगा जिसने उन्हें नहीं देखा। (マハートマー)ガーンディーが自らの行いで国全体の空気に理想主義をもっていかに命を吹き込んだのか, これは, 彼を目にしたことのない時代は理解できないだろう.

अनुप्रास /anuprāsa アヌプラース/ [←Skt.m. *अनु-प्रास-* 'alliteration, repetition of similar letters, syllables, and words'] *m.* アヌプラーサ《同一の音, 音節, 語を反復する修辞法, 押韻》.

अनुबंध /anubaṃdʰa̸ アヌバンド/ [←Skt.m. अनु-बन्ध- 'binding, connection, attachment'] *m.* 〚法律〛契約, 約定;協定. ❐(के) ～ पर हस्ताक्षर करना (…の)協定に調印する.

अनुबंध-पत्र /anubaṃdʰa̸-patra̸ アヌバンド・パトル/ [neo.Skt.n. अनुबन्ध-पत्र- 'document of contract'] *m.* 契約書.

अनुभव /anubʰava̸ アヌバオ/ [←Skt.m. अनु-भव- 'perception, apprehension, fruition'] *m.* **1** 経験, 体験;経歴. (⇒तजरबा) ❐(का) ～ करना (…を)経験する. ❐(को) (का) ～ है। (人には)(…の)経験がある. **2** 感触;知覚. ❐(का) ～ करना (…を)感じる.

अनुभवी /anubʰavī アヌバヴィー/ [?neo.Skt. अनु-भविन्- 'experienced, veteran'] *adj.* 経験を積んだ, 経験のある, 熟練した. (⇒तजरबाकार) ❐उन्होंने गऊ को अपनी पुरानी ～ आँखों से देखा। 彼は雌牛を自分の年季の入った熟練した目で見た.

अनुभाग /anubʰāga̸ アヌバーグ/ [neo.Skt.m. अनु-भाग- 'section (of an office)'] *m.* (組織の)部局, セクション.

अनुभाव /anubʰāva̸ アヌバーオ/ [←Skt.m. अनु-भाव- 'sign or indication of a feeling (bhāva) by look or gesture'] *m.* 〚演劇〛アヌバーワ《俳優の表情や身振りなどに出る感情の表出》.

अनुभावन /anubʰāvana̸ アヌバーワン/ [←Skt.n. अनु-भावन- 'the act of indicating feelings by sign or gesture'] *m.* ☞अनुभाव

अनुभूत /anubʰūta̸ アヌブート/ [←Skt. अनु-भूत- 'perceived, understood, apprehended'] *adj.* 経験された, 体験された;実感された.

अनुभूति /anubʰūti アヌブーティ/ [←Skt.f. अनु-भूति- 'perception; knowledge from any source but memory'] *f.* **1** 感じとること, 思い, 気持ち, 感受;実感, 感知. ❐उसके जीवन में यह नई ～ है। 彼女の人生においてこれは初めての気持ちである. ❐मैंने अपनी भावनाओं के विस्फोट से, अनुभूतियों की कचोट से ही अपना क़लम चलाया है। 私は自身の心情の吐露, 痛みの思いだけでペンを走らせた. **2** 感動, 感応.

अनुमत /anumata̸ アヌマト/ [←Skt. अनु-मत- 'approved, assented to, permitted'] *adj.* **1** 許可された, 認可された. **2** 承認された, 是認された.

अनुमति /anumati アヌマティ/ [←Skt.f. अनु-मति- 'assent, permission, approbation'] *f.* **1** 許可, 認可. (⇒आज्ञा, इजाज़त) ❐(को) (की) ～ देना (人に)(…の)許可を与える. ❐(से) (की) ～ माँगना (人に)(…の)許可を求める. **2** 承認, 是認.

अनुमान /anumāna̸ アヌマーン/ [←Skt.n. अनु-मान- 'inference, consideration, reflection; guess, conjecture'] *m.* 推測, 推量;臆測. (⇒अंदाज़, अटकल) ❐(का) ～ करना [लगाना] (…の)推測をする. ❐उसका ～ ठीक निकला। 彼の推測は正しかった.

अनुमानित /anumānita̸ アヌマーニト/ [neo.Skt. अनु-मानित- 'conjectured, estimated'] *adj.* 予想される, 予期される.

अनुमोदक /anumodaka̸ アヌモーダク/ [←Skt. अनु-मोदक- 'assenting, showing sympathetic joy'] *adj.* (提案などに)賛成する(人), 支持する(人).

अनुमोदन /anumodana̸ アヌモーダン/ [←Skt.n. अनु-मोदन- 'pleasing, causing pleasure, applauding; assent, acceptance'] *m.* (提案の)賛同, 支持;承認, 是認.

अनुमोदित /anumodita̸ アヌモーディト/ [←Skt. अनु-मोदित- 'pleased, delighted, applauded; agreeable, acceptable'] *adj.* 賛同された, 支持された;承認された, 是認された.

अनुयायी /anuyāyī アヌヤーイー/ [←Skt. अनु-यायिन्- 'going after; a follower, a dependant, attendant'] *m.* 追随者;信奉者.

अनुरक्षण /anurakṣaṇa̸ アヌラクシャン/ [←Skt.n. अनु-रक्षण- 'the act of guarding'] *m.* 維持管理;メンテナンス.

अनुरणन /anuraṇana̸ アヌラナン/ [←Skt.n. अनु-रणन- 'sounding conformably to, echoing'] *m.* こだま, エコー. (⇒गूँज)

अनुराग /anurāga̸ アヌラーグ/ [←Skt.m. अनु-राग- 'attachment, affection, love, passion'] *m.* **1** 愛着, いとおしい気持ち;傾倒.

अनुरूप /anurūpa̸ アヌループ/ [←Skt. अनु-रूप- 'following the form, conformable, corresponding'] *adj.* **1** 似た, 相似の. **2** ふさわしい, 順応した《主に के अनुरूप の形式で副詞句「(…に)応じて, (…に)ふさわしく」として使用》. ❐नया कानून नई परिस्थितियों के ～ बनाना 新しい法律を新しい環境に合わせて作る.

अनुरोध /anurodʰa̸ アヌロード/ [←Skt.m. अनु-रोध- 'obliging or fulfilling the wishes (of any one); obligingness, compliance'] *m.* 懇請;懇願;嘆願;要請;依頼. (⇒अनुनय) ❐(से) (का) ～ करना (人に)(…の)懇願をする. ❐(के) ～ पर (…の)懇請で.

अनुलिपि /anulipi アヌリピ/ [neo.Skt.f. अनु-लिपि- 'duplicate, copy, facsimile'] *f.* (文字の)複写, コピー;複製. (⇒कापी)

अनुलोम /anuloma̸ アヌローム/ [←Skt. अनु-लोम- 'with the hair or grain; in a natural direction'] *adj.* **1** 順序が自然な, 自然な順序の. (⇔प्रतिलोम) **2** (数の小から大に進む)昇順の. (⇔प्रतिलोम)

अनुवंश /anuvaṃśa̸ アヌワンシュ/ [←Skt.m. अनु-वंश- 'a genealogical list or table'] *m.* (家系の)系譜.

अनुवर्ती /anuvartī アヌワルティー/ [←Skt. अनु-वर्तिन्- 'following, compliant, obedient, resembling'] *adj.* **1** 追随する;信奉する. **2** 継起する;連続する. ❐～ कार्रवाई 引き続き行われる処置.

अनुवाद /anuvāda̸ アヌワード/ [←Skt.m. अनु-वाद- 'saying after or again, repeating by way of explanation'] *m.* 翻訳;通訳. (⇒तरजुमा, भाषांतर) ❐(से) (में) (का) ～ करना

(…語から)(…語に)(…の)翻訳[通訳]をする.

अनुवादक /anuvādaka アヌワーダク/ [←Skt. *अनु-वादक-* 'repeating with comment and explanation'] *m.* **1** 翻訳家[者]. (⇒तरजुमान) **2** 通訳(者). (⇒तरजुमान, दुभाषिया)

अनुशंसा /anuśaṃsā アヌシャンサー/ [←Skt.f. *अनु-शंसा-* 'reciting or praising after another'] *f.* 推薦;推挙. (⇒सिफ़ारिश)

अनुशासन /anuśāsana アヌシャーサン/ [←Skt.n. *अनु-शासन-* 'instruction, direction, command, precept'] *m.* **1** 規律, 綱紀;抑制, 制御. ❐वित्तीय ～ 〖経済〗財政規律. ❐विद्यार्थी जीवन में ～ की आवश्यकता है। 学生生活には規律が重要です. **2** (行動・考え方の)指針, 規範.

अनुशासनहीन /anuśāsanahīna アヌシャーサンヒーン/ [neo.Skt. *अनु-शासन-हीन-* 'undisciplined'] *adj.* 規律のない, だらしのない;秩序のない.

अनुशासनहीनता /anuśāsanahīnatā アヌシャーサンヒーンター/ [neo.Skt.f. *अनु-शासन-हीन-ता-* 'indiscipline'] *f.* 規律のない状態, だらしなさ;無秩序.

अनुशासनिक /anuśāsanika アヌシャースニク/ [neo.Skt.f. *अनु-शासनिक-* 'disciplinary'] *adj.* 規律上の;秩序のための;懲戒の. ❐～ कार्रवाई [कार्यवाही] 懲戒処分, 懲罰処置.

अनुशीलन /anuśīlana アヌシーラン/ [←Skt.n. *अनु-शीलन-* 'constant practice or study'] *m.* (持続的な)研究;考究.

अनुश्रुत /anuśruta アヌシュルト/ [←Skt. *अनु-श्रुत-* 'handed down by Vedic tradition'] *adj.* 伝説上の, 語り伝えられている.

अनुश्रुति /anuśruti アヌシュルティ/ [neo.Skt.f. *अनु-श्रुति-* 'legend'] *f.* 伝説;言い伝え, 伝承.

अनुषंग /anuṣaṃga アヌシャング/ [←Skt.m. *अनुषङ्ग-* 'close adherence, connection'] *m.* 関連;付随.

अनुषंगी /anuṣaṃgī アヌシャンギー/ [←Skt. *अनु-षङ्गिन्-* 'addicted or attached to, connected with'] *adj.* 関連のある;付随する. ❐(की) ～ कंपनी (…の)関連会社.

अनुष्ठान /anuṣṭʰāna アヌシュターン/ [←Skt.n. *अनु-ष्ठान-* 'doing, performance; religious practice'] *m.* 〖ヒンドゥー教〗宗教儀礼.

अनुसंधान /anusaṃdʰāna アヌサンダーン/ [←Skt.n. *अनु-संधान-* 'investigation, inquiry'] *m.* 研究;探究;調査. ❐गुणात्मक ～ 定性的研究. ❐मात्रात्मक ～ 定量的研究.

अनुसमर्थन /anusamartʰana アヌサマルタン/ [neo.Skt.n. *अनु-समर्थन-* 'ratification'] *m.* 〖法律〗批准.

अनुसरण /anusaraṇa アヌスラン/ [←Skt.n. *अनु-सरण-* 'following, going after'] *m.* 追随;模倣. ❐(का) ～ करना (…に)追随する.

अनुसार /anusāra アヌサール/ [←Skt.m. *अनु-सार-* 'going after, following'] *ind.* 《〖名詞 के अनुसार〗の形式で, 副詞句「…によれば, …に従って, …に応じて」を表す》(⇒मुताबिक़) ❐इस घटना की प्रत्येक पुरुष अपनी-अपनी समझ के ～ आलोचना करता था। この出来事について男たちはそれぞれの理解に応じて批評をしていた. ❐क़ानून के ～ 法律に従って. ❐मुझे एक माँग अपनी इच्छा के ～ दिखाई दी। 私は一つの要求が自分の望みに合っているようにみえた.

अनुसूचित /anusūcita アヌスーチト/ [neo.Skt. *अनु-सूचित-* 'scheduled'] *adj.* (公に)指定された《特に独立後のインド憲法に基づき大統領令による特別優遇措置を講じる必要のある後進階級 (पिछड़ा वर्ग) の指定》. ❐～ जाति 指定カースト. ❐～ जनजाति 指定部族.

अनुसूची /anusūcī アヌスーチー/ [neo.Skt.f. *अनु-सूची-* 'schedule'] *adj.* (本文に付属した)別表《特に独立後のインド憲法本文に付属した特定の指定内容を示す一覧表》.

अनुस्मारक /anusmāraka アヌスマーラク/ [neo.Skt. *अनु-स्मारक-* 'reminding'] *m.* 督促(状), 催促(状).

अनुस्वार /anusvāra アヌスワール/ [←Skt.m. *अनु-स्वार-* 'aftersound, the nasal sound which is marked by a dot above the line, and which always belongs to a preceding vowel'] *m.* 〖言語〗アヌスワーラ《字義は「母音の直後にくるもの」;シローレーカーの上部に書かれる点;ヒンディー語では直後の子音と同じ調音点の鼻子音を表す》.

अनूठा /anūṭʰā アヌーター/ [<OIA. **anna-uṭṭha-* 'strange': T.00396] *adj.* **1** 普通ではない;ユニークな, 風変りな. (⇒अनोखा) ❐उसके सब काम अनूठे हुआ करते थे। 彼のやることなすことみな人並みはずれていた. **2** 非凡な, 卓抜した.

अनूढ़ा /anūṛʰā アヌーラー/ [←Skt.f. *अन्-ऊढा-* 'an unmarried woman'] *f.* (恋愛中の)未婚の女.

अनूदित /anūdita アヌーディト/ [←Skt. *अनु-उदित-* 'spoken after, spoken according to'] *adj.* 翻訳された;通訳された.

अनूप /anūpa アヌープ/ [<Skt. *अन्-उपम-* 'incomparable, matchless'] *adj.* 類のない, 無比の.

अनेक /aneka アネーク/ [←Skt. *अन्-एक-* 'not one, many, much'] *adj.* 多くの, たくさんの. ❐～ प्रकार के कष्ट さまざまな苦労. ❐～ कारणों से 多くの理由で. ❐～ बार 何度も. ❐हमसे ～ भूलें हुई होंगी। 私たちに多くの落ち度があったことでしょう.

अनेकता /anekatā アネークター/ [←Skt.f. *अन्-एक-ता-* 'muchness'] *f.* **1** 多数であること, 多量であること. **2** 多様性. (⇒विविधता)(⇔एकता) ❐～ में एकता 多様性の中の統一.

अनेकवचन /anekavacana アネークワチャン/ [←Skt.n. *अन्-एक-वचन-* 'the plural number'] *m.* 〖言語〗複数. (⇒बहुवचन)(⇔एकवचन)

अनेकांतवाद /anekāṃtavāda アネーカーントワード/ [←Skt.m. *अन्-एक-अन्त-वाद-* 'scepticism'] *m.* 〖ジャイナ教〗相対主義《言語による真理の表現の多様性を説く学説》.

अनेकानेक /anekānekạ アネーカーネーク/ [अनेक + अनेक] *adj.* 数多くの，さまざまな．❐दीवार पर ～ सुप्रसिद्ध चित्रकारों के मनोमोहक चित्र टँगे थे। 壁にはさまざまな高名な画家たちの心を魅了する絵画が架かっていた．

अनेकार्थक /anekārtʰakạ アネーカールタク/ [?neo.Skt. *अन्-एक-अर्थ-क-* 'polysemantic'; cf. Skt. *अन्-एक-अर्थ-* 'having more than one meaning (as a word)'] *adj.* 多義の．❐～ शब्द 多義語．

अनैक्य /anaikyạ アナエーキエ/ [←Skt.n. *अन्-ऐक्य-* 'want of oneness, plurality, the existence of many'] *m.* 不統一，不一致；内輪もめ．

अनैच्छिक /anaiccʰikạ アナエーッチク/ [←Skt.n. *अन्-ऐच्छिक-* 'involuntary'] *adj.* 〚医学〛不随意の．❐～ मांसपेशी 不随意筋．

अनैतिक /anaitikạ アナエーティク/ [neo.Skt. *अ-नैतिक-* 'immoral'] *adj.* 道徳に反する，非倫理的な，風紀を乱す．(⇔नैतिक) ❐～ कार्यक्रम 不道徳な番組．❐～ संबंध 不倫関係．

अनोखा /anokʰā アノーカー/ [<OIA. *ánapēkṣa-* 'careless': T.00289] *adj.* **1** 珍しい，奇妙な，風変りな．(⇒अनूठा) ❐चिड़ियाघर के अनोखे जंतु 動物園の珍獣．**2** 奇抜な，突拍子もない．❐तुम्हें अनोखी ही कल्पनाएँ सूझती हैं। お前もとんでもない空想を思いつくものだね．❐महारानी ने अपनी बड़ी-बड़ी आँखों से उसकी ओर देखा, मानो वह कोई बड़ी अनोखी बात कह रही हो। 女王は見開いた目で彼女の方を見た，まるで彼女が何かとても突拍子もないことを話しているかのように．**3** すばらしい，並外れた．❐उनका यह ～ करतब देख-देखकर सारी मथुरा वाह-वाह कर उठी। 彼らのこのすばらしい大手柄を見てマトゥラー中が歓声をあげた．

अनौचित्य /anaucityạ アナォーチティエ/ [←Skt.n. *अन्-औचित्य-* 'unfitness'] *m.* 不当，不適当．(⇔औचित्य) ❐इसका इतना कड़ा दंड देना ～ की पराकाष्ठा है। このことにこれほどの厳しい処罰を下すのは不当の極みです．

अनौपचारिक /anaupạcārikạ アナォープチャーリク/ [?neo.Skt. *अन्-औपचारिक-* 'informal'] *adj.* 非公式の．❐～ रूप से 非公式に．

अनौरस /anaurasạ アナォーラス/ [←Skt. *अन्-औरस-* 'not one's own (son), adopted'] *adj.* 〚法律〛非嫡出の，養子の．(⇔औरस) ❐～ पुत्र 非嫡出の息子，養子の息子．

अन्- /an- アン・/ [←Skt.pref. *अन्-* 'un-, anti-'; cf. *अ-*] *pref.* 《否定を表すサンスクリット語の接頭辞；母音で始まる語に付く；अनेक「(一つではなく)多くの」，अनुत्तर「答えられない(ほどすばらしい)」など；子音で始まる語の直前では अ-》

अन्न /annạ アンヌ/ [←Skt.n. *अन्न-* 'food or victuals, especially boiled rice; bread corn'] *m.* **1** 食べ物：食糧．(⇒अनाज) **2** 穀物．(⇒अनाज)

अन्नकूट /annạkūṭạ アンヌクート/ [*अन्न* + *कूट*[1]] *m.* 〚ヒンドゥー教〛アンヌクート祭《インド太陰暦 8 月 (कार्तिक) のディーワーリー祭 (दीवाली) の翌日祝われる祭り；クリシュナ神 (कृष्ण) にご馳走を盛大にお供えする》．

अन्न-जल /annạ-jalạ アンヌ・ジャル/ [←Skt.n. *अन्न-जल-* 'food and water, bare subsistence'] *m.* (生きていくために必要な)食糧．❐～ छोड़ना 食を絶つ．

अन्न-दाता /annạ-dātā アンヌ・ダーター/ [←Skt.m. *अन्न-दातृ-* 'giving food'] *m.* **1** 後援者，恩人．**2** 食事を恵んでくれる者．

अन्न-प्राशन /anna-prāśanạ アンナ・プラーシャン/ [←Skt.n. *अन्न-प्राशन-* 'putting rice into a child's mouth for the first time'] *m.* 〚ヒンドゥー教〛アンナプラーシャナ《生後 5〜8 か月に初めてミルクに混ぜた米粥を与える食い初め(の儀式)》．

अन्य /anyạ アニエ/ [←Skt. *अन्य-* 'other, different'] *adj.* 他の；別の．❐～ पुरुष 〚言語〛三人称．

अन्यतम /anyatamạ アニヤタム/ [←Skt. *अन्य-तम-* 'any one of many, either, any'] *adj.* 最高の；最良の．

अन्यत्र /anyatrạ アニャトル/ [←Skt.ind. *अन्य-त्र* 'elsewhere'] *adv.* **1** どこか他のところで．**2** さもなくば．

अन्यथा /anyatʰā アニャター/ [←Skt.ind. *अन्य-था* 'otherwise, in a different manner'] *adv.* さもなくば．

अन्यपुरुष /anyapuruṣạ アニャプルシュ/ [neo.Skt.m. *अन्य-पुरुष-* 'the third person'] *m.* 〚言語〛三人称．(⇒ तृतीय-पुरुष)

अन्यमनस्क /anyạmanaskạ アニエマナスク/ [←Skt. *अन्य-मनस्क-* 'whose mind is fixed on something else, absent, versatile'] *adj.* 上の空の；放心した，ぼんやりした．

अन्यमनस्कता /anyạmanaskạtā アニエマナスクター/ *f.* 上の空；放心．

अन्याय /anyāyạ アニャーエ/ [←Skt.m. *अ-न्याय-* 'unjust or unlawful action'] *m.* 不正(な行為)；不公平(な扱い)，不当(な仕打ち)．(⇒ज़ुल्म, बेइंसाफ़ी) ❐यह ग़रीबों के साथ घोर ～ है। これは貧しい者たちに対するとんでもない不正だ．

अन्यायी /anyāyī アニャーイー/ [←Skt. *अ-न्यायिन्-* 'unjust, improper, indecorous, unbecoming'] *adj.* 不正な；不公平な．(⇒बेइंसाफ़)(⇔न्यायी)

अन्यून /anyūnạ アニューン/ [←Skt. *अ-न्यून-* 'not defective, not less than; entire, complete'] *adj.* 少なからぬ，十分な．

अन्योक्ति /anyokti アニョークティ/ [←Skt.f. *अन्य-उक्ति-* 'an allegory'] *f.* 寓喩(ぐうゆ)．

अन्योन्य /anyonyạ アニョーニエ/ [←Skt. *अन्यो-न्य-* 'one another, mutual'] *adj.* 相互の．❐～ क्रिया 相互作用．❐～ प्रजनन 〚生物〛異種交配．
— *adv.* 相互に．

अन्योन्याश्रय /anyonyāśrayạ アニョーニャーシュラエ/ [←Skt.m. *अन्योन्य-आश्रय-* 'mutual or reciprocal support or connection or dependance'] *m.* 相互依存．

अन्वय /anvayạ アンワエ/ [←Skt.m. *अन्व्-अय-* 'connection, association'] *m.* **1** (原因と結果の)関連，相関．**2** 〚言語〛(文法性，数，人称などの)一致，呼

応.

अन्वित /anvitá アンヴィト/ [←Skt. अन्व्-इत- 'joined, attended, accompanied by, connected with, linked to'] *adj.* 関連した, 相関した.

अन्विति /anviti アンヴィティ/ [←Skt.f. अन्व्-इति- 'following after'] *f.* 一貫性, 統一性.

अन्वीक्षण /anvīkṣaṇá アンヴィークシャン/ [←Skt.n. अन्व्-ईक्षण- 'examining, inquiry'] *m.* 微に入り細を穿(うが)つ観察, 顕微鏡的観察.

अन्वेषक /anveṣaká アンヴェーシャク/ [←Skt. अन्व्-एषक- 'searching, inquiring'] *adj.* 探究する(人).

अन्वेषण /anveṣaṇá アンヴェーシャン/ [←Skt.n. अन्व्-एषण- 'seeking for, searching, investigating'] *m.* 探究;捜査. ❐केंद्रीय ～ ब्यूरो インド中央捜査局.

अप- /apá- アプ・/ [←Skt. अप- '(as a prefix to nouns and verbs, expresses) away, off, back'] *pref.* 《「下方の, 不当な, 劣っている」などを意味するサンスクリット語の接頭辞》

अपंग /apaṃgá アパング/ [अप- + अंग] *adj.* 〖医学〗身体に障害がある(人).

अपकर्ष /apakarṣá アプカルシュ/ [←Skt.m. अप-कर्ष- 'drawing or dragging off or down, detraction, diminution, decay'] *m.* 下落, 下降;(権威などの)失墜;凋落. (⇔उत्कर्ष)

अपकार /apakārá アプカール/ [←Skt.m. अप-कार- 'wrong, offence, injury, hurt'] *m.* 加害;ひどい仕打ち. ❐～ करना ひどい仕打ちをする.

अपकीर्ति /apakīrti アプキールティ/ [←Skt.f. अप-कीर्ति- 'infamy, disgrace'] *f.* 不名誉, 汚名;悪評.

अपकेंद्री /apakeṃdrī アプケーンドリー/ [neo.Skt. अप-केन्द्रिन्- 'centrifugal'] *adj.* 〖物理〗遠心的な. (⇔अभिकेंद्री) ❐～ बल 遠心力.

अपक्व /apakvá アパクオ/ [←Skt. अ-पक्व- 'unripe, immature; undigested'] *adj.* **1** (果物が)未熟な. (⇒कच्चा)(⇔पक्का, पक्व) **2** 完成されていない, 未成熟な. (⇔पक्व) **3** 調理されていない, 生(なま)の. (⇔पक्व)

अपच /apacá アパチ/ [अ- + पचना] *m.* 〖医学〗消化不良. (⇒अजीर्ण, बदहज़मी, मंदाग्नि)

अपचय /apacayá アプチャエ/ [←Skt.m. अप-चय- 'diminution, decay, decrease, decline'] *m.* **1** 減少, 縮小;削減. **2**〖生物〗(代謝における物質を分解する)異化作用.

अपचार /apacārá アプチャール/ [←Skt.m. अप-चार- 'fault, improper conduct, offence'] *m.* (少年の)非行.

अपचारी /apacārī アプチャーリー/ [←Skt. अप-चारिन्- 'doing wrong, wicked'] *adj.* 非行を犯した. ❐～ किशोर [बच्चे] 非行少年.
— *m.* 非行を犯した人. ❐बाल ～ 非行少年.

अप-टू-डेट /apá-ṭū-ḍeṭá アプ・トゥー・デート/ [←Eng.adj. *up-to-date*] *adj.* アップトゥデートな, 最新の.

अपठित /apaṭʰitá アパティト/ [?neo.Skt. अ-पठित- 'unread'] *adj.* **1** 読まれなかった;朗読されなかった. **2** 字が読めない, 無学な.

अपढ़ /apaṛʰá アパル/ [अ- + पढ़ना; cf. अनपढ़] *adj.* 無学な.

अपत्य /apatyá アパティエ/ [←Skt.n. अपत्य- 'offspring, child, descendant'] *m.* 子ども, 子孫.

अपथ्य /apatʰyá アパティエ/ [←Skt. अ-पथ्य- 'unwholesome as food or drink in particular complaints'] *adj.* 健康に有害な(食べ物). (⇔पथ्य)
— *m.* 健康に有害な食べ物. (⇔पथ्य)

अपदस्थ /apadastʰá アパダスト/ [neo.Skt. अ-पदस्थ- 'dismissed, deposed'] *adj.* 罷免された;失脚した;退位した. ❐नेपाल के ～ नरेश ネパールの退位した国王. ❐(को) ～ करना (…の)座を奪う.

अपनत्व /apanatvá アプナトオ/ [अपना + -त्व] *m.* ☞ अपनापन

अपना /apanā アプナー/ [< MIA.adj. अप्पणय- < OIA.m. *ātmán-* 'breath, soul': T.01135] *adj.* **1** 自分の, 自身の;(ひとごとではなく)わがことの. (⇔पराया) ❐अपने आप 自分[独力]で. ❐～ ～ それぞれ自分の, 各自の. **2** 個人的な;身内の. ❐～ आदमी 身内の人間.

अपनाना /apanānā アプナーナー/ [cf. अपना] *vt.* (*perf.* अपनाया /apanāyā アプナーヤー/) **1** (方式, 学説などを)採用する, 取り入れる;受け入れる, 従う. ❐विज्ञान की प्रगति के साथ नए तरीक़े अपनाना उचित है। 科学の進歩と共に新しい技術を取り入れるのが妥当である. ❐दूसरों की ख़ूबियों को अपनाना बुरी बात नहीं। 他の人の長所を取り入れることは, 悪いことではない. ❐आम कश्मीरी भी आज़ादी के लिए हिंसा का रास्ता अपनाने को गलत मानते दिख रहे थे। カシュミールの一般の人たちも, 独立のために暴力に訴える道を選択することは誤っていると認めているように見える. ❐मैं आपकी राय को अपना लूँगा। 私はあなたの意見を受け入れよう. **2** (人を)仲間として受け入れる, 引き受ける. ❐उसने मुझे अपना लिया। 彼は私を受け入れてくれた. **3** 養子[養女]にする. ❐उसने उस अनाथ को बड़े प्यार से अपना लिया। 彼女は, その孤児を深い愛情をもって養子にした. **4** (外国語を)借用する, 受容する. ❐हिंदी ने फ़ारसी से बहुत-से शब्द अपनाए हैं। ヒンディー語はペルシャ語から多くの語彙を借用した. **5** (態度を)とる, (態度で)臨む. ❐उसने मेरे प्रति कड़ा रवैया अपनाया। 彼は私に対し厳しい態度で臨んだ. ❐शुरू में इन देशों में भी शरणागतों के साथ हमदर्दी बरती जाती थी, पर धीरे-धीरे वे भी सख़्त रुख़ अपनाते जा रहे हैं। 当初はこれらの国々においても, 避難民に対して同情的であったが, 次第に厳しい態度をとりつつある. ❐सरकार विवादास्पद मुद्दों पर लचीला रुख़ अपनाने को तैयार थी। 政府は, 議論の分かれる諸問題については柔軟な態度をとる用意があった.

अपनापन /apanāpaná アプナーパン/ [अपना + -पन] *m.* 自分のものであること;一体感, 親密感, 親近感.

अपने-आप /apane-āpá アプネー・アープ/ *pron.* 自分自身《ハイフンを使わずに 2 語のように書かれる場合が多

い》. ❐～ को दंडित करना 自分自身を罰する. ❐उसे ～ पर क्रोध आने लगा। 彼は自分自身に腹が立ってきた. ❐यह मेरे लिए ～ में बड़े सम्मान की बात है। これは私にとってそれ自身で大変名誉なことです.

— *adv* 自然に, ひとりでに;独力で, 自分で《ハイフンを使わずに 2 語のように書かれる場合が多い》. ❐～ पढ़ना 独学する. ❐हमें अपना कमरा ～ साफ़ करना पड़ता है। 私たちは自分の部屋は自分で掃除しなければいけない.

अपभ्रंश /apab^h^raṃśa アパブランシュ/ [←Skt.m. *अप-भ्रंश-* 'a corrupted form of a word, corruption; ungrammatical language'] *f.* アパブランシャ《原意は「堕落したもの」;広い意味では中期インド・アールヤ諸語の最後の段階の総称》.

अपमान /apamāna アプマーン/ [←Skt.m. *अप-मान-* 'disrespect'] *m.* **1** 侮辱, 恥辱, 屈辱. (⇒अनादर, निरादर, बेइज़्ज़ती)(⇔आदर, इज़्ज़त) ❐(का) ～ करना (人を)侮辱する. ❐घोर ～ ひどい侮辱. **2** 軽蔑, さげすみ. (⇒हक़ारत)

अपमानित /apamānita アプマーニト/ *adj.* 侮辱された, みじめな. (⇒ज़लील)

अपयश /apayaśa アプヤシュ/ [←Skt.n. *अपयशस्-* 'disgrace, infamy'] *m.* 不名誉, 汚名, 悪名. (⇒अकीर्ति, बदनामी)

अपरंच /aparaṃca アパランチ/ [←Skt. *अपरम् च* 'again, moreover'] *conj.* さらに;しかしながら.

अपरंपार /aparaṃpāra アパランパール/ [cf. Skt. *अ-पार-* 'not having a shore, unbounded, boundless'] *adj.* 果てしない;無限の.

अपर[1] /apara アパル/ [←Skt. *अपर-* 'other, another'] *adj.* 次席の《官職名の一部として:事務次官の下の अपर-सचिव「副次官」など》.

अपर[2] /apara アパル/ [←Eng.adj. *upper*] *adj.* 上段の;上級の. ❐म्युनिसिपल स्कूल उन दिनों दो तरह के होते थे, लोअर प्राइमरी, दर्जा चार तक-वाले, और ～ प्राइमरी, दर्जा छह तक यानी मिडिल तक-वाले। 市立学校は当時(旧制では)2 種類になっていた, 初等科, つまり第 4 学年までの, そして高等科, つまり第 6 学年までのすなわち前期中等科に相当する.

अपरा /aparā アプラー/ [←Skt.f. *अपरा-* 'inferior knowledge'] *f.* 自然科学(の知識)《古代インドでは宇宙の最高原理の知識 (परा) に劣るとされる》.

अपराजित /aparājita アパラージト/ [←Skt. *अ-पराजित-* 'unconquered, unsurpassed'] *adj.* 不敗の, 無敵の.

अपराजेय /aparājeya アパラージェーエ/ [←Skt. *अ-पराजेय-* 'unconquerable'] *adj.* ☞अपराजित

अपराध /aparād^h^a アプラード/ [←Skt.m. *अप-राध-* 'offence, transgression, fault'] *m.* **1** 罪, 落度, 咎(とが). (⇒जुर्म) ❐(का) ～ क्षमा करना (人の)罪を許す. ❐(को) ～ लगना (人の)落度となる. **2**〖法律〗犯罪. (⇒जुर्म) ❐(का) ～ करना (…の)犯罪を犯す.

अपराधी /aparād^h^ī アプラーディー/ [←Skt. *अप-राधिन्-* 'offending; criminal; guilty'] *adj.*〖法律〗罪を犯した;有罪の. (⇒मुजरिम)(⇔अनपराधी)

— *m.*〖法律〗犯罪者, 犯人;罪人. (⇒मुजरिम)

अपराह्न /aparāhṇa アプラーフン/ [←Skt.m. *अपर-आह्न-* 'afternoon, the last watch of the day'] *m.* 午後. (⇔पूर्वाह्न)

अपरिचित /aparicita アパリチト/ [←Skt. *अ-परिचित-* 'unacquainted with, unknown to'] *adj.* **1** 知られていない;未知の;見知らぬ(人). (⇔परिचित) ❐～ आदमी 見知らぬ人. **2** 精通していない, 慣れていない. (⇔परिचित) ❐वह व्यावहारिक बातों से ～ था। 彼は実務には精通していなかった.

अपरिमित /aparimita アパリミト/ [←Skt. *अ-परिमित-* 'unmeasured, either indefinite or unlimited'] *adj.* 制限のない, 限りない. (⇔परिमित) ❐उसका संगीत पर ～ प्रेम था। 彼女は音楽に限りない愛情をもっていた.

अपरिवर्तनीय /aparivartanīya アパリワルタニーエ/ [←Skt. *अ-परिवर्तनीय-* 'not to be exchanged'] *adj.* 変化しない, 不変化の.

अपरिवर्तित /aparivartita アパリワルティト/ [←Skt. *अ-परिवर्तित-* 'unchanged'] *adj.* 変化しない;昔のままの. (⇔परिवर्तित)

अपरिहार्य /aparihārya アパリハールエ/ [←Skt. *अ-परिहार्य-* 'not to be avoided, inevitable; not to be abandoned or lost; not to be degraded'] *adj.* 不可欠の;必須の;不可避の;義務的な;奪うことのできない(権利).

अपरूप /aparūpa アプループ/ [←Skt. *अप-रूप-* 'deformed, ill-looking, odd-shaped'] *adj.* 醜い姿かたちの. (⇒कुरूप)

अपर्याप्त /aparyāpta アパルヤープト/ [←Skt. *अ-पर्याप्त-* 'incomplete; unable, incompetent, insufficient'] *adj.* 不十分な. (⇔पर्याप्त)

अपलक /apalaka アパラク/ [*अ-* + *पलक*] *adj.* まばたきしない(目). ❐वह अपने ～ नेत्रों से उसे घूर रही थी। 彼女はまばたきしない目で彼をじっとみつめていた.

— *adv.* まばたきせずに, 目をこらして.

अपवर्तन /apavartana アプワルタン/ [←Skt.n. *अप-वर्तन-* 'taking away, removal'] *m.*〖物理〗(光の)屈折.

अपवाद /apavāda アプワード/ [←Skt.m. *अप-वाद-* 'evil speaking, reviling, blaming; exception'] *m.* **1** 例外. ❐इस नियम में कोई ～ नहीं है। この法則にはいかなる例外もない. **2** 非難;悪口;不平. **3** 反論;論破.

अपवित्र /apavitra アパヴィトル/ [←Skt. *अ-पवित्र-* 'impure'] *adj.* 不浄な, けがれた. (⇒नापाक)(⇔पवित्र) ❐किसी कुत्ते ने रसोई आकर ～ कर दी थी? どこかの犬が台所に入り込んで不浄にしたのか?

अपव्यय /apavyaya アプヴィャエ/ [←Skt.m. *अपव्यय-* 'prodigality'] *m.* 浪費;無駄使い. ❐ऊर्जा का ～ エネルギーの無駄使い.

अपशकुन /apaśakuna アプシャクン/ [←Skt.n. *अप-शकुन-* 'a bad omen'] *m.* 不吉な前兆, 凶兆. ❐साँपों से जुड़े कुछ

शकुन और 〜 ヘビにまつわる吉兆と凶兆.

अपशब्द /apaśabda アプシャブド/ [←Skt.m. अप-शब्द- 'bad or vulgar speech'] *m.* 悪口雑言, 悪態. ❒वह क्रोध में बीबी को 〜 कह बैठा। 彼は怒りにまかせて妻に悪態をついた.

अपश्रुति /apaśruti アプシュルティ/ *f.*〘言語〙母音交替.

अपस्मार /apasmāra アプスマール/ *m.*〘医学〙てんかん. (⇒मिरगी)

अपहरण /apaharaṇa アプハラン/ [←Skt.n. अप-हरण- 'taking away, carrying off; stealing'] *m.* **1** 誘拐. ❒〜 कांड 誘拐事件. ❒(का) 〜 करना (人を)誘拐する. ❒स्कूली बच्चे का 〜 学童の誘拐. **2** 略奪;略取;横領. **3** ハイジャック. ❒विमान 〜 航空機ハイジャック.

अपहर्ता /apahartā アプハルター/ [←Skt.m. अप-हर्तृ- 'one who takes away'] *m.* **1** 誘拐犯;人さらい. **2** 略奪者. **3** ハイジャック実行犯.

अपहृत /apahṛta アプフリト/ *adj.* 誘拐された, さらわれた.

अपात्र /apātra アパートル/ [←Skt.n. अ-पात्र- 'a worthless or common utensil, an undeserving or worthless object'] *adj.* 器量に欠ける(人), 資格のない(人). ❒〜 अभ्यर्थी 資格のない志願者.
— *m.* 器量に欠ける人, 資格のない人.

अपात्रता /apātratā アパートルター/ [neo.Skt.f. अ-पात्र-ता- 'unworthiness'] *f.* 不適格.

अपादान /apādāna アパーダーン/ [←Skt.n. अप-आ-दान- 'a thing from which another thing is removed; hence the sense of the fifth or ablative case'] *m.*〘言語〙従格, 奪格, 離格. ❒〜 कारक 従格, 奪格, 離格.

अपार /apāra アパール/ [←Skt. अ-पार- 'not having an opposite shore, unbounded, boundless'] *adj.* 無限の, 果てしのない, 際限のない. ❒〜 प्रसन्नता 果てしない喜び. ❒〜 संपत्ति 数えきれない財産. ❒〜 स्नेह 限りない愛情.

अपारदर्शक /apāradarśaka アパールダルシャク/ [neo.Skt. अ-पारदर्शक- 'opaque'] *adj.* 不透明な. (⇔पारदर्शक)

अपारदर्शी /apāradarśī アパールダルシー/ [neo.Skt. अ-पारदर्शिन्- 'opaque'] *adj.* ☞अपारदर्शक

अपाहिज /apāhija アパーヒジ/ [अ- + Pkt. पाहिज्ज (? < OIA.n. *pātheya*- 'provender or provisions etc. for a journey')] *m.* 身体の不自由な人, 身体障害者. (⇒अपंग)

अपितु /apitu アピトゥ/ [←Skt.ind. अपि-तु 'but, but yet'] *conj.* しかしながら, そうであっても.

अपील /apīla アピール/ [←Eng.n. *appeal*] *f.* 訴え;上訴(控訴, 上告, 抗告). ❒दिल्ली हाइकोर्ट ने उसकी 〜 को खारिज कर दिया है। デリー高等裁判所は彼の上訴を棄却した.

अपूर्ण /apūrṇa アプールン/ [←Skt. अ-पूर्ण- 'not full or entire, incomplete, deficient'] *adj.* **1** 不完全な, 未完成な, 不十分な, 中途半端な. (⇒अधूरा)(⇔पूर्ण) **2**〘言語〙未完了の, 未完了アスペクトの. (⇔पूर्ण)

अपूर्णभूत /apūrṇabʰūta アプールナブート/ [neo.Skt. अपूर्ण-भूत- 'past imperfect (tense)'] *m.*〘言語〙未完了過去(時制).

अपूर्व /apūrva アプールオ/ [←Skt. अ-पूर्व- 'unpreceded, unprecedented'] *adj.* 前例のない;比類のない;驚嘆すべき.

अपेक्षा /apekṣā アペークシャー/ [←Skt.f. अप-ईक्षा- 'looking round or about, consideration of, reference'] *f.* **1** 期待;要求. ❒(की) 〜 करना (…を)期待する. **2** 比較. ❒(की) 〜 (…に)比較して, (…)よりも.

अपेक्षाकृत /apekṣākṛta アペークシャークリト/ [neo.Skt. अप-ईक्षा-कृत- 'comparatively'] *adv.* 比較的に.

अपेक्षित /apekṣita アペークシト/ [←Skt. अप-ईक्षित- 'considered; referred to; looked for, expected; wished, required'] *adj.* 期待されている;求められている.

अप्रकट /aprakaṭa アプラカト/ [←Skt. अ-प्रकट- 'unmanifested, unapparent'] *adj.* 明示されていない;隠れた. (⇔प्रकट)

अप्रकाशित /aprakāśita アプラカーシト/ [neo.Skt. अ-प्रकाशित- 'unpublished'] *adj.* 未公刊の;公開されていない. ❒〜 लेख 未公刊の原稿.

अप्रचलित /apracalita アプラチャリト/ [neo.Skt. अ-प्रचलित- 'not current; not customary'] *adj.* 普及していない;通用していない. (⇔प्रचलित)

अप्रतिभ /apratibʰa アプラティブ/ [←Skt. अ-प्रतिभ- 'modest, bashful'] *adj.* **1** (頭の回転の)にぶい, ぼんやりした. **2** 内気な, 恥じらいのある.

अप्रतिष्ठित /apratiṣṭʰita アプラティシュティト/ [←Skt. अ-प्रतिष्ठित- 'having no solid ground'] *adj.* **1** 知られていない, 名の通っていない. **2** 不名誉な.

अप्रतिहत /apratihata アプラティハト/ [←Skt. अ-प्रतिहत- 'uninterrupted, unobstructed, irresistible'] *adj.* **1** ダメージを受けていない. **2** 障害のない.

अप्रत्यक्ष /apratyakṣa アプラティヤクシュ/ [←Skt. अ-प्रत्यक्ष- 'not present to the sight, invisible, imperceptible'] *adj.* **1** 目に見えない;感知できない. (⇔प्रत्यक्ष) **2** 間接的な. (⇒परोक्ष)(⇔प्रत्यक्ष) ❒〜 कथन〘言語〙間接話法. ❒〜 कर〘経済〙間接税. ❒〜 रूप से 間接的に.

अप्रत्याशित /apratyāśita アプラティヤーシト/ [pseudo.Skt. अ-प्रत्-आशित- 'unexpected'] *adj.* 予想しない, 予期しない, 思いがけない, 意外な;不意の. (⇔प्रत्याशित) ❒उनका व्यवहार मुझे 〜 न लगता। 彼の振る舞いは私には意外ではなかった.

अप्रयुक्त /aprayukta アプラユクト/ [←Skt. अ-प्रयुक्त- 'not used or applied'] *adj.* **1** 使用されていない. **2** 未使用の.

अप्रसन्न /aprasanna アプラサンヌ/ [←Skt. अ-प्रसन्न- 'not quiet, not clear; turbid, muddy; displeased, unfavourable'] *adj.* **1** 不機嫌な;不満な. (⇔प्रसन्न) ❒आप आखिर किस बात पर 〜 हैं। あなたは結局のところ何が気

に入らないのですか？ ❐(से) ～ होना(人に対して)不機嫌になる. **2** 気持ちが沈んだ;憂鬱な. (⇔प्रसन्न)

अप्रसन्नता /aprasannatā アプラサンヌター/ [←Skt.f. *अप्रसन्न-ता* 'displeasure'] *f.* 不機嫌, 不興; 不満. (⇒नाख़ुशी)

अप्रसिद्ध /aprasiddʰa アプラスィッド/ [←Skt. *अ-प्रसिद्ध-* 'not celebrated, unknown'] *adj.* **1** 世に知られていない. (⇔प्रसिद्ध) **2** 表面化していない;秘められた. (⇔प्रसिद्ध)

अप्रस्तुत /aprastuta アプラストゥト/ [←Skt. *अ-प्रस्तुत-* 'indirect, accidental or extraneous'] *adj.* 副次的な, 付随的な. (⇔प्रस्तुत)

अप्राकृतिक /aprākr̥tika アプラークリティク/ [?neo.Skt. *अ-प्राकृतिक-* 'unnatural'] *adj.* 不自然な. (⇔प्राकृतिक)

अप्राप्त /aprāpta アプラープト/ [←Skt. *अ-प्राप्त-* 'unobtained; unarrived'] *adj.* **1** 手に入っていない. **2** 未だ到達していない《合成語の要素として; अप्राप्त-यौवन「(青年期に達していない)成人前の人」など》.

अप्राप्य /aprāpya アプラーピエ/ [←Skt. *अ-प्राप्य-* 'unobtainable; superl'] *adj.* 手に入らない, 入手不可能な.

अप्रामाणिक /aprāmāṇika アプラーマーニク/ [←Skt. *अ-प्रामाणिक-* 'unauthentic; unauthoritative'] *adj.* 本物ではない;信憑性のない. (⇔प्रामाणिक)

अप्रासंगिक /aprāsaṃgika アプラーサンギク/ [←Skt. *अ-प्रासङ्गिक-* 'irrelevant'] *adj.* (前後関係から見て)不適切な, 見当違いの. (⇔प्रासंगिक) ❐इस प्रश्न पर यहाँ कुछ कहना शायद ～ न होगा। この問いについてここで少し話をすることは恐らく見当違いではないだろう.

अप्रिय /apriya アプリエ/ [←Skt. *अ-प्रिय-* 'disagreeable, disliked; unkind, unfriendly'] *adj.* 好きではない, 気に入らない;不快な;嫌いな. (⇔प्रिय)

अप्रीति /aprīti アプリーティ/ [←Skt.f. *अ-प्रीति-* 'dislike, aversion, enmity'] *f.* 嫌悪.

अप्रेंटिस /apreṃṭisa アプレーンティス/ [←Eng.n. *apprentice*] *m.* 見習い;徒弟;奉公人.

अप्रैल /apraila アプラェール/ [Port.m. *abril* 'April' × Eng.n. *April*] *m.* 〖暦〗四月. ❐～ में 四月に. ❐पहली ～ को 四月一日に.

अप्सरा /apsarā アプサラー/ [←Skt.f. *अप्सरस्-* 'going in the waters or between the waters of the clouds; a class of female divinities'] *f.* **1** 〖神話〗アプサラ《水の精;天女》. **2** 美女, 美人.

अफ़ग़ान /afağāna アフガーン/ [←Pers.n. افغان 'name of a race inhabiting the mountains between Kandahār and the river Indus'] *m.* アフガン人.

अफ़ग़ानिस्तान /afağānistāna アフガーニスターン/ [←Pers.n. افغانستان 'Afghānistān'] *m.* 〖国名〗アフガニスタン(・イスラム共和国)《首都はカーブル (काबुल)》.

अफ़ग़ानी /afağānī アフガーニー/ [←Pers.adj. افغانی 'of or relating to the Afghans'] *adj.* アフガン人の.

— *m.* アフガン人. (⇒अफ़ग़ान)

— *f.* アフガン人の言語, パシュトー語. (⇒पश्तो)

अफरना /apʰaranā アパルナー/ [<OIA. **āspharati* 'swells': T.01527] *vi.* (*perf.* अफरा /apʰarā アプラー/) **1** (ガスや食べ過ぎなどで)(腹が)ふくれる. (⇒फूलना) ❐अधिक वायु हो जाने से उसका पेट अफर गया है। 彼の腹は, ガスでふくれてしまった. **2** (満腹で)満ち足りる, 満足する. (⇒अघाना) ❐विवाह की दावत में गरम पूरियाँ खाकर वह अफर गया। 結婚式のご馳走で, 彼は揚げたてのプーリーを心ゆくまで食べた. **3** (飽きて)嫌になる, うんざりする, 辟易する, 閉口する. (⇒अघाना, ऊबना) ❐वह अपना दुख इतना रोती है कि लोग अब अफर गये हैं। 彼女が自分の不幸をあまり嘆くので, 人々はうんざりしてしまった.

अफरा /apʰarā アプラー/ [cf. *अफरना*] *m.* **1** 満腹;過食, 食べ過ぎ. **2** 〖医学〗(腸内にガスがたまり)腹が張る症状, 鼓腸.

अफ़लातून /afalātūna アフラートゥーン/ [←Pers.n. افلاطون 'Plato' ←Arab. ←Gr.] *m.* **1** プラトン《古代ギリシアの哲学者》. **2** うぬぼれ屋;高慢な人.

अफ़वाह /afavāha アフワーハ/ [←Pers.n. افواه 'mouths; report, rumour' ←Arab.] *f.* うわさ, 流言, 風説. ❐(की) ～ फैलना [उड़ना] (…の)うわさが広まる. ❐(की) ～ फैलाना [उड़ाना] (…の)うわさを広める.

अफ़सर /afasara アフサル/▸आफ़िसर [←Eng.n. *officer*] *m.* **1** 役人. (⇒अधिकारी) ❐कस्टम ～ 税関吏. **2** 将校. ❐पायलट ～ (空軍)少尉《現在のインド空軍では廃止;最下級士官は中尉》. ❐फ़्लाइंग ～ (空軍)中尉.

अफ़सरी /afasarī アフサリー/ [*अफ़सर* + *-ई*] *adj.* **1** 公の, 公務上の. **2** 公式の, 公認の. **3** 役人風の, お役所風の.

— *f.* **1** 当局, 官界. **2** 公務, 公用.

अफ़साना /afasānā アフサーナー/ [←Pers.n. افسانہ ,افسانه 'a charm, incantation; a fiction, tale, fable, romance, parable'] *m.* **1** 〖文学〗短編小説. (⇒कहानी, क़िस्सा) **2** 〖文学〗(恋愛)物語. (⇒कहानी)

अफ़साना-नवीस /afasānā-navīsa アフサーナー・ナヴィース/ *m.* 〖文学〗小説家;物語作家.

अफ़सोस /afasosa アフソース/ [←Pers.n. افسوس 'irritation, vexation, sorrow, concern'] *m.* 残念な気持ち;後悔[慚愧]の念;遺憾の意;心残り;悲しみ. (⇒खेद) ❐(को) ～ होना (人が)残念に思う. ❐(पर) ～ करना (…に対して)残念に思う. ❐मुझे ～ है। 私は残念だ.

अफ़सोसनाक /afasosanāka アフソースナーク/ [*अफ़सोस* + *-नाक*] *adj.* 残念な, 遺憾な, 嘆かわしい;気の毒な. (⇒खेदजनक)

अफ़ीडेविट /afīḍeviṭa アフィーデーヴィト/ [←Eng.n. *affidavit*] *f.* 宣誓供述書.

अफ़ीम /afīma アフィーム/ [?←Pers.n. افیون ,اپیون 'opium, poppy-juice' ?←Skt.n. *अफेन-* 'opium'] *f.* 〖医学〗アヘン.

अफ़ीमची /afīmacī アフィームチー/ [*अफ़ीम* + *-ची*] *m.*

〖医学〗アヘン常用者, アヘン中毒者.

अफ़्रीका /afrīkā アフリーカー/ [←Eng.n. *Africa*; cf. Pers.n. افریقیه 'Africa'] *m.* 〖地理〗アフリカ. ❒～ महाद्वीप アフリカ大陸.

अफ़्रीकी /afrīkī アフリーキー/ [cf. *अफ़्रीका*] *adj.*アフリカの. ❒～ हाथी 〖動物〗アフリカゾウ.

अफ़्रेशिया /afreśiyā アフレーシヤー/ [←Eng.n. *Afro-Asia*] *m.* 〖地理〗アフリカ・アジア(諸国).

अफ़्रेशियाई /afreśiyāī アフレーシヤーイー/ *adj.* 〖地理〗アフリカ・アジア(諸国)の.

अब /abḁ アブ/ [<OIA. *ēvám* 'thus': T.02527] *adv.* **1** 今, 今や, 目下. **2** 今度は, さて. ❒～ की (बार) 今回は, 今度は.

अबध्य /abadʰyḁ アバディエ/ [<Skt. *अ-वध्य-* 'not to be killed, inviolable'] *adj.* ☞अवध्य

अबरक /abḁrakḁ アブラク/ [←Pers.n. ابرق 'a coarse, stony, sandy soil; lapis specularis, talc' ←Arab. ; cf. Skt.n. *अभ्रक-* 'talc, mica'] *m.* **1** 〖鉱物〗滑石, タルク《珪酸塩鉱物の一種》. (⇒अभ्रक) **2** 〖鉱物〗雲母, きらら《珪酸塩鉱物の一種》. (⇒अभ्रक)

अबरू /abḁrū アブルー/ [←Pers.n. ابرو 'the eye-brow'; cog. Skt.f. *भ्रू-* 'an eyebrow, the brow'] *f.* 眉, 眉毛. (⇒भौंह)

अबला /abḁlā アブラー/ [←Skt.f. *अ-बला-* 'a woman (weaker sex)'] *f.* 女, 手弱女(たおやめ).

अबाध /abādʰḁ アバード/ [←Skt. *अ-बाध-* 'unobstructed, unrestrained'] *adj.* 無制限の; 束縛のない; 自由な.

अबाबील /abābīlḁ アバービール/ [←Pers.n. ابابیل 'a kind of bird, an owl, bustard, swallow' ←Arab.] *f.* 〖鳥〗ツバメ, 燕.

अबिजान /abijānḁ アビジャーン/ [cf. Eng.n. *Abidjan*] *m.* 〖地名〗アビジャン《コートジボワール(共和国) (आइवरी कोस्ट) の首都》.

अबीर /abīrḁ アビール/ [←Pers.n. عبیر 'ambergris or any other agreeable perfume' ←Arab.] *m.* アビール《雲母などから作った赤色に着色した粉; ホーリー祭 होली で相手に掛け合う》.

अबुजा /abujā アブジャー/ [cf. Eng.n. *Abuja*] *m.* 〖地名〗アブジャ《ナイジェリア(連邦共和国) (नाइजीरिया) の首都》.

अबेर /aberḁ アベール/ ▸अवेर [<OIA.f. *avēlā-* 'wrong time': T.00900] *f.* (時間が)おそいこと; 遅れ.

अबोध /abodʰḁ アボード/ [←Skt. *अ-बोध-* 'ignorant, stupid; puzzled, perplexed'] *adj.* **1** 無邪気な, 天真爛漫な. ❒～ बच्चा 天真爛漫な子ども. **2** 無知な; 愚かな, 分別のない, 聞き分けのない. ❒～ बालक 聞き分けのない子ども.

अबोला /abolā アボーラー/ [*अ-* + *बोलना*] *adj.* ☞अनबोला
— *m.* ☞अनबोला

अब्जद /abjadḁ アブジャド/ [←Pers.n. ابجد 'arrangement of the Arabic alphabet' ←Arab.] *m.* **1** 〖イスラム教〗アブジャド《アラビア文字のアルファベット; 名称はアラム文字から継承したアラビア文字の歴史的配列の最初の 4 文字アリフ ا, ベー ب, ジーム ج, ダール دに由来》. **2** 〖イスラム教〗アブジャド記数法《歴史的配列の各アラビア文字に一定の数値を割り当て, つづりに含まれる各文字の数値の合計が表される》.

अब्दकोश /abdḁkośḁ アブドコーシュ/ [neo.Skt.m. *अब्द-कोश-* 'year book'] *m.* 年鑑.

अब्र /abrḁ アブル/ [←Pers.n. ابر 'a cloud'; cog. Skt.n. *अभ्र-* 'cloud, thunder-cloud, rainy weather'] *m.* 雲.

अभक्ष्य /abʰakṣyḁ アバクシエ/ [←Skt. *अ-भक्ष्य-* 'not to be eaten'] *adj.* 食べるべきではない; 食べることのできない.
— *m.* (宗教的戒律などで)食べることが禁止されているもの.

अभद्र /abʰadrḁ アバドル/ [←Skt. *अ-भद्र-* 'inauspicious, mischievous'] *adj.* (言葉・振る舞いなどが)無作法な, 無礼な.

अभय /abʰayḁ アバエ/ [←Skt. *अ-भय-* 'unfearful, not dangerous, secure'] *adj.* 恐れのない.
— *m.* 恐れのないこと.

अभयदान /abʰayḁdānḁ アバエダーン/ [←Skt.n. *अ-भय-दान-* 'giving assurance of safety'; → Chin.n. *無畏施*] *m.* **1** 身の安全を保障すること; 恐怖心を取り除くこと. ❒(को) ～ देना (人に)身の安全を保障する. **2** (政治家の失策などが不問に付され)責任を問われないこと. ❒(को) ～ मिलना (人の)責任が不問に付される.

अभागा /abʰāgā アバーガー/ [<Skt. *अ-भाग्य-* 'unfortunate, wretched'] *adj.* 不運な, ついていない; 哀れな. (⇒कमबख़्त)

अभाग्य /abʰāgyḁ アバーギエ/ [←Skt. *अ-भाग्य-* 'unfortunate, wretched'] *adj.* 不運な, ついていない. (⇒कमबख़्त)

अभाज्य /abʰājyḁ アバージエ/ *adj.*分割できない, (割り算で)割りきれない. ❒～ संख्या 〖数学〗素数.

अभाव /abʰāvḁ アバーオ/ [←Skt.m. *अ-भाव-* 'non-existence, nullity, absence'] *m.* **1** 不足; 欠乏. (⇒कमी) **2** 欠如. ❒कल्पनाशक्ति का ～ 想像力の欠如. **3** 貧困; 困窮.

अभिकथन /abʰikatʰanḁ アビカタン/ [neo.Skt.n. *अभि-कथन-* 'allegation'] *m.* (証拠のない)主張, 申し立て.

अभिकरण /abʰikaraṇḁ アビカラン/ [←Skt.n. *अभिकरण-* 'effecting; a charm'] *m.* 周旋, 仲介. (⇒एजेंसी)

अभिकर्ता /abʰikartā アビカルター/ [neo.Skt.m. *अभि-कर्तृ-* 'an agent'] *m.* 代理人, 委託販売人. (⇒एजेंट)

अभिकेंद्री /abʰikeṃdrī アビケーンドリー/ [neo.Skt. *अभि-केन्द्रिन्-* 'centripetal'] *adj.* 〖物理〗求心的な. (⇔अपकेंद्री) ❒～ बल 求心力.

अभिजात /abʰijātḁ アビジャート/ [←Skt. *अभि-जात-* 'noble, well-born'] *adj.* 高貴な生まれの, エリートの.

अभिज्ञ /ab^{h}ijña̸ アビギエ/ [←Skt. *अभि-ज्ञ-*] *adj.* **1** (知識に)精通している. ❒वे सब सिद्धांतों से 〜 थे। 彼はすべての理論に精通していた. **2** (技術に)巧みな, 熟練している.

अभिज्ञा /ab^{h}ijñā アビギャー/ [←Skt.f. *अभि-ज्ञा-* 'supernatural science or faculty of a Buddha'] *f.* 〚仏教〛神通力《修行により得られるとされる超能力》.

अभिज्ञान /ab^{h}ijñāna̸ アビギャーン/ [←Skt.n. *अभि-ज्ञान-*] *m.* (他のものではなくそれであるということを)認識すること, 同一視すること.

अभिधा /ab^{h}id^{h}ā アビダー/ [←Skt.f. *अभि-धा-* 'name, appellation; the literal power or sense of a word'] *f.* (言葉の)辞書的意味, 字義通りの意味.

अभिधान /ab^{h}id^{h}āna̸ アビダーン/ [←Skt.n. *अभि-धान-* 'telling, naming, speaking, speech, manifesting; a name, title, appellation, expression, word; a vocabulary, dictionary, lexicon'] *m.* **1** 名, 名称;呼称;称号. (⇒नाम) **2** 語彙;辞書.

अभिनंदन /ab^{h}inaṃdana̸ アビナンダン/ [←Skt.n. *अभि-नन्दन-* 'delighting; praising, applauding'] *m.* 祝賀, 慶賀;祝辞.

अभिनंदन-ग्रंथ /ab^{h}inaṃdana̸-graṃt^{h}a̸ アビナンダン・グラント/ [neo.Skt.m. *अभि-नन्दन-ग्रन्थ-* 'a commemoration volume'] *m.* 記念出版書.

अभिनंदन-पत्र /ab^{h}inaṃdana̸-patra̸ アビナンダン・パトル/ [neo.Skt.n. *अभि-नन्दन-पत्र-* 'an address of welcome, congratulatory address'] *m.* (招待客に贈られる)歓迎祝辞が述べられた挨拶状.

अभिनंदन-भाषण /ab^{h}inaṃdana̸-b^{h}āṣaṇa̸ アビナンダン・バーシャン/ [neo.Skt.n. *अभि-नन्दन-भाषण-* 'address of welcome'] *m.* 記念講演;歓迎を祝する講演. ❒〜 देना 記念講演をする.

अभिनंदन-समारोह /ab^{h}inaṃdana̸-samāroha̸ アビナンダン・サマーローフ/ [neo.Skt.n. *अभि-नन्दन-समारोह-* 'commemorative function'] *m.* 記念祝賀会;歓迎祝賀会. ❒〜 आयोजित करना 記念祝賀会を催す.

अभिनंदनीय /ab^{h}inaṃdanīya̸ アビナンドニーエ/ [←Skt. *अभि-नन्दनीय-* 'to be acknowledged or applauded'] *adj.* 称賛に値する;祝うに値する;見事な.

अभिनय /ab^{h}inaya̸ アビナエ/ [←Skt.m. *अभि-नय-* 'acting, dramatic action'] *m.* **1** 〚演劇〛演技, 所作. (⇒अदाकारी) ❒(का) 〜 करना (…の)演技をする. **2** (人をだます)芝居, 演技, ふり. ❒अज्ञान का 〜 करना 無知をよそおう. ❒सोने का 〜 करना 寝たふりをする.

अभिनव /ab^{h}inava̸ アビナオ/ [←Skt. *अभि-नव-* 'quite new or young, very young, fresh; modern'] *adj.* 最新の.

अभिनेता /ab^{h}inetā アビネーター/ [←Skt.m. *अभि-नेतृ-* 'one who brings near'] *m.* 〚演劇〛俳優, 男優. (⇒अदाकार, एक्टर)(⇔अभिनेत्री)

अभिनेत्री /ab^{h}inetrī アビネートリー/ [←Skt.f. *अभि-नेत्री-* 'actress'] *f.* 〚演劇〛女優. (⇒एक्ट्रेस)(⇔अभिनेता)

अभिनेय /ab^{h}ineya̸ アビネーエ/ [←Skt. *अभि-नेय-* 'fit to be acted or dramatically represented'] *adj.* 〚演劇〛演技が可能な;ふさわしい演技の.

अभिनेयता /ab^{h}ineya̸tā アビネーエター/ [←Skt.f. *अभि-नेय-ता-* 'stageability'] *f.* 〚演劇〛演技が可能であること;ふさわしい演技であること.

अभिन्न /ab^{h}inna̸ アビンヌ/ [←Skt. *अ-भिन्न-* 'undivided'] *adj.* **1** 分割できない. **2** (完全体を成すのに)不可欠な, 必須の. **3** 無二の, 他をもって代えがたい. ❒〜 मित्र 無二の親友.

अभिन्नता /ab^{h}innatā アビンナター/ [←Skt.f. *अ-भिन्न-ता-* 'undividedness'] *f.* **1** 分割できないこと. **2** (完全体を成すのに)不可欠[必須]であること. **3** 無二であること, 他をもって代えがたいこと.

अभिप्राय /ab^{h}iprāya̸ アビプラーエ/ [←Skt.m. *अभि-प्राय-* 'aim; purpose, intention, wish; opinion; meaning, sense (as of a word or of a passage)'] *m.* **1** (文言などの)意味;真意. **2** 意図;意向;目的;主題, モチーフ. (⇒इरादा, उद्देश्य)

अभिप्रेत /ab^{h}ipreta̸ アビプレート/ [←Skt. *अभि-प्रेत-* 'meant, intended'] *adj.* 意図された;ほのめかされた.

अभिप्रेरण /ab^{h}ipreraṇa̸ アビプレーラン/ [←Skt.n. *अभि-प्रेरण-* 'pushing, setting in motion (as a see-saw)'] *m.* 動機づけ, モチベーション.

अभिभावक /ab^{h}ib^{h}āvaka̸ アビバーワク/ [←Skt. *अभिभावक* 'overpowering, surpassing'] *m.* 〚法律〛(子どもの)保護者, 父兄;(未成年者の)後見人.

अभिभाषण /ab^{h}ib^{h}āṣaṇa̸ アビバーシャン/ [←Skt.n. *अभि-भाषण-* 'the act of addressing or speaking to'] *m.* 演説(の挨拶).

अभिभूत /ab^{h}ib^{h}ūta̸ アビブート/ [←Skt. *अभि-भूत-* 'surpassed, defeated, subdued, humbled; overcome, aggrieved, injured'] *adj.* 圧倒された;負けた. ❒(से) 〜 होना (…に)圧倒される.

अभिमत /ab^{h}imata̸ アビマト/ [←Skt.n. *अभि-मत-* 'desire, wish'] *m.* (専門的な)意見;意見書.

अभिमान /ab^{h}imāna̸ アビマーン/ [←Skt.m. *अभि-मान-* 'high opinion of one's self, self-conceit, pride, haughtiness'] *m.* **1** 誇り, 自尊心, プライド. ❒उसके 〜 को चोट लगी। 彼の誇りが傷ついた. ❒(पर) 〜 करना (…を)誇りに思う. **2** うぬぼれ, 思いあがり, 高慢.

अभिमानी /ab^{h}imānī アビマーニー/ [←Skt. *अभि-मानिन्-* 'thinking of one's self, proud, self-conceited'] *adj.* **1** 誇り高い, 自尊心のある. **2** うぬぼれている, 思いあがっている, 高慢な.

— *m.* **1** 誇り高い人. **2** 高慢な人.

अभियान /ab^{h}iyāna̸ アビヤーン/ [←Skt.n. *अभि-यान-* 'coming near, approching'] *m.* **1** キャンペーン. (⇒मुहिम) ❒(का) 〜 चलाना (…の)キャンペーンをする. **2** 探検旅行;遠征, 長征.

अभियुक्त /ab^{h}iyukta アビユクト/ [←Skt. *अभि-युक्त-* '(in law) accused, charged, prosecuted, a defendant'] *adj.* 容疑のかかった(人). (⇒मुलज़िम)

— *m.* 被告人. (⇒मुलज़िम)(⇔अभियोक्ता, अभियोजक)

अभियोक्ता /ab^{h}iyoktā アビョークター/ [←Skt.m. *अभि-योक्तृ-* '(in law) a plaintiff, claimant, pretender, accuser'] *m.* 原告, 告発者; 検事. (⇒अभियोगी, अभियोजक)(⇔अभियुक्त) ❐सरकारी ~ 検察官, 検事.

अभियोग /ab^{h}iyoga アビョーグ/ [←Skt.m. *अभि-योग-* 'application; (in law) a plaint, a charge, accusation'] *m.* **1** 容疑(をかけること);告訴;告発. ❐~ पत्र 告訴状. ❐वह चोरी के ~ में पकड़ा गया। 彼は窃盗の容疑で逮捕された. ❐(पर) (का) ~ लगाना (人を)(…で)告訴[告発]する. ❐~ पक्ष का साक्षी 原告証人. **2** 訴訟. (⇒मुक़दमा, केस)

अभियोगी /ab^{h}iyogī アビョーギー/ [←Skt.m. *अभि-योगिन्-* 'a plaintiff, prosecutor'] *m.* ☞अभियोक्ता

अभियोजक /ab^{h}iyojaka アビョージャク/ [neo.Skt.m. *अभि-योजक-* 'an accuser'] *m.* ☞अभियोक्ता

अभिरक्षा /ab^{h}irakṣā アビラクシャー/ [←Skt.f. *अभि-रक्षा-* 'protection'] *f.* **1** 保護. **2**〖法律〗勾留(こうりゅう), 留置. ❐न्यायिक ~ 未決勾留(みけつこうりゅう).

अभिराम /ab^{h}irāma アビラーム/ [←Skt. *अभि-राम-* 'pleasing, delightful, agreeable, beautiful'] *adj.* 心地よい;楽しませる.

अभिरुचि /ab^{h}iruci アビルチ/ [←Skt.f. *अभि-रुचि-* 'delighting in, being pleased with'] *f.* 関心;好み, 嗜好.

अभिलाषा /ab^{h}ilāṣā アビラーシャー/ [pseudo.Skt.f. *अभि-लाषा-* for Skt.m. *अभि-लाष-* 'a desire'] *f.* 念願, 切望.

अभिलाषी /ab^{h}ilāṣī アビラーシー/ [←Skt. *अभि-लाषिन्-* 'wishing or desiring for'] *adj.* 念願する(人), 切望する(人).

— *m.* 念願する人, 切望する人.

अभिलेख /ab^{h}ilek^{h}a アビレーク/ [neo.Skt.m. *अभि-लेख-* 'record'] *m.* 公文書, 記録.

अभिलेख-पाल /ab^{h}ilek^{h}a-pāla アビレーク・パール/ [neo.Skt.m. *अभि-लेख-पाल-* 'record keeper'] *m.* 記録保存係.

अभिलेखागार /ab^{h}ilek^{h}āgāra アビレーカーガール/ [neo.Skt.n. *अभि-लेख-आगार-* 'an archive, store of records'] *m.* 公文書館, 公文書保管所, アーカイブ. ❐राष्ट्रीय ~ 国立公文書館.

अभिलेखालय /ab^{h}ilek^{h}ālaya アビレーカーラエ/ [neo.Skt.n. *अभि-लेख-आलय-* 'an archive'] *m.* ☞अभिलेखागार

अभिवादन /ab^{h}ivādana アビワーダン/ [←Skt.n. *अभि-वादन-* 'respectful salutation'] *m.* 挨拶(の文句). ❐~ पत्र 挨拶状. ❐(को) ~ करना (人に)挨拶をする.

अभिव्यंजना /ab^{h}ivyaṃjanā アビヴィャンジャナー/ [←Skt.f. *अभि-व्यञ्जना-* 'making manifest'] *f.* 表現.

अभिव्यंजनावाद /ab^{h}ivyaṃjanāvāda アビヴィャンジャナーワード/ [neo.Skt.m. *अभि-व्यञ्जना-वाद-* 'expressionism'] *m.* 表現主義.

अभिव्यक्त /ab^{h}ivyakta アビヴィャクト/ [←Skt. *अभि-व्यक्त-* 'manifest, evident, distinct'] *adj.* 表現された;明らかにされた. ❐~ करना 表現する;明らかにする.

अभिव्यक्ति /ab^{h}ivyakti アビヴィャクティ/ [←Skt.f. *अभि-व्यक्ति-* 'manifestation, distinction'] *f.* **1** 表現. ❐~ की स्वतंत्रता 表現の自由. **2** 現れ;表明.

अभिशाप /ab^{h}iśāpa アビシャープ/ [←Skt.m. *अभि-शाप-* 'curse; charge, accusation'] *m.* 呪い.

अभिषेक /ab^{h}iṣeka アビシェーク/ [←Skt.m. *अभि-षेक-* 'anointing, inaugurating or consecrating (by sprinkling water), inauguration of a king, royal unction'] *m.* 〖ヒンドゥー教〗灌頂式(かんじょうしき)《頭頂に水を注ぐ王の即位の儀式》.

अभिसंधि /ab^{h}isaṃd^{h}i アビサンディ/ [←Skt.m. *अभि-संधि-* 'cheating, deceiving; making peace or alliance'] *f.* 陰謀;策略.

अभिसमय /ab^{h}isamaya アビスマエ/ [←Skt.m. *अभि-समय-* 'agreement'] *m.* 協定, 協約.

अभिसार /ab^{h}isāra アビサール/ [←Skt.m. *अभि-सार-* 'meeting, rendezvous (of lovers)'] *m.* (一目をさけた恋人たちの)密会, 逢い引き, 忍び逢い. ❐~ की मीठी स्मृतियाँ 忍び逢いの甘美な思い出.

अभिसारिका /ab^{h}isārikā アビサーリカー/ [←Skt.f. *अभि-सारिका-* ' woman who goes to meet her lover or keeps an assignation'] *f.* 恋人と密会する女性.

अभी /ab^{h}ī アビー/ *adv.* **1** 今すぐ, ほんの今, ただ今. ❐~ आया। ただ今参ります. **2** (現在において)今のところ, 未だ. **3** (過去において)その時にはまだ, 未だ.

अभीप्सा /ab^{h}īpsā アビープサー/ [←Skt.f. *अभि-ईप्सा-* 'desire'] *f.* 願望, 希求.

अभीप्सित /ab^{h}īpsita アビープスィト/ [←Skt. *अभि-ईप्सित-* 'desired, acceptable, dear'] *adj.* 望まれた, 希求された.

अभीर /ab^{h}īra アビール/ [←Skt.m. *अभीर-* 'a cowherd'; cf. correct form Skt.m. *आभीर-*] *m.* 牛飼い.

अभीष्ट /ab^{h}īṣṭa アビーシュト/ [←Skt. *अभि-इष्ट-* 'wished, desired, dear'] *adj.* 切望された, 強く望まれた.

— *m.* 切望したもの, 強く望んだもの.

अभूतपूर्व /ab^{h}ūtapūrva アブートプールオ/ [←Skt. *अ-भूत-पूर्व-* 'unprecedented'] *adj.* 例のない, 前代未聞の. ❐~ सौंदर्य 見たこともない美しさ. ❐वह इस राष्ट्र के इतिहास में ~ है। それはこの国の歴史において前代未聞である.

अभेद /ab^{h}eda アベード/ [←Skt.m. *अ-भेद-* 'absence of difference or distinction, identity'] *m.* 相違がないこと, 同一であること.

अभेद्य /abʰedya アベーディエ/ [←Skt. अ-भेद्य- 'not to be divided or broken or pierced'] *adj.* 分割すべきではない；分割してはいけない.

अभोज्य /abʰojya アボージエ/ [←Skt. अ-भोज्य- 'not to be eaten, prohibited as food'] *adj.* 食べるべきではない；食べてはいけない. (⇔भोज्य)

अभ्यंतर /abʰyaṃtara アビャンタル/ [←Skt.n. अभ्य्-अन्तर- 'inner part, interior, inside, middle'] *m.* 内, 内部. ❐～ की आवाज़ 内なる声.

अभ्यर्थना /abʰyartʰanā アビャルタナー/ [←Skt.f. अभ्य्-अर्थना- 'asking, requesting'] *f.* **1** 丁重な挨拶. ❐(की) ～ करना (人に)うやうやしく挨拶する. **2** 懇願；懇請.

अभ्यर्थी /abʰyartʰī アビャルティー/ [←Skt. अभ्य्-अर्थिन्- 'asking'] *m.* 志願者, 応募者；候補者.

अभ्यस्त /abʰyasta アビャスト/ [←Skt. अभ्यस्त- 'accumulated by repeated practice (as food); practised, exercised'] *adj.* **1** 熟練した, 訓練をつんだ. (⇔अनभ्यस्त) **2** 慣れている. (⇔अनभ्यस्त)

अभ्यागत /abʰyāgata アビャーガト/ [←Skt.m. अभ्यागत- 'an uninvited guest; a guest in general'] *adj.* 到来した；訪れる.
— *m.* 客；来訪者.

अभ्यास /abʰyāsa アビャース/ [←Skt.m. अभ्य्-आस- 'the act of adding anything; repetition'] *m.* **1** 練習, 訓練；修練. ❐(का) ～ करना (…の)練習[訓練]をする. **2** 慣れ；習熟.

अभ्यासी /abʰyāsī アビャースィー/ [←Skt. अभ्यासिन्- 'practising, repeating'] *adj.* 習熟した, 熟練した.

अभ्युक्ति /abʰyukti アビュクティ/ [←Skt.f. अभ्य्-उक्ति- 'a statement'] *f.* 述べる内容.

अभ्युत्थान /abʰyuttʰāna アビュッターン/ [←Skt.n. अभ्य्-उत्थान- 'rising from a seat through politeness'] *m.* **1** (敬意を表して)立ち上がること；起立. **2** 出世；栄達；繁栄.

अभ्युदय /abʰyudaya アビュダエ/ [←Skt.m. अभ्युदय- 'sunrise or rise of luminaries (during or with reference to some other occurrence)'] *m.* 興隆.

अभ्र /abʰra アブル/ [←Skt.n. अभ्र- 'cloud, thunder-cloud, rainy weather; sky, atmosphere'] *m.* **1** 雲. **2** 空, 天空.

अभ्रक /abʰraka アブラク/ [←Skt.n. अभ्रक- 'talc, mica'] *m.* **1** 〖鉱物〗滑石, タルク《珪酸塩鉱物の一種》. (⇒अबरक) **2** 〖鉱物〗雲母, きらら《珪酸塩鉱物の一種》. (⇒अबरक)

अमंगल /amaṃgala アマンガル/ [←Skt. अ-मङ्गल- 'inauspicious, unlukey'] *adj.* 不吉な. (⇒अशुभ)
— *m.* 不吉(な兆候). (⇒अशुभ) ❐～ की आशंका 悪い予感.

अमचूर /amacūra アムチュール/ [आम + चूरा] *m.* 〖食〗アムチュール《未熟なマンゴーを乾燥させ粉末にしたもの；酸味の調味料》.

अमन /amana アマン/ [←Pers.n. امن 'being safe, secure; tranquillity, peace' ←Arab.] *m.* 平和；平安. (⇒शांति) ❐(के) ～ में ख़लल डालना (…の)平和を妨げる.

अमन-चैन /amana-caina アムナ・チャェーン/ *m.* 平穏無事, 平和. ❐～ की दुआ माँगना 平穏無事を祈願する.

अमर[1] /amara アマル/ [←Skt. अ-मर- 'immortal'] *adj.* 不死の, 不滅の, 不朽の, 永遠の.

अमर[2] /amara アマル/ [←Pers.n. امر 'order, command' ←Arab.] *m.* **1** 命令. **2** 課題, 問題. **3** 出来事.

अमरता /amaratā アマルター/ [←Skt.f. अ-मर-ता- 'immortality'] *f.* 不死, 不滅, 不朽[永遠]性. (⇒अमरत्व)

अमरत्व /amaratva アマルトオ/ [←Skt.n. अ-मर-त्व- 'immortality'] *m.* ☞अमरता

अमरनाथ /amaranātʰa アマルナート/ [cf. Eng.n. *Amarnath*] *m.* 〖地名〗アマルナート《ジャンムー・カシュミール州 (जम्मू और कश्मीर) のヒンドゥー教聖地》.

अमरबेल /amarabela アマルベール/ [अमर + बेल] *f.* 〖植物〗アマルベール《ネナシカズラ属, 寄生つる草の一種》.

अमरस /amarasa アムラス/ [<OIA. **āmrarasa-* 'mango juice': T.01271; cf. आम[1] + रस] *m.* 〖食〗マンゴージュース.

अमराई /amarāī アムラーイー/ [<OIA. **āmrarāji-* 'mango grove': T.01272] *f.* マンゴーの果樹園；マンゴーの木立.

अमरीकन /amarīkana アムリーカン/ [←Eng.adj. *American*] *adj.* **1** アメリカの. (⇒अमरीकी) **2** アメリカ人の. (⇒अमरीकी)
— *m.* アメリカ人. (⇒अमरीकी)

अमरीका /amarīkā アムリーカー/ ▸अमेरिका [←Eng.n. *America*] *m.* **1** 〖国名〗アメリカ合衆国, 米国. **2** 〖地理〗アメリカ. ❐उत्तर [दक्षिण] ～ 北[南]米.

अमरीकी /amarīkī アムリーキー/▸अमेरीकी [cf. अमरीका] *adj.* **1** アメリカの. (⇒अमरीकन) ❐～ फ़ुटबॉल アメリカン・フットボール, アメフト. **2** アメリカ人の. (⇒अमरीकन)
— *m.* アメリカ人. (⇒अमरीकन)

अमरूद /amarūda アムルード/ [←Pers.n. امرود ،امروت 'a pear; a guava'; ?cf. Skt.f. अमरा- 'name of several plants'] *m.* 〖植物〗バンジロウ(の実), グアバ《フトモモ科の小高木；果肉は食用》.

अमर्त्य /amartya アマルティエ/ [←Skt. अ-मर्त्य- 'immortal; imperishable, divine'] *adj.* 不死の, 不滅の.
— *m.* 神.

अमर्ष /amarṣa アマルシュ/ [←Skt.m. अ-मर्ष- 'impatience, indignation, anger, passion'] *m.* 怒り, 憤り. ❐～ भरे स्वर में बोले। 腹立ちまぎれに言った.

अमल[1] /amala アマル/ [←Skt. अ-मल- 'spotless, stainless, clean, pure, shining'] *adj.* 汚れのない.

अमल[2] /amala アマル/ [←Pers.n. عمل 'working; putting in practice' ←Arab.] *m.* **1** 行動；実行, 実践,

実施. ❐(को) 〜 में लाना (…を)実施する. **2** 実用;適用;応用. (⇒प्रयोग, व्यवहार) ❐(पर) 〜 करना (…を)実行する.

अमलतास /amalatāsa アマルタース/ [?] *m.* 〖植物〗アマルタース《マメ科の高木;実は薬用》.

अमलतासी /amalatāsī アマルタースィー/ [*अमलतास* + *-ई*] *adj.* 薄黄色の.

अमलदरामद /amaladarāmada アマルダラーマド/ [←Pers.n. عمل در آمد 'a proceeding, a process'] *m.* (法令などの)施行;執行, 実施. ❐(पर) 〜 करना (…を)実施する.

अमलदारी /amaladārī アマルダーリー/ [←Pers.n. عملداری 'administration, government, rule, sway'] *f.* 統治, 支配;領土.

अमलपट्टा /amalapaṭṭā アマルパッター/ [*अमल²* + *पट्टा*] *m.* 任命状.

अमलबेत /amalabeta アマルベート/ [<Skt.m. *अम्ल-वेतस* 'a kind of dock or sorrel, *Rumex vesicarius*'] *m.* 〖植物〗アマルベート《タデ科スイバ属の薬草;実は食用》.

अमला /amalā アムラー/ [←Pers.n. عمله '(pl. of عامل) workers, operators, executors'] *m.* 職員, スタッフ. (⇒स्टाफ़)

अमली /amalī アムリー/ [←Pers.adj. عملی 'practical (in opposition to theoretical)'] *adj.* **1** 実用的な, 実際的な, 実務的な. (⇒व्यावहारिक) **2** 実用化する.

अमा /amā アマー/ [←Skt.f. *अमा*] *f.* ☞अमावस्या

अमात्य /amātya アマーティエ/ [←Skt.m. *अमात्य-* 'a companion (of a king); minister'] *m.* (王を補佐する)大臣, 宰相(さいしょう).

अमानत /amānata アマーナト/ [←Pers.n. امانة 'a deposit, charge, anything given in trust' ←Arab.] *f.* 〖経済〗委託(されたもの):預かりもの;預託;信託. (⇒धरोहर) ❐(की) 〜 (人からの)預かりもの. ❐(के यहाँ) 〜 रखना (人のところに)…を預託する. ❐〜 में ख़यानत करना 背信行為をする.

अमानतदार /amānatadāra アマーナトダール/ [*अमानत* + *-दार*] *m.* 〖経済〗(他人の財産の)受託者, 被信託者;管財人.

अमानती /amānatī アマーンティー/ [←Pers.adj. اماتنی 'deposited, given in trust or charge'] *f.* 委託された;預託された;信託された. ❐〜 सामान 預かり品. ❐〜 सामान गृह 携行品[手荷物]一時預り所.

अमानी /amānī アマーニー/ *adj.* 〖経済〗日払いの(労働), 日雇いの;臨時雇いの.

— *f.* 〖経済〗日雇いの賃金.

अमानुषिक /amānuṣika アマーヌシク/ [neo.Skt. *अ-मानुषिक-* 'inhuman'] *adj.* **1** 人間とは思えない, 人間業ではない. (⇔मानुषिक) ❐〜 साहस 人間とは思えない勇気. **2** 非人間的な;非人道的な. (⇒अमानुषीय)(⇔मानुषिक) ❐〜 कृत्य 非人間的な行為.

अमानुषीय /amānuṣīya アマーヌシーエ/ [*अ-* + *मानुषीय*] *adj.* 非人間的な;非人道的な. (⇒अमानुषिक)(⇔मानुषीय) ❐〜 अत्याचार 非人間的な暴虐.

अमान्य /amānya アマーニエ/ [?neo.Skt. *अ-मान्य-* 'not to be respected or honoured'] *adj.* **1** 認められない;無効の. (⇔मान्य) **2** 尊敬に値しない. (⇔मान्य)

अमावट /amāvaṭa アマーワト/ [<OIA.m. *āmrāvarta-* 'inspissated mango juice': T.01278] *m.* 〖食〗濃縮したマンゴージュース.

अमावस /amāvasa アマーワス/ [<OIA.f. *amāvāsyā̀-* 'the night of the new moon': T.00565] *f.* ☞अमावस्या

अमावस्या /amāvasyā アマーワスィアー/ [←Skt.f. *अमा-वस्या-* 'the first day of the first quarter on which the moon is invisible'] *f.* 〖暦〗新月(の日), 新月の夜《月の見えない暗月(あんげつ)のこと》. ❐〜 की रात्रि 新月の夜《「漆黒の闇」のイメージ》.

अमिट /amiṭa アミト/ [*अ-* + *मिटना*] *adj.* **1** 消えない;消すことのできない;忘れられない;不滅の. ❐(पर [में]) 〜 छाप छोड़ना (…に)消えることない足跡[印象]を残す. **2** 取り消せない;取返しのつかない;ぬぐうことのできない.

अमित /amita アミト/ [←Skt. *अ-मित-* 'unmeasured, boundless, infinite'] *adj.* 計り知れないほどの.

अमिताभ /amitābʰa アミターブ/ [←Skt. *अमित-आभ-* 'of unmeasured splendour'; → Japan.n. *阿弥陀*] *adj.* 無限の光をもつもの.

— *m.* 〖仏教〗阿弥陀(仏).

अमित्र /amitra アミトル/ [←Skt. *अ-मित्र-* 'not a friend'] *adj.* 友を装った(敵). ❐मित्र और 〜 की पहचान 友と友を装った者との見分け.

अमिया /amiyā アミヤー/ [cf. *आम¹*] *f.* 〖植物〗未熟のマンゴー.

अमीन /amīna アミーン/ [←Pers.n. امین 'commissioner, superintendent' ←Arab.] *m.* 〖歴史〗徴税役人.

अमीर /amīra アミール/ [←Pers.n. امیر 'a commander, governor, emperor, chief, leader, lord, prince' ←Arab.] *adj.* **1** 金持ちの, 富裕な, 資産のある. **2** 〖歴史〗身分の高い, 高貴な.

— *m.* **1** 金持ち, 富豪, 資産家, 長者. **2** 〖歴史〗アミール《イスラム王朝の称号;王族, 貴族, 軍司令官などに授与される》.

अमीर-ग़रीब /amīra-ğarība アミール・ガリーブ/ *m.* 金持ちも貧乏人も.

अमीराना /amīrānā アミーラーナー/ [←Pers.adj. امیرانه 'imperial, princely'] *adj.* 王侯貴族のような, 大金持ちのような, お大尽(だいじん)のような. ❐〜 रहन-सहन 王侯貴族のような暮らしぶり.

अमीरी /amīrī アミーリー/ [←Pers.n. امیری 'principality'] *adj.* **1** アミール अमीर に関する. **2** ☞अमीराना

— *f.* **1** 富裕, 裕福, 富貴. **2** 大尽(だいじん)風を吹かすこと.

अमुक /amuka アムク/ [←Skt. *अमुक-* 'such and such a person or thing, a thing or person referred to without name'] *adj.* どこかの, ある;だれそれ;何とかという. (⇒फ़लाँ) ❐～ अध्यापक को ～ कक्षा क्यों दी जाती?教師の誰それに何とかという科目をなぜ割り振るのか?

अमूमन /amūmana̯ アムーマン/▸उमूमन *adv.* 普通, 概して. (⇒प्रायः, साधारणतः)

अमूर्त /amūrta̯ アムールト/▸अमूर्त्त [←Skt. *अ-मूर्त-* 'formless, shapeless, unembodied'] *adj.* **1** 形のない, 姿のない;実体のない. (⇔मूर्त) **2** 抽象的な. (⇔मूर्त) ❐～ कला 抽象芸術. ❐～ चित्र 抽象画.

अमूर्तन /amūrtana̯ アムールタン/ [neo.Skt.n. *अ-मूर्तन-* 'abstraction'] *m.* 抽象化.

अमूर्तवाद /amūrta̯vāda̯ アムールトワード/ [neo.Skt.m. *अ-मूर्त-वाद-* 'abstractionism'] *m.* 抽象主義.

अमूल्य /amūlya̯ アムールエ/ [←Skt. *अ-मूल्य-* 'invaluable, priceless'] *adj.* **1** 値がつけられないほど貴重な, とても高価な. ❐～ रत्न 値がつけられないほどの宝石. ❐～ वस्तु とても高価なもの. **2** かけがえのない, 大切な;尊い. ❐～ प्रेम かけがえのない愛. ❐～ सेवा 尊い奉仕.

अमृत /amr̥ta̯ アムリト/ [←Skt. *अ-मृत-* 'immortal'] *adj.* 不死の, 不滅の.

— *m.* **1** 〖神話〗アムリタ《不死の霊薬》. **2** 美味な飲み物, 美酒, 甘露(かんろ).

अमृतदान /amr̥ta̯dāna̯ アムリトダーン/ [*अमृत* + *-दान*] *m.* 蓋の付いた真鍮(しんちゅう)製の容器《料理を入れる》. (⇒कटोरदान)

अमृतबान /amr̥ta̯bāna̯ アムリトバーン/ [*अमृत* × *मर्तबान*] *m.* ☞मर्तबान

अमृतमंथन /amr̥ta̯mam̥t^hana̯ アムリトマンタン/ [←Skt.n. *अमृत-मन्थन-* 'the churning for the *Amr̥ta*'] *m.* 〖神話〗アムリタマンタナ, 乳海攪拌(かくはん).

अमृतसर /amr̥ta̯sara̯ アムリトサル/ [*अमृत* + *सर*[1]; cf. Eng.n. *Amritsar*] *m.* 〖地名〗アムリトサル《パンジャーブ州 (पंजाब) の都市》.

अमेरिका /amerikā アメーリカー/ ▸अमरीका *m.* ☞अमरीका

अमेरिकी /amerikī アメーリキー/ ▸अमरीकी, अमेरीकी *adj.* ☞अमरीकी

— *m.* ☞अमरीकी

अमेरिकी समोआ /amerikī samoā アメーリキー サモーアー/ [cf. Eng.n. *American Samoa*] *m.* 〖国名〗アメリカ領サモア《首都はパゴパゴ (पागो पागो)》.

अमेरीकी /amerīkī アメーリーキー/ ▸अमरीकी *adj.* ☞अमरीकी

— *m.* ☞अमरीकी

अमोघ /amog^ha̯ アモーグ/ [←Skt. *अ-मोघ-* 'unerring, unfailing, not vain, efficacious, succeeding, hitting the mark, productive, fruitful'] *adj.* 霊験(れいげん)あらたかな;(狙った標的に)必ず的中する, 決して外れない, 百発百中の;絶対確実な. (⇒अचूक) ❐～ मंत्र 霊験あらたかな呪文.

अमोनियम /amoniyama̯ アモーニヤム/ [←Eng.n. *ammonium*] *m.* 〖化学〗アンモニウム. ❐～ सल्फ़ेट 硫酸アンモニウム.

अमोनिया /amoniyā アモーニヤー/ [←Eng.n. *ammonia*] *m.* 〖化学〗アンモニア.

अमोल /amola̯ アモール/ [*अ-* + *मोल*] *adj.* (値がつけられないほど)高価な;とても貴重な.

अमौआ /amauā アマォーアー/ [cf. *आम*[1]] *adj.* マンゴー色の《熟したマンゴーの果肉の色の, 黄色の》.

अम्मा /ammā アムマー/ [<OIA.f. *ambā́-* 'mother': T.00574; ?←Drav.; DEDr.0183 (DED.0154)] *f.* 母, 母さん. (⇒माँ)

अम्मान /ammāna̯ アムマーン/ [cf. Eng.n. *Amman*] *m.* 〖地名〗アンマン《ヨルダン(・ハシミテ王国) (जार्डन) の首都》.

अम्ल /amla̯ アムル/ [←Skt. *अम्ल-* 'sour, acid'] *adj.* **1** 〖化学〗酸性の. **2** 酸っぱい. (⇒खट्टा)

— *m.* **1** 〖化学〗酸. (⇒एसिड, तेज़ाब) **2** 〖化学〗酸性(度). **3** 酸味, すっぱさ.

अम्लता /amla̯tā アムルター/ [←Skt.f. *अम्ल-ता-* 'sourness'] *f.* 〖医学〗酸味.

अम्ल-पित्त /amla̯-pitta̯ アムル・ピット/ [←Skt.n. *अम्ल-पित्त-* 'acidity of stomach'] *m.* 〖医学〗胃酸過多;胸やけ.

अम्लान /amlāna̯ アムラーン/ [←Skt. *अ-म्लान-* 'unwithered, clean, clear; bright, unclouded (as the mind or the face)'] *adj.* (花が)しおれていない;晴れやかな, 輝く.

अम्हौरी /amhaurī アムハォーリー/▸अँभौरी [?<OIA.n. *ámbhas-* ('water': T.00577) + OIA.m. *poṭika-* ('a pustule, boil')] *f.* 〖医学〗発疹(ほっしん);汗疹(あせも). (⇒घमौरी)

अयन /ayana̯ アヤン/ [←Skt.n. *अयन-* 'walking a road, a path'] *m.* 動き.

अयश /ayaśa̯ アヤシュ/ [←Skt.n. *अ-यशस्-* 'infamy'] *m.* 汚名, 不名誉;醜聞, 悪評.

अयाल /ayāla̯ アヤール/ [←Pers.n. يال 'the neck; root of the neck; a horse's mane'] *m.* (馬などの)たてがみ.

अयुग्म /ayugma̯ アユグム/ [←Skt. *अयुग्म-* 'odd'] *m.* 〖数学〗奇数. (⇔युग्म)

अयोग्य /ayogya̯ アヨーギエ/ [←Skt. *अ-योग्य-* 'unfit, unsuitable, useless'] *adj.* **1** 能力のない, 無能な. ❐(को) ～ समझना (人を)無能だと思う. **2** ふさわしくない;資格のない.

— *m.* 無能な人間. ❐कुछ अयोग्यों को मेरी योग्यता सह्य न थी। 無能な人間の何人かにとって私の有能さは耐えられなかった.

अयोग्यता /ayogya̯tā アヨーギエター/ [←Skt.f. *अ-योग्य-ता-* 'incapability; lack of qualifications'] *f.* **1** 能力のなさ, 無能であること. **2** ふさわしくないこと;資格がないこと.

अयोध्या /ayod^hyā アヨーディャー/ [←Skt.f. *अयोध्या-*

'Ayodhya, the capital of *Rāma*'; cf *अवध*] *f.* 〖地名〗アヨーディヤー《ウッタル・プラデーシュ州 (उत्तर प्रदेश) のヒンドゥー教聖地;ラーマ(राम)の生誕地とされる》.

अरंड /araṃḍa アランド/ ▸अरंडी *m.* ☞अरंडी

अरंडी /araṃḍī アランディー/▸अरंड [<OIA.m. *ēraṇḍa-* 'castor-oil plant; *Ricinus communis*': T.02517] *f.* 〖植物〗トウゴマ, ヒマ(の実). (⇒अंडी) ❒～ का तेल ヒマシ油.

अरई /araī アライー/ [cf. *आर*¹] *f.* (牛を追う突き棒の)先端の尖った釘.

अरक़ /araqa アラク/ ▸अर्क़ [←Pers.n. عرق 'juice, spirit, sap; spirituous liquor' ←Arab. ; → Eng.n. *arrack*] *m.* **1**〖食〗アラック《蒸留酒の一種》. **2** エキス, 抽出物. **3**〖医学〗エキス剤《薬草の有効成分を水・アルコールなどに溶かし濃縮した薬》.

अरकाट /arakāṭa アルカート/ [←Eng.n. the city of *Arcot*] *m.* 〖地名〗アルカート, アルコット《タミル・ナードゥ州 (तमिल नाडु) 北東部の町》.

अरकाटी /arakāṭī アルカーティー/ [*अरकाट* + *-ई*; → I.Eng.n. *arkati*] *m.* 〖歴史〗アルカーティー《原意は「アルカート (अरकाट) の人」;英領時代において海外英領植民地に送り込む年季契約労働者 (गिरमिटिया) の募集請負業者の代名詞》.

अरक्तता /araktatā アラクトター/ [neo.Skt.f. *अ-रक्त-ता-* 'anemia'] *f.* 〖医学〗貧血(症).

अरक्षित /arakṣita アラクシト/ [←Skt. *अ-रक्षित-* 'not guarded'] *adj.* 保護されていないない.

अरगजा /aragajā アルガジャー/ [?; → Pers.n. ارگجه 'a kind of perfume'] *m.* アルガジャー《肌にすりこむ香料の一種;白檀(ビャクダン), バラ香水, 樟脳(ショウノウ), 麝香(ジャコウ), 竜涎香(リュウゼンコウ)などから作られる》.

अरगजी /aragajī アルガジー/ [cf. *अरगजा*] *adj.* **1** 黄色の《アルガジャー(अरगजा)の色から》. **2** アルガジャー(अरगजा)の香りのする.

अरगन /aragana アルガン/ [←Eng.n. *organ*] *m.* 〖楽器〗 (リード)オルガン《インドではハルモニウム हारमोनियम と同義で使われることが多い》. (⇒हारमोनियम) ❒～ बजाना オルガンを弾く.

अरगनी /araganī アラグニー/ ▸अलगनी *f.* ☞अलगनी

अरज़ /araza アラズ/ ▸अर्ज़ *f.* ☞अर्ज़

अरण्य /araṇya アラニエ/ [←Skt.n. *अरण्य-* 'a wilderness, desert, forest'] *m.* 未開の荒地;森林.

अरण्यरोदन /araṇyarodana アラニャローダン/ [cf. Skt.n. *अरण्य-रुदित-* 'weeping in a forest; weeping in vain, with no one to hear'] *m.* 無人の荒野で泣き叫ぶこと《無駄なことのたとえ》.

अरथी /arathī アルティー/▹अर्थी [?cf. *रथ*] *f.* 〖ヒンドゥー教〗棺(ひつぎ)台《焼き場まで死体を運ぶ台;肩に担ぐ》. (⇒जनाज़ा) ❒～ निकलना 出棺する, 葬儀の列が出る.

अरदली /aradalī アルダリー/ ▹अर्दली [←Eng.n. *orderly*] *m.* 当番兵, 従卒《将校に仕え伝令その他の身辺雑務を担当》.

अरदास /aradāsa アルダース/ ▹अर्दास [←Pers.n. عرض داشت 'a memorial or address from an inferior to a superior'] *f.* 祈り(の言葉);嘆願・請願(の言葉).

अरना /aranā アルナー/ [<OIA. *áyukta-* 'not yoked': T.00593; cf. Skt. *अरण-* 'foreign, distant'] *m.* 〖動物〗野生の水牛.

अरब¹ /araba アラブ/ [<Skt.n. *अर्बुद-* 'one hundred millions'; cf. Skt.n. *खर्व-* 'a large number'] *num.* 十億(の単位). ❒एक [दस] ～ 十[百]億. ❒अरबों 何十億何百億もの.

अरब² /araba アラブ/ [←Pers.n. عرب 'Arabia' ←Arab.] *m.* **1**〖地理〗アラビア. ❒～ सागर アラビア海. ❒सऊदी ～ サウジアラビア(王国). **2** アラビア人.

अरबी /arabī アルビー/ [←Pers.n. عربی 'the true genuine Arabs of unmixed blood'] *adj.* **1** アラビア語の. **2** アラビアの.

— *m.* 〖動物〗アラビア馬.

— *f.*アラビア語.

अरमाँ /aramā̃ アルマーン/ ▸अरमान *m.* ☞अरमान

अरमान /aramāna アルマーン/ [←Pers.n. ارمان 'desire'] *m.* 切なる願い. ❒～ निकलना 願いがかなう. ❒～ निकालना 願いを果たす. ❒मेरे दिल में यही एक ～ बाक़ी है। 私の中ではこれが唯一の心残りです.

अरवा /aravā アルワー/ [?] *m.* 〖食〗アルワー《玄米》.

अरविंद /araviṃda アルヴィンド/ [←Skt.n. *अरविन्द-* 'a lotus'] *m.* 蓮(の花). (⇒कमल)

अरवी /aravī アルヴィー/ [<OIA.n. *ālu-, āluka-* 'esculent root of *Amorphophallus campanulatus*': T.01388] *f.* 〖植物〗アルヴィー(の塊茎)《タロイモの一種》.

अरसा /arasā アルサー/ ▹अर्सा [←Pers.n. عرصة 'A court, square, quadrangle, area, open space free from buildings' ←Arab.] *m.* 期間;長い時間. ❒काफ़ी अरसे से ずいぶん以前から. ❒उसे अपने देश से चले ～ हो गया था। 彼が自分の国を出てから長い時間が経っていた.

अरसिक /arasika アラスィク/ [←Skt. *अ-रसिक-* 'devoid of taste, unfeeling, dull'] *adj.* 退屈でつまらない, 面白味のない. ❒स्त्रियाँ उसे ～ समझकर उससे उदासीन रहती थीं। 女たちは彼を面白味のない奴と思って彼には無関心であり続けた.

अरहर /arahara アルハル/ [<OIA.f. *āḍhakī-* 'the pulse *Cajanus indicus*': T.01107] *f.* 〖植物〗アルハル, キマメ《ダール豆の一種》. (⇒दाल)

अराजक /arājaka アラージャク/ [←Skt. *अ-राजक-* 'having no king'] *adj.* **1** 無政府状態の, アナーキーな. **2** 支配者が不在の状態の.

अराजकता /arājakatā アラージャクター/ [←Skt.f. *अ-राजक-ता-* 'anarchy'] *f.* **1** 無政府状態. **2** 支配者が不

在の状態.

अराजकतावाद /arājakatāvāda アラージャクターワード/ [neo.Skt.m. *अ-राजक-ता-वाद-* 'anarchism'] *m.* 無政府主義.

अराजकतावादी /arājakatāvādī アラージャクターワーディー/ [neo.Skt. *अ-राजक-ता-वादिन्-* 'anarchist'] *adj.* 無政府主義の.

— *m.* 無政府主義者.

अराजपत्रित /arājapatrita アラージパトリト/ [neo.Skt. *अ-राजपत्रित-* 'non-gazetted'] *adj.* 官報で公告されていない. (⇔राजपत्रित)

अरारूट /arārūṭa アラールート/ ▸अरारोट *m.* ☞अरारोट

अरारोट /arāroṭa アラーロート/ ▸अरारूट [←Eng.n. *arrowroot*] *m.* **1**〖植物〗クズウコン. **2**〖食〗アロールート《クズウコンの根から採れる澱粉》.

अरि /ari アリ/ [←Skt.m. *अरि-* 'an enemy'] *m.*〖ヒンドゥー教〗人に害となるもの;敵《人間に害を及ぼす6種の悪 काम「愛欲」, क्रोध「怒り」, मत्सर「嫉妬」, मद「傲慢」, मोह「妄想」, लोभ「貪欲」を指す》.

अरिष्ट /ariṣṭa アリシュト/ [←Skt. *अ-रिष्ट-* 'unhurt; proof against injury or damage'] *adj.* 不吉な前兆のある.

— *m.* 不吉な前兆.

अरी /arī アリー/ [cf. *अरे*] *int.* あれ, へー, まあ《意外・驚きを表す;特に相手が女性の場合に;相手が男性の場合は अरे》. ❐～ पगली! まあ, おばかさん.

अरुचि /aruci アルチ/ [←Skt.f. *अ-रुचि-* 'want of appetite, disgust; aversion, dislike'] *f.* 嫌悪, 嫌気;関心[食欲]が失せること;気乗り薄. ❐(को)(से) ～ हो जाना (人が)(…に対して)関心が失せてしまう. ❐उसकी सेवा और स्नेह और त्याग से मुझे उसी तरह ～ हो गयी थी, जैसे अजीर्ण के रोगी को मोहनभोग से हो जाती है। 彼女の奉仕と愛と献身に私はうんざりしてしまった, ちょうど消化不良の病人が(美味しい菓子である)モーハンボーグに食指が動かないように.

अरुचिकर /arucikara アルチカル/ [←Skt. *अ-रुचि-कर-* 'disgusting, loathing; unpalatable'] *adj.* **1** 嫌な, うとましい;興味をそそらない;気乗りしない. (⇔रुचिकर) **2** 食欲をそそらない. (⇔रुचिकर)

अरुण /aruṇa アルン/ [←Skt. *अरुण-* 'reddish-brown, tawny, red, ruddy (the colour of the morning opposed to the darkness of night)'] *adj.* 赤い, 紅色の《夜明けの色》. ❐पूर्व की ओर प्रकाश ～ वर्ण हो रहा था। 東の方向は光が紅色になっているところだった.

— *m.* 夜明け(の紅色);太陽.

अरुणाचल प्रदेश /aruṇācala pradeśa [cf. Eng.n. *Arunachal Pradesh*] *m.* アルナーチャル・プラデーシュ州《1986 年に 24 番目の州となった;州都イターナガル (इटानगर)》.

अरुणिमा /aruṇimā アルニマー/ [←Skt.m. *अरुणिमन्-* 'redness, ruddiness'] *f.* (夜明けの)紅色.

अरुणोदय /aruṇodaya アルノーダエ/ [←Skt.m. *अरुणोदय-* 'break of day, dawn'] *f.* 夜明け, 曙(あけぼの), 早暁(そうぎょう);日の出. (⇒सूर्योदय)

अरे /are アレー/ [cf. Skt.ind. *अरे* 'interjection of calling'] *int.* あれ, へー, まあ《意外・驚きを表す;特に相手が男性の場合に;相手が女性の場合は अरी》. ❐～ नहीं! だめだってば! ❐～ साहब! あれ, 旦那!

अरोचक /arocaka アローチャク/ [←Skt. *अ-रोचक-* 'not shining; causing want of appetite or disgust'] *adj.* 面白くない;興味のわかない. (⇔रोचक)

अर्क़ /arqa アルク/ ▸अरक़ *m.* ☞अरक़

अर्घ्य /arg^hya アルギエ/ [←Skt. *अर्घ्य-* 'valuable'] *m.* 価値がある;尊い, ありがたい.

अर्चन /arcana アルチャン/ [←Skt.n. *अर्चना-* 'homage paid to deities and to superiors'] *m.*〖ヒンドゥー教〗アルチャナ《神への帰依・信愛を深めるために説かれている九つの方法 (नवधा भक्ति) の一つ,「神のおみ足を拝む」》.

अर्चना /arcanā アルチャナー/ [←Skt.f. *अर्चना-* 'homage paid to deities and to superiors'] *f.*〖ヒンドゥー教〗(神像などの)礼拝, 崇拝. ❐(की) ～ करना (…を)礼拝する.

अर्ज़ /arza アルズ/ ▸अरज [←Pers.n. عرض 'presenting itself; a petition' ←Arab.] *m.* 請願;懇願;申請. ❐आदाब ～ こんにちは《イスラム教徒の挨拶》. ❐(के लिए ～ करना (…を)請願する.

अर्जक /arjaka アルジャク/ [←Skt. *अर्जक-* 'procuring, acquiring'] *adj.* 稼ぐ(人). ❐～ और सर्जक (創造的才能がある同一人物の内部で)才能によって稼げるという現実的な能力をもっていることと創作するという芸術的な能力をもっていること.

अर्जन /arjana アルジャン/ [←Skt.n. *अर्जन-* 'procuring, acquiring, gaining, earning'] *m.* **1** 取得;獲得. **2** 稼ぎ, 所得. **3** 蓄財.

अर्जित /arjita アルジト/ [←Skt. *अर्जित-* 'acquired, gained, earned'] *adj.* (知識などを)獲得した;(名声などを)得た;(金銭を)稼いだ;(点数などを)取得した. ❐～ अंक 得点. ❐अपने जीवन भर का ～ धन 自分の全人生の稼ぎ. ❐ख्याति ～ करना 名声を得る. ❐विद्या ～ करना 知識を獲得する.

अर्ज़ी /arzī アルズィー/ [←Pers.n. عرضی 'a petition, memorial, or humble representation'] *f.* 申請書;請願書.

अर्ज़ीदावा /arzīdāvā アルズィーダーワー/ [←Pers.n. عرضی دعوی 'petition of plaint'] *m.* 請願;申し立て.

अर्ज़ीनवीस /arzīnavīsa アルズィーナヴィース/ [←Pers.n. عرضی نویس 'one who writes petitions for suitors, a scrivener, a notary'] *m.* (申請書の)代書人.

अर्जुन /arjuna アルジュン/ [←Skt.m. *अर्जुन-* 'the tree *Terminalia arjuna*'] *m.* **1**〖植物〗サダラ(*Terminalia arjuna*)《シクンシ科の落葉高木》. **2**〖ヒンドゥー教〗アルジュナ《パーンダヴァ五王子の三番目でインドラ神とク

ンティーの息子》.

अर्जेंट /arjeṃṭa アルジェーント/ [←Eng.n. *urgent*] *adj.* 緊急の.

अर्जेंटीना /arjeṃṭīnā アルジェーンティーナー/ [cf. Eng.n. *Argentina*] *m.* 〖国名〗アルゼンチン(共和国)《首都はブエノスアイレス (ब्यूनस आयर्स)》.

अर्थ /artʰa アルト/ [←Skt.m. *अर्थ-* 'aim; wealth; object of the senses'] *m.* **1** 意味;意義. (⇒मतलब, माने) ❐इस ~ में この意味において. **2** 〖ヒンドゥー教〗財, 富;実利《人生の 4 大目的 पुरुषार्थ の一つ》. **3** 〖経済〗経済. **4** 〖言語〗(叙)法.

अर्थकर /artʰakara アルトカル/ [←Skt. *अर्थ-कर-* 'producing advantage, useful'] *adj.* 有意味な;役に立つ.

अर्थदंड /artʰadaṃḍa アルトダンド/ [?neo.Skt.m. *अर्थ-दण्ड-* 'a fine, monetary punishment'] *m.* 〖法律〗罰金. (⇒जुरमाना)

अर्थविज्ञान /artʰavijñāna アルトヴィギャーン/ [neo.Skt.n. *अर्थ-विज्ञान-* 'semantics'] *m.* 〖言語〗意味論. (⇒अर्थशास्त्र)

अर्थव्यवस्था /artʰavyavastʰā アルトヴィャワスター/ [neo.Skt.f. *अर्थ-व्यवस्था-* 'economy'] *f.* 〖経済〗経済. ❐भारतीय ~ インド経済.

अर्थशास्त्र /artʰaśāstra アルトシャーストル/ [←Skt.n. *अर्थ-शास्त्र-* 'a book treating of practical life and political government'] *m.* **1** 〖経済〗経済学. ❐व्यष्टि [समष्टि] ~ ミクロ[マクロ]経済学. **2** 〖言語〗意味論. (⇒अर्थविज्ञान) **3** 〖歴史〗アルタシャーストラ《古代インドのカウティリア (कौटिल्य) によって作されたとされる帝王学の書;『実利論』》.

अर्थशास्त्री /artʰaśāstrī アルトシャーストリー/ [neo.Skt.m. *अर्थ-शास्त्रिन्-* 'economist'] *m.* 〖経済〗経済学者, エコノミスト.

अर्थहीन /artʰahīna アルトヒーン/ [←Skt. *अर्थ-हीन-* 'unmeaning, nonsensical; deprived of wealth, poor'] *adj.* 無意味な, 意味のない;むなしい.

अर्थहीनता /artʰahīnatā アルトヒーンター/ [?neo.Skt.f. *अर्थ-हीन-ता-* 'meaninglessness'] *adj.* 無意味さ;むなしさ.

अर्थात् /artʰāt アルタート/ [←Skt.ind. *अर्थात्* 'according to the state of the case'] *conj.* つまり, すなわち. (⇒यानी)

अर्थालंकार /artʰālaṃkāra アルターランカール/ [←Skt.m. *अर्थ-अलंकार-* 'embellishment of the sense by poetical figures'] *m.* アルターランカーラ《比喩的表現など意味に基づく修辞法 (अलंकार)》. (⇔शब्दालंकार)

अर्थी /artʰī アルティー/ ▷अरथी *f.* ☞अरथी

-अर्थी /-artʰī ・アルティー/ [←Skt. *अर्थिन्-* 'one who wants or desires anything'] *suf.* 《〖名詞 -अर्थी〗の形式で, 合成語「…を望む(人), …を欲する(人)」を作る; परीक्षार्थी「受験者」, विद्यार्थी「学生」など》

अर्दली /ardalī アルダリー/ ▷अरदली *m.* ☞अरदली

अर्दास /ardāsa アルダース/ ▷अरदास *f.* ☞अरदास

अर्द्ध- /arddʰa- アルッド・/ ▶अर्ध- *pref.* ☞अर्ध-

अर्ध- /ardʰa- アルド・/ ▶अर्द्ध- [←Skt. *अर्ध-* 'half. halved, forming a half'] *pref.* 《「半分の, 半…」を意味する接頭辞; अर्धचंद्र「半月(はんげつ)」, अर्धव्यास「半径」, अर्धांगिनी「ベターハーフ, 妻」など》

अर्धचंद्र /ardʰacaṃdra アルダチャンドル/ [←Skt.m. *अर्ध-चन्द्र-* 'half moon'] *m.* **1** 〖天文〗半月(はんげつ). **2** 三日月(形). ❐~ बाण 穂先が三日月形になっている矢. **3** (人をつまみ出すための)首のわしづかみ. ❐~ देना つまみ出す, 引きずり出す.

अर्धमागधी /ardʰamāgadʰī アルドマーグディー/ [←Skt.f. *अर्ध-मागधी-* 'a variety of the *Māgadhī* dialect'] *f.* アルダマーガディー語, 半マガダ語《中期インド・アーリア語(プラークリット語)のマーガディー語の変種;ジャイナ文献の言語》.

अर्धविराम /ardʰavirāma アルドヴィラーム/ [neo.Skt.m. *अर्ध-विराम-* 'semicolon'] *m.* セミコロン.

अर्धव्यास /ardʰavyāsa アルドヴィャース/ [←Skt.m. *अर्ध-व्यास-* 'half the diameter; radius'] *m.* 〖数学〗半径. (⇒त्रिज्या)

अर्धस्वर /ardʰasvara アルドスワル/ [neo.Skt.m. *अर्ध-स्वर-* 'semivowel'] *m.* 〖言語〗半母音.

अर्धांग /ardʰāṃga アルダーング/ [←Skt.n. *अर्ध-अङ्ग-* 'half the body'] *m.* **1** 半身. **2** 〖医学〗半身不随. (⇒लकवा)

अर्धांगिनी /ardʰāṃginī アルダーンギニー/ [neo.Skt. *अर्ध-अङ्गिन्-* 'better half, wife'] *f.* ベターハーフ, 妻. ❐वह बिल्कुल शाब्दिक अर्थ में मेरी ~ थी। 彼女は全く文字通りの意味で私のベターハーフであった.

अर्पण /arpaṇa アルパン/ [←Skt.n. *अर्पण-* 'offering, delivering, consigning, entrusting'] *m.* 贈呈;献納;奉納. ❐~ करना 献納する.

अर्पित /arpita アルピト/ [←Skt. *अर्पित-* 'offered, delivered, entrusted'] *adj.* 贈呈された;捧げられた;献納された;奉納された. ❐~ करना 捧げる.

अर्वाचीन /arvācīna アルワーチーン/ [←Skt. *अर्वाचीन-* 'belonging to a proximate time, posterior, recent'] *adj.* 最近の;最新の. (⇒आधुनिक)(⇔प्राचीन) ❐स्त्रियों के विषय में प्राचीन और ~, प्राच्य और पाश्चात्य, सभी विद्वानों का एक ही मत था। 女性について古今東西のすべての学者たちは同一意見である.

अर्सा /arsā アルサー/ ▷अरसा *m.* ☞अरसा

अर्ह /arha アルフ/ [←Skt. *अर्ह-* 'worthy'] *adj.* 資格のある, 有資格の.

अर्हता /arhatā アルフター/ [neo.Skt.f. *अर्ह-ता-* 'qualification'] *f.* 資格(があること);有資格.

अलंकरण /alaṃkaraṇa アランカラン/ [←Skt.n. *अलंकरण-* 'decoration, ornament'] *m.* 装飾(すること).

अलंकार /alaṃkāra アランカール/ [←Skt.m. *अलं-कार-* 'the act of decorating'] *m.* **1** 装飾(品);装身具. **2** 〖文学〗修辞(法), 修辞的表現. ❐~ शास्त्र 修辞学.

अलंकृत /alaṃkṛta アランクリト/ [←Skt. *अलंकृत-* 'adorned, decorated'] *adj.* **1** 装飾された. **2**〖文学〗修辞的技巧をこらした.

अलंघनीय /alaṃghanīya アラングニーエ/ [←Skt. *अ-लङ्घनीय-* 'insurmountable, impassable'] *adj.* 越えるべきではない;越えてはいけない. (⇒अलंघ्य)

अलंघ्य /alaṃghya アランギエ/ [←Skt. *अ-लङ्घ्य-* 'impassable (as a river); inviolable (as a command or prohibition)'] *adj.* ☞अलंघनीय

अलक /alaka アラク/ [←Skt.m. *अलक-* 'a curl, lock'] *f.* (髪の)ふさ, 巻き毛.

अलकतरा /alakatarā アルカトラー/ [←Port.m. *alcatrão* 'tar' ←Arab.] *m.*〖化学〗コールタール. (⇒कोलतार, तारकोल)

अलकोहल /alakohala アルコーハル/ [←Eng.n. *alcohol*] *m.*〖化学〗(エチル)アルコール;アルコール飲料.

अलक्षित /alakṣita アラクシト/ [←Skt. *अलक्षित-* 'unseen, unperceived, unobserved'] *adj.* 見えない;気づかれない, 認識されない.

अलख /alakha アラク/ [<OIA. *alakṣya-* 'invisible': T.00698] *adj.* 目に見えない(もの, 神).
— *m.*〖ヒンドゥー教〗(目に見えない)神. ❐～ जगाना (声を出して)神の名を唱える.

अलग /alaga アラグ/ [<OIA. *alagna-* 'unconnected': T.00700] *adj.* 異なった, 別の;分かれた, 離れた. ❐(से) ～ करना (…から)分離する. ❐(से) ～ होना (…から)別れる. ❐～ से 別個に.
— *adv.* 別に, 分かれて, 離れて;独自に.

अलग-अलग /alaga-alaga アラグ・アラグ/ *adv.* 別々に, 個々に. ❐～ परिवारों के ～ चूल्हे 別々の家族の別々のかまど. ❐हर विषय के ～ अध्यापक 各教科に別々の教師.

अलग-थलग /alaga-thalaga アラグ・タラグ/ [echo-word; cf. *अलग*] *adj.* 孤立した. ❐ईरान को ～ करने की नीति विफल हो गयी है। イランを孤立させる政策は失敗した.

अलगनी /alaganī アラグニー/ ▸अरगनी [<OIA. **ālagyati* 'adheres to': T.01356] *f.* (物干し用の)ロープや竹などの竿.

अलगा-गुज़ारी /alagā-guzārī アルガー・グザーリー/ [*अलग* + *गुज़ारी*] *f.* (不和による)別居;分家;亀裂. (⇒अलगौझा)

अलगाना /alagānā アルガーナー/ [cf. *अलग*] *vt.* (*perf.* अलगाया /alagāyā アルガーヤー/) ばらばらにする;分離する.

अलगाव /alagāva アルガーオ/ [cf. *अलग*] *m.* 分離;孤立.

अलगाववाद /alagāvavāda アルガーオワード/ [*अलगाव* + *-वाद*] *m.* 分離主義;孤立主義.

अलगाववादी /alagāvavādī アルガーオワーディー/ [*अलगाव* + *-वादी*] *adj.* **1** 分離主義の;孤立主義の.
— *m.* 分離主義者;孤立主義者.

अलग़ोज़ा /alağozā アルゴーザー/ *m.*〖楽器〗竹笛.

अलगौझा /alagaujhā アルガォージャー/ ▸अलग्योझा [?<*अलगा-गुज़ारी*] *m.* ☞अलगा-गुज़ारी

अलग्योझा /alagyojhā アラギョージャー/ ▸अलगौझा [?<*अलगा-गुज़ारी*] *m.* ☞अलगा-गुज़ारी

अलता /alatā アルター/ [<OIA.m/n. *alakta-* 'a particular red substance, probably lac or lac dye': T.00695] *m.* ラック染料《女性が足につける》.

अलबत्ता /alabattā アルバッター/ [←Pers.adv. البتة 'Certainly, necessarily, in every manner, altogether' ←Arab.] *adv.* 確かに, きっと;本当に, 実際に. ❐तुम ～ बीमार से होते जा रहे हो। あんたは本当に病気になりかけているわね.
— *conj.* しかしながら, もっとも. ❐वृद्धावस्था में उनकी कमर कुछ झुक गई थी, दुहरी तो उनकी कमर जीवन के अंतिम वर्षों में भी नहीं हुई। ～ मरने से पूर्व वे लगभग एक वर्ष बीमार रहीं। 年をとって彼女の腰は少し曲がっていたが, 腰が折れ曲がるようなことは晩年の数年でもなかった. もっとも亡くなる最後の約一年間は彼女は病気だったけれども.

अलबम /alabama アルバム/ ▸एल्बम [←Eng.n. *album*] *m.* **1** (写真帳などの)アルバム. **2** (レコード・CDなどの)全集, アルバム.

अलबेला /alabelā アルベーラー/ [?] *adj.* 人目を引く;見目形(みめかたち)のすぐれた;おしゃれな, 飾り立てた. ❐अलबेले जवान 粋な若者たち. ❐अलबेली स्त्रियाँ 着飾った女たち.

अलभ्य /alabhya アラビエ/ [←Skt. *अ-लभ्य-* 'unobtainable'] *adj.* 入手不可能な;希少な. ❐～ वस्तु 入手不可能なもの.

अलमस्त /alamasta アルマスト/ [←Pers.adj. المست 'drunk'] *adj.* 楽天的な;のんきな;おおらかな, のびのびした.

अलमारी /alamārī アルマーリー/ ▸आलमारी [←Port.m. *almário* (modern Port. *armário*) 'cupboard, cabinet'; cf. I.Eng.n. *almirah*] *f.* 戸棚, 本棚;(鍵のかかる)収納家具, ロッカー, 箪笥(たんす), クローゼット. ❐～ में किताबें रखना 本棚に本を並べる.

अलमूनियम /alamūniyama アルムーニヤム/ ▸अलूमनियम, अल्युमीनियम [←Eng.n. *aluminium*] *m.*〖化学〗アルミニウム.

अलम् /alam アラム/ [←Skt.ind. *अलम्* 'enough, sufficient, adequate'] *adv.* 十分に.

अलर्ट /alarṭa アラルト/ [←Eng.n. *alert*] *m.* 警戒警報. ❐हाई ～ जारी करना 高度警戒警報を発令する.

अलल-टप्पू /alala-ṭappū アラル・タップー/ *adj.* でたらめの, いいかげんな. (⇒अटकल-पच्चू)

अलल-बछेड़ा /alala-bacheṛā アラル・バチェーラー/ *m.* **1** 跳ね回る子牛. **2** 軽薄な若者.

अलल-हिसाब /alala--hisāba アラル・・ヒサーブ/ *adj.* (勘定が)忘れっぽい.

अलवान /alavāna アルワーン/ [←Pers.n. الوان 'colours, kinds' ←Arab.] *m.* ウールのショール.

अलविदा /al̦avidā アルヴィダー/ [←Pers.int. الوداع 'farewell! adieu!' ←Arab.] *int.* さようなら.
— *f.* 〖イスラム教〗アルヴィダー《ラマザーン月 (रमज़ान) の最終金曜日(の集団礼拝)》.

अलस /alaș アラス/ [<OIA. *alasá-* 'inactive': T.00708] *adj.* 怠惰な, 不精な. (⇒आलसी)

अलसाना /al̦asānā アルサーナー/ [cf. *आलस, अलस*] *vi.* (*perf.* अलसाया /al̦asāyā アルサーヤー/) **1** 怠惰になる. ❒दोपहर को अधिक खाने की वजह से जी अलसा जाता है। 昼にあまり食べ過ぎると怠惰になる. **2** 気だるくなる, 緩慢になる;眠くなる. ❒वह ऐसा अलसाया कि ऊख गोड़ने न जा सका। 彼は砂糖きびを掘り起こしに行けないほど体のだるさを感じた.

अल साल्वाडोर /al̦ sālvāḍor̦ アル サールワードール/ [←Eng.n. *El Salvador*] *m.* 〖国名〗エル・サルバドル(共和国)《首都はサン・サルバドル (सान साल्वाडोर)》.

अलसी /al̦asī アルスィー/ [<OIA.f. *atasī́-* 'flax': T.00198] *f.* **1** 〖植物〗アマニ(亜麻仁)《アマの種子》. **2** 〖植物〗アマ(亜麻)《アマ科の一年草》. (⇒तीसी)

अलहदगी /al̦ahad̦agī アルハドギー/ [←Pers.n. علیحدگی 'the state of being separate, separation, severalty'] *f.* 分離;別離.

अलहदा /al̦ahadā アルハダー/ [←Pers. علیحده 'separately, distinct, apart'] *adj.* 離れた;異なる;別の.

अलादीन /alādīn̦ アラーディーン/ [cf. Eng.n. *Aladdin* (←Arab.)] *m.* アラジン《『アラビアン・ナイト』(千一夜物語)の一つの物語に登場する主人公の名前》. ❒~ और जादुई चिराग़ アラジンと魔法のランプ.

अलाप /alāp̦ アラープ/ [<OIA.m. *ālāpá-* 'speech': T.01373] *m.* ☞आलाप

अलापना /alāp̦anā アラープナー/ [cf. *अलाप*] *vt.* (*perf.* अलापा /alāpā アラーパー/) **1** 〖音楽〗(歌う前に声の調子を整えるために)長く伸ばして発声練習する. ❒शास्त्रीय संगीत में देर तक अलाप लिया जाता है। インド伝統古典声楽では, 声の調子を整えるために長い時間発声練習をする. **2** 〖音楽〗(インドの伝統古典声楽などで)技巧的に歌う, (感情をこめて)歌唱する. ❒वह रोज़ सुबह राग अलापता है, जिससे परिवार के सारे सदस्य परेशान रहते हैं। 彼は毎朝ラーガを歌唱する, そのため家族の者全員が迷惑している. **3** くどくど言う;仰々しく言う. ❒जिसने जीवन के क्षेत्र में कभी क़दम ही नहीं रखा, वह अगर जीवन के विषय में कोई नया सिद्धांत अलापता है, तो मुझे उसपर हँसी आती है। 現実の人生にまだ足を踏みいれてもいない者が, もし人生について何か新しい法則を偉そうに言うとしたら, 僕にはチャンチャラおかしいよ. **4**〔慣用〕❒अपना अपना राग ~ 皆が自分勝手なことを言う

अलाभकर /alābʰ̦akar̦ アラーブカル/ [←Skt. *अ-लाभ-कर-* 'unprofitable'] *adj.* 利益にならない, 役に立たない.

अलार्म /alārm̦ アラールム/ [←Eng.n. *alarm*] *m.* **1** 警報(の音);警報器, 報知器. ❒स्मोक ~ 煙警報器. **2** 目覚まし時計;アラーム. (⇒अलार्म-घड़ी)

अलार्म-घड़ी /alārm̦-gʰaṛī アラールム・ガリー/ *f.* 目覚し時計. (⇒अलार्म)

अलार्म-चेन /alārm̦-cen̦ アラールム・チェーン/ [←Eng.n. *alarm chain*] *f.* 非常用の鎖《列車などに備わっている非常時に引っ張って非常ベルを鳴らす鎖》.

अलार्म-बेल /alārm̦-bel̦ アラールム・ベール/ [←Eng.n. *alarm bell*] *m.* 警報ベル, 非常ベル.

अलाव /alāv̦ アラーオ/ [<OIA.m. *alāta-* 'fire-brand': T.00710] *m.* 焚き火. ❒उसने छड़ी उठा ली और ~ कुरेदा तो कंगन निकल आया। 彼は杖を取り上げた, そして焚き火を掻き出すと腕輪が出てきた.

अलावा /alāvā アラーワー/ [←Pers.ind. علاوة 'besides' ←Arab.] *ind.* 《〖名詞 के अलावा〗の形式で, 副詞句「…に加えて, …以外に」を表す》(⇒अतिरिक्त)

अलास्का /alāskā アラースカー/ [cf. Eng.n. *Alaska*] *m.* 〖地名〗アラスカ;アラスカ州《アメリカ合衆国北端の州》.

अली[1] /alī アリー/ [<OIA.f. *ālī̆-³* 'woman's female friend': T.01380] *f.* (女性にとっての)女友達. (⇒सहेली)

अली[2] /alī アリー/ [←Pers.n. علی 'name of the son-in-law and fourth successor of Muhammad' ←Arab.] *f.* 〖イスラム教〗アリー《預言者ムハンマド (मुहम्मद) の従兄弟, 第 4 代正統カリフ;シーア派の初代イマーム》.

अलीगढ़ /alīgaṛʰ̦ アリーガル/ [cf. Eng.n. *Aligarh*] *m.* 〖地名〗アリーガル《ウッタル・プラデーシュ州 (उत्तर प्रदेश) の地方都市》.

अलूमनियम /alūm̦aniyam̦ アルームニヤム/ ▸अलमूनियम, अल्युमीनियम *m.* ☞अलमूनियम

अलोना /alonā アローナー/ [<OIA. *alavaṇa-* 'not salty': T.00707] *adj.* **1** 塩味のついていない(料理). **2** 味のない(料理). (⇒फीका) **3** 魅力のない.

अलोफ़ी /alofī アローフィー/ [cf. Eng.n. *Alofi*] *m.* 〖地名〗アロフィ《ニウエ (नियू) の首都》.

अलौकिक /alaukik̦ アラォーキク/ [←Skt. *अ-लौकिक-* 'not current in the world, uncommon, unusual'] *adj.* **1** この世のものではない;超俗的な. (⇔लौकिक) ❒~ आनंद 至福. **2** 超自然的な;神秘的な;摩訶(まか)不思議な;稀な. (⇔लौकिक) ❒~ शक्ति 超自然力.

अल्जीयर्स /aljīyarș アルジーヤルス/ [cf. Eng.n. *Algiers*] *m.* 〖地名〗アルジェ《アルジェリア(民主人民共和国) (अल्जीरिया) の首都》.

अल्जीरिया /aljīriyā アルジーリヤー/ [cf. Eng.n. *Algeria*] *m.* 〖国名〗アルジェリア(民主人民共和国)《首都はアルジェ (अल्जीयर्स)》.

अल्टीमेटम /alṭīmeṭam̦ アルティーメータム/ [←Eng.n. *ultimatum*] *m.* 最後通牒[通告].

अल्प /alp̦ アルプ/ [←Skt. *अल्प-* 'small, minute, trifling, little'] *adj.* **1** 小さな;短い. **2** 少数の;微量の, わずかな.

❐～ मात्रा 少量. ❐～ वेतन 薄給. ❐मेरी ～ बुद्धि में तो इस समय कठोरता का व्यवहार करना अनुचित है। 私めのとぼしい知恵では今厳しい態度で臨むのはいかがかと思います.

अल्पकाय /alpakāya アルプカーエ/ [neo.Skt. अल्प-काय- 'small'] *adj.* 小柄な.

अल्पकाल /alpakāla アルプカール/ [neo.Skt.m. अल्प-काल- 'short-term'] *m.* わずかな間, 短期間. ❐पाँच वर्षों के ～ में 5 年の短期間で.

अल्पकालिक /alpakālika アルプカーリク/ [neo.Skt. अल्प-कालिक- 'short-lived, temporary'] *adj.* 短期の;短命の;一時的な. (⇔दीर्घकालिक) ❐～ अवधि के लिए 短期間の間.

अल्पकालीन /alpakālīna アルプカーリーン/ [neo.Skt. अल्प-कालीन- 'short-lived, temporary'] *adj.* ☞अल्पकालिक

अल्पज्ञ /alpajña アルプギエ/ [←Skt. अल्प-ज्ञ- 'knowing little, ignorant'] *adj.* ものを知らない, 無知の.

अल्पज्ञता /alpajñatā アルプギエター/ [?←Skt.f. अल्प-ज्ञ-ता- 'the state of knowing little, being ignorant'] *f.* ものを知らないこと, 無知であること. ❐मैं भौतिक-विज्ञान में अपनी ～ स्वीकार करता हूँ। 私は物理学において自分が無知であることを認めます.

अल्पप्राण /alpaprāṇa アルププラーン/ [←Skt.m. अल्प-प्राण- 'slight breathing or weak aspiration'] *m.* 〖言語〗無気音. (⇔महाप्राण) ❐～ व्यंजन 無気子音.

अल्पभाषी /alpabʰāṣī アルプバーシー/ [←Skt. अल्प-भाषिन्- 'speaking little, taciturn'] *adj.* 口数の少ない(人), 無口な, 寡黙(かもく)な. ❐वह यों बहुत ही ～, कुछ रूखा आदमी था। 彼は普通はとても口数の少ない, やや粗野な男だった.

अल्पमत /alpamata アルプマト/ [neo.Skt.n. अल्प-मत- 'minority'] *m.* 少数意見;少数派. (⇔बहुमत)

अल्पवयस्क /alpavayaska アルプワヤスク/ [←Skt. अल्प-वयस्क- 'of young years, minor'] *adj.* 年少の;未成年の. (⇒अवयस्क)(⇔वयस्क)

अल्पविराम /alpavirāma アルプヴィラーム/ [neo.Skt.m. अल्प-विराम- 'comma'] *m.* コンマ.

अल्पसंख्यक /alpasaṃkʰyaka アルプサンキャク/ [neo.Skt. अल्प-संख्यक- 'small in numbers, or population; forming a minority'] *adj.* **1** 少数の;人口の少ない;少数民族の. **2** 少数派の. (⇔बहुसंख्यक)

अल्पसंख्या /alpasaṃkʰyā アルプサンキャー/ [neo.Skt.f. अल्प-संख्या- 'minority'] *f.* 少数. (⇔बहुसंख्या)

अल्पायु /alpāyu アルパーユ/ [←Skt. अल्प-आयुस्- 'shortlived'] *adj.* **1** 年若い, 若年の. **2** 短命の, 若死にの. (⇔दीर्घायु)

— *f.* **1** 若年. ❐उसने ～ में साहित्य की अच्छी जानकारी प्राप्त कर ली। 彼は若くして文学の豊富な知識を身につけた. **2** 短命, 若死に. (⇔दीर्घायु) ❐३४ साल की ～ में उनका निधन हो गया। 34 歳の若さで彼は亡くなった. ❐दो बच्चे ～ में चल बसे। 二人の子どもは幼くして亡くなった.

अल्पाहार /alpāhāra アルパーハール/ [←Skt. अल्प-आहार- 'taking little food, moderate, abstinent'] *m.* **1** 節食. **2** 軽食.

अल्पाहारी /alpāhārī アルパーハーリー/ [←Skt. अल्प-आहारिन्- 'taking little food, moderate, abstinent'] *adj.* 節食をする(人).

अल्बानिया /albāniyā アルバーニヤー/ ▸अल्बेनिया [cf. Eng.n. *Albania*] *m.* 〖国名〗アルバニア(共和国)《首都はティラナ (तिराना)》.

अल्बेनिया /albeniyā アルベーニヤー/ ▸अल्बानिया *m.* ☞अल्बानिया

अल्मोड़ा /almoṛā アルモーラー/ [cf. Eng.n. *Almora*] *m.* 〖地名〗アルモーラー《ウッタラーカンド州 (उत्तराखंड) の都市》.

अल्युमीनियम /alyumīniyama アルユミーニヤム/ ▸अलमूनियम, अलूमनियम *m.* ☞अलमूनियम

अल्लाना /allānā アッラーナー/ [cf. चिल्लाना] *vi.* (*perf.* अल्लाया /allāyā アッラーヤー/) 大声で叫ぶ, どなる. (⇒चिल्लाना)

अल्लाह /allāha アッラーハ/ [←Pers.n. الله 'God' ←Arab.] *m.* 〖イスラム教〗アッラー(の神). (⇒खुदा)

अल्सर /alsara アルサル/ [←Eng.n. *ulcer*] *m.* 〖医学〗潰瘍. (⇒व्रण) ❐आमाशय ～ 胃潰瘍.

अल्हड़ /alhaṛa アルハル/ [<OIA. **allaḍa*- 'childish': T.00724; cf. OIA. *āhlādayati* 'refreshes, gladdens': T.01549] *adj.* **1** 子どもっぽい;幼稚な, 子どもじみた. ❐अल्हड़-सी पत्नी 幼な妻. **2** のんきな;無頓着な.

अवकलन /avakalana アオカラン/ [neo.Skt.n. अव-कलन- 'differential calculus'] *m.* 微分(法). (⇔समाकलन)

अवकाश /avakāśa アオカーシュ/ [←Skt.m. अव-काश- 'place, space; room, occasion, opportunity'] *m.* **1** 休暇, 休み. (⇒छुट्टी) ❐प्रसूति ～ 出産休暇. **2** 引退, 退職, 退役. (⇒छुट्टी) **3** 余暇, 暇, 自由時間. (⇒फ़ुरसत) ❐मुझे ～ नहीं मिल रहा है। 私は暇がとれない.

अवकाश-ग्रहण /avakāśa-grahaṇa アオカーシュ・グラハン/ [neo.Skt.n. अवकाश-ग्रहण- 'retirement'] *m.* 定年退職;退役.

अवकाश-प्राप्त /avakāśa-prāpta アオカーシュ・プラープト/ [neo.Skt. अवकाश-प्राप्त- 'retired'] *adj.* 定年退職した;退役した. ❐किसी सरकारी सेवा से ～ व्यक्ति どこかの役所勤めを定年退職した人. ❐सेना से ～ एक हवलदार-मेजर 軍隊を退役した一人の陸軍曹長.

अवगत /avagata アオガト/ [←Skt. अव-गत- 'conceived, known, learnt, understood, comprehended'] *adj.* 知らされた;理解された. ❐(को) (से) ～ कराना (人に)(…を)知らせる.

अवगाहन /avagāhana アオガーハン/ [←Skt.n. अव-गाहन- 'immersion, bathing'] *m.* **1** 沐浴. **2** 深く掘り下げて研究すること, 考究. ❐(का) ～ करना (…を)考究する.

अवगुण /avaguṇa アオグン/ [←Skt. अव-गुण- 'deficient

in good qualities'] *m.* **1** 欠点；欠陥．(⇔गुण) ❐प्रेम अवगुणों को गुण बनाता है, असुंदर को सुंदर। 愛は欠点を美点にしてしまう，そして醜いものを美しいものに． **2** 悪．

अवचेतन /ava̸cetana̸ アオチェータン/ [neo.Skt. *अव-चेतन-* 'subconscious'] *adj.* 〖医学〗潜在意識の．(⇒उपचेतन)

अवचेतना /ava̸cetanā アオチェートナー/ [neo.Skt.f. *अव-चेतना-* 'subconsciousness'] *f.* 〖医学〗潜在意識．(⇒उपचेतना)

अवज्ञा /avajñā アワギャー/ [←Skt.f. *अव-ज्ञा-* 'contempt, disesteem, disrespect'] *f.* (命令や忠告などの)無視，軽視；あなどり． ❐(की) ～ करना (…を)無視する，おろそかにする．

अवतरण /ava̸taraṇa̸ アオタラン/ [←Skt.n. *अव-तरण-* 'descending, alighting'] *m.* **1** 降下；(化身の)降臨． **2** 着陸，着地． **3** 引用，抜粋．(⇒उद्धरण)

अवतरण-चिह्न /ava̸taraṇa̸-cihna̸ アオタラン・チフン/ [neo.Skt.n. *अवतरण-चिह्न-* 'quotation marks'] *m.* 引用符．(⇒उद्धरण-चिह्न)

अवतल /avatala̸ アワタル/ [neo.Skt. *अव-तल-* 'concave'] *adj.* 凹面の．(⇔उत्तल) ❐～ दर्पण 凹面鏡． ❐～ लेंस 凹レンズ．

अवतार /ava̸tāra̸ アオタール/ [←Skt.m. *अव-तार-* 'appearance of any deity upon earth'] *m.* **1** 〖ヒンドゥー教〗(神の)化身，権化；生まれ変わり，転生(てんしょう)． ❐अगर मैं सौ बार ～ लूँ, तो भी इसका बदला नहीं चुका सकता। もし私が100回生まれ変わっても，それでもこれに報いることはできない． **2**〔皮肉〕権化，生まれ変わり；(政治家など)著名な人物；信仰心の篤い人物．

अवतारणा /ava̸tāra̸ṇā アオタールナー/ [cf. Skt.n. *अव-तारण-* 'causing to descend'] *f.* 現出させること；化身として降臨させること． ❐(की) ～ करना (…を)現出させる．

अवध /avadʰa̸ アワド/ [<Skt.f. *अयोध्या-* 'Ayodhya, the capital of *Rāma*'] *m.* 〖地名〗アワド(地方)《『ラーマーヤナ (रामायण)』で有名な古都アヨーディヤー (अयोध्या) のかつての所在地を含む地域；現在のウッタルプラデーシュ州 (उत्तरप्रदेश) の州都ラクナウー (लखनऊ) を含む》．

अवधि /ava̸dʰi アオディ/ [←Skt.m. *अव-धिष्-* 'a term, limit'] *f.* **1** 期間；持続時間． ❐इस ～ में この期間中． ❐(की) ～ बढ़ाना [घटाना] (…の)期間を延ばす[短くする]． ❐सबसे कम ～ वाली सरकार 最も短命な政府． **2** 期限． ❐(की) ～ बदना [देना] (…の)期限を定める．

अवधूत /ava̸dʰūta̸ アオドゥート/ [←Skt. *अव-धूत-* 'shaken off (as evil spirits)'] *m.* 〖ヒンドゥー教〗(俗世間から離れた)苦行者．

अवध्य /avadʰya̸ アワディエ/ [←Skt. *अ-वध्य-* 'not to be killed, inviolable'] *adj.* 殺すべきではない；殺すことができない．

अवन /avana̸ アワン/ [←Eng.n. *oven*] *m.* オーブン． ❐～ में खाना गरम करना オーブンで食事を温める．

अवनत /ava̸nata̸ アオナト/ [←Skt. *अव-नत-* 'bowed, bent down'] *adj.* 下降した；衰退した；凋落した．

अवनति /ava̸nati アオナティ/ [←Skt.f. *अव-नति-* 'setting (of luminaries); bowing down, stooping'] *f.* 下降；衰退；凋落．

अवनि /ava̸ni アオニ/ [←Skt.f. *अवनि-* 'course, bed of a river; the earth'; cf. Skt.f. *अवनी-*] *f.* 大地；地面．

अवनी /ava̸ni アオニ/ [←Skt.f. *अवनी-* 'the earth'; cf. Skt.f. *अवनि-*] *f.* 大地；地面．

अवमान /ava̸māna̸ アオマーン/ [←Skt.m. *अव-मान-* 'disrespect, contempt'] *m.* 軽視，見くびること；侮辱．(⇒अवमानन, अवमानना)

अवमानन /ava̸mānana̸ アオマーナン/ [←Skt.n. *अव-मानन-* 'disrespect, contempt'] *m.* ☞अवमान

अवमानना /ava̸māna̸nā アオマーンナー/ [←Skt.f. *अव-मानना-* 'disrespect, contempt'] *f.* ☞अवमान

अवमूल्यन /ava̸mūlyana̸ アオムールヤン/ [neo.Skt.n. *अव-मूल्यन-* 'devaluation'] *m.* 〖経済〗デバリュエーション，平価切下げ．

अवयव /ava̸yava̸ アオヤオ/ [←Skt.m. *अव-यव-* 'a limb, member, part, portion'] *m.* **1** 身体部分；身体器官．(⇒अंग) **2** 構成要素；構成部分．

अवयस्क /ava̸yaska̸ アオヤスク/ [neo.Skt. *अ-वयस्क-* 'under-age, minor'] *adj.* 未成年の(人間)．(⇒नाबालिग़)(⇔वयस्क, बालिग़)

अवर /avara̸ アワル/ [←Skt. *अवर-* 'younger'] *adj.* 後進の，下位の，下級の．(⇒जूनियर, कनिष्ठ)(⇔वरिष्ठ, सीनियर)

अवरक्त /ava̸rakta̸ アオラクト/ [neo.Skt. *अव-रक्त-* 'infrared'] *adj.* 〖物理〗(スペクトルの)赤外の；赤外線の．(⇔पराबैंगनी) ❐～ किरण 紫外線．

अवर-सचिव /avara̸-saciva̸ アワル・サチヴ/ [neo.Skt.m. *अवर-सचिव-* 'undersecretary'] *m.* (省の)次官．(⇒अंडरसेक्रेटरी)

अवरुद्ध /ava̸ruddʰa̸ アオルッド/ [←Skt. *अव-रुद्ध-* 'hindered, checked, stopped, kept back'] *adj.* **1** 閉塞した；抑圧された． **2** ふさがって；(喉などが)詰まって． ❐～ कंठ से कहना 声を詰まらせて言う．

अवरोध /ava̸rodʰa̸ アオロード/ [←Skt.m. *अव-रोध-* 'hindrance, obstruction, injury, harm'] *m.* 障害；支障；(道路の)封鎖．

अवरोधक /ava̸rodʰaka̸ アオローダク/ [←Skt. *अव-रोधक-* 'hindering'] *adj.* 妨げる，邪魔をする．

अवरोधन /ava̸rodʰana̸ アオローダン/ [←Skt.n. *अव-रोधन-* ' siege, blockade'] *m.* 妨げること，邪魔をすること．

अवरोह /ava̸roha̸ アオローフ/ [←Skt.m. *अव-रोह-* 'descent; descending from a higher tone to a lower one'] *m.* **1** 降下；下降；下ること；(興奮などが)沈静化すること．(⇔आरोह) **2** 〖音楽〗アヴァローハ《高い音階から低い音階に下降すること》．(⇔आरोह)

अवरोहण /ava̸rohaṇa̸ アオローハン/ [←Skt.n. *अव-रोहण-* 'descending'] *m.* 下降，降下；下落，落下；低下．(⇒

उतार)(⇔आरोहण)

अवरोही /avarohī アオローヒー/ [←Skt. *अव-रोहिन्-* 'descending'] *adj.* 下降する. (⇔आरोही) ❐～ क्रम (小さいものから大きいものへ並べる)降順.

अवर्णनीय /avarṇanīya アワルナニーエ/ [←Skt. *अ-वर्णनीय-* 'indescribable, inexpressible'] *adj.* 言いあらわせない(ほどすばらしい);筆舌に尽くしがたい. (⇒अवर्ण्य)

अवर्ण्य /avarṇya アワルニエ/ [←Skt. *अ-वर्ण्य-* 'indescribable, inexpressible'] *adj.* ☞अवर्णनीय

अवलंब /avalaṃba アオランブ/ [←Skt.m. *अव-लम्ब-* 'hanging on or from; hanging on or from'] *m.* 支え;頼り;依存;寄る辺. ❐जीवन का ～ 生きる支え.

अवलंबन /avalaṃbana アオランバン/ [←Skt.n. *अव-लम्बन-* 'a prop; help; having recourse to; walking-stick'] *m.* 支えること;助け;杖. ❐(का) ～ करना (…に)帰依する.

अवलंबित /avalaṃbita アオランビト/ [←Skt. *अव-लम्बित-* 'hanging down, hanging on; depending upon'] *adj.* 依存している. ❐सारी अभिलाषाएँ भविष्य पर ～ थीं। すべての願いは未来にかかっていた.

अवलि /avali アオリ/ ▸अवली *f.* ☞अवली

अवली /avalī アオリー/ [<Skt.f. *आवलिस्-* 'a row, range; a continuous line; a series; dynasty, lineage'] *f.* 列状にならんだもの. ❐दीपों की ～ 灯火の列.

अवलेह /avaleha アオレーヘ/ [←Skt.m. *अव-लेह-* 'licking, lapping; an extract, electuary'] *m.* 〖医学〗舐め薬《本来は蜜やゼリー状の甘味食品》.

अवलोकन /avalokana アオローカン/ [←Skt.n. *अव-लोकन-* 'seeing, beholding, viewing, observing'] *m.* 観察. ❐इस ग्रंथ की अपेक्षा प्रकृति-ग्रंथ का ～ अधिक चित्ताकर्षक था। (手にしている)この書物よりも大自然の書物を読むことのほうがはるかに魅力的だった. ❐(का) ～ करना (…を)観察する.

अवलोकनीय /avalokanīya アオロークニーエ/ [←Skt. *अव-लोकनीय-* 'worthy to be looked'] *adj.* 見るに値する.

अवश /avaśa アワシュ/ [←Skt. *अ-वश-* 'unsubmissive to another's will, independent, unrestrained, free'] *adj.* 思い通りにならない, 無力な;ふがいない. ❐थोड़ी देर तक मैं ～ लेटा रहा। しばらくのあいだ私は力の抜けたように横たわったままだった.

अवशिष्ट /avaśiṣṭa アオシシュト/ [←Skt. *अव-शिष्ट-* 'left, remaining'] *adj.* 残された;残余の.

अवशेष /avaśeṣa アオシェーシュ/ [←Skt.n. *अव-शेष-* 'leavings, remainder'] *m.* **1** 残りもの;残余;残骸. ❐वन अधिकारियों ने अवैध शिकारियों द्वारा नाख़ूनों के लिए मार डाले गए दो शेरों के ～ बरामद किए। 森林監督官は不法狩猟者によって爪採取のために殺された2頭の虎の残骸を発見した. **2** 〖歴史〗遺物, 遺跡.

अवश्यंभावी /avaśyaṃbʰāvī アワシャンバーヴィー/ [←Skt. *अ-वश्यम्-भाविन्-* 'necessarily being'] *adj.* 起こるべき, 不可避の, 必然的な. ❐यह युद्ध ～ था। この戦争は起こるべくして起きた.

अवश्य /avaśya アワシエ/ [←Skt.ind. *अ-वश्य* 'necessarily, inevitably, certainly, at all events, by all means'] *adv.* **1** 必ず, きっと. (⇒ज़रूर) **2** もちろん, 当然. (⇒ज़रूर)

अवश्यमेव /avaśyameva アワシャメーオ/ [←Skt.ind. *अवश्यम्-एव* 'most surely'] *adv.* 必ずや, きっと.

अवसन्न /avasanna アオサンヌ/ [←Skt. *अव-सन्न-* 'down, pressed down (as by a burden); languid, dispirited, distressed, unhappy'] *adj.* 気力が失せた;気が滅入った;苦悩した.

अवसर /avasara アオサル/ [←Skt.m. *अव-सर-* 'occasion, moment, favourable opportunity'] *m.* 機会;チャンス, 好機. (⇒चांस, मौक़ा) ❐(के) ～ पर (…の)機会に.

अवसरवाद /avasaravāda アオサルワード/ [neo.Skt.m. *अवसर-वाद-* 'opportunism'] *m.* 日和見主義. (⇒अवसरवादिता)

अवसरवादिता /avasaravāditā アオサルワーディター/ [neo.Skt.f. *अवसर-वादि-ता-* 'opportunism'] *f.* 日和見主義. (⇒अवसरवाद)

अवसरवादी /avasaravādī アオサルワーディー/ [neo.Skt. *अवसर-वादिन्-* 'opportunist'] *adj.* 日和見主義の.

अवसाद /avasāda アオサード/ [←Skt.m. *अव-साद-* 'sinking (as of a chair); failing exhaustion, fatigue, lassitude'] *m.* **1** 倦怠(感);だるさ;疲労;徒労感. ❐शराब में दैहिक थकान और मानसिक ～ को डुबाना 酒に肉体の疲労と心の倦怠とを沈める. **2** 沈殿物;おり. ❐～ स्तर 堆積層.

अवसान /avasāna アオサーン/ [←Skt.n. *अव-सान-* 'where the horses are unharnessed, stopping, resting-place, residence; conclusion, termination, cessation'] *m.* 終焉;滅亡;死. ❐एक युग का ～ 一つの時代の終焉.

अवस्था /avastʰā アオスター/ [←Skt.f. *अव-स्था-* 'state; position; period (of life)'] *f.* **1** 状態;状況. ❐घर की ～ दिन-दिन बिगड़ने लगी। 家の状況は日に日に悪化しはじめた. **2** (発達の)段階, …期;年齢. (⇒आयु, उम्र) ❐पाँच साल की ～ में 5 歳の時. ❐अब मेरी ～ ढल गई। もはや私の人生の盛りは過ぎ衰えてしまいました.

अवस्थित /avastʰita アオスティト/ [←Skt. *अव-स्थित-* 'standing near'] *adj.* 位置する. (⇒स्थित) ❐गंगा नदी के तट पर ～ शहर ガンジス川の岸辺に位置する町.

अवस्थिति /avastʰiti アオスティティ/ [←Skt.f. *अव-स्थिति-* 'residence'] *f.* 位置.

अवहेलना /avahelanā アオヘールナー/ [←Skt.f. *अव-हेलना-* 'disrespect'] *f.* **1** 気にかけないこと, 無視. (⇒उपेक्षा) ❐～ की दशा से निकलकर उसने भय के क्षेत्र में प्रवेश किया। 無視できる状態を通り越してそれは恐怖の領域に入った. ❐वे साम्यवाद के सिद्धांतों के क़ायल थे, लेकिन शायद धन की ～ न कर सक्ते थे। 彼は共産主義の原理原則の信者であった, しかし恐らく金銭に無関心ではいられなかった. **2** かろん

じること, 軽視;みさげること, 蔑視. ❐(की) ～ करना(…を)さげすむ. ❐(की) ～ सहना(人の)蔑視に耐える. ❐संकुचित हिंदू-समाज तुम्हें ～ की दृष्टि से देख रहा है। 偏狭なヒンドゥー社会はお前を嘲(あざけ)りの目で見ている.

अवांछनीय /avāṃcʰanīya アワーンチニーエ/ [←Skt. अ-वाञ्छनीय- 'undesirable'] *adj.* 望ましくない, 好ましくない.

अवांछित /avāṃcʰita アワーンチト/ [←Skt. अ-वाञ्छित- 'turned downwards (as the face)'] *adj.* 望まれていない. (⇒अनचाहा)

अवांतर /avāṃtara アワーンタル/ [←Skt. अव-अन्तर- 'intermediate; respectively different'] *adj.* **1** 中間の. **2** 二次的な;派生的な. ❐～ भेद 派生的な区分.

अवाक् /avāk アワーク/ [←Skt. अ-वाच्- 'speechless'] *adj.* (あきれて)言葉を失った;唖然とした. ❐～ रह जाना 唖然とする.

अवारुआ /avāruā アワールアー/ [cf. Eng.n. *Avarua*] *m.* 〖地名〗アバルア《クック諸島 (कुक द्वीपसमूह) の首都》.

अविकल /avikala アヴィカル/ [←Skt. अ-विकल- 'unimpaired, entire; regular, orderly'] *adj.* **1** そのままの;損なわれていない. ❐～ अनुवाद 簡略されていない翻訳. **2** 平静な;沈着な. (⇔विकल)

अविकारी /avikārī アヴィカーリー/ [←Skt. अ-विकारिन्- 'unchangeable, invariable'] *adj.* **1** 変化しない. (⇔विकारी) **2** 〖言語〗活用変化しない(語形). (⇔विकारी) ❐～ कारक 直格《ヒンディー語では後置詞格に対する主格に相当》.
— *m.* 〖言語〗(副詞や後置詞などの)不変化詞.

अविकृत /avikṛta アヴィクリト/ [←Skt. अ-विकृत- 'unchanged'] *adj.* **1** 変化していない;手が加わっていない. **2** 〖言語〗活用変化していない(語形)《ヒンディー語の男性名詞(単数)を例にとると, लड़का「少年」は活用変化する前の形(主格), लड़के は活用変化した形(後置格);主格, 後置格はそれぞれ直格, 斜格とも呼ぶ》. (⇔विकृत) ❐～ रूप 活用変化していない語形.

अविचल /avicala アヴィチャル/ [←Skt. अ-विचल- 'immovable, steady, firm'] *adj.* 不動の;動じない;揺るぎのない. ❐～ भाव से कहना 動じない様子で言う.

अविचार /avicāra アヴィチャール/ [←Skt.m. अ-विचार- 'want of discrimination, error, folly'] *m.* 思慮がないこと.

अविच्छिन्न /aviccʰinna アヴィッチンヌ/ [←Skt. अ-विच्छिन्न- 'uninterrupted, continual'] *adj.* 切り離されていない;間断ない. ❐～ परंपरा 切れ目なく続いている伝統.

अविदित /avidita アヴィディト/ [←Skt. अ-विदित- 'unknown'] *adj.* 知られていない;未知の.

अविद्यमान /avidyamāna アヴィディャマーン/ [←Skt. अ-विद्यमान- 'not present or existent, absent'] *adj.* 存在しない.

अविद्या /avidyā アヴィディャー/ [←Skt.f. अ-विद्या- 'ignorance, spiritual ignorance'] *f.* 無知.

अविनय /avinaya アヴィナエ/ [←Skt.m. अ-विनय- 'want of good manners or modesty, bad or rude behaviour'] *m.* 無礼;非礼. (⇒गुस्ताख़ी, बदतमीज़ी) ❐मुझसे जो कुछ ～ हुआ है उसे क्षमा कीजिए। 私が犯したいかなる無礼もお許しください.

अविनाशी /avināśī アヴィナーシー/ [←Skt. अ-विनाशिन्- 'imperishable'] *adj.* 不滅の.

अविनीत /avinīta アヴィニート/ [←Skt. अ-विनीत- 'badly trained or brought up, illmannered, misbehaving'] *adj.* 無作法な;慎みのない.

अविभक्त /avibʰakta アヴィバクト/ [←Skt. अ-विभक्त- 'undivided'] *adj.* 切り離されていない;一体となっている. ❐～ परिवार ジョイントファミリー《兄弟または姉妹がそれぞれの配偶者をもちながら親と同居している家族形態》.

अविभाज्य /avibʰājya アヴィバージエ/ [←Skt. अ-विभाज्य- 'indivisibil'] *adj.* 分割できない, 切り離せない. (⇔विभाज्य) ❐नदियाँ केवल पानी का प्रवाह नहीं, अपितु जीवन का ～ अंग है। 河川は単に水の流れというだけではなく, 生命と切り離せない部分である.

अविरत /avirata アヴィラト/ [←Skt. अ-विरत- 'not desisting from; uninterrupted'] *adj.* 絶えることない.
— *adv.* 絶えることなく.

अविरल /avirala アヴィラル/ [←Skt. अ-विरल- 'contiguous, close, dense, compact'] *adj.* **1** 絶え間ない, 尽きることのない. ❐सहपाठियों के लिए कालेज की पुरानी स्मृतियाँ मनोजंजन और हास्य का ～ स्रोत हुआ करती हैं। 同窓生にとって大学時代の古い思い出は楽しみと笑いの尽きることのない源になるものである. **2** 濃密な;凝縮した.

अविराम /avirāma アヴィラーム/ [←Skt. अ-विराम- 'uninterrupted'] *adj.* 絶え間ない.
— *adv.* 絶え間なく.

अविलंब /avilaṃba アヴィランブ/ [←Skt.m. अ-विलम्ब- 'non-delay, following immediately'] *adj.* 遅くれることのない;迅速な. ❐～ निश्चय 迅速な決定.

अविवाहित /avivāhita アヴィワーヒト/ [←Skt. अ-विवाहित- 'unmarried'] *adj.* 未婚の, 独身の. (⇒अनब्याहा)(⇔विवाहित, शादीशुदा) ❐～ जीवन 独身生活.

अविवेक /aviveka アヴィヴェーク/ [←Skt.m. अ-विवेक- 'absence of judgment or discrimination'] *m.* 無分別, 思慮のなさ.

अविवेकी /avivekī アヴィヴェーキー/ [←Skt. अ-विवेकिन्- 'undiscriminating, ignorant'] *adj.* 無分別な, 思慮のない.

अविश्रांत /aviśrāṃta アヴィシュラーント/ [←Skt. अ-विश्रान्त- 'unwearied; incessant'] *adj.* 疲れ知らずの, 休まない;止まることを知らない. ❐～ रूप से 休むことなく.

अविश्वसनीय /aviśvasanīya アヴィシュワスニーエ/ [←Skt. अ-विश्वसनीय- 'not to be trusted'] *adj.* 信じられない;信頼できない. (⇔विश्वसनीय)

अविश्वास /aviśvāsa アヴィシュワース/ [←Skt.m. *अ-विश्वास-* 'mistrust, suspicion'] *m.* 不信;疑惑;不信任. ❐(पर) ～ करना (…を)信じない, 信頼しない. ❐～ प्रस्ताव 不信任動議, 不信任案. ❐～ मत 不信任票.

अविश्वास-प्रस्ताव /aviśvāsa-prastāva アヴィシュワース・プラスターオ/ [neo.Skt.m. *अ-विश्वास-प्रस्ताव-* 'motion of no confidence'] *m.* 不信任決議, 不信任動議. (⇒निंदा-प्रस्ताव)(⇔विश्वास-प्रस्ताव)

अविस्मरणीय /avismaraṇīya アヴィスマラニーエ/ [?neo.Skt. *अ-विस्मरणीय-* 'unforgettable, memorable'] *adj.* 忘れられない, 記憶すべき. (⇒स्मरणीय) ❐रास्ते की एक घटना ～ है। 道中のある出来事は忘れられない.

अवेक्षण /avekṣaṇa アヴェークシャン/ [←Skt.n. *अव-ईक्षण-* 'the act of considering, attention, observation'] *m.* 観察;観測.

अवेर /avera アヴェール/ ▸अबेर *f.* ☞अबेर

अवैज्ञानिक /avaijñānika アワェーギャーニク/ [?neo.Skt. *अ-वैज्ञानिक-* 'unscientific'] *adj.* 非科学的な. (⇔वैज्ञानिक)

अवैतनिक /avaitanika アワェートニク/ [neo.Skt. *अ-वैतनिक-* 'unpaid; honorary'] *adj.* **1** 無給の. (⇔वैतनिक) ❐～ छुट्टी 無給の休暇[休職]. **2** 名誉職の. (⇒आनरेरी) ❐～ पद 名誉職.

अवैध /avaid^{h}a アワェード/ [←Skt. *अ-वैध-* 'not conformable to rule'] *adj.* 〖法律〗非合法な;(法的に)無効な. (⇒ग़ैरक़ानूनी)(⇔वैध) ❐～ आप्रवासी 不法移民. ❐～ मत 無効票. ❐～ शराब 密造酒.

अवैधानिक /avaid^{h}ānika アワェーダーニク/ [neo.Skt. *अ-वैधानिक-* 'unconstitutional'] *adj.* 〖法律〗法律に反する, 違法の. (⇔वैधानिक) ❐(को) ～ क़रार देना (…を)違法と判定する.

अव्यक्त /avyakta アヴィャクト/ [←Skt. *अ-व्यक्त-* 'undeveloped, not manifest, unapparent, indistinct, invisible, imperceptible'] *adj.* **1** 表現されない;表に出ない;はっきりしない. (⇔व्यक्त) ❐इस ～ असंतोष की काली छाया मेरी बहन के वैवाहिक जीवन पर बराबर बनी रही। この表に出ない不満の黒い影が私の姉の結婚生活に常につきまとっていた. **2** 感知できない, 目に見えない;潜んだ. (⇔व्यक्त)

अव्यय /avyaya アヴィャエ/ [←Skt. *अ-व्यय-* 'not liable to change, imperishable, undecaying'] *m.* 〖言語〗不変化辞《活用変化や格変化をしない語;ヒンディー語では副詞や का 以外の後置詞などが分類される》.

अव्ययीभाव /avyayīb^{h}āva アヴィャイーバーオ/ [←Skt.m. *अव्ययी-भाव-* 'an indeclinable compound'] *m.* 〖言語〗不変化合成語, 不変化複合語《サンスクリットの合成語 (समास) の一分類》.

अव्यर्थ /avyart^{h}a アヴィャルト/ [←Skt. *अ-व्यर्थ-* 'not useless, profitable, fruitful'] *adj.* 無駄にならない;しくじらない. (⇔व्यर्थ)

अव्यवसायी /avyavasāyī アヴィャオサーイー/ [←Skt. *अ-व्यवसायिन्-* 'inactive, negligent, remiss'] *adj.* 非営利の;アマチュアの, しろうとの. (⇒शौक़िया)

अव्यवस्था /avyavast^{h}ā アヴィャワスター/ [←Skt.f. *अ-व्यवस्था-* 'irregularity'] *f.* 無秩序;混乱状態;乱雑な状態.

अव्यवस्थित /avyavast^{h}ita アヴィャワスティト/ [←Skt. *अ-व्यवस्थित-* 'not conformable to law or Practice; not in due order, unmethodical'] *adj.* **1** 無秩序な, 混乱した;散乱した;乱雑な. (⇔व्यवस्थित) **2** (心が)落ち着かない;(心が)ちぢに乱れて. ❐वह ～ चित्त-सा कमरे में टहलने लगा। 彼は落ち着かない心の様子で部屋の中を行ったり来たりし始めた.

अव्यवहार्य /avyavahārya アヴィャオハールエ/ [←Skt. *अ-व्यवहार्य-* 'not to be practised'] *adj.* 実行[使用]不可能な;実行[使用]すべきでない.

अव्वल /avvala アッワル/ [←Pers. اول 'first, prior, foremost' ←Arab.] *adj.* 一番の;最高の. ❐～ आना 一番になる. ❐～ दर्जे का 最高級の;ファーストクラスの.

अशक्त /aśakta アシャクト/ [←Skt. *अ-शक्त-* 'unable, incompetent'] *adj.* 無力な;非力な. (⇔सशक्त)

अशक्य /aśakya アシャキエ/ [←Skt. *अ-शक्य-* 'impossible, impractible'] *adj.* 実行不可能な;実際的でない.

अशरीरी /aśarīrī アシャリーリー/ [←Skt. *अ-शरीरिन्-* 'incorporeal'] *adj.* 肉体をもたない;目に見えない.

अशर्फ़ी /aśarfī アシャルフィー/ [←Pers.n. اشرفی 'name of a gold coin, a gold mohar'] *f.* 〖歴史〗(アシャルフィー)金貨.

अशांत /aśāṃta アシャーント/ [←Skt. *अ-शान्त-* 'unappeased, indomitable, violent, wild'] *adj.* **1** (気持ちが)落ち着かない. **2** (事態が)不穏な.

अशांति /aśāṃti アシャーンティ/ [←Skt.f. *अ-शान्ति-* 'restlessness, anxiety'] *f.* **1** (心の)動揺;不安. **2** 社会不安;不穏な状態.

अशिक्षित /aśikṣita アシクシト/ [←Skt. *अ-शिक्षित-* 'not learnt'] *adj.* 教育を受けてない;無学な. (⇒अनपढ़, निरक्षर)

अशिष्ट /aśiṣṭa アシシュト/ [←Skt. *अ-शिष्ट-* 'untrained'] *adj.* **1** 不作法な;失礼な. **2** 洗練されていない;教養がない;野卑な.

अशिष्टता /aśiṣṭatā アシシュトター/ [←Skt.f. *अ-शिष्ट-ता-* 'rudeness'] *f.* **1** 不作法, 野蛮. **2** 教養がないこと.

अशुद्ध /aśudd^{h}a アシュッド/ [←Skt. *अ-शुद्ध-* 'impure'] *adj.* **1** 純粋でない;混じり物のある. (⇔शुद्ध) **2** 正しくない;誤りを含んだ. (⇔शुद्ध) **3** 〖ヒンドゥー教〗けがれている;不浄な. (⇔शुद्ध)

अशुद्धि /aśudd^{h}i アシュッディ/ [←Skt.f. *अ-शुद्धि-* 'cleansing, purification, purity'] *f.* **1** 不純物(が混入した状態). **2** 誤り;誤謬. **3** 〖ヒンドゥー教〗不浄.

अशुभ /aśub^{h}a アシュブ/ [←Skt. *अ-शुभ-* 'not beautiful or agreeable, disagreeable; inauspicious'] *adj.* 不吉な, 縁起の悪い. (⇒अमंगल)(⇔शुभ)

— *m.* 不吉;不幸. (⇒अमंगल) ❐～ की आशंका 不吉なことがおこる恐れ.

अशोक /aśokạ アショーク/ [←Skt. अ-शोक- 'not causing sorrow'] *adj.* 憂いの無い.

— *m.* **1**〖植物〗ムユウジュ(無憂樹)《マメ科の常緑高木;薬用植物》. **2**〖歴史〗アショーカ王《マウリア朝 (मौर्य) 第3代の王》. ❐सम्राट् ～ アショーカ王.

अशोधित /aśodʰitạ アショーディト/ [←Skt. अ-शोधित- 'uncleansed, unclean; uncorrected, unrevised, inaccurate'] *adj.* 清められていない;訂正されていない.

अशोभन /aśobʰanạ アショーバン/ [←Skt. अ-शोभन- 'unseemly'] *adj.* ☞अशोभनीय

अशोभनीय /aśobʰanīyạ アショーブニーエ/ [←Skt. अ-शोभनीय- 'unseemly'] *adj.* 見苦しい;ふさわしくない, 似合わない. (⇒अशोभन)(⇔शोभनीय)

अश्क /aśkạ アシュク/ [←Pers.n. اشك 'a tear'; cog. Skt.m. बाष्प- 'a tear, tears; steam, vapour'] *m.* 涙. (⇒आँसू)

अश्गाबात /aśgābātạ アシュガーバート/ [cf. Eng.n. *Ashgabat*] *m.*〖地名〗アシガバート《トルコメニスタン (तुर्कमेनिस्तान) の首都》.

अश्रु /aśru アシュル/ [←Skt.n. अश्रु- 'a tear'] *m.* 涙. (⇒आँसू)

अश्रु-गैस /aśru-gaisạ アシュル・ガェース/ *f.* 催涙ガス. (⇒आँसू-गैस)

अश्रुत /aśrutạ アシュルト/ [←Skt. अ-श्रुत- 'unheard'] *adj.* 聞いていない;知られていない;未習の.

अश्रुतपूर्व /aśrutạpūrvạ アシュルトプールオ/ [neo.Skt. अ-श्रुत-पूर्व- 'unprecedented'] *adj.* 聞いたこともない, 前代未聞の.

अश्रुपात /aśrupātạ アシュルパート/ [←Skt.m. अश्रु-पात- 'flow of tears'] *m.* 落涙.

अश्लील /aślīlạ アシュリール/ [←Skt. अ-श्लील- 'coarse'] *adj.* わいせつな, 卑わいな, いかがわしい;下品な. ❐～ साहित्य わいせつ文学.

अश्लीलता /aślīlạtā アシュリールター/ [←Skt.f. अ-श्लील-ता- 'rustic language'] *f.* わいせつ, 卑わい.

अश्व /aśvạ アシュオ/ [←Skt.m. अश्व- 'horse'] *m.* 馬. (⇒घोड़ा)

अश्वारोही /aśvārohī アシュワーローヒー/ [←Skt. अश्व-आरोहिन्- 'mounted'] *adj.* 馬にまたがった(人);騎馬の. (⇒घुड़सवार)

अष्ट /aṣṭạ アシュト/ [←Skt. अष्ट- 'eight'] *adj.* 8つの. (⇒आठ)

अष्टकोण /aṣṭakoṇạ アシュタコーン/ [←Skt.m. अष्ट-कोण- 'octagon'] *adj.* 八角形の.

— *m.* 八角形.

अष्टछाप /aṣṭạcʰāpạ アシュトチャープ/ [अष्ट + छाप] *m.*〖文学〗アシュトチャープ《クリシュナ神 (कृष्ण) への熱烈な信愛 (भक्ति) をブラジバーシャー (ब्रजभाषा) で歌い上げた, 16世紀に活躍した代表的詩人8人を指す, 原意は「8つの刻印」》.

अष्टपद /aṣṭạpadạ アシュトパド/ [←Skt. अष्ट-पद- 'having eight *Padas* (as a metre)'] *adj.* 8つのパダ (पद) をもつ(韻律).

अष्टपदी /aṣṭạpadī アシュトパディー/ [अष्टपद + -ई] *f.* 八行詩.

अष्टपाद /aṣṭạpādạ アシュトパード/ [←Skt. अष्ट-पाद- 'having eight legs'] *adj.* 8本の足をもつ.

— *m.*〖生物〗タコ;クモ.

अष्टम /aṣṭamạ アシュタム/ [←Skt. अष्टम- 'the eighth'] *adj.* 8番目の. (⇒आठवाँ) ❐हेनरी ～〖歴史〗ヘンリー8世(イングランド王).

अष्टमी /aṣṭamī アシュタミー/ [←Skt.f. अष्टमी- 'the eighth day in a lunar half month'] *f.*〖暦〗アシュタミー《太陰暦における半月の第8日目》.

अष्टांग /aṣṭāṃgạ アシュターング/ [←Skt. अष्ट-अङ्ग- 'consisting of eight parts or members'] *adj.* (身体の)八部位《うつ伏せになったとき地面に接触する部位;一説によれば, 両手, 胸, 額, 両膝, 両下肢の八部位》. ❐～ नमस्कार 腰を高く上げ身体の八部位を地面につける礼法;この姿勢を模したヨガのポーズの一つ.

असंख्य /asaṃkʰyạ アサンキエ/ [←Skt. अ-संख्य- 'innumerable'] *adj.* 無数の, 数え切れない. (⇒अनगिनत)

असंगत /asaṃgatạ アサンガト/ [←Skt. अ-संगत- 'ununited, unpreferred'] *adj.* 不調和な, そぐわない;的外れの. (⇔संगत) ❐～ शब्द 的外れの言葉.

असंगति /asaṃgati アサンガティ/ [←Skt.f. अ-संगति- 'incongruity, improbability'] *f.* 不調和;的外れ. (⇔संगति)

असंतुलन /asaṃtulanạ アサントゥラン/ [neo.Skt.n. अ-संतुलन- 'imbalance, disequilibrium'] *m.* 不均衡. (⇔संतुलन)

असंतुलित /asaṃtulitạ アサントゥリト/ [neo.Skt. अ-संतुलित- 'unbalanced'] *adj.* 均衡のとれていない, バランスのくずれた. (⇔संतुलित)

असंतुष्ट /asaṃtuṣṭạ アサントゥシュト/ [←Skt. अ-संतुष्ट- 'discontented, displeased'] *adj.* 満足していない, 満ち足りない, 不満(足)な. (⇒अतृप्त)(⇔संतुष्ट) ❐～ तत्व 不満分子.

असंतुष्टि /asaṃtuṣṭi アサントゥシュティ/ [←Skt.f. अ-संतुष्टि- 'displeasure'] *f.* ☞असंतोष

असंतोष /asaṃtoṣạ アサントーシュ/ [←Skt.m. अ-संतोष- 'displeasure'] *m.* 不満(足);不平. (⇒अतृप्ति)(⇔संतोष)

असंदिग्ध /asaṃdigdʰạ アサンディグド/ [←Skt. अ-संदिग्ध- 'not indistinct'] *adj.* 疑う余地のない;明々白々な. (⇔संदिग्ध)

असंबद्ध /asaṃbaddʰạ アサンバッド/ [←Skt. अ-संबद्ध- 'unconnected, separate'] *adj.* 関係のない, 無関係な;関わりのない.

असंभव /asaṃbʰava アサンバオ/ [←Skt. अ-संभव- 'non-happening'] *adj.* 不可能な，ありえない．(⇒नामुमकिन)(⇔संभव)

असंभावना /asaṃbʰāvanā アサンバーオナー/ [←Skt.f. अ-संभावना- 'not regarding possible'] *f.* 不可能．

असंभाव्य /asaṃbʰāvya アサンバーヴィエ/ [←Skt. अ-संभाव्य- 'inconceivable, incomprehensible, impossible'] *adj.* 起こりえない，可能性のない．(⇔संभाव्य)

असंयत /asaṃyata アサンヤト/ [←Skt. अ-संयत- 'unrestrained'] *adj.* 抑制のとれていない；制御できない．(⇔संयत)

असंस्कृत /asaṃskr̥ta アサンスクリト/ [←Skt. अ-संस्कृत- 'unpolished, rude'] *adj.* 洗練されていない；粗野な．(⇔सुसंस्कृत)

असगंध /asagaṃdʰa アスガンド/ [＜Skt.f. अश्व-गन्धा- 'the plant *Physalis flexuosa*': T.00921] *m.* 〘植物〙アスガンド《薬草として用いられる》．

असत् /asat アスト/ [←Skt. अ-सत्- 'not being or existing'] *adj.* 存在しない；偽りの．

असत्य /asatya アサティエ/ [←Skt. अ-सत्य- 'untrue, false, lying'] *adj.* 真実ではない；偽りの．

— *m.* 真実ではないこと；偽りであること．

असफल /asapʰala アサパル/ [←Skt. अ-सफल- 'unsuccessful'] *adj.* 失敗した，不成功に終わる．(⇒नाकामयाब, विफल)(⇔सफल) ❐(में) ～ होना (…に)失敗する．

असफलता /asapʰalatā アサパルター/ [←Skt.f. अ-सफल-ता- 'failure'] *f.* 失敗，不成功．(⇒नाकामयाबी, विफलता)

असबाब /asabāba アスバーブ/ [←Pers.n. اسباب 'causes, motives; utensils; goods; luggage' ←Arab.] *m.* 家財道具；手荷物；道具類《単数扱い》． ❐～ से लदा हुआ ठेला 家財道具で満載の手押し車．

असभ्य /asabʰya アサビエ/ [←Skt. अ-सभ्य- 'unfit for an assembly, vulgar, low'] *adj.* 不作法な；野蛮な；低俗な；未開の，文明化されていない．(⇔सभ्य)

असभ्यता /asabʰyatā アサビエター/ [←Skt.f. अ-सभ्य-ता- 'incivility'] *f.* 不作法；野蛮さ；文明化されていない状態．

असमंजस /asamaṃjasa アサマンジャス/ [←Skt.n. अ-सम्-अञ्जस- 'unconformity, impropriety, unbecomingness'] *m.* ジレンマ，板ばさみ． ❐～ में पड़ना ジレンマに陥る．

असम[1] /asama アサム/ [cf. Eng.n. *Assam*] *m.* アッサム州《州都は中心都市グワーハーティ (गुवाहाटी) の衛星都市ディスプル (दिसपुर)》．

असम[2] /asama アサム/ [←Skt. अ-सम- 'uneven'] *adj.* **1** 共通点のない，(全く)異種の． **2** 等しく[同じで]ない． **3** 平たんでない；むらのある． **4** 〘数学〙奇数の．(⇔सम)

असमत /asamata アスマト/ ▷अस्मत [←Pers.n. عصمة 'guarding, defending; continence, chastity' ←Arab.] *f.* 貞節，純潔；貞操．

असमता /asamatā アサムター/ [←Skt.f. अ-सम-ता- 'being unequalled'] *f.* **1** 共通点がないこと． **2** 等しく[同じで]ないこと． **3** 平たんでないこと，むらがあること．

असमय /asamaya アサマエ/ [←Skt.m. अ-समय- 'unseasonableness'] *adj.* 時期[季節]はずれの；時宜を得ない． ❐～ मृत्यु 不慮の死． ❐उनके सिर पर ～ गंज आ गई थी। 彼の頭は年でもないのに禿げてしまった．

— *m.* ふさわしくない時．

असमर्थ /asamartʰa アサマルト/ [←Skt. अ-समर्थ- 'unable to'] *adj.* **1** 不能な；不可能な． ❐बैंक इतना बड़ा घाटा सहने में ～ था। 銀行はこれほど大きな損失に耐えることはできなかった． **2** 無能な，無能力の；無力な，ふがいない． ❐इस मुसीबत के सामने मैंने अपने को सर्वथा निःशक्त और ～ पाया है। この災難を前にして私は自分が無力で無能であることがわかった． ❐उसकी बुद्धि यह रहस्य समझने में ～ था। 彼の知性ではこの謎を理解することは無理だった． **3** 体がきかない． ❐मैं चलने में ～ हूँ। 私は歩けません．

असमर्थता /asamartʰatā アサマルトター/ [←Skt.f. असमर्थ-ता- 'inability'] *f.* **1** (実行が)不可能であること． ❐अकादमी ने प्रकाशित करने में ～ व्यक्त करके संग्रह लौटा दिया। アカデミーは出版は不可能だとして選集を返却した． **2** 無能なこと，無能力なこと；無力なこと，ふがいないこと． ❐मैं अपनी आर्थिक ～ में उसको अपने पास भी नहीं रख सकता। 私は自分の経済的な無能さで彼女を自分のもとに置くこともかなわない． **3** 体が不自由できかないこと． ❐मुझे शारीरिक ～ का बहाना करना पड़ा। 私は体がきかないという言い訳をせざるをえなかった．

असमान /asamāna アサマーン/ [←Skt. अ-समान- 'uneven'] *adj.* 等しくない，同じでない．

असमानता /asamānatā アサマーンター/ [←Skt.f. असमान-ता- 'inequality'] *f.* 等しくないこと，同じでないこと．

असमारा /asamārā アスマーラー/ [cf. Eng.n. *Asmara*] *m.* 〘地名〙アスマラ《エリトリア(国) (इरित्रिया) の首都》．

असमी /asamī アスミー/ [असम[1] + -ई] *adj.* アッサムの；アッサムの人の；アッサム語の．

— *m.* アッサムの人．

— *f.* アッサム語．

असमीचीन /asamīcīna アサミーチーン/ [←Skt. अ-समीचीन- 'erroneous'] *adj.* 適当でない．

असम्मत /asammata アサムマト/ [←Skt. अ-सम्मत- 'dissentient'] *adj.* 不同意の，不賛成の，不満のある．

असम्मति /asammati アサムマティ/ [←Skt.f. अ-सम्मति- 'disagreement, dissent'] *f.* 不同意，不賛成，不満．

असम्मान /asammāna アサムマーン/ *m.* 非礼．

असर /asara アサル/ [←Pers.n. اثر 'a foot print; result' ←Arab.] *m.* **1** 影響；効果．(⇒प्रभाव) ❐(पर) (का) ～ डालना [करना] (…に対して)(…の)影響を与える，効果を及ぼす． ❐(पर) (का) ～ पड़ना (…に対して)(…の)影

響が及ぶ, 効果が及ぶ. **2** 跡.

असल /asala アサル/ [←Pers.n. اصل 'root; origin' ←Arab.] *adj.* オリジナルの, 純….
— *m.* **1** 実際;現実. ❒~ में 実際[現実]には. **2** 〘経済〙資本. (⇒पूँजी)

असलियत /asaliyata アスリヤト/ [←Pers.n. اصلیت 'originality; genuineness' ←Arab.] *f.* 真実;現実. (⇒यथार्थ, हक़ीक़त)

असली /asalī アスリー/ [←Pers.adj. اصلی 'radical; original'] *adj.* 本当の;本物の;真の;純粋な. (⇒सच्चा)(⇔नक़ली, झूठा)

असवर्ण /asavarṇa アサワルン/ [←Skt. *अ-सवर्ण-* 'of a different caste'] *adj.* 〘ヒンドゥー教〙異なるカーストの. (⇔सवर्ण) ❒~ विवाह 異なる種姓カースト間の結婚.

असहनीय /asahanīya アサヘニーエ/ [←Skt. *अ-सहनीय-* 'unbearable'] *adj.* 耐えられない, 我慢できない. (⇒असह्य)

असहयोग /asahayoga アサハヨーグ/ [neo.Skt.m. *अ-सहयोग-* 'non-cooperation'] *m.* 〘歴史〙非協力. ❒~ आंदोलन 非協力運動.

असहाय /asahāya アサハーエ/ [←Skt. *अ-सहाय-* 'friendless'] *adj.* 孤立無援の;寄る辺のない.

असहिष्णु /asahiṣṇu アサヒシュヌ/ [←Skt. *अ-सहिष्णु-* 'unable to endure; impatient;'] *adj.* 寛容でない;忍耐力のない.

असह्य /asahya アサヒエ/ [←Skt. *अ-सह्य-* 'unbearable'] *adj.* 耐えられない, 我慢できない. (⇒असहनीय)(⇔सह्य) ❒मुझे अब अपना जीवन ~ हो गया है। 私には今や自分の人生が耐えられなくなった.

असांप्रदायिक /asāṃpradāyika アサーンプラダーイク/ [←Skt. *अ-सांप्रदायिक-* ' not traditional, not sanctioned by tradition'] *adj.* 特定の宗教・宗派に偏しない. (⇔सांप्रदायिक)

असाढ़ /asāṛʰa アサール/ [<OIA.m. *āṣāḍhá-* 'the month June-July': T.01473] *m.* 〘暦〙アーシャール月《インド暦の4月;太陰暦の6〜7月》.

असाधारण /asādʰāraṇa アサーダーラン/ [←Skt. *अ-साधारण-* 'not common, special'] *adj.* **1** 普通ではない, 特別な;尋常ではない, 異常な. (⇔साधारण) ❒~ घटना 異常な出来事. **2** 非凡な, 並外れた;顕著な. ❒~ सामार्थ्य 非凡な才能.

असाधु /asādʰu アサードゥ/ [←Skt. *अ-साधु-* 'not good, wicked'] *adj.* **1** 邪悪な;不正な. (⇔साधु) **2** 〘言語〙(語法などが)規範に則っていない;堕落した. (⇔साधु)

असाध्य /asādʰya アサーディエ/ [←Skt. *अ-साध्य-* 'not to be effected or completed, not proper or able to be accomplished'] *adj.* **1** 実現不可能な;手の届かない. **2** 不治の;手の施しようがない. ❒~ रोग 不治の病.

असामयिक /asāmayika アサームイク/ [←Skt. *अ-सामयिक-* 'unseasonable'] *adj.* 時宜を得ない;季節はずれの;時ならぬ;不慮の. ❒~ मृत्यु 不慮の死.

असामान्य /asāmānya アサーマーニエ/ [←Skt. *अ-सामान्य-* 'not common; extraordinary'] *adj.* 普通ではない, 尋常ではない;異常な. (⇔सामान्य)

असामी /asāmī アサーミー/ [←Pers.n. اسامی '(pl. of *ism*) names; people; tenant renter' ←Arab.] *m.* 〘歴史〙小作農.

असार /asāra アサール/ [←Skt. *अ-सार-* 'sapless; without essence'] *adj.* 内容のない;意味のない;空虚な.

असावधान /asāvadʰāna アサーオダーン/ [←Skt. *अ-सावधान-* 'careless'] *adj.* **1** 不注意な, うっかりした, うかつな. (⇒लापरवाह)(⇔सावधान) **2** 無造作な, 無頓着な. (⇒लापरवाह)(⇔सावधान)

असावधानी /asāvadʰānī アサーオダーニー/ [*असावधान* + *-ई*] *f.* **1** 不注意, うっかり, うかつ;怠慢. (⇒लापरवाही)(⇔सावधानी) ❒~ से 不注意で, うっかりと. **2** 無造作, 無頓着. (⇒लापरवाही)(⇔सावधानी) ❒~ से 不注意で.

असि /asi アスィ/ [←Skt.m. *असि-* 'sword'] *f.* 剣, 刀.

असिद्ध /asiddʰa アスィッド/ [←Skt. *अ-सिद्ध-* 'not accomplished; imperfect; unproved'] *f.* 証明されていない.

असिस्टेंट /asisṭeṃṭa アスィステーント/ [←Eng.n. *assistant*] *adj.* 補助の, 補佐の;副…, …補. ❒~ कमिश्नर 警察副本部長. ❒~ प्रोफ़ेसर 助教授, 准教授.
— *m.* アシスタント, 助手. (⇒मददगार, सहायक)

असीम /asīma アスィーム/ [←Skt. *अ-सीमन्-* 'unlimited'] *adj.* 限りない, 終わりのない;飽くことのない. (⇒बेहद)

असीमित /asīmita アスィーミト/ [neo.Skt. *अ-सीमित-* 'unlimited, limitless, boundless'] *adj.* 限りの無い, 限界の無い.

असीस /asīsa アスィース/▸आसीस [<Skt.f. *आशिस्-* 'asking for, prayer, wish; blessing, benediction'] *f.* 〘ヒンドゥー教〙祝福. (⇒आशीर्वाद) ❒उसके मुँह से ~ का एक शब्द भी न निकला। 彼女の口から祝福の言葉一つ出なかった. ❒(को) ~ देना (人に)祝福を与える.

असुंदर /asuṃdara アスンダル/ [←Skt. *अ-सुन्दर-* 'not good or right'] *adj.* 美しくない;醜い.

असुर /asura アスル/ [←Skt.m. *असुर-* 'a spirit, good spirit, supreme spirit; an evil spirit'; → Chin.n. *阿修羅*] *m.* 〘ヒンドゥー教〙阿修羅, 悪神;悪魔《元は「神, 善神」の意》.

असुविधा /asuvidʰā アスヴィダー/ [neo.Skt. *अ-सुविधा-* 'inconvenience'] *f.* 不都合;不便;支障. (⇔सुविधा)

असूया /asūyā アスーヤー/ [←Skt.f. *असूया-* 'envy, jealousy'] *f.* 悪意;妬み.

असेंबली /asembalī アセーンバリー/▸एसेंबली [←Eng.n. *assembly*] *f.* 州議会. (⇒विधान-सभा)

असेसमेंट /asesameṃṭa アセースメーント/ [←Eng.n. *assessment*] *m.* 〘経済〙(課税のための財産・収入の)評価;査定額.

असेसर /asesara アセーサル/ [←Eng.n. *assessor*] *m.* 〘経

済』（課税のための財産評価する）査定官．

असैनिक /asainika アサェーニク/ *adj.* （非武装の）民間人の．

— *m.* （非武装の）民間人．

असोज /asoja アソージ/ [<OIA.m. *aśvayuja-* 'the month Āśvina, i.e. September-October': T.00925] *m.* ☞आश्विन

असोसियेशन /asosiyeśana アソースィエーシャン/ ▶एसोसियेशन [←Eng.n. *association*] *m.* 組合，協会．

अस्त /asta アスト/ [←Skt.m. *अस्त-* 'setting (as of the sun or of luminaries)'] *adj.* **1**〖天文〗（太陽や月が）没した．❐प्रतिक्षण उसका धैर्य ～ होने वाले सूर्य की भाँति डूबता जाता था। 刻一刻と彼女の忍耐は沈む太陽のように没していった．**2** 没落した；消滅した．

— *m.* **1**〖天文〗（太陽や月が）没すること．(⇔उदय) **2** 没落；消滅．(⇔उदय) ❐बुंदेलखंड में कितने ही राज्यों का उदय और ～ हुआ। ブンデールカンドでは幾多の王国が興隆し没落していった．

अस्तप्राय /astaprāya アストプラーエ/ [neo.Skt. *अस्त-प्राय-* 'almost set or sunk'] *adj.* （太陽や月が）ほぼ没した；死にかけている．

अस्तबल /astabala アスタバル/ [←Port.m. *estábulo* 'stable' < Lat.; ?←Pers.n. اسطبل 'a stable' ←Gr.] *m.* 馬小屋，厩舎（きゅうしゃ）．(⇒घुड़साल)

अस्तर /astara アスタル/ [←Pers.n. استر 'a kind of coarse thin stuff fit for lining garments'] *m.* **1** 裏張り，裏；裏地．❐(में) ～ चढ़ाना [लगाना] （…に）裏張りをする．**2** 上塗り；塗装．

अस्तरकारी /astarakārī アスタルカーリー/ [←Pers.n. استرکاری 'coat of plaster'] *f.* 漆喰（しっくい）塗り．❐(की) ～ काली पड़ना （…の）漆喰塗りが黒ずむ．

अस्त-व्यस्त /asta-vyasta アスト・ヴィャスト/ [←Skt. *अस्त-व्यस्त-* 'scattered hither and thither, confused, disordered'] *adj.* **1** （ものが）乱雑に散らばっている；（服装が）乱れている；（髪が）ばらばらに乱れている．❐फ़र्श पर चीज़ें ～ पड़ी हुई हैं। 床にものがばらばらに散らばっていた．**2** （災害などで）大混乱した．❐भारी बारिश के कारण दिल्ली में जनजीवन ～ हो गया है। 豪雨のためにデリーでは人々の生活が大混乱に陥った．

अस्ताचल /astācala アスターチャル/ [←Skt.m. *अस्त-अचल-* 'western mountain (behind which the sun is supposed to set)'] *m.*〖神話〗アスターチャル山《太陽が沈むとされる西方の山の名》．

अस्ति /asti アスティ/ [←Skt.ind. *अस्ति* 'is'] *f.* 存在；現実．

अस्तित्व /astitva アスティトオ/ [←Skt.n. *अस्ति-त्व-* 'existence, reality'] *m.* 存在；実在；実存．❐मैं आपसे पृथक् अपने ～ की कल्पना ही नहीं कर सकती। 私はあなたと分け隔たれた自分の存在を想像することすらできません．❐रही-सही सेना के साथ अवध राज्य का ～ भी मिट जाएगा। わずかに残った軍隊とともにアワド王国の存在も消滅してしまうだろう．

अस्तित्ववाद /astitvavāda アスティトオワード/ [neo.Skt.m. *अस्तित्व-वाद-* 'existentialism'] *m.* 実存主義．

अस्तित्ववादी /astitvavādī アスティトオワーディー/ [neo.Skt. *अस्तित्व-वादिन्-* 'existentialistic'] *adj.* 実存主義の．

— *m.* 実存主義者．

अस्तु /astu アストゥ/ [←Skt. *अस्तु* '(3. sg. Imper.) let it be, be it so; there must be or should be (implying an order)'] *int.* ともかく，ともあれ；さて．

अस्त्र /astra アストル/ [←Skt.n. *अस्त्र-* 'a missile weapon, bolt, arrow'] *m.* 武器《本来は特に投げ槍・矢など飛び道具》．

अस्त्रधारी /astradʰārī アストラダーリー/ [←Skt. *अस्त्र-धारिन्-* 'bearing arms'; cog. Pers.n. ارتيشدار 'soldier'] *adj.* 武器を身に着けた，武装した．

— *m.* 武装した人，兵士．

अस्त्रशस्त्र /astraśastra アストルシャストル/ [←Skt.n. *अस्त्र-शस्त्र-* 'all sorts of arms (as arrows and swords)'] *m.* 武器類《複数扱い；अस्त्र「（投げ槍・矢などの）飛び道具」および शस्त्र「（剣などの）斬りあいの武器」を含むすべての武器》．(⇒शस्त्रास्त्र)

अस्त्रशाला /astraśālā アストルシャーラー/ [neo.Skt.f. *अस्त्र-शाला-* 'an arsenal'] *f.* 兵器庫，武器庫；兵器工場．(⇒अस्त्रागार)

अस्त्रागार /astrāgāra アストラーガール/ [←Skt.n. *अस्त्र-आगार-* 'an arsenal, armoury'] *m.* 兵器庫．(⇒अस्त्रशाला)

अस्त्रीकरण /astrīkaraṇa アストリーカラン/ [neo.Skt.n. *अस्त्रीकरण-* 'militarization'] *m.* 軍国化．

अस्थायी /astʰāyī アスターイー/ [←Skt. *अ-स्थायिन्-* 'not permanent, transient'] *adj.* 臨時の，仮の；一時的な；一過性の．(⇔स्थायी) ❐～ कर्मचारी 臨時職員．❐～ प्रमाणपत्र 仮証明書．❐～ रूप से 臨時に；非常勤で，パートタイムとして．

अस्थावर /astʰāvara アスターワル/ *adj.* 一箇所に落ち着かない（人）．

अस्थि /astʰi アスティ/ [←Skt.n. *अस्थि-* 'a bone'] *f.* 骨；遺骨．(⇒हड्डी)

अस्थि-पंजर /astʰi-paṃjara アスティ・パンジャル/ [←Skt.m. *अस्थि-पञ्जर-* 'a skeleton'] *m.* 骸骨；骨格；骨と皮（だけの体）．❐उस भैंस के शरीर में ～ के सिवा और कुछ शेष न रहा था। その水牛の体には骨と皮以外には何も残っていなかった．

अस्थिभंग /astʰibʰaṃga アスティバング/ *m.*〖医学〗骨折．

अस्थिर /astʰira アスティル/ [←Skt. *अ-स्थिर-* 'unsteady, trembling, shaking'] *adj.* **1** 不安定な；すわりの悪い；揺れる．**2** （気持ち・精神が）定まらない；変わりやすい；気まぐれの．

अस्थिरता /astʰiratā アスティルター/ [←Skt.f. *अ-स्थिर-ता-*

'unsteadiness'] *f.* **1** 不安定，すわりが悪いこと．**2** 定まらない［変わりやすい］こと，気まぐれであること．

अस्पताल /aspatāla̸ アスパタール/ [←Port.m. *hospital* 'hospital'] *m.* 〖医学〗病院，医院．

अस्पष्ट /aspaṣṭa̸ アスパシュト/ [←Skt. *अ-स्पष्ट-* 'indistinct'] *adj.* 不明確な；不明瞭な；あいまいな；漠然とした．(⇔स्पष्ट)

अस्पृश्य /aspr̥śya̸ アスプリシエ/ *adj.* 触れるべきでない．

अस्पृश्यता /aspr̥śya̸tā アスプリシエター/ [←Skt.f. *अ-स्पृश्य-ता-* 'intangibleness, imperceptibleness'] *f.* 〖ヒンドゥー教〗不可触制．

अस्फ़ाल्ट /asfālṭa̸ アスファールト/ [←Eng.n. *asphalt*] *m.* アスファルト．

अस्मत /asmata̸ アスマト/ ▷असमत *f.* ☞असमत

अस्मिता /asmitā アスミター/ [←Skt.f. *अस्मि-ता-* 'egotism'] *f.* 自我の意識；自己中心癖；過大な自負心．

अस्वस्थ /asvastʰa̸ アスワスト/ [←Skt. *अ-स्वस्थ-* 'not in good health, sick, feeling uneasy'] *adj.* **1** (心身が)病気の，病んでいる．(⇔स्वस्थ) ❒मन स्वस्थ हो, तो देह कैसे ～ रहे! 心が健康ならば肉体はどうして病むことがあろう！ **2** (精神的・道徳的に)不健康な，不健全な．(⇔स्वस्थ)

अस्वस्थता /asvastʰatā アスワスタター/ [←Skt.f. *अ-स्वस्थ-ता-* 'illness'] *f.* **1** 病んでいること．**2** 不健康；不健全．

अस्वाभाविक /asvābʰāvika̸ アスワーバーヴィク/ [←Skt. *अ-स्वाभाविक-* 'unnatural'] *adj.* **1** 不自然な；異常な．(⇔स्वाभाविक) **2** わざとらしい，人為的な．(⇔स्वाभाविक)

अस्वाभाविकता /asvābʰāvika̸tā アスワーバーヴィクター/ [?neo.Skt.f. *अ-स्वाभाविक-ता-* 'unnaturalness'] *f.* **1** 不自然さ；異常．(⇔स्वाभाविकता) **2** わざとらしさ，人為的なこと．(⇔स्वाभाविकता)

अस्वीकार /asvīkāra̸ アスヴィーカール/ [←Skt.m. *अ-स्वीकार-* 'non-acquiescence, dissent'] *m.* 不承知；不同意，異議；拒否，拒絶．❒～ करना 受け入れない．

अस्वीकृत /asvīkr̥ta̸ アスヴィークリト/ [←Skt. *अ-स्वीकृत-* 'refused'] *adj.* 拒否された．❒～ करना 拒否する．

अस्वीकृति /asvīkr̥ti アスヴィークリティ/ [←Skt.f. *अ-स्वीकृति-* 'refusal'] *f.* 拒否．(⇔स्वीकृति)

अस्सी /assī アッスィー/ [<OIA.f. *aśītí-* 'eighty': T.00911] *num.* 80.

अहं /ahaṃ アハン/ [←Skt.pron. *अहम्-* '(1, nom. sg.) I'] *m.* 自己，自分自身；自我．

अहंकार /ahaṃkāra̸ アハンカール/ [←Skt.m. *अहंकार-* 'conception of one's individuality, self-consciousness'] *m.* 自我の意識；うぬぼれ．

अहंकारी /ahaṃkārī アハンカーリー/ [←Skt. *अहं-कारिन्-* 'proud'] *adj.* うぬぼれの強い，驕慢(きょうまん)な．

अहंभाव /ahaṃbʰāva̸ アハンバーオ/ [←Skt.m. *अहम्-भाव-* 'pride, haughtiness'] *m.* うぬぼれ，自負心．❒रात-दिन की घोर पढ़ाई और पुस्तकों के एकांतवास से अगर उसे ～ हो आया, तो आश्चर्य की कौन-सी बात है? 日夜の激しい勉学と本に囲まれたひとり暮らしにより彼女にうぬぼれが生まれたとしても，驚くことがあろうか？

अहंमन्य /ahaṃmanya̸ アハンマニエ/ [←Skt. *अहम्-मन्य-* 'egotistic'] *adj.* 自己本位の，わがままな．

अहंमन्यता /ahaṃmanya̸tā アハンマニエター/ [←Skt.f. *अहम्-मन्य-ता-* 'egotism'] *f.* 自己中心癖，うぬぼれ．

अह /aha̸ ア/ [cf. Skt.ind. *अह* 'surely, certainly'] *int.* (驚嘆・苦痛・遺憾などを表す)ああ．

अहम /ahama̸ アハム/ [←Pers.adj. اہم 'more or most important, needful' ←Arab.] *adj.* 重要な．(⇒महत्त्वपूर्ण)

अहमक़ /aha̸maqa̸ アヘマク/ [←Pers. احمق 'foolish, stupid, awkward' ←Arab.] *adj.* 大馬鹿な(人)；愚かな．

अहमदनगर /aha̸mada̸nagara̸ アヘマドナガル/ [cf. Eng.n. *Ahmednagar*] *m.* 〖地名〗アヘマドナガル《マハーラーシュトラ州 (महाराष्ट्र) の都市》．

अहमदाबाद /aha̸madābāda̸ アヘマダーバード/ [cf. Eng.n. *Ahmedabad*] *m.* 〖地名〗アヘメダーバード《グジャラート州 (गुजरात) の都市》．

अहमियत /aha̸miyata̸ アヘミヤト/ [cf. Pers.adj. اہم 'more or most important' ←Arab.] *f.* 重要性．(⇒महत्त्व) ❒(को) ～ देना (…を)重視する．

अहर्निश /aharniśa̸ アハルニシュ/ [←Skt.ind. *अहर्-निशम्* 'day and night, continually'] *adv.* 日夜絶え間なく．❒कपड़े मैले, सिर के बाल बिखरे हुए, चेहरे पर उदासी छायी हुई, ～ हाय-हाय किया करता था। 服は薄汚れ，髪の毛は乱れ，顔には悲しみが広がり，(彼は)日夜絶え間なく悲嘆の叫び声をあげていた．

अहलकार /ahala̸kāra̸ アハルカール/ [←Pers.n. اہل کار 'a workman, clerk'; cf. Pers.n. اہل 'people (belonging to any particular person, place, order, or profession)' ←Arab.] *m.* 職員；事務員；使用人．

अहसान /aha̸sāna̸ アヘサーン/ ▸एहसान, औसान *m.* ☞एहसान

अहसास /aha̸sāsa̸ アヘサース/ ▸एहसास [←Pers.n. احساس 'feeling, perceiving, understanding, perception' ←Arab.] *m.* 知覚(すること)；実感；認識．❒～ करना 実感する．❒(को) (का) ～ दिलाना (人に)(…を)実感させる，わからせる．

अहा /ahā アハー/ *int.* (驚き・喜びなどを表す)わあ，やあ，いやはや．(⇒वाह)

अहाता /ahātā アハーター/ ▸हाता [←Pers.n. احاطة 'surrounding, enclosing; fence; enclosed space' ←Arab.] *m.* 囲い地；構内；敷地．❒विश्वविद्यालय के अहाते में 大学の構内に．

अहिंसक /ahiṃsaka̸ アヒンサク/ [←Skt. *अ-हिंसक-* 'not hurting, harmless, innocuous'] *adj.* **1** 殺生をしない，(生き物を)傷つけない．**2** 非暴力の．❒～ आंदोलन 非暴力運動．❒～ संघर्ष 非暴力闘争．

अहिंसा /ahiṃsā アヒンサー/ [←Skt.f. *अ-हिंसा-* 'not

injuring anything, harmlessness'] *f.* **1** 殺傷しないこと；不殺生. **2**〖歴史〗アヒンサー，非暴力(運動).

अहिंसात्मक /ahiṃsātmaka アヒンサートマク/ [neo.Skt. *अ-हिंसात्मक-* 'non-violent'] *adj.* 非暴力の. (⇔हिंसात्मक)

अहित /ahita アヒト/ [←Skt.n. *अ-हित-* 'damage, disadvantage, evil'] *m.* 害悪；害毒. ❐(का) ～ करना (…に)害を与える.

अहितकर /ahitakara アヒトカル/ [neo.Skt. *अ-हित-कर-* 'harmful'] *adj.* ためにならない；有害な. (⇒अहितकारी)

अहितकारी /ahitakārī アヒトカーリー/ [←Skt. *अ-हित-कारिन्-* 'dverse, inimical, noxious'] *adj.* ☞अहितकर

अहीर /ahīra アヒール/ <OIA.m. *ābhīra-* 'name of a people': T.01232] *m.*〖ヒンドゥー教〗アヒール《牛飼いをもっぱらとするサブ・カースト》.

अहेड़ी /aheṛī アヘーリー/ ▸अहेरी *m.* ☞अहेरी

अहेरी /aherī アヘーリー/ ▸अहेड़ी [<OIA.m. *ākhēṭika-, akhēṭika-* 'huntsman, hunting dog': T.01038] *m.* 猟師；鳥猟者.

आ

आँकड़ा /ā̃kaṛā アーンクラー/ [<OIA.m. *aṅká-* 'hook': T.00100] *m.* **1** 数字. (⇒अंक) **2** 統計(の数字)《通常複数形で用いる》. (⇒तादाद) ❐नुक़सान का कोई ～ नहीं है, मगर सैकड़ों करोड़ रुपए के नुक़सान का अनुमान है। 被害に関するなんら統計の数字はないが，何百億何十億ルピーもの被害が推測される.

आँकड़ा-कीड़ा /ā̃kaṛā-kīṛā アーンクラー・キーラー/ *m.*〖医学〗十二指腸虫. (⇒अंकुश-कृमि)

आँकड़े /ā̃kaṛe アーンクレー/ *m.* ☞आँकड़ा

आँकना /ā̃kanā アーンクナー/ [<OIA. *aṅkáyati* 'marks, brands': T.00104] *vt.* (*perf.* आँका /ā̃kā アーンカー/) **1** 見積もる，評価を下す. (⇒अँकना) ❐मैंने उसकी शक्ति को कम करके आँका। 私は彼の力を過小評価した. **2** 印をつける，マークする，刻印する. ❐पत्र में जो भी आवश्यक बात हो उसे आँक दीजिएगा। 手紙の中で必要な事項があれば，印を付けてください. **3** (絵・線を)描く. ❐चित्रकार ने सादे काग़ज़ पर पेड़ का चित्र आँक दिया। 画家は，真っ白い紙に木の絵を描いた.

आँकुड़ा /ā̃kuṛā アーンクラー/ ▸अँकड़ा, अँकुड़ा *m.* ☞अँकड़ा

आँख /ā̃kʰa アーンク/ [<OIA.n. *ákṣi-* 'eye': T.00043] *f.* **1** 目，眼. ❐आँखें खोलना [बंद करना] 目を開ける[閉じる]. ❐अपनी आँखों देखना 自分の目で見る. **2** 視力. ❐आँखें कमज़ोर हो गईं। 視力が衰えた.

आँख-फोड़ा /ā̃kʰa-pʰoṛā アーンク・ポーラー/ *m.* 目障りな人間《直訳は「目の上の腫物」》.

आँख-मिचौनी /ā̃kʰa-micaunī アーンク・ミチャォーニー/ ▸आँख-मिचौली *f.*〖ゲーム〗かくれんぼ，鬼ごっこ. ❐～ खेलना かくれんぼ[鬼ごっこ]をする.

आँख-मिचौली /ā̃kʰa-micaulī アーンカ・ミチャォーリー/ ▸आँख-मिचौनी *f.* ☞आँख-मिचौनी

आँगन /ā̃gana アーンガン/ [<OIA.n. *aṅgana-* 'act of walking': T.00118] *m.* 中庭.

आंगिक /āṃgika アーンギク/ [←Skt. *आङ्गिक-* 'expressed by bodily action or attitude or gesture etc.'] *adj.*〖演劇〗身体表現された. ❐～ अभिनय 身体表現.

आँच /ā̃ca アーンチ/ [<OIA.n. *arcís-* 'ray, flame, lustre': T.00635] *f.* **1** 炎，火炎. **2** (火の)熱. **3** 難渋，困難；逆境. **4** 性的欲望.

आँचल /ā̃cala アーンチャル/ [<OIA.m/n. *añcala-* 'border or end of a garment': T.00168] *m.* **1** (サリー，ドーティーなど布地の)ふち，；すそ. (⇒अंचल) ❐～ बिछाना [फैलाना, पसारना] (施しを受けたり，願い事をするために)サリーのすそを広げる. ❐उसने ～ से अपने आँसू पोंछे। 彼女はサリーのふちで自分の涙をふいた. ❐～ सिर पर खींच लेना ずり落ちたサリーのふちをひっぱり上げ頭を覆う. **2** (女性の)胸《サリーのふちが女性の胸に位置にくることから》. ❐जाकर अम्माँ के ～ में मुँह ढाँककर सो। 帰っておっかさんの胸に顔をうずめて寝ろ《相手を子ども扱いしたからかいの言い方》. **3**〖地理〗辺境，僻地. (⇒अंचल)

आंचलिक /āṃcalika アーンチャリク/ [neo.Skt. *आञ्चलिक-* 'regional'] *adj.* **1** (サリー，ドティーなどの衣服の)へりの，ふちの；すその. **2**〖地理〗辺境の；地方の，辺地の. **2**〖文学〗地方をテーマにした；地方語の. (⇒अंचलिक) ❐～ साहित्य 地方文学.

आँजना /ā̃janā アーンジナー/ [<OIA. *añjáti* 'anoints, swears, decorates': T.00169] *vt.* (*perf.* आँजा /ā̃jā アーンジャー/) (目のふちに)アンジャン (अंजन) を付ける. ❐आँखों में अंजन आँजने पर वह और भी सुंदर दिखाई देती है। 目のふちにアンジャンを付けると，彼女はさらに美しく見える.

आँट /ā̃ṭa アーント/ [<OIA.f. *ā́vr̥tti-* 'turning back': T.01443] *f.* **1** (親指と人差し指の)指の間. (⇒घाई) **2** (ドーティー (धोती) を腰の部分で折り返してできる)ひだ. **3**〖スポーツ〗(レスリングの)技の一種. **4** 反感，反目.

आँटी /ā̃ṭī アーンティー/ [?<OIA. **aṭṭa-*[3] 'bundle': T.00181] *f.* **1** (草や薪の)束. **2** (ドーティー (धोती) を腰の部分で折り返してできる)ひだ，結び目《お金などを中に挟みこむためにも使われる》. (⇒अंटी) **3**〖スポーツ〗(レスリングの)足技の一種.

आँड़ू /ā̃ṛū アーンルー/ [?<OIA.n. *āṇḍá-* 'egg': T.01111] *adj.* 去勢されていない(雄).

आँत /ā̃ta アーント/ [<OIA.n. *āntrá-* 'entrails': T.01182] *f.* 内蔵，はらわた；腸. (⇒अँतड़ी) ❐छोटी [बड़ी] ～ 小[大]腸.

आँतड़ी /ā̃taṛī アーントリー/ ▸अँतड़ी *f.* ☞अँतड़ी

आंतरिक /āṃtarika アーンタリク/ [cf. Skt. *आन्तर-*

'interior, internal, inward'] *adj.* **1** 内部の. ❐~ संरचना 内部構造. **2** 国内の. ❐~ सुरक्षा 国内治安.

आंदोलन /āṃdolanạ アーンドーラン/ [←Skt.n. *आन्दोलन-* 'swinging, a swing; trembling, oscillation'] *m.* (政治的・宗教的・社会的な) 運動. (⇒तहरीक) ❐~ चलना [छिड़ना] 運動が始まる.

आंदोलनकारी /āṃdolanạkārī アーンドーランカーリー/ [neo.Skt. *आन्दोलन-कारिन्-* 'agitational; agitator'] *adj.* (政治上の)運動を推進する(人).

— *m.* (政治上の)運動家;扇動者.

आंदोलित /āṃdolitạ アーンドーリト/ [←Skt. *आन्दोलित-* 'agitated, shaken, swung'] *adj.* **1** 扇動された. ❐~ करना 扇動する, (世論などを)かきたてる. **2** 動揺した; (心が)かき乱された. ❐अपराधी भावनाएँ चित्त को ~ करने लगीं। 罪悪感が心をかき乱し始めた.

आँधी /ā̃dʰī アーンディー/ [<OIA.f. *andhikā-* 'night': T.00390] *f.* **1** 砂あらし;嵐, 暴風. (⇒अंधड़) **2** (疾風のごとく)迅速に仕事をする人.

आंध्र प्रदेश /āṃdʰrạ pradeśạ [cf. Eng.n. *Andhra Pradesh*] *m.* アーンドラ・プラデーシュ州《州都はハイデラーバード (हैदराबाद)》.

आँय-बाँय /ā̃yạ-bā̃yạ アーエン・バーエン/ ▸आँय-बाँय-शाँय [echo-word] *m.* 馬鹿話, くだらない話, 支離滅裂な話. ❐~ बकना 支離滅裂な話をする.

आँय-बाँय-शाँय /ā̃yạ-bā̃yạ-śā̃yạ アーエン・バーエン・シャーエン/ ▸आँय-बाँय *m.* ☞आँय-बाँय

आँव /ā̃vạ アーオン/ [<OIA. *āmá-* 'raw': T.01236] *m.* **1** 〖医学〗(不消化などによる)腹痛. **2** 〖医学〗下痢. (⇒दस्त)

आँवला /ā̃vạlā アーオンラー/ [<OIA.m. *āmalaka-* 'the small tree *Phyllanthus emblica* or *myrobalan*': T.01247] *m.* 〖植物〗アンマロク, マラッカノキ, ユカン《トウダイグサ科に属する落葉性小高木;薬用植物;実は食用》.

आँवाँ /ā̃vā̃ アーンワーン/ ▸आवाँ *m.* ☞आवाँ.

आंशिक /āṃśikạ アーンシク/ [←Skt. *आंशिक-* 'partial'] *adj.* 部分的な. ❐~ रूप में 部分的に.

आँसू /ā̃sū アーンスー/ [<OIA.n. *áśru-* 'tear': T.00919] *m.* 涙. ❐आँखों में ~ आ गए। 目に涙がこみあげた. ❐~ की बूँदें 涙の粒. ❐~ बहाना 涙を流す.

आँसू-गैस /ā̃sū-gais アーンスー・ガェース/ *f.* 催涙ガス. (⇒अश्रु-गैस) ❐~ के गोले छोड़ना 催涙弾を発射する.

आइंदा /āiṃdā アーインダー/ [←Pers.adj. آینده 'coming; ensuing, next'] *adj.* 将来の. ❐~ जमाना これから先の時代, 将来.

— *adv.* 将来(に).

आइ /āi アーイ/ [←Eng.n. *I*] *m.* (ラテン文字の)I.

आइवरी कोस्ट /āivarī kosṭạ アーイヴリー コースト/ [cf. Eng.n. *Ivory Coast*] *m.* 〖地理〗象牙海岸《国名としては現在コートジボワール(共和国) (कोत दईवोआर);事実上の首都はアビジャン(अबिजान)》.

आइसक्रीम /āisạkrīmạ アーイスクリーム/ [←Eng.n. *ice cream*] *f.* 〖食〗アイスクリーム. ❐तुम्हें ~ खिलाऊँगा। 君にアイスクリームをおごろう.

आइसलैंड /āisạlaiṃḍạ アーイスラェーンド/ [←Eng.n. *Iceland*] *m.* 〖国名〗アイスランド(共和国)《首都はレイキャビク (रेक्जाविक)》.

आइज़ोल /āizolạ アーイゾール/ [cf. Eng.n. *Aizawl*] *m.* 〖地名〗アイゾール, アイザウル《ミゾーラム州 (मिज़ोरम) の州都》.

आईना /āīnā アーイーナー/ [←Pers.n. آینه 'a mirror, a looking-glass, sometimes made of polished steel'] *m.* 鏡. (⇒दर्पण, शीशा) ❐आईने में अपनी सूरत देखना 鏡で自分の姿を見る.

आईनासाज़ /āīnāsāzạ アーイーナーサーズ/ [*आईना* + *-साज़*] *m.* 鏡職人.

आउंस /āuṃsạ アーウンス/▸औंस [←Eng.n. *ounce*] *m.* 〖単位〗(重量の)オンス;(容量の)オンス.

आउट /āuṭạ アーウト/ [←Eng.adj. *out*] *adj.* 〖スポーツ〗(クリケット・野球の)アウト. ❐~ हो जाना アウトになる.

आकंठ /ākaṃṭʰạ アーカント/ [←Skt.ind. *आकण्ठम्* 'up to the throat'] *adv.* 首まで(どっぷり). ❐भ्रष्टाचार में ~ डूबना 汚職に首までどっぷりつかる.

आक /ākạ アーク/ [<OIA.m. *arká-*[2] 'the plant *Calotropis gigantea*': T.00625] *m.* 〖植物〗アーク《薬草の一種》. (⇒मदार)

आकर /ākarạ アーカル/ [←Skt.m. *आकर-* 'a mine; a rich source of anything'] *m.* **1** 〖鉱物〗鉱山;鉱脈. (⇒खान) **2** 富の源;宝の山;宝庫.

आकर्षक /ākarṣakạ アーカルシャク/ [←Skt. *आकर्षक* 'attractive'] *adj.* **1** 引き寄せる, 引き付ける;引っ張る. **2** (人を)引き付ける;魅力的な;魅惑的な.

आकर्षण /ākarṣaṇạ アーカルシャン/ [←Skt.n. *आ-कर्षण-* 'pulling, drawing near, attracting'] *m.* **1** 引き付けること. (⇔विकर्षण) ❐~ परिधि 〖物理〗磁場. ❐~ शक्ति 〖物理〗引力. **2** 魅力;魅惑(するもの), (人を)引き付ける力. (⇔विकर्षण) ❐उनकी वाणी में कुछ ऐसा ~ है कि लोग बार-बार धोखा खाकर भी उन्हीं की शरण जाते हैं। 彼の声には人々が幾度騙されても彼を頼りにするような何か魅力がある.

आकर्षित /ākarṣitạ アーカルシト/ [←Skt. *आ-कर्षित-* 'drawn near to one's self'] *adj.* 引き付けられた;魅せられた. (⇒आकृष्ट) ❐मैं उसका ध्यान अपनी ओर ~ कर बोला। 私は彼の関心を自分の方に引き付けてから言った. ❐न जाने मुझमें क्या देखकर वे मेरी ओर ~ हुए। 私の中に何を見て彼は私に引き付けられたのか, 皆目見当がつかない. ❐पहली ही दृष्टि में उसने मुझे ~ कर लिया। 最初の一目で彼女は私を魅了した.

आकलन /ākalanạ アーカラン/ [←Skt.n. *आ-कलन-* 'fastening; reckoning'] *m.* 算出, 見積もり, 概算;推定. ❐(का) ~ करना (…を)見積もる.

आकस्मिक /ākasmikạ アーカスミク/ [←Skt. *आकस्मिक-*

'causeless, unforeseen, unexpected, sudden'] *adj.* **1** 突然の, 急な, 不意の;不慮の. ❒बाज़ार का चढ़ाव-उतार कोई ～ घटना नहीं है। 相場の上下は別に突然の出来事ではない. **2** 臨時の. ❒～ छुट्टी 臨時休暇. ❒～ निधि 〖経済〗臨時資金.

आकांक्षा /ākāṃkṣā アーカーンクシャー/ [←Skt.f. *आकाङ्क्षा-* 'desire, wish'] *f.* 志;大望;野望;野心;念願;切なる願望. ❒(को) (की) ～ है। (人には)(…の)野心がある. ❒(की) ～ रखना (…の)切なる願望をもっている.

आकांक्षी /ākāṃkṣī アーカーンクシー/ [←Skt. *आकाङ्क्षिन्-* 'wishing, desirous, hoping, expecting'] *adj.* 野心に燃える(人);強く願望する(人).

— *m.* 大望をもっている人;野心家;強く願望する人.

आक़ा /āqā アーカー/ ▸आग़ा *m.* ☞आग़ा

आकार[1] /ākāra アーカール/ [←Skt.m. *आ-कार-* 'form, figure, shape, stature, appearance'] *m.* **1** 形, 形状. ❒पान के ～ का चेहरा ハート形の顔. **2** 大きさ, サイズ, 寸法;規格. (⇒साइज़) ❒काग़ज़ का ～ 紙のサイズ.

आकार[2] /ākāra アーカール/ [←Skt.m. *आ-कार-* 'Devanagari letter आ or its sound'] *m.* 〖言語〗母音字 आ とそれに対応する母音記号 ा が表す母音 /ā/.

आकारांत /ākārāṃta アーカーラーント/ [←Skt. *आकार-अन्त-* 'ending in the letter आ or its sound'] *adj.* 〖言語〗語尾が母音 /ā/ で終わる(語)《कछुआ「カメ」, कला「芸術」, पिता「父」など》. ❒～ शब्द 母音 /ā/ で終わる語.

आकाश /ākāśa アーカーシュ/ [←Skt.n. *आ-काश-* 'a free or open space, vacuity'] *m.* **1** 空, 大空;天, 天空. (⇒आसमान) ❒～ कुसुम 天の花《「ありえないほどすばらしいもの」のたとえ》. **2** 〖天文〗宇宙. (⇒अंतरिक्ष)

आकाशकुसुम /ākāśakusuma アーカーシュクスム/ [neo.Skt.n. *आकाश-कुसुम-* 'flower of the sky; nonexistent object'] *m.* 想像上にしかないもの;入手不可能なもの.

आकाशगंगा /ākāśagaṃgā アーカーシュガンガー/ [←Skt.f. *आकाश-गङ्गा-* 'the *Gaṅgā* flowing down from the sky'] *f.* 〖天文〗天の川, 銀河. (⇒छायापथ, स्वर्गंगा)

आकाशदीप /ākāśadīpa アーカーシュディープ/ [←Skt.m. *आकाश-दीप-* 'a lamp or torch lighted in honour of *Lakśmī* or *Viṣṇu*'] *m.* 〖ヒンドゥー教〗アーカーシャディーパ《字義は「天空の灯明」;ディーワーリー祭 (दीवाली) の際に竹竿に高く吊るす灯火》.

आकाशवाणी /ākāśa-vāṇī アーカーシュ・ワーニー/ [←Skt.f. *आकाश-वाणी-* 'a voice from the air or from heaven'] *f.* **1** 天の声, お告げ. **2** インド国営ラジオ放送.

आकुंचन /ākuṃcana アークンチャン/ [←Skt.n. *आ-कुञ्चन-* 'bending (of a limb)'] *m.* 縮むこと, 収縮.

आकुल /ākula アークル/ [←Skt. *आ-कुल-* 'confounded'] *adj.* **1** 熱望[切望]している. **2** 焦燥している. **3** 苦悶している.

आकुलता /ākulatā アークルター/ [←Skt.f. *आ-कुल-ता* 'confusion'] *f.* **1** 熱望, 切望. **2** 焦燥感. **3** 苦悶.

आकृति /ākṛti アークリティ/ [←Skt.f. *आ-कृति-* 'form, figure, shape, appearance, aspect'] *f.* **1** 形, 形状;姿. ❒कई छोटी-छोटी चट्टानों ने मिलकर एक कोठरी की ～ बना रखी थी। いくつもの小さな岩が集まって一つの部屋の形状に形作っていた. **2** (人間の)姿;(彫刻などの)像. ❒लपटों के उजाले में कुछ मानव-आकृतियाँ भी दिखाई दीं। 炎の明るさの中で何人かの人間の姿も見えた. **3** 顔かたち;表情;形相. ❒मुझे आज अनुभव हुआ कि उनकी इस कठोर ～ के नीचे कितना कोमल हृदय छिपा हुआ था। 私は, 彼の険しい表情の下になんと優しい心が潜んでいたのかを, 今日わかった.

आकृष्ट /ākṛṣṭa アークリシュト/ [←Skt. *आ-कृष्ट-* 'drawn, pulled, attracted'] *adj.* ☞आकर्षित

आक्रमण /ākramaṇa アークラマン/ [←Skt.n. *आ-क्रमण-* 'stepping upon, ascending, mounting; marching against, invading, subduing'] *m.* **1** (武力による)攻撃, 襲撃;(疫病・病魔などが)襲うこと. (⇒हमला) ❒(पर) ～ करना (…を)攻撃[襲撃]する. ❒प्लेग का ～ हुआ। ペストが襲いかかった. **2** 侵入, 侵略. (⇒हमला) **3** (論敵, 人の言動に対する)攻撃, 人身攻撃. ❒मुझे इन घृणास्पद अश्लील आक्रमणों से बचाइए। 私をこれらの卑劣で下品な人身攻撃から救ってください.

आक्रमणकारी /ākramaṇakārī アークラマンカーリー/ [neo.Skt. *आक्रमण-कारिन्-* 'aggressive, invading'] *adj.* 侵略する, 侵犯する.

— *m.* 侵略者. ❒आक्रमणकारियों ने वहाँ से टल जाना ही उचित समझा। 侵略者らはその場からひきあげるのが得策と判断した.

आक्रांत /ākrāṃta アークラーント/ [←Skt. *आ-क्रान्त-* 'approached, frequented, visited'] *adj.* **1** (病に)冒されている, 罹患(りかん)した. ❒इबोला ～ अमेरिकी डाक्टर स्वस्थ हुआ। エボラ出血熱に冒されたアメリカ人医師は健康になった. ❒उस गाँव में अज्ञात बीमारी से दस लोग ～ हैं। その村では原因不明の病気に 10 人が冒されている. **2** 襲われた, 襲撃された;侵略された, 侵犯された. **3** 圧倒された, 征服された.

आक्रामक /ākrāmaka アークラーマク/ [neo.Skt. *आ-क्रामक-* 'aggressive'] *adj.* 攻撃的な, 積極的に攻める. ❒भारत ～ क्रिकेट से पीछे नहीं हटेगा। インドは積極的に攻めるクリケットから後退することはないだろう.

आक्रामकता /ākrāmakatā アークラーマクター/ [neo.Skt.f. *आ-क्रामक-ता-* 'aggressiveness'] *f.* 攻撃性;攻撃行動.

आक्रोश /ākrośa アークローシュ/ [←Skt. *आ-क्रोश-* 'assailing with harsh language, scolding'] *m.* 憤り, 憤慨. ❒असंतोष और ～ 不満と憤り.

आक्षेप /ākṣepa アークシェープ/ [←Skt.m. *आ-क्षेप-* 'reviling, abuse, harsh speech'] *m.* 非難, 責めること. ❒आपको मुझपर ～ करने का कोई अधिकार नहीं है। あなたは私を非難する何の権利もない.

आक्साइड /āksāiḍa アークサーイド/▸ऑक्साइड [←Eng.n. *oxide*] *m.* 〖化学〗酸化物.

आक्सीकरण /āksīkaraṇa アークスィーカラン/ ▸ऑक्सीकरण [cf. आक्सीजन] m. 〖化学〗酸化.

आक्सीजन /āksījana アークスィージャン/ ▸ऑक्सीजन [←Eng.n. oxygen] m. 〖化学〗酸素.

आख़-थू /āxa-tʰū アーク・トゥー/ [onom.; cf. थूकना] m. 〔擬音〕カー, ペッペッ《痰や唾を吐く音》.

आख़िर /āxira アーキル/ [←Pers.n. آخر 'the end, issue, extremity' ←Arab.] m. 最後, 終り. (⇒अंत, अंजाम) ❒ ～ में 最後に, ついに.

— adv. 最後に, 結局, ついに; 所詮.

आख़िरकार /āxirakāra アーキルカール/ [←Pers.adv. آخرکار 'at length'] adv. ついに, ようやく, 結局; 所詮. (⇒अंततः) ❒～ दो जुलाई की शाम को हमें सूचित किया गया कि तीन को सवेरे हमारा जहाज़ बंबई पहुँचेगा। ついに7月2日の夕方私たちは知らされた, 3日の早朝私たちの船はボンベイに着くと. ❒माता-पिता ～ हैं। 親は所詮親だ.

आख़िरी /āxirī アーキリー/ [←Pers.adj. آخری 'last, ultimate' ←Arab.] adj. 最後の, 終りの; 決定的な, 最終的な. (⇒अंतिम) ❒～ चाल 最後の手, 奥の手. ❒～ दम तक 息を引き取るまで, 死ぬまで. ❒～ फ़ैसला 最終決定. ❒～ बार 最終回に, 最後に.

आखेट /ākʰeṭa アーケート/ [←Skt.m. आखेट- 'chase, hunting'] m. 狩猟. (⇒शिकार) ❒～ करना 狩猟する.

आखेटक /ākʰeṭaka アーケータク/ [←Skt.m. आखेटक 'a hunter'] m. 猟師. (⇒शिकारी)

आख्याता /ākʰyātā アーキャーター/ [←Skt.m. आ-ख्यातृ 'one who tells or communicates'] m. 語り手.

आख्यान /ākʰyāna アーキャーン/ [←Skt.n. आ-ख्यान- 'telling, communication'] m. 伝説, 言い伝え; 説話.

आख्यानक /ākʰyānaka アーキャーナク/ [←Skt.n. आ-ख्यानक- 'a short narrative'] m. (短い)言い伝え.

आख्यायिका /ākʰyāyikā アーキャーイカー/ [←Skt.f. आ-ख्यायिका- 'a short narrative'] f. (短い)物語.

आगंतुक /āgaṃtuka アーガントゥク/ [←Skt.m. आ-गन्तुक- 'a new comer, stranger, guest'] m. 新参者; 来訪者, 訪問者; 来客. ❒किसी नये नगर में प्रवेश करने पर ～ की आँखें सबसे पहले उसकी इमारतों की ओर आकृष्ट होती हैं। どんな町に行っても来訪者の目は最初にその町の建造物に引き寄せられるものである.

आग /āga アーグ/ [＜OIA.m. agní-¹ 'fire': T.00055] f. 1 火. (⇒अग्नि) ❒(में) ～ लगना [लगाना] (…に)火がつく[をつける]. ❒साड़ी ने ～ पकड़ी। サリーに火が燃えうつった. 2 火事, 火災. 3 (怒り, 嫉妬, 恋慕などの)激情.

आगज़नी /āgazanī アーガザニー/ [आग ＋ -ज़नी] f. 放火. ❒～ करना 放火する. ❒～ में एक बच्चे की मौत हो गई। 放火で一人の子どもが死亡した.

आगत /āgata アーガト/ [←Skt. आ-गत- 'come, arrived'] adj. 到着した; 到来した; 来訪した. ❒～ शब्द 〖言語〗外来語, 借用語.

— m. 来客, 来訪者.

आग-बगूला /āga-bagūlā アーグ・バグーラー/ ▸आग-बबूला adj. ☞आग-बबूला

आग-बबूला /āga-babūlā アーグ・バブーラー/ ▸आग-बगूला adj. 烈火のごとく怒った. ❒(पर) ～ होना (…に対し)烈火のごとく怒る.

आगम /āgama アーガム/ [←Skt.m. आ-गम- 'traditional doctrine or precept, collection of such doctrines, sacred work'] m. 〖ヒンドゥー教〗〖仏教〗〖ジャイナ教〗アーガマ《古代より継承されている根本聖典》.

आगमन /āgamana アーガマン/ [←Skt.n. आ-गमन- 'coming, approaching, arriving, returning'] m. 来ること; 到着; 到来; 登場; 来訪. (⇔गमन) ❒～ समय (交通機関の)到着時間. ❒उषा का ～ हुआ, हवा जगी, चिड़ियाँ गाने लगीं। 夜明けが来た, 風が目覚め, 小鳥たちがさえずり始めた. ❒भारत में इस्लाम का ～ インドにおけるイスラム教の到来. ❒वसंत के ～ पर 春の到来時に.

आगरा /āgarā アーグラー/ [cf. Eng.n. Agra] m. 〖地名〗アーグラー, アグラ《ウッタル・プラデーシュ州 (उत्तर प्रदेश) の最大都市; ユネスコ世界遺産に登録されたタージマハル廟(びょう) (ताजमहल), アーグラ城塞 (लाल क़िला) がある》.

आगा /āgā アーガー/ [＜OIA.n. ágra- 'top, summit': T.00068] m. 1 前部; 前面, 正面. 2 最前線, 第一線部隊. 3 未来.

आग़ा /āğā アーガー/ ▸आक़ा [←Pers.n. آغا 'a great lord, nobleman, head, chief master, commander' ←Turk.] m. 主人; 首長, 首領. ❒～ और ग़ुलाम 主人と僕(しもべ).

आग़ाज़ /āğāza アーガーズ/ [←Pers.n. آغاز 'beginning, commencement'] m. 始まり, 開始. (⇔अंजाम)

आगा-पीछा /āgā-pīcʰā アーガー・ピーチャー/ m. 1 事柄の前後関係; (想定される)影響や結果. ❒～ सोचना 前後関係を考慮する. ❒आप ～ भूल जाते हैं। あなたは前後の見境を忘れてしまう. 2 ためらい, 迷い, 躊躇(ちゅうちょ), 逡巡.

आगामी /āgāmī アーガーミー/ [←Skt. आ-गामिन्- 'coming, approaching'] adj. 次の, 来るべき, 次期の. ❒～ चुनाव 次期選挙.

आगार /āgāra アーガール/ [←Skt.n. आगार- 'apartment, dwelling, house'] m. 1 倉庫, 貯蔵庫. 2 〖経済〗(国・地方自治体・団体・企業などの)金融金庫, 資金, 財源.

आगाह /āgāha アーガーハ/ [←Pers.adj. آگاه 'aware, wary'] adj. 知らされている. ❒(को) ～ करना (人に)知らせる, 教える, 通告する.

आगाही /āgāhī アーガーヒー/ [←Pers.n. آگاہی 'notice, intelligence, news, information'] f. (事前)情報; 注意, 警告. ❒(को) ～ देना (人に)気付かせる. ❒(को) ～ मिलना (人が)注意を受ける.

आगे /āge アーゲー/ [＜OIA.n. ágra- 'top, summit': T.00068] adv. 1 (空間的に)前に, 前方に, 先に. (⇔पीछे) ❒(के) ～ (…の)前方に[へ], (…の)以降. 2

(時間的に)先，将来，後で．(⇔पीछे) ❐～ चलकर 将来，後になって．

आग्रह /āgraha アーグラ/ [←Skt.m. *आ-ग्रह-* 'insisting on, strong or obstinate inclination for, obstinacy, whim'] *m.* **1** 強い要望，しつこく迫る要求． ❐उनका ～ ज़बरदस्ती की सीमा पर पहुँच गया। 彼の強い要望は強引の境まで達した． ❐(का) ～ करना (…を)強く要望する． ❐(के) ～ पर (人の)強い要望で． ❐बड़े ～ से 強く要望して． ❐मैंने तो कभी आभूषणों के लिए ～ नहीं किया। 私は決して装身具をしつこくねだったことはないわ． **2** (仕事・理想などに対する)熱心さ，こだわり；熱狂(的な態度)．

आग्रहपूर्ण /āgrahapūrṇa アーグラヘプールン/ [neo.Skt. *आग्रह-पूर्ण-* 'insistent, assiduous'] *adj.* (要求が)しつこい，執拗(しつよう)な．

आग्रहपूर्वक /āgrahapūrvaka アーグラヘプールワク/ [neo.Skt.ind. *आग्रह-पूर्वक* 'insistently; assiduously'] *adv.* しつこく，執拗(しつよう)に，あくまで．

आघात /āgʰāta アーガート/ [←Skt.m. *आ-घात-* 'striking; a stroke, blow'] *m.* **1** (精神的な)衝撃，ショック，打撃． ❐अपमान और ～ को धैर्य और उदारता से सहने का उन्हें अभ्यास था। 侮辱と衝撃を忍耐と寛容で耐える修練が彼にはできていた． ❐बेटी की मृत्यु का ～ वे न सह सकीं। 娘の死のショックに彼女は耐えられなかった． **2** 攻撃；危害． ❐(पर) ～ करना (…に)危害を加える． **3**〘言語〙強勢アクセント．(⇒बल)

आचमन /ācamana アーチャマン/ [←Skt.n. *आ-चमन-* 'sipping water from the palm of the hand (before religious ceremonies, before meals, etc.) for purification'] *m.*〘ヒンドゥー教〙アーチャマナ《儀礼の初めに右手の掌で受けた水を口に含みすする清めの儀式》．

आचरण /ācaraṇa アーチャラン/ [←Skt.n. *आ-चरण-* 'approaching, arrival; conduct, behaviour'] *m.* **1** (道徳上の)行い，行為，振る舞い，品行． ❐लोगों के ～ आप ही आप सुधरने लगे। 人々の品行は自ずと良くなった． **2** 行動，実行；実践． ❐(के साथ) दयालुता का ～ करना (人に対して)思いやりの行動を実践する．

आचार /ācāra アーチャール/ [←Skt.m. *आ-चार-* 'conduct, manner of action, behaviour'] *m.* **1** 行い，品行，行状． **2** 儀式．

आचारवान् /ācāravān アーチャールワーン/ ▷आचारवान [←Skt. *आचार-वत्-* 'well-conducted, virtuous'] *adj.* 品行方正な．

आचारहीन /ācārahīna アーチャールヒーン/ [←Skt. *आचार-हीन-* 'deprived of established ordinances, outcast'] *adj.* 不品行な，堕落した．

आचार्य /ācārya アーチャールエ/ [←Skt.m. *आचार्य-* 'spiritual guide or teacher'; → Japan.n. *阿闍梨*] *m.* **1** 教師，師，師匠；導師． **2** 教授．(⇒प्रोफ़ेसर)

आच्छन्न /āccʰanna アーッチャンヌ/ [←Skt. *आ-च्छन्न-* 'clothed'] *adj.* ☞आच्छादित

आच्छादन /āccʰādana アーッチャーダン/ [←Skt.n. *आ-च्छादन-* 'covering, concealing, hiding; cloth, clothes, mantle, cloak'] *m.* **1** 覆い包むこと． **2** 覆い包むもの；衣服．

आच्छादित /āccʰādita アーッチャーディト/ [←Skt. *आ-च्छादित-* 'covered'] *adj.* **1** 覆われた；包まれた． ❐हिम से ～ हिमाचल प्रदेश 雪に覆われたヒマーチャル・プラデーシュ州． **2** 隠された，秘められた．

आज /āja アージ/ [<OIA. *adyá, adyā́* 'today': T.00242] *m.* 今日(という日)． ❐～ कौन सा दिन है? 今日は何曜日ですか？

— *adv.* **1** 今日(は)，本日． **2** 今，現在．

आजकल /ājakala アージカル/ [*आज* + *कल*[1]] *adv.* 最近，近ごろ，昨今．(⇒अधुना)

आजन्म /ājanma アージャナム/ [←Skt.ind. *आ-जन्म* 'from birth, since birth'] *adj.* 死ぬまでの，終身の． ❐～ कारावास 終身懲役刑．

— *adv.* **1** 生まれてこれまで． **2** 生涯，一生，死ぬまで．

आज़माइश /āzamāiśa アーズマーイシュ/ [←Pers.n. آزمایش 'experiment, assay, proof'] *f.* 試し，試行；吟味．

आज़माना /āzamānā アーズマーナー/ [←Pers.vt. آزمودن 'to try, prove, experiment'] *vt.* (*perf.* आज़माया /āzamāyā アーズマーヤー/) **1** 試す，試みる．(⇒जाँचना, परखना) ❐वह रोज़ी-रोटी के लिए इस धंधे को आज़माने की सोचने लगा। 彼は生計をたてるためにこの仕事をやって見ようと考えはじめた． ❐सिनेमा-संसार में अपनी क़िस्मत आज़माने के लिए बंबई पहुँच गए थे। (彼は)映画界で自分の運を試そうとボンベイに着いたのだった． ❐हम अपनी तक़दीर तो आज़मा लें। 我々は自分の運をまず試そうじゃないか． **2** 味見する，吟味する．(⇒चखना) ❐ज़रा इस मिठाई का ज़ायक़ा आज़माकर देखो। ちょっと，このお菓子を味見してごらん． **3** (力量・実力を)見極める，探る． ❐कुश्ती में पहलवान एक दूसरे का ज़ोर आजमाते हैं। インド相撲では力士は互いの力量を探りあう．

आज़ाद /āzāda アーザード/ [←Pers.adj. آزاد 'free, independent, liberated, delivered, manumitted, exempted'] *adj.* **1** 独立した．(⇒स्वतंत्र) **2** 解放された；自由な，束縛されない．(⇒स्वतंत्र) ❐(को) (की) ज़िम्मेदारी से ～ करना (人を)(…の)責任から解放する．

आज़ादी /āzādī アーザーディー/ [←Pers.n. آزادی 'liberty'] *f.* **1** 独立．(⇒स्वतंत्रता) **2** 解放；自由．(⇒स्वतंत्रता)

आजीवन /ājīvana アージーワン/ [←Skt.n. *आ-जीवन-* 'livelihood'] *adj.* 一生涯の，終身の． ❐～ कारावास 終身刑．

— *adv.* 一生，終生，生涯．

आजीविका /ājīvikā アージーヴィカー/ [←Skt.f. *आजीविका-* 'profession'] *f.* 生活の手段；職業．

आज्ञा /ājñā アーギャー/ [←Skt.f. *आज्ञा-* 'an order; permission'] *f.* **1** 許可，許し．(⇒अनुमति, इजाज़त) ❐(को) (की) ～ देना (人に)(…の)許可を与える． ❐मुझे ～

दीजिए। おいとまします《＝私に(去る)許可をください》. **2** 命令, 訓令, 指令. (⇒आदेश, आर्डर, हुक्म) ❐(को) (की) ～ देना (人に)(…の)命令を与える. ❐(की) ～ में (…の)命令に従って.

आज्ञाकारिता /ājñākāritā アーギャーカーリター/ [←Skt.f. *आ-ज्ञा-कारि-ता* 'obedience'] *f.* 服従, 遵奉, 従順.

आज्ञाकारी /ājñākārī アーギャーカーリー/ [←Skt. *आज्ञा-कारिन्-* 'one who executes orders'; cf. *-कारी*[1]] *adj.* (命令に)服従する, 忠実な;(命令を)遵奉する;従順な. (⇔अनाज्ञाकारी) ❐आपका ～ あなたに忠実な(者)《目上の人宛ての手紙の末尾に自分の名前の前に置く定型句の一つ》.

आटा /āṭā アーター/ [<OIA. **ārta-²* 'flour': T.01338] *m.* 〖食〗(小麦・大麦・とうもろこしなどの穀物を挽いた)粉, ひきわり《製粉した時に残る皮の屑を取り除いた小麦粉はマェーダー (मैदा)》.

आटिज़्म /āṭizma アーティズム/ ▸ऑटिज़्म [←Eng.m. *autism*] *m.* 〖医学〗自閉症, 内閉症. (⇒स्वपरायणता)

आटोग्राफ़ /āṭogrāfa アートーグラーフ/ ▸ऑटोग्राफ़ [←Eng.m. *autograph*] *m.* (有名人の)サイン.

आटोमैटिक /āṭomaiṭika アートーマェーティク/ ▸ऑटोमैटिक [←Eng.adj. *automatic*] *adj.* オートマティクな, 自動的な.

आटोरिक्शा /āṭorikśā アートーリクシャー/ ▸ऑटोरिक्शा [I.Eng.n. *auto-rickshaw*] *m.* オートリキシャ《エンジンで走る小型 3 輪タクシー》.

आठ /āṭʰa アート/ [<OIA. *aṣṭā́, aṣṭáu* 'eight': T.00941] *num.* 8. (⇒अष्ट)

आठगुना /āṭʰagunā アートグナー/ [*आठ* + *-गुना*] *adj.* ☞ अठगुना

आठवाँ /āṭʰavā̃ アートワーン/ [<OIA. *aṣṭamá-* 'eighth': T.00937] *adj.* 8 番目の.

आडंबर /āḍaṃbara アーダンバル/ [←Skt.m. *आडम्बर-* 'a kind of drum; noisy behaviour, speaking loud or much'] *m.* 虚勢を張ること, 見栄を張ること.

आडंबरी /āḍaṃbarī [←Skt. *आडम्बरिन्-* 'arrogant, proud'] *adj.* 虚勢を張る(人), 見栄を張る(人).

आड़ /āṛa アール/ [<OIA. **aḍḍ-* 'obstruct, stop': T.00188; ?←Drav.] *f.* **1** (人目につかない)ものかげ; 隠れ蓑. (⇒ओट) ❐वह पेड़ की ～ में खड़ा झाँक रहा है। 彼女は木の陰に立って覗いていた. ❐दोनों एक चट्टान की ～ में छिप गये। 二人はひとつの岩陰に潜んだ. ❐वह सेवा की ～ में स्वार्थ सिद्ध करना चाहता है। 彼は人助けを隠れ蓑にして利己欲を満たそうとしている. **2** (女性の額につける)一種のビンディー (बिंदी).

आड़ा /āṛā アーラー/ [<OIA. **aḍḍa-* 'transverse': T.00189; ?←Drav.] *adj.* **1** 水平の方向の, 真横に直線状の. **2** 対角線の, 斜め方向の. (⇒तिरछा) **3** (事態などが)きびしい, 逆境の. ❐～ समय 逆境の時.

आडिटर /āḍiṭara アーディタル/ ▸ऑडिटर [←Eng.n. *auditor*] *m.* 傍聴人.

आडियो /āḍiyo アーディヨー/ ▸ऑडियो [←Eng.n. *audio*] *m.* オーディオ, 録音・再生・受信(の装置). ❐～ कैसेट オーディオカセット, 録音用カセット.

आड़ू /āṛū アールー/ [<OIA. **āḍu-* 'peach'; ?←Pers.n. آلو 'plum': T.01103] *m.* 〖植物〗モモ(桃)(の実)《バラ科の低木》. (⇒शफ़तालू)

आढ़त /āṛʰata アーラト/ [<OIA. *ādhāpayati* 'caus. of *ā́dadhāti* gives, lends': T.01164] *f.* **1** 〖経済〗仲買業, 仲介業, 代理業. **2** 〖経済〗仲介手数料.

आढ़तिया /āṛʰatiyā アールティヤー/ [cf. *आढ़त*] *m.* 〖経済〗仲買人, ブローカー, 代理業者.

आणविक /āṇavika アーンヴィク/ [neo.Skt. *आणविक-* 'atomic'] *adj.* 〖物理〗原子(力)の. (⇒एटमी, एटमिक) ❐～ शस्त्रास्त्र 原子力兵器.

आतंक /ātaṃka アータンク/ [←Skt.m. *आ-तङ्क-* 'disease or sickness of body; apprehension, fear'] *m.* **1** 恐怖, 恐れ;パニック, 恐慌. ❐～ फैलाना 恐怖を広める. ❐(पर) ～ जमाना [बैठाना] (…に)恐怖感を植えつける. **2** テロ.

आतंकवाद /ātaṃkavāda アータンクワード/ [neo.Skt.m. *आतङ्क-वाद-* 'terrorism'] *m.* テロリズム;恐怖政治. ❐～ आतंकवाद विरोधी दस्ता 対テロリズム部隊.

आतंकवादी /ātaṃkavādī アータンクワーディー/ [neo.Skt. *आतङ्क-वादिन्-* 'terrorist'] *adj.* テロリストの. ❐～ गुट テロリスト・グループ.

— *m.* テロリスト.

आतंकित /ātaṃkita アータンキト/ [?neo.Skt. *आ-तङ्कित-* 'awe-struck'] *adj.* **1** (恐怖に)おびえた, 恐慌状態になった. ❐(को) ～ करना (人を)おびえさせる. **2** テロにおびえた.

आततायी /ātatāyī アートターイー/ [←Skt. *आततायिन्-* 'having one's bow drawn'] *adj.* 残虐な;極悪な.

— *m.* 暴君;極悪人.

आतशक /ātaśaka アートシャク/ ▸आतिशक *f.* ☞आतिशक

आतिथेय /ātitʰeya アーティテーエ/ [←Skt. *आतिथेय-* 'proper for or attentive to a guest, hospitable'] *adj.* 客人に関する;客人をもてなす.

— *m.* (客人をもてなす)主人, ホスト. (⇒मेज़बान)(⇔अतिथि) ❐अतिथि और ～ 客人と主人.

आतिथ्य /ātitʰya アーティティエ/ [←Skt. *आतिथ्य-* 'proper for a guest, hospitable'] *m.* (客を)親切にもてなすこと, 歓待. (⇒अतिथि-सत्कार, मेहमानदारी)

आतिश /ātiśa アーティシュ/ [←Pers.n. آتش 'fire'] *m.* 火;炎, 火炎.

आतिशक /ātiśaka アーティシャク/ ▸आतशक [←Pers.n. آتشك 'a small fire; a fire-fly; the venereal disease'] *f.* 〖医学〗梅毒. (⇒उपदंश, गरमी, फ़िरंग)

आतिशगीर /ātiśagīra アーティシュギール/ [←Pers.adj. آتش گیر 'whatever catches fire'] *adj.* 可燃性の, 燃えやすい. (⇒ज्वलनशील)

आतिशबाज़ /ātiśabāza アーティシュバーズ/ [←Pers.n.

آتش باز 'a maker of fireworks'] *m.* 花火職人.

आतिशबाज़ी /ātiśabāzī アーティシュバーズィー/ [←Pers.n. آتش بازی 'fire-works, pyrotechnics'] *f.* 花火.

आतुर /ātura アートゥル/ [←Skt. *आतुर-* 'suffering, sick (in body or mind)'] *adj.* ひどく待ち焦がれる.

आतुरता /āturatā アートゥルター/ [←Skt.f. *आ-तुर-ता* 'impatience'] *f.* ひどく待ち焦がれること.

आत्म- /ātma- アートム・/ [cf. *आत्मा*] *comb. form* 《「自我の, 魂の, 自身の」などを表す連結形; आत्मकथा「自叙伝」, आत्मविश्वास「自信」, आत्महत्या「自殺」など》

आत्मकथा /ātmakatʰā アートムカター/ [neo.Skt.f. *आत्म-कथा-* 'autobiography'] *f.* 〖文学〗自叙伝, 自伝.

आत्मकेंद्रित /ātmakeṃdrita アートムケーンドリト/ [neo.Skt. *आत्म-केन्द्रित-* 'self-centred'] *adj.* 自己中心的な. ❐वे ~ व्यक्ति थे, मिलनसारी उनसे कोसों दूर थी। 彼は自己中心的な人間だった, 社交性などというものは彼からかけ離れたものだった.

आत्मगत /ātmagata アートムガト/ [←Skt. *आत्म-गत-* 'being on itself'] *adj.* 内的な; 自己の.

आत्मगौरव /ātmagaurava アートムガォーラオ/ [neo.Skt.m. *आत्म-गौरव-*] *m.* 自尊心. ❐(के) ~ पर आघात करना (人の)自尊心を傷つける.

आत्मग्लानि /ātmaglāni アートムグラーニ/ [neo.Skt.f. *आत्म-ग्लानि-* 'remorse, compunction'] *f.* 自己嫌悪(感). ❐~ अनुभव करना 自己嫌悪を感じる.

आत्मघात /ātmagʰāta アートムガート/ [←Skt.m. *आत्म-घात-* 'suicide'] *m.* 自殺. (⇒आत्महत्या)

आत्मघातक /ātmagʰātaka アートムガータク/ [←Skt.m. *आत्म-घातक-* 'a suicide'] *adj.* 自滅的な. (⇒आत्मघाती)

आत्मघाती /ātmagʰātī アートムガーティー/ [←Skt.m. *आत्म-घातिन्-* 'a suicide'] *adj.* 自殺する(人); 自滅的な. (⇒आत्मघातक)

— *m.* 自殺者.

आत्मचरित /ātmacarita アートムチャリト/ [neo.Skt.n. *आत्म-चरित-* 'autobiography'] *m.* ☞आत्मकथा

आत्मज /ātmaja アートマジ/ [←Skt.m. *आत्म-ज-* 'a son'] *m.* (自分の)息子《公式の書類などで使用》. (⇒बेटा)(⇔आत्मजा)

आत्मजा /ātmajā アートマジャー/ [←Skt.f. *आत्म-जा-* 'a daughter'] *m.* (自分の)娘《公式の書類などで使用》. (⇒बेटी)(⇔आत्मज)

आत्मज्ञ /ātmajña アートマギエ/ [←Skt. *आत्म-ज्ञ-* 'knowing one's self'] *adj.* 自己を知る(人).

आत्मज्ञान /ātmajñāna アートマギャーン/ [←Skt.n. *आत्म-ज्ञान-* 'self-knowledge'] *m.* 自己の認識, 自覚; 悟り.

आत्मज्ञानी /ātmajñānī アートマギャーニー/ [?neo.Skt. *आत्म-ज्ञानिन्-* 'knowing one's self'] *m.* ☞आत्मज्ञ

आत्मत्याग /ātmatyāga アートマティャーグ/ [←Skt.m. *आत्म-त्याग-* 'self-forgetfulness, absence of mind'] *m.* 自己犠牲. ❐~ करना 自己を犠牲にする.

आत्मनिरीक्षण /ātmanirīkṣaṇa アートマニリークシャン/ [neo.Skt.n. *आत्म-निरीक्षण-* 'introspection'] *m.* 内省, 内観. (⇒आत्मपरीक्षण)

आत्मनिर्णय /ātmanirṇaya アートマニルナエ/ [neo.Skt.m. *आत्म-निर्णय-* 'self-determination'] *m.* 自己[自主]決定, 自決. ❐~ करना 自己決定する.

आत्मनिर्भर /ātmanirbʰara アートマニルバル/ [neo.Skt.m. *आत्म-निर्भर-* 'self-sufficient'] *adj.* 自立した. ❐(को) ~ बनाना (人を)自立させる.

आत्मनिवेदन /ātmanivedana アートマニヴェーダン/ [←Skt.n. *आत्म-निवेदन-* 'offering one's self to a deity'] *m.* 〖ヒンドゥー教〗(神への)自己の献身, アートマニヴェーダナ《神への帰依・信愛を深めるために説かれている九つの方法 (नवधा भक्ति) の一つ, 「神の御許(みもと)にすべてをゆだねお任せする」》.

आत्मनिष्ठ /ātmaniṣṭʰa アートマニシュト/ [neo.Skt. *आत्म-निष्ठ-* 'subjective'] *adj.* 主観的な. (⇔वस्तुनिष्ठ)

आत्मनिष्ठा /ātmaniṣṭʰā アートマニシュター/ [?neo.Skt.f. *आत्म-निष्ठा-* 'seld-confidence'] *f.* 自信.

आत्मपरीक्षण /ātmaparīkṣaṇa アートマパリークシャン/ [neo.Skt.n. *आत्म-परीक्षण-* 'introspection'] *m.* 内省, 内観. (⇒आत्मनिरीक्षण)

आत्मप्रशंसा /ātmapraśaṃsā アートマプラシャンサー/ [←Skt.f. *आत्म-प्रशंसा-* 'self-applause'] *f.* 自画自賛, 自己賛美. (⇒आत्मश्लाघा)

आत्मबल /ātmabala アートマバル/ [neo.Skt.n. *आत्म-बल-* 'spiritual strength; strength of character'] *m.* 精神的な強さ, 強靭(きょうじん)な精神.

आत्मरक्षा /ātmarakṣā アートマラクシャー/ [?neo.Skt.f. *आत्म-रक्षा-* 'self-defence'] *f.* 自己防衛, 自衛.

आत्मवाद /ātmavāda アートマワード/ [neo.Skt.m. *आत्म-वाद-* 'spiritualism'] *m.* 唯心論. (⇔अनात्मवाद)

आत्मविश्वास /ātmaviśvāsa アートマヴィシュワース/ [neo.Skt.m. *आत्म-विश्वास-* 'self-confidence'] *m.* 自信. ❐अपना ~ बढ़ाना 自信を深める. ❐(का) ~ जगाना (人の)自信をよびさます.

आत्मश्लाघा /ātmaślāgʰā アートマシュラーガー/ [←Skt.f. *आत्म-श्लाघा* 'selfpraising, boasting'] *f.* 自画自賛, 自己賛美. (⇒आत्मप्रशंसा)

आत्मसंयम /ātmasaṃyama アートマサンヤム/ [←Skt.m. *आत्म-संयम-* 'self-restraint'] *m.* 自制(心), 克己. ❐~ करना 自制する. ❐~ खोना 自制心を失う.

आत्मसंस्मरण /ātmasaṃsmaraṇa アートマサンスマラン/ [neo.Skt.n. *आत्म-संस्मरण-* 'autobiography'] *f.* 〖文学〗回想録; 自叙伝, 自伝. (⇒आत्मकथा)

आत्मसमर्पण /ātmasamarpaṇa アートマサマルパン/ [←Skt.n. *आत्म-समर्पण-* 'offering one's self to a deity'] *m.* **1** 降伏, 降参; 自首; 投降; お手上げ. ❐~ करना 降伏する; 自首をする. **2** (神に)自己の一切を捧げること; 献身, (目的のために)全身全霊で尽くすこと. ❐उसकी मुखाकृति से शहीदों का-सा ~ झलक रहा था। 彼の顔から

は殉教者のような滅私奉公の決意が窺われた. ❒एक ग्रामीण बाला ने उनकी तीमारदारी कितने ～ से की थी। 一人の村の少女が彼の看護をどれほどの献身的にしたことか.

आत्मसम्मान /ātmasammānḁ アートマサムマーン/ [neo.Skt.m. *आत्म-सम्मान-* 'self-respect'] *m.* 自尊心.

आत्मसात् /ātmasāt アートマサート/ ▹आत्मसात [←Skt.ind. *आत्म-सात्* 'in one's own possession'] *adj.* 取り入れられた, 吸収された, 溶け込まれた, 同化された. ❒(को) (में) ～ करना (…を)(…の中に)同化する.

आत्महत्या /ātmahatyā アートマハティャー/ [←Skt.f. *आत्म-हत्या-* 'suicide'] *f.* 自殺. (⇒ख़ुदकुशी) ❒～ करना 自殺する.

आत्मा /ātmā アートマー/ [←Skt.m. *आत्मन्-* 'the soul, principle of life and sensation'] *f.* **1** 心;(自我の)意識;精神. ❒उसकी ～ अपनी संकीर्णता पर लज्जित थी। 彼の心は自分の度量の狭さを恥じていた. ❒चिंता और निराशा और अभाव से आहत ～ इन शब्दों में एक कोमल शीतल स्पर्श का अनुभव कर रही थी। 不安と失望と貧困に傷ついた心はこの言葉の中に一種の柔和で和ませる感触を感じていた. **2** 霊魂,魂. **3**〖ヒンドゥー教〗アートマン《最高我 (परमात्मा) に対する個我》.

आत्मीय /ātmīyḁ アートミーエ/ [←Skt. *आत्मीय-* 'one's own'] *adj.* 親密な, 懇意な, 身内の. ❒परम ～ मित्र 最も親密な友人.

— *m.* 身内の人間;親密な友人, 懇意にしている人.

आत्मीयता /ātmīyḁtā アートミーエター/ [←Skt.f. *आत्मीय-ता-* 'intimacy'] *f.* 親近感;親愛の情, 親密さ.

आत्मोत्सर्ग /ātmotsargḁ アートモートサルグ/ [neo.Skt.m. *आत्म-उत्सर्ग-* 'self-sacrifice'] *m.* 自己犠牲, 献身(的行為). ❒वीरों के ～ की कहानियाँ 勇者たちの自己犠牲の物語.

आदत /ādatḁ アーダト/ [←Pers.n. عادة 'custom, mode, manner, habit, usage, rite, observation' ←Arab.] *f.* (個人の)習慣;癖. ❒(की) ～ डालना (…の)習慣をつける. ❒(की) ～ छोड़ना (…の)習慣を捨てる. ❒(की) ～ छूटना (…の)習慣が失われる.

आदतन /ādḁtanḁ アードタン/ [←Pers.adv. عادةً 'habitually, customarily' ←Arab.] *adv.* 習慣的に.

आदम /ādamḁ アーダム/ [←Pers.n. آدم 'Adam' ←Arab.] *m.* **1**〖キリスト教〗アダム. **2** 人間《複合語を形成する連結形として使用;आदमक़द「等身大の」, आदमख़ोर「人食いの」, आदमज़ाद「(アダムの子孫である)人間」など》.

आदमक़द /ādamḁqadḁ アーダムカド/ [*आदम* + *क़द*] *adj.* 等身大の. ❒(की) ～ तसवीर (人の)等身大の写真.

आदमख़ोर /ādamḁxorḁ アーダムコール/ [←Pers.n. آدم خور 'a man-eater, a cannibal'] *adj.* 人食いの. ❒～ शेर 人食い虎.

आदमज़ाद /ādamḁzādḁ アーダムザード/ [*आदम* + *ज़ाद*; cf. Pers.n. آدمی زاد 'a son of man, man'] *m.* (アダムの子孫である)人間. ❒न कहीं आदमी न ～। どこにも人っ子一人いなかった.

आदमियत /ādḁmiyatḁ アードミヤト/▸आदमीयत [←Pers.n. آدمیة 'humanity' ←Arab.] *f.* 人間性;人間らしさ. (⇒इनसानियत, मनुष्यता)

आदमी /ādḁmī アードミー/ [←Pers.n. آدمی 'human, a man; a descendant of Adam' ?←Arab.] *m.* **1** (成人の)男. (⇒पुरुष, मर्द)(⇔औरत) **2** 人, 人間;人類. (⇒इंसान, मनुष्य) **3** (仲間・身内の)人間. ❒अपने ～ 身内の人間. **4** 部下, 手下;使用人. **5** 夫, 旦那, 家の人.

आदमीयत /ādḁmīyatḁ アードミーヤト/ ▸आदमियत *f.* ☞आदमियत

आदर /ādarḁ アーダル/ [←Skt.m. *आ-दर-* 'respect, regard, notice'] *m.* 敬意, 尊敬, 尊重. (⇒इज़्ज़त, सम्मान) ❒(का) ～ करना (…を)尊敬[尊重]する.

आदरणीय /ādarḁṇīyḁ アーダルニーエ/ [←Skt. *आ-दरणीय-* 'to be attended to or regarded, venerable, respectable'] *adj.* 尊敬すべき《手紙の冒頭で相手の名前に冠して》.

आदरभाव /ādarḁbʰāvḁ アーダルバーオ/ [neo.Skt.m. *आदर-भाव-* 'reverence'] *m.* 尊敬, 崇敬;敬意.

आदर्श /ādarśḁ アーダルシュ/ [←Skt.m. *आ-दर्श-* 'the act of perceiving by the eyes; a looking-glass, mirror'] *m.* **1** 理想;模範, 手本. ❒कितना ऊँचा ～ है! なんと崇高な理想なのだ! ❒अगर धन मेरे जीवन का ～ होता, तो आज मैं इस दशा में न होता। もし富が私の人生の理想であったなら, 今日私はこのような境遇にはいなかった. ❒मैं अपने ～ से गिर गया हूँ। 私は自身の理想から堕落してしまった. **2**《名詞と並置して名詞句「理想の…」を表す》❒～ ऋतु 理想の季節. ❒～ पति 理想の夫.

आदर्शवाद /ādarśḁvādḁ アーダルシュワード/ [neo.Skt.m. *आदर्श-वाद-* 'idealism'] *m.* 理想主義.

आदर्शवादिता /ādarśḁvāditā アーダルシュワーディター/ [neo.Skt.m. *आदर्श-वादिता-* 'idealism'] *f.* ☞आदर्शवाद

आदर्शवादी /ādarśḁvādī アーダルシュワーディー/ [neo.Skt. *आदर्श-वादिन्-* 'idealist'] *adj.* 理想主義の.

— *m.* 理想主義者.

आदान /ādānḁ アーダーン/ [←Skt.n. *आ-दान-* 'taking, seizing'] *m.* 受け取ること, 受領. (⇔प्रदान)

आदान-प्रदान /ādānḁ-pradānḁ アーダーン・プラダーン/ [neo.Skt.n. *आदान-प्रदान-* 'giving and taking, exchange'] *m.* やり取り, 交換;交流. ❒(का) ～ करना (…の)交換をする. ❒विचारों का ～ 意見交換. ❒संस्कृतियों का ～ 文化の交流.

आदाब /ādābḁ アーダーブ/ [←Pers.n. آداب 'civilities, good manners, devoirs, ceremonies, politeness; forms of address inwriting adn speaking, salutations, respects' ←Arab.] *m.*〖イスラム教〗あいさつ. ❒～ अर्ज़ こんにちは.

आदाब अर्ज़ /ādābḁ arzḁ アーダーブ アルズ/ *int.*〖イスラム教〗こんにちは.

आदि /ādi アーディ/ [←Skt.m. *आदि-* 'beginning, commencement'] *adj.* 始めの, 最初の.

— *m.* 最初, 原初. ❒～ से अंत तक 最初から最後まで.
— *ind.* その他, などなど. (⇒वग़ैरह) ❒मैं आज तिथि ～ ठीक करके कल आपको सूचना दूंगा। 私は今日のうちに日取りなどを決めて明日あなたにお知らせしましょう.

आदिकवि /ādikavi アーディカヴィ/ [←Skt.m. *आदि-कवि-* 'the first poet'] *m.* 最初の詩人《最初のサンスクリット叙事詩『ラーマーヤナ』(रामायण) の作者とされるヴァールミーキ (वाल्मीकि) の尊称》.

आदिकाल /ādikāla アーディカール/ [←Skt.m. *आदि-काल-* 'primitive time'] *m.* 初期, 黎明(れいめい)期;古代. ❒यह प्रथा ～ से चली आयी है। この風習は古代より続いて来ている. ❒हिंदी साहित्य का ～ ヒンディー文学の黎明期.

आदित्य /āditya アーディティエ/ [←Skt.m. *आदित्य-* 'son of *Aditi*'] *m.* 〖神話〗太陽;太陽神. (⇒सूर्य)

आदिम /ādima アーディム/ [←Skt. *आदिम-* ' first, prior, primitive, original'] *adj.* **1** 原初の. ❒～ हिंद-यूरोपीय भाषा インド・ヨーロッパ祖語. **2** 原始の;太古の;未開の. ❒～ जाति 先住民族《現在は आदिवासी が一般的》. ❒～ जनजाति 未開部族.

आदिवासी /ādivāsī アーディワースィー/ [neo.Skt. *आदि-वासिन्-* 'aboriginal'] *adj.* 先住民である, 土着の.
— *m.* 先住民.

आदी /ādī アーディー/ [←Pers.adj. عادی 'accustomed, addicted' ←Arab.] *adj.* 習慣になっている, 癖になっている;常習の;慣れている. ❒शराब के ～ लोग 飲酒癖のある人々. ❒तुम भी तो इन तक़लीफ़ों के ～ नहीं हो। 君もこうした苦労には慣れていないだろう.

आदेश /ādeśa アーデーシュ/ *m.* **1** 命令, 訓令, 指令. (⇒हुक्म, आज्ञा, आर्डर) **2** 指定, 指示.

आद्यंत /ādyaṃta アーディャント/ [←Skt.n. *आद्य-अन्त-* 'beginning and end'] *adv.* 最初から最後まで. ❒उसने पति के हाथ से पत्र लिया और एक मिनट में ～ पढ़कर कहा। 彼女は夫の手から手紙を取ったそして1分で最初から最後まで読んでから言った.

आद्य /ādya アーディエ/ [←Skt. *आद्य-* 'being at the beginning, first, primitive'] *adj.* ☞आदि

आद्यक्षर /ādyakṣara アーディャクシャル/ [neo.Skt. *आद्य-अक्षर-* 'initial'] *m.* 語の先頭音節文字. (⇔अंत्याक्षर)

आद्योपांत /ādyopāṃta アーディョーパーント/ [neo.Skt.ind. *आद्य-उपान्त* 'from beginning to end'] *adv.* 始めから終わりまで, 一部始終. ❒मैंने सारी कथा ～ सुनायी। 私はすべての話を一部始終語って聞かせた.

आधा /ādʰā アーダー/ [＜OIA. *ardhá-*[2] 'half': T.00644] *adj.* 半分の. ❒～ घंटा 半時間. ❒～ ～ करना 半々にする.
— *m.* 半分. (⇒अद्धा)

आधान /ādʰāna アーダーン/ [←Skt.n. *आ-धान-* 'putting near or upon, depositing, placing'] *m.* (ある場所に確実に)置くこと;子を宿すこと, 妊娠;輸血;担保にすること.

आधार /ādʰāra アーダール/ [←Skt.m. *आ-धार-* 'support, prop, stay, substratum'] *m.* **1** 土台, 基礎;台座. (⇒बुनियाद) **2** 基礎, 基本. (⇒बुनियाद) ❒(के) ～ पर (…を)基に. **3** 支え, 支柱. **4** 根拠;基準. **5** 〖数学〗底面.

आधारभूत /ādʰārabʰūta アーダールブート/ [neo.Skt. *आधार-भूत-* 'foundamental'] *adj.* **1** 基礎的な, 基本的な;基幹の. (⇒बुनियादी) ❒～ जानकारी 基本的な知識. ❒～ शब्दावली 〖言語〗基礎語彙集. **2** 初歩的な, 入門的な. (⇒बुनियादी)

आधार-शिला /ādʰāra-śilā アーダール・シラー/ [neo.Skt.f. *आधार-शिला-* 'foundation stone'] *f.* 礎(いしずえ), 礎石, 土台. ❒(की) ～ रखना (…の)礎石を据える.

आधारित /ādʰārita アーダーリト/ [?neo.Skt. *आ-धारित-* 'based'] *adj.* 基づいた. ❒कहावत समय-सिद्ध सामूहिक अनुभवों पर ही ～ होती हैं। 諺(ことわざ)というものは時間が証明する集団の経験に基づいたものである.

आधासीसी /ādʰāsīsī アーダースィースィー/ [*आधा* + *सीस*] *m.* 〖医学〗片[偏]頭痛.

आधिकारिक /ādʰikārika アーディカーリク/ [←Skt. *आधिकारिक-* 'official, relating to any office or duty'] *adj.* 公式の, 正式の. ❒～ भाषा 公用語. ❒～ रूप में 公式に, 正式に.

आधिक्य /ādʰikya アーディキエ/ [←Skt.n. *आधिक्य-* 'excess, abundance'] *m.* ☞अधिकता

आधिदैविक /ādʰidaivika アーディダェーヴィク/ [←Skt. *आधिदैविक-* 'relating to or proceeding from gods or from spirits'] *adj.* この世のものとは思われない, 超自然的な.

आधिपत्य /ādʰipatya アーディパティエ/ [←Skt.n. *आधिपत्य-* 'supremacy, sovereignty, power'] *m.* **1** 支配(権), 統治(権). ❒पुरुषों का ～ स्वीकार करनेवाली औरतें। 男たちの支配を受け入れる女性たち. **2** 優越していること, 威勢を振っていること, 羽振りを利かせていること. ❒कार्यालयों में अभी भी अंग्रेज़ी भाषा का हिंदी पर ～ क़ायम है। オフィスでは未だに英語がヒンディー語より幅を利かせている. ❒(पर) अपना ～ जमाना (…に)自身の優位を確立する. **3** 覇権. ❒तिबत्त पर चीनी ～ के विरोध में एक तिब्बती महिला ने ख़ुद को आग के हवाले कर दिया। チベットに対する中国の覇権に抗議して一人のチベット人女性が焼身自殺を図った. **4** 熟練した技能;精通した知識.

आधिभौतिक /ādʰibʰautika アーディバォーティク/ [←Skt. *आधिभौतिक-* 'belonging or relating to created beings'] *adj.* 唯物的な;即物的な.

आधि-व्याधि /ādʰi-vyādʰi アーディ・ヴィャーディ/ [neo.Skt.m. *आधि-व्याधि-* 'mental and physical suffering'] *f.* 心身の苦痛.

आधुनिक /ādʰunika アードゥニク/ [←Skt. *आधुनिक-* 'new, recent, of the present moment'] *adj.* 最近の, 現代[近代]の, 今日の. (⇒अधुनातन) ❒～ काल में 現代において.

आधुनिकता /ādʰunikatā アードゥニクター/ [neo.Skt.f. *आधुनिक-ता-* 'modernity'] *f.* 現代性, 近代性;当世風.

आधुनिका /ādʰunikā アードゥニカー/ [neo.Skt.f. *आधुनिका-* 'a woman of today'] *f.* (因襲にとらわれない)現代女性;当世風の女性.

आध्यात्मिक /ādʰyātmika アーディャートミク/ [←Skt. *आध्यात्मिक-* 'relating to the soul or the Supreme Spirit; spiritual, holy'] *adj.* 精神的な, 精神世界の. (⇔सांसारिक) ❐~ प्रेम 精神的恋愛, プラトニック・ラブ.

आध्यात्मिकता /ādʰyātmikatā アーディャートミクター/ [neo.Skt.f. *आध्यात्मिक-ता-* 'spirituality'] *f.* 精神性. (⇔सांसारिकता)

आनंद /ānaṃda アーナンド/ [←Skt.n. *आ-नन्द-* 'happiness, joy, enjoyment, sensual pleasure'] *m.* **1** 幸福, 幸せ, 喜び. ❐~ का सुख उठाना 幸せの喜びをかみしめる. ❐(को) (का) ~ आना [मिलना] (人が)(…の)喜びをえる. **2** 楽しみ, 満足. ❐(का) ~ उठाना [लूटना, लेना] (…を)楽しむ.

आनंदित /ānaṃdita アーナンディト/ [←Skt. *आ-नन्दित-* 'rejoiced, delighted, happy'] *adj.* 幸福な;楽しい, 満ち足りた.

आन[1] /āna アーン/ [?<OIA.m. *āṇí-* 'axle-pin': T.01110; ?←Pers.n. آن 'grace'] *f.* 崇高さ, 気高さ, 高潔さ;誇り;名誉. ❐इस गीत से जोश फैल रहा था और देश के लिए मर मिटने की ~ पर शान चढ़ रही थी। この歌により興奮が拡がっていきそして祖国のために命を落とすことの崇高さに輝かしさが増しつつあった. ❐अच्छा हुआ, ~ रह गई। よかった, 名誉が守られた.

आन[2] /āna アーン/ [<OIA.f. *ājñā-* 'command': T.01095] *f.* 誓い;誓約.

आन[3] /āna アーン/ [←Pers.n. آن 'moment, instant' ←Arab.] *f.* 瞬間, 瞬時. ❐~ की ~ में 一瞬のうちに.

आन[4] /āna アーン/▸ऑन [←Eng.adj. *on*] *adj.* (スイッチなどが)オン. (⇔आफ़) ❐~ कीजिए। オンにしてください.

-आन /-āna ·アーン/ *suf.* 《動詞語幹について名詞を作る接尾辞》

आनन /ānana アーナン/ [←Skt.n. *आनन-* 'the mouth; the face'] *m.* **1** 口. **2** 顔.

आनन-फ़ानन /ānana-fānana アーナン・ファーナン/ [←Pers.adv. آناً فاناً ←Arab. 'instantaneously, at once'] *adv.* 瞬時に, たちまち. ❐~ सारा प्रबंध किया गया। たちまちすべての準備が整えられた.

आनबान /ānabāna アーンバーン/ [echo-word; cf. *आन*[1]] *f.* 華やかさ, 華麗さ;壮麗さ.

आनरेबुल /ānarebula アーンレーブル/ [←Eng.adj. *hono(u)rable*] *adj.* 名誉な;高貴な. (⇒अवैतनिक)

आनरेरी /ānarerī アーンレーリー/ [←Eng.adj. *honorary*] *adj.* 名誉職の. (⇒अवैतनिक)

आना[1] /ānā アーナー/ [<OIA. *āpayati* 'causes to reach': T.01200] *vi.* (*perf.* आया /āyā アーヤー/) **1** (話し手の方に)来る, (相手の所に)行く;(相対的に)近づく;到着する;(時間, 機会, 季節などが)到来する;届く. (⇒पधारना)(⇔जाना) ❐अब उसका नंबर आया। 今度は彼の番になった. ❐आइए, यहाँ आइए। いらっしゃい, ここにいらっしゃい. ❐उसी वक़्त हार्न की आवाज़ आई। その時車の警笛が聞こえた. ❐कल आपके घर आऊँगा। 明日あなたの家に行きましょう. ❐किसी दिन मौक़ा आएगा। いつの日かチャンスが来るだろう. ❐कौन-सा स्टेशन आया? 何駅に着いたのかい? ❐दशहरा आ रहा है। ダシュハラー祭が近づいている. ❐दोनों दौड़ी हुई आईं। 彼女たち二人とも走って来た. ❐पानी पहले तो घुटनों तक था, फिर कमर तक आया और अंत में गर्दन तक पहुँच गया। 水は最初は膝までだった, その後腰まできて, そしてついには首のところまで達した. ❐मैंने उसे अपनी तरफ़ आते देखा। 私は彼がこっちに向かって来るのを見た. ❐वसंत आ गया। 春が来た. ❐वह मेरे पास न आई थी। 彼女は私のもとには来なかった. **2** (中に)入る, 入って来る;登場する;(新聞・雑誌などに)載る;(目・耳に)入る;入会[学・隊]する;(…という態度に)でる. ❐अंदर आ सकता हूँ? 中に入っていいですか? ❐उसकी वाणी में मृदुता और व्यवहारों में उदारता आ गयी। 彼の言葉には優しさがそして振る舞いには寛容さが加わった. ❐एक बड़ा अच्छा अवसर हाथ (में) आ गया। 一つの絶好のチャンスが手に入った. ❐दूध पीकर उसमें जैसे जान आ गई। ミルクを飲むと, まるで彼は生き返ったようになった. ❐पूर्व जन्म की बातें याद रखने वाले बच्चों की चर्चा अक्सर पत्रों में आती रहती है। 前世のことを記憶している子どもの話がよく新聞に載っている. ❐मैं अपनी बेटी को फ़िल्मों में आने की इजाज़त बिल्कुल नहीं दूँगा। 私は自分の娘に映画界に入る許しを与えるつもりは全くない. ❐उनसे कहिए, अपनी स्त्री के साथ सज्जनता से पेश आएँ। 彼に言ってください, 自分の妻に対して紳士的な態度をとるようにと. ❐स्त्रियों का पुरुषों के क्षेत्र में आना इस युग का कलंक है। 女が男の領域に入って来るということは現代の汚点である. **3** (範囲内に)収まる;(一定金額内で)買える. ❐इस बोतल में आधा लीटर पानी आता है। このボトルに半リットル水が入る. ❐इस हाल में कितने आदमी आ सकते हैं? このホールに何人の人間が収容できますか? ❐यह किताब कितने में आती है? この本はいくらですか? **4** (事件・天災などが)起こる;(災難などが)(身の上に)降りかかる. ❐भूकंप आ गया। 地震が起きた. ❐उसकी वफ़ादारी में फ़र्क़ न आएगा। 彼の忠義心は変わらないだろう. ❐उसे आश्रय देने ही से यह सारी विपत्ति आयी है। 彼女に救いの手をさしのべたがために, この災難全部が降りかかってきたのだ. ❐एक नई विपत्ति आ खड़ी हुई। 一つの新しい障害が立ちはだかった. ❐कल मेरे ही ऊपर कोई संकट आ पड़े, तो मैं तुमसे अपना दुःख न कहूँगा। 明日私に何か災難が降りかかろうと, 君に自分のつらさを言うつもりはないよ. ❐जितने वादे करते हैं, अगर सब पूरा करने लगें, तो भीख माँगने की नौबत आ जाए। しただけの約束全部を果たそうとしたら, 乞食をするはめになってしまうよ. ❐आपको ज़्यादा चोट तो नहीं आई? あなたの怪我は, たいしたことありませんでしたか. **5** (…の状態に)入ってくる;(危機・困難に)陥る;(手中に)陥る. ❐आख़िर आदमी ही तो आदमी के काम आता है। 結局人間だけが人間の役に立つのだ. ❐आपकी बात मेरी समझ में नहीं आती। あなたの話は, 私には理解できない. ❐उसने आवेश में

आकर कह दिया था। 彼は興奮して言った. ❐यह पैसा काम आएगा। この金は役に立つだろう. ❐वह उसके चपेट में आ गया। 彼は彼女の罠に陥った. ❐वह उसके पंजे में आ गई। 彼女は彼の手中に陥った. ❐उसने अचंभे में आकर पूछा। 彼は驚いて尋ねた. ❐वह बग़ैर तैश में आए हुए सही पक्ष को सही साबित करने के लिए अपना पूरा वाक्-चातुर्य इस्तेमाल करते थे। 彼は激昂することなしに, 正しい側を正しいと証明するために, 自分の弁舌の力全てを使った. ❐वह सकते में आ गया। 彼はびっくり仰天した. ❐वह हमारे संपर्क में आया। 彼は我々と知り合った. ❐वह सन्नाटे में आ गया। 彼はあっけにとられた. **6** (考えが)浮かぶ;(喜怒哀楽などの感情が)こみあげてくる;(眠気・咳・吐き気など生理上の変化を)催す《意味上の主語(＝人間)は後置詞 को をとる》. ❐मुझे एक ख़्याल आया। 私に一つの考えが浮かんだ. ❐सहसा मुझे उसकी याद आई। 突然, 私は彼女のことを思い出した. ❐शायद तुम्हें विश्वास नहीं आएगा। 多分君には信じられないだろう. ❐मुझे तो तुम्हारे ऊपर कितना ही गुस्सा आये मगर हाथ न उठाऊँगी। 私があんたに対してどんなに頭にこようと, (叩くために)手を上げるつもりはないわ. ❐उसे होश आया। 彼は正気に戻った. ❐इसपर मुझे हँसी आती है। このことについて, 私には笑いがこみあげて来る. ❐मुझे यह कहते हुए शर्म आती है। 私は, このことを言いながら自分が恥ずかしい. ❐मुझे बड़ा मज़ा आया। とても楽しかった. ❐रात को मुझे खाँसी आती है। 夜, 私は咳が出るのです. ❐उसने सो जाने का प्रयास किया, पर नींद न आयी। 彼は眠る努力をした, しかし眠れなかった. ❐मुझे उसकी मूर्खता पर हँसी आई। 私は彼の馬鹿さかげんに笑いがこみあげてきた. ❐रात को उन्हें ज़ोर का बुख़ार आया। 夜, 彼は激しい熱がでた. ❐उसकी हालत आप देखें, तो आपको दया आएगी। 彼女の様子を見れば, あなたは哀れみを感じるでしょう. ❐मैं मर जाऊँ, तो उसकी आँखों में आँसू नहीं आएगा। 私が死んでも, 彼の目に涙は浮かばないだろう. **7**《未完了表現 〖आता + コピュラ動詞〗の形式で, 「(技能・知識・礼儀などが)身についている」;意味上の主語(＝人間)は後置詞 को をとる》❐उसे तैरना आता है। 彼女は泳げる. ❐उसे बोलना नहीं आता। 彼は口のききかたを知らない. ❐मुझे हिंदी आती है। 私はヒンディー語ができる.

— *vi.* (*perf.* आया /āyā アーヤー/)〖継続表現〗《〖未完了分詞 आना〗の形式で, 継続表現「(これまで)…しつづけてくる」を表す;आना は完了表現の形式が多い;未完了分詞は形容詞変化》❐मैं अब तक आपको मित्र समझता आया था। 私は今まであなたを友人だと思ってきました. ❐मैंने वह गाँव छोड़ा, जहाँ बाप-दादों से रहता आया था। 私は父祖の代から住み慣れた村を去った.

आना[2] /ānā アーナー/ [＜OIA. *āṇvaka- 'small coin': T.01114] *m.* 〖単位〗アーナー, アンナ《1/16 ルピー;インドの旧貨幣単位》.

-आना /-ānā ・アーナー/ [←Pers. انا 'a particle which, when added to substantives, gives them an adverbial signification'] *suf.* 《名詞に付加する接尾辞; शाहाना「王室の」, मेहनताना「労賃」など》.

आनाकानी /ānākānī アーナーカーニー/ [cf. OIA. *ākarṇayati* 'listens to': T.01001] *f.* 聞かぬふり. ❐～ करना 聞かぬふりをする.

आना-जाना /ānā-jānā アーナー・ジャーナー/ *vi.* (*perf.* आया-गया /āyā-gayā アーヤー・ガヤー/) 行ったり来たりする, 去来する. ❐अनेक विचार चित्त में आने-जाने लगे। さまざまな考えが胸に去来した.

— *m.* 行き来, 付き合い, 交流;往復;去来.

-आनी /-ānī ・アーニー/ *suf.* **1**《接尾辞;職業などを表す男性名詞から対応する女性名詞を作る》. ❐डाक्टरानी 女医. ❐देवरानी 義妹《夫の弟 देवर の妻》. **2**《接尾辞;名詞から形容詞を作る》. ❐बर्फ़ानी 雪におおわれた.

आनुपातिक /ānupātika アーヌパーティク/ [neo.Skt. *आनुपातिक-* 'proportional'] *adj.* 比例する.

आनुमानिक /ānumānika アーヌマーニク/ [←Skt. *आनुमानिक-* 'inferable'] *adj.* 憶測的な, 推計の. ❐～ सांख्यिकी 推計統計学.

आनुवंशिक /ānuvaṃśika アーヌワンシク/ [neo.Skt. *आनुवंशिक-* 'hereditary'] *adj.* 〖生物〗遺伝(性の)の. ❐～ विज्ञान 遺伝学.

आनुवंशिकता /ānuvaṃśikatā アーヌワンシクター/ [neo.Skt.f. *आनुवंशिक-ता-* 'heredity'] *f.* 遺伝.

आनुवंशिकी /ānuvaṃśikī アーヌワンシキー/ [neo.Skt.f. *आनुवंशिकी-* 'genetics'] *f.* 〖生物〗遺伝学.

आनुषंगिक /ānuṣaṃgika アーヌシャンギク/ [←Skt. *आनुषङ्गिक-* 'closely adherent'] *adj.* 付随的な;副次的な. ❐～ साक्षी 状況証拠.

आप /āpa アープ/ [＜OIA.m. *ātmán-* 'breath, soul': T.01135] *pron.* **1** あなた, あなたがた. **2** このかた. ❐～ से मिलिए। ご紹介します(＝この方にお会い下さい). **3** 自身. ❐अपने ～ 自分自身で, ひとりでに.

— *adv.* 自身で. ❐अपने ～ 自分自身で, ひとりでに.

आपका /āpakā アープカー/ *pron.adj.* あなたの《 आप の属格; आपका, आपके, आपकी と形容詞変化する》.

आपत्काल /āpatkāla アーパトカール/ [←Skt.m. *आपत्-काल-* 'season or time of distress'] *m.* 緊急時, 非常時;緊急事態, 非常事態. ❐～ की घोषणा 非常事態宣言.

आपत्ति /āpatti アーパッティ/ [←Skt.f. *आ-पत्ति-* 'happening, occurring; incurring, misfortune, calamity'] *f.* 反対, 異議, 異論, 不服. (⇒एतराज़) ❐उसने ～ के भाव से कहा, जैसी तुम्हारी इच्छा। 彼女は不服気に言った, 好きなようにすれば. ❐मुझे कोई ～ नहीं। 私には何の異議もありませんよ. ❐(में) ～ करना (…に)異議を唱える.

आपत्तिजनक /āpattijanaka アーパッティジャナク/ [neo.Skt. *आ-पत्ति-जनक-* 'objectionable'] *adj.* 異議を唱える;反対すべき;気にさわる. ❐चारों तरफ़ से ～ आवाज़ें आने लगीं। 四方から異議を唱える声が聞こえた.

आपदा /āpadā アーパダー/ [←Skt.f. *आ-पदा-* 'misfortune, calamity'] *f.* **1** 災難;危機. (⇒मुसीबत,

विपत्ति) **2** 災害. ❐प्राकृतिक ～ 天災, 自然災害.

आपबीती /āpabītī アープビーティー/ [*आप* + *बीतना*] *f.* 身の上話 ; (苦難の) 自分の生い立ち. (⇔जगबीती) ❐ (को) ～ सुनाना (人に)身の上話を聞かす.

आपराधिक /āparādʰika アープラーディク/ [←Skt. *आपराधिक-* 'criminal'] *adj.* 犯罪の, 刑事上の. ❐～ मामला 刑事事件. ❐～ रिकार्ड 犯罪記録.

आपरेटर /āpareṭara アープレータル/ ▸ऑपरेटर [←Eng.n. *operator*] *m.* オペレーター.

आपरेशन /āpareśana アープレーシャン/ ▸ऑपरेशन [←Eng.n. *operation*] *m.* **1** 〖医学〗手術, オペ. ❐ कैंसर का ～ करना [कराना] (医者[患者]が)ガンの手術をする[してもらう]. ❐～ थियेटर 手術室. **2** 軍事行動 ; 作戦.

आपस /āpasa アーパス/ *pron.* 相互, 互い. ❐～ में 相互に.

आपसदारी /āpasadārī アーパスダーリー/ [*आपस* + *-दारी*] *f.* 相互関係 ; 親密な関係. ❐एक-दूसरे को समझने के लिए दिली ～ 互いを理解するための心のこもった親密な関係.

आपसी /āpasī アープスィー/ *adj.* 互いの, 相互の. (⇒पारस्परिक) ❐～ मतभेद 相互の意見対立.

आपा /āpā アーパー/ [<OIA.m. *ātmán-* 'breath, soul': T.01135] *m.* **1** 自分, 自己, 自我. **2** 自制心, 正気. ❐आपे से बाहर हो जाना (怒り, 驚き, 悲しみなどで)我を忘れる.

आपात /āpāta アーパート/ [←Skt.m. *आ-पात-* 'the falling, descending; happening'] *m.* 非常 ; 緊急.

आपातकाल /āpātakāla アーパートカール/ [neo.Skt.m. *आ-पात-काल-* 'emergency'] *m.* 緊急事態, 国家非常事態. ❐～ की घोषणा करना 緊急事態を宣言する. ❐～ लागू होना 緊急事態が発動される.

आपातकालीन /āpātakālīna アーパートカーリーン/ [neo.Skt. *आ-पात-कालीन-* 'of emergency period'] *adj.* 緊急事態時の, 国家非常時の. ❐～ स्थिति 緊急事態, 国家非常事態.

आपातिक /āpātika アーパーティク/ [←Skt. *आपातिक-* 'rushing upon, being at hand'] *adj.* 非常時の, 緊急時の. ❐संयुक्त राष्ट्र ～ सेना 国際連合緊急軍.

आपाती /āpātī アーパーティー/ [←Skt. *आ-पातिन्-* 'falling on, happening'] *adj.* ☞आपातिक

आपाधापी /āpādʰāpī アーパーダーピー/ [echo-word; cf. *आपा*] *f.* 自分優先 ; 自分勝手 ; 我先に争うこと. ❐ एक-दूसरे से आगे पहुँचने की होड़ व ～ के चक्कर में एक दर्जन से अधिक यात्री गिरकर ज़ख़्मी हो गए। 互いよりも先に出ようとする競争と自分勝手な争いで10人以上の巡礼者が倒れて負傷した. ❐यूरोप के ～ जीवन में किसे फ़ुर्सत है कि किसी दूसरे के लिए इतना कुछ करे! ヨーロッパの自分優先の生活の中で一体誰に他人のためにこれほどのことをしてくれる暇があると言うのだ.

आपूर्ति /āpūrti アープールティ/ [neo.Skt.f. *आ-पूर्ति-* 'fulfilling'] *f.* 供給, 支給, 補給. (⇒सप्लाई) ❐पेयजल ～ 飲料水の供給. ❐विद्युत् ～ 電力供給.

आपेक्षिक /āpekṣika アーペークシク/ [←Skt. *आपेक्षिक-* 'relative, having relation or reference to; cf. *अपेक्षा*'] *adj.* 相対的な. ❐～ आर्द्रता 相対湿度.

आपेक्षिकता /āpekṣikatā アーペークシクター/ [←Skt.f. *आपेक्षिक-ता-* 'relativity'] *f.* 相対性. ❐～ सिद्धांत 〖物理〗相対性理論.

आप्त /āpta アープト/ [←Skt. *आप्त-* 'reached, overtaken, met'] *adj.* (ある状態に)到達した《主に合成語の要素として使用 ; आप्तकाम 「望みをかなえた(人)」など》.
— *m.* 信頼できる人.

आप्तकाम /āptakāma アープトカーム/ [←Skt. *आप्त-काम-* 'one who has gained his wish, satisfied'] *adj.* 望みをかなえた(人).

आप्रवास /āpravāsa アープラワース/ [neo.Skt.m. *आ-प्रवास-* 'immigration'] *m.* (移民などの)入国 ; 入国管理. (⇔उत्प्रवास)

आप्रवासी /āpravāsī アープラワースィー/ [neo.Skt. *आ-प्रवासिन्-* 'immigrant'] *adj.* (外国からの)移民の.
— *m.* (外国からの)移民, 移住者, 入植者.

आफ़[1] /āfa アーフ/▸ऑफ़ [←Eng.adj. *off*] *adj.* (スイッチなどが)オフ. (⇔आन) ❐～ कीजिए। オフにしてください.

आफ़[2] /āfa アーフ/ ▸ऑफ़ [←Eng.prep. *of*] *ind.* 《英語名表記の一部としてのみ使用》. ❐कॉलेज ～ इंजीनियरिंग 工科カレッジ.

आफ़त /āfata アーファト/ [←Pers.n. آفة 'a misfortune, calamity' ←Arab.] *f.* 大災難, 災い, 危機, 不幸 ; 苦難. (⇒विपत्ति, संकट) ❐जो सीधे और सच्चे हैं, उन्हीं पर ～ आती है। 正直で誠実な人にこそ災いが降ってくるものだ.

आफ़र /āfara アーフ/ ▸ऑफ़र [←Eng.n. *offer*] *m.* オファー, 提供 ; 提議, 申し出. ❐आकर्षक ～ 魅力的なオファー.

आफ़सेट /āfaseṭa アーフセート/ ▸ऑफ़सेट [←Eng.n. *offset*] *m.* オフセット印刷.

आफ़िस /āfisa アーフィス/▸ऑफ़िस [←Eng.n. *office*] *m.* **1** オフィス, 事務所, 営業所. (⇒कार्यालय, दफ़्तर, ब्यूरो) **2** 事務室, (研究者, 教員の)研究室. (⇒दफ़्तर)

आफ़िसर /āfisara アーフィサル/ ▸अफ़सर [←Eng.n. *officer*] *m.* ☞अफ़सर

आब[1] /āba アーブ/ [←Pers.n. آب 'water'; cog. Skt.f. *अप्-* 'water'] *m.* 水. (⇒जल, पानी)

आब[2] /āba アーブ/ [←Pers.n. آب 'lustre, splendour'; cog. Skt.f. *आभा-* 'splendour, light'] *f.* **1** 光沢, つや ; 輝き, 光彩. **2** 尊厳 ; 名誉, 名声.

आबकार /ābakāra アーブカール/ [←Pers.n. آبکار 'a water-carrier, a cup-bearer; a wine-merchant'] *m.* 酒造者 ; 酒販売人.

आबकारी /ābakārī アーブカーリー/ [←Pers.n. آبکاری 'being a water-carrier'] *f.* **1** 酒造業 ; 酒販売業. **2**〔古語〕酒税.

आबज़रवेटरी /āba̸zara̸veṭa̸rī アーブザルヴェートリー/ [←Eng.n. *observatory*] *f.* 観測所;天文台, 気象台.

आबदार[1] /āba̸dāra̸ アーブダール/ [←Pers.adj. آبدار 'watery, moist, juicy'] *adj.* 光沢のある, 輝く.

आबदार[2] /āba̸dāra̸ アーブダール/ [←Pers.n. آبدار 'a keeper of water'] *m.* 〔古語〕水を供する役目の人.

आबद्ध /ābaddʰa̸ アーバッド/ [←Skt. *आ-बद्ध-* 'tied on, bound; joined; fixed'] *adj.* (比喩的に)縛られた, 束縛された, 拘束された. ❐(को) सृजन में ～ करना (…を)創作で表現する.

आबनूस /āba̸nūsa̸ アーブヌース/ [←Pers.n. آبنوس 'ebony'] *m.* 〖植物〗コクタン(黒檀).

आबपाशी /āba̸pāśī アーブパーシー/ [←Pers.n. آب پاشی 'a sprinkling of water'] *f.* 灌漑(かんがい).

आबरू /āba̸rū アーブルー/ [←Pers. آبرو 'honoured, held in estimation by the great'] *f.* **1** 名誉, 尊厳, 誇り;面目, 体裁. ❐(की) ～ उतारना [बिगाड़ना, लेना] (人の)名誉を汚す. ❐(की) ～ में बट्टा लगना (人の)名誉に傷がつく. **2** (女性の)貞操, 純潔.

आबहवा /āba̸havā アーブハワー/ ▸आबोहवा *f.* ☞आबोहवा

आबाद /ābāda̸ アーバード/ [←Pers.n. آباد 'a city, habitation'] *adj.* 人が住んでいる. ❐～ होना 移り住む;(一家を)かまえる. ❐～ करना (町を)建設する.

आबादी /ābādī アーバーディー/ [←Pers.n. آبادی 'pleasantness'] *f.* **1** 人口. (⇒जनसंख्या) **2** 居住地.

आबू /ābū アーブー/ [cf. Eng.n. *Abu*] *m.* 〖地理〗アーブー山《ラージャスターン州 (राजस्थान) の高原避暑地;ヒンドゥー教とジャイナ教の寺院がある》.

आबू धाबी /ābū dʰābī アーブー ダービー/ [cf. Eng.n. *Abu Dhabi*] *m.* 〖地名〗アブダビ《アラブ首長国連邦 (संयुक्त अरब अमीरात) の首都》.

आबोहवा /ābohavā アーボーハワー/▸आबहवा [←Pers.n. آب و ہوا 'water and air; climate, atmosphere'] *f.* 気候, 風土;土地柄. (⇒जलवायु)

आभरण /ābʰa̸raṇa̸ アーブラン/ [←Skt.n. *आ-भरण-* 'decorating; ornament, decoration (as jewels etc.)'] *m.* 装身具, 宝飾品.

आभा /ābʰā アーバー/ [←Skt.f. *आभा-* 'splendour, light'] *f.* **1** (ものの)輝き, つや, 光沢. **2** (表情・内面の)輝き. ❐आशा की ～ चेहरे से झलक रही थी। 希望の輝きが顔から輝いていた. ❐निराशा की जगह उसके मुख पर एक दृढ़ संकल्प की ～ दिखाई दी। 絶望の代わりに彼の顔には一つの固い決意の輝きが見えた. ❐यौवन की ～ 若さの輝き. **3** 色合い.

आभार /ābʰāra̸ アーバール/ [neo.Skt.m. *आ-भार-* 'obligation; debt'] *m.* 感謝の気持ち, 恩義. ❐उसके लिए मैं ～ प्रकट करता हूँ। そのことに対し私は感謝をいたします.

आभारी /ābʰārī アーバーリー/ [neo.Skt. *आ-भारिन्-* 'obliged; indebted'] *adj.* 感謝している, 恩義を感じている. ❐मैं जीवन-पर्यंत आपका ～ रहूँगा। 私は一生あなたに感謝いたします. ❐यदि आप अपनी माताजी के दर्शन करवा सकें, तो आपका बड़ा ～ होऊँगा। もしあなたが母上にお目にかからせてくれるのであれば, あなたに大変感謝いたします.

आभास /ābʰāsa̸ アーバース/ [←Skt.m. *आ-भास-* 'splendour, light; semblance, phantom'] *m.* 気配;印象;(うすうす感づく)感じ. ❐उसके मन में इस समय एक शंका का ～ हुआ। 彼女の心にこの時ある疑念がかすめた. ❐ऐसे समय में कुछ देर के लिए जीवन की अर्थहीनता का ～ होना अस्वाभाविक नहीं था। こういう時しばし人生のむなしさを感じるのは不自然ではなかった. ❐पहली बार मुझे ～ हुआ कि वह साधारण लड़की नहीं है। 初めて私は彼女がどこにでもいる娘ではないことを感じとった. ❐मुझे ऐसा ～ होता था कि मैं जीवन में कुछ कर सकता हूँ। 私は人生で何か成し遂げることができそうな気がしていた.

आभिजात्य /ābʰijātya̸ アービジャーティエ/ [←Skt. *आभिजात्य-* 'noble birth, nobility'] *m.* 由緒ある家柄の出自であること;貴族階級. ❐वे आभिजात्यों के खेल गाल्फ़ खेलने के शौक़ीन थे। あの方は貴族のスポーツであるゴルフの愛好家でした.

आभीर /ābʰīra̸ アービール/ [←Skt.m. *आभीर-* 'a cowherd'] *m.* ☞अहीर

आभूषण /ābʰūṣaṇa̸ アーブーシャン/ [←Skt.n. *आ-भूषण-* 'ornament'] *m.* 装身具. ❐～ के नाम पर केवल हाथों में दो-दो मोटी चूड़ियाँ। 名ばかりの装身具としてただ両手に 2 個ずつの粗末な腕輪. ❐～ पहनना 装身具を身につける.

आभ्यंतर /ābʰyaṃtara̸ アービャンタル/ [←Skt. *आभ्यन्तर-* 'being inside, interior, inner'] *adj.* 内側の, 内部の, 奥の.

आमंत्रण /āmaṃtraṇa̸ アーマントラン/ [←Skt.n. *आ-मन्त्रण-* 'addressing, speaking to, calling or calling to'] *m.* **1** (参加の)呼びかけ, 勧誘. (⇒संबोधन) **2** 招くこと, 招待《आमंत्रण は招かれた本人の参加は基本的に自由意思である一方, निमंत्रण は招待者の強い懇請が含意される》. (⇒निमंत्रण)

आमंत्रित /āmaṃtrita̸ アーマントリト/ [←Skt. *आ-मन्त्रित-* 'addressed, spoken to; called, invited, summoned'] *adj.* (参加を)呼びかけられた, 勧誘された;招待された;募集された. ❐आप सभी की रचनाएँ ～ हैं। あなた方すべての作品をお待ちしています. ❐उन्होंने मुझे पटना आने और अपने साथ ठहरने को ～ किया था। 彼は私にパトナーに来ることそして自分と一緒に滞在するすることを勧めた.

आम[1] /āma̸ アーム/ [<OIA.m. *āmrá-* 'mango tree, *Mangifera indica*': T.01268] *m.* 〖植物〗マンゴー(の実)《ウルシ科の常緑高木;葉, 樹皮, 花, 実すべて医薬として使用される》.

आम[2] /āma̸ アーム/ [←Pers.adj. عام 'common, universal, public' ←Arab.] *adj.* **1** 一般の;通常の;普

通の. (⇒साधारण)(⇔ख़ास) ❐～ तौर पर 一般に, 概して. ❐यह ～ बात है। これは日常茶飯事のことです. ❐दीवान-ए-आम 〖歴史〗 ディーワーネーアーム《ムガル朝宮廷の一般人民のための謁見の間》. **2** 公の. ❐खुले ～ 公然と, おおっぴらに.

आमद /āmadạ アーマド/ [←Pers.n. آمد 'arrival; income'] *f.* **1** 到着, 到来. ❐विदेशी शक्कर की ～ ने उसके कारोबार को मटियामेट कर दिया। 外国産の砂糖の到来は彼のビジネスを打ち砕いた. **2** 収入;収益.

आमदनी /āmadạnī アーマドニー/ [←Pers.n. آمدنی 'income, impost, revenue'] *f.* **1** 収入;所得. (⇒आय, इनकम) ❐～ से अधिक ख़र्च करना 収入以上に出費する. ❐अच्छी ～ 高収入. ❐मेरी ～ गुज़र के लिए काफ़ी नहीं है। 私の収入は暮らしに十分ではありません. **2** (国家や団体の)歳入, 収益. (⇒आय) **3** 輸入. (⇒आयात)

आमद-रफ़्त /āmadạ-raftạ アーマド・ラフト/ ▸आमदोरफ़्त [←Pers.n. آمد رفت 'coming and going, ingress and egress'] *f.* 往来;付き合い, 交際. ❐इसके साथ ही मर्द दोस्तों की ～ बढ़ गई। これと同時に男友達との付き合いが増えていった.

आमदोरफ़्त /āmadoraftạ アーマドーラフト/ ▸आमद-रफ़्त [←Pers.n. آمد و رفت 'coming and going, ingress and egress'] *f.* ☞आमद-रफ़्त

आमना-सामना /āmạnā-sāmạnā アームナー・サームナー/ *m.* 直面;対峙, 面と向かうこと.

आमने-सामने /āmạne-sāmạne アームネー・サームネー/ *adv.* 直面して;対峙して, 面と向きあって.

आमरण /āmaraṇạ アーマラン/ [←Skt.ind. *आ-मरणम्* 'till death'] *adj.* 死に至る;決死の. ❐～ अनशन 決死のハンガー・ストライキ.
— *adv.* 死にいたるまで, 死ぬまで.

आमलेट /āmạleṭạ アームレート/ [←Eng.n. *omelet*] *m.* 〖食〗 オムレツ. ❐मसाला ～ マサーラー・オムレツ《タマネギ, トマト, 唐辛子などを入れ味付けをしたオムレツ》.

आमवात /āmạvātạ アームワート/ [←Skt.m. *आम-वात-* 'flatulence'] *m.* 〖医学〗 腹の張り;腹部膨満《胃腸内にガズがたまること》.

आमादा /āmādā アーマーダー/ [←Pers.adj. آماده 'prepared, ready'] *adj.* (暴力的な行動に移ろうと)身構える, 血気にはやる. (⇒उतारू) ❐आज सारा मुल्क बग़ावत करने पर ～ है। 今日国中が反乱を起こそうと血気にはやっている.

आमाशय /āmāśayạ アーマーシャエ/ [←Skt.m. *आम-आशय-* 'stomach'] *m.* 胃. (⇒पेट, मेदा) ❐～ अल्सर 胃潰瘍.

आमिष /āmiṣạ アーミシュ/ [←Skt.n. *आमिष-* 'flesh'] *m.* 食肉.

आमिषभोजी /āmiṣạbʰojī アーミシュボージー/ [neo.Skt. *आमिष-भोजिन्-* 'flesh-eating; non-vegetarian'] *adj.* 肉食の(人), ノンベジの(人).

आमुख /āmukʰạ アームク/ [←Skt.n. *आ-मुख-* 'commencement; prelude, prologue'] *m.* 序文, 前文;前置き. (⇒प्रस्तावना)

आमूल /āmūlạ アームール/ [←Skt.ind. *आ-मूलम्* 'to the root, by the root, entirely, radically'] *adj.* 根本的な;徹底的な. ❐～ परिवर्तन 根本的な変化.
— *adv.* 根本的に, 根こそぎ. ❐(को) ～ हिला देना (…を)根本から揺り動かす.

आमोद /āmodạ アーモード/ [←Skt.m. *आ-मोद-* 'joy, serenity, pleasure'] *m.* 喜び, 楽しみ, 悦楽. ❐इस विचार से उन्हें वही ～ था, जो किसी पहलवान को अपने पट्ठों के करतब दिखाने से होता है। この考えで彼には, あるレスラーが自分のたくましい後継者の技を見せられることで得られるまさに同じ喜びがあった. ❐उसने मुझे अपने ～ का केवल एक खिलौना बनाया था। あの人は私を自分の慰みものにしただけだった.

आमोद-प्रमोद /āmodạ-pramodạ アーモード・プラモード/ [?neo.Skt.m. *आमोद-प्रमोद-* 'merriment'] *m.* 歓楽, 快楽;贅沢, 豪奢. ❐～ में समय व्यतीत करना 歓楽に時間を費やす. ❐जीवन के ～ का आनंद उठाना 人生の歓楽を極める.

आय /āyạ アーエ/ [←Skt.m. *आय-* 'income, revenue; gain, profit'] *f.* **1** 収入;所得. (⇒आमदनी, इनकम) **2** (国家や団体の)歳入, 収益. (⇒आमदनी)

आयकर /āyạkarạ アーエカル/ [neo.Skt.m. *आय-कर-* 'income tax'] *m.* 〖経済〗 所得税.

आयत[1] /āyatạ アーヤト/ [←Skt.m. *आयत-* 'an oblong figure (in geometry)'] *adj.* 横長の;長方形の.
— *m.* 〖数学〗 長方形.

आयत[2] /āyatạ アーヤト/ [←Pers.n. آية 'verse (of the Holy Quran)' ←Arab.] *f.* 〖イスラム教〗 アーヤト《コーランの 1 節》.

आयतन /āyạtanạ アーエタン/ [←Skt.n. *आयतन-* 'resting-place, support, seat, place, home, house, abode'] *m.* **1** 休息所;住まい;寺. **2** 広さ, 広がり. **3** 〖物理〗 容量;体積, 容積. (⇒घनफल)

आयताकार /āyạtākārạ アーエターカール/ [←Skt. *आयत-आकार-* 'rectangular'] *adj.* **1** 〖数学〗 長方形の. **2** 角ばった. ❐～ चेहरा 角ばった顔.

आयन /āyanạ アーヤン/ [←Eng.n. *ion*] *m.* 〖物理〗 イオン.

आयरलैंड /āyarạlaiṃḍạ アーヤルラェーンド/ [←Eng.n. *Ireland*] *m.* 〖国名〗 アイルランド(共和国)《首都はダブリン (डब्लिन)》.

आयल /āyalạ アーヤル/▸ऑयल [←Eng.n. *oil*] *m.* オイル, 油;石油. (⇒तेल) ❐हेयर ～ ヘアオイル, 髪油. ❐～ एंजिन 石油発動機[エンジン].

आय-व्ययक /āyạ-vyayakạ アーエ・ヴィャヤク/ *m.* 予算(案). (⇒बजट)

आया /āyā アーヤー/ [←Port.f. *aia* 'nursemaid'; cf. I.Eng.n. *ayah*] *f.* 乳母, 子守り. (⇒दाई, धाय)

आयात /āyāta アーヤート/ [←Skt. *आ-यात-* 'come, arrived, attained'] *adj.* 輸入された.
— *m.* 〖経済〗輸入. (⇒आमदनी)(⇔निर्यात) ❐(का) ～ करना (…を)輸入する. ❐～ माल 輸入品.

आयातक /āyātaka アーヤータク/ [neo.Skt.m. *आयात-क-* 'an importer'] *m.* 輸入業者. (⇔निर्यातक)

आयाम /āyāma アーヤーム/ [←Skt.m. *आ-याम-* 'stretching, extending'] *m.* **1** (時間的・空間的)広がり; 長さ, 幅, 寸法. **2** 範囲, 規模.

आयु /āyu アーユ/ [←Skt.n. *आयुस्-* 'life, duration of life'] *f.* **1** 歳, 年齢. (⇒अवस्था, उम्र) ❐तीस वर्ष की ～ में 30才の年齢で. **2** 寿命. ❐उन्होंने लंबी ～ पायी। あの方は長寿を全うしました. ❐उसने समझ लिया था कि उसकी ～ अधिक नहीं। 彼女は自分の寿命が長くないのがわかった. ❐आपको लंबी [बड़ी] ～ प्राप्त हो। あなたが長寿を得られんことを《祝福の言葉》.

आयुक्त /āyukta アーユクト/ [←Skt.m. *आयुक्त-* 'a minister, an agent or deputy'] *m.* **1** (任命される)理事, 委員; (官庁の)長官. (⇒कमिश्नर) ❐मुख्य चुनाव ～ 選挙管理委員会委員長. **2** 警察本部長, 警視総監. (⇒कमिश्नर)

आयुध /āyudʰa アーユド/ [←Skt.n. *आ-युध-* 'a weapon'] *m.* 武器; 兵器; 軍需品. ❐～ उद्योग 軍需産業.

आयुर्विज्ञान /āyurvijñāna アーユルヴィギャーン/ [neo.Skt.n. *आयुर्-विज्ञान-* 'the science of health'] *m.* 〖医学〗医学《特にインド伝統医学》.

आयुर्वेद /āyurveda アーユルヴェード/ [←Skt.m. *आयुर्-वेद-* 'the science of health'] *m.* 〖医学〗アーユルヴェーダ, インド伝統医学《原意は「長命の知識」》.

आयुष्मान् /āyuṣmān アーユシュマーン/▷आयुष्मान [←Skt. *आयुष्-मत्-* 'possessed of vital power, healthy, long-lived'] *adj.* 長寿の《長寿であることの祝福を込めて若い人の名にも冠される》. (⇒चिरजीवी)

आयोग /āyoga アーヨーグ/ [←Skt.m. *आ-योग-* 'a yoke or team of draft animals; appointment, action, the performance of an action'] *m.* (調査)委員会. (⇒कमीशन)

आयोजक /āyojaka アーヨージャク/ [neo.Skt.m. *आ-योजक-* 'organiser, convener'] *m.* オーガナイザー, 主催者.

आयोजन /āyojana アーヨージャン/ [←Skt.n. *आ-योजन-* 'junction, combination'] *m.* **1** 企画, 催し, 計画. ❐(का) ～ करना (…を)催す. ❐मनोरंजन का ～ 娯楽の企画. **2** 集い, 会合, 行事; 開催. ❐(के) सम्मान में एक ～ करना (人に)敬意を表してある集いを開催する. **3** 準備, 用意, 支度, お膳立て. ❐चाय-पानी का ～ 軽い飲食物の用意.

आयोजित /āyojita アーヨージト/ [←Skt. *आ-योजित-* 'collected together, brought into connexion'] *adj.* 企画された; 開催された; 準備された. ❐एक कवि-सम्मेलन इस समारोह के अवसर पर ～ किया गया है। 一つの詩の朗読会がこの祝賀会の機会に開催された.

आयोडीन /āyoḍīna アーヨーディーン/ [←Eng.n. *iodine*] *f.* **1** 〖医学〗ヨードチンキ. ❐(पर) ～ लगाना (…に)ヨードチンキをつける. **2** 〖化学〗ヨー素, ヨード.

आरंभ /āraṃbʰa アーランブ/ [←Skt.m. *आ-रम्भ-* 'beginning, origin, commencement'] *m.* 始まり, 開始. (⇒शुरुआत)(⇔अंत, आख़िर, अंजाम) ❐～ करना 開始する. ❐～ में 始めに.

आरंभिक /āraṃbʰika アーランビク/ [?<Skt. *आरम्भक-* 'commencing, beginning'] *adj.* 最初の, 初めの, 初期の, 最初期の. ❐अगर यही बीमारी है तो अभी ～ अवस्था है। もしこの病気だとするとまだ初期の段階です. ❐२०१० के ～ महीनों में 2010 年の最初の数か月に.

आर[1] /āra アール/ [<OIA.f. *ā́rā-* 'shoemaker's awl': T.01313] *f.* 先の尖った道具; 千枚通し; (家畜を追う)突き棒.

आर[2] /āra アール/ [←Eng.n. *R*] *m.* (ラテン文字の)R.

आरकेस्ट्रा /ārakesṭrā アールケーストラー/▷आर्केस्ट्रा [←Eng.n. *orchestra*] *m.* 〖音楽〗オーケストラ, 管弦楽団. (⇒वाद्यवृंद)

आरक्षण /ārakṣaṇa アーラクシャン/ [neo.Skt.n. *आ-रक्षण-* 'reservation'] *m.* 予約. (⇒रिज़र्वेशन) ❐(का) ～ कराना (…の)予約をする.

आरक्षित /ārakṣita アーラクシト/ *adj.* 確保された, 予約された. (⇒रिज़र्व)

आरज़ू /ārazū アールズー/ [←Pers.n. آرزو 'desire, wish, will'] *f.* 切なる願い, 願望, 熱望. ❐～ करना 切に願う. ❐यही एक ～ है कि मौत आकर उनकी विपत्ति का अंत कर दे। 死が訪れ彼の苦難を終わらせることだけが切なる願いである.

आरण्यक /āraṇyaka アーラニャク/ *m.* 〖ヒンドゥー教〗アーラニヤカ《「森林の書」; ヴェーダ文献の内 श्रुति「天啓文学」を構成する一つ; 森林の中で伝授されるべき秘儀を説く; 祭式に関する説明, 哲学的問題への言及がある》.

आरती /āratī アールティー/ [<OIA.n. *ārātrika-* 'the ceremony of waving a lamp in front of an image at night': T.01315] *f.* 〖ヒンドゥー教〗アールティー《神像や賓客の前でお盆に載せた灯明を円を描くようにまわして敬虔さや敬意を示す儀式》. ❐～ उतारना [करना] アールティーの儀式を行なう. ❐～ लेना (アールティーの儀式の最後に)灯明の炎に両手の手のひらをあてて自分の顔に触れる.

आर-पार /āra-pāra アール・パール/ [?echo-word; cf. OIA. *ārá-¹* 'from a distance': T.01295] *adv.* こちらとあちら; 一方の端と他方の端. ❐(के) ～ (…を)横切って, 渡って.

आरसी /ārasī アールスィー/ [<OIA.m. *ādarśá-* 'mirror': T.01143] *f.* **1** 鏡. **2** (親指にはめる, 鏡が埋め込んである)指輪.

आरा /ārā アーラー/ [<OIA.f. *ā́rā-* 'shoemaker's awl': T.01313; cog. Pers.n. اره 'a saw'] *m.* **1** のこぎり. ❐आरे

से चीरना のこぎりで挽く. **2** (靴職人などが皮を縫うために用いる)錐の一種;からげ針.

आराधक /ārādʰakạ アーラーダク/ [←Skt. *आ-राधक-* 'worshipping'] *adj.* 信奉する;崇拝する.

— *m.* 信奉者;崇拝者.

आराधना /ārādʰạnā アーラードナー/ [←Skt.f. *आ-राधना-* 'worship, adoration, propitiation of the deities'] *f.* 信奉すること;崇拝すること;祈願(の言葉). ❐(की) ~ करना (…)を拝む. ❐पति देव की सेवा और ~ में जीवन सफल करना 夫への献身と崇拝で人生を実りあるものにする.

आराध्य /ārādʰyạ アーラーディエ/ [←Skt. *आ-राध्य-* 'to be made favourable; to be worshipped'] *adj.* 信奉すべき(神・人);崇拝すべき(神・人). ❐आराधक में ~ के गुणों की छाया पड़ना स्वाभाविक है। 信奉者に信奉する神の特質が影を落とすことは自然の成り行きと言える.

आराम /ārāmạ アーラーム/ [←Pers.n. آرام 'rest, tranquillity, peace, quiet, repose, cessation, inaction'; cog. Skt.m. *आ-राम-* 'delight, pleasure; place of pleasure'] *m.* **1** 休息, 休憩;安静. (⇒विश्राम) ❐~ करना 休息[休憩]する. **2** 安楽;安らぎ;くつろぎ. ❐~ करना くつろぐ. ❐~ से बैठिए। くつろいで腰掛けてください. ❐~ से सोइए। 安心して眠ってください. ❐(को) ~ देना (人に)くつろぎを与える.

आराम-कुरसी /ārāmạ-kurạsī アーラーム・クルスィー/ [←Pers.n. آرامکرسی 'a easy chair'] *f.* 安楽椅子.

आरामगाह /ārāmạgāhạ アーラームガーハ/ [←Pers.n. آرامگاه 'the time or place of rest'] *f.* 休憩所.

आरामतलब /ārāmạtalabạ アーラームタラブ/ [←Pers.adj. آرام طلب 'seeking ease; idle, indolent'] *adj.* なまけものの(人), 怠惰な;.

आरामदेह /ārāmạdehạ アーラームデ/ [*आराम* + *-देह*; cf. ?Pers.n. آرام ده] *adj.* 快適な, くつろぎを与える, 心地好い. ❐~ कुरसी 安楽椅子.

आरी /ārī アーリー/ [cf. *आरा*] *f.* (小型の)のこぎり.

आरूढ़ /ārūṛʰạ アールール/ [←Skt. *आ-रूढ-* 'mounted, ascended, bestridden (as a horse etc.)'] *adj.* **1** (乗り物・動物などに)乗っている. **2** (権力の)座についている. ❐सिंहासन पर ~ होना 玉座に座る.

आरोग्य /ārogyạ アーローギエ/ [←Skt.n. *आरोग्य-* 'freedom from disease, health'] *m.* 無病, 健康.

आरोप /āropạ アーロープ/ [←Skt.m. *आ-रोप-* 'imposing (as a burden), burdening with, charging with; placing in or on; assigning or attributing to; superimposition'] *m.* **1** 嫌疑, 容疑;罪状, とが. (⇒इलज़ाम) ❐(के) ~ में (…の)容疑で. ❐(पर) (का) ~ लगाना (人に対して)(…の)容疑をかける. **2** 起訴, 告訴, 告発. (⇒इलज़ाम) **3** 移し植えること;(植物の)移植;(臓器の)移植. (⇒प्रत्यारोपण)

आरोपण /āropaṇạ アーローパン/ [←Skt.n. *आ-रोपण-* 'causing to mount or ascend; assigning, attribution, imposition, substitution'] *m.* **1** (写真の)重ね焼き, 二重焼き, スーパーインポーズ. **2** ☞आरोप

आरोपित /āropitạ アーローピト/ [←Skt. *आ-रोपित-* 'raised, elevated; fixed, placed'] *adj.* **1** 嫌疑がかけられた, 容疑がかけられた. ❐लोग उसपर केवल दुर्भावना के कारण दोष ~ करते हैं। 人々は彼女にただ嫌悪の感情から罪をなすりつけているのだ. **2** (他の人物に自身を)投影する, 重ね合わせる. ❐(पर) अपने को ~ करना (人に)自分を重ね合わせる. **3** 移植された. ❐यह वह पौधा है, जिसे आज से बीस वर्ष पहले दोनों ने ~ किया था। これは, 今日から20年前に二人が移植した苗木です.

— *m.* 容疑者. ❐बाइक चुराने के मामले में पुलिस ने एक ~ को गिरफ़्तार किया है। 自転車を盗んだかどで警察は一人の容疑者を逮捕した.

आरोह /ārohạ アーローフ/ [←Skt.m. *आ-रोह-* 'ascent, rising, creeping up, mounting'] *m.* **1** 上昇;登ること;(気分などが)高揚すること. (⇔अवरोह) ❐बोलने में न ~ न अवरोह। 話している時は(声の調子が)上がることもなければ下がることもなかった. **2**『音楽』アーローハ《低い音階から高い音階に上昇すること》. (⇔अवरोह)

आरोहण /ārohaṇạ アーローハン/ [←Skt.n. *आ-रोहण-* 'the act of rising, ascending'] *m.* 上昇;登頂. (⇔अवरोहण)

आरोही /ārohī アーローヒー/ [←Skt. *आ-रोहिन्-* 'ascending, mounting'] *adj.* 上昇する. (⇔अवरोही) ❐~ क्रम (大きいものから小さいものへ並べる)昇順.

आर्कटिक /ārkaṭikạ アールカティク/ [←Eng.adj. *Arctic*] *adj.*『地理』北極の. (⇔एंटार्कटिक) ❐~ महासागर 北氷洋.

आर्किटेक्ट /ārkiṭekṭạ アールキテークト/ [←Eng.adj. *architect*] *m.* 建築家.

आर्केस्ट्रा /ārkesṭrā アールケーストラー/ ▹आरकेस्ट्रा *m.* ☞आरकेस्ट्रा

आर्गनाइज़ेशन /ārganāiześanạ アールガナーイゼーシャン/ [←Eng.n. *organisation*] *f.* 組織, 団体, 組合, 協会

आर्ट /ārṭạ アールト/ [←Eng.n. *art*] *m.* **1** アート, 芸術, 美術. (⇒कला, हुनर) **2** 芸能. (⇒कला, हुनर) **3** 技芸, 技術. (⇒कला, हुनर)

आर्ट-पेपर /ārṭạ-peparạ アールト・ペーパル/ [←Eng.n. *art paper*] *m.* アート紙.

आर्टिकल /ārṭikalạ アールティカル/ [←Eng.n. *article*] *m.* (新聞の)記事.

आर्टिस्ट /ārṭistạ アールティスト/ [←Eng.n. *artist*] *m.* **1** アーティスト, 芸術家. (⇒कलाकार) **2** 芸能人. (⇒कलाकार)

आर्टीलरी /ārṭīlarī アールティーラリー/ [←Eng.n. *artillery*] *f.* 砲兵隊.

आर्डर /ārḍarạ アールダル/▸ऑर्डर [←Eng.n. *order*] *m.* 注文, オーダー;命令, 指令. (⇒आज्ञा, आदेश, हुक्म) ❐~ देना 注文する;命令を出す.

आर्डिनंस /ārḍinaṃsạ アールディナンス/▸आर्डिनेंस [←Eng.n. *ordinance*] *m.*『法律』法令, 布告.

आर्डिनेंस /ārḍineṃsạ アールディネーンス/ ▸आर्डिनंस *m.* ☞आर्डिनंस

आर्त /ārtạ アールト/ ▸आर्त [←Skt. *आर्त-* 'fallen into (misfortune), struck by calamity'] *adj.* **1** 悲痛な;悲嘆にくれた. ❐～ स्वर में बोलना 悲嘆にくれた声で言う. **2** (傷ついて)苦痛にみちた.

आर्तनाद /ārtạnādạ アールトナード/ [←Skt.m. *आर्त-नाद-* 'a cry of pain'] *m.* (悲嘆のあまりの)絶叫;悲鳴. ❐ उनके चरण पर किसी का गिर पड़ना, उनके सामने पड़े हुए ～ करना, उनके लिए कुछ नई बातें म थीं। 彼の足元に誰かが倒れ伏すこと, 彼の前で倒れ伏したまま絶叫をあげることは, 彼にとって何ら目新しいことではなかった.

आर्त्त /ārttạ アールット/ ▸आर्त *adj.* ☞आर्त

आर्थिक /ārthikạ アールティク/ [←Skt. *आर्थिक-* 'significant'] *adj.* 経済の, 経済的な. ❐～ क्षति 経済的な損失. ❐～ चिंता 経済的な不安. ❐～ दशा 経済状態. ❐～ सहायता 経済的な援助.

आर्थोडक्स /ārthoḍaksạ アールトーダクス/ [←Eng.adj. *orthodox*] *adj.* 正統の, 正統的な

आर्द्र /ārdrạ アールドル/ [←Skt. *आर्द्र-* 'wet, moist'] *adj.* **1** 湿気のある;湿った. **2** 濡れた. **3** 感傷的な, しめっぽい, 哀れをさそう. ❐उसने ～ कंठ से कहा। 彼は哀れっぽい声で言った.

आर्द्रता /ārdrạtā アールドルター/ [←Skt.f. *आर्द्र-ता-* 'wetness'] *f.* **1** 湿り気;湿度. **2** 濡れていること.

आर्द्रा /ārdrā アールドラー/ [←Skt.f. *आर्द्रा-* 'name of a constellation or the sixth lunar mansion'] *f.* 〖暦〗アールドラー《インド二十七星宿 (नक्षत्र) の6番目》.

आर्म /ārmạ アールム/ [←Eng.n. *arm*] *m.* 兵器, 武器, 火器.

आर्म-पुलिस /ārmạ-pulisạ アールム・プリス/ [←Eng.n. *armed police*] *f.* 武装警察.

आर्मर्ड /ārmarḍạ アールマルド/ [←Eng.adj. *armo(u)red*] *adj.* 装甲された. ❐～ कार 装甲車.

आर्मी /ārmī アールミー/ [←Eng.n. *army*] *f.* 軍隊. (⇒फ़ौज, मिलिटरी, सेना)

आर्मेनिया /ārmeniyā アールメーニヤー/ [cf. Eng.n. *Armenia*] *m.* 〖国名〗アルメニア(共和国).

आर्य /āryạ アールエ/ *adj.* **1** アーリヤ的な. (⇔अनार्य) **2** 高貴な. (⇔अनार्य)

— *m.* **1** 〖歴史〗アーリヤ人. (⇔अनार्य) **2** 高貴な人間. (⇔अनार्य)

आर्येतर /āryetarạ アールエータル/ [*आर्य* + *-इतर*] *adj.* **1** 非アーリヤ的な. ❐～ संस्कृति 非アーリヤ的な文化. ❐ आर्यों का ～ जातियों से संपर्क アーリヤ人の非アーリヤ民族との接触. **2** 〖言語〗インド・ヨーロッパ語族に属さない. (⇔भारत-यूरोपीय, भारोपीय) ❐～ भाषा インド・ヨーロッパ語族に属さない言語.

आर्ष /ārṣạ アールシュ/ [←Skt. *आर्ष-* 'relating or belonging to or derived from *ṛṣis*'] *adj.* 聖仙 (ऋषि) に関わる. ❐～ विवाह アールシャ婚《古代正統と認められた八つの結婚形式の第三番目;ゴーダーナ (गोदान) など捧げものの対価として花嫁を譲り受ける結婚》.

आलंकारिक /ālaṃkārikạ アーランカーリク/ [?neo.Skt. *आलङ्कारिक-* 'rhetorical'] *adj.* **1** 修辞法を用いた, 技巧的な;美辞麗句をもてあそぶ. ❐～ भाषा 技巧的な言語. **2** 装飾的な.

आलंब /ālaṃbạ アーランブ/ [←Skt.m. *आ-लम्ब-* 'that on which one rests or leans, support, prop'] *m.* **1** 支え. **2** 信頼.

आलंबन /ālaṃbanạ アーランバン/ [←Skt.n. *आ-लम्बन-* 'depending on or resting upon'] *m.* **1** 支え, 基盤. **2** 支えとなる人, 支援者. **3** 依存, 依頼. **4** 〖演劇〗アーランバナ《作品鑑賞者の美的感動を喚起する媒体となる人やもの》.

आलन /ālanạ アーラン/ [<OIA. **ālāpana-²* 'causing to come together': T.01375] *m.* **1** アーラン《壁やレンガなどを作るために泥に混ぜた藁(わら)くず》. **2** 〖食〗アーラン《茹でた豆類と小麦粉の練り粉;パコーラー (पकोड़ा)などの生地》.

आलपीन /ālạpīnạ アールピーン/ [←Port.m. *alfinete* 'pin' ←Arab.] *f.* ピン, 留め針. (⇒पिन)

आलमारी /ālạmārī アールマーリー/ ▸अलमारी *f.* ☞अलमारी

आलस /ālasạ アーラス/ [<OIA.n. *ā́lasya-* 'sloth': T.01371] *m.* ☞आलस्य

आलसी /ālạsī アールスィー/ [*आलस* + *-ई*] *adj.* 怠惰な, 怠け癖のある.

आलस्य /ālasyạ アーラスィエ/ [←Skt.n. *आलस्य-* 'idleness, sloth, want of energy'] *m.* 怠惰(たいだ), 怠慢(たいまん). (⇒आलस) ❐मुजे अपने ～ और बेदिली पर खेद हुआ। 私は自分の怠惰と不熱心を後悔した.

आला[1] /ālā アーラー/ [←Pers.adj. عالى، عاليه 'high, sublime, eminent, excellent, grand' ←Arab.] *adj.* (ランクなどが)最高の. ❐～ दरजे का 最上級の, 最高級の. ❐～ कमान (政党など組織の)首脳陣, 執行部;(軍の)最高司令部.

आला[2] /ālā アーラー/ [<OIA. *ālaya-* 'house, receptacle': T.01366] *m.* 壁龕(へきがん)《物を置くための壁面のくぼみ》. (⇒ताक़)

आला[3] /ālā アーラー/ [←Pers.n. آلة 'an instrument, utensil, tool, apparatus' ←Arab.] *m.* (職人の)道具, 工具;器具. (⇒औज़ार)

आलाप /ālāpạ アーラープ/ [←Skt.m. *आ-लाप-* 'the seven notes in music'; cf. *अलाप, अलापना*] *m.* **1** (にぎやかな)おしゃべり. ❐स्त्रियों का ～ 女性たちのおしゃべり. **2** もったいぶった自慢話. ❐अपने बुद्धि-कौशल का ～ 自分の利口さの自慢話. **3** 〖音楽〗アーラーパ《声楽で即興的に長く伸ばす発声》. (⇒अलाप)

आलिंगन /āliṃganạ アーリンガン/ [←Skt.n. *आ-लिङ्गन-* 'clasping, embracing; an embrace'] *m.* **1** 抱き合うこと, 抱擁;抱きしめること. ❐दोनों प्रगाढ़ ～ में बँध गये। 二人は濃厚な抱擁に一体となった. ❐वे तो बड़ों के सामने ～ और चुंबन तक करते हैं। 彼らときたら年長者の前で抱擁そしてキ

スまでするのである. **2** (自然に)迎え入れる. ❐उन्होंने निर्भय मृत्यु का ～ किया। 彼は恐れることなく死を迎え入れた.

आलिम /ālimā アーリム/ [←Pers.adj. عالم 'learned, intelligent, wise' ←Arab.] *adj.* 〚イスラム教〛学識のある(人);物知りの(人)《特にイスラム神学に精通している》.

— *m.* 〚イスラム教〛アーリム《イスラム神学者》.

आलीशान /ālīśānā アーリーシャーン/ [←Pers.adj. عاليشان 'of high degree; most noble, excellent, dignified'] *adj.* 壮麗な;豪華な.

आलू /ālū アールー/ [＜OIA.n. *ālu-, āluka-* 'esculent root of *Amorphophallus campanulatus*': T.01388; cf. Pers.n. آلو 'a name of various fruits; a plum; a yam'] *m.* 〚植物〛ジャガイモ, ポテト, 馬鈴薯.

आलूचा /ālūcā アールーチャー/ [←Pers.n. الوچه 'a small plum; a currant; a cherry'] *m.* 〚植物〛プラム(の実), すもも.

आलूबुख़ारा /ālūbuxārā アールーブカーラー/ [الو + بخارا 'plum of Bukhara'] *m.* 〚植物〛干したプラムの実.

आलेख /ālekʰā アーレーク/ [neo.Skt.m. *आ-लेख-* 'written display; written display'] *m.* (論文, 記事, 台本, 批評など)書かれたもの;(絵画, 図表など)描かれたもの.

आलेखन /ālekʰanā アーレーカン/ [←Skt.n. *आ-लेखन-* 'scratching, scraping; marking out by scratches; painting'] *m.* (論文, 記事, 台本, 批評などを)書くこと;(絵画, 図表などを)描くこと.

आलोक /ālokā アーローク/ [←Skt.m. *आ-लोक-* 'light, lustre, splendour'] *m.* 光明;光輝.

आलोकित /ālokitā アーローキト/ [←Skt. *आ-लोकित-* 'seen, beheld'] *adj.* 照らされた. ❐वह स्त्री नहीं थी, ईश्वर की भेजी कोई देवी थी, जो तेरे अँधेरे जीवन को आप्नी मधुर ज्योति से ～ करने के लिए आयी थी। 彼女は人間の女ではなく, 神の遣わしたいずれかの女神だったのだ, お前の暗い人生を自らの甘美な輝きで照らすためにやってこられたのだ.

आलोचक /ālocakā アーローチャク/ [←Skt. *आ-लोचक-* 'causing to see'] *m.* **1** 批評家, 評論家. **2** あら捜しをする人, 酷評する人.

आलोचना /ālocanā アーローチナー/ [←Skt.f. *आ-लोचना-* 'considering, reflecting, reflection'] *f.* **1** 批評, 評論;批判. ❐(की) ～ करना (…を)批評する, 批判する. **2** あら捜し, 酷評.

आलोचनात्मक /ālocanātmakā アーローチナートマク/ [neo.Skt. *आलोचना-आत्मक* 'critical'] *adj.* **1** 批評の, 評論の;批判的な. ❐उनके प्रति मैं एक ～ दृष्टि रखता था। 彼に対し私は一つの批判的な考えをもっていた. ❐उन्होंने आधुनिक अंग्रेज़ी कवियों पर एक ～ पुस्तक लिखी थी। 彼は現代英詩人について一冊の評論を書いた. **2** あら探しをする, 酷評する.

आलोच्य /ālocyā アーローチエ/ [←Skt. *आ-लोच्य-* 'to be considered or reflected upon'] *adj.* 批評すべき;批判すべき.

आलोड़न /āloṛanā アーローラン/ [←Skt.n. *आ-लोडन-* 'mixing, blending; stirring, shaking'] *m.* **1** 攪拌(かくはん). (⇒मंथन) **2** (心や感情が)かき乱れること. (⇒मंथन) ❐इन ख़बरों से कैसा भावनाओं का ～-विलोड़न होता है! これらのニュースで心がどれほどかき乱されたことか!

आल्हा /ālhā アールハー/ *m.* 〚歴史〛アールハー《12世紀ごろのブンデールカンド (बुंदेलखंड) の伝説的英雄戦士;多くの伝説や物語詩が伝承されている》.

आवंटन /āvaṃṭanā アーワンタン/ [neo.Skt.n. *आ-वण्टन-* 'allocation'] *m.* 割り当て;配分. ❐बजटीय ～ 予算配分. ❐भूखंडों का ～ 土地区画の割り当て.

आव /āvā アーオ/ *m.* 《慣用副詞句〚आव देखा न ताव〛「後先を考えずに, 前後の見境もなく」の形式で使用》 ❐वह ～ देखा न ताव, कुएँ में कूद गया। 彼は後先を考えずに, 井戸に飛び込んだ.

आवक /āvakā アーワク/ *adj.* 入荷する.

-आवट /-āvaṭā ・アーワト/ *suf.* 《動詞語幹に付加して女性名詞を作る接尾辞;थकावट「疲労」, रुकावट「障害」など》.

आवती /āvatī アーオティー/ [cf. *आना*[1]] *f.* (官庁間などでの)受領した通信文書.

आवधिक /āvadʰikā アーオディク/ [?neo.Skt. *आवधिक-* 'periodical'] *adj.* 定期的な.

आवभगत /āvabʰagatā アーオブガト/ [*आना*[1] + *भक्ति*] *f.* もてなし, 歓待;歓迎. ❐उन लोगों ने बड़ी ～ से हमें खाना खिलाया। 彼らはたいそう歓待して私たちに食事を振る舞った. ❐(की) ～ करना (人を)歓待する. ❐मैं जब उनके घर जाता, तो मेरी बड़ी ～ होती। 私が彼の家に行くときは, とても歓待されたものだった.

-आवर /-āvarā ・アーワル/ [←Pers.suf. آور '(in comp.) bringing'] *suf.* 《「…をもたらす」を表す接尾辞;हमलावर「襲撃者, 侵略者」など》

आवरण /āvaraṇā アーワラン/ [←Skt.n. *आ-वरण-* 'a covering, garment, cloth'] *m.* **1** 覆い, カバー. **2** 幕, 仕切り. (⇒परदा) **3** 保護物, 防御物;シールド. **4** 障害;障害物.

आवरण-कथा /āvaraṇā-katʰā アーワラン・カター/ [neo.Skt.f. *आवरण-कथा-* 'cover story'] *f.* カバー・ストーリー《雑誌の表紙絵や写真の関連記事》.

आवरण-पत्र /āvaraṇā-patrā アーワラン・パトル/ [neo.Skt.n. *आवरण-पत्र-* 'cover of a book'] *m.* 本のカバー. (⇒आवरण-पृष्ठ)

आवरण-पृष्ठ /āvaraṇā-pr̥ṣṭʰā アーオラン・プリシュト/ [neo.Skt.m. *आवरण-पृष्ठ-* 'cover of a book'] *m.* 本のカバー. (⇒आवरण-पत्र)

आवर्त /āvartā アーワルト/ [←Skt.m. *आ-वर्त-* 'whirl, gulf, whirlpool'] *m.* 渦, 渦巻き.

आवर्तक /āvartakā アーワルタク/ [←Skt.m. *आ-वर्तक-* 'whirlpool'] *adj.* 周期的な;再発性のある. ❐～ गर्भपात 〚医学〛習慣流産. ❐～ ज्वर 〚医学〛回帰熱.

आवर्तन /āvartana アーワルタン/ [←Skt.n. *आ-वर्तन-* 'turning, turning round, returning'] *m.* **1** 回転;周回;旋回. **2** 反復;循環;再発. ❐सस्य ～ 輪作.

आवर्ती /āvartī アーワルティー/ [←Skt. *आ-वर्तिन्-* 'whirling or turning upon itself; returning'] *adj.* **1** 回転する;周回する;旋回する. **2** 反復する;循環する;再発する. ❐～ जमा 定期預金.

आवला /āvalā アーオラー/ [←Pers.n. آولہ 'a blister, pimple, felon, freckle, small-pox, or other eruption on the skin'] *m.* 〖医学〗水ぶくれ, 水疱(すいほう).

आवली /āvalī アーオリー/ [←Skt.f. *आवली-* 'a row, range; a continuous line; a series; dynasty, lineage'] *f.* **1** 列状にならんだもの. ❐दीपों की ～ 灯火の列. **2** 〖歴史〗アーオリー法《収穫高の見積もり方法の一つ;1ビスワー (बिस्वा) の耕地の収穫量をもとに全体を見積もる》. **3** 家系.

आवश्यक /āvaśyaka アーワシャク/ [←Skt. *आवश्यक-* 'necessary, inevitable'] *adj.* 必要な, 欠くことのできない;緊急な. (⇒ज़रूरी)(⇔अनावश्यक)

आवश्यकता /āvaśyakatā アーワシャクター/ [←Skt.f. *आवश्यक-ता* 'necessity'] *f.* **1** 必要, 必要性. (⇒ज़रूरत)(⇔अनावश्यकता) ❐(की) ～ पड़ना (…の)必要が生じる. ❐(को) (की) ～ है। (人には)(…が)必要である. **2** 必要なもの, 必需品, 必要な要件. (⇒ज़रूरत) ❐आवश्यकताएँ पूरी करना 必要な要件を満たす.

आवाँ /āvā̃ アーワーン/ ▸आँवाँ [＜OIA.m. *āpāka-* 'baking oven, potter's kiln': T.01202] *m.* (焼き物用の)炉, かまど.

आवागमन /āvāgamana アーワーガマン/ [*आना*[1] + *गमन*] *m.* **1** 交通;往来. (⇒यातायात) ❐पुराने रेलवे पुल पर २८ अक्टूबर से ～ पूरी तरह बंद हो जाएगा। 古い鉄道橋は10月28日から交通が完全に閉鎖されます. **2** 輪廻転生(りんねてんしょう), 流転輪廻(るてんりんね). ❐पुण्य कर्मों से ही आदमी ～ से छूटता है। 善行を積むことでのみ人間は輪廻転生から解放される.

आवाज़ /āvāza アーワーズ/ [←Pers.n. آواز 'voice, sound, noise, clamour'; cog. Skt. *आ-वच्-* 'to address, invoke'] *f.* **1** 声, 音声;(動物の)鳴き声. (⇒स्वर) ❐～ देना [लगाना] 声をかける[あげる]. ❐ऊँची ～ में [से] बोलना 大声で言う. ❐किसी के मुँह से ～ नहीं निकली। 誰の口からも声がもれなかった. ❐गीदड़ों की ～ ジャッカルの鳴き声. **2** 音, 音響. (⇒ध्वनि) ❐बंदूक़ की ～ 銃声. ❐मच्छर की ～ कान में आयी। 蚊の音が耳に入ってきた.

आवाजाही /āvājāhī アーワージャーヒー/ [cf. *आना-जाना*] *f.* 往来, 行き来. ❐नदी पर बनी पुलिया के टूटने से गाँव के लोगों की ～ प्रभावित हो रही है। 川に架かっている小さな橋が崩れたために村の人々の往来に影響が出ている.

आवारा /āvārā アーワーラー/ [←Pers.adj. آوارہ 'lost, annihilated; ruined; scattered'] *adj.* 放浪する, さすらいの;無頼の. (⇒आवारागर्द) ❐～ कुत्ता 野良犬.
— *m.* 放浪者, 浮浪者;ごろつき, やくざ者.

आवारागर्द /āvārāgarda アーワーラーガルド/ [*आवारा* + *-गर्द*] *adj.* ☞आवारा

आवारागर्दी /āvārāgardī アーワーラーガルディー/ [*आवारा* + *-गर्दी*] *f.* 浮浪(生活);無為徒食(の生活).

आवास /āvāsa アーワース/ [←Skt.m. *आ-वास-* 'abode, residence, dwelling, house'] *m.* **1** 居住地. **2** 宿泊. ❐～ व्यवस्था 宿泊の手配.

आवासी /āvāsī アーワースィー/ [←Skt. *आ-वासिन्-* 'abiding or dwelling in'] *m.* 居住者.

आवाहन /āvāhana アーワーハン/ [←Skt.n. *आ-वाहन-* 'sending for, inviting, calling'] *m.* **1** (人を)呼び出すこと, 召集. **2** (神仏を)呼びかけ招くこと, 勧請(かんじょう). ❐यमराज का ～ करना 閻魔大王を呼ぶ《「死を望む」の意》.

आविर्भाव /āvirbʰāva アーヴィルバーオ/ [←Skt.m. *आविर्-भाव-* 'manifestation, becoming visible, presence'] *m.* 出現;登場;発生. ❐(का) ～ होना (…が)出現する.

आविर्भूत /āvirbʰūta アーヴィルブート/ [←Skt. *आविर्-भूत-* 'become apparent, visible, manifest'] *adj.* 出現した;登場した;発生した.

आविष्कर्ता /āviṣkartā アーヴィシュカルター/ [←Skt.m. *आ-विष्-कर्तृ-* 'one who make visible'] *m.* 発明者[家], 考案者.

आविष्कार /āviṣkāra アーヴィシュカール/ [←Skt.m. *आविष्-कार-* 'making visible, manifestation'] *m.* 発明;考案. (⇒ईजाद) ❐(का) ～ करना (…を)発明する.

आविष्कारक /āviṣkāraka アーヴィシュカーラク/ [←Skt. *आविष्-कारक-* 'making visible'] *m.* 発明家;考案者.

आवृत /āvr̥ta アーヴリト/ [←Skt. *आ-वृत-* 'covered, concealed, hid'] *adj.* **1** 覆われた;包まれた. **2** 囲まれた, 包囲された.

आवृत्त /āvr̥tta アーヴリット/ [←Skt. *आ-वृत्त-* 'turned round, stirred, whirled'] *adj.*繰り返された;周期的な. ❐～ सारणी 〖化学〗(元素の)周期表.

आवृत्ति /āvr̥tti アーヴリッティ/ [←Skt.f. *आ-वृत्ति-* 'repetition'] *f.* **1** 反復, 繰り返し. **2** (印刷物の)版. **3** 頻度. **4** 〖物理〗周波数. ❐रेडियो ～ 高周波.

आवेग /āvega アーヴェーグ/ [←Skt.m. *आ-वेग-* 'hurry or haste produced by excitement'] *m.* **1** 感情の高まり;激昂;発作, 衝動. ❐उसने अपना ～ सँभालते हुए कहा। 彼女は自分の感情の高まりを抑制しながら言った. ❐घर की यह दशा देखकर वह जो अब तक अपने कंठ के ～ को रोके हुए था, रो पड़ा। 家のこの有様を目にして今まで嗚咽をこらえていた彼は, 泣き崩れた. **2** 奔流. ❐कदाचित् आँखों से आँसुओं का ～ हो रहा था। おそらく(彼の)両眼から涙が激しく流れ出ていたのだ.

आवेदक /āvedaka アーヴェーダク/ [←Skt.m. *आ-वेदक-* 'an appellant, a suitor'] *m.* 志願者, 応募者.

आवेदन /āvedana アーヴェーダン/ [←Skt.n. *आ-वेदन-* 'announcing, informing'] *m.* **1** 申し込み, 申請, 応募.

❐छात्रवृत्ति के लिए ～ आमंत्रित है। 奨学金への応募お待ちしています. **2** 請願, 嘆願.

आवेदन-पत्र /āvedana-patra アーヴェーダン・パトル/ [neo.Skt.n. *आवेदन-पत्र-* 'a petition'] *m.* **1** 願書, 申込書, 申請書. **2** 請願書, 嘆願書.

आवेश /āveśa アーヴェーシュ/ [←Skt.m. *आ-वेश-* 'entering, entrance, taking possession of'] *m.* 興奮, 感情の高ぶり, 衝動, 発作. ❐～ में आना 興奮する. ❐क्षणिक ～ 一時的な衝動.

आशंका /āśaṃkā アーシャンカー/ [←Skt.f. *आ-शङ्का-* 'fear, apprehension; doubt, uncertainty'] *f.* 危惧, 懸念, 不安. (⇒भय, शंका) ❐उसकी ～ सत्य निकली। 彼女の危惧は現実になった. ❐मुझे तो किसी अमंगल की ～ हो रही है। 私には何か不吉な予感がする.

आशकार /āśakāra アーシャカール/ [←Pers.adj. آشکار 'clear, evident, manifest, open, public'; cog. Skt.m. *आविष्-कार-* 'making visible, manifestation'] *adj.* 明らかにされた; 明白な. ❐～ करना 明らかにする; あばく. ❐～ होना 明らかになる; あばかれる.

आशय /āśaya アーシャエ/ [←Skt.m. *आ-शय-* 'resting-place, bed; the seat of feelings and thoughts; thought, meaning, intention'] *m.* もくろみ, 意図, 目的, 意味; 趣旨. ❐अब उनके मुस्कराने का ～ समझ रहा हूँ, उस समय न समझ सका था। 今彼の微笑みの意味が分かる, あの時は分からなかった. ❐उस ज्योतिषी को तुरंत अंदर बुला भेजा और स्वप्न का ～ पूछा। その占星術師をすぐさま中に呼び寄せた, そして夢の意味を尋ねた. ❐मेरा ～ यह न था, तुम बिलकुल ग़लत समझीं। 私の意図はこうではなかった, お前は誤解したのだ.

आशा /āśā アーシャー/ [←Skt.f. *आशा-* 'wish'] *f.* **1** 希望, 望み. (⇒उम्मीद)(⇔निराशा) ❐मुझे कोई ～ नहीं है। 私には何の希望もない. **2** 見込み, 期待, 可能性. (⇒उम्मीद) ❐(से) (की) ～ करना (人に)(…を)期待する. ❐(की) ～ बाँधना (…の)期待をかける. ❐तुमसे इस निष्ठुरता की ～ न थी। 君にこのような冷酷さは予想していなかった. ❐सभी ～ भरी आँखों से उसकी ओर ताकने लगीं। 彼女たちみんなは期待に満ちた目で彼の方をじっと見た.

आशातीत /āśātīta アーシャーティート/ [neo.Skt. *आशा-अतीत-* 'beyond hope, unexpected'] *adj.* 期待以上の, 期待を超えた, 予想以上の. ❐यह बात तो ～ ही नहीं, कल्पनातीत थी। このことは期待以上であるばかりか, 想像を超えていた.

आशावाद /āśāvāda アーシャーワード/ [neo.Skt.m. *आशा-वाद-* 'optimism'] *m.* 楽天主義. (⇒आशावादिता)(⇔निराशावाद)

आशावादिता /āśāvāditā アーシャーワーディター/ [neo.Skt.f. *आ-शा-वादि-ता* 'optimism'] *f.* 楽観的な態度; 楽観主義. (⇒आशावाद)(⇔निराशावाद)

आशावादी /āśāvādī アーシャーワーディー/ [neo.Skt. *आशा-वादिन्-* 'optimistic'] *adj.* 楽天主義の(人). (⇔निराशावादी)

— *m.* 楽天家. (⇔निराशावादी)

आशिक़ /āśiqa アーシク/ [←Pers.n. عاشق 'a lover, inamorato' ←Arab.] *m.* (女からみた)恋人; 愛人. (⇒प्रेमी, महबूब)(⇔आशिक़ा)

आशिक़ा /āśiqā アーシカー/ [←Pers.n. عاشقة 'a mistress' ←Arab.] *f.* (男からみた)恋人; 愛人. (⇒प्रेमिका, महबूबा)(⇔आशिक़)

आशिक़ाना /āśiqānā アーシカーナー/ [←Pers.adv. عاشقانه 'amorously'] *adj.* 恋の, 恋愛の. ❐～ ख़त 恋文, ラブレター.

आशिक़ी /āśiqī アーシキー/ [←Pers.n. عاشقی 'love; the condition of a lover'] *f.* 恋愛.

आशियाँ /āśiyā̃ アーシヤーン/ [←Pers.n. آشیان 'a nest; a ceiling, roof'; cog. Skt.n. *आसन-* 'sitting, sitting down; , place, stool'] *m.* ☞आशियाना

आशियाना /āśiyānā アーシヤーナー/ [←Pers.n. آشیانه 'a nest; a ceiling, roof'; cog. Skt.n. *आसन-* 'sitting, sitting down; , place, stool'] *m.* **1** (鳥などの)巣. (⇒घोंसला, नीड़) **2** 小さな家.

आशिष /āśiṣa アーシシュ/ [<Skt.f. *आशिस्-* 'asking for, prayer, wish; blessing, benediction'] *f.* 祝福. (⇒आसीस)

आशीर्वचन /āśīrvacana アーシールワチャン/ [←Skt.n. *आशीर्वचन-* 'a blessing, benediction'] *m.* 祝福の言葉.

आशीर्वाद /āśīrvāda アーシールワード/ [←Skt.m. *आशीर्वाद-* 'benediction'] *m.* 祝福(の言葉). ❐(को) ～ देना (人を)祝福する.

आशु- /āśu- アーシュ・/ [←Skt. *आशु-* 'fast, quick, going quickly'] *comb. form* 《形容詞や名詞「速い…(人)」を作る連結形; आशुलिपि「速記」など》.

आशुकवि /āśukavi アーシュカヴィ/ [neo.Skt.m. *आशु-कवि-* 'an impromptu poet'] *m.* 〖文学〗即興詩人.

आशुतोष /āśutoṣa アーシュトーシュ/ [←Skt. *आशुतोष-* 'easily pleased or appeased'] *adj* すぐに喜ぶ(人); すぐに機嫌が直る(人)《シヴァ神 शिव の異名》.

आशुलिपि /āśulipi アーシュリピ/ [neo.Skt.f. *आशु-लिपि-* 'shorthand, stenography'] *f.* 速記(法); 速記文字.

आशुलिपिक /āśulipika アーシュリピク/ [neo.Skt.m. *आशु-लिपिक-* 'shorthand typist, stenographer'] *m.* 速記者.

आश्चर्य /āścarya アーシュチャルエ/ [←Skt.n. *आश्चर्य-* 'strange appearance; surprise'] *m.* 驚き, 驚愕; 仰天, 唖然; 驚異. (⇒अचंभा, अचरज, ताज्जुब) ❐उसका पत्र पढ़कर मुझे ～ हुआ। 彼の手紙を読んで私はとても驚いた. ❐यह ～ की बात थी। これは驚くべきことだった. ❐उसने ～ से पूछा। 彼は驚いて質問した.

आश्चर्यचकित /āścaryacakita アーシュチャルエチャキト/ [pseudo.Skt. *आश्चर्य-चकित-* 'wonder-struck'] *adj.* 仰天した. ❐～ रह जाना 仰天する. ❐～ होकर 仰天して.

आश्चर्यजनक /āścaryajanaka アーシュチャルエジャナク/ [neo.Skt. *आश्चर्य-जनक-* 'astonishing'] *adj.* 驚嘆すべき.

❒उसका यह फ़ैसला कोई 〜 नहीं है। 彼のこの決定はなんら驚くべきことではない.

आश्रम /āśramá アーシュラム/ [←Skt. आ-श्रम- 'a hermitage, the abode of ascetics; a stage in the life of a Brāhman'] *m.* **1**〖ヒンドゥー教〗隠遁所;修道院. **2** (孤児・寡婦(かふ)など)社会的弱者を保護し収容する施設, 避難所. **3**〖ヒンドゥー教〗四生活期, 四住期《宗教的・社会的義務を遂行するために区分された人生の四つ時期; ब्रह्मचर्य「学生期」, गार्हस्थ्य「家住期」, वानप्रस्थ「林棲期」, संन्यास「遊行期」》.

आश्रय /āśrayá アーシュラエ/ [←Skt.m. आ-श्रय- 'that to which anything is annexed or with which anything is closely connected or on which anything depends or rests'] *m.* **1** 庇護, 保護. ❒〜 माँगना 庇護を求める. ❒(को) 〜 देना (人に)庇護を与える. ❒वह मर्द का 〜 नहीं चाहती, उससे कंधा मिलाकर चलना चाहती है। 彼女は男の庇護を望んでいないのだ, 男と肩を並べて歩みたいのだ. **2** 依存. ❒(का) 〜 लेना (…に)依存する, (…を)頼る. **3**〖演劇〗アーシュラヤ《「恋愛」などの感情を抱く主体》.

आश्रित /āśritá アーシュリト/ [←Skt. आ-श्रित- 'subject to, depending on'] *adj.* **1** 依存している;支えられている;扶養されている(人). ❒मैं उसका 〜 बनकर न रहना चाहता था। 私は彼の世話になって生活する気はなかった. ❒मैं किसी की 〜 नहीं बनूँगी। 私は誰の世話にもなるつもりはないわ. ❒सात भाई और उनके बाल-बच्चे सभी उन्हीं पर 〜 थे। 七人の兄弟と彼らの子どもたちすべてが彼を頼っていた. **2**〖言語〗従属している. ❒〜 उपवाक्य 従属節.
— *m.* 被扶養者. ❒मृतक 〜 (被扶養者であった)遺族.

आश्वस्त /āśvastá アーシュワスト/ [←Skt. आ-श्वस्त- 'reassured'] *adj.* 安心した, 安堵した, ほっとした. ❒(को) 〜 करना (人を)安心させる. ❒मेरा मन 〜 नहीं हुआ। 私の心は休まらなかった.

आश्वासन /āśvāsaná アーシュワーサン/ *m.* 請負;確約, 保証. (⇒गारंटी, वारंटी) ❒(को) (का) 〜 देना [दिलाना] (人に)(…の)確約をする.

आश्विन /āśviná アーシュヴィン/ [←Skt.m. आश्विन- 'name of a month in the rainy season'] *m.*〖暦〗アーシュヴィナ月, クアール月《インド暦の第7月;西暦の9, 10月に相当》. (⇒कुआर)

आषाढ़ /āṣāṛʰá アーシャール/ [←Skt.m. आषाढ- 'name of a month (corresponding to part of June and July) in which the full moon is near the constellation'] *m.*〖暦〗アーシャーダ月, アーサール月《インド暦の第4月;西暦の6, 7月に相当》. (⇒आसाढ़)

आस /āsá アース/ [<OIA.f. *āśā́-* 'wish, expectation': T.01456] *f.* 期待;希望. ❒〜 टूटना 希望が失われる. ❒〜 बँधाना 希望をもたせる. ❒〜 बाँधना 希望をもつ.

आसक्त /āsaktá アーサクト/ [←Skt. आ-सक्त- 'fixed or fastened to; attached to, lying on or upon'] *adj.* 執着した, 執心の;恋い焦がれた, 恋慕した. ❒मैं उसपर तन-मन से 〜 था। 私は彼女に身も心も恋い焦がれていた.

आसक्ति /āsakti アーサクティ/ [←Skt.f. आ-सक्ति- 'the act of adhering or attaching one's self firmly behind'] *f.* 執着, 執心;愛着;恋慕.

आसन /āsaná アーサン/ [←Skt.n. आसन- 'sitting': T.01484] *m.* **1** 座, 座席;(腰を下ろすための)敷布, 毛皮の敷物. ❒〜 जमाना どっかりと腰を据える. ❒〜 पर बैठना 座に腰を下ろす. **2**〖ヒンドゥー教〗(ヨガの)ポーズ, 座法.

आसनसियोन /āsanásiyoná アーサンスィヨーン/ [cf. Eng.n. *Asuncion*] *m.*〖地名〗アスンシオン《パラグアイ(共和国)(पैराग्वे) の首都》.

आसन्न /āsanná アーサンヌ/ [←Skt. आ-सन्न- 'seated down, set down; seated down, set down'] *adj.* 切迫した, 迫りくる. ❒〜 मृत्यु 瀕死(状態). ❒〜 संकट 迫りくる危機.

आसन्न-भूत /āsanná-bʰūtá アーサンヌ・ブート/ [neo.Skt.n. आसन्न-भूत- 'present perfect tense'] *m.*〖言語〗近過去, 現在完了《मैं वहाँ हो आया हूँ「私はあそこに寄ってきました」のように, 〖完了分詞 + コピュラ動詞現在形〗の形式》.

आस-पास /āsá-pāsá アース・パース/ [echo-word; cf. पास[1]] *adv.* 付近に, 近くに. (⇒अगल-बगल) ❒(के) 〜 (…の)付近に, あたりに, 近くに.

आसमान /āsámāná アースマーン/ ▷आस्मान [←Pers.n. آسمان 'heaven, the celestial orb'; cog. Skt.m. अश्मन्- 'a stone, rock; a thunderbolt; a cloud'] *m.* **1**〖天文〗空, 大空;天, 天空. (⇒आकाश) ❒〜 और ज़मीन का फ़र्क़ 天と地の違い, 大変な違い. ❒〜 साफ़ है। 晴れている. ❒〜 से ओले गिरना 空から雹(ひょう)が降る. ❒(का) दिमाग़ [मिज़ाज] 〜 पर चढ़ जाना (人が)得意の絶頂になる. **2** 天国.

आसमानी /āsámānī アースマーニー/ ▷आस्मानी [←Pers.adj. آسمانی 'heavenly, azure, hyacinthine'] *adj.* **1** 空の;天の, 天空の. **2** 空色の, スカイブルーの. ❒〜 रंग 空色, 水色.

आसरा /āsárā アースラー/ [<OIA. **āśara-* 'protection': T.01455; cf. Skt.m. आ-श्रय- 'that to which anything is annexed or with which anything is closely connected or on which anything depends or rests'] *m.* **1** 支え;支柱. **2** 依存; 頼り, 期待. ❒अब तो तुम्हारा ही 〜 है। もう君だけが頼りだよ.

आसरैत /āsaraitá アーサラェート/ [<Skt. आश्रित- 'attaching one's self to'] *adj.* (他人に)頼って生きる(人);やっかいもの. (⇒आश्रित) ❒मैं उसकी 〜 बनकर घर में न रहूँगी। 私はあの人のやっかいものとなって家に居残るつもりはないわ.

आसव /āsavá アーサオ/ [←Skt.m. आसव- 'distilling, distillation; decoction'] *m.*〖医学〗煎じ薬.

आसाढ़ /āsāṛʰa アーサール/ [<Skt.m. आषाढ- 'name of a month (corresponding to part of June and July) in which the full moon is near the constellation'] *m.* ☞ आषाढ़

आसान /āsāna アーサーン/ [←Pers.adj. آسان 'easy, convenient, commodious'] *adj.* **1** 容易な, 易しい, 簡単な. (⇔कठिन, मुश्किल) **2** 御しやすい(人). (⇔मुश्किल)

आसानी /āsānī アーサーニー/ [←Pers.n. آسانی 'facility, ease'] *f.* 容易, 簡単. ❐～ से 容易[簡単]に.

आसार /āsāra アーサール/ [←Pers.n. آثار 'impressions, indications, signs, vestiges' ←Arab.] *m.* **1** 兆候, きざし《複数扱い》. (⇒लक्षण) ❐(के) ～ नज़र आना (…の)兆候が見える. **2** 跡, 痕跡;遺物, 遺跡.

आसीन /āsīna アースィーン/ [←Skt. आसीन- 'sitting, seated'] *adj.* **1** 鎮座する. ❐वह सिंहासन पर ～ है। 彼は玉座に鎮座している. **2** (地位などを)占めている. ❐वह उच्च पद पर ～ है। 彼は高い地位についている.

आसीस /āsīsa アースィース/▸असीस *f.* ☞असीस(⇒आशिष)

आसुर /āsura アースル/ [←Skt. आसुर- 'spiritual, divine; belonging or devoted to evil spirits'] *adj.* アスラ(असुर) に関わる. ❐～ विवाह アースラ婚《古代正統と認められた八つの結婚形式の第六番目;花嫁を買い取る結婚》.

आसुरी /āsurī アースリー/ [←Skt. आसुरि- 'belonging to evil spirits'] *adj.* 悪魔のような, 阿修羅のような.

आस्ट्रिया /āsṭriyā アーストリヤー/▸ऑस्ट्रिया [←Eng.n. *Austria*] *f.* 〖国名〗オーストリア(共和国)《首都はウィーン (वियना)》.

आस्ट्रेलिया /āsṭreliyā アーストレーリヤー/ ▸ऑस्ट्रेलिया [←Eng.n. *Australia*] *m.* **1** 〖国名〗オーストラリア(連邦)《首都はキャンベラ (कैनबरा)》. **2** 〖地理〗オーストラリア. ❐～ महाद्वीप オーストラリア大陸.

आस्ट्रेलियाई /āsṭreliyāī アーストレーリヤーイー/ ▸ ऑस्ट्रेलियाई [आस्ट्रेलिया + -ई] *adj.* オーストラリアの. ❐～ डालर オーストラリア・ドル.

आस्ति /āsti アースティ/ [cf. अस्ति; cf. Eng.n. *asset*] *f.* 〖経済〗資産.

आस्तिक /āstika アースティク/ [←Skt. आस्तिक- 'one who believes in the existence (of God, of another world, etc.)'] *adj.* 〖ヒンドゥー教〗神の存在を信じる(人);信心深い(人). (⇔नास्तिक)

आस्तिकता /āstikatā アースティクター/ [←Skt.f. आस्तिकता- 'theism'] *f.* 〖ヒンドゥー教〗有神論. (⇔नास्तिकता)

आस्तीन /āstīna アースティーン/ [←Pers.n. آستین 'a sleeve'] *f.* そで. (⇒बाँह, बाज़ू) ❐～ का साँप 友人を装った敵. ❐～ चढ़ाना そでをめくり上げる《挑戦的な態度をとる, けんか腰になる, 意気込む》. ❐～ में साँप पालना 身内の裏切り者を知らずいる.

आस्थगन /āstʰagana アースタガン/ [neo.Skt.n. आ-स्थगन- 'deferment'] *m.* 延期.

आस्था /āstʰā アースター/ [←Skt.f. आस्था- 'consideration, regard, care, care for; confidence, hope'] *f.* **1** 信頼, 信用;確信. ❐(में) ～ रखना (…を)信頼する. **2** 信仰. ❐देवताओं में उसकी ～ और दृढ़ हो गई। 神々に対する彼の信仰はさらに強固なものになった.

आस्थावान /āstʰāvāna アースターワーン/ [आस्था + -वान] *adj.* **1** 信頼する;忠実な, 信義の厚い. **2** 信仰心が篤い, 信心深い.

आस्मान /āsmāna アースマーン/ ▹आसमान *m.* ☞आसमान

आस्मानी /āsmānī アースマーニー/ ▹आसमानी *adj.* ☞ आसमानी

आस्वाद /āsvāda アースワード/ [←Skt.m. आ-स्वाद- 'eating with a relish, tasting, enjoying'] *m.* 風味, 味わい. (⇒स्वाद)

आस्वादन /āsvādana アースワーダン/ [←Skt.n. आ-स्वादन- 'the act of eating, tasting, enjoying'] *m.* **1** (風味を)味わうこと, 賞味すること. ❐चटपटे पदार्थों का ～ करने के बाद सरल भोजन कब रुचिकर होता है! 辛い刺激的なものを味わった後で簡素な食事のどこが食欲をそそるというのだ. **2** (美しいものを)堪能すること;鑑賞すること. ❐वे उसके रूप-रस का ～ करते थे। 彼は彼女の姿かたちを堪能していた.

आस्वाद्य /āsvādya アースワーディエ/ [←Skt. आ-स्वाद्य- 'having a good taste, palatable delicious'] *adj.* 味のよい, 口に合う(食べ物).

आह /āha アーハ/ [←Pers.int. آه 'Ah! alas! a sigh' ←Arab.] *int.* ああ《ため息》.

— *f.* ため息. ❐～ भरना ため息をつく.

आहट /āhaṭa アーハト/ [आना¹ + -आहट; ?<OIA. *āghaṭṭayati* 'touches on, rubs': T.01054] *f.* 足音;近づいてくる気配. ❐(की) ～ पाना (人の)足音を耳にする. ❐(की) ～ लेना (人の)足音に耳をすませる.

-आहट /-āhaṭa ・アーハト/ *suf.* 《動詞語幹に付加して女性名詞を作る接尾辞;आहट「足音」, घबराहट「不安」, मुसकराहट「微笑」》.

आहत /āhata アーハト/ [←Skt. आहत- 'struck, beaten, hit, hurt'] *adj.* **1** 負傷した(人). **2** 傷ついた(心, 誇り).

— *m.* 負傷者, 怪我人.

आहरण /āharaṇa アーヘラン/ [←Skt.n. आहरण- 'taking, seizing, bringing, fetching'] *m.* **1** 取ってくること. **2** 〖経済〗(預金の)引き出し. (⇔जमा)

आहार /āhāra アーハール/ [←Skt.n. आ-हार- 'bringing near, procuring; taking food'] *m.* **1** 食物, 飲食物. **2** 栄養(の摂取).

आहार-चिकित्सा /āhāra-cikitsā アーハール・チキトサー/ [neo.Skt.n. आहार-चिकित्सा- 'diet'] *f.* 〖医学〗食餌療法, 食事療法.

आहार-विज्ञान /āhāra-vijñāna アーハール・ヴィギャーン/ [neo.Skt.n. आहार-विज्ञान- 'dietetics'] *m.* 栄養学. (⇒आहार-शास्त्र)

आहार-शास्त्र /āhāra-śāstra アーハール・シャーストル/

[neo.Skt.n. *आहार-शास्त्र-* 'dietetics'] *m.* ☞आहार-विज्ञान

आहार-शृंखला /āhāra̤-śr̥mkʰalā アーハール・シュリンカラー/ [neo.Skt.f. *आहार-शृङ्खला-* 'food chain'] *f.* 食物連鎖.

आहार-विहार /āhāra̤-vihāra̤ アーハール・ヴィハール/ *m.* (規則正しい)日常生活;日課.

आहारीय /āhārīya̤ アーハーリーエ/ [neo.Skt. *आहारीय-* 'dietary'] *adj.* 食物の;食物に含まれている. ❐～ रेशा 食物繊維.

आहिस्ता /āhistā アーヒスター/ [←Pers.adj. آہستہ 'soft, tender; calmly; slowly'] *adv.* ゆっくりと, 徐々に. ❐～ से そっと;ゆっくりと.

आहिस्ता-आहिस्ता /āhistā-āhistā アーヒスター・アーヒスター/ *adv.* ゆっくりゆっくり;そーっと;ゆるやかに. (⇒धीरे-धीरे)

आहुति /āhuti アーフティ/ [←Skt.f. *आहुति-* 'offering oblations with fire to the deities'] *f.* **1**〖ヒンドゥー教〗(神への)供え物《特に祈祷・呪文とともに火に投じられるもの》. ❐～ देना 供え物を捧げる《＝火に投じる》. **2** 犠牲;生贄(いけにえ).

आह्लाद /āhlāda̤ アーフラード/ [←Skt.m. *आ-ह्लाद-* 'refreshing, reviving; joy, delight'] *m.* 喜び, 嬉しさ, 歓喜. ❐उसका हृदय ～ से भर गया। 彼の胸は歓喜でいっぱいになった.

आह्वान /āhvāna̤ アーフワーン/ [←Skt.n. *आह्वान-* 'calling, invitation, a call or summons'] *m.* (神々への)招喚;呼びかけ. ❐～ करना 招喚する;呼びかける.

इ

इंक़लाब /imqalāba̤ インカラーブ/ ▹इनक़लाब, इन्क़लाब ▸इनक़िलाब *m.* ☞इनक़लाब

इंकार /imkāra̤ インカール/ ▸इनकार, इन्कार *m.* ☞इनकार

इंगलिश /imga̤liśa̤ イングリシュ/▹इंग्लिश [←Eng.n. *English*] *f.* 英語. (⇒अँगरेज़ी)

इंगलिस्तान /imga̤listāna̤ イングリスターン/▹इंग्लिस्तान [*इंगलिश* + *-स्तान*] *f.* 〔古語〕英国, イギリス;イングランド. (⇒इंगलैंड)

इंगलैंड /imga̤laimḍa̤ イングラェーンド/▹इंग्लैंड [←Eng.n. *England*] *m.*〖国名〗英国, イギリス;イングランド.

इंगित /imgita̤ インギト/ [←Skt.n. *इङ्गित-* 'motion of various parts of the body as indicating the intentions'] *m.* (合図・暗示などを示す)身振り, しぐさ, 動作. ❐(के) ～ पर नाचना (人の)指事で操られる. ❐भावों को ～ करने में उसे कमाल हो गया। さまざまな感情を表わす身振りにおいて彼は卓越した技を身に着けた.

इंगुर /imgura̤ イングル/ ▸ईंगुर *m.* ☞ईंगुर

इंग्लिश /imgliśa̤ イングリシュ/ ▹इंगलिश *m.* ☞इंगलिश

इंग्लिस्तान /imglistāna̤ イングリスターン/ ▹इंगलिस्तान *m.* ☞इंगलिस्तान

इंग्लैंड /imglaimḍa̤ イングラェーンド/ ▹इंगलैंड *m.* ☞इंगलैंड

इंच /imca̤ インチ/ [←Eng.n. *inch*] *m.*〖単位〗インチ《約 2.54 センチメートル》. ❐एक ～ क़रीब क़रीब ढाई सेंटीमीटर के बराबर है। 1 インチはおおよそ 2.5 センチメートルに等しい. ❐एक ～ चौड़ी तीन ～ लंबी परची 幅 1 インチ長さ 3 インチの紙片.

इंचार्ज /imcārja̤ インチャールジ/ ▹इनचार्ज *m.* ☞इनचार्ज

-इंची /-imcī ・インチー/ [*इंच* + *-ई*] *suf.* …インチの.

इंजन /imjana̤ インジャン/ ▸अंजन, एंजन [←Eng.n. *engine*] *m.* **1** エンジン, 発動機. **2** 機関車. ❐～ ड्राइवर (鉄道の)機関士.

इंजीनियर /imjīniyara̤ インジーニヤル/ [←Eng.n. *engineer*] *m.* エンジニア, 技師.

इंजीनियरिंग /imjīniyarimga̤ インジーニヤリング/ [←Eng.n. *engineering*] *f.* エンジニアリング, 工学. (⇒इंजीनियरी) ❐～ कालेज 工科大学. ❐मैकेनिकल ～ 機械工学.

इंजीनियरी /imjīniyarī インジーニヤリー/ [*इंजीनियर* + *-ई*] *f.* エンジニアリング, 工学. (⇒इंजीनियरिंग)

इंजील /imjīla̤ インジール/ [←Pers.n. انجیل 'the gospel' ←Arab. ←Gr.] *m.*〖キリスト教〗新約聖書;聖書;福音書.

इंजेक्शन /imjekśana̤ インジェークシャン/ [←Eng.n. *injection*] *m.*〖医学〗注射. (⇒सुई) ❐डाक्टर ने मरीज़ को पेंसिलीन का ～ दिया। 医者は患者にペニシリンの注射をした. ❐(का) ～ लगाना (医者が)(…の)注射をする. ❐(का) ～ लगवाना (患者が)(…の)注射をしてもらう.

इंटर /imṭara̤ インタル/ [←Eng.adj. *inter.* 'intermediate'] *m.* **1** 旧制中等学校修了資格・試験《インドの旧教育制度において初等中等教育(10 年)と大学学部(2 年)との間にある課程(2 年)修了資格;日本の高等学校修了にほぼ相当》. (⇒इंटरमीडियेट) **2** インター・クラス《旧インド国有鉄道における客車の等級;2 等と 3 等の中間》. (⇒इंटरमीडियेट)

इंटरकाम /imṭara̤kāma̤ インタルカーム/ ▸इंटरकॉम [←Eng.n. *intercom* (intercommunication system)] *m.* インターフォン. ❐～ पर कहना インターフォン越しに言う.

इंटरनेट /imṭara̤neṭa̤ インタルネート/ [←Eng.n. *internet*] *m.*〖コンピュータ〗インターネット. (⇒अंतर्जाल) ❐मैंने हाल ही में ～ पर अपना पता दर्ज कर दिया है। 私はつい最近インターネット上で自分のアドレスを登録した.

इंटरनेशनल /imṭara̤neśa̤nala̤ インタルネーシュナル/ [←Eng.adj. *international*] *adj.* 国際的な, 国際間の《英語を直接デーヴァナーガリー文字で書写する際に使用》. (⇒अंतर्राष्ट्रीय) ❐～ सिख यूथ फेडरेशन 国際シック教青年同盟.

इंटरपोल /imṭara̤pola̤ インタルポール/ [←Eng.n. *interpol* (International Criminal Police Organization)] *m.* インターポール, 国際刑事警察機構.

इंटरमीडिएट /imṭara̤mīḍieṭa̤ インタルミーディエート/ ▹

इंटरमीडियेट ▸इंटरमीडियट [←Eng.adj. *intermediate*] *m.* ☞इंटर

इंटरमीडियट /iṃṭaramīḍiyaṭa インタルミーディヤト/ ▸इंटरमीडियेट *m.* ☞इंटर

इंटरमीडियेट /iṃṭaramīḍiyeṭa インタルミーディエート/ ▹इंटरमीडिएट ▸इंटरमीडियट *m.* ☞इंटर

इंटरवल /iṃṭaravala インタルワル/ [←Eng.n. *interval*] *m.* 〚演劇〛インターバル, 幕間;休憩時間. (⇒मध्यांतर) ❒ ～ में 幕間に.

इंटरव्यू /iṃṭaravyū インタルヴィュー/ [←Eng.n. *interview*] *m.* **1** インタビュー, 取材訪問. (⇒भेंट-वार्ता, साक्षात्कार) ❒～ में インタビューの中で. ❒(का) ～ करना [लेना] (人の)インタビューをする. ❒(को) ～ देना (…に)自分のインタビューをさせる. **2** 会見, 対談;(就職などの)面接, 面談. ❒～ के दौरान कुछ बातों का ध्यान रखना चाहिए। 面接中いくつかのことに注意しなければいけません.

इंटीरियर /iṃṭīriyara インティーリヤル/ [←Eng.n. *interiror*] *m.* インテリア, 内装. ❒शानदार ～ वाली लिमोसिन 豪華な内装のリムジン.

इंट्रेंस /iṃṭreṃsa イントレーンス/ [←Eng.n. *entrance*] *m.* **1** 入口, 玄関. (⇒प्रवेश, प्रवेश-द्वार) **2** エントランス《インドの旧教育制度で第10学年終了資格試験;大学(学士課程)入学資格試験》.

इंडस्ट्री /iṃḍastrī インダストリー/ [←Eng.n. *industry*] *f.* 〚経済〛産業;工業;事業. (⇒उद्योग)

इंडियन /iṃḍiyana インディヤン/ [←Eng.adj. *Indian*] *adj.* インド(人)の. (⇒भारतीय) ❒～ एयरलाइन्स 旧インド国内航空.

— *m.* インド人. (⇒भारतीय)

इंडिया /iṃḍiyā インディヤー/ [←Eng.n. *India*] *m.* インド. (⇒भारत) ❒एयर [एअर] ～ エアー・インディア, インド航空.

इंडेंट /iṃḍeṃṭa インデーント/ [←Eng.n. *indent*] *m.* インデント, 字下げ.

इंडेक्स /iṃḍeksa インデークス/ [←Eng.n. *index*] *m.* インデックス, 索引. (⇒अनुक्रमणिका)

इंडो-चीन /iṃḍo-cīna インドー・チーン/ [←Eng.n. *Indo-China*] *m.* 〚地理〛インドシナ.

इंडोनेशिया /iṃḍoneśiyā インドーネーシヤー/▸इंदोनेशिया [←Eng.n. *Indonesia*] *m.* 〚国名〛インドネシア(共和国)《首都はジャカルタ (जकार्ता)》.

इंतक़ाम /iṃtaqāma イントカーム/▸इंतिक़ाम [←Pers.n. انتقام 'punishing, chastising; taking vengeance' ←Arab.] *m.* 復讐;報復. (⇒प्रतिशोध, बदला) ❒का ～ करना (…の)復讐をする.

इंतक़ाल /iṃtaqāla イントカール/▸इंतिक़ाल [←Pers.n. انتقال 'Being transported, transplanted, translated; death; transmigration' ←Arab.] *m.* 死去, 逝去. (⇒स्वर्गवास)

इंतख़ाब /iṃtaxāba イントカーブ/▸इंतिख़ाब [←Pers.n. انتخاب 'electing, choosing, selecting, picking out' ←Arab.] *m.* **1** 選択. (⇒चयन, चुनाव) **2** 選挙. (⇒इलेक्शन, चुनाव)

इंतख़ाबी /iṃtaxābī イントカービー/▸इंतिख़ाबी [←Pers.n. انتخابی 'selected, culled' ←Arab.] *adj.* 選挙の. (⇒चुनावी)

इंतज़ाम /iṃtazāma イントザーム/▸इंतिज़ाम [←Pers.n. انتظام 'being arranged, strung in a line; arrangement' ←Arab.] *m.* 手配, 段取り;準備, 支度. (⇒प्रबंध, व्यवस्था) ❒(का) ～ करना (…の)段取り[準備]をする. ❒(का) ～ होना (…の)段取り[準備]がされる.

इंतज़ार /iṃtazāra イントザール/▸इंतिज़ार [←Pers.n. انتظار 'expecting, looking out for, waiting anxiously' ←Arab.] *m.* 待つこと, 待機. (⇒प्रतीक्षा) ❒(का) ～ करना (…を)待つ.

इंतहा /iṃtahā イントハー/ ▸इंतिहा [←Pers.n. انتہاء 'termination, end, extremity' ←Arab.] *f.* 限界, 限度.

इंतहाई /iṃtahāī イントハーイー/ ▸इंतिहाई [*इंतहा* + *-ई*] *adj.* 極端な;過激な.

इंतहाईपसंद /iṃtahāīpasaṃda イントハーイーパサンド/ ▹इंतिहाईपसंद ▸इंतिहा [*इंतहाई* + *-पसंद*] *adj.* 過激主義の(人).

इंतिक़ाम /iṃtiqāma インティカーム/ ▸इंतक़ाम *m.* ☞इंतक़ाम

इंतिक़ाल /iṃtiqāla インティカール/ ▸इंतक़ाल *m.* ☞इंतक़ाल

इंतिख़ाब /iṃtixāba インティカーブ/ ▸इंतख़ाब *m.* ☞इंतख़ाब

इंतिख़ाबी /iṃtixābī インティカービー/ ▸इंतख़ाबी *adj.* ☞इंतख़ाबी

इंतिज़ाम /iṃtizāma インティザーム/ ▸इंतज़ाम *m.* ☞इंतज़ाम

इंतिज़ार /iṃtizāra インティザール/ ▸इंतज़ार *m.* ☞इंतज़ार

इंतिहा /iṃtihā インティハー/ ▸इंतहा *f.* ☞इंतहा

इंतिहाई /iṃtihāī インティハーイー/ ▸इंतहाई *adj.* ☞इंतहाई

इंतिहाईपसंद /iṃtihāīpasaṃda インティハーイーパサンド/ ▸इंतहाईपसंद *adj.* ☞इंतहाईपसंद

इंदराज /iṃdarāja インドラージ/ ▸इंदिराज [←Pers.n. اندراج 'being rolled or folded together; being inserted; entry' ←Arab.] *m.* 登録;記入, 記載.

इंदिराज /iṃdirāja インディラージ/ ▸इंदराज *m.* ☞इंदराज

इंदु /iṃdu インドゥ/ [←Skt.m. इन्दु- 'the moon'] *m.* 月.

इंदोनेशिया /iṃḍoneśiyā インドーネーシヤー/ ▸इंडोनेशिया *m.* ☞इंडोनेशिया

इंद्र /iṃdra インドル/ [←Skt.m. इन्द्र- 'the god of the atmosphere and sky'] *m.* 〚神話〛インドラ神.

इंद्रजाल /iṃdrajāla インドルジャール/ [←Skt.n. *इन्द्र-जाल-* 'the net of Indra; sham, illusion, delusion, magic, sorcery, juggle; the art of magic etc.'] *m.* 魔法, 魔術, 妖術;奇術, 手品;計略, 策略. ❒～ के करतब 奇術の技.

इंद्रधनुष् /iṃdradʰanuṣ インドルダヌシュ/ ▹इंद्रधनुष

[←Skt.n. *इन्द्र-धनुस्-* 'Indra's bow, the rainbow'] *m.* 虹.

इंद्रिय /iṃdriya インドリエ/ [←Skt.n. *इन्द्रिय-* 'power, force, the quality which belongs especially to the mighty Indra; faculty of sense, sense, organ of sense'] *f.* **1** 意識;感覚;五感. **2**〖医学〗感覚器官, 五官. **3**〖医学〗生殖器官;性器.

ईंधन /īdʰana インダン/ ▸ईंधन *m.* ☞ईंधन

इंपीरियल /iṃpīriyala インピーリヤル/ [←Eng.adj. *imperial*] *adj.* (大英)帝国の. ❐～ जर्मन ドイツ帝国.

इंफाल /iṃpʰāla インパール/ [cf. Eng.n. *Imphal*] *m.*〖地名〗インパール《マニプル州 (मणिपुर) の州都》.

इंवाइस /iṃvāisa インワーイス/▸इन्वायस [←Eng.n. *invoice*] *m.*〖経済〗インボイス, 明細記入請求書;送り状.

इंशाअल्लाह /iṃśāallāha インシャーアッラーハ/ [←Pers.int. انشالله 'If God wills, please God, Deo volente' ←Arab.] *int.* 神が望まれれば《「そうあって欲しい」,「なるようにしかならない」などの意》.

इंसान /iṃsāna インサーン/ ▹इनसान, इन्सान *m.* ☞इनसान

इंसानियत /iṃsāniyata イーンサーニヤト/ ▹इनसानियत, इन्सानियात *f.* ☞इनसानियत

इंसाफ़ /iṃsāfa インサーフ/▹इनसाफ़ [←Pers.n. انصاف 'dividing, taking half; acting justly; justice' ←Arab.] *m.* 公正, 正義. (⇒न्याय)

इंसाफ़-पसंद /iṃsāfa-pasaṃda インサーフ・パサンド/ [*इंसाफ़* + *पसंद*] *adj.* 正義感の強い(人), 公正を重んじる(人).

इंसुलिन /iṃsulina インスリン/ ▹इन्स्टीट्यूट [←Eng.n. *insulin*] *m.* インスリン, インシュリン.

इंस्टीट्यूट /iṃsṭīṭyūṭa インスティーティュート/▹इन्स्टीट्यूट▸इंस्टिट्यूट [←Eng.n. *institute*] *m.* 研究所. (⇒संस्थान)

इंस्टीट्यूशन /iṃsṭīṭyūśana インスティーティューシャン/▹इन्स्टीट्यूशन [←Eng.n. *institution*] *m.* (教育・社会・慈善・宗教などの活動のための)施設. (⇒संस्था)

इंस्टैंट /iṃsṭaiṃṭa インスタェーント/ [←Eng.adj. *instant*] *adj.* インスタントの, 即席の. ❐～ काफ़ी インスタント・コーヒー.

इंस्पेक्टर /iṃspekṭara インスペークタル/ [←Eng.n. *inspector*] *m.* **1** 警部. (⇒दारोग़ा) ❐～ साहब 警部殿. **2** 視学官. (⇒निरीक्षक)

इक- /ika- イク・/ [comb. form of *एक*; <OIA. *éka-* 'one': T.02462] *pref.* 《「1」を表すヒンディー語の接頭辞; इकट्ठा, इकतीस など》.

इकट्ठा /ikaṭṭʰā イカッター/ [<OIA. *ēkasthá-* 'standing together': T.02480] *adj.* 集った;集合した;集積した. (⇒एकत्र) ❐～ करना (…を)集める. ❐～ होना 集まる. ❐काफ़ी लोग इकट्ठे हैं। かなりの人が集まっている.

इकड़ी-दुकड़ी /ikaṛī-dukaṛī イクリー・ドゥクリー/ *f.*〖ゲーム〗(ケンケンをしながらする)石蹴り遊び.

इकतरफ़ा /ikatarafā イクタルファー/ ▸एकतरफ़ा [*इक-* + *तरफ़*] *adj.* ☞एकतरफ़ा

इकतारा /ikatārā イクターラー/ ▸एकतारा [*इक-* + *तार*] *m.* ☞एकतारा

इकतालीस /ikatālīsa イクターリース/ [<OIA.f. *ékacatvāriṁśat-* 'fourty-one': T.02464] *num.* 41.

इकतीस /ikatīsa イクティース/ ▸इकत्तीस [<OIA.f. *ékatriṁśat-* 'thirty-one': T.02469] *num.* 31.

इकत्तीस /ikattīsa イカッティース/ ▸इकतीस *num.* ☞इकतीस

इकन्नी /ikannī イカンニー/ [*इक-* + *आना²*] *f.*〖経済〗イカンニー《旧インド貨幣制度の 1 アンナ आना 硬貨;1 ルピー रुपया の 1/16》.

इक़बाल /iqabāla イクバール/ [←Pers.n. اقبال 'advancing, coming; turning the face towards anything; admitting a claim' ←Arab.] *m.* **1** 自白, 白状. **2** 受諾. **3** (人生での)成功;名声;威厳;威光.

इकराम /ikarāma イクラーム/ [←Pers.n. اکرام 'honouring, respecting, venerating; treating with attention and ceremony; hounour, respect; favour' ←Arab.] *m.* **1** 敬意;丁重な扱い. **2** 報酬.

इक़रार /iqarāra イクラール/ [←Pers.n. اقرار 'establishing, fixing (in a place); promise, agreement, assurance, pledge' ←Arab.] *m.* 誓約;合意. ❐～ करना 誓約する;合意する.

इक़रार-नामा /iqarāra-nāmā イクラール・ナーマー/ [←Pers.n. اقرار نامه 'a written agreement, an indenture, a bond, a contract'] *m.*〖法律〗契約書;同意書;証書. (⇒संविदा-पत्र)

इकलौता /ikalautā イクラォーター/ [<OIA. **ēkkalaputra-* 'only son': T.02507] *adj.* 一人(息子, 娘)の. ❐～ बेटा 一人息子.

इकसठ /ikasaṭʰa イクサト/ [<OIA.f. *ēkaṣaṣṭi-* 'sixty-one': T.02478] *num.* 61.

इकहत्तर /ikahattara イクハッタル/ [<OIA.f. *ékasaptati-* 'seventy-one': T.02479] *num.* 71.

इकहरा /ikaharā イクハラー/▸एकहरा [<OIA. **ēkkadhārā-* 'a single edge or fold': T.02504] *adj.* **1** 一重の;単一の. **2** (体が)細い, 痩せた;ほっそりした. (⇒पतला) ❐वह मझोले क़द की, इकहरे बदन की स्त्री थी। 彼女は中背でほっそりした体つきの女だった.

इकाई /ikāī イカーイー/ [<OIA. *éka-* 'one': T.02462; cf. Skt. *एकतय-* 'single, one by one'] *f.* **1** 単位;ユニット. ❐प्रशासनिक ～ 行政単位. **2**〖数学〗一の位[桁]. ❐१२३ में ३ ～ के स्थान पर, २ दहाई के स्थान पर और १ सैकड़े के स्थान पर है। 123 において 3 が一の位, 2 が十の位そして 1 が百の位です.

इकानवे /ikānave イカーンヴェー/ ▸इक्यानवे *num.* ☞इक्यानवे

इकार /ikāra イカール/ [←Skt.m. *इ-कार-* 'Devanagari letter इ or its sound'] *m.*〖言語〗母音字 इ とそれに対応する母音記号 ि が表す母音 /i/.

इकारांत /ikārāṃta イカーラーント/ [←Skt. इकार-अन्त- 'ending in the letter इ or its sound'] *adj.* 〖言語〗語尾が母音 /i/ で終わる(語)《ख्याति「名声」, जाति「民族」, पति「夫」など》. ❐～ शब्द 母音 /i/ で終わる語.

इकासी /ikāsī イカースィー/ ▸इक्यासी *num.* ☞इक्यासी

इकावन /ikkāvana イッカーワン/ ▸इक्कावन, इक्यावन *num.* ☞इक्यावन

इकासी /ikāsī イカースィー/ ▸इक्कासी, इक्यासी *num.* ☞इक्यासी

इक्का /ikkā イッカー/ [＜OIA. *ḗka-* 'one': T.02462] *adj.* **1** 一つの, 一人の.

— *m.* **1** 一頭立て馬車. ❐उसने अपनी बीमार बीवी को इक्के पर बिठाया। 彼は病気の妻を馬車に座らせた. **2** 〖ゲーム〗(トランプの)1, エース;(サイコロの)1.

इक्का-दुक्का /ikkā-dukkā イッカー・ドゥッカー/ *adj.* 一つ二つの;わずかな;まばらな(数の). ❐इस अस्पताल में पहले ～ ही लोग इलाज कराने आते थे पर अब तो लंबी लाइन है। この病院は以前数えるぐらいの人々だけが治療に来ていましたが今は列をなしています.

इक्कावन /ikkāvana イッカーワン/ ▸इकावन, इक्यावन *num.* ☞इक्यावन

इक्कासी /ikkāsī イッカースィー/ ▸इकासी, इक्यासी *num.* ☞इक्यासी

इक्कीस /ikkīsa イッキース/ [＜OIA.f. *ḗkaviṁśati-* 'twenty-one': T.02476] *num.* 21.

इक्यानवे /ikyānave イキャーンヴェー/ ▸इकानवे [＜OIA.f. *ēkanavati-* 'ninety-one': T.02471] *num.* 91.

इक्यावन /ikyāvana イキャーワン/ ▸इकावन, इक्कावन [＜OIA.f. *ēkapañcāśat-* 'fifty-one': T.02472] *num.* 51.

इक्यासी /ikyāsī イキャースィー/ ▸इकासी, इक्कासी [＜OIA.f. *ēkāśīti-* 'eighty-one': T.02491] *num.* 81.

इख़्तियार /ixtiyāra イクティヤール/ ▸अख़्तियार *m.* ☞अख़्तियार

इच्छा /iccʰā イッチャー/ [←Skt.f. इच्छा- 'wish, desire, inclination'] *f.* **1** 願望, 望み. (⇒ख़्वाहिश)(⇔अनिच्छा) ❐(की) ～ करना(…を)願望する. **2** 意志.

इच्छित /iccʰita イッチト/ [pseudo.Skt. इच्छित- for Skt. इष्ट- 'desired'] *adj.* 願望された, 望まれた;欲しかった. (⇒वांछित) ❐उसे जैसे अँधेरे में टटोलते हुए ～ वस्तु मिल गयी। 彼はまるで暗闇の中で手さぐりで探していた探し物が手に入ったかのようだった.

इच्छुक /iccʰuka イッチュク/ [←Skt. इच्छुक- 'wishing'] *adj.* 願望する(人).

इजरा /ijarā イジラー/ [←Pers.n. اجراء 'giving effect or currency' ←Arab.] *m.* 〖法律〗(裁判所命令などの)執行.

इज़रायल /izarāyala イズラーヤル/ [←Eng.n. *Israel*] *m.* 〖国名〗イスラエル(国)《首都はエルサレム (जेरुसलम)》.

इजलास /ijalāsa イジラース/ [←Pers.n. اجلاس 'causing, requesting, desiring, or ordering one to sit' ←Arab.] *m.* **1** 会議;開会;会期. **2** 法廷;開廷. (⇒अदालत) ❐～ पर जाने की हिम्मत न पड़ती थी। 法廷に出る勇気がでなかった. ❐अदालत के ～ का चित्र नेत्रों में खिंच जाता। 裁判所の法廷のありさまが目に浮かぶのであった.

इज़हार /izahāra イズハール/ [←Pers.n. اظهار 'revealing, discovering' ←Arab.] *m.* **1** (意見の)表明. ❐उन्होंने मौजूदा व्यवस्था के प्रति अपनी नाराज़गी का ～ किया। 彼は現行の制度に対して自分の不満を表明した. **2** 供述;証言.

इजाज़त /ijāzata イジャーザト/ [←Pers.n. اجازة 'giving leave; permission' ←Arab.] *f.* 許可;認可. (⇒अनुमति, आज्ञा) ❐(को) (की) ～ देना(人に)(…の)許可を与える. ❐～ दीजिए।〔慣用〕失礼します《「(私にここから去る)お許しを」の意で暇乞いを表す》.

इज़ाफ़ा /izāfā イザーファー/ [←Pers.n. اضافة 'adding, joining, annexation; increase' ←Arab.] *m.* **1** 増加;増大;超過. (⇒वृद्धि) ❐आमदनी में ～ हुआ। 収入が増えた. **2** イザーファ記号《アラビア語本来は後続する修飾語を伴った名詞構文をさす》.

इज़ार /izāra イザール/ [←Pers.n. ازار 'trousers, breeches, drawers' ←Arab.] *m.* イザール《ゆったりしたズボンの一種》. (⇒पाजामा)

इज़ारबंद /izārabaṃda イザールバンド/ [←Pers.n. ازار بند 'the string of the drawers'] *m.* イザールバンド《パージャーマー (पाजामा) などの腰ひも》. ❐पाजामे का ～ नीचे लटक रहा है। パージャーマーの腰ひもが下に垂れ下がっている.

इजारा /ijārā イジャーラー/ [←Pers.n. اجاره 'letting on rent or hire; pice; hire, wages, rent, profit; a privilege' ←Arab.] *m.* **1** 〖経済〗賃貸契約(書);リース. ❐इजारे पर लेना 賃貸契約で借りる. **2** 〖経済〗独占権;専売権. (⇒एकाधिकार)

इजारादार /ijārādāra イジャーラーダール/ ▸इजारेदार *m.* **1** ☞इजारेदार

इजारादारी /ijārādārī イジャーラーダーリー/ ▸इजारेदारी *f.* **1** ☞इजारेदारी

इजारेदार /ijāredāra イジャーレーダール/ ▸इजारादार [←Pers.n. اجاره دار 'a farmer or renter of land or of revenue; a leaseholder; a monopolist'] *m.* **1** 〖経済〗借地人;借家人. **2** 〖経済〗専売者.

इजारेदारी /ijāredārī イジャーレーダーリー/ ▸इजारादारी [इजारेदार + -ई] *f.* 〖経済〗専売(権), 独占(権).

इज़्ज़त /izzata イッザト/ [←Pers.n. عزة 'being great; honour' ←Arab.] *f.* **1** 敬意, 尊敬;尊重. (⇒आदर, सम्मान) ❐(की) ～ करना(人を)尊敬する, 尊重する. **2** 名誉, 誇り;尊厳. (⇒सम्मान) ❐～ का सवाल 名誉の問題. ❐(की) ～ जाना(人の)尊厳が失われる. ❐(की) ～ मिट्टी [ख़ाक, धूल] में मिलना(人の)名誉が汚される. ❐(की) ～ मिट्टी [ख़ाक, धूल] में मिलाना(人の)名誉を汚す. ❐(की) ～ में बट्टा लगना(人の)名誉に傷がつく. **3** (女性の)貞操. ❐(की) ～ लूटना(女の)貞操を奪う, レイプする.

इज़्ज़तदार /izzatadāra イッザトダール/ [इज़्ज़त + -दार] *adj.* 尊敬すべき, 立派な(人); 高潔な. ❐यहाँ सभी शरीफ़ और ~ लोग जमा हैं। ここにはすべての高貴で高潔な方々がお集まりである.

इटली /iṭalī イトリー/ [cf. Eng.n. *Italy*] *m.* 〖国名〗イタリア(共和国)《首都はローマ (रोम)》.

इटानगर /iṭānagara イターナガル/ [cf. Eng.n. *Itanagar*] *m.* 〖地名〗イターナガル《アルナーチャル・プラデーシュ州 (अरुणाचल प्रदेश) の州都》.

इटालियन /iṭāliyana イターリヤン/ [←Eng.adj. *Italian*] *adj.* イタリアの; イタリア人の; イタリア語の. (⇒इतालवी)
— *m.* イタリア人.
— *f.* イタリア語.

इटैलिक /iṭailika イタェーリク/ [←Eng.n. *italic*] *m.* イタリック体(の文字).

इठलाना /iṭʰalānā イトラーナー/ [cf. ऐंठना] *vi.* (*perf.* इठलाया /iṭʰalāyā イトラーヤー/) **1** 気取った振る舞いをする. (⇒इतराना) ❐वह इठलाते हुए चली आती है। 彼女が気取って歩いて来る. ❐इठलाकर बातें करना उसकी आदत थी। 気取った話し方が彼の癖だった. **2** (相手を焦らすために)知らないふりをする, とぼける. ❐इठलाओ मत, साफ़-साफ़ बताओ। 焦らさないでくれ, はっきりと言ってくれ.

इडली /iḍalī イドリー/ *f.* 〖食〗イドリー.

इड़ा /iṛā イラー/ [←Skt.f. *इडा-* 'stream or flow of praise or worship personified as the goddess of sacred speech'] *f.* **1** 〖神話〗イダー, イラー《人類の始祖マヌ (मनु) の娘》. **2** イダー, イラー《ヨーガで腰から頭につながるとされる三つの気道の一つ》.

इतना /itanā イトナー/ [?<OIA.f. *iyattaká-* : T.01589] *adj.* **1** (量・数が)これほど. ❐मैं ~ नहीं खा पाऊँगा। 私はこんなに食べられませんよ. ❐इतने में その間に, そうこうしているうちに. **2**《接続詞 कि と相関的に用いて》…ほどの. ❐कविता इतने सुंदर अक्षरों में लिखी थी, लेखिका का नाम इतना मोहक था कि संपादक जी के सामने उसका एक कल्पना-चित्र-सा आकर खड़ा हो गया। 詩はそれほど美しい文字で書かれていた, 女性作者の名前はそれほど魅惑的だった, どれほどかと言うと編集長の眼前に(まだ見ぬ)彼女の空想上の肖像が現われたほどだった.
— *adv.* **1** これほど…な. **2**《接続詞 कि と相関的に用いて》…ほど, それほど…な.

इतमीनान /itamīnāna イトミーナーン/ [←Pers.n. اطمئنان 'reposing, resting; rest, tranquillity; confidence, reliance' ←Arab.] *m.* **1** 信頼; 信用. ❐(को) ~ दिलाना (人を)安心させる. ❐(का) ~ रखना (…を)信用する. **2** 安心; 落着き. ❐~ से くつろいで; 気を楽にして; 落ち着いて. **3** 満足.

इतर[1] /itara イタル/ [←Skt. *इ-तर-* 'the other (of two), another'] *adj.* 《主に〖名詞 से इतर〗の形式で,「…を除いた, …以外の」を表す; 副詞的な用法「…を除いて, …以外」も》 ❐भारत से ~ देश インド以外の国 ❐साहित्य से ~ वे एक संवेदनशील पति भी थे। 文学を離れて彼は一人の思いやりのある夫でもあった.

इतर[2] /itara イタル/ ▸अतर, इत्र *m.* ☞इत्र

-इतर[1] /itara イタル/ [cf. इतर[1]] *suf.* 《名詞や形容詞の後ろに付加し合成形容詞「…以外の, …を除く, …ではない」を作る; その際サンディ (संधि) の規則に従う; आर्येतर「非アーリヤ系の(民族)」, मनुष्येतर「人間以外の(動物)」, हिंदीतर「ヒンディー語以外の(言語)」など》

इतराना /itarānā イトラーナー/ [<OIA. *itvará-* 'walking': T.01566] *vi.* (*perf.* इतराया /itarāyā イトラーヤー/) **1** 得意になる; 尊大[傲慢]に振る舞う. ❐थोड़ा पैसा पाकर वह इतराने लगा। ちょっとした金を手にして彼は得意になった. ❐सुख में इतराओ मत, दुःख में घबराओ मत। 幸福な時に得意になるな, 不幸な時にうろたえるな. **2** 気取った[もったいぶった]振る舞いをする. (⇒इठलाना) ❐वह सीधे नहीं बोलता, हमेशा इतराकर ही बात करता है। 彼は単刀直入に話そうとせず, いつももったいぶって話す.

इतबार /itabāra イトバール/ ▸एतबार *m.* ☞एतबार

इतवार /itavāra イトワール/ [?cf. Skt.m. *आदित्य-* 'the sun'] *m.* 〖暦〗日曜日. (⇒रविवार) ❐~ को 日曜日に.

इतालवी /itālavī イターラヴィー/ [cf. Urd.adj. اطالوی 'Italian' ?←Arab.] *adj.* イタリアの; イタリア人の; イタリア語の. (⇒इटालियन) ❐~ साहित्य イタリア文学.

इति /iti イティ/ [←Skt.ind. *इति* 'this particle refers to something that has been said or thought, or lays stress on what precedes'] *adv.* …ということである, 以上の通り, おしまい《書き言葉でのみ使用》.
— *f.* 終わり, 終了《「これ以上はもうない, おしまい」の意》. (⇔अथ) ❐अथ से ~ तक 一部始終, 事の顛末(てんまつ). ❐भूमिक तो बुरी नहीं, लेकिन यहाँ तो भूमिका पर ~ हो जाती है। 話の前書きは悪くない, だけどこれでは前書きで(本題に入らないで)おしまいになってしまうよ.

इतिवृत्त /itivṛtta イティヴリット/ [←Skt.n. *इति-वृत्त-* 'occurrence, event'] *m.* 年代記; 歴史物語; 由来.

इतिश्री /itiśrī イティシュリー/ [pseudo.Skt.f. *इति-श्री-* 'end'] *f.* 終わり, 終了. ❐(की) ~ करना (…を)終わらす. ❐(की) ~ हो जाना (…が)終了する.

इतिहास /itihāsa イティハース/ [←Skt.m. *इतिहास-* 'so indeed it was; talk, legend, tradition, history'] *m.* **1** 歴史. (⇒तारीख़) ❐~ ख़ुद को दोहराता है। 歴史は繰り返す. ❐~ दोहराया जाता है। 歴史は繰り返される. ❐आधुनिक ~ 現代史. ❐भारतीय ~ में ऐसा पहली बार हुआ है। インドの歴史においてこのようなことが初めて起こった. ❐विश्व ~ 世界史. **2** 由来, 沿革.

इतिहासकार /itihāsakāra イティハースカール/ [neo.Skt.m. *इतिहास-कार-* 'historian'] *m.* 歴史家; 歴史学者. (⇒इतिहासज्ञ)

इतिहासज्ञ /itihāsajña イティハースギエ/ [neo.Skt.m. *इतिहास-ज्ञ-* 'one having knowledge of history, scholar of history'] *m.* 歴史学者. (⇒इतिहासकार)

इत्तफ़ाक़ /ittafāqa イッタファーク/ ▸इत्तिफ़ाक़ [←Pers.n. اتفاق 'agreeing, consenting; approaching one another;

concord; accident' ←Arab.] *m.* **1** 偶然. (⇒संयोग) ❐～ से 偶然に. **2** 一致;合致. **3** 同意.

इत्तफ़ाक़न /ittafāqana イッタファーカン/▶इत्तिफ़ाक़न [←Pers. ←Arab.] *adv.* 偶然に;思いもかけず. (⇒संयोगवश)

इत्तला /ittalā イッタラー/▶इत्तिला [←Pers.n. اطلاع 'being aware, knowing; notice, information' ←Arab.] *f.* 通知;通告;予告. (⇒नोटिस, सूचना) ❐(को) ～ देना (人に)通知[予告]する.

इत्तलानामा /ittalānāmā イッタラーナーマー/ ▶इत्तिलानामा [*इत्तला* + *-नामा*] *m.* 通知状;通告状.

इत्तिफ़ाक़ /ittifāqa イッティファーク/ ▶इत्तफ़ाक़ *m.* ☞इत्तफ़ाक़

इत्तिफ़ाक़न /ittifāqana イッティファーカン/ ▶इत्तफ़ाक़न *adj.* ☞इत्तफ़ाक़न

इत्तिला /ittilā イッティラー/ ▶इत्तला *f.* ☞इत्तला

इत्तिलानामा /ittilānāmā イッティラーナーマー/ ▶इत्तलानामा *m.* ☞इत्तलानामा

इत्यादि /ityādi イティヤーディ/ [←Skt. *इत्-आदि-* 'having such (thing or things) at the beginning, thus beginning, and so forth, et caetera'] *ind.* …など, 等々. (⇒आदि) ❐उसने मुझे बहुत बुरा-भला कहा, जमामार, बेईमान ～। 彼は私をひどく罵った, 盗人, 人でなし等等.

इत्र /itra イトル/ ▶अतर, इतर [←Pers.n. عطر 'odour, perfume, fragrance, otto attar, ottar (of roses)' ←Arab.] *m.* 香水;バラ香油. ❐(पर) ～ मलना (…に)香水をすりこむ. ❐(में) दो-तीन बूँदें ～ के डालना (…に)2, 3 滴香水をたらす.

इत्रदान /itradāna イトルダーン/ [←Pers.n. عطر دان 'a scent-box'] *m.* 香水入れ(の瓶).

इथियोपिया /itʰiyopiyā イティヨーピヤー/ [cf. Eng.n. *Ethiopia*] *m.* 〖国名〗エチオピア(連邦民主共和国)《首都はアディスアベバ (अदिस अबाबा)》.

इधर /idʰara イダル/ *adv.* **1** こちらに[へ]. ❐～ उधर あっちこっち. **2** こちらでは, 当地では. **3** (話は変わって)一方.

इधर-उधर /idʰara-udʰara イダル·ウダル/ *adv.* あっちこっち;ほうぼう.

इन /ina イン/ [<OIA. : T.] *pron.* 《代名詞 ये の後置格;後続する後置詞と一語のように書かれる; इनपर, इनमें など》

-इन /-ina ·イン/ *suf.* 《男性名詞から対応する女性形を作る接尾辞;गँवार「田舎の男」から गँवारिन「田舎の女」など》.

इनकम /inakama インカム/▷इन्कम [←Eng.n. *income*] *m.* 収入;(年間)収益, 所得. (⇒आमदनी, आय) ❐～ टैक्स 所得税.

इनक़लाब /inaqalāba インカラーブ/▷इंक़लाब, इन्क़लाब▶इनक़िलाब [←Pers.n. انقلاب 'being turned; revolution, change' ←Arab.] *m.* **1** 革命. (⇒क्रांति) ❐～ ज़िंदाबाद 革命万歳. **2** 変化, 変革. (⇒क्रांति)

इनका /inakā インカー/ *pron.adj.* 《代名詞 ये の属格,「これらの」など;इनका, इनके, इनकी と形容詞変化する》

इनकार /inakāra インカール/ ▷इंकार, इन्कार [←Pers.n. انکار 'denying, disbelieving, ignoring; denial, negation; refusal' ←Arab.] *m.* **1** 拒否, 拒絶. ❐उसने प्रतिज्ञा-पत्र पर हस्ताक्षर करने से ～ कर दिया। 彼は誓約書に署名することを拒否した. ❐साफ़ ～ करना きっぱりと拒否する. **2** 否定;否認.

इनक़िलाब /inaqilāba インキラーブ/ ▶इनक़लाब *m.* ☞इनक़लाब

इनको /inako インコー/ [*इन* + *को*] *pron.* 《代名詞 ये の後置格と後置詞 को が結合したつづり;「これらに」など》(⇒इन्हें)

इनचार्ज /inacārja インチャールジ/ ▷इंचार्ज [←I.Eng.n. *in-charge*] *m.* (警察, 役所などの部門の)責任者, 担当者. ❐～ अफ़सर 担当官[職員].

इनपर /inapara インパル/ [*इन* + *पर¹*] *pron.* 《代名詞 ये の後置格と後置詞 पर が結合したつづり;「これらの上に」など》

इनफ़ारमर /inafāramara インファールマル/ [←Eng.n. *informer*] *m.* 情報提供者;密告者, 情報屋, たれこみ屋. (⇒मुख़बिर)

इनफ़्लुएंज़ा /inafluemzā インフルエーンザー/ [←Eng.n. *influenza*] *m.* 〖医学〗インフルエンザ, 流行性感冒. (⇒फ़्लू)

इनमें /inamẽ インメーン/ [*इन* + *में*] *pron.* 《代名詞 ये の後置格と後置詞 में が結合したつづり;「これらの中で」など》

इनसाइक्लोपीडिया /inasāiklopīḍiyā インサーイクローピーディヤー/ [←Eng.n. *encyclopaedia*] *f.* 百科事典.

इनसान /inasāna インサーン/▷इंसान, इन्सान [←Pers.n. انسان 'man, mankind' ←Arab.] *m.* 人間, 人;人類. (⇒मनुष्य)

इनसानियत /inasāniyata インサーニヤト/▷इंसानियत, इन्सानियत [←Pers.n. انسانية 'human nature, humanity' ←Arab.] *f.* 人間性, ヒューマニティー. (⇒आदमियत, मनुष्यता)

इनसाफ़ /inasāfa イナサーフ/ ▷इंसाफ़ *m.* ☞इंसाफ़

इनसे /inase インセー/ [*इन* + *से*] *pron.* 《代名詞 ये の後置格と後置詞 से が結合したつづり;「これらから」など》

इनाम /ināma イナーム/ [←Pers.n. انعام 'bestowing abundance, conferring a favour; gift; reward' ←Arab.] *m.* **1** 賞;賞品, 景品;賞金;懸賞(金). (⇒पुरस्कार) ❐(को) (का) ～ मिलना (人が)(…の)賞をもらう. **2** 褒美(ほうび);謝礼;心づけ, チップ. ❐(को) ～ में देना (人に)褒美として…を与える.

इनाम-इकराम /ināma-ikarāma イナーム·イクラーム/ *m.* 褒美(ほうび);謝礼;心づけ, チップ. ❐～ लेना 謝礼を受け取る.

इनामिल /ināmila イナーミル/▶एनामेल [←Eng.n. *enamel*] *m.* 〖化学〗エナメル. (⇒मीना)

इनायत /ināyata イナーヤト/ [←Pers.n. عناية 'meaning,

signifying, intending (somewhat by one's words); favour' ←Arab.] *f.* 好意;厚情. ❐～ फ़रमाना (下の者に)目をかける.

इनिंग /iniṃgạ イニング/ [←Eng.n. *inning*] *f.* 〚スポーツ〛(野球・クリケットなどの)イニング. ❐एक्स्ट्रा ～ में 延長戦で.

इने-गिने /ine-gine イネー・ギネー/ [echo-word; cf. *गिनना*] *adj.* わずかな, 数えるばかりの. ❐～ लोग ほんのわずかな人々.

इन्कम /inakamạ イナカム/ ▷इनकम *m.* ☞इनकम

इन्क़लाब /inqalābạ インカラーブ/ ▷इंक़लाब, इनक़लाब ▶इनक़िलाब *m.* ☞इनक़लाब

इन्कार /inkārạ インカール/ ▶इंकार, इनकार *m.* ☞इनकार

इन्वायस /invāyasạ インワーヤス/ ▶इंवाइस *m.* ☞इंवाइस

इन्श्योरेंस /inśyoremṣạ インショーレーンス/ [←Eng.n. *insurance*] *m.* 〚経済〛保険. (⇒बीमा)

इन्सान /insānạ インサーン/ ▷इंसान, इनसान *m.* ☞इनसान

इन्सानियात /insānạ インサーン/ ▷इंसानियत, इनसानियत *f.* ☞इनसानियत

इन्स्टीट्यूट /insṭīṭyūṭạ インスティーティュート/ ▷इंस्टीट्यूट *m.* ☞इंस्टीट्यूट.

इन्स्टीट्यूशन /insṭīṭyūśanạ インスティーティューシャン/ ▷इंस्टीट्यूशन *m.* ☞इंस्टीट्यूशन.

इन्हीं /inhī̃ インヒーン/ [*इन* + *ही*] *pron.* 《代名詞 ये の後置格 इन の強調形》

इन्हें /inhẽ インヘーン/ *pron.* 《代名詞 ये の融合形;इनको と入れ替え可能》(⇒इनको)

इन्हों /inhõ インホーン/ *pron.* 《代名詞 ये の能格》

इन्होंने /inhõne インホーンネー/ [*इन्हों* + *ने*] *pron.* 《代名詞 ये の能格 इन्हों に後置詞 ने が結合したつづり》

इबादत /ibādatạ イバーダト/ [←Pers.n. عبادة 'divine worship, adoration' ←Arab.] *f.* 〚イスラム教〛(神への)礼拝;崇拝. (⇒पूजा) ❐अल्लाह की ～ करना アッラーの神を崇拝する.

इबादत-ख़ाना /ibādatạ-xānā イバーダト・カーナー/ [←Pers.n. عبادتخانه 'a house of worship'] *m.* 〚イスラム教〛礼拝所;マスジッド. (⇒इबादत-गाह)

इबादत-गाह /ibādatạ-gāhạ イバーダト・ガーハ/ [←Pers.n. عبادتگاه 'a place of worship'] *m.* 〚イスラム教〛礼拝所;マスジッド. (⇒इबादत-ख़ाना)

इबारत /ibāratạ イバーラト/ [←Pers.n. عبارة 'Interpreting (a dream); explaining' ←Arab.] *f.* (言葉による)表現;文章;説明;叙述.

इबोला /ibolā イボーラー/ [←Eng.n. *Ebola* (hemorrhagic fever)] *m.* 〚医学〛エボラ出血熱.

इब्रानी /ibrānī イブラーニー/ [←Pers.n. عبرانی 'Hebraic, the Hebrew language' ←Arab.] *f.* ヘブライ語.

इमकान /imạkānạ イムカーン/ [←Pers.n. امكان 'giving power, affording an opportunity; possibility, practicability' ←Arab.] *f.* **1** 可能性;実行可能性. (⇒संभावना) **2** 能力;力量. (⇒सामर्थ्य)

इमरजेंसी /imarạjemṣī イマルジェーンスィー/ [←Eng.n. *emergency*] *f.* 非常事態, 緊急事態;救急. (⇒आपातकाल) ❐～ अस्पताल 救急病院. ❐विमान की ～ लैंडिंग 飛行機の緊急着陸.

इमरती /imarạtī イマルティー/ [?<Skt.n. *अमृत-* 'nectar-like food'] *f.* 〚食〛イマルティー《挽いた豆の粉に水と砂糖を加えてこねたものを油で揚げた菓子》.

इमर्जेंसी /imarjemṣī イマルジェーンスィー/ [←Eng.n. *emergency*] *f.* (国家)非常事態, (国家の)有事;緊急事態. ❐～ लगाना 国家非常事態宣言をする.

इमला /imalā イマラー/ [←Pers.n. املا 'filling up; dictation' ←Arab.] *m.* 書き取り, 口述筆記. ❐(का) ～ बोलना [लिखाना] (…を)書き取らせる, 口述筆記させる. ❐(का) ～ लिखना (…を)書き取る, 口述筆記する.

इमली /imạlī イムリー/ [<OIA.f. *āmlā-* 'tamarind tree': T.01280] *f.* 〚植物〛タマリンド(の実)《マメ科の常緑高木;果実は酸味調味料として使う》.

इमाम[1] /imāmạ イマーム/ [←Pers.n. امام 'one who stands before or is followed, a head, chief, leader, especially in religious matters' ←Arab.] *m.* **1** 〚イスラム教〛イマーム《イスラム教の指導者》. **2** 〚イスラム教〛イマーム《イスラム教シーア派において開祖ムハメッドの正当な後継者とされる 12 代の教祖》.

इमाम[2] /imāmạ イマーム/ [<*हिमाम* < *हावन*←Pers.n. هاون 'a mortar'] *m.* ☞हावन

इमाम-दस्ता /imāmạ-dastā イマーム・ダスター/ [*इमाम*[2] + *दस्ता*] *m.* イマーム・ダスター《乳鉢と乳棒》. (⇒हावन-दस्ता, हिमाम-दस्ता)

इमामबाड़ा /imāmạbāṛā イマームバーラー/ [*इमाम* + *बाड़ा*] *m.* 〚イスラム教〛イマームバーラー《シーア派の殉教者アリーとその息子たちの死を悼む建造物;ムハッラムの月にはターズィヤー ताज़िया が置かれる》.

इमारत /imāratạ イマーラト/ [←Pers.n. عمارة 'cultivating rendering habitable; building' ←Arab.] *f.* 建物, 建築物;ビルディング. (⇒मकान)

इमारती /imārạtī イマールティー/ [←Pers.adj. عمارتی 'of or relating to building'] *adj.* 建築用の. ❐～ लकड़ी 建築用材木. ❐～ सामान 建築用資材.

इम्तहान /imtahānạ イムタハーン/ ▶इम्तिहान, इम्तेहान [←Pers.n. امتحان 'examining, weighing attentively, trying, proving, testing' ←Arab.] *m.* **1** 試験, テスト. (⇒परीक्षा) ❐(का) ～ देना [लेना] (…の)試験を受ける[する]. ❐(के) ～ में बैठना (…の)試験に臨む. **2** 吟味. (⇒परीक्षा) ❐(का) ～ करना (…を)吟味[試験]する. **3** 試練. (⇒परीक्षा)

इम्तिहान /imtihānạ イムティハーン/ ▶इम्तहान, इम्तेहान *m.* ☞इम्तहान

इम्तेहान /imtehānạ イムテーハーン/ ▶इम्तहान, इम्तिहान *m.* ☞इम्तहान

-इयत /-iyatạ ・イヤト/ [←Pers.suf. ←Arab.] *suf.* 《女性

抽象名詞を作る接尾辞;बोरियत「退屈, 倦怠」など》.

इयत्ता /iyattā イヤッター/ [←Skt.f. *इयत्-ता-* 'the state of being, of such extent, quantity, fixed measure or quantity'] *f.* 範囲;境界.

इयरफ़ोन /iyarafona イヤルフォーン/ [←Eng.n. *earphone*] *m.* イヤホン.

-इया /-iyā ・イヤー/ *suf.* **1**《主に名詞と結合して男性名詞「…する人」を作る接尾辞;डाकिया「郵便配達夫」など》. **2**《男性名詞と結合して対応する女性名詞を作る接尾辞; डिबिया「小箱」など》. **3**《名詞と結合して形容詞「…に関係する(人, もの)」を作る接尾辞; मुंबइया「ムンバイーの(人)」など》.

इराक़ /irāqa イラーク/ [←Pers.n. عراق 'Babylonia' ←Arab. ; cf. Eng.n. *Iraq*] *m.*〖国名〗イラク(共和国)《首都はバグダッド (बग़दाद)》.

इराक़ी /irāqī イラーキー/ [←Pers.adj. عراقى 'Produced in, or belonging to, Irāk (especially applied to a breed of horses from that country'] *adj.* イラクの.
— *m.* **1** イラク人. **2**〖動物〗アラブ馬.

इरादा /irādā イラーダー/ [←Pers.n. ارادة 'wishing, willing, purposing; desire, will, purpose' ←Arab.] *m.* **1** 意図, もくろみ;願望. (⇒उद्देश्य, मक़सद) ❒(का) ～ करना(…を)もくろむ. ❒(के) इरादे से(…の)意図で, つもりで. **2** 決心;決意. (⇒संकल्प) ❒(का) ～ करना(…することを)決心する.

इरित्रिया /iritriyā イリトリヤー/▸एरिट्रिया [cf. Eng.n. *Eritrea*] *m.*〖国名〗エリトリア(国)《首都はアスマラ (असमारा)》.

इर्द-गिर्द /irda-girda イルド・ギルド/ [echo-word; cf. *गिर्द*] *adj.* 周囲に, まわりに. ❒(के) ～ (…の)周囲に, まわりに.

इलज़ाम /ilazāma イルザーム/ [←Pers.n. الزام 'rendering necessary, compelling; blame; accusation' ←Arab.] *m.* **1** 容疑, 嫌疑:告発, 告訴;罪状, とが. (⇒आरोप) ❒(के) ～ में(…の)容疑で. ❒(पर) (का) ～ लगाना(人に対して)(…の)告訴をする. **2** 非難;中傷. ❒(को) ～ देना(人を)悪く言う. ❒मुझपर झूठा ～ मत लगाओ। 私に対し根も葉もない中傷をしないでくれ. ❒मैं किसी दशा में भी यह ～ अपने सिर पर नहीं लेना चाहता। 私はいかなる場合もこの非難中傷を受け入れたくない.

इलाक़ा /ilāqā イラーカー/ [←Pers.n. علاقة 'falling in love, being attached; a depency, province, district' ←Arab.] *m.* **1**〖地理〗地域;地方;地帯. (⇒क्षेत्र) ❒पहाड़ी इलाक़े में 山岳地方では. **2** 地区, 区域;管轄地域;領土. ❒अमरीकी ～ アメリカの領土. **3** (個人の)地所, 所有地;領地.

इलाज /ilāja イラージ/ [←Pers.n. علاج 'applying (a remedy); remedy, care' ←Arab.] *m.*〖医学〗治療(法). (⇒उपचार, चिकित्सा, दवा) ❒इस बीमारी का कोई ～ नहीं है। この病気の治療法はまったくない. ❒(का) ～ करना (…の)治療をする. ❒(का) ～ कराना (…の)治療を受けさせる.

इलायची /ilāyacī イラーエチー/ [<OIA.f. *elā-* 'cardamum': T.02522; DEDr.0907 (DED.0768)] *f.*〖植物〗カルダモン(の実), ショウズク《香辛料に使う》.

इलाहाबाद /ilāhābāda イラーハーバード/ [cf. Eng.n. *Allahabad*] *m.*〖地名〗イラーハーバード, アラーハーバード《ウッタル・プラデーシュ州 (उत्तर प्रदेश) の古都;ヒンドゥー教の聖地サンガム (संगम) がある》.

इलाहाबादी /ilāhābādī イラーハーバーディー/ [*इलाहाबाद* + *-ई*] *adj.* イラーハーバードの.
— *m.* イラーハーバード生まれの人, イラーハーバード市民, イラーハーバードっ子.

इलेक्ट्रान /ilekṭrāna イレークトラーン/▸इलेक्ट्रॉन [←Eng.n. *electron*] *m.*〖物理〗電子. ❒～ सूक्ष्मदर्शी 電子顕微鏡.

इलेक्ट्रानिक /ilekṭrānika イレークトラーニク/▸इलेक्ट्रॉनिक [←Eng.adj. *electronic*] *adj.*〖物理〗電子工学の;電子の. ❒～ सामान 電子機器.

इलेक्ट्रानिक्स /ilekṭrāniksa イレークトラーニクス/▸इलेक्ट्रॉनिक्स [←Eng.n. *electronics*] *m.*〖物理〗電子工学. ❒～ इंजीनियरिंग का प्रशिक्षण 電子工学の教育(課程).

इलेक्ट्रिक /ilekṭrika イレークトリク/ [←Eng.adj. *electric*] *adj.*〖物理〗電気の. ❒～ पावर 電力.

इलेक्ट्रिशियन /ilekṭriśiyana イレークトリシヤン/ [←Eng.n. *electrician*] *m.*〖物理〗電気技術者, 電気工.

इलेक्ट्रिसिटी /ilekṭrisiṭī イレークトリスィティー/ [←Eng.n. *electricity*] *f.*〖物理〗電気;供給電力. (⇒बिजली, विद्युत्)

इलेक्ट्रोनिक /ilekṭronika イレークトローニク/ [←Eng.adj. *electronic*] *adj.*〖物理〗電子の. ❒～ फ़्लैश ストロボ, 発光装置.

इलेक्शन /ilekśana イレークシャン/ [←Eng.n. *election*] *m.* 選挙. (⇒इंतख़ाब, चुनाव)

इल्म /ilma イルム/ [←Pers.n. علم 'knowing, understanding; knowledge, science' ←Arab.] *m.* **1** 知識;学識. (⇒ज्ञान) **2** 学問;科学. (⇒शास्त्र, विज्ञान) ❒इल्मे-अदब〖文学〗詩学. ❒इल्मे-इलाही〖イスラム教〗形而上学;哲学.

इल्लत /illata イッラト/ [←Pers.n. علة 'an accident, calamity, disease; a charge, count of indictment' ←Arab.] *f.* **1** 悪癖. (⇒लत) **2**〖法律〗起訴;告発. ❒बक़ाया मालगुज़ारी की ～ में हवालात हो जाना 不払いの地税の告発で留置される. ❒यह बँगला क़र्ज़ की ～ में नीलाम हो रहा था। この住宅は借金の告発で競売にかけられていた.

इल्ली /illī イッリー/ [?←Drav.; DEDr.0508] *f.*〖昆虫〗幼虫;毛虫, 青虫, 芋虫.

इशारा /iśārā イシャーラー/ [←Pers.n. اشارة 'pointing, nodding; a sign' ←Arab.] *m.* **1** 合図(の身振り), サイン;目くばせ. (⇒संकेत) ❒(को) ～ करना(人に)合図を送る. ❒(की तरफ़ [ओर]) ～ करना(…の方向へ)目くばせをする. ❒(को) इशारे [इशारों] पर नचाना(人を)意のままに操つる. ❒(के) इशारे [इशारों] पर नाचना(人の)意のままに操られる. **2** 暗示, ヒント. (⇒संकेत)

इश्क़ /iśqa イシュク/ [←Pers.n. عشق 'love' ←Arab.] *m.* **1** 恋愛;恋慕;恋情. ❐(से) ～ लड़ाना(…に)恋慕する;熱中する. ❐～ हक़ीक़ी 〖イスラム教〗(神への)真の愛;真の信仰. **2** 愛着;執着,執心. (⇒अनुराग)

इश्क़बाज़ /iśqabāza イシュクバーズ/ [←Pers.n. عشقباز 'a man of gallantry'] *m.* 女たらし;ドンファン,色事師,漁色家,好色漢.

इश्क़बाज़ी /iśqabāzī イシュクバーズィー/ [←Pers.n. عشقبازی 'gallantry, amorous talk'] *f.* 恋愛遊戯;女あさり,漁色;色事.

इश्तहार /iśtahāra イシュタハール/ ▶इश्तिहार [←Pers.n. اشتهار 'publishing, divulging, blazoning abroad; advertisement, placard, poster' ←Arab.] *m.* **1** 広告;宣伝. (⇒विज्ञापन) ❐(का) ～ करना(…の)広告・宣伝をする. **2** ポスター;広告・宣伝の貼り紙. ❐(पर) ～ लगाना(…に)ポスターを貼る.

इश्तहारबाज़ /iśtahārabāza イシュトハールバーズ/ [*इश्तहार* + *-बाज़*] *adj.* 宣伝巧みな(人).

इश्तहारबाज़ी /iśtahārabāzī イシュトハールバーズィー/ [*इश्तहार* + *-बाज़ी*] *f.* 広告による宣伝.

इश्तिहार /iśtihāra イシュティハール/ ▶इश्तहार *m.* ☞इश्तहार

इष्ट /iṣṭa イシュト/ [←Skt. इष्ट- 'wished, desired; liked, beloved; agreeable; cherished'] *adj.* 望ましい;好ましい;信奉する(神).
— *m.* 望みのもの;好みのもの;信奉する神.

इष्टदेव /iṣṭadeva イシュトデーオ/ [←Skt.m. *इष्ट-देव-* 'a chosen tutelary deity, favourite god, one particularly worshipped'] *m.* 〖ヒンドゥー教〗(家・個人の)守護神.

इष्टदेवता /iṣṭadevatā イシュトデーオター/ [←Skt.f. *इष्ट-देवता-* 'a chosen tutelary deity, favourite god, one particularly worshipped'] *m.* ☞इष्टदेव

इष्टदेवी /iṣṭadevī イシュトデーヴィー/ [←Skt.m. *इष्ट-देवी-* 'favourite goddess'] *f.* 〖ヒンドゥー教〗(個人の)守護女神. ❐प्रयाग के हिंदुओं की ～ तो गंगा मैया है। プラヤーグのヒンドゥー教徒の守護女神は母なるガンガー女神である.

इस /isa イス/ [＜OIA. *ēṣá*[1] 'this': T.02530] *pron.* 《代名詞 यह の後置格;後続する後置詞と一語のように書かれる; इसपर, इसमें など》

इसका /isakā イスカー/ *pron.adj.* 《代名詞 यह の属格; इसका, इसके, इसकी と形容詞変化する》

इसको /isako イスコー/ [*इस* + *को*] *pron.* 《代名詞 यह の後置格と後置詞 को が結合したつづり;「これに」など》(⇒इसे)

इसने /isane イスネー/ [*इस* + *ने*] *pron.* 《代名詞 यह の後置格 इस に後置詞 ने が結合したつづり》

इसपर /isapara イスパル/ [*इस* + *पर*[1]] *pron.* 《代名詞 यह の後置格 इस に後置詞 पर が結合したつづり;「これの上に」など》

इसपात /isapāta イスパート/ ▷इस्पात [←Port.f. *espada* 'sword, steel'] *m.* 鋼(はがね),鋼鉄,スチール. (⇒फ़ौलाद, स्टील) ❐शरीर उसका ～ का था। 彼の肉体は鋼のようだった.

इसपाती /isapātī イスパーティー/ ▷इस्पाती [*इसपात* + *-ई*] *adj.* 鋼(はがね)でできた,鋼鉄製の. ❐उनके एक-एक शब्द में ～ दृढ़ता है, जैसे कोई लोहे की क़लम से पत्थर पर लिख रहा हो। 彼のひとつひとつの言葉には鋼の強靭さがある,まるで誰かが鉄の筆で岩に刻み込んでいるような.

इसबग़ोल /isabağola イスバゴール/ [←Pers.n. اسپغول 'seed of flea-wort'] *m.* 〖植物〗オオバコ.

इसमें /isamẽ イスメーン/ [*इस* + *में*] *pron.* 《代名詞 यह の後置格 इस に後置詞 में が結合したつづり;「これの中に」など》

इसलाम /isalāma イスラム/ ▷इस्लाम *m.* ☞इस्लाम

इसलामी /isalāmī イスラーミー/ ▷इस्लामी *adj.* ☞इस्लामी

इसलिए /isalie イスリエー/ *conj.* このために,それ故に,したがって,だから. (⇒अतः, अतएव)

इसरार /isarāra イスラール/ [←Pers.n. اصرار 'insistence' ←Arab.] *m.* (執拗な)要求;強要. ❐～ पर 執拗な要求で,口説き落とされて.

इससे /isase イスセー/ [*इस* + *से*] *pron.* 《代名詞 यह の後置格 इस に後置詞 से が結合したつづり;「これから」など》

इसी /isī イスィー/ [*इस* + *ही*] *pron.* 《代名詞 यह の後置格 इस の強調形》

इसे /ise イセー/ *pron.* 《代名詞 यह の融合形;इसको と入れ替え可能》

इस्तक़बाल /istaqabāla イスタクバール/ ▶इस्तिक़बाल [←Pers.n. استقبال 'going forth to meet, encountering; reception, welcome' ←Arab.] *m.* 歓迎,歓待. (⇒स्वागत) ❐(का) ～ करना(人を)歓迎する,歓待する.

इस्तग़ासा /istağāsā イスタガーサー/ ▶इस्तिग़ासा [←Pers.n. استغاثة 'calling for help, imploring assistance; demanding justice' ←Arab.] *m.* 〖法律〗告訴. (⇒अभियोग) ❐(का) ～ दायर करना(…について)告訴する.

इस्तमरारी /istamarārī イスタムラーリー/ ▶इस्तिमरारी [←Pers.adj. استمراری 'perpetual, continuative' ←Arab.] *adj.* **1** (権利などが)永久の,永続する. (⇒दवामी) ❐～ पट्टा [बंदोबस्त]永久譲渡. **2** 常任の,常勤の;常設の,常置の. (⇒स्थायी)

इस्तरी /istarī イストリー/ ▷इस्त्री [←Port.vt. *estirar* 'to extend'] *f.* アイロン;プレス. (⇒प्रेस) ❐(पर) ～ करना(…に)アイロンをかける.

इस्तिग़ासा /istiğāsā イスティガーサー/ ▶इस्तग़ासा *m.* ☞इस्तग़ासा

इस्तिक़बाल /istiqabāla イスティクバール/ ▶इस्तक़बाल *m.* ☞इस्तक़बाल

इस्तिमरारी /istimarārī イスティムラーリー/ ▶इस्तमरारी *adj.* ☞इस्तमरारी

इस्तीफ़ा /istīfā イスティーファー/ [←Pers.n. استيفاء

'demanding and receiving the whole of what is due; resigning (an appointment)' ←Arab.] *m.* **1** 辞表；辞職願；退職願．(⇒त्यागपत्र) ❒(को) ～ देना (に)辞表を出す． **2** 辞職，辞任．(⇒पद-त्याग) ❒(से) ～ देना(…職を)辞職する．

इस्तेमाल /istemālạ イステーマール/ [←Pers.n. استعمال 'causing to work; work, employment; use' ←Arab.] *m.* 使用；利用；実用．(⇒उपयोग, प्रयोग, व्यवहार) ❒～ में आना 使用に供される，使われる． ❒(का) ～ करना (…を)使用[利用]する《目的語は後置詞 का を使わずに主格も使用可》． ❒(को) ～ में लाना(…を)使用に供する，使用する．

इस्तेमालशुदा /istemālaśudā イステーマーラシュダー/ [*इस्तेमाल* + *-शुदा*] *adj.* 中古の，セコハンの；使用済みの． ❒～ कार 中古車． ❒～ डाक टिकट 使用済み郵便切手．

इस्तेमाली /istemālī イステーマーリー/ [←Pers.adj. استعمالی 'used'] *adj.* 使用された；中古の．

इस्त्री /istrī イストリー/ ▷इस्तरी *f.* ☞इस्तरी

इस्पंज /ispaṃjạ イスパンジ/ ▸स्पंज *m.* ☞स्पंज

इस्पात /ispātạ イスパート/ ▷इसपात *m.* ☞इसपात

इस्पाती /ispātī イスパーティー/ ▷इसपाती *adj.* ☞इसपाती

इस्लाम /islāmạ イスラム/ ▷इसलाम [←Pers.n. اسلام 'yielding obedience to the will of God; Islamism' ←Arab.] *m.* イスラム(教)． ❒～ क़बूल करना イスラム教を受け入れる．

इस्लामाबाद /islāmābādạ イスラーマーバード/ [cf. Eng.n. *Islamabad*] *m.*〚地名〛イスラーマーバード，イスラマバード《パキスタン(・イスラム共和国) (पाकिस्तान) の首都》．

इस्लामी /islāmī イスラーミー/ ▷इसलामी [←Pers.adj. اسلامی 'faithful, orthodox'] *adj.* イスラム(教)の．

इहलीला /ihạlīlā イフリーラー/ [neo.Skt.f. *इह-लीला-* 'life in this world'] *f.* 現世の営み，人生． ❒～ समाप्त होना 息を引き取る． ❒गले में फंदा लागाकर युवक और यवती ने अपनी ～ समाप्त कर ली है। 首を吊って若い男女は自らの生を絶った．

इहलोक /ihạlokạ イフローク/ [←Skt.m. *इह-लोक-* 'this world, this life'] *m.* この世，現世；現実世界．(⇔परलोक)

इहलौकिक /ihạlaukikạ イフラォーキク/ [pseudo.Skt. *इह-लौकिक-* for Skt. *ऐह-लौकिक-* 'of this world, happening in this world, terrestrial'] *adj.* この世の，現世の；俗世の．(⇔पारलौकिक)

ई

ईंगुर /ĩgurạ イーングル/ ▸इंगुर [＜OIA.m/n. *hiṅgula-* 'preparation of mercury with sulphur, vermilion': T.14080] *m.*〚鉱物〛朱，辰砂(しんしゃ)《水銀と硫黄との化合物；ヒンドゥー教既婚女性の सिंदूर など朱色の顔料として用いる》．

ईंट /ĩṭạ イーント/ [＜OIA.f. *íṣṭakā-* 'brick': T.01600] *f.* **1** レンガ，煉瓦． ❒ईंटों के फ़र्श レンガ製の床． **2** インゴット，(金，銀などの)鋳塊． **3**〚ゲーム〛(トランプの)ダイヤ． ❒～ का दहला ダイヤの十．

ईंधन /ĩdʰanạ イーンダン/ ▸इंधन [＜OIA.n. *indhana-* 'lighting, kindling, fuel': T.01584] *m.* **1** 燃料． **2** 薪(たきぎ)．

ई /ī イー/ [←Eng.n. *E*] *m.* (ラテン文字の)E．

-ई /-ī ・イー/ *suf.* 《名詞に付加して形容詞を作るヒンディー語接尾辞》．

ईकार /īkārạ イーカール/ [←Skt.m. *ई-कार-* 'Devanagari letter ई or its sound'] *m.*〚言語〛母音字 ई とそれに対応する母音記号 ी が表す母音 /ī/．

ईकारांत /īkārāṃtạ イーカーラーント/ [←Skt. *ईकार-अन्त-* 'ending in the letter ई or its sound'] *adj.*〚言語〛語尾が母音 /ī/ で終わる(語)《नारी「女」，बढ़ई「大工」，भाई「兄弟」など》． ❒～ शब्द 母音 /ī/ で終わる語．

ईक्वेडोर /īkveḍorạ イークヴェードール/ [cf. Eng.n. *Ecuador*] *m.*〚国名〛エクアドル(共和国)《首都はキト(क्विटो)》．

ईख /īkʰạ イーク/ ▸ऊख [＜OIA.m. *ikṣú-* 'sugar-cane': T.01550] *f.*〚植物〛サトウキビ(砂糖黍)《茎のしぼり汁から砂糖をとり，副産物の糖蜜はラム酒やアルコールの原料となる》．(⇒गन्ना)

ईजाद /ījādạ イージャード/ [←Pers.n. ایجاد 'giving an existence; invention' ←Arab.] *f.* 発明；考案．(⇒आविष्कार) ❒(की) ～ करना(…を)発明する《目的語は後置詞 की を使わずに主格も使用可》．

ईथर /ītʰarạ イータル/ [←Eng.n. *(a)ether*] *m.*〚化学〛エーテル．

ईद /īdạ イード/ [←Pers.n. عید 'anything which returns (of care, grief, or sickness); solemnity, feast, festival, holiday' ←Arab.] *f.*〚イスラム教〛祭り；祭日《特に断食明けの祭イードゥフィトル (ईदुलफ़ित्र) とイードゥッズハー (ईदुज़्ज़ुहा) を指す》．(⇒ईदुलफ़ित्र)

ईदगाह /īdạgāhạ イードガーハ/ [←Pers.n. عید گاه 'a place where solemn feasts and festivals are held'] *f.*〚イスラム教〛イードガーハ《祭りの際信者が集って礼拝を行う場所》．

ईदुज़्ज़ुहा /īduzzuhā イードゥッズハー/ [←Pers.n. عید

الضحی 'the festival of sacrifices at Mecca' ←Arab.] *f.* 〘イスラム教〙イードゥッズハー《犠牲祭》. (⇒ईद)

ईदुलफ़ित्र /īdulafitra イードゥルフィトル/ [←Pers.n. عيد الفطر 'the festival of the breaking of the *Ramadan* fast' ←Arab.] *f.* 〘イスラム教〙イードゥフィトル《ラマザーン(रमज़ान) の断食明けの祭》. (⇒ईद)

ईप्सित /īpsita イープスィト/ [←Skt. *ईप्सित-* 'wished, desired'] *adj.* 望んだ, 願望された.

ईमान /īmāna イーマーン/ [←Pers.n. ايمان 'crediting; faith' ←Arab.] *m.* **1** 〘イスラム教〙信仰(心);信念. (⇒विश्वास) ❐~ बेचना [बिगाड़ना]信仰を捨てる, 不誠実なことをする. ❐ख़ुदा पर ~ रखना 神を信じる. ❐ख़ुदा पर ~ लाना 神を信じるようになる. **2** 誠実, 誠心誠意. ❐~ से कहना 正直に言う. **3** 信頼, 信用. ❐(के) ~ पर छोड़ना (人を)信頼して任せる.

ईमानदार /īmānadāra イーマーンダール/ [←Pers.adj. ايمان دار 'faithful'] *adj.* **1** 誠実な;信用できる(人). **2** 〘イスラム教〙信仰の固い.

ईमानदारी /īmānadārī イーマーンダーリー/ [*ईमानदार* + *-ई*] *f.* 誠実さ. ❐~ से 誠実に.

ई-मेल /ī-mela イー・メール/ [←Eng.n. *e-mail*] *f.* Eメール. ❐~ का पता Eメールのアドレス.

ईरान /īrāna イーラーン/ [←Pers.n. ايران 'the kingdom of Persia proper'; cog. Skt.m. *आर्य-* 'a respectable or honourable or faithful man'; cf. Eng.n. *Iran*] *m.* 〘国名〙イラン(イスラム共和国)《首都はテヘラン(तेहरान)》.

ईरानी /īrānī イーラーニー/ [←Pers.n. ايرانى 'A native of Irān'] *adj.* イランの;ペルシャの.

— *m.* イラン人;ペルシャ人.

ईर्षा /īrṣā イールシャー/▶ईर्ष्या [←Skt.f. *ईर्षा-* 'jealousy'] *f.* 嫉妬, 妬み. (⇒जलन, हसद)

ईर्षालु /īrṣālu イールシャール/ ▶ईर्ष्यालु [←Skt. *ईर्षालु-* 'envious, jealous'] *adj.* ☞ईर्ष्यालु

ईर्ष्या /īrṣyā イールシャー/▶ईर्षा [←Skt.f. *ईर्ष्या-* 'jealousy'] *f.* 嫉妬, 妬み. (⇒जलन, हसद)

ईर्ष्यालु /īrṣyālu イールシャール/ ▶ईर्षालु [←Skt. *ईर्ष्यालु-* 'envious, jealous'] *adj.* 嫉妬深い.

-ईला /-īlā ・イーラー/ *suf.* 《名詞に付加して形容詞を作るヒンディー語接尾辞;कँटीला「とげのある」, हठीला「強情な」など》

ईश् /īś イーシュ/ ▷ईश [←Skt.m. *ईश्-* 'master, lord, the supreme spirit'] *m.* 神.

ईश्वर /īśvara イーシュワル/ [←Skt.m. *ईश्-वर-* 'a lord; the Supreme God'] *m.* 最高神, 絶対神《ヒンディー語訳のキリスト教聖書では「神」の意で使う》.

ईश्वरवाद /īśvaravāda イーシュワルワード/ [neo.Skt.m. *ईश्वर-वाद-* 'theism'] *m.* 有神論, 一神教. (⇔अनीश्वरवाद)

ईश्वरवादी /īśvaravādī イーシュワルワーディー/ [neo.Skt. *ईश्वर-वादिन्-* 'theistic'] *adj.* 有神論の, 有神論を信じる. (⇔अनीश्वरवादी)

— *m.* 有神論者. (⇔अनीश्वरवादी)

ईश्वरीय /īśvarīya イーシュワリーエ/ [?neo.Skt. *ईश्वरीय-* 'of God, divine'] *adj.* 神の, 天の;神々しい. ❐~ दंड 天罰. ❐~ प्रेरणा 天の啓示.

ईसवी /īsavī イースヴィー/▷ईस्वी [←Pers.adj. عيسوى 'of the religion of Jesus' ←Arab.] *adj.* 〘キリスト教〙西暦の;キリストの. ❐~ संवत् 西暦. ❐सन् २००८ ~ 西暦2008年.

ईसा /īsā イーサー/▷ईस्वी [←Pers.n. عيسى 'Jesus' ←Arab.] *m.* 〘キリスト教〙イエス(キリスト). ❐~ पूर्व イエス以前, 紀元前(B.C.). ❐~ मसीह(救世主)イエス・キリスト.

ईसाई /īsāī イーサーイー/ [←Pers.adj. عيسائى 'Christian'] *adj.* 〘キリスト教〙キリスト教の. ❐~ धर्म キリスト教.

— *m.* 〘キリスト教〙キリスト教徒.

ईस्वी /īsvī イースヴィー/ ▷ईसवी *adj.* ☞ईसवी

उ

उँकारी /ũkārī ウンカーリー/ [?<OIA.f. ***utaṅkākāra-*** 'curviform': T.01923] *f.* カーブ, 曲線《特に旧貨幣制度で使用されたルピーを表す ˛ の記号》.

उँगली /ũgalī ウングリー/▶अँगुली [<OIA.f. *aṅgúli-* 'finger, toe': T.00135] *f.* **1** (手足の)指《 अँगूठा [अंगुष्ठ] 親指, तर्जनी 人さし指, मध्यमा [ज्येष्ठा] 中指, अनामिका 薬指, कानी [कनिष्ठिका] 小指》. ❐(पर [की ओर]) ~ उठाना 非難するために(人を)指さす, 後ろ指をさす. **2** 〘単位〙指幅の長さ. (⇒अंगुलि)

उँगली-छाप /ũgalī-cʰāpa ウングリー・チャープ/ *f.* 指紋. (⇒अंगुल-छाप)

उँचाना /ũcānā ウンチャーナー/ [cf. *ऊँचा*] *vt.* (*perf.* उँचाया /ũcāyā ウンチャーヤー/) 高く上げる. ❐अपनी बात को फिर कहने के लिए उसने आवाज़ को उँचा दिया। 自分の主張を再度述べようと, 彼は声をはりあげた.

उंचास /uṃcāsa ウンチャース/ ▷उनचास *num.* ☞उनचास

उँड़ेलना /ũṛelanā ウンレールナー/▶उड़ेलना [<OIA. **ullaṇḍati* 'jumps up or out(?)': T.02369] *vt.* (*perf.* उँड़ेला /ũṛelā ウンレーラー/) **1** (容器に液体を)注ぐ. (⇒उझालना, डालना, ढालना) ❐दूध को गिलास में उँड़ेलिए। ミルクをグラスについでください. **2** (液体を)上から注ぐ, 撒く, かける. (⇒डालना, ढालना) ❐उसने एक कलसा पानी सिर पर उँड़ेला। 彼は水差し一杯の水を頭にかけた. **3** (気持ちを)のべつしゃべる, 長々と話す. ❐उसने अपना सारा दुख उँड़ेल दिया। 彼は自分の不幸のすべてを長々と述べたてた.

उँड़ेलवाना /ũṛelavānā ウンレールワーナー/ ▶उड़ेलवाना [caus. of *उँड़ेलना*] *vt.* (*perf.* उँड़ेलवाया /ũṛelavāyā ウンレールワーヤー/) (液体を)注がせる;注いでもらう.

उंतालीस /umṭālīsa ウンターリース/ ▸उनतालीस *num.* ☞उनतालीस

उऋण /ur̥ṇa ウリン/ [pseudo.Skt. for *उद्-ऋण- 'free from debt'] *adj.* 債務から解放された, 債務を完済した; 恩を返した, 恩に報いた. (⇒ऋणमुक्त) ❐(के) ऋण से ～ हो जाना (…の)負債から解放される.

उकटना /ukaṭanā ウカトナー/ ▸उगटना, उघटना [<OIA. *utkartati 'cuts out': T.01712] *vt.* (*perf.* उकटा /ukaṭā ウクター/) **1** (秘められた内容を)発掘し世に紹介する; 暴露する. ❐उसने छोटी सी बात में सात पुरखों को उकट दिया। 彼は, 些細なことについて, 大昔のことまで掘り返した. **2** (過去の話を蒸し返して)悪口を言う; 罵る. ❐वह पीठ पीछे उकटता रहता है। 彼は裏で悪口を言っている.

उकटवाना /ukaṭavānā ウカトワーナー/ [caus. of *उकटना*] *vt.* (*perf.* उकटवाया /ukaṭavāyā ウカトワーヤー/) 暴露させる; 暴露してもらう.

उकठना /ukaṭʰanā ウカトナー/ [cf. *काठ*] *vi.* (*perf.* उकठा /ukaṭʰā ウクター/) (木が)枯れる, (枯れて)固くなる. ❐गाँव का बरगद उकठ गया। 村のベンガルボダイジュの木が枯れた.

उकड़ूँ /ukaṛū̃ ウクルーン/ ▸उकड़ू [<OIA. *utkuṭaka-* 'sitting on the hams': T.01726] *m.* (腰を地面におろし膝頭を胸につけるように)しゃがんだ姿勢. ❐～ बैठना しゃがむ.

उकड़ू /ukaṛū ウカルー/ ▸उकड़ूँ *m.* ☞उकड़ूँ

उकताना /ukatānā ウクターナー/ [?←Drav.; DEDr.0636 (DED.0547)] *vi.* (*perf.* उकताया /ukatāyā ウクターヤー/) **1** (単調さに)退屈する, 飽きる, うんざりする. (⇒अकुलाना, ऊबना) ❐एक ही प्रकार का खाना खाते खाते जी उकता गया। 同じような変りばえしない料理を食べ続けて飽きてしまった. ❐कभी-कभी घर के सूनेपन से उकताकर वह द्वार खोलती है। 時々空漠とした家の空気にうんざりして彼女はドアを開け放つ. **2** やきもきする, いらいらして落ち着かない. (⇒अकुलाना) ❐क्यों उकता रहे हो? 何にいらいらしているんだい?

उकताहट /ukatāhaṭa ウクターハト/ [*उकताना* + *-आहट*] *f.* 退屈; 苛立ち.

उकसना /ukasanā ウカスナー/ ▸उसकना [?<OIA. *utkarṣati* 'draws out, pulls off (a dress)': T.01715; ?<OIA. *útkasati* 'opens': T.01718] *vi.* (*perf.* उकसा /ukasā ウクサー/) **1** 溢れ出る. (⇒उभरना) **2** (植物が)生える, 発芽する, 芽が出る. (⇒उगना) ❐थोड़े दिनों के बाद ही पौधा पूरा उकस गया। 数日後, 植物は完全に芽を出した. **3** 奮起する, 扇動される, かきたてられる. ❐ख़ून देखते ही भीड़ उकस गई। 血を見るやいなや群衆はいきり立った.

उकसाना /ukasānā ウクサーナー/ ▸उसकाना [cf. *उकसना*] *vt.* (*perf.* उकसाया /ukasāyā ウクサーヤー/) **1** (ランプなどの火を)強くする; (火を)あおる. ❐दिये की बत्ती को उकसा दो। ランプの明かりを強くしてくれ. **2** 扇動する, そそのかす, あおる, しむける. (⇒उभारना, भड़काना) ❐उसने झगड़े के लिए मुझे और उकसाया। 彼は, 反目させるために, 私をさらにあおった.

उक़ाब /uqāba ウカーブ/ [←Pers.n. عقاب 'an eagle' ←Arab.] *m.* 〖鳥〗ワシ, 鷲.

उकार /ukāra ウカール/ [←Skt.m. *उ-कार-* 'Devanagari letter उ or its sound'] *m.* 〖言語〗母音字 उ とそれに対応する母音記号 ु が表す母音 /u/.

उकारांत /ukārāmṭa ウカーラーント/ [←Skt. *उकार-अन्त-* 'ending in the letter उ or its sound'] *adj.* 〖言語〗語尾が母音 /u/ で終わる(語)《अश्रु「涙」, किंतु「しかし」, दयालु「慈悲深い」など》. ❐～ शब्द 母音 /u/ で終わる語.

उकेरना /ukeranā ウケールナー/ [?<OIA. *utkērayati 'digs up': T.01733z2; cf. MIA. *उक्किरइ*] *vt.* (*perf.* उकेरा /ukerā ウケーラー/) (硬い素材に)彫刻する, 彫金する. ❐मैंने पत्थर पर साँप उकेर दिया। 私は石にヘビを彫った.

उकेलना /ukelanā ウケールナー/ [<OIA. *utkēlyatē 'is disentangled': T.01734] *vt.* (*perf.* उकेला /ukelā ウケーラー/) **1** (くっついているものを)はずす, ほどく. **2** 引きはがす; (皮を)はぐ. (⇒उधेड़ना) **3** (問題を)解決する. (⇒सुलझाना) ❐बात ही बात में उसने समस्या को उकेल दिया। あっという間に彼女は問題を解いた.

उक्त /ukta ウクト/ [←Skt. *उक्त-* 'uttered, said, spoken'] *adj.* 述べられた, 前述した.

उक्ति /ukti ウクティ/ [←Skt.f. *उक्ति-* 'sentence, proclamation, speech, expression, word'] *f.* **1** 語られたこと, 述べられたこと; まとまった言葉の表現. **2** 金言, 格言.

उखटना /ukʰaṭanā ウカトナー/ [cf. OIA. *utkartati 'cuts out': T.01712] *vi.* (*perf.* उखटा /ukʰaṭā ウクター/) よろめく, つまずく. ❐दौड़ते समय वह पत्थर से उखट गया। 走っている時, 彼は石につまずいてしまった.

उखड़ना /ukʰaṛanā ウカルナー/ [<OIA. *utskarati 'digs out': T.01895] *vi.* (*perf.* उखड़ा /ukʰaṛā ウクラー/) **1** (根元から)引き抜かれる, 根こそぎになる, 抜ける. (⇒उपड़ना)(⇔गड़ना) ❐आँधी से पेड़ जड़ से उखड़ गया है। 嵐で, 木が根こそぎ倒れてしまった. ❐वह मूली मुझसे नहीं उखड़ी। その大根は, 私には抜けなかった. **2** (固定・定着しているものが)抜ける, はずれる, とれる; (色が)はがれる; 脱臼する. ❐अंगूठी का नग उखड़ गया। 指輪の宝石がはずれてしまった. ❐जूते का टाँका उखड़ गया। 靴の鋲(びょう)が抜けた. ❐दीवार का रंग उखड़ गया। 壁の色がはがれてしまった. ❐कंधे की हड्डी उखड़ गई। 肩の骨が脱臼した. **3** (集まった群衆などが)散り散りになる, ばらばらになる. ❐ज़ोरदार बारिश की वजह से जलसा उखड़ गया। 激しい雨のため, 集会の参加者は散り散りになった. **4** (実効・内容などが)不安定になる, ふらつく. ❐इस घटना के बाद सरकार पर उसका प्रभाव उखड़ने लगा। この事件の後, 政府に対する彼の影響力はあやしくなった. ❐यह कहानी यथार्थ का भ्रम तो पैदा करती है लेकिन भीतर से उखड़ी हुई लगती है। この話は現実のことのような錯覚を覚えさせはするが, 中味はつじつまが合っていないように思われる. ❐उससे मिलने की कल्पना में सुबह घंटों की नींद उखड़ी-उखड़ी-सी रही। 彼女に会うことを想像して, 明け方

の数時間は熟睡できなかった. **5** (気持ちが)離れる;(客が)離れる. ❒यहाँ से तबीयत उखड़ गई, चलो अब बंबई चलो। この場所には飽きた, 行こう, 今度はボンベイに行こう. ❒उसकी दुकान पर से ग्राहक उखड़ने लगे। 彼の店から, 客足が遠退きはじめた. **6** (筆跡が)乱れる;(音程が)はずれる. ❒गाने में गवैया का साँस उखड़ने लगा। 歌の中で, 歌手が音程をはずした. **7** (相手に)反発する, けんか腰になる. ❒अब तो आप ज़रा-सी बात पर उखड़ने लगे हैं। 今度は, あなたがちょっとしたことにも反発するんですね. **8**〔慣用〕❒(के) पैर उखड़ना(…が)浮足立つ. ❒उखड़ी-उखड़ी बातें करना [सुनाना]冷淡に[そっけなく]話す.

उखड़वाना /ukʰaṛa̤vānā ウカルワーナー/ [caus. of *उखड़ना, उखाड़ना*] *vt.* (*perf.* उखड़वाया /ukʰaṛa̤vāyā ウカルワーヤー/) 抜かせる;抜いてもらう. (⇔गड़वाना) ❒मैंने एक दाँत उखड़वाया। 私は歯を一本抜いてもらった.

उखली /ukʰa̤lī ウクリー/ ▸ऊखल, ओखली *f.* ☞ओखली

उखाड़ना /ukʰāṛa̤nā ウカールナー/ [<OIA. **utskarati* 'digs out': T.01895; cf. *उखड़ना*] *vt.* (*perf.* उखाड़ा /ukʰāṛā ウカーラー/) **1** (埋まっているものを)引き抜く;掘り出す. (⇒उपाड़ना, खसोटना)(⇔गाड़ना) ❒उसकी मूँछें उखाड़ लूँगा। 奴の口ひげを引き抜いてやろう《悪態の言葉》. ❒उसने एक मूली उखाड़कर खाया। 彼は一本大根を引き抜いて食べた. ❒गड़े मुर्दे मत उखाड़ो। 埋葬された死体を掘り起こすな. **2** (固定されたものを)抜く;はがす;脱臼させる. ❒किताब की फटी ज़िल्द उखाड़कर नयी लगाओ। 本の破れた表紙をはがして新しいのを付けてくれ. ❒लिफ़ाफ़े से टिकट उखाड़ लो। 封筒から切手をはがしなさい. **3** 根絶する;息の根を止める;粉砕する. ❒इस दुर्घटना ने उसका जीवन जड़ से उखाड़ दिया। この事故が彼の人生を根源から粉砕してしまった. ❒छपे ताशों ने हथबने गंजीफ़े को उखाड़ दिया, अब तो शायद ही कहीं गंजीफ़ा खेला जाता हो। 印刷されたトランプは手作りのガンジーファー(昔使用されたカルタの一種)を駆逐してしまった, 今はもうガンジーファー遊びはどこにもない ❒वह तुम्हें उखाड़ फेंकेगा। 奴はお前の息の根を止めるだろう.

उखाड़-पछाड़ /ukʰāṛa̤-pacʰāṛa̤ ウカール・パチャール/ [*उखाड़ना* + *पछाड़ना*] *f.* **1** 激しい格闘, 乱闘. **2** あげ足とりの非難, 酷評.

उगटना /ugaṭa̤nā ウガトナー/ ▸उकटना *vt.* (*perf.* उगटा /ugaṭā ウグター/) ☞उकटना

उगना /uga̤nā ウグナー/ [<OIA. **udgāti* 'rises, comes forth': T.01954] *vi.* (*perf.* उगा /ugā ウガー/) **1** (草木が)生える;生い茂る;成長する;発芽する. (⇒उकसना, उबना) ❒बरसातों में उस मकान पर जंगली घास उगती और गर्मियों में सूख जाती। 雨期にはその家に雑草が生い茂り, 夏は乾燥して枯れてしまうのであった. ❒उस खेत में कई फ़सलें उगती थीं। その畑には, さまざまな作物が育っていた. **2** (翼・ひげ・毛などが)生える. ❒वृक्ष-परी के पर उगते हैं और वह फुर्र से उड़ जाती है। 木の妖精に翼が生え, そしてパタパタと飛び立つ. ❒उसके चेहरे पर दाढ़ी उग आई है। 彼の顔に, あごひげが生えてきた. ❒एक सफ़ेद बाल उग आया है। 白髪が一本生えてきた. **3** (星・星座が)(地平線上に)出る, 姿を表す. ❒सूरज उग रहा है। 太陽が昇るところだ.

उगलना /ugala̤nā ウガルナー/ ▸उगालना [<OIA. *udgirati*[2] 'spits out, ejects, discharges': T.01960] *vt.* (*perf.* उगला /ugla̤ā ウグラー/) **1** (食べたものを)吐き出す, もどす. (⇔निगलना) ❒उसे मितली आई और उसने सारा खाना उगल दिया। 彼は吐き気をおぼえ, 食べたものをすべてもどした. **2** (不正な利益・隠匿物などを)(やむを得ず)吐き出す, 引き渡す. ❒मार पड़ते ही चोर ने सारा माल उगल दिया। 力にものをいわせると, 泥棒は盗んだものをすべて引き渡した. **3** (隠し事を)吐く, 白状する, 口を割る. ❒चोर ने सब बात उगल दी। 泥棒はすべてを白状した. ❒सख़्ती से पूछताछ करने पर उसने सब कुछ उगल दिया। 厳しく問い詰めると, 彼はすべてを白状した.

उगलवाना /ugala̤vānā ウガルワーナー/ [caus. of *उगलना*] *vt.* (*perf.* उगलवाया /ugala̤vāyā ウガルワーヤー/) 吐き出させる;吐き出してもらう.

उगलाना /uga̤lānā ウグラーナー/ ▸उगलवाना *vt.* (*perf.* उगलाया /uga̤lāyā ウグラーヤー/) ☞उगलवाना

उगहना /ugaha̤nā ウガヘナー/ [cf. *उगाहना*] *vi.* (*perf.* उगहा /uga̤hā ウグハー/) 集金される, 徴収される.

उगांडा /ugāṃḍā ウガーンダー/ ▸युगांडा *m.* ☞युगांडा

उगाना /ugānā ウガーナー/ [cf. *उगना*] *vt.* (*perf.* उगाया /ugāyā ウガーヤー/) **1** (作物を)生育する, 栽培する. ❒घर के पीछे पड़ी ज़मीन पर मैं साग-सब्ज़ी उगाता हूँ। 家の裏にある土地で私は野菜を栽培している. ❒बीज तो डाल दिया गया था, पर मैं पौधा न उगा सका। 種は蒔いたが, 私は育てることはできなかった. **2** (髪の毛を)生やす. ❒यह दवा गंजी खोपड़ी पर भी बाल उगा देगी। この薬は禿げ頭にも髪を生やすぞ.

उगारना /ugāra̤nā ウガールナー/ ▸उगालना [<OIA. *udgalati*[1] 'trickles out, oozes out, drips': T.01953] *vt.* (*perf.* उगारा /ugārā ウガーラー/) (井戸などに溜まった土・古い水を汲みだして)掃除する.

उगाल /ugāla̤ ウガール/ [<OIA.m. *udgāra-* : T.01957] *m.* (唾やパーン (पान) の噛んだあとのかすなど)吐きだしたもの, 吐きかす.

उगालदान /ugāla̤dāna̤ ウガールダーン/ [*उगाल* + *-दान*] *m.* 痰壺(たんつぼ).

उगालना[1] /ugāla̤nā ウガールナー/ ▸उगलना *vt.* (*perf.* उगाला /ugālā ウガーラー/) ☞उगलना

उगालना[2] /ugāla̤nā ウガールナー/ ▸उगारना *vt.* (*perf.* उगाला /ugālā ウガーラー/) ☞उगारना

उगाहना /ugāha̤nā ウガーヘナー/ [<OIA. *udgrāhayati* 'causes to take up, causes to pay': T.01967] *vt.* (*perf.* उगाहा /ugāhā ウガーハー/) 集金する, 徴収する. ❒छात्र चंदा उगाह रहे थे। 学生たちは寄付金を集めていた.

उगाही /ugāhī ウガーヒー/ [cf. *उगाहना*] *f.* 集金;取り立て.

उग्र /ugra̤ ウグル/ [←Skt. *उग्र* 'powerful, violent, mighty, impetuous, strong, huge, formidable, terrible'] *adj.* 憤怒(ふんぬ)にかられた;猛々(たけだ

け)しい，獰猛(どうもう)な；(気性の)激しい；極端な．❐～ वामपंथ 極左主義．❐विद्रोह दिन-दिन ～ रूप धारण करता जाता था। 反乱は日に日に激しい姿をとっていった．❐वे ～ प्रकृति के मनुष्य थे। 彼は激しい気性の人間だった．

उग्रता /ugrạtā ウグルター/ [←Skt.f. *उग्र-ता-* 'violence, passion, anger'] *f.* 憤怒(ふんぬ)；猛々(たけだけ)しさ，獰猛(どうもう)さ；(気性の)激しさ；極端であること．❐उसकी ～ जनमत को उसके विरुध किये देती थी। 彼の猛々しさは一般大衆には彼に対する反感をもたせていった．

उग्रपंथ /ugrạpaṃtʰạ ウグルパント/ [*उग्र* + *पंथ*] *m.* 急進派，過激派．

उग्रपंथी /ugrạpaṃtʰī ウグルパンティー/ [*उग्र* + *पंथी*] *adj.* 急進的な，過激な．
— *m.* 急進派の人，過激派の人．

उघटना /ugʰaṭạnā ウガトナー/ ▸उकटना *vt.* (*perf.* उघटा /ugʰạṭā ウグター/) ☞उकटना

उघड़ना /ugʰaṛạnā ウガルナー/ ▸उघरना [<OIA. **udghaṭati* 'is open': T.01968] *vi.* (*perf.* उघड़ा /ugʰạṛā ウグラー/) **1** (内部が)あらわになる，むき出しになる，露出する．❐जल्दीबाज़ी में चलते हुए बहू का घूँघट उघड़ गया। 急いで歩いたので，花嫁のヴェールがまくれあがり顔があらわになった．**2** (秘密が)明らかになる，暴露される，漏れる．❐उसकी लाख कोशिशों के बावजूद हत्या का सारा रहस्य उघड़ ही गया। 彼の必死の努力もむなしく，殺人のすべての秘密が暴露された．**3**〔慣用〕❐उघड़कर नाचना 傍若無人に好き勝手なことをする．

उघरना /ugʰarạnā ウガルナー/ ▸उघड़ना *vi.* (*perf.* उघरा /ugʰạrā ウグラー/) ☞उघड़ना

उघाड़ना /ugʰāṛạnā ウガールナー/ ▸उघारना [<OIA. **udghaṭati* 'is open': T.01968; cf. *उघड़ना*] *vt.* (*perf.* उघाड़ा /ugʰāṛā ウガーラー/) **1** あらわにする，むき出しにする，露出させる．❐उसने अपनी टोपी उतारी और चाँद को उघाड़ दिया। 彼は帽子を取り，禿げ頭をむき出しにした．**2** (秘密を)明かす，暴露する，さらけ出す，漏らす．❐उसने बिना सोचे-समझे बात करके घर की इज़्ज़त का परदा ही उघाड़ दिया। 彼は，よく考えもせずしゃべって，家の恥をさらけ出してしまった．

उघारना /ugʰārạnā ウガールナー/ ▸उघाड़ना *vt.* (*perf.* उघारा /ugʰārā ウガーラー/) ☞उघाड़ना

उचकना /ucakạnā ウチャクナー/▸उझकना [<OIA. *ucca-* 'tall, lofty': T.01634] *vi.* (*perf.* उचका /ucạkā ウチカー/) **1** (爪先で立って)背伸びする．❐भीड़ में कुछ लोग उचक-उचककर देख रहे थे। 群衆の中で，何人かは背伸びして見ていた．**2** 放り上げられる；飛び上がる．(⇒उछलना) ❐अचानक ब्रेक लगते ही वह उचककर गाड़ी से गिर पड़ा। 急ブレーキで彼は放り上げられ車から転落した．

उचकाना /ucakānā ウチカーナー/ [cf. *उचकना*] *vt.* (*perf.* उचकाया /ucạkāyā ウチカーヤー/) **1** 持ち上げる．❐बड़ी मेहनत से उसने बक्से को उचकाकर लारी में लाद दिया। 彼は，やっとのことで箱を持ち上げて，トラックに積んだ．**2** 放り上げる．(⇒उछालना) ❐चोर ने पुलिस को आते देखकर झटके से सामान को दीवार के पिछे उचका दिया। 泥棒は，警察が来たのを見て，即座に荷物を塀の後ろに投げ入れた．

उचक्का /ucakkā ウチャッカー/ [cf. *उचकना, उचकाना*] *m.* すり，ひったくり，こそ泥，かっぱらい；詐欺(さぎ)師．❐ज़रा इनसे होशियार रहिएगा, मुझे तो उचक्के से मालूम होते हैं। ちょっとこいつらに気をつけなさいよ，私にはこそ泥のように思えるぞ．

उचटना /ucaṭạnā ウチャトナー/▸उचड़ना [<OIA. *uccaṭati* 'goes away': T.01635] *vi.* (*perf.* उचटा /ucạṭā ウチター/) **1** はがれる，とれる，はずれる．❐लिफ़ाफ़े पर से टिकट उचट गया। 切手が封筒からはがれた．**2** (睡眠・酔いが)醒める；妨げられる．❐नींद उचट गई। 安眠が破られた．❐मेरी नींद एक बार उचटी तो फिर नहीं आई 一度破られた睡眠は二度と戻らなかった．❐उसका नशा जल्दी ही उचट जाएगा। 彼の酔いはすぐ醒めるよ．**3** (気持ちが)離れる，嫌気がさす，愛想をつかす；飽きる．(⇒ऊबना) ❐पारिवारिक चिंताओं के कारण मेरा मन [जी] पढ़ने की तरफ़ से उचट गया था। 家族への気掛かりなどで，私の心は勉学から遠退いてしまっていた．❐बड़ी देर तक एक ही काम करते करते मेरा जी उचट गया। 長時間同じ仕事をしつづけて，飽きてしまった．

उचड़ना /ucaṛạnā ウチャルナー/ ▸उचटना *vi.* (*perf.* उचड़ा /ucạṛā ウチラー/) ☞उचटना

उचाट /ucāṭạ ウチャート/ [<OIA. *uccaṭati* 'goes away': T.01635] *adj.* (心が)ふさぎこんだ；しょげた．❐जी ～ हो गया। 心がふさぎこんだ．
— *m.* 嫌気．

उचित /ucitạ ウチト/ *adj.* 適切な，適当な，適度な，ふさわしい，妥当な，穏当な．(⇒मुनासिब)(⇔अनुचित)

उच्च /uccạ ウッチ/ [←Skt. *उच्च-* 'high, lofty, elevated'] *adj.* ☞ऊँचा

उच्चतम /uccạtamạ ウッチタム/ [←Skt. *उच्च-तम-* 'highest'] *adj.* 最高級の，最上級の．❐～ न्यायालय 最高裁判所．

उच्चतर /uccạtarạ ウッチタル/ [←Skt. *उच्च-तर-* 'higher'] *adj.* より高い，より上級の．❐～ शिक्षा 高等教育．

उच्चता /uccạtā ウッチター/ [←Skt.f. *उच्च-ता-* 'height, superiority'] *f.* 高いこと，高位；高邁(こうまい)であること．

उच्च-न्यायालय /uccạ-nyāyālayạ ウッチ・ニャーヤーラエ/ *m.* 高等裁判所．

उच्चरित /uccaritạ ウッチャリト/ [←Skt. *उच्-चरित-* 'uttered, articulated'] *adj.* 発音された；発声された．(⇔अनुच्चरित)

उच्चवर्ग /uccạvargạ ウッチワルグ/ [neo.Skt.m. *उच्च-वर्ग-* 'the high class'] *m.* 上流階級．(⇔निम्नवर्ग)

उच्चवर्गीय /uccạvargīyạ ウッチワルギーエ/ [neo.Skt. *उच्च-वर्गीय-* 'of the high class'] *adj.* 上流階級の．(⇔निम्नवर्गीय) ❐～ समाज 上流社会．

उच्चशिक्षा /uccạśikṣā ウッチシクシャー/ [neo.Skt.f. *उच्च-शिक्षा-* 'high education'] *f.* 高等教育．

उच्चशिक्षित /uccạśikṣitạ ウッチシクシト/ [neo.Skt.

उच्च-शिक्षित- 'highly educated'] *adj.* 高学歴の.

उच्चाकांक्षा /uccākāṃkṣā ウッチャーカーンクシャー/ [neo.Skt.f. *उच्च-आकाङ्क्षा-* 'lofty ideal(s); ambition'] *f.* 高邁(こうまい)な理想, 大望;野望, 野心.

उच्चाटन /uccāṭanạ ウッチャータン/ [←Skt.n. *उच्-चाटन-* 'eradicating (a plant); overthrow, upsetting'] *m.* 〖ヒンドゥー教〗(まじないなどによる)除霊, 悪魔祓い.

उच्चायुक्त /uccāyuktạ ウッチャーユクト/ [neo.Skt.m. *उच्च-आयुक्त-* 'High Commissioner'] *m.* 高等弁務官.

उच्चारण /uccāraṇạ ウッチャーラン/ [←Skt.n. *उच्-चारण-* 'pronunciation, articulation'] *m.* **1**〖言語〗発音;発声. ❒(का) ～ करना (…を)発音する. ❒देसी ～ से अंग्रेज़ी बोलना インド人なまりの英語を話す. ❒वर्तनी और ～ का अंतर つづりと発音の違い. ❒शुद्ध ～ 正しい発音. **2**〔皮肉〕(動物の)鳴き声. ❒गीदड़ और कित्ते अपने-अपने कर्कश स्वर में ～ कर रहे थे। ジャッカルも犬もそれぞれ耳障りな声で吠えていた.

उच्छिष्ट /ucc^hiṣṭạ ウッチシュト/ [←Skt. *उच्-छिष्ट-* 'left, rejected, stale; spit out of the mouth (as remnants of food)'] *adj.* 〖ヒンドゥー教〗食べ残した, 一度手のつけられた(食事). (⇒जूठा)
— *m.* 〖ヒンドゥー教〗食べ残した食べ物, 一度手のつけられた食事《不浄なものと考えられている》. (⇒जूठन)

उच्छृंखल /ucc^hṛmk^halạ ウッチュリンカル/ [←Skt. *उच्-छृङ्खल-* 'unbridled, uncurbed, unrestrained'] *adj.* 身勝手な;自由奔放な;秩序のない. ❒वे बादशाह के ～ स्वभाव से भली भाँति परिचित थे। 彼は王の身勝手な性格をよく知っていた.

उच्छृंखलता /ucc^hṛmk^halạtā ウッチュリンカルター/ [←Skt.f. *उच्-छृङ्खल-ता-* 'indiscipline, unrestrained behaviour'] *f.* 身勝手さ;自由奔放さ;秩序のなさ. ❒स्पष्ट अपनी बड़ाई करना ～ है। 表立って自画自賛することは身勝手な振る舞いです.

उच्छेदन /ucc^hedanạ ウッチェーダン/ [←Skt.n. *उच्-छेदन-* 'cutting off; extirpating, destroying, destruction'] *m.* **1** 根絶. **2**〖医学〗摘出(手術). ❒पित्ताशय- ～ 胆嚢(たんのう)摘出術.

उच्छ्वास /ucc^hvāsạ ウッチワース/ [←Skt.m. *उच्-छ्वास-* 'breathing out; breath, deep inspiration'] *m.* 吸気, 吸う息;ため息. (⇔निःश्वास) ❒उसने ～ लेकर रुँधे हुए गले से कहा। 彼は息を吸いこんでから声をつまらせて言った.

उछल-कूद /uc^halạ-kūdạ ウチャル・クード/ [*उछलना* + *कूदना*] *f.* 飛び跳ねること;じゃれてふざけること;得意になってはしゃぐこと.

उछलना /uc^halạnā ウチャルナー/ [<OIA. **ut-śalati* 'springs up': T.01843] *vi.* (*perf.* उछला /uc^halā ウチラー/) **1** とび上がる;(宙に)放り上げられる, 宙を舞う. (⇒उचकना) ❒पेड़ से टकराने के कारण गाड़ी उछलकर गड्ढे में जा गिरा। 木に衝突したはずみに車は宙を飛んで溝に落下した. ❒बंदर उछलकर छत पर पहुँचा। 猿はとび上がって屋根に登った. ❒वह उछलकर घोड़े पर चढ़ा। 彼はとび上がって馬に乗った. ❒हज़ारों लोगों की टोपियाँ उछल रही थीं। 何千何万もの人々の帽子が宙に舞っていた. **2**(喜び・驚きで)飛び跳ねる, 飛び上がる;(軽快に)跳ね回る, 跳ねる. (⇒कूदना) ❒ख़ुशी के मारे वह उछल पड़ा। 喜びのあまり彼は飛び跳ねた. ❒कमरे में यह साँप देखकर वह उछल पड़ेगी। 部屋でこのヘビを見つけて彼女は飛び上がるだろう. ❒बाल उछल गया। ボールがはずんだ. **3**(水しぶきが)飛び散る, 跳ねる, ほとばしる. ❒धार में इतना वेग था कि लहरें उछली पड़ती थीं। 波が飛び散るほど流れは急だった. ❒पानी की बूँदें उछलीं। 水滴が飛び散った. **4** 表面化する, 表に現われる, 露呈する. ❒कितना भी छिपाओगे, तुम्हारी करतूत उछलती रहेगी। どんなに隠そうと, おまえの悪事は露呈するぞ.

उछलवाना /uc^halạvānā ウチャルワーナー/ ▸उछलाना [caus. of *उछलना, उछालना*] *vt.* (*perf.* उछलवाया /uc^halạvāyā ウチャルワーヤー/) ☞उछलाना

उछलाना /uc^halānā ウチラーナー/ ▸उछलवाना [caus. of *उछलना, उछालना*] *vt.* (*perf.* उछलाया /uc^halāyā ウチラーヤー/) 放り上げさせる;放り上げてもらう. ❒ख़ूब शाबाशी करके उसने बच्चे से बाल को और उछला दिया। 彼は子どもをおだててボールをもっと放り上げさせた.

उछाल /uc^hālạ ウチャール/ [<OIA. **ut-śāla-* 'leaping up': T.01846] *f.* **1** 飛び跳ねること. **2** 放り上げること.

उछालना /uc^hālạnā ウチャールナー/ [<OIA. **ut-śālayati* 'causes to leap up': T.01848] *vt.* (*perf.* उछाला /uc^hālā ウチャーラー/) **1**(宙に)放り上げる. (⇒उचकाना) ❒हज़ारों आदमी पागलों की तरह टोपियाँ और पगड़ियाँ उछाल रहे थे। 何千何万もの人間が, 気が狂ったように, 帽子やターバンを宙に放り上げていた. ❒एक सिक्का उछालकर चित या पट से फ़ैसला करेंगे। コインを放り投げて, 表か裏かで決めよう. ❒उसने रोते हुए बच्चे को कई बार उछाला, तो वह चुप हो गया। 彼が泣いている子どもを何回か宙に放り上げると, 子どもは静かになった. **2**(水しぶきを)たてる[飛ばす]. ❒बच्चे घुटने तक नदी में खड़े होकर पानी उछाल रहे थे। 子どもたちは膝まで川に浸かって水しぶきを飛ばしていた. **3**(人の名を)汚す, 評判を落とす. ❒साला बाप-दादा का नाम उछाल देगा। あの馬鹿者はご先祖様の名を汚すにちがいない.

उजड़ना /ujaṛạnā ウジャルナー/ [<OIA. **ujjaṭati* 'is uprooted': T.01661] *vi.* (*perf.* उजड़ा /ujạṛā ウジラー/) **1**(土地・畑が)荒廃する, 荒れ果てる. ❒बरसों सूखा पड़ने पर सारा खेत उजड़ गया। 何年もの干ばつで, すべての畑が荒れ果てた. ❒मैं लड़कपन में उस उजड़े बाग़ में खेलता और उसके पेड़ों पर चढ़ता। 私は子ども時代, その荒れ果てた庭園で遊んだり, そこの木に登ったりしたものだった. **2** 廃墟になる, 荒廃して人が住まなくなる. ❒हैजे में गाँव उजड़ गया। コレラで村は廃墟になった. **3** 滅ぶ, 死ぬ. ❒मेरा तो घर ही उजड़ गया। 私は家族を失ってしまった. ❒दूसरों का भला करते करते वह स्वयं उजड़ गया। 他人に尽し続けて彼自身が命を落とした. **4**〔慣用〕❒उजड़ा घर बसाना (男が)再婚する.

उजड़वाना /ujaṛạvānā ウジャルワーナー/ [caus. of *उजड़ना, उजाड़ना*] *vt.* (*perf.* उजड़वाया /ujaṛạvāyā ウジャルワーヤー/)

荒廃させる. ❐ज़मीनदार ने ग़ुस्से में ग़रीब किसान की सारी खेती ही उजड़वा दी। 地主は激怒して貧しい小作農のすべての収穫を枯れさせた.

उजड्ड /ujaḍḍa̤ ウジャッド/ [?＜OIA. *jaḍa-* 'stupid, dumb': T.05090] *adj.* 粗雑[粗野, 野卑]な(人). (⇒अक्खड़, अनगढ़)

उजड्डपन /ujaḍḍa̤pana̤ ウジャッドパン/ [*उजड्ड* + *-पन*] *m.* 無礼, 不作法.

उजला /uja̤lā ウジラー/ [＜OIA. *ujjvala-* 'blazing up, bright, clean': T.01670] *adj.* **1** 輝く. **2** 汚れの無い, 清潔な; (服が) 白い. ❐उजली साड़ी 白いサリー.

उजलापन /uja̤lāpana̤ ウジラーパン/ [*उजला* + *-पन*] *m.* **1** 輝き. **2** 清潔さ; (服の) 白さ.

उजागर /ujāgara̤ ウジャーガル/ [?＜Skt. *उज्-जागर-* 'excited, irritated'] *adj.* **1** 明明白白, 誰の目にも明らかな. ❐इस घोटाले का सच भी ～ हो सकता है। この不正スキャンダルの真実も明らかになることが可能だ. ❐उनकी कृष्ण-भक्ति ～ है। 彼のクリシュナ神信仰は隠れもなかった. **2**〔皮肉〕名高い, 著名な《「悪名高い, 顔に泥が塗られた」の意にも》. ❐बाप-दादा का नाम तो ख़ूब ～ कर चुकी, अब क्या करने पर लगी है? (お前は) ご先祖様をずんぶん有名にしてくれたじゃないか, 今度は何をしようってんだ?

उजाड़ /ujāṛa̤ ウジャール/ ▸ऊजड़ [＜OIA. **ujjaṭa-* 'uprooted, laid waste': T.01660b] *adj.* 荒れ果てた; 荒廃して人家のない, 廃墟の. ❐टूटा-फूटा ～ मकान 壊れて荒れ果てた家屋.

— *m.* 荒廃した土地.

उजाड़ना /ujāṛa̤nā ウジャールナー/ [＜OIA. **ujjāṭayati* : T.01665z2; cf. *उजड़ना*] *vt.* (*perf.* उजाड़ा /ujāṛā ウジャーラー/) **1** (土地・畑を) 荒廃させる, 荒らす. ❐बंदरों ने सारी फ़सल उजाड़ दी। 猿が作物すべてを荒らした. **2** 廃墟にする. ❐युद्ध और महामारी ने इस नगर को उजाड़ दिया। 戦争と疫病がこの町を廃墟にした. **3** (健康を) 害する, 台無しにする. (⇒बिगाड़ना) ❐शराब ने उसका स्वास्थ्य उजाड़ दिया। 酒が彼の健康をだめにした. **4** (金・財産を) (浪費して) 失う. ❐उसने जुए और ऐयाशी में धन उजाड़ दिया। 彼は賭博と享楽で財産を失った.

उजालना /ujāla̤nā ウジャールナー/ [＜OIA. **ujjvālayati* : T.01673z1] *vt.* (*perf.* उजाला /ujālā ウジャーラー/) **1** (灯火を) 灯す. ❐मैंने दीया उजाला। 私はランプを灯した. **2** (磨いたり掃除をして) ぴかぴかにする. ❐अच्छी तरह रगड़-पोंछकर बरतन उजालो। 食器がぴかぴかになるまで, よく磨きなさい. **3** (雰囲気を) 生き生きと晴れやかにする, パッと明るくする. ❐नई बहू आएगी तो इस घर को उजालेगी। 新しい嫁が来ればこの家を明るくしてくれるだろう.

उजाला /ujālā ウジャーラー/ [＜OIA. **ujjvālaka-* 'bright': T.01673] *adj.* **1** 明るい, (月光で) 明るい. ❐～ होता तो कपड़े उतार मैं उस नदी में एक डुबकी तो लगा ही लेता। もし明るかったら, 服を脱いでその川でひと潜りしたのだが. ❐उजाली रात 月光で明るい夜. **2** 輝くばかりの, 燦然(さんぜん)とする.

— *m.* **1** 明かり; 明るさ. ❐कभी-कभी जो चीज़ें उजाले में नहीं दिखाई देतीं, अँधेरे में अपना पता सहज दे देती हैं। 時に, 明るい中では見えないものが, 暗闇の中で自身の所在をいともたやすく教えてくれることがある. ❐दिये के उजाले में मैंने किताब खोली। 灯火の明かりのもとで私は本を開いた. **2** 輝き.

उजाली /ujālī ウジャーリー/ [cf. *उजाला*] *f.* (月の) 明かり; 輝き.

उजूबा /ujūbā ウジューバー/ ▸अजूबा *m.* ☞अजूबा

उज्जैन /ujjaina̤ ウッジャエーン/ [＜Skt.f. *उज्-जयिनी-* 'the city Oujein'; cf. Eng.n. *Ujjain*] *m.* 〖地名〗ウッジャイン《マディヤ・プラデーシュ州 (मध्य प्रदेश) の古都》.

उज्ज्वल /ujjvala̤ ウッジワル/ [←Skt. *उज्-ज्वल-* 'blazing up, luminous, splendid, light'] *adj.* **1** 明るく輝く. ❐काले पट पर ～ तारे जगमगा रहे थे। (天空の) 漆黒のスクリーンに明るく輝く星々がぴかぴかと点滅していた. **2** (希望に満ちた) 明るい, 前途洋洋とした. ❐आप अपनी जाति और देश का नाम ～ करेंगे। あなたは自分の民族と国の名前を高らかに歌いあげるでしょう. ❐इसका भविष्य ～ और मंगलमय होगा। この人間の未来は明るくまた祝福されているだろう. **3** (汚れのない) 純白な. ❐～ साड़ी 純白のサリー.

उज्ज्वलता /ujjvala̤tā ウッジワルター/ [←Skt.f. *उज्-ज्वल-ता-* 'splendour, radiance'] *f.* 輝かしさ; (未来の) 明るさ; (汚れのない) 純白さ. ❐मेरे लिए वे भविष्य की आशा, ～ और विश्वास के प्रतीक थे। 私にとって彼らは未来の希望, 輝かしさそして確信の象徴だった.

उज़्बेक /uzbeka̤ ウズベーク/ [cf. Eng.n. *Uzbek*; cf. Pers.n. اوزبك 'name of a Tartar dynasty'] *adj.* **1** ウズベキスタンの. **2** ウズベク人の. **3** ウズベク語の. ❐～ भाषा ウズベク語.

— *m.* ウズベク人.

उज़्बेकिस्तान /uzbekistāna̤ ウズベーキスターン/ [cf. Eng.n. *Uzbekistan*] *m.* 〖国名〗ウズベキスタン (共和国)《首都はタシュケント (ताशकंद)》.

उज़्र /uzra̤ ウズル/ [←Pers.n. عذر 'excusing; excuse, apology, pretext: objection' ←Arab.] *m.* **1** 異議, 不服. (⇒आपत्ति) ❐मुझे कोई ～ नहीं। 私には何の異議もありません. **2** 言い訳, 弁解; 口実. (⇒बहाना) ❐उसे कोई ～ न सूझा। 彼は何の言い訳も思い浮かばなかった. ❐गुनाह का ～ करना 罪の弁解をする.

उज़्रदार /uzra̤dāra̤ ウズルダール/ [←Pers.adj. عذر دار 'having a plea'] *m.* 異議をとなえる人, 不服をとなえる人.

उज़्रदारी /uzra̤dārī ウズルダーリー/ [←Pers.n. عذر داری 'a plea or excuse proffered'] *f.* 異議[不服](の申し立て).

उझकना /ujʰaka̤nā ウジャクナー/ ▸उचकना *vi.* (*perf.* उझका /ujʰa̤kā ウジカー/) ☞उचकना

उझलना /ujʰala̤nā ウジャルナー/ [＜OIA. **ujjhalati* 'pours out': T.01676] *vi.* (*perf.* उझला /ujʰa̤lā ウジラー/) (液体が容器から容器へ) 注がれる.

उझालना /ujʰālanā ウジャールナー/ [＜OIA. *ujjhalati* 'pours out': T.01676] *vt.* (*perf.* उझाला /ujʰālā ウジャーラー/) (液体を容器から容器へ)注ぐ. (⇒उँड़ेलना, डालना, ढालना) ❐दूकानदार ने तेल को बोतल से पीपे में उझाल दिया। 店主は油を瓶からドラム缶に注ぎ移した. ❐दूध बाल्टी से लोटे में उझाल दिया गया। ミルクがバケツからポットに注がれた.

उठँगना /uṭʰãganā ウタングナー/ [＜OIA. *upaṭṭhiṅga-* 'prop': T.02172] *vi.* (*perf.* उठँगा /uṭʰãgā ウタンガー/) もたれる, 寄りかかる. ❐मैं दीवार के सहारे उठँगकर बैठा। 私は壁に寄りかかって座った.

उठना /uṭʰanā ウトナー/ [＜OIA. *ut-sthāti* 'stands up': T.01900] *vi.* (*perf.* उठा /uṭʰā ウター/) **1** 立ち上がる;(席を)立つ;腰を上げる;起き上がる;(上半身を)起こす;起床する;(病・昏睡状態から)回復する;(顔などが)上向く. (⇔गिरना) ❐उनकी बड़ी-बड़ी काली मूँछें ऊपर को उठी हुई थीं। 彼の大きな黒い口ひげは上向きにピンと立っていた. ❐उसने उठकर मुझसे हाथ मिलाया। 彼は立ち上がって私と握手した. ❐ख़ूब तड़के ही उठकर वह गंगास्नान के लिए चला जाता था। 夜も明けきらぬうち起床して彼はガンジス河に沐浴に行っていた. ❐बहुत सेंक हुई, बहुत मरहम-पट्टी हुई, वैद्य-हकीम आए, पर वे जो खाट पर लेटे तो फिर न उठे। 何度も湿布をしたり膏薬をはったりした, いろいろな医者に見せもした, しかし彼は床についた後二度と起き上がらなかった. ❐वह अभी सोकर उठा है। 彼は今起床したばかりだ. ❐वह कुरसी से उठ खड़ा हुआ। 彼は椅子から立ち上がった. ❐वह गिरते ही फिर उठा। 彼は倒れてすぐまた立ち上がった. ❐वे अपने क़िस्सों को इतना रोचक बनातीं कि उनके पास से उठने का मन न होता। 彼女が自分の話をあまりにおもしろくするので, 彼女のそばから腰を上げる気がおこらないほどだった. ❐सहसा वह चौंककर उठ बैठा। 急に彼はびっくりして起き上がった. **2** (ものが)持ち上がる;(幕が)上がる;舞い上がる;(水位が)上昇する. (⇔गिरना) ❐ओसारे में एक बड़ा-सा तख़्त पड़ा था जो शायद दस आदमियों से भी न उठता। ベランダに一枚の大きな板が横たわっていた, それは恐らく10人の人間でも持ち上がらないほどだった. **3** (建築中の塀・壁・家が)高くそびえる;(若さが)ほとばしる;(胸が)盛り上がる. ❐नीवें खोदी-भरी गईं, दीवारें उठीं, छत पड़ी। 礎石が築かれ, 壁がそびえ, 屋根がふかれた. **4** 成長する;盛りになる;(国・事業が)進展する, 伸びる, 向上する;(建築中の壁・家が)高くなる. ❐अफ़्रीका और एशिया के अनेक पिछड़े हुए देश अब जल्दी-जल्दी उठने लगे। アフリカとアジアの多くの開発途上国が, 今日急速に伸びてきた. ❐उसका आर्थिक स्तर ऊपर उठा। 彼の経済状態は向上した. **5** (印刷の文字・浮き彫り・シルエットなどが)鮮明に浮き出る. **6** (暴動・伝染病などが)発生する, 起こる;(問題・事件などが)もちあがる;(頭・胸に)(考え・懸念が)生じる;思い出される;(痛みが)生じる;(嵐が)起こる;(土ぼこりが)舞い上がる;(波が)たつ;(煙が)のぼる;(音が)わきおこる. ❐उसके कारख़ाने में भी आये दिन एक-न-एक हंगामा उठता रहता था। 彼の工場でも, 毎日一つは暴動が起きていた. ❐एक बार उनके जीवन को पद्य-बद्ध करने की बात मेरे मन में उठी थी। ある時彼の人生を韻文で表現してみようとするもくろみが私の心に浮かんだ. ❐चिमनी के पास यह धुआँ कहाँ से उठ रहा है? 煙突のそばのこの煙はどこからのぼっているのだろう? ❐तरह-तरह के रंगों में रँगी साड़ियाँ सूखने को बाँसों पर टँगी रहतीं और गली में रंगों की तरंग-सी उठती-गिरती रहती। さまざまな色に染められたサリーが乾かすために竹の竿につるされていた, そして路地では色とりどりの波がうねっていた. ❐मस्जिद से उठी अज़ानें हमारे घर तक सुनाई देतीं। イスラム寺院からわきおこるアザーン(「アッラーは偉大なり」で始まる礼拝の呼びかけ)が私たちの家にまで聞こえていた. ❐मेरे मन में एक आशंका उठी। 私の心にある危惧がわいた. ❐मेरे मन में तरह-तरह के प्रश्न उठने लगे। 私の心に, さまざまな疑問がわいてきた. ❐रात को उन्हें ज़ोर का बुख़ार आया और छाती में दर्द उठा जो तीन दिन तक बढ़ता ही गया। 夜彼は激しい熱がでた, そして胸に痛みがはしりその痛みは三日間ひどくなる一方だった. ❐लू चल रही थी, बगूले उठ रहे थे। 熱風が吹き荒れて, つむじ風が起こっていた. ❐वह कविता मुझे याद तो थी, पर इस समय उठ नहीं रही है। その詩を私は覚えていたのだが, 今思い出せない. ❐सहसा एक दिन बादल उठे और आसाढ़ का पहला दौंगड़ा गिरा। 前触れもなくある日, 雲がわきおこり, アーシャール月の最初のどしゃぶりが降った. ❐सहसा सामने कुछ दूर पर बड़ी-सी आग उठी और घना-काला धुआँ उठ-उठकर संध्या के अँधेरे को और गहरा करने लगा। 突然前方のかなたに大きな火の手があがった, そして真っ黒な煙があがり夜の暗闇をさらに深くしはじめた. ❐समाज में इस तरह की समस्याएँ हमेशा उठती रहती हैं और हमेशा उठती रहेंगी। 社会においては, このような問題はいつも起き続けているし, これからもいつも起き続けるだろう. **7**…しようと構える, 今にも…しそうな. **8** (利益・快楽が)享受される. **9** (金が)使い果たされる;浪費される;売却される. ❐ज़रा सी बात में सैकड़ों रुपए उठ गए। ちょっとしたことに何百ルピーもとんだ. **10** (冠婚葬祭の列が)出立する. ❐बारात अभी घंटे भर में उठेगी। 花婿の行列は一時間以内に出立するだろう. ❐इधर लाश उठती है, उधर दुनिया के काम यथापूर्व होने लगते हैं। 一方で死者の出棺があり, 他方世間の日常は以前のとおり始まるのである. ❐दूसरे दिन उसकी अरथी उठी। 翌日彼女の棺が持ち上げられた(＝出棺した). **11** (家を)去る;(この世から)去る, 死去する. **12** 終わる, 消滅する;消える, かき消される. ❐प्रेम तो संसार से उठ गया। 思いやりなど, この世から消えてしまった. ❐मेरे मन से बहुत पहले ही अछूतों को अछूत समझने की बात बिलकुल उठ गई थी। 私の心からかなり前に, 不可触民の差別意識は完全に消えうせていた. **13** (事業などが)潰れる;(制度などが)廃止される;時代遅れになる;(慣習などが)失われる. ❐अब पुरानी प्रथाएँ उठती जाती हैं। 今日古い慣習は消えつつある. ❐उसका कारबार उठ गया। 彼の事業はつぶれた. **14** 発酵する, すえる.

— *vi.* (*perf.* उठा /uṭʰā ウター/) 〚複合動詞〛《〚自動詞語幹 उठना〛の形式で, 話者の意外・驚きなどの心理が反映する表現「(急に)…する」を表す》

उठवाना /uṭʰavānā ウトワーナー/ [caus. of *उठना, उठाना*] *vt.* (*perf.* उठवाया /uṭʰavāyā ウトワーヤー/) 起こさせる;起

こしてもらう.

उठाईगीर /uṭʰāīgīrạ ウターイーギール/ [*उठाना* + *-गीर*] *m.* こそ泥, 置き引き.

उठाऊ /uṭʰāū ウターウー/ [cf. *उठाना*] *adj.* 持ち運びできる, 携帯用の.

उठान /uṭʰānạ ウターン/ [<OIA. **ut-sthāna-* 'act of rising': T.01901] *f.* **1** 上昇; 出現. **2** 始まり; (詩などの)出だし. **3** 青年期の成長; (胸の)ふくらみ.

उठाना /uṭʰānā ウターナー/ [<OIA. **ut-sthāpayati* 'raises': T.01903] *vt.* (*perf.* उठाया /uṭʰāyā ウターヤー/) **1** 起こす; (目を)覚まさせる; (感情を)喚起する. **2** 持ち上げる; 抱き上げる; 拾い上げる, 取り上げる; (顔を)上げる; (幕を)上げる. (⇔गिराना) ❐उसने आँसू-भरी आँखें ऊपर उठाईं। 彼女は涙をいっぱいにためた目を上に向けた. ❐उसने मुँह उठाया। 彼は顔を上げた. ❐उसने मुझे गोद में उठाकर प्यार करते हुए कहा। 彼は私を膝に抱き上げてあやしながら言った. ❐तुम्हारे ऊपर हाथ न उठाऊँगा। おまえに手をあげる(=暴力をふるう)つもりはない. ❐मैंने आँख उठाकर देखा तो वह वहाँ न थी। 私が目を上げると彼女はそこにはいなかった. ❐वह बोतल उठाकर तेल लाने चली गयी। 彼女は瓶を持って油を取りに行った. **3** 建てる, 立てる. ❐बाबा के ज़माने में हाते की जो कच्ची दीवार उठाई गई थी वह बरसों की बरसात से ढहकर छोटे-बड़े ढूहों में परिवर्तित हो गई थी। 祖父の時代に作られた土の塀は, 長年の雨で崩れて大小の土の山に変わり果てていた. **4** (印刷の文字・浮き彫り・シルエットなどを)鮮明に浮き上がらせる. **5** (問題を)提起する; (口論を)はじめる. ❐(पर) सवाल [प्रश्न] 〜 (…について)問題提起する. **6** 育てる. **7** 運び去る, 持ち去る, 撤去する; (人を)さらって行く; (ものを)盗んで行く. ❐कचरा 〜 ごみを撤去する. ❐कल ठेला लाकर उठा ले जाऊँगा। 明日手押し車を持ってきて片付けますよ. **8** (重責を)担う; (役を)買ってでる. ❐उसने सारा काम सिर पर उठा लिया। 彼女は全部の仕事を頭に載せた(=ひっかぶった). **9** (利益・快楽を)享受する. ❐उसने ड्रामा का आनंद ख़ूब उठाया। 彼は劇を堪能した. ❐(का) फ़ायदा [लाभ] 〜 (…を)利用する, (…に)つけこむ. **10** 廃する; (店を)たたむ. ❐जाड़े आये, तो उसने शर्बत की दूकान उठा दी और गर्म चाय पिलाने लगा। 冬になると, 彼はシャルバト(=冷やした甘味飲料)の店をたたんだ, そして熱いお茶を売りだした. **11** 発酵させる.

उठावनी /uṭʰāvạnī ウターオニー/ ▸उठौनी [<OIA.n. **ut-sthāpana-, utthāpana-* 'causing to rise, lifting': T.01902] *f.* **1** 『ヒンドゥー教』 (神にお供えをするためにとっておく)お金や食べ物などの供物. **2** 『ヒンドゥー教』 火葬の数日後(2 日から 4 日の間)に行なわれる儀礼の一種《火葬場で骨を拾う, 故人の家に集うなどがある》.

उठौनी /uṭʰaunī ウタォーニー/ ▸उठावनी *f.* ☞उठावनी

उड़द /uṛadạ ウラド/▸उरद [<OIA. **uḍidda-* 'a pulse': T.01693; DEDr.0690 (DED.0594)] *m.* 『植物』 ウラド, ケツルアズキ《ダール豆 (दाल) の一種》. (⇒दाल)

उड़न /uṛanạ ウラン/ [cf. *उड़ना*] *f.* 飛行《主に合成語で; उड़न-क़िला「空の要塞」, उड़न-तश्तरी「空飛ぶ円盤」, उड़न-दस्ता「特別機動隊」など》.

उड़न-क़िला /uṛanạ-qilā ウラン・キラー/ [*उड़न* + *क़िला*] *m.* 空の要塞《戦略爆撃機の愛称》.

उड़न-खटोला /uṛanạ-kʰaṭolā ウラン・カトーラー/ [*उड़न* + *खटोला*] *m.* 空飛ぶ絨毯(じゅうたん)《直訳は「空飛ぶベッド」; おとぎ話などに出てくる》. ❐मोटर से उन्हें घृणा थी, वह इसे पैशाचिक 〜 कहा करते थे। 自動車が彼は大嫌いだった, 自動車を悪魔の空飛ぶ絨毯と呼んでいた.

उड़न-छू /uṛanạ-cʰū ウラン・チュー/ [*उड़न* + *छू*] *adj.* ぱっと消える, さっとなくなる; 失踪した. (⇒छू-मंतर) ❐आप आसानी से मुटापे को 〜 कर सकते हैं। 簡単に肥満を解消することができます.

उड़न-तश्तरी /uṛanạ-taśtarī ウラン・タシュタリー/ [*उड़न* + *तश्तरी*] *f.* 空飛ぶ円盤, UFO.

उड़न-दस्ता /uṛanạ-dastā ウラン・ダスター/ [*उड़न* + *दस्ता*] *m.* 特別機動隊《インドでは特に試験会場での不正を防ぐ目的で結成された特別な権限をもつ警察チーム》. (⇒उड़ाका दल)

उड़ना /uṛạnā ウルナー/ [<OIA. *uḍḍīyatē* 'flies up': T.01697] *vi.* (*perf.* उड़ा /uṛā ウラー/) **1** 飛ぶ, 飛行する; 飛び立つ. ❐पक्षी अब आकाश में उड़ने के लिए पंख फड़फड़ा रहा था। 鳥は今や大空に飛び立とうと, 翼を羽ばたかせていた. ❐चिड़िया फुर्र से उड़ गयी। 小鳥はパタパタと飛びたった. **2** (飛ぶように)走る, 駆けつける. ❐मोटर-साइकिल सड़क पर उड़ रही है। オートバイが, 道を飛ぶように走っている. ❐वे भागीं नहीं, उड़ीं। 彼女たちは, 走ったというより, 飛ぶように逃げた. **3** (視線・心が)(定まらず)さまよう, (焦点)が定まらない. ❐सहसा उसने आँखें खोल दीं और उड़ती हुई नज़रों से इधर-उधर ताका। 突然彼は目を見開いた, そして焦点が定まらない目であたりを見まわした. ❐उसका मन न जाने कहाँ-कहाँ उड़ता फिरता। 彼の心は, 一体どこをさまよっているのやら. **4** (香り・臭気が)漂う. (⇒बहना) ❐कमरे में दुर्गंध उड़ रही थी। 部屋には悪臭が漂っていた. **5** (うわさなどが)駆け巡る. (⇒फैलना) ❐सारे शहर में ख़बर उड़ गई। 全市に知らせが駆け巡った. ❐यह फ़िल्म बंद होने की ख़बर उड़ गई। この映画が上映中止になるというニュースが駆け巡った. **6** (人・ものが)消えてなくなる; (色が)あせる; ずらかる. ❐वह कहाँ उड़ गई? 彼女はどこに消えたんだ? ❐तुम भी वैसे ही न उड़ जाओगे? おまえも, 同じ様にずらかろうとしているじゃないだろうな? ❐मेरी किताब कहाँ उड़ गई? 私の本は一体どこに行ってしまったのだ? ❐दीवार का रंग उड़ गया है। 壁の色があせてしまった. **7** (不安, 悲しみ, 正気などが)消え去る, ふっとぶ. ❐विनोद में उसका दु:ख उड़ गया। 軽妙な冗談で, 彼女の心痛は消え去った. ❐यह दृश्य देखते ही उसका होश उड़ गया। この光景を見るやいなや, 彼は呆然とした. **8** (金・食物などが)飛ぶようになくなる, 浪費される, 消費される. ❐उसकी सारी की सारी आय किताबों में उड़ जाती है। 彼の収入は, 全部が全部, 本に費やされてしまうのである. **9** (顔色が)失せる, 真っ青になる. ❐उसके मुख का रंग ऐसा उड़ गया था, जैसे देह का सारा रक्त सूख गया हो। 彼は顔色を失った,

まるで体中の血が涸れてしまったかのように. **10** (味が)申し分ないものになる. ❐ज़रा-सा केसर पड़ेगा तो खीर उड़ चलेगी। 少しサフランが入れば, キール(＝甘いミルク粥)はもう言うことないよ.

उड़वाना /uṛavānā ウルワーナー/ [caus. of *उड़ना, उड़ाना*] *vt.* (*perf.* उड़वाया /uṛavāyā ウルワーヤー/) 飛ばさせる;飛ばしてもらう.

उड़ाऊ /uṛāū ウラーウー/ [cf. *उड़ाना*] *adj.* 金遣いの荒い, 浪費の. ❐～ बेटा 放蕩息子.

उड़ाका /uṛākā ウラーカー/ ▶उड़ाकू [cf. *उड़ना*] *adj.* **1** 飛行する. **2** (現場に)急行する. ❐～ दल 特別機動隊.

उड़ाकू /uṛākū ウラークー/ ▶उड़ाका *adj.* ☞उड़ाका

उड़ान /uṛāna ウラーン/ *f.* **1** 飛行. (⇒फ़्लाइट) ❐～ भरना [लेना] 飛び立つ, 飛翔する. **2** 飛行機便, フライト. (⇒फ़्लाइट) ❐～ रद्द करना フライトをキャンセルする.

उड़ाना /uṛānā ウラーナー/ [<OIA. *uḍḍāpayati* : T.01697; cf. *उड़ना*] *vt.* (*perf.* उड़ाया /uṛāyā ウラーヤー/) **1** (飛行機・風船などを)飛ばす, (凧を)上げる. ❐तुम भी पतंग उड़ाओगे? おまえも凧を飛ばすかい? **2** (ほこり・石を)とばす, はねとばす. ❐मैंने उसकी मोटर-कार को धूल उड़ाते देखा। 私は彼の車が土ぼこりをまきあげて走っているのを見た. **3** (鳥・蠅・蚊などを)追う, 追い払う. ❐गाय पूँछ से मक्खियाँ उड़ा रही है। 牛が尻尾で蠅を追っている. **4** (車・馬を)飛ばして走らせる. ❐एक सिपाही घोड़ा उड़ाता इधर चला रहा है। 兵士が一人馬を飛ばしてこちらに向かって来ている. **5** (匂いを)漂わせる, 匂わせる, プンプンさせる. ❐ताड़ी की दुर्गंध उड़ाता हुआ वह आया। 安酒の匂いをプンプンさせながら彼は来た. **6** 吹き飛ばす. ❐ऐसी चट्टान तो बारूद से उड़ाई जा सकती है। こんな岩は火薬で吹き飛ばせる. ❐उसने इन प्रमाणों को एक फूँक में उड़ा दिया। 彼はこれらの証拠を一吹きで吹き飛ばした. **7** (金・財産を)湯水のように浪費する, 使い果たす;(食物・飲物を)思う存分平らげる. ❐उसने सारा धन ऐयाशी में उड़ाया। 彼は財産すべてを享楽に使い果たした. ❐छोटे-बड़े स्त्री-पुरुष सबों ने दावत उड़ायी। 老若男女すべてがご馳走を思う存分平らげた. ❐आज तो उसके घर मिठाई ख़ूब उड़ाऊँगा। 今日は彼の家でお菓子を思いっきり食べてやるぞ. **8** (享楽に)耽る. ❐वह अपने बाप के धन-दौलत की बदौलत मौज उड़ा रहा है। 彼はおやじの財産のおかげで遊びほうけている. **9** (うわさを)流す;ほらを吹く. (⇒फैलाना) ❐भूकंप की झूठी ख़बर मत उड़ाओ। 地震の偽情報を流すな. **10** 騙し取る, 巻き上げる;持ち去る, (女や子どもを)さらう, 連れ去る. ❐उस मुसाफ़िर ने उसे सब्ज़ बाग़ दिखाकर उसकी घड़ी, अँगूठियाँ, रुपए सब उड़ा लिये। その旅人は彼に夢のような美味しい話をもちかけ, 彼の腕時計, 指輪, 持ち金全部を巻き上げてしまった. ❐एक विधवा को डाकू कहीं से उड़ा लाए थे। 一人の未亡人を野盗たちはどこからかさらって来た. **11** (技や知識などを)こっそり盗む, 剽窃(ひょうせつ)する. ❐तुम्हारी यह विद्या कहीं से उड़ाई हुई जान पड़ती है। 君のこの知識はどこかからの受け売りのようにみえるが. **12**〔慣用〕❐(का) ख़ाका [मज़ाक़] ～ (人やものを)からかう, 笑いものにする. ❐(की) खिल्ली [हँसी] ～ (人やものを)からかう, 笑いものにする. ❐(पर) छींटे ～ (人やものを)からかう, 笑いものにする.

उड़िया /uṛiyā ウリヤー/ [<OIA.m. *ōḍra-*[1] 'a tribe of Śūdras': T.02549] *adj.* オリヤー語の;オリッサの.
— *f.* オリヤー語.

उड़ीसा /uṛīsā ウリーサー/ [cf. Eng.n. *Orissa*] *m.* オリッサ州《現オディシャ州 (ओडिशा) の旧名;州都は同じブワネーシュワル (भुवनेश्वर)》.

उड़ेलना /uṛelanā ウレールナー/ ▶उँड़ेलना *vt.* (*perf.* उड़ेला /uṛelā ウレーラー/) ☞उँड़ेलना

उड़ेलवाना /uṛelavānā ウレールワーナー/ ▶उँड़ेलवाना *vt.* (*perf.* उड़ेलवाया /uṛelavāyā ウレールワーヤー/) ☞उँड़ेलवाना

उड्डयन /uḍḍayana ウッダヤン/ [←Skt.n. *उड्-डयन-* 'flying up, flying, soaring'] *m.* 飛行;航空. ❐नागरिक ～ मंत्रालय (インド)民間航空省.

उढ़कना /uṛʰakanā ウラクナー/ [←Drav.; DEDr.0707 (DED.0606)] *vi.* (*perf.* उढ़का /uṛʰakā ウルカー/) **1** もたれて寄りかかる. ❐टूटी कुर्सी दीवार के सहारे उढ़क सी गई है। こわれた椅子が(倒れずに)壁に寄りかかった. **2** ひっくり返る. (⇒लुढ़कना) ❐जल्दी से मुड़ने के कारण गाड़ी बाईं तरफ़ उढ़क गई। 急な方向転換のために車は左に横転した.

उढ़काना /uṛʰakānā ウルカーナー/ [cf. *उढ़कना*] *vt.* (*perf.* उढ़काया /uṛʰakāyā ウルカーヤー/) 立てかける;(ドアを掛けかぎなどで)閉める. ❐जल्दीबाज़ी में उसने दरवाज़ा केवल उढ़का दिया, ताला नहीं लगाया। 慌てたために彼はドアを閉めただけで, 鍵をかけなかった.

उढ़रना /uṛʰaranā ウラルナー/ [<OIA. **uddhvalati* 'goes astray': T.02032] *vi.* (*perf.* उढ़रा /uṛʰarā ウルラー/) (人妻が)駆け落ちする. (⇒भागना) ❐पत्नी के उढ़र जाने की वजह से वह पागल हो गया। 妻が駆け落ちしたために彼は気が狂った.

उढ़ाना /uṛʰānā ウラーナー/ ▶ओढ़ाना *vt.* (*perf.* उढ़ाया /uṛʰāyā ウラーヤー/) ☞ओढ़ाना

उढ़ारना /uṛʰāranā ウラールナー/ [<OIA. **uddhvālayati* : T.02032z2] *vt.* (*perf.* उढ़ारा /uṛʰārā ウラーラー/) (人妻を)かどわかして連れさる. (⇒भगाना) ❐साधू का वेश धारण कर बदमाश ने उसकी बीबी को उढ़ार लिया। 行者のなりをして, ならず者は彼の妻をかどわかして連れ去った.

उतना /utanā ウトナー/ [<OIA.f. *iyattaká-* : T.01589] *adj.* それほど.
— *adv.* それほど…な.

उतरना /utaranā ウタルナー/ {[<OIA. *úttarati* 'elevates': T.01770] *vi.* (*perf.* उतरा /utarā ウトラー/) **1** (高いところから)降りる, 下る;(水の中に)深く入って行く;(乗り物から)降りる, 下車する, 下船する;(飛行機が)着陸する. (⇔चढ़ना) ❐वह और गहरे पानी में उतरी। 彼女は, さらに深く水に入った. ❐वह कार से उतर पड़ी। 彼女は車から降りた. ❐वहाँ जाने के लिए इस स्टेशन पर उतरना पड़ता था। あそこに行くには, この駅で降りざるをえない. ❐बच्चा माँ की

गोद से उतरा। 子どもは母の膝から降りた. **2** 姿を現わす, 登場する, 降り立つ;(土俵に)登る;参戦する, 参入する;(化身として)降臨する, 生まれてくる. ❒एक कहावत दिमाग़ में उतर आई। 一つの諺が頭に浮かんだ. ❒अब वे कहानियाँ लिखना छोड़कर आलोचना के क्षेत्र में उतरे हैं। 彼はもう短編小説を書くことをやめ, 評論をはじめた. ❒वह मैदान में उतरा। 彼は, 勝負を受けて立った. ❒समय-समय पर अनेक अलौकिक महापुरुष इस लोक में उतरते रहे। その時その時に, 多くの神のような偉人たちがこの世に生をうけて誕生してきた. **3** (衣服が)脱がされる, ずり落ちる;(覆いが)とられる. **4** (動物の皮が)はがされる;(骨が)脱臼する. ❒हाथ की हड्डी उतर गयी है। 手の骨が脱臼してしまった. **5** (流れが)導かれる;(エキスが)抽出される;蒸留される. ❒उसके स्तनों में दूध न उतरा था। 彼女の乳房には, 乳が出てこなかった. **6** (色が)あせる. ❒अब इस कपड़े का रंग उतरने लगा। もうこの服の色はあせはじめた. **7** (熱・価格・水位などが)下がる;(怒りが)さめる;(酔いが)さめる;(絶頂期・最盛期を過ぎ)下り坂になる;(果物が)(熟した後)腐る. (⇔चढ़ना) ❒दूसरे दिन बच्चे का ज्वर उतर गया। 翌日子どもの熱は下がった. ❒नदी का पानी उतरने लगा। 川の水かさは減りはじめた. ❒नशा उतर चुका था। 酔いはすっかりさめていた. ❒उन दिनों उनकी अवस्था उतर रही थी। 当時, 彼の年齢は盛りを過ぎつつあった. ❒कल तक यह आम उतर जाएगा। 明日までに, このマンゴーは腐ってしまうだろう. ❒तेरी याद एक क्षण के लिए भी मेरे मन से न उतरती थी। お前のことは, 一瞬たりとも私の心から消えたことはなかった. ❒बात दिमाग़ से उतर गई। その話は頭から忘れ去られた. **8** (喉の下に)飲みくだされる;合点がいく. ❒कोई बात उसके गले के नीचे उतरती ही नहीं। どんな話も彼は納得しない. **9** (面目・威厳などが)地に落ちる, 失墜する. ❒आज सारे गाँव के सामने उनकी इज़्ज़त उतर गई। 今日, 村人全員の面前で彼の面目はつぶれた. **10** (負債・義務などから)解放される;(憑き物が)落ちる. ❒सिर से एक बोझ उतर गया। 頭から一つの重荷が降りた. ❒धीरे धीरे उसका ऋण उतर रहा है। 次第に, 彼の負債は軽くなりはじめた. **11** (楽器の)音程がはずれる. **12** (顔色が)しずむ, 元気がなくなる. ❒उसका चेहरा उतर गया। 彼は, 顔をくもらせた. **13** 書きつけられる;(印象が)記憶される. **14** (写しが)とられる, 複写される. **15** (…という結果に)なる, 明らかになる. **16** 亡くなる, 死亡する. ❒इसके बच्चे हो-होकर उतर जाते हैं। この女の子どもは, 生まれては死んでいく. **17**『ゲーム』(チェスの)ポーン (प्यादा) が敵陣の最後列に進む《この場合, ポーンはクイーン (वज़ीर) になることができる》. ❒हमारा यह प्यादा अब उतरकर वज़ीर बनेगा। 僕のこのポーンは進んで, クイーンになるよ.

उतरवाना /utarvānā ウタルワーナー/ [caus. of *उतरना, उतारना*] *vt.* (*perf.* उतरवाया /utarvāyā ウタルワーヤー/) 降ろさせる;降ろしてもらう. (⇒उतराना) ❒उसने हाथ लगाकर बुढ़िया की टोकरी उतरवा दी। 彼は手をそえて, 老婆の手かごを降ろしてあげた.

उतराई /utrāī ウトラーイー/ [cf. *उतरना, उतारना*] *f.* **1** 下り, 下り坂. **2** (川の)渡し賃, 船賃.

उतराना /utrānā ウトラーナー/ [<OIA. *úttarati* 'elevates': T.01770] *vi.* (*perf.* उतराया /utrāyā ウトラーヤー/) **1** (水面に)漂う. **2** (水面に)浮かび上がる. ❒तीन दिन के बाद लाश तालाब में उतरा गई। 三日後死体が池に浮かび上がった. **3** (頭に)思い浮かぶ. ❒कुछ फ़ारसी की कहावतें दिमाग़ में उतरा आई हैं। ペルシャ語の諺が幾つか頭に浮かんで来た.

— *vt.* (*perf.* उतराया /utrāyā ウトラーヤー/) 降ろさせる;降ろしてもらう. (⇒उतरवाना)

उतार /utār ウタール/ [<OIA.m. *uttāra-* 'landing, delivery': T.01791] *m.* **1** 下降, 下落. (⇔चढ़ाव) ❒अब ज्वर का ~ था। 今は熱が下がっている. ❒जवानी के ~ पर उन्हें सहसा फूल-पौधों का शौक़ हुआ 若さが過ぎようとした時彼に突如として園芸の趣味ができた. **2** 下り坂, 下り. (⇔चढ़ाई)

उतार-चढ़ाव /utār-caṛʰāv ウタール・チャラーオ/ *m.* (道などの)上り下り, 起伏;増減, 変動;(声の)抑揚;潮の満ち引き. (⇒चढ़ाव-उतार) ❒ज़बरदस्त ~ (経済などの)乱高下.

उतारना /utārnā ウタールナー/ [<OIA. *uttārayati* 'elevates': T.01770; cf. *उतरना*] *vt.* (*perf.* उतारा /utārā ウターラー/) **1** (下に)降ろす, 下げる;(旅客・貨物を)降ろす;陸揚げする. ❒वह बंदूक़ को कंधे से उतारकर हाथ में लेता हुआ दहाड़ा। 彼は銃を肩から降ろして手にとりながらどなった. ❒वह टोकरी सिर से उतारकर बोली। 彼女はかごを頭から降ろして言った. **2** (船で)渡す. **3** (人を活動に)引き入れる;(神の化身を地上に)遣わす. **4** (衣服・履物・帽子などを)脱ぐ, 脱がせる;(眼鏡・装身具などを)はずす;(覆いを)はずす, 取る. (⇔पहनना, लगाना) ❒उसने नेकलेस उतारकर मेरे गले में डाल दी। 彼女はネックレスをはずして, 私の首にかけた. ❒उसने कपड़े उतार दिए। 彼は服を脱いだ. **5** (めくり上げたそで・裾などを)引き下げる. (⇔चढ़ाना) **6** (動物の皮を)はがす;(切断して)落とす;(骨を)脱臼させる. **7** (流れを)導く;(エキスを)抽出する;蒸留する. **8** (考えを)捨て去る, 取り払う;(古いしきたり・恥を)かなぐり捨てる. ❒अब पिछली बातें मन से उतार दो। もう, 昔のことなど心の中から追い出してしまえ. **9** (価格を)低下させる;(熱を)下げる;(酔いを)さます;(怒りを)和らげる. **10** (喉の下に)飲み下す. **11** (権威・体面・地位などを)引きずり降ろす. ❒उसने मेरी आबरू उतारने में कोई कसर नहीं छोड़ी। 彼は, 私の体面を地に落とすことにかけては容赦しなかった. ❒उसने सारे गाँव के सामने मेरा पानी उतार लिया। 彼は, 村人全員の前で私を辱めた. **12** (負債を)返済する;(恩に)報いる;(誓いを)果たす. **13** (悪霊などの憑(つ)き物を)おとす. **14** (楽器などの弦を)ゆるませる, たるませる. **15** (人の顔を)曇らせる;どぎまぎさせる. **16** (人に)(怒り・かんしゃくを)ぶちまける, あたりちらす. ❒पिता पर अपना क्रोध उतारकर वह कुछ शांत हो गया। 父に自分の怒りをぶつけて, 彼は少し静かになった. ❒अपनी भूख का गुस्सा वह दिन भर माँ पर उतारती रहती थी। 自分の空腹の

苛立ちを彼女は一日中母にぶつけるのであった. **17** 書き留める;(記憶に)留める. **18** (写し・模造品を)作る;描画する;(写真を)写す. **19** (神像の前で灯明(आरती) を)めぐらす《ヒンドゥー教の浄めの儀式》. **20** (寄付金などを)集める. **21** (墓地に)埋葬する. **22** 〘ゲーム〙 (チェスでポーン (प्यादा) を敵陣の最後列に)進める《この場合, ポーンはクイーン (वज़ीर) になることができる》. ❐तुमने तो अपना प्यादा उतारकर वज़ीर बना दिया। 君はポーンを進めてクイーンに変えたね.

उतारा /utārā ウターラー/ [cf. *उतारना*] *m.* **1** 川を渡ること;(川の)渡し賃;川の渡し場. **2** 宿泊;宿泊地. **3** (悪霊などの憑物(つきもの)を)おとす儀礼, お祓(はら)い;お祓いの品. **4** (貧しい人にめぐむ)古着, お古.

उतारू /utārū ウタールー/ [cf. *उतारना*] *adj.* (今にも暴力的な行為に移ろうと)身構える, 血気にはやる, 熱くなる, 激昂する, 意気込む. ❐तुम क्यों लड़ाई करने पर ~ हो रहे हो। お前はなぜ今にもけんかしようとばかりに熱くなっているのだ. ❐प्रेमी युगल परिवार वालों के शादी का विरोध करने पर वहीं से कूदकर जान देने पर ~ हो गए। 二人の恋人は家族に結婚を反対されてそこから飛び降りて自殺を図ろうとした. ❐वह मेरी जान लेने पर ~ था। 彼は私を殺さんばかりに激昂していた.

उतावला /utāvalā ウターオラー/ [<OIA. **uttāpala-* 'impetuous': T.01788] *adj.* (強い願望のため)むずむずする, じりじりする, 気がせく, もどかしがる;せっかちな, 性急な. (⇒अधीर) ❐पहले पोते का मुँह देखने के लिए वह उतावली हो उठी। 最初の孫の顔を見ようと彼女はじりじりした. ❐मैं तो उसे अपनी कविता सुनाने को उतावला हो रहा था। 私は彼に自分の詩を聞かせたくてむずむずしていた.

उतावलापन /utāvalāpana ウターオラーパン/ [*उतावला* + *-पन*] *m.* **1** (強い願望のため)むずむずすること, じりじりすること, 気がせくこと, もどかしがること;せっかち, 性急さ. (⇒अधीरता)

उतावली /utāvalī ウターオリー/ [cf. *उतावला*] *f.* 性急, せっかち. ❐~ करने से काम बिगड़ जाता है। 急いてはことを仕損じる.

उत्कंठा /utkaṃṭʰā ウトカンター/ [←Skt.f. *उत्-कण्ठा-* 'longing for (a beloved person or thing); regretting or missing anything or a person'] *f.* 熱望, 切望;うずうずする気持ち. ❐बार-बार ~ होती है कि आपसे कुछ बातें करती, मगर आप मुझसे इतनी दूर बैठते हैं कि वार्तालाप का सुअवसर नहीं प्राप्त होता। 幾度もあなたと何かお話しようと強い願いが湧きます, でもあなたは私からあまりに遠くに腰掛けているのでお話しする機会が得られません. ❐मैं बड़ी ~ से उसके बंबई के आनेवाले पत्र का इंतज़ार करने लगा। 私は待ちきれない思いで彼のボンベイから来る手紙を待った.

उत्कंठित /utkaṃṭʰita ウトカンティト/ [←Skt. *उत्-कण्ठित-* 'lifting up the neck; longing for, regretting, sorrowing for'] *adj.* 熱望している, 切望している;うずうずしている. ❐मैं तुम्हें अंग्रेज़ी पोशाक में देखने को बहुत ~ हो रही हूँ। 私は洋服の身なりのお前を見たくてうずうずしているのよ.

उत्कट /utkaṭa ウトカト/ [←Skt. *उत्-कट-* 'exceeding the usual measure, immense, gigantic'] *adj.* (思想・感情・気性などが)極端な, 激しい, 並々ならぬ, 切なる, 尋常ではない. ❐किसी संयमी सिद्धि की दृष्टि में मेरी कविता वासनामय थी तो किसी ~ आशावादी की दृष्टि में मेरी कविता निराशावादी। ある節制にたけた聖者の目には私の詩は性的欲望がむき出しであり, ある極端な楽観主義者の目には私の詩は悲観主義的だというわけだ. ❐मेरी ~ इच्छा यही है कि मैं अपनी प्यारी मातृभूमि में ही अपने प्राण विसर्जन करूँ। 私の切なる願いは, 自分のいとおしい母なる大地に自身の命を捧げることだ.

उत्कर्ष /utkarṣa ウトカルシュ/ [←Skt.m. *उत्-कर्ष-* 'pulling upwards, drawing, pulling; elevation, increase, rising to something better, prosperity'] *m.* 上昇;興隆;繁栄. (⇔अपकर्ष) ❐विज्ञान का ~ 科学の興隆.

उत्कीर्ण /utkīrṇa ウトキールン/ [←Skt. *उत्-कीर्ण-* 'pierced; engraved, carved; cut out'] *adj.* 彫られた;(文字などが)刻まれた;(宝石が)カットされた. ❐~ करना 彫る, 刻む, カットする.

उत्कीर्णन /utkīrṇana ウトキールナン/ [?neo.Skt.n. *उत्-कीर्णन-* 'engraving, wood carving'] *m.* 彫られたもの, 彫刻;木彫;彫金;エッチング. ❐काष्ठ ~ 木彫.

उत्कृष्ट /utkr̥ṣṭa ウトクリシュト/ [←Skt. *उत्-कृष्ट-* 'excellent, eminent'] *adj.* 優れた, 卓越した, すばらしい. ❐~ रचना 卓越した作品.

उत्कृष्टता /utkr̥ṣṭatā ウトクリシュタター/ [←Skt.f. *उत्-कृष्ट-ता-* 'excellence, superiority, eminence'] *f.* 優れていること, 卓越していること. ❐गृहस्वामी के सविनय आग्रह से और सबसे बढ़कर पदार्थों की ~ के कारण, भोजन मात्रा से अधिक हो ही जाता है। 主人の心からの勧めがありまた何といってもモノのすばらしさの理由で, 食事の量がつい度を越してしまうことがある.

उत्कोच /utkoca ウトコーチ/ [←Skt.m. *उत्-कोच-* 'bribery, corruption'] *m.* 賄賂(わいろ). (⇒घूस, रिश्वत)

उत्क्षिप्त /utkṣipta ウトクシプト/ [←Skt. *उत्-क्षिप्त-* 'thrown upwards, tossed, raised'] *adj.* **1** 投げ上げられた;打ち上げられた. **2** 〘言語〙弾音(だんおん)の, はじき音の《そり舌はじき音の無気音と有気音それぞれを表すデーヴァナーガリー子音文字は ड़ と ढ़》.

उत्क्षेप /utkṣepa ウトクシェープ/ [←Skt. *उत्-क्षेप-* 'throwing or tossing up, raising, lifting up'] *m.* **1** 投げ上げること;打ち上げること. **2** 〘言語〙弾音・はじき音の調音.

उत्खनन /utkʰanana ウトカナン/ [?neo.Skt.n. *उत्-खनन-* 'excavation'] *m.* (考古学の)発掘作業;(鉱物資源の)採掘作業. (⇒खुदाई)

उत्तप्त /uttapta ウッタプト/ [←Skt. *उत्-तप्त-* 'burnt; heated, red hot, glowing'] *adj.* **1** 高温の, 高熱の. **2** 興奮した, 激した.

उत्तम /uttama ウッタム/ [←Skt. *उत्-तम-* 'uppermost,

highest, chief; most elevated, principal; best, excellent'] *adj.* **1** 最上の, 最高の. (⇒बेहतरीन) **2**〖言語〗一(人称). ❐～ पुरुष 一人称《प्रथम पुरुष とも》.

उत्तम-पुरुष /uttama-puruṣa ウッタム・プルシュ/ [←Skt.m. *उत्तम-पुरुष-* 'the last person in verbal conjugation'] *m.*〖言語〗一人称《サンスクリット文法の用語で原意は「最後の人称」》. (⇒प्रथम-पुरुष)

उत्तर /uttara ウッタル/ [←Skt.n. *उत्तर-* 'the north; the last part of a compound; answer, replyupper'] *adj.* 北の. (⇔दक्षिण)

— *m.* **1** 北, 北…. (⇔दक्षिण) ❐～ अमरीका〖地理〗北米. ❐(के) ～ में(…の)北に[へ]. **2** 返答, 返事. (⇒जवाब) ❐(को) (का) ～ देना(人に)(…の)返答をする. **3** 仕返し, 報復. (⇒जवाब) ❐(को) (का) ～ देना(人に)(…の)仕返しをする. **4** 答え, 解答. (⇒जवाब)(⇔प्रश्न, सवाल)

उत्तरजीवी /uttarajīvī ウッタラジーヴィー/ [neo.Skt. *उत्तर-जीविन्-* 'surviving'] *adj.* 生き残った(人), 遺族の(人).

— *m.* 遺族, 生存者.

उत्तरदायित्व /uttaradāyitva ウッタルダーイトオ/ [neo.Skt.n. *उत्तर-दायित्व-* 'responsibility'] *m.* 責任, 責務;負担;義務;責任を負うこと, 責任が問われること. (⇒जवाबदेही, ज़िम्मेदारी)(⇔अनुत्तरदायित्व, ग़ैर-ज़िम्मेदारी)

उत्तरदायी /uttaradāyī ウッタルダーイー/ [neo.Skt. *उत्तर-दायिन्-* 'responsible'] *adj.* 責任のある, 責任を負う. (⇒ज़िम्मेदार)(⇔अनुत्तरदायी, ग़ैर-ज़िम्मेदार)

उत्तर-पश्चिम /uttara-paścima ウッタル・パシュチム/ [←Skt. *उत्तर-पश्चिम-* 'north-western'] *m.* 北西.

उत्तर-पूर्व /uttara-pūrva ウッタル・プールオ/ [←Skt. *उत्तर-पूर्व-* 'north-eastward'] *m.* 北東.

उत्तर-प्रत्युत्तर /uttara-pratyuttara ウッタル・プラティュッタル/ [←Skt.n. *उत्तर-प्रत्-उत्तर* 'reply and rejoinder; a dispute, altercation, discussion'] *m.* 意見の応酬, 議論.

उत्तर प्रदेश /uttara pradeśa ウッタル プラデーシュ/ [neo.Skt.m. *उत्तर-प्रदेश-* 'northern province'; cf. Eng.n. *Uttar Pradesh*] *m.* ウッタル・プラデーシュ州《州都はラクナウー (लखनऊ)》.

उत्तराखंड /uttarākʰaṃḍa ウッタラーカンド/ [neo.Skt.m. *उत्तरा-खण्ड-* 'north country'; cf. Eng.n. *Uttarakhand*] *m.* ウッタラーカンド州《州都はデーヘラードゥーン (देहरादून)》.

उत्तराधिकार /uttarādʰikāra ウッタラーディカール/ [←Skt.m. *उत्तर-अधिकार-* 'right to property in succession to another person, heirship'] *m.* **1**〖法律〗継承[相続]権. **2**〖法律〗継承, 相続. ❐～ कर 相続税.

उत्तराधिकारी /uttarādʰikārī ウッタラーディカーリー/ [←Skt. *उत्तर-अधिकारिन्-* 'heir or claimant subsequent to the death of the original owner'] *adj.*〖法律〗継承[相続]する, 受け継ぐ.

— *m.*〖法律〗後継者, 継承者, 相続人. (⇒वारिस) ❐उस क़ानून में पति की संपत्ति की ～ तो पत्नी होती है, पर पत्नी की संपत्ति का ～ पति नहीं हो सकता। その法律では夫の財産の相続人は妻になっているが, 妻の財産の相続人に夫はなれない.

उत्तरापेक्षी /uttarāpekṣī ウッタラーペークシー/ [neo.Skt. *उत्तर-अपेक्षिन्-* 'one who expects a reply'] *adj.* 返答を待つ(人);答弁を求める(人).

उत्तरायण /uttarāyaṇa ウッタラーヤン/ [←Skt.n. *उत्तर-अयण-* 'the progress (of the sun) to the north'] *m.*〖天文〗ウッタラーヤナ《冬至から夏至までの太陽の通り道(黄道)の移動, 北回帰》. (⇔दक्षिणायन)

उत्तरार्ध /uttarārdʰa ウッタラールド/▶उत्तरार्द्ध [←Skt.n. *उत्तर-अर्ध-* 'the upper part (of the body); the northern part; the latter half'] *m.* (書物などの)後半部分. (⇔पूर्वार्ध)

उत्तरी /uttarī ウッタリー/ [*उत्तर* + *-ई*] *adj.* 北の, 北部の. (⇔दक्षिणी) ❐～ सागर〖地理〗北海.

उत्तरी कोरिया /uttarī koriyā ウッタリー コーリヤー/ [cf. Eng.n. *North Korea*] *m.*〖国名〗朝鮮民主主義人民共和国, 北朝鮮《首都は平壌(ピョンヤン) (प्योंग्यांग)》.

उत्तरी ध्रुव /uttarī dʰruva ウッタリー ドルオ/ *m.*〖地理〗北極. (⇔दक्षिणी ध्रुव)

उत्तरीय[1] /uttarīya ウッタリーエ/ [←Skt.n. *उत्तरीय-* 'an upper or outer garment'] *m.* 肩にはおる布地. (⇒चादर, दुपट्टा)

उत्तरीय[2] /uttarīya ウッタリーエ/ [neo.Skt. *उत्तरीय-* 'northern'; cf. *उत्तर*] *m.* **1** 北の, 北部の. (⇒उत्तरी) ❐～ अमरीका 北米. **2** 解答の, 解答式の. ❐लघु ～ प्रश्न 短答式の問題.

उत्तरोत्तर /uttarottara ウッタローッタル/ [←Skt. *उत्तर-उत्तर-* 'more and more, higher and higher, further and further'] *adj.* 徐々の, 漸進的な.

— *adv.* 徐々に, 次第に. ❐वह ～ उत्साह के साथ अपने व्यवसाय में तल्लीन हो गया। 彼は次第に熱中して自分の仕事に没頭した. ❐विदेश मंत्रालय में ～ हिंदी के प्रयोग को बढ़ावा देना 外務省において徐々にヒンディー語の使用を促進させる.

उत्तल /uttala ウッタル/ [neo.Skt. *उत्-तल-* 'convex'] *adj.* 凸面の. (⇔अवतल) ❐～ दर्पण 凸面鏡. ❐～ लेंस 凸レンズ.

उत्ताप /uttāpa ウッタープ/ [←Skt.m. *उत्-ताप-* 'great heat, glow; ardour, effort, excessive energy'] *m.* **1** 高熱;高温. **2** 激しい苦痛;深い苦悩.

उत्ताल /uttāla ウッタール/ [←Skt. *उत्-ताल-* 'great, strong, high, elevated'] *adj.* そびえ立つ, とても高い;巨大な.

उत्तीर्ण /uttīrṇa ウッティールン/ [←Skt. *उत्-तीर्ण-* 'landed, crossed, traversed; rescued, liberated, escaped'] *adj.* 合格した, パスした. (⇒पास)(⇔फ़ेल) ❐(की) परीक्षा में ～ होना (…の)試験に合格する. ❐वे हर साल प्रीक्षा में अच्छे

नंबरों से ～ होते रहे। 彼らは毎年試験にいい成績で合格し続けた.

उत्तुंग /uttuṃga/ ウットゥング/ [←Skt. उत्-तुङ्ग- 'lofty, high, tall; swollen (as a stream)'] *adj.* 高くそびえ立つ，屹立(きつりつ)する．❐हिमगिरि के ～ शिखर पर ヒマラヤの高くそびえ立つ頂(いただき)で.

उत्तेजक /uttejaka/ ウッテージャク/ [←Skt. उत्-तेजक- 'instigating, stimulating'] *adj.* **1** 刺激する，興奮させる；いきり立たせる．❐～ द्रव्य 覚醒剤．❐～ पदार्थ 刺激物，興奮剤．❐～ फ़ोटो 扇情的な写真．**2** 鼓舞する，激励する.

उत्तेजना /uttejanā/ ウッテージナー/ [←Skt.f. उत्-तेजना- 'incitement, instigation, encouragement, stimulation, exciting, animating'] *f.* **1** 刺激，興奮させること．❐उसके गिरते ही मज़दूरों में ～ फैल गई। 彼が倒れるやいなや労働者の間に殺気が広がった．❐(को) ～ देना (…を)刺激する．**2** 発奮させること，鼓舞．❐उसे तीरों और गोलियों के सामने निश्शंक खड़े देखकर सिपाहियों को ～ मिलती रहती ती। 矢と弾の前で恐れることなく立つ彼女を見て兵士たちはふるい起こされていた.

उत्तेजित /uttejita/ ウッテージト/ [←Skt. उत्-तेजित- 'incited, animated, excited, urged'] *adj.* **1** 刺激された，興奮した；いきり立った．❐इन लाशों को देखकर जनता ～ हो गई। これらの死体を見て群衆はいきり立った．❐उसने ～ स्वर में कहा। 彼女は興奮した声で言った．❐(को) ～ करना (人を)興奮させる，刺激する．**2** 発奮した，ふるい起こされた．❐ललकार सुनकर उनका पुरुषत्व ～ हो जाता था। 挑発の雄叫びを聞いて彼の男気がふるい起こされた.

उत्तोलक /uttolaka/ ウットーラク/ [neo.Skt.m. उत्-तोलक- 'lever'] *m.* 梃(てこ)；レバー．(⇒लीवर)

उत्थान /utthāna/ ウッターン/ [←Skt.n. उत्-थान- 'the act of standing up or rising'] *m.* 向上；進歩，繁栄，隆盛，興隆，振興．(⇔पतन) ❐～ और पतन 興隆と没落.

उत्थापन /utthāpana/ ウッターパン/ [←Skt.n. उत्-थापन- 'causing to rise or get up; raising, elevating'] *m.* **1** 持ち上げること；起こすこと．**2** 覚醒させること；鼓舞すること.

उत्पत्ति /utpatti/ ウトパッティ/ [←Skt.f. उत्-पत्ति- 'arising, birth, production, origin'] *f.* **1** 起源．❐हिंदी भाषा की ～ और विकास ヒンディー語の起源と発達．**2** 発生；誕生；出現；創世．❐संसार की ～ से अब तक, लाखों शताब्दियाँ बीत जाने पर भी, मनुष्य वैसा क्रूर, वैसा ही वासना का गुलाम बना हुआ है। 世界が始まって以来今まで，何百万何十万世紀が過ぎたにもかかわらず，人間はあいかわらず残忍で，あいかわらず欲望の虜(とりこ)となっている．**3** 産出；生産．❐तेल की ～ 石油の生産.

उत्पन्न /utpanna/ ウトパンヌ/ [←Skt. उत्-पन्न- 'risen, gone up; arisen, born, produced'] *adj.* **1** 生まれた；発生した；誕生した；出現した．❐मन में शंका ～ हुई। 心に疑念が生じた．❐मेरे मन में उसके प्रति बड़ी सहानुभूति ～ हुई। 私の心で彼女に対して大きな同情が生まれた．**2** 産出された；生産された．❐बिजली ～ करना 電気を作り出す.

उत्पल /utpala/ ウトパル/ [←Skt.n. उत्-पल- 'the blossom of the blue lotus *Nymphaea caerulea*'] *m.* 〖植物〗(青)スイレン(水連).

उत्पाटन /utpāṭana/ ウトパータン/ [←Skt.n. उत्-पाटन- 'the act of tearing out or up; pulling up by roots, eradicating'] *m.* 根絶すること；撲滅すること.

उत्पात /utpāta/ ウトパート/ [←Skt.m. उत्-पात- 'a sudden event, unexpected appearance'] *m.* **1** (突然降りかかってくる)天災，厄災(やくさい)．**2** 騒ぎ，騒乱；暴動．❐～ करना [मचाना] 騒ぎを起こす.

उत्पाती /utpātī/ ウトパーティー/ [?neo.Skt. उत्-पातिन्- 'violent, destructive'] *adj.* **1** 破壊的な．**2** 騒ぎを起こす(人)；暴徒の.

उत्पाद /utpāda/ ウトパード/ [←Skt.m. उत्-पाद- 'coming forth, birth, production'] *m.* 〖経済〗生産物；製品．❐पेट्रोलियम ～ 石油製品．❐सकल घरेलू ～ 国内総生産.

उत्पादक /utpādaka/ ウトパーダク/ [←Skt. उत्-पादक- 'bringing forth, producing; productive, effective'] *adj.* 生産する，産出する．❐कपास ～ किसान 綿花生産農民．❐तेल ～ देश 石油産出国.
— *m.* 〖経済〗生産者，製造業者.

उत्पादन /utpādana/ ウトパーダン/ [←Skt.n. उत्-पादन- 'the act of producing or causing, generating, begetting'] *m.* **1** 〖経済〗生産；製造．❐～ करना 生産する；製造する．❐कोयला ～ लक्ष्य 石炭生産目標．❐रक्षा ～ 国防産業．**2** 〖経済〗生産物；製品．❐समुद्री ～ 海産物.

उत्पादित /utpādita/ ウトパーディト/ [←Skt. उत्-पादित- 'produced, effected; generated, begotten'] *adj.* 〖経済〗生産された；製造された．❐चाय ～ करने वाले देश 茶生産国．❐बिजलीघर में ～ बिजली 発電所で生産された電気.

उत्पीड़न /utpīṛana/ ウトピーラン/ [←Skt.n. उत्-पीडन- 'the act of pressing against or out'] *m.* 抑圧；ハラスメント，虐待．❐घरेलू ～ ドメスティックバイオレンス．❐यौन ～ セクシャルハラスメント.

उत्पीड़ित /utpīṛita/ ウトピーリト/ [←Skt. उत्-पीडित- 'pressed upwards or against, squeezed'] *adj.* 抑圧された；ハラスメントを受けた，虐待された．❐यौन ～ महिलाएँ セクシャルハラスメントを受けた女性たち.

उत्प्रवास /utpravāsa/ ウトプラワース/ [neo.Skt.m. उत्-प्रवास- 'emigration'] *m.* (他国への)移住．(⇔आप्रवास)

उत्प्रेक्षा /utprekṣā/ ウトプレークシャー/ [←Skt.f. उत्-प्रेक्षा- 'the act of overlooking or disregarding; carelessness, indifference'] *f.* 直喩(ちょくゆ)《「まるで…のよう」など，あるものを直接他のものと比較する修辞法》.

उत्फुल्ल /utphulla/ ウトプッル/ [←Skt. उत्-फुल्ल- 'blown

(as a flower)'] *adj.* **1** 開花した;(目が)見開いた. ❒～ कमल 開花したハス. **2** (表情が)晴れやかな, 晴れ晴れとした;上機嫌な, 浮き浮きしている. ❒उसका स्वर काफ़ी ～ था। 彼女の声はとても上機嫌だった.

उत्स /utsa̸ ウトス/ [←Skt.m. *उत्स-* 'a spring, fountain (metaphorically applied to the clouds)'] *m.* 泉;源泉, 源流. ❒भारतीय संस्कृति का ～ インド文明の源.

उत्सर्ग /utsarga̸ ウトサルグ/ [←Skt.m. *उत्-सर्ग-* 'laying or leaving a side, abandoning, suspension'] *m.* 献身. ❒(के लिए) अपना जीवन ～ करना (…のために)自分の命を捧げる.

उत्सर्जन /utsarjana̸ ウトサルジャン/ [←Skt.n. *उत्-सर्जन-* 'leaving, abandoning, letting loose, quitting'] *m.* **1** 放出, 排出. ❒ग्रीन हाउस गैस ～ 温室効果ガスの排出. **2** 〖医学〗排泄. **3** 解雇.

उत्सव /utsava̸ ウトサオ/ [←Skt.m. *उत्-सव-* 'a festival, jubilee; joy, gladness, merriment'] *m.* 祭り, 祭典, 祝典;祝宴, 祝いの浮かれ騒ぎ. (⇒त्योहार, पर्व) ❒(के) स्वागत में आयोजित ～ में जाना (人の)歓迎のために催された祝宴に行く. ❒देहातों में साल के छह महीने किसी न किसी ～ में ढोल-मजीरा बजता रहता है। 田舎では一年のうち六か月は何らしかのお祭りで笛太鼓が鳴っている. ❒युनिवर्सिटी के उत्सवों में भाग लेना 大学の祝典に参加する.

उत्साह /utsāha̸ ウトサーハ/ [←Skt.m. *उत्-साह-* 'power, strength; strength of will, resolution'] *m.* 意気込み, 気合, 熱意, 熱心, 熱中;(生きる)張り合い. ❒उसका सारा ～ ठंडा पड़ गया। 彼のすべての意気込みは冷えてしまった. ❒उसके जीवन में अब एक नया ～, एक नया उल्लास, एक नई आशा थी। 彼女の人生に今や新しい張り合い, 新しい喜び, 新しい希望があった.

उत्साही /utsāhī ウトサーヒー/ [←Skt. *उत्-साहिन्-* 'powerful, mighty; powerful, mighty'] *adj.* 熱心な, 乗り気な, 張り切っている.

उत्सुक /utsuka̸ ウトスク/ [←Skt. *उत्सुक-* 'restless, uneasy, unquiet, anxious'] *adj.* もどかしいほど切望する, 熱望する;渇望する. ❒बहुत से लोग मेरे मुख से मेरी कविताएँ सुनने को ～ थे। 多くの人々が私の口から私の詩を聞きたいと熱望していた. ❒यह वृत्तांत सुनने के लिए सभी ～ हो रही थीं। この事の顛末を聞こうと皆がもどかしいほど切望していた. ❒सब लोग बार-बार ～ नेत्रों से ताक रहे थे। 皆が何度も何度ももどかしい目で見つめていた.

उत्सुकता /utsuka̸tā ウトスクター/ [←Skt.f. *उत्सुक-ता* 'restlessness, uneasiness, unquietness'] *f.* もどかしいほどの切望, 熱望;渇望. (⇒औत्सुक्य) ❒～ से एक-एक ख़बर पढ़ता हूँ। (私は)もどかしいほどの気持ちで一つ一つのニュースを読むのである. ❒उसने ～ से पूछा, काम क्या करना पड़ेगा? 彼はもどかしく尋ねた, 何をすればいいんだい?

उथलना /ut^{h}ala̸nā ウタルナー/ [<OIA. **utthalati* 'is upset': T.01805] *vi.* (*perf.* उथला /ut^{h}a̸lā ウトラー/) **1** (本来の場所から)動く;(本来の状態から)変化する. **2** ひっくり返る, くつがえる.

उथल-पुथल /ut^{h}ala̸-put^{h}ala̸ ウタル・プタル/ [echo-word; cf. *उथल*] *f.* 大変動, 激動;大騒ぎ, 騒乱.

उथला /ut^{h}a̸lā ウトラー/ [<OIA. **ut-sthala-* 'shallow': T.01899] *adj.* **1** (容器の底が)浅い;(水かさが)浅い. (⇔गहरा) **2** 高さのない, 低い. **3** 浅はかな(人), 軽薄な. (⇒ओछा)

उदक /udaka̸ ウダク/ [←Skt.n. *उदक-* 'water'] *m.* **1** 水. **2** 〖ヒンドゥー教〗ウダカ《死者に水を供える儀礼》.

उदगमंदलम /udaga̸mamdalama̸ ウダグマンダラム/ [cf. Eng.n. *Udhagamandalam, Ootacamund*] *m.* 〖地名〗ウダカマンダラム, ウーッティ, ウダカイ, ウータカマンド《タミル・ナードゥ州 (तमिल नाडु) の高原避暑地》.

उदजन /uda̸jana̸ ウドジャン/ [*उदक* × *हाइड्रोजन*] *m.* 〖化学〗水素. (⇒हाइड्रोजन)

उदधि /udad^{h}i ウダディ/ [←Skt.m. *उद-धि-* 'water-receptacle; a cloud; river, sea; the ocean'] *m.* 海, 大洋.

उदय /udaya̸ ウダエ/ [←Skt.m. *उद्-अय-* 'going up, rising'] *m.* **1** 出現;(太陽や月などが)出てくること. (⇔अस्त) ❒भाग्यसूर्य ～ हुआ है। 幸運の太陽が昇ったのだ. **2** 繁栄, 隆盛. (⇔अस्त) ❒बौद्ध धर्म का ～ 仏教の隆盛.

उदर /udara̸ ウダル/ [←Skt.n. *उदर-* 'the belly, abdomen, stomach, bowels'] *m.* 腹, 腹部. ❒विशाल ～ पर हाथ फेरना 巨大なお腹を手でさする.

उदात्त /udātta̸ ウダーット/ [←Skt. *उद्-आत्त-* 'lifted, upraised, lofty, elevated, high'] *adj.* **1** 崇高な, 高尚な. (⇔अनुदात्त) ❒～ आदर्शवादिता 崇高な理想主義. **2** 〖言語〗高アクセントの(母音), 高声調の. (⇔अनुदात्त)

उदार /udāra̸ ウダール/ [←Skt. *उद्-आर-* 'lofty, exalted; great, best; noble, illustrious, generous'] *adj.* **1** 寛容な, おおらかな. (⇔अनुदार) ❒शुरू में उनका दृष्टिकोण कुछ ～ था, पर आगे चलकर वे प्रगतिवादी विचारधारा और साम्यवादी सिद्धांत में सर्वांग रँग गए, लाल रंग में। 最初は彼のものの見方はいくらか寛容だった, しかし後になって彼は進歩主義的思潮や共産主義理論に全身が染まってしまった, 真っ赤な色に. **2** 気前のよい. (⇔अनुदार) ❒उनसे ज़्यादा ～ और ज़िंदादिल आदमी मैंने अपने जीवन में नहीं देखा। 彼よりも気前がよくて陽気な人間を私は人生で見たことがない. **3** 気高い, 高潔な. ❒उस मुसलमान लड़की का जन्म एक ～ संभ्रांत परिवार में हुआ था। そのイスラム教の少女はある高潔な名門の家庭に生まれた.

उदारचरित /udāra̸carita̸ ウダールチャリト/ [←Skt. *उदार-चरित-* 'of generous behaviour, noble-minded, noble'] *adj.* (行いが)高潔な.

उदारचेता /udāra̸cetā ウダールチェーター/ [←Skt. *उदार-चेतस्-* 'noble-minded, magnanimous'] *adj.* 心の広い, 寛大な. (⇒उदारमना)

उदारता /udāra̸tā ウダールター/ [←Skt.f. *उदार-ता-* 'nobleness, generousness, liberality'] *f.* **1** 寛容さ, おおらかさ. (⇒औदार्य) **2** 気前のよさ. (⇒औदार्य)

उदारमना /udārạmanā ウダールマナー/ [←Skt. *उदार-मनस्-* 'noble-minded, magnanimous'] *adj.* 心の広い, 寛大な. (⇒उदारचेता)

उदास /udāsạ ウダース/ [←Skt.m. *उद्-आस-* 'indifference, apathy, stoicism'] *adj.* 悲しい, ふさぎこんだ, 気が滅入る, 落胆した. ❐～ मन से बोला। 彼は沈んだ気持で言った. ❐उसका मुख [चेहरा] ～ हो गया। 彼の顔は曇った. ❐तुम क्यों ～ रहती हो? お前はどうしてふさぎこんでいるんだい？ ❐वह बड़ी देर तक बैठी ～ आँखों से यह दृश्य देखती रही। 彼女は長い間座ったまま悲しげな眼でこの光景を見続けていた.

उदासी[1] /udāsī ウダースィー/ [*उदास* + *-ई*] *f.* 悲しみ, 憂(うれ)い. ❐उसके मुख पर ～ छा गई। 彼女の顔に悲しみが広がった.

उदासी[2] /udāsī ウダースィー/ [←Skt. *उद्-आसिन्-* 'indifferent, disregarding'] *m.* **1** (俗世界から離れた)隠遁者. **2**〖スィック教〗ウダースィー《グル・ナーナクの息子シュリー・チャンドを創始者とする禁欲主義的一派, また同派の信徒・行者》.

उदासीन /udāsīnạ ウダースィーン/ [←Skt. *उद्-आसीन-* 'sitting apart, indifferent, free from affection; inert, inactive'] *adj.* 無関心な;無感動な;冷淡な. ❐उसने ～ बनने की चेष्टा करके पूछा। 彼は無関心さを装って質問した. ❐उसने रुपये की ओर ～ भाव से देखकर कहा। 彼は金の方を関心なさそうに見て言った. ❐मैं कल्पना ही नहीं कर सकता कि कुसुम जैसी बालिका से कोई पुरुष ～ रह सक्ता है। 私は想像すらできないな, クスムのような娘に無関心でいられる男がいるなんて. ❐वह क्यों तुझसे इतना ～ है? 彼は何故おまえにこれほど冷淡なのだ？

उदासीनता /udāsīnạtā ウダースィーンター/ [←Skt.f. *उदासीन-ता-* 'indifference, apathy'] *f.* 無関心;無感動;冷淡さ. ❐इतिहास के प्रति हिंदुओं की ～ 歴史に対するヒンドゥー教徒の無関心さ. ❐उन्हें ज्ञात होने लगा कि अब मैं क़ानून के लायक़ नहीं रहा और इस ज्ञान ने क़ानून के प्रति ～ का रूप धारण किया। もう自分は法律には向いていないのだと, 彼はわかり始めた, そしてこの考えは法律に対する無関心という形をとった.

उदाहरण /udāharaṇạ ウダーハラン/ [←Skt.n. *उद्-आहरण-* 'the act of relating, saying, declaring, declaration; referring a general rule to a special case, an example, illustration'] *m.* 例, 例え;手本. (⇒मिसाल) ❐～ के लिए たとえば. ❐～ देना 例をあげる.

उदाहरणार्थ /udāharaṇārt^hạ ウダーハラナールト/ [?neo.Skt.ind. *उदाहरण-अर्थम्* 'for instance'] *adv.* たとえば. (⇒जैसे)

उदित /uditạ ウディト/ [←Skt. *उद्-इत-* 'risen, ascended'] *adj.* **1** 出現した;(太陽などが)出た, 上った. **2** 明らかな;顕著な.

उदीयमान /udīyạmānạ ウディーエマーン/ [←Skt. *उद्-ईयमान-* 'rising'] *adj.* 上昇しつつある;見込みのある. ❐～ लेखक 新進気鋭の作家.

उद्गत /udgatạ ウドガト/ [←Skt. *उद्-गत-* 'gone up, risen, ascended'] *adj.* 表に現れた;表面化した.

उद्गम /udgamạ ウドガム/ [←Skt.m. *उद्-गम-* 'coming forth, becoming visible, appearing, production, origin'] *m.* **1** 出現;発生. **2** (川の)源流, 源泉;起源. ❐नदी को अपने ～ से चलकर अथाह समुद्र के अतिरिक्त अन्यत्र कहीं ठिकाना नहीं है। 川というものは自身の源流から出でると, 底知れぬ海のほかにどこにも落ち着き先はないのである.

उद्गार /udgārạ ウドガール/ [←Skt.m. *उद्-गार-* 'the act of discharging, spitting out, ejecting (from the mouth), vomiting, belching, eructation'] *m.* 感情の吐露(とろ);心の内面からほとばしること. ❐पत्र आदि से अंत तक प्रेम के उद्गारों से भरा हुआ था। 手紙は最初から最後まで愛の思いの丈(たけ)で満ちていた. ❐पत्रों में अब हृदय के सरल उद्गारों का लेश भी न होता था। 手紙にはもう心の素直な感情の吐露がかけらもなかった.

उद्घाटन /udg^hāṭanạ ウドガータン/ [←Skt.n. *उद्-घाटन-* 'the act of opening, unlocking; revealing, manifesting'] *m.* **1** (隠れていたものを)明らかにする, 明かす. **2** (公共施設などの)開業(式), 開所(式), 落成(式). ❐अस्पताल का ～ करना 病院の開所式を行う. ❐मेट्रो रेल सेवा का ～ करना 地下鉄の開業式を行う. **3** (会議・催し物などの)開会(式). ❐प्रदर्शनी [सेमिनार] का ～ करना 展覧会[セミナー]の開会式を行う.

उद्घाटित /udg^hāṭitạ ウドガーティト/ [←Skt. *उद्-घाटित-* 'disclosed, revealed'] *adj.* **1** (隠れていたものが)明かされた. **2** (公共施設などが)開業された, 開所された, 落成された. **3** (会議・催し物などが)開会された.

उद्घोष /udg^hoṣạ ウドゴーシュ/ [←Skt.m. *उद्-घोष-* 'the act of announcing or proclaiming aloud'] *m.* 大声で主張すること, 呼びかけ. ❐विश्वशांति का ～ करना 世界平和を訴える.

उद्घोषणा /udg^hoṣaṇā ウドゴーシュナー/ [←Skt.f. *उद्-घोषणा-* 'proclamation, publication'] *f.* (公式)宣言;公布, 布告. ❐(की) ～ करना (…を)宣言する, 公布する.

उद्घोषित /udg^hoṣitạ ウドゴーシト/ [←Skt. *उद्-घोषित-* 'proclaimed'] *adj.* (公式)宣言された;公布された, 布告された. ❐～ करना 宣言する, 公布する.

उद्दंड /uddaṃḍạ ウッダンド/ [←Skt. *उद्-दण्ड-* 'arrogance'] *adj.* 横柄な;無礼な, 生意気な;反抗的な. ❐वह ～ स्वभाव का था। 彼は反抗的な性格だった.

उद्दंडता /uddaṃḍatā ウッダンドター/ [?neo.Skt.f. *उद्दण्ड-ता-* 'arrogance; insolence'] *adj.* 横柄な態度;無礼な態度, 生意気さ;反抗的な態度. ❐आप भूल जाती हैं कि आदमी की अवस्था के साथ उसकी ～ घटती जाती है। あなたはお忘れですね, 人の年齢とともにその人の横柄な態度は減っていくのです. ❐उसने ～ से कहा। 彼は横柄な態度で言った.

उद्दाम /uddāmạ ウッダーム/ [←Skt. *उद्-दाम-* 'unrestrained, unbound, set free'] *adj.* 自由気ままな,

自由奔放な.

उद्दिष्ट /uddiṣṭa̸ ウッディシュト/ [←Skt. *उद्-दिष्ट-* 'mentioned, particularized; described; promised'] ***adj.*** 指定された;目された.

उद्दीपक /uddīpaka̸ ウッディーパク/ [←Skt. *उद्-दीपक-* 'inflaming, exciting, rendering more intense'] ***adj.*** **1** 輝かせる;火をつける. **2** (激情・欲望を)あおる, たきつける, かきたてる. ❐～ ऋतु 人を悩ましくさせる季節.

उद्दीपन /uddīpana̸ ウッディーパン/ [←Skt.n. *उद्-दीपन-* 'the act of inflaming, illuminating; lighting up'] ***m.*** **1** 輝かせること;火をつけること. **2** 〖演劇〗ウッディーパナ《作品鑑賞者の美的感動を喚起する要因 (विभाव) の一つ;感情をあおること, たきつけること, かきたてること》. ❐फूल भी सुंदर है और दीपक भी सुंदर है। फूल में ठंडक और सुगंधि है, दीपक में प्रकाश और ～। 花も美しいし灯火もまた美しい. 花には涼やかさと芳しい香りがあり, 灯火には光と心をかきたてる力がある.

उद्दीप्त /uddīpta̸ ウッディープト/ [←Skt. *उद्-दीप्त-* 'lighted, set on fire or alight, shining'] ***adj.*** **1** 輝いた;火のともった. **2** (激情・欲望が)あおられた, たきつけられた, かきたてられた. ❐जिसे तुम प्रेम कहती हो, वह धोखा है, ～ लालसा का विकृत रूप, उसी तरह जैसे संयास केवल भीख माँगने का संस्कृत रूप है। お前が愛と呼んでいるものは, 欺瞞(ぎまん)であり, あおられた欲望のゆがんだ姿だ, ちょうど(ヒンドゥー教の)遊行期が単に施しを得る洗練された姿のように. ❐हिंसा ने हिंसा को ～ कर दिया। 暴力が暴力をあおった.

उद्देश्य /uddeśya̸ ウッデーシエ/ [←Skt.n. *उद्-देश्य-* 'the end in view, an incentive'] ***m.*** 目的, ねらい;目標;意図;使命. (⇒इरादा, मक़सद) ❐यह तो जीवन का कोई ऊँचा ～ नहीं है। これは人生のなんら崇高な目的ではない. ❐हमारा एकमात्र ～ जनता की सेवा करना है। 我々の唯一の目的は大衆に奉仕することである.

उद्धत /uddʰata̸ ウッダト/ [←Skt. *उद्-धत-* 'lifted up, raised, elevated, high'] ***adj.*** **1** 横柄な, 尊大な. **2** 粗野な.

उद्धरण /uddʰaraṇa̸ ウッダラン/ [←Skt.n. *उद्-धरण-* 'the act of taking up, raising, lifting up'] ***m.*** 引用. (⇒अवतरण) ❐(का) ～ करना (…の)引用をする.

उद्धरण-चिह्न /uddʰaraṇa̸-cihna̸ ウッダラン・チフン/ [neo.Skt.n. *उद्धरण-चिह्न-* 'quotation marks'] ***m.*** 引用符.

उद्धार /uddʰāra̸ ウッダール/ [←Skt.m. *उद्-धार-* 'the act of raising, elevating, lifting up; drawing out, pulling out'] ***m.*** **1** (貧困・抑圧などからの)救済;(束縛からの)解放. ❐अछूतों का ～ 不可触民の救済. **2** (借金や負債の)免除. **3** (レベルの)向上, 改善. ❐शिक्षा [खेलों] का ～ 教育[スポーツ]の向上.

उद्धारक /uddʰāraka̸ ウッダーラク/ [←Skt. *उद्-धारक-* 'one who raises or lifts, drawing out'] ***m.*** 救済者.

उद्धृत /uddʰṛta̸ ウッドリト/ [←Skt. *उद्-धृत-* 'drawn up or out'] ***adj.*** 引用された. ❐～ अंश 引用部分. ❐～ करना 引用する.

उद्बुद्ध /udbuddʰa̸ ウドブッド/ [←Skt. *उद्-बुद्ध-* ' roused up, awaked; come forth, appearing'] ***adj.*** 目覚めた, 覚醒した. ❐चेतना को ～ करना 意識を覚醒させる.

उद्बोध /udbodʰa̸ ウドボード/ [←Skt.m. *उद्-बोध-* 'awaking; coming forth, appearing'] ***m.*** 目覚め, 覚醒.

उद्बोधक /udbodʰaka̸ ウドボーダク/ [←Skt. *उद्-बोधक-* 'exciting, calling forth'] ***adj.*** 目覚めさせる, 覚醒させる. ❐～ भाषण 基調講演.

उद्बोधन /udbodʰana̸ ウドボーダン/ [←Skt.n. *उद्-बोधन-* 'awaking, arousing; recalling, reminding'] ***m.*** 目覚め, 覚醒.

उद्भट /udbʰaṭa̸ ウドバト/ [←Skt. *उद्-भट-* 'excellent, eminent, exalted, magnanimous, extraordinary'] ***adj.*** (学問の分野で)卓越した. ❐～ विद्वान् 卓越した学者, 碩学.

उद्भव /udbʰava̸ ウドバオ/ [←Skt.m. *उद्-भव-* 'existence, generation, origin, production, birth'] ***m.*** **1** 出現, 生成, 誕生. ❐(का) ～ होना (…が)出現する. **2** 起源;根源. ❐हिंदी का ～ ヒンディー語の起源.

उद्भावक /udbʰāvaka̸ ウドバーワク/ [?neo.Skt.m. *उद्-भावक-* 'an originator'] ***adj.*** 創始者, 提唱者, 元祖.

उद्भावना /udbʰāvanā ウドバーオナー/ [?neo.Skt.f. *उद्-भावना-* 'idea, concept, imagination'] ***f.*** アイデア, 発想, 着想. ❐मौलिक ～ 独創的なアイデア.

उद्भासित /udbʰāsita̸ ウドバースィト/ [←Skt. *उद्-भासित-* 'come forth, appeared; lighted up, illuminated, splendid'] ***adj.*** 光り輝いた. ❐～ करना 明るく照らす.

उद्भिज्ज /udbʰijja̸ ウドビッジ/ [←Skt. *उद्-भिज्-ज-* 'sprouting, germinating (as a plant)'] ***adj.*** 〖生物〗地から生まれる(植物)《古代インドの生物四分類の一つ》. — ***m.*** 〖植物〗植物.

उद्भूत /udbʰūta̸ ウドブート/ [←Skt. *उद्-भूत-* 'come forth, produced, born'] ***adj.*** 出現した, 生まれた.

उद्यत /udyata̸ ウディャト/ [←Skt. *उद्-यत-* 'raised, held up, elevated, high'] ***adj.*** …するつもりである, …する気になっている, …する覚悟がある. ❐वह मेरे साथ चलने पर ～ हो गयी। 彼女は私と一緒に行く覚悟ができた.

उद्यम /udyama̸ ウディャム/ [←Skt.m. *उद्-यम-* 'undertaking, beginning; the act of striving after, exerting one's self, exertion, strenuous and continued effort'] ***m.*** **1** 努力, 骨折り, 尽力;精一杯できること. ❐उसने तीखी आँखों से देखा, अब यही एक ～ रह गया है। 彼女は鋭い目で見た, もうこれだけが精一杯できることだった. **2** 〖経済〗企業.

उद्यमशील /udyama̸śīla̸ ウディャムシール/ [neo.Skt. *उद्यम-शील-* 'industrious'] ***adj.*** 骨折りを惜しまない, 勤勉な.

उद्यमी /udyamī ウディャミー/ [←Skt. उद्-यमिन्- 'undertaking, persevering; making effort, active'] *adj.* **1** 骨折りを惜しまない, 勤勉な. **2**〖経済〗企業の.
— *m.* **1** 努力家. **2**〖経済〗企業家.

उद्यान /udyāna ウディャーン/ [←Skt.n. उद्-यान- 'walking out; a park, garden, royal garden'] *m.* 庭園; 公園. (⇒बाग़) ❒राष्ट्रीय ～ 国立公園.

उद्योग /udyoga ウディョーグ/ [←Skt.m. उद्योग- 'the act of undertaking anything, exertion, perseverance, strenuous and continuous endeavour'] *m.* **1** 努力, 勤勉; 骨折り, 苦労. (⇒कोशिश, प्रयत्न) ❒उन्हीं के ～ से अस्पताल और पुस्तकालय खुले। 彼らの骨折りによって病院と図書館が開設された. ❒सतत ～ का फल たゆまぬ努力の成果. **2** 労働, 労苦. (⇒परिश्रम, मेहनत) **3**〖経済〗産業; 工業; 事業. (⇒इंडस्ट्री) ❒कुटीर ～ 家内産業. ❒पर्यटन ～ 観光産業. ❒फ़िल्म ～ 映画産業. ❒भारी ～ 重工業. ❒लघु ～ 軽工業.

उद्योग-धंधा /udyoga-dʰaṃdʰā ウディョーグ・ダンダー/ *m.* 産業; 工業; 事業. (⇒इंडस्ट्री)

उद्योगपति /udyogapati ウディョーグパティ/ [neo.Skt.m. उद्योग-पति- 'an industrialist'] *m.*〖経済〗産業資本家; 生産会社経営者, 社主.

उद्योगी /udyogī ウディョーギー/ [←Skt. उद्योगिन्- 'one who makes effort, active, laborious, persevering, energetic'] *adj.* 勤勉な, 努力家の; 根気のある. (⇒मेहनती)

उद्रेक /udreka ウドレーク/ [←Skt.m. उद्-रेक- 'abundance, overplus, excess, preponderance, superiority, predominance'] *m.* 豊富; 増大; 過多. ❒जो रक्त चिरकाल से प्रवाह-शून्य हो गया था, उसमें सहसा ～ हो उठा। 久しく流れていなかった血液が, 突如として勢いよく流れた《「眠っていた魂が覚醒した」の意》.

उद्विग्न /udvigna ウドヴィグン/ [<Skt. उद्-विग्ण- 'shuddering, starting, frightened, terrified'] *adj.* 落ち着きを失った, 心が動揺した, 気が動転した. ❒मैं सारी रात उसके इंतज़ार में ～ रहा। 私は一晩中彼を待つあいだ心の落ち着きを失っていた.

उद्विग्नता /udvignatā ウドヴィグナター/ [cf. उद्विग्न] *f.* 落ち着きのなさ, 心の動揺, 動転.

उद्वेग /udvega ウドヴェーグ/ [←Skt.m. उद्वेग- 'trembling, waving, shaking; agitation, anxiety; regret, fear, distress (occasioned by separation from a beloved object)'] *m.* (心の)衝動, 激情. ❒मन [हृदय] में ～ उठना 心の中で衝動にかられる.

उद्वेलन /udvelana ウドヴェーラン/ [?neo.Skt.n. उद्-वेलन- 'causing to overflow'] *m.* あふれ出ること; ほとばしること.

उद्वेलित /udvelita ウドヴェーリト/ [←Skt. उद्-वेलित- 'caused to overflow'] *adj.* あふれ出た; ほとばしった.

उधड़ना /udʰaṛanā ウダルナー/ [<OIA. úddharati 'takes out': T.02009; cf. उधेड़ना] *vi.* (*perf.* उधड़ा /udʰaṛā ウドラー/) **1** (皮などが)はがれる, はがされる. (⇒उपड़ना) ❒कोड़े की मार से उसकी सारी पीठ उधड़ गई। 鞭で打たれて, 彼の背中の皮がはがれた. **2** (巻いたものが)ほどかれる, 広げられる. ❒कमरे की कालीन थोड़ी देर के लिए उधड़ गई। 部屋の敷物が, しばらくの間広げられた. **3** (縫い目が)ほどける, ほころぶ. ❒कमीज़ की सीवन उधड़ गई। シャツの縫い目がほころんだ.

उधर /udʰara ウダル/ *adv.* **1** あちらに[へ]. **2** あちらでは, かの地では. **3** 一方, 他方.

उधार /udʰāra ウダール/ [<OIA.m. uddhārá- 'act of raising': T.02018] *m.* **1** 借用. ❒(को) ～ देना (人に)…を借す. ❒(से) ～ लाना (人から)…を借りてくる. ❒(से) ～ लेना (人から)…を借りる. **2**〖経済〗借金, 負債, 債務. ❒～ माँगना 借金を申し込む.

उधार-खाता /udʰāra-kʰātā ウダール・カーター/ *m.*〖経済〗掛売り.

उधेड़ना /udʰeṛanā ウデールナー/ ▸उधेरना [<OIA. úddharati 'takes out': T.02009; cf. उधड़ना] *vt.* (*perf.* उधेड़ा /udʰeṛā ウデーラー/) **1** (皮などを)はがす. (⇒उकेलना) ❒उसकी खाल उधेड़ लो। 奴の皮をひんむいてやれ.《悪態の一種》**2** (縫い目・編み目を)解く, ほどく. (⇔बुनना) ❒स्वेटर को एक ही दिन में उधेड़ देना। セーターを一日でほどいてくれ. **3** (正体を)暴く, (化けの皮を)はぐ. ❒इस नयी रचना में आपने आत्मवादियों को उधेड़कर रख दिया। この新しい作品の中で, あなたは精神主義者たちの正体を暴いてみせた.

उधेड़बुन /udʰeṛabuna ウデールブン/ [उधेड़ना + बुनना] *f.* (編んだりほどいたりするように)あれこれ迷うこと, 決断ができないこと. ❒इसी ～ में कब नींद ने मुझे धर दबाया, ज़रा भी याद नहीं। このああでもないこうでもないと考え込んでいるうちにいつ眠気が私を襲ったのやら, 少しも覚えがない. ❒मैं भी ～ में पड़ा हुआ हूँ। 私もあれこれ迷っています.

उधेरना /udʰeranā ウデールナー/ ▸उधेड़ना *vt.* (*perf.* उधेरा /udʰerā ウデーラー/) ☞उधेड़ना

उन /una ウン/ [<OIA. : T.] *pron.*《代名詞 वे の後置格; 後続する後置詞と一語のように書かれる; उनपर, उनमें など》

उनका /unakā ウンカー/ *pron.adj.*《代名詞 वे の属格, 「あれらの」など; उनका, उनके, उनकी と形容詞変化する》

उनको /unako ウンコー/ [उन + को] *pron.*《代名詞 वे の後置格と後置詞 को が結合したつづり; 「あれらに」など》(⇒उन्हें)

उनचन /unacana ウンチャン/ [cf. उनचना] *f.* ウンチャン《簡易ベッドの足元にくる木枠に張られた綱》.

उनचना /unacanā ウナチナー/ [<OIA. údañcati 'raises, throws up': T.01924] *vt.* (*perf.* उनचा /unacā ウンチャー/) (簡易ベッドの木枠に張られた綱のたるみを締め直すために)綱 (उनचन) を引っ張る, 絞め上げる. ❒उसने एक घंटे में तीन चारपाइयाँ उनच दीं। 彼は一時間の間に3つの簡易ベッドのゆるんだ綱を締め直した.

उनचास /unacāsa ウンチャース/ ▹उंचास [<OIA.f.

ūnapañcāśat- 'forty-nine': T.02410] *num.* 49.

उनतालीस /unatālīsa ウンターリース/ ▸उंतालीस [<OIA.f. *ūnacatvāriṁśat-* 'thirty-nine': T.02407] *num.* 39.

उनतीस /unatīsa ウンティース/ ▸उनत्तीस [<OIA.f. *ūnatriṁśat-* 'twenty-nine': T.02408] *num.* 29.

उनत्तीस /unattīsa ウナッティース/ ▸उनतीस *num.* ☞उनतीस

उनपर /unapara ウンパル/ [*उन* + *पर*[1]] *pron.*《代名詞 वे の後置格と後置詞 पर が結合したつづり;「あれらの上に」など》

उनमें /unamẽ ウンメーン/ [*उन* + *में*] *pron.*《代名詞 वे の後置格と後置詞 में が結合したつづり;「あれらの中で」など》

उनसठ /unasaṭʰa ウンサト/ [<OIA.f. *ūnaṣaṣṭi-* 'fifty-nine': T.02413] *num.* 59.

उनसे /unase ウンセー/ [*उन* + *से*] *pron.*《代名詞 वे の後置格と後置詞 से が結合したつづり;「あれらから」など》

उनहत्तर /unahattara ウンハッタル/ [<OIA.f. *ūnasaptati-* 'sixty-nine': T.02414] *num.* 69.

उनासी /unāsī ウナースィー/ ▸उन्नासी [<OIA. *ūnāśīti-* 'seventy-nine': T.02415] *num.* 79.

उनींदा /unī̃dā ウニーンダー/ [<OIA. *unnidra-* 'sleepless': T.02108] *adj.* 眠い, 眠そうな. ❐सोमवार की सुबह आप ~ महसूस करते हैं? 月曜日の朝あなたは眠いですか?

उन्नत /unnata ウンナト/ [←Skt. *उन्नत-* 'bent or turned upwards, elevated, lifted up'] *adj.* 発達の進んだ, 先進の, 向上した. (⇔अनुन्नत) ❐~ तकनीक 先進技術.

उन्नति /unnati ウンナティ/ [←Skt.f. *उन्-नति-* 'rising, ascending, swelling up; elevation, height; increase, advancement, prosperity'] *f.* **1** 進歩, 発達, 発展. (⇒तरक़्क़ी) ❐(में) ~ करना (…において)進歩[発達, 発展]する. ❐(में) (की) ~ होना (…において)(…が)進歩[発達, 発展]する. **2** 昇進, 昇任. (⇒तरक़्क़ी, पदोन्नती)

उन्नतिशील /unnatiśīla ウンナティシール/ [neo.Skt. *उन्नति-शील-* 'developing, progressive'] *adj.* 進歩する; 発展途上の. (⇒विकासशील) ❐~ देश 発展途上国.

उन्नयन /unnayana ウンナヤン/ [←Skt.n. *उन्-नयन-* 'the act of raising, elevating, lifting'] *m.* 興隆; 進歩; 向上.

उन्नायक /unnāyaka ウンナーヤク/ [neo.Skt.m. *उन्-नायक-* 'reformer; leader (of a country, a community)'] *m.* 改革者; 指導者.

उन्नासी /unnāsī ウンナースィー/ ▸उनासी *num.* ☞उनासी

उन्नीस /unnīsa ウンニース/ [<OIA.f. *ūnaviṁśati-* 'nineteen': T.02411] *num.* 19.

उन्मत्त /unmatta ウンマット/ [←Skt. *उन्-मत्त-* 'insane, frantic, mad; drunk, intoxicated, furious'] *adj.* **1** 気のふれた, 狂気の. **2** 熱狂した, 興奮した.

उन्मन /unmana ウンマン/ [←Skt. *उन्-मनस्-* 'excited or disturbed in mind, perplexed'] *adj.* (心が)かき乱された, 心ここに在(あ)らず.

उन्माद /unmāda ウンマード/ [←Skt.m. *उन्-माद-* 'insanity, madness'] *m.* **1** 狂気; 狂乱. ❐वह जो कुछ कहते हैं या करते हैं, वह ~ की दशा में करते हैं, मगर यह ~ शांत होने में बहुत दिन न लगेंगे। 彼が言うことすることすべては狂気の状態でやっていることだ, しかしこの狂気が静まるのに多くの日はかからないだろう. **2** 熱狂, 熱中. ❐तल्लीनता ~ का प्रधान गुण है। 没頭は熱狂の主な特長である.

उन्मादक /unmādaka ウンマーダク/ [←Skt. *उन्-मादक-* 'causing madness, maddening; intoxicating'] *adj.* 熱狂させる, 狂おしくさせる; 心を酔わせる.

उन्मादी /unmādī ウンマーディー/ [←Skt. *उन्-मादिन्-* 'insane, mad, intoxicated'] *adj.* ☞उन्मत्त

उन्मीलन /unmīlana ウンミーラン/ [←Skt.n. *उन्-मीलन-* 'the act of opening the eyes, raising the eyelids'] *m.* 目が開くこと, 目覚めること; 開花すること; (物事の)発端, 始まり.

उन्मीलित /unmīlita ウンミーリト/ [←Skt. *उन्-मीलित-* 'opened (as an eye or a flower), caused to come forth, made visible'] *adj.* 目が開いた, 目覚めた; 開花した; (物事が)始まった.

उन्मुक्त /unmukta ウンムクト/ [←Skt. *उन्-मुक्त-* 'free from'] *adj.* (束縛から)解放された; のびのびした; 開放的な. ❐~ आकाश 広くのびのびとした空. ❐~ कंठ से बोलना 思いっきり声をあげて言う.

उन्मुक्ति /unmukti ウンムクティ/ [←Skt.f. *उन्-मुक्ति-* 'deliverance'] *f.* (拘束からの)解放. ❐उन्होंने ~ की साँस ली होगी। 彼女たちは解放感溢れる空気を吸ったことだろう.

उन्मुख /unmukʰa ウンムク/ [←Skt. *उन्-मुख-* 'raising the face, looking up or at'] *adj.* (…の方向を)目指している, (…に向かって)進んでいる. ❐किसी उदात्त आदर्शवादिता में अध्यापन को मिशन मानकर उसकी ओर ~ होने की बात मैं कहूँगा तो झूठ बोलूँगा। ある崇高な理想主義のもとに教職を使命とみなしそれに向かって進んでいったという話を私がしたなら, それは嘘を言うことになる.

उन्मूलन /unmūlana ウンムーラン/ [←Skt.n. *उन्मूलन-* 'destroying, extirpation'] *m.* 撲滅, 根絶; 絶滅; 撤廃; 廃止. ❐पोलियो ~ अभियान ポリオ根絶キャンペーン.

उन्मूलित /unmūlita ウンムーリト/ [←Skt. *उन्मूलित-* 'eradicated, pulled up by the roots'] *adj.* 撲滅された, 根絶された. ❐(को) ~ करना (…を)撲滅する, 根絶する.

उन्मेष /unmeṣa ウンメーシュ/ [←Skt.m. *उन्-मेष-* 'the act of opening the eyes'] *m.* 開眼すること; 開花すること; はっきりと現われること.

उन्मोचन /unmocana ウンモーチャン/ [←Skt.n. *उन्-मोचन-* 'the act of unfastening, unbinding'] *m.* **1** 解き放つこと. **2** 無罪放免.

उन्हीं /unhī̃ ウンヒーン/ [*उन* + *ही*] *pron.*《代名詞 वे の

後置格 उन の強調形》

उन्हें /unhẽ ウンヘーン/ *pron.* 《代名詞 वे の融合形; उनको と入れ替え可能》(⇒उनको)

उन्हों /unhõ ウンホーン/ *pron.* 《代名詞 वे の能格》

उन्होंने /unhõne ウンホーンネー/ [उन्हों + ने] *pron.* 《代名詞 वे の能格 उन्हों に後置詞 ने が結合したつづり》

उप- /upa ウプ/ [←Skt. उप- 'towards, near to, by the side of, with, together with, under, down'] *pref.* 《ヒンディー語では主に「副…, …代理, …次官」などを表す接頭辞として;उपनायक「脇役(わきやく), 助演者」, उपनिदेशक「副所長」, उपमंत्री「副大臣」など》

उपकरण /upakaraṇa ウプカラン/ [←Skt.n. उप-करण- 'instrument, implement, machine, engine, apparatus, paraphernalia'] *m.* **1** 材料, 素材. (⇒सामग्री) **2** 道具, 用具(一式), 器具. (⇒औज़ार) ❑～ बक्सा 道具箱. **3** 設備, 装置. ❑प्रदूषण नियंत्रण ～ 汚染制御装置. **4**〚歴史〛(王の尊厳を表す)しるし, 装備.

उपकार /upakāra ウプカール/ [←Skt.m. उप-कार- 'help, assistance, benefit, service, favour; use, advantage'] *m.* **1** 親切な行為, 善行;助力, 救済. ❑उनकी आँखों में आँसू थे, जैसे हमने उनके साथ जो ～ किया था उसे वे व्यक्त न कर सकते हों। 彼らの目には涙があった, まるで我々が彼らにした親切を言葉であらわせないかのように. ❑(का) ～ करना (…を)救済する. **2** 恩, 恩義;恩恵. ❑अगर आप उसे वह रुपए दे दें, तो वह आपका बहुत ～ मानेगा। もしあなたが彼にそのお金を与えたら, 彼はあなたにとても感謝するでしょう.

उपकारक /upakāraka ウプカーラク/ [←Skt. उप-कारक- 'doing a service or favour, assisting, helping, benefiting; suitable, requisite'] *adj.* ☞उपकारी
— *m.* ☞उपकारी

उपकारी /upakārī ウプカーリー/ [←Skt. उप-कारिन्- 'helping, assisting, doing a favour'] *adj.* **1** 親切な;救済する. **2** 有益な.
— *m.* 恩人.

उपकुलपति /upakulapati ウプクルパティ/ [neo.Skt.m. उप-कुल-पति- 'pro-vice-chancellor (of a University), vice president'] *m.* (大学の)副学長《学長 (कुलपति) が名誉職であった時代は, 実質的な学長;現在のように実質的な学長 (कुलपति) のもとでは副学長》.

उपकृत /upakr̥ta ウプクリト/ [←Skt. उप-कृत- 'helped, assisted, benefited; rendered as assistance, done kindly or beneficently'] *adj.* 親切にされた, 善行がほどこされた;救済された. ❑(को) ～ करना (…に)善行をほどこす, 救済する.

उपक्रम /upakrama ウプクラム/ [←Skt.m. उप-क्रम- 'setting about, undertaking, commencement, beginning'] *m.* **1** とりかかかること, 着手すること, アプローチ. ❑मैं करवटें बदलता हुआ सोने का ～ कर रहा था। 私は寝返りをうちながら眠りにつこうとしていた. ❑मैं चिल्लाने का ～ करने लगा, लेकिन मेरी घिग्घी बँध गई। 私は叫ぼうとした, しかし喉が詰まって声が出なかった. **2**〚経済〛事業;投機, ベンチャー. ❑विदेशों में संयुक्त ～ लगाना 外国で合弁事業を興す.

उपग्रह /upagraha ウプグラ/ [←Skt.m. उप-ग्रह- 'a minor planet or any heavenly body of a secondary kind'] *m.* 〚天文〛衛星;人工衛星. ❑～ ऑपरेटर 衛星放送通信業者《有線放送通信業者 (केबल ऑपरेटर) に対して》. ❑～ टीवी 衛星テレビ. ❑यह अत्याधुनिक ～ अंतरिक्ष अनुसंधान प्रयोगशालाओं में डाटा भेज रहा है। この最新の人工衛星は宇宙研究実験センターにデータを送っているところである.

उपचार /upacāra ウプチャール/ [←Skt.m. उप-चार- 'approach, service, attendance'] *m.* **1**〚医学〛治療, 手当て;投薬. (⇒इलाज) ❑～ सुधार 治療によるもちなおし, 回復. ❑(का) प्रथम ～ करना (人の)応急手当をする. **2** 看護, 介護, 世話. **3** 儀式;秘儀.

उपचारक /upacāraka ウプチャーラク/ [neo.Skt.m. उप-चारक- 'a male nurse'] *m.* (男性の)看護師. (⇔उपचारिका)

उपचारिका /upacārikā ウパチャーリカー/ [neo.Skt.f. उप-चारिका- 'a nurse'] *f.* 女性の看護師, 看護婦. (⇒नर्स)(⇔उपचारक)

उपचेतन /upacetana ウプチェータン/ [neo.Skt. उप-चेतन- 'subconscious'] *adj* 〚医学〛潜在意識の. (⇒अवचेतन)

उपचेतना /upacetanā ウプチェータナー/ [neo.Skt.f. उप-चेतना- 'subconscious'] *f.* 〚医学〛潜在意識. (⇒अवचेतना)

उपज /upaja ウパジ/ [<OIA. *utpādya-* 'to be produced': T.01824] *f.* **1** 産物;製品;生み出したもの, …の産. ❑मैं तो नगर की ～ हूँ, पर जनपद से भी तो जुड़ा रहा हूँ। 私は都会の生まれだ, しかし地方ともつながっているのだ. ❑साहित्य, चाहे वह कितनी ही बड़ी प्रतिभा की देन क्यों न हो, समाज की ～ माना जाता है। 文学は, たとえどれほど偉大な才能の寄与ではあっても, 社会の生み出したものだと認められる. **2** 農作物;収穫. ❑खेत की ～ 農地からの収穫. ❑दूनी ～ 二倍の収穫. **3** (想像の)産物;発明. ❑कल्पना की ～ 想像の産物. ❑शायद सारा सृजन ही खिंचाव, तनाव अथवा उद्विग्नता की मन:स्थिति की ～ हो। 恐らくすべての創作というものは魅了, 緊張あるいは不安の心理状態の産物かもしれない.

उपजना /upajanā ウパジナー/ [<OIA. *útpadyatē* 'arises, originates': T.01814] *vi.* (*perf.* उपजा /upajā ウプジャー/) **1** 生まれる, 誕生する. ❑आवश्यकता से ११ लाख टन अनाज कम उपजता है। 必要な量より110万トン少ない穀物の生産しかない. **2** (穀物が)生産される, 産出する. ❑पंजाब में अधिक गेहूँ उपजता है। パンジャーブ州では多くの小麦が生産される. **3** (心に)芽生える. ❑उन लोगों के मन में दया उपजेगी, तो मेरे लिए कुछ करेंगे। 彼らの心に哀れみが生まれれば, 私のために何かしてくれるだろう. ❑राजीव की हत्या से उपजी सहानुभूति की बैसाखी के सहारे सत्तासीन होने वाले नरसिंह राव ने अपने शासन के पाँच वर्ष अपनी स्थिति सुदृढ़ करने में बिताए। (前首相)

ラージーヴの暗殺によって生まれた同情という杖を頼りに, 87 才になろうとしている(現首相)ナルシンフ・ラーオは政権の 5 年間を自身の立場を強固にするために費やした.

उपजाऊ /upajāū ウプジャーウー/ [cf. *उपजाना*] *adj.* **1** (土壌が)肥沃な. (⇒उर्वर) ❐～ मिट्टी 肥沃な土壌. ❐बंजर भूमि को ～ बनाना 不毛な土地を肥沃にする. **2** 生産力を有する, 多産の. ❐～ खेती 豊かな収穫がある農業.

उपजाना /upajānā ウプジャーナー/ [cf. *उपजना*] *vt.* (*perf.* उपजाया /upajāyā ウプジャーヤー/) **1** (穀物を)生産する, 産出する. ❐बिजली की ज़ोर से बेफ़स्ल की चीज़ें भी उपजायी जा सकती हैं 電気の力によって季節はずれの穀物も生産することができる. **2** 創作する;考案する. **3** (人に)(ある考えを)ほのめかす, 思いつかせる. ❐बाद में सयानों ने शादी ठीक करने का नया तरीक़ा उपजाया। 後で, 年配者たちは結婚をちゃんとしたものにする新しい方法をほのめかした.

उपजीविका /upajīvikā ウプジーヴィカー/ [neo.Skt.f. *उप-जीविका-* 'subsidiary source of income'] *f.* 副業.

उपजीवी /upajīvī ウプジーヴィー/ [←Skt. *उप-जीविन्-* 'living in dependence, dependent, subject'] *adj.* 他人に頼って生きる(人). ❐～ होना घोर लज्जा की बात है। 他人に頼って生きることは大変恥ずかしいことだ.
— *m.* 他人に頼って生きる人.

उपड़ना /upaṛanā ウパルナー/ [cf. *उपाड़ना*] *vi.* (*perf.* उपड़ा /upaṛā ウプラー/) **1** 根こそぎになる. (⇒उखड़ना) **2** (皮が)はぎとられる. (⇒उधड़ना) **3** (足跡などが)つく.

उपत्यका /upatyakā ウパティエカー/ [←Skt.f. *उपत्यका-* 'land at the foot of a mountain or hill'] *f.* 裾野, 山麓;盆地. ❐काठमांडु ～ カトマンドゥ盆地.

उपदंश /upadaṃśa ウプダンシュ/ [←Skt.m. *उप-दंश-* 'anything which excites thirst or appetite, a relish, condiment; biting, stinging; venereal disease'] *m.* 〖医学〗性病;梅毒. (⇒आतिशक, गरमी, फ़िरंग)

उपदेश /upadeśa ウプデーシュ/ [←Skt.m. *उप-देश-* 'specification, instruction, teaching, information, advice, prescription'] *m.* **1** 忠告;助言, アドバイス. (⇒सलाह) **2** 教え, 教訓;説教. ❐देश-भक्ति के ～ 愛国心の教え. ❐धार्मिक ～ 宗教的な教え. ❐ससुर जी ने तो उन्हें पति-धर्म पर एक लंबा ～ दिया। 義父は彼に夫の本分について長ったらしい教訓を垂れた.

उपदेशक /upadeśaka ウプデーシャク/ [←Skt. *उप-देशक-* 'giving instruction, instructing, instructive'] *m.* **1** 助言者, アドバイザー. **2** (宗教の)布教師.

उपद्रव /upadrava ウプドラオ/ [←Skt.m. *उप-द्रव-* 'any grievous accident, misfortune, calamity, mischief, national distress'] *m.* 騒動;騒乱;暴動. ❐～ मचाना 騒ぎ立てる. ❐तुम्हीं ～ की जड़ हो। お前こそが騒動の元だ.

उपद्रवकारी /upadravakārī ウプドラオカーリー/ [neo.Skt. *उपद्रव-कारिन्-* 'riotous'] *adj.* 暴動を起こす.
— *m.* 暴徒.

उपद्रवी /upadravī ウプドラヴィー/ [←Skt. *उप-द्रविन्-* 'attacking suddenly'] *adj.* **1** 騒ぎを起こす, 面倒事を起こす. **2** 暴動を起こす.

उपनगर /upanagara ウプナガル/ [←Skt.n. *उप-नगर-* 'a suburb'] *m.* **1** 近郊, 郊外. **2** 近郊都市.

उपनयन /upanayana ウプナヤン/ [←Skt.n. *उप-नयन-* 'the act of leading to or near, bringing'] *m.* 〖ヒンドゥー教〗ウパナヤナ, 聖紐(せいちゅう)式《バラモンの子弟がヴェーダ学習に入るための通過儀礼;左肩から右脇下にかける聖紐 (जनेऊ) が与えられる》.

उपनाम /upanāma ウプナーム/ [←Skt.n. *उप-नामन्-* 'a surname, nickname'] *m.* **1** 別称;愛称, 通称, ニックネーム. (⇒उर्फ़) **2** 筆名, ペンネーム, 雅号. ❐उन दिनों साहित्यिक और श्रुति-मधुर ～ लेखक लोग अपने लिए चुनते थे। 当時は文学的で耳に心地よいペンネームを作家たちは自分のために選んでいた.

उपनायक /upanāyaka ウプナーヤク/ [←Skt.m. *उप-नायक-* '(in dram.) a secondary hero'] *m.* 〖演劇〗脇役(わきやく), 助演者.

उपनिदेशक /upanideśaka ウプニデーシャク/ [neo.Skt.m. *उप-निदेशक-* 'deputy director'] *m.* 副所長.

उपनियम /upaniyama ウプニヤム/ [neo.Skt.m. *उप-नियम-* 'a byelaw; sub-rule'] *m.* 付則.

उपनिर्वाचन /upanirvācana ウプニルワーチャン/ [neo.Skt.n. *उप-निर्वाचन-* 'bye-election'] *m.* 補欠選挙, 補充選挙.

उपनिवेश /upaniveśa ウプニヴェーシュ/ [neo.Skt.m. *उप-निवेश-* 'colony'] *m.* 植民地.

उपनिषद् /upaniṣad ウプニシャド/ [←Skt.f. *उप-निषद्-* 'the mystery which underlies or rests underneath the external system of things'] *m.* 〖ヒンドゥー教〗ウパニシャド《「奥儀書」;ヴェーダ文献の内 श्रुति「天啓文学」を構成する一つ》.

उपनेता /upanetā ウプネーター/ [←Skt.m. *उप-नेतृ-* 'the spiritual preceptor'] *m.* 指導者代理.

उपन्यास /upanyāsa ウパニャース/ [←Beng.n. উপন্যাস 'novel, fiction, romantic tale, romance'; cf. Skt.m. *उप-न्यास-* 'putting down, placing near to, juxta-position'] *m.* 〖文学〗小説.

उपन्यासकार /upanyāsakāra ウパニャースカール/ [*उपन्यास* + *-कार*] *m.* 〖文学〗小説家.

उपपत्नी /upapatnī ウプパトニー/ [neo.Skt.f. *उप-पत्नी-* 'a mistress; concubine'] *f.* めかけ;正妻以外の妻;側室.

उपप्रधान /upapradʰāna ウププラダーン/ [neo.Skt. *उप-प्रधान-* 'deputy'] *adj.* 副…, 次席の. ❐～ मंत्री 副大臣.

उपबंध /upabaṃdʰa ウプバンド/ [←Skt.m. *उप-बन्ध-* 'union, connexion'] *m.* 〖法律〗(法令などの)規定, 条項.

उपबंधित /upabaṃdʰita ウプバンディト/ [neo.Skt. *उप-बन्धित-* 'provided'] *adj.* 〖法律〗(法令などで)規

定に盛り込まれた，条項としてある．

उपभाषा /upabʰāṣā ウプバーシャー/ [←Skt.f. उप-भाषा- 'a secondary dialect'] *f.* 〖言語〗方言．(⇒बोली)

उपभुक्त /upabʰukta ウプブクト/ [←Skt. उप-भुक्त- 'enjoyed, eaten, consumed; used, possessed'] *adj.* 〖経済〗消費された．

उपभेद /upabʰeda ウプベード/ [←Skt.m. उप-भेद- 'a subdivision'] *m.* 下位分類，細区分．

उपभोक्ता /upabʰoktā ウプボークター/ [←Skt.m. उप-भोक्तृ- 'one who enjoys'] *m.* 〖経済〗消費者． ❒～ आंदोलन 消費者運動． ❒～ संरक्षण 消費者保護．

उपभोग /upabʰoga ウプボーグ/ [←Skt.n. उप-भोग- 'enjoyment, eating, consuming'] *m.* **1** 〖経済〗消費． ❒～ कर 消費税． **2** 享受． ❒(का) ～ करना （…を）享受する，楽しむ．

उपभोगी /upabʰogī ウプボーギー/ [←Skt. उप-भोगिन्- 'enjoying, making use of'] *adj.* **1** 〖経済〗消費する；消費される． ❒～ देश 消費国． ❒～ वस्तुएँ 消費財． **2** 享受する．

उपभोग्य /upabʰogya ウプボーギエ/ [←Skt. उप-भोग्य- 'to be enjoyed or used'] *adj.* 〖経済〗消費される（もの）；享受される（もの）． ❒～ वस्तुएँ 消費財．

— *m.* 〖経済〗消費財．

उपमंत्री /upamaṃtrī ウプマントリー/ [←Skt.m. उप-मन्त्रिन्- 'a subordinate counsellor'] *m.* 副大臣．

उपमहापौर /upamahāpaura ウプマハーパォール/ [neo.Skt.m. उप-महा-पौर- 'deputy mayor'] *m.* 副市長．

उपमा /upamā ウプマー/ [←Skt.f. उपमा- 'comparison, resemblance, equality, similarity; a resemblance (as a picture, portrait etc.)'] *f.* 直喩，明喩《「…のような」のように他の事物に直接たとえる修辞法》．

उपमान /upamāna ウプマーン/ [←Skt.n. उपमान- 'the object with which anything is compared'] *m.* ウパマーナ《直喩（उपमा）において，たとえられる対象；「月のような顔」の「月」など》．

उपमेय /upameya ウプメーエ/ [←Skt.n. उपमेय- 'that which is compared, the subject of comparison'] *m.* ウパメーヤ《直喩（उपमा）において，たとえる対象；「月のような顔」の「顔」など》．

उपयुक्त /upayukta ウプユクト/ [←Skt. उप-युक्त- 'suitable, fit, appropriate, useful'] *adj.* ふさわしい，目的にかなった，うってつけの．

उपयुक्तता /upayuktatā ウプユクタター/ [←Skt.f. उप-युक्त-ता-] *f.* ふさわしさ，目的にかなっていること．

उपयोग /upayoga ウプヨーグ/ [←Skt.m. उप-योग- 'employment, use, application'] *m.* 実用，使用；行使．(⇒इस्तेमाल, प्रयोग, व्यवहार) ❒(का) ～ करना （…を）使用する．

उपयोगिता /upayogitā ウプヨーギター/ [←Skt.f. उपयोगि-ता- 'the state of being applicable'] *f.* 実用性，有効性．

उपयोगितावाद /upayogitāvāda ウプヨーギターワード/ [neo.Skt.m. उपयोगि-ता-वाद- 'utilitarianism'] *m.* 功利主義．

उपयोगितावादी /upayogitāvādī ウプヨーギターワーディー/ [neo.Skt.m. उपयोगि-ता-वादिन्- 'utilitarianism'] *adj.* 功利主義の．

— *m.* 功利主義者．

उपयोगी /upayogī ウプヨーギー/ [←Skt. उपयोगिन्- 'serving for use or application, suitable, fit, useful, convenient'] *adj.* 便利な，実用的な；有用な；有効な．(⇒मुफ़ीद)

उपरांत /uparāṃta ウプラーント/ [?neo.Skt.ind. उपर-अन्त 'after'] *ind.* （時間的な）後で《主に副詞句〚(के) उपरांत〛「（…の）後で，（…の）次に」の形式で使用》．(⇒बाद) ❒उसे वेतन के ～ भत्ता भी मिलेगा। 彼は給料以外に手当ももらえるだろう． ❒भोजन के ～ आराम करना 食事の後でくつろぐ． ❒मैं समझता हूँ कि नारी केवल माता है, और इसके ～ वह जो कुछ है, वह मातृत्व का उपक्रम मात्र। 私の理解では女性はひたすら母であるということだ，そしてこの後に女性が何ものであれ，彼女は母性のなせるものに過ぎない．

उपराष्ट्रपति /uparāṣṭrapati ウプラーシュトルパティ/ [neo.Skt.m. उप-राष्ट्र-पति- 'Vice-President'] *m.* 副大統領．

उपरूपक /uparūpaka ウプルーパク/ [←Skt.m. उप-रूपक- 'a drama of an inferior class'] *m.* 〖演劇〗ウパルーパカ《戯曲（रूपक）の下位に分類される 18 種の副劇；歌と踊りが主要な内容》．

उपर्युक्त /uparyukta ウパルユクト/ [neo.Skt. उपर्य्-उक्त- 'above-mentioned'] *adj.* 前述の，上記の．

उपलक्ष /upalakṣa ウプラクシュ/ [cf. उपलक्ष्य] *m.* ☞ उपलक्ष्य

उपलक्ष्य /upalakṣya ウプラクシエ/ [←Skt.m. उप-लक्ष्य- 'a prop; an asylum; an inference'] *m.* （特定の）時，場合；（特別な）行事，儀式《主に〚(के) उपलक्ष्य में〛「（…を）記念して，（…を）祝って」の形式で使用》．(⇒उपलक्ष) ❒बड़े दिन के ～ में クリスマスを祝って． ❒महारानी के विवाह के ～ में 女王のご成婚を祝って． ❒वह कैंब्रिज से मेरे डाक्टरेट लेने के ～ में मेरे सम्मान में एक आयोजन करना चाहता है। 彼はケンブリッジから私が博士号を取得したことを祝って私に敬意を表して一つの集いを計画したいのである．

उपलब्ध /upalabdʰa ウプラブド/ [←Skt. उप-लब्ध- 'obtained, received'] *m.* **1** 手に入った，得られた；備わった． ❒युवा वर्ग को रोज़गार ～ कराना 若者が職を得られるようにする． ❒वहाँ नया से नया अंग्रेज़ी साहित्य और नई से नई पत्रिकाएँ पढ़ने को ～ रहती हैं। そこでは最も新しい英語文学と最新の雑誌が読めるように備わっている． **2** 達成された． ❒आत्मबल के बिना स्वराज्य कभी ～ न होगा। 強靭（きょうじん）な精神なしに独立は達成できないだろう．

उपलब्धि /upalabdʰi ウプラブディ/ [←Skt.f. उप-लब्धि- 'obtainment, acquisition'] *f.* **1** 入手；獲得． **2** 成果，業績；達成；収穫．

उपलभ्य /upa̸labʰya̸ ウプラビエ/ [←Skt. *उप-लभ्य-* 'obtainable'] *adj.* 入手可能な;入手すべき.

उपला /upa̸lā ウプラー/ [＜OIA. **utpala-²* 'a cake': T.01816] *m.* ウプラー《牛糞 (गोबर) を固め乾燥させた固形燃料》. (⇒गोबर केक)

उपवन /upa̸vana̸ ウプワン/ [←Skt.n. *उप-वन-* 'a small forest or wood, grove, garden'] *m.* 木立ち, 小さな森; 庭園. ❒रमणीक ～ 美しい木立ち.

उपवाक्य /upa̸vākya̸ ウプワーキエ/ [neo.Skt.n. *उप-वाक्य-* 'clause'] *m.* 〚言語〛節. ❒आश्रित ～ 従属節. ❒प्रधान ～ 主節.

उपवास /upa̸vāsa̸ ウプワース/ [←Skt.m. *उप-वास-* 'a fast, fasting'] *m.* 断食, 絶食《宗教的理由, 食餌療法, 食料不足などのため》. (⇒अनशन, व्रत)

उपविराम /upa̸virāma̸ ウプヴィラーム/ *m.* コロン.

उपविधि /upa̸vidʰi ウプヴィディ/ [neo.Skt.f. *उप-विधि-* 'bye-law'] *f.* ☞उपनियम

उपशमन /upa̸śamana̸ ウプシャマン/ [←Skt.n. *उप-शमन-* 'calming, appeasing, mitigation'] *m.* 鎮静化すること; 緩和すること;軽減すること;削減すること. ❒गरीबी ～ 貧困の削減.

उपशीर्षक /upa̸śīrṣaka̸ ウプシールシャク/ [neo.Skt.n. *उप-शीर्षक-* 'sub-title'] *m.* 副題, サブタイトル.

उपसंहार /upa̸saṃhāra̸ ウプサンハール/ [←Skt.m. *उप-संहार-* 'summarizing, summing up'] *m.* (本の)最終章, まとめ, 結論, エピローグ.

उपसर्ग /upa̸sarga̸ ウプサルグ/ *m.* 〚言語〛接頭辞. (⇔प्रत्यय)

उपसाधन /upa̸sādʰana̸ ウプサーダン/ [neo.Skt.n. *उप-साधन-* 'accessory'] *m.* 付属品, アクセサリー.

उपस्कर /upaskara̸ ウパスカル/ [←Skt.m. *उप-स्‌-कर-* 'apparatus'] *m.* 装備, 備品, 機器. ❒आयुध ～ निर्माणी 軍需装備製造工場.

उपस्थित /upastʰita̸ ウパスティト/ [←Skt. *उप-स्थित-* 'come near, approached, arisen, arrived, appeared; present, near at hand, ready for'] *adj.* **1** 出席している, 参上している, 参列している, 臨席している. (⇒मौजूद, हाज़िर)(⇔अनुपस्थित, ग़ैर-हाज़िर) ❒～ सज्जन 居合わせた紳士たち. **2** (問題などが)起こった;(光景などが)現出した. ❒कोई बाधा न ～ हुई। 何の障害も起こらなかった. ❒भीषण दृश्य ～ हो गया। 恐ろしい光景が現出した.

उपस्थिति /upastʰiti ウパスティティ/ [←Skt.f. *उप-स्थिति-* 'standing near, approach; presence, proximity'] *f.* 出席, 参上, 参列, 臨場, 臨席. (⇒मौजूदगी, हाज़िरी)(⇔अनुपस्थिति, ग़ैर-हाज़िरी) ❒(की) ～ में(人が)臨席している場で. ❒विवाहों में उसकी ～ वर और वधू से कम आवश्यक न थी। 結婚式などは彼の出席が花婿や花嫁と同じくらい大事だった.

उपहार /upa̸hāra̸ ウプハール/ [←Skt.m. *उप-हार-* 'offering, oblation (to a deity); complimentary gift, present (to a king or superior)'] *m.* 贈り物, プレゼント. (⇒तोहफ़ा, सौग़ात) ❒(को) ～ देना (人に)(…を)贈る.

उपहास /upa̸hāsa̸ ウプハース/ [←Skt.m. *उप-हास-* 'laughter, derision, mockery, jeer'] *m.* あざ笑い, 嘲笑(ちょうしょう). ❒(का) ～ करना (人を)あざ笑う.

उपहासास्पद /upa̸hāsāspada̸ ウプハーサースパド/ [←Skt.n. *उपहास-आस्पद-* 'a laughing-stock'] *adj.* ばかばかしい;こっけいな;とんでもない.

उपाख्यान /upākʰyāna̸ ウパーキャーン/ [←Skt.n. *उप-आख्यान-* 'a subordinate tale or story, an episode'] *m.* **1** 伝説, 言い伝え. **2** 挿話, エピソード.

उपाड़ना /upāṛanā ウパールナー/ [＜OIA. *utpāṭayati* 'to root up, eradicate, extirpate': T.01819z1] *vt.* (*perf.* उपाड़ा /upāṛā ウパーラー/) 引き抜く, 根こそぎにする. (⇒उखाड़ना)

उपादान /upādāna̸ ウパーダーン/ [←Skt.n. *उप-आ-दान-* 'cause, motive, material cause; material of any kind'] *m.* 原料, 素材, 材料;成分, 要素, 構成要素.

उपादेय /upādeya̸ ウパーデーエ/ [←Skt. *उप-आ-देय-* 'to be taken or received; not to be refused; to be allowed, admissible, acceptable'] *adj.* 有用な, 役に立つ.

उपादेयता /upādeyatā ウパーデーエター/ [?neo.Skt.f. *उपादेय-ता-* 'usefulness'] *f.* 有用, 有効性.

उपाधि /upādʰi ウパーディ/ [←Skt.m. *उप-आ-धि-* 'that which is put in the place of another thing, a substitute, substitution'] *f.* **1** 称号, 肩書き. ❒लंबी-चौड़ी उपाधियाँ 長ったらしい肩書きのいろいろ. **2** 学位. ❒उसने एम。ए。 की ～ ली। 彼は文学修士の学位を得た. ❒कोई जर्मनी से पी-एच。डी。 की ～ प्राप्त किए हुए था। ある者はドイツで博士号をとっていた. **3** あだ名. ❒दफ़्तर में इन्हें 'घिस्सू', 'पिस्सू' आदि उपाधियाँ मिली हैं। オフィスで彼は「のろま」,「ノミ」などのあだ名がつけられていた.

उपाध्यक्ष /upādʰyakṣa̸ ウパーディャクシュ/ [neo.Skt.m. *उप-अध्यक्ष-* 'vice-chairman'] *m.* 副議長.

उपाध्याय /upādʰyāya̸ ウパーディャーエ/ [←Skt.m. *उप-अध्याय-* 'a teacher, preceptor'] *m.* ウパーディヤーヤ《サンスクリット語を中心とする伝統学問の教師》.

उपाय /upāya̸ ウパーエ/ [←Skt.m. *उप-अय-* 'a means or expedient (of any kind), way, stratagem'] *m.* 方策, 対策, 方法, 手だて, 手段. (⇒तरकीब) ❒(का) ～ करना (…の)方策[対策]を講じる.

उपार्जन /upārjana̸ ウパールジャン/ [←Skt.n. *उप-अर्जन-* 'the act of procuring, acquiring, gaining'] *m.* 獲得すること;蓄積すること.

उपार्जित /upārjita̸ ウパールジト/ [←Skt. *उप-अर्जित-* 'procured, acquired, gained'] *adj.* 獲得された;蓄積された.

उपालंभ /upālaṃbʰa̸ ウパーランブ/ [←Skt.m. *उप-आ-लम्भ-* 'reproach, censure, abuse, finding fault with'] *m.* なじること, とがめること, 非難. (⇒उलाहना, शिकायत) ❒(को) ～ देना (人を)なじる.

उपासक /upāsaka̸ ウパーサク/ [←Skt. *उप-आसक-*

'worshipping, a worshipper, follower'] *m.* **1** 〚ヒンドゥー教〛礼拝者, 信徒. ❐कृष्ण का ～ クリシュナ神の信徒. **2** 賛美者, 礼賛(らいさん)者, 信奉者, 崇拝者. (⇒पुजारी) ❐आप भी शराब के ～ हैं? あなたもお酒の礼賛者ですか? ❐मैं सौंदर्य का ～ नहीं हूँ। 私は美の信奉者ではありません.

उपासना /upāsa̸nā ウパースナー/ [←Skt.f. *उप-आसना-* 'the act of sitting or being near or at hand; homage, adoration, worship'] *f.* **1** 〚ヒンドゥー教〛(神を)拝むこと, 礼拝; 信仰, 帰依(きえ). ❐(की) ～ करना (神を)拝む. ❐वे कृष्ण की ～ में लवलीन रहते थे। 彼はクリシュナ神の礼拝に専念していた. ❐हम दोनों प्रातःकाल तथा संध्या समय उस मंदिर में ～ के लिए जाते। 私たち二人は早朝と夕刻その寺院に礼拝のために通っていた. **2** 賛美, 礼賛(らいさん), 信奉, 崇拝. ❐धन [सौंदर्य] की ～ 金銭[美]の崇拝.

उपास्य /upāsya̸ ウパースィエ/ [←Skt. *उप-आस्य-* 'to be revered or honoured or worshipped'] *adj.* 礼拝すべき, 信奉すべき, 崇拝すべき.

उपेक्षणीय /upekṣaṇīya̸ ウペークシャニーエ/ [←Skt. *उप-ईक्षणीय-* 'to be overlooked or disregarded, unworthy of regard, any object of indifference'] *adj.* **1** 無視してかまわない, 取るに足らない. **2** 嫌悪すべき.

उपेक्षा /upekṣā ウペークシャー/ [←Skt.f. *उप-ईक्षा-* 'overlooking, disregard, negligence, indifference, contempt, abandonment'] *f.* **1** 放置, 無視; 軽視, 無関心. (⇒अवहेलना) ❐उसकी सलाह की ～ न की जा सकती थी। 彼の忠告を無視することはできなかった. ❐शिक्षित समाज में अब तक उनकी ～ ही की थी। 教養のある人々の中で今まで彼は無視されてきた. **2** 侮り, 侮蔑; 嫌悪. ❐संपादक जी ～ भाव से बोले। 編集長は侮って言った.

उपेक्षित /upekṣita̸ ウペークシト/ [←Skt. *उप-ईक्षित-* 'looked at; overlooked, disregarded'] *adj.* **1** (構われないで)放置された, 無視された, おろそかにされた. **2** 見捨てられた, 拒絶された.

उपोद्घात /upodgʰāta̸ ウポードガート/ [←Skt.m. *उपोद्-घात-* 'an introduction, preface, commencement, beginning'] *m.* 序文, 前書き; 序説. (⇒प्रस्तावना, भूमिका)

उफ़ /ufa̸ ウフ/ [←Pers.int. اف 'a particle expressive of loathing and disgust, fie! for shame!' ←Arab.] *int.* うっ, わっ, おお《嫌悪・苦痛・不安など表す悲鳴》. ❐～! सिर फटा जा ता है। おお! 頭が割れるようだ.
— *f.* (嫌悪・苦痛・不安など表す)悲鳴. ❐उसने ～ तक नहीं की। 彼は悲鳴さえあげなかった.

उफनना /upʰana̸nā ウパンナー/ [<OIA. **utphaṇati* 'spring up': T.01836] *vi.* (*perf.* उफना /upʰa̸nā ウプナー/) **1** 沸騰する, 沸きこぼれる. (⇒उबलना, खौलना) ❐दूध उफनकर गिर रहा है। ミルクが沸いてこぼれている. ❐मेरी सृजन-चेतना में एक उबाल-सा आया और मधुशाला की रुबाइयाँ जैसे उफन-उफनकर काग़ज़ पर फैलने लगीं। 私の創作意識の中に一つの沸騰のようなものが押しよせた, そしてあの「マドゥシャーラー(＝酒場)」の四行詩の数々がまるで沸きこぼれるように紙の上に広がりはじめた. **2** 泡立つ. ❐ज़ोर की आँधी में समुद्र की लहरों के थपेड़े से पानी उफन गया। 激しい嵐の中で波濤がぶつかりあい海水は泡立った.

उफान /upʰāna̸ ウパーン/ [<OIA. **utphāṇa-* 'springing up': T.01838] *m.* **1** 沸騰. **2** 泡, あぶく. **3** (心の)動揺.

उफ़्फ़ोह /uffoha̸ ウッフォーフ/ [cf. *उफ़*] *int.* ☞उफ़

उबकना /ubaka̸nā ウバクナー/ [<OIA. **ubbakka-* 'vomited': T.02337; DEDr.0636 (DED.0547)] *vi.* (*perf.* उबका /uba̸kā ウブカー/) (吐き気で)むかつく, 吐き気をもよおす; (嘔吐が)こみあげる. ❐एक घूँट उबककर मुँह में आता है। 飲み込んだものが, うっと口にこみあげてくる.
— *vt.* (*perf.* उबका /uba̸kā ウブカー/) げっと吐く. ❐उसने जो भी खाया था, सब का सब उबक दिया। 彼は, 食べたものを全部吐いた.

उबकाई /uba̸kāī ウブカーイー/ [cf. *उबकना*] *f.* 嘔吐; 吐き気, むかつき. ❐(को) ～ आना (人が)吐き気がする.

उबकाना /uba̸kānā ウブカーナー/ [caus. of *उबकना, उबाकना*] *vt.* (*perf.* उबकाया /uba̸kāyā ウブカーヤー/) 吐き気をもよおさせる.

उबटन /uba̸ṭana̸ ウブタン/ [<OIA.n. *udvartana-* 'pounding, rubbing and kneading the body, unguents used therefor': T.02072] *m.* ウブタン《アブラナ, ウコン, ゴマその他の香料が入っているペースト状の軟膏; 入浴後, 体に塗ると肌を滑らかにする効用がある》.

उबटना /ubaṭa̸nā ウバトナー/ [cf. *उबटन*] *vt.* (*perf.* उबटा /uba̸ṭā ウブター/) (体に)ウブタン (उबटन) (＝香料などを混ぜあわせたペースト状の軟膏)を塗る. ❐उसने लड़के की पूरी पीठ उबट दी। 彼は, 子どもの背中全体にウブタンを塗った.

उबना /uba̸nā ウブナー/ [cf. *उबाना*] *vi.* (*perf.* उबा /ubā ウバー/) (芽が)出る; 生育する. (⇒उगना) ❐बीज से अंकुर उबने लगे। 種子から芽が出はじめた.

उबरना /ubara̸nā ウバルナー/ [<OIA. **urvara-* 'surplus, left over': T.02356] *vi.* (*perf.* उबरा /uba̸rā ウブラー/) **1** 救済される; 救われる. ❐मैं उसके कर्ज़ से जल्दी ही उबर गया। 私は, 彼の借金からすぐに解放された. **2** 乗り切る, 克服する. ❐बड़ी कोशिश के बाद मैं अपनी तकलीफ़ों से उबर पाया। やっとのことで, 私は自分の面倒な問題を乗り切ることができた.

उबलना /ubala̸nā ウバルナー/ [<OIA. **ubbal-* 'rise, swell, boil': T.02339] *vi.* (*perf.* उबला /uba̸lā ウブラー/) **1** 沸騰する, 沸く. (⇒उफनना, खौलना) ❐देखो, दूध उबल रहा है। ほら, ミルクが沸いているぞ. **2** ゆだる; 煮える; 炊ける. (⇒उसनना) ❐अंडे उबल रहे हैं। 卵がゆだっている. ❐देखा तो मांस उबल गया था, कुछ जल भी गया था। 見ると肉は煮えていた, 少し焦げてしまってもいた. **3** 溢れ出る. (⇒उभरना) ❐उसके रुके हुए आँसू उबल पड़े। 彼女の止まっていた涙が溢れ出た. **4** (高熱などで)(身体の一部が)腫れ上がる. (⇒उभरना) ❐बुख़ार की वजह से उसकी आँखें उबल गई थीं। 高熱で彼

の目は腫れ上がっていた. **5** (血が)煮えくり返る, 激怒する. ❐गुस्से में मेरा ख़ून उबल उठा [पड़ा]। 怒りで私の血は煮えくり返った. ❐बात सुनते ही वह मुझपर उबल पड़ा। 話を聞くや否や, 彼は私に向かって激怒した.

उबवाना[1] /uba̸vānā ウブワーナー/ [caus. of *ऊबना, उबाना*] *vt.* (*perf.* उबवाया /uba̸vāyā ウブワーヤー/) 飽きさせる.

उबवाना[2] /uba̸vānā ウブワーナー/ [caus. of *उबना, उबाना*] *vt.* (*perf.* उबवाया /uba̸vāyā ウブワーヤー/) (植物を)生育させる.

उबसना /ubasa̸nā ウバスナー/ [<OIA. **udvāsa-* 'smell': T.02083] *vi.* (*perf.* उबसा /uba̸sā ウブサー/) (残飯が)すえる, いたむ;(腐って)悪臭を放つ. ❐सारा अनाज उबस गया। 穀物全部が腐って悪臭を放ち出した.

उबसाना /uba̸sānā ウブサーナー/ [cf. *उबसना*] *vt.* (*perf.* उबसाया /uba̸sāyā ウブサーヤー/) (残飯を)腐らせる.

उबाऊ /ubāū ウバーウー/ [cf. *उबाना*] *adj.* 退屈な, 飽き飽きさせる, つまらない. ❐लंबा ～ भाषण 長く退屈な演説.

उबाकना /ubāka̸nā ウバークナー/ [<OIA. **ubbakka-* 'vomited': T.02337] *vt.* (*perf.* उबाका /ubākā ウバーカー/) げっと吐く, もどす.

उबाना[1] /ubānā ウバーナー/ [cf. *ऊबना*] *vt.* (*perf.* उबाया /ubāyā ウバーヤー/) 飽きさせる, うんざりさせる, 嫌気をおこす, 辟易させる. ❐उबाने वाली बात मुझे मत सुनाना। うんざりさせる話を私に聞かせないでくれ. ❐उसकी लंबी आप-बीती ने मुझे उबा दिया। 彼の長い身の上話は私をうんざりさせた.

उबाना[2] /ubānā ウバーナー/ [<OIA. *údvapati* 'pours out': T.02069] *vt.* (*perf.* उबाया /ubāyā ウバーヤー/) (種・植物を)植え付ける, 育てる. ❐खेत में जुताई करके बाद में पौधों को उबा देना। 畑を耕した後で, 作物の植え付けをしなさい.

उबार /ubāra̸ ウバール/ [cf. *उबारना*] *m.* 救済, 救出.

उबारना /ubāra̸nā ウバールナー/ [<OIA. **udvārayati* 'opens': T.02082] *vt.* (*perf.* उबारा /ubārā ウバーラー/) (窮地・危機などから)救済する, 救う, 助ける. (⇒बचाना) ❐केवल भगवान् ही तुमको उबार सकते हैं। 神だけがおまえを救済できる. ❐तुमने आज मुझे इस संकट से उबार लिया। 君は今日私をこの危機から救ってくれた.

उबाल /ubāla̸ ウバール/ [cf. *उबलना, उबालना*] *m.* **1** 沸騰. ❐उनके मिज़ाज का पारा ～ के दर्जे तक पहुँच गया। 彼の機嫌の温度計は沸点にまで達した. **2** (感情などの)ほとばしり, 激情. ❐आख़िर ख़ून में ～ आ ही गया। ついに血が煮えたぎった.

उबालना /ubāla̸nā ウバールナー/ [cf. *उबलना*] *vt.* (*perf.* उबाला /ubālā ウバーラー/) **1** 沸騰させる, わかす. (⇒खौलाना) ❐वह कढ़ाई में दूध उबालने लगी। 彼女は小鍋でミルクをわかし始めた. **2** 茹でる;ゆがく;煮る, 炊く. (⇒उसनना) ❐वह सब्ज़ी उबालकर खाता है। 彼は野菜を茹でてから食べる. ❐थोड़ी देर में सारे अंडे उबाल देना। しばらくしたら全部の卵を茹でてくれ.

उबासी /ubāsī ウバースィー/ [cf. Skt.m. *उच्-छ्वास-* 'breathing out; breath'] *f.* あくび. (⇒जँभाई) ❐～ लेना あくびをする. ❐हमें क्यों ～ आती है? 私たちはなぜあくびが出るのですか?

उभड़ना /ubʰaṛa̸nā ウバルナー/ ▸उभरना *vi.* (*perf.* उभड़ा /ubʰa̸ṛā ウブラー/) ☞उभरना

उभय /ubʰaya̸ ウバエ/ [←Skt. *उभय-* 'both, of both kinds'] *adj.* 両者の, 両方の. (⇒दोनों) ❐～ पक्ष में शादी की तैयारियाँ हो रही थीं। 双方で結婚式の準備が進んでいた.

उभयचर /ubʰayacara̸ ウバエチャル/ [←Skt. *उभय-चर-* 'living in water and on land or in the air, amphibious'] *adj.* 〖生物〗水陸両生の. ❐～ जीव [प्राणी]両生動物. ❐～ वर्ग 両生類.

उभयनिष्ठ /ubʰaya̸niṣṭʰa̸ ウバエニシュト/ [?neo.Skt. *उभय-निष्ठ-* 'common to both; loyal to both'] *adj.* **1** 両者に共通な. **2** 二股を掛けた.

उभरना /ubʰara̸nā ウバルナー/ ▸उभड़ना [<OIA. *údbharati* 'raises': T.02038] *vi.* (*perf.* उभरा /ubʰa̸rā ウブラー/) **1** 盛り上がる;(胸が)発達する. ❐युवती की सारी देह पसीने में तर थी, जिससे उसका उभरा हुआ वक्ष साफ़ झलक रहा था। 娘の全身は汗で濡れていた, そのため彼女の盛り上がった胸がくっきりと見えていた. ❐अपने उभरते यौवन के दिनों में अछूतोद्धार आंदोलन के साथ मेरी सहानुभूति जागी। 私は成長しつつあった青春の日々に, 不可触民解放運動への共感に目覚めた. **2** 発芽する, 芽を吹く. ❐अंकुल उभर आए। 新芽が出た. **3** 溢れ出る. (⇒उकसना, उबलना) ❐बरसात में नदी में पानी उभर गया। 雨期に川は氾濫した. **4** (病気で)(身体の一部が)腫れ上がる, 膨れる. (⇒उबलना) ❐दो दिन में ही फोड़ा उभर गया। おできが二日で腫れ上がった. ❐दवा न लेने से गिलटी और उभर जाएगी। 薬を飲まないとリンパ腺がもっと腫れるよ. **5** (病気の兆候が)出て来る. ❐रात में पेट में अचानक ज़ोर से दर्द उभर गया। 夜急に激しい腹痛がおそった. ❐हाथ-पैरों में काले धब्बे उभर आए। 手足に黒い斑点があらわれた. **6** (感情・人格・才能などが)顕在化する, 表出する. ❐मेरे परबाबा के दुर्द्धर्ष, दुर्दम्य और आक्रांतकारी व्यक्तित्व के नीचे मेरे बाबा का व्यक्तित्व पूरी तरह उभर नहीं सका। 私の父の個性は, 祖父の不屈で, 頑固で, そして押しの強い個性の陰に隠れて完全には表にあらわれることはなかった. ❐उनकी पहली धारणा फिर से उभर उठी और कभी-कभी मुखर भी होने लगी कि बेटी को अपनी बच्ची को लेकर अपनी ससुराल को लौट जाना चाहिए। 娘は子どもを連れて嫁ぎ先に帰るべきである, という彼の最初の考えが再度頭をもたげた, そして時々口に出すようにもなった. ❐इन नाटकों में उनकी प्रतिभा उभरकर सामने आई। これらの戯曲の中で, 彼の才能が表出し前面に出てきた. **7** 台頭する, 目立って現われる, 登場する. ❐आजकल कुछ नए नेता उभरे हैं। 最近何人か新顔の指導者が台頭して来た. ❐भारतीय जनता पार्टी लोकसभा में सबसे बड़ी पार्टी के रूप में उभरी। インド人民党が, 下院で最大党として台頭した. ❐यह सवाल अचानक उभर आया है। この問題が, 突然浮かび上がってきた. ❐वे दूसरे एल्बम में और परिपक्व गायिका के रूप में

उभरीं। 彼女は2枚目のアルバムでさらに成熟した歌手として登場した.

उभाड़ना /ubʰāṛanā ウバールナー/ ▸उभारना vt. (perf. उभाड़ा /ubʰāṛā ウバーラー/) ☞उभारना

उभार /ubʰāra ウバール/ [<OIA. *udbhara- 'rising': T.02037] m. 1 盛り上がり, ふくらみ;. ❐उदर के ～ से मालूम होता है कि गर्भवती भी है। 腹のふくらみから, 妊娠していることもわかる. ❐वक्ष का ～ 胸のふくらみ. 2 隆盛. 3 浮彫, レリーフ.

उभारना /ubʰāranā ウバールナー/ ▸उभाड़ना [<OIA. *údbhārayati ; cf. उभरना: T.02038] vt. (perf. उभारा /ubʰārā ウバーラー/) 1 盛り上げる, 腫らす. ❐दवा ने फोड़े को उभार दिया है। 薬が,(薬効で膿を出すために)おできを腫らした. 2 励ます, 鼓舞する;そそのかす, 扇動する.(⇒उकसाना, भड़काना) ❐उसने मुझको उसके विरुद्ध [ख़िलाफ़] झगड़ा करने को [के लिए] उभारा। 彼女は私を彼と争うようにしむけた. ❐तुमने ही मेरे हौसले को उभारा, मुझे उत्तेजना दी। お前こそが私を発奮させたのだ, 鼓舞したのだ. 3 表面化させる, 表に出す, 浮かび上がらせる. ❐मैंने अपनी दबी हुई इच्छा को इस कविता में उभारा। 私は自分の秘めた願望をこの詩の中で表わした. ❐स्कूल के हमारे अध्यापक अपने छात्रों के छिपे गुणों को उभारने में सिद्धहस्त थे। 学校の私たちの先生は, 生徒の隠れた長所を発掘するのに優れていた. ❐इन आकृतियों को उकेरते हुए वे उन्हें लय और गति देने के साथ-साथ उनके अंदरूनी आयाम को भी उभारने की कोशिश करते हैं। これらの造形を刻みながら, 彼はそれらにリズムと躍動を与えつつ, 内部の領域をも表出させる努力をしている.

उमंग /umaṃga ウマング/ ▸उमँग f. ☞उमँग

उमँग /umaṃga ウマング/ ▸उमंग [<OIA. únmajjati 'emerges': T.02110; cf. OIA. *unmagna- 'emerged': T.02108z2] f. 喜悦;忘我;狂喜. ❐उसका दिल ～ पर था 彼の心は有頂天だった. ❐जीवन में न कोई आशा है, न कोई ～। 人生には何の希望もなければ, 何の喜びもない.

उमड़ना /umaṛanā ウマルナー/ [<OIA. *ummaḍ- 'rise, bubble up': T.02344] vi. (perf. उमड़ा /umaṛā ウムラー/) 1 (液体が)溢れ出る;(川が)氾濫する. ❐उमड़ते आँसुओं को रोकते हुए वह बोली। 溢れ出る涙を押さえながら, 彼女は言った. ❐भारी वर्षा के कारण वह छोटी नदी उमड़ पड़ी। 激しい雨で, その小さな川は氾濫した. 2 (群衆が)集結する;(雲が)モクモクと出る.(⇒घुमड़ना) ❐देखते ही देखते वहाँ बड़ी भीड़ उमड़ आई। 見る見るうちに, そこには大群衆が集まった. ❐टिड्डी-दल की तरह जनता उनके नाम पर उमड़ पड़ी। イナゴの大軍のように, 大衆は彼の名前だけで集まった. ❐बादल उमड़ पड़े। 黒雲がたちこめた. 3 (胸が)(哀れみで)つまる;(こらえた感情が)こみあげてくる. ❐उसे रोते देखकर मेरा मन उमड़ आया। 彼が泣いているのを見て, 私の胸はつまった. ❐वह ख़ूब रोई, इतने दिनों का सारा सहा-झेला जैसे एक साथ ही उमड़ पड़ा। 彼女は激しく泣いた, これまでの日々堪え忍んできたものが一度にこみあげてきたかのように.

उमड़ाना /umaṛānā ウムラーナー/ [cf. उमड़ना] vt. (perf. उमड़ाया /umaṛāyā ウムラーヤー/) (涙を)溢れ出させる, こみあげさせる. ❐मन में बैठे हुए दुख ने आँखों में आँसू उमड़ा दिया। 胸に秘められた悲しみが, 目に涙を溢れさせた.

उमदा /umadā ウムダー/ ▹उम्दा adj. ☞उम्दा

उमर /umara ウマル/ ▸उम्र f. ☞उम्र

उमस /umasa ウマス/ ▸ऊमस [<OIA.m. ūṣmán- 'heat, steam': T.02441; cf. Pal. उसुमा] f. 蒸し暑さ. ❐भीतर बड़ी ～ हो रही थी। 内部はひどく蒸し暑かった. ❐～ भरी शाम थी। 蒸し暑い夜だった.

उमूमन /umūmana ウムーマン/ ▸अमूमन adv. ☞अमूमन

उमेठना /umeṭʰanā ウメートナー/ [<OIA. udvēṣṭatē 'winds or twists upwards': T.02091] vt. (perf. उमेठा /umeṭʰā ウメーター/) ひねる, ねじる;つねる;しぼる.(⇒ऐंठना, मरोड़ना, मलना) ❐मैंने बदमाशी करते बच्चे के कान उमेठ दिये। 私は悪戯をする子どもの耳をつねった. ❐गीले कपड़े को उमेठ लो। 濡れた服をしぼりなさい.

उम्दा /umdā ウムダー/ ▹उमदा [←Pers.adj. عمدة 'great, rich, consequential' ←Arab.] adj. 優秀な, 一流の;すばらしい. ❐देश के ～ कॉलेजों का परिचय 国内の一流カレッジの紹介.

उम्मीद /ummīda ウムミード/▸उम्मेद [←Pers.n. امید 'hope, expectation, dependence, trust'] f. 1 希望, 望み.(⇒आशा) 2 見込み, 期待, 可能性.(⇒आशा) ❐(की) ～ करना (…を)期待する. ❐मुझे इसकी कोई ～ न थी। 私はこのことを予想もしていなかった.

उम्मीदवार /ummīdavāra ウムミードワール/ [←Pers.adj. امیدوار 'hopeful, confident, supported by hope'] m. 1 候補者;応募者, 志願者.(⇒प्रत्याशी) ❐चुनाव के लिए ～ खड़ा करना 選挙のために候補者を立てる. 2 徒弟, 見習い.

उम्मीदवारी /ummīdavārī ウムミードワーリー/ [←Pers.n. امیدواری 'hope, expectancy'] f. 候補者になること;立候補.

उम्मेद /ummeda ウムメード/ ▸उम्मीद f. ☞उम्मीद

उम्र /umra ウムル/▸उमर [←Pers.n. عمر 'life, lifetime, age' ←Arab.] f. 1 歳, 年齢.(⇒अवस्था, आयु) ❐～ का तक़ाज़ा 年をとって老いたせい. ❐उसकी क्या ～ है? あの人は何歳ですか. ❐बीस साल की ～ में 20歳の時に. ❐वह ～ से किशोरी, देह के गठन में युवती और बुद्धि से बालिका थी। 彼女は年齢からはティーン・エージャー, 体つきはもう女だが知恵は幼女だった. 2 人生, 一生, 生涯;寿命.(⇒ज़िंदगी, जीवन) ❐～ भर 生涯を通じて. ❐उन्होंने लंबी ～ पाई। 彼は長生きをした.

उम्र-क़ैद /umra-qaida ウムル・カエード/ [←Pers.n. عمر قید 'imprisonment for life'] f. 〖法律〗終身刑. ❐～ की सज़ा 終身刑(の刑罰).

उम्र-चोर /umra-cora ウムル・チョール/ adj. 実際の歳よりも若くみえる(人).

उर /ura ウル/ [←Skt.m. उरस्- 'breast': T.02350] m. 胸;心. ❐मैं एक ऐसी स्त्री से विवाह करना चाहता हूँ जो मुझको समझ सके, जिसके उर में मैं कुछ अपने उर का भार उतार सकूँ। 私を理解してくれ, その胸に私自身の胸の重荷をいくらかゆだ

ねることのできるようなそんな女と結婚したい.

उरद /uradạ ウラド/ ▸उड़द *m.* ☞उड़द

उरला /uralā ウララー/ [?<OIA. *apārá-* 'boundless': T.00482; ?<OIA. *ávara-* 'lower, hinder, nearer': T.00805] *adj.* こちら側の. (⇔परला)

उरुग्वे /urugve ウルグヴェー/ [cf. Eng.n. *Uruguay*] *m.* 〖国名〗ウルグアイ(東方共和国)《首都はモンテビデオ (मोंटेविडियो)》.

उरोज /urojạ ウロージ/ [←Skt.m. *उरो-ज-* 'the female breast'] *m.* (女性の)乳房. (⇒कुच, स्तन)

उर्दू /urdū ウルドゥー/ [←Pers.n. اردو 'a camp, an army' ←Turk. ; cf. Eng.n. *horde*] *m.* 〖歴史〗(ムガル時代の)軍隊駐屯地, 宿営地, キャンプ. ❐～ बाज़ार ウルドゥー・バーザール《ムガル時代の軍隊駐屯地に発達した市場;現在もデリーに地名として残っている》.
— *adj.*ウルドゥー語の. ❐～ ज़बान ウルドゥー語.
— *f.*ウルドゥー語.

उर्फ़ /urfạ ウルフ/ [←Pers.adj. عرف 'being known' ←Arab.] *m.* 別名, またの名. (⇒उपनाम) ❐अमिताभ बच्चन ～ बिग बी アミターブ・バッチャンまたの名をビッグ・ビー.

उर्मिला /urmilā ウルミラー/▸ऊर्मिला [←Skt.f. *उर्मिला-* 'wife of *Lakṣmaṇa*'] *f.* 〖ヒンドゥー教〗ウルミラー, ウールミラー《叙事詩『ラーマーヤナ』において, ラーマ王子の弟ラクシュマナ (लक्ष्मण) の妻;スィーター妃 (सीता) の妹》.

उर्वर /urvarạ ウルワル/ [<OIA. **urvara-* 'surplus, left over': T.02356; cf. Skt.f. *उर्वरा-* 'fertile soil, field yielding'] *adj.* **1** (土壌が)肥沃な. (⇒उपजाऊ) ❐～ भूमि 肥沃な土地. **2** (人・動植物が)繁殖力のある;受精力のある. **3** 創造力に富む. ❐～ दिमाग़ [मस्तिष्क]創造力豊かな頭脳.

उर्वरक /urvarakạ ウルワラク/ [neo.Skt.m. *उर्वरक-* 'fertilizer'] *m.* 肥料. (⇒खाद) ❐जैव ～ 有機肥料. ❐रासायनिक ～ 化学肥料.

उर्वरता /urvarạtā ウルワルター/ [neo.Skt.f. *उर्वर-ता-* 'feritility'] *f.* **1** 肥沃;豊穣. ❐मृदा ～ 土壌の生産力. **2** (人・動植物の)受精力;排卵(日). ❐मासिक धर्म और ～ कैलेंडर 月経と排卵のカレンダー, 妊娠カレンダー.

उर्वरा /urvarā ウルワラー/ [←Skt. *उर्वरा-* 'fertile soil, field yielding crop'] *adj.* ☞उर्वर
— *f.* 肥えた土地, 豊饒な土地, 実り豊かな土地.

उर्स /ursạ ウルス/ [←Pers.n. عرس 'a marriage-feast; marriage, matrimony' ←Arab.] *m.* 〖イスラム教〗ウルス《南アジアで盛んなスーフィー聖者廟(びょう)の年祭》.

उलचना /ulacạnā ウラチナー/ ▸उलीचना *vt.* (*perf.* उलचा /ulạcā ウルチャー/) ☞उलीचना

उलझन /ulạjʰanạ ウルジャン/ [cf. *उलझना*] *f.* **1** (糸などの)もつれ. **2** (問題の)紛糾;悶着. **3** 困惑, 狼狽;錯乱;当惑. ❐उसे ～ हुई। 彼は狼狽した. ❐दिमाग़ को ～ में डालना 頭脳を錯乱させる.

उलझना /ulajʰạnā ウラジナー/ [<OIA. *uparudhyatē* : T.02220z1; ?<OIA. *uparundhati* 'obstructs': T.02221] *vi.* (*perf.* उलझा /ulạjʰā ウルジャー/) **1** (糸などが)もつれる, からむ. (⇒गूँथना)(⇔सुलझना) ❐वह अपनी छोटी बहन के बाल गूँथने बैठ गयी जो बिलकुल उलझकर रह गये थे। 彼女は, ひどくもつれてしまっている妹の髪を編むために腰を下ろした. ❐पतंग की डोर उलझ गई। 凧の糸がからんでしまった. ❐काँटों में मेरा कपड़ा उलझ गया। とげに私の服がからんで引っ掛かってしまった. **2** (問題などが)紛糾する, もめる, ややこしくなる. (⇔सुलझना) ❐समस्या और उलझ गई 問題はさらにややこしくなった. **3** (ごたごたに)巻き込まれる. ❐मैं इस मुक़दमे में सात-आठ साल उलझा रहा। 私はこの訴訟沙汰に7, 8年巻き込まれた. **4** (人に)からむ, 言いがかりをつける, 衝突する. ❐तुम आज सबेरे-सबेरे बड़े भाई से क्यों उलझ पड़े?おまえは今日朝っぱらから兄さんにどうしてからんだんだい? ❐छोटी सी बात के लिए वे आपस में उलझ गये। 彼らは些細な事のために互いに衝突した.

उलझाना /ulạjʰānā ウルジャーナー/ [cf. *उलझना*] *vt.* (*perf.* उलझाया /ulạjʰāyā ウルジャーヤー/) **1** (糸などを)からませる, もつれさせる. (⇔सुलझाना) ❐असावधानी के कारण उसने सारे धागे को उलझा दिया। 彼女は不注意で全部の糸をもつれさせてしまった. **2** (問題などを)紛糾させる, もめさせる, ややこしくする. (⇔सुलझाना) ❐इस मामले को अधिक मत उलझाओ। この問題を余計にややこしくしないでくれ. ❐आपने मेरी समस्या को और भी उलझा दिया। 君は私の問題を余計ややこしくしてしまった. **3** (ごたごたに)巻き込む. ❐उसने मुझे झूठ मूठ एक मामले में उलझा दिया। 彼は私を不必要にある事件に巻き込んでしまった. **4** (人を)反目させる.

उलझाव /ulạjʰāvạ ウルジャーオ/ [cf. *उलझना*] *m.* ☞उलझन

उलटना /ulaṭạnā ウラトナー/ [<OIA. **ullaṭati* 'turns over': T.02368] *vi.* (*perf.* उलटा /ulạṭā ウルター/) **1** 逆になる, ひっくり返る, さかさまになる, あべこべになる, 逆転する. (⇒औंधना, पलटना) ❐यह शब्द निकालने से वाक्य का सारा अर्थ ही उलट जाता है। この単語を取ると, 文全体の意味が正反対になってしまう. ❐उच्च-न्यायालय में निर्णय उलट गया। 高等裁判所では, 判決が逆転した. **2** 転覆する, 横転する. ❐बाढ़ के दिनों में कई नावें नदी में उलट गईं। 洪水時には, いくつもの小舟が川で転覆した. **3** 振り向く. (⇒मुड़ना) ❐उसने उलटकर मेरी ओर देखा। 彼は振り向いて私の方を見た. **4** (ショックで)卒倒する, 正気を失う. ❐मंदी के एक ही धक्के में वह उलट गया। 価格暴落のショックで彼はひっくり返った. ❐गाँजे का दम लगाते ही वह उलट गया। 大麻を一息吸うや否や彼はぶっ倒れた. **5** (悪い結果が)でる, 悪化する, (悪い方へ)逆転する, 裏目にでる. ❐इस वर्षा से सारी फ़सल उलट गई। この雨で, すべての作物がだめになった. ❐वह परीक्षा में उलट गया। 彼は試験に失敗した.
— *vt.* (*perf.* उलटा /ulạṭā ウルター/) **1** 裏返す, ひっくり返す, さかさにする. (⇒औंधाना) ❐परचा उलटकर देखो, पीछे क्या लिखा है?紙切れを裏返して見てごらん, 裏に何が書いてあるかい? ❐कमीज़ का कालर उलट दो। シャツの襟を裏返しな

さい. ❐मैंने पानी गिराने के लिए गिलास उलट दिया। 私は水をこぼすために, グラスをさかさにした. ❐उसने थैली उलटकर सारी चीज़ें मेज़ पर निकालीं। 彼は袋をさかさにして, テーブルの上にすべてのものを出した. **2** 転覆させる, 横転させる. ❐दुश्मन ने लाइन पर पत्थर रखकर गाड़ी उलटने की कोशिश की। 敵は線路に石を置いて列車転覆を企てた. **3** (ページを)めくる. ❐मैं किताब के पन्ने उलटकर वह वाक्य खोज रहा हूँ। 私は本のページをめくって例の文章を探しているところだ. ❐पुरानी तसवीरों की फ़ाइलों को उलटने-पुलटने में मुझे बड़ा मज़ा आता है। 古い写真のファイルをめくったりひっくり返したりすることが私はとても楽しい. **4** ひっくり返して(中のものを)ぶちまける. ❐उसने दवात की स्याही कागज़ पर उलट दी। 彼はインク壺のインクを紙の上にぶちまけた. **5** (国家・制度などを)暴力で覆す, 打ち倒す, 転覆させる. ❐सेनाध्यक्ष ने सरकार ही उलट दी। 総司令官は政府を打ち倒した. **6** 反駁する. ❐तुम तो हमारी हर बात उलटा करते हो। 君は私たちの言う事にことごとく反駁するんですね. ❐तुम अपनी बात उलटते हो। 君は自分で言ったことに反駁している (＝自己矛盾している). **7** 吐く, もどす. (⇒ओकना) ❐उसे खड़े खड़े चक्कर आ गया और उसने सारा खाया पिया उलट दिया। 彼は立っているうちに目眩がした, そして食べたり飲んだりしたもの全部をもどしてしまった. **8** (土を)掘り起こす. ❐उसने कुदाल से बगीचे की सारी मिट्टी उलट दी। 彼は鍬で庭の全部の土を掘り起こした.

उलट-पलट /ulaṭa̱-palaṭa̱ ウラト・パラト/ *f.* **1** ひっくり返ること. **2** (ページを)めくること.

उलट-पुलट /ulaṭa̱-pulaṭa̱ ウラト・プラト/ [echo-word; cf. *उलट*] *f.* ☞उलट-पलट

उलट-फेर /ulaṭa̱-pʰera̱ ウラト・ペール/ *f.* **1** 入れ替え. ❐मूलतः एक ही बात शब्दों के ～ से कई तरह से साहित्य-संसार में कई बार कही गई। 基本的には同じことが言葉の入れ替えによって幾通りにも文学の世界において幾度も述べられたのだ. **2** (社会的な)大きな変動.

उलटबाँसी /ulaṭa̱bā̃sī ウラトバーンスィー/ [*उलटा* + ?*बाँचना*] *f.* 〖文学〗ウラトバーンスィー《直截な表現ではなくもってまわった表現や, 時には矛盾する表現や誤解を招く表現;中世ヒンディー文学の一部で世俗を超越した形而上世界の描写に好んで使われた》.

उलटबाज़ी /ulaṭa̱bāzī ウラトバーズィー/ [*उलटना* + *-बाज़ी*] *f.* でんぐり返し;前転. (⇒कलाबाज़ी)

उलटा /ulaṭā ウルター/ [cf. *उलटना*] *adj.* **1** さかさまの, 逆の, ひっくり返った;反対の. ❐～ करना さかさまにする. **2** 左の(手). (⇔सीधा) ❐मैं उलटे हाथ से सब काम करता हूँ। 私は左手ですべての用事をたします(＝左利きです).

उलटाना /ulaṭānā ウルターナー/ [cf. *उलटना*] *vt.* (*perf.* उलटाया /ulaṭāyā ウルターヤー/) さかさかまにする, 逆にする, ひっくり返す.

उलटा-पलटा /ulaṭā-palaṭā ウルター・パルター/ *adj.* ひっくり返った, (順序などが)めちゃくちゃな, 支離滅裂な.

उलटा-पलटी /ulaṭā-palaṭī ウルター・パルティー/ [cf. *उलटा-पलटा*] *f.* ひっくり返っていること, (順序などが)めちゃくちゃなこと, 支離滅裂なこと.

उलटाव /ulaṭāva̱ ウルターオ/ [cf. *उलटना*] *m.* ひっくり返ること;反転すること.

उलटा-सीधा /ulaṭā-sīdʰā ウルター・スィーダー/ *adj.* あることないことの, いいかげんな. ❐उलटी-सीधी सुनाना あることないことを話す.

उलटी /ulaṭī ウルティー/ [cf. *उलटना*] *f.* 〖医学〗嘔吐. (⇒क़ै, वमन) ❐～ करना 嘔吐する.

उलटे /ulaṭe ウルテー/ [cf. *उलटा*] *adv.* 逆に, それどころか, 反対に. ❐ख़त का जवाब तक न दिया, ～ मुझी को इलज़ाम देते हो। 手紙の返事すら出さないで, 逆に私を非難するのね.

उलथना /ulatʰa̱nā ウラトナー/ [metathesis: cf. *उथलना*] *vi.* (*perf.* उलथा /ulatʰā ウルター/) (海が嵐で)大荒れになる, 時化(しけ)になる. ❐तूफ़ान के कारण समुद्र की लहरें उलथ रही थीं। 台風のために海の波が大荒れになっていた.

उलथा /ulatʰā ウルター/ [cf. *उलथना*] *m.* **1** とんぼ返り, 宙返り(を含む舞踊). ❐～ मारना とんぼ返りをする. **2** ☞उल्था

उलमा /ulamā ウルマー/ [←Pers.n. علما 'the learned, jurists and theologians Islam' ←Arab.] *m.* 〖イスラム教〗ウラマー, イスラム法学者.

उलान बतोर /ulāna̱ batora̱ [cf. Eng.n. *Ulan Bator*] *m.* 〖地名〗ウラン・バートル《モンゴル(国) (मंगोलिया) の首都》.

उलार /ulāra̱ ウラール/ [＜OIA. **ullaṭati* 'turns over': T.02368] *adj.* (船などが)傾いている.

उलाहना /ulāhanā ウラーヘナー/ [＜OIA. *upā́labhatē* 'touches': T.02312] *m.* 非難, とがめ;苦情, 不平. (⇒शिकायत) ❐(को) (का) ～ देना (人に)(…の)苦情をいう.

उलीचना /ulīcanā ウリーチナー/ ▸उलचना [＜OIA. *údricyatē* 'is prominent': T.02061] *vt.* (*perf.* उलीचा /ulīcā ウリーチャー/) (水を)汲み出す, かい出す. ❐डूबने से बचने के लिए नाव से पानी जल्दी उलीचो। 沈まないように舟から水を急いで汲み出せ. ❐लोग या तो बरतन से या दोनों हाथों से तालाब का पानी उलीच रहे थे। 人々は容器や両手で池の水を汲み出していた.

उलूक /ulūka̱ ウルーク/ [←Skt.m. *उलूक-* 'an owl'] *m.* 〖鳥〗フクロウ, 梟. (⇒उल्लू)

उल्का /ulkā ウルカー/ [←Skt.f. *उल्का-* 'a fiery phenomenon in the sky, a meteor'] *f.* 〖天文〗流れ星, 流星. ❐～ पाषाण 隕石(いんせき).

उल्का-पात /ulkā-pāta̱ ウルカー・パート/ [neo.Skt.m. *उल्का-पात-* 'the falling of a meteor'] *m.* 〖天文〗隕石落下.

उल्था /ultʰā ウルター/ ▹उलथा [cf. *उलथा*] *m.* 翻訳. (⇒अनुवाद, भाषांतर)

उल्लंघन /ullaṃgʰana̱ ウッランガン/ [←Skt.n. *उल्-लङ्घन-* 'the act of leaping or passing beyond or over'] *m.* **1** 〖法律〗違反. ❐आज्ञा [नियम] का ～ करना 命令[規則]違反をする. ❐युद्ध-विराम ～ 停戦違反. **2** (権利の)

侵害;(領土の)侵犯;(伝統・しきたりなどに)そむくこと,逸脱.

उल्लंघनीय /ullaṃg^{h}anīya ウッラングニーエ/ [←Skt. *उल्-लङ्घनीय-* 'to be transgressed; to be passed over; to be trespassed against'] *adj.* 破ることのできる(規則).

उल्लसित /ullasita ウッラスィト/ [←Skt. *उल्-लसित-* 'shining, bright, brilliant'] *adj.* 歓喜した;うきうきした. ❐चित्त ～ हो उठना 心が浮き立つ.

उल्लास /ullāsa ウッラース/ [←Skt.m. *उल्-लास-* 'joy, happiness, merriness'] *m.* 大喜び, 歓喜, 有頂天. ❐उसके हृदय में ～ का कंपन हो रहा था। 彼女の心の中で歓喜の震えが止まらなかった.

उल्लिखित /ullik^{h}ita ウッリキト/ [←Skt. *उल्-लिखित-* 'slit, torn; scratched, polished'] *adj.* 上述された, 言及された, 記された.

उल्लू /ullū ウッルー/ [<OIA.m. *úlūka-*[1] 'owl': T.02359] *m.* **1**〖鳥〗フクロウ, 梟《俗信では不吉とみなされ, 知恵のない鳥とされる》. (⇒घुग्घू) **2** バカ, まぬけ, うすのろ. ❐(को) ～ बनाना (人を)カモにする, (人を)だます. ❐ ～ का पट्ठा [बच्चा] どうしようもないバカ.

उल्लेख /ullek^{h}a ウッレーク/ [←Skt. *उल्-लेख-* 'description'] *m.* (言及した)記述. ❐(का) ～ करना (…に)言及し記述する.

उल्लेखनीय /ullek^{h}anīya ウッレークニーエ/ [?neo.Skt. *उल्-लेखनीय-*] *adj.* 特筆するに値する. (⇒उल्लेख्य) ❐～ बात 特筆すべきこと.

उल्लेख्य /ullek^{h}ya ウッレーキエ/ [←Skt. *उल्-लेख्य-* 'to be scraped or pared; to be written'] *adj.* ☞उल्लेखनीय

उशीर /uśīra ウシール/ [←Skt.m. *उशीर-* 'the fragrant root of the plant *Andropogon muricatus*'] *m.* 〖植物〗ウシーラ《イネ科ベチベルソウ》. (⇒ख़स, बहुमूलक)

उषा /uṣā ウシャー/ [←Skt.f. *उषा-* 'morning light, dawn, morning'] *f.* 夜明け, 暁(あかつき). ❐～ की लालिमा 夜明けの紅(くれない).

उषाकाल /uṣākāla ウシャーカール/ [←Skt.m. *उषा-काल-* 'dawn, daybreak'] *m.* 夜明け(の時刻).

उष्ण /uṣṇa ウシュン/ [←Skt. *उष्ण-* 'hot, warm; ardent, passionate, impetuous'] *adj.* 熱い;暑い. (⇒गर्म) ❐～ कटिबंध〖地理〗熱帯. ❐ग्रीष्म की ～ वायु 夏の熱風.

उष्ण-कटिबंध /uṣṇa-kaṭibaṃd^{h}a ウシュン・カティバンド/ [neo.Skt. *उष्ण-कटि-बन्ध-* 'tropical belt, tropics'] *m.* 〖地理〗熱帯(地方).

उष्णता /uṣṇatā ウシュナター/ [←Skt.f. *उष्ण-ता-* 'heat'] *f.* 熱;熱気.

उष्णांक /uṣṇāṃka ウシュナーンク/ [neo.Skt.m. *उष्ण-अङ्क-* 'a calorie'] *m.* カロリー《熱量の単位》. (⇒कैलोरी)

उस /usa ウス/ [<OIA. *asáu* 'that': T.00972] *pron.* 《代名詞 वह の後置格;後続する後置詞と一語のように書かれる; उसपर, उसमें など》

उसकना /usakanā ウサクナー/ ▸उकसना [metathesis: cf. *उकसना*] *vi.* (*perf.* उसका /usakā ウスカー/) ☞उकसना

उसका /usakā ウスカー/ *pron.adj.* 《代名詞 वह の属格; उसका, उसके, उसकी と形容詞変化する》

उसकाना /usakānā ウサクナー/ ▸उकसाना [metathesis: cf. *उकसाना*] *vi.* (*perf.* उसकाया /usakā ウスカー/) ☞उकसाना

उसको /usako ウスコー/ [*उस + को*] *pron.* 《代名詞 वह の後置格と後置詞 को が結合したつづり;「あれに」など》(⇒उसे)

उसनना /usananā ウサンナー/ [<OIA. **ut-śrāṇa-* 'boiled': T.01859] *vi.* (*perf.* उसना /usanā ウスナー/) ゆだる;煮える;炊ける. (⇒उबलना) ❐सारी दाल पाँच मिनट में ही उसन गई। 豆は5分で煮えた.

— *vt.* (*perf.* उसना /usanā ウスナー/) 茹でる;煮る;炊く. (⇒उबालना) ❐उसने सारा चावल एक बार में ही उसन दिया। 彼は全部の米を一度に炊いた.

उसने /usane ウスネー/ [*उस + ने*] *pron.* 《代名詞 वह の後置格 उस に後置詞 ने が結合したつづり》

उसपर /usapara ウスパル/ [*उस + पर*[1]] *pron.* 《代名詞 वह の後置格 उस に後置詞 पर が結合したつづり;「あれの上に」など》

उसमें /usamẽ ウスメーン/ [*उस + में*] *pron.* 《代名詞 वह の後置格 उस に後置詞 में が結合したつづり;「あれの中に」など》

उससे /usase ウスセー/ [*उस + से*] *pron.* 《代名詞 वह の後置格 उस に後置詞 से が結合したつづり;「あれから」など》

उसाँस /usā̃sa ウサーンス/ ▸उसास *f.* ☞उसास

उसाना /usānā ウサーナー/ ▸ओसाना *vt.* (*perf.* उसाया /usāyā ウサーヤー/) ☞ओसाना

उसारा /usārā ウサーラー/ ▸ओसारा *m.* ☞ओसारा

उसास /usāsa ウサース/ ▸उसाँस [<OIA.m. **ut-śvāsa-, ucchvāsá-* 'froth': T.01868] *f.* 深く長い呼吸;ため息. ❐～ छोड़ना 深く長い息を吐く;ため息をつく. ❐～ भरना [लेना] 深く長い息を吸う;ため息をつく. ❐वह असमर्थता की एक ～ लेकर रह गया। 彼はどうすることもできないという一つの深いため息をつくしかなかった.

उसी /usī ウスィー/ [*उस + ही*] *pron.* 《代名詞 वह の後置格 उस の強調形》

उसूल /usūla ウスール/ [←Pers.n. اصول 'roots, origins, fundamentals' ←Arab.] *m.* **1** 原則;根本原理;信条. (⇒सिद्धांत) **2**〖イスラム教〗教義, 教理.

उसे /use ウセー/ *pron.* 《代名詞 वह の融合形; उसको と入れ替え可能》

उस्तरा /ustarā ウスタラー/ ▸उस्तुरा [←Pers.n. استره 'a razor'] *m.* かみそり. (⇒छुरा)

उस्ताद /ustāda ウスタード/ [←Pers.n. استاد 'a master, teacher, tutor'] *m.* **1** 教師;師匠. **2** 親方, 棟梁. (⇒मास्टर) **3** (一芸に秀でた)名人;こそ泥師. ❐वह इस फ़न में ～ था। 彼はこの技にかけては名人だった.

उस्तादी /ustādī ウスターディー/ [←Pers.n. استادی 'an art, trade, craft; workmanship; excellence, skill in any art or profession'] *adj.* 職人芸の, 職人技の.

— *f.* **1** 職人芸, 職人技. **2** 巧妙なだましの手口. ❐ (से) ~ करना (人を)だまそうとする.

ऊ

ऊँघ /ũgʰa̤ ウーング/ [<OIA. **uṅghā-* 'sleep': T.01633] *f.* まどろみ, うたた寝.

ऊँघना /ũgʰa̤nā ウーングナー/ [<OIA. **uṅghati* 'sleeps': T.01632] *vi.* (*perf.* ऊँघा /ũgʰā ウーンガー/) まどろむ, うとうとする, うたた寝をする. ❐मैं ट्रेन में सो नहीं पाया, बस ऊँघता ही रहा। 私は汽車で眠れなかった, ただまどろんでいた.

ऊँच /ũca̤ ウーンチ/ [<OIA. *ucca-* 'tall, lofty': T.01634] *adj.* (地位, 身分, 階級, 家柄などが)高い, 高位の, 高貴な. ❐हममें आज से कोई हिंदू नहीं है, कोई मुसलमान नहीं है, कोई ~ नहीं है, कोई नीच नहीं है। 私たちの間には今日からヒンドゥー教徒もいなければイスラム教徒もいない, 身分が上のものもいなければ下のものもいない.

ऊँच-नीच /ũca̤-nīca̤ ウーンチ・ニーチ/ *m.* **1** 〖ヒンドゥー教〗身分の上下, 階級差(の意識)《特にカーストやジャーティ (जाति) による差別を指す場合が多い》. ❐~ में भेद मानना 身分の上下を差別する. ❐यह ~ का भूत न जाने कब तक हमारे सिर पर सवार रहेगा? この身分の上下という亡霊は一体いつまで我々の頭に取り付いて離れないのだろう. **2** (物事の)善し悪し;長短;利害. **3** (人生の)浮き沈み, 栄枯盛衰(えいこせいすい), 波乱万丈(はらんばんじょう).

ऊँचा /ũcā ウーンチャー/ [<OIA. *ucca-* 'tall, lofty': T.01634] *adj.* **1** (空間的に)高い;(背が)高い, 長身な. (⇔नीचा) ❐ऊँची इमारत 高い建物. ❐टावर की सबसे ऊँची मंज़िल पर उन्होंने अपनी स्टडी बनाई थी 塔の最上階に彼は自分の書斎を作った. ❐ऊँची छत से आवाज़ प्रतिध्वनित होती गूँजती है। 高い天井に声が反響して響きわたる. ❐उन्होंने एक ऊँची जगह पर खड़े होकर भाषण दिया। 彼はある高い場所に立って演説をした. **2** (地位, 身分, 階級, 家柄などが)高い, 高位の, 高貴な;(質などが)高い, 高級な. (⇔नीचा) ❐मेरे एक मित्र शिक्षा मंत्रालय में काफ़ी ऊँचे पद पर थे। 私の一人の友人は文部省でかなり高い地位についていた. ❐मुझे बहुत बाद को मालूम हुआ कि फ़ौज में मेजर, हवलदार-मेजर से बहुत ऊँची श्रेणी का अफ़सर होता है। 私がかなり後になって知ったのは, 軍隊では少佐は曹長よりずっと上の階級の将校であるということだった. ❐ऊँचे दर्जे का 高級な. **3** (学年の年次が)上の, 高学年の. ❐ऊँची कक्षा 高学年. **4** (報酬が)高い, 高額の. ❐वह रेडियो के चीफ़ एडवाइज़र के रूप में ऊँची तनख़्वाह पा रहे थे। 彼はラジオのチーフ・アドバイザーとして高額の報酬を得ていた. **5** (目標, 理想などが)高い, 高遠な, 高邁(こうまい)な, 崇高な. ❐~ उद्देश्य 高邁な目的. ❐उनका आदर्श कितना ~ है। 彼の理想はなんて崇高なのだ. ❐वे ऊँचे ख़्वाबों के आदमी थे। 彼は高遠な理想をもった人間だった. **6** (声・音が)大きい. (⇔धीमा) ❐वह ऊँची आवाज़ में बोली। 彼女は大声で言った. ❐उन्होंने कभी ऊँचा बोल नहीं बोला। 彼は決してどなることはなかった.

— *adv.* 大きな声で. ❐~ बोलना 大声でしゃべる. ❐वह ~ सुनता है। 彼は耳が遠い.

ऊँचाई /ũcāī ウーンチャーイー/ [*ऊँचा* + *-ई*] *f.* **1** 高さ, 高度. (⇒ऊँचान) ❐एवरेस्ट पर्वत की ~ ८,८५० मीटर है। エベレスト山の高さは 8,850 メートルです. ❐काफ़ी ~ पर かなり高いところに. **2** (声や音の)大きさ.

ऊँचान /ũcāna̤ ウーンチャーン/ [cf. *ऊँचा*] *f.* ☞ऊँचाई

ऊँचा-नीचा /ũcā-nīcā ウーンチャー・ニーチャー/ *adj.* **1** (地面が)凸凹の. (⇒ऊबड़-खाबड़) **2** (事の)善し悪し.

ऊँट /ũṭa̤ ウーント/ [<OIA.m. *úṣṭra-* 'buffalo; camel': T.02387] *m.* **1** 〖動物〗 (雄)ラクダ. (⇔ऊँटनी) ❐एक गुलाब-जामुन उसके लिए ~ के मुँह में ज़ीरे के समान था। 1 個のグラーブ・ジャームン(菓子の一種)は彼女にとってラクダの口にクミンのようなものだった《「とうてい足りない量」のたとえ》. **2** 〖ゲーム〗 (チェスの)ビショップ《将棋の角に相当》. (⇒फ़ीला) ❐~ हमेशा तिरछा ही चलता है। ビショップはいつも斜めの方向にだけ進む.

ऊँट-कटारा /ũṭa̤-kaṭārā ウーント・カターラー/ *m.* 〖植物〗ウーント・カターラー《アザミに似たキク科ヒゴタイ属の一種;ラクダ (ऊँट) の好物》. (⇒कटारा)

ऊँटनी /ũṭa̤nī ウーントニー/ [cf. *ऊँट*] *f.* 〖動物〗雌ラクダ. (⇔ऊँट)

ऊँटवान /ũṭa̤vāna̤ ウーントワーン/ [*ऊँट* + *-वान²*] *m.* ラクダを御する人, ラクダ使い.

ऊँह /ũha̤ ウーンフ/ ▸ऊँहूँ *int.* ☞ऊँहूँ

ऊँहूँ /ũhũ ウーンフーン/ ▸ऊँह *int.* いーや, だめ《拒否や否定を表す》.

-ऊ /-ū ・ウー/ [<OIA. *-uka-*] *suf.* 《主に動詞語幹と結合して形容詞や男性名詞「…する(人, もの)」を作る接尾辞; चालू「流通する」, झाड़ू「ほうき」など;ときに場所を表す名詞と結合して「…の(人, もの)」を作る;गँवारू「田舎者」, बाज़ारू「安っぽい(もの), 商売(女)」など揶揄(やゆ)するニュアンスを含む》.

ऊकार /ūkāra̤ ウーカール/ [←Skt.m. *ऊ-कार-* 'Devanagari letter ऊ or its sound'] *m.* 〖言語〗母音字 ऊ とそれに対応する母音記号 ◌ू が表す母音 /ū/.

ऊकारांत /ūkārāṃta̤ ウーカーラーント/ [←Skt. *ऊकार-अन्त-* 'ending in the letter ऊ or its sound'] *adj.* 〖言語〗語尾が母音 /ū/ で終わる(語)《उल्लू「フクロウ」, कामचलाऊ「稼ぎのある」, फ़ालतू「余分の」など》. ❐~ शब्द 母音 /ū/ で終わる語.

ऊख /ūkʰa̤ ウーク/ ▸ईख *m.* ☞ईख

ऊखल /ūkʰala̤ ウーカル/ ▸उखली, ओखली *m.* ☞ओखली

ऊजड़ /ūjaṛa̤ ウージャル/ ▸उजाड़ [<OIA. **ujjaṭa-* 'uprooted, laid waste': T.01660b] *adj.* ☞उजाड़

ऊटपटाँग /ūṭa̤paṭāga̤ ウートパターング/ ▸अटपटाँग [echo-word; cf. *अटपटा*] *adj.* でたらめの, つじつまの合

わない，ばかばかしい．(⇒अनाप-शनाप)

— *m.* つじつまの合わない話；あることないこと．(⇒अनाप-शनाप) ❐～ बकना あることないことをほざく．

ऊतक /ūtaka̸ ウータク/ [neo.Skt.m. *ऊतक-* 'tissue'; cf. Skt.f. *ऊति-* 'the act of weaving, sewing; red texture; tissue'] *m.* 〖生物〗（動植物の細胞の）組織．

ऊद[1] /ūda̸ ウード/ [<OIA.m. *udrá-1* 'an aquatic animal': T.02056] *m.* **1** 〖動物〗カワウソ．(⇒ऊदबिलाव) **2** 愚かな人．(⇒ऊदबिलाव)

ऊद[2] /ūda̸ ウード/ [←Pers.n. عود 'wood, timber; aloe-wood' ←Arab.] *m.* 〖植物〗ジンコウ（沈香）《ジンチョウゲ科の常緑高木；天然香料が採取できる》．(⇒अगर)

ऊदबत्ती /ūda̸battī ウードバッティー/ [*ऊद²* + *बत्ती*] *f.* 線香．(⇒अगरबत्ती)

ऊदबिलाव /ūda̸bilāva̸ ウードビラーオ/ [*ऊद* + *बिलाव*] *m.* **1** 〖動物〗カワウソ．(⇒ऊद) **2** 愚かな人．(⇒ऊद)

ऊदा /ūdā ウーダー/ [?<OIA. **uddāta-* 'cleansed, bright, clear': T.01986; cf. Pers.adj. کبود 'blue'; cf. Pers.n. عودی 'a blackish color (as that aloes-wood)' ←Arab.] *adj.* 紫色の．(⇒बैंगनी)

ऊधम /ūdʰama̸ ウーダム/ [<OIA.m. *uddhama-* 'panting': T.02008] *m.* （子どもが巻き起こす）大騒動，（子どもたちのような）大騒ぎ．❐～ उठाना [करना, मचाना] 大騒ぎする．

ऊधमी /ūdʰa̸mī ウードミー/ [*ऊधम* + *-ई*] *adj.* いたずら好きで騒々しい（子ども）．❐मेरी कक्षा में उससे ज़्यादा ～ कोई लड़का न था। 私のクラスに彼よりいたずら好きで騒々しい子どもは他にいなかった．

ऊन /ūna̸ ウーン/ [<OIA.f. *ū́rṇā-* 'wool': T.02424] *m.* ウール，毛糸，羊毛．

ऊनी /ūnī ウーニー/ [*ऊन* + *-ई*; cf. OIA. *áurṇaka-* 'woollen': T.02570] *adj.* ウールの，毛糸の，羊毛の．

ऊपर /ūpara̸ ウーパル/ [<OIA. **uppari* 'above': T.02333] *adv.* 上に［へ］．(⇔नीचे) ❐～ की ओर 上の方向に［へ］．❐～ से 上から．❐(के) ～ （…の）上に［へ］．❐तीन सौ से ～ रचनाएँ 300 以上の作品．

ऊपर-नीचे /ūpara̸-nīce ウーパル・ニーチェー/ *adv.* 上下に．❐मेरे जीवन की नौका तरंगों के साथ ～ होने लगी। 私の人生の小舟は波のうねりとともに上下に揺れた．❐पाठशाला के विद्यार्थी थे, मुझसे एकाध दर्जे ～। （彼らは）小学校の生徒だった，私より1，2年級上か下の．

ऊपरी /ūpa̸rī ウープリー/ [*ऊपर* + *-ई*] *adj.* **1** 上の；上部の；表面の；上層の．(⇔निचला) **2** うわべの，見せかけの．❐～ मन से 気の乗らない様子で，うわの空で．❐मैंने ～ खेद, लेकिन भीतरी संतोष से उसे देखा। 私はうわべは残念そうに，しかし内ではほくそ笑んで彼を見た．**3** 余分の，余りの．

ऊब /ūba̸ ウーブ/ [cf. *ऊबना*] *f.* 飽き；退屈；辟易；嫌気．

ऊबड़ /ūbaṛa̸ ウーバル/ [?<OIA.n. *udvartman-* 'the wrong road': T.02073] *adj.* （地面が）凸凹な．

ऊबड़-खाबड़ /ūbaṛa̸-kʰābaṛa̸ ウーバル・カーバル/ [echo-word; cf. *ऊबड़*; ?cf. *ख़राब*] *adj.* （地面が）凸凹な．(⇔चौरस) ❐～ सड़क 凸凹な道．❐ज़िंदगी के चौरस रास्ते को ～ बना देना 人生の平坦な道を苦しく難儀なものにする．

ऊबना /ūba̸nā ウーブナー/ [<OIA. *údvijatē* 'gushes up': T.02087] *vi.* (*perf.* ऊबा /ūbā ウーバー/) **1** （単調さに）退屈する，倦む，飽きる．(⇒अकुलाना, उकताना) ❐एक तरह से बैठे-बैठे वह ऊब गया। 同じ姿勢で座りつづけて，彼は退屈してしまった．❐मैं छह वर्ष एक ही स्कूल में पढ़ते-पढ़ते ऊब गया था। 私は6年間同じ学校で勉強しつづけて飽きてしまった．**2** （飽きて）嫌になる，うんざりする，辟易する，閉口する．(⇒अघाना, अफरना) ❐आपको प्रतीक्षा करने से नहीं ऊबना चाहिए। あなたは待つことを嫌がってはいけない．❐वह अपने भैया की बात करते न ऊबती थी, न थकती थी। 彼女は自分の兄の話を始めると，飽きもせず疲れを知ることもなかった．**3** （気持ちが）離れる，嫌気がさす，愛想をつかす．(⇒उचटना) ❐वह इस जीवन से ऊब गयी। 彼女はこの生活に嫌気がさした．

ऊमस /ūmasa̸ ウーマス/ ▸उमस *f.* ☞उमस

ऊर्जस्विता /ūrjasvitā ウールジャスヴィター/ [←Skt.f. *ऊर्जस्वि-ता-* 'vigorousness'] *f.* 力のみなぎった様子，精力的な様子．

ऊर्जस्वी /ūrjasvī ウールジャスヴィー/ [←Skt. *ऊर्जस्-विन्-* 'powerful, strong, mighty'] *adj.* 力のみなぎった，精力的な．

ऊर्जा /ūrjā ウールジャー/ [←Skt.f. *ऊर्जा-* 'strength, vigour, sap'] *f.* エネルギー；パワー；活力．❐सौर ～ 太陽エネルギー．

ऊर्ध्व /ūrdʰva̸ ウールドオ/ [←Skt. *ऊर्ध्व-* 'rising or tending upwards, raised, elevated, erected, erect, upright, high, above'] *adj.* 垂直の．

— *adv.* 垂直に．

ऊर्ध्वगामी /ūrdʰva̸gāmī ウールドオガーミー/ [←Skt. *ऊर्ध्व-गामिन्-* 'going or tending upwards'] *adj.* 上昇する；垂直に伸びた．❐～ लपटें 上昇する火炎．

ऊर्ध्वविराम /ūrdʰva̸virāma̸ ウールドオヴィラーム/ *m.* アポストロフィ．

ऊर्मि /ūrmi ウールミ/ [←Skt.f. *ऊर्मि-* 'a wave, billow'] *f.* 波，うねり．❐～ माला 波状のうねり．

ऊर्मिला /ūrmilā ウールミラー/ ▸उर्मिला *f.* ☞उर्मिला

ऊल-जलूल /ūla̸-jalūla̸ ウール・ジャルール/ [echo-word] *adj.* 支離滅裂な；ばかげた．❐～ बकना 支離滅裂なことをほざく．

ऊष्मा /ūṣmā ウーシュマー/ [←Skt.f. *ऊष्मा-* 'vapour, steam'] *f.* 熱．

ऊसर /ūsara̸ ウーサル/ [<OIA. *ūṣará-* 'impregnated with salt': T.02440] *adj.* （塩分を含んで）不毛の．❐～ खेत 何も生えていない不毛の耕作地．

— *m.* （塩分を含んだ）不毛の地．❐～ में भी दाना छींट आता तो कुछ न कुछ पैदा हो जाता था। 不毛の地でも穀粒をまけば，なにがしらかは育ったものだったが．❐वह इस ～ में गुलाब का फूल था। 彼女はこの荒野における一輪のバラの花だった．

ऊह[1] /ūha ウーフ/ *int.* 《苦痛を表すうめき声》(⇒ओह)

ऊह[2] /ūha ウーフ/ [←Skt.m. *ऊह-* 'the act of comprehending, conceiving'] *m.* ☞ऊहा

ऊहा /ūhā ウーハー/ [←Skt.f. *ऊहा-* 'the act of comprehending, conceiving'] *f.* 思いをめぐらすこと，あれこれ考えること.

ऊहापोह /ūhāpoha ウーハーポーフ/ [←Skt.m. *ऊह-अप-ऊह-* 'adding and removing'] *m.* ああでもないこうでもないと考えること，考えがまとまらないこと；優柔不断，決断の留保. ❐इन्हीं ऊहापोहों में दिन कटते गए। これらのあれやこれやの思案で日が過ぎていった.

ऋ

ऋकार /r̥kāra リカール/ [←Skt.m. *ऋ-कार-* 'Devanagari letter ऋ or its sound'] *m.* 〖言語〗母音字 ऋ とそれに対応する母音記号 ृ が表す音 /r̥/.

ऋकारांत /r̥kārāṃta リカーラーント/ [←Skt. *ऋकार-अन्त-* 'ending in the letter ऋ or its sound'] *adj.* 〖言語〗語尾が /r̥/ を表す文字で終わる(語)《ヒンディー語では，ほとんどがサンスクリット語起源の合成語要素；कर्तृ-「行為者」，पितृ-「祖先」，मातृ-「母」など》. ❐～ शब्द 語尾が /r̥/ を表す文字で終わる語.

ऋग्वेद /r̥gveda リグヴェード/ [←Skt.m. *ऋग्-वेद-* 'Hymn-Veda or Veda of praise'] *m.* 〖ヒンドゥー教〗リグ・ヴェーダ《「讃歌のヴェーダ」;4 つのヴェーダのうち最も古く，インド文学最古の文献;神々に捧げられた約千の讃歌の集録》.

ऋजु /r̥ju リジュ/ [←Skt. *ऋजु-* 'tending in a straight direction, straight'] *adj.* **1** まっすぐな；曲がっていない. (⇒सीधा)(⇔तिर्यक्) ❐～ कारक 〖言語〗直格(形). **2** 真っ正直な；正直な. (⇒सीधा)

ऋजुता /r̥jutā リジュター/ [←Skt.f. *ऋजु-ता-* 'straight direction, straightness'] *f.* まっすぐであること；曲がっていないこと. (⇒सीधापन)

ऋण /r̥ṇa リン/ [←Skt.n. *ऋण-* 'anything wanted or missed; anything due, obligation, duty, debt'] *m.* **1** 債務，借金. (⇒क़र्ज़) ❐(का) ～ चुकाना (…の)債務を返済する. **2** 恩，恩義. ❐पुत्र माता के ～ से सौ जन्म लेकर भी उऋण नहीं हो सकता, लाख जन्म लेकर भी उऋण नहीं हो सकता। 息子というものは母の恩を百回生まれ変わろうと報いることはできない，10 万回生まれ変わろうとも報いることはできない. **3** 〖物理〗陰極，マイナス. (⇔धन) **4** 〖数学〗負，マイナス. (⇔धन) ❐～ चिह्न マイナス記号.

ऋणग्रस्त /r̥ṇagrasta リングラスト/ [neo.Skt. *ऋण-ग्रस्त-* 'indebted'] *adj.* 負債がある，借金がある.

ऋणग्रस्तता /r̥ṇagrastatā リングラストター/ [neo.Skt.f. *ऋण-ग्रस्त-ता-* 'indebtedness'] *f.* 負債がある状態，借金がある状態.

ऋणदाता /r̥ṇadātā リンダーター/ [←Skt.m. *ऋण-दातृ-* 'one who pays a debt'] *m.* 〖経済〗債権者，貸し主.

ऋणपत्र /r̥ṇapatra リンパトル/ [neo.Skt.n. *ऋण-पत्र-* 'bond'] *m.* 〖経済〗債務証書；債券.

ऋणमुक्त /r̥ṇamukta リンムクト/ [←Skt. *ऋण-मुक्त-* 'free from debt'] *adj.* 〖経済〗債務が完済された. (⇒उऋण)

ऋणात्मक /r̥ṇātmaka リナートマク/ [neo.Skt. *ऋण-आत्मक-* 'negative (as a charge); minus'] *adj.* **1** 〖物理〗陰極の，マイナスの. (⇔धनात्मक) **2** 〖数学〗負の. (⇔धनात्मक) ❐～ पूर्णांक 負の整数.

ऋणी /r̥ṇī リニー/ [←Skt. *ऋणिन्-* 'one who is in debt or indebted'] *adj.* **1** 〖経済〗債務を負っている，借りがある. (⇔उऋण) **2** 恩に着ている，恩義を感じている. (⇔उऋण)

— *m.* 〖経済〗債務者.

ऋतु /r̥tu リトゥ/ [←Skt.m. *ऋतु-* 'any settled point of time; season'] *f.* 〖暦〗季節. (⇒मौसम)

ऋतुकाल /r̥tukāla リトゥカール/ [←Skt.m. *ऋतु-काल-* 'the fit or proper season'] *m.* 〖医学〗(月経後の)受胎に適した期間；(動物の)交尾期.

ऋतुमती /r̥tumatī リトゥマティー/ [←Skt.f. *ऋतु-मती-* 'a woman during her courses or just after them'] *adj.* **1** 〖ヒンドゥー教〗月経中の(女性). **2** 〖ヒンドゥー教〗結婚適齢期になった(女性).

— *f.* **1** 〖ヒンドゥー教〗月経中の女性. **2** 〖ヒンドゥー教〗結婚適齢期になった女性.

ऋतुराज /r̥turāja リトゥラージ/ [←Skt.m. *ऋतु-राज-* 'the king of the seasons, the spring'] *m.* 〖暦〗(季節の中の王である)春. (⇒वसंत)

ऋतु-विज्ञान /r̥tu-vijñāna リトゥ・ヴィギャーン/ [neo.Skt.n. *ऋतु-विज्ञान-* 'meteorology'] *m.* 気象学.

ऋतुस्नान /r̥tusnāna リトゥスナーン/ [←Skt.n. *ऋतु-स्नान-* 'the act of bathing after menstruation'] *m.* 〖ヒンドゥー教〗リトゥスナーナ《女性が月経の終了後に初めて行う沐浴》.

ऋद्धि /r̥ddʰi リッディ/ [←Skt.f. *ऋद्धि-* 'increase, growth, prosperity, success, good fortune, wealth, abundance'] *f.* 繁栄；豊穣(ほうじょう). (⇒समृद्धि)

ऋद्धि-सिद्धि /r̥ddʰi-siddʰi リッディ・スィッディ/ *f.* 〖神話〗繁栄と成功《ऋद्धि と सिद्धि はガネーシャ神 (गणेश) の侍女の名といわれる》.

ऋषि /r̥ṣi リシ/ [←Skt.m. *ऋषि-* 'a singer of sacred hymns, an inspired poet or sage'] *m.* 〖ヒンドゥー教〗聖仙.

ऋषिकेश /r̥ṣikeśa リシケーシュ/ [*ऋषि* + *केश*; cf. Eng.n. *Rishikesh*] *m.* 〖地名〗リシケーシュ《ウッタラーカンド州 (उत्तराखंड) にあるヒンドゥー教聖地》.

ए

एंकर /eṃkara エーンカル/ [←Eng.n. *anchor*] *m.* **1** 錨(いかり). **2** (番組の)アンカー, ニュースキャスター. ❐टेलीविजन फ़ुटबॉल ～ テレビのサッカー番組のアンカー.

एंजन /eṃjana エーンジャン/ ▸अंजन, इंजन *m.* ☞इंजन

एंटार्कटिक /eṃṭārkaṭika エーンタールクティク/ [←Eng.adj. *Antarctic*] *adj.* 〖地理〗南極の. (⇔आर्कटिक) ❐～ महासागर 南氷洋.

एंटीना /eṃṭīnā エーンティーナー/ ▸एंटेना *m.* ☞एंटेना

एंटेना /eṃṭenā エーンテーナー/ ▸एंटीना [←Eng.n. *antennaa*] *m.* アンテナ.

एँड़ी /ẽṛī エーンリー/ [<OIA.m. *ēraṇḍa-* 'castor-oil plant, *Ricinus communis*': T.02517] *f.* 〖動物〗蚕(カイコ)の一種《トウゴマ (अंडी) の葉を食べる》;この蚕の繭から作る絹.

एंपियर /eṃpiyara エーンピヤル/ [←Eng.n. *ampere*] *m.* アンペア.

एंबुलेंस /eṃbuleṃsa エーンブレーンス/ ▸ऐंबुलेंस [←Eng.n. *ambulance*] *m.* 救急車.

ए[1] /e エー/ *int.* ねえ, おい《呼び掛け》.

ए[2] /e エー/ [←Eng.n. *A*] *m.* (ラテン文字の)A.

एअर /eara エーアル/ ▸एयर *m.* ☞एयर

एक /eka エーク/ [←Skt. *एक-* 'one': T.02462] *num.* **1** 1. ❐～ और もう一つの. ❐～ गिलास पानी पीना グラス一杯の水を飲む. **2** (不特定の)ある. ❐～ दिन ある日. ❐～ समय ある時. **3** 一方の(人・もの), 片方の(人・もの). ❐～ दूसरे का 相互の. ❐～ से ～ बहुमूल्य वस्त्र 一つ一つが高価な衣装. **4** 同一の(人・もの). ❐～ ही 唯一の, 同じ. **5** 単調な.

एक-आध /eka-ādʰa エーク・アード/ *adj.* ☞एकाध

एकक /ekaka エーカク/ [←Skt. *एकक-* 'single, alone, solitary'] *m.* 〖単位〗(計量・測定の)単位. (⇒इकाई) ❐एक ज्योतिष ～ 〖天文〗一天文単位.

एकचित्त /ekacitta エークチット/ [←Skt. *एक-चित्त-* 'thinking of one thing only'] *adj.* (一つのことに)専念した;精神を集中した.

एकच्छत्र /ekaccʰatra エーカッチャトル/ [←Skt. *एक-च्छत्र-* 'having only one (royal) umbrella, ruled by one king solely'] *adj.* 完全に支配された;独裁的な. ❐～ राज्य 独裁国家. ❐～ शासक 独裁者.

एकछत्र /ekacʰatra エークチャトル/ [<Skt. *एक-च्छत्र-* 'having only one (royal) umbrella, ruled by one king solely'] *adj.* ☞एकच्छत्र

एकज़ीमा /ekazīmā エークズィーマー/ [←Eng.n. *eczema*] *m.* 〖医学〗湿疹. (⇒पामा)

एकजुट /ekajuṭa エークジュト/ [*एक* + *जुटना*] *adj.* 一致団結した;結集した. ❐～ होकर 一致団結して.

एकटक /ekaṭaka エークタク/ [*एक* + *टक*; cf. *टकटकी*] *adv.* 瞬(まばた)きもせず. (⇒निर्निमेष) ❐(की ओर) ～ देखना [ताकना] (…の方向を)瞬きもせずじっと見つめる.

एकड़ /ekaṛa エーカル/ [←Eng.n. *acre*] *m.* 〖単位〗エーカー.

एकतरफ़ा /ekatarafā エークタルファー/ ▸इकतरफ़ा [*एक* + *तरफ़*] *adj.* **1** 一方方向の;片道の. ❐～ टिकट 片道切符. **2** 一方的な;偏った. ❐～ फ़ैसला 一方的な決定[判決]. ❐～ मुहब्बत 片思い.

एकता /ekatā エークター/ [←Skt.f. *एक-ता-* 'oneness, unity, union, coincidence, identity'] *f.* 統一, 統合, まとまり;結束;一貫性. (⇔अनेकता) ❐अनेकता में ～ 多様性の中の統一. ❐राष्ट्र की ～ 国家の統一. ❐(में) ～ लाना (…に)一貫性をもたす, 結束をもたらす.

एकतान /ekatāna エークターン/ [←Skt. *एक-तान-* 'directed to one object only'] *adj.* 没頭した;一体化した.

एकतारा /ekatārā エークターラー/ ▸इकतारा [*एक* + *तार*] *m.* 〖楽器〗エークターラー, イクターラー《一弦楽器の一種》.

एकताल /ekatāla エークタール/ [←Skt.m. *एक-ताल-* 'harmony, unison (of song, dance, and instrumental music)'] *adj.* 拍子のあった;調和のとれた.

एकत्र /ekatra エーカトル/ [←Skt.ind. *एकत्र* 'in one place, in the same place'] *adv.* 一か所に. (⇒इकट्ठा) ❐～ करना (…を)一か所に集める.

एकत्रित /ekatrita エーカトリト/ [hypercorr.Skt. *एकत्रित-* 'collected together'; cf. Skt. *एकत्र* 'in one place, in the same place'] *adj.* 一か所に集められた.

एकत्व /ekatva エーカトオ/ [←Skt.n. *एक-त्व-* 'oneness, unity, union, coincidence, identity'] *m.* 一つであること;統一. (⇒एकता)

एकदम /ekadama エークダム/ [*एक* + *दम*[1]] *adv.* **1** 一息で, 一度に, ぴたりと;全く, 完全に. ❐उनकी गोद में जाते ही बच्चा ～ चुप हो गया। 彼女の膝に行くや否や子どもはぴたりと静かになった. ❐तुम कुछ समय के लिए अपने को ～ ढीला छोड़ दो, तन को भी विश्राम दो, मन को भी, दिल को भी, दिमाग़ को भी। 君は少しの間完全に自分の力を抜いたらどうだ, 身体にも休息をとらせろ, 精神にも, 心にも, 頭脳にも. ❐रुपये कहाँ से आएँ और वह भी ～ से २० हज़ार! 金がどこから来るというのだろう, それも一度に 2 万ルピーだなんて! **2** 急に, 不意に.

एकदेशी /ekadeśī エークデーシー/ [←Skt. *एक-देशिन्-* 'consisting of single parts or portions, divided into parts (as a whole)'] *adj.* 一国だけに通用する;特定の地域だけの.

एकनिष्ठ /ekaniṣṭʰa エークニシュト/ [neo.Skt. *एक-निष्ठ-* 'devoted to'] *adj.* (唯一のものに)忠誠を尽くす, いちずな, ひたむきな. ❐वे ～ भोजपुरी सेवक थे। 彼はボージ

プリー語にひたむきに尽した方でした.

एकपक्षीय /eka̸pakṣīya̸ エークパクシーエ/ [neo.Skt. *एक-पक्षीय-* 'unilateral'] *adj.* 一方的な；偏った.（⇒ एकतरफ़ा）❒～ फ़ैसला 一方的な決定.

एकपत्नीव्रत /eka̸patnīvrata̸ エークパトニーヴラト/ [neo.Skt.n. *एक-पत्नी-व्रत-* 'being attached to one wife only'] *m.* 一人の妻のみを生涯愛し裏切らないこと,（男が）浮気をしないこと. ❒～ निभाना 妻を生涯裏切らない.

एकपहिया /eka̸pahiyā エークパヒヤー/ [*एक* + *पहिया*] *adj.* 一輪車の. ❒～ ठेला 一輪手押し車.

एकप्राण /ekaprāṇa̸ エーカプラーン/ [neo.Skt. *एक-प्राण-* 'of one soul or being'] *adj.* 一つの心となった. ❒～ होकर 心を一つにして.

एकबारगी /eka̸bāra̸gī エークバールギー/ [←Pers.adv. یکبارگی 'one time or turn; at once, all at once'] *adv.* **1** 一度に, いっぺんに, 同時に. ❒प्रत्येक आदमी इस हारी हुई बाज़ी के ～ पलट जाने पर विस्मित था। 皆この負けた勝負がいっぺんにひっくり返ったことに驚嘆していた. ❒मैंने आशा का जो एक पर्वत-सा खड़ा कर रखा था, वह जैसे ～ इतना छोटा हुआ कि राई बन गया। 私が山のごとくそびえさせた期待が, 一度にしぼんでしまってまるでカラシナの粒ほどになってしまった. **2** 突然, 急に.（⇒अचानक）❒～ एक स्त्री ने रोते हुए कहा। 突然一人の女が泣きながら言った. **3** すっかり, 全く, 完全に. ❒जिस जलवायु में हम पलते हैं, उसे ～ नहीं बदल सकते। 私たちが育っている風土をすっかり変えてしまうことはできません.

एकमंज़िला /eka̸maṃzilā エークマンズィラー/ [*एक* + *मंज़िल*] *adj.* 平屋建ての, 一階建ての. ❒～ मकान

एकमत /eka̸mata̸ エークマト/ [neo.Skt. *एक-मत-* 'of one opinion, agreed'] *adj.* 同意見の；全員一致した. ❒（पर）～ होना（…について）同意見である, 異論がない. ❒～ होकर 全員一致して, 異論なく.

एकमात्र /eka̸mātra̸ エークマートル/ [←Skt. *एक-मात्र-* 'consisting of one syllabic instant'] *adj.* 唯一の；ただ一つの, ただ一人の. ❒～ उद्देश्य 唯一の目的. ❒～ पुत्र たった一人の息子.

एकमुश्त /eka̸muśta̸ エークムシュト/ [*एक* + *मुश्त*; cf. Pers.adj. یک مشت 'a fistful'] *adv.*（分割ではなく）一度に, まとめて.（⇔क़िस्तवार）

एकरस /eka̸rasa̸ エークラス/ [←Skt. *एक-रस-* 'having (always) the same object of affection, unchangeable'] *adj.* 単調な, 一本調子の；退屈な.

एकरसता /eka̸rasa̸tā エークラスター/ [←Skt.f. *एक-रस-ता-* 'monotony'] *f.* 変化のない単調さ；退屈さ.

एकरूप /eka̸rūpa̸ エークループ/ [←Skt. *एक-रूप-* 'having the same colour or form, one-coloured, of one kind, uniform'] *adj.* 同じ形をした；一様な；均一の；画一な；統一された.

एकरूपता /eka̸rūpa̸tā エークループター/ [←Skt.f. *एक-रूप-ता-* 'uniformity, invariableness'] *f.* 均一性；画一性；統一性. ❒भाषा की ～ 言語の統一性.

एकल /ekala̸ エーカル/ [<OIA. **ēkkala-* 'alone': T.02506; cf. *अकेला*] *adj.* 単一の；単独の；（歌手・舞踏家が）ソロの；（スポーツ競技の）シングルスの；独身の. ❒～ खिड़की ワンストップ（サービス）. ❒～ गायक ソロ歌手. ❒～ महिला 独身女性《未婚の女性, 離婚した女性, 寡婦（かふ）, 夫から捨てられた女性を含む》

— *m.*〖スポーツ〗（テニス, 卓球, バドミントン）シングルス.（⇔युगल）❒प्रतियोगिता के ～（वर्ग）में अंकुश ने बाज़ी मारी। 競技のシングルスではアンクシュが勝った.

एकवचन /eka̸vacana̸ エークワチャン/ [←Skt.n. *एक-वचन-* 'the singular number'] *m.*〖言語〗単数.（⇔बहुवचन）

एकसूत्रता /eka̸sūtra̸tā エークストルター/ [neo.Skt.f. *एक-सूत्र-ता-* 'tie, bond'] *f.* きずな；結束.

एकस्व /ekasva̸ エーカスオ/ [neo.Skt.n. *एक-स्व-* 'patent'] *m.* 特許（権）, パテント.

एकहरा /eka̸harā エークハラー/ ▸इकहरा *adj.* ☞इकहरा

एकांकी /ekāṃkī エーカーンキー/ [neo.Skt. *एक-अङ्किन्-* 'one-act (play)'] *adj.*〖演劇〗一幕物の.

— *m.*〖演劇〗一幕劇.

एकांगी /ekāṃgī エーカーンギー/ [←Skt. *एक-अङ्गिन्-* 'one-sided'] *adj.* 一面的な；偏った.

एकांत /ekāṃta̸ エーカーント/ [←Skt.m. *एक-अन्त-* 'a lonely or retired or secret place'] *adj.* 寂しい（場所）；人気のない, 人目を避けた（場所）. ❒～ कमरा 人気のない部屋.

— *m.* 寂しい場所；人気のない場所, 人目を避けた場所. ❒～ में（से）मिलना 人気のない場所で（人に）会う.

एकांतवास /ekāṃta̸vāsa̸ エーカーントワース/ [neo.Skt.m. *एकान्त-वास-* 'residing in solitude or seclusion'] *m.* 隠遁生活；ひとり暮らし, 独居生活. ❒～ करना 隠遁生活をする. ❒～ में जीवन के दिन व्यतीत करना 隠遁して人生の日々を過ごす.

एका /ekā エーカー/ [<OIA.n. *aikya-* 'oneness': T.02533] *m.* 一致団結. ❒～ करना 一致団結する.

एकाउंट /ekāuṃṭa̸ エーカーウント/ [←Eng.n. *account*] *m.* **1**（銀行の）口座.（⇒खाता）**2** 精算, 計算, 勘定.（⇒हिसाब, लेखा）

एकाउंटेंट /ekāuṃṭeṃṭa̸ エーカーウンテーント/ [←Eng.n. *accountant*] *m.* 会計係, 計理士, 主計官.（⇒लेखाकार）❒～ जनरल 会計課長, 経理局長.

एकाएक /ekāeka̸ エーカーエーク/ ▸यकायक [←Pers.adv. یکا یک 'one by one; suddenly'] *adv.* 突然, 急に, 不意に.

एकाकार /ekākāra̸ エーカーカール/ [neo.Skt. *एक-आकार-* 'completely intermingled; identical'] *adj.* **1** 渾然一体となった；合一した. ❒（के साथ）～ हो जाना（…と）一体になる. **2** 同形の.

एकाकी /ekākī エーカーキー/ [←Skt. *एकाकिन्-* 'alone, solitary'] *adj.* 孤独な；身寄りのない；寂しい. ❒～ जीवन 孤独な人生.

एकाकीपन /ekākīpana エーカーキーパン/ [*एकाकी* + *-पन*] *m.* 孤独;寂しさ.

एकाग्र /ekāgra エーカーグル/ [←Skt. *एक-अग्र-* 'one-pointed, having one point, fixing one's attention upon one point or object'] *adj.* (精神が)集中した;専念した. ❐अपने मन को (की ओर) ～ करना 自分の心を(…に)集中させる.

एकाग्रता /ekāgratā エーカーグルター/ [←Skt.f. *एकाग्र-ता-* 'intentness in the pursuit of one object'] *f.* (精神の)集中;専念. ❐～ से 精神を集中して.

एकात्म /ekātma エーカートム/ [←Skt. *एकात्मन्-* 'of one and the same nature'] *adj.* 一体となった;不二一元(論)の.

एकात्मता /ekātmatā エーカートムター/ [←Skt.f. *एकात्म-ता-* 'the unity of spiritual essence'] *f.* 不二一元.

एकादशी /ekādaśī エーカーダシー/ [←Skt. *एकादशिन्-* 'consisting of eleven'] *f.* **1**〖暦〗エーカーダシー《太陰暦の各月の白半月・黒半月の 11 日目》. **2**〖ヒンドゥー教〗断食《エーカーダシーの日は宗教的儀礼として断食 (व्रत) をすることから》.

एकाध /ekādʰa エーカード/ [*एक* + *आधा*] *adj.* ほんの少数の;ほんのわずかな. ❐～ दिन ほんの数日.

एकाधिकार /ekādʰikāra エーカーディカール/ [neo.Skt.m. *एक-अधिकार-* 'monopoly'] *m.*〖経済〗独占(権);専売(権). (⇒इजारा) ❐(पर) ～ प्राप्त करना (…に)独占権を得る.

एकाधिपत्य /ekādʰipatya エーカーディパティエ/ [pseudo.Skt.n. *एकाधिपत्य-* for Skt.n. **ऐकाधिपत्य-* 'autocracy'] *m.* 独裁政治;専制政治.

एकार /ekāra エーカール/ [←Skt.m. *ए-कार-* 'Devanagari letter ए or its sound'] *m.*〖言語〗母音字 ए とそれに対応する母音記号 े が表す母音 /e/.

एकारांत /ekārāṃta エーカーラーント/ [←Skt. *एकार-अन्त-* 'ending in the letter ए or its sound'] *adj.*〖言語〗語尾が母音 /e/ で終わる(語)《आगे「前方に」, पीछे「後方に」, से「…から」など》. ❐～ शब्द 母音 /e/ で終わる語.

एकार्थक /ekārtʰaka エーカールタク/ [?neo.Skt. *एक-अर्थक-* 'of the same sense'] *adj.* 同じ意味の, 同義の. (⇒समानार्थक)

एकीकरण /ekīkaraṇa エーキーカラン/ [←Skt.n. *एकीकरण-* 'the act of making one, uniting, combination'] *m.* 統一;統合;合併;融合. ❐जर्मनी ～ (東西)ドイツの統一.

एकेडमी /ekeḍamī エーケードミー/ ▸अकाडमी, अकादमी *f.* ☞अकादमी

एकेश्वरवाद /ekeśvaravāda エーケーシュワルワード/ [neo.Skt.m. *एक-ईश्वर-वाद-* 'monotheism'] *m.* 一神教.

एक्का /ekā エーカー/ ▸इक्का *m.* ☞इक्का

एक्ट /ekṭa エークト/▸ऐक्ट [←Eng.n. *act*] *m.* **1**〖演劇〗(演劇・戯曲の)幕, 段. (⇒अंक) **2**〖法律〗(立法府の)制定法, 法律.

एक्टर /ekṭara エークタル/▸ऐक्टर [←Eng.n. *actor*] *m.*〖演劇〗俳優, 男優. (⇒अदाकार, अभिनेता)

एक्टिंग /ekṭiṃga エークティング/ ▸ऐक्टिंग [←Eng.adj. *acting*] *adj.* 臨時代理の. ❐～ सब-लेफ़्टिनेंट 海軍少尉.

एक्ट्रेस /ekṭresa エークトレース/▸ऐक्ट्रेस [←Eng.n. *actress*] *f.*〖演劇〗女優. (⇒अभिनेत्री)

एक्स /eksa エークス/ [←Eng.n. *X*] *m.* (ラテン文字の)X.

एक्स-किरण /eksa-kiraṇa エークス・キラン/ [*एक्स* + *किरण*] *m.* ☞एक्स-रे

एक्सचेंज /eksacemja エークスチェーンジ/▸ऐक्सचेंज [←Eng.n. *exchange*] *m.*〖経済〗両替;為替

एक्सपर्ट /eksaparṭa エークスパルト/ [←Eng.n. *expert*] *m.* エクスパート, 専門家;くろうと(⇒विशेषज्ञ)

एक्सपोर्ट /eksaporṭa エークスポールト/ [←Eng.n. *export*] *m.*〖経済〗輸出(⇒निर्यात, बरामद)

एक्सप्रेस /eksapresa エークスプレース/ [←Eng.n. *express*] *f.* **1** 特急列車[バス]. **2** (電報や郵便の)速達[至急]便. ❐～ डाक 速達.

एक्सप्रेस-वे /eksapresa-ve エークスプレース・ヴェー/ [←Eng.n. *expressway*] *f.* 高速道路. (⇒मोटर-वे)

एक्सप्लोज़िव /eksaploziva エークスプローズィヴ/ [←Eng.n. *explosive*] *m.* 爆発物(⇒विस्फोटक)

एक्स-रे /eksa-re エークス・レー/ [←Eng.n. *X ray*] *m.* **1**〖物理〗X線, エックス線. (⇒एक्स-किरण) ❐～ फ़ोटो [चित्र] X線写真. **2**〖医学〗X線[レントゲン]検査. ❐(से) फेफड़ों का ～ कराना (人に)肺のレントゲン検査をしてもらう.

एक्स्ट्रा /eksṭrā エークストラー/ [←Eng.adj. *extra*] *adj.* 余分の;追加の, 割増しの.
— *m.* (映画などの)エキストラ. ❐हॉलीवुड के उन सितारों की कहानी, जिन्होंने अपना कैरियर ～ के रूप में शुरू किया था। 自分のキャリアをエキストラから始めたハリウッドのスターたちの物語.

एच /eca エーチ/ [←Eng.n. *H*] *m.* (ラテン文字の)H.

एजंट /ejamṭa エージャント/ ▸अजंट, एजेंट *m.* ☞एजेंट

एजंडा /ejamḍā エージャンダー/ [←Eng.n. *agenda*] *m.* 予定表, 計画表, 議事日程, 会議事項. ❐मीटिंग का ～ 会議の議事日程.

एजेंट /ejemṭa エージェーント/▸अजंट, एजंट [←Eng.n. *agent*] *m.* 代理人, エージェント;委託販売人. (⇒अभिकर्ता) ❐ट्रेवल ～ 旅行業者.

एजेंसी /ejemsī エージェーンスィー/ [←Eng.n. *agency*] *f.* **1** 代理権, 代理業. **2** 代理店, 取次店, 特約店. ❐ट्रेवल ～ 旅行代理店. **3** 周旋, 仲介. (⇒अभिकरण)

एटम /eṭama エータム/▸ऐटम [←Eng.n. *atom*] *m.*〖物理〗原子. (⇒अणु, परमाणु)

एटमिक /eṭamika エートミク/▸ऐटमिक [←Eng.adj. *atomic*]

adj. 〖物理〗原子の;原子力(利用)の.(⇒आणविक, एटमी)

एटमी /eṭamī エートミー/▶ऐटमी [*एटम* + -*ई*] *adj.* 〖物理〗原子の;原子力(利用)の.(⇒आणविक, एटमिक)

एटर्नी /eṭarnī エータルニー/ ▶अटर्नी *m.* ☞अटर्नी

एटलस /eṭalasa エートラス/▶अटलस, ऐटलस [←Eng.n. *atlas*] *m.* 〖地理〗地図書, 地図帳.

एटलांटिक /eṭalāṃṭika エートラーンティク/ ▶अटलांटिक *adj.* ☞अटलांटिक

एड़ /eṛa エール/ [<OIA. *ēḍi-, *ēḍḍi- 'heel': T.02512z3] *f.* **1** かかと. **2** (乗馬靴の)拍車. ❒(को) ～ लगाना [मारना] (馬に)拍車をあてる, 急がせる.

एडमिरल /eḍamirala エードミラル/ ▶ऐडमिरल [←Eng.n. *admiral*] *m.* (海軍)大将;提督. ❒वाइस ～ (海軍)中将. ❒रिअर ～ (海軍)少将.

एडम्सटाउन /eḍamsaṭāuna エーダムスターウン/ [cf. Eng.n. *Adamstown*] *m.* 〖地名〗アダムスタウン《英領海外領土ピトケアン諸島 (पिटकेर्न द्वीपसमूह) の首都》.

एडवोकेट /eḍavokeṭa エードヴォーケート/▶ऐडवोकेट [←Eng.n. *advocate*] *m.* 法廷弁護士.(⇒वकील)

एडिकाँग /eḍikā̃ga エーディカーング/ ▶एडीकांग *m.* ☞एडीकांग

एडिटर /eḍīṭara エーディータル/ ▶एडीटर *m.* ☞एडीटर

एडिनबरा /eḍinabarā エーディンバラー/▶एडिनबर्ग [←Eng.n. *Edinburgh*] *m.* 〖地名〗エディンバラ《スコットランド (स्काटलैंड) の首都》.

एडिनबर्ग /eḍinabarga エーディンバルグ/ ▶एडिनबरा *m.* ☞एडिनबरा

एड़ी /eṛī エーリー/ [<OIA. *ēḍi-, *ēḍḍi- 'heel': T.02512z3] *f.* **1** かかと. ❒एड़ियाँ रगड़ना [घिसना] かかとがすり減る《「駆けずり回る」,「大変な苦労をする」の意》. **2** (靴の)ヒール;(靴下の)かかと. ❒ऊँची ～ का जूता ハイヒールの靴.

एडीकांग /eḍīkāṃga エーディーカーング/ ▶एडिकाँग [←Eng.n. *aide-de-camp*] *m.* **1** 副官. ❒उसने (को) अपना ～ बनाया। 彼は(人を)自分の副官に任命した. **2** 侍従武官.

एडीटर /eḍīṭara エーディータル/▶एडिटर [←Eng.n. *editor*] *m.* 編集者.(⇒संपादक)

एड्स /eḍsa エードス/ [←Eng.n. *AIDS*] *m.* 〖医学〗エイズ, 後天性免疫不全症候群.

एतबार /etabāra エトバール/▶इतबार [←Pers.n. اعتبار 'taking counsel; confidence, faith, belief' ←Arab.] *m.* 信用, 信頼.(⇒विश्वास) ❒अगर मेरी आँखों-देखी बात न होती, तो मुझे इसपर कभी ～ न होता। もし私がこの目で見ることがなかったら, 私はこれを決して信用しなかった. ❒ज़िंदगी का कोई ～ नहीं। 人生は当てにならない. ❒(पर) ～ उठना (に対する)信用が失せる. ❒(पर) ～ करना [रखना] (を)信用する. ❒बड़े कारोबार में सारा काम ～ पर होता है। 大きなビジネスでは取引全体が信用の上で成り立っているのだ.

एतराज़ /etarāza エトラーズ/▶एतिराज़ [←Pers.n. اعتراض 'opposition' ←Arab.] *m.* 反対, 異議, 異論, 不服.(⇒आपत्ति) ❒वे लोग शुक्ल जी के इस प्रस्ताव पर कोई ～ न करते थे। 彼らはシュクル氏のこの提案に何ら異議を唱えていなかった.

एतिराज़ /etirāza エティラーズ/ ▶एतराज़ *m.* ☞एतराज़

एथलीट /etʰalīṭa エートリート/ [←Eng.n. *athlete*] *m.* 〖スポーツ〗陸上競技の競技者.

एथेन्स /etʰensa エーテーンス/ [cf. Eng.n. *Athens*] *m.* 〖地名〗アテネ《ギリシャ(共和国) (ग्रीस) の首都》.

एन /ena エーン/ [←Eng.n. *N*] *m.* (ラテン文字の)N.

एन जामेना /ena jāmenā エーン ジャーメーナー/ [cf. Eng.n. *N'Djamena*] *m.* 〖地名〗ンジャメナ《チャド(共和国) (चाड) の首都》.

एनामेल /enāmela エーナーメール/ ▶इनामिल *m.* ☞इनामिल

एनीमा /enīmā エーニーマー/ [←Eng.n. *enema*] *m.* 〖医学〗浣腸;浣腸器.

एनीमिया /enīmiyā エーニーミヤー/ [←Eng.n. *anemia*] *m.* 〖医学〗貧血(症). ❒उसे ～ की बीमारी है। 彼女は貧血症だった.

एनीमेशन /enīmeśana エーニーメーシャン/ [←Eng.n. *animation*] *m.* アニメ, アニメーション, 動画. ❒～ फ़िल्म アニメ映画.

एपिया /epiyā エーピヤー/ [cf. Eng.n. *Apia*] *m.* 〖地名〗アピア《サモア(独立国) (समोआ) の首都》.

एपेंडिसाइटिस /epeṃḍisāiṭisa エーペーンディサーイティス/ [←Eng.n. *appendicitis*] *m.* 〖医学〗虫垂炎;(俗に)盲腸炎.

एफ़ /efa エーフ/ [←Eng.n. *F*] *m.* (ラテン文字の)F.

एम /ema エーム/ [←Eng.n. *M*] *m.* (ラテン文字の)M.

एम。ए。 /ema e エーム エー/ [←Eng.n. *M.A.* (Master of Arts)] *m.* 〔略語〕文学修士号;文学修士課程, 文学博士課程前期. ❒～ करना 文学修士課程に在籍している, 文学修士号を取得する.

एम。 पी。 /ema pī エーム ピー/ [←Eng.n. *M. P.* (Member of Parliament)] *m.* 〔略語〕国会議員.(⇒संसद्-सदस्य, सांसद)

एमरजेंसी /emarajeṃsī エーマルジェーンスィー/▷एमर्जेंसी [←Eng.n. *emergency*] *f.* **1** 緊急事態. ❒～ लाइट 非常灯. **2** 非常事態.(⇒आपातकाल) ❒～ की घोषणा 非常事態宣言. ❒～ लागू करना 国家の非常事態を宣言し特別法を発動する.

एमर्जेंसी /emarjeṃsī エーマルジェーンスィー/ ▷एमरजेंसी *f.* ☞एमरजेंसी

एमिग्रेशन /emigreśana エーミグレーシャン/ [←Eng.n. *emigration*] *m.* 海外移住.(⇒प्रवास)

एम्सटर्डम /emsaṭarḍama エームスタルダム/ ▶ऐम्स्टर्डैम *m.* ☞ऐम्स्टर्डैम

एयर /eyara エーヤル/ ▶एअर [←Eng.n. *air*] *m.* …航空《航空会社名に使う》. ❒～ इंडिया エア・インディア, イ

ンド航空.

एयर-कंडीशंड /eyara-kaṃḍīśaṃḍa エーヤル・カンディーシャンド/ [←Eng.adj. *air-conditioned*] *adj.* エアコンが効いている, 空気調節がされている. (⇒वातानुकूलित)

एयर-कंडीशनर /eyara-kaṃḍīśanara エーヤル・カンディーシュナル/ [←Eng.n. *air conditioner*] *m.* エアコン, 空気調節装置, 冷暖房機器. (⇒वातानुकूलक)

एयर-कंडीशनिंग /eyara-kaṃḍīśaniṃga エーヤル・カンディーシャニング/ [←Eng.n. *air-conditioning*] *m.* 空気調節, 空調, 冷暖房, エアコン. (⇒वातानुकूलन)

एयरपोर्ट /eyaraporṭa エーヤルポールト/ [←Eng.n. *airport*] *m.* 空港, 飛行場. (⇒हवाई अड्डा)

एयर-फ़ोर्स /eyara-forsa エーヤル・フォールス/ [←Eng.n. *air force*] *m.* 空軍. (⇒वायु-सेना)

एयरलाइन /eyaralāina エーヤルラーイン/ [←Eng.n. *airline*] *f.* 航空路;定期航空路線;航空会社.

एयर-होस्टेस /eyara-hosṭesa エーヤル・ホーステース/ [←Eng.n. *air hostess*] *f.* エアホステス, 女性客室乗務員, スチュワーデス.

एरंड /eraṃḍa エーランド/ [←Skt.m. *एरण्ड-* 'the castor-oil plant, *Ricinus Communis*'] *m.* 〖植物〗トウゴマ, ヒマ《種子からひまし油が得られる》. (⇒अरंडी)

एरिट्रिया /eriṭriyā エーリトリヤー/ ▸इरित्रिया *m.* ☞इरित्रिया

एल /ela エール/ [←Eng.n. *L*] *m.* (ラテン文字の)L.

एल॰ एल॰ बी॰ /ela ela bī エール. エール. ビー./ [←Eng.n. *LL. B.*] *m.* 〔略語〕法学士(の称号).

एलओसी /elaosī エールオースィー/ [←Eng.n. *LOC* (Line of Control)] *m.* 実効支配線《カシミール係争地に引かれたインド・パキスタン間の協定ライン, 事実上の国境線;旧停戦ライン》. (⇒नियंत्रण-रेखा) ❐भारतीय सेना का एक दल 〜 पर गश्त लगा रहा था। インド軍の一隊が実効支配線上をパトロールしていた.

एलर्जी /elarjī エーラルジー/ [←Eng.n. *allergy*] *f.* 〖医学〗アレルギー.

एल साल्वाडोर /ela sālvāḍora エール サールワードール/ [←Eng.n. *El Salvador*] *m.* 〖国名〗エルサルバドル《首都はサンサルバドル (सान साल्वाडोर)》.

एलान /elāna エーラーン/ ▸ऐलान [←Pers.n. اعلان 'publishing, divulging, manifesting' ←Arab.] *m.* 発表;宣言. (⇒घोषणा) ❐〜 करना 宣言する.

एलिवेटर /eliveṭara エーリヴェータル/ [←Eng.n. *elevator*] *m.* エレベーター.

एलोपैथिक /elopaitʰika エーローパェーティク/ ▸ऐलोपैथिक [←Eng.adj. *allopathic*] *adj.* 〖医学〗対症[異種]療法の, アロパシーの. (⇔होमियोपैथिक)

एलोपैथी /elopaitʰī エーローパェーティー/ ▸ऐलोपैथी [←Eng.n. *allopathy*] *f.* 〖医学〗対症[異種]療法, アロパシー. (⇔होमियोपैथी)

एलोरा /elorā エーローラー/ [cf. Eng.n. *Ellora*] *m.* 〖地名〗エローラ《マハーラーシュトラ州 (महाराष्ट्र) にある村;仏教, ヒンドゥー教, ジャイナ教の石窟遺跡で有名》.

एल्बम /elbama エールバム/ ▸अलबम *m.* ☞अलबम

एवं /evaṃ エーワン/ [←Skt.ind. *एवम्* 'thus, in this way, in such a manner, such'] *conj.* …そして…, …と…. (⇒और, तथा)

एवज़ /evaza エーワズ/ [←Pers.n. عوض 'giving or doing an equivalent; compensation; return' ←Arab.] *m.* 代わり(のもの);代替(物);対価;返済. ❐(के) 〜 में (…の)代わりに.

एवज़ी /evazī エーオズィー/ [←Pers.adj. عوضی 'equivalent, in compensation'] *adj.* 代わりの;代替の.

एवमस्तु /evamastu エーワムアストゥ/ [←Skt.phr. *एवम्-अस्तु* 'be it so, I assent'] *int.* そのようになるであろう;かくあれかし《請願などに応えて》.

एवरेस्ट /evaresṭa エーオレースト/ [←Eng.n. *Everest*] *m.* 〖地理〗エベレスト(山). ❐〜 पर्वत エベレスト山.

एशिया /eśiyā エーシヤー/ [←Eng.n. *Asia*] *m.* 〖地理〗アジア, 亜細亜. ❐〜 महाद्वीप アジア大陸. ❐दक्षिण 〜 南アジア. ❐दक्षिण पूर्व 〜 東南アジア.

एशियाई /eśiyāī エーシヤーイー/ [*एशिया* + *-ई*] *adj.*アジアの. ❐〜 हाथी 〖動物〗アジア象, インド象.
— *m.*アジア人.

एशियान /eśiyāna エーシヤーン/ [←Eng.n. *ASEAN*] *m.* 東南アジア諸国連合.

एषणा /eṣaṇā エーシュナー/ [←Skt.f. *एषणा-* 'desire, begging, solicitation, request'] *f.* 切なる願望.

एस /esa エース/ [←Eng.n. *S*] *m.* (ラテン文字の)S.

एसिड /esiḍa エースィド/ [←Eng.n. *acid*] *m.* 〖化学〗酸. (⇒अम्ल, तेज़ाब) ❐कार्बोनिक 〜 炭酸.

एसेंबली /esembalī エーセーンバリー/ ▸असेंबली *f.* ☞असेंबली

एसोसियेशन /esosiyeśana エーソースィエーシャン/ ▸असोसियेशन *m.* ☞असोसियेशन

एस्कलेटर /eskaleṭara エースカレータル/ [←Eng.n. *escalator*] *m.* エスカレーター.

एस्टोनिया /eskaleṭara エースカレータル/ [cf. Eng.n. *Estonia*] *m.* 〖国名〗エストニア(共和国)《首都はタリン (तालिन्न)》.

एहतियात /ehatiyāta エヘティヤート/ [←Pers.n. احتیاط 'surrounding, encompassing; caution, care; attention' ←Arab.] *f.* **1** 慎重さ, 注意. (⇒सावधानी, होशियारी) ❐〜 से 慎重に. **2** 用心, 警戒.

एहतियाती /ehatiyātī エヘティヤーティー/ [*एहतियात* + *-ई*] *adj.* 予防の;用心のための. ❐〜 कार्यवाही 予防措置.

एहसान /ehasāna エヘサーン/ ▸अहसान, औसान [←Pers.n. احسان 'doing good, conferring an obligation; benevolent action' ←Arab.] *m.* **1** 好意, 親切;厚遇. ❐(पर) 〜 करना (人に)親切を施す. **2** 恩義;恩;感謝の念. ❐(का) 〜 मानना (人に)恩義を感じる.

एहसानमंद /ehasānamaṃda エヘサーンマンド/

[←Pers.adj. احسان مند 'grateful'] *adj.* 感謝の念を忘れない;恩義を感じている. ❐(का) ～ (人に)感謝している.

एहसास /ehasāsa エヘサース/ ▸अहसास [←Pers.n. احساس 'feeling, perceiving, understanding, perception' ←Arab.] *m.* 知覚(すること);実感;認識. ❐～ करना 実感する. ❐(को) (का) ～ दिलाना (人に)(…を)実感させる, わからせる.

ऐ

ऐंग्लो-इंडियन /aiṃglo-iṃḍiyana アエーングロー・インディヤン/ [←Eng.n. *Anglo-Indian*] *m.* インド居住の英国人;英国人とインド人の血をひく人.

ऐंचना /aĩcanā アエーンチナー/ [<OIA. **atiyañcati* 'pulls across': T.00210] *vt.* (*perf.* ऐंचा /aĩcā アエーンチャー/) **1** (自分の方に)力をこめて引っ張る, 引き寄せる. (⇒खींचना) ❐उसने ज़ोर लगाकर बोरे को अंदर ऐंच लिया। 彼は力いっぱい, 袋を中に引っ張った. ❐बात ही बात में दोनों ने तलवारें ऐंच लिया। あっという間に, 二人は剣を手元に引き寄せた. **2** (責任などを)引き受ける, ひっかぶる. (⇒ओढ़ना)

ऐंचा-तानी /aĩcā-tānī アエーンチャー・ターニー/ [*ऐंचना* + *तानना*] *f.* 引っ張り合うこと. (⇒खींच-तान)

ऐंठ /aĩṭʰa アエーント/ [cf. *ऐंठना*] *f.* **1** ねじれ;よじれ;ひと巻, とぐろ. **2** うぬぼれ, 自尊心;傲慢. **3** 頑固さ, 頑迷さ;強情.

ऐंठन /aĩṭʰana アエーンタン/ [<OIA.n. *āveṣṭana-* 'wrapping round': T.01449; cf. *ऐंठना*] *f.* **1**〖医学〗(筋肉の)けいれん;疝痛, さしこみ. ❐पेट की ～ 胃けいれん. **2** (糸, ひも, ロープなどの)ねじれ, よじれ.

ऐंठना /aĩṭʰanā アエーントナー/ [<OIA. *āvēṣṭyatē* 'is twisted': T.01450; cf. OIA. *ā́vēṣṭatē* 'spreads over': T.01448] *vi.* (*perf.* ऐंठा /aĩṭʰā アエーンター/) **1** よじれる, ねじれる, 曲がる. (⇒मुड़ना) ❐गीली लकड़ी पड़े पड़े ऐंठ जाती है। 湿った木材は, ほっておくと, 曲がってしまう. **2** のたうつ, のたうち回る;(胸が)張り裂けんばかりになる. ❐दर्द के मारे सारा शरीर ऐंठ गया। 痛みのために全身がのたうった. ❐वह मन में ऐंठकर रह गया। 彼は心の中でもがき苦しむしかなかった. **3** 麻痺する, 引きつける, (寒さで手足が)かじかむ. ❐लक़वे में उसकी जीभ ही ऐंठ गई। 脳卒中で彼の舌は麻痺した. ❐सर्दी की वजह से हाथ पैर ऐंठ गये। 寒さのために手足がかじかんだ. **4** (自慢して)鼻にかける. ❐वह अपनी हालत नहीं देखता, बस ऐंठता रहता है। 彼は自分の現状を見ようともせず, 相変わらず高慢である.

— *vt.* (*perf.* ऐंठा /aĩṭʰā アエーンター/) **1** ひねる, よじる, ねじる, 曲げる. (⇒उमेठना, मरोड़ना, मलना) ❐ऐंठी हुई दाढ़ी ひねりあげよじったあごひげ. ❐मूँछ ～ 口ひげを捻る《「偉そうにする, 傲慢な態度をとる」の意》. ❐मैंने लड़के का कान ऐंठ दिया। 私は少年の耳をつねった. **2** 紡ぐ, よる. ❐वह दिन भर बैठा सूत ऐंठ रही थी। 彼女は一日中座って糸を紡いでいた. **3** 絞る. (⇒गारना, निचोड़ना) ❐उसने धोती को कसकर ऐंठ दिया। 彼は腰布をきつく絞った. **4** (金品を)騙しとる, 巻き上げる. (⇒झँसना, झाड़ना) ❐उसके मित्रों ने उसको शराब पिलाकर ख़ूब पैसे ऐंठे। 友人たちは彼に酒を飲ませて, 存分に金を巻き上げた.

ऐंठवाना /aĩṭʰavānā アエーントワーナー/ [caus. of *ऐंठना*] *vt.* (*perf.* ऐंठवाया /aĩṭʰavāyā アエーントワーヤー/) よじらせる;よじってもらう.

ऐंद्रजालिक /aiṃdrajālika アエーンドラジャーリク/ [?neo.Skt. *ऐन्द्रजालिक-* 'magical'] *adj.* 魔術の;魔術に関わる.

— *m.* 魔術師, 手品師. (⇒जादूगर)

ऐंद्रिय /aiṃdriya アエーンドリエ/ [←Skt. *ऐन्द्रिय-* 'pertaining to senses, sensual'] *adj.* 官能的な. ❐～ आनंद 官能的な喜び, 快楽.

ऐंबुलेंस /aiṃbuleṃsa アエーンブレーンス/ ▸एंबुलेंस *m.* ☞एंबुलेंस

ऐकमत्य /aikamatya アエークマティエ/ [←Skt.n. *ऐकमत्य-* 'unanimity, conformity or sameness of opinions'] *m.* (意見の)全員一致, 満場一致. ❐(को) ～ से स्वीकार करना (…を)例外なく一致して認める.

ऐकांतिक /aikāṃtika アエーカーンティク/ [←Skt. *ऐकान्तिक-* 'absolute, necessary, complete, exclusive'] *adj.* 排他的な, 独占的な.

ऐकार /aikāra アエーカール/ [←Skt.m. *ऐ-कार-* 'Devanagari letter ऐ or its sound'] *m.*〖言語〗母音字 ऐ とそれに対応する母音記号 ै が表す母音 /ai/.

ऐकारांत /aikārāṃta アエーカーラーント/ [←Skt. *ऐकार-अन्त-* 'ending in the letter ऐ or its sound'] *adj.*〖言語〗語尾が母音 /ai/ で終わる(語)《कै「嘔吐(おうと)」, तै「決定した」, बर्रै「スズメバチ」など》. ❐～ शब्द 母音 /ai/ で終わる語.

ऐक्ट /aikṭa アエークト/ ▸एक्ट *m.* ☞एक्ट

ऐक्टर /aikṭara アエークタル/ ▸एक्टर *m.* ☞एक्टर

ऐक्टिंग /aikṭiṃga アエークティング/ ▸एक्टिंग *adj.* ☞एक्टिंग

ऐक्ट्रेस /aikṭresa アエークトレース/ ▸एक्ट्रेस *f.* ☞एक्ट्रेस

ऐक्य /aikya アエーキエ/ [←Skt.n. *ऐक्य-* 'oneness, unity, harmony, sameness, identity'] *m.* ☞एकता

ऐक्सचेंज /aiksacemja アエークスチェーンジ/ ▸एक्सचेंज *m.* ☞एक्सचेंज

ऐच्छिक /aiccʰika アエーッチク/ [←Skt. *ऐच्छिक-* 'optional, arbitrary, at will'] *adj.* 任意の;随意の;自発的な. (⇔अनिवार्य) ❐～ पेशियाँ〖医学〗随意筋. ❐～ विषय 選択科目.

ऐटम /aiṭama アエータム/ ▸एटम *m.* ☞एटम

ऐटमिक /aiṭamika アエートミク/ ▸एटमिक *adj.* ☞एटमिक

ऐटमी /aiṭamī アエートミー/ ▸एटमी *adj.* ☞एटमी

ऐटलस /aiṭalasa̸ アェータラス/ ▶अटलस, एटलस *m.* ☞एटलस

ऐडमिरल /aiḍa̸mirala̸ アェードミラル/ ▶एडमिरल *m.* ☞एडमिरल

ऐडवोकेट /aiḍa̸vokeṭa̸ アェードヴォーケート/ ▶एडवोकेट *m.* ☞एडवोकेट

ऐतिहासिक /aitihāsika̸ アェーティハースィク/ [←Skt. *ऐतिहासिक-* 'derived from ancient legends, legendary, historical, traditional'] *adj.* 歴史的な;歴史上の;由緒ある.(⇒तारीख़ी) ❐～ घटना 歴史的事件. ❐～ चित्र 歴史に題材をとった絵画.

ऐतिहासिकता /aitihāsika̸tā アェーティハースィクター/ [neo.Skt.f. *ऐतिहासिक-ता-* 'historicity'] *f.* 歴史性;歴史的真実, 史実.

ऐन /aina̸ アェーン/ [←Pers.n. عين 'flowing (water); the eye; the substance, essence, best part of anything' ←Arab.] *adj.* ちょうどの;ぴったりの;まさに(その時). ❐～ वक़्त [मौक़े] पर ぴったりの時間[チャンス]に. ❐～ जवानी में ほんのまだ若い時に.

ऐनक /ainaka̸ アェーナク/ [←Pers.n. عينك 'spectacles' ←Arab.] *f.* 眼鏡.(⇒चश्मा)

ऐब /aiba̸ アェーブ/ [←Pers.n. عيب 'accusing, reproaching, treating opprobriously; vice, fault, defect' ←Arab.] *m.* 欠点;欠陥;短所.(⇒कमी, दोष) ❐मुझमें सौ ～ हों, पर एक गुण भी है। 私には百の短所があるかもしれないが, 一つの長所もある.

ऐम्स्टर्डैम /aimsṭarḍaima̸ アェームスタルダェーム/▶एम्सटर्डम [cf. Eng.n. *Amsterdam*] *m.* 〚地名〛アムステルダム《オランダ(王国)(नीदरलैंड)の首都》.

ऐयार /aiyāra̸ アイヤール/ [←Pers.n. عيار 'marking (weights and measures) with a just standard. assaying); a cheat, knave, impostor, charlatan, conjuror, juggler' ←Arab.] *m.* **1**〚文学〛アイヤール《物語文学の中で超人的な能力や術を使って活躍する人, 忍びの者;忍びの術, 変装術, めくらましの術などにたけている;忍者, 密偵, 諜報員として登場》. **2** こそ泥, ペテン師.

ऐयारी /aiyārī アイヤーリー/ [←Pers.n. عيارى 'deceit, imposture, knavery'] *adj.*忍びの者(ऐयार)が活躍する. ❐तिलस्मी ～ उपन्यास〚文学〛ミステリー冒険小説.
— *f.* **1** 目くらましの技, 忍術《アイヤール(ऐयार)の得意技》. **2** こそ泥, ペテン.

ऐयाश /aiyāśa̸ アイヤーシュ/ [←Pers.n. عياش 'a jovial fellow, jolly toper, boon companion' ←Arab.] *adj.* 享楽的な(人);官能に耽溺する(人).
— *m.* 快楽主義者.

ऐयाशी /aiyāśī アイヤーシー/ [←Pers.n. عياشى 'luxury, luxuriousness, joviality'] *f.* 享楽, 歓楽;贅沢三昧;官能生活. ❐～ करना 歓楽の限りをつくす.

ऐरा-ग़ैरा /airā-ğairā アェーラー・ガェーラー/ [echo-word; cf. ग़ैर] *adj.* えたいの知れない(人);どこの馬の骨ともわからない(人).

ऐलान /ailāna̸ アェーラーン/ ▶एलान *m.* ☞एलान

ऐलोपैथिक /ailopaitʰika̸ アェーローパェーティク/ ▶एलोपैथिक *adj.* ☞एलोपैथिक

ऐलोपैथी /ailopaitʰī アェーローパェーティー/ ▶एलोपैथी *f.* ☞एलोपैथी

ऐश /aiśa̸ アェーシュ/ [←Pers.n. عيش 'living; food, bread; pleasure, delight; luxury' ←Arab.] *m.* **1** 享楽;贅沢三昧. ❐～ करना [उड़ाना, लूटना]享楽の限りをつくす. **2** 安楽;悠々(とした人生境遇).(⇒आराम) ❐बड़े ～ से ज़िंदगी बिताना [गुज़ारना]安楽に悠々と人生を送る.

ऐश्वर्य /aiśvarya̸ アェーシュワルエ/ [←Skt.n. *ऐश्वर्य-* 'the state of being a mighty lord, sovereignty, supremacy, power, sway'] *m.* **1** 並ぶもののない権勢. ❐मुझे अब ज्ञात हुआ कि प्रेम पर ～, सौंदर्य और वैभव का कुछ भी अधिकार नहीं। 私は今知った, 愛の上には権勢も美も富も何の力もないということを. **2** 富と繁栄.

ऐसा /aisā アェーサー/ [<OIA. *īdŕ̥śa-* 'such, like this': T.01611] *adj.* **1** このような. ❐ऐसे में この[その]時. ❐ऐसे ही 特に訳もなく. **2**《関係節を導く接続詞 कि と相関的に使用;関係節の内容を主節で受け「…なような(こと)」を表す》
— *adv.* このように.

ऐसे /aise アェーセー/ [cf. *ऐसा*] *adv.* このように.

ऐहिक /aihika̸ アェーヒク/ [←Skt. *ऐहिक-* 'of this place, of this world, worldly'] *adj.* 世俗の;現世の, この世の. ❐～ उद्देश्य पूरा करना 現世の目的を遂げる.

ओ

ओंकार /õkāra̸ オーンカール/ [←Skt.m. *ओम्-कार-* 'the mystic name for the Hindu triad, and represents the union of the three gods'] *m.* 〚ヒンドゥー教〛《「オーム(ओम्)」, つまり「ア(अ)」,「ウ(उ)」,「ム(म्)」の合成音とその記号 ॐ;神秘的な意味をもつ聖音, 聖字》

ओंगना /õga̸nā オーングナー/ ▶औंगना *vt.* ☞औंगना

ओंठ /õṭʰa̸ オーント/ ▶होंठ *m.* ☞होंठ

ओ /o オー/ [←Eng.n. *O*] *m.* (ラテン文字の)O.

ओक[1] /oka̸ オーク/ [?<OIA.n. *udaká-* 'water': T.01921] *m.* **1** (水を飲むために)くぼめた手の平.(⇒अंजलि) **2** くぼめた手の平で飲む水.

ओक[2] /oka̸ オーク/ [<OIA. **ōkk-* 'vomit': T.02538; DEDr.1029 (DED.0866)] *f.* 〚医学〛嘔吐;吐き気.

ओकना /oka̸nā オークナー/ [cf. *ओक²*] *vt.* (*perf.* ओका /okā オーカー/) ゲーゲー(ओ-ओ)と吐く, もどす.(⇒उलटना) ❐बच्चे ने दूध ओक दिया। 幼児はミルクをもどした.

ओकाई /okāī オーカーイー/ [cf. *ओक²*] *f.* 〚医学〛吐き気, むかつき, 悪心(おしん).

ओकार /okāra̧ オーカール/ [←Skt.m. *ओ-कार-* 'Devanagari letter ओ or its sound'] *m.* 〖言語〗母音字 ओ とそれに対応する母音記号 ◌ो が表す母音 /o/.

ओकारांत /okārāṃta̧ オーカーラーント/ [←Skt. *ओकार-अन्त-* 'ending in the letter ओ or its sound'] *adj.* 〖言語〗語尾が母音 /o/ で終わる(語)《फ़ोटो「写真」, लल्लो-चप्पो「お世辞, 甘言」, शो「ショー, (映画の)興行」など》. ❐～ शब्द 母音 /o/ で終わる語.

ओखली /okʰa̧lī オークリー/ ▸उखली, ऊखल [<OIA.n. *ulū́khala-* 'a wooden mortar': T.02360; DEDr.0672 (DED.0580)] *f.* 小さな臼(うす). ❐～ में सिर डालना [देना]〔慣用〕危険に身をさらす. ❐वह ～ में दाल छाँट रही थी। 彼女は臼の中のダール豆を選りだしていた.

ओछा /ocʰā オーチャー/ [<OIA. **ōccha-* 'small, thin, mean': T.02540] *adj.* **1** 浅はかな(人), 軽薄な;あさましい(人), さもしい;卑しい, 取るに足らない(人). ❐चौधरी जाति का ～, पर स्वभाव का ऊँचा था। チャオードリーは生まれは卑しいが, 性質は最高だった. ❐वह दिल की ओछी थी। 彼女は心がせまい女だった. **2** 効き目の少ない(一撃), 浅い(傷). ❐उसने अपना वार ～ पड़ते देखकर चोट पर चोट की। 彼女は自分の一撃が浅いと見て取って殴り続けた. ❐वह बच गया, ज़ख़म ～ पड़ा था। 彼は助かった, 傷が浅かった.

ओछापन /ocʰāpana̧ オーチャーパン/ [*ओछा* + *-पन*] *m.* あさましさ, さもしさ;つまらなさ, くだらなさ.

ओज /oja̧ オージ/ [←Skt.n. *ओजस्-* 'bodily strength, vigour, energy, ability, power; vitality'] *m.* 精気;生気, 生命力;(満ち溢れる)気力. ❐～ भरी कविता 生命力に満ちた詩.

ओजस्विता /ojasvitā オージャスヴィター/ [←Skt.f. *ओजस्वि-ता-* 'an energetic or emphatic manner of expression or style'] *f.* (精気にあふれた)輝き. ❐उनके भाषण में ～ थी। 彼の演説には精気にあふれた輝きがあった.

ओजस्वी /ojasvī オージャスヴィー/ [←Skt. *ओजस्विन्-* 'vigorous, powerful, strong, energetic'] *adj.* 精気にあふれた;生気旺盛な;気力の満ち溢れる. ❐वे बड़ी ही ～ भाषा में इन विषयों पर लिखते और बोलते थे। 彼はたいそう精気にあふれた言葉でこれらのテーマについて書いたり語ったりしていた.

ओज़ोन /ozona̧ オーゾーン/ [←Eng.n. *ozone*] *m.* 〖化学〗オゾン. ❐～ परत [कवच] オゾン層.

ओझ /ojʰa̧ オージ/ [<OIA.n. *ū́badhya-, ū́vadhya-* 'undigested grass &c. in the stomach of an animal killed for sacrifice': T.02417] *m.* 胃袋;腸.

ओझल /ojʰala̧ オージャル/ [<OIA. **ōjjhalla-* 'shade, screen, veil': T.02542] *adj.* **1** (遮蔽物にさえぎられて)見えない. **2** (視界から)消えた. ❐आँखों से ～ हो जाना 視界から消える.

ओझा /ojʰā オージャー/ [<OIA.m. *upādhyāya-* 'preceptor, teacher of Veda': T.02301] *m.* **1** 〖医学〗(田舎の)民間療法の治療師. **2** (悪霊払いをする)呪術師, 祈祷(きとう)師;呪術医. (⇒सयाना) ❐मैंने ओझे से मूठ चलाने को कह दिया है। 私は呪術師に呪文をかけるように言った. **3** 〖ヒンドゥー教〗オージャー《北インドのバラモンのコミュニティの一つ》.

ओट /oṭa̧ オート/ [<OIA. **ōṭṭā-* 'shelter, screen': T.02544; DEDr.0969 (DED.0817] *f.* **1** 遮蔽物;(人の目に触れない)ものかげ;隠れ蓑. (⇒आड़) ❐ऐसे शब्द, जो नम्रता की ～ में अपने गर्व को छिपाते हैं। 慎ましさの陰に自身の誇らしさを隠しているような言葉使い. ❐(की) ～ में छिप जाना(…の)かげに隠れる. ❐दोनों एक पेड़ की ～ में खड़े होकर ध्यानपूर्वक देखने लगे। 二人とも一本の木のかげに立って注意深く目を凝らした. ❐प्रायः बच्चे आँख ～ हुई चीज़ को जल्दी भूल जाते हैं। たいがい子どもは視界から消えたものをすぐに忘れ去ってしまうものだ. **2** 庇護を受ける場所, 避難所.

ओटना /oṭanā オートナー/ [<OIA. **avavartayati* 'turns round': T.00840] *vt.* (*perf.* ओटा /oṭā オーター/) **1** 綿繰り機 (ओटनी) にかけて綿花の繊維と種子を分離する. ❐कपास ओट देना 綿花を綿繰り機にかけて繊維と種子に分離する. **2** くどくど繰り返して言う. ❐वह एक ही बात को रात-दिन ओटता रहता है। 彼は同じことを夜も昼もくどくど繰り返して言う.

ओटनी /oṭa̧nī オートニー/ [cf. *ओटना*] *f.* 綿繰り機《綿花を入れて種子と繊維を分離する》.

ओटावा /oṭāvā オーターワー/ [←Eng.n. *Ottawa*] *m.* 〖地名〗オタワ《カナダ (कनाडा)の首都》.

ओड़ना /oṛa̧nā オールナー/ [<OIA. **ōḍḍā-* 'screen': T.02546z1] *vt.* (*perf.* ओड़ा /oṛā オーラー/) **1** (歓迎して)(手を)広げる;(物乞いのために)(衣服の裾を)広げる. ❐उसने भाई से मिलने के लिये बाहें ओड़ लीं। 彼は兄弟を迎えるために両手を広げた. **2** (打撃・攻撃に)持ちこたえる, 耐えぬく. ❐आलोचना, व्यंग्य, निंदा, भर्त्सना, दोषारोप, दूषणारोपण, आक्रोश, अभिशाप, सब हमने साहसपूर्वक, या दुनिया की नज़रों में बेहयाई से, ओड़ लिये थे। 批判, 揶揄(やゆ), 悪口, 悪態, 言いがかり, 中傷, 怒り, 呪いの言葉, すべてを私は敢然と, 世間の目には厚顔無恥に見えようと, 耐えぬいた.

ओडिशा /oḍiśā オーディシャー/ ▸ओड़िशा [cf. Eng.n. *Odisha*] *m.* オディシャ州, オリッサ州《オリッサ州は旧名 उड़ीसा から;州都はブワネーシュワル (भुवनेश्वर)》.

ओढ़ना /oṛʰa̧nā オールナー/ [<OIA. **ōḍḍh-* 'put on, wear, cover': T.02547; DEDr.0587 (DED.0502)] *vt.* (*perf.* ओढ़ा /oṛʰā オーラー/) **1** (自分自身を)(布などで)覆う, 包む, くるむ. ❐सर्दी अधिक होने पर उसने रज़ाई ओढ़ लिया। 寒さが増してきたので, 彼は掛け布団にくるまった. **2** 羽織る, ひっかぶる. ❐सर्दी में उसने ऊनी चादर ओढ़ लिया। 寒中, 彼女はウールのショールを羽織った. **3** (責任などを)引き受ける, ひっかぶる. (⇒ऐंचना) ❐उसने घर की सारी ज़िम्मेदारी अपने ऊपर ओढ़ लिया। 彼は家の全責任を, わが身に引き受けた. ❐उसने सारा दोष अपने ऊपर ओढ़ लिया। 彼はすべての罪を, 自分でひっかぶった.

— *m.* （ベール, ショールなど）かぶりもの；（シーツ, 毛布など）くるまるもの.

ओढ़नी /oṛʰanī オールニー/ [cf. *ओढ़ना*] *f.* （女性用の）かぶりもの.

ओढ़ाना /oṛʰānā オーラーナー/ ▸उढ़ाना [cf. *ओढ़ना*] *vt.* (*perf.* ओढ़ाया /oṛʰāyā オーラーヤー/) **1** （他人を）(布などで) 覆う, 包む, くるむ. ❐शव को कफ़न ओढ़ा दिया। 遺体を経帷子でくるんだ. **2** （人に）羽織らせる, かける, かぶせる. ❐नर्स ने मरीज़ को कंबल ओढ़ा दिया। 看護婦は患者に毛布をかけてあげた. **3** （責任などを）押しつける. ❐सारी ज़िम्मेदारी दूसरे पर ओढ़ाकर वह भाग गया। 全責任を他人に押しつけて彼は逃亡した.

ओत-प्रोत /ota-prota オート・プロート/ [←Skt. *ओत-प्रोत-* 'sewn lengthwise and crosswise'] *adj.* （感情などが）満ち満ちた；満ち溢れた. ❐(से) ～ होना （…で）満ち溢れる.

ओपेरा /operā オーペーラー/ [←Eng.n. *opera*] *m.* オペラ, 歌劇. ❐～ हाउस オペラハウス.

ओमान /omāna オーマーン/ [cf. Eng.n. *Oman*] *m.* 〖国名〗オマーン（・スルタン国）《首都はマスカット (मस्क़ट)》.

ओरंगऊटंग /oraṃgaūṭaṃga オーラングウータング/ ▸ओरंगोटंग [←Eng.n. *orang(o)utang*] *m.* 〖動物〗オランウータン.

ओरंगोटंग /oraṃgoṭaṃga オーランゴータング/ ▸ओरंगऊटंग *m.* ☞ओरंगऊटंग

ओर /ora オール/ [<OIA.f. *avarā-[1]* 'the near side': T.00812] *f.* 方向, 方角, 向き, 側. (⇒तरफ़, दिशा) ❐(की) ～ （…の）方向に[へ]. ❐ऊपर की ～ फेंकना 上に向けて投げる. ❐(की) ～ से （…の）方向から. ❐(के) चारों ～ （…の）四方に, （…の）あたり一面《(की) चारों ओर とはならない》.

ओर-छोर /ora-cʰora オール・チョール/ *f.* 両方の端, 端と端. ❐ब्रह्मांड का ～ कहाँ है? 宇宙の果てはどこだろう？

ओलंपिक /olampika オーランピク/ ▸ओलिंपिक [←Eng.n. *Olympic*] *m.* 〖スポーツ〗オリンピック（競技）. ❐～ का पाँच छल्लों वाले प्रतीक चिह्न オリンピックの五輪のシンボルマーク. ❐～ खेल オリンピック競技.

ओला /olā オーラー/ [<OIA.m. *úpala-* 'stone, rock': T.02223] *m.* **1** 霰（あられ）；雹（ひょう）. ❐पीठ पर गदागद ओले गिर रहे थे। 背中に次々ひょうが降ってきていた. ❐सिर मुँड़ाते ही ओले पड़े। 〔慣用〕頭を剃るやいなや雹が降った《「いきなり災難に会う」の意》.

— *adj.* （あられやひょうのように）とても冷たい.

-ओला /-olā ・オーラー/ *suf.* 《名詞の短縮形に付加する接尾辞; साँप から सँपोला「ヘビのこども」など》.

ओलिंपिक /olimpika オーリンピク/ ▸ओलंपिक *m.* ☞ओलंपिक

ओवरकोट /ovarakoṭa オーワルコート/ [←Eng.n. *overcoat*] *m.* オーバーコート.

ओवरहाल /ovarahāla オーワルハール/ [←Eng.n. *overhaul*] *m.* オーバーホール, 分解修理. ❐साइकिल ～ करना 自転車を分解修理する.

ओशनिया /ośaniyā オーシュニヤー/ [←Eng.n. *Oceania*] *m.* 〖地理〗オセアニア.

ओषधि /oṣadʰi オーシュディ/ [←Skt.f. *ओषधि-* 'a herb, plant, simple, esp. any medicinal herb'] *f.* ☞औषधि

ओष्ठ /oṣṭʰa オーシュト/ [←Skt.m. *ओष्ठ-* 'the lip'] *m.* 唇. (⇒होंठ)

ओष्ठ्य /oṣṭʰya オーシュティエ/ [←Skt. *ओष्ठ्य-* 'produced by the lips, labial (as certain sounds)'] *adj.* 〖言語〗唇音の. ❐～ व्यंजन 唇（子）音.

ओस /osa オース/ [<OIA.f. *avaśyā-* 'hoar-frost, dew': T.00855] *f.* 露（つゆ）. ❐～ की एक बूँद टपकी। 露の一しずくが垂れた.

ओसाना /osānā オーサーナー/ ▸उसाना [<OIA. **apaśrāpayati* 'makes retire from': T.00463] *vt.* (*perf.* ओसाया /osāyā オーサーヤー/) （穀物・もみ殻などを）(空中に飛ばして）よりわける, ふるいわける. ❐कोई अनाज ओसा रहा था, कोई गल्ला तौल रहा था। ある者はもみ殻をふるいわけ, ある者は穀物の目方を量っていた. ❐मैं संझा तक सब ओसा दूँगी। 私が夕方までに, みんなふるいわけておくわ.

ओसारा /osārā オーサーラー/ ▸उसारा [<OIA. **avaśara-* 'protection, shelter': T.00848] *m.* （田舎の粗末な家の）軒下. ❐वह ताड़ी पिये ओसारे में पड़ा था। 彼はヤシ酒に酔いつぶれて軒下に倒れていた.

ओस्लो /oslo オースロー/ [cf. Eng.n. *Oslo*] *m.* 〖地名〗オスロ《ノルウェー（王国）(नार्वे) の首都》.

ओह /oha オーフ/ *int.* （軽い挨拶）やあ；（驚き）なんてことだ；（苦痛）あー. ❐～, अब समझ में आ गया, कुंजी मेज़ पर ही छोड़ दी। ああ, 今わかった, 鍵は机の上に置いたんだ.

ओहदा /ohadā オーフダー/ [←Pers.n. عهدة 'an obligation, debt' ←Arab.] *m.* 役職, ポスト；地位. (⇒पद) ❐पिता ऊँचे ओहदे पर थे। 父は高い役職にいた.

ओहदेदार /ohadedāra オーフデーダール/ [←Pers.adj. عهده دار 'entrusted with a business, employed, holding a commission; an officer (of the Mogul government)'] *m.* 〖歴史〗（高い地位にいる）役人.

औ

औंगना /ãũganā アォーングナー/ ▸ओंगना [<OIA. *upāṅga-* 'smearing': T.02293] *vt.* （車輪の軸に）潤滑油をさす.

औंधना /ãũdʰanā アォーンドナー/ [cf. *औंधा*] *vi.* (*perf.* औंधा /ãũdʰā アォーンダー/) 裏返しになる. (⇒उलटना) ❐

वह औंधे मुँह ज़मीन पर पड़ गया। 彼は, うつぶせに地面に倒れた.

औंधा /ãũdʰā アォーンダー/ [<OIA. *avamūrdha-* 'head-down': T.00804] *adj.* うつ伏せに横たわった;ひっくり返って表が下に裏が上になっている. (⇒पट)(⇔चित) ❐कोई चित पड़ा है, कोई औंधे पड़ा है। ある者は仰向けに倒れていて, ある者はうつ伏せに倒れている. ❐वह औंधे मुँह ज़मीन पर पड़ गया। 彼は顔をうつ伏せにして地面に倒れた. ❐औंधी खोपड़ी まともでない人, バカ.

औंधाना /ãũdʰānā アォーンダーナー/ [cf. *औंधा*] *vt.* (*perf.* औंधाया /ãũdʰāyā アォーンダーヤー/) (中のものをあけるために)逆さにする, ひっくり返す. (⇒उलटना) ❐उसने घड़े को औंधा दिया। 彼は壺を逆さにした.

औंस /aũsa アォーンス/ ▸आउंस *m.* ☞आउंस

औक़ात /auqāta アォーカート/ [←Pers.n. اوقات 'times, seasons, hours (especially for prayers); state, condition' ←Arab.] *f.* **1** (折々の)時間. ❐～ बसर करना 時を過ごす, 暮らしをたてる. **2** 身分, 社会的地位;身の程. ❐अपनी ～ जानना 自分の身の程をわきまえている. ❐चौकीदार और कांस्टेबल बेचारे थोड़ी ～ के आदमी हैं। 門番や巡査は哀れにもたいした身分の人間ではない. **3** (経済的)能力, 甲斐性.

औकार /aukāra アォーカール/ [←Skt.m. *औ-कार-* 'Devanagari letter औ or its sound'] *m.* 〚言語〛母音字 औ とそれに対応する母音記号 ौ が表す母音 /au/.

औकारांत /aukārāṃta アォーカーラーント/ [←Skt. *औकार-अन्त-* 'ending in the letter औ or its sound'] *adj.* 〚言語〛語尾が母音 /au/ で終わる(語)《जौ「オオムギ」, नौ「9」, पौ「曙(あけぼの)」など》. ❐～ शब्द 母音 /au/ で終わる語.

औगाडौगु /augāḍaugu アォーガーダォーグ/ [cf. Eng.n. *Ouagadougou*] *m.* 〚地名〛ワガドゥグー《ブルキナファソ(बुर्किना फ़ासो) の首都》.

औघट /augʰaṭa アォーガト/ [?<OIA. **avaghaṭṭati* 'decreases, recedes': T.00748] *adj.* 険しく困難な(道). ❐～ रास्तों से चला आना 険しく困難な道を通って来る.

औघड़ /augʰaṛa アォーガル/ [?cf. *अघोर*] *adj.* **1** 不格好な;異様な(風体). **2** やりにくい(人), 扱いにくい(人);粗野な(人).

औचक /aucaka アォーチャク/ [cf. *अचानक*] *adj.* 不意の, 突然の;予告なしの, 不意打ちの. (⇒औचट) ❐～ निरीक्षण 予告なしの視察.

औचट /aucaṭa アォーチャト/ [?] *adj.* 不意の, 突然の;予告なしの, 不意打ちの. (⇒औचक)

औचित्य /aucitya アォーチティエ/ [←Skt.n. *औचित्य-* 'fitness, suitableness, decorum'] *m.* 適切;適合(性), 妥当(性). (⇔अनौचित्य)

औज़ार /auzāra アォーザール/ [←Pers.n. اوزار 'tools' ←Arab.] *m.* 道具, 工具, 器具. (⇒आला)

औटन /auṭana アォータン/ [cf. *औटना*] *f.* (ミルクなどが)煮詰まること.

औटना /auṭanā アォートナー/ [<OIA. *ā́vartayati* 'causes to turn round': T.01420] *vi.* (*perf.* औटा /auṭā アォーター/) (ミルクなどが)煮詰まる. (⇒कढ़ना) ❐पतीली में रक्खा सारा दूध पाँच मिनट में औट गया। 平鍋に入れたミルクは 5 分で煮詰まった.

औटाना /auṭānā アォーターナー/ [cf. *औटना*] *vt.* (*perf.* औटाया /auṭāyā アォーターヤー/) (ミルクなどを)煮詰める. (⇒काढ़ना) ❐हलवाई देर तक दूध औटाता रहा। 菓子職人は長い間ミルクを煮詰め続けた.

औत्सुक्य /autsukya アォートスキエ/ [←Skt.n. *औत्सुक्य-* 'anxiety, desire'] *m.* ☞उत्सुकता

औदार्य /audārya アォーダールエ/ [←Skt.n. *औदार्य-* 'generosity'] *m.* **1** 寛容さ, おおらかさ. (⇒उदारता) **2** 気前のよさ. (⇒उदारता)

औद्योगिक /audyogika アォーディョーギク/ [neo.Skt. *औद्योगिक-* 'industrial'] *adj.* 産業の;工業の. ❐～ क्रांति 産業革命. ❐～ क्षेत्र 工業地域. ❐～ देश 産業国家. ❐～ प्रदूषण 工業汚染.

औद्योगिकीकरण /audyogikīkaraṇa アォーディョーギキーカラン/ [neo.Skt.n. *औद्योगिकीकरण-* 'industrialisation'] *m.* 産業化;工業化.

औना-पौना /aunā-paunā アォーナー・パォーナー/ [echo-word; cf. *पौना*] *adj.* 値切った;定価より安い. ❐औने-पौने दाम में ख़रीदना 値切った価格で買う. ❐उस दुकान में शराब औने-पौने दामों पर बिक रही है। あの店では酒が定価より安い値段で売られている.

औपचारिक /aupacārika アォープチャーリク/ [←Skt. *औपचारिक-* 'honorific, complimentary'] *adj.* **1** 正式の, 公式の. (⇔अनौपचारिक) ❐～ बातचीत 公式会談. **2** 形式的な, 儀礼的な;格式ばった. (⇔अनौपचारिक) ❐उनका-मेरा संबंध निर्देशक-शोधार्थी की ～ सीमा से कभी ऊपर न उठ सका। 彼と私の関係は指導教官と研究生の形式的な境界を決して超えることはできなかった. ❐थोड़ी-सी ～ जाँच-पड़ताल के बाद मुझे बाहर जाने की इजाज़त दे दी गई। ちょっとばかりの形式的な取り調べの後, 私に外へ出る許しが与えられた.

औपचारिकता /aupacārikatā アォープチャーリクター/ [neo.Skt.f. *औपचारिक-ता-* 'formality'] *f.* 形式にこだわること, 堅苦しさ;儀礼的行為, 形式的行為. ❐～ निभाना 形式的な手続きをする, 堅苦しい付き合いをする. ❐उसने बीच की ～ हटानी चाही। 彼は間にある堅苦しさを除こうとした.

औपनिवेशिक /aupaniveśika アォープニヴェーシク/ [neo.Skt. *औपनिवेशिक-* 'colonial'] *adj.* 植民地の;植民地的な, コロニアル風の;植民地時代の. ❐～ इमारतें コロニアル風の建造物. ❐～ भारत 植民地時代のインド. ❐～ साहित्य 植民地文学.

औपन्यासिक /aupanyāsika アォーパニャースィク/ [neo.Skt. *औपन्यासिक-* 'pertaining to a novel'; cf. *उपन्यास*] *adj.* 小説の, 小説に関する. ❐～ पात्र 小説中の登場人物. ❐～ शिल्प 小説作法.

औरंगाबाद /auraṃgābāda アォーランガーバード/ [cf. Eng.n. *Aurangabad*] *m.* 〖地名〗オウランガーバード《マハーラーシュトラ州 (महाराष्ट्र) の地方都市》.

और /aura アォール/ [<OIA. *ápara-* 'posterior': T.00434] *conj.* そして, それから. ❐～ फिर そしてその後.
— *adv.* さらに, もっと…な, より…な. ❐～ क्या? 他に何だっていうんだ《「それだけのことさ」の意》. ❐～ खाइए। もっと食べてください.
— *adj.* **1** さらなる, もう一つの. ❐उसने एक ～ निशाना बाँधा। 彼はもう一回的を狙った. **2** 他の. ❐वहाँ ～ लोग होंगे। あそこには他の人たちもいるだろう. ❐～ लोग आँखें फोड़कर और किताबें चाटकर जिस नतीजे पर पहुँचते हैं, वहाँ मैं यों ही पहुँच गया। 他の人間だったら眼を酷使して書物を舐めるように読んで到達する結論に私はたやすく達してしまった.
— *m.* 他の人たち《複数形として》. ❐औरों की तरह तुम भी चापलासी करने लगे। 他の人間同様君もおべっかを使い始めたな. ❐तुमसे भी कहा, औरों से भी कहा। 君にも言ったし, 他の人たちにも言った.

औरत /aurata アォーラト/ [←Pers.n. عورة 'a woman' ←Arab.] *f.* **1** 女, 女性, 婦人. (⇒महिला, स्त्री)(⇔आदमी, मर्द) **2** 妻. (⇒पत्नी, बीबी, वाइफ़, स्त्री)

औरस /aurasa アォーラス/ [←Skt. *औरस-* 'innate, own, produced by one's self; legitimate (son)'] *adj.* 〖法律〗嫡出の. (⇔अनौरस) ❐～ पुत्र 嫡子である息子.

औलाद /aulāda アォーラード/ [←Pers.n. اولاد 'sons, children, descendants' ←Arab. ; pl. of Arab. ولد] *f.* **1** 子ども《意味は複数》. (⇒संतान) **2** 子孫, 末裔(まつえい). (⇒वंशज)

औलिया /auliyā アォーリヤー/ [←Pers.n. اولياء 'friends (of God), saints, prophets, fathers' ←Arab. ; pl. of Arab. ولی] *m.* 〖イスラム教〗聖人.

औलू /aulū アォールー/ [<OIA. *apūrvá-* 'unprecedented': T.00494] *adj.* 不思議な;普通ではない.

औषध /auṣad^{h}a アォーシャド/ [←Skt.n. *औषध-* 'herbs collectively'] *m.* 〖医学〗薬, 医薬《女性名詞として扱われることも》. (⇒औषधि, दवा)

औषध-विज्ञान /auṣad^{h}a-vijñāna アォーシャド・ヴィギャーン/ [neo.Skt.m. *औषध-विज्ञान-* 'pharmacology'] *m.* 〖医学〗薬学, 薬理学.

औषधालय /auṣad^{h}ālaya アォーシャダーラエ/ [neo.Skt.m. *औषध-आलय-* 'dispensary, pharmacy'] *m.* 〖医学〗薬局. (⇒दवाख़ाना)

औषधि /auṣad^{h}i アォーシャディ/ [←Skt.f. *औषधि-* 'a medical herb'] *f.* **1** 〖医学〗薬, 医薬. (⇒दवा) **2** 〖植物〗薬草.

औसत /ausata アォーサト/ [←Pers.adj. اوسط 'middle, middling' ←Arab.] *adj.* 中間の;平均の;凡庸(ぼんよう)な. ❐～ क़द का आदमी 中背の男. ❐～ दर्जे का 平均的な, 平凡な. ❐～ मासिक आय 平均月収.
— *m.* 〖数学〗平均(値). ❐पूरे देश के ～ का सात गुना 全国平均の 7 倍. ❐पूरे राज्य में मतदान का ～ ४६ प्रतिशत था। 州全体では投票率の平均は 46 パーセントだった.

औसतन /ausatana アォーサタン/ ▹औसतन् [←Arab.adv. اوسطاً 'on average'] *adv.* 平均して.

औसना /ausanā アォースナー/ [<OIA. **apavāsyatē* 'smells bad': T.00458; cf. OIA. *āvāsayati* 'perfumes': T.01433] *vi.* (*perf.* औसा /ausā アォーサー/) (農作物が藁(わら)などで覆われて)熟する, 熟成する;(発酵して)臭くなる.

औसान /ausāna アォーサーン/ ▸अहसान, एहसान *m.* ☞एहसान

औसाना /ausānā アォーサーナー/ [cf. *औसना*] *vt.* (*perf.* औसाया /ausāyā アォーサーヤー/) (農作物を藁(わら)などで覆って)熟させる, 熟成させる.

क क़

कंकड़ /kaṃkaṛa カンカル/ ▸कँकड़, कंकर [<OIA.m/n. *karkara-*[2] 'stone': T.02820; DEDr.1298 (DED.1091)] *m.* **1** 石ころ, 小石;砂利;土砂. **2** 硬い粒状のもの. **3** (研磨していない)宝石の原石.

कँकड़ /kãkaṛa カンカル/ ▸कंकड़, कंकर *m.* ☞कंकड़

कंकड़ी /kaṃkaṛī カンクリー/ [*कंकड़* + *-ई*] *f.* 石ころ, 小石;砂利. ❐～ उठाकर (पर) निशाना लगाना 小石をひろって(…に)狙いを定める.

कँकड़ीला /kãkaṛīlā カンクリーラー/ [cf. *कंकड़*] *adj.* 小石の多い, 石ころだらけの.

कंकण /kaṃkaṇa カンカン/ [←Skt.m. *कङ्कण-* 'bracelet'] *m.* ブレスレット. (⇒कंगन, बाज़ूबंद)

कंकर /kaṃkara カンカル/ ▸कंकड़, कँकड़ *m.* ☞कंकड़

कंकरीट /kaṃkarīṭa カンクリート/ [←Eng.n. *concrete*] *f.* コンクリート.

कंकाल /kaṃkāla カンカール/ [←Skt.m. *कङ्काल-* 'a skeleton'] *m.* 骸骨;骨格. ❐कंकाल-काय (骸骨のように)骨と皮だけに痩せ細った(人).

कंकालिन /kaṃkālina カンカーリン/ [*कंकाल* + *-इन*] *f.* (骨と皮だけの)老婆;魔女, 鬼女.

कँखौरी /kāk^{h}aurī カンカォーリー/ [cf. *काँख*] *f.* 脇の下(の窪み), 腋窩(えきか). (⇒काँख)

कंगन /kaṃgana カンガン/ ▸कँगना [←Panj.m. ਕੰਙਣ 'a bangle' <OIA.n. *kaṅkaṇa-* 'bracelet': T.02597] *m.* (特に金属製の)腕輪.

कँगना /kãganā カングナー/ ▸कंगन *m.* ☞कंगन

कँगनी[1] /kãganī カングニー/ [cf. *कंगन*] *f.* 小さな腕輪.

कँगनी[2] /kãganī カングニー/ [<OIA. **kaṅkunī-* 'a panic grain': T.02606] *f.* 〖植物〗カングニー《雑穀のアワ(粟)》.

कंगला /kaṃgalā カングラー/ ▸कंगाल *adj.* ☞कंगाल

कंगारू /kaṃgārū カンガールー/ [←Eng.n. *kangaroo*] *m.* 〖動物〗カンガルー.

कंगाल /kaṃgāla カンガール/▸कंगला [?←Panj.adj. ਕੰਗਾਲ 'poor' <OIA. *kaṅkāla-[2] 'poor, miserable': T.02604] *adj.* **1** 貧しい(人), みすぼらしい(人). (⇒ग़रीब) **2** みじめな(人), 哀れな(人).

कंगालपन /kaṃgālapana カンガールパン/ [कंगाल + -पन] *m.* **1** 赤貧, 貧乏;貧困. (⇒ग़रीबी) **2** 悲惨な状態;みじめな状態.

कंगाली /kaṃgālī カンガーリー/ [कंगाल + -ई] *f.* ☞कंगालपन

कंगूरा /kaṃgūrā カングーラー/ [←Pers.n. كنگره 'a niched battlement, notched parapet, pinnacle, turret'] *m.* (城の)胸壁;小塔.

कंघा /kaṃghā カンガー/ [?←Panj.m. ਕੰਘਾ 'a comb' <OIA.m. *káṅkata-* 'comb': T.02598] *m.* **1** (大きな)くし, 櫛. **2** 〖スィック教〗カンガー《スィック教男子が身につける櫛;戒律上身につけるべき 5 つのもの「パンジ・カッケー」(पंज कक्के) の一つ》

कंघी /kaṃghī カンギー/ [cf. कंघा] *f.* (小さな)くし, 櫛. ❐～ करना (髪を)櫛でとかす.

कंघी-चोटी /kaṃghī-coṭī カンギー・チョーティー/ *f.* (女性の)調髪.

कँघेरा /kãgherā カンゲーラー/ [<OIA. *kaṅkatakara- 'comb-maker': T.02599] *m.* 櫛職人

कंचन /kaṃcana カンチャン/ [<OIA.n. *kāñcaná-* 'gold': T.03013x1] *m.* 〖鉱物〗金(きん). (⇒सोना) ❐～ काया 輝くばかりに美しい姿.

कंचनजंगा /kaṃcanajaṃgā カンチャンジャンガー/ ▸कंचनजंघा *m.* ☞कंचनजंघा

कंचनजंघा /kaṃcanajaṃghā カンチャンジャンガー/▸कंचनजंगा [←Tib.; cf. Eng.n. *Kangchenjunga*] *m.* 〖地理〗カンチェンジュンガ《ネパールとインドのシッキム州との国境にある主峰;エベレスト, K2に次いで世界第 3 位》.

कंचनी /kaṃcanī カンチャニー/ [cf. कंचन] *f.* 踊り子;遊女, 娼婦.

कँचली /kãcalī カンチャリー/ ▸कँचुली, केंचुली *f.* ☞केंचुली

कंचा /kaṃcā カンチャー/ [cf. काँच] *m.* ラムネ玉;ビー玉. (⇒गोली)

कंचुक /kaṃcuka カンチュク/ [←Skt.m. कञ्चुक- 'an armour; a dress fitting close to the upper part of the body'] *m.* カンチュク《体にぴったりした胴着の一種》.

कंचुकी[1] /kaṃcukī カンチュキー/ [←Skt.m. कञ्चुकिन्- 'an attendant on the women's apartments'] *m.* (後宮の)侍者.

कंचुकी[2] /kaṃcukī カンチュキー/ [cf. कंचुक] *f.* カンチュキー《女性用のぴったりした胴着;ブラジャー》.

कँचुली /kãculī カンチュリー/ ▸कँचली, केंचुली *f.* ☞केंचुली

कंचेबाज़ी /kaṃcebāzī カンチェーバーズィー/ [कंचा + -बाज़ी] *f.* 〖ゲーム〗ビー玉遊び.

कँचेरा /kãcerā カンチェーラー/ [<OIA. *kāccakāra- 'glass maker': T.03012] *m.* ガラス職人.

कंज /kaṃja カンジ/ [←Skt.m. कञ्ज- 'the hair'] *m.* 髪の毛.

कंजड़ /kaṃjaṛa カンジャル/ ▸कंजर *m.* ☞कंजर

कंजड़ी /kaṃjaṛī カンジャリー/ ▸कंजरी *f.* ☞कंजरी

कंजर /kaṃjara カンジャル/ ▸कंजड़ *m.* **1** カンジャル《インド北中部に分布する指定部族の一つ;主に糸や金属製品などを扱う仕事を生業としている;》. **2** 不潔で粗野な人間.

कंजरपन /kaṃjarapana カンジャルパン/ [कंजर + -पन] *m.* 粗野であること.

कंज़रवेटिव /kaṃzaraveṭiva カンザルヴェーティヴ/ ▹कंज़र्वेटिव [←Eng.adj. *conservative*] *adj.* 保守的な. ❐～ पार्टी 保守党.

कंजरी /kaṃjarī カンジャリー/ ▸कंजड़ी [cf. कंजर] *f.* カンジャル(कंजर)の女.

कंज़र्वेटिव /kaṃzarveṭiva カンザルヴェーティヴ/ ▹कंज़रवेटिव *adj.* ☞कंज़रवेटिव

कंजा /kaṃjā カンジャー/ [<OIA.m. *káráñja-* 'the tree *Pongamia glabra*': T.02785; DED 1134, 1265 + S] *adj.* 灰色がかった目をした(人)《カンジャーの木の実の色から》.

— *m.* 〖植物〗カンジャー《とげがある潅木の一種;実は医薬として使用》.

कंजूस /kaṃjūsa カンジュース/ [?] *adj.* 吝嗇(りんしょく)な, けちん坊の, しみったれた, 守銭奴の;欲ばりな. (⇒अनुदार, कृपण)

— *m.* 吝嗇家, けちん坊, しみったれ, 守銭奴;欲ばり. (⇒मक्खीचूस)

कंजूसपन /kaṃjūsapana カンジュースパン/ [कंजूस + -पन] *m.* ☞कंजूसी

कंजूसी /kaṃjūsī カンジュースィー/ [कंजूस + -ई] *f.* 吝嗇(りんしょく), けち, 出し惜しみ;欲ぶかさ. (⇒कंजूसपन) ❐～ करना 出し惜しみする, けちる.

कंटक /kaṃṭaka カンタク/ [←Skt.m. कण्टक- 'a thorn; any source of vexation or annoyance'] *m.* **1** (植物や魚の)とげ. **2** 厄介な邪魔(者), 障害.

कंटकाकीर्ण /kaṃṭakākīrṇa カンタカーキールン/ [←Skt. कण्टक-आकीर्ण- 'scattered with thorns'] *adj.* **1** とげに満ちた. **2** 多難な, いばらの(道).

कंटर /kaṃṭara カンタル/ [←Eng.n. *decanter*] *m.* デカンター《栓付きの食卓用ガラス瓶》.

कँटीला /kãṭīlā カンティーラー/ ▸कटीला [?<OIA. *kaṇṭin-* '*thorny (name of various plants)': T.02679] *adj.* **1** とげのある(植物);とげのある(動物). ❐～ पौधा とげのある植物. **2** とげのような, とげ状の. ❐कँटीले बाल とげ状の毛. ❐～ तार 鉄条網. **3** (言葉や態度に)とげのある;とげとげしい.

कंटोनमंट /kaṃṭonamaṃṭa カントーンマント/ [←Eng.n. *cantonment*] *m.* 〖歴史〗カントンメント《植民地時代駐インド英軍の宿営地があった場所;現在も各都市に地名と

して残っている》.

कंटोप /kaṃṭopa̸ カントープ/ ▷कनटोप *m.* ☞कनटोप

कंट्रैक्ट /kaṃṭraikṭa̸ カントラェークト/ [←Eng.n. *contract*] *m.* 〖経済〗請負い;契約. (⇒ठेका)

कंट्रैक्टर /kaṃṭraikṭara̸ カントラェークタル/ [←Eng.n. *contractor*] *m.* 〖経済〗請負い人;契約人. (⇒ठेकेदार)

कंट्रोल /kaṃṭrola̸ カントロール/ [←Eng.n. *control*] *m.* コントロール, 制御;統制. (⇒अंकुश, क़ाबू, नियंत्रण)

कंठ /kaṃṭʰa̸ カント/ [←Skt.m. *कण्ठ-* 'throat'] *m.* **1** 喉;喉頭. (⇒गला) ❐कौर ～ में अटक गया। (食べ物の)かけらが喉にひっかかった. **2** 喉ぼとけ. **3** 声. ❐～ उनका बहुत ही मधुर था। 彼の声はとても甘美だった(＝彼はいい喉をしていた). ❐उसने आर्द्र ～ से कहा। 彼は哀れっぽい声で言った. ❐उसने व्यथित ～ से कहा। 彼は痛々しい声で言った.

कंठगत /kaṃṭʰagata̸ カンタガト/ [←Skt. *कण्ठ-गत-* 'being at or in the throat'] *adj.* 喉にある;喉に達した. (⇒कंठस्थ)

कंठ-तालव्य /kaṃṭʰa̸-tālavya̸ カント・ターラヴィエ/ *adj.* 〖言語〗喉と軟口蓋で調音される(音)《特に中舌前母音 ए e, ऐ ai をさす》.

कंठमाला /kaṃṭʰa̸mālā カントマーラー/ [*कंठ* + *माला*; cf. Skt.f. *गण्ड-माला-* 'inflammation of the glands of the neck'] *f.* 〖医学〗腺病, 瘰癧(るいれき)《頸部(けいぶ)リンパ節の慢性膨張》.

कंठसंगीत /kaṃṭʰa̸saṃgīta̸ カントサンギート/ [neo.Skt.n. *कण्ठ-संगीत-* 'vocal music'] *m.* 〖音楽〗声楽.

कंठस्थ /kaṃṭʰastʰa̸ カンタスト/ [←Skt. *कण्ठ-स्थ-* 'staying or sticking in the throat'] *adj.* **1** 喉に位置する. (⇒कंठगत) **2** 暗記した, 暗唱した, そらんじた. (⇒कंठाग्र) ❐मुझे उनकी कई कविताएँ ～ हैं। 私は彼のいくつかの詩をそらんじている.

कंठहार /kaṃṭʰa̸hāra̸ カントハール/ [neo.Skt.m. *कण्ठ-हार-* 'necklace'] *m.* ネックレス.

कंठा /kaṃṭʰā カンター/ [＜OIA.m. *kaṇṭhaka-* 'necklace': T.02681] *m.* **1** (数珠などの)首飾り, ネックレス. **2** (衣服の)首の部分, 襟;(洋服の)カラー.

कंठाग्र /kaṃṭʰāgra̸ カンターグル/ [neo.Skt. *कण्ठ-अग्र-* 'learnt by heart'] *adj.* 暗記した, そらんじた. (⇒कंठस्थ)

कंठी /kaṃṭʰī カンティー/ [cf. *कंठा*] *f.* 数珠;数珠状の小型の首飾り.

कंठ्य /kaṃṭʰya̸ カンティエ/ [←Skt. *कण्ठ्य-* 'being at or in the throat; pronounced from the throat'] *adj.* 〖言語〗喉音の;軟口蓋音の. ❐～ व्यंजन 軟口蓋(子)音.

कंठ्यौष्ठ्य /kaṃṭʰyauṣṭʰya̸ カンティャウシュティエ/ [?neo.Skt. *कण्ठ्य-ओष्ठ्य-* 'gutturo-labial'] *adj.* 〖言語〗喉と唇の間で調音される(音)《インドの伝統的な音声学では特に母音 ओ o औ au をさす》.

कंडक्टर /kaṃḍakṭara̸ カンダクタル/ [←Eng.n. *conductor*] *m.* **1** (バスなどの)車掌. ❐बस ～ バスの車掌. **2** 案内人, ガイド, 添乗員.

कंडरा /kaṃḍa̸rā カンドラー/ [←Skt.f. *कण्डरा-* 'a sinew'] *f.* 腱(けん). ❐एकिलिस ～ アキレス腱.

कंडा /kaṃḍā カンダー/ [?] *m.* カンダー《牛糞など動物の糞を練り固め乾燥させたもの;燃料に使う》. (⇒उपला)

कंडिया /kaṃḍiyā カンディヤー/ [cf. *कंडी*] *f.* (竹などで編まれた)小さなかご.

कंडी /kaṃḍī カンディー/ [＜OIA.m/n. *káraṇḍa-*[1] 'basket': T.02792] *f.* (竹などで編まれた)かご;(長く大きい)背負いかご.

कंडील /kaṃḍīla̸ カンディール/ [? *क़ंदील* × Eng.n. *candle*; cf. *क़ंदील*; cf. Port.f. *candela*] *f.* **1** 燭台, ろうそく立て;カンテラ. **2** ランプのかさ, ランプシェード.

कंडीलिया /kaṃḍīliyā カンディーリヤー/ [cf. *कंडील*] *f.* 灯台. (⇒प्रकाशस्तंभ)

कंडु /kaṃḍu カンドゥ/ [←Skt.m. *कण्डु-* 'scratching; itching'] *m.* 〖医学〗疥癬(かいせん), 皮癬《かゆみをともなう》.

कंडोम /kaṃḍoma̸ カンドーム/ [←Eng.n. *condom*] *m.* 〖医学〗コンドーム. (⇒निरोध)

कंत /kaṃta̸ カント/ [←Skt. *कन्त-* 'happy'] *m.* (男の)愛人;最愛の夫.

कंथा /kaṃtʰā カンター/ [←Skt.f. *कन्था-* 'a patched garment (worn by ascetics)'] *f.* カンター《ぼろを縫い合わせた布地;苦行者が身にまとう》.

कंद /kaṃda̸ カンド/ [←Skt.m. *कन्द-* 'a bulbous root'] *m.* 〖植物〗球根;根茎.

क़ंद /qaṃda̸ カンド/ [←Pers.n. قند 'sugar, sugar candy'; → Arab. → Eng.n. *candy*] *m.* 〖食〗白砂糖.

कंदमूल /kaṃda̸mūla̸ カンドムール/ [←Skt.n. *कन्द-मूल-* 'a radish'] *m.* 〖植物〗(食用になる)根, 根茎.

कंदरा /kaṃdarā カンダラー/ [←Skt.f. *कन्दरा-* 'a cave'] *f.* 洞窟, 洞穴;石窟. (⇒गुफा)

क़ंदील /qaṃdīla̸ カンディール/ ▶क़िंदील [←Pers.n. قندیل 'a candle' ←Arab. ; cf. *कंडील*] *m.* ろうそく;ランタン.

कंदुक /kaṃduka̸ カンドゥク/ [←Skt.m. *कन्दुक-* 'a ball of wood or pith for playing'] *m.* ボール, 鞠(まり). (⇒गेंद)

कंधा /kaṃdʰā カンダー/ [＜OIA.m. *skandhá-* 'shoulder, upper part of back': T.13627] *m.* 肩. ❐उसने उस परिवार के भरण-पोषण का भार अपने कंधों पर लिया। 彼はその家族の扶養の責務を自分の肩に引き受けた. ❐(के साथ) कंधे से ～ मिलाना (人と)肩を組む《「(人と)協力する」の意》. ❐(से) ～ मिलाना (…と)肩を並べる《「(…と)張り合う」の意》.

कँपकँपी /kãpakãpī カンプカンピー/ [cf. *कंप*] *f.* (身体の)震え. (⇒झुरझुरी) ❐उसके शरीर में ～ आ गई। 彼女の身体に震えが走った.

कंपन /kaṃpana̸ カンパン/ *m.* 〖物理〗震動.

कँपना /kãpa̸nā カンプナー/ ▶काँपना *vi.* (*perf.* कँपा /kãpā カンパー/) ☞काँपना

कंपनी /kaṃpanī カンパニー/ [←Eng.n. *company*] *f.* **1** 〖経済〗会社, 企業, 商会. ❐बहुराष्ट्रीय ～ 多国籍企業. **2** 歩兵[工兵]中隊. **3** 〖歴史〗英国東インド

会社(1600-1873)《実質的には 1858 年まで》. ❐～ बहादुर カンパニー・バハードゥル《ムガル皇帝が英国東インド会社に与えた称号》.

कंपाउंड /kaṃpāuṃḍa カンパーウンド/ [←I.Eng.n. *compound* ←Malay. *kampong* 'fenced enclosure'] *m.* (囲いをした)居留構内.

कंपाउंडर /kaṃpāuṃḍara カンパーウンダル/ [←I.Eng.n. *compounder* 'pharmacist'] *m.* 〘医学〙薬剤師.

कँपाना /kãpānā カンパーナー/ [cf. *काँपना*] *vt.* (*perf.* कँपाया /kãpāyā カンパーヤー/) (寒さ・恐怖が)身震いさせる. ❐मुझको रात में ज़ोर के जाड़े ने पूरा कँपा दिया। 夜の厳しい寒さが私を身震いさせた.

कंपार्टमेंट /kaṃpārṭameṃṭa カンパールトメーント/ [←Eng.n. *compartment*] *m.* (鉄道客車の)仕切り客室, コンパートメント.

कंपाला /kaṃpālā カンパーラー/ [cf. Eng.n. *Kampala*] *m.* 〘地名〙カンパラ《ウガンダ(共和国) (युगांडा) の首都》.

कंपू /kaṃpū カンプー/ [←Port.m. *campo* 'field'] *m.* キャンプ, 宿営地.

कंपूचिया /kaṃpūciyā カンプーチヤー/ *m.* ☞कंबोडिया

कंप्यूटर /kaṃpyūṭara カンピュータル/ [←Eng.n. *computer*] *m.* 〘コンピュータ〙コンピュータ, 電算機;パソコン.

कंबल /kaṃbala カンバル/ [←Skt.m. *कम्बल-* 'woolen blanket or upper garment' ?←Austro-as. ; cf. T.02771] *m.* 毛布.

कंबोडिया /kaṃboḍiyā カンボーディヤー/ [←Eng.n. *Cambodia*] *m.* 〘国名〙カンボジア(王国)《首都はプノンペン (नामपेन्ह)》. (⇒कंपूचिया)

कँवल /kãvala カンワル/ [<OIA.n. *kamala-*[2] 'lotus': T.02764] *m.* 〘植物〙ハス(蓮)(の花). (⇒कमल)

कई /kaī カイー/ [<OIA. *katipayá-* 'several': T.02696] *adj.* いく人かの;いくつかの.

— *m.* いく人かの人々.

ककड़ी /kakaṛī カクリー/ [<OIA.m. *karkaṭa-*[2] 'name of various plants; curved root of a plant': T.02817] *f.* 〘植物〙キュウリ(胡瓜)《ウリ科の一年生の果菜》. (⇒खीरा)

ककहरा /kakaharā カカヘラー/ *m.* デーヴァナーガリー文字の音節文字表;アルファベット.

ककार /kakāra カカール/ [←Skt.m. *क-कार-* 'Devanagari letter क or its sound'] *m.* **1** 子音字 क. **2** 〘言語〙子音字 क の表す子音 /k/.

ककारांत /kakārāṃta カカーラーント/ [←Skt. *ककार-अन्त-* 'ending in the letter क or its sound'] *adj.* 〘言語〙語尾が क で終わる(語)《एक「1」, ठीक「申し分ない」, नाक「鼻」など》. ❐～ शब्द 語尾が क で終わる語.

कक्ष /kakṣa カクシュ/ [←Skt.m. *कक्ष-* 'lurking-place, hiding-place'] *m.* **1** 部屋;執務室《主に合成語「…室」を作る》. (⇒कमरा) ❐अध्ययन ～ 研究室. ❐शयन ～ 寝室. **2** 脇の下.

कक्षा /kakṣā カクシャー/ [←Skt.f. *कक्षा-* 'any place surrounded by walls'] *f.* **1** (授業の)クラス, 学級, 組;教室. (⇒क्लास, जमात) **2** 学年, 年級. (⇒क्लास, जमात, दर्जा) ❐छठी ～ 6 年級.

क-ख-ग /ka-kʰa-ga カ・カ・ガ/ *f.* 初歩, 基本(的知識), イロハ《 क-ख-ग はデーヴァナーガリ文字の子音字配列における最初の 3 文字》. ❐वह (की) ～ भी नहीं जानता। 彼は(…の)イロハも知らない.

कखौरी /kakʰaurī カカォーリー/ [cf. OIA.m. **kakṣaputī, kakṣapuṭa-* 'armpit': T.02591] *f.* 〘医学〙腋の下の腫れ物, 根太.

कगार /kagāra カガール/ [?<OIA. *kádāra-* 'having projecting teeth': T.02655] *m.* **1** (土手などの)急斜面;断崖, 絶壁. **2** (壁や屋根の)盛り上がった部分.

कच-कच /kaca-kaca カチ・カチ/ [onom.] *f.* **1**〔擬音〕キリキリ, カチカチ, ガリガリ《歯で噛むときの音》. **2** つまらぬ言い争い, 口論. (⇒किच-किच)

कचकचाना /kacakacānā カチカチャーナー/ [onom.; cf. *कच-कच*] *vi.* (*perf.* कचकचाया /kacakacāyā カチカチャーヤー/) (歯が)キリキリ[カチカチ] (कच-कच) 鳴る. (⇒किटकिटाना)

— *vt.* (*perf.* कचकचाया /kacakacāyā カチカチャーヤー/) (歯を)キリキリ[ガチガチ]鳴らす. (⇒किटकिटाना) ❐उसने अपने दाँतों से उसे कचकचाकर काटा। 彼女は自分の歯で彼にガチッと噛みついた.

कचनार /kacanāra カチナール/ [<OIA.m. *kāñcanaka-* 'the tree *Bauhinia variegata*': T.03014] *m.* 〘植物〙カチュナールの木[実]《落葉性の樹木》.

कचरा /kacarā カチラー/ [<OIA. *kaccara-*[1] 'dirty, vile': T.02615] *m.* ごみ, くず;廃棄物《通常単数形で使用》. ❐～ उठाना ごみを撤去する. ❐～ की समस्या ごみ問題. ❐～ फेंकना ごみを捨てる. ❐कचरे के ढेर ごみの山. ❐घरेलू ～ 家庭から出るごみ.

कचरी /kacarī カチリー/ [<OIA.f. *karcarī-* 'a medicinal substance': T.02827] *f.* **1** ☞कचूर **2** 〘植物〙熟していないメロン. **3** 〘植物〙熟していないキュウリ.

कचहरी /kacaharī カチャヘリー/ [<OIA. **kṛtyagharikā-* 'court-house': T.03429] *f.* **1** 法廷, 裁判所. (⇒अदालत, कोर्ट, न्यायालय) ❐ज़िला ～ 地方裁判所. **2** 役所. **3** 〘歴史〙(王や役人が)政務を執る場所;宮廷.

कचाकच /kacākaca カチャーカチ/ ▸खचाखच *adv.* ☞खचाखच

कचालू /kacālū カチャールー/ [<OIA.f. *kacu-* 'the esculent root of *Arum colocasia*': T.02609; cf. *आलू*] *m.* **1** 〘植物〙カチャールー《अरवी, बंडा などイモ類の塊茎》. **2** 〘食〙カチャールー《茹でたサトイモやジャガイモなどを塩・胡椒と酸味で味付けしたもの》. ❐वह पतीली में ～ के लिए आलू उबालने लगी। 彼女は小さな鍋でカチャールーを作るためにジャガイモを茹で始めた.

कचूमर /kacūmara カチューマル/ [?<OIA. **kacc-*[2] 'crush, press': T.02611] *m.* **1** 〘食〙カチューマル《未熟なマンゴーなどを押しつぶしたりスライスして作るピク

ルスの一種》. **2** 押しつぶされたもの；細切れ（にされたもの）. ❐(का) ～ निकल जाना（人が）さんざんな目にあう. ❐(का) ～ निकालना（人を）さんざんな目にあわせる.

कचूर /kacūra̸ カチュール/ [<OIA.m. *karcūra-* 'turmetic': T.02828] *m.* 〚植物〛カチュール, ガジュツ《ショウガ科ウコン属の多年草の乾燥根茎；健胃剤, 香料, 染色に使用》.

कचोट /kacoṭa̸ カチョート/ [?cf. *चिकोटी*] *f.* （心の）痛み, 疼き.

कचोटना /kacoṭa̸nā カチョートナー/ [?cf. *चिकोटना*] *vi.* (*perf.* कचोटा /kacoṭā カチョーター/)（胸が）疼く,（心が）痛む. ❐जब जब उस दिन की याद आती है, तब मेरा मन कचोटता है। あの日のことを思い出すたびに, 私の胸が疼く. ❐उसका जी भीतर ही भीतर कचोटने लगा। 彼の心は芯から疼いた. — *vt.* (*perf.* कचोटा /kacoṭā カチョーター/)（胸を）疼かせる,（心を）痛める. ❐मोहन की गुस्से में कही गई बात मेरे हृदय को कचोटती रहती है। モーハンが怒りにまかせて言った言葉が私の胸を苦しめ続けている.

कचौड़ी /kacauṛī カチャォーリー/ ▸कचौरी [<OIA. **kaccapūra-* 'a wheaten cake': T.02614] *f.* 〚食〛カチョウリー《揚げパン（पूरी）に味付けした豆を詰めたもの》.

कचौरी /kacaurī カチャォーリー/ ▸कचौड़ी *f.* ☞कचौड़ी

कच्चा /kaccā カッチャー/ [<OIA. **kacca-¹* 'raw, unripe': T.02613; DED 1047] *adj.* **1** 〚食〛（食べ物が）生の,（火を使って）調理されていない.（⇔पक्का）❐कोई चीज़ जल गई, कि कच्ची रह गई, कि नमक ज़्यादा पड़ गया, कि बिलकुल नहीं डाला गया। あるものは焦げてしまったり, あるいは生のままだったり, あるいは塩が多すぎたり, はたまた全然入ってなかったりした. ❐उन्होंने मेरे साथ बैठकर एक ही थाली में कच्चा खाना खाया। 彼は私と一緒に座って同じ一つの盆で調理されていない食べ物を食べた《近い血縁関係や同じカースト間でのみ許される行為；あるいはそれと同等の関係であることを認める行為》. **2** 〚植物〛（果実が）熟していない, 未熟な, 青い.（⇔पक्का）**3** 〚医学〛（はれものが）熟していない, 膿みきっていない.（⇔पक्का）❐～ फोड़ा 膿みきっていないおでき. **4** 未完成の；未加工の；原材料のままの.（⇔पक्का）❐～ तेल 原油. ❐～ मकान（乾燥させただけで火焼きしていない）レンガづくりの家. ❐～ माल 原材料. ❐कच्ची धातु 鉱石, 原石. ❐कच्ची सड़क 未舗装の道. ❐मैं कच्ची गोली [गोलियाँ] नहीं खेलता। 私は泥でできた玉で遊ばない《「私は何も知らない子どもではない」の意》. **5**（思想, 知識, 技術などが）未熟な；生半可な；中途半端な；（約束などが）いいかげんな.（⇔पक्का）❐～ आदर्शवाद 中途半端な理想主義. ❐वह ～ खिलाड़ी है। 彼は未熟な勝負師だ（＝駆け引きがへただ）.

कच्चा-चिट्ठा /kaccā-ciṭṭʰā カッチャー・チッター/ *m.* **1** 修正前の会計簿. **2**（公開されていない）実態, 内幕, 内情. ❐उसने पुलिस के प्रधान से सारा ～ बयान कर दिया था। 彼は警察署長に実態を洗いざらい供述した.

कच्चू /kaccū カッチュー/ [←Skt.f. *कचु-* '*Arum Colocasia* (an esculent root cultivated for food)'] *f.* ☞अरवी

कच्छ¹ /kaccʰa̸ カッチ/ [←Skt.m. *कच्छ-* 'a bank or any ground bordering on water, shore'] *m.* 〚地理〛カッチ《グジャラート州（गुजरात）の西部にある大湿原》. ❐～ नहीं देखा तो कुछ नहीं देखा। カッチを見ないのは何も見ないことだ.

कच्छ² /kaccʰa̸ カッチ/ [<OIA.f. *kakṣyā̆-* 'girdle, girth': T.02592; DEDr.App.20 (DED.0922)] *m.* **1** ドーティー（धोती）の裾. **2** 〚スィック教〛☞कच्छा

कच्छप /kaccʰapa̸ カッチャプ/ [←Skt.m. *कच्छ-प-* 'a turtle, tortoise'] *m.* 〚動物〛カメ（亀）.（⇒कछुआ）

कच्छा /kaccʰā カッチャー/ [←Panj.m. ਕੱਛਾ 'short and tight drawers' <OIA.f. *kakṣyā̆-* 'girdle, girth': T.02592] *m.* 〚スィック教〛カッチャー《スィック教男子が身につける膝下までの短ズボン；戒律上身につけるべき5つのもの「パンジ・カッケー」（पंज कक्के の一つ）》

कछार /kacʰāra̸ カチャール/ [<OIA.m. *kaccha-* 'bank, shore, marshy ground': T.02618] *m.* **1** 〚地理〛（河川沿いの）砂地, 砂洲；河岸. **2** 沖積土によってできた土地.

कछुआ /kacʰuā カチュアー/ ▸कछुवा [<OIA.m. *kacchapa-* 'turtle, tortoise': T.02619; cf. Skt.m. *कश्यप-* 'a tortoise'] *m.* 〚動物〛カメ（亀）《主にリクガメを指す》. ❐～ चाल のろい歩み. ❐समुद्री ～ ウミガメ.

कछुवा /kacʰuvā カチュワー/ ▸कछुआ *m.* ☞कछुआ

कछोटा /kacʰoṭā カチョーター/ ▸कछौटा [cf. *काछ*] *m.* カチョター《ドーティー（धोती）のすそを股から後ろにまわして腰にたくし込む着方》.（⇒काछ）

कछौटा /kacʰauṭā カチャォーター/ ▸कछोटा *m.* ☞कछोटा

कजरा /kaja̸rā カジラー/ ▸कजला *adj.* ☞कजला

कजरारा /kaja̸rārā カジラーラー/ [cf. *कजरा*] *adj.* ☞कजला

कजरी /kaja̸rī カジリー/ ▸कजली *f.* ☞कजली

कजरौटा /kaja̸rauṭā カジラォーター/ ▸कजलौटा *m.* ☞कजलौटा

कजला /kaja̸lā カジラー/ ▸कजरा [<OIA.n. *kajjala-* 'lamp-black': T.02622] *adj.* **1** 油煙のすすの色をした, 黒々とした. **2**（瞼（まぶた）が）カージャル（काजल）でふちどられた.
— *m.* ☞काजल

कजली /kaja̸lī カジリー/ ▸कजरी [<OIA.n. *kajjala-* 'lamp-black': T.02622] *f.* 油煙のすす《カージャル（काजल）の原料となる》.

कजलौटा /kaja̸lauṭā カジラォーター/ ▸कजरौटा [cf. *काजल*] *m.* カジュラウーター《カージャル（काजल）を入れる容器》.

क़ज़ाक़ /qazāqa̸ カザーク/ ▸क़ज़्ज़ाक़ [←Pers.n. قزاق 'a partisan; a light-armed soldier; a highway robber; a cossack' ←Turk.] *m.* **1**〔古語〕おいはぎ, 盗賊. **2** 〚歴史〛コサック（兵）.

क़ज़ाक़िस्तान /qazāqistāna̸ カザーキスターン/ [cf. Eng.n. *Kazakhstan*] *m.* 〚国名〛カザフスタン（共和国）.（⇒

क़ज़ाख़िस्तान)

क़ज़ाक़ी /qazāqī カザーキー/ [←Pers.n. قزاقی 'a military incursion, guerilla warfare, freebooting, brigandage'] *m.* 〔古語〕強盗行為.

क़ज़ाख़िस्तान /qazāxistānā カザーキスターン/ [cf. Eng.n. *Kazakhstan*] *m.* ☞क़ज़ाक़िस्तान

क़ज़्ज़ाक़ /qazzāqā カッザーク/ ▸क़ज़ाक़ *m.* ☞क़ज़ाक़

कटक /kaṭakā カタク/ [←Skt.m. *कटक-* 'a royal camp; an army'] *m.* **1** 軍勢；軍営. **2**〖地名〗カタク，カタック《オディシャ州（ओडिशा）の主要都市》.

कट-कट /kaṭā-kaṭā カト・カト/ [onom. <OIA. **kaṭṭ-* 'sound or result of striking': T.02644] *f.* 〔擬音〕（歯がきしりあう）ギリギリ；（歯が鳴る）カタカタ.

कटकटाना /kaṭakaṭānā カトカターナー/ ▸किटकिटाना [onom. <OIA. **kaṭṭ-* 'sound or result of striking': T.02644] *vi.* (*perf.* कटकटाया /kaṭakaṭāyā カトカターヤー/) **1**〔擬音〕（怒り・悔しさで）（歯が）ギリギリ（कट-कट）きしりあう.（⇒किचकिचाना）❐मारे गुस्से के बड़ी देर तक उसका दाँत कटकटाता रहा। 怒りのあまり，しばらく彼の歯はギリギリときしった. **2**（寒さで）（歯が）カタカタ（कट-कट）鳴る. ❐सरदी के मारे उसके दाँत कटकटा रहे थे। 寒さのため，彼の歯はカタカタ鳴っていた.

— *vt.* (*perf.* कटकटाया /kaṭakaṭāyā カトカターヤー/)（怒り・悔しさで）（歯を）ギリギリ鳴らす，歯ぎしりをする.（⇒पीसना）❐वह दाँत कटकटाकर बोली। 彼女は歯ぎしりして言った. ❐वह दाँत कटकटाकर रह गया। 彼は歯ぎしりをするしかなかった.

कटखना /kaṭakʰanā カトカナー/ ▸कटहा [*काटना* + *खाना*] *adj.* **1** 噛み癖のある（動物）. **2** けんか早い，けんかっ早い（人）.

कटघरा /kaṭagʰarā カトガラー/ ▸कटहरा，कठघरा *m.* ☞कठघरा

कटड़ा[1] /kaṭaṛā カトラー/ ▸कट्टा [<OIA. **kaṭṭa-*[2] 'young male animal': T.02645; DEDr.1123 (DED.0943)] *m.* 〖動物〗子どもの水牛.

कटड़ा[2] /kaṭaṛā カトラー/ ▸कटरा *m.* ☞कटरा

कटना /kaṭanā カトナー/ [cf. *काटना*] *vi.* (*perf.* कटा /kaṭā カター/) **1** 切れる，切られる；切り離される；切断される；断裁される. ❐रस्सी बीच में से कट गई। ロープが真ん中から切れた. ❐आलू के छोटे कटे टुकड़ों को उबालो। ジャガイモを細かく切ったものを茹でなさい. ❐उस दुर्घटना के बाद उसका बायाँ पाँव कट गया। その事故の後，彼の左足は切断された. ❐(की) नाक कट जाना；उसकी नाक कट गई।（人の）鼻が切られる（＝面目がつぶれる）；彼の面目はつぶれた. ❐(के) हाथ कट जाना；समझौता हो जाने के बाद आपके हाथ कट जाएँगे।（人の）手足がもがれる（＝思うようにならなくなる）；妥協が成立すると，あなたの手足はもがれてしまうだろう. **2**（作物が）刈り入れられる. ❐इस इलाक़े में साल में दो बार फ़सल कटती है। この地方では年に 2 度収穫が刈り入れられる. ❐वह कटे हुए खेत में से गिरे हुए जौ के बाल चुनकर टोकरी में रख रही थी। 彼女は刈り入れの済んだ畑から，大麦の落ち穂を選んでかごに入れていた. **3**（毛髪・ひげなどが）短く刈り込まれる. ❐अपनी छोटी कटी मूँछों पर वह हाथ फेर रहा था। 自分の短く刈りこまれた口ひげを，彼は手でなぜていた. **4**（通話・連絡などが）遮断される；（関係が）途切れる. ❐बिजली कट गई। 停電になった. ❐उससे मेरा संबंध कट गया। 彼との私の関係は断絶した. ❐बाढ़ के कारण इलाहाबाद जानेवाले रास्ते कई जगह कटे हुए हैं। 洪水のため，アラーハーバードに通じる道は何か所かで途切れている. **5**（金額が）控除される，差し引かれる，削減される，カットされる. ❐बिजली का बिल आपके खाते में से हर महीने कटता जाता है। 電気代はあなたの口座から，毎月差し引かれています. ❐बिना कारण इस महीने के मेरे वेतन में एक चौथाई कट गया। 理由なしに今月の私の給料は，四分の一がカットされた. **6**（名前・項目などが）（リストから）削除される. ❐स्कूल से मेरा नाम कट गया। 学校の在籍簿から，私の名前が削除された. ❐सूची में से दो किताबों के नाम कटे हुए हैं। リストから 2 冊の本の名が削除されている. **7**（汽車に）轢かれて死ぬ. ❐कल स्टेशन के पास एक आदमी रेल-गाड़ी से कट मरा। 昨日駅のそばで，一人の人が列車に轢かれて死んだ. **8** 切り殺される，切り死にする. ❐इस युद्ध में हज़ारों सैनिक कट मरे। この戦いで何千何万もの兵士が切り殺された. **9**（時間が）経過する，すごされる.（⇒गुज़रना，बीतना）❐उसी के साथ मेरे जीवन के पचीस साल कटे हैं। 彼女と共に私の人生の 25 年が過ぎた. ❐सफ़र मज़े में कटा। 旅は愉快に過ぎた. **10**〖数学〗分割される，割れる. ❐गणित में २ की संख्या से कटनेवाले संख्याओं को सम कहते हैं। 数学では，2 で割り切れる数字を偶数と言います. **11**（川・道が）横に枝分かれする. ❐इस नदी में से कई नहरें कटती हैं। この川から，何本かの水路が枝分かれしています. **12**（宗教上・道徳上の罪が）許される；（汚点・悲しみ・苦しみなどが）消える. ❐पाप कट गया। 罪が許された. **13**〖ゲーム〗（トランプの札が）（切り札や数の大きなカードに）負ける. ❐ताश के खेल में बड़े पत्ते के सामने छोटे पत्ते कट जाते हैं। トランプ遊びでは大きなカードに小さなカードは負けます. **14**（心が）傷つく，しょげかえる. ❐बेचारा वह दिल में कटकर रह गया। かわいそうに彼の心は，傷ついてしまった. **15** 恥じ入る，赤面する.（⇒झेंपना）❐पते की बात सुनकर वह कट गया। 図星のことを言われて，彼は赤面した.

कटनी /kaṭanī カトニー/ [<OIA.n. *kartana-*[1] 'cutting': T.02856] *f.* **1**（農作物の）刈り入れ.（⇒कटाई）**2**（農作物の）刈り入れ時期，収穫時期.（⇒कटाई）**3**（農作物の）収穫の手間賃，労賃.（⇒कटाई）**4** 刈るための道具.

कटरा /kaṭarā カトラー/ ▸कटड़ा [<OIA.m. *kaṇṭa-*[2] 'boundary of a village': T.02669] *m.*（地方の）小さな商店街，マーケット.

कटलेट /kaṭaleṭā カトレート/ [←Eng.n. *cutlet*] *m.*〖食〗カツレツ.

कटवाना /kaṭavānā カトワーナー/ ▸कटाना [caus. of *कटना*, *काटना*] *vt.* (*perf.* कटवाया /kaṭavāyā カトワーヤー/) 切らせる；切ってもらう. ❐उसने बड़े कम पैसे में ही अपने बाल एक अच्छे सैलून में कटवा लिये। 彼は上等の床屋でとても安あがりに髪を刈ってもらった.

कटहरा /kaṭaharā カトハラー/ ▸कटघरा，कठघरा *m.* ☞

कठघरा

कटहल /kaṭahala̯ カトハル/ [<OIA.m. *kaṇṭaphala-* 'name of a various trees, the bread-fruit or jack-fruit tree': T.02675] *m.* 〖植物〗ジャックフルーツ, ナガミパンノキ, パラミツ《クワ科の常緑高木》.

कटहा /kaṭahā カトハー/ ▸कटखना *adj.* ☞कटखना

कटाई[1] /kaṭāī カターイー/ *f.* **1** 切ること, 切断. **2** (農作物の) 刈り入れ. (⇒कटनी) **3** (農作物の) 刈り入れ時期, 収穫時期. (⇒कटनी) **4** (農作物の) 収穫の手間賃, 労賃. (⇒कटनी)

कटाई[2] /kaṭāī カターイー/ [?<OIA.f. *kaṇṭakin-* ; cf. T.02674] *f.* ☞भटकटैया

कटाक्ष /kaṭākṣa̯ カタークシュ/ [←Skt.n. *कट-अक्ष-* 'a glance or side look'] *m.* **1** 横目 (でちらっと見ること). ❐(पर) ～ करना (…を) 横目で見る. **2** (思わせぶりな) 流し目.

कटाना /kaṭānā カターナー/ ▸कटवाना *vt.* (*perf.* कटाया /kaṭāyā カターヤー/) ☞कटवाना

कटार /kaṭāra̯ カタール/ [<OIA. **karttāra-* 'knife': T.02860] *f.* カタール《諸刃の短剣》. (⇒ख़ंजर) ❐～ पर धार देना 短刀を研ぐ. ❐उसने अपनी छाती में छिपाई हुई ～ निकालकर कहा। 彼は胸に隠してあった短刀を取り出して言った. ❐छाती में ～ मारना 胸に短刀を突き刺す.

कटारा /kaṭārā カターラー/ [<OIA.m. *kaṇṭakāra-* 'name of a plant': T.02672] *m.* ☞ऊँट-कटारा

कटारी /kaṭārī カターリー/ [*कटार* + *-ई*] *f.* ☞कटार

कटाव /kaṭāva̯ カターオ/ [cf. *कटाना, काटना*] *m.* **1** 切り取り;刈り取り;切断. **2** (農作物の) 刈り入れ. (⇒कटाई) **3** (アップリケなどの) 切り抜き. **4** (川などによる岸の) 浸食. ❐नदी तट पर लगातार ज़मीन का ～ हो रहा है। 川岸では絶えず土の浸食が続いている.

कटावदार /kaṭāvadāra̯ カターオダール/ [*कटाव* + *-दार*] *adj.* **1** (ふちが) ぎざぎざの. ❐～ झालर ぎざぎざのレース. ❐～ पत्ती ぎざぎざの葉. **2** (石の門・壁などに透かし彫りなど) 模様の刻まれた.

कटिंग /kaṭiṃga̯ カティング/ [←Eng.n. *cutting*] *f.* (記事などの) 切り抜き. (⇒कतरन)

कटि /kaṭi カティ/ [←Skt.f. *कटि-* 'the hip, buttocks'] *f.* 腰. (⇒कमर)

कटिबंध /kaṭibaṃdʰa̯ カティバンド/ [←Skt.m. *कटि-बन्ध-* 'a zone, girdle'] *m.* **1** ベルト, 帯, 腰ひも. **2** 〖地理〗地帯, …帯. ❐उष्ण [शीत, शीतोष्ण] ～ 熱[寒, 温]帯.

कटिबद्ध /kaṭibaddʰa̯ カティバッド/ [neo.Skt. *कटि-बद्ध-* 'having the loins girt: ready, prepared'] *adj.* (本気で) …しようと身構えた;…しようと覚悟した. (⇒उद्यत) ❐ईरान अपने वचनों पर पूरी तरह ～ है। イランは自身の約束を完全に履行する準備がある. ❐युवा वर्ग को रोज़गार उपलब्ध कराने के लिए प्रदेश सरकार ～ है। 若者が職を得られるように州政府は本気で対応している.

कटिया[1] /kaṭiyā カティヤー/ [cf. *काटना*] *f.* **1** 宝石をカットする職人. **2** (切り刻まれた) 家畜の飼料. **3** (水牛の) 雌の子牛.

कटिया[2] /kaṭiyā カティヤー/ [cf. *काँटा*] *f.* 釣り針. ❐कटिये में फँसी हुई मछली 釣り針にかかった魚.

कटीला /kaṭīlā カティーラー/ ▸कँटीला *adj.* ☞कँटीला

कटु /kaṭu カトゥ/ [←Skt. *कटु-* 'pungent, acrid, sharp'] *adj.* **1** (味覚・嗅覚への) 刺激が痛烈な. **2** (味が) 苦い. **3** (今思うと) 苦しくつらい, 苦い. ❐मुझे एक ～ अनुभव हुआ। 私は一つの苦い経験をした. **4** 辛辣な, 痛烈な, 容赦のない;過酷な. **5** 敵意むき出しの;憎悪むき出しの.

कटुता /kaṭutā カトゥター/ [←Skt.f. *कटु-ता-* 'sharpness, pungency; harshness, coarseness'] *f.* **1** (味覚・嗅覚への) 刺激が痛烈なこと;激しい辛さ. **2** 苦さ. **3** (経験などの) 苦しさ, つらさ. **4** (批評などの) 辛辣さ, 痛烈さ, 容赦のなさ;過酷さ. **5** 敵意;憎悪.

कटूक्ति /kaṭūkti カトゥークティ/ [neo.Skt.f. *कटु-उक्ति-* 'bitter remark, unpleasant utterance'] *f.* 辛辣な言葉, 痛烈な皮肉. ❐～ सहना 辛辣な言葉に耐える.

कटोरदान /kaṭoradāna̯ カトールダーン/ [*कटोरा* + *-दान*] *m.* 蓋の付いた真鍮(しんちゅう)製の容器《料理を入れる》. (⇒अमृतदान)

कटोरा /kaṭorā カトーラー/ [<OIA. **kaṭṭōra-* 'cup': T.02648] *m.* (平底の浅い金属製の) 椀, 鉢, ボール.

कटोरी /kaṭorī カトーリー/ [<OIA. **kaṭṭōra-* 'cup': T.02648] *f.* 小さな椀, 小さな器, 小皿. ❐～ में थोड़ा सा पानी ले आओ। 小さな椀に少しばかり水を入れて持って来い.

कटौती /kaṭautī カタォーティー/ [cf. *काटना*] *f.* 削減, カット;値引き;控除. ❐(में) ～ करना (…を) 削減する.

कट्टर /kaṭṭara̯ カッタル/ [?←Drav.; DEDr.1148 (DED.0962)] *adj.* **1** 厳格な;頑固な, 頑迷な;頑迷なほど保守的な. ❐(का) ～ पक्षपाती (…の) 頑迷な支持者. ❐मेरी पत्नी ～ सिख परिवार की है। 私の妻は厳格なスィック教の家族の出である. **2** (政治的, 宗教的に) 熱狂的な, 狂信的な. ❐～ हिंदू 狂信的なヒンドゥー教徒.

कट्टरता /kaṭṭaratā カッタルター/ [*कट्टर* + *-ता*] *f.* 頑固さ, 頑迷さ;頑迷な保守性.

कट्टर-पंथी /kaṭṭara̯-paṃtʰī カッタル・パンティー/ *m.* (政治的, 宗教的な) 熱狂者, 狂信者.

कट्टा /kaṭṭā カッター/ ▸कटड़ा *m.* ☞कटड़ा

कट्ठा /kaṭṭʰā カッター/ [cf. *काठ*] *m.* **1** 〖単位〗カッター《木製の物差しで計測する土地面積の旧尺度;20 分の 1 ビーガー (बीघा);約 80 平方ヤード》. **2** 〖単位〗カッター《木製の升で計測する穀物の旧重量単位;5 セール (सेर) に相当;約 5 キログラム》.

कठ- /kaṭʰa̯- カト・/ [<OIA.n. *kāṣṭhá-* 'piece of wood': T.03120] *comb. form* 《「木材」(काठ) を表す連結形で कठघोड़ा 「木馬」など;「木材」から転じて「無能, 軽薄, 無感覚, 冷淡」などを含意する場合もある, कठबैद 「やぶ医者」, कठकरेजा 「無慈悲な」など;さらに転じて血縁関係のない親族「継(まま)…」も表す, कठभाई 「まま兄弟」など》

कठकरेजा /kaṭʰa̯karejā カトカレージャー/ [*कठ-* + *करेजा*]

adj. 無慈悲な, 血も涙もない.

कठघरा /kaṭʰag̣ʰarā カトガラー/ ▸कटघरा [<OIA. **kāṣṭhaghara-* 'wooden hut or frame': T.03124] *m.* **1** 木製の檻;木製の柵. ❐भयंकर जंतु को कठघरे में बंद कर रखना 猛獣を檻の中に閉じ込めておく. **2** (法廷の)被告席, 証言席. ❐(को) कठगरे में खड़ा करना (人を)被告席に立たせる.

कठघोड़ा /kaṭʰag̣ʰoṛā カトゴーラー/ [*कठ-* + *घोड़ा*] *m.* 木馬.

कठ-ज्योतिषी /kaṭʰa̱-jyotiṣī カト・ジョーティシー/ [*कठ-* + *ज्योतिषी*] *f.* 似非(えせ)占星術師, ろくに知識のない占星術師. ❐ज्योतिषी तो वे नहीं थे, पर ～ अवश्य थे। 占星術師では彼はなかった, しかし似非(えせ)占星術師ではたしかにあった.

कठपुतली /kaṭʰa̱putạlī カトプトリー/ [*कठ-* + *पुतली*] *f.* **1** 操り人形. ❐～ नचाना 操り人形を操る. **2** 傀儡(かいらい), 人の手先, ロボット.

कठफोड़वा /kaṭʰa̱pʰoṛa̱vā カトポールワー/ ▸कठफोड़ा *m.* ☞कठफोड़ा

कठफोड़ा /kaṭʰa̱pʰoṛā カトポーラー/▸कठफोड़वा [*कठ-* + *फोड़ना*] *m.* 『鳥』キツツキ, 啄木鳥. (⇒लकड़फोड़)

कठबहन /kaṭʰa̱bahana̱ カトバハン/ [*कठ-* + *बहन*] *f.* まま姉妹《母親の先夫との間の娘;継父[母]の娘》.

कठबाप /kaṭʰa̱bāpa̱ カトバープ/ [*कठ-* + *बाप*] *m.* 継父.

कठबैद /kaṭʰa̱baida̱ カトバェード/ ▸कठवैद्य [*कठ-* + *बैद*] *m.* やぶ医者, にせ医者.

कठभाई /kaṭʰa̱bʰāī カトバーイー/ [*कठ-* + *भाई*] *m.* まま兄弟.

कठला /kaṭʰa̱lā カトラー/ [<OIA.m. *kaṇṭhaka-* 'necklace': T.02681] *m.* 首飾りの一種《金や銀でできた数珠がつながっている;魔除けのお守りとしても使用》.

कठवैद्य /kaṭʰa̱vaidya̱ カトワェーディエ/ ▸कठबैद [*कठ-* + *वैद्य*] *m.* ☞कठबैद

कठहुज्जती /kaṭʰa̱hujjatī カトフッジャティー/ [*कठ-* + *हुज्जती*] *f.* 青臭い議論;軽薄な反論. ❐(से) ～ करना (人に)青臭い議論をふっかける.

कठिन /kaṭʰina̱ カティン/ [←Skt. *कठिन-* 'hard, firm, stiff; difficult'] *adj.* **1** むつかしい, (解決が)困難な;理解しにくい. (⇒मुश्किल, सख़्त)(⇔आसान) ❐～ समस्या 困難な問題. ❐कहने से करना कहीं ～ है। 言うよりもするははるかにむつかしい. **2** 苛酷な, 猛烈な, きびしい, 激しい. (⇒कठोर, कड़ा, सख़्त) ❐～ तपस्या きびしい苦行. ❐～ परीक्षा 過酷な試練. ❐～ यंत्रणा 過酷な責め苦. ❐～ रास्ता 困難な道. ❐एक वर्ष का ～ कारावास 1 年間の過酷な禁固刑.

कठिनता /kaṭʰina̱tā カティンター/ [←Skt.f. *कठिन-ता-* 'hardness, firmness, harshness, severity; difficulty, obscurity'] *f.* ☞कठिनाई

कठिनाई /kaṭʰināī カティナーイー/ [cf. *कठिन*] *f.* **1** 困難, 難しさ. (⇒मुश्किल) **2** 難儀, 苦難. (⇒मुश्किल) ❐बड़ी ～ से 大変な苦労をして.

कठोर /kaṭʰora̱ カトール/ [←Skt. *कठोर-* 'hard, solid, stiff, offering resis'] *adj.* **1** (物質が)硬い. (⇒कड़ा, सख़्त) **2** (仕事などが)厳しい, 過酷な, つらい. (⇒कठिन, कड़ा, सख़्त) ❐～ परिश्रम 過酷な労働. **3** (表情・気質・性格・行為などが)険しい, 非情な, 冷酷な, 情け容赦ない. (⇒सख़्त) ❐～ आकृति 険しい表情. ❐उसने मेरे साथ ～ व्यवहार किया। 彼は私につらくあたった.

कठोरता /kaṭʰora̱tā カトールター/ [←Skt.f. *कठोर-ता-* 'hardness, firmness'] *f.* **1** (物質の)硬さ, 硬度. **2** (仕事などの)厳しさ, 過酷さ, つらさ. **3** (表情・気質・性格・行為などの)非情さ, 冷酷さ, 情け容赦のなさ.

कठौत /kaṭʰauta̱ カタォート/ ▸कठौता [<OIA. **kāṣṭhapātra-* 'wooden bowl': T.03126] *m.* (木製の広口の)鉢, 椀(わん).

कठौता /kaṭʰautā カタォーター/ ▸कठौत *m.* ☞कठौत

कड़क /kaṛaka̱ カラク/ [onom.; cf. OIA. **kaṭṭ-* 'sound or result of striking': T.02644] *f.* **1** 爆音;轟音;雷鳴;(太鼓などの)激しく大きな音. **2** 激痛.

कड़कड़ाना /kaṛa̱kaṛānā カルカラーナー/ [onom.; cf. OIA. **kaṭṭ-* 'sound or result of striking': T.02644] *vi.* (*perf.* कड़कड़ाया /kaṛa̱kaṛāyā カルカラーヤー/) **1** (熱せられた油が)パチパチ (कड़-कड़) と音を出す. **2** (ものが)メリメリ[ボキボキ] (कड़-कड़) と音をたてて壊れる. (⇒कड़कना) ❐वह पेड़ देखते देखते कड़कड़ाकर धरती पर आ गिरा। その木は見る間に, メリメリと音をたてて大地に倒れた. ❐उसकी छाती की हड्डियाँ कड़कड़ाकर चूर हो गईं। 彼のあばら骨はボキボキと音をたててばらばらになった. **3** (寒さが)ピリピリと肌をさす. ❐इंग्लैंड के खिलाड़ी ऐसी ही कड़कड़ाती ठंड में खेलने के अभ्यस्त हैं। 英国の選手たちは, このようなピリピリと肌をさすような寒さの中で競技することに慣れている.

— *vt.* (*perf.* कड़कड़ाया /kaṛa̱kaṛāyā カルカラーヤー/) **1** (油を)パチパチ音がするほど熱する. **2** メリメリ[ボキボキ]と音がでるほど力を加える.

कड़कना /kaṛaka̱nā カラクナー/▸कुड़कना [onom.; cf. *कड़क*] *vi.* (*perf.* कड़का /kaṛa̱kā カルカー/) **1** (ものが)メリ[ボキ] (कड़) と音をたてて壊れる. (⇒कड़कड़ाना) ❐वह अचानक गिर पड़ा इसलिए उसकी हड्डी कड़क गई। 彼は突然倒れた, そのため骨がボキッと折れた. **2** (雲が)雷鳴を轟かせる. (⇒गड़गड़ाना, गरजना) ❐बादल कड़क रहे हैं। 雲が雷鳴を轟かせている. **3** 激怒してどなる. ❐वह आँखें निकाल कड़ककर बोला। 彼は目をむき出し激怒してどなった.

कड़छा /kaṛa̱cʰā カルチャー/ ▸करछा, कलछा [<OIA.m. **kaṭacchu-, kaḍacchaka-* 'ladle': T.02633] *m.* (金属製の)大きなひしゃく, お玉.

कड़बी /kaṛa̱bī カルビー/ ▸कड़वी, करबी *f.* ☞करबी

कड़वा /kaṛa̱vā カルワー/▸कड़ुआ, कड़ुवा [<OIA. *kaṭú-, káṭuka-* 'pungent, bitter': T.02641] *adj.* **1** 『食』 (味が)苦い;えぐい. (⇔मीठा) ❐मुख ～ रहता है। 口の中が苦い. **2** (経験が)苦い;つらい;過酷な. (⇔मीठा) ❐सचाई कड़वी है। 真実は苦いものだ. ❐एक बार इसका मुझे ～ अनुभव हो चुका है। 一度この件について私は苦い経験をしていた. **3** 辛辣な. ❐कड़वी आलोचना 辛辣な批評.

कड़वा तेल /kaṛa̱vā tela̱ カルワー テール/ *m.* からし油.

कड़वाना /kaṛavānā カルワーナー/ ▸कड़आना *vi.* (*perf.* कड़वाया /kaṛavāyā カルワーヤー/) ☞कड़आना

कड़वापन /kaṛavāpana カルワーパン/ [*कड़वा* + *-पन*] *m.* **1** (味の)苦さ. **2** つらさ. **3** 辛辣さ.

कड़वाहट /kaṛavāhaṭa カルワーハト/ *f.* 苦さ, 苦み.

कड़वी /kaṛavī カルヴィー/ ▸कड़बी, करबी *f.* ☞करबी

कड़ा[1] /kaṛā カラー/ [<OIA.m. *káṭa-*[1] 'twist of straw, mat': T.02629] *m.* **1** (主に金属製の)腕輪, 足輪. **2** 〖スィック教〗カラー《スィック教男子が右手首につける鉄製の腕輪;戒律上身につけるべき5つのもの「パンジ・カッケー」(पंज कक्के) の一つ》. **3** (金属製の)環状のもの《(ドア, 鍋などの)取っ手, (刀剣の)にぎりなど》.

कड़ा[2] /kaṛā カラー/ *adj.* **1** (ものが)硬い, 固い, 堅い;(湿り気がなく)固い, かさかさな, こわばっている;(果物が未熟で)固い;(調理が不十分で)芯がある. (⇒कठोर, सख़्त) **2** (部品などが)しっかりと固定されている. (⇔ढीला) **3** (人にとって)過酷な, つらい;非情な, 冷酷な, 情け容赦ない, 峻厳な. (⇒कठोर, कठिन, सख़्त) ❐कड़ी मेहनत करना 過酷な労働をする. ❐उसने कड़ी धूप में शिकार किया। 彼はきびしい日差しの中で狩をした. ❐हम शायद स्वभाव से ही अपने ऊपर कड़ी नज़र रखनेवाला शासक नहीं चाहते। 私たちはおそらく本来的に自分たちに厳しい監視の目をおく支配者を望んでいないのだ. ❐मैंने कड़ी आवाज़ में कहा। 私はきつい声で言った. ❐यह तो बड़ी कड़ी शर्त है। これはとてもきびしい条件だ.

कड़ा[3] /kaṛā カラー/ [<OIA.m. *kaṭa-*[3] 'thin piece of wood, plank': T.02631] *m.* 梁(はり);たるき.

कड़ाई /kaṛāī カラーイー/ [*कड़ा*[2] + *-ई*] *adj.* **1** 硬さ, 固さ, 堅さ. (⇒सख़्ती) **2** 堅固さ. **3** 厳格さ;過酷さ;非情さ. (⇒सख़्ती) ❐(के साथ) ～ करना (人に対し)厳格に接する. ❐लगान ～ के साथ वसूल करना 地税を情け容赦なく取り立てる.

कड़ाका /kaṛākā カラーカー/ [cf. *कड़कना*] *m.* **1** 激烈;強烈;猛烈《कड़ाके का「強烈な, 猛烈な」の形で》. ❐कड़ाके का जाड़ा 猛烈な寒さ. ❐कड़ाके की आवाज़ 轟音. **2** 絶食;欠食. ❐～ हो जाना (貧困のため)食をぬく.

कड़ाबीन /kaṛābīna カラービーン/ [?←Port.f. *carabina* 'carbine' (←Fr.f. *carabine*) 'short carbine'; ?←Pers.n. قرابين 'short carbine' ←Turk.n.] *f.* カービン銃;(旧式の)騎銃.

कड़ाह /kaṛāha カラーハ/ ▸कड़ाहा *m.* ☞कड़ाहा

कड़ाहा /kaṛāhā カラーハー/▸कड़ाह [<OIA.m. *kaṭāha-*[1] 'boiler, saucepan with handles': T.02638] *m.* 〖食〗平口の大釜, 大鍋.

कड़ाही /kaṛāhī カラーヒー/▸कढ़ाई [cf. *कड़ाहा*] *f.* 〖食〗(小さな)フライパン;小鍋. ❐～ में दूध उबालना 小鍋でミルクを沸かす.

कड़ी[1] /kaṛī カリー/ [<OIA.m. *káṭa-*[1] 'twist of straw, mat': T.02629] *f.* **1** (金属製の)環;(鎖の)輪. **2** (馬具の)くつわ. **3** 手かせ, 手錠 (हथकड़ी);足かせ. **4** 関連, 結びつき;連続した出来事, 一連(の出来事). ❐गाँव से टूटी हुई हमारी कड़ियाँ जैसे एक बार फिर जुड़ जातीं। 村から断絶した私たちの結びつきがまるでもう一度つながったようであった. **5** 〖コンピュータ〗(インターネットの)リンク. ❐बाहरी कड़ियाँ 外部リンク. **6** 詩の一行, 詩句.

कड़ी[2] /kaṛī カリー/ [cf. *कड़ा*[3]] *f.* 梁(はり);たるき.

कड़आ /kaṛuā カルアー/ ▸कड़वा, कड़वा *adj.* ☞कड़वा

कड़आना /kaṛuānā カルアーナー/ ▸कड़वाना [cf. *कड़वा*] *vi.* (*perf.* कड़आया /kaṛuāyā カルアーヤー/) **1** (味が)苦くなる. **2** (皮膚・目が)ひりひり痛む. ❐रात भर न सोने से आँखें कड़आ रही हैं। 一晩中寝なかったので, 目がしょぼしょぼする. ❐प्याज़ पीसी जाने पर आँखें कड़आने लगीं। タマネギをすったら, 目がひりひりしはじめた.

कड़वा /kaṛuvā カルワー/ ▸कड़वा, कड़आ *adj.* ☞कड़वा

कढ़ना /kaṛʰanā カルナー/ [cf. *काढ़ना*] *vi.* (*perf.* कढ़ा /kaṛʰā カラー/) **1** 引き抜かれる. ❐दोनों दलों में बात बात में तलवारें कढ़ गईं। 二組の間で些細な事から剣が抜かれた. **2** 刺繍される. ❐रूमाल पर कढ़े फूल काफ़ी सुंदर दिखते हैं। ハンカチに刺繍された花柄がとても美しく見える. **3** 傑出する, 顕著になる. ❐उसकी ख्याति कुछ दिनों में ही चारों ओर कढ़ गई। 彼の名声は数日の間に四方で高まった. **4**(ミルクが)沸騰して煮詰まる. (⇒औटना) ❐थोड़ी देर में ही सारा दूध कढ़ गया। しばらくするとミルクは沸騰して煮詰まった. **5** (女が愛人と)駆け落ちする. ❐उसकी लड़की गाँव के बदचलन लड़के के साथ कढ़ गई। 彼の娘は村の素行のよくない青年と駆け落ちした.

कढ़वाना /kaṛʰavānā カルワーナー/ ▸कढ़ाना [caus. of *कढ़ना, काढ़ना*] *vt.* (*perf.* कढ़वाया /kaṛʰavāyā カルワーヤー/) 刺繍させる;刺繍してもらう.

कढ़ाई[1] /kaṛʰāī カラーイー/ [cf. *कढ़ना, कढ़ाना*] *f.* 刺繍.

कढ़ाई[2] /kaṛʰāī カラーイー/ ▸कड़ाही *f.* ☞कड़ाही

कढ़ाना /kaṛʰānā カラーナー/ ▸कढ़वाना [caus. of *कढ़ना, काढ़ना*] *vt.* (*perf.* कढ़ाया /kaṛʰāyā カラーヤー/) ☞कढ़वाना

कढ़ी /kaṛʰī カリー/ [<OIA. *kvathita-* 'boiled': T.03637; DED 1162, 1171] *f.* 〖食〗豆料理の一種《香辛料とヨーグルトを使用》.

कण /kaṇa カン/ [←Skt.m. *कण-* 'a grain, grain of corn, single seed'] *m.* 小さな粒;(微)粒子. ❐एक-एक ～ में 微細な一つ一つに, 隅々まで. ❐बालू के ～ 砂粒.

क़तई /qataī カタイー/ [←Pers.adv. قطعى 'verily'] *adj.* 絶対の, 決定的な. ❐～ तौर पर 絶対に, 明らかに. — *adv.* 《主に否定辞とともに用いて「決して…ない, 全く…ない」の意》 ❐मुझे यह ～ पसंद नहीं है। 私はこういうことは全く気にいらない.

कतना /katanā カトナー/ [cf. *कातना*] *vi.* (*perf.* कता /katā カター/) 紡がれる.

क़तर /qatara カタル/ [cf. Eng.n. *Qatar*] *m.* 〖国名〗カタール(国)《首都はドーハ (दोहा)》.

कतरन /katarana カトラン/ [cf. *कतरना*] *f.* **1** 刈り込み;裁断. ❐कपड़े की ～ 布の裁断. **2** 切り抜き. (⇒कटिंग) ❐अख़बार की ～ 新聞の切り抜き. **3** 砕いたもの. ❐बादाम की ～ アーモンドを砕いた細片.

कतरना /kataranā カタルナー/ [<OIA.f. *kartari-* 'scissors, knife': T.02858] *vt.* (*perf.* कतरा /katarā カトラ

ー/) **1** 切り抜く;(布・紙・金属板などを)裁断する. (⇒काटना, तराशना) ❐दरज़ी कैंची से कपड़ा कतर रहा है। 裁縫師が鋏で布を裁断している. **2** (髪などを)切る;(羊毛・草などを)刈る. (⇒मूँड़ना) ❐कतरी और सँवारी हुई मूँछें 切り揃えられ手入れのされた口ひげ. ❐भेड़ों को कतरना 羊の毛を刈る. **3** (話などを)さえぎる;無力にする. (⇒काटना) ❐बात ～ 話をさえぎる. ❐(का) पर [पंख] ～ (…の)翼を切る(=無力にする).

कतरनी /katarạnī カタルニー/ [<OIA.f. *kartari-* 'scissors, knife': T.02858] *f.* はさみ. (⇒कैंची)

कतर-ब्योंत /katarạ-byõtạ カタル・ビョーント/ *f.* (都合のいい)切り貼り;改ざん. ❐(की) ～ करना (…を)改ざんする.

कतरवाना /katarạvānā カタルワーナー/ [caus. of *कतरना*] *vt.* (*perf.* कतरवाया /katarạvāyā カタルワーヤー/) (髪を)切らせる, (毛を)刈らせる;(髪を)切ってもらう, (毛を)刈ってもらう. (⇒कतराना)

कतराना /katạrānā カトラーナー/ [cf. *कतरना*] *vi.* (*perf.* कतराया /katạrāyā カトラーヤー/) **1** (人を)避ける;(責任などを)回避する. ❐आप इन दिनों मुझसे क्यों कतराते हैं?あなたは最近私を何故避けるのですか? ❐वह अपनी ज़िम्मेदारी से कतराता रहा। 彼は自分の責任から逃げつづけていた. **2** (避けるために)わきにそれる, こっそり逃れる. (⇒बग़लियाना) ❐मैंने सिर नीचा कर लिया और चाहता था कि कतराकर निकल जाऊँ 私は頭を垂れた, そしてこっそり逃げていきたかった.

— *vt.* (*perf.* कतराया /katạrāyā カトラーヤー/) 切らせる, 刈らせる;切ってもらう, 刈ってもらう. (⇒कतरवाना)

क़तल /qatalạ カタル/ ▸क़त्ल *m.* ☞क़त्ल

कतवाना /katạvānā カトワーナー/ ▸कताना [caus. of *कतना, कातना*] *vt.* (*perf.* कतवाया /katạvāyā カトワーヤー/) 紡がせる;紡いでもらう.

कताई /katāī カターイー/ [cf. *कताना, कातना*] *f.* **1** 糸を紡ぐこと, 紡績. **2** 糸を紡ぐ労賃.

कताना /katānā カターナー/ ▸कतवाना *vt.* (*perf.* कताया /katāyā カターヤー/) ☞कतवाना

क़तार /qatārạ カタール/ [←Pers.n. قطار 'coming and going; series, row' ←Arab.] *f.* 列;行列;連なり. (⇒पंक्ति) ❐गाड़ियों की एक लंबी ～ 車の長い一列. ❐घरों की ～ 家並み. ❐पेड़ों की ～ 木立. ❐पीछे लोगों की लंबी ～ थी। 背後には人々の長い行列があった. ❐मैंने सबको ～ में खड़ा किया। 私は皆を列に並ばせた.

कतिपय /katipayạ カティパエ/ [←Skt. *कतिपय* 'several, some'] *adj.* 若干の, 少数の.

कत्थई /katt^haī カッタイー/ [cf. *कत्था*] *adj.* こげ茶色の. (⇒खैरा)

कत्थक /katt^hakạ カッタク/ [cf. *कथक*] *m.* カタク《北インドの伝統舞踊》.

कत्था /katt^hā カッター/ [cf. DEDr.1432 (DED.1201)] *m.* 〖植物〗カテキュ, アセンヤク(阿仙薬). (⇒खैर)

क़त्ल /qatlạ カトル/ ▸क़तल [←Pers.n. قتل 'killing' ←Arab.] *m.* 殺害, 殺人, 暗殺. (⇒हत्या) ❐(का) ～ करना (人を)殺害する.

क़त्ले-आम /kaqle-āmạ カクレー・アーム/ [←Pers.n. قتل عام 'massacre' ←Arab.] *m.* (大量)虐殺, 殺戮(さつりく).

कथक /kat^hakạ カタク/ [←Skt.m. *कथक-* 'a narrator, story-teller'] *m.* **1** 〖演劇〗語り手;語り部《特に劇のプロローグを口上する役者》. **2** カタク《北インドの伝統舞踊;中世ムガル時代に宮廷の庇護を受けて発達した;ベナレス, ラクナウ, ジャイプルの各流派が有名》.

कथक्कड़ /kat^hakkaṛạ カタッカル/ [*कथा* + *-क्कड़*] *m.* **1** 語り手;講釈師. **2** 話がくどく長い人.

कथड़ी /kat^hạṛī カトリー/ ▸कथरी *f.* ☞कथरी

कथन /kat^hanạ カタン/ [←Skt.n. *कथन-* 'the act of telling'] *m.* (語られる)言葉;言説;主張;言明;陳述;申し立て.

कथनानुसार /kat^hanānusārạ カタナーヌサール/ [neo.Skt.ind. *कथन-अनुसार* 'in accordance with (one's) statement'] *adv.* (人の)話によれば. ❐उसके ～ 彼の話によれば.

कथनी /kat^hạnī カトニー/ [*कथन* + *-ई*] *f.* 口で言ったこと. ❐उनकी ～ और करनी में बहुत अंतर है। 彼の言ったことと行ったこととは大変な違いがある.

कथनीय /kat^hạnīyạ カトニーエ/ [←Skt. *कथनीय-* 'to be said or told or declared, worthy of relation or mentioning'] *adj.* 言うに値する, 言及すべき. (⇒कथ्य)

कथरी /kat^hạrī カトリー/ ▸कथड़ी [<OIA.f. *kanthā-*[2] 'rag, cloth': T.02721] *f.* つぎはぎだらけのぼろ布.

कथा /kat^hā カター/ [←Skt.f. *कथा-* 'conversation, speech, talk'] *f.* **1** 物語;話. **2** 〖ヒンドゥー教〗(宗教)説話. ❐～ बाँचना 説話を朗唱する.

कथाकली /kat^hākalī カターカリー/ [←Mal. ; DED] *f.* カターカリー《ケララ地方の伝統的舞踏》.

कथाकार /kat^hākārạ カターカール/ [neo.Skt.m. *कथा-कार-* 'one who tells or writes stories'] *m.* 〖文学〗物語作家, ストーリー・ライター.

कथात्मक /kat^hātmakạ カタートマク/ [neo.Skt. *कथात्मक-* 'narrative'] *adj.* 〖文学〗物語の;物語に似た, 物語風の.

कथानक /kat^hānakạ カターナク/ [←Skt.n. *कथानक-* 'a little tale'] *m.* 〖文学〗(物語などの)筋, プロット.

कथामुख /kat^hāmuk^hạ カタームク/ [←Skt.n. *कथा-मुख-* 'the introduction to a tale'] *m.* 〖文学〗物語の発端, 導入部.

कथा-वस्तु /kat^hā-vastu カター・ワストゥ/ [neo.Skt.f. *कथा-वस्तु-* 'content of a story, drama etc.'] *f.* 〖文学〗(物語の)内容;主題, 題目, テーマ.

कथा-वार्ता /kat^hā-vārtā カター・ワールター/ [←Skt.f. *कथा-वार्त्ता-* 'religious discourse and discussion'] *f.* 神話や宗教説話(の語らい).

कथा-शिल्प /kat^hā-śilpạ カター・シルプ/ [neo.Skt.n. *कथा-शिल्प-* 'the art of story writing'] *m.* 〖文学〗物語を創作する技巧.

कथा-साहित्य /katʰā-sāhitya カター・サーヒティエ/ [neo.Skt.n. कथा-साहित्य- 'narrative, story'] *m.* 〖文学〗物語文学.

कथित /katʰita カティト/ [←Skt. कथित- 'told, related, reckoned'] *adj.* **1** 語られた;伝えられた;前述の. ❒～ तौर पर 伝えられるところによれば. **2** いわゆる. (⇒तथाकथित) **3** 容疑のある, 嫌疑のかかっている. ❒पुलिस ने दो आदमियों को उसकी गुमशुदगी के मामले में ～ मिलीभगत के आरोप में गिरफ़्तार कर लिया। 警察は二人の人間を彼の行方不明の事件で嫌疑のかかっている共謀の容疑で逮捕した.

कथोपकथन /katʰopakatʰana カトープカタン/ [neo.Skt.n. कथा-उप-कथन- 'dialogue'] *m.* (劇・小説などの)対話部分, 会話部分.

कथ्य /katʰya カティエ/ [←Skt. कथ्य- 'to be spoken about or told, fit to be mentioned'] *adj.* 言うに値する, 言及すべき. (⇒कथनीय)

कदंब /kadaṃba カダンブ/ [←Skt.m. कदम्ब- 'the tree *Nauclea cadamba*': T.02710] *m.* 〖植物〗カダムバ, クビナガタマバナノキ《アカネ科の高木》.

क़द /qada カド/ ▸क़द्द [←Pers.n. قد 'stature, figure' ←Arab.] *m.* 背丈, 身長;高さ;サイズ. ❒छोटे [लंबे] ～ का आदमी 背の低い[高い]人.

क़दम /qadama カダム/ [←Pers.n. قدم 'a foot; footstep' ←Arab.] *m.* **1** 一歩, …歩;歩幅;あしどり, 歩調;足. (⇒डग) ❒～ (ब) ～ 一歩一歩. ❒～ मिलाना 歩調を合わす. ❒एक ～ आगे बढ़ना 一歩前に進む. ❒दस ～ पर 10歩の距離に. ❒मैंने कमरे में ～ रखा। 私は部屋に足を踏み入れた. **2** 処置, ステップ;実行. ❒अगला ～ उठाना 次の手段を講じる. ❒(में) ～ रखना (…に)足を踏み入れる.

क़दमचा /qadamacā カダムチャー/ [←Pers.n. قدمچه 'a small or short step'] *m.* (大便器の両側の)足の踏み台.

क़दमबाज़ /qadamabāza カダムバーズ/ [←Pers.n. قدم باز 'fleet, nimble-footed'] *m.* (馬の)ペースメーカー.

क़दमबोसी /qadamabosī カダムボースィー/ [←Pers.n. قدمبوسی 'foot-kissing'] *f.* 足への接吻, 口づけ《敬意, 忠順を表す動作》. ❒(की) ～ करना (人の)足に忠順をあらわし接吻する.

क़दर /qadara カダル/ ▸क़द्र [←Pers.n. قدر 'making great, magnifying, honouring' ←Arab.] *f.* **1** 真価, 価値. **2** 評価;尊重. ❒संसार में इलम की ～ नहीं है, ईमान की ～ है। この世では知識が尊ばれるのではなく, 誠実さが尊ばれるのだ. **3** 程度, 度合い《副詞句の一部として慣用的に使用》. ❒इस ～ この程度, これほど. ❒किस ～ どの程度, どれほど.

क़दरदान /qadaradāna カダルダーン/ ▸क़द्रदान [←Pers.n. قدر دان 'one who knows the worth (of men or things)'] *adj.* 鑑定眼の優れた, 目の利く(人).
— *m.* 鑑定家, 目利き.

क़दरदानी /qadaradānī カダルダーニー/ ▸क़द्रदानी [←Pers.n. قدر دانی 'just appreciation of merit'] *f.* 鑑定;真価を認めること.

कदर्थ /kadartʰa カダルト/ [←Skt. कद्-अर्थ- 'having what purpose or aim?; useless, unmeaning'] *adj.* 無用の;無意味な(もの).
— *m.* 無用のもの;くず, ごみ.

कदली /kadalī カドリー/ [←Skt.m. कदलिन्- 'a kind of antelope'] *f.* 〖植物〗(料理用)バナナ.

कदाचार /kadācāra カダーチャール/ [←Skt.m. कद्-आचार- 'bad conduct'] *m.* 不品行.

कदाचित् /kadācit カダーチト/ [←Skt.ind. कदा चित् 'at some time or other, sometimes, once'] *adv.* **1** いつか;一度. **2** 多分, おそらく. (⇒शायद)

कदापि /kadāpi カダーピ/ [←Skt.ind. कदा-अपि 'sometimes, now and then'] *adv.* 《否定辞と共に用いて》決して…でない. (⇒हरगिज़) ❒～ नहीं। 絶対にない.

क़दामत /qadāmata カダーマト/ [←Pers.adj. قدامة 'preceding in point of time; ancient' ←Arab.] *f.* 古めかしさ;古代;昔.

क़दामत-पसंद /qadāmata-pasaṃda カダーマト・パサンド/ [क़दामत + -पसंद] *adj.* 古めかしい;古風な;保守的な.

क़दामत-पसंदी /qadāmata-pasaṃdī カダーマト・パサンディー/ [क़दामत-पसंद + -ई] *f.* 保守主義;保守性.

कदाशय /kadāśaya カダーシャエ/ [←Skt. कद्-आशय- 'malafide'] *adj.* 悪意のある;不誠実な. (⇔सदाशय)
— *m.* 悪意.

क़दीम /qadīma カディーム/ [←Pers.adj. قديم 'ancient, olden' ←Arab.] *adj.* 古代の;昔の.

क़दीमी /qadīmī カディーミー/ [←Pers.adj. قديمی 'ancient, olden' ←Arab.] *adj.* ☞क़दीम

क़द्द /qadda カッド/ ▸क़द *m.* ☞क़द

क़द्दावर /qaddāvara カッダーワル/ [←Pers.adj. قد آور 'tall of stature'] *adj.* 背の高い;巨体の

कद्दू /kaddū カッドゥー/ [←Pers.n. كدو 'a pumpkin, gourd'] *m.* 〖植物〗カボチャ(南瓜), セイヨウカボチャ(西洋南瓜). (⇒सीताफल)

कद्दूकश /kaddūkaśa カッドゥーカシュ/ ▸कद्दूकस [←Pers.n. كدو كش 'an instrument for cutting pumpkins'] *m.* カッドゥーカシュ《カボチャなどの硬い外皮をむく道具;皮むき器》.

कद्दूकस /kaddūkasa カッドゥーカス/ ▸कद्दूकश *m.* ☞कद्दूकश.

क़द्देआदम /qaddeādama カッデーアーダム/ [←Pers.adj. قد آدم 'full-length'] *adj.* 等身大の. ❒दीवारें किताबों-भरी ～ आलमारियों से ढकी थीं। 壁は本の詰まった等身大の本棚で覆われていた.

क़द्र /qadra カドル/ ▸क़दर *f.* ☞क़दर

क़द्रदान /qadradāna カドルダーン/ ▸क़दरदान *adj.* ☞क़दरदान

क़द्रदानी /qadradānī カドルダーニー/ ▸क़दरदानी *f.* ☞क़दरदानी

कन /kana カン/ [<OIA.m. káṇa- 'a grain of corn': T.02661] *m.* 粒, 粒子.

कन- /kanạ- カン・/ [<OIA.m. *kárṇa-* ‘ear, handle of a vessel’: T.02830] *comb. form* 《「耳」(कान) を表す連結形; कनटोप, कनपेड़ा など》.

कन-उँगली /kanạ-ũgạlī カン・ウングリー/ [*कन + उँगली*] *f.* 小指. (⇒कानी)

कनक[1] /kanakạ カナク/ [←Skt.n. *कनक-* ‘gold’] *m.* **1** 金. **2**〖植物〗ダチュラ, チョウセンアサガオ(朝鮮朝顔). (⇒धतूरा)

कनक[2] /kanakạ カナク/ [<OIA.m. *kaṇika-* ‘grain’: T.02665] *m.* (小麦などの)穀物.

कनकटा /kanạkaṭā カンカター/ [*कन- + कटना*] *adj.* 耳の切れた(人), 耳のちぎれた(人). (⇒बूचा)

कनकटी /kanạkaṭī カンカティー/ [*कन- + कटना*] *f.*〖医学〗耳の炎症の一種.

कनकना /kanạkanā カンカナー/ [cf. *कन*] *adj.* **1** もろくて壊れやすい. (⇔चीमड़) **2** むず痒い. **3** 怒りっぽい(人).

कनकनाना /kanạkanānā カンカナーナー/ [?cf. *कन*] *vi.* (*perf.* कनकनाया /kanạkanāyā カンカナーヤー/) むず痒い. ❐गला ～ 喉がむずむずする.

कनकी /kanạkī カンキー/ [<OIA.m. *kaṇika-* ‘grain’: T.02665] *f.* 米粒のかけら.

कनकौआ /kanạkauā カンカォーアー/ ▸कनकौवा *m.* ☞ कनकौवा

कनकौवा /kanạkauvā カンカォーワー/ ▸कनकौआ [*कन- + कौवा*] *m.* 大きな凧.

कनखजूरा /kanạkʰajūrā カンカジューラー/ [*कन- + खजूरा*] *m.*〖動物〗ムカデ(百足). (⇒गोजर)

कनखी /kanạkʰī カンキー/ [<OIA. **karṇākṣi-* ‘side-glance’: T.02847] *f.* **1** 横目. ❐कनखियों से देखना 横目で見る. **2** 流し目; 目くばせ; ウインク.

कनखोदनी /kanạkʰodanī カンコードニー/ [*कन- + खोदना*] *f.* 耳かき.

कनछेदन /kanạcʰedanạ カンチェーダン/ [*कन- + छेदन*] *m.*〖ヒンドゥー教〗(子どもの)耳たぶに穴をあける儀礼. (⇒कर्णवेध)

कनटोप /kanạṭopạ カントープ/ ▸कंटोप [*कन- + टोप*] *m.* (寒さをしのぐための)耳覆いのついた帽子.

कनपटी /kanạpaṭī カンパティー/ [*कन- + ?*] *f.* こめかみ. (⇒गंडस्थल) ❐(की) ～ पर पिस्तौल लगाना (人の)こめかみにピストルを押し付ける.

कनपुरिया /kanạpuriyā カンプリヤー/ [cf. *कानपुर*] *adj.* カーンプルの.

— *m.* カーンプル生まれの男子, カーンプル市民, カーンプルっ子.

कनपेड़ /kanạpeṛạ カンペール/ ▸कनपेड़ा, कनफेड़ *m.* ☞ कनपेड़ा

कनपेड़ा /kanạpeṛā カンペーラー/▸कनपेड़, कनफेड़ [*कन- + पेड़ा*] *m.*〖医学〗流行性耳下腺炎, おたふく風邪.

कनफटा /kanạpʰaṭā カンパター/ [*कन- + फटना*] *m.*〖ヒンドゥー教〗カンパター《原意は「耳たぶが裂けた(人)」; ゴーラクナート派の行者; 耳に水晶の大型耳飾りをするため耳が裂けることから》.

कनफुँकवा /kanạpʰũkạvā カンプンクワー/ ▸कनफुँका *m.* ☞कनफुँका

कनफुँका /kanạpʰũkā カンプンカー/▸कनफुँकवा [*कन- + फूँकना*] *m.*〖ヒンドゥー教〗〔俗語〕カンプンカー《人の耳に呪文を吹き込み入信儀式をすることをなりわいとする怪しげな呪術師; またその入信者》.

कनफुसकी /kanạpʰusạkī カンプスキー/ ▸कानाफूसी *f.* ☞ कानाफूसी

कनफेड़ /kanạpʰeṛạ カンペール/ ▸कनपेड़, कनपेड़ा *m.* ☞ कनपेड़ा

कनमनाना /kanạmanānā カンマナーナー/ ▸कुनमुनाना [onom.] *vi.* **1** (子どもが)ぐずる; ぼやく. ❐दोनों बच्चे कनमनाए। 二人の子どもはぐずった. **2** (落ち着かないで)ゴソゴソ寝返りをうつ.

कनमैला /kanạmailā カンマェーラー/ [*कन- + मैल*] *m.* 耳垢.

कनमैलिया /kanạmailiyā カンマェーリヤー/ [cf. *कनमैला*] *m.* 耳垢をとる人, 耳を掃除する人.

कनवास /kanạvāsạ カンワース/ [←Eng.n. *canvas*] *m.* **1** カンバス, キャンバス, 画布. **2** ズック, 粗布, 帆布.

कनवोकेशन /kanạvokeśanạ カンヴォーケーシャン/ [←Eng.n. *convocation*] *m.* 大学卒業式; 学位授与式. (⇒दीक्षांत समारोह)

कनस्टर /kanasṭarạ カナスタル/ ▸कनस्तर [←Eng.n. *canister*] *m.* (ふた付きの)缶.

कनस्तर /kanastarạ カナスタル/▸कनस्टर [←Eng.n. *canister*; ?←Port.f. *canástra* ‘large basket’] *m.* (ふた付きの)缶. (⇒पीपा)

कनाट प्लेस /kanāṭạ plesạ カナート プレース/▸कनॉट प्लेस [←Eng.n. *Connaught Place*] *m.*〖地名〗コンノートプレイス《ニューデリーの中心街ラージーヴ(・ガーンディー)・チョウク राजीव (गाँधी) चौक の旧名》.

कनाडा /kanāḍā カナーダー/ [←Eng.n. *Canada*] *m.*〖国名〗カナダ《首都はオタワ (ओटावा)》.

क़नात /qanātạ カナート/ [←Pers.n. قنات ‘the walls of a tent or canvas-enclosure’ ←Arab.] *f.* カナート《天幕の周囲に張り巡らす幕, 幔幕(まんまく)》. ❐शामियाने के चारों तरफ़ क़नातें खड़ी कर दी गई थीं। 大天幕の四方にカナートが張り巡らされた.

कनिष्ठ /kaniṣṭʰạ カニシュト/ [←Skt. *कनिष्ठ-* ‘the youngest, younger born; smallest, lowest, least’] *adj.* **1** 最年少の; 年下の, 年少の, 若い. (⇒छोटा, जूनियर)(⇔ज्येष्ठ, बड़ा, सीनियर) ❐विश्व ～ बैडमिंटन प्रतियोगिता〖スポーツ〗世界ジュニアバドミントン選手権大会. **2** 最小の. (⇒छोटा, जूनियर)(⇔ज्येष्ठ, बड़ा, सीनियर) **3** 後進の, 下位の, 下級の. (⇒अवर, जूनियर)(⇔वरिष्ठ, सीनियर)

कनिष्ठा /kaniṣṭʰā カニシュター/ [←Skt.f. *कनिष्ठा* ‘the little finger; the wife of a younger brother’] *f.* **1** 小指. (⇒कनिष्ठिका, कानी) **2** (合同家族の中で)最も若い嫁; 一番後で嫁入りした嫁; 弟の嫁. (⇔जेठानी) **3**〖文学〗(一夫多妻制において)最も寵愛の少ない妻. (⇔ज्येष्ठा)

कनिष्ठिका /kaniṣṭʰikā カニシュティカー/ [←Skt.f.

कनिष्ठिका 'the little finger'] *f.* 小指. (⇒कनिष्ठा, कानी)

कनी /kanī カニー/ [＜OIA.m. *káṇa-* 'a grain of corn': T.02661] *f.* (穀物や宝石などの小さな)粒.

कनेर /kanera̤ カネール/ [＜OIA.m. *karavīra-* 'oleander, *Nerium odorum*': T.02800] *m.* 〖植物〗キョウチクトウ(夾竹桃).

कनेरी /kanerī カネーリー/ [←Eng.n. *canary*] *f.* 〖鳥〗カナリヤ.

कनौड़ा /kanauṛā カナォーラー/ [＜OIA. **karṇamarda-* 'touching the ears as a sign of disgrace or repentance': T.02840] *adj.* **1** 片目の(人). (⇒काना) **2** (不名誉なことで)恥じている(人);面目ないと思っている(人).

कनौती /kanautī カナォーティー/ [＜OIA.m. *karṇapatraka-* 'lobe of the ear': T.02837] *f.* **1** (動物の)耳. **2**〖動物〗(動物が)耳をそばだてること.

कन्नड /kannaḍa̤ カンナド/ *adj.* カンナダ語の.
— *f.* カンナダ語.

कन्ना /kannā カンナー/ [←Panj. ＜OIA.m. *kárṇaka-* 'projection on the side of a vessel, handle': T.02831] *m.* (端の)でっぱり.

कन्नी[1] /kannī カンニー/ [←Panj. ＜OIA.f. *kárṇikā-* 'round protuberance': T.02849] *f.* ふち, へり, かど;端. ❒(से) ~ काटना (…を)避ける. ❒उससे क्यों ~ काटते हो। (彼女を)どうして避けてるんだい.

कन्नी[2] /kannī カンニー/ ▸करनी *f.* ☞करनी

कन्नौज /kannauja̤ カンナォージ/ [＜OIA.n. *kanyakubja-* 'name of a town': T.02733; cf. Eng.n. *Kannauj, kanauj,* formerly *Cannodge*] *m.* 〖地名〗カンノウジ《ウッタル・プラデーシュ州 (उत्तर प्रदेश) の歴史的都市》.

कन्या /kanyā カニャー/ [←Skt.f. *कन्या-* 'a girl, virgin, daughter; the sign of the zodiac Virgo'] *f.* **1** 乙女;処女;未婚の女. **2** 娘. **3**〖天文〗乙女座. ❒~ राशि (黄道十二宮の一つ)処女宮, 乙女座.

कन्याकुमारी /kanyākumārī カニャークマーリー/ [*कन्या* + *कुमारी*; cf. Eng.n. *Kanyakumari, Cape Comorin*] *f.* 〖地名〗カンニャークマーリー, コモリン岬《タミル・ナードゥ州 (तमिल नाडु) の南に位置するインド亜大陸最南端の岬》.

कन्यादान /kanyādāna̤ カニャーダーン/ [←Skt.n. *कन्या-दान-* 'giving a girl in marriage'] *m.* 〖ヒンドゥー教〗カンニャーダーナ《結婚式において親が娘を花婿に贈る儀式》.

कप /kapa̤ カプ/ [←Eng.n. *cup*] *m.* **1** カップ, コップ. ❒एक ~ पानी カップ 1 杯の水. **2**〖スポーツ〗優勝杯;優勝杯を競う試合. ❒विश्व ~ ワールドカップ, 世界選手権.

कपट /kapaṭa̤ カパト/ [←Skt.m. *कपट-* 'fraud, deceit, cheating, circumvention'] *m.* **1** 欺瞞(ぎまん), 偽善. (⇒छल) ❒उसके मन में ~ नहीं रहता। 彼の心には裏表がない. **2** ペテン, こそ泥. (⇒छल) ❒(के साथ) ~ करना (人を)欺く. **3** 計略, 策略. (⇒छल)

कपटपूर्ण /kapaṭa̤pūrṇa̤ カパトプールン/ [neo.Skt. *कपट-पूर्ण-* 'deceitful, fraudulent'] *adj.* 欺瞞(ぎまん)に満ちた, 偽善的な.

कपटी /kapaṭī カプティー/ [←Skt. *कपटिन्-* 'deceitful, fraudulent, dishonest'] *adj.*
— *m.* 偽善的な(人). ❒~ मित्र 偽善的な友人. 偽善的な人;ペテン師, こそ泥師. ❒उसने कितनी बड़ी भूल की कि इस ~ के साथ घर से निकल भागी। このペテン師と家を飛び出したという, 彼女は何という大きな誤りを犯したことか.

कपड़छन /kapaṛacʰana̤ カパルチャン/ [*कपड़ा* + *छानना*] *m.* 布で漉(こ)すこと, うらごし.

कपड़ा /kapa̤ṛā カプラー/ [＜OIA.n. *karpaṭa-* 'patched garment, rag' ←Austro-as. : T.02871] *m.* **1** 布, 布地, 生地. ❒वे हाथ-कते सूत से ~ तैयार कराने लगे। 彼は手で紡いだ糸で布地を作らせ始めた. **2** 衣服, 衣類, 服《普通複数形で用いる》. ❒चाचा को अच्छे कपड़े पहनने का शौक़ था। 叔父は上等の服を着る趣味があった.

कपड़ा-लत्ता /kapa̤ṛā-lattā カプラー・ラッター/ *m.* (日常の)衣類. ❒न बच्चे के खाने-पीने की वह सुध लेती, न कपड़े-लत्ते की। 子どもの食事にも彼女は気をかけなかった, 着せる衣類にも.

कपसेठा /kapa̤seṭʰā カプセーター/ [＜OIA. **karpāsakāṣṭha-* 'cotton plant wood': T.02878] *m.* 〖植物〗ワタ(綿) (कपास) の乾燥した茎《燃料に使用》.

कपाट /kapāṭa̤ カパート/ [←Skt.n. *कपाट-* 'a door, the leaf or panel of a door'] *m.* **1** 扉(の板);門扉(もんぴ). ❒अस्तबल के लंबे लौह ~ पर ज़ंग लगा ताला पड़ा हुआ था। 馬小屋の長い鉄製の扉に錆の付いた錠前がかかっていた. **2** 水門の扉;弁, バルブ.

कपार /kapāra̤ カパール/ ▸कपाल *m.* ☞कपाल

कपाल /kapāla̤ カパール/▸कपार [←Skt.n. *कपाल-* 'skull, cranium'; cf. T.02744] *m.* **1** 頭蓋骨. (⇒खोपड़ी) **2** 額. (⇒माथा, ललाट) **3** 運命《額にその人の運命が書かれているという俗信から》. **4** (口や底が)壊れた壺や鉢.

कपाल-क्रिया /kapāla̤-kriyā カパール・クリヤー/ [neo.Skt.f. *कपाल-क्रिया-* 'ceremonial breaking of the skull of a corpse at cremation'] *f.* 〖ヒンドゥー教〗カパーラクリヤー《火葬の終わり近くに喪主が遺体の頭蓋骨を竹や木の棒などで打ち砕く儀礼;霊魂と肉体との束縛を解き放つ儀礼と考えられている》.

कपास /kapāsa̤ カパース/ [＜OIA.m. *karpā́sa-* 'the cotton plant *Gosypium herbaceum*' ←Austro-as.: T.02877] *f.* **1**〖植物〗ワタ(綿)(の木), 綿花《アオイ科の低木》. **2** (製綿される前の)綿《製綿された綿は रूई》.

कपासी /kapāsī カパースィー/ [*कपास* + *-ई*] *adj.* **1** 綿花の色の, 淡い黄色の. **2** 綿花のような. ❒~ बादल [मेघ] 積雲, 綿雲. ❒~ वर्षी बादल [मेघ] 積乱雲, 入道雲.

कपि /kapi カピ/ *m.* 〖動物〗猿.

कपूत /kapūta̤ カプート/ [cf. *कुपुत्र*] *m.* 親不孝の息子, ろくでなしの息子. (⇔सपूत) ❒लड़का अभागा ~ है। 息子はば

ちあたりの親不孝者だ．

कपूर /kapūra̧ カプール/ [<OIA.m/n. *karpū́ra-* 'camphor': T.02880; Skt.m/n. *कर्पूर-* → Arab. → Lat. *camfora*] *m.* 〖化学〗樟脳(しょうのう)；カンフル．

कपूरी /kapūrī カプーリー/ [*कपूर* + *-ई*] *adj.* **1** 樟脳(しょうのう)で作られた． **2** 樟脳の色の，淡黄色の．

— *m.* 樟脳(しょうのう)の色，淡黄色．

कपोत /kapota̧ カポート/ [←Skt.m. *कपोत-* 'a dove, pigeon'] *m.* 〖鳥〗鳩．(⇒कबूतर)

कपोल /kapola̧ カポール/ [←Skt.m. *कपोल-* 'the cheek'] *m.* 頬(ほお)．(⇒गाल) ❒उसके कपोलों पर लज्जा की लाली दौड़ गई। 彼女の頬に恥じらいの赤みがさした． ❒प्रभात की शीतल वायु में व्यायाम ने कपोलों को ताज़ा और सुर्ख़ कर दिया था। 早朝の涼しい風の中での運動は(彼女の)頬をはつらつと上気させていた．

कपोल-कल्पना /kapola̧-kalpa̧nā カポール・カルプナー/ [neo.Skt.f. *कपोल-कल्पना-* 'figment of imagination'] *f.* 空想事，絵空事．

कपोल-कल्पित /kapola̧-kalpita̧ カポール・カルピト/ [neo.Skt. *कपोल-कल्पित-* 'fabricated, imaginary'] *adj.* 夢想された，空想の中ででっちあげた． ❒पाठक, इस वृत्तांत को ～ न समझिए, यह सत्य घटना है। 読者のみなさん，この一部始終を根も葉もない話と思わないでいただきたい，これは実際にあった出来事です．

कप्तान /kaptāna̧ カプターン/ [←Port.m. *capitão* 'captain'; ?←Eng.n. *captain*] *m.* **1** 〖スポーツ〗(チームの)キャプテン，主将． ❒हाकी टीम का ～ ホッケーのチームのキャプテン． **2** 陸軍大尉．(⇒कैप्टन) **3** 船長，艦長．

कप्तानी /kaptānī カプターニー/ [*कप्तान* + *-ई*] *f.* (チームを率いる)キャプテンの職[仕事]． ❒(की) ～ में (人)キャプテンのもとに． ❒टीम की ～ करना チームを率いる．

कफ /kapʰa̧ カプ/▸कफ़ [←Skt.m. *कफ-* 'phlegm, one of the tree humours of the body'; cog. Pers.n. كف 'phlegm'] *m.* **1** 痰(たん)．(⇒बलग़म, श्लेष्मा) **2** 粘液《インド伝統医学で人間の体質を説明する三つの体液の一つ；他は「体風(वात)」，「胆汁(पित्त)」》．

कफ़[1] /kafa̧ カフ/ [←Eng.n. *cuff*] *m.* (ワイシャツの)カフス，そで口． ❒～ के बटन カフスボタン．

कफ़[2] /kafa̧ カフ/ [←Pers.n. كف 'phlegm'; cog. Skt.m. *कफ-* 'phlegm, one of the tree humours of the body'] *m.* ☞कफ

कफ़न /kafana̧ カファン/ [←Pers.n. كفن 'grave-cloth, a winding-sheet, a shroud' ←Arab.] *m.* 〖イスラム教〗カファン《死者を包む白布；仏式の経帷子(きょうかたびら)に相当；屍衣(しい)，死に装束》． ❒हमारे पास ～ को कौड़ी नहीं है। 私たちの手元には経帷子のための小銭すらない《「極貧」の表現》．

कफ़नी /kafa̧nī カフニー/ [←Pers.n. كفنی 'a dress worn by *fakīrs*'] *f.* 〖イスラム教〗カフニー《修行者 (फ़क़ीर) が身に着ける簡素な衣》．

कफ़ारा /kafārā カファーラー/ ▸कफ़्फ़ारा *m.* ☞कफ़्फ़ारा

कफ़्फ़ारा /kaffārā カッファーラー/▸कफ़ारा [←Pers.n. كفارة 'penitence, penance, atonement (by alms, fasting, etc.)' ←Arab.] *m.* 〖イスラム教〗(罪の)償い，贖罪(しょくざい)．(⇒प्रायश्चित्त) ❒(का) ～ अदा करना (…を)償う．

कब /kaba̧ カブ/ *adv.* いつ．

कबड्डी /kabaḍḍī カバッディー/ [onom.] *f.* 〖スポーツ〗カバッディー《2 組に分かれ，交互に一人ずつ敵陣に入る；敵陣にいる間は呼吸をせずに息の続く限り कबड्डी कबड्डी と声をあげ続ける；無事に味方の陣にもどれば，敵陣で触れた敵はすべて死ぬ》． ❒～ खेलना カバッディーの競技をする．

कबरा /kaba̧rā カブラー/ [<OIA. *karbará-* 'spotted, variegated' ←Austro-as.: T.02882] *adj.* 斑点のある，まだらな．(⇒चितकबरा) ❒कबरी गाय まだら模様の雌牛．

कबाड़ /kabāṛa̧ カバール/ [<OIA.n. *karpaṭa-* 'patched garment, rag': T.02871; cf. DEDr.2395 (DED.1980)] *m.* 廃品，がらくた，屑． ❒～ से बना दी साइकिल 廃品で作られた自転車．

कबाड़िया /kabāṛiyā カバーリヤー/ [cf. *कबाड़*] *m.* 廃品回収業者．

कबाड़ी /kabāṛī カバーリー/ [*कबाड़* + *-ई*] *m.* ☞कबाड़िया

कबाब /kabāba̧ カバーブ/ [←Pers.n. كباب 'meat cut in small pieces and roasted with onions and eggs stuck on skewers' ←Arab.] *m.* 〖食〗カバーブ《焼肉の一種》．

क़बायली /qabāya̧lī カバーエリー/ [←Pers.n. قبائلی 'tribesman'; cf. Arab. قبائل 'tribes', pl. of قبيلة 'tribe'] *adj.* 部族(民)の．

— *m.* カバーエリー《部族(民)，特にパキスタン北西部の部族民》．

क़बीला /qabīlā カビーラー/ [←Pers.n. قبيلة 'generation' ←Arab.] *m.* **1** 部族． ❒वह एक बड़े क़बीले का सरदार है। 彼はある大部族の長である． **2** 家族，一族．

कबूतर /kabūtara̧ カブータル/ [←Pers.n. كبوتر 'a pigeon, dove'; cog. Skt.m. *kapota-* 'pigeon'] *m.* 〖鳥〗(雄)ハト，鳩《鳴き声の擬声語は गुटरगूँ-गुटरगूँ》．(⇔कबूतरी)

कबूतर-ख़ाना /kabūtara̧-xānā カブータル・カーナー/ [←Eng.] *m.* ハト小屋，鳩舎(きゅうしゃ)．

कबूतरबाज़ /kabūtara̧bāza̧ カブータルバーズ/ [←Pers.n. كبوتر باز 'playing or gaming with pigeons, laying bets on their flight'] *m.* **1** (趣味で)鳩を飼う人；鳩愛好家． **2** 女たらし，色魔(しきま)．

कबूतरबाज़ी /kabūtara̧bāzī カブータルバーズィー/ [←Pers.n. كبوتر بازى 'the rearing of pigeons, pigeon-fancying'] *f.* **1** (趣味として)鳩の飼育． **2** 女をたらしこむこと．

कबूतरी /kabūta̧rī カブートリー/ [cf. *कबूतर*] *f.* 〖鳥〗雌バト．(⇔कबूतर)

क़बूल /qabūla̧ カブール/ [←Pers.n. قبول 'receiving favourably, taking well, consenting, granting'

←Arab.] *m.* 容認, 受諾, 是認, 承服《時に叙述形容詞「…が容認されている」としても使用》. ❒～ करना (…を)容認する. ❒इस्लाम ～ करना イスラム教を受け入れる. ❒उसे मोटा खाने और मोटा पहनने से मर जाना ～ था। 彼女にとって粗末なものを食べ粗末なものを着るぐらいだったら死んだ方がましだった.

क़बूलना /qabūlanā カブールナー/ [cf. *क़बूल*] *vt.* (*perf.* क़बूला /qabūlā カブーラー/) **1** (罪・事実を)認める. ❒मैं क़बूलता हूँ कि मैंने यह भूल कर दी। この過ちを私が犯したことを認めます. ❒उसने भी पूछताछ में यही बात क़बूली। 彼も尋問の中でこのことを認めた. **2** 白状する, 告白する. ❒आख़िर उसने किताबों की चोरी क़बूली। とうとう彼は本を盗んだことを白状した.

क़ब्ज़ /qabza カブズ/ [←Pers.n. قبض 'taking , seizing, arresting, grasping, griping, clutching' ←Arab.] *f.* **1** つかみ取ること, 差し押さえること. ❒तुम्हारी रूह ～ करने आए हैं। お前の魂をもらいに来たのだ(＝あの世からお迎えに来たのだ). **2**〖医学〗便秘(症). (⇒मलावरोध)(⇔दस्त, अतिसार) ❒मुझे तीन दिन से ～ है। 私は3日前から便秘です.

क़ब्ज़ा /qabzā カブザー/ [←Pers.n. قبضة 'grasp' ←Arab.] *m.* **1** 占有[占領](権). (⇒अधिकार) ❒(पर) ～ करना [जमाना] (…を)占有[占領]する. **2** 所有(権). **3** (ドアなどの)ちょうつがい, 蝶番, 丁番.

क़ब्र /qabra カブル/ [←Pers.n. قبر 'burying; a grave, tomb' ←Arab.] *f.* 墓.

क़ब्रस्तान /qabrastāna カブルスターン/ ▸क़ब्रिस्तान [←Pers.n. قبرستان 'a cemetery, graveyard'] *m.* 墓地, 墓所《特にイスラム教徒やキリスト教徒の墓地》.

क़ब्रिस्तान /qabristāna カブリスターン/ ▸क़ब्रस्तान *m.* ☞ क़ब्रस्तान

कभी /kab^{h}ī カビー/ *adv.* **1** (過去・未来の)ある時に, いつか《否定辞と共に用いて「決して…ない」を表わす》. ❒वह आपको कभी नहीं छोड़ेगा। 彼はあなたを決して離さないだろう. **2** ときには, あるときは. ❒～ ～ 時々. ❒वह ～ दायें और ～ बायें देखने लगती थी। 彼女は時に右を, 時に左を見るのだった. ❒～ तो सच बोला करो। たまには本当のことを言いなさいよ.

कभी-कभार /kab^{h}ī-kab^{h}āra カビー・カバール/ *adv.* ☞ कभी-कभी

कभी-कभी /kab^{h}ī-kab^{h}ī カビー・カビー/ *adv.* **1** 時々, ときには. **2** たまに, まれに.

कमंडल /kamaṃḍala カマンダル/ [←Skt.m. *कमण्डलु-* 'a gourd or vessel made of wood or earth used for water (by ascetics and religious students), a water-jar'] *m.* カマンダル《ヒンドゥー教の修行者などが使用する水入れ》.

कम /kama カム/ [←Pers.adj. كم 'few, little'] *adj.* **1** 少ない, わずかな. (⇒न्यून)(⇔अधिक, ज़्यादा) ❒～ करना (…を)減らす. ❒～ होना 減る. **2** 不足している; 劣っている. ❒रुपये ～ पड़ जाएँगे। お金が足りなくなるだろう. ❒मैं किसी से ～ नहीं। 私は誰にもひけをとらない.

— *adv.* 少なく; わずかに. ❒वह ～ खाता है। 彼は少食です.

कमअक़ल /kamaaqala カムアカル/ ▸कमअक़्ल *adj.* ☞ कमअक़्ल

कमअक़्ल /kamaaqla カムアクル/ ▸कमअक़ल [←Pers.adj. كم عقل 'of feeble understanding or intellect'] *adj.* 知恵の足りない, 愚かな.

— *m.* 知恵の足りない人, 愚かな人.

कमज़ोर /kamazora カムゾール/ [←Pers.adj. كم زور 'weak, powerless, feeble'] *adj.* **1** 弱い; 非力な. ❒～ बनाना [करना] (…を)弱体化させる. ❒～ होना 弱体化する. ❒आँखें ～ हो गई थीं। 視力が弱くなった. ❒उधर मैदान में उसकी टीम ～ पड़ती जाती थी। 一方広場では彼のチームは弱体化していっていた. ❒मेरा दिल बहुत ～ है। 私の心はとても弱いのだ. **2** 虚弱な; 衰弱した; 弱々しい. ❒मैं इतनी ～ हो गई हूँ कि चलती हूँ, तो आँखों के सामने अँधेरा छा जाता है। 歩くと, 立ちくらんでしまうほど私は衰弱してしまいました. **3** 愚鈍な. (⇔होशियार) **4** 不得意な, 苦手な; 下手な. (⇔होशियार) ❒उनकी अँग्रेज़ी ～ थी। 彼の英語は下手だった. ❒वह गणित में ～ है। 彼は数学が弱い.

कमज़ोरी /kamazorī カムゾーリー/ [←Pers.n. كم زورى 'weakness, feebleness'] *f.* **1** 弱さ; 非力; 欠点, 弱み. ❒वे रोने को ～ और हँसने को हलकापन समझते थे। 彼は泣くことは弱さでありそして笑うことは軽薄さであると思っていた. **2** (体の)衰弱; 虚弱. ❒～ से उठना-बैठना कठिन हो गया। 衰弱のため日常生活が困難になった. ❒ऐसी ～ थी, मानो देह में रक्त का नाम न हो। まるで体中に血の一滴もないほどの衰弱だった. **3** 愚鈍. (⇔होशियारी) **4** 不得意, 苦手; 弱点.

कमनीय /kamanīya カムニーエ/ [←Skt. *कमनीय-* 'lovely, pleasing, beautiful'] *adj.* 可憐な, いとしい; 魅力的な, 心ひかれる, 美しい. ❒～ महिला 心ひかれる女性.

कमबख़्त /kamabaxta カムバクト/ [←Pers.n. كم بخت 'an unlucky wight; wretch'] *adj.* **1** 不運な, ついていない(人). (⇒अभागा, अभाग्य) **2** 縁起の悪い, 不吉な(人)《罵りの言葉「ろくでなし」として》.

कमर /kamara カマル/ [←Pers.n. كمر 'the middle of anything, the waist, loins'] *f.* **1** 腰, ウエスト. ❒～ पर हाथ रखना 腰に手をあてる. ❒～ में बाँधना (…を)腰に結ぶ. ❒वृद्धावस्था में उनकी ～ कुछ झुक गई थी। 年をとって彼の腰は少し曲がってしまっていた. **2**〔慣用〕❒(की) ～ टूटना (人の)望みが絶たれる. ❒(की) ～ तोड़ना (人の)望みを打ち砕く. ❒(पर [के लिए]) ～ कसना [बाँधना] (…のために)本腰になる.

कमरख /kamarak^{h}a カムラク/ [＜OIA.m. *karmaraṅga-* '*Averrhoa carambola*': T.02895; DEDr.3079 (DED.2507)] *m.*〖植物〗ビリンビン(の実)《酸味と渋みが強い果実は漬物, 薬用, 染料などに使用》.

कमरतोड़ /kamaratoṛa カマルトール/ [*कमर* + *तोड़ना*] *adj.* 骨の折れる(つらい).

कमरबंद /kamarabaṃda カマルバンド/ [←Pers.n. كمر

بند 'a waistband, sash, belt, girdle, zone'] *m.* 帯(おび);ベルト;腰ひも. (⇒मेखला)

कमरा /kamarā カムラー/ [←Port.f. *câmara*} 'room'] *m.* 部屋, 室. (⇒कक्ष) ❐मेरे कमरे में आइए। 私の部屋にいらっしゃい.

कमल /kamala カマル/ [←Skt.m. *कमल-* 'a lotus, lotusflower, *Nelumbium*'] *m.* **1**〖植物〗ハス(蓮)(の花). (⇒कँवल, पंकज) **2**〖植物〗スイレン(スイレン).

कमल-ककड़ी /kamala-kakaṛī カマル・カクリー/ *f.*〖植物〗ハスの茎. (⇒कमल-नाल, भसींड)

कमल-गट्टा /kamala-gaṭṭā カマル・ガッター/ *m.*〖植物〗ハスの種《薬用に使われる》.

कमल-नाल /kamala-nāla カマル・ナール/ *f.*〖植物〗ハスの茎. (⇒कमल-ककड़ी, भसींड)

कमला /kamalā カムラー/ [←Skt.f. *कमला-* 'name of *Lakṣmī*'] *f.*〖ヒンドゥー教〗カマラー《ラクシュミー女神 (लक्ष्मी) の別名》.

कमलिनी /kamalinī カマリニー/ [←Skt.f. *कमलिनी-* 'the lotus plant; a number of lotus plants'] *f.* (蓮が多数ある)蓮池.

कमली /kamalī カムリー/ [<OIA.f. *kambalikā-* 'a small blanket': T.02771z2] *f.* (苦行者が使用する)小型の毛布.

कमवाना /kamavānā カムワーナー/ [caus. of *कमाना*] *vt.* (*perf.* कमवाया /kamavāyā カムワーヤー/) 稼がせる;稼いでもらう.

कमांडर /kamāṃḍara カマーンダル/ [←Eng.n. *commander*] *m.* 指揮官, 司令官;特に(海軍)中佐. (⇒सेनापति) ❐लेफ़्टिनेंट ～ (海軍)少佐. ❐विंग ～ (空軍)中佐.

कमाई /kamāī カマーイー/ [cf. *कमाना*] *f.* 稼ぎ, 収益;所得, 給料, 賃金. ❐अच्छी ～ करना いい稼ぎになる. ❐उसने अपनी ～ से अपनी बहन की शादी के लिए रुपया जोड़ा। 彼は自分の稼ぎから自身の妹の結婚費用をためた. ❐मेरे पस जो कुछ है, वह मेरी अपनी ～ है। 私が持っているものは全部, 私が自分で稼いだものだ.

कमाऊ /kamāū カマーウー/ [cf. *कमाना*] *adj.* 稼ぎのある(人), 収入が高い. ❐～ बीबी 稼ぎのある奥さん. ❐२०१५ की १० सबसे ～ फ़िल्में 2015 年度の最高興行収入上位 10 位までの映画.

कमान[1] /kamāna カマーン/ [←Pers.n. کمان 'a bow'] *f.* 弓. (⇒चाप, धनुष) ❐～ खींचना, [चढ़ाना, तानना]弓を引く. ❐तीर ～ से निकल चुका था। 矢はすでに弓から放たれてしまっていた.

कमान[2] /kamāna カマーン/ [?←Port.m. *comando* 'command'; ?←Eng.n. *command*] *f.* 指揮権. ❐हाई ～ (政党など組織の)首脳陣, 執行部;(軍の)最高司令部.

कमानचा /kamānacā カマーンチャー/ [←Pers.n. کمانچه 'a little bow'] *m.* (小型の)弓.

कमानदार /kamānadāra カマーンダール/ [←Pers.n. کماندار 'an archer, a bowman'] *m.* 射手.

कमाना /kamānā カマーナー/ [<OIA. **karmāpayati* 'works, earns': T.02897] *vt.* (*perf.* कमाया /kamāyā カマーヤー/) **1** 稼ぐ. ❐जो मर्द कमाता नहीं वह औरत पर मुश्किल से हावी हो पाता है। 稼ぎのない夫が妻に対し優位を保つのはむずかしい. ❐मुझे अपने परिवार के लिए रोटी कमानी है। 私は家族のために生活費を稼がねばならない. ❐सब मिलकर एक हज़ार रुपए से अधिक वह महीने में कमा लेता था। 合計して千ルピー以上を彼は一か月で稼いでいた. **2** (名声を)博する, (評判を)とる. ❐इस बीमारी के इलाज में उसने बड़ा यश कमाया था। この病気の治療で彼は大層評判をとった. ❐पुस्तक प्रकाशित होने पर आपने ख़ूब नाम कमाया। 本が出版されてあなたは大層名声を博した. **3** (徳を)つむ;(悪行を)重ねる. ❐तुमने दूसरों की सेवा कर बड़ा पुण्य कमाया। 君は他人に奉仕しておおいに徳をつんだ. **4**〔慣用〕❐कसब ～ 売春で金を稼ぐ. ❐खेत ～ 畑に肥やしをやる. ❐चमड़ा ～ 皮をなめす. ❐पाख़ाना ～ 便所掃除をする. ❐लकड़ी ～ 材木を乾かして使えるようにする.

कमानी /kamānī カマーニー/ [←Pers.n. کمانی 'a spring'] *f.* **1** ぜんまい, スプリング. (⇒स्प्रिंग) **2**〖楽器〗(弦楽器の)弓. (⇒गज़) **3** 弓状に曲がったもの;(眼鏡の)つる;(傘の)ほね.

कमानीदार /kamānīdāra カマーニーダール/ [*कमानी* + *-दार*] *adj.* ばねのある;ばね仕掛けの. ❐～ चाक़ू 飛び出しナイフ. ❐～ तराज़ू ばね秤.

कमाल /kamāla カマール/ [←Pers.adj. کمال 'being complete, entire, perfect' ←Arab.] *m.* 卓越した腕, 腕の冴え;完全完璧な技;驚異的な出来事, 奇跡. ❐～ का है। (ものの作りなどが)驚異的だ. ❐～ है। 奇跡だ. ❐आज तो आपने ～ कर दिया। 今日あなたは奇跡を行いました.

कमिश्नर /kamiśnara カミシュナル/ [←Eng.n. *commissioner*] *m.* **1** (任命される)理事, 委員;(官庁の)長官. (⇒आयुक्त) **2** 警察本部長;警視総監. (⇒आयुक्त) ❐असिस्टेंट ～ 警察副本部長. **3**〖歴史〗(英領インドの)地方長官, 弁務官.

कमिश्नरी /kamiśnarī カミシュナリー/ [*कमिश्नर* + *-ई*; cf. Eng.n. ?*commissionery*] *f.* **1** (任命される)理事・委員・(官庁の)長官 (कमिश्नर) の役職 **2**〖歴史〗コミッショナリー《英領時代の地方長官 (कमिश्नर) が管轄する行政単位》.

कमी /kamī カミー/ [←Pers.n. کمی 'smallness, deficiency, paucity, loss'] *f.* **1** 不足, 欠乏. (⇒अभाव) ❐(की) ～ पूरी करना(…の)不足を補う. **2** 減少;削減. **3** 欠点, 欠陥. (⇒ऐब)

क़मीज़ /qamīza カミーズ/ [←Port.f. *camisa* 'shirt, chemise' < Lat. *camīsi* 'linen shirt'; cf. ←Pers.n. قمیص ، قمیض 'shirt' ←Arab.] *f.* (ワイシャツなどの)シャツ類《裾は普通ズボンの外に出す》.

कमीना /kamīnā カミーナー/ [←Pers.adj. کمینه 'defective; base, abject'] *adj.* 下劣な, 卑劣な;(身分が)卑しい(人). (⇒अदना, तुच्छ) ❐～ आदमी 卑劣な人間. ❐मन में यह हमें अब भी नीच और ～ समझते हैं। 心の中ではこ

の方は私たちのことをいまだに下賤(げせん)で卑しいと思っているのです.

— *m.* 下劣な人, 卑劣な人;(身分が)卑しい人. ❐मैं ऊपर से सज्जन हूँ, पर दिल का 〜 हूँ। 私はうわべは紳士だが, 心の中は卑劣な人間だ.

कमीनापन /kamīnāpana カミーナーパン/ [*कमीना* + *-पन*] *m.* 下劣であること, 卑劣であること.

कमी-बेशी /kamī-beśī カミー・ベーシー/ [←Pers.n. کمی بیشی 'increase and decrease'] *f.* 増減;(物価の)上下;不足と剰余.

कमीशन /kamīśana カミーシャン/ [←Eng.n. *commission*] *m.* **1** (調査)委員会. (⇒आयोग) **2** 代理手数料, 歩合. (⇒दलाली, फ़ीस) **3** (販売価格の)割り引き, 値引き. (⇒छूट) ❐〜 देना 値引く.

कमेटी /kameṭī カメーティー/ [←Eng.n. *committee*] *f.* 委員会. (⇒समिति)

कमोडोर /kamoḍora カモードール/ [←Eng.n. *commodore*] *m.* (海軍)准将. (⇒समिति) ❐एयर 〜 (空軍)准将.

कमो-बेश /kamo-beśa カモー・ベーシュ/ [←Pers.adv. کم و بیش 'more or less'] *adv.* 多かれ少なかれ.

कम्यूनिस्ट /kamyūnisṭa カミューニスト/ [←Eng.n. *communist*] *adj.* 共産主義の. (⇒साम्यवादी) ❐〜 पार्टी 共産党.

— *m.* 共産主義者. (⇒साम्यवादी)

क़यामत /qayāmata カヤーマト/ [←Pers.n. قیامة 'the resurrection, last day' ←Arab.] *f.* **1** 〖イスラム教〗〖キリスト教〗〖ユダヤ教〗最後の審判(の日). **2** 世界の終末;大災害.

क़यास /qayāsa カヤース/ [←Pers.n. قیاس 'agreeing, answering to in measure or comparison; measuring' ←Arab.] *m.* 推測, 推量;推論, 仮定;仮説. ❐(पर) (का) 〜 लगाना [करना] (…について)(…の)推測をする.

करंट /karaṃṭa カラント/ [←Eng.n. *current*] *m.* 電流. ❐उसे तो जैसे 〜 मार गया हो। 彼はまるで電気にうたれたようだった《予想もしない出来事に驚愕した》.

-कर /-kara ・カル/ *ind.* 《動詞の語幹に付けて「…してから」を表わす》. ❐हम लोग ताला खोल कर अंदर गये। 我々は錠をはずして中に入った.

कर[1] /kara カル/ [←Skt.m. *कर-* 'royal revenue, toll, tax, tribute, duty'; cf. OIA.n. *kara-*[2] 'tax, tribute': T.02780] *m.* 〖経済〗税金, 税. (⇒टैक्स, ड्यूटी, महसूल) ❐आय 〜 収入税. ❐निवासी 〜 住民税. ❐(पर) 〜 लगना (…に)税金がかかる. ❐(पर) 〜 लगाना (…に)税金をかける.

कर[2] /kara カル/ [←Skt.m. *कर-* 'the hand; an elephant's trunk'; cf. OIA. *kará-*[1] 'hand': T.02779x1] *m.* 手《主に कर-कमल「蓮のような御手」のような修辞的な合成語に使用》. ❐(के) करकमल में समर्पित करना (人の)御手にうやうやしく捧げる.

करकराना /karakarānā カルカラーナー/ [onom.; DEDr.1265 (DED.1061)] *vi.* (*perf.* करकराया /karakarāyā カルカラーヤー/) **1** キーキー (कर-कर) きしむ音をたてる. **2** (目が)キリキリ痛む. (⇒किरकिराना)

करघा /karagʰā カルガー/ [←Pers.n. کرگاه ,کرگه 'a shop, workshop; a weever's instrument supporting the web'] *m.* 織機, 機(はた).

करचोरी /karacorī カルチョーリー/ [*कर*[1] + *चोरी*] *f.* 脱税.

करछा /karacʰā カルチャー/ ▸कड़छा, कलछा *m.* ☞कड़छा

करछी /karacʰī カルチー/▸कलछी [<OIA.m. **kaṭacchu-, kaḍacchaka-* 'ladle': T.02633] *f.* ひしゃく, お玉. (⇒करछुल)

करछुल /karacʰula カルチュル/ *f.* ひしゃく, お玉. (⇒करछी)

करण /karaṇa カラン/ [←Skt.n. *करण-* 'the act of making, doing, producing, effecting'] *m.* 〖言語〗具格, 器格. ❐〜 कारक 具格, 器格.

करणीय /karaṇīya カルニーエ/ [←Skt. *करणीय-* 'to be done or made or effected'] *adj.* なすべき(こと).

करतब /karataba カルタブ/ [<Skt. *कर्तव्य-* 'to be done or made or accomplished'] *m.* **1** 手柄, 偉業. ❐उनका यह अनोखा 〜 देख-देखकर सारी मथुरा वाह-वाह कर उठी। 彼らのこのすばらしい大手柄を見て, マトゥラー中が歓声をあげた. **2** 芸当, 離れ技;手練. ❐〜 दिखाना 芸当[離れ技]を見せる. **3** (良くない)行い, しわざ, 所業. (⇒करतूत)

करतल /karatala カルタル/ [←Skt.m. *कर-तल-* 'the palm of the hand'] *m.* 掌(てのひら). (⇒हथेली)

करतल-ध्वनि /karatala-dʰvani カルタル・ドワニ/ [neo.Skt.f. *करतल-ध्वनि-* 'clapping'] *f.* 拍手. (⇒ताली)

करतार /karatāra カルタール/ [analogy to Skt.m. *कर्ता* 'the creator of the world'] *m.* 創造主.

करताल /karatāla カルタール/ [←Skt.n. *कर-ताल-* 'beating time by clapping the hands'] *m.* **1** 〖楽器〗カスタネット. **2** 〖楽器〗小型のシンバル. (⇒झाँझ)

करतूत /karatūta カルトゥート/ [?<Skt.n. *कर्तृ-त्व-* 'the state of being the performer'] *f.* (良くない)行い, しわざ, 所業. (⇒करतब) ❐काली 〜 悪行.

करधनी /karadʰanī カルダニー/ [<OIA. **kaṭabandhana-* 'belt': T.02634] *f.* カルダニー《女性用の金銀でできた鎖状のベルト》.

करनफूल /karanapʰūla カランプール/ [<Skt.m. *कर्ण-फूल-* 'an ornament (of flower) worn round the ear, an ear-ring'] *m.* カランプール《(女性用の)花の形をした耳飾り》. (⇒कर्णफूल)

करना /karanā カルナー/ [<OIA. *karṓti* 'does': T.02814] *vt.* (*perf.* किया /kiyā キヤー/) **1**《名詞・形容詞・副詞と一緒に使用して》…する. (⇒फ़रमाना) ❐वह क्या करता है? 彼は何をしているの?《職業を問う言い方》❐काम 〜 仕事をする. ❐कोशिश 〜 努力する. ❐बंद 〜 閉める. ❐बात 〜 話をする. ❐बाहर 〜 外に出す. ❐माफ़ 〜 許す. ❐साफ़ 〜 清掃する. **2** (詩を)書く, 作る. ❐वे यौवन में कविता करते थे। 彼は若い頃詩を作

っていた.

— *vt.*〖反復〗《〖未完了分詞の男性・単数形 करना〗の形式で「なんども…する」を表す;完了表現はない》❐ उसकी माँ भी उसे राक्षस कहा करती थीं। 実の母すら彼のことを鬼だと言っていた. ❐ऐसी घटना तो अकसर हुआ करती है। こうした事件はよく起こるものだ.

करनी /kara̩nī カルニー/ ▸कन्नी [＜OIA. *karaṇīya-* 'to be done': T.02791] *f.* **1** 行為, 行い. **2** 不行跡, 不品行. ❐जैसी ～ वैसी भरनी। 〔諺〕因果応報. **3** (左官などが使う)こて, 移植ごて.

करनैल /kara̩naila̩ カルナエール/ [←Port.m. *coronel* 'colonel'] *m.* 陸軍大佐.

करफ़्यू /kara̩fyū カルフィュー/▹कर्फ़्यू [←Eng.n. *curfew*] *m.* 夜間外出禁止令. (⇒निषेधाज्ञा) ❐～ लगाना [हटाना]夜間外出禁止令を発令する[解除する].

करबला /kara̩balā カルバラー/ [←Pers.n. کربلاء 'name of a place in *Irāq*, noted for the murder of *Husain*, son of *Alī* ←Arab.] *m.*〖地名〗カルバラー《イラクにあるイスラム教シーア派の聖地》.

करबी /kara̩bī カルビー/ ▸कड़बी, कड़वी [＜OIA.m. *kaḍambá-, kalamba-*[1] 'end, point, stalk of a potherb': T.02653] *f.*〖植物〗(中が空洞の)茎《家畜の飼料用》.

करभार /kara̩bʰāra̩ カルバール/ [neo.Skt.m. *कर-भार-* 'burden of taxes'] *m.*〖経済〗税負担;税の重荷.

करम /karama̩ カラム/ [＜Skt.n. *कर्मन्-* 'act, action, performance'] *m.* ☞कर्म

करमकल्ला /karama̩kallā カラムカッラー/ [←Pers.n. کرم کلا 'a cabbage'] *m.*〖植物〗キャベツ. (⇒बंदगोभी)

करवट /kara̩vaṭa̩ カルワト/ [＜OIA. **kaṭavr̥tti-* 'turning on one's side': T.02635] *f.* (寝返りする)体の側. ❐ उसकी स्त्री बच्चे की तरफ़ ～ लेकर चुप हो गई। 彼の妻は子どもの方に寝返りをうつと静かになった. ❐करवटें लेना [बदलना] (何度も)寝返りをうつ. ❐वह पहले सोता तो, एक ही ～ में सबेरा हो जाता। 彼は以前は眠りにつくと, 一度だけの寝返りで朝になったものだった《「熟睡した」の意》.

करवाना /kara̩vānā カルワーナー/ ▸कराना [caus. of *करना, कराना*] *vt.* (*perf.* करवाया /kara̩vāyā カルワーヤー/) …させる;…してもらう.

करांकुल /karā̃kula̩ カラーンクル/ [＜OIA.m. *kalāṅkura-* 'the bird *Ardea sibirica*': T.02928; cf. T.03597; cf. DEDr.2125 (DED.1767)] *m.*〖鳥〗ツルの一種. (⇒कूँज)

कराटे /karāṭe カラーテー/ [←Eng.n. *karate* ←Japan.n. *空手*] *m.*〖スポーツ〗空手.

कराधान /karādʰāna̩ カラーダーン/ [neo.Skt.n. *कर-आधान-* 'imposing of tax, taxation'] *m.*〖経済〗課税, 徴税. ❐दोहरा ～ 二重課税.

कराना /karānā カラーナー/ ▸करवाना [caus. of *करना, कराना*] *vt.* (*perf.* कराया /karāyā カラーヤー/) ☞करवाना

करामात /karāmāta̩ カラーマート/ [←Pers.n. کرامات 'miracles, miraculous powers' ←Arab.] *f.* (聖人による)奇跡, わざ;不可思議, 摩訶(まか)不思議. ❐उसने मुगले-आज़म नाम के हीरे की प्रशंसा, उसकी करामातों की चर्चा सुनी थी। 彼はムグレ・アーザム(偉大なるムガル)と言う名のダイヤモンドの称賛, その数々の奇跡の話を聞いていた.

करामाती /karāmātī カラーマーティー/ [←Pers.adj. کراماتی 'miraculous'] *adj.* 奇跡的な, 驚嘆すべき, 摩訶(まか)不思議な.

— *m.* 奇跡を起こす人;魔術師.

क़रार /qarāra̩ カラール/ [←Pers.n. قرار 'dwelling, fixing one's abode in any place; constancy, firmness, stability' ←Arab.] *m.* **1** 決着, 判定, 決定;断定. ❐(को) ～ देना (…を)…と判定する. **2** (心の)平静, 落ち着き, 安らぎ. ❐(को) ～ आना (人が)平静になる.

क़रारनामा /qarāra̩nāmā カラールナーマー/ [←Pers.n. قرار نامه 'a written agreement, a contract'] *m.* 約定書, 確認書, 合意書.

करारा /karārā カラーラー/ [←Drav.; DEDr.1386 (DED.1167)] *adj.* (ダメージなどが)痛烈な, 手厳しい, 手酷い. ❐करारी फटकार 手厳しい非難.

क़रारी /qarārī カラーリー/ [←Pers.adj. قراری 'firm, stable, ratified, agreed to'] *adj.* 決着した, 決定した;合意された.

कराल /karāla̩ カラール/ [←Skt. *कराल-* 'formidable, dreadful, terrible'] *adj.* 恐ろしい.

क़रावल /qarāvala̩ カラーワル/ [←Pers.n. قراول 'a sentinel, watchman; a hunter' ←Turk.] *m.* **1**〖歴史〗先遣隊. **2**〖歴史〗歩哨, 見張り.

कराह /karāha̩ カラーハ/ [cf. *कराहना*] *f.* (苦痛による)うめき声.

कराहना /karāha̩nā カラーヘナー/ [cf. OIA. **kārayati*[2] 'calls': T.03060] *vi.* (*perf.* कराहा /karāhā カラーハー/) **1** (苦痛などで)うめく, うなる. ❐कराहने का शब्द うめき声. ❐प्रसव की पीड़ा में वह रात भर कराहती रही। 陣痛の痛みで彼女は一晩中うめき続けた. **2** 深く悲しむ, 悲嘆する, なげく. ❐अपने बच्चों का दुख देखकर वह एकदम कराह उठा। 自分の子どもたちの不幸を見て, 彼は悲嘆にくれた.

करिअर /kariara̩ カリアル/ ▸कॅरिअर [←Eng.n. *career*] *m.* 職歴, キャリア.

करिश्मा /kariśmā カリシュマー/ [←Pers.n. کرشمه 'a miracle; a talisman'] *m.* **1** 奇跡;偉業. (⇒चमत्कार) ❐～ दिखाना 奇跡を見せる. ❐दिन पर दिन, मास पर मास करिश्मे की प्रतीक्षा में बीतने लगे। 来る日も来る日も, 来る月も来る月も奇跡を待ち望んで過ぎていった **2** 魔除け, お守り, 護符.

करी /karī カリー/ [←Eng.n. *curry*] *f.*〖食〗カレー(料理). ❐मटन [चिकिन] ～ マトン[チキン]カレー.

क़रीना /qarīnā カリーナー/ [←Pers.n. قرينة 'context; conjecture, analogy; mode, manner' ←Arab.] *m.* 整頓;配置. ❐हरेक चीज़ क़रीने से रखी हुई है। 何もかもきちんと置かれている.

क़रीब /qarība̩ カリーブ/ [←Pers.adv. قريب 'near, in

point of time, place, or connection' ←Arab.] *adv.* **1** 約, 大体, おおよそ. (⇒तक़रीबन, लगभग) ❐～ ～ 大体, おおよそ. **2** 近くに. (⇒निकट, नज़दीक) ❐(के) ～ (…の) 近くに[へ].

क़रीबी /qarībī カリービー/ [*क़रीब* + *-ई*] *adj.* (時間・距離が) 近い; (関係が) 親密な(人).

करीम /karīmạ カリーム/ [←Pers.adj. كريم 'generous, munificent, liberal, magnificent, splendid, grand' ←Arab.] *adj.* 〖イスラム教〗寛容な, 情け深い, 慈悲深い《アッラーの属性の一つ》. ❐ख़ुदावंद ～ 慈悲深き全知全能なる神.

करीर /karīrạ カリール/ ▸करील [←Skt.m. *करीर-* '*Capparis aphylla* (a thorny plant growing in deserts and fed upon by camels); the shoot of a bamboo'] *m.* **1** 〖植物〗カリール《乾燥地に生えるとげのある低木》. **2** 〖植物〗タケノコ(筍).

करील /karīlạ カリール/ ▸करीर *m.* ☞करीर

करुण /karuṇạ カルン/ [←Skt. *करुण-* 'mournful, miserable, lamenting'] *adj.* 哀れな, 痛ましい, 哀切きわまりない. ❐～ दृश्य 痛ましい光景. ❐उसने ～ कंठ से कहा। 彼は哀れな声で言った.

करुणा /karuṇā カルナー/ [←Skt.f. *करुणा-* 'pity, compassion'] *f.* 悲哀; 哀れさ, 哀れみ, 哀情, 哀切. ❐उस मुस्कान में ～ भरी हुई थी। その微笑には悲哀が満ちていた. ❐वह अपनी ～ के आवेश को अब न रोक सकी। 彼女は自身の悲哀に満ちた感情の高ぶりをもはや止めることはできなかった.

करुणाकर /karuṇākarạ カルナーカル/ [←Skt. *करुणा-कर-* 'compassionate'] *adj.* あわれみ深い(人), 思いやりのある(人).

करुणाजनक /karuṇājanakạ カルナージャナク/ [neo.Skt. *करुणा-जनक-* 'pathetic'] *adj.* 哀れをもよおさせる, 哀れをさそう. ❐नाटक का सबसे ～ दृश्य 劇の最も哀れをさそう場面.

करेंसी / karemsī カレーンスィー/ [←Eng.n. *currency*] *f.* 〖経済〗流通貨幣. ❐～ नोट 流通紙幣.

करेजा /karejā カレージャー/ ▸कलेजा *m.* ☞कलेजा

करेला /karelā カレーラー/▸करैला [<OIA.m. *kāravēlla-* 'the gourd *Momordica charantia*': T.03061; cf. DED1227, 1251, 1262; 4535] *m.* 〖植物〗カレーラー, ゴーヤ, ニガウリ, ツルレイシ《ウリ科の一年生つる草; 果肉に苦味があり, 青いうちに野菜として食用》. ❐～ और नीम चढ़ा। カレーラーとニームがあわさった《「悪い条件がそろってさらに始末が悪くなった」の意; 苦いものの相乗効果のたとえ》.

करैत /karaitạ カラェート/ [?cf. DEDr.2011 (DED.1673)] *m.* カライト《黒色をした猛毒のヘビの一種》

करैला /karailā カラェーラー/ ▸करेला *m.* ☞करेला

करोड़ /karoṛạ カロール/ [hypercorrection <OIA.f. *kōṭi-*[2] '10,000,000' ←Austro-as.: T.03498; → I.Eng.n. *crore*] *num.* 千万(の単位). (⇒कोटि) ❐एक [दस] ～ 一千万[一億]. ❐करोड़ों 何千万何億もの.

करोड़पति /karoṛạpati カロールパティ/ [*करोड़* + *पति*] *m.* 億万長者, 大金持ち, 大富豪. (⇒लखपति)

करौंदा /karāũdā カラォーンダー/ [<OIA.m. *karamarda-* 'the tree *Carissa carandas*': T.02799] *m.* 〖植物〗カローンダー《キョウチクトウ科カリッサ属の一種; 果実は酸味が強い》.

कर्क /karkạ カルク/ [←Skt.m. *कर्क-* 'a crab; the zodiacal sign Cancer'] *m.* **1** 〖動物〗カニ(蟹). **2** 〖天文〗蟹座. ❐～ राशि (黄道十二宮の一つ) 巨蟹宮(きょかいきゅう)《紀元前 2 世紀には蟹座に相当; 現在は双子座にかかる》. ❐～ रेखा 北回帰線, 夏至線.

कर्कश /karkaśạ カルカシュ/ [←Skt. *कर्कश-* 'hard, firm, rough, harsh'] *adj.* (声・音が) 耳障りな; (声が) とげとげしい, しゃがれた. ❐वह ～ स्वर में बोली। 彼女はとげとげしい声で言った.

कर्कशता /karkaśạtā カルカシュター/ [←Skt.f. *कर्कश-ता-* 'hardness; harshness, rough manners'] *f.* 口汚いこと, 口の悪さ, 耳障り, がみがみ. ❐उनकी ～ और कठोरता के नीचे मोम के सदृश हृदय छिपा हुआ था। 彼女の口の悪さと情け容赦の無さの下に(溶けてしまう) 蜜蝋のような心が隠されていた.

कर्कशा /karkaśā カルカシャー/ [cf. *कर्कश*] *f.* 口やかましい女, がみがみうるさい女. ❐वह विवाह के बाद बड़ी ～ सिद्ध हुई। 彼女は結婚後とても口やかましい女だとわかった.

क़र्ज़ /qarzạ カルズ/▸क़र्ज़ा [←Pers.n. قرض 'debt, a loan' ←Arab.] *m.* 〖経済〗負債, 借り, 債務; 借金. (⇒ऋण, देन) ❐～ चुकाना [अदा करना] 負債を返済する.

क़र्ज़दार /qarzạdārạ カルズダール/ [←Pers.n. قرض دار 'a borrower, debtor'] *m.* 〖経済〗債務者; 借り手. (⇒ऋणी, देनदार)

क़र्ज़ा /qarzā カルザー/ ▸क़र्ज़ *m.* ☞क़र्ज़

कर्ण /karṇạ カルン/ [←Skt.m. *कर्ण-* 'the ear'] *m.* **1** 耳. (⇒कान) **2** 取っ手; (船の) 舵. (⇒कान) **3** 〖数学〗直角三角形の斜辺; 対角線. **4** 〖文学〗カルナ《古典サンスクリット叙事詩『マハーバーラト』の登場人物》.

कर्णकटु /karṇakạṭu カルナクトゥ/ [←Skt. *कर्ण-कटु-* 'harsh to the ear'] *adj.* 耳障りな(音); 耳が痛い(話); 聞いて不愉快な(言葉). (⇔कर्णप्रिय)

कर्णधार /karṇad^hārạ カルナダール/ [←Skt.m. *कर्ण-धार-* 'a helmsman, pilot'] *m.* **1** 操舵手, 舵取り. **2** 舵を取る人; 指導者. ❐पुरुष जीवन की नौका का ～ होने के कारण जिम्मेदारी ज्यादा है। 男は人生という船の舵取りであるがゆえに責任が大きいのである.

कर्णप्रिय /karṇapriyạ カルナプリエ/ [←Skt. *कर्ण-प्रिय-* 'pleasing to the ears'] *adj.* 耳に心地よい(音, 言葉). (⇔कर्णकटु) ❐～ शब्द 耳に心地よい言葉.

कर्णफूल /karṇạp^hūlạ カルンプール/ [←Skt.m. *कर्ण-फूल* 'an ornament (of flower) worn round the ear, an ear-ring'] *m.* (女性用の) 花の形をした耳飾り. (⇒करनफूल)

कर्णवेध /karṇạved^hạ カルナヴェード/ [←Skt.m. *कर्ण-वेध-*

'ear boring; piercing the ear to receive ear-rings'] *m.* ☞कनछेदन

कर्णेंद्रिय /karṇeṃdriya カルネーンドリエ/ [neo.Skt.f. *कर्ण-इन्द्रिय-* '(the sense of) hearing'] *f.* 〖医学〗聴覚.

कर्तरि प्रयोग /kartari prayoga カルタリ プラヨーグ/ [neo.Skt.m. *कर्तरि-प्रयोग-* 'active voice'] *m.* 〖言語〗能動態.

कर्तरी /kartarī カルタリー/ [←Skt.f. *कर्तरि-* 'scissors, a knife'] *f.* **1** 鋏(はさみ). **2** ナイフ, 小刀.

कर्तव्य /kartavya カルタヴィエ/ [←Skt. *कर्तव्य-* 'to be done or made or accomplished'] *m.* 義務, 責務. (⇒ड्यूटी, धर्म, फ़र्ज़) ❐～ निभाना [पालन करना] 義務を果たす.

कर्तव्य-विमूढ़ /kartavya-vimūṛʰa カルタヴィエ・ヴィムール/ [?neo.Skt. *कर्तव्य-विमूढ-* 'perplexed as to the proper course of action'] *adj.* 途方に暮れた.

कर्तव्यशील /kartavyaśīla カルタヴィエシール/ [neo.Skt. *कर्तव्य-शील-* 'conscientious'] *m.* 良心的な, まじめな. (⇒ड्यूटी, धर्म, फ़र्ज़) ❐वह बड़ा ～ और चतुर लड़का था। 彼はとてもまじめで聡明な少年だった.

कर्ता /kartā カルター/ [←Skt.m. *कर्तृ-* 'doer'] *m.* **1** 行為者. **2** 〖言語〗主格, 行為格; 主語. ❐～ कारक 主格.

कर्ता-धर्ता /kartā-dʰartā カルター・ダルター/ *m.* 組織の中心人物, 主役; 何をしても許される者.

कर्तृत्व /kartr̥tva カルトリトオ/ [←Skt.n. *कर्तृ-त्व-* 'the state of being the performer'] *m.* 行為者であること; (義務などが)遂行されること.

कर्तृवाच्य /kartr̥vācya カルトリワーチエ/ [←Skt.n. *कर्तृ-वाच्य-* 'the active voice'] *m.* 〖言語〗能動態. (⇔कर्मवाच्य)

कर्नल /karnala カルナル/ [←Eng.n. *colonel*] *m.* (陸軍)大佐. ❐लेफ़्टनेंट ～ (陸軍)中佐.

कर्नाटक /karnāṭaka カルナータク/ [cf. Eng.n. *Karnataka*] *m.* カルナータカ州《州都の正式名称はベンガルール (बेंगलूरु) ; 州都は旧名バンガロール (बंगलौर) としても親しまれている》.

कर्पूर karpūra/ [←Skt.m/n. *कर्पूर-* 'camphor'] *m.* 〖化学〗樟脳(ショウノウ). (⇒कपूर)

कर्फ़्यू /karfyū カルフィュー/ ▷करफ़्यू *m.* ☞करफ़्यू

कर्म /karma カルム/ [←Skt.n. *कर्मन्-* 'act, action, performance; special duty'] *m.* **1** 行為, 活動. ❐～ और वचन में सामंजस्य रखना 為すことと言うことに調和を保つ. **2** 〖ヒンドゥー教〗カルマ, 業(ごう). ❐～ का फल カルマの果報. ❐उन्होंने पूर्वजन्म में जैसे ～ किये हैं, उनका आनंद भोग रहे हैं। 彼は前世で行ったそのカルマの幸せを享受しているかのようだ. ❐जन्म से चाहे जो कुछ हूँ, ～ से तो शूद्र ही हूँ। 生まれは何であろうと, 私はカルマでは最低の人間だ. **3** 〖言語〗対格; 目的語. ❐～ कारक 対格.

कर्मकांड /karmakāṃḍa カルムカーンド/ [←Skt.n. *कर्म-काण्ड-* 'that part of the *Śruti* which relates to ceremonial acts and sacrificial rites'] *m.* 〖ヒンドゥー教〗カルマカーンダ《元々はヴェーダ文献に規定されている祭祀の内容を指す; 現在は通過儀礼, 祭事, 礼拝など儀礼一般を指すことが多い》.

कर्मकांडी /karmakāṃḍī カルムカーンディー/ [*कर्मकांड* + *-ई*] *m.* 〖ヒンドゥー教〗儀礼に通じた人; 儀礼を執り行う人.

कर्मक्षेत्र /karmakṣetra カルムクシェートル/ [←Skt.n. *कर्म-क्षेत्र-* 'the place or region of (religious) acts'] *m.* **1** 活動の場; 活動領域. (⇒कर्मभूमि) **2** 〖ヒンドゥー教〗カルマ・クシェートラ《宗教的儀礼が執り行われる場所》. (⇒कर्मभूमि)

कर्मचारी /karmacārī カルムチャーリー/ [←Skt. *कर्म-चारिन्-* 'engaged in work'] *m.* **01** 職員, スタッフ, 従業員; 公務員; 作業員, 労働者; 使用人《主に正式雇用されている人》. ❐पुलिस के ～ 警察職員. ❐मिल के ～ 工場の従業員.

कर्मठ /karmaṭʰa カルマト/ [←Skt. *कर्मठ-* 'capable of work, skilful or clever in work'] *adj.* **1** 勤勉な, 精励な. **2** (自分の本分に)忠実な. (⇒कर्मनिष्ठ)

कर्मणि प्रयोग /karmaṇi prayoga カルマニ プラヨーグ/ [neo.Skt.m. *कर्मणि-प्रयोग-* 'passive voice'] *m.* 〖言語〗受動態.

कर्मण्य /karmaṇya カルマニエ/ [←Skt. *कर्मण्य-* 'skilful in work, clever, diligent'] *adj.* 活動的な, 精力的な. 活発な. ❐उनकी निरीहता जड़ता की हद तक पहुँच गयी है, जिसे कठोर आघात ही ～ बना सकता है। 彼の無気力は沈滞の極みにまで達している, それを活性化できるのは情け容赦のない衝撃だけである.

कर्मण्यता /karmaṇyatā カルマニエター/ [←Skt.f. *कर्मण्य-ता-* 'cleverness; activity'] *f.* 勤勉, 努力; 精力, 活力, エネルギー.

कर्मनिष्ठ /karmaniṣṭʰa カルムニシュト/ [←Skt. *कर्म-निष्ठ-* 'diligent in religious actions, engaged in active duties'] *adj.* (自分の本分に)忠実な. (⇒कर्मठ)

कर्मफल /karmapʰala カルムパル/ [←Skt.n. *कर्मफल-* 'the fruit or recompense of actions'] *m.* 〖ヒンドゥー教〗行為の結果; 因果応報.

कर्मभूमि /karmabʰūmi カルムブーミ/ [←Skt.f. *कर्म-भूमि-* 'land or region of religious actions'] *f.* **1** 活動の場; 活動領域. (⇒कर्मक्षेत्र) **2** 〖ヒンドゥー教〗カルマ・ブーミ《宗教的儀礼が執り行われる場所》. (⇒कर्मक्षेत्र)

कर्मयोग /karmayoga カルムヨーグ/ [←Skt.m. *कर्म-योग-* 'performance of a work or business (esp. of religious duties)'] *m.* 〖ヒンドゥー教〗カルマヨーガ《自己の本来の使命を, 結果を考慮せずに, 果たすべきという考え方》.

कमरिख /karmarekʰa カルムレーク/ [←Skt.m. *कर्म-रेख-* 'line of fate'] *f.* ☞कमरिखा

कमरिखा /karmarekʰā カルムレーカー/ [←Skt.f. *कर्म-रेखा-* 'line of fate'] *f.* 〖ヒンドゥー教〗運命線《運命 (भाग्य) を占う運命線は額 (ललाट) に書かれていると考えられている》.

कर्मवाच्य /karmavācya カルムワーチエ/ [neo.Skt.n. *कर्म-वाच्य-* 'the passive voice'; cf. Skt.n. *कर्मणि-वाच्य-* 'the passive voice'] *m.* 〖言語〗受動態.（⇒कर्मणि प्रयोग)(⇔कर्तृवाच्य)

कर्मवाद /karmavāda カルムワード/ [?neo.Skt.m. *कर्म-वाद-* 'the doctrine that every action brings its consequences'] *m.* 〖ヒンドゥー教〗カルマワーダ《すべての行為 (कर्म) に結果 (फल) があり, 世界の森羅万象はその連鎖で説明できるとする考え方》.

कर्मवादी /karmavādī カルムワーディー/ [neo.Skt. *कर्म-वादिन्-*] *adj.* 〖ヒンドゥー教〗カルマワーダ (कर्मवाद) の.
— *m.* 〖ヒンドゥー教〗カルマワーダ (कर्मवाद) の信奉者.

कर्मशाला /karmaśālā カルムシャーラー/ [←Skt.f. *कर्म-शाला-* 'workshop, the hall or room where daily work is done, sitting-room'] *f.* 作業場.

कर्मशील /karmaśīla カルムシール/ [←Skt. *कर्म-शील-* 'assiduous in work'] *adj.* (利得などの結果を考慮しないで)目的に邁進する, 本分を尽くす, 責務に忠実な; 勤勉な. ❐～ जीवन 勤勉な人生.

कर्महीन /karmahīna カルムヒーン/ [neo.Skt. *कर्म-हीन-* 'unlucky, unfortunate'] *adj.* **1** 善き行いをしない(人); 善き行いができない(人). **2** 不幸な(人), 不運な(人).

कर्मेंद्रिय /karmeṃdriya カルメーンドリエ/ [←Skt.n. *कर्म-इन्द्रिय-* 'an organ of action'] *f.* (人間の)活動器官《手 (हाथ), 足 (पैर), 口 (वाणी), 肛門 (गुदा), 生殖器 (उपस्थ)の五つ》.

कर्सर /karsara カルサル/ [←Eng.n. *cursor*] *m.* 〖コンピュータ〗カーソル.

कलंक /kalaṃka カランク/ [←Skt.m. *कलङ्क-* 'a stain, spot, mark, soil; defamation, blame'] *m.* **1** しみ, 汚点.（⇒दाग़, धब्बा) **2** 汚名, 不名誉, 汚点. ❐～ धो डालना 汚点を洗い流す. ❐(की) कीर्ति पर ～ लगना (人の)名声に汚点がつく. ❐कुल में ～ लगना 家名に泥が塗られる. ❐(को) ～ लगना (人に)汚点がつく.

कलंकित /kalaṃkita カランキト/ [←Skt. *कलङ्कित-* 'spotted, soiled, stained, disgraced, defamed'] *adj.* 汚された, 汚点のついた, 汚名のついた, 不名誉な. ❐(के) नाम को ～ करना (人の)名前を汚す. ❐मैं मैत्री को ～ न करूँगा। 私は友情を汚すつもりはない.

कलंकी /kalaṃkī カランキー/ [←Skt. *कलङ्किन्-* 'spotted, soiled, stained, disgraced, defamed'] *adj.* ☞कलंकित
— *m.* 汚名のついた人, 面汚し. ❐(पर) ～ की छाप लगाना (人に)面汚しの烙印を押す.

कलंग़ी /kalaṃğī カランギー/ ▸कलग़ी *f.* ☞कलग़ी

कल[1] /kala カル/ [<OIA. *kalya-*[3] 'dawn': T.02949z2] *adv.* **1** 明日. ❐आज यहाँ, ～ वहाँ, हिंदू-मुस्लिम दंगे हो रहे हैं। 今日はここ, 明日はあそこというように, ヒンドゥー教徒とイスラム教徒の暴動が起きている. ❐आनेवाले ～ 明日に《特に「昨日」と区別して》. ❐जितना दर्द आज है उतना ～ नहीं, जितना ～ है उतना परसों नहीं। 今日ほどの痛みは明日はなく, 明日ほどの痛みは明後日はない. **2** 昨日. ❐गुज़रे (हुए) ～ 昨日に《特に「明日」と区別して》.
— *m.* **1** 明日. ❐आज की फ़िक्र आज, कल की फ़िक्र कल, कल की फ़िक्र के लिए आज से क्यों परेशान हुआ जाए। 今日の心配は今日, 明日の心配は明日, 明日の心配のために今日からなぜ思い悩むことがあろうか. **2** 昨日.

कल[2] /kala カル/ [?<Skt.f. *कला-* 'a small part of anything, any single part or portion of a whole'] *f.* **1** (機械の)部品; 機械. **2** 水道管; 水道の蛇口, 栓. ❐वह तो रेलगाड़ी पर न चढ़ते थे, ～ का पानी न पीते थे, अँग्रेज़ी पढ़ना पाप समझते थे। 彼は汽車にも乗らなければ, 水道の水も飲まないし, 英語を学ぶことは罪だと思っていた《洋風主義への反発》.

क़लई /qalaī カライー/ [←Pers.n. قلعی 'tin; a coating of tin given to culinary vesssels'; cf. Arab. قلع 'the mine'] *f.* **1** 〖鉱物〗錫(すず). **2** 〖化学〗(錫)めっき; 鍍金. **3** 見せかけ, うわべの虚飾. ❐(की) ～ खुलना (人の)化けの皮がはがされる. ❐(की) ～ खोलना (人の)化けの皮をはがす.

क़लईदार /qalaīdāra カライーダール/ [*क़लई* + *-दार*] *adj.* (錫)めっきがほどこされた.

कलकत्ता /kalakattā カルカッター/ [cf. Eng.n. *Calcutta*] *m.* 〖地名〗カルカッタ《西ベンガル州 (पश्चिम बंगाल) の州都コルカタ(कोलकाता)の旧名》.

कल-कल /kala-kala カル・カル/ [onom.; cf. DEDr.1302 (DED.1095)] *m.* 〔擬音〕(水の流れる)サラサラという音, (波の寄せる)サラサラという音. ❐लहरियों की ～ 波のサラサラという音.

कलक्टर /kalakṭara カラクタル/ ▸कलेक्टर [←Eng.n. *collector*] *m.* **1** 行政区の長; 郡長《英領インド時代は治安判事を兼ねた》.（⇒ज़िलाधीश) **2** 収税官.（⇒समाहर्ता)

कलग़ी /kalağī カルギー/ ▸कलंग़ी [←Pers.n. كلغی 'an ornament on the turban, an aigrette, a plume' ←Turk.] *f.* **1** 〖鳥〗(鶏の)とさか; 鳥冠; 冠毛.（⇒चोटी, शिखा) **2** (ターバン・帽子の)飾り.

कलछा /kalac^hā カルチャー/ ▸कड़छा, करछा *m.* ☞कड़छा

कलछी /kalac^hī カルチー/ ▸करछी *f.* ☞करछी

कलत्र /kalatra カラトル/ [←Skt.n. *कलत्र-* 'a wife, consort'] *m.* 妻.

कलदार /kaladāra カルダール/ [*कल*[2] + *-दार*] *adj.* 機械仕掛けの; 機械で動く. ❐～ पुल はね橋; 吊り上げ橋.
— *m.* (正式な政府鋳造所で鋳造された)ふちにギザギザのある硬貨.

कलपना /kalapanā カラプナー/ [?<OIA. *kr̥patē* 'laments': T.03435z1] *vi.* (*perf.* कलपा /kalapā カルパー/) 嘆き悲しむ. ❐वह काम धाम तो कुछ करता नहीं बस सबसे अपना दुख कलपता रहता है। 彼は仕事をまったくせずただ皆に自分の不幸を嘆くばかりである.

कलपाना /kalapānā カルパーナー/ [cf. *कलपना*] *vt.* (*perf.* कलपाया /kalapāyā カルパーヤー/) 嘆き悲しませる. ❐कितने दिनों तक अपनी बीबी को कलपाओगे, कुछ तो करो। いつまで奥さんを嘆き悲しませれば気が済むのだ, 何とかしなさ

い.

कल-पुर्ज़ा /kal̸a-purzā カル・プルザー/ *m.* （機械の）部品.

कलफ़ /kalaf̸a カラフ/ [←Pers.n. كلف 'a kind of starch'] *m.* 糊（のり）; 洗濯糊《米やクズウコンなどから作る》. ❐(को) ～ लगाना （…に）糊を付ける.

कलबला /kal̸abalā カルバラー/ [←Pers.n. كربلا 'name of a place in *Irāq*, noted for the murder of *Husain*, son of *Aī*' ←Arab.] *m.* 〚イスラム教〛カルバラー《イマーム・フサインの殉教地; シーア派の聖廟（びょう）がある》.

क़लम /qalam̸a カラム/ [←Pers.n. قلم 'a pen, reed' ←Arab. ; cf. Skt.m. *कलम-* 'a reed for writing with'; cf. Lat. *calamus* 'a reed'] *f.* **1** ペン; 筆. ❐～ उठाना 筆を執る. ❐(पर) ～ चलाना （…の上に）筆を走らせる, 書く. **2**〚植物〛（接ぎ木の）小枝. ❐आम ～ लगाना マンゴーの接ぎ木をする.

क़लमदान /qalam̸adān̸a カラムダーン/ [←Pers.n. قلمدان 'a pen-case'] *m.* 筆箱, 筆入れ.

क़लमबंद /qalam̸abaṃd̸a カラムバンド/ [←Pers.adj. قلم بند 'penned, noted down'] *adj.* 書かれた, 文字化された; 記録された. (⇒लिपिबद्ध)

कलमल /kal̸amal̸a カルマル/ [echo-word; cf. ?*कल*] *f.* 落ち着きのないこと; 動き回ること.

कलमलना /kal̸amalanā カルマルナー/ ▸कलमलाना *vi.* (*perf.* कलमला /kalam̸alā カラムラー/) ☞कलमलाना

कलमलाना /kal̸amalānā カルマラーナー/ ▸कलमलना [cf. *कलमल*] *vi.* (*perf.* कलमलाया /kal̸amalāyā カルマラーヤー/) 落ち着かずに動き回る; のたうち回る, もだえる. ❐बिच्छू के काटने से उसका सारा शरीर कलमलाता रहा। サソリに刺され彼の全身はのたうち回った.

कलमा /kal̸amā カルマー/ [←Pers.n. كلمة 'a word, saying, discourse, vocable, part of speech; the Muhammadan confession of faith' ←Arab.] *m.* **1** 言葉; 語. **2**〚イスラム教〛信仰の告白（の言葉）《لا اله الا الله「アッラーのほかに神は無し」で始まる》. (⇒शहादत) ❐(का) ～ पढ़ना イスラム教信仰の告白を唱える; （人の）言うとおりにする, 従う. ❐(को) ～ पढ़ाना（人に）イスラム教信仰の告白を唱えさせる; （人を）イスラム教に改宗させる.

क़लमी /qal̸amī カルミー/ [←Pers.adj. قلمی 'reed-like, long, slender; crystallized'] *adj.* **1** ペンの; 筆の; 文筆の. ❐～ दोस्त ペンパル, ペンフレンド. ❐～ नाम ペンネーム, 筆名. **2**〚植物〛接ぎ木がされた. ❐～ आम 接ぎ木がされたマンゴーの木. **3**〚鉱物〛結晶体の.

कलमुँहा /kal̸amũhā カルムンハー/ [*काला* + *मुँह*] *adj.* **1** 顔の黒い. **2** 面よごしの, 恥となる（人）.

कलरव /kal̸arav̸a カルラオ/ [←Skt.m. *कल-रव-* 'a low sweet tone'] *m.* **1** （鳥の）心地よいさえずり, 美しいさえずり. ❐रंग-बिरंग के पक्षी वृक्षों पर बैठे ～ कर रहे थे। 色とりどりの鳥たちが木々にとまって美しくさえずっていた. **2** 心地よい音色. ❐नालों का मधुर ～ 水路の甘美な音色.

कलवार /kal̸avār̸a カルワール/ ▸कलार, कलाल [＜OIA.m. *kalyapāla-, kalyāpāla-* 'distiller or spirituous liquor' ←Drav.: T.02951; DEDr.1374 (DED.1158)] *m.* 〚ヒンドゥー教〛カルワール《ヤシ酒の製造と販売をする人; この仕事を生業とするジャーティ（जाति）の名》.

कलश /kalaś̸a カラシュ/ [←Skt.m. *कलश-* 'a pitcher, water-pot'] *m.* **1** （金属製の）水差し. (⇒कलसा) **2** （寺院などの尖塔の）頂部, 頂部装飾. (⇒कलसा)

कलसा /kal̸asā カルサー/ [＜OIA.m. *kaláśa-* 'water-pot': T.02920] *m.* **1** 水差し; 壺. (⇒कलश) ❐उसने कलसे में हाथ डाला, तो मोहरें थीं। 彼が壺に手を入れると金貨があった. **2** （寺院などの尖塔の）頂部, 頂部装飾《壺状の形をしている》. (⇒कलश)

कलसी /kal̸asī カルスィー/ [cf. *कलसा*] *f.* 小さな水差し; 小さな壺.

कलह /kalah̸a カラ/ [←Skt.m. *कलह-* 'strife, contention, quarrel, fight'] *m.* もめごと, いさかい, けんか. ❐रोज़-रोज़ की ～ से घर में अशांति बनी रहती थी। 毎日のいさかいで家の中は不穏な状態が続いた.

कलहप्रिय /kalah̸apriy̸a カラヘプリエ/ [←Skt. *कलह-प्रिय-* 'quarrelsome'] *adj.* けんかっ早い.

कलाँ /kalā̃ カラーン/ [←Pers.adj. كلان 'large, great, big, stout, grand, bulky'] *adj.* （牛や馬などが）立派な, 見栄えのする. ❐～ रास (का) घोड़ा 立派な馬.

कला /kalā カラー/ [←Skt.f. *कला-* 'any practical art'] *f.* **1** 芸術, アート. (⇒आर्ट, हुनर) **2** 芸能. (⇒आर्ट, हुनर) **3** 技術; 技芸, 技巧, 技. (⇒आर्ट, हुनर) **4**〚天文〛相, 位相. ❐चंद्रमा की कलाएँ 月相.

कलाई /kalāī カラーイー/ [＜OIA.f. *kalācī-, kalācikā-* 'forearm': T.02930] *f.* 手首. (⇒पहुँचा) ❐(की) ～ की घड़ी खोलकर अपनी ～ पर बाँध लेना （人の）腕時計をはずして自分の手首にはめる.

क़लाक़ंद /qalāqaṃd̸a カラーカンド/ [cf. *क़ंद*] *m.* 〚食〛カラーカンド《ミルクを煮詰め濃縮したもの（खोया）と砂糖でできた菓子の一種》.

कलाकार /kalākār̸a カラーカール/ [neo.Skt.m. *कला-कार-* 'an artist'] *m.* **1** 芸術家, アーティスト. (⇒आर्टिस्ट) **2** 芸人; 芸能人. (⇒आर्टिस्ट)

कलाकारिता /kalākāritā カラーカーリター/ [neo.Skt.f. *कला-कारिता-* 'artistry'] *f.* （芸術家としての）手腕, 熟練.

कला-कुशल /kalā-kuśal̸a カラー・クシャル/ [neo.Skt. *कला-कुशल-* 'skilled in the arts'] *adj.* 技芸に巧みな.

कलाकृति /kalākr̥ti カラークリティ/ [neo.Skt.f. *कला-कृति-* 'work of art'] *f.* 芸術作品.

कला-कौशल /kalā-kauśal̸a カラー・カォーシャル/ [neo.Skt.n. *कला-कौशल-* 'artistic skill'] *m.* 芸術的な技巧.

कलात्मक /kalātmak̸a カラートマク/ [neo.Skt. *कलात्मक-* 'artistic'] *adj.* 芸術的な; 技巧的な.

कलाप /kalāp̸a カラープ/ [←Skt.m. *कलाप-* 'that which holds single parts together, a bundle, band; a peacock's tail'] *m.* **1** 束ねたもの. **2** クジャクの尾.

कलाबत्तू /kalābattū カラーバットゥー/ [←Pers.n. كلابتون 'a kind of needle-work or embroidery; gold-thread'] *m.* 金糸；金糸の房飾り.

कलाबाज़ /kalābāza カラーバーズ/ [*कला* + *-बाज़*; cf. Urd.m. قلا باز 'acrobat'] *m.* 軽業師, 曲芸師.

कलाबाज़ी /kalābāzī カラーバーズィー/ [*कला* + *-बाज़ी*; cf. Urd.f. قلا بازی 'somersault'] *f.* 宙返り, とんぼ返り；でんぐり返し；前転. (⇒उलटबाज़ी) ❐～ खाना [लगाना] 宙返りをする.

कलाम /kalāma カラーム/ [←Pers.n. كلام 'a word, speech, oration, harangue; conversation; a sentence' ←Arab.] *m.* 言葉；会話；詩文. ❐कलामे शरीफ़ 〖イスラム教〗コーラン.

कलार /kalāra カラール/ ▸कलवार, कलाल *m.* ☞कलवार

कलाल /kalāla カラール/ ▸कलवार, कलार *m.* ☞कलवार

कलावंत /kalāvaṃta カラーワント/ [cf. *कला*] *adj.* 技芸に達者な.
— *m.* **1** (演奏などの) 技芸の達人. ❐～ और गवैये 演奏家と歌手. **2** ☞कलाबाज़

कलावा /kalāvā カラーワー/ [<OIA.m. *kalāpa-* 'bundle, quiver of arrows': T.02931; cf. Skt.m. *कलापक-* 'a band, bundle'] *m.* 〖ヒンドゥー教〗カラーワー《慶賀の日に手首に巻く赤い糸》.

कलावान् /kalāvān カラーワーン/ ▹कलावान ←Skt. *कला-वत्-* 'versed in the (64) arts' *adj.* 技芸 (कला) に熟達している(人).

कलाविद् /kalāvid カラーヴィド/ ▹कलाविद् [←Skt. *कला-विद्-* 'knowing or conversant with arts'] *adj.* 技芸 (कला) に精通している(人).

कलिंदा /kaliṃdā カリンダー/ [<OIA.n. *kālinda-, kālindaka-* 'watermelon': T.03100] *m.* 〖植物〗スイカ (西瓜). (⇒तरबूज़)

कलि /kali カリ/ [←Skt.m. *कलि-* 'name of the die or side of a die marked with one dot, the losing die; age of vice'] *m.* ☞कलियुग

कलिका /kalikā カリカー/ [←Skt.f. *कलिका-* 'an unblown flower, bud'] *f.* 〖植物〗つぼみ. (⇒कली)

कलिकाल /kalikāla カリカール/ [←Skt.m. *कलि-काल-* 'the *Kali* age'] *m.* ☞कलियुग

कलियुग /kaliyuga カリユグ/ [←Skt.n. *कलि-युग-* 'name of the last and worst of the four *Yugas* or ages, the present age, age of vice'] *m.* 〖神話〗カリユガ《循環すると考えられている 4 つの時期 (युग) の第 4 番目, 悪徳がはびこる暗黒時代とされる；現代はカリユガに含まれるとされる；人間の時間では 43 万 2 千年続くとされる》. (⇒कलिकाल)

कलियुगी /kaliyugī カリユギー/ [*कलियुग* + *-ई*] *adj.* カリユガ (कलियुग) の.

कली /kalī カリー/ [<OIA.f. *kali-²*, *kalī-* 'unblown bud': T.02934] *f.* **1** 〖植物〗つぼみ. (⇒अंकुर) **2** 〖植物〗芽.

कलुष /kaluṣa カルシュ/ [←Skt. *कलुष-* 'turbid, foul, muddy, impure, dirty'] *adj.* **1** よごれた, きたない. **2** けがれた, 堕落した.
— *m.* よごれ；けがれ；堕落, 罪深さ.

कलुषित /kaluṣita カルシト/ [←Skt. *कलुषित-* 'foul, impure'] *adj.* けがれた, 罪深い.

कलूटा /kalūṭā カルーター/ [cf. *काला*] *adj.* 肌が黒い.

कलेंडर /kalemḍara カレーンダル/ [←Eng.n. *calendar*] *m.* 〖暦〗カレンダー. (⇒पंचांग)

कलेक्टर /kalekṭara カレークタル/ ▸कलक्टर *m.* ☞कलक्टर

कलेजा /kalejā カレージャー/ ▸करेजा [<OIA.m. *kālēyaka-* 'a particular part of the intestines': T.03103] *m.* **1** 肝臓. (⇒जिगर, यकृत्) **2** 生命の維持に必要不可欠な器官《心臓, 肝臓, 肺など》. ❐(का) ～ मुँह को आना〔慣用〕(悲痛・恐怖などで人の) 胸がしめつけられる.

कलेवर /kalevara カレーワル/ [←Skt.m. *कलेवर-* 'the body'] *m.* **1** 体, 肉体. **2** 体制, 構造；枠組み.

कलेवा /kalevā カレーワー/ [<OIA. **kālyaka-* 'timely': T.03105] *m.* **1** (軽い) 朝食；(軽い) 携行食. ❐कलेवे की टोकरी 軽い食事の入っているかご. **2** 〖ヒンドゥー教〗カレーヴァー《結婚式の後花婿とその一行が花嫁に家で供される食事》.

कलैया /kalaiyā カライヤー/ [cf. *कलाबाज़ी*] *f.* 宙返り, とんぼがえり, でんぐりがえり. (⇒कलाबाज़ी) ❐～ खाना でんぐりがえる. ❐～ मारना 宙返りをする.

कलोंजी /kalõjī カローンジー/ ▸कलौंजी *f.* ☞कलौंजी

कलोल /kalola カロール/ ▸किलोल [<OIA.m. *kallōla-* 'wave': T.02955; DEDr.0241 (DED.0204)] *f.* (はしゃいで) 飛び跳ねること, 跳ね回ること. ❐जिस प्रकार मछलियाँ पानी में पहुँचकर कलोलें करती हैं, उसी भाँति ये लोग भी आनंद में चूर थे। 魚が水を得て跳ね回るように, この人たちも喜びに酔いしれていた. ❐बच्चा कलोलें कर रहा था। 子どもははしゃいで飛び跳ねていた.

कलौंजी /kalaũjī カラォーンジー/ ▸कलोंजी [cf. Skt.f. *काल-अजाजी-* 'a kind of cummin'] *f.* **1** 〖植物〗ヒメウイキョウ, ブラック・クミン. **2** 〖食〗ヒメウイキョウの種から作られる香辛料. (⇒मँगरैला) **3** 〖食〗カロウンジー《茄子などに香辛料を詰めて揚げたもの》.

कल्प /kalpa カルプ/ [←Skt.m. *कल्प-* 'a sacred precept, law, rule'] *m.* **1** 〖ヒンドゥー教〗カルパ《ヴェーダの補助学問 (वेदांग) の一つ, 祭事学》. **2** 〖神話〗カルパ《ブラフマー神 (ब्रह्मा) の一日の長さ；一説によると千ユガ (युग), つまり人間界では 43 億 2 千万年に相当》.

कल्प-तरु /kalpa-taru カルプ・タル/ [←Skt.m. *कल्प-तरु-* 'the wishing tree'] *m.* ☞कल्प-वृक्ष

कल्पना /kalpanā カルプナー/ [←Skt.f. *कल्पना-* 'creating in the mind, feigning, assuming anything to be real, fiction'] *f.* **1** 想像；仮想；仮定. ❐(की) ～ करना (…を) 想像[仮定]をする. ❐～ के बाहर है। 想像を超えている. **2** 空想；夢想；絵空事. ❐कोरी ～ 単なる絵空事. ❐(की) ～ तक नहीं की। (…を) 夢想だにしなかった.

कल्पनातीत /kalpanātīta カルパナーティート/ [neo.Skt. *कल्पना-अतीत-* 'beyond imagination; inconceivable'] *adj.* 想像以上の, 想像を超えた, 思いもよらない. ❐यह

बात तो आशातीत ही नहीं, ～ थी। このことは期待以上であるばかりか, 想像を超えていた.

कल्पनात्मक /kalpanātmaka カルパナートマク/ [neo.Skt. *कल्पना-आत्मक-* 'imaginary; fantastic'] *adj.* 想像上の, 仮想の, 架空の;非現実的な.

कल्पना-प्रवण /kalpanā-pravaṇa カルパナー・プラワン/ [neo.Skt. *कल्पना-प्रवण-* 'visionary'] *adj.* 空想などに浸りやすい, 夢想家の.

कल्पना-प्रवणता /kalpanā-pravaṇatā カルパナー・プラワンター/ [neo.Skt.f. *कल्पना-प्रवण-ता-* 'being visionary'] *f.* 空想などに浸りやすい性格, 夢想家であること. ❐बहुतों की दृष्टि में मात्र ～ कवि की शक्ति की द्योतक है। 多くの人の目には夢想家であるということだけが詩人の証である.

कल्पनालोक /kalpanāloka カルパナーローク/ [neo.Skt.m. *कल्पना-लोक-* 'world of imagination'] *m.* 想像の世界.

कल्पनाशक्ति /kalpanāśakti カルパナーシャクティ/ [neo.Skt.f. *कल्पना-शक्ति-* 'world of imagination'] *f.* 想像力.

कल्पनाशील /kalpanāśīla カルパナーシール/ [neo.Skt. *कल्पना-शील-* 'imaginative'] *adj.* 想像力豊かな, 想像力に富んだ.

कल्पनाशीलता /kalpanāśīlatā カルパナーシールター/ [neo.Skt.f. *कल्पनाशील-ता-* 'imaginativeness'] *f.* 想像力が豊かなこと, 想像力に富んでいること.

कल्प-वृक्ष /kalpa-vr̥kṣa カルプ・ヴリクシュ/ [←Skt.m. *कल्प-वृक्ष-* 'the wishing tree'] *m.* 〖神話〗如意樹《天界の森に生えているとされる想像上の樹木;願をかけるとどんな望みも叶えてくれる力があるとされる》. (⇒कल्प-तरु)

कल्पित /kalpita カルピト/ [←Skt. *कल्पित-* 'assumed, supposed'] *adj.* 想像上の, 空想上の;偽りの. (⇒मनगढ़ंत) ❐～ नाम 作られた名前.

कल्मष /kalmaṣa カルマシュ/ [←Skt.n. *कल्मष-* 'stain, dirt; moral stain, sin'] *m.* **1** よごれ, きたなさ. **2** 汚点;罪深さ.

कल्याण /kalyāṇa カルヤーン/ [←Skt.n. *कल्याण-* 'good fortune, happiness, prosperity'] *m.* **1** 幸福, 繁栄, 安寧(あんねい). ❐ईश्वर जो कुछ करता है, हमारे ～ के लिए ही करता है। 神がなさることはすべて, 私たちの幸福のためになさっているのだ. ❐परमात्मा तुम्हारा ～ करें। 神が汝をお守りされんことを. **2** 福祉(サービス), 福利. ❐समाज ～ 社会福祉.

कल्याणकारी /kalyāṇakārī カルヤーンカーリー/ [neo.Skt. *कल्याण-कारिन्-* 'beneficial'] *adj.* **1** 幸運な, 恵みの深い;慈悲深い. **2** 福祉の. ❐～ राज्य 福祉国家.

कल्ला[1] /kallā カッラー/ [<OIA.m. *karīra-*[1] 'shoot of bamboo': T.02804] *m.* 〖植物〗若芽, 新芽;タケノコ(筍).

कल्ला[2] /kallā カッラー/ [←Pers.n. کله 'the face or cheek; the risings about the mouth in laughing'] *m.* 口;あご;頬の内側. ❐～ फुलाना 頬をふくらませる, むくれる. ❐～ मारना 大口をたたく. ❐(का) ～ दबाना (人を)黙らせる.

कल्लोल /kallola カッロール/ [←Skt.m. *कल्-लोल-* 'a wave, surge, billow'] *m.* 大波, うねり. (⇒हिल्लोल)

कवच /kavaca カワチ/ [←Skt.m. *कवच-* 'armour, cuirass, a coat of mail'] *m.* **1** 鎧(よろい), 甲冑(かっちゅう). (⇒बख़्तर) ❐～ पहनना 甲冑を身に着ける. **2** 装甲. (⇒बख़्तर) ❐～ कोठरी トーチカ. **3** 甲羅(こうら);殻(から). **4** (お守りとして身に着ける)護身の呪文.

कवयित्री /kavayitrī カワイトリー/ [←Skt.m. *कवयितृ-* 'a poet'] *f.* 女流詩人.

कवर /kavara カワル/ [←Eng.n. *cover*] *m.* **1** カバー, 覆い. (⇒आवरण) **2** 表紙. (⇒आवरण-पृष्ठ)

कवर्ग /kavarga カワルグ/ [←Skt.m. *क-वर्ग-* 'the class of guttural letters'] *m.* (デーヴァナーガリー文字の字母表において) क から始まる軟口蓋閉鎖音および調音点が共通する鼻子音を表す子音字のグループ《配列順に क, ख, ग, घ, ङ の各文字》.

कवलित /kavalita カオリト/ [←Skt. *कवलित-* 'swallowed by the mouthful'] *adj.* 飲み込まれた《主に〖काल कवलित〗「死神に飲み込まれた, 亡くなった」の形式で使用》. ❐भूकंप से काल ～ हुए लोगों को श्रद्धांजलि अर्पित की गई। 地震で亡くなった人々を追悼した.

क़वायद /qavāyada カワーヤド/ [←Pers.n. قواعد 'rules, regulations; military exercises' ←Arab.] *f.* **1**〖言語〗文法(規則)《特にウルドゥー語文法》. (⇒व्याकरण) **2** 軍事訓練;(隊列を組んだ)行進. ❐～ करना (訓練で)行進する.

कवि /kavi カヴィ/ [←Skt.m. *कवि-* 'a thinker, intelligent man, man of understanding, leader; a wise man, sage, seer, prophet; a singer, bard, poet'] *m.* 〖文学〗詩人. (⇒शायर)

कविकर्म /kavikarma カヴィカルム/ [neo.Skt.n. *कवि-कर्मन्-* 'poetic creation'] *m.* 詩人の創作活動.

कविता /kavitā カヴィター/ [←Skt.f. *कविता-* 'poetry'] *f.* 〖文学〗詩, 詩歌. (⇒शेर) ❐～ पढ़ना 詩を朗読する. ❐～ करना 詩を作る.

कवित्व /kavitva カヴィトオ/ [←Skt.n. *कवि-त्व-* 'poetic skill or power or gift'] *m.* **1** 詩の質の高さ. **2** 詩人の資質.

कविराज /kavirāja カヴィラージ/ [←Skt.m. *कवि-राज-* 'a king of poets'; cf. Beng.n. কবিরাজ 'Ayurvedic practitioner'] *m.* **1** 偉大な詩人, 詩聖. (⇒कवींद्र) **2** (インド伝統医学の)優れた医者.

कविसमय /kavisamaya カヴィサマエ/ [←Skt.m. *कवि-समय-* 'poetic convention'] *m.* 〖文学〗カヴィサマヤ《古典インド文学において非現実であっても文学伝統上の慣用として特に認められた描写表現》.

कवि-सम्मेलन /kavi-sammelana カヴィ・サムメーラン/ [neo.Skt.n. *कवि-सम्मेलन-* 'a gathering at which poets recite their works'] *m.* 〖文学〗詩の朗読会.

कवींद्र /kavīṃdra カヴィーンドル/ [←Skt.m. *कवि-इन्द्र-* 'a prince among poets'] *m.* 偉大な詩人, 詩聖. (⇒कविराज)

क़व्वाल /qavvāla̸ カッワール/ [←Pers.n. قوال 'a professional story-teller' ←Arab.] *m.* 〚イスラム教〛カッワール《宗教歌謡カッワーリー (क़व्वाली) の歌手》.

क़व्वाली /qavvālī カッワーリー/ [←Pers.n. قوالی 'singing and playing (esp. for dancing *dervīshes*)'] *f.* 〚イスラム教〛カッワーリー《歌手と伴奏者による宗教歌謡》.

कश /kaśa̸ カシュ/ [←Pers.n. کش 'drawing. pulling'] *m.* **1** 引っ張ること. **2** (タバコの)一服, 一息. ❐उसने चिलम के कई ~ लगाकर कहा। 彼は水ギセルを何服か吸ってから言った.

कशमकश /kaśa̸makaśa̸ カシュマカシュ/ [←Pers.n. کشمکش 'pulling different ways'] *f.* **1** 引っ張り合い. (⇒खींच-तान) **2** もめごと, ごたごた;もみ合い.

कशिश /kaśiśa̸ カシシュ/ [←Pers.n. کشش 'a drawing; attraction'] *f.* 引力, 引き付ける力;魅力.

-कशी /-kaśī ・カシー/ [←Pers.suf. کشی 'drawing; bearing, enduring'] *suf.* 《名詞の後に付加され「…を引き付ける, …を吸うこと, …を飲むこと」などを表す女性名詞を作る; दिलकशी 「魅力」, रस्साकशी 「綱引き」など》.

कशीदा /kaśīdā カシーダー/▸कसीदा [←Pers.n. کشیده 'a kind of needlework'] *m.* 刺繍. (⇒कढ़ाई, बेल-बूटा) ❐~ काढ़ना 刺繍をする.

कशीदाकार /kaśīdākāra̸ カシーダーカール/ ▸कसीदाकार [*कशीदा* + *-कार*; cf. Pers.n. کشیده گر 'an embroiderer'] *m.* 刺繍職人.

कशीदाकारी /kaśīdākārī カシーダーカーリー/ ▸कसीदाकारी [*कशीदाकार* + *-ई*] *f.* 刺繍(仕事).

कश्ती /kaśtī カシュティー/ ▸किश्ती *f.* ☞किश्ती

कश्मीर /kaśmīra̸ カシュミール/ [←Skt.m. *कश्मीर-* 'name of a country and of the people inhabiting it'; cf. Eng.n. *Kashmir*] *m.* **1** 〚地理〛カシミール, カシュミール《インド北部とパキスタン北東部の国境に広がる山岳地域;インドの実効支配地域はジャンムー・カシュミール州 (जम्मू और कश्मीर) で州都はシュリーナガル (श्रीनगर);パキスタンの実効支配地域はギルギット・バルティスタン州 (गिलगित-बल्तिस्तान) とアーザード・カシミール (आज़ाद कश्मीर)》. ❐पाक-अधिकृत ~ パキスタンが実効支配するカシミール. **2** 〚地理〛カシュミール. ❐आज़ाद ~ アーザード・カシュミール, 自由カシュミール《パキスタンが実効支配するカシュミール地域》.

कश्मीरी /kaśmīrī カシュミーリー/ *f.* カシュミーリー語.
— *adj.* **1** カシュミーリー語の. **2** カシュミールの.
— *m.* カシュミールの人.

कषाय /kaṣāya̸ カシャーエ/ [←Skt. *कषाय-* 'astringent'] *adj.* **1** 〚食〛(味が)渋い. (⇒कसैला) **2** 黄土色の, 黄褐色の. (⇒गेरुआ)
— *m.* 渋い味のもの.

कष्ट /kaṣṭa̸ カシュト/ *m.* **1** 苦労, つらさ, 困苦, 困窮, 難儀. (⇒तकलीफ़) ❐(का) ~ करना (…の)苦労をする. ❐वह बड़े ~ में है। 彼はとても困って[難渋して]いる. ❐(को) ~ पहुँचाना (人を)つらい目にあわせる. **2** 骨折り, 手数, 苦心, 面倒. (⇒तकलीफ़) ❐(का) ~ उठाना (…の)骨折りをかってでる. ❐(को) (का) ~ देना (人に)(…の)面倒をかける.

कष्टकर /kaṣṭakara̸ カシュタカル/ [←Skt. *कष्ट-कर-* 'causing pain or trouble'] *adj.* 苦痛に満ちた, つらい. ❐~ अनुभव 苦痛に満ちた経験.

कष्टसाध्य /kaṣṭasād^hya̸ カシュタサーディエ/ [←Skt. *कष्ट-साध्य-* 'to be accomplished with difficulty, painful, toilsome'] *adj.* 骨の折れるつらい, 厄介な. ❐~ रोग 厄介な病.

कसक /kasaka̸ カサク/ [cf. *कसकना*] *f.* 痛み《古傷や心の痛みなど》.

कसकना /kasaka̸nā カサクナー/ [<OIA. *kaṣati* 'scratches': T.02972] *vi.* (*perf.* कसका /kasa̸kā カスカー/) **1** (持続して)痛む, 疼く. ❐फोड़ा कसक रहा है। 腫れ物が痛む. **2** (昔の記憶・良心の呵責などが)(心で)疼く. ❐कभी कभी उसका व्यंग्य मेरे मन में कसकता है। 時々彼の皮肉が私の心の中で疼く. **3** (同情で)(胸が)痛む. ❐उसकी लड़की के फ़ेल होने की बात हमको कसकती रहती है। 彼の娘が落第したことは, 我々の胸を痛ませる.

कसना[1] /kasa̸nā カスナー/ [<OIA. *kárṣati* 'draws, pulls': T.02908] *vi.* (*perf.* कसा /kasā カサー/) **1** きつく締まる;ピンと張る. ❐रस्सी अधिक कस गई, ज़रा ढीली कर दो। ロープが張りすぎた, 少しゆるめてくれ. ❐इस कुरते का गला ज़रा कसता है। このクルターの首まわりは, 少しきつい. ❐वह नाटा, पर कसे-गँठे बदन का था। 彼は小男だったが, 引き締まった体つきをしていた. **2** (ぎゅうぎゅうに)詰め込まれる, 押し込まれる. ❐सारा कमरा आदमियों से कस गया। 部屋中が, 人間でぎゅう詰めになった. ❐मटका अचार से कसा हुआ है। 壺には, 漬け物がぎゅうぎゅうに詰め込まれている.
— *vt.* (*perf.* कसा /kasā カサー/) **1** しっかり[かたく]締めつける;ピンと張る. (⇔ढीलना) ❐पेच [शिकंजा] और कस लो। ネジ[万力]をもっとかたく締めろ. ❐उन्होंने मुझे अपनी बाँहों में कस लिया। 彼は私を, 自分の腕の中にしっかりと抱きしめた. ❐उसने उसे इतना कसकर तमाचा मारा कि उसके कान से ख़ून बहने लगा। 彼は, 彼女の耳から血が流れ出るほど, 力をこめて彼女を平手打ちした. ❐हम तुम्हें पंद्रह रुपए देंगे और ख़ूब कसकर काम लेंगे। おまえに 15 ルピーやろう, その代りかなりきつく働かせるつもりだ. **2** しっかり留める, かたく縛りつける. ❐घोड़े पर ज़ीन [नकेल] कस दो। 馬に鞍[端綱]をつけろ. **3** (ぎゅうぎゅうに)詰め込む, 押し込む. (⇒ठूँसना) ❐उस बस में मुसाफ़िर कसे हुए थे। そのバスの中には旅行者が詰め込まれていた. ❐उसने उस बोरे में सारे बरतन कस दिए। 彼はその袋にすべての食器を詰め込んだ. **4** (人を)抑えこむ;引き締める. ❐अगर यह बात चलानी है तो उसे कसना पड़ेगा। もしこの話を進めるなら, 彼を抑えこまねばならないだろう. ❐ज़रा अपना दिमाग़ कस लो। ちょっと自分の(ゆるんだ)頭(のネジ)を締めろ. ❐यह लौंडा शिकंजे में न कसा गया, तो गाँव में अधर्म मचा देगा। このガキは, 万力で締めつけなければ(=力ずくで抑えこまないと), 村中に不道徳をまきちらすぞ.

कसना[2] /kasa̸nā カスナー/ [<OIA. *kaṣati* 'scratches': T.02972] *vt.* (*perf.* कसा /kasā カサー/) **1** (きつく)擦り

つける;(野菜を)すっておろす．(⇒घिसना, रगड़ना) ❐सोने को कसौटी पर कस कर ही उसकी अच्छाई का पता लगता है। 金は試金石の上で擦りつけてはじめてその純度がわかる． ❐कद्दूकश पर कद्दू कस लो। おろし金でカボチャをおろしなさい． **2** (本物かどうか)試験する，吟味する． ❐कठिनाई के समय ही असली आदमी को कसा जा सकता है। 困難な時こそ，人の真価が試される． **3** (風刺・からかいの言葉を)言う，はやしたてる． ❐आप मुझी पर आवाज़ें कसने लगे। あなたは，私に対して当てこすりを言いはじめましたね． ❐किसकी हिम्मत है, जो उस पर हँसे, या उस पर आवाज़ें कसे। 彼を嘲り笑ったり，彼をからかえるような勇気が誰にあるというのだ． ❐जब वह ब्याहने आया तब मुहल्ले में किसी ने फबती कसी। 彼が結婚式を挙げにやって来た時，町内の誰かがからかった． ❐जिधर निकलते हैं, उधर ही दो-चार लड़के पीछे लग जाते हैं और वही फ़िकरे कसते हैं।(彼が)どこに出て行こうと，数人の子どもたちが必ず後ろにくっつき，例の言葉をはやしたてるのである．

क़सबा /qasabā カサバー/ ▹क़स्बा *m.* ☞क़स्बा

क़सम /qasamạ カサム/ [←Pers.n. قسم 'an oath' ←Arab.] *f.* 宣誓，誓い(の言葉)．(⇒शपथ, सौगंध, हलफ़) ❐～ खाना 宣誓する． ❐(की) ～ (…に)誓って． ❐(को) ～ खिलाना (人に)宣誓させる．

कसमसाना /kasạmasānā カスマサーナー/ [echo-word; cf. *कसना*] *vi.* (*perf.* कसमसाया /kasạmasāyā カスマサーヤー/) **1** かすかに動く． ❐यह घंटों यों पड़ा है, कसमसाया तक नहीं। これは何時間もこのまま動かなかった，ピクリとさえしなかった． **2** 躍起となる，かきたてられる． ❐मैं उससे मिलने के लिए कसमसा उठा। 私は彼女会いたさにいてもたってもいられなくなった．

कसमसाहट /kasạmasāhaṭạ カスマサーハト/ [*कसमसाना* + *-आहट*] *f.* 落ち着かないこと，躍起となること．

कसर /kasarạ カサル/ [←Pers.n. كسر 'breaking; loss, damage' ←Arab.] *f.* **1** 不足，欠乏，欠如． ❐अभी दोपहर होने में कुछ ～ थी। まだ正午になるには少し間があった． ❐(में) कोई ～ न उठा रखना (…において)手を尽くす《否定形で》． ❐(में) कोई ～ न छोड़ना (…において)抜かりなく手をうつ《否定形で》． **2** 損害：欠損． ❐～ खाना 損害を被る． ❐～ निकालना 埋め合わせをする． **3** 仲違い；しこり；うらみ． ❐(में) ～ पड़ना (…の関係に)ひびが入る． **4**〖数学〗分数．

कसरत[1] /kasạratạ カスラト/ [←Pers.n. كسرة 'one fracture affliction' ←Arab.] *f.*〖スポーツ〗運動，体操．(⇒व्यायाम) ❐(की) ～ करना (…の)運動[体操]をする． ❐दिमागी ～ 頭脳の体操．

कसरत[2] /kasạratạ カスラト/ [←Pers.n. كثرة 'becoming numerous; multitude, plenty, abundance' ←Arab.] *f.* **1** 豊富なこと． ❐उसकी भाषा में त, ल और घ की ～ थी और स, र आदि वर्ण गायब थे। 彼の言葉には t, l, gh が多く含まれていて s, r などの文字は跡形もなかった． **2** 過多であること，過剰なこと． ❐मज़दूरों में शराब, जुए और दुराचरण की वह ～ नहीं रही। 労働者にはいつものうんざりさせる酒，賭博そして不品行の常習はすでになかった．

कसरती /kasạratī カサルティー/ [*कसरत*[1] + *-ई*] *adj.* 運動で鍛えた． ❐～ शरीर 運動で鍛えた体． ❐मैं ～ आदमी हूँ। 私は体を鍛えている人間だ．

कसवाना /kasạvānā カスワーナー/ ▸कसाना [caus. of *कसना*] *vt.* (*perf.* कसवाया /kasạvāyā カスワーヤー/) ☞कसाना

क़साई /qasāī カサーイー/ [cf. Pers.n. قصاب 'a butcher' ←Arab.] *m.* 屠畜業者；肉屋．(⇒बूचड़)

क़साई-ख़ाना /qasāī-xānā カサーイー・カーナー/ *m.* 屠畜場．(⇒बूचड़ख़ाना)

कसाना /kasānā カサーナー/ ▸कसवाना [caus. of *कसना*] *vt.* (*perf.* कसाया /kasāyā カサーヤー/) かたく締めさせる；かたく締めてもらう．

कसाव /kasāvạ カサーオ/ [cf. *कसना*] *m.* 張り；緊張． ❐अंगों में ～ और उभार (若い女の)体の各部の張りとふくらみ．

कसावट /kasāvaṭạ カサーワト/ [*कसना* + *-आवट*] *f.* ☞कसाव

कसियाना /kasiyānā カスィヤーナー/ [cf. *काँसा*] *vi.* (*perf.* कसियाया /kasiyāyā カスィヤーヤー/) (銅・真鍮など金属製の容器のために)(味が)金気を含む，金臭くなる；渋くなる． ❐पीतल के बरतन में अधिक देर तक छोड़ देने से पानी कसियाने लगा। 真鍮の容器に長く入れておいたので，水が金臭くなった．

कसीदा /kasīdā カスィーダー/ ▸कशीदा *m.* ☞कशीदा

क़सीदा /qasīdā カスィーダー/ [←Pers.n. قصيدة 'a poem, or elegy being a kind of longer *gazal*' ←Arab.] *m.*〖文学〗カスィーダー《ウルドゥー語やペルシア語の長大な定型詩の一つ；尊敬する人物をほめたたえ捧げる頌詩(しょうし)》．

कसीदाकार /kasīdākārạ カスィーダーカール/ ▸कशीदाकार *f.* ☞कशीदाकार

कसीदाकारी /kasīdākārī カスィーダーカーリー/ ▸कशीदाकारी *f.* ☞कशीदाकारी

क़सूर /qasūrạ カスール/ [←Pers.n. قصور 'falling short; erroe, sin, fault' ←Arab.] *m.* **1** 過失，過誤，落度．(⇒ग़लती) ❐तुम्हारा कोई ～ नहीं। お前は何も悪くない． **2** 罪．(⇒अपराध)

क़सूरवार /qasūrạvārạ カスールワール/ *adj.* **1** 過失を犯した(人)． **2** 有罪の．(⇔बेक़सूर)

कसेरा /kaserā カセーラー/ [<OIA. **kāṃsyakara-* 'worker in bell-metal': T.02988] *m.* カセーラー《真鍮(しんちゅう)細工を作ったり販売する人》．

कसैला /kasailā カサェーラー/ [<OIA. *kaṣāya-* 'yellowish red, astringent': T.02974] *adj.*〖食〗(味が)渋い．

कसैलापन /kasailāpanạ カサェーラーパン/ [*कसैला* + *-पन*] *m.* (味の)渋さ．

कसौटी /kasauṭī カサォーティー/ [<OIA.f. *kaṣapaṭṭikā-* 'touchstone': T.02973] *f.* **1**〖鉱物〗試金石．(⇒निकष) ❐～ पर कसना [चढ़ाना, लगाना]試金石で試す． **2** 試金石，基準，標準．(⇒निकष) ❐～ पर खरा उतरना 検査に合格する．

कस्टडी /kasṭaḍī カスタディー/ [←Eng.n. *custody*] *f.* 勾留, 拘置, 留置；留置場. (⇒हिरासत) ❐पुलिस 〜 警察の留置場.

कस्टम /kasṭama カスタム/ [←Eng.n. *custom(s)*] *m.* 〖経済〗関税. ❐〜 अफ़सर 税関吏. ❐〜 ड्यूटी 関税. ❐〜 हाउस 税関(事務所).

कस्तूरी /kastūrī カストゥーリー/ [←Skt.f. *कस्तूरी-* 'musk'] *f.* ジャコウ, 麝香. (⇒मुश्क, मृग-मद)

कस्तूरी-मृग /kastūrī-mr̥ga カストゥーリー・ムリグ/ [←Skt.m. *कस्तूरी-मृग-* 'the musk-deer'] *m.* 〖動物〗ジャコウジカ(麝香鹿).

क़स्बा /qasbā カスバー/ ▷क़सबा [←Pers.n. قصبة 'a large village, a small town (well inhabited)' ←Arab.] *m.* 小さな町.

क़हक़हा /qahaqahā カヘカハー/ [←Pers.n. قهقهة 'laughing loudly or indecently; a loud laugh, horse-laugh' ←Arab.] *m.* 大笑い, 哄笑. (⇒ठहाका) ❐〜 मारना 大笑いをする.

कहना /kahanā カヘナー/ [<OIA. *katháyati* 'converses with, describes': T.02703] *vt.* (*perf.* कहा /kahā カハー/) **1** 話す, 語る, 言う, 述べる《特に「(ある内容を)話す」の意；बोलना は「(声を出して)しゃべる」, बताना は「(考え・意見・情報を伝えようと)述べる」の意》. (⇒फ़रमाना) ❐अच्छे बच्चे ऐसी बात नहीं कहते। いい子はそんなことは言いませんよ. ❐आप ठीक कहते हैं। あなたのおっしゃるとおりです. ❐इस बारे में मैं आपसे कुछ नहीं कह सकता। このことについて私はあなたに何も言えない. ❐कहने और करने में बहुत अंतर है। 言うこととすることには大変な違いがある. ❐बढ़ा-चढ़ाकर कहना 大げさに言う. ❐मुझे जो कुछ कहना था वह मैंने कह दिया। 言うべきだったことすべてを私は言った. ❐मैंने अपने लड़कपन में कई अवसरों पर लोगों को ऐसा कहते सुना था कि कायस्थ आधा मुसल्मान होता है। 私は少年時代に, 人々が(ヒンドゥー教徒の)カーヤスタ(カースト)は半分イスラム教徒だと言っているのを, 折々に聞いたことがある. **2** 指示する, 命令する；うながす, 助言する. ❐उसने मुझसे [मुझे] अपने पास आने को [के लिए] कहा। 彼は, 私に自分のそばに来るように言った. ❐देवी ने प्रसन्न होकर एक वरदान देने को [के लिए] कहा। 女神は喜んで, 一つ願い事をするようにと言った. **3** (…を)(…と)称する, 呼ぶ. ❐इसे उसकी कमज़ोरी कहो, बेहूदगी कहो, मूर्खता कहो, उजड्डता कहो, फिर भी उचित है। それを彼の弱さと言おうと, 下劣さと言おうと, 愚かさと言おうと, 横柄さと言おうと, それでも正しいのだ. ❐इसे हिंदी में क्या कहते हैं?これをヒンディー語で何と言いますか？ ❐मुझे अशोक मिश्र कहते हैं। 私はアショーク・ミシュルと申します. ❐उन्हें भी कविता कहते आज मुझे संकोच होगा। それらをも詩と呼ぶことに今では私は躊躇(ちゅうちょ)するだろう. **4**《命令形で間投詞的に》ごきげんいかがですか, やあ, どうだい. ❐कहिए, क्या हाल है? どう, 調子は.

क़हर /qahara カハル/ [←Pers.n. قهر 'conquering, overcoming, subduing' ←Arab.] *m.* **1** 大災害；大災難；厄災. ❐(पर) (का) 〜 ढाना [तोड़ना] (…に)(…の)大災難をもたらす. ❐(पर) (का) 〜 बरपा करना (…に)(…の)大災難を起こす. **2** (伝染病・天災などの)猛威. (⇒प्रकोप) ❐डेंगू का 〜 デング熱の猛威.

कहलवाना /kahalavānā カハルワーナー/ [caus. of *कहलाना, कहना*] *vt.* (*perf.* कहलवाया /kahalavāyā カハルワーヤー/) **1** 呼ばさせる；呼んでもらう. **2** 言わせる；言ってもらう.

कहलाना /kahalānā カヘラーナー/ ▸कहाना [cf. *कहना*] *vi.* (*perf.* कहलाया /kahalāyā カヘラーヤー/) 称される, 呼ばれる, 言われる. ❐इस शहर में अगर तुम शान से न रहोगे तो कंजूस कहलाओगे। この町では, もし君が豪勢に暮らさなければ, しみったれと呼ばれるだろう. ❐यह मुहल्ला रामगंज कहलाता है। 町のこの一画はラームガンジと呼ばれている.

— *vt.* (*perf.* कहलाया /kahalāyā カヘラーヤー/) 言わせる, 述べさせる. ❐उसे कोई बात कहनी होती है, तो मुझसे कहलाती है। 彼女は何か言うべきことがあれば, 私に言わせるのだ. ❐कहला भेजना ; मैंने उससे कहला भेजा। (代理人を通して)言付ける；私は彼への伝言を言付けた.

कहाँ /kahā̃ カハーン/ *adv.* **1** どこに[へ]. ❐वह न जाने 〜 घूमता रहता। 彼が一体どこを歩き回っていたかのか誰も知らない. ❐जनपथ रोड 〜 पर है? ジャンパト通りはどこですか. **2**《反語的に,「一体どこに…があるというのだ」を表す》 ❐〜 की बात! 一体どこの話をしているのだ！

कहाकही /kahākahī カハーカヒー/ [cf. *कहना*] *f.* ☞कहा-सुनी

कहाना /kahānā カハーナー/ ▸कहलाना [cf. *कहना*] *vt.* (*perf.* कहाया /kahāyā カハーヤー/) ☞कहलाना

कहानी /kahānī カハーニー/ *f.* **1** 話, 作り話, 物語. (⇒अफ़साना) **2** 〖文学〗短編小説. (⇒अफ़साना, क़िस्सा)

कहानीकार /kahānīkāra カハーニーカール/ [*कहानी* + *-कार*] *m.* 〖文学〗短編小説家；物語作家.

कहार /kahāra カハール/ [<OIA. **kācahāra-* 'bearer of a carrying-pole': T.03011] *m.* **1** 水汲み人；水運搬人. **2** 〖ヒンドゥー教〗カハール(カースト)《水汲みや家事の雑務を生業とする》.

कहावत /kahāvata カハーワト/ [<OIA. **kathāvārttā-* 'a saying': T.02706] *f.* 諺(ことわざ), 格言. (⇒लोकोक्ति, मसल) ❐〜 कोश 諺(ことわざ)辞典. ❐'नौ नगद न तेरह उधार' वाली 〜「13の貸しより9の現金(=「多くて不確かなものより少なくても確かなほうがいい」)」という諺. ❐वह बात-बात पर कहावतें कहती थी। 彼女はことあるごとに格言を言っていた.

कहा-सुना /kahā-sunā カハー・スナー/ [*कहना* + *सुनना*] *m.* 無礼な振る舞い. ❐उसका 〜 माफ़ करें। 彼の無礼を許してくれ.

कहा-सुनी /kahā-sunī カハー・スニー/ [*कहना* + *सुनना*] *f.* 言い争い, 口げんか. ❐बाप-बेटे में ख़ूब 〜 हुई। 父と息子の間に激しい言い争いが起こった. ❐मामूली 〜 मार-पीट में बदल गई। なんでもない言い争いが殴り合いになってしまった.

कहीं /kahī̃ カヒーン/ [*कहाँ* + *ही*] *adv.* **1** どこかに[へ], あるところで. ❐〜 〜 ところどころ. ❐〜 न 〜 どこ

かには. ❐～ वीरता की डींग थी, ～ अपने दान-दक्षिणा के पचड़े, ～ अपने बुद्धि-कौशल का आलाप। どこかでは勇ましさのほら話, どこかでは自分の布施や謝礼をめぐったもめ事, またどこかでは自分の賢さの自慢話. **2** 一体全体. **3** (比較を強めて)はるかに. ❐आवाज़ पहले से ～ ज़्यादा बढ़ गयी थी। 声は以前よりはるかに大きくなっていた. **4** どこにも…ない《否定辞と共に用いて》. ❐मेरा घर ～ नहीं है। 私の家はどこにもありません. ❐मैं तो ～ नहीं गया था। 私はどこにも行きませんでした. **5** 万一…でないように《否定の不確未来形とともに用いて》. ❐～ ऐसा न हो कि मैं उसका पिछलग्गू समझा जाऊँ। 万一私が彼の取り巻きだなんて思われないように. **6** ひょっとして. ❐यह ～ मेरी किताब तो नहीं? これはひょっとして私の本ではないか. **7**〔卑語〕《『名詞 कहीं का [के, की]』の形式で, 罵倒「…め」を表す》❐झूठी ～ की! 嘘つき女め! ❐बदतमीज़ ～ के! 無礼者め! ❐सुअर ～ का! 豚め!

काँइयाँ /kāĩyā̃ カーンイヤーン/ ▸काइयाँ *adj.* ☞काइयाँ

काँ-काँ /kā̃-kā̃ カーン・カーン/ ▸काँय-काँय, काँव-काँव *f.* **1**〔擬声〕カーカー《カラス (कौआ) の鳴き声》. **2** (耳障りな)喧噪.

कांक्षणीय /kāṃkṣaṇīyā カーンクシャニーエ/ [←Skt. काङ्क्षणीय- 'to be desired'] *adj.* 望まれるべき.

कांक्षा /kāṃkṣā カーンクシャー/ [←Skt.f. काङ्क्षा- 'wish, desire'] *f.* 願望.

कांक्षित /kāṃkṣitā カーンクシト/ [←Skt. काङ्क्षित- 'wished, desired'] *adj.* 願望された, 望まれた.

कांक्षी /kāṃkṣī カーンクシー/ [←Skt. काङ्क्षिन्- 'desiring, longing for, expecting, waiting for'] *adj.* 願望する(人).

काँख /kā̃kʰā カーンク/ [<OIA.m. *kákṣa-[1]* 'armpit': T.02588] *f.* 脇の下(の窪み), 腋窩(えきか). (⇒बगल)

काँखना /kā̃kʰānā カーンクナー/ [onom.; cf. OIA. *káṅkṣati* 'wishes for': T.03002] *vi.* (*perf.* काँखा /kā̃kʰā カーンカー/) **1**〔擬声〕(大便をするとき)うん (आह, ऊँह) と力む. **2**〔俗語〕(力仕事などで)ふんばる, 力む. ❐तुम लोगों ने काँख-कूँखकर दस क़दम इसे उठा लिया, तो यह न समझो कि पास हो गये। うんうんふんばって十歩ほどこいつを担いだからといって, 合格したとは思うなよ.

काँगड़ा /kā̃gaṛā カーングラー/ [cf. Eng.n. *Kangra*] *m.* 『地名』カーングラー《ヒマーチャル・プラデーシュ州 (हिमाचल प्रदेश) の古都》.

कांगो /kāṃgo カーンゴー/ [cf. Eng.n. *Congo*] *m.* 『国名』コンゴ(共和国)《首都はブラザビル (ब्राज़ाविले)》.

कांगो लोकतांत्रिक गणराज्य /kāṃgo lokatāṃtrikā gaṇarājyā カーンゴー ロークターントリク ガンラージエ/ [cf. Eng.n. *Democratic Republic of the Congo*] *m.* 『国名』コンゴ民主共和国《旧ザイール; 首都はキンシャサ (किंशासा)》.

काँग्रेस /kā̃gresā カーングレース/ ▸कांग्रेस [←Eng.n. *congress*] *f.* インド国民会議(派). ❐～ पार्टी 会議派政党.

काँग्रेसी /kā̃gresī カーングレースィー/▸कांग्रेसी [*काँग्रेस* + *-ई*] *m.* 『歴史』インド国民会議(派)の支持者[党員].

काँच /kā̃cā カーンチ/ [<OIA.m. *kācá-[1]* 'glass': T.03007] *m.* ガラス. ❐～ का टुकड़ा ガラスのかけら《つまらないもののたとえ》.

कांचन /kāṃcanā カーンチャン/ <OIA.n. *kāñcaná-* 'gold': T.03013; ?←Skt.n. काञ्चन- 'gold' *m.* 金.

कांचीपुरम /kāṃcīpuramā カーンチープラム/ [cf. Eng.n. *Kanchipuram*, previsously *Conjevaram*] *m.* 『地名』カーンチープラム《タミル・ナードゥ州 (तमिल नाडु) の古都》.

काँजी /kā̃jī カーンジー/ [<OIA.n. *kāñjika-* 'sour rice gruel': T.03016; DEDr.1107 (DED.0927)] *f.* **1**『食』カーンジー《水に浸した米を発酵させた酸味の汁; 飲料, 薬用として使用》. **2**『食』カーンジー《ニンジン (गाजर) とビート (चुकंदर) から作られる発酵飲料; カラシナ, 塩, 赤唐辛子などで味付けをする; ホーリー祭 होली の季節によく飲まれる》.

काँजी-हाउस /kā̃jī-hāusā カーンジー・ハーウス/ [cf. I.Eng.n. *congee house*] *m.* カーンジー・ハーウス《飼い主不明の牛などの家畜を一時的に収容する公共の施設》.

काँटा /kā̃ṭā カーンター/ [<OIA.m. *kaṇṭa-[1]* 'thorn': T.02668] *m.* **1** とげ; とげ状のもの, (鳥の)けづめ. (ヤマアラシの)針; 釘, 鋲(びょう); 釣り針 **2** (魚などの)小骨. **3** (食事用の)フォーク. ❐छुरी और ～ ナイフとフォーク. **4** 天秤. (⇒तराज़ू)

काँटी /kā̃ṭī カーンティー/ [cf. *काँटा*] *f.* **1** 小さなとげ; 小さなとげ状のもの. **2** 小型の天秤. (⇒तराज़ू)

काँटेदार /kā̃ṭedārā カーンテーダール/ [*काँटा* + *-दार*] *adj.* **1** とげのある, とげのついている. ❐～ झाड़ी いばら(の茂み). ❐～ तार 有刺鉄線, 鉄条網. **2** つらい, いばらの. ❐～ रास्ता いばらの道.

कांड /kāṃḍā カーンド/ [←Skt.m. काण्ड- 'a single joint of the stalk or stem of a plant, such as a bamboo or reed or cane'] *m.* **1**『植物』(茎の)節から節までの部分. **2** (物語の)章, 巻. **3** (大)事件. ❐अपहरण ～ 誘拐事件. ❐घोटाला ～ 背任横領事件.

कांत /kāṃtā カーント/ [←Skt. कान्त- 'desired, loved, dear, pleasing, agreeable, lovely, beautiful'] *adj.* 愛しい.

— *m.* 愛しい人; 夫《クリシュナ神 (कृष्ण) の別称》.

कांता /kāṃtā カーンター/ [←Skt.f. कान्ता- 'a beloved or lovely woman, wife, mistress'] *f.* 愛しい女性, 恋人; 妻.

कांति /kāṃti カーンティ/ [←Skt.f. कान्ति- 'a lovely colour, brightness (especially of the moon)'] *f.* (顔など内面の)輝き; (宝石などの)光沢, つや. ❐शरीर दुर्बल हो गया, मुख की ～ जाती रही। 体は弱り, 顔の輝きは失われていった. ❐शाहज़ादे के मुख की ～ हीरे के प्रकाश से दूनी दमक उठी। 王子の顔の輝きはダイヤモンドの光により倍に照りきらめいた.

कांतिमान् /kāṃtimānā カーンティマーン/ ▹कांतिमान

[←Skt. कान्तिमत्- 'lovely, splendid'] *adj.* 輝く;光沢のある.

कांतिहीन /kāṃtihīnạ カーンティヒーン/ [?neo.Skt. कान्ति-हीन- 'lustreless'] *adj.* 輝きが失われた;生気のない. ❐इन चंद घंटों ही में उनका तेजस्वी मुख ～ हो गया था। このわずか数時間で彼の生気にあふれた顔は輝きを失ってしまっていた.

काँपना /kā̃pạnā カーンプナー/▸कँपना [<OIA. *kámpatē* 'trembles, shivers': T.02767] *vi.* (*perf.* काँपा /kā̃pā カーンパー/) **1** 揺れる;震動する;そよぐ. (⇒हिलना) ❐पृथ्वी काँपने लगी, मानो भूकंप आया हो। 大地が揺れはじめた, まるで地震が起こったかのように. ❐हवा में पेड़ की पत्तियाँ काँप रही थीं। 風で木の葉がそよいでいた. **2** (寒さ・恐怖・怒りなどで)震える. (⇒थरथराना) ❐लोग वह आवाज़ सुनते ही डर के मारे काँप उठे। 人々はその声を聞くやいなや, 恐れのあまり震え上がった. ❐सरदी के मारे वह थर-थर काँप रही थी। 寒さのため, 彼女はぶるぶる震えていた. ❐सारा गाँव उससे काँपता था। 村中が彼に恐れおののいていた.

कांफ़्रेंस /kāṃfremṣạ カーンフレーンス/▸कॉन्फ़्रेंस [←Eng.n. *conference*] *f.* 定期大会, 総会. (⇒सम्मेलन) ❐वार्षिक ～ 年次大会. ❐～ बुलाना 総会を召集する. ❐～ हुई। 定期大会が行われた.

काँय-काँय /kā̃yạ-kā̃yạ カーエン・カーエン/ ▸काँ-काँ, काँव-काँव *f.* ☞काँ-काँ

काँव-काँव /kā̃vạ-kā̃vạ カーオン・カーオン/ ▸काँ-काँ, काँय-काँय *m.* ☞काँ-काँ

काँवर /kā̃varạ カーンワル/ [<OIA.m. *kamaṭha-* 'bamboo': T.02760; DEDr.1417 (DED.1193)] *f.* 竹で作った天秤棒. (⇒बहँगी)

काँवरिया /kā̃variyā カーンワリヤー/ [cf. काँवर] *m.* 〖ヒンドゥー教〗天秤棒を担ぐ人《職業として荷物を運ぶ人以外に, 特に願掛けのためガンジス河の聖水を天秤棒 (काँवर) を使って遠路を徒歩で運ぶ巡礼者を指すこともある;願掛けは聖地ハリドワール (हरिद्वार) の聖水を各地のシヴァ神のシンボル (शिवलिंग) にかけると成就すると考えられている》. (⇒बहँगी)

काँस /kā̃sạ カーンス/ [<OIA.m. *kā́śa-* 'a grass used for mats, *Saccharum spontaneum*': T.03112] *m.* 〖植物〗ワセオバナ《イネ科サトウキビ属の草木;草ぶきの屋根・むしろ・ロープなどに使用》.

काँसा /kā̃sā カーンサー/ [<OIA.n. *kā́ṁsya-* 'bell-metal': T.02987x1] *m.* 青銅, ブロンズ《銅 (ताँबा) と錫(すず) (राँगा) の合金》. (⇒कांस्य)

कांस्टेबल /kāṃsṭebalạ カーンステーバル/ ▸कांस्टेबिल [←Eng.n. *constable*] *m.* 巡査, 警官. ❐हेड ～ 巡査部長.

कांस्टेबिल /kāṃsṭebilạ カーンステービル/ ▸कांस्टेबल *m.* ☞कांस्टेबल

कांस्य /kāṃsyạ カーンスィエ/ [←Skt.n. कांस्य- 'bell-metal or white copper'] *m.* 青銅, ブロンズ. (⇒काँसा) ❐～ पदक 銅メダル. ❐～ युग 〖歴史〗青銅器時代.

का /kā カー/ [<OIA. *kr̥tá-¹* 'done': T.03420z6] *postp.* **1**…の. **2**《〖名詞 का〗の形式で, 性格・出自など生まれついての特徴「…に関しては…の人」を表す; का は形容詞変化》❐वह जाति ～ ठाकुर था। 彼はタークル(カースト)だった. ❐वह स्वभाव की कोमल है। 彼女は気立ての優しい人です. **3**《〖名詞 के〗の形式で, 目的語となる「人の(身体の部分に)」を表す; के は不変化》❐मैंने एक डंडा उसके भी जमाया। 私は棍棒を一発彼にお見舞いした.

काइयाँ /kāiyā̃ カーイヤーン/ ▸काँइयाँ [?] *adj.* 狡猾な, 抜け目のない. ❐साल भर के अंदर ही वह इतना ～ हो गया था कि अचरज होता था। 一年の間に彼は驚くほど抜け目がなくなった.

काइयाँपन /kāiyā̃panạ カーイヤーンパン/ [काइयाँ + -पन] *m.* 狡猾さ, 抜け目のなさ. ❐सरलता के बदले अब उसमें ～ आ गया। 純朴さの代わりに今や彼の中に狡猾さが入り込んだ.

काई /kāī カーイー/ [?<OIA. **kāvikā-* 'scum': T.03109; ?←Pers.n. کاہی 'greenness'] *f.* **1** 〖植物〗藻(も);苔(こけ). ❐～ जमना [लगना] 苔が生える. **2** (こびり付いた)汚れ. ❐～ छुड़ाना 汚れを取る.

काउंटर /kāuṃṭarạ カーウンタル/ [←Eng.n. *counter*] *m.* (銀行や商店の)カウンター, 売り台. ❐दुकान के ～ पर 店のカウンターで.

काक¹ /kākạ カーク/ [←Skt.m. काक- 'onomat. imitation of the cawing of the crow; a crow'] *m.* 〖鳥〗カラス. (⇒कौआ)

काक² /kākạ カーク/ ▸काग *m.* ☞काग²

काकटेल /kākạṭelạ カークテール/▸कॉकटेल [←Eng.n. *cocktail*] *m.* 〖食〗カクテル.

काकतालीय /kākạtālīyạ カークターリーエ/ [←Skt. काक-तालीय- 'unexpected, accidental'] *adj.* カラスと椰子の実の関係の, 偶然の《カラスが舞い降りたところにたまたま椰子の実が落ちて死んでしまった故事から》. ❐～ न्याय 全くの偶然なのに何か必然の法則が働いているのではないかと疑うたとえ.

काकपक्ष /kākapakṣạ カーカパクシュ/ [←Skt.m. काक-पक्ष- 'crow's wing; side-locks of hair on the temples of young men'] *m.* カーカパクシャ《原意は「カラスの羽」;古代インドの青年の角髪(みずら, びんずら)》.

काकबर्न टाउन /kākạbarnạ ṭāunạ カークバルン ターウン/ [cf. Eng.n. *Cockburn Town*] *m.* 〖地名〗コックバーンタウン《タークス・カイコス諸島 (टर्क्स और कैकोस द्वीपसमूह) の首都》.

काकरेज़ी /kākạrezī カークレーズィー/ [←Pers.adj. کاکریزی 'purple-coloured'] *adj.* 濃い紫色の.

काका /kākā カーカー/ [<OIA. **kākka-* 'senior male relative': T.02998] *m.* おじ, 叔父, 伯父《父の弟》. (⇒चाचा)(⇔काकी, चाची)

काकातुआ /kākātuā カーカートゥアー/ [←Mal.n. *kakatua* 'cockatoo'] *m.* 〖鳥〗バタン《冠毛が鮮やかなオウムの一種》.

काकी /kākī カーキー/ [cf. काका] *f.* おば, 叔母, 伯母

《父の弟（काका）の妻》.（⇒चाची）

काकु /kāku カーク/ [←Skt.f. *काकु-* 'a peculiar tone or change of the voice resulting from distress or fear or anger or grief'] *m.*（驚き・苦痛・怒り・恐怖など極度の興奮で）ひきつった声

काकुल /kākula カークル/ [←Pers.n. کاکل 'a lock of hair, boys, men, or horses'] *m.*（髪の）ふさ，巻き毛. ❐मैंने बी अपने काकुलों को बढ़ने के लिए छोड़ दिया। 私も自分の髪のふさを伸ばそうとそのままにした.

काग[1] /kāga カーグ/ [<Skt.m. *काक-* 'a crow': T.02993] *m.*〖鳥〗カラス.（⇒कौआ）

काग[2] /kāga カーグ/▸काक [←Eng.n. *cork*] *m.* コルク（の栓）.（⇒कार्क）

कागज़ /kāǧaza カーガズ/ [←Pers.n. کاغذ 'paper'; cf. *कागद*] *m.* **1** 紙.（⇒पेपर）❐～ मिल 製紙工場. ❐कोरा ～ 白紙. **2** 書類，文書. ❐～ पर हस्ताक्षर करना 書類に署名する. **3** 証書；債券. **4** 新聞.（⇒अख़बार, समाचारपत्र）

कागज़-पत्र /kāǧaza-patra カーガズ・パトル/ *m.* 書類.

कागज़ात /kāǧazāta カーグザート/ [←Pers.n. کاغذات 'papers'] *m.* 書類，文書類《複数形として使用》.

कागज़ी /kāǧazī カーグズィー/ [←Pers.n. کاغذی 'a paper-maker or vendor'] *adj.* **1** 紙でできた，紙製の. ❐～ खिलौने 紙でできた玩具. ❐मेरे हाथ में जीवन की एक पुस्तक आ गई थी जो ～ किताब से अधिक आकर्षक, अधिक रहस्यमय थी। 私は人生の一冊の本を手に入れた，それは紙の本よりもはるかに魅力的であり，はるかに神秘的だった. **2** 紙上の；書類上の，机上の；記録されている. ❐～ कार्रवाई 書類上の事務処理. ❐～ सबूत 証拠書類. **3**（表皮が紙のように）薄い. ❐～ नीबू〖植物〗カーガズィー・ニーブー《ライムの一種》. ❐～ बादाम〖植物〗カーガズィー・バーダーム《アーモンドの一種》. **4** 張り子の；もろい. ❐～ बाघ 張り子の虎. ❐～ महल 砂上の楼閣.

— *m.* 製紙職人；紙屋，紙商人.

कागद /kāǧada カーガド/ [←Pers.n. کاغد 'paper'] *m.* ☞कागज़

काछ /kācʰa カーチ/ [<OIA.f. *kakṣyā̀-* 'girdle, girth': T.02592] *f.* **1** カーチ《ドーティー（धोती）を身に着ける時，股から後ろにまわして腰にたくし込まれるすその部分》. **2** 股（の部分）.

काछना /kācʰanā カーチナー/ [cf. *काछ*] *vt.* (*perf.* काछा /kācʰā カーチャー/)（ドーティーを）腰にまとう. ❐उसने धोती को कसकर काछ लिया। 彼はドーティーをしっかり腰にまとった.

काछा /kācʰā カーチャー/ *m.* ☞काछ

काज[1] /kāja カージ/ [<OIA.n. *kāryà-* 'business': T.03078x1] *m.* 仕事.

काज[2] /kāja カージ/ [←Port.f. *casa* 'buttonhole'] *m.* ボタンホール.

काजल /kājala カージャル/ [<OIA.n. *kajjala-* 'lamp-black': T.02622] *m.* カージャル《目薬やアイシャドー；油煙のすす（कजली）を原料に作られる》.（⇒अंजन）

क़ाज़ी /qāzī カーズィー/ [←Pers.n. قاضی 'a judge' ←Arab.] *m.*〖イスラム教〗カージー《イスラム法に基づき裁定を下す法官，裁判官》.

काजू /kājū カージュー/ [←Port.m. *(a)caju* 'Brazil nut' ←Tupi. *acajou*] *m.*〖植物〗カシュー・ナッツ（の木）.

काट /kāṭa カート/ [*काटना* × Eng.n. *cut*] *f.* **1** 切断，カッティング；（服・髪などの）型，スタイル，…カット. **2** 噛［咬］むこと. **3** 横断. **4** 反証. **5** 防御措置［対策］.

काट-छाँट /kāṭa-cʰā̃ṭa カート・チャーント/ [*काटना* + *छाँटना*] *f.* 刈り込み；切り詰め；削減；調節；（文章の）推敲. ❐उसके विवाह के लिए मैंने जो जो तैयारियाँ की थीं, उनमें कुछ ～ मत करना। あの子の結婚のために私がいろいろ準備したことは，まったくケチらないでね. ❐बहुत ～ करने पर भी चालीस रुपये का ख़र्च निकल आया। かなり切り詰めても 40 ルピーの出費が出た.

काटना /kāṭanā カートナー/ [<OIA. *kártati*[1] 'cuts': T.02854] *vt.* (*perf.* काटा /kāṭā カーター/) **1** 切る；切り離す；切断する；断裁する.（⇒कतरना, तराशना）❐आलू को चाकू से छोटे-छोटे टुकड़ों में काट लीजिए। ジャガイモをナイフで細かく切ってください. ❐वह कुल्हाड़ी से पेड़ की डालियाँ काट रहा था। 彼は斧で木の枝を切り落としていた. ❐क़ैंची से कागज़ गोल आकार में काटिए। 鋏で紙を円形に切ってください. **2**（作物を）刈り入れる. ❐खेत में किसान ऊख काट रहे थे। 畑では農夫たちがサトウキビを刈り入れていた. **3**（毛髪・ひげなどを短く）切る，刈り込む. ❐नाई उसके बाल छोटे काट रहा था। 床屋が彼の髪を短く刈っていた. ❐बग़ीचे में झाड़ियों में से मोर की आकृतियाँ काटी हुई हैं। 庭園では灌木がクジャクの形に刈り込まれていた. **4**（金額を）控除する，差し引く，削減する，カットする. ❐उन्होंने उधार में दिए पाँच सौ रुपए छोटी क़िस्तों में मेरी तनख़्वाह से काट लिये, ब्याज में एक पाई न ली। 彼は貸した 500ルピーを小額に分割して私の給料から差し引いた，利子は一銭も取らなかった. ❐अगले महीने से कर्मचारियों के वेतन काटने पड़ेंगे। 来月から従業員の賃金をカットせざるをえないだろう. **5**（名前・項目を）（リストから）削除する. ❐स्कूल से मेरा नाम काटा गया। 学校の在籍簿から私の名前が削除された. ❐मैंने सूची में से दो किताबों के नाम काट दिए। 私はリストから 2 冊の本の名を削除した. **6**（話を）遮る.（⇒कतरना）❐बीच में दूसरे की बात काटकर बोलने लगना ठीक नहीं है। 途中で相手の話を遮ってしゃべり始めるのは良くない. **7**（動物が）噛む，咬む；（虫が）刺す. ❐कुत्ते ने बच्चे को काटा। 犬が子どもを咬んだ. ❐वहाँ रात को मच्छर तुम्हें काटेंगे। あそこでは夜君は蚊に刺されるぞ. **8** かじる，噛み切る.（⇒कुतरना）❐चूहों ने सारे कपड़े काट डाले। ネズミが服を全部噛み切ってしまった. ❐मैंने दाँतों से सेब काटा, तो मालूम हुआ कि सेब अभी कच्चा है। リンゴをかじると，まだ熟してないとわかった. ❐कीड़े-मकोड़ों ने ऊनी कपड़े काट डाले। 虫がウールの衣服に穴をあけてしまった. **9**（相手の論理を）切り崩す，論破する；論駁する，反証する. ❐इस नई खोज ने अब तक के सभी मत काट दिए। この新発見が今までのすべての理論を覆した. **10**（宗教上・道徳上の罪を）消す；（汚点・悲しみ・苦しみなどを）消し去る. ❐तीर्थ-यात्रा करने से तुम अपने पाप काट सकोगे। 巡礼の旅をすることで汝は

自分の罪を消すことができるだろう. ❒कपड़े का यह मैल साबुन लगाकर धोने से काट सकते हैं। 服のこの汚れは石鹸をつけて洗えば落とせる. **11** (時間・人生を)すごす, 送る. (⇒गुज़ारना, बिताना) ❒बेचारी अपनी देवरानियों के फटे-पुराने कपड़े पहनकर दिन काटती थी। 哀れにも彼女は夫の弟嫁たちの破れた古着を身にまとい日々を送っていた. ❒उसने किसी तरह कड़ाके का जाड़ा काट दिया। 彼はなんとか極寒の冬を乗り切った. **12** (道・水路などを)敷設する, 地取りする. ❒सिंचाई के लिए नहर काटने की योजना बनाएँगे। 灌漑(かんがい)のために水路を敷設する計画を作ろう. ❒बीज बोने से पहले खेत में क्यारियाँ काटना ज़रूरी है। 種を蒔く前に畑に畝を作ることが肝要です. **13** (道を)横切る, 横断する. ❒हिंदुओं का अंधविश्वास है कि बिल्ली रास्ता काट गई तो ज़रूर बुरा होगा। ヒンドゥー教徒の迷信では, 猫が道を横切るときっと悪いことが起こる. **14** 〖数学〗分割する, 割る. ❒चौबीस को चार से काटो। 24 を 4 で割りなさい. **15** 〖数学〗(他の線分と)交わる線分を引く. **16** (擦って)痛める. ❒तंग जूता पैर में काटता है। きつい靴は靴擦れをおこす. ❒सूरन की तरकारी गला काटती है। スーランの根を使った野菜カレーは喉をイガイガさせる. **17** 難儀な思いをさせる. ❒परिश्रम का काम मुझे बहुत काटता है। 肉体労働は私にはとてもつらい. **18** 〖ゲーム〗(トランプの札を)切る. ❒इस बार तुम ठीक से पत्तों को काटो। 今度はちゃんとカードを切ってくれよ.

काठ /kāṭ^{h}a カート/ [<OIA.n. *kāṣṭhá-* 'piece of wood': T.03120] *m.* **1** 木材, 材木;切り株. ❒~ का घोड़ा 木馬. **2** (木製の)足かせ, 首かせ, 手かせ. ❒(को) ~ पहनाना (人に)足かせをはめる. **3** 木偶(でく)《काठ का の形式で,「気の利かない, 血の通っていない」などを表す》. ❒~ का उल्लू 大馬鹿者, でくのぼう. ❒~ का कलेजा 無慈悲な心.

काठमांडु /kāṭ^{h}amāṃḍu カートマーンドゥ/ [cf. Eng.n. *Kathmandu*] *m.* 〖地名〗カトマンドゥ《ネパール(連邦民主共和国) (नेपाल) の首都》.

काठियावाड़ /kāṭ^{h}iyāvāṛa カーティヤーワール/ [cf. Eng.n. *Kathiawar, Kathiawad*] *m.* 〖地理〗カーティヤーワール半島《グジャラート州 (गुजरात) にある半島》.

काठी /kāṭ^{h}ī カーティー/ [<OIA.n. *kāṣṭhá-* 'piece of wood': T.03120] *f.* **1** (馬やラクダの)鞍. (⇒ज़ीन) **2** 体つき. ❒वह क़द में मझोली और ~ से छरहरी थी। 彼女は身長は中背で体つきはほっそりしていた.

काढ़ना /kāṛ^{h}anā カールナー/ [<OIA. **kaḍḍhati* 'pulls, draws': T.02660] *vt.* (*perf.* काढ़ा /kāṛ^{h}ā カーラー/) **1** (液体を)汲み出す. ❒गाँव की लड़कियाँ कुएँ में से पानी काढ़ रही हैं। 村の娘たちが井戸から水を汲み出している. **2** (覆いを取って)露にする, 覆いをはぎとる. ❒कड़ी गरमी के कारण उसने अपना कुरता जल्दी ही काढ़ दिया। あまりの暑さに彼はすぐクルターを脱いだ. **3** (布に)刺繍する;(木や石などに)彫り刻んで装飾をほどこす. ❒कारीगर पत्थर पर बेल-बूटे काढ़ते हैं। 職人は石に植物を彫り刻んで装飾をほどこす. ❒रूमाल पर फूल काढ़े हुए हैं। ハンカチに花の刺繍がほどこされている. **4** (髪をくしで)すく, とかす. ❒वह अपने बाल काढ़ रही थी। 彼女は自分の髪をとかしていた. **5** (ミルクなど液汁を)煮詰める. (⇒औटाना) ❒उसने चूल्हे पर दूध को और देर तक रखकर ख़ूब काढ़ दिया। 彼女はかまどの上にミルクをもうしばらく置いて充分煮詰めた. **6** (油で)揚げる. (⇒तलना) ❒वह कड़ाही में गरम गरम कचौड़ियाँ काढ़ रही थी। 彼女はフライパンで熱々のカチョウリーを揚げていた. **7** 借金する. ❒बड़ी मेहनत से मैं उससे कुछ रुपये काढ़ पाया। やっとのことで私は彼からいくらか金を借りることができた.

काढ़ा /kāṛ^{h}ā カーラー/ [cf. *काढ़ना*] *m.* 〖医学〗煎じ薬.

कातना /kātanā カートナー/ [<OIA. **kartati*^{2} 'spins': T.02855] *vt.* (*perf.* काता /kātā カーター/) 紡ぐ. ❒वह बैठे बैठे सूत कात रहा है। 彼は座って糸を紡いでいる. ❒एक बुढ़िया चरखा कातती थी। 一人の老婆が糸車で糸を紡いでいた.

कातर /kātara カータル/ [←Skt. *कातर-* 'cowardly, faint-hearted, timid, despairing, discouraged'] *adj.* **1** おびえた. **2** 悲痛な;哀れな, すがりつくような. ❒~ दृष्टि [नेत्रों] से देखना 悲痛な目つきで見る. ❒~ स्वर में कहना 悲痛な声で言う.

कातरता /kātaratā カータルター/ [←Skt.f. *कातर-ता-* 'cowardice, timidity, agitation'] *f.* 臆病;悲痛さ;哀れさ.

कातिक /kātika カーティク/ [<OIA.m. *kārttiká-* 'the twelfth month October-November': T.03070] *m.* ☞ कार्तिक

कातिब /kātiba カーティブ/ [←Pers.n. كاتب 'a writer, scribe' ←Arab.] *m.* 筆記者, 書き手;筆写者, 写字者, 筆耕者. (⇒लिपिक)

क़ातिल /qātila カーティル/ [←Pers.n. قاتل 'a killer, murderer, slayer' ←Arab.] *m.* 殺人者;暗殺者. (⇒ख़ूनी, हत्यारा)

कादंबिनी /kādaṃbinī カーダンビニー/ [←Skt.f. *कादम्बिनी-* 'a long line or bank of clouds'] *f.* (長く連なった)雲のかたまり.

कान[1] /kāna カーン/ [<OIA.m. *kárṇa-* 'ear, handle of a vessel': T.02830] *m.* **1** 耳. ❒~ पर हाथ रखना 耳を手でふさぐ. ❒~ में आना 耳に入る, 聞こえる. ❒(के) ~ में कहना (人の)耳にささやく. ❒सुन लो ~ खोलके। よく聞け, 耳をおっぴろげて. **2** (ポットなどの)取っ手. **3** (布地の)ほころんだ端. **4** (火縄銃の)火皿. **5** (船の)舵. **6**〔慣用〕❒~ खड़ा करना 耳をそばだてる. ❒(के) ~ गरमाना [गरम करना] (人を)叱りつける, ののしる. ❒वह ~ में तेल डालकर सोता है 彼は耳に油を注いで寝る《「何も聞こえないようにしてぐっすり眠る」の意》. ❒~ पक जाना 聞き飽きる. ❒मैं ~ पकड़ता हूँ। 私は耳をつかみます《「もうしません」と悔いる動作の表現》.

कान[2] /kāna カーン/ [←Pers.n. كان 'a sheath; a mine or quarry'; cf. OIA.f. *khāni-, khānī-* 'a mine; *digging instrument': T.03873] *f.* 鉱山.

कानन /kānana カーナン/ [←Skt.n. *कानन-* 'a forest, grove; a house'] *m.* **1** 大きな森. **2** 家.

कानपुर /kānapura カーンプル/ [cf. Eng.n. *Kanpur,*

formerly *Cawnpore*] *m.* 〖地名〗カーンプル《ウッタル・プラデーシュ州 (उत्तर प्रदेश) の工業都市》.

काना /kānā カーナー/ [<OIA. *kāṇá-* 'one-eyed': T.03019] *adj.* **1** 〖医学〗片目の(人). ❐~ कहने से काने को जो दु:ख होता है, वह क्या दो आँखोंवाले आदमी को हो सकता है? 片目と言われることで片目の人が受ける苦痛を両眼正常の人間がわかるというのか? **2** 虫食いの(果実);できそこないの.

कानाफूसी /kānāpʰūsī カーナープースィー/ ▶कनफुसकी [*कान* + *फुसफुसाना*] *f.* こそこそ話, 耳打ち, (ささやかれる)うわさ. ❐आदमियों में ~ होने लगी। 男たちの間でこそこそと耳打ちが始まった.

कानी /kānī カーニー/ [<OIA.f. *kanyikā-* 'girl': T.02739] *f.* 小指. (⇒कनिष्ठा, कनिष्ठिका)

क़ानून /qānūna カーヌーン/ [←Pers.n. قانون 'a canon, rule; law' ←Arab. ←Gr.] *m.* **1** 〖法律〗法律, 法;法規, 規則. (⇒विधि) ❐~ तोड़ना 法律を破る. **2** 〖楽器〗カーヌーン《弦が 5,60 本ある箏のような弦楽器》.

क़ानूनगो /qānūnago カーヌーンゴー/ [←Pers.n. قانون گو 'an officer whose duty is to register and expound the laws of the empire'] *m.* 〖歴史〗カーヌーンゴー《地方の徴税官;郡 (परगना) の記録官》.

क़ानूनदाँ /qānūnadā̃ カーヌーンダーン/ [←Pers.n. قانون دان 'conversant with business'] *m.* 〖法律〗法律専門家, 法律家.

क़ानूनन /qānūnana カーヌーナン/ [←Pers.adv. قانوناً 'by law, according to law, legally' ←Arab.] *adv.* 法律によって, 法律上.

क़ानूनी /qānūnī カーヌーニー/ [←Pers.n. قانونی 'regular, canonical'] *adj.* 法律上の.

कान्फ्रेंस /kānfreṃsa カーンフレーンス/ ▶कॉन्फ्रेंस *f.* ☞ कांफ्रेंस

कापी /kāpī カーピー/ ▶कॉपी [←Eng.n. *copy*] *f.* **1** 雑記帳, 練習帳, ノート. **2** コピー, 複写, 写し. (⇒नक़ल, प्रतिलिपि) ❐(की) ~ करना (…を)コピーする. **3** (同じ本・雑誌・新聞などの)部, 冊;通. (⇒प्रति) ❐जब पत्रों में यह समाचार मोटे-मोटे अक्षरों में छपा, तो जन्ता टूट पड़ी और पत्र की कापियाँ दूने-तिगुने दाम पर बिक गईं। 新聞にこのニュースが大きな活字で印刷されると, 大衆は飛びつき新聞の各部は 2 倍 3 倍の値段で売れた.

कापीराइट /kāpīrāiṭa カーピーラーイト/ ▶कॉपीराइट [←Eng.n. *copyright*] *m.* 〖法律〗著作権, 版権.

कापुरुष /kāpuruṣa カープルシュ/ [←Skt.m. *का-पुरुष-* 'a contemptible man, coward'] *m.* 臆病者, 小心者. (⇒ कायर)

क़ाफ़िया /qāfiyā カーフィヤー/ [←Pers.n. قافية 'a poem, rhyme'] *m.* 〖文学〗脚韻. ❐(का) ~ तंग करना (人を)悩ます, 追い詰める.

क़ाफ़ियाबंदी /qāfiyābaṃdī カーフィヤーバンディー/ [←Pers.n. قافيه بندی 'rhyming'] *f.* 〖文学〗脚韻を踏むこと;詩作の真似事.

काफ़िर /kāfira カーフィル/ [←Pers.n. كافر 'one denying God' ←Arab.] *adj.* 〖イスラム教〗(イスラム教を信じない)邪教の.

— *m.* 〖イスラム教〗(イスラム教を信じない)邪教徒.

क़ाफ़िला /qāfilā カーフィラー/ [←Pers.n. قافلة 'a caravan, body of travellers' ←Arab.] *m.* **1** 隊商, キャラバン. (⇒कारवाँ) **2** (渡り鳥などの)群れ.

काफ़ी[1] /kāfī カーフィー/ ▶कॉफ़ी [←Eng.n. *coffee*] *f.* コーヒー. ❐~ हाउस コーヒーハウス, 喫茶店.

काफ़ी[2] /kāfī カーフィー/ [←Pers.n. كافی 'sufficient, enough' ←Arab.] *adj.* 十分な, かなりな, たくさんの.

— *adv.* 十分に, かなり.

काफ़ूर /kāfūra カーフール/ [←Pers.n. كافور 'camphor'; cf. Skt.m/n. *कर्पूर-*] *m.* **1** 〖化学〗樟脳(しょうのう);カンフル. (⇒कपूर) **2** 雲散霧消するもの, 跡形もなくなるもの. ❐उसकी ख़ुशी ~ हो गई। 彼の喜びは吹き飛んだ.

काबला /kābalā カーブラー/ [←Eng.n. *cable*] *m.* ボルト, 締めくぎ. (⇒बालटू)

क़ाबिज़ /qābiza カービズ/ [←Pers.n. قابض 'A taker, seizer, receiver' ←Arab.] *adj.* 占有する;支配する. ❐सत्ता पर ~ होना 政権を支配する.

क़ाबिल /qābila カービル/ [←Pers.adj. قابل 'approaching, ensuing, following; capable, able, skilful, clever' ←Arab.] *adj.* **1** 有能な. (⇒योग्य) **2** ふさわしい, 資格のある. (⇒योग्य) ❐यह इस ~ नहीं कि ताज और तख़्त का मालिक बने। この男は王冠と玉座の主になるような資格はない. **3** 適している, 適合している. (⇒योग्य)

क़ाबिलियत /qābiliyata カービリヤト/ ▶क़ाबिलीयत *f.* ☞ क़ाबिलीयत

क़ाबिलीयत /qābilīyata カービリーヤト/ ▶क़ाबिलियत [←Pers.n. قابلية 'aptitude to receive, fitness, capacity, skill' ←Arab.] *f.* **1** 能力, 才能. **2** 適合性, 適正;資格.

काबुल /kābula カーブル/ [←Pers.n. كابل 'Kabul, Cabul'] *m.* 〖地名〗カーブル《アフガニスタン(イスラム国)(अफ़ग़ानिस्तान) の首都》.

काबुली /kābulī カーブリー/ [←Pers.n. كابلی 'a native or inhabitant Cabul, a kind of pea'] *adj.* カーブルの, カーブル産の. ❐~ चना 〖植物〗(大粒の)ヒヨコマメの一種.

— *m.* カーブルの住民;(インドへ)カーブルから来た人.

क़ाबू /qābū カーブー/ [←Pers.n. قابو 'ability, power, opportunity' ←Turk.] *m.* 制圧, 抑制;制御, コントロール. (⇒अंकुश, कंट्रोल, नियंत्रण) ❐~ के बाहर हो जाना 押さえがきかなくなる. ❐(को) ~ में रखना (…を)制御下におく. ❐~ में रहना 制御下にある. ❐~ नहीं चलेगा। 制御がきかないだろう. ❐आग पर ~ पाने में चार घंटे लग गए। 火災を制圧するのに 4 時間かかった.

काम[1] /kāma カーム/ [<OIA.n. *kárman-*[1] 'act, work': T.02892] *m.* **1** 仕事;作業. ❐~ करना 仕事をする. ❐~ पर जाना 仕事に行く, 通勤する. ❐~ लेना 事にあたる, 対処する. ❐धीरज [पूरी शकिति, समझ, सावधानी,

साहस] से ~ लेना 忍耐強く[全力で, 頭を使って, 慎重に, 勇気をもって]対処する. **2** 職, 職業. (⇒पेशा) **3** 用事, 用;任務. ❒आप किस ~ से आए हैं?あなたは何の用でこられたのですか. ❒इन्हें तो अपने भोग-विलास से ~ है। この人は自分の快楽にしか関心がないのだ. **4** 役目, 機能. ❒यह ~ का है। これは役に立つ. ❒यह ज़रूर ~ आएगा। これはきっと役に立つだろう. ❒(से) (का) ~ चलना (…で)(…の)用が足りる[間に合う]. ❒(से) (का) ~ चलाना(…で)(…の)用を足す[間に合わせる]. **5** (職人技の)細工;仕事ぶり, 手並. ❒ज़री का ~ 金糸をほどこした細工. **6** 仕業, 所業. ❒यह भेड़िये का ~ है। これは狼の仕業だ.

काम² /kāma̸ カーム/ [←Skt.m. *काम-* 'wish, desire'] *m.* 〖ヒンドゥー教〗愛欲;性愛《人生の 4 大目的 पुरुषार्थ の一つ》. ❒तूने ~ के वश होकर मेरे शरीर में हाथ लगाया है। お前は愛欲に支配されて私の肉体に手を触れた.

कामकला /kāma̸kalā カームカラー/ [←Skt.f. *काम-कला-* 'the art of love'] *f.* **1** 性愛術, 房中術(ぼうちゅうじゅつ). **2** 〖神話〗カーマカラー《愛の神カーマ (काम) の妻ラティ (रति) の別名》.

कामकाज /kāma̸kāja̸ カームカージ/ [*काम¹* + *काज¹*] *m.* 仕事;業務. ❒घरेलू ~ करना 家事雑用をする. ❒राजनयिक ~ 外交上の業務.

कामकाजी /kāma̸kājī カームカージー/ [*कामकाज* + *-ई*] *adj.* 仕事で多忙な;勤勉な. ❒अपनी ~ घड़ियाँ बेकार करना 自分の多忙な時間を無駄にする. ❒~ आदमी 勤勉な人間.

कामगार /kāma̸gāra̸ カームガール/ [*काम¹* + *-गार*] *adj.* 働いている, 職に就いている.
— *m.* 勤労者, 労働者. (⇒श्रमिक)

कामचलाऊ /kāma̸calāū カームチャラーウー/ [*काम¹* + *चलाना*] *adj.* 間に合わせの, 当座しのぎの;暫定的な. ❒~ सरकार 暫定政府. ❒वह सिर्फ़ ~ खाना बन सकती है। 彼女は間に合わせの料理しか作れません.

कामचोर /kāma̸cora̸ カームチョール/ [*काम¹* + *चोर*] *adj.* 仕事をさぼる(人);怠け者の(人), 怠惰な.
— *m.* 怠け者, さぼり屋.

कामदानी /kāma̸dānī カームダーニー/ *f.* 金糸銀糸で縫いとる刺繍(品).

कामदार /kāma̸dāra̸ カームダール/ [*काम¹* + *-दार*] *adj.* 刺繍された. ❒लाल रंग के ~ कपड़े 赤い色の刺繍のはいった布地.

कामदेव /kāma̸deva̸ カームデーオ/ [←Skt.m. *काम-देव-* 'the god of love'] *m.* 〖神話〗カーマデーヴァ《愛の神》.

कामधेनु /kāma̸dʰenu カームデーヌ/ [←Skt.f. *काम-धेनु-* 'the mythical cow of *vasiṣṭha*'] *f.* 〖神話〗カーマデーヌ《あらゆる願いをかなえてくれる雌牛》.

कामना /kāma̸nā カームナー/ [←Skt.f. *कामना-* 'wish, desire'] *f.* **1** (強い)願い, 願望, 熱望. ❒(की) ~ करना(…を)祈願する. **2** 性欲, 肉欲. (⇒वासना)

कामयाब /kāma̸yāba̸ カームヤーブ/ [←Pers.adj. کامیاب 'prosperous, successful'] *adj.* 成功した, 上首尾な. (⇒सफल)(⇔नाकाम, नाकामयाब) ❒~ वकील 成功した弁護士. ❒उनकी पार्टी नौ सीटें जीतने में ~ रही। 彼の政党は9議席を勝ち取るのに成功した.

कामयाबी /kāma̸yābī カームヤービー/ *f.* 成功. (⇒सफलता)

कामरेड /kāma̸reḍa̸ カームレード/ [←Eng.n. *comrade*] *m.* 同志, (共産党などの)党員.

कामांध /kāmāṃdʰa̸ カーマーンド/ [←Skt. *काम-अन्ध-* 'blinded through love, blind with lust'] *adj.* 愛欲に目のくらんだ, 欲情した;(動物が)発情期の. ❒~ हाथी 発情期の象.

कामाख्या /kāmākʰyā カーマーキャー/ *f.* 〖ヒンドゥー教〗カーマーキャー《カーリー女神 (काली) と同一視される女神;アッサム州のグワーハーティー (गुवाहाटी) 近郊にある寺院が有名》.

कामाग्नि /kāmāgni カーマーグニ/ [←Skt.m. *काम-अग्नि-* 'the fire of love, passion, lust'] *f.* 愛欲, 欲情, 色情.

कामातुर /kāmātura̸ カーマートゥル/ [←Skt. *काम-आतुर-* 'love-sick, affected by love or desire'] *adj.* 欲情した.

कामिक्स /kāmiksa̸ カーミクス/ ▸कॉमिक्स [←Eng.n. *comics*] *m.* コミック, 漫画.

कामिनी /kāminī カーミニー/ [←Skt.f. *कामिनी-* 'a loving or affectionate woman'] *f.* **1** 恋をしている女性. **2** 美しく魅力的な女性.

कामी /kāmī カーミー/ [←Skt. *कामिन्-* 'desirous, longing after'] *adj.* 好色な(人). ❒~ अपने को विरागी सिद्ध करना चाहता है। 好色な人間は自分を禁欲者であると証明したいのである.

कामुक /kāmuka̸ カームク/ [←Skt. *कामुक-* 'wishing for, desiring, longing after; loving, enamoured or in love with'] *adj.* 好色な(人), みだらな(人).

कामुकता /kāmuka̸tā カームクター/ [←Skt.f. *कामुकता-* 'desire'] *f.* 好色;劣情;みだら;肉欲, 性欲.

कामेडी /kāmeḍī カーメーディー/ ▸कॉमेडी [←Eng.n. *comedy*] *f.* 〖文学〗喜劇. ❒~ करना 喜劇を演じる. ❒~ फ़िल्म 喜劇映画.

कामोद्दीपक /kāmoddīpaka̸ カーモーッディーパク/ [←Skt. *काम-उद्दीपक-* 'kindling passion'] *adj.* 欲情を刺激する, 催淫的な.

काम्य /kāmya̸ カーミエ/ [←Skt. *काम्य-* 'desirable, beautiful, amiable, lovely, agreeable'] *adj.* 欲しくなるような;望ましい;愛らしい.

काय /kāya̸ カーエ/ [←Skt.m. *काय-* 'the body'] *m.* 身体《主に合成語の要素として; अल्पकाय「小柄な」, क्षीणकाय「衰弱した, やせ細った」, महाकाय「巨体の」》.

क़ायदा /qāya̸dā カーエダー/ [←Pers.n. ←Arab.] *m.* **1** (きちんとした)方法, 手法. (⇒ढंग, प्रणाली) ❒~ से ちゃんとして, きちんと. **2** 法, 決まり, 掟. (⇒दस्तूर, नियम)

क़ायम /qāyama̸ カーヤム/ [←Pers.adj. قائم 'standing; erect, perpendicular' ←Arab.] *adj.* **1** 確立された;設立された;設置された;樹立された. (⇒स्थापित) ❒सल्तनत

～ करना 王朝を打ち立てる. **2** 不動の, 揺るがない;持続する. ❐ख़ुदा करे, यह सुलह हमेशा ～ रहे। 神よ, この和平が永遠に続かんことを. ❐दोस्ती ～ रखना 友情を保つ. ❐मुसकान ～ रखना 微笑を保つ.

कायर /kāyarạ カーヤル/ [<OIA. *kātara-* 'confused, discouraged, cowardly': T.03027] *adj.* 臆病な, 小心な. (⇒डरपोक, बुज़दिल)
— *m.* 臆病者, 小心者. (⇒कापुरुष, डरपोक, बुज़दिल)

कायरता /kāyarạtā カーヤルター/ [cf. *कायर*] *f.* 臆病, 小心.

क़ायल /qāyalạ カーヤル/ [←Pers.n. قائل 'a speaker, spokesman; one who asserts, stoutly maintains an opinion' ←Arab.] *adj.* 信じきっている;確信した. ❐मैं कुंडली का तो ～ नहीं, विवाह तो शुभ मुहूर्त में ही होगा। 私はホロスコープは信じていないが, 結婚式は吉祥な時刻であるべきだろう. ❐वह पुराने संस्कारों की ～ थी। 彼女は古い考えの女だった.

कायथ /kāyat^hạ カーヤト/ [<Skt.m. *कायस्थ-* 'dwelling in the body; writer caste (born from a Kṣtriya father and Śūdra mother)'] *m.* 〖ヒンドゥー教〗カーヤタ《カーヤスタ・カーストの俗称;侮蔑的に「抜け目のない悪賢い(人)」の意でも使用》.

कायस्थ /kāyast^hạ カーヤスト/ [←Skt.m. *कायस्थ-* 'dwelling in the body; writer caste (born from a Kṣtriya father and Śūdra mother)'] *m.* 〖ヒンドゥー教〗カーヤスタ《カーストの一つ;別名, 書記カーストとも呼ばれる》.

कायांतरण /kāyāṃtaraṇạ カーヤーンタラン/ [neo.Skt.n. *काय-अन्तरण-* 'metamorphosis, metamorphism'] *m.* 〖生物〗変態.

काया /kāyā カーヤー/ [?<Skt.m. *काय-* 'the body'] *f.* 体, 肉体.

कायाकल्प /kāyākalpạ カーヤーカルプ/ [*काया* + *कल्प*] *m.* 若返り;回春.

कायापलट /kāyāpalaṭạ カーヤーパラト/ [*काया* + *पलट*] *m.* 変身, 変貌;再生.

कायिक /kāyikạ カーイク/ [←Skt. *कायिक-* 'performed with the body'] *adj.* 肉体上の;肉体による. ❐～ रोग 身体の病. ❐～ पाप 肉体の犯す罪.

कायीन /kāyīnạ カーイーン/ [cf. Eng.n. *Cayenne*] *m.* 〖地名〗カイエンヌ《フランス海外県である仏領ギアナ(फ़्रांसीसी गुयाना)の県都》.

कार /kārạ カール/ [←Eng.n. *car*] *f.* 自動車. (⇒गाड़ी, मोटर, मोटरकार) ❐～ चलाना 車を運転する. ❐～ दुर्घटना में दो युवकों की मौत हो गई। 自動車事故で二人の若者が死亡した.

कार- /kārạ- カール・/ [←Pers.n. کار 'act; work'] *m.* 仕事;作業;行為《ペルシャ語からの借用複合語の要素; कारख़ाना「工場」, कार-नामा「行状記」など》.

-कार[1] /-kārạ ・カール/ [←Skt. *-कार-* '-doer (at the end of comp.)'; cog. Pers.suf. کار '-doer (at the end of comp.)'] *comb. form* **1**《名詞に付加して男性名詞「…する人」を形成する連結形; साहित्यकार「文学者」など》. **2** 〖言語〗《子音字や母音字に付加して男性名詞「その文字あるいはその音価」を形成する連結形; आकार, ककार など》.

-कार[2] /-kārạ ・カール/ [←Pers.suf. کار '-doer (at the end of comp.)'; cog. Skt. *-कार-* '-doer (at the end of comp.)'] *comb. form*《名詞に付加して男性名詞「…する人」を形成する連結形; काश्तकार「耕作者」など》.

कारक /kārakạ カーラク/ [←Skt.n. *कारक-* '(in Sanskrit grammar) the relation subsisting between a noun and a verb in a sentence (or between a noun and other words govering it)'] *m.* **1** (結果をもたらす)要因, 要素, ファクター. **2** 〖言語〗(文法の)格《サンスクリット語文法における 8 つの格は, कर्ता「主格, 行為格」, कर्म「対格」, करण「具格, 器格」, संप्रदान「為格, 与格」, अपादान「従格, 奪格, 離格」, संबंध「属格, 所有格」, अधिकरण「処格, 位格」, संबोधन「呼格」》.

-कारक /-kārakạ ・カーラク/ [←Skt. *कारक-* 'causing (usually at the end of comp.)'] *comb. form*《形容詞「…を引き起こす(もの)」を形成する連結形;たとえば, पुष्टिकारक「滋養のある」, लाभकारक「有益な」, हानिकारक「有害な」など》

कारख़ाना /kārạxānā カールカーナー/ [←Pers.n. کار خانہ 'a shop, workshop, manufactory'] *m.* (製造)工場, 製作所. (⇒फ़ैक्टरी, मिल)

कारगर /kārạgarạ カールガル/ [←Pers.adj. کار گر 'effective, effectual, impressive'] *adj.* 効果的な, 有効な, 効力のある. ❐～ दवा 効き目のある薬.

कारगुज़ार /kārạguzārạ カールグザール/ [←Pers.adj. کار گذار 'skillful'] *adj.* (商売などにおいて)やり手の;腕のいい;有能な.

कारगुज़ारी /kārạguzārī カールグザーリー/ [*कारगुज़ार* + *-ई*] *f.* 腕のよさ;有能さ. ❐(को) अपनी ～ दिखाना (人に)自分の有能さを売り込む.

कारण /kāraṇạ カーラン/ [←Skt.n. *कारण-* 'a cause'] *m.* 理由;原因. (⇒वजह, सबब) ❐अगर नायब साहब अकारण ～ थे, तो बाबा कारण उपस्थित होने पर भी क्रोध नहीं करते थे। もしナーヤブ氏が理由もなく怒りっぽかったとするなら, 祖父は理由が表ざたになっても怒らなかった人だった. ❐(के) ～ (…の)理由[原因]で. ❐इस ～ この理由で.

कारतूस /kārạtūsạ カールトゥース/ [←Port.m. *cartucho* 'cartridge'; cf. Fr.m. *cartouche* 'cartridge'] *m.* カートリッジ, 弾薬筒, 薬包.

कारनामा /kārạnāmā カールナーマー/ [←Pers.n. کار نامہ 'a model, design, specimen, example, plan, draught; chronicle'] *m.* 行状記;偉業(の記録).

कारबन /kārạbanạ カールバン/ ▷कार्बन *m.* ☞कार्बन

कारबार /kārạbārạ カールバール/ ▶कारोबार *m.* ☞कारोबार

कारबारी /kārạbārī カールバーリー/ ▶कारोबारी *adj.* ☞कारोबारी

काररवाई /kārạravāī カールラワーイー/ ▷कार्रवाई [←Pers.n.

کار روائی 'usefulness; the carrying on a business'] *f.* 処置,（対処の）手続き.（⇒कार्यवाही）❐वैधानिक 〜 法的手続き.

कारवाँ /kāravā̃ カールワーン/ [←Pers.n. کاروان 'a caravan' (→ Fr.m. → Eng.n. *caravan*)] *m.* キャラバン, 隊商.（⇒क़ाफ़िला）

कारस्तानी /kārastānī カールスターニー/ ▸कारिस्तानी [cf. Pers.n. کارستان 'the seat of action'] *f.* しわざ；策謀. ❐यह उसकी 〜 है। これは彼のしわざだ.

-कारांत /-kārāṃta ・カーラーント/ [←Skt. *-कार-अन्त-* 'ending in the letter or its sound'] *comb. form* 〖言語〗《「（前に付加されている）字母が表す音価で語尾が終わる（語）」を意味する形容詞を形成する連結形；अकारांत, आककारांत, ककारांत など》.

कारा /kārā カーラー/ [←Skt.f. *कारा* 'a prison-house'] *f.* 刑務所；拘置所；牢獄.（⇒क़ैदख़ाना, जेल）

काराकस /kārākasa カーラーカス/ [cf. Eng.n. *Caracas*] *m.* 〖地名〗カラカス《ベネズエラ（・ボリバル共和国）（वेनेज़ुएला）の首都》.

कारागार /kārāgāra カーラーガール/ [←Skt.n. *कारा-आगार-* 'place of confinement'] *m.* 刑務所, 拘置所；牢獄.（⇒कारागृह, क़ैदख़ाना, जेल）

कारागृह /kārāgṛha カーラーグリフ/ [←Skt.m. *कारा-गृह-* 'house of confinement'] *m.* ☞कारागार

कारावास /kārāvāsa カーラーワース/ [←Skt.m. *कारा-वास-* '(living in) prison'] *m.* **1** 投獄, 留置, 拘禁, 監禁.（⇒क़ैद）**2** 禁錮（刑）；懲役（刑）.（⇒क़ैद）❐न्यायाधीश ने पत्नी के हत्यारे को आजन्म 〜 और अर्थदंड की सज़ा सुनाई। 裁判官は妻殺しの犯人に終身刑と罰金刑を宣告した. ❐(को) पाँच वर्ष के सपरिश्रम 〜 की सज़ा देना（人に）5年の強制労働の懲役刑を言い渡す.

कारिस्तानी /kāristānī カーリスターニー/ ▸कारस्तानी *f.* ☞कारस्तानी

-कारी[1] /-kārī ・カーリー/ ←Skt. *-कारिन्-* 'making, doing'; cf. *-कार*[1] *adj.* 《名詞に付加して形容詞「…を作る［する］（人）」を表す派生接辞；आज्ञाकारी「命令を執行する（人）」など》.

-कारी[2] /-kārī ・カーリー/ [←Pers.n. 'work'] *f.* 《名詞に付加して女性名詞「…業, …工芸」などを表す派生接辞；सौदाकारी「貿易業」, दस्तकारी「手工芸」など》.

कारीगर /kārīgara カーリーガル/ [←Pers.n. کاریگر 'an artisan, clever workman'] *m.* 職人；職工；熟練工.（⇒दस्तकार）

कारीगरी /kārīgarī カーリーグリー/ [←Pers.n. کاریگری 'good work, workmanship'] *f.* **1** 職人技；技巧. **2** 熟練職人の作品；匠の仕事.

कारुणिक /kāruṇika カールニク/ [←Skt. *कारुणिक-* 'compassionate'] *adj.* **1** 痛ましい, 心を打つ, 哀れを催す. ❐〜 दृश्य 痛ましい光景. **2** 慈悲深い.

कारुण्य /kāruṇya カールニエ/ [←Skt.n. *कारुण्य-* 'compassion, kindness'] *m.* 痛ましいと思う気持ち, 哀れむ気持ち.

क़ारूँ /qārū̃ カールーン/ [←Pers.n. قارون 'name of the son of Moses' paternal uncle, the Korah of the Old Testament, and proverbial for his wealth and avarice' ←Arab.] *m.* クロイソス王《モーゼ（मूसा）の父方の従兄弟とされる；莫大な富の伝説がある》. ❐〜 का ख़ज़ाना クロイソス王の宝物庫, 巨万の富.

कारोबार /kārobāra カーローバール/ ▸कारबार [←Pers.n. کار و بار 'transaction, occupation, affairs'] *m.* 〖経済〗商取引, ビジネス；景気.（⇒व्यवसाय）❐〜 फैलाना 商取引を拡大する.

कारोबारी /kārobārī カーローバーリー/ ▸कारबारी [←Pers.n. کار و باری 'a trader, transactor of business'] *adj.* （商）取引上の, ビジネスに関した.

कार्क /kārka カールク/ [←Eng.n. *cork*] *m.* コルク（の栓）.（⇒काग）

कार्टून /kārṭūna カールトゥーン/ [←Eng.n. *cartoon*] *m.* 時事漫画.

कार्ड /kārḍa カールド/ [←Eng.n. *card*] *m.* **1** カード, 札. ❐क्रेडिट 〜 クレジットカード. **2** 名刺. **3** 〖ゲーム〗（トランプの）カード, 札.（⇒पत्ता）❐〜 बाँटना カードを配る. **4** 官製はがき, 郵便はがき.（⇒पोस्ट-कार्ड）

कार्तिक /kārtika カールティク/ [←Skt.m. *कार्त्तिक-* 'name of the month in which the full moon is near the *kṛttikā* or Pleiades'] *m.* 〖暦〗カールティカ月, カーティク月《インド太陰暦の第8月；西暦の10, 11月に相当》.（⇒कातिक）

कार्बन /kārbana カールバン/ ▹कारबन [←Eng.n. *carbon*] *m.* **1** 〖化学〗炭素, カーボン. ❐〜 डाईऑक्साइड 二酸化炭素. ❐〜 मोनोऑक्साइड 一酸化炭素. **2** カーボン紙.

कार्बेट पार्क /kārbeṭa pārka カールベート パールク/ ▸कॉर्बेट पार्क [cf. Eng.n. *Jim Corbett National Park*] *m.* 〖地名〗コルベット国立公園《正式にはジム・コルベット国立公園（जिम कॉर्बेट राष्ट्रीय उद्यान）；ウッタラーカンド州（उत्तराखंड）にあるインド最初の国立公園；虎の棲息地として有名》.

कार्मिक /kārmika カールミク/ [←Skt. *कार्मिक-* 'engaged in action'] *m.* 労働者, 職員. ❐〜 संघ 職員組合. ❐〜 विभाग 人事部.

कार्य /kārya カールエ/ [←Skt.n. *कार्य-* 'work or business to be done'] *m.* **1** 仕事；作業；事業.（⇒काम）❐〜 करना 仕事をする. **2** 機能.（⇒काम）

कार्यकर्ता /kāryakartā カールエカルター/ [←Skt.m. *कार्य-कर्तृ* 'one who works'] *m.* 仕事［実務］をする人.

कार्यकारिणी /kāryakāriṇī カールヤカーリニー/ [neo.Skt.f. *कार्यकारिणी-* 'executive committee'] *f.* 執行部；実行委員会.

कार्यकारी /kāryakārī カールエカーリー/ [neo.Skt. *कार्य-कारिन्-* 'executive'] *adj.* **1** （法人などの）執行権のある.（⇒कार्यपालक）❐मुख्य 〜 अधिकारी 最高経営責任者. **2** （雇用が）臨時の.

कार्य-काल /kārya-kāla カールエ・カール/ *m.* 業務時間.

कार्यकुशल /kāryakuśala カールエクシャル/ [←Skt.

कार्य-कुशल- 'skilful in work'] *adj.* 仕事がよくできる，有能な，敏腕な.

कार्यकुशलता /kārya̸kuśala̸tā カールエクシャルター/ [←Skt.f. *कार्य-कुशल-ता-* 'efficiency'] *f.* 仕事がよくできること，有能さ. ❒उन्होंने अपनी 〜 और उत्तम आचार से अफ़सरों को मोहित कर लिया था। 彼は自身の有能さとこの上ない品行で役人たちを魅了した.

कार्यक्रम /kārya̸krama̸ カールエクラム/ [neo.Skt.m. *कार्य-क्रम-* 'curriculum'] *m.* **1** (テレビ，ラジオの)プログラム，番組. (⇒प्रोग्राम) **2** 計画，予定;課程;カリキュラム;式次第. (⇒प्रोग्राम)

कार्यक्षम /kārya̸akṣama̸ カールエクシャム/ [←Skt. *कार्य-क्षम-* 'fit for work'] *adj.* (仕事ができる)有能な，実力のある.

कार्यक्षमता /kārya̸kṣama̸tā カールエクシャムター/ [←Skt.f. *कार्य-क्षम-ता-* 'capability, competence'] *f.* (仕事ができる)有能さ，能力.

कार्यक्षेत्र /kārya̸kṣetra̸ カールエクシェートル/ [neo.Skt.n. *कार्य-क्षेत्र-* 'sphere of activity'] *m.* (活動対象の)分野，領域，範囲. ❒इस नाटक का 〜 राजकीय अंतःपुर तक ही सीमित है। この演劇の舞台場面は王の後宮に限られている.

कार्य-दिवस /kārya̸-divasa̸ カールエ・ディワス/ [neo.Skt.m. *कार्य-दिवस-* 'working day'] *m.* 勤務日，出勤日，仕事日，就労日;平日.

कार्यपालक /kāryapālaka̸ カールエパーラク/ [neo.Skt.f. *कार्य-पालक-* 'executive'] *adj.* 執行権のある. (⇒कार्यकारी)

कार्यपालिका /kārya̸pālikā カールエパーリカー/ [neo.Skt.f. *कार्य-पालिका-* 'the executive'] *f.* 〖法律〗(三権の一つ)行政;行政部.

कार्यप्रणाली /kārya̸praṇālī カールエプラナーリー/ [neo.Skt.f. *कार्य-प्रणाली-* 'procedure, method'] *f.* 仕事の手順，手続きの流れ.

कार्यभार /kārya̸bʰāra̸ カールエバール/ [neo.Skt.m. *कार्य-भार-* 'burden of responsibility'] *m.* 任務，職務;職責. ❒(का) 〜 ग्रहण करना (…の)任務につく.

कार्यभारी /kārya̸bʰārī カールエバーリー/ [neo.Skt. *कार्य-भारिन्-* 'bearing a particular responsibility'] *adj.* (職務上)責任のある(人)，担当の(人).

कार्यवाही /kārya̸vāhī カールエワーヒー/ [pseudo.Skt. *कार्य-वाहिन्-* 'legal proceedings'; cf. *काररवाई* ←Pers.n. کار روائی] *f.* 処置，(対処の)手続き《特に法的手続き》. (⇒काररवाही) ❒अनुशासनिक 〜 懲戒処分，懲罰処置.

कार्यविधि /kārya̸vidʰi カールエヴィディ/ [neo.Skt.f. *कार्य-विधि-* 'method of acting'] *f.* 手続き(の規則).

कार्य-विवरण /kārya̸-vivaraṇa̸ カールエ・ヴィワラン/ [neo.Skt.n. *कार्य-विवरण-* 'proceedings'] *m.* 議事録. (⇒कार्यवृत्त)

कार्यवृत्त /kārya̸vr̥tta̸ カールエヴリット/ [neo.Skt.m. *कार्य-वृत्त-* 'proceedings'] *m.* ☞कार्य-विवरण

कार्य-समिति /kārya̸-samiti カールエ・サミティ/ [neo.Skt.f. *कार्य-समिति-* 'working committee'] *f.* 実行委員会;執行委員会.

कार्य-सूची /kārya̸-sūcī カールエ・スーチー/ [neo.Skt.f. *कार्य-सूची-* 'agenda'] *f.* (会議の)議題，協議事項;業務予定表.

कार्य-स्थागन प्रस्ताव /kārya̸-stʰāgana̸ prastāva̸ カールエ・スターガン プラスターオ/ *m.* 休会動議.

कार्यान्वित /kāryānvita̸ カールヤーンヴィト/ [neo.Skt. *कार्य-अन्वित-* 'implemented'] *adj.* 実施された，実行された;実現された. ❒〜 करना (計画・協定などを)実施する.

कार्यालय /kāryālaya̸ カールヤーラエ/ [neo.Skt.m. *कार्य-आलय-* 'office'] *m.* 事務所，オフィス. (⇒आफ़िस, दफ़्तर)

कार्रवाई /kārravāī カールラワーイー/ ▹काररवाई *f.* ☞काररवाई

काल[1] /kāla̸ カール/ [←Skt.m. *काल-* 'a period or portion of time'] *m.* **1** 時代，時，世;時間. (⇒ज़माना, युग) ❒आधुनिक काल में 現代において. **2**〖言語〗時制. ❒वर्तमान [भूत, भविष्यत्] 〜 現在[過去，未来]時制. **3** 死神;死期;滅亡，最後. ❒〜 आना 死ぬ;滅亡する. **4** 飢饉《「何もかも無くなること」の比喩としても》. (⇒अकाल) ❒〜 पड़ना 飢饉になる. ❒मैं ऐसे समय की कल्पना ही नहीं कर सकता, जब पुरुषों का आधिपत्य स्वीकार करनेवाली औरतों का 〜 पड़ जाय। 私は，男たちの支配を受け入れる女性たちがいなくなるような時代を，想像すらできません.

काल[2] /kāla̸ カール/ ▸कॉल [←Eng.n. *call*] *m.* (電話などの)呼び出し. ❒〜 गर्ल コールガール. ❒〜 बटन 呼び出しボタン. ❒(पर) मिस 〜 करना (…の番号に)間違い電話をかける.

काल-कवलित /kāla̸-kava̸lita̸ カール・カオリト/ [neo.Skt. *काल-कवलित-* 'swallowed up by time'] *m.* (人が災害などで)亡くなった;(動物が災害などで)死んだ;(文献などが)失われた.

कालकूट /kāla̸kūṭa̸ カールクート/ [←Skt.m. *काल-कूट-* 'a poison (contained in a bulbous root or tube)'] *m.* **1** (トリカブトの)猛毒，劇薬. **2**〖神話〗☞हलाहल

काल-कोठरी /kāla̸-koṭʰa̸rī カール・コートリー/ *f.* (刑務所の)独房.

कालक्रम /kāla̸krama̸ カールクラム/ [←Skt.m. *काल-क्रम-* 'lapse of time'] *m.* 年表. ❒〜 विज्ञान 年代学.

कालचक्र /kāla̸cakra̸ カールチャクル/ [←Skt.n. *काल-चक्र-* 'the wheel of time (time represented as a wheel which always turns round)'] *m.* 時の流れ，時の経過.

काल-दोष /kāla̸-doṣa̸ カール・ドーシュ/ [neo.Skt.m. *काल-दोष-* 'an anachronism'] *m.* 年代[日付]の誤り.

कालम /kālama̸ カーラム/ ▸कॉलम [←Eng.n. *column*] *m.* (新聞や雑誌の)コラム，欄，囲み記事. (⇒स्तंभ) ❒〜 में छापना コラムに印刷する.

कालयापन /kāla̸yāpana̸ カールヤーパン/ [←Skt.n. *काल-यापन-* 'allowing time to pass'] *m.* 時間を過ごすこと. ❒〜 करना 時間を過ごす.

कालर /kālara カーラル/▸कॉलर [←Eng.n. *collar*] *m.* えり, カラー. (⇒गरेबान) ❐खुले ～ का कोट 開襟のコート.

काल-रत्रि /kāla-ratri カール・ラトリ/ *f.* 闇夜.

कालरा /kālarā カールラー/ [←Eng.n. *cholera*] *m.* 〖医学〗コレラ. (⇒हैज़ा) ❐～ का मरीज़ コレラの患者.

कालांतर /kālāṃtara カーラーンタル/ [←Skt.n. *काल-अन्तर-* 'interval, intermediate time'] *m.* 時の移り変り, 時代の変遷. ❐यश और कीर्ति ～ में मिट जाती है, किंतु पाप का धब्बा नहीं मिटता। 名声と栄光は時の移り変りの中で消えていくが, 罪の汚名は消えることがない.

काला /kālā カーラー/ [<OIA. *kāla-*[1] 'black, dark-blue': T.03083; DEDr.1494 (DED.1253)] *adj.* **1** (肌や色の)黒い. ❐～ आदमी 黒人. ❐काली पलटन 〖歴史〗インド人連隊《英領時代主にインド人で構成されていた連隊》. ❐काली स्याही 黒インク. ❐काले बाल 黒髪. **2** (明かりがなく)暗い, 暗黒の, 漆黒の. **3** (人・行為・精神が)悪い, 不正な, よしまな. **4** 恐ろしい, 不吉な.

काला-कलूटा /kālā-kalūṭā カーラー・カルーター/ *adj.* (肌が)真っ黒な.

कालातिक्रमण /kālātikramaṇa カーラーティクラマン/ [←Skt.n. *काल-अति-क्रमण-* 'lapse of time, loss or destruction by lapse of time'] *m.* 時の経過(による失効);時効の消滅. ❐～ सूचना (納付などの)期限切れの通知.

कालातीत /kālātīta カーラーティート/ [←Skt. *काल-अतीत-* 'elapsed, passed away, become unseasonable'] *adj.* 期限切れの;失効した. ❐～ दवा 期限切れの薬.

काला धन /kālā d^{h}ana カーラー ダン/ *m.* ブラック・マネー《申告をしない不正利得》.

काला नमक /kālā namaka カーラー ナマク/ *m.* カーラー・ナマク《ネパールのヒマラヤ地方で採れる黒い岩塩の一種;料理に利用》.

काला पानी /kālā pānī カーラー パーニー/ *m.* **1** ベンガル湾の黒い海. **2** (ベンガル湾にある流刑地として有名だった)アンダマン諸島. **3** 終身刑;流刑, 島流し.

कालाबाज़ारी /kālābāzārī カーラーバーザーリー/ [cf. *काला बाज़ार*] *f.* 〖経済〗(非合法な)闇取引. ❐(की) ～ करना (…を)闇取引する.

कालावधि /kālāvad^{h}i カーラーオディ/ [neo.Skt.m. *काल-अवधि-*] *f.* 期間;期限, 時限. ❐यात्रा की ～ 旅行期間.

कालिंदी /kāliṃdī カーリンディー/ [←Skt.f. *कालिन्दी-* 'the river *Yamunā*'] *f.* カーリンディー《ヤムナー川 (यमुना) の別名》.

कालिख /kālik^{h}a カーリク/ [?cf. Skt.m. *कालक-* 'a freckle'] *f.* **1** 煤(すす), 油煙;墨(すみ). **2** 斑点(はんてん);ほくろ;そばかす. **3** 汚点, 汚辱.

कालिमा /kālimā カーリマー/ [←Skt.m. *कालिमन्-* 'blackness'] *f.* しみ;汚名, 汚点. ❐उसके मुख में ～ पुत गई है। 彼の顔に汚点がついた.

काली /kālī カーリー/ [←Skt.f. *काली-* 'an epithet of *Pārvatī*, *Śiva*'s wife'] *f.* 〖ヒンドゥー教〗カーリー女神.

कालीकट /kālīkaṭa カーリーカト/ [cf. Eng.n. *Calicut*] *m.* 〖地名〗カーリーカト, カリカット《ケーララ州 (केरल) の港湾都市;インド産綿布の主要積出港であったことからキャラコまたはキャリコの語源になった》.

-कालीन /kālīna カーリーン/ [←Skt. *कालीन-* 'belonging or relating to any particular time'] *suf.adj.* 《形容詞「…期間[時期]の」を作る接尾辞; अल्पकालीन「短期の」, दीर्घकालीन「長期の」, मध्यकालीन「中世の」など》

क़ालीन /qālīna カーリーン/ [←Pers.n. قالین 'a costly carpet' ←Turk.] *m.* 絨毯, カーペット;敷物. (⇒गलीचा)

काली मिर्च /kālī mirca カーリー ミルチ/ *f.* 〖植物〗黒コショウ;胡椒(の実).

काली सूची /kālī sūcī カーリー スーチー/ *f.* ブラック・リスト.

कालुष्य /kāluṣya カールシエ/ [←Skt.n. *कालुष्य-* 'foulness, dirtiness, turbidness, opacity'] *m.* 汚れ;不浄.

कालेज /kāleja カーレージ/▸कॉलेज [←Eng.n. *college*] *m.* カレッジ, 大学. (⇒महाविद्यालय)

कालोनी /kālonī カーローニー/ ▸कॉलोनी [←Eng.n. *colony*] *f.* コロニー, 新興住宅地.

काल्पनिक /kālpanika カールパニク/ [←Skt. *काल्पनिक-* 'existing only in fancy, invented, fictitious'] *adj.* 想像上の, 空想上の, 架空の. (⇒ख़याली) ❐～ दुनिया 空想世界. ❐～ साहित्य 〖文学〗フィクション.

कावेरी /kāverī カーヴェーリー/ [cf. Eng.n. *Kaveri* or *Cauvery*] *f.* カーヴィリ川, カーヴェーリ川《ベンガル湾に注ぐ南インドの大河》

काव्य /kāvya カーヴィエ/ [←Skt.n. *काव्य-* 'a poem, poetical composition with a coherent plot by a single author'] *m.* 〖文学〗カーヴィヤ《サンスクリット文学では諸条件を満たした真の文学作品を指す;現代では通常「(主に韻文形式の)文学」の意》.

काश /kāśa カーシュ/ *int.* 《落胆・失望を表して》ああ, なんと.

काशी /kāśī カーシー/ [←Skt. *काशिन्-* 'shining'; cf. Eng.n. *Kashi*] *m.* 〖地名〗カーシー《ヒンドゥー教聖地ヴァーラーナースィー (वाराणसी) の別名》.

काशीफल /kāśīp^{h}ala カーシーパル/ [neo.Skt.n. *काशी-फल-* 'butternut squash'] *m.* 〖植物〗カーシーパル《ウリ科のバターナットカボチャ》. (⇒कुम्हड़ा)

काश्त /kāśta カーシュト/ [←Pers.n. کاشت 'ploughing, tilling, cultivating'] *f.* 耕作;農業. (⇒खेती)

काश्तकार /kāśtakāra カーシュトカール/ [*काश्त* + *-कार*[2]] *m.* 〖歴史〗小作農;農民.

काश्तकारी /kāśtakārī カーシュトカーリー/ [*काश्तकार* + *-ई*] *adj.* 〖歴史〗小作人に関する.

— *f.* 〖歴史〗小作(地);小作権.

काषाय /kāṣāya カーシャーエ/ [←Skt. *काषाय-* 'brownred, dyed of a reddish colour'] *adj.* 黄土色の, 黄褐色の.

— *m.* 黄土色・黄褐色に染められた布地.

काष्ठ /kāṣṭ^{h}a カーシュト/ [←Skt.n. *काष्ठ-* 'a piece of wood or timber, stick'] *m.* (伐りだした)木, 木材, 材

木.

कासनी /kāsanī カースニー/ [←Pers.n. کاسنی 'endive, white succory'] *adj.* チコリーの花の色の，青紫色の.
— *f.* 〖植物〗チコリー，キクニガナ《キク科草本》.

कासा /kāsā カーサー/ [←Pers.n. کاسه 'a cup, goblet; a plate'] *m.* (コップ，皿などの)容器.

क़ाहिरा /qāhirā カーヒラー/ [←Pers.n. قاہرة 'Cairo' ←Arab.] *m.* 〖地名〗カイロ《エジプト(・アラブ共和国)(मिस्र) の首都》. (⇒कैरो)

काहिल /kāhila カーヒル/ [←Pers.adj. کاہل 'slow, tardy, languid; lazy' ←Arab.] *adj.* (仕事が)のろい，無精な，怠惰な，怠け者の. (⇒सुस्त)

काहिली /kāhilī カーヒリー/ [←Pers.n. کاہلی 'sloth, inactivity; indolence'] *f.* 無精，怠惰. (⇒सुस्ती)

काही /kāhī カーヒー/ [←Pers.n. کاہی 'greenness'] *adj.* 緑がかった，草色の.
— *f.* 緑がかった色，草色.

किंकर /kiṃkara キンカル/ [←Skt.m. *किं-कर-* 'a servant, slave'] *m.* 使用人；(病院などの)雑役夫.

किंकर्तव्यविमूढ़ /kiṃkartavyavimūṛʰa キンカルタヴィエヴィムール/ [?neo.Skt. *किं-कर्तव्य-विमूढ-* 'uncertain what to do'] *adj.* 茫然自失の. ❒वह ～ सा खड़ा था। 彼は茫然自失の様子で立っていた.

किंकिणी /kiṃkiṇī キンキニー/ [←Skt.f. *किङ्किणी-* 'a small bell'] *f.* **1** 小さな鈴. **2** 小さな鈴の付いたベルト.

किंग्सटन /kiṃgsaṭana キングサタン/ [cf. Eng.n. *Kingston*] *m.* **1** 〖地名〗キングストン《ジャマイカ (जमैका) の首都》. **2** 〖地名〗キングストン《太平洋にあるオーストラリア領のノーフォーク島 (नार्फ़ोक द्वीप) の主都》.

किंग्सटाउन /kiṃgsaṭāuna キングスターウン/ [cf. Eng.n. *Kingstown*] *m.* 〖地名〗キングスタウン《セントビンセント及びグレナディーン諸島 (सेंट विनसेंट और द ग्रेनाडिन्स) の首都》.

किंचित् /kiṃcit キンチト/ ▹किंचित [←Skt.n. *किं-चिद्-* 'something'] *adj.* 少しの，わずかな.
— *adv.* 少し，わずかに. ❒इन कई महीनों की लगातार कोशिश से जिस बात को भुलाने में वह ～ सफल हो चुकी थी, उसके फिर नवीन हो जाने का भय हुआ। この数か月のたゆまぬ努力で彼女が忘れようとわずかに成功したそのことが，再び新鮮になる恐れがおきた.

किंतु /kiṃtu キントゥ/ [←Skt.ind. *किम्-तु* 'but, however, nevertheless'] *conj.* しかし，だが. (⇒लेकिन)

क़िंदील /qiṃdīla キンディール/ ▸क़ंदील *m.* ☞क़ंदील

किंवदंती /kiṃvadaṃtī キンワダンティー/ [←Skt.f. *किं-वदन्ती-* 'what do they say?; the common saying or rumour, report, tradition, tale'] *f.* 言い伝え，伝説；うわさ，風聞.

किंवा /kiṃvā キンワー/ [←Skt.ind. *किं वा* 'or else'] *conj.* あるいは，もしくは.

किंशासा /kiṃśāsā キンシャーサー/ [cf. Eng.n. *Kinshasa*] *m.* 〖地名〗キンシャサ《コンゴ民主共和国 (कांगो लोकतांत्रिक गणराज्य) の首都》.

कि /ki キ/ [←Pers.conj. کہ 'that'] *conj.* **1**《近称詞 यह, ऐसा, इतना, यहाँ तक などと共に用いて従属節を導き出す；近称詞 यह はよく省略される》. **2** まさにその時《先行する文と後続する文の時間的内容がほとんど同時であることを表す》. ❒मुँह से पूरी बात भी न निकलने पाई थी ～ पिताजी विकराल रूप धारण किए दाँत पीसते, झपटकर उठे और हाथ उठाए मेरी ओर चले। 口からまだ全部の話が出終わらないまさにその時，父はものすごい形相で歯噛みをしながら，飛びかかるように立ち上がり手を上げて私の方に向かって来た. ❒वाक्य पूरा न हुआ था ～ वह सामने झाड़ी में सरसराहट की आवाज़ सुनकर चौंक पड़े। 言葉がまだ終わらないまさにその時，彼は前の茂みにサラサラという音を聞いてびっくり仰天した.

किक /kika キク/ [←Eng.n. *kick*] *f.* (足で蹴る)キック. ❒～ मारना キックする.

किकियाना /kikiyānā キキヤーナー/ [<OIA. **kīkkati* 'screams': T.03192] *vi.* (*perf.* किकियाया /kikiyāyā キキヤーヤー/) **1** (猿が)キャッキャッ［キーキー］(की-की, कीं-कीं, कें-कें) 騒ぐ. (⇒किलकारना) **2** (落ち着きなく)騒ぐ.

किगाली /kigālī キガーリー/ [cf. Eng.n. *Kigali*] *m.* 〖地名〗キガリ《ルワンダ(共和国) (रवांडा) の首都》.

किच-किच /kica-kica キチ・キチ/ [onom.] *f.* つまらぬ言い争い，口論. (⇒कच-कच)

किचकिचाना /kicakicānā キチキチャーナー/ [cf. *किचकिच*] *vi.* (*perf.* किचकिचाया /kicakicāyā キチキチャーヤー/) **1** (怒りや悔しさで)ギリギリ (किच-किच) 歯ぎしりする. (⇒कटकटाना) ❒वह गुस्से के मारे किचकिचाया। 彼は怒りのあまり歯ぎしりした. **2** (力んで)歯をくいしばる. ❒उसने किचकिचाकर वह बड़ा पत्थर उठाया। 彼は歯をくいしばって，その大きな石を持ち上げた.

किचन /kicana キチャン/▸किचिन [←Eng.n. *kitchen*] *m.* キッチン，台所. (⇒रसोई)

किचिन /kicina キチン/ ▸किचन *m.* ☞किचन

किटकिटाना /kiṭakiṭānā キトキターナー/ ▸कटकटाना [onom.] *vi.* (*perf.* किटकिटाया /kiṭakiṭāyā キトキターヤー/) ☞कटकटाना
— *vt.* (*perf.* किटकिटाया /kiṭakiṭāyā キトキターヤー/) ☞कटकटाना

किड़किड़ाना /kiṛakiṛānā キルキラーナー/ ▸कटकटाना, किटकिटाना [onam.] *vt.* (*perf.* किड़किड़ाया /kiṛakiṛāyā キルキラーヤー/) ☞कटकटाना

किडनी /kiḍanī キドニー/ [←Eng.n. *kidney*] *f.* 腎臓. (⇒गुरदा)

कितना /kitanā キトナー/ *adj.* **1** いくつの. **2** どのくらい.
— *adv.* **1** どのくらい…な. **2** なんと…な.

किताब /kitāba キターブ/ [←Pers.n. کتاب 'book' ←Arab.] *f.* **1** 本，書物，書籍. (⇒पुस्तक) ❒～ चाटना 舐めるように丹念に本を読む，本をむさぼり読む. **2** 〖イスラム教〗聖典，コーラン《キリスト教やユダヤ教の聖書を指すことも》.

किताबी /kitābī キタービー/ [←Pers.adj. کتابی 'belonging to a book'] *adj.* **1** 本の；書物上の．(⇒पुस्तकीय) ❐～ कीड़ा 本の虫，読書狂．❐～ ज़बान (話し言葉ではない)堅苦しい言葉．❐～ ज्ञान (経験からではなく)本から得た知識．**2** 本の形をした．❐～ डिबिया 本を形どった小箱．

किधर /kidʰarạ キダル/ *adv.* どの方向に[へ]，どちらに[へ].

किन /kinạ キン/ *pron.* 《कौन, क्या の複数後置格; किनमें, किनपर など》

किनका[1] /kinạkā キンカー/ *pron.adj.* 誰の，何の《कौन, क्या の複数属格; किनका, किनके, किनकी と形容詞変化する》.

किनका[2] /kinạkā キンカー/ [<OIA.m. *kaṇika-* 'grain': T.02665] *m.* (穀物や金属などの)小さな粒．❐चाँदी का ～ 銀の粒．

किनको /kinạko キンコー/ *pron.* 《किन + को》

किनपर /kinạparạ キンパル/ *pron.* 《किन + पर》

किनमें /kinạmẽ キンメーン/ *pron.* 《किन + में》

किनसे /kinạse キンセー/ *pron.* 《किन + से》

किनारा /kinārā キナーラー/ [←Pers.n. کناره 'a side, shore, coast, verge'] *m.* **1** 『地理』岸[辺]；川岸；土手．(⇒तट) ❐नदी [समुद्र] के किनारे (पर)川岸[海岸]に．❐समुद्री ～ 海岸．**2** ふち，片側，端．❐(के) किनारे पर (…の)ふちに，(…の)わきに．❐सड़क के किनारे (पर)道端に．**3** すそ，へり．(⇒पाड़)

किनारी /kinārī キナーリー/ [cf. *किनारा*] *f.* キナーリー《金糸銀糸のふち飾り》.

किनारे /kināre キナーレー/ [cf. *किनारा*] *adv.* へりに，端に；岸辺に．

किन्नर /kinnarạ キンナル/ [←Skt.n. *किं-नर-* 'what sort of man?; a mythical being with a human figure and the head of a horse (or with a horse's body and the head of a man)'] *m.* 『神話』キンナラ《半人半獣の姿をした天界の歌手・楽士とされる》.

किन्हीं /kinhī̃ キンヒーン/ *pron.* 《 किन の強調形》

किन्हींने /kinhī̃ne キンヒーンネー/ *pron.* 《 कोई の複数能格》.

किन्हें /kinhẽ キンヘーン/ *pron.* 《कौन, क्या の複数融合形；＝ किन + को》

किन्होंने /kinhõne キンホーンネー/ *pron.* 《 कौन の複数能格》.

किफ़ायत /kifāyatạ キファーヤト/ [←Pers.n. کفایة 'being sufficient, sufficing' ←Arab.] *f.* **1** (節約や倹約による)利益．**2** 節約，倹約．(⇒मितव्यय) ❐～ से रहना 倹約して生活する．❐(की) ～ करना (…を)倹約する．

किफ़ायती /kifāyatī キファーエティー/ [←Pers.adj. کفایتی 'thrifty; cheap, purchased for less than its value'] *adj.* **1** 経済的な，お得な；安上がりの．❐～ कार 経済的な乗用車．❐～ श्रेणी (飛行機などの)エコノミークラス．**2** 吝嗇(りんしょく)な，けちな，しみったれた．
— *f.* 充足；十分な供給．

किमी /kilo mīṭarạ キロー ミータル/ [*किलो* + *मीटर*] *m.* 〔略語〕キロメートル．❐५०० वर्ग ～ में फैली आदिवासी बस्तियाँ 500 平方キロメートルに拡がっている先住民の部落．

किया-धरा /kiyā-dʰarā キヤー・ダラー/ [*करना* + *धरना*] *m.* (これまで苦労して)築きあげたもの．❐मामूली भूल किए-धरे पर पानी फेर सकती है। なんでもない過失がせっかく築きあげたものを台無しにすることがある．

किरकिरा /kirạkirā キルキラー/ [cf. *किरकिराना*] *adj.* **1** 砂の混じった，砂利の入った．**2** (楽しみが)台無しになった，ふいになった．❐आज इसने सारा मज़ा ～ कर दिया। 今日こいつが楽しみ全部を台無しにしてしまった．❐सारा मज़ा ～ हो गया। 楽しみ全部が台無しになってしまった．

किरकिराना /kirạkirānā キルキラーナー/ [<OIA. *kiṭakiṭāyatē* 'grates the teeth': T.03154] *vi.* (*perf.* किरकिराया /kirạkirāyā キルキラーヤー/) **1** (砂などが混じったものが)ジャリジャリ (किर-किर) 音をたてる．❐दाल ठीक से धोई नहीं गई है इसलिए उसमें मिट्टी किरकिरा रही है। 豆をちゃんと洗わなかったので小石がジャリジャリしている．**2** (目が砂などが入って)痛む；(目が眼性疲労で)痛む．❐मैं देर तक लगातार देखता रहा इसलिए मेरी आँखें किरकिरा गईं। 長い間じっと見続けていたので目が痛くなった．

किरकिराहट /kirạkirāhaṭạ キルキラーハト/ [*किरकिराना* + *-आहट*] *f.* **1** (砂などが)ジャリジャリすること(の不快感)．**2** (目に砂などが入った)痛み，(目が乾燥した)痛み．

किरकिरी /kirạkirī キルキリー/ [cf. *किरकिरा*] *f.* **1** ☞ किरकिराहट **2** 不名誉，恥をかくこと．❐प्रिंसिपल साहब की ～ हुई। 校長先生にとって不名誉なことになった．

किरच /kiracạ キラチ/ ▸किरिच [?<OIA. *kṛtyá-* 'proper to be done': T.03428; ?←Pers.n. کرچ 'a segment, cut, slice'] *f.* **1** (尖った)破片，かけら．❐～ का गोला 手榴弾，手投げ弾．**2** 短刀；銃剣．❐(में) ～ घोंपना (…に)短刀を突き刺す．

किरण /kiraṇạ キラン/ [←Skt.m. *किरण-* 'a ray or beam of light'] *f.* 光線；輝き．❐प्रभात की सुनहली किरणें 夜明けの金色に輝く光線．

किरन /kiranạ キラン/ [<Skt.m. *किरण-* 'a ray or beam of light'] *f.* ☞किरण

किरपान /kirạpānạ キルパーン/ [←Panj.m. ਕਿਰਪਾਨ 'a dagger' <Skt.m. *कृपाण-* 'a sword; a knife'] *m.* 『スィック教』キルパーン《スィック教男子が身につける短剣；戒律上身につけるべき 5 つのもの「パンジ・カッケー」(पंज कक्के) の一つ》

किराएदार /kirāedārạ キラーエーダール/ ▹किरायेदार *m.* ☞किरायेदार

किरात /kirātạ キラート/ [←Skt.m. *किरात-* 'name of a degraded mountain-tribe'] *m.* キラータ(族)《古代インドで言及されるヒマラヤ地方や東北インドに居住する非アーリア系の山岳民族；チベット・ビルマ系とする説が有力》.

किराना /kirānā キラーナー/ [<OIA.n. *krayāṇaka-* 'goods for sale': T.03584] *m.* 食料雑貨類．

किराया /kirāyā キラーヤー/ [←Pers.n. كرايه 'hire, price paid for labour, fare, rent' ←Arab.] *m.* **1** 料金, …料, 運賃. (⇒भाड़ा, महसूल) **2** (家賃, 部屋代など) 賃貸[賃借]料; 使用料. ❐किराए पर देना [लेना] 賃貸[賃借]で貸す[借りる]. ❐किराए का मकान 賃貸住宅.

किरायेदार /kirāyedārạ キラーエーダール/ ▷किराएदार [←Pers.n. كرايه دار 'a tenant, renter'] *m.* 借家人; テナント, 店子. ❐～ से किराया वसूल करना 借家人から借料を徴収する.

किरासन /kirāsanạ キラーサン/ [←Eng.n. *kerosene*] *m.* 灯油.

किरिच /kiricạ キリチ/ ▶किरच *f.* ☞किरच

किरीट /kirīṭạ キリート/ [←Skt.n. *किरीट-* 'a diadem, crest, any ornament used as a crown, tiara'] *m.* **1** 王冠. **2** 〖天文〗コロナ, 光冠; 光環.

किरीबाती /kirībātī キリーバーティー/ [cf. Eng.n. *Kiribati*] *m.* 〖国名〗キリバス(共和国)《首都はタラワ島 (तरावा) にある》.

किर्गिज़स्तान /kirgizạstānạ キルギズスターン/ [cf. Eng.n. *Kyrgyzstan*] *m.* キルギス(共和国)《首都はビシュケク(बिश्केक)》.

किलक /kilakạ キラク/ [cf. *किलकिला, किलकिलाना*] *f.* 大はしゃぎ; 歓声.

किलकना /kilakạnā キラクナー/ ▶किलकिलाना [onom.; cf. *किलक*] *vi.* (*perf.* किलका /kilạkā キルカー/) はしゃいで大声で叫ぶ, 歓声をあげる. (⇒किलकारना) ❐बच्चे गेंदों के साथ खेल रहे हैं और किलक रहे हैं। 子どもたちはボールで遊んで歓声をあげている.

किलकारना /kilạkārạnā キルカールナー/ [onom.] *vi.* (*perf.* किलकारा /kilạkārā キルカーラー/) **1** はしゃいで大声で叫ぶ, 歓声をあげる. (⇒किलकना) ❐उसका बेटा उसे घर लौटा देखकर किलकारने लगा। 彼の息子は, 彼が帰宅したのを見ておおはしゃぎした. **2** (猿が) キャッキャッと騒ぐ. (⇒किकियाना) **3** (鳥が) さえずる. ❐चिड़ियों का झुंड सबेरे सबेरे किलकारने लगा। 小鳥たちの群れが早朝さえずりはじめた.

किलकारी /kilạkārī キルカーリー/ [cf. *किलक*] *f.* 歓声. ❐～ भरना [मारना] 歓声をあげる.

किलकिल /kilạkilạ キルキル/ [cf. *किलकिलाना*] *f.* **1** ☞किलकारी **2** (女性たちの) 口げんか, 言い争い.

किलकिलाना /kilạkilānā キルキラーナー/ ▶किलकना [onom.; cf. OIA. *kilakilāyati* 'raises joyful sounds': T.03180] *vi.* (*perf.* किलकिलाया /kilạkilāyā キルキラーヤー/) ☞किलकना

किलकिलाहट /kilạkilāhaṭạ キルキラーハト/ [cf. *किलकिलाना*] *f.* (言い争いなどの) 騒がしい声.

किलकी /kilạkī キルキー/ [←Pers.n. كلك 'a hollow reed, akex; a pen; flesh-glue'] *f.* 墨壺(すみつぼ)《大工や石工が直線を引くための道具》.

किलनी /kilạnī キルニー/ [?cf. *कीड़ा*] *f.* 〖動物〗ダニ. (⇒चिचड़ी)

किलबिलाना /kilạbilānā キルビラーナー/ ▶कुलबुलाना [onom. (echo-word)] *vi.* (*perf.* किलबिलाया /kilạbilāyā キルビラーヤー/) ☞कुलबुलाना

किलवाना /kilạvānā キルワーナー/ [caus. of *कीलना*] *vt.* (*perf.* किलवाया /kilạvāyā キルワーヤー/) (釘・ピンなどで) 留めさせる; 留めてもらう. ❐लोहार से कहकर उसने किवाड़ को किलवा दिया। 彼は鍛冶屋に言ってドアを釘付けにさせた.

किलवारी /kilạvārī キルワーリー/ *f.* (船の) 小さな舵.

क़िला /qilā キラー/ [←Pers.n. قلعة 'a castle, fort (especially on the top of a mountain)' ←Arab.] *m.* 要塞, 城塞. (⇒कोट)

क़िलाबंदी /qilābaṃdī キラーバンディー/ [cf. Pers.adj. قلعه بند 'shut up in a fort'] *f.* 要塞化; 防備.

क़िलेदार /qiledārạ キレーダール/ [←Pers.n. قلعه دار 'the commandant of a garrison, governor of a fort'] *m.* 要塞の司令官; 守備隊の長.

किलो /kilo キロー/ [←Eng.n. *kilo*] *m.* **1** 〖単位〗キロ(グラム). (⇒किलोग्राम) ❐तीन ～ आम दीजिए। マンゴーを 2 キロください. **2** 〖単位〗キロ(メーター). (⇒किलोमीटर) **3** 〖単位〗キロリッター. (⇒किलोलीटर)

किलोग्राम /kilogrāmạ キローグラーム/ [←Eng.n. *kilogramme*] *m.* 〖単位〗キログラム.

किलोमीटर /kilomīṭarạ キローミータル/ [←Eng.n. *kilometre*] *m.* 〖長さ, 距離の単位〗キロメーター.

किलोल /kilolạ キロール/ ▶कलोल *f.* ☞कलोल

किलोलीटर /kiloliṭarạ キローリータル/ [←Eng.n. *kilolitre*] *m.* 〖単位〗キロリッター.

किलोवाट /kilovāṭạ キローワート/ [←Eng.n. *kilowatt*] *m.* 〖単位〗キロワット.

क़िल्लत /qillatạ キッラト/ [←Pers.n. قلة 'being little, few' ←Arab.] *f.* 不足; 欠乏. (⇒अभाव, कमी) ❐पानी की ～ 水不足.

किल्ला /killā キッラー/ ▶कीला [<OIA.m. *kīla-*[1] 'stake, peg, tumour': T.03202] *m.* 杭(くい); 心棒, 軸.

किल्ली /killī キッリー/ [cf. *किल्ला*] *f.* 止め釘; くさび.

किवाड़ /kivāṛạ キワール/ ▶किवाड़ा [<OIA.m. *kavāṭa-* 'leaf of a door': T.02963] *m.* (ドアの) 羽目板; ドア, 扉. ❐～ खोलना 扉を開ける. ❐～ बंद करना 扉を閉める. ❐～ देना [भिड़ाना, लगाना] 扉を閉める. ❐किवाड़ों के दराज़ से अंदर झाँकना 羽目板の隙間から中を覗く.

किवाड़ा /kivāṛā キワーラー/ ▶किवाड़ *m.* ☞किवाड़

किशमिश /kiśạmiśạ キシュミシュ/ [←Pers.n. كشمش 'dried grapes, corinths, or currants'] *f.* 〖食〗干しブドウ, レーズン. (⇒दाख)

किशमिशी /kiśạmiśī キシュミシー/ [←Pers.adj. كشمشى 'raisin-coloured; like a raisin'] *adj.* **1** 干しブドウの入った(料理); 干しブドウで作られた. **2** 干しブドウ色の, 黄緑色の. (⇒अमौआ)

किशलय /kiśạlayạ キシュラエ/ [<Skt.n. *किसलय-* 'a sprout or shoot, the extremity of a branch bearing new leaves'] *m.* ☞किसलय

किशोर /kiśorạ キショール/ [←Skt.m. *किशोर-* 'a youth, lad'] *m.* 青少年, 未成年者, ティーンエージャー. ❐～

अपराध 青少年犯罪.

किशोरावस्था /kiśorāvastʰā キショーラーワスター/ [neo.Skt.f. *किशोर-अवस्था-* 'adolescence, youthfulness'] *f.* 青春期, 青春時代.

किशोरी /kiśorī キショーリー/ [*किशोर* + *-ई*] *f.* 未成年の少女, ティーンエージャー.

किश्ती /kiśtī キシュティー/ ▶कश्ती [←Pers.n. کشتی 'a boat, ship, vessel, bark'] *f.* **1** 小舟, ボート. **2** キシュティー, カシュティー《浅く細長い舟形の盛り付ける容器》.

किश्तीनुमा /kiśtīnumā キシュティーヌマー/ [*किश्ती* + *-नुमा*] *adj.* 舟の形をした, 細長い形の. ❐～ टोपी 舟形帽, ギャリソン・キャップ, サイド・キャップ《ガーンディー帽 गाँधी टोपी や多くの州の警官の帽子の形》.

किस /kisa キス/ *pron.* 《कौन, क्या の単数後置格; किसमें, किसपर など》

किसका /kisakā キスカー/ *pron.adj.* 誰の《 कौन, क्या の単数属格; किसका, किसके, किसकी と形容詞変化する》.

किसको /kisako キスコー/ *pron.* 《किस + को》

किसने /kisane キスネー/ *pron.* 《 कौन, क्या の単数能格》.

किसपर /kisapara キスパル/ *pron.* 《किस + पर》

किसमें /kisamẽ キスメーン/ *pron.* 《 किस + में》.

किसलय /kisalaya キスラエ/ [←Skt.n. *किसलय-* 'a sprout or shoot, the extremity of a branch bearing new leaves'] *m.* 若葉; 新芽.

किसलिए /kisalie キスリエー/ *adv.* 何故, どうして.

किससे /kisase キスセー/ *pron.* 《किस + से》

किसान /kisāna キサーン/ [<OIA.m. *kr̥ṣāṇa-* 'a ploughman, farmer': T.03447] *m.* 農民, 農夫, 百姓. (⇒खेतिहर)

किसानी /kisānī キサーニー/ [*किसान* + *-ई*] *f.* 農業; 農耕.

किसी /kisī キスィー/ *pron.* 《 कोई の単数後置格; किसी में, किसी पर etc.》.

किसे /kise キセー/ *pron.* 《कौन, क्या の単数融合形; = किस + को》

क़िस्त /qista キスト/ [←Pers.n. قسط 'appointing what is just; a portion, share' ←Arab.] *f.* **1** 分割(の1回分); 分割払い(の1回分). ❐～ बाँधना 分割払いの一回分の金額を決める. ❐उन्होंने छोटी क़िस्तों में मेरी तनख़्वाह से काट लिये। 彼は少額の分割払いの形で私の月給から天引きした. ❐(का) बिल क़िस्तों में चुकाना (…の)勘定を分割払いで払う. ❐लगान की एक ～ अदा हो जाना 地代の分割一回分が支払われる. **2** (連載など)シリーズの1回分.

क़िस्तवार /qistavāra キスタワール/ [←Pers.adv. قسطوار 'by instalment'] *adj.* 分割された; 連載の. ❐～ लेख की १००वीं क़िस्त 連載記事の百番目の記事.

— *adv.* 分割して. (⇔एकमुश्त)

क़िस्म /qisma キスム/ [←Pers.n. قسم 'dividing; division, partition' ←Arab.] *f.* 種類, タイプ. ❐अच्छी ～ की शराब 名酒. ❐आप एक नई ～ के आदमी हैं। あなたは新しいタイプの人間だ. ❐कई ～ की मिठाइयाँ 数種類の菓子. ❐हर ～ का すべての種類の.

क़िस्मत /qismata キスマト/ [←Pers.n. قسمة 'division, distribution; fate' ←Arab.] *f.* 運, 運命. (⇒तक़दीर, भाग्य) ❐अपनी ～ आज़माना 自分の運を試す. ❐अपनी ～ को रोना 自分の運命を嘆く. ❐(की) ～ चमकना (人の)運が開ける.

क़िस्सा /qissā キッサー/ [←Pers.n. قصة 'a thing, affair, business, condition, accident; a tale, fable' ←Arab.] *m.* **1** 話; 物語. (⇒कहानी) ❐～ सुनाना 話を語って聞かせる. **2** 〖文学〗短編小説. (⇒अफ़साना, कहानी) **3** 作り話; おとぎ話. ❐क़िस्से को तूल देना 作り話をでっち上げる.

कीकना /kīkanā キークナー/ [onom.] *vi.* (*perf.* कीका /kīkā キーカー/) (恐怖で)金切り声をあげる; かん高い声 (की-की) を出す, . (⇒चीख़ना)

कीकर /kīkara キーカル/ [<OIA. **kikkara-* '*Acacia arabica*': T.03151; cf. DEDr.2607 (DED.2147)] *m.* 〖植物〗アカシア(の木). (⇒बबूल)

कीचड़ /kīcaṛa キーチャル/ [<OIA. **kicca-* 'mud, dirt': T.03153] *m.* **1** 泥, ぬかるみ, 泥水. ❐～ में फँसना ぬかるみにはまる. ❐पाँव ～ में सन गया। 足が泥にまみれた. **2** 目脂(めやに).

कीट /kīṭa キート/ [←Skt.m. *कीट-* 'insect, worm'] *m.* 〖生物〗虫; 昆虫. (⇒कीड़ा, कृमि)

कीटनाशक /kīṭanāśaka キートナーシャク/ [neo.Skt. *कीट-नाशक-* 'insecticide'] *adj.* 殺虫効果のある. (⇒कृमिनाशक)

— *m.* 殺虫剤, 殺虫薬. (⇒कृमिनाशक)

कीटनाशी /kīṭanāśī キートナーシー/ *adj.* 殺虫用の. (⇒कृमिनाशक)

कीट-विज्ञान /kīṭa-vijñāna キート・ヴィギャーン/ [neo.Skt.n. *कीट-विज्ञान-* 'entomology'] *m.* 〖昆虫〗昆虫学.

कीटाणु /kīṭāṇu キーターヌ/ [neo.Skt.m. *कीट-अणु-* 'germ'] *m.* 〖生物〗〖医学〗微生物, 細菌, バクテリア, 病原菌, バイキン. (⇒जर्म, जीवाणु, बैक्टीरिया) ❐～ युद्ध 細菌戦.

कीटाणुनाशक /kīṭāṇunāśaka キーターヌナーシャク/ [neo.Skt. *कीट-अणु-नाशक-* 'germicide'] *adj.* 〖医学〗殺菌効果のある.

— *m.* 〖医学〗殺菌薬, 消毒液.

कीड़ा /kīṛā キーラー/ [<OIA.m. *kīṭá-*[1] 'insect, worm': T.03193] *m.* **1** 〖昆虫〗昆虫. **2** 〖生物〗(脚のない)虫《ミミズ, ヒル, 蛆虫, 回虫など》. **3** 〖医学〗蟯虫(ぎょうちゅう)《主に子どもの小腸の下端部や盲腸に寄生》. **4** 熱中している人, (…の)虫. ❐किताबी ～ 本の虫, 読書狂.

कीड़े-मकोड़े /kīṛe-makoṛe キーレー・マコーレー/ *m.* 〖昆虫〗虫たち; 昆虫《複数扱い》.

कीनिया /kīniyā キーニヤー/▶केन्या [cf. Eng.n. *Kenya*] *m.* 〖国名〗ケニヤ(共和国)《首都はナイロビ (नैरोबी)》.

कीप /kīpa キープ/ [←Pers.n. قیف 'a funnel' ←Arab.] *m.* 漏斗(じょうご).

कीबोर्ड /kīborḍa キーボールド/ [←Eng.n. *keyboard*] *m.* キーボード, 鍵盤. ❐～ पर चाय गिर गई। キーボードにお茶がこぼれた.

क़ीमत /qīmata キーマト/ [←Pers.n. قیمة 'price, value, worth' ←Arab.] *f.* **1** 値段, 価格. (⇒दाम, भाव, मूल्य) **2** 価値, 値打ち. (⇒मूल्य) ❐डालर के मुक़ाबले रुपये की ～ बढ़ गई। ドルに対してルピーの価値が上がった. **3** 代価, 代償. ❐अपनी इस भूल की ～ वे ज़िंदगी भर चुकाते रहे। 自分のこの過ちの代償を彼は一生償い続けた.

क़ीमती /qīmatī キームティー/ [←Pers.adj. قیمتی 'valuable, high-priced, costly'] *adj.* **1** 値段の高い, 高価な. (⇔सस्ता) **2** 価値のある, 貴重な.

कीमिया /kīmiyā キーミヤー/ [←Pers.n. کیمیاء 'chemistry, alchemy' ←Arab. ←Gr.] *f.* **1** 錬金術. **2** 〚化学〛化学. (⇒रसायन)

कीमियागर /kīmiyāgara キーミヤーガル/ [←Pers.n. کیمیاگر 'an alchemist'] *m.* 錬金術師.

कीमियागरी /kīmiyāgarī キーミヤーガリー/ [←Pers.n. کیمیاگری 'alchemy'] *m.* 錬金術.

क़ीमा /qīmā キーマー/ [←Pers.n. قیمه 'minced meat'] *m.* **1** ひき肉. ❐～ करना ひき肉にする《俗語的表現では「(人を)切り刻む」》. **2** 〚食〛キーマー・カレー.

कीर्तन /kīrtana キールタン/ [←Skt.n. *कीर्तन-* 'mentioning, repeating, saying, telling'] *m.* 〚ヒンドゥー教〛キールタナ《神を賛美する歌;信者が集い楽器の伴奏とともに合唱する》.

कीर्ति /kīrti キールティ/ [←Skt.f. *कीर्ति-* 'good report, fame, renown, glory'] *f.* 名声;名誉;栄光, 誉(ほま)れ. ❐उसकी ～ दूर-दूर तक फैल गई। 彼の名声ははるか遠くまで広がった. ❐मेरे पस वह साधन हैं, जो आपको ～ के शिखर पर पहुँचा देंगे। 私には, あなたに名声の頂点を極めさせる方法がある.

कीर्तिमान् /kīrtimān キールティマーン/▷कीर्तिमान [neo.Skt. *कीर्ति-मत्-* 'enjoying reputation, renowned'] *adj.*栄光に輝く, 栄誉ある. ❐～ परंपरा 栄光に輝く伝統.
— *m.* 〚スポーツ〛公式記録の最高位の記録, レコード. ❐(में) विश्व ～ स्थापित करना (…に)世界記録を打ち立てる.

कीर्तिशाली /kīrtiśālī キールティシャーリー/ [neo.Skt. *कीर्ति-शालिन्-* 'reputed, famous, renowned'] *adj.* ☞ कीर्तिमान्

कीर्ति-स्तंभ /kīrti-stamb^{h}a キールティ・スタンブ/ [neo.Skt.m. *कीर्ति-स्तंभ-* 'monument'] *m.* 記念碑, 記念塔.

कील[1] /kīla キール/ [←Skt.m. *कील-* 'a sharp piece of wood, stake, pin, peg, bolt, wedge, etc.'] *f.* **1** 釘;鋲(びょう);楔(くさび). ❐दरवाज़ों पर कीलें मार देना 扉に釘を打ちつける. ❐(में) ～ ठोकना (…に)釘を打ち込む. **2** 杭(くい). **3** (靴底などの)スパイク. **4** 〚医学〛おできの芯.

कील[2] /kīla キール/ [←Eng.n. *keel*] *f.* 竜骨.

कीलक /kīlaka キーラク/ [←Skt.m. *कीलक-* 'a pin, bolt, wedge'] *m.* 留め金, 締め金;回転軸.

कीलना /kīlanā キールナー/ [<OIA. *kīlati* 'fastens': T.03204] *vt.* (*perf.* कीला /kīlā キーラー/) **1** (釘・ピンなどで)留める, 釘付けにする. ❐राम ने रात में ही दीवार में बड़ी लकड़ी कील दी। ラームはその夜のうちに壁に大きな材木を釘付けにした. **2** (詰め物で)口を塞ぐ. ❐दुश्मनों ने भाग जाने से पहले अपने तोपों में कुंदे कीले थे। 敵は逃走する前に自軍の大砲に留め金をかけ火門を塞いだ. ❐बोतल में काग कीलो। 瓶にコルクで蓋をしなさい. **3** (呪文で)動きを止める, 封じる. ❐साधू ने मंत्र-बल से साँप कील दिया। 行者は呪文の力でヘビの動きを封じた.

कीला /kīlā キーラー/ [<OIA.m. *kīla-*[1] 'stake, peg, tumour': T.03202] *m.* 杭(くい);大きな釘;心棒, 軸.

कीलाक्षर /kīlākṣara キーラークシャル/ [neo.Skt.n. *कील-अक्षर-* 'cuneiform character'] *m.* 楔形(くさびがた)文字.

कीली /kīlī キーリー/ [cf. *कीला*] *f.* 小さな釘.

कीव /kīva キーヴ/ [cf. Eng.n. *Kiev*] *m.* 〚地名〛キエフ《ウクライナ (यूक्रेन) の首都》.

कुँअर /kũara クンアル/ ▶कुँवर *m.* ☞कुँवर

कुँआ /kũā クンアー/ ▶कुआँ *m.* ☞कुआँ

कुँआरा /kũārā クンアーラー/ ▶कुँवारा *adj.* ☞कुँवारा

कुंकुम /kuṃkuma クンクム/ [←Skt.n. *कुङ्कुम-* 'saffron'] *m.* **1** 〚植物〛サフラン. (⇒केसर) **2** 〚ヒンドゥー教〛クムクム《女性が額に付ける紅粉》. (⇒रोली)

कुंचित /kuṃcita クンチト/ [←Skt. *कुञ्चित-* 'crooked; curved, bent, contracted'] *adj.* **1** 縮んだ, 収縮した. **2** (髪が)縮れた. (⇒घुँघराला) ❐～ केश 縮れた髪の毛.

कुंज /kuṃja クンジ/ [←Skt.m. *कुञ्ज-* 'a place overrun with plants or overgrown with creepers, bower, arbour'; Pers.n. کنج 'a bower'] *m.* 茂みに囲まれた木陰の場所.

कुंज-गली /kuṃja-galī クンジ・ガリー/ *f.* 木陰のある小道, 木立の中の細道.

कुँजड़ा /kũjaṛā クンジラー/ [<OIA.m. *kuñja-* 'place overgrown with plants or creepers, arbour': T.03226] *m.* 〚ヒンドゥー教〛クンジュラー《野菜の栽培・小売に携わるカースト》. ❐कुँजड़े का गल्ला どんぶり勘定. ❐कुँजड़े की लड़ाई 些細な事をめぐる言い争い.

कुंजी /kuṃjī クンジー/ [<OIA.f. *kuñcikā-*[1] 'key': T.03225] *f.* **1** 鍵, キー. (⇒चाबी) ❐कुंजियों का गुच्छा 鍵の束. ❐ख़ज़ाने की ～ 宝物庫の鍵. **2** (時計などの)ねじ. **3** (問題を解く)かぎ, 手がかり, 秘訣. ❐सफलता की ～ 成功の鍵. **4** (試験問題などの)虎の巻, 解説書.

कुंठा /kuṃṭ^{h}ā クンター/ [neo.Skt.f. *कुण्ठा-* 'frustration'; cf. Skt. *कुण्ठ-* 'blunt, dull'] *f.* フラストレーション, 欲求不満;鬱積(うっせき);強迫観念. ❐हीन भावना की ～ 劣等感によるフラストレーション.

कुंठित /kuṃṭ^{h}ita クンティト/ [←Skt. *कुण्ठित-* 'blunted, dulled'] *adj.* 鬱積(うっせき)した;欲求不満の;挫折(ざ

せつ)感をもった．❒～ स्वर से कहना 落胆して言う．❒ उन्हें अपना समस्त जीवन नीरस, स्वादहीन और ～ जान पड़ता था। 彼は自分の全人生がつまらなく，味気なくまた挫折感に満ちたものに思われた．

कुंड /kuṃḍa クンド/ [←Skt.m. कुण्ड- 'a round hole in the ground (for receiving and preserving water or fire)'; DEDr.1669 (DED.1389)] *m.* **1**〖ヒンドゥー教〗クンド《儀式用に作られた大きな貯水池》．**2** 深く凹型になっているくぼ地．❒ज्वालामुखी ～ カルデラ．

कुंडल /kuṃḍala クンダル/ [←Skt.n. कुण्डल- 'a ring, ear-ring'] *m.* 大きな耳輪．

कुंडलिनी /kuṃḍalinī クンダリニー/ [←Skt. कुण्डलिनी- 'name of *nāḍī* in Yoga'] *f.*〖ヒンドゥー教〗クンダリニー《人体内に存在する根源的生命エネルギー；シャクティ (शक्ति) とも呼ばれる》．

कुंडली /kuṃḍalī クンダリー/ [cf. कुंडल] *f.* **1** とぐろ巻き．❒एक साँप झाड़ी के पास ～ मारे बैठा है। 一匹のヘビが茂みのそばでとぐろを巻いてじっとしている．**2**〖暦〗ホロスコープ．(⇒जन्मपत्री) ❒(की) ～ (की) ～ से मिल जाना (花婿候補の)ホロスコープが(花嫁候補の)ホロスコープとぴったり合う《占星学上相性がいい》．

कुंडा[1] /kuṃḍā クンダー/ [<OIA.n. *kuṇḍá-[1]* 'bowl, waterpot': T.03264] *m.* クンダー《素焼きの広口の大型の容器》．

कुंडा[2] /kuṃḍā クンダー/ [cf. कुंडल] *m.* (ドアの)留め金；ドアチェーン；(玄関の)ドアノッカー．

कुंडी[1] /kuṃḍī クンディー/ [cf. कुंडा[1]] *f.* クンディー《平底の素焼きの容器》．

कुंडी[2] /kuṃḍī クンディー/ [cf. कुंडा[2]] *f.* (ドアの)留め金；ドアチェーン；(玄関の)ドアノッカー．❒उसके दरवाज़े पर जाकर ज़ोर से ～ खटखटाई। 彼の戸口へ行って思いっきりドアノッカーを鳴らした．

कुंतल[1] /kuṃtala クンタル/ [←Skt.m. कुन्तल- 'hair of the head, lock of hair'; DEDr.1892 (DED.1572)] *m.* 髪の毛；(髪の)ふさ．

कुंतल[2] /kuṃtala クンタル/ ▶क्विंटल [←Eng.n. *quintal*; cf. Port.m. *quintal* 'quintal'] *m.*〖単位〗キンタル《メートル法では 100kg》．

कुंद[1] /kuṃda クンド/ [←Pers. کند 'dull, blunt; a stupid man'] *adj.* **1** 頭の鈍い(人)，のみ込みの悪い(人)．❒उसकी अक़्ल जैसे ～ हो गया है। 彼の思考力はまるで働かなくなったようだった．**2** 切れ味の悪い(刃物)，なまくらな；(勢いが)鈍い．❒किसानों की क्रय-शक्ति ～ पड़ी। 農民の購買力が鈍った．

कुंद[2] /kuṃda クンド/ [←Skt.m. कुन्द- 'a kind of jasmine (*Jasminum multiflorum* or pubescens)'] *m.*〖植物〗クンダ《ジャスミンの一種；ボルネオソケイ，スタージャスミン》．

कुंदज़ेहन /kuṃdazehana クンドゼハン/ ▶क्विंटल [←Pers. کند ذہن 'dull of intellect, obtuse'] *adj.* 頭の鈍い，のみ込みの悪い．

कुंदन /kuṃdana クンダン/ [cf. DEDr.1725 (DED.1435)] *adj.* 混ざりけのない，純度の高い；まばゆい；最高の．
— *m.* 純金．❒उसका गेहुँआँ रंग प्रभात की सुनहरी किरणों से ～ की तरह दमक उठा। 彼女の小麦色の肌が朝日の金色の光線で純金のように輝いた．

कुँदरू /kũdarū クンドルー/ [cf. DEDr.3499 (DED.2880)] *m.*〖植物〗クンドゥルー《キヅタの一種》．

कुंदा /kuṃdā クンダー/ [←Pers.n. کنده 'stump of a tree; stock of a gun'] *m.* **1** 丸太；(木の)塊；切り株．❒ग़ज़ब की काली है, जैसे आबनूस का ～ हो। (彼女の肌は)本当に真っ黒だわ，まるで黒檀(こくたん)の塊みたい．**2** (銃の)台尻，銃床；(道具の)柄．❒वह बंदूक़ का ～ ज़मीन पर पटककर बोला। 彼は銃の台尻を地面に叩きつけて言った．**3** (木製の)足かせ．

कुंदी /kuṃdī クンディー/ [cf. कुंदा] *f.* 砧(きぬた)を打つ作業《木槌 (मुँगरी) で水洗いしたり染めた布を打ってやわらげ，つやを出す作業》．

कुंभ /kuṃbʰa クンブ/ [←Skt.m. कुम्भ- 'a jar, pitcher, waterpot; the sign of the zodiac Aquarius'] *m.* **1** 水がめ．**2**〖天文〗水瓶座．❒～ राशि (黄道十二宮の一つ)宝瓶宮，水瓶座．**3**〖ヒンドゥー教〗クンブ(メーラー)《12 年ごとの 1 月から 2 月にかけてアラーハーバード，ハルドワールなどの聖地で開催される祭り；この時期太陽が黄道十二宮の一つ水瓶座に入ることから》．❒～ मेला クンブ・メーラー．

कुंभक /kuṃbʰaka クンバク/ [←Skt.m. कुम्भक- 'stopping the breath by shutting the mouth and closing the nostrils with the fingers of the right hand'] *m.* クンバカ《ヨーガの呼吸法の一つ；口を閉じ右手で鼻孔をつまんで息を止める》．

कुंभकार /kuṃbʰakāra クンブカール/ [←Skt.m. कुम्भ-कार- 'a potter'] *m.* ☞कुम्हार

कुँवर /kũvara クンワル/ ▶कुँअर [<OIA.m. *kumārá-* 'boy': T.03303] *m.* 王子．

कुँवारा /kũvārā クンワーラー/ ▶कुँआरा [<OIA.m. *kumārá-* 'boy': T.03303] *adj.* (若い)未婚の；(男が)童貞の；(女が)処女の．❒～ नाता 婚前交渉．
— *m.* (若い)未婚の男性，独身男性．

कु- /ku- ク・/ [←Skt. कु- 'as a prefix implying deterioration, depreciation, deficiency, want, littleness, hindrance, reproach, contempt, guilt'] *pref.*《「悪い，醜い」を表す接頭辞；कुकर्म「悪行」，कुप्रथा「(社会の)悪習」，कुरूप「醜い姿の」など》．(⇒बद-)

कुआँ /kuā̃ クアーン/ ▶कुँआ [<OIA.m. *kū́pa-[1]* 'hole, hollow, cave': T.03400] *m.* 井戸．❒～ खोदना 井戸を掘る．❒गहरा ～ 深い井戸．

कुआर /kuāra クアール/ ▶क्वार [<OIA.m. *kumārá-* 'boy': T.03303; cf. Skt.m. अश्विनी-कुमार- 'the son of *Aśvinī*'] *m.* ☞आश्विन

कुआला लंपुर /kuālā laṃpura クアーラー ランプル/ [cf. Eng.n. *Kuala Lumpur*] *m.*〖地名〗クアラルンプール《マレーシヤ (मलेशिया) の首都》．

कुकड़ना /kukaṛanā クカルナー/ [onom.] *vi.* (*perf.* कुकड़ा

/kukaṛā ククラー/) **1** (雄鳥が)コケコッコー (कुकड़ूँ-कूँ) と鳴く. (⇒कुड़कना) **2** (鶏のように)小さくちぢこまる, うずくまる.

कुकड़ी /kukaṛī ククリー/ [←Nep.f. *खुकरी* <OIA. **kruknạ-* 'curved, twisted': T.03595] *f.* ククリー《ネパールのグルカ族の大型ナイフ;片刃で湾曲している》.

कुकड़ूँ-कूँ /kukaṛū̃-kū̃ ククルーン・クーン/ [onom.] *f.* 〔擬声〕コケコッコー《鶏 मुर्ग़ा の鳴き声》.

कुक द्वीपसमूह /kuka dvīpasamūha ククドヴィープサムーフ/ [cf. Eng.n. the *Cook Islands*] *m.* 〘国名〙クック諸島《ニュージーランド自治領の群島;首都はアバルア (अवारुआ)》.

कुकर /kukara クカル/ [←Eng.n. *cooker*] *m.* 圧力釜[鍋], プレッシャー・クッカー.

कुकर्म /kukarma クカルム/ [←Skt.n. *कु-कर्मन्-* 'a wicked deed'] *m.* 悪行, 悪事, 悪業. ❐~ करना 悪事をはたらく. ❐~ का प्रायश्चित्त 悪行の贖罪(しょくざい). ❐भगवान् उसे किस ~ का यह दंड दे रहे हैं! 神様は彼に何の悪業のこの報いをお与えになっているのだ!

कुकर्मी /kukarmī クカルミー/ [?neo.Skt. *कु-कर्मिन्-* 'wicked'] *adj.* 悪事をはたらく(人).

— *m.* 悪人, 悪党. ❐मुझ जैसे ~ की क्या दुर्गति होगी! 私のような悪人にはどんな苦しみが待っているのだろう!

कुकुर /kukura ククル/ [<OIA.m. *kurkurá-* 'dog': T.03329] *m.* 犬《主に合成語の要素として; कुकुर-खाँसी「百日咳」, कुकुरमुत्ता「キノコ」など》. (⇒कुत्ता)

कुकुर-खाँसी /kukura-kʰā̃sī ククル・カーンスィー/ [*कुकुर* + *खाँसी*] *f.* 〘医学〙百日咳.

कुकुर-दंत /kukura-daṃta ククル・ダント/ [*कुकुर* + *दंत*] *m.* 八重歯.

कुकुरमुत्ता /kukuramuttā ククルムッター/ [*कुकुर* + *मूत*] *m.* キノコ, マッシュルーム. (⇒छत्रक) ❐कुकुरमुत्तों की तरह उगना キノコのように生える《「雨後の竹の子のように生える」の意》.

कुक्कुट /kukkuṭa クックト/ [←Skt.m. *कुक्कुट-* 'a cock'] *m.* 〘鳥〙雄鶏. (⇒मुरग़ा)

कुक्ष /kukṣa ククシュ/ [←Skt.m. *कुक्ष-* 'the belly'] *m.* 腹, 腹部.

कुक्षि /kukṣi ククシ/ [←Skt.m. *कुक्षि-* 'the belly; the womb'] *f.* 子宮;胎. (⇒गर्भ)

कुख्यात /kukʰyāta クキャート/ [←Skt. *कु-ख्यात-* 'infamous, notorious'] *adj.* 悪名高い, 名うての;悪評の高い. (⇒बदनाम)

कुख्याति /kukʰyāti クキャーティ/ [←Skt.f. *कु-ख्याति-* 'evil report, infamy; bad reputation'] *f.* 悪名;悪評, 醜聞, 汚名.

कुच /kuca クチ/ [←Skt.m. *कुच-* 'the female breast, teat'] *m.* (女性の)乳房. (⇒उरोज, स्तन)

कुचक्र /kucakra クチャクル/ [?neo.Skt.n. *कु-चक्र-* 'a plot, or intrigue'] *m.* 悪だくみ, 陰謀. ❐~ रचना 悪だくみをはかる.

कुचक्री /kucakrī クチャクリー/ [*कुचक्र* + *-ई*] *adj.* 悪だくみをはかる.

— *m.* 悪だくみをはかる人.

कुचलना /kucalanā クチャルナー/ [<OIA. **kucyatē* 'pass. of *kucati*': T.03221] *vi.* (*perf.* कुचला /kucalā クチラー/) **1** すりつぶされる;圧しつぶされる. ❐गिरे हुए मकानों के नीचे बहुत से लोग कुचल गए। 倒れた家屋の下敷きになって多くの人が圧死した. ❐लारी के पहिए से बहुत से फल कुचल गए। トラックの車輪でたくさんの果物が圧しつぶされた. **2** 踏みつぶされる;轢き殺される.

— *vt.* (*perf.* कुचला /kucalā クチラー/) **1** すりつぶす, 圧しつぶす. ❐आलू कुचलना ジャガイモをすりつぶす. **2** 踏みつぶす;轢き殺す. (⇒रौंदना) ❐पैरों से साँप का सिर कुचल डालो। 足でヘビの頭を踏みつぶせ. ❐पागल हाथी ने गाँव के कई आदमियों को कुचल डाला। 狂象が村の人間を何人も踏みつぶした. **3** (権利・法などを)踏みにじる, 蹂躙する;(人間を)抑圧する;鎮圧[弾圧]する. (⇒रौंदना) ❐अँगरेज़ों ने १८५७ के विद्रोह को कठोरता से कुचल दिया। 英国人は 1957 年のインド大反乱を厳しく鎮圧した. ❐इस बीमारी ने उसे तो कुचल डाला। この病は彼を打ちのめした. ❐यहाँ जिसके हाथ में लाठी है, वह ग़रीबों को कुचलकर बड़ा आदमी बन जाता है। ここでは力を持つ者が, 貧しい者を抑圧して成り上がるのだ.

कुचाग्र /kucāgra クチャーグル/ [←Skt.n. *कुच-अग्र-* 'a nipple'] *m.* 乳首, 乳頭.

कुचाल /kucāla クチャール/ [*कु-* + *चाल*[1]] *f.* 不品行, 悪行. ❐मैं किसी की ~ देखकर मुँह नहीं बंद कर सकता। 私は誰かの不品行を見て黙っていることができない.

कुचेष्टा /kuceṣṭā クチェーシュター/ [←Skt.f. *कु-चेष्टा-* 'a wicked contrivance'] *f.* ☞कुचाल

कुछ /kucʰa クチ/ [<OIA. *kíṃcid* 'anything': T.03144] *pron.* **1** 何か. ❐~ भी हो जाए 何が起ころうとも. ❐जो ~ भी हो 何であれ. ❐सब ~ なにもかも. **2**《否定辞と共に用いて「何も…ない」を表す》❐~ नहीं। 何でもないよ. ❐मेरे पास ~ नहीं है। 私は何も持っていない.

— *adj.* **1**《数えられるもの》いくつか(の), 数人の. ❐~ किताबें 数冊の本. ❐~ लोग 数人の人. ❐आपसे ~ बातें करनी है। あなたにいくつかお話ししたいことがあります. **2**《量》いくぶんか(の).

— *adv.* いくらか, いくぶん, ちょっと. ❐~ तो खाइए। ちょっとは食べてください.

कुछेक /kucʰeka クチェーク/ [*कुछ* + *एक*] *adj.* いくつかの, 若干の.

कुजाति /kujāti クジャーティ/ [?neo.Skt.f. *कु-जाति-* 'low birth'] *f.* 低いジャーティ (जाति).

— *m.* 品性の卑しい人.

कुटकी /kuṭakī クトキー/ [<OIA.f. *kaṭukarōhiṇī-* 'the plant *Helleborus niger*': T.02642] *f.* 〘植物〙クトキー《キンポウゲ科クリスマスローズ属;殺虫剤などに使用》.

कुटज /kuṭaja クタジ/ [←Skt.m. *कुट-ज-* '*Wrightia antidysenterica* (having seeds used as a vermifuge)'] *m.* 〘植物〙クタジャ《キョウチクトウ科ライティア属の薬用植物》.

कुटना[1] /kuṭanā クトナー/ [cf. *कूटना*] *vi.* (*perf.* कुटा /kuṭā

クター/) **1** つき砕かれる, 粉に挽かれる. ❐थोड़ी देर में ही सारा धान कुट गया। わずかな時間で稲籾(いなもみ)が粉に挽かれた. **2** 脱穀される.

कुटना[2] /kuṭanā クトナー/ [<OIA.f. *kuṭṭanī-* 'bawd': T.03240] *f.* **1** 売春の客引き, ポン引き. (⇒दलाल) **2** 仲介者;仲立ち. (⇒दलाल) **3** (ゴシップなどを広めて)人の中を裂く人. (⇒नारद)

कुटनी /kuṭanī クトニー/ [<OIA.f. *kuṭṭanī-* 'bawd': T.03240] *f.* 売春の客引きをする女;(売春宿の)やり手婆.

कुटवाना /kuṭavānā クトワーナー/ [caus. of *कुटना, कूटना*] *vt.* (*perf.* कुटवाया /kuṭavāyā クトワーヤー/) 粉に挽かせる;挽いてもらう. ❐आजकल मशीन से ही धान कुटवा लिया जाता है। 最近は機械で稲籾(いなもみ)が脱穀される.

कुटाई /kuṭāī クターイー/ [cf. *कूटना*] *f.* **1** ついて粉にすること;脱穀すること. **2** ついて粉にする労賃;脱穀する労賃.

कुटिया /kuṭiyā クティヤー/ *f.* あばら家;庵(いおり).

कुटिल /kuṭila クティル/ [←Skt. *कुटिल-* 'bent, crooked, curved'] *adj.* **1** 曲がった, ねじれた, 湾曲した. **2** (性格が)ひねくれた, ゆがんだ;嫌味な;不誠実な. ❐उन्होंने ~ मुस्कान बिखेरते हुए कहा। 彼は嫌味な微笑をふりまきながら言った. ❐मैं इस ~ विचार को न रोक सका। 私はこのひねくれた考えを止めることができなかった. ❐मैंने ~ आनंद से, लेकिन कृत्रिम सहानुभूति दिखाकर कहा। 私は屈折した幸福感で, だがわざとらしい同情を装って言った.

कुटिलता /kuṭilatā クティルター/ [←Skt.f. *कुटिल-ता-* 'crookedness, guile, dishonesty'] *f.* **1** 曲がっていること, ねじれていること, 湾曲していること. **2** (性格が)ひねくれていること, ゆがんでいること;嫌味なこと;不誠実であること. ❐मित्र की ~ 友人の不誠実.

कुटी /kuṭī クティー/ [←Skt.f. *कुटी-* 'a hut, cottage, house'] *f.* ☞कुटीर

कुटीर /kuṭīra クティール/ [←Skt.m. *कुटीर-* 'a cottage, hut, hovel'] *m.* (粗末な)小屋, 庵(いおり). ❐~ उद्योग 家内工業.

कुटीरोद्योग /kuṭīrodyoga クティーローディョーグ/ [neo.Skt.m. *कुटीर-उद्योग-* 'cottage industry'] *m.* 家内工業.

कुटुंब /kuṭuṃba クトゥンブ/ [←Skt.n. *कुटुम्ब-* 'a household, members of a household, family'] *m.* 一族(の人間), 家族(の一員). (⇒परिवार) ❐हम सब एक ही जगह, एक ~ की तरह रहेंगे। 私たちは皆一か所で, 一つの家族のように住もう.

कुटुंबी /kuṭuṃbī クトゥンビー/ [←Skt.m. *कुटुम्बिन्-* 'a member of a family, any one (also a servant) belonging to a family'] *m.* 一族の人間, 家族の一員;家族の長.

कुटेव /kuṭeva クテーオ/ [*कु-* + *टेव*] *f.* 悪い習慣, 悪癖. ❐सिगरेट पीने की ~ 喫煙の悪癖.

कुट्टी /kuṭṭī クッティー/ [<OIA. **kuṭṭa-²* 'broken, beaten': T.03237] *f.* **1** (切り刻んだ)まぐさ, 家畜の飼料. ❐~ की मशीन 飼料を切り刻む機械. ❐(की) ~ काटकर जानवरों को खिलाना (…を)切り刻んで家畜に食べさせる. **2** 縁切り, 絶縁, 絶交《もとは子どものけんかの言葉》. ❐मेरी उससे ~ हो रही है। 私の彼との絶交は続いている. ❐(से) ~ करना (人と)絶縁する.

कुठाँव /kuṭʰā̃va クターオン/ [*कु-* + *ठाँव*] *f.* **1** 行ってはいけない場所, 悪所(あくしょ). (⇒कुठौर) **2** 急所;(悪い)打ち所. ❐(को) ~ मारना (人を)反則技で負かす. ❐वे डंडे से बेहिचक मारते थे, बिना सोचे कि चोट ठाँव लगेगी कि ~। 彼は棒でためらいなく殴りつけるのあった, 打ち所がよかろうと悪かろうと考えもせず.

कुठार /kuṭʰāra クタール/ [←Skt.m. *कुठार-* 'an axe'] *m.* 斧(おの).

कुठाराघात /kuṭʰārāgʰāta クターラーガート/ [?neo.Skt.m. *कुठार-आघात-* 'lethal stroke'] *m.* 致命的な一撃. ❐(पर) ~ करना (…に)致命的な一撃を加える.

कुठाली /kuṭʰālī クターリー/ [<OIA.n. *kṓṣṭha-²* 'pot': T.03546] *f.* 坩堝(るつぼ)《金細工師 (सुनार) が金や銀を溶かすために使う小型の壺》. (⇒घड़िया)

कुठौर /kuṭʰaura クタォール/ [*कु-* + *ठौर*] *m.* ☞कुठाँव

कुड़कना[1] /kuṛakanā クラクナー/ [onom.; *कुकड़ना*; cf. Pers.n. قرق 'any sound uttered by a fowl' ←Arab.] *vi.* (*perf.* कुड़का /kuṛakā クルカー/) **1** (メンドリが)コッコッ(कुड़-कुड़, कू-कू) と鳴く. **2** (メンドリが)卵を生むのをやめる.

कुड़कना[2] /kuṛakanā クラクナー/ ▸कड़कना *vi.* (*perf.* कुड़का /kuṛakā クルカー/) ☞कड़कना

कुड़की /kuṛakī クルキー/ ▸कुर्की *f.* ☞कुर्की

कुड़कुड़ाना /kuṛakuṛānā クルクラーナー/ ▸कुड़बुड़ाना, बड़बड़ाना, बुड़बुड़ाना [onom.; DED 1538] *vi.* (*perf.* कुड़कुड़ाया /kuṛakuṛāyā クルクラーヤー/) ☞बड़बड़ाना

कुड़बुड़ाना /kuṛabuṛānā クルブラーナー/ ▸कुड़कुड़ाना, बड़बड़ाना, बुड़बुड़ाना [onom. (echo-word)] *vi.* (*perf.* कुड़बुड़ाया /kuṛabuṛāyā クルブラーヤー/) ☞बड़बड़ाना

कुढंग /kuḍʰaṃga クダング/ [*कु-* + *ढंग*] *adj.* ☞कुढंगा — *m.* 悪しき方法;悪しき様式.

कुढंगा /kuḍʰaṃgā クダンガー/ [cf. *कुढंग*] *adj.* 無作法な;(形が)醜悪な.

कुढ़न /kuṛʰana クラン/ [cf. *कुढ़ना*] *f.* 悲嘆;苛立ち;嫉妬;怒り.

कुढ़ना /kuṛʰanā クルナー/ [<OIA. *kruddhá-* 'irritated': T.03598] *vi.* (*perf.* कुढ़ा /kuṛʰā クラー/) **1** 悔やみ悲しむ, 嘆き悲しむ. ❐पुत्र-शोक में माता कुढ़ रही थी। 息子を失い母は嘆き悲しんだ. **2** 苛立つ, いらいらする, やきもきする, じれったく思う. ❐मैं अपने लड़के की नालायकी से बहुत कुढ़ता हूँ। 私は自分の息子の甲斐性の無さにひどくいらいらする. ❐इसी बात पर तुमसे मेरा जी कुढ़ता है। こういう事があるから私は君に対してじれったく思うんだよ. **3** (内心)嫉妬する. (⇒जलना) ❐मैं उसका सुखी जीवन देखकर मन में कुढ़ता था। 彼の幸せな人生を見て私は心の中で嫉妬していた. ❐वह मेरी तरक्क़ी से बहुत कुढ़ता है। 彼は私の昇進をとても嫉妬している. **4** 怒る, むかつく. ❐वह उसकी अटपटी बात सुनकर एकदम कुढ़

गया। 彼女の支離滅裂な話を聞いて彼は完全に怒った.

कुढ़ाना /kuṛʰānā クラーナー/ [cf. *कुढ़ना*] *vt.* (*perf.* कुढ़ाया /kuṛʰāyā クラーヤー/) **1** 悲しませる, 心を痛ませる, さいなむ. ❐उसकी ग़रीबी हमेशा उसे कुढ़ाती रहती है। 貧乏が彼をいつもさいなんでいる. **2** (嫉妬・怒りで)苛立たせる. (⇒जलाना) ❐मेरी अनजान में कही गई बात मेरे सहकर्मी को कुढ़ाती रहती है। 私が不用意に言った言葉が, 同僚を苛立たせている.

कुतरन /kutarana クトラン/ [cf. *कुतरना*] *m.* 一かじり(の量).

कुतरना /kutaranā クタルナー/ [cf. *कतरना*] *vt.* (*perf.* कुतरा /kutarā クトラー/) **1** (歯で)かじる;かじりながら食べる. (⇒काटना) ❐चूहों ने सारे कपड़े कुतर दिए। ネズミが衣類を全部かじってしまった. **2**〔俗語〕ピンはねする. ❐बीस रुपए में से पाँच तो आपने ही बीच में कुतर लिए। 20ルピーの内5ルピーをあなたが間でピンはねした.

कुतरवाना /kutaravānā クタルワーナー/ [caus. of *कुतरना*] *vt.* (*perf.* कुतरवाया /kutaravāyā クタラワーヤー/) (歯で)かじらせる;(歯で)かじってもらう.

कुतर्क /kutarka クタルク/ [←Skt.m. *कु-तर्क-* 'fallacious argument, sophistry'] *m.* 詭弁(きべん), こじつけ, 屁(へ)理屈. ❐अंत में कुतर्कों ने विवेक को परास्त कर दिया। ついに詭弁が理性を打ち負かした.

कुतिया /kutiyā クティヤー/ [cf. *कुत्ता*] *f.* **1**〖動物〗雌犬. (⇔कुत्ता) **2**〔卑語〕性悪女, 尻軽女《女性に対する侮蔑語》. ❐～ का पिल्ला〔卑語〕畜生, この野郎《男に対して》.

कुतुब /qutuba クトゥブ/ ▶कुत्ब [←Pers.n. قطب 'the pole, polar star, north pole' ←Arab.] *m.*〖天文〗北極星. (⇒ध्रुव)

कुतुबनुमा /qutubanumā クトゥブヌマー/ ▶कुत्बनुमा [←Pers.n. قطب نما 'a compass'] *m.*〖天文〗コンパス, 羅針盤[儀]. (⇒दिक्सूचक)

कुतुब मीनार /qutubamīnāra クトゥブミーナール/ ▶कुत्ब मीनार *m.* クトゥブ・ミーナール《ニューデリーの南にあるユネスコ世界遺産の尖塔;1200年頃奴隷王朝の創始者クトゥブッディーン・アイバク (कुतुबिद्दीन ऐबक) によって建てられた》.

कुतूहल /kutūhala クトゥーハル/ ▶कौतूहल [←Skt.n. *कुतूहल-* 'curiosity, interest in any extra-ordinary matter'] *m.* 好奇心;物珍しさ《知識欲としての好奇心はजिज्ञासा》. ❐～ से पूछना 好奇心で質問する. ❐लोगों को ～ था। 人々には物珍しさがあった.

कुत्ता /kuttā クッター/ [<OIA. **kutta-*[1] 'dog': T.03275] *m.* **1**〖動物〗(雄)犬.《鳴き声は भूँ-भूँ, भौं-भौं》(⇒कूकर)(⇔कुतिया) ❐～ भौंकता है। 犬が吠える. ❐आवारा ～ 野良犬. ❐कुत्ते की मौत मरना みじめな死に方をする. ❐शिकारी ～ 猟犬. ❐विलायती ～ 洋犬. **2**〔卑語〕媚びへつらう者;卑しい奴;回し者, 手先, スパイ. ❐पुलिस का ～ 警察のイヌ. **3** 留め金;(歯車などの)歯止め;(ドアなどの)掛け金, かんぬき.

कुत्ब /qutba クトブ/ ▶कुतुब *m.* ☞कुतुब

कुत्बनुमा /qutbanumā クトブヌマー/ ▶कुतुबनुमा *m.* ☞कुतुबनुमा

कुत्ब मीनार /qutba mīnāra クトブ ミーナール/ ▶कुतुब मीनार *m.* ☞कुतुब मीनार

कुत्सित /kutsita クトスィト/ [←Skt. *कुत्सित-* 'despised, reviled, contemptible, vile'] *adj.* 軽蔑すべき;卑劣な;おぞましい, いまわしい.

कुदकना /kudakanā クダクナー/ [cf. *कूदना*] *vi.* (*perf.* कुदका /kudakā クドカー/) (うれしくて)飛び跳ねる.

कुदरत /qudarata クドラト/ [←Pers.n. قدرة 'being able; power, ability, potency' ←Arab.] *f.* **1** 神の力;神の御業. **2** 創造;宇宙;森羅万象;自然. ❐～ का खेल 自然のなす妙技.

कुदवाना /kudavānā クドワーナー/ [caus. of *कूदना, कुदाना*] *vt.* (*perf.* कुदवाया /kudavāyā クドワーヤー/) 飛び跳ねさせる.

कुदाँव /kudā̃va クダーオン/ [*कु-* + *दाँव*] *m.* **1** (裏切りなど)背信行為. **2** (敵の)弱点, 弱い場所.

कुदान[1] /kudāna クダーン/ [cf. *कूदना*] *f.* 跳躍, ジャンプ. ❐～ भरना [मारना] ジャンプする.

कुदान[2] /kudāna クダーン/ [neo.Skt.n. *कु-दान-* 'the act of giving in a wrong way'] *m.* 不適切な贈与.

कुदाना /kudānā クダーナー/ [cf. *कूदना*] *vt.* (*perf.* कुदाया /kudāyā クダーヤー/) **1** (拍車などをあて馬を)跳躍させる. ❐उसने घोड़ा कुदाया। 彼は馬を跳躍させた. **2** (子どもを)ゆすってあやす, かわいがる. ❐तुम्हें कंधे पर बैठाकर कुदाऊँगा। お前を肩車して遊んでやるよ. **3** (ボールなどを)跳ねさせる, はずませる. ❐मैंने गेंद कुदाई। 私はボールをバウンドさせた.

कुदाल /kudāla クダール/ ▶कुदाली [<OIA.m. *kuddāla-*[1] 'a kind of spade or mattock': T.03286] *f.* **1** 鍬(くわ). (⇒फावड़ा) **2** つるはし.

कुदाली /kudālī クダーリー/ [*कुदाल* + *-ई*] *f.* ☞कुदाल

कुदिन /kudina クディン/ [←Skt.n. *कु-दिन-* 'an evil day; a rainy day'] *m.* **1** 不遇の時期;不運な時期. **2** 不吉な日, 縁起の悪い日.

कुदृष्टि /kudṛṣṭi クドリシュティ/ [←Skt.f. *कु-दृष्टि-* 'weak sight; a heterodox philosophical doctrine'] *f.* 悪意のある視線;邪視;好色な目つき. ❐(को) ～ से घूरना (人を)敵意に満ちた目でにらむ. ❐वह शोहदों की ～ का निशाना बनी। 彼女はごろつきどもの好色な視線の的になった.

कुनकुना /kunakunā クンクナー/ ▶गुनगुना [?<OIA. **kōṣma-* 'warm': T.03552; cf. Skt. *कोष्ण-* 'moderately warm, tepid'] *adj.* (水温など)あたたかい, ぬるま湯の. (⇒गुनगुना) ❐भोजन के १० मिनट पहले एक गिलास ～ पानी पियें। 食事の10分前にグラス1杯のあたたかい水を飲んでください.

कुनबा /kunabā クンバー/ [<OIA.n. *kuṭumba-* 'household': T.03233] *m.* 家族;親族, 一族. ❐बड़ा ～ 大家族.

कुनबापरस्त /kunabāparasta クンバーパラスト/ [*कुनबा* +

-परस्त] *adj.* 身内びいきの;縁故主義の.
— *m.* 身内びいきする人;縁故主義者.

कुनबापरस्ती /kunabāparastī クンバーパラスティー/ [*कुनबा* + *-परस्ती*] *f.* 身内びいき;縁故主義. (⇒भाई-भतीजावाद)

कुनमुनाना /kunamunānā クンムナーナー/ ▸कनमनाना *vi.* ☞कनमनाना

कुनैन /kunaina クナェーン/ [←Eng.n. *quinine*] *f.* 〖医学〗キニーネ(剤)《マラリア特効剤》.

कुपंथ /kupaṃtʰa クパント/ [*कु-* + *पंथ*; cf. *कुपथ*] *m.* 悪の道;不品行. (⇒कुपथ)

कुपथ /kupatʰa クパト/ [←Skt.m. *कु-पथ-* 'a bad road, evil way; a bad road, evil way'] *m.* 悪の道;不品行. (⇒कुपंथ)

कुपथ्य /kupatʰya クパティエ/ [←Skt. *कु-पथ्य-* 'belonging to a bad way'] *adj.* 健康に悪い(食事).
— *m.* 健康に悪い食事. ❐～ करना 健康に悪い食生活をする.

कुपाठ /kupāṭʰa クパート/ [neo.Skt.m. *कु-पाठ-* 'evil advice'] *m.* (悪い)入れ知恵.

कुपात्र /kupātra クパートル/ [←Skt.n. *कु-पात्र-* 'an unfit recipient'] *m.* (役目に)ふさわしくない人. (⇔सुपात्र) ❐～ और सुपात्र का विचार तो कर लेना चाहिए। ふさわしくない人であるかふさわしい人であるかを考慮しなければいけない.

कुपित /kupita クピト/ [←Skt. *कुपित-* 'provoked, incensed, offended, angry'] *adj.* 怒った, 立腹した. ❐उसने मेरी ओर ～ नेत्रों से देखा। 彼は私の方を怒りで満ちた目で見た.

कुपुत्र /kuputra クプトル/ [←Skt.m. *कु-पुत्र-* 'a bad or wicked son'] *m.* 親不孝の息子, ろくでなしの息子. (⇔सुपुत्र)

कुपोषण /kupoṣaṇa クポーシャン/ [neo.Skt.n. *कु-पोषण-* 'malnutrition'] *m.* 〖医学〗栄養失調, 栄養不良.

कुप्पा /kuppā クッパー/ [<OIA.m. *kūpa-³, kūpaka-* 'leather oil vessel': T.03402] *m.* (水や油などを入れる)大きな皮袋《満杯でぱんぱんになっている様がよく比喩的に使われる》. ❐मुझे देखा तो उसने कुप्पे-सा मुँह फुला लिया। 私を見つけると彼女は満杯の皮袋のように顔をふくらませた《不機嫌な様》. ❐वाहवाहियों पर फूलकर ～ हुआ। 称賛や喝采(かっさい)で得意満面になって満杯の皮袋のようになった《満ち足りて増長した様》.

कुप्पी /kuppī クッピー/ [cf. *कुप्पा*] *f.* (油などを入れる)小型の甕(かめ);小さな皮袋.

कुप्रथा /kupratʰā クプラター/ [neo.Skt.f. *कु-प्रथा-* 'evil custom'] *f.* (社会の)悪い慣習, 悪い風習.

कुप्रबंध /kuprabaṃdʰa クプラバンド/ [neo.Skt.m. *कु-प्रबन्ध-* 'maladministration'] *m.* (管理・運用などの)処理の不手際.

कुप्रयोग /kuprayoga クプラヨーグ/ [neo.Skt.m. *कु-प्रयोग-* 'bad use'] *m.* 誤用, 間違った使い方. ❐शब्दों का ～ 言葉の間違った使い方.

कुफल /kupʰala クパル/ [neo.Skt.n. *कु-फल-* 'bad result'] *m.* 悪い結果.

कुबड़ा /kubaṛā クブラー/ [cf. *कूबड़*] *adj.* 〔卑語〕せむしの(人).
— *m.* 〔卑語〕せむしの人.

कुबड़ापन /kubaṛāpana クブラーパン/ [*कुबड़ा* + *-पन*] *m.* 〔卑語〕せむし(であること).

कुबड़ी /kubaṛī クブリー/ [cf. *कुबड़ा*] *f.* 〔卑語〕せむしの女.

कुबुद्धि /kubuddʰi クブッディ/ [←Skt. *कु-बुद्धि-* 'having vile sentiments'] *adj.* **1** 悪意のある. **2** 愚かな.
— *f.* **1** 悪知恵. **2** 愚かさ.

कुबेर /kubera クベール/ [←Skt.m. *कुबेर-* '(originally) name of a chief of the evil beings or spirits or darkness; (afterwards) the god of riches and treasure'; cf. *वैश्रवण*] *m.* 〖ヒンドゥー教〗クベーラ神《富と財宝の神》.

कुबोल /kubola クボール/ [*कु-* + *बोलना*] *m.* 悪態, 捨て台詞;不吉な言葉.

कुबोलना /kubolanā クボールナー/ [cf. *कुबोल*] *adj.* (不吉な言葉で)悪態をつく(人).

कुमंत्रणा /kumaṃtraṇā クマントラナー/ [?neo.Skt.f. *कु-मन्त्रणा-* 'bad advice; intrigue'] *f.* (悪い)入れ知恵.

कुमक /kumaka クマク/ [←Pers.n. كمك 'a corps of auxiliaries'] *f.* **1** 援軍, 加勢. ❐～ मँगाना 援軍を要請する. **2** 援助, 助力.

कुमकुम[1] /kumakuma クムクム/ [<Skt.n. *कुङ्कुम-* 'saffron'] *m.* 〖植物〗サフラン. (⇒केसर)

कुमकुम[2] /kumakuma クムクム/ [?cf. *कुम्कुमा*] *m.* クムクム《ウコンの乾いた粉末を消石灰(水酸化カルシウム)と混ぜて作る赤い粉末;女性の額に付けるビンディー (बिंदी) の材料》. (⇒रोली)

कुम्कुमा /qumqumā クムクマー/ [←Pers.n. قمقمة 'a bowl, jug, tankard; a round shade; a lantern' ←Arab.] *m.* クムクマー《ラック (लाख) で作られた中が空洞の球体;中に赤色の粉をつめ, ホーリー祭 (होली) で相手に投げつける》.

कुमार /kumāra クマール/ [←Skt.m. *कुमार-* 'a child, boy, youth; a prince'] *m.* **1** 少年;未婚の若い男性. (⇔कुमारी) **2** 王子. (⇒राजकुमार)

कुमारी /kumārī クマーリー/ [←Skt.f. *कुमारी-* 'a young girl, one from ten to twelve years old, maiden, daughter'] *f.* **1** 乙女, 処女. (⇔कुमार) **2**…嬢《未婚女性の名につける敬称》. (⇒मिस)

कुमार्ग /kumārga クマールグ/ [←Skt.m. *कु-मार्ग-* 'a bad way (lit. and fig.)'] *m.* **1** 悪路, 難路. **2** 悪の道;放蕩. ❐～ पर चलना 悪の道を歩む.

कुमार्गी /kumārgī クマールギー/ [neo.Skt. *कु-मार्गिन्-* 'one taking an evil course'] *adj.* 悪の道に染まった(人).

कुमुद /kumuda クムド/ *m.* 〖植物〗(白)スイレン(睡蓮).

कुमुदिनी /kumudinī クムディニー/ [←Skt.f. *कुमुदिनी-* 'an assemblage of *kumudas* or a place abounding in them'] *f.* **1**〖植物〗スイレン(睡蓮). **2** スイレンの群生(地).

कुमैत /kumaita̸ クマェート/ ▸कुम्मैत *adj.* ☞कुम्मैत

कुम्मैत /kummaita̸ クムマェート/▸कुमैत [←Pers.n. كميت 'a bay horse with a black tail and mane' ←Arab.] *adj.* 栗毛色の(馬). ❐～ घोड़ा 栗毛の馬.

— *m.*〖動物〗栗毛の馬.

कुम्हड़ा /kumhaṛā クムハラー/ [＜OIA.m. *kuṣmāṇḍa-* 'the pumpkin-gourd *Beninkasa*': T.03374] *m.*〖植物〗クムハラー《ウリ科の一種;カボチャ (कद्दू), トウガン (पेठा)なども指す》.

कुम्हलाना /kumhalānā クムハラーナー/ [?＜OIA. **kōmh-* 'wither': T.03524] *vi.* (*perf.* कुम्हलाया /kumhalāyā クムハラーヤー/) **1** (植物が)しおれる, しぼむ. (⇒मुरझाना) ❐गरमी की वजह से गमले के पौधे कुम्हला गए। 暑さのために鉢の植物がしおれてしまった. **2** (顔が)やつれる, 曇る;(気分が)落ち込む, しょげる, めげる. (⇒मुरझाना) ❐कुम्हलाया हुआ मुखारविंदु खिल उठा। やつれていた顔が喜びに輝いた.

— *vt.* (*perf.* कुम्हलाया /kumhalāyā クムハラーヤー/) しおらせる, 枯らす.

कुम्हार /kumhāra̸ クムハール/ [＜OIA.m. *kumbhakāra-* 'potter': T.03310] *m.* 陶工《陶工を職業とするカースト集団をも指す》.

कुम्हारिन /kumhārina̸ クムハーリン/ [cf. *कुम्हार*] *f.* 陶工の妻. (⇔कुम्हार)

कुम्हारी /kumhārī クムハーリー/ [*कुम्हार* + *-ई*; cf. OIA.f. *kumbhakārī-* 'potter's wife': T.03312] *adj.* 陶工の;陶工カーストの.

— *f.* **1** 陶工の仕事. **2** ☞कुम्हारिन

कुरंग /kuraṃga̸ クラング/ [←Skt.m. *कुरङ्ग-* 'a species of antelope'] *m.*〖動物〗クランガ《レイヨウの一種》.

कुरकुरा /kura̸kurā クルクラー/ [onom.] *adj.* (食べ物などが)パリパリした, カリカリした.

— *m.*〖食〗食べるとパリパリ・カリカリする音をだす食べ物;ポテトチップス.

कुरकुराना /kura̸kurānā クルクラーナー/ [cf. *कुरकुरा*] *vi.* (*perf.* कुरकुराया /kara̸karāyā カルカラーヤー/) パリパリ・カリカリと音がする.

कुरता /kura̸tā クルター/ ▹कुर्ता [←Pers.n. كرته 'a tunic, waistcoat, jacket; a long loose-skirted under-gown or shirt'] *m.* クルター《長袖のゆったりした上衣;袖にボタンはない》.

कुरती /kura̸tī クルティー/ ▹कुर्ती [←Pers.n. كرتى 'a waistcoat for women, a short bodice reaching to the hips, with very short, if any sleeves, open under the throat'] *f.* クルティー《女性用のブラウス, 胴着》.

कुरबान /qura̸bāna̸ クルバーン/ ▹कुर्बान *adj.* ☞कुर्बान

कुरबानी /qura̸bānī クルバーニー/ ▹कुर्बानी *f.* ☞कुर्बानी

कुरसी /kura̸sī クルスィー/▹कुर्सी [←Pers.n. كرسى 'a throne, chair, seat, stool, bench (of a judge)' ←Arab.] *f.* **1** 椅子. (⇒चेयर) ❐～ पर बैठना 椅子に座る. ❐आराम ～ 安楽椅子. **2** 席, 座席. (⇒सीट) ❐～ का पट्टा बाँधना シートベルトを締める. **3** (役職の)ポスト;議席;(権力者の)地位, 権力. ❐～ का लालची 役職が欲しくてたまらない人. ❐सबसे नीचे क्लर्क से सबसे ऊँचे क्लर्क की ～ तक पहुँचे 彼は最下位の社員から始めて最上位の社員のポストまで昇りつめた.

कुरान /qurāna̸ クラーン/ [←Pers.n. قرآن 'gathering together, collecting; the Qur'ān' ←Arab.] *m.*〖イスラム教〗コーラン, クルアーン《イスラム教の聖典》. ❐～ शरीफ़ 聖なるコーラン.

कुराह /kurāha̸ クラーハ/ [*कु-* + *राह*] *f.* 悪の道;不品行. (⇒कुपथ) ❐～ चलना 悪の道に走る, 不道徳な行いをする.

कुरीति /kurīti クリーティ/ [←Skt.f. *कु-रीति-* 'bad custom'] *f.* (社会の)悪習. (⇒कुप्रथा)

कुरुक्षेत्र /kurukṣetra̸ クルクシェートル/ [cf. Skt.n. *कुरु-क्षेत्र-* 'the field of the *Kurus*'] *m.*〖地名〗クルクシェートラ《ハリヤーナー州 (हरियाणा) の地方都市》.

कुरूप /kurūpa̸ クループ/ [←Skt. *कु-रूप-* 'ill-shaped, deformed, ugly'] *adj.* 醜い姿をした;醜悪な;みっともない, 不細工な. ❐～ आदमी 醜い姿をした人間.

कुरूपता /kurūpa̸tā クループター/ [←Skt.f. *कुरूप-ता-* 'ugliness'] *f.* 醜い姿;醜さ. ❐बुर्क़ा जहाँ रूप को दूसरों की नज़रों से बचाने का साधन है, वहाँ ～ को भी ढकी-मुँदी रखने का। ブルカーというものは一方で姿かたちを他人の視線から防ぐ手段であり, 他方醜い姿をも隠して置く手段でもある.

कुरूपा /kurūpā クルーパー/ [←Skt.f. *कु-रूपा-* 'an ugly woman'] *f.* 醜い女. ❐मैं सुंदर न सही, ऐसी ～ भी नहीं हूँ। 私は美しくはないけれど, そんなに醜い女でもないわ.

कुरेदना /kureda̸nā クレードナー/ [＜OIA. **kura-* 'scraping': T.03319] *vt.* (*perf.* कुरेदा /kuredā クレーダー/) **1** ひっかく, 掻く;ほじる. (⇒खुरचना) **2** ほじり出す, 掻き出す. ❐खाने के बाद वह सींक से दाँत कुरेद रहा था। 食後, 彼は楊枝で歯をほじっていた. ❐वह भट्ठे की आग कुरेद रही है। 彼女はかまどの火を掻き出しているところだ. ❐पुराने विवादों की सुलगती राख को कुरेदने का जोखिम मत उठाओ। 昔からの紛争のくすぶっている灰を掻き出す危険を犯すな. **3** さぐりをいれる. ❐उसने मुझसे कुरेद-कुरेदकर पूछा। 彼は私に根掘り葉掘り質問した.

कुरेदनी /kureda̸nī クレードニー/ [cf. *कुरेदना*] *f.* ハンド・フォーク《園芸用の小さな熊手》.

कुर्क़ /qurqa̸ クルク/ [←Pers.n. قرق 'embargo, confiscation, seizure' ←Turk.] *adj.*〖法律〗差し押さえられた. ❐संपत्ति ～ हो गई। 財産が差し押さえられた. ❐घर ～ करना [कराना] 家を差し押さえる.

— *m.*〖法律〗差し押さえ.

कुर्क़-अमीन /qurqa̸-amīna̸ クルク・アミーン/ [←Pers.n. قرق امين 'an officer employed to attach property in execution of a decree and to realise the proceeds'] *m.*〖法律〗(差し押さえの)執行吏. ❐～ उसकी संपत्ति को नीलाम करने के लिए आनेवाला था। 執行吏が彼の財産を競売にかけるために来るところだった.

कुर्क़-नामा /qurqa-nāmā クルク・ナーマー/ [←Pers.n. قرق نامه 'a writ of execution'] *m.* 〖法律〗執行令状.

कुर्क़ी /qurqī クルキー/ ▸कुड़की [←Pers.adj. قرقی 'confiscated'] *f.* 〖法律〗差し押さえ. ❐～ की नोटिस पहुँचा। 差し押さえの通知が届いた. ❐दुकान पर ～ आना 店が差し押さえられる.

कुर्ता /kurtā クルター/ ▹कुरता *m.* ☞कुरता

कुर्ती /kurtī クルティー/ ▹कुरती *f.* ☞कुरती

कुर्बान /qurbāna クルバーン/ ▹कुरबान [←Pers.n. قربان 'that whereby one draws nigh to God; a sacrifice, victim, oblation' ←Arab.] *adj.* 犠牲になった;生贄(いけにえ)になった;捧げられた. ❐(पर) ～ करना (…に)…を捧げる. ❐(पर) ～ होना (…に)わが身を捧げる.

— *m.* ☞कुर्बानी

कुर्बानी /qurbānī クルバーニー/ ▹कुरबानी [?←Pers.adj. قربانی 'devoted; scrificed'] *f.* 犠牲;生贄(いけにえ);捧げ物. (⇒बलिदान) ❐त्याग और ～ 献身と自己犠牲.

कुर्सी /kursī クルスィー/ ▹कुरसी *f.* ☞कुरसी

कुल[1] /kula クル/ [←Skt.n. *कुल-* 'noble or eminent family or race'] *m.* **1** 家系;一族. (⇒वंश) **2** 部族;…族.

कुल[2] /kula クル/ [←Pers.n. كل 'all, the whole' ←Arab.] *m.* 全部, 合計, 総計. ❐～ मिलाकर 合計すると.

— *adv.* 合計で, 合わせて. ❐घर में ～ तीन प्राणी थे। 家には全部で3人の人間がいた.

कुल-कलंक /kula-kalaṃka クル・カランク/ *m.* 一族の汚点(となる人), 一族の面汚し.

कुलकुलाना /kulakulānā クルクラーナー/ [onom.; cf. OIA. **kulī-* 'gargling': T.03344] *vi.* (*perf.* कुलकुलाया /kulakulāyā クルクラーヤー/) **1**〔擬音〕(液体をそそぐ時)トクトク (कुल-कुल) 音をたてる;ゴロゴロ音がする;コロコロ笑う. ❐भूख से आतें कुलकुला रही हैं। 空腹で, 腹がゴロゴロ鳴っている. **2** やきもきする. **3**〔俗語〕キリキリ痛む.

कुल-कलंक /kula-kalaṃka クル・カランク/ *m.* 一族の汚点(となる人).

कुलक्षण /kulakṣaṇa クラクシャン/ [←Skt. *कु-लक्षण-* 'having fatal marks on the body'] *adj.* 不吉な前兆のある;縁起の悪い兆候を示す.

— *m.* 不吉な兆候;不吉な相.

कुलक्षणी /kulakṣaṇī クラクシャニー/ [*कुलक्षण* + *-ई*] *adj.* 不吉な, 縁起の悪い.

— *f.* 不吉な女, 不幸をもたらす女.

कुलगुरु /kulaguru クルグル/ [←Skt.m. *कुल-गुरु-* 'the head of a family, family preceptor'] *m.* 〖ヒンドゥー教〗クルグル《一族の祭儀をつかさどるバラモン僧》.

कुलच्छनी /kulacchanī クラッチャニー/ [cf. *कुलक्षणी*] *f.* ☞कुलक्षणी

कुलटा /kulaṭā クラター/ [←Skt.f. *कुलटा-* 'an unchaste woman'] *f.* 身持ちのよくない女, ふしだらな女.

कुलदेवता /kuladevatā クルデーオター/ [←Skt.f. *कुल-देवता-* 'family deity'] *m.* 〖ヒンドゥー教〗一族の守護神.

कुल-नाम /kula-nāma クル・ナーム/ [?neo.Skt.n. *कुल-नामन्-* 'family name'] *m.* 姓, 名字. (⇒सरनेम)

कुलपति /kulapati クルパティ/ [←Skt.m. *कुल-पति-* 'head of the family'] *m.* **1** (大学の)学長, 総長《学長が名誉職だった時代は, 副学長 (उपकुलपति) が実質的な学長;現在は実質的な学長をさす;名誉職としての学長は現在 कुलाधिपति と呼ばれる》. (⇒चांसलर) **2** 家長;(一族の)長, 族長.

कुलफ़ा /kulafā クルファー/ [←Pers.n. خلفه 'purslain'] *m.* 〖植物〗スベリヒユ《スベリヒユ科スベリヒユ属の一年生植物;食用》.

कुलफ़ी /qulafī クルフィー/ ▹कुल्फी [←Pers.n. قلفی 'a cup with a cover in which ice is moulded'] *f.* **1**〖食〗クルフィー《アイスクリームの一種》. **2** クルフィー《流し込んで氷やゼリー状のものを作る型》.

कुलबुलाना /kulabulānā クルブラーナー/ ▸किलबिलाना [onom. (echo-word)] *vi.* (*perf.* कुलबुलाया /kulabulāyā クルブラーヤー/) **1** ガサゴソ (कुल-बुल) と音をたてる;(虫・ヘビなどが)音を立てて這う;(腹が)グーグー鳴る. ❐मेरी जेब में पैसे कुलबुला रहे थे। 私のポケットの中で金がジャラジャラ音を立てていた. ❐भूख के मारे सबके पेट की आंतें कुलबुलाए जा रही थीं। 空腹のため皆の腹がグーグーと鳴っていた. **2** (落ち着かないで)寝返りをうつ.

कुलबुलाहट /kulabulāhaṭa クルブラーハト/ [*कुलबुलाना* + *-आहट*] *f.* **1** ガサゴソ (कुल-बुल) と音をたてること. **2** 不安で落ち着かない様子.

कुलवधू /kulavadʰū クルワドゥー/ [←Skt.f. *कुल-वधू-* 'a virtuous wife, respectable woman'] *f.* **1** 良家の嫁. **2** 家の名誉を汚さぬ嫁.

कुलांगना /kulāṃganā クラーングナー/ [←Skt.f. *कुल-अङ्गना-* 'a respectable or virtuous woman'] *f.* ☞कुलवधू

कुलांगार /kulāṃgāra クラーンガール/ [←Skt.m. *कुल-अङ्गार-* 'a family fire-brand; a man who foments domestic dissensions or ruins his family'] *m.* 家族の災いの元(になる人);一族の面汚し.

कुलाँच /kulā̃ca クラーンチ/ [? *कूदना* × *लाँघना*] *f.* **1** (はしゃいで)跳ねること, とびあがること, 跳躍. ❐कुलाँचें भरना [मारना] 跳ねる, とびあがる. **2**〖経済〗暴騰.

कुलाचार /kulācāra クラーチャール/ [←Skt.m. *कुल-आचार-* 'peculiar or proper duty of a family or caste'] *m.* 〖ヒンドゥー教〗家のしきたりや習わし《特定のカーストや一族に求められる》.

कुलाधिपति /kulādʰipati クラーディプティ/ [neo.Skt.m. *कुल-अधिपति-* 'chancellor (of a University)'] *m.* (大学の)名誉学長, 名誉総長《実質的な学長 (कुलपति) と区別される》.

कुलाबा /qulābā クラーバー/ [←Pers.n. قلابه 'a hook; a staple; a link; a hinge; a handle' ←Arab.] *m.* 連結させるもの;留めがね, ホック;ちょうつがい. ❐ज़मीन-आसमान के कुलाबे मिलाना [जोड़ना] 非現実的なことを

夢想する.

कुलिया /kuliyā クリヤー/ [＜OIA.m. *kuṭa-*[1] 'water-pot, pitcher': T.03227; ←Tam.n. *kuṭam* 'waterpot'; DEDr.1651] *f.* 素焼のカップ.

क़ुली /qulī クリー/ [←Turk.n. قلی 'labourer'; → Eng.n. *coolie* → Chin.n. 苦力] *m.* **1** クリー, 苦力;ポーター《駅などで荷物を運ぶ労働者》. **2**〖歴史〗クリー, 苦力;下層労働者《特に英国植民地時代に年季契約労働移民(गिरमिटिया)として働いた》. ❐～ प्रणाली クリー・システム.

कुलीन /kulīna クリーン/ [←Skt. *कुलीन-* 'of high or eminent descent, well-born'] *adj.* **1** 高貴な生まれの(人), 名家の. (⇔अकुलीन) **2**〖ヒンドゥー教〗由緒正しいバラモン階級の(人).

कुलीनतंत्र /kulīnataṃtra クリーンタントル/ [neo.Skt.n. *कुलीन-तन्त्र-* 'aristocracy'] *m.* 貴族政治;貴族政治国家.

कुलीनता /kulīnatā クリーンター/ [←Skt.f. *कुलीन-ता-* 'rank, family respectability'] *f.* **1** 由緒正しい家柄. **2**〖ヒンドゥー教〗血統の高貴さ《特にバラモンの血統》.

क़ुल्फ़ी /qulfī クルフィー/ ▷कुलफ़ी *f.* ☞कुलफ़ी

कुल्ला /kullā クッラー/▶कुल्ली [＜OIA. **kulī-* 'gargling': T.03344] *m.* 口をゆすぐこと;うがい. (⇒ग़रारा) ❐～ करना 口をゆすぐ;うがいをする.

कुल्ली /kullī クッリー/ ▶कुल्ला *f.* ☞कुल्ला

कुल्लू /kullū クッルー/ [cf. Eng.n. *Kullu*] *m.*〖地名〗クッルー《ヒマーチャル・プラデーシュ州 (हिमाचल प्रदेश) の谷間に広がる古都》.

कुल्हड़ /kulhaṛa クルハル/ [＜OIA. **kulla-*[3] 'pot': T.03354] *m.* クルハル《素焼きの椀;プラスチック製カップが登場するまで紅茶などの安価な使い捨て容器として使用》.

कुल्हाड़ा /kulhāṛā クルハーラー/ [＜OIA.m. *kuṭhāra-* 'axe': T.03244] *m.* 斧(おの).

कुल्हाड़ी /kulhāṛī クルハーリー/ [cf. *कुल्हाड़ा*] *f.* 手斧(ておの);鉈(なた). (⇒कुठार)

कुल्हिया /kulhiyā クルヒヤー/ [cf. *कुल्हड़*] *f.* クルヒヤー《素焼きの小型のカップ》.

कुविचार /kuvicāra クヴィチャール/ [←Skt.m. *कु-विचार-* 'wicked thought'] *m.* よからぬ考え. ❐～ ने क्षण-मात्र के लिए उनपर विजय पा ली। よからぬ考えが一瞬彼の脳裏をかすめた.

कुवैत /quvaita クワェート/ [cf. Eng.n. *Kuwait*] *m.* **1**〖国名〗クウェート(国)《首都は同名クウェート》. **2**〖地名〗クウェート《クウェート(国)の首都》.

क़ुव्वत /quvvata クッワト/ ▶क़ूवत *f.* ☞क़ूवत

कुश /kuśa クシュ/ [←Skt.m. *कुश-* 'the sacred grass used at certain religious ceremonies'] *m.*〖植物〗クシャ草, インドキチジョウソウ《ヒンドゥー教の儀式では聖なるものとして扱われる》. (⇒कुशा)

कुशब्द /kuśabda クシャブド/ [neo.Skt.m. *कु-शब्द-* 'an abusive word'] *m.* ☞अपशब्द

कुशल /kuśala クシャル/ [←Skt. *कुशल-* 'right, proper, suitable, good; well, healthy, in good condition, prosperous'] *adj.* **1** (技が)巧みな. (⇒निपुण, माहिर) **2** 無事で息災な;幸福な;栄えている.

— *m.* 無事で息災であること;幸福であること;栄えていること.

कुशल-क्षेम /kuśala-kṣema クシャル・クシェーム/ [neo.Skt.m. *कुशल-क्षेम-* 'health and well-being'] *m.* (人の近況が)息災で無事であること. ❐उसने न मेरा स्वागत किया, न ～ पूछा, न कुरसी दी। 彼は私を歓迎もせず, 近況を尋ねるでもなく, 椅子も勧めなかった.

कुशलता /kuśalatā クシャルター/ [←Skt.f. *कुशल-ता-* 'cleverness, ability'] *f.* **1** 巧みさ, 熟達さ. ❐～ से 巧妙に. **2** 安否, 消息, 無事であること.

कुशलतापूर्वक /kuśalatāpūrvaka クシャルタープールワク/ [neo.Skt.ind. *कुशल-ता-पूर्वक* 'cleverly'] *adv.* **1** 巧妙に, 巧みに. **2** 無事に, 何事もなく. ❐ईश्वर, आज रात ～ कटे। 神よ, 今夜無事に過ぎますように.

कुशल-प्रश्न /kuśala-praśna クシャル・プラシュン/ [←Skt.m. *कुशल-प्रश्न-* 'friendly enquiry after a person's health or welfare, salutation'] *m.* 親しく人の近況・息災を尋ねること. ❐उन्होंने मेरे और मेरे घर वालों के संबंध में ～ किया। 彼は私と私の家族についての近況・息災を尋ねた.

कुशल-मंगल /kuśala-maṃgala クシャル・マンガル/ [neo.Skt.n. *कुशल-मङ्गल-* 'welfare'] *adj.* 無事で息災な, 幸福な. ❐ईश्वर करे सब ～ हो। 神さま, 皆が無事で息災でありますように.

— *m.* 人の動静・安否(をたずねること), 機嫌(伺い). ❐～ पूछना 人の動静・安否をたずねる.

कुशा /kuśā クシャー/ [＜OIA.m. *kuśá-*[1] 'the grass *Poa cynosuroides*': T.03363] *f.*〖植物〗クシャー《イネ科の雑草》. (⇒कुश)

कुशाग्र /kuśāgra クシャーグル/ [←Skt. *कुश-अग्र-* 'the sharp point of a blade of the *kuśa* grass'] *adj.* ☞कुशाग्रबुद्धि

कुशाग्रबुद्धि /kuśāgrabuddʰi クシャーグルブッディ/ [←Skt. *कुशाग्र-बुद्धि-* 'one whose intelligence is as sharp as the point of *kuśa* grass, shrewd, intelligent'] *adj.* 鋭い頭脳の(持ち主), 明敏な頭脳をもった. ❐वह इतना ～ न था। 彼はそれほど鋭い頭脳の持ち主ではなかった.

कुशासन[1] /kuśāsana クシャーサン/ [←Skt.n. *कु-शासन-* 'a bad doctrine, heterodoxy'] *m.* 悪政.

कुशासन[2] /kuśāsana クシャーサン/ [←Skt.n. *कुश-आसन-* 'a small mat of sacred grass'] *m.*〖ヒンドゥー教〗クシャーサナ《クシャ草 (कुश) で編んだ敷物》.

कुशीनगर /kuśīnagara クシーナガル/ [←Skt.n. *कुशि-नगर-* 'name of the capital of the *Mallas*'; cf. Eng.n. *Kushinagar*] *m.*〖地名〗クシナガラ, クシーナガル《ウッタル・プラデーシュ州 (उत्तर प्रदेश) にある仏教聖地;釈尊入滅の地とされる》.

कुश्ती /kuśtī クシュティー/ [←Pers.n. کشتی 'fightig;

wrestling'] *f.* 〖スポーツ〗クシュティー, レスリング《南インドで盛んな伝統格闘技》. ❐(से) ～ खेलना [लड़ना] (人と)レスリングをする.

कुश्तीबाज़ /kuśtībāza クシュティーバーズ/ [कुश्ती + -बाज़] *m.* 〖スポーツ〗レスラー.

कुष्ठ /kuṣṭʰa クシュト/ [←Skt.n. कुष्ठ- 'leprosy'] *m.* 〖医学〗ハンセン病. (⇒कोढ़)

कुसंग /kusaṃga クサング/ [neo.Skt.m. कु-संग- 'bad company'] *m.* ☞कुसंगति

कुसंगति /kusaṃgati クサンガティ/ [neo.Skt.f. कु-संगति- 'bad company'; cf. Skt.n. कु-संगत- 'a bad connection'] *f.* 悪い交友関係. ❐～ का फल 悪い交友の因果.

कुसंस्कार /kusaṃskāra クサンスカール/ [neo.Skt.m. कु-संस्कार-] *m.* (人を悪に導く)悪い環境・習慣.

कुसमय /kusamaya クサマエ/ [?neo.Skt.m. कु-समय- 'bad time] *m.* **1** 逆境;不遇な時. **2** (おめでたいことに)向いていない時間.

कुसवारी /kusavārī クスワーリー/ [<OIA.m. *kōśakāra-*[1] 'maker of scabbards or boxes': T.03540] *m.* **1** 〖昆虫〗カイコ, 蚕. **2** 〖昆虫〗繭(まゆ).

कुसुम /kusuma クスム/ [←Skt.n. कुसुम- 'a flower, blossom'] *m.* **1** 〖植物〗花. ❐पूर्ण विकसित ～ 満開の花. **2** 〖植物〗ベニバナ(紅花)《ベニバナ染料は紅色》. **3** 月経.

कुसुमबाण /kusumabāṇa クスムバーン/ [←Skt.m. कुसुम-बाण- 'the flower-arrow of the god of love'] *m.* 〖神話〗クスマバーナ《愛の神 (कामदेव) がもつ花の矢;転じて愛の神》. (⇒कामदेव)

कुसुमांजलि /kusumāṃjali クスマーンジャリ/ [←Skt.f. कुसुम-अञ्जलि- 'a handful of flowers (properly as much as will fill both hands)'] *f.* 〖ヒンドゥー教〗クスマーンジャリ《両手に盛られた花を捧げる儀式》. (⇒पुष्पांजलि)

कुसुमाकर /kusumākara クスマーカル/ [←Skt.m. कुसुम-आकर- 'a quantity of flowers or place abounding with them; spring'] *m.* 花の咲き乱れる季節, 春.

कुसुमित /kusumita クスミト/ [←Skt. कुसुमित- 'furnished with flowers, in flower'] *adj.* 開花した. ❐～ वाटिका 花の咲き誇った庭園.

कुहक /kuhakanā クハクナー/ ▸कुहुक [cf. कुहकना] *f.* **1** (カッコウ・クジャクの鳴き声)クークー (कुहू-कुहू). **2** (鳥などの美しい)さえずり.

कुहकना /kuhakanā クハクナー/▸कुहुकना [onom.] *vi.* (*perf.* कुहका /kuhakā クハカー/) **1** 〔擬声〕(カッコウ・クジャクが)クークー (कुहू-कुहू) 鳴く. (⇒कूकना, पिहकना) ❐कोयल [मोर] कुहकता है। カッコウ[クジャク]が鳴く. **2** (鳥が美しい声で)さえずる. (⇒पिहकना)

कुहनी /kuhanī クフニー/ ▸कोहनी [<OIA.m/f. *kaphōṇi-* 'elbow': T.02757] *f.* 肘(ひじ). ❐उसने ～ से मुझे टहोका मारा। 彼は肘で私をつついた. ❐वह कुहनियों के बल मेज़ पर टिककर बोला। 彼は肘をテーブルについて言った.

कुहनीदार /kuhanīdāra クフニーダール/ ▸कोहराम [कुहनी + -दार] *adj.* 肘がついている, 肘掛の. ❐～ कुरसी 肘掛椅子.

कुहर /kuhara クハル/ [←Skt.n. कुहर 'a cavity, hollow'] *m.* 空洞, うつろ;穴;深い割れ目.

कुहरा /kuharā クフラー/▸कोहरा [<OIA. **kuha-*[2] 'fog, mist': T.03386] *m.* **1** 霧, もや, かすみ. (⇒धुंध) ❐～ पड़ रहा था। 霧がたちこめていた. ❐～ फट गया है और निर्मल स्वच्छ चाँदनी निकल आयी है। 霧が晴れたそして澄みきったかげりのない月光があらわれた. ❐सघन ～ 濃霧. **2** スモッグ. (⇒धुंध)

कुहराम /kuharāma クフラーム/ ▸कोहराम [क़हर + आम[2]] *m.* (集団的な)嘆き悲しみ, 悲鳴, 慟哭(どうこく). ❐इस निश्चय पर राजनीतिक संसार में फिर ～ मचा। この決定に政界では再び悲鳴があがった. ❐इस शोक समाचार के फैलते ही सारे शहर में ～ मच गया। この訃報が伝わるやいなや町中に悲鳴があがった.

कुहासा /kuhāsā クハーサー/ [cf. कुहरा] *m.* ☞कुहरा

कुहुक /kuhuka クフク/ ▸कुहक *f.* ☞कुहक

कुहुकना /kuhukanā クフクナー/ ▸कुहकना *vi.* (*perf.* कुहुका /kuhukā クフカー/) ☞कुहकना

कुहू /kuhū クフー/ *f.* 〔擬声〕カッコー《カッコウ (कोयल) の鳴き声》.

कूँची /kū̃cī クーンチー/ [<OIA.f. *kūcī-* 'paintbrush, pencil': T.03408z3] *f.* 刷毛(はけ).

कूँज /kū̃ja クーンジ/ [<OIA.m. *krúñca-* 'a kind of snipe or curlew': T.03597] *f.* 〖鳥〗アネハヅル. (⇒कराँकुल)

कूँड़ा /kū̃ṛā クーンラー/ [<OIA.n. *kuṇḍá-*[1] 'bowl, waterpot': T.03264] *m.* クーンラー《水を入れる木製や陶器の深い容器》.

कूकना[1] /kūkanā クークナー/ [onom.; <OIA. **kūkkati* 'screams': T.03390] *vi.* (*perf.* कूका /kūkā クーカー/) (カッコウ・クジャクなどが) (甘美な音色で) (कू-कू) 鳴く. (⇒कुहकना, कूजना) ❐कोयल कूक रहे हैं। カッコウが鳴いている.

कूकना[2] /kūkanā クークナー/ [←Pers.n. کوک 'clockwork'] *vt.* (*perf.* कूका /kūkā クーカー/) (時計などのネジを)巻く.

कूकर /kūkara クーカル/ [<OIA.m. *kurkurá-* 'dog': T.03329] *m.* 〖動物〗 (雄)犬. (⇒कुत्ता)

कू-कू /kū-kū クー・クー/ [onom.] *f.* 〔擬声〕クークー《カッコウ (कोयल) やクジャク (मोर) の鳴き声》.

कूच /kūca クーチ/ [←Pers.n. کوچ 'migration, decamping; marching, setting off'] *m.* (目的地に向かって)出発, 出立. ❐～ करना 出発する, 出立する. ❐जब डेरा ～ होता था, तो सारी गृहस्थी इन जानवरों पर लाद दी जाती थी। 宿営が出発するときは, 家財道具すべてがこれらの家畜に背負わされていた.

कूचा /kūcā クーチャー/ [←Pers.n. کوچه 'a narrow street; a lane'] *m.* 路地, 小路. ❐गली-गली और कूचे-कूचे चक्कर लगाना 小路という小路, 路地という路地をほっつき回る.

कूजना /kūjanā クージナー/ [onom.] *vi.* (*perf.* कूजा /kūjā クージャー/) (鳥が)(甘美な音色で)さえずる. (⇒

कुहकना, कूकना, पिहकना)

कूट[1] /kūṭa クート/ [←Skt.m. कूट- 'summit, peak or summit of a mountain'; DEDr.2049 (DED.1704)] *m.* **1** 山頂. **2** (穀物などの)山, 堆積. (⇒ढेर)

कूट[2] /kūṭa クート/ [←Skt. कूट- 'false, untrue, deceitful; base (as coins)'; DEDr.2054 (DED.1709)] *adj.* 偽の, 欺く;作り物の. (⇒खोटा, जाली) ❐~ मुद्रा 偽造貨幣. ❐~ लेख 偽造された文書.

— *m.* **1** 暗号. (⇒बीजांक) ❐~ संदेश 暗号メッセージ. **2** 不可解なもの;なぞ. **3** (修辞的な技法をこらして)意味が難解な詩歌(の一節). **4** 計略, 策略. ❐~ योजना 陰謀.

— *f.* 張り子.

कूटना /kūṭanā クートナー/ [<OIA. *kuṭṭáyati* 'crushes, grinds': T.03241] *vt.* (*perf.* कूटा /kūṭā クーター/) **1** つき砕く, 粉にする. ❐(में) कूट-कूटकर भर देना〔慣用〕(…に)隅々まで染み込ませる. ❐(में) कूट-कूटकर भरा होना〔慣用〕(…に)満ち満ちている. **2** 脱穀する. ❐किसान धान को ऊखल में रखकर मूसल से कूटता है। 農夫は稲穂を臼に入れて杵でついて脱穀する.

कूटनीति /kūṭanīti クートニーティ/ [neo.Skt.f. कूट-नीति- 'diplomacy'] *f.* 外交術;外交的手腕, 駆け引きのうまさ;策略. ❐मैंने ~ से काम लेने का निश्चय किया है। 私は策略をもって事にあたる決心をした.

कूटनीतिज्ञ /kūṭanītijña クートニーティギエ/ [neo.Skt.f. कूट-नीति-ज्ञ- 'diplomat'] *m.* 外交官;策略家.

कूटयुद्ध /kūṭayuddʰa クートユッド/ [←Skt.n. कूट-युद्ध- 'a treacherous or unfair battle'] *m.* (正々堂々とした戦いではなく)卑劣なだまし討ち. (⇔धर्मयुद्ध)

कूट-योजना /kūṭa-yojanā クート・ヨージナー/ [neo.Skt.f. कूट-योजना- 'a plot, an intrigue'] *f.* 陰謀, 策略. (⇒षड्यंत्र)

कूट-लेख /kūṭa-lekʰa クート・レーク/ [neo.Skt.m. कूट-लेख- 'falsified document'] *m.* 偽造文書.

कूड़ा /kūṛā クーラー/ [<OIA.m. *kūṭa-*[2] 'heap, multitude': T.03392] *m.* ごみ, ごみ屑. ❐~ न कहिए, एक-एक पत्र साहित्य का रत्न है। ごみ屑だと言わないでください, 一通一通の手紙が文学の宝石なのです. ❐दरवाज़े पर मनों ~ जमा है। 戸口には何十キロというごみ屑が集積している.

कूड़ा-करकट /kūṛā-karakaṭa クーラー・カルカト/ *m.* ごみ, ごみ屑. ❐सामने बरामदे में कूड़े-करकट का ढेर था। 前のベランダはごみ屑の山だった.

कूड़ाख़ाना /kūṛāxānā クーラーカーナー/ [कूड़ा + ख़ाना] *m.* ごみ捨て場. ❐हम दोनों ने पुरानी पुस्तकों को कूड़ेख़ाने से निकाला और झाड़-पोंछकर बड़ा-सा गट्ठर बाँधा। 私たち二人は古本をごみ捨て場から拾い出したそして塵ほこりを落として大きな包みに縛った.

कूड़ादान /kūṛādāna クーラーダーン/ ▸कूड़ेदान *m.* ☞कूड़ेदान

कूड़ेदान /kūṛedāna クーレーダーン/ ▸कूड़ादान [कूड़ा + -दान] *m.* ごみ箱. ❐~ में कचरा फेंकना ごみ箱にごみを捨てる.

कूत /kūta クート/ [<OIA. **kutta-*[2] 'rent, lease': T.03276] *m.* 見積もり, 推量.

कूतना /kūtanā クートナー/ [cf. कूत] *vt.* (*perf.* कूता /kūtā クーター/) 見積もる, 推量する, 評価する. ❐ज़मीनदार खेत की इस साल की पैदावार कूतने आया है। 地主が畑の今年の収穫量を見積もるために来た.

कूद /kūda クード/ [cf. कूदना] *f.* ジャンプ, 跳躍.

कूदना /kūdanā クードナー/ [<OIA. *kū́rdati* 'leaps, jumps': T.03412; ?←Drav.; DEDr.1705 (DED.1419)] *vi.* (*perf.* कूदा /kūdā クーダー/) **1** 跳ぶ, ジャンプする, 跳躍する. ❐आगे कूदो। 前に跳べ. ❐उसने कूदकर नाला पार किया। 彼はジャンプして溝を飛び越えた. ❐वह एक पत्थर से दूसरे पत्थर पर कूदा। 彼は一つの岩から別の岩にとび移った. **2** (うれしくて)飛び跳ねる, 跳ね回る, はしゃぐ. (⇒उछलना) ❐बिलकुल बच्चों की तरह उछलते, कूदते, तालियाँ बजाते। まったく子どものように彼らは, 飛び上がり, 跳ね回って, 手を叩くのでありました. **3** 飛び込む, 飛び降りる. ❐वह गड़ाप से पानी में कूद पड़ा। 彼はドブンと水に飛び込んだ. ❐उसने नज़दीक के रेलवे स्टेशन पर ट्रेन के आगे कूदकर अपनी जान दे दी। 彼は近くの鉄道の駅で, 汽車の前に飛び込んで自殺した. **4** (政治運動などに)飛び込む. ❐मैं स्वतंत्रता-आंदोलन में कूदा। 私は独立運動に飛び込んだ. **5** (人の話・仕事に)わりこみ邪魔をする. ❐जब भैया ने पंद्रह रुपये में सौदा कर लिया, तो यह बीच में कूदनेवाला कौन! 兄さんが 15 ルピーでせっかく話をまとめたのに, 間にわりこみ邪魔をしようとするこいつは誰だ!

कूप /kūpa クープ/ [←Skt.m. कूप- 'a hole, hollow, cave; a pit well'] *m.* **1** 井戸;油井(ゆせい). **2** 穴;くぼみ. ❐रोम ~ (毛髪などの)毛穴.

कूपन /kūpana クーパン/ [←Eng.n. *coupon*] *m.* クーポン(券).

कूपमंडूक /kūpamaṃḍūka クープマンドゥーク/ [←Skt.m. कूप-मण्डूक- 'a frog in a well; a man without experience (who has seen nothing of the world)'] *m.* 井の中の蛙(かわず)《「見識の狭い人間」のたとえ》.

कूबड़ /kūbaṛa クーバル/ [<OIA. **kubba-* 'hump': T.03301; cf. Skt.m. कुब्ज- 'a hump-backed bull'] *m.* **1**〖医学〗(人の背の)こぶ. **2**〖動物〗(ラクダや牛の背の)こぶ. (⇒कोहान)

कूर्म /kūrma クールム/ [←Skt.m. कूर्म- 'a tortoise, turtle'] *m.*〖ヒンドゥー教〗亀《ヴィシュヌ神 (विष्णु) の2番目の化身》.

कूल /kūla クール/ [←Skt.n. कूल- 'a shore, bank'] *m.* (川・湖の)土手, 岸辺.

कूल्हा /kūlhā クールハー/ [<OIA. **kulla-*[1] 'neck, back, buttock': T.03353; cf. DEDr.2244 (DED.1859)] *m.* **1** 骨盤《普通複数形で使用》. ❐सिंह इतना दुर्बल हो गया है कि उसके कूल्हों की हड्डियाँ दिखाई दे रही हैं। ライオンは骨盤の骨格が見えるまで衰弱していた. **2** ヒップ;尻, 臀部. (⇒पुट्ठा)

कूवत /kūvata クーワト/ ▸कुव्वत [←Pers.n. قوة 'being strong, powerful; power, strength' ←Arab.] *f.* **1** 体

力;活力. **2** 能力. ❐सपनों को हक़ीक़त में बदलने की ～ 夢を現実のものに変える能力.

कृत /kr̥ta クリト/ [←Skt. *कृत-* 'done, made, accomplished, performed'] *adj.* **1** 実行された;果たされた, 成し遂げられた. **2** 作られた;完成された.

कृतकार्य /kr̥takārya クリトカールエ/ [←Skt. *कृत-कार्य-* 'one who has obtained his object'] *adj.* 目的を成し遂げた(人). ❐यदि वे ～ नहीं हुए तो यह उनका दोष नहीं है। もし彼らが目的を成し遂げられなくても彼らの落ち度ではない.

— *m.* 成し遂げされた仕事.

कृतकृत्य /kr̥takr̥tya クリトクリティエ/ [←Skt. *कृत-कृत्य-* 'one who has attained any object or purpose, contented, satisfied with'] *adj.* ☞कृतकार्य

कृतघ्न /kr̥tag^hna クリタグン/ [←Skt. *कृत-घ्न-* 'destroying past services or benefits'] *adj.* 恩知らずな. (⇔कृतज्ञ)

कृतघ्नता /kr̥tag^hnatā クリタグンター/ [←Skt.f. *कृतघ्न-ता-* 'ingratitude'] *f.* 忘恩, 恩知らずなこと. (⇔कृतज्ञता)

कृतज्ञ /kr̥tajña クリタギエ/ [←Skt. *कृत-ज्ञ-* 'knowing what is right, correct in conduct'] *adj.* 恩を忘れない, 恩義にあつい, 感謝に満ちた. (⇔अकृतज्ञ, कृतघ्न) ❐आपने हमारे प्रति जो सहृदयता प्रकट की है, उसके लिए हम सदैव आपके ～ रहेंगे। あなたが私たちに見せくれた思いやりに対し, 私たちは永遠にあなたへの恩を忘れません. ❐मैं आपका ～ हूँ। 私はあなたに恩義があります.

कृतज्ञता /kr̥tajñatā クリタギエター/ [←Skt.f. *कृतज्ञ-ता-* 'gratitude'] *f.* 恩を忘れないこと, 感謝(の気持ち). (⇔कृतघ्नता) ❐उसने ～ से सिर झुकाकर कहा। 彼は感謝の念で頭を垂れて言った. ❐(के प्रति) ～ ज्ञापित करना (人に)感謝の気持ちを伝える.

कृत-युग /kr̥ta-yuga クリト・ユグ/ [←Skt.n. *कृत-युग-* 'the first of the four ages of the world, golden age'] *m.* ☞सत्ययुग

कृतसंकल्प /kr̥tasaṃkalpa クリトサンカルプ/ [←Skt. *कृत-संकल्प-* 'one who has formed a resolution'] *adj.* 心を決めた(人), 決意した(人), 決断した(人). ❐प्रदेश सरकार राज्य में पर्यटन को बढ़ावा देने के लिए ～ है। 州政府は州内の観光事業を促進させるための決断をしている.

कृतार्थ /kr̥tārt^ha クリタールト/ [←Skt. *कृत-अर्थ-* 'one who has attained an end or object or has accomplished a purpose or desire'] *adj.* ☞कृतकार्य

कृति /kr̥ti クリティ/ [←Skt.f. *कृति-* 'the act of doing, making, performing, manufacturing, composing'] *f.* **1** 行為, しわざ;活動. ❐इस तरह की हत्या कोई मानुषीय ～ है? このような殺人はまともな人間のしわざだろうか? **2** (芸術)作品, 作物(さくぶつ), 創作物. (⇒रचना) ❐कवि की समस्त कृतियों को एक ही ～ मानकर पढ़ना चाहिए, यह उसका वाङ्मय शरीर है। 詩人のすべての作品を一つの作品として読む必要があるのだ, それは言葉で構成されている詩人の全身なのだ.

कृतिकार /kr̥tikāra クリティカール/ [neo.Skt.m. *कृति-कार-* 'creator, author'] *m.* (文学作品の)作者, 創作者, 著者.

कृती /kr̥tī クリティー/ [←Skt. *कृतिन्-* 'one who has attained an object or accomplished a purpose, satisfied'] *adj.* 称賛される仕事を成し遂げた(人).

कृत्य /kr̥tya クリティエ/ [←Skt.n. *कृत्य-* 'what ought to be done, what is proper or fit, duty, office'] *m.* **1** なすべきこと, つとめ;職務. **2** (非人間的な)行為, 仕業, 所業.

कृत्रिम /kr̥trima クリトリム/ [←Skt. *कृत्रिम-* 'made artificially, factitious, artificial, not naturally or spontaneously produced'] *adj.* **1** 人工的な;人為的な. (⇔अकृत्रिम) ❐～ गर्भाधान 人工授精. **2** 不自然な, わざとらしい;取り繕った;偽の. (⇔अकृत्रिम) ❐～ सहानुभूति दिखाना わざとらしい同情を装って. **3** 〖法律〗養子の(息子).

कृत्रिमता /kr̥trimatā クリトリムター/ [←Skt.f. *कृत्रिमता-* 'shrewdness, cunningness'] *f.* **1** 人工(物);人造(品). **2** わざとらしさ;不自然さ;人為性. ❐व्यवहार में ～ आना 立ち居振る舞いにわざとらしさが入り込む.

कृत्रिमपुत्र /kr̥trimaputra クリトリムプトル/ [←Skt.m. *कृत्रिम-पुत्र-* 'an adopted son'] *m.* 〖法律〗養子(の息子).

कृपण /kr̥paṇa クリパン/ [←Skt. *कृपण-* 'miserly, stingy'] *adj.* けちな, 吝嗇(りんしょく)な. (⇒अनुदार, कंजूस)

कृपणता /kr̥paṇatā クリパンター/ [←Skt.f. *कृपणता-* 'misery, wretchedness'] *f.* けちであること, 出し惜しみをすること. ❐～ करना 出し惜しみをする.

कृपया /kr̥payā クリプヤー/ *adv.* どうか, どうぞ.

कृपा /kr̥pā クリパー/ [←Skt.f. *कृपा-* 'pity, compassion'] *f.* 好意;情け, 温情;恩情;目をかけられること. (⇒दया, मेहरबानी) ❐(की) ～ से (…の)好意[おかげ]で. ❐आपकी ～ है। おかげさまです《実際の恩情の有無と関係なく, ほぼ日本語と同じ感覚で使用》. ❐(पर [के ऊपर]) ～ करना (…に対して)温情を示す.

कृपाण /kr̥pāṇa クリパーン/ [←Skt.m. *कृपाण-* 'a sword; a knife'] *m.* 短剣, 短刀.

कृपादृष्टि /kr̥pādr̥ṣṭi クリパードリシュティ/ [←Skt.f. *कृपा-दृष्टि-* 'a look with favour'] *f.* 情け深く注がれる視線;恩寵. ❐आज अवश्य ही देवताओं की हम लोगों पर ～ है। 今日は必ずや我々の上に神々の恩寵がある.

कृपापात्र /kr̥pāpātra クリパーパートル/ [←Skt.n. *कृपा-पात्र-* 'recipient of favor'] *m.* 好意[恩寵, 慈悲]を受ける人. ❐आपका ～ あなたの恩情をうける者《目上の人に対する手紙の最後に, 自分の名前の前に書く慣用表現》.

कृपालु /kr̥pālu クリパール/ [←Skt. *कृपालु-* 'pitiful, compassionate'] *adj.* 慈悲深い(人);思いやりのある(人). (⇒दयालु)

कृपालुता /kr̥pālutā クリパールター/ [←Skt.f. *कृपालु-ता-* 'compassion'] *f.* 慈悲深さ;思いやり.

कृमि /kr̥mi クリミ/ [←Skt.m. *कृमि-* 'worm, insect'] *m.* 〖生物〗虫;昆虫;回虫. (⇒कीट)

कृमिनाशक /kṛmināśakạ クリミナーシャク/ [neo.Skt.m. *कृमि-नाशक-* 'insecticide'] *adj.* 殺虫用の. (⇒कीटनाशक)
— *m.* 殺虫剤, 殺虫薬. (⇒कीटनाशक)

कृमि-रोग /kṛmi-rogạ クリミ・ローグ/ [←Skt.m. *कृमि-रोग-* 'disease caused by worms'] *m.* 〖医学〗回虫症.

कृमि-विज्ञान /kṛmi-vijñānạ クリミ・ヴィギャーン/ [neo.Skt.n. *कृमि-विज्ञान-* 'entomology'] *m.* 〖昆虫〗昆虫学.

कृश /kṛśạ クリシュ/ [←Skt. *कृश-* 'lean, emaciated, thin, spare, weak, feeble'] *adj.* やせ細った. ❐कृशकाय やせっぽちの.

कृशता /kṛśatā クリシュター/ [←Skt.f. *कृश-ता-* 'leanness, thinness'] *f.* (体が)痩せて細いこと.

कृषक /kṛṣakạ クリシャク/ [←Skt.m. *कृषक-* 'a ploughman'] *m.* 農民, 農夫.

कृषि /kṛṣi クリシ/ [←Skt.f. *कृषि-* 'agriculture'] *f.* 農業. ❐～ भूमि 農地.

कृषिजीवी /kṛṣijīvī クリシジーヴィー/ [←Skt.n. *कृषि-जीविन्-* 'a ploughman'] *adj.* 農民, 農夫, 耕作者. ❐～ समाज 農民社会.

कृषि-विज्ञान /kṛṣi-vijñānạ クリシ・ヴィギャーン/ [neo.Skt.n. *कृषि-विज्ञान-* '(science of) agriculture'] *m.* 農業学, 農学.

कृष्ण /kṛṣṇạ クリシュン/ [←Skt. *कृष्ण-* 'Black, dark, dark-blue'] *adj.* 黒い, 紺青色の;暗い. (⇔शुक्ल)
— *m.* **1** 〖暦〗黒半月. (⇒कृष्णपक्ष)(⇔शुक्ल) **2** 〖ヒンドゥー教〗クリシュナ神《ヴィシュヌ神 (विष्णु) の第八番目の化身》.

कृष्णपक्ष /kṛṣṇapakṣạ クリシュンパクシュ/ [←Skt.m. *कृष्ण-पक्ष-* 'the dark half of a month (fifteen days during which the moon is on the wane, time from full to new moon)'] *m.* 〖暦〗クリシュナパクシャ, 黒半月《太陰月における満月から新月までの半月の期間》. (⇔शुक्लपक्ष)

कृष्णा /kṛṣṇā クリシュナー/ [cf. Eng.n. *Krishna*] *f.* クリシュナー川《デカン高原の南部からベンガル湾に注ぐ》.

केंकड़ा /kẽkaṛā ケーンクラー/ ▶केकड़ा *m.* ☞केकड़ा

केंचुआ /kẽcuā ケーンチュアー/ ▶केचुआ [<OIA. **kēñcuka-* 'worm': T.03459; DEDr.1931 (DED.1607)] *m.* **1** 〖動物〗ミミズ. **2** 〖医学〗回虫.

केंचुली /kẽculī ケーンチュリー/ ▶कँचली, कँचुली [<OIA. **kañcu-* 'skin of a snake': T.02626] *f.* 〖動物〗ヘビの抜け殻.

केंद्र /keṃdrạ ケーンドル/ [←Skt.n. *केन्द्र-* 'the centre of a circle'] *m.* **1** 中央, 中心;中核. **2** 中央(政府), 中央政権. ❐～ सरकार 中央政府.

केंद्र-प्रशासित /keṃdrạ-praśāsitạ ケーンドル・プラシャースィト/ *adj.* 中央政府直轄の. ❐～ क्षेत्र (インド)連邦直轄地(域).

केंद्र-बिंदु /keṃdra-biṃdu ケーンドラ・ビンドゥ/ [neo.Skt.m. *केन्द्र-बिन्दु-* 'centre point'] *m.* (ものごとの)中心;核心;拠点. ❐राजनीति का ～ 政治の中心.

केंद्रित /keṃdritạ ケーンドリト/ [neo.Skt. *केन्द्रित-* 'centered'] *adj.* **1** 中心に集中した. **2** (関心, 注意などが)集中した;焦点が集まった. ❐उसके सारे अरमान अब एक मात्र बिंदु पर ～ थे। 彼女の望みはただ一点に集中していた.

केंद्रीकरण /keṃdrīkaraṇạ ケーンドリーカラン/ [neo.Skt.m. *केन्द्री-करण-* 'centralization'] *m.* 集中化;中央集権化. (⇒केंद्रीयकरण)

केंद्रीय /keṃdrīyạ ケーンドリーエ/ [neo.Skt. *केन्द्रीय-* 'central'] *adj.* **1** 中央の, 中心の;中核の. **2** 中央[連邦]政府の;国立の(機関). ❐～ अनुदान 連邦政府の補助金. ❐～ हिंदी संस्थान 国立ヒンディー語専門学校.

केंद्रीयकरण /keṃdrīyakaraṇạ ケーンドリーエカラン/ [neo.Skt.n. *केन्द्रीय-करण-* 'centralization'] *m.* ☞केंद्रीकरण

के /ke ケー/ [←Eng.n. *K*] *m.* (ラテン文字の)K.

केक /kekạ ケーク/ [←Eng.n. *cake*] *m.* **1** 〖食〗(洋菓子の)ケーキ. ❐चॉकलेट ～ チョコレートケーキ. **2** (薄く平たい)固形物. ❐गोबर ～ ゴーバル・ケーク《牛糞 गोबर をこねて固め乾燥させた固形燃料(उपला)》.

केकड़ा /kekaṛā ケークラー/ ▶केंकड़ा [<OIA.m. *karkaṭa-*[1] 'a crab': T.02816] *m.* 〖動物〗カニ(蟹).

केचुआ /kecuā ケーチュアー/ ▶केंचुआ *m.* ☞केंचुआ

केतली /ketalī ケートリー/ [←Eng.n. *(tea)kettle*] *f.* やかん, 湯沸かし.

केतु /ketu ケートゥ/ [←Skt.m. *केतु-* 'bright appearance, clearness, brightness'] *m.* **1** 〖暦〗ケートゥ《古代インドで日食・月食の原因になると信じられた悪魔;九曜(नवग्रह) の一つ》. **2** 〖天文〗彗星(すいせい).

केन्या /kenyā ケーニャー/ ▶कीनिया [cf. Eng.n. *Kenya*] *m.* ☞कीनिया

केप टाउन /kepạ ṭāunạ ケープ ターウン/ [←Eng.n. *Cape Town*] *m.* 〖地名〗ケープタウン《南アフリカ共和国(दक्षिण अफ़्रीका) の国会所在地;行政首都はプレトリア(प्रिटोरिया)》.

केप वर्दे /kepạ varde ケープ ワルデー/ [cf. Eng.n. *Cape Verde*] *m.* 〖国名〗カーボベルデ(共和国)《首都はプライア (प्राये)》.

केबल /kebalạ ケーバル/ [←Eng.n. *cable*] *f.* ケーブル(線);海底電信, 海外電信;有線(放送通信). ❐～ टीवी ケーブルテレビ, 有線テレビ. ❐～ ऑपरेटर 有線放送通信業者《衛星放送通信業者 उपग्रह ऑपरेटर に対して》.

केमन द्वीपसमूह /kemanạ dvīpasamūhạ ケーマン ドヴィープサムーフ/ [cf. Eng.n. *Cayman Islands*] *m.* 〖国名〗ケイマン諸島《英国の海外領土;首都はジョージタウン(जार्ज टाउन)》.

केरल /keralạ ケーラル/ [cf. Eng.n. *Kerala*] *m.* ケーララ州《州都はティルヴァナンタプラム (तिरुवनन्तपुरम)》.

केला /kelā ケーラー/ [<OIA.m. *kadala-* 'the banana plant *Musa sapientium*': T.02712] *m.* 〖植物〗バナナ

(の実).

केवट /kevaṭa̸ ケーワト/ [<OIA.m. *kaivarta-* 'a fisherman': T.03479; cf. *खेवट*] *m.* 〚ヒンドゥー教〛 船頭《ケーワト・ジャーティに属する》. (⇒खेवट)

केवड़ा /kevaṛā ケーオラー/ [<OIA.m. *kētaka-* 'the tree *Pandanus odoratissimus*': T.03462] *m.* 〚植物〛 アダン(阿檀)《タコノキ科タコノキ属の常緑小高木;葉から抽出される油は薬効がある》.

केवल /kevala̸ ケーワル/ [←Skt. *केवल-* 'exclusively one's own (not common to others); alone, only, mere, sole, one, excluding others'] *adv.* ただ, 単に;ひたすら. (⇒सिर्फ़)

केश /keśa̸ ケーシュ/ [←Skt.m. *केश-* 'hair'] *m.* **1** 髪の毛, 毛髪. (⇒बाल) **2** 〚スィック教〛 ケーシュ《スィック教男子が守る刈らない頭髪;戒律上身につけるべき 5 つのもの「パンジ・カッケー」(पंज कक्के) の一つ》

केस¹ /kesa̸ ケース/ [←Eng.n. *case*] *m.* **1** 訴訟. (⇒अभियोग, मुक़दमा) ❐(पर) ～ चलाना (…に対して)訴訟を起こす. **2** 犯罪事件. ❐मर्डर ～ 殺人事件. **3** 事例, ケース.

केस² /kesa̸ ケース/ [←Eng.n. *case*] *m.* ケース, 箱, 容器. (⇒डिब्बा)

केसर /kesara̸ ケーサル/ [←Skt.n. *केसर-* 'the hair (of the brow); the mane (of a horse or lion)': T.03474] *m.* **1** 〚植物〛 サフラン(の花)《アヤメ科の多年草》. (⇒कुमकुम) **2** 〚食〛 サフラン《サフランの乾燥した花柱;着色料, 香辛料として使用》. **3** サフラン色, 黄土色《オレンジがかった黄色;インドの国旗(三色旗)の最上部の色》.

केसरिया /kesariyā ケースリヤー/ [cf. *केसर*] *adj.* **1** サフラン色の, 黄土色の. (⇒गेरुआ) ❐～ रंग サフラン色. **2** サフランで染められた.

केसरी /kesarī ケースリー/ [←Skt. *केसरिन्-* 'having a mane'] *m.* 〚動物〛 ライオン, 獅子. (⇒बबर-शेर, सिंह)

क़ैंचा /qãĩcā カェーンチャー/ [cf. *क़ैंची*] *m.* 大ばさみ, 植木ばさみ.

क़ैंची /qãĩcī カェーンチー/ [←Pers.n. قیچی 'scissors' ←Turk.] *f.* はさみ, 鋏. (⇒कतरनी)

कैंप /kaiṃpa̸ カェーンプ/ [←Eng.n. *camp*] *m.* キャンプ, 野営. ❐～ में 野営中に. ❐～ लगाना 野営する.

कैंसर /kaiṃsara̸ カェーンサル/ [←Eng.n. *cancer*] *m.* 〚医学〛 癌.

कै /kai カェー/ [<OIA. *káti* 'how many?': T.02694] *pron.* 《कितने「いくつの」と同じ意味で》 ❐～ रुपए मिलेंगे? 何ルピーもらえるんだい? ❐ऐसी महीन साड़ियाँ भला ～ दिन चलेंगी? こんなお上品なサリーが一体何日もつというのだ?

क़ै /qai カェー/ [←Pers.n. قیٔ 'vomiting' ←Arab.] *f.* 〚医学〛 嘔吐(おうと). (⇒उलटी, वमन) ❐～ करना 嘔吐する.

कैटलाग /kaiṭalāga̸ カェートラーグ/ ▸कैटलॉग [←Eng.n. *catalog(ue)*] *f.* カタログ. ❐होम शॉपिंग की नई ～ आज ही मँगाएँ! ホームショッピングの新しいカタログを今日のうちにお求めを!

कैथ /kaitʰa̸ カェート/ ▸कैथा [<OIA.m. *kapittha-* 'the wood apple tree': T.02749] *m.* 〚植物〛 カエト《ミカン科小木ナガエミカンの木[実]》.

कैथा /kaitʰā カェーター/ ▸कैथ *m.* ☞कैथ

कैथी /kaitʰī カェーティー/ [cf. *कायथ* <Skt.m. *कायस्थ-* 'writer caste (born from a Kṣatriya father and Śūdra mother)'] *f.* カエティー[カイティー]文字《ビハール州からウッタル・プラデーシュ州にかけて書記カーストと呼ばれるカーヤスタ・カースト कायस्थ (कायथ)によって主に使用されていた文字;速記の便のためナーガリー文字の上部横線を省略した特徴をもつ》.

कैथोलिक /kaitʰolika̸ カェートーリク/ [←Eng.adj. *Catholic*] *adj.* 〚キリスト教〛 (ローマ)カトリック教会の, カトリックの. ❐～ कॉन्वेंट カトリック修道院. ❐रोमन ～ चर्च ローマカトリック教会.

— *m.* 〚キリスト教〛 (ローマ)カトリック教会の信者.

क़ैद /qaida̸ カェード/ [←Pers.n. قید 'confinement, restraint, imprisonment, restriction, obstacle' ←Arab.] *f.* **1** 投獄, 留置;拘禁, 監禁. (⇒कारावास) ❐(को) ～ करना (人を)投獄[監禁]する. **2** 禁錮(刑);懲役(刑). (⇒कारावास) **3** (映像などの形で)収めること. ❐दुर्लभ चित्रों को कैमरे में ～ करना 珍しい画像をカメラに収める.

क़ैदख़ाना /qaidaxānā カェードカーナー/ [←Pers.n. قید خانه 'a prison'] *m.* 刑務所, 拘置所;牢獄. (⇒कारागार, जेल)

क़ैदी /qaidī カェーディー/ [←Pers.n. قیدی 'a prisoner, captive'] *m.* **1** 囚人. **2** 捕虜, とりこ. **3** 人質.

कैनबरा /kainabarā カェーンバラー/ [←Eng.n. *Canberra*] *m.* 〚地名〛 キャンベラ《オーストラリア(連邦) (आस्ट्रेलिया) の首都》.

कैनवस /kainavasa̸ カェーンワス/ [←Eng.n. *canvas*] *m.* カンバス, 画布.

कैप्टन /kaipṭana̸ カェープタン/ [←Eng.n. *captain*] *m.* (陸軍)大尉 ;(海軍)大佐. (⇒कप्तान) ❐ग्रुप ～ (空軍)大佐.

कैप्सूल /kaipsūla̸ カェープスール/ [←Eng.n. *capsule*] *m.* カプセル. ❐(को) ～ खिलाना (人に)カプセルを飲ます.

कैफ़ियत /kaifiyata̸ カェーフィヤト/ [←Pers.n. کیفیة 'quality, mode; story, statement, account, relation' ←Arab.] *f.* **1** 説明(書);報告(書). ❐～ तलब करना 説明をもとめる. ❐～ देना 説明する. ❐इंस्पेक्टर साहब ने ～ में लिखा, डिसिप्लिन बहुत ख़राब है। 警部殿は報告書に記した, 風紀が非常に乱れていると. **2** ありさま, 様子, 状態. ❐यह ～ देखते ही दरबार में हलचल मच गई। このありさまを見るやいなや宮廷は大騒ぎになった. ❐दूसरे वर्ष भी यही ～ रही। 翌年もこの状態が続いた.

कैफ़े /kaife カェーフェー/ [←Eng.n. *cafe*] *m.* カフェ.

कैबरे /kaibare カェーブレー/ [←Eng.n. *cabaret*] *m.* キ

ャバレー(の余興). ❒～ सिंगर キャバレーの歌手.

कैबिनेट /kaibineṭa カェービネート/ [←Eng.n. *cabinet*] *f.* **1** 内閣. (⇒मंत्रिमंडल) ❒～ मंत्री 閣僚. **2** キャビネット.

कैमरा /kaimarā カェームラー/ [←Eng.n. *camera*] *m.* カメラ, 写真機.

कैमरून /kaimarūna カェームルーン/ [cf. Eng.n. *Cameroon*] *m.* 〖国名〗カメルーン(共和国)《首都はヤウンデ (यौंडे)》.

कैरियर /kairiyara カェーリヤル/ [←Eng.n. *career*] *m.* 経歴, キャリア. ❒रुचि के किसी क्षेत्र विशेष में ～ बनाना 好きな特定の分野においてキャリアを積む.

कैरी /kairī カェーリー/ [?<OIA.m. *karīra-*[1] 'shoot of bamboo': T.02804] *f.* 〖植物〗熟していない小さなマンゴー.

कैरो /kairo カェーロー/ [cf. Eng.n. *Cairo*] *m.* ☞काहिरा

कैलकुलेटर /kailakuleṭara カェーラクレータル/ ▸कैलक्यूलेटर *m.* ☞कैलक्यूलेटर

कैलक्यूलेटर /kailakyūleṭara カェールキューレータル/ ▸कैलकुलेटर [←Eng.n. *calculator*] *m.* 計算機;電卓.

कैलाश /kailāśa カェーラーシュ/ ▸कैलास *m.* ☞कैलास

कैलास /kailāsa カェーラース/▸कैलाश [←Skt.m. *कैलास-* 'name of a mountain'] *m.* 〖地名〗カイラーサ山《ヒンドゥー教, チベット仏教, ボン教の聖地》.

कैलेंडर /kailemḍara カェーレーンダル/ [←Eng.n. *calendar*] *m.* 〖暦〗カレンダー.

कैलोरी /kailorī カェーローリー/ [←Eng.n. *calorie*] *f.* 〖単位〗カロリー《熱量の単位》.

कैल्शियम /kailśiyama カェールシャム/ ▸कैल्सियम *m.* ☞कैल्सियम

कैल्सियम /kailsiyama カェールスィヤム/▸कैल्शियम [←Eng.n. *calcium*] *m.* 〖化学〗カルシウム.

कैश /kaiśa カェーシュ/ [←Eng.n. *cash*] *m.* 〖経済〗キャッシュ, 現金. (⇒नक़द, रोकड़) ❒～ बक्स 金庫.

कैशियर /kaiśiyara カェーシャル/ [←Eng.n. *cashier*] *m.* (店の)レジ係;(会社の)会計係;(銀行の)出納係.

क़ैसर /qaisara カェーサル/ [←Pers.n. قيصر 'Caesar, an emperor' ←Arab. ←Gr. ←Lat.] *m.* **1** 〖歴史〗カエサル, シーザー. **2** 皇帝;独裁者.

कैसा /kaisā カェーサー/ *adj.* **1** どのような. **2**《感嘆》なんという.

— *adv.* **1** どのように. **2** なんと…な.

कैसे /kaise カェーセー/ *adv.* どのように.

कैसेट /kaiseṭa カェーセート/ [←Eng.n. *cassette*] *m.* カセット. ❒～ रिकार्डर カセットレコーダー.

कैस्ट्रीस /kaisṭrīsa カェーストリース/ [cf. Eng.n. *Castries*] *m.* 〖地名〗カストリーズ《セントルシア (सेंट लुसिया) の首都》.

कोंकणी /komkaṇī コーンカニー/ *f.* コーンクニー[コンカニ]語.

— *adj.* コーンクニー[コンカニ]語の.

कोंचना /kõcanā コーンチナー/▸कोचना [<OIA. **kōcc-* 'thrust, pierce, dig': T.03489] *vt.* (*perf.* कोंचा /kõcā コーンチャー/) **1** (尖った先を)突き刺す. (⇒चुभाना) **2** (刺して)傷つける.

कोंचा /kõcā コーンチャー/ [cf. *कोंछना*] *m.* (先の尖ったものによる)一突き. ❒(से) (में) एक ～ मारना (…で)(…に)一突きする.

कोंछना /kõchanā コーンチナー/ [? *काछना* × *खोंसना*] *vt.* (*perf.* कोंछा /kõchā コーンチャー/) **1** (ドーティーやサリーの端を)(内側に)押し込む. **2** (ドーティーやサリーのふちに縛って)(腰の内側に)押し込む.

कोंपल /kõpala コーンパル/ [<OIA. *kuḍmalá-* 'filled with buds': T.03250] *f.* 〖植物〗新葉, 若葉;新芽. ❒उस पेड़ में नई-नई कोंपलें फूटने लगी थीं। その木には新しい若葉が伸びはじめた.

को /ko コー/ [<OIA. *kákṣa-*[1] : T.14342] *postp.* **1**《直接目的語を示す》(人)を《人間以外を表す直接目的語は主格が普通;特定であることを強調する場合は, 人間以外でも使用》. **2**《間接目的語を示す》…に. **3**《与格構文で意味上の主語を示す》. ❒मास्टर जी ～ गुस्सा आया। 先生は怒った. **4**《〖動詞不定詞 को〗の形式で目的「…しようと, …するように」を表す;動詞不定詞は後置格;को は省略されることがある》❒अच्छी-अच्छी चीज़ें खाने ～ मिलती हैं, अच्छे-अच्छे कपड़े पहनने ～ मिलते हैं। いろいろおいしいものが食べるために手に入り, いろいろすばらしい衣服が身に着けるために手に入る. ❒उसने मुझसे यह काम करने ～ कहा। 彼は私にこの仕事をするようにと言った. ❒कहने ～ तो प्रहसन था, मगर करुणा से भरा हुआ। 名前は喜劇ではあったが, 哀れさに満ちていた. ❒घर में खाने ～ भगवान का दिया बहुत है। 家には食べるために神様が下さったものがたくさんあります. ❒मैं जाने ～ तैयार हूँ। 私は行く用意があります. **5**《日付を表す副詞句》…に《年が入る場合は पंद्र अगस्त १९४७ में「1947 年 8 月 15 日に」のようになる》. ❒पहली [दूसरी, तीन, चार] (तारीख़) ～ 1[2, 3, 4]日に. ❒पहली जनवरी ～ 1月1日に. **6**《曜日や一日の刻限を表す名詞の後に置いて副詞句を作る》. ❒दोपहर ～ 正午に. ❒रात [शाम] ～ 夜[夕方]に. ❒सोमवार ～ 月曜日に.

कोआला /koālā コーアーラー/ [←Eng.n. *koala*] *m.* 〖動物〗コアラ.

कोई /koī コーイー/ *pron.* **1** 誰か;何か《否定辞と共に用いて「誰も…ない, いかなるものも…ない」を表わす》. **2** なんらかの…. **3** ある者.

— *adv.* 約…, 大体…. ❒～ तीन बजे 大体 3 時頃.

कोक /koka コーク/ [←Skt.m. *कोक-* 'the ruddy goose'] *m.* 〖鳥〗 ☞चकवा

कोका /kokā コーカー/ [←Eng.n. *coca*] *m.* 〖植物〗コカ(の葉).

कोकाकोला /kokākolā コーカーコーラー/ [←Eng.n. *Coca-Cola*] *m.* コカコーラ.

कोकिल /kokila コーキル/ [←Skt.m. *कोकिल-* 'the Indian cockoo *Cuculus indicus*': T.03483; cf. DEDr.1764 (DED.1470)] *m.* 〖鳥〗コーキラ鳥, (オニ)カッコウ. (⇒कोयल)

कोकीन /kokīna コーキーン/ [←Eng.n. *cocaine*] *f.* 〖医学〗コカイン. ❐～ का आदी コカイン常習者.

कोको[1] /koko コーコー/ [onom.] *f.* 〔擬声〕カーカー《カラス (कौआ) の鳴き声》. (⇒काँ-काँ)

कोको[2] /koko コーコー/ [←Eng.n. *cocoa*] *m.* **1**〖植物〗カカオ(の木). **2**〖食〗ココア.

कोको द्वीप-समूह /koko dvīpa-samūha コーコー ドヴィープ・サムーフ/ [cf. Eng.n. *Coco Islands*] *m.*〖地理〗ココ諸島《西にベンガル湾 (बंगाल की खाड़ी), 東にアンダマーン海 (अंडमान सागर) が位置するミャンマー (म्यानमार) 領の諸島》.

कोकोस द्वीप-समूह /kokosa dvīpa-samūha コーコース ドヴィープ・サムーフ/ [cf. Eng.n. *Cocos Islands*] *m.*〖地理〗ココス諸島《インド洋にあるオーストラリア (आस्ट्रेलिया) 領の諸島》.

कोख /kokʰa コーク/ [<OIA. *kaukṣá, kaukṣaka-* 'abdominal': T.03556; cf. OIA.m. *kukṣí-* 'belly': T.03213] *f.* 子宮;胎, 腹. ❐मेरी ～ में ऐसा बालक जन्मा होता, तो उसकी गर्दन मरोड़ देती। 私の腹からこんな子どもが生まれていたら, 首をひねり殺しているところだ.

कोच[1] /koca コーチ/ [←Eng.n. *coach*] *f.* **1** 客車, 車両; 4輪馬車. **2**〖スポーツ〗コーチ, 指導員.

कोच[2] /koca コーチ/ [←Eng.n. *couch*] *m.* 長椅子, 寝椅子, カウチ. ❐～ पर लेटना カウチに寝そべる.

कोचना /kocanā コーチャナー/ ▸कोंचना *vt.* (*perf.* कोचा /kocā コーチャー/) ☞कोंचना

कोचनी /kocanī コーチニー/ [cf. *कोंचना, कोचना*] *f.* **1** (食事用の)フォーク. (⇒काँटा) **2** コーチニー《剣の鞘に革を縫いつける鉄針》. (⇒काँटा)

कोचवान /kocavāna コーチワーン/ [*कोच*[1] + *-वान*[2]] *m.* (馬車などの)御者.

कोचिन /kocina コーチン/ [cf. Eng.n. *Cochin*] *m.*〖地名〗コーチン《ケーララ州 (केरल) 港湾都市》.

कोट[1] /koṭa コート/ [←Eng.n. *coat*] *m.* (洋服の)上着, コート.

कोट[2] /koṭa コート/ [<OIA.m. *kōṭṭa-*[1] 'fort': T.03500] *m.* 要塞, 城塞. (⇒क़िला)

कोटपाल /koṭapāla コートパール/ [←Skt.m. *कोट-पाल-* 'guarding the fort', the tutelar deity of a fort'] *m.* ☞क़िलेदार

कोटर /koṭara コータル/ [←Skt.n. *कोटर-* 'the hollow of a tree'] *m.* (木の幹の)うつろ, 空洞.

कोटला /koṭalā コートラー/ [cf. *कोट*[2]] *m.* 小規模な要塞, 城塞. (⇒क़िला)

कोटा /koṭā コーター/ [←Eng.n. *quota*] *m.* 割り当て[分担]量, 額. ❐राशन का ～ 配給の割り当て量.

कोटि /koṭi コーティ/ [←Skt.f. *कोटि-* 'curved end of a bow or of claws, etc.; ten millions; the complement of an arc to 90 degrees (in math.)' ←Austro-as.: T.03498] *num.* 千万. (⇒करोड़)
— *f.* **1** カテゴリー;区分;等級. ❐उच्च ～ की 上質な, 高級な. ❐संत ～ की नैतिकता 聖人にのみ備わる徳の高さ. ❐(की) ～ में आना (…の)カテゴリーに分類される.

कोटिशः /koṭiśaḥ コーティシャハ/ [←Skt.ind. *कोटि-शस्* 'by ten millions, in innumerable multitudes'] *adv.* 数えきれないほどの, 多大の. ❐～ धन्यवाद 深甚なる謝意.

कोटी /koṭī コーティー/ [←Eng.n. *coatee*] *f.* コーティー《女性用半コート》.

कोठरी /koṭʰarī コートリー/ [<OIA.n. *kṓṣṭha-*[2] 'pot': T.03546] *f.* **1** 薄暗い小部屋. ❐कवच ～ トーチカ《鉄筋コンクリート製の防御陣地》. **2** 穀物倉庫;物置小屋. **3** (刑務所の)独房. (⇒काल-कोठरी)

कोठा /koṭʰā コーター/ [<OIA.n. *kṓṣṭhaka-* 'treasury': T.03546z1] *m.* **1** 屋敷, 邸宅;(レンガ作りの)館, 商館. **2** (屋敷の)部屋, (階上の)部屋. **3** 穀物倉;倉庫. **4** 売春宿, 遊郭.

कोठार /koṭʰāra コータール/ [<OIA.n. *kōṣṭhāgāra-* 'storeroom, store': T.03550] *m.* 倉庫, 倉.

कोठारी /koṭʰārī コーターリー/ [<OIA.m. *kōṣṭāgārika-* 'storekeeper': T.03551] *m.* 倉庫番.

कोठी /koṭʰī コーティー/ [cf. *कोठा*] *f.* **1** 豪邸, 大邸宅. **2** 穀物倉;倉庫.

कोड़ना /koṛanā コーラナー/ [<OIA. *kōṭáyatē* 'breaks': T.03495; cf. *गोड़ना*] *vt.* (*perf.* कोड़ा /koṛā コーラー/) (土を)掘り返す. ❐वह खेत कोड़ने, जोतने, बोने और काटने में ही लगा रहता। 彼は畑を掘り返し, 耕し, 種をまきそして刈り入れることにだけ専念していました.

कोड़ा /koṛā コーラー/ [<OIA. **kōraḍa-* 'whip': T.03528; DEDr.2237 (DED.1852)] *m.* 鞭(むち). ❐(को) कोड़े फटकारना [मारना, लगाना] (人を)鞭打つ. ❐(पर) कोड़े पड़ना (人が)鞭に打たれる.

कोड़ी /koṛī コーリー/ [<OIA. **kōḍi-* 'a score, twenty': T.03503; cf. Beng.n. *কুড়ি* 'twenty, score'] *f.* コーリー《20を単位とする数え方》. ❐१२ ～ भेड़ें थीं, उन्हें खेतों में बिठाने के लिए फ़ी रात आठ आने ～ मज़दूरी मिलती थी। 20頭1組の羊が12組いた, それらを畑にまとめておくために一晩20頭1組につき8アンナの労賃をもらっていた.

कोडैकनाल /koḍaikanāla コーダェーカナール/ [cf. Eng.n. *Kodaikanal*] *m.*〖地名〗コーダイカナール《タミル・ナードゥ州 (तमिल नाडु) の高原避暑地》.

कोढ़ /koṛʰa コール/ [<OIA.n. *kúṣṭha-*[2] 'leprosy': T.03371] *m.*〖医学〗ハンセン病.

कोढ़िन /koṛʰina コーリン/ [cf. *कोढ़ी*] *f.* 女性のハンセン病患者.

कोढ़ी /koṛʰī コーリー/ [*कोढ़* + *-ई*] *m.*〖医学〗ハンセン病患者.

कोण /koṇa コーン/ [←Skt.m. *कोण-* 'a corner, angle'] *m.* **1**〖数学〗角(かく);角度. ❐उस टेबिल के ऊपर का पटरा इच्छानुसार विभिन्न कोणों पर झुकाया-उठाया जा सकता है। その机の上部の板は思い通りのいろいろな角度に傾斜させることができる. **2**〖数学〗直角. (⇒समकोण) ❐～ की दो भुजाएँ 直角の二辺. ❐चेहरा उनका रोमनों की ढाल-सी लगता था, चौड़े से अधिक लंबा, लंबाइयाँ ठुड्डी की ओर मुड़कर ～-सी बनाती हुई।

彼の顔つきはローマ人の盾(たて)のように思われた,幅よりも縦に長く,縦の線はあご先で曲がりほぼ直角を作っていた. **3** 角(かど),隅(すみ).

कोणार्क /koṇārka コーナールク/ [cf. Eng.n. *Konaraka*] *m.* 〖地名〗コナーラク,コナラク《オリッサ州 (ओडिशा) のヒンドゥー教聖地;太陽神を祀るスーリヤ寺院はユネスコ世界遺産》.

कोणीय /koṇīya コーニーエ/ [neo.Skt. *कोणीय-* 'angular'] *adj.* 角度のある. ❐～ रेखा 対角線. ❐～ कोष्ठक ブラケット,角括弧. ❐इस चुनाव क्षेत्र में चार ～ मुक़ाबला होने का संभावना है। この選挙区では四者が対決する可能性がある.

कोत दईवोआर /kota daīvoāra コート ダイーヴォーアール/ [cf. Fr.f. *C{o}te d'Ivoire* 'Ivory Coast'] *m.* 〖国名〗コートジボワール(共和国)《旧象牙海岸;首都はヤムスクロ (यामोसुकरो)》.

कोतवाल /kotavāla コートワール/ [←Pers.n. کوتوال 'a magistrate'; cf. <OIA.m. *kōṭṭapāla-* 'commander of a fort': T.03501] *m.* 警察本部長;警察署長.

कोतवाली /kotavālī コートワーリー/ [←Pers.n. کوتوال 'the office of a *kotwāl*'] *f.* **1** 警察本部. **2** 警察本部長 कोतवाल の職.

कोताही /kotāhī コーターヒー/ [←Pers.n. کوتاہی 'shortness, brevity; littleness, deficiency'] *f.* 手抜かり;手落ち. ❐(में) ～ करना (…において)手を抜く. ❐(में) ～ मानना (…において)手落ちを認める.

कोथला /kotʰalā コートラー/ [<OIA. **kōtthala-* 'bag': T.03511] *m.* **1** 大きな袋. **2** 胃袋.

कोथली /kotʰalī コートリー/ [cf. *कोथला*] *f.* 小さな袋;(袋状の)金入れ.

कोदों /kodõ コードーン/▸कोदो [<OIA.m. *kōdrava-* '*Paspalum scrobiculatum* (a grain eaten by the poor)': T.03515] *m.* 〖植物〗スズメノコビエ《痩せた土地でも育つ雑穀の一種》.

कोदो /kodo コードー/ ▸कोदों *m.* ☞कोदों

कोना /konā コーナー/ [<OIA.m. *kōṇa-* 'corner, angle': T.03504] *m.* **1** かど,角;隅;片隅,すみっこ. ❐उसका मकान चौराहे के एक कोने पर है। 彼の家は四つ辻の一つの角にある. ❐हमारे मकान के उत्तर-पूरब के कोने पर शिवाला था। 我が家の北東の隅にはシヴァ神の祠があった. ❐एक कोने में 片隅に. ❐उसकी बंद आँखों के कोनों से आँसू की बूँदें निकलीं। 彼の閉じた目の隅から涙のしずくがあふれた. ❐देश के कोने-कोने से 国の隅々から. **2** (はみ出た)隅;(尖った)破片. ❐तकिए के नीचे से एक काग़ज़ का ～ निकला हुआ दिखाई पड़ा। 枕の下から1枚の紙の端っこがのぞいていた.

कोनाक्री /konākrī コーナークリー/ [cf. Eng.n. *Conakry*] *m.* 〖地名〗コナクリ《ギニア(共和国) (गिनी) の首都》.

कोप /kopa コープ/ [←Skt.m. *कोप-* 'passion, wrath, anger, rage'] *m.* 怒り;激怒. (⇒गुस्सा) ❐～ भरी आँखों से देखना 怒りに満ちた目で見る.

कोपभवन /kopabʰavana コープバワン/ [neo.Skt.n. *कोप-भवन-* 'chamber to which a person retires when angry or affronted'] *m.* (不機嫌になって)閉じこもる部屋. ❐दो दिन तक वह ～ रही। 二日間彼女は怒って部屋に閉じこもったままだった.

कोपभाजन /kopabʰājana コープバージャン/ [neo.Skt.n. *कोप-भाजन-* 'victim of wrath'] *m.* (人の)怒りをかう人,怒りの対象となる人.

कोपेनहेगन /kopenahegana コーペーンヘーガン/ [cf. Eng.n. *Copenhagen*] *m.* 〖地名〗コペンハーゲン《デンマーク(王国) (डेनमार्क) の首都》.

कोफ़्त /kofta コーフト/ [←Pers.n. کوفت 'grief, sadness; anguish, vexation'; ?cog. Skt. *कोपित-* 'enraged, furious'] *f.* **1** 悲しみ;苦悩. **2** 腹立たしさ. ❐(को) (पर) ～ होना (人が)(…に対して)腹立たしく思う.

कोफ़्ता /koftā コーフター/ [←Pers.n. کوفته 'hashed meat; balls of pounded meat cooked in soup, rissoles'] *m.* 〖食〗コーフタ《肉団子の料理》.

कोमल /komala コーマル/ [←Skt. *कोमल-* 'tender, soft'] *adj.* **1** やわらかい,ソフトな. (⇒मुलायम) ❐～ गाल やわらかい頬(ほお). **2** (体つきなどが)きゃしゃな;繊細な. ❐～ गात (若い女の)きゃしゃな体つき. **3** (性格が)優しい,柔和な,細やかな. ❐～ कंठ से कहना 優しい声で言う. ❐～ हृदय 優しい心.

कोमलता /komalatā コーマルター/ [←Skt.f. *कोमल-ता-* 'softness, tenderness'] *f.* **1** やわらかさ. **2** 繊細さ;か弱さ;優美さ,上品さ. ❐स्त्रियों की ～ पुरुषों की काव्य-कल्पना है। 女のか弱さなどというものは男が作った詩の想像上のものにすぎない. **3** 優しさ;柔和さ.

कोमोरो /komoro コーモーロー/ ▸कोमोरोस *m.* ☞कोमोरोस

कोमोरोस /komorosa コーモーロース/▸कोमोरो [cf. Eng.n. *Comoros*] *m.* 〖国名〗コモロ(連合)《首都はモロニ (मोरोनी)》.

कोयंबतूर /koyaṃbatūra コーヤンバトゥール/ [cf. Eng.n. *Coimbatore*] *m.* 〖地名〗コインバトル,コーヤンブットゥール《タミル・ナードゥ州 (तमिल नाडु) の産業都市》.

कोयल /koyala コーヤル/ [<OIA.m. *kōkilá-*[1] 'the Indian cockoo *Cuculus indicus*': T.03483; cf. DEDr.1764 (DED.1470)] *f.* 〖鳥〗(オニ)カッコウ《鳴き声の擬声語は कुहू-कुहू, कू-कू》. (⇒कोकिल) ❐～ कूकती है। カッコウが鳴いている.

कोयला /koyalā コーエラー/ [<OIA.m. *kōkila-*[2] 'lighted coal, charcoal': T.03484] *m.* **1** 炭;木炭;おき. ❐पत्थर का ～ 石炭. ❐लकड़ी का ～ 木炭. **2** 〖鉱物〗石炭.

कोया /koyā コーヤー/ [<OIA. **kōya-* 'inside of fruit': T.03525; cf. DEDr.1880 (DED.1560)] *m.* **1** 〖植物〗(ジャックフルーツの)果肉. **2** 眼球. **3** 〖昆虫〗(カイコの)繭(まゆ).

कोर[1] /kora コール/ [?<OIA.f. *kṓṭi-*[1] 'curved end of bow, edge, point of sword': T.03497] *f.* **1** 端(はし),隅(すみ),ふち. ❐अँगोछे की ～ में बाँधना (…を)手ぬぐいの端に包む. ❐नयनों की ～ 眼のふち. **2** (道の)縁石.

कोर[2] /kora コール/ [←Eng.n. *corps*] *m.* 軍団,兵団;

（専門技術をもった）部隊；团，班．❐मैं युनिवर्सिटी के आफ़िसर्स ट्रेनिंग 〜 में दाख़िल हुआ। 私は大学の予備役将校訓練課程に籍を置いた．

कोर-कसर /kora̱-kasara̱ コール・カサル/ *f.* 不足，欠如；欠陥．❐बाप में जो कुछ 〜 रह गई थी, वह बेटे में पूरी हो गई थी। 親父が足りなかったものすべてが，倅（せがれ）には完全に備わっていた．

कोरम /korama̱ コーラム/ [←Eng.n. *quorum*] *m.* （議決に必要な）定足数．(⇒गणपूर्ति) ❐(सभा का) 〜 पूरा होना （会議の）定足数に達する．

क़ोरमा /qora̱mā コールマー/ [←Pers.n. قورمه 'korma' ←Turk. *kovurma* 'cooked meat'] *m.* 〖食〗コールマー《肉カレー料理の一種；軽くあぶった肉と揚げたタマネギを香辛料とヨーグルトで煮込む》．

कोरस /korasa̱ コーラス/ [←Eng.n. *chorus*] *m.* コーラス．❐〜 में गाना コーラスで歌う．

कोरा /korā コーラー/ [<OIA. **kōra-* 'fresh, new, unused': T.03526] *adj.* **1** 未使用の；（紙が）白紙の．(⇒सादा) ❐〜 काग़ज़ 白紙．**2** 何事もない；何もなしの．❐〜 बचना 無傷で助かる．❐〜 लौटना 手ぶらで戻る．❐〜 रह जाना 何も得ることがないままでいる，収穫なしでいる．**3** そっけない；無造作な；手が加わっていない；手入れのされていない．❐〜 कपड़ा 洗ってない服．❐〜 जवाब そっけない（断りの）返事．❐〜 सिर 手入れのされていない頭（の毛）．**4** ただの，単なる；まったくの；中味のない．❐〜 आदर्शवादी 空想的理想主義者，ドン・キホーテ．❐कोरी कल्पना 荒唐無稽な話，まゆつば物．❐कोरी बातें 愚者の戯言．❐〜 मूर्ख 大馬鹿者．

कोरिया /koriyā コーリヤー/ [cf. Eng.n. *Korea*] *m.* 〖地理〗朝鮮．❐उत्तर 〜 〖国名〗北朝鮮，朝鮮民主主義人民共和国．❐दक्षिण 〜 〖国名〗韓国，大韓民国．

कोरियाई /koriyāī コーリヤーイー/ [*कोरिया* + *-ई*] *adj.* 朝鮮の；韓国の．❐〜 प्रायद्वीप 〖地理〗朝鮮半島．
— *m.* 朝鮮人；韓国人．
— *f.* 朝鮮語；韓国語．

कोरी /korī コーリー/ ▸कोली *m.* ☞कोली

कोर्ट /korṭa̱ コールト/ [←Eng.n. *court*] *m.* **1** 法廷，裁判所．(⇒अदालत, कचहरी, न्यायालय) ❐हाई 〜 高等裁判所．❐〜 [सिविल] मैरिज 民事婚，民事的婚姻《宗教的儀式によらず民事上の契約に基づいて公吏が行う》．**2** 〖スポーツ〗（テニスなどの）コート．

कोर्ट-मार्शल /korṭa̱-mārśala̱ コールト・マールシャル/ [←Eng.n. *court-martial*] *m.* 軍法会議．

कोर्ट मैरिज /korṭa̱ mairija̱ コールト マェーリジ/ [←I.Eng.n. *court marriage* 'civil marriage'] *f.* 〖法律〗民事婚．

कोर्स /korsa̱ コールス/ [←Eng.n. *course*] *m.* （学習の）課程，コース．(⇒पाठ्यक्रम)

कोलंबिया /kolaṃbiyā コーランビヤー/ [cf. Eng.n. *Colombia*] *m.* 〖国名〗コロンビア（共和国）《首都はボゴタ (बोगोटा)》．

कोलंबो /kolaṃbo コーランボー/ [cf. Eng.n. *Colombo*] *m.* 〖地名〗コロンボ《スリランカ（民主社会主義共和国）(श्रीलंका) の旧首都；現在の首都はスリ・ジャヤワルダナプラ・コッテ (श्री जयवर्धनपुर कोट्टे)》．

कोलकाता /kola̱kātā コールカーター/ [cf. Eng.n. *Kolkata*] *m.* 〖地名〗コルカタ《西ベンガル州 (पश्चिम बंगाल) の州都；旧名はカルカッタ(कलकत्ता)》．

कोलतार /kola̱tāra̱ コールタール/ [←Eng.n. *coal tar*] *m.* コールタール．(⇒अलकतरा, तारकोल)

कोलार /kolāra̱ コーラール/ [cf. Eng.n. *Kolar*] *m.* 〖地名〗コーラール《カルナータカ州 (कर्नाटक) の地方都市》．

कोलाहल /kolāhala̱ コーラーハル/ [←Skt.m. *कोलाहल-* 'a loud and confused sound, uproar, great and indistinct noise (of men, animals, etc.)'] *m.* 大騒動；大騒ぎ；やかましい叫び声；喧騒．❐〜 मचना 大騒ぎが起こる．❐〜 मचाना 大騒ぎを起こす．

कोलाहली /kolāhalī コーラーハリー/ [←Skt. *कोलाहलिन्-* 'filled with noise'] *adj.* 騒がしい，騒々しい；喧騒に満ちた．

कोली /kolī コーリー/ ▸कोरी [<OIA.m. *kōlika-* 'weaver': T.03535] *m.* 〖ヒンドゥー教〗コーリー《機織職人，機織を生業とするジャーティに属する人》．

कोल्हू /kolhū コールフー/ [<OIA. **kōlhu-* 'machine for pressing sugarcane or oilseeds': T.03536] *m.* （サトウキビを）搾る機械；（油を採るために菜種を）搾る機械．❐〜 का बैल 圧搾機を動かす雄牛《「頭を使わない単純重労働者」のたとえ》．❐〜 चलाना 圧搾機を運転する．

कोविद /kovida̱ コーヴィド/ [←Skt. *को-विद-* 'experienced, skilled, learned in'] *adj.* （学芸に）秀でた，熟達した．
— *m.* （学芸の）達人，学者．

कोश /kośa̱ コーシュ/ ▸कोष [←Skt.m. *कोश-* 'store-room, store; a dictionary, lexicon or vocabulary'] *m.* **1** 辞典，辞書；事典．❐विश्व(ज्ञान) 〜 百科事典．❐हिंदी-जापानी 〜 ヒンディー語・日本語辞典．**2** 〖経済〗金庫；資金，基金；財源《この意味では कोष が多く使われる傾向がある》．❐अंतर्राष्ट्रीय मुद्रा 〜 国際通貨基金．❐राहत 〜 救援基金．

कोशकला /kośa̱kalā コーシュカラー/ [←Skt.f. *कोश-कला-* 'lexicography'] *f.* 〖言語〗辞典編纂；辞書学．

कोशकार /kośa̱kāra̱ コーシュカール/ [←Skt.m. *कोश-कार-* 'a compiler of a dictionary, lexicographer'] *m.* 〖言語〗辞典［辞書，事典］編纂者．

कोशागार /kośāgāra̱ コーシャーガール/ ▸कोषागार [←Skt.m. *कोशागार-* 'a treasure-house, store-room, treasury'] *m.* 宝庫，宝物殿．

कोशाध्यक्ष /kośādʰyakṣa̱ コーシャーディャクシュ/ ▸कोषाध्यक्ष [←Skt.m. *कोश-अध्यक्ष-* 'a treasurer'] *m.* 〖経済〗出納責任者；出納長；収入役．(⇒ख़ज़ानची)

कोशिका /kośikā コーシカー/ [←Skt.f. *कोशिका-* 'a drinking vessel'] *f.* 〖生物〗細胞．❐〜 विज्ञान 細胞生物学．

कोशिश /kośiśa̱ コーシシュ/ [←Pers.n. كوشش 'study,

endeavour, striving, effort, exertion, attention, application, labour, work'] *f.* **1** 努力, 尽力. (⇒प्रयत्न, प्रयास) ❒(की) ～ करना (…の)努力をする. **2** 試み. (⇒प्रयत्न, प्रयास) ❒वह (की) ～ में है। 彼は(…を)試みている最中だ.

कोष /koṣa コーシュ/ ▶कोश *m.* ☞कोश

कोषागार /koṣāgāra コーシャーガール/ ▶कोशागार *m.* ☞कोशागार

कोषाध्यक्ष /koṣādʰyakṣa コーシャーディャクシュ/ ▶कोशाध्यक्ष *m.* ☞कोशाध्यक्ष

कोष्ठ /koṣṭʰa コーシュト/ [←Skt.m. *कोष्ठ-* 'a granary, store-room'] *m.* **1** 四方が囲まれている場所;倉庫, 倉;(内部の)部屋. **2** (腹部の各)内蔵. **3** (細かく分かれた)書類棚, 分類棚;(表などの)セル, 欄.

कोष्ठक /koṣṭʰaka コーシュタク/ [←Skt.m. *कोष्ठक-* 'a receptacle for'] *m.* **1** 壁などで囲まれている場所;倉庫, 倉. **2** 括弧(かっこ). ❒कोणीय ～ ブラケット, 角括弧. ❒चौखूँटे [गोल] ～ में 角[丸]括弧の中に. ❒सर्पाकार ～ ブレイス, 波括弧.

कोष्ठबद्ध /koṣṭʰabaddʰa コーシュトバッド/ [neo.Skt. *कोष्ठ-बद्ध-* 'constipated'] *f.* 便秘の.

कोष्ठबद्धता /koṣṭʰabaddʰatā コーシュトバッドター/ [neo.Skt.f. *कोष्ठबद्ध-ता-* 'constipation'] *f.* 便秘. (⇒क़ब्ज़)

कोष्ठागार /koṣṭʰāgāra コーシュターガール/ [←Skt.n. *कोष्ठ-आगार-* 'a store-room, store; a treasury'] *m.* **1** 倉庫, 倉;貯蔵庫. **2** 宝物庫.

कोस /kosa コース/ [<OIA.m. *krṓśa-* 'shout': T.03611] *m.* 〚単位〛コース《現代では約 2 マイル(約 3.2 キロメートル)の距離に相当とされることが多い;普通, 副詞的に कोसों「なんコースも, かなり遠くに」で使用される》. ❒～ ～ पर बदले पानी, चार ～ पर वाणी।〔諺〕1 コースごとに水が変わり, 4 コースごとに言葉が変わる《インドの言語の多様性を説明する場合に好んで引用される》. ❒कोसों तक आबादी का पता नहीं। はるか遠くまで人の住んでいる気配がない. ❒लेख और वाणी, हास्य और विनोद सभी क्षेत्र में वह मुझसे कोसों आगे था। 書くことと話すこと, ユーモアとウイット, すべての面で彼は私よりはるかに先を行っていた. ❒जैसा विद्वज्जनों का स्वभाव होता है, हँसी-दिल्लगी से कोसों दूर भागते थे। 学者の性格がそうであるように, (彼は)冗談や戯れなどからはかけ離れていた. ❒व्यायाम से कोसों भागनेवाला 運動などとんでもないという人間.

कोसना /kosanā コースナー/ [<OIA. *krṓśati* 'cries out': T.03612] *vt.* (*perf.* कोसा /kosā コーサー/) 呪う;(声を出して)ののしる, 悪態をつく. ❒उसको उसने मन में कितना पानी पी-पीकर कोसा था। 彼を彼女は心の中でどれほど激しく呪ったことか. ❒दोनों ही ईश्वर को कोस रही थीं। 二人とも神を呪っていた. ❒मैंने अपने को कोसा। 私は自分自身を呪った. ❒वह मुझे कोसने लगी। 彼女は私をののしりだした.

कोसा /kosā コーサー/ [cf. Skt. *कौश-* 'silken'] *m.* コーサー《マディヤ・プラデーシュ州 (मध्य प्रदेश) 特産の絹布》.

कोस्टा रीका /kosṭā rīkā コースター リーカー/ [cf. Eng.n. *Costa Rica*] *m.* 〚国名〛コスタリカ(共和国)《首都はサンホセ (सान होज़े)》.

कोहक़ाफ़ /kohaqāfa コーフカーフ/ [←Pers.n. كوه قاف 'Mount Caucasus'] *m.* 〚地理〛(アジアとヨーロッパの境をなす)大コーカサス山脈, 大カフカース山脈.

कोहनी /kohanī コーフニー/ ▶कुहनी *f.* ☞कुहनी

कोहनूर /kohanūra コーフヌール/ ▶कोहिनूर [cf. Pers.n. كوه نور 'Koh-i-Noor, mountain of light'] *m.* コーヒ・ヌール《かつての世界最大のインド産ダイヤモンド;現在の所有者は英国王室》.

कोहरा /koharā コーフラー/ ▶कुहरा *m.* ☞कुहरा

कोहराम /koharāma コーフラーム/ ▶कुहराम *m.* ☞कुहराम

कोहान /kohāna コーハーン/ [←Pers.n. كوهان 'a saddle for a horse; the hump of a camel or of the Indian ox'] *m.* 〚動物〛(ラクダや牛の背の)こぶ. (⇒कूबड़)

कोहिनूर /kohinūra コーヒヌール/ ▶कोहनूर *m.* ☞कोहनूर

कोहिमा /kohimā コーヒマー/ [cf. Eng.n. *Kohima*] *m.* 〚地名〛コヒマ《ナガランド州 (नागालैंड) の州都》.

कौंध /kãũdʰa カォーンド/ [cf. *कौंधना*] *f.* 一瞬のきらめき, 閃光.

कौंधना /kãũdʰanā カォーンドナー/ [cf. *चकाचौंध*] *vi.* (*perf.* कौंधा /kãũdʰā カォーンダー/) **1** (雷などの閃光が)きらめく;(閃光のように)素早く動く. ❒वह बिजली की तरह कौंधकर राजकुमार के सामने खड़ी हो गई। 彼女は電光のように素早く王子の前に立った. **2** (考えなどが)ひらめく, 脳裏を横切る. ❒लड़कपन में पढ़ी एक पंक्ति दिमाग़ में कौंध गई। 子ども時代に読んだ一行が脳裏を横切った. ❒बिजली की तरह एक विचार मेरे मन में कौंध गया। 雷光のようにある考えが私の心に一瞬浮かんだ.

कौंसिल /kaũsila カォーンスィル/ [←Eng.n. *council*] *f.* 評議会, 協議会. (⇒परिषद्)

कौंसिलर /kaũsilara カォーンスィラル/ [←Eng.n. *councillor*] *m.* 評議員, 協議会委員. (⇒पार्षद)

कौआ /kauā カォーアー/ ▶कौवा [<OIA.m. *kā́ka-* 'crow': T.02993] *m.* **1** 〚鳥〛カラス, 烏《鳴き声の擬声語は काँ-काँ, काँय-काँय, काँव-काँव など》. (⇒काग) **2** ずるがしこい人. **3** 口蓋垂, 喉びこ.

कौटुंबिक /kauṭumbika カォートゥンビク/ [←Skt. *कौटुम्बिक-* 'belonging to or constituting a family'] *adj.* 家族の, 一家の.

कौड़ी /kauṛī カォーリー/ [<OIA.m. *kaparda-* 'a small shell': T.02740; ←Drav.] *f.* **1** 〚貝〛宝貝, 子安貝《モルジブ諸島の特産;ベンガル地方との古代海上交易で, 往路バラストとして用い, 寄港地で商品購入の低額通貨として使用》. **2** ごくわずかのお金;ただの一銭, びた一文;二束三文. ❒मैं एक ～ न दूँगा। 私はただの一銭も渡さないぞ. ❒एक हज़ार, ～ कम नहीं। 一千(ルピー)だ, びた一文まけられない. ❒इसी दिन के लिए तो कौड़ी-कौड़ी जोड़ रहा था। (彼は)この日のために少しずつわずかなお金を貯めていた. **3** 〚医学〛リンパ腺.

कौतुक /kautuka カォートゥク/ [←Skt.n. *कौतुक-* 'curiosity, interest in anything, vehement desire for'] *m.* **1** 強い

好奇心, せんさく好き. ❐～ भरी आँखों से देखना 好奇心に満ちた目で見る. **2** 珍奇なもの, 物珍しいもの; 見世物, 見もの; 哀れな光景. ❐यह ～ देखकर मुझे रोमांच होने लगा। この光景を見て私は身の毛がよだった.

कौतूहल /kautūhala カォートゥーハル/ ▸कुतूहल *m.* ☞कुतूहल

कौन /kauna カォーン/ *pron.* 誰; どれ, どの….

कौन-सा /kauna-sā カォーン・サー/ *adj.* どれ, どの….

कौपीन /kaupīna カォーピーン/ [←Skt.n. *कौपीन-* 'a small piece of cloth worn over the privities by poor persons'] *m.* カウピーナ《恥部を隠す程度の布切れ》.

क़ौम /qauma カォーム/ [←Pers.n. قوم 'being brisk (the market); people, nation; tribe, family, kindred' ←Arab.] *f.* **1** 国家. (⇒राष्ट्र) **2** 国民. **3** 民族. (⇒जाति)

कौमार्य /kaumārya カォーマールエ/ *m.* 処女性.

क़ौमी /qaumī カォーミー/ *adj.* **1** 国家の. (⇒राष्ट्रीय) ❐～ ज़बान 国語. ❐～ तराना 国歌. **2** 国民の. **3** 民族の. (⇒जातीय)

कौमुदी /kaumudī カォームディー/ [←Skt.f. *कौमुदी-* 'moonlight'] *f.* 月光.

कौर /kaura カォール/ [<OIA.m. *kavala-* 'mouthful': T.02960] *m.* (食べ物の)一口(分). (⇒गस्सा)

क़ौल /qaula カォール/ [←Pers.n. قول 'speaking; speech; promise' ←Arab.] *m.* **1** 言明; 断言. **2** 約束, 言質.

क़ौल-क़रार /qaula-qarāra カォール・カラール/ [←Pers.n. قول قرار 'an agreement'] *m.* 相互協定.

कौवा /kauvā カォーワー/ ▸कौआ *m.* ☞कौआ

कौशल /kauśala カォーシャル/ [←Skt.n. *कौशल-* 'well-being, welfare; skilfulness, cleverness'] *m.* **1** 技巧, 巧みさ, 腕. ❐केवल ～ से धन नहीं मिलता। ただ腕だけでは金は手に入らないよ. ❐मूर्तिकार ने विलक्षण ～ दिखाया था। 彫刻家は並外れた技の冴えを見せた. **2** 無事で息災であること.

क्या /kyā キャー/ [<OIA.n. *kím* 'what? why?': T.03164] *pron.* **1** 何. ❐～ हुआ? 何があったのですか? ❐～ कहना (है)। (感嘆して)例えようがないですな. ❐आप ～ करते हैं? あなたは何をしているのですか? 《「ご職業は?」の意》 ❐यह ～ है? これは何ですか? ❐इसे हिंदी में ～ कहते हैं? これをヒンディー語で何と言いますか? **2**《慣用的に名詞の前に置く疑問表現; 名詞の後に置くとやや詰問調になる》 ❐～ समय है? 何時ですか? ❐आपका ～ नाम है? あなたのお名前は何ですか? ❐आपका ～ विचार है? あなたのお考えはどうですか? ❐आपकी ～ उम्र है? あなたのお歳はいくつですか? **3** (感嘆して)何という, すばらしい《名詞の前に置く》. ❐～ गाय थी कि बस देखता रहा। 何とすばらしい雌牛だったか, ただ見惚れてしまった. **4** (反語的に)何もない, 何の価値もない《文末にくることが多い》. ❐उसके पास है ही ～? 彼が何を持っているというのだ? ❐एक उपन्यास की हस्ती ही ～ है! 一人の小説家の存在が何だというのだ! ❐खेती छोड़ दें, तो करें ～? 農業をやめたら一体何をすればいいのだ? **5**…どころか, …はおろか. ❐जूतों से ～ थप्पड़ या घूँसे से मारने की भी कोई घटना उसे याद न आती थी। 靴で(殴ること)はおろか平手打ちや拳骨で殴るなどいかなる事件も彼には記憶になかった.

— *int.*《疑問詞のない疑問文の文頭または文末に置いて疑問文であることを明示する; 必ずしも必要ではない; 文末に置くと親密さをあらわしたりぞんざいな口調になる》 ❐～ यह आपका है? これはあなたのですか? ❐किसी ने कुछ कहा है ～? 誰か何か言ったのかい? ❐पेट में कुछ गड़बड़ है ～? お腹の調子でも悪いのかい?

क्यारी /kyārī キャーリー/ [<OIA.m. *kēdāra-* 'field (esp. one under water)': T.03463] *f.* 『植物』苗床; 花壇. ❐क्यारियों में पानी देना 苗床に水を入れる. ❐खुरपी से क्यारियाँ गाड़ना 小さなシャベルで花壇を掘りおこす. ❐धान की क्यारियाँ पानी से भरी हुई थीं। 稲の苗床は水で満ちていた. ❐फूलों की क्यारियाँ 花壇.

क्यू[1] /kyū キュー/ [←Eng.n. *queue*] *m.* (順番を待つ人や車の)列, 並び. (⇒ताँता, लाइन, पंक्ति) ❐～ में खड़ा होना 列に並ぶ. ❐～ बनाना 列を作る.

क्यू[2] /kyū キュー/ [←Eng.n. *Q*] *m.* (ラテン文字の)Q.

क्यूबा /kyūbā キューバー/ [cf. Eng.n. *Cuba*] *m.* 『国名』キューバ(共和国)《首都はハバナ (हवाना)》.

क्यों /kyõ キョーン/ *adv.* 何故, どうして. ❐क्यों नहीं। もちろんだとも.

क्योंकर /kyõkara キョーンカル/ *adv.* 何故, どうして. (⇒क्यों)

क्योंकि /kyõki キョーンキ/ *conj.* 何故なら.

क्रंदन /kraṃdana クランダン/ [←Skt.n. *क्रन्दन-* 'crying out, calling'] *m.* 嘆き悲しむこと, 慟哭(どうこく). ❐उसका करुण ～ हृदयों को हिलाए देता था। 彼の哀切きわまりない慟哭が人々の心を揺り動かしていた.

क्रम /krama クラム/ [←Skt.m. *क्रम-* 'a step; going, proceeding, course'] *m.* **1** 順序; 順番; 配列, 並び; 手順. (⇒तरतीब) ❐～ से 順番に. ❐अकारादि ～ デーヴァナーガリー文字のアルファベット順. **2** 進行過程.

क्रम-परिवर्तन /krama-parivartana クラム・パリワルタン/ [neo.Skt.n. *क्रम-परिवर्तन-* 'transposition'] *m.* (位置・順序の)置き換え.

क्रमबद्ध /kramabaddʰa クラムバッド/ [neo.Skt. *क्रम-बद्ध-* 'ordered, sequential; graded'] *adj.* (秩序正しく)順に並べられた; システマティックな.

क्रमबद्धता /kramabaddʰatā クラムバッドター/ [neo.Skt.f. *क्रम-बद्ध-ता-* 'systematization'] *f.* (整然とした)秩序.

क्रमभंग /kramabʰaṃga クラムバング/ [←Skt.m. *क्रम-भङ्ग-* 'interruption of order'] *m.* 順序の乱れ; (ページの)乱丁.

क्रमशः /kramaśaḥ クラムシャハ/ [←Skt.ind. *क्रमशस्-* 'gradually, by degrees'] *adv.* 順番に, 順次; 次第に; 次々と.

क्रमसंख्या /kramasaṃkʰyā クラムサンキャー/ [neo.Skt.f. *क्रम-संख्या-* 'serial number'] *f.* ☞क्रमांक

क्रमसूचक /kramasūcaka クラムスーチャク/ [neo.Skt. *क्रम-सूचक-* 'ordinal'] *adj.* 順序を示す, 序数の. ❐～

संख्या 序数詞.

क्रमांक /kramāṃkạ クラマーンク/ [neo.Skt.m. *क्रम-अङ्क-* 'roll number, serial number'] *m.* (名簿・目録などの)通し番号.

क्रमांकन /kramāṃkanạ クラマーンカン/ [neo.Skt.n. *क्रम-अङ्कन-* 'numbering'] *m.* 通し番号をつけること. ❐(का) ~ करना (…に)通し番号をふる.

क्रमागत /kramāgatạ クラマーガト/ [?neo.Skt. *क्रम-आगत-* 'consecutive'] *adj.* 順番通りに連続する.

क्रमानुसार /kramānusārạ クラマーヌサール/ [←Skt.m. *क्रम-अनुसार-* 'regular order, due arrangement'] *adv.* 順番に;次第に. ❐~ रखना 順番に並べる.

क्रमिक /kramikạ クラミク/ [←Skt. *क्रमिक-* '(anything) that comes from one's ancestors in regular succession'] *adj.* **1** 順を追った;段階的な. ❐~ विकास 進化. **2** 継続した, 継続的な.

क्रय /krayạ クラエ/ [←Skt.m. *क्रय-* 'buying, purchase'] *m.* 購入. (⇔विक्रय)

क्रय-पंजी /krayạ-paṃjī クラエ・パンジー/ [neo.Skt.f. *क्रय-पञ्जी-* 'purchase journal'] *f.* 仕入仕訳帳.

क्रय-विक्रय /krayạ-vikrayạ クラエ・ヴィクラエ/ *m.* 売買.

क्रय-शक्ति /krayạ-śakti クラエ・シャクティ/ [neo.Skt.f. *क्रय-शक्ति-* 'purchasing power'] *f.* 〖経済〗購買力. ❐किसानों की ~ 農民の購買力.

क्रांत /krāṃtạ クラーント/ [←Skt. *क्रान्त-* 'gone, gone over or across'] *adj.* (他者に)越えられた, 先を越された;(他者に)圧倒された.

क्रांतदर्शी /krāṃtạdarśī クラーントダルシー/ [neo.Skt. *क्रान्त-दर्शिन्-* 'Omniscient'] *adj.* 全知の(神).

क्रांति /krāṃti クラーンティ/ [←Skt.f. *क्रान्ति-* 'going, proceeding'] *f.* **1** 革命;大変革. (⇒इनक़लाब) ❐औद्योगिक ~ 産業革命. **2**〖天文〗黄道.

क्रांतिकारी /krāṃtikārī クラーンティカーリー/ [neo.Skt. *क्रान्ति-कारिन्-* 'revolutionary'] *adj.* 革命的な;画期的な. ❐~ आंदोलन 革命運動.
— *m.* 革命家.

क्रिकेट /kriketạ クリケート/ [←Eng.n. *cricket*] *m.* 〖スポーツ〗クリケット. ❐~ का मैच クリケットの試合. ❐~ खेलना クリケットをする.

क्रिया /kriyā クリヤー/ [←Skt.f. *क्रिया-* 'doing, performing, performance'] *f.* **1** 動き, 動作;活動;作用. **2**〖ヒンドゥー教〗伝統的な祭式・儀式. **3**〖言語〗動詞. ❐अकर्मक [सकर्मक] ~ 自[他]動詞. ❐संयुक्त ~ 複合動詞.

क्रिया-कर्म /kriyā-karmạ クリヤー・カルム/ [neo.Skt.n. *क्रिया-कर्मन्-* 'obsequies, funeral rites'] *m.* 〖ヒンドゥー教〗葬儀.

क्रिया-कलाप /kriyā-kalāpạ クリヤー・カラープ/ [←Skt.m. *क्रिया-कलाप-* 'the great body of ceremonies enjoined in the Hindu law'] *m.* 〖ヒンドゥー教〗行為, 行い, 所業;動作;行動.

क्रियात्मक /kriyātmakạ クリヤートマク/ [←Skt. *क्रियात्मक-* '(anything) the nature of which is action'] *adj.* **1** 機能的な;活動的な. **2**〖言語〗動詞の.

क्रियानिष्ठ /kriyāniṣṭʰạ クリヤーニシュト/ [neo.Skt. *क्रिया-निष्ठ-* 'orthodox (in religious observance)'] *adj.* **1**〖ヒンドゥー教〗伝統的な祭式・義務を順守する. **2** 仕事に忠実な(人).

क्रिया-विशेषण /kriyā-viśeṣaṇạ クリヤー・ヴィシェーシャン/ *m.* 〖言語〗副詞.

क्रियाशील /kriyāśīlạ クリヤーシール/ [neo.Skt. *क्रिया-शील-* 'active, energetic'] *adj.* 活動的な, 精力的な;活発な. ❐(को) ~ बनाना (…を)活性化させる.

क्रिसमस /krisạmasạ クリスマス/ [←Eng.n. *Christmas*] *m.* 〖キリスト教〗クリスマス. ❐~ की छुट्टियाँ クリスマスの休暇.

क्रिसमस द्वीप /krisạmasạ dvīpạ クリスマス ドヴィープ/ [cf. Eng.n. *Christmas Island*] *m.* 〖国名〗(オーストラリア領)クリスマス島《中心地はフライング・フィッシュ・コーブ (फ़्लाइंग फ़िश कोव)》.

क्रिस्टल /kristạlạ クリスタル/ [←Eng.n. *crystal*] *m.* 〖鉱物〗水晶, クリスタル;結晶体. ❐~ चिकित्सा 水晶療法. ❐द्रव ~ प्रादर्शी 液晶ディスプレー.

क्रिस्तान /kristānạ クリスターン/ [←Port.m. *cristão* 'Christian'; cf. *ख़्रिष्टान*] *m.* キリシタン, クリスチャン, キリスト教徒. (⇒ईसाई)

क्रीड़ांगन /krīṛāṃganạ クリーラーンガン/ [←Skt.n. *क्रीडा-अङ्गन-* 'sports ground'] *m.* 運動場, 競技グラウンド.

क्रीड़ा /krīṛā クリーラー/ [←Skt.f. *क्रीडा-* 'sport, play, pastime, amusement'] *f.* **1** スポーツ(ゲーム). **2** 戯れ;楽しみ;娯楽;遊戯.

क्रीड़ा-कौतुक /krīṛā-kautukạ クリーラー・カォートゥク/ [←Skt.n. *क्रीडा-कौतुक-* 'wanton curiosity'] *m.* みだらな好奇心.

क्रीड़ागृह /krīṛāgr̥hạ クリーラーグリフ/ [←Skt.m. *क्रीडा-गृह-* 'a pleasure-house'] *m.* 娯楽室.

क्रीड़ा-स्थल /krīṛā-stʰalạ クリーラー・スタル/ [neo.Skt.m. *क्रीडा-स्थल-* 'sportsground'] *m.* 運動場;競技場;スタジアム.

क्रीत /krītạ クリート/ *adj.* 買われた.

क्रीम /krīmạ クリーム/ [←Eng.n. *cream*] *f.* クリーム.

क्रुद्ध /kruddʰạ クルッド/ [←Skt. *क्रुद्ध-* 'irritated, provoked, angry'] *adj.* 怒った;憤慨した.

क्रूर /krūrạ クルール/ [←Skt. *क्रूर-* 'wounded, hurt, sore; cruel, fierce, ferocious, pitiless, harsh, formidable'] *adj.* 残虐な;冷酷な, 残忍な.

क्रूरता /krūrạtā クルールター/ [←Skt.f. *क्रूर-ता-* 'cruelty'] *f.* 残虐性;冷酷さ.

क्रूरात्मा /krūrātmā クルーラートマー/ [←Skt. *क्रूर-आत्मन्-* 'of a cruel nature'] *adj.* 残忍冷酷な性格の.

क्रेडिट /kreḍitạ クレーディト/ [←Eng.n. *credit*] *m.* **1** クレジット, 信用. ❐~ कार्ड クレジットカード. **2** (大学の)履修単位.

क्रेता /kretā クレーター/ [←Skt.m. *क्रेतृ* 'buyer'] *m.* 購買者, 買手, バイヤー. (⇔विक्रेता)

क्रेन /krena クレーン/ [←Eng.n. *crane*] *m.* クレーン, 起重機.

क्रोएशिया /kroeśiyā クローエーシヤー/ [cf. Eng.n. *Croatia*] *m.* 〖国名〗クロアチア(共和国)《首都はザグレブ (ज़ग्रेब)》.

क्रोड /kroḍa クロード/ [←Skt.m. *क्रोड-* 'the breast, chest, bosom'] *m.* **1** 胸など《両手で抱擁するとき触れる相手の主な身体部分》. **2** 中心部, 核. ❐आंतरिक ～ (地球の中心部である)内核.

क्रोध /krodʰa クロード/ [←Skt.m. *क्रोध-* 'anger, wrath, passion'] *m.* 怒り;憤怒. (⇒गुस्सा) ❐～ में आदमी अंधा हो जाता है। 怒りで人間は分別を失うものだ. ❐～ में आना 怒る. ❐(को) (पर) ～ आना (人が)(…に対して)怒りを覚える. ❐(पर [के ऊपर]) ～ करना (…に対して)怒る. ❐बनावटी ～ से कहना わざと怒ったふりをして言う.

क्रोधवश /krodʰavaśa クロードワシュ/ [←Skt.m. *क्रोध-वश-* 'the power of anger'] *adv.* 怒りのあまり, 怒りに駆られて.

क्रोधी /krodʰī クローディー/ [←Skt. *क्रोधिन्-* 'wrathful, angry'] *adj.* 怒りっぽい(人). ❐स्वभाव से बड़े ही ～ थे। (彼は)もとからとても怒りっぽかった.
— *m.* 怒りっぽい人.

क्रोश /krośa クローシュ/ [←Skt.m. *क्रोश-* 'the range of the voice in calling or hallooing'] *m.* ☞कोस

क्रोशिया /krośiyā クローシヤー/ [←Eng.n. *crochet*] *m.* かぎ針編み, クローシェ編み. ❐वह मेरे सामने खड़े मुझसे बातें किया करते हैं, मैं क्रोशिये की ओर देखती रहती हूँ। 彼は私の前に立って私と話をしたものです, 私はかぎ針編みの方を見続けているのが常でした.

क्रौंच /krauṃca クラォーンチ/ [←Skt.m. *क्रौञ्च-* 'a kind of curlew'] *m.* 〖鳥〗ツル, 鶴. (⇒सारस)

क्लब /klaba クラブ/ [←Eng.n. *club*] *m.* **1** クラブ, 社交会. ❐टेनिस ～ テニスクラブ. **2** クラブの集会所.

क्लर्क /klarka クラルク/ [←Eng.n. *clerk*] *m.* (民間企業の)社員, 事務員;(官庁の)事務官. (⇒लिपिक)

क्लर्की /klarkī クラルキー/ [*क्लर* + *-ई*] *f.* **1** (企業や官庁の)事務職. ❐दफ़्तर में ～ करना オフィスで事務員として働く. **2** (企業や官庁の)事務職のポスト.

क्लांत /klāṃta クラーント/ [←Skt. *क्लान्त-* 'tired, fatigued, exhausted, languishing, wearied'] *adj.* 疲れた, 疲弊した.

क्लांति /klāṃti クラーンティ/ [←Skt.f. *क्लान्ति-* 'fatigue, weariness'] *f.* 疲れ, 疲弊.

क्लाक /klāka クラーク/ ▸क्लॉक [←Eng.n. *clock*] *m.* 置時計, (壁)掛時計.

क्लास /klāsa クラース/ [←Eng.n. *class*] *f.* **1** (授業の)クラス, 学級, 組. (⇒कक्षा, जमात) ❐वह अपनी ～ में प्रथम आया। 彼は自分のクラスで一番になった. **2** 学年, 年級. (⇒कक्षा, जमात) ❐मेरा बेटा आठवीं ～ में है। 私の息子は2年級に在籍しています. **3** (乗り物や映画館などの座席の)等級. (⇒दर्जा, श्रेणी) ❐फ़र्स्ट ～ का टिकट ファーストクラスのチケット. **4** (試験の)合格等級. (⇒दर्जा, श्रेणी) ❐वह सैकंड ～ में पास हुआ। 彼はセカンド・クラスで合格した. **5** (質で評価する)グレード, ランク, 等級. (⇒ग्रेड, दर्जा, श्रेणी) ❐फ़र्स्ट ～ 最高級, 一流.

क्लासिकी /klāsikī クラースィキー/ [←Eng.adj. *classical*] *adj.* クラシックな, 古典的な, 伝統的な. ❐～ यूनान 古典ギリシャ. ❐～ साहित्य 古典文学.

क्लिक /klika クリク/ [←Eng.vt. *click*] *adj.* クリックされた. ❐यहाँ ～ कीजिए। ここをクリックしてください.

क्लिनिक /klinika クリニク/ [←Eng.n. *clinic*] *m.* 〖医学〗クリニック, 診療所. (⇒निदान-शाला)

क्लिप /klipa クリプ/ [←Eng.n. *clip*] *m.* クリップ, 書類ばさみ, 留め金具. ❐～ में काग़ज़ लगाना 書類ばさみに紙をはさむ. ❐बालों में ～ लगाना 髪をクリップで留める.

क्लिष्ट /kliṣṭa クリシュト/ [←Skt. *क्लिष्ट-* 'molested, tormented, afflicted, distressed; not easily intelligible'] *adj.* (語や文などが)難解な, 晦渋(かいじゅう)な. ❐कोई नाटक इतना ～ कि शायद यहाँ एक व्यक्ति भी उसका अर्थ न समझे। ある劇などはおそらくここにいる一人もその意味を理解しないほど難解だ.

क्लिष्ट-कल्पना /kliṣṭa-kalpanā クリシュト・カルパナー/ [neo.Skt.f. *क्लिष्ट-कल्पना-* 'far-fetched imagination'] *f.* こじつけ, 曲解, 牽強付会(けんきょうふかい).

क्लिष्टता /kliṣṭatā クリシュトター/ [←Skt.f. *क्लिष्ट-ता-* 'obscurity (of a passage)'] *f.* (語や文などの)難解さ, 晦渋(かいじゅう)さ.

क्लीव /klīva クリーヴ/ [←Skt. *क्लीव-* 'impotent'] *adj.* 性的不能の(男), インポテンツの.

क्लीवता /klīvatā クリーヴター/ [←Skt.f. *क्लीव-ता-* 'impotence'] *f.* (男の)性交不能, インポテンツ.

क्लेश /kleśa クレーシュ/ [←Skt.m. *क्लेश-* 'pain, affliction, distress, pain from disease, anguish'] *m.* 苦悩;苦痛.

क्लोरीन /klorīna クローリーン/ [←Eng.n. *chlorine*] *f.* 塩素. ❐～ गैस 塩素ガス.

क्वचित् /kvacit クワチト/ [←Skt.ind. *क्व चित्* 'anywhere, somewhere, to any place, in a certain place'] *adj.* 稀な, 稀有な.
— *adv.* 稀に.

क्वथनांक /kvatʰanāṃka クワトナーンク/ [neo.Skt.m. *क्वथन-अंक-* 'boiling point'] *m.* 〖物理〗沸点, 沸騰点. (⇔हिमांक)

क्वाँरा /kvā̃rā クワーンラー/ ▸क्वारा [<OIA.m. *kumārá-* 'boy': T.03303] *adj.* 未婚の.

क्वार /kvāra クワール/ ▸कुआर *m.* ☞कुआर

क्वारा /kvārā クワーラー/ ▸क्वाँरा *adj.* ☞क्वाँरा

क्वार्टर /kvārṭara クワールタル/ [←Eng.n. *quarter(s)*] *m.* (使用人の)住居《主人の住居と同じ敷地内にある独立した建物》.

क्विंटल /kviṃṭala クヴィンタル/ ▸कुंतल *m.* ☞कुंतल

क्विटो /kviṭo クヴィトー/ [cf. Eng.n. *Quito*] *m.* 〖地名〗キト《エクアドル(共和国) (इक्वेडोर) の首都》.

क्विनाइन /kvināina クヴィナーイン/ [←Eng.n. *quinine*] *f.* 〖医学〗キニーネ《解熱薬・抗マラリア薬》.

क्षण /kṣaṇa クシャン/ [←Skt.m. *क्षण-* 'instant, twinkling of an eye, moment'; → Chin.n. *刹那*] *m.* 瞬間, 瞬時, 一瞬; 刹那. ❐～ भर 一瞬のあいだ. ❐～ भर में 一瞬のうちに. ❐एक ～ 一瞬. ❐दूसरे ～ 次の瞬間.

क्षणभंगुर /kṣaṇabʰaṃgura クシャンバングル/ [←Skt. *क्षण-भङ्गुर-* 'perishing in an instant, transient, perishable'] *adj.* (短命で)はかない; つかの間の.

क्षणिक /kṣaṇika クシャニク/ [←Skt. *क्षणिक-* 'momentary, transient'] *adj.* 一瞬の, 瞬時の; 一時的な.

क्षणिकता /kṣaṇikatā クシャニクター/ [←Skt.f. *क्षणिक-ता-* 'transience'] *f.* 瞬間性; 一時的なもの.

क्षत /kṣata クシャト/ [←Skt. *क्षत* 'wounded, hurt, injured'] *adj.* **1** 負傷した. (⇒घायल) **2** 損害を受けた; 被害をうけた.
— *m.* 傷.

क्षतयोनि /kṣatayoni クシャトヨーニ/ [←Skt.f. *क्षत-योनि-* 'having a violated womb'] *adj.* 〖医学〗非処女の.

क्षत-विक्षत /kṣata-vikṣata クシャト・ヴィクシャト/ [←Skt. *क्षत-विक्षत-* 'covered with cuts and wounds'] *adj.* 傷だらけの, 無数の傷を受けた.

क्षति /kṣati クシャティ/ [←Skt.f. *क्षति-* 'injury, hurt, wound'] *f.* **1** 傷; 負傷. **2** 損害; 被害; 痛手, ダメージ. (⇒घाटा, नुक़सान) ❐मजूरों को भी हड़ताल से क्षति पहुँचेगी। 労働者もストライキで損害を被るだろう.

क्षतिग्रस्त /kṣatigrasta クシャティグラスト/ [neo.Skt. *क्षति-ग्रस्त-* 'damaged'] *adj.* **1** 損害を受けた. **2** 破損した; 破壊された.

क्षतिपूर्ति /kṣatipūrti クシャティプールティ/ [neo.Skt.f. *क्षति-पूर्ति-* 'compensation'] *f.* 補償; 弁償; 損害賠償. ❐～ करना 損害賠償をする. ❐～ की ज़िम्मेदारी 損害賠償の責任.

क्षतिमूल्य /kṣatimūlya クシャティムールエ/ [neo.Skt.f. *क्षति-मूल्य-* 'compensation'] *m.* 損害補償[賠償]額.

क्षत्र /kṣatra クシャトル/ [←Skt.n. *क्षत्र-* 'dominion, supremacy, power, might'] *m.* 領土; 統治; 覇権.

क्षत्रपति /kṣatrapati クシャトルパティ/ [←Skt.m. *क्षत्रपति-* 'the possessor of dominion'] *m.* 支配者; 覇者.

क्षत्राणी /kṣatrāṇī クシャトラーニー/ [＜Skt.f. *क्षत्रियाणी-* 'a woman of the Kshatriy caste'] *f.* 〖ヒンドゥー教〗クシャトラーニー《クシャトリヤ階級の女》.

क्षत्रिय /kṣatriya クシャトリエ/ [←Skt.m. *क्षत्रिय-* 'a member of the military or reigning order (which in later times constituted the second caste)'] *m.* 〖ヒンドゥー教〗クシャトリヤ《ヴァルナ制 वर्ण における上位 2 番目の階級(に属する男子); 武人階級》.

क्षम /kṣama クシャム/ [←Skt. *क्षम-* 'bearable; competent, able'] *adj.* (要求される)能力を有する. (⇒सक्षम)

क्षमता /kṣamatā クシャムター/ [←Skt.f. *क्षम-ता-* 'ability, fitness, capability'] *f.* (要求される)能力; キャパシティー.

क्षमा /kṣamā クシャマー/ [←Skt.f. *क्षमा-* 'patience'] *f.* 許し, 容赦, 勘弁. (⇒बख़्शिश, माफ़ी) ❐(को) ～ करना (人を)許す. ❐हमसे अनेक भूलें हुई होंगी, आज हम उनके लिए आपसे ～ माँगते हैं। 私たちに多くの落ち度があったことでしょう, 今日そのことに対しあなたに許しを乞います.

क्षमा-याचना /kṣamā-yācanā クシャマー・ヤーチャナー/ [neo.Skt.f. *क्षमा-याचना-* 'entreaty for forgiveness'] *f.* 許しを請う; 謝罪, 陳謝. ❐～ के शब्द ढूँढ़ना 謝罪の言葉をさがす. ❐उसने मेरे मुख की ओर ～ की दृष्टि से देखा। 彼は私の顔を許しを請う目つきで見た. ❐(से) ～ करना (人に)許しを請う.

क्षमावान् /kṣamāvān クシャマーワーン/ ▷क्षमावान [←Skt. *क्षमा-वत्-* 'patient, enduring, forbearing'] *adj.* 許す(人), 寛大な(人).
— *m.* 許す人, 寛大な人.

क्षमाशील /kṣamāśīla クシャマーシール/ [←Skt. *क्षमाशील-* 'practising patience, patient'] *adj.* 寛容な; 寛大な; 心の広い; 度量が大きい.

क्षम्य /kṣamya クシャミエ/ [neo.Skt. *क्षम्य-* 'forgivable, execusable'; cf. Skt. *क्षम्य-* 'being in the earth, terrestrial'] *adj.* 許されるべき, 容赦されるべき. (⇔अक्षम्य)

क्षय /kṣaya クシャエ/ [←Skt.m. *क्षय-* 'loss, waste, wane'] *m.* **1** 衰微, 衰退, 衰え; 衰弱; 減少. **2** (世界の)滅亡, 破滅. **3** 〖医学〗(肺)結核. (⇒क्षयरोग)

क्षयरोग /kṣayaroga クシャエローグ/ [←Skt.m. *क्षय-रोग-* 'consumption, tuberculosis'] *m.* 〖医学〗(肺)結核. (⇒तपेदिक़, यक्ष्मा)

क्षयरोगी /kṣayarogī クシャエローギー/ [←Skt. *क्षय-रोगिन्-* 'consumptive'] *adj.* 〖医学〗肺結核の, 結核病の(人).
— *m.* 〖医学〗結核病患者.

क्षयी /kṣayī クシャイー/ [←Skt. *क्षयिन्-* 'wasting, decaying, waning'] *adj.* 衰微している; 衰弱している.

क्षरण /kṣaraṇa クシャラン/ [←Skt.n. *क्षरण-* 'flowing, trickling, distilling, dropping'] *m.* 流出; 浸出.

क्षरित /kṣarita クシャリト/ [←Skt. *क्षरित-* 'dropped, liquefied, oozed'] *adj.* 流出した; 浸出した.

क्षात्रधर्म /kṣātradʰarma クシャートラダルム/ [←Skt.m. *क्षात्र-धर्म-* 'the duty of the second caste or of a *Kshatriya*'] *m.* 〖ヒンドゥー教〗クシャートラダルマ《クシャトリヤ क्षत्रिय の本務; 敵に対し勇猛であること》.

क्षार /kṣāra クシャール/ [←Skt. *क्षार-* 'caustic, biting, corrosive, acrid, pungent, saline, converted to alkali or ashes by distillation'] *adj.* **1** 塩分を含んだ. ❐～ भूमि 塩害の土地; 不毛の地. **2** 〖化学〗アルカリ性の; アルカリを含んだ. (⇒खारा)(⇔अम्ल) ❐～ सेल アルカリ電池. **3** 腐食性の; (味・臭いが)刺激性の.
— *m.* **1** 〖化学〗アルカリ. **2** 〖化学〗腐食性物質《ソーダ, カリウムなど》. **3** 灰.

क्षारलवण /kṣāralavaṇa クシャールラワン/ [←Skt.n. *क्षार-लवण-* 'any alkaline substance and salt'] *m.* ☞

काला नमक

क्षालन /kṣālana クシャーラン/ [←Skt.n. क्षालन- 'washing'] m. 洗浄;洗濯.

क्षालित /kṣālita クシャーリト/ [←Skt. क्षालित- 'washed, cleansed, cleaned'] adj. 洗浄された;洗濯された.

क्षिति /kṣiti クシティ/ [←Skt.f. क्षिति- 'an abode, dwelling; the earth'] f. 大地.

क्षितिज /kṣitija クシティジ/ [←Skt.n. क्षिति-ज- 'earth-born; the horizon'] m. 1 〖地理〗地平線;水平線. ❐समुद्री ～ 海の水平線. 2 地平;(新しい)展望. ❐नेताओं ने नए ～ की तलाश की। リーダー達は新しい展望を模索した.

क्षितितल /kṣititala クシティタル/ [←Skt.n. क्षिति-तल- 'the surface of the earth'] m. 地表;地面.

क्षितिप /kṣitipa クシティプ/ [←Skt.m. क्षिति-प- 'earth-protector; a king'] m. 大地を守護するもの;王;支配者.

क्षितिपति /kṣitipati クシティパティ/ [←Skt.m. क्षिति-पति- 'lord of the earth'] m. 大地の主;王.

क्षितीश /kṣitīśa クシティーシュ/ [←Skt.m. क्षिति-ईश- 'ruler of the earth'] m. 大地の支配者;王.

क्षिप्त /kṣipta クシプト/ [←Skt. क्षिप्त- 'thrown, cast, sent, despatched, dismissed'] adj. 投げられた;撒かれた.

क्षिप्र /kṣipra クシプル/ [←Skt. क्षिप्र- 'springing, flying back with a spring, elastic (as a bow); quick, speedy, swift'] adj. 急速な;即時の.
— adv. 急速に;即時に.

क्षिप्रगामी /kṣipragāmī クシプルガーミー/ [neo.Skt. क्षिप्र-गामिन्- 'fast-moving'] adj. 高速の.

क्षीण /kṣīṇa クシーン/ [←Skt. क्षीण- 'diminished, wasted, expended'] adj. 1 減少した;衰えた. 2 衰弱した;弱くかぼそい. ❐वह ～ स्वर में बोला। 彼は弱くかぼそい声で言った.

क्षीणकाय /kṣīṇakāya クシーンカーエ/ [neo.Skt. क्षीण-काय- 'of very slight or frail build'] adj. 衰弱した,やせ細った.

क्षीणता /kṣīṇatā クシーンター/ [←Skt.f. क्षीण-ता- 'emaciation'] f. 1 減少. 2 やせ衰え.

क्षीर /kṣīra クシール/ [←Skt.n. क्षीर- 'milk'] m. ミルク.

क्षीर-नीर /kṣīra-nīra クシール・ニール/ [←Skt.n. क्षीर-नीर- 'milk and water'] m. ミルクと水《ミルクと水が溶け合ったもの;分離するのが困難なもののたとえ》. (⇒नीर-क्षीर) ❐～ विवेक 似て非なるものを正しく区別しわける判断力.

क्षीरसागर /kṣīrasāgara クシーラサーガル/ [←Skt.m. क्षीर-सागर- 'the ocean of milk'] m. 〖神話〗乳海《神々はこの乳海を攪拌して甘露 अमृत を得た》.

क्षुण्ण /kṣuṇṇa クシュンヌ/ [←Skt. क्षुण्ण- 'stamped or trampled upon; pounded, bruised, crushed, pulverised'] adj. 押し潰された;粉砕された.

क्षुद्र /kṣudra クシュドル/ [←Skt. क्षुद्र- 'minute, diminutive, tiny, very small, little, trifling'] adj. 卑しい;卑劣な;浅ましい;貧弱な;矮小な. ❐～ स्वार्थ 浅ましい私利私欲.

क्षुद्रग्रह /kṣudragraha クシュドルグラ/ [neo.Skt.m. क्षुद्र-ग्रह- 'planetoid, asteroid'] m. 〖天文〗小惑星;小遊星.

क्षुद्रता /kṣudratā クシュドラター/ [←Skt.f. क्षुद्र-ता- 'diminutiveness'] f. 卑しさ;卑劣さ;浅ましさ;貧弱さ;矮小さ. ❐आज प्रेम को वासना की ～ में क़ैद किया जा चुका है। 今日(こんにち)愛は劣情の卑しさの中に閉じ込められてしまっている.

क्षुद्रप्रकृति /kṣudraprakṛti クシュドルプラクリティ/ [neo.Skt. क्षुद्र-प्रकृति- 'vulgar'] adj. 卑しい性格の;浅ましい.

क्षुद्रबुद्धि /kṣudrabuddʰi クシュドルブッディ/ [←Skt. क्षुद्र-बुद्धि- 'of little understanding; of a low character'] adj. 短慮な;浅はかな.

क्षुधा /kṣudʰā クシュダー/ [←Skt.f. क्षुधा- 'hunger'] f. 飢え,空腹;飢餓. (⇒भूख)

क्षुधावर्धक /kṣudʰāvardʰaka クシュダーワルダク/ [neo.Skt. क्षुधा-वर्धक- 'stimulating the appetite'] adj. 食欲を増進させる. ❐～ व्यंजन 食欲を増進させる料理.

क्षुधित /kṣudʰita クシュディト/ [←Skt. क्षुधित- 'hungered'] adj. 飢えた,空腹の;飢餓に苦しむ.

क्षुब्ध /kṣubdʰa クシュブド/ [←Skt. क्षुब्ध- 'mentally agitated, shaken; disturbed'] adj. 1 (心が)動揺した;不安になった. 2 苦悩した.

क्षुर /kṣura クシュル/ [←Skt.m. क्षुर- 'razor'] m. かみそり. (⇒उस्तरा)

क्षेत्र /kṣetra クシェートル/ [←Skt.n. क्षेत्र- 'landed property; place, region'] m. 1 〖地理〗地域,地帯. (⇒इलाक़ा) 2 管轄地域;特定行政区(域). ❐केंद्र-प्रशासित ～ (インド)連邦直轄地(域). 3 (専門)領域,分野. 4 範囲;圏内. (⇒दायरा) 5 〖数学〗図形.

क्षेत्रगणित /kṣetragaṇita クシェートルガニト/ [←Skt.n. क्षेत्र-गणित- 'calculating plane figures, geometry'] m. 〖数学〗求積法;幾何学.

क्षेत्रज /kṣetraja クシェートルジ/ [←Skt. क्षेत्र-ज- 'produced in a field; born from the womb'] adj. 〖ヒンドゥー教〗クシェトラジャ《マヌ法典 मनुस्मृति で認められている出生男子の区分;寡婦(かふ)または夫が性的不能な妻が他の男(本来は夫の近親者)と交わり出生した(男子);原意は「(同じ)胎内から生まれた(男子)」》. ❐～ पुत्र クシェトラジャにより出生した息子.
— m. 〖ヒンドゥー教〗クシェトラジャにより出生した息子.

क्षेत्रज्ञ /kṣetrajña クシェートルギエ/ [←Skt. क्षेत्र-ज्ञ- 'knowing localities'] adj.知識のある(人).
— m. 〖ヒンドゥー教〗クシェートラジニャ《個の肉体 (क्षेत्र) を支配する霊魂 (जीवात्मा), また宇宙を支配する最高我 (परमात्मा)》.

क्षेत्रपाल /kṣetrapāla クシェートルパール/ [←Skt.m. क्षेत्र-पाल- 'a man employed to guard fields'] m. 畑の番人.

क्षेत्रफल /kṣetrapʰala クシェートルパル/ [←Skt.n. क्षेत्र-फल- '(in geom.) the superficial contents of a figure'] m. 〖数学〗面積. ❐जापान का कुल ～ लगभग ३,७७,७६५ वर्ग किलो मीटर है। 日本の全面積は約 37 万 7765 平方キロメートルです.

क्षेत्रीय /kṣetrīya クシェートリーエ/ [?neo.Skt. क्षेत्रीय- 'having to do with a locality'] adj.地域の, 地方の. ❐～ भाषा〖言語〗地方言語, 地域言語. ❐～ शक्ति 地域大国. ❐～ समाचार 地方ニュース.

क्षेपक /kṣepaka クシェーパク/ [←Skt.m. क्षेपक- 'a spurious or interpolated passage'] m. (原本にない語句を加えた)改ざん.

क्षेम /kṣema クシェーム/ [←Skt.m. क्षेम- 'safety, tranquillity, peace, rest, security, any secure or easy or comfortable state, weal, happiness'] m. 1 安寧, 平安;無事, 息災. (⇒कुशल-क्षेम) 2 幸福;繁栄.

क्षेमकर /kṣemakara クシェームカル/ [←Skt. क्षेम-कर- 'conferring peace or security or happiness'] adj. 都合のいい, 幸運な. ❐नियति के किसी ～ विधान से मैं ठीक उसी दिन आ गया था जिस दिन मुझे आना था। 運命の何か幸運なめぐりあわせで私は着かなければいけなかったまさにその日に着いたのであった.

क्षोभ /kṣobʰa クショーブ/ [←Skt.m. क्षोभ- 'shaking, agitation, disturbance, tossing, trembling, emotion; (in dram.) an emotion that is the cause of any harsh speeches or reproaches'] m. 1 (心の)動揺. 2 苦悩;苛立つ怒り. ❐उन्हें इस बात का बड़ा ～ हुआ कि वे अपनी माता की मृत्यु के समय उनके निकट नहीं थे। 彼は自分の母の死に際に自分がそばにいなかったということにひどく悩んだ.

क्षौर /kṣaura クシャォール/ [←Skt.n. क्षौर- 'shaving the head'] m. 頭を剃ること.

क्षौरकर्म /kṣaurakarma クシャォールカルム/ [←Skt.n. क्षौर-कर्मन्- 'shaving'] m. 〖ヒンドゥー教〗剃髪(ていはつ)式.

ख ख़

खँखार /kʰãkʰāra カンカール/ ▶खखार m. ☞खखार

खँखारना /kʰãkʰāranā カンカールナー/ ▶खखारना [onom.; <OIA. *khaṅkh- 'cough, hawk': T.03763] vi. (perf. खँखारा /kʰãkʰārā カンカーラー/) ☞खखारना

खंग /kʰaṃga カング/ [←Skt.m. खड्ग- 'a sword, scimitar'] m. 刀剣;サーベル.

खँगालना /kʰãgālanā カンガールナー/ [<OIA. *khaṅkhālayati 'rinses': T.03763z1] vt. (perf. खँगाला /kʰãgālā カンガーラー/) 1 軽く水洗いする, ゆすぎ落とす. ❐पानी से भरे बरतन में यह कपड़ा डुबाकर खँगाल लो। 水を満たした容器の中にこの布を浸してゆすぎ洗いしなさい. ❐मैले बरतन के अंदर पानी डालकर उसे हिला-डुलाकर खँगालो। 汚れた容器の中に水を入れてからゆすって軽く水洗いしなさい. 2 (泥棒が)家財の一切合財を盗む.

ख़ंजड़ी /xaṃjaṛī カンジャリー/ ▶ख़ंजरी f. ☞ख़ंजरी

खंजन /kʰaṃjana カンジャン/ [←Skt.m. खञ्जन- 'the wagtail (Motacilla alba)'] m. 〖鳥〗セキレイ, ハクセキレイ.

ख़ंजर /xaṃjara カンジャル/ [←Pers.n. خنجر 'a dagger, poniard, hanger' ←Arab.] m. 短剣, 短刀. (⇒कटार)

ख़ंजरी /xaṃjarī カンジャリー/▶ख़ंजड़ी [←Pers.n. خنجری 'a small tambourine'] f. 〖楽器〗カンジャリー《小型のタンバリン》. (⇒डफली)

खंड /kʰaṃḍa カンド/ [←Skt.m. खण्ड- 'a piece, part, fragment, portion'] m. 1 部分;断片;かけら, 破片. 2 (書物の)章, 巻. 3 (建物の)階. (⇒मंज़िल)

खंडकाव्य /kʰaṃḍakāvya カンドカーヴィエ/ [←Skt.n. खण्ड-काव्य- 'a defective or minor poem (i. e. one not on any heroic or sacred subject, and having only one topic)'] m. 〖文学〗カンダカーヴィヤ《伝統インド文学における詩の分類の一つ;叙事詩のような壮大・崇高なテーマは扱わず, 断片的なトピックに焦点をあてた比較的短い詩》.

खंडन /kʰaṃḍana カンダン/ [←Skt.n. खण्डन- 'the act of breaking or cutting or dividing or grinding'] m. 1 破砕, 粉砕. 2 反証すること;反証, 論破, 論駁(ろんばく). (⇔मंडन) ❐(का) ～ करना (…を)論破する.

खंडन-मंडन /kʰaṃḍana-maṃḍana カンダン・マンダン/ m. (議論の)反論と支持, 賛否の応酬.

खंडनीय /kʰaṃḍanīya カンドニーエ/ [←Skt. खण्डनीय- 'to be broken or divided'] adj. 反証すべき, 論破すべき.

खंडर /kʰaṃḍara カンダル/ ▶खंडहर m. ☞खंडहर

खंडशः /kʰaṃḍaśaḥ カンドシャハ/ [←Skt.ind. खण्ड-शस् 'in pieces, by pieces, bit by bit, piece by piece'] adv. 1 粉々に. 2 部分的に.

खंडसारी /kʰaṃḍasārī カンドサリー/ [cf. Skt.m. खण्ड-सार- 'treacle, candied sugar'] f. ☞खाँड़

खंडहर /kʰaṃḍahara カンドハル/ ▶खंडर [<OIA. *khaṇḍaghara- 'ruined house': T.03794] m. 廃墟;廃屋.

खंडित /kʰaṃḍita カンディト/ [←Skt. खण्डित- 'cut, torn, broken in pieces'] adj. 1 粉々に割れた;壊れた, 欠けた. ❐～ मूर्ति की पूजा को अपशकुन माना गया है। 壊れた神像を拝むことは不吉とされる. ❐～ करना 壊す. 2 反証された, 論破された.

खंता /kʰaṃtā カンター/ [<OIA.n. khanítra- 'digging tool': T.03814] f. 1 鍬(など)の土を掘る道具. 2 (土器の材料となる)粘土を掘る場所.

ख़ंदक़ /xaṃdaqa カンダク/ [←Pers.n. خندق 'a ditch, fosse, moat' ←Arab.] f. (城塞の周囲の)堀, 濠.

खंबा /kʰaṃbā カンバー/ ▶खंभा m. ☞खंभा

खंभा /kʰaṃbʰā カンバー/▶खंबा [<OIA.m. skambʰá-[1] 'prop, pillar': T.13639] m. 1 柱, 円柱, 支柱. (⇒स्तंभ) ❐बिजली का ～ 電柱. 2 くい;柵柱.

खकार /kʰakāra̸ カカール/ [←Skt.m. *ख-कार-* 'Devanagari letter ख or its sound'] *m.* **1** 子音字 ख. **2** 〖言語〗子音字 ख の表す子音 /kʰ ク/.

खकारांत /kʰakārāṃta̸ カカーラーント/ [←Skt. *खकार-अन्त-* 'ending in the letter ख or its sound'] *adj.* 〖言語〗語尾が ख で終わる(語)《आँख「目」, राख「灰」, लाख「十万」など》. ❒～ शब्द 語尾が ख で終わる語.

खखार /kʰakʰāra̸ カカール/ ▸खँखार [<OIA. **khaṅkh-* 'cough, hawk': T.03763] *m.* 痰(たん).

खखारना /kʰakʰārana̸ā カカールナー/ ▸खँखारना [onom.; cf. *खखार*] *vi.* (*perf.* खखारा /kʰakʰārā カカーラー/) カッカッ (ख-ख) と痰を吐く;咳払いする.

खग /kʰaga̸ カグ/ [←Skt.m. *ख-ग-* 'moving in air; a bird'] *m.* 鳥《原意は「空中を飛ぶ(もの)」》.

खगोल /kʰagola̸ カゴール/ [←Skt.m. *ख-गोल-* 'the vault or circle of heaven, celestial sphere'] *m.* 〖天文〗天球.

खगोल-विज्ञान /kʰagola̸-vijñāna̸ カゴール・ヴィギャーン/ [neo.Skt.n. *खगोल-विज्ञान-* 'astronomy'] *m.* 〖天文〗天文学. (⇒खगोल-विद्या)

खगोल-विद्या /kʰagola̸-vidyā カゴール・ヴィディャー/ [←Skt.f. *खगोल-विद्या-* 'knowledge of the celestial sphere, astronomy'] *f.* 〖天文〗天文学. (⇒खगोल-विज्ञान)

खगोलीय /kʰagolīya̸ カゴーリーエ/ [neo.Skt. *ख-गोलीय-* 'astronomical; celestial'] *adj.* 天文の, 天文学上の. ❒～ वस्तु 天体. ❒अंतर्राष्ट्रीय ～ संघ 国際天文学連合.

खचाखच /kʰacākʰaca̸ カチャーカチ/ ▸कचाकच [<OIA. **kacc-²* 'crush, press': T.02611] *adv.* (人やものが)ぎっしりと(詰まっている), びっしりと, ぎゅうぎゅう詰めで. ❒स्टेडियम ～ भरा था। スタジアムは超満員だった.

खचित /kʰacita̸ カチト/ [←Skt. *खचित-* 'inlaid, set, studded'] *adj.* **1** (宝石などが)はめ込まれた《合成語の一部としても》. ❒रत्न- ～ सिंहासन 宝石が埋め込まれた玉座. **2** (文字などが)刻まれた.

खच्चर /kʰaccara̸ カッチャル/ ▸ख़च्चर [?<OIA. *&*kharatara-* 'mule': T.03820a; cf. T.03765] *m.* **1** 〖動物〗(雄)ラバ. (⇔खच्चरी) **2**〔俗語〕混血児.

ख़च्चर /xaccara̸ カッチャル/ ▸खच्चर *m.* ☞खच्चर

खच्चरी /kʰaccarī カッチャリー/ [cf. *खच्चर*] *f.* 〖動物〗雌ラバ. (⇔खच्चर)

ख़ज़ांची /xazāṃcī カザーンチー/ ▹ख़ज़ानची *m.* ☞ख़ज़ानची

ख़ज़ानची /xazānacī カザーンチー/ ▹ख़ज़ांची [←Pers.n. خزانچی 'treasurer, cash-keeper'; cf. *ख़ज़ाना* + *-ची*] *m.* **1** 出納責任者, 金庫番;出納長;収入役. (⇒कोशाध्यक्ष) **2** 会計係.

ख़ज़ाना /xazānā カザーナー/ [←Pers.n. خزانة 'a treasury, treasure, magazine, granary, repository' ←Arab.] *m.* **1** 宝庫;宝物庫;財宝. ❒～ लुट गया। 財宝が略奪された. ❒उनका दिमाग़ गंभीर से गंभीर कविताओं, सूक्तियों से लेकर हल्के-फुल्के और अश्लील से अश्लील चुटलुलों का ～ था। 彼の頭脳ときたら謹厳な詩歌や格言からはじまって軽妙で卑猥(ひわい)な小話まで収めた宝庫だった. ❒ख़ज़ाने की कुंजी 宝物庫の鍵. ❒खुले ख़ज़ाने 隠し事なしに, 白日の下に. **2** 〖経済〗国庫;公庫.

खजुराहो /kʰajurāho カジュラーホー/ [cf. Eng.n. *Khajuraho*] *m.* 〖地名〗カジュラーホー《マディヤ・プラデーシュ州 (मध्य प्रदेश) にある古都;ヒンドゥー教やジャイナ教の寺院で有名》.

खजूर /kʰajūra̸ カジュール/ [<OIA.m. *kharjū́ra-* 'the date-palm *Phoenix sylvestris*': T.03828] *m.* **1** 〖植物〗ナツメヤシ(棗椰子)(の実). **2** 〖食〗カジュール《小麦粉と砂糖で作る菓子の一種;ナツメヤシの実の形をしている》.

खजूरा /kʰajūrā カジューラー/ [<OIA.m. *kharjūraka-* 'scorpion': T.03829] *m.* 〖動物〗ムカデ(百足). (⇒कनखजूरा)

खट /kʰaṭa̸ カト/ [cf. OIA. *khaṭakhaṭāyatē* 'crackles': T.03771] *f.* 〔擬音〕カン, コン, タン, トン(などの物音).

खटक /kʰaṭaka̸ カタク/ [cf. *खट*] *f.* (心や気持に)何かひっかかること. ❒उसके नेत्रों से निराशा झलक रही थी, उसके स्वर में भी करुणा और व्यथा की ～ थी। 彼女の目から絶望の様子がうかがわれた, 彼女の声にも悲哀と悲嘆の響きがあった.

खटकना /kʰaṭakana̸ā カタクナー/ ▸खड़कना [cf. *खट*] *vi.* (*perf.* खटका /kʰaṭakā カトカー/) **1** (ぶつかり合って)カタカタ (खट-खट) と鳴る. ❒पास में रक्खे बरतन खटक रहे थे। そばに置いてある食器がカタカタ鳴っていた. **2** 妥当でないように思われる, しっくりこない, 気に障る, (気持が)ひっかかる. (⇒अखरना, खलना) ❒उसे बार-बार वहाँ जाते देखकर मुझे खटका था जरूर। 彼が度々そこへ行くのを見て私が不審に思ったのは確かだった. ❒यह बात मेरे मन में खटक रही है। このことが私の心の中でひっかかっている. **3** わずらわしく思う;(胸に)わだかまる.

खटकरम /kʰaṭakarama̸ カトカラム/ [<Skt.m. *षट्-कर्मन्-* 'the six duties of *Brāhmans*'] *m.* 厄介で面倒なこと. (⇒खटराग)

खटका /kʰaṭa̸kā カトカー/ [cf. *खटकना*] *m.* **1**〔擬音〕(カタ, コト, カチなどの)物音. **2** (カタ, コト, カチなどの)物音を発するもの《(銃の)引き金, (電気器具の)スイッチ, (ドアの)掛け金など》. **3** 気がかりなこと, 懸念, 不安, 心配. ❒तुम यहाँ आराम से रहो, किसी बात का ～ नहीं। ここで気楽に住むがいいさ, 何の心配もないよ.

खटकाना /kʰaṭa̸kānā カトカーナー/ ▸खड़काना [cf. *खटकना*] *vt.* (*perf.* खटकाया /kʰaṭa̸kāyā カトカーヤー/) **1** カタカタ (खट-खट) と音をたてる;トントンとノックする. (⇒खटखटाना) ❒कोई दरवाज़ा खटका रहा है। 誰かがドアをノックしている. **2** 不安・疑念・躊躇(ちゅうちょ)を生じさせる.

खट-खट /kʰaṭa̸-kʰaṭa̸ カト・カト/ *f.* 〔擬音〕トントン, カンカン, カタカタ《ドアなどを叩く時の音》.

खटखटाना /kʰaṭa̸kʰaṭānā カトカターナー/ ▸खड़खड़ाना [onom.; cf. *खट*] *vt.* (*perf.* खटखटाया /kʰaṭa̸kʰaṭāyā カトカターヤー/) (ドアを)ノックする, トントンと叩く;カタカタ

(खट-खट) 鳴らす. (⇒खटकाना) ❐उसने दरवाज़ा खटखटाया। 彼はドアをノックした. ❐बहुत दिनों से तुम्हारी कोई ख़बर नहीं मिली। सोचा, चलो आज फ़ोन ही खटखटा लूँ। 長い間君から何の連絡もなかった. 今日は電話でもしてみよう(電話機のダイヤルを回そう)と, 考えていたところさ.

खटना /k^{h}aṭạnā カトナー/ ▸खटाना [<OIA. *khaṭṭáyati* 'hides': T.03779] *vi.* (*perf.* खटा /k^{h}aṭā カター/) つらい仕事をする. ❐दिन रात खटने पर भी दो जून का खाना नहीं मिल पाता। 昼夜つらい仕事に励んでも二度の食事すらままならない.

खटपट /k^{h}aṭạpaṭạ カトパト/ [echo-word; cf. *खट*] *f.* **1**〔擬音〕(カタ, コト, カチなどの)物音. ❐घोड़े ने धम-धम ~ सुनी तो चौंका। 馬は(自動車の)ブルンブルン, カタカタという音を聞いて驚いた. **2** いさかい, 不和. ❐प्रिंसिपल से पहले ही दिन ~ हो गई। 校長と初日にいさかいになった.

खटमल /k^{h}aṭạmalạ カトマル/ [*खाट* + *मल*] *m.*〘動物〙ナンキンムシ(南京虫).

खटमिट्ठा /k^{h}aṭạmiṭṭ^{h}ā カトミッター/ ▸खटमीठा [*खट्टा* + *मीठा*] *adj.* 甘酸っぱい.

खटमीठा /k^{h}aṭạmīṭ^{h}ā カトミーター/ ▸खटमिट्ठा *adj.* ☞खटमिट्ठा

खटराग /k^{h}aṭạrāgạ カトラーグ/ [<Skt.m. *षट्-राग-* 'the six *rāgas*'] *m.* ☞खटकरम

खटाई /k^{h}aṭāī カターイー/ [cf. *खट्टा*] *f.* **1** 酸っぱさ, 酸味. **2**〘食〙カターイー《酸味がある食品》. **3** (貴金属の錆を落とす)酸《以下の慣用句は金細工師 (सुनार) が客から預かった貴金属を, 酸を使って汚れをとる最後の仕上げを言い訳にしてなかなか返さない故事からきていると言う》. ❐~ में डालना (計画などを)宙に浮かせる. ❐~ में पड़ना (計画などが)宙に浮く.

खटाक /k^{h}aṭākạ カターク/ [cf. *खट*] *m.* (カシャン, バシャンなど)短く鋭い物音. ❐शैम्पेन की बोतल ~ से खोलना シャンパンをスポンと開ける.

खटाखट /k^{h}aṭāk^{h}aṭạ カターカト/ [cf. *खट*] *m.*〔擬音〕(カタカタ, カチャカチャ, ガチャガチャなどの)連続音.
— *adv.* カタカタと, カシャカシャと, ガチャガチャと;さっさと;絶え間なく, 次から次へと. ❐काम ~ हो रहा है। 仕事がどんどんはかどっている.

खटाना[1] /k^{h}aṭānā カターナー/ [cf. *खट्टा*] *vi.* (*perf.* खटाया /k^{h}aṭāyā カターヤー/) 酸っぱくなる, 酸味を帯びる.

खटाना[2] /k^{h}aṭānā カターナー/ ▸खटना *vi.* (*perf.* खटाया /k^{h}aṭāyā カターヤー/) ☞खटना

खटाव /k^{h}aṭāvạ カターオ/ [cf. *खटाना*[2]] *m.* **1** (舟をもやい綱でつなぐ岸の)杭. **2** 人との付き合い;人間関係の維持.

खटास /k^{h}aṭāsạ カタース/ [cf. *खट्टा*] *f.* **1** 酸味, すっぱさ. **2** 辛辣さ, 手厳しさ;反感. ❐भारत और पाकिस्तान के दिलों में एक दूसरे के लिए ~ अभी बाक़ी है। インドとパキスタンの心の中には互いに対する反感がまだ残っている.

खटिक /k^{h}aṭikạ カティク/ [<OIA.m. *kṣattṛ́-* 'carver, distributor': T.03647] *m.*〘ヒンドゥー教〙カティク《野菜・果物を売るジャーティ (जाति), その人々》.

खटिया /k^{h}aṭiyā カティヤー/ [cf. *खाट*] *f.* 小さな簡易ベッド.

खटोला /k^{h}aṭolā カトーラー/ [<OIA.f. *khátvā-* 'bedstead': T.03781] *m.* 小型の簡易ベッド;ベビーベッド. (⇒चारपाई) ❐बालक खटोले पर ज्वर में अचेत पड़ा था। 子どもはベッドの上に高熱で意識なく横たわっていた.

खट्टा /k^{h}aṭṭā カッター/ [<OIA. *khaṭṭa-*[1] 'sour': T.03777] *adj.* **1**〘食〙(味が)酸っぱい, 酸味のある;(牛乳などが発酵して)すっぱくなった, すえた. (⇒अम्ल) ❐खट्टी डकार 酸っぱいげっぷ, 胸やけ. ❐खट्टे अंगूर 酸っぱいブドウ《「欲しくても容易に手にはいらないもの」のたとえ》. **2** 気まずい(関係);辛辣な, 意地悪な(言葉). (⇔मीठा) ❐खट्टी-मीठी (बात) कहना ほめたりけなしたりする. ❐खट्टे-मीठे अनुभव つらかったり楽しかったりした経験. **3**〘化学〙酸性の. (⇒अम्ल)(⇔खारा)

खड़ंजा /k^{h}aṛaṃjā カランジャー/ [?] *m.* (レンガの)敷石.

खड़कना /k^{h}aṛạkạnā カラクナー/ ▸खटकना [onom.] *vi.* (*perf.* खड़का /k^{h}aṛạkā カルカー/) ☞खटकना

खड़काना /k^{h}aṛạkānā カルカーナー/ ▸खटकाना [onom.] *vt.* (*perf.* खड़काया /k^{h}aṛạkāyā カラカーヤー/) ☞खटकाना

खड़खड़ाना /k^{h}aṛạk^{h}aṛānā カルカラーナー/ ▸खटखटाना [cf. OIA. *khaṭakhaṭāyatē* 'crackles': T.03771] *vi.* (*perf.* खड़खड़ाया /k^{h}aṛạk^{h}aṛāyā カルカラーヤー/) (葉が擦れ合って)ザワザワと音を立てる. ❐पत्ते खड़खड़ा उठे। 葉がザワザワと音を立てた.
— *vt.* (*perf.* खड़खड़ाया /k^{h}aṛạk^{h}aṛāyā カルカラーヤー/) ☞खटखटाना

खड़खड़ाहट /k^{h}aṛạk^{h}aṛāhaṭạ カルカラーハト/ [*खड़खड़ाना* + *-आहट*] *f.* (葉が擦れ合う)ザワザワという音. ❐ज़रा भी ~ होती, उसका जी सन्न हो जाता। 少しでもザワザワという音がすると, 彼の心臓は止まりそうになるのだった.

खड़बड़ाना /k^{h}aṛạbaṛānā カルバラーナー/ [echo-word; cf. *खलबलाना*] *vi.* (*perf.* खड़बड़ाया /k^{h}aṛạbaṛāyā カルバラーヤー/) **1** ガラガラ[ガタガタ] (खड़-बड़) 鳴る. **2** 慌てる, 動揺する, 落ち着きがなくなる. (⇒खलबलाना) ❐अपनी ग़लतियों के कारण वह खड़बड़ा गया था। 自分の過失のために, 彼は動揺した.
— *vt.* (*perf.* खड़बड़ाया /k^{h}aṛạbaṛāyā カルバラーヤー/) **1** ガラガラ[ガタガタ]鳴らす. **2** 慌てさせる, 落ち着きをなくさせる.

खड़बड़ी /k^{h}aṛạbaṛī カルバリー/ [cf. *खड़बड़ाना*] *f.* 大慌て;大混乱. (⇒खलबली)

खड़ा /k^{h}aṛā カラー/ [<OIA. *khaḍaka-* '*erect': T.03784] *adj.* **1** 立っている, 直立の;(難問などが)立ちはだかっている. (⇔पड़ा) ❐~ करना (…を)立てる. ❐~ होना 立つ. ❐खड़े-खड़े 立ったまま. **2** 垂直の;縦の. (⇔पड़ा) ❐खड़ी ओर 垂直方向に. ❐खड़ी पाई 垂直線;ピリオド《デーヴァナーガリー文字の終止符 ।; डंडा「棒」ともいう》. ❐खड़ी रेखा (図形の)垂直線. **3** 停止している;静止した, 動きのない. ❐उसने गाड़ी खड़ी कर दी। 彼は車を駐めた. ❐वहाँ एक टक्सी खड़ी है। あそこに一台タクシーが停

車している. ❒～ पानी 淀んだ水. **4**…の立場である;出番を待っている;途上の. ❒(के पक्ष में) ～ होना(…の側に)味方する. **5** ぶっきらぼうな;飾り気のない. ❒～ जवाब そっけない答え(拒否の答え).

खड़ाऊँ /kʰaṛāū̃ カラーウーン/ [<OIA. **kāṣṭhapādukā-* 'wooden shoe': T.03127] *f.* カラーウーン《足の親指と人さし指の股で挟んで履く木製のサンダル》.

खड़िया /kʰaṛiyā カリヤー/ ▸खरिया [<OIA.f. *khaṭikā-* 'chalk': T.03773] *f.* **1** 白墨, チョーク. (⇒चाक) **2** 白亜, 石灰質土壌. (⇒चाक) ❒～ मिट्टी 酸性白土.

खड़ी /kʰaṛī カリー/ *f.* ☞खड़िया

खड़ी बोली /kʰaṛī bolī カリー ボーリー/ *f.* カリー・ボーリー《現代標準ヒンディー語の元となったデリー (दिल्ली), メーラト मेरठ 周辺のヒンディー語の方言;「カリー」の意味に関しては諸説ある》.

खड़े-खड़े /kʰaṛe-kʰaṛe カレー・カレー/ *adv.* **1** 立ったまま;立ちどおしで, 立ちづめで. ❒～ दो मिनट उन्होंने मुझसे बात की। 立ったまま2分間彼は私と話をした. **2** 立ったまま, またたく間に, あっという間に. ❒उसने यह गीत मेज़ पर ～ लिखा था। 彼はこの歌詞を机に向かって立ったままたたく間に書いた.

खड्ग /kʰaḍgạ カドグ/ [←Skt.m. *खड्ग-* 'a sword, scimitar'] *m.* 刀剣;サーベル.

खड्गधारी /kʰaḍgadʰārī カドガダーリー/ [neo.Skt.m. *खड्ग-धारिन्-* 'a swordsman'] *m.* 剣士;剣で武装した兵士.

खड्गहस्त /kʰaḍgahastạ カドグハスト/ [←Skt. *खड्ग-हस्त-* 'sword in hand'] *adj.* 手に剣を握った.

खड्ड /kʰaḍḍạ カッド/ [<OIA. **khaḍḍa-* 'hole, pit': T.03790] *m.* 谷(底);峡谷.

ख़त /xatạ カト/ [←Pers.n. خط 'writing; a letter, note' ←Arab.] *m.* **1** 手紙, 書簡, 書状. (⇒चिट्ठी, पत्र) ❒(को) ～ लिखना(人に)手紙を書く. ❒गुमनाम ～ 匿名の手紙. **2** 筆跡;書体;文字. ❒नस्तालीक़ ～ ナスターリーク書体. **3** 頬髯(ほおひげ);(頬の)うぶ毛. ❒～ बनाना 頬髯を剃る.

ख़तना /xatạnā カトナー/ [←Pers.n. ختنة 'circumcision' ←Arab.] *m.*〖イスラム教〗(ペニスの)割礼. (⇒सुन्नत) ❒(का) ～ करवाना(人の)割礼手術をさせる.

ख़तम /xatamạ カタム/ ▸ख़त्म *adj.* ☞ख़त्म

ख़तरनाक /xatarạnākạ カタルナーク/ [←Pers.n. خطرناك 'dangerous, perilous'] *adj.* 危険な, 危ない;リスクをともなう. ❒～ जगह 危険な場所.

ख़तरा /xatạrā カトラー/ [←Pers.n. خطره 'danger, fear, risk'] *m.* 危険;リスク;冒険. ❒(को) ख़तरे में डालना (…を)危険にさらす.

ख़ता^{1} /xatā カター/ [←Pers.n. خطا 'A fault, error, miss, inadvertency, tresspass, blunder, crime unintentionally committed' ←Arab.] *f.* **1** 過ち, しくじり, ミス;無礼, 失礼. ❒इसमें मेरी क्या ～ है? これに私の何の落ち度があるというのだ? ❒जो कुछ हुआ, उसे मुआफ़ करो, अब फिर ऐसी ～ न होगी। 起こったことは許して欲しい, 今後このような無礼はないであろう. **2** (矢が的に)外れた. ❒जब आदमी शिकार पर निकले तो उसे अपने तरकश में दो तीर रखकर चलना चाहिए कि एक ～ कर जाए तो दूसरा तो निशाने पर बैठे। 人が猟に出かける時は自分の矢筒に2本矢を入れて行かねばならない, 一本が外れてももう一本は的中するように.

ख़ता^{2} /xatā カター/ [←Pers.n. خطا 'name of Scythian province'] *m.* **1**〖歴史〗スキタイ;キタイ, 契丹(きったん).

खतियाना /kʰatiyānā カティヤーナー/ [cf. *खाता*] *vt.* (*perf.* खतियाया /kʰatiyāyā カティヤーヤー/) 帳簿 (खाता) に記入する.

खतियौनी /kʰatiyaunī カティヤオーニー/ ▸खतौनी *f.* ☞खतौनी

ख़तो किताबत /xato kitābatạ カトー キターバト/ [←Pers.n. خط و کتابت 'letter writing, correspondence'] *f.* 文通. (⇒पत्र-व्यवहार)

खतौनी /kʰataunī カタオーニー/ ▸खतियौनी [cf. *खाता*] *f.*〖歴史〗土地台帳《パトワーリー (पटवारी) が管理していた》.

खत्ता /kʰattā カッター/ [<OIA.n. *khā́tra-* 'hole': T.03863] *m.* カッター《鉱石の採掘などでできた穴・坑道;穀物などを保存する地下の倉としても使用》.

खत्ती /kʰattī カッティー/ [cf. *खत्ता*] *f.* ☞खत्ता

ख़त्म /xatmạ カトム/ ▸ख़तम [←Pers.n. ختم 'sealing; finishing' ←Arab.] *adj.* **1** 終わった, 完了した. (⇒समाप्त) ❒～ करना …を終わらす. ❒～ होना 終わる. **2** 尽きた. (⇒समाप्त) ❒～ होना 尽きる. **3** 滅んだ, 死んだ. (⇒समाप्त) ❒～ करना …を滅ぼす.

— *m.* 終わり, 終結, 終了, 完了;(コーラン全章の)読了.

खत्री /kʰatrī カトリー/ [←Panj.m. ਖੱਤਰੀ <OIA. *kṣatríya-* 'ruling': T.03649] *m.*〖ヒンドゥー教〗カトリー《もともとはパンジャーブ地方で商業に従事するカーストとそれに属する人》.

खदान /kʰadānạ カダーン/ [*खोदना* × *खान*] *f.*〖鉱物〗鉱山. (⇒खान)

खदेड़ना /kʰaderạnā カデールナー/ ▸खदेरना [<OIA. **khadd-* 'drive away': T.03807] *vt.* (*perf.* खदेड़ा /kʰaderā カデーラー/) 追い払う, 追い出す;撃退する. (⇒भगाना, हटाना) ❒मैंने उसे घर से खदेड़कर द्वार बंद कर लिया। 私は彼を家から追い出してドアを閉めた. ❒हमारी सेना ने घुसपैठियों को खदेड़ दिया। 我軍は侵入者を撃退した.

खदेरना /kʰaderạnā カデールナー/ ▸खदेड़ना *vt.* (*perf.* खदेरा /kʰaderā カデーラー/) ☞खदेड़ना

खद्दर /kʰaddarạ カッダル/ [←Panj.m. ਖੱਦਰ 'hand-spun cloth' <OIA. **khadda-* 'coarse cloth': T.03808] *m.* (木綿の)粗い手織り布. (⇒खादी)

खद्योत /kʰadyotạ カディョート/ [←Skt.m. *ख-द्योत-* 'a shining flying insect, fire-fly'] *m.*〖昆虫〗ホタル. (⇒जुगनूँ)

खन /kʰanạ カン/ onom.] *adj.* **1**〔擬音〕カラン, カン《金

属・ガラス・陶器などがぶつかる音》. (⇒ठन) **2**〔擬音〕トン, カン《タブラー (तबला) など小型の太鼓の音》. (⇒ठन)

खनक[1] /kʰanaka カナク/ [←Skt.m. *खनक-* 'one who digs, digger, excavator'] *m.* (鉱山・炭山の)坑夫;ねずみ;(坑道を掘る)泥棒.

खनक[2] /kʰanaka カナク/ [cf. *खन, खनकना*] *f.* **1**〔擬音〕「カラン, カン」という音《金属・ガラス・陶器などがぶつかる音》. **2**〔擬音〕「ガチャ, ガチャン」という音《食器がぶつかる音》.

खनकना /kʰanakanā カナクナー/ [onom.; <OIA. *khaṇakhaṇāyatē* 'cracks, tinkles': T.03791] *vi.* (*perf.* खनका /kʰanakā カンカー/) (金属が)チリン[カチン] (खन) と鳴る. (⇒खनखनाना) ❐वह नाचने लगी तो उसकी पायल खनक उठी। 彼女が踊りだすと, 彼女の足首飾りがチリンチリンと鳴った. ❐जेब में सिक्के कनक रहे हैं। ポケットの中で, コインがチャリンチャリンと音をたてている.

खनकाना /kʰanakānā カンカーナー/ [onom.; cf. *खनकना*] *vt.* (*perf.* खनकाया /kʰanakāyā カンカーヤー/) (金属を)チリン[カチン] (खन) と鳴らせる. (⇒खनखनाना)

खनकार /kʰanakāra カンカール/ [cf. *खनखनाना*] *f.* ☞खनक[2]

खनखनाना /kʰanakʰanānā カンカナーナー/ [onom.; <OIA. *khaṇakhaṇāyatē* 'cracks, tinkles': T.03791] *vi.* (*perf.* खनखनाया /kʰanakʰanāyā カンカナーヤー/) (金属が)チリンチリン[カチンカチン] (खन-खन) と鳴る. (⇒खनकना)

— *vt.* (*perf.* खनखनाया /kʰanakʰanāyā カンカナーヤー/) (金属を)チリンチリン[カチンカチン]と鳴らせる. (⇒खनकाना) ❐सिपाही अपने हथियार खनखनाते हुए आए। 兵士たちは, 武具をガチャガチャいわせながら来た. ❐परदेस में रुपये और गहने-गुरिये को खनकाते-चमकाते चलना ख़तरा उठाना होता था। 他郷の地で, お金や装身具をチャリンチャリン鳴らせたりキラキラさせながら歩くのは危険を冒すことだった.

खनन /kʰanana カナン/ [←Skt.n. *खनन* 'the act of digging or excavating'] *m.* 採掘. ❐~ उद्योग 鉱業.

खनिक /kʰanika カニク/ [neo.Skt.m. *खनि-क-* 'a miner'] *m.* 坑夫, 鉱夫. ❐भूकंप के बाद ३४ ~ खदान में फँसे। 地震の後 34 人の鉱夫が鉱山に閉じ込められた.

खनिज /kʰanija カニジ/ [neo.Skt. *खनि-ज-* 'mineral'] *adj.* 『鉱物』鉱物の, 鉱石の. ❐~ पदार्थ 鉱物, 鉱石.

खनित्र /kʰanitra カニトル/ [←Skt.n. *खनित्र-* 'an instrument for digging, spade, shovel'] *m.* ☞खंता

खपची /kʰapacī カプチー/ ▸खपच्ची [←Pers.n. قمچی 'a whip, a scourge; a branch, twig, switch' ←Turk.] *f.* **1** (竹の)細長い裂片《かごなどを編むのに用いられる》. **2**『医学』(骨折した箇所に添える)副木.

खपच्ची /kʰapaccī カパッチー/ ▸खपची *f.* ☞खपची

खपड़ा /kʰapaṛā カプラー/ ▸खपरा [<OIA.m. *kharpara-* 'skull': T.03831] *m.* **1** (屋根にふく)瓦. **2** (亀の)甲羅.

खपड़ैल /kʰapaṛaila カプラェール/ ▸खपरैल [cf. *खपड़ा*] *m.* 瓦をふいた屋根. ❐~ का मकान 瓦屋根の家. ❐आधे ~ के घर थे, आधे फूस के। 半分は瓦ぶきの家で, 半分は藁(わら)ぶきの家だった.

खपत /kʰapata カパト/ [cf. *खपना*] *f.* 消費;需要. ❐(की) ~ और बिक्री बढ़ाना (…の)需要と販売を増やす.

खपना /kʰapanā カプナー/ [<OIA. *kṣapyatē* 'is ruined': T.03655] *vi.* (*perf.* खपा /kʰapā カパー/) **1** (間に合わせで)使用される. ❐इन सिक्कों में यह खोटा सिक्का भी खप जाएगा। これらのコインの中にこの贋コインがまぎれても大丈夫だろう. ❐ईंटों के टुकड़े भी दीवार में खप गए। 煉瓦のかけらすら壁に使われた. **2** 売り切れる, 品切れになる;消費される. ❐दिसावर में भी सारा माल खप गया। 輸入元でも全品売り切れた. ❐वहाँ माल अधिक खपता है, इसलिए ताज़ा माल आता रहता है। あそこでは物がより売れる, だから新鮮な物が入ってくのだ. **3** (戦争などで)死ぬ. ❐इस लड़ाई में सैकड़ों सिपाही खप गए। この戦いで何百人もの兵士が死んだ. **4** (つらい労働などで)疲れ果てる, 消耗する. ❐दिन भर खपने पर अब यह काम पूरा हो सका। 一日中働き消耗してようやくこの仕事が終わった. **5** (生活などに)とけこむ, 適応する. ❐वह यहाँ के जीवन में खप गया। 彼はここでの生活にとけこんだ.

खपरा /kʰaparā カプラー/ ▸खपड़ा *m.* ☞खपड़ा

खपरैल /kʰaparaila カプラェール/ ▸खपड़ैल *m.* ☞खपड़ैल

खपाच /kʰapāca カパーチ/ [cf. *खपची*] *m.* ☞खपची

खपाना /kʰapānā カパーナー/ [cf. *खपना*] *vt.* (*perf.* खपाया /kʰapāyā カパーヤー/) **1** (間に合わせで)使用する, 使いきる. ❐दीवार में ईंटों के टुकड़े भी खपा दिए। 壁に煉瓦のかけらも使用した. **2** 売り切る, 売り尽くす. ❐उसने बाज़ार में सारा माल खपा दिया। 彼は市場で商品すべてを売り尽くした. **3** 殺す;破壊する. ❐डाकुओं ने यात्रियों को जंगल में ही कहीं खपा दिया। 山賊たちは, 旅人たちを森のどこかで殺害した. **4** (働かせて)消耗させる, すり減らす. ❐जान खपाकर भी आराम न मिला। 命をすり減らすほど働いても, 楽にならなかった. ❐सिर खपाने पर भी कोई हल नहीं निकला। 頭をさんざん働かせても解決策は出てこなかった. ❐मनोरोग चिकित्सकों के मुताबिक, गृहिणियों की आत्महत्या की मुख्य वजह यह है कि महिलाएँ परिवार के लिए सारी ज़िंदगी खपा देने वाली अपनी पारंपरिक भूमिका से अब ऊब चुकी हैं। 精神病専門医によれば, 主婦の自殺の主な原因は女性たちが家族のために全人生をすり減らす女性自身の伝統的な役割に嫌気がさしたということである. **5** (生活などに)とけこませる, 適応させる.

खप्पर /kʰappara カッパル/ [<OIA.m. *kharpara-* 'skull': T.03831] *m.* **1** カッパル《オオミヤシ (दरियाई नारियल) などの実を半分に割ったもの;物乞いの鉢》. **2**『ヒンドゥー教』カッパル《カーリー女神 (काली) が手にする血を飲むための器》.

ख़फ़ा /xafā カファー/ [?←Pers.n. خفه 'a cough; suffocation'] *adj.* 不愉快な;不機嫌な;怒った. ❐वह तुमसे बहुत ~ है। 彼は君にとても怒っている.

ख़बर /xabara カバル/ [←Pers.n. خبر 'news, information, adivices, intelligence' ←Arab.] *f.* **1** ニュース, 便り;情報. (⇒समाचार) ❐अच्छी ~ いい知らせ.

❐बुरी 〜 悪い知らせ．**2** 通知；知らせ．❐(को) 〜 करना (人に)知らせる．❐(को) (की) 〜 देना (人に)(…の)通知をする．**3** うわさ．**4** 注意，留意；用心．❐उसे मेरे आने की 〜 ही न हुई। 彼女は私が来たことすら気がつかなかった．❐(की) 〜 रखना (…を)心に留める．❐(की) 〜 लेना (人に)思い知らせる．

ख़बरदार /xabaradāra カバルダール/ [←Pers.adj. خبر دار 'informed, apprised, certified; aware; careful, cautious'] *adj.* 油断のない；慎重な；警戒した．❐(के बारे में) (को) 〜 करना (…に対して)(人を)警戒させる．❐〜 रहना 警戒する．
— *int.* 油断するな，ご用心；警告しておくぞ．

ख़बरदारी /xabaradārī カバルダーリー/ [←Pers.n. خبر داری 'care; information'] *f.* **1** 警戒；用心．(…を)警戒する．**2** 気にかけること；面倒をみること．❐(की) 〜 करना (…を)気にかける．

ख़ब्त /xabta カブト/ [←Pers.n. خبط 'pawing the ground with the fore-foot (a camel); inflicting madness (Satan)' ←Arab.] *m.* 狂気；執念；熱狂，熱中．❐अभी तक आपको इश्क़ का 〜 है। (いい年をして)まだあなたは恋愛に夢中だ．

ख़ब्ती /xabtī カブティー/ [←Pers.adj. خبطی 'mad, insane, crazy'] *adj.* 気の狂った；熱狂した．
— *m.* 気の狂った人，狂人；熱狂する人．

ख़मीर /xamīra カミール/ [←Pers.n. خمیر 'dough, leaven, or anything put into a mass of paste to ferment it' ←Arab.] *m.* 〖食〗酵母，イースト；パン種．❐〜 उठना 発酵する．❐〜 उठाना 発酵させる．

ख़मीरा /xamīrā カミーラー/ [←Pers.n. خمیرة 'dough; conserve of roses or violets' ←Arab.] *adj.* 発酵した；イースト菌の入った，パン種の入った．(⇒ख़मीरी) ❐〜 आटा 発酵した小麦粉．
— *m.* **1** カミーラー《濃厚なシロップ；シロップ剤として使用》．**2** カミーラー《タバコの葉に各種果実を加え発酵させた香りの高いタバコ》．❐〜 तंबाकू カミーラー・タバコ．

ख़मीरी /xamīrī カミーリー/ [*ख़मीर* + *-ई*] *adj.* 発酵した．

ख़यानत /xayānata カヤーナト/ [←Pers.n. خیانة 'deceiving' ←Arab.] *f.* 背信(行為)．❐अमानत में 〜 करना 背信行為をする，信義にもとる行為をする．

ख़याल /xayāla カヤール/ ▸ख़्याल [←Pers.n. خیال 'a phantom, ghost vision; a day-dream; imagination, idea; thought' ←Arab.] *m.* **1** 思考，考え．(⇒विचार) ❐(का) 〜 करना (…を)考える．❐(को) 〜 आना (人に)考えが浮かぶ．**2** 見方，意見，オピニオン．(⇒मत, विचार) ❐आपका क्या 〜 है? あなたはどう思いますか．**3** 配慮，心づかい．(⇒तवज्जह, ध्यान) ❐(का) 〜 करना (…に)気を配る，配慮する．

ख़याली /xayālī カヤーリー/ ▸ख़्याली [←Pers.adj. خیالی 'imaginary, ideal, capricious'] *adj.* 想像上の，架空の；仮想の．(⇒काल्पनिक) ❐(का) 〜 पुलाव पकाना (…の)非現実的な夢を見る．

ख़याली पुलाव /xayālī pulāva カヤーリー プラーオ/ *m.* 空想の産物．

खर[1] /k^{h}ara カル/ [←Skt.m. *k'ara-* 'a donkey (so called from his cry)'] *m.* 〖動物〗ロバ．(⇒गधा)

खर[2] /k^{h}ara カル/ [＜OIA.m. *khaṭa-* 'thatching grass': T.03769; DEDr.1265 (DED.1061)] *m.* 藁(わら)．(⇒तिनका)

ख़र /xara カル/ [←Pers.n. خر 'an ass'; cog. Skt.m. *k'ara-* 'a donkey (so called from his cry)'] *m.* **1** 〖動物〗ロバ．(⇒गधा) **2** バカ，うすのろ，愚鈍．

ख़रगोश /xaragośa カルゴーシュ/ [←Pers.n. خر گوش 'a hare (ass-ear)'] *m.* 〖動物〗ウサギ(兎)．❐〜 का दिल ウサギの心臓《臆病者のたとえ》．

ख़रचना /xaracanā カラチナー/ ▸ख़र्चना [cf. *ख़र्च*] *vt.* (*perf.* ख़रचा /xaracā カルチャー/) **1** 出費する，(金を)使う．❐उसने अपने मकान पर बहुत रुपया ख़रचा। 彼は自宅(の建築)のために大変な出費をした．**2** 使う，使用する．

ख़रचा /xaracā カルチャー/ ▹ख़र्चा *m.* ☞ख़र्च

ख़रचीला /xaracīlā カルチーラー/ ▹ख़र्चीला *adj.* ☞ख़र्चीला

ख़र-दिमाग़ /xara-dimāğa カル・ディマーグ/ [cf. *ख़रदिमाग़ी*] *adj.* 愚鈍な(人)．

ख़र-दिमाग़ी /xara-dimāğī カル・ディマーギー/ [←Pers.n. خر دماغی 'stupidity, obstinacy, perverseness'] *f.* 愚鈍さ．

खर-पतवार /k^{h}ara-patavāra カル・パタワール/ *m.* 雑草．

खरब /k^{h}araba カラブ/ [＜Skt.m. *खर्व-* 'a large number; one thousand millions'] *num.* 千億(の単位)《もとは百億の意味》．❐एक [दस] 〜 千億[一兆]．❐खरबों 何千億何兆もの．

ख़रबूज़ा /xarabūzā カルブーザー/ [←Pers.n. خربوزه 'a water-melon'] *m.* 〖植物〗(マスク)メロン．

खरमास /k^{h}aramāsa カルマース/ [neo.Skt.m. *खर-मास-* 'inauspicious months'] *m.* 〖暦〗不吉な月《プース月(पूस)とチャイト月(चैत)とされる；ヒンドゥー教徒はこれらの月では吉祥な行事は避ける》．

खरल /k^{h}arala カラル/ [＜OIA.m. *khalva-, khalla-*[3] 'stone for grinding drugs on': T.03851] *m.* 〖医学〗すり鉢，乳鉢《薬剤を砕いたり調合する》．

खरवाँस /k^{h}aravā̃sa カルワーンス/ [＜neo.Skt.m. *खर-मास-* 'inauspicious months'] *m.* ☞खरमास

खरहरा /k^{h}araharā カルハラー/ *m.* (馬用の)金ぐし．

खरा /k^{h}arā カラー/ [＜OIA. *khára-*[2] 'hard, sharp, pungent': T.03819] *adj.* **1** 混ざりけのない，純粋の．(⇔खोटा) ❐साहित्य के प्रति उनकी खरी रुचि थी। 文学に対して彼は純粋な審美眼をもっていた．**2** (人が)正直な，高潔な．**3** (言葉が)遠慮のない，率直な，ずけずけとした．❐दो-चार खरी-खरी बातें कह सुनाना 二，三歯に衣を着せないことを言う．

खरा-खोटा /k^{h}arā-k^{h}oṭā カラー・コーター/ *adj.* (悪口で)あることないことの《女性形 खरी-खोटी は女性名詞「あることないこと」の意で使う》．❐खरी-खोटी सुनाना あることないことをずけずけ言う．

ख़राद /xarāda カラード/ [←Pers.n. خراد 'a lathe'; cf. Pers.n. خراط 'a turner' ←Arab.] *m.* 旋盤;ろくろ. ❐～ पर चढ़ना 旋盤で削られる;磨かれる.

ख़रादना /xarādanā カラードナー/ [cf. *ख़राद*] *vt.* (*perf.* ख़रादा /xarādā カラーダー/) (ろくろ[旋盤]で)削る[研ぐ];仕上げる. ❐यह छूरा ख़रादो। このナイフを研いでくれ.

खरापन /kʰarāpana カラーパン/ [*खरा* + *-पन*] *m.* **1** 混ざりけがないこと, 純粋であること. (⇔खोटापन) **2** 正直[高潔]であること. **3** (言葉の)遠慮のなさ, 率直さ.

ख़राब /xarāba カラーブ/ [←Pers.adj. خراب 'being ruined and desolate; noxious, vicious' ←Arab.] *adj.* **1** (状態が)悪い;好ましくない;(体調が)悪い, 具合がよくない. (⇔अच्छा, ख़ूब) ❐～ मौसम 悪天候. ❐उसकी तबीयत ～ हो गई। 彼の体調が悪くなった. ❐हालत और ～ हो गई। 状態がさらに悪化した. **2** 欠陥のある;正常でない, まともでない;不良な;粗悪な;故障した. (⇔अच्छा) ❐～ आदमी 悪人. ❐दिमाग़ ～ हो जाना 頭がおかしくなる;狂う. ❐मशीन ～ हो जाना 機械が故障する. **3** 腐った(食べ物), いたんだ;(不浄で)食べられなくなった. ❐～ फल 腐った果物. **4** 台無しの;破滅した;(女が)傷物になった. ❐ज़िंदगी ～ करना 一生を棒にする.

ख़राबी /xarābī カラービー/ [←Pers.n. خرابی 'ruin, desolation; depravity, corruption'] *f.* **1** 欠点, 欠陥;短所, 弱点. (⇒कमी, दोष)(⇔ख़ूबी, गुण) **2** 故障(箇所).

ख़राश /xarāśa カラーシュ/ [←Pers.n. خراش 'anything torn, destroyed, and useless'] *f.* **1** 〖医学〗擦り傷, 擦過傷. **2** (声の)かれ, かすれ.

खरिया /kʰariyā カリヤー/ ▸खड़िया *f.* ☞खड़िया

खरी-खोटी /kʰarī-kʰoṭī カリー・コーティー/ [*खरा* + *खोटा*] *f.* 耳がいたいが真実であるとがめ. ❐～ सुनाना ずけずけものを言う. ❐अगर वह कुछ ～ भी कहे, तो सुन लेना। もし奴が何か耳の痛いことを言っても, じっと聞いていな.

ख़रीद /xarīda カリード/ [←Pers.vt. خریدن 'to buy'] *f.* 購買.

ख़रीददार /xarīdadāra カリードダール/ [cf. *ख़रीदार*] *m.* ☞ख़रीदार

ख़रीददारी /xarīdadārī カリードダーリー/ [cf. *ख़रीदारी*] *f.* ☞ख़रीदारी

ख़रीदना /xarīdanā カリードナー/ [cf. *ख़रीद*] *vt.* (*perf.* ख़रीदा /xarīdā カリーダー/) 買う, 購入する. (⇔बेचना) ❐मैं तुम्हारे लिए एक घड़ी ख़रीदूँगा। 君に一つ時計を買ってあげよう. ❐उसने इस मकान का एक हिस्सा ख़रीद लिया। 彼はこの家の一部分を購入した.

ख़रीद-फ़रोख़्त /xarīda-faroxta カリード・ファロークト/ *f.* 売買.

ख़रीदार /xarīdāra カリーダール/ ▸ख़रीददार [←Pers.n. خریدار 'a buyer'] *m.* 買い手, バイヤー.

ख़रीदारी /xarīdārī カリーダーリー/ ▸ख़रीददारी [←Pers.n. خریداری 'purchase'] *f.* 購買;買い物, ショッピング.

ख़रीफ़ /xarīfa カリーフ/ [←Pers.n. خریف 'the first crop in the year (in India), consisting chiefly of rice; autumn' ←Arab.] *f.* 秋作;秋の収穫. (⇔रबी) ❐～ बोना 秋作の植え付けをする.

खरोंच /kʰarõca カローンチ/ [cf. *खरोंचना*] *f.* 〖医学〗引っ掻き傷;擦り傷, 擦過傷;かすり傷. ❐उसे खरोंच तक नहीं आई। 彼はかすり傷さえ負わなかった.

खरोंचना /kʰarõcanā カローンチナー/ ▸खरोचना [<OIA. *kṣuráti* 'cuts, scratches, digs': T.03729; cf. *खुरचना*] *vt.* (*perf.* खरोंचा /kʰarõcā カローンチャー/) 引っ掻く;かきむしる.

खरोचना /kʰarocanā カローチナー/ ▸खरोंचना *vt.* (*perf.* खरोचा /kʰarocā カローチャー/) ☞खरोंचना

ख़र्च /xarca カルチ/ [←Pers.n. خرج 'revenue, tribute, tax, duty; expense, cost' ←Arab.] *m.* **1** (金銭の)出費, 支出;コスト, 経費, 費用, 消費. ❐(पर) ～ करना (…に)(…を)出費する. **2** (時間や労力の)消費, 消耗.

ख़र्चना /xarcanā カルチナー/ ▸ख़रचना [cf. *ख़र्च, ख़रच*] *vt.* (*perf.* ख़र्चा /xarcā カルチャー/) ☞ख़रचना

ख़र्चा /xarcā カルチャー/ ▹ख़रचा [←Pers.n. خرچه 'a marginal note; the costs of a law-suit'] *m.* ☞ख़र्च

ख़र्चीला /xarcīlā カルチーラー/ ▹ख़रचीला [cf. *ख़र्च*] *adj.* **1** 金使いの荒い(人);浪費癖のある. **2** 高くつく;費用がかさむ. ❐ख़र्चीली शादी 費用がかさむ結婚式. ❐युवकों का प्रेम ख़र्चीली वस्तु है। 若者たちの恋愛は費用がかさむものである.

खर्र-खर्र /kʰarra-kʰarra カルル・カルル/ [onom.] *m.* ガーガー, グーグー《いびきの音》.

खर्रा /kʰarrā カルラー/ [?] *m.* カルラー《小さな巻紙にメモなどを書き留めたもの》.

खर्राटा /kʰarrāṭā カルラーター/ [onom.; cf. *खर्र-खर्र*] *m.* いびき(の音). ❐खर्राटे लेना [भरना] いびきをかく.

खल /kʰala カル/ [←Skt.m. *खल-* 'a mischievous man'] *adj.* 悪意のある(人);不道徳な(人).

खलना /kʰalanā カルナー/ [<OIA. *skhálati* 'stumbles': T.13663] *vi.* (*perf.* खला /kʰalā カラー/) 不愉快に感じる, 気にさわる;耳障り・目障りである;たまらなく嫌になる. (⇒अखरना, खटकना) ❐उसकी कड़ी बातें मुझे बहुत खलती हैं। 彼の遠慮の無いきびしい言葉は, 私にはとても癪にさわる. ❐उसे अकेलापन कभी-कभी खलता था। 彼は時折孤独がたまらなくなるのだった.

खलनायक /kʰalanāyaka カルナーヤク/ [neo.Skt.m. *खल-नायक-* 'villain'] *m.* 悪役, 敵役(かたきやく).

खलबलाना /kʰalabalānā カルバラーナー/ [echo-word; cf. OIA. *khálati*[1] 'shakes': T.03837] *vi.* (*perf.* खलबलाया /kʰalabalāyā カルバラーヤー/) **1** ゴボゴボ (खल-बल) 音が出る;(熱湯が)フツフツと沸く. **2** 慌てる, 動揺する. (⇒खड़बड़ाना)

खलबली /kʰalabalī カルバリー/ [cf. *खलबलाना*] *f.* 動揺;大騒動;混乱. ❐इस विज्ञापन के छपते ही लखनऊ में ～ पड़ गई। この広告が印刷されるやいなやラクナウーでは大変な騒動になった. ❐किसानों में ～ मची हुई थी। 農民たちの間に大騒動が巻き起こっていた.

ख़लल /xalala̸ カラル/ [←Pers.n. خلل 'being marred, thrown into confusion (business), by fault or negligence' ←Arab.] *m.* 中断；妨げ. ❐(में) ～ आना [पड़ना] (…に)妨げが生じる. ❐(में) ～ डालना (…を)妨害する.

ख़लास /xalāsa̸ カラース/ [←Pers.n. خلاص 'liberation, release deliverance' ←Arab.] *adj.* (重荷から)解放された；免除された. ❐(से) ～ करना (…から)解放する, 自由にする.

ख़लासी /xalāsī カラースィー/ [←Pers.n. خلاصی 'freedom, liberation; sailor; native artilleryman'] *m.* 水夫, 船員；臨時工. ❐जहाज़ पर काम करनेवाले ～, बेयरे तथा कर्मचारियों के रहने की जगहें अलग थीं। 船で働く船員, 給仕そして一般作業員の居住する場所は別だった.

— *f.* 弁済；解放. ❐(से) ～ पाना (…から)解放される, 自由になる.

खलियान /kʰaliyāna̸ カリヤーン/ ▸खलिहान *m.* ☞खलिहान

खलिहान /kʰalihāna̸ カリハーン/ ▸खलियान [<OIA.f. *khalēdhānī-* 'the post of a threshing-floor': T.03846z1] *m.* **1** 脱穀場. **2** 納屋；穀倉, 穀物倉.

खली /kʰalī カリー/ [<OIA.f. *khalī-* 'oilcake': T.03845] *f.* 油かす《油脂植物の油をしぼった残りかす；肥料・飼料に使う》.

ख़लीफ़ा /xalīfā カリーファー/ [←Pers.n. خلیفة 'a successor, a lieutenant, vicegerent; a Caliph' ←Arab.] *m.* 〚イスラム教〛カリフ《預言者ムハンマドの代理人》.

खल्वाट /kʰalvāṭa̸ カルワート/ [←Skt. *खल्वाट-* 'bald-headed, bald'] *adj.* 禿げ頭の. ❐～ सिर 禿げ頭.

— *m.* 禿げ.

ख़स /xasa̸ カス/ [←Pers.n. خس 'the root of a sweet-scented grass'] *f.* 〚植物〛カス《イネ科ベチベルソウ；日よけのすだれの材料になる；根は香水の原料》. (⇒उशीर, बहुमूलक) ❐～ की टट्टी カスで編まれたすだれ.

खसकना /kʰasakanā カサクナー/ ▸खिसकना *vi.* (*perf.* खसका /kʰasa̸kā カスカー/) ☞खिसकना

खसकाना /kʰasa̸kānā カスカーナー/ ▸खिसकाना *vt.* (*perf.* खसकाया /kʰasa̸kāyā カスカーヤー/) ☞खिसकाना

खसखस /kʰasa̸kʰasa̸ カスカス/ [←Pers.n. خشخاش 'poppy' ←Arab.] *f.* 〚植物〛ケシ(芥子)(の実).

ख़सम /xasama̸ カサム/ [←Pers.n. خصم 'a husband' ←Arab.] *m.* 夫. (⇒पति)

खसरा /kʰasa̸rā カスラー/ [?<OIA.m. *khasa-*[1] 'itch, scab': T.03854] *m.* 〚医学〛 (はしかの)発疹；風疹. ❐(को) ～ निकल आना (人に)発疹がでる.

ख़सरा /xasa̸rā カスラー/ [?] *m.* 土地台帳.

ख़सी /xasī カスィー/ ▸ख़स्सी *adj.* ☞ख़स्सी

खसोट /kʰasoṭa̸ カソート/ [cf. *खसोटना*] *f.* むしりとること；引き抜くこと；ひったくること.

खसोटना /kʰasoṭa̸nā カソートナー/ [<OIA. **khass-* 'snatch': T.03858] *vt.* (*perf.* खसोटा /kʰasoṭā カソーター/) **1** 引き抜く. (⇒उखाड़ना) ❐बाल ～ 髪の毛を引き抜く. **2** むしり取る. (⇒नोचना) ❐पत्ते ～ 葉をむしり取る. **3** ひったくる, こそ泥を働く. (⇒छीनना) ❐माल खसोटना 品物をひったくる.

ख़स्ता /xastā カスター/ [←Pers.adj. خستہ 'wounded; sick, infirm'] *adj.* (食べ物などが)もろくくずれやすい, パリパリした食感の.

— *m.* もろくくづれやすい食べ物, パリパリした食感の食べ物.

ख़स्ताहाल /xastāhāla̸ カスターハール/ [←Pers.adj. خستہ حال 'in a bad state, afflicted'] *adj.* みじめな, みすぼらしい, 哀れな.

ख़स्सी /xassī カッスィー/ ▸ख़सी [←Pers.n. 'a eunuch; a gelded animal' ←Arab.] *adj.* 去勢された.

— *m.* **1** 〚動物〛去勢された動物《主にヤギなど》. **2** 〚歴史〛宦官(かんがん).

ख़ाँ /xā̃ カーン/ ▸ख़ान *m.* ☞ख़ान

खाँग /kʰā̃ga̸ カーング/ [<OIA.m. *khaḍgá-*[1] 'rhinoceros': T.03786] *m.* サイの角.

खाँचा /kʰā̃cā カーンチャー/ [<OIA. **khañca-* 'basket': T.03767] *m.* カーンチャー《小枝などで編んだ大きなかご》.

खाँड़ /kʰā̃ṛa̸ カーンル/ [<OIA. *khaṇḍu-*[1] 'sugar': T.03800] *f.* 〚食〛粗糖《サトウキビの搾り汁を煮詰めて結晶させただけで精糖してないもの》.

खाँड़ा /kʰā̃ṛā カーンラー/ [<OIA. **khaṇḍaka-*[3] 'sword': T.03793] *m.* カーンラー《両刃の剣の一種》.

खाँसना /kʰā̃sa̸nā カーンスナー/ [<OIA. *kā́satē* 'coughs': T.03135] *vi.* (*perf.* खाँसा /kʰā̃sā カーンサー/) 〚医学〛咳をする；咳き込む, むせる. (⇒ठाँसना) ❐दमे का मरीज़ रात भर खाँसता रहता है। 喘息の患者が一晩中咳をしつづける. ❐उसने चिलम का दम लगाकर खाँसते हुए कहा। 彼は水ギセルを一息吸ってから咳き込みながら言った.

खाँसी /kʰā̃sī カーンスィー/ [<OIA.f. *kā́sā-, kā́s-, kā́sikā-* 'cough': T.03138] *f.* **1** 咳. ❐उसने बनावटी ～ की आवाज़ की, खूँ-खूँ। 彼はわざとらしい咳の声を出した, コホンコホン. ❐(को) ～ आना(人が)咳こむ. ❐सूखी ～ (痰の切れない)空咳. **2** 〚医学〛喘息. (⇒दमा)

खाई /kʰāī カーイー/ [<OIA.n. *khātá-* 'ditch, pond': T.03862x1] *f.* **1** 溝；堀；塹壕(ざんごう). **2** 〚地理〛海溝. ❐जापान ～ 日本海溝. **3** 隔たり, 溝.

खाऊ /kʰāū カーウー/ [cf. *खाना*; ?<OIA. *khāduka-* '*biting': T.03871] *adj.* 大食漢の(人).

ख़ाक /xāka̸ カーク/ [←Pers.n. خاک 'earth, dust, soil, mould, dirt, ground'] *f.* **1** 土；地面. (⇒मिट्टी) **2** 土ぼこり；ちり, ほこり；灰, 灰燼(はいじん)《無価値なもののたとえとしても》. (⇒धूल) ❐(की) इज़्ज़त ～ में मिल जाना (人の)名誉が汚れる. ❐(को) ～ में मिला देना (人を)破滅させる.

— *int.* 〔卑語〕くそ, くそったれ. ❐～ (पर) (…なんか)くそったれだ.

ख़ाकसार /xāka̸sāra̸ カークサール/ [←Pers.adj. خاکسار

'earth-like; mixed with earth, covered with dust; base, mean, low-born'] *adj.* 取るに足らない, つまらない《自分を卑下する自称として手紙などに使用》.

ख़ाका /k^{h}ākā カーカー/ [←Pers.n. خاکہ 'a plan, a sketch'] *m.* **1** 図面, 設計図; 見取り図, トレース; 地図. **2** 図案, デザイン; 型紙; デッサン, スケッチ. **3** 図表, グラフ. **4** 見積もり; 概略. (⇒तख़मीना)

ख़ाकी /xākī カーキー/ [←Pers.adj. خاکی 'earthen, terrestrial'] *adj.* カーキ色の, くすんだ黄緑色の.
— *m.* カーキ色の軍服・制服.

खाज /k^{h}ājạ カージ/ [<OIA.f. *kharju-*[1], *kharjū-* 'itching, scratching, scab': T.03827] *f.* **1** (身体の)かゆみ, 掻痒. (⇒खुजली) **2** 〖医学〗湿疹(しっしん); 疥癬(かいせん). (⇒खुजली)

खाजा /k^{h}ājā カージャー/ [<OIA.n. *khādya-* 'food': T.03872x1] *m.* 〖食〗カージャー《菓子の一種》.

खाट /k^{h}āṭạ カート/ [<OIA.f. *khátvā-* 'bedstead': T.03781; cf. DEDr.1145 (DED.0960); → Eng.n. *cot*] *f.* 寝台, ベッド《4 本足の簡易ベッド; 寝床の部分はひもで編まれている》. (⇒चारपाई) ❐～ डालना ベッドを設置する. ❐～ पकड़ना 病気で寝こむ.

खाट-खटोला /k^{h}āṭạ-k^{h}aṭolā カート・カトーラー/ *m.* 家財道具一式.

खाड़ी /k^{h}āṛī カーリー/ [cf. OIA. **khaḍḍa-* 'hole, pit': T.03790; cf. OIA. **khāḍa-* 'a hollow': T.03860] *f.* 〖地理〗湾; 入り江. ❐बंगाल की ～ ベンガル湾.

ख़ातमा /xātạmā カートマー/ ▷ख़ात्मा ▶ख़ातिमा [←Pers.n. خاتمة 'the end of anything' ←Arab.] *m.* 最後; 終わり. (⇒अंत) ❐जंग का ～ 戦争の終結.

खाता /k^{h}ātā カーター/ [<OIA.n. *kṣatrá-* 'might, rule': T.03648] *m.* **1** 〖経済〗帳簿; 台帳. **2** 〖経済〗(銀行の)口座. (⇒एकाउंट) ❐～ खोलना 口座を開く. ❐～ बंद करना 口座を閉じる.

खाता-बही /k^{h}ātā-bahī カーター・バヒー/ *f.* 〖経済〗出納簿, 会計簿.

ख़ातिमा /xātimā カーティマー/ ▶ख़ातमा, ख़ात्मा *m.* ☞ख़ातमा

ख़ातिर /xātirạ カーティル/ [←Pers.n. خاطر 'whatever occurs to or passes in the mind' ←Arab.] *f.* 敬意; 気配り, 配慮; もてなし, 接待. ❐(की) ～ करना (人を)もてなす. ❐वह बड़ी ～ से मुझे कुर्सी पर बिठाकर बोला। 彼はたいそう丁寧に私を椅子に座らせてから言った.
— *ind.* 《〖名詞 की ख़ातिर〗の形式で副詞句「…のために」を表す》 ❐दूसरे की जान की ～ कोई अपनी जान गढ़े में डालेगा? 他人の命のために誰が自分の命を危うくするものか?

ख़ातिरदारी /xātirạdārī カーティルダーリー/ [←Pers.n. خاطر داری 'confidence, comfort'] *f.* もてなし(をすること), 歓待(すること). ❐आज इतनी ～ क्यों हो रही है? 今日はこれほどの歓待がなぜ行われているのですか? ❐मैं तो आपकी ～ का सामान लिये आपकी राह देख रहा हूँ। 私はあなたの歓待のための品物を持ってあなたをお待ちしていました.

ख़ातिरी /xātirī カーティリー/ [*ख़ातिर* + -ई] *f.* ☞ख़ातिरदारी

ख़ात्मा /xātmā カートマー/ ▷ख़ातमा ▶ख़ातिमा *m.* ☞ख़ातमा

खाद /k^{h}ādạ カード/ [<OIA. *khātá-* 'dug up': T.03862] *f.* 堆肥, こやし; 肥料. (⇒उर्वरक) ❐जैव ～ 有機肥料. ❐हरी ～ 緑肥.

खादर /k^{h}ādarạ カーダル/ [?<OIA.m. *karda-* 'mud, swamp': T.02867] *m.* カーダル《雨期には水面下になる川のほとりの沖積土の低地》.

खादी /k^{h}ādī カーディー/ [<OIA. **khadda-* 'coarse cloth': T.03808] *f.* カーディー《(木綿の)粗い手織物, ホームスパン》. (⇒खद्दर)

खाद्य /k^{h}ādyạ カーディエ/ *adj.* 食用の, 食べられる. (⇔अखाद्य) ❐～ पदार्थ 食品, 食物.

खाद्यान्न /k^{h}ādyānnạ カーディャーンヌ/ [neo.Skt.n. *खाद्य-अन्न-* 'food grains'] *m.* 〖食〗穀物; シリアル食品.

खान /k^{h}ānạ カーン/ [<OIA.f. *khāni-, khānī-* 'a mine; *digging instrument': T.03873] *f.* 〖鉱物〗鉱山. (⇒खदान)

ख़ान /xānạ カーン/ ▶ख़ाँ [←Pers.n. خان 'the title of the kings of Khata and Tartary; a prince, nobleman, lord'] *m.* 〖イスラム教〗カーン《貴族や王に与えられた称号, 尊称; 特にパターン人 (पठान) の貴族, 支配者など》.

खान- /k^{h}ānạ- カーン・/ [comb. form of *खाना*] *comb. form* 《「食事」を表す連結形; खान-पान「飲食」など》.

ख़ानदान /xānạdānạ カーンダーン/ [←Pers.n. خاندان 'a family'] *m.* **1** 一族; 家族. (⇒परिवार) **2** 家柄; 家系. (⇒वंश) ❐वह ऊँचे [नीच] ～ की है। 彼女は格式の高い[低い]家柄の人です.

ख़ानदानी /xānạdānī カーンダーニー/ [*ख़ानदान* + -ई] *adj.* **1** 家族の; 一族の; 代々の. (⇒पुश्तैनी) ❐～ पेशा 先祖代々の家業. **2** 良い家柄の, 名門の.

खान-पान /k^{h}ānạ-pānạ カーン・パーン/ *m.* 飲食《食生活, 食習慣などを指すことが多い》.

ख़ानसामाँ /xānạsāmā̃ カーンサーマーン/ ▶ख़ानसामा *m.* ☞ख़ानसामा

ख़ानसामा /xānạsāmā カーンサーマー/ ▶ख़ानसामाँ [←Pers.n. خانسامان 'a house-steward, whose business is to furnish and regulate the table of the great'] *m.* 〖食〗(家庭の)料理人, コック. ❐～ रखना (家庭用の)コックを雇う.

खाना /k^{h}ānā カーナー/ [<OIA. *khā́dati* 'chews, bites': T.03865] *vt.* (*perf.* खाया /k^{h}āyā カーヤー/) **1** 食べる. ❐आप मांस खाते हैं? あなたは肉を食べますか? ❐उसने खाना खा लिया होगा। 彼は食事を済ませただろう. ❐उसने सुबह से कुछ नहीं खाया था। 彼は, 朝から何も食べていなかった. **2** (薬を)服用する; (毒を)あおる. ❐दवाएँ खाइएगा। 薬を服用してください. ❐वह ज़हर खाकर मर गई। 彼女は毒をあおって死んだ. **3** (打撃・苦痛などを)くらう, 被る; (災難・苦難を)耐える. ❐ग़म ～ 悲しみを耐える. ❐

गाली ～ 悪口を言われる. ❐घाटा ～ 損害を被る. ❐घुड़की ～ 叱られる. ❐चोट ～ (心の)傷を受ける. ❐जूते ～ 靴で打たれる. ❐झटका ～ ショックを受ける. ❐ठोकरें ～ つまづく;粗略に扱われる. ❐धक्का ～ 突き飛ばされる. ❐धोखा ～ 欺かれる. ❐मार ～ 殴られる. ❐मुँह की ～ 恥辱を受ける. ❐सरदी ～ 寒さを耐え忍ぶ. **4** 横領[着服]する, 使い込む. (⇒गटकना, गपकना, हड़पना) ❐उसने हमारा पैसा खा लिया। 彼は我々の金を着服した. **5**〔慣用〕❐क़सम ～ 誓う. ❐घूस ～ 賄賂を受け取る. ❐पछाड़ ～ 卒倒する. ❐बल ～ (ヘビなどが)とぐろを巻く, (流れが)曲がりくねる. ❐(से [के साथ]) मेल ～ (…に)似合う. ❐(का) सिर ～ (人に)つきまとって悩ます. ❐हवा ～ 新鮮な空気にあたる.

— *m.* 食べ物, 食事. ❐～ खाना 食事をする. ❐～ परोसना 食事を給仕する. ❐～ बनाना 食事を作る, 炊事をする. ❐～ लगाना 食事を(食卓に)ならべる.

ख़ाना /xānā カーナー/ [←Pers.n. خانہ 'a house, dwelling, habitation'] *m.* **1** 家, 建物. (⇒घर, मकान) **2** (列車の仕切られている)コンパートメント. **3** (仕切られている)収納ケース, 箱;(仕切られている)棚. **4** (新聞の)コラム, 欄. (⇒कालम, स्तंभ) **5**〖ゲーム〗(チェスやすごろくなどの)盤のマス目. (⇒घर)

ख़ाना-तलाशी /xānā-talāśī カーナー・タラーシー/ *f.* 家宅捜索. ❐घर की ～ 家の家宅捜索.

ख़ानापूरी /xānāpūrī カーナープーリー/ [*ख़ाना* + *पूरा*] *f.* (書類の)空欄記入. ❐अस्पताल में दाख़िले की ～ करना 入院に必要な書類を記入する.

ख़ानाबदोश /xānābadosa̸ カーナーバドース/ [←Pers.n. خانہ بدوش 'a traveller, pilgrim, gipsy (whose house is on his shoulder)'] *adj.* 遊牧民の;放浪者の, 流浪者の.

ख़ाब /xāba̸ カーブ/ ▶ख़्वाब *m.* ☞ख़्वाब

ख़ामख़ाह /xāmaxāha̸ カーマカーハ/ ▶ख़ाहमख़ाह [←Pers.adv. خواه مخواه 'willing or no; certainly'] *adv.* わざわざ, わけもなく. ❐आप तो ～ ज़िद करते हैं। あなたはわけもなく意地を張っている.

ख़ामी /xāmī カーミー/ [←Pers.n. خامی 'rawness, immaturity; loss'] *f.* (完璧ではないことに起因する)欠陥, 不備. (⇔ख़ूबी) ❐ख़ूबियाँ और ख़ामियाँ 長所と短所.

ख़ामोश /xāmośa̸ カーモーシュ/ [←Pers.adj. خاموش 'silent, dumb'] *adj.* **1** 沈黙した, 無言の;無口の. (⇒चुप, मौन) ❐आप ～ रहिए। あなたは黙っていてください. **2** 静粛な, 静まりかえった.

ख़ामोशी /xāmośī カーモーシー/ [←Pers.n. خاموشی 'taciturnity, silence'] *f.* **1** 沈黙, 無言. (⇒चुप्पी) ❐～ तोड़ना 沈黙を破る. **2** 静寂, 静けさ. ❐शहर में अजीब सी ～ छायी हुई है। 町には不思議な静寂がおおっていた.

खार /kʰāra̸ カール/ [<OIA.m. *kṣārá-*[1] 'alkali': T.03674x1] *m.*〖化学〗アルカリ.

ख़ार /xāra̸ カール/ [←Pers.n. خار 'a thorn'] *m.* とげ. (⇒काँटा)

ख़ारतूम /xāra̸tūma̸ カールトゥーム/ [cf. Eng.n. *Khartoum*] *m.*〖地名〗ハルツーム《スーダン(共和国)(सूडान)の首都》.

खारा /kʰārā カーラー/ [<OIA. *kṣārá-*[1] 'corrosive': T.03674] *adj.* **1** 塩分を含んだ;(味が)塩辛い, しょっぱい. (⇒नमकीन) ❐～ पानी 塩水. **2**〖化学〗アルカリ性の. (⇒क्षार)(⇔खट्टा) ❐～ नमक 硫酸ナトリウム.

खारापन /kʰārāpana̸ カーラーパン/ [*खारा* + *-पन*] *m.* **1**〖化学〗塩分, 塩度. **2**〖化学〗アルカリ性.

ख़ारिज /xārija̸ カーリジ/ [←Pers.adj. خارج 'external; outside' ←Arab.] *adj.* **1** 退けられた;排斥された;取り消された. ❐युनिवर्सिटी से ली छुट्टी ～ कराना 大学からとった休暇を取り消してもらう. **2** (申し立てが)棄却された. ❐याचिका ～ करना 申し立てを棄却する.

ख़ारिश /xāriśa̸ カーリシュ/ [←Pers.n. خارش 'a sore, scratch'] *f.* **1** むずがゆさ;喉のかすれ. (⇒खुजली) **2**〖医学〗疥癬(かいせん).

खाल /kʰāla̸ カール/ [<OIA.m. *khalla-*[1] 'leather, leathern garment': T.03848] *f.* **1** 皮膚, 皮. ❐(की) ～ उधेड़ लेना (人の)皮をはぐ(＝こっぴどい目にあわせる). ❐पीठ और कमर की ～ छिल गयी। 背中と腰の皮膚がすりむけた. **2** (動物の)皮, 獣皮. ❐जानवरों की ～ 動物の毛皮. ❐बाघ की ～ 虎の毛皮. ❐वह भेड़ की ～ में भेड़िया है। 彼は羊の皮をかぶった狼だ.

ख़ाल /xāla̸ カール/ [←Pers.n. خال 'a maternal uncle, mother's brother' ←Arab.] *m.* 母方の叔父《母の兄弟》. (⇒मामा)

ख़ालसा /xāla̸sā カールサー/ [←Pers.adj. خالصہ 'pure'; cf. Panj.m. ਖ਼ਾਲਸਾ 'Khalsa, the collective body of all initiated Sikhs'] *adj.* ☞ख़ालिस

— *m.* **1**〖歴史〗(ムガル朝時代の)王朝の直轄地, 直轄領;国有地. **2**〖スィック教〗カールサー《スィック教の 10 代で最後のグルであるゴービンド・スィング(गोविंदसिंह)(在位 1675～1708)によって創始されたスィック教団》.

ख़ाला /xālā カーラー/ [←Pers.n. خالہ 'a maternal aunt'; cf. *ख़ाल*] *f.* 母方の叔母《母の姉妹》. (⇒मौसी)

ख़ालिस /xālisa̸ カーリス/ [←Pers.adj. خالص 'pure, unsullied' ←Arab.] *adj.* 純粋な, 混じり気なしの. (⇒शुद्ध) ❐और लोग सोडा और बरफ़ मिलाते हैं, मैं तो ～ पीता हूँ। 他の人間はソーダや氷を入れるが, 私は生(き)のままで飲む.

ख़ाली /xālī カーリー/ [←Pers.adj. خالی 'free, vacant, void' ←Arab.] *adj.* **1** 空いた, 空白の, 空の;(職・地位が)空席の. (⇒रिक्त) ❐～ करना …を空にする. ❐～ जगह 空席. ❐～ हाथ 手ぶらで, 収穫無しに《副詞句として》. ❐बोतल ～ पड़ी हुई है। 瓶が空になっている. ❐कमरा ～ है? 空き部屋はありますか. ❐～ हाथ 手ぶらで, 収穫無しに. **2** 空虚な, 寂漠とした, ガランとした. **3** 暇な. ❐～ समय 暇な時間. ❐पाँच बजे के बाद मैं ～ हो जाऊँगा। 5 時以降私は暇になります. **4** 実りのない, 無駄な. ❐निशाना ～ गया। 的がはずれた.

— *adv.* 単に, ただ. ❐यह मत समझना कि मैं ～ धमकी

दे रही हूँ। 私がただ脅しているだけだと思わないで.

ख़ालू /xālū カールー/ [←Pers.n. خالو 'a maternal uncle'; cf. *ख़ाल*] *m.* 母方の叔父《母の姉妹の夫》. (⇒मौसा)

ख़ाविंद /xāviṃdạ カーヴィンド/ [←Pers.n. خاوند 'a master; superior'] *m.* **1** 主人. **2** 夫.

ख़ास /xāsạ カース/ [←Pers.adj. خاص 'particular, peculiar, special, distinct' ←Arab.] *adj.* **1** 特別な;特殊な. (⇒विशेष)(⇔आम) ❐ ～ तौर पर 特に. ❐ दीवान-ए-ख़ास 〖歴史〗ディーワーネーカース《ムガル朝宮廷の特別の謁見の間》. **2** 固有の;特定の. (⇒विशेष) ❐तवायफ़ें प्राय: ख़ास-ख़ास की होकर रहती थीं। और कौन किसकी है, लोग जानते थे। 芸妓たちはふつうそれぞれ特定の旦那について暮らしていた. そして誰が誰についているか, 人々は知っていた. **3** 私的な, 個人的な. ❐बहन का कोई ख़ास कमरा नहीं था। वह तो किसी दिन इस घर से जानेवाली थी। 姉の特に個室はなかった. 彼女はいつの日かこの家を出て行く人間だった. **4** 重要な;問題にすべき. ❐कोई ख़ास बात नहीं है। 特に取り立てて言うべきことはない.

— *adv.* 特別に, 特に. (⇒ख़ासकर) ❐मैंने ख़ास आपके लिए फ़्रांस से एक घड़ी मँगवाई थी। 私は特別にあなたのためにフランスから一つの時計を取り寄せた.

ख़ासकर /xāsạkarạ カースカル/ [*ख़ास* + *करना*; cf. *विशेषकर*] *adv.* 特に, とりわけ. (⇒विशेषकर)

ख़ासा /xāsā カーサー/ [←Pers.adj. خاصة 'special, private; noble' ←Arab.] *adj.* 特別な;特に優れている.

ख़ासियत /xāsiyatạ カースィヤト/ [←Pers.n. خاصية 'quality, property, attribute' ←Arab.] *f.* 特色, 特徴. (⇒विशेषता)

ख़ाहमख़ाह /xāhạmaxāhạ カーへマカーハ/ ▸ख़ामख़ाह *adv.* ☞ख़ामख़ाह

ख़ाहिश /xāhiśạ カーヒシュ/ ▸ख़्वाहिश *f.* ☞ख़्वाहिश

खिंचना /k^{h}ĩcạnā キンチナー/ [cf. *खींचना*] *vi.* (*perf.* खिंचा /k^{h}ĩcā キンチャー/) **1** 引っ張られる, ぴんと張られる. ❐युवती ने दौड़कर उनके हाथ से रस्सी छीन ली और बोली -- तुमसे न खिंचेगा। 若い娘が走ってきて彼の手から綱を奪いとった, そして言った -- あんたには引っ張れないわ. ❐उसकी ठोड़ी नीचे को खिंची हुई थी। 彼のあごは下の方に伸びていた. **2** 引かれる, ひきずられる. ❐तुमसे न खिंचेगा, मैं खींचे लेती हूँ। あんたには引けないよ, 私が引くわ. **3** 取り出される;(剣が)抜かれる. ❐म्यान से तलवार खिंच गई। 鞘から剣が抜かれた. **4** (磁力などに)引き付けられる, 引き寄せられる. ❐चुंबक की तरफ़ लोहा खिंच जाता है। 磁石に鉄は引き寄せられる. **5** (魅力などに)魅せられる, 引き寄せられる;(他に引き付けられて)離れる. ❐मेरा मन उसके सौंदर्य से खिंच आया। 私の心は彼女の美しさに引き寄せられた. ❐मेरी ओर से उसका मन खिंचता था। 私から彼女の心は離れていった. ❐माँ-बाप से खिंचे रहना कोई बुरी बात नहीं है। 両親と距離を置くことは, なんら悪いことではない. ❐यह नहीं कि खेला-कूदा नहीं, या कम खेला, पर खेलों में मेरा मन कभी पूरी तरह नहीं रमा, जैसे-जैसे उमर बढ़ती गई खेलों से खिंचता गया। スポーツを全くしなかったとか, あまりしなかったというわけではないが, スポーツに私の心が完全に喜びを感じたことは全くなかった, 歳とともにスポーツからは離れていった. **6** 描画される;(写真が)写される;(目に)浮かぶ. ❐फ़ोटो तो खिंच जाने दीजिए। 写真ぐらいとらせてください. ❐वह दृश्य सामने खिंच गया। あの光景が目前に浮かんだ. **7** (線が)引かれる. ❐एक लकीर खिंच गई। 一本の線が引かれた. **8** (酒が)蒸留されて作られる, (香水のエキスが)取り出される. ❐इस भभके से अच्छी क़िस्म की शराब खिंचती थी। この蒸留器で上質の酒が蒸留されていた.

खिंचवाना /k^{h}ĩcạvānā キンチワーナー/ ▸खिंचाना [caus. of *खिंचना, खींचना*] *vt.* (*perf.* खिंचवाया /k^{h}ĩcạvāyā キンチワーヤー/) 引っ張らせる;引っ張ってもらう.

खिंचाई /k^{h}ĩcāī キンチャーイー/ [cf. *खींचना*] *f.* からかい, 嘲笑. ❐(की) ～ करना (人を)からかう.

खिंचाना /k^{h}ĩcạvānā キンチワーナー/ ▸खिंचवाना [caus. of *खिंचना, खींचना*] *vt.* (*perf.* खिंचाया /k^{h}ĩcāyā キンチャーヤー/) ☞खिंचवाना

खिंचाव /k^{h}ĩcāvạ キンチャーオ/ [cf. *खिंचना*] *m.* **1** 引き付けられること, 魅力. ❐भय भी था और लगाव भी, झिझक भी थी और ～ भी। 恐怖もあったそして執着も, ためらいもあったそして魅力も. **2** 引っ張られること;張り, 緊張;(体の)こわばり, 硬直. ❐शरीर के अंगों में ～ होने लगा। 体の各部に硬直が始まった.

खिचड़ी /k^{h}icạṛī キチリー/ [<OIA.f. *khiccā-, khiccī-* 'dish of rice and peas': T.03880] *f.* **1** 〖食〗キチュリー《ひき割りにした豆を入れ香辛料で味付けをした炊き込みご飯》. **2** 〖ヒンドゥー教〗キチュリー《上記キチュリーを食べる祭日や行事;マカラサンクラーンティ(मकरसंक्रांति)の祝日;結婚式の翌日花婿とその両親とキチュリーを共に食べる行事》. **3** ごたまぜ;寄せ集め;混合物. ❐(की) ～ करना (…を)ごたまぜにする. ❐～ भाषा 〔卑語〕混合言語《多言語からの借用語が多い言語》. **4** 白髪混じり(の毛), 白いものが混じっている髪. ❐～ बाल 白髪混じりの髪. ❐～ दाढ़ी 白髪混じりのあごひげ. **5**〔慣用〕❐～ पकना 陰謀が企まれる. ❐～ पकाना 陰謀を企む.

खिजलाना /k^{h}ijạlānā キジラーナー/ [cf. *खीजना*] *vi.* (*perf.* खिजलाया /k^{h}ijạlāyā キジラーヤー/) **1** 苛立つ. (⇒खीझना)

— *vt.* (*perf.* खिजलाया /k^{h}ijạlāyā キジラーヤー/) **2** 苛立たせる. (⇒खिझाना)

ख़िज़ाँ /xizā̃ キザーン/ [←Pers.n. خزان 'autumn'] *m.* 〖暦〗秋. (⇒शरद)

खिजाना /k^{h}ijānā キジャーナー/ ▸खिझाना *vt.* (*perf.* खिजाया /k^{h}ijāyā キジャーヤー/) ☞खिझाना

ख़िज़ाब /xizābạ キザーブ/ [←Pers.n. خضاب 'tinging (the nails or hair with privet, saffron, or indigo);' ←Arab.] *m.* **1** (髪・ひげの)染色;白髪染め. **2** 毛髪染色剤. ❐बालों में ～ लगाना 髪に白髪染めをつける.

खिझाना /k^{h}ij^{h}ānā キジャーナー/▸खिजाना [cf. *खीझना*] *vt.* (*perf.* खिझाया /k^{h}ij^{h}āyā キジャーヤー/) 苛立たせる. (⇒

खिजलाना)

खिड़की /kʰiṛakī キルキー/ [＜OIA.f. *khaṭakkikā-, khaḍakkikā-* 'side door': T.03770] *f.* **1** 窓. ❐～ खोलना 窓を開ける. **2** 窓口. ❐(की) ～ पर (…の)窓口で[へ].

ख़िताब /xitāba キターブ/ [←Pers.n. خطاب 'a discourse, address, conversation, correspondence by letter' ←Arab.] *m.* **1** 称号;タイトル;(スポーツの)選手権. (⇒पदवी) ❐महिला युगल का ～ जीतना 女性ダブルスの選手権を勝ち取る. **2** 講演;演説. (⇒भाषण)

ख़िदमत /xidamata キドマト/ [←Pers.n. خدمة 'service, employment, office, ministry' ←Arab.] *f.* **1** 奉仕;奉公. (⇒सेवा) ❐(की) ～ करना(人に)奉仕する. ❐(की) ～ में(人の)御許に, 御前に. **2** 勤務;業務. (⇒सेवा)

ख़िदमतगार /xidamatagāra キドマトガール/ [←Pers.n. خدمتگار 'a serving-man'] *m.* 召使;従僕;使用人;僕(しもべ). (⇒सेवक)

खिन्न /kʰinna キンヌ/ [←Skt. *खिन्न-* 'depressed, distressed, suffering pain or uneasiness'] *adj.* **1** 不機嫌な;苛立った. **2** (心身ともに)疲れ切った.

खिलखिलाना /kʰilakʰilānā キルキラーナー/ [onom.] *vi.* (*perf.* खिलखिलाया /kʰilakʰilāyā キルキラーヤー/) 大声で笑う, 大笑いする, ゲラゲラ[ケラケラ] (खिल-खिल) 笑う. ❐सभी लोग खिलखिला उठे। みんなは爆笑した. ❐उसने खिलखिलाकर पूछा। 彼は大笑いして尋ねた. ❐वह ख़ूब खिलखिलाकर हँसा। 彼は大声を出して笑った.

खिलखिलाहट /kʰilakʰilāhaṭa キルキラーハト/ [*खिलखिलाना* ＋ *-आहट*] *f.* 大笑い, 哄笑;爆笑.

खिलना /kʰilanā キルナー/ [＜OIA. **khiḍ-* 'be open, expand': T.03882] *vi.* (*perf.* खिला /kʰilā キラー/) **1** (花が)開花する. (⇒फूलना) ❐बग़ीचे में सभी फूल खिल गए हैं। 庭のすべての花が開いた. **2** (喜びで)(顔が)輝く. ❐उसका चेहरा खिल उठा। 彼の顔は喜びで輝いた. ❐वे ऐसे प्रसन्नमुख हैं कि देखते ही मन खिल उठता है। あの方は明朗快活な人で一見するだけで心がパッと明るくなるほどです. **3** 似合う, 映える. (⇒छाजना, फबना) ❐उसके गोरे रंग पर शर्बती रेशमी चादर ख़ूब खिल रही थी। 彼女の白い肌に薄い薔薇色の絹のショールがよく映えていた. **4** (炒った米粒などが)パチリとはじける. **5** (漆喰(しっくい)・壁に)ひびが入る. (⇒फटना)

खिलवाड़ /kʰilavāṛa キルワール/ [cf. *खेलना*] *m.* **1** (面白半分の)戯れ, 遊戯;もてあそぶこと. ❐(से) ～ करना (…を)面白半分にもてあそぶ. **2** おふざけ;(たいしたことではなく)児戯に等しいこと.

खिलवाना[1] /kʰilavānā キルワーナー/ [caus. of *खाना, खिलाना*] *vt.* (*perf.* खिलवाया /kʰilavāyā キルワーヤー/) (人に)食べさせさせる;(人に)食べさせてもらう.

खिलवाना[2] /kʰilavānā キルワーナー/ [caus. of *खेलना, खिलाना*] *vt.* (*perf.* खिलवाया /kʰilavāyā キルワーヤー/) 遊ばせさせる.

खिलवाना[3] /kʰilavānā キルワーナー/ [caus. of *खिलना, खिलाना*] *vt.* (*perf.* खिलवाया /kʰilavāyā キルワーヤー/) (人を使って)開花させる.

खिलाई[1] /kʰilāī キラーイー/ [cf. *खिलाना[1]*] *f.* 食べること;(人に)食べさせる仕事;その手間賃.

खिलाई[2] /kʰilāī キラーイー/ [cf. *खेलाना[1]*] *f.* (子どもを)遊ばせる仕事, 子守;その手間賃.

खिलाड़ी /kʰilāṛī キラーリー/ [cf. *खेलना*] *m.* **1** 選手, 競技者, プレーヤー;勝負師. ❐हाकी [शतरंज] का ～ ホッケー[チェス]の選手. **2** 奇術師, 手品師.

खिलाड़ीपन /kʰilāṛīpana キラーリーパン/ [*खिलाड़ी* ＋ *-पन*] *m.* **1** アスリートの資質;スポーツマンらしさ, スポーツマンシップ. **2** (子どもなどの)ふざける様子.

खिलाना[1] /kʰilānā キラーナー/ [cf. *खाना*] *vt.* (*perf.* खिलाया /kʰilāyā キラーヤー/) **1** 食べさせる. ❐मैंने बच्चों को मिठाई खिलाई। 私は子どもたちにお菓子を食べさせた. ❐वह घोड़े को दाना खिलाने उठा। 彼は馬にかいばをやるために, 立ち上がった. **2** (薬を)服用させる;(毒を)もる. ❐उसने मुझे नशीली दवा खिला दी थी और मेरी नींद मुंबई जाकर ही टूटी। 彼は私に薬物を飲ませた, そして私はムンバイーに着いてから目が覚めた. ❐किसीने उसे ज़हर खिला दिया। 誰かが彼に毒をもった. **3** (家族を)養う, 食わせる. **4** (食事を)もてなす, 振る舞う, おごる. ❐उसने बरातियों को दिल खोलकर खिलाया। 彼は結婚式の参列者に気前よく食事を振る舞った. ❐मुझे कुछ खिला दोगे? 僕に何かおごってくれるかい? **5**〔慣用〕❐(को) क़सम ～ (人に)誓わせる. ❐(को) घूस ～ (人に)鼻薬を嗅がせる, 贈賄する.

खिलाना[2] /kʰilānā キラーナー/ ▸खेलाना [cf. *खेलना*] *vt.* (*perf.* खिलाया /kʰilāyā キラーヤー/) **1** 遊ばせる. ❐अपने कुत्ते को गेंद ～ 自分の犬にボールで遊ばせる. **2** (ゲーム・スポーツを)させる, 競技させる. **3** (子どもを)あやす. ❐अपने पोते को अपनी गोद में ～ 孫を自分の膝の上であやす.

खिलाना[3] /kʰilānā キラーナー/ [cf. *खिलना*] *vt.* (*perf.* खिलाया /kʰilāyā キラーヤー/) **1** 花を咲かせる. **2** 喜ばせる.

ख़िलाफ़ /xilāfa キラーフ/ [←Pers.adj. ←Arab.] *adj.* 反対の, 対立した. (⇒विरुद्ध) ❐के ～ …に反対して.

ख़िलाफ़त /xilāfata キラーファト/ [←Pers.n. خلافة 'following, coming behind; succeeding; califate' ←Arab.] *f.* 『イスラム教』キラーファト《カリフ (ख़लीफ़ा) 制》.

खिलौना /kʰilaunā キラォーナー/ [cf. *खिलाना[2]*] *m.* **1** おもちゃ, 玩具. ❐काग़ज़ी ～ 紙でできたおもちゃ. **2** (おもちゃのように)取るに足らないもの;(人に操られ)自主性のない人. ❐वह बेचारा तो हमारे हाथ का ～ था। あの哀れな奴は俺たちの思うがままだ. **3** 慰みもの. ❐(को) ～ बनाना (…を)おもちゃにする. ❐उन लंपटों के कुत्सित विलास का मैं ～ थी। あのふしだらな男たちのいまわしい快楽の私は慰みものだった.

खिल्ली /kʰillī キッリー/ [＜OIA. **khēḍ-* 'play': T.03918] *f.* からかい, ひやかし. ❐(की) ～ उड़ाना (人を)からかう.

खिवैया /kʰivaiyā キワイヤー/ ▸खेवैया *m.* ☞खेवैया

खिसकना /kʰisakạnā キサクナー/▸खसकना [<OIA. **khis-* 'slip': T.03888] *vi.* (*perf.* खिसका /kʰisạkā キスカー/) **1** (底が接したまま)動く, 移動する, ずれる. (⇒सरकना) ❐अब तो उसके पैरों तले की धरती खिसक गई। その時彼女の足元の大地がずれ動いた(＝恐怖と不安のため頭の中が真っ白になった). ❐दीवार में से ईंटें खिसक गईं। 壁のレンガがずれ動いた. ❐वह भारी मेज़ एक इंच भी नहीं खिसकी। その重い机は1インチも動かなかった. **2** こっそり抜け出す, そっと去る, 逃げる. (⇒सटकना) ❐एक-एक करके लोग वहाँ से खिसकने लगे। 一人また一人と人々はそこからこっそり去りはじめた. ❐चोर सारा माल लेकर खिसक गया। 泥棒は品物全部を持って逃げてしまった. **3** (予定時間が)ずれて延びる.

खिसकाना /kʰisạkānā キスカーナー/▸खसकाना [cf. *खिसकना*] *vt.* (*perf.* खिसकाया /kʰisạkāyā キスカーヤー/) **1** (押したり引いたりして)動かす, 移動させる, ずらす. (⇒सरकाना) ❐कुर्सी को थोड़ा खिसका दीजिए, जगह बन जाएगी। 椅子をちょっと動かしてください, 場所ができるでしょう. **2** 持ち去る, 取って逃げる. **3** (予定時間を)ずらす, 動かす.

खिसियानपन /kʰisiyānạpanạ キスィヤーンパン/ ▸खिसियानापन *m.* ☞खिसियानापन

खिसियाना /kʰisiyānā キスィヤーナー/ [<OIA. **khiss-* 'grin, snarl': T.03889; cf. DEDr.1510 (DED.1268)] *vi.* (*perf.* खिसियाया /kʰisiyāyā キスィヤーヤー/) **1** 恥じ入る, 赤面してきまり悪く思う. ❐अपना भेद खुलने पर वह खिसिया गए। 自分の隠し事がばれると彼は恥じ入った. **2** (きまり悪さで)苛立つ, (自尊心を傷つけられ)癪にさわる. ❐उसने खिसियाकर कहा। 彼は癪にさわって言った.
— *adj.* きまり悪そうに赤面した. ❐वह खिसियानी-सी हो गई। 彼女はきまり悪そうに赤面した.

खिसियानापन /kʰisiyānāpanạ キスィヤーナーパン/ ▸खिसियानपन [*खिसियाना* + *-पन*] *m.* きまり悪さ. ❐उसके मुख पर विजय-गर्व की जगह 〜 छाया हुआ था। 彼の顔は勝利の誇らしさの代わりにきまり悪さに覆われていた.

खिसियाहट /kʰisiyāhaṭạ キスィヤーハト/ [*खिसियाना* + *-आहट*] *f.* ☞खिसियानापन

खींच /kʰĩcạ キーンチ/ [cf. *खींचना*] *f.* ☞खींच-तान

खींच-तान /kʰĩcạ-tānạ キーンチ・ターン/ ▸खींचातानी [*खींचना* + *तानना*] *f.* **1** 引っ張り合うこと. **2** 張り合うこと, 競い合うこと.

खींचना /kʰīṃcanā キーンチャナー/ [<OIA. **khiñc-* 'to drag, pull': T.03881] *vt.* (*perf.* खींचा /kʰīṃcā キーンチャー/) **1** 引っ張る, ぴんと張る. (⇒ऐंचना) ❐मैंने ज़ोर से उसकी दाढ़ी पकड़कर खींची। 私は彼のあごひげをつかんで強く引っ張った. ❐धारावाहिक निर्माताओं में यह प्रवृति आम हो चुकी है कि धारावाहिक के लोकप्रिय हो जाने पर कथानक के साथ छेड़छाड़ कर उसे बेहद लंबा खींच दिया जाता है। 連続番組の製作者たちの間では, 番組の人気が出ると話の筋をいじくりまわして番組を極端に長く引き延ばす, という傾向が当たり前になっている. **2** 引く, 牽引きする, ひきずる. ❐इस गाड़ी को दो घोड़े खींचेंगे। この馬車を二頭の馬が引くでしょう. ❐वह मुझे खींचकर खेत की तरफ़ ले गई। 彼女は私を引っ張って畑の方へ連れて行った. **3** 取り出す; (剣を)抜く. ❐कुएँ में से बाल्टी खींच लो। 井戸からバケツを取り出してくれ. ❐सिपाहियों ने अपनी तलवारें खींच लीं। 兵士たちは剣を抜いた. **4** (魅力などで)引き付ける, 引き寄せる. ❐इस पुस्तक ने विद्वानों का ध्यान अपनी ओर खींच लिया है। この本は学者たちの関心を引き付けた. ❐आग में आदमियों को खींचने का जादू है। 火事には人間を引き付ける魔力がある. **5** 描画する; (写真を)写す. (⇒उतारना) ❐मैंने अपने निजी कैमरे से चोरी-छिपे उसकी तस्वीर खींची। 私は自分自身のカメラでこっそり彼女の写真を写した. **6** (線を)引く. ❐कागज़ पर सीधी रेखा खींचिए। 紙の上に直線を引いてください. ❐लिखाई उनकी बहुत अच्छी नहीं थी, एक सीधी लकीर पहले खींच देतीं और उसी में अक्षर और मात्राओं को लटका देतीं। 彼女の筆跡はとても良いとは言えなかった, 一本の直線を最初に書き, それに文字と母音記号をぶらさげるのであった. **7** (液体を)吸収する; (気体を)吸い込む. (⇒सोखना) ❐मक्की की रोटी बहुत घी खींचती है। とうもろこしの粉で作ったパンはギーをよく吸収します. ❐उसने लंबी साँस खींचकर कहा। 彼は深く息を吸った後で言った. ❐उसने दो-चार कश खींचकर कहा। 彼は(水煙管を)数回吸いこんでから言った. **8** (酒を)蒸留して作る; (香水のエキス)を取り出す. ❐इत्र खींचना 香水のエキスを取り出す.

खींचातानी /kʰĩcātānī キーンチャーターニー/ ▸खींच-तान *f.* ☞खींच-तान

खीज /kʰījạ キージ/ ▸खीझ *f.* ☞खीझ

खीजना /kʰījạnā キージナー/ ▸खीझना *vi.* (*perf.* खीजा /kʰījā キージャー/) ☞खीझना

खीझ /kʰījʰạ キージ/ ▸खीज [cf. *खीझना*] *f.* 苛立ち, いらいら.

खीझना /kʰījʰạnā キージナー/▸खीजना [<OIA. *kṣīyátē* 'is worn away, is injured': T.03695] *vi.* (*perf.* खीझा /kʰījʰā キージャー/) 苛立つ; じれる. (⇒खिजलाना, झुँझलाना) ❐उसने खीजकर कहा। 彼は, 苛立って言った. ❐वह उसकी हरकत पर खीझ उठी। 彼女は, 彼の不品行に苛立った.

खीर /kʰīrạ キール/ [<OIA.f. *kṣīrī-, kṣīrikā-* 'a dish prepared with milk': T.03705; cf. OIA.n. *kṣīrá-* 'milk, thickened milk': T.03697] *f.* 〚食〛キール《砂糖を加えた牛乳で粥状に炊いたご飯, 乳粥(ちちがゆ); デザートや祝いの料理の一品》. ❐टेढ़ी 〜 困難なこと[仕事].

खीरा /kʰīrā キーラー/ [<OIA.m. *kṣīraka-* 'name of a fragrant plant': T.03697] *m.* 〚植物〛キュウリ(胡瓜). (⇒ककड़ी)

खील[1] /kʰīlạ キール/ [cf. ?*खिलना*] *f.* 〚食〛キール《ポップコーン状に米や穀類を炒ったもの》. (⇒लावा)

खील[2] /kʰīlạ キール/ ▸कील [←Skt.m. *कील-, खील-* 'sharp piece of wood, stake, pin, peg, bolt, wedge, etc.'; cf. T.03202] *f.* 釘, ピン.

खीस[1] /kʰīsạ キース/ [<OIA. **khiss-* 'grin, snarl': T.03889; cf. DEDr.1510 (DED.1268)] *f.* **1** 牙. ❐सुअर की 〜 イノシシの牙. **2** (大口を開けたとき見える)歯, むき出された歯. ❐खीस [खीसें] काढ़ना [निकालना] (苦笑

い・照れ笑いで）歯をむき出して笑う.

खीस[2] /kʰīsạ キース/ [＜OIA.n. *kṣīraśāka-* 'cream, curds': T.03702] *f.* （牛などの）初乳.

खुँदलना /kʰũdalạnā クンダルナー/ ▸खूँदना *vt.* (*perf.* खुँदला /kʰũdạlā クンドラー/) ☞खूँदना

खुँदवाना /kʰũdạvānā クンドワーナー/ [caus. of *खूँदना*] *vt.* (*perf.* खुँदवाया /kʰũdạvāyā クンドワーヤー/) 地面を踏み荒らさせる.

खुजलाना /kʰujạlānā クジラーナー/ ▸खुजाना [＜OIA.f. *kharju-¹, kharjū-* 'itching, scratching, scab': T.03827] *vi.* (*perf.* खुजलाया /kʰujạlāyā クジラーヤー/) 痒くなる；むずむずする. ❐हथेली खुजला रही है। 手のひらがかゆい.
— *vt.* (*perf.* खुजलाया /kʰujạlāyā クジラーヤー/) （痒いところを）掻く. ❐बार बार खुजलाने से खुजली बहुत बढ़ जाती है। 何度も掻くとよけい痒くなる.

खुजलाहट /kʰujạlāhaṭạ クジラーハト/ [*खुजलाना* ＋ *-आहट*] *f.* 痒み；むずがゆさ；痛痒.

खुजली /kʰujạlī クジリー/ [＜OIA.f. *kharju-¹, kharjū-* 'itching, scratching, scab': T.03827] *f.* **1** （身体の）かゆみ, 掻痒. (⇒खाज) **2** 〘医学〙疥癬（かいせん）. (⇒खाज)

खुजवाना /kʰujạvānā クジワーナー/ [caus. of *खुजना, खुजलाना*] *vt.* (*perf.* खुजवाया /kʰujạvāyā クジワーヤー/) （痒いところを）掻かせる；掻いてもらう.

खुजाना /kʰujānā クジャーナー/ ▸खुजलाना [＜OIA.f. *kharju-¹, kharjū-* 'itching, scratching, scab': T.03827] *vi.* (*perf.* खुजाया /kʰujāyā クジャーヤー/) かゆみを感じる
— *vt.* (*perf.* खुजाया /kʰujāyā クジャーヤー/) ☞खुजलाना

खुटकना /kʰuṭakạnā クタクナー/ [?onom.; cf. OIA. **khuṭyatē* 'is broken': T.03896z1] *vt.* (*perf.* खुटका /kʰuṭạkā クトカー/) **1** （くちばしで）つつく, ついばむ. **2** （歯・爪で）（皮を）むく, はぐ.

ख़ुद /xudạ クド/ [←Pers. خود 'self'] *adv.* 自分で, 自ら. (⇒स्वयं)

ख़ुदकुशी /xudạkuśī クドクシー/ [←Pers.n. خود کشی 'self-destruction, suicide'] *f.* 自殺. (⇒आत्महत्या) ❐～ करना 自殺する.

ख़ुदग़रज़ /xudạğarazạ クドガラズ/ ▸ख़ुदग़र्ज़ [←Pers.adj. خود غرض 'self-interested'] *adj.* 自分勝手な, わがままな. (⇒स्वार्थी)

ख़ुदग़रज़ी /xudạğarazī クドガルズィー/ ▹ख़ुदग़र्ज़ी [←Pers.n. خود غرضی 'self-seeking, selfishness'] *f.* 自分勝手, わがまま.

ख़ुदग़र्ज़ /xudạğarzạ クドガルズ/ ▸ख़ुदग़रज़ *adj.* ☞ख़ुदग़रज़

ख़ुदग़र्ज़ी /xudạğarzī クドガルズィー/ ▹ख़ुदग़रज़ी *f.* ☞ख़ुदग़रज़ी

खुदना /kʰudạnā クドナー/ [cf. *खोदना*] *vi.* (*perf.* खुदा /kʰudā クダー/) **1** 掘られる. ❐कुआँ खुदने लगा। 井戸が掘られ始めた. **2** 掘り起こされる, 掘り出される. **3** 刻まれる, 彫刻される. ❐उस पत्थर पर कई अक्षर खुदे हुए थे। その石には幾つかの文字が刻まれていた. ❐उस अँगूठी में उसका नाम खुदा हुआ था। その指輪には彼の名前が彫られていた.

ख़ुदमुख़्तार /xudạmuxtārạ クドムクタール/ [←Pers.adj. خود مختار 'independent, unrestrained, uncontrolled'] *adj.* 自治の, 自決の；独立の.

ख़ुदमुख़्तारी /xudạmuxtārī クドムクターリー/ [←Pers.n. خود مختاری 'independence, freedom of action'] *f.* 自治, 自決；独立.

ख़ुदरा /xudạrā クドラー/ [←Pers.n. خدره 'a spark; bit, scrap'] *adj.* 小口の. ❐～ व्यापार 小口の商い.
— *m.* 小売り；小口の販売. (⇒फुटकर) ❐～ बेचना 小売りする. ❐विक्रेताओं के थोक अथवा पाठकों के ～ जैसे भी आर्डर 販売代理店からのまとまった量であろうと読者からの小口の量であろうといかなる注文であろうとも.

खुदवाई /kʰudạvāī クドワーイー/ [cf. *खोदना*] *f.* 地面を掘る仕事；その手間賃.

खुदवाना /kʰudạvānā クドワーナー/ ▸खुदाना [caus. of *खुदना, खोदना*] *vt.* (*perf.* खुदवाया /kʰudạvāyā クドワーヤー/) 掘らせる；掘ってもらう. ❐उसने नया कुआँ खुदवा लिया था। 彼は新しい井戸を掘らせた.

ख़ुदा /xudā クダー/ [←Pers.n. خدا 'God'; ?cog. Skt. *स्व-दत्त-* 'self-given, self-created'] *m.* 〘イスラム教〙神. (⇒अल्लाह, ईश्वर, भगवान्) ❐～ हाफ़िज़ さようなら《原意は「神のご加護があらんことを」》.

खुदाई /kʰudāī クダーイー/ [cf. *खोदना*] *f.* **1** 掘ること, 掘削. **2** 発掘. ❐～ करना 発掘する. **3** （掘削・発掘の）費用. **4** （問題の）掘り起こし, 調査.

ख़ुदाई /xudāī クダーイー/ *adj.* 〘イスラム教〙神の.

खुदाना /kʰudānā クダーナー/ ▸खुदवाना [caus. of *खुदना, खोदना*] *vt.* (*perf.* खुदाया /kʰudāyā クダーヤー/) ☞खुदवाना

ख़ुदावंद /xudāvaṃdạ クダーワンド/ [←Pers.n. خداوند 'a king, prince; a lord, master'] *m.* 〘イスラム教〙主, 神. ❐～ करीम 慈悲深き全知全能なる神.

ख़ुफ़िया /xufiyā クフィヤー/ [←Pers.adj. ←Arab.] *adj.* 秘密の, 隠された. (⇒गुप्त) ❐～ पुलिस 秘密警察.

ख़ुबानी /xubānī クバーニー/ ▸ख़ूबानी [←Pers.n. خوبانی 'apricots stuffed with almonds'] *f.* 〘植物〙アンズ（杏子）, アプリコット. (⇒ज़रदालू)

ख़ुमार /xumārạ クマール/ [←Pers.n. خمار 'crop-sickness after drinking' ←Arab.] *m.* **1** ほろ酔い；二日酔い. (⇒ख़ुमारी) **2** けだるさ, 倦怠；無気力. (⇒ख़ुमारी) **3** （宗教的な）忘我, 恍惚, 法悦；喜悦.

ख़ुमारी /xumārī クマーリー/ [←Pers.adj. خماری 'given to drinking wine, drunken'] *f.* **1** ほろ酔い；二日酔い. (⇒ख़ुमार) **2** けだるさ, 倦怠；無気力. (⇒ख़ुमार)

खुर /kʰurạ クル/ [＜OIA.m. *khura-* 'hoof': T.03906; cf. DEDr.1770 (DED.1474)] *m.* 〘動物〙ひづめ（蹄）. ❐एक साँड़ ～ पटकता दौड़ा आ निकला। 一頭の種牛がひづめを打ちつけながら走り出てきた.

खुरखुरा /kʰurạkʰurā クルクラー/ *adj.* （表面が）粗い；一様でない. ❐दीवारें को छेनी से ～ बनाया जाता है। 壁を鑿で粗く仕上げる.

खुरखुराना /kʰurạkʰurānā クルクラーナー/ [onom.] *vi.* (*perf.* खुरखुराया /kʰurạkʰurāyā クルクラーヤー/) （喉・鼻

に痰などがつまって）ガラガラ（खुर-खुर）音をたてる. ❐ गला खुरखुराता है। 喉がガラガラ音をたてる.

खुरचन /kʰurạcanạ クルチャン/ [cf. *खुरचना*] *f.* 引きはがしたこびりついたもの.

खुरचना /kʰuracạnā クラチナー/ [<OIA. *kṣuráti* 'cuts, scratches, digs': T.03729; cf. *खरोंचना*] *vt.* (*perf.* खुरचा /kʰurạcā クルチャー/) （張り付いたり付着したものをはがすために）ひっかく，掻く；むしる.（⇒कुरेदना）❐ चम्मच से खुरचकर कड़ाही में चिपकी रबड़ी निकाली गई। スプーンでひっかいて鍋にこびりついたラブリー（＝砂糖を加え熱して濃縮したミルク）を取り除いた.

खुरचनी /kʰuracạnī クラチニー/ *f.* （張り付いたり付着したものをはがすための）掻く道具.

ख़ुरजी /xurạjī クルジー/ [←Pers.n. خرجين 'a portmanteau, saddle-bags'] *f.* （馬. ロバなどの背に載せる）荷袋.

खुरदरा /kʰurạdarā クルダラー/ [?] *adj.* ごつごつしてなめらかでない；（皮膚が）ざらざらした；（布地などが）ごわごわした；（床などが）でこぼこした. ❐ खुरदरी त्वचा ざらざらした皮膚. ❐ फ़र्श ～ था, ऐसा मालूम होता था कि बरसों यहाँ पानी की धारा गिरी और यह गढ़ा तब जाकर तैयार हुआ है। 床は凹凸だった，何年もの間ここに水の流れが落ちてその時この凹みができたように思われた.

खुरपा /kʰurạpā クルパー/ [<OIA. *kṣurapra-* 'sharp-edged like a razor': T.03730; DEDr.1771 (DED.1475)] *m.* クルパー《草を抜くために使用される鏝（こて）に似た道具》.

खुरपी /kʰurạpī クルピー/ [cf. *खुरपा*] *f.* 小さなシャベル，移植ごて.

खुरबंदी /kʰurạbaṃdī クルバンディー/ [*खुर* + *-बंदी*] *f.* （馬などの）ひづめに蹄鉄を装着すること.

ख़ुरमा /xurạmā クルマー/ [←Pers.n. خرما 'a date'] *m.* **1**〖植物〗ナツメヤシの実.（⇒खजूर）**2**〖食〗クルマー《ナツメヤシの実の形をした菓子》.

ख़ुराक /xurākạ クラーク/ [←Pers.n. خوراك 'food, victuals, provisions'] *f.* **1** 食糧. **2** 一日分の食料，糧食. **3**〖医学〗（薬の）一服；投薬量；服用量；投薬，調剤.

ख़ुराकी /xurākī クラーキー/ [←Pers.n. خوراكى 'daily allowance of food, or money to purchase it, subsistence-money'] *adj.* 大食いの（人），大食漢の.
— *f.* 食料調達の費用，食費.

ख़ुराफ़ात /xurāfātạ クラーファート/ [←Pers.n. خرافة 'name of a man supposed to have been possessed of an evil spirit, and accustomed to tell of strange things he had seen' ←Arab.] *f.* 馬鹿げた話，たわごと. ❐～ बकना たわごとを言う.

ख़ुराफ़ाती /xurāfātī クラーファーティー/ [*ख़ुराफ़ात* + *-ई*] *adj.* たわごとで人を惑わす.

खुरी /kʰurī クリー/ [*खुर* + *-ई*] *f.* （四足動物の）足跡.

ख़ुर्दबीन /xurdạbīnạ クルドビーン/ [?←Pers.n. خرد بين 'microscope'] *f.* 顕微鏡.

खुर्राट /kʰurrāṭạ クルラート/ [?] *adj.* 海千山千の，老獪（ろうかい）な.

खुलकर /kʰulạkarạ クルカル/ *adv.* **1** 心を開いて，打ち解けて. **2** 公然と，おおっぴらに.

खुलना /kʰulạnā クルナー/ [cf. *खोलना*] *vi.* (*perf.* खुला /kʰulā クラー/) **1**（閉じられていたものが）開く，開けられる. ❐ यह दरवाज़ा नहीं खुलता। このドアは開かない. ❐ बोतल का काग खुल गया। 瓶のコルク栓が開いた. ❐ लो, परदा खुल रहा है। ほら，幕が開くところだ. ❐ उसकी हथेली खुल गई है। 彼女の手のひらが開いた. **2**（広々と）開ける，（戸・窓・門などが）面する. ❐ घर तीन तरफ़ से खुला था। 家は三方が開かれていた. ❐ सामने खुला मैदान है। 前方に広々とした広場がある. **3**（店・オフィス・学校などが）（日常業務として）開く，始まる. ❐ आज दुकानें नहीं खुलेंगी। 今日は店は開かないだろう. **4**（事業所・施設などが）開設［設立］される. ❐ लड़कियों की शिक्षा के लिए यह पाठशाला खुली। 女子教育のためにこの学校が開校した. **5**（結ばれていたものが）ほどける；（つながれていたものが）解かれる；はずれる；（舟・汽車が）出る.（⇔बँधना）❐ बाल खुल गए। 髪がほどけた. ❐ हथकड़ी खुल गई। 手錠が解かれた. ❐ जूते की सीवान खुल गई। 靴の縫い目がほころびた. ❐ गाड़ी खुलने ही वाली है। 汽車が発車するところだ. **6**（束縛から）解放［開放］される. ❐ गाँव में शादी-ब्याह के अवसर पर खुलकर अश्लील गीत गाये जाते थे। 村では結婚式で，おおっぴらに卑猥な歌が歌われていた. **7** 打ち解ける，（気持ちが）ほぐれる. ❐ वह मुझसे खुलकर बातें करने लगी। 彼女は私に打ち解けて話しはじめた. ❐ वे अपने खुले स्वभाव के लिए विख्यात थे। あの方は，開けっぴろげな性格でよく知られていました. ❐ जितनी ही वह मुझसे खुली उतना ही उसके चेहरे का खिंचाव कम होता गया। 彼女が私に対して打ち解ければ打ち解けただけ，彼女の顔の硬さが減っていった. **8**（秘密などが）あらわになる，表沙汰になる，明らかになる，（結果が）公開される. ❐ यह भेद सब पर खुल जाएगा। この秘密は，みんなに露顕してしまうだろう. ❐ आज लोटरी खुलने वाली है। 今日，宝くじの結果がわかる. ❐ यह डाका है, खुला हुआ डाका। これは野盗行為だ，公然たる野盗行為だ. **9**（眠りが）さめる，（目が）さめる. ❐ साढ़े दस बजे मेरी नींद खुली। 十時半に私は目覚めた. ❐ तुम्हारी आँखें तब खुलेंगी, जब क्रांति होगी। 君の目がさめるのは，革命が起きる時だ. **10** 再開する. ❐ उसका वेतन खुल गया। 彼の給与の支給が再開された. **11**（運が）開ける. ❐ उसकी तक़दीर खुल गई। 彼の運は開けた.

खुलवाना /kʰulạvānā クルワーナー/ [caus. of *खुलना, खोलना*] *vt.* (*perf.* खुलवाया /kʰulạvāyā クルワーヤー/) 開けさせる；開けてもらう.

खुला /kʰulā クラー/ [cf. *खुलना*] *adj.*《自動詞 खुलना の完了分詞；「開いた」などの意》.
— *m.* 空き地，野外. ❐ खुले में शौच करना 野外で用を足す.

खुलापन /kʰulāpanạ クラーパン/ [*खुला* + *-पन*] *m.* **1**（空間が）広々としていること，開放的であること. **2**（性格が）飾り気がないこと，あけっぴろげであること.

ख़ुलासा /xulāsā クラーサー/ [←Pers.n. خلاصة 'the

purest and best part or substance of anything' ←Arab.] *m.* **1** 要約, 要旨, 要点. ❒～ यह कि मैं उसे दो-तीन दिन में बुलाने का वादा करके रुख़सत हुआ। 要は, 私が彼女を 2, 3 日中に呼び寄せる約束をしていとまごいした, というわけだ. **2** 簡約, 抄録.

खुलेआम /kʰuleāmạ クレーアーム/ [*खुलना* + *आम²*] *adv.* 公然と, おおっぴらに, 白昼堂々と. (⇒खुल्लम-खुल्ला) ❒～ (का) विरोध करना 公然と(…に)反対する.

खुल्लम-खुल्ला /kʰullamạ-kʰullā クッラム・クッラー/ [echo-word; cf. *खुलना*] *adv.* 公然と, おおっぴらに, 白昼堂々と. (⇒खुलेआम)

ख़ुश /xuśạ クシュ/ [←Pers.adj. خوش 'good, excellent; pleasant, delightful'] *adj.* うれしい, 幸せな;機嫌のいい;満足な. (⇒प्रसन्न)(⇔नाख़ुश) ❒(को) ～ करना (人を)喜ばせる. ❒मैं ～ हूँ। 私はうれしい. ❒वह अपने बेटे की मेहनत से ～ है। 彼は自分の息子の努力に満足している. ❒वह काफ़ी ～ लग रहा था। 彼はとても機嫌がいいように見えた.

ख़ुश- /xuśạ- クシュ・/ [←Pers.adj. بد 'bad, wicked, naughty'] *pref.* 《「良い」を表す接頭辞;名詞に付いて形容詞を作る;ख़ुशक़िस्मत「運のいい」, ख़ुशबू「いい香り」など》(⇔बद-)

ख़ुशक़िस्मत /xuśạqismatạ クシュキスマト/ [*ख़ुश* + *क़िस्मत*] *adj.* 幸運な. (⇒ख़ुशनसीब, भाग्यवान्)(⇔बदक़िस्मत)

ख़ुशक़िस्मती /xuśạqismatī クシュキスマティー/ [*ख़ुशक़िस्मत* + *-ई*] *f.* 幸運. (⇒ख़ुशनसीबी, सौभाग्य)(⇔बदक़िस्मती)

ख़ुशख़त /xuśạxatạ クシュカト/ [←Pers.n. خوش خط 'elegant writing'] *m.* 習字;達筆. ❒दर्जा दो तक ～ के लिए पट्टी का इस्तेमाल होता था। 2 年生までは習字に携帯用の黒板が使われていた.

ख़ुशख़बरी /xuśạxabạrī クシュカブリー/ [←Pers.n. خوش خبری 'exhilarating news'] *f.* いい知らせ, 吉報;うれしい知らせ, 朗報. ❒फ़ुटबॉल प्रेमियों के लिए ～ サッカーファンにうれしいお知らせ.

ख़ुशदिल /xuśạdilạ クシュディル/ [←Pers.adj. خوش دل 'cheerful, contented, gay'] *adj.* 陽気な;快活な.

ख़ुशदिली /xuśạdilī クシュディリー/ [←Pers.n. خوش دلی 'cheerfulness, gaiety'] *f.* 陽気;快活.

ख़ुशनसीब /xuśạnasībạ クシュナスィーブ/ [*ख़ुश* + *नसीब*] *adj.* 幸運な, 運のいい. (⇒ख़ुशक़िस्मत)(⇔बदनसीब) ❒मैं अपने को कितनी ～ समझती थी। 私は自分を何と運がいいのかと思っていました.

ख़ुशनसीबी /xuśạnasībī クシュナスィービー/ [*ख़ुशनसीब* + *-ई*] *f.* 幸運. (⇒ख़ुशक़िस्मती, सौभाग्य)

ख़ुशनुमा /xuśạnumā クシュヌマー/ [*ख़ुश* + *-नुमा*] *adj.* 美しい;すばらしい, すてきな;感じのいい, 気持ちのいい. ❒～ डिज़ाइन का कपड़ा すばらしい図案の布地.

ख़ुशबू /xuśạbū クシュブー/ [←Pers.n. خوش بو 'sweet-smelling; perfume'] *f.* いい匂い[香り], 芳香. (⇒सुगंध)(⇔बदबू)

ख़ुशबूदार /xuśạbūdārạ クシュブーダール/ [←Pers.adj. خوش بو دار 'fragrant, aromatic'] *adj.* いい匂い[香り]の, 芳しい. (⇒सुगंधित)(⇔बदबूदार)

ख़ुशमिज़ाज /xuśạmizājạ クシュミザージ/ [←Pers.adj. خوش مزاج 'good-natured'] *adj.* (性格が)明るい, 陽気な, 快活な.

ख़ुशमिज़ाजी /xuśạmizājī クシュミザージー/ [←Pers.n. خوش مزاجی 'pleasantness of flavour'] *f.* 明るい性格, 明朗さ.

ख़ुशहाल /xuśạhālạ クシュハール/ [←Pers.adj. خوش حال 'happy, fortunate, in pleasant condition'] *adj.* 富裕な;繁栄している.

ख़ुशहाली /xuśạhālī クシュハーリー/ [←Pers.n. خوش حالی 'a pleasant condition'] *f.* 富裕;繁栄.

ख़ुशामद /xuśāmadạ クシャーマド/ [←Pers.n. خوشامد 'flattery'] *f.* おべっか, 追従;ご機嫌取り. ❒(की) ～ करना (人に)おべっかを使う.

ख़ुशामदी /xuśāmadī クシャームディー/ [←Pers.n. خوشامدی 'flattery'] *adj.* おべっかを使う(人).

ख़ुशी /xuśī クシー/ [←Pers.n. خوشی 'happiness, cheerfulness, gaiety, pleasure, enjoyment, delight'] *f.* 喜び, うれしさ;幸福;満足《慣用的に複数形を使用することがある》. ❒～ से うれしくて;喜んで. ❒ख़ुशियाँ मनाना 喜びを祝う. ❒आपसे मिलकर मुझे बड़ी ～ हुई। あなたにお会いできてたいへんうれしい. ❒उनके चेहरों से ख़ुशियाँ नदारद हैं। 彼らの顔から喜びが消えている. ❒सबसे ～ का क्षण 一番幸福な瞬間.

ख़ुशी-ख़ुशी /xuśī-xuśī クシー・クシー/ *adv.* 喜んで;機嫌よく.

ख़ुश्क /xuśkạ クシュク/ [←Pers.adj. خشك 'dry, withered'; cog. Skt. *शुष्क-* 'dried, dried up, dry, arid, parched'] *adj.* 乾いた, 乾燥した;干上がった. (⇒सूखा)

ख़ुश्की /xuśkī クシュキー/ [←Pers.n. خشکی 'dryness; dry land'] *f.* **1** 乾燥;日照り, 干ばつ. **2** 陸地;陸上. **3** (頭の)ふけ. (⇒रूसी)

खुसुर-फुसुर /kʰusurạ-pʰusurạ クスル・プスル/ [echo-word; cf. *फुसफुसाना*] *f.* ささやき, 耳打ち, こそこそ話. (⇒कानाफूसी) ❒～ करना こそこそ話をする.
— *adv.* ささやき声で.

ख़ूँख़ार /xū̃xārạ クーンカール/ ▸ख़ूँख़्वार [←Pers.adj. خونخوار، خونخواره 'devouring blood, cruel, blood-thirsty, murderous, destructive'] *adj.* 残忍な;凶暴な, 獰猛な. ❒～ जानवर 猛獣;凶暴な生物.

खूँ-खूँ /kʰū̃-kʰū̃ クーン・クーン/ [onom.] *m.* 〔擬音〕咳の声, コホンコホン, ゴホンゴホン. ❒डाकू ने बनावटी खाँसी की आवाज़ की, ～। 盗賊は見せかけの咳の声を出した, コホンコホン.

ख़ूँख़्वार /xū̃xvārạ クーンクワール/ ▸ख़ूँख़ार *adj.* ☞ख़ूँख़ार

खूँट[1] /kʰū̃ṭạ クーント/ [<OIA. **khuṇṭa-²* 'corner': T.03898] *m.* **1** (衣類の)すそ, はし, ふち. ❒उसके ～ में एक गाँठ बँधी थी। 彼女の衣類のすそに一つの結び目が結ばれていた. **2** 方向, 方角. (⇒ओर, तरफ़, दिशा) ❒चारों ～ 四方.

खूँट[2] /kʰū̃ṭạ クーント/ [?] *f.* 耳垢.

खूँटना /kʰũṭa̤nā クーントナー/ ▸खोंटना [＜OIA. *khuṇṭati 'breaks': T.03898z1] *vt.* (*perf.* खूँटा /kʰũṭā クーンター/)（草・花・実などを）むしりとる, もぎとる, 摘む.（⇒तोड़ना）

खूँटा /kʰũṭā クーンター/ [＜OIA. *khuṇṭa-¹ 'peg': T.03897z1; ←Drav.; (DED.1396S)] *m.* 杭（くい）.（⇒मेख़）❐गाय को कूँटे से खोलना 牛を杭から解き放つ. ❐गाय को कूँटे से बाँधना 牛を杭につなぐ.

खूँटी /kʰũṭī クーンティー/ [cf. *खूँटा*] *f.* **1**（物を掛ける）かぎ, フック. ❐～ पर लटकाना（…を）フックに掛ける. **2**（細い）くい, 杭. **3**（剃り残しの）ひげの根元. ❐तेरी मूँछें मूड़ूँगी, ～ तक तो रखूँगी ही नहीं। あんたのひげを剃ってやる, 根元だって残すものか.

खूँदना /kʰũda̤nā クーンドナー/ ▸खुँदलना [＜OIA. *kṣundati 'crushes': T.03717] *vt.* (*perf.* खूँदा /kʰũdā クーンダー/)（馬が）（落ち着かず）前足で地面を打つ;（足で）地面を踏み荒らす. ❐घोड़े ने टाप से सारी ज़मीन कूँद दी। 馬がひづめで, 地面一面を踏み荒らした.

ख़ून /xūna̤ クーン/ [←Pers.n. خون 'blood'] *m.* **1** 血液, 血.（⇒रक्त, लहू）**2** 血筋, 血統. ❐～ का रिश्ता 血縁関係. **3** 流血;殺害. ❐(का) ～ करना（人を）殺害する.

ख़ून-ख़राबा /xūna̤-xarābā クーン・カラーバー/ [←Pers.n. خون خرابہ 'bloody work'] *m.* 流血（事件）;殺戮（さつりく）. ❐सीरिया में ～ रुकने के आसार नहीं। シリアでは殺戮が止む気配がない.

ख़ून-ख़राबी /xūna̤-xarābī クーン・カラービー/ [cf. *ख़ून-ख़राबा*] *f.* 流血沙汰.

ख़ूनी /xūnī クーニー/ [←Pers.adj. خونی 'bloody'] *adj.* 血まみれの;血なまぐさい.

— *m.* 殺人者.（⇒क़ातिल, हत्यारा）

ख़ूब /xūba̤ クーブ/ [←Pers.adj. خوب 'good'; cog. Skt. *शुभ-* 'splendid, bright, beautiful, handsome'] *adj.* 良い;優れた.（⇒अच्छा）(⇔ख़राब)

— *adv.* **1** とても;十分に. ❐～ जानना よく知っている. ❐वह शराब ～ पीता था। 彼は大酒のみだった. **2** 上手に;すばらしく.（⇒अच्छा）

— *int.* よくやった;すばらしい;文句なしだ. ❐बहुत ～ でかしたぞ;異議なし.

ख़ूबसूरत /xūba̤sūrata̤ クーブスーラト/ [←Pers.adj. خوب صورت 'beautiful in form'] *adj.* 美しい, きれいな;美形の;麗しい.（⇒सुंदर）(⇔बदसूरत) ❐～ आदमी 美男子. ❐～ नज़ारा 美しい風景. ❐～ पोशाक 美しい服装. ❐～ लड़की 美少女.

ख़ूबसूरती /xūba̤sūra̤tī クーブスールティー/ [*ख़ूबसूरत* + *-ई*] *f.* 美, 美しさ, 麗しさ.（⇒सुंदरता）❐～ के साथ लिखना 美しい字で書く.

ख़ूबानी /xūbānī クーバーニー/ ▸ख़ुबानी [←Pers.n. خوبانی 'apricots stuffed with almonds'] *f.* ☞ख़ुबानी

ख़ूबी /xūbī クービー/ [←Pers.n. خوبی 'goodness, excellence'] *f.* よさ, 長所, 優れている点;利点, 取り柄;メリット.（⇒अच्छाई, गुण）(⇔कमी, ख़ामी, ख़राबी)

खूसट /kʰūsaṭa̤ クーサト/ [?] *adj.* **1** 古ぼけた;干からびた;溌剌としていない. ❐वह वयस में युवक होकर भी ～ विचारों का आदमी था। 彼は年齢的には青年であっても古ぼけた考えをもつ人間だった. **2** 老いぼれの;老いさらばえた. ❐～ बुढ़िया 老いぼれ婆.

-ख़ेज़ /-xeza̤ ・ケーズ/ [←Pers. خیز '(in comp.) awaking, exciting; producing'] *suf.* 《名詞に付加して形容詞「…を引き起こす, …を生む」を作る; सनसनीख़ेज़「戦慄を覚える」など》

खेड़ा /kʰeṛā ケーラー/ [＜OIA.m. *khēṭaka-* 'small village': T.03916z1] *m.* 集落, 小さな村落.

खेत /kʰeta̤ ケート/ [＜OIA.n. *kṣḗtra-* 'land': T.03735] *m.* **1** 畑, 耕地, 農地;水田. ❐आलू का ～ ジャガイモ畑. ❐धान का ～ 稲田, 水田. **2** 作物, 収穫（物）.（⇒फ़सल）❐～ काटना 収穫を刈り入れる. **3** 戦場, 戦地《主にイディオムで使用》. ❐～ आना [पड़ना]戦死する. ❐～ छोड़ना 戦場から離脱する. ❐～ हाथ में रहना 戦いに勝利する.

खेतिहर /kʰetihara̤ ケーティハル/ [*खेती* + *-हर*] *m.* 農夫, 百姓.（⇒किसान）

खेती /kʰetī ケーティー/ [＜OIA.n(pl). *kṣētriyá-* 'environs of a place': T.03737x1] *f.* 農業;耕作, 農耕;栽培.（⇒काश्त）❐～ करना 農業をする. ❐अंगूरों की ～ ぶどう栽培.

खेती-बाड़ी /kʰetī-bāṛī ケーティー・バーリー/ ▸खेती-बारी *f.* 農業;農耕.

खेती-बारी /kʰetī-bārī ケーティー・バーリー/ ▸खेती-बाड़ी *f.* ☞खेती-बाड़ी

खेद /kʰeda̤ ケード/ [←Skt.m. *खेद-* 'lassitude, depression'] *m.* 残念な気持ち;後悔[慚愧]の念;遺憾の意;心残り;悲しみ.（⇒अफ़सोस）❐(पर) ～ प्रकट करना（…に対して）遺憾の意を表す. ❐(को) (पर) ～ होना（人が）（…に対して）残念な気持ちになる. ❐मैंने ऊपरी ～, लेकिन भीतरी संतोष से उसे देखा और बोला। 私はうわべは遺憾の意をあらわしつつ, しかし心の中では満足して彼を見たそして言った. ❐लज्जा और ～ से उसका सिर झुक गया। 恥ずかしさと後悔で彼の頭は垂れた.

खेदजनक /kʰedaja̤naka̤ ケーダジナク/ [neo.Skt. *खेद-जनक-* 'regrettable'] *adj.* 残念な;遺憾な;心残りの;悲しむべき.（⇒अफ़सोसनाक）❐～ अनुभव 悲しむべき体験.

खेदना /kʰeda̤nā ケードナー/ [＜OIA. *khadd- 'drive away': T.03807] *vt.* (*perf.* खेदा /kʰedā ケーダー/)（獲物を）追う, 狩り出す.

खेदा /kʰedā ケーダー/ [cf. *खेदना*] *m.*（獲物を）狩り出すこと.

खेना /kʰenā ケーナー/ [＜OIA. *kṣēpayati* 'causes to be thrown': T.03741] *vt.* (*perf.* खेया /kʰeyā ケーヤー/) **1**（舟を）漕ぐ;（舵を）とる. ❐नौका ～ 舟を漕ぐ. ❐देश की पतवार ～ 国の舵をとる. **2**（苦難を）なんとか耐えて生きる. ❐रंडापा खेना やもめ暮しを送る.

खेप /kʰepa̤ ケープ/ [＜OIA. *kṣēpya-* 'to be thrown into': T.03742] *f.*（1回分の）荷, 積荷, 貨物;（1回分の）運送. ❐वह दिन में तीन-तीन, चार-चार खेपें करने लगे। 彼は

1 日に 3 回ずつあるいは 4 回ずつ積荷を運び始めた. ❐एक दिन उसने चौथी ～ में बैल की पीठ पर दूना बोझा लादा। ある日彼は4回目の積荷として雄牛の背に2倍の重さを載せた.

ख़ेमा /xemā ケーマー/ [←Pers.n. خیمہ ‘a tent’ ←Arab.] *m.* **1** テント, 天幕. (⇒तंबू) ❐～ लगाना テントを張る. **2** 野営. (⇒डेरा) ❐～ डालना 野営する. **3** (政治・思想上の)陣営.

खेल /kʰela̸ ケール/ [<OIA. **khēḍ-* ‘play’: T.03918] *m.* **1** 遊び, 遊戯. ❐～ खेलना 遊びをする. **2** ゲームやスポーツ(の試合), 競技. ❐शतरंज का ～ チェスのゲーム. **3** 演劇, 戯曲. **4** 戯れごと.

खेल-कूद /kʰela̸-kūda̸ ケール・クード/ *f.* 〖スポーツ〗スポーツ(競技). ❐～ का मैदान 運動場.

खेलना /kʰela̸nā ケールナー/ [<OIA. **khēḍ-* ‘play’: T.03918] *vi.* (*perf.* खेला /kʰelā ケーラー/) **1** 遊ぶ, 戯れる. ❐अपनी गुड़िया से खेलो। お人形で遊びなさい. ❐लड़कपन की उम्र खेलने-खाने के लिए होती है। 子ども時代というものはよく遊びよく食べるためにある. **2** スポーツをする, 競技をする. **3** いじる, 弄(もてあそ)ぶ;軽々しくあしらう. ❐आग से खेलना ख़तरनाक है। 火遊びは危険だ. ❐उसने जान पर खेलकर पाँव आगे बढ़ाया। 彼女は命をものともせず歩を前に進めた. ❐उसमें ख़तरे से खेलने की क्षमता नहीं है। 彼には冒険をする度量はない. ❐वह मेरी मनोभाव से खेलता रहा। 彼は私の心を弄び続けた. **4** (表情などが)ただよう, ちらちら見える. ❐उसके चेहरे पर भीषण संकल्प खेल रहा था, मानो ख़ून सवार हो। 彼女の顔には激しい決意が見てとれた, まるで殺人を思い詰めたように. ❐उसके चेहरे पर मुस्कराहट खेल रही था। 彼の顔には微笑がうかんでいた. ❐मौत हरदम सिर पर खेलती रहती है। 死が常に頭上をただよっている.
— *vt.* (*perf.* खेला /kʰelā ケーラー/) **1** (ゲーム・スポーツを)する, 競技する. ❐मैं ताश खेलना चाहता हूँ। 私はトランプ遊びをしたい. ❐वह हाकी नहीं खेलता। 彼はホッケーをしない. ❐उसने कभी शिकार न खेला था। 彼は狩猟をしたことがまったくなかった. **2** (賭事を)する. ❐कुछ लोग बैठे जुआ खेल रहे हैं। 数人の人が座って賭博をしている. **3** 演じる. ❐कौन-सा नाटक खेलने का विचार है? どんな戯曲を演じるお考えですか? ❐उसने राजा की भूमिका खेली। 彼は王の役を演じた.

खेलाना /kʰelānā ケーラーナー/ ▸खिलाना *vt.* (*perf.* खेलाया /kʰelāyā ケーラーヤー/) ☞खिलाना²

खेवट /kʰevaṭa̸ ケーワト/ [*खेना* × *केवट*; cf. *केवट*] *m.* 〖ヒンドゥー教〗船頭《ケーワト・ジャーティに属する》. (⇒केवट)

खेवनहार /kʰevana̸hāra̸ ケーワンハール/ [<OIA.n. *kṣēpaṇa-* ‘act of throwing’: T.03740z1] *m.* **1** 船頭. **2** (物事を)誘導する人, 舵取り. ❐वे आगामी विधान-सभा चुनावों में पार्टी के ～ बनते नज़र आ रहे हैं। 彼は今度の下院選挙で党の舵取りになろうとしているように見える.

खेवा /kʰevā ケーワー/ [<OIA.m. *kṣēpa-* ‘sending’: T.03738] *m.* **1** (貨物を積載した)船の渡河, 川の渡し. ❐नाव एके खेवे में पचास गाड़ियों का बोझ लाद लेती थी। 船は一度の渡河で車50台分の荷を積んでいた. **2** 船で貨物を運ぶ運賃, 渡し銭. ❐खेवे के पैसे 渡し銭.

खेवाई /kʰevāī ケーワーイー/ [cf. *खेना*] *f.* 船頭の仕事;その手間賃.

खेवैया /kʰevaiyā ケーワイヤー/ ▸खिवैया [cf. *खेना*] *m.* 船頭.

खेस /kʰesa̸ ケース/ [<OIA. **khessa-* ‘a particular sort of cloth’: T.03924] *m.* ケース《厚手の模様入りの綿布;敷物, ベッドカバーなどに使用》.

खैनी /kʰainī カェーニー/ [?<OIA. *khādati* ‘chews, bites’: T.03865] *f.* 噛みタバコ. (⇒सुरती)

खैर /kʰaira̸ カェール/ [<OIA.m. *khadirá-* ‘Acacia catechu’: T.03805] *m.* **1** 〖植物〗アセンヤクノキ(の実). **2** 〖医学〗カテキュ, 阿仙薬(あせんやく)《アセンヤクノキの樹液を煮詰めて作った塊状の固形物;健胃収斂剤, 口腔清涼剤としての効能があり嗜好品パーン (पान) に欠かせない》. (⇒कत्था)

ख़ैर /xaira̸ カェール/ [←Pers. خير ‘being kind, favourable to; good; better, best’ ←Arab.] *f.* 無事, 安泰;幸福, 幸せ. ❐(की) ～ मनाना [माँगना] (…の)安泰を願う.
— *int.* まあ, とにかく, ところで;まったく.

ख़ैरख़ाह /xaira̸xāha̸ カェールカーハ/ ▸ख़ैरख़्वाह [←Pers.adj. خير خواه ‘well-wisher’] *adj.* 好意を寄せる(人). (⇒हितैषी)
— *m.* 好意を寄せる人. (⇒हितैषी)

ख़ैरख़्वाह /xaira̸xvāha̸ カェールクワーハ/ ▸ख़ैरख़ाह *m.* ☞ख़ैरख़ाह

खैरा /kʰairā カェーラー/ [cf. *खैर*] *adj.* こげ茶色の. (⇒कत्थई)

ख़ैरात /xairāta̸ カェーラート/ [←Pers.n. خيرات ‘good things; good works, charities’ ←Arab.] *f.* 〖イスラム教〗施し;慈善;喜捨;寄進;布施. ❐रुपये ～ देना [लेना]金を施しとして与える[受け取る].

ख़ैराती /xairātī カェーラーティー/ [←Pers.adj. خيراتی ‘intended for charitable purposes, given (or to be given) or received in charity’] *adj.* 慈善の. ❐～ अस्पताल [दवाख़ाना] 慈善病院.

ख़ैरियत /xairiyata̸ カェーリヤト/ [←Pers.n. خيرية ‘welfare, safety’ ←Arab.] *f.* **1** 無事;息災;安否. (⇒कुशल-क्षेम) ❐～ तो है? お元気ですか? ❐～ से 無事で;元気で. ❐(से) ～ पूछना(人に)安否を尋ねる. ❐(की) जान की ～ नहीं।(人の)命の保証はないぞ. **2** 幸運なこと;好都合なこと. ❐～ तो यही थी कि मैंने इस घटना की चर्चा स्त्री से नहीं की थी, नहीं तो मुझे घर में रहना भी मुश्किल हो जाता। 私がこの事件を妻に話さなかったのは幸運だった, さもないと私は家にいることすらも難しくなっていた.

खोंच kʰõca̸ [<OIA. **khucc-* ‘pierce, tear’: T.03890] *f.* (服や布地の)ほころび, やぶれ.

खोंचना /kʰõca̸nā コーンチナー/ [cf. *खोंच*] *vt.* **1** 引き裂く, 引きちぎる. **2** 突き刺す.

खोंचा¹ /kʰõcā コーンチャー/ ▸खोनचा, ख़ोमचा [←Pers.n. خوانچہ ‘a tray, a salver’] *m.* コーンチャー《行商人が頭

に載せて運ぶかご，ざる》．❐(के) खोंचे लगाना（…の）行商をする．❐खोंचेवाला 行商人．

खोंचा[2] /kʰõcā コーンチャー/ [cf. *खोंचना*] *m.* **1** 突き刺すこと．**2** 鳥もち竿．

खोंटना /kʰõṭạnā コーントナー/ ▸खूँटना *vt.* (*perf.* खोंटा /kʰõṭā コーンター/) ☞खूँटना

खोंपना /kʰõpạnā コーンプナー/ [cf. *घोंपना*] *vt.* (*perf.* खोंपा /kʰõpā コーンパー/)（鋭いものを）突き刺す．

खोंसना /kʰõsạnā コーンスナー/ ▸खोसना [＜OIA. **skōṣati* 'plucks out, pokes': T.13661] *vt.* (*perf.* खोंसा /kʰõsā コーンサー/) 押し込む，差し込む；折り込む．❐वह कमर में बाँस काटने की कटार खोंसे हुए था। 彼は腰に竹を切る短刀を差し込んでいた．❐मैंने उस लड़की के जूड़े में फूल खोंसा। 私はその少女のおさげ髪に花を差した．

खोआ /kʰoā コーアー/ ▸खोया *m.* ☞खोया

खोखला /kʰokʰạlā コークラー/ [＜OIA. **khōkkha-* 'hollow': T.03927] *adj.* 空洞な；中身がなく空っぽの．

खोखलापन /kʰokʰạlāpanạ コークラーパン/ [*खोखला* ＋ *-पन*] *m.* 空洞であること；空虚であること．

खोखा[1] /kʰokʰā コーカー/ [?] *m.* 露店，売店；キオスク．❐～ दुकानें 露店，売店．❐～ मार्केट 露店市場．

खोखा[2] /kʰokʰā コーカー/ [←Beng.n. *খোকা* 'infant boy, little boy ; son'] *m.* 子ども，少年．(⇒लड़का)

खोखो /kʰokʰo コーコー/ [onom.] *m.* 〚スポーツ〛コーコー《2 組で競われるインドの伝統的スポーツ；鬼ごっこの一種；名称は競技で使われる掛け声から》．

खोज /kʰojạ コージ/ [＜OIA. **khōjja-* 'mark, footprint': T.03929] *f.* **1** 探し求めること；捜索，探索．(⇒तलाश) ❐शिकारी की ～ में 獲物をもとめて．❐वन के पशु मध्याह्न की धूप में प्यास के कारण जिह्वा निकाले पानी की ～ में इधर-उधर दौड़ते फिरते थे। 森の獣たちは真昼の日差しの中で喉の渇きのために舌を出したまま水を求めてあっちこっち走り回っていた．❐वह टैक्सी की ～ में पार्क से निकला। 彼はタクシーを探しに公園から出た．❐वह नौकरी की ～ में है। 彼は職を探している．**2**（いまだ手に入っていないものを求める）探求．❐(की) ～ करना（…を）探求する．❐सत्य की ～ में जीवन व्यतीत करना 真実の探求に人生を過ごす．**3** 研究；探求．❐इतिहास और पुराने सिक्कों की ～ में उन्होंने अच्छी ख़्याति प्राप्त कर ली थी। 歴史と古銭学の研究において彼はなかなかの名声を博した．**4** 跡；形跡；痕跡．

खोजना /kʰojạnā コージナー/ [cf. *खोज*] *vt.* (*perf.* खोजा /kʰojā コージャー/) **1**（未知のものを）捜す；探し求める；探索する．(⇒ढूँढ़ना, तलाशना) ❐नौकरी खोजना 仕事を探す．❐वह अवसर खोज रहा था। 彼は機会をうかがっていた．**2** 捜し出す，見つけ出す．❐उसने एक अच्छी जगह खोज निकाली। 彼はあるもってこいの場所を探し出した．❐मैं वह किताब खोज लाई। 私はその本を探し出して持ってきた．❐वह कोई न कोई बहाना खोजकर मुझे गालियाँ देता था। 彼は何かの口実を見つけては私を罵るのだった．❐इस मामले में संयुक्त मोर्चे ने चल निकलने लायक नुस्ख़ा खोज लिया है। この件に関して連合戦線は，なんとかやりくりしていく対処法を見つけ出した．**3** 調査する；研究する；探求する．❐मैं उसका कारण खोजूँगी। 私はその原因を研究するつもりです．

खोजवाना /kʰojạvānā コージワーナー/ ▸खोजाना [caus. of *खोजना*] *vt.* (*perf.* खोजवाया /kʰojạvāyā コージワーヤー/) 探させる；探してもらう．

खोजाना /kʰojānā コージャーナー/ ▸खोजवाना [caus. of *खोजना*] *vt.* (*perf.* खोजाया /kʰojāyā コージャーヤー/) ☞खोजवाना

खोजी /kʰojī コージー/ [*खोज* ＋ *-ई*] *adj.* **1** 追跡する（人）．**2** 探検する．❐～ यात्रा 探検（旅行）．

— *m.* 追跡者．

खोट /kʰoṭạ コート/ [＜OIA. **khōṭṭa-* 'blemish': T.03931z1] *f.* **1** 混ぜ物，粗悪品．**2** 欺瞞（ぎまん）；ペテン；不誠実；悪意．❐विश्वास का बदला ～ से देना 信頼の応えに悪意で報いる．❐जिसके दिल में ～ न हो, उसे कोई क्या बहका सकता है? 心に嘘がない人間を誰が騙すことができようか？

खोटा /kʰoṭā コーター/ [cf. *खोट*] *adj.* **1** 偽造の；にせの，まがいの．(⇒नक़ली)(⇔खरा) ❐खोटे को खरा कहना まがいものを本物だと言う．**2** 欺瞞（ぎまん）に満ちた；不誠実な；悪意のある．**3** 不正な．

खोटापन /kʰoṭāpanạ コーターパン/ [*खोटा* ＋ *-पन*] *m.* **1** 偽造［にせ，まがい］であること．(⇔खरापन) **2** 欺瞞（ぎまん）に満ちていること；悪意のあること．**3** 不正であること．

खोदना /kʰodạnā コードナー/ [＜OIA. **khōdd-* 'dig': T.03934] *vt.* (*perf.* खोदा /kʰodā コーダー/) **1** 掘る；くりぬく．❐मेरे फूल छुओगे तो तुम्हें खोदकर गाड़ दूँगा। もし私の花にさわったら，（穴を）掘っておまえを埋めてしまうぞ．❐मानो अपने हाथों अपनी क़ब्र खोद रहा हो। まるで自分で自分の墓穴を掘っているようだ．❐कोठे की दीवार में एक खिड़की खोद ली गई। 倉庫の壁に，窓が一つ掘りぬかれた．**2** 掘り起こす，掘り出す．❐आलू तो चोर खोद ले गये। ジャガイモは盗人が掘り出して持って行ってしまった．❐वह किसी के घर से खुरपी माँगकर लाया और कोई जड़ी खोदकर गाय को खिला दी। 彼は誰かの家から小さなシャベルを借りて来た，そして何か薬草を掘り出して牛に食べさせた．❐उसने अनीति और स्वेच्छाचार को जड़ से खोदकर फेंक देने का ज़िम्मा लिया है। 彼は不正と専制を，根元から掘り起こして投げ棄てる（＝根絶する）任務を引き受けた．**3** 刻む，彫刻する．❐उस पत्थर पर नाम के प्रथमाक्षर भर खोदे गए। その石には，名前の頭文字だけが刻まれた．**4** 根掘り葉掘り（質問）する．❐उसने मुझसे खोद खोदकर पूछा। 彼は私に根掘り葉掘り質問した．

ख़ोनचा /xonạcā コーンチャー/ ▸खोंचा, ख़ोमचा *m.* ☞खोंचा[1]

खोना /kʰonā コーナー/ [＜OIA. *kṣapayati* 'destroys': T.03651] *vi.* (*perf.* खोया /kʰoyā コーヤー/) **1** 紛失する，なくなる．❐मेरी असावधानी से वह घड़ी खो गई। 私の不注意でその時計は紛失してしまった．**2**（没頭して）我を忘れる，夢中になる；（思いに）ふける．❐वह पुरानी स्मृतियों में खो गया। 彼は昔の追憶にふけり我を忘れた．

— *vt.* (*perf.* खोया /kʰoyā コーヤー/) 失う，なくす．(⇒गँवाना) ❐उसने अपना पद खो दिया। 彼は自分の役職を失った．❐उस दुर्घटना में उसने अपनी दोनों आँखें खो दीं। その事故で彼は両

目を失った. ❒मैं अपनी असावधानी के कारण सुयोग खो बैठा। 私は自分の不注意でチャンスを失ってしまった. ❒ऐसे में अगर कोई अपना मानसिक संतुलन खो बैठे या टूट जाए तो हैरत नहीं होनी चाहिए। このような場合誰かが自身の精神的安定を失ったり虚脱状態に陥ったとしても驚くにあたらない.

खोपड़ा /kʰopaṛā コープラー/ ▸खोपरा *m.* ☞खोपरा

खोपड़ी /kʰopaṛī コープリー/ [<OIA. *khōppa-¹ 'coconut shell': T.03936; cf. *खोपड़ा*] *f.* **1** (実の固い)殻;(カメの)甲. **2** 頭蓋骨, しゃれこうべ. (⇒कपाल) **3** 頭.

खोपरा /kʰopaṛā コープラー/ ▸खोपड़ा [<OIA. *khōppa-¹ 'coconut shell': T.03936; DED 1751] *m.* **1**〖植物〗ヤシの実の殻. **2** 頭蓋骨, しゃれこうべ.

ख़ोमचा /xomacā コームチャー/ ▸खोंचा, ख़ोनचा *m.* ☞खोंचा¹

खोया /kʰoyā コーヤー/ ▸खोआ [<OIA. *khōva- 'inspissated milk': T.03947] *m.*〖食〗コーヤー《ミルクを煮詰め濃縮したもの;無糖練乳, エバ・ミルク》. (⇒मावा)

-ख़ोरा /-xorā ・コーラー/ [←Pers.n. خوره 'anything that eats or corrodes (as rust, moth, leprosy, or gangrene)'] *suf.* 《主に名詞に付加して形容詞や名詞「…を目立たせなくさせる(もの)」などの合成語を作る接辞;मैलख़ोरा「汚れの目立たない(服)」, लतख़ोरा「靴ぬぐい, ドア・マット」など》

खोल /kʰola コール/ ▸ख़ोल *m.* ☞ख़ोल

ख़ोल /xola コール/ ▸खोल [<OIA.f. *khōli-* 'quiver': T.03944] *m.* 《中身を覆って保護しているもの》(ココナツの実など)殻;(貝や虫の)殻;カメの甲羅;(豆の)さや;(銃弾の)薬莢(やっきょう)など.

खोलना /kʰolanā コールナー/ [<OIA. *khōll- 'to open': T.03945] *vt.* (*perf.* खोला /kʰolā コーラー/) **1** (閉じられていたものを)開ける, 開く. ❒उसने कार का दरवाज़ा खोल दिया। 彼は車のドアを開けた. ❒ताला खोलना। 錠をあける. ❒मैंने लिफ़ाफ़ा खोलकर चिट्ठी निकाली। 私は封筒を開けて手紙を取り出した. ❒पढ़ना दूर, उसने कभी उन किताबों को खोला भी नहीं। 読むことはおろか, 彼はそれらの本を開くことさえもしなかった. ❒मैंने नल की टोंटी खोली। 私は水道の蛇口を開けた. ❒इसपर मुँह खोलने का मुझे अधिकार नहीं है। このことに口を開く権利は, 私にはない. **2** (結ばれていたものを)ほどく, (つながれていたものを)解く, はずす. (⇔बाँधना) ❒उसने पट्टी खोल दी। 彼は包帯をほどいた. ❒मैंने रस्सी की गाँठ खोल ली। 私は, ロープの結び目をほどいた. ❒खूँटी में बँधा हुआ घोड़ा खोला गया। 杭につながれていた馬が解き放たれた. ❒मैंने उसकी क़लाई की घड़ी खोलकर अपनी क़लाई पर बाँध ली। 私は彼の腕時計をはずし自分の腕につけた. ❒नौका ～ 舟のもやいを解く. **3** (日常業務として店・オフィス・学校などを)開く. ❒दफ़्तर खोलने का समय आ गया। オフィスを開ける時間になった. **4** (事業所・施設などを)開設[設立]する;(口座を)開く. ❒उन्होंने यह कंपनी १९९२ में खोली थी। 彼はこの会社を1992年に設立した. ❒मैंने बैंक में अपने नाम से खाता खोला। 私は銀行に自分名義の口座を開いた. **5** 開拓する;開放する;解放する. ❒सरकार ने राष्ट्रीयकृत बीमा क्षेत्र को विदेशी बीमा कंपनियों के लिए खोलने की संभावना की ओर भी स्पष्ट इशारा किया है। 政府は, 国有化された保険分野を外国の保険会社に開放する可能性についても, 明確に示唆した. **6** (秘密などを)あらわにする, 明らかにする. ❒उसने अपना भेद लोगों पर खोल दिया। 彼は自身の秘密を, 人々に明らかにした. **7** (断食などを)解く. ❒रोज़ा खोलना 断食を解く.

खोली /kʰolī コーリー/ *f.* 覆い.

खोसना /kʰosanā コースナー/ ▸खोंसना *vt.* (*perf.* खोसा /kʰosā コーサー/) ☞खोंसना

खोह /kʰoha コーフ/ [<OIA.f. *khaní-* 'mine': T.03813x1; cf. *गोह*] *f.* **1** 洞窟, 洞穴. **2** (地面の)裂け目;穴.

ख़ौफ़ /xaufa カォーフ/ [←Pers.n. خوف 'fearing; fear, dread, terror' ←Arab.] *m.* 恐れ, 恐怖;おびえ. (⇒डर, भय) ❒(से) ～ खाना (…を)恐れる.

ख़ौफ़नाक /xaufanāka カォーフナーク/ [←Pers.adj. خوفناك 'terrified, timid, timorous'] *adj.* 恐ろしい.

खौलना /kʰaulanā カォールナー/ [<OIA. *kha-ul- 'be heated': T.03760] *vi.* (*perf.* खौला /kʰaulā カォーラー/) **1** 沸騰する, 沸く. (⇒उफनना, उबलना) ❒पानी खौल रहा है। お湯が沸騰している. **2** (激怒して)(血が)煮えたぎる. ❒उसका ख़ून खौल उठा। 彼の血は怒りで煮えたぎった.

खौलाना /kʰaulānā カォーラーナー/ [cf. *खौलना*] *vt.* (*perf.* खौलाया /kʰaulāyā カォーラーヤー/) **1** 沸騰させる. (⇒उबालना) **2** (激怒させて)(血を)煮えたぎらせる.

ख्यात /kʰyāta キャート/ [←Skt. *ख्यात-* 'named, called, denominated; known, well known, celebrated, notorious'] *adj.* 著名な, 良く知られた.

ख्याति /kʰyāti キャーティ/ [←Skt.f. *ख्याति-* 'renown, fame, celebrity'] *f.* 名声, 知名度. (⇒प्रसिद्धि) ❒～ प्राप्त करना 名声を得る.

ख्यातिप्राप्त /kʰyātiprāpta キャーティプラープト/ [neo.Skt. *ख्याति-प्राप्त-* 'eminent, renowned'] *adj.* 名声を博した, 著名な, 高名な.

ख़्याल /xyāla キャール/ ▸ख़याल *m.* ☞ख़याल

ख़्याली /xyālī キャーリー/ ▸ख़याली *adj.* ☞ख़याली

ख्रिष्टान /kʰriṣṭāna クリシュターン/ [Sanskritization of *क्रिस्तान* (←Port.m. *cristão* 'Christian')] *m.*〖キリスト教〗キリシタン, クリスチャン, キリスト教徒.

ख्रीष्ट /kʰrīṣṭa クリーシュト/ [Sanskritization of *क्रीस्त* (←Port.m. *Cristo* 'Christ')] *m.*〖キリスト教〗キリスト.

ख्रीष्टाब्द /kʰrīṣṭābda クリーシュターブド/ [*ख्रीष्ट* + *अब्द*] *m.*〖暦〗キリスト紀元, 西暦紀元.

ख़्वाब /xvāba クワーブ/ ▸ख़ाब [←Pers.n. خواب 'sleep; a dream'; cog. Skt.m. *स्वप्न-*, *स्वाप-* 'sleep, sleeping; dreaming, a dream'] *m.* 夢. (⇒सपना) ❒～ देखना 夢を見る.

ख़्वा-मख़्वाह /xvā-maxvāha クワー・マクワーハ/ ▸ख़्वाह-मख़्वाह *adv.* ☞ख़्वाह-मख़्वाह

ख़्वाह-मख़्वाह /xvāha-maxvāha クワーヘ・マクワーハ/ ▸ख़्वा-मख़्वाह [←Pers.adv. خواه مخواه 'willing or no;

certainly'] *adv.* しゃにむに;無駄に, 意味なく. ❐～ बच्चों को मदर्से में क़ैद करने से क्या लाभ? しゃにむに子どもたちを学校に縛りつけて何の意味があるのだ?

ख़्वाहिश /xvāhiśa クワーヒシュ/▸ख़ाहिश [←Pers.n. خواهش 'will, wish, inclination; petition'] *f.* 願望;望み. (⇒इच्छा) ❐(की) ～ करना(…を)望む.

ग ग़

गंगटोक /gaṃgaṭoka ガングトーク/▸गांतोक [cf. Eng.n. *Gangtok*] *m.* 〖地名〗ガントク, ガングトーク《スィッキム州 (सिक्किम) の州都》.

गंगा /gaṃgā ガンガー/ [←Skt.f. *गङ्गा-* 'the river Ganges'] *f.* **1** ガンジス川, ガンガー. ❐～ जल ガンジス川の水《聖水》. ❐～ नदी ガンジス川. ❐आकाश ～ 〖天文〗天の川, 銀河. **2** 〖ヒンドゥー教〗ガンガー女神.

गंगा-जमनी /gaṃgā-jamanī ガンガー・ジャマニー/ ▸गंगा-जमुनी *adj.* ☞गंगा-जमुनी

गंगा-जमुनी /gaṃgā-jamunī ガンガー・ジャムニー/ ▸गंगा-जमनी *adj.* (金と銀のような)二色の;合金でできた《川の色が違うガンジス川 (गंगा) とジャムナー川 (जमुना) が合流点 (संगम) で混じり合うことから》.
— *f.* (合金でできた)耳輪.

गंगाजल /gaṃgājala ガンガージャル/ [←Skt.n. *गङ्गा-जल-* 'the water of the Ganges'] *m.* 〖ヒンドゥー教〗ガンジス川の水, 聖水.

गंगाजली /gaṃgājalī ガンガージャリー/ [*गंगाजल* + *-ई*] *f.* 〖ヒンドゥー教〗ガンガージャリー《聖なるガンジス川の水を入れる真鍮製の容器》. ❐～ उठाकर 聖なるガンジス川の水に誓って. ❐मैं उनके हाथ में ～ रखकर अदालत में क़सम खिलाऊँगा। 私は彼の手にガンガージャリーを持たせて法廷で宣誓させよう.

गंगासागर /gaṃgāsāgara ガンガーサーガル/ [*गंगा* + *सागर*] *m.* 〖地名〗ガンガーサーガル《西ベンガル州 (पश्चिम बंगाल) のヒンドゥー教聖地》.

गंगोत्तरी /gaṃgottarī ガンゴーッタリー/ [cf. Eng.n. *Gangotri*] *f.* 〖地名〗ガンゴーットリー《ウッタラーカンド州 (उत्तराखंड) の高地にあるヒンドゥー教聖地;ガンジス川の源流となる氷河がある》.

गंज /gaṃja ガンジ/ [?] *f.* 禿げ頭;禿げること, 頭が薄くなること《男性名詞として変化することもある》. ❐उनके सिर पर असमय ～ आ गई थी और उनके चेहरे पर झुर्रियाँ। 彼の頭は年でもないのに禿げてしまいそして顔は皺だらけだった. ❐शरीर से वे कुछ स्थूल हो गए थे और उनके सिर पर ～ झलकने लगी थी। 体つきは彼は(以前より)やや太っていた, そして頭は薄くなり始めていた.

-गंज /-gaṃja ・ガンジ/ [←Pers.n. گنج 'a store, hoard, hidden treasure; granary, grain-market; a mart'; ?cog. Skt.m. *गञ्ज-* 'a treasury'] *suf.* 《かつての市場や商店街の名称の名残りとして現在も地名の後半部分として残る;たとえば दरियागंज 「ダリヤーガンジ(オールドデリーで出版社が集まっている地区)」, हज़रतगंज 「ハズラトガンジ(ラクナウーの中心地区)」など》.

गंजा /gaṃjā ガンジャー/ [cf. *गंज*] *adj.* **1** (頭が)禿げている, 禿げ頭の. ❐उसने ～ सिर हिलाकर कहा। 彼は禿げ頭をふって言った. **2** (頭を)つるつるに剃り上げた.
— *m.* 頭の禿げている人.

गंजापन /gaṃjāpana ガンジャーパン/ [*गंजा* + *-पन*] *m.* **1** 禿げ(であること). **2** 剃髪の状態.

गंजी /gaṃjī ガンジー/ [←Eng.n. *guernsey*] *f.* ガンジー《男性用の肌シャツの一種;元の意味は漁師用の毛編みで厚手のセーター》. (⇒बनियान)

गंजीफ़ा /gaṃjīfā ガンジーファー/ [←Pers.n. گنجفه 'pack of cards; game of cards'] *m.* 〖ゲーム〗ガンジーファー《カードゲームの一種;ムガル朝期にペルシアから伝来しインドで独自に発展した》.

गँजेड़ी /gãjeṛī ガンジェーリー/ [cf. *गाँजा*] *adj.* 〖医学〗大麻を常用する(人), 大麻中毒の(人).

गँठजोड़ /gãṭʰajoṛa ガントジョール/ ▸गठजोड़ [*गाँठना* + *जोड़ना*] *m.* ☞गँठबंधन

गँठना /gãṭʰanā ガントナー/ ▸गठना *vi.* (*perf.* गँठा /gãṭʰā ガンター/) ☞गठना

गँठबंधन /gãṭʰabaṃdʰana ガントバンダン/ ▸गठबंधन [*गाँठ* + *बंधन*] *m.* **1** 〖ヒンドゥー教〗ガントバンダン《結婚式で花婿のショールの端と花嫁のはおる布の端を縛り結びつける儀式》. **2** 結託;(秘密の)同盟.

गंड /gaṃḍa ガンド/ [←Skt.m. *गण्ड-* 'the cheek'; cf. DEDr.1413 (DED.1189)] *m.* 頬;こめかみ.

गंडस्थल /gaṃḍastʰala ガンダスタル/ [←Skt.n. *गण्ड-स्थल-* 'the region of the cheeks'] *m.* こめかみ《特に象のこめかみを指すことが多い》. (⇒कनपटी)

गंडा /gaṃḍā ガンダー/ [<OIA.m. *gaṇḍaka-* 'a coin worth four cowries' (←Austro-as.): T.04001] *m.* お守り(のひも)《首, 手首, 足首に巻く》.

गंडा-तावीज़ /gaṃḍā-tāvīza ガンダー・ターヴィーズ/ *m.* お守り, 魔除け. ❐～ करना 魔除けをする;悪霊払いをする. ❐～ कराना 魔除けをしてもらう;悪霊払いをしてもらう.

गँड़ासा /gãṛāsā ガンラーサー/ [<OIA. **gaṇḍāsi-* 'sugarcane knife': T.04004] *m.* 斧, チョッパー. ❐(पर) ～ मारना (…に)斧を振り下ろす.

गँड़ासी /gãṛāsī ガンラースィー/ [cf. *गँड़ासा*] *f.* 小型の斧.

गँड़ेरी /gãṛerī ガンレーリー/ [<OIA.m. *gaṇḍa-*[2] 'joint of plant': T.03998; DEDr.1946] *f.* ガンレーリー《サトウキビの茎の節から節までの部分》.

गंतव्य /gaṃtavya ガンタヴィエ/ [←Skt. *गन्तव्य-* 'to be gone'] *adj.* 到達すべき.
— *m.* 目的地.

गंद /gaṃda ガンド/ [←Pers.n. گند 'anything fetid, bad smell, stink, funk'] *m.* **1** 悪臭. (⇒दुर्गंध, बदबू) **2** 汚れ,

汚物;垢. (⇒गंदगी)

गंदगी /gaṃdagī ガンダギー/ [←Pers.n. گندگی 'filth, stink, stench'] *f.* **1** 汚れ, 汚物(の悪臭);廃棄物;垢;不潔;けがれ. (⇒गंद) ❐～ फैलना 汚物の悪臭が漂う. **2** (堕落した)腐敗:卑猥さ, 淫らさ. ❐राजनीतिक ～ 政治的腐敗.

गँदला /gãdalā ガンダラー/ [<OIA. **gadda-*[1] 'sediment, mud': T.04011; cf. *गंद*] *adj.* 汚れた;濁った.

गंदा /gaṃdā ガンダー/ [←Pers.n. گنده 'fetid, stinking, rotten'] *adj.* **1** 汚れた, 汚い, 不潔な. (⇒मैला)(⇔साफ़) ❐～ करना (…を)汚す. ❐～ पानी 汚水. ❐～ होना 汚れる. **2** 汚染した, 汚染された. **3** 卑劣な, (うす)汚い, 卑しい. ❐～ काम 悪行. **4** 淫らな. ❐～ साहित्य ポルノ文学.

गंध /gaṃd^{h}a̸ ガンド/ [<Skt.m. *गन्ध-* 'smell': T.04014] *f.* 匂い, 香り;臭気. (⇒बू)

गंधक /gaṃd^{h}aka̸ ガンダク/ [←Skt. *गन्धक-* 'having the smell of, scenting'] *m.* 〚鉱物〛硫黄.

गंधकाम्ल /gaṃd^{h}akāmla̸ ガンダカームル/ [←Skt.m. *गन्धक-अम्ल-* 'sulphuric acid'] *m.* 〚化学〛硫酸.

गंधर्व /gaṃd^{h}arva̸ ガンダルオ/ [←Skt.m. *गन्धर्व-* '*Gandharva*'] *m.* 〚神話〛ガンダルヴァ《天界の楽士と言われる》.

गंधर्व-विद्या /gaṃd^{h}arva̸-vidyā ガンダルオ・ヴィディヤー/ [←Skt.f. *गन्धर्व-विद्या-* '*Gandharva*-science; music'] *f.* 音楽.

गंधर्व-विवाह /gaṃd^{h}arva̸-vivāha̸ ガンダルオ・ヴィワーハ/ [←Skt.m. *गन्धर्व-विवाह-* 'the form of marriage peculiar to the *Gandharvas*'] *m.* ガンダルヴァ婚《古代正統と認められた八つの結婚形式の第五番目;家族の同意としない両者の恋愛による結婚; गांधर्व विवाह とも》.

गंधसार /gaṃd^{h}a̸sāra̸ ガンドサール/ [←Skt.m. *गन्धसार-* 'sandal-wood'] *m.* 〚植物〛ビャクダン(白檀). (⇒चंदन)

गंधी /gaṃd^{h}ī ガンディー/ [<OIA.m. *gāndhika-* 'perfumier': T.04133] *m.* 香水商;香水製造者. (⇒अत्तार)

गँधीला /gãd^{h}īlā ガンディーラー/ [cf. *गंध*] *adj.* 悪臭を放つ.

गंभीर /gaṃb^{h}īra̸ ガンビール/ [←Skt. *गम्भीर-* 'deep'] *adj.* **1** 重大な, ゆゆしい, 深刻な. (⇒गहरा) ❐～ समस्याएँ 深刻な問題. ❐उस रेल दुर्घटना में वह ～ रूप से घायल हो गए। その列車事故で彼は重傷を負った. **2** まじめな;いかめしい, 謹厳な, 厳かな. (⇒संजीदा) **3** 造詣の深い, 学識が深い;深遠な. (⇒गहरा) ❐～ अध्ययन 掘り下げた研究.

गंभीरता /gaṃb^{h}īra̸tā ガンビールター/ [←Skt.f. *गम्भीर-ता-* 'depth (of water)'] *f.* **1** 深刻さ, 重大性. (⇒गांभीर्य) ❐～ से लेना (…を)深刻に受けとめる. **2** いかめしさ, 謹厳さ, 厳かさ. ❐～ से 厳かに, いかめしく. **3** 造詣の深さ, (学識の)深さ, 深遠さ.

गँवाना /gãvānā ガンワーナー/ [<OIA. *gamáyati* 'causes to go': T.04028] *vt.* (*perf.* गँवाया /gãvāyā ガンワーヤー/) **1** 失う, なくす. (⇒खोना) **2** (金・時間などを)浪費し失う, 無駄にする;;取りそこなう;(チャンスなどを)逃す. ❐समय गँवा देना 時間を無駄にする. ❐मौक़ा गँवा देना 機会を逸する.

गँवार /gãvāra̸ ガンワール/ [<OIA. **grāmadāra-* 'village boy': T.04371] *adj.* 田舎者の;垢抜けていない, 野暮ったい;粗野な.

— *m.* 田舎者;野暮ったい人;粗野な人.

गँवारिन /gãvārina̸ ガンワーリン/ [*गँवार* + *-इन*] *f.* 田舎の女;垢抜けない女.

गँवारू /gãvārū ガンワールー/ [*गँवार* + *-ऊ*] *adj.* 野暮ったい(人);粗野な(人).

गऊ /gaū ガウー/ [<OIA. *gava-* '(in compound) cow or bull': T.04093] *adj.* (雌牛のように)おとなしい, 従順な;屈従的な.

— *f.* 雌牛. (⇒गाय)

गकार /gakāra̸ ガカール/ [←Skt.m. *ग-कार-* 'Devanagari letter ग or its sound'] *m.* **1** 子音字 ग. **2** 〚言語〛子音字 ग の表す子音 /g/.

गकारांत /gakārāṃta̸ ガカーラーント/ [←Skt. *गकार-अन्त-* 'ending in the letter ग or its sound'] *adj.* 〚言語〛語尾が ग で終わる(語)《आग「火」, रोग「病」, वेग「速度」など》. ❐～ शब्द 語尾が ग で終わる語.

गगन /gagana̸ ガガン/ [←Skt.n. *गगन-* 'the atmosphere, sky, firmament'] *m.* 空, 天空. (⇒आकाश)

गगनचुंबी /gagana̸cumbī ガガンチュンビー/ [neo.Skt. *गगन-चुम्बिन्-* 'touching the sky, sky-high'] *adj.* (高さが)天に届くばかりの, そびえたつ;(ビルが)超高層の. (⇒गगनस्पर्शी) ❐～ इमारत 超高層ビル, 摩天楼.

गगनभेदी /gagana̸b^{h}edī ガガンベーディー/ [neo.Skt. *गगन-भेदिन्-* 'breaking the sky'] *adj.* 天を突き破るばかりの(音), 耳をつんざくばかりの, 大音響の. ❐～ जयकार 万歳の大歓呼.

गगनमंडल /gagana̸maṃḍala̸ ガガンマンダル/ [neo.Skt.n. *गगन-मण्डल-* 'firmament'] *m.* 天空.

गगनस्पर्शी /gagana̸sparśī ガガンスパルシー/ [neo.Skt. *गगन-स्पर्शिन्-* 'touching the sky'] *adj.* (高さが)天に届くばかりの, そびえたつ;(ビルが)超高層の. (⇒गगनचुंबी) ❐～ इमारत 超高層ビル, 摩天楼.

गगरा /gaga̸rā ガグラー/ [<OIA.m. *gargara-*[2] 'churn': T.04043] *m.* (銅, 真鍮などの)金属製の大きな水入れ.

गगरी /gaga̸rī ガグリー/ [cf. *गगरा*] *f.* (銅, 真鍮などの)金属製の小さな水差し.

गच[1] /gaca̸ ガチ/ [←Pers.n. گچ 'a kind of white earth of which lime is made; plaster'; cf. OIA. **gacca-* 'mud': T.03954] *f.* モルタル;漆喰(しっくい).

गच[2] /gaca̸ ガチ/ [onom.] *f.* 〔擬音〕グサ, ブス, ブチュ《やわらかいものに鋭利なものを突き刺す音》.

गचकारी /gaca̸kārī ガチカーリー/ [←Pers.n. گچکاری 'whitewash'] *f.* モルタルや漆喰(しっくい)などを作る作業.

गचपच /gaca̸paca̸ ガチパチ/ ▸गिचपिच *adj.* ☞गिचपिच

गच्चा /gaccā ガッチャー/ [?cf. *गड्ढा*] *m.* **1** 落とし穴. **2** (裏切りや誤解などによる)痛い目. ❒～ खाना 痛い目にあう.

गज /gajạ ガジ/ [←Skt.m. *गज-* 'an elephant'] *m.* 象. (⇒हाथी)

गज़ /gazạ ガズ/ [←Pers.n. گز 'a length of 24 finger-breadth, or six hands'] *m.* **1**〖単位〗ガズ;ガズ尺《1ヤード(36インチ)に相当する約91cmの長さ;古くは約83 cm (33インチ)の長さ》. **2**〖楽器〗(弦楽器の)弓. (⇒कमानी)

गज़क /gazakạ ガザク/ [←Pers.n. گزک 'a relish (eaten with wine)'] *f.* **1**〖食〗ガザク《酒のつまみ類, スナック》. **2**〖食〗ガザク《ゴマと砂糖で作られる菓子》.

गजगति /gajạgati ガジガティ/ [←Skt.f. *गज-गति-* 'a stately gait like that of an elephant'] *f.* (象のような)ゆったり悠々とした歩み.

गजगामिनी /gajạgāminī ガジガーミニー/ [←Skt.f. *गज-गामिनी-* 'a woman of a stately elephant-like walk'] *adj.* (象のように)ゆったり悠々と歩む(女性).

गज़ट /gazaṭạ ガザト/ [←Eng.n. *gazette*] *f.* 官報. (⇒राजपत्र)

ग़ज़ब /ğazabạ ガザブ/ [←Pers.n. غضب 'wrath' ←Arab.] *m.* **1** 大惨事, 大厄災;とんでもない災難. ❒～ ढाना 大惨事をもたらす. **2** 大パニック, 激しい衝撃, ショック. ❒～ का とてつもない, 猛烈な, 信じられないくらいものすごい.

गजमणि /gajạmaṇi ガジマニ/ [?neo.Skt.m. *गज-मणि-* 'elephant's jewel'] *m.* ☞गजमुक्ता

गजमुक्ता /gajạmuktā ガジムクター/ [←Skt.f. *गज-मुक्ता-* 'pearl supposed to be found in the projections of an elephant's forehead'] *f.* ガジャムクター《象の額にあると考えられた真珠》. (⇒गजमणि)

गजरा /gajạrā ガジラー/ [<OIA.m. *gārjara-* 'carrot': T.04140] *m.* ガジラー《(手首に付ける)花輪;ブレスレット;(花の)首飾り, レイ》. ❒फूलों का ～ गले में डालना 花輪を首にかける.

ग़ज़ल /ğazalạ ガザル/ [←Pers.n. غزل 'speaking in the language of love or in verse; an ode, short poem, a sonnet' ←Arab.] *f.*〖文学〗ガザル《ウルドゥー語定型詩の一形式;抒情詩》.

गजेंद्र /gajeṃdrạ ガジェーンドル/ [←Skt.m. *गज-इन्द्र-* 'king of elephants'] *m.*〖神話〗ガジェーンドラ《象の王》.

गटकना /gaṭakạnā ガタクナー/ ▸घुटकना [onom.; ?←Drav.; DEDr.1658 (DED.1381)] *vi.* (*perf.* गटका /gaṭạkā ガトカー/) ゴクゴク (गट-गट) と飲む;ガツガツと食べる. (⇒गपकना)

— *vt.* (*perf.* गटका /gaṭạkā ガトカー/) **1** (錠剤などを水と一緒に)ごくっと飲む;ゴクゴクと飲む;ガツガツと食べる. ❒वह गिलास भर दूध एक साँस में गटक गया। 彼はグラスいっぱいのミルクを一息でぐっと飲み干した. ❒वह गिलास उठाकर पूरी दारू गटक गया। 彼はグラスを持ち上げ, 全部の酒をぐっと飲み干した. ❒उसने पानी के साथ दवा की गोली गटक ली। 彼は水と一緒に錠剤をぐっと飲みこんだ. **2**〔俗語〕横領[着服]する. (⇒खाना, गपकना, हड़पना) ❒वह सारा पैसा गटक गया। 彼はすべての金を着服した.

गटगट /gaṭạgaṭạ ガトガト/ [onom.; cf. Urd.f. غٹ غٹ 'gurgling sound'] *f.* 〔擬音〕ゴクゴク, ガブガブ, グイグイ《喉を鳴らして水などの液体を飲む音》.

— *adv.* ゴクゴクと, ガブガブと, グイグイと;一息で(飲む).

गटपट /gaṭạpaṭạ ガトパト/ [?onom.] *f.* **1** (二人の)親密な関係. **2** 性交. **3** 混ざり合うこと, 混合, 混交.

गटागट /gaṭāgaṭạ ガターガト/ [cf. *गटगट*] *adv.* ゴクゴクと, ガブガブと, グイグイと;一息で(飲む). ❒उसने ～ गिलास ख़ाली कर दिया। 彼は一息でグラスを空にした.

गट्टा /gaṭṭā ガッター/ [<OIA. **gaṭṭa-* 'piece': T.03965] *m.* (足の)くるぶし;手首. (⇒टख़ना)

गट्ठर /gaṭṭʰarạ ガッタル/ [cf. *गट्ठा*] *m.* ガッタル《布で包んだ大きな荷物》.

गट्ठा /gaṭṭʰā ガッター/ [<OIA.m. *grathna-, grantha-* 'bunch': T.04348] *m.* 束;包み;梱包物. ❒ऊख के गट्ठे サトウキビの束. ❒उसने हरियाली का एक ～ सिर पर लिया। 彼女は草の一束を頭にのせた.

गठजोड़ /gaṭʰajoṛạ ガトジョール/ ▸गँठजोड़ *m.* ☞गँठबंधन

गठन /gaṭʰanạ ガタン/ [<Skt.n. *घटन-* 'connection or union': T.] *f.* 構造;構成;組織;組成;体つき. ❒देह का ～ 身体の骨格, 体つき.

गठना /gaṭʰạnā ガトナー/▸गँठना [cf. *गाँठना*] *vi.* (*perf.* गठा /gaṭʰā ガター/) **1** 一つに組み合わされる;(靴が)縫い合わされる. (⇒जुड़ना, सटना) **2** 共謀する;徒党を組む. **3** (肉体が)引き締まる, 鍛え上げられる. ❒स्वस्थ यौवन का गठा शरीर 健康な若人の引き締まった体.

गठबंधन /gaṭʰạbaṃdʰanạ ガトバンダン/ ▸गँठबंधन *m.* ☞गँठबंधन

गठरी /gaṭʰạrī ガトリー/ [cf. *गट्ठर*] *f.* 風呂敷包み, 包み. ❒उसने चादर लेकर उसमें अनाज भरा और ～ बाँधकर बोला। 彼は布地を持ってきてその中を穀物で満たし包みを縛ってから言った.

गठवाना /gaṭʰạvānā ガトワーナー/ ▸गठाना [caus. of *गठना, गाँठना*] *vt.* (*perf.* गठवाया /gaṭʰạvāyā ガトワーヤー/) 一つに組み合わさせる.

गठाना /gaṭʰānā ガターナー/ ▸गठवाना [caus. of *गठना, गाँठना*] *vt.* (*perf.* गठाया /gaṭʰāyā ガターヤー/) ☞गठवाना

गठित /gaṭʰitạ ガティト/ [<Skt. *घटित-* 'produced, effected by, made'] *adj.* **1** (体が)引き締まった. **2** (組織・体制などが)組み立てられた. ❒वर्तमान शासन प्रथा इसी सिद्धांत पर ～ है। 現行の統治制度はこの原理の上で組み立てられている.

गठिया /gaṭʰiyā ガティヤー/ [?<OIA.m. *granthí-* 'knot, bunch, protuberance': T.04354] *m.*〖医学〗リューマチ;痛風.

गठीला /gaṭʰīlā ガティーラー/ *adj.* (体格が)がっちりした, たくましい, 強健な.

गड़गड़ा /gaṛạgaṛā ガルガラー/ onom.; cf. *गड़गड़ाना* *m.* 水煙管.

गड़गड़ाना /gaṛạgaṛānā ガルガラーナー/ [onom.; <OIA. **gaḍagaḍa-* 'noise': T.03972] *vi.* (*perf.* गड़गड़ाया /gaṛạgaṛāyā ガルガラーヤー/) **1**〔擬音〕(水煙管が吸われて)ゴボゴボ[ゴロゴロ] (गड़-गड़) 鳴る. (⇒गुड़गुड़ाना) ❐हुक़्क़ा गड़गड़ा रहा है। 水煙管がゴロゴロ鳴っている. **2**〔擬音〕(雷が)ガラガラ[ゴロゴロ] (गड़-गड़) と鳴る;雷鳴が轟く. (⇒गरजना, कड़कना) ❐बादल गड़गड़ा रहा है। 雲が雷鳴を轟かせている.

— *vt.* (*perf.* गड़गड़ाया /gaṛạgaṛāyā ガルガラーヤー/) **1** (水煙管を吸って)ゴボゴボ[ゴロゴロ]鳴らす. **2** (雷などが)ガラガラ[ゴロゴロ]音をたてる.

गड़गड़ाहट /gaṛạgaṛāhaṭạ ガルガラーハト/ [*गड़गड़ाना* + *-आहट*] *f.* (水煙管の)ゴボゴボ[ゴロゴロ]という音;(雷などの)ガラガラ[ゴロゴロ]という音. ❐काले बादल आए और ～ हुई। 黒雲が迫ってきた, そして雷鳴が轟いた. ❐गाड़ियों की ～ 車の通る騒音.

गड़ना /gaṛạnā ガルナー/ [<OIA. *gáḍati* 'drops, distils, runs as liquid': T.03973; cf. *गाड़ना*] *vi.* (*perf.* गड़ा /gaṛā ガラー/) **1** 埋めこまれる, はまる;(釘・杭などが)打ち込まれ固定される. (⇔उखड़ना) ❐तंबू गड़ गया। テントが張られた. ❐बीचो-बीच चौतरफ़ी बत्तियों का बिजली का खंभा गड़ा है। 中央に四方を照らす電柱が立てられている. **2** 埋葬される;埋められる, 埋まる. ❐लाश मिट्टी में गड़ गई। 遺体は土葬された. ❐दुष्ट कहीं गड़े मुर्दे न उखाड़ने लगे। どっかの悪党がひょっとして埋葬された死者を掘り出そうとしているのでは. ❐उसके घर में हज़ारों रुपए गड़े हैं। 彼の家には, 何千何万ルピーという大金が埋められている. ❐यह सुनकर वह शर्म से गड़ गया। これを聞いて, 彼は恥ずかしさで埋まった(＝穴があったら入りたくなった). ❐वह जैसे ज़मीन में गड़ गया। 彼はまるで(恥ずかしさのあまり)地中に埋まってしまったかのようだった. **3** (尖ったものが)突き刺さる. (⇒चुभना) ❐मेरे पैर में काँटा गड़ गया। 私の足にとげが刺さった. **4** (視線・注意が)釘付けになる. ❐उसके चेहरे पर मेरी आँख गड़ गई। 彼女の顔に私の目は釘付けになった. **5** (チクチク痛むようなものが)(目に)はいる. (⇒चुभना)

गड़प /gaṛapạ ガラプ/ ▸गड़ाप [cf. *गड़पना*] *f.* **1** ごくり(と飲み込む音). **2** どぶん(と水に飛び込む音).

गड़पना /gaṛapạnā ガラプナー/ [onom.] *vt.* (*perf.* गड़पा /gaṛạpā ガルパー/) **1** (すばやく)ごくんと飲み下す. (⇒निगलना) **2** 横領[着服]する. (⇒निगलना, हड़पना)

गड़बड़ /gaṛạbaṛạ ガルバル/ [echo-word; <OIA. **gaḍa-baḍa-* 'confused': T.03974; cf. DEDr.1112 (DED.0933)] *adj.* 混乱した;正常でない;でたらめな, めちゃくちゃな. ❐～ कर देना (…を)台無しにする.

— *f.* **1** 混乱;異状;めちゃくちゃ. ❐पेट में ～ है। お腹の調子がおかしい. **2** いざこざ;ごたごた;面倒;厄介事.

गड़बड़ाना /gaṛạbaṛānā ガルバラーナー/ [cf. *गड़बड़*] *vi.* (*perf.* गड़बड़ाया /gaṛạbaṛāyā ガルバラーヤー/) **1** (頭が)混乱する. ❐वह बात करते समय गड़बड़ा जाता है। 彼は話をしているうちに混乱してしまう. **2** (秩序だっているもの・規則的なものが)かき乱される, 狂う. ❐सारी किताबें गड़बड़ाई हुई हैं। すべての本がぐちゃぐちゃに置かれている. ❐नींद गड़बड़ा गई। 眠りが妨げられた.

— *vt.* (*perf.* गड़बड़ाया /gaṛạbaṛāyā ガルバラーヤー/) **1** 混同する, いっしょくたにする. ❐तुम दो बातों को गड़बड़ा रहे हो। 君は二つのことを混同している. **2** (秩序だっているもの・規則的なものを)かき乱す.

गड़बड़िया /gaṛạbaṛiyā ガルバリヤー/ [cf. *गड़बड़*] *m.* ごたごたを起こす人;厄介者.

गड़बड़ी /gaṛạbaṛī ガルバリー/ [cf. *गड़बड़*] *f.* ☞गड़बड़

गड़रिया /gaṛariyā ガラリヤー/▸गड़ेरिया [<OIA. *gaḍḍara-* 'sheep': T.03983z2] *m.* 『ヒンドゥー教』ガラリヤー《羊の放牧を専らとするジャーティ (जाति)》.

गड़वाना /gaṛạvānā ガルワーナー/ [caus. of *गड़ना, गड़ाना, गाड़ना*] *vt.* (*perf.* गड़वाया /gaṛạvāyā ガルワーヤー/) 埋め込ませる;埋め込んでもらう. (⇔उखड़वाना)

गड़ाना /gaṛānā ガラーナー/ [cf. *गड़ना*] *vt.* (*perf.* गड़ाया /gaṛāyā ガラーヤー/) **1** 埋めこむ, はめる;(釘・杭などを)打ち込み固定する, 備え付ける. (⇒गाड़ना)(⇔उखाड़ना) ❐तंबू गड़ाना। テントを張る. **2** (地面に)埋める. ❐उसने ऐसा सिर गड़ाया कि फिर न उठाया। 彼は(恥ずかしさのあまり)二度と起こせないぐらい頭を埋めた(＝うなだれた). **3** (尖ったものを)突き刺す, 突き立てる. (⇒घुसाना, घोंपना, चुभाना, धँसाना) ❐साँड़ ने अपने सींग शेर के पेट में गड़ा दिए। 種牛は角を虎の脇腹に突き立てた. ❐साँप ने अपने दाँत उसके पैर में गड़ा दिए। ヘビは牙を彼の足に突き立てた. **4** (視線・注意を)釘付けにする. ❐उन्होंने मुझे आँख गड़ाकर देखा। 彼は私に視線を釘付けにして見た. ❐दोनों उसपर ध्यान गड़ाए बैठे हैं। 二人ともその上に注意を集中して座っている.

गड़ाप /gaṛāpạ ガラープ/ ▸गड़प *f.* ☞गड़प

गड़ारी /gaṛārī ガラーリー/ ▸गरारी *f.* 滑車.

गड़ुआ /gaṛuā ガルアー/ ▸गड़ुवा [<OIA.m. *gaḍḍuka-* 'waterpot, vessel for boiled rice': T.03984] *m.* ダルアー《飲み口の付いているコップ》.

गड़ुवा /gaṛuvā ガルワー/ ▸गड़ुआ *m.* ☞गड़ुआ

गड़ेरिया /gaṛeriyā ガレーリヤー/ ▸गड़रिया *m.* ☞गड़रिया

गड्ड /gaḍḍạ ガッド/ [<OIA. **gaḍḍa-*[2] 'bundle, sheaf': T.03982] *m.* 一束, 一かたまり, 一山.

गड्डमड्ड /gaḍḍạmaḍḍạ ガッドマッド/ [echo-word; cf. *गड्ड*] *adj.* (乱雑で統一なく)ごちゃごちゃな, ごたまぜな.

गड्डी /gaḍḍī ガッディー/ [<OIA. **gaḍḍa-*[2] 'bundle, sheaf': T.03982] *f.* (紙・札・カードなどの)束. ❐नोटों की ～ हवा में लहराना 札束を宙に振りかざす. ❐पचास-पचास रुपये की गड्डियाँ 25 ルピーずつの札束.

गड्ढा /gaḍḍ^{h}ā ガッダー/ ▸गढ़ा [<OIA.m. *gaḍa-*[1] 'ditch': T.03967; cf. OIA. **khaḍḍa-* 'hole, pit': T.03790;] *m.* **1** (地面の)穴;陥没. ❐खुरपी से ～ खोदना シャベルで穴を掘る. **2** (皮膚の)くぼみ, へこみ. ❐गाल का ～ えくぼ. ❐माता के दाग़ के गड्ढे 天然痘の痕のあばた.

गढ़ंत /gaṛ^{h}aṃtạ ガラント/ [cf. *गढ़ना*] *adj.* 頭の中で作った, 空想上の.

— *f.* 作り話.

गढ़ /gaṛ^{h}a ガル/ [<OIA. *gaḍha-* 'fort': T.03986] *m.* **1** 城砦. **2** 本拠地, 牙城, 中心地, 本場;根城, 根拠地. ❐आप अंग्रेज़ों की चोटी की युनिवर्सिटी से, अंग्रेज़ी के ～ से, अंग्रेज़ी डिग्री लें। あなたは英国人のトップの大学から, 英語の本場から, 英語の学位をお取りなさい.

गढ़न /gaṛ^{h}ana ガラン/ [cf. *गढ़ना*] *f.* **1** 作りだすこと. **2** 細工, (物の)作り.

गढ़ना /gaṛ^{h}anā ガルナー/ ▸घड़ना [<OIA. **gaṭhati* 'makes, forms': T.03966] *vi.* (*perf.* गढ़ा /gaṛ^{h}ā ガラー/) (叩きのばして)作られる.
— *vt.* (*perf.* गढ़ा /gaṛ^{h}ā ガラー/) **1** (彫刻など素材を加工して)作る. **2** (物語を)創作する;(話を)でっちあげる, 捏造する. ❐किन उद्देश्यों से उसने यह कथा गढ़ी होगी? どんな目的で彼はこの物語を創作したのだろうか? ❐कुछ लोगों ने मेरी कतिपय कविताओं को लेकर वास्तव में कहानियाँ गढ़ी हैं, वे छपी भी हैं। 何人かの人は私のいくつかの詩をもとに実際に短編小説を作ったし, それらは出版されもした.

गढ़वाना /gaṛ^{h}avānā ガルワーナー/ ▸गढ़ाना [caus. of *गढ़ना, गाढ़ना*] *vt.* (*perf.* गढ़वाया /gaṛ^{h}avāyā ガルワーヤー/) ☞गढ़ाना

गढ़ा /gaṛ^{h}ā ガラー/ ▸गड्ढा *m.* ☞गड्ढा

गढ़ाई /gaṛ^{h}āī ガラーイー/ [cf. *गढ़ना*] *f.* 素材を加工して作る仕事;その手間賃.

गढ़ाना /gaṛ^{h}ānā ガラーナー/ ▸गढ़वाना [caus. of *गढ़ना, गाढ़ना*] *vt.* (*perf.* गढ़ाया /gaṛ^{h}āyā ガラーヤー/) (素材を加工して)作らせる;作ってもらう. ❐सोनार से कई सोने-चाँदी के गहने गढ़ाए गए। 宝石職人に, 金銀のいくつかの装身具を作らせた.

गढ़िया /gaṛ^{h}iyā ガリヤー/ ▸गढ़ैया [cf. *गढ़ना*] *m.* 素材を加工して作る人.

गढ़ी /gaṛ^{h}ī ガリー/ [*गढ़* + *-ई*] *f.* 小規模な城砦.

गढ़ैया /gaṛ^{h}aiyā ガライヤー/ ▸गढ़िया *m.* ☞गढ़िया

गण /gaṇa ガン/ [←Skt.m. *गण-* 'a flock, troop, multitude'] *m.* **1** 集まり, 群れ, 集団《集団を表す合成語の末尾の要素としても; देवतागण「神々」, मित्रगण「友人たち」, श्रोतागण「聴衆者の人たち」など》. ❐गगन में तारागण जगमगाने लगे। 天空では星々が輝きはじめた. **2** 類, 部類;(分類学上の)目. **3** ガナ《3音節から成る単位の名称;各音節が「長 (गुरु)」であるか「短 (लघु)」であるかにより, 2×2×2, 全部で8種類ある;たとえば「長長長」は मगण,「短短短」は नगण と呼ばれる》.

गणक /gaṇaka ガナク/ [←Skt.m. *गणक-* 'one who reckons, arithmetician'] *adj.* 計算用の. ❐～ यंत्र 計算機, コンピューター.
— *m.* 計算機;計算早見表.

गणतंत्र /gaṇatamtra ガンタントル/ [neo.Skt.n. *गण-तन्त्र-* 'republic'] *m.* 共和国;共和政体. (⇒गणराज्य)(⇔राजतंत्र) ❐～ दिवस 共和国記念日《インドでは 1950 年 1 月 26 日に共和国憲法が施行されたことを祝う国民の祝祭日》.

गणना /gaṇanā ガンナー/ [←Skt.f. *गणना-* 'reckoning, counting, calculation'] *f.* **1** 計算, 算出, 勘定. (⇒गिनती) ❐(की) ～ करना (…の)計算をする, (…を)数える. **2** ものの数, 勘定, 考慮. (⇒गिनती) ❐आगरे के मोतिचूर के सामने जौनपुर की इमरतियों की तो कोई ～ ही नहीं है। アーグラーのモーティーチュール(菓子)の前ではジャォーンプルのイマルティー(菓子)はものの数に入らないよ. **3** 国勢調査, センサス. (⇒जनगणना)

गणनीय /gaṇanīya ガンニーエ/ [←Skt. *गणनीय-* 'to be counted or reckoned or classed, calculable'] *adj.* **1** 勘定に入れるべき;勘定に入る;数えられる. (⇔अगणनीय) ❐～ संज्ञा 〚言語〛可算名詞. ❐～ समुच्चय 〚数学〛可算集合. **2** 考慮すべき.

गणपूर्ति /gaṇapūrti ガンプールティ/ [neo.Skt.f. *गण-पूर्ति-* 'quorum'] *f.* 定足数. (⇒कोरम)

गणराज्य /gaṇarājya ガンラージエ/ [neo.Skt.n. *गण-राज्य-* 'republic'] *m.* 共和国. (⇒गणतंत्र)(⇔राजतंत्र) ❐भारत ～ インド共和国《インドの正式名称》.

गणिका /gaṇikā ガニカー/ [←Skt.f. *गणिका-* 'a harlot, courtezan'] *f.* 芸妓;遊女;売春婦《特にサンスクリット文学で》. (⇒वेश्या)

गणित /gaṇita ガニト/ [←Skt.n. *गणित-* 'reckoning, calculating, science of computation (comprising arithmetic, algebra, and geometry)'] *m.* 〚数学〛数学;(狭い意味で)算数, 算術.

गणितज्योतिष /gaṇitajyotiṣa ガニトジョーティシュ/ [neo.Skt.m. *गणित-ज्योतिष-* 'astronomy'] *m.* 天文学《占星術 (फलितज्योतिष) に対して》.

गणेश /gaṇeśa ガネーシュ/ [←Skt.m. *गणेश-* 'name of the god of wisdom and of obstacles (son of *Śiva and Pārvatī*)'] *m.* 〚ヒンドゥー教〛ガネーシャ神《シヴァ神とパールヴァティー妃の息子;象の頭をしている》.

गण्य /gaṇya ガニエ/ [←Skt. *गण्य-* 'to be counted or calculated'] *adj.* ☞गणनीय

गण्यमान्य /gaṇyamānya ガニエマーニエ/ [*गण्य* + *मान्य*] *adj.* 指折りの, 屈指の. ❐शहर के ～ पुरुष 町の指折りの名士たち.

गत[1] /gata ガト/ [←Skt. *गत-* 'gone, gone away, departed'] *adj.* 過ぎた, 過ぎ去った. ❐～ पाँच सालों में 過去5年間において. ❐～ वर्ष 昨年.

गत[2] /gata ガト/ [<Skt.f. *गति-* 'going, moving, gait, deportment, motion in general'] *f.* ☞गति

गतकाल /gatakāla ガトカール/ [←Skt.m. *गत-काल-* 'past time'] *m.* 過去, 昔. ❐～ में 過去において, 昔.

गतप्राय /gataprāya ガタプラーエ/ [←Skt. *गत-प्राय-* 'almost gone or vanished'] *adj.* ほぼ終わった.

गतांक /gatāṃka ガターンク/ [neo.Skt.m. *गत-अङ्क-* 'previous number (of a journal)'] *m.* (雑誌などの)バックナンバー.

गतानुगत /gatānugata ガターヌガト/ [←Skt.n. *गत-अनुगत-* 'the following what precedess'] *m.* 因習に従うこと.

गतानुगतिक /gatānugatika ガターヌガティク/ [←Skt. *गत-अनुगतिक-* 'following what precedes'] *adj.* 因習的な.

गतायु /gatāyu ガターユ/ [←Skt. *गत-आयुस्-* 'one whose

vital power has vanished, decayed, very old'] *adj.* 寿命の尽きた;年老いた.

गतार्थ /gatārtʰa ガタールト/ [←Skt. *गत-अर्थ-* 'unmeaning, nonsensical'] *adj.* (もはや)意味の失せた;(もはや)用をなさない.

गति /gati ガティ/ [←Skt.f. *गति-* 'going, moving, gait, deportment, motion in general'] *f.* **1** 動き, 動向;歩み. (⇒हरकत) **2** (心臓の)鼓動;(脈の)脈動. ❐आँखों में अँधेरा छा गया, नाड़ी की ～ बंद होने लगी। 目の前が暗くなった, 脈の脈動が止まり始めた. ❐हृदय की ～ बंद हो गई। 心臓の鼓動が止まった. **3** 速度, スピード. (⇒रफ़्तार, वेग) ❐मंद ～ से ゆっくりと. **4** 力量, 堪能さ, 造詣, 学識. ❐अंग्रेज़ी में उनकी साधारण ～ थी। 英語について彼は平凡な知識であった ❐उनके पिता की दर्शन में बड़ी ～ थी। 彼の父は哲学について大変な学識があった **5** (人の置かれた)立場, 状況. ❐मेरी क्या ～ होगी? 私はどうなるというのだ?

गतिमान् /gatimān ガティマーン/▷गतिमान [←Skt. *गति-मत्-* 'possessed of motion, moving'] *adj.* 活動的な, 動きのある. (⇒गतिशील)

गतिरोध /gatirodʰa [neo.Skt.m. *गति-रोध-* 'deadlock, impasse'] *m.* (交渉などの)行き詰まり, 膠着状態.

गतिविधि /gatividʰi ガティヴィディ/ [neo.Skt.f. *गति-विधि-* 'activity'] *f.* 動向, 動き;(ある目的のための)活動, 運動, 行動. ❐अनुसंधान गतिविधियाँ 研究活動. ❐ग़ैरक़ानूनी ～ 非合法活動. ❐सांस्कृतिक गतिविधियाँ 文化活動. ❐हिंद महासागर में चीन की चौंकाने वाली गतिविधियाँ インド洋における中国の驚くべき活動.

गतिशील /gatiśīla ガティシール/ [neo.Skt. *गति-शील-* 'mobile'] *adj.* ☞गतिमान्

गतिहीन /gatihīna ガティヒーン/ [←Skt. *गति-हीन-* 'without refuge, forlorn'] *adj.* 動かない;身動きできない. ❐मेरे अंग ऐसे ～ हो गए कि मैं धारा के साथ बहने लगी। 私の身体はきかなくなって川の流れに流され始めた.

गत्ता /gattā ガッター/ [<OIA.n. *gātraka-* 'body': T.04125] *m.* 厚紙, 板紙, 段ボール.

गत्यवरोध /gatyavarodʰa ガティヤオロード/ [neo.Skt.m. *गत्-अवरोध-* 'deadlock'] *m.* (交渉などの)行き詰まり, 膠着状態.

गदगद /gadagada ガドガド/ [<Skt. *गद्गद-* 'stammering, stuttering (said of persons and of utterances)'] *adj.* ☞गद्गद

ग़दर /ğadara ガダル/ [←Pers.n. غدر 'acting perfidiously, breaking a treaty or agreement' ←Arab.] *m.* **1** 反乱;反逆. (⇒बग़ावत, विद्रोह) **2** 〖歴史〗セポイの反乱, インド大反乱《1857～1859 年》.

गदरा /gadarā ガドラー/ [<OIA. **gadda-²* 'spotted, mottled': T.04012] *adj.* 熟しかけた.

गदराना /gadarānā ガドラーナー/ [cf. *गदरा*] *vi.* (*perf.* गदराया /gadarāyā ガドラーヤー/) **1** (実が)まさに熟しかける. ❐आम गदरा गये थे। マンゴーの実はまさに熟しかけていた. **2** (身体が)まさに成熟しかける. ❐बच्चा पैदा तो हुआ था दुर्बल, लेकिन उसका स्वस्थ दूध पीकर गदराया जाता था। 子どもは生まれたが虚弱だった, しかし彼女の健康な乳を飲んで育っていた. **3** (目が)充血する.

गदहा /gadahā ガドハー/ ▸गधा *m.* ☞गधा

गदा¹ /gadā ガダー/ [←Skt.f. *गदा-* 'a mace, club, bludgeon'] *f.* **1** ガダー《古代インドの棒状の武器, 鎚鉾(つちほこ)の一種》. **2** 〖スポーツ〗ダンベル, 亜鈴.

गदा² /gadā ガダー/ [←Pers.n. گدا 'a beggar'] *m.* 乞食, 物乞い. (⇒भिखमँगा)

गदागद /gadāgada ガダーガド/ [onom.] *adv.* 次々;どんどん. ❐पीठ पर ～ ओले गिर रहे थे। 背中に次々ひょうが降ってきていた.

गदेला /gadelā ガデーラー/ [cf. *गद्दा*] *m.* 綿を詰めた厚手の敷物;象の背に敷く厚手のマットレス.

गद्गद /gadgada ガドガド/ [←Skt. *गद्गद-* 'stammering, stuttering (said of persons and of utterances)'] *adj.* **1** (感激で)喉をつまらせた. ❐उसने ～ कंठ से कहा। 彼は感激して喉をつまらせて言った. **2** 感極まった. ❐उसका हृदय आनंद से ～ हो उठा। 彼の胸は喜びのあまり感極まった. ❐वह इस श्रद्धा पर ～ हो गयी। 彼女はこの信仰の篤さに感極まった.

गद्दर /gaddara ガッダル/ [cf. *गदरा*] *adj.* ☞गदरा

गद्दा /gaddā ガッダー/ [<OIA. **garda-²* 'seat': T.04053; cf. Panj.m. *ਗੱਦਾ* 'mattress'] *m.* (ベッドの下に敷く)マットレス.

ग़द्दार /ğaddāra ガッダール/ [←Pers.n. غدار 'a traitor' ←Arab.] *m.* **1** 反逆者. (⇒विद्रोही) **2** 背教者;背信者.

गद्दी /gaddī ガッディー/ [cf. *गद्दा*; cf. Panj.f. *ਗੱਦੀ* 'cushion' <OIA. **garda-²* 'seat': T.04053] *f.* **1** クッション;(詰め物をした)敷物, 座布団. **2** (自転車の)サドル. **3** 玉座.

गद्य /gadya ガディエ/ [←Skt.n. *गद्य-* 'prose'] *m.* 〖文学〗散文. (⇔पद्य)

गद्य-काव्य /gadya-kāvya ガディエ・カーヴィエ/ [neo.Skt.m. *गद्य-काव्य-* 'prose poem'] *m.* 〖文学〗散文詩.

गधा /gadʰā ガダー/▸गदहा [<OIA.m. *gardabhá-* 'ass': T.04054] *m.* **1** 〖動物〗(雄)ロバ《鳴き声の擬声語は चींपो, ढेंचू, हेंचू など》. (⇒खर, ख़र)(⇔गधी) ❐～ रेंकता है। ロバが鳴く. **2** うすのろ, 馬鹿, 愚鈍. (⇒ख़र) **3** (大声で歌う)音痴《ロバのひどい鳴き声から》.

गधापन /gadʰāpana ガダーパン/ [*गधा* + *-पन*] *m.* 馬鹿さかげん, 愚かさ.

गधी /gadʰī ガディー/ [cf. *गधा*] *m.* 〖動物〗雌ロバ. (⇔गधा)

गनगनाना /ganaganānā ガンガナーナー/ [onom.] *vi.* (*perf.* गनगनाया /ganaganāyā ガンガナーヤー/) (寒さで)ぶるぶる[がたがた]震える.

गनना /ganana ガンナー/ ▸गिनना *vt.* (*perf.* गना /ganā ガナー/) ☞गिनना

गनर /ganara ガナル/ [←Eng.n. *gunner*] *m.* ボディーガード《特にマシンガンなどを携帯して政治家を警護する者》.

ग़नीमत /ğanīmatạ ガニーマト/ [←Pers.n. غنيمة 'carrying off booty; making a fortunate hit' ←Arab.] *f.* せめてもの慰め;不幸中の幸い. ❐यही ～ समझो कि जीता लौट आया। 生きて戻ったことがありがたいと思え.

गन्ना /gannā ガンナー/ [<OIA.m. *gaṇḍa-*² 'joint of plant': T.03998; DEDr.1414] *m.* 〖植物〗サトウキビ(砂糖黍). (⇒ईख)

गप¹ /gapạ ガプ/ ▸गप्प [<OIA. **gappa-* 'talk': T.04022] *f.* **1** たわいない世間話, 雑談;うわさ話. ❐गप [गपें] मारना 世間話にふける;自慢話をする. **2** 法螺話. ❐गप [गपें] उड़ाना ほら話をする.

गप² /gapạ ガプ/ [onom.; cf. *गपकना*] *m.* 〔擬音〕ゴク, グイ《すばやく飲み込む時の擬音》. ❐गप-गप खाना ガツガツと食べる. ❐～ से ごくりと(飲み込む).

गपकना /gapakạnā ガパクナー/ [onom.; cf. *गप*²; DED 1025] *vt.* (*perf.* गपका /gapạkā ガプカー/) **1** ぐいぐい[ごくごく] (गप-गप) 飲み込む. (⇒गटकना) **2** 横領する. (⇒खाना, गटकना, हड़पना)

गप-शप /gapạ-śapạ ガプ・シャプ/ [echo-word; cf. *गप*¹] *f.* たわいない[くだらぬ]おしゃべり, 雑談, うわさ話. ❐～ करना おしゃべり[雑談]をする.

गपोड़िया /gapoṛā ガポーラー/ [cf. *गप*¹] *adj.* ゴシップ好きの(人). (⇒गप्पी)

गप्प /gappạ ガップ/ ▸गप *f.* ☞गप

गप्पी /gappī ガッピー/ [*गप*¹ + *-ई*] *adj.* ゴシップ好きの(人). (⇒गपोड़िया)

गप्फा /gappʰā ガッパー/ [cf. *गप*¹] *m.* (食べ物の)一口分の大きな塊.

गफ़ /gafạ ガフ/ [←Pers.adj. گف، غف 'thick, dense, stout; closely woven'] *adj.* (織り目の)きめが細かい.

ग़फ़लत /ğafalatạ ガフラト/ [←Pers.n. غفلة 'doing (anything) inconsiderately; fogetting, neglecting' ←Arab.] *f.* (不注意で仕事などを)おろそかにすること, うっかり注意を怠ること, 怠慢. ❐～ करना うっかり注意を怠る. ❐मेरी ～ से चोरी हुई। 私の不注意から盗まれた.

ग़बन /ğabanạ ガバン/ [←Pers.n. غبن 'laying up in a secret store (grain or provisions) against a scarcity; cheating, gulling (in sale)' ←Arab.] *m.* 横領;詐取. ❐(का [को]) ～ करना (…を)横領する.

गबरू /gabạrū ガブルー/ [<OIA.m. *garbharūpa-* 'a youth': T.04057] *adj.* 若々しい. ❐～ छैला 若いだて男.
— *m.* 若者, 青年.

गबान /gabānạ ガバーン/▸गबॉन, गैबान [cf. Eng.n. *Gabon*] *m.* 〖国名〗ガボン(共和国)《首都はリーブルビル (लिबरेविले)》.

ग़म /ğamạ ガム/ [←Pers.n. غم 'being cloudy (day); grief, sadness, anxiety, trouble, care' ←Arab.] *m.* **1** 悲しみ, 悲嘆;悲哀. ❐～ ग़लत करना 悲しみを紛らわせる. ❐अपने बीवी-बच्चों से बिछड़ने का ～ मुझे था ही। 自分の妻子との別離の悲しみは私には当然あった. ❐(पर) ～ करना [खाना] (…を)悲しむ. ❐मैंने उसका ～ भुला दिया। 私はあの悲しみをようやく忘れたところだ. **2** 気がかり(な事)《普通, 否定文で「知ったことではない」の意で》. ❐किसी को ～ नहीं। 誰も知ったことじゃない. ❐कोई ～ नहीं। 全然気にもならないよ.

गमक¹ /gamakạ ガマク/ [?←Drav.; DEDr.1247 (DED.1045)] *f.* よい香り, 芳香. (⇒महक, सुगंध)

गमक² /gamakạ ガマク/ [←Skt.n. *गमक-* '(in music) a deep natural tone'] *m.* **1** 〖音楽〗ガマク《ヴィーナー (वीणा) や太鼓の低音の響く音》. **2** 〖音楽〗ガマク《声を震わせて歌う技法》.

गमकना /gamakạnā ガマクナー/ [cf. *गमक*¹] *vi.* (*perf.* गमका /gamạkā ガムカー/) (芳ばしさが)ただよう, (よい香りが)ぷんぷんする. (⇒महकना) ❐सौंधी घी की महक से सारा गाँव गमक उठा। 芳ばしいギーの香りで村中が満ちた.

ग़मख़ोर /ğamạxorạ ガムコール/ [←Pers.adj. غمخور 'one who suffers in patience'] *adj.* (つらいことを)じっと我慢している(人). ❐वह बड़ा ～ था। 彼はとても我慢強い人だった.

ग़मख़ोरी /ğamạxorī ガムコーリー/ [←Pers.n. غمخوری 'patience in suffering, resignation, meekness'] *f.* (つらいことを)じっと我慢する性格.

गमछा /gamacʰā ガマチャー/ [metathesis: cf. *अँगोछा*] *m.* (薄手の)手ふき, タオル. (⇒तौलिया)

ग़मज़दा /ğamạzadā ガムザダー/ [←Pers.adj. غمزده 'sorrow-stricken, afficted'] *adj.* 悲しみに打ちひしがれた, 悲哀を舐めつくした. ❐वे ज़िंदगी में ～ आदमी थे। 彼は人生において悲哀を舐めつくした男だった.

गमन /gamanạ ガマン/ [←Skt.n. *गमन-* 'going, moving'] *m.* 行くこと;出発. (⇔आगमन)

गमला /gamạlā ガムラー/ [←Port.f. *gamela* 'basin'] *m.* 植木鉢.

ग़मी /ğamī ガミー/ [←Pers.adj. غمی 'unhappy, sad, sorrowful'] *f.* **1** 身内の不幸. **2** 喪;服喪.

गम्य /gamyạ ガミエ/ [←Skt. *गम्य-* 'approachable, accessible, passable, attainable'] *adj.* 到達しうる;到達すべき. (⇔अगम्य)

गया¹ /gayā ガヤー/ [<OIA. *gatá-* 'gone': T.04008] *adj.* 《自動詞 जाना「行く」の完了分詞・男性・単数》.

गया² /gayā ガヤー/ [cf. Eng.n. *Gaya*] *m.* 〖地名〗ガヤー《ビハール州 (बिहार) の宗教都市》.

गया-गुज़रा /gayā-guzarā ガヤー・グズラー/ [*जाना* + *गुज़रना*] *adj.* かつて盛んであったが今は面影もない, 落ちぶれている. (⇒गया-बीता) ❐क्या मैं उनसे ～ हूँ? 私は彼らよりも落ちぶれているのかい?

गयाना /gayānā ガヤーナー/▸गुयाना [cf. Eng.n. *Guyana*] *m.* 〖国名〗ガイアナ(共和国)《首都はジョージタウン (जार्जटाउन)》.

गया-बीता /gayā-bītā ガヤー・ビーター/ [*जाना* + *बीतना*] *adj.* ☞गया-गुज़रा

-गर /-garạ ・ガル/ [←Pers.suf. گر 'doer (of)'; cf. *-गरी*] *suf.* 《名詞に付加して男性名詞「…を専らにする人」を作

る接尾辞; जादूगर「奇術師」など》.

ग़रक़ /ğaraqa ガラク/ ▸ग़र्क़ *adj.* ☞ग़र्क़

गरज /garaja ガラジ/ [＜Skt.m. *गर्ज-* 'the roaring of elephants; the rumbling or thundering of clouds': T.04048] *f.* **1** 雷, 雷鳴. **2** (ライオンなどの)咆哮(ほうこう). **3** (人の)怒り, かみなり.

ग़रज़ /ğaraza ガラズ/ [←Pers.n. غرض 'having a strong inclination for, longing; wish, desire' ←Arab.] *f.* **1** (動機のもとになる)欲望;魂胆. ❐हलफ़ से कहता हूँ, ～ बुरी शै है। 誓って言うが, 欲望というものは良くないものだ. **2** (緊急の)必要性. ❐पैसे बचाने की ～ से 金を節約する必要性から.

गरजना /garajanā ガラジナー/ [cf. *गरज*: T.04046] *vi.* (*perf.* गरजा /garajā ガルジャー/) **1** (雲が)雷鳴を轟かせる. (⇒कड़कना, गड़गड़ाना) ❐बादल गरज रहे हैं। 雲が雷鳴を轟かせている. ❐गरजन के बीच में कभी-कभी बूँदें भी गिर जाती थीं। 雷鳴の合間に, 時折雨粒も降っていた. ❐जो गरजते हैं वे बरसते नहीं। 雷鳴が轟く時は, 雨は降らない. 《諺:弱い奴ほどよく吼える》 **2** (ライオンなどが)吼える, 咆哮(ほうこう)する. (⇒दहाड़ना) ❐सिंह गरज उठा। 獅子は吼えた. **3** (人が)大声で喚く;(機械が)大きな音をたてる. ❐क्यों झूठ-मूठ गरज रहे हो, चुप-चाप हाथ-मुँह धोकर खा लो। 何を訳のわからないことを喚いているんだ, 黙って顔と手を洗って食事しろ. ❐दस मिनट में ही इंजन गरजने लगा। 十分でエンジンはうなりをあげはじめた.

ग़रज़मंद /ğarazamamda ガラズマンド/ [←Pers.adj. غرضمند 'self-interested; desirous'] *adj.* **1** 身勝手な(人). **2** (援助などを)必要としている.

ग़रज़ी /ğarazī ガルズィー/ [←Pers.adj. غرضی 'interested, self-seeking, designing, artful'] *adj.* ☞ग़रज़मंद

ग़रज़ू /ğarazū ガルズー/ [cf. *ग़रज़*] *adj.* ☞ग़रज़मंद

गरदन /garadana ガルダン/▷गर्दन [←Pers.n. گردن 'the neck'] *f.* **1** 首. (⇒गला) ❐～ हिलाना 首を(左右に)振る《「賛成・同意」のジェスチャー》. ❐उनकी ～ शर्म से झुकी हुई थी। 彼の首は恥ずかしさのため垂れていた. ❐चारों तलवारें एक साथ उसकी ～ पर गिर पड़ीं। 4本の剣が一度に彼の首に振り下ろされた. ❐वह अब तक ～ तक पानी में था, अब पानी सिर पर आ गया। 彼は今まで首まで水の中につかっていた, 今や水は頭まで来た. **2** 喉. (⇒गला, हलक़) ❐(की) ～ काटना (人の)喉を掻っ切る. ❐(की) ～ दबाना (人の)喉を押さえつける. **3** (壺・瓶などの)首.

गरदानना /garadānanā ガルダーンナー/ [←Pers.] *vt.* (*perf.* गरदाना /garadānā ガルダーナー/) **1** (語形変化などを)復唱する. **2** 詳しく説明する. **3** (人を)認める, 重んじる. (⇒मानना, गुनना) ❐हम तुम्हें क्या गरदानते हैं! 俺達は, おまえなんか問題にしてないよ.

गरम /garama ガラム/ ▸गर्म *adj.* ☞गर्म

गरम मसाला /garama masālā ガラム マサーラー/ *m.* 〖食〗ガラムマサラ《インド料理で使うミックススパイス;スパイスを予め乾煎りし砕いて粉にしたもの》.

गरमा /garamā ガルマー/ [←Pers.n. گرمہ 'fruits which ripen early (especially melons)'] *m.* 〖植物〗ガルマー《メロンの一種》. ❐काबुल का ～ カーブル産のガルマー.

गरमागरम /garamāgarama ガルマーガラム/ [cf. *गरम*] *adj.* **1** (食べ物などが)出来立てでほかほかの, あつあつの. ❐～ चाय 入れたての熱いお茶. ❐～ समोसा ほかほかのサモーサー. **2** (議論など)白熱した. ❐～ बहस 白熱した議論. **3** (ニュースなどが)最新の, なまなましい. ❐～ ख़बरें 最新ニュース. **4** なまめかしい, エロチックな, ポルノの. ❐～ चुटकुले 艶笑小咄(えんしょうこばなし). ❐～ फ़िल्म ポルノ映画.

गरमागरमी /garamāgaramī ガルマーガルミー/ [*गरमागरम* + *-ई*] *f.* 白熱(した議論).

गरमाना /garamānā ガルマーナー/ [cf. *गरम, गर्म*] *vi.* (*perf.* गरमाया /garamāyā ガルマーヤー/) **1** 温[暖]まる. ❐थोड़ी देर में दूध गरमा गई। しばらくするとミルクは温まった. ❐कंबल ओढ़ने से उसका शरीर कुछ गरमाया। 毛布をかぶると彼の身体は少し暖まった. **2** (感情が)高ぶる, 激高する, 熱くなる. ❐उसका दिमाग़ गरमा गया। 彼はかっとなった.
— *vt.* (*perf.* गरमाया /garamāyā ガルマーヤー/) **1** 温める, 暖める. (⇒तापना) ❐धीमी आँच पर दूध गरमाओ। 弱火でミルクを温めてくれ. ❐उसने दस-पाँच डंड-बैठक लगा बदन गरमा लिया। 彼は, 10 回ほど腕立て伏せをして身体を暖めた. **2** 怒らせる. **3** (他人の懐を)暖める, 袖の下を渡す. ❐उसने थानेदार का जेब गरमाकर उसे अपने अनुकूल कर लिया। 彼は警察署長に袖の下を渡し自分の思いのままにした.

गरमाहट /garamāhaṭa ガルマーハト/ [*गरम* + *-आहट*] *f.* **1** 熱さ;暖かさ, 温もり. **2** 熱気.

गरमी /garamī ガルミー/▷गर्मी *f.* **1** (ものの)熱, 熱さ;暖かさ, ぬくもり. **2** (天気・気候の)暑さ;温暖. ❐(को) ～ लगना (人が)暑く感じる, 日射病になる. **3** 夏. (⇒ग्रीष्म) ❐गरमी [गरमियों] में 夏に. **4** 熱情;意気込み;激怒;激情. **5** 〖医学〗梅毒. (⇒आतिशक, उपदंश, फ़िरंग)

गरल[1] /garala ガラル/ [←Skt.n. *गरल-* 'poison; the venom of a snake'] *m.* 毒《特にヘビ・サソリなどの毒》.

गरल[2] /garala ガラル/ [←Eng.n. *girl*] *m.* ガール, 娘, 女の子《あまり上品な意味ではない》. ❐सेक्सी ～ セクシー・ガール.

गराँडील /garā̃ḍīla ガラーンディール/ [?←Eng.adj. *grand*; cf. *डील*] *m.* りっぱな体格の(男).

गराज /garāja ガラージ/ ▸गैरेज [←Eng.n. *garage*] *m.* ガレージ, 車庫.

ग़रारा /ğarārā ガラーラー/ [←Pers.n. غراره 'washing, rinsing the mouth'; cf. Pers.n. غرغرة 'gargling; making a bubbling noise (as boiling water)' ←Arab.] *m.* うがい. (⇒कुल्ला) ❐～ करना うがいする.

गरारी /garārī ガラーリー/ ▸गड़ारी *f.* ☞गड़ारी

गरिमा /garimā ガリマー/ [←Skt.m. *गरिमन्-* 'heaviness, weight'] *f.* (重々しい)威厳, 尊厳, 重厚さ. ❐इंसान की ～ 人間の尊厳. ❐गाढ़े की लाल साड़ी जिसे वह घुटनों से मोड़कर कमर में बाँधे हुए थी, उसके हलके शरीर पर कुछ लदी हुई सी थी, और उसे प्रौढ़ता की ～ दे रही थी। 粗い厚手の赤いサリーを彼女は膝から巻き上げて腰に結び付けていた, それは彼女

の華奢な体にはいくらか重そうな感じであった，それは同時に彼女に円熟した尊厳を与えていた.

गरिष्ठ /gariṣṭ^{h}a ガリシュト/ [←Skt. *गरिष्ठ-* 'heaviest, excessively heavy; most venerable'] *adj.* **1**（食べ物が）消化しにくい，こなれにくい. **2**（物事が）すぐには理解しにくい，受け入れにくい.

गरी /garī ガリー/ [<OIA. **garu-*[2] 'pulp, pith': T.04040] *f.* **1**〖植物〗（ナッツ類や種子の）仁（じん）. **2**〖植物〗（果物の）果肉.

-गरी /-garī ・ガリー/ [←Pers.suf. گری 'practice (of)'; cf. *-गर*] *suf.*《女性名詞「…の仕事，職」を表す接尾辞；जादूगरी「奇術師という職業」》.

ग़रीब /ğarība ガリーブ/ [←Pers.adj. غريب 'uncommon; poor; humble' ←Arab.] *adj.* **1** 貧しい，貧乏な，貧困な.（⇒दरिद्र）**2** 哀れな，弱者の. ❐～ जानवरों को तंग मत किया करो। 哀れな動物たちをいじめてはいけない.

— *m.* 貧乏人，困窮者.

ग़रीबख़ाना /ğarībaxānā ガリーバカーナー/ [←Pers.n. غريب خانه 'the humble dwelling (of your servant), my house'] *m.* 拙宅《文字通りは「粗末なあばら家」；自分を卑下した言い方》.

ग़रीबनवाज़ /ğarībanavāza ガリーブナワーズ/ [←Pers.adj. غريب نواز 'kind to strangers'] *adj.* ☞ग़रीबपरवर

ग़रीबपरवर /ğarībaparavara ガリーブパルワル/ [←Pers.n. غريب پرور 'cherisher of the poor'] *adj.* 弱きものに親切な.

ग़रीबी /ğarībī ガリービー/ [←Pers.n. غريبى 'foreignness, strangenees; indigence; humility'] *f.* 貧しさ，貧乏，貧困.（⇒दरिद्रता）❐～ रेखा के नीचे जीवन यापन करने वाले परिवार 貧困線以下の生活をしている家族. ❐～ हटाना 貧困を追放する.

गरुड़ /garuṛa ガルル/ *m.*〖鳥〗ワシ.

ग़रूर /ğarūra ガルール/ [←Pers.n. ←Arab.] *m.* 高慢，傲慢.（⇒घमंड）

गरेबान /garebāna ガレーバーン/ [←Pers.n. گريبان 'a collar, the opening or breast of a garment'] *m.* えり，カラー.（⇒कालर）

ग़र्क़ /ğarqa ガルク/ ▸ग़रक़ [←Pers.adj. غرق 'Sinking, being submerged or drowned' ←Arab.] *adj.* **1** 沈んだ，沈没した. **2** 夢中な；没頭した；沈溺した. ❐（में）～ होना （…に）夢中になる.

गर्जन /garjana ガルジャン/ [←Skt.n. *गर्जन-* 'crying, roaring, rumbling (of clouds), growl, grunt'] *m.* **1** 雷，雷鳴. **2**（雷鳴のような）咆哮（ほうこう），轟音.

गर्जन-तर्जन /garjana-tarjana ガルジャン・タルジャン/ *m.* 怒鳴って雷を落とすこと.

गर्जना /garjanā ガルジャナー/ [cf. *गर्जन*] *f.* ☞गर्जन

गर्डर /garḍara ガルダル/ ▸गाटर *m.* ☞गाटर

गर्त /garta ガルト/ [←Skt.m. *गर्त-* 'a hollow, hole, cave, grave'] *m.*（地面の）くぼみ；溝；割れ目，裂け目.

गर्द /garda ガルド/ [←Pers.n. گرد 'flying dust'] *f.* 土ぼこり；砂塵.

गर्दन /gardana ガルダン/ ▹गरदन *f.* ☞गरदन

गर्दभ /gardab^{h}a ガルダブ/ [←Skt.m. *गर्दभ-* 'an ass'] *m.*〖動物〗ロバ.（⇒गधा）

गर्दिश /gardiśa ガルディシュ/ [←Pers.n. گردش 'revolution, turning round'] *f.* 不運，不幸，災難；栄枯盛衰.

-गर्दी /-gardī ・ガルディー/ [←Pers.n. گردى 'wandering, travelling'] *suf.*《名詞に付加して女性名詞「（そのよからぬ）行為」を作る接尾辞；अंधेरगर्दी「無法状態」，आवारागर्दी「浮浪（生活）」，गुंडागर्दी「無頼行為」など》

गर्भ /garb^{h}a ガルブ/ [←Skt.m. *गर्भ-* 'the womb'] *m.* **1** 子宮.（⇒कुक्षि）**2** 腹部. **3**〖医学〗妊娠. **4**〖医学〗胎児. ❐～ गिरना 流産する. ❐～ गिराना 堕胎手術をする.

गर्भ-काल /garb^{h}a-kāla ガルブ・カール/ [←Skt.m. *गर्भ-काल-* 'the time of impregnation'] *m.* **1**〖医学〗受胎期間. **2**〖医学〗妊娠期間.

गर्भ-केशर /garb^{h}a-keśara ガルブ・ケーシャル/ ▸गर्भ-केसर *m.*〖植物〗☞गर्भ-केसर

गर्भ-केसर /garb^{h}a-kesara ガルブ・ケーサル/ ▸गर्भ-केशर [neo.Skt.n. *गर्भ-केशर-* 'pistill of a flower'] *m.*〖植物〗雌蕊（めしべ）.（⇔पुंकेसर）

गर्भगृह /garb^{h}agṛha ガルブグリフ/ [←Skt.n. *गर्भ-गृह-* 'an inner apartment; the sanctuary or adytum of a temple (where the image of a deity is placed)'] *m.*〖ヒンドゥー教〗（寺院の）内陣，本堂《神像が安置されている》.

गर्भधारण /garb^{h}ad^{h}āraṇa ガルブダーラン/ [←Skt.n. *गर्भ-धारण-* 'gestation, pregnancy'] *m.*〖医学〗受胎，懐妊；妊娠.

गर्भ-निरोध /garb^{h}a-nirod^{h}a ガルブ・ニロード/ [neo.Skt.m. *गर्भ-निरोध-* 'contraception'] *m.*〖医学〗避妊.

गर्भ-निरोधक /garb^{h}a-nirod^{h}aka ガルブ・ニローダク/ [neo.Skt. *गर्भ-निरोधक* 'contraceptive'] *adj.*〖医学〗避妊の，避妊用の. ❐～ गोली ピル，経口避妊薬.

गर्भपात /garb^{h}apāta ガルブパート/ [←Skt.m. *गर्भ-पात-* 'miscarriage (after the fourth month of pregnancy)'] *m.*〖医学〗流産；（人工）妊娠中絶，堕胎. ❐～ करवाना（妊婦が）妊娠中絶手術を受ける.

गर्भपातक /garb^{h}apātaka ガルブパータク/ [←Skt.m. *गर्भ-पातक-* 'causing miscarriage'] *adj.*〖医学〗流産を促す；堕胎用の.

गर्भमास /garb^{h}amāsa ガルブマース/ [←Skt.m. *गर्भ-मास-* 'month of pregnancy'] *m.*〖医学〗臨月，出産予定の月.

गर्भवती /garb^{h}avatī ガルブワティー/ [←Skt.f. *गर्भ-वती-* 'a pregnant woman'] *adj.*〖医学〗妊娠している，身重な.

गर्भस्थ /garb^{h}ast^{h}a ガルブスト/ [←Skt. *गर्भ-स्थ-* 'situated in the womb'] *adj.* 胎内にある. ❐～ शिशु 胎児.

गर्भस्राव /garb^{h}asrāva ガルブスラーオ/ [←Skt.m.

गर्भ-स्राव- 'abortion'] *m.* 〖医学〗流産;堕胎;妊娠中絶.

गर्भ-हत्या /garbʰạ-hatyā ガルブ・ハティャー/ [neo.Skt.f. *गर्भ-हत्या-* 'foeticide'] *f.* 〖医学〗胎児殺し;堕胎.

गर्भाधान /garbʰādʰānạ ガルバーダーン/ [←Skt.n. *गर्भ-आधान-* 'impregnation'] *m.* 〖医学〗受胎;懐妊;受精;授精. ❐कृत्रिम ～ 人工授精.

गर्भाशय /garbʰāśayạ ガルバーシャエ/ [←Skt.m. *गर्भ-आशय-* 'embryo-abode, the womb'] *m.* 〖医学〗子宮. (⇒बच्चादान)

गर्भिणी /garbʰiṇī ガルビニー/ [←Skt.f. *गर्भिणी-* 'a pregnant woman'] *adj.* 妊娠している(女性).
— *f.* 妊婦.

गर्भित /garbʰitạ ガルビト/ [←Skt. *गर्भित-* 'contained in anything'] *adj.* …が内蔵されている《合成語の要素として》. ❐सार-गर्भित 内容のある(話);本質的な.

गर्म /garmạ ガルム/▸गरम [←Pers.adj. گرم 'warm, hot'; cf. OIA.m. *gharmá-* 'heat': T.04445] *adj.* **1** (ものが)熱い;暖かい;ほかほかの. (⇔ठंडा) ❐～ पानी お湯, 熱湯. ❐～ खाना あたたかい食事. **2** (天気・気候が)暑い;暖かい. (⇔ठंडा, सर्द) **3** (服・布が)温かい, 厚手の. ❐～ कपड़े 厚手の衣類. **4** 怒りっぽい;激怒した;熱しやすい;激情的な. ❐～ मिज़ाज 怒りっぽい気性. **5** (市場などが)活況を帯びている. **6** エロチックな, ポルノの. ❐～ उपन्यास ポルノ小説.

गर्मजोशी /garmạjośī ガルムジョーシー/ [←Pers.n. گرم جوشی 'ebullition'] *f.* 熱意, 熱心さ.

गर्मी /garmī ガルミー/ ▹गरमी *f.* ☞गरमी

गर्व /garvạ ガルオ/ [←Skt.m. *गर्व-* 'pride, arrogance'] *m.* **1** 誇り;誇らしさ, 自慢. (⇒फ़ख़्र) ❐(पर) ～ करना(…を)誇る, 誇らしく思う. **2** うぬぼれ, 慢心.

गर्वशील /garvạśīlạ ガルオシール/ [neo.Skt. *गर्व-शील-* 'proud; haughty'] *adj.* **1** 自尊心のある, 誇り高い. **2** 高慢な, 横柄な.

गर्विता /garvitā ガルヴィター/ [←Skt. *गर्वित-* 'haughty, conceited, proud of'] *adj.* **1** 誇りをもった. **2** 高慢な.

गर्वीला /garvīlā ガルヴィーラー/ [cf. *गर्व*] *adj.* 誇り高い;うぬぼれが強い.

गर्हणा /garhaṇā ガルハナー/ [←Skt.f. *गर्हणा-* 'censure'] *f.* 非難, 酷評.

गर्हणीय /garhaṇīyạ ガルハニーエ/ [←Skt. *गर्हणीय-* 'to be blamed, blamable'] *adj.* 非難されるべき.

गर्हित /garhitạ ガルヒト/ [←Skt. *गर्हित-* 'blamed, censured'] *adj.* 軽蔑すべき, 唾棄すべき;おぞましい.

गलका /galạkā ガルカー/ [cf. *गलना*] *m.* 〖医学〗ひょうそ.

गलगल¹ /galạgalạ ガルガル/ [←Pers.n. گل گل 'a very acid kind of citron'] *m.* 〖植物〗ガルガル《酸味の強いレモンの一種;アチャール (अचार) の材料》.

गलगल² /galạgalạ ガルガル/ [onom.] *f.* 〔擬音〕(うがいなどの)ガラガラという音.

ग़लत /ğalatạ ガラト/ [←Pers.adj. غلط 'blundering in speaking or in calculating' ←Arab.] *adj.* 過った, 誤った, 間違った;不適当な. (⇒रांग)(⇔सही) ❐～ कहना 間違ったことを言う. ❐～ नंबर(電話の)間違い番号. ❐(को) ～ समझना(…を)誤解する.

ग़लतफ़हमी /ğalatạfahạmī ガラトファヘミー/ [←Pers.n. غلط فهمی 'the perception of an error; a mistaken notion, a misconception'] *f.* 誤解;思い違い.

ग़लतबयानी /ğalatạbayānī ガラトバヤーニー/ [*ग़लत* + *बयान*] *f.* 虚偽の証言. ❐～ करना 虚偽の証言をする.

ग़लती /ğalatī ガルティー/ [←Pers.n. غلطی 'a mistake, error'] *f.* 過ち, 過失, 間違い. (⇒भूल) ❐～ करना 過ちを犯す. ❐～ से 誤って. ❐माफ़ कीजिए, मुझसे ～ हो गई। すみません, 私が過ちを犯しました.

गलना /galạnā ガルナー/ [<OIA. *galati¹* 'drips, drops, oozes, trickles': T.04074] *vi.* (*perf.* गला /galā ガラー/) **1** 溶[解, 融]ける, 溶解する. (⇒पिघलना) ❐बर्फ़ गलता है। 氷が解ける. ❐सोना गलता है। 金が溶解する. **2** (液体に)溶[解, 融]けて混ざる. (⇒घुलना) ❐दूध में चीनी गल जाती है। ミルクに砂糖が溶ける. **3** (茹だって)柔らかくなる. ❐तरकारी उबालने से गलती है। 野菜は茹でると柔らかくなる. ❐(की) दाल गलना ; यहाँ उसकी दाल नहीं गलेगी। (人の)ダール豆が茹だって柔らかくなる(=策略がうまくいく)《否定文で使用することが多い》. **4** (布・紙が)朽ちてぼろぼろになる. ❐वह कपड़ा गल गया। その布は朽ち果ててしまった. **5** (腐敗して)(形が)くずれる. (⇒सड़ना) ❐फल गल रहा है। 果物が腐りつつある. ❐कोढ़ से उसके हाठ की उँगलियाँ गल गईं। ハンセン病で彼の手の指の形がくずれた. **6** (身体が)衰弱してやせ細る. ❐चिंता करते करते उसका शरीर गलकर आधा हो गया। 心配し続けて, 彼の体はやせ細って半分になってしまった. **7** (寒さで)かじかむ, 凍傷になる. ❐सख़्त सरदी की वजह से उँगलियाँ गल गईं। 厳しい寒さで指が凍傷にかかってしまった. **8** 無駄になる, (賭け金・ゲームの駒が)失われる. ❐जुए में उसका दाँव गल गया। 賭博で彼の賭け金は没収された.

गलफड़ा /galạpʰaṛā ガルパラー/ [*गाल* + *फाड़ना*] *m.* **1** (魚の)えら. **2** あご;頬(ほお). ❐गलफड़ों में छाले पड़ गए। あごに水ぶくれができた.

गलफाँसी /galạpʰā̃sī ガルパーンスィー/ [*गला* + *फाँसी*] *f.* **1** (絞首刑用の)首にかかった輪なわ. **2** 絶体絶命, 窮地.

गलबाँही /galạbā̃hī ガルバーンヒー/ [*गला* + *बाँह*] *f.* (互いの首に手を回した)抱擁.

गलमुच्छा /galạmuccʰā ガルムッチャー/ [*गाल* + *मूँछ*] *m.* ほおひげ.

गलवाना /galạvānā ガルワーナー/ ▸गुदाना [caus. of *गलना, गलाना*] *vt.* (*perf.* गलवाया /galạvāyā ガルワーヤー/) 溶かさせる;溶かしてもらう.

गला /galā ガラー/ [<OIA.m. *gala-²* 'throat, neck': T.04070] *m.* **1** 喉. (⇒कंठ, गरदन, हलक़) ❐वह ～ फाड़कर बोली। 彼女は声を張り上げて言った. ❐(का) ～ बैठ जाना (人が)しわがれ声になる. **2** 首. (⇒गरदन) ❐उसने वह माला मेरे गले में डाल दी। 彼はその花輪を私の首にかけた.

❐उसने पिता के गले में हाथ डालकर कहा। 彼女は父親の首に腕を投げかけて言った. ❐उसने लपककर मुझे गले लगा लिया। 彼は飛びついて私に抱きついた. ❐(से) गले मिलना (人と)抱擁する《男同士が親愛の情を表す挨拶》. **3** 襟(えり);カラー.

गलाना /galānā ガラーナー/ [cf. *गलना*] *vt.* (*perf.* गलाया /galāyā ガラーヤー/) **1** 溶[解, 融]かす, 溶解させる. (⇒पिघलाना) ❐पश्चात्ताप के ताप में अपने को गलाकर अपना पुनर्निर्माण करना चाहता हूँ। 私は, 悔恨の灼熱で自分自身を溶かし, 自分自身をもう一度創りなおしたいのです. **2** (液体に)溶[解, 融]かして混ぜる. (⇒घोलना) ❐तेजाब में चाँदी गलाई गई। 水銀の中に銀が溶かされた. **3** (茹でて)柔らかくする. ❐आलू उबालकर गला दीजिए। ジャガイモを茹でて柔らかくしてください. **4** (腐敗させて)(形を)くずす. (⇒सड़ाना) **5** (心身を)衰弱させる. ❐उसने पढ़ाई में अपना शरीर गला दिया। 彼は勉学に打ち込むあまり自分の体を衰弱させた. **6** (寒さで)こごえさせる, 凍傷にさせる. ❐यहाँ हाथ-पैर गलानेवाली सरदी पड़ती है। 当地では手足を凍傷にさせるほどの寒さになります.

गलियारा /galiyārā ガリヤーラー/ [cf. ?*गली*] *m.* 通路;回廊;回廊地帯.

गली /galī ガリー/ [<OIA. **galī-* 'defile, lane': T.04085] *f.* 路地;小道;裏道. ❐गली-गली (में) 至る所で, 行く先々で.

गली-कूचा /galī-kūcā ガリー・クーチャー/ *m.* 路地裏や横町.

ग़लीचा /ğalīcā ガリーチャー/ [←Pers.n. غالیچه 'a small carpet'] *m.* 敷物, カーペット. (⇒क़ालीन)

ग़लीज़ /ğalīza ガリーズ/ [←Pers.adj. غلیظ 'coarse, thick; dirty, foul, filthy' ←Arab.] *adj.* 不潔な;汚ない;けがれた;(液体が)濁った. (⇒गंदा)
— *m.* 生ごみ, 汚物.

गलेबाज़ /galebāza ガレーバーズ/ [*गला* + *-बाज़*] *adj.* **1** 美声の(人);歌の節回しが巧みな(人). **2** 口が達者な(人).

गलेबाज़ी /galebāzī ガレーバーズィー/ [*गला* + *-बाज़ी*] *f.* **1** 美声;歌の節回しの巧みさ. **2** 口が達者なこと.

गल्प /galpa ガルプ/ [←Beng.n. *गल्प* 'story; tale; fable; fictitious narrative; gossip; chit-chat'] *f.* **1** 小話;うわさ話;ほら話. **2**〖文学〗短編小説;小品. (⇒कहानी)

गल्ला /gallā ガッラー/ [←Pers.n. گله 'a flock, herd, bevy'] *m.* (動物や鳥の)群れ. (⇒झुंड) ❐भेड़ों के गल्ले 羊の群れ.

ग़ल्ला /ğallā ガッラー/ [←Pers.n. غله 'corn, grain, fruits, harvest, produce' ←Arab. غلة] *m.* **1** 穀物. ❐ग़ल्ले का बाज़ार 穀物市場. ❐ग़ल्ले का भाव-ताव करना 穀物価格を値切る交渉をする. **2** 1日の売り上げ;キャッシュボックス. ❐कुँजड़े का ～ どんぶり勘定.

ग़ल्लाफ़रोश /ğallāfarośa ガッラーファローシュ/ [←Pers.n. غله فروش 'a corn-factor'] *m.* 穀物商, 穀物問屋.

गवर्नमेंट /gavarnamemṭa ガワルンメーント/ ▸गवर्मेंट [←Eng.n. *government*] *f.* 政府. (⇒सरकार)

गवर्नर /gavarnara ガワルナル/ [←Eng.n. *governor*] *m.* **1**〖歴史〗(英国植民地, 属領地の)総督. **2** 州知事. (⇒राज्यपाल)

गवर्नरी /gavarnarī ガワルナリー/ [*गवर्नर* + *-ई*] *f.* **1** 知事職. **2** 知事による行政.

गवर्मेंट /gavarmemṭa ガワルメーント/ ▸गवर्नमेंट *f.* ☞ गवर्नमेंट

गवाक्ष /gavākṣa ガワークシュ/ [←Skt.m. *गव-अक्ष-* 'a bull's eye; an air-hole, loop-hole, round window'] *m.* (換気・採光の)小窓;(建物の)壁面の小窓;(船の)舷窓.

गवार /gavāra ガワール/ [←Pers.adj. گوار 'digestible'] *adj.* 消化されやすい.

गवारा /gavārā ガワーラー/ [←Pers.adj. گوارا 'digestible; agreeble'] *adj.* 受け入れられる;耐えられる. ❐～ करना (納得して)受け入れる.

गवाह /gavāha ガワーハ/ [←Pers.n. گواه 'an evidence, witness, testimony'] *m.* **1** 目撃者. (⇒साक्षी) **2** 証人, 証言者. (⇒साक्षी)

गवाही /gavāhī ガワーヒー/ [←Pers.n. گواهی 'testimony, evidence'] *f.* 証言. (⇒साक्ष्य) ❐(की) ～ देना (…の)証言をする. ❐झूठी ～ 虚偽の証言.

गवेषक /gaveṣaka ガヴェーシャク/ [neo.Skt.m. *गवेषक-* 'researcher'] *m.* 研究者.

गवेषणा /gaveṣaṇā ガヴェーシュナー/ [←Skt.f. *गव्-एषणा-* 'seeking after, searching for'] *f.* 探求;研究.

गवैया /gavaiyā ガワイヤー/ [cf. *गाना*] *m.*〖音楽〗歌手, 声楽家.

ग़श /ğaśa ガシュ/ [←Pers.n. غشی 'being stupefied, fainting; a swoon' ←Arab.] *m.* 失神. (⇒बेहोशी, मूर्छा) ❐(को) ～ आना (人が)失神する. ❐～ खाना 失神する.

गश्त /gaśta ガシュト/ [←Pers.n. گشت 'going round, patrolling'] *f.* 巡回, パトロール;偵察. ❐～ लगाना 巡回する, パトロールする.

गश्ती /gaśtī ガシュティー/ [←Pers.n. گشتی 'watch, sentinel, patrol'] *adj.* **1** 回覧される. ❐～ चिट्ठी 回覧状. **2** 監視[偵察]の任務についている;見張りの. ❐～ जहाज़ 偵察機, 哨戒機. ❐～ वाहन 偵察車両.
— *m.* 監視員;見張り, 番人;ガードマン.

गस्सा /gassā ガッサー/ [<OIA. **grāsya-* 'to be swallowed': T.04381] *m.* (食べ物の)一口(分). (⇒कौर)

गहगहाना /gahagahānā ガへガハーナー/ [symbolic word] *vi.* (*perf.* गहगहाया /gahagahāyā ガへガハーヤー/) 有頂天になる, はしゃぐ, 大喜びする.
— *vt.* (*perf.* गहगहाया /gahagahāyā ガへガハーヤー/) 有頂天にする, 大喜びさせる.

गहन /gahana ガハン/ [←Skt. *गहन-* 'deep, dense, thick'] *adj.* **1** 深い. (⇒गहरा) **2** 濃い;密集している. (⇒गहरा) ❐～ वन 濃い森. **3** 深遠な, 奥深い. ❐～ अध्ययन 奥の深い研究. ❐～ विषय 深遠な問題.

गहनता /gahanatā ガハンター/ [←Skt.f. *गहन-ता-* 'density'] *f.* **1** 深いこと;測り知れないこと. **2** 濃密なこと;密集していること. **3** 深遠であること;難解であること.

गहना /gahanā ガヘナー/ [<OIA.n. *gráhaṇa-* 'seizing, holding': T.04364] *m.* 装身具, アクセサリー.

गहरा /gaharā ガヘラー/ [<OIA. *gabhīrá-* 'deep, solemn': T.04024] *adj.* **1** (底が)深い. (⇔उथला, छिछला) ❐~ तालाब 深い池. **2** 親密な. (⇒घनिष्ठ) ❐गहरी दोस्ती 親密な友人関係. **3** 極度の, 重大な, ゆゆしい, 深刻な. (⇒गंभीर) ❐उसे गहरी चोट लग गई। 彼は重傷を負った. **4** (造詣・学識が)深い, 深遠な, 奥深い. (⇒गंभीर) ❐~ अध्ययन 掘り下げた研究. **5** (色が)濃い, 深味のある;密集している. (⇔हलका) ❐~ रंग 濃い色.

गहराई /gaharāī ガヘラーイー/ [*गहरा* + *-ई*] *f.* **1** 深み, 深部;奥行. ❐समाज की ~ में 社会の深部において. ❐सीधी-सादी अभिव्यक्ति है, भावनाओं की कोई ~ नहीं, कल्पना की कोई उड़ान नहीं। 単純で平易な表現である, 感情の何ら深みもなければ, 想像の飛翔もない. **2** 厳かさ, いかめしさ;思慮深さ. ❐~ से बोलना いかめしく言う. **3** 濃度;密度.

गह्वर /gahvara ガフワル/ [←Skt. *गह्वर-* 'deep, impervious, impenetrable'] *adj.* 深みにある;秘匿されている;暗闇に隠れている.

— *m.* 深み, 深部;暗部;闇. ❐तमिस्रा के ~ से बाहर निकालना 暗黒の闇から外に引き出す.

गाँजा /gā̃jā ガーンジャー/ [<OIA.f. *gañjā-* 'hemp (from which an intoxicating drink was made)': T.03964; cf. DEDr.2183 (DED.1813)] *m.* **1**〚植物〛ガーンジャー, 大麻. (⇒भाँग) **2** ガーンジャー;マリファナ《栽培アサの花から採取した樹脂状のものを乾燥させたもの, 麻薬;喫煙すると催眠効果, 麻酔効果がある》. (⇒भाँग)

गाँठ /gā̃ṭʰa ガーント/ [<OIA.m. *granthí-* 'knot, bunch, protuberance': T.04354] *f.* **1** (ひも・布などの)結び目. ❐~ जोड़ना [बाँधना]〚ヒンドゥー教〛《結婚式の新郎新婦が身に着けている衣服の裾を「結びあわせる」;家庭で行われる神聖な宗教儀式の際も夫婦の衣服の裾を同様に「結びあわせる」》 ❐~ पक्की न थी, झटका पाते ही खुल गयी 結び目はしっかりとしていなかった, 衝撃を受けたとたんほどけてしまった. **2** (ふろしきなどの)包み. **3** ガーント《腰布 (धोती) の胴に巻いた部分を内に折り込んでできる瘤(こぶ)状の部分;金銭などを入れる財布として使用》. ❐उसने रुपये ~ में बाँधे। 彼は金を腰布の中にしっかりしまった. **4** (木などの)節;(体の)関節. **5**〚医学〛瘤(こぶ), しこり;腫瘍(しゅよう). **6** (請負いなどの)話がまとまること. ❐(की) बात ~ बाँध लेना (人の)言うことを肝に銘じる. **7** (気持ちの)わだかまり.

गाँठ गोभी /gā̃ṭʰa gobʰī ガーント ゴービー/ *f.*〚植物〛コールラビ, カブランカン《アブラナ科の越年草》.

गाँठदार /gā̃ṭʰadāra ガーントダール/ [*गाँठ* + *-दार*] *adj.* 節のある, 節くれだった, ごつごつした. ❐~ अँगुली 節くれだった指.

गाँठना /gā̃ṭʰanā ガーントナー/ [<OIA. *grantháyati* 'ties': T.04353] *vt.* (*perf.* गाँठा /gā̃ṭʰā ガーンター/) **1** (縛って)結び目を作る;(荷物を)結び付ける. (⇒बाँधना) **2** (靴を)縫って修繕する. ❐मोची जूता गाँठ रहा है। 靴屋が靴を修繕している. **3** (言葉・考えを)まとめる. **4** 説き伏せる, (味方に)引き入れる, 口説き落とす. ❐अगर तुम उसे किसी तरह गाँठ सको तो बहुत काम हो। もしおまえが彼を何とか説き伏せることができたら, たいしたことだが.

गाँड़ /gā̃ṛa ガーンル/ [<OIA.m. *gaṇḍá-*[1] 'goitre': T.03997] *f.* 〔卑語〕肛門, けつの穴. (⇒गुदा) ❐~ मारना 男色行為をする, けつの穴を掘る.

गांतोक /gāṃtoka ガーントーク/ ▸गंगटोक *m.* ☞गंगटोक

गांधर्व /gāṃdʰarva ガーンダルオ/ [←Skt. *गान्धर्व-* 'belonging or relating to the *Gandharvas*'] *adj.* ガンダルヴァ (गंधर्व) に関わる. ❐~ विवाह ガーンダルヴァ婚《古代正統と認められた八つの結婚形式の第五番目;家族の同意としない両者の恋愛による結婚; गंधर्व-विवाह とも》.

— *m.* 天界の楽士ガンダルヴァの技能《特に声楽を指すことが多い》.

गाँधी /gā̃dʰī ガーンディー/ [<OIA.m. *gāndhika-* 'perfumier': T.04133] *m.* **1**〚ヒンドゥー教〛ガーンディー《香油を商う商人;およびその商人が属するカースト集団》. **2**〚ヒンドゥー教〛ガーンディー《グジャラート地方 (गुजरात) の商人カースト名》. **3**〚歴史〛ガーンディー《インド独立運動の指導者》. ❐महात्मा ~ マハートマー・ガーンディー.

गाँधीनगर /gā̃dʰīnagara ガーンディーナガル/ [cf. Eng.n. *Gandhinagar*] *m.*〚地名〛ガンディーナガル, ガーンディーナガル《グジャラート州 (गुजरात) の州都》.

गांबिया /gāṃbiyā ガーンビヤー/ ▸गैंबिया [cf. Eng.n. *Gambia*] *m.*〚国名〛ガンビア(共和国)《首都はバンジュール (बंजुल)》.

गांभीर्य /gāṃbʰīrya ガーンビールエ/ [←Skt.n. *गाम्भीर्य-* 'deepness, depth (of water, sound, etc.)'] *m.* ☞ गंभीरता

गाँव /gā̃va ガーオン/ [<OIA.m. *grā́ma-* 'troop, village': T.04368] *m.* 村, 村落. ❐~ के और कई आदमी मजुरी की टोह में शहर जा रहे थे। 村の他の何人かの男たちは職を求めて町に行くところだった. ❐एक दिन ~ में यह ख़बर फैली। ある日村にこの知らせが広まった. ❐वह ~ का मुखिया था। 彼は村の村長だった.

गाइकवाड़ /gāikavāṛa ガーイクワール/ [cf. Eng.n. *Gaekwads*] *m.*〚歴史〛ガーイクワール《旧バロウダー藩王国 (बड़ौदा) の支配者の称号;18 世紀中頃より始まるバロウダー藩王国の支配者一族の姓から》.

गाइड /gāiḍa ガーイド/ [←Eng.n. *guide*] *m.* **1** ガイド, 案内人. (⇒मार्गदर्शक) **2** ガイドブック, (旅行)案内書. **3** 案内. (⇒मार्गदर्शन) ❐(को) ~ करना (人を)案内する.

गाउन /gāuna ガーウン/ [←Eng.n. *gown*] *m.* ガウン;正式な服. ❐डाक्टरों का ~ 医者の手術着. ❐वकीलों [स्नातकों] का ~ 弁護士[卒業生]のガウン, 正服.

गागर /gāgara ガーガル/ [<OIA.m. *gargara-*[2] 'churn':

T.04043] *f.* 水入れ，甕(かめ). ❐～ में सागर भरना 〔諺〕甕に海を満たす《「小さなものに多くのものを盛る，短い言葉で多くの含蓄がある」の意》.

गाज[1] /gājạ ガージ/ [<OIA.f. *garjā-* 'roaring, thunder': T.04048] *f.* **1** 雷鳴；稲妻. **2** 轟音；咆哮(ほうこう).

गाज[2] /gājạ ガージ/ [< ?; cf. Skt.m. *कारुज-* 'froth, foam'] *m.* 泡. (⇒झाग)

गाजना /gājạnā ガージナー/ [<OIA. *gárjati* 'thunders, roars': T.04046] *vi.* (*perf.* गाजा /gājā ガージャー/) (雷鳴・騒音などで)音がとどろく.

गाजर /gājarạ ガージャル/ [<OIA.m. *gārjara-* 'carrot': T.04140] *f.* 〖植物〗ニンジン(人参).

गाजा-बाजा /gājā-bājā ガージャー・バージャー/ [*गाजना* + *बजना*] *m.* 楽隊のやかましくにぎやかな音；華やかで陽気な様子.

गाटर /gāṭarạ ガータル/ ▸गर्डर [←Eng.n. *girder*] *m.* 鉄製の梁，ガーダー.

गाडथाब /gāḍạtʰābạ ガードターブ/ [←Eng.n. *Godthaab* ←Danish] *m.* 〖地名〗ゴットホープ《グリーンランド (ग्रीनलैंड) の行政中心地ヌーク (नुक) の旧名》.

गाड़ना /gāṛạnā ガールナー/ [<OIA. **gaḍḍ-¹* 'dig, bury': T.03979; cf. *गड़ना*] *vt.* (*perf.* गाड़ा /gāṛā ガーラー/) **1** 埋める，埋蔵する. ❐उसने ज़मीन में धन गाड़ दिया। 彼は地中に財産を埋めた. ❐मेरे फूल छुओगे तो तुम्हें खोदकर गाड़ दूँगा। 私の花に触ったりしたら，おまえを(穴を)掘って埋めてしまうぞ.《相手を威嚇する表現》 **2** 埋葬する，土葬にする. (⇒दफ़नाना) **3** 埋めこむ，はめる，(釘や杭などを)打ち込み固定する. (⇒गड़ाना) ❐उन्होंने उस पहाड़ की चोटी पर झंडा गाड़ दिया। 彼らは山頂に旗を立てた. ❐कील मत गाड़ो। 釘を打ち込むな. ❐उसने एक तंबू गाड़ दिया। 彼はテントを一つ張った. **4** (木を)植える. ❐उसने आँगन में एक लंबा-सा बाँस गाड़ दिया। 彼は庭に一本の長い竹を植えた.

गाड़ी /gāṛī ガーリー/ [<OIA. **gāḍḍa-* 'cart': T.04116] *f.* **1** 車一般；自動車，バス，トラック. (⇒कार, मोटर, मोटरकार) ❐घोड़ा ～ 馬車. ❐बच्चा ～ 乳母車. ❐मोटर ～ 自動車. **2** 車両，列車. (⇒ट्रेन, रेलगाड़ी) ❐रात की ～ से दिल्ली जाना 夜行列車でデリーに行く. **3** 荷車，運搬車.

गाड़ीवान /gāṛīvānạ ガーリーワーン/ [*गाड़ी* + *-वान²*] *m.* (馬車の)御者.

गाढ़ा /gāṛʰā ガーラー/ [<OIA. *gāḍha-* 'drived into': T.04118] *adj.* **1** (液状のものが)濃い，濃厚な；どろっとした. (⇔पतला) ❐～ दूध 濃厚なミルク. **2** (色や味が)濃い，濃厚な；深い；しつこい. (⇔फीका, हलका) ❐～ रंग 濃い色. ❐गाढ़ी चाय 濃いお茶. **3** (化粧が)濃い，厚い. **4** (布などが)きめの粗い，ごわごわした. **5** (関係が)親密な；濃密な. (⇒घनिष्ठ) ❐गाढ़ी दोस्ती 深い友情. ❐～ मित्र 親密な友人. ❐दोनों में ～ प्रेम हो गया था। 二人の間に深い愛情が生まれた. **6** 苦労した，つらい(経験). ❐गाढ़ी कमाई 苦労して稼いだ金. ❐गाढ़े समय पर मदद करना 苦難のとき援助する.

— *m.* **1** ガーラー地《きめの粗い厚手の布》. ❐गाढ़े की साड़ी ガーラー地のサリー. **2** 苦難の状況，つらい状態.

गाढ़ापन /gāṛʰāpanạ ガーラーパン/ [*गाढ़ा* + *-पन*] *m.* (液状のものの)濃厚さ，粘り気；(色や味の)濃さ；(化粧の)厚さ；(布の)きめの粗さ；(関係の)親密さ. ❐दूध का मीठापन और ～ ミルクの甘さと濃密さ.

गात /gātạ ガート/ [<OIA.n. *gā́tra-* 'limb, member of body': T.04124] *m.* (若い女の)体つき.

गात्र /gātrạ ガートル/ [←Skt.n. *गात्र-* 'instrument of moving; a limb or member of the body'] *m.* 身体(の各部)，肢体.

गाथा /gātʰā ガーター/ [←Skt.f. *गाथा-* 'a verse belonging to the epic poetry of legends'] *f.* **1** 〖文学〗(民間伝承の)物語詩《伝説的英雄の賛歌がテーマになることが多い》. **2** 苦労話，身の上話. ❐(की) ～ सुनाना (…の)苦労話を聞かす.

गान /gānạ ガーン/ [←Skt.n. *गान-* 'singing, song'] *m.* 歌，詩歌.

गाना /gānā ガーナー/ [<OIA. *gā́yati* 'sings': T.04135] *vi.* (*perf.* गाया /gāyā ガーヤー/) **1** 歌[唄，謡]う. ❐वह अच्छा गाती है। 彼女は歌がうまい. ❐उसे गाना नहीं आता था। 彼は音痴だった. ❐गाते मैंने उनको कभी नहीं सुना। 彼が歌っているのを私は決して聞いたことがない.

— *vt.* (*perf.* गाया /gāyā ガーヤー/) **1** 歌[唄，謡]う. ❐मैंने उस गीत को किसी ग्रामीण स्त्री से सुना था और हू-ब-हू शायद उसी की धुन में आज भी गा सकता हूँ। 私はその歌をある村の女から聞いたことがある，私は多分今日でもそっくりそのまま彼女の旋律で歌うことができる. ❐वह हारमोनियम पर वंदे-मातरम् गाता था। 彼はハーモニアムに合わせてヴァンデー・マータラム(＝インドの第二国歌)を歌ったものだった. ❐वे लोग ऊँचे स्वर से गा रहे हैं। 彼らは大声で歌っている. ❐हमारे यहाँ ब्याह-शादियों में यह गीत गाया जाता है। 私たちのところでは結婚式でこの歌が歌われます. **2** (賛美の歌を)歌う；誉めたたえる，賛美する. ❐राजाओं की प्रशंसा या स्तुति गानेवाले कवि उन दिनों भी थे। 王の賛美あるいは称揚を歌い上げる詩人はその当時も存在していた. ❐वह अपनी ही गाता है। 彼は自画自賛する.

— *m.* 歌，詩歌. ❐～ गाना 歌を歌う.

ग़ाफ़िल /ğāfilạ ガーフィル/ [←Pers.adj. غافل 'imprudent, inconsiderate, careless, incautious, off one's guard' ←Arab.] *adj.* 不注意な，無頓着な，無防備な；怠慢な. ❐सैनिकगण भी कड़ी मंज़िल मारने के बाद कुछ खा-पीकर ～ पड़े हुए थे। 兵士たちも過酷な行軍の後で少し飲み食いして無防備でいた.

गाबोर्नी /gābornī ガーボールニー/ ▸गैबोरोन [cf. Eng.n. *Gaborone*] *f.* 〖地名〗ハボローネ《ボツワナ(共和国) (बोत्सवाना) の首都》.

गाभिन /gābʰinạ ガービン/ [<OIA.f. *garbhíṇī-* 'pregnant': T.04062] *adj.* (動物が)孕んでいる，身ごもっている，妊娠している. ❐गाय अभी ～ है। 雌牛は今身ごもっている.

गाय /gāyạ ガーエ/ [<OIA.m. **gāva-* 'ox': T.04147] *f.* **1** 〖動物〗雌牛《鳴き声の擬声語は बाँ》. (⇔बैल) **2** 穏和で人畜無害な人.

गायक /gāyaka̸ ガーヤク/ *m.* (男性)歌手, 声楽家. (⇔गायिका)

गायन /gāyana̸ ガーヤン/ [←Skt.m. *गायन-* 'a singer, praiser'] *m.* **1** 歌唱;詠唱. ❐～ करना 歌う. ❐सामूहिक ～ 合唱. **2** 歌手, 歌い手.

ग़ायब /ğāyaba̸ ガーヤブ/ [←Pers.adj. غائب 'absent, latent, concealed, invisible' ←Arab.] *adj.* **1** 消えた, 失せた. (⇒लुप्त) ❐उसके हाथ में रुपए टिकते ही न थे, इधर आये उधर ～। 彼の手に金が手付かずのまま残ることはなかった, 入ったかと思えば消えていく. ❐उसकी सारी अक़्ल ～ हो गई। 彼の全ての理性が消え失せた. ❐वह भवन अपना सारा सुख-विलास लिये अलादीन के राजमहल की भाँति ～ हो गया था। あの屋敷は自らのすべての享楽快楽とともにアラジンの宮殿のように消えた. ❐वह काला साँप देखते देखते ～ हो गया। その黒いヘビは見る見るうちに姿を消した. **2** 紛失した;盗まれた. ❐～ करना 盗んで隠す. ❐कोई चीज़ ～ हो गई। 何かが盗まれた. ❐बच्चों को ～ करा देने की धमकी से भरे गुमनाम पत्र आए थे। 子どもをさらわせるという強迫に満ちた匿名の手紙が来た. **3** 不在の, 姿が見えない;行方不明の. ❐उसे ～ हुए छह महीने बीत चुके हैं। 彼が姿を消して6か月が過ぎた.

गायिका /gāyikā ガーイカー/ [?pseudo.Skt.f. *गायिका-* for Skt.f. *गायकी-* 'a female singer'] *f.* 女性歌手, 女性声楽家. (⇔गायक)

गारंटी /gāraṃṭī ガーランティー/ [←Eng.n. *guarantee, guaranty*] *f.* ギャランティー, 保証. (⇒आश्वासन, वारंटी) ❐(की) ～ देना (…の)保証をする.

-गार /-gāra̸ ・ガール/ [←Pers.suf. گار 'a particle which, subjoined to a word, denotes agency or posession'] *suf.* 《名詞に付加して名詞や形容詞「…を行う(人), …をもつ(人)」などを作る接尾辞; मददगार「支援する(人)」, यादगार「記念品, 遺品」など》.

गारद /gārada̸ ガーラド/ [←Port.f. *guarda* 'guard'; cf. *गार्ड* ←Eng.n. *guard*] *f.* **1** 護衛隊, 護送隊. **2** 監視, 警戒. (⇒पहरा) ❐(को) ～ में रखना (人を)監視下に置く.

गारना /gāra̸nā ガールナー/ [<OIA. **gāḍa-¹* 'dripping': T.04114; cf. OIA. *gālayati* 'causes to drop, filters, strains, liquefies, melts': T.04144] *vt.* (*perf.* गारा /gārā ガーラー/) **1** 絞り出す. (⇒ऐंठना, निचोड़ना) **2** (涙・汗を)流す. ❐सोचा, साल-भर पसीना गारा है, तो एक दिन ताड़ी तो पी लूँ। 考えたのです, 丸一年汗を流して働いたのだから, 一日ぐらいは酒を飲もうかと.

गारा /gārā ガーラー/ *m.* **1** モルタル, 漆喰(しっくい). **2** こねた泥.

गार्ड /gārḍa̸ ガールド/ [←Eng.n. *guard*; cf. *गारद* ←Port.f. *guarda* 'guard'] *m.* **1** 見張り, 監視兵, 番兵, 歩哨. (⇒पहरेदार, संतरी) **2** 警備員, ガードマン;(列車の)車掌.

गार्हस्थ /gārhast^ha̸ ガールハスト/ *m.* ☞गार्हस्थ्य

गार्हस्थ्य /gārhast^hya̸ ガールハスティエ/ [←Skt.n. *गार्हस्थ्य-* 'the order or estate of a householder'] *m.* 〖ヒンドゥー教〗家住期《四生活期 (आश्रम) の第二期;家庭をもち家長として家業に励み, 一家の祭式を主宰する時期》.

गाल /gāla̸ ガール/ [<OIA.m. *galla-* 'cheek': T.04089; cf. DED 1124] *m.* 頬(ほお). (⇒कपोल) ❐～ बजाना 横柄な口をきく.

गाला /gālā ガーラー/ [←Pers.n. گاله 'a ball of carded cotton; a bag made of wool and hair'] *m.* (クッションなどに詰める)綿くず;糸くず, 糸玉. ❐रूई के गाले 綿くず.

गाली /gālī ガーリー/ *f.* 悪口, 雑言, ののしり(の言葉). ❐～ खाना ののしられる. ❐(को) ～ देना (人を)ののしる.

गाली-गलौज /gālī-galauja̸ ガーリー・ガラォージ/ *f.* 口げんか, 罵り合い.

गाल्फ़ /gālfa̸ ガールフ/▶गॉल्फ़ [←Eng.n. *golf*] *m.* 〖スポーツ〗ゴルフ. ❐～ खेलना ゴルフをする.

गाहक /gāhaka̸ ガーハク/ [<Skt. *ग्राहक-* 'one who seizes or takes captive'] *m.* 〖経済〗顧客, 買い手.

गाहकी /gāha̸kī ガーヘキー/ [*गाहक* + *-ई*] *f.* 顧客に販売すること.

गाहना /gāha̸nā ガーヘナー/ [<OIA. *gā́hatē* 'dives into': T.04152] *vt.* (*perf.* गाहा /gāhā ガーハー/) **1** (水に)飛び込んで潜る;水深を計る. **2** 深く調べる. **3** (穀物を)脱穀する.

गिचपिच /gica̸pica̸ ギチピチ/ ▶गचपच [echo-word; <OIA. **gicc-* 'press, crowd': T.04153] *adj.* **1** (文字が)不鮮明な;(ごちゃごちゃ書かれていて)読みにくい. ❐～ लिखावट 読みにくい筆跡. **2** (問題が)込み入っている.

गिजगिजा /gija̸gijā ギジギジャー/ [onom.; <OIA. **gijja-* 'gums of teeth': T.04155] *adj.* (熟した果実のように)ぶよぶよの.

गिटपिट /giṭa̸piṭa̸ ギトピト/ [echo-word] *f.* 何を言っているのか聞き取れない言葉, ちんぷんかんぷん(の言葉). ❐～ करना 聞き取れない言葉を話す;ひどいブロークンの英語をしゃべる. ❐～ बोली [भाषा] ひどいブロークンの英語.

गिटार /giṭāra̸ ギタール/ [←Eng.n. *guitar*] *m.* 〖楽器〗ギター. ❐～ बजाना ギターを弾く. ❐～ वादक ギター奏者.

गिट्टी /giṭṭī ギッティー/ [<OIA. **giṭṭa-* 'piece': T.04156z1] *f.* (レンガや石の砕けた)瓦礫;(焼き物の割れた)かけら.

गिड़गिड़ाना /giṛa̸giṛānā ギルギラーナー/ [onom.; cf. DEDr.2017 (DED.1677)] *vi.* (*perf.* गिड़गिड़ाया /giṛa̸giṛāyā ギルギラーヤー/) (みじめに)慈悲を請う, 哀願する, 泣き言をいう. ❐उसने गिड़गिड़ाते हुए कहा। 彼は哀願しながら言った. ❐वह बहुत गिड़गिड़ाई, पर उसने माफ़ नहीं किया। 彼女は何度も哀願したが, 彼は許さなかった.

गितार /gitāra̸ ギタール/ [←Port.f. *guitarra* 'guitar'] *m.* 〖楽器〗ギター. ❐～ बजाना ギターを弾く.

गिद्ध /gidd^ha̸ ギッド/ [←Panj.m. *ਗਿੱਧ* <OIA. *gŕ̥dhra-* 'desiring greedily': T.04233] *m.* 〖鳥〗ハゲタカ.

गिनतारा /gina̸tārā ギンターラー/ [*गिनना* + *तार*] *m.* そろ

ばん, 算盤.

गिनती /ginạtī ギンティー/ [cf. *गिनना*] *f.* **1** 計算, 算出, 勘定. (⇒गणना) ❐(की) ~ करना(…を)数える. **2** ものの数, 勘定, 考慮. (⇒गणना) ❐(की) ~ में आना(…の)勘定に入る.

गिनना /ginạnā ギンナー/ ▸गनना [<OIA. *gaṇáyati* 'counts': T.03993] *vt.* (*perf.* गिना /ginā ギナー/) **1** 数える, 勘定する;計算する. ❐वह बच्चा बीस तक गिन सकता है। その子どもは 20 まで数えられる. ❐ये किताबें गिन लो। これらの本を数えてくれ. **2** ものの数に入れる, まともに勘定に入れる. (⇒गिनाना) ❐यहाँ तो गिने-चुने लोग ही आते हैं। ここには選びぬかれた者だけが来られる. ❐वह तुम्हें क्या गिनता है। 彼はおまえなんか勘定にいれていないよ.

गिनवाना /ginạvānā ギンワーナー/ ▸गिनाना [caus. of *गिनना*] *vt.* (*perf.* गिनवाया /ginạvāyā ギンワーヤー/) 数えさせる;数えてもらう. (⇒गिनाना)

गिना-चुना /ginā-cunā ギナー・チュナー/ [caus. of *गिनना*] *adj.* 精選された, 選び抜かれた. ❐कुछ गिने-चुने उपन्यासों को छोड़ दें तो कुल मिलाकर आज का हिंदी उपन्यास विषय-वस्तु प्रधान है। 若干の精選された小説を除くと, おおざっぱに言って最近のヒンディー語の小説は, テーマ中心である.

गिनाना /ginānā ギナーナー/ ▸गिनवाना [cf. *गिनना*] *vt.* (*perf.* गिनाया /gināyā ギナーヤー/) **1** 数えさせる;数えてもらう. (⇒गिनवाना) **2** (たいしたものとして)勘定にいれる. (⇒गिनना) ❐वह अपने को बड़ा गिनाता है। 彼は自分を偉いと思っている.

गिनी[1] /ginī ギニー/ ▸गियाना [cf. Eng.n. *Guinea*] *m.* 〖国名〗ギニア(共和国)《首都はコナクリ (कोनाक्री)》.

गिनी[2] /ginī ギニー/ ▸गिन्नी [←Eng.n. *guinea*] *f.* ギニー金貨.

गिनी-बिसाऊ /ginī-bisāū ギニー・ビサーウー/ [cf. Eng.n. *Guinea-Bissau*] *m.* 〖国名〗ギニアビサウ(共和国)《首都はビサウ (बिसाऊ)》.

गिन्नी /ginnī ギンニー/ ▸गिनी *f.* ☞गिनी[2]

गिमटी[1] /gimạṭī ギムティー/ [←Eng.n. *dimity*] *f.* (うね織りの)浮きじま綿布, ディミティ.

गिमटी[2] /gimạṭī ギムティー/ ▸गुमटी, गुम्मट *f.* ☞गुमटी

गिमलैट /gimạlaiṭạ ギムラェート/ [←Eng.n. *gimlet*] *m.* **1** 木工ぎり. **2** 〖食〗ギムレット《ジンまたはウオッカとライムジュースのカクテル》.

गियाना /giyānā ギヤーナー/ ▸गिनी *m.* ☞गिनी

गिरगिट /girạgiṭạ ギルギト/ [?cf. Skt.m. *कृकलास-* 'a lizard, chameleon'] *m.* 〖動物〗カメレオン. ❐~ की तरह रंग बदलना カメレオンのように色を変える《「節操がない」の意》.

गिरजा /girạjā ギルジャー/ ▹गिर्जा [←Port.m. *igreja* 'church'] *m.* 〖キリスト教〗教会. (⇒गिरजाघर, चर्च)

गिरजाघर /girạjāgʰarạ ギルジャーガル/ [*गिरजा* + *घर*] *m.* 〖キリスト教〗教会. (⇒गिरजा, चर्च)

गिरना /girạnā ギルナー/ [<OIA. **girati*[1] 'drips, falls': T.04159] *vt.* (*perf.* गिरा /girā ギラー/) **1** (もの・人が)落ちる, 落下する. ❐कंकड़ छत से टकराकर नीचे गिर पड़ा। 石は天井にぶつかって下に落ちた. ❐मैं पत्थर पर मुँह के बल गिरा और माथा फूट गया। 私は石の上に顔面から落ちた, そして額が割れた. ❐मेरे बाल नाई के निर्मम उस्तरे से छिल-छिलकर मेरे सामने गिर रहे थे। 私の髪の毛は, 床屋の情け容赦のないかみそりで剃られて, 前に落ちつつあった. ❐प्राप्ति-पत्र आपने ठीक से नत्थी किया है, गिर जायेगा। 領収書をあなたはちゃんとピンで止めていません, 落ちてしまいますよ. **2** (幕が)下りる. (⇔उठना) **3** (涙・水滴などが)落ちる;(雨・雹(ひょう)・霰(あられ)などが)降る. (⇒बरसना) ❐कोई जगह ऐसी न रह गई जिसपर आँसू न गिरे हों। (思い出深い我が家を最後に見回った時)涙がこぼれ落ちなかったような場所は一つもなかった. ❐मैंने तो अपनी उम्र में इतने बड़े ओले आसमान से गिरते नहीं देखे। 私は, 自分の人生で, これほど大きな雹が空から降ってくるのを見たことがなかった. **4** (木などが)倒れる, (家屋などが)崩れ落ちる, 倒壊する. ❐सिर पर पेड़ के गिरने का भय रहता है। 頭上に木が倒れ落ちる恐れがある. ❐सामने के मोड़ का तिमंजिला मकान गिर पड़ा। 前の角にある三階建ての家が倒壊した. **5** (人が)倒れる, 倒れ落ちる, ころぶ. (⇔उठना) ❐वह बेहोश होकर गिर पड़ी। 彼女は, 気絶して倒れた. ❐वह लड़खड़ाकर गिर पड़ा। 彼は, よろめいて倒れた. ❐वह पैरों पर गिर कर रोने लगा। 彼は足元に倒れ伏して泣き出した. ❐वह बर्फ़ीली चट्टान से फिसलकर गिर गई। 彼女は氷の岩から足を滑らして倒れ落ちた. ❐साइकिल के पैडिल पर मेरे पाँव डगमगाते थे, और मुझे लगता था कि मैं गिरा कि गिरा। 自転車のペダルの上で私の足はふらついていた, そして今倒れるか今倒れるかと思えた. ❐१५ अप्रैल, १९३६ को -- ठीक उसी दिन वह चारपाई पर गिरी, और फिर न उठी। 1936 年 4 月 15 日 -- 丁度その日彼女はベッドに倒れこんだ(=床にふせった), そして再び起きることはなかった. **6** (胎児が)流産する. **7** (川が)注ぎこむ. ❐ब्रह्मपुत्र मानसरोवर से निकलकर बंगाल की खाड़ी में गिरता है। ブラフマプトラ川はマーンサローワルから発しベンガル湾に注ぎこみます. **8** (価格が)下落する, 下がる. **9** (容体などが)悪化する;(気持ちが)意気消沈する. ❐उसकी हालत गिरती ही गई। 彼の容体は悪化していくばかりだった. ❐उसकी गैरमौजूदगी से उसका मनोबल गिर गया। 彼が不在のため彼女は意気消沈してしまった. **10** (政府が)倒れる. ❐सरकार गिरने में एक ही दिन शेष था। 政府が倒れるまで残り一日だけだった. **11** (面目・信用・名誉・人気などが)失なわれる.

गिरफ़्त /giraftạ ギラフト/ [←Pers.n. گرفت 'capture, seizure'] *f.* **1** 捕捉, 手中;支配, 統御. ❐एक बदमाश पुलिस की ~ में आ गया। 一人の札付きの不良が警察に捕まった. ❐दिल्ली इन दिनों ज़हरीली हवा की ~ में है। デリーはここ数日大気汚染の真っただ中である. ❐मास्को बर्फ़ीली बारिश की ~ में है। モスクワは雪混じりの雨に閉じ込められている. ❐वह अब भी पुलिस की ~ से दूर है। 彼はまだ警察の手から逃げている. **2** (武器などの)取っ手, 柄;(道具などの)ハンドル.

गिरफ़्तार /giraftārạ ギラフタール/ [←Pers.n. گرفتار 'a captive, prisoner, slave; involved (in trouble)'] *adj.* **1** 逮捕された, 捕縛された. ❐(को) ~ करना (人を)逮

捕する. **2** (悪い考えなどに)取りつかれる, 囚われる. ❐आप भी तो इसी मरज़ में ～ हैं? あなたもこの悪い癖に取りつかれているのですか?

गिरफ़्तारी /giraftārī ギラフターリー/ *f.* **1** 逮捕. ❐～ वारंट 逮捕状. **2** 捕縛.

गिरमिट[1] /girămiṭă ギルミト/ [←Eng.n. *agreement*] *m.* 〖歴史〗年季労働契約(書).

गिरमिट[2] /girămiṭă ギルミト/ [←Eng.n. *gimlet*] *m.* ねじ錐(ぎり).

गिरमिटिया /girămiṭiyā ギルミティヤー/ [cf. *गिरमिट*] *m.* 〖歴史〗年季契約労働者《特に, 英領植民地の奴隷制廃止(1933 年)以後, 砂糖黍プランテーションの労働力供給のため, 年季労働契約 (गिरमिट) に基づいて海外で働いた移民;主に東部ヒンディー語方言群に属するボージプリー語 (भोजपुरी) 圏から東アフリカ, モーリシャス, 南太平洋のフィジー, 西インド諸島のトリニダード, 中南米のスリナムやガイアナなどに送られた;第一次世界大戦後まで約 90 年間続き, 多くは現地に定住した》.

गिरवाना /girăvānā ギルワーナー/ [caus. of *गिरना, गिराना*] *vt.* (*perf.* गिरवाया /girăvāyā ギルワーヤー/) 落とさせる;落としてもらう.

गिरवी /girăvī ギルヴィー/ [←Pers.adj. گروی 'pledged, pawned'] *adj.* 〖経済〗抵当に入っている;担保に入っている. ❐～ ज़मीन 抵当に入っている土地.
— *f.* 〖経済〗抵当(に入っているもの);担保. ❐～ रखना (…を)抵当に入れる.

गिरवीनामा /girăvīnāmā ギルヴィーナーマー/ [←Pers.n. گروی نامه 'a deed of mortgage'] *m.* 〖経済〗抵当証書;担保証書.

गिरह /girahă ギラ/ [←Pers.n. گره 'a knot'] *f.* 結び目《特に衣服の布の端の結び目;お金の隠し場所として》. ❐～ काटना 人の金を掏る. ❐～ बाँधना 結び目をこしらえる.

गिरहकट /girahăkaṭă ギラヘカト/ [*गिरह* + *काटना*] *m.* すり. (⇒जेबकट, जेबकतरा)

गिरा /girā ギラー/ [←Skt.f. *गिरा-* 'speech, voice'] *f.* 〖ヒンドゥー教〗ギラー《「弁舌, 言葉」などを司るサラスヴァティー女神 (सरस्वती) の別名》.

गिराना /girānā ギラーナー/ [cf. *गिरना*] *vt.* (*perf.* गिराया /girāyā ギラーヤー/) **1** (わざと)落とす. ❐मैंने नोट ज़मीन पर गिरा दिये। 私は紙幣を地面に落とした. **2** (幕を)下ろす. (⇔उठाना) **3** (涙などを)こぼす. ❐उसने एक आँसू न गिराया। 彼女は, 涙ひとつこぼさなかった. ❐जहाँ तुम्हारा पसीना गिरे, वहाँ ख़ून गिराने को तैयार हूँ। 君が汗を流した場所では, 私は血だって流す用意がある. **4** (木などを)倒す, (家屋などを)崩して壊す. ❐हमारा घर सड़क में आ गया, इसलिए गिराया गया। 我が家は, (区画整理で)道に突出してしまった, そのため崩して壊された. **5** (人を)打ち倒す. ❐सब सालों को पीटकर गिरा दूँगा। 奴らみんなを殴って倒してやる. **6** (胎児を)堕す, 堕胎する. ❐डाक्टर शल्य मृत जन्मे शिशुओं और गिराए गए भ्रूणों की आँखों से कोशिकाएँ निकालकर नेत्र विकारों से पीड़ित वयस्कों की आँखों में प्रत्यारोपित कर रहे हैं। シャルヤ博士は死産や堕胎された胎児の眼から細胞を取り出し, 眼病に悩んでいる成人の眼に移植をしている. **7** (価格を)下げる. **8** おとしめる, さげすむ;(水準を)落とす;堕落させる. ❐हमारे मध्ययुगीन समाज ने स्त्री का दर्जा गिरा दिया। 我が国の中世社会は, 女性の地位をおとしめた. ❐इस पुस्तक में कुछ लोगों को गिराने का प्रयत्न किया गया है। この本では, いく人かの人間をおとしめようとしている. ❐मैं अपने पत्र का आदर्श गिराना नहीं चाहता। 私は自分の雑誌の理念を堕落させたくない. **9** (政府などを)倒す. ❐कांग्रेस संयुक्त मोर्चा सरकार को गिराने में कम ही रुचि रखेगी। 国民会議派は, 連合戦線政府を倒すことにあまり関心がないだろう. ❐अतीत में कांग्रेस ने उन सभी सरकारों को गिरा दिया था जिन्हें उसने पहले समर्थन दिया। 過去において国民会議派は, 最初支持した政府すべてを倒している.

गिरामी /girāmī ギラーミー/ [←Pers.adj. گرامی 'precious, excellent; dear, beloved'] *adj.* **1** 高名な, 尊敬すべき. (⇒नामी) **2** 親愛な.

गिरावट /girāvaṭă ギラーワト/ [cf. *गिरना*] *f.* **1** (価格・水準などの)下落, 低下;減少. ❐शेयर बाज़ार ने ～ के साथ शुरुआत की है। 株式市場は下落で始まった. ❐सोने के भाव की ～ 金の価格の下落. **2** (モラルなどの)堕落;(勢いなどの)衰退;(気力などの)減退.

गिरि /giri ギリ/ [←Skt.m. *गिरि-* 'a mountain, hill, rock'] *m.* 山. (⇒पर्वत)

गिरिराज /girirājă ギリラージ/ [←Skt.m. *गिरि-राज-* 'mountain-king'] *m.* ギリラージャ, 山の王者《ヒマーラヤ山 (हिमालय) をさすことが多い;クリシュナ神信仰の盛んなヴリンダーヴァナではゴーヴァルダナ山 (गोवर्धन) をさすことも》.

गिरिशिखर /giriśikʰară ギリシカル/ [←Skt.m. *गिरि-शिखर-* 'the summit of a mountain'] *m.* 山の頂.

गिरी /girī ギリー/ [?←Pers.n. گره 'a knot; a kernel'] *f.* 〖植物〗 (固い果実や種子の内部の柔らかい)果肉, 仁. ❐अख़रोट की ～ クルミの果肉.

-गिरी /-girī ・ギリー/ ▸-गरी, -गीरी [←Pers.n. گیری 'a taking, a handling (as last member of a compound)'] *suf.* 《主に名詞に付加して女性名詞「業務, 職, (…ぶる)行為・行動」を作る; दादागिरी 「兄貴風を吹かせること」など》

गिरोह /girohă ギローフ/ [←Pers.n. گروه 'a troop, squadron, company, band, levy of people, crew'] *m.* 集団, グループ, 群れ;徒党. (⇒दल) ❐चोर ～ 窃盗集団. ❐सशस्त्र ～ 武装集団.

गिरोही /girohī ギローヒー/ [*गिरोह* + *-ई*] *m.* (同じ集団の)一員, 仲間.

गिर्जा /girjā ギルジャー/ ▹गिरजा *m.* ☞गिरजा

गिर्द /girdă ギルド/ [←Pers.n. گرد 'round; a circle'] *adv.* 周囲に. ❐(के) इर्द-गिर्द (…の)周囲に.

गिलट /gilaṭă ギラト/ [←Eng.n. *gild*] *m.* 〖化学〗ニッケル(めっき).

गिलटी /gilăṭī ギルティー/ ▹गिल्टी [<OIA. **giḍa-* 'swollen gland': T.04156z2; cf. DEDr.1148

(DED.0962)] *f.* **1**〖医学〗腺, リンパ腺. **2**〖医学〗(リンパ腺などの)腫れ, しこり.

गिलहरा /gilahạrā ギラヘラー/ [?] *m.*〖動物〗雄リス. (⇔गिलहरी)

गिलहरी /gilahạrī ギラヘリー/ [cf. *गिलहरा*] *f.*〖動物〗(雌)リス. (⇔गिलहरा)

ग़िलाफ़ /ğilāfạ ギラーフ/ [←Pers.n. غلاف 'the sheath of a sword or knife; the cover of a flask, mirror; a pillow-case' ←Arab.] *m.* **1** 枕カバー：覆い, 掛け布, カバー. **2** (刀の)鞘. (⇒म्यान)

गिलास /gilāsạ ギラース/▸ग्लास [←Eng.n. *glass*] *m.* グラス, コップ, タンブラー《ガラス製である必要はない》. (⇒लोटा) ❐एक ～ पानी グラス一杯の水.

गिलौरी /gilaurī ギラォーリー/ [cf. OIA. **khilli-* 'roll esp. of betel leaf': T.03887] *f.*〖食〗ギラォーリー《嗜好品パーン (पान) の葉で包まれた完成品》. (⇒बीड़ा) ❐वे पान की गिलौरियाँ मुँह में भरकर बोले। 彼はパーンの包みをいくつも口の中に入れて言った.

गिल्टी /gilṭī ギルティー/ ▹गिलटी *f.* ☞गिलटी

गिल्ली /gillī ギッリー/ ▸गुल्ली *f.* ☞गुल्ली

गीत /gītạ ギート/ [←Skt.n. *गीत-* 'singing, song'] *m.* 歌, 詩歌；歌詞.

गीतकार /gītạkārạ ギートカール/ [neo.Skt.m. *गीत-कार-* 'a song writer'] *m.* 作詞家, ソングライター.

गीता /gītā ギーター/ [←Skt.f. *गीता-* 'a song, sacred song or poem, religious doctrines declared in metrical form by an inspired sage, *Bhagavadgītā*'] *m.* ☞भगवद्गीता

गीदड़ /gīdaṛạ ギーダル/ [＜OIA. **gidda-*[1] 'jackal, fox': T.04158] *m.* **1**〖動物〗(雄)ジャッカル, 山犬《姿を見たり, 鳴き声を聞いたりすることは不吉だとされる；鳴き声の擬声語は हुआँ-हुआँ》. (⇒सियार)(⇔गीदड़ी) **2** 臆病者.

गीदड़-भभकी /gīdaṛạ-b^{h}ab^{h}ạkī ギーダル・バブキー/ *f.* 虚勢, こけ脅し.

गीदड़ी /gīdạṛī ギードリー/ [cf. *गीदड़*] *f.*〖動物〗雌ジャッカル, 山犬. (⇔गीदड़)

-गीरी /-girī ・ギリー/ ▸-गरी, -गिरी *suf.* ☞-गिरी

गीला /gīlā ギーラー/ [＜OIA. **grilla-* 'wet, damp': T.04386] *adj.* **1** 水分を含んだ；ぬれた；湿った. ❐～ करना (…を)ぬらす, 湿らす. ❐～ होना ぬれる, 湿る. ❐गीली बारूद 湿った火薬. ❐गीली लकड़ी 湿った薪(たきぎ). ❐गीली साड़ी ぬれたサリー. **2** (涙で)ぬれた. ❐पिता जी की भी आँखें गीली हुईं। 父の目も涙でぬれた.

गीलापन /gīlāpanạ ギーラーパン/ [*गीला* + *-पन*] *m.* 濡れていること, 湿っていること, 湿り.

गुंजन /guṃjanạ グンジャン/ [←Skt.n. *गुञ्जन-* 'buzzing'] *m.* **1** (ハチの)ブンブンいう音. **2** (響く)こだま, 反響.

गुँजना /gũjạnā グンジナー/ ▸गूँजना *vi.* (*perf.* गुँजा /gũjā グンジャー/) ☞गूँजना

गुंजा /guṃjā グンジャー/ [←Skt.f. *गुञ्जा-* '*Abrus precatorius* (bearing a red and black berry which forms the smallest of the jeweller's weights)'] *f.*〖植物〗グンジャー《マメ科トウアズキ(の実)；実は宝石の微少な重さを量るおもりとしても利用》. (⇒घुँघची, रत्ती)

गुंजाइश /guṃjāiśạ グンジャーイシュ/ [←Pers.n. گنجایش 'capacity, holding, containing'] *f.* **1** 余地；余力；許容範囲；力量. ❐अब इसमें संदेह की ～ न रही कि वह अपने होश-हवास में नहीं है। もはや彼が正気ではないということに疑いの余地はなかった. **2**〖経済〗利ざや；余力. ❐ऊपर के सारे ख़र्च तोड़कर पाँच रुपए की ～ निकल सकती थी। ゆとりのすべての出費を削れば500ルピーの余力は出てくるのだった.

गुंजान /guṃjānạ グンジャーン/ [?←Pers. گنجان] *adj.* 密集した. (⇒घना) ❐～ बस्ती 密集した居住区.

गुंजायमान /guṃjāyạmānạ グンジャーエマーン/ [pseudo.Skt. *गुञ्जायमान-*; cf. *गूँजना*] *adj.* (ハチが)ブンブン音をたてる.

गुंजार /guṃjārạ グンジャール/ [cf. Skt.m. *गुञ्ज-* 'humming'] *m.* 音が響き渡ること；反響, こだま；鳥たちのさえずり；ハチの羽音.

गुंजारना /guṃjārạnā グンジャールナー/ [cf. *गुंजार*] *vi.* (*perf.* गुंजारा /guṃjārā グンジャーラー/) ☞गूँजना

गुँथना /gũt^{h}ạnā グントナー/▸गुथना [cf. *गूँथना*] *vi.* (*perf.* गुँथा /gũt^{h}ā グンター/) **1** (糸などが)もつれる, 絡まる. (⇒उलझना) ❐ये धागे इस प्रकार गुँथे हुए हैं कि एक को दूसरे से अलग नहीं किया जा सकता। これらの糸は, 互いを分離できないほどもつれ合っている. ❐उसके केश लताओं की छोटी-छोटी टहनियों से गुँथ गये। 彼の髪は, つる草の細い小枝に絡みついてしまった. **2** (髪などが)編まれる. ❐उसे गुँथी हुई चोटी अधिक आकर्षक लगी है। 彼には, 編まれた髪の房がとても魅力的に思われた. **3** (糸で)通される, (針に)(糸が)通る. **4** (口論などで)いがみ合う. ❐वे दोनों छोटी बातों के लिए आपस में गुँथ जाएँगे। 彼ら二人は, 些細な問題をめぐっていがみ合うだろう.

गुँथवाना /gũt^{h}ạvānā グントワーナー/ ▸गुथवाना [caus. of *गुँथना, गूँथना*] *vt.* (*perf.* गुँथवाया /gũt^{h}ạvāyā グントワーヤー/) (糸などを)もつれさせる.

गुंडा /guṃḍā グンダー/ [cf. OIA.m. *gōṇḍa-*[1] 'a wild tribe in the Vindhya mountains': T.04276] *m.* ごろつき, 不良, やくざ, よた者, 悪党.

गुंडागर्दी /guṃḍāgardī グンダーガルディー/ [*गुंडा* + *-गर्दी*] *f.* 無頼行為, 無法行為. ❐खुलेआम ～ हो रही है। 白昼堂々無法行為がまかり通っている.

गुंडापन /guṃḍāpanạ グンダーパン/ [*गुंडा* + *-पन*] *m.* ごろつき[よた者]であること.

गुँधना /gũd^{h}ạnā グンドナー/ [cf. *गूँधना*] *vi.* (*perf.* गुँधा /gũd^{h}ā グンダー/) (小麦粉などが)(液体を加えられながら)こねられる. ❐आटा गुँध गया है। 小麦粉がこねあがった.

गुंफन /guṃp^{h}anạ グンパン/ [←Skt.n. *गुम्फन-* 'winding (a garland)'] *m.* **1** (糸などを)きれいに巻きつけること. **2** (糸などに通して)数珠つなぎにすること.

गुंफित /guṃp^{h}itạ グンピト/ [←Skt. *गुम्फित-* 'tied, strung together'] *adj.* (糸などに通して)精妙に数珠つなぎさ

れた.

गुंबज /guṃbaja グンバジ/ ▸गुंबद *m.* ☞गुंबद

गुंबद /guṃbada グンバド/ ▸गुंबज [←Pers.n. گنبد 'an arch, vault, cupola, dome, tower'] *m.* 円天井, ドーム.

गुआम /guāma グアーム/ [cf. Eng.n. *Guam*] *m.* 〖地名〗グアム(島).

गुइयाँ /guiyā̃ グイヤーン/ ▸गोइयाँ [?<OIA.m. *gōtrin-* 'relative': T.04281] *m.* (ゲームなどの)チームメート, 同じチームの仲間. ❐गुइयों का चुनाव होने लगा। チームのメンバーの選考が始まった.

गुग्गुल /guggula グッグル/ [<OIA.n. *gúlgulu-* 'bdellium': T.04215] *m.* 〖植物〗グッグル《ミルラノキ属の低木;芳香のある植物性ゴム樹脂である没薬(もつやく)が採れる》. ❐~ धूप 没薬(もつやく).

गुच्ची /guccī グッチー/ [?] *f.* 〖ゲーム〗(地面に作る)細長い窪み《棒打ち遊びグッリー・ダンダー (गुल्ली-डंडा) で使う区画》.

गुच्छा /gucc^{h}ā グッチャー/ [<OIA.m. *guccha-* 'bunch of flowers': T.04172] *m.* **1** 〖植物〗房. ❐अंगूरों का ~ ブドウの房. **2** 束. ❐चाबियों [फूलों, बालों] का ~ 鍵[花, 髪]の束.

गुच्छी /gucc^{h}ī グッチー/ [cf. *गुच्छा*] *f.* 〖植物〗ムクロジ(無患子). (⇒रीठा)

गुच्छेदार /gucc^{h}edāra グッチェーダール/ [*गुच्छा* + *-दार*] *adj.* 房状の;房のついている.

गुज़र /guzara グザル/ [cf. Pers. گذر 'pass thou; passing by; a passage, ferry, ford'] *m.* **1** 通過;通り道;通路, アクセス. ❐हवा का भी ~ नहीं। 風の通り道すらない《「道が閉ざされている」の意》. **2** 生計, 暮らし. (⇒गुज़र-बसर) ❐तनख़्वाह में ~ नहीं होता। 給料ではやっていけません. ❐वह किताबें नक़ल करके, कपड़े सीकर, लड़कों को पढ़ाकर अपना ~ करता था। 彼は本の筆耕(ひっこう)をしたり, 繕いものをしたり, 子どもたちを教えて自分の生計を立てていた.

गुज़रना /guzaranā グザルナー/ [cf. *गुज़र*] *vi.* (*perf.* गुज़रा /guzarā グズラー/) **1** 通過する, 通り過ぎる. ❐वह उस पेड़ के पास से होकर गुज़रती थी। 彼女はその木の側を通って行くのが常でした. ❐यह सड़क कानपुर से गुज़रती है। この道はカーンプルを経由しています. ❐हम उनके पास से गुज़रने की भी हिम्मत न करते। 私たちはあのお方の側を通る勇気さえない. ❐मेरे बचपन से मेरे यौवन तक का सारा इतिहास मेरी आँखों के सामने से सर्र से गुज़र गया है, जैसे सड़क पर जाती हुई कोई तेज़ मोटर। 子ども時代から青年時代までの全部の歴史が, 私の目の前をさっと過ぎて行った, まるで道を猛スピードで走る自動車のように. **2** (時間が)経過する, 過ごされる. (⇒कटना, बीतना) ❐दिन गुज़रते गए। 日は経過していった. ❐उसके साथ पचीस साल गुज़र गए। 彼と一緒に 25 年が過ぎた. ❐उसका जीवन स्वाध्याय और चिंतन में गुज़रा। 彼の人生は, 研究と思索で過ぎた. ❐गुज़रे (हुए) कल 昨日に《特に「明日」と区別して》. **3** (身の上に)起こる, 降りかかる. ❐मालूम नहीं, उस बाला पर क्या गुज़री। あの少女の身の上に何が起きたのか, 知らない. **4** 亡くなる, 死亡する. (⇒मरना) ❐उसका अपना एक मात्र लड़का कुछ महीने का होकर गुज़र गया। 彼女の一人息子は, 生後数か月で亡くなった.

गुज़र-बसर /guzara-basara グザル・バサル/ *f.* 生計, 暮らしを立てるための手立て.

गुजरात /gujarāta グジラート/ [cf. Eng.n. *Gujarat*] *m.* グジャラート州《州都はガンディーナガル (गाँधीनगर)》.

गुजराती /gujarātī グジラーティー/ *adj.* **1** グジャラーティー語の. **2** グジャラート(州)の.

— *f.* グジャラーティー語.

गुज़ारना /guzāranā グザールナー/ [cf. *गुज़रना*] *vt.* (*perf.* गुज़ारा /guzārā グザーラー/) **1** 通過させる. ❐एक लंबी तस्वीर की पूरी रील, दो-चार मिनटों में ही बड़ी तेजी के साथ परदे पर से गुज़ार दी गई। 長編映画のリール一本全体が, ほんの数分の間に猛スピードでスクリーンの上に流された. **2** (時間・人生を)すごす[費やす]. (⇒काटना, बिताना) ❐वह बेकारी में दिन गुज़ार रहा है। 彼は, 無職で日々を過ごしている. ❐उसने पाठशाला के दफ़्तर में क्लर्की करके अपनी ज़िंदगी गुज़ारी। 彼は, 学校の事務室で事務員を勤めて人生を送った. **3** (目上の人の前に)(贈り物などを)差し出して置く.

गुज़ारा /guzārā グザーラー/ [←Pers.n. گذاره 'passing of time or life'] *m.* **1** 暮らし, 生活. **2** 生計;生活費. ❐उसने पति पर गुज़ारे का दावा किया। 彼女は夫に生活費の訴えをおこした.

गुज़ारिश /guzāriśa グザーリシュ/ [←Pers.n. گذارش 'petition'] *f.* **1** 頼み, 依願;申請. ❐(से) ~ करना (人に)願い事をする, 申請する.

गुझिया /guj^{h}iyā グジヤー/ *f.* 〖食〗グジヤー《メリケン粉と無糖練乳 (खोया) を主な材料にしギーで揚げたスナック風料理》.

गुट /guṭa グト/ ▸गुट्ट *m.* グループ;徒党, 党派, 派閥.

गुटकना /guṭakanā グタクナー/ [cf. *गुटरगूँ*] *vi.* (*perf.* गुटका /guṭakā グトカー/) (鳩などが)鳴く.

गुटका /guṭakā グトカー/ [cf. *गुट्टा*] *m.* 小型本, ポケットサイズの本, 袖珍本(しゅうちんぼん). ❐~ कोश 袖珍辞書.

गुटनिरपेक्ष /guṭanirapekṣa グトニルペークシュ/ [*गुट* + *-निरपेक्ष*] *adj.* 非同盟の, 中立の. ❐~ देश 非同盟諸国.

गुटबंदी /guṭabaṃdī グトバンディー/ [*गुट* + *-बंदी*] *f.* 派閥主義;徒党を組むこと. (⇒दलबंदी) ❐(के ख़िलाफ़) ~ करना (…に対抗して)徒党を組む.

गुटरगूँ /guṭaragū̃ グタルグーン/ [onom.] *f.* 〔擬声〕クックー, ポッポー《鳩 (कबूतर) の鳴き声》. ❐~- ~ करना (鳩が)クックーと鳴く. ❐दिन भर ~- ~ चलती रहती थी। 一日中鳩の鳴き声が続いていた.

गुटिका /guṭikā グティカー/ [←Skt.f. *गुटिका-* 'a small globe or ball'] *f.* 丸薬.

गुट्ट /guṭṭa グット/ ▸गुट *m.* ☞गुट

गुट्टा /guṭṭā グッター/ [<OIA. **gōṭṭa-* 'something round': T.04271] *m.* 〖ゲーム〗グッター《粗ラック (लाख) で作った四角いおはじき;主に女の子のゲームに

使用》

गुठली /guṭʰalī グトリー/ [<OIA. *guṭṭha-[1] 'clump, lump': T.04177] *f.* 〖植物〗(果実の)種, 核.

गुड़ /guṛa グル/ [<OIA.m. *guḍá-*[2] 'boiled sugarcane juice, molasses': T.04182] *m.* 〖食〗粗糖, 黒砂糖《しぼったサトウキビの汁を鍋で煮詰めたままの精製していない茶褐色の砂糖》.

गुड़गुड़ /guṛaguṛa グルグル/ [onom.; cf. DEDr.1659 (DED.1382)] *f.* **1**〔擬音〕(水ギセルを吸うときの)グルグル(という音). **2**〔擬音〕(お腹の)ゴロゴロ(という音).

गुड़गुड़ाना /guṛaguṛānā グルグラーナー/ [cf. *गुड़गुड़*] *vt.* (*perf.* गुड़गुड़ाया /guṛaguṛāyā グルグラーヤー/) **1** (水煙管などが)グルグル[ゴロゴロ] (गुड़-गुड़) 鳴る. (⇒गड़गड़ाना) **2** (腹が)ゴロゴロ鳴る.

— *vt.* (*perf.* गुड़गुड़ाया /guṛaguṛāyā グルグラーヤー/) (水煙管などを吸って)グルグル[ゴロゴロ]音をたてる.

गुड़गुड़ी /guṛaguṛī グルグリー/ [cf. *गुड़गुड़*] *f.* 小型の水ギセル. (⇒हुक़्क़ा)

गुड़धानी /guṛadʰānī グルダーニー/ [*गुड़* + *धानी* (<OIA.f. *dhānā́-*[1] 'corn, grain (esp. parched grain)': T.06777)] *f.* 〖食〗グルダーニー《炒った小麦粉を黒砂糖と混ぜた団子状の菓子》.

गुड़िया /guṛiyā グリヤー/ [cf. *गुड्डा*] *f.* 人形. ❐जापानी ～ 日本人形.

गुड्डा /guḍḍā グッダー/ [<OIA. *guḍḍa- 'doll, effigy': T.04189] *m.* **1** (ままごとで遊ぶ布の)人形. ❐～ बनाना (ままごとの)人形を作る. **2** (憎い人に似せて作った)人形(ひとがた). (⇒पुतला) ❐～ बनाना [बाँधना] (ののしり練り歩くために)人形(ひとがた)を作る.

गुड्डी /guḍḍī グッディー/ [cf. *गुड्डा*] *f.* (紙の)凧.

गुण /guṇa グン/ [←Skt.m. *गुण-* 'a quality (good or bad)'] *m.* **1** 美点, 長所;徳. (⇒ख़ूबी)(⇔कमी, दोष) **2** 特質, 特長;質. ❐हमारे यहाँ मात्रा से अधिक ～ को महत्त्व दिया जाता है। 我々のところでは量よりも質が重視される. **3** 〖生物〗形質. ❐पैतृक ～ 遺伝形質.

गुणक /guṇaka グナク/ [←Skt.m. *गुणक-* 'a calculator, reckoner; (in arithm.) the multiplier'] *m.* 〖数学〗乗数.

गुणकारक /guṇakāraka グンカーラク/ [←Skt. *गुण-कारक-* 'productive of good qualities, profitable'] *adj.* ☞गुणकारी

गुणकारी /guṇakārī グンカーリー/ [neo.Skt. *गुण-कारिन्-*] *adj.* **1** 効果のある, 有効な;効能のある. ❐सेहत के लिए ～ पनीर। 健康にいいチーズ. **2** 有益な, 役立つ.

गुणकीर्तन /guṇakīrtana グンキールタン/ [←Skt.n. *गुण-कीर्तन-* 'telling the merits'] *m.* 称賛すること, ほめそやすこと.

गुणगान /guṇagāna グンガーン/ [←Skt.n. *गुण-गान-* 'praising the virtues of another'] *m.* 人の徳をたたえること, 称賛. ❐(का) ～ करना (人を)ほめそやす.

गुणग्रहण /guṇagrahaṇa グングラハン/ [←Skt.n. *गुण-ग्रहण-* 'acknowledging or appreciating merit or good qualities'] *m.* 鑑識眼があること, 目利きであること.

गुणग्राहक /guṇagrāhaka グングラーハク/ [←Skt. *गुण-ग्राहक-* 'appreciating merit'] *adj.* ☞गुणग्राही

— *m.* ☞गुणग्राही

गुणग्राही /guṇagrāhī グングラーヒー/ [←Skt. *गुण-ग्राहिन्-* 'appreciating merit'] *adj.* 鑑定目のある, 目が利く. (⇒गुणग्राहक)

— *m.* (美術品などの)鑑定家, 目利き, くろうと. (⇒गुणग्राहक)

गुणज /guṇaja グナジ/ [neo.Skt.m. *गुण-ज-* 'multiple'] *m.* 〖数学〗倍数.

गुणज्ञ /guṇajña グンギエ/ [←Skt. *गुण-ज्ञ-* 'acknowledging or appreciating merit or good qualities'] *adj.* 鑑定目のある(人), 目が利く(人). ❐संसार में गुणियों का अभाव नहीं, गुणज्ञों का ही अभाव है। 世の中には有能な人間は不足していませんよ, (有能であるか)見極めることのできる人が不足しているのです.

गुणदोष /guṇadoṣa グンドーシュ/ [←Skt.m. *गुण-दोष-* 'virtue and vice'] *m.* 長所と短所, メリットとデメリット, 善し悪し, 善悪, 功罪.

गुणन /guṇana グナン/ [←Skt.n. *गुणन-* 'multiplication; enumeration'] *m.* 〖数学〗掛け算, 乗法. (⇔भाजन)

गुणनखंड /guṇanakʰaṃḍa グナンカンド/ [neo.Skt.m. *गुणन-खण्ड-*] *m.* 〖数学〗因数.

गुणनखंडन /guṇanakʰaṃḍana グナンカンダン/ [neo.Skt.n. *गुणन-खण्डन-* 'factorization'] *m.* 〖数学〗因数分解. ❐(का) ～ करना (…を)因数分解する.

गुणनचिह्न /guṇanacihna グナンチフン/ [neo.Skt.n. *गुणन-चिह्न-* 'sign of multiplication'] *m.* 〖数学〗乗法の演算記号「×」.

गुणनफल /guṇanapʰala グナンパル/ [neo.Skt.n. *गुणन-फल-* 'product (in multiplication)'] *m.* 〖数学〗積.

गुणवान् /guṇavān グンワーン/ ▷गुणवान [←Skt. *गुण-वत्-* 'endowed with good qualities or virtues or merits or excellences'] *adj.* 徳をそなえている(人), 徳の高い(人).

गुणसूत्र /guṇasūtra グンスートル/ [neo.Skt.n. *गुण-सूत्र-* 'chromosome'] *m.* 〖医学〗染色体. ❐मानव कोशिका में गुणसूत्रों की संख्या ४६ होती है। ヒトの細胞には染色体の数が46ある.

गुणहीन /guṇahīna グンヒーン/ [←Skt. *गुण-हीन-* 'void of merit'] *adj.* 長所がない, 劣っている.

गुणा /guṇā グナー/ [←Skt.f. *गुणा-* '(with numerals) fold, times'] *m.* 〖数学〗乗法, 掛け算. (⇔भाग) ❐(को) (से) ～ करना (…に)(…を)掛ける.

गुणातीत /guṇātīta グナーティート/ [←Skt. *गुण-अतीत-* 'freed from or beyond all properties'] *adj.* (特質・属性などを)超越した《最高神の形容として》.

गुणात्मक /guṇātmaka グナートマク/ [neo.Skt.

गुण-आत्मक- 'qualitative'] *adj.* 定性的な.（⇔मात्रात्मक）❐～ विश्लेषण 定性分析.

गुणानुवाद /guṇānuvāda グナーヌワード/ [neo.Skt.m. *गुण-अनुवाद-* 'encomium, eulogy'] *m.* 称賛，賛美；賛辞.

गुणित /guṇita グニト/ [←Skt. *गुणित-* 'multiplied'] *adj.* 〖数学〗倍数の. ❐छह को तीन से ～ करना 6 に 3 を掛ける.

गुणी /guṇī グニー/ [←Skt. *गुणिन्-* 'endowed with good qualities or merits'] *adj.* 有能な；芸に秀でた.

— *m.* 有能な人；芸に秀でた人.

गुत्थम-गुत्था /gutt^{h}ama-gutt^{h}ā グッタム・グッター/ [cf. OIA. **guptha-* 'strung': T.04202z1] *m.* 取っ組み合いのけんか. ❐कानून के रखवले पुलिस के दो जवान शुक्रवार की रात ～ हो गये। 法を守るはずの警官二人が金曜日の夜取っ組み合いのけんかになった.

गुत्थी /gutt^{h}ī グッティー/ [cf. *गुथना*] *f.* **1**（糸などの）もつれ，からまり. **2** もつれた面倒事，もめごと，ごたごた. ❐जिस ～ को सुलझाने आये थे, वह और भी जटिल हो गयी। ときほぐそうと来たもめごとが，さらにもつれてしまった.

गुथना /gut^{h}anā グトナー/ ▸गूँथना *vi.* (*perf.* गुथा /gut^{h}ā グター/) ☞गूँथना

गुथवाना /gut^{h}avānā グトワーナー/ ▸गुँथवाना *vt.* (*perf.* गुथवाया /gut^{h}avāyā グトワーヤー/) ☞गुँथवाना

गुदगुदा /gudagudā グドグダー/ [?cf. *गूदा*] *adj.* 果肉のたっぷりした；やわらかい.

गुदगुदाना /gudagudānā グドグダーナー/ [cf. *गुलगुलाना*] *vt.* (*perf.* गुदगुदाया /gudagudāyā グドグダーヤー/) **1** くすぐる. ❐उसने मुझे गुदगुदा दिया। 彼女は私をくすぐった. **2**（人の気持ちを）くすぐる，いい気持にさせる. ❐अपने इकलौते बेटे की बहू का मुख देखने की सुखद लालसा ने दादी को गुदगुदाया होगा। 一人息子の嫁の顔を見たいという心地好い願望が祖母をくすぐったのだろう. ❐उनके दिल में यह विचार गुदगुदा रहा था कि जिस समय वह उस आनंद-समाचार सुनेगी, उस समय अवश्य उठ बैठेगी। 彼の心の中で，彼女がこのいい知らせを聞けば，きっと（床から）起き上がるにちがいないという考えがうれしい気持ちにさせていた.

गुदगुदाहट /gudagudāhaṭa グドグダーハト/ [*गुदगुदाना* + *-आहट*] *f.* ☞गुदगुदी

गुदगुदी /gudagudī グドグディー/ [cf. *गुदगुदाना*] *f.* **1** くすぐったさ. **2**（おだてられた）うれしさ；（いいことを期待する）喜び. ❐यह कल्पना मेरे हृदय में ～ पैदा कर रही थी कि मैं वह पहला प्राणी हूँ इसे यह बात सूझी है। 私がこのことを最初に思いついた人間だという想像が私の心の中でうれしい喜びを湧きあがらせていた. ❐हृदय में ～ हुई। 心の中で喜びがこみあげた. **3** むずむず［うずうず］とする欲望；欲情，性欲.

गुदड़ी /gudaṛī グドリー/ [cf. *गूदड़*] *f.* **1**（古い布を）つぎはぎした布. **2** 古着；古道具，古物（こぶつ）. ❐～ बाज़ार 古物市，蚤の市.

गुदना /gudanā グドナー/ [cf. *गोदना*] *vi.* (*perf.* गुदा /gudā グダー/) **1** ちくりと刺される. **2** 刺青（いれずみ）がほどこされる.

— *m.* 刺青（いれずみ）.

गुदवाना /gudavānā グドワーナー/ ▸गुदाना [caus. of *गुदना, गोदना*] *vt.* (*perf.* गुदवाया /gudavāyā グドワーヤー/) 刺青（いれずみ）をさせる；刺青をしてもらう.

गुदा /gudā グダー/ [＜OIA.m. *gudá-* 'intestine, anus': T.04194] *f.* 肛門.

गुदाना /gudānā グダーナー/ ▸गुदवाना *vt.* (*perf.* गुदाया /gudāyā グダーヤー/) ☞गुदवाना

गुद्दी /guddī グッディー/ *f.* 首筋，うなじ，えりあし.

गुनगुना[1] /gunagunā グングナー/ [cf. *गुनगुनाना*] *adj.* 鼻声の（人）.

गुनगुना[2] /gunagunā グングナー/ ▸कुनकुना *adj.* ☞कुनकुना

गुनगुनाना /gunagunānā グングナーナー/ [onom.; ＜OIA. **ganagana-* 'murmur': T.04013] *vt.* (*perf.* गुनगुनाया /gunagunāyā グングナーヤー/) **1**（蜂などが）ブンブン（गुन-गुन）音をたてる.（⇒भिनभिनाना）❐भौंरे गुनगुना रहे हैं। 蜂がブンブン飛んでいる. **2**（鼻歌を）歌う，口ずさむ. ❐मैं अपनी कविता की कुछ पंक्तियाँ गुनगुनाने लगा। 私は自作の詩を数行口ずさみはじめた. ❐मैं गुनगुनाता हुआ लौट आया। 私は鼻歌を歌いながら帰宅した. **3**（口の中で）もごもご言う，つぶやく. ❐वह उनके गुण गुनगुनाता रहा। 彼はあの方の偉大さを口の中でもごもご言っていた.

गुनना /gunanā グンナー/ [＜OIA. *guṇáyati*[1] 'advises': T.04191; cf. OIA. *guṇayati*[2] 'multiplies': T.04191a] *vt.* (*perf.* गुना /gunā グナー/) **1** 熟考する，思案する. ❐पढ़ना और गुनना एक नहीं है। 読書することと内容をよく考えること（＝理解すること）は，同じではない. **2**（人に対して）一目置く.（⇒गरदानना, मानना）❐वह तुम्हें गुनता है। 彼は君に一目置いている.

गुनहगार /gunahagāra グナヘガール/ ▸गुनाहगार [←Pers.n. گنہگار 'a sinner'] *adj.* ☞गुनाहगार

गुनही /gunahī グンヒー/ ▸गुनाही *adj.* ☞गुनाही

-गुना /-gunā ・グナー/ [cf. Skt.f. *गुणा-* '(with numerals) fold, times'] *adj.* …倍の《基数詞に付加して「…倍の」を表す；ただし「8 倍の」までは，दुगुना「2 倍の」，तिगुना「3 倍の」，चौगुना「4 倍の」，पँचगुना「5 倍の」，छगुना「6 倍の」，सतगुना「7 倍の」，अठगुना「8 倍の」がより一般的》. ❐（से）कई ～ अधिक［ज़्यादा］（…より）何倍も多い.

गुनाह /gunāha グナーハ/ [←Pers.n. گناه 'sin, crime, error, vice, fault, iniquity'] *m.* **1**（道徳・宗教上の）罪，罪悪；悪行，悪事.（⇒पाप）**2**〖法律〗罪，犯罪.

गुनाहगार /gunāhagāra グナーヘガール/ ▸गुनहगार [←Pers.n. گناہگار 'a sinner, culprit, criminal'] *adj.* **1**（道徳・宗教上）罪深い.（⇒गुनाही, पापी）**2**〖法律〗罪を犯した；犯罪的な.（⇒गुनाही）

— *m.* **1**（道徳・宗教上）罪人.（⇒गुनाही, पापी）**2**〖法律〗犯人，罪人.（⇒गुनाही）

गुनाही /gunāhī グナーヒー/ ▸गुनही [*गुनाह* + *-ई*] *adj.* **1**（道徳・宗教上）罪深い.（⇒गुनाहगार）**2**〖法律〗罪を犯した，犯罪的な.（⇒गुनाहगार）

— *m.* **1**（道徳・宗教上の）罪人.（⇒गुनाहगार）**2**〘法律〙犯人, 罪人.（⇒गुनाहगार）

गुपचुप /gupacupa グプチュプ/ [echo-word; cf. *चुप*] *adj.* 秘密裏の, 隠密の. ❐～ तरीक़े से 秘密裏に, こっそり. ❐～ मुलाक़ात 秘密の会談.

— *adv.* こっそりと, ひそかに, 隠れて. ❐(से) ～ शादी करना（人と）ひそかに結婚する.

गुप्त /gupta グプト/ [←Skt. *गुप्त-* 'hidden, concealed, kept secret, secret'] *adj.* 秘密の；隠された.（⇒ख़ुफ़िया）❐～ रूप से 隠れて, 秘密裏に.

— *m.* **1**〘歴史〙グプタ（朝）《西暦 320 年から 550 年頃まで北インドで栄えた王朝》. **2**〘ヒンドゥー教〙グプタ《北インドの商人カースト・コミュニティーの名前の一つ》.

गुप्तचर /guptacara グプトチャル/ [←Skt.m. *गुप्त-चर-* 'going secretly'] *m.* スパイ, 密偵, 間諜；探偵.（⇒जासूस）

गुप्तदान /guptadāna グプトダーン/ [←Skt.n. *गुप्त-दान-* 'a hidden gift'] *m.* グプタダーナ《寄付者の名前・所在や寄付される額なども公にすることなしにされる寄付》.

गुप्तवेश /guptaveśa グプトヴェーシュ/ [←Skt.m. *गुप्त-वेष-* 'dress used for concealment, disguise'] *m.* 変装（用の衣服）. ❐～ में 変装して.

गुप्तांग /guptāṃga グプターング/ *m.* 陰部, 恥部, 秘所.

गुफा /gupʰā グパー/ [＜OIA. **gupphā-* 'cave': T.04204; cf. Skt.f. *गुहा-* 'a hiding-place, cave, cavern'] *f.* 洞窟, 洞穴；石窟.（⇒कंदरा）

गुफ़्तगू /guftagū グフトグー/ [←Pers.n. گفتگو 'parley'] *f.* 会話, 対話. ❐(से) ～ करना（人と）会話する.

गुबरैला /gubarailā グブラェーラー/ [cf. *गोबर*] *m.*〘昆虫〙フンコロガシ.

गुबार /ğubāra グバール/ [←Pers.n. غبار 'dust' ←Arab.] *m.* **1** 塵（ちり）, ほこり.（⇒गर्द, धूल）**2** 不快感,（胸の）うっぷん, もやもや. ❐दिल का ～ निकलना 胸のうっぷんが晴れる. ❐दिल का ～ निकालना 胸のうっぷんを晴らす.

गुब्बारा /ğubbārā グッバーラー/ [←Pers.n. غباره 'a fire-balloon; a balloon'] *m.* 風船；気球, バルーン.（⇒बैलून）❐गुब्बारे में हवा भरकर फुलाना 風船に空気を入れてふくらませる. ❐गैस का ～ ガス気球.

गुम /guma グム/ [←Pers.adj. گم 'lost, wanting, missing'] *adj.* **1** 失われた；消えた. ❐कोई भी दस्तावेज़ ～ नहीं था। いかなる書類も失われていなかった. **2** 見つからない；行方不明の. ❐～ करना 隠す. **3** 没頭している；上の空の. ❐(में) ～ होना（…に）没頭している.

गुमटा /gumaṭā グムター/ ▸गुमड़ा [＜OIA.m. *gúlma-* 'clump of trees': T.04217] *m.*（打撲による）瘤（こぶ）；腫れ.

गुमटी /gumaṭī グムティー/ ▸गिमटी, गुम्मट [cf. *गुंबद*] *f.* **1** ドーム型の屋根（の建造物）；円蓋. **2**（鉄道の踏切り番などの）番小屋《ドーム型の屋根であったことから》.

गुमड़ा /gumaṛā グムラー/ ▸गुमटा *m.* ☞गुमटा

गुमना /gumanā グムナー/ [cf. *गुम*] *vi.* (*perf.* गुमा /gumā グマー/) 失われる；なくなる.

गुमनाम /gumanāma グムナーム/ [←Pers.adj. گمنام 'whose name is lost, extinct'] *adj.* **1** 匿名の.（⇒अनाम）❐～ पत्र 匿名の手紙. **2** 無名の；作者不明の（作品）.

गुमनामी /gumanāmī グムナーミー/ [*गुमनाम* + *-ई*] *adj.* ☞गुमनाम

— *f.* **1** 匿名. **2** 無名.

गुमराह /gumarāha グムラーハ/ [←Pers.adj. گمراه 'losing the way, having lost one's way, wandering, stray'] *adj.* **1** 道に迷った；迷子になった；はぐれた. ❐(को) ～ करना（…を）迷わせる, 迷走させる. **2** 道を誤った；道を踏み外した. ❐～ लड़का ぐれた子ども.

गुमराही /gumarāhī グムラーヒー/ [←Pers.n. گمراہی 'missing or losing one's way'] *f.* **1** 道に迷うこと；迷走. **2** 道を踏み外すこと；堕落.

गुमशुदगी /gumaśudagī グムシュドギー/ [←Pers.n. گم شدگی 'a lost condition'] *f.* 行方不明；失踪；紛失.

गुमशुदा /gumaśudā グムシュダー/ [←Pers.adj. گم شده 'lost'] *adj.* 行方不明の（人）；紛失した（もの）.

गुमसुम /gumasuma グムスム/ [?echo-word; cf. *गुम*; cf. Pers.n. صم 'being deaf' ←Arab.] *adv.* じっと；黙って. ❐वह ～ खड़ा रहा। 彼は黙って立っていた.

गुमान /gumāna グマーン/ [←Pers.n. گمان 'doubt, suspicion, surmise; supposition, imagination'] *m.* **1** 推測, 憶測；予測, 予想. ❐उसे ～ तक नहीं था। 彼は予想だにしなかった. ❐मुझे स्वप्न में भी यह ～ न था कि तुम मेरे साथ ऐसी बेवफ़ाई करोगी। お前が私をこのように裏切るなんて夢にも思わなかった. **2** 疑惑；不審. **3** 尊大；高慢.

गुमाना /gumānā グマーナー/ [cf. *गुमना*] *vt.* 失う（⇒खोना, गँवाना）

गुमानी /gumānī グマーニー/ [←Pers.adj. گمانی 'suspicious, doubting, distrustful'] *adj.* **1** 疑わしい；不審な. **2** 尊大な；高慢な.

गुमाश्ता /gumāśtā グマーシュター/ [←Pers.adj. گماشته 'appointed, set over'] *m.* 委任代理人；（商取引などで）代表権のある人.

गुमाश्तागीरी /gumāśtāgīrī グマーシュターギーリー/ [←Pers.n. گماشته گری 'commission; agency'] *f.* 委任, 委託；代理職；代行業.

गुम्मट /gummaṭa グムマト/ ▸गिमटी, गुमटी *f.* ☞गुमटी

गुयाना /guyānā グヤーナー/ ▸गयाना *m.* ☞गयाना

गुर /gura グル/ [＜Skt.m. *गुरु-* 'any venerable or respectable person'] *m.* 秘訣.（⇒नुसख़ा）❐कुश्ती का ～ ताक़त नहीं फुर्ती है। レスリングの秘訣は力ではなく敏捷さである.

गुरगा /guragā グルガー/ ▹गुर्गा [?cf. Skt. *गुरु-गत-* 'being with or belonging to a spiritual teacher'] *m.*（悪人の）手下, 子分.

गुरदा /guradā グルダー/▹गुर्दा [←Pers.n. گرده 'kidney; courage'] *m.* **1** 腎臓.（⇒किडनी）**2** 勇気；度胸. ❐बीबी-बच्चों का पालना बड़े गुरदे का काम है। 妻子を養うということ

はとても勇気のいることだ.

गुरिल्ला /gurillā グリッラー/ [←Eng.n. *guerilla*] *m.* ゲリラ. ❐～ युद्ध ゲリラ戦. ❐～ सैनिक ゲリラ戦士.

गुरु /guru グル/ [←Skt. *गुरु-* 'heavy, weighty'] *adj.* **1** 重い. **2** グル,「重」《長母音 (दीर्घ स्वर) が含まれる音節;韻律上の時間単位は2マートラー (मात्रा) 分とされる》. (⇔लघु)

— *m.* **1**〖ヒンドゥー教〗グル, 導師, 師. **2**〖暦〗木曜日《गुरुवार の省略形》.

गुरुआनी /guruānī グルアーニー/ [cf. *गुरु*] *f.* **1** 師 (गुरु) の妻. **2** 女性の教師.

गुरुकुल /gurukulạ グルクル/ [←Skt.n. *गुरु-कुल-* 'the house of a *Guru*'] *m.*〖ヒンドゥー教〗グルクラ《原意は「師の家」;師の家に寄宿し全寮制学校のように学んだとされる古代の教育システム》.

गुरु ग्रंथ साहिब /guru graṃtʰạ sāhibạ グル グラント サーヒブ/ *m.*〖スィック教〗グル・グラント・サーヒブ《スィック教の根本聖典;10代続いた人間の教主の後, この根本聖典が永遠の教主となった》

गुरुघंटाल /gurugʰaṃṭālạ グルガンタール/ [*गुरु* + ?*घंटाल*] *adj.* ろくでなしの(人).

— *m.* ごろつき, ろくでなし.

गुरुजन /gurujanạ グルジャン/ [←Skt.m. *गुरु-जन-* 'any venerable or elderly person'] *m.* 目上の方々;恩師《複数扱いで》.

गुरुता /gurutā グルター/ [←Skt.f. *गुरु-ता-* 'weight, heaviness'] *f.* ☞गुरुत्व

गुरुत्व /gurutvạ グルトオ/ [←Skt.n. *गुरु-त्व-* 'weight, heaviness'] *m.* **1** 重さ, 重量. **2**〖物理〗重力, 引力. **3** 重要性, 重大さ **4** 貫禄(かんろく), 威厳;重々しさ. **5** 長母音《子音連続の前後など韻律上長いとされる母音も含む》. (⇔ह्रस्व)

गुरुत्वकेंद्र /gurutvakeṃdrạ グルトワケーンドル/ [neo.Skt.n. *गुरुत्व-आकर्षण-* 'the centre of gravity'] *m.*〖物理〗重心.

गुरुत्वाकर्षण /gurutvākarṣaṇạ グルトワーカルシャン/ [neo.Skt.n. *गुरुत्व-आकर्षण-* 'gravitation'] *m.*〖物理〗引力;重力. ❐～ नियम 重力の法則.

गुरुदक्षिणा /gurudakṣiṇā グルダクシナー/ [←Skt.f. *गुरु-दक्षिणा-* 'a fee given to a spiritual preceptor'] *f.* 恩師への謝礼.

गुरुद्वारा /gurudvārā グルドワーラー/ [*गुरु* + *द्वार*] *m.*〖スィック教〗グルドゥワーラー, 寺院.

गुरुमंत्र /gurumaṃtrạ グルマントル/ [←Skt.m. *गुरु-मन्त्र-* 'the *mantra* received from a guru'] *m.* **1**〖ヒンドゥー教〗グルマントラ《師から伝授される神聖な呪文》. **2** (霊験(れいげん)あらたかな)呪文;効果てきめんな文言.

गुरुवार /guruvārạ グルワール/ [←Skt.m. *गुरु-वार-* 'Thursday'] *m.*〖暦〗木曜日. (⇒बृहस्पतिवार)

गुर्गा /gurgā グルガー/ ▹गुरगा *m.* ☞गुरगा

गुर्दा /gurdā グルダー/ ▹गुरदा *m.* ☞गुरदा

गुर्राना /gurrānā グルラーナー/ ▸गुर्राना [<OIA. **guragura-* 'growl': T.04207; ?cf. Pers. غریدن 'to thunder'] *vi.* (*perf.* गुर्राया /gurrāyā グルラーヤー/) **1** (動物が)ウーウー (गुर्र-गुर्र) 唸る. ❐मुझे देखकर कुत्ता गुर्राने लगा। 私を見て, 犬は唸りだした. ❐लेने की बेर तो दुम हिलाते हो, जब देने की बारी आती है, तो गुर्राते हो। 君はもらう時は尻尾をふるくせに, 与える番になると, (犬みたいに)唸るんだな. **2** がみがみ言う, どなり罵る. ❐दोनों आपस में एक दूसरे पर गुर्राते रहे। 二人とも, 互いを罵りつづけた.

ग़ुर्राना /ğurrānā グルラーナー/ ▸गुर्राना *vi.* (*perf.* ग़ुर्राया /ğurrāyā グルラーヤー/) ☞गुर्राना

गुल /gulạ グル/ [←Pers.n. گل 'a rose; a flower; snuff of a lamp or a candle'] *m.* **1**〖植物〗バラ(薔薇)(の花)《合成語の要素として使用》. (⇒गुलाब) **2**〖植物〗花. (⇒फूल) ❐～ खिलना 花が咲く《「不可思議なことが起こる」の意で多用》. **3** 燃え尽きたろうそく・ランプの芯《転じて「灯りのともっていないこと」の意にも》. ❐～ करना (ろうそく・ランプなどを)消す. ❐बिजली [बत्ती] ～ हो गई। 停電になった.

ग़ुल /ğulạ グル/ [←Pers.n. غل 'tumult'] *m.* 騒音;喧騒;騒ぎ. ❐(का) ～ मचाना [करना] (…と叫んで)騒ぎ立てる.

गुलक़ंद /gulạqaṃdạ グルカンド/ [←Pers.n. گلقند 'candied conserve of roses'] *m.*〖食〗グルカンド《バラの花弁の砂糖漬け;便秘薬としても》.

ग़ुल-ग़पाड़ा /ğulạ-gapāṛā グル・ガパーラー/ [echo-word; cf. *ग़ुल*] *m.* 騒ぎ;騒動.

गुलगुला /gulạgulā グルグラー/ [cf. *गुलगुलाना*] *adj.* (やわらかくて)ふわふわの, ふかふかの, ふんわりした.

— *m.*〖食〗グルグラー《油で揚げた丸い菓子の一種》.

गुलगुलाना /gulagulānā グラグラーナー/ [?<OIA.n. *gúlgulu-* 'bdellium': T.04215] *vt.* (*perf.* गुलगुलाया /gulạgulāyā グルグラーヤー/) **1** もんで柔らかくする, もみほぐす. **2**〔擬音〕うがいをする. ❐उसने मुँह में पानी डालकर देर तक गुलगुलाया और फिर कुल्ला किया। 彼は口に水を含んでしばらくゴロゴロうがいをしたその後で口をゆすいだ.

गुलछर्रा /gulạcʰarrā グルチャルラー/ [*गुल* + *छर्रा*] *m.* お祭り騒ぎ, どんちゃん騒ぎ, 歓楽. ❐गुलछर्रे उड़ाना 歓楽にふける.

गुलज़ार /gulạzārạ グルザール/ [←Pers.n. گلزار 'a garden of roses; a flourishing and well-populated town'] *adj.* 華やかな;賑わいのある. ❐～ इलाक़ा 繁華街.

— *m.* 花園《特にバラ園》.

गुलदस्ता /gulạdastā グルダスター/ [←Pers.n. گلدسته 'a handful of roses'] *m.* 花束. ❐～ बाँधना 花束を作る. ❐वह एक ～ लिये खड़ा था। 彼は一束の花束を持って立っていた.

गुल-दाऊदी /gulạ-dāūdī グル・ダーウーディー/▸गुल-दावदी [←Pers.n. گل داودی 'chrysanthemum indicum; daisy'] *f.*〖植物〗キク(菊)(の花).

गुलदान /gulạdānạ グルダーン/ [←Pers.n. گلدان 'a flower-pot'] *m.* 花瓶. (⇒फूलदान)

गुलदार /gulạdārạ グルダール/ [*गुल* + *-दार*] *adj.* 花柄の, 花模様の. (⇒फूलदार)

गुल-दावदी /gula-dāvạdī グラ・ダーオディー/ ▸गुल-दाऊदी *f.* ☞गुल-दाऊदी

गुलमर्ग /gulạmargạ グルマルグ/ [cf. Eng.n. *Gulmarg*] *m.* 〖地名〗グルマルグ《ジャンムー・カシュミール州 (जम्मू और कश्मीर) の風光明媚な高原避暑地》.

गुलशन /gulạśanạ グルシャン/ [←Pers.n. گلشن 'a rose or flower-garden'] *m.* 花園;バラ園.

गुलाब /gulābạ グラーブ/ [←Pers.n. گلاب 'rose-water'] *m.* **1**〖植物〗バラ(薔薇)(の花). (⇒गुल) **2** バラ(香)水. (⇒गुलाबजल)

गुलाबजल /gulābạjalạ グラーブジャル/ [*गुलाब* + *जल*] *m.* グラーブジャル《バラ(香)水, バラの花弁の蒸留液》.

गुलाबजामुन /gulābạjāmunạ グラーブジャームン/ [*गुलाब* + *जामुन*] *m.* 〖食〗グラーブジャームン《甘い菓子の一種》.

गुलाबी /gulābī グラービー/ [←Pers.n. گلابی 'rose colour'] *adj.* **1** バラの, バラに関係した. **2** バラ色の;ピンク色の, ほんのり赤い. ❐～ रंग バラ色, ピンク色. ❐～ साड़ी ピンク色のサリー.

— *f.* バラ色, ピンク色;ほんのりとした赤さ;(頬の)紅潮.

ग़ुलाम /ğulāmạ グラーム/ [←Pers.n. غلام 'a boy, lad, youth, one whose mustachios begin to grow; a servant; a slave' ←Arab.] *m.* **1** 奴隷. (⇒दास) **2** しもべ;下僕;召使. **3**〖ゲーム〗(トランプの)ジャック.

ग़ुलामी /ğulāmī グラーミー/ [←Pers. غلامی 'belonging to a servant'] *f.* 隷属, 隷従, 屈従;奴隷制. ❐(की) ～ करना (人の)言いなりになり従う. ❐मानसिक ～ 精神的な隷従. ❐राजनीतिक ～ 政治的な隷従.

गुलाल /gulālạ グラール/ [?<OIA.m. *guṇḍaka-* 'dust, powder': T.04193] *m.* グラール《ホーリー祭 (होली) で相手に投げつける赤い粉》.

गुलू /gulū グルー/ [←Pers.n. گلو 'the neck, gullet, throat'] *m.* 喉;首.

गुलूबंद /gulūbaṃdạ グルーバンド/ [←Pers.n. گلو بند 'a neckcloth'] *m.* マフラー;スカーフ;ネッカチーフ《首に巻くもの一般》.

ग़ुलेल /ğulelạ グレール/ [←Pers.n. غلیل 'a pellet-bow'] *f.* **1**〖ゲーム〗(Y 字形の)パチンコ. ❐मैंने कंकड़ रखकर उस चिड़िया पर ～ चलाई। 私は小石をはさんでその鳥をめがけてパチンコを放った. **2**〖歴史〗石弓;投石器.

गुल्म /gulmạ グルム/ [←Skt.m. *गुल्म-* 'a cluster or clump of trees, thicket, bush, shrub; a troop or guard of soldiers, body of troops, division of an army'] *m.* **1** (低木の)茂み, やぶ. **2**〖医学〗腫瘍, しこり.

ग़ुल्लक /ğullakạ グッラク/ [←Pers.n. غلك 'a jar used as a till or saveall'; cf. *गोलक*] *m.* (一日の売り上げの)金を入れる箱・袋.

गुल्ली /gullī グッリー/ ▸गिल्ली [<OIA.m. *guḍá-*[1] 'globe, ball': T.04181] *f.* **1** (金属の)小さな塊;(木の)小片. **2**〖ゲーム〗グッリー《棒打ち遊び (गुल्ली-डंडा) で打たれる短く細長い木片;トウモロコシの実を取った穂軸も代用される》. **3**〖スポーツ〗ベイル《クリケットで三柱門(ウィケット)の上部に載せる横木》.

गुल्ली-डंडा /gullī-ḍaṃḍā グッリー・ダンダー/ *m.* 〖ゲーム〗グッリー・ダンダー《短く細長い木片 (गुल्ली) を棒 (डंडा) で打って遊ぶ》.

गुवा /guvā グワー/ [cf. *गुवाक*] *m.* ☞गुवाक

गुवाक /guvākạ グワーク/ [←Skt.m. *गुवाक-* 'the betel-nut tree'] *m.* 〖植物〗ビンロウジ, ビンロウジュ(檳榔樹)(の実). (⇒सुपारी)

गुवाहाटी /guvāhāṭī グワーハーティー/ [*गुवा* + *हाट*; cf. Eng.n. *Guwahati*] *f.* 〖地名〗グワーハーティー《アッサム州 (असम) の中心都市》.

ग़ुसलख़ाना /ğusalạxānā グサルカーナー/ [←Pers.n. غسل خانه 'a bath, bagnio'] *m.* **1** 洗面所, バスルーム, 浴室. **2** トイレ, 便所.

गुस्ताख़ /gustāxạ グスターク/ [←Pers.adj. گستاخ 'arrogant, presumptuous, bold, rash, audacious, uncivil, rude, impudent, cruel'] *adj.* 無礼な;厚かましい, 厚顔な;生意気な. (⇒बेअदब, अशिष्ट) ❐ये तीनों कामचोर, गुस्ताख़ और आलसी थे। この3人はそろいもそろって仕事をさぼることが好きで, 生意気そして怠け者であった.

गुस्ताख़ी /gustāxī グスターキー/ [←Pers.n. گستاخی 'arrogance, want of urbanity or politeness, rudeness, freedom, familiarity'] *f.* 無礼な[傲慢な]振る舞い. (⇒अशिष्टता, बेअदबी) ❐(के साथ) ～ करना (人に)無礼をはたらく. ❐～ माफ़ हो। ご無礼をお許しください.

ग़ुस्सा /ğussā グッサー/ [←Pers.n. غصة 'strangulation, suffocation; grief, anxiety, sorrow, sadness' ←Arab.] *m.* 怒り, 激怒. (⇒क्रोध) ❐(को) (पर) ～ आना (人が)(…に対して)怒りを覚える. ❐(पर) ～ करना (…に対して)怒る. ❐ग़ुस्से में आना 怒る. ❐वह ग़ुस्से में है। 彼は怒っている.

ग़ुस्सैल /ğussailạ グッサェール/ [cf. *ग़ुस्सा*] *adj.* (性格が)怒りっぽい, 腹を立てやすい, 癇癪(かんしゃく)持ちの.

गुहा /guhā グハー/ [←Skt.f. *गुहा-* 'a hiding-place, cave, cavern'; cf. *गुफा*] *f.* 洞窟.

गुहार /guhārạ グハール/ ▸गोहार *f.* ☞गोहार

गुह्य /guhyạ グヒエ/ [←Skt. *गुह्य-* 'concealable, private, secret'] *adj.* 隠すべき, 秘密の;秘儀の, 奥義の;難解な, 深遠な.

गूँगा /gū̃gā グーンガー/ [<OIA. **guṅga-* 'dumb': T.04171; cf. Pers.n. گنگ 'dumb'] *adj.* 唖の(人);口のきけない(人). (⇒मूक) ❐तुम सब गूँगे हो गए हो। お前たちみんな唖にでもなったのか.

— *m.* 唖の人;口がきけない人. (⇒मूक)

गूँज /gū̃jạ グーンジ/ [<OIA.m. *guñja-*[1] 'humming': T.04173] *f.* **1** 響き, こだま, 反響. ❐उनके अंतिम वाक्य की

～ अब तक मेरे कानों में है। 彼の最後の言葉が今日まで私の耳に響いている. **2** (蜂などの) 羽音.

गूँजना /gũjanā グーンジナー/ ▸गुँजना [＜OIA.m. *gúñjati* 'hums, buzzes': T.04175] *vi.* (*perf.* गूँजा /gũjā グーンジャー/) **1** (音が) 鳴り響く, 反響する, こだまする, 響き渡る. ❐उसके ये शब्द मेरे हृदय में गूँजते रहते। 彼女のこの言葉は私の心に響きつづけた. ❐क़हक़हों [तालियों] से हाल गूँज उठा। 爆笑[拍手]でホールは鳴り響いた. ❐मेरे कानों में बराबर वह ध्वनि गूँज रही थी। 私の耳には絶えずあの音が鳴り響いていた. **2** (蜂が) ブンブン音をたてる. (⇒भुनभुनाना)

गूँथना /gũtʰanā グーントナー/ ▸गूथना [OIA. *gupháti* ('strings together': T.04205) × OIA. *granthá̄yati* ('ties': T.04353)] *vt.* (*perf.* गूँथा /gũtʰā グーンター/) **1** (髪を) 編む. ❐वह छोटी बहन के बाल गूँथने बैठ गई। 彼女は妹の髪を編むために腰をおろした. **2** (糸に) 通す; (針に) (糸を) 通す. (⇒पिरोना, पोना) ❐हार गूँथा गया। 首飾りが (糸に通して) 作られた. ❐एक विलासिनी रसना में मणि गूँठ रही थी। 一人の麗しい乙女がひもに宝石を通していた.

गूँधना /gũdʰanā グーンドナー/ [OIA. *gupháti* ('strings together': T.04205) × OIA. *bandhati* ('binds': T.09139)] *vt.* (*perf.* गूँधा /gũdʰā グーンダー/) (粉を液体を加えながら手または足で) こねる. (⇒माँड़ना, सानना) ❐उसने आटा गूँधा। 彼女は小麦粉をこねた.

गूढ़ /gūṛʰa グール/ [←Skt. *गूढ-* 'hidden, covered, invisible, secret, disguised'] *adv.* **1** 隠された, 秘密の; 奥深い; 神秘的な. ❐～ रहस्य 奥深い神秘, 奥義. ❐वह ～ मुस्कान के साथ बोला। 彼は秘密めいた微笑をして言った. **2** 深遠な; 難解な. ❐जीव और प्रकृति के गहन ～ विषय 生命と自然の深遠で難解な問題.

गूथना /gūtʰanā グートナー/ ▸गूँथना *vt.* (*perf.* गूथा /gūtʰā グーター/) ☞गूँथना

गूदड़ /gūdaṛa グーダル/ [＜OIA. **gudda-* 'pith, core': T.04197] *m.* (古着などの) ぼろ, ぼろ布.

गूदा /gūdā グーダー/ [＜OIA. **gudda-* 'pith, core': T.04197] *m.* **1**〖植物〗(果物の) 果肉. ❐आम का ～ マンゴーの果肉. **2**〖動物〗髄 (ずい). (⇒मज्जा)

गूदेदार /gūdedāra グーデーダール/ [*गूदा* + *-दार*] *adj.* 果肉のやわらかい.

गूलर /gūlara グーラル/ [＜OIA.m. **gullara-* 'the wild fig tree (*Ficus glomerata*)': T.04218] *f.*〖植物〗ウドンゲ (優曇華), フサナリイチジク《クワ科イチジク属の高木, 実は食用》. (⇒डूमर)

गृध्र /gr̥dʰra グリドル/ [←Skt. *गृध्र-* 'desiring greedily or fervently'] *adj.* 強欲な, がつがつとする.
— *m.*〖鳥〗ハゲワシ.

गृह /gr̥ha グリフ/ [←Skt. *गृह-* 'a house, habitation, home'] *m.* **1** 家, 住居; 住宅. **2**《特定の目的のために建てられたり作られた家屋や部屋; प्रतीक्षागृह「待合室」, सनानगृह「浴室」などの合成語の要素として》

गृहकलह /gr̥hakalaha グリフカラ/ [←Skt.m. *गृह-कलह-* 'domestic dissension'] *m.* **1** 家庭内のいざこざ. **2** 内戦. (⇒गृहयुद्ध)

गृहकार्य /gr̥hakārya グリフカールエ/ [←Skt.n. *गृह-कार्य-* 'a domestic affair'] *m.* **1** 家事, 家の用事. **2** 宿題. (⇒होमवर्क)

गृहत्याग /gr̥hatyāga グリフティャーグ/ [neo.Skt.m. *गृह-त्याग-* 'renunciation of house and family'] *m.* 家出; 出家.

गृहपति /gr̥hapati グリフパティ/ [←Skt.m. *गृह-पति-* 'the master of a house, householder'] *m.* 家長, 戸主, 世帯主.

गृहप्रवेश /gr̥hapraveśa グリフプラヴェーシュ/ [←Skt.m. *गृह-प्रवेश-* 'solemn entrance into a house'] *m.* グリハプラヴェーシャ《新居に初めて入る儀式》.

गृहमंत्रालय /gr̥hamaṃtrālaya グリフマントラーラエ/ [neo.Skt.m. *गृह-मन्त्रालय-* 'Home Ministry'] *m.* 内務省.

गृहयुद्ध /gr̥hayuddʰa グリフユッド/ [neo.Skt.n. *गृह-युद्ध-* 'civil war'] *m.* 内戦. (⇒गृहकलह)

गृहलक्ष्मी /gr̥halakṣmī グリフラクシュミー/ [neo.Skt.f. *गृह-लक्ष्मी-* 'housewife'] *f.* (家事をつかさどる) 主婦《「家を栄えさせる主婦」の意》.

गृहसचिव /gr̥hasaciva グリハスチヴ/ [neo.Skt.m. *गृह-सचिव-* 'Home Secretary'] *m.* 内務大臣, 内相.

गृहस्थ /gr̥hastʰa グリハスト/ [←Skt.m. *गृह-स्थ-* 'a householder'] *m.*〖ヒンドゥー教〗グリハスタ《家住期 (गार्हस्थ्य) の男子》.

गृहस्थाश्रम /gr̥hastʰāśrama グリハスターシュラム/ [←Skt.m. *गृहस्थ-आश्रम-* 'the order of a householder'] *m.* ☞गार्हस्थ्य

गृहस्थी /gr̥hastʰī グリハスティー/ [*गृहस्थ* + *-ई*] *f.* **1** 世帯; 所帯. ❐～ चलाना 所帯の生計をやりくりする. ❐छोटी ～ 小さな世帯. **2** 家財道具一式. (⇒असबाब)

गृहस्वामिनी /gr̥hasvāminī グリフスワーミニー/ [←Skt.f. *गृह-स्वामिनी-* 'a housewife'] *f.* (一家の) 主婦, 女主人. (⇒गृहिणी)

गृहिणी /gr̥hiṇī グリヒニー/ [←Skt.f. *गृहिणी-* 'the mistress of a house, wife'] *f.* (一家の) 主婦, 女主人; 妻. (⇒गृहस्वामिनी)

गृहीत /gr̥hīta グリヒート/ [←Skt. *गृहीत-* 'grasped, taken'] *adj.* **1** 捕捉された. **2** 受け入れられた.

गृहीता /gr̥hītā グリヒーター/ [←Skt. *गृहीतृ-* 'one who seizes'] *adj.* ☞ग्रहीता

गृहोद्योग /gr̥hodyoga グリホーディョーグ/ [neo.Skt.m. *गृह-उद्योग-* 'cottage [home] industry'] *m.*〖経済〗家内工業.

गेंडुली /gẽḍulī ゲーンドゥリー/ [＜OIA.n. *kuṇḍalá-*[1] 'ring, ear-ring': T.03268; cf. OIA. **guṇḍala-* 'ring': T.04193z3] *f.* **1** (ヘビの) とぐろ. ❐～ मारना とぐろを巻く. **2** (コイルなどの巻いた) とぐろ.

गेंद /gẽda ゲーンド/ [＜OIA.m. *gēnduka-, gēndūka-, ginduka-* 'ball for play': T.04248; ; DEDr.1177 (DED.0990)] *f.*〖スポーツ〗ボール, 鞠 (まり). ❐～ खेलना ボールで遊ぶ, 球技をする.

गेंदई /gẽdaī ゲーンダイー/ [cf. *गेंदा*] *adj.* マリーゴールド

の花の色の, 黄色の, オレンジ色の.

— *f.* マリーゴールドの花の色, 黄色, オレンジ色.

गेंदबाज़ /gẽdabāza ゲーンドバーズ/ [*गेंद* + *-बाज़*] *m.* (クリケットの)投手, ボーラー.

गेंदा /gẽdā ゲーンダー/ [cf. *गेंद*] *m.* 〖植物〗マリーゴールド(の花), キンセンカ(金盞花). ❐गेंदे के फूल マリーゴールドの花.

गेट /geṭa ゲート/ [←Eng.n. *gate*] *m.* 門, 出入り口. (⇒दरवाज़ा, द्वार)

गेटिस /geṭisa ゲーティス/ [←Eng.n. *garters*] *m.* 靴下留め, ガーター. ❐(पर) ～ बाँधना [लगाना] (を)靴下留めで留める.

गेय /geya ゲーエ/ [←Skt. *गेय-* 'to be sung, being sung or praised in song'] *m.* 歌うべき;歌える;称えるべき.

गेरना /geranā ゲールナー/ [cf. *गिरना*] *vt.* (*perf.* गेरा /gerā ゲーラー/)〖スポーツ〗(レスリングで)相手を倒す.

गेरुआ /geruā ゲールアー/ ▸गेरुवा [cf. *गेरू*] *adj.* 黄土色の;赤土色の. (⇒केसरिया) ❐～ कपड़ा 黄土色に染めた布地. ❐गेरुए रंग की मिट्टी 黄土色の土.

— *m.* 黄土色;赤土色.

गेरुई /geruī ゲールイー/ [cf. *गेरुआ*] *f.* ゲールイー, 赤さび病(の菌)《農作物に被害を与えるさび病の一種》.

गेरुवा /geruvā ゲールワー/ ▸गेरुआ *adj.* ☞गेरुआ

गेरू /gerū ゲールー/ [＜OIA.f. *gairikā-* 'red chalk': T.04254] *m.* 〖鉱物〗黄土.

गेली /gelī ゲーリー/ [←Eng.n. *galley*] *f.* **1** ゲラ《活字組版を収める箱状のもの;組盆》. **2** 校正刷り, ゲラ刷り.

गेह /geha ゲーヘ/ [←Skt.n. *गेह-* 'a house, dwelling, habitation'; ＜Skt.n. *गृह-* 'a house, habitation, home'] *m.* 家, 家屋.

गेहुँआ /gehũā ゲーフンアー/ ▸गेहुआँ [cf. *गेहूँ*] *adj.* 小麦色の. ❐～ रंग 小麦色《やや色白のインド女性の肌の色》.

गेहुआँ /gehuā̃ ゲーフアーン/ ▸गेहुँआ *adj.* ☞गेहुँआ

गेहूँ /gehũ ゲーフーン/ [＜OIA.m. *gōdhū́ma-* 'wheat': T.04287] *m.* 〖植物〗コムギ(小麦). ❐～ का आटा 小麦粉.

गैंडा /gaiṃḍā ガェーンダー/ [＜OIA. **gayaṇḍa-* 'rhinoceros': T.04033z1; cf. OIA.m. *gaṇḍá-*[4] 'rhinoceros': T.04000] *m.* 〖動物〗サイ(犀).

गैंती /gāĩtī ガェーンティー/ *f.* つるはし.

गैंबिया /gaiṃbiyā ガェーンビヤー/ ▸गांबिया *m.* ☞गांबिया

गैबान /gaibāna ガェーバーン/ ▸गबान, गैबॉन *m.* ☞गबान

गैबोरोन /gaiborona ガェーボーローン/ ▸गाबोर्नी *m.* ☞गाबोर्नी

गैया /gaiyā ガイヤー/ [cf. *गाय*] *f.* 〖動物〗雌牛.

ग़ैर /ğaira ガェール/ [←Pers.adj. غير 'different; no, not un-; except' ←Arab.] *adj.* **1** 他人の, よその. (⇒पराया, बेगाना)(⇔अपना) ❐तुमने मुझे इतना ～ समझा। 君が私をこれほど他人だと思ったとは. ❐मैं कोई ～ थोड़े हूँ। 私は全然他人ではありませんよ. **2** 異国の.

— *m.* 他人, よそ者. ❐अपनों से ही आदमी नाराज़ होता है, ग़ैरों से तो नहीं। 身内に対してだけ人間は不満の気持ちをもつものだ, 他人に対してはもたない.

ग़ैर- /ğaira- ガェール・/ [←Pers.pref. غير 'different; no, not un-; except' ←Arab.] *pref.* 《否定「…でない, …以外の」を表す接頭辞;ग़ैर-ज़िम्मेदारी「無責任」, ग़ैरमौजूदगी「不在」など》.

ग़ैरक़ानूनी /ğairaqānūnī ガェールカーヌーニー/ [*ग़ैर-* + *क़ानूनी*] *adj.* 非合法な, 不法な;(法的に)無効な. (⇒अवैध)(⇔वैध) ❐～ तरीक़े से 非合法な方法で. ❐～ दारू 密造酒.

ग़ैरज़िम्मेदार /ğairazimmedāra ガェールズィムメーダール/ [*ग़ैर-* + *ज़िम्मेदार*] *adj.* 責任のない, 責任を負わない. (⇒अनुत्तरदायी)(⇔उत्तरदायी, ज़िम्मेदार)

ग़ैरज़िम्मेदारी /ğairazimmedārī ガェールズィムメーダーリー/ [*ग़ैरज़िम्मेदार* + *-ई*] *f.* 責任を負わないこと, 責任を問われないこと. (⇒अनुत्तरदायित्व)(⇔उत्तरदायित्व, ज़िम्मेदारी)

ग़ैरत /ğairata ガェーラト/ [←Pers.n. غيرة 'being jealous; a nice sense of honour' ←Arab.] *f.* **1** 恥, 不面目. **2** (自身の)誇り;自尊(心). **3** はにかみ.

ग़ैरतदार /ğairatadāra ガェーラトダール/ [*ग़ैरत* + *-दार*; cf. Urd.adj. غيرتدار 'self-respecting'] *adj.* ☞ग़ैरतमंद

ग़ैरतमंद /ğairatamaṃda ガェーラトマンド/ [←Pers.adj. غيرت مند 'jealous'] *adj.* **1** 恥を知っている. **2** (自分の)誇りを持っている;自尊心のある. **3** はにかみ屋の;内気な.

ग़ैर-मामूली /ğaira-māmūlī ガェーラ・マームーリー/ [*ग़ैर-* + *मामूली*] *adj.* 異常な.

ग़ैर-सरकारी /ğaira-sarakārī ガェール・サルカーリー/ [*ग़ैर-* + *सरकारी*] *adj.* 非公式の;非政府系の.

ग़ैर-हाज़िर /ğaira-hāzira ガェール・ハーズィル/ [*ग़ैर-* + *हाज़िर*] *adj.* 欠席している, 不参列の, 臨席してない. (⇒अनुपस्थित)(⇔उपस्थित, मौजूद, हाज़िर)

ग़ैर-हाज़िरी /ğaira-hāzirī ガェール・ハーズィリー/ [*ग़ैर-हाज़िर* + *-ई*] *f.* 欠席;欠勤;不在;不参列, 不参加. (⇒अनुपस्थिति)(⇔उपस्थिति, मौजूदगी, हाज़िरी) ❐थोड़ी-बहुत देर होने पर ～ तो नहीं लगेगी। ある程度遅刻しても欠席にはならないだろう.

गैरेज /gaireja ガェーレージ/ ▸गराज *m.* ☞गराज

गैल /gaila ガェール/ [＜OIA.f. *gáti-* 'going, gait': T.04009] *f.* 道;路地.

गैलन /gailana ガェーラン/ [←Eng.n. *gallon*] *m.* 〖単位〗ガロン.

गैलरी /gailarī ガェールリー/ [←Eng.n. *gallery*] *f.* **1** 画廊;美術館. **2** バルコニー. **3** (映画館や劇場の)桟敷席, 天井桟敷.

गैलापागोस /gailāpāgosa ガェーラーパーゴース/ [cf. Eng.n. *Galapagos*] *m.* 〖地理〗ガラパゴス. ❐～ द्वीप समूह ガラパゴス諸島.

गैस /gaisa ガェース/ [←Eng.n. *gas*] *f.* **1** ガス, 気体. ❐ग्रीन हाउस ～ 温室効果ガス. ❐ज़हरीली ～ 毒ガス. **2** 可燃性ガス《プロパンガス, 天然ガスなど》. ❐～ का

हंडा ガス灯. ❐～ सिलेंडर ガスボンベ. **3** ガス灯. ❐～ की रोशनी ガス灯の明かり.

गोंठना[1] /gōṭʰạnā ゴーントナー/ [cf. OIA. *kúṇṭhati* 'is lame, is blunted': T.03262] *vt.* (*perf.* गोंठा /gōṭʰā ゴーンター/) (刃物などを)鈍くする, なまくらにする.

गोंठना[2] /gōṭʰạnā ゴーントナー/ [?] *vt.* (*perf.* गोंठा /gōṭʰā ゴーンター/) **1** 線を引いて囲む. **2**〖食〗(中に挟んだものが外にはみ出ないように)口を塞ぐ.

गोंद /gõdạ ゴーンド/ [<OIA.m. *gundra-* '*Saccharum sara*': T.04199] *m.* **1** 接着剤, 糊;膠(にかわ). **2** 樹脂;松脂(まつやに). ❐चीड़ का ～ 松脂.

गोंददानी /gõdạdānī ゴーンドダーニー/ [*गोंद* + *-दानी*] *f.* 糊入れ.

गो /go ゴー/ [←Skt.f. *गो-* 'a cow'] *f.* 雌牛.

गोआ /goā ゴーアー/ ▸गोवा [cf. Eng.n. *Goa*] *m.* ゴア州《州都はパナジー (पणजी);旧ポルトガル領インドの一部》.

गोइयाँ /goiyā̃ ゴーイヤーン/ ▸गुइयाँ *m.* ☞गुइयाँ

गोखरू /gokʰạrū ゴークルー/ [<OIA.m. *gōkṣura-*, *gōkṣuraka-* 'the plant *Tribulus lanuginosus*': T.04261] *m.*〖植物〗ゴークルー《ハマビシ科ハマビシ(の実)》.

गोचर /gocarạ ゴーチャル/ [←Skt.m. *गो-चर-* 'pasture ground for cattle; the range of the organs of sense'] *adj.* 知覚器官で捉えられる(対象).

— *m.* **1** (牛の)牧草地. ❐न खेतों में पौधे थे, न गोचरों में घास, न तालाबों में पानी। 畑には草木がなく, 牧草地には草がなく, 池には水がなかった. **2** 知覚器官で捉えられる対象.

गोजर /gojarạ ゴージャル/ [?<OIA. **gōmha-* 'snake, centipede': T.04307] *m.*〖動物〗ムカデ(百足). (⇒कनखजूरा)

गोट /goṭạ ゴート/ [<OIA. **gōṭṭa-* 'something round': T.04271; cf. DEDr.2054(b)] *f.* **1** へり, ふち(飾り);(金糸や銀糸の)レース. **2**〖ゲーム〗(盤上ゲームの)コマ, 駒. (⇒गोटी)

गोटा /goṭā ゴーター/ [cf. *गोट*] *m.* **1** へり, ふち(飾り);(金糸や銀糸の)レース. **2**〖ゲーム〗(盤上ゲームの)コマ, 駒. (⇒गोटी) **3**〖食〗ゴーター《食後などに食べる清涼感を与える各種小粒の香辛料などの混合物;炒ったコリアンダーの実, カルダモンの種子, ビンロウジュの実, ココナツの仁など》.

गोटी /goṭī ゴーティー/ [cf. *गोट*] *f.* **1** 丸い小石;ビー玉. **2**〖ゲーム〗(盤上ゲームの)コマ, 駒. ❐～ चलाना コマを進める. ❐～ पिटना [मरना] (味方の)コマが取られる. ❐～ पीटना (敵の)コマを取る. **3** たくらみ, 計略. ❐～ चलना 計略をたくらむ. ❐～ पिट जाना 計略がしくじる. ❐～ लाल होना 計略がうまくいく.

गोठ /goṭʰạ ゴート/ [<OIA.m. *gōṣṭhá-* 'cow-house': T.04336] *f.* **1** 牛小屋, 牛舎. **2** 物見遊山, ピクニック.

गोड़ /goṛạ ゴール/ [<OIA. **gōḍḍa-* 'foot, leg, knee': T.04272] *m.* 足;膝.

गोड़ना /goṛạnā ゴールナー/ [<OIA. **gōḍḍa-* 'foot, leg, knee': T.04272; cf. *कोड़ना*] *vt.* (*perf.* गोड़ा /goṛā ゴーラー/) (土を柔らかくするために鍬で)掘り起こす, 耕す. (⇒खोदना) ❐वह फावड़े से फूल की क्यरियाँ गोड़ रहा है। 彼は鍬(くわ)で花壇を掘り起こしているところだ.

गोड़ाई /goṛāī ゴーラーイー/ [cf. *गोड़ना*] *f.* 鍬(くわ)で耕す仕事;その労賃.

गोणी /goṇī ゴーニー/ [←Skt.f. *गोणी-* 'torn or ragged clothes'; → Eng.n. *gunny*] *f.* 麻袋, 南京袋.

ग़ोता /ǧotā ゴーター/ [←Pers.n. غوطہ 'dipping, diving; a dive' ←Arab.] *m.* 潜水;(水への)飛び込み. (⇒डुबकी) ❐(में) ～ मारना [लगाना] (…に)潜る.

ग़ोताख़ोर /ǧotāxorạ ゴーターコール/ [←Pers.n. غوطہ خور 'a diver'] *adj.* 潜る;(頭から)飛び込む. ❐～ बमवर्षक 急降下爆撃機.

— *m.* ダイバー, 潜水夫. (⇒ग़ोताबाज़)

ग़ोताख़ोरी /ǧotāxorī ゴーターコーリー/ [←Pers.n. غوطہ خوری 'the being dipped'] *f.* ダイビング, 潜水;飛び込み.

ग़ोताबाज़ /ǧotābāzạ ゴーターバーズ/ [←Pers.n. غوطہ باز 'a diver'] *m.* ダイバー, 潜水夫. (⇒ग़ोताख़ोर)

गोत्र /gotrạ ゴートル/ [←Skt.n. *गो-त्र-* 'protection or shelter for cows; family enclosed by the hurdle'] *m.*〖ヒンドゥー教〗ゴートラ《同じ伝説的始祖をもつバラモン (ब्राह्मण) の血縁集団, 氏族;同じゴートラ内の結婚は禁じられている》.

गोद /godạ ゴード/ [<OIA. **gōddī-* 'lap': T.04284] *f.* **1** 膝. (⇒अंक, अँकवार) ❐उसने उस बच्चे को ～ में उठाकर प्यार करते हुए कहा। 彼はその子どもを膝に抱き上げあやしながら言った. ❐बच्चा मेरी ～ में सो गया। 子どもは私の膝の上で眠った. ❐संध्या समय उसकी ～ में ही बालक के प्राण निकल गये। 夕刻彼女の膝の上で子どもは息を引き取った. **2** あたたかく迎え入れてくれるところ, 懐(ふところ). ❐प्रकृति की ～ में पलकर उसके अंग इतने सुडौल, सुगठित और स्वच्छंद हो गये थे। 自然の懐で抱かれて彼女の肢体はこれほどまで美しく, 均整がとれそしてのびやかに育った. ❐मैं बलपूर्वक तुम्हें माता-पिता की ～ से छीन लाया। 私は力ずくでお前を両親の手元から奪って連れてきた. ❐सूर्य निशा की ～ में विश्राम करने जा रहा था। 太陽は夜の懐で休息しようとしていた. **3** 妊娠. ❐(की) ～ भरना (女が)妊娠する. ❐(की) ～ सूनी होना (女が)妊娠できなくなる. **4** 養子. ❐(को) ～ देना (子どもを)養子にやる. ❐(को) ～ लेना (子どもの)養子にとる.

गोदना /godạnā ゴードナー/ [<OIA. **khōdd-* 'dig': T.03934] *vt.* (*perf.* गोदा /godā ゴーダー/) **1** 突き刺す. ❐वह मुझे छाती से गोदने लगी। 彼女は私を傘で突き刺した. **2** 刺青(いれずみ)を彫る.

— *m.* 刺青(いれずみ).

गोदा /godā ゴーダー/ [?] *m.*〖植物〗節のある竹;木の枝.

गोदान /godānạ ゴーダーン/ [←Skt.n. *गो-दान-* 'gift of a cow'] *m.*〖ヒンドゥー教〗ゴーダーナ《バラモンに自身の贖罪(しょくざい)や祝いごとのために雌牛や相応の金銭を贈ること;贖罪の場合, 息を引き取る前に本人に雌牛の尻尾をつかませる；功徳をつむ行為とされる》. ❐अपने अक्खड़ स्वभाव का परिचय उन्होंने मृत्युशय्या पर भी दिया। गोदान कराने के लिए जब गाय लाई गई तो उन्होंने उसकी पूँछ पकड़ने से इनकार कर दिया। 自身の頑固な性格の一面を彼は臨終の際にも見せた. ゴーダーナで贖罪させるために雌牛が運ばれた時, 彼はその尻尾をつかむことを拒んだのだ.

गोदाम /godāmạ ゴーダーム/ [←Port.m. *gudão* 'warehouse' (←Malay.n. *gudang* 'warehouse'); cf. Beng.n. *গুদাম* 'godown, warehouse'; cf. Eng.n. *godown*] *m.* 倉庫, 貯蔵所. (⇒डिपो)

गोदावरी /godāvạrī ゴーダーオリー/ [cf. Eng.n. *Godavari*] *f.* ゴーダーワリー川《ガンジス川 (गंगा) についでインドで 2 番目に長い川》.

गोदी /godī ゴーディー/ [cf. *गोद*] *f.* **1** 膝. (⇒गोद) ❐उसने दौड़कर मुन्नू को ～ में ले लिया। 彼女は走り寄って子どもを抱きかかえた. **2** (港の)ドック. ❐～ मज़दूर 港湾労働者, 沖仲仕.

गोधन /godʰanạ ゴーダン/ [←Skt.n. *गो-धन-* 'possession of cows, herd of cows'] *m.* 財産としての雌牛.

गोधूलि /godʰūli ゴードゥーリ/ ▸गोधूली [←Skt.f. *गो-धूलि-* 'a time at which mist seems to rise from the earth'] *f.* 夕暮れ時, たそがれ時《放牧した牛の群れが戻ってくる時たてる土煙から》. ❐～-बेला में सब गायें जंगल से लौट रही थीं। 夕暮れ時すべての雌牛が森から戻りつつあった.

गोधूली /godʰūlī ゴードゥーリー/ ▸गोधूलि *f.* ☞गोधूलि

गोनी /gonī ゴーニー/ [<Skt.f. *गोणी-* 'torn or ragged clothes'; → Eng.n. *gunny*] *f.* ☞गोणी

गोप /gopạ ゴープ/ [←Skt.m. *गो-प-* 'a cowherd, herdsman, milkman'] *m.* 牛飼いの男. (⇔गोपी)

गोपन /gopanạ ゴーパン/ [←Skt.n. *गोपन-* 'hiding, concealment'] *m.* 秘匿(ひとく)すること, 秘密にすること.

गोपनीय /gopạnīyạ ゴープニーエ/ [←Skt. *गोपनीय-* 'to be preserved or protected; to be concealed or hidden'] *adj.* 秘匿(ひとく)すべき, 秘密の, 内密の. (⇒गोप्य) ❐अब हम दोनों में बहुत-सी निजी और ～ बातें भी होतीं। 今や我々二人の間には多くの個人的また内密の話が取り交わされるのであった. ❐～ भाव से ひそひそと, こっそりと. ❐～ रखना 秘密にする, 秘匿する.

गोपनीयता /gopạnīyạtā ゴープニーエター/ [←Skt.f. *गोपनीय-ता-* 'concealableness'] *f.* 秘密であること, 内密であること；秘密にすること, 守秘義務. ❐～ की शपथ 守秘義務の誓約.

गोपी /gopī ゴーピー/ [←Skt.f. *गो-पी-* 'a cowherd's wife; a cow-herdess, milkmaid'] *f.* 〖ヒンドゥー教〗ゴーピー《原義は「牛飼いの女」；幾多のヒンディー語文学の題材となったクリシュナ神 (कृष्ण) に心をよせるブラジ地方 (ब्रज) の女たち》. (⇔गोप)

गोप्य /gopyạ ゴーピエ/ [←Skt. *गोप्य-* 'to be preserved or protected'] *adj.* ☞गोपनीय

गोबर /gobarạ ゴーバル/ [<OIA.n. *gōrvara-, gōvara-* 'pulverised cowdung': T.04316] *m.* 牛糞. ❐～ केक ゴーバル・ケーク《牛糞を練った円盤状の固形燃料 (उपला)》. ❐～ गैस ゴーバル・ガス, 牛糞ガス《バイオ燃料の一種》. ❐～ पाथना 牛糞を練って円盤状の固形燃料を作る.

गोबर-गणेश /gobarạ-gaṇeśạ ゴーバル・ガネーシュ/ *adj.* **1** みっともない姿をした, ぶかっこうな《原意は「糞まみれのガネーシャ像」か》. **2** 大馬鹿者の, とんまでまぬけな.

गोभी /gobʰī ゴービー/ [←Port.f. *couve* 'cabbage'; ?<Skt.f. *गो-जिह्विका-* 'name of a plant'] *f.* **1** 〖植物〗カリフラワー. (⇒फूलगोभी) **2** 〖植物〗キャベツ. (⇒बंदगोभी)

गोमांस /gomāṃsạ ゴーマーンス/ [?neo.Skt.n. *गो-मांस-* 'flesh of a cow'] *m.* 牛肉, ビーフ.

गोमेद /gomedạ ゴーメード/ [←Skt.m. *गोमेद-* 'cowfat; a gem brought from the Himalaya and the Indus'] *m.* 〖鉱物〗瑪瑙(めのう).

गोया /goyā ゴーヤー/ [←Pers. گویا 'as it were'] *conj.* まるで, あたかも. (⇒मानो) ❐चेहरा ऐसा पीला पड़ गया था, ～ बदन में जान ही नहीं। 顔色が真っ青になっていた, まるで体に命が宿っていないかのように.

गोरखधंधा /gorakʰạdʰaṃdʰā ゴーラクダンダー/ [*गोरख(नाथ)* + *धंधा*] *m.* 難問難題；厄介な判じ物；入り組んだ迷路；複雑な仕掛けの玩具. ❐दुनिया ～ है। 世の中というものはうまくいかないものだ.

गोरखपुर /gorakʰạpurạ ゴーラクプル/ [cf. Eng.n. *Gorakhpur*] *m.* 〖地名〗ゴーラクプル《ウッタル・プラデーシュ州 (उत्तर प्रदेश) の地方都市》.

गोरखा /gorạkʰā ゴールカー/ [<OIA.m. *gōrakṣa-* 'cowherd': T.04310] *m.* グルカ兵《ネパール山岳民族出身の屈強な兵士；主に傭兵》.

गोरस /gorasạ ゴーラス/ [←Skt.m. *गो-रस-* 'cow-milk'] *m.* 牛の乳.

गोरा /gorā ゴーラー/ [<OIA. *gaurá-* 'white, yellowish, pale, red': T.04345] *adj.* **1** (肌が)白い, 色白の. ❐उस लड़की को उन्होंने कैमरे के कमाल से एकदम ～ दिखा दिया था। その娘を彼はカメラの巧妙な技で完全に色白に写してみせた. ❐गोरी त्वचा 白い肌. ❐मेरे नाना का रंग बहुत ～ था। 私の母方の祖父の肌はとても白かった. **2** 白人の. ❐～ साहब 白人の主人. ❐गोरी मेम 白人女性.
— *m.* 白人(男性).

गोरिल्ला /gorillā ゴーリッラー/ [←Eng.n. *gorilla*] *m.* 〖動物〗ゴリラ.

गोरू /gorū ゴールー/ [<OIA. *gōrūpá-* 'cow-shaped': T.04313] *m.* 角のある家畜《牛, 水牛, ヤギなど》.

गोरैया /goraiyā ゴーライヤー/ ▸गौरैया *f.* ☞गौरैया

गोरोचन /gorocanạ ゴーローチャン/ [<Skt.f. *गो-रोचना-* 'a bright yellow orpiment prepared from the bile of cattle'] *m.* ゴーローチャン《牛の胆汁から作られる黄色顔料・染料》.

गोलंदाज़ /golaṃdāzạ ゴーランダーズ/ [←Pers.n. گولنداز 'a cannonier, bombardier'] *m.* 砲手.

गोल[1] /golạ ゴール/ [←Skt.m. *गोल-* 'a ball, circle'; cf.

Pers.n. گول 'a ball'] *adj.* **1** 丸い, 円形の. ❐～ कोष्ठक में 丸かっこの中に. ❐～ चक्कर 環状交差路, ロータリー. ❐～ चेहरा 丸顔. ❐काँसे का ～ पदक 銅メダル. **2** 球形の.

— *m.* **1** 円, 円形. (⇒दायरा) **2** 球形.

गोल[2] /gola ゴール/ [←Eng.n. *goal*] *m.* 〖スポーツ〗(球技の)ゴール. ❐～ किक ゴールキック.

ग़ोलक /ğolaka ゴーラク/ ▸गुल्लक [←Pers.n. غولك 'a money-till, save-all'; cf. *गुल्लक*] *m.* (一日の売り上げの)金を入れる箱・袋.

गोलकीपर /golakīpara ゴールキーパル/ [←Eng.n. *goalkeeper*] *m.* 〖スポーツ〗(球技の)ゴールキーパー.

गोलकुंडा /golakuṃḍā ゴールクンダー/ [cf. Eng.n. *Golconda*] *m.* 〖地名〗ゴールコンダー, ゴールクンダー《ハイデラバード (हैदराबाद) にある城砦都市の跡;かつてのゴールコンダ王国の首都;近くの鉱山からダイヤモンドなどを含む歴史的に有名な宝石が採掘された》.

गोल-मटोल /gola-maṭola ゴール・マトール/ *adj.* ずんぐりむっくりの(人).

गोलमाल /golamāla ゴールマール/ [echo-word; cf. *गोल*] *m.* めちゃくちゃ, ひどいごまかし. ❐यह कैसा ～ है? これは一体なんとひどいごまかしだ?

गोला /golā ゴーラー/ [<OIA.m. *gōla-*[1] 'ball': T.04321; cf. Pers.n. گول 'a ball in general'] *m.* **1** ボール, 球;球体. ❐डोरी का ～ 毛糸の玉. **2** (大砲の)砲弾;(手榴弾や催涙弾などの)弾. ❐आँसू-गैस के गोले 催涙弾. ❐तोप के गोले 大砲の砲弾.

गोलाई /golāī ゴーラーイー/ [*गोला* + *-ई*] *f.* 丸み, 球形;円形, 輪.

गोलाकार /golākāra ゴーラーカール/ [neo.Skt. *गोल-आकार-* 'of round, spherical or cylindrical shape'] *adj.* 丸い, 円形の;球形の.

गोलाबारी /golābārī ゴーラーバーリー/ [*गोला* + *-बारी*; cf. Pers.n. گوله بار 'a heavy load carried on the back'] *f.* 砲撃;爆撃. ❐(पर) ～ करना (…に)砲撃を加える;爆撃する. ❐(इस) ～ में १०० से ज़्यादा लोगों की मौत हो गई। この砲撃[爆撃]で 100 人以上の死者がでた.

गोला-बारूद /golā-bārūda ゴーラー・バールード/ *f.* 弾薬.

गोलार्ध /golārd^{h}a ゴーラールド/ [neo.Skt.m. *गोल-अर्ध-* 'hemisphere'] *m.* 半球(体). ❐उत्तरी [दक्षिणी] ～ 北[南]半球.

गोली[1] /golī ゴーリー/ [<OIA.m. *gōla-*[1] 'ball': T.04321] *f.* **1** 球状の小さなもの, 玉;(毛糸などの)玉;ビー球. **2** (小銃・ピストルなどの)弾. ❐(को) ～ लगना (人が)被弾する. ❐(को) ～ से मार डालना (人を)銃殺する. ❐(पर) ～ चलाना (…に)発砲する. **3** 〖医学〗丸薬, 丸剤, 錠剤. ❐नींद की ～ खाना 睡眠薬の錠剤を服用する.

गोली[2] /golī ゴーリー/ [*गोल*[2] + *-ई*] *m.* 〖スポーツ〗ゴールキーパー. (⇒गोलकीपर)

गोलीबारी /golībārī ゴーリーバーリー/ [*गोली* + *-बारी*] *f.* 発砲;射撃. (⇒फ़ायरिंग) ❐अंधाधुंध ～ करना 無差別に銃撃する.

गोलोक /goloka ゴーローク/ [←Skt. *गो-लोक-* 'cow-world; *Kṛṣṇa*'s heaven'] *m.* 〖ヒンドゥー教〗ゴーローカ《ヴィシュヌ神の化身クリシュナ神 (कृष्ण) がいるとされる天界, 天国》.

गोलोकवास /golokavāsa ゴーロークワース/ [←Skt.m. *गोलोक-वास-* 'residence in Heaven'] *m.* 〖ヒンドゥー教〗他界, 死去, 逝去. (⇒स्वर्गवास) ❐उनका ～ हो गया। 彼が他界した.

गोल्फ़ /golfa ゴールフ/ [←Eng.n. *golf*] *m.* 〖スポーツ〗ゴルフ. ❐～ खिलाड़ी ゴルフプレーヤー. ❐～ खेलना ゴルフをする.

गोवध /govad^{h}a ゴーワド/ *m.* 牛殺し.

गोवा /govā ゴーワー/ ▸गोआ *m.* ☞गोआ

गोशाला /gośālā ゴーシャーラー/ [←Skt.f. *गो-शाला-* 'a cow-stall'] *f.* 牛小屋, 牛舎;(牛の)農場.

गोश्त /gośta ゴーシュト/ [←Pers.n. گوشت 'flesh, meat'] *m.* (食用の)肉. (⇒मांस) ❐गाय का ～ ビーフ. ❐सुअर का ～ ポーク.

गोष्ठी /goṣṭ^{h}ī ゴーシュティー/ [←Skt.f. *गो-ष्ठी-* 'an assembly, meeting, society'] *f.* **1** 集会, 会合. **2** シンポジウム;研究集会.

गोसाईं /gosāī̃ ゴーサーイーン/ [<OIA.m. *gōsvāmin-* 'owner of cows': T.04342] *m.* **1** 〖ヒンドゥー教〗ゴーサーイーン《聖者・苦行者の名前に冠する敬称》. **2** 〖ヒンドゥー教〗ゴーサーイーン《ジャーティ集団の名》.

गोह /goha ゴーフ/ [<OIA.f. *gōdhā́-* 'a big kind of lizard': T.04286] *f.* 〖動物〗大トカゲ;イグアナ.

गोहत्या /gohatyā ゴーハティャー/ [←Skt.f. *गो-हत्या-* 'the killing of a cow'] *f.* 〖ヒンドゥー教〗牛殺し(の罪).

गोहार /gohāra ゴーハール/ ▸गुहार [? *गो-* + *हारना*] *f.* 助けを求める悲鳴. ❐तिरिया ～ 女の助けを求める悲鳴. ❐धनवान दिद्रों को पैरों तले कुचलते हैं और उनकी ～ कोई भी नहीं सुनता। 金持ちは貧しい者たちを足で踏みにじる, そして彼らの悲鳴を誰一人聞こうとしないのだ.

गौण /gauṇa ガォーン/ [←Skt. *गौण-* 'subordinate, secondary, unessential'] *adj.* **1** 二次的な, 副次的な;派生的な;それほど重要ではない. (⇔मुख्य) **2** 〖言語〗間接の. (⇔मुख्य) ❐～ कर्म 間接目的語.

गौना /gaunā ガォーナー/ [<OIA.n. *gámana-* 'going': T.04027] *m.* 〖ヒンドゥー教〗ガォーナー《結婚式の後, 夫が妻をはじめて妻の実家から嫁ぎ先に連れて行くこと, その儀式》.

गौर /gaura ガォール/ [←Skt. *गौर-* 'white, yellowish; shining, brilliant'] *adj.* (肌の)白い. ❐～ वर्ण की लड़की 色白の少女.

— *m.* (肌の)色白.

ग़ौर /ğaura ガォール/ [←Pers.n. غور 'reflection, deliberation, deep thought' ←Arab.] *m.* **1** 熟慮, 熟考, 思案. ❐ज़रा उनकी बातों पर ～ फ़रमाइए। ちょっと彼女の

話に耳を傾けてください. ❐(पर) ～ करना(…について)熟慮する. **2** 注意力;配慮. (⇒ध्यान) ❐उन्होंने उस पत्र को ～ पढ़ा। 彼はその手紙をじっくりと読んだ. ❐उसे ～ से देख लीजिए। それをよく見てください. ❐मेरी बात ～ से सुनो। 私の話をよく聞いてくれ.

ग़ौरतलब /ǧauraṭalaba ガォールタラブ/ [←Pers.adj. غور طلب 'requiring or deserving consideration'] *adj.* 熟慮すべき, 考慮すべき;注目すべき. ❐～ है कि दुनिया के हथियारों की मंडी का ५० प्रतिशत भाग अमेरिका के नियंत्रण में है। 注目すべきは世界の武器市場の50パーセントがアメリカのコントロール下にあるということだ.

गौरव /gauravạ ガォーラオ/ [←Skt.n. गौरव- 'weight, heaviness; gravity, respectability, venerableness'] *m.* **1** 重み, 重大さ;重要性. **2** 威厳, 尊厳;威信. ❐(का) ～ बढ़ाना (…の)威厳を高める. **3** 誇り, 名誉. ❐जेल और फाँसी उसके लिए आज भय की वस्तु नहीं, ～ की वस्तु हो गई थी! 刑務所と絞首刑は彼にとって今日恐怖の対象ではなく, 名誉の対象となったのだった! ❐मेरे लिए यह महान् ～ की बात है कि तुम जैसा दामाद पाऊँ। お前のような婿を得ることは私にとっては大変な誇りだ. ❐वह राजनीतिक क्षेत्र में बहुत कुछ यश और ～ प्राप्त कर चुका था। 彼は政治の分野でかなり名声と名誉を手に入れていた.

गौरवर्ण /gauraṿarṇạ ガォールワルン/ [neo.Skt. गौर-वर्ण- 'fair-complexioned'] *adj.* (肌が)白い.

गौरवान्वित /gauraṿānvitạ ガォールワーンヴィト/ [neo.Skt. गौरव-अन्वित- 'crowned with glory'] *adj.* 光栄ある, 栄誉に満ちた;誇らしい. ❐यह फ़िल्म भारतीयों को ～ करेगी। この映画はインド人に(インド人であることを)誇らしく思わせるだろう.

गौरांग /gaurāṃgạ ガォーラーング/ [←Skt. गौर-अङ्ग- 'having a white or yellowish body'] *adj.* (肌の)白い. ― *m.* 〖ヒンドゥー教〗ガウラーンガ《15世紀末から16世紀前半の高名な宗教家チャイタニャ (चैतन्य) の別称;肌が白かったという伝承がある》.

गौरैया /gauraiyā ガォーライヤー/ ▸गोरैया [?←Drav.; DEDr.1793 (DED.1493)] *f.* 〖鳥〗スズメ, 雀《鳴き声の擬声語は चूँ-चूँ》.

ग्यारह /gyārahạ ギャーラ/ [<OIA. *ékādaśa*[1] 'eleven': T.02485] *num.* 11. ❐नौ दो ～ होना 9 たす 2 が 11 になる《「一目散に逃げる」の意》.

ग्रंथ /graṃtʰạ グラント/ [←Skt.m. ग्रन्थ- 'tying, binding, stringing together; book in prose or verse'] *m.* **1** 本, 書物, 書籍, 典籍《特に大部な伝統文学作品》. (⇒किताब, पुस्तक) ❐मोटे-मोटे ～ 分厚い書物の数々. **2** 〖スィック教〗アーディ・グラント《スィック教聖典 (आदि ग्रंथ)》. (⇒गुरु ग्रंथ साहिब)

ग्रंथकार /graṃtʰạkārạ グラントカール/ [←Skt.m. ग्रन्थ-कार- 'a book-maker, author'] *m.* (本の)作者, 著者.

ग्रंथमाला /graṃtʰạmālā グラントマーラー/ [neo.Skt.f. ग्रन्थ-माला- 'series of books; the complete works of an author'] *f.* (本の)全集;個人全集. (⇒ग्रंथावली)

ग्रंथ साहिब /graṃtʰạ sāhibạ グラント サーヒブ/ *m.* ☞गुरु ग्रंथ साहिब

ग्रंथागार /graṃtʰāgārạ グランターガール/ [neo.Skt.n. ग्रंथ-आगार- 'library'] *m.* 図書館. (⇒पुस्तकालय, लाइब्रेरी)

ग्रंथावली /graṃtʰāṿalī グランターオリー/ [neo.Skt.f. ग्रन्थ-आवलि- 'collected works'] *f.* (本の)全集;個人全集. (⇒ग्रंथमाला)

ग्रंथि /graṃtʰi グランティ/ [←Skt.m. ग्रन्थि- 'a knot, tie, knot of a cord'] *f.* **1** 結び目. (⇒गाँठ) **2** 〖医学〗しこり. **3** 〖医学〗腺(せん).

ग्रंथित /graṃtʰitạ グランティト/ [←Skt. ग्रन्थित- 'strung, tied, bound, connected'] *adj.* 結ばれた;束ねられた;綴じられた.

ग्रसना /grasạnā グラスナー/ [cf. Skt.n. ग्रसन- 'swallowing'] *vt.* (*perf.* ग्रसा /grasā グラサー/) **1** (手・口で)がっちり捕まえて離さない. (⇒थामना, पकड़ना) ❐मगर ने हाथी को ग्रस लिया। ワニが象にがっちりと噛みついた. **2** (病が)とりつく. (⇒पकड़ना) ❐उसे असाध्य रोग ने ग्रस लिया। 彼は不治の病にとりつかれた.

ग्रस्त /grastạ グラスト/ [←Skt. ग्रस्त- 'swallowed, eaten; taken, seized'] *adj.* (病気・事故・不幸などの厄災に)捕捉された;襲われた;飲み込まれた《合成形容詞の要素としても;जराग्रस्त「老いぼれた」, दुर्घटनाग्रस्त「事故に巻き込まれた」, विवादग्रस्त「議論の的となっている」, शोकग्रस्त「(近親者を失い)悲しみにくれている」など》. ❐मैं उस रोग में ～ हूँ, जो प्राण लेकर ही छोड़ता है। 私は命を取るまで去らない病に罹っています. ❐वह कैंप में मलेरिया से ～ पड़े थे। 彼は野営中にマラリヤに感染し寝こんでいた.

ग्रह /grahạ グラ/ [←Skt.m. ग्रह- 'seizer (eclipser); a planet'] *m.* 〖天文〗惑星, 遊星《インド伝統天文学では मंगल「火星」, बुध「水星」, बृहस्पति「木星」, शुक्र「金星」, शनि「土星」を指すことが多い;さらに सूर्य「太陽」, चंद्र「月」および日食・月食を引き起こすと信じられた राहु「ラーフ」, केतु「ケートゥ」を加えて नवग्रह「九天体, 九惑星」とすることもある》.

ग्रहण /grahaṇạ グラハン/ [←Skt.n. ग्रहण- 'the hand; seizing, holding, taking'] *m.* **1** 把握;理解. ❐～ करना 把握する, 理解する. **2** 受け入れること, 受諾, 承諾. ❐अवकाश ～ करना 定年退職する, 引退する. ❐आप उठिए, अन्न-जल ～ कीजिए। お立ち下さい, 食事をおとりください. ❐(का) आसन ～ करना (…の)座を引き受ける. ❐मन अब इसकी सच्चाई को पूरी तरह ～ नहीं करता। 心はまだこの真実を完全には受け入れていない. ❐राष्ट्रीय सेवा का मार्ग ～ करना 国に奉仕する道を選択する. ❐शपथ ～ करना 宣誓する. **3** 〖天文〗日食;月食. ❐चंद्र ～ 月食. ❐सूर्य ～ 日食.

ग्रहणशीलता /grahaṇạśīlạtā グラハンシールター/ [neo.Skt.f. ग्रहण-शील-ता- 'ability to accept or adopt'] *f.* 理解力;許容する能力.

ग्रहणीय /grahaṇīyạ グラヘニーエ/ [←Skt. ग्रहणीय- 'to be accepted as a rule or law'] *adj.* 受け入れるべき;受け入れることができる.

ग्रहदशा /graha̸daśā グラヘダシャー/ [←Skt.f. *ग्रह-दशा-* 'the aspect of the planets'] *f.* 〖暦〗惑星の位置《人間の運命に影響を及ぼすと考えられた》.

ग्रहपति /graha̸pati グラヘパティ/ [←Skt.m. *ग्रह-पति-* 'planet chief; the sun'] *m.* 太陽.

ग्रहयोग /graha̸yoga̸ グラヘヨーグ/ [←Skt.m. *ग्रह-योग-* 'conjunction of planets'] *m.* 〖暦〗グラハヨーガ《黄道十二宮の同じ宮に同時に2つ以上の惑星が集まること;運勢に影響があるとされる》.

ग्रहशांति /graha̸śāṃti グラヘシャーンティ/ [←Skt.f. *ग्रह-शान्ति-* 'propitiation of the planets (by sacrifices etc.)'] *f.* 〖暦〗グラハシャーンティ《惑星によって生じるとされる厄災を鎮める儀礼》.

ग्रहीता /grahītā グラヒーター/ [←Skt. *ग्रहीतृ-* 'one who takes or seizes'] *adj.* 受け取る(人).
— *m.* 受け取る人. ❐नोबेल ～ ノーベル賞受賞者.

ग्राफ़ /grāfa̸ グラーフ/ [←Eng.n. *graph*] *m.* グラフ, 図表. (⇒लेखाचित्र)

ग्राम[1] /grāma̸ グラーム/ [←Skt.m. *ग्राम-* 'an inhabited place, village, hamlet'] *m.* 村, 村落. (⇒गाँव)

ग्राम[2] /grāma̸ グラーム/ [←Eng.n. *gramme*] *m.* 〖単位〗グラム.

ग्रामगीत /grāma̸gīta̸ グラームギート/ [neo.Skt.n. *ग्राम-गीत-* 'a village song, a folk-song'] *m.* 〖音楽〗民謡.

ग्रामदेवता /grāma̸deva̸tā グラームデーオター/ [←Skt.f. *ग्राम-देव-ता* 'tutelary deity of a village'] *m.* 〖ヒンドゥー教〗村の守護神.

ग्राम-पंचायत /grāma̸-paṃcāyata̸ グラーム・パンチャーヤト/ *f.* グラーム・パンチャーヤト《村落パンチャーヤト, 農村パンチャーヤト》.

ग्रामवासी /grāma̸vāsī グラームワースィー/ [←Skt. *ग्राम-वासिन्-* 'living in villages'] *adj.* 村人の.
— *m.* 村人.

ग्राम-सुधार /grāma̸-sudʰāra̸ グラーム・スダール/ *m.* 農村改善(計画), 農村向上(事業).

ग्रामीण /grāmīṇa̸ グラーミーン/ [←Skt. *ग्रामीण-* 'produced in or peculiar to a village'] *adj.* 村の, 村落の;田舎の;田園の. (⇒ग्राम्य) ❐अब वह सीधा-साधा ～ युवक नहीं है। もはや彼は純朴な田舎の若者ではない.
— *m.* 村人.

ग्रामोफ़ोन /grāmofona̸ グラーモーフォーン/ [←Eng.n. *gramophone*] *m.* レコードプレーヤー, 蓄音機.

ग्राम्य /grāmya̸ グラーミエ/ [←Skt. *ग्राम्य-* 'relating to villages'] *adj.* **1** 村の, 村落の;田舎の;田園の. (⇒ग्रामीण) ❐～ जीवन 村の生活. **2** 粗野な, 洗練されていない.

ग्रास /grāsa̸ グラース/ [←Skt.m. *ग्रास-* 'a mouthful, lump (of rice etc. of the size of a peacock's egg)'] *m.* (食べ物などの)一口分. (⇒कौर) ❐वे दो-चार ～ खाकर उठ आए। 彼は数口食べただけで席を立って来た.

ग्राह /grāha̸ グラーハ/ [←Skt.m. *ग्राह-* 'a rapacious animal living in fresh or sea water'] *m.* 〖ヒンドゥー教〗ワニ《特に, 神に帰依する信者 (भक्त) は救われるという説話に登場するワニ;川でワニに足をとられた象が心で神を祈念し, その神が駆けつけ救ったという》. (⇒मगरमच्छ, घड़ियाल) ❐गज को ～ के मुँह से बचाना 象をワニの口から救う.

ग्राहक /grāhaka̸ グラーハク/ [←Skt. *ग्राहक-* 'one who seizes or takes captive'] *m.* **1** 〖経済〗客, 顧客, 買い手. **2** 依頼人, クライアント.

ग्राही /grāhī グラーヒー/ [←Skt. *ग्राहिन्-* 'seizing, taking, holding'] *adj.* 受け取る(人).

ग्राह्य /grāhya̸ グラーヒエ/ [←Skt. *ग्राह्य-* 'to be seized or taken or held'] *adj.* 受け取るべき;受け取るに値する;受け取れる.

ग्रीनलैंड /grīna̸laiṃḍa̸ グリーンラェーンド/ [←Eng.n. *Greenland*] *m.* 〖国名〗グリーンランド《世界最大の島, デンマーク領の自治政府がある;行政中心地はヌーク(नुक)》.

ग्रीवा /grīvā グリーワー/ [←Skt.f. *ग्रीवा-* 'the back part of the neck, nape, neck'] *f.* 首;うなじ.

ग्रीष्म /grīṣma̸ グリーシュム/ [←Skt.m. *ग्रीष्म-* 'the summer, hot season'] *m.* 〖暦〗夏, 夏季. (⇒गरमी)

ग्रीस /grīsa̸ グリース/ [cf. Eng.n. *Greece*] *m.* 〖国名〗ギリシャ(共和国)《首都はアテネ (एथेन्स)》. (⇒यूनान)

ग्रुप /grupa̸ グループ/ [←Eng.n. *group*] *m.* **1** グループ, 群れ, 集団. **2** 飛行連隊. ❐～ कैप्टन 空軍[航空]大佐.

ग्रेजुएट /grejueṭa̸ グレージュエート/ [←Eng.n. *graduate*] *m.* (大学の)卒業生. (⇒स्नातक)

ग्रेड /greḍa̸ グレード/ [←Eng.n. *grade*] *m.* グレード, 等級, 階級. (⇒दर्जा, श्रेणी)

ग्रेन /grena̸ グレーン/ [←Eng.n. *grain*] *m.* 〖単位〗グレイン (=0.0648g).

ग्रेनाडा /grenāḍā グレーナーダー/ [cf. Eng.n. *Grenada*] *m.* 〖国名〗グレナダ《首都はセントジョージズ (सेंट जार्ज्स)》.

ग्लाइडर /glāiḍara̸ グラーイダル/ [←Eng.n. *glider*] *m.* グライダー.

ग्लाकोमा /glākomā グラーコーマー/ ▸ग्लॉकोमा [←Eng.n. *glaucoma*] *m.* 〖医学〗緑内障. ❐～ बुजुर्गों में बढ़ रहा है। 緑内障が老人に増加している.

ग्लानि /glāni グラーニ/ [←Skt.f. *ग्लानि-* 'exhaustion, fatigue of the body, lassitude, languor, depression of mind, debility'] *f.* **1** 後悔, 悔恨;自責の念. ❐वह मारे ～ के रो पड़ी। 彼女は自責の念にかられて泣きくずれた. ❐～ से उसका सिर झुक गया। 後悔で彼はうなだれた. **2** 嫌悪(感). ❐अपनी स्वार्थपरता पर ～ हुई। 自分の私利私欲に嫌悪を覚えた. **3** 疲労(感);倦怠(感), 気だるさ.

ग्लास /glāsa̸ グラース/ ▸गिलास [←Eng.n. *glass*]} *m.* ☞गिलास

ग्लीसरीन /glīsa̸rīna̸ グリースリーン/ [←Eng.n. *glycerin*] *f.* 〖化学〗グリセリン.

ग्लूकोज़ /glūkozạ グルーコーズ/ ▸ग्लूकोस [←Eng.n. *glucose*] *m.* 〖化学〗グルコース, ぶどう糖.

ग्लूकोस /glūkosạ グルーコース/ ▸ग्लूकोज़ *m.* ☞ग्लूकोज़

ग्लैमर /glaimarạ グラェーマル/ [←Eng.n. *glamour*] *m.* グラマー, セクシーさ, (女性の)性的魅力.

ग्लोब /globạ グローブ/ [←Eng.n. *globe*] *m.* 地球儀.

ग्वाटेमाला /gvāṭemālā グワーテーマーラー/ [←Eng.n. *Guatemala*] *m.* 〖国名〗グアテマラ(共和国)《首都はグアテマラ・シティー (ग्वाटेमाला सिटी)》.

ग्वाटेमाला सिटी /gvāṭemālā siṭī グワーテーマーラー スィティー/ [←Eng.n. *Guatemala City*] *m.* 〖地名〗グアテマラ・シティー《グアテマラ(共和国) (ग्वाटेमाला) の首都》.

ग्वाल /gvālạ グワール/ ▸ग्वाला [<OIA.m. *gōpālá-* 'cowherd': T.04293] *m.* ☞ग्वाला

ग्वाला /gvālā グワーラー/▸ग्वाल *m.* **1** 牛飼い. **2** 牛乳屋, 牛乳売り. (⇒दूधवाला)

ग्वालिन /gvālinạ グワーリン/ [cf. *ग्वाल*] *f.* 牛飼いの女性;牛飼いの妻.

ग्वालियर /gvāliyarạ グワーリヤル/ [cf. Eng.n. *Gwalior*] *m.* 〖地名〗グワーリヤル《マディヤ・プラデーシュ州 (मध्य प्रदेश) の歴史的都市》.

घ

घँघोलना /gʰāgʰolạnā ガンゴールナー/ [<OIA. *ghaṅghōlayati 'stirs round and round': T.04404] *vt.* (*perf.* घँघोला /gʰāgʰolā ガンゴーラー/) (液体の沈殿物が溶けるように)かき混ぜる;(沈殿物をかき混ぜて液体を)濁らせる. (⇒बिलोना) ❒बच्चों ने खेल खेल में तालाब का सारा पानी घँघोल डाला। 子どもたちは遊び戯れているうちに溜め池の水を濁らせてしまった.

घंटा /gʰaṃṭā ガンター/ [<OIA.f. *ghaṇṭā-* 'bell': T.04421] *m.* **1** 〖単位〗 1時間. ❒चौबीस घंटे 24時間, 一日中. **2** 鐘, ベル. **3** 大時計.

घंटाघर /gʰaṃṭāgʰarạ ガンターガル/ [*घंटा* + *घर*] *m.* 時計台;時計塔.

घंटी /gʰaṃṭī ガンティー/ [cf. *घंटा*] *f.* ベル, 呼び鈴. ❒～ बजाना 呼び鈴を鳴らす.

घकार /gʰakārạ ガカール/ [←Skt.m. *घ-कार-* 'Devanagari letter घ or its sound'] *m.* **1** 子音字 घ. **2** 〖言語〗子音字 घ の表す子音 /gʰ グ/.

घकारांत /gʰakārāṃtạ ガカーラーント/ [←Skt. *घकार-अन्त-* 'ending in the letter घ or its sound'] *adj.* 〖言語〗語尾が घ で終わる(語)《जाँघ「太股(ふともも)」, बाघ「トラ」, मेघ「雲」など》. ❒～ शब्द 語尾が घ で終わる語.

घट /gʰaṭạ ガト/ [←Skt.m. *घट-* 'a jar, pitcher, jug, large earthen water-jar, watering-pot'] *m.* 水甕(みずがめ).

घटक /gʰaṭakạ ガタク/ [←Skt. *घटक-* 'forming a constituent part'] *m.* **1** 成分, 構成要素, 構成単位. **2** 仲介者, 斡旋者;(結婚の)仲人.

घटती /gʰaṭạtī ガトティー/ [cf. *घटना*[1]] *f.* 減少;衰退. (⇔बढ़ती)

घटना[1] /gʰaṭạnā ガトナー/ [<OIA. *ghaṭṭati 'decreases, is wanting': T.04415] *vi.* (*perf.* घटा /gʰaṭā ガター/) **1** 減る, 減少する;差し引かれる;(人気が)凋落する. (⇔बढ़ना) ❒कुछ उसका वज़न घट गया। 少し彼の体重が減った. ❒कसरत करने से तुम्हारी तोंद घट जाएगी। 運動すれば, 君の腹の出っ張りはへこむだろう. ❒बाज़ार में इस कंपनी की हिस्सेदारी १९९३ के ८० प्रतिशत से घटकर १९९५ में ७० प्रतिशत पर आ गई। 市場におけるこの会社のシェアは, 1993年の80パーセントから減少して1995年には70パーセントまで落ちた. ❒मजूरी घट गई। 賃金がカットされた. ❒उसकी लोकप्रियता घट रही थी। 彼の人気は, 落ちつつあった. **2** 〖数学〗減算される, 引き算される. (⇔जुड़ना)

घटना[2] /gʰaṭạnā ガトナー/ [cf. Skt. *घट्-* 'to happen, take place, be possible, suit'] *vi.* (*perf.* घटा /gʰaṭā ガター/) (事件・出来事が)起こる, 発生する;(人の身に)ふりかかる. ❒उस परिवार में एक बड़ी त्रासदी घटी। その家族に, ある大きな悲劇が起こった. ❒इस बीच एक और अपमानजनक घटना घटी। この間に, もう一つの恥ずべき事件が起こった. ❒पिछले सात-आठ महीनों में जो घटा था वह बीत चुका था और कभी लौटने-वाला नहीं था। 過去7, 8か月の間に起きたことは, 過ぎ去ってしまったことで二度と戻って来るものではなかった. ❒यह घटना मेरे साथ घटी थी। この事件は, 私の身にふりかかったものだった.

— *f.* 事件;事故;出来事.

घटना-क्रम /gʰaṭạnā-kramạ ガトナー・クラム/ [*घटना*[2] + *क्रम*] *m.* 一連の出来事;事の経過, 事の成り行き. ❒आज़ाद भारत के अब तक के सफ़र का ～ 独立したインドの今日までの道のりの経過.

घटना-चक्र /gʰaṭạnā-cakrạ ガトナー・チャクル/ [*घटना*[2] + *चक्र*] *m.* 一連の出来事;主なニュースの流れ.

घटना-स्थल /gʰaṭạnā-stʰalạ ガトナー・スタル/ [*घटना*[2] + *स्थल*] *m.* 事件現場, 事故現場. ❒पुलिस ने ～ का निरीक्षण किया। 警察は現場検証をした. ❒वह विस्फोट के बाद ～ पर था। 彼は爆発の直後事件現場にいた.

घट-बढ़ /gʰaṭạ-baṛʰạ ガト・バル/ [*घटना* + *बढ़ना*] *f.* 増減(の変動). ❒विदेशी बाज़ारों में खाद्य तेलों में ～ रही। 外国市場では食用油の価格が上下に変動した.

— *adv.* 多少は;おおよそ.

घटवाना /gʰaṭạvānā ガトワーナー/ [caus. of *घटना, घटाना*] *vt.* (*perf.* घटवाया /gʰaṭạvāyā ガトワーヤー/) 減らさせる;減らしてもらう.

घटा /gʰaṭā ガター/ [←Skt.f. *घटा-* 'an assembly'] *f.* 黒雲;暗雲.

घटाटोप /gʰaṭāṭopạ ガタートープ/ [←Skt.m. *घटा-आटोप-* 'a covering for a carriage or any article of furniture'] *m.* **1** 密集した黒雲. ❒～ अँधेरा छाया हुआ था। 密集した黒雲の暗闇に覆われていた. **2** (輿などの)天蓋・覆い.

घटाना /gʰaṭānā ガターナー/ [cf. *घटना*] *vt.* (*perf.* घटाया /gʰaṭāyā ガターヤー/) **1** 減らす, 減少させる. (⇔बढ़ाना) ❐मैंने डेढ़-दो किलो तो वज़न घटाया। 私は1,2キロは体重を減量した. ❐सरकार ने एक महीने की यह अवधि घटाकर १५ दिन कर दी। 政府は, 一か月のこの期限を短縮して 15 日とした. ❐इस नयी व्यवस्था से अपराध घटते ही हैं। この新しい制度により, 犯罪が減少しているのは確実だ. ❐सूद का दर घटा दो। 利息の利率を減らしてくれ. ❐मिल के मालिकों को मजूरी घटाने का अच्छा बहाना मिल गया। 工場主には, 労賃を減らすいい口実が見つかった. **2**〖数学〗減算する, 引き算する. (⇔जोड़ना) ❐सात में से पाँच घटाओ। 7 から 5 を引きなさい.

घटाव /gʰaṭāva̸ ガターオ/ [cf. *घटना¹*] *m.* **1** 減少. (⇔बढ़ाव) **2**〖数学〗引き算, 減法. (⇔जोड़) **3** 衰退, 凋落.

घटिका /gʰaṭikā ガティカー/ [←Skt.f. *घटिका-* 'a period of time (= 24 minutes)'] *f.* **1** 時計. (⇒घड़ी) **2**〖単位〗24 分《1 日 24 時間を 60 等分した長さ》.

घटित /gʰaṭita̸ ガティト/ [←Skt. *घटित-* 'happened, occurred'] *adj.* 起こった, 生じた.

घटिया /gʰaṭiyā ガティヤー/ [cf. *घटना¹*] *adj.* 粗悪な, 劣悪な, 下等な. (⇔बढ़िया)

घटी /gʰaṭī ガティー/ [←Skt.f. *घटी-* 'a measure of time equal to 24 minutes'] *f.* ☞घटिका

घड़घड़ाना /gʰaṛa̸gʰaṛānā ガルガラーナー/ [<OIA. **ghaḍaghaḍa-* 'gurgling or rattling noise': T.04419] *vi.* (*perf.* घड़घड़ाया /gʰaṛa̸gʰaṛāyā ガルガラーヤー/) (汽車が)ガタゴト (घड़-घड़) 音をたてて走る; (雷が)ガラガラ音をたてる. ❐सहसा किसी ने बड़े ज़ोर से द्वार खोला और घड़घड़ाता हुआ भीतर-वाले कमरे के द्वार पर आ गया। 突然誰かが思いっきりドアを開けた, そしてバタバタと音をたてながら中の部屋の戸口に来た.

घड़ना /gʰaṛanā ガルナー/ ▸गढ़ना *vi.* (*perf.* घड़ा /gʰaṛā ガラー/) ☞गढ़ना

घड़ा /gʰaṛā ガラー/ [<OIA.m. *ghaṭa-¹* 'pot': T.04406] *m.* (素焼きの)壺, 甕(かめ), 水甕.

घड़िया /gʰaṛiyā ガリヤー/ ▸घरिया [cf. *घड़ा*] *f.* (素焼きの)小型の壺, 甕(かめ), 水甕; るつぼ.

घड़ियाल¹ /gʰaṛiyāla̸ ガリヤール/ [<OIA.m. *ghaṇṭika-* 'alligator': T.04411z1] *m.*〖動物〗ワニ(鰐)《特にガンジス川に生息するワニ目ガビエル科のガンジスワニを指すことがある》. (⇒मगर, मगरमच्छ)

घड़ियाल² /gʰaṛiyāla̸ ガリヤール/ [<OIA. **ghaṭītāḍa-* 'striking the time': T.04413] *m.*〖楽器〗鐘(かね); 鉦(かね); 銅鑼(どら)《主に時を告げるために使用》. ❐~ का शीशा 砂時計.

घड़ियाली /gʰaṛiyālī ガリヤーリー/ [cf. *घड़ियाल²*] *f.*〖楽器〗小型の鉦(かね)《ヒンドゥー教徒が祈りの際使用》.

घड़ी /gʰaṛī ガリー/ [<OIA.f. *ghaṭikā-* 'a period of time (= 24 or 48 minutes)': T.04411z1] *f.* **1** 時計. ❐अपनी ~ में १ बजकर ५० मिनट थे। 自分の時計では 1 時 50 分だった. ❐कलाई [हाथ] की ~ 腕時計. ❐दीवार ~ 壁時計. ❐सोने की ~ 金時計. **2** 短い時間, 一刻《もともとは1日24時間を60等分した長さである 24 分間に相当する時間》. ❐वहाँ से ~ भर में लौटूँगा। あそこからすぐに戻るつもりだ. **3** (運命の)時, 時刻, 刻限. ❐(की) ~ आ जाना (…の)時が来る. ❐परीक्षा की ~ 試練の時. ❐मुझे उस ~ न जाने क्या हो गया था। 私にあの時一体何が起きたというのだろう. ❐मुसीबत की ~ में 困難な時に.

घड़ीसाज़ /gʰaṛīsāza̸ ガリーサーズ/ [*घड़ी* + *-साज़*] *m.* 時計職人.

घड़ीसाज़ी /gʰaṛīsāzī ガリーサーズィー/ [*घड़ीसाज़* + *-ई*] *f.* 時計修理(業).

घन /gʰana̸ ガン/ [←Skt.m. *घन-* 'the cube (of a number)'] *m.*〖数学〗立方体; …立方. ❐एक ~ मीटर 1 立方メートル.

घनक्षेत्र /gʰanakṣetra̸ ガナクシェートル/ [neo.Skt.n. *घन-क्षेत्र-* 'cubic measurements'] *m.*〖数学〗体積; 容積.

घनघटा /gʰana̸gʰaṭā ガンガター/ [*घना* + *घटा*] *f.* (密集した)黒雲.

घनघनाना /gʰana̸gʰanānā ガンガナーナー/ [<OIA. **ghanaghana-* 'tinkle, clang': T.04425] *vi.* (*perf.* घनघनाया /gʰana̸gʰanāyā ガンガナーヤー/) じゃらじゃら[リンリン] (घन-घन) 鳴る. ❐सहसा फ़ोन की घंटी घनघना उठी। 突然電話のベルがリンリン鳴った.
— *vt.* (*perf.* घनघनाया /gʰana̸gʰanāyā ガンガナーヤー/) じゃらじゃら[リンリン]鳴らす.

घनघोर /gʰana̸gʰora̸ ガンゴール/ [*घन* + *घोर*] *adj.* **1** 密集した; 真っ黒な. ❐~ अंधकार 漆黒の闇. ❐~ बादल 重なり合った黒雲. **2** 激烈な, 猛烈な. (⇒भीषण) ❐~ युद्ध 激烈な戦い.

घनता /gʰana̸tā ガンター/ [←Skt.f. *घन-ता-* 'compactness'] *f.* **1** 密度; 充実度. ❐नींद की ~ 眠りの深さ. **2** (物質の)密度, 単位体積当たりの質量. (⇒घनत्व)

घनत्व /gʰanatva̸ ガナトオ/ [neo.Skt.n. *घन-त्व-* 'density'] *m.* **1**〖物理〗(物質の)密度. **2** 密集, 密度. ❐जनसंख्या ~ 人口密度.

घनफल /gʰana̸pʰala̸ ガンパル/ [←Skt.n. *घन-फल-* 'the solid or cubical contents of a body'] *m.*〖数学〗立方, 3 乗; 体積, 容積.

घनमूल /gʰana̸mūla̸ ガンムール/ [←Skt.m. *घनमूल-* 'cube root'] *m.*〖数学〗立方根.

घना /gʰanā ガナー/ [<OIA. *ghaná-²* 'compact, firm, dense': T.04424] *adj.* **1** (黒雲などが)厚く重なった; (葉などが)よく繁った, 繁茂した; (眉毛・ひげなどが)濃い; 密度の高い. ❐~ जंगल 密林. ❐एक घने वृक्ष की छाया में एक कुरसी थी। 一本の良く繁った木の陰に一つの椅子があった. ❐घनी घटा 厚く重なった黒雲. ❐घनी सफ़ेद भौंहों के नीचे छिपी हुई आँखें 濃い白い眉の下に隠れた目. **2** 密接な, 密な; 濃厚な. ❐(से) ~ संबंध (…との)密接な関係.

घनिष्ठ /gʰaniṣṭʰa̸ ガニシュト/ [pseudo.Skt. *घनिष्ठ-* 'intimate'; cf. *घना, कनिष्ठ*] *adj.* 親密な. (⇒गहरा) ❐~ मित्र [संपर्क, संबंध]親密な友人[交際, 関係].

घनिष्ठता /g^{h}aniṣṭ^{h}ạtā ガニシュトター/ [pseudo.Skt.f. *घनिष्ठ-ता-* 'intimacy'] *f.* 親密さ. ❐(से) ～ बढ़ाना (人と)親密さを深める. ❐हम दोनों में इतनी ～ थी कि हम आपस में कोई परदा न रखते थे। 私たち二人には互いにいかなる隠しごともしないほどの親密さがあった.

घनीभूत /g^{h}anīb^{h}ūtạ ガニーブート/ [←Skt. *घनी-भूत-* 'become thick, thickened, condensed, thick, inspissated, compact'] *adj.* 濃縮された, 凝縮された. ❐अब चोट ठंढी पड़ गई थी और दर्द ～ हो रहा था। ようやくショックがおさまりそして痛みが深まっていった.

घपला /g^{h}apạlā ガプラー/ [?] *m.* **1** (秩序がない)ごたごたした状態. **2** 不正行為, こそ泥行為. ❐～ करना 不正行為をする.

घपलेबाज़ /g^{h}apạlebāzạ ガプレーバーズ/ [*घपला* + *-बाज़*] *adj.* **1** ごたごたを引き起こす(人); へまをする(人). **2** 不正行為をする(人).

घपलेबाज़ी /g^{h}apạlebāzī ガプレーバーズィー/ [*घपला* + *-बाज़ी*] *f.* **1** ごたごたを引き起こすこと; へまをすること. **2** 不正行為をすること.

घबड़ाना /g^{h}abạṛānā ガブラーナー/ ▸घबराना *vi.* (*perf.* घबड़ाया /g^{h}abạṛāyā ガブラーヤー/) ☞घबराना

घबड़ाहट /g^{h}abạṛāhaṭạ ガブラーハト/ ▸घबराहट [*घबड़ाना* + *-आहट*] *f.* ☞घबराहट

घबराना /g^{h}abạrānā ガブラーナー/▸घबड़ाना [?←Drav.; DEDr.1340 (DED.1126)] *vi.* (*perf.* घबराया /g^{h}abạrāyā ガブラーヤー/) **1** おびえる; 狼狽する, 慌てふためく, うろたえる, (気が)動転する, (気持ちが)動揺する. (⇒अटपटाना) ❐घबराओ मत। うろたえるな. ❐तुम घबराते क्यों हो? 君は何におびえているんだい? ❐वह घबराई हुई आवाज़ में बोला। 彼は狼狽した声で言った. ❐वह घबरा गया। 彼は狼狽した. ❐वह शादी के नाम से घबराता है। 彼は結婚という名を聞いただけでうろたえてしまう. **2** 困惑する, 困る. ❐इसमें घबराने की क्या बात है। このことで困るようなどんなことがあるというのだ. ❐मैं इन लड़कियों से बहुत घबराता हूँ। 私はこの娘たちにはとても困っているのです.
— *vt.* (*perf.* घबराया /g^{h}abạrāyā ガブラーヤー/) **1** おびえさせる; 狼狽させる, 慌てふためかせる, うろたえさせる. ❐बच्चों को मत घबराओ। 子どもたちをおびえさせるな. **2** 困惑させる, 困らせる. ❐परिस्थितियों ने उसे घबरा दिया। 状況が彼を困惑させた.

घबराहट /g^{h}abạrāhaṭạ ガブラーハト/ ▸घबड़ाहट [*घबराना* + *-आहट*] *f.* **1** 不安; 狼狽. **2** 困惑.

घमंड /g^{h}amaṃḍạ ガマンド/ [?] *m.* 思い上がり, 高慢さ, 傲慢(ごうまん)さ. (⇒ग़रूर) ❐उसका सारा ～ चूर-चूर हो गया। 彼女の思い上がりは粉々に打ち砕かれた. ❐(का) ～ तोड़ना (人の)高慢な鼻をへし折る.

घमंडी /g^{h}amaṃḍī ガマンディー/ [cf. *घमंड*] *adj.* 高慢な, 傲慢(ごうまん)な. ❐～ आदमी प्राय: शक्की हुआ करता है। 傲慢な人間はたいがい猜疑心が強いものだ.
— *m.* 高慢な人, 傲慢(ごうまん)な人.

घमासान /g^{h}amāsānạ ガマーサーン/ [?] *adj.* 猛烈に激しい, 激烈な, すさまじい. ❐～ लड़ाई [युद्ध] 激戦.
— *m.* 激戦; 大量殺戮(さつりく). ❐～ की मार हो रही थी। 激戦の殺し合いが続いていた.

घमौरी /g^{h}amaurī ガマォーリー/ [<OIA.m. *gharmá-* 'heat': T.04445] *f.* 〖医学〗汗疹(あせも). (⇒अम्हौरी)

घर /g^{h}arạ ガル/ [<OIA.n. *ghara-, gharaka-* 'house': T.04428] *m.* **1** 家, 住宅, 家屋; 住居. (⇒ख़ाना, मकान) ❐वह ～ पर है। 彼は在宅です. **2** 家庭; 家族, 一家, 世帯. ❐～ का बना 自家製の. ❐～ का बना खाना 家庭料理. **3** 《合成語の一部として》建物. ❐अजायबघर 博物館. ❐घंटाघर 時計台. ❐डाकघर 郵便局. **4** …部屋. ❐रसोई घर 台所. **5** 〖ゲーム〗(チェスやすごろくの)盤のマス目. (⇒ख़ाना) ❐घोड़ा ढाई ～ चलता है। (チェスの)ナイトは桂馬飛びする.

घर-गृहस्थ /g^{h}arạ-gr̥hast^{h}ạ ガル・グリハスト/ *m.* 家長, 世帯主, 一家の主人. (⇒घरबारी)

घर-गृहस्थी /g^{h}arạ-gr̥hast^{h}ī ガル・グリハスティー/ *f.* 世帯; 家族と所帯道具; 家族の生活. ❐～ का बोझ तो मेरे सिर पर है। 家族の生活の重荷は私の上にかかっている.

घरघराना /g^{h}arạg^{h}arānā ガルガラーナー/ [<OIA. **gharaghara-* 'grunt, rumble': T.04432] *vi.* (*perf.* घरघराया /g^{h}arạg^{h}arāyā ガルガラーヤー/) (痰がからまるなど呼吸困難で)喉がゴロゴロ (घर-घर) 音をたてる.

घरघराहट /g^{h}arạg^{h}arāhaṭạ ガルガラーハト/ [cf. *घरघराना* + *-आहट*] *f.* (痰がつまるなど呼吸困難で)ゴロゴロという音. ❐आधी रात को उनकी छाती में ～ होने लगी और बोलने में तकलीफ़। 夜半になって彼の胸は呼吸困難でゴロゴロといいだしたそしてしゃべるのが苦しそうだった.

घरजँवाई /g^{h}arạjā̃vāī ガルジャンワーイー/ [*घर* + *जमाई*] *m.* (妻の実家で暮らす)娘婿《漫画『サザエさん』の「マスオさん」に相当》. (⇒घरदमाद)

घरदमाद /g^{h}arạdamādạ ガルダマード/ [*घर* + *दामाद*] *m.* ☞घरजँवाई

घरद्वार /g^{h}arạdvārạ ガルドワール/ [*घर* + *द्वार*] *m.* ☞घरबार

घरबार /g^{h}arạbārạ ガルバール/ [*घर* + *बार*[4]] *m.* **1** 家屋敷と家財一式. **2** 家族と家庭. ❐बिना ～ मुसाफ़िर 家族と家庭をもたない旅人.

घरबारी /g^{h}arạbārī ガルバーリー/ [*घर* + *बार*[4]] *adj.* **1** 家族・家庭のある. ❐उसके लिए ～ दुनिया एक अनजानी दुनिया थी। 彼にとって家族や家庭のある世界は未知の世界だった.
— *m.* **1** 家長, 世帯主, 一家の主人. (⇒घर-गृहस्थ)

घरवाला /g^{h}arạvālā ガルワーラー/ [*घर* + *-वाला*] *m.* 家の主人.

घरवाली /g^{h}arạvālī ガルワーリー/ [cf. *घरवाला*] *f.* (人の)奥さん, 妻; (自分の)妻, 家内. ❐वह अपनी ～ की बुराई करने लगा। 彼は自分の妻の悪口を言い始めた.

घराना /g^{h}arānā ガラーナー/ [<OIA. **gharāyatana-* 'house and home': T.04441] *m.* **1** 家, 家庭. **2** 家系, 家柄, 一族. (⇒ख़ानदान) ❐बड़ा ～ 立派な家柄. ❐शाही घराने के आदमी 王族の一員. **3** (音楽・舞踏などの技芸を継承する)流派(の家柄).

घरिया /gʰariyā ガリヤー/ ▸घड़िया *f.* ☞घड़िया

घरेलू /gʰarelū ガレールー/ [cf. *घर*] *adj.* **1** 家庭内の，自宅の．❐～ उद्योग〖経済〗家内工業．❐～ कामकाज करना 家事雑用をする．❐～ नाम 家庭内の呼び名．**2** 自国の，国内の，内政の．

घरौंदा /gʰarā̃ūdā ガラォーンダー/ [cf. *घर*] *m.* ままごと遊びの家；みすぼらしい家．❐गुड़ियों का ～ 人形の家．❐पर्वतों के बीच में कहीं-कहीं मिट्टी के घरौंदों की भाँति छोटे-छोटे मकान दिखाई देते। 山の中腹にところどころ土でできたままごと遊びの家のように小さな家々が見えていた．

घर्षण /gʰarṣaṇa ガルシャン/ *m.*〖物理〗摩擦．❐～ प्रतिरोध 摩擦抵抗(力)．

घलुआ /gʰaluā ガルアー/ [?cf. *घालना*] *m.* おまけ．(⇒घाता)

घसियारा /gʰasiyārā ガスィヤーラー/ [cf. *घास*] *m.* 草を刈って(飼料として)売る人．

घसीट /gʰasīṭa ガスィート/ [cf. *घसीटना*] *f.* **1** 引きずること．**2** なぐり書き．

घसीटना /gʰasīṭanā ガスィートナー/ [<OIA. *ghárṣati* 'rubs': T.04450] *vt.* (*perf.* घसीटा /gʰasīṭā ガスィーター/) **1** 引きずる．(⇒रगड़ना) ❐उसने दौड़कर उसका हाथ पकड़ लिया और घसीटता हुआ घर ले चला। 彼は駆け寄って彼女の手をつかんだ，そして引きずって家に連れて行った．❐वह पैर घसीटते हुए चला। 彼は足を引きずりながら歩いた．**2** なぐり書きする，書きちらす．**3** (人を)巻き込む；(事柄を)関連させる．❐इस कथा को यदि ऐतिहासिकता की ओर घसीटा जाय तो इसका अर्थ यह हो सकता है कि ... । この物語をもし史実と連関させるなら，この意味は … ということがありえる．❐हमें आप ही तो यहाँ घसीट लाए थे। 我々をこんなところに連れ込んだのはあなたですよ．

घहराना /gʰaharānā ガヘラーナー/ [onom.] *vi.* (*perf.* घहराया /gʰaharāyā ガヘラーヤー/) 轟音をたてる．

घाँघरा /gʰā̃gʰarā ガーングラー/ ▸घाघरा *m.* ☞घाघरा

घाई /gʰāī ガーイー/ *f.* (手や足の)指の間．(⇒आँट)

घाघ /gʰāgʰa ガーグ/ [?] *adj.* 抜け目のないしたたかな(人)，海千山千の(人)．

— *m.* 抜け目のないしたたかな人，海千山千の人《ガーグ (घाघ) は北インドに実在した詩人とされる；人々の生活に密接する彼の作とされる多くの諺が伝わる》．

घाघरा /gʰāgʰarā ガーグラー/ ▸घाँघरा [<OIA.f. *gharghari-* 'girdle of small bells worn by women': T.04444] *m.* ガーグラー《女性用のひだ飾りのついた巻きスカート》．

घाट /gʰāṭa ガート/ [<OIA.m. *ghaṭṭa-*[1] 'landing place, quay, ferry; a landing place': T.04414] *m.* **1** ガート《池・湖・川などの岸辺に設けられた石などで作られた階段状の斜面；沐浴者や洗濯屋が使用；船着き場としても利用》．❐～ ～ का पानी पीना 世間の経験を積む《特に「海千山千」の意》．**2**〖地理〗峠の道；険しい山道．(⇒दर्रा) **3**〖地理〗(険しい)山脈．❐पश्चिमी ～ 西ガーツ山脈．❐पूर्वी ～ 東ガーツ山脈．

घाटबंदी /gʰāṭabaṃdī ガートバンディー/ [*घाट* + *-बंदी*] *f.* (商船に対する)出入港禁止；港湾封鎖．❐(के विरुद्ध) आर्थिक ～ लगाना (に対して)経済封鎖を実施する．

घाटा /gʰāṭā ガーター/ [cf. *घटना*[1]] *m.* **1** 減少，低下；(価格などの)下落，降下．**2** 損，損害；不足，欠損．(⇒नुक़सान)(⇔नफ़ा, मुनाफ़ा) ❐घाटे में चल रही कंपनियों की संख्या घटी। 赤字続きの企業数が減った．❐घाटे में रहना (商売が)赤字である，(人が)損をする．❐बैंक इतना बड़ा ～ सहने में असमर्थ था। 銀行はこれほどの大きな損害に耐えることができなかった．❐वह एक पैसे का ～ भी नहीं उठाना चाहता। 彼は1パイサの損もしたくないのだ．

घाटी /gʰāṭī ガーティー/ [*घाट* + *-ई*] *f.* **1**〖地理〗谷，谷間，峡谷，渓谷．**2** 山道．

घात[1] /gʰāta ガート/ [←Skt.m. *घात-* 'a blow, bruise; slaying, killing'] *m.* 攻撃，襲撃；打撃．❐(का) ～ करना (…を)攻撃する．

घात[2] /gʰāta ガート/ [?] *f.* **1** 好機，チャンス．❐कसर निकालने की ～ मिली। 損を取り戻すチャンスを得た．**2** 待ち伏せ，狙い．❐(की) ～ में (…を)待ち伏せて．

घातक /gʰātaka ガータク/ [←Skt. *घातक-* 'killing, killer, murderer; destroying, ruining'] *adj.* 有害な；命取りになる，致命的な．❐एक दिन की देर भी बैंक के लिए ～ हो सकती है। 一日の遅れすら銀行にとって命取りになりえる．

— *m.* 危害を加える人；敵．❐घातकों की आहट पाकर उसने तलवार निकाल ली। 敵の足音を聞いて彼は剣を抜いた．

घाता /gʰātā ガーター/ [?] *m.* おまけ．(⇒घलुआ) ❐घाते में おまけに．

घाती /gʰātī ガーティー/ [←Skt. *घातिन्-* 'killing, murderous, murderer'] *adj.* 《主に合成語の要素「…を滅ぼす」として；たとえば विश्वासघाती「裏切りの」など》

घान /gʰāna ガーン/ [<OIA. **ghāna-*[1] 'mill': T.04466] *m.* ガーン《機械を使ってサトウキビを絞ったり穀物を挽いたりする際の材料一回分の分量》．

घाना /gʰānā ガーナー/ [cf. Eng.n. *Ghana*] *m.*〖国名〗ガーナ(共和国)《首都はアクラ (अकरा)》．

घानी /gʰānī ガーニー/ [*घान* + *-ई*] *f.* ガーニー《サトウキビを絞ったり穀物を挽いたりするなどの機械；圧搾機や製粉機が設置されている作業場》．

घाम /gʰāma ガーム/ [<OIA.m. *gharmá-* 'heat': T.04445] *m.* 日のぬくもり；日の明るさ．❐～ के कारण निद्रा आ गई। 日のぬくもりのために眠気が襲ってきた．

घामना /gʰāmanā ガームナー/ [cf. *घूमना*] *vi.* (*perf.* घामा /gʰāmā ガーマー/) 歩き回る，ぶらつく《〖घूमना-घामना〗の形式で》．

घायल /gʰāyala ガーヤル/ [cf. OIA.m. >*ghāta-* 'killing': T.04460] *adj.* 傷ついた，負傷した．(⇒क्षत, ज़ख़्मी) ❐(को) ～ करना (人を)傷つける．❐कार दुर्घटना में चार आदमी गंभीर रूप से ～ हो गए। 自動車事故で4人が重傷を負った．

— *m.* 負傷者．(⇒ज़ख़्मी)

घालना /gʰālanā ガールナー/ [<OIA. **ghalyati* 'pours': T.04457] *vt.* (*perf.* घाला /gʰālā ガーラー/) **1** 中にさし入れる．**2** 壊す．

घाव /g^{h}āva ガーオ/ [<OIA.m. *ghāta-* 'killing': T.04460] *m.* 〖医学〗傷, 傷口. ❐～ पर नमक 傷口に塩《「さらに災難が降りかかること」のたとえ》. ❐～ लगते ही ～ भरने की प्रक्रिया आरंभ हो जाता है। 傷を負うとすぐに傷口がふさがるプロセスが始まるのである. ❐उसकी छाती में गहरा ～ लगा था। 彼の胸は深い傷を負っていた.

घास /g^{h}āsa ガース/ [<OIA.m. *ghāsá-* 'food, pasture grass': T.04471] *f.* **1**〖植物〗草;雑草. ❐जंगली ～ उगना 雑草が生える. ❐～ खाना 貧しい暮らしをする;馬鹿げた振る舞いをする. ❐～ छीलना [काटना, खोदना] 草をむしる[刈る];無為な時間を送る. **2**〖植物〗芝生. ❐～ पर चलना मना है। 芝生の上を歩いてはいけません.

घास-पात /g^{h}āsa-pāta ガース・パート/ *m.* **1** 雑草;くず, かす. **2** まともでない食べ物, 粗末な食い物.

घास-फूस /g^{h}āsa-p^{h}ūsa ガース・プース/ *m.* 雑草と麦藁(わら);くずみたいなもの.

घासलेट /g^{h}āsaleṭa ガースレート/ [←Eng.n. *gaslight* (oil)] *m.* **1** 灯油. **2** くだらないもの, くず.

घासलेटी /g^{h}āsaleṭī ガースレーティー/ [*घासलेट* + *-ई*] *adj.* くだらない, くずのような. ❐～ साहित्य 猥雑文学.

घिग्घी /g^{h}igg^{h}ī ギッギー/ [onom.; <OIA. **ghēggha-* 'swelling': T.04512] *f.* (恐怖や嗚咽で)息が詰まること;言葉につまること. ❐(की) ～ बँध जाना (人の)息が詰まる.

घिघियाना /g^{h}ig^{h}iyānā ギギヤーナー/ [cf. *घिग्घी*] *vi.* (*perf.* घिघियाया /g^{h}ig^{h}iyāyā ギギヤーヤー/) **1** (恐怖や嗚咽で)息が止まる, 声がでない《息が詰まって言葉にならない音は घी-घी》. **2** (人にすがって)哀れっぽく泣く, 哀願する;(卑屈に)ぺこぺこする. (⇒रिरियाना) ❐उसने घिघियाकर कहा। 彼は哀れな声で言った.

घिन /g^{h}ina ギン/ [<OIA.m. *ghṛṇá-* 'heat': T.04500] *f.* 吐き気をもよおすほどの嫌悪(感), おぞましさ. ❐(को) ～ लगना (人が)ひどい嫌悪感を覚える.

घिनाना /g^{h}inānā ギナーナー/ [cf. *घिन*] *vi.* (*perf.* घिनाया /g^{h}ināyā ギナーヤー/) 吐き気をもよおすほど嫌悪する. ❐आप हमसे माँस खाने के कारण घिनाते हैं। あなたは私たちを肉を食べるという理由からひどく嫌悪なさっている.

घिनौना /g^{h}inaunā ギナォーナー/ [cf. *घिन*] *adj.* 嫌でたまらない, 胸がむかつくほど嫌いな, おぞましい. ❐～ जीवन おぞましい人生. ❐वह घिनौनी वस्तु उनके ओठों में तो लग ही गयी। そのおぞましいものは彼の唇に触れてしまった.

घिया /g^{h}iyā ギヤー/ ▸घीया *m.* ☞घीया

घियातरोई /g^{h}iyātaroī ギヤータローイー/ ▸घीयातोरी [*घिया* + *तरोई*] *f.* 〖植物〗ギヤータローイー《ウリ科ヘチマ》.

घिरना /g^{h}iranā ギルナー/ [<OIA. **ghir-* 'go round': T.04474; cf. DEDr.1595 (DED.1327)] *vi.* (*perf.* घिरा /g^{h}irā ギラー/) **1** 囲まれる, 取り巻かれる;(塀などが)めぐらされる. ❐उसने राजा को दासियों से घिरा देखा। 彼は王が女の召使たちにかしずかれているのを見た. ❐कई दुकानें लपटों में घिर गईं। いくつもの店舗が火炎に包まれた. ❐क़िला दुश्मन की सेना से घिर गया है। 城塞は敵軍に包囲された. ❐दाईं ओर को है कच्ची मिट्टी की आदम-क़द मुँडेर से घिरा एक बाग़। 右手にあるのは日干しの粘土でできた人の背丈ほどの欄干で囲まれた庭園である. **2** (暗雲が)覆う. ❐बादल घिर आए। 暗雲があたり一面覆ってきた.

घिरनी /g^{h}iranī ギルニー/ ▸घिर्री [cf. *घिरना*] *f.* (縄・ひも・糸などで)回転する仕掛けのもの;滑車;独楽(こま);糸車. ❐～ खाना 回転する, 周りを巡る.

घिरवाना /g^{h}iravānā ギルワーナー/ ▸घिराना [caus. of *घिरना, घेरना*] *vt.* (*perf.* घिरवाया /g^{h}iravāyā ギルワーヤー/) 囲ませる;囲んでもらう.

घिराई /g^{h}irāī ギラーイー/ [cf. *घिरना*] *f.* (家畜などを追って)囲みに入れる仕事;その仕事の手間賃. (⇒घेराई)

घिराना /g^{h}irānā ギラーナー/ ▸घिरवाना *vt.* (*perf.* घिराया /g^{h}irāyā ギラーヤー/) ☞घिरवाना

घिराव /g^{h}irāva ギラーオ/ ▸घेराव *m.* ☞घेराव

घिरिया /g^{h}iriyā ギリヤー/ [cf. *घिरना*] *f.* **1** 勢子(せこ)の囲み. **2** 絶対絶命, 窮地.

घिर्री /g^{h}irrī ギルリー/ ▸घिरनी *f.* ☞घिरनी

घिसघिस /g^{h}isag^{h}isa ギスギス/ [cf. *घिसना*] *f.* (怠惰な)のろのろした仕事;(決断力のない)ぐずぐずした態度.

घिसटना /g^{h}isaṭanā ギサトナー/ [cf. *घसीटना*] *vi.* (*perf.* घिसटा /g^{h}isaṭā ギスター/) **1** 引きずられる. **2** 足をひきずって歩く;這う. ❐घिसट-घिसटकर मरना じわじわ死ぬ.

घिसना /g^{h}isanā ギスナー/ [<OIA. *ghárṣati* 'rubs': T.04450] *vi.* (*perf.* घिसा /g^{h}isā ギサー/) **1** すり減る, 磨滅する. ❐मानो किसी मशीन के कल-पुरज़े घिस-घिसाकर फ़िट हो गए हों। まるで機械の部品がすり減りすり減らしてぴったりするように. **2** 擦って磨かれる;(汚れが)擦りとられる. (⇒मँजना)

— *vt.* (*perf.* घिसा /g^{h}isā ギサー/) **1** 擦る, こすりつける, すり減らす;すりおろす;(臼などで)ひく. (⇒कसना, रगड़ना) ❐क़लम ～ 駄文を書く. ❐ज़िंदगी भर मैं क़लम घिसता रहा। 私は生涯ペンをすり減らし続けただけさ(=自嘲的な「物書きを続けた」の意). ❐यह जड़ी घिसकर लगाते ही अच्छा हो जायगा। この薬草の根をすりおろしてつければ, あっという間によくなりますよ. **2** 擦って磨く[光らす];(汚れを)擦りとる, ごしごし洗う. (⇒मलना, माँजना) ❐उन दिनों सोने या चाँदी की समतल पट्टी को घिसकर ख़ूब चिकना किया जाता था, उससे ही दर्पण का काम लिया जाता था। 当時は金や銀の平らな板を擦って磨きつるつるに滑らかにして, それを鏡の代りにしていました.

घिसवाना /g^{h}isavānā ギスワーナー/ ▸घिसाना [caus. of *घिसना*] *vt.* (*perf.* घिसवाया /g^{h}isavāyā ギスワーヤー/) すり減らさせる.

घिसाई /g^{h}isāī ギサーイー/ [cf. *घिसना*] *f.* 擦ったり磨いたりする仕事;その仕事の手間賃.

घिसाना /g^{h}isānā ギサーナー/ ▸घिसवाना [cf. *घिसना*] *vt.* (*perf.* घिसाया /g^{h}isāyā ギサーヤー/) ☞घिसवाना

घिसा-पिटा /g^{h}isā-piṭā ギサー・ピター/ [*घिसना* + *पिटना*] *adj.* **1** 使い古した, 擦り切れた, 磨滅した. **2** (決まり文句など)月並みな, 陳腐な, 型にはまった. ❐अध्यापकों में अगर कल्पनाप्रवणता और अंतर्भेदी दृष्टि हो, तो वे पुराने और घिसे-पिटे

पाठ्यक्रम को भी बड़े रोचक ढंग से प्रस्तुत कर सकते हैं। 教師の内にもし想像力と洞察に満ちた視点があれば，古ぼけた型にはまったカリキュラムですら中々どうして興味を引き起こすやり方で提示することだってできるのだ．

घिस्सा /gʰissā ギッサー/ [cf. *घिसना*] *m.* **1** 擦ること，摩擦．**2** 目くらまし．(⇒चकमा) ❐(को) ～ देना (人を)あざむく．

घिस्सू /gʰissū ギッスー/ [cf. *घिसना*] *m.* 〔卑語〕(仕事のできない)のろま．

घी /gʰī ギー/ [<OIA.n. *ghr̥tá-* 'fluid grease, clarified butter or ghee': T.04501] *m.* 〖食〗バターオイル，ギー《食用の乳脂肪製品》．

घीया /gʰīyā ギーヤー/▸घिया [cf. Skt.f. *घृता-* 'a kind of medical plant'] *f.* 〖植物〗ギーヤー《ユウガオ(の実)》．

घीयातोरी /gʰīyātorī ギーヤートーリー/ ▸घियातरोई *f.* ☞घियातरोई

घुँगची /gʰũgacī グングチー/ ▸घुँघची *f.* ☞घुँघची

घुँघची /gʰũgʰacī グングチー/▸घुँगची [←Kan.n. *guru-guñji* 'crab's eye, *Abrus precatorius*'; DEDr.1865 (DED.1549)] *f.* 〖植物〗グングチー《マメ科トウアズキ；その小粒の赤色の種子》．(⇒गुंजा, रत्ती)

घुँघराला /gʰũgʰarālā グングラーラー/ [←Kan.n. *guṅguru* 'state of being curled or tangled'; DEDr.1633 (DED.1361)] *adj.* 巻き毛の，(毛が)縮れている．❐ घुँघराले बाल 巻き毛，縮れている毛髪．

घुँघरू /gʰũgʰarū グングルー/ [<OIA. **ghuṅghura-* 'bell': T.04477] *m.* **1** グングルー，小さな鈴．**2** グングルー《小さな鈴がいくつもついている装身具；手首や足首につける》．❐घुँघरुओं की छुन-छुन グングルーのシャンシャンという音．**3** 死に際に喉に痰のからむゴロゴロ (घुर-घुर) という音．❐～ बोलना (死に際に)ゴロゴロと喉を鳴らす．

घुँघरूदार /gʰũgʰarūdāra グングルーダール/ [*घुँघरू* + *-दार*] *adj.* 小さな鈴 (घुँघरू) のついた．❐～ आभूषण 小さな鈴のついた装身具．

घुंडी /gʰuṃḍī グンディー/ [<OIA. **ghuṇṭa-*[2] 'knot, tag, button': T.04483] *f.* **1** 包(くる)みボタン，飾りボタン．❐(में) ～ लगाना (…に)包みボタンをつける．**2** (ドアの)ノブ．**3** 乳首．**4** (心の)しこり．

घुंडीदार /gʰuṃḍīdāra グンディーダール/ [*घुंडी* + *-दार*] *adj.* **1** 包(くる)みボタンの付いた，飾りボタンの付いた．**2** ノブが付いた，ノブ状の．❐～ मूठ ノブの付いた取っ手．**3** (心に)しこりのある．

घुइयाँ /gʰuiyā̃ グイヤーン/ [?] *f.* 〖植物〗サトイモ(里芋)．(⇒अरवी, कच्चू)

घुग्घू /gʰuggʰū グッグー/ [<OIA.m. *ghūka-* 'owl': T.04494] *m.* **1** 〖鳥〗フクロウ．(⇒उल्लू) **2** 愚か者．

घुघुआना /gʰugʰuānā ググアーナー/ [cf. *घुग्घू*] *vi.* (*perf.* घुघुआया /gʰugʰuāyā ググアーヤー/) (フクロウが)ホーホー (घु-घु) と鳴く．

घुटकना /gʰuṭakanā グタクナー/ ▸गटकना *vt.* (*perf.* घुटका /gʰuṭakā グトカー/) ☞गटकना

घुटन /gʰuṭana グタン/ [cf. *घुटना*] *f.* (窒息しそうな)息苦しさ，圧迫感．❐किसी प्रकार की संकीर्णता से मुझे ～ होती थी। どんな偏狭さも私には息がつまった．

घुटना[1] /gʰuṭanā グトナー/ [cf. *घोंटना*] *vi.* (*perf.* घुटा /gʰuṭā グター/) (喉が)絞められる；(息が)つまる，窒息する．❐नहीं भाई, यहाँ मेरा दम घुटने लगेगा। もうだめだ，ここにいたら私は窒息してしまうよ．❐मिल के अंदर उसका दम घुटता था। 工場の中で，彼の息はつまりそうだった．

घुटना[2] /gʰuṭanā グトナー/ [cf. *घोटना*] *vi.* (*perf.* घुटा /gʰuṭā グター/) **1** (表面が)擦られて滑らかにされる，研磨される．**2** (ひげ・髪が)剃られる．❐अलादीन नाम था, सिर घुटा हुआ, खिचड़ी डाढ़ी, और काना। アラーディーンという名前だった，頭は剃り上げていて，ゴマ塩混じりのあごひげ，そして片目．**3** すりつぶされる．(⇒पिसना) ❐भाँग घुटना। (祭り用の飲み物・食べ物に混ぜるために)大麻がすりつぶされる．

घुटना[3] /gʰuṭanā グトナー/ [<OIA.m. *ghuṭa-* 'ankle': T.04479] *m.* 膝(がしら)．❐वह घुटने [घुटनों] के बल बैठा हुआ है। 彼はひざまずいて腰をおろしている．❐मैं उसके सामने घुटने नहीं टेक सकता। 私は彼の前にひざまずくことはできない《屈服できない》．

घुटने-टेक /gʰuṭane-ṭeka グトネー・テーク/ [cf. *घुटने टेकना* 'to bow the knee'] *adj.* 弱腰の，優柔不断な．❐～ नीतियाँ 弱腰外交．

घुटवाना /gʰuṭavānā グトワーナー/ ▸घुटाना [caus. of *घुटना*[2], *घोटना*] *vt.* (*perf.* घुटवाया /gʰuṭavāyā グトワーヤー/) ☞घुटाना

घुटाई /gʰuṭāī グターイー/ [cf. *घुटाना*] *f.* 研磨する仕事；その仕事の手間賃．

घुटाना /gʰuṭānā グターナー/ ▸घुटवाना [caus. of *घुटना*[2], *घोटना*] *vt.* (*perf.* घुटाया /gʰuṭāyā グターヤー/) 研磨させる；研磨してもらう．

घुट्टी /gʰuṭṭī グッティー/ [cf. *घुटकना*] *f.* **1** 〖医学〗グッティー《幼児・子ども用の一息で飲める民間の整腸薬》．❐(को) ～ पिलाना (人に)整腸薬を飲ます．**2** 処方薬；(子どものころから慣れ親しんでいる)やり方，手法．

घुड़- /gʰuṛa- グル・/ *pref.* 《「馬」を意味する接頭辞；घोड़ा の短縮形》．

घुड़कना /gʰuṛakanā グラクナー/ [<OIA. *ghúrati*[1] 'cries out frighteningly': T.04487; cf. OIA. **ghūra-* 'frown': T.04496; DED 1382] *vt.* (*perf.* घुड़का /gʰuṛakā グルカー/) 声を荒らげてどなる[叱りつける]，叱責する；(怖い形相で)脅す，威圧する．(⇒झाड़ना, डाँटना, फटकारना) ❐अपने होश में उन्होंने कभी उसे घुड़का तक न था। 正気である限りあの方は決して彼を叱りつけることもしなかった．❐दो-चार बार उसने तक़ाज़ा किया, घुड़का-डाँटा भी। 二，三度彼は催促した，脅し怒鳴りつけもした．

घुड़की /gʰuṛakī グルキー/ [cf. *घुड़कना*] *f.* (怖い形相での)脅し，威圧；叱責(しっせき)，大目玉．(⇒भभकी) ❐अपने बास की ～ खाना 上司から大目玉をくらう．

घुड़चढ़ा /gʰuṛacaṛʰā グルチャラー/ [*घोड़ा* + *चढ़ना*] *adj.* 馬に乗っている(人)．(⇒घुड़सवार)

घुड़चढ़ी /gʰuṛacaṛʰī グルチャリー/ [cf. *घुड़चढ़ा*] *f.* 〖ヒンドゥ

一教〗グルチャリー《もともとは新郎が馬に乗って花嫁の実家へ行く風習;現在は新郎が白馬にのって結婚式場に向かうことが多い》.

घुड़दौड़ /g^{h}uṛạdauṛạ *グルダォール*/ [*घोड़ा* + *दौड़*] *f.* 〖スポーツ〗競馬.

घुड़सवार /g^{h}uṛạsavārạ *グルサワール*/ [*घोड़ा* + *सवार*] *adj.* 馬に乗っている(人). (⇒घुड़चढ़ा)

— *m.* 騎兵;騎手.

घुड़सवारी /g^{h}uṛạsavārī *グルサワーリー*/ [*घुड़सवार* + *-ई*] *f.* 乗馬.

घुड़साल /g^{h}uṛạsālạ *グルサール*/ [*घोड़ा* + *शाला*] *f.* 馬小屋, 厩舎(きゅうしゃ). (⇒अस्तबल)

घुणाक्षर /g^{h}uṇākṣarạ *グナークシャル*/ [←Skt.n. *घुण-अक्षर-* 'an incision in wood (or in the leaf of a book) caused by an insect and resembling somewhat the form of a letter'] *m.* グナークシャラ《キクイムシが木材を食った穴の跡;一見文字のように見える》.

घुणाक्षरन्याय /g^{h}uṇākṣarạnyāyạ *グナークシャルニャーエ*/ [←Skt.m. *घुणाक्षर-न्याय-* 'fortuitous and unexpected manner, happy chance'] *m.* グナークシャラニャーヤ《全く偶然にうまくいくことのたとえ;キクイムシが木材を食った穴の跡がたまたま文字の形と一致することがあることから》.

घुन /g^{h}unạ *グン*/ [<OIA.m. *ghuṇa-* 'wood-worm': T.04482] *m.* **1**〖昆虫〗(木材を食い穴をあける)キクイムシ;シミ. **2**〖昆虫〗(貯蔵穀物にすむ)コクゾウムシ. ❐अनाज में ～ लगना 穀物にコクゾウムシがつく.

घुनना /g^{h}unạnā *グンナー*/ [cf. *घुन*] *vi.* (*perf.* घुना /g^{h}unā *グナー*/) **1** (木・穀物などが)虫に食われる. **2** (病気・悲嘆などで)やつれる, 痩せ細る.

घुन्ना /g^{h}unnā *グンナー*/ [?] *adj.* 陰険な;執念深い.

घुमंतू /g^{h}umaṃtū *グマントゥー*/ [cf. *घूमना*] *adj.* 定住しない(人);放浪癖のある(人). (⇒घुमक्कड़)

— *m.* 風来坊;放浪者. (⇒घुमक्कड़)

घुमक्कड़ /g^{h}umakkaṛạ *グマッカル*/ [*घूमना* + *-अक्कड़*] *adj.* 定住しない(人);放浪癖のある(人);どさ回りの(芸人や行商人). (⇒घुमंतू)

— *m.* 風来坊;放浪者;どさ回りの芸人, 行商人. (⇒घुमंतू)

घुमटा /g^{h}umạṭā *グムター*/ [cf. *घूमना*] *m.* めまい;目がくらむこと. ❐～ खाना 目が回る.

घुमटी /g^{h}umạṭī *グムティー*/ [cf. *घुमटा*] *f.* ☞घुमटा

घुमड़ना /g^{h}umaṛạnā *グマルナー*/ [*घूमना* ?× *उमड़ना*] *vi.* (*perf.* घुमड़ा /g^{h}umạṛā *グムラー*/) (暗雲などが)たれこめる. (⇒उमड़ना) ❐बादल उमड़-घुमड़कर आ गए। 暗雲がたれこめてきた. ❐मृत्यु जिस प्रकार के प्रश्नों को उठाती है उसी प्रकार के प्रश्न मेरे मन में उठने और बिना समाधान पाए घुमड़ने लगे। 死というものが提示するさまざまな問題が, 私の心の中で, 次から次へと現われ, 解答を得ることなしに暗雲のようにたれこめはじめた.

घुमवाना /g^{h}umạvānā *グムワーナー*/ [caus. of *घूमना, घुमाना*] *vt.* (*perf.* घुमवाया /g^{h}umạvāyā *グムワーヤー*/) (人に)回転させる;回転してもらう.

घुमाऊ /g^{h}umāū *グマーウー*/ [cf. *घुमाना*] *adj.* 回転可能な, 旋回可能な. ❐～ कुर्सी 回転椅子. ❐～ तोप 旋回砲.

घुमाना /g^{h}umānā *グマーナー*/ [cf. *घूमना*] *vt.* (*perf.* घुमाया /g^{h}umāyā *グマーヤー*/) **1** 回す;向きを変える. ❐उसने पागल की तरह आँख फाड़कर चारों ओर अपना सिर घुमाया। 彼は狂人のように目をむき出して周囲を見渡した. ❐न जाने कौन शक्ति मेरी साइकिल का हैंडिल उधर ही घुमा देती थी। 何の力かわからないが, その力が私の自転車のハンドルをそっちの方に向けてしまうのであった. ❐यह घड़ी पाँच मिनट सुस्त है, ज़रा सुई घुमाओ। この時計は5分遅れている, 少し針を進めてくれ. ❐लट्टू घुमाओ। コマを回せ. ❐हिक़ारत भरी नज़र अभिनेत्री ने अपने चहेतों की ओर घुमाई। 軽蔑に満ちた視線を女優は自分のファンたちに向けた. **2** 旋回させる;振り回す. ❐उसने तलवार घुमाई। 彼は剣を振り回した. **3** (外に)連れ出す;案内する;散歩させる. ❐मुझे घुमाने ले चलो। 私を散歩に連れて行って. ❐उसने दिल्ली में मुझे ख़ूब घुमाया। 彼はデリーで私をよく連れ回した(＝案内した). **4** 回覧する, 回送する. **5** (遠回しに)持って回る. (⇒घुमाना-फिराना)

घुमाना-फिराना /g^{h}umānā-p^{h}irānā *グマーナー・ピラーナー*/ *vt.* (*perf.* घुमाया-फिराया /g^{h}umāyā-p^{h}irāyā *グマーヤー・ピラーヤー*/) (遠回しに)持って回る. ❐घुमा-फिरा कर बात करना 遠回しに言う.

घुमाव /g^{h}umāvạ *グマーオ*/ [cf. *घुमाना, घूमना*] *m.* (道などの)折り返し;湾曲. ❐रास्ते के ऊँच-नीच, मोड़ और ～ 道の上り下り, 曲がり角そして湾曲.

घुमावदार /g^{h}umāvạdārạ *グマーオダール*/ [*घुमाव* + *-दार*] *adj.* **1** 湾曲した, カーブした;曲がりくねった. ❐～ मूँछें 反りかえった口ひげ. ❐～ रास्ते से गुज़रना 曲がりくねった道を通過する. **2** まわりくどい, もってまわった, 遠回しの(言い方). ❐～ भाषा 遠回しの言葉.

घुमाव-फिराव /g^{h}umāvạ-p^{h}irāvạ *グマーオ・ピラーオ*/ [cf. *घुमाना-फिराना*] *m.* 遠回しで回りくどいこと. ❐～ की बातें 遠回しで回りくどい話.

घुरघुराना /g^{h}urạg^{h}urānā *グルグラーナー*/ ▸घुर्राना [<OIA. *ghuraghurāyatē* 'gurgles, snorts': T.04486] *vi.* (*perf.* घुरघुराया /g^{h}urạg^{h}urāyā *グルグラーヤー*/) **1** (猫が)ゴロゴロ (घुर-घुर) 喉を鳴らす;(豚・犬が)鼻を鳴らす. **2** (痰などが詰まって)(喉が)ゴロゴロ鳴る. ❐कफ की वजह से उसका गला घुरघुरा रहा था। 痰のために彼の喉がゴロゴロ鳴っていた.

घुर्राना /g^{h}urrānā *グルラーナー*/ ▸घुरघुराना [onom.] *vi.* (*perf.* घुर्राया /g^{h}urrāyā *グルラーヤー*/) ☞घुरघुराना

घुलनशील /g^{h}ulanạśīlạ *グランシール*/ [*घुलना* + *-शील*] *adj.* (液体に)溶けやすい, 溶解する. ❐पानी में ～ विटामिन 水溶性のビタミン.

घुलना /g^{h}ulạnā *グルナー*/ [cf. *घोलना*] *vi.* (*perf.* घुला /g^{h}ulā *グラー*/) **1** (液体に[で])溶[解, 融]けて混ざる. (⇒गलना) ❐आज उसे सास के उस क्रोध में स्नेह का रस घुला जान पड़ रहा था। 今日, 彼女には姑のあの怒りの中には慈愛が溶けて混ざりあっているように思えるのだった. ❐दूध में चीनी

अच्छी तरह घुल गई। ミルクに砂糖がよく溶けて混ざった． **2** (身体が)やせ衰える，やせ細る． ❐तुम तो बिलकुल घुल गए। 君はすっかりやせ細ってしまったね． **3** (人と)うちとけて親しくなる． ❐उनमें आम लोगों से घुल-मिल जाने का राजनैतिक कौशल है। あの方には一般大衆とうちとけて親しくなるという政治的なうまさがある． ❐मैंने उससे घुल-मिलकर बात की। 私は彼とうちとけて話をした．

घुलवाना /g^{h}ulavānā グルワーナー/ ▸घुलाना [caus. of *घुलना, घोलना*] *vt.* (*perf.* घुलवाया /g^{h}ulavāyā グルワーヤー/) ☞घुलाना

घुलाना /g^{h}ulānā グラーナー/▸घुलवाना [caus. of *घुलना, घोलना*] *vt.* (*perf.* घुलाया /g^{h}ulāyā グラーヤー/) **1** (液体に[で])溶[解，融]かして混ぜさせる；混ぜてもらう．(⇒घुलवाना) **2** (身体を)やせ衰えさせる． ❐देश-चिंता ने उसे घुला डाला है। 祖国への憂いが彼をやせ細らせた．

घुसना /g^{h}usanā グスナー/ [<OIA. **ghuss-*[1] 'thrust in, pierce': T.04492] *vi.* (*perf.* घुसा /g^{h}usā グサー/) **1** 突き刺さる． **2** 強引に押し入る；分け入る，入り込む．(⇒पैठना) ❐चोर घर में घुसा। 泥棒が家に押し入った． ❐चिड़िया को बहते देखकर उसने साड़ी को जाँघों तक चढ़ाया और पानी में घुस पड़ी। 小鳥が流されているのを見て彼女はサリーを膝までたくしあげ水の中に入った． **3** そっと入りこむ；もぐりこむ，潜入する． ❐पुलिस के जासूस आतंकवादियों के संगठनों में घुस गए हैं। 警察のスパイがテロリストの組織に潜入している． ❐वह तो मुझे घर में घुसने भी न देगी। 彼女は私を家の中に入らせもしないだろう． ❐वह भागकर एक गली में घुस गया। 彼は逃げてある路地にもぐりこんだ．

घुसपैठ /g^{h}usapaiṭ^{h}a グスパェート/ [*घुसना* + *पैठना*] *f.* 侵入，闖入(ちんにゅう)．

घुसपैठिया /g^{h}usapaiṭ^{h}iyā グスパェーティヤー/ [cf. *घुसपैठ*] *m.* 侵入者，闖入(ちんにゅう)者《1965 年の印パ戦争の時，国境を侵犯したパキスタンを非難して造語された》．

घुसवाना /g^{h}usavānā グスワーナー/ [caus. of *घुसना, घुसाना*] *vt.* (*perf.* घुसवाया /g^{h}usavāyā グスワーヤー/) 突き刺させる；突き刺してもらう．

घुसाना /g^{h}usānā グサーナー/▸घुसेड़ना [cf. *घुसना*] *vt.* (*perf.* घुसाया /g^{h}usāyā グサーヤー/) **1** 突き刺す，突き立てる．(⇒गड़ाना, घोंपना, चुभाना, धँसाना) ❐मैंने उसके पेट में चाकू घुसा दिया। 私は彼の腹にナイフを突き刺した． **2** (人を)(役職などに)強引に押し込む，もぐりこませる．

घुसेड़ना /g^{h}useṛanā グセールナー/ [cf. *घुसना*] *vt.* (*perf.* घुसेड़ा /g^{h}useṛā グセーラー/) ☞घुसाना

घूँघट /g^{h}ũg^{h}aṭa グーンガト/ [cf. OIA. **ghumba-* 'head covering': T.04484] *m.* グーンガト《成人女性がサリー(साड़ी)などの着衣の端を頭からかぶって顔を隠す一種のベール》． ❐～ उठाना [खोलना] ベールをはずす． ❐(पर) ～ काढ़ना [निकालना, लेना, मारना] (顔に)ベールをかける．

घूँघर /g^{h}ũg^{h}ara グーンガル/ [<OIA. **ghuṅghura-* 'bell': T.04477; ?←Drav.; DEDr.1633 (DED.1361)] *m.* 巻き毛． ❐घूँघरवाले बाल 巻き毛の髪．

घूँट /g^{h}ũṭa グーント/ [<OIA. **ghuṭṭ-* 'gulp, swallow': T.04481] *m.* ぐっと飲みこむ量，一気に飲む量． ❐उसे एक ～ भी शराब न दी जाए। 彼に一口分の酒も与えないように． ❐ख़ून का ～ पीना 血を一息に飲む《慣用表現「ぐっと堪える」の意》． ❐ज़हर का ～ पीना 毒を一息に飲む． ❐पानी का एक ～ मुँह में लिया। 水を一口口にふくんだ． ❐हम तो दवा पिते हैं, तो आँखें बंद करके एक ही ～ में गटक जाते हैं। 我々が薬を飲む時は，目を閉じて一気に飲み下すもんだ．

घूँसा /g^{h}ũsā グーンサー/ [<OIA. **ghūssa-* 'blow with fist': T.04498] *m.* 拳骨(げんこつ)，にぎり拳(こぶし)；拳骨で殴ること． ❐～ खाना 拳骨で殴られる． ❐उसने ～ तानकर कहा। 彼は拳骨を構えて言った． ❐उसने मेरी पीठ में हलका-सा ～ जमाया। 彼女は私の背中を軽く拳で叩いた． ❐उसकी पसली में मेरा एक ～ ऐसा पड़ा कि वह बेदम होकर गिर पड़ा। 彼のあばら骨に私の拳骨が決まり，彼は息絶え絶えになって倒れた． ❐(को) ～ जमाना [मारना, लगाना] (人を)拳骨で殴る．

घूँसेबाज़ /g^{h}ũsebāza グーンセーバーズ/ [*घूँसा* + *-बाज़*] *adj.* 〚スポーツ〛ボクサー，拳闘家．(⇒मुक्केबाज़)

घूँसेबाज़ी /g^{h}ũsebāzī グーンセーバーズィー/ [*घूँसेबाज़* + *-ई*] *f.* 〚スポーツ〛ボクシング，拳闘．(⇒मुक्केबाज़ी)

घू-घू /g^{h}ū-g^{h}ū グー・グー/ [onom.] *m.* ホーホー《梟の鳴き声》．

घूमना /g^{h}ūmanā グームナー/ [<OIA. **ghummati* 'revolves': T.04485; cf. OIA. *ghūrṇati* 'moves to and fro, rolls about, is agitated': T.04497] *vi.* (*perf.* घूमा /g^{h}ūmā グーマー/) **1** (自身が)回る，回転する． ❐घड़ी की सुई घूमती है। 時計の針が回る． ❐लट्टू घूमती है। コマが回転する． **2** (周囲を)回る． ❐पृथ्वी सूर्य के चारों ओर घूमती है। 地球は太陽の周囲を回っている． **3** (向きが)変わる；(道が)曲がる；振り向く，振り返る．(⇒मुड़ना) ❐यह रास्ता आगे चलकर दाहिनी ओर घूम गया है। この道は先で，右に曲がっている． ❐मैंने घूमकर देखा। 私は振り返って見た． **4** (気晴らしに)散歩する．(⇒टहलना) ❐रोज़ सबेरे वह घूमने निकलता है। 毎朝，彼は散歩に出かける． ❐काम से राहत पाने के लिए अब यही कर सकता हूँ कि छड़ी उठाऊँ और एक-दो मील घूम आऊँ। 仕事から一息つくために今私ができることと言えば，杖を取り一，二マイル歩いて来ることぐらいである． **5** 歩き回る，巡る；徘徊する，うろつく；旅行する． ❐उन लोगों ने उस किताब की हज़ारों प्रतियाँ शहर में घूम-घूमकर बेचीं। 彼らは，その本を何千冊も市内を歩き回って売った． ❐फटे-पुराने कपड़े पहने वह मुहल्ले भर में घूमा करती। ぼろぼろの服をまとい，彼女は町内をうろついていたものだった． ❐बगदाद, अदन, सिंगापुर, बर्मा -- चारों तरफ़ घूम चुके थे। バグダッド，アデン，シンガポール，ビルマ ― 彼はいたるところを旅行していた． ❐मैं यूरोप घूम आया हूँ। 私は，ヨーロッパを巡ってきました． ❐वह घूम-घामकर उसी जगह आ गया जहाँ से चला था। 彼はあちこち歩き回ってたどり着いたところは，出発した場所だった． **6** (頭の中で)(考えが)めぐる；(議論が)堂々巡りする． ❐उसके दिमाग़ में यह विचार घूम रहा था। 彼の頭の中で，この考えがぐるぐる回っていた． ❐विवाद घूम-फिरकर एक ही विषय पर पहुँच जाता है। 議論は，巡り巡って同じ問題にたどり

ついてしまうのである. **7** 目が回る, (頭が)くらくらする. ❒मेरा सिर घूम रहा है। 私は頭がくらくらする.

घूमना-घामना /g^hūmạnā-g^hāmạnā グームナー・ガームナー/ [echo-word; cf. *घूमना*] *vi.* (*perf.* घूमा-घामा /g^hūmā-g^hāmā グーマー・ガーマー/) **1** 歩き回る, ぶらつく. ❒घूमते-घामते ぶらつきながら. **2** (川・道などが)曲がりくねって続く. ❒नदी चट्टानों से उलझती, घूमती-घामती बह रही थी। 川は岩々にぶつかりながら, 曲がりくねって流れていた.

घूर /g^hūrạ グール/ ▸घूरा [<OIA. **ghūḍa-* 'manure': T.04495] *m.* ゴミの山;ゴミ捨て場《特に牛糞などの山を言うことがある》.

घूरना /g^hūrạnā グールナー/ [<OIA. **ghūra-* 'frown': T.04496] *vi.* (*perf.* घूरा /g^hūrā グーラー/) (眉(まゆ)をひそめて)不興の色を示す. ❒मेरे घूरते ही वह चुप हो गया। 私が不快な顔をすると彼は黙った.

— *vt.* (*perf.* घूरा /g^hūrā グーラー/) **1** (怒って)にらむ, にらみつける. (⇒तरेरना) ❒युवती ने पति की ओर घूरकर कहा। 若い女は夫をにらんで言った. **2** みつめる, 凝視する; じろじろ[なめるように]見る. ❒घर से निकली तो सभी घूरने लगते हैं, जैसे कभी कोई मेहरिया देखी न हो। 家の外に出ると皆がじろじろ見るのよ, まるで今まで女を見たことがないみたいに. ❒न जाने मरदों की क्या आदत है कि जहाँ कोई जवान, सुंदर औरत देखी और बस लगे घूरने, छाती पीटने। 男たちのいやらしい癖は訳がわからないわ, 若いきれいな女を見ただけで, じろじろ見たり気を引こうとしはじめるのだから. ❒वह अपने अपलक नेत्रों से मेरी कलाई पर बँधी सोने की घड़ी को घूर रही थी। 彼女は, まばたきせずに, 私の腕にはめてある金時計を見つめていた. ❒वह गाँव की बहू-बेटियों को घूरा करता था, इसलिए मन में सभी उसकी दुर्गति से प्रसन्न थे। 彼は村の嫁や娘たちをなめまわすようによく見ていた, そのため皆は心の中では彼の不幸を喜んでいた.

घूरा /g^hūrā グーラー/ ▸घूर *m.* ☞घूर

घूर्णन /g^hūrṇạnạ グールナン/ [←Skt.n. *घूर्णन-* 'moving to and fro, shaking'] *m.* 〖天文〗回転, 自転. ❒~ अक्ष 回転軸. ❒~ काल 自転周期. ❒पृथ्वी अपने अक्ष पर ~ करती है। 地球は自身の回転軸を中心に自転している.

घूर्णवायु /g^hūrṇạvāyu グールンワーユ/ [←Skt.m. *घूर्ण-वायु-* 'whirlwind'] *f.* つむじ風;竜巻.

घूस /g^hūsạ グース/ [<OIA. **ghūssā-* 'a present': T.04499] *f.* 賄賂(わいろ). (⇒रिश्वत) ❒(को) ~ खिला देना (人に)鼻薬を嗅がせる, 贈賄する. ❒(को) ~ देना (人に)賄賂をわたす. ❒(से) ~ लेना (人から)賄賂をとる.

घूसख़ोर /g^hūsạxorạ グースコール/ [*घूस* + *-ख़ोर*] *adj.* 賄賂を取る(人). (⇒रिश्वतख़ोर)

— *m.* 収賄者. (⇒रिश्वतख़ोर)

घृणा /g^hṛṇā グリナー/ [←Skt.f. *घृणा-* 'a warm feeling towards others, compassion, tenderness; aversion, contempt'] *f.* 憎しみ, 憎悪;嫌悪. (⇒नफ़रत) ❒मोटर से उन्हें ~ थी। 自動車が彼は大嫌いだった. ❒(से) ~ करना (…を)憎む.

घृणास्पद /g^hṛṇāspadạ グリナースパド/ [?neo.Skt. *घृणा-आस्पद-* 'hateful, abominable, despicable'] *adj.* 憎むべき;卑劣な.

घृत /g^hṛtạ グリト/ *m.* ギー. (⇒घी)

घेर /g^herạ ゲール/ [cf. *घेरना*] *m.* **1** 囲み;囲むこと. ❒शरीर की लंबाई-चौड़ाई की ज़मीन पक्की ईटों से ~ दी गई है। (墓地では)人間の身体の大きさの地面がレンガで囲まれてた. **2** 周囲;円周.

घेरघार /g^herạg^hārạ ゲールガール/ [echo-word; cf. *घेरना*] *m.* 取り囲むこと;包囲. ❒(को) ~ करना (人を)取り囲む.

घेरदार /g^herạdārạ ゲールダール/ [*घेर* + *-दार*] *adj.* (すその)広い, ゆったりした.

घेरना /g^herạnā ゲールナー/ [cf. *घिरना*] *vt.* (*perf.* घेरा /g^herā ゲーラー/) **1** 囲む, 包囲する, 取り巻く;封鎖する; (塀などを)めぐらす. ❒लोगों ने चारों तरफ़ से उसे घेर लिया। 人々は, 四方から彼を取り囲んだ. ❒दो-चार लौंडे उसको घेरे हुए हैं। 二, 三人の少年が, 彼を取り囲んでいた. ❒आगे जो थोड़ी-सी ज़मीन खुली पड़ी थी वह मुँडेर से घेर दी जाने को थी। 前方にわずかばかりの地面が空き地になっていた, それは壁で囲まれることになっていた. ❒हमें अपने पेट ही की चिंता है, उन्हें हज़ारों चिंताएँ घेरे रहती हैं। 我々には自分の飯の心配だけしかないが, あの方には何千何万という心配事が取り巻いている. ❒उसे यह चिंता एक काली दीवार की भाँति चारों ओर से घेर लेती थी, जिसमें से निकलने की उसे कोई गली न सूझती थी। 彼をこの気がかりが一つの黒い壁のように四方から取り囲むのであった, そこから抜け出すいかなる道も思いつかないような. **2** (暗雲が)(空を)おおう.

घेरा /g^herā ゲーラー/ [cf. *घेरना*] *m.* **1** 周囲を囲まれた場所, 囲い. ❒उसने मेरी रक्षा के लिए दोनों हाथों का ~ बनाकर कहा। 彼女は私を守るために両手で囲むようにして言った. ❒घेरे के अंदर की ज़मीन 囲いの中の地面. **2** 円形;円陣;円周. **3** 包囲, 囲み;封鎖. (⇒घेराबंदी) ❒पाँच-छह सौ आदमियों का ~ था। 5,6 百人の男たちが取り囲んでいた. ❒सेना को हटा लो और ~ उठा लो। 軍を引かせろそして包囲を解け.

घेराई /g^herāī ゲーラーイー/ [cf. *घेरना*] *f.* (家畜などを追って)囲みに入れる仕事;その仕事の手間賃. (⇒घिराई)

घेराबंदी /g^herābaṃdī ゲーラーバンディー/ [*घेरा* + *-बंदी*] *f.* 包囲, 囲み;封鎖. ❒(की) ~ करना (…を)包囲する.

घेराव /g^herāvạ ゲーラーオ/ ▸घिराव *m.* **1** 包囲, 封鎖. **2** ゲーラーオ《労働争議などのピケ》. ❒~ करना ピケを張る.

घोंघा /g^hõg^{h}ā ゴーンガー/ [<OIA.m. *ghōṅgha-* 'shell': T.04514; DED.S303] *m.* **1** 〖貝〗巻貝;カタツムリ(の殻). **2** 中身のない人;くだらないもの.

घोंटना /g^hõṭạnā ゴーントナー/ ▸घोटना *vt.* (*perf.* घोंटा /g^hõṭā ゴーンター/) ☞घोटना

घोंपना /g^hõpạnā ゴーンプナー/ [<OIA. **ghōpp-* 'pierce': T.04520z1] *vt.* (*perf.* घोंपा /g^hõpā ゴーンパー/) グサッ (घप) と突き刺す. (⇒गड़ाना, चुभाना, धँसाना) ❒मैंने उसके सीने में चाकू गोंप दी। 私は彼の胸にナイフを突き刺し

た.

घोंसला /g^{h}õsa̸lā ゴーンスラー/ [?←Drav.] *m.* **1** (鳥などの)巣. (⇒आशियाना, नीड़) ❐उसके सिर पर बालों का एक घोंसला-सा बना हुआ था। 彼女の頭には髪が鳥の巣のようになっていた(くしゃくしゃにもつれていた). **2** 小さな家; 我が家.

घोखना /g^{h}ok^{h}a̸nā ゴークナー/ [cf. Skt.m. *घोष-* 'the sound of the recital of prayers'] *vt.* (*perf.* घोखा /g^{h}ok^{h}ā ゴーカー/) (暗記するために)何度も唱える, 棒暗記する. (⇒रटना)

घोटना /g^{h}oṭa̸nā ゴートナー/ ▸घोंटना [<OIA. *ghaṭṭáyati*[1] 'rubs, touches, shakes': T.04417] *vt.* (*perf.* घोटा /g^{h}oṭā ゴーター/) **1** 擦って(表面を)滑らかにする, 研磨する. **2** (ひげなどを)剃る. ❐दाढ़ी घोटना ひげを剃る. **3** すりつぶす. ❐भाँग घोटकर पीने से कम नशा चढ़ता है। 大麻をすりつぶして飲むと, 酔いが少ない. **4** (窒息するほど首を)絞める. ❐उसके गले में चमकता हुआ जड़ाऊ नेकलेस मानो उसका गला घोट रहा था। 彼女の首に輝いている宝石がはめ込まれた首飾りはまるで彼女の首を絞めているかのようであった. ❐तेरा गला घोट दूँगा। お前の首を絞めて殺してやる.

घोटा /g^{h}oṭā ゴーター/ [<OIA. **ghōṭṭ-* 'pound, rub': T.04519z1] *m.* **1** 磨くこと, 研磨すること. **2** 磨き用具, 研磨する道具; つや出しの道具. **3** (丸暗記のための)暗唱の反復練習. ❐〜 लगाना 暗唱の反復練習をする.

घोटाई /g^{h}oṭāī ゴーターイー/ [cf. *घोटा*] *f.* 磨いたり研磨する仕事; その仕事の手間賃.

घोटाला /g^{h}oṭālā ゴーターラー/ [?cf. *घोटना*] *m.* **1** 乱脈; 失策. **2** 不正スキャンダル, 背任横領(のスキャンダル). ❐उसने इस घोटाले में कम से कम ५० करोड़ रुपये बनाए। 彼はこの背任横領で少なくとも5億ルピーを自分のものにした.

घोटू /g^{h}oṭū ゴートゥー/ [*घोटना* + *-ऊ*] *adj.* **1** 窒息しそうな. **2** (知識を)ただ詰め込む(人). ❐वह निहायत रट्टू और 〜 आदमी था। 彼はまったくの棒暗記と詰め込むだけの人間だった.

— *m.* (理解しないで)知識をただ頭に詰め込む人, 詰め込み人間.

घोड़ा /g^{h}oṛā ゴーラー/ [<OIA.m. *ghōṭa-* 'horse': T.04516] *m.* **1** 【動物】 (雄)馬《鳴き声の擬声語は हीं-हीं》. (⇔घोड़ी) ❐〜 हिनहिनाता है। 馬がいななく. ❐दरियाई 〜 カバ, 河馬. **2** 【ゲーム】 (チェスの)ナイト《将棋の桂馬に相当》. ❐〜 ढाई ख़ाने चलता है। ナイトは桂馬飛びする. **3** (銃の)引金, トリガー; 撃鉄《馬の頭部に形が似ているところから》. (⇒लिबलिबी) ❐〜 चढ़ाना 撃鉄を起こす. ❐〜 दबाना 引金を引く.

घोड़ा-गाड़ी /g^{h}oṛā-gāṛī ゴーラー・ガーリー/ *f.* 馬車.

घोड़ी /g^{h}oṛī ゴーリー/ *f.* 【動物】 雌馬. (⇔घोड़ा)

घोर /g^{h}ora̸ ゴール/ [←Skt. *घोर-* 'venerable, awful, sublime'] *adj.* **1** (程度が)ひどい, ものすごい, 激しい, 極度の, 恐ろしいほどの; 過酷な. ❐〜 अत्याचार ひどい暴虐非道. ❐〜 तपस्या 恐ろしいほどの苦行. ❐〜 निस्तब्धता 恐ろしいほどの静寂. ❐वह 〜 पश्चात्ताप में करवटें बदल रहा था। 彼は激しい後悔で何度も寝返りを打っていた. **2** 恐ろしい. ❐〜 विपत्ति [संकट] 恐ろしい災難. ❐〜 संग्राम 恐ろしい戦い.

घोल /g^{h}ola̸ ゴール/ [cf. *घोलना*] *m.* 溶液; (砂糖などを)溶かした飲み物. ❐ग्लूकोज का 〜 ブドウ糖溶液.

घोलना /g^{h}ola̸nā ゴールナー/ [<OIA. *ghōlayati* 'mixes, stirs together': T.04526] *vt.* (*perf.* घोला /g^{h}olā ゴーラー/) **1** (液体に)溶かして混ぜる. (⇒गलाना) ❐उसने दूध में चीनी घोल दी। 彼はミルクに砂糖を溶かして混ぜた. ❐वह रस घोल लायी। 彼女はジュースを溶いて作って持って来た. ❐लू चल रही थी, बगूले उठ रहे थे, भूतल धधक रहा था। जैसे प्रकृति ने वायु में आग घोल दिया हो। 熱風が吹きつけていた, つむじ風が巻き起っていた, 大地はゴーゴーと燃えるように熱かった. まるで, 自然が風に火を溶かし込んだかのように. **2** 〔慣用〕 ❐(में) ज़हर [विष] 〜 (…を)台無しにする. ❐घोलकर पी जाना (恥などを)意に介せず平然とする.

घोष /g^{h}oṣa̸ ゴーシュ/ [←Skt.m. *घोष-* 'indistinct noise, tumult, confused cries of a multitude'] *m.* **1** (勝どき・雄叫びなどの)叫び声. **2** 【言語】 有声音.

घोषक /g^{h}oṣaka̸ ゴーシャク/ [←Skt.m. *घोषक-* 'a crier, proclaimer'] *m.* 告知者, 布告者.

घोषणा /g^{h}oṣa̸ṇā ゴーシュナー/ [←Skt.f. *घोषणा-* 'proclaiming aloud, public announcement'] *f.* 宣言; 布告; 発表. (⇒एलान) ❐(की) 〜 करना (…の)宣言をする.

घोषणा-पत्र /g^{h}oṣa̸ṇā-patra̸ ゴーシュナー・パトル/ [neo.Skt.n. *घोषणा-पत्र-* 'a written announcement; manifesto'] *m.* 宣言書; 声明書.

घोसी /g^{h}osī ゴースィー/ [cf. Skt.m. *घोष-* 'a station of herdsmen'] *m.* ゴースィー《牛飼いを専らとするイスラム教徒》.

घ्राण /g^{h}rāṇa̸ グラーン/ [←Skt.m. *घ्राण-* 'smelling, perception of odour'] *m.* 匂いを嗅ぐこと; 嗅覚; 鼻.

घ्राणेंद्रिय /g^{h}rāṇeṃdriya̸ グラーネーンドリエ/ [←Skt.n. *घ्राण-इन्द्रिय-* 'the organ or sense of smell'] *f.* 嗅覚器官.

ङ

(この文字が語頭に立つ語はない)

च

चंग /caṃga̸ チャング/ [←Pers.n. چنگلانی، چنگلاہی، چنگلائی 'a kite'] *m.* 凧(たこ). ❐〜 पर चढ़ना 調子にのる, 思い上がる; 名が上がる. ❐(को) 〜 पर चढ़ाना (人を)おだてる, 調子づかせる.

चंगा /caṃgā チャンガー/ [<OIA. *caṅga-* 'of good

understanding': T.04564; DED 1999] *adj.* **1** 元気な, 健康な. (⇒स्वस्थ) **2** (健康が) 回復した; (病気が) 治癒した.

चंगुल /camgula/ チャングル/ ▸चुंगल [←Pers.n. چنگل 'fingers, claws; a hook'] *m.* **1** (鳥獣の) 爪. **2** 悪巧み, 罠(わな); 毒牙(どくが). ❐(के) ～ में फँसना [पड़ना] (人の) 毒牙にかかる. ❐(के) ～ से बचना (人の) 毒牙から逃げて助かる. **3** つかもうとする指と掌の形.

चँगेर /cãgera/ チャンゲール/ [＜OIA.f. *caṅgērī-* 'basket': T.04565; DED S355] *f.* **1** 竹ひごで編んだ浅いかご. **2** 金属製のかご. **3** (水を入れる) 皮袋. (⇒मशक) **4** (幼児を寝かす) 揺りかご.

चंचल /camcala/ チャンチャル/ [←Skt. *चञ्चल-* 'moving to and fro, movable, unsteady, shaking, quivering, flickering'] *adj.* **1** 落ち着きのない, そわそわとした. ❐शंका से मन ～ हो उठा। 不安で心は落ち着かなくなった. **2** (動作が) 敏捷な, すばしこい; 活発な; いたずらっぽい. ❐～ आँखोंवाली बालिका よく動く目をした少女. **3** 気まぐれで浮気性の.

चंचलता /camcalatā/ チャンチャルター/ [←Skt.f. *चञ्चल-ता-* 'unsteadiness, fickleness'] *f.* **1** 落ち着きのなさ, そわそわとした様子. ❐चिड़ियों में असाधारण ～ थी। 小鳥たちにはいつもとは違う落ち着きのなさがあった. **2** (動作の) 敏捷さ, すばしこさ; 活発さ. ❐उसमें लड़कपन की न ～ थी, न शरारत, न खिलाड़ीपन। 彼には子ども時代の活発さもなかった, わるさをすることもなく, ふざけることもなかった. **3** 気まぐれで浮気性であること.

चंचला /camcalā/ チャンチャラー/ [←Skt.f. *चञ्चला-* 'goddess of fortune'] *f.* 〖ヒンドゥー教〗チャンチャラー《ラクシュミー女神 (लक्ष्मी) の別名》.

चंचु /camcu/ チャンチュ/ [←Skt.f. *चञ्चु-* 'a beak, bill'] *f.* くちばし.

चंट /camṭa/ チャント/ [＜Skt. *चण्ड-* 'fierce'] *adj.* ずる賢い, 悪賢い. ❐लखनऊ की हवा खाके तू बड़ा ～ हो गया है। ラクナウーの空気を吸ってお前はずいぶんずる賢くなったな.

चंड /camḍa/ チャンド/ [←Skt. *चण्ड-* 'fierce'] *adj.* (気性が) 荒々しい, 激しい.

चंडाल /camḍāla/ チャンダール/ [←Skt.m. *चण्डाल-* 'an outcast, man of the lowest and most despised of the mixed tribes'] *adj.* 卑賤な出自の (人); 不道徳な (人). — *m.* 〖ヒンドゥー教〗チャンダーラ《古代の規定によれば異なるカーストの両親から生まれた子どもが属するカーストの一つ; もっとも卑しいとされたカーストの一つ》.

चंडालिनी /camḍālinī/ チャンダーリニー/ [cf. *चंडाल*] *f.* 〖ヒンドゥー教〗チャンダーラ (चंडाल) の女性.

चंडी /camḍī/ チャンディー/ [←Skt.f. *चण्डी-* 'name of *Durgā*'] *f.* 〖ヒンドゥー教〗チャンディー《憤怒の女神ドゥルガー (दुर्गा) の別名とされる》. ❐बिगड़ती है, तो ～ बन जाती है। (彼女が) 怒ると, チャンディー女神に姿を変える.

चंडीगढ़ /camḍīgaṛʰa/ チャンディーガル/ [*चंडी* + *गढ़*; cf. Eng.n. *Chandigarh*] *m.* 〖地名〗チャンディーガル《連邦直轄地; パンジャーブ州 (पंजाब) とハリヤーナー州 (हरियाणा) の州都を兼ねる》.

चंडू /camḍū/ チャンドゥー/ [←Eng.n. *chandu* ?←Malay.] *m.* (タバコのように吸う) アヘン混合物.

चंडूख़ाना /camḍūxānā/ チャンドゥーカーナー/ [*चंडू* + *ख़ाना*] *m.* 阿片窟(あへんくつ).

चंडूल /camḍūla/ チャンドゥール/ [?] *m.* **1** 〖鳥〗チャンドゥール《スズメ目ヒバリ科カンムリヒバリ》. **2** 外見が醜い人; 愚かな人《カンムリヒバリの冴えない外見, 地面に直接巣作りする習性などから》.

चंद /camda/ チャンド/ [←Pers.adj. چند 'several, some, a few'] *adj.* 少しの, わずかな. ❐मेरा जी चाहता है, कि चंद रोज़ आपके साथ रहूँ। 私は願っている, 何日かあなたと暮らそうと.

चंदन /camdana/ チャンダン/ [←Skt.m. *चन्दन-* 'sandalwood' ←Drav.] *m.* 〖植物〗ビャクダン (白檀)《ビャクダン科の常緑高木; 他の植物の根に寄生する; この木の芳香は神聖視されている》.

चँदवा /cãdovā/ チャンドーワー/ ▸चँदोवा [＜OIA.m. *candrōdaya-* 'moon-rise': T.04670] *m.* **1** (玉座の上の) 天蓋. **2** (日差しを防ぐために張られる) 布の覆い.

चंदा[1] /camdā/ チャンダー/ [＜OIA. *candrá-* 'moon, shining': T.04661] *m.* 月. (⇒चंद्र) ❐～ मामा〔幼児語〕お月さま.

चंदा[2] /camdā/ チャンダー/ [←Pers.n. چندا 'a contribution'] *m.* **1** 寄付 (金). ❐～ इकट्ठा करना 寄付金を集める. ❐(को) ～ देना (…に) 寄付をする. **2** 購読料. ❐मासिक ～ 月刊購読料. **3** (定期的に徴収される) 代金, 会費; 保険料.

चंदा-मामा /camdā-māmā/ チャンダー・マーマー/ [*चंदा*[1] + *मामा*] *m.* 〔幼児語〕お月さま.

चँदिया /cãdiyā/ チャンディヤー/ [cf. *चाँद*] *f.* **1** 頭頂部, 頭のてっぺん. **2** 王冠.

चँदोवा /cãdovā/ チャンドーワー/ ▸चँदवा *m.* ☞चँदवा

चंद्र /camdra/ チャンドル/ [←Skt.m. *चन्द्र-* 'moon'] *m.* 〖天文〗月. (⇒चंदा, चंद्रमा, चाँद, माह)

चंद्रकांत /camdrakāmta/ チャンドルカーント/ [←Skt. *चन्द्र-कान्त-* 'lovely as the moon'] *m.* 〖鉱物〗チャンドラカーンタ《ムーンストーン, 月長石; 古代インドでは月光が凝結してできた宝石で, その光によって溶けると考えられた》.

चंद्रग्रहण /camdragrahana/ チャンドルグラハン/ [←Skt.n. *चन्द्र-ग्रहण-* 'lunar eclipse'] *m.* 〖天文〗月食.

चंद्रबिंदु /camdrabimdu/ チャンドルビンドゥ/ [←Skt.m. *चन्द्र-बिन्दु-* 'moon-like spot; the sign for the nasal'] *m.* チャンドラビンドゥ《デーヴァナーガリー文字の鼻母音化記号 ँ》. (⇒अनुनासिक)

चंद्रमा /camdramā/ チャンドルマー/ [←Skt.m. *चन्द्र-मस्-* 'the moon, deity of the moon'] *m.* 〖天文〗月. (⇒चंद्र) ❐अष्टमी का ～ 半月. ❐घटता हुआ ～ 満月を過ぎた月.

चंद्रलोक /camdraloka/ チャンドルローク/ [←Skt.m.

चन्द्र-लोक- 'the worlds or spheres of the moon'] *m.* 月世界.

चंद्रवार /caṃdrạvārạ チャンドルワール/ [←Skt.m. चन्द्र-वार- 'Monday'] *m.* 〖暦〗月曜日. (⇒सोमवार) ❐～ को 月曜日に.

चंद्रहार /caṃdrạhārạ チャンドルハール/ [neo.Skt.m. चन्द्र-हार- 'necklace having beads of the shape of a crescent'] *m.* チャンドラハーラ《三日月の形をした金銀の珠をつないだ首飾り；中央に満月の形をしたペンダントがつながっている》.

चंद्रहास /caṃdrạhāsạ チャンドルハース/ [←Skt.m. चन्द्र-हास- 'moon-derider; a glittering scimitar'] *m.* 三日月刀《わずかに曲がった細身の片刃刀》.

चंद्रातप /caṃdrātapạ チャンドラータプ/ [←Skt.m. चन्द्र-आतप- 'moon-light; an open hall, awning'] *m.* **1** 月光. (⇒चंद्रिका) **2** 天蓋(てんがい), 天幕.

चंद्रिका /caṃdrikā チャンドリカー/ [←Skt.f. चन्द्रिका- 'moonlight'] *f.* 月光.

चंद्रोदय /caṃdrodayạ チャンドローダエ/ [←Skt.m. चन्द्र-उदय- 'moon-rise'] *m.* 月の出. ❐हर मास के कृष्ण पक्ष की चतुर्थी को मेरी माँ निर्जल व्रत रखतीं और ～ देखकर फलाहार करतीं। 毎月黒半月の四日目に母は水も飲まない断食を守り, 月の出を見てから果物を摂るのであった.

चंपई /caṃpaī チャンパイー/ [cf. चंपा] *adj.* (やや赤みを含む)黄色の

चंपक /caṃpakạ チャンパク/ [←Skt. चम्पक- '*Michelia Campaka* (bearing a yellow fragrant flower)'] *m.* 〖植物〗チャンパカ《キンコウボク(の花)；香りのよい黄色い花をつける》. (⇒चंपा)

चंपत /caṃpatạ チャンパト/ [?cf. चाँपना] *adj.* **1** (人目につかないように)姿を消した, , 姿をくらました, 雲隠れした. ❐वह मणि हथियाकर वहाँ से ～ हो गया। 彼は宝石を奪い取ってそこから姿をくらました. **2** (ものが)隠された.

चँपना /cãpanā チャンプナー/ ▶चपना [<OIA. **capp-* 'press': T.04674] *vi.* (*perf.* चँपा /cãpā チャンパー/) **1** 押さえつけられる；押しつぶされる. **2** 恥じ入る.

चंपा /caṃpā チャンパー/ [<OIA.m. *campaka-* 'the tree *Michelia campaca*': T.04678z1] *m.* 〖植物〗チャンパー《キンコウボク(の花)；モクレン科オガタマキノ属の高木；香りのよい黄色い花をつける》. (⇒चंपक)

चंपाकली /caṃpākalī チャンパーカリー/ [चंपा + कली] *f.* チャンパーカリー《キンコウボク (चंपा) のつぼみの形をした金の粒を絹糸に通した首飾り》.

चंपू /caṃpū チャンプー/ [←Skt.f. चम्पू- 'a kind of elaborate composition in which the same subject is continued through alternations in prose and verse'] *m.* 〖文学〗チャンプー《古典サンスクリット文学の表現形式の一つ；同じ主題を散文と韻文で交互に表現する》.

चंबल /caṃbalạ チャンバル/ [cf. Eng.n. *Chambal*] *f.* チャンバル川《ヴィンディヤ山脈 (विंध्याचल) の水源から発しヤムナー川 (यमुना) と合流する；ラージャスターン州とマディヤ・プラデーシュ州の州境を形成する》.

चँबेली /cãbelī チャンベーリー/ ▶चमेली *f.* ☞चमेली

चँवर /cãvarạ チャンワル/ ▶चौंर [<OIA.m. *camará-* 'the yak Bos grunniens': T.04677] *m.* 払子(ほっす)《ヤクや雌牛の尻尾の毛を束ねて, 柄を付けたもの；古代インドで神像や王の頭上を払い, 蚊や蝿を追うのに用いられた；仏教では法具となる》.

चक /cakạ チャク/ [<OIA.m. *cakrá-* 'wheel'; cf. T.04538] *m.* **1** 車輪. **2** 〖ゲーム〗(玩具の)ヨーヨー. (⇒चकई) **3** (村はずれにある)土地区画《地代が無料であることが多い》.

चकई[1] /cakaī チャカイー/ [cf. चक] *f.* 〖ゲーム〗(玩具の)ヨーヨー. (⇒चक)

चकई[2] /cakaī チャカイー/ [cf. चकवा] *f.* 〖鳥〗雌のチャクワー鳥. (⇔चकवा)

चकती /cakạtī チャクティー/ [cf. चकत्ता] *f.* (つぎはぎ用の)つぎ.

चकत्ता[1] /cakattā チャカッター/ [<OIA.m. *cakrá-* 'wheel': T.04538] *m.* 〖医学〗(皮膚上の)丸い斑点；発疹. ❐शरीर में चकत्ते पड़ना 体に斑点[発疹]が出る.

चकत्ता[2] /cakattā チャカッター/ [←Turk. 'Chaghatai'; cf. Pers.n. چغتای 'name of a Turkish king and tribe'] *m.* **1** 〖歴史〗チャガタイ(ハーン)《チャガタイ汗国の創始者；チンギス・ハーンの第2子》. **2** 〖歴史〗チャガタイの末裔(まつえい).

चकनाचूर /cakạnācūrạ チャクナーチュール/ [cf. चूर] *adj.* **1** 粉々に割れた. ❐शीशा ～ हो गया। ガラスが粉々に割れた. ❐सपने को ～ करना 夢を粉々に打ち砕く. **2** (疲れて)ぐったりした, 疲労困憊した. ❐वह थकान से ～ हो गया। 彼は疲れてくたくたになった.

चकपकाना /cakạpakānā チャクパカーナー/ ▶सकपकाना [echo-word; <OIA. *CAK*[1] 'be frightened': T.04534z1] *vi.* (*perf.* चकपकाया /cakạpakāyā チャクパカーヤー/) ☞सकपकाना

चकबंदी /cakạbaṃdī チャクバンディー/ [चक + -बंदी] *f.* 土地区画整理《特に農耕地整理》.

चक़मक़ /caqạmaqạ チャクマク/▶चक़माक़ [←Pers.n. چقمق 'flint, fire-steel' ←Turk.] *m.* 〖鉱物〗火打ち石. (⇒पथरी) ❐～ पत्थर 火打ち石.

चकमा /cakạmā チャクマー/ [?] *m.* ペテン, こそ泥；めくらまし. ❐～ खाना 騙される. ❐(के) ～ में आना [पड़ना] (人の)策略にかかる. ❐(को) ～ देना (人を)騙す.

चक़माक़ /caqạmāqạ チャクマーク/ ▶चक़मक़ [←Pers.n. چقماق 'flint, fire-steel' ←Turk.] *m.* 火打ち石.

चकराना /cakạrānā チャクラーナー/ [cf. चक्कर] *vi.* (*perf.* चकराया /cakạrāyā チャクラーヤー/) **1** ぐるぐる回る；めまいがする. ❐उसका सिर ऐसा चकराया कि वह बिस्तर पर ही गिर गया। 彼はめまいのあまり, ベッドに倒れこんだ. **2** びっくり仰天する；気が動転する, うろたえる；動揺する. ❐इस प्रश्न से मेरा दिमाग़ चकरा गया। その質問に, 私はびっくり仰天した. — *vt.* (*perf.* चकराया /cakạrāyā チャクラーヤー/) **1** ぐるぐる回す；めまいを起こさせる. **2** びっくり仰天させる；うろ

たえさせる;動揺させる.

चकरी /cakarī チャクリー/ [cf. *चक्र*] *f.* ☞चक्की

चकला /cakalā チャクラー/ [<OIA. **cakrala-* 'circular': T.04548] *m.* **1**〖食〗チャクラー《木製の円形の平らな板;この上で延べ棒 (बेलन) を使ってローイー (लोई) を延ばし薄い円形に形を整える》. **2**〖歴史〗チャクラー《ムガル時代の行政・収税区分, 管区, 県;州 (सूबा) の下で, 複数の郡 (परगना) から成る》. **3** 売春宿.

चकल्लस /cakallasa チャカッラス/ [?] *f.* **1** 大騒動, 大騒ぎ;ごたごた;ドタバタ. **2** 滑稽.

चकवा /cakavā チャクワー/ [<OIA.m. *cakravākā-* 'the ruddy goose *Anas casarca*': T.04551] *m.*〖鳥〗(雄) チャクワー鳥《インドの伝統的俗信では, この番いは夜の間離れ離れになると信じられている》. (⇒सुर्ख़ाब)(⇔चकई)

चकाचक /cakācaka チャカーチャク/ [cf. *चक*] *adj.* 立派な;すばらしい;真新しい, ピカピカの;非の打ちどころがない. ❐~ उपाय すばらしい方法. ❐~ होंगी बिहार की सड़कें। ビハール州の道路は面目を一新するだろう.
— *adv.* たっぷりと, 十分に. ❐~ खाना たっぷりと食べる.

चकाचौंध /cakācaũdʰa チャカーチャォーンド/ [*चकाचक* + *चौंध*] *f.* (閃光による) 目くらまし, 眩惑. ❐आँखों में ~ आ जाना 目が眩む.

चकार /cakāra チャカール/ [←Skt.m. *च-कार-* 'Devanagari letter च or its sound'] *m.* **1** 子音字 च. **2**〖言語〗子音字 च の表す子音 /c チ/.

चकारांत /cakārāṃta チャカーラーント/ [←Skt. *चकार-अन्त-* 'ending in the letter च or its sound'] *adj.*〖言語〗語尾が च で終わる(語)《नीच「卑しい」, पाँच「5」, संकोच「ためらい」など》. ❐~ शब्द 語尾が च で終わる語.

चकित /cakita チャキト/ [←Skt. *चकित-* 'trembling, timid, frightened'] *adj.* 驚いた, 驚愕した;気が動転した. ❐~ नेत्रों से देखना 驚愕した目で見る. ❐उसके आश्चर्यजनक सौंदर्य ने संसार को ~ कर दिया। 彼女の驚嘆すべき美貌は世間を驚愕させた. ❐उसने जो काम बतलाया, उसपर सब और भी ~ हो गये। 彼が説明した仕事に皆はさらに驚いてしまった.

चकोटना /cakoṭanā チャコートナー/ [cf. *चिकोटी*] *vt.* (*perf.* चकोटा /cakoṭā チャコーター/) (指で) つねる.

चकोतरा /cakotarā チャコートラー/ [?] *m.*〖植物〗グレープフルーツ;ブンタン.

चकोर /cakora チャコール/ [←Skt.m. *चकोर-* 'the Greek partridge'] *m.*〖鳥〗(雄)チャコーラ鳥《脚の部分が赤いヤマウズラの一種;インドの伝統的俗信では, 専ら月光を食とし, 毒を含む食物を見ると目が赤く変化すると信じられている》. (⇔चकोरी)

चकोरी /cakorī チャコーリー/ [*चकोर* + *-ई*] *f.*〖鳥〗雌チャコーラ鳥. (⇔चकोर)

चक्कर /cakkara チャッカル/ [<Skt.n. *चक्र-* 'the wheel'] *m.* **1** 回ること;回転. ❐~ काटना 回転する;回り道をする. ❐(का) एक ~ लगाना (…を)一周する. ❐(के) ~ लगाना (…の周りを)歩き回る. ❐साँप ~ मारे बैठा है। ヘビがとぐろを巻いている. **2**〖医学〗めまい. ❐(को) ~ आना (人が)めまいがする. **3** 面倒なこと, もめごと;恋愛ごと. ❐~ में आना [पड़ना] 困ったことになる. ❐(को) ~ में डालना (人を)困らせる.

चक्करदार /cakkaradāra チャッカルダール/ [*चक्कर* + *-दार*] *adj.* 円状の, 環状の;螺旋状の. ❐~ सीढ़ी 螺旋階段.

चक्की /cakkī チャッキー/ [<OIA.m. *cakrá-* 'wheel': T.04538] *f.* **1** 石臼(いしうす), 碾臼(ひきうす). **2** 製粉場, 水車場. **3** 膝のさら.

चक्र /cakra チャクル/ [←Skt.n. *चक्र-* 'the wheel'] *m.* **1** 円形のもの;車輪;輪, 環;円盤;円陣;ろくろ. ❐अशोक ~ アショーカ・チャクラ, 法輪《釈迦が説いた仏教教義を象徴する 24 本のスポークがある車輪をかたどった形;仏教に帰依したとされるアショーカ王の碑文に刻まれている;インド国旗の中央部にデザインされている》. **2** 循環的な運動, 運行;一巡, サイクル, 周回;回転;(ボクシングなどスポーツの)ラウンド;一斉射撃. **3** (風, 水などの)渦, 渦巻き. **4** 集まり;集団, グループ. **5** 勲章, メダル《顕著な武勲に対する勲章》. ❐परमवीर [महावीर, वीर] ~ パラムヴィール[マハーヴィール, ヴィール]チャクラ《インド陸海空軍において戦時の顕著な武勲に対する高位勲章》. ❐अशोक [कीर्ति, शौर्य] ~ アショーク[キールティ, シャウルヤ]チャクラ《インド陸海空軍において平時の顕著な武勲に対する高位勲章》.

चक्रवृद्धि /cakravr̥ddʰi チャクルヴリッディ/ [←Skt.f. *चक्र-वृद्धि-* 'interest upon interest'] *f.*〖経済〗複利(法).

चक्रव्यूह /cakravyūha チャクルヴィューフ/ [←Skt.m. *चक्र-व्यूह-* 'any circular array of troops'] *m.* 円陣形《陣形を円形に幾重にも配置し, 内側の守りは堅くなり外側の敵は陣を破りにくくなる》. ❐समाज के ~ से किसी तरह भी तो छुटकारा नहीं होता। 社会の円陣形からはいかにしても逃れることができない《「自分を堅固に取り囲む社会の掟からは逃げられない」の意》.

चखना /cakʰanā チャクナー/ ▶चाखना, चीखना [<OIA. **cakṣati* 'tastes': T.04557] *vt.* (*perf.* चखा /cakʰā チャカー/) **1** 味見する, 毒見する. (⇒आज़माना) ❐ज़रा इसे चखकर देखो। ちょっとこれを味見してごらん. **2** 賞味する, (味を)楽しむ. **3** 経験[体験]する. ❐१३ दिन सरकार में रहे भाजपा के इन मंत्रियों ने सत्ता का स्वाद न सिर्फ़ चखा, बल्कि अंत तक इसका भरपूर आनंद भी लिया। 13 日間政府にいたインド人民党のこれらの閣僚たちは権力の味をしめたばかりでなく, 最後まで権力の悦楽を十分に享受もした.

चखाना /cakʰānā チャカーナー/ [cf. *चखना*] *vt.* (*perf.* चखाया /cakʰāyā チャカーヤー/) **1** 味わわせる;味見させる, 毒見させる. **2** (食事で)供応する, もてなす. **3** 経験させる;(罰・復讐として)思い知らせる. ❐उसे मज़ा चखा दिया। 彼に思い知らせてやった. ❐मैं वहाँ होता, तो महाजन को मज़ा चखा देता। 私がそこにいたなら, 高利貸しに思い知らせてやったのだが.

चचा /cacā チャチャー/ ▸चच्चा, चाचा *m.* ☞चाचा

चचिया /caciyā チャチヤー/ ▸चच्चा, चाचा *adj.* 義理の父の弟筋にあたる. ❐～ ससुर 夫(または妻)のおじ ❐～ सास 夫(または妻)のおじの妻

चचींड़ा /cacı̃ṛā チャチーンラー/▸चिचिंडा [<OIA.m. *ciciṇḍa-* 'the gourd *Trichosanthes anguina*': T.04788] *m.*〘植物〙ヘビウリ(蛇瓜)(の実)《ウリ科のつる草》. ❐

चचेरा /cacerā チャチェーラー/ [<OIA. **cācca-* 'uncle': T.04734] *adj.* おじ方の《父の弟 चाचा の》. ❐～ भाई (父方の)従兄弟. ❐चचेरी बहन (父方の)従姉妹.

चचोड़ना /cacoṛạnā チャチョールナー/▸चिचोड़ना [onom.] *vt.* (*perf.* चचोड़ा /cacoṛā チャチョーラー/) (歯を押し付けて)(どろどろしたものを)吸う, すする;しゃぶる. (⇒चूसना) ❐वह आम की गुठली चचोड़ रहा है। 彼はマンゴーの種をしゃぶっている. ❐वह हड्डी चचोड़ रहा है। 彼は骨をしゃぶっている.

चच्चा /caccā チャッチャー/ ▸चचा, चाचा *m.* ☞चाचा

चट[1] /caṭạ チャト/ [<OIA. **caṭa-* 'crackle': T.04570] *m.* 〔擬音〕パチ;カシャン;ボキ《ガラスなどが割れる音, 指の骨がなる音》. ❐शीशा ～ से टूट गया। ガラスがカシャンと割れた.

— *adv.* さっとすばやく.

चट[2] /caṭạ チャト/ [cf. *चाटना*] *adj.* (食べ物が)平らげられた. ❐～ कर जाना 食べつくす

चटक[1] /caṭakạ チャタク/ [cf. *चटकना*] *adj.* **1** (色などが)鮮やかな, 派手な;けばけばしい. ❐～ रंग 派手な色. **2** (味覚などが)刺激のある, ぴりぴりする. **3** はしこい, すばやい.

— *f.* **1** (色などの)鮮やかさ, 派手さ;けばけばしさ. **2** (味覚などの)ぴりぴりする刺激. **3** はしこさ, すばやさ. **4** (ものが割れる)パリンという音;(ひびの入る)パチという音.

चटक[2] /caṭakạ チャタク/ [←Skt.m. *चटक-* 'a sparrow'] *m.*〘鳥〙スズメ. (⇒गौरैया)

चटकना /caṭakạnā チャタクナー/▸चटचटाना, चटखना, चटख़ना, चिटकना [onom.; <OIA. **caṭa-* 'crackle': T.04570] *vi.* (*perf.* चटका /caṭạkā チャトカー/) **1** パチパチ (चट-चट) 鳴る;(歩き回るとき靴が)コツコツと音を立てる. (⇒चिड़चिड़ाना) ❐चटकती हुई घास के साथ हरे-भरे पेड़ भी उस धधकती आग की लपेट में आ गए। パチパチ燃えている草とともに青々した木々もそのゴーゴーと燃えさかる火炎にまきこまれてしまった. **2** パリンと割れる;パチとひびが入る. ❐शीशा चटक गया। ガラスがパリンと割れた. **3** (つぼみが)ぱっと開く;開花する. ❐कलियाँ चटकीं। つぼみがぱっと開いた. **4** 突然怒りだす. **5** (議論・意見の相違が)噴き出す;(意見が)衝突する.

चटकाना /caṭạkānā チャトカーナー/ ▸चटचटाना [onom.; cf. *चटकना*] *vt.* (*perf.* चटकाया /caṭạkāyā チャトカーヤー/) **1** (指・ムチ・靴などを)パチ[ピシ, パシ, ボキ, キュ, カチ] (चट) と鳴らす. ❐जूतियाँ ～ (歩き回って)靴をコツコツ鳴らす《「無駄に歩き回る」の意》. **2** パチ[ボキ]と折る[割る]. **3** (人を)怒らせる;不愉快にさせる.

चटकीला /caṭạkīlā チャトキーラー/ [cf. *चटक*] *adj.* **1** あざやかな色の. **2** 派手な, けばけばしい. **3** 香辛料のよくきいた, ぴりっとからい.

चटखना /caṭakʰạnā チャタクナー/ ▸चटकना, चटख़ना *vi.* (*perf.* चटखा /caṭạkʰā チャトカー/) ☞चटकना

चटख़ना /caṭaxạnā チャタクナー/ ▸चटकना, चटखना *vi.* (*perf.* चटख़ा /caṭạxā チャトカー/) ☞चटकना

चटचटाना /caṭạcaṭānā チャトチャターナー/ ▸चटकना, चटकाना [onom.] *vi.* (*perf.* चटचटाया /caṭạcaṭāyā チャトチャターヤー/) ☞चटकना

— *vt.* (*perf.* चटचटाया /caṭạcaṭāyā チャトチャターヤー/) ☞चटकाना

चटना /caṭạnā チャトナー/ [<OIA. **caṭṭ-* 'lick, taste': T.04573] *vi.* (*perf.* चटा /caṭā チャター/) (舌で)味わわれる;(食べ物が)たいらげられる.

चटनी /caṭạnī チャトニー/ [cf. *चाटना*] *f.*〘食〙チャトニー, チャツネ《液状またはペースト状の調味料や薬味》.

चटपट /caṭạpaṭạ チャトパト/ [echo-word; cf. *चट*] *adv.* ぱっと, さっと《迅速さを表わす》. ❐आप लोग ～ इंतज़ाम कीजिए। あなた方はさっそく手配してください. ❐वह ～ उठ बैठा। 彼はぱっととび起き座りなおした.

चटपटा /caṭạpaṭā チャトパター/ ▸चरपरा [*चट* + *पट*[4]] *adj.* **1** (味が)辛い;辛味が効いておいしい, ぴりっと刺激的な. ❐चटपटी मसालेदार आलू की तरकारी 辛く香辛料の効いたジャガイモのカレー. ❐चटपटे पदार्थों का आस्वादन करने के बाद सरल भोजन कब रुचिकर होता है! 辛味が効いておいしいものを味わった後でシンプルな食べ物がどうして食欲をそそるものか! **2** きびきびした, 生きのいい;人の気をそそる, 魅力的な. ❐चटपटी और रँगीली स्त्री 魅力的で派手な女.

चटवाना /caṭạvānā チャトワーナー/ ▸चटाना *vt.* (*perf.* चटवाया /caṭạvāyā チャトワーヤー/) ☞चटाना

चटाई /caṭāī チャターイー/ [<OIA. **caṭṭa-* 'bamboo matting': T.04574; (DED 1907)] *f.* ござ;敷物.

चटान /caṭānạ チャターン/ ▸चट्टान *f.* ☞चट्टान

चटाना /caṭānā チャターナー/ ▸चटवाना [caus. of *चटना, चाटना*] *vt.* (*perf.* चटाया /caṭāyā チャターヤー/) **1** 舐めさせる;舐めてもらう. **2**〔俗語〕(鞭を)くらわせる;(苦痛を)味わわせる.

चटोर /caṭorạ チャトール/ ▸चटोरा *adj.* ☞चटोरा

चटोरा /caṭorā チャトーラー/▸चटोर [cf. *चाटना*] *adj.* **1**〘食〙スパイシーな料理を好む(人);美食を好む(人). **2** 食べ物に意地汚い(人). (⇒चट्टू)

चटोरापन /caṭorāpanạ チャトーラーパン/ [*चटोरा* + *-पन*] *m.* **1**〘食〙スパイシーな料理を好むこと;美食好み. **2** 食べ物に意地汚いこと. ❐मैं घरवाली के चटोरेपन से लाचार हूँ। 私は妻の食い意地の汚さにほとほと困り果てている.

चट्ट /caṭṭạ チャット/ ▸चट *adj.* ☞चट

चट्टा /caṭṭā チャッター/ [?] *m.* (皮膚の)赤い斑点;擦過傷.

चट्टान /caṭṭānạ チャッターン/ ▸चटान [cf. DEDr.2308

(DED.1903, 1904)])] *f.* **1** (そそり立つ)崖;岩;岩石. ❐वह बर्फ़ीली ～ से फिसलकर नीचे गिर गई। 彼女は雪に覆われた岩から滑って下に落ちた. **2** 鉱脈層. ❐तेलवाली ～ 油を含む鉱脈. **3** (岩のように)動じないもの, ゆるぎないもの. ❐उनका यश इन्हीं चट्टानों के समान अटल है। 彼の名声はこれらの岩のように不動である. ❐उसने जिस सहारे को ～ समझ रखी थी, वह पैरों के नीचे खिसकती हू मालूम हुई। 彼が盤石だと思っていた支えは, 足元をずれ動く(頼りないもの)に思えた.

चट्टानी /caṭṭānī チャッターニー/ [*चट्टान* ＋ *-ई*] *adj.* **1** 岩の;岩でできた. ❐～ पहाड़ 岩山. **2** (岩のように)頑丈な;不動の.

चट्टा-बट्टा /caṭṭā-baṭṭā チャッター・バッター/ [echo-word; cf. *चाटना*] *m.* (おしゃぶり, ガラガラなど)赤ん坊・幼児の玩具一式《慣用表現として एक ही थैली के चट्टे-बट्टे「同じ袋の中のおもちゃ(同類)」がある》. ❐तुम दोनों एक ही थैली के चट्टे-बट्टे हो। お前たち二人とも同じ穴のむじなだな.

चट्टी /caṭṭī チャッティー/ [cf. *चट*¹] *f.* チャト《かかとの部分がない木製のつっかけサンダル》.

चट्टू /caṭṭū チャットゥー/ [cf. *चाटना*] *m.* **1** (赤ん坊の)おしゃぶり. **2** 食べ物に意地汚い人. (⇒चटोरा)

चड़ /caṛa チャル/ ▶चर *f.* ☞चर²

चड्डी /caḍḍī チャッディー/ *f.* (子ども用の)パンツ.

चड्ढी /caḍḍʰī チャッディー/ [cf. *चढ़ना*] *f.* 『ゲーム』チャッディー《負けた方が勝った方を背負うゲーム》.

चढ़त /caṛʰata チャラト/ [cf. *चढ़ना*] *f.* お供え物, 供物.

चढ़ना /caṛʰanā チャルナー/ [<OIA. **caḍhati* 'rises': T.04578] *vi.* (*perf.* चढ़ा /caṛʰā チャラー/) **1** 登る, 上る;昇る. (⇔उतरना) ❐ज़ीने पर ～ 梯子を登る. ❐दिन चढ़ने लगा। 陽が昇り始めた. ❐दीवार पर ～ 塀を登る. ❐पहाड़ी पर ～ 丘に登る. ❐पेड़ पर ～ 木に登る. **2** (乗り物に)乗る;上に乗る. (⇔उतरना) ❐कार [गाड़ी, घोड़े, जहाज़, वीमान] पर ～ 自動車[汽車, 馬, 船, 飛行機]に乗る. ❐झूले पर ～ ブランコに乗る. ❐बच्ची बाप की गोद में चढ़ी बैठी है। 子どもは父親の膝の上に乗って座っている. ❐मुझे उसकी पीठ पर चढ़कर घूमने की याद है। 私は彼の背中に負ぶさってあちこち行った記憶がある. ❐मैंने उसकी छाती पर चढ़ बैठा और ज़ोर से दाढ़ी पकड़कर खींची। 私は彼の胸に馬乗りになり力一杯あごひげをつかんで引っ張った. **3** (台などに載せられて)加工される. ❐वही तलवाल, जो केले को भी नहीं काट सकती, सान पर चढ़कर लोहे को काट देती है। バナナすら切れなかったあの剣が砥石で砥がれて鉄をも切る. ❐सभी पत्थर तो ख़राद पर चढ़कर सुंदर मूर्तियाँ नहीं बन जाते। すべての石が旋盤で削られて美しい彫像になるわけではない. **4** (口に)のぼる. ❐मुँह पर ～ (言葉が)口をついて出る, 口にする;うわさされる. **5** (袖・裾などが)まくり[たくし]上げられる. **6** (熱・価格・水位などが)上がる. (⇔उतरना) ❐उसी रात को उसको बड़े ज़ोर का ज्वर चढ़ आया। その夜, 彼女は激しい高熱がでた. **7** (供儀として)供えられる;捧げられる. ❐(पर) ～ (…に)捧げされる. **8** 侵攻する. **9** (弓の弦・太鼓の皮などが)張られる. **10** (借金や厄介事などで)頭が痛い, 頭を離れない. ❐मकान का किराया सिर पर चढ़ा हुआ था। (滞った)家賃のことが頭を離れない. **11** (品目が)(元帳に)載る;(負債を)負う, (利子・利息が)付く. ❐लड़की की शादी में उसपर काफ़ी क़र्ज़ चढ़ गया है। 娘の結婚で, 彼はかなり借金を背負ってしまった. ❐विशेष चिंता थी मुझे सिर पर चढ़े क़र्ज़ की। 私が特に心配だったのは頭にのしかかっている借金だった. ❐दो साल में उस ऋण पर पचास रुपया सूद चढ़ गया था। 二年でその借金に50ルピーの利息が付いてしまっていた. **12** (競売に)かけられる. ❐वह बैल निलाम पर चढ़ गया। その雄牛は競売にかけられた. **13** (魔力などが)効いてくる;(毒・酔いが)回る. (⇔उतरना) ❐उसपर नशा चढ़ने लगा। 彼に酔いがまわり始めた. ❐विशेषकर हमारी शिक्षित बहनों पर वह जादू बड़ी तेज़ी से चढ़ रहा है। 特に我が国の教育あるご婦人たちの上にその魔力が急速に効きつつある. **14** (めっきなどで)覆われる, 粉飾される;(色が)染められる. ❐देश के लिए मर मिटने की आन पर शान चढ़ रही थी। 祖国のために命を捧げるのだという誇りに威風すら加わりつつあった. ❐प्राय: ऐसे ही लोगों पर शहर का रंग बड़ी जल्दी चढ़ता है। たいがいは抵抗もなく人間というのは都会の色にすばやく染まってしまうものです. **15** (感情が)高ぶる;(妄想・感動が)とりつく. (⇔उतरना) ❐उसका दिमाग़ आसमान पर चढ़ गया। 彼は完全にのぼせ上ってしまった. ❐चंग पर ～ 調子にのる, 思い上がる;名が上がる. ❐चुप रह, बहुत चढ़-चढ़ न बोल। 黙れ, 調子にのってしゃべるな.

चढ़वाना /caṛʰavānā チャルワーナー/ [caus. of *चढ़ना, चढ़ाना*] *vt.* (*perf.* चढ़वाया /caṛʰavāyā チャルワーヤー/) (人を使って)登らせる;登ってもらう.

चढ़ाई /caṛʰāī チャラーイー/ [cf. *चढ़ना, चढ़ाना*] *f.* **1** 登り, 上り坂. (⇔उतार) **2** 攻撃, 侵攻. ❐(पर) ～ करना (…に対して)攻撃する.

चढ़ा-ऊपरी /caṛʰā-ūparī チャラー・ウープリー/ [*चढ़ना* ＋ *ऊपर*] *f.* 競い合い, 張り合い, 我先に先を争うこと. ❐कई आदमियों ने दारोग़ाजी से कुछ बातचीत करने का सौभाघ प्राप्त करने के लिए ～ की। 何人かの男たちは警部殿と少し話をする僥倖(ぎょうこう)を得ようと押し合いへし合いをした.

चढ़ाना /caṛʰānā チャラーナー/ [cf. *चढ़ना*] *vt.* (*perf.* चढ़ाया /caṛʰāyā チャラーヤー/) **1** 登らせる, 上がらせる;昇らせる. (⇔उतारना) ❐उसने त्योरी [भौंहें] चढ़ाकर कहा। 彼は, 眉をつりあげて(＝怒って)言った. **2** 乗せる. (⇔उतारना) ❐उसने मुझे अपनी पीठ पर चढ़ाई। 彼女は私をおんぶした. **3** (台などに載せて)加工する. ❐उसने चूल्हे में आग जलाकर मांस चढ़ा दिया। 彼女はかまどに火をおこし肉をのせて焼いた. ❐सान (पर) ～ 砥石で砥ぐ. **4** (口に)する, 言葉に出して言う. ❐इतना बड़ा नाम ज़बान पर चढ़ाने में मुझे कुछ दिक़्क़त महसूस हुई। これほどおおげさな名前を口にすることは私には少しむずかしく感じた. **5** (そで・裾などを)まくり[たくし]上げる. (⇔उतारना) ❐उसने कुरते की बाँहें चढ़ा लीं। 彼はクルターの袖をまくり上げた. ❐वह साड़ी ऊपर चढ़ाकर नाले में पैठी। 彼女はサリーを上にたくし上げて水路に入った. ❐उसने साड़ी को जाँघों तक चढ़ाया। 彼女はサリーを膝までたくし上げた. ❐उसने जैसे आस्तीन चढ़ाकर कहा। 彼は袖をまくり上げて(＝挑戦的に)言った. **6** (供儀として)供える,

捧げる. ❐लोगों ने इन पेड़ों पर फूल चढ़ाना शुरू कर दिया। 人々はこれらの木に花を供え始めた. **7** (弓の弦・太鼓の皮などを)張る. **8** (元帳に)載せる;(負債を)付ける;借金を背負う. **9** (競売に)かける. ❐(को) नीलम पर ～ (…を)競売にかける. **10** (めっきなどで)覆う, 粉飾する;(色を)染める. ❐हिंदुओं की काव्य-प्रियता ने, अथवा प्रतीकों द्वारा तथ्यों को व्यक्त करने की उनकी प्रवृत्ति ने इतिहासों पर दंतकथाओं का मुलम्मा चढ़ाया। ヒンドゥー教徒がもつ詩歌を愛する性癖, あるいは象徴によって事実を表現しようとする彼らの傾向が歴史を伝説という粉飾で覆ってしまった. **11** (人を)増長させる, 思い上がらせる. ❐(को) चंग पर ～ (人を)おだてる, 調子づかせる. ❐तुम्हीं ने इस चुड़ैल का मिज़ाज आसमान पर चढ़ा दिया है। おまえこそがこの性悪女を増長させて思い上がらせたのだ.

चढ़ानी /caṛʰānī チャラーニー/ [cf. *चढ़ना*] *f.* 登り坂.

चढ़ाव /caṛʰāva̸ チャラーオ/ [cf. *चढ़ना, चढ़ाना*] *m.* **1** 上昇. (⇔उतार) ❐तब ज्वर का ～ था। その時は熱が上がっていた. ❐बाज़ार का ～-उतार 相場の上下. **2** (神への)お供え, 供物. (⇒चढ़ावा)

चढ़ाव-उतार /caṛʰāva̸-utāra̸ チャラーオ・ウタール/ *m.* ☞उतार-चढ़ाव

चढ़ावा /caṛʰāvā チャラーワー/ [cf. *चढ़ाना*] *m.* **1** (神への)お供え物, 供物. **2** (新婦に贈る)装身具や衣装. ❐उसने आज बहू के चढ़ावे के लिए पाँच हज़ार के ज़ेवर ख़रीदे। 彼は今日嫁の贈り物に5千ルピーの装身具を買った.

चतुरंगिणी /caturaṃgiṇī チャトゥランギニー/ [←Skt.f. *चतुर्-अङ्गिणी-* 'an entire army (comprising elephants, chariots, cavalry, and infantry)'] *f.* 〖歴史〗チャトゥランギニー《古代インドの軍団編成;象, 戦車, 騎馬, 歩兵の4部隊から成る》.

चतुर /catura̸ チャトゥル/ [←Skt. *चतुर-* 'dexterous, clever'; DEDr.2327 (DED.1920)] *adj.* **1** 利発な, 聡明な, 賢い, 利口な. ❐वह ～ युवक था। 彼は聡明な若者だった. **2** 上手な, 器用な;熟練している, 長けている. ❐～ प्रूफ़रीडर की निगाह ग़लतियों ही पर जा पड़ती है। 熟練した校正係の視線は誤植にのみ向くのである. ❐वह ग्यारह साल की बालिका होकर भी घर के काम में ～ थी। 彼女は11歳の娘でありながらも家事に長けていた. ❐वे गाने में भी ～ थीं। 彼女たちは歌うこともうまかった. **3** 抜け目のない;狡猾な. ❐वह भी ～ खिलाड़ी था। 彼もなかなかの勝負師だった.

चतुराई /caturāī チャトゥラーイー/ [cf. *चतुर*] *f.* 賢さ;器用さ;抜け目のなさ.

चतुर्थ /caturtʰa̸ チャトゥルト/ [←Skt. *चतुर्थ-* 'the 4th'] *adj.* 第4番目の. (⇒चौथा)

चतुर्थी /caturtʰī チャトゥルティー/ [←Skt.f. *चतुर्थी-* 'the 4th'] *f.* 〖暦〗チャトゥルティー《太陰月の白半月 (शुक्लपक्ष) または黒半月 (कृष्णपक्ष) の4日目》. ❐हर मास के कृष्ण पक्ष की ～ को मेरी माँ निर्जल व्रत रकतीं। 毎月黒半月の4日目に私の母は水もとらない断食をしていたものだった.

चतुर्दशी /caturdaśī チャトゥルダシー/ [←Skt.f. *चतुर्-दशी-* 'the 14th day in a lunar fortnight'] *f.* 〖暦〗チャトゥルダシー《太陰月の白半月 (शुक्लपक्ष) または黒半月 (कृष्णपक्ष) の14日目》. (⇒चौदस)

चतुर्दिक् /caturdik チャトゥルディク/ ▹चतुर्दिक [←Skt.ind. *चतुर्-दिक्-कम्* 'towards the 4 quarters, on all sides, all around'] *adv.* 四方に, 四方八方に.

चतुर्भुज /caturbʰuja̸ チャトゥルブジ/ [←Skt. *चतुर्-भुज-* 'four-armed; quadrangular'] *adj.* **1** 四本の腕をもつ. **2** 〖数学〗四辺形の, 四角形の.

— *m.* 〖数学〗四辺形, 四角形.

चतुर्भुजी /caturbʰuja̸ チャトゥルブジ/ [*चतुर्भुज* + *-ई*] *adj.* 四本の腕をもつ. ❐भगवान् ～ रूप में प्रकट हुए। 神は四本の腕をもった姿であらわれた.

चतुर्मास /caturmāsa̸ チャトゥルマース/ [←Skt.n. *चतुर्-मास-* 'a period of 4 months'] *m.* 〖暦〗(太陰暦の)4か月《特にアーシャーダ月 (आषाढ़) の白半月11日目からカールティカ月 (कार्तिक) の白半月11日目までの4か月》. (⇒चौमासा)

चतुर्वर्ण /caturvarṇa̸ チャトゥルワルン/ [←Skt.m. *चतुर्-वर्ण-* 'the 4 castes; 4 principal colours'] *m.* 〖ヒンドゥー教〗(いわゆる)四つのカースト, 四姓. ❐～ व्यवस्था カースト制度, 四姓制度.

चतुर्वेदी /caturvedī チャトゥルヴェーディー/ [←Skt. *चतुर्-वेदिन्-* 'familiar with the 4 *Vedas*'] *m.* 〖ヒンドゥー教〗チャトゥルヴェーディー《北インドのブラーフマン姓の一つ》. (⇒चौबे)

चतुष्कोण /catuṣkoṇa̸ チャトゥシュコーン/ [←Skt. *चतुष्-कोण-* 'quadrangular'] *adj.* 〖数学〗四角形の, 四辺形の.

— *m.* 〖数学〗四角形, 四辺形.

चतुष्टय /catuṣṭaya̸ チャトゥシュタエ/ [←Skt. *चतुष्टय-* 'fourfold, consisting of 4'] *m.* 四つ一組の集まり.

चतुष्पद /catuṣpada̸ チャトゥシュパド/ [←Skt. *चतुष्-पद-* 'quadruped'] *m.* (四足の)動物. (⇒चौपाया)

चत्वर /catvara̸ チャトワル/ [←Skt.n. *चत्वर-* 'a quadrangular place, place in which many ways meet'] *m.* 十字路, 四辻. (⇒चौराहा)

चद्दर /caddara̸ チャッダル/ ▸चादर *f.* ☞चादर

चना /canā チャナー/ [<OIA.m. *caṇa-* 'the chickpea *Cicer arietenum*': T.04579] *m.* 〖植物〗ヒヨコマメ, エジプト豆, ガルバンソ, チックピー《マメ科の一年草;ダール豆の一種》. (⇒दाल)

चनार /canāra̸ チャナール/ ▸चिनार [←Pers.n. چنار 'a plane-tree'] *m.* **1** 〖植物〗スズカケ(ノキ)(鈴懸の木). **2** 〖植物〗ポプラ.

चपटा /cipaṭā チプター/ ▸चिपटा *adj.* ☞चिपटा

चपड़ा /capaṛā チャプラー/ [?cf. *चपटा*] *m.* シェラック《ラックカイガラムシの分泌物から得られる天然樹脂》.

चपत /capata̸ チャパト/ [?<OIA. **carpa-* 'flat': T.04696] *f.* **1** 平手打ち;平手打ちの手の形. ❐उन्होंने मेरे गाल पर एक हल्की-सी ～ लगा दी थी। 彼は私の頬に一回軽い平手打ちの形を押しつけた. ❐मुँह पर ～ जमाना

顔を平手打ちする. **2** 打撃, 損害. ❐(को) (की) ～ देना (…に)(…ルピーの)損害を与える. ❐पाँच सौ की ～ पड़ी। 五百ルピーの損害になった.

चपना /capanā チャプナー/ ▶चँपना *vi.* (*perf.* चपा /capā チャパー/) ☞चँपना

चपरास /caparāsa チャプラース/ [?←Pers.n. چپ راست 'a silk button; a buckle, breastplate, badge'] *m.* バッジ;バックル《特にオフィスで雑用をする小使 (चपरासी) が胸に付ける徽章》.

चपरासी /caparāsī チャプラースィー/ [*चपरास* + *-ई*] *m.* (オフィスで雑用をする)小使.

चपल /capala チャパル/ [←Skt. *चपल-* 'moving to and fro, shaking, trembling, unsteady, wavering'] *adj.* 機敏な, 敏捷な;はつらつとしている;(動作が)活発な.

चपलता /capalatā チャパルター/ [←Skt.f. *चपल-ता-* 'trembling; fickleness, inconstancy'] *f.* 機敏, 敏捷;はつらつさ;(動作の)活発さ. ❐उसके अंगों में अब शिथिलता नहीं, ～ है, लचक है, और सुकुमारता है। 彼女の全身隅々にもはや鈍重さはなく, はつらつさがある, しなやかさがある, 若々しさがある.

चपला /capalā チャプラー/ [←Skt.f. *चपला-* 'lightning'] *f.* 雷光.

चपाती /capātī チャパーティー/ [←Pers.n. چپاتی 'a thin cake'] *f.* 〖食〗チャパーティー《小麦粉の生地を薄い円形にのばして焼いた薄いパン;ローティーरोटी の一種》.

चपेट /capeṭa チャペート/▶चपेटा [<OIA.m. *capēṭa-* 'slap with open hand': T.04673; cf. Pers.n. چپات 'a slap on the face'] *f.* **1** 平手打ち, びんた. (⇒थप्पड़) **2** 強打;殴打. **3** 痛手;ショック. **4** (災難, 災害, 事故などの)巻き添え;(病気の)感染;(影響の及ぶ)勢力圏. ❐खासकर बच्चे इस भयंकर संक्रामक रोग की ～ में आ सकते हैं। 特に子どもはこの恐ろしい伝染病に感染する恐れがある. ❐इस घोटाले की ～ में पूर्व प्रधानमंत्री के बेटे हैं। このスキャンダルには前首相の息子が絡んでいる. ❐उग्रवाद यहाँ के ८० प्रतिशत से अधिक क्षेत्रों को अपनी ～ में ले चुका है। テロリズムは当地の 80 パーセント以上の地域を巻き込んでしまった.

चपेटना /capeṭanā チャペートナー/ [cf. *चपेट*] *vt.* (*perf.* चपेटा /capeṭā チャペーター/) **1** 攻撃して(相手を)窮地に追いこむ. **2** きびしく叱る.

चपेटा /capeṭā チャペーター/ ▶चपेट *m.* ☞चपेट

चप्पल /cappala チャッパル/ [?<OIA. **carpa-* 'flat': T.04696; DEDr.1963 (DED.1633)] *f.* サンダル;スリッパ. (⇒सैंडल)

चप्पा /cappā チャッパー/ [←Panj.m. ਚੱਪਾ <OIA. **carpa-* 'flat': T.04696; DEDr.2331 (DED.1924)] *m.* **1** 〖単位〗指 4 本分の幅. **2** 4 分の 1. **3** 小片;(土地の)わずかな部分, 寸土《主に चप्पा-चप्पा の形で》. ❐किनारे की चप्पा-चप्पा भूमि खोजी गई। 川岸の地面がくまなく捜索された. ❐नेपाल के चप्पे-चप्पे से कथाएँ-वार्ताएँ, इतिहास, देवकथाएँ, विश्वास जुड़े हैं। ネパールの土地は隅々にいたるまで説話, 歴史, 神話, 信仰と結びついている.

चप्पू /cappū チャップー/ [<OIA. **carpa-* 'flat': T.04696] *m.* (舟の)オール, 櫂(かい);櫓(ろ). (⇒डाँड़)

चबना /cabanā チャバナー/ [<OIA. *cárvati, carváyati* 'chews': T.04711; DED 1927] *vi.* (*perf.* चबा /cabā チャバー/) (食物が)噛まれる;かじられる.

चबवाना /cabavānā チャブワーナー/ [caus. of *चबना, चबाना*] *vt.* (*perf.* चबवाया /cabavāyā チャブワーヤー/) (食物を)噛ませる;噛んでもらう.

चबाना /cabānā チャバーナー/ ▶चाबना [<OIA. *cárvati, carváyati* 'chews': T.04711; DED 1927] *vt.* (*perf.* चबाया /cabāyā チャバーヤー/) **1** (食物を)噛む, 咀嚼(そしゃく)する;かじる. ❐खाना खूब चबाकर खाओ। 食べ物はよく噛んで食べなさい. **2** (唇などを)噛む;しゃぶる. ❐उसने ओठ चबाकर कहा। 彼女は唇を噛んで(=くやしそうに)言った. ❐बच्चा उसका स्तन मुँह में लेकर चबाने लगा। 子どもは彼女の乳房を口に入れてしゃぶりだした.

चबूतरा /cabūtarā チャブートラー/ [?<OIA. **caturvr̥ta-* '?square'; cf. *चौतरा*] *m.* **1** チャブートラー《家の前や庭に漆喰などで塗り固められた四方形の壇;人々が座ったり談笑する場》. **2** (寺院などの)檀状の基部;台座.

चबेना /cabenā チャベーナー/ ▶चबैना [<OIA. *cárvati, carváyati* 'chews': T.04711; DED 1927] *m.* かじったり噛んだりして食べるもの《豆類や穀物を炒った粗末な食事》.

चबैना /cabainā チャバェーナー/ ▶चबेना *m.* ☞चबेना

चमक /camaka チャマク/ [<OIA. **camakka-* 'sudden movement': T.04676] *f.* **1** 輝き, 光沢;つや. ❐उसकी आँखों में ～ दिखाई पड़ती है। 彼の目には輝きが見える. **2** きらめき, 閃光.

चमक-दमक /camaka-damaka チャマク・ダマク/ *f.* 華麗, 華やかさ;壮観.

चमकदार /camakadāra チャマクダール/ [*चमक* + *-दार*] *adj.* 輝く, 光沢のある;つやのある. (⇒चमकीला) ❐～ पोशाक 光沢のある衣装.

चमकना /camakanā チャマクナー/▶चमचमाना [<OIA. **camakka-* 'sudden movement': T.04676] *vi.* (*perf.* चमका /camakā チャムカー/) **1** (閃光が)ピカッピカッ(चमाचम) ときらめく. (⇒तमतमाना) ❐चमाचम बिजलियाँ चमक उठीं। ピカッピカッと雷が光った. **2** (光などが)チカチカ[ピカピカ]輝く. (⇒दमकना) ❐ओस की बूँद पर सूरज चमक रहा है। 露の滴に日の光が輝いている. **3** (滑らかな表面が)キラキラ光る, (磨かれて)光る. **4** (顔など表情が)喜びで輝く. ❐उसके चेहरे पर दिल की ख़ुशी चमक उठी। 彼の顔は内心の喜びで輝いた. ❐इस मृदु कल्पना से उसकी आँखें चमक उठीं। この甘美な空想で彼女の目はぱっと輝いた. **5** (事業などが)栄える[はやる];(運が)むく. ❐उसकी वकालत चमकी। 彼の弁護士業ははやった. ❐उसकी तक़दीर चमकी। 彼に運がむいた. **6** (才能などが)光彩を放つ. ❐प्रतिभा तो ग़रीबी ही में चमकती है दीपक की भाँति, जो अँधेरे ही में अपना प्रकाश दिखाता है। 才能というものは貧困の中でこそ輝きを放つものである, ちょうど灯火が暗闇の中でこそ自分の光をあらわにするように.

चमकवाना /camakavānā チャマクワーナー/ [caus. of

चमकना, चमकाना] *vt.* (*perf.* चमकवाया /camakavāyā チャマクワーヤー/)（人を介して)輝かせる;輝いてもらう.

चमकाना /camakānā チャムカーナー/ ▸चमचमाना [cf. *चमकना*] *vt.* (*perf.* चमकाया /camakāyā チャムカーヤー/) **1** 光らせる;ピカピカに磨く;(これみよがしに)見せびらかす;(剣を)振り回す. ❒जब स्कूल में कोई उत्सव आदि होता तो वे पूरी फ़ौजी वर्दी में आते, जो जगह-जगह से सिकुड़ी-मिकुड़ी, कहीं-कहीं से फटी भी सीने पर तीन-चार चमकाए हुए तमगे लटकते होते। 学校で何か催し物などがあると彼は全身軍服に身をつつんで来るのであった, その軍服はところどころ縮んでいたり, 破れている箇所もあり, 胸には3つ4つピカピカに磨かれた勲章がぶら下がっているのだった. ❒सड़कें, चौराहे, गली-कूचे, सब झाड़-बुहारकर झकाझक चमका दिए गए हैं। 通り道, 四つ辻, 路地, 全てが掃き清められ輝くばかりに磨かれた. **2** (目を)輝かさせる. ❒आँखें चमकाकर बोली। 彼女は目を輝かせて言った. **3** (事業などを)栄えさせる. ❒कृष्णचंद्र के असाधारण अध्यवसाय और बुद्धिबल ने उनकी वकालत को चमका दिया था। クリシュンチャンドルの並外れた勤勉さと聡明さは彼の弁護士業を成功させた.

चमकी /camakī チャムキー/ [cf. *चमक*] *f.* (金糸・銀糸で編まれた)輝く飾り付け《刺繍に使われる》.

चमकीला /camakīlā チャムキーラー/ [cf. *चमक*] *adj.* 輝く, 光沢のある;つやのある. (⇒चमकदार) ❒काला, ऊपर कुछ चमकीले काम का, लंबा गाउन 黒くて, 上部に少し光沢のある細工がほどこされている, 丈の長いガウン.

चमगादड़ /camagādaṛa チャムガーダル/▸चिमगादड़ [*चाम* + *गीदड़*; cf. OIA.m. *carmacaṭaka-* 'bat': T.04700] *m.* **1**【動物】(雄)コウモリ. (⇔चमगिदड़ी) **2** 日和見主義者.

चमगिदड़ी /camagidaṛī チャムギドリー/ [cf. *चमगादड़*] *f.*【動物】雌コウモリ. (⇔चमगादड़)

चमचमाना /camacamānā チャムチャマーナー/ ▸चमकना, चमकाना *vi.* (*perf.* चमचमाया /camacamāyā チャムチャマーヤー/) ☞चमकना

— *vt.* (*perf.* चमचमाया /camacamāyā チャムチャマーヤー/) ☞चमकाना

चमचा /camacā チャムチャー/ [←Pers.n. چمچه 'a spoon, ladle, skimmer'] *m.* **1** ひしゃく, 大きなスプーン, 大さじ. **2** イエスマン;太鼓持ち, おべっか使い.

चमचागीरी /camacāgīrī チャムチャーギーリー/ [*चमचा* + *-गीरी*] *f.* へつらい, おべっか. ❒(की) ～ करना (人に)おべっかを使う.

चमची /camacī チャムチー/ [cf. *चमचा*] *f.* 小さなスプーン, 小さじ.

चमड़ा /camaṛā チャムラー/ [<OIA.n. *cárman-* 'hide, skin': T.04701] *m.* **1** (動物の)皮, 毛皮, 皮革. ❒चमड़े का बैग 革のかばん. **2** 皮膚. (⇒त्वचा)

चमड़ी /camaṛī チャムリー/ [cf. *चमड़ा*] *f.* 皮膚.

चमत्कार /camatkāra チャマトカール/ [←Skt.m. *चमत्कार-* 'astonishment, surprise; show, spectacle'] *m.* 奇跡, 驚嘆すべきこと;霊験(れいげん)あらたかな効き目. (⇒करिश्मा) ❒～ करना 奇跡をおこす. ❒उन्होंने अपने संगीत-नैपुण्य का ～ दिखाया। 彼は自分の音楽の巧みな術を披露した. ❒रामबाण का-सा ～ 特効薬のような効き目. ❒यह तुम्हारी सिफ़ारिश का ～ है। これは君の推薦の霊験あらたかな効き目だよ.

चमत्कारी /camatkārī チャマトカーリー/ [←Skt. *चमत्-कारिन्-* 'astonishing'] *adj.* 奇跡的な, 驚嘆すべき; 霊験(れいげん)あらたかな. (⇒अद्भुत) ❒～ शक्ति 霊験あらたかな力.

चमत्कृत /camatkr̥ta チャマトクリト/ [←Skt. *चमत्-कृत-* 'astonished'] *adv.* 驚嘆した.

चमन /camana チャマン/ [←Pers.n. چمن 'an orchard, fruit-garden'] *m.* 花園.

चमरौधा /camaraudʰā チャムラォーダー/ [<OIA.n. *cárman-* 'hide, skin': T.04701] *m.* チャムラォーダー《インドの靴の一種;靴底が革でできている》.

चमार /camāra チャマール/ [<OIA.m. *carmakāra-* 'leatherworker': T.04698] *m.* **1** 皮革職人;靴直し職人. **2**【ヒンドゥー教】チャマール《低カースト;皮革職人のコミュニティに属する人》. (⇔चमारिन)

चमारिन /camārina チャマーリン/ [cf. *चमार*] *f.*【ヒンドゥー教】チャマール (चमार) のカーストに属する女. (⇔चमार)

चमू /camū チャムー/ [←Skt.f. *चमू-* 'an army or division of an army (729 elephants, 729 chariots, 2187 cavalry, 3645 infanty'] *f.*【歴史】チャムー《古代インドの軍の編成単位の一つ》.

चमेली /camelī チャメーリー/ ▸चंबेली [<OIA.f. **campavēlli-* 'jasmine': T.04680] *f.*【植物】チャメーリー, ツリー・ジャスミン(の花)《モクセイ科ソケイ属の花木;パキスタンの国花》. (⇒यासमीन)

चमोटा /camoṭā チャモーター/ [<OIA.m. *carmapaṭṭa-* 'leather thong': T.04702] *m.* (かみそりを砥ぐ)革砥(かわと).

चमोटी /camoṭī チャモーティー/ [cf. *चमोटा*] *f.* 小さな革砥(かわと).

चम्मच /cammaca チャムマチ/ [cf. *चमचा*] *m.* スプーン, 小さじ. ❒एक [दो] ～ चीनी スプーン1[2]杯分の砂糖. ❒काफ़ी में चीनी कितनी ～ डालूँ? コーヒーに砂糖をスプーン何杯入れましょうか?

चयन /cayana チャヤン/ [←Skt.n. *चयन-* 'piling up (wood etc.)'] *m.* 選別, 選択. (⇒इंतख़ाब, चुनाव) ❒(का) ～ करना (…を)選別[選択]する.

चयनिका /cayanikā チャヤニカー/ [neo.Skt.f. *चयनिका-* 'anthology'] *f.* 詩選集.

चयनीय /cayanīya チャエニーエ/ [←Skt. *चयनीय-* 'to be heaped or collected'] *adj.* 選ばれるべき.

चयापचय /cayāpacaya チャヤープチャエ/ [neo.Skt.m. *चय-अपचय-* 'metabolism'] *m.*【生物】代謝(作用).

चर[1] /cara チャル/ [←Skt. *चर-* 'moving'] *adj.* 動く(もの)《合成語の要素としても使用; खेचर「空を行くもの, 鳥」, जलचर「水中を行くもの, 水生動物」など》. (⇔अचर) ❒～ जीव [प्राणी] (植物に対して)動物.

— *m.* **1** スパイ, 密偵. (⇒जासूस) **2** 使者, 密使. (⇒दूत) **3**

〖数学〗変数. (⇔अचर)

चर² /carạ チャル/ ▸चड़ [<OIA. *caṭa- 'crackle': T.04570] *f.* **1**〔擬音〕シャー《布などが裂ける音》. **2**〔擬音〕パリ, ポキ《木などが折れる音》.

चरई /caraī チャライー/ [cf. *चरना*] *f.* ☞चरनी

चरख़ा /carạxā チャルカー/ ▹चर्ख़ा [←Pers.n. چرخ 'a wheel of any kind'] *m.* 糸車, 紡ぎ車. ❐~ कातना 糸を紡ぐ. ❐~ चलाना 長々と話す.

चरख़ी /carạxī チャルキー/ ▹चर्ख़ी [cf. *चरख़ा*] *f.* (小型の)糸車.

चरचराना /carạcarānā チャルチャラーナー/ ▸चर्राना *vi.* (*perf.* चरचराया /carạcarāyā チャルチャラーヤー/) ☞चर्राना

चरण /caraṇạ チャラン/ [←Skt.m. *चरण-* 'a foot'] *m.* **1** (神像や目上の人の)足先, 足下《複数扱い》. ❐(के) ~ छूना (人の)足先に触れる《神, 師, 親などに対する恭順の挨拶》. ❐(के) चरणों पर [में] गिर पड़ना (人の)足もとに倒れ伏す. **2** (山・丘などの)ふもと, すそ《複数扱い》. ❐पहाड़ी के चरणों में 丘のふもとに. **3**〖単位〗四半世紀(の長さ), 25 年. ❐बीसवीं सदी के दूसरे ~ में 20 世紀の第 2 四半世紀に. **4** チャラナ《(通常 2 行で独立する詩形式の) 4 分の 1 の部分》.

चरण-चिह्न /caraṇạ-cihnạ チャラン・チフン/ *m.* 足跡(そくせき).

चरण-सेवा /caraṇạ-sevā チャラン・セーワー/ [←Skt.f. *चरण-सेवा-* 'service on one's feet; devotion'] *f.* (尊敬の気持ちをもって)うやうやしく仕えること. ❐(की) ~ करना (人に)うやうやしく仕える.

चरणामृत /caraṇāmṛtạ チャルナームリト/ [←Skt. *चरण-अमृत-* 'foot-nectar; the water in which the feet of a spiritual guide have been washed'] *m.* 〖ヒンドゥー教〗チャラナームリタ《篤い信仰の対象となっている神像や聖人の足 (चरण) を洗った水; 聖なる甘露 (अमृत) とみなされる; 水の代わりにミルク, ヨーグルト, 砂糖, 蜂蜜を混ぜた聖水で洗うこともある》. ❐~ लेना 聖水をいただく, 液体をほんの少しいただく.

चरना /carạnā チャルナー/ [<OIA.n. *cárana-* 'going about': T.04685] *vi.* (*perf.* चरा /carā チャラー/) (動物が)(生えてる草を)食べる. ❐आस-पास के गाँवों की गउएँ यहाँ चरने आया करती थीं। 付近の村々の牛がここに草を食べに来ていた.
— *vt.* (*perf.* चरा /carā チャラー/) (動物が)(生えてる草を)食べる.

चरनी /carạnī チャルニー/ [cf. *चरना*] *f.* **1** チャルニー《家畜に飼料をやる場所; 牧場》. **2** (馬・牛などの)かいばおけ, まぐさおけ.

चरपरा /carạparā チャルパラー/ ▸चटपटा *adj.* (味が)ぴりぴりする, 辛い.

चरपराना /carạparānā チャルパラーナー/ [symbolic word (echo-word)] *vi.* (*perf.* चरपराया /carạparāyā チャルパラーヤー/) (食べ物が)舌・唇がぴりぴり[ひりひり]するほど辛い. ❐दाल आज इतनी चरपरा रही है कि उसे खाने से मेरे होंठ और जीभ में चुनचुनाहट पैदा हो गई। 今日の豆のスープは食べると唇や舌がぴりぴりするほど辛い.

चरपराहट /carạparāhaṭạ チャルパラーハト/ [*चरपरा* + *-आहट*] *f.* **1** ぴりぴり[ひりひり]する辛さ. **2** ぴりぴり[ひりひり]する痛み.

चरबा /carạbā チャルバー/ [←Pers.n. چربه 'thin paper used for tracing writing or drawing'] *m.* トレーシングペーパー. ❐~ उतारना トレースして複写する.

चरबी /carạbī チャルビー/ ▹चर्बी [←Pers.n. چربی 'fat, grease'] *f.* **1** 脂肪; 脂身. ❐शरीर पर ~ चढ़ना 身体に脂肪がつく. **2** グリース, 油脂; 獣脂.

चरम /caramạ チャラム/ [←Skt. *चरम-* 'last, ultimate, final'] *adj.* 究極の, 極限の; 極致の, 無上の, この上ない. ❐~ बिंदु पाना 頂点をきわめる. ❐अपनी ~ सीमा तक पहुँचना 極限に達する. ❐उस दिन ग़दर की गड़बड़ी अपनी ~ सीमा पर थी। その日はインド大反乱の混乱状態が極限に達した時だった. ❐श्रद्धा का ~ आनंद अपना समर्पण है। 信仰の究極の喜びは自身を委ねることである.

चरमपंथ /caramạpaṃtʰạ チャラムパント/ [*चरम* + *पंथ*] *m.* 過激主義.

चरमपंथी /caramạpaṃtʰī チャラムパンティー/ [*चरमपंथ* + *-ई*] *adj.* 過激論の; 過激論者の.
— *m.* 過激論者.

चरमर /carạmarạ チャルマル/ [onom.] *f.* 〔擬音〕ミシミシ[ギシギシ](きしむ音). ❐जूतों की ~ सुनाई दी। 靴のきしむ音が聞こえた.

चरमराना /carạmarānā チャルマラーナー/ [cf. *चरमर*] *vi.* (*perf.* चरमराया /carạmarāyā チャルマラーヤー/) ミシミシ[ギシギシ] (चरमर) ときしむ. ❐स्थूल काया के बोझ से चारपाई चरमरा उठी। 太った体の重さでベッドはミシミシきしんだ.

चरवाई /carạvāī チャルワーイー/ ▸चरवाही [cf. *चरवाना*] *f.* 家畜に牧草を食べさせる仕事; その仕事の手間賃.

चरवाना /carạvānā チャルワーナー/ [caus. of *चरना*, *चराना*] *vt.* (家畜に)牧草を食わさせる.

चरवाहा /carạvāhā チャルワーハー/ [cf. *चरवाना*] *m.* 家畜を預かり飼う人, 家畜に牧草を食わせて生計を立てている人.

चरवाही /carạvāhī チャルワーヒー/ ▸चरवाई [cf. *चरवाहा*] *f.* ☞चरवाई

चरस /carasạ チャラス/ [<OIA.m. *carassa- 'raw hide': T.04688] *m.* 〖植物〗チャラス《アサの葉や花序に集積する樹脂状の抽出物; 麻薬; 麻酔剤, 催淫剤としても使用される》.

चराई /carāī チャラーイー/ [cf. *चराना*] *f.* **1** 家畜に牧草を食わせる仕事; その手間賃. **2** 家畜に食わせるための牧草地; その借料.

चरागाह /carāgāhạ チャラーガーハ/ [←Pers.n. چراگاه 'a pasture'] *m.* 牧草地. (⇒चरी)

चराचर /carācarạ チャラーチャル/ [←Skt. *चर-अचर-* 'movable and immovable'] *m.* 命あるものとないもの; 万物, 世界のすべて.

चराना /carānā チャラーナー/ [cf. *चरना*] *vt.* (*perf.* चराया /carāyā チャラーヤー/) **1** (動物に)(生えてる草を)食べさせる;餌をやる. ❐वह बकरी चराने गया। 彼はヤギの放牧に出かけた. **2** (人を)てなずける. ❐अब तो तुम भी हमें चराने लगे। 今度は, 君も俺をてなずけようとするのかい.

चरित-नायक /caritạ-nāyakạ チャリト・ナーヤク/ [neo.Skt.m. *चरित-नायक-* 'the main character of biography'] *m.* 伝記文学の主人公.

चरितार्थ /caritārtʰạ チャリタールト/ [←Skt. *चरित-अर्थ-* 'attaining one's object, successful in any undertaking'] *adj.* 実現された, 現実のものとなった. ❐(वाली) लोलोक्ति [कहावत] को ～ करना (…という)格言を現実のものにする.

चरित्र /caritrạ チャリトル/ [←Skt.n. *चरित्र* 'acting, behaving, behaviour, habit, practice, acts, adventures, deeds, exploits'] *m.* **1** 行い, 品行, 行状;(他人に対する)態度. ❐उस युवक के ～ के विषय में मुझे जो संदेह था, वह गलत निकला। その若者の品行について私にあった疑念は, 間違いだとわかった. ❐मानव ～ में आकस्मिक परिवर्तन बहुत कम हुआ करते हैं। 人間の行いに急な変化というものは非常にわずかしかおきないものだ. **2** 伝記, 行状記. (⇒जीवनी) **3** (文学作品の)登場人物. (⇒पात्र)

चरित्र-दोष /caritrạ-doṣạ チャリトル・ドーシュ/ [neo.Skt.m. *चरित्र-दोष-* 'flaws of character'] *m.* 性格上の欠点.

चरित्र-नायक /caritrạ-nāyakạ チャリトル・ナーヤク/ [neo.Skt.m. *चरित्र-नायक-* 'the main character of biography'] *m.* ☞चरित-नायक

चरित्र-निर्माण /caritrạ-nirmāṇạ チャリトル・ニルマーン/ [neo.Skt.n. *चरित्र-निर्माण-* 'character building'] *m.* 人格形成, 人間形成.

चरित्रवान् /caritravān チャリトラワーン/ ▷चरित्रवान [←Skt. *चरित्र-वत्-* 'one who has already performed (a sacrifice)'] *adj.* 品行方正な.

चरित्रहीन /caritrahīnạ チャリトラヒーン/ [?neo.Skt. *चरित्र-हीन-* 'of base character'] *adj.* 不品行な, 堕落した. (⇒बदचलन) ❐वह विलासी, दुर्व्यसनी, ～ आदमी था। 彼は遊び好きで, 悪事が常習の, 不品行な男だった.

चरी¹ /carī チャリー/ [cf. *चरना*] *f.* 牧草地. (⇒चरागाह)

चरी² /carī チャリー/ [*चर* + *-ई*] *f.* 女性の密使.

चर्खा /carxā チャルカー/ ▷चरख़ा *m.* ☞चरख़ा

चर्खी /carxī チャルキー/ ▷चरख़ी *f.* ☞चरख़ी

चर्च /carcạ チャルチ/ [←Eng.n. *church*] *m.* 〖キリスト教〗教会. (⇒गिरजा, गिरजाघर)

चर्चा /carcā チャルチャー/ [←Skt.f. *चर्चा-* 'repeating over in thought'] *f.* 話, 話題, 言及;議論, 論議, 談話. ❐(की) ～ करना (…の)話をする, (…に)言及する. ❐गली-गली, घर-घर उसी की ～ थी। 路地ごとに, 家々でその話でもちきりだった. ❐पत्रों में स्त्रियों के अधिकारों की ～ पढ़-पढ़कर उसकी आँखें खुलने लगी थीं। 新聞で女の権利についての議論を読んでいくうちに彼女の眼は開いていった.

चर्चित /carcitạ チャルチト/ [←Skt. *चर्चित-* 'repeated'] *adj.* 話題にされた;うわさにのぼった. ❐～ कहानियाँ 話題になった短編小説.

चर्बी /carbī チャルビー/ ▷चरबी *f.* ☞चरबी

चर्म /carmạ チャルム/ [←Skt.n. *चर्मन्-* 'hide, skin; bark; parchment'; cf. Pers.n. چرم 'skin, hide'] *m.* 皮膚;皮, 皮革. (⇒चमड़ा)

चर्मकार /carmakārạ チャルマカール/ [←Skt.m. *चर्म-कार-* 'a worker in leather, shoemaker'] *m.* 革職人;靴職人.

चर्मरोग /carmarogạ チャルムローグ/ [?neo.Skt.m. *चर्म-रोग-* 'skin disease'] *m.* 〖医学〗皮膚病, 皮膚疾患.

चर्या /caryā チャルヤー/ [←Skt.f. *चर्या-* 'going about, wandering'] *f.* 行い;宗教的な日課, 日々の勤め.

चर्र-चर्र /carrạ-carrạ チャルル・チャルル/ [onom.; cf. *चर्राना*] *m.* 〔擬音〕枝などが折れる)ポキポキ, (燃えてる火の)パチパチ, (紙. 布が破れる)ビリビリ, (ものが擦れる)ギシギシ.

चर्र-मर्र /carrạ-marrạ チャルル・マルル/ [onom.; cf. *चर्राना*] *m.* 〔擬音〕きしむ音, ギシミシ. ❐घर में खाटें थीं जो करवत लेने पर ～ करती थीं। 家にあった簡易ベッドは寝返りをうつとギシミシ音をたてるのだった. ❐जूतों के ～ की आवाज़ ギシミシという靴音.

चर्राना /carrānā チャルラーナー/ ▶चरचराना [onom.; cf. *चर्र-चर्र*; cf. *चर²*] *vi.* (*perf.* चर्राया /carrāyā チャルラーヤー/) **1** (枝などが折れて)ポキポキと音をたてる, (燃えてる火が)パチパチと音をたてる, (紙・布が破れて)ビリビリと音をたてる, (ものが擦れて)ギシギシきしむ. **2** (傷口が乾いて)かゆくなる. **3** (仕事・事業をする願望が)うずく, うずうずする, (無性に, ぜひとも)…したくなる. ❐उसको अपने देश नेपाल में समाज सेवा का शौक़ चर्राया है। 彼は祖国ネパールで社会奉仕をしたいという願望が疼いた. ❐मुझे भी हिंदी सीखने का शौक़ चर्राया है। 私もヒンディー語を学びたいと無性に思った.

चर्वण /carvaṇạ チャルワン/ [←Skt.n. *चर्वण-* 'chewing'] *m.* 咀嚼(そしゃく).

चर्वित /carvitạ チャルヴィト/ [←Skt. *चर्वित-* 'chewed'] *adj.* 咀嚼(そしゃく)された.

चल /calạ チャル/ [←Skt. *चल-* 'moving, trembling, shaking, loose'] *adj.* 可動の, 動かせる. (⇒जंगम)(⇔अचल) ❐～ संपत्ति 〖法律〗動産.

चलचित्र /calacitrạ チャルチトル/ [neo.Skt.n. *चल-चित्र-* 'motion picture, movie'] *m.* 映画. (⇒फ़िल्म, सिनेमा)

चलता /calạtā チャルター/ [cf. *चलना*] *adj.* **1** 動いている;機能している;通用している;使われている. ❐～ खाना 当座預金(口座). ❐(को) ～ करना (人を)追い返す. **2** はやっている, 繁盛している. ❐चलती दुकान はやっている店. **3** 一時的な, 間に合わせの. **4** 抜け目ない, 如才ない. ❐～ पुरज़ा 抜け目がない人.

चलता-फिरता /calạtā-pʰiratā チャルター・ピルター/ [*चलना* + *फिरना*] *adj.* 可動式の;移動式の;巡回用の. ❐～ अस्पताल 巡回病院.

चलती /calạtī チャルティー/ [cf. *चलना*] *f.* 権限, 力の及

ぶ範囲.

चलन /calana̸ チャラン/ [←Skt.n. *चलन-* 'motion; action'] *m.* **1** (言葉や流行などの)普及;(貨幣などの)流通, 通用. (⇒प्रचलन) **2** 品行, 行い. (⇒चाल-चलन) **3** 慣習, 風習;様式. ❒आदमी जिस दुनिया में रहता है, उसी का ～ देखकर काम करता है। 人間は自分の住んでいる世界の慣習を見て働くものだ.

चलना /cala̸nā チャルナー/ [<OIA. *cálati* 'goes away': T.04715] *vi.* (*perf.* चला /calā チャラー/) **1** 歩く;行く;進む;(機械が)動く;(車・汽車・船・飛行機など乗り物が)運行する;(風が)吹く;(河が)流れる. ❒ज़ोरों की लू चल रही है। 激しい熱風が吹いていた. ❒धीरे धीरे चलिए। ゆっくり歩いてください. ❒यह घड़ी नहीं चल रही है। この時計は動いていない. ❒रुकी हुई गाड़ी चल निकली। 停車していた車が発車した. ❒हवा चलने लगी। 風が吹きはじめた. **2** 発射される;発砲される;(石・槍などが)投げられる. **3** (事業などが)軌道に乗る;機能する;正常に動く;効く;(役に)立つ;(用が)足りる, 間に合う;もつ;(話が)うまく進む. ❒उसकी दुकान ख़ूब चली। 彼の店は大いにはやった. ❒उसपर जादू चल गया। 彼に魔法が効いた. ❒नाड़ी ठीक से चल रही है। 脈は正常に打っています. ❒वह अब लखनऊ की सबसे चलती हुई जूते की दूकान थी। それはラクナウーで一番はやっている靴屋だった. ❒यह कपड़ा कई साल चलेगा। この布地は何年かもつだろう. ❒सौ रुपए में मेरा काम चल जाएगा। 100 ルピーで私の用は足りるだろう. **4** 通用[流通]している;使用されている;横行する, はやっている;慣例になっている. ❒अदालतों में कितनी रिश्वतें चल रही हैं! 法廷では何と多くの賄賂が横行していることか! ❒यह फ़िल्म अगले हफ़्ते भी चलेगी? この映画は来週も上映されますか? ❒सभी जगह चर्चा चल रही है। ありとあらゆる場所でこの話でもちきりである. **5** 持続[継続]する;(伝統が)伝えられる. ❒मेरे परिवार में एक विचित्र परंपरा चली आती है। 私の家系にはある奇妙な伝統が伝わっている. **6**〔慣用〕❒चलता बनना こっそりその場から去る. ❒चल देना [पड़ना] 出発する, でかける. ❒चल बसना 逝去[死去]する. ❒चला जाना 去る.
— *vt.* (*perf.* चला /calā チャラー/) (計略を)めぐらす. ❒उसने एक चाल चली। 彼は一つの計略をめぐらした.
— *vi.* (*perf.* चला /calā チャラー/)〘複合動詞〙《〘自動詞語幹 चलना〙の形式で, 自然な移行「(次第に)…していく」を表す》❒बह ～ 流れていく. ❒हो ～ …になっていく.

चलनी /cala̸nī チャルニー/ ▸छलनी *f.* ☞छलनी

चलवाना /cala̸vānā チャルワーナー/ [caus. of *चलना, चलाना*] *vt.* (*perf.* चलवाया /cala̸vāyā チャルワーヤー/) 動かさせる;動かしてもらう.

चल-संपत्ति /cala̸-sampatti チャル・サンパッティ/ [neo.Skt.f. *चल-सम्पत्ति-* 'movable property'] *f.*〘法律〙動産. (⇔अचल-संपत्ति)

चलाऊ /calāū チャラーウー/ [cf. *चलना, चलाना*] *adj.* **1** 間に合わせの, 当座の役に立つ;その場かぎりの. (⇒कामचलाऊ) **2** 長持ちする. (⇒टिकाऊ)

चलाचली /calāca̸lī チャラーチリー/ [cf. *चलना*] *f.* 出発, 出立;旅立ち, 門出. ❒(से) ～ की बेला (…から)出発する時.

चलान /calāna̸ チャラーン/ ▸चालान *f.* ☞चालान

चलाना /calānā チャラーナー/ [cf. *चलना*] *vt.* (*perf.* चलाया /calāyā チャラーヤー/) **1** 動作させる;(人を)歩かせる;(車・機械を)運転する;スイッチをいれる, オンにする;(風を)送る;(液体を)かきまぜる. ❒मोटर चलाना 車を運転する. ❒रेडियो चलाइए। ラジオにスイッチをいれてください. ❒सिपाही क़ैदियों को कोठरी तक चलाकर ले गए। 兵士たちは捕虜を独房まで歩かせて連行した. **2** 発射する;発砲する;(石・槍などを)投げる. ❒गोली चलाना 発砲する. ❒बंदूक़ चलाना 銃を撃つ. **3** (道具を)使う;(剣・筆を)ふるう;(武力を)行使する. **4** 流行させる, はやらせる;(話を)うまく進める. **5** (法令・命令を)発効させる;施行する;(組織を)発足させる. **6** (訴訟を)起こす. **7** 実行する;(会社を)経営する, 運営する;(家事を)きりもりする.

चलायमान /calāya̸māna̸ チャラーエマーン/ [pseudo.Skt.; cf. *चलना*] *adj.* 動いている;じっとしていない, 落ち着かない.

चवन्नी /cavannī チャワンニー/ [*चौ-* + *आना*[2]] *f.*〘経済〙チャワンニー《旧インド貨幣制度の 4 アンナ आना 硬貨;1 ルピー रुपया の 4/16;新貨幣制度では 25 パイサ硬貨の意味で使用》.

चवर्ग /cavarga̸ チャワルグ/ [←Skt.m. *च-वर्ग-* 'the class of the palatal letters'] *m.* (デーヴァナーガリー文字の字母表において) च から始まる硬口蓋閉鎖音および調音点が共通する鼻子音を表す子音字のグループ《配列順に च, छ, ज, झ, ञ の各文字;現在のヒンディー語では, 硬口蓋閉鎖音ではなく硬口蓋破擦音》.

चवाई /cavāī チャワーイー/ [<OIA. **caturvāda-* 'report from 4 sides': T.04622] *m.* 中傷者, 陰口をたたく人.

चवालीस /cavālīsa̸ チャワーリース/ ▸चौवालीस [<OIA.f. *cátuścatvāriṁśat-* 'forty-four': T.04628] *num.* 44.

चश्मदीद /caśmadīda̸ チャシュマディード/ [←Pers. چشم دید 'seen with (one's) own eyes'] *adj.* 目撃された. ❒～ गवाह 目撃者. ❒～ गवाही 目撃証言.

चश्मा /caśmā チャシュマー/ [←Pers.n. چشمه 'a fountain, source, spring; the sun; spectacles; eye of a needle'] *m.* **1** 眼鏡. (⇒ऐनक) ❒～ पहनना [लगाना] 眼鏡をかける. ❒धूप का ～ サングラス. **2**〘地理〙泉, 源泉, 水源地. (⇒झरना, सोता) ❒गरम ～ 温泉.

चषक /caṣaka̸ チャシャク/ [←Skt.m. *चषक-* 'a cup, wineglass'] *m.* (飲みもの用の)器;杯(さかずき).

चसक /casaka̸ チャサク/ [<OIA. **cassakk-* 'throb, twitch, sudden pain': T.04730] *f.* ずきずきする痛み.

चसकना /casaka̸nā チャサクナー/ [cf. *चसक*] *vi.* (*perf.* चसका /casa̸kā チャスカー/) ずきんと痛みが走る

चसका /casa̸kā チャスカー/ ▹चस्का *m.* ☞चस्का

चस्का /casa̸kā チャスカー/▹चसका [cf. *चसकना*] *m.* **1** 嗜好;性癖;悪癖. (⇒चाट) ❒मुझे शराब का ～ उसने ही लगवाया था। 私に酒の味を彼が覚えさせたのだ. ❒उसे शराब का

～ पड़ा। 彼は飲酒の癖がついた．**2** 狂おしいほどの渇望；(麻薬などへの)嗜癖(しへき)．

चस्पाँ /caspā̃ チャスパーン/ ▸चस्पा [←Pers.adj. چسپان 'coherent, attatched'] *adj.* 接着している；粘着している．❐(पर) ～ करना (…に)貼り付ける．

चस्पा /caspā チャスパー/ ▸चस्पाँ *adj.* ☞चस्पाँ

चहक /cahakạ チャハク/ [cf. *चहकना*] *f.* (鳥の)さえずり．

चहकना /cahakạnā チャハクナー/ ▸चहचहाना [<OIA. **cahakk-* 'burn brightly': T.04731] *vi.* (*perf.* चहका /cahạkā チャヘカー/) **1** (鳥が)チュンチュン (चीं-चीं, चूं-चूं) さえずる．❐भाँति-भाँति के पक्षी पिंजरों में बैठे चहक रहे थे। さまざまな鳥たちが鳥かごの中でとまってさえずっていた．**2** (賑やかに)話に興じる，陽気におしゃべりをする．❐बाग़ में छोटे बच्चे और लड़कियाँ ख़ूब चहक रही हैं। 公園では，小さな子どもたちや娘たちが賑やかにおしゃべりをしている．**3** 誇らしげにしゃべる，吹聴する．❐ज़मीन से उड़कर मैं पेड़ की डाल पर, फुनगी पर नहीं, एकदम पहाड़ की चोटी पर बैठकर चहकना चाहता था। 私は地上から飛翔して，木の小枝や梢ではなく，一気に山の頂にとまって自信満々に吹聴したかったのだ．❐आप लोग पुरुषों की मंडली में ख़ूब चहकते थे, मगर ज्योंही कोई महिला आयी और आपकी ज़बान बंद हुई। あなたがたは男同志の集まりでは盛んに自慢話を吹聴していた，しかし誰か女性が入ってくると口をつぐんでしまいましたね．

चहचहा /cahacahā チャハチャハー/ [cf. *चहचहाना*] *m.* **1** (小鳥の)さえずり．**2** (娘たちの)にぎやかなおしゃべり．

चहचहाना /cahạcahānā チャヘチャハーナー/ ▸चहकना [onom.] *vi.* (*perf.* चहचहाया /cahạcahāyā チャヘチャハーヤー/) **1** (小鳥が)チュンチュン (चह-चह) さえずる．❐चिड़ियाँ चहचहा रही हैं। 小鳥たちがチュンチュンさえずっている．**2** (娘たちが)にぎやかにしゃべる，話に興じる．

चहबच्चा /cahạbaccā チャヘバッチャー/ [←Pers.n. چهبچه 'a cistern, a vat'] *m.* 排水溝；汚水溜；大桶．(⇒चौबच्चा)

चहलक़दमी /cahalạqadạmī チャハルカドミー/ [←Pers.n. چهل قدمی 'a walk'] *f.* ぶらぶら歩き，散歩．❐～ करना ぶらぶら歩く．❐तब से उनकी ～ चालीस क़दम रह गई है। その時より彼の散歩は40歩残ってしまった《चहलक़दमी の原意はペルシャ語で「40歩」；イスラム教徒の葬礼で参列者が埋葬墓地より一旦40歩後ろに戻りその後前に進む儀礼のこと；ここでは散歩の習慣が中途半端で終わってしまったことを皮肉った表現》．

चहल-पहल /cahalạ-pahalạ チャハル・パハル/ [echo-word; cf. *चहल*] *f.* 人のにぎわい，活気．❐～ भरे महानगर में 活気あふれる大都会で．❐विवाह की ～ 結婚式のにぎわい．

चहारदीवारी /cahārạdīvārī チャハールディーワーリー/ [cf. Pers.n. چار دیواری 'a court-yard, area'] *f.* 四方を囲む壁・塀．(⇒चारदीवारी)

चहेता /cahetā チャヘーター/ [cf. *चाहना*] *adj.* お気に入りの，好きな．

— *m.* お気に入りの男性．

चहेती /cahetī チャヘーティー/ [cf. *चहेता*] *f.* お気に入りの女性．❐उसकी ～ है, तो उसे लेकर जहाँ चाहे रहे। 彼の愛人というなら，彼女を連れて好きなところに住めばいいのよ．

चाँटा /cā̃ṭā チャーンター/ *m.* 平手打ち．

चांडाल /cāṃḍālạ チャーンダール/ [←Skt.m. *चाण्डाल-* 'an outcast'] *m.* ☞चंडाल

चांडाली /cāṃḍālī チャーンダーリー/ [←Skt.f. *चाण्डाली-* 'a *Caṇḍāla* woman'] *f.* ☞चंडालिनी

चाँद /cā̃dạ チャーンド/ [<OIA.m. *candrá-* 'shining; moon': T.04661; cf. Skt.f. *चन्द्रा-* 'a hall covered only at the top, awning, canopy'] *m.* **1**〖天文〗月．(⇒चंद्र, चंद्रमा, माह) **2**〖暦〗陰暦の１か月．(⇒चंद्र, चंद्रमा, माह) **3** 半月形あるいは円形の金属付属品《銃の照準器，懐中電灯の反射鏡など》．

— *f.* **1** 頭のてっぺん，頭頂部．❐गंजी ～ 禿げ頭．❐पचास साल की तो उम्र है, ～ के बाल झड़ गए हैं। 50 才の歳ですよ，頭のてっぺんの髪は抜け落ちました．**2** 頂，頂点．

चाँदनी /cā̃dạnī チャーンドニー/ [<OIA.m. **cāndraṇa-* 'moonlight': T.04745] *f.* 月光；月明かり．❐～ रात 月明かりのある夜．

चाँदमारी /cā̃dạmārī チャーンドマーリー/ [*चाँद*[1] + *मारना*] *f.* 射撃練習，射撃訓練《照準器 (चाँद) を使い標的を撃つ》．

चाँदा /cā̃dā チャーンダー/ [<OIA.m. *candraka-*[1] 'spot like the moon': T.04662] *m.* **1** (測量の)三角点．**2** (射撃場の)観測所．**3** 分度器．

चाँदी /cā̃dī チャーンディー/ [<OIA.f. *candrikā-* 'moonlight': T.04669] *f.* **1**〖鉱物〗銀．(⇒रजत) ❐～ का वरक़ 銀箔．❐～ के कड़े 銀製の腕輪．**2** 富；いい儲け．❐दो आने भी रात के काम में मिल जाएँ, तो ～ है। 2 アンナも夜の仕事で手に入れば，御の字さ．**3** 頭のてっぺん，頭頂部．

चांद्रमास /cāṃdrạmāsạ チャーンドルマース/ [←Skt.m. *चान्द्र-मास-* 'a lunar month'] *m.*〖暦〗太陰月，太陰暦の1か月．

चांद्रवत्सर /cāṃdrạvatsarạ チャーンドルワトサル/ [←Skt.m. *चान्द्र-वत्सर-* 'the lunar year'] *m.*〖暦〗太陰年，太陰暦の1年．

चाँप /cā̃pạ チャーンプ/ ▸चाप *f.* ☞चाप

चाँपना /cā̃pạnā チャーンプナー/ ▸चापना [<OIA. **capp-* 'press': T.04674; → Eng.vt. *shampoo*] *vt.* (*perf.* चाँपा /cā̃pā チャーンパー/) **1** 押さえつける，押さえ込む；抱きしめる．❐कन्हैया ने लात से हाथी की सूँड़ चाँपकर उसके दोनों दाँत उखाड़ लिए। クリシュナは足で象の鼻を押さえつけ両方の象牙を引き抜いた．**2** 押し込む．

चाँवल /cā̃valạ チャーンワル/ ▸चावल *m.* ☞चावल

चांस /cāṃsạ チャーンス/ [←Eng.n. *chance*] *m.* チャンス，機会．(⇒अवसर, मौक़ा)

चांसलर /cāṃsalarạ チャーンサラル/ [←Eng.n.

chancellor] *m.* (大学の)学長, 総長《名誉職で, 実質的には वाइस-चांसलर が学長の職務にあたる》. (⇒कुलपति)

चाउमीन /cāumīna̧ チャーウミーン/ [←Eng.n. *chow mein* ←Chin.n. *炒麺*] *m.* 〖食〗 (中華風)焼きそば, チャーメン.

चाक[1] /cāka̧ チャーク/ [<OIA.m. *cakrá-* 'wheel': T.04538] *m.* **1** ろくろ. **2** 車輪. (⇒पहिया) **3** (糸車の)はずみ車, フライホール. **4** (井戸の)滑車.

चाक[2] /cāka̧ チャーク/▸चॉक [←Eng.n. *chalk*] *m.* チョーク, 白墨. (⇒खड़िया) ❐～ का टुकड़ा ひとかけらのチョーク.

चाकर /cākara̧ チャーカル/ [←Pers.n. چاکر 'a servant'] *m.* 使用人, 召使い, 下僕. (⇒नौकर)

चाकरी /cākarī チャークリー/ [←Pers.n. چاکری 'servitude'] *f.* 使用人としての仕事. ❐(की) ～ करना (人に)使用人として仕える.

चाकलेट /cākaleṭa̧ チャークレート/ ▸चॉकलेट [←Eng.n. *chocolate*] *m.* チョコレート.

चाक़ू /cāqū チャークー/ [←Pers.n. چاقو 'a knife' ←Turk.] *m.* (折たたみ)ナイフ;(料理用)ナイフ《食事用ナイフは छुरी》. ❐उसने जेब से ～ निकाला। 彼はポケットからナイフを取り出した.

चाक्षुष /cākṣuṣa̧ チャークシュシュ/ [←Skt. *चाक्षुष-* 'relating to the sight'] *adj.* 視覚による.

चाखना /cākʰanā チャークナー/ ▸चखना, चीखना *vt.* (*perf.* चाखा /cākʰā チャーカー/) ☞चखना

चाचा /cācā チャーチャー/▸चचा, चच्चा [<OIA. **cācca-* 'uncle': T.04734] *m.* **1** (父方の)おじ, 叔父, 伯父《正確には「父の弟」;「父の兄」は ताऊ》. (⇒काका)(⇔काकी, चाची) **2** おじさん《親しみをこめた年上の男性への呼びかけ》.

चाची /cācī チャーチー/ [cf. *चाचा*] *f.* おば, 叔母, 伯母《父の弟 चाचा の妻》. (⇒काकी)(⇔चाचा)

चाट /cāṭa̧ チャート/ [<OIA. **caṭṭ-* 'lick, taste': T.04573; → I.Eng.n. *chat*] *f.* **1** 舐(な)めること;味わうこと. **2** 〖食〗 (辛味の香辛料がきいている)スナック類. **3** (辛いもの好きの)嗜好;(食いしん坊の)性癖;(贅沢などの)味. (⇒चस्का) ❐(को) (की) ～ पड़ना [लगना] (人が)(…の)味を覚えてしまう.

चाटना /cāṭanā チャートナー/ [<OIA. **caṭṭ-* 'lick, taste': T.04573; DED 2408] *vt.* (*perf.* चाटा /cāṭā チャーター/) **1** 舐(な)める;(舌で)ピチャピチャ飲む. ❐गाय उसका हाथ चाट रही है। 雌牛が彼の手を舐めている. ❐बिल्ली दूध चाट रही है। 猫がミルクをピチャピチャ飲んでいる. ❐उसके सीधेपन का फल यही होता है कि कुत्ते भी मुँह चाटने लगते हैं। 彼の素朴さの結果, 犬も彼の顔を舐めだすほどだ(=犬にすら馬鹿にされる). ❐अभी तो यह महाशय भी उसके तलवे चाटते हैं। 今やこのお方も彼の足裏を舐めている(=彼におべっかを使っている). ❐थूककर चाटो, तो छोड़ दूँ। 唾を吐いて舐めたら(=悔いて前言を取り消したら), 許してやろう. **2** (下品に)がつがつ食べる, むさぼり食う. ❐वह सारा खाना चाट-चाटकर खा गया। 彼は食べ物全部をむさぼり食った. **3** (虫が)食う. ❐ऊनी कपड़े कीड़े चाट गए। ウールの衣服を虫が食ってしまった. **4** 浪費して(身上を)潰す. ❐लाखों रुपए की संपत्ति वह दो सालों में चाट गया। 何十万何百万ルピーの財産を彼は2年で使い果たしてしまった. **5** (炎が)一瞬なめる, めらめらと走る. **6** (本などを)(舐めるように)丹念に読む, むさぼり読む. ❐लोग आँखें फोड़कर और किताबें चाटकर जिस नतीजे पर पहुँचते हैं, वहाँ मैं यों ही पहुँच गया। 世間の人間が目を見開き本を舐めるように丹念に読んだ末にたどり着く結論に, 私は特に努力もせずに到達したのだ.

चाटुकार /cāṭukāra̧ チャートゥカール/ [←Skt. *चाटु-कार-* 'speaking agreeably or kindly, flattering, flatterer'] *m.* お世辞のうまい人, ごまをする人.

चाटुकारिता /cāṭukāritā チャートゥカーリター/ [neo.Skt.f. *चाटुकारि-ता-* 'flattery'] *f.* お世辞を言うこと, ごまをすること.

चाड /cāḍa̧ チャード/▸चाद [cf. Eng.n. *Chad*] *m.* 〖国名〗 チャド(共和国)《首都はンジャメナ (एन जामेना)》.

चातक /cātaka̧ チャータク/ [←Skt.m. *चातक-* 'the bird *Cuculus melanoleucus*'] *m.* ☞पपीहा

चातुरी /cāturī チャートゥリー/ [←Skt.f. *चातुरी-* 'dexterity, cleverness'] *f.* ☞चतुराई

चातुर्य /cāturya̧ チャートゥルエ/ [←Skt.n. *चातुर्य-* 'dexterity'] *m.* ☞चतुराई

चातुर्वर्ण्य /cāturvarṇya̧ チャートゥルワルニエ/ [←Skt.n. *चातुर्-वर्ण्य-* 'the four castes'] *m.* 〖ヒンドゥー教〗 四姓(制度).

चाद /cāda̧ チャード/ ▸चाड *m.* ☞चाड

चादर /cādara̧ チャーダル/ ▸चद्दर [←Pers.n. چادر 'a mantle, scarf; a veil; a sheet'] *f.* **1** 敷布, シーツ, 被い布. ❐बिस्तर की चादरें 寝床のシーツ. **2** (身体にはおる)薄地の布, ショール. ❐～ ओढ़ना 薄布をはおる. ❐गले में ～ डालना 首にショールをかける. ❐ऊनी [रेशमी] ～ 毛糸の[絹の]ショール. **3** (金属, ガラスなどの)薄板, のべ板. ❐टिन की ～ ブリキ板.

चाप[1] /cāpa̧ チャープ/▸चाँप [cf. *चापना, चाँपना*] *f.* **1** 押さえ込み. **2** 足音. (⇒आहट) ❐कई आदमियों के पैर की ～ सुनाई पड़ती है। 何人かの人間の足音が聞こえる.

चाप[2] /cāpa̧ チャープ/ [←Skt.m. *चाप-* 'a bow'] *m.* **1** 弓. (⇒कमान, धनुष) **2** 〖数学〗 弧. **3** アーチ. (⇒मेहराब)

चाप[3] /cāpa̧ チャープ/ ▸चॉप [←Eng.n. *chop*] *m.* チョップ, 厚切りの肉片.

चापड़ /cāpaṛa̧ チャーパル/ [<OIA. *carpaṭa-* 'flat': T.04696z1] *adj.* ひしゃげて平たくなった;つぶれた.
— *f.* やせた不毛の土地.

चापना /cāpanā チャープナー/ ▸चाँपना *vt.* (*perf.* चापा /cāpā チャーパー/) ☞चाँपना

चापलूस /cāpalūsa̧ チャープルース/ [←Pers.n. چاپلوس 'a flatterer'] *adj.* おべっかを使う(人), お世辞を言う(人), へつらう(人). (⇒ख़ुशामदी)
— *m.* おべっかを使う人, お世辞を言う人, へつらう人.

चापलूसी /cāpalūsī チャープルースィー/ [←Pers.n. چاپلوسی 'flattery, adulation'] *f.* おべっか, お世辞, へつらい, ゴマすり. (⇒खुशामद) ❐～ करना おべっかを使う.

चापस्टिक्स /cāpasṭiksa チャープスティクス/ ▸चॉपस्टिक्स [←Eng.n. *chopsticks*] *m.* 〖食〗箸.

चाप्स /cāpsa チャープス/ ▸चॉप्स [←Eng.n. *chops*] *m.* 〖食〗(ポテト)チョップ.

चाबना /cābanā チャーブナー/ ▸चबाना, चाभना *vt.* (*perf.* चाबा /cābā チャーバー/) ☞चबाना

चाबी /cābī チャービー/ ▸चाभी [←Port.f. *chave* 'key'] *f.* **1** 鍵, キー. (⇒कुंजी) ❐～ से ताला खोलना 鍵で錠を開ける. **2** (時計などの)ねじ. ❐हर हफ़्ते इस घड़ी में ～ देनी पड़ती है। 毎週この時計はねじを巻かなければいけない.

चाबुक /cābuka チャーブク/ *m.* 鞭(むち). (⇒हंटर) ❐(को) ～ मारना [लगाना] (…を)鞭で打つ.

चाभना /cābʰanā チャーブナー/ ▸चबाना, चाबना *vt.* (*perf.* चाभा /cābʰā チャーバー/) ☞चबाना

चाभी /cābʰī チャービー/ ▸चाबी *f.* ☞चाबी

चाम /cāma チャーム/ [<OIA.n. *cárman-* 'hide, skin': T.04701] *m.* **1** 革, 皮革, レザー. **2** 皮膚, 皮.

चाम-चोर /cāmacora チャームチョール/ [*चाम* + *चोर*] *m.* 不倫する男, 密通者, 姦通者.

चाम-चोरी /cāmacorī チャームチョーリー/ [*चाम* + *चोरी*] *f.* (男の)不倫, 密通, 姦通.

चामर /cāmara チャーマル/ [←Skt.m. *चामर-* 'a chowrie'] *m.* チャーマラ《ヤク (याक) の尻尾から作られた払子(ほっす)》.

चाय /cāya チャーエ/ [cf. Pers.n. چای 'tea'; Beng.n. চা 'tea'; ←Chin.n. 茶] *f.* **1** 〖植物〗茶. ❐～ की पत्ती お茶の葉. **2** 〖食〗茶;紅茶《一般的にはミルクティーを指す場合が多い》. (⇒टी) ❐～ बनाना お茶をいれる. ❐जापानी ～ 日本茶. ❐दूध वाली ～ ミルクティー. ❐बिना दूध वाली ～ ミルクなしの紅茶. **3** ティーパーティー, 茶会. ❐(को) ～ पर बुलाना (人を)お茶に招く.

चायदानी /cāyadānī チャーエダーニー/ [*चाय* + *-दानी*] *f.* ティーポット.

चाय-पानी /cāya-pānī チャーエ・パーニー/ *m.* 〖食〗(客に供される)軽い飲食物.

चार /cāra チャール/ [<OIA.n. *catvā́raḥ* 'four': T.04655; cog. Pers. چار 'four (contracted from چهار)'] *num.* **1** 4. **2** わずかな数の《特に चार दिन का「4日の」の形で「つかの間の, はかない」を表す》. ❐～ दिन की चाँदनी わずかの間の語り草. ❐～ दिन की ज़िंदगी はかない人生. ❐～ दिन का मेहमान (この世の)つかの間の客人. ❐～ बूँद आँसू 4滴の涙(=わずかな涙, お情け程度の涙).

चारख़ाना /cāraxānā チャールカーナー/ [←Pers.n. چار خانه 'chequer-work; a kind of cloth'] *m.* 格子縞(の布地). (⇒चेक) ❐चारख़ाने का कोट 格子縞のコート.

चारगुना /cāragunā チャールグナー/ [*चार* + *-गुना*] *adj.* ☞चौगुना

चारण /cāraṇa チャーラン/ [←Skt.m. *चारण-* 'a wandering actor or singer'] *m.* 〖文学〗吟遊詩人《特に中世ラージャスターン地方 (राजस्थान) で王の徳や武勇を歌い上げた詩歌を作することを生業としていた》. (⇒भाट)

चारदीवारी /cāradīvārī チャールディーワーリー/ [←Pers.n. چار دیواری 'a court-yard, area'] *f.* 四方を囲む壁・塀;城壁. (⇒चहारदीवारी)

चारपाई /cārapāī チャールパーイー/ [*चार* + *पाई*] *f.* チャールパーイー《4本足の簡易ベッド;寝床の部分はひもで編まれている》. (⇒खाट)

चार-सौ-बीस /cāra-sau-bīsa チャール・サォー・ビース/ *m.* **1** こそ泥, ペテン《これを罰するインド刑法の第420条から》. (⇒धोखेबाज़ी) **2** こそ泥師, ペテン師. (⇒धोखेबाज़)

चार-सौ-बीसी /cāra-sau-bīsī チャール・サォー・ビースィー/ [*चार-सौ-बीस* + *-ई*] *f.* こそ泥行為. (⇒धोखेबाज़ी)

चारा[1] /cārā チャーラー/ [<OIA.m. *cāra-*[2] 'motion, course': T.04755] *m.* **1** (家畜の)飼料, まぐさ, かいば;(鳥などの)餌. ❐वह अपनी मैना को ～ चुगा रही थी। 彼女は自分の九官鳥に餌をついばませていた. **2** 餌, 罠(わな), おびき寄せるおとり.

चारा[2] /cārā チャーラー/ [←Pers.n. چاره 'remedy, cure'] *m.* **1** (当座しのぎの)便法, 方策. ❐इसके अलावा कोई ～ नहीं है। これ以外に何の方策もない. **2** 〖医学〗手当て, 治療. (⇒इलाज)

चारित्र्य /cāritrya チャーリトルエ/ [←Skt.n. *चारित्र्य-* 'good conduct'] *m.* 品行, 行状.

चारु /cāru チャール/ [←Skt. *चारु-* 'pleasing, lovely, beautiful, pretty'] *adj.* 優美な, エレガントな, 優雅な.

चारुता /cārutā チャールター/ [←Skt.f. *चारु-ता-* 'loveliness, beauty'] *f.* 優美さ, 優雅さ.

चार्ज /cārja チャールジ/ [←Eng.n. *charge*] *m.* **1** 責任, 担任, 担当. **2** 代価, 請求金額. **3** 告訴, 問責.

चार्ट /cārṭa チャールト/ [←Eng.n. *chart*] *m.* 図, 図表, チャート.

चाल[1] /cāla チャール/ [<OIA. **calyā-* 'gait, conduct': T.04722] *f.* **1** 動作, 身のこなし方, 物腰;挙動;動き, 行動. ❐उनका सौंदर्य उनकी ～ में था। 彼女の美しさはその身のこなし方にあった. **2** 歩み, 足取り, 歩き方;進む速さ. ❐कछुआ ～ カメの歩み, のろい歩み. ❐चलते हुए पढ़ने से उसकी ～ कुछ मंद हो गई। 歩きながら読書するため彼の足取りは遅くなった. ❐जूँ की ～ चलना のろのろ進む. **3** 〖ゲーム〗(チェスなどの)一手. **4** 仕方, 流儀, スタイル;流行. ❐उसने एक पुरानी ～ के ग्रामोफ़ोन पर रेकार्ड बजाया। 彼は一台の旧式の蓄音機にレコードをかけた. **5** 策略, 計略, 図りごと. ❐उसने एक ～ चली। 彼は一つの計略をめぐらした.

चाल[2] /cāla チャール/ [←Mar. *चाल* <OIA. *cāla-*[3] 'thatch': T.04770] *m.* (賃貸しの)掘っ立て小屋(の部屋).

चालक /cālaka チャーラク/ [cf. *चाल*[1]] *m.* **1** (乗り物の)運転者, 操縦者. (⇒ड्राइवर) ❐मोटर ～ 自動車の運転手.

❐विमान ～ 飛行機のパイロット. **2** (機械の)運転者, 操縦者. **3**〖物理〗(熱, 光, 電気, 音などの)伝導体. (⇒संवाहक)

चाल-चलन /cāla̸-calana̸ チャール・チャラン/ *m.* 品行, 行儀. ❐～ का रजिस्टर (生徒の)品行記録簿.

चाल-ढाल /cāla̸-ḍ^{h}āla̸ チャール・ダール/ *f.* 物腰, 立ち居振る舞い. (⇒तौर-तरीक़ा) ❐उसकी ～ कोमलता थी। 彼女の物腰には柔らかさがあった.

चालन[1] /cālana̸ チャーラン/ [cf. *चलाना*] *m.* **1** (機械・乗り物などの)運転, 操作. **2**〖物理〗(熱, 光, 電気, 音などの)伝導. (⇒संवहन) ❐ऊष्मा ～ 熱伝導. ❐विद्युत् ～ 電気伝導.

चालन[2] /cālana̸ チャーラン/ [cf. *चालना*] *m.* ふるいにかけた後の殻(から)や皮.

चालना /cāla̸nā チャールナー/ [<OIA. *cāláyati* 'shakes, jogs, drives away': T.04772; DEDr.2370 (DED.1959)] *vt.* (*perf.* चाला /cālā チャーラー/) (穀物・もみ殻を)ふるいにかける.

चालबाज़ /cāla̸bāza̸ チャールバーズ/ [*चाल*[1] + *-बाज़*] *adj.* 悪賢い, ずるい.
— *m.* 悪賢い人, ずるい人.

चालबाज़ी /cāla̸bāzī チャールバーズィー/ [*चालबाज़* + *-ई*] *f.* 悪賢さ, ずるさ. ❐(के साथ) ～ करना (人に対して)策略をめぐらす.

चाला /cālā チャーラー/ [<OIA.m. *cāla-*[2] 'movement': T.04769] *m.* **1** (旅行など)出発に吉兆な日あるいは時間. **2** 花嫁の輿入れ, 嫁入り《結婚後実家に一時戻ることもさす》.

चालाक /cālāka̸ チャーラーク/ [←Pers.adj. چالاک 'ingenious'] *adj.* **1** 賢い, 利口な;抜け目ない. **2** 悪賢い, ずる賢い.

चालाकी /cālākī チャーラーキー/ [←Pers.n. چالاکی 'alacrity, quickness; ingenuity'] *f.* **1** 賢さ;抜け目なさ. **2** 狡猾さ.

चालान /cālāna̸ チャーラーン/▶चलान [←I.Eng.n. *challan* ←*चलाना*] *m.* **1** 発送(状), 送付(状). (⇒बीजक) **2** 送検. ❐शांति-भंग में (का) ～ करना 騒乱罪で(人を)送検する. **3** 交通反則切符(を切ること). ❐～ कटना 交通違反切符が切られる. ❐कल शाम ५ बजे तक ट्रैफ़िक पुलिस ने ५,५०० लोगों का ～ किया। 昨日夕方5時までに交通警官は5,500人の交通違反切符を切った.

चालीस /cālīsa̸ チャーリース/ [<OIA.f. *catvāriṁśát-* '40': T.04656] *num.* 40.

चालीसा /cālīsā チャーリーサー/ [cf. *चालीस*] *m.* **1** (同じ種類の)40個の集合, セット《たとえば40編の話が収録されている短編集や物語など,「四十話」》. ❐हनुमान ～〖ヒンドゥー教〗ハヌマーン・チャーリーサー《ラーマ王の忠実な僕(しもべ)であるハヌマーンに捧げられた40の詩句から成る賛歌集》. **2**〖イスラム教〗チャーリーサー《個人の死後 40 日目に行われる儀式》. **3**〖歴史〗1783年の大飢饉《ヴィクラマ暦 (विक्रम संवत्) で1840年にあたることから》.

चालू /cālū チャールー/ [cf. *चलना*] *adj.* **1** (機械などが)作動している;(バスなど交通機関が)運行している;(新しいプランなどが)実施されている. ❐～ करना 作動させる;運行させる;実施する. **2** 流通している, 現行の, 当座の, 進行中の. ❐～ खाता 当座預金口座. ❐～ ज़बान [भाषा]話し言葉, 口語. ❐～ वित्त वर्ष में 今会計年度に. ❐संसद के ～ सत्र में 国会の今会期中に. **3** 人の往来が多い(道). **4**〔卑語〕ずるがしこい(人). (⇒चालाक)

चाव /cāva̸ チャーオ/ [<OIA. **cāh-* 'see, look for, desire': T.04775] *m.* **1** 愛好, 愛着;期待, 願望. ❐उसका दिल पहली मुलाक़ात के ～ में धड़क रहा था। 彼女の心は最初の出会いの期待にときめいていた. **2** 熱意, 熱心. ❐भारतीय नारी आभूषणों को बड़े ～ से बनवाती, पहनती और प्राण-पण से उनकी रक्षा करती है। インドの女性は装身具を非常な熱意をもって作らせ, 身に着けそして命を懸けてそれらを守るのである.

चावड़ी /cāva̸ṛī チャーオリー/ [?] *f.* 宿営, 野営. ❐～ बाज़ार チャーオリー・バーザール《オールドデリーのジャーママスジッド (जामा मसजिद)の背後に広がる商店街》.

चावल /cāvala̸ チャーワル/▶चाँवल [<OIA.m. **cāmala-, cāvala-* 'husked rice': T.04749] *m.* **1**〖食〗(脱穀後の)米《脱穀前の稲は धान》. ❐अरवा ～ 玄米. ❐उसना ～ パーボイルドライス. **2**〖食〗(炊いた)米飯, ライス. (⇒भात)

चाशनी /cāśa̸nī チャーシュニー/ [←Pers.n. چاشنی 'taste; relish'] *f.* **1** 美味, 風味;味付け. ❐उन्होंने अपने स्वर में स्नेह की ～ देकर कहा। 彼は自分の声に親愛の味付けをほどこして言った. **2** シロップ, 糖みつ. ❐उबलती हुई ～ में पानी के छींटे पड़ जाने से फेन मिट जाता है, मैल निकल जाता है और निर्मल, शुद्ध रस निकल आता है। 沸騰している糖みつに水を振りかけると水泡が消え, 不純物がなくなり, 澄んだ純粋の液が出てくる.

चाह /cāha̸ チャーハ/ [<OIA. **cāh-* 'see, look for, desire': T.04775] *f.* **1** 願い, 望み, 願望;要望. **2** 意志, 意欲. **3** 愛情;好み.

चाहना /cāha̸nā チャーヘナー/ [<OIA. **cāh-* 'see, look for, desire': T.04775] *vt.* (*perf.* चाहा /cāhā チャーハー/) **1** 望む, 希望する;求める, 欲しがる. ❐आख़िर आप क्या चाहते हैं? 結局あなたは何が欲しいのだ? ❐मैं आपसे सिर्फ़ इतना चाहता हूँ कि आप किसी पर यह भेद न खुलने दें। 私があなたにただ望むことは, 誰にもこの秘密を明かさないようにということだけです. **2** 必要とする;要求する;頼む. ❐आप क्या चाहते हैं? 何がご入り用ですか?《客に対する問いかけ》 **3** (…する)つもりである, (…しようと)する;企てる. ❐मैं तुम्हें नुक़सान नहीं पहुँचाना चाहता। 私は君に損をかけるつもりはない. ❐मैंने उसे पकड़ना चाहा, पर वह बाहर जा चुकी थी। 私は彼女をつかまえようとした, しかし彼女は外に出た後だった. **4** 好む;(目上の者が)(目下の者を)可愛がる, 慈しむ, 愛する. ❐दादा जी मुझे बहुत चाहते हैं। 祖父は私をとても可愛がってくれます. **5** 期待する, 楽しみ[あて]にして待つ.

चाहिए /cāhie チャーヒエー/ ▸चाहिये [<OIA. *cāh- 'see, look for, desire': T.04775] *ind.* **1**…が必要である《不変化の述語として使用;否定は「…は必要ない, いらない」;意味上の主語は後置詞 को をとる》. ❐आपको क्या ~? あなたは何が入り用ですか? ❐और क्या ~! 他に何がいるというのだ! ❐नहीं ~। いりませんよ. ❐तुझे इतना भी नहीं मालूम कि कविता करने के लिए रूप और यौवन ~, नज़ाक़त ~। 詩作するには容姿の美しさと若さが必要だ, 繊細さも必要だ, お前はこんなことも知らないのか. **2**《『不定詞 चाहिए』の形式で, 必要「…すべきである」を表す;否定は「…すべきでない」;他動詞の不定詞の場合, 目的語の数・性に合わせて形容詞変化する傾向がある》❐अब तो सफ़र की तैयारी करनी ~। もう旅の準備をしなければいけない. ❐ऐसा होना ~। こうでなければいけない. ❐कुछ तो करना ~। 何かしなければいけない. ❐मुझे क्या करना ~, क्या नहीं करना ~? 私は何をすべきなのか, 何をすべきでないのか? **3**《『चाहिए था』の形式で, 過去表現「…が必要だった, …すべきであった」を表す;コピュラ動詞過去形 था は文法上の主語に合わせて変化する》❐मुझे सब आदमियों के सामने उसको मारना न ~ था। 私は皆の前で彼を殴るべきではなかった. ❐हुज़ूर को कम से कम एक बोतल साथ रख लेनी ~ थी। 旦那は少なくとも一本ボトルを手元に置いておくべきでしたな.

चाहे /cāhe チャーヘー/ *conj.* **1** たとえ…であろうと. **2**…かまたは….

चिंगारी /ciṃgārī チンガーリー/ ▹चिनगारी *f.* ☞चिनगारी

चिंघाड़ /ciṃgʰāṛa̧ チンガール/ [<OIA. **ciṅghāṭa-*, **ciṅghāra-* 'noise, scream': T.04787] *f.* (象の)かん高い鳴き声. ❐हाथी ने ~ के साथ सूँड़ फैला दी। 象はかん高い鳴き声とともに鼻を伸ばした.

चिंघाड़ना /ciṃgʰāṛa̧nā チンガールナー/ [<OIA. **ciṅghāṭa-*, **ciṅghāra-* 'noise, scream': T.04787] *vi.* (*perf.* चिंघाड़ा /ciṃgʰāṛā チンガーラー/) **1** (象が)かん高く声をあげる. **2** (かん高い声で)叫ぶ, どなる.

चिंतक /ciṃtaka̧ チンタク/ [←Skt. *चिन्तक-* 'one who thinks or reflects upon'] *m.* **1** 思索家. ❐मौलिक ~ 独創的な思索家. **2**《合成語「(人のためを)考える人」の要素として; शुभचिंतक「(人の)幸せを願う人」, हितचिंतक「(人の)幸福を願う人」》

चिंतन /ciṃtana̧ チンタン/ [←Skt.n. *चिन्तन-* 'thinking, thinking of. reflecting upon; anxious thought'] *m.* 思索;沈思黙考;瞑想(めいそう). ❐(का) ~ करना (…について)思索をめぐらす.

चिंतनीय /ciṃtanīya̧ チンタニーエ/ [←Skt. *चिन्तनीय-* 'to be thought of or investigated'] *adj.* 憂慮すべき, ゆゆしき. ❐~ स्थिति ゆゆしき状況.

चिंता /ciṃtā チンター/ [←Skt.f. *चिन्ता-* 'thought, care, anxiety'] *f.* **1** 憂慮, 懸念, 不安, 心配. (⇒फ़िक्र, अंदेशा) ❐(की) ~ करना (…を)懸念[憂慮]する. **2** 気配り. (⇒फ़िक्र) ❐(की) ~ करना (…の)気配りをする.

चिंताग्रस्त /ciṃtāgrasta̧ チンターグラスト/ [neo.Skt. *चिन्ता-ग्रस्त-* 'consumed or devoured by care'] *adj.* 不安・心配に取りつかれた. ❐उन ~ दिनों में あの不安に取りつかれた日々に.

चिंताजनक /ciṃtājanaka̧ チンタージャナク/ [neo.Skt. *चिन्ता-जनक-* 'causing concern'] *adj.* 懸念される, 憂慮すべき, 気がかりな. ❐~ स्तिथि 懸念される状況. ❐आत्महत्या की घटनाएँ ~ रूप से बढ़ रही हैं। 自殺事件が憂慮すべきほど増加している.

चिंतित /ciṃtita̧ チンティト/ [←Skt. *चिन्तित-* 'thought, considered'] *adj.* 思い悩んだ;不安に駆られた. ❐उन्होंने ~ स्वर में कहा। 彼は思い悩んだ声で言った. ❐उसने ~ मन से कहा। 彼女は不安に駆られた気持ちで言った. ❐(के) मन को ~ कर देना (人の)心を不安にさせる.

चिंत्य /ciṃtya̧ チンティエ/ [←Skt. *चिन्त्य-* 'to be thought about or imagined'] *adj.* ☞चिंतनीय

चिंदी /ciṃdī チンディー/ [?cf. DEDr.1547 (DED.1295)] *f.* (紙の)切れ端, 紙屑. ❐(की) ~ ~ करना (…を)びりびりに破る.

चिंपांज़ी /ciṃpāṃzī チンパーンズィー/ [←Eng.n. *chimpanzee*] *m.* 『動物』チンパンジー.

चिउँटा /ciũṭā チウンター/ ▸चींटा, च्यूँटा *m.* ☞चींटा

चिउँटी /ciũṭī チウンティー/ ▸चींटी, च्यूँटी *f.* ☞चींटी

चिउड़ा /ciuṛā チウラー/ ▸चिड़वा *m.* ☞चिड़वा

चिक[1] /cika̧ チク/ [?<OIA. **cikk-* 'press, squeeze': T.04778] *f.* (背中や腰の)刺すような痛み, うずき.

चिक[2] /cika̧ チク/ [?] *m.* 肉屋;屠畜業者.

चिक़ /ciqa̧ チク/ [←Pers.n. چق 'a venetian blind' ←Turk.] *f.* (日除の)ブラインド;(竹の)すだれ.

चिकट /cikaṭa̧ チカト/ ▸चिक्कट, चीकट [<OIA. *cikka-*[2] 'gummy matter in eyes, bird-lime': T.04780; DED 2053] *adj.* **1** 粘りけのある, ねばねばする. **2** (油で)べとべとする;よごれた, 不潔な.

चिकटना /cikaṭa̧nā チカトナー/ [cf. *चिकट*] *vi.* (*perf.* चिकटा /cika̧ṭā チクター/) (油・垢などの汚れで)べとべとになる.

चिकन[1] /cikana̧ チカン/ [←Pers.n. چکن، چکین 'a kind of cloth wrought with the needle in flowers and gold'] *f.* チカン《花や植物などの刺繍がほどこされた綿モスリン》.

चिकन[2] /cikana̧ チカン/ [←Eng.n. *chicken*] *m.* 『食』鶏肉, チキン. ❐~ करी チキンカレー. ❐केंटकी फ़्रायड ~ ケンタッキー・フライド・チキン.

चिकनगुनिया /cikana̧guniyā チカングニヤー/ [←Eng.n. *chikungunya*] *m.* 『医学』チカングニヤー熱《デング熱に似た伝染病》.

चिकना /cika̧nā チクナー/ [<OIA. *cikkáṇa-* 'slippery, unctuous': T.04782; DED 2053] *adj.* **1** (表面が滑らかで)すべすべしている, つるつるしている. ❐संगमर्मर का साफ़ ~ पत्थर 大理石のきれいなすべすべしている岩. **2** (油などが塗られて)すべりやすい, つるつるしている;てかてかの. **3** 粘り気のある;粘土質の(土壌). **4** 脂っこい(食べ物), こってりした. **5** 口先のうまい;耳に心地よい(言葉). ❐चिकने शब्द 口先のうまい言葉.

— *m.* 脂っこい食べ物，こってりしたご馳走；すべすべした上等な服． ❐उस इलाज में ～ मना था, सिर्फ़ कच्ची सब्ज़ियाँ, फल, भीगे चने, गेहूँ आदि पर रहना था। その治療には脂っこい食べ物は禁物だった，ただ生野菜，果実，水でふやかしたチャナー豆，小麦粉などで暮らすしかなかった． ❐मज़े से ～ खाएगी, चिकना पहनेगी। 何不自由なくこってりしたごちそうを食べのよ，すべすべしたお洋服を着るのよ．

चिकनाई /cikanāī チクナーイー/ [*चिकना* + *-ई*] *f.* **1** すべすべしていること，つるつるしていること；てかてかしていること． **2** 口先のうまさ；耳に心地よく響く言葉． ❐क्या ～ के साथ कहा था? （彼に）何かやさしく言われたのか？

चिकना-चुपड़ा /cikanā-cupaṛā チクナー・チュプラー/ *adj.* 口先のうまい；もっともらしい． ❐चिकनी-चुपड़ी बातें 耳に心地よいおべっか．

चिकनाना /cikanānā チクナーナー/ [cf. *चिकना*] *vi.* (*perf.* चिकनाया /cikanāyā チクナーヤー/) **1** 油が塗られる，油が引かれる． **2** 滑らかになる；磨かれる；つややかになる． ❐ख़ुशी के मारे उसका सिकुड़ा हुआ चेहरा जैसे चिकना गया। 喜びのあまり彼のしなびた顔にまるでつやがでたようだった． **3** 恰幅がよくなる；血色がよくなる． ❐जब से उसका रोज़गार चला तब से बहुत कुछ चिकना गया। 事業が軌道にのってからは，彼はかなり恰幅がよくなった．

— *vt.* (*perf.* चिकनाया /cikanāyā チクナーヤー/) **1** 油を塗る，油を引く． **2** 滑らかにする；磨く；つやを出す． **3** （甘言で）誘惑する．

चिकनापन /cikanāpana チクナーパン/ [*चिकना* + *-पन*] *m.* ☞चिकनाई

चिकनाहट /cikanāhaṭa チクナーハト/ [*चिकना* + *-आहट*] *f.* ☞चिकनाई

चिकारा[1] /cikārā チカーラー/ [＜OIA.m. *cītkāra-* 'cry, noise': T.04839] *m.* 〖音楽〗チカーラー《馬の毛を張った弦楽器の一種；バイオリンのように弦で弾く》．

चिकारा[2] /cikārā チカーラー/ [＜OIA.m. *chikkāra-* 'a kind of antelope': T.05033] *m.* 〖動物〗チカーラー《ウシ科ガゼルの一種；峡谷に生息するシカに似た動物》．

चिकित्सक /cikitsaka チキトサク/ *m.* 〖医学〗医師，治療者．

चिकित्सा /cikitsā チキトサー/ [←Skt.f. *चिकित्सा-* 'medical attendance, practice or science of medicine'] *f.* 〖医学〗治療；医療；療法．(⇒इलाज) ❐(की) ～ करना（…の）治療をする． ❐विकिरण ～ 放射線療法．

चिकित्सा-विज्ञान /cikitsā-vijñāna チキトサー・ヴィギャーン/ [neo.Skt.n. *चिकित्सा-विज्ञान-* 'medical science'] *m.* ☞चिकित्सा-शास्त्र

चिकित्सा-शास्त्र /cikitsā-śāstra チキトサー・シャーストル/ [neo.Skt.n. *चिकित्सा-शास्त्र-* 'medical science'] *m.* 医学．(⇒चिकित्सा-विज्ञान)

चिकिन /cikina チキン/ [←Eng.n. *chicken*] *m.* 〖食〗チキン，鶏肉． ❐～ करी チキンカレー．

चिकोटी /cikoṭī チコーティー/ [?cf. *चुटकी*] *f.* 指でつねること． ❐(को) ～ काटना （人を）つねる． ❐(के) गाल पर ～ काटना （人の）ほっぺたをつねる．

चिक्कट /cikkaṭa チッカト/ ▸चिकट, चीकट *adj.* ☞चिकट

चिचड़ी /cicaṛī チチリー/ [?] *f.* 〖動物〗ダニ．(⇒किलनी)

चिचिंडा /cicimḍā チチンダー/ ▸चचींड़ा *m.* ☞चचींड़ा

चिचियाना /ciciyānā チチャーナー/ [＜OIA. **cicc-* 'scream': T.04789] *vi.* (*perf.* चिचियाया /ciciyāyā チチャーヤー/) かん高い声で叫ぶ．

चिचोड़ना /cicoṛanā チチョールナー/ ▸चचोड़ना *vt.* (*perf.* चिचोड़ा /cicoṛā チチョーラー/) ☞चचोड़ना

चिट /ciṭa チト/ [cf. *चिट्ठी*; → I.Eng.n. *chit*] *f.* 書き付け，短信，メモ．(⇒पर्ची)

चिटकना /ciṭakanā チタクナー/ ▸चटकना *vi.* (*perf.* चिटका /ciṭakā チトカー/) ☞चटकना

चिट्टा /ciṭṭā チッター/ [←Panj.adj. *ਚਿੱਟਾ* 'fair (skin)' ＜OIA. *śvitrá-* 'white': T.12772] *adj.* **1** 明るい（色）；白色の．(⇒सफ़ेद) **2** 色白の，（肌が）白い．(⇒गोरा) ❐गोरा ～ रंग 色白の肌の色．

चिट्ठा /ciṭṭʰā チッター/ [＜OIA. **ciṣṭa-* 'message': T.04832] *m.* **1** 〖経済〗（費用の）明細書；貸借対照表；会計簿． ❐कच्चा ～ あらまし，概略． **2** 覚書，メモ，控え． **3** 〖コンピュータ〗ブログ．

चिट्ठाकार /ciṭṭʰākāra チッターカール/ [*चिट्ठा* + *-कार*[1]] *m.* ブログを書く人，ブロガー．

चिट्ठी /ciṭṭʰī チッティー/ [cf. *चिट्ठा*] *f.* **1** 手紙．(⇒ख़त, पत्र) ❐मैंने उसे हिंदी में एक ～ लिखी। 私は彼にヒンディー語で1通の手紙を書いた． **2** 書付け，メモ．

चिड़चिड़ा /ciṛaciṛā チルチラー/ [＜OIA. **ciḍ-* 'be angry': T.04794; cf. *चिढ़ना*] *adj.* **1** いらいらしている；怒りっぽい． **2** 短気な（性格）；癇癪（かんしゃく）持ちの（人）． ❐～ मिज़ाज 短気な性格．

चिड़चिड़ाना /ciṛaciṛānā チルチラーナー/ [cf. *चिड़चिड़ा*] *vi.* (*perf.* चिड़चिड़ाया /ciṛaciṛāyā チルチラーヤー/) **1** （木が）パチパチ（चिड़-चिड़, चिट-चिट）燃える；（熱せられた油が）パチパチ音をたてる．(⇒चटकना) **2** （表面が乾燥して）ひび割れる． **3** （皮膚が）（炎症などで）ひりひりする． **4** いらいらしてどなりつける；怒りっぽくなる．(⇒चिढ़ना)

चिड़चिड़ापन /ciṛaciṛāpana チルチラーパン/ [*चिड़चिड़ाना* + *-पन*] *m.* ☞चिड़चिड़ाहट

चिड़चिड़ाहट /ciṛaciṛāhaṭa チルチラーハト/ [*चिड़चिड़ाना* + *-आहट*] *f.* 苛立ち，怒りっぽいこと；短気（な気性）．

चिड़वा /ciṛavā チルワー/ ▸चिउड़ा [＜OIA. *cipiṭá-* 'flat, flatnosed': T.04818] *m.* 〖食〗焼き米の一種《米を炒って杵で平たく潰したもの；ヒンドゥー教の祭りや祝宴で供される》．

चिड़िया /ciṛiyā チリヤー/ [＜OIA.m. *caṭaka-* 'sparrow': T.04571] *f.* **1** 〖鳥〗小鳥；（一般的に）鳥．(⇒पक्षी, परिंदा) ❐समुद्री चिड़ियाँ जैसे जहाज़ का स्वागत करने को उसके चारों ओर मँडलाने लगीं 海鳥がまるで船を歓迎するかのように四方を旋回し始めた． **2** 〖鳥〗スズメ．(⇒गोरैया) **3** 〖スポーツ〗（バドミントンの）羽根，シャトル（コック）． **4** 〖ゲーム〗（トランプの）クラブ《形が鳥に似ていることから》．(⇒चिड़ी)

चिड़ियाख़ाना /ciṛiyāxānā チリヤーカーナー/ [*चिड़िया* + *ख़ाना*] *m.* ☞चिड़ियाघर

चिड़ियाघर /ciṛiyāg^{h}arạ チリヤーガル/ [*चिड़िया* + *घर*] *m.* 動物園. (⇒चिड़ियाख़ाना)

चिड़ी /ciṛī チリー/ [<OIA.m. *caṭaka-* 'sparrow': T.04571] *f.* **1**〖鳥〗小鳥. **2**〖ゲーム〗(トランプの)クラブ《形が鳥に似ていることから》. (⇒चिड़िया) ❐～ का इक्का クラブのエース.

चिड़ीमार /ciṛīmārạ チリーマール/ [*चिड़ी* + *-मार*] *m.* (鳥を捕る)猟師, 鳥撃ち.

चिढ़ /ciṛ^{h}ạ チル/ [<OIA. **ciḍh-* 'be angry': T.04794z1] *f.* 苛立ち. 嫌悪. ❐बालक से भी उसे ～ होती थी। 子どもをも彼女は嫌悪していた.

चिढ़ना /ciṛ^{h}ạnā チルナー/ [<OIA. **ciḍh-* 'be angry': T.04794z1] *vi.* (*perf.* चिढ़ा /ciṛ^{h}ā チラー/) **1** 苛立つ;癇にさわり怒る, 癇癪(かんしゃく)をおこす;短気をおこす. (⇒चिड़चिड़ाना) ❐चिढ़ने तो बीमारी में सभी हो जाते हैं। 病気になると誰でも怒りっぽくなります. ❐वह न कभी झुँझलाती, न चिढ़ती। 彼女は決して苛立ちもせず, また短気もおこさなかった. **2** 嫌悪する, 嫌う, 嫌がる. ❐वह इस नाम से बहुत चिढ़ता था। 彼はこの名前をひどく嫌っていた.

चिढ़वाना /ciṛ^{h}ạvānā チルワーナー/ [caus. of *चिढ़ना, चिढ़ाना*] *vt.* (*perf.* चिढ़वाया /ciṛ^{h}ạvāyā チルワーヤー/) (人を介して)苛立たせる.

चिढ़ाना /ciṛ^{h}ānā チラーナー/ [cf. *चिढ़ना*] *vt.* (*perf.* चिढ़ाया /ciṛ^{h}āyā チラーヤー/) **1** 苛立たせる, 怒らせる, 癇にさわるようなことをする;あざけりからかう. ❐बहन हमको रोज़ चिढ़ाती है कि तू रूपा है, मैं सोना हूँ। 姉さんは私を毎日, あんたはルーパー(＝女子名で原意は「銀」)で私はソーナー(＝女子名で原意は「金」)よ, と言ってからかうんです. ❐उसने मुझे चिढ़ाया। 彼は私をあざけりからかった. **2** 嫌がるようにしむける.

चित /citạ チト/▸चित्त [<OIA. **citta-²* 'lying on the back': T.04800] *adj.* (人が)仰向けに横たわった;(投げられたコインなどが)表をだしている《「絵の描かれた布地」(चित्रपट) の表地が語源という説がある》. (⇔औंधा, पट) ❐कोई ～ पड़ा है, कोई औंधे पड़ा है। ある者は仰向けに倒れていて, ある者はうつ伏せに倒れている. ❐मैं चारों ख़ाने ～ सड़क पर गिर पड़ा। 私は仰向けに道に倒れた. ❐वह बिस्तर पर ～ लेटी है। 彼女はベッドに仰向けに横たわっている.

चितकबरा /citạkabarā チトカブラー/ [*चित* (<OIA. *citrá-* 'conspicuous, bright': T.04803) + *कबरा*] *adj.* **1** まだら模様の;斑点のある, ぶちの. (⇒कबरा) **2** 色とりどりの. (⇒चितला)

चितला /citạlā チトラー/ [<OIA. *citrala-* 'variegated': T.04809] *adj.* 色とりどりの. (⇒चितकबरा)

चितवन /citạvanạ チトワン/ [cf. *चितवना*] *f.* まなざし, 目つき. ❐आशा भरी ～ से देखना 期待に満ちたまなざしで見る.

चितवना /citạvanā チトワナー/ [cf. *चितवना*] *vt.* (*perf.* चितवा /citạvā チトワー/) (わが子・恋人などを)いとおしいまなざしで見る.

चिता /citā チター/ [←Skt.f. *चिता-* 'a layer, pile of wood, funeral pile'] *f.*〖ヒンドゥー教〗チター《火葬用の積まき;火葬壇》. ❐लोगों ने उसके शव को ～ पर रखा। 人々は彼の死体をチターの上に置いた. ❐लोगों ने नदी किनारे ～ बनाई और उसमें आग लगा दी। 人々は川岸にチターを準備した, そしてそれに点火した.

चिताना /citānā チターナー/ ▸चेताना *vt.* (*perf.* चिताया /citāyā チターヤー/) ☞चेताना

चितेरा /citerā チテーラー/ [<OIA.m. *citrakara-* 'painter': T.04805] *m.* 画家, 絵描き. (⇒चित्रकार)

चित्त¹ /cittạ チット/ [←Skt.n. *चित्त-* 'the heart, mind'] *m.* 心, 胸;気持ち. ❐उसका ～ प्रसन्न था। 彼の心は幸せだった. ❐उसका ～ शांत हुआ। 彼の気持ちは落ち着いた.

चित्त² /cittạ チット/ ▸चित *adj.* ☞चित

चित्तरंजन /cittaraṃjanạ チットランジャン/ [cf. Eng.n. *Chittaranjan*] *m.*〖地名〗チットランジャン《西ベンガル州 (पश्चिम बंगाल) の地方都市》.

चित्त-विक्षेप /cittạ-vikṣepạ チット・ヴィクシェープ/ [←Skt.m. *चित्त-विक्षेप-* 'absence of mind'] *m.* 心の乱れ, 動揺.

चित्त-विभ्रम /cittạ-vib^{h}ramạ チット・ヴィブラム/ [←Skt.m. *चित्त-विभ्रम-* 'a fever connected with mental derangement'] *m.*〖医学〗譫妄(せんもう):意識混濁.

चित्तवृत्ति /cittạvr̥tti チットヴリッティ/ [←Skt.f. *चित्त-वृत्ति-* 'state of mind'] *f.* 精神状態.

चित्ताकर्षक /cittākarṣakạ チッターカルシャク/ [←Skt. *चित्त-आकर्षक-* 'captivating the heart'] *adv.* 心をひきつける, 人を魅了する, うっとりさせる. ❐～ सुर うっとりさせる音色.

चित्ताकर्षण /cittākarṣaṇạ チッターカルシャン/ [←Skt.n. *चित्त-आकर्षक-* 'captivating the heart'] *m.* 心がひきつけられること, 魅了されること.

चित्ती /cittī チッティー/ [<OIA. *citrá-* 'conspicuous, bright': T.04803] *f.* **1** 斑点, まだら. **2**〖ゲーム〗(トランプ・サイコロなどの)点, 目.

चित्तीदार /cittīdārạ チッティーダール/ [*चित्ती* + *-दार*] *adj.* 斑点のある.

चित्तौड़गढ़ /cittauṛạgaṛ^{h}ạ チッタォールガル/▸चित्तौरगढ़ *m.*〖地名〗チットウルガル《ラージャスターン州 (राजस्थान) の古都》.

चित्र /citrạ チトル/ [←Skt.n. *चित्र-* 'anything bright or coloured which strikes the eyes'] *m.* **1** 絵, 絵画. (⇒तसवीर) ❐(का) ～ उतारना (…の)絵を描く. **2** 写真. (⇒तसवीर, फ़ोटो) **3** 図表, 図板, 図.

चित्रकला /citrạkalā チトルカラー/ [neo.Skt.f. *चित्र-कला-* 'art of painting'] *f.* 美術.

चित्रकार /citrạkārạ チトルカール/ [←Skt.m. *चित्र-कार-* 'a painter'] *m.* 画家, 絵描き, 絵師. (⇒चितेरा)

चित्रकारी /citrạkārī チトルカーリー/ [*चित्रकार* + *-ई*] *f.* 絵を描くこと, 図画.

चित्रकूट /citrạkūṭạ チトルクート/ *m.*〖地名〗チットルクート《ウッタル・プラデーシュ州 (उत्तर प्रदेश) にあるヒンドゥー

教聖地》.

चित्रण /citraṇạ チトラン/ [neo.Skt.n. *चित्रण-* 'drawing; delineating'] *m.* **1** (絵画として)描写. ❐उस समय कोई मेरा चित्र उतारता, तो लोलुपता के चित्रण में बाज़ी मार ले जाता। その時もし誰かが私の姿を描いていたら, あさましさの描写にかけて右に出る者はなかったろうに. **2** (言葉での)描写. ❐(का) ～ करना (…を)描写する.

चित्रपट /citrạpaṭạ チトルパト/ [←Skt.m. *चित्र-पट-* 'a painting, picture'] *m.* **1** 画布(に描かれた絵);絵巻《吊るしたり巻くことができる;絵の描かれた表地が「表」(चित) の語源に, 裏地が「裏」(पट) の語源になったという説がある》. (⇒पट-चित्र) **2** 映画;銀幕. (⇒पट-चित्र)

चित्रलिपि /citrạlipi チトルリピ/ [neo.Skt.f. *चित्र-लिपि-* 'pictograph'] *f.* 絵文字, ピクトグラフ.

चित्रवत् /citrạvat チトルワト/ [cf. Skt. *चित्र-वत्-* 'decorated with paintings'] *adj.* (静止した)絵画のように;一幅の絵のように.

चित्र-विचित्र /citrạ-vicitrạ チトル・ヴィチトル/ [cf. Skt. *चित्र-विचित्र-* 'variously coloured'] *adj.* **1** 多様な. ❐～ अभिरुचि 多様な関心. **2** 不思議な, 驚嘆すべき. (⇒अजीब)

चित्रशाला /citrạśālā チトルシャーラー/ [←Skt.f. *चित्र-शाला-* 'a painted room or one ornamented with pictures'] *f.* 画廊, 絵画陳列室;美術館.

चित्राधार /citrādʰārạ チトラーダール/ [neo.Skt.m. *चित्र-आधार-* 'an album; an easel'] *m.* **1** アルバム. **2** イーゼル, 画架.

चित्रित /citritạ チトリト/ [←Skt. *चित्रित-* 'made variegated, decorated, painted'] *adj.* **1** 絵に描かれた. **2** (言葉で)描写された. ❐～ करना 描写する. ❐हिंदी उपन्यासों में ～ ग्रामीण समाज ヒンディー語小説に描写された農村社会.

चित्रीकरण /citrīkaraṇạ チトリーカラン/ [←Skt.n. *चित्री-करण-* 'making variegated, decorating, painting'] *m.* 絵画化する;映画化する.

चिथड़ा /citʰạṛā チトラー/▸चीथड़ा [＜OIA. **citth-* 'pound, tear': T.04802] *adj.* ずたずたに裂けた(服), ぼろぼろの.

— *m.* ぼろ(きれ);ずたずたに裂けた服. (⇒लत्ता) ❐वह फटे चिथड़े लपेटे फिरती थी। 彼女は裂けたぼろ布を身に巻きつけさまよっていた.

चिथाड़ना /citʰāṛạnā チタールナー/ [＜OIA. **citth-* 'pound, tear': T.04802] *vt.* (*perf.* चिथाड़ा /citʰāṛā チターラー/) **1** ずたずたに裂く **2** こっぴどく叱る;ぼろくそにけなす

चिनक /cinakạ チナク/ [?←Drav.; ?(DED 2079)] *f.* 刺すような痛み, 激痛《炎症による痛み, 排尿の際の尿道の痛みなど》.

चिनगारी /cinạgārī チンガーリー/▹चिंगारी [cf. *चिनक*] *f.* 火花, 火の粉;電気火花, スパーク. (⇒स्फुलिंग) ❐(की) आँखों से चिनगारियाँ निकलना (人の)目から火花が散る《怒りの表現》. ❐बारूद में ～ पड़ गई। 火薬に火花が引火した.

चिनना /cinạnā チンナー/ ▸चुनना *vt.* (*perf.* चिना /cinā チナー/) ☞चुनना

चिनाई /cināī チナーイー/ ▸चुनाई *f.* ☞चुनाई

चिनार /cinārạ チナール/ ▸चनार *m.* ☞चनार

चिनिया /ciniyā チニヤー/ [?＜OIA. *cūrṇayati* 'pulverizes': T.04894; ?＜ *चीनी* 'Chinese'] *adj.* 小型の;若い《民間語源「中国の」の意味と混同されている》. ❐～ केला チニヤー・ケーラー《小ぶりの甘いバナナの一種》. ❐～ बतक アヒル. ❐～ बादाम 落花生《文字通りの意味は「中国のカシューナッツ」》. ❐～ बेगम 〔俗語〕アヘン(阿片)《文字通りの意味は「中国の女王」》.

चिनौती /cinautī チナォーティー/ ▸चुनौती *f.* ☞चुनौती

चिन्मय /cinmayạ チンマエ/ [←Skt. *चित्-मय-* 'consisting of pure thought'] *m.* 〖ヒンドゥー教〗純粋自我.

चिपकना /cipakạnā チパクナー/ [＜OIA. **cippa-, *cīppa-, *cēppa-* 'gummy matter': T.04819] *vi.* (*perf.* चिपका /cipạkā チプカー/) **1** ぴったり[べったり]くっつく;吸着する;付着する;貼りつく;へばりつく;巻きつく, まといつく. (⇒सटना, चिपटना) ❐उसने उसकी देह में चिपकी हुई गीली साड़ी की ओर देखकर कहा। 彼は, 彼女の体にべったりくっついている濡れたサリーを見やって言った. ❐एक स्लिप पुस्तक पर चिपकी रहती थी। 一枚の紙切れが本に貼りつけてあった. ❐दूर बैठो, चिपको मत। 離れて座ってくれ, くっつかないでくれ. ❐उन्होंने और क्या-क्या कहा था, वह कुछ मुझे याद न था, उस सारे कथन का ख़ुलासा-मात्र मेरे स्मरण में चिपका हुआ रह गया था। 彼がさらに何と何を言ったかは私は何も覚えていなかった, その言ったことすべての要旨だけが私の記憶にへばりついて残った. **2** (人に)ぴったりくっついて離れない, まつわりつく. ❐लोग उसकी विपन्नता में भी उससे चिपके रहते थे, उससे कुछ प्राप्त करने की आशा करते रहते थे। 人々は彼が貧困の状態の時も彼にまつわりついていた, 彼から何かもらえると期待し続けていたのだった. **3** (仕事・遊戯などに)没頭して我を忘れる, 夢中になる. ❐बच्चे खेल में चिपके रहते हैं। 子どもたちは遊びに夢中になっている.

चिपकवाना /cipakạvānā チパクワーナー/ [caus. of *चिपकना, चिपकाना*] *vt.* (*perf.* चिपकवाया /cipakạvāyā チパクワーヤー/) 貼りつけさせる;貼りつけてもらう.

चिपकाना /cipạkānā チプカーナー/ [cf. *चिपकना*] *vt.* (*perf.* चिपकाया /cipạkāyā チプカーヤー/) **1** 貼りつける;留める. (⇒चिपटाना, सटाना) ❐उसने दरवाज़े पर एक काग़ज़ चिपका रक्खी थी। 彼はドアに一枚の紙を貼りつけておいた. ❐दीवार पर बड़े-बड़े पोस्टर चिपकाये गये थे। 壁に大きなポスターが何枚も貼られた. ❐मैंने लिफ़ाफ़े पर टिकट चिपका दिया। 私は封筒に切手を貼りつけた. **2** (自分に)ぴったりくっつける, しっかり抱く. (⇒चिपटाना, लिपटाना) ❐उन्होंने मुझे अपने से चिपका लिया। 彼は私を自分にぴったり押し付けた. ❐उस चित्र को उसने कितनी बार चूमा था, कितनी बार हृदय से चिपका लिया था। その絵に彼女は幾度口づけしたことだろう, 幾度胸に抱きしめたことだろう. **3**〔俗語〕(勝手な裁量で)職をあてがう, 就職させる. ❐इस लड़के को भी कहीं चिपका दो। この子にも適当なところに職をあてがってくれ.

चिपचिप /cipacipa チプチプ/ [<OIA. *cippa-, *cīppa-, *cēppa- 'gummy matter': T.04819] *f.* ねばねば, ねとねと;べとべと.

चिपचिपा /cipacipā チプチパー/ [cf. *चिपचिप*] *adj.* ねばねばする, ねとねとする;べとべとする.

चिपचिपाना /cipacipānā チプチパーナー/ [cf. *चिपचिपा*] *vi.* (*perf.* चिपचिपाया /cipacipāyā チプチパーヤー/) べとべと (चिपचिपा) する, ねとねとする;(濡れた衣服が)べったりくっつく. ❐पसीने के कारण सारा शरीर चिपचिपा रहा है। 汗のために全身がべとべとする. ❐जब चाशनी चिपचिपाने लगा तो समझो तैयार हो गई। チャーシュニー(=砂糖を混ぜて熱して作るシロップ状の食べ物)がべとつきはじめたら, できあがったと思いなさい.

चिपचिपाहट /cipacipāhaṭa チプチパーハト/ [*चिपचिपाना* + *-आहट*] *f.* 粘り気があること;粘着力.

चिपटना /cipaṭanā チパトナー/ [*चिपकना* × *लिपटना*] *vi.* (*perf.* चिपटा /cipaṭā チプター/) **1** くっつく, 貼りつく. (⇒चिपकना, सटना) **2** しがみつく;すがりつく;抱きつく. (⇒चिमटना)

चिपटा /cipaṭā チプター/ ▸चपटा [? cf. *चिपटना*; ? <OIA. *cipiṭá-* 'flat, flatnosed': T.04818] *adj.* 平らな, 凹凸のない;偏平な, ぺちゃんこな. ❐चिपटी नाक 低い鼻.

चिपटाना /cipaṭānā チプターナー/ [cf. *चिपटना*] *vt.* (*perf.* चिपटाया /cipaṭāyā チプターヤー/) **1** くっつける, (ぴったり)貼りつける. (⇒चिपकाना, सटाना) **2** しっかり抱きしめる. (⇒चिपकाना, लिपटाना) ❐बच्ची को उसने कसकर छाती से चिपटा लिया। 赤子を彼女はぎゅっと胸に抱きしめた.

चिपटी /cipaṭī チプティー/ [cf. *चिपटा*] *f.* チプティー《耳飾りの一種》.

चिप्पड़ /cippaṛa チッパル/ [? cf. *चिपटना*] *m.* **1** (はがれそうな)薄片. **2** (穴などをふさぐために当てる)小片;(つぎはぎの)つぎ, パッチ.

चिप्पी /cippī チッピー/ [<OIA. *cippa-, *cīppa-, *cēppa- 'gummy matter': T.04819] *f.* 紙切れ;ステッカー. ❐उन चिप्पियों के ऊपर दूसरी चिप्पियाँ चस्पाँ कर दी गईं। それらの紙切れの上に別の紙切れが貼り付けられた.

चिबुक /cibuka チブク/ [←Skt.n. *चिबुक-* 'the chin'] *m.* 下あご. (⇒ठुड्डी)

चिमगादड़ /cimagādaṛa チムガーダル/ ▸चमगादड़ *m.* ☞चमगादड़

चिमटना /cimaṭanā チマトナー/ [<OIA. *cimb- 'pinch': T.04822] *vi.* (*perf.* चिमटा /cimaṭā チムター/) **1** ぴったり張[貼]りつく. ❐उनका ध्यान तो उस वाक्य के अंतिम भाग पर ही चिमटकर रह गया। 彼の注意はその文の最後の部分に張りついてそのままになった. ❐उसके पाँव जैसे धरती से चिमट गये। 彼女の足はまるで大地に張りついたかのようだった. ❐वह अँधेरे में ही दीवार से चिमट कर खड़ा हो गया। 彼は暗闇の中で壁に張りついて立った. **2** しがみつく;すがりつく. (⇒चिपटना) ❐बच्चा माँ के गले से चिमट गया। 子どもは母親の首にしがみついた. ❐वह सांत्वना पाकर और भी उसके पैरों से चिमट गयी। 彼女は同情されてなおさら彼の足にしがみついた. **3** (うるさく)つきまとう;まとわりつく;群がる. ❐गुड़ से चींटियाँ चिमट गईं। 黒砂糖に蟻が群がった. ❐भिखारी यात्रियों से चिमट गये। 物乞いたちが, 巡礼者たちにつきまとった.

चिमटवाना /cimaṭavānā チマトワーナー/ [caus. of *चिमटना, चिमटाना*] *vt.* (*perf.* चिमटवाया /cimaṭavāyā チマトワーヤー/) ぴったり張[貼]りつけさせる;ぴったり張[貼]りついてもらう.

चिमटा /cimaṭā チムター/ [<OIA. *cimb- 'pinch': T.04822] *m.* 火ばし;火ばさみ.

चिमटाना /cimaṭānā チムターナー/ [cf. *चिमटना*] *vt.* (*perf.* चिमटाया /cimaṭāyā チムターヤー/) **1** ぴったり張[貼]りつける. **2** きつく抱きしめる.

चिमटी /cimaṭī チムティー/ [cf. *चिमटा*] *f.* **1** (小さな)火ばし. **2** ピンセット.

चिमड़ा /cimaṛā チマラー/ ▸चीमड़ *adj.* ☞चीमड़

चिमनी /cimanī チムニー/ [←Eng.n. *chimney*] *f.* チムニー, 煙突;(ランプの)ほや.

चियाँ /ciyā̃ チャーン/▸चीयाँ [<OIA.f. *ciñcā-* 'the tree *Tamarindus indica*': T.04792] *m.* 『植物』タマリンドの実《酸味料として使用》.

चिरंजीव /ciraṃjīva チランジーヴ/ [←Skt. *चिरं-जीव-* 'long-lived'] *adj.* 長寿の(人)《年長者が年少者に与える祝福の言葉》.

— *m/ind.* 長寿の人.

चिरंजीवी /ciraṃjīvī チランジーヴィー/ [←Skt. *चिरं-जीविन्-* 'long-lived'] *adj.* ☞चिरजीवी

चिरंतन /ciraṃtana チランタン/ [←Skt. *चिरं-तन-* 'of long standing'] *adj.* ☞चिर

चिर /cira チル/ [←Skt. *चिर-* 'long, lasting along time, existing from ancient times'] *adj.* 古(いにしえ)より続く;長期にわたる. ❐पचास वर्ष के ～ सहवास के बाद अब यह एकांत जीवन उसके लिए पहाड़ हो गया। 50年にわたる長い同居の後今やこの孤独な人生は彼女には耐え難い苦痛となった.

— *adv.* 古(いにしえ)から;永遠に.

चिरकाल /cirakāla チルカール/ [←Skt. *चिर-काल-* 'belonging to a remote time'] *m.* 長年, 長期間. ❐काश्मीर-यात्रा की अभिलाषा मुझे ～ से है। カシュミール旅行は私の長年の念願だった. ❐पवित्र आत्माएँ इस संसार में ～ तक नहीं ठहरतीं। 聖なる魂はこの世には長くとどまらない.

चिरकालिक /cirakālika チルカーリク/ [←Skt. *चिर-कालिक-* 'of long standing, old, long-continued, chronic'] *adj.* **1** 古くからある, 古(いにしえ)より続く. **2** 『医学』慢性の. ❐मधुमेह एक ～ है। 糖尿病は一種の慢性疾患である.

चिरकालीन /cirakālīna チルカーリーン/ [←Skt. *चिर-कालीन-* 'of long standing, old, long-continued, chronic'] *adj.* ☞चिरकालिक

चिरजीवी /cirajīvī チルジーヴィー/ [←Skt. *चिर-जीविन्-* 'long-lived'] *adj.* 長寿の;生きながらえる, 息の長い.

चिरना /ciranā チルナー/ [<OIA. *cīrayati* 'splits': T.04844] *vi.* (*perf.* चिरा /cirā チラー/) 切り裂かれる;(鋸で)切られる;切開される. ❐कई बार ऊँगलियाँ चिर गयीं,

ख़ून निकला। 何度も指が切れて，血が出た．

चिरनिद्रा /ciranidrā チルニドラー/ [?neo.Skt.f. *चिर-निद्रा-* 'eternal sleep'] *f.* 永遠の眠り，永眠．❐पिता जी ～ में लीन हो गए। 父は永眠いたしました．

चिरपरिचित /ciraparicita チルパリチト/ [←Skt. *चिर-परिचित-* 'long accustomed or familiar'] *adj.* 古くから知っている，なれ親しんだ．❐जब आँखें खुलीं तो लखनऊ की प्रिय और ～ ध्वनि कानों में आई। 目が明くとラクナウーの愛しいなれ親しんだ喧噪が耳に飛び込んできた．

चिररोगी /cirarogī チルローギー/ [←Skt.m. *चिर-रोगिन्-* 'a chronic patient'] *m.* 〖医学〗慢性疾患の病人．

चिरवाई /ciravāī チルワーイー/ [cf. *चिरवाना*] *f.* 引き裂くこと；(鋸で)引くこと[仕事]．(⇒चिराई)

चिरवाना /ciravānā チルワーナー/ ▸चिराना [caus. of *चिरना, चीरना*] *vt.* (*perf.* चिरवाया /ciravāyā チルワーヤー/) 引き裂かせる；引き裂いてもらう．

चिरशांति /ciraśāṃti チルシャーンティ/ [neo.Skt.f. *चिर-शान्ति-* 'perpetual peace'] *f.* 永遠の平安．❐आत्मा की ～ 魂の安らぎ．

चिरसंचित /cirasaṃcita チルサンチト/ [←Skt. *चिर-संचित-* 'acquired long ago'] *adj.* 積年の，積もり積もった．❐～ अभिलाषा 積年の念願．

चिरस्थायी /cirast^{h}āyī チラスターイー/ [←Skt. *चिर-स्थायिन्-* 'long left or preserved (food)'] *adj.* 永遠に続く，永続的な．

चिरस्मरणीय /cirasmaraṇīya チルスマルニーエ/ [?neo.Skt. *चिर-स्मरणीय-* 'ever memorable'] *adj.* 長く記憶すべき；長く記憶に残る．

चिराई /cirāī チラーイー/ [*चिरा-ना* + *-ई*] *f.* 引き裂くこと；(鋸で)引くこと[仕事]．(⇒चिरवाई)

चिराग़ /cirāğa チラーグ/ [←Pers.n. چراغ 'a lamp'] *m.* 灯火，明かり；ランプ．❐जादुई ～ 魔法のランプ．

चिराना /cirānā チラーナー/ ▸चिरवाना *vt.* (*perf.* चिराया /cirāyā チラーヤー/) ☞चिरवाना

चिरायँध /cirāyād^{h}a チラーヤンド/ [? *चर्म* × *गंध*] *f.* **1** 皮革・毛髪・肉などが燃える悪臭．**2** 悪評．

चिरायता /cirāyatā チラーエター/ [<OIA.m. *kirātatikta-, kirātatiktaka-* 'the plant *Agathotes chirayta*': T.03174] *m.* 〖植物〗チラーエター《リンドウ科の草木；薬草》．

चिरायु /cirāyu チラーユ/ [←Skt. *चिर-आयुस्-* 'long-lived'] *adj.* 長寿の．(⇒चिरजीवी)

चिराव /cirāva チラーオ/ [cf. *चिराना*] *m.* (燃料用の)割った薪(まき)．

चिरौंजी /cirāũjī チラォーンジー/ [<OIA.m. *cāra-*^{3} 'the tree *Buchanania latifolia*': T.04756; DEDr.2628 (DED.2160)] *f.* 〖植物〗インドウミソヤ《ウルシ科高木；実の果肉は美味》．

चिरौरी /ciraurī チラォーリー/ [?<OIA.m. *cāṭu-* 'flattery': T.04737] *f.* へりくだってお願いすること；哀願；懇願．❐मैंने उनसे ～ की। 私は彼に哀願した．

चिलकना /cilakanā チラクナー/ [?<OIA. **cilla-*^{2} 'unctuous, shining': T.04827] *vi.* (*perf.* चिलका /cilakā チルカー/) **1** (間をおいて)ちらちら輝く．**2** (間をおいて)ちくちく[ずきずき]痛む．

चिलका झील /cilakā j^{h}īla チルカー ジール/ *m.* 〖地名〗チルカー湖，チリカ湖《オリッサ州 (ओडिशा) にある潟湖(せきこ)》．

चिलग़ोज़ा /cilağozā チルゴーザー/ [←Pers.n. چلغوزه 'a fir-tree; the cone of such'] *m.* 〖植物〗チルゴーザ松(の実)；松かさ《*Pinus gerardiana*; 食用になる》．

चिलचिलाना /cilacilānā チルチラーナー/ [<OIA. **cilla-*^{2} 'unctuous, shining': T.04827] *vi.* (*perf.* चिलचिलाया /cilacilāyā チルチラーヤー/) (太陽が)じりじり(चिल-चिल) 照りつける．❐चिलचिलाती धूप में चलते चलते सबके गले सूख गए। じりじり照りつける日差しの中を歩いていくうちに，みんなの喉は乾ききってしまった．

चिलबिला /cilabilā チルビラー/ [?] *adj.* (子どものように)落ち着きのない，がさつな．

चिलम /cilama チラム/ [?; → Pers.n. چلم 'the round plate, cup, or bowl, to which is stuck the tabacco in a *huqqa*, generally a thin bit of unglazed tile, and upon the opposite side of which the fire is put.'] *f.* チラム《水ギセル (हुक़्क़ा) の着脱可能な素焼の火皿；キセルの雁首に相当》．❐～ भरना チラムにタバコをつめる．

चिलमचट /cilamacaṭa チラムチャト/ [*चिलम* + *चाटना*] *adj.* タバコ中毒の(人)．

चिलमची /cilamacī チラムチー/ [*चिलम* + *-ची*] *f.* チラムチー《食後に水で手を洗うためのボウル》．

चिलमन /cilamana チルマン/ [?] *m.* (竹や葦で編んだ)すだれ．(⇒चिक़)

चिली /cilī チリー/ [cf. Eng.n. *Chile*] *m.* 〖国名〗チリ(共和国)《首都はサンティアゴ (सेंटियागो)》．

चिल्लड़ /cillaṛa チッラル/ ▸चीलड़ [<OIA.m. *cillaṭa-, cillaḍa-* 'a creeping animal': T.04828] *m.* 〖昆虫〗シラミ．

चिल्ल-पों /cilla-põ チッル・ポーン/ [cf. *चिल्लाना*] *f.* けたたましい声，騒々しい喧噪．❐～ मचाना けたたましい声で騒ぐ．

चिल्लाना /cillānā チッラーナー/ [?←Drav.; DEDr.1574 (DED.1311)] *vi.* (*perf.* चिल्लाया /cillāyā チッラーヤー/) **1** (人に)大声で叫ぶ；絶叫する．(⇒अल्लाना) ❐वह दूर ही से चिल्लाकर बोला। 彼は遠くから叫んで言った．**2** どなる，わめく；大騒ぎをする．(⇒अल्लाना) ❐उसने मुझे देखकर और ज़ोर से चिल्लाना शुरू किया। 彼女は私を見てさらに大声でわめきはじめた．❐चिल्लाओ मत। わめくな．❐दोनों लड़कियाँ बाप के पाँवों से लिपटी चिल्ला रही थीं। 二人の娘は父親の足にしがみついて大声をあげていた．❐न पाकर वह सहसा चिल्ला उठा।(捜し物が)見当たらず彼女は突然大声をあげて騒いだ．**3** (犬などが)くんくんいう，鼻を鳴らす．

चिल्लाहट /cillāhaṭa チッラーハト/ [*चिल्लाना* + *-आहट*] *f.* 悲鳴，叫び声；わめき声．(⇒चीख़)

चिसीनाउ /cisīnāu チスィーナーウ/ [cf. Eng.n. *Chişinău, Kishinev*] *m.* 〖地名〗キシナウ《モルドバ(共和国) (माल्डोवा) の首都》．

चिहुँकना /cihūka̯nā チフンクナー/ ▸चौंकना *vi.* (*perf.* चिहुँका /cihūkā チフンカー/) ☞चौंकना

चिह्न /cihna̯ チフン/ [←Skt.n. *चिह्न-* 'a mark, spot, stamp, sign, characteristic, symptom'] *m.* **1** 痕跡, 名残. ❐अब वही एक सूखी हुई टहनी उस हरे-भरे पेड़ की ～ रह गई थी। 今や一本の枯れた小枝があの緑豊かな樹木の痕跡として残っていた. ❐एक घने, सुनसान, भयानक वन में भटका हुआ मनुष्य जिधर पगडंडियों का ～ पाता है, उसी मार्ग को पकड़ लेता है। 黒々と繁った, 寂しい, 恐ろしげな森の中で迷った人間は人が踏みならした道の跡を見つけると, その方角へその道を取ってしまうのである. **2** 標識, 標示; 記号, 印; 紋章, 記章. ❐कालेज का ～ カレッジの記章. ❐उन्होंने चाल-चलन के रजिस्टर में उनके नाम के सामने काले ～ बना दिए। 彼は品行記録簿の中で彼らの名前の前に黒い印を書いた. **3** 兆候, きざし. ❐उनके मुख पर असंतोष का कोई ～ न दिखाई दिया। 彼の顔には不満の何ら兆候は見えなかった. ❐हर चेहरे पर दीनता और दु:ख के ～ झलक रहे थे। すべての顔にみじめさと悲しみの様子が窺い知れた.

चिह्नित /cihnita̯ チフニト/ [←Skt. *चिह्नित-* 'marked, stamped, distinguished'] *adj.* **1** 痕跡のある. **2** 印のついた. ❐～ करना 印をつける, マークする. **3** 兆候のある.

चीं /cī̃ チーン/ [onom.] *f.* **1**〔擬声〕(鳥などのさえずり) チュンチュン. **2** まいった, 降参, ギブアップ《敗北の悲鳴》. ❐～ बुलाना 負けを認めさせる. ❐～ बोलना 負けを認める, 降参する.

चीं-चपड़ /cī̃-capaṛa̯ チーン・チャパル/ *f.* 口答え, 不服; 反抗的態度. ❐उन्होंने ज़रा भी चीं-चपड़ की और इसने बंदूक़ चलायी। 彼らが少しでも反抗的態度をとったら, 彼は銃を発砲する《緊迫した仮定》.

चींटा /cī̃ṭā チーンター/ ▸चिउँटा, च्यूँटा [<OIA. **cimb-* 'pinch': T.04822] *m.* 〖昆虫〗オオアリ. ❐जब चींटे के मरने के दिन आते हैं, तो उसके पंख लग जाते हैं। オオアリは死期が迫ると羽が生える《俗信》.

चींटी /cī̃ṭī チーンティー/ ▸चिउँटी, च्यूँटी [cf. *चींटा*] *f.* 〖昆虫〗アリ.

चीकट /cīkaṭa̯ チーカト/ ▸चिकट, चिक्कट *adj.* ☞चिकट

चीकू /cīkū チークー/ [?←Eng.n. *chicle*] *m.* 〖植物〗サポジラ, チュウインガムノキ(の実)《アカテツ科の常緑高木; 果肉は食用で柿の味に似て甘い》.

चीख़ /cīxa̯ チーク/ [?] *f.* 悲鳴, 叫び. (⇒चीत्कार) ❐～ मारना 悲鳴を上げる, 叫ぶ. ❐उसके मुँह से एक ～ निकल गई। 彼女の口から一つの悲鳴が漏れた.

चीखना /cīkʰa̯nā チークナー/ ▸चखना, चाखना *vt.* (*perf.* चीखा /cīkʰā チーカー/) ☞चखना

चीख़ना /cīxa̯nā チークナー/ [cf. *चीख़*] *vi.* (*perf.* चीख़ा /cīxā チーカー/) (突然)悲鳴をあげる, 金切り声をあげる; 泣きわめく. (⇒कीकना) ❐बच्चा ज़ोर से चीख़ उठा जैसे कोई डरावनी चीज़ देख ली हो। 子どもは突然激しく泣きだした, まるで何か怖いものを見たかのように.

चीख़-पुकार /cīxa̯-pukāra̯ チーク・プカール/ *f.* (助けを求める)悲鳴, 叫び声. ❐मेरी ～ किसी के कानों तक न पहुँची। 私の悲鳴は誰の耳にも届かなかった.

चीज़[1] /cīza̯ チーズ/ [←Pers.n. چیز 'a thing, anything'] *f.* **1** もの; 事物. **2** 品物; 高価なもの; ブツ. **3** 成果物; (文学・音楽・絵画などの)芸術作品.

चीज़[2] /cīza̯ チーズ/ [←Eng.n. *cheese*] *f.* 〖食〗チーズ《広くチーズ製品一般を指す; 南アジアの料理に使用される一種のカッテージチーズはパニール (पनीर)》.

चीड़ /cīṛa̯ チール/ ▸चीर [<OIA.f. *cīḍā-* 'tree from which turpentine is obtained': T.04837] *m.* 〖植物〗松《特にヒマラヤ松》. ❐～ का गोंद 松脂(まつやに).

चीड़-वन /cīṛa̯-vana̯ チール・ワン/ *m.* 松林; 松の森.

चीतना[1] /cīta̯nā チートナー/ [<OIA.n. *cittá-[1]* 'thinking': T.04799x1] *vt.* (*perf.* चीता /cītā チーター/) 考える; 望む.

चीतना[2] /cīta̯nā チートナー/ [<OIA. *citráyati* 'decorates': T.04810] *vt.* (*perf.* चीता /cītā チーター/) **1** (絵・模様などを)描く. **2** なぐり書きする, 走り書きする.

चीतल /cītala̯ チータル/ [<OIA.m. *04809x1* 'spotted antelope': T.04809] *m.* 〖動物〗チータル《まだら模様のあるシカ科の一種》. (⇒झाँख)

चीता[1] /cītā チーター/ [<OIA.m. *citraka-* 'leopard': T.04804; → Eng.n. *cheetah*] *m.* 〖動物〗ヒョウ; チーター.

चीता[2] /cītā チーター/ [<OIA.n. *cittá-[1]* 'thinking': T.04799x1] *m.* **1** 意識. **2** 心.

चीत्कार /cītkāra̯ チートカール/ *m.* 悲鳴, 叫び. (⇒चीख़)

चीथड़ा /cītʰa̯ṛā チートラー/ ▸चिथड़ा *m.* ☞चिथड़ा

चीथना /cītʰa̯nā チートナー/ [<OIA. **citth-* 'pound, tear': T.04802] *vt.* (*perf.* चीथा /cītʰā チーター/) **1** (布・紙などを)引き裂く. (⇒फाड़ना) **2** (歯で)かみ砕く.

चीन /cīna̯ チーン/ [<OIA.m. *cīna-[1], cīnaka-* 'Chinese': T.04841] *m.* **1** 〖国名〗中国; 中華人民共和国《首都は北京, ペキン (बीजिंग); 中華民国は चीन गणराज्य》. **2** 〖地理〗中国, 支那. ❐दक्षिण ～ सागर 南シナ海.

चीना[1] /cīnā チーナー/ [<OIA.m. *cīna-[2]* '*Panicum miliaceum*': T.04842] *m.* 〖植物〗チーナー《イネ科キビの一種》.

चीना[2] /cīnā チーナー/ [cf. *चीन*] *adj.* 中国の; 中国産の; 中国製の《主に合成語や成句の要素として使用; 不変化形容詞》. (⇒चीनी) ❐～ ककड़ी 〖植物〗小さなキュウリの一種.

चीना-बादाम /cīnā-bādāma̯ チーナー・バーダーム/ *m.* 〖植物〗ピーナッツ; ラッカセイ(落花生); 南京豆. (⇒मूँगफली)

चीनिया /cīniyā チーニヤー/ ▸चिनिया [cf. *चीनी[1]*] *adj.* ☞चिनिया

चीनी /cīnī チーニー/ [*चीन* + *-ई*] *adj.* **1** 〖地理〗中国の. ❐～ तुर्किस्तान 東トルキスタン《中国領新疆ウイグル自治区》. ❐～ मिट्टी 陶土; 磁器, 陶磁製品. **2** 中国人の. **3** 中国語の. ❐～ भाषा 中国語.
— *m.* 中国人.
— *f.* **1** 中国語. **2** 〖食〗(白)砂糖; 精糖. (⇒शक्कर) **3**

糖分, 糖質. ❐～ की बीमारी 〖医学〗糖尿病. **4** 磁器, 陶磁器. (⇒चीनी मिट्टी) ❐～ का बरतन 磁器の容器.

चीनीदानी /cīnīdānī チーニーダーニー/ [*चीनी* + *-दानी*] *f.* 砂糖壺, 砂糖入れ.

चीनी-मिट्टी /cīnī-miṭṭī チーニー・ミッティー/ *f.* 〖鉱物〗陶土, 高陵土, カオリン. ❐～ की चीज़ें 陶(磁)器.

चीन्हना /cīnhanā チーンフナー/ [<OIA. *cihnayati* 'stamps, marks': T.04836] *vt.* (*perf.* चीन्हा /cīnhā チーンハー/) (特定の人やものを)知っていると認める;(容疑者の)面通しする.

चीमड़ /cīmaṛa チーマル/ ▸चिमड़ा [? cf. *चमड़ा*] *adj.* **1** 丈夫でしっかりした(もの). (⇔कनकना) **2** 容易にあきらめない(人).

चीयाँ /cīyā̃ チーヤーン/ ▸चियाँ *m.* ☞चियाँ

चीर[1] /cīra チール/ [<OIA.n. *cīra-* 'strip (of bark or cloth)': T.04843; DED 2056, 2161] *m.* (布などの)細長い一片.

चीर[2] /cīra チール/ [cf. *चीरना*] *f.* 切開;切り目, 裂け目.

चीर[3] /cīra チール/ ▸चीड़ *f.* ☞चीड़

चीरना /cīranā チールナー/ [<OIA. **cīrayati* 'splits': T.04844] *vt.* (*perf.* चीरा /cīrā チーラー/) **1** 切り裂く;切開する;(鋸で)挽く. ❐सुबह दरवाज़ा चीरा गया तो दोनों की लाशें छत से लटक रही थीं। 朝ドアが破られると, 二人の死体が天井からぶら下がっていた. ❐वह बैठी रो रही थी, जैसे कोई उसके हृदय को आरे से चीर रहा हो। 彼女は腰を下ろしたまま泣いていた, まるで誰かが彼女の胸を鋸で挽いているかのように(=耐えられないほどの苦痛を与えているかのように). **2** (群衆を)かき分ける;(船が)波をかき分ける. ❐तीनों आदमी भीड़ चीरते हुए मिल के सामने जा पहुँचे। 三人の男たちは群衆をかき分けながら工場の前に到達した.

चीर-फाड़ /cīra-pʰāṛa チール・パール/ *f.* 〖医学〗切開(手術).

चीरा /cīrā チーラー/ [cf. *चीरना*] *m.* **1** 〖医学〗切開(手術). ❐～ देना [लगाना] 切開する. **2** 〖医学〗切り傷;切り口. **3**〔卑語〕処女性. ❐～ उतारना [तोड़ना] 処女を奪う.

चील /cīla チール/ [<OIA.m. *cilli-* 'a kind of bird of prey': T.04829] *f.* 〖鳥〗トビ.

चीलड़ /cīlaṛa チーラル/ ▸चिल्लड़ *m.* ☞चिल्लड़

चीवर /cīvara チーワル/ [←Skt.n. *चीवर-* 'the dress or rags of a religious monk'] *m.* (古代インドの修行者が身にまとう)ぼろ.

चीस /cīsa チース/ [<OIA. **cīssa-* 'sharp pain': T.04847] *f.* ずきずきする痛み.

चुंगल /cuṃgala チュンガル/ ▸चंगुल *m.* ☞चंगुल

चुंगी /cuṃgī チュンギー/ [?<OIA. **cuṅga-* 'octroi duty': T.04852z1; ?←Drav.n. *cuṅkam* ←OIA.n. *śulká-* 'price, value': T.12543] *f.* 〖経済〗(国内に持ち込む物品に課税される)関税;(市内に持ち込む物品に課税される)物品入市税. ❐～ का दफ़्तर 税関. ❐～ की चौकी 物品入市税徴収所. ❐～ देना 関税[物品入市税]を払う. ❐अदन फ़्री पोर्ट है, यानी चुंगी-फुंगी वहाँ नहीं लगती। アデンは自由港である, つまり関税なんていうものはそこではかからないのだ.

चुंगी-कचहरी /cuṃgī-kacaharī チュンギー・カチハリー/ *f.* 〖経済〗税関(事務所).

चुंगी-घर /cuṃgī-gʰara チュンギー・ガル/ *m.* 〖経済〗料金所.

चुंच /cuṃca チュンチ/ ▸चोंच *f.* ☞चोंच

चुँदरी /cũdarī チュンドリー/ ▸चुनरी *f.* ☞चुनरी[1]

चुंधा /cuṃdʰā チュンダー/ [*culla-*[1] × *andhá-* : T.04876] *adj.* **1** 視力が弱い(動物). **2** 小さな目をもつ(動物).

चुँधियाना /cũdʰiyānā チュンディヤーナー/ ▸चौंधियाना *vi.* (*perf.* चुँधियाया /cũdʰiyāyā チュンディヤーヤー/) ☞चौंधियाना

चुंबक /cuṃbaka チュンバク/ [←Skt.m. *चुम्बक-* 'kisser; lodestone'] *m.* **1** 〖鉱物〗天然磁石. **2** 磁石. ❐विद्युत् ～ 電磁石. ❐स्थायी ～ 永久磁石.

चुंबकत्व /cuṃbakatva チュンバクトオ/ [neo.Skt.n. *चुम्बक-त्व-* 'magnetism'] *m.* 〖物理〗磁力, 磁気, 磁性;磁気作用.

चुंबकीय /cuṃbakīya チュンバキーエ/ [neo.Skt. *चुम्बकीय-*] *adj.* 磁気の, 磁気を帯びた. ❐～ क्षेत्र 〖物理〗磁場. ❐～ टेप 磁気テープ.

चुंबन /cuṃbana チュンバン/ [←Skt.n. *चुम्बन-* 'kissing, kiss'] *m.* キス, 口づけ, 接吻(せっぷん). (⇒बोसा) ❐(का) ～ करना(…に)口づけをする. ❐(का) ～ लेना(人の)口づけを受ける. ❐(को) ～ देना(人に)口づけをする. ❐(पर) ～ देना(身体部位・ものなどに)口づけをする.

चुंबित /cuṃbita チュンビト/ [←Skt. *चुम्बित-* 'kissed; touched closely or softly'] *adj.* **1** キスされた, 口づけされた. **2** 触れた, 接触した.

चुंबी /cuṃbī チュンビー/ [←Skt. *चुम्बि-* 'kissing; touching closely'] *adj.* **1** 口づけしようとする. **2** 触れる.

चुआना /cuānā チュアーナー/ ▸चुवाना [caus. of *चूना*] *vt.* (*perf.* चुआया /cuāyā チュアーヤー/) したたらせる.

चुक़ंदर /cuqaṃdara チュカンダル/ *m.* 〖植物〗赤カブ(蕪).

चुकंदर /cukaṃdara チュカンダル/ [←Pers.n. چکندر 'beet-root'] *m.* 〖植物〗チュカンダル《アカザ科のビートの中で根を食用とする改良品種, ビートルート》.

चुकता /cukatā チュクター/ [cf. *चुकना*] *adj.* 支払われた, 精算された《語形変化はしない》. ❐अपना हिसाब ～ कर लेना 自分の勘定を支払う. ❐आपको दादा ने हाल तक का लगान ～ कर दिया। あなたには祖父が現在までの借地料を支払っている.

चुकना /cukanā チュクナー/ [<OIA. **cukk-* 'fall short of, stop': T.04848] *vi.* (*perf.* चुका /cukā チュカー/) **1** 完結する;(負債・支払いなどが)完済[精算]される. **2** 尽きる, 涸渇する. ❐घर में आटा चुक गया। 家では小麦粉が底をついてしまった. **3** (問題・争議・紛争などが)調停される.

— *compound v.* (*perf.* चुका /cukā チュカー/) …しつくす；…し終わる《先行する〖動詞語幹〗とともに複合動詞を形成》. ❒मैं दुनिया देख चुका हूँ। 私は世間を見てしまった. ❒अभी दो हफ़्ते पहले मैं उनसे मिल चुका था। ほんの二週間前私は彼に会っていた. ❒उनकी पत्नी को मरे आज दस साल हो चुके थे। 彼の妻が亡くなって今日 10 年がたった. ❒मैं उनका विद्यार्थी रह चुका था। 私は彼の学生だったことがあった.

चुकवाना /cukavānā チュクワーナー/ [caus. of *चुकना, चुकाना*] *vt.* (*perf.* चुकवाया /cukavāyā チュクワーヤー/) (負債などを) 支払わせる；支払ってもらう.

चुकाना /cukānā チュカーナー/ [cf. *चुकना*] *vt.* (*perf.* चुकाया /cukāyā チュカーヤー/) **1** 完結させる；(負債・支払いなどを) 完済[精算]する；償う. ❒मैंने कर्ज़ चुकाया। 私は負債を完済した. ❒अपना बिल चुकाओ। 自分の勘定を済ませろよ. ❒अपनी इस भूल की क़ीमत वे ज़िंदगी भर चुकाते रहे। 自分のこの過ちの代償を彼は一生償いつづけた. ❒हमें भी इसका कुछ बदला चुकाना चाहिए। 我々もこの仕返しはしなければいけない. **2** (問題・争議・紛争などを) 調停する.

चुगना /cuganā チュグナー/ [<OIA. **cugyati* 'pecks': T.04852] *vt.* (*perf.* चुगा /cugā チュガー/) **1** (鳥がくちばしで) ついばむ. (⇒चुनना) **2** (少しずつ) 食べる. (⇒चुनना) ❒कब तक चुगते रहोगे, खाना ख़त्म करो। いつまでぐずぐず食べているんだ, 食事を終わらせろ. **3** (綿花などを) 摘み取る.

चुग़ल /cuğala チュガル/ [←Pers.n. چغل 'an informer' ←Turk. چوغول] *m.* ☞चुग़लख़ोर

चुग़लख़ोर /cuğalaxora チュガルコール/ [←Pers.n. چغل خور 'tale-bearer, backbiter, calumniator, slanderer'] *m.* 陰口を言う人；告げ口をする人.

चुग़लख़ोरी /cuğalaxorī チュガルコーリー/ [←Pers.n. چغل خوری 'backbiting'] *f.* 陰口；告げ口. (⇒चुग़ली)

चुग़ली /cugalī チュガリー/ [←Pers.n. چغلی 'tale-bearing, backbiting'] *f.* 陰口；告げ口. (⇒चुग़लख़ोरी) ❒(से) (की) ~ करना (人に) (人の) 陰口を言う. ❒(की) ~ खाना [लगाना] (人の) 陰口を言う.

चुगवाना /cugavānā チュグワーナー/ ▸चुगाना [caus. of *चुगना*] *vt.* (*perf.* चुगवाया /cugavāyā チュガワーヤー/) ☞चुगाना

चुगा /cugā チュガー/ ▸चुग्गा [cf. *चुगना*] *m.* (鳥がくちばしでついばむ) ひとかけら.

चुगाई /cugāī チュガーイー/ [cf. *चुगना, चुगाना*] *f.* **1** 鳥に餌をあげる仕事；その手間賃. **2** (綿花などを) 摘み取る仕事；その手間賃. ❒कपास की ~ करना 綿花を摘み取る.

चुगाना /cugānā チュガーナー/ ▸चुगवाना [caus. of *चुगना*] *vt.* (*perf.* चुगाया /cugāyā チュガーヤー/) (鳥に) ついばませる.

चुग्गा /cuggā チュッガー/ ▸चुगा *m.* ☞चुगा

चुटकना /cuṭakanā チュタクナー/ [<OIA. *cúṇṭati* 'cuts off': T.04858z2] *vt.* (*perf.* चुटका /cuṭakā チュトカー/) 指でつまむ；つまんで引き抜く.

चुटकी /cuṭakī チュトキー/ [cf. *चुटकना*] *f.* **1** (親指と人差し指で) つまむこと；ひとつまみ. ❒~ भर नमक ひとつまみの塩. ❒(को [के]) ~ काटना [भरना] (人を) つねる. ❒(को) ~ से पकड़ना (…を) 指でつまんで持つ. **2** 洗濯ばさみ. **3** パチンと指を鳴らすこと；一瞬 (の時間). ❒~ [चुटकियाँ] बजाना 指を鳴らす. ❒ऐसी मिलें मैं चुटकियों में खोल सकता हूँ। こんな工場は私はたちどころに開設することができるさ. **4** チュトキー《絹織物などにほどこされる手の込んだ刺繍の一種》. **5** 皮肉, 嫌味, 当てこすり. ❒(को) ~ मिलना (人が) 嫌味を言われる. ❒(पर) ~ लेना (…について) 嫌味を言う.

चुटकुला /cuṭakulā チュトクラー/ *m.* 小話, ジョーク.

चुटिया /cuṭiyā チュティヤー/ [<OIA.m. *cū́ḍa-*[1] 'protuberance on brick': T.04883] *f.* **1** 〖ヒンドゥー教〗チュティヤー《ヒンドゥー教の男子が頭頂部に残す一房の髪の毛；死後, 神がこれをつかんで天国に連れていってくれるという俗信がある》. (⇒चूड़ा, चोटी) **2** (女性の) 髪飾りの一種.

चुटीला[1] /cuṭīlā チュティーラー/ [cf. *चोट*] *adj.* **1** 傷ついた. **2** 辛辣な. ❒उनके काव्य में ~ व्यंग्य था। 彼の詩には辛辣な風刺が含まれていた. ❒वह अपनी चुटीली बातों से, बिना ख़ुद हँसे, आपको हँसा सकता है। 彼は自身の辛辣な言葉で, 自らは笑わずに, あなたを笑わすことができるのだ.

चुटीला[2] /cuṭīlā チュティーラー/ [cf. *चुटिया*] *m.* **1** チュティーラー《編んだ髪を飾るアクセサリーの一種》.

चुड़ /cuṛa チュル/ ▸चुड्ड [<OIA. **cuḍa-, *cuḍḍa-* 'vulva': T.04858z1] *f.* 〔卑語〕女陰, 膣.

चुड़ैल /cuṛaila チュラエール/ [cf. *चुड़*] *f.* **1** 魔女, 鬼女《俗信では妊娠中または出産時に死んだ女の悪霊とされる》. **2** 性悪女；醜い女. ❒इसी ~ ने उसे कुछ खिला-पिलाकर अपने वश में कर लिया। この性悪女が彼にちょっと食べさせたり飲ませたりして自分の意のままにしてしまった.

चुड्ड /cuḍḍa チュッド/ ▸चुड़ *f.* ☞चुड़

चुदना /cudanā チュドナー/ [cf. *चोदना*] *vi.* (*perf.* चुदा /cudā チュダー/) 〔卑語〕(女が) (男と) 性交する.

चुदवाना /cudavānā チュドワーナー/ ▸चुदाना *vt.* (*perf.* चुदवाया /cudavāyā チュダワーヤー/) ☞चुदाना

चुदाना /cudānā チュダーナー/ ▸चुदवाना [caus. of *चुदना, चोदना*] *vt.* (*perf.* चुदाया /cudāyā チュダーヤー/) (女が) (男に) 性交させる.

चुनचुना /cunacunā チュンチュナー/ [?onom.] *adj.* (傷などが) ひりひりする；むずむずする.

— *m.* 〖医学〗線虫, 蟯虫 (ぎょうちゅう).

चुनचुनाना /cunacunānā チュンチュナーナー/ [cf. *चुनचुना*] *vi.* (*perf.* चुनचुनाया /cunacunāyā チュンチュナーヤー/) (傷などが) ひりひり痛む.

चुनट /cunaṭa チュナト/ ▸चुन्नट *f.* ☞चन्नट

चुनन /cunana チュナン/ [cf. *चुनना*] *f.* ☞चन्नट

चुननदार /cunanadāra チュナンダール/ [*चुनन* + *-दार*] *adj.* ひだ飾りのついた, ギャザーのはいった

चुनना /cunanā チュンナー/ ▸चिनना [<OIA. *cinṓti* 'heaps

up': T.04814] *vt.* (*perf.* चुना /cunā チュナー/) **1** (必要なものを)選ぶ, ピックアップする;選抜する;選択する. (⇒छाँटना) ❐आपने एम० ए० में हिंदी विषय क्यों चुना? あなたは修士課程でヒンディー語を何故選択したのですか? ❐२० जून को चुने गये विद्यार्थियों की सूची सूचना-पट्ट पर लग जाएगी। 6月20 日に選抜された学生のリストが掲示板に掲げられるでしょう. ❐अपने पिता के दिए हुए नाम को बदलकर उन्हें अपने लिए दूसरा नाम चुनने की सनक सवार हुई। 父親がつけてくれた名前を変えて, 彼は, 自分のために別の名前を選ばねばという強迫観念に取りつかれた. **2** 選出[選挙]する. ❐नेताओं ने उन्हें प्रधानमंत्री पद के लिए उम्मीदवार चुन लिया। 指導者たちは彼を首相職の候補者に選出した. ❐वे भारत के प्रधानमंत्री चुने गए। 彼はインドの首相に選出された. **3** (花を)摘む. ❐वहाँ लड़कियाँ अपनी इच्छा के अनुसार फूल चुनती और माला बनाती थीं। そこでは, 乙女たちが思いのままに花を摘み花輪を作っていました. **4** ついばむ. (⇒चुगना) ❐कबूतर ज़मीन पर पड़े हुए दाने चुन रहे हैं। 鳩が地面に落ちている穀粒をついばんでいる. **5** (食卓・本棚などに)こぎれいに並べて置く. **6** (レンガの)壁でふさぐ;壁にうめこむ. ❐उस कोठरी का दरवाज़ा ईंट से चुन दिया गया। その小屋の戸口はレンガの壁でふさがれた. ❐(को) दीवार में चुनना। (人を)壁に塗りこめる《中世の死刑の一種》. **7** (衣服の)ひだができるようにつまむ;ギャザーをつける, 折り目をつける.

चुनरी[1] /cunarī チュンリー/ ▸चुँदरी [cf. *चुनना*] *f.* チュンリー《(赤い)絞り染めの布》.

चुनरी[2] /cunarī チュンリー/ ▸चूनरी [cf. *चुन्नी*] *f.* ざくろ石, ガーネット.

चुनवाना /cunavānā チュンワーナー/ ▸चुनाना [caus. of *चुनना*] *vt.* (*perf.* चुनवाया /cunavāyā チュンワーヤー/) 選ばせる;選んでもらう.

चुनाँचे /cunā̃ce チュナーンチェー/ [←Pers.conj. چنانچه 'according to what'] *conj.* それ故に, だから.

चुनाई /cunāī チュナーイー/ ▸चिनाई *f.* レンガを積む仕事;その手間賃.

चुनाना /cunānā チュナーナー/ ▸चुनवाना [caus. of *चुनना*] *vt.* (*perf.* चुनाया /cunāyā チュナーヤー/) ☞चुनवाना

चुनाव /cunāva チュナーオ/ [cf. *चुनना*] *m.* **1** 選択;選抜, ピックアップ. (⇒इंतख़ाब, चयन) ❐विषयों का ～ मैंने स्वयं किया था। テーマの選択を私は自らした. ❐पोशाक का ～ 服選び. **2** 選挙. (⇒इंतख़ाब, इलेक्शन, निर्वाचन) ❐आम ～ 総選挙. ❐मध्यावधि ～ 中間選挙. ❐～ आयोग 選挙管理委員会. ❐～ जीतना [हारना] 選挙に勝つ[負ける]. ❐～ लड़ना 選挙を戦う. **3** (服の)ひだ, ギャザー.

चुनावी /cunāvī チュナーヴィー/ [*चुनाव* + *-ई*] *adj.* 選挙の. ❐～ भविष्यवाणी 選挙(開票)予想.

चुनिंदा /cunimdā チュニンダー/ [←Pers.adj. چنیده 'gathered, culled, picked up'; cf. *चुनना*] *adj.* 精選された, 選り抜きの. ❐ख़ास तौर पर मार्क्सवाद पर उसके पास ～ किताबें थीं। 特にマルクス主義について彼は精選された本を所有していた. ❐२० ～ खिलाड़ी 20 人の選抜選手.

चुनौती /cunautī チュナオーティー/ ▸चिनौती [cf. *चुनना*] *f.* **1** 挑戦, チャレンジ;反抗, 対抗. (⇒चैलेंज, ललकार) ❐(को) ～ देना (人に)挑戦状を突きつける. ❐(की) ～ स्वीकार करना (人の)挑戦を受けて立つ. **2** 鼓舞.

चुन्नट /cunnaṭa チュンナト/ ▸चुनट [cf. *चुनना*] *f.* (布地の)ギャザー, ひだ.

चुन्नटदार /cunnaṭadāra チュンナトダール/ [*चुन्नट* + *-दार*] *adj.* ギャザーのある, 縫いひだのある(布地).

चुन्नी /cunnī チュンニー/ [<OIA. *cūrṇita-* 'reduced to powder': T.04895z1] *f.* **1** (穀類の)砕かれた粉, 残りくず. **2** かんなくず. **3**〖鉱物〗(小さな)ルビー;ルビーの小片.

चुप /cupa チュプ/ [<OIA. **cuppa-*[1] 'silent': T.04864] *adj.* 黙って, 沈黙して;無言で, 静かに. (⇒ख़ामोश, मौन) ❐उन्होंने सबको ～ कराया। 彼は皆を黙らせた. ❐अब आप थोड़ी देर के लिए ～ रहिए। 今はあなたはしばらく黙っていてください. ❐वह कुछ देर ～ रही, फिर बोली। 彼女はしばらく無言だった, それから口を開いた.

— *f.* 沈黙.

चुपका /cupakā チュプカー/ [cf. *चुप*] *adj.* 無言の, 沈黙の《この語は常に चुपके の形で副詞的「そっと, こっそりと, ひそかに」に使用される》. ❐चुपके चुपके 黙ったまま, ひそかに. ❐वह चुपके से वहाँ से सरक गया। 彼はそっとその場から抜け出した.

चुपचाप /cupacāpa チュプチャープ/ [echoword; cf. *चुप*] *adv.* 黙って, 沈黙して;無言で, 静かに. ❐वह ～ सुनता रहा। 彼は黙って聞き続けた.

चुपड़ना /cupaṛanā チュパルナー/ [<OIA. **cuppa-*[2], **cōppa-* 'oily': T.04865] *vt.* (*perf.* चुपड़ा /cupaṛā チュプラー/) **1** (油やバターなどべとべと[ねばねば]した(चिपचिपा) ものを)ぺたぺた[べたべた]塗る[なすりつける]. ❐गरम-गरम रोटियों पर घी चुपड़कर परोसिए। ほかほかのローティーにギーを塗ってお出ししてください. ❐उसने तेल लेकर मुँह पर और देह पर चुपड़-चुपड़कर मल लिया। 彼は油を取って, 顔と体にぺたぺた塗ってこすりつけた. **2** (罪などを)なすりつける. **3** (甘言で)言い繕う, 弁解する.

चुपड़ा /cupaṛā チュプラー/ [cf. *चुपड़ना*] *adj.* **1** (油などが塗られて)べとべとした. **2** 目やにがいっぱいの.

चुपाना /cupānā チュパーナー/ [cf. *चुप*] *vt.* (*perf.* चुपाया /cupāyā チュパーヤー/) (泣いてる子どもなどを)黙らせる.

चुप्पा /cuppā チュッパー/ [cf. *चुप*] *adj.* **1** 無口な(人), おとなしい, 内気な. **2** 陰険な. (⇒घुन्ना)

चुप्पी /cuppī チュッピー/ [<OIA. **cuppa-*[1] 'silent': T.04864] *f.* 沈黙, 無言. (⇒ख़ामोशी) ❐वह ～ साधे बैठा रहा। 彼は沈黙を守って座り続けた. ❐उसने भी ～ साध ली थी। 彼もだんまりを決め込んだ. ❐उसने ～ तोड़ी। 彼は沈黙を破った.

चुभकना /cubʰakanā チュバクナー/ [?<OIA. **CUBH* 'pierce': T.04866z1] *vi.* (*perf.* चुभका /cubʰakā チュバカー/) (水鳥などが)水に飛び込む, 潜る.

चुभना /cubʰanā チュブナー/ [<OIA. **cubhyatē* 'is pierced': T.04867] *vi.* (*perf.* चुभा /cubʰā チュバー/) **1**

(とげ・針など細く尖ったものが)刺さる，突き刺さる． ❐ पैर में काँटा चुभ गया। 足にとげが刺さった． **2** (鋭利な刃物などが)突き立てられる，突き刺さる．(⇒गड़ना) **3** (突き刺すように)ちくちく[ずきずき]痛む，うずく；(精神的に)痛みを感じる，苦しむ．(⇒रड़कना) ❐उसकी हँसी में कही बात मेरे मन में चुभ गई। 彼が冗談で言ったことが私の胸に突き刺さった． ❐उसने मेरी ओर बरछी की-सी चुभनेवाली आँखों से देखा। 彼女は私の方を，槍のように突き刺さる視線で見た． ❐उसने अपने इतने ही जीवन में बहुत अपमान सहा था, बहुत दुर्दशा देखी थी; लेकिन आज यह फाँस जिस तरह उसके अंतःकरण में चुभ गयी, वैसी कभी कोई बात न चुभी थी। 彼は自身のこれまでの人生で多くの侮辱を耐えていたし，また多くの悲惨な目にもあっていた；しかし今日このとげのような言葉が彼の心の奥深く突き刺さったようには，かつてどんな言葉も突き刺さすことはなかった．

चुभवाना /cub^hạvānā チュブワーナー/ [caus. of *चुभना, चुभाना*] *vt.* (*perf.* चुभवाया /cub^hạvāyā チュブワーヤー/) 突き刺させる；突き刺してもらう．

चुभाना /cub^hānā チュバーナー/ ▸चुभोना [cf. *चुभना*] *vt.* (*perf.* चुभाया /cub^hāyā チュバーヤー/) **1** (細く尖ったものを)刺す，突き刺す．(⇒कोंचना) ❐मैंने अपनी उँगली में पिन चुभा दिया। 私は自分の指にピンを突き刺した． ❐डाक्टर ने मेरी बाँह में सुई चुभा दी। 医者は私の腕に注射針を突き刺した． **2** (鋭利な刃物などを)突き入れる，突き立てる，突き刺す．(⇒गड़ाना, घुसाना, घोंपना, धँसाना)

चुभोना /cub^honā チュボーナー/ ▸चुभाना *vt.* (*perf.* चुभोया /cub^hoyā チュボーヤー/) ☞चुभाना

चुमकारना /cumạkārạnā チュムカールナー/ [onom.] *vt.* (*perf.* चुमकारा /cumạkārā チュムカーラー/) (子ども・動物に対し)チュチュ (चुम-चुम) と口で音を出し呼ぶ；かわいがる，甘やかす．(⇒पुचकारना) ❐हम बच्चों को वह कभी चुमकार सकता था, तो कभी चाँटा भी जड़ सकता था। 私たち子どもを，彼は時には猫かわいがりするかと思えば，時には平手打ちをくらわすような人だった．

चुमवाना /cumạvānā チュムワーナー/ ▸चुमाना *vt.* (*perf.* चुमवाया /cumạvāyā チュムワーヤー/) ☞चुमाना

चुमाना /cumānā チュマーナー/ ▸चुमवाना [caus. of *चूमना*] *vt.* (*perf.* चुमाया /cumāyā チュマーヤー/) キスさせる；キスしてもらう．

चुम्मा /cummā チュムマー/ [<OIA.m. *cumba-* 'kissing': T.04868] *m.* キス，口づけ，接吻(せっぷん)． ❐～ देना キスする． ❐～ लेना キスされる．

चुर /curạ チュル/ [onom.] *f.* 〔擬音〕ぱり，ぽり，ぼき《乾いたもろいものが割れる音》．

चुरचुरा /curạcurā チュルチュラー/ [cf. *चुर*] *adj.* ぱりぱり(音の)する《薄くて乾いたもろいもの》． ❐～ पापड़ ぱりぱりするパーパル．

चुरट /curaṭạ チュラト/ [←Eng.n. *cheroot*] *m.* 両切り葉巻．

चुरना[1] /curạnā チュルナー/ [<OIA. *cōráyati, cōŕáyati* 'steals': T.04933] *vi.* (*perf.* चुरा /curā チュラー/) 盗まれる．

चुरना[2] /curạnā チュルナー/ [?<OIA. *cūrṇayati* 'pulverizes': T.04894] *vi.* (*perf.* चुरा /curā チュラー/) (米・豆などが)煮られる．

चुरमुर /curạmurạ チュルムル/ [echoword; cf. *चुर*] *m.* 〔擬音〕ぽり，ぱり(という音)．

चुरमुरा /curạmurā チュルムラー/ [cf. *चुरमुर*] *adj.* ぽりぽりの，ぱりぱりの，かりかりの．

चुरवाना /curạvānā チュルワーナー/ [caus. of *चुरना*[1], *चुराना*] *vt.* (*perf.* चुरवाया /curạvāyā チュルワーヤー/) 盗ませる；盗んでもらう．

चुराना /curānā チュラーナー/ [cf. *चुरना*] *vt.* (*perf.* चुराया /curāyā チュラーヤー/) **1** 盗む，かすめ取る，くすねる；剽窃する，盗作する． ❐इन्हीं दोनों औरतों ने मेरी बसनी चुराई है, इन्हीं दोनों ने। この二人の女が私のバッグを盗んだんです，この二人の女が． ❐इस पुस्तक में सोना चुरानेवाले सुनारों की ६४ कलाएँ हैं। この本には，金をくすねる金細工師の 64 通りの技巧が載っている． ❐उन दिनों कवि लोग इस बात का ध्यान रखते थे कि कोई उनकी रचना चुरा न ले, सुनकर याद करके अपने नाम से चला न दे। 当時の詩人たちが注意を払っていたのは，誰かが自分の作品を剽窃しないように，また聞いた後記憶して自身の名前で発表しないように，ということだった． **2** (人の心を)奪う，魅惑する，とりこにする． ❐उसने इसका मन चुरा लिया। 彼は彼女の心を奪ってとりこにしてしまった． **3** (人から)隠す，見えなくする；(人の目を)盗む． ❐उसने लज्जा से आँखें चुराकर कहा -- तुम्हारे घर यों न जाऊँगी। 彼女は恥ずかしさで目をそらして言った -- あんたの家にこのままじゃ行けないわ． ❐मैंने उसकी आँखें चुराकर इशारा किया। 私は彼の目を盗んで合図を送った． ❐विवाह आपको करना पड़ेगा, क्योंकि आप विवाह से मुँह चुरानेवाले मर्दों को कायर कह चुके हैं। 結婚をあなたはせざるをえないわ，何故ならあなたは結婚から顔をそむける男は臆病者だと言ってしまったからよ．

चुल /culạ チュル/ [<OIA. **cul-* 'fidget, itch': T.04874] *f.* **1** (かゆみの)むずむず，むずがゆさ． **2** (抑えがたい)欲望；うずうず，むずむず，そわそわ；(性欲などの)うずき，むらむら．

चुलचुलाना /culạculānā チュルチュラーナー/ [cf. *चुल*] *vi.* (*perf.* चुलचुलाया /culạculāyā チュルチュラーヤー/) **1** (かゆみで)むずむずする，むずがゆい． **2** (抑えがたい欲望で)うずうずする，むずむずする，そわそわする；(性欲などで)うずく，むらむらする．

चुलबुल /culạbulạ チュルブル/ [echoword; cf. *चुल*] *f.* **1** そわそわしていること，落ち着きのない状態；せかせかしている様子．(⇒चुलबुलापन, चुलबुलाहट) **2** (気性が)陽気であること，にぎやかであること；茶目っ気があること，おどけていること．(⇒चुलबुलापन, चुलबुलाहट) **3** うわついた様子，軽薄さ．(⇒चुलबुलापन, चुलबुलाहट)

चुलबुला /culạbulā チュルブラー/ [cf. *चुलबुल*] *adj.* **1** そわそわしている，落ち着きのない；せかせかしている． **2** (気性が)陽気な，にぎやかな；茶目っ気のある，おどけた． **3** うわついている，軽薄な．

चुलबुलाना /culạbulānā チュルブラーナー/ [cf. *चुलबुला*] *vi.*

(*perf.* चुलबुलाया /culạbulāyā チュルブラーヤー/) そわそわする;(心が)高鳴る. ❐उसका मन चुलबुला उठा। 彼女の胸は高鳴った.

चुलबुलापन /culạbulāpanạ チュルブラーパン/ [*चुलबुला* + *-पन*] *m.* うわついた様子. (⇒चुलबुल) ❐सहज-प्रसन्नता उसके चेहरे पर न थी, न ~ जिसकी प्रत्याशा उसकी अवस्था की लड़कियों में की जाती है। 自然な明るさは彼女の顔にはなかったし, うわついた様子もなかった, それは彼女の年頃の少女たちには予想されるものだったのだが.

चुलबुलाहट /culạbulāhaṭạ チュルブラーハト/ [*चुलबुलाना* + *-आहट*] *f.* ☞चुलबुल

चुल्लू /cullū チュッルー/ [<OIA.m. *culu-* 'handful of water': T.04875] *m.* **1** (水をすくうため)手のひらをくぼめた形. ❐उसने थोड़ा-सा पानी ~ में लेकर पिया। 彼は少しの水を手のひらですくって飲んだ. ❐ऐसे मर्द को तो चुल्लू-भर पानी में डूब मरना चाहिए। そんな男は手のひらほどの水で溺れ死ぬべきだ《「大恥をかくべきだ」の意》. **2** 一口分の水.

चुवाना /cuānā チュアーナー/ ▸चुआना [caus. of *चूना*] *vt.* (*perf.* चुवाया /cuāyā チュアーヤー/) ☞चुआना

चुसकी /cusạkī チュスキー/ ▹चुस्की [cf. *चूसना*] *f.* (飲みものの)一すすり, 一口. ❐चाय की चुसकियाँ लेना। 茶をすする.

चुसना /cusạnā チュスナー/ [cf. *चूसना*] *vi.* (*perf.* चुसा /cusā チュサー/) **1** (唇を押し付けて)(液汁が)吸われる, すすられる;吸収される;(指・乳首などが)しゃぶられる. **2** 食い物にされる, 搾取される.

चुसनी /cusạnī チュスニー/ [cf. *चुसना*] *f.* **1** (赤ん坊の)おしゃぶり. **2** (赤ん坊の)哺乳瓶.

चुसवाना /cusạvānā チュスワーナー/ ▸चुसाना [caus. of *चुसना, चूसना*] *vt.* (*perf.* चुसवाया /cusạvāyā チュスワーヤー/) 吸わせる;吸ってもらう.

चुसाई /cusāī チュサーイー/ [cf. *चुसाना*] *f.* (乳などを)吸わせる仕事;その手間賃.

चुसाना /cusānā チュサーナー/ ▸चुसवाना [caus. of *चुसना, चूसना*] *vt.* (*perf.* चुसाया /cusāyā チュサーヤー/) ☞चुसवाना

चुस्की /cuskī チュスキー/ ▹चुसकी *f.* ☞चुसकी

चुस्त /custạ チュスト/ [←Pers.adj. چست 'quick, brisk, active, fleet'] *adj.* **1** (動作が)きびきびしている;さっそうとしている;身が軽い;はしこい. **2** 頭の回転が速い, 利口な, 賢い;目先がきく, 抜け目がない. **3** (服が)ぴったりしている, たるみのない;ぴっちりしている.

चुस्ती /custī チュスティー/ [←Pers.n. چستی 'agility, alertness, activity, velocity, fleetness'] *f.* **1** 機敏さ;敏捷さ;身軽さ. (⇒फुरती) **2** 利口さ, 賢さ;抜け目なさ. **3** (服の)ぴったりとした仕立て;ぱりっとした見ばえ.

चुहल /cuhalạ チュハル/ ▸चुहुल [?cf. *चहचहाना*] *m.* 冗談, 軽口, からかい. ❐उसे ~ की सूझी। 彼は冗談を思いついた. ❐(से [के साथ]) ~ करना (人と)軽口をたたく.

चुहलबाज़ /cuhalạbāzạ チュハルバーズ/ [*चुहल* + *-बाज़*] *adj.* (性格が)愉快な, 茶目っ気のある;楽天的な.

चुहलबाज़ी /cuhalạbāzī チュハルバーズィー/ [*चुहलबाज़* + *-ई*] *f.* (性格が)愉快なこと, 茶目っ気があること;楽天的なこと.

चुहिया /cuhiyā チュヒヤー/ [cf. *चूहा*] *f.* 〖動物〗雌ネズミ;小型のネズミ. (⇔चूहा)

चुहुल /cuhulạ チュフル/ ▸चुहल *m.* ☞चुहल

चूँ /cũ̄ チューン/ [onom.] *f.* **1**〔擬音〕(小鳥のさえずる声)チュン. **2** かすかな声・音《主に〖चूँ करना〗の形式で,「かすかな声を出す」の意;否定文で使用》. ❐किसी ने ~ तक न की। 誰一人声を出すものはいなかった《「(静まりかえって)咳(しわぶき)ひとつ聞こえなかった」の意》. ❐आप शौक़ से जाइए, कोई ~ तक नहीं कर सकता। あなたは安心して行ってください, 誰も文句すら言えませんよ.

चूँकि /cũ̄ki チューンキ/ [←Pers.conj. چونکہ 'for now, seeing that'] *conj.* …なので;《文頭に来る》.

चूँची /cũ̄cī チューンチー/ ▸चूची *f.* ☞चूची

चूँ-चूँ /cũ̄-cũ̄ チューン・チューン/ [onom.] *f.* 〔擬声〕チュンチュン《スズメや小鳥の鳴き声》.

चूक[1] /cūkạ チューク/ [cf. *चूकना*] *f.* **1** 欠点;失敗, へま, 落ち度, 過失. **2** 遺漏, 漏れ;手抜かり.

चूक[2] /cūkạ チューク/ [<OIA. *cukrá-* 'sour, sharp to the taste': T.04850] *m.* チューク《ライム (नीबू) などの汁から作る強い酸味の液体》.

चूकना /cūkạnā チュークナー/ [<OIA. **cukk-* 'fall short of, stop': T.04848] *vi.* (*perf.* चूका /cūkā チューカー/) **1** …することを怠る;…しそこなう;…し漏らす, …し落とす, …し忘れる《主に否定文で》. ❐वह भला अपने कर्तव्य से कब चूकनेवाला था। 彼が自分のすべきことをしそこなうはずがなかった. ❐मेरी आँखें यह देखने में न चूकीं कि अब वे पहले से बहुत अधिक एक दूसरे के निकट आ गए थे। 私の目は, すでに彼らが以前よりもかなり互いに親密になっていたことを, 見逃さなかった. **2** (標的を)はずす, はずれる.

चूची /cūcī チューチー/ ▸चूँची [<OIA. **cuccu-* 'female breast, nipple': T.04855; cf. DEDr 2436] *f.* **1** (女性の)乳首, 乳頭. **2** (女性の)胸.

चूज़ा /cūzā チューザー/ [←Pers.n. چوزه 'a chick, a young bird'] *m.* **1**〖鳥〗鶏のヒナ. **2**〔俗語〕(同性愛の対象としての)美少年[少女].

चूड़ा[1] /cūṛā チューラー/ [<Skt.f. *चूडा-* 'the hair on the top of the head, single lock or tuft left on the crown of the head after tonsure'] *f.* **1**〖ヒンドゥー教〗チューラー《ヒンドゥー教の男子が頭頂部に残す一房の髪の毛》. (⇒चुटिया, चोटी) **2**〖鳥〗(鳥の)とさか;冠毛. (⇒शिखा)

चूड़ा[2] /cūṛā チューラー/ [<OIA.m. *cūḍa-*[2] 'bracelet': T.04884] *m.* チューラー《手首につける大きめの飾り輪;普通象牙でできている》.

चूड़ी /cūṛī チューリー/ [cf. *चूड़ा*[2]] *f.* **1** チューリー《手首につける小さめの飾り輪, バングル;金属, ガラスなどさまざまな材質がある;ヒンドゥー教では既婚女性の幸福の象徴》. ❐चूड़ियाँ तोड़ना 未亡人になる. ❐(को) चूड़ियाँ

पहनाना（未亡人と）結婚する；（未亡人と）結婚させる． **2**（輪が重なったようにみえる）縫いひだ，ギャザー．

चूड़ीदार /cūṛīdāra チューリーダール/ [*चूड़ी* + *-दार*] *adj.* 輪状のひだのついた． ❐～ पाजामा チューリーダール・パージャーマー《膝からくるぶしの部分が足にぴったりするようにギャザーをいれたズボン》．

चूत /cūta チュート/ [<OIA. **cutta-*, **cūtta-* 'anus, vulva': T.04860] *f.*〔卑語〕（女性の）陰部．

चूतड़ /cūtaṛa チュータル/ [<OIA. **cutta-*, **cūtta-* 'anus, vulva': T.04860] *m.* 尻，臀部（でんぶ）．（⇒नितंब） ❐चूतड़ों के बल बैठना 尻を地面につけて座る． ❐मास्टर जी सज़ा के रूप में गिन-गिनकर लड़के के चूतड़ पर गोदे लगाते थे। 先生は罰として数えながら生徒のお尻を木の枝で打っていました．

चूतिया /cūtiyā チューティヤー/ [cf. *चूत*] *adj.*〔卑語〕馬鹿な，まぬけな，あほうな；いまいましい（奴）．

— *m.*〔卑語〕馬鹿野郎，まぬけ，あほう；いまいましい奴．

चून /cūna チューン/ [<OIA. *cūrṇa-* '*pulverized': T.04889] *m.* **1** 穀物の粉；小麦粉． **2** 粉，粉末．

चूनरी /cūnarī チューンリー/ ▸चुनरी *f.* ☞चुनरी

चूना[1] /cūnā チューナー/ [<OIA. *cyotati* 'flows, trickles, oozes, causes to stream forth': T.04948] *vi.* (*perf.* चुया /cuyā チュヤー/) **1** しみ出る，にじみ出る；したたる． **2**（果実が）熟して落ちる．

चूना[2] /cūnā チューナー/ [<OIA. *cūrṇa-* '*pulverized': T.04889] *m.* **1**〖化学〗石灰，生石灰；モルタル． ❐सफ़ेद चूने-पुते मकान 白いモルタル塗りの家． **2**〖化学〗（生石灰を水で溶かした）消石灰，水酸化ナトリウム《消毒作用がある;嗜好品パーン पान に欠かせない》．

चूनी /cūnī チューニー/ [cf. *चून*] *f.* 穀粒の粉．

चूनेदानी /cūnedānī チューネーダーニー/ *f.*（嗜好品パーンの材料である消石灰（चूना）を入れる）小さな箱または壺．

चूमना /cūmanā チュームナー/ [<OIA. *cúmbati* 'kisses': T.04870] *vt.* (*perf.* चूमा /cūmā チューマー/) **1** 口づけをする，キスする，接吻する． ❐मैंने उसके कपोलों को चूम लिया। 私は彼女の両頬に口づけをした． **2**（屈服して）ひれふす，ひざまずく． ❐दौलत मेरे पाँव चूमती थी। 富が私の足に口づけをしていた《「羽振りがよかった」の意》． **3**（はるかに高いものなどにあたかも）とどく，触れる．

चूमा /cūmā チューマー/ [<OIA.m. *cumba-* 'kissing': T.04868] *m.* 口づけ，キス，接吻． ❐(को) ～ देना（…に）口づけをする． ❐(का) ～ लेना（…の）口づけをうける．

चूर /cūra チュール/ ▸चूरा [<OIA. **cūra-* 'powder': T.04888] *adj.* **1** 粉々になった，粉砕された《人体の場合は普通「粉々になるほどひどく負傷した」の意》． ❐कंधों पर अनगिनती लाठियाँ पड़ी थीं, जिससे उसका एक-एक अंग ～ हो गया था। 肩に数えきれないほどの棍棒が打ち下ろされた，そのため彼の身体の各部は粉々になるほどひどく負傷した． ❐ये ही दोनों पहलवान उसका घमंड ～ करने के लिए गये। この二人のレスラーは彼の傲慢（ごうまん）さを打ち砕くために出かけて行った． ❐हड्डी-पसली सब ～ हो गया। 体の骨がみな粉々になるほどだった． **2** くたくたに疲れた，へとへとになった． ❐पहरे के सिपाही थककर ～ हो जाने के कारण निद्रा में मग्न हो गए हैं। 見張りの兵士たちは疲れてへとへとになったあまり眠りをむさぼっている． **3**（酒に）おぼれた，酔っぱらった；（喜びなどに）酔いしれた；（異性に）のぼせあがった． ❐वह बारह बजे के बाद नशे में ～ घर पहुँचा। 彼は 12 時過ぎに酔っぱらって家に着いた． ❐वह भी मेरे प्रेम-मद में ～ हो जाय। あの方も私の愛に酔いしれるようになればいいのに． ❐सब अभिमान के नशे में ～ थे। 全員が誇りの陶酔に酔いしれていた．

— *m.* 粉，粉末．

चूर-चूर /cūra-cūra チュール・チュール/ *adj.* 粉々になった，粉みじんになった；（自信などが）粉砕された． ❐उनका गर्व ～ कर दूँगी। 彼のうぬぼれを粉砕してやるわ． ❐उसका सारा घमंड ～ हो गया। 彼の思い上がりは粉々に打ち砕かれた． ❐खिड़की के शीशे ～ हो गया। 窓ガラスが粉々に割れた． ❐मटकी ～ हो गई थी। 水がめが粉々に割れた．

चूरन /cūrana チューラン/ [<Skt.n. *चूर्ण-* 'powder flour, aromatic powder, pounded sandal'] *m.* 粉，粉末．（⇒चूर्ण）

चूरमा /cūramā チュールマー/ [cf. *चूर*] *m.*〖食〗チュールマー《菓子の一種；パン粉（चूर）に砂糖とギー（घी）を混ぜてこねて油で揚げたもの》．

चूरा /cūrā チューラー/ ▸चूर *m.* ☞चूर

चूर्ण /cūrṇa チュールン/ [←Skt.n. *चूर्ण-* 'powder flour, aromatic powder, pounded sandal'] *m.* 粉；粉末．（⇒चूरन）

चूल /cūla チュール/ [<OIA.m. *cū́ḍa-*[1] 'protuberance on brick': T.04883] *f.*（ドアの蝶番の）軸；回転軸，旋回軸．

चूल्हा /cūlhā チュールハー/ [<OIA.f. *cullī-* 'fireplace': T.04879] *m.* **1**〖食〗（調理用の）かまど，炉《伝統的には一家の生活の象徴》． ❐उसने ～ जलाया। 彼女はかまどに火を入れた． ❐आज घर में ～ नहीं जला। 今日家ではかまどに火が入らなかった《貧困，悲嘆などの理由で火を使用した調理がなかったことをいう》． ❐रहने का घर एक ही था, चूल्हे दो जला करते थे। 住む家は一つだった，しかしかまどは二つだった《不仲などで台所が別のことをいう》． ❐तू जा चूल्हे में। お前はかまどに行ってしまえ《罵り「くたばってしまえ」の意》． **2**〖食〗調理用レンジ，こんろ．（⇒स्टोव） ❐गैस (का) ～ ガスレンジ．

चूषण /cūṣaṇa チューシャン/ [←Skt.n. *चूषण-* 'sucking (of a leech)'] *m.* 吸うこと，吸い出すこと． ❐शिश्न ～ フェラチオ．

चूसना /cūsanā チュースナー/ [<OIA. *cū́ṣati* 'sucks': T.04898] *vt.* (*perf.* चूसा /cūsā チューサー/) **1**（唇を押し付けて）（液汁を）吸う，すする；（指・乳首などを）しゃぶる．（⇒चचोड़ना） ❐कल मैंने बहुत से आम चूसे। 昨日，私はたくさんのマンゴー（の果汁）を吸った． ❐बच्चा अपना अँगूठा चूसता

है। 子どもは，自分の親指をしゃぶります． **2** 食いものにする，搾取する． ❒वह ग़रीबों का ख़ून चूसता है। 彼は，貧しい者たちの血を吸う(＝貧しい者を搾取する)．

चूहा /cūhā チューハー/ [＜OIA. **cūha-* 'rat, mouse': T.04899] *m.* 〖動物〗（雄）ネズミ．(⇒मूस)(⇔चुहिया)

चूहेदानी /cūhedānī チューヘーダーニー/ *f.* ネズミ取り． ❒～ में फँसाना [पकड़ना] ネズミ取りで捕まえる．

चेक[1] /ceka チェーク/ [←Eng.n. *cheque*] *adj.* チェックした． ❒(को) ～ करना（…を）チェックする．
— *m.* **1** 小切手，チェック． **2** 勘定書．(⇒बिल) **3** 格子縞，市松模様．(⇒चारख़ाना) ❒～ वाली कमीज़ 格子縞のシャツ．

चेक[2] /ceka チェーク/ [cf. Eng.n. *Czech* Republic] *m.* 〖国名〗チェコ(共和国)《首都はプラハ (प्राग)》． ❒～ गणराज्य チェコ共和国．

चेकोस्लोवाकिया /cekoslovākiyā チェーコースローワーキヤー/ [cf. Eng.n. *Czechoslovakia*] *m.* 〖国名〗（旧)チェコスロヴァキア(社会主義共和国)《1992年1月スロヴァキア(共和国) (स्लोवाकिया) が分離独立した後チェコ(共和国)となる；首都はプラハ (प्राग)》．

चेचक /cecaka チェーチャク/ [←Pers.n. چیچک 'the small-pox'] *f.* 〖医学〗天然痘；疱瘡．(⇒माता, शीतला) ❒उसे ～ निकल आयी। 彼に天然痘の症状が出た． ❒मुँह पर ～ के दाग़ 顔にある天然痘のあばた．

चेचकरू /cecakarū チェーチャクルー/ [←?Pers.adj. چیچک رو 'having the face marked by smallpox'] *adj.* あばた面の．

चेत /ceta チェート/ [cf. *चेतना*[2]] *m.* **1** 意識；感覚，知覚． **2** 記憶． **3** 警戒，用心，慎重．

चेतन /cetana チェータン/ [←Skt. *चेतन-* 'percipient, conscious'] *adj.* 意識のある，知覚のある．
— *m.* 意識，知覚；知性．

चेतनता /cetanatā チェータンター/ [←Skt.f. *चेतन-ता-* 'the state of a sentient or conscious being, intelligence'] *f.* 意識のあること，知覚のあること．

चेतना[1] /cetanā チェートナー/ [←Skt.f. *चेतना-* 'sense, consciousness'] *f.* **1** 〖医学〗知覚；意識． ❒उनकी ～ अंतिम समय तक बनी थी। 彼女の意識は最後の時まであった． ❒उसकी ～ लौटी। 彼の意識がもどった． **2** 認識；意識；精神．

चेतना[2] /cetanā チェートナー/ [＜OIA. *céttr̥-* 'attentive': T.04908] *vi.* (*perf.* चेता /cetā チェーター/) 正気になる；気づく． ❒अफ़सोस यही है कि मैं पहले क्यों न चेत गया। 残念なのは，何故私が最初に気がつかなかったかです．
— *vt.* (*perf.* चेता /cetā チェーター/) （人を）(良く・悪く）思う． ❒वह क्यों मेरा बुरा चेते। 彼がどうして私を悪く思うだろうか．

चेताना /cetānā チェーターナー/ ▸चिताना [cf. *चेतना*] *vt.* (*perf.* चेताया /cetāyā チェーターヤー/) **1** 思い出させる，気づかせる． **2** 忠告する，助言する．(⇒जतलाना, जताना) ❒इतना चेताने पर भी उसने विवेक से काम नहीं लिया। これほど忠告したのに，彼は冷静に着手しなかった． **3** 警告する．

चेतावनी /cetāvanī チェーターオニー/ [cf. *चेताना*] *f.* 警告；警報． ❒(को) ～ देना（…に)警告をする． ❒सूनामी ～ प्रणाली 津波警報システム．

चेन /cena チェーン/ [←Eng.n. *chain*] *f.* 鎖，チェーン．(⇒ज़ंजीर) ❒घड़ी की ～ 時計の鎖．

चेन्नई /cennaī チェーンナイー/ [cf. Eng.n. *Chennai*] *m.* 〖地名〗チェンナイ《タミル・ナードゥ州 (तमिल नाडु) の州都；旧名マドラス (मद्रास)》．

चेप /cepa チェープ/ [＜OIA. **cippa-, *cīppa-, *cēppa-* 'gummy matter': T.04819] *m.* **1** 粘り気，粘着性． **2** ねばねばしたもの《糊，樹脂，鳥もちなど》． **3** 目やに．

चेपदार /cepadāra チェープダール/ [*चेप* + *-दार*] *f.* ねばねばした，粘着性の．

चेपना /cepanā チェープナー/ [cf. *चेप*] *vt.* (*perf.* चेपा /cepā チェーパー/) 貼り付ける．

चेयर /ceyara チェーヤル/ [←Eng.n. *chair*] *f.* **1** 椅子．(⇒कुरसी)

चेयरमैन /ceyaramaina チェーヤルマェーン/ [←Eng.n. *chairman*] *m.* 議長．(⇒सभापति)

चेरा[1] /cerā チェーラー/ [＜OIA.m. *cēṭa-* 'slave': T.04902] *m.* **1** 召使． **2** 弟子．

चेरी[1] /cerī チェーリー/ [cf. *चेरा*] *f.* **1** 侍女． **2**（女の)弟子．

चेरी[2] /cerī チェーリー/ [←Eng.n. *cherry*] *f.* **1** 〖植物〗サクランボ(桜桃)． **2** 〖植物〗サクラ(桜)．

चेला /celā チェーラー/ [＜OIA. **cēlla-* 'boy': T.04911; cf. *चेरा*] *m.* （男の)弟子．(⇒शागिर्द, शिष्य)

चेली /celī チェーリー/ [*चेला*] *f.* （女の)弟子．

चेष्टा /ceṣṭā チェーシュター/ [←Skt.f. *चेष्टा-* 'action, activity, effort, endeavour, exertion'] *f.* **1** 動作，そぶり，挙動． ❒उसने उदासीन बनने की ～ करके पूछा, वहाँ क्या हो रहा है? 彼は無関心を装って質問した，あそこで何が起こっているんだい？ ❒उसने एक बार फिर उठने की ～ की। 彼はもう一度起き上がろうとした． **2** 努力，尽力． ❒वह अपनी सफ़ाई देने की ～ कर रही थी। 彼女は自分の言い訳をしようとしていた． ❒विफल ～ करना 無駄な努力をする．

चेस /cesa チェース/ [←Eng.n. *chess*] *m.* 〖ゲーム〗チェス．(⇒शतरंज)

चेस्टर /cesṭara チェースタル/ [←Eng.n. *chesterfield*] *m.* チェスターフィールド《ウエストを絞った男性用オーバーコート》．

चेहरा /cehrā チェヘラー/ [←Pers.n. چهره 'face, countenance'] *m.* **1** 顔，顔面《特に個性・表情のあらわれる「顔」を意味し，身体の一部としての「顔」の意味では मुँह》．(⇒मुँह, मुख) ❒कैबिनेट के नए चेहरे 内閣の新しい顔ぶれ． **2** 顔つき，顔色；(顔の)表情．

चेहरा-मुहरा /cehrā-muhrā チェヘラー・ムフラー/ ▸चेहरा-मोहरा *m.* 顔立ち；人相．

चेहरा-मोहरा /cehrā-mohrā チェヘラー・モフラー/ ▸चेहरा-मुहरा *m.* ☞चेहरा-मुहरा

चैंपियन /caimpiyana チャェーンピヤン/ [←Eng.n. *champion*] *m.* 〖スポーツ〗チャンピオン，(競技の)優勝

者.

चैंपियनशिप /caiṃpiyanaśipa チャエーンピヤンシプ/ [←Eng.n. *championship*] *f.* 〖スポーツ〗チャンピオンシップ, 選手権(試合).

चैत /caita チャエート/ [<Skt.m. *चैत्र-* 'the first month (lunar) of the Hindu year'] *m.* ☞चैत्र

चैतन्य /caitanya チャエータニエ/ [←Skt.n. *चैतन्य-* 'consciousness'] *m.* **1** 意識;精神;霊魂;知性. **2** 〖ヒンドゥー教〗最高我.

चैती /caitī チャエーティー/ [*चैत* + *-ई*] *adj.* チャイト月(चैत) の. ❐～ फ़सल チャイト月の収穫.
— *f.* チャイト月の収穫. (⇒रबी)

चैत्य /caitya チャエーティエ/ [←Skt.m. *चैत्य-* 'place of worship'] *m.* 堂;僧院.

चैत्र /caitra チャエートル/ [←Skt.m. *चैत्र-* 'the first month (lunar) of the Hindu year'] *m.* 〖暦〗チャイトラ月, チャイト月《インド暦の第1月;西暦の3, 4月に相当》. (⇒चैत)

चैन /caina チャエーン/ [cf. OIA. *cákati* 'is satisfied': T.04535; cf. DEDr.1990 (DED.1656)] *m.* 安心, 安堵. ❐～ की नींद सोना 安眠する. ❐～ की साँस लेना 安堵の息をつく.

चैनल /cainala チャエーナル/ [←Eng.n. *channel*] *m.* **1** (テレビの)チャンネル. ❐उपग्रह (टीवी) ～ 衛星テレビのチャンネル. **2** 〖地理〗海峡;水路. (⇒नहर)

चैला /cailā チャエーラー/ [<OIA. **cavilla-* 'small stick': T.04725] *m.* 薪.

चैली /cailī チャエーリー/ [cf. *चैला*] *f.* 小さな薪.

चैलेंज /cailemja チャエーレーンジ/ [←Eng.n. *challenge*] *m.* チャレンジ, 挑戦. (⇒चुनौती, ललकार) ❐(को) ～ देना (人に)挑む.

चोंगा /cõgā チョーンガー/ [<OIA. **coṅga-* 'section of bamboo(?)': T.04921] *m.* **1** (竹などの)節間《昔, 塩・油などの容器に使用》. **2** (竹筒に似た)筒状のもの《銃身, 旧式の電話受話器, 漏斗など》.

चोंच /cõca チョーンチ/ ▸चुंच [<OIA.f. *cañcu-* 'beak': T.04569; cf. DEDr.2664 (DED.2193)] *f.* **1** 〖鳥〗くちばし. **2**〔卑語〕口. ❐～ सँभालो। 口をつつしめ. **3**〔卑語〕間抜け. ❐बड़े बेवक़ूफ़ हो यार, निरे ～ हो। 大馬鹿野郎だお前は, 本当の間抜け野郎だ.

चोंचला /cõcalā チョーンチラー/ ▸चोचला *m.* ☞चोचला

चोकर /cokara チョーカル/ [?<OIA. **cōkka-* 'chaff, bran': T.04917] *m.* (穀類の)殻, もみ殻.

चोखा /cokʰā チョーカー/ [<OIA. *cōkṣa-* 'pure, clean': T.04918] *adj.* **1** 純粋な, 混ざりけのない. ❐～ सोना 純金. **2** よい, 優れている;正直な. **3** (刃物などが)鋭利な, よく切れる. ❐～ चाकू 鋭利なナイフ.

चोग़ा /coğā チョーガー/ [?←Pers.n. چوخا 'a woollen garment; a sort of overcoat or cloak' ?←Turk.] *m.* チョーガー《すその長いゆったりしたガウン》.

चोचला /cocalā チョーチラー/ ▸चोंचला [?] *m.* **1** (浮気で気まぐれな)媚態;甘言. (⇒नखरा) **2** 気取った態度;(子ども)お茶目. ❐लड़कियाँ बचपन में लड़कों से ज़्यादा चोंचले करती हैं। 女の子というものは子どもの時男の子よりお茶目ぶりを発揮するものだ.

चोज /coja チョージ/ [<OIA. *cōdya-* 'to be incited': T.04930] *m.* (警句などで)気の利いたうまい表現.

चोट /coṭa チョート/ [<OIA. **cuṭṭ-* 'cut, strike': T.04857z1] *f.* **1** 〖医学〗傷, 負傷. (⇒ज़ख़्म) ❐～ खाना 負傷する. ❐(को) ～ लगना (人が)傷をおう, 傷つく. **2** (精神的な)痛手, 打撃;苦痛. ❐उसने कौन-सी बुरी बात कही थी कि तुम्हें ～ लग गयी। 彼はどんな悪いことを言ったんだい, 君が傷つくような.

चोटी /coṭī チョーティー/ [cf. *चूड़ा¹* : T.04883; DEDr.2655 (DED.2184)] *f.* **1** おさげ(髪), 編み下げ. ❐～ खोलना おさげ髪をほどく. **2** 〖ヒンドゥー教〗チョーティー《男子の頭頂部に残す一房の髪の毛》. (⇒चुटिया, चूड़ा) **3** 頂上, 頂;頂点, トップ. (⇒शिखर) ❐पहाड़ की ～ पर चढ़ना 山の頂上に登る. ❐～ की युनिवर्सिटी 最高の大学. **4** 〖鳥〗とさか. (⇒कलग़ी, शिखा)

चोट्टा /coṭṭā チョーッター/ [<OIA. **cōṭṭa-²* 'thief': T.04922] *m.* (男の)こそ泥, けちな泥棒.

चोट्टी /coṭṭī チョーッティー/ [cf. *चोट्टा*] *f.* (女の)こそ泥, けちな泥棒.

चोदना /codanā チョードナー/ [<OIA. **cōddati* 'copulates': T.04929] *vt.* (*perf.* चोदा /codā チョーダー/)〔卑語〕(男が)(女と)性交する.

चोदू /codū チョードゥー/ ▸चोद्दू [cf. *चोदना*] *adj.*〔卑語〕みだらな, 好色な(男);発情した, さかりのついた(男).
— *m.*〔卑語〕好色漢.

चोद्दू /coddū チョーッドゥー/ ▸चोदू *adj.* ☞चोदू

चोब /coba チョーブ/ [←Pers.n. چوب 'a log; a drumstick'] *f.* **1** 鎚鉾(つちほこ)《敵の鎧を打ち砕く棍棒状の武器;》. **2** 〖楽器〗ドラムスティック.

चोबदार /cobadāra チョーブダール/ [←Pers.n. چوب دار 'a mace-bearer'] *m.* 〔古語〕チョーブダール《鎚鉾(चोब) を持った兵士》.

चोर /cora チョール/ [<OIA.m. *cōrá-¹* 'thief': T.04931] *m.* **1** 泥棒, 盗人. **2** 〖ゲーム〗(鬼ごっこの)鬼.

चोर- /cora- チョール・/ [cf. *चोर*] *adj.* 秘密の;隠された;人を欺く, 惑わせる;不法の《特定の名詞と結びついて合成語を作る》.

चोर-ख़ाना /cora-xānā チョール・カーナー/ *m.* 隠し部屋.

चोर-खिड़की /cora-kʰiṛakī チョール・キルキー/ *f.* 裏窓, 裏口.

चोर-गढ़ा /cora-gaṛʰā チョール・ガラー/ *m.* 落とし穴;わな.

चोर-गली /cora-galī チョール・ガリー/ *f.* (秘密の)抜け道.

चोर-छेद /cora-cʰeda チョール・チェード/ *m.* (気がつかないほどの)すきま;(雨水の)漏れ口.

चोर-ज़मीन /cora-zamīna チョール・ザミーン/ *m.* 湿地, ぬかるみ.

चोर-ताला /cora-tālā チョール・ターラー/ *m.* 隠し錠.

चोर-दंत /corḁ-daṃtḁ チョール・ダント/ *m.* 親知らず(の歯). (⇒अकलदाढ़)

चोर-दरवाज़ा /corḁ-darḁvāzā チョール・ダルワーザー/ *m.* 隠しドア;裏門, 裏口.

चोर-पहरा /corḁ-paharā チョール・パハラー/ *m.* (人目につかない)警護, 見張り《潜んだり私服であったりする》.

चोर-पानी /corḁ-pānī チョール・パーニー/ *m.* 伏流, 伏流水.

चोर-पेट /corḁ-peṭḁ チョール・ペート/ *m.* **1** 外見では妊娠がわかりにくい妊婦の腹. **2** 痩せの大食いの腹. **3** 外見からではわからない内部の部分.

चोर-पैर /corḁ-pairḁ チョール・パエール/ *m.* 抜き足, 差し足, 忍び足.

चोर-बत्ती /corḁ-battī チョール・バッティー/ *f.* 懐中電灯.

चोर-बदन /corḁ-badanḁ チョール・バダン/ *adj.* 見かけによらず筋肉質の(人).

चोर-बाज़ार /corḁ-bāzārḁ チョール・バーザール/ *m.* 闇市, 闇市場, ブラック・マーケット.

चोर-बाज़ारी /corḁ-bāzārī チョール・バーザーリー/ [*चोर-बाज़ार* + *-ई*] *f.* 闇取引, 闇市場での売買.

चोर-महल /corḁ-mahalḁ チョール・マハル/ *m.* 秘密の建物《愛妾などを囲っている建物》.

चोर-रास्ता /corḁ-rāstā チョール・ラースター/ *m.* (秘密の)抜け道.

चोर-शिकारी /corḁ-śikārī チョール・シカーリー/ *m.* 密猟者.

चोरी /corī チョーリー/ [<OIA.f. *caurikā-* 'theft': T.04937] *f.* **1** 盗み, 泥棒, 窃盗;盗難. ❐(की) ~ करना (…を)盗む. ❐मेरी कार ~ हो गई। 私の車が盗まれた. **2** (作品などの)盗用, 剽窃. **3** 脱税. ❐कर ~ 脱税. **4** 内密, 秘事;隠蔽. ❐~ से 人目を盗んで.

चोरी-चोरी /corī-corī チョーリー・チョーリー/ *adv.* 人の目を盗んで, こっそりと, こそこそと. (⇒चोरी-छिपे)

चोरी-छिपे /corī-cʰipe チョーリー・チペー/ *adv.* 人の目を盗んで, 隠れて, こっそりと, こそこそと. (⇒चोरी-चोरी) ❐वह ~ शराब भी पीने लगा। 彼は隠れて酒も飲みはじめた.

चोला /colā チョーラー/ [<OIA.m. *cōḍa-^{1}*, *cōḍaka-* 'jacket': T.04923] *m.* チョーラー《裾の長いゆったりしたガウン》.

चोली /colī チョーリー/ [cf. *चोला*] *f.* チョーリー《丈の短い婦人用胴衣》. ❐चोली-दामन का नाता 切っても切れない密接な関係.

चौंकना /cãũkḁnā チャォーンクナー/ ▸चिहुँकना [<OIA. **camakka-* 'sudden movement': T.04676] *vi.* (*perf.* चौंका /cãũkā チャォーンカー/) **1** はっと驚く;驚愕する;唖然[愕然]とする. ❐सहसा किसी की आहट पाकर वह चौंक पड़ी। 突然誰かの足音を聞いて彼女ははっとした. ❐उसने जो उत्तर दिया उससे मैं चौंक पड़ा। 彼がよこした答えに私は唖然とした. **2** (夢・眠りから)覚める, おきる. ❐मुन्नी चौंककर जागी। 赤子は目を覚ましておきた. ❐उसने मानो स्वर्ग-स्वप्न से चौंककर कहा। 彼はまるで天上の夢から覚めたように言った.

चौंकाना /cãũkānā チャォーンカーナー/ [cf. *चौंकना*] *vt.* (*perf.* चौंकाया /cãũkāyā チャォーンカーヤー/) **1** はっとさせる;驚愕させる;唖然[愕然]とさせる. ❐उसने इस्तीफ़ा देकर सबको चौंका दिया। 彼は辞表を提出して皆を唖然とさせた. **2** (夢・眠りから)覚ます, 起こす.

चौंतीस /cãũtīsḁ チャォーンティース/ [<OIA.f. *cátustriṁśat-* '34': T.04651] *num.* 34.

चौंध /cãũdʰḁ チャォーンド/ [cf. *चौंधा*] *f.* 目が眩むこと, 眩惑.

चौंधा /cãũdʰā チャォーンダー/ [*चौंक-ना* × *अंधा*] *adj.* 目の眩んだ.

चौंधियाना /cãũdʰiyānā チャォーンディヤーナー/ ▸चुँधियाना [cf. *चौंधा*] *vi.* (*perf.* चौंधियाया /cãũdʰiyāyā チャォーンディヤーヤー/) **1** (まぶしさで)(目が)眩む, かすむ. (⇒तिरमिराना) ❐बिजली की चमक से आँखें चौंधिया गईं। 雷の閃光で目が眩んだ. **2** 驚愕する.

— *vt.* (*perf.* चौंधियाया /cãũdʰiyāyā チャォーンディヤーヤー/) (まぶしさで)(目を)眩ませる.

चौंर /cãũrḁ チャォーンル/ ▸चँवर *m.* ☞चँवर

चौंसठ /cãũsaṭʰḁ チャォーンサト/ ▸चौसठ [<OIA.f. *catuḥṣaṣṭi-* '64': T.04590] *num.* 64.

चौ- /cau- チャォー・/ [comb. form of *चार*; <OIA. *catur-* 'quater-'] *comb. form* 《「4」を表す連結形;चौमंज़िला「4 階建ての」, चौपाया「四つ足の(動物)」など》.

चौक /caukḁ チャォーク/ [<OIA. *catuṣka-* 'consisting of four': T.04629] *m.* **1** 四角形のもの. **2** チョーク《旧市街の中心地, その商店街;通常辻が交差する広場を中心に広がる》. **3** 中庭. **4** 4 つあるかたまり.

चौकड़ा /caukḁṛā チャォークラー/ [<OIA. *catuṣka-* 'consisting of four': T.04629] *m.* **1** チョークラー《耳飾りの一種;左右それぞれに2個の真珠がついている》. **2** 〖歴史〗チョークラー《収穫量の内, 地主が受け取る4分の1》.

चौकड़ी /caukḁṛī チャォークリー/ [cf. *चौकड़ा*] *f.* **1** 四つで一組になっているもの. ❐(अपनी) ~ भूलना 茫然自失となる. ❐चौकड़ी [चौकड़ियाँ] भरना 跳ね上がる《驚いた鹿などが同時に四足で一目散に逃げるさま, 狂喜のあまり跳ね回るさま》. ❐चंडाल ~ 悪党4人組《必ずしも4人でなくていい》. ❐ताश की ~ ラミー (रमी) などトランプゲームに興じる4人一組. **2** 胡座(あぐら). (⇒पालथी) ❐~ मारकर बैठना 胡座をかいて座る.

चौकन्ना /caukannā チャォーカンナー/ [<OIA. *catuṣkarṇa-* 'heard by four ears only': T.04630] *adj.* 油断なく目を光らせて, 警戒して. ❐हर एक आदमी ~ होकर हर तरफ़ देख रहा था। 各人は警戒してあらゆる方向に目を凝らしていた. ❐बच्चों के कान बड़े चौकन्ने होते हैं। 子どもの耳は油断もすきもないものだ.

चौकस /caukasḁ チャォーカス/ [*चौ-* + *कसना*] *adj.* **1** 油断しない;抜け目なく;細大漏らさず. ❐इनसे ~ रहना। こいつ等に油断するなよ. **2** (質が)申し分ない.

चौकसी /caukḁsī チャォークスィー/ [*चौकस* + *-ई*] *f.* (厳し

い)警戒:監視;注意，用心．❐(की) ～ करना (…を)警戒する．❐(करने में) ～ बरतना (…することに)細心の注意をする．

चौका /caukā チャォーカー/ [<OIA. *catuṣka-* 'consisting of four': T.04629] *m.* **1**〖食〗四角い(石)板《パン生地を伸ばすために使用》．**2**〖食〗台所;食堂．(⇒रसोई) **3**〖ゲーム〗(トランプ，サイコロなどの)4;(クリケットの)4点打．**4**〖スポーツ〗(クリケットの)4点打．

चौका-बरतन /caukā-barạtanạ チャォーカー・バルタン/ ▷चौका-बर्तन *m.* 食事の後片付け，台所の清掃と食器洗い(の仕事)．

चौका-बर्तन /caukā-bartanạ チャォーカー・バルタン/ ▷चौका-बरतन *m.* ☞चौका-बरतन

चौकी /caukī チャォーキー/ [<OIA. *catuṣka-* 'consisting of four': T.04629] *f.* **1** (4本の脚がついた)四角い低い台座．**2**〖ヒンドゥー教〗(神像が台座に安置されている)祭りの山車．**3** 持ち場，部署;監視所，(見張り番の)詰所．❐पुलिस ～ 警官の詰所，交番．

चौकीदार /caukīdārạ チャォーキーダール/ [*चौकी* + *-दार*] *m.* 門番，守衛，門衛;警備員，ガードマン．

चौकीदारी /caukīdārī チャォーキーダーリー/ [*चौकीदार* + *-ई*] *f.* チャウキーダーリー《चौकीदार の仕事またはその労賃》．

चौकोन /caukonạ チャォーコーン/ ▸चौकोना [<OIA. *catuṣkōṇa-* 'quadrangular': T.04633] *adj.* 四角形の．(⇒चौकोर)

चौकोना /caukonā チャォーコーナー/ ▸चौकोन *adj.* ☞चौकोन

चौकोर /caukorạ チャォーコール/ [*चौ-* + *कोर*] *adj.* 四角形の．(⇒चौकोन)

चौखंडा /caukʰaṃḍā チャォーカンダー/ [*चौ-* + *खंड*] *adj.* 4階建ての．(⇒चौमंज़िला)

चौखट /caukʰaṭạ チャォーカト/ [<OIA. **catuṣkāṣṭha-* 'rectangular frame': T.04631] *f.* **1** 戸枠，ドアフレーム;かまち，框．**2** 戸口(の敷居)．❐वह ～ पर खड़ी थी। 彼女は戸口に立っていた．

चौखटा /caukʰaṭā チャォーカター/ [cf. *चौखट*] *m.* (四角い)枠;(眼鏡の)フレーム;額縁．(⇒फ़्रेम) ❐चौखटे में लगाना (…を)枠にはめる．❐(पर) ～ चढ़ाना (…に)枠をつける．

चौखूँटा /caukʰū̃ṭā チャォークーンター/ *adj.* 四角い，四隅のある．❐चौखूँटे कोष्ठक में 角かっこの中に．❐चौखूँटी काली टोपी 四角い黒い帽子《博士課程修了式にかぶる古風な角帽》．

चौगड्डा /caugaḍḍā チャォーガッダー/ [*चौ-* + *गड्ड*] *m.* 四つが単位になっているかたまり．

चौगान /caugānạ チャォーガーン/ [←Pers.n. چوگان 'a stick with one end bent, used in a game at ball'] *m.* **1**〖スポーツ〗チャォーガーン《ポロに似た競技》．**2**〖スポーツ〗チャォーガーン《同名の競技で使用するスティック》．**3**〖スポーツ〗チャォーガーンの競技場《転じて闘技場の意味にも》．

चौगिर्द /caugirdạ チャォーギルド/ [*चौ-* + *गिर्द*] *adv.* 周囲に，ぐるりに．

चौगुना /caugunā チャォーグナー/ [<OIA. *cáturguṇa-* 'fourfold': T.04599] *adj.* 4倍の．

चौड़ा /cauṛā チャォーラー/ [<OIA. **ca-uḍa-* 'wide, open': T.04534] *adj.* **1** 幅の広い．(⇔सँकरा) ❐१० फुट ～ १५ फुट लंबा कमरा 幅10フィート奥行き15フィートの部屋．**2** 広々とした，広大な．❐～ मैदान 広々とした広場．

चौड़ाई /cauṛāī チャォーラーイー/ [*चौड़ा* + *-ई*] *f.* **1** 幅．(⇔लंबाई) **2** 広さ，大きさ;広がり．❐इससे अधिक कमर की ～ होना मोटापे की निशानी है। これより多い腰回りであることは肥満のしるしです．

चौड़ाना /cauṛānā チャォーラーナー/ [cf. *चौड़ा*] *vt.* (*perf.* चौड़ाया /cauṛāyā チャォーラーヤー/) 広げる;(胸を)はる．

चौतरफ़ा /cautarạfā チャォータルファー/ [*चौ-* + *तरफ़*] *adj.* 四方の．

चौतरा /cautạrā チャォートラー/ [<OIA. *catura-*[2] '*square': T.04595; cf. *चबूतरा*] *m.* ☞चबूतरा

चौथ /cautʰạ チャォート/ [<OIA.f. *caturthá-* 'fourth': T.04600] *f.* **1** 4分の1．**2**〖歴史〗4分の1税《マラーター支配下の北インドの領主に課せられた地租》．**3**〖暦〗チャォト《陰暦の白半月・黒半月のそれぞれ第4日目》．

चौथा /cautʰā チャォーター/ [<OIA.f. *caturthá-* 'fourth': T.04600] *adj.* 4番目の．

चौथाई /cautʰāī チャォーターイー/ [<OIA. **caturthapādikā-* 'a quarter': T.04602] *adj.* 4分の1の．❐～ सदी 4半世紀．

— *f.* 4等分された一つ．❐दो [तीन] ～ 4分の2[3]．

चौथिया /cautʰiyā チャォーティヤー/ [<OIA. *cāturthaka-* 'appearing every 4th day': T.04741; 'quartan (of fever)': T.04600z2] *m.*〖医学〗四日熱《4日目ごとに高熱を発するマラリア熱》．

चौथी /cautʰī チャォーティー/ *f.*〖ヒンドゥー教〗チャウティー《婚礼の4日目に行われる儀式;新郎新婦の腕輪 कंगन がはずされる》．

चौदंता /caudaṃtā チャォーダンター/ [*चौ-* + *दंत*] *adj.* (すべての歯がまだ生えそろっていない)若い(動物)《字義は「4本の歯がある」》．

चौदस /caudasạ チャォーダス/ [<OIA. *caturdaśá*[2] '14th': T.04606] *f.*〖暦〗チャウダス《太陰月の白半月(शुक्लपक्ष)または黒半月(कृष्णपक्ष)の14日目》．(⇒चतुर्दशी)

चौदह /caudahạ チャォーダ/ [<OIA. *cáturdaśa*[1] 'fourteen': T.04605] *num.* 14．

चौधराई /caudʰarāī チャォードラーイー/ [cf. *चौधरी*] *f.* चौधरी の職・地位．

चौधरानी /caudʰarānī チャォードラーニー/ [cf. *चौधरी*] *f.* चौधरी の妻．

चौधरी /caudʰarī チャォードリー/ [<OIA.m. *caturdhara-* 'name of a family or race': T.04612] *m.*〖ヒンドゥー教〗村長;カースト・コミュニティーの長．

चौपट /caupaṭa̸ チャォーパト/ [<OIA. *catuṣpaṭṭa- 'square tablet': T.04639] adj. **1** (四方が開けていて)無用心な, 安全でない. **2** 台無しになった;破滅した;(健康が)蝕まれた. ❐मैंने अपनी ज़िंदगी ~ कर दिया। 私は自分の人生を台無しにしてしまった. ❐इस काम ने उनका स्वास्थ्य ~ कर दिया। この仕事は彼の健康を蝕んだ.

चौपड़ /caupaṛa̸ チャォーパル/ [<OIA. catuṣpuṭṭa- 'having 4 folds': T.04648] f. **1**〖ゲーム〗チョウパル《すごろく遊びの一種》. (⇒चौसर) **2**〖ゲーム〗チョウパルに使う盤《こまが進むマス目が十字形に配置されてりる布》. (⇒चौसर)

चौपाई /caupāī チャォーパーイー/ [<OIA. cátuṣpāda- 'four-footed': T.04646] f. チャウパーイー《4パーダ(पाद) から成る詩形式;各パーダは16モーラ;第1と第2パーダ, 第3と第4パーダは脚韻を踏む》.

चौपाया /caupāyā チャォーパーヤー/ [<OIA. cátuṣpāda- 'four-footed': T.04646] adj.四つ足の(動物).
— m.〖動物〗(四つ足の)動物;家畜. (⇒डंगर)

चौपाल /caupāla̸ チャォーパール/ [?cf. चौबारा] m. チョウパール《柱と屋根だけで壁がない建物;村の集会所やベランダなど》.

चौबच्चा /caubaccā チャォーバッチャー/ [चौ- + बच्चा] m. ☞चहबच्चा

चौबारा /caubārā チャォーバーラー/ [<OIA. caturdvára- 'having 4 doors': T.04611] m. 四方にドアのある部屋.

चौबीस /caubīsa̸ チャォービース/ [<OIA.f. cáturviṁśati- 'twenty-four': T.04623] num. 24. ❐~ घंटे के अंदर 24時間以内に.

चौबे /caube チャォーベー/ [<OIA. caturvēda- 'containing the 4 Vedas': T.04625] m.〖ヒンドゥー教〗チョウベー《北インドのブラーフマン姓の一つチャトゥルヴェーディー (चतुर्वेदी) の俗語形;ウッタルプラデーシュ州のマトゥラー (मथुरा) を中心とするブラジ地方 (ब्रज)のブラーフマン・コミュニティー;甘いものに目がない食いしん坊と揶揄(やゆ)されることがある》.

चौमंज़िला /caumaṃzilā チャォーマンズィラー/ [चौ- + मंज़िल] adj. 4階建ての. (⇒चौखंडा)

चौमासा /caumāsā チャォーマーサー/ [<OIA.n. caturmāsa- 'period of 4 months': T.04616] m.〖暦〗太陰月の4か月《特に北インドの雨季に相当するアーシャーダ月(आषाढ़) からアーシュヴィナ月(आश्विन) までの4か月;この期間結婚式などの祝い事は避けられる慣習がある》. (⇒चतुर्मास)

चौमुँहा /caumũhā チャォームンハー/ [<OIA. caturmukha- 'four-faced': T.04617] adj. ☞चौमुख

चौमुख /caumukʰā チャォームカー/ [चौ- + मुख] adj. 四面の;四方の;全方向の. (⇒चौमुँहा) ❐वह ~ लड़ाई लड़ने के लिए तैयार हो गयी। 彼女は四方八方敵にまわした戦いをする覚悟をした.

चौमुहाना /caumuhānā チャォームハーナー/ [<OIA. *caturmukhāyana- 'meeting of 4 mouths': T.04618] m. 十字路, 交差道路;四辻, 四つ角. (⇒चौरस्ता, चौराहा) ❐चौमुहाने पर 十字路で.

चौमुहानी /caumuhānī チャォームハーニー/ [cf. चौमुहाना] f. ☞चौमुहाना

चौरस /caurasa̸ チャォーラス/ [<OIA. cáturaśri- 'quadrangular': T.04598] adj. **1** 平らな, 平坦な, 凹凸のない. ❐मैं ~ चट्टान पर लेट गया। 私は平らな岩の上に寝そべった. ❐~ मैदान 平坦な広場. **2** 四角の.

चौरस्ता /caurastā チャォーラスター/ ▸चौरास्ता m. ☞चौरास्ता

चौराई /caurāī チャォーラーイー/ ▸चौलाई f. ☞चौलाई

चौरानवे /caurānave チャォーラーンヴェー/ [<OIA.f. caturnavati- '94': T.04614] num. 94.

चौरासी /caurāsī チャォーラースィー/ [<OIA.f. caturaśīti- '84': T.04597] num. 84.

चौरास्ता /caurāstā チャォーラースター/▸चौरस्ता [चौ- + रास्ता] m. 十字路, 交差道路;四辻, 四つ角. (⇒चौमुहाना, चौराहा) ❐वह चौरास्ते पर आया। 彼は十字路に来た.

चौराहा /caurāhā チャォーラーハー/ m. 十字路, 交差道路;四辻, 四つ角. (⇒चौमुहाना, चौरस्ता)

चौलाई /caulāī チャォーラーイー/▸चौराई [<OIA. *catūrāji- 'having 4 lines': T.04652] f.〖植物〗チョウラーイー《ヒユ科の植物;葉は食用》.

चौवन /cauvana̸ チャォーワン/ [<OIA.f. cátuṣpañcāśat- '54': T.04638] num. 54.

चौवालीस /cauvālīsa̸ チャォーワーリース/ ▸चवालीस num. ☞चवालीस

चौसठ /causaṭʰa̸ チャォーサト/ ▸चौंसठ num. ☞चौंसठ

चौसर /causara̸ チャォーサル/ [<OIA. *catuḥsara- 'four-fold': T.04592] m.〖ゲーム〗(サイコロを使う)すごろく遊び. (⇒चौपड़)

चौसा /causā チャォーサー/ [?] m.〖植物〗マンゴーの一種.

चौहत्तर /cauhattara̸ チャォーハッタル/ [<OIA.f. catuḥsaptati- '74': T.04591] num. 74.

चौहद्दी /cauhaddī チャォーハッディー/ [चौ- + हद्द + -ई] f. 境界.

चौहरा /cauharā チャォーフラー/ [<OIA. *caturdhāra- 'having 4 edges': T.04613] adj. 4層の;4重の;4倍の.

च्युत /cyuta̸ チュト/ [←Skt. च्युत- 'gone away from; deviated from'] adj. 失墜した;落ちこぼれた;堕落した;挫折した. ❐उदारता वास्तव में सिद्धांत से गिर जाने, आदर्श से ~ हो जाने का ही दूसरा नाम है। 寛容というものは実際には原理原則から落ちこぼれ, 理想に挫折したことの別名である. ❐(से) ~ करना (…から)落第させる.

च्युति /cyuti チュティ/ [←Skt.f. च्युति- 'falling, falling down, gliding'] f. 失墜;落ちこぼれること;堕落;挫折.

च्यूँटा /cyū̃ṭā チューンター/ ▸चिउँटा, चींटा m. ☞चींटा

च्यूँटी /cyū̃ṭī チューンティー/ ▸चिउँटी, चींटी f. ☞चींटी

छ

छंगा /c^{h}aṃgā チャンガー/ [<OIA. *ṣaḍaṅga-* 'six-limbed': T.12792] *adj.* 〖医学〗 6 本指のある(人)《奇形》.

छँगुलिया /c^{h}ãguliyā チャングリヤー/ [cf. *छँगुली*] *f.* ☞छँगुली

छँगुली /c^{h}ãgulī チャングリー/ [<OIA.f. *aṅgúli-* 'finger, toe': T.00135] *f.* 小指.

छंट /c^{h}aṃṭa チャント/ [?cf. *झट*] *adv.* すばやく;ただちに.

छँटना /c^{h}ãṭanā チャントナー/ ▸छटना [cf. *छाँटना*] *vi.* (*perf.* छँटा /c^{h}ãṭā チャンター/) **1** 切り揃えられる;刈り込まれる;裁断される. **2** 選別される,(不要なものが)取り去られる;切り詰められる;削減される;消散する. ❐भीड़ छँट गयी। 群衆はちりぢりに消散した. ❐बादल छँटे। 雲がはれた. **3** 選りだされる;(文が)推敲される.

छँटनी /c^{h}ãṭanī チャントニー/ [cf. *छँटना*] *f.* 選別.

छँटवाना /c^{h}ãṭavānā チャントワーナー/ ▸छँटाना [caus. of *छँटना, छाँटना*] *vt.* (*perf.* छँटवाया /c^{h}ãṭavāyā チャントワーヤー/) 刈り込ませる;刈り込んでもらう.

छँटाई /c^{h}ãṭāī チャンターイー/ [cf. *छँटना*] *f.* より分けること,選別. (⇒छँटाव) ❐काग़ज़ों की ～ भी घंटों होती है। 書類をより分けるのにも何時間もかかるものだ.

छँटाना /c^{h}ãṭānā チャンターナー/ ▸छँटवाना *vt.* ☞छँटवाना

छँटाव /c^{h}ãṭāva チャンターオ/ [cf. *छाँटना*] *m.* より分けること,選別. (⇒छँटाई)

छंद[1] /c^{h}aṃda チャンド/ [?←Skt.n. *छन्दस्-* 'deceit'; cf. OIA.n. *chandas-*[1] 'deceit': T.04987] *m.* 虚偽,欺瞞(ぎまん),こそ泥.

छंद[2] /c^{h}aṃda チャンド/ [←Skt.n. *छन्दस्-* 'incantaion, sacred text, metre'] *m.* **1** 韻律《ヴェーダの補助学問(वेदांग)の一つ,韻律学》. **2** 有韻の詩句.

छंदशास्त्र /c^{h}aṃdaśāstra チャンドシャーストル/ [?neo.Skt.n. *छन्द-शास्त्र-* 'prosody'] *m.* 〖文学〗韻律学.

छंदोबद्ध /c^{h}aṃdobadd^{h}a チャンドーバッド/ [←Skt. *छन्दो-बद्ध-* 'composed in metre'] *adj.* 韻をふんだ,押韻している.

छंदोभंग /c^{h}aṃdob^{h}aṃga チャンドーバング/ [←Skt.m. *छन्दो-भङ्ग-* 'offending against metre'] *m.* 韻律がくずれた.

छः /c^{h}aḥ チャハ/ ▸छह *num.* ☞छह

छ- /c^{h}a- チャ・/ [cf. *छह*] *comb. form* 《「6」を表す連結形; छमाही「6ヵ月ごとの」, छरस「6つの味」など》.

छकड़ा /c^{h}akaṛā チャクラー/ [<OIA.n. *śákaṭa-* 'cart': T.12236] *m.* **1** (牛が引く)荷車. **2** おんぼろ車.

छकना[1] /c^{h}akanā チャクナー/ [<OIA. **chakka-*[2] 'mouthful': T.04957] *vi.* (*perf.* छका /c^{h}akā チャカー/) **1** 思う存分[心ゆくまで](好きな事を)する,堪能する. ❐आज हमने ख़ूब छककर बातें कीं। 今日私たちは充分心ゆくまで話をした. ❐आज हमने छककर खाना खाया है। 今日私たちは思う存分食べた. **2** 酔いしれる;興奮する. **3**〔皮肉〕はめられる,だまされる,いっぱい食わされる.

छकना[2] /c^{h}akanā チャクナー/ [<OIA. **chakka-*[1] 'astonished, excited': T.04956] *vi.* (*perf.* छका /c^{h}akā チャカー/) **1** 驚く,仰天する. **2** 苦しめられる,悩まされる.

छकवाना[1] /c^{h}akavānā チャクワーナー/ [caus. of *छकना*[1], *छकाना*] *vt.* (*perf.* छकवाया /c^{h}akavāyā チャクワーヤー/) 堪能させる;堪能してもらう.

छकवाना[2] /c^{h}akavānā チャクワーナー/ [caus. of *छकना*[2], *छकाना*] *vt.* (*perf.* छकवाया /c^{h}akavāyā チャクワーヤー/) 驚かさせる.

छकाना[1] /c^{h}akānā チャカーナー/ [cf. *छकना*[1]] *vt.* (*perf.* छकाया /c^{h}akāyā チャカーヤー/) **1** 十分に満足させる,堪能させる;たらふく飲み食いさせる. ❐मेहमानों को अच्छा भोजन छकाया गया। 客たちをすばらしいごちそうでもてなした. **2**〔皮肉〕はめる,だます,いっぱい食わす.

छकाना[2] /c^{h}akānā チャカーナー/ [cf. *छकना*[2]] *vt.* (*perf.* छकाया /c^{h}akāyā チャカーヤー/) **1** 驚かす. **2** 困らせる;(ゲームなどで)罰を科す;無理難題で困らせる. ❐विवाह के अवसर पर दुलहिन की सखियाँ वर को द्यूत में ललकारती थीं और नाना प्रकार के पण रखकर उसे छकाने का उपाय करती थीं। (当時は)結婚式では,花嫁の女友達は花婿を賭けゲームで挑発したものだった,そしてさまざまなものを賭けては花婿に罰を科し困らせる策を計ったものであった.

छकार /c^{h}akāra チャカール/ [←Skt.m. *छ-कार-* 'Devanagari letter छ or its sound'] *m.* **1** 子音字 छ. **2** 〖言語〗子音字 छ の表す子音 /c^h チ/.

छकारांत /c^{h}akārāṃta チャカーラーント/ [←Skt. *छकार-अन्त-* 'ending in the letter छ or its sound'] *adj.* 〖言語〗語尾が छ で終わる(語)《पूँछ「しっぽ」, मूँछ「口ひげ」, रीछ「クマ」など》. ❐～ शब्द 語尾が छ で終わる語.

छक्का /c^{h}akkā チャッカー/ [<OIA. *ṣáṭka-* 'consisting of six': T.12780] *m.* **1** 〖ゲーム〗(トランプ,サイコロの)6. ❐(के) छक्के छुड़ाना (人を)意気阻喪させる;撃退する. ❐(के) छक्के छूटना (人が)意気阻喪する;圧倒される. **2** 〖スポーツ〗(クリケットの)6点打. ❐～ मारना 6点打を打つ.

छक्का-पंजा /c^{h}akkā-paṃjā チャッカー・パンジャー/ *m.* ペテン,こそ泥;策謀;手練手管.

छगुना /c^{h}agunā チャグナー/ [<OIA. *ṣaḍguṇa-* 'sixfold': T.12795] *adj.* 6倍の.

छछूँदर /c^{h}ac^{h}ũdara チャチューンダル/ [<OIA.m. *chucchundari-* 'muskrat': T.05053; DED 2190] *f.* **1** 〖動物〗モグラ. ❐～ के सिर में चमेली का तेल モグラの頭にジャスミン香水《醜男に美しい花嫁など「不釣合い」に対する揶揄(やゆ)》. **2** 爆竹. **3** 行く先々でちょっとした面倒を起こす人.

छजना /cʰaja̱nā チャジナー/ [＜OIA. *chadyati 'seems good': T.04982] *vi.* (*perf.* छजा /cʰajā チャジャー/) 似合う.

छज्जा /cʰajjā チャッジャー/ [＜OIA. *chādya-* 'to be sheltered': T.05023] *m.* **1** 軒, ひさし. **2** バルコニー.

छटकना /cʰaṭaka̱nā チャタクナー/ [＜OIA. **chaṭṭ-* 'scatter': T.04968; DED 1892] *vi.* (*perf.* छटका /cʰaṭa̱kā チャトカー/) **1** (衝撃を受けて)すべり落ちる. **2** (束縛から)解き放たれる.

छटकाना /cʰaṭa̱kānā チャトカーナー/ [cf. *छटकना*] *vt.* (*perf.* छटकाया /cʰaṭa̱kāyā チャトカーヤー/) (衝撃を与えて)振るい落とす.

छटना /cʰaṭa̱nā チャトナー/ ▸छँटना *vi.* (*perf.* छटा /cʰaṭā チャター/) ☞छँटना

छटपट /cʰaṭa̱paṭa̱ チャトパト/ [echoword; ＜OIA. **chaṭṭa-*[1] 'sudden movement': T.04969] *f.* あがき;もがき.

छटपटाना /cʰaṭa̱paṭānā チャトパターナー/ [cf. *छटपट*] *vi.* (*perf.* छटपटाया /cʰaṭa̱paṭāyā チャトパターヤー/) **1** (苦痛・悲しみで)もがき苦しむ, のたうち回る. (⇒तड़पना) ❐वह दर्द के मारे छटपटाने लगा। 彼は痛みのあまりのたうち回った. **2** (切実な願望のために)身もだえする, もがき苦しむ. (⇒तड़पना) ❐इस समस्या का समाधान पाने को मैं पिछले दस-बारह बरसों से छटपटा रहा था। この問題の解決策を得るために私は過去 10 年間ほどもがき苦しんでいた.

छटपटी /cʰaṭa̱paṭī チャトパティー/ [*छटपट* + -ई] *f.* **1** のたうち回ること. **2** (切実な願望のための)身もだえ.

छटाँक /cʰaṭā̃ka̱ チャターンク/ [＜OIA. **ṣaṭṭaṅka-* 'weight of six ṭaṅkas': T.12785] *f.* 〚単位〛 1/16 セール (सेर)《約 58 グラム》.

छटा /cʰaṭā チャター/ [←Skt.f. *छटा-* 'a collection of rays, lustre'] *f.* (美しい)輝き, 光輝, 光彩. ❐अलौकिक सौंदर्य की ～ この世のものとは思えない美しさの輝き.

छठा /cʰaṭʰā チャター/ [＜OIA. *ṣaṣṭhá-* 'sixth': T.12808] *adj.* 6 番目の.

छठी /cʰaṭʰī チャティー/ [cf. *छठा*] *f.* **1** 〚暦〛チャティー《インド太陰暦の白半月または黒半月の第 6 日目》. (⇒षष्ठी) **2** 〚ヒンドゥー教〛チャティー《子どもの誕生 6 日目の行事》. (⇒षष्ठी)

छठे-छमासे /cʰaṭʰe-cʰamāse チャテー・チャマーセー/ *adv.* まれに;一年に 1, 2 度あるかないか.

छड़ /cʰaṛa̱ チャル/ [＜OIA. **chaṭa-* 'stick, cane': T.04966; DEDr.2790 (DED.2294)] *f.* (金属の)棒;太く長い鉄の串. ❐लोहे की ～ 鉄の棒. ❐वज़न ～ 〚スポーツ〛バーベル.

छड़ना /cʰaṛa̱nā チャルナー/ [＜OIA. **chaṭ-* 'scatter, sift': T.04965; DEDr.2300 (DED.1894)] *vt.* (*perf.* छड़ा /cʰaṛā チャラー/) (脱穀して)殻を取り除く.

छड़ा[1] /cʰaṛā チャラー/ [←Drav.; DEDr.2356 (DED.1947)] *m.* チャラー《足首飾りの一種》.

छड़ा[2] /cʰaṛā チャラー/ [cf. *छड़ना*] *adj.* 一人の;独り者の. — *m.* 若い未婚の男.

छड़ी /cʰaṛī チャリー/ [cf. *छड़*] *f.* **1** 杖, ステッキ. ❐～ के सहारे चलना 杖をたよりに歩く. ❐～ टेकना 杖をつく. ❐(को) ～ से मार्ना (人を)杖で打つ. ❐बाँस की ～ 竹の杖. **2** 〚音楽〛指揮棒, タクト;バトン.

छत /cʰata̱ チャト/ [＜OIA. **chatti-* 'covering': T.04971] *f.* **1** 屋根;屋上. ❐गर्मियों में वह ～ पर सोता है। 夏は彼は屋上で寝ます. **2** 天井. ❐दोनों की लाशें ～ से लटक रही थीं। 二人の死体が天井からぶらさがっていた.

छतरी /cʰata̱rī チャトリー/ ▸छत्री [＜Skt.n. *छत्र-* 'a parasol, an umbrella'; cf. T.04972] *f.* **1** 傘;パラソル. (⇒छाता) ❐～ खोलना [लगाना] 傘を開く[さす]. ❐～ बंद करना 傘を閉じる. **2** パラシュート, 落下傘. ❐～ फ़ौज 落下傘部隊. ❐～ सैनिक 落下傘兵. ❐हवाई ～ 落下傘. **3** 記念碑的な建造物《屋根の部分が装飾的に傘状の形になっている;ムガル時代, ヒンドゥー教の王の没後, 後継者によって建造されることが多い》.

छतरीदार /cʰata̱rīdāra̱ チャトリーダール/ [*छतरी* + *-दार*] *adj.* 天蓋のある(パビリオン).

छतरीधारी /cʰata̱rīdʰārī チャトリーダーリー/ [*छतरी* + *-धारी*] *adj.* 落下傘を装備した(兵).

छतरीबाज़ /cʰata̱rībāza̱ チャトリーバーズ/ [*छतरी* + *-बाज़*] *m.* 落下傘兵.

छतीसा /cʰatīsā チャティーサー/ ▸छत्तीसा *adj.* ☞छत्तीसा.

छत्ता /cʰattā チャッター/ [＜OIA.n. *cháttra-*[1] 'parasol': T.04972] *m.* **1** 〚昆虫〛ハチの巣. (⇒ज़ंबूरख़ाना) ❐मधु-मक्खियों के छत्ते ミツバチの巣. **2** (日陰のある)並木道.

छत्तीस /cʰattīsa̱ チャッティース/ [＜OIA.f. *ṣáṭtriṁśat-* '36': T.12786] *num.* 36.

छत्तीसगढ़ /cʰattīsa̱gaṛʰa̱ チャッティースガル/ [*छत्तीस* + *गढ़*; cf. Eng.n. *Chhattisgarh*] *m* チャッティースガル州《州都はラーイプル (रायपुर)》.

छत्तीसा /cʰattīsā チャッティーサー/ ▸छतीसा [cf. *छत्तीस*] *adj.* ずる賢い;手練手管にたけた, 海千山千の《原意は「三十六芸に通じている」》.

छत्र /cʰatra̱ チャトル/ [←Skt.n. *छत्र-* 'a parasol, an umbrella'] *m.* 傘;パラソル. (⇒छाता)

छत्रक /cʰatraka̱ チャトラク/ [←Skt.n. *छत्रक-* 'mushroom'] *m.* **1** キノコ. (⇒कुकुरमुत्ता) **2** 菌類.

छत्रछाया /cʰatracʰāyā チャトラチャーヤー/ [neo.Skt.f. *छत्र-छाया-* 'protection, patronage'] *f.* 庇護.

छत्रपति /cʰatrapati チャトラプティ/ [←Skt.m. *छत्र-पति-* 'the officer watching over the royal parasol; a great king'] *m.* 覇王;君主.

छत्री[1] /cʰatrī チャトリー/ [＜Skt.m. *क्षत्रिय-* 'a member of the military or second caste'] *m.* 〚ヒンドゥー教〛チャットリー《クシャトリヤ・カーストに属する男性》.

छत्री[2] /cʰatrī チャトリー/ ▸छतरी *f.* ☞छतरी

छदाम /cʰadāma̱ チャダーム/ [*छह* + *दाम*] *m.* チャダーム《旧通貨の6ダーム, 旧1パイサの4分の1》.

छद्म /cʰadma̱ チャドム/ [←Skt.n. *छद्मन्-* 'external covering, deceptive dress, disguise'] *m.* **1** 覆い隠すこ

と. **2** 装うこと, 人の目を欺くこと.

छद्मनाम /c^hadmanāma̸ チャドムナーム/ [neo.Skt.n. *छद्म-नामन्-* 'pseudonym'] *m.* 偽名, 仮名;ペンネーム. ❐～ से उपन्यास लिखना ペンネームで小説を書く.

छद्मवेश /c^hadmaveśa̸ チャドムヴェーシュ/ [←Skt.m. *छद्म-वेष-* 'a deceptive dress, disguise'] *m.* 変装, 偽装; 仮装, 扮装. ❐～ धारण करना 変装する;仮装する. ❐ आतंकवादी ～ में घुसपैठ करने का प्रयत्न करते रहते हैं। テロリストが変装して侵入しようとしている.

छन[1] /c^hana̸ チャン/ [<OIA. **channa-*[2] 'jingle': T.04990] *f.* 〔擬音〕(足首飾りなどが鳴る音)シャンシャン;(やかんが鳴る音)シュンシュン;(揚げたり炒めたりするときの音)ジュージュー. ❐घुँघरुओं की छन-छन グングルーのシャンシャンという音.

छन[2] /c^hana̸ チャン/ [<Skt.n. *क्षण-* 'moment'; cf. T.03642] *m.* 〔俗語〕一瞬, 瞬間. ❐एक ～ में 一瞬のうちに.

छनकना /c^hanaka̸nā チャナクナー/ [cf. *छन*] *vi.* (*perf.* छनका /c^hana̸kā チャンカー/) (足首飾りなどが)シャンシャン (छन-छन) 鳴る;(やかんが)シュンシュン鳴る;(揚げたり炒めたりするとき)ジュージュー鳴る. (⇒छनछनाना)

छनकाना /c^hana̸kānā チャンカーナー/ [cf. *छनकना*] *vt.* (*perf.* छनकाया /c^hana̸kāyā チャンカーヤー/) (足首飾りなどを)シャンシャン (छन-छन) 鳴らせる. (⇒छनछनाना)

छनछनाना /c^hana̸c^hanānā チャンチャナーナー/ [onom.; cf. *छन*] *vi.* (*perf.* छनछनाया /c^hana̸c^hanāyā チャンチャナーヤー/) **1** (コインなどが)チャラチャラ[ジャラジャラ]音をたてる. (⇒छनकना) ❐जेब में दो-तीन सिक्के छनछनाके गिर गए। ポケットから2, 3枚のコインがジャラジャラと落ちた. **2** (炒めものなどが)ジュージュー[ジャージャー]音をたてる. (⇒छनकना)

— *vt.* (*perf.* छनछनाया /c^hana̸c^hanāyā チャンチャナーヤー/) **1** (コインなどで)チャラチャラ[ジャラジャラ]音をたてる. **2** (炒めものなどで)ジュージュー[ジャージャー]音をたてる.

छनना[1] /c^hana̸nā チャンナー/ [<OIA. **kṣaṇati* 'is sifted, is strained, falls': T.03643] *vi.* (*perf.* छना /c^hanā チャナー/) **1** ふるいにかけられる. **2** (濾過して)漉される. **3** 選別される, 取捨選択される;ふるいにかけられる;(紛争などの)真相がわかる. **4** (日光・月光などが)(木々のすきまから)もれこぼれる, 射す;(容姿の美しさなどが)(ヴェールなどのすきまから)もれ見える, のぞく. **5** (弾丸・矢などを受け)傷だらけになる, 蜂の巣になる. **6** 隅々まで捜される;綿密に調べられる. **7**〔俗語〕(大麻など麻薬が)吸われる. **8** (大麻を吸ったり秘密を共有するほど)親密になる.

छनना[2] /c^hana̸nā チャンナー/ [<OIA. **channa-*[2] 'jingle': T.04990] *vi.* (*perf.* छना /c^hanā チャナー/) (揚げ物が)揚がる.

छनवाना /c^hana̸vānā チャンワーナー/ ▸छनाना [caus. of *छनना, छानना*] *vt.* (*perf.* छनवाया /c^hana̸vāyā チャンワーヤー/) ふるいにかけさせる;ふるいにかけてもらう.

छनाना /c^hanānā チャナーナー/ ▸छनवाना [caus. of *छनना, छानना*] *vt.* (*perf.* छनाया /c^hanāyā チャナーヤー/) ☞छनवाना

छनिक /c^hanika̸ チャニク/ [<Skt. *क्षणिक-* 'momentary, transient'] *adj.* ☞क्षणिक

छन्ना /c^hannā チャンナー/ [<OIA. **kṣāṇana-* 'sifting': T.03665z2] *m.* 濾過器, こし器, フィルター;篩(ふるい);漉し布.

छन्नी /c^hannī チャンニー/ [dimin. of *छन्ना*] *f.* (目の細かい)こし器;茶こし.

छप /c^hapa̸ チャプ/ [onom.] *f.* 〔擬音〕(水などがはねる)ポチャ(という音).

छपकना /c^hapaka̸nā チャパクナー/ [onom.] *vi.* (*perf.* छपका /c^hapa̸kā チャプカー/) (水などが)ポチャ (छप) とはねかかる.

छपका /c^hapa̸kā チャプカー/ [cf. *छपकना*] *m.* (水などが)はねること.

छपछपाना /c^hapa̸c^hapānā チャプチャパーナー/ [onom.] *vi.* (*perf.* छपछपाया /c^hapa̸c^hapāyā チャプチャパーヤー/) (水などが)チャプチャプ (छप-छप) 音をたてる, はねる.

— *vt.* (*perf.* छपछपाया /c^hapa̸c^hapāyā チャプチャパーヤー/) (水など)チャプチャプ (छप-छप) 音をたてる. ❐ बच्चा टब में छपछपा रहा था। 子どもがたらいの中でチャプチャプと水遊びをしている.

छपना /c^hapa̸nā チャプナー/ [cf. *छापना*] *vi.* (*perf.* छपा /c^hapā チャパー/) **1** (印・模様などが)押される;染められる. **2** 印刷される, 印字される;出版される. ❐ प्रातःकाल पत्र में यह समाचार मोटे-मोटे अक्षरों में छपा। 早朝新聞にこのニュースが大きな活字で印刷された. ❐उस पत्रिका के कवर पर जार्ज पंचम की तस्वीर छपी रहती थी। その雑誌の表紙にはジョージ5世の写真が印刷されていた. ❐वह किताब पाकेट साइज़ में अप्रैल में ही छप गई। その本はポケットサイズで4月に出版された.

छपवाना /c^hapa̸vānā チャプワーナー/ ▸छपाना [caus. of *छपना, छापना*] *vt.* (*perf.* छपवाया /c^hapa̸vāyā チャプワーヤー/) 印刷させる;印刷してもらう.

छपाई /c^hapāī チャパーイー/ [cf. *छपना, छापना*] *f.* 印刷(の仕事);その手間賃.

छपाका /c^hapākā チャパーカー/ [cf. *छप*] *m.* (水などの)しぶきが飛び散る音.

छपाना /c^hapānā チャパーナー/ ▸छपवाना [caus. of *छपना, छापना*] *vt.* (*perf.* छपाया /c^hapāyā チャパーヤー/) ☞छपवाना

छप्पन /c^happana̸ チャッパン/ *num.* 56.

छप्पय /c^happaya̸ チャッパエ/ [<OIA. *ṣáṭpada-* '*having six feet': T.12788] *m.* チャッパヤ《6 パダ पद から成る詩形》.

छप्पर /c^happara̸ チャッパル/ [<OIA.m. *chattvará-* 'house, bower': T.04976] *m.* **1** 草ぶき屋根. (⇒छाजन) **2** 草ぶき屋根の家;小屋.

छबड़ा /c^habaṛā チャブラー/ [?] *m.* (小枝やアシなどで編んだ)かご.

छबड़ी /c^{h}abaṛī チャブリー/ [cf. *छबड़ा*] *f.* (小枝やアシなどで編んだ)小型のかご.

छबि /c^{h}abi チャビ/ *f.* ☞छवि

छबीला /c^{h}abīlā チャビーラー/ [?＜OIA.f. *chavī́-* 'skin, hide': T.05006] *adj.* **1** 均整のとれた(体). **2** きざに着飾った.

छब्बीस /c^{h}abbīsa チャッビース/ *num.* 26.

छमक /c^{h}amaka チャマク/ [cf. *छमकना*] *f.* (鈴などの)シャンという音;(金属製の宝飾品がぶつかる)チャリンという音.

छमकना /c^{h}amakanā チャマクナー/ ▸छमछमाना [onom.; cf. *छम*] *vi.* (*perf.* छमका /c^{h}amakā チャムカー/) ☞छमछमाना

छमछम /c^{h}amac^{h}ama チャムチャム/ ▸छमाछम [onom.] *f.* 〔擬音〕(鈴などの)シャンシャン(という音).

छमछमाना /c^{h}amac^{h}amānā チャマチマーナー/ ▸छमकना [onom.] *vi.* (*perf.* छमछमाया /c^{h}amac^{h}amāyā チャマチマーヤー/) **1** (足飾りなどが触れ合って)シャンシャン (छम-छम) 音がする;(雨が)激しく降る. **2** ピカッピカッと光る.

— *vt.* (*perf.* छमछमाया /c^{h}amac^{h}amāyā チャマチマーヤー/) (足飾りなどを触れ合わせて)シャンシャン (छम-छम) 音をたてる.

छमाछम /c^{h}amāc^{h}ama チャマーチャム/ ▸छमछम [onom.] *f.* ☞छमछम

छमासी /c^{h}amāsī チャマースィー/ [*छ-* ＋ *-मासी*] *f.* 〖ヒンドゥー教〗チャマースィー《死後 6 か月後に行われる法事》.

छमाही /c^{h}amāhī チャマーヒー/ [*छ-* ＋ *-माही*] *adj.* 6 か月ごとの, 半年ごとの. ❐～ सूद 半年ごとの利子.

— *f.* 6 か月ごとに決まっていること《給与, 行事など》.

छरछराना /c^{h}arac^{h}arānā チャルチャラーナー/ [＜OIA. *kṣārá-*[1] 'corrosive': T.03674] *vi.* (*perf.* छरछराया /c^{h}arac^{h}arāyā チャルチャラーヤー/) (傷口が)ひりひりする, しみる.

छरछराहट /c^{h}arac^{h}arāhaṭa チャルチャラーハト/ [cf. *छरछराना* ＋ *-आहट*] *f.* (傷口が)ひりひりする痛み.

छरहरा /c^{h}araharā チャルハラー/ [?＜OIA. *kṣará-* 'melting away': T.03662] *adj.* ほっそりした;痩せた. ❐छरहरे बदन की एक औरत ほっそりとした身体つきの一人の女.

छर्रा /c^{h}arrā チャルラー/ [?＜OIA. **caṭa-* 'crackle': T.04570] *m.* **1** 小粒の石, 小石. **2** 散弾. ❐छर्रे वाली बंदूक़ 散弾銃.

छर्री /c^{h}arrī チャルリー/ [cf. *छर्रा*] *f.* 砂利. ❐～ लदा ट्रक पलट गई। 砂利を積載したトラックが横転した.

छल /c^{h}ala チャル/ [←Skt.n. *छल-* 'fraud, deceit, sham, guise, pretence, delusion, semblance, fiction, feint, trick, fallacy'] *m.* **1** 欺瞞(ぎまん), 偽善. (⇒कपट) **2** ペテン, こそ泥. (⇒कपट) ❐(के साथ) ～ करना (人を)欺く. **3** 計略, 策略. (⇒कपट)

छलकना /c^{h}alakanā チャラクナー/▸छलछलाना [onom.] *vi.* (*perf.* छलका /c^{h}alakā チャルカー/) **1** (液体が)チャプチャプ (छल-छल) 波打つ;(波打つ液体が)(器から)こぼれる. ❐छलकते जाम में 波打つ杯の中に. **2** (液体が)あふれ出る;(目が)涙でうるむ. (⇒डबडबाना) ❐छलकती हुई आँखों से देखना うるむ目で見る. **3** (慈愛などが)満ち溢れる.

छल-कपट /c^{h}ala-kapaṭa チャル・カパト/ *m.* 欺瞞(ぎまん);ペテン, ごまかし. ❐मेरी सारी उम्र ～ में कट गई। 私のすべての人生は欺瞞の中で過ぎた.

छलकाना /c^{h}alakānā チャルカーナー/ ▸छलछलाना [symbolic word] *vt.* (*perf.* छलकाया /c^{h}alakāyā チャルカーヤー/) (器の液体を)チャプチャプ (छल-छल) 波打たせてこぼす. ❐उसने लोटे में भरा दूध छलका दिया। 彼はコップになみなみとつがれたミルクをこぼした.

छलछंद /c^{h}alac^{h}aṃda チャルチャンド/ [*छल* ＋ *छंद*] *m.* 策略, 手練手管(てれんてくだ).

छल-छल /c^{h}ala-c^{h}ala チャル・チャル/ [onom.; ＜OIA. **chala-*[2] 'splash': T.05002] *f.* 〔擬音〕(波などの)チャプチャプという音.

छलछलाना /c^{h}alac^{h}alānā チャルチャラーナー/▸छलकना [onom.] *vi.* (*perf.* छलछलाया /c^{h}alac^{h}alāyā チャルチャラーヤー/) (目が)涙でうるむ. (⇒डबडबाना) ❐उसकी आँखें छलछला आईं। 彼女の目は涙でうるんだ.

छलछिद्र /c^{h}alac^{h}idra チャルチドル/ [neo.Skt.n. *छल-छिद्र-* 'guile and wile'] *m.* 謀略, たくらみ.

छलना[1] /c^{h}alanā チャルナー/ [＜OIA. *chalayati* 'deceives': T.05003] *vt.* (*perf.* छला /c^{h}alā チャラー/) 欺く, だます;惑わす.

छलना[2] /c^{h}alanā チャルナー/ [←Skt.f. *छलना-* 'deceiving'] *f.* **1** 欺き, 欺瞞(ぎまん). **2** 幻.

छलना[3] /c^{h}alanā チャルナー/ [cf. *चालना*] *m.* **1** 大型のふるい. **2** 大型の水切りざる.

छलनी /c^{h}alanī チャルニー/ ▸चलनी [cf. *छलना*[3]] *f.* **1** (目の細かい)ふるい. ❐～ से छानना ふるいで漉(こ)す. **2** (ボウル形の)水切りざる. **3** (無数の穴があいて)蜂の巣状になったもの. ❐उसका कुरता ～ हुआ पड़ा है। 彼のクルターは蜂の巣になって落ちていた.

छलबल /c^{h}alabala チャルバル/ [echo-word; cf. *छल*] *m.* 計略, 策略.

छलाँग /c^{h}alā̃ga チャラーング/ [cf. *छलाँगना*] *f.* **1** 跳躍, ジャンプ. ❐～ भरना [मारना] 跳躍する. **2** 〖スポーツ〗跳躍(競技).

छलाँगना /c^{h}alā̃ganā チャラーングナー/ [*उछलना* × *लाँघना*] *vi.* (*perf.* छलाँगा /c^{h}alā̃gā チャラーンガー/) 跳躍する, ジャンプする.

छलावा /c^{h}alāvā チャラーワー/ [cf. *छलना*[1]] *m.* 幻, 幻影;奇怪な現象, 鬼火, きつね火.

छलिया /c^{h}aliyā チャリヤー/ ▸छली [cf. *छल*] *adj.* ☞छली

— *m.* ☞छली

छली /c^{h}alī チャリー/ [←Skt.m. *छलिन्-* 'a cheat'] *adj.* 偽善的な. ❐शब्द भावों को प्रकट करने के सहज माध्यम हैं तो भावों को छिपाने के ～ उपकरण भी हैं। 言葉が感情を表す自然な

手段であるなら, 感情を隠す偽善的な道具でもある.
— *m.* 偽善的な人;ペテン師, こそ泥師.

छल्ला /cʰallā チャッラー/ [?<OIA.m/n. *cakrá-* 'wheel': T.04538; cf. Panj.m. ਛੱਲਾ] *m.* 輪, 円環, リング状のもの, ドーナツ状のもの. ❐ओलंपिक का पाँच छल्लों वाले प्रतीक चिह्न オリンピックの五輪のシンボルマーク.

छल्लेदार /cʰalledāra チャッレーダール/ [*छल्ला* + *-दार*] *adj.* 円環状の, リング状の, ドーナツ状の;(髪などが)くるくる巻いている. ❐～ बाल くせ毛. ❐～ स्प्रिंग コイルばね, つるまきばね.

छवाई /cʰavāī チャワーイー/ [cf. *छाना*] *f.* (屋根を)ふく作業;その手間賃.

छवाना /cʰavānā チャワーナー/ [caus. of *छाना*] *vt.* (*perf.* छवाया /cʰavāyā チャワーヤー/) 覆わせる;覆ってもらう.

छवि /cʰavi チャヴィ/ [←Skt.f. *छवि-* 'colour of the skin, colour; beauty, splendour'; × Pers.n. شبیه 'a picture, figure' ←Arab.] *f.* **1** 麗しさ;魅力. **2** 肖像(写真). **3** イメージ, 印象. ❐(की) साफ़-सुथरी ～ (人の)清潔なイメージ. ❐शहीदी ～ 受難者のイメージ.

छविकार /cʰavikāra チャヴィカール/ [neo.Skt.m. *छवि-कार-* 'photographer'] *m.* 写真家, カメラマン, フォトグラファー. (⇒छायाकार, फ़ोटोग्राफ़र)

छविगृह /cʰavigr̥ha チャヴィグリフ/ [neo.Skt.m. *छवि-गृह-* 'cinema-house'] *m.* 映画館.

छवैया /cʰavaiyā チャワイヤー/ [cf. *छाना, छवाना*] *m.* 屋根ふき職人.

छह /cʰaha チェ/▸छः [<OIA. *ṣáṣ-* 'six': T.12803] *num.* 6《集合数「6 つとも」は छहों》. (⇒षट्)

छहगुना /cʰahagunā チャヘグナー/ [*छह* + *-गुना*] *adj.* ☞छगुना

छहरना /cʰaharanā チャハルナー/ [?] *vi.* 散らばる;広がる.

छहराना /cʰaharānā チャヘラーナー/ [cf. *छहरना*] *vt.* まき散らす;広げる.

छाँछ /cʰā̃cʰa チャーンチ/ ▸छाछ *f.* ☞छाछ

छाँट /cʰā̃ṭa チャーント/ [cf. *छाँटना*] *f.* **1** 刈り込み. **2** 除去;削減. **3** 選別, 選り分け

छाँटना /cʰā̃ṭanā チャーントナー/ [<OIA. **chanṭ-* 'scatter': T.04970; cf. OIA. **chānṭ-* 'cut': T.05013] *vt.* (*perf.* छाँटा /cʰā̃ṭā チャーンター/) **1** 切り揃える;刈り込む;(裁断して)形を作る. **2** (不要なものを)取り去る;切り詰める;削減する. **3** 選別する, (入り用のものが残るように)選びだす, 選りだす;(文を)推敲する. (⇒चुनना) ❐ये आम कुछ ख़राब हो गए हैं, इनमें से अच्छे-अच्छे छाँट लो। これらのマンゴーはいくつか傷んでしまっている, 中からいいものを選び出してくれ.

छांदिक /cʰāṃdika チャーンディク/ [?pseudo.Skt. *छान्दिक-* 'metrical; rhythmical'] *adj.* 韻律の;韻律上の.

छाँव /cʰā̃va チャーオン/ ▸छाँह *f.* ☞छाँह

छाँह /cʰā̃ha チャーンフ/▸छाँव [<OIA.f. *chāyā́-* 'shade, shadow, reflection': T.05027] *f.* **1** 日陰, 陰. ❐पेड़ की ～ में कार रोक दो। 木陰に車を止めてくれ. **2** 影. ❐～ न छूने देना 影すら触れさせない(=近くに来させない, 寄せ付けない). **3** 庇護, 保護. (⇒शरण) ❐आपने ～ न दी होती, तो मैं भीख भी माँगती। あなたが庇護を与えなかったら, 私は物乞いすらしていたはずです.

छाछ /cʰācʰa チャーチ/▸छाँछ [<OIA. **chācchī* 'buttermilk': T.05012] *f.*〖食〗バターミルク《牛乳を攪拌し, クリームからバターを採った残りの液体》. ❐दूध का जला ～ फूँक-फूँककर पीता〔諺〕羹に懲りて膾を吹く.

छाछठ /cʰācʰaṭʰa チャーチャト/ ▸छासठ, छियासठ *num.* ☞छियासठ

छाज /cʰāja チャージ/ [<OIA. **chajja-* 'basket': T.04964] *m.* (もみ殻などをあおる)ふるい, 箕(み).

छाजन /cʰājana チャージャン/ [cf. *छाजना*] *f.* **1** 草ぶき(屋根). (⇒छप्पर) **2**〖医学〗湿疹;水虫. (⇒एकज़ीमा, पामा)

छाजना[1] /cʰājanā チャージナー/ [<OIA. **chadyati* 'seems good': T.04982] *vi.* (*perf.* छाजा /cʰājā チャージャー/) 似合う, 映える. (⇒खिलना, फबना) ❐यह टोपी आपके सिर पर छाजती है। この帽子は, あなたにお似合いですよ.

छाजना[2] /cʰājanā チャージナー/ [cf. OIA. **chādyatē, *chadyatē* 'is covered': T.05024] *vt.* (*perf.* छाजा /cʰājā チャージャー/) (屋根を)ふく.

छाता /cʰātā チャーター/ [<OIA.n. *cháttra-*[1] 'parasol': T.04972] *m.* 傘;パラソル. (⇒छतरी)

छाती /cʰātī チャーティー/ [<OIA. **chātti-* 'chest, breast': T.05014; cf. DEDr.2436] *f.* **1** 胸, 胸部, 胸郭. (⇒सीना) ❐～ की धड़कन 胸の鼓動. ❐चौड़ी ～ 幅広い胸. **2** (女性の)胸, 乳房. ❐～ का दूध 母乳. **3** 心;気持ち, 感情.

छाती-कपार /cʰātī-kapāra チャーティー・カパール/ *m.* 胸と頭. ❐अपना ～ पीटना 自分の胸と頭を打つ《近親者の死などに際し激しい悲しみを表す動作》.

छात्र /cʰātra チャートル/ [←Skt.m. *छात्त्र-* 'a pupil, scholar'] *m.* (男子)学生, (男子)生徒. (⇔छात्रा)

छात्रवृत्ति /cʰātravr̥tti チャートルヴリッティ/ [neo.Skt.f. *छात्र-वृत्ति-* 'scholarship'] *f.* 奨学金, スカラーシップ. (⇒वज़ीफ़ा)

छात्रा /cʰātrā チャートラー/ [cf. *छात्र*] *f.* 女子学生, 女子生徒. (⇔छात्र)

छात्रावास /cʰātrāvāsa チャートラーワース/ *m.* 学生寮, ホステル, 寄宿舎. (⇒होस्टल)

छादन /cʰādana チャーダン/ [←Skt.m. *छादन-* 'coverer'] *m.* 覆い隠すこと;覆い隠すもの, カバー, 布地.

छानना /cʰānanā チャーンナー/ [cf. *छनना*[1]] *vt.* (*perf.* छाना /cʰānā チャーナー/) **1** ふるいにかける. ❐वह छलनी से आटा छान रही थी। 彼女は小麦粉をふるいにかけていた. **2** (濾過して)漉す. ❐पानी छान कर पीजिए। 水は濾過して飲んでください. ❐चाय चलनी से छान लीजिए। お茶を茶漉しで漉してください. **3** (大麻 (भाँग) を混ぜたジュースを)飲む. **4** 選別する, 取捨選択する;ふるいにかける. **5** 隅々まで捜す;綿密に調べる. ❐कुछ लोग नदी में उतरे और वहाँ के तल को डुबकी मार-मारकर छाना गया जहाँ खड़े होकर यात्री ने स्नान किया था। 何人かが川に入った, そして旅人が立っ

て沐浴した場所の川底をいく度も潜って隅々まで捜した. ❒उसने घर का कोना कोना छान डाला। 彼は家の隅々まで捜した.

छान-बीन /cʰānạ-bīnạ チャーン・ビーン/ [*छानना* + *बीनना*] *f.* (徹底的な)調べ, 調査;吟味;(警察の)捜査. ❒(की) ～ करना (…を)徹底的に調べる.

छाना /cʰānā チャーナー/ [<OIA. *chādáyati*[1] 'covers, veils': T.05018] *vi.* (*perf.* छाया /cʰāyā チャーヤー/) **1** 覆い広がる;拡散する. ❒कार्तिक की रुपहली चाँदनी प्रकृति पर मधुर संगीत की भाँति छाई हुई थी। カールティカ月の銀色の月光が自然の上に甘美な音楽のように覆い広がっていた. **2** 影を落とす;暗くする, 曇らせる;(問題が)重くのしかかる. ❒मेरे पिता के चेहरे पर फिर भी एक उदासी और निराशा छाई थी। 私の父の顔を依然として一つの悲しみと絶望が暗くしていた. ❒हमारे मन पर छाए हुए अवसाद को जैसे और गहरा करने के लिए समाचार आया था कि लोकमान्य तिलक का स्वर्गवास हो गया। 私たちの心に影を落としていた悲しみをさらに深くするかのように知らせが入った, ロークマンニャ・ティラクが亡くなったのだ.

— *vt.* (*perf.* छाया /cʰāyā チャーヤー/) **1** 覆う;(屋根を)ふく. **2** (日除けなどを)張って広げる.

छाप /cʰāpạ チャープ/ [cf. *छापना*; → Eng.n. *chop*] *f.* **1** (印, スタンプなどの)押印, 刻印;焼印, 烙印(らくいん). (⇒मुद्रा, सील) ❒अंगुलि ～ 指紋. ❒कलंकी की ～ 面汚しの烙印. ❒गुलामी की ～ 隷属の焼印. **2** (印刷の)刷り. **3** 商標, トレードマーク. (⇒मार्का) ❒कछुआ ～ अगरबत्ती 亀印の蚊取り線香. **4** 刻印, 印象, 感銘. ❒आयरलैंड की यात्रा की ～ アイルランドの旅の感銘. ❒उसके प्रेम की ～ अब भी हृदय पर है। 彼女の愛の刻印はまだ胸に刻まれている. ❒मुख पर मृत्यु विभीषिका की ～ थी। 顔には死への恐れが刻まれていた.

छापना /cʰāpạnā チャープナー/ [<OIA. **chapp-* 'press, cover, hide': T.04994] *vt.* (*perf.* छापा /cʰāpā チャーパー/) **1** (印・模様などを)押す;染める. ❒मुहर छापने की स्याही スタンプを押すためのインク. **2** 印刷する, 印字する;出版する. ❒छापने का प्रेस 印刷機. ❒वे मेरा संकलन छापने को तैयार हो गए। 彼は私の全集を出版することに応じた. ❒वे सप्ताह भर के अंदर पुस्तक छाप देंगे। 彼は1週間の間に本を印刷してくれるだろう.

छापा /cʰāpā チャーパー/ [cf. *छापना*] *m.* **1** (金属や木でできた)スタンプ, 刻印;(スタンプで押された)印, 模様. **2** 〖ヒンドゥー教〗手形(の跡)《吉祥な機会にウコンなどをつけて壁などに押しつけ跡をつける》. **3** 奇襲, 強襲, 襲撃;(警察などの)手入れ, 踏み込み;(盗賊の)押し込み. ❒उसके दफ़्तर पर पुलिस ने ～ मारा। 彼のオフィスに警察の手入れが入った. ❒डाकुओं ने ～ मारा। 盗賊たちが押込み強盗を働いた.

छापाख़ाना /cʰāpāxānā チャーパーカーナー/ [*छापा* + *ख़ाना*] *m.* 印刷所, 発行所. (⇒प्रेस, मुद्रणालय)

छापामार /cʰāpāmārạ チャーパーマール/ [*छापा* + *मारना*] *adj.* 奇襲を専らとする. ❒～ लड़ाई [युद्ध] 不正規戦, ゲリラ戦.

— *m.* 奇襲をする者;手入れで踏み込む警官;押し込み強盗.

छापामारी /cʰāpāmārī チャーパーマーリー/ [*छापामार* + *-ई*] *f.* 奇襲;ゲリラ戦.

छायांकन /cʰāyāṃkanạ チャーヤーンカン/ [neo.Skt.n. *छाया-अङ्कन-* 'photography'] *m.* 写真撮影;映画撮影.

छाया /cʰāyā チャーヤー/ [←Skt.f. *छाया-* 'shade, shadow, a shady place'] *f.* **1** 陰, 物陰;日陰. (⇒साया) ❒(की) ～ में (…の)陰に. **2** 影, 物影;人影, 影法師. (⇒साया) ❒(पर) (की) ～ पड़ना (…に)(…の)影がさす. **3** 暗い影, 暗雲, 暗い前兆. ❒(पर) काली ～ मंडराना (…に)暗雲が立ち込める. **4** 影武者, 影;影のように寄り添う人. ❒(की) ～ बनना (人の)影武者になる. **5** 反射;投影;影像;映像. ❒(पर) अपनी ～ छोड़ना (…の上に)自身の影を投射する.

छायाकार /cʰāyākārạ チャーヤーカール/ [neo.Skt.m. *छाया-कार-* 'a cinematographer, photographer'] *m.* 写真家, カメラマン;撮影者《特に映画撮影などのカメラマンや撮影監督を指すことがある》. (⇒छविकार, फ़ोटोग्राफ़र)

छायाचित्र /cʰāyācitrạ チャーヤーチトル/ [neo.Skt.n. *छाया-चित्र-* 'photograph'] *m.* 写真. (⇒तसवीर, फ़ोटो)

छायाचित्रण /cʰāyācitraṇạ チャーヤーチトラン/ [neo.Skt.n. *छाया-चित्रण-* 'photography'] *m.* 写真術, 撮影技術. (⇒फ़ोटोग्राफ़ी)

छायादान /cʰāyādānạ チャーヤーダーン/ [neo.Skt.n. *छाया-दान-* 'offering up one's reflection'] *m.* 〖ヒンドゥー教〗チャーヤーダーナ《星の運行による凶兆を避けるための喜捨の方法;真鍮製の器に入れた油に映った自分の姿を認めた後, その油をお布施とともに喜捨する》.

छायादार /cʰāyādārạ チャーヤーダール/ [*छाया* + *-दार*] *adj.* 陰になっている;日陰の. ❒टीले पर एक बड़ा ～ वट-वृक्ष था। 丘に一本の大きな日陰を作っているベンガルボダイジュがあった. ❒～ पौधे 陰性植物.

छाया-नाट्य /cʰāyā-nāṭyạ チャーヤー・ナーティエ/ [neo.Skt.n. *छाया-नाट्य-* 'a shadow play'] *m.* 影絵芝居.

छायानुवाद /cʰāyānuvādạ チャーヤーヌワード/ [neo.Skt.m. *छाया-अनुवाद-* 'adaptation'] *m.* 〖文学〗翻案;意訳.

छायापथ /cʰāyāpatʰạ チャーヤーパト/ [←Skt.m. *छाया-पथ-* 'the Milky Way'] *m.* 〖天文〗天の川, 銀河. (⇒आकाशगंगा, स्वर्गंगा)

छायावाद /cʰāyāvādạ チャーヤーワード/ [neo.Skt.m. *छाया-वाद-* 'a viewpoint'] *m.* 〖文学〗陰影主義.

छायावादी /cʰāyāvādī チャーヤーワーディー/ [neo.Skt.m. *छाया-वादिन्-* 'having to do with *chāyāvād*'] *adj.* 〖文学〗

छाल /cʰālạ チャール/ [<OIA.f. *challi-, challī-* 'bark': T.05005] *f.* (木の)皮, 樹皮. ❒लोग वृक्षों की छालें छील-छीलकर खाते थे। (飢えをしのぐために)人々は木の皮をはいでは食べていた.

छाला /cʰālā チャーラー/ [<OIA.f. *challi-, challī-* 'bark':

T.05005] *m.* 〖医学〗水ぶくれ, 水疱. (⇒फफोला) ❐हाथ में छाले पड़ गए। 手に水ぶくれができた.

छाली /c^{h}ālī チャーリー/ [cf. *छाल*] *f.* チャーリー《ビンロウジ (सुपारी) (の削った皮)》.

छावनी /c^{h}āvanī チャーワニー/ [<OIA.n. *chādana-* 'covering': T.05017] *f.* **1** 駐屯地; 野営地; 兵舎; 陣地.

छासठ /c^{h}āsaṭ^{h}a チャーサト/ ▸छाछठ, छियासठ *num.* ☞छियासठ

छिछड़ा /c^{h}ic^{h}aṛā チチラー/ ▸छीछड़ा *m.* ☞छीछड़ा

छिछला /c^{h}ic^{h}alā チチラー/ [?] *adj.* (深さが) 浅い. (⇔गहरा) ❐छिछले पानी में आकर खड़ा होना 水の浅いところに来て立つ.

छिछोरा /c^{h}ic^{h}orā チチョーラー/ [?cf. OIA. *kṣudrá-* 'minute': T.03712] *adj.* (人柄が) 狭量な, けちな, つまらぬ(人).

छिछोरापन /c^{h}ic^{h}orāpana チチョーラーパン/ [*छिछोरा* + *-पन*] *m.* (人柄が) 狭量であること, けちなこと, つまらない人であること.

छिटकना /c^{h}iṭakanā チタクナー/ [<OIA. **chiṭ-* 'sudden movement, flash, splash, scatte': T.05035] *vi.* (*perf.* छिटका /c^{h}iṭakā チトカー/) **1** (粒状のものが) 散らばる. (⇒बिखरना) **2** (星・明かりなどが) まばたく, 光る. ❐आकाश में तारे छिटके हुए थे। 空には星が光り散りばめられていた. ❐उसकी आँखों के आगे तारे छिटकने लगे। 彼の目の前に星が散った.《強く殴られて目を回した表現》

छिटकाना /c^{h}iṭakānā チトカーナー/ [cf. *छिटकना*] *vt.* (*perf.* छिटकाया /c^{h}iṭakāyā チトカーヤー/) (粒状のものを) 振り掛ける; そそぎ入れる; まく, 散らす, 散布する. (⇒छिड़कना, छितराना, बुरकना)

छिड़कना /c^{h}iṛakanā チラクナー/ [<OIA. **chiṭ-* 'sudden movement, flash, splash, scatter': T.05035] *vt.* (*perf.* छिड़का /c^{h}iṛakā チルカー/) (液体・粉などを) 振り掛ける; そそぐ; まく, 散らす, 散布する; まぶす; 浴びせる. (⇒छिटकाना, छितराना, बुरकना) ❐उसने अपने बदन पर किरासिन छिड़ककर आग लगा ली। 彼女は自分の体に灯油を振り掛け火をつけた. ❐उसने घाव [कटे, जले] पर नमक [नोन] छिड़का। 彼女は傷口[切り傷, やけど]に塩を振り掛けた(=「人の苦痛をさらに耐えがたいものにした」の意). ❐मर्दों में किसी-किसी को हाल आ जाता, लोग मुँह पर पानी छिड़ककर, पंखा करके उसे होश में लाते। 男たちの中には(興奮のあまり)ひきつけをおこす者もいた, 人びとは顔に水を振り掛けたり団扇であおいだりして正気にもどした.

छिड़कवाना /c^{h}iṛakavānā チラクワーナー/ ▸छिड़काना [caus. of *छिड़कना*] *vt.* (*perf.* छिड़कवाया /c^{h}iṛakavāyā チラクワーヤー/) (液体・粉などを) 振り掛けさせる; (液体・粉などを) 振り掛けてもらう.

छिड़काई /c^{h}iṛakāī チルカーイー/ [cf. *छिड़कना, छिड़काना*] *f.* (液体などを) 散布する作業; その手間賃.

छिड़काना /c^{h}iṛakānā チルカーナー/ ▸छिड़कवाना *vt.* (*perf.* छिड़काया /c^{h}iṛakāyā チルカーヤー/) ☞छिड़कवाना

छिड़काव /c^{h}iṛakāva チルカーオ/ [cf. *छिड़कना*] *m.* **1** (水などの) 散布, 水撒き, 打ち水. ❐जेठ की उदास और गर्म संध्या सड़कों और गलियों में पानी के ～ से शीतल और प्रसन्न हो रही थी। ジェート月の気が滅入るほどの暑い夕刻は, 道や裏通りに撒かれた打ち水のおかげでひんやりと気持ちよくなっていた. **2** (農薬などの) 散布. ❐कीटनाशक का ～ 殺虫剤の散布.

छिड़ना /c^{h}iṛanā チルナー/ [cf. *छेड़ना*] *vi.* (*perf.* छिड़ा /c^{h}iṛā チラー/) **1** (戦争・口論・闘争などが) 始まる. ❐इसी बात पर दोनों मित्रों में बहस छिड़ गयी। このことをめぐって二人の友人の間で論争が始まった. **2** (…が) 話題になる, (話題が) もちだされる; (問題が) むしかえされる. ❐बड़ा मनोरंजक प्रसंग छिड़ गया था। とても興味深い話題がもちだされた. ❐इस विषय पर स्त्री-पुरुष में आये दिन संग्राम छिड़ा रहता था। この問題に関して男たちと女たちの間では毎日口論がむしかえされていた. **3** (演奏・歌唱が) 始まる.

छिड़वाना /c^{h}iṛavānā チルワーナー/ [caus. of *छिड़ना, छेड़ना*] *vt.* (*perf.* छिड़वाया /c^{h}iṛavāyā チルワーヤー/) (戦争・口論・闘争などを) 始めさせる.

छितरना /c^{h}itaranā チタルナー/ ▸छितराना *vi.* (*perf.* छितरा /c^{h}itarā チトラー/) ☞छितराना

छितराना /c^{h}itarānā チトラーナー/ ▹छितरना [?<OIA. **chitr-* 'scatter, sprinkle': T.05040; cf. DEDr.1546 (DED.1294)] *vi.* (*perf.* छितराया /c^{h}itarāyā チトラーヤー/) **1** (粒状のものが) 振り撒かれる, 散布される. **2** 分散する. ❐यहूदी सारे संसार में छितराए हुए हैं। ユダヤ人は世界中にちらばっている.

— *vt.* (*perf.* छितराया /c^{h}itarāyā チトラーヤー/) **1** (粒状のものを) 振り撒く, 散布する. (⇒छिटकाना, छिड़कना, बुरकना) **2** 分散させる.

छितराव /c^{h}itarāva チトラーオ/ [cf. *छितराना*] *m.* 散布; 拡散.

छिदना /c^{h}idanā チドナー/ [cf. *छेदना*] *vi.* (*perf.* छिदा /c^{h}idā チダー/) 穴があく; くりぬかれる; 貫かれる.

छिदवाई /c^{h}idavāī チドワーイー/ [cf. *छिदवाना*] *f.* 穴をあける作業; その手間賃.

छिदवाना /c^{h}idavānā チドワーナー/ ▸छिदाना [caus. of *छिदना, छेदना*] *vt.* (*perf.* छिदवाया /c^{h}idavāyā チドワーヤー/) 穴をあけさせる; 穴をあけてもらう.

छिदाना /c^{h}idānā チダーナー/ ▸छिदवाना [caus. of *छिदना, छेदना*] *vt.* (*perf.* छिदाया /c^{h}idāyā チダーヤー/) ☞छिदवाना

छिद्र /c^{h}idra チドル/ [←Skt.n. *छिद्र-* 'a hole, slit, cleft, opening'] *m.* **1** 穴. (⇒छेद) **2** 欠点, 欠陥, あら.

छिद्रान्वेषण /c^{h}idrānveṣaṇa チドラーンヴェーシャン/ [←Skt.n. *छिद्र-अन्वेषण-* 'searching for faults'] *m.* あら探し, あげ足とり. (⇒नुकताचीनी)

छिद्रान्वेषी /c^{h}idrānveṣī チドラーンヴェーシー/ [←Skt. *छिद्र-अन्वेषिन्-* 'searching for faults'] *adj.* あら探しをする(人). (⇒नुकताचीन)

छिद्रित /c^{h}idrita チドリト/ [←Skt. *छिद्रित-* 'perforated'] *adj.* 穴のあけられた. ❐～ फ़ीता (コンピュータ読み取り用の) 紙テープ.

छिनकना /c^{h}inakanā チナクナー/ ▸सिनकना [onom.; ?<OIA. **chin-* 'sift, sprinkle': T.05044] *vt.*

(*perf.* छिनका /c^h^inakā チンカー/) (はなを)かむ. ❒नाक [नेटा] छिनकना はなをかむ.

छिनना /c^h^inanā チンナー/ [cf. *छीनना*] *vi.* (*perf.* छिना /c^h^inā チナー/) **1** (乱暴に)むしり取られる, もぎ取られる, ひったくられる. **2** ひったくられて奪い取られる, 強奪される;とりあげられる. **3** (権利・名誉・称号などが)奪われる, 剥奪される.

छिनवाना /c^h^inavānā チンワーナー/ ▸छिनाना [caus. of *छिनना, छीनना*] *vt.* (*perf.* छिनवाया /c^h^inavāyā チンワーヤー/) むしりとらせる;むしりとってもらう.

छिनाना /c^h^inānā チナーナー/ ▸छिनवाना [caus. of *छिनना, छीनना*] *vt.* (*perf.* छिनाया /c^h^ināyā チナーヤー/) ☞ छिनवाना

छिनाल /c^h^ināla チナール/ [<OIA. **chinnāli-* 'adulteress': T.05048] *adj.* 〔卑語〕ふしだらな(女), 浮気な(女). ❒बेवफ़ा और 〜 औरतें 不実で浮気な女たち. — *f.* 〔卑語〕ふしだらな女, 浮気な女;淫売(いんばい).

छिन्न-भिन्न /c^h^inna-b^h^inna チンヌ・ビンヌ/ *adj.* ずたずたに切断された;粉々に粉砕された;分裂し崩壊した. ❒〜 करना ずたずたに切断する.

छिपकली /c^h^ipakalī チプカリー/ [cf. OIA.f. *śēpyā́-* '*tail': T.12607] *f.* 『動物』ヤモリ;トカゲ.

छिपना /c^h^ipanā チプナー/ [<OIA. **chapp-* 'press, cover, hide': T.04994] *vi.* (*perf.* छिपा /c^h^ipā チパー/) **1** (もの・感情が)隠れる, 隠される;(人が)潜む, 潜伏する. (⇒लुकना) ❒दोनों एक चट्टान की आड़ में छिप गये। 二人とも一つの岩の陰に潜んだ. **2** (露出している部分が)覆い隠される;(日が)沈む. ❒दिन छिप गया। 日が沈んだ. **3** 秘められる. ❒इंसान के दिल की गहराइयों में त्याग और कुर्बानी की कितनी ताक़त छिपी होती है, इसका मुझे अब तक तजरबा न हुआ था। 人間の心の奥に献身と自己犠牲のなんという力が秘められていることか, このことを私は今まで知らなかった.

छिपाना /c^h^ipānā チパーナー/ [cf. *छिपना*] *vt.* (*perf.* छिपाया /c^h^ipāyā チパーヤー/) **1** (もの・感情を)隠す, 隠してしまいこむ;(人を)潜ませる;かくまう. (⇒लुकाना) ❒पिता जी ने दुगने दाम देने का प्रलोभन देकर वह पुस्तक बहन से ले ली और कहीं छिपाकर रख दी। 父は価格の二倍あげると甘いことを言ってその本を姉から取り上げた, そしてどこかに隠してしまいこんでしまった. ❒यह भूसा तो मैंने रातोंरात ढोकर छिपा दिया था, नहीं तो तिनका भी न बचता। この飼料用干し草を私は一晩で隠しておいた, さもなければ藁(わら)一本残らないからな. ❒मैंने हंडे भर अशर्फ़ियाँ छिपा लीं। 私は壷一杯の金貨を隠した. ❒वह अपनी पुलक को छिपाती हुई बोली। 彼女は有頂天の気持ちを隠しながら言った. **2** (露出している部分を)覆い隠す. ❒उसने अपना मुँह कंबल से छिपा लिया। 彼女は顔を毛布で隠した. **3** 隠蔽する, 秘密にする. (⇒दुराना) ❒उससे मैं वही छिपा सकता था जो अपने से छिपा सकता। 彼女に対して, 私は自分に対し秘密にできることだけを秘密にした(＝隠し事をしなかった). ❒काश, वह अपने रोग को न छिपाती तो शायद समय से उसका अच्छा इलाज हो सकता! ああ, 彼女が自分の病気を隠さなかったら, おそらく手遅れにならずによい治療が受けられたのに. ❒जिस बात को दुनिया जानती है, उसे कैसे छिपा लेंगे। 世間が知っていることを, どうやって隠しとおせるのだ.

छिपा रुस्तम /c^h^ipā rustama チパー ルスタム/ *adj.* 《直訳は「隠れた勇者ルスタム」;世間に知られていない有能で実力のある人間のこと》.

छिपाव /c^h^ipāva チパーオ/ [cf. *छिपाना*] *m.* 隠し事. (⇒दुराव) ❒एक-दूसरे से कोई दुराव- 〜 नहीं। 互いにいかなる隠し事もない. ❒तुमसे कौन 〜 है। 君にどんな隠し事があるというのだ.

छियानवे /c^h^iyānave チヤーンヴェー/ *num.* 96.

छियालीस /c^h^iyālīsa チヤーリース/ *num.* 46.

छियासठ /c^h^iyāsaṭ^h^a チヤーサト/ ▸छाछठ, छासठ [<OIA.f. *ṣaṭṣaṣṭi-* '66': T.12790] *num.* 66.

छियासी /c^h^iyāsī チヤースィー/ [<OIA. *ṣaḍaśīti-* '86': T.12793] *num.* 86.

छिलका /c^h^ilakā チルカー/ [<OIA. **chilla-*[2] 'skin, rind': T.05052] *m.* **1** 『植物』(果実の)皮, 殻, さや. **2** (卵の)殻.

छिलना /c^h^ilanā チルナー/ [cf. *छीलना*] *vi.* (*perf.* छिला /c^h^ilā チラー/) **1** (皮が)はがれる, むかれる. ❒उसकी साड़ी फट गयी, पीठ और कमर की खाल छिल गयी। 彼女のサリーは裂け, 背中と腰の皮膚がすりむけた. **2** こすり落ちる;削り取られる;(草などが)むしりとられる. **3** 剃られる;(かんなが)かけられる. ❒मुझे याद है लट के लट मेरे बाल नाई के निर्मम उस्तरे से छिल-छिलकर मेरे सामने गिर रहे थे। 一房一房私の髪が, 床屋の情け容赦のないかみそりに剃られて, 私の面前に落下していたのを覚えている.

छिलवाई /c^h^ilavāī チルワーイー/ [cf. *छीलना*] *f.* (皮を)むく仕事;その手間賃.

छिलवाना /c^h^ilavānā チルワーナー/ [caus. of *छिलना, छीलना*] *vt.* (*perf.* छिलवाया /c^h^ilavāyā チルワーヤー/) (皮を)はがさせる;(皮を)はがしてもらう.

छिहत्तर /c^h^ihattara チハッタル/ [<OIA.f. *ṣaṭsaptati-* '76': T.12791] *num.* 76.

छींक /c^h^ĩka チーンク/ [<OIA.f. *chikkā-* 'sneeze': T.05032] *f.* 〔擬音〕『医学』くしゃみ.

छींकना /c^h^ĩkanā チーンクナー/ [cf. *छींक*] *vi.* (*perf.* छींका /c^h^ĩkā チーンカー/) くしゃみをする. ❒जब जब कांग्रेस छींकती है, संयुक्त मोर्चा सरकार को जुकाम होने का डर सताने लगता। 国民会議派がくしゃみをするたびに, 連合戦線政府は風邪をひく恐怖でさいなまれるのである.

छींका /c^h^ĩkā チーンカー/ ▸छीका [cf. OIA.n. *śikyà-* 'rope-sling for carrying things': T.12427] *m.* チーンカー, 吊りかご《猫・ネズミから守りまた子どもの手が届かないように天井から吊るしたかご》. ❒उसने छींके से पकोड़ियाँ उतार कर खायीं। 彼は吊りかごからパコーリーを下ろして食べた ❒बिल्ली छींकों पर उचकती थी। 猫が吊りかごに向かって(何度も)とび上がっていた.

छींट /c^h^ĩṭa チーント/ [cf. *छींटना*; → Eng.n. *chintz*] *f.* **1** (水の)しぶき, 飛沫(ひまつ);(泥などの)はね, 汚れ. **2** インド更紗, チンツ, キャラコ《平織の綿織物を染色したもの;花模様などを散らしたもの》. ❐～ की साड़ी インド更紗のサリー.

छींटना /c^{h}ĩṭanā チーントナー/ [<OIA. *chinṭ- 'scatter': T.05036z1] *vt.* (*perf.* छींटा /c^{h}ĩṭā チーンター/) **1** (水などを)まく, 水しぶきをあげる. (⇒छिड़कना) **2** (種などを)まく. (⇒छितराना)

छींटा /c^{h}ĩṭā チーンター/ [cf. *छींटना*] *m.* **1** (水の)しぶき, 飛沫(ひまつ);(泥などの)はね, 汚れ. ❐(के) मुँह पर पानी के छींटे देना《気を失った人を正気にもどすために》(人の)顔に水をふりかける. ❐मोटरवाले जान-बूझकर छींटे उड़ाते हैं। 車を運転する者はわざと泥をはねているのだ. **2** 非難中傷, 野次(やじ), ひやかし. ❐कभी-कभी विनोद भाव से एक दूसरे पर छींटे भी उड़ा लेते थे। 時々ジョークで互いをひやかしたりしていた.

छींटाकशी /c^{h}ĩṭākaśī チーンターカシー/ [*छींटा* + *-कशी*] *f.* 非難中傷をすること, 野次(やじ)をとばすこと. ❐(पर) ～ करना (人に)野次をとばす.

छीका /c^{h}īkā チーカー/ ▸छींका *m.* ☞छींका

छीछड़ा /c^{h}īc^{h}aṛā チーチラー/ ▸छिछड़ा [?] *m.* (動物の)臓物, くず肉. ❐～ चबाना くず肉をかじる.

छीछालेदर /c^{h}īc^{h}āledara チーチャーレーダル/ [?cf. *छिछला*] *f.* 〔俗語〕みじめなさま, どじ, へま, 窮地. ❐फाँसी इस ～ से अच्छी। 絞首刑はこのみじめさよりましさ.

छीज /c^{h}īja チージ/ [cf. *छीजना*] *f.* 摩耗(まもう);腐朽(ふきゅう).

छीजन /c^{h}ījana チージャン/ [cf. *छीजना*] *f.* ☞छीज

छीजना /c^{h}ījanā チージナー/ [<OIA. *chidyatē* 'is cut, is split': T.05042] *vi.* (*perf.* छीजा /c^{h}ījā チージャー/) (使い古されて)すり減る;すり切れる;朽ちる.

छीन-झपट /c^{h}īna-j^{h}apaṭa チーナ・ジャパト/ [*छीनना* + *झपटना*] *f.* (つかみ合いによる)奪い合い, 引ったくり合い. ❐देहात के छोटे-मोटे ज़मींदारों का काम डाँट-डपट, ～ ही से चला करता है। 田舎のそこらへんの地主の仕事は大声でどやしつけたり, 引ったくったりすることで用が足りるものである.

छीनना /c^{h}īnanā チーンナー/ [<OIA. *chinná-* 'cut off': T.05047] *vt.* (*perf.* छीना /c^{h}īnā チーナー/) **1** (乱暴に)むしり取る, もぎ取る, ひったくる. ❐उसने लपककर मेरे हाथ से किताब छीन ली। 彼は飛びかかって, 私の手から本をひったくった. ❐कोई तुम्हारे हाथ से छीन थोड़े लेता। 誰もおまえの手からむしり取ろうなんてしないよ. **2** (盗むため)ひったくる, 奪い取る, 強奪する;とりあげる. (⇒खसोटना) ❐उसने मेरी सारी जायदाद छीन ली। 彼は私の全財産をとりあげてしまった. ❐एक लड़का इस महिला से पर्स छीनकर भाग गया है। 一人の少年がこの女性の財布をひったくって逃げたのです. **3** (権利・名誉・称号などを)奪う, 剥奪する;解任する. ❐आज्ञाकारी पुत्र के पिता बनने का गौरव बड़ी निर्दयता के साथ उनके हाथ से छीन लिया गया था। 従順な息子の父になるという栄誉は, あまりの無情さで彼の手からもぎ取られた. ❐आप ज़मींदारों के अधिकार छीन लेना चाहते हैं। あなたは地主の権利を剥奪しようとしている. **4** (人の言うことを)横取りする, 先取りする. ❐तुमने तो मेरे मुँह की बात छीन ली। 君は私の言いたいことを先にしゃべってしまった.

छीना-झपटी /c^{h}īnā-j^{h}apaṭī チーナー・ジャプティー/ *f.* ☞छीन-झपट

छीपी /c^{h}īpī チーピー/ [<OIA. *chapp- 'press, cover, hide': T.04994] *m.* 捺染(なっせん)職人.

छीलन /c^{h}īlana チーラン/ [cf. *छीलना*] *f.* (皮を)はぐこと;(草などを)むしり取ること;(かんなを)かけること.

छीलना /c^{h}īlanā チールナー/ [<OIA. *chilla-[1] 'torn, cut': T.05051; DED 2120, (2336)] *vt.* (*perf.* छीला /c^{h}īlā チーラー/) **1** (皮を)はぐ, むく, 取り去る. ❐वह आलू छीलने लगा। 彼はジャガイモをむきだした. ❐वह ख़रबूज़े के बीज छील रही थी। 彼女はメロンの種を取り去っていた. **2** こすり落とす;削り取る;(草などを)むしりとる. ❐वह घास छील रहा है। 彼は雑草をむしっている. **3** 剃る;(かんなを)かける;(旋盤で)削る.

छीलर /c^{h}īlara チーラル/ [cf. *छिछला*] *m.* 浅い水たまり. ❐हमने किताब से जो सीखा था वह केवल किसी छिछले ～ में तैरने के समान था। 私たちが本から学んだことは単に浅い水たまりで泳ぐことと同じだった.

छुआछूत /c^{h}uāc^{h}ūta チュアーチュート/ [*छुआना* + *छूत*] *f.* 〘ヒンドゥー教〙チュアーチュート《いわゆる不可触民に対する浄不浄の差別(意識)》. (⇒छूत-छात)

छुआना /c^{h}uānā チュアーナー/ ▸छुलाना [caus. of *छूना*] *vt.* (*perf.* छुआया /c^{h}uāyā チュアーヤー/) ☞छुलाना

छुई-मुई /c^{h}uī-muī チュイー・ムイー/▸छूई-मूई [*छूना* + *मुआ*] *f.* **1** 〘植物〙チュイームイー《マメ科オジギソウ;葉に触れると敏感に反応して葉を閉じ葉柄を垂れる;ヒンディー語名の原意は「触ったら死んだ」》. (⇒लजालू, लाजवंती) **2** 神経質な人;繊細でひ弱な人;精巧で壊れやすいもの.

छुक /c^{h}uka チュク/ [onom.] *f.* 〔擬音〕ガタゴト《走る蒸気機関車などの車輪の音》. ❐～ ～ करती हुई गाड़ी एक छोटे स्टेशन पर रुकी। ガタゴトと走っていた汽車はある小さな駅で停車した.

छुच्छी /c^{h}ucc^{h}ī チュッチー/ ▸छूछी [cf. *छूछा*] *f.* 管(くだ), チューブ;漏斗(じょうご).

छुछमछली /c^{h}uc^{h}amac^{h}alī チュチマチャリー/ [*छूछा* + *मछली*] *f.* 〘動物〙オタマジャクシ.

छुट- /c^{h}uṭa チュト/ comb. form of *छोटा comb. form* 《「小さな;年少の」などをを表す連結形; छुटपन「幼年期」, छुटभैया「小者」など》.

छुटकारा /c^{h}uṭakārā チュトカーラー/ [cf. *छूटना*] *m.* (束縛・苦痛などからの)解放, 釈放, 放免, 自由. ❐(को) (से) ～ मिलना (人が)(…から)解放される. ❐(को) (से) ～ दिलाना (人を)(…から)解放する. ❐(से) ～ पाना (…から)自由をえる.

छुटपन /c^{h}uṭapana チュトパン/ [*छुट-* + *-पन*] *m.* 幼年時代, 子ども時代. (⇒बचपन)

छुटपुट /c^{h}uṭapuṭa チュトプト/ ▸छुटफुट [echo-word; cf. *छूटना*] *adj.* ささいな, たいしたことのない;まばらな, 散発的な. ❐～ झड़पों के साथ मतदान समाप्त हुआ। ささいな小競り合いはあったが投票は終了した.

छुटफुट /c^{h}uṭap^{h}uṭa チュトプト/ ▸छुटपुट *adj.* ☞छुटपुट

छुटभैया /cʰuṭabʰaiyā チュトバイヤー/ [*छुट- + भैया*] *m.* 取るに足らない者, 小者, 駆け出し者. ❐उसकी गिनती अभी तक छुटभैयों में थी। 彼はまだ駆け出し者に数えられていた.

छुट्टी /cʰuṭṭī チュッティー/ [<OIA. **kṣutyatē* 'is released': T.03707] *f.* **1** 休日, ホリデー;祝祭日. ❐~ का दिन 休日. ❐राष्ट्रीय ~ 国民祝祭日. **2** 休み, 休憩;非番;休暇, 休職;休業. ❐~ पर 休暇中で, 非番で. ❐एक हफ़्ते की ~ माँगना 1 週間の休暇を願い出る. ❐(से) ~ पाना (仕事から)解放される. ❐वैतानिक ~ 有給休暇. **3** 休暇, バケーション《複数形で用いるのが普通》. (⇒अवकाश) ❐गरमी की छुट्टियों में 夏休みに. ❐छुट्टियाँ मनाना 休暇を楽しむ. **4** 解雇;引退, 退職, 退役. (⇒अवकाश) ❐(की) नौकरी से ~ करना (人を)罷免する, 解雇する.

छुड़वाना /cʰuṛavānā チュルワーナー/ [caus. of *छूटना, छोड़ना*; cf. *छुड़ाना*] *vt.* (*perf.* छुड़वाया /cʰuṛavāyā チュルワーヤー/) 手放させる;手放してもらう.

छुड़ाई /cʰuṛāī チュラーイー/ [cf. *छुड़ाना*] *f.* (人質などの) 解放, 救出.

छुड़ाना /cʰuṛānā チュラーナー/ [caus. of *छूटना, छोड़ना*; cf. *छुड़वाना*] *vt.* (*perf.* छुड़ाया /cʰuṛāyā チュラーヤー/) **1** (束縛・拘束から)解放させる, 自由にさせる;釈放する, 無罪放免にする. ❐वह मुझसे पिंड छुड़ाना चाहता है। 彼は私から自由になりたがっている. **2** (窮地から)救い出す;身受けする;取り返す, 取り戻す;(抵当・担保品などを)買い戻す, 質受けする. ❐अगर आप किसी तरह मुझे उसके पंजे से छुड़ा दें, तो मैं जन्म भर आपकी ऋणी रहूँगी। もしあなたがなんとか私を彼の手から救い出してくれれば, 一生恩にきるわ. ❐दो हज़ार देकर मकान छुड़ा लिया गया। 2000 ルピー払って家の抵当が買い戻された. **3** ゆるめる;(手などを)ふりほどく;(結び目などを)とく. ❐उसने एक झटके से अपना हाथ छुड़ा लिया और आगे बढ़ा। 彼は一払いで手をふりほどいた, そして先に進んだ. ❐लाहौर के स्टेशन पर अमित की उँगली मेरे हाथ में दे तेजी टिकट लेने चली गईं और भीड़ में न जाने कब अमित ने उँगली छुड़ा ली। ラーホール駅でアミト(＝息子の名)の指を私の手に預けてテージー(＝妻の名)は切符を買いに行ったが, 人混みの中でいつのまにかアミトは指を離してしまった. **4** (花火などを)発射させる. **5** 解雇する, お役御免にする. **6** (習慣を)捨てる. **7** (くっついているものを)はがす;(しみ・汚点などを)取り除く, おとす. ❐उसने लिफ़ाफ़े पर से टिकट छुड़ाया। 彼は封筒から切手をはがした. **8** はずす;除く, 除外する;(勉学などを)停止させる;(総計・総額から)控除する, 差し引く.

छुतहा /cʰutahā チュトハー/ [<OIA. **chupta-* 'touched': T.05056] *m.* 〖医学〗 (接触で)伝染する, 伝染病を感染させる. ❐~ अस्पताल 伝染病隔離病院. ❐~ रोग 接触伝染病.

छुपना /cʰupanā チュプナー/ [<OIA. **chupp-* 'cover, hide': T.05058] *vi.* (*perf.* छुपा /cʰupā チュパー/) ☞छिपना

छुपाना /cʰupānā チュパーナー/ [cf. *छुपना*] *vt.* (*perf.* छुपाया /cʰupāyā チュパーヤー/) ☞छिपाना

छुरा /cʰurā チュラー/ [<OIA.m. *kṣurá-* 'razor': T.03727] *m.* 短刀;(大きな)ナイフ;かみそり, ひげそり. (⇒उस्तरा) ❐(को) उलटे छुरे से मूँड़ना (人を)かみそりの背で剃る《「(人を)だまして金をまきあげる」の意》. ❐(में) ~ घुसेड़ना [मारना] (…に)ナイフを突き刺す.

छुरी /cʰurī チュリー/ [cf. *छुरा*] *f.* (小型)ナイフ;(食事用)ナイフ;短剣, 小刀. ❐~ और काँटा ナイフとフォーク. ❐(के) गले पर ~ फेरना (人の)喉元にナイフを突きつける. ❐(को) ~ मारना (人を)ナイフで刺す.

छुरेबाज़ /cʰurebāza チュレーバーズ/ [*छुरा* + *-बाज़*] *m.* 刃物をもった暴漢.

छुरेबाज़ी /cʰurebāzī チュレーバーズィー/ [*छुरेबाज़* + *-ई*] *f.* ナイフでの切り合い, 刃傷沙汰.

छुलाना /cʰulānā チュラーナー/ ▸छुआना [caus. of *छूना*] *vt.* (*perf.* छुलाया /cʰulāyā チュラーヤー/) 触れさせる;触れてもらう. ❐वह मुझसे अपने बरतन नहीं छुलाती। 彼女は私に自分の食器を触らせない.

छुहारा /cʰuhārā チュハーラー/ [<OIA. **chōhāra-* 'date palm and its fruit': T.05074] *m.* 〖食〗ナツメヤシ(棗椰子)(の乾燥させた実).

छूँछा /cʰū̃cʰā チューンチャー/ ▸छूछा *adj.* ☞छूछा

छू /cʰū チュー/ [onom.] *int.* チュー《息を吹きかける音;まじないや呪文の後で発声する;「さっと効け」のような意味で使われることが多い》. ❐(पर) ~ करना (…に)呪文をかける.

छूई-मूई /cʰūī-mūī チューイー・ムーイー/ ▸छुई-मुई *f.* ☞छुई-मुई

छूछा /cʰūcʰā チューチャー/ ▸छूँछा [<OIA. *tucchyá-* 'empty, vain': T.05850] *adj.* **1** (容器などが)空の, からっぽの. (⇒ख़ाली) ❐छूछी हाँडी बाजे टन-टन।〔諺〕空の土鍋はよく鳴る《「金のない人や知識のない人はやたらと大言壮語する」の意》. **2** 無一文の;素手の. ❐वह छूछे हाथ चला गया। 彼は手ぶらで帰って行った. **3** 中身のない(人).

छूछी /cʰūcʰī チューチー/ ▸छुच्छी *f.* ☞छुच्छी

छूट /cʰūṭa チュート/ *f.* **1** (随意の)自由. **2** (義務や税金などの)免除. ❐टैक्स ~ का दायरा 非課税の範囲. **3** (販売価格の)値引き. (⇒कमीशन)

छूटना /cʰūṭanā チュートナー/ [<OIA. **kṣutyatē* 'is released': T.03707] *vi.* (*perf.* छूटा /cʰūṭā チューター/) **1** 免れる;解放される, 解き放たれる;釈放される, 放免される;免責される. ❐उनके मन में इसका भी कम संतोष न होगा कि यहाँ रहते हुए उसके कुनबे से उनका पिंड छूट गया। 彼の心の中では, ここに住むことで彼女の一族から解放されたという満足が少なからずあるだろう. ❐तुम्हारे साथ सारी ज़िंदगी तलख़ हो गयी, भगवान् मौत भी नहीं देते कि जंजाल से जान छूटे। あんたと一緒になって人生すべてが味気のないものになってしまったわ, 苦しみから命が解き放たれればいいのに神様は死すら賜わって下さらない. ❐मेरे जेल से छूटकर आने तक मेरे परिवार की देख-रेख करना वह अपना कर्तव्य समझता था। 私が刑務所から釈放されて戻ってくるまで, 私の家族の面倒をみ

ることを彼は自分の義務だと思っていた. **2**（手から）すべり落ちる. ❒उसके हाथ से गिलास छूटकर गिरा और टूट गया। 彼の手からグラスがすべり落ち, 割れた. **3** 省かれる, 漏れる；放棄される. ❒इन आँकड़ों से कुछ गाँव छूट सकते हैं जिससे हमारी आगे की योजनाओं में ख़ासा फ़र्क आ जाएगा। これらの統計からいくつかの村が漏れるおそれがある, そうなると我々の将来の計画に重大な誤差が生じてしまうことになるだろう. **4**（あったものが）失われる, なくなる, 喪失する；置き去りになる；遠ざかって行く；（染料・塗料などが）はげる；（勢威が）後退する, 衰える. ❒उसने मुझे याद दिलाया था कि मेरी नौकरी छूट जाने पर उसने कैसी मदद की थी। 彼は私に, 私が失職した時彼がどんなに援助したかについて思いおこさせた. ❒मेरी यह आदत नहीं छूटेगी। 私のこの癖はなくならないだろう. ❒उसे चक्कर आने लगे, खाना छूट गया। 彼女は目まいがするようになり, 食事を抜かすようになった. **5** 出てくる；（液体などが）噴出する, ほとばしる. ❒उसकी देह से पसीने की धारा निकल रही थी, मुँह से फिचकुर छूट रहा था। 彼の体からは汗が流れ出ていた, 口からは泡が吹き出ていた. ❒उस आँगन में निरंतर फ़व्वारा छूटा करता था। その中庭には絶えず噴水が噴き出していた. **6**（弾丸・矢などが）発射される, 放たれる. ❒हाल तालियों से गूँज उठा, जैसे पटाखों की टट्टियाँ छूट रही हों। ホールは拍手で鳴り響いた, まるで爆竹が投げ出されているかのように. **7**（乗り物が）発車する. ❒गाड़ी छूटने के आध घंटे पहले स्टेशन पर पहुँचने का नियम मैं अब तक निभाता हूँ। 汽車が発車する半時間前に駅に着く習慣を私は今まで守っている. **8**〔慣用〕❒छूटते ही 開口一番.

छूत /cʰūtạ チュート/ [<OIA. **chupta-* 'touched': T.05056; cf. *छूना*] *f.* **1** 触れること, 接触. ❒～ की बीमारी〖医学〗接触感染症. **2**〖ヒンドゥー教〗チュート《不可触民との直接・間接の接触によるけがれ；接触感染》. ❒(की) ～ से बचा रहना（人の）けがれから身を守る. ❒(को) ～ लग जाना（人が）チュートによりけがれる.

छूत-छात /cʰūtạ-cʰātạ チュート・チャート/ [echo-word; cf. *छूत*] *f.*〖ヒンドゥー教〗チュートチャート《不可触民に対する浄不浄の差別（意識）》.（⇒छुआछूत）❒～ का भेद 浄不浄の差別意識.

छूना /cʰūnā チューナー/ [<OIA. *chupáti* 'touches': T.05055] *vt.* (*perf.* छुआ /cʰuā チュアー/) **1** さわる, 触れる；接触する；手探る. ❒मेरे फूल छुओगे तो तुम्हें खोदकर गाड़ दूँगा। もし私の花にさわったら,（穴を）掘っておまえを埋めてしまうぞ. ❒उसने किताब ऐसे छुई जैसे कोई अपना बल-तोड़ पाका छू रहा हो। 彼は, まるで自分の腫れ物にさわるように, 本に触れた. ❒झूले का पटरा नीम की डालों को छू-छू आता था। ぶらんこの台がニームの木の枝に触れては戻ってくるのだった. ❒मुझे आश्चर्य और क्रोध तो तब हुआ जब वह चमार के छुए बर्तनों को माँजने से इन्कार कर देती। 彼女がアンタッチャブルのさわった食器を洗うことを拒否したとき, 私はあきれると同時に怒った. ❒उसने गुरु के चरण छुए। 彼は師の足先に触れた《ヒンドゥー教徒の目上の人に対する挨拶》. **2**《否定文で》手をつける, 触れる, 手を出す, かかわる. ❒वह शराब या मांस छूता तक नहीं। 彼は酒や肉には触れようともしません. **3** 手が届く, かなう, 達成する. ❒हेडमास्टर बनकर एक प्रकार से उन्होंने अपनी महत्त्वाकांक्षा की सीमा छू ली, पर वे तो चरमबिंदु पाने के अभिलाषी थे। 校長先生になって, ある程度, 彼は自分の大望をかなえた, しかし彼は頂点を極める野望家だった. **4**（核心に）触れる；（心の琴線に）触れる. ❒उन्होंने दादी का मर्मस्थल छू दिया था। 彼女は祖母の痛いところをついた. ❒प्रेम की त्रासद अनुभूतियों को यह कहानी भीतर जाकर छूती है। 愛の悲劇的な情感にこの短編小説は深く沈潜して触れている. **5**（水石灰を）塗る.

छू-मंतर /cʰū-maṃtarạ チュー・マンタル/ [*छू* + *मंतर*] *adj.* ぱっと消える, さっとなくなる.（⇒उड़न-छू）❒इस मंत्र से बुख़ार हो जाएगा ～। このおまじないで熱はさっと下がりますよ. ❒बस इसे सूँघने से ～ हो जाएगी सारी थकान। たったこれを嗅ぐだけでさっと消えますよ, 全身の疲労が.
— *m.* まじない, 呪文.

छेंकना /cʰẽkạnā チェーンクナー/ ▸छेकना [cf. OIA. **chindati, chinátti* 'cuts off, splits': T.05046] *vt.* (*perf.* छेंका /cʰẽkā チェーンカー/) **1**（通せんぼをして）道に立ちはだかる. ❒आँसू उमड़कर मेरी आँखों को छेंक लेते हैं। 涙があふれて私の目をふさいでしまう. ❒(की) राह छेंकना（…の）道を通せんぼする. **2**（土地・場所を）囲い込む；封鎖する. **3**（借金・借用を）帳消しにする《（返済済みの項目・借用人名を）（線で）抹消する》. **4**（順番に分配するとき特定の人を）わざとぬかす, とばす, 除く. ❒उसने मिठाई बाँटते समय मुझे छेंक दिया। 彼はお菓子を配るとき, 私をわざととばした.

छेकना /cʰekạnā チェークナー/ ▸छेंकना *vt.* (*perf.* छेका /cʰekā チェーカー/) ☞छेंकना

छेकानुप्रास /cʰekānuprāsạ チェーカーヌプラース/ [←Skt.m. *छेक-अनुप्रास-* 'a kind of alliteration(with single repetitions of several consonants)'] *m.* チェーカーヌプラーサ《押韻（अनुप्रास）の一つ；二つ以上の語の語頭など同じ位置に同じ子音が来ること》.

छेड़ /cʰeṛạ チェール/ [cf. *छेड़ना*] *f.* **1**（手でいじって）調整すること；（楽器の）チューニング. **2** ちょっかいを出すこと；からかっていじめること. **3** 口火を切ること.

छेड़खानी /cʰeṛạkʰānī チェールカーニー/ *f.* ☞छेड़छाड़

छेड़छाड़ /cʰeṛạcʰāṛạ チェールチャール/ [echo-word; cf. *छेड़*] *f.* **1** 悪質なからかい；ちょっかい.（⇒छेड़खानी）**2**（女性に対する）セクシャルハラスメント, 性的嫌がらせ.（⇒छेड़खानी）❒छात्राओं को ～ करना 女子学生に嫌がらせをする. ❒～ से पीड़ित स्त्रियाँ 性的嫌がらせに悩む女性たち. **3**（不必要に）もてあそぶ, いじくりまわす.（⇒छेड़खानी）❒कथानक के साथ ～ कर उसे बेहद लंबा खींच देना 話の筋をいじくりまわしてとてつもなく長くひきのばす.

छेड़ना /cʰeṛạnā チェールナー/ [cf. OIA. **kṣēḍati* 'provokes': T.03734] *vt.* (*perf.* छेड़ा /cʰeṛā チェーラー/) **1** 何が起きるか（手で）触ってみる《結果として活性化・誘発の原因となる》. **2**（女に）ちょっかいを出す；しつこく［うるさく］かまう；いいよる. ❒सोहदों के साथ घूमना, बहू-बेटियों को छेड़ना, यही उसका काम था। やくざ仲間とほっつき回ること, 人妻や娘たちにつきまといちょっかいを出すこと, これが彼の日常だった. **3** からかっていじめる.

❐अब किसकी हिम्मत है जो उसे छेड़ सके। もう彼をからかう勇気など誰にもない. ❐हम लोग उन्हें ख़ूब छेड़ा करते थे। 我々は彼をよくからかっていじめたものだった. **4** (戦争・闘争・口論・質問などを)始める, 口火を切る. ❐गाँवों में वापस जाकर अभियान छेड़ दीजिए। 村々に戻りキャンペーンを始めてください. ❐यह साफ़ है कि सीबीआइ ने ३ जून को अदालत में सबूत पेश करके जो कानूनी लड़ाई छेड़ी है उसका फ़ैसला दो महीने से पहले होने वाला नहीं है। CBI(＝中央捜査局)が6月3日に裁判所に証拠を提出して始めた法廷闘争の判決結果が, 二か月以内に出ないことは明らかである. **5** (…を)話題にする, (話題を)もちだす; (問題を)むしかえす. ❐इसके सामने ऐसी चर्चा छेड़ना क्रूरता भी होगी, नासमझी भी। 彼の前でこのような話題をもちだすことは残酷でもあり, 無分別でもあるだろう. ❐कुछ दूर चलने के बाद उन्हों ने मिस्टर मेहता का ज़िक्र छेड़ दिया जो कल से ही उनके मस्तिष्क में राहु की भाँति समाये हुए थे। しばらく歩いた後, 彼はメヘター氏の言ったことを話題にした, それは昨日以来彼の脳裏を月食のように侵していた. ❐तुमने इस समय यह प्रसंग व्यर्थ ही छेड़ दिया। こんな時にこの話題をもちだすなんて非常識よ. **6** (演奏・歌唱を)始める. ❐वह ढोलक को घुटने से दाब कर आल्हा छेड़ने लगा। 彼は小太鼓を膝にはさんでアールハー(の物語詩)を歌い始めた.

छेद /cʰedạ チェード/ [cf. *छेदना*] *m.* 穴. ❐टोपी में ～ हो गया। 帽子に穴があいた.

छेदन /cʰedanạ チェーダン/ [←Skt.n. *छेदन-* 'cutting asunder, splitting'; cf. *छेदना*] *m.* **1** 穴をあけること. **2** 切断すること.

छेदना /cʰedạnā チェードナー/ [<OIA. *chidrá-* 'torn asunder': T.05043] *vt.* (*perf.* छेदा /cʰedā チェーダー/) **1** 穴をあける; くりぬく; 貫く. (⇒नाथना, बेधना) ❐इस आघात ने जैसे उसके हृदय में छेद कर दिया। この衝撃は彼の心臓を貫いてしまったかのようだった. ❐उस बच्चे ने अपने डंडे से ठकठकाकर माटों की पेंदी चतुराई से छेद दी। その子どもは棒でトントン叩いて壷の底にうまく穴をあけた. ❐कान की बालियाँ कान में छेद करके पहनी जाती हैं। イヤリングは耳に穴をあけてつける. ❐तोपों के गोलों ने दीवारों को छेद डाला है। 大砲の砲弾は塀に穴をあけた. **2** 削り取る.

छेना /cʰenā チェーナー/ [<OIA. *styāna-* 'coagulated': T.13731] *m.* 〖食〗凝乳(ぎょうにゅう), カード.

छेनी /cʰenī チェーニー/ [<OIA. *chēdana-* 'cutting': T.05066; cf. *छेदना*] *f.* 鑿(のみ).

छैल-छबीला /cʰailạ-cʰabīlā チャェール・チャビーラー/ *adj.* ☞छैला

छैला /cʰailā チャェーラー/ [<OIA.f. *chavī́-* 'skin, hide': T.05006] *m.* だて男, しゃれ男.

छोकड़ा /cʰokạṛā チョークラー/ ▶छोकरा *m.* ☞छोकरा

छोकड़ी /cʰokạṛī チョークリー/ ▶छोकरी *f.* ☞छोकरी

छोकरा /cʰokạrā チョークラー/▶छोकड़ा [<OIA. **chōkara-* 'boy': T.05070; cf. OIA. **chōka-* 'boy': T.05069] *m.* 〔卑語〕小僧, 若造, 青二才; 若い男. (⇔छोकरी)

छोकरी /cʰokạrī チョークリー/▶छोकड़ी [cf. *छोकरा*] *f.* 〔卑語〕小娘, あまっこ; 若い女. (⇔छोकरा)

छोटा /cʰoṭā チョーター/ [<OIA. **chōṭṭa-* 'small': T.05071] *adj.* **1** 小さな, 小型の; 狭い. (⇔बड़ा) ❐छोटे अक्षर 小文字. ❐～ करना 小さくする; 短縮する. **2** 年下の, 年少の, 若い. (⇒कनिष्ठ, जूनियर)(⇔ज्येष्ठ, बड़ा, सीनियर) ❐～ भाई 弟. ❐छोटी उम्र में 幼くして. **3** (長さ・距離が)短い. (⇔लंबा) **4** (背の)低い. (⇔लंबा) ❐छोटे क़द का आदमी 背の低い人. **5** (時間・期間が)短い. (⇔लंबा) ❐गर्मी की ऋतु छोटी है। 夏の期間が短い. **6** (社会的地位が)低い. (⇔बड़ा) ❐～ आदमी 低い身分の人. **7** たいしたことない, ささいな. (⇒तुच्छ)(⇔बड़ा) ❐छोटी-सी बात ささいなこと.

छोटा नागपुर /cʰoṭā nāgapurạ チョーター ナーガプル/ [cf. Eng.n. *Chota Nagpur*] *m.* 〖地名〗チョーター・ナーグプル《ジャールカンド州 (झारखंड) を中心に周辺の州境部にまたがる丘陵性山地帯 (पठार) ;現在は鉱工業地帯として有名》.

छोटा-बड़ा /cʰoṭā-baṛā チョーター・バラー/ *adj.* 大小の; 老いも若きも; 金持ち(の人)も貧しい(人)も; 身分の高い(人)も低い(人)も. ❐अदालतों में सब कार्रवाई क़ानून पर होती है, वहाँ छोटे-बड़े सब बराबर है। 法廷ではすべての手続きが法律に則って行われるのだ, そこでは身分の高い者も低い者も平等なのだ. ❐छोटे-बड़े घर 大小の家. ❐छोटे-बड़े कमरे 大小の部屋. ❐छोटे-बड़े का भेद केवल धन से ही तो नहीं होता। 人が偉いか偉くないかの違いは単に富によってだけで決まるわけではない.

छोटा-मोटा /cʰoṭā-moṭā チョーター・モーター/ *adj.* ちっぽけな; どうってことない, ありきたりの, そこらへんにある. ❐छोटी-मोटी बहस छिड़ गयी। どうってことない言い争いが始まった. ❐छोटी-मोटी बातें そこらへんのありきたりの話. ❐क़लम-कागज़ के छोटे-मोटे ख़र्च के लिए 筆記用具のどうってことない出費のために. ❐बालक दौड़-दौड़कर छोटे-मोटे काम कर रहे हैं। 子どもたちは走り回りながらそこらへんの用事をしているところだ.

छोटी माता /cʰoṭī mātā チョーティー マーター/ *f.* 〖医学〗水疱瘡《天然痘 बड़ी माता に対して》.

छोटी हाज़िरी /cʰoṭī hāzirī チョーティー ハーズィリー/ [cf. *हाज़िरी*] *f.* 〖食〗(英国人の)軽い朝食《英国植民地時代の用法》.

छोड़ना /cʰoṛạnā チョールナー/ [<OIA. *kṣōṭayati* 'throws': T.03747] *vt.* (*perf.* छोड़ा /cʰoṛā チョーラー/) **1** 勝手に行かせる; 手放す; (捕えたものを)解放する, 放す; 釈放する; 許す. ❐मुझे छोड़ दो। 私を放してくれ. ❐वह आपको नहीं छोड़ेगा। 彼は, あなたを手放さないだろう. ❐मुझसे खेतों को छोड़ा नहीं जाता। 私は, 田畑を手放すことはできない. ❐ऐसा अवसर क्यों छोड़ा जाए। こんなチャンスを手放せるものか. ❐उसने हिरन को छोड़ दिया। 彼は鹿を放した. **2** 放っておく, 置き去りにする, 放置する; 残す, とっておく; (財産を)残す. ❐वह अपनी पत्नी को अकेली छोड़कर कलकत्ता चला गया। 彼は妻を一人置き去りにしてカルカッタに行ってしまった. ❐मैं आज अपना पिस्तौल घर ही छोड़ आया। 今日は私はピストルを家に置いてきた. ❐वह अपना छाता कहीं छोड़ गया। 彼は傘をどこかに置き忘れてしまった. ❐

साहब, आप अपना ब्रीफ़केस टैक्सी ही छोड़े जा रहे हैं। お客さん, ご自分のブリーフケースをタクシーに忘れていってますよ. ❐यही समझ लो कि वह तुम्हें जीता [ज़िंदा] न छोड़ेगा। 彼はおまえを生かしてはおかないと思い知るがいい. ❐तुम आधा काम करते हो और आधा छोड़ देते हो। 君は仕事を半分だけして残り半分はほったらかしだな. ❐जिसने सुना, सब काम छोड़कर देखने दौड़ा। 聞いた人間は仕事を全部ほったらかしにして見物に駆けつけた. ❐यह ज़मीन जानवरों की चराई के लिए छोड़ दी गयी है। この土地は動物たちの放牧のために残してあるのだ. ❐वह मुझपर न मिटनेवाला असर छोड़ गया। 彼は私に消えることのない印象を残していった. ❐पहली स्त्री पाँच लड़के-लड़कियाँ छोड़कर मरी थी। 最初の妻は5人の子どもを残して亡くなった. ❐उसने अपने पुत्र के नाम सारी संपत्ति छोड़ी। 彼は息子の名前で全財産を残した. **3** (郵便を)配達する;(郵便を)投函する. **4** 委ねる, 任す;(人に)預ける;(人に)(仕事などを)割り当てる. ❐अब कोई चिंता मत करो, सारा भार मुझ पर छोड़ दो। もう何の心配もしなくていい, 重荷全部を私に委ねなさい. ❐जब आदमी का कोई बस नहीं चलता, तो अपने को तक़दीर पर ही छोड़ देता है। 人間というものは思いどおりにならない時は, 自分自身を運命に委ねるものです. ❐अभी तो उन्हें आपके अनुमान पर छोड़ देता हूँ। 今はそれらをあなたの推測に任せましょう. ❐वे अपनी बेटी के विवाह का दायित्व मेरे ऊपर छोड़ गये थे। 彼は娘を結婚させる責任を私の上に委ねたのだった. **5** 捨てる, 放棄する, やめる;あきらめる;(職を)辞す. (⇒तजना) ❐आप शहर जाने का विचार छोड़िए। 町に出る考えをお捨てなさい. ❐मैंने सिगरेट पीना छोड़ दिया। 私は禁煙した. ❐उसने पढ़ाई छोड़ दी। 彼は勉学を放棄した. ❐मैंने निर्णय किया कि अब मैं उर्दू छोड़कर हिंदी ले लूँगा। 私は決めた, (科目として)ウルドゥー語はやめてヒンディー語をとろうと. ❐उसने बैंक की नौकरी छोड़ दी। 彼は銀行の務めをやめた. **6** (場所を)去る, 離れる. ❐दिल्ली न छोड़िए। デリーを去らないでください. ❐उसने घर छोड़कर भाग जाने की धमकी दी। 彼女は, 家を飛び出て逃げて行くと脅かした. ❐अकाल के समय जनता प्राय: एक स्थान को छोड़कर दूसरे स्थान के लिए चल पड़ती है। 飢饉の時, 人々は大概もとの場所を去り別の場所へ移動して行きます. ❐सुबह होते-होते उन्होंने शरीर छोड़ दिया। 朝になるかならないうちに, 彼は肉体を離れた(=魂は旅立った). **7** 排除する, 除く;勘定に入れない;見逃す;軽視する. ❐एक-दो को छोड़ सभी रचनाएँ उसी समय लिखी गई थीं। 1,2を除き, すべての作品はその時期に書かれた. **8** (衣服を)脱ぎ捨てる. **9** (飛び道具を)放つ, 投げる;(ロケットなどを)発射する. ❐आँसू-गैस के गोले ～ 催涙弾を発射する. ❐उपग्रह ～ 人工衛星を打ち上げる. ❐उसने बमगोला छोड़ दिया। 彼は爆弾を投げつけた. **10** (光・熱・煙・香りなどを)放射する;(肥料などを)散布する;(水などを)噴出する. ❐पानी की बौछारें ～ (デモ隊などに)放水する. **11** (人を)見送る. ❐सफ़र करनेवालों को छोड़ने के लिए लोग स्टेशन पर आते हैं। 旅行に出る人を見送りに人々が駅に来る.

छोर /cʰorạ チョール/ [?cf. *छोड़ना*] *m.* ふち, へり;端(はし), はずれ. ❐तमिल नाडु के दक्षिणी ～ पर कन्याकुमारी है। タミル・ナードゥ州の南端にはコモリン岬がある. ❐ब्रह्मांड का अंतिम ～ 宇宙の最果て. ❐मेरी आँखें तट के एक ～ से दूसरे ～ तक उन्हें खोज-खोजकर थक गईं। 私の目は岸の端から端まで彼女を探し求めて疲れてしまった.

छोरा /cʰorā チョーラー/ [<OIA. **chōkara-* 'boy': T.05070] *m.* ☞छोकरा

छोरी /cʰorī チョーリー/ [cf. *छोरा*] *f.* ☞छोकरी

छोलदारी /cʰolạdārī チョールダーリー/ ▸छौलदारी [?*छोल* + *-दार* + *-ई*] *f.* 小型テント.

छोलना /cʰolạnā チョールナー/ [<OIA. **chōll-* 'to peel, skin': T.05073; DEDr.2856 (DED.2336)] *vt.* (*perf.* छोला /cʰolā チョーラー/) (皮を)はぐ, むく. (⇒छीलना)

छोला /cʰolā チョーラー/ [cf. *छोलना*] *m.* **1** チョーラー《サトウキビを圧搾する前に無駄な葉などをむしり取る作業をする人》. **2**〖植物〗チョラー《さやに入っているマメ類. 特にエンドウマメ (मटर), ヒヨコマメ (चना) など》.

छौंक /cʰãũkạ チャォーンク/ [cf. *छौंकना*] *f.*〖食〗(風味を出すために)炒めた香辛料. (⇒बघार)

छौंकना /cʰãũkạnā チャォーンクナー/ [?onom.] *vt.* (*perf.* छौंका /cʰãũkā チャォーンカー/)〖食〗(風味を出すために)香辛料を炒める《大さじなどの中で油で炒めたり熱した香辛料 (छौंक) を)料理にかけて混ぜる;あらかじめ油で炒めたり熱した香辛料の中に野菜などを入れて炒める》. (⇒तड़कना, बघारना) ❐करछी में घी और मसाला भूनकर दाल में छौंक दो। お玉の中でギーと香辛料を炒めてからダールにかけてください.

छौना /cʰaunā チャォーナー/ [<OIA. **chāpa-* 'young one': T.05026] *m.* 動物の仔.

छौलदारी /cʰaulạdārī チャォールダーリー/ ▸छोलदारी *f.* ☞छोलदारी

ज ज़

जंक्शन /jaṃkśanạ ジャンクシャン/ [←Eng.n. *junction*] *m.* (鉄道の)連絡[接続]駅. ❐यह गाड़ी इलाहाबाद ～ पर रुकती है। この汽車はアラーハーバード・ジャンクションに停車します.

जंग /jaṃgạ ジャング/ [←Pers.n. جنگ 'war, battle'] *f.* 戦争, 戦い;戦闘. (⇒युद्ध)

ज़ंग /zaṃgạ ザング/ [←Pers.n. زنگ 'rays of the sun; rust'] *m.*〖化学〗錆(さび). ❐तलवार पर ～ लगना 剣に錆が付く. ❐～ लगा ताला 錆の付いた錠.

जंगम /jaṃgamạ ジャンガム/ [←Skt. *जङ्गम-* 'moving, locomotive'] *adj.* 動く;移動する;動かせる. (⇒चल)(⇔अचल) ❐～ संपत्ति〖法律〗動産.

जंगल /jaṃgalạ ジャンガル/ [<OIA.m. *jaṅgala-* 'desert region': T.05177z1; cf. → Eng.n. *jungle*] *m.* **1** 森, 森林, ジャングル. **2** 荒野, 荒地.

जंगला /jaṃgalā ジャングラー/ [←Port.f. *janela* 'window'] *m.* **1** (窓や手すりの)格子;格子窓. **2** 柵;

手すり. ❐लोहे का 〜 鉄柵.

जंगली /jaṃgalī ジャングリー/ [*जंगल* + -*ई*] *adj.* **1** 野生の, 自然の. (⇒वन्य) ❐〜 सूअर 〖動物〗イノシシ. **2** 未開の;野蛮な. **3** 粗野な(人間), 無作法な, 礼儀を知らない.

जंगी /jaṃgī ジャンギー/ [←Pers.adj. جنگی 'brave, warlike; fighting'] *adj.* 戦争の;軍用の. (⇒लड़ाकू) ❐〜 जहाज़ 軍艦. ❐〜 विमान 軍用機.

जंघा /jaṃgʰā ジャンガー/ [←Skt.f. *जङ्घा*- 'shank (ankle to knee)'] *f.* 腿, ふともも. (⇒जाँघ)

जँचना /jãcanā ジャンチナー/ [cf. *जाँचना*] *vi.* (*perf.* जँचा /jãcā ジャンチャー/) **1** 調査される;尋問される, 審問される. **2** 吟味される;鑑定される;評価される;(答案が)採点される. ❐उत्तर-पुस्तिकाएँ जँच गई हैं। 答案が採点された. **3** 納得する, 合点がいく;気に入られる. ❐आज तक कोई पुरुष उसकी आँखों में नहीं जँचा, किंतु आपने उसे वशीभूत कर लिया। 今日までどんな男も彼女の眼鏡にかなわなかった, しかしあなたは彼女を虜(とりこ)にしてしまった. ❐तुम्हारी बात मुझे जँच नहीं रही है। 君の言うことは僕には納得できない.

जँचवाना /jãcavānā ジャンチワーナー/ [caus. of *जँचना*, *जाँचना*] *vt.* (*perf.* जँचवाया /jãcavāyā ジャンチワーヤー/) 調べさせる;調べてもらう.

जंजाल[1] /jaṃjāla ジャンジャール/ [<OIA. **jañjāla*- 'worry, affairs': T.05085] *m.* **1** (俗事などの)煩わしさ;面倒なこと;厄介なこと, トラブル. ❐〜 पड़ना 面倒なことが降りかかる. ❐〜 में फँसना 面倒なことに巻き込まれる. ❐सांसारिक 〜 世俗世界のわずらわしさ. **2** 厄介者.

जंजाल[2] /jaṃjāla ジャンジャール/ [←Pers.n. جزائل 'a large musket, wall-piece, swivel'] *m.* 〔古語〕(先込めの)マスケット銃;小型の大砲.

ज़ंजीर /zaṃjīra ザンジール/ [←Pers.n. زنجیر 'a chain'] *f.* **1** 鎖, チェーン. (⇒चेन, शृंखला) **2** 手かせ, 足かせ;束縛.

जंतर /jaṃtara ジャンタル/ [←Skt.n. *यन्त्र*- 'any instrument for holding or restraining or fastening'] *m.* **1** 〖ヒンドゥー教〗ジャンタル《首にかけるお守り;魔除け》. (⇒ताबीज़) **2** 道具, 器具, 器械. (⇒यंत्र) **3**〔古語〕〖天文〗天文台, 天体観測所. (⇒जंतर-मंतर)

जंतर-मंतर /jaṃtara-maṃtara ジャンタル・マンタル/ [←Skt.m. *यन्त्र-मन्त्र*- 'instrument and formula'] *m.* 〔古語〕〖天文〗ジャンタル・マンタル《インドの伝統的天文学に基づき建造された天文台;1724年にジャエ・シンフ2世 (जयसिंह द्वितीय)が作らせたと言われるデリーの天文台は観光地としても有名》.

जंतरी /jaṃtarī ジャントリー/ ▷जंत्री [cf. *जंतर*] *f.* **1** 〖天文〗暦. **2** ジャントリー《穴を通して金銀の細い針金を引き延ばす道具》.

जंता /jaṃtā ジャンター/ [cf. *जंतरी*] *m.* 工具, 道具. (⇒जंतरी)

जंतु /jaṃtu ジャントゥ/ [←Skt.m. *जन्तु*- 'a creature, living being, man'] *m.* 〖動物〗生物, 生き物;動物, 獣. ❐चिड़ियाघर के अनोखे 〜 動物園の珍獣. ❐हिंस्र 〜 猛獣.

जंतु-विज्ञान /jaṃtu-vijñāna ジャントゥ・ヴィギャーン/ [neo.Skt.] *m.* 動物学. (⇒जंतु-शास्त्र)

जंतु-शाला /jaṃtu-śālā ジャントゥ・シャーラー/ [neo.Skt.] *f.* 動物園. (⇒चिड़िया-घर)

जंतु-शास्त्र /jaṃtu-śāstra ジャントゥ・シャーストル/ [neo.Skt.] *m.* 動物学. (⇒जंतु-विज्ञान)

जंत्री /jaṃtrī ジャントリー/ ▷जंतरी *f.* ☞जंतरी

जंबू /jaṃbū ジャンブー/ [<Skt.f. *जम्बु*- 'the rose apple tree'] *m.* 〖植物〗ジャンブー(の実)《フトモモ科の常緑高木》. (⇒जामुन)

ज़ंबूर[1] /zaṃbūra ザンブール/ [?] *m.* やっとこ;ペンチ.

ज़ंबूर[2] /zaṃbūra ザンブール/ [←Pers.n. زنبور 'a bee'] *m.* 〖昆虫〗ハチ;蜜蜂;スズメバチ.

ज़ंबूरक /zaṃbūraka ザンブーラク/ [←Pers.n. زنبورك 'a camel-swivel'] *m.* 〖歴史〗ザンブーラク《ラクダに載せる小型火器》.

ज़ंबूरख़ाना /zaṃbūraxānā ザンブールカーナー/ [←Pers.n. زنبور خانه 'a bee's or wasp's nest'] *m.* 〖昆虫〗ハチの巣;スズメバチの巣. (⇒छत्ता)

जँबूरा /jãbūrā ジャンブーラー/ [cf. *ज़ंबूर[1]*] *m.* ☞ज़ंबूर[1]

जँभाई /jãbʰāī ジャンバーイー/ ▸जम्हाई [cf. *जँभाना*] *f.* あくび. (⇒उबासी) ❐〜 लेना あくびをする.

जँभाना /jãbʰānā ジャンバーナー/ ▸जम्हाना [<OIA. *jŕ̥mbhatē* 'yawns': T.05265] *vi.* (*perf.* जँभाया /jãbʰāyā ジャンバーヤー/) あくびをする.

जई /jaī ジャイー/ [?<OIA. *yáviya*- 'consisting of grain': T.10441] *f.* 〖植物〗カラスムギ, オートムギ.

जकड़ /jakaṛa ジャカル/ [cf. *जकड़ना*] *f.* 束縛;がんじがらめ. ❐(की) 〜 में पड़ना (…に)がんじがらめになる.

जकड़ना /jakaṛanā ジャカルナー/ [<OIA. *yatá*- 'restrained, proffered': T.10400] *vi.* (*perf.* जकड़ा /jakaṛā ジャクラー/) **1** きつく縛られる;ぎゅっと押しつけられる;身動きがとれなくなる. ❐वे लोग हथकड़ी-बेड़ी से जकड़े हुए थे। 彼らは手錠と足鎖でがんじがらめになっていた. ❐जितना ही फड़फड़ाओगे, उतना ही और जकड़ते जाओगे। もがけばもがくほど, おまえはさらに身動きがとれなくなるだろう. **2** (寒さ・リューマチなどで)(身体の部分が)硬直[麻痺]し自由がきかなくなる.

— *vt.* (*perf.* जकड़ा /jakaṛā ジャクラー/) きつく縛る;ぎゅっと押しつける;束縛で身動きをとれなくする. ❐उसने दाँत जकड़ लिए। 彼は歯を食いしばった.

ज़कात /zakāta ザカート/ [←Pers.n. زکاة 'alms given according to Muhammadan law' ←Arab.] *f.* 〖イスラム教〗ザカート, 喜捨.

जकार /jakāra ジャカール/ [←Skt.m. *ज-कार*- 'Devanagari letter ज or its sound'] *m.* **1** 子音字 ज. **2** 〖言語〗子音字 ज の表す子音 /j ジ/.

जकारांत /jakārāṃta ジャカーラーント/ [←Skt. *जकार-अन्त*- 'ending in the letter ज or its sound'] *adj.* 〖言語〗語尾が ज で終わる(語)《आज「今日」, गूँज「こだま」, भोज「会食」など》. ❐〜 शब्द 語尾が ज で終わる語.

जकार्ता /jakārtā ジャカールター/ [cf. Eng.n. *Jakarta*] *m.* 〚地名〛ジャカルタ《インドネシア(共和国) (इंडोनेशिया)の首都》.

ज़ख़म /zaxamạ ザカム/ ▸ज़ख़्म *m.* ☞ज़ख़्म

ज़ख़मी /zaxạmī ザクミー/ ▹ज़ख़्मी *adj.* ☞ज़ख़्मी

ज़ख़ीरा /zaxīrạ ザキール/ [←Pers.n. ←Arab.] *m.* 貯え, 蓄積.

ज़ख़्म /zaxmạ ザクム/▸ज़ख़म [←Pers.n. زخم 'a wound, scar, sore, cut, blow'] *m.* 〚医学〛傷;負傷. (⇒घाव)

ज़ख़्मी /zaxmī ザクミー/▹ज़ख़मी [←Pers.adj. زخمی 'wounded'] *adj.* **1** 負傷した, 傷ついた, 怪我をした. (⇒घायल) **2** (心が)傷ついた, 傷心の.
— *m.* 負傷者. (⇒घायल)

जग /jagạ ジャグ/ [←Eng.n. *jug*] *m.* (広口の取っ手付きの)水差し.

जग- /jagạ- ジャグ・/ [comb. form of *जगत्*] *comb. form* 《「世界, 世間」を表す連結形; जगबीती「世間の出来事」など》.

जग-जीवन /jagạ-jīvanạ ジャグ・ジーワン/ [*जग-* + *जीवन*] *m.* 神.

जगत /jagatạ ジャガト/ *m.* 井戸を囲むように盛り上げて築かれた台.

जगत् /jagat ジャガト/▹जगत [←Skt.n. *जगत्-* 'the world'] *m.* **1** 世間, 世の中(の人々). (⇒दुनिया, संसार) **2**…界, …世界, …社会. (⇒दुनिया, संसार) ❐फ़िल्मी ～ 映画界.

जगदंबा /jagạdaṃbā ジャグダンバー/ [←Skt.f. *जगद्-अम्बा-* 'the mother of the world'] *f.* 〚ヒンドゥー教〛ジャガダンバー《ドゥルガー女神 (दुर्गा) の別称》.

जगना /jagạnā ジャグナー/ ▸जागना *vi.* (*perf.* जगा /jagā ジャガー/) ☞जागना

जगन्नाथ /jagannātʰạ ジャガンナート/ [←Skt.m. *जगन्-नाथ-* 'worldlord; *Viṣṇu* or *Kṛshṇa*'; cf. Eng.n. *Jagannatht, Juggernaut*] *m.* 〚ヒンドゥー教〛ジャガンナータ, ジャガンナート《オリッサ地方の土着神がヴィシュヌ神の化身の一つクリシュナ (कृष्ण) と同一視されたものとされる》. ❐～ मंदिर ジャガンナート寺院.

जगन्नाथपुरी /jagannātʰạpurī ジャガンナートプリー/ [*जगन्नाथ* + *पुरी*] *f.* 〚地名〛ジャガンナートプリー《ヒンドゥー教四大聖地の一つ;ジャガンナート寺院がある;オリッサ州 (ओडिशा) の古都プリー (पुरी) の別名》.

जगबीती /jagạbītī ジャグビーティー/ [*जग-* + *बीतना*] *f.* 世間の出来事, 世事一般;世間話, 四方山話. (⇔आपबीती)

जगमग /jagạmagạ ジャグマグ/ [echo-word; cf. OIA. **jag-* 'glitter': T.05076] *adj.* ぴかぴか光る, きらきら光る. ❐～ करना ぴかぴか光る, きらきら光る.

जगमगाना /jagạmagānā ジャグマガーナー/ [cf. *जगमग*] *vi.* (*perf.* जगमगाया /jagạmagāyā ジャグマガーヤー/) **1** ぴかぴか (जग-मग) 輝く. **2** (華麗・豪奢に)輝きわたる. ❐उस मणि की चमक से सारी गुफा जगमगा उठी। その宝石の光沢で洞穴全体がまばゆく光り輝いた.
— *vt.* (*perf.* जगमगाया /jagạmagāyā ジャグマガーヤー/) 明るく輝かせる. ❐बिजली की तेज़ रोशनी ने हाल जगमगा दिया। 雷の激しい閃光が, 広間を明るくした.

जगमगाहट /jagạmagāhaṭạ ジャグマガーハト/ [*जगमगाना* + *-आहट*] *f.* 輝き, きらめき;明かり. ❐आभूषणों की ～ 装身具の輝き. ❐दीपक की ～ 灯火の明かり.

ज़गरेब /zagạrebạ ザグレーブ/ [cf. Eng.n. *Zagreb*] *m.* 〚地名〛ザグレブ《クロアチア(共和国) (क्रोएशिया) の首都》.

जगवाना /jagạvānā ジャグワーナー/ [caus. of *जागना, जगाना*] *vt.* (*perf.* जगवाया /jagạvāyā ジャグワーヤー/) (寝ているものを)起こさせる;起こさせてもらう.

जग-हँसाई /jagạ-hãsāī ジャグ・ハンサーイー/ [*जग-* + *हँसाई*] *f.* 世間の物笑い, 嘲笑. ❐कितनी बदनामी और ～ हो रही है। どれほどの悪評と世間の物笑いになっていることか.

जगह /jagahạ ジャガ/ [←Pers.n. جایگاه 'a habitation, dwelling; any place where a thing stands'] *f.* **1** 場所, 地点;位置. (⇒स्थान) **2** 立場;役割. (⇒स्थान, हैसियत) ❐(की) ～ लेना (…に)取って代わる. ❐मेरी ～ (पर)私の代わりに. **3** ポスト, 地位. (⇒पद, स्थान) ❐(को) (की) ～ देना (人に)(…の)ポストを与える. **4** スペース, 空き, 隙間. (⇒स्थान)

जगाना /jagānā ジャガーナー/ [cf. *जागना*] *vt.* (*perf.* जगाया /jagāyā ジャガーヤー/) **1** (寝ているものを)起こす, 目を覚まさせる. ❐क्या दूसरे देशों में भी टिकट जाँचने के लिए सोये हुए मुसाफ़िरों को जगाया जाता है? 一体他の国でも, 切符を調べるために寝ている旅客が起こされたりするのだろうか? **2** 覚醒させる, 呼びさます;刺激する. ❐(का) आत्मविश्वास ～ (人の)自信を呼びさます. ❐पुरानी यादें ～ 昔の記憶を呼び起こす. **3** (衰えた火を)燃え上がらせる.

जघन /jagʰanạ ジャガン/ [←Skt.m. *जघन-* 'the hinder part, buttock, hip and loins, pudenda, mons veneris'] *m.* 下腹部;太腿;臀部. ❐～ बाल 陰毛.

जघन्य /jagʰanyạ ジャガニエ/ [←Skt. *जघन्य-* 'hindmost, last, latest; lowest, worst, vilest, least, least important'] *adj.* おぞましい;恥ずべき;憎むべき;けがらわしい. ❐यह कृत्य ～ है। この行為は恥ずべきである.

ज़च्चा /zaccā ザッチャー/ [←Pers.n. زچہ 'a woman who has recently brought forth (so called until the fortieth day after her delivery).'] *f.* 〚医学〛出産後まもない女, 産婦. (⇒प्रसूता)

ज़च्चा-ख़ाना /zaccā-xānā ザッチャー・カーナー/ *m.* 〚医学〛分娩室, 産室;産院. (⇒ज़च्चा-घर)

ज़च्चा-बच्चा /zaccā-baccā ザッチャー・バッチャー/ *m.* 〚医学〛産婦と新生児.

जज /jajạ ジャジ/ [←Eng.n. *judge*] *m.* 裁判官, 判事. (⇒न्यायाधीश)

जजमान /jajạmānạ ジャジマーン/ [<Skt.m. *यजमान-* 'the person paying the cost of a sacrifice, the institutor of a sacrifice'] *m.* ☞यजमान

जजमानी /jajạmānī ジャジマーニー/ [*जजमान* + *-ई*] *f.*

☞यजमानी

जजी /jajī ジャジー/ [जज + -ई] *f.* **1** 裁判官[判事]職. **2** 法廷.

जज़ीरा /jazīrā ジャズィーラー/ [←Pers.n. جزيرة 'an island; a peninsula' ←Arab.] *m.* 〖地理〗島. (⇒टापू, द्वीप)

जज़ीरानुमा /jazīrānumā ジャズィーラーヌマー/ [*जज़ीरा* + *-नुमा*] *m.* 〖地理〗半島. (⇒प्रायद्वीप)

जटा /jaṭā ジャター/ [←Skt.f. *जटा-* 'the hair twisted together'] *f.* **1** 長く伸びてもつれた髪, 蓬髪(ほうはつ)《ヒンドゥー教修行者の髪の形状としてよく描写される》. **2** 〖植物〗 (繊維や根などが)絡まりあっているもの. ❒नारियल की ～ ココナツの外皮の繊維. ❒बरगद की जटाएँ バンヤンの木の枝から伸びている気根.

जटा-जूट /jaṭā-jūṭa ジャター・ジュート/ *m.* 長く伸びてもつれた髪, 蓬髪(ほうはつ).

जटाधारी /jaṭādʰārī ジャターダーリー/ [←Skt. *जटा-धारिन्-* 'wearing twisted hair'] *adj.* 長く伸びてもつれた髪をした, 蓬髪(ほうはつ)の.

जटित /jaṭita ジャティト/ [cf. OIA. **jaḍati* 'oins, sets': T.05091; cf. *जड़ना*] *adj.* (宝石が)ちりばめられた, 埋め込まれた. ❒रत्न- ～ मुकुट 宝石がちりばめられた王冠.

जटिल /jaṭila ジャティル/ [←Skt. *जटिल-* 'twisted together (the hair)'] *adj.* 込み入って複雑な;手の込んだ, 面倒な. ❒～ समस्या 複雑な問題.

जटिलता /jaṭilatā ジャティルター/ [?neo.Skt.f. *जटिल-ता-* 'complication'] *f.* 込み入った関係, 複雑さ.

जठर /jaṭʰara ジャタル/ [←Skt.n. *जठर-* 'the stomach, belly, abdomen'] *m.* 腹, 腹部;胃.

जठराग्नि /jaṭʰarāgni ジャトラーグニ/ [←Skt.m. *जठर-अग्नि-* 'digestive stomach-fire, gastric juice'] *f.* 〖医学〗ジャタラーグニ《胃腸の熱;消化力の元と考えられていた》.

जड़[1] /jaṛa ジャル/ [<OIA.f. *jáṭā-* 'hair twisted together': T.05086] *f.* **1** 〖植物〗根. ❒～ जमाना 根を張る. **2** 根源, 根本, 根元;原因;基礎. ❒(को) ～ से खोदकर फेंक देना (悪習などを)根元から絶つ. ❒(की) ～ से उखाड़ देना (…を)根こそぎ台無しにする. ❒झगड़े की ～ क्या थी? 争いの原因は何だったのだ?

जड़[2] /jaṛa ジャル/ [←Skt. *जड-* 'void of life, inanimate, unintelligent'] *adj.* **1** 生命のない, 無生物の. **2** 愚かな.

जड़ता /jaṛatā ジャルター/ [←Skt.f. *जड-ता-* 'stiffness, senselessness, apathy'] *f.* 躍動感の無さ, 無気力;鈍さ, 鈍重さ. ❒उसे लड़के की ～ पर क्रोध आ गया। 彼は息子の鈍さに腹が立った.

जड़ना /jaṛanā ジャルナー/ [<OIA. **jaḍati* 'joins, sets': T.05091; ?←Drav.; DEDr.2300 (DED.1894)] *vt.* (*perf.* जड़ा /jaṛā ジャラー/) **1** (枠などを)取り付ける;(釘などを)打ち付ける;(宝石などを)はめ込む, 象嵌(ぞうがん)する;埋め込む;据え付ける. ❒कट ग्लास का सामान इस तरह जगमगा रहा था जैसे हीरे जड़े हों। カットグラスの商品は, まるでダイヤモンドがはめ込まれているかのように輝いていた. ❒वह कमर में जड़ाऊ पेटी पहने हुए था जिसमें बेशकीमत हीरा जड़ा हुआ था। 彼は腰に高価なダイヤモンドが埋め込まれているベルトを身につけていた. **2** (平手打ち・拳骨を)くらわす. ❒उसने दोनों को दो-दो घूँसे जड़ दिये। 彼は二人に二発ずつ拳骨をくらわした. ❒हम बच्चों को वह कभी चुमकार सकता था, तो कभी चाँटा भी जड़ सकता था। 私たち子どもを, 彼は時には猫かわいがりするかと思えば, 時には平手打ちをくらわすような人だった. **3** 告げ口をする;悪口[陰口]を言う. ❒उसने मुझसे सब बातें जड़ दीं। 彼は私にあらゆることを告げ口した.

जड़वाद /jaṛavāda ジャルワード/ [neo.Skt.m. *जड-वाद-* 'materialism'] *m.* 唯物論.

जड़वादी /jaṛavādī ジャルワーディー/ [neo.Skt. *जड-वादिन्-* 'materialistic'] *adj.* 唯物論的な.
— *m.* 唯物論者. ❒मैं घोर ～ हूँ। 私は徹底した唯物論者だ.

जड़वाना /jaṛavānā ジャルワーナー/ ▸जड़ाना [caus. of *जड़ना*] *vt.* (*perf.* जड़वाया /jaṛavāyā ジャルワーヤー/) (宝石などを)はめ込ませる;はめ込んでもらう.

जड़हन /jaṛahana ジャルハン/ [<OIA. **jāḍyadhānya-* 'winter rice': T.05181] *m.* ジャルハン《種もみを苗床にまいて育てた苗を田に植え替えて育てる米》.

जड़ाई /jaṛāī ジャラーイー/ [cf. *जड़ना*] *f.* 宝飾品に宝石を埋め込む仕事;その手間賃.

जड़ाऊ /jaṛāū ジャラーウー/ [cf. *जड़ना*] *adj.* 貴金属・宝石・真珠などがはめ込まれた[ちりばめられた];象嵌(ぞうがん)がほどこされた. ❒～ कंगन 宝石がはめ込まれた腕輪. ❒～ गहने 貴金属・宝石・真珠などがちりばめられた装身具.

जड़ाना /jaṛānā ジャラーナー/ ▸जड़वाना *vt.* (*perf.* जड़ाया /jaṛāyā ジャラーヤー/) ☞जड़वाना

जड़ित /jaṛita ジャリト/ [cf. OIA. **jaḍati* 'joins, sets': T.05091] *adj.* (宝石などが)はめ込まれた, (宝石などが)ちりばめられた;象嵌(ぞうがん)がほどこされた. ❒रत्न ～ मुकुट 宝石がちりばめられた王冠. ❒सोने ～ कटार 金の象嵌(ぞうがん)がほどこされた短剣.

जड़िया /jaṛiyā ジャリヤー/ [cf. *जड़ना*] *m.* 宝石職人;象嵌(ぞうがん)職人.

जड़ी /jaṛī ジャリー/ [cf. *जड़*] *f.* 根が薬になる薬草.

जड़ी-बूटी /jaṛī-būṭī ジャリー・ブーティー/ *f.* 薬草, ハーブ. ❒वह जंगल से जड़ी-बूटियाँ ढूँढ़ लाई। 彼女は森から薬草を探し採ってきた.

जड़ीभूत /jaṛībʰūta ジャリーブート/ [←Skt. *जडी-भूत-* 'become motionless'] *adj.* 呆然自失となった.

जतन /jatana ジャタン/ [<Skt.m. *यत्न-* 'an effort'] *m.* 努力.

जतलाना /jatalānā ジャトラーナー/ [cf. *जताना*] *vt.* (*perf.* जतलाया /jatalāyā ジャトラーヤー/) (目上の者が)(目下の者に)忠告する, 警告する. (⇒चेताना, जताना) ❒मालिक ने नौकर को जतला दिया था कि यदि वह ठीक से काम नहीं करेगा तो

नौकरी से निकाल दिया जाएगा। 主人は使用人に, もしちゃんと仕事をしなければ首にするぞ, と警告した.

जताना /jatānā ジャターナー/ [<OIA. *jñaptá-* 'instructed': T.05273] *vt.* (*perf.* जताया /jatāyā ジャターヤー/) **1** (身近な者が)(親身に)忠告する. (⇒चेताना, जतलाना) ❐मैंने अपने दोस्त को जता दिया। 私は友人に忠告した. **2** 気づかせる;(感情を)表に露にする;様子を見せる. ❐उसने इस घटना पर अफ़सोस जताया। 彼はこの事件に遺憾の意を表わした. ❐उसने आत्मीयता जताई। 彼は親しげな様子を見せた. ❐उसने मुझसे मज़बूरी जताई। 彼女は私に無力を訴えた. ❐घर पर वह पूरा अधिकार रखती थी, जताती भी थी। 家の中で彼女は完全な権限を有していたし, 態度でも表わしてした. ❐आज उसने ऐसी हेकड़ी जतायी कि मैं अपना-सा मुँह लेकर रह गया। 今日彼は, 私があっけにとられてしまったぐらい, 横柄な態度をとった.

जन /jana̸ ジャン/ [←Skt.m. *जन-* 'living being, man, person'] *m.* 人;人々. ❐ग्रामीण ～ 村人たち. ❐परिचित ～ 知人たち.

जन-आंदोलन /jana̸-āṃdolana̸ ジャン・アーンドーラン/ *m.* 大衆運動.

जनक /janaka̸ ジャナク/ [←Skt.m. *जनक-* 'a progenitor, father'] *m.* 創始者, (…の)父. ❐गर्भ निरोधक दवा के ～ 避妊薬の父. ❐बोलती फ़िल्मों के ～ 発声映画(トーキー)の父.

-जनक /-janaka̸ ・ジャナク/ [←Skt. *जनक-* 'generative, generating, begetting, producing, causing'] *suf.* 《「…を生み出す, 生じさせる」を表す接尾辞で名詞に付加して形容詞を作る;आश्चर्यजनक「驚くべき」, संतोषजनक「申し分のない」, सुविधाजनक「好都合な」など》

ज़नख़ा /zana̸xā ザンカー/ [cf. Pers.n. زنک 'a little woman, a wretch of a woman'] *m.* 女々しい男;女性的な男;性的不能者. (⇒हिजड़ा)

जनगणना /jana̸gaṇanā ジャンガンナー/ [neo.Skt.f. *जन-गणना-* 'census'] *f.* 国勢調査, 人口調査, センサス. (⇒मर्दुमशुमारी)

जनजाति /jana̸jāti ジャンジャーティ/ [neo.Skt.f. *जन-जाति-* 'tribe'] *f.* 部族. ❐अनुसूचित ～ 〖法律〗指定部族.

जनतंत्र /jana̸taṃtra̸ ジャンタントル/ [neo.Skt.n. *जन-तन्त्र-* 'democracy'] *m.* 民主制;民主主義. (⇒लोकतंत्र)

जनता /jana̸tā ジャンター/ [←Skt.f. *जन-ता-* 'a number of men, assemblage of people, community, subjects, mankind'] *f.* **1** 国民, 人民. **2** 大衆, 民衆, 公衆. (⇒पब्लिक) ❐आम [साधारण] ～ 一般大衆.

जनन /janana̸ ジャナン/ [←Skt.n. *जनन-* 'birth, coming into existence'] *m.* **1** 起源, 発生, 出現, 創始. **2** 〖生物〗生殖. ❐लैंगिक ～ 有性生殖.

जनना /jana̸nā ジャンナー/ [<OIA. *janáyati* 'causes to be born': T.05102] *vt.* (*perf.* जना /janā ジャナー/) **1** 生む;出産する. (⇒जनमना) **2** (結果として)招く.

जननी /jana̸nī ジャンニー/ [←Skt.f. *जननी-* 'a mother'] *f.* 生みの母. ❐आवश्यकता ही आविष्कार की ～ है। 必要は発明の母. ❐भारत- ～ 母なるインド.

जननेंद्रिय /jana̸nemdriya̸ ジャンネーンドリエ/ [neo.Skt. *जनन-इन्द्रिय-* 'genitals'] *f.* 性器, 生殖器.

जनपद /jana̸pada̸ ジャンパド/ [←Skt.m. *जन-पद-* 'an empire, inhabited country'] *m.* **1** 地方. **2** 県. (⇒ज़िला) **3** 〖歴史〗国, 地方国家, 地方王国. ❐अमोढ़ा किसी समय छोटा-मोटा ग्राम न होकर पूरा ～ था जिसमें सैकरों ग्राम थे। アモーラーはかつてちっぽけな村落ではなく完全な地方王国だった, その中には何百もの村落が含まれていた.

जनपदीय /jana̸padīya̸ ジャンパディーエ/ [neo.Skt. *जनपदीय-* 'regional'] *adj.* 地方の.

जनप्रवाद /janapravāda̸ ジャナプラワード/ [←Skt.m. *जन-प्रवाद-* 'talk of men; rumour, report'] *m.* 世間のうわさ, 風聞, 風説, 風評.

जनप्रिय /janapriya̸ ジャナプリエ/ [←Skt. *जन-प्रिय-* 'dear to men'] *adj.* 人気のある;大衆的な, 通俗的な.

जनमत /jana̸mata̸ ジャンマト/ [neo.Skt.n. *जन-मत-* 'public opinion'] *m.* 世論.

जनमना /janama̸nā ジャナムナー/▸जन्मना [cf. *जन्म*] *vi.* (*perf.* जनमा /jana̸mā ジャンマー/) 生まれる.
— *vt.* (*perf.* जनमा /jana̸mā ジャンマー/) 生む;出産する. (⇒जनना)

जनमानस /jana̸mānasa̸ ジャンマーナス/ [neo.Skt.n. *जन-मानस-* 'the heart of the people'] *m.* 人心;民衆の気持ち.

जनयित्री /jana̸yitrī ジャンイトリー/ [←Skt.f. *जनयित्रि-* 'a mother'] *f.* 母.

जनरल /jana̸rala̸ ジャンラル/ [←Eng.n. *general*] *m.* (陸軍)大将;(陸軍)将官. (⇒सेनापति) ❐लेफ़्टिनेंट ～ 陸軍中将. ❐मेजर ～ 陸軍少将.

जनरव /jana̸rava̸ ジャンラオ/ [←Skt.m. *जन-रव-* 'talk of men; rumour, report'] *m.* うわさ;悪口, 中傷.

जनवरी /jana̸varī ジャンワリー/ [←Eng.n. *January*] *f.* 〖暦〗一月. ❐～ में 一月に. ❐पहली ～ को 一月一日に.

जनवाद /jana̸vāda̸ ジャンワード/ [neo.Skt.m. *जन-वाद-* 'democracy'; cf. Skt.m. *जन-वाद-* 'talk of men'] *m.* 民主主義. (⇒लोकतंत्र)

जनवादी /jana̸vādī ジャンワーディー/ [neo.Skt. *जन-वादिन्-* 'democratic'] *adj.* 民主主義に関する.
— *m.* 民主主義者.

जनवाना[1] /jana̸vānā ジャンワーナー/ ▸जनाना [caus. of *जनना*] *vt.* (*perf.* जनवाया /jana̸vāyā ジャンワーヤー/) (助産婦が)新生児をとりあげる, 出産を助ける.

जनवाना[2] /jana̸vānā ジャンワーナー/ ▸जनाना [caus. of *जानना*] *vt.* (*perf.* जनवाया /jana̸vāyā ジャンワーヤー/) 知らせる;知らせてもらう.

जनवासा /jana̸vāsā ジャンワーサー/ [<OIA. **janyavāsa-* 'lodging of bridegroom's party': T.05119] *m.* 〖ヒンドゥー教〗ジャンワーサー《結婚式の際, 花婿側の一行が滞在する場所》.

जनश्रुति /janaśruti ジャナシュルティ/ [←Skt.f. *जन-श्रुति-* 'rumour, news'] *f.* うわさ, 風説. (⇒अफ़वाह)

जनसंख्या /janasaṃkʰyā ジャンサンキャー/ [neo.Skt.f. *जन-संख्या-* 'population'] *f.* 〖地理〗人口.(⇒आबादी) ❐ ～ घनत्व 人口密度. ❐～ नियंत्रण 人口抑制. ❐～ वृद्धि 人口増加. ❐भारत [विश्व] की ～ インド[世界]の人口.

जनसाधारण /janasādʰāraṇa ジャンサーダーラン/ [neo.Skt.m. *जन-साधारण-* 'the public'] *m.* 一般大衆;一般人.

जनसेवक /janasevaka ジャンセーワク/ [neo.Skt.m. *जन-सेवक-* 'public servant'] *m.* 公職についている人.

जनसेवा /janasevā ジャンセーワー/ [neo.Skt.f. *जन-सेवा-* 'public service'] *f.* 公共奉仕;公職.

जना /janā ジャナー/ [<OIA.m. *jána-* 'race, person': T.05098] *m.* 人《数詞の後に来て「…人」という使い方が多い》. ❐दोनों [तीनों] जने 二[三]人とも. ❐सब जने सिर पर हाथ धरे रो रहे हैं। みんな頭を抱えて泣いている.

जनाज़ा /janāzā ジャナーザー/ [←Pers.n. جنازه 'a bier with a corpse on it, a bier; funeral' ←Arab.] *m.* **1** 〖イスラム教〗棺架,棺台.(⇒अरथी) **2** 〖イスラム教〗葬式. ❐～ का जुलूस 葬送の列.

ज़नानख़ाना /zanānaxānā ザナーンカーナー/ [Pers.n. زنان 'women' + *ख़ाना*] *m.* **1** 〖イスラム教〗女性専用の居室. **2** 後宮,ハーレム.(⇒अंतःपुर, रनिवास)

जनाना[1] /janavānā ジャンワーナー/ ▸जनवाना [caus. of *जनना*] *vt.* (*perf.* जनाया /janāyā ジャナーヤー/) ☞जनवाना

जनाना[2] /janavānā ジャンワーナー/ ▸जनवाना [caus. of *जानना*] *vt.* (*perf.* जनाया /janāyā ジャナーヤー/) ☞जनवाना

ज़नाना /zanānā ザナーナー/ [←Pers.n. زنانہ 'women's apartments'] *adj.* **1** 女性専用の(部屋・仕事など). **2** 女性的な. **3** めめしい,優柔不断な.
— *m.* 〖イスラム教〗(女性用の)居住空間.(⇔मर्दाना) ❐उन दिनों मकानों में दो हिस्से होते थे, मर्दाना और ～। 当時は家の中に二つの区分けがあった,男性専用と女性専用である.

ज़नानापन /zanānāpana ザナーナーパン/ [*ज़नाना* + *-पन*] *m.* めめしさ,優柔不断.

जनाब /janāba ジャナーブ/ [←Pers.n. جناب 'a place of refuge, hence, as a title of respect, your hounor, excellency, majesty' ←Arab.] *int.* あなた,旦那,閣下.

जनित /janita ジャニト/ [←Skt. *जनित-* 'born'] *adj.* (…から)生まれた《主に合成語の要素として》. ❐ईर्षा- ～ विराग 嫉妬から生まれたそっけなさ. ❐नाम-साम्य- ～ ग़लतफ़हमी 名前が似ていることから生じた誤解.

जनित्र /janitra ジャニトル/ [←Skt.n. *जनित्र-* 'a birthplace, place of origin, home, origin'] *m.* 出生地.(⇒जन्मस्थान)

जनित्री /janitrī ジャニトリー/ [←Skt.f. *जनित्री-* 'a mother'] *f.* 生み出すもの,母.

-ज़नी /-zanī ・ザニー/ [cf. Pers.vt. زدن 'to strike, beat; to shoot, fire off, discharge (a gun)'] *suf.* 《「盗み,放火」などの犯罪行為を意味する女性名詞を作る接尾辞; आगज़नी「放火」, डाकाज़नी「強盗(行為)」, राहज़नी「おいはぎ(行為)」など》

जनून /janūna ジャヌーン/ ▸जुनून *m.* ☞जुनून

जनूनी /janūnī ジャヌーニー/ ▸जुनूनी *adj.* ☞जुनूनी

जनूब /janūba ジャヌーブ/ [←Pers.n. جنوب 'the south' ←Arab.] *m.* 南.(⇒दक्षिण)

जनूबी /janūbī ジャヌービー/ [←Pers.adj. جنوبی 'southern'] *adj.* 南の,南方の.(⇒दक्षिणी)

जनेऊ /janeū ジャネーウー/ [<OIA.n. *yajñōpavītá-* 'investiture with the sacred thread': T.10399] *m.* 〖ヒンドゥー教〗ジャネーウー《上位カーストの再生族(द्विज)の男子が身に着ける聖なるひも;結んであるひもを左肩から右に垂らす;小用を足す際には右耳に巻く》.(⇒यज्ञ-सूत्र, यज्ञोपवीत)

जनोपयोगी /janopayogī ジャノープョーギー/ [neo.Skt. *जन-उपयोगिन्-* 'useful to the people, of general utility'] *adj.* 公益性のある. ❐～ सेवा 公益事業サービス.

जन्नत /jannata ジャンナト/ [←Pers.n. جنة 'a garden, set with trees; paradise, heaven' ←Arab.] *f.* 〖イスラム教〗天国,極楽;天界.(⇒स्वर्ग)(⇔जहन्नुम)

जन्म /janma ジャナム/ [←Skt.n. *जन्मन्-* 'birth, production'] *m.* **1** 誕生,生誕,出生.(⇒पैदाइश) ❐～ लेना 生まれる,生を受ける. ❐इस मित्रता का ～ उसी समय हुआ, जब दोनों मित्र बालक ही थे। この友情が生まれたのは,二人の友がまだ少年だった時だった. ❐(को) ～ देना(…を)生む,生を与える. ❐मेरे ～ के लगभग तीन वर्ष बाद मेरे छोटे भाई का ～ हुआ। 私が生まれてから約3年後弟が生まれた. ❐वह ～ से ही दुर्बल था। 彼は生まれた時から虚弱だった. **2** 生まれ,氏素姓(うじすじょう). ❐मैं तो कुलीनता को ～ से नहीं, धर्म से मानती हूँ। 私は高貴であるということを氏素性からではなく,正しい行いから判断いたします. **3** 生涯,一生. ❐तुम सात ～ नाक रगड़ो, तो भी वह तुमसे विवाह न करेगी। お前が7度生まれ変わって頼みこんでも,彼女はお前とは結婚しないだろう. ❐पिछला ～ 前世. ❐मैं ～ भर आपकी ऋणी रहूँगी। 私は一生あなたに対し恩にきるわ. ❐यही मेरे ～ की कमाई है। これが私の一生分の稼ぎです.

जन्म-जन्मांतर /janma-janmāṃtara ジャナム・ジャンマーンタル/ *m.* 現世と来世;前世と現世;輪廻転生(りんねてんしょう)《「身にしみついたもの」,「生死を越えた永遠」などの表現に》. ❐आप ～ तक राजवंश के इष्टदेव समझे जाएँगे। あなた様は現世も来世も王家の守護神とされましょう. ❐ऐसा जान पड़ा, मानो उनके ～ के क्लेश मिट गए। まるで彼の永遠に続くと思われた苦悩が消滅したように思われた. ❐संकट की चीज लेना पाप है, यह बात जन्म-जन्मांतरों से उसकी आत्मा का अंश बन गया। 厄災の元になるものを受け入れることは罪悪である,この教えは身にしみついていて彼の魂の一部になっていた.

जन्मजात /janmajāta ジャナムジャート/ [neo.Skt. *जन्म-जात-* 'inborn'] *adj.* 生まれつきの,生来の,先天的な.(⇒जन्मसिद्ध) ❐～ कवि 生まれながらの詩人.

जन्मतिथि /janmatitʰi ジャナムティティ/ [←Skt.m.

जन्म-तिथि- 'birthday'] *f.* **1** 生年月日. **2** 誕生日. (⇒जन्मदिन)

जन्मदिन /janma̸dina̸ ジャナムディン/ [←Skt.n. *जन्म-दिन-* 'birthday'] *m.* 誕生日. (⇒साल-गिरह) ❐(का) ～ मनाना (人の)誕生日を祝う.

जन्मना /janmanā ジャナムナー/ ▸जनमना [cf. *जन्म*] *vi.* (*perf.* जन्मा /janmā ジャンマー/) 生まれる. ❐जिस समाज में जन्मे और पले, उसकी मर्यादा का पालन तो करना ही पड़ता है। (我々が)生まれそして育った社会の掟は守らねばならない.

जन्मपत्री /janmapatrī ジャナムパトリー/ [*जन्म* + *पत्री*] *f.* 〘暦〙ホロスコープ. (⇒कुंडली)

जन्मभूमि /janmabʰūmi ジャナムブーミ/ [←Skt.f. *जन्म-भूमि-* 'motherland, birth place'] *f.* 母国, 祖国; 故郷, 郷土; 出生地.

जन्मसिद्ध /janmasiddʰa̸ ジャナムスィッド/ [neo.Skt. *जन्म-सिद्ध-* 'inborn'] *adj.* ☞जन्मजात

जन्मस्थान /janmastʰāna̸ ジャナムスターン/ [←Skt.n. *जन्म-स्थान-* 'birthplace'] *m.* 出生地, 生まれ故郷; 発生地. ❐गुजरात आदि में नाम के साथ पिता का नाम भी जोड़ दिया जाता है, और दक्षिण में ～ का नाम भी। グジャラート州などでは名前に父の名前も付け足される, そして南インドでは出生地の名前も.

जन्मांतर /janmāṃtara̸ ジャンマーンタル/ [←Skt. *जन्म-अन्तर-* 'another birth or life; a former life'] *m.* 前世; 来世.

जन्माष्टमी /janmāṣṭamī ジャンマーシュタミー/ [←Skt.f. *जन्म-अष्टमी-* '*Kṛṣṇa*'s birthday (the 8th day in the dark half of month *Srāvaṇa* or *Bhādra*'] *f.* 〘暦〙ジャンマーシュタミー《クリシュナ神 (कृष्ण) の生誕日》.

जन्मोत्तर /janmottara̸ ジャンモーッタル/ [neo.Skt. *जन्म-उत्तर-* 'post-natal'] *adj.* 出生後の; 出産後の.

जन्मोत्सव /janmotsava̸ ジャンモートサオ/ [neo.Skt.m. *जन्म-उत्सव-* 'celebration of a birth'] *m.* 生誕祝賀会.

-जन्य /-janya̸ ・ジャニエ/ [←Skt. *जन्य-* 'born, produced'] *adj.* 《名詞に付いて形容詞「…から生じた, …に起因する」を作る》

जप /japa̸ ジャプ/ [←Skt.m. *जप-* 'muttering prayers in an under-tone'] *m.* **1** 〘ヒンドゥー教〙(神の名や呪文を)唱えること; 称名. (⇒जाप) ❐～ करना 神の名を唱える. **2** 〘ヒンドゥー教〙(信者が唱える)神の名や呪文.

जपजी /japa̸jī ジャプジー/ [←Panj.m. *ਜਪਜੀ*] *m.* 〘スィック教〙ジャプジー《スィック教聖典の瞑想用の賛歌; 信者は毎日読誦する》.

जप-तप /japa̸-tapa̸ ジャプ・タプ/ *m.* 〘ヒンドゥー教〙祈祷; 念誦.

जपना /japa̸nā ジャプナー/ [cf. Skt. *जपति* 'utters in a low voice, whispers, mutters (esp. prayers or incantations)'; cf. OIA **japyati* 'mutters, speaks': T.05123] *vt.* (*perf.* जपा /japā ジャパー/) (呪文・神の名などを)唱える, 称名を唱える. ❐मंत्र ～ 呪文を唱える.

जपमाला /japa̸mālā ジャプマーラー/ [←Skt.f. *जप-माला-* 'a rosary used for counting muttered prayers'] *f.* 〘ヒンドゥー教〙数珠《信者は数珠の珠を指で繰りながら称名を唱える; 一定の数に達すると功徳があるとされる》.

जब /jaba̸ ジャブ/ [cf. *अब, कब*] *adv.* **1**《〘जब を含む従属節 ＋ तब を含む主節〙の形式で, 複文「…の時その時…, …の場合その場合…」などを作る; 主節の तब は接続詞 तो と交替することもある; तब を含む主節が従属節に先行することも可能》❐～ ～ उस दिन की याद आती है, तब मेरा मन कचोटता है। あの日のことを思い出すたびに, 私の胸が疼く. ❐उसे ～ से मैंने पहली बार देखा था, तभी से मेरा मन उनकी ओर झुका था। 彼を初めて見た時から, 私の心は彼にひかれた. ❐मैं ～ उनके घर जाता, तो मेरी बड़ी आवभगत होती। 私が彼の家に行くときは, とても歓待されたものだった. **2**《主節で相関的に使用される遠称詞が, तब に相当する代名詞の遠称詞を含む副詞句 उस समय [वक़्त] などの場合もある》❐इस मित्रता का जन्म उसी समय हुआ, ～ दोनों मित्र बालक ही थे। この友情が生まれたのは, 二人の友がまだ少年だった時だった. **3**《जब を含む従属節が, 相関する主節を持たず, 慣用表現となっているものもある》❐～ भी देखो [देखिए] 見れば必ず, いつでも必ず.

जब-जब /jaba̸-jaba̸ ジャブ・ジャブ/ *conj.* ☞जब

जबड़ा /jaba̸ṛā ジャブラー/ [＜OIA. **jambhahaḍḍa-* 'jaw-bone': T.05139] *m.* (下)あご. (⇒हनु)

जब-तब /jaba̸-taba̸ ジャブ・タブ/ *conj.* その時はいつも.

ज़बरदस्त /zabara̸dasta̸ ザバルダスト/ [←Pers.adj. زبردست 'athletic, vigorous; overbearing, tyrannical, harsh, oppressive, violent'] *adj.* 強力な, 強大な; 大変な, ものすごい; 圧倒的な; ひどい, 過酷な. ❐～ तबाही 壊滅的な破壊. ❐～ भूकंप 大地震. ❐भाजपा की ～ जीत, कांग्रेस की करारी हार। インド人民党の圧倒的勝利, 会議派の厳しい敗北.

ज़बरदस्ती /zabara̸dastī ザバルダスティー/ [←Pers.n. زبردستی 'oppression, tyranny, severity, harshness, violence'] *f.* 強引, 強圧; 横暴. ❐(के साथ) ～ करना (人に対して)横暴な態度をとる. ❐～ से 強引に, 無理やり.

— *adv.* 強引に, むりやり.

ज़बरन /zaba̸rana̸ ザブラン/ [*ज़बर(दस्त)* ?× *(यक़ीन्)अन*] *adv.* 強制的に, 強引に.

जबलपुर /jabala̸pura̸ ジャバルプル/ [cf. Eng.n. *Jabalpur*] *m.* 〘地名〙ジャバルプル《マディヤ・プラデーシュ州 (मध्य प्रदेश) の地方都市》.

ज़बह /zabaha̸ ザバ/ ▸ज़िबह *m.* ☞ज़िबह

ज़बान /zabāna̸ ザバーン/ ▸ज़ुबान [←Pers.n. زبان 'the tongue; language'] *f.* **1** 舌. (⇒जीभ) **2** 言語. (⇒भाषा) ❐उर्दू ～ ウルドゥー語. **3** 話し方, 口ぶり, 言葉; (話す)口. ❐～ सँभाल, नहीं जीभ खींच लूँगी। 言葉に気をつけな, さもないと舌を引き抜くよ. ❐उसकी ～ में जादू है। 彼の言葉には人を引き付ける魔術がある. ❐उसकी घरवाली ～ की बड़ी तेज़ है। 彼の奥さんは口がとても達者で辛辣だ.

❐(की) 〜 बंद हो जाना (人の)口が閉じる. ❐कुछ शब्द तो भूल कर भी 〜 पर नहीं लाना चाहिए। いくつかの言葉は決して口にしてはいけません. ❐दबी 〜 से कहना 低い声で言う.

ज़बानी /zabānī ザバーニー/ [←Pers.adj. زبانی 'tongued; tongue-like'] *adj.* **1** 口頭の, 口述の; 口でそらんじる. ❐〜 याद है। 口でそらんじるほど覚えている. ❐〜 हिसाब 暗算. **2** 口先だけの, 舌先の. ❐क्या वह सारी सहानुभूति 〜 थी? あのすべての同情は口先だけだったのか?

ज़ब्त /zabta ザブト/ [←Pers.n. ضبط 'keeping in subjection or obedience' ←Arab.] *adj.* 没収された; 押収された, 差し押さえられた. ❐(की) जायदाद 〜 करना (人の)財産を没収する. ❐नक़ली नोट 〜 करना 偽造紙幣を押収する.

— *m.* **1** 制御; 忍耐. ❐अपने 〜 पर अब उसे भरोसा न था। 自分の忍耐力にもう彼は自信がなかった. ❐वह अब तक बड़ी बहन के अदब से 〜 किए बैठी थी। 彼女はその時まで姉に遠慮して我慢して座っていた. **2** 没収; 押収, 差し押さえ.

ज़ब्ती /zabtī ザブティー/ [←Pers.n. ضبطی 'a confiscator; control, restraint; seizure, confiscation'] *f.* ☞ज़ब्त

जभी /jab^hī ジャビー/ [*जब + ही*] *conj.* ☞जब

जमघट /jamag^haṭa ジャムガト/ [*जमना*[1] + *घटना*[2]] *m.* 人だかり; 集い, 集まり, 集会. ❐आधी रात तक गाहकों का 〜 बना रहता था। 夜半まで顧客たちの人だかりが続いていた. ❐इस 〜 में मुझे कौन पहचानता है? この集りの中で誰が私を見分けるというのだ?

जमना[1] /jamanā ジャムナー/ [<OIA. *yamyátē* '*is fixed': T.10428] *vi.* (*perf.* जमा /jamā ジャマー/) **1** (土台・基礎などが)固まる; 定着する; 根づく. ❐कोई काम-धंधा जमा नहीं। どんな仕事もうまくいかなかった. ❐लेन-देन में खरा था इसलिए उसकी साख जम गयी। 貸し借りにおいては公平だった, このため彼の信用は確固たるものとなった. **2** 固まる; (水が)凍る; (ミルク・血などが)凝固する. ❐पानी ज़ेरो सेंटीग्रेड पर जमकर बर्फ़ बन जाता है। 水は摂氏0度で凍って氷になる. ❐सिर के बालों में रक्त ऐसा जम गया था, जैसे किसी चित्रकार के ब्रश में रंग। 頭髪で血が凝固していた, まるで画家の絵筆に絵具が固まったように. **3** 発芽する; (種が)根づく; (髪が)生える. **4**〔俗語〕(平手打ち・足蹴りなどが)加えられる. **5** 集まる, 集結する. ❐लौंडे कहीं फड़ पर जमे होंगे। 悪ガキどもはどこかの賭博場に集まっているのだろう. **6** (立場・主導権・優勢などが)確保される; (人に)威圧的な印象が残される. **7** (自分の主張に)固執する.

जमना[2] /jamanā ジャムナー/ ▸जमुना *f.* ☞जमुना

जमशेदपुर /jamaśedapura ジャムシェードプル/ [cf. Eng.n. *Jamshedpur*] *m.* 『地名』ジャムシェードプル《ビハール州 (बिहार) のチョーター・ナーグプル (छोटा नागपुर) にある重工業都市; ターター財閥が1907年に最初の製鉄所を建設; 名前は財閥創始者ジャムシェードジー・ターター (जमशेदजी टाटा) にちなむ》. (⇒टाटानगर)

जमहूरियत /jamahūriyata ジャムフーリヤト/ [cf. Urd.f. جمہوریت 'democracy'; cf. Pers.n. جمہوری 'republicanism'] *m.* 民主主義. (⇒लोकतंत्र)

जमा /jamā ジャマー/ [←Pers.adj. جمع 'collecting, assembling' ←Arab.] *adj.* **1** 集まった. ❐〜 करना (…を)集める. ❐〜 कराना (…を)預ける; 提出する《原意は「集めさせる, 集めてもらう」》. ❐〜 होना 集まる. **2**『経済』預け入れた, 預金された. ❐बैंक में पैसा 〜 कराना (預金者が)銀行で金を預け入れる. ❐बैंक में पैसा 〜 है। 銀行に預金されている.

— *f.* **1**『経済』預託, 預入れ; 資本; 財. ❐आवर्ती 〜 定期預金. **2**『数学』合計; 集計. ❐दो 〜 चार बराबर छह। 2足す4は6.

जमाई /jamāī ジャマーイー/ [<OIA.m. *jā́mātr̥-* 'daughter's husband': T.05198] *m.* 娘婿. (⇒जामाता, दामाद)

जमा-ख़र्च /jamā-xarca ジャマー・カルチ/ *m.* 収入と出費, 収支(勘定).

जमात /jamāta ジャマート/ [←Pers.n. جماعة 'a crowd, troop, body; a class, order, rank' ←Arab.] *f.* **1** (学校の)クラス, 学級, 組. (⇒कक्षा, क्लास) **2** 学年, 年級. (⇒क्लास, कक्षा, दर्जा) **3** 集団; 党派. (⇒समुदाय)

जमादार /jamādāra ジャマーダール/ [←Pers.n. جمعدار 'the head of any body of men; a native officer of the army so called'] *m.* **1** 作業現場の責任者, 監督者. **2** 清掃人. **3**『歴史』ジャマーダール《英領インド軍において下士官の伍長に相当; この階級は独立後のインド陸軍でも継承されたが現在は नायब सूबेदार》. **4** 巡査部長.

जमादारी /jamādārī ジャマーダーリー/ *f.* ジャマーダーリー《ジャマーダール (जमादार) の仕事・役職》.

ज़मानत /zamānata ザマーナト/ [←Pers.n. ضمانة 'security' ←Arab.] *f.* **1**『経済』保証, 抵当, 担保; 保証金. (⇒प्रतिभूति) ❐〜 राशि 保証金. ❐शर्त यह थी कि नक़द दस हज़ार की 〜 की जाए। 条件は現金で1万ルピーの保証金が払われるようにとのことだった. **2**『法律』保釈(金). (⇒प्रतिभूति) ❐〜 देना 保釈金を支払う. ❐(की) 〜 याचिका (人の)保釈請願. ❐वह 〜 पर रिहा हो गया। 彼は保釈金の供託により釈放された.

ज़मानतनामा /zamānatanāmā ザマーナトナーマー/ [←Pers.n. ضمانت نامہ 'bail-bond, deed of suretyship'] *m.*『法律』保証書.

ज़मानती /zamānatī ザマーナティー/ [←Pers.n. ضمانتی 'one who gives bail or security'] *adj.*『法律』保釈金に関する.

— *m.*『法律』保釈金支払人.

जमाना /jamānā ジャマーナー/ [cf. *जमना*] *vt.* (*perf.* जमाया /jamāyā ジャマーヤー/) **1** (土台・基礎などを)固める. ❐मिल के फाटक पर आसन जमा लिया। 彼は工場の門にどっかりと腰をすえた. **2** 固まらせる; (水を)凍らせる; (ミルク・血などを)凝固させる. ❐नाँद 〜 (土をこねて)壺の形

を作る. **3** 根づかせる；植えつける. ❐बिरादरी उसके जीवन में वृक्ष की भाँति जड़ जमाये हुए थी। ビラードリー（＝同じ職能カーストに属する社会共同体, またその同族意識）が彼の人生に樹木のようにどっしりと根を張っていた. **4** 〔俗語〕（平手打ち・足蹴りなどを）加える, 打ちすえる；（道具で）打ちつける. ❐मैंने देखा, अब यह कुछ नहीं कर सकता, तो पीठ में दो लातें जमा दीं। もうこいつは何もできないと見てとった私は, 背中に二回足蹴りをくらわしてやった. ❐उसे गिनकर पचास हंटर जमाओ। 奴を, 数えて 50 回鞭で打て. ❐उसने लोहे को लाल करके घन जमाया। 彼は鉄を赤くしてハンマーを打ちつけた. **5** 集める, 結集させる. **6**（立場・優勢・主導権を）確保する；（人を）威圧する；君臨する. ❐प्रथम-मिलन में ही दोनों एक दूसरे पर अपना-अपना अधिकार जमा चुके थे। 最初の出会いで, 二人は互いに自分の主導権を見せつけた. ❐अपने पसीने की कमाई तो खाऊँगी, फिर तो कोई मुझपर रोब न जमाएगा। 私は自分の汗で稼いだものを食べるつもりよ, そうすれば誰も私に偉そうな態度は見せないはずよ.

ज़माना /zamānā ザマーナー/ [←Pers.n. زمانه 'time'] *m.* 時代, 時期, 世, 時. (⇒काल, युग) ❐पुराने ज़माने की बात है 昔々. ❐पुराने ज़माने में 昔は. ❐वह ～ ही ऐसा था, जब मनुष्य मात्र को अपने बाहुबल और पराक्रम ही का भरोसा था। それは人間だけが自身の腕力と勇猛さを信じていた頃の時代の話です.

जमाबंदी /jamābaṃdī ジャマーバンディー/ [←Pers.n. جمع بندی 'an account of the quantity of land and number of houses in a district'] *f.* 地税台帳.

जमालगोटा /jamālagoṭā ジャマールゴーター/ *m.* 〚植物〛ジャマールゴーター（の実）《トウダイグサ科ハズ；種子は強力な下剤作用がある》.

जमाव /jamāva ジャマーオ/ [cf. *जमना¹*] *m.* **1** 凍結すること；凝固すること. ❐～ बिंदु 氷点. ❐बर्फ़ ～ 氷結, 凍結. **2**（人の）集まり；（ものの）集積. ❐कई हज़ार आदमियों का ～ हो गया। 何千人もの人たちが集まった. ❐जल ～（豪雨などで）水が溜まり引かないこと.

ज़मीं /zamī̃ ザミーン/ ▸ज़मीन *m.* ☞ज़मीन

ज़मींदार /zamī̃dāra ザミーンダール/ ▸ज़मीनदार *m.* ☞ज़मीनदार

ज़मींदारी /zamī̃dārī ザミーンダーリー/ ▸ज़मीनदारी *f.* ☞ज़मीनदारी

ज़मीन /zamīna ザミーン/▸ज़मीं [←Pers.n. زمین 'earth, ground'] *f.* **1** 地面；土；土壌. (⇒धरती) ❐～ पर गिर पड़ना 地面に倒れる. ❐पथरीली ～ 石だらけの土地. ❐बंजर ～ 不毛の地. **2** 土地, 地所. ❐किसान के लिए ～ जान से भी प्यारी है। 農民にとって土地は命よりもいとおしい. ❐सरकारी ～ 国有地. **3** 地球；世界.

ज़मीनदार /zamīnadāra ザミーンダール/ ▸ज़मींदार [←Pers.n. زمیندار 'an officer under the Mughal government of Hindūstān who had charge of the land, and collected the revenues, for which he was allowed a certain per-centage'] *m.* **1** 地主. **2** 〚歴史〛ザミーンダール《ムガル帝国初期の地域支配者, 領主；領地の支配権を認められると同時に地税を国庫に納入する地税徴収請負人の役を担った》.

ज़मीनदारी /zamīnadārī ザミーンダーリー/ ▸ज़मींदारी [←Pers.n. زمینداری 'the office of a *zamīndār*'] *m.* 〚歴史〛ザミーンダーリー制度《英国東インド会社のインド統治下のベンガル地方を中心にした地税徴収税制；ザミーンダール(ज़मीनदार)を徴税請負人とする》. (⇔रैयतवारी)

ज़मीनी /zamīnī ザミーニー/ [←Pers.adj. زمینی 'earthy'] *adj.* **1** 土の, 地面の；土壌の. **2** 土地の. ❐～ कर 地税, 地租. ❐～ रंजिश 土地をめぐる憎しみ.

जमुना /jamunā ジャムナー/▸जमना [<Skt.f. *यमुना-* 'the Yamuna river'] *f.* ジャムナー川. (⇒यमुना)

जमैका /jamaikā ジャマェーカー/ [cf. Eng.n. *Jamaica*] *m.* 〚国名〛ジャマイカ《首都はキングストン（किंगस्टन）》.

जम्मू /jammū ジャムムー/ [cf. Eng.n. *Jammu*] *m.* 〚地名〛ジャンムー《ジャンムー・カシュミール州（जम्मू और कश्मीर）の冬期の州都》.

जम्मू और कश्मीर /jammū aura kaśmīra ジャムムー アォール カシュミール/ [cf. Eng.n. *Jammu and Kashmir*] *m.* ジャンムー・カシュミール州《夏期の州都はシュリーナガル（श्रीनगर）, 冬期の州都はジャンムー（जम्मू）》.

जम्हाई /jamhāī ジャムハーイー/ ▸जँभाई *f.* ☞जँभाई

जम्हाना /jamhānā ジャムハーナー/ ▸जँभाना *vi.* (*perf.* जम्हाया /jamhāyā ジャムハーヤー/) ☞जँभाना

जयंती /jayaṃtī ジャヤンティー/ [←Skt. *जयन्त-* 'victorious'] *f.* **1**（毎年の）生誕祭, 生誕記念日. ❐गाँधी ～ ガーンディー生誕祭. **2**（一定の年数ごとの）記念祝祭, 記念祝典. (⇒जुबली) ❐हीरक [स्वर्ण, रजत] ～ 60 [50, 25]年祭.

जय /jaya ジャエ/ [←Skt.m. *जय-* 'conquest, victory, triumph'] *f.* 勝利；万歳《間投詞としても使用》. (⇒फ़तह) ❐(की) ～（…）万歳.

जयकार /jayakāra ジャエカール/ [neo.Skt.m. *जय-कार-* 'gaining a victory'] *f.* 万歳の歓呼；歓声. (⇒जय-जयकार) ❐～ के शब्द गूँजने लगे। 万歳の歓呼が響き渡った. ❐बार-बार भारत माता की ～ की ध्वनि उठती थी। 幾度も母なるインド万歳の声が上がった.

जयघोष /jayagʰoṣa ジャエゴーシュ/ [←Skt.m. *जय-घोष-* 'a shout of victory'] *m.* 勝どき,（勝利の）雄叫びどの；万歳の歓呼. ❐～ से आकाश गूँज उठा। 万歳の歓呼が天に響き渡った.

जय-जयकार /jaya-jayakāra ジャエ・ジャエカール/ *f.* ☞जयकार

जयपुर /jayapura ジャエプル/ [cf. Skt.n. *जय-पुर-* 'victory-town'; cf. Eng.n. *Jaipur*] *m.* 〚地名〛ジャイプル《ラージャスターン州（राजस्थान）の州都》.

जयमाला /jayamālā ジャエマーラー/ [neo.Skt.f. *जय-माला-* 'garland of victory'] *f.* **1** 勝利者の首にかけられる祝福の花輪. **2** 〚ヒンドゥー教〛ジャエマーラー《結婚式の際, 花嫁が花婿の首にかける花輪；スワヤンワラ（स्वयंवर）のなごり》.

जयस्तंभ /jayastaṃbʰa ジャヤスタンブ/ [←Skt.m.

जय-स्तम्भ- 'column of victory'] *m.* 戦勝記念塔.

ज़रद /zarad̦a/ ザラド/ ▸ज़र्द *adj.* ☞ज़र्द

ज़रदा /zarad̦ā/ ザルダー/ ▹ज़र्दा [←Pers.n. زرده 'rice dressed with honey and saffron'] *m.* **1**〖食〗ザルダー《香りの高い嚙みタバコ;色は主に黄色》. **2**〖食〗ザルダー《サフランで色付けした甘いプラーオ(पुलाव)》.

ज़रदालू /zarad̦ālū/ ザルダールー/ ▹ज़र्दालू [←Pers.n. زردالو 'a small apricot'] *m.*〖植物〗アンズ(杏子), アプリコット. (⇒ख़ुबानी)

ज़रदी /zarad̦ī/ ザルディー/ ▹ज़र्दी [←Pers.n. زردی 'yellowness; yolk of an egg'] *f.* **1** 黄色(いこと). (⇒पीलापन) **2** (卵の)黄身, 卵黄. **3** 顔色がよくないこと. (⇒पीलापन) ❐चेहरे पर ～ छायी थी। 顔色がよくなかった. **4**〖医学〗黄疸. (⇒पांडुरोग, पीलिया)

ज़रदोज़ /zarad̦oza/ ザルドーズ/ [←Pers.n. زر دوز 'an embroiderer'] *m.* 刺繡職人《特に金糸・銀糸で刺繡する》.

ज़रदोज़ी /zarad̦ozī/ ザルドーズィー/ [←Pers.n. زر دوزی 'embroidery'] *f.* 刺繡.

जरमन /jarad̦manad̦/ ジャルマン/ ▹जर्मन *adj.* ☞जर्मन

— *m.* ☞जर्मन

— *f.* ☞जर्मन

जरमनी /jarad̦manī/ ジャルマニー/ ▹जर्मनी *f.* ☞जर्मनी

जरसी /jarad̦sī/ ジャルスィー/ ▹जर्सी [←Eng.n. *jersey*] *f.* ジャージー.

जरा /jarā/ ジャラー/ [←Skt.f. *जरा* 'old age'] *f.* 老い, 老年;老衰.

ज़रा /zarā/ ザラー/ [cf. *ज़र्रा*] *adv.* ちょっと, 少し.

जराग्रस्त /jarāgrasta/ ジャラーグラスト/ [neo.Skt. *जरा-ग्रस्त-* 'suffering from old age'] *adj.* 老いた, 老け込んだ.

जरायु /jarāyu/ ジャラーユ/ [←Skt.n. *जरायु-* 'the outer skin of the embryo'] *m.* 胎盤.

जरायुज /jarāyuja/ ジャラーユジ/ [←Skt. *जरायु-ज-* 'viviparous'] *adj.*〖生物〗胎生の《古代インドの生物四分類の一つ》. (⇒पिंडज)

— *m.*〖生物〗胎生動物.

ज़रिया /zariyā/ ザリヤー/ [←Pers.n. ذريعة 'a medium, means' ←Arab.] *m.* **1** 手段, 手立て. (⇒साधन) ❐आमदनी के सारे ज़रिए बंद हो गए थे। 収入のすべての手だてが断たれた. ❐सालों से आमदनी का कोई ～ न था। ここ何年も収入の手だてはなかった. **2** 媒体, 媒介《『名詞 के ज़रिए』の形式で「…を介して, …を通じて」を表す》. (⇒माध्यम) ❐उनके ज़रिए मेरे सास-ससुर की राय मालूम हुई। 彼を通じて私の義父母の考えがわかった.

ज़री /zarī/ ザリー/ [←Pers.n. زری 'brocaded silk'] *f.* 金糸;錦(にしき), 金襴(きんらん). ❐रेशमी कपड़े, जिनपर ～ का काम था। 金糸の細工がほどこしてある絹布.

जरीब /jarība/ ジャリーブ/ [←Pers.n. جريب 'a corn-measure equal to four *qafīz*' ←Arab.] *f.* ジャリーブ《土地測量用の鎖;約55ヤードの長さ》.

ज़रूर /zarūra/ ザルール/ [←Pers.adj. ضرور 'necessary, expedient, unavoidable, indispensable' ←Arab.] *adv.* **1** 必ず, きっと. (⇒अवश्य) **2** もちろん, 当然. (⇒अवश्य)

ज़रूरत /zarūrata/ ザルーラト/ [←Pers.n. ضرورة 'violence, compulsion constraint; want, need' ←Arab.] *f.* **1** 必要, 必要性. (⇒आवश्यकता) ❐(की) ～ पड़ना (…の)必要が生じる. ❐(को) (की) ～ है। (人には)(…が)必要である. **2** 必要なもの, 必需品;必要な要件. (⇒आवश्यकता) ❐ज़रूरतें पूरी करना 必要な要件を満たす.

ज़रूरी /zarūrī/ ザルーリー/ [←Pers.adj. ضروری 'necessary'] *adj.* 必要な, 緊急の, 重要な. (⇒आवश्यक)(⇔अनावश्यक) ❐कुछ सोचना तो ～ था। 少し考える必要があった.

जर्जर /jarjara/ ジャルジャル/ [←Skt. *जर्जर-* 'infirm, decrepit, decayed'] *adj.* **1** 老朽化した;朽ちてぼろぼろになった. ❐～ मकान 老朽化した家. **2** 老いぼれた, 老いさらばえた. ❐～ शरीर 老いさらばえた肉体.

जर्जरित /jarjarita/ ジャルジャリト/ [←Skt. *जर्जरित-* 'become decrepit or decayed, torn in pieces, worn out'] *adj.* ☞जर्जर

ज़र्द /zarda/ ザルド/ ▸ज़रद [←Pers.adj. زرد 'yellow, affron-coloured; pale'; cog. Skt. *हरित-* 'yellowish, pale yellow'] *adj.* **1** 黄色い. (⇒पीला) **2** 顔色がよくない. (⇒पीला) ❐चेहरा कुछ ～ अवश्य था। 顔色がやや よくなかったのはもちろんだった.

ज़र्दा /zardā/ ザルダー/ ▹ज़रदा *m.* ☞ज़रदा

ज़र्दालू /zardālū/ ザルダールー/ ▹ज़रदालू *m.* ☞ज़रदालू

ज़र्दी /zardī/ ザルディー/ ▹ज़रदी *f.* ☞ज़रदी

जर्म /jarma/ ジャルム/ [←Eng.n. *germ*] *m.*〖生物〗細菌, バクテリア, 病原菌. (⇒कीटाणु, जीवाणु, बैक्टीरिया)

जर्मन /jarmana/ ジャルマン/ ▹जरमन [←Eng.adj. *German*] *adj.* ドイツの;ドイツ人の;ドイツ語の.

— *m.* ドイツ人.

— *f.* ドイツ語.

जर्मनी /jarmanī/ ジャルマニー/ ▹जरमनी [←Eng.n. *Germany*] *f.*〖国名〗ドイツ(連邦共和国)《首都はベルリン (बर्लिन);1990年10月東西ドイツが統一》. ❐पश्चिमी ～ (旧)西ドイツ《正式名称は(現)ドイツ連邦共和国(जर्मन संघीय गणराज्य)と同じ》. ❐पूर्वी ～ (旧)東ドイツ《正式名称は(旧)ドイツ民主共和国 (जर्मन प्रजातांत्रिक गणराज्य)》.

ज़र्रा /zarrā/ ザルラー/ [←Pers.n. ذرة 'an atom, particle' ←Arab.] *m.* 微細なかけら;ほこり.

जर्राह /jarrāha/ ジャルラーハ/ [←Pers.n. جراح 'a surgeon' ←Arab.] *m.*〖医学〗外科医. (⇒सर्जन)

जर्राही /jarrāhī/ ジャルラーヒー/ [←Pers.adj. جراحی 'surgical, chirurgical'] *adj.*〖医学〗外科の.

— *f.*〖医学〗外科;(外科)手術. (⇒सर्जरी)

जर्सी /jarsī/ ジャルスィー/ ▹जरसी *f.* ☞जरसी

जलंधर /jalaṃdʰara/ ジャランダル/ [*जलम्* + *-धर*] *m.* ☞जलोदर

जल /jala/ ジャル/ [←Skt.n. *जल-* 'water, any fluid'] *m.* 水《単独では, ヒンドゥー教儀礼に用いられる水やガンジ

ス川の水などの聖水を指すことが多い》.

जलकल /jala̸kala̸ ジャルカル/ [जल + कल²] *f.* 水道施設;水道管, 給水管. ❒～ विभाग 水道局.

जलचर /jala̸cara̸ ジャルチャル/ Skt.m. *जल-चर-* 'water-goer, an aquatic animal'] *m.* 〖動物〗水生動物. (⇒जलजंतु)

जलचारी /jala̸cārī ジャルチャーリー/ [←Skt. *जल-चारिन्-* 'living in or near water'] *m.* 〖動物〗水生動物;魚.

जलजंतु /jala̸jaṃtu ジャルジャントゥ/ [←Skt.m. *जल-जन्तु-* 'an aquatic animal'] *m.* 〖動物〗水生動物. (⇒जलचर)

जलज /jalaja̸ ジャラジ/ [←Skt. *जल-ज-* 'produced or born or living or growing in water, coming from or peculiar to water'] *adj.* 〖生物〗水中で生まれた《古代インドでは特に蓮, 魚, 真珠, 法螺貝などを指す》.

ज़लज़ला /zala̸zalā ザルザラー/ [←Pers.n. زلزلة 'an earth-quake' ←Arab.] *m.* 地震. (⇒भूकंप, भूचाल)

जल-डमरूमध्य /jala̸-ḍama̸rūmadʰya̸ ジャル・ダムルーマディエ/ [neo.Skt.m. *जल-डमरू-मध्य-* 'strait'] *m.* 〖地理〗海峡. (⇒जल-संधि) ❒जिब्राल्टर ～ ジブラルタル海峡. ❒मलक्का ～ マラッカ海峡.

जलतरंग /jalatara̸ṃga̸ ジャラトラング/ [←Skt.m. *जल-तरङ्ग-* 'a metal cup filled with water producing musical notes'] *m.* 〖楽器〗ジャラタランガ《量の違う水を満たした器をスティックなどで打って奏でる》.

जलद /jalada̸ ジャラド/ [←Skt.m. *जल-द-* 'water-giver; a (rain-) cloud'] *m.* 雲, 雨雲. (⇒बादल)

जलदस्यु /jala̸dasyu ジャルダスィウ/ [neo.Skt.m. *जल-दस्यु-* 'a pirate'] *m.* 海賊.

जलदी /jaladī ジャラディー/ ▷जल्दी *f.* ☞जल्दी

जलधर /jala̸dʰara̸ ジャルダル/ [←Skt. *जल-धर-* 'holding water; a (rain-) cloud; the ocean'] *m.* **1** 雲, 雨雲. (⇒बादल) **2** 海, 大洋. (⇒समुद्र)

जलधि /jala̸dʰi ジャルディ/ [←Skt.m. *जल-धि-* 'water-receptacle; a lake; the ocean'] *m.* 海, 大洋.

जलन /jalana̸ ジャラン/ [<OIA. *jvalaná-* 'burning, combustible': T.05307] *f.* **1**〖医学〗(火傷などの)炎症;刺すような痛み, 疼き. ❒पेशाब की ～ 排尿時の痛み. **2** 嫉妬, 妬み. (⇒ईर्ष्या, हसद) **3** (嫉妬による)憎悪, 憎しみ;反感, 敵意. ❒उनकी हँसी में ईर्षा, व्यंग और ～ है 彼の笑いには嫉妬, 皮肉そして憎悪が含まれている. ❒तुम्हें मुझसे इतनी ～ क्यों हो गई? 君は僕にこれほどの憎しみをどうしてもったのだ？

जलनशील /jalana̸śīla̸ ジャランシール/ [जलन + -शील] *adj.* ☞ज्वलनशील

जलना /jala̸nā ジャルナー/ [<OIA. *jválati* 'burns brightly': T.05306] *vi.* (*perf.* जला /jalā ジャラー/) **1** 燃える, 焼ける, 燃焼する. ❒मिल जल गयी। 工場は焼けてしまった. **2** 点火される;(かまどなどに)火が入る;(明かりが)灯る. (⇒बलना, सुलगना)(⇔बुझना) ❒रहने का घर एक ही था, चूल्हे दो जला करते थे। 住む家は一つだったが, 二つのかまどに火が入っていた(＝不和のため, 台所は別だった). ❒मेरी मेज़ पर लैंप जल रहा था। 私の机の上に, ランプが灯っていた. ❒लाल बत्ती जली। 赤信号がついた. **3** (ものが)焦げる;熱く焼ける;(皮膚が)火傷する. (⇒झुलसना) ❒जलती हुई रेत 熱く焼けた砂. ❒लापरवाही से रोटी जल गई। 不注意でローティーが焦げてしまった. ❒गरम दूध पीने उसका मुँह जल गया। 熱いミルクを飲んだため彼の口は火傷した. ❒दूध का जला छाछ फूँक-फूँककर पीता है। 焦げたバターミルクをフーフー吹いて飲む(＝失敗に懲りて必要以上に慎重である). ❒उसने जले पर नोन [नमक] छिड़का। 彼女は火傷したところに塩をふりかけた(＝追い打ちをかけるように, 痛いところをついた). **4** (嫉妬・怒りで)苛立つ. (⇒कुढ़ना) ❒मैं तो सिद्धांतवादी पत्रों को देखकर जल उठती हूँ। 私は建前ばかりの手紙を見るといらいらしてくるわ. ❒वह आपसे जलेगा। 彼はあなたに嫉妬するするだろう. ❒वह जल गई। 彼女は苛立った.

जलनिधि /jala̸nidʰi ジャルニディ/ [neo.Skt.f. *जल-निधि-* 'wealth of water; the ocean'] *m.* 海, 大洋. (⇒समुद्र)

जलपान /jala̸pāna̸ ジャルパーン/ [←Skt.n. *जल-पान-* 'the drinking of water'] *m.* 軽い飲食物(を摂ること), 軽食. (⇒नाश्ता) ❒～ करना 軽食を摂る.

जलप्रपात /jalaprapāta̸ ジャラプラパート/ [←Skt.m. *जल-प्रपात-* 'a water-fall'] *m.* 滝. (⇒झरना)

जल-प्लावन /jala̸-plāvana̸ ジャル・プラーワン/ [←Skt.n. *जल-प्लावन-* 'water-immersion; a deluge'] *m.* 大洪水;大氾濫.

जलमय /jala̸maya̸ ジャルマエ/ [←Skt. *जल-मय-* 'formed or consisting or full of water'] *adj.* 冠水した, 浸水した, 水没した. ❒लगातार हो रही वर्षा के कारण विश्वविद्यालय परिसर ～ हो गया है। 連続する雨のために大学キャンパスは冠水した.

जलमार्ग /jala̸mārga̸ ジャルマールグ/ [←Skt.m. *जल-मार्ग-* 'a water-course, drain'] *m.* 運河;水路.

जलयान /jala̸yāna̸ ジャルヤーン/ [←Skt.n. *जल-यान-* 'water-vehicle; a boat, ship'] *m.* 船. (⇒जहाज़)

जलवा /jala̸vā ジャルワー/ [←Pers.n. جلوه 'splendour; blandishment' ←Arab.] *m.* **1** 光輝;顕現;誇示. **2**〖ヒンドゥー教〗ジャルワー《花嫁がベール (घूँघट) をはずして花婿に顔を見せる儀式》.

जलवाना /jala̸vānā ジャルワーナー/ [caus. of *जलना, जलाना*] *vt.* (*perf.* जलवाया /jala̸vāyā ジャルワーヤー/) 燃やさせる;燃やしてもらう.

जलवायु /jala̸vāyu ジャルワーユ/ [neo.Skt.m. *जल-वायु-* 'climate'] *f.* 気候, 風土;土地柄《時に男性名詞としても》. (⇒आबोहवा, हवा-पानी) ❒यहाँ की ～ मेरे अनुकूल न थी। 当地の風土は私に合っていなかった.

जलविहार /jala̸vihāra̸ ジャルヴィハール/ [?neo.Skt.m. *जल-विहार-* 'entertainment over the waters'] *m.* 水遊び.

जल-संधि /jala̸-saṃdʰi ジャル・サンディ/ [neo.Skt.m. *जल-संधि-* 'strait'] *f.* 〖地理〗海峡. (⇒जल-डमरूमध्य) ❒जिब्राल्टर ～ ジブラルタル海峡. ❒मलक्का ～ マラッカ海峡.

जल-समाधि /jala̸-samādʰi ジャル・サマーディ/ [neo.Skt.f.

जल-समाधि- 'watery grave'] *f.* **1** 入水《特に艦長が沈没する軍艦とともに自身の意思で運命をともにすること》. ❒～ लेना 入水する. **2** 水葬. ❒～ देना 水葬にする.

जलसह /jalasaha ジャルサ/ [*जल* + *सहना*] *adj.* 防水の, 防水加工された. ❒～ जूता 防水靴.

जलसा /jalasā ジャルサー/ [←Pers.n. جلسة 'a sitting, meeting' ←Arab.] *m.* **1** (政党などの)大会. (⇒अधिवेशन) **2** (社会的な)集会, 会合; 行事, 祭典. (⇒समारोह)

जलसेना /jalasenā ジャルセーナー/ [neo.Skt.f. *जल-सेना-* 'navy'] *f.* 海軍. (⇒नौसेना)

जलांक /jalāṃka ジャラーンク/ [neo.Skt.m. *जल-अङ्क-* 'water mark'] *m.* **1** 水位線. **2**〖コンピュータ〗ウォーターマーク, 電子透かし.

जलांजलि /jalāṃjali ジャラーンジャリ/ *f.* ジャラーンジャリ《手のひらをくぼみにして水を満たした状態; 祖先供養の儀式に用いられる聖水》. ❒गंगा-तट पर लोगों ने पूर्वजों को ～ दी। ガンジス川の岸辺で人々は祖先にジャラーンジャリ供儀をした.

जला /jalā ジャラー/ [cf. *जलना*] *m.*〖医学〗火傷(やけど). ❒जले का दाग़ 火傷の跡. ❒जले पर नमक [नोन] छिड़कना 火傷に塩をふりかける《「傷口に塩をすりこむ」の意》.

जलाऊ /jalāū ジャラーウー/ [cf. *जलना, जलाना*] *adj.* 可燃性の, 燃えやすい.

जलातंक /jalātaṃka ジャラータンク/ [neo.Skt. *जल-आतङ्क-*] *m.*〖医学〗狂犬病, 恐水病《水を恐れる症状から》. (⇒हड़क)

जलाना /jalānā ジャラーナー/ [cf. *जलना*] *vt.* (*perf.* जलाया /jalāyā ジャラーヤー/) **1** 燃やす, 焼く. **2** 点火する, (かまどに)火をおこす; (明かりを)灯す. (⇒बालना)(⇔बुझाना) ❒प्रायः मैं लिखते समय सिगरेट जलाता ही नहीं, मेरा ध्यान ही उस ओर नहीं जाता, कभी जला भी लो तो प्रायः पूरी की पूरी राखदान में सुलगती रहती है। 普通執筆をしている時は, タバコに火をつけないし注意も向きません. 仮に火をつけても, たいがいタバコは灰皿の中でくすぶり続けています. ❒मैं अभी चूल्हा जला दूँगी। 今, かまどに火をつけます. ❒युवती ने चटपट आग जलाई। 娘はすばやく火をおこした. ❒उसने दियासलाई टटोलकर अपना लैंप जलाया। 彼はマッチを手探りで探してランプに火を灯した. ❒उसने बत्ती जलाई। 彼は電灯をつけた. **3** 焦がす; (皮膚を)火傷させる. (⇒झुलसना) **4** (嫉妬・怒りで)苛立たせる. (⇒कुढ़ाना)

जलावर्त /jalāvarta ジャラーワルト/ [←Skt.m. *जल-आवर्त-* 'a whirlpool'] *m.* 渦, 渦巻き.

जलाशय /jalāśaya ジャラーシャエ/ [←Skt.m. *जल-आशय-* 'a reservoir, pond, lake, ocean'] *m.* 水が豊かに広がっている場所《貯水池, 池, 湖, 川など》.

जलीय /jalīya ジャリーエ/ [neo.Skt. *जलीय-* 'watery, aquatic'] *adj.* **1** 水の; 水上の. ❒～ क्षेत्र (陸地に対する)海. **2**〖生物〗水生の. (⇔स्थलीय) ❒～ जंतु 水生生物.

ज़लील /zalīla ザリール/ [←Pers.adj. ذلیل 'abject, mean, contemptible, trifling' ←Arab.] *adj.* **1** 卑しい, 下劣な, とるに足らない. ❒तुम्हारी निगाह में मैं इतना ～ हूँ? 君の目には私はこれほど下劣なのか? **2** 侮辱された, みじめな. (⇒अपमानित) ❒(को) ～ करना (人を)侮辱する.

जलूस /jalūsa ジャルース/ ▸जुलूस *m.* ☞जुलूस

जलेबी /jalebī ジャレービー/ *f.*〖食〗ジャレービー《北インドの菓子; 小麦粉に水を加え1日寝かせ発酵させ, 砂糖を加え煮たてた粘り気のあるシロップ状のものを, 絞り袋に入れ, 熱したギーに渦巻き状に絞りだし揚げる》.

जलोदर /jalodara ジャローダル/ [←Skt.n. *जल-उदर-* 'dropsy'] *m.*〖医学〗水症, 水腫[浮腫](症)《体腔内にリンパ液が多量にたまった状態; むくみの症状となる》.

जल्द /jalda ジャルド/ [←Pers.adj. جلد 'striking,lashing, whipping; quick, active, brisk' ←Arab.] *adv.* すぐに, ただちに, 即刻. (⇒शीघ्र) ❒उसे बदला लेने का अवसर ～ ही मिल गया। 彼は復讐するチャンスをすぐに手にした. ❒भगवान् करे, तुम ～ अच्छे हो जाओ! 神様にお願いします, お前がすぐによくなるように!

— *f.* 早さ, すばやさ, 迅速さ《後置詞なしで副詞的に使用》. ❒मुझे आश्चर्य होता है कि आदमी इतनी ～ कैसे इतना बदल जाता है। 人間がこれほど早くどうしてこれほど変わってしまうのか, 私は驚いてしまう. ❒यह अवस्था जितनी ～ बदल जाए, उतना ही अच्छा। この状況が変わるのは, 早ければ早いほどいい.

जल्दबाज़ /jaldabāza ジャルドバーズ/ [←Pers.adj. جلد باز 'expeditious, fleet, hasty'] *adj.* 性急な, 事を急ぐ.

— *m.* 性急な人, あわて者, 軽率な人.

जल्दबाज़ी /jaldabāzī ジャルドバーズィー/ [←Pers.n. جلد بازی 'haste, speed, despatch'] *f.* 性急であること, 急ぐこと. ❒(में) ～ करना (…に)急いでことにあたる.

जल्दी /jaldī ジャルディー/ ▹जलदी [←Pers.n. جلدی 'speed, haste, quickness, swiftness'] *adv.* 急いで, 早急に. ❒～ चलो। 急いで行こう.

— *f.* 急ぎ, 早急, 迅速. ❒～ करना 急ぐ. ❒～ से すぐに, 急いで, 早急に. ❒ऐसी ～ क्या है। そんなに何を急いでいるのかい. ❒कोई ～ नहीं है। 何も急ぐことはない. ❒तुम्हें ～ न हो, हमें तो ～ है। お前は急いでいないかもしれないが, 私たちは急いでいるのだ.

जल्लाद /jallāda ジャッラード/ [←Pers.n. جلاد 'an executioner' ←Arab.] *m.* **1** 死刑執行人, 首切り役人. **2** 残酷で無慈悲な人.

जवनिका /javanikā ジャワニカー/ [←Skt.f. *जवनिका-* 'a curtain, screen'; cf. Skt.m. *यवन-* 'an Ionian, Greek'] *f.* ☞यवनिका

जवाँ /javā̃ ジャワーン/ ▸जवान *adj.* ☞जवान

जवाँमर्द /javā̃marda ジャワーンマルド/ [←Pers.n. جوانمرد 'a young man'] *adj.* **1** 男らしい; 勇敢な. **2** 寛容な, 度量の広い.

— *m.* **1** 男らしい男; 勇敢な男. **2** 寛容な人, 度量の広い人.

जवाँमर्दी /javā̃mardī ジャワーンマルディー/ [←Pers.n. جوانمردی 'manliness, generosity'] *f.* **1** 男らしさ. **2** 寛容さ. ❒मैं इसे अपनी ～ नहीं, अपना कमीनापन समझता हूँ।

私はこれを自分の寛容さではなく，自分の卑劣さだと思います．

जवाँ-मौत /javā̃-mauta ジャワーン・マォート/ [←Pers.n. جوانموت 'untimely death'] *f.* 若死に，早死に． ❐～ मरना 若くして死ぬ．

जवान /javāna ジャワーン/ ▸जवाँ [←Pers.adj. جوان 'young'; cog. Skt. *युवन्-* 'young'] *adj.* 若い(人)．
— *m.* **1** 若者，青年． **2** 兵士，兵隊．(⇒सैनिक, सिपाही) **3** (平の)巡査．(⇒सिपाही)

जवानी /javānī ジャワーニー/ [←Pers.n. جوانی 'youth'] *f.* 若さ；若気；青春．(⇒यौवन) ❐～ ढलना 若さが衰える．

जवाब /javāba ジャワーブ/ [←Pers.n. جواب 'an answer, reply' ←Arab.] *m.* **1** 返答，返事；反応．(⇒उत्तर) ❐(को) (का) ～ देना(人に)(…の)返答をする． ❐वह कुछ ～ देना चाहता है, मगर शब्द नहीं मिल रहे हैं। 彼は何か返事をしたいのだが，言葉が出てこないのだ． **2** 仕返し，報復．(⇒उत्तर) ❐(को) (का) ～ देना(人に)(…の)仕返しをする． **3** 答え，解答．(⇒उत्तर)(⇔सवाल) **4** 匹敵するもの，かなうもの，対等者． ❐इसका कोई ～ नहीं। これに匹敵するものは何もない．

जवाबतलब /javābatalaba ジャワーブタラブ/ [*जवाब* + *तलब*] *adj.* 釈明を求める；責任を追及する． ❐(से) ～ करना (…に)釈明を求める．

जवाबतलबी /javābatalabī ジャワーブタルビー/ [*जवाबतलब* + *-ई*] *f.* 釈明を求めること；責任の追及． ❐(पर) ～ करना (…について)責任を追及する．

जवाबदेह /javābadeha ジャワーブデ/ [←Pers.adj. جواب ده 'respondent'] *adj.* 応えるべき；責任を負うべき，責任がある．

जवाबदेही /javābadehī ジャワーブデヒー/ [*जवाबदेह* + *-ई*] *f.* 責任，責務．(⇒उत्तरदायित्व) ❐(की) ～ करना(…の)責任を果たす． ❐(पर [के ऊपर]) ～ आना(人が)責任を被る．

जवाब-सवाल /javāba-savāla ジャワーブ・サワール/ [←Pers.n. جواب سوال 'questions and answers, talk'] *m.* 問答，質疑応答；議論(の応酬)；反対尋問．(⇒सवाल-जवाब) ❐～ करना 質疑応答をする．

जवाबी /javābī ジャワービー/ [←Pers.n. جوابی 'a respondent' ←Arab.] *adj.* **1** 返答(用)の；返事の；受取人払いの． ❐～ कार्ड 返信用はがき． ❐～ सलाम (敬礼の)答礼． ❐～ तार 受取人払いの返信電報． **2** 報復的な；反撃の；対抗上の． ❐～ कार्रवाई 対抗措置． ❐～ हमला 報復攻撃．

जवाहर /javāhara ジャワーハル/ ▸जवाहिर [←Pers.n. جواہر 'ores, metals, precious stones' ←Arab.] *m.* 宝石(類)．

जवाहरात /javāharāta ジャワーヘラート/ [←Pers.n. جواہرات 'jewels, gems'] *m.* 宝石類．(⇒जवाहर)

जवाहिर /javāhira ジャワーヒル/ ▸जवाहर *m.* ☞जवाहर

जशन /jaśana ジャシャン/ ▸जश्न *m.* ☞जश्न

जश्न /jaśna ジャシュン/ ▸जशन [←Pers.n. جشن 'a feast, social entertainment'] *m.* **1** 祝典，祭典；祝賀． ❐～ मनाना (歌ったり踊ったりして)喜び祝う． **2** 祝宴，饗宴．

जस्त[1] /jasta ジャスト/ [←Pers.n. جست 'a leap, jump'] *f.* 跳躍．(⇒छलाँग) ❐～ मारना とびつく；襲いかかる．

जस्त[2] /jasta ジャスト/ ▸जस्ता *m.* ☞जस्ता

जस्ता /jastā ジャスター/ ▸जस्त [＜Skt.n. *जसद-* 'zinc'] *m.* 〖鉱物〗亜鉛．

जहन्नम /jahannama ジャハンナム/ ▸जहन्नुम *m.* ☞जहन्नुम

जहन्नुम /jahannuma ジャハンヌム/ ▸जहन्नम [←Pers.n. جہنم 'hell, the infernal fire' ←Arab.] *m.* 〖イスラム教〗地獄．(⇒नरक)(⇔जन्नत) ❐आपके साथ ～ जाने में भी मुझे कोई उज्र नहीं। あなたと一緒に地獄へ行くことすら私には不服はありません．

ज़हर /zahara ザハル/ [←Pers.n. زہر 'poison, venom'] *m.* 毒．(⇒विष) ❐～ खाना 毒を食らう，毒を飲む．

ज़हरबाद /zaharabāda ザハルバード/ [←Pers.n. زہر باد 'the quinsey'] *m.* 〖医学〗扁桃(へんとう)腺炎．

ज़हरमोहरा /zaharamoharā ザハルモフラー/ [←Pers.n. زہر مہرہ 'the bezoar-stone'] *m.* ベゾアール《反芻(はんすう)動物・人間などの体内の結石；昔，解毒剤とされた》．

ज़हरीला /zaharīlā ザヘリーラー/ [cf. *ज़हर*] *adj.* 有毒な，毒のある，毒を含んでいる．(⇒विषैला) ❐～ साँप 毒ヘビ． ❐ज़हरीली गैस 毒ガス． ❐ज़हरीली हवा 汚染された大気．

जहाँ[1] /jahā̃ ジャハーン/ [cf. *यहाँ, कहाँ*] *adv.* **1**《〖जहाँ を含む従属節 ＋ वहाँ を含む主節〗の形式で，複文「…の場所でその場所で…，…の状況でその状況で…」などを作る；主節が従属節に先行することも可能》 ❐～ तुम्हारा पसीना गिरे, वहाँ ख़ून गिराने को तैयार हूँ। 君が汗を流した場所では，私は血だって流す用意がある． ❐～ शब्द हार मानते हैं वहाँ मौन बोलता है। 言葉が敗北を認める時，沈黙が代弁してくれる． ❐～ से तुम्हारा पाँव आगे न उठे वहीं रात बिताना और सवेरे वहीं अपनी झोंपड़ी डाल लेना। お前の足がもうこれ以上進まなくなる場所で夜を明かし，朝その場所に自分の小屋を建てるがいい． ❐बुर्क़ा ～ रूप को दूसरों की नज़रों से बचाने का साधन है, वहाँ कुरूपता को भी ढकी-मुँदी रखने का। ブルカーというものは一方で姿かたちを他人の視線から防ぐ手段であり，他方醜い姿をも隠して置く手段でもある． **2**《主節で相関的に使用される遠称詞が，代名詞 वह の場合もある》 ❐मैंने वह गाँव छोड़ा, ～ बाप-दादों से रहता आया था। 私は父祖の代から住み慣れた村を去った． ❐वह घूम-घामकर उसी जगह आ गया ～ से चला था। 彼はあちこち歩き回ってたどり着いたところは，出発した場所だった． **3**《जहाँ を含む従属節が，相関する主節を持たず，慣用表現となっているものもある》 ❐～ (कहीं) भी どこであろうと． ❐～ तक दृष्टि जाती है, झाड़ियाँ ही नज़र आती थीं। 見渡す限り，灌木の茂みしか目に入らなかった． ❐～ तक हो सके できる限り，なるべく．

जहाँ[2] /jahā̃ ジャハーン/ ▸जहान *m.* ☞जहान

जहाँ-जहाँ /jahā̃-jahā̃ ジャハーン・ジャハーン/ *adv.* ☞जहाँ

जहाज़ /jahāza ジャハーズ/ [←Pers.n. جهاز 'a camel's saddle, or the saddle-tree; a ship' ←Arab.] *m.* 船, 艦, 艦船. ❐जंगी ～ 軍艦. ❐टंकी ～ タンカー. ❐माल ～ 貨物船. ❐हवाई ～ 飛行機.

जहाज़रान /jahāzarāna ジャハーズラーン/ [*जहाज़* + Pers. ران 'driving'] *m.* 船長;航海士.

जहाज़रानी /jahāzarānī ジャハーズラーニー/ [*जहाज़रान* + -ई] *f.* 海運(業);航海, 航行. ❐～ की सुरक्षा 船の航行の安全.

जहाज़ी /jahāzī ジャハーズィー/ [←Pers.adj. جهازی 'naval, nautical'] *adj.* 船の, 船舶の. ❐～ कर्मचारी 船員. ❐～ यात्रा 船旅.
— *m.* 船乗り.

जहान /jahāna ジャハーン/ ▶जहाँ [←Pers.n. جہان 'the world'; cog. Skt.n. *जगत्*- 'the world'] *m.* 世界.

ज़हीन /zahīna ザヒーン/ [←Pers.adj. ذہین 'sagacious, ingenious' ←Arab.] *adj.* 賢い, 聡明な;頭が切れる. (⇒मेधावी) ❐तुम तब भी बड़े ～ थे। 君は当時も頭がよかったな.

जहेज़ /jaheza ジャヘーズ/ ▶दहेज़ *m.* ☞दहेज़

जाँघ /jā̃gʰa ジャーング/ [<OIA.f. *jáṅghā*- 'shank (ankle to knee)': T.05082] *f.* 股(もも), 太股(ふともも). (⇒जंघा, रान) ❐(का) सिर अपनी ～ पर रखना (人の)頭を自分の膝の上におく. ❐युवती ने साड़ी को जाँघों तक चढ़ाया और पानी में घुस पड़ी 娘はサリーをふとももまでたくしあげ水の中に入った.

जाँघिया /jā̃gʰiyā ジャーンギヤー/ [<OIA. **jāṅgha*- 'relating to the leg': T.05178] *m.* (肌着の)ショートパンツ, ブリーフ.

जाँच /jā̃ca ジャーンチ/ [<OIA.f. *yācñā́*- 'asking': T.10448] *f.* **1** (答案の)採点. ❐पेपर की ～ 答案の採点. **2** 吟味, 調査;診察. ❐(की) ～ करना [कराना] (…の)診察をする[してもらう].

जाँचना /jā̃canā ジャーンチナー/ [<OIA. *yācyatē* 'is asked': T.10449] *vt.* (*perf.* जाँचा /jā̃cā ジャーンチャー/) **1** 調査する;尋問する, 審問する. **2** 吟味する;鑑定する;評価する;(答案を)採点する. (⇒आज़माना, परखना) ❐उनका ज्योतिष का ज्ञान ग्रहों को पहचानने, पत्रा देखने और जन्मपत्री जाँचने तक ही सीमित रहा। 彼の占星術の知識は, 運星を区別すること, 暦を見ること, そしてホロスコープを鑑定することだけに限られていた. **3** 検証する;調べる. ❐क्या दूसरे देशों में भी टिकट जाँचने के लिए सोये हुए मुसाफ़िरों को जगाया जाता है? 一体他の国でも, 切符を調べるために寝ている旅客が起こされたりするのだろうか?

जाँच-पड़ताल /jā̃ca-paṛatāla ジャーンチ・パルタール/ *f.* 調査, 検査, 精査;(警察などの)取り調べ. ❐(की) ～ करना (…の)調査をする, (…の)取り調べをする.

ज़ांबिया /zāmbiyā ザーンビヤー/ [cf. Eng.n. *Zambia*] *m.* 『国名』ザンビア(共和国)《首都はルサカ (लुसाका)》.

जा /jā ジャー/ [←Pers.n. جا 'a place'; cf. *बजा, बेजा*] *adj.* ☞बजा

जाकिट /jākiṭa ジャーキト/ ▶जाकेट, जैकेट *f.* ☞जाकेट

जाकेट /jākeṭa ジャーケート/ ▶जाकिट, जैकेट [←Eng.n. *jacket*] *f.* ジャケット, 上着. ❐रक्षा ～ 救命胴衣.

जाग /jāga ジャーグ/ [cf. *जागना*] *f.* 目覚めていること, 覚醒.

जागना /jāganā ジャーグナー/ ▶जगना [<OIA. *jā́grati* 'are awake': T.05175] *vi.* (*perf.* जागा /jāgā ジャーガー/) **1** (生き物が)(眠りから)目がさめる, 目覚める;(ものが)よみがえる. ❐जागो। 目をさませ. ❐सुबह जल्दी जागने, रात को देर से सोने का लंबा अभ्यास अब आदत बन गया था। 朝早く目覚め, 夜遅く眠る長年のくり返しが今では習慣になってしまった. ❐२२० ईसवी में मगध का प्रसिद्ध पाटलिपुत्र ४०० वर्षों की गाढ़ निद्रा के बाद अचानक जाग उठता है। 西暦220年, マガダの有名なパータリプトラ(=都市名)は 400 年間の深い眠りの後突如として目覚めることになる. ❐इस युग में ब्राह्मण धर्म और संस्कृत भाषा एकदम नवीन प्राण लेकर जाग उठे। この時代にバラモン教とサンスクリット語はまったく新しい生命をもってよみがえった. **2** 目がさめている, 目覚めている. ❐उसने पुकारा -- सो गये कि जागते हो? 彼女は声をかけた -- 眠ってしまったの, それとも起きてる? ❐वह आधी रात तक जागती रही होगी। 彼女は夜半まで起きているだろう. **3** (感情・疑念・好奇心などが)芽生える, 湧く;覚醒する;(記憶などが)呼び起こされる. ❐उनके प्रति मेरे मन में श्रद्धा के भाव जाग उठे। あの方に対して私の心の中で畏敬の念が湧いた. ❐उसके मन में ईर्ष्या जाग उठी थी। 彼の心に嫉妬が芽生えた. ❐मेरे मन में एक कौतूहल जागा। 私の心に一つの好奇心が湧いた. ❐उसकी स्मृति जाग उठी। 彼の思い出が呼び起こされた. **3** 用心深くなる, 警戒する. **4** (運などが)むいてくる, 上昇する;(良い評判などが)たつ.

जागरण /jāgaraṇa ジャーガラン/ [←Skt.n. *जागरण*- 'waking, keeping watch'] *m.* **1** 目がさめること, 目覚め, 覚醒. **2** 眠らずにいること, 不眠, 徹夜. ❐कई दिनों से ～ कर रही थी। 彼女は何日も眠っていなかった.

जागरूक /jāgarūka ジャーグルーク/ [←Skt. *जागरूक*- 'wakeful, watchful'] *adj.* 目覚めた, 覚醒した;油断のない.

जागरूकता /jāgarūkatā ジャーグルークター/ [←Skt.f. *जागरूक-ता*- 'wakefulness'] *f.* 目覚めていること, 覚醒していること;油断のないこと.

जागीर /jāgīra ジャーギール/ [←Pers.n. جاگیر 'holding, occupying a place'] *f.* 『歴史』ジャーギール《封土;ムガル帝国での官僚に与えられた給与地》.

जागीरदार /jāgīradāra ジャーギールダール/ [←Pers.n. جاگیر دار 'a holder of a *jāgīr*'] *m.* 『歴史』ジャーギールダール《ジャーギール (जागीर) の所有者;封建領主》.

जागीरदारी /jāgīradārī ジャーギールダーリー/ [*जागीरदार* + -ई] *f.* 『歴史』ジャーギールダール制;封建制.

जागृत /jāgr̥ta ジャーグリト/ [cf. *जाग्रत्*] *adj.* 目覚めた, 覚醒した. ❐जातीय स्वाभिमान ～ कर देना 民族の誇りを目覚めさせる. ❐स्मृति ～ हो गई। 記憶がよみがえった.

जागृति /jāgr̥ti ジャーグリティ/ [cf. *जाग्रति*] *f.* (意識の)目覚め, 覚醒. ❐देश में ～ है। 国は目覚めている. ❐लोगों में शिक्षा और ～ फैलाओ। 人々に教育と覚醒を広める

のだ.

जाग्रति /jāgrati ジャーグラティ/ [cf. Skt.f. *जागर्ति-* 'waking, vigilance'] *f.* ☞जागृति

जाग्रत् /jāgrat ジャーグラト/ ▷जाग्रत [←Skt. *जाग्रत्-* 'awake; alert'] *adj.* ☞जागृत

जाज़ /jāza̧ ジャーズ/ [←Eng.n. *jazz*] *m.* 〖音楽〗ジャズ. ❐~ गायिका ジャズ女性歌手.

जाजिम /jājima̧ ジャージム/ [←Pers.n. جاجم 'a fine bedding or carpet'] *f.* ジャージム《床やカーペットの上に敷くリンネルの布》.

जाज्वल्यमान /jājvalya̧mānā̧ ジャージワルエマーン/ [←Skt. *जाज्वल्यमान-* 'flaming violently, shinning strongly, brilliant'] *adj.* 激しく光り輝く.

जाट /jāṭa̧ ジャート/ [<OIA. **jaṭṭa-²* 'name of a tribe or people': T.05089] *m.* ジャート族(の人)《パンジャーブ州など南インドの北西部を中心に居住する人々》.

जाड़ा /jāṛā ジャーラー/ [<OIA.n. *jāḍ̄ya-* 'chilliness': T.05180] *m.* **1** 寒冷, 寒さ;寒波. (⇒सर्दी) ❐(को) ~ लगना(人が)寒く感じる, 風邪をひく. ❐इंग्लैंड में भीषण ~ पड़ा। 英国に厳しい寒波が襲った. **2** 冬(期). ❐जाड़े [जाड़ों] में 冬に.

जाड्य /jāḍya̧ ジャーディエ/ [←Skt. *जाड्य-* 'coldness; stiffness, inactivity, insensibility'] *m.* 麻痺, 無感覚;鈍重.

जात /jāta̧ ジャート/ [←Skt. *जात-* 'born, brought into existence'] *adj.* 生まれた;生じた. ❐नवजात शिशु 新生児.

— *m.* 生まれ, 出自;種. (⇒ज़ात, जाति)

ज़ात /zāta̧ ザート/ [←Pers.n. ذات 'possessed of or endowed with; soul, essence, self; generation, breed, tribe, caste' ←Arab.] *f.* **1** 本質;本性. **2** 生まれ, 出自;カースト《この意味は類似した意味をもつ語 जात との混淆の結果であると考えられる》. (⇒जात) ❐ज़ात-पात カースト制(による差別). ❐उसने गाँव और नाम और ~ पूछी। 彼は村と名前とカーストを尋ねた. ❐औरत ~ इसी तरह बकती है। 女という生き物はこうしたたわごとを言うものだ.

जातक /jātaka̧ ジャータク/ [←Skt. *जातक-* 'engendered by, born under (an asterism); a new-born child; the story of a former birth of *Gautama Buddha*'] *m.* 〖仏教〗ジャータカ, 本生譚《パーリ語仏典に含まれる釈迦仏の前世物語;本生経》.

जात-कर्म /jāta̧-karma̧ ジャート・カルム/ [←Skt.n. *जात-कर्म-* 'a birth-ceremony'] *m.* 〖ヒンドゥー教〗(男児の)生誕式.

जात-पाँत /jāta̧-pā̃ta̧ ジャート・パーント/ ▸जात-पात *f.* 〖ヒンドゥー教〗カースト制(による差別). ❐~ का बंधन カースト制の束縛.

जात-पात /jāta̧-pāta̧ ジャート・パート/ ▸जात-पाँत *f.* ☞ जात-पाँत

ज़ात-पात /zāta̧-pāta̧ ザート・パート/ ▸जात-पाँत *f.* ☞ जात-पाँत

जाति /jāti ジャーティ/ [←Skt.f. *जाति-* 'birth, production'] *f.* **1** 生まれ, 出自;民族;部族. (⇒क़ौम) ❐देश और ~ 国と民族. ❐नारी [स्त्री] ~ 女にうまれたもの, 女. ❐मानव ~ 人類. ❐राजपूत ~ ラージプート族. **2** 〖生物〗種(しゅ);品種, 血統. (⇒नस्ल) ❐घोड़े और गधे अलग जातियों के माने जाते हैं। 馬とロバは異なる種に属すると認められる. **3** 〖ヒンドゥー教〗ジャーティ《ヴァルナ(वर्ण)とともに, いわゆる「カースト」を構成する要素の一つ;地域社会の共同体単位として機能する排他的な職業・地縁・血縁的な社会集団;ただしヒンディー語の運用上,「同じ出自」ということからヴァルナの意味でも使われることがある》. ❐क्षत्रिय ~ クシャトリヤ・カースト. ❐मैं ~ का चमार हूँ। 私はチャマール(カースト)の生まれです.

जातिवाद /jātivāda̧ ジャーティワード/ [neo.Skt.m. *जाति-वाद-* 'nationalism; racialism; castism'] *m.* **1** 国家主義;民族主義. **2** 〖ヒンドゥー教〗カースト主義.

जातीय /jātīya̧ ジャーティーエ/ [←Skt. *जातीय-* 'belonging to any species or genus or tribe or order or race of'] *adj.* **1** 生まれによる;民族の;人種の;部族の. (⇒क़ौमी) ❐~ अभिमान 民族の誇り. ❐~ संघर्ष 民族紛争. ❐~ समूह 民族(集団). **2** 〖生物〗品種の, 血統の. **3** 〖ヒンドゥー教〗カーストの.

जातीयता /jātīya̧tā ジャーティーエター/ [?neo.Skt.f. *जातीय-ता-* 'racial identity; communalism'] *f.* **1** 民族性, 国民性;(民族への)帰属意識. **2** コミュナリズム.

-ज़ादा /-zādā ・ザーダー/ [←Pers.adj. زاده 'born'; cog. Skt. *जात-* 'born'] *suf.* 《名詞に付けて, 名詞「生まれた人」や形容詞「…生まれの」を作る接尾辞; शाहज़ादा「王子」, हरामज़ादा「婚外子」など》.

जादुई /jāduī ジャードゥイー/ [*जादू* + *-ई*; cf. Pers.n. جادوی 'necromancy, witchcraft'] *adj.* 手品の;魔法の;魔力のある. ❐~ छड़ी 魔法の杖. ❐~ शक्ति 魔力.

जादू /jādū ジャードゥー/ [←Pers.n. جادو 'conjuration, magic'] *m.* **1** 手品;魔法. ❐(पर) ~ चढ़ना (人に)魔法がかかる. ❐(पर) ~ चलाना [डालना, कर देना, लगाना] (人に)魔法をかける. ❐बताओ, क्या ~ मारा? おい, いったいどんな魔法をかけたんだ? **2** (人をひきつける)魔力;不思議な魅力. ❐आग में आदमियों को खींचने का ~ है। 火事には人間を引き付ける魔力がある. ❐उसकी क़लम [ज़बान] में ~ है। 彼の筆[言葉]には人を魅了する力がある.

जादूगर /jādūgara̧ ジャードゥーガル/ [←Pers.n. جادوگر 'a juggler, conjurer'] *m.* 奇術師, 手品師, マジシャン;魔術師.

जादूगरी /jādūgarī ジャードゥーガリー/ [←Pers.n. جادوگری 'conjuration, magic'] *f.* 奇術師の職;奇術を行うこと.

जादू-टोना /jādū-ṭonā ジャードゥー・トーナー/ *m.* 魔術;呪術. (⇒यंत्र-मंत्र)

जान[1] /jāna̧ ジャーン/ [←Pers.n. جان 'soul, vital spirit'] *f.* **1** 命, 生命;活力;気力;魂. (⇒जीवन, प्राण) ❐(की) ~

में ～ आना (人が)ほっとする, 生き返った気がする. ❒(की) ～ बचना (人の)命がたすかる. **2** 精髄, 本質. (⇒सार) **3** 愛しい人《呼びかけに使用》. ❒मेरी ～ ! 私の愛しい人よ. **4**〖イスラム教〗《親族名詞に付けて親しみをこめた敬称を表す》. (⇒जी) ❒अब्बा ～ お父さん. ❒अम्मा ～ お母さん.

जान[2] /jāna̸ ジャーン/ [<OIA.n. *jñāna-* 'knowledge': T.05281] *f.* 知識; 理解.

जानकार /jānа̸kāra̸ ジャーンカール/ [*जानना* + *-कार*] *adj.* 知識のある(人); 専門的知識に通じている(人). ❒～ आदमी 知識のある人. ❒वह पुरुष-मनोविज्ञान की अच्छी ～ है। 彼女は男の心理をよく知っている.

जानकारी /jāna̸kārī ジャーンカーリー/ [*जानकार* + *-ई*] *f.* 知識, 見聞, 知見; 情報, 案内. (⇒ज्ञान) ❒(की) ～ रखना (…の)知識を有する. ❒मुझे इसकी ～ नहीं है। 私はこれに関する知識がありません.

जानदार /jāna̸dāra̸ ジャーンダール/ [←Pers.adj. جان دار 'animated'] *adj.* **1** 命のある, 生きている. **2** 力強い, 勢いのある, 生き生きとした. ❒शानदार और जानदार फ़िल्म 壮大で躍動感にあふれる映画.
— *m.* 生き物, 生物.

जानना /jāna̸nā ジャーンナー/ [<OIA. *jānā́ti* 'knows': T.05193] *vt.* (*perf.* जाना /jānā ジャーナー/) **1** 知る; 気づく. **2** 知っている; 気づいている《未完了表現〖जानता + コピュラ動詞〗の形式で》. **3**《〖(को) जान पड़ना〗の形式で, 「(人には)…と思われる」を表す》❒जान पड़ता था, कोई ईरानी सौदागर है। (彼は)ペルシャの商人であるように思われた. ❒मधुर गान कानों को अप्रिय जान पड़ा। 甘美な歌は耳に不快に聞こえた.

जान-पहचान /jāna̸-paha̸cāna̸ ジャーン・パヘチャーン/ [*जानना* + *पहचानना*] *f.* 面識, 知り合い. ❒मेरी किसी से ～ नहीं है। 私には誰も知り合いがいません. ❒मेरे बहुत से मित्रों और ～ के लोग 私の多くの友人や知り合いの人たち.

जानलेवा /jāna̸levā ジャーンレーワー/ [*जान[1]* + *-लेवा*] *adj.* 致命的な, 命にかかわる《語形変化しない》. ❒～ ज़हर 致命的な毒. ❒～ बीमारियाँ 命にかかわる病気.

जानवर /jāna̸vara̸ ジャーンワル/ [←Pers.n. جانور 'an animal'] *m.* **1**〖動物〗動物; 獣, 畜生. (⇒पशु) **2**〖生物〗生物. (⇒प्राणी)

जाना /jānā ジャーナー/ [<OIA. *yā́ti* 'goes, approaches, comes to': T.10452] *vi.* (*perf.* गया /gayā ガヤー/) **1** (話し手から)遠ざかる, 去る, 出て行く; (離れた目的地に)行く. (⇒सिधारना)(⇔आना) **2** (道が)通じている; (乗り物が)通う《未完了表現で》. ❒यह सड़क दिल्ली से अमृतसर तक जाती है। この道はデリーからアムリトサルまで通じている. **3** (貢献などが)(人に)帰する; (賞・名誉などが)(人に)与えられる《未完了表現で》. **4** 失われる, 失せる, 無くなる. ❒सदुद्योग कभी निष्फल नहीं जाता। 正しい精進は決して無駄にならない. **5**《〖जाता रहना〗の形式で「失せる, 失われる」の意; जाता は形容詞変化》❒उसकी रही-सही हिम्मत भी जाती रही। 彼女の残っていた勇気も失せた. **6** 死ぬ, 亡くなる.
— *vi.* (*perf.* गया /gayā ガヤー/)《〖不定詞[-ने] जा रहा है〗の形式で, 「…しようとしている」》
— *vi.* (*perf.* गया /gayā ガヤー/)〖複合動詞〗《〖動詞語幹 जाना〗の形式で, 複合動詞を作る; 動詞「行く」自身の複合動詞は, चला जाना となる》
— *vi.* (*perf.* गया /gayā ガヤー/) **1**〖受動態〗《〖他動詞完了分詞 जाना〗の形式で, 受動態「…される」を作る》❒वहाँ हिंदी बोली जाती है। あそこではヒンディー語がしゃべられている. **2**《否定文の〖動詞完了分詞 जाना〗の形式で, 行為者の非力「どうしても…できない」を表す; 動詞完了分詞は, 自動詞と他動詞の両方可能; 行為者は後置詞 से で示す》❒मुझ से इतना नहीं खाया जाएगा। 私はこんなに食べられない. **3**〖受動態〗《〖動詞完了分詞 जाना〗の形式で, 身近な相手に対する勧誘「…しようよ」を表す; 動詞完了分詞は, 自動詞と他動詞の両方可能; 動詞 जाना は, 不確定未来形; 行為者「私たち」は表さない》❒एक फ़िल्म देखी जाए। 映画を見ようよ. ❒खाना खाया जाए। 食事をしようよ. ❒चला जाए। さあ行こうよ.

जाना-पहचाना /jānā-paha̸cānā ジャーナー・パヘチャーナー/ [*जानना* + *पहचानना*] *adj.* よく知っている, おなじみの; 顔見知りの(人); 慣れている(事物). ❒रास्ता अच्छी तरह ～ है। 道は十分よく知っている. ❒लोग जाने-पहचाने शब्द भी भूल जाते हैं। 人はよく知っている言葉も忘れてしまうことがある.

जाना-माना /jānā-mānā ジャーナー・マーナー/ [*जानना* + *मानना*] *adj.* よく知られた, 高名な; 周知の. ❒जाने-माने फ़ोटोग्राफ़र 高名な写真家.

जानी /jānī ジャーニー/ [←Pers.adj. جانی 'cordinal, heartily loved'] *adj.* **1** 心からの, 心のこもった; 親愛なる(友). ❒～ दोस्त 親愛なる友. **2** 生かしてはおけない(敵). ❒दोनों एक दूसरे के ～ दुश्मन हैं। 二人は互いに不倶戴天の敵だ.

जानी दुश्मन /jānī duśmana̸ ジャーニー ドゥシュマン/ *m.* 不倶載天の敵.

जाप /jāpa̸ ジャープ/ [←Skt.m. *जाप-* 'muttering prayers'] *m.* ☞जप

जापा /jāpā ジャーパー/ [?cf. OIA. *jātá-* 'born': T.05182] *m.* 出産.

जापान /jāpāna̸ ジャーパーン/ [←Port.m. *Japão* 'Japan'] *m.*〖国名〗日本(国)《首都は東京 (तोक्यो)》. ❒～ सरकार 日本政府. ❒～ सागर〖地理〗日本海.

जापानी /jāpānī ジャーパーニー/ [*जापान* + *-ई*] *adj.* **1**〖地理〗日本の. ❒～ बुख़ार 日本脳炎. **2** 日本人の. **3** 日本語の. ❒～ भाषा 日本語.
— *m.* 日本人.
— *f.* 日本語.

ज़ाफ़रान /zāfa̸rāna̸ ザーフラーン/ [←Pers.n. زعفران 'saffron' ←Arab.] *m.*〖植物〗サフラン.

ज़ाबिता /zābitā ザービター/ ▸ज़ाब्ता *m.* ☞ज़ाब्ता

ज़ाब्ता /zābtā ザーブター/ ▸ज़ाबिता [←Pers.n. ضابط 'universal rule, general practice'] *m.* 法律, 法規; 規

制;慣習.

जाम[1] /jāma̸ ジャーム/ [←Pers.n. جام 'a cup, chalice, goblet, bowl'] *m.* グラス, 杯.

जाम[2] /jāma̸ ジャーム/ [←Eng.n. *jam*] *m.* ジャム. (⇒मुरब्बा) ❐टोस्ट पर ~ लगाना トーストにジャムをつける.

जाम[3] /jāma̸ ジャーム/ [←Eng.vt. *jam*] *adj.* 詰まって動きのとれない;(道が)ふさがった, 渋滞した. ❐प्रिंटर ~ हो गया। プリンターの紙が詰まった.
— *m.* (交通)渋滞. ❐ट्रैफ़िक ~ में फँसना 交通渋滞に巻き込まれる.

जामन /jāmana̸ ジャーマン/ [cf. *जमना*[1]] *m.* 〖食〗ジャーマン《ミルクを発酵凝固させヨーグルトを作るために入れる種となるヨーグルト》.

जामा[1] /jāmā ジャーマー/ [←Pers.n. جامه 'a garment, robe, vest, gown, coat'] *m.* ジャーマー《丈の長い上衣》.

जामा[2] /jāmā ジャーマー/ [←Skt.f. *जामा-* 'a daughter'] *f.* 娘.

जामाता /jāmātā ジャーマーター/ [←Skt.m. *जामातृ-* 'son-in-law'] *m.* 婿, 娘の夫. (⇒जमाई, दामाद, पाहुना)

ज़ामिन /zāmina̸ ザーミン/ [←Pers.n. ضامن 'a surety, sponsor, security, bondsman, bail' ←Arab.] *m.* (保釈金を用意する)保証人, 身元引受人;(連帯)保証人. (⇒प्रतिभू)

जामुन /jāmuna̸ ジャームン/ [<OIA.m. *jambula-* 'rose apple, *Eugenia jambolana*': T.05136] *m.* 〖植物〗ジャームン(の実)《蒲桃, フトモモ, ホトウ;フトモモ科の常緑高木》. ❐गुलाब ~ グラーブ・ジャームン《ジャームンの実;菓子の名》.

जामुनी /jāmunī ジャームニー/ [cf. *जामुन*] *adj.* 濃い紫色の《ジャームン (जामुन) の実の色》.

ज़ायक़ा /zāya̸qā ザーエカー/ [←Pers.n. ذائقة 'tasting; taste' ←Arab.] *m.* 味, 味覚. (⇒स्वाद) ❐(का) ~ लेना(…を)味わう.

ज़ायक़ेदार /zāya̸qedāra̸ ザーエケーダール/ [←Pers.adj. ذائقه دار 'relishing, tasty, savoury'] *m.* おいしい, 美味な. (⇒मज़ेदार, स्वादिष्ट)

जायज़ /jāyaza̸ ジャーヤズ/ [←Pers.adj. جائز 'lawful, legal, allowable, warrantable, authorized, permitted, tolerated' ←Arab.] *adj.* **1** 適切な;適した. (⇒उचित)(⇔नाजायज़) **2** 〖法律〗合法的な. (⇔नाजायज़)

जायज़ा /jāya̸zā ジャーエザー/ [←Pers.n. جائزه 'a gift, a present, reward; examination, review'] *m.* 調査, 検査;吟味. (⇒जाँच-पड़ताल) ❐~ देना 調査を受ける, 検査を受ける. ❐(का) ~ लेना(…の)調査をする, (…の)検査をする.

जायदाद /jāya̸dāda̸ ジャーエダード/ [←Pers.n. جای داد 'an assignment in land (for the maintenance of an establishment of troops); assets, fund, source'] *f.* **1** 財産, 資産. (⇒संपत्ति) **2** 所有地;地所.

जायफल /jāya̸pʰala̸ ジャーエパル/ [cf. Skt.n. *जाति-फल-* 'a nutmeg'] *m.* 〖植物〗ナツメグ《ニクズクの種子の仁;香辛料に使用》.

जाया /jāyā ジャーヤー/ [←Skt.f. *जाया-* 'a wife'] *f.* (出産を経験した)妻.

जार[1] /jāra̸ ジャール/ [←Skt.m. *जार-* 'a paramour, lover'] *m.* (既婚女性の)愛人, 情人.

जार[2] /jāra̸ ジャール/ [←Eng.n. *jar*] *m.* かめ, 瓶, 壺.

ज़ार /zāra̸ ザール/ [←Eng.n. *czar, tsar, tzar*] *m.* 〖歴史〗(帝政ロシアの)皇帝, ツアー.

जारज /jāraja̸ ジャーラジ/ [←Skt.m. *जार-ज-* 'a child by a paramour, bastard'] *adj.* 〖法律〗非嫡出の(子ども).
— *m.* 〖法律〗婚外子, 非嫡出子, 私生児, 庶子.

जारी /jārī ジャーリー/ [←Pers.adj. جاری 'who or what runs, or flows; continuing; in use' ←Arab.] *adj.* **1** 継続している, 実施中の, 現行の. ❐~ रखना 存続させる, 継続させる. ❐~ रहना 存続する, 継続する. ❐चुनाव की मतगणना ~ है। 選挙の開票が続いている. **2** 通用している, 効力のある. ❐(दस रुपए का) नया नोट ~ करना (10 ルピーの)新札を発行する. ❐पासपोर्ट ~ करना パスポートを発給する. ❐हाई अलर्ट ~ करना 高度警戒警報を発令する.

जारीकर्ता /jārīkartā ジャーリーカルター/ *m.* (チケット, 券などの)発行[発給]元.

जार्ज टाउन /jārja̸ ṭāuna̸ ジャールジ ターウン/▸जॉर्ज टाउन [cf. Eng.n. *George Town*] *m.* 〖地名〗ジョージタウン《英国の海外領土ケイマン諸島 (केमन द्वीपसमूह) の首都》.

जार्जटाउन /jārja̸ṭāuna̸ ジャールジターウン/▸जॉर्जटाउन [cf. Eng.n. *Georgetown*] *m.* 〖地名〗ジョージタウン《ガイアナ(共和国) (गयाना) の首都》.

जार्जिया /jārjiyā ジャールジヤー/ ▸जॉर्जिया [←Eng.n. *Georgia*] *m.* **1** 〖国名〗グルジア(共和国)》. **2** 〖地名〗(アメリカ合衆国の)ジョージア州.

जार्डन /jārḍana̸ ジャールダン/▸जॉर्डन, जोर्डन [←Eng.n. *Jordan*] *m.* 〖国名〗ヨルダン(・ハシミテ王国)《首都はアンマン (अम्मान)》.

जाल[1] /jāla̸ ジャール/ [←Skt.n. *जाल-* 'a net (for catching birds, fish etc.)'; cog. Pers.n. جال 'net, snare, gin'] *m.* **1** 網;網状のもの. ❐मछली पकड़ने का ~ 魚をとる網. **2** 〖スポーツ〗(テニスなどの)ネット. **3** (人を陥れる)わな. ❐~ बिछाना わなをしかける. ❐~ में फँसना わなに落ちる. ❐(को) ~ में फँसाना (人を)わなにかける.

जाल[2] /jāla̸ ジャール/ [←Pers.adj. جال 'forged, counterfeit' ←Arab.] *m.* 偽造, 贋造.

जालसाज़ /jāla̸sāza̸ ジャールサーズ/ [←Pers.n. جعل ساز 'who counterfeits, a forger'] *m.* 偽造者, 贋造者, 贋作者.

जालसाज़ी /jāla̸sāzī ジャールサーズィー/ [←Pers.n. جعل سازی 'fabrication, counterfeiting, a forgery'] *f.* 偽造行為, 贋造行為, 贋作作り. ❐~ करना 偽造行為をする.

जाला /jālā ジャーラー/ [<OIA.n. *jā́la-* 'net, snare':

T.05213] *m.* **1** クモの巣. (⇒तंतु) ❐मकड़ी का ～ クモの巣. **2**〘医学〙白内障.

ज़ालिम /zālima ザーリム/ [←Pers.n. ظالم 'a tyrant, an oppressor' ←Arab.] *adj.* 暴虐な, 非道な, 残虐な, 暴君的な. (⇒अत्याचारी)

— *m.* 暴君. (⇒अत्याचारी)

जाली[1] /jālī ジャーリー/ [cf. *जाल*[1]] *f.* **1** 網目, メッシュ;金網;ネット. ❐पतली ～ के परदे 繊細なネットのカーテン. **2** 格子(細工);透かし彫り.

जाली[2] /jālī ジャーリー/ [*जाल*[2] + *-ई*] *adj.* 偽造された, 偽の. ❐～ दस्तावेज़ 偽造文書. ❐～ नोट 偽札.

जालीदार /jālīdāra ジャーリーダール/ [*जाली*[1] + *-दार*] *adj.* 網状の;格子状の. ❐～ मसहरी 蚊帳(かや).

जावित्री /jāvitrī ジャーヴィトリー/ [＜OIA.f. *jātīpattrī-, jātipattrī-* 'mace': T.05188] *f.*〘食〙ジャーヴィトリー《ナツメグの皮で作る香辛料;薬用にも使用》.

जासूस /jāsūsa ジャースース/ [←Pers.n. جاسوس 'a spy' ←Arab.] *m.* スパイ, 密偵, 間諜;探偵. (⇒गुप्तचर)

जासूसी /jāsūsī ジャースースィー/ [←Pers.n. جاسوسی 'spying, secret intelligence, espionage'] *adj.* スパイの;探偵の. ❐～ उपन्यास スパイ小説, 探偵小説, 推理小説.

— *f.* スパイ活動. ❐～ करना スパイする, スパイ活動をする.

ज़ाहिर /zāhira ザーヒル/ [←Pers.adj. ظاہر 'exterior, external, outer; apparent, clear' ←Arab.] *adj.* **1** 明白な. (⇒स्पष्ट) **2** (目に見えるように)現われた;表に出た, 表明された. (⇒प्रकट)

ज़ाहिरी /zāhirī ザーヒリー/ [←Pers.adj. ظاہری 'apparent'] *adj.* 表面の;表面的な, 見かけの.

जाहिल /jāhila ジャーヒル/ [←Pers.adj. جاہل 'ignorant, illiterate, barbarous' ←Arab.] *adj.* 無知で愚かな.

जाह्नवी /jāhnavī ジャーフナヴィー/ [←Skt.f. *जाह्नवी-* 'daughter of *Jahnu*; the *Gaṅgā*'] *f.*〘神話〙ガンジス川, ガンガー. (⇒गंगा)

जिंजर /jiṃjara ジンジャル/ [←Eng.n. *ginger*] *f.* **1**〘植物〙ショウガ(生姜). (⇒अदरक) **2**〘食〙ジンジャーエール.

ज़िंदगी /ziṃdagī ズィンダギー/ [←Pers.n. زندگی 'life'] *f.* **1** 人生, 一生, 生涯. (⇒जीवन, उम्र) **2** 命, 生命. (⇒जीवन) **3** 生活. (⇒जीवन)

ज़िंदा /ziṃdā ズィンダー/ [←Pers.adj. زنده 'alive, living'] *adj.* **1** 生きている, 息のある. (⇒जीवित)(⇔मुर्दा) ❐～ रहना 生存する. **2** 生気のある, 活力のある, 息づいている.

ज़िंदादिल /ziṃdādila ズィンダーディル/ [←Pers.adj. زنده دل 'live-hearted, i.e. pious'] *adj.* (性格が)陽気な, 明るい;快活な. (⇔मुर्दादिल)

ज़िंदादिली /ziṃdādilī ズィンダーディリー/ [*ज़िंदादिल* + *-ई*] *f.* 陽気さ;朗らかさ;快活さ.

ज़िंदाबाद /ziṃdābāda ズィンダーバード/ [*ज़िंदा* + *-बाद*] *int.* (…)万歳. (⇔मुर्दाबाद) ❐इनक़लाब ～ 革命万歳.

ज़िंबाब्वे /ziṃbābve ズィンバーブヴェー/ [cf. Eng.n. *Zimbabwe*] *m.*〘国名〙ジンバブエ(共和国)《首都はハラレ (हरारे)》.

जिंस /jiṃsa ジンス/ [←Pers.n. ←Arab.] *f.* **1** もの. (⇒चीज़) **2** 穀物. (⇒अनाज) **3** 品種.

ज़िक्र /zikra ズィクル/ [←Pers.n. ذکر 'remembrance, commemoration, mention' ←Arab.] *m.* **1** (ある出来事を述べる)話, 語り. **2** 言及, 記載. ❐(का) ～ करना (…に)言及をする. ❐(का) ～ आना (…が)言及される.

जिगर /jigara ジガル/ [←Pers.n. جگر 'the liver'] *m.* **1** 肝臓, 肝, レバー. (⇒कलेजा) ❐～ प्रत्यारोपण 肝臓移植. **2** 心;胸. **3** 活力, 生気.

जिगरी /jigarī ジグリー/ [*जिगर* + *-ई*] *adj.* **1** 肝臓に関する. **2** 心に響く;胸を打つ. **3** 親しい, 親密な. ❐～ दोस्त 親友.

जिजीविषा /jijīviṣā ジジーヴィシャー/ [←Skt.f. *जिजीविषा-* 'desire to live'] *f.* 生きる意欲, 生きたいという願望.

जिज्ञासा /jijñāsā ジギャーサー/ [←Skt.f. *जिज्ञासा-* 'desire of knowing, investigation'] *f.* **1** 好奇心;知識欲;疑問, 疑念《物珍しさの好奇心は कुतूहल》. ❐～ की आँखों से देखना 好奇の目で見る. ❐उसके मन में ～ हुई, क्या यह वही पैसा तो नहीं है, जो रात मैंने उसे दिया था? 彼女の心に疑念が生じた, これは夜私が彼に渡したあの金ではないのか? ❐(की ओर) (की) ～ जागना (…に対して)(人の)好奇心が目覚める. **2** (知識欲を満たすための)質問. ❐उसने मुझसे ～ की। 彼は私に質問した.

जिज्ञासु /jijñāsu ジギャース/ [←Skt. *जिज्ञासु-* 'desirous of knowing'] *adj.* 好奇心に満ちた;詮索好きな.

— *m.* 好奇心に満ちた人;詮索好きな人.

जितना /jitanā ジトナー/ [cf. *इतना, कितना*] *adj.*《〘जितना を含む従属節 ＋ उतना を含む主節〙の形式で, 複文「…ほどの数[量]それほどの数[量]が…」を作る;主節が従属節に先行することも可能》

— *adv.*《〘जितना を含む従属節 ＋ उतना を含む主節〙の形式で, 複文「…の程度その程度に…」を作る;主節が従属節に先行することも可能》.

जितवाना /jitavānā ジトワーナー/ ▸जिताना [caus. of *जीतना*] *vt.* (*perf.* जितवाया /jitavāyā ジタワーヤー/) ☞जिताना

जिताना /jitānā ジターナー/ ▸जितवाना [caus. of *जीतना*] *vt.* (*perf.* जिताया /jitāyā ジターヤー/) 勝たせる.

जितेंद्रिय /jiteṃdriya ジテーンドリエ/ [←Skt. *जित-इन्द्रिय-* 'one who has subdued his senses'] *adj.* 五感・五官を制御した(苦行者).

ज़िद /zida ズィド/▸ज़िद्द [←Pers.n. ضد 'the contrary; an enemy' ←Arab.] *f.* **1** 頑固, 強情. (⇒हठ) ❐(की) ～ करना(…に)固執する, (…を)言い張る. ❐～ पकड़ना [बाँधना]強情をはる. **2** しつこさ.

ज़िद्द /zidda ズィッド/ ▸ज़िद *f.* ☞ज़िद

ज़िद्दी /ziddī ズィッディー/ [←Pers.adj. ضدی 'contrary, contradictory; wilful'] *adj.* **1** 頑固な, 強情な. (⇒हठी) **2** しつこい.

जिधर /jidʰara ジダル/ [cf. इधर, किधर] *adv.* **1**《『जिधर を含む従属節 + उधर を含む主節』の形式で, 複文「…の方向にその方向に…」などを作る;主節が従属節に先行することも可能》 ❒～ निकलते हैं, उधर ही दो-चार लड़के पीछे लग जाते हैं और वही फ़िकरे कसते हैं। (彼が)どこに出て行こうと, 数人の子どもたちが必ず後ろにくっつき, 例の言葉をはやしたてるのである. **2**《主節で相関的に使用される遠称詞が, उधर に相当する代名詞の遠称詞を含む副詞句 उस तरफ़ [ओर] などの場合もある》 ❒～ से नाला आ रहा था उसी तरफ़ जाने का निश्चय किया। 水路が来ている方向に(彼は)行く決心をした. **3**《जिधर を含む従属節が, 相関する主節を持たず, 慣用表現となっているものもある》 ❒～ देखो [देखिए] 見渡す限り, どこもかしこも.

जिन[1] /jina ジン/ [←Skt. *जिन-* 'victorious'] *adj.* ジナ《原意は「五感・五官を制御した, 勝利した」の意, 転じて「修行を成就した(人)」》.

जिन[2] /jina ジン/ *pron.* 《जो の複数後置格; जिनमें, जिनपर など》

जिनका /jinakā ジンカー/ *pron.adj.* それらの人々[もの]の《जो の複数属格; जिनका, जिनके, जिनकी と形容詞変化する》

जिनको /jinako ジンコー/ *pron.* 《जिन + को》

जिनपर /jinapara ジンパル/ *pron.* 《जिन + पर》

जिनमें /jinamẽ ジンメーン/ *pron.* 《जिन + में》

जिनसे /jinase ジンセー/ *pron.* 《जिन + से》

जिन्हीं /jinhī̃ ジンヒーン/ *pron.* 《 जिन の強調形》.

जिन्हें /jinhẽ ジンヘーン/ *pron.* 《जो の複数融合形; = जिन + को》

जिन्होंने /jinhõne ジンホーンネー/ *pron.* 《जो の能格・複数》.

ज़िबह /zibaha ズィバ/▶ज़बह [←Pers.n. ذبح 'cleaving, splitting, sacrificing' ←Arab.] *m.* 『イスラム教』 (イスラム教義に則った食用動物の)屠畜. ❒एक बड़े टोकरे में दो ताज़ा ～ किए हुए बकरे थे। 一つの大きなかごに 2 頭の屠られたばかりのヤギがいた.

जिबूती /jibūtī ジブーティー/ [cf. Eng.n. *Djibouti*] *f.* **1** 『国名』ジブチ(共和国)《首都は同名のジブチ》. **2** 『地名』ジブチ《同名のジブチ(共和国)の首都》.

जिब्राल्टर /jibrālṭara ジブラールタル/ [cf. Eng.n. *Gibraltar*] *m.* 『地名』ジブラルタル《スペイン南端の港町で英国の直轄植民地》.

जिम /jima ジム/ [←Eng.n. *gym*] *m.* 『スポーツ』スポーツジム. ❒～ मशीन フィットネス器具.

जिमख़ाना /jimaxānā ジムカーナー/ [*जिम* + *ख़ाना*] *m.* 『スポーツ』体育館, 屋内体操場, ジム.

जिमनास्ट /jimanāsṭa ジムナースト/ [←Eng.n. *gymnastics*] *m.* 『スポーツ』体操競技.

जिमनास्टिक /jimanāsṭika ジマナースティク/ [←Eng.n. *gymnast*] *m.* 『スポーツ』体操選手.

जिमाना /jimānā ジマーナー/ [cf. *जीमना*] *vt.* (*perf.* जिमाया /jimāyā ジマーヤー/) (招待して)食事を供する;もてなす.

ज़िम्मा /zimmā ズィムマー/ [←Pers.n. ←Arab.] *m.* 責任.

ज़िम्मेदार /zimmedāra ズィムメーダール/▶ज़िम्मेवार *adj.* 責任のある, 責任を負う. (⇒उत्तरदायी)(⇔अनुत्तरदायी, ग़ैर-ज़िम्मेदार)

ज़िम्मेदारी /zimmedārī ズィムメーダーリー/▶ज़िम्मेवारी *f.* 責任, 責務, 負担, 義務, 責任を負うこと, 責任が問われること. (⇒उत्तरदायित्व)(⇔अनुत्तरदायित्व, ग़ैर-ज़िम्मेदारी)

ज़िम्मेवार /zimmevāra ズィムメーワール/ *adj.* ☞ज़िम्मेदार

ज़िम्मेवारी /zimmevārī ズィムメーワーリー/ *f.* ☞ज़िम्मेदारी

जिरह /jiraha ジラ/ [←Pers.n. جرح 'wounding; rebutting evidence' ←Arab.] *f.* 追及, きびしく問いつめること;反対尋問. (⇒जवाब-सवाल) ❒(से) ～ करना (人を)追及する.

ज़िरह /ziraha ズィラ/ [←Pers.n. زره 'a coat of mail'] *f.* 鎖かたびら.

जिराफ़ /jirāfa ジラーフ/ [←Eng.n. *giraffe*] *m.* 『動物』キリン.

ज़िला /zilā ズィラー/ [←Pers.n. ضلع 'a rib; a side, part, district' ←Arab.] *m.* ズィラー《地方行政区分;州 राज्य の下位区分, 県》. (⇒डिस्ट्रिक्ट)

ज़िलाधीश /zilādʰīśa ズィラーディーシュ/ [*ज़िला* + *अधीश*] *m.* 県 (ज़िला) の長, 県長官. (⇒कलक्टर)

जिलाना /jilānā ジラーナー/ [<OIA. *jīvalá-* 'full of life': T.05247] *vt.* (*perf.* जिलाया /jilāyā ジラーヤー/) (人・ものを)生き返らせる, 蘇生させる, よみがえらせる;復活させる. ❒मुर्दों को जिला देना 死者をよみがえらせる.

जिलेटिन /jileṭina ジレーティン/ [←Eng.n. *gelatine*] *f.* 『化学』ゼラチン.

जिल्द /jilda ジルド/ [←Pers.n. جلد 'the skin, hide, leather; binding (of a book)' ←Arab.] *f.* **1** 製本, 装丁;(本の)表紙, カバー. **2** (2冊以上から成る本の)1巻. ❒यह शब्दकोश दो जिल्दों में है। この辞書は2巻ものです.

जिल्दगर /jildagara ジルドガル/ [←Pers.n. جلدگر 'a book-binder'] *m.* ☞जिल्दसाज़

जिल्दबंद /jildabaṃda ジルドバンド/ [←Pers.n. جلدبند 'a book-binder'] *m.* ☞जिल्दसाज़

जिल्दबंदी /jildabaṃdī ジルドバンディー/ [←Pers.n. جلدبندی 'book-binding'] *f.* ☞जिल्दसाज़ी

जिल्दसाज़ /jildasāza ジルドサーズ/ [←Pers.n. جلد ساز 'a book-binder'] *m.* 製本工;製本屋. (⇒जिल्दगर, जिल्दबंद)

जिल्दसाज़ी /jildasāzī ジルダサーズィー/ [←Pers.n. جلد سازی 'book-binding'] *f.* 製本(術). (⇒जिल्दबंदी) ❒～ कराना 製本してもらう.

जिस /jisa ジス/ *pron.* 《जो の単数後置格; जिसमें, जिसपर など》

जिसका /jisakā ジスカー/ *pron.adj.* その人[もの]の《जो の単数属格; जिसका, जिसके, जिसकी》

जिसको /jisako ジスコー/ *pron.* 《जिस + को》

जिसने /jisane ジスネー/ *pron.* 《जो の能格・単数》.

जिसपर /jisapara ジスパル/ *pron.* 《जिस + पर》

जिसमें /jisa̸mẽ ジスメーン/ *pron.* 《जिस + में》

जिससे /jisa̸se ジスセー/ *pron.* 《जिस + से》

जिसी /jisī ジスィー/ *pron.* 《जिस + ही》

जिसे /jise ジセー/ *pron.* 《जो の単数融合形;＝ जिस + को》

जिस्म /jisma̸ ジスム/ [←Pers.n. جسم 'a body' ←Arab.] *m.* 肉体, 肢体, 身体. (⇒देह)

जिस्मानी /jismānī ジスマーニー/ [←Pers.adj. جسمانی 'corporeal'] *adj.* 身体上の;肉体的な. (⇒शारीरिक) ❐ ～ मेहनत 肉体的な努力, 骨折り, 頑張り. ❐ ～ रिश्ता 肉体関係. ❐ ～ सज़ा 肉体的な刑罰.

जिस्मी /jismī ジスミー/ [←Pers.adj. جسمی 'corporeal'] *adj.* ☞जिस्मानी

जिहाद /jihāda̸ ジハード/ [←Pers.n. جهاد 'waging war; a crusade' ←Arab.] *m.* 〖イスラム教〗ジハード, 聖戦.

जिह्वा /jihvā ジフワー/ [←Skt.f. *जिह्वा-* 'the tongue'] *f.* 舌. (⇒जीभ)

जिह्वाग्र /jihvāgra̸ ジフワーグル/ [←Skt.n. *जिह्वा-अग्र-* 'the tip of the tongue'] *m.* **1** 〖言語〗舌の最尖端;舌尖音(ぜっせんおん). **2** 舌, 口の端《「人口に膾炙(かいしゃ)している」の表現で》. ❐उनका नाम उत्तरी भारत के कृषकों के ～ पर रहता है। 彼の名前は北インドの農民たちには広く知られている.

जिह्वामूलीय /jihvāmūlīya̸ ジフワームーリーエ/ *adj.* 〖言語〗口蓋垂音の. ❐～ व्यंजन 口蓋垂(子)音.

जी[1] /jī ジー/ [＜OIA.m/n. *jīvá-¹* 'any living being, vital breath': T.05239x1] *m.* **1** 心, 胸. (⇒दिल) ❐～ जान से 一生懸命に, 精一杯. **2**《〖जी चाहना〗の形式で,「…したい気持ちだ」を表す》❐तुमसे मिलने को बहुत ～ चाहता था। 君に会いたいととても思っていたのだ. ❐तुम्हारा जो ～ चाहे, करो। 君がしたいことをすればいいさ. ❐यही ～ चाहता था कि कहीं जाके डूब मरूँ। どこかに行って溺れ死にたい気持ちだった.

जी[2] /jī ジー/ [＜OIA. *jī́va²* 'long live!': T.05240] *int.* 《単独では, 文脈により肯定にも否定にもなる丁寧な返事「ええ」を表す》❐～ हाँ はい. ❐～ नहीं いいえ.
— *ind.* (名前の後につけて)…さん, …氏, …殿, …様《男女の区別なく使える;原則としてイスラム教徒には使用しない》. (⇒दिल)

जी[3] /jī ジー/ [←Eng.n. *G*] *m.* (ラテン文字の)G.

ज़ी /zī ズィー/ [←Eng.n. *Z*] *m.* (ラテン文字の)Z.

जीजा /jījā ジージャー/ [cf. *जीजी*] *m.* 義兄《姉 (जीजी) の夫》. (⇔जीजी)

जीजी /jījī ジージー/ [＜OIA. **jījja-* 'nursery word for breast, mother, sister, relative': T.05232] *f.* 姉. (⇒दीदी)(⇔जीजा)

जीत /jīta̸ ジート/ [cf. *जीतना*] *f.* 勝利;征服. (⇒विजय)(⇔हार)

जीतना /jīta̸nā ジートナー/ [＜OIA. *jitá-* 'won, conquered': T.05224] *vi.* (*perf.* जीता /jītā ジーター/) 勝つ;成功する. (⇔हारना) ❐आपसे बातों में मैं नहीं जीत सकती। あなたに話術で私はかなわないわ.
— *vt.* (*perf.* जीता /jītā ジーター/) **1** 打ち勝つ, 克服する;(勝負[競技・選挙・戦闘]に)勝つ, 勝利する. (⇔हारना) ❐अब तक मैंने बग़ैर किसी की सहायता के बाधाओं को जीता है। 今日まで私は誰の助けも借りずに障害を乗り越えてきた. ❐आपके ख़याल में एलेक्शन महज़ रुपए से जीता जा सकता है। あなたの考えでは選挙は単にお金だけで勝てるということになる. ❐द्वेष और मोह-जैसी भावनाओं को उसने जीत लिया है। 憎しみとか愛着などの感情を彼女は克服した. ❐वह मुक़दमा जीत गया। 彼は裁判に勝った. **2** (勝利・賞品・城・国土などを)勝ち取る;獲得する;征服する. ❐उसने इस खेल में प्रथम पदक जीता। 彼はこの競技で一等のメダルを獲得した. ❐कांग्रेस ने आठ सीटें जीतकर अच्छा प्रदर्शन किया। コングレス(＝国民会議派)は, 8 つの議席を勝ち取り健在ぶりを示した. ❐मैंने अपने कालेज के लिए युनिवर्सिटी हिंदी वाद-विवाद प्रतियोगिता में ट्राफ़ी जीती थी। 私は母校代表として, 大学生ヒンディー語討論コンテストでトロフィーを勝ち取った. ❐सिने ब्लिट्ज़ के ताज़ा अंक में बीते दिनों के इस सुपर स्टार और मिस यूनिवर्स का ख़िताब जीत चुकी सुष्मिता सेन के फ़ोटो देखकर हैरान होने की ज़रूरत नहीं।「シネ・ブリッツ(映画雑誌の名前)」の新しい号に過ぎ去った日のこのスーパースターそして「ミス・ユニバース」の称号を勝ち取ったスシュミター・セーンの写真を見て驚く必要はない. **3** (信頼を)かち得る;(人の心を)とらえる;くどきおとす. ❐उसने शुक्ल जी का दिल जीत लिया। 彼はシュクル氏の信頼をかち取った.

जीता-जागता /jītā-jāgatā ジーター・ジャーガター/ [*जीना* + *जागना*] *adj.* **1** (人が)はつらつとした, ぴんぴんしている. ❐सभी लोग मुझे मरा समझे हुए थे, जीता-जागता लौटा हुआ देखकर सभी प्रसन्न हो गए। 皆私が死んだものと思っていた, ぴんぴんとして戻って来たのを見て皆は喜んだ. **2** (例などが)生き生きとした.

जीन /jīna̸ ジーン/ [←Eng.n. *gene*] *m.* 〖生物〗遺伝子. ❐～ संवर्धित फ़सल 遺伝子組み換え作物. ❐～ संवर्धित बीज 遺伝子組み換え技術による種子.

ज़ीन /zīna̸ ズィーン/ [←Pers.n. زین 'a saddle'] *f.* (乗馬用の)鞍.

जीना /jīnā ジーナー/ [＜OIA. *jī́vati* 'is alive': T.05241] *vi.* (*perf.* जिया /jiyā ジヤー/) **1** 生き抜く, 生存する;生息する. ❐वह मुझे जीता न छोड़ेगी। 彼女は私を生かしておかないだろう. ❐न मरने का ग़म, न जीने की ख़ुशी। 死ぬ悲しみもなければ, 生きる喜びもない. **2** (人生を)生きる. ❐वे अपने मकान में सेवानिवृत्ति के बाद की शांत ज़िंदगी जी रहे हैं। 彼は自宅で退職後の静かな人生を過ごしている. ❐जीते रहो। 生き続けなさい(＝長生きしなさい).《祝福の言葉》

ज़ीना /zīnā ズィーナー/ [←Pers.n. زینہ 'a ladder, step, stair'] *m.* **1** 梯子. (⇒सीढ़ी) ❐ज़ीने पर चढ़ना 梯子を登る. **2** 階段. (⇒सीढ़ी) ❐ऊपर जाने का ～ 上に登る階段. ❐नीचे से मंदिर तक पत्थर का ～ है। 下から寺院まで石段がある.

जीन्स /jīnsa̸ ジーンス/ [←Eng.n. *jeans*] *f.* ジーンズ, ジーパン.

जीप /jīpa̸ ジープ/ [←Eng.n. *jeep*] *f.* ジープ.

जीभ /jībʰa̸ ジーブ/ [＜OIA.f. *jihvā́-* 'tongue': T.05228]

f. **1** 舌. (⇒ज़बान, जिह्वा) **2** 平たく突き出たもの;(靴の)前皮, 舌革;ペン先.

जीभी /jībʰī ジービー/ [<OIA. **jihviya-* 'pertaining to or like a tongue': T.05231] *f.* **1** タン・スクレーパー, 舌磨き. **2** ペン先.

जीमना /jīmanā ジームナー/ ▶जेंवना [<OIA. *jḗmati* 'eats': T.05267] *vt.* (*perf.* जीमा /jīmā ジーマー/) (招待されて)食事する, およばれする. ❐आज हमारे घर पंडित जी भोजन जीम रहे हैं। 今日は我が家でお坊さんがもてなしの食事を受けている. ❐बारात भोजन जीमने बैठ गई। 花婿の行列一行は供応の食事を受けるために腰をおろした.

जीरा /jīrā ジーラー/ [<OIA.m. *jīraka-* 'cummin-seed': T.05234; cog. Pers.n. زیره 'cumin-seed'] *m.* 〖植物〗クミン(シード)《香辛料の一つ;油で炒めて香りを出す》.

ज़ीरा /zīrā ズィーラー/ [←Pers.n. زیره 'cumin-seed'; cog. Skt.m. *जीरक-* 'cumin-seed'] *m.* 〖植物〗クミン(シード)《調味料に使う》.

ज़ीरो /zīro ズィーロー/ [←Eng.n. *zero*] *m.* ゼロ, 零. (⇒शून्य)

जीर्ण /jīrṇa ジールン/ [←Skt. *जीर्ण-* 'old; wasted; digested'] *adj.* **1** 古ぼけて傷んだ, 使い古された, すりきれた. (⇔अजीर्ण) **2** 衰えた, 衰弱した;老衰した, よぼよぼの. (⇔अजीर्ण)

जीर्ण-शीर्ण /jīrṇa-śīrṇa ジールン・シールン/ *adj.* (古くなって)ぼろぼろの, 老朽化した. ❐～ भवन 老朽化した建物.

जीर्णोद्धार /jīrṇoddʰāra ジールノーッダール/ [←Skt.m. *जीर्ण-उद्धार-* 'repairing what is ruined (in a building)'] *m.* 老朽化した建築物の修復.

जीवंत /jīvaṃta ジーワント/ [←Skt. *जीवन्त-* 'long-lived'] *adj.* 生き生きとした, 生きのいい, はつらつとした;生(なま)の, 実際の. ❐～ साहित्यिक कृतियाँ 生き生きした文学作品.

जीवंतता /jīvaṃtatā ジーワントター/ [?neo.Skt.f. *जीवन्त-ता-* 'vividness'] *f.* 生き生きとしていること, 生きのよさ, (生命の)躍動感. ❐गद्य जब भी वे लिखती थीं, उसमें ～ होती थी, ताज़गी बोलती थी। 彼女が書く散文には, 躍動感があり, みずみずしさが口開くのであった.

जीव /jīva ジーヴ/ ←Skt.m. *जीव-* 'any living being, anything living'] *m.* **1** 〖生物〗生物;動物. (⇔अजीव) ❐मनुष्य एक सामाजिक ～ है। 人間は社会的な動物である. **2** 生命. **3**〔俗語〕生きもの, 人間, 奴(やつ), 輩(やから). ❐तुम विचित्र ～ हो। 君はおかしな奴だな. ❐वे हार माननेवाले ～ न थे। 彼は敗北を認めるような男ではなかった.

जीव-जंतु /jīva-jaṃtu ジーヴ・ジャントゥ/ *m.* 生物, 生き物. ❐वन के ～ 森の生物.

जीवट /jīvaṭa ジーワト/ [?cf. Skt.f. *जीव-वृत्ति-* 'livelihood by living beings'] *m.* 度胸, 勇気, 肝が太いこと. ❐～ से लड़ना 勇猛果敢に戦う. ❐वे बड़े ～ की स्त्री थीं। 彼女はとても度胸のある女性だった.

जीवधारी /jīvadʰārī ジーヴダーリー/ [neo.Skt. *जीव-धारिन्-* 'possessing life'] *adj.* 命を宿している, 生命のある. — *m.* 生物, 生き物.

जीवन /jīvana ジーワン/ [←Skt.m. *जीवन-* ' a living being; manner of living'] *m.* **1** 人生, 一生, 生涯. (⇒ज़िंदगी, उम्र) **2** 命, 生命. (⇒जान, ज़िंदगी, प्राण) **3** 生活. (⇒ज़िंदगी)

जीवन-चरित /jīvana-carita ジーワン・チャリト/ [neo.Skt.n. *जीवन-चरित-* 'a biography'] *m.* 伝記.

जीवन-चरित्र /jīvana-caritra ジーワン・チャリトル/ [neo.Skt.n. *जीवन-चरित्र-* 'a biography'] *m.* ☞जीवन-चरित

जीवनचर्या /jīvanacaryā ジーワンチャルヤー/ [neo.Skt.f. *जीवन-चर्या-* 'a biography'] *f.* 生活習慣. (⇒दिनचर्या)

जीवनदान /jīvanadāna ジーワンダーン/ [neo.Skt.n. *जीवन-दान-* 'gift of life'] *m.* ☞प्राणदान

जीवनवृतांत /jīvanavṛtāṃta ジーワンヴリターント/ [neo.Skt.m. *जीवन-वृतान्त-* 'life story'] *m.* 身の上話;一代記, 伝記. (⇒आपबीती)

जीवनी /jīvanī ジーヴニー/ [*जीवन* + *-ई*] *f.* 伝記, 一生記. ❐महान् व्यक्तियों की जीवनियाँ 偉人たちの伝記.

जीव-मंडल /jīva-maṃḍala ジーヴ・マンダル/ [neo.Skt.n. *जीव-मण्डल-* 'biosphere'] *m.* 〖生物〗生物圏, 生活圏.

जीव-विज्ञान /jīva-vijñāna ジーヴ・ヴィギャーン/ [neo.Skt.n. *जीव-विज्ञान-* 'biology'] *m.* 〖生物〗生物学. (⇒बायोलाजी)

जीवा /jīvā ジーワー/ [←Skt.f. *जीवा-* 'a bow-string; the sine of an arc'] *f.* **1** (弓の)弦. **2** 〖数学〗サイン, 正弦.

जीवाणु /jīvāṇu ジーワーヌ/ [neo.Skt.n. *जीव-अणु-* 'bacteria'] *m.* 〖医学〗細菌, バクテリア, 病原菌. (⇒कीटाणु, जर्म, बैक्टीरिया)

जीवात्मा /jīvātmā ジーワートマー/ [←Skt.m. *जीव-आत्मन्-* 'the living or personal or individual soul'] *m.* (人間など生物の)魂.

जीवाश्म /jīvāśma ジーワーシュム/ [neo.Skt.m. *जीव-अश्मन्-* 'fossil'] *m.* 〖生物〗化石.

जीविका /jīvikā ジーヴィカー/ [←Skt.f. *जीविका-* 'living, manner of living'] *f.* 生計, 暮らし;(生計の)拠りどころ. ❐～ कमाना 生計をたてる, 生活費をかせぐ. ❐～ के साधन 生計の手段.

जीविकोपार्जन /jīvikopārjana ジーヴィコーパールジャン/ [neo.Skt.n. *जीविका-उपार्जन-* 'earning one's livelihood'] *m.* 生活の糧をかせぐこと, 生計をたてること. ❐जीविकोपार्जन के लिए कहीं नौकरी-चाकरी ढूँढ़ी जाए। 生計をたてるために何か職を探そう.

जीवित /jīvita ジーヴィト/ [←Skt. *जीवित-* 'living'] *adj.* 生きている;息のある. (⇒ज़िंदा)(⇔मृत) ❐～ रहना 生存する.

-जीवी /-jīvī ・ジーヴィー/ [←Skt. *जीविन्-* 'living on or by'] *suf.* …で暮らしを立てている(人間)《क़लमजीवी「文筆家」, बुद्धिजीवी「知識人」など》.

जुआ /juā ジュアー/ [<OIA.n. *dyūtá-* 'gambling':

T.06608] *m.*〖ゲーム〗賭事, ギャンブル, 賭博. ❐~ खेलना 賭事をする. ❐जुए में सारा धन हारना ギャンブルで全ての金を失う.

जुआड़ी /juārī ジュアーリー/ ▸जुआरी *m.* ☞जुआरी

जुआरी /juārī ジュアーリー/ ▸जुआड़ी [<OIA.m. *dyūtakāra-* 'gambler': T.06609] *m.* ギャンブラー, 賭博師.

जुकाम /zukāma ズカーム/ [←Pers.n. زكام 'defluxion, rheum; a cold, catarrh' ←Arab.] *m.*〖医学〗風邪, 感冒, カタル. ❐बच्चे को ज़रा ~ हुआ। 子どもがちょっとした風邪をひいた.

जुगत /jugata ジュガト/ [<Skt.f. *युक्ति-* 'union, junction, connection, combination'] *f.* 工面, 工夫, 算段;(家計の)やりくり. ❐रुपए की कोई ~ करो 金をなんとか工面してくれ. ❐(की) शादी की ~ लगना (人の)結婚式の費用の算段がつく.

जुगनूँ /juganū̃ ジュグヌーン/ ▸जुगनू [<OIA.m. *jyōtiriṅgaṇa-, jyōtiriṅga-* 'firefly': T.05298] *m.* **1**〖昆虫〗ホタル. **2** ペンダント.

जुगनू /juganū ジュグヌー/ ▸जुगनूँ *m.* ☞जुगनूँ

जुगाड़ /jugāṛa ジュガール/ [?cf. *योग*] *m.* 工面, やりくり; 手だて《女性名詞としても使用》. ❐पैसों का ~ करना お金の工面をする.

जुगालना /jugālanā ジュガールナー/ [?cf. *उगालना*] *vi.* (*perf.* जुगाला /jugālā ジュガーラー/) (牛などが)反芻(する).

जुगाली /jugālī ジュガーリー/ [cf. *जुगालना*] *f.* 反芻(はんすう). (⇒पागुर)

जुगुप्सा /jugupsā ジュグプサー/ [←Skt.f. *जुगुप्सा-* 'dislike, abhorrence, disgust'] *f.* 嫌悪(感), おぞましさ.

जुगुप्सित /jugupsita ジュグプスィト/ [←Skt. *जुगुप्सित-* 'disliked, detested, disgusting'] *m.* おぞましい, むかつく, 不快極まる.

जुटना /juṭanā ジュトナー/ [<OIA. **yuṭati* 'is joined': T.10496] *vi.* (*perf.* जुटा /juṭā ジュター/) **1** 接合する;(傷口が)ふさがる. (⇒जुड़ना) ❐वह फटी हुई ज़मीन फिर न जुटी। その亀裂の入った地面は, 二度とふさがらなかった. **2** (仕事などに)打ち込む, 精を出す. ❐वह अपनी लड़कियों के साथ खेती में जुट गयी थी। 彼女は娘たちと一緒に農作業に精を出した. **3** (人・ものが)集まる, 集合する, 集積する;(必要なものが)揃う. ❐२५ मई को उनके निवास पर जुटे इस गुट में राव के आलोचक थे। 5月25日に彼の家に集まったこのグループの中には, ラーオ(=当時の首相)の批判者がいた.

जुटाना /juṭānā ジューターナー/ [cf. *जुटना*] *vt.* (*perf.* जुटाया /juṭāyā ジュターヤー/) (必要なもの・金などを)集めて備える;(支持・署名・票・寄付金などを)集める. ❐उसने अपनी कमाई से अपनी बहन की शादी के लिए रुपया जोड़ा, सारा सामान जुटाया। 彼は, 自分の稼ぎの中から姉の婚礼のために金を都合し, すべての品々を揃えた. ❐बहुमत के लिए ज़रूरी ७५ सांसदों में से एक भी सांसद का समर्थन भाजपा सरकार न जुटा सकी। 多数決に必要な75人の国会議員の内1人の国会議員の支持すらインド人民党政府は集められなかった. ❐हमने अखिल भारतीय कांग्रेस समिति की बैठक बुलाने के लिए आवश्यक ८०० सदस्यों में से कम-से-कम १५० सदस्यों के हस्ताक्षर जुटाने शुरू कर दिए हैं। 我々は, 全インド国民会議派委員会の会議招集に必要な800人のメンバーの内少なくとも150人のメンバーの署名を集めることを開始した.

जुठारना /juṭʰāranā ジュタールナー/ [cf. *जूठा*] *vt.* (*perf.* जुठारा /juṭʰārā ジュターラー/) **1** (全部食べないで)食べちらかす.《食べ残し(जूठा)は不浄とされ, どんなに残っていても捨てざるえない》❐बिल्ली ने दूध जुठारकर ख़राब कर दिया। 猫が, ミルクをちょっと口をつけて台無しにしてしまった. ❐ज़रा निगाह हटी कि कुत्ते ने दूध जुठार दिया। ちょっと目を離したすきに, 犬がミルクにちょっと口をつけてしまった. **2** (申し訳程度に)少しだけ食べる, 箸をちょっとだけつける. ❐मुँह जुठार लो, फिर चले जाना। ちょっとは口に入れなさい, それから出かけなさい.

जुड़ना /juṛanā ジュルナー/ [<OIA. **yuṭati* 'is joined': T.10496] *vi.* (*perf.* जुड़ा /juṛā ジュラー/) **1** 結合される, 結ばれる;つなぎ合わされる;結びつく, 関連づけられる; 付加される, 付け足される;(修理されて)くっつく, つなぎ合わされる. (⇒गठना, सटना) ❐गाँव से टूटी हुई हमारी कड़ियाँ जैसे एक बार फिर जुड़ जातीं। (故郷の)村と切れていた私たちのつながりがまるでもう一度つなぎ合わされるようでありました. ❐अगर इससे तुम्हारी कटी हुई नाक जुड़ती हो, तो जोड़ लो। もしこれで, おまえの切れた鼻(=不名誉, 恥辱)がつながるのであれば, つなぎあわせるがいい. ❐अपने इन मित्रों के साथ, जमुना में तैरने, नौका-विहार करने और गर्मी के दिनों में प्रायः उस पार जा रेतीले खेतों में ककड़ी, फूट, ख़रबूज़े खाने की कितनी यादें जुड़ी हुई हैं। この友人たちとは, ジャムナー川で泳いだり舟遊びをしたり, また夏にはよく向こう岸に行って砂地の畑でキュウリ, プート(キュウリの一種), スイカを食べたりと, 何と多くの思い出が結びついていることか. **2** (必要なものが)集め備えられる;揃う. (⇒जुटना) ❐उनके मन में दृढ़ विश्वास था कि जब दिन अच्छे आएँगे, सब साधन अपने-आप जुड़ जाएँगे। 彼の心には堅い信念があった, 将来運がむいて当座をしのげるものは何もかも独りでに揃うであろう, と. **3**〖数学〗加算される, 足される, 合算される. (⇔घटना)

जुड़वाँ /juṛavā̃ ジュルワーン/ [cf. *जुड़ना*] *adj.* 双子の, 双生児の. (⇒युग्मज) ❐जुड़वें भाई 双子の兄弟.

— *m.* 双子, 双生児. (⇒युगल, युग्मज)

जुड़वाई /juṛavāī ジュルワーイー/ ▸जोड़वाई [cf. *जुड़वाना*] *f.* つなぎ合わせる仕事;その手間賃.

जुड़वाना /juṛavānā ジュルワーナー/ ▸जोड़वाना, जुड़ाना [caus. of *जुड़ना, जोड़ना*] *vt.* (*perf.* जुड़वाया /juṛavāyā ジュルワーヤー/) 結合させる.

जुड़ाई /juṛāī ジュラーイー/ ▸जोड़ाई *f.* ☞जोड़ाई

जुड़ाना /juṛānā ジュラーナー/ ▸जुड़वाना, जोड़वाना [caus. of *जुड़ना, जोड़ना*] *vi.* (*perf.* जुड़ाया /juṛāyā ジュラーヤー/) ☞जुड़वाना

जुतना /jutanā ジュトナー/ [cf. *जोतना*] *vi.* (*perf.* जुता /jutā ジューター/) **1** (牛馬などが)(荷車・馬車などに)つながれる. ❐आदमी वह है, जिनके पास धन है, अख़्तियार है, इलम है, हम

लोग तो बैल हैं और जुतने के लिए पैदा हुए हैं। 金があり権限があり学問があるのが人間だ，我々は牛でありつながれるために生まれてきたのだ． **2**（仕事に）精出す． **3**（鋤で）耕やされる；開墾される．

जुतवाना /jutavānā ジュトワーナー/ ▸जुताना [caus. of *जुतना, जोतना*] *vt.* (*perf.* जुतवाया /jutavāyā ジュトワーヤー/)（牛馬などを）（荷車・馬車などに）つながせる；つないでもらう．

जुताई /jutāī ジュターイー/ ▸जोताई *f.* ☞जोताई

जुताना /jutānā ジュターナー/ ▸जुतवाना [caus. of *जुतना, जोतना*] *vt.* (*perf.* जुताया /jutāyā ジュターヤー/) ☞जुतवाना

जुतिऔवल /jutiauvala ジュティアォーワル/ [cf. *जूता*] *f.* （靴などの履物で）叩き合うけんか．

जुतियाना /jutiyānā ジュティヤーナー/ [cf. *जूता*] *vt.* (*perf.* जुतियाया /jutiyāyā ジュティヤーヤー/) **1**（靴などの履物で人を）打つ，叩く． **2** ののしり侮辱する．

जुदा /judā ジュダー/ [←Pers.adj. جدا 'separate, distinct, divided'] *adj.* **1**離れた，別れた，別離した． ❒उनसे ～ होकर मैं ज़िंदा न रहूँगी। あの方と離れて私は生きていけないでしょう． ❒वह इसे एक क्षण भी अपने पास से ～ नहीं करते। 彼はこれを一瞬たりとも手元から離さない． **2** 異なる．(⇒भिन्न)

जुदाई /judāī ジュダーイー/ [←Pers.n. جدائی 'separation, disunion, desertion'] *f.* 別れ，別離． ❒आख़िर ～ की घड़ी आई। ついに別れの時が来た．

जुनून /junūna ジュヌーン/ ▸जनून [←Pers.n. جنون 'covering; insanity, lunacy, fury, frenzy' ←Arab.] *m.* 狂気；熱狂．

जुनूनी /junūnī ジュヌーニー/ ▸जनूनी [←Pers.n. جنون 'covering; insanity, lunacy, fury, frenzy' ←Arab.] *adj.* 狂気の，狂った．

जुबली /jubalī ジュブリー/ [←Eng.n. *jubilee*] *f.* 記念祝祭，記念祝典．(⇒जयंती) ❒डायमंड [गोल्डन, सिलवर] ～ 60[50, 25]年祭．

ज़ुबान /zubāna ズバーン/ ▸ज़बान *f.* ☞ज़बान

जुमला /jumalā ジュムラー/ [←Pers. جملة 'a sentence' ←Arab.] *m.* 文，文章．(⇒वाक्य) ❒वे कुछ टूटे-फूटे जुमले बोलकर बैठने लगीं। 彼女たちは少し中途半端な文をしゃべるだけで着席してしまう始末だった． ❒वह एक ～ अँग्रेज़ी बोलता, एक ～ हिंदी, और हिंदी भी अँग्रेज़ी खिचड़ी। 彼はワンセンテンス英語でしゃべり，ワンセンテンスをヒンディー語でしゃべるのだった，そしてそのヒンディー語も英語が混ざったごたまぜ．

जुरमाना /juramānā ジュルマーナー/ ▹जुर्माना [←Pers.n. جرمانه 'penalty, forfeit, fine' ←Arab.] *m.*〖法律〗罰金．(⇒अर्थदंड)

जुराब /jurāba ジュラーブ/ ▸जुर्राब *f.* ☞जुर्राब

जुर्म /jurma ジュルム/ [←Pers.n. جرم 'crime' ←Arab.] *m.* 犯罪，罪．(⇒अपराध)

जुर्माना /jurmānā ジュルマーナー/ ▹जुरमाना *m.* ☞जुरमाना

जुर्राब /jurrāba ジュルラーブ/ ▸जुराब [←Turk.] *f.* くつ下，ストッキング．

जुलाई /julāī ジュラーイー/ [←Eng.n. *July*] *f.*〖暦〗七月． ❒～ में 七月に． ❒पहली ～ को 七月一日に．

जुलाब /julāba ジュラーブ/ ▸जुल्लाब [←Pers.n. جلاب 'rose-water; sherbet; a purgative' ←Arab. ←Pers.n. گلاب 'rose-water'] *m.*〖医学〗下剤．

जुलाहा /julāhā ジュラーハー/ [←Pers.n. جلاه 'a weaver'] *m.* 織工，織り手．(⇒बुनकर)

जुलाहिन /julāhina ジュラーヒン/ [cf. *जुलाहा*] *f.* 織工（जुलाहा）の妻．

जुलूस /julūsa ジュルース/ ▸जलूस [←Pers.n. جلوس 'sitting; sitting down to table; accession to the throne' ←Arab.] *m.* パレード，行進；練り歩き；デモ，示威行進． ❒～ निकलना パレード[示威行進]が出発する． ❒～ निकालना パレード[示威行進]を組織する． ❒(के) जनाज़े का ～ निकालना （人の）葬送の列を出す．

ज़ुल्फ़ /zulfa ズルフ/ [←Pers.n. زلف 'a curling lock, ringlet, tuft, head of hair'] *f.* 巻き毛，髪の房．

ज़ुल्म /zulma ズルム/ [←Pers.n. ظلم 'oppressing; tyranny' ←Arab.] *m.* **1** 暴虐非道（な行為），弱い者いじめ．(⇒अत्याचार) **2** 不正（な行為），不公平（な扱い）．(⇒अन्याय)

ज़ुल्मी /zulmī ズルミー/ [←Pers.adj. ظلمی 'unjust, oppressive, tyrannical'] *adj.* 暴虐非道な．(⇒अत्याचारी)

जुल्लाब /jullāba ジュッラーブ/ ▸जुलाब *m.* ☞जुलाब

जूँ /jū̃ ジューン/ [<OIA.f. *yū́kā-* 'louse': T.10512] *f.*〖昆虫〗シラミ． ❒～ की चाल चलना のろのろ進む． ❒कान [कानों] पर ～ (तक) न रेंगना〔慣用〕（人の話を）まったく意に介さない． ❒(को) ～ दिखाना（人に）シラミをとってもらう． ❒(में) ～ पड़ना（…に）シラミがわく．

जूजू /jūjū ジュージュー/ [?cf. Eng.n. *Juju* 'witchcraft in West Africa' ←Fren.m. *joujou*] *m.* ジュージュー《想像上の動物；子どもを怖がらせるために使用》． ❒～ को बुलाकर पकड़ा दूँगी। ジュージューを呼んで引き渡すよ． ❒उनसे प्रेम की चर्चा करना तो मानो बच्चे को ～ से डराना था। 彼と恋愛について話をするということは，まるで子どもをジュージューで怖がらせるようなものだった．

जूझना /jūjhanā ジュージナー/ [<OIA. *yúdhyatē* 'fights against': T.10502] *vt.* (*perf.* जूझा /jūjhā ジュージャー/) **1** 肉弾戦を戦う，格闘して戦う． ❒दो रात तो हम हमलावरों से जूझते रहे। 二晩の間我々は襲撃者と戦い続けた． **2** 悪戦苦闘する，格闘する． ❒प्रशंसक हूँ मैं जीवन से जूझने वालों का ही। 賞賛する私は，人生と悪戦苦闘する者たちを．

जूट /jūṭa ジュート/ [←Eng.n. *jute* ?←Beng.n. ঝুট <OIA. <**juṣṭa-²* '*Corchorus capsularis* or jute': T.14524; DEDr.2655 (DED.2184)] *m.*〖植物〗黄麻，ジュート．(⇒पटसन, पटुआ)

जूठन /jūṭhana ジュータン/ [cf. *जूठा*] *f.* **1**（人の）食べ残し，余りもの． ❒～ से पेट भरना 人の食べ残しで腹を満たす． **2** 手垢のついた言い回し．

जूठा /jūṭhā ジューター/ [<OIA.n. *juṣṭá-* 'remnants of a

meal': T.05255x1] *adj.* **1** 食べ残しの(食べ物). **2**〖ヒンドゥー教〗他人が食べ残した, 他人に触れられた(食べ物)《不浄とされる》. **3** 使用済みの(食器など). ❐ ～ बरतन 使った容器.

जूड़ा /jūṛā ジューラー/ [<OIA.m. *jūṭa-* 'twisted hair': T.05258] *m.* 髪を束ねて頂きで結ったもの, 髷(まげ).

जूड़ी /jūṛī ジューリー/ [?<OIA. **jūḍa-* 'cold': T.05258z1] *f.*〖医学〗マラリア熱.

जूडो /jūḍo ジュードー/ [←Eng.n. *judo* ←Japan.n. *柔道*] *m.*〖スポーツ〗柔道.

जूता /jūtā ジューター/ [<OIA. *yuktá-* 'joined, yoked': T.10479] *m.* 靴;履物. ❐～ उतारना [पहनना] 靴を脱ぐ[はく]. ❐उसने अपने जीवन में कभी यह न सुना था कि किसी स्त्री ने अपने पति को जूते से मारा हो। 彼は生まれてこのかた女性が夫を靴で殴るなど聞いたことがなかった《靴で殴られることは最大の侮辱とされる》.

जूती /jūtī ジューティー/ [cf. *जूता*] *f.* (女性・子ども用の)小型の履物.

जून[1] /jūna ジューン/ [?] *m.* …回, …度《一日の食事時を数える時に使用する;かつての農民の一日朝夕二度の食事が前提になっている表現が多い;そのため दोनों जून「二回とも」は「三度(の食事)」に相当する》. (⇒बार) ❐प्राय: एक ～ तो चबैने पर की कटता था, दूसरे ～ भी कभी आधा पेट भोजन मिला, कभी कड़ाका हो गया। たいてい一度の食事は豆や穀物を炒ってかじると長持ちする粗末な食事で終わりだった, 二度目は時に腹半分ほどの食事にありついたり, 時に食をぬいた.

जून[2] /jūna ジューン/ [←Eng.n. *June*] *m.*〖暦〗六月. ❐～ में 六月に. ❐पहली ～ को 六月一日に.

जूना /jūnā ジューナー/ [<OIA.n. *yūna-* 'band, cord': T.10518] *m.* (草や藁(わら)で編んだ)縄;たわし.

जूनियर /jūniyara ジューニヤル/ [←Eng.adj. *junior*] *adj.* **1** 年下の, 年少の, 若い. (⇒कनिष्ठ, छोटा)(⇔ज्येष्ठ, बड़ा, सीनियर) ❐～ हाई स्कूल 高校. **2** 後進の, 下位の, 下級の. (⇒अवर, कनिष्ठ)(⇔वरिष्ठ, सीनियर)

जूरी /jūrī ジューリー/ [←Eng.n. *jury*] *f.* 陪審.

जूल /jūla ジュール/ [←Eng.n. *joule*] *m.* ジュール《エネルギーなどの単位》.

जूस[1] /jūsa ジュース/ [<OIA.m. *yūṣa-* 'broth': T.10521] *m.*〖食〗野菜のスープ, 煮汁《病人に与える》. (⇒रस)

जूस[2] /jūsa ジュース/ [←Eng.n. *juice*] *m.*〖食〗ジュース, (果)汁. (⇒रस)

जूस[3] /jūsa ジュース/ [←Pers.n. جفت 'a yoke; a couple, a pair; an even number'; cog. Skt. *युक्त-* 'yoked'] *m.* 偶数. (⇒सम)(⇔ताक़) ❐～ ताक़〖ゲーム〗ジュース・ターク《片手でつかんだ子安貝 (कौड़ी) の数が偶数か奇数かを当てる遊び》.

जूही /jūhī ジューヒー/ *f.*〖植物〗ジューヒー(の花)《ジャスミンの一種;甘い香りの花をつける》.

जेंवना /jēvanā ジェーンオナー/ ▸जीमना *vt.* (*perf.* जेंवा /jēvā ジェーンワー/) ☞जीमना

जे /je ジェー/ [←Eng.n. *J*] *m.* (ラテン文字の)J.

जेटी /jeṭī ジェーティー/ [←Eng.n. *jetty*] *f.* 防波堤;桟橋.

जेठ[1] /jeṭ^{h}a ジェート/ [<OIA. *jyēṣṭhá-* 'eldest': T.05286z1] *m.* 義兄《夫 (पति) の兄》.

जेठ[2] /jeṭ^{h}a ジェート/ [<OIA.m. *jyaiṣṭha-* 'the month May-June': T.05293] *m.* ☞ज्येष्ठ[2]

जेठा /jeṭ^{h}ā ジェーター/ [<OIA. *jyēṣṭhá-* 'eldest': T.05286z1] *adj.* 年長の, 年上の. ❐वे मुझसे दो साल जेठे थे। 彼は私より2歳年上だった.

जेठानी /jeṭ^{h}ānī ジェーターニー/ [<OIA. **jyēṣṭhajāni-* 'senior wife': T.05287] *f.* 義姉《夫の兄 (जेठ) の妻》. (⇒ज्येष्ठा)

जेब /jeba ジェーブ/ [←Pers.n. جیب 'a pocket' ←Arab.] *f.* ポケット. (⇒पाकेट) ❐(का) ～ कतरना [काटना] (人の)ポケットを掏る.

जेबकट /jebakaṭa ジェーブカト/ [*जेब* + *काटना*] *m.* すり. (⇒गिरहकट, जेबकतरा, पाकेटमार)

जेबकतरा /jebakatarā ジェーブカトラー/ [*जेब* + *कतरना*] *m.* すり. (⇒गिरहकट, पाकेटमार)

जेबख़र्च /jebaxarca ジェーブカルチ/ [*जेब* + *ख़र्च*] *m.* ポケットマネー, 小遣い.

ज़ेबरा /zebarā ゼーブラー/ [←Eng.n. *zebra*] *m.*〖動物〗シマウマ.

जेबी /jebī ジェービー/ [*जेब* + *-ई*] *adj.* ポケットサイズの, 小型の, 携帯用の. ❐～ किताब 文庫本. ❐～ घड़ी 懐中時計. ❐～ रूमाल ポケット用のハンカチ.

जेम्सटाउन /jemsaṭāuna ジェームスターウン/ [cf. Eng.n. *Jamestown*] *m.*〖地名〗ジェームズタウン《英領のセントヘレナ (सेंट हेलेना) の首都》.

जेर /jera ジェール/ [<OIA.n. *jarāyuga-* 'afterbirth': T.05152z1] *f.*〖医学〗胎盤;後産(あとざん).

जेरुसलम /jerusalama ジェールサラム/ [←Eng.n. *Jerusalem*] *m.* ☞यरुशलम

जेल /jela ジェール/ [←Eng.n. *jail*] *m.* 刑務所, 拘置所, 牢獄. (⇒कारागार)

जेलख़ाना /jelaxānā ジェールカーナー/ [*जेल* + *ख़ाना*] *m.* 刑務所, 拘置所, 牢獄.

जेलर /jelara ジェーラル/ [←Eng.n. *jailor*] *m.* (拘置所, 刑務所の)看守.

जेली /jelī ジェーリー/ [←Eng.n. *jelly*] *f.* ゼリー.

जेवनार /jevanāra ジェーオナール/ ▸ज्योनार *f.* ☞ज्योनार

ज़ेवर /zevara ゼーワル/ [←Pers.n. زیور 'an ornament of gems, gold, or silver'] *m.* 装身具, アクセサリー;宝飾品.

ज़ेहन /zehana ゼハン/ [←Pers.n. ذہن 'excelling in genius; understanding, memory, intellectual power' ←Arab.] *m.* 理解(力);頭脳, 知能;記憶(力). ❐मेरे ज़ेहन में औरत वफ़ा और त्याग की मूर्ति है। 私の理解では女性は貞節と献身の権化である.

जैकेट /jaikeṭa ジャェーケート/ ▸जाकिट, जाकेट *f.* ☞जाकेट

ज़ैतून /zaitūna ザェートゥーン/ [←Pers.n. زیتون 'an olive-tree; an olive' ←Arab.] *m.*〖植物〗オリーブ(の

木, 実). ❐～ का तेल オリーブ油.

जैन /jaina ジャェーン/ [←Skt. *जैन-* 'relating to the *Jinas*'] *adj.* ジャイナ教の;ジャイナ教徒の. ❐～ धर्म ジャイナ教.

— *m.* **1** ジャイナ教徒. **2** ジャイナ教.

जैव /jaiva ジャェーヴ/ [←Skt. *जैव-* 'belonging to the living personal soul'] *adj.* **1**〖生物〗生物の. ❐～ ईंधन バイオ燃料. ❐～ विविधता 生物多様性. **2**〖生物〗有機の. (⇒जैविक) ❐～ खाद 有機肥料. ❐～ पदार्थ 有機物.

जैवनीय /jaivanīya ジャェーヴニーエ/ [neo.Skt. *जैवनीय-* 'biodegradable'] *adj.* 微生物で分解される, 生物分解性のある. (⇒जैविक)(⇔अजैवनीय)

जैविक /jaivika ジャェーヴィク/ [neo.Skt. *जैविक-* 'organic, biodegradable'] *adj.* 有機の(⇒जैव) ❐～ खेती 有機農業.

जैविकी /jaivikī ジャェーヴィキー/ [neo.Skt.f. *जैविकी-* 'biology'] *f.*〖生物〗生物学.

जैसा /jaisā ジャェーサー/ [<OIA. *yādŕśa-* 'which like': T.10458] *adj.* **1**《〖जैसा を含む従属節 + वैसा を含む主節〗の形式で, 複文「…のようなそのような…」などを作る;主節が従属節に先行することも可能》❐～ किया वैसा भोगो। 因果応報. ❐～ बाप है, वैसा ही बेटा। この親にしてこの子あり. ❐～ उचित समझें, वैसा करें। 妥当だと思った通りにしてください. ❐जैसी इच्छा हो वैसा करो। 望み通りするがいい. **2**《जैसा を含む従属節が, 相関する主節を持たず, 慣用表現となっているものもある》❐जैसी आपकी आज्ञा あなたのご命令通りにいたします. ❐जैसी आपकी [तुम्हारी] इच्छा どうぞお好きなように. **3**《〖名詞 जैसा〗の形式で, 形容詞句「…のような」作る;先行する名詞は後置格;名詞の代わりに代名詞も可能だが, その場合後置格の代わりに属格が使用されることもある》❐आप जैसे महान् पुरुष あなたのような偉大な方. ❐कुसुम जैसी बालिका クスムのような娘. ❐भारत ～ देश インドのような国. ❐मुझ [मेरे] ～ आदमी 私のような人間.

— *adv.*《〖जैसा [जैसे] を含む従属節 + वैसा [वैसे] を含む主節〗の形式で, 複文「…のようにそのように…」などを作る;主節が従属節に先行することも可能》❐जैसे इतने दिन बीते हैं, वैसे और भी बीत जायेंगे। これまでの日々が過ぎたように, さらに過ぎ去って行くだろう.

जैसे /jaise ジャェーセー/ [cf. *जैसा*] *conj.* **1** 例えば. **2** まるで. (⇒मानो)

जैसे-तैसे /jaise-taise ジャェーセー・タェーセー/ *adv.* なんとか, どうにかこうにか. ❐रात ～ कट गई। 夜はどうにかこうにか過ぎた.

जोंक /jõka ジョーンク/ *f.* **1**〖動物〗ヒル. **2** 利己的な目的を達成するために他人にまとわりついて離れない人.

जोंगखा /joṃgakʰā ジョーングカー/ [cf. Eng.n. *Dzongkha*] *f.* ゾンカ語《ブータン(王国) (भूटान) の国語》.

जो /jo ジョー/ [<OIA.pron. *yá-* : T.10391] *pron.*《〖जो を含む従属節 + वह を含む主節〗の形式で, 複文「…であるところの人その人が…, …であるところのものそのものが…」を作る;主節が従属節に先行することも可能》

— *conj.* もしも. (⇒अगर, यदि)

जोकर /jokara ジョーカル/ [←Eng.n. *joker*] *m.* **1** 道化師, ピエロ. **2**〖ゲーム〗(トランプの)ジョーカー.

जोखिम /jokʰima ジョーキム/ [<OIA.m. *yōgakṣēmá-* 'preservation of one's business or property, insurance charge': T.10527] *f.* (危険の)リスク. ❐～ बीमा कराना 危険保険をかける. ❐～ भत्ता 危険手当. ❐(का) ～ उठाना (…の)リスクを負う. ❐(का) ～ मोल लेना (…の)リスクを冒す. ❐जोखिम-वाला リスクのある, リスキーな.

जोगिन /jogina ジョーギン/ [cf. *जोगी*] *f.* ☞योगिनी

जोगिया /jogiyā ジョーギヤー/ [cf. *जोगी*] *adj.* **1** ヨーガ行者の. **2** 黄土色の.

— *m.* 黄土色《ヨーガ行者の衣の色》.

जोगी /jogī ジョーギー/ [<Skt.m. *योगिन्-* 'a follower of the Yoga system; saint, devotee, ascetic'] *m.* ☞योगी

जोड़ /joṛa ジョール/ [cf. *जोड़ना*] *m.* **1** 結合(部分), つなぎ目. **2** (体の)節, 関節. ❐कुर्सी पर बैठे-बैठे कमर के जोड़ों में दर्द होने लगे। 椅子に座り続けて腰の節々が痛みはじめた. **3**〖数学〗足し算, 加算;合計. (⇒टोटल, योग)(⇔घटाव, बाक़ी) ❐～ और बाक़ी 足し算と引き算. **4** (二つの)一組, ペア. **5** 匹敵するもの, 対等のもの, 並ぶべきもの. ❐वर-कन्या ～ के हों, तभी ब्याह का आनंद है। 花婿花嫁がお似合いの時こそ, 結婚式の楽しみがある. ❐वे निशानेबाज़ी में ～ न रखते थे। 彼は射撃において並ぶべきものがいなかった. **6**〖スポーツ〗対戦相手. ❐कुश्ती का ～ インド相撲の対戦相手.

जोड़-तोड़ /joṛa-toṛa ジョール・トール/ *m.* 一時しのぎ(の方法), つぎはぎ仕事.

जोड़दार /joṛadāra ジョールダール/ [*जोड़* + *-दार*] *adj.* つなぎ目のある.

जोड़ना /joṛanā ジョールナー/ [<OIA. **yuṭati* 'is joined': T.10496] *vt.* (*perf.* जोड़ा /joṛā ジョーラー/) **1** 結合する, 結ぶ;つなぎ合わせる;結びつける;付加する, 付け足す;(骨を)接合する. ❐अक्षर जोड़कर शब्द बनाओ। 文字をくっつけて単語を作りなさい. ❐किसी ने इस कविता में मज़ाक उड़ाने के लिए एक दूसरी ही पंक्ति जोड़ दी थी। 誰かがこの詩に茶々を入れるためにもう一行を付け足した. ❐गुजरात आदि में नाम के साथ पिता का नाम भी जोड़ दिया जाता है, और दक्षिण में जन्मस्थान का नाम भी। グジャラート州などでは本人の名前に父親の名前も添えられます, また南インドでは生地の名前も. ❐टहनियाँ दोनों सिरों पर रस्सी से जोड़ दी गयी थीं। 小枝(の束)の両端がひもで縛られた. ❐रेलवे ने इन दो शहरों को जोड़ दिया। 鉄道がこの二つの都市を結びつけた. ❐लकड़ी के इन तख़्तों को कील से जोड़ो। これらの木板を釘でつなぎ合わせなさい. **2** (手を)合わせる《ヒンドゥー教徒の挨拶のしぐさ, 合掌(がっしょう);懇願するしぐさ》. ❐उसने हाथ जोड़कर याचना की। 彼は手を合わせて哀願した. ❐लड़के हाथ जोड़कर माफ़ी माँगने लगे। 少年たちは手を合わせて許しを乞いはじめた. ❐उसने हाथ जोड़ दिए। 彼は手を合わせた.

3 寄せ集める；(金を)たくわえる；(資料などを)編集する. ❒इसी दिन के लिए तो कौड़ी-कौड़ी जोड़ रहा था। 彼はこの日のために一銭一銭をたくわえてきたのだった. ❒उसे धन जोड़ने का मोह नहीं था। 彼は蓄財をするという煩悩を持ち合わせていなかった. 4〖数学〗加算[合算]する, 足し算する. (⇒मिलाना)(⇔घटाना) ❒नौ में सात जोड़ो। 9 に 7 を足しなさい. ❒हिसाब जोड़ा गया, तो तीन सौ की कमी थी। 合計すると300ルピー足りなかった. 5 (交わり・関係を)結ぶ. ❒वे बड़े हँसोड़ आदमी थे, इस गाँव को अपनी ससुराल बनाकर मर्दों से साले या ससुर और औरतों से साली या सलहज का नाता जोड़ लिया था। 彼はとても陽気な人間だった, この村を自分の第二の里とし, 男たちとは義理の兄弟や義父の, 女たちとは義理の姉妹の交わりを結んだ.

जोड़वाई /joṛavāī ジョールワーイー/ ▸जुड़वाई *f.* ☞जुड़वाई

जोड़वाना /joṛavānā ジョールワーナー/ ▸जुड़वाना, जुड़ाना [caus. of *जुड़ना, जोड़ना*] *vt.* (*perf.* जोड़वाया /joṛavāyā ジョールワーヤー/) ☞जुड़वाना

जोड़ा /joṛā ジョーラー/ [cf. *जोड़ना*] *m.* ペア, 一対, 一組; 組合せ《人は主に जोड़ी》. (⇒युग्म) ❒～ चप्पल 一足のサンダル. ❒पक्षियों के एक जोड़े ने अपना घोंसला बनाया है। 一番(ひとつがい)いの鳥が巣を作った. ❒जूतों का ～ 一足の靴.

जोड़ाई /joṛāī ジョーラーイー/ ▸जुड़ाई [cf. *जोड़ना*] *f.* (塀などの)レンガ積みの仕事;その手間賃.

जोड़ी /joṛī ジョーリー/ [cf. *जोड़ा*] *f.* 1 (人の)ペア;二人組;デュエット;(男女の)カップル, 組み合わせ《ものは主に जोड़ा》. (⇒युग्म) ❒अच्छी ～ है। 似合いのカップルだ. ❒बैलों की ～ 二頭一組の雄牛. 2 (服などの)一組, 一揃い, セット.

जोड़ीदार /joṛīdāra ジョーリーダール/ [*जोड़ी* + *-दार*] *m.* パートナー, 相手, 相棒.

जोत /jota ジョート/ [<OIA.n. *yóktra-* 'thong, halter': T.10523] *f.* 耕作;耕作地.

जोतना /jotanā ジョートナー/ [<OIA. *yōktrayati* 'fastens, ties': T.10524] *vt.* (*perf.* जोता /jotā ジョーター/) 1 (牛馬などを荷車・馬車などに)つなぐ. ❒उसने गाड़ी में घोड़े जोते। 彼は馬車に馬をつないだ. ❒बैलों को हल में जोतना [लगाना] 雄牛を鋤につなぐ. 2 (人を)強引に仕事につけさせる. 3 (鋤で)耕す;開墾する. ❒अपने खेत पीछे जोतो, पहले उसके खेत जोत दो। 自分の畑は後で耕せ, 最初に彼の畑を耕してくれ.

जोताई /jotāī ジョーターイー/ ▸जुताई [cf. *जोतना*] *f.* 田畑を耕す仕事;その労賃.

जोधपुर /jodʰapura ジョードプル/ [cf. Eng.n. *Jodhpur*] *m.* 〖地名〗ジョードプル《ラージャスターン州 (राजस्थान) の古都》.

जोबन /jobana ジョーバン/ [<OIA.n. *yauvaná-* 'youth, puberty': T.10537] *m.* 1 若さ, 青春. 2 若々しさ;しなやかさ;(若い女の)色香. ❒अब भी तुम्हारे ऊपर वह ～ है कि कोई जवान भी देख ले, तो तड़प जाय। まだお前には昔の色気があるよ, 若い男だって見たら息が苦しくなりそうな. 3 (若い女の)乳房.

ज़ोर /zora ゾール/ [←Pers.n. زور 'strength, power, vigour'; cog. Skt. *शूर-* 'strong, powerful, valiant, heroic, brave'] *m.* 1 力. ❒～ लगाना 力を加える. 2 猛威, 激しさ. ❒～ पकड़ना 激しさを増す. ❒उसे ～ की भूख लगी हुई थी। 彼はひどい空腹におそわれていた. 3 強調, 力点. (⇒बल) ❒～ से 力を入れて. ❒(पर) ～ देना (…を)強調する.

ज़ोर-आज़माई /zora-āzamāī ゾーラ・アーザマーイー/ *f.* (腕力の)力比べ. ❒दोनों में ～ होने लगी। 二人の間で力比べが始まった.

ज़ोर-ज़ुल्म /zora-zulma ゾール・ズルム/ *m.* 暴虐非道.

ज़ोरदार /zoradāra ゾールダール/ [←Pers.adj. زور دار 'strong, powerful'] *adj.* 1 強力な;威力のある;盛大な;強烈な, 激しい. ❒～ आदमी 実力者. ❒～ जीत 圧倒的な勝利. ❒(का) ～ विरोध करना (…に)激しく反対する. ❒काबुल में एक ～ बम धमाका हुआ है। カーブルで激しい爆弾の爆発がおこった. 2 効果のある;抜け目のない. ❒～ दलील 説得力のある論拠. ❒～ लड़की ちゃっかりした少女.

ज़ोर-शोर /zora-śora ゾール・ショール/ *m.* 熱意, 興奮, 熱狂. ❒～ से 熱心に, 熱狂的に.

ज़ोरावर /zorāvara ゾーラーワル/ [←Pers.adj. زور آور 'strong'] *adj.* 強い, 強力な. (⇔कमज़ोर)

जोरू /jorū ジョールー/ [< **yuvatirūpa-* 'young woman': T.10506] *f.* 妻, 女房. ❒～ का गुलाम 女房の尻に敷かれている亭主, 恐妻家.

जोरू-जाँता /jorū-jā̃tā ジョールー・ジャーンター/ *m.* (養っている)家族, 一家, 家庭.

जोर्डन /jorḍana ジョールダン/ ▸जार्डन [cf. Eng.n. *Jordan*] *m.* ☞जार्डन

जोली /jolī ジョーリー/ [<OIA.n. *yugala-* 'pair, couple': T.10489; cf. *जोड़ी*] *m.* 仲間.

जोश /jośa ジョーシュ/ [←Pers.n. جوش 'ebullition, effervescence; agitation (of mind or body)'] *m.* 熱情, 激情;熱気, 興奮. ❒～ से 熱意をこめて, 熱心に. ❒मुझे ～ आया। 私は興奮した. ❒वह ～ में आ गया। 彼は激情にかられた.

जोश-ख़रोश /jośa-xarośa ジョーシュ・カローシュ/ [←Pers.n. جوش خروش 'excitement'] *m.* 熱意, 意気込み. ❒～ से 熱心に.

जोशीला /jośīlā ジョーシーラー/ [cf. *जोश*] *adj.* 興奮しやすい;威勢のいい, 熱気に満ちた. ❒～ जश्न मनाना 熱気あふれる祭典を祝う. ❒～ भाषण देना 熱気のこもった演説をする. ❒(का) ～ स्वागत करना (人を)熱烈に歓迎する.

जोहना /johanā ジョーフナー/ [<OIA. *dyṓtatē* 'shines': T.06612] *vt.* (*perf.* जोहा /johā ジョーハー/) 1 しげしげと見る. (⇒देखना) ❒माँ-बाप दोनों ही उसका मुँह जोहते रहते हैं। 両親とも彼の顔をしげしげと見続けた. 2 (探しもので)あちこち見る. (⇒ढूँढना) 3〔慣用〕❒(की) बाट ～ (人の)帰路をまちわびる.

जौ /jau ジャォー/ [<OIA.m. *yáva-* 'barley': T.10431;

cog. Pers.n. جو 'barley, a grain of barley'] *m.* 〖植物〗オオムギ(大麦).

जौहर[1] /jauhara ジャウハル/ [＜OIA. **jatughara-* 'house plastered with lac and other combustible materials for burning people alive in': T.05094] *m.* ジャウハル《特に中世ラージャスターン地方において,敵の辱めを受けないために城砦陥落時に後宮の女性たちによる井戸への身投げ自殺;またその気概と勇気》.

जौहर[2] /jauhara ジャウハル/ [←Pers.n. جوہر 'jewel' ←Arab. جوہر ←Pers.n. گوہر 'gem, jewel'] *m.* **1** 宝石.(⇒रत्न) **2** 特質,本性:巧妙,心得.

जौहरी /jauharī ジャウフリー/ [←Pers.n. جوہری 'a jeweller'] *m.* 宝石商.

-ज्ञ /-jña ・ギエ/ [←Skt. *ज्ञ-* 'knowing, familiar with'] *suf.adj.* 《合成語の要素「専門知識をもつ(者)」として; विशेषज्ञ「専門家」, संगीतज्ञ「音楽専門家」など》.(⇒-दाँ)

ज्ञात /jñāta ギャート/ [←Skt. *ज्ञात-* 'known, ascertained'] *adj.* 知られた;理解された;明らかな.(⇒मालूम) ❐अब मुझे ～ हुआ कि स्त्री कैसे पुरुष पर नियंत्रण कर सकती है। 女がどのようにして男を操ることができるのか,私は今悟った.

ज्ञातव्य /jñātavya ギャータヴィエ/ [←Skt. *ज्ञातव्य-* 'to be known or understood'] *adj.* 知るべき(こと);理解するべき(こと).

ज्ञाता /jñātā ギャーター/ [←Skt.m. *ज्ञातृ-* 'one who knows'] *m.* 物知り;学識者,学者.

ज्ञाति /jñāti ギャーティ/ [←Skt.m. *ज्ञाति-* 'intimately acquainted; a near relation'] *m.* 〖ヒンドゥー教〗同じゴートラ(गोत्र)の人;親族.

ज्ञान /jñāna ギャーン/ [←Skt.n. *ज्ञान-* 'knowing, knowledge'] *m.* **1** 知識,見聞,知見.(⇒जानकारी) **2** 学識.(⇒इल्म)

ज्ञानवर्धक /jñānavardʰaka ギャーンワルダク/ [neo.Skt. *ज्ञान-वर्धक-* 'enlightening'] *adj.* 啓発する,啓蒙する. ❐～ पुस्तकें 啓蒙書.

ज्ञानवान् /jñānavān ギャーンワーン/ ▷ज्ञानवान [←Skt. *ज्ञान-वत्-* 'with knowledge or science, intelligent, wise, having spiritual knowledge'] *adj.* ☞ज्ञानी

ज्ञानवृद्ध /jñānavr̥ddʰa ギャーンヴリッド/ [←Skt. *ज्ञान-वृद्ध-* 'advanced in knowledge'] *adj.* 学識豊かな,博識の.

ज्ञानी /jñānī ギャーニー/ [←Skt. *ज्ञानिन्-* 'knowing, endowed with knowledge or intelligence, wise'] *adj.* 知識のある,博識の;賢い.

— *m.* 知識のある人,博識の人;賢者.

ज्ञानेंद्रिय /jñānendriya ギャーネーンドリエ/ [←Skt.n. *ज्ञान-इन्द्रिय-* 'knowledge-organ; an organ of sensation'] *f.* 感覚器官《目(आँख),耳(कान),鼻(नाक),舌(जीभ),皮膚(त्वचा)の五つ》.

ज्ञापक /jñāpaka ギャーパク/ [←Skt. *ज्ञापक-* 'causing to know'] *adj.* 知らしめる,知らせる;通知する,伝達する.

ज्ञापन /jñāpana ギャーパン/ [←Skt.n. *ज्ञापन-* 'making known, suggesting'] *m.* 知らしめること,知らせること;通知すること,伝達すること. ❐मेरे पास कृतज्ञता- ～ के लिए शब्द नहीं थे। 私は感謝の気持ちを伝えるたるための言葉を持っていなかった.

ज्ञापित /jñāpita ギャーピト/ [←Skt. *ज्ञापित* 'made known'] *adj.* 知らされた;通知された,伝達された. ❐(के प्रति) ～ करना(人に)伝える.

ज्ञेय /jñeya ギエーエ/ [←Skt. *ज्ञेय-* 'to be known'] *adj.* 知ることが可能な,可知な.

ज्या /jyā ジャー/ [←Skt.f. *ज्या-* 'a bow-string; (in geom.) the chord of an arc'] *f.* **1** 弓の弦.(⇒डोरी) **2** 〖数学〗弦《弧の両端を結ぶ線分》. **3** 〖数学〗正弦,サイン. ❐～ नियम 正弦定理.

ज़्यादती /zyādatī ズィャードティー/ [←Pers.n. زیادتی 'abundance, surplus'] *f.* 行き過ぎ,度を越した横暴さ,無理強い. ❐(के साथ) ～ करना(人に対して)度を越して横暴に振る舞う.

ज़्यादा /zyādā ズィャーダー/ [←Pers.adv. زیادہ 'more; too much, excessively' ←Arab.] *adj.* **1** 多い,多量の,たくさんの.(⇒अधिक) **2** より多い,さらに多い.(⇒अधिक) ❐～ से ～ なるべく多い,せいぜい多くても.

— *adv.* より…な,さらに…な.(⇒अधिक)

ज़्यादातर /zyādātara ズィャーダータル/ [←Pers.adj. زیادہ تر 'more'] *adj.* 大部分の,大多数の,大半の.(⇒अधिकतर)

— *adv.* 大部分は,大多数は.

ज्यामिति /jyāmiti ジャーミティ/ [neo.Skt.f. *ज्या-मिति-* 'geometry'] *f.* 〖数学〗幾何学.(⇒रेखा-गणित)

ज्येष्ठ[1] /jyeṣṭʰa ジエーシュト/ [←Skt. *ज्येष्ठ-* 'most excellent, pre-eminent, first, chief. best, greatest'] *adj.* 最年長の(人).(⇔कनिष्ठ) ❐～ पुत्र 長男,長子.

ज्येष्ठ[2] /jyeṣṭʰa ジエーシュト/ [←Skt.m. *ज्येष्ठ-* 'the third month of the Hindu calendar'] *m.* 〖暦〗ジェーシュタ月,ジェート月《インド暦の第3月;西暦の5,6月に相当》.(⇒जेठ)

ज्येष्ठता /jyeṣṭʰatā ジエーシュタター/ [←Skt.f. *ज्येष्ठ-ता-* 'precedence, seniority, primogeniture'] *f.* 年長であること;先輩であること.

ज्येष्ठा /jyeṣṭʰā ジエーシュター/ [←Skt.f. *ज्येष्ठा-* 'the middle finger'] *f.* **1** 中指.(⇒मध्यमा) **2** (合同家族の中で)最も年長の嫁;(家族の中で)年長の女.(⇒जेठानी)(⇔कनिष्ठा) **3** (一夫多妻制において)最も寵愛を受ける妻.(⇔कनिष्ठा)

ज्यों /jyõ ジョーン/ *conj.* …なほど,…につれて.

ज्यों-ज्यों /jyõ-jyõ ジョーン・ジョーン/ *adv.* ☞ज्यों

ज्यों-त्यों /jyõ-tyõ ジョーン・ティョーン/ *adv.* どにかこうにか,なんとか. ❐दो-चार दिन तो ～ करके काटे, लेकिन बुख़ार न छूटा। 数日はなんとかやりすごした,しかし熱は下がらなかった. ❐साल-भर तक तो विधवा ने ～ करके बच्चों का भरण-पोषण किया। 1年までは未亡人はどうにかこうにか子どもたちを養育した.

ज्योति /jyoti ジョーティ/ [←Skt.n. *ज्योतिस्-* 'light (of the sun, dawn, fire, lightning, etc.), brightness (of the sky)'] *f.* **1** 輝き;光, 明かり. ❒आँखों में जैसे आज़ादी की 〜 चमक रही थी। 目にはまるで自由の光が輝いているようだった. ❒उसके मुख पर प्रतिभा की 〜 झलक रही थी। 彼の顔には才気の輝きが光を放っていた. ❒दीपक की 〜 मंद पड़ गई। 灯火の明かりが弱くなった. **2** 視力. ❒जैसे उसकी आँख में नयी 〜 आ गयी है। まるで彼女の目に新しい視力が戻ったかのように.

ज्योतिर्मय /jyotirmaya ジョーティルマエ/ [←Skt. *ज्योतिर्-मय-* 'consisting of light, brilliant'] *adj.* (神秘的に)光り輝く. ❒उसे ऐसा मालूम हुआ, मनो उसकी आँखों की ज्योति बढ़ गई है, अथवा शरीर में कोई दूसरी 〜 आत्मा आ गई है। まるで目の輝きが増したのか, あるいは体内に何か別の光り輝く魂が入り込んだかのように彼には思われた.

ज्योतिर्लिंग /jyotirliṃga ジョーティルリング/ [←Skt.m. *ज्योतिर्-लिङ्ग-* 'name of several *Liṅga* temples'] *m.* 〖ヒンドゥー教〗ジョーティルリンガ《シヴァリンガ (शिवलिंग) が祭られているインド各地の 12 の寺院》.

ज्योतिष /jyotiṣa ジョーティシュ/ [←Skt.m. *ज्योतिष-* 'the science of the movements of the heavenly bodies and divisions of time dependant thereon, short tract for fixing the days and hours of the Vedic sacrifices'] *m.* **1** 〖天文〗天文学;占星術. ❒एक 〜 एकक 一天文単位. ❒गणित 〜 天文学. ❒फलित 〜 占星術. **2** 〖ヒンドゥー教〗ジョーティシャ《ヴェーダの補助学問 (वेदांग) の一つ, 天文学》.

ज्योतिषी /jyotiṣī ジョーティシー/ [*ज्योतिष* + -ई] *m.* 〖天文〗占星術師.

ज्योत्स्ना /jyotsnā ジョートスナー/ [←Skt.f. *ज्योत्स्ना-* 'moonlight'] *f.* 月光, 月明かり;月夜. ❒चैत्र की पूर्णिमा थी, किंतु दीपक की जगमगाहट ने 〜 को मात कर दिया था। チャイトラ月の満月だった, しかし灯火の明かりが月光を凌いでいた.

ज्योनार /jyonāra ジョーナール/ ▸जेवनार [<OIA. **jēmanakāri-* 'making a meal': T.05269] *f.* 〖ヒンドゥー教〗ジョーナール《婚礼などの機会に客を招いた宴会, その際供される料理》.

ज्वर /jvara ジワル/ [←Skt.m. *ज्वर-* 'fever'] *m.* 〖医学〗熱, 発熱. (⇒बुख़ार) ❒उसका 〜 आज भी नहीं उतरा। 彼の熱は今日も下がらなかった. ❒उसी रात को उसको बड़े ज़ोर का 〜 चढ़ आया। その夜彼女にひどい高熱がおそった. ❒कुछ दिनों से हलका-हलका 〜 भी रहने लगा था। 数日前から微熱も続いていた.

ज्वरांश /jvarāṃśa ジワラーンシュ/ [?neo.Skt.m. *ज्वर-अंश-* 'a slight fever'] *m.* 〖医学〗微熱. (⇒हरारत)

ज्वलंत /jvalaṃta ジワラント/ [←Skt. *ज्वलत्-* 'blazing'] *adj.* **1** まばゆい, 輝いている. **2** 鮮明な, 明瞭な;表面化した.

ज्वलन /jvalana ジワラン/ [←Skt. *ज्वलन-* 'inflammable, combustible, flaming'] *m.* **1** 燃焼;火炎. **2** (怒りなどの)爆発.

ज्वलनशील /jvalanaśīla ジワランシール/ [neo.Skt. *ज्वलन-शील-* 'inflammable'] *adj.* 可燃性の, 燃えやすい. (⇒आतिशगीर)

ज्वलित /jvalita ジワリト/ [←Skt. *ज्वलित-* 'lighted, blazing, flaming, shining'] *adj.* (明かりが)灯された;まばゆい, 輝く.

ज्वार[1] /jvāra ジワール/ *m.* **1** 満潮, 上げ潮, 潮. (⇔भाटा) **2** (感情の)絶頂, 感情のきわまり.

ज्वार[2] /jvāra ジワール/ *f.* 〖植物〗モロコシ(唐土)《イネ科の一年草;雑穀》.

ज्वार-भाटा /jvāra-bʰāṭā ジワール・バーター/ *m.* **1** 潮の干満, 潮汐(ちょうせき). ❒〜 बल 潮汐力. **2** 感情の起伏.

ज्वाल /jvāla ジワール/ [←Skt.m. *ज्वाल-* 'flame'] *m.* ☞ ज्वाला

ज्वाला /jvālā ジワーラー/ [←Skt.f. *ज्वाला-* 'flame'] *f.* 炎, 火炎.

ज्वालामुखी /jvālāmukʰī ジワーラームキー/ [←Skt.f. *ज्वाला-मुखी-* 'fire or inflammable gas issuing forth from the earth'] *m.* 〖地理〗火山. ❒〜 कुंड カルデラ. ❒〜 फटना 火山が噴火する. ❒〜 विज्ञान 火山学. ❒〜 विवर 噴火口, クレーター. ❒सक्रिय [प्रसुप्त, मृत] 〜 活[休, 死]火山.

झ

झंकार /jʰaṃkāra ジャンカール/ ▹झनकार [←Skt.m. *झङ्कार-* 'a low murmuring (buzzing of bees etc.), jingling, clanking'] *f.* **1**〔擬音〕シャンシャン;ジャンジャン;ジャラジャラ《鈴などの音色;楽器の弦の共鳴;金属のぶつかり合う音》. ❒चूड़ियों की 〜 腕輪のシャンシャンいう音. ❒मुद्राओं की 〜 コインのジャラジャラする音. **2**〔擬音〕甲高い鳴き声《クジャクの鳴き声, コオロギの鳴き声など》 ❒मोरों की 〜 クジャクの甲高い鳴き声.

झंकारना /jʰaṃkāranā ジャンカールナー/ [cf. *झंकार*] *vt.* (*perf.* झंकारा /jʰaṃkārā ジャンカーラー/) **1** (足輪などが)シャンシャン (झन-झन) 音をたてる;(金属がぶつかり合って)ジャラジャラ音をたてる, カチャカチャ音をたてる. (⇒झनझनाना) ❒तलवारें 〜 剣をカチャカチャさせる. **2** 甲高く鳴く《コオロギ, クジャクなど》.

झंकृत /jʰaṃkṛta ジャンクリト/ [←Skt.n. *झङ्कृत-* 'a low murmuring (buzzing of bees etc.), jingling, clanking'] *adj.* (ジャーンなど)金属に反響する音の.

झंखाड़ /jʰaṃkʰāṛa ジャンカール/ [<OIA. **jhaṅkh-*[2] 'clump': T.05325z1] *m.* 茨(いばら)の茂み;葉のない低木の茂み.

झंझट /jʰaṃjʰaṭa ジャンジャト/ *f.* 面倒(なこと), 厄介(なこと), 込み入ったこと, 煩雑(なこと). ❒〜 मोल लेना あえて面倒事に関わりあう. ❒(की) 〜 में पड़ना (…の)面倒事に巻き込まれる. ❒घर का काम यों ही क्या कम है कि तू नया 〜 पाल रही है। 家のことだって結構大変だというのにお前は新しい厄介事を作ろうとしている.

झंझटी /jʰaṃjʰaṭī ジャンジャティー/ [*झंझट* + *-ई*] *adj.* 面倒な, 厄介な, 込み入った, 煩雑な.

झंझर /jʰaṃjʰara̸ ジャンジャル/ ▸झज्झर *m.* ☞झज्झर

झँझरी /jʰãjʰa̸rī ジャンジリー/ ▸झझरी [<OIA.m. *jharjhara-*[2] 'a strainer': T.05349] *f.* 多数の網目のような穴;格子(窓);篩(ふるい). ❐〜 से देखना 格子窓から見る.

झंझा /jʰaṃjʰā ジャンジャー/ [←Skt.f. *झञ्झा-* 'the noise of the wind or of falling rain'] *f.* 暴風雨(の音).

झंझानिल /jʰaṃjʰānila̸ ジャンジャーニル/ [←Skt.m. *झञ्झा-निल-* 'wind with rain, high wind in the rainy season'] *m.* 激しい暴風雨.

झंझावात /jʰaṃjʰāvāta̸ ジャンジャーワート/ [←Skt.m. *झञ्झा-वात-* 'wind with rain'] *m.* ☞झंझानिल

झँझोड़ना /jʰãjʰoṛa̸nā ジャンジョールナー/ [onom.] *vt.* (*perf.* झँझोड़ा /jʰãjʰoṛā ジャンジョーラー/) (手でつかんで)ゆさぶる;(口にくわえて)振り回す. (⇒झकझोरना) ❐बिल्ली ने चूहे को मुँह से पकड़कर झँझोड़ा। 猫はネズミをくわえて振り回した.

झंडा /jʰaṃḍā ジャンダー/ [<OIA. **dhvajadaṇḍa-* 'flagstaff': T.06898] *m.* 旗;旗じるし. (⇒ध्वज, पताका) ❐〜 खड़ा करना 旗を立てる, 旗を掲げる. ❐〜 झुकना 半旗が掲げられる. ❐〜 झुकाना 半旗を掲げる. ❐〜 फहराना 旗をはためかせる. ❐राष्ट्रीय 〜 国旗.

झंडाभिवादन /jʰaṃḍābʰivādana̸ ジャンダービワーダン/ [*झंडा* + *अभिवादन*] *m.* 国旗に対する敬礼. ❐〜 करना 国旗敬礼をする.

झंडी /jʰaṃḍī ジャンディー/ [cf. *झंडा*] *f.* 小さな旗, 手旗;信号旗.

झँसना /jʰãsa̸nā ジャンスナー/ [onom.] *vt.* (*perf.* झँसा /jʰãsā ジャンサー/) **1** (肌に油を)ごしごし塗り込める. **2** (金品を)騙しとる, 巻き上げる. (⇒ऐंठना, झाड़ना)

झक /jʰaka̸ ジャク/ [<OIA. **jhakk-*[4] 'obstinacy': T.05319] *f.* (常軌を逸した)熱狂, 熱中, 夢中. ❐(को) (की) 〜 सवार हो जाना (人に)(…に対する)熱狂がとりつく.

झकझक /jʰaka̸jʰaka̸ ジャクジャク/ [?cf. *झख*] *f.* つまらない口げんか, 言い争い.

झकझोर /jʰaka̸jʰora̸ ジャクジョール/ [cf. *झकझोरना*] *m.* 激しいゆさぶり;突風.

झकझोरना /jʰaka̸jʰora̸nā ジャクジョールナー/ [cf. OIA. **jhōlayati* 'causes to swing': T.05417] *vt.* (*perf.* झकझोरा /jʰaka̸jʰorā ジャクジョーラー/) (両手でつかんで)激しく揺さぶる. (⇒झँझोड़ना, झकोरना) ❐मैं उसे झकझोरता रहा, पर वह नींद से नहीं उठा। 私は彼を激しく揺さぶりつづけた, しかし彼は眠りから覚めなかった.

झकझोरा /jʰaka̸jʰorā ジャクジョーラー/ ▸झकझोला [cf. *झकझोर*] *m.* 激しいゆさぶり.

झकझोला /jʰaka̸jʰolā ジャクジョーラー/ ▸झकझोरा *m.* ☞झकझोरा

झकना /jʰaka̸nā ジャクナー/ [?cf. *झख*] *vi.* (*perf.* झका /jʰakā ジャカー/) どなりちらす, わめく;けんかをする.

झकार /jʰakāra̸ ジャカール/ [←Skt.m. *झ-कार-* 'Devanagari letter झ or its sound'] *m.* **1** 子音字 झ. **2** 〖言語〗子音字 झ の表す子音 /jʰ ジ/.

झकारांत /jʰakārāṃta̸ ジャカーラーント/ [←Skt. *झकार-अन्त-* 'ending in the letter झ or its sound'] *adj.* 〖言語〗語尾が झ で終わる(語)《बोझ「重荷」, समझ「理解」, साँझ「夕暮れ時」など》. ❐〜 शब्द 語尾が झ で終わる語.

झकोर /jʰakora̸ ジャコール/ [<OIA. **jhakk-*[1] 'sudden movement or blast': T.05316] *f.* 突風.

झकोरना /jʰakora̸nā ジャコールナー/ [cf. *झकोर*] *vi.* (*perf.* झकोरा /jʰakorā ジャコーラー/) (風・雨・波などが)激しく打ちつける.

— *vt.* (*perf.* झकोरा /jʰakorā ジャコーラー/) 激しく揺さぶる. (⇒झँझोड़ना, झकझोरना)

झकोरा /jʰakorā ジャコーラー/ [cf. *झकोर*] *m.* (波や風による)揺れ, あおり. ❐झकोरे खाना (舟が)波をくらう. ❐झकोरे लेना 波間で揺れる.

झक्कड़[1] /jʰakkaṛa̸ ジャッカル/ [<OIA. **jhakk-*[1] 'sudden movement or blast': T.05316] *m.* 嵐, 暴風. ❐लू के 〜 熱風の嵐.

झक्कड़[2] /jʰakkaṛa̸ ジャッカル/ [<OIA. **jhakk-*[4] 'obstinacy': T.05319] *adj.* ☞झक्की

झक्की /jʰakkī ジャッキー/ [<OIA. **jhakk-*[4] 'obstinacy': T.05319] *adj.* 常軌を逸した(人), 一風変わった;気がふれた, 狂った. (⇒सनकी)

झख /jʰakʰa̸ ジャク/ [<OIA. **jhakkh-* 'babble': T.05320] *f.* ぶつぶつ(言うこと), ぐずぐず(愚痴を言うこと). ❐〜 मारना 何の役にも立たないつまらぬことをする.

झगड़ना /jʰagaṛa̸nā ジャガルナー/ [cf. *झगड़ा*] *vt.* (*perf.* झगड़ा /jʰaga̸ṛā ジャグラー/) 口論する, 言い争う;けんかする;いざこざを起こす. ❐वे बात-बात पर उनसे झगड़तीं। 彼女はことあるごとに彼と口論していた.

झगड़ा /jʰaga̸ṛā ジャグラー/ [<OIA. **jhagaḍ-* 'quarrel': T.05321] *m.* 口論, 言い争い;けんか;いざこざ, もめ事. ❐(से) 〜 करना (人と)言い争いをする.

झगड़ाना /jʰaga̸ṛānā ジャグラーナー/ [caus. of *झगड़ना*] *vt.* (*perf.* झगड़ाया /jʰaga̸ṛāyā ジャグラーヤー/) いざこざを起こさせる.

झगड़ालू /jʰaga̸ṛālū ジャグラールー/ [cf. *झगड़ा*] *adj.* けんかっ早い;好戦的な. ❐〜 कुत्ते すぐ襲ってくる犬. ❐उसे जानते नहीं, कितना 〜 आदमी है। 彼を知らないのだ, どれほどけんかっ早い男であるかを.

— *m.* けんかっ早い人.

झगला /jʰaga̸lā ジャグラー/ [cf. *झगा*] *m.* ☞झगा

झगा /jʰagā ジャガー/ [<OIA. **adhyaṅgaka-* 'upper garment': T.00273] *m.* ジャガー《子ども用のゆるめの上着》.

झज्झर /jʰajjʰara̸ ジャッジャル/ ▸झंझर [<OIA.m. *jharjhara-*[2] 'a strainer': T.05349] *m.* ジャッジャル《素

焼きの水甕(みずがめ)》.

झझरी /jʰajʰarī ジャジリー/ ▸झँझरी *f.* ☞झँझरी

झज्झर /jʰajjʰara ジャッジャル/ ▸झंझर [<OIA.m. *jharjhara-*[2] 'a strainer': T.05349] *m.* ジャッジャル《素焼きの水甕(みずがめ)》.

झट /jʰaṭa ジャト/ [onom.; <OIA. *jhaṭ- 'sudden movement': T.05327] *adv.* 即座に;さっと, ぱっと. ❐ ～ से 即座に.

झटकना /jʰaṭakanā ジャタクナー/ [cf. OIA. *jhaṭ- 'sudden movement': T.05327] *vt.* (*perf.* झटका /jʰaṭakā ジャトカー/) **1** 激しく振る;振り落とす, 振り払う. (⇒झटकारना) ❐न स्वर में कोई उतार-चढ़ाव, न शैली में कहीं शृंगार-अलंकार न सिर झटकते हैं, न हाथ फेंकते हैं, पर एक-एक शब्द में इस्पाती दृढ़ता है -- जैसे कोई लोहे की क़लम से पत्थर पर लिख रहा हो। (彼の)声には特に抑揚があるわけでもなく, 語り口にどこか飾りや装飾があるわけでもない, また頭を激しく振るわけでもなく, 拳をふりあげるわけでもない, しかし一つ一つの言葉には鋼鉄のような堅固さがある -- まるで鉄筆で石に刻みこんでいるかのように. ❐संयुक्त मोर्चा को जाति, धर्म या संकीर्ण क्षेत्रीयतावाद आदि को झटक कर स्वच्छ और प्रभावी शासन तथा आर्थिक विकास में तेजी लाकर अपनी सर्वमान्य छवि बनानी होगी। 連合戦線は, カースト, 宗教あるいは偏狭な地域主義などを振り払って, 公明かつ効果的な施政と経済発展にはずみをつけ, 誰からも受け入れられるイメージを作る必要があるだろう. **2** 強奪する;むしり取る.
— *vi.* (*perf.* झटका /jʰaṭakā ジャトカー/) (心配・病気などで)やつれる.

झटका /jʰaṭakā ジャトカー/ [cf. *झटकना*] *m.* (手で)激しく振り払うこと;激しく衝撃を与えること. ❐ ～ देना 激しく振る, 突き飛ばす. ❐एक झटके में 激しく振って, 突き飛ばして. ❐झटके से हाथ छुड़ा लेना 突き飛ばして手を振り払う. ❐उसने लगाम को झटके दिए। 彼は(馬を走らせようと)手綱に何回か力をこめた.

झटकाना /jʰaṭakānā ジャトカーナー/ ▸झटकारना [cf. *झटकना*] *vt.* (*perf.* झटकाया /jʰaṭakāyā ジャトカーヤー/) ☞झटकारना

झटकारना /jʰaṭakāranā ジャトカールナー/ [cf. *झटकाना*] *vt.* (*perf.* झटकारा /jʰaṭakārā ジャトカーラー/) 激しく振る.

झटपट /jʰaṭapaṭa ジャトパト/ [echo-word; cf. *झट*] *adv.* 即座に;ぱっと, さっと. ❐ ～ खाना 即席料理.

झड़न /jʰaṛana ジャラン/ [cf. *झड़ना*] *f.* (髪の毛・葉などが)はらはらと落ちること.

झड़ना /jʰaṛanā ジャルナー/ [<OIA. *jhaṭati 'falls': T.05328] *vi.* (*perf.* झड़ा /jʰaṛā ジャラー/) **1** はらはらと落ちる;(毛髪が)抜け落ちる;(葉が)落葉する;(つもったほこりが)落ちる. ❐बालों के झड़ने, पतले होने, गंजेपन और रूसी की रोकथाम के लिए विश्व-प्रसिद्ध 脱毛, 細毛, 禿げそしてフケを防ぐことでは世界的に有名《あるヘヤー・オイル (हेयर आयल) の宣伝文句》. ❐इसमें शक नहीं कि बातचीत की कला में उनका जवाब नहीं है इस तरह बोलते हैं जैसे मुँह से शब्द नहीं फूल झड़ रहे हों। 話術において彼に太刀打ちできる者はいないということに疑いの余地がない, 彼がしゃべるとまるで口から言葉ではなく花がこぼれ落ちるかのようである. **2** (泥・ほこりなどが)ふるい落とされる. **3**《主に 〖नौबत झड़ना〗 の形式で「(祝賀にために)太鼓が打ち鳴らされる, お祭り騒ぎになる」の意》 ❐शाही नौबतख़ाने में नौबत झड़ रही थी। 王室の軍楽隊の広間では祝賀の太鼓が打ち鳴らされていた.

झड़प /jʰaṛapa ジャラプ/ [cf. *झड़पना*] *f.* **1** (つかみ合いの)けんか, 小競り合い. ❐ ～ को तो बात ही क्या, मैंने उनमें कभी विवाद होते भी न सुना था। つかみ合いのけんかなんてとんでもない, 私は彼らが言い争っていることだって聞いたことがないよ. **2** 口げんか, 言い争い, 口論. ❐इसपर पिता-पुत्र में एक ～ हो गयी। このことに父と息子の間に一つの言い争いがおこった.

झड़पना /jʰaṛapanā ジャラプナー/ [cf. OIA. *jhaṭ- 'sudden movement': T.05327; cf. *झपटना*] *vi.* (*perf.* झड़पा /jʰaṛapā ジャルパー/) つかみかかる. (⇒झपटना)
— *vt.* (*perf.* झड़पा /jʰaṛapā ジャルパー/) ひったくる.

झड़बेरी /jʰaṛaberī ジャルベーリー/ [*झाड़*[1] + *बेरी*] *f.* 〖植物〗 ジャルベリー《イヌナツメ(の実), 別名インドナツメ》. ❐ ～ का काँटा ジャルベリーのとげ《「けんかをしかけたり絡んでくる人」のたとえ》.

झड़वाना /jʰaṛavānā ジャルワーナー/ ▸झड़ाना [caus. of *झड़ना, झाड़ना*] *vt.* (*perf.* झड़वाया /jʰaṛavāyā ジャルワーヤー/) (泥・ほこりなどを)ふるい落とさせる;ふるい落としてもらう.

झड़ाई /jʰaṛāī ジャラーイー/ [cf. *झाड़ना*] *f.* (泥・ほこりなどを)ふるい落とす仕事;(泥・ほこりなどを)ふるい落とす手間賃.

झड़ाना /jʰaṛānā ジャラーナー/ ▸झड़वाना *vt.* (*perf.* झड़ाया /jʰaṛāyā ジャラーヤー/) ☞झड़वाना

झड़ी /jʰaṛī ジャリー/ [cf. *झड़ना*] *f.* **1** にわか雨;(涙などの)とめどない流れ. ❐पत्र का अंतिम वाक्य पढ़कर मेरी आँखों से आँसुओं की ～ लग गई। 手紙の最後の文を読んで私の目から涙がとどめなく流れた. ❐वर्षा की ～ लगी। にわか雨が降った. **2** (降り注ぐ雨あられのように)絶え間のないもの. ❐उनके सामने प्रश्नों की ～ लग गई थी। 彼の前に質問の雨が降った. ❐प्रमाणों की ～ लग गई। 証拠が雨あられと出された.

झन /jʰana ジャン/ [onom.] *f.* 〔擬音〕ジャン, シャン《金属の触れ合う音》.

झनकना /jʰanakanā ジャナクナー/ ▸झनझनाना [<OIA. *jhaṇatka- 'tinkling': T.05331] *vi.* (*perf.* झनका /jʰanakā ジャンカー/) ☞झनझनाना

झनकाना /jʰanakānā ジャンカーナー/ ▸झनझनाना [cf. *झनकना*] *vt.* (*perf.* झनकाया /jʰanakāyā ジャンカーヤー/) ☞झनझनाना

झनकार /jʰanakāra ジャンカール/ ▹झंकार [*झन* + *-कार*; cf. *झंकार*] *f.* ☞झंकार

झनझनाना /jʰanajʰanānā ジャンジャナーナー/ ▸झनकना, झनकाना [<OIA. *jhaṇajhaṇāyatē* 'jingles': T.05330] *vi.* (*perf.* झनझनाया /jʰanajʰanāyā ジャンジャナーヤー/) (金属などが触れ合って)ジャンジャン[シャンシャン]

(झन-झन) 鳴る. (⇒झंकारना) ❐झाँझ और मजीरे झनझना उठे। 大小のシンバルの音が鳴り響いた. ❐नाचनेवाली के नूपुर झनझनाते रहते थे। 踊り子の鈴の付いた足飾りがシャンシャンと鳴り続けていた. ❐मेज़ पर गड़ा चाक़ू अभी तक झनझना रहा था। 机に刺さったナイフが, まだぶるぶる音をたてていた. — *vt.* (*perf.* झनझनाया /jʰana̸jʰanāyā ジャンジャナーヤー/) (金属などを触れ合わせて)ジャンジャン[シャンシャン]鳴らす. ❐वह अपनी कमर में घुँघरूदार करधनी झनझनाते चलती थी। 彼女は腰の鈴の付いた飾りベルトをシャンシャン鳴らして歩いていた.

झनझनाहट /jʰana̸jʰanāhaṭa̸ ジャンジャナーハト/ [*झनझनाना* + *-आहट*] *f.* (金属などが触れ合って鳴る)ジャンジャン[シャンシャン](という音).

झननाना /jʰana̸nānā ジャンナーナー/ [cf. *झन*] *vi.* (*perf.* झननाया /jʰana̸nāyā ジャンナーヤー/) ☞झनझनाना

झननाहट /jʰana̸nāhaṭa̸ ジャンナーハト/ [*झननाना* + *-आहट*] *f.* ☞झनझनाहट

झपक /jʰapaka̸ ジャパク/ [cf. *झपकना*] *f.* 瞬き(の間), 瞬時.

झपकना /jʰapaka̸nā ジャパクナー/ ▸झपना [<OIA. **jhapp-*[1] 'sudden movement': T.05336] *vi.* (*perf.* झपका /jʰapa̸kā ジャプカー/) **1** (瞼(まぶた)が)閉じる;まどろむ. ❐प्रभातकाल के समय उसकी आँखें, एक क्षण भर के लिए, झपक गईं। 早朝彼女は一瞬まどろんだ ❐मुझे यहाँ आये एक सप्ताह हो गया, लेकिन आखें पल भर के लिए भी नहीं झपकीं। सारी रात करवटें बदलते बीत जाती है। 私はここに来て一週間になります, でも一瞬たりとも瞼が閉じたことがありません. 一晩中寝返りを打って時間が過ぎていきます. **2** (当惑・恥ずかしさなどで目が)伏せられる, うつむく. **3** まばたきする, (目を)ぱちくりさせる. ❐सबकी आँखें झपक जाएँगी, लोग आश्चर्य से चकित रह जाएँगे। 皆は目をぱちくりさせるだろう, 人々は驚きで唖然とするだろう.

झपकाना /jʰapa̸kānā ジャプカーナー/ [cf. *झपकना*] *vt.* (*perf.* झपकाया /jʰapa̸kāyā ジャプカーヤー/) **1** (瞼(まぶた)を)閉じる;まどろむ. ❐वे अभी पलक भी न झपका पाए थे कि उसने उन्हें चूम लिया। 彼がまだ瞼すら閉じることができないうちに, 彼女は彼に口づけをしてしまった. **2** (目を)まばたきさせる.

झपकी /jʰapa̸kī ジャプキー/ [cf. *झपकना*] *f.* まどろみ, うたた寝. ❐गाड़ी में बैठा तो मुझे झपकियाँ आने लगीं। 車に座ると私はうとうとしてきた. ❐न जाने कब ～ आ गई और मैंने एक बुरा सपना देखा। いつの間にかうたた寝をしてしまった, そして私は一つの悪い夢を見た. ❐बैठे-बैठे झपटियाँ लेने लगी। 彼女は座ったままうつらうつらし始めた.

झपट /jʰapaṭa̸ ジャパト/ [cf. *झपटना*] *f.* 飛びかかること, 襲いかかること.

झपटना /jʰapaṭa̸nā ジャパトナー/ [<OIA. **jhapp-*[1] 'sudden movement': T.05336; cf. *झड़पना*] *vi.* (*perf.* झपटा /jʰapa̸ṭā ジャプター/) **1** 急に飛びかかる, ぱっと(झप) 襲いかかる. (⇒झड़पना, लपकना) ❐क्यों आप लोग उसपर झपटकर उसके हाथ से बंदूक़ नहीं छीन लेते? どうしてあなた方は彼に飛びかかって彼の手から銃を奪いとらないのですか? ❐वह मुट्ठी बाँधकर मेरी ओर झपटा। 彼は, 拳骨を握り締め, 私に襲いかかった. ❐शराब का नशा उसके ऊपर सिंह की भाँति झपटा और दबोच बैठा। 酒の酔いは, 獅子のごとく彼に襲いかかり, そして圧しつぶした. **2** 急に駆け寄る. (⇒लपकना) ❐सहसा वह झपटकर आगे आई। 不意に彼女は駆け寄って前に進み出た. ❐उसने आते ही मुझसे झपककर कहा। 彼はやって来るなり私に駆け寄って言った. — *vt.* (*perf.* झपटा /jʰapa̸ṭā ジャプター/) 急に襲いかかってひったくる. (⇒लपकना)

झपटाना /jʰapa̸ṭānā ジャプターナー/ [caus. of *झपटना*] *vt.* (*perf.* झपटाया /jʰapa̸ṭāyā ジャプターヤー/) すばやく行かせる;全速力で(人を)送り出す.

झपट्टा /jʰapaṭṭā ジャパッター/ ▸झपाटा [<OIA. **jhapp-*[1] 'sudden movement': T.05336] *m.* **1** 急襲, 襲撃, 不意打ち. **2** (災害・伝染病など不意の厄災の)急襲.

झपना /jʰapa̸nā ジャプナー/ [cf. *झपकना*] *vi.* (*perf.* झपा /jʰapā ジャパー/) ☞झपकना

झपाटा /jʰapāṭā ジャパーター/ ▸झपट्टा *m.* ☞झपट्टा

झबरा /jʰaba̸rā ジャブラー/ [?] *adj.* (髪の毛が)長い;(動物の毛足が)長い. ❐झबरी बिल्ली 毛足の長い猫.

झबरीला /jʰaba̸rīlā ジャブリーラー/ [cf. *झबरा*] *adj.* ☞झबरा

झमकना /jʰamaka̸nā ジャマクナー/ [cf. *झमझम, झमझमाना*] *vi.* (*perf.* झमका /jʰama̸kā ジャムカー/) **1** チャラチャラ[ジャラジャラ] (झम-झम) 音がする. **2** ピカピカと輝く.

झमकाना /jʰama̸kānā ジャムカーナー/ [cf. *झमकना*] *vt.* (*perf.* झमकाया /jʰama̸kāyā ジャムカーヤー/) **1** チャラチャラ[ジャラジャラ] (झम-झम) 音をたてる. **2** ピカピカと輝かせる;まばゆくさせる.

झमझम /jʰama̸jʰama̸ ジャムジャム/ [cf. OIA. **jhamm-*[3] 'flash': T.05341; cf. OIA. **jhamm-*[4] 'jingle, tingle': T.05342] *f.* **1**〔擬音〕(鈴の)シャンシャンという音. **2**〔擬音〕(雨が)ザーザー降る音. **3** きらきら輝くこと. — *adv.* **1**〔擬音〕シャンシャンと(鈴が鳴る). **2**〔擬音〕ザーザーと(雨がふる). **3** きらきらと(輝く).

झमझमाना /jʰama̸jʰamānā ジャムジャマーナー/ [cf. *झमझम*] *vi.* (*perf.* झमझमाया /jʰama̸jʰamāyā ジャムジャマーヤー/) **1** (鈴などが)シャンシャンと鳴る. **2** (雨が)ザーザー降る. **3** きらきら輝く. — *vt.* (*perf.* झमझमाया /jʰama̸jʰamāyā ジャムジャマーヤー/) **1** (鈴などを)シャンシャンと鳴らす. **2** 輝やかせる.

झमाझम /jʰamājʰama̸ ジャマージャム/ [cf. *झमझम*] *adv.* **1**〔擬音〕ザーザーと(雨がふる). ❐पानी ～ बरस रहा था। 雨がザーザーと降っていた. **2** きらきらと(輝く).

झमेला /jʰamelā ジャメーラー/ [<OIA. **jhamm-*[2] 'entanglement': T.05340] *m.* 面倒(なこと), 厄介事;もめごと, ごたごた. ❐(के) झमेले में पड़ना [फँसना] (…の)もめごとに巻き込まれる.

झरझर /jʰara̸jʰara̸ ジャルジャル/ [cf. *झरना*] *f.* **1**〔擬音〕(小さな滝の)流れ落ちる音. **2** (涙の)こぼれ落ちる様, はらはら, ぽとぽと. ❐उसकी आँखों से ～ आँसू बहने लगे। 彼女の目からはらはらと涙がこぼれ落ちた.

झरझराना /jʰara̸jʰarānā ジャルジャラーナー/ [cf. *झरझर*] *vi.* (*perf.* झरझराया /jʰara̸jʰarāyā ジャルジャラーヤー/) (滝の水などが) ザーザーと流れ落ちる; (涙などが) はらはらとこぼれ落ちる.

झरना /jʰara̸nā ジャルナー/ [<OIA. **jharati*[1] 'flows down': T.05346] *vi.* (*perf.* झरा /jʰarā ジャラー/) **1** (水が) 滝になって落ちる. **2** (涙などが) したたり落ちる. ❐उसकी आँखों से आँसू की बूँदें झरने लगीं। 彼女の目から涙のしずくがしたたり落ちた. **3** (天界から祝福の花が) 降り注ぐ.
— *m.* **1**〖地理〗滝. (⇒जलप्रपात) **2**〖地理〗泉. (⇒चश्मा, सोता)

झरी /jʰarī ジャリー/ [cf. *झरना*] *f.* **1**〖地理〗滝. **2**〖地理〗泉. (⇒चश्मा, सोता)

झरोखा /jʰarokʰā ジャローカー/ [cf. *झँझरी*] *m.* ジャローカー《壁に作られた格子の小さな窓》. ❐राजकुमारी विरह से व्यथित अपने महल के झरोखों से झाँका करती। 王女は別離の悲しみにくれて自分の宮殿の格子窓から(外を)覗き見するのでありました. ❐झरोखे पर बैठना 小さな格子窓のそばに座る.

झलक /jʰalaka̸ ジャラク/ [cf. *झलकना*] *f.* **1** (目・顔色にあふれでる) 輝き, きらめき. ❐उनके मुख पर प्रसन्नता की ～ न थी। 彼の顔には喜びの輝きはなかった. ❐गोरी-सी, गर्वशील, स्वस्थ, चंचल आँखोंवाली बालिका थी, जिसके मुख पर प्रतिभा की ～ थी। 色白の, 誇り高い, 健康な, よく動く目をした少女だった, その顔には才気の輝きがあった. **2** ひと目, 一見, ちらりと見えること, 垣間見えること. ❐उन्हें इन शब्दों में आशा की ～ दिखाई दी। 彼にはこれらの言葉の中に希望が垣間見えた. ❐सबके चेहरे पर स्वार्थ की ～ थी। 誰の顔にも私利私欲がちらりと見えていた.

झलकना /jʰalaka̸nā ジャラクナー/ [cf. OIA. **jhal-*[3] 'flash': T.05352; cf. *झलझलाना*] *vi.* (*perf.* झलका /jʰala̸kā ジャルカー/) **1** ちらっと見える; 一瞬きらめく. ❐उसके गहरे साँवले, पिचके हुए चेहरे पर मुस्कराहट की मृदुता झलक पड़ी। 彼の真っ黒な, しなびた顔に柔和な微笑が一瞬見えた. ❐उसके दोनों कपोलों पर और ललाट में पसीने की दो-चार बूँदें झलक उठती थीं। 彼の両頬と額には数滴の汗が光っていた. ❐युवती की सारी देह पसीने में तर थी, जिससे उसका उभरा हुआ वक्ष साफ़ झलक रहा था। 娘の全身が汗で濡れていた, そのため彼女の盛り上がった胸がくっきりと見えていた. **2** ちらっと印象をうける, 窺われる. ❐उसकी बात से झलकता था कि पुस्तक उसने चुराई है। 彼の話しぶりから本は彼が盗んだのだと窺い知れた.

झलका /jʰala̸kā ジャルカー/ [?cf. *झलकना*] *m.*〖医学〗(皮膚の) 水ぶくれ. (⇒छाला, फफोला)

झलकाना /jʰala̸kānā ジャルカーナー/ [cf. *झलकना*] *vt.* (*perf.* झलकाया /jʰala̸kāyā ジャルカーヤー/) **1** 一瞬の間輝かせる. **2** 垣間見せる.

झलकी /jʰala̸kī ジャルキー/ [cf. *झलकना*] *f.* (放送番組などで) 見せ場となる目立つ部分, 見どころ, ハイライト. ❐राष्ट्रपति बराक ओबामा की भारत यात्रा की झलकियाँ バラク・オバマ大統領のインド訪問のハイライト.

झलझल /jʰala̸jʰala̸ ジャルジャル/ [cf. OIA. **jhal-*[3] 'flash': T.05352] *f.* (貴金属などが) ぴかぴかと光り輝くこと.
— *adv.* ぴかぴかと (貴金属などが光り輝く).

झलझलाना /jʰala̸jʰalānā ジャルジャラーナー/ ▸झलकना, झलकाना [cf. *झलझल*; cf. *झलकना*] *vi.* (*perf.* झलझलाया /jʰala̸jʰalāyā ジャルジャラーヤー/) ぴかぴかと輝く.
— *vt.* (*perf.* झलझलाया /jʰala̸jʰalāyā ジャルジャラーヤー/) ぴかぴかと輝かせる.

झलना[1] /jʰala̸nā ジャルナー/ [cf. *झालना*] *vi.* (*perf.* झला /jʰalā ジャラー/) はんだで接着される, はんだ付けされる.

झलना[2] /jʰala̸nā ジャルナー/ [<OIA. **jhal-*[2] 'sudden movement': T.05351] *vt.* (*perf.* झला /jʰalā ジャラー/) (扇子・うちわなどで) 扇ぐ; パタパタ[ひらひら]動かす. ❐वे उनके सिरहाने बैठे बड़े प्रेम से उनके मुँह पर पंखा झल रहे थे। 彼は彼女の枕元に腰掛けて優しく彼女の顔をうちわで扇いでいた.

झलमल /jʰala̸mala̸ ジャルマル/ ▸झिलमिल *f.* ☞झिलमिल

झलरी /jʰala̸rī ジャルリー/ [?] *f.*〖楽器〗ジャルリー《シンバルの一種》. (⇒झाँझ)

झलवाना[1] /jʰala̸vānā ジャルワーナー/ ▸झलाना [caus. of *झलना, झालना*] *vt.* (*perf.* झलवाया /jʰala̸vāyā ジャルワーヤー/) はんだで接着させる; はんだで接着してもらう.

झलवाना[2] /jʰala̸vānā ジャルワーナー/ [caus. of *झलना*] *vt.* (*perf.* झलवाया /jʰala̸vāyā ジャルワーヤー/) 扇がせる; 扇いでもらう.

झलाई /jʰalāī ジャラーイー/ [cf. *झालना*] *f.* はんだ付け(の作業); はんだ付けの手間賃.

झलाईगर /jʰalāīgara̸ ジャラーイーガル/ [*झलाई* + *-गर*] *m.* はんだ付けの職人; 溶接職人.

झलाना /jʰalānā ジャラーナー/ ▸झलवाना [caus. of *झलना, झालना*] *vt.* (*perf.* झलाया /jʰalāyā ジャラーヤー/) ☞झलवाना

झल्ला[1] /jʰallā ジャッラー/ [?] *m.* 大きなかご.

झल्ला[2] /jʰallā ジャッラー/ [<OIA. **jhal-*[2] 'sudden movement': T.05351] *m.* 風をともなう雨.

झल्ला[3] /jʰallā ジャッラー/ [<OIA. **jhal-*[3] 'flash': T.05352] *adj.* すぐかっとなる(人).

झल्लाना /jʰallānā ジャッラーナー/ [<OIA. **jhal-*[3] 'flash': T.05352] *vi.* (*perf.* झल्लाया /jʰallāyā ジャッラーヤー/) 苛立ってかっとなる; 苛立ってののしる. ❐वह झल्लाता हुआ चला गया। 彼はぷりぷり怒りながら立ち去った. ❐एक दिन वह झल्लाया हुआ मेरे घर आ धमका। ある日彼は大変な剣幕で私の家に突然おしかけて来た.
— *vt.* (*perf.* झल्लाया /jʰallāyā ジャッラーヤー/) 苛立たせて怒らす.

झल्लाहट /jʰallāhaṭa̸ ジャッラーハト/ [cf. *झल्लाना*] *f.* 癇癪(かんしゃく), 苛立ち. ❐इतिहास के प्रति हिंदुओं की उदासीनता पर मुझे कभी-कभी बड़ी ～ होती है। 歴史に対するヒンドゥー教徒の無関心ぶりに私は時々激しく苛立つのである.

झल्ली /jʰallī ジャッリー/ [cf. *झल्ला*[1]] *f.* 小さなかご.

झाँईं /jʰā̃ī̃ ジャーンイーン/ ▸झाँई, झाईं *f.* ☞झाँई

झाँई /jʰãī ジャーンイー/ ▸झाँईं, झाईं [<OIA. **jhāma-*[1] 'burnt': T.05366; cf. Skt.n. *झामक-* 'a burnt or vitrified brick'] *f.* **1** そばかす;(皮膚の)しみ;(鏡などの汚れた)斑点. ❒～ पड़ना しみができる. **2** 幻影;目をくらませるもの. (⇒परछाईं) ❒(को) ～ आना (人の)目がくらむ;呆然となる. **3** ごまかし, ペテン. ❒(को) ～ देना [बताना] (人を)甘言でだます.

झाँई-झप्पा /jʰãī-jʰappā ジャーンイー・ジャッパー/ *m.* ごまかし;ペテン. ❒(के साथ) ～ करना (人を)ペテンにかける.

झाँई-माँई /jʰãī-mãī ジャーンイー・マーンイー/ *f.* 〖ゲーム〗ジャーンイー・マーンイー《子どもが輪になって遊ぶ一つ》.

झाँकना /jʰãkanā ジャーンクナー/ [<OIA. **jhaṅkh-*[1] 'peep': T.05325] *vi.* (*perf.* झाँका /jʰãkā ジャーンカー/) **1** (中を)覗く;(外を)うかがう;盗み見る. ❒दोनों ने द्वार पर आकर किवाड़ों के दराज़ से अंदर झाँका। 二人は戸口に来て, 扉の板の割れ目から中を覗いた. ❒उसने बाहर झाँका। 彼は外をうかがった. ❒एक आदमी पेड़ की आड़ में खड़ा झाँक रहा है। 一人の男が木の陰に立って盗み見している. ❒आज फ़िल्मी पत्रिकाएँ न सिर्फ़ अभिनेत्रियों के ड्राइंग रूम रूम बल्कि उनके बेडरूम यहाँ तक कि बाथरूम में भी झाँक आती हैं। 最近の映画雑誌は女優たちの客間ばかりでなく, 寝室や浴室すらまでも覗き見している. **2** 垣間見る, うかがう;ちょっと訪問する. ❒पत्रों में झाँकती रिल्के की दुनिया 書簡に垣間見えるリルケの世界.

झाँकी /jʰãkī ジャーンキー/ [cf. *झाँकना*] *f.* **1** 垣間見ること;一瞥. **2** 簡略な概要. **3** 〖ヒンドゥー教〗ジャーンキー《ヒンドゥー教祭礼の時に飾られるクリシュナ神の誕生など神々にまつわる劇的場面, またそれを模した山車(の行列)》.

झाँख /jʰãkʰa ジャーンク/ [?] *m.* 〖動物〗チータル《まだら模様のあるシカ科の一種》. (⇒चीतल)

झाँझ /jʰãjʰa ジャーンジ/ [onom.; <OIA. **jhāñjha-* 'tinkling': T.05361] *f.* 〖楽器〗ジャーンジ《シンバルの一種》. (⇒मजीरा) ❒झाँझ और मजीरे झनझना उठे। 大小のシンバルがジャンジャンと鳴り響いた.

झाँझा /jʰãjʰā ジャーンジャー/ *m.* 〖昆虫〗毛虫, イモムシ.

झाँट /jʰãṭa ジャーント/ [<OIA. **jhanṭa-* 'hair': T.05334] *f.* **1** 陰毛. **2**〔俗語〕取るに足らないもの, くだらないもの.

झाँप /jʰãpa ジャーンプ/ [cf. *झाँपना*] *f.* 覆い, カバー.

झाँपना /jʰãpanā ジャーンプナー/ [<OIA. **jhapp-*[2] 'cover': T.05337] *vt.* (*perf.* झाँपा /jʰãpā ジャーンパー/) 覆う;隠す.

झाँय-झाँय /jʰãya-jʰãya ジャーエン・ジャーエン/ ▸झाँव-झाँव [onom.] *f.* ☞झाँव-झाँव

झाँव-झाँव /jʰãva-jʰãva ジャーオン・ジャーオン/ ▸झाँय-झाँय [onom.] *f.* 言い争い, 口論.

झाँवाँ /jʰãvã ジャーンワーン/ ▸झाँवा, झामा [<OIA. **jhāma-*[1] 'burnt': T.05366; cf. Skt.n. *झामक-* 'a burnt or vitrified brick'] *m.* 焼けすぎて黒ずんだレンガ《軽石代わりに使われる》. ❒उसकी त्वचा का रंग झाँवें जैसा था। 彼女の肌の色は黒ずんだレンガのようだった.

झाँवा /jʰãvā ジャーンワー/ ▸झाँवाँ, झामा *m.* ☞झाँवाँ

झाँसा /jʰãsā ジャーンサー/ [?] *m.* **1** こそ泥, ペテン;(悪ふざけで)人をかつぐこと. ❒(को) ～ देना (人を)だます, かつぐ. **2** 甘言, おだて. ❒मैं ऐसी अनाड़ी नहीं हूँ कि किसी के झाँसे में आ जाऊँ। 私は他人のおだてにのるようなバカではないですよ.

झाँसा-पट्टी /jʰãsā-paṭṭī ジャーンサー・パッティー/ *f.* ペテン;おだて.

झाँसी /jʰãsī ジャーンスィー/ [cf. Eng.n. *Jhansi*] *f.* 〖地名〗ジャーンスィー《ウッタル・プラデーシュ州 (उत्तर प्रदेश) の城郭都市》.

झाईं /jʰāī̃ ジャーイーン/ ▸झाँईं, झाँई *f.* ☞झाँई

झाऊ /jʰāū ジャーウー/ [<OIA.m. *jhāvu-* '*Tamarix indica*': T.05383] *m.* 〖植物〗タマリスク《ギョリュウ属の低木;小枝はかごやほうきなどの材料として使用》. ❒～ चूहा 〖動物〗ハリネズミ.

झाग /jʰāga ジャーグ/ [<OIA. **jhaggā-* 'froth, scum': T.05322] *m.* **1** 泡(あわ), あぶく《一つ一つの泡は बुलबुला》. ❒～ उठना 泡立つ. **2** 〖医学〗(口からの)泡.

झागदार /jʰāgadāra ジャーグダール/ [*झाग* + *-दार*] *adj.* 泡(あわ)立った, あぶくの浮いた.

झाड़[1] /jʰāṛa ジャール/ ▸झार [<OIA.m. *jhāṭa-* 'forest, arbour': T.05362] *m.* (低木の)茂み;潅木;イバラ.

झाड़[2] /jʰāṛa ジャール/ [cf. *झाड़ना*] *f.* **1** 叱責(の言葉). ❒(से) ～ खाना (人から)叱責を受ける. **2** 悪魔祓(ばら)い(の呪文). ❒～ फूँकना 悪魔祓いの呪文を唱える.

झाड़-झंखाड़ /jʰāṛa-jʰaṃkʰāṛa ジャール・ジャンカール/ *m.* (いばらなどの)茂み.

झाड़न /jʰāṛana ジャーラン/ [cf. *झाड़ना*] *f.* **1** 塵(ちり), ほこり. **2** 雑巾.

झाड़ना /jʰāṛanā ジャールナー/ [<OIA. **jhāṭayati* 'shakes down': T.05362z1] *vt.* (*perf.* झाड़ा /jʰāṛā ジャーラー/) **1** (木の実などを)ゆすって落とす. **2** (ごみを取り除くため)振る, ゆする, はらう, はたく, 掃く. ❒वह धूल झाड़ता हुआ उठ खड़ा हुआ। 彼は土をはらい落としながら立ち上がった. ❒मेज़ झाड़ दो। 机にはたきをかけなさい. **3** (生え変わりのため)(羽を)払い落とす. ❒यह पक्षी ग्रीष्मऋतु में अपने पुराने पंख झाड़ता है। この鳥は夏に古い羽を払い落とす. **4** (こぶし・平手で)殴る. ❒उसने मेरी गाल पर थप्पड़ झाड़ दी। 彼女は私の頬に平手打ちをくわせた. **5** (呪文などで)(憑きものを)払い落とす. **6** こっぴどく叱りつける. (⇒घुड़कना, डाँटना, फटकारना) ❒आज मैंने उसे ऐसा झाड़ा कि वह ठंडा हो गया। 今日私は彼をこっぴどく叱りつけた, そしたらおとなしくなったよ. **7** (脅しや計略でお金を)まきあげる. (⇒ऐंठना, झँसना) ❒ज़रा-सी बात में पुलिस ने दो सौ रुपए झाड़ लिए। ちょっとしたことで警察に二百ルピーまきあげられてしまった. **8** (知識を)ひけらかす.

झाड़-पोंछ /jʰāṛa-põcʰa ジャール・ポーンチ/ [*झाड़ना* +

पोंछना] *f.* (塵ほこりなどを) 落としてきれいにする, 掃除. ❒कमरे की 〜 भी रोज़ करता हूँ। 部屋の掃除も毎日しています.

झाड़-फ़ानूस /jʰāṛa̧-fānūsa̧ ジャール・ファーヌース/ *m.* ☞ फ़ानूस

झाड़-फूँक /jʰāṛa̧-pʰū̃ka̧ ジャール・プーンク/ [*झाड़ना* + *फूँकना*] *f.* (悪霊・病気などの) お祓(はら)い. ❒बीमारी में दवा-दारू भी करते हैं, 〜 भी, जैसी मरीज़ की इच्छा हो। (彼は) 病気には治療もしていたし, お祓(はら)いもしていた, 患者の望みどおりに.

झाड़ा /jʰāṛā ジャーラー/ [cf. *झाड़ना*] *m.* (悪霊・病気などの) お祓(はら)い.

झाड़ी /jʰāṛī ジャーリー/ [cf. *झाड़*[1]] *f.* **1** 〖植物〗低木, 灌木. ❒शत्रुओं का दल मशालें लिए झाड़ियों में घूम राहा है। 敵の一隊が松明を持って灌木の中を行き来している. **2** (灌木の) 茂み. ❒〜 में से एक तेंदुआ निकला। 茂みの中から一頭のヒョウが出てきた.

झाड़ू /jʰāṛū ジャールー/ [cf. *झाड़ना*] *m.* ほうき; 熊手. (⇒बढ़नी, बुहारी) ❒〜 देना [लगाना] ほうきで掃く. ❒(पर) 〜 जमाना [मारना] (人を) ほうきで叩く.

झाड़ू-बुहारू /jʰāṛū-buhārū ジャールー・ブハールー/ [*झाड़ना* + *बुहारना*] *m.* (家の) 掃除. ❒〜, रसोई, चौका-बरतन, लड़कों की देख-भाल यह कोई थोड़ा काम है। 家の掃除, 台所仕事, 食事の後片付け, 子どもたちの面倒, これは生易しい仕事ではない.

झापड़ /jʰāpaṛa̧ ジャーパル/ [?] *m.* 平手打ち, びんた. (⇒तमाचा, थप्पड़) ❒(को) 〜 मारना (人を) 平手打ちする.

झाबा /jʰābā ジャーバー/ [?] *m.* ジャーバー《つるで編んだ大きなかご》. ❒वह बैठकर घास छीलने लगी और एक घंटे में उसका 〜 आधे से ज़्यादा भर गया। 彼女はしゃがんで草をむしり始めたそして1時間で彼女のかごは半分より多く一杯になった.

झामर[1] /jʰāmara̧ ジャーマル/ [<OIA. **jhamm-*[3] 'jingle, tingle': T.05342] *m.* ジャーマル《アンクレットの一種》.

झामर[2] /jʰāmara̧ ジャーマル/ [←Skt.m. *झामर-* 'a small whetstone (used for sharpening spindles, needles, etc.)'] *m.* 小さな砥石《紡錘や針などを砥ぐために使用》.

झामा /jʰāmā ジャーマー/ ▸झाँवाँ, झाँवा *m.* ☞झाँवाँ

झार /jʰāra̧ ジャール/ ▸झाड़ *m.* ☞झाड़[1]

झारखंड /jʰāra̧kʰaṃḍa̧ ジャールカンド/ [cf. Eng.n. *Jharkhand*] *m.* ジャールカンド(州)《州都はラーンチー (राँची)》.

झारी /jʰārī ジャーリー/ [<OIA. **jhārikā-* 'water-pot': T.05377] *f.* ジャーリー《首の長い水差し》.

झाल[1] /jʰāla̧ ジャール/ [cf. *झालना*] *f.* はんだ; はんだ付け.

झाल[2] /jʰāla̧ ジャール/ [?cf. Skt.f. *झालि-* 'sour or unripe mango fried with salt, mustard, and *Asa foetida*'] *f.* (味・香りなどの) 強い刺激.

झाल[3] /jʰāla̧ ジャール/ [<OIA.n. *jhallaka-* 'cymbal': T.05358z1] *m.* 〖楽器〗ジャール《大型のシンバル; ヒンドゥー教寺院での儀礼に使用》. (⇒झाँझ)

झाल[4] /jʰāla̧ ジャール/ [?cf. Skt.m. *ज्वाल-* 'light, torch; flame'] *f.* 火炎; 情欲.

झालना /jʰālana̧ā ジャールナー/ [<OIA. **jhālayati* 'causes to flow': T.05382] *vt.* (*perf.* झाला /jʰālā ジャーラー/) **1** はんだで接着する, はんだ付けする. (⇒टाँकना, पाँजना) **2** 密閉する.

झालर /jʰālara̧ ジャーラル/ [<OIA.f. *jhallarī-*[1] 'curl': T.05356] *f.* レース; フリル; ふさ飾り; ひだ飾り; ふち飾り. ❒〜 लगा परदा フリルのついたカーテン.

झालरदार /jʰālara̧dāra̧ ジャーラルダール/ [*झालर* + *-दार*] *adj.* レースのついた; フリルのついた; ふさ飾りのある; ひだ飾りのある; ふち飾りのある. ❒〜 गहना ふち飾りのついた装身具.

झाला /jʰālā ジャーラー/ [?] *m.* ジャーラー《シタール (सितार) などの弦楽器で出す技巧的な共鳴音》.

झिंझरी /jʰiṃjʰa̧rī ジンジリー/ [cf. *झँझरी*] *f.* 格子.

झिझक /jʰijʰaka̧ ジジャク/ [cf. *झिझकना*] *f.* ためらい, 躊躇(ちゅうちょ). (⇒संकोच)

झिझकना /jʰijʰaka̧nā ジジャクナー/ [?] *vi.* (*perf.* झिझका /jʰijʰa̧kā ジジカー/) ためらう, 躊躇(ちゅうちょ)する; ものおじする; 遠慮する. (⇒हिचकना) ❒उस दिन वह ज़रा भी नहीं लजाया, ज़रा भी नहीं झिझका। その日彼は少しもはにかまず, 少しもものおじしなかった.

झिड़कना /jʰiṛaka̧nā ジラクナー/ [cf. OIA. **jhaṭati* 'falls': T.05328; cf. *झड़ना*] *vt.* (*perf.* झिड़का /jʰiṛa̧kā ジルカー/) 叱りとばす, どなりつける. (⇒घुड़कना) ❒आप मुझे झिड़कें, घुड़कें, कोसें, इच्छा हो तो मेरे कान भी पकड़ें। あなたは私を叱るがいいわ, どなりつけるがいいわ, 呪うがいいわ, もしお望みなら私の耳をつかむがいいわ. ❒कभी-कभी तो हम लोगों को इस तरह झिड़क देता था जैसे हम इसकी प्रजा हों। 彼は時々我々を, 自分の臣民であるかのように叱りとばしていました.

झिड़कवाना /jʰiṛaka̧vānā ジラクワーナー/ ▸झिड़काना [caus. of *झिड़कना*] *vt.* (*perf.* झिड़कवाया /jʰiṛaka̧vāyā ジラクワーヤー/) 叱りとばさせる; 叱りとばしてもらう.

झिड़काना /jʰiṛa̧kānā ジルカーナー/ ▸झिड़कवाना *vt.* (*perf.* झिड़काया /jʰiṛa̧kāyā ジルカーヤー/) ☞झिड़कवाना

झिड़की /jʰiṛa̧kī ジルキー/ [cf. *झिड़कना*] *f.* 叱責(しっせき); 小言(こごと). ❒(को) 〜 [झिड़कियाँ] देना (人を) 叱る. ❒युवती ने मीठी 〜 के साथ कहा। 若い女は甘い小言とともに言った.

झिरझिर /jʰira̧jʰira̧ ジルジル/ [mimetic word] *adv.* じわじわ, ちょろちょろ《湧き水などがゆっくり流れ出るさま》.

झिरझिरा /jʰira̧jʰirā ジルジラー/ [?<OIA. **jhirati*[2] 'decays': T.05390] *adj.* ☞झीना

झिरी /jʰirī ジリー/ [cf. *झिरझिर*] *f.* **1** 割れ目, 裂け目, 隙間; (湧き水などの) 小さな穴. **2** (湧き水などがたまったり, 水が流れ込んだ) 水たまり.

झिलमिल /jʰilamila̧ ジルミル/ ▸झलमल [echo-word; cf. OIA. **jhil-* 'flash': T.05391] *f.* **1** (光の) 点滅, (明かり

の)またたき. **2** 薄明り, 薄暮.

झिलमिला /jʰilḁmilā ジルミラー/ [cf. *झिलमिल*] *adj.* **1** (光が)点滅する, (明かりが)またたく. **2** 薄明りの, 薄暮の; おぼろな, ぼんやりした. **3** (布地などが)薄い, 薄手の, 透けて見える. (⇒झीना)

झिलमिलाना /jʰilḁmilānā ジルミラーナー/ [cf. *झिलमिल*] *vi.* (*perf.* झिलमिलाया /jʰilḁmilāyā ジルミラーヤー/) (光るものが動いて)きらきら[ちらちら]する; ゆらめく; ちらつく. ❐उसने उन झिलमिलाते हुए तारों को देखा। 彼はあの点滅する星々を見た. ❐लौ झिलमिला रही है। 炎がゆらめいている. ❐सुहाग-कक्ष के माटी के दीवों के झिलमिलाते मंद प्रकाश में उसके मुख से मैंने आवरण हटाया। 新婚初夜の部屋の素焼きのランプのゆらめくにぶい光の中で私は彼女の顔からベールをはずした.

— *vt.* (*perf.* झिलमिलाया /jʰilḁmilāyā ジルミラーヤー/) (光るものを動かして)きらきら[ちらちら]させる.

झिलमिलाहट /jʰilḁmilāhaṭḁ ジルミラーハト/ [*झिलमिलाना* + *-आहट*] *f.* (光が)きらきらすること, (明かり)ちらちら点滅すること.

झिलमिली /jʰilḁmilī ジルミリー/ [cf. *झिलमिल*] *f.* (よろい板をつづった)日よけ, ベネチアン・ブラインド. ❐खिड़की की ~ 窓のブラインド.

झिल्ली[1] /jʰillī ジッリー/ [<OIA.m. *jhillīka-* 'cricket': T.05394] *f.* 〖昆虫〗コオロギ. (⇒झींगुर)

झिल्ली[2] /jʰillī ジッリー/ [?] *f.* 薄皮, 甘皮(あまかわ); 膜, 皮膜. ❐कोशिका ~ 〖生物〗細胞膜.

झिल्लीदार /jʰillīdārḁ ジッリーダール/ [*झिल्ली*[2] + *-दार*] *adj.* 甘皮(あまかわ)のある; 膜のある.

झींकना /jʰī̃kḁnā ジーンクナー/ ▸झींखना, झीखना [?cf. OIA. **jhikk-* 'bend, jerk': T.05384] *vi.* (*perf.* झींका /jʰī̃kā ジーンカー/) ぐずぐず繰り言を言う; ぶつぶつ愚痴を言う. ❐वह क़िस्मत को रोता-झींकता दूकान पर चला आया। 彼は運命を嘆き文句を言いながら店にやって来た.

झींखना /jʰī̃kʰḁnā ジーンクナー/ ▸झींकना, झीखना *vi.* (*perf.* झींखा /jʰī̃kʰā ジーンカー/) ☞झींकना

झींगर /jʰī̃garḁ ジーンガル/ ▸झींगुर *m.* ☞झींगुर

झींगा /jʰī̃gā ジーンガー/ [<OIA. **jhiṅga-* 'prawn': T.05385] *m.* 〖動物〗エビ《主に川や池に生息している小型のエビの総称》. ❐समुद्री ~ ロブスター.

झींगी /jʰī̃gī ジーンギー/ [cf. *झींगा*] *f.* 〖動物〗小エビ.

झींगुर /jʰī̃gurḁ ジーングル/ ▸झींगर [<OIA. **jhiṅgura-* 'cockroach': T.05387] *m.* 〖昆虫〗コオロギ《コオロギ科の虫一般を指すことが多い; 鳴き声の擬声語は झीं-झीं》. (⇒झिल्ली)

झींसी /jʰī̃sī ジーンスィー/ [?cf. *झीना*] *f.* 霧雨. ❐~ पड़ना 霧雨が降る.

झीखना /jʰīkʰḁnā ジークナー/ ▸झींखना, झींकना *vi.* (*perf.* झीखा /jʰīkʰā ジーカー/) ☞झींकना

झीना /jʰīnā ジーナー/ [<OIA. **jhīna-* 'wasted, worn, thin': T.05395] *adj.* **1** (布地などが)薄い, 薄手の, 透けて見える. (⇒झिलमिला) ❐झीने परदे 透けて見えるカーテン. **2** ほのかな, かすかな. ❐झीनी वर्षा 小雨, 霧雨.

झील /jʰīlḁ ジール/ [<OIA. **jhilla-*[1] 'swamp, lake': T.05392] *f.* 〖地理〗湖; 沼.

झुँझलाना /jʰũjʰḁlānā ジュンジラーナー/ [?] *vi.* (*perf.* झुँझलाया /jʰũjʰḁlāyā ジュンジラーヤー/) 苛立つ, いらいらする; じれる; 腹立たしく思う. (⇒खिजलाना, खीझना) ❐कभी उसपर झुँझलाती, कभी अपने ऊपर। (彼女は)ある時は彼に腹を立て, またある時は自分自身に腹を立てるのであった. ❐वह झुँझलाकर बोली। 彼女は苛立って言った. ❐वह पति के अपव्यय पर झुँझलाती रहती थी। 彼女は夫の浪費を腹立たしく思っていた.

झुँझलाहट /jʰũjʰḁlāhaṭḁ ジュンジラーハト/ [*झुँझलाना* + *-आहट*] *f.* 苛立ち, 焦燥.

झुंड /jʰuṃḍḁ ジュンド/ [<OIA. **jhuṇḍra-* 'crowd': T.05402] *m.* **1** (動物・鳥などの)群れ, 集団. (⇒गल्ला, दल) ❐हाथियों का ~ 象の群れ. **2** (人の)群れ, 群衆; (兵士などの)一隊. (⇒दल) ❐सिपाहियों का एक ~ 兵士たちの一隊. ❐मुसाफ़िरों के ~ के ~ आने लगे। 旅人達の群れという群れが来始めた.

झुकना /jʰukḁnā ジュクナー/ [<OIA. **jhukkati* 'stoops, breaks': T.05399] *vi.* (*perf.* झुका /jʰukā ジュカー/) **1** 傾く, 傾斜する. **2** (頭が)うなだれる, うつむく; (目が)伏し目になる; 傾く. ❐यह लेख पढ़कर सिर शर्म से झुक गया। この記事を読んで, 恥ずかしさでうなだれてしまった. **3** (腰が)曲がる; 前にかがむ, かがみこむ. ❐वृद्धावस्था में उनकी कमर कुछ झुक गई थी। 歳をとって, 彼の腰は少し曲がってしまっていた. ❐उसने अपनी झुकी कमर को सीधा करके कहा। 彼は, 自分の曲がった腰をまっすぐにして言った. ❐उसने झुककर मेरी पीठ पर हाथ फेरते हुए प्यार-भरे स्वर में कहा। 彼はかがんで私の背中を手でさすりながら, 慈愛に満ちた声で言った. ❐उसने खाट पर झुककर आँसू भरी आँखों से मुझे देखा। 彼女はベッドの上にかがみこみ, 涙をためた目で私を見た. ❐मिलने पर उन्होंने काफ़ी हैदराबादी अंदाज़ में थोड़ा झुककर आदाब अर्ज़ किया। 会った時彼は, 見事なハイデラバード風の流儀で少し前かがみになってイスラム教徒の挨拶をした. **4** 服従する, 屈する; ひざまずく; 敬意を表する, 臣下の誓いをする. ❐वे पद त्याग कर अपने विरोधियों के आगे झुकने के मूड में नहीं हैं। 彼には, 職を辞してまで敵対者の前に屈する気配は見えない. ❐काल की गति के आगे सभी को झुकना पड़ता है। 定められた運命の前では, 皆ひざまずかざるをえません. **5** (重みが)偏る; (関心・興味が)傾く, 傾斜する; 傾倒する. ❐भारत के संविधान ने संघीय व्यवस्था क़ायम की है लेकिन पलड़ा केंद्र की तरफ़ झुका रहा है। インドの憲法は連邦制度を制定したが, 比重は中央政府に偏っている. ❐उसे जब से मैंने पहली बार देखा था, तभी से मेरा मन उनकी ओर झुका था। 彼を初めて見た時から, 私の心は彼にひかれた.

झुकवाना /jʰukḁvānā ジュクワーナー/ [caus. of *झुकना, झुकाना*] *vt.* (*perf.* झुकवाया /jʰukḁvāyā ジュクワーヤー/) ひざまずかせる; ひざまずいてもらう.

झुकाना /jʰukānā ジュカーナー/ [cf. *झुकना*] *vt.* (*perf.* झुकाया /jʰukāyā ジュカーヤー/) **1** 傾ける, 傾斜させる. ❐पढ़ते वक़्त किताब से आँखें उठाकर मैं कभी दूसरी ओर देखता, तो वे धीमे से मेरा कान पकड़कर फिर मेरा सिर किताब पर झुका देते। 勉強中

に本から目をそらし私が別の方を見ていると，彼はゆっくりと私の耳をつかんで再び私の頭を本の上に向けさせるのであった《こういう場合インドの教師は直接子どもの頭には触れず耳をつかむ》. **2** (頭を)垂れる，うなだれる，下げる；(目を)伏せる. (⇒नवाना) ❒मृत्यु-दंड पाये हुए आदमी की भाँति सिर झुकाये, वह चुपचाप खड़ा रहा। 死刑の宣告を受けた人間のように頭を垂れたまま，彼は黙って立ちつくした. ❒उसने अपराधी की भाँति सिर झुका लिया। 彼は罪人のように，頭を垂れた. ❒उसने गर्दन झुका ली। 彼女は，うなだれた. ❒वह भी उनके सामने सिर झुकाता है। 彼ですら，あの方の前では頭を下げる(＝恭順の態度を示す). ❒राय साहब तक उन्हें देखते ही सिर झुका देते थे। ラーエ氏までもが，あの方を見るやいなや頭を下げるのであった. ❒उसने आँखें झुकाकर कहा। 彼女は，目を伏せて言った. **3** (腰を)曲げる，かがめる；前にかがめる. ❒किताबों पर उन्होंने अधिक कमर न झुकाई थी। 本の上に，彼はあまり腰をかがめなかった(＝本の虫にはならなかった). **4** 服従させる；ひざまずかせる；敬意を表させる，臣下の誓いをさせる. **5** (重みを)かける；(関心・興味を)傾斜させる；傾倒する.

झुकाव /j^{h}ukāvⱥ ジュカーオ/ [cf. *झुकना*] *m.* **1** 傾斜，傾き. **2** 前かがみ，猫背，腰の曲がり. **3** 好み；意向；性癖，傾向；接近. ❒अमेरीका की ओर भारत का ～ मास्को और दिल्ली के बीच संबंधों के विकास में एक बड़ी रुकावट बन सकता है। アメリカに対するインドの接近はモスクワとデリーの間の関係進展に一つの大きな障害になりうる. ❒वह संस्कृत पढ़ते थे, मैं फ़ारसी पढ़ता था, बाद को हम दोनों का ～ हिंदी की ओर हुआ। 彼はサンスクリットを学んでいた，私はペルシヤ語を学んでいた，後に二人の好みはヒンディー語に向かった. ❒व्यस्तता के इस युग में संक्षिप्तता की ओर ～ स्वाभाविक है। 多忙なこの時代に簡略さを好むのは自然である.

झुग्गी /j^{h}uggī ジュッギー/ [?] *f.* (粗末な)小屋，掘立小屋，バラック. ❒～ बस्ती スラム(街)，貧民窟.

झुटपुटा /j^{h}uṭⱥpuṭā ジュトプター/ *m.* 薄明り，薄暮. ❒सहसा झुटपुटे में सामने कुछ दूर पर बड़ी-सी आग उठी। 突然薄明りの中で前方に少し離れたところで大きな火が上がった.

झुठलाना /j^{h}uṭ^{h}ⱥlānā ジュトラーナー/ [cf. *झूठ*] *vt.* (*perf.* झुठलाया /j^{h}uṭ^{h}ⱥlāyā ジュトラーヤー/) **1** 誤りであることを示す；反証する. ❒तुम तो अपनी बातों से सच्चों को भी झुठलाते हो। 君は，自らの言葉で真実すらも偽りであると示そうとしている. ❒मध्य प्रदेश में भी भाजपा को हार के कगार पर ढेलकर कांग्रेस ने तमाम पूर्वानुमानों को झुठला दिया। マディヤ・プラデーシュ州においてもインド人民党を敗北の極みに押しやって会議派はすべての予想を覆した. **2** 嘘を言ってごまかす，欺く. ❒वह भगवान् को शिशु रूप में पूजने से लेकर कुत्ते-बिल्ली तक को बेटे-बेटी का प्यार देकर अपनी मातृत्व की आकांक्षा को संतुष्ट करती है या बहलाती है, शायद झुठलाती भी है। 彼女は，神を幼子の姿として拝むことからはじめて，犬や猫にまで我が子に対するような愛情をそそぐことで，自分の母性愛を満足させているか慰めているのである，恐らく欺いてもいるのだ. ❒मृत्यु का कठोर सत्य उसकी लाश बनकर सामने पड़ा था और उसे झुठलाया नहीं जा सकता था। 死という過酷な現実が彼の死体となって前に横たわっていた，そしてそれはごまかしのきかないものだった.

झुनझुन /j^{h}unⱥj^{h}unⱥ ジュンジュン/ [onom.] *f.* 〔擬音〕(鈴などの音)シャンシャン，ジャンジャン.

झुनझुना /j^{h}unⱥj^{h}unā ジュンジュナー/ [onom.; cf. *झुनझुन*] *m.* (赤ん坊の玩具)ガラガラ.

झुनझुनाना /j^{h}unⱥj^{h}unānā ジュンジュナーナー/ [onom.; cf. *झुनझुन*; cf. *झनझनाना*] *vi.* (*perf.* झुन्ऽझुनाया /j^{h}unⱥj^{h}unāyā ジュンジュナーヤー/) **1** (鈴などが)シャンシャン[ジャンジャン]と鳴る. **2** (手足が)じーんとしびれる.
— *vt.* (*perf.* झुन्ऽझुनाया /j^{h}unⱥj^{h}unāyā ジュンジュナーヤー/) (鈴などを)シャンシャン[ジャンジャン]と鳴らす.

झुनझुनी /j^{h}unⱥj^{h}unī ジュンジュニー/ [cf. *झुनझुन*] *f.* じーんとする手足のしびれ.

झुमका /j^{h}umⱥkā ジュムカー/ [＜OIA. **jhumma-* 'crowd': T.05404z3] *m.* ジュムカー《耳飾りの飾り房》.

झुरझुरी /j^{h}urⱥj^{h}urī ジュルジュリー/ [?] *f.*『医学』ぞくぞくとした寒気(さむけ)，悪寒(おかん)，発熱前の寒気. (⇒कँपकँपी) ❒शरीर में ～ पैदा करने वाली ठंड 身体にぞくぞくとした寒気をおこす冷気.

झुरमुट /j^{h}urⱥmuṭⱥ ジュルムト/ [cf. *झाड़*] *m.* **1** (低木の)茂み，やぶ. ❒आमों का ～ マンゴーの木の茂み. **2** 群衆，人混み.

झुर्री /j^{h}urrī ジュルリー/ [＜OIA. **jhurati*[2] 'wastes away': T.05405; cf. Skt. *झिर्यति* 'becomes old'] *f.* (皮膚の)しわ，皺《表情などによる一時的なしわ (बल) ではなく老化によるしわ》. ❒छत्तीसवाँ ही साल तो था, पर सारे बाल पक गये थे, चेहरे पर झुर्रियाँ पड़ गयी थीं। まだ36歳だった，しかし髪はすべて白髪になってしまっていた，顔には皺がよっていた. ❒झुर्रियों से भरा हुआ माथा しわだらけの額.

झुलनी /j^{h}ulⱥnī ジュルニー/ [cf. *झूलना*] *f.* ジュルニー《真珠飾りのついた鼻輪の一種》.

झुलसना /j^{h}ulasⱥnā ジュラスナー/ [?cf. OIA. *jválati* 'burns brightly': T.05306] *vi.* (*perf.* झुलसा /j^{h}ulⱥsā ジュルサー/) **1** 焦げる；火傷する；黒焦げになる；(家畜に)焼印が押される；(鳥・豚などが)毛焼きされる. (⇒जलना) ❒रोटी पकाते समय मेरा हाथ झुलस गया। ローティーを焼いてる時に，私の手は火傷してしまった. **2** (熱で)萎れてひからびる. ❒लू से पौधों के पत्ते झुलस गए। 熱風で植物の葉は萎れてひからびてしまった.
— *vt.* (*perf.* झुलसा /j^{h}ulⱥsā ジュルサー/) 焦がす；黒焦げにする；(家畜に)焼印を押す；(鳥・豚などを)毛焼きする. (⇒जलाना) ❒युवती ने चटपट आग जलायी, उस पक्षी के पंख झुलस डाले। 娘はすばやく火をおこし，その鳥を毛焼きした. ❒तेरा मुँह झुलस दूँ। お前の顔を黒焦げにしてやるぞ《悪態の言葉》.

झुलसवाना /j^{h}ulasⱥvānā ジュラスワーナー/ ▸झुलसाना *vt.* (*perf.* झुलसवाया /j^{h}ulasⱥvāyā ジュラスワーヤー/) ☞ झुलसाना

झुलसाना /j^{h}ulⱥsānā ジュルサーナー/ ▸झुलसवाना [caus. of *झुलसना*] *vt.* (*perf.* झुलसाया /j^{h}ulⱥsāyā ジュルサーヤー/) 火傷を負わせる. ❒आग ने उसे झुलसा दिया। 火は彼に火傷を負わせた.

झुलाना /j^{h}ulānā ジュラーナー/ [cf. *झूलना*] *vt.* (*perf.* झुलाया /j^{h}ulāyā ジュラーヤー/) **1** (ぶらさがっているものを)揺らす;(ブランコを)揺らす;振る. ❐लड़के लाइन में खड़े होकर, हवा में झुला-झुलाकर पट्टियाँ सुखाते थे। 少年たちは列に並んで, 風の中で振りながら(書字)板を乾かしていた. **2** (子どもを)抱いてゆする. ❐वह बच्चे को कंधे से लगाये झुला रही थी। 彼女は子どもを肩にもたせかけてゆすっていた. **3** (足などを)ぶらぶらさせる. **4** (人を)焦れるほど待たす. ❐यह सुनार तो चीज़ बनाकर देने में महीनों झुलाता है। この金細工師は, ものを作って引き渡すまで何か月もいらいらするほど待たす.

झूठ /j^{h}ūṭ^{h}a̸ ジュート/ [<OIA. **jhūṭṭha-* 'false': T.05407] *m.* 嘘, 虚言;偽り, 虚偽. ❐～ बोलना 嘘をつく.

झूठ-मूठ /j^{h}ūṭ^{h}a̸-mūṭ^{h}a̸ ジュート・ムート/ [echo-word; cf. *झूठ*] *adv.* 不当に, 根拠無しに. ❐(को) ～ बदनाम करना (人を)不当に悪く言う. ❐～ रोना うそ泣きをする.

झूठा /j^{h}ūṭ^{h}ā ジューター/ *adj.* **1** 嘘の, 偽りの. (⇔सच्चा) **2** 偽の, まがいものの, いんちきな. (⇒नक़ली)(⇔असली)
— *m.* 嘘つき.

झूमना /j^{h}ūma̸nā ジュームナー/ [cf. OIA. **kṣumbhati* 'shakes': T.03726] *vi.* (*perf.* झूमा /j^{h}ūmā ジューマー/) **1** (酔い・陶酔のため)(上半身・頭部が)心地良さそうに揺れる. ❐उसने नशे में झूमते हुए कहा। 彼は, ほろ酔い気分で体を揺らしながら言った. ❐वह एक-एक रुबाई पर झूम उठा। 彼は四行詩の一つ一つに(感動して)体を揺らした. ❐उसका नाच देखकर तो वह ख़ुद झूमने लगता है। 彼は, 彼女の踊りを見ると自ら(陶酔で)体を揺らすほどである. **2** (人・動物が)堂々と歩む. ❐वह गाय पूँछ से मक्खियाँ उड़ाती, सिर हिलाती, मस्तानी, मंद-गति से झूमती चली जाती थी, जैसे बाँदियों के बीच में कोई रानी हो। その雌牛は, 尾で蝿を追いながら, 頭を振りながら, 屈託なく, ゆったりとした足どりで堂々と進んでいた, まるで女のしもべたちにかしずかれている女王のように. **3** (心が)浮き立つ, 浮き浮きする. ❐उसका मन झूम उठा। 彼の心は浮き立った. **4** (雲が)群がる.

झूमर /j^{h}ūmara̸ ジューマル/ [?<OIA. **kṣumbhati* 'shakes': T.03726; cf. *झूमना*] *m.* **1** ジューマル《頭にかぶり額や側頭部を飾るふさ飾りの一種》. **2** (知育玩具・動く彫刻などの)モビール. **3** シャンデリア. (⇒फ़ानूस)

झूल[1] /j^{h}ūla̸ ジュール/ [?←Pers.n. جل 'a horse-cloth' ←Arab.] *f.* **1** ジュール《象, 馬, 牛などの背にかけて飾り立てる布》. ❐राजकुमार का हाथी सुनहरे झूलों से सजा चला आता था। 王子の象が金色の飾り布で盛装してやって来るところだった. **2**〔俗語〕盛装用の服;だぶだぶの服》.

झूल[2] /j^{h}ūla̸ ジュール/ [cf. *झूलना*] *f.* ☞झूला

झूलना /j^{h}ūla̸nā ジュールナー/ [<OIA. **jhulyati* 'swings': T.05406] *vi.* (*perf.* झूला /j^{h}ūlā ジューラー/) **1** (ぶらさがっているものが)揺れる;(ブランコで)揺れる. ❐वह झूले से दूर तक झूल रहा था। 彼はブランコで大きく揺れていた. **2** (絞首刑や首吊り自殺で)ぶらさがる. (⇒लटकना) ❐मार्च महीने में एक शाम को उन्होंने संयम खो दिया और फँदे पर झूल गए। 三月のある晩, 彼は心の抑制を失い縄で首を吊った. **3** (物事が)宙に浮く, 中途半端になる. (⇒लटकना)
— *vt.* (*perf.* झूला /j^{h}ūlā ジューラー/) (ブランコを)揺らす. ❐लड़कियाँ झूला झूल रही हैं। 娘たちがブランコを揺らしている.

झूला /j^{h}ūlā ジューラー/ [cf. *झूलना*] *m.* **1** ブランコ. ❐～ झूलना ブランコをゆらす. ❐झूले पर चढ़ना ブランコに乗る. ❐झूले पर बैठना ブランコに座る. ❐पेड़ में ～ डालना 木にブランコをかける. **2** ハンモック. **3** 揺りかご. (⇒हिंडोला) **4** 吊り橋.

झेंप /j^{h}ẽpa̸ ジェーンプ/ [cf. *झेंपना*] *f.* 恥じらい;ばつの悪さ, 恥, 赤面. ❐उसपर ～ छा गयी। 彼の顔にばつの悪さが広がった. ❐कहीं हम लोगों के हाथ कुछ न लगा और दूसरों ने अच्छे शिकार मारे तो मुझे बड़ी ～ होगी। 万一我々の手に何も入らず, さらに他の者たちがりっぱな獲物を射止めるとしたら, 私にとって大恥だ. ❐वह अपनी ～ मिटाने के लिए हँसा। 彼はばつの悪さを隠すために笑った.

झेंपना /j^{h}ẽpa̸nā ジェーンプナー/ [?] *vi.* (*perf.* झेंपा /j^{h}ẽpā ジェーンパー/) はにかむ, 恥ずかしがる;恥じ入る, 赤面する, ばつの悪い思いをする. (⇒कटना, लजाना, शरमाना) ❐उसने झेंपते हुए कहा। 彼は恥ずかしがりながら言った. ❐उसने बिना झेंपे हुए कहा। 彼は恥じることなく言った. ❐वह झेंप गया। 彼は赤面した.

झेंपू /j^{h}ẽpū ジェーンプー/ [cf. *झेंपना*] *adj.* はにかみ屋の(人), 恥ずかしがり屋の(人).

झेलना /j^{h}ela̸nā ジェールナー/ [<OIA. **jhēlati* 'undergoes': T.05413] *vt.* (*perf.* झेला /j^{h}elā ジェーラー/) (困難・辛苦を)耐える, 我慢する, 辛抱する. (⇒सहना) ❐वे अवसर पड़ने पर बड़ी-बड़ी तकलीफ़ें झेल सकते थे। 彼は, いざという時には大きな困難を耐えることができる人だった. ❐कैसी-कैसी मुसीबतें झेलकर जी रही है। 彼女は何と様々な辛苦に耐えて生きていることか. ❐उसे यह भारी दबाव झेलना पड़ा। 彼はこの重圧を耐えざるをえなかった. ❐विद्यार्थी-जीवन की बेफ़िक्री पर सहसा गृहस्थ के दायित्व का जो गंभीर आक्रमण हुआ था उसको उन्होंने झेल तो लिया था। 学生生活の気楽さに突如降ってわいた一家の責任という深刻な不意打ちを彼は耐えぬいたのだった.

झोंक /j^{h}õka̸ ジョーンク/ [cf. *झोंकना*] *f.* **1** (心の)衝動, はずみ, 勢い. ❐～ में आना 衝動にかられる. **2** (病気・酩酊などによる)朦朧(もうろう)状態;眠気, 睡魔. ❐～ में 朦朧状態で.

झोंकना /j^{h}õka̸nā ジョーンクナー/ [?<OIA. **jhuṅkati* 'stoops': T.05399z1] *vt.* (*perf.* झोंका /j^{h}õkā ジョーンカー/) **1** ぱっと放り込む, 投げ入れる;ふりかける. ❐(की) आँखों में धूल ～ (人の)目にほこりをかける《「目をくらましてごまかす」の意》. **2** (苦境に)突き落とす. **3** 浪費する. **4** (人に)(仕事を)おしつける, 負わせる. (⇒लादना)

झोंकवाना /j^{h}õka̸vānā ジョーンクワーナー/ ▸झोंकाना *vt.* (*perf.* झोंकवाया /j^{h}õka̸vāyā ジョーンクワーヤー/) ☞झोंकाना

झोंका /j^{h}õkā ジョーンカー/ [cf. *झोंकना*] *m.* **1** 突風, 疾風, 一陣の風. ❐पवन के झोंके से मेरे केश की लटें बिखरने लगीं। 突

風で私の髪の房（ふさ）がばらばらになった. ❐मेरे बाल-मन पर से प्रश्नों का एक ～ सर्र से निकल गया। 私の子ども心に疑問の嵐が一瞬通り過ぎた. ❐वह हवा के झोंकों से एकाध ज़मीन पर गिर पड़ा। 彼は突風で一二度地面に倒れた. **2** 激しいにわか雨, 一時的な豪雨, どしゃ降り. **3**（打ち寄せる）波, うねり;（うとうとする）眠気, 睡魔（すいま）. **4**（一瞬の）一撃;衝撃, 打撃, ショック.

झोंकाना /jʰõkānā ジョーンカーナー/ ▸झोंकवाना [caus. of *झोंकना*] *vt.* (*perf.* झोंकाया /jʰõkāyā ジョーンカーヤー/) 放り込ませる;放り込んでもらう.

झोंटा /jʰõṭā ジョーンター/ [<OIA. **jhōṭṭa-*[2] 'knot of hair': T.05414z2] *m.* （女性の）髪の房, 髪の束. ❐(के) झोंटे पकड़कर घसीटना （人の）髪をつかんで引きずる. ❐वह वही सोना है, जो सूखी-सी देह लिए, झोंटे खोले इधर-उधर दौड़ा करती थी। 痩せこけた身体で, 髪を振り乱してあちこち走り回っている彼女があのソーナーだろうか.

झोंपड़ा /jʰõpaṛā ジョーンプラー/ [<OIA. **jhuppa-*[1] 'hut': T.05403] *m.* （粗末な）小屋;庵（いおり）. (⇒मड़ैया)

झोंपड़ी /jʰõpaṛī ジョーンプリー/ [cf. *झोंपड़ा*] *f.* 小屋, あばら屋, 掘立小屋.

झोरना /jʰoranā ジョールナー/ [<OIA. **jhōṭati* 'cuts, beats': T.05414; cf. *झकझोरना*] *vt.* (*perf.* झोरा /jʰorā ジョーラー/) 揺すって落とす.

झोल[1] /jʰola ジョール/ [<OIA. **jhōla-*[2] 'juice': T.05416] *m.* **1**（料理の）汁気;（米の）煮汁;（果実の）水分. **2**〘化学〙めっき. (⇒मुलम्मा)

झोल[2] /jʰola ジョール/ [cf. *झूलना*] *m.* （不良品の服・布製品などの）たるみ;（たるみによる）ひだ, しわ.

झोलदार[1] /jʰoladāra ジョールダール/ [*झोल*[1] + *-दार*] *adj.* **1** 汁気のある. **2** めっきされた.

झोलदार[2] /jʰoladāra ジョールダール/ [*झोल*[2] + *-दार*] *adj.* （服などが）ゆるんでいる, たるんでいる. ❐～ त्वचा たるみのある皮膚.

झोला /jʰolā ジョーラー/ [<OIA. **jhōla-*[1] 'bag': T.05415; cf. OIA. **jhōlayati* 'causes to swing': T.05417] *m.* バッグ, ショルダーバッグ.

झोली /jʰolī ジョーリー/ [cf. *झोला*] *f.* 小袋, 小さなバッグ, 小さなショルダーバッグ. ❐～ में डालना 小袋に入れる. ❐～ में रखना 小袋にしまう.

झौना /jʰaunā ジャォーナー/ ▸झौवा [cf. *झाऊ*] *m.* 大きなかご《タマリスク（झाऊ）の小枝で編まれれている;土砂や砂利を運ぶために使用》. ❐वह कंकड़ के झौने उठा-उठाकर खदान से सड़क पर लाता था और गाड़ी पर लादता था 彼は砂利の入ったかごを持ち上げては切通しを通って道まで運びそして車に積んでいた.

झौवा /jʰauvā ジャォーワー/ ▸झौना *m.* ☞झौना

ञ

（この文字が語頭に立つ語はない）

ट

टंकक /ṭaṃkaka タンカク/ [←Skt.m. *टङ्कक-* 'a stamped coin (esp. of silver)'] *m.* **1** タイピスト. (⇒टाइपिस्ट) **2**〘経済〙打刻銀貨.

टंकण /ṭaṃkaṇa タンカン/ ▸टंकन [neo.Skt.m. *टङ्कण-* 'typewriting'] *m.* **1** タイプ打ち, タイピング. **2**〘経済〙貨幣鋳造.

टंकणयंत्र /ṭaṃkaṇayaṃtra タンカンヤントル/ [neo.Skt.n. *टङ्कण-यन्त्र-* 'a typewriter'] *m.* タイプライター.

टंकन /ṭaṃkana タンカン/ ▸टंकण *m.* ☞टंकण

टँकना /ṭãkanā タンクナー/ [cf. *टाँकना*] *vi.* (*perf.* टँका /ṭãkā タンカー/) **1**（布が）縫い合わされる;（布に）（ボタン・アップリケ・つぎなどが）縫いつけられる. ❐आसमानी रंग की रेशमी साड़ी, जिसपर पीला लैस टँका था, उसपर ख़ूब खिल रही थी। 水色の絹のサリーは, それに黄色のレースが縫いつけられていたのだが, 彼女にとてもよく似合っていた. **2**（金属が）（はんだ・鋲（びょう）などで）で接合される. **3**（付属書類などが）添付される.

टँकवाना /ṭãkavānā タンクワーナー/ ▸टँकाना [caus. of *टँकना, टाँकना*] *vt.* (*perf.* टँकवाया /ṭãkavāyā タンクワーヤー/)（布を）縫い合わさせる;（布を）縫い合せてもらう.

टंका /ṭaṃkā タンカー/ ▸टका *m.* ☞टका

टँकाई /ṭãkāī タンカーイー/ [cf. *टँकना*] *f.* **1** はんだ付け（の作業）. **2** はんだ付けの手間賃.

टँकाना /ṭãkānā タンカーナー/ ▸टँकवाना [caus. of *टँकना, टाँकना*] *vt.* (*perf.* टँकाया /ṭãkāyā タンカーヤー/) ☞टँकवाना

टंकार /ṭaṃkāra タンカール/ ▸टँकार [←Skt.m. *टं-कार-* 'howling, howl, cry, sound, clang, twang'] *f.* タン（टन）という音《弦の鳴る「ブン」, 金属の鳴る「カン」など》.

टँकार /ṭãkāra タンカール/ ▸टंकार *f.* ☞टंकार

टँकारना /ṭãkāranā タンカールナー/ ▸टंकारना [onom.; cf. *टंकार*] *vi.* (*perf.* टँकारा /ṭãkārā タンカーラー/) **1**（弦が）ブン（टन）と鳴る. **2**（鐘など金属性のものが）カン（टन）と鳴る.

टंकारना /ṭaṃkāranā タンカールナー/ ▸टँकारना *vt.* (*perf.* टंकारा /ṭaṃkārā タンカーラー/) ☞टँकारना

टंकी /ṭaṃkī タンキー/ [(←Eng.n. *tank*) ←Guj.m. *टुकी* 'reservoir'] *f.* （液体・ガスなどを蓄える）タンク;貯水槽. ❐～ फ़ुल करवाना （車の）ガソリンを満タンにする. ❐～ जहाज़ （オイル）タンカー. ❐पेट्रोल ～ ガソリンタンク, 燃料タンク.

टँगना /ṭãganā タングナー/ [cf. *टाँगना*] *vi.* (*perf.* टँगा /ṭãgā タンガー/) **1** ぶらさがる, つり下がる, たれさがる, 掛かる. (⇒लटकना) ❐तरह-तरह के रंगों में रँगी साड़ियाँ सूखने को बाँसों पर टँगी रहतीं। さまざまな色に染められたサリーが乾かすために竹に掛けられていた. ❐कभी मन्नत के लिए, तो कभी मन्नत

पूरी हो जाने पर मंदिर में घंटी बाँधने का सिलसिला यूँ चला कि आज मंदिर में ९०० घंटियाँ टँगी हैं। ある時は願かけのために，またある時は願いがかなった後で，寺に鈴を結ぶことが絶え間なく続いたために，今では寺には 900 の鈴がつり下がっている． **2** （呼吸などが）停止する，息をのむ． ❐उसकी साँस टँगी हुई थी, मानो सिर पर तलवार लटक रही हो। 彼女は息を止めていた，まるで頭上に剣が吊り下がっているかのように．

टँगवाना /ṭãgavānā タングワーナー/ ▸टँगाना [caus. of *टँगना, टाँगना*] *vt.* (*perf.* टँगवाया /ṭãgavāyā タングワーヤー/) 吊させる；吊るしてもらう．

टँगाना /ṭãgānā タンガーナー/ ▸टँगवाना [caus. of *टँगना, टाँगना*] *vt.* (*perf.* टँगाया /ṭãgāyā タンガーヤー/) ☞टँगवाना

टंटा /ṭaṃṭā タンター/ [<OIA. **ṭanṭa-* 'dispute': T.05442; DED 2460S] *m.* 面倒事，厄介事；揉め事，ごたごた． ❐बात मन में रख लेता, तो क्यों यह ～ खड़ा होता। 事を胸にしまっておけば，こんな揉め事は起きなかったのに．

टक /ṭaka タク/ [<OIA. *tarkáyati* 'guesses, thinks': T.05716; cf. *एकटक, टकटकी*] *f.* 注視；凝視．

टकटकी /ṭakaṭakī タクタキー/ [cf. *टक*] *f.* 目をこらしてじっと見つめること，凝視． ❐～ बाँधकर [बाँधे, लगाए] (को) देखना 目をこらして（…を）じっと見る． ❐(पर) (की) ～ लगना （…に）（人の）視線が注がれる．

टकराना /ṭakarānā タクラーナー/ [cf. *टक्कर*] *vi.* (*perf.* टकराया /ṭakarāyā タクラーヤー/) **1** ぶつかる，衝突する． **2** （意見・利害・感情などで）衝突する，対立する；（勝負で）ぶつかり合う． ❐एक दूसरे से टकराने की ज़रूरत नहीं। 互いにいがみ合う必要はない． ❐जब एशिया के दो क्रिकेट महारथी आपस में टकराएँगे तो लगता है कि तलवारों की टकराहट से चिंगारियाँ फूटेंगी। アジアを代表するクリケットの二大チームがぶつかり合えば，剣の打ち合いで火花が飛び散らんばかりになるだろう．

— *vt.* (*perf.* टकराया /ṭakarāyā タクラーヤー/) **1** （頭・角などで）相手を突く，突き当てる． **2** （意見・利害・感情などを）衝突させる．

टकराव /ṭakarāva タクラーオ/ [cf. *टकराना*] *m.* ☞टकराहट

टकराहट /ṭakarāhaṭa タクラーハト/ [*टकराना* + *-हट*] *f.* **1** 衝突． **2** 対立．

टकसाल /ṭakasāla タクサール/ [<OIA.f. *ṭaṅkaśālā-, ṭaṅkakaśālā-* 'mint': T.05434] *f.* 〚経済〛造幣局．

टकसाली /ṭakasālī タクサーリー/ [*टकसाल* + *-ई*] *adj.* **1** 造幣局の；造幣局で鋳造された（貨幣）． **2** 正真正銘の；お墨付きのある；由緒正しい；本場の． ❐～ भाषा 本場の言葉；正しい標準語．

टका /ṭakā ターカー/▸टंका [<OIA.m/n. *ṭaṅka-*[1] 'weight of 4 māṣas, a silver coin': T.05426; cf. Ben.n. *টাকা* 'one rupee'] *m.* 〚経済〛タカー《英領時代流通していた銅貨；2 パイサと同価値》．

टकार /ṭakāra タカール/ [←Skt.m. *ट-कार-* 'Devanagari letter ट or its sound'] *m.* **1** 子音字 ट． **2** 〚言語〛子音字 ट の表す子音 /ṭ ト/．

टकारांत /ṭakārāṃta タカーラーント/ [←Skt. *टकार-अन्त-* 'ending in the letter ट or its sound'] *adj.* 〚言語〛語尾が ट で終わる（語）《ओट「ものかげ」，कीट「虫」，भेंट「面会」など》． ❐～ शब्द 語尾が ट で終わる語．

टकुआ /ṭakuā タクアー/ ▸टकुवा [<OIA.m. *tarkú-* 'spindle': T.05717] *m.* **1** （糸車の）錘（つむ），紡錘（ぼうすい）．（⇒तकला） **2** タクアー《千枚通しなど先の尖った道具》．（⇒तकला）

टकुली /ṭakulī タクリー/ [cf. *टकुआ*] *f.* **1** 小型の錘（つむ）． **2** （石工の）鏨（たがね）．

टकुवा /ṭakuvā タクワー/ ▸टकुआ *m.* ☞टकुआ

टकोर /ṭakora タコール/ [cf. *टकोरना*] *f.* **1** 指などで軽く叩くこと． ❐～ परीक्षा 〚医学〛打診法． **2** 〚医学〛湿布．

टकोरना /ṭakoranā タコールナー/ [?cf. *टंकार*] *vt.* (*perf.* टकोरा /ṭakorā タコーラー/) **1** （楽器などを）指などで軽く叩く． **2** 〚医学〛湿布をする．

टकौरी /ṭakaurī タカォーリー/ [cf. *टका*] *f.* タカウーリー《金の重さを量る昔の秤（はかり）》．

टक्कर /ṭakkara タッカル/ [<OIA.f. *ṭakkarā-* 'blow on the head': T.05424; DED 2429] *f.* **1** 衝突． ❐(से) ～ खाना （…と）ぶつかる，衝突する． **2** （意見などの）対立，衝突． ❐आगे चलकर उनकी-मेरी कई टक्करें हुईं। 後に彼と私は何度か衝突した． **3** （選挙・試合などでの）対決；競合，ぶつかり合い，張り合い． ❐(को) ～ देना （相手に）対決を挑む． ❐(से) ～ लेना （相手から）挑戦を受ける．

टख़ना /ṭaxanā タクナー/ [?<OIA.m. *ṭaṅka-*[3] 'leg': T.05428; cf. *टहना*[2]] *m.* くるぶし；足首．（⇒गट्टा）

टटिया /ṭaṭiyā タティヤー/ [cf. *टट्टी*] *f.* すだれ．

टटीरी /ṭaṭīrī タティーリー/ ▸टिटिहरी *f.* ☞टिटिहरी

टटोलना /ṭaṭolanā タトールナー/ [?←Drav.; DEDr.3025 (DED.2454)] *vt.* (*perf.* टटोला /ṭaṭolā タトーラー/) **1** 手探る；まさぐる．（⇒टोहना） ❐अँधेरे में ～ 暗闇の中で手探りする． ❐उसने अपनी जेब टटोली, तो एक रुपया निकला। 彼は自分のポケットをさぐったところ 1 ルピーが出てきた． **2** 手触りで調べる． ❐आम ～ マンゴー（の熟れ具合）を触って確かめる． **3**〔俗語〕探りを入れる．

टट्टर /ṭaṭṭara タッタル/ [<OIA. **traṭṭa-* 'woven work': T.05990] *f.* タッタル《竹などで編んだ囲い》． ❐(पर) ～ देना [लगाना] （…を）タッタルで囲う．

टट्टा /ṭaṭṭā タッター/ [cf. *टट्टी*] *m.* 大型のすだれ[ついたて]．

टट्टी /ṭaṭṭī タッティー/ [←Drav.; DEDr.3036 (DED.2464)] *f.* **1** （芦の茎や竹の皮で編まれた）幕，簾（すだれ），衝立（ついたて），柵． ❐～ की आड़ में [से] 物陰に隠れて，人に隠れて，ひそかに． **2** （柵で囲まれた）簡易公衆トイレ．（⇒बमपुलिस） **3** 大便，小便． ❐～ करना 大便[小便]をする．

टट्टू /ṭaṭṭū タットゥー/ [<OIA. **ṭaṭṭu-, *taṭṭu-* 'pony': T.05440] *m.* **1** 〚動物〛子馬，ポニー． **2**〔卑語〕（嫌な）奴． ❐अड़ियल ～ 強情な奴． ❐तुम उसके ～ हो। お前はあいつに飼われているのだ． ❐भाड़े का ～ 金の亡者． ❐मरियल ～ くたばり損ない，死に損ない．

टन[1] /ṭana タン/ [onom.; cf. *टंकार*] *f.* 〔擬音〕（鐘など金

属性のものが) カンと鳴る音.

टन[2] /ṭana タン/ [←Eng.n. *ton*] *m.* 〖単位〗トン《重量, 船の容積単位》.

टन-टन /ṭana-ṭana タン・タン/ [onom.; cf. *टन¹*] *f.* 〔擬音〕(鐘など金属性のものが) 連続してカンカンと鳴る音. ❐～ (शब्द) करना (鐘などが) カンカン音をたてる, (時計などが) 時を打つ.

टनटनाना /ṭanaṭanānā タンタナーナー/ [cf. *टन-टन*] *vi.* (*perf.* टनटनाया /ṭanaṭanāyā タンタナーヤー/) (鐘など金属性のものが) カンカン (टन-टन) 鳴る. ❐काँसे की थालियाँ टनटना उठीं। 真鍮のお盆が (ぶつかり合って) カンカン音をたてた.

— *vt.* (*perf.* टनटनाया /ṭanaṭanāyā タンタナーヤー/) (鐘など金属性のものを) カンカン打つ.

टनटनाहट /ṭanaṭanāhaṭa タンタナーハト/ [*टनटनाना* + *-आहट*] *f.* ☞टन-टन

टप[1] /ṭapa タプ/ [onom.] *f.* 〔擬音〕ポタ, ポタリ《液体や熟した果実などが落ちる音》.

टप[2] /ṭapa タプ/ [?←Eng.n. *top*] *m.* **1** (車などの) 屋根, 幌. **2** ランプの笠, シェード.

टप[3] /ṭapa タプ/ [←Eng.n. *tub*] *m.* ☞टब

टपक /ṭapaka タパク/ [cf. *टपकना*] *f.* **1** (水など液体が) したたり落ちること; 点滴. (⇒टपका) ❐～ सिंचाई 点滴灌漑 (かんがい). **2** (水など液体が) ポタポタとしたたり落ちる音.

टपकन /ṭapakana タプカン/ [cf. *टपकना*] *f.* ☞टपक

टपकना /ṭapakanā タパクナー/ [<OIA. **ṭapp-* 'drip, drop': T.05444] *vi.* (*perf.* टपका /ṭapakā タプカー/) **1** (水滴など液体が) ポタポタ (टप-टप) 落ちる, したたる. ❐उसके नेत्रों से आँसू की बूँदें टपकने लगीं। 彼の眼から涙の粒がこぼれ落ちた. ❐उसके मुँह से लार टपक पड़ी। 彼の口からよだれがたれた. ❐नल से टप-टप पानी टपक रहा है। 蛇口からポタポタ水が落ちている. ❐माथे से पसीना टपक रहा था। 額から汗がしたたり落ちていた. **2** (熟した果実が) ポタリと落ちる. **3** (感情・気質などが) あらわになる, ほとばしる《複合動詞は『टपक पड़ना』または『टपका पड़ना』の形式で; टपका は形容詞変化》. ❐उनके एक-एक शब्द से कितना अनुराग टपक रहा था। 彼の一つ一つの言葉から何というといとおしい気持ちがあらわれていたことか. ❐कितना दर्द उसके गीतों से टपकता था! 何という痛みが彼の詩からほとばしっていることか! **4** (人が) 不意に来訪する《आ टपकना の形式で》. ❐एक दिन मेरे बचपन के एक सहपाठी मित्र आ टपके। ある日私の幼馴染の同級生の友人が不意に訪ねてきた.

टपका /ṭapakā タプカー/ [cf. *टपकना*] *m.* **1** (水など液体が) したたり落ちること; 点滴. (⇒टपक) ❐～ सिंचाई 点滴灌漑 (かんがい). **2** (風や熟したために) 地面に落ちた果実. ❐टपके का आम 熟して落ちたマンゴー. **3** ペテン, こそ泥. ❐टपके का डर いわゆる「古屋の漏り」の恐ろしさ.

टपका-टपकी /ṭapakā-ṭapakī タプカー・タプキー/ [cf. *टपकना*] *f.* ポタリポタリ (टप-टप) と落ちること; 雨漏り; ポツリポツリと降る小雨.

टपकाना /ṭapakānā タプカーナー/ [cf. *टपकना*] *vt.* (*perf.* टपकाया /ṭapakāyā タプカーヤー/) (水滴などを) したたり落とす, たらす.

टपकेबाज़ /ṭapakebāza タパケーバーザ/ [*टपका* + *-बाज़*] *m.* ペテン師, こそ泥師.

टप-टप /ṭapa-ṭapa タプ・タプ/ [onom.] *f.* 〔擬音〕ポタポタ (という音)《雨・血などがしたたり落ちる音》.

— *adv.* 〔擬音〕ポタポタと.

टप्पा /ṭappā タッパー/ ▸टिप्पा [?<OIA. **ṭapp-* 'drip, drop': T.05444] *m.* **1** (ボールなどが) はずむこと, 跳ね返り, バウンド. ❐～ खाना (ボールなどが) はずむ. **2** バウンドの距離; 着弾距離.

टब /ṭaba タブ/ [←Eng.n. *tub*] *m.* (バス) タブ, 浴槽; おけ, たらい.

टमटम /ṭamaṭama タムタム/ [←Eng.n. *tandem*] *m.* タムタム《大型 2 輪馬車》.

टमाटर /ṭamāṭara タマータル/ [?←Eng.n. *tomato*; cf. Port.m. *tomateiro* 'tomato'] *m.* 〖植物〗トマト.

टरकना[1] /ṭarakanā タラクナー/ [?<OIA. **ṭarati* 'moves aside': T.05447] *vi.* (*perf.* टरका /ṭarakā タルカー/) 立ち去る. (⇒टलना)

टरकना[2] /ṭarakanā タラクナー/ [cf. *टर-टर*] *vi.* (*perf.* टरका /ṭarakā タルカー/) **1** (カエルが) ケロケロ (टर-टर) 鳴く. **2** 無駄話をする.

टरकाना /ṭarakānā タルカーナー/ [cf. *टरकना¹*] *vt.* (*perf.* टरकाया /ṭarakāyā タルカーヤー/) 先延ばしにする. (⇒टालना)

टर-टर /ṭara-ṭara タル・タル/ ▸टर्र-टर्र [onom. ?<OIA. *ráṭati* 'cries, yells': T.10590] *f.* 〔擬声〕ケロケロ, ゲロゲロ《カエルの鳴き声; 耳障りでやかましい音のイメージ》.

टरटराना /ṭaraṭarānā タルタラーナー/ ▸टर्राना *vi.* (*perf.* टरटराया /ṭaraṭarāyā タルタラーヤー/) ☞टर्राना

टर्क्स और कैकोस द्वीपसमूह /ṭarksa aura kaikosa dvīpasamūha タルクス アオール カェーコース ドヴィープサムーフ/ [cf. Eng.n. *the Turks and Caicos Islands*] *m.* 〖国名〗タークス・カイコス諸島《英国の海外領土地; 首都はコックバーンタウン (काकबर्न टाउन)》.

टर्र-टर्र /ṭarra-ṭarra タルル・タルル/ ▸टर-टर [onom.] *f.* ☞टर-टर

टर्रा /ṭarrā タルラー/ [cf. *टर-टर*] *adj.* しつこく口やかましい (人); 癖の悪い扱いにくい (馬).

टर्राना /ṭarrānā タルラーナー/ ▸टरटराना [cf. *टर-टर*] *vi.* (*perf.* टर्राया /ṭarrāyā タルラーヤー/) **1** (蛙が) ケロケロ [ゲロゲロ] (टर-टर, टर्र-टर्र) 鳴く《耳障りでやかましい音のイメージ》. **2** (耳障りなほど) わめく, わめきちらす; がみがみ言う. ❐यह लौंडा क्या टर्राता है? このガキは何をわめいているんだい?

टलना /ṭalanā タルナー/ [<OIA. *ṭálati* '*moves aside': T.05450] *vi.* (*perf.* टला /ṭalā タラー/) **1** (人が) ひきあげる, ひきさがる. ❐सूद की एक पाई न छोड़ते थे और वादे पर बिना रुपए लिये द्वार से न टलते थे। (彼は) 利子のびた一文容赦しなかったし, また約束の金を受け取るまで戸口からひきあ

げもしなかった. ❐एक क्षण में शत्रु पर पूरी विजय पाकर आक्रमणकारियों ने वहाँ से टल जाना ही उचित समझा। 一瞬のうちに敵に完全な勝利を収めた後, 侵略者たちはその場からひきあげるのが得策と判断した. **2** (つらい時期などが) 過ぎ去る, 遠のく;耐えられる. ❐मेरे सिर से बला टली। 私の頭から厄介事が遠のいた. ❐मैं तो ख़ुश हूँ कि तुम्हारे सिर से यह बोझ टला। 君の頭からこの重荷が去って, 私はうれしい. **3** 先延ばしになる, 先送りにされる, 延期される. ❐कन्या की अवस्था १८ वर्ष की हो गयी थी और केवल हाथ में रुपए न रहने का कारण अब तक उसका विवाह टल जाता था। 娘の年は18になってしまっていた, そしてただ手元に金がないという理由で今まで彼女の結婚はのびのびになっていた. ❐किसी न किसी बहाने चुनाव टलते ही गए। 何やかやの口実で, 選挙はのびのびになっていった.

टलाटली /ṭalāṭalī タラータリー/ [cf. *टालना*] *f.* ☞टाल-मटोल

टवर्ग /ṭavarga タワルグ/ [←Skt.m. *ट-वर्ग-* 'the class of the cerebral letters'] *m.* (デーヴァナーガリー文字の字母表において) ट から始まるそり舌閉鎖音および調音点が共通する鼻子音を表す子音字のグループ《配列順に ट, ठ, ड, ढ, ण の各文字》.

टस /ṭasa タス/ [onom.] *f.* 〔擬音〕ゴロ《重い物が動いた音;ほとんど『टस से मस न होना』「微動だにしない」の形式でのみ使用; मस は टस に対応する echo word》. ❐वह 〜 से मस न हुआ। 彼は微動だにしなかった.

टसर /ṭasara タサル/ ▸तसर [<OIA.n. *tásara-* 'shuttle': T.05744; → Eng.n. *tussah, tussore*] *m.* **1** 〖昆虫〗タサル蚕《野生で繭を結ぶインドの代表的な翡翠色の野蚕;東部から中央部の森に生息》. **2** タサル・シルク《タサル蚕の糸で作るシルク;褐色で, 家蚕の糸より強く, 吸湿性や保温性に富む》.

टहना[1] /ṭahanā タヘナー/ [?] *m.* 〖植物〗小枝《木の幹から直接出ている枝 (डाल) と葉や実とを結ぶ小枝》.

टहना[2] /ṭahanā タヘナー/ [?<OIA.m. *ṭaṅka-³* 'leg': T.05428; cf. *टखना*] *m.* 膝. (⇒घुटना)

टहनी /ṭahanī タヘニー/ [cf. *टहना¹*] *f.* 〖植物〗小枝, 細枝《टहना より小ぶり》.

टहल /ṭahala タハル/ [<OIA. **ṭahall-* 'walk up and down': T.05453] *f.* **1** 散歩, ぶらぶら歩き. **2** 身の回りの世話. ❐(की) 〜 करना (人の)世話をする.

टहलना /ṭahalanā タハルナー/ [cf. *टहल*] *vi.* (*perf.* टहला /ṭahalā タヘラー/) ぶらぶら歩く, ぶらつく;(健康のため) 散歩する;(落ち着かずに)行ったり来たりする. (⇒घूमना) ❐मेरे पिता जी अभी-अभी टहलने गए हैं। 父はたった今散歩に出かけたところです. ❐वह घंटों कमरे में टहलती थी। 彼女は何時間も部屋の中を行ったり来たりしていた.

टहलनी /ṭahalanī タハルニー/ [cf. *टहलना*] *f.* (身の回りの世話する)小間使い, 付き人. (⇔टहलुआ)

टहलाना /ṭahalānā タヘラーナー/ [cf. *टहलना*] *vt.* (*perf.* टहलाया /ṭahalāyā タヘラーヤー/) 散歩させる, ぶらぶら歩かせる;散歩に連れ出す. ❐थके-माँदे आओ, तो घोड़े को खिलाओ और टहलाओ। くたくたに疲れて帰ってくりゃ, 馬に餌をやれだの散歩をさせろだのときたもんだ. ❐बच्चे को लाओ, मैं कुछ देर टहला दूँ, तुम थक गयी हो। 赤ん坊をこちらに渡しなさい, 私がしばらく散歩に連れ出そう, 君は疲れただろう.

टहलुआ /ṭahaluā タヘルアー/ ▸टहलुवा [cf. *टहल*] *m.* (身の回りの世話をする)使用人, 付き人. (⇔टहलनी)

टहलुवा /ṭahaluvā タヘルワー/ ▸टहलुआ *m.* ☞टहलुआ

टहोका /ṭahokā タホーカー/ [?cf. *ठोकर*] *m.* (手または足で)小突くこと;(ひじで)軽くつつく. ❐〜 खाना 小突かれる. ❐(को) 〜 देना [मारना] (人を)小突く.

टाँक[1] /ṭā̃ka ターンク/ [<OIA. *ṭaṅka-¹* 'weight of 4 māṣas': T.05426] *f.* 〖単位〗ターンク《昔の単位;非常に軽いもののたとえ》.

टाँक[2] /ṭā̃ka ターンク/ [cf. *टाँकना*] *f.* 書きつけること;筆跡;筆先.

टाँकना /ṭā̃kanā ターンクナー/ [<OIA. *ṭáṅkati¹, ṭaṅkáyati* 'ties': T.05432] *vt.* (*perf.* टाँका /ṭā̃kā ターンカー/) **1** 縫い合わせる, 縫いつける. ❐उसने साड़ी पर फूल टाँक लिया। 彼女はサリーに花のアップリケを縫いつけた. ❐साड़ी में फटी हुई जगह पर कपड़े का टुकड़ा टाँक दो। サリーの破れた箇所に小切れのつぎをあてなさい. **2** 接合する, 留める;鋲(びょう)締めにする;はんだ付けする. (⇒झालना, पाँजना) **3** (付属書類などを)添付する. **4** (メモなどを)書き留める. ❐वह हरेक चीज़ को नोट-बुक पर टाँकता जाता था। 彼はそれぞれをノートブックに書き留めていくのだった.

टाँका /ṭā̃kā ターンカー/ [cf. *टाँकना*] *m.* **1** 縫い目;接合部. ❐आपरेशन असफल होने के बाद अभी टाँके भी नहीं टूटे थे कि उसने प्रयाग वापस लाए जाने की उत्कट इच्छा प्रकट की थी। 手術が失敗した後まだ縫合の糸も取れてもいない時に彼女は(自分を)プラヤーグに戻してくれるようにと激しく懇願した. **2** 〖化学〗はんだ(付け). ❐〜 लगाना はんだ付けをする. ❐〜 लगाने का तार はんだ.

टाँकी /ṭā̃kī ターンキー/ [<OIA.m/n. *ṭaṅka-²* 'spade, hoe, chisel': T.05427] *f.* のみ, たがね.

टाँग /ṭā̃ga ターング/ [<OIA.m. *ṭaṅka-³* 'leg': T.05428] *f.* 下肢, 足. ❐(में) 〜 अड़ाना (…に)でしゃばり邪魔をする. ❐〜 टूट जाना 足が折れる.

टाँगना /ṭā̃ganā ターングナー/ [<OIA. *ṭaṅg-* 'hang up': T.05436] *vt.* (*perf.* टाँगा /ṭā̃gā ターンガー/) **1** 吊す, ぶら下げる, 垂らす;掛ける. (⇒लटकाना) ❐उन्होंने कमरे में अपने हाथ से बनाए कई चित्र टाँग रक्खे थे। 彼は部屋に自作の何枚かの絵を掛けていた. ❐वह कंधे पर चमड़े का थैला टाँगे खड़ा था। 彼は肩に革のバッグを掛けて立っていた. **2** (絞首刑で)吊り下げる;(首吊り自殺で)(首を)吊る. (⇒लटकाना)

टाँगा /ṭā̃gā ターンガー/ ▸ताँगा *m.* ☞ताँगा

टाँगी /ṭā̃gī ターンギー/ [<OIA. *ṭaṅga-²* 'a sword, spade': T.05436z2] *f.* 小型の斧(おの). (⇒कुल्हाड़ी)

टाँचना /ṭā̃canā ターンチナー/ [<OIA. **ṭañcati* 'stitches': T.05437z3] *vt.* (*perf.* टाँचा /ṭā̃cā ターンチャー/) ☞टाँकना

टाँड़ /ṭā̃ṛa ターンル/ [<OIA.n. *tandrá-* 'row, line': T.05668] *f.* 棚.

टाँड़ा /ṭā̃ṛā ターンラー/ [<OIA.n. *tandrá-* 'row, line':

T.05668] *m.* **1** 家畜の群れ. **2** 隊商, キャラバン.

टाँय-टाँय /ṭā̃ya-ṭā̃ya ターエン・ターエン/ [onom.] *f.* けたたましい声, 騒ぎ立てる声. ❐～ फिस さんざん大騒ぎしたわりにたいした効果もない.

टाइप /ṭāipa ターイプ/ [←Eng.n. *type*] *m.* **1** タイプすること. ❐～ सीखना タイプを習う. ❐～ करना …をタイプする. ❐～ किया हुआ पत्र タイプされた手紙. **2** 活字, 活版, 印字体.

टाइपराइटर /ṭāipárāiṭara ターイプラーイタル/ [←Eng.n. *typewriter*] *m.* タイプライター.

टाइपिस्ट /ṭāipisṭa ターイピスト/ [←Eng.n. *typist*] *m.* タイピスト. (⇒टंकक)

टाइफ़ायड /ṭāifāyaḍa ターイファーヤド/ [←Eng.n. *typhoid*] *m.* 〖医学〗腸チフス. (⇒मोतीझरा) ❐(को) ～ हो जाना (人が)腸チフスになる.

टाइम /ṭāima ターイム/ [←Eng.n. *time*] *m.* **1** 時間, タイム. (⇒वक़्त, समय) ❐～ क्या है? 何時ですか. ❐～ लगेगा। 時間がかかるだろう. **2** 所要時間. (⇒वक़्त, समय) **3** 猶予期間[時間]. (⇒वक़्त, समय) **4** 定刻. (⇒वक़्त, समय)

टाइम-टेबल /ṭāima-ṭebala ターイム・テーバル/▸टाइम-टेबुल [←Eng.n. *timetable*] *m.* (乗り物の)時刻表, 予定表, (授業の)時間割り表, タイムテーブル. (⇒समय-सारणी)

टाइम-टेबुल /ṭāima-ṭebula ターイム・テーブル/ ▸ टाइम-टेबल *m.* ☞टाइम-टेबल

टाइम-पीस /ṭāima-pīsa ターイム・ピース/ [←Eng.n. *timepiece*] *m.* 置き時計.

टाइल /ṭāila ターイル/ [←Eng.n. *tile*] *f.* タイル. ❐～ लगाना タイルを張る.

टाई /ṭāī ターイー/ [←Eng.n. *(neck-)tie*] *f.* ネクタイ. ❐गले में ～ बाँधना 首にネクタイをしめる.

टाकी /ṭākī ターキー/ ▸टॉकी [←Eng.n. *talkie*] *f.* (無声映画に対して)発声映画, トーキー. ❐～ फ़िल्म トーキー.

टाट /ṭāṭa タート/ [<OIA. **tratta-* 'woven work': T.05990] *m.* タート《麻やジュート麻で織った粗布;袋地や敷物に利用》.

टाटा[1] /ṭāṭā ターター/ [←Eng.int. *ta-ta*] *int.* 〔幼児語〕バイバイ.

टाटा[2] /ṭāṭā ターター/ [←Eng.n. *Tata* ←Guj.n. *ટાટા* 'Tata'] *m.* タタ財閥《インド最大の財閥》.

टाटानगर /ṭāṭānagara ターターナガル/ [cf. Eng.n. *TaTanagar*] *m.* 〖地名〗ターターナガル《ジャムシェードプル (जमशेदपुर) の別名》.

टाडा /ṭāḍā ターダー/ *m.* 〔略語〕テロ及び破壊活動防止法 (Terrorist and Disruptive Activities (Prevension) Act).

टानिक /ṭānika ターニク/▸टॉनिक [←Eng.n. *tonic*] *m.* 〖医学〗強壮剤, トニック.

टाप[1] /ṭāpa タープ/ [<OIA. **ṭappa-²* 'tap, blow': T.05445] *f.* **1** 〖動物〗(馬の)ひづめ. ❐घोड़े की टापों की छाप 馬のひずめの跡. **2** 〖動物〗パカパカ《馬が走るときのひづめの音》. ❐घोड़ों की टापों की आवाज़ 馬のひづめの音.

टाप[2] /ṭāpa タープ/ ▸टॉप [←Eng.n. *top*] *m.* トップ;首位. ❐टॉप गियर トップギア. ❐(में) टॉप पर होना (…において)首位の座にある.

टापना[1] /ṭāpanā タープナー/ [cf. *टाप*] *vi.* (*perf.* टापा /ṭāpā ターパー/) **1** (馬が)前足で地面を打つ. **2** (苦痛・絶望で)足を踏み鳴らす;(悔しくて)地団駄を踏む. ❐मैं टापता ही रह गया। 私は地団駄を踏むしかなかった.
— *vt.* (*perf.* टापा /ṭāpā ターパー/) (壁などを)飛び越す.

टापू /ṭāpū タープー/ [<OIA. **ṭāppuka-* 'island': T.05456] *m.* 〖地理〗島. (⇒जज़ीरा, द्वीप) ❐हम लोगों ने उस ～ पर जा लंगर डाला। 我々はその島に着いて錨を下ろした.

टाफ़ी /ṭāfī ターフィー/▸टॉफ़ी [←Eng.n. *toffee*] *f.* 〖食〗タフィー, キャンディー, 飴.

टामी /ṭāmī ターミー/ [←Eng.n. *Tommy*] *m.* 英国人兵士, 白人兵士.

टायलेट /ṭāyaleṭa ターエレート/ ▸टॉयलेट [←Eng.n. *toilet*] *m.* トイレ. ❐～ पेपर トイレット・ペーパー.

टायर /ṭāyara ターヤル/ [←Eng.n. *tyre*] *m.* タイヤ.

टारपीडो /ṭārapīḍo タールピードー/ [←Eng.n. *torpedo*] *m.* 魚雷, 水雷. ❐(पर) ～ चलाना [मारना] (…に)魚雷を発射する.

टार्च /ṭārca タールチ/ [←Eng.n. *torch*] *m.* 懐中電灯. (⇒बैटरी)

टाल[1] /ṭāla タール/ [<OIA. **ṭalla-¹* 'heap': T.05451] *f.* **1** (木材などを積み重ねた)山, 堆積. **2** 木材を売る店, 材木商. ❐उसने लकड़ी की ～ लगा ली। 彼は材木の店を開いた.

टाल[2] /ṭāla タール/ [<OIA.m. *tāla-¹* 'cymbal': T.05801] *m.* タール《家畜の首に付けられる鈴》.

टालना /ṭālanā タールナー/ [cf. *टलना*] *vt.* (*perf.* टाला /ṭālā ターラー/) **1** 先延ばしにする, ひきのばす, 延期する;無視する, ないがしろにする. ❐माँ तुम्हारी बात कभी नहीं टालती। (私の)母さんは, あんたの言うことは決してうやむやにしない. ❐ऐसे हालात में सिर्फ़ यही रास्ता बचता था कि निकाह को जहाँ तक हो सके टाला जाए। こういう状況で残された唯一の道は, できる限り結婚を先延ばしにすることだ. ❐मुश्किल यही था कि यह तीनों काम एक साथ आ पड़े थे और उन्हें किसी तरह टाला न जा सकता था। 難しかったのは, これらの仕事三つともが同時にまいこんできてしまい, それらをどうしてもひきのばすことはできなかったことだった. ❐मेरी बात वह कभी न टालेगा। 私の言うことを彼は決してないがしろにしないだろう. **2** 平気でいる;耐える;(つらい時期などを)何とかしのぐ. ❐ऐसा आदमी कहाँ है, जो अपनी चर्चा सुनकर टाल जाए। 自分のうわさを聞いて平気でいられる人間がどこにいるというのだ. ❐वह रोना मुँह बनाकर बोला -- कुछ रुपए देकर किसी तरह इस बला को टालिए। 彼は泣き顔になって言った -- いくらか金を渡してなんとかこの災難を耐えてくれ. ❐यह संकट तो टालना ही पड़ेगा। この危機は耐えざるをえないだろう.

टाल-मटोल /ṭāla-maṭola タール・マトール/ ▸टाल-मटूल

[echo-word; cf. *टालना*] *f.* のらりくらりと言い抜けること; 詭弁を弄すること. ❏आपमें ～ की बुरी आदत है। あなたにはのらりくらりと言い抜ける悪い癖がある. ❏मुझे शंका हो गई थी कि वह रुपये हज़्म करने के लिए ～ कर रहा है। 彼は金を横領するために詭弁を弄しているのだと疑念が生まれた.

टाल-मटूल /ṭāla-maṭūla タール・マトゥール/ ▸टाल-मटोल *f.* ☞टाल-मटोल

टावर /ṭāvara ターワル/ ▸टॉवर [←Eng.n. *tower*] *m.* タワー, 塔; やぐら. ❏टीवी ～ テレビ塔.

टासमानिया /ṭāsamāniyā タースマーニヤー/ ▸तस्मानिया [cf. Eng.n. *Tasmania*] *m.* ☞तस्मानिया

टिंडा /ṭiṃḍā ティンダー/ [<OIA.m. *ṭiṇḍusu-* 'a small kind of gourd?': T.05463z2] *m.* 〖植物〗ティンダー《ウリ科の植物; 実は野菜として使用》.

टिकट /ṭikaṭa ティカト/ [←Eng.n. *ticket*] *m.* **1** チケット, 切符, 乗車券, 入場券, 券. ❏दिल्ली का ～ デリーまでの乗車券. ❏लाटरी का ～ 抽選券, くじ, 福引券. ❏हवाई ～ 航空券. **2** 切手. (⇒स्टांप) ❏लिफ़ाफ़े पर ～ लगाना 封筒に切手を貼る. **3** (政党の) 公認候補者名簿.

टिकट-घर /ṭikaṭa-g^{h}ara ティカト・ガル/ *m.* 切符売場; (鉄道や映画館などの) 予約オフィス.

टिकट-बाबू /ṭikaṭa-bābū ティカト・バーブー/ *m.* (駅の) 改札係; 出札[予約]係.

टिकटिक[1] /ṭikaṭika ティクティク/ [←Eng.n. *tick-tick*] *f.* 〔擬音〕(時計の) カチカチ(という音), チクタク.

टिकटिक[2] /ṭikaṭika ティクティク/ [onom.] *f.* 〔擬声〕(馬など動物を追うときの) どうどう(という掛け声).

टिकटिकी /ṭikaṭikī ティクティキー/ [cf. *टिकठी*] *f.* ☞टिकठी

टिकठी /ṭikaṭ^{h}ī ティクティー/ [cf. OIA.n. *kāṣṭhá-* 'piece of wood': T.03120] *f.* **1** 〖歴史〗ティクティー《中世に拷問や処刑用に作られた木製の枷(かせ)》. ❏(को) ～ पर खड़ा करना (罪人を) 処刑台に立たせる. **2** 〖ヒンドゥー教〗棺(ひつぎ)台《焼き場まで死体を運ぶ台; 肩に担ぐ》. (⇒अरथी)

टिकड़ा /ṭikaṛā ティクラー/ [<OIA. **ṭikka-*[1] 'mark, spot': T.05458; cf. OIA. **ṭikka-*[3] 'cake': T.05459] *m.* **1** 円盤状のもの《特にペンダントなどの装身具》. **2** 〖食〗ティクラー《ローティーの (रोटी) 一種; アジウァーイン (अजवायन) や乾燥ショウガ (सोंठ) などの香辛料が含まれていて妊婦などに与えられる》.

टिकड़ी /ṭikaṛī ティクリー/ [cf. *टिकड़ा*] *f.* 〖食〗小型のティクラー (टिकड़ा).

टिकना /ṭikanā ティクナー/ [<OIA. **ṭakk-*[1] 'remain, stop': T.05420] *vi.* (*perf.* टिका /ṭikā ティカー/) **1** (倒れたり落ちないで) 安定している; 寄りかかる. (⇒ठहरना) ❏वह कुहनियों के बल मेज़ पर टिककर बोला। 彼はひじを机について言った. ❏संयुक्त मोर्चे का समूचा आधार सांप्रदायिकता विरोध पर टिका है। 連合戦線のすべての土台はコミュナリズムへの反対という一点で支えられている. **2** (一時的に) 滞在する, 宿泊する. (⇒ठहरना, रुकना) ❏रात को कहीं न कहीं टिकना ही पड़ेगा। 夜はどこかに泊まらざるをえないだろう. **3** (ものが) 長持ちする, いたまない. (⇒ठहरना) ❏गरमी की अपेक्षा सरदी में पकाई चीज़ें अधिक टिकती हैं। 夏に比べて冬のほうが調理された食べ物はいたまない. ❏यह जूता अधिक टिकेगा। この靴は長持ちするよ. **4** (そのままで) ありつづける, とどまる. ❏उसके हाथ में रुपए टिकते ही न थे। 彼の手に金が手付かずのまま残ることはなかった. ❏कोई फ़ैशन बहुत दिन नहीं टिकता। どんなファッションも長くは続かない. ❏जो कहीं टिक न सके, ऐसे असमर्थ को मैं प्रशंसा तो दूर, अपनी सहानुभूति भी नहीं दे पाता। どこか一か所に落ち着けないような人間を, 私は賞賛どころか同情すらできない. ❏यह सरकार नहीं टिकेगी। この政府は長持ちしないだろう. ❏वह मजूरों से रगड़ कर काम लेता था, इसलिए उसके यहाँ कोई मजूर टिकता न था। 彼は労働者を酷使して働かせていた, そのため彼のところにはどの労働者も長く居着かなかった. **5** (慣習などが) 持続する. **6** (視線・注意・関心が) 集中する, 釘付けになる. ❏जो केवल समृद्धि के विज्ञापन मात्र हों, उनपर उनकी सुरुचिपूर्ण दृष्टि टिकती नहीं थी। 単に金がかかっているということだけのものには, 彼の優れた審美眼は見向きもしなかった. ❏फ़ोटोग्राफ़र का लेंस ख़ूबसूरत मॉडल पर टिका है। カメラマンのレンズは美しいモデルに釘付けになっている. ❏मैं जब कभी उसके घर जाता हूँ हिल-फिरकर मेरी आँख उस घड़ी पर जा टिकती है। 彼の家に行くといつもあたりを見渡した後私の目はあの時計に釘付けになってしまうのである.

टिकली /ṭikalī ティクリー/ ▸टिकुली [<OIA. **ṭikka-*[1] 'mark, spot': T.05458] *f.* 〖ヒンドゥー教〗ティクリー《既婚女性の額につける金属やガラス製の飾り》.

टिकाऊ /ṭikāū ティカーウー/ [cf. *टिकना*] *adj.* **1** 長持ちする; 耐久性のある; 安定した. ❏～ उपभोक्ता वस्तुएँ 耐久消費財. **2** 環境にやさしい; 持続可能な. ❏～ खेती 環境に優しい農業. ❏～ विकास 持続可能な発展. ❏～ विकास लक्ष्य 持続可能な開発目標《国連の「ミレニアム開発目標」(सहस्राब्दी विकास लक्ष्य) を継承した項目》.

टिकाऊपन /ṭikāūpana ティカーウーパン/ [*टिकाऊ* + *-पन*] *m.* 耐久性; 安定性.

टिकाना /ṭikānā ティカーナー/ [cf. *टिकना*] *vt.* (*perf.* टिकाया /ṭikāyā ティカーヤー/) **1** (倒れたり落ちないよう) ささえる, 固定する; 寄りかける. ❏दो आदमी उसको टिकाकर घर लाये और चारपाई पर लिटा दिया। 二人の男が彼をささえて家まで連れてきた, そしてベッドに横たえた. **2** 支援する, 支持する, ささえる, てこ入れする. ❏जनमत चाहे जो हो, सिर्फ़ मैं ही सरकार को टिकाए रख सकता हूँ। 世論がどうであれ, 私だけが政府を支えることができる. ❏कोर्ट के ताज़ा आदेश का असर नवगठित संयुक्त मोर्चा सरकार और उसे टिकाए रखने वाली कांग्रेस के संबंधों पर पड़ सकता है। 裁判所が最近出した命令は, 新たに結成された連合戦線政府とそれを支援する国民会議派政党の関係に影響をあたえる可能性がある. **3** (一時的に) 滞在させる, 泊める. ❏अपने रिश्तेदार के यहाँ उसने मुझे टिका दिया था। 自分の親戚の所に彼は私を泊めた.

टिकाव /ṭikāva ティカーオ/ [cf. *टिकना*] *m.* **1** 安定していること, 一定であること. ❏इसके पहले जो प्रेम होता है, वह तो रूप की आसक्ति-मात्र है, जिसका कोई ～ नहीं। これ以前にあった

愛は，外見への愛着にすぎなかった，それは決して長続きするものではないのだが． **2** 宿泊地，宿営地．

टिकिया /ṭikiyā ティキヤー/ ▸टिक्की [＜OIA. *ṭikka-[3] 'cake': T.05459] *f.* **1**〖医学〗錠剤，丸薬． **2**〖食〗ティキヤー《円形の平たい菓子の一種》． **3**《丸く平たい形状のもの一般》． ❐साबुन की ～ 石鹸の塊．

टिकुली /ṭikulī ティクリー/ ▸टिकली *f.* ☞टिकली

टिक्कड़ /ṭikkaṛa ティッカル/ [＜OIA. *ṭikka-[3] 'cake': T.05459] *m.*〖食〗ティッカル《こねた小麦粉を手で丸めてからあぶった厚手のパン》．

टिक्की /ṭikkī ティッキー/ ▸टिकिया *f.* ☞टिकिया

टिटकारना /ṭiṭakāranā ティトカールナー/ [onom.] *vi.* (*perf.* टिटकारा /ṭiṭakārā ティトカーラー/)（馬・牛などの家畜を）口で音（टिकटिक）を出しながら進ませる．

टिटिहरी /ṭiṭiharī ティティフリー/ ▸टटीरी [＜OIA.m. *ṭiṭṭibha-* 'the bird *Parra jacana*': T.05461] *f.*〖鳥〗（雌の）シギ《巣を作らず砂に卵を産む》．(⇔टिटिहा)

टिटिहा /ṭiṭihā ティティハー/ [＜OIA.m. *ṭiṭṭibha-* 'the bird *Parra jacana*': T.05461] *m.*〖鳥〗雄のシギ．(⇔टिटिहरी)

टिड्डा /ṭiḍḍā ティッダー/ [＜OIA. *ṭriḍḍa-, *ṭiḍḍa- 'locust, grasshopper': T.06024] *m.*〖昆虫〗バッタ．

टिड्डी /ṭiḍḍī ティッディー/ [cf. *टिड्डा*] *f.*〖昆虫〗イナゴ．

टिन /ṭina ティン/ ▸टीन [←Eng.n. *tin*] *m.* **1** ブリキ《スズ（राँगा）をめっきした鋼板》． ❐～ का डिब्बा ブリキの箱［缶］． ❐～ की चद्दर ブリキ板． **2** 缶詰などの缶． **3**〖鉱物〗スズ，錫．(⇒राँगा)

टिन-बंद /ṭina-baṃda ティン・バンド/ ▸टीन-बंद [*टिन* + *-बंद*] *adj.* 缶詰になった．

टिप[1] /ṭipa ティプ/ [←Eng.n. *tip*] *f.* 心付け，チップ，祝儀．(⇒बख़्शिश)

टिप[2] /ṭipaṭipa ティプティプ/ [onom.] *adv.*〔擬音〕（水滴が落ちる）ポタ，ポタン． ❐～ ～ ～ पानी पड़ रहा था। ポタ，ポタ，ポタ，と水滴が落ちていた．

टिपकारी /ṭipakārī ティプカーリー/ ▸टीपकारी [*टीप*[1] + *-कारी*] *f.* ☞टीप[1]

टिपटाप /ṭipaṭāpa ティプタープ/ ▸टिपटॉप [←Eng.n. *tiptop*] *adj.* 極上の，最高の．

— *m.* 絶頂，最高．

टिपटिप /ṭipaṭipa ティプティプ/ [onom.; cf. *टिप*] *f.*〔擬音〕（水滴が落ちる）ポタポタ，ポタンポタン．

टिपवाना /ṭipavānā ティプワーナー/ [caus. of *टीपना*] *vt.* (*perf.* टिपवाया /ṭipavāyā ティプワーヤー/)（指・手のひらで）押しつけさせる；押しつけてもらう．

टिपाई[1] /ṭipāī ティパーイー/ [cf. *टीपना*[1]] *f.*（レンガの壁・床などの隙間に）詰め物をする仕事（の労賃）．

टिपाई[2] /ṭipāī ティパーイー/ [cf. *टीपना*[2]] *f.* デッサン，素描（そびょう）．

टिप्पण /ṭippaṇa ティッパン/ [←Skt.n. *टिप्पण-* 'a gloss, comment'] *m.* 書き込み，コメント．

टिप्पणी /ṭippaṇī ティッパニー/ [←Skt.f. *टिप्पणी-* 'a gloss'] *f.* **1** 注釈，注解． **2** 論評，コメント，解説；批判． ❐(पर) ～ करना（…について）論評を加える．

टिप्पस /ṭippasa ティッパス/ [?] *f.* 策；小細工． ❐～ जमाना［भिड़ाना, लगाना, लड़ाना］ 策を弄す．

टिप्पा /ṭippā ティッパー/ ▸टप्पा *m.* ☞टप्पा

टिफ़िन /ṭifina ティフィン/ [←I.Eng.n. *tiffin*] *m.*（昼食の）弁当；弁当箱．

टिमटिम /ṭimaṭima ティムティム/ [mimetic word] *m.*（星や明かりの）ぴかぴか，きらきら；（灯火の）ちらちら，ちかちか．

टिमटिमाना /ṭimaṭimānā ティムティマーナー/ [cf. *टिमटिम*] *vi.* (*perf.* टिमटिमाया /ṭimaṭimāyā ティムティマーヤー/) **1**（星や明かりが）ぴかぴか［きらきら］(टिमटिम) 光る，きらめく． ❐आकाश में तारे टिमटिमा आए। 空に星がきらめきだした． **2**（灯火が）ちらちら［ちかちか］(टिमटिम) 光る． ❐अँधेरे में एक दीपक टिमटिमा रहा है। 暗闇の中で一つの灯火がちらちら光っている．

टिशू /ṭiśū ティシュー/ [←Eng.n. *tissue*] *m.* ティッシュ． ❐～ पेपर ティッシュペーパー．

टी[1] /ṭī ティー/ [←Eng.n. *T*] *m.*（ラテン文字の）T． ❐～ शर्ट Tシャツ．

टी[2] /ṭī ティー/ [←Eng.n. *tea*] *f.* 茶；紅茶．(⇒चाय) ❐～ बैग ティーバッグ．

टीका[1] /ṭīkā ティーカー/ [＜OIA. *ṭikka-[1] 'mark, spot': T.05458] *m.* **1**〖ヒンドゥー教〗ティーカー《額に付ける印》． ❐माथे पर ～ लगाना 額にティーカーを付ける． **2**〖医学〗予防接種［注射］；種痘． ❐(को) चेचक का ～ लगाना（人に）天然痘の予防接種をする． ❐～ लगवाना 予防接種をしてもらう（＝受ける）．

टीका[2] /ṭīkā ティーカー/ [←Skt.f. *टीका-* 'a commentary, gloss'] *f.* **1** 注釈（書），注解（書）． ❐～ करना 注釈をする． **2** 論評． ❐दूसरे दिन समाचार-पत्रों में इस वक्तृता पर टीकाएँ होने लगीं। 翌日新聞にはこの講演についてさまざまな論評がされた．

टीकाकार /ṭīkākāra ティーカーカール/ [←Skt.m. *टीका-कार-* 'a commentator; an annotator'] *m.* 注釈者．

टीका-टिप्पणी /ṭīkā-ṭippaṇī ティーカー・ティッパニー/ *f.* 解説；注釈． ❐(पर, के संबंध में) ～ करना（…について）解説を加える．

टीन /ṭīna ティーン/ ▸टिन *m.* ☞टिन

टीन-बंद /ṭīna-baṃda ティーン・バンド/ ▸टिन-बंद *adj.* ☞टिन-बंद

टीप[1] /ṭīpa ティープ/ [cf. *टीपना*[1]] *f.* **1**（指・手のひらで）押すこと，もむこと，指圧；（人を）締め上げること． **2**（モルタル・漆喰（しっくい）などの形を整えるために）力を加えること． **3**（レンガの壁・床などの隙間に）詰め物をすること．

टीप[2] /ṭīpa ティープ/ [cf. *टीपना*[2]] *f.* **1** メモ，覚書き． **2** 下絵，スケッチ；ホロスコープ．

टीपकारी /ṭīpakārī ティープカーリー/ ▸टिपकारी *f.* ☞टिपकारी

टीप-टाप /ṭīpa-ṭāpa ティープ・タープ/ [echo-word; *टीप*] *f.* 飾り立てること；潤色．(⇒टीम-टाम)

टीपना[1] /ṭīpạnā ティープナー/ [<OIA. *ṭipp-[1] 'squeeze, nip': T.05464] *vt.* (*perf.* टीपा /ṭīpā ティーパー/) **1** (指・手のひらで)押しつける;指圧する;(人を)締め上げる. (⇒दबाना) ❐(का) गला टीपना (人の)首を締め上げる. **2** (モルタル・漆喰(しっくい)などの形を整えるために)力を加える. ❐गच ～ モルタルの形を整える. **3** (レンガの壁・床などの隙間に)詰め物をする.

टीपना[2] /ṭīpạnā ティープナー/ [<OIA. *ṭippati 'notes': T.05465] *vt.* (*perf.* टीपा /ṭīpā ティーパー/) **1** メモをとる. **2** (下絵を)描く;(ホロスコープを)描く.

टीबी /ṭībī ティービー/ [←Eng.n. *TB* (tubercle bacillus)] *f.* 〖医学〗結核. (⇒तपेदिक़, दमा, राजयक्ष्मा)

टीम /ṭīmạ ティーム/ [←Eng.n. *team*] *f.* チーム. ❐फ़ुटबॉल ～ サッカーチーム.

टीम-टाम /ṭīmạ-ṭāmạ ティーム・ターム/ [echo-word] *f.* 見せかけ;けばけばしさ;虚飾. (⇒टीप-टाप)

टीला /ṭīlā ティーラー/ [<OIA. *ṭalla-[1] 'heap': T.05451] *m.* 小山, 丘, 高台. ❐तीले पर चढ़ना 丘に登る.

टीवी /ṭīvī ティーヴィー/ [←Eng.n. *TV* (television)] *f.* テレビ(放送). ❐वे ～ पर ठेठ बहू की भूमिका निभा चुकी हैं। 彼女はテレビで典型的な嫁の役を演じた. ❐～ सेट テレビ(受像機). ❐उपग्रह ～ 衛星テレビ.

टीस /ṭīsạ ティース/ [cf. *टीसना*] *f.* 激痛, 激しい疼き. ❐वह ～ के मारे तिलमिला उठा। 彼は激痛のあまりのたうちまわった. ❐संघर्ष की गरमी में चोट की व्यथा नहीं होती, पीछे से ～ होने लगती है। 格闘の激情の最中には傷の痛みは感じないものだ, 後で激痛が始まるのだ.

टीसना /ṭīsạnā ティースナー/ [?] *vi.* (*perf.* टीसा /ṭīsā ティーサー/) ずきずき痛む, 激しく疼く. ❐मन में फैला हुआ विकार एक बिंदु पर एकत्र होकर टीसने लगा। 心に広がっていたねじれが一点に集中し激しく疼きだした.

टुँगना /ṭũgạnā トゥングナー/ ▸टूँगना *vi.* (*perf.* टुँगा /ṭũgā トゥンガー/) ☞टूँगना

टुंटा /ṭumṭā トゥンター/ ▸टुंड, टुंडा *adj.* ☞टुंडा

टुंड /ṭumḍạ トゥンド/ ▸टुंटा, टुंडा *adj.* ☞टुंडा

टुंडा /ṭumḍā トゥンダー/ ▸टुंटा, टुंड [<OIA. *ṭuṇḍa-[2] 'defective': T.05468z3] *adj.* **1** 枝葉の落ちた(木). **2** (両腕あるいは片腕が欠けて)手のない(人);(両方あるいは片方の)角の欠けている(動物). **3** 一部が欠けている(もの).

— *m.* トゥンダー《想像上の幽霊;夜ごと自分の切断された首を手にして馬で疾走すると考えられている》.

टुक /ṭukạ トゥク/ [<OIA. *ṭukk- 'cut, break': T.05466] *adj.* 少量の, 少しの.

टुकड़ा /ṭukạṛā トゥクラー/ [cf. *टुक, टूक*] *m.* 断片, 破片, かけら, 一片, 切れ端, スライス. (⇒पुरज़ा) ❐कागज़ का ～ 紙切れ. ❐टुकड़े टुकड़े हो जाना 粉々になる.

टुकड़ी /ṭukạṛī トゥクリー/ [cf. *टुकड़ा*] *f.* (軍隊の)小隊, 分隊;(同じ目的の人々の)一隊, 一団, 一群.

टुच्चा /ṭuccā トゥッチャー/ [<OIA. *tucchyá-* 'empty, vain': T.05850] *adj.* 卑しい;卑劣な, あさましい.

टुट-पुँजिया /ṭuṭạ-pũjiyā トゥト・プンジヤー/ [*टूटना* + *पूँजी*] *adj.* わずかな資本しかない;三流の.

— *m.* (小規模な)小売商人.

टूँगना /ṭũgạnā トゥーングナー/ ▸टुँगना [←Drav.; DEDr.3479 (DED.2864)] *vi.* (*perf.* टूँगा /ṭũgā トゥーンガー/) 少しずつ噛む[かじる]. ❐बच्चे चने टूँग रहे हैं। 子どもたちは, チャナー豆を少しずつかじっている.

टूक /ṭūkạ トゥーク/ [<OIA. *ṭukk- 'cut, break': T.05466] *m.* 小片, 破片《主に, दो टूक「ほんのちょっと」, टूक-टूक「粉々に」のように副詞句として使用》. ❐बातें जो दो ～ हुईं उनका सारांश यह था। ほんのちょっと交わされた話の内容はこうだった. ❐टूक-टूक करना 粉々にする. ❐टूक-टूक हो जाना 粉々になる.

टूटन /ṭūṭanạ トゥータン/ [cf. *टूटना*] *f.* **1** 壊れること;分裂, 崩壊. **2** 破片, 断片, かけら.

टूटना /ṭūṭạnā トゥートナー/ [<OIA. *trúṭyati* 'is broken, falls asunder': T.06065] *vi.* (*perf.* टूटा /ṭūṭā トゥーター/) **1** 壊れる;割れる;砕ける;折れる;(糸・綱などが)切れる. ❐शीशा टूट गया। ガラスが割れてしまった. ❐उसके एक हाथ की हड्डी टूट गयी। 彼の片方の手の骨が折れてしまった. ❐उसके आँसू की लड़ी टूट गई। 彼女の涙の糸が切れた(=涙が堰を切って流れ出た). **2** (群れ・集団から)離れる, 離別する, 切り離される. **3** (関係などが)切れる, 途切れる, 壊れる. ❐उस गाँव से हमारा नाता टूट गया। その村と私たちの関係は切れてしまった. ❐अपने चाचा लोगों से मेरा पारिवारिक संबंध टूट गया। 父方の兄弟たちと私たちの親戚付き合いはなくなってしまった. **4** (持続していたものが)終わりになる;(組織が)壊滅する;(高熱が)下がる;(集中力が)妨げられる;(断食が)終わる;(記録が)破られる;(眠りが)破られる. ❐इससे समाज का ढाँचा टूटा नहीं होगा तो बुरी तरह हिल गया होगा। このことによって社会の枠組みが破壊されはしなかっただろうが, 深刻に揺れ動いたことだろう. ❐उस दिन भी उसका बुख़ार नहीं टूटा। その日も彼女の高熱は下がらなかった. ❐मेरा ध्यान टूट गया। 私の集中力が妨げられた. ❐उसकी नींद टूट गई। 彼の眠りは破られた. ❐एक ही क्षण में उसके जीवन का मृदु स्वप्न जैसे टूट गया। 一瞬のうちに彼の人生の甘美な夢が砕け散った. ❐इतनी शानदार दावत हुई कि पिछले सारे रेकार्ड टूट गये। 過去のすべての記録が破られるほどのすばらしいごちそうが出た. **5** 突進する;襲いかかる, 飛びかかる;(食べ物に)かぶりつく. ❐वे उसकी आँख बचाकर कमरे से निकलने लगीं कि वह बाज़ की तरह टूटकर उनके सामने आ खड़ा हुआ। 彼女は彼の目を避けて部屋から出ようとしたその時, 彼は鷲のようにさっとそばに来て彼女の前に立ちはだかった. ❐हमने किताब को पढ़ना शुरू किया, पंक्तियों पर हमारी आँखें ऐसे टूट रही थीं जैसे कोई बहुत दिन का भूखा स्वादिष्ट व्यंजनों पर टूटे। 我々はその本を読み始めた, 一行一行に我々の目は吸いついていた, まるで長い日々飢えていた者が美味な食事にかぶりつくように. **6** (小銭に)くずれる;(手形が)換金される. **7** 精神的に参る, くじける, つぶれる;(疲労・病気で)(体の節々が)痛む. ❐जीवन में ज़्यादातर टूटे हुए लोग वे हैं जो अपने स्वभाव और कार्य में साम्य नहीं स्थापित कर पाते। 人生でくじけ敗残した大部分の人は, 自分の性格と仕事に調和をはかれない人である.

❐ऐसे में अगर कोई अपना मानसिक संतुलन खो बैठे या टूट जाए तो हैरत नहीं होनी चाहिए। このような場合，もし自分の精神のバランスを失ったり押しつぶされた人がでても驚くにはあたらない．❐रात को बहुत पी जाने के कारण इस वक़्त सिर भारी था और देह टूट रही थी। 夜飲みすぎたために，その時は頭が重く，体の節々が痛んでいた．

टूट-फूट /ṭūṭa-p^{h}ūṭa トゥート・プート/ [*टूटना* + *फूटना*] *f.* 破損，損壊；粉砕．

टूटा-फूटा /ṭūṭā-p^{h}ūṭā トゥーター・プーター/ [*टूटना* + *फूटना*] *adj.* **1** 破損した，損壊した；粉砕された．❐वह बे-सरो-सामान घर, वह फटा फ़र्श, वे टूटी-फूटी चीज़ें देखकर मुझे उसपर दया आ गई। あの家具もない家，あのひび割れた床，あの壊れた品々を見て私は彼が憐れになった．**2** 体(てい)をなしていない；(言葉が)片言の．❐टूटी-फूटी हिंदी 片言のヒンディー語．❐वह काँपती हुई टूटी-फूटी आवाज़ में बोले। 彼は震えたとぎれとぎれの声で言った．

टूरनामेंट /ṭūranāmemṭa トゥールナーメーント/ ▷टूर्नामेंट [←Eng.n. *tournament*] *m.* トーナメント，勝ち抜き試合，選手権争奪戦．

टूर्नामेंट /ṭūrnāmemṭa トゥールナーメーント/ ▷टूरनामेंट *m.* ☞टूरनामेंट

टें /ṭẽ テーン/ [onom.] *f.* 〔擬声〕オウムの鳴き声；けたたましい声．❐～ बोलना [हो जाना] あっけなくくたばる，ころっと死ぬ．❐कोई ऐसा-वैसा आदमी हो, तो एक ही पत्थर में ～ हो जाए। そこらへんの男だったら(彼の)石ころ一発でいちころでさー．

टेंट[1] /ṭẽṭa テーント/ [?] *f.* テーント《腰布 (धोती) の腹の部分の折り返し；中に小銭など小物を包む込める》．

टेंट[2] /ṭemṭa テーント/ [←Eng.n. *tent*] *m.* テント．(⇒तंबू)

टेंटी /ṭẽṭī テーンティー/ [?] *f.* 『植物』テーンティー《乾燥地に生えるとげのある低木カリール (करीर) およびその実》．

टेंटुआ /ṭẽṭuā テーントゥアー/ *m.* 喉笛，喉．

टें-टें /ṭẽ-ṭẽ テーン・テーン/ [onom.] *f.* 〔擬声〕オウムの鳴き声《金切り声のイメージ》．

टेंडर /ṭemḍara テーンダル/ [←Eng.n. *tender*] *m.* 入札．(⇒निविदा) ❐कई ठेकेदारों के ～ मिले हैं। 複数の業者からの入札があった．❐(का) ～ देना (…の)入札に参加する．

टेक /ṭeka テーク/ [cf. *टेकना*] *f.* **1** 支柱；支え．**2** 寄りかかること．❐(में) ～ लगाना (…に)寄りかかる．**3** かたくなに意地を張ること，意固地(いこじ)．❐～ पकड़ना かたくなに意地を張る．❐चाबुकों की वर्षा कर दी, पर घोड़े ने अपनी ～ न छोड़ी। ムチの雨を降らせた，しかし馬は自分の意地を張ったままだった．**4**『音楽』(歌詞の)繰り返し，リフレイン．❐～ की दुहराहट リフレインの繰り返し．

टेकना /ṭekanā テークナー/ [<OIA. **takk-*[1] 'remain, stop': T.05420] *vi.* (*perf.* टेका /ṭekā テーカー/) **1** (もの・人を)(寄りかからせて)立てる，立てかける；(支え・つっかい棒で)支える．❐यह छड़ी दीवार से लगाकर कोने में टेक दो। この杖を壁に寄りかからせて隅に立てかけなさい．❐छड़ी को ऐसे टेको कि गिरे नहीं। 杖を，倒れないように立てかけなさい．**2** (自分が)(壁などに)寄りかかる；(杖を)つく．❐एक बूढ़ा आदमी लठिया टेकता हुआ आया। 一人の老人が杖をつきながら来た．❐वह लाठी टेकता खड़ा हुआ। 彼は杖を支えに立ち上がった．**3** (自分の主張・観点に)固執する．**4**〔慣用〕❐(के सामने) घुटने ～ (人の前に)ひざまずく，屈伏する．❐माथा [मत्था] ～ 敬い(床に)額をつける，額をこすりつける．

टेगुसिगलपा /ṭegusigalapā テーグスィガルパー/ [cf. Eng.n. *Tegucigalpa*] *m.* 『地名』テグシガルパ《ホンジュラス(共和国)(हौंडुरास) の首都》．

टेटनस /ṭeṭanasa テートナス/ [←Eng.n. *tetanus*] *m.* 『医学』破傷風．

टेढ़ा /ṭeṛ^{h}ā テーラー/ [<OIA. **trēḍḍa-* 'slanting, squinting': T.06071] *adj.* **1** 曲がった，湾曲した．(↔सीधा) **2** 斜めの．❐फ़रज़ी टेढ़े चलती है। (チェスの)クイーンは斜めに進みます．❐उसने टेढ़ी निगाहों से मेरी तरफ़ देखा। 彼女は横目で(疑いの目で)私の方を見た．**3** 一筋縄ではいかない，強情な，根性が曲がっている．❐टेढ़ी ज़बान 意地の悪い口ぶり．**4** (問題が)込み入っている，面倒な；手に負えない．❐～ मामला है। 面倒な問題だ．❐टेढ़ी खीर 面倒事；試練．

टेढ़ा-मेढ़ा /ṭeṛ^{h}ā-meṛ^{h}ā テーラー・メーラー/ *adj.* **1** 曲がりくねった．❐～ रास्ता 曲がりくねった道．**2** (問題が)込み入っている，面倒な．

टेनिस /ṭenisa テーニス/ [←Eng.n. *tennis*] *m.* 『スポーツ』テニス．❐～ खेलना テニスをする．❐टेबुल ～ 卓球．

टेप /ṭepa テープ/ [←Eng.n. *tape*] *m.* **1** 平ひも，テープ，リボン．(⇒डोरी, फ़ीता) **2** (磁気)テープ．❐～ पर रिकार्ड करना テープに録音する．❐～ करना … をテープに録音する．❐～ रिकार्डर テープレコーダー．❐चंबकीय ～ 磁気テープ．**3** 接着テープ，セロテープ，ばんそうこう．

टेप-रिकार्डर /ṭepa-rikārḍara テープ・リカールダル/ [←Eng.n. *tape recorder*] *m.* テープレコーダー．

टेबिल /ṭebila テービル/ ▸टेबुल [←Eng.n. *table*] *m.* ☞टेबुल

टेबुल /ṭebula テーブル/ ▸टेबिल [←Eng.n. *table*] *m.* テーブル，机．❐～ टेनिस 『スポーツ』テーブルテニス，卓球，ピンポン．

टेर /ṭera テール/ [<OIA. **tēr-* 'notice': T.05473] *f.* **1** 呼び声，叫び声．**2** (歌うときの)大声，甲高い声．

टेरना /ṭeranā テールナー/ [cf. टेर] *vt.* (*perf.* टेरा /ṭerā テーラー/) **1** 大声で呼ぶ．**2** 大声で歌う．

टेराकोटा /ṭerākoṭā テーラーコーター/ [←Eng.n. *terracotta*] *m.* テラコッタ《茶褐色の素焼きの陶器》．

टेलर /ṭelara テーラル/ [←Eng.n. *tailor*] *m.* (洋服の)仕立て屋，裁縫師．(⇒दर्ज़ी, मास्टर)

टेलिफ़ोन /ṭelifona テーリフォーン/ ▸टेलीफ़ोन *m.* ☞टेलीफ़ोन

टेलीग्राफ़ /ṭelīgrāfa テーリーグラーフ/ [←Eng.n. *telegraph*] *m.* テレグラフ《電信，電報を送る装置》．

टेलीग्राम /ṭelīgrāma テーリーグラーム/ [←Eng.n. *telegram*] *m.* 電報, 電信. (⇒तार)

टेलीफ़ोन /ṭelīfona テーリーフォーン/▶टेलिफ़ोन [←Eng.n. *telephone*] *m.* **1** 電話機. (⇒फ़ोन) ❐～ बज रहा है। 電話が鳴っている. ❐सार्वजनिक ～ 公衆電話. ❐～ बूथ 電話ボックス. **2** 電話をかけること. (⇒फ़ोन) ❐(को) ～ करना (人に)電話する.

टेलीविज़न /ṭelīvizana テーリーヴィザン/ [←Eng.n. *television*] *m.* テレビ.

टेलीस्कोप /ṭelīskopa テーリースコープ/ [←Eng.n. *telescope*] *m.* 望遠鏡. (⇒दूरबीन, दूरवीक्षण यंत्र)

टेव /ṭeva テーオ/ [?<OIA. **ṭēv-* 'appoint, fix': T.05475] *f.* 習慣, 癖.

टेवा /ṭevā テーワー/ [<OIA. **ṭēv-* 'appoint, fix': T.05475] *m.*〖暦〗簡略なホロスコープ.

टेसू /ṭesū テースー/ [?] *m.*〖植物〗テースー《ハナモツヤクノキ (पलाश) およびその花》.

टेस्ट /ṭesṭa テースト/ [←Eng.n. *test*] *m.* **1** テスト, 試験. ❐～ करना …をテストする. **2**〖スポーツ〗クリケットの試合.

टैंक /ṭaiṃka タェーンク/ [←Eng.n. *tank* ←Guj.m. *ṭāṃkī* 'reservoir'] *m.* タンク, 戦車.

टैंक-तोड़ /ṭaiṃka-toṛa タェーンク・トール/ [*टैंक* + *-तोड़*] *adj.* 対戦車(用の).

टैंकर /ṭaiṃkara タェーンカル/ [←Eng.n. *tanker*] *m.* タンカー.

टैक्स /ṭaiksa タェークス/ [←Eng.n. *tax*] *m.*〖経済〗税金, 税, 関税. (⇒कर, ड्यूटी, महसूल) ❐इन्कम ～ 所得税.

टैक्सी /ṭaiksī タェークスィー/ [←Eng.n. *taxi*] *f.* タクシー. ❐～ का किराया タクシーの料金.

टोंगा /ṭoṃgā トーンガー/ [cf. Eng.n. *Tonga*] *m.*〖国名〗トンガ(王国)《首都はヌクアロファ (नुकुआलोफ़ा)》.

टोंटी /ṭõṭī トーンティー/ [?<OIA.n. **ṭōṇṭa-³* 'mouth': T.05479z2; ?<OIA.n. *tuṇḍa-* 'beak, trunk, snout': T.05853] *f.* **1** 放出口, ノズル. **2** (水道などの)蛇口, 飲み口.

टोंटीदार /ṭõṭīdāra トーンティーダール/ [*टोंटी* + *-दार*] *adj.* 漏れ口のついた(容器).

टोक /ṭoka トーク/ [cf. *टोकना*] *f.* **1** (人のことに)口をはさむこと. **2** (人に口をはさまれて)けちがつくこと. ❐(की) ～ में आना (人のおかげで)けちがついてうまくいかなくなる. ❐(की) ～ लगना (人のおかげで)けちがつく.

टोक-टाक /ṭoka-ṭāka トーク・ターク/ *f.* (人のことに)口をはさみけちをつけること.

टोकन /ṭokana トーカン/ [←Eng.n. *token*] *m.* トークン; 代用貨幣; 引換券. ❐दिल्ली मेट्रो के ～ デリー地下鉄のトークン.

टोकना /ṭokanā トークナー/ [<OIA. **ṭōkk-* 'strike, bite': T.05476] *vt.* (*perf.* टोका /ṭokā トーカー/) **1** (人の話に)異議を唱え口を出す; (人の話に)水をさす. ❐उसने देखा बात बढ़ रही है। बीच में टोक करके बोला। 彼は話が深刻になりつつあるのを見てとった. そこで途中で水をさして言った. ❐मौक़ा पाकर मैंने उन्हें टोका। きりを見て私は彼の話を遮った. ❐वह मुझे बात-बात में टोकता है। 彼はことごとく私の話に水をさす. **2** 妨害する; 異を唱える, 反対する.

टोकरा /ṭokarā トークラー/ [<OIA. **ṭōkka-¹* 'basket': T.05477] *m.* (大きな)かご, バスケット. ❐टोकरे में डालना (…を)かごに入れる.

टोकरी /ṭokarī トークリー/ [cf. *टोकरा*] *f.* (小さな)かご, バスケット. ❐～ में भरना (…を)かごに詰める. ❐रद्दी की ～ में डालना 屑かごに捨てる.

टोक्यो /ṭokyo トーキョー/ [←Eng.n. *Tokyo*] *m.* ☞तोक्यो

टोगो /ṭogo トーゴー/ [cf. Eng.n. *Togo*] *m.*〖国名〗トーゴ(共和国)《首都はロメ (लोमे)》.

टोटका /ṭoṭakā トートカー/ [?<OIA. **ṭōṭṭa-¹* 'hollow stick, tube, hole': T.05479] *m.* **1** まじない; 厄払い; 迷信的な治療. **2** 魔除け, お守り.

टोटल /ṭoṭala トータル/ [←Eng.n. *total*] *m.* トータル, 合計. (⇒जोड़, योग) ❐(का) ～ करना (を)合計する. ❐～ मिलाना 検算する.

टोटा¹ /ṭoṭā トーター/ [<OIA. **ṭōṭṭa-¹* 'hollow stick, tube, hole': T.05479] *m.* (中が空洞な)竹の筒.

टोटा² /ṭoṭā トーター/ [cf. *टूटना*] *m.* 欠損, 赤字.

टोटेम /ṭoṭema トーテーム/ [←Eng.n. *totem*] *m.* トーテム.

टोड़ी /ṭoṛī トーリー/ [<OIA.f. *trōṭakī-* 'name of a musical rāginī': T.06078z1] *f.*〖音楽〗トーリー《ラーギニー (रागिनी) の一種》.

— *adj.* おべっかを使う(人).

टोना¹ /ṭonā トーナー/ [<OIA. **ṭōna-* 'sorcery': T.05480] *m.* **1** 呪文, まじない; 魔法, 妖術, 黒魔術. ❐～ करना 魔法をかける. **2** 魅了[魅惑]されること. **3** トーナー《結婚式の時歌われる歌の一種》.

टोना² /ṭonā トーナー/ ▶टोहना *vt.* (*perf.* टोया /ṭoyā トーヤー/) ☞टोहना

टोना-टोटका /ṭonā-ṭoṭakā トーナー・トートカー/ *m.* まじない; 呪法. ❐(के लिए) टोना-टोटका [टोने-टोटके] करना (…のために)まじないをする.

टोप /ṭopa トープ/ [<OIA. **ṭōppa-¹* 'hat, covering': T.05481] *m.* **1** (ふちのある)大きな帽子, 山高帽子. (⇒हैट) ❐～ और फ़्राक 山高帽子とフロックコート. **2** ヘルメット, 鉄かぶと. **3** (裁縫の)指ぬき. (⇒हैट)

टोपा /ṭopā トーパー/ [cf. *टोप*] *m.* (寒い冬に被る)大きな帽子.

टोपी /ṭopī トーピー/ [cf. *टोपा*] *f.* **1** (つばのない)帽子, キャップ. ❐～ लगाना [उतारना] 帽子をかぶる[ぬぐ]. ❐गाँधी ～ ガーンディー帽《非着色の木綿製の舟形帽 (किश्तीनुमा टोपी)の一種; ガーンディー主義の信奉者が被る》. **2** かぶせるもの, ふた, キャップ.

टोल¹ /ṭola トール/ [<OIA. **ṭōla-* 'division, party': T.05483] *m.* (村の)区分けされた居住区.

टोल² /ṭola トール/ [←Eng.n. *toll*] *m.* (道路の)通行料.

❒～ बूथ 料金所.
टोला /ṭolā トーラー/ [cf. टोल¹] *m.* (町や村の)特定の人々の住む地域, 居住区. (⇒मुहल्ला)
टोली /ṭolī トーリー/ [cf. टोला] *f.* 集団, 群れ, グループ. ❒दो-दो की ～ 二人ずつの組.
टोस्ट /ṭosṭa トースト/ [←Eng.n. *toast*] *m.* トースト, 焼きパン.
टोह /ṭoha トーフ/ [cf. टोहना] *f.* 手探り;探索. ❒(की) ～ में (…を)探して. ❒(की) ～ लगाना (…を)探す.
टोहना /ṭohanā トーフナー/▸टोना [<OIA. *ṭōh- 'grope': T.05486] *vt.* (*perf.* टोहा /ṭohā トーハー/) **1** 手探りで捜す, 手探りする. (⇒टटोलना) ❒अँधेरे में वस्तुओं को टोहकर देखो तो मिल जाएँगी। 暗闇の中で手探りすれば, みつかるよ. **2** 捜索する, 探索する;模索する.
टोही /ṭohī トーヒー/ [टोह + -ई] *adj.* 捜索用の, 探索用の. ❒～ कुत्ता 捜索犬. ❒～ विमान 哨戒機.
ट्यूनिस /ṭyūnisa ティューニス/ [cf. Eng.n. *Tunis*] *m.* 『地名』チュニス《チュニジア(共和国) (ट्यूनीशिया) の首都》.
ट्यूनीशिया /ṭyūnīśiyā ティューニーシャー/ [cf. Eng.n. *Tunisia*] *m.* 『国名』チュニジア(共和国)《首都はチュニス (ट्यूनिस)》.
ट्यूब /ṭyūba ティューブ/ [←Eng.n. *tube*] *m.* チューブ. ❒लंदन की ～ ट्रेन ロンドンの地下鉄.
ट्यूशन /ṭyūśana ティューシャン/ [←Eng.n. *tuition*] *f.* (家庭教師による)個人授業, 個人教授. ❒～ पर जाना 家庭教師(の個人授業)に行く. ❒उन्होंने घर का ख़र्च चलाने को दो-एक ट्यूशनें कर लीं। 彼は家計を助けるためにいくつか家庭教師をした.
ट्रंक /ṭraṃka トランク/ [←Eng.n. *trunk*] *m.* **1** トランク, 旅行用大かばん. **2** (鉄道, 道路, 電信, 電話の)幹線, 本線. ❒～ काल トランク・コール《長距離電話の通話[呼び出し]》. ❒～ रोड 幹線道路.
ट्रक /ṭraka トラク/ [←Eng.n. *truck*] *m.* トラック, 貨物自動車.
ट्राफ़िक /ṭrāfika トラーフィク/ ▸ट्रैफ़िक *adj.* ☞ट्रैफ़िक
ट्राफ़ी /ṭrāfī トラーフィー/ ▸ट्रॉफ़ी [←Eng.n. *trophy*] *f.* **1** トロフィー. **2** 『スポーツ』 (試合の)…杯.
ट्राम /ṭrāma トラーム/ [←Eng.n. *tram*] *f.* 市外[路面]電車.
ट्राली /ṭrālī トラーリー/ [←Eng.n. *trolley*] *f.* 手押し車, トロッコ.
ट्रस्ट /ṭrasṭa トラスト/ [←Eng.n. *trust*] *m.* 受託財団. (⇒न्यास)
ट्रिनीडाड और टोबेगो /ṭrinīḍāḍa aura ṭobego トリニーダード アォール トーベーゴー/ [cf. Eng.n. *Trinidad and Tobago*] *m.* 『国名』トリニダード・トバゴ(共和国)《首都はポート・オブ・スペイン (पोर्ट आफ़ स्पेन)》.
ट्रे /ṭre トレー/ [←Eng.n. *tray*] *f.* トレー, お盆. ❒उसने एक ～ में चाय लाकर हमारे सामने रखी। 彼女は一つのお盆でお茶を持ってきて私たちの前に置いた.
ट्रेन /ṭrena トレーン/ [←Eng.n. *train*] *f.* 列車. (⇒गाड़ी)
ट्रेनर /ṭrenara トレーナル/ [←Eng.n. *trainer*] *m.* トレーナー;(馬の)調教師.
ट्रेनिंग /ṭreniṃga トレーニング/ [←Eng.n. *training*] *f.* トレーニング, 養成, 訓練. (⇒प्रशिक्षण)
ट्रेवल /ṭrevala トレーワル/ [←Eng.n. *travel*] *f.* 旅行, トラベル. (⇒यात्रा, सफ़र) ❒～ एजेंट 旅行業者, 旅行代理店の社員. ❒～ एजेंसी 旅行代理店.
ट्रैक /ṭraika トラェーク/ [←Eng.n. *track*] *m.* **1** (競技場の)トラック. **2** 鉄道線路, 軌道.
ट्रैक्टर /ṭraikṭara トラェークタル/ [←Eng.n. *tractor*] *m.* トラクター.
ट्रैफ़िक /ṭraifika トラェーフィク/▸ट्राफ़िक [←Eng.n. *traffic*] *m.* 交通. (⇒यातायात) ❒～ जाम 交通渋滞. ❒～ पुलिस 交通警官. ❒～ सिगनल 交通信号.
ट्विटर /ṭviṭara トヴィタル/ [←Eng.n. *twitter*] *m.* 『コンピュータ』ツイッター. ❒～ करना ツイッターをする. ❒～ पर इत्तिला करना ツイッター上で報告する.

ठ

ठंड /ṭʰaṃḍa タンド/ ▸ठंढ [<OIA. *stabdha-* 'firmly fixed': T.13676; DED 2473] *f.* 寒さ, 冷たさ, 寒冷;冷え;冷気;寒け. ❒कड़के की ～ थी। 凍えるような寒さだった. ❒(को) ～ लगना (人が)風邪をひく. ❒～ पड़ना (外気が)冷える.
ठंडई /ṭʰaṃḍaī タンダイー/ ▸ठंडाई, ठंढाई *f.* ☞ठंडाई
ठंडक /ṭʰaṃḍaka タンダク/▸ठंढक [cf. ठंड] *f.* **1** 寒さ;寒冷;涼しさ, 冷涼. (⇒ठंड) **2** 沈静;(熱, 苦痛からの)小康状態.
ठंडा /ṭʰaṃḍā タンダー/▸ठंढा [cf. ठंड] *adj.* **1** (空気が)冷たい, 寒い;涼しい. (⇒सर्द)(⇔गर्म) ❒मौसम न ज़्यादा गरम था न ज़्यादा ～। 気候は暑すぎもせず寒すぎもしなかった. ❒ठंडी हवा 涼風. **2** (ものが)冷たい, 冷えた, 冷めた. (⇔गर्म) ❒～ करना 冷やす. ❒～ होना 冷える. ❒～ पिएँगे या गर्म? 冷たいのを飲みますか, それとも温かいの?《コーラなど清涼飲料かコーヒー・お茶などをすすめる時の決まり文句》 **3** 冷淡な, 冷ややかな. ❒～ युद्ध 冷戦. **4** 冷静な. ❒ठंडे दिमाग़ से सोचना [खेलना] 冷静に考える[プレーする]. **5** 沈静化した;(気分の高揚が)興ざめした;気落ちした(ため息). ❒(का) उत्साह ～ पड़ जाना (人の)興奮が冷めた. ❒(का) गुस्सा ～ पड़ जाना (人の)怒りがおさまる. ❒ठंडी साँस भरना [लेना] ため息をつく. **6** 死んだ;冷たくなった. ❒～ हो जाना 死ぬ, 冷たくなる.
ठंडाई /ṭʰaṃḍāī タンダーイー/▸ठंडई, ठंढाई [ठंडा + -ई] *f.* 『医学』タンダーイー《香辛料などを調合した解熱剤(の飲み物);麻酔作用をもつ飲料「バーング」(भाँग) に混ぜることもある》.
ठंढ /ṭʰaṃḍʰa タンド/ ▸ठंड *f.* ☞ठंड
ठंढई /ṭʰaṃḍʰaī タンダイー/ ▸ठंडाई, ठंढाई *f.* ☞ठंडाई

ठंढक /ṭʰaṃḍʰakạ タンダク/ ▸ठंडक *f.* ☞ठंडक

ठंढा /ṭʰaṃḍʰā タンダー/ ▸ठंडा *adj.* ☞ठंडा

ठंढाई /ṭʰaṃḍʰāī タンダーイー/ ▸ठंडाई *f.* ☞ठंडाई

ठक /ṭʰakạ タク/ [<OIA. **ṭhakk-*[1] 'clatter': T.05487] *f.* 〔擬音〕トン, ドン《こぶしや硬いもので叩くときの音》. ❐ ठक-ठक トントン, ドンドン.

ठक-ठक /ṭʰakạ-ṭʰakạ タク・タク/ [onom.; cf. *ठक*] *f.* (叩く音)トントン, ドンドン.

ठकठकाना /ṭʰakạṭʰakānā タクタカーナー/ [cf. *ठक-ठक*] *vi.* (*perf.* ठकठकाया /ṭʰakạṭʰakāyā タクタカーヤー/) 〔擬音〕トントン (ठक-ठक) と鳴る.

— *vt.* (*perf.* ठकठकाया /ṭʰakạṭʰakāyā タクタカーヤー/) トントンと叩く. ❐उसने डंडे से ठकठकाकर माट की पेंदी छेद दी। 彼は棒でトントン叩いて素焼きの壺の底に穴を開けた.

ठकार /ṭʰakārạ タカール/ [←Skt.m. *ठ-कार-* 'Devanagari letter ठ or its sound'] *m.* **1** 子音字 ठ. **2**〖言語〗子音字 ठ の表す子音 /ṭʰ ト/.

ठकारांत /ṭʰakārāṃtạ タカーラーント/ [←Skt. *ठकार-अन्त-* 'ending in the letter ठ or its sound'] *adj.*〖言語〗語尾が ठ で終わる(語)《आठ「8」, झूठ「嘘」, होंठ「唇」など》. ❐～ शब्द 語尾が ठ で終わる語.

ठकुर-सुहाती /ṭʰakurạ-suhātī タクル・スハーティー/ ▸ठकुर-सोहाती [*ठाकुर* + *सुहाना*] *f.* おべっか, へつらい; お世辞. (⇒खुशामद) ❐～ करना へつらう. ❐～ कहना おべっかを言う.

ठकुर-सोहाती /ṭʰakura-sohātī タクラ・ソーハーティー/ ▸ठकुर-सुहाती *f.* ☞ठकुर-सुहाती

ठकुराइन /ṭʰakurāinạ タクラーイン/ ▸ठकुरानी *f.* ☞ठकुरानी

ठकुराई /ṭʰakurāī タクラーイー/ [*ठाकुर* + *-ई*] *f.* (地方領主, 地主などであることの)優越. ❐～ का रोब 領主としての傲慢さ. ❐राय साहब को ～ का अभिमान था। ラーエ氏には地主としての高慢さがあった.

ठकुरानी /ṭʰakurānī タクラーニー/ ▸ठकुराइन [cf. *ठाकुर*] *f.* タークル (ठाकुर) の妻.

ठग /ṭʰagạ タグ/ [cf. *ठगना*; → I.Eng.n. *thug*] *m.* **1** こそ泥師. (⇔ठगनी) **2**〖歴史〗タグ《18～19 世紀に北インドを中心に略奪や窃盗を生業とした盗賊の集団》.

ठगना /ṭʰagạnā タグナー/ [<OIA. **ṭhagg-* 'cheat': T.05489] *vt.* (*perf.* ठगा /ṭʰagā タガー/) **1** だます, 欺く, かつぐ. ❐शिष्टता उसके लिए दुनिया को ठगने का एक साधन थी। 礼儀正しさは彼にとっては世間を欺く一つの手段だった. ❐आम जनता में एक बार फिर ठगे जाने का एहसास हुआ। 一般大衆はまたもやだまされたという印象を持った. **2** だまし取る. **3** うっとりさせる, (色香などで)迷わせる.

— *vi.* (*perf.* ठगा /ṭʰagā タガー/) **1** だまされる, 欺かれる, かつがれる. (⇒ठगाना) **2** だまし取られる. (⇒ठगाना) **3** (色香などに)迷う. (⇒ठगाना)

ठगनी /ṭʰagạnī タグニー/ [cf. *ठग*] *f.* **1** こそ泥をはたらく女. **2** こそ泥師 (ठग) の妻. (⇔ठग)

ठगपना /ṭʰagạpanā タグパナー/ [cf. *ठग*] *m.* **1** こそ泥, ペテン. **2** 泥棒根性, 盗癖, ぬすみぐせ.

ठगवाना /ṭʰagạvānā タグワーナー/ ▸ठगाना [caus. of *ठगना*] *vt.* (*perf.* ठगवाया /ṭʰagạvāyā タグワーヤー/) だまさせる.

ठग-विद्या /ṭʰagạ-vidyā タグ・ヴィディャー/ *f.* 人をだます技, 手練手管.

ठगाई /ṭʰagāī タガーイー/ [cf. *ठगना*] *f.* ☞ठगपना

ठगाना /ṭʰagānā タガーナー/ ▸ठगवाना [caus. of *ठगना*] *vi.* (*perf.* ठगाया /ṭʰagāyā タガーヤー/) **1** だまされる, 欺かれる, かつがれる. (⇒ठगना) **2** だまし取られる. (⇒ठगना) **3** (色香などに)迷う. (⇒ठगना)

— *vt.* (*perf.* ठगाया /ṭʰagāyā タガーヤー/) ☞ठगवाना

ठगी /ṭʰagī タギー/ [*ठग* + *-ई*] *f.* **1** こそ泥(行為), ペテン. **2** 強盗, おいはぎ; 窃盗. **3**〖歴史〗タギー《14 世紀から 19 世紀の前半まで存在していたとされる, 裕福な旅人を暗殺し金品を略奪していた職業的犯罪者集団》.

ठट्ठ /ṭʰaṭṭʰạ タット/ *m.* 群衆, 人だかり. ❐गाँव के लोग ～ के ～ वहाँ जा जुटे। 村人たちは群れをなしてそこに集まってきた.

ठट्ठा /ṭʰaṭṭʰā タッター/ [<OIA. **ṭhaṭṭha-*[2] 'joke': T.05492] *m.* **1** 冗談; ひやかし. **2** 大笑い; ばか笑い. ❐वह ～ मारकर बोला। 彼は大笑いをして言った.

ठट्ठेबाज़ /ṭʰaṭṭʰebāzạ タッテーバーズ/ [*ठट्ठा* + *-बाज़*] *adj.* おどけた(人), ひょうきんな(人).

ठठरी /ṭʰaṭʰarī タトリー/ [<OIA. **ṭhaṭṭha-*[1] 'framework': T.06089] *f.* **1** 骨格; 骸骨. **2** やせこけた人. **3** 竹でできた枠組み. **4** 棺台. (⇒अरथी)

ठठाना /ṭʰaṭʰānā タターナー/ [cf. *ठट्ठा*] *vi.* (*perf.* ठठाया /ṭʰaṭʰāyā タターヤー/) 大笑いする; ばか笑いする. ❐वह ठठाकर हँसी। 彼女はげらげら笑った.

ठठेरा /ṭʰaṭʰerā タテーラー/ [<OIA. **ṭhaṭṭhakāra-* 'brass worker': T.05493] *m.* 銅細工師; 真鍮細工師; ブリキ細工職人.

ठठेरी /ṭʰaṭʰerī タテーリー/ [cf. *ठठेरा*] *adj.* 銅細工師 ठठेरा に関係する. ❐～ बाज़ार (市場の)銅細工師が集まった通り.

— *f.* 銅細工師 ठठेरा の妻.

ठठोल /ṭʰaṭʰolạ タトール/ [cf. *ठट्ठा*] *adj.* こっけいな(人), おどけた(人).

— *m.* **1** おどけた人, 冗談好きの人. **2** 冗談; からかい; おどけ.

ठठोली /ṭʰaṭʰolī タトーリー/ ▸ठिठोली [cf. *ठठोल*] *f.* 冗談; からかい; おどけ. ❐(से) ～ करना (人を)からかう.

ठन /ṭʰanạ タン/ [?<OIA. *stánati* 'roars': T.13668; ?<OIA. **than-* 'jingle, clang': T.05494] *f.* **1**〔擬音〕チリン, カラン《コインなど軽い金属製のものがぶつかる音》. (⇒खन) **2**〔擬音〕トン, ポン《タブラー (तबला) など小型の太鼓の音》. (⇒खन)

ठनक /ṭʰanakạ タナク/ [cf. *ठन*] *f.* **1**〔擬音〕「チリン, カラン」という音《コインなどがぶつかる音》. **2**〔擬音〕「トン, ポン」という音《タブラー (तबला) など小型の太鼓の音》.

ठनकना /ṭʰanakạnā タナクナー/ [cf. *ठनक*; <OIA. **than-* 'jingle, clang': T.05494] *vi.* (*perf.* ठनका /ṭʰanạkā タンカー/) **1** (金属性の食器やコインなどが落ちて)カラン[チリ

ン］(ठन) と鳴る．❐(का) ～ ठनकना〔慣用〕(人の)脳裏に疑念が生じる．**2**（太鼓などが)トントン［ポンポン］(ठन-ठन) と鳴る．**3**《〚(का) माथा ठनकना〛の形式で，「(人に)疑念が生まれる，悪い予感がする，不安がよぎる」の意》❐उसका माथा ठनका कि आज यह क्या मामला है। 彼に疑念が生まれた，今日これは一体何事だろう．❐मेरा माथा ठनका और उसका चेहरा पीला हो गया। 私に不安がよぎった，そして彼の顔は真っ青になった．

ठनकाना /ṭʰanạkānā タンカーナー/ [cf. *ठनक, ठनकना*] *vt.* (*perf.* ठनकाया /ṭʰanạkāyā タンカーヤー/) **1**（コインなどを落として)カラン［チリン］(ठन) と鳴らせる《音でコインの真贋を鑑定する》．❐उसने उसे ठनकाकर कहा, दूसरा रुपया दो, यह खोटा है। 彼はそれ(コイン)をカランと鳴らして言った，別の金をくれ，これは贋金だ．**2**（太鼓などを)トントン［ポンポン］(ठन-ठन) と打ち鳴らす．

ठनगन /ṭʰanạganạ タンガン/ [?cf. *ठानना*] *f.* 祝儀の金品をせびること．❐～ करना 祝儀の金品をせびる．

ठन-ठन /ṭʰanạ-ṭʰanạ タン・タン/ ▸ठनाठन [onom.; cf. *ठन*] *f.* **1**〔擬音〕(鈴などの)チリンチリン，リンリン．**2**〔擬音〕(太鼓などの)トントン，ポンポン．**3**〔擬音〕(咳の)ゴホンゴホン，コンコン．

ठन-ठन गोपाल /ṭʰanạ-ṭʰanạ gopālạ タン・タン ゴーパール/ *m.* 一文無し，ひどく貧しい人．

ठनठनाना /ṭʰanạṭʰanānā タンタナーナー/ [cf. *ठन-ठन*] *vi.* (*perf.* ठनठनाया /ṭʰanạṭʰanāyā タンタナーヤー/) カランカラン［トントン，ポンポン］(ठन-ठन) と鳴る．

— *vt.* (*perf.* ठनठनाया /ṭʰanạṭʰanāyā タンタナーヤー/) カランカラン［トントン，ポンポン］(ठन-ठन) と鳴らす．

ठनना /ṭʰanạnā タンナー/ [cf. *ठानना*] *vi.* (*perf.* ठना /ṭʰanā タナー/) **1**（立ち向かうために)意を決する，腹を決める，覚悟する；断固とした態度をとる．❐वह ठन गयी। 彼女は腹を決めた．**2**（戦争などが)激しく始まる；(事業などが)威勢よく始まる．❐इस नई फ़िल्म को लेकर दोनों के बीच ठनी हुई है। この新しい映画をめぐって二人の間に(確執が)激しく始まっている．

ठनाठन /ṭʰanāṭʰanạ タナータン/ ▸ठनठन *f.* ☞ठन-ठन

ठप /ṭʰapạ タプ/ ▸ठप्प [cf. *ठपना*] *adv.*（事業・機能などが)決定的に停止して；ぴたりと止まって．❐केबल कटने से नेटवर्क ～ हो गया। ケーブルが切断されてネットワークが止まってしまった．❐निर्यात ～ पड़ने का ख़तरा है। 輸出が止まってしまう危険がある．

ठपना /ṭʰapạnā タプナー/ [cf. *ठप्पा*] *vi.* (*perf.* ठपा /ṭʰapā タパー/) **1** ピシャリと閉まる．**2** ぴたりと止める．

ठप्प /ṭʰappạ タップ/ ▸ठप *adv.* ☞ठप

ठप्पा /ṭʰappā タッパー/ [＜OIA. **ṭhapp-* 'strike, press': T.05495] *m.* **1** 刻印機；(貨幣・メダルなどの)金型；活字．**2** 刻印；押捺(おうなつ)．**3** 鋳型．

ठर्रा /ṭʰarrā タルラー/ [?] *m.*〘食〙タルラー《地酒の一種；マフアー (महुआ) の果汁を発酵させて作る》．

ठलुआ /ṭʰaluā タルアー/ ▸ठलुवा [＜OIA. **ṭhalla-* 'empty': T.05497] *adj.* 失業している(人)．

ठलुवा /ṭʰaluvā タルワー/ ▸ठलुआ *adj.* ☞ठलुआ

ठस /ṭʰasạ タス/ [＜OIA. **ṭhass-* 'press down': T.05499] *adj.* **1** ぎっしり詰まった；(織物の)目が詰まった；ずっしりと重い．❐～ सूती कपड़ा 織り目の密な綿布．**2** さえない音がする(偽造貨幣)．❐मैंने ख़ुद ठनकाकरा, तो मालूम हुआ, सचमुच कुछ ～ है। 私は自分で(コインの)音を調べた，すると，本当に少しおかしい音がするとわかった．**3** 鈍い(頭)；愚鈍な．❐दिमागी तौर पर ～ रह सकती गूगल पीढ़ी 頭脳的には愚鈍かもしれないグーグル世代．

ठसक /ṭʰasakạ タサク/ [＜OIA. **ṭhas-* 'display': T.05498] *f.* 高慢；空威張り．

ठसका /ṭʰasạkā タスカー/ [cf. *धसका*] *m.*〘医学〙気管支炎；空咳．

ठसाठस /ṭʰasāṭʰasạ タサータス/ [cf. *ठस*] *adv.* ぎっしりと，ぎゅうぎゅうに(詰め込まれて)．❐अदालत के कमरे ～ भर गए थे। 法廷の部屋はぎっしりと満員になった．

ठहरना /ṭʰaharạnā タハルナー/ [＜OIA. **stabhira-* 'fixed, firm': T.13680] *vi.* (*perf.* ठहरा /ṭʰaharā タヘラー/) **1** 止まる，停止する；休止する．(⇒रुकना) ❐उसने मुझे आवाज़ दी और हाथ से ठहर जाने का इशारा किया। 彼は私に声をかけた，そして手で止まるように合図した．❐वह दबी ज़बान से बोली -- जब नशा ठहर जाय, तो कहिए। 彼女は押し殺した声で言った -- 酔いがおさまってから，しゃべりなさい．❐मेरे लड़कपन में वे जब उस रात का वर्णन करने लगतीं तो घड़ी जैसे ठहर जाती, गर्मी की चिलचिलाती धूप का दिन भी अँधेरा लगता, हमारे रोंगटे खड़े हो जाते। 私の子どもの頃ですが，彼女がその夜の描写を始めると，まるで時計は止まり，夏のじりじり照りつける日差しの昼間も暗闇になり，身の毛がよだつようでした．**2**（乗り物が)停車する．(⇒रुकना) **3**（雨が)やむ．**4**（定位置に)とまる，(安定して)静止する；とどまる．**5**（待機するために)とどまる．(⇒रुकना) ❐ज़रा ठहर जाओ, हम भी चलते हैं। ちょっと待ってくれ，僕も行くから．❐उसे यहाँ एक क्षण ठहरना भी असह्य हो गया। 彼には，ここに一瞬たりともとどまることは，耐えられなくなった．❐सब लोग यहीं ठहरें, मैं अकेले जाऊँगा। みんなここにいるように，私一人で行くから．**6** 滞在する；宿営する．(⇒टिकना, रुकना) ❐हम लोग उसके घर ठहरे थे। 我々は彼の家に滞在していた．❐लौटती बार भी वे यहीं आकर ठहरेंगी। 戻ってくるときも，彼女はここに来て泊まるでしょう．❐एक-दो महिलाएँ भी पहले आकर हमारे यहाँ ठहर चुकी थीं। 一人か二人女性も，以前やって来て私たちのところに泊まったことがあった．**7**（支えられて)載っている．(⇒टिकना) ❐यह छत चारों खंभों पर ठहरी है। この屋根は，四本の柱で支えられている．**8**（液体が)(混入物が沈殿して)静止・安定状態になる．**9**（現状通り)もちこたえる；(持続して)もつ．(⇒टिकना) ❐मेरी कोई दलील उसके सामने न ठहर सकी। 私の言い分は，彼の前では通らなかった．**10**（病状などが)落ち着く，小康状態になる．❐अब कुछ तबीयत ठहरी है। 今はやや小康状態になっている．**11**（事実などが)確認される，確定する．❐यह लोग राजे-महराजे ठहरे, यह इन कामों में दान न दें, तो कौन दे। この方たちがラージャー・マハーラージャーというわけだ，この方たちがこれらの事業に寄付してくれなければ誰がするというのか．**12**（たかが［所詮，結局］)…にすぎない；判明する．❐मैं

ठहरी गाँव की एक ग़रीब लड़की। 私ときたら，たかが村の貧しい小娘にすぎなかった．

ठहरवाना /ṭʰaharavānā タハルワーナー/ [caus. of *ठहरना, ठहराना*] *vt.* (*perf.* ठहरवाया /ṭʰaharavāyā タハルワーヤー/) 止まらせる；止まってもらう．

ठहराना /ṭʰaharānā タヘラーナー/ [cf. *ठहरना*] *vt.* (*perf.* ठहराया /ṭʰaharāyā タヘラーヤー/) **1** 止める，停止させる；とどまらせる． **2** (定位置に)据える；固定する． **3** 泊める，滞在させる；(宿などの)面倒をみる． ❐उसने सबको अपने यहाँ ठहराया था। 彼は皆を自宅に泊めた． ❐मेरे घनिष्ठ मित्र हैं, किसी निजी काम से इलाहाबाद जा रहे हैं, अपने पास एक-दो दिन को ठहरा लो। 私の親友です，ある私用でイラーハーバードに行くところです，君のところに 1，2 日泊めてあげてくれ． **4** (行事などを)設定する，取り決める；調停する；(賃料などを)決める． **5** (事実などを)確認する，確定する；判定する；決めつける；結論づける． ❐संगीत के प्रति जो मेरी प्रवृत्ति थी उसको विकसित न करने का मुझे बड़ा मलाल है, और उसके लिए मैं अपने को दोषी ठहराता हूँ। 音楽に対してあった自分の好みを育まなかったことを私はたいへん後悔している，そうなったのは自分自身に責任があるのだ． ❐अँग्रेज़ों ने तो देश को निर्बल और नपुंसक बनाने के लिए हथियार रखना जुर्म ठहराया। 英国人たちは我が国を無力にまた腑抜けにするために武器の所有を罪悪と決めつけた． ❐अगर उन्हें हर बात के लिए ज़िम्मेदार ठहराया जाएगा तो उन्हें हर तरह के अधिकार भी मिलने चाहिए। もし彼にすべてのことの責任があると結論づけるなら，彼にすべての権限も持たせなくてはいけない．

ठहराव /ṭʰaharāva タヘラーオ/ [cf. *ठहरना, ठहराना*] *m.* **1** 安定． **2** 決着；決定． **3** 永続(性)；耐久(性)． **4** 停止；休止；中断；停滞；(経済の)景気後退． **5** 宿泊地；停泊地．

ठहाका /ṭʰahākā タハーカー/ [onom.] *m.* 大笑い，哄笑．(⇒क़हक़हा) ❐～ मारना [लगाना] 大声で笑う．

ठाँ /ṭʰā̃ ターン/ ▸ठाँय [onom.; cf. *ठाँ*] *f.* 〔擬音〕パーンという銃声．

ठाँ-ठाँ /ṭʰā̃-ṭʰā̃ ターン・ターン/ ▸ठाँय-ठाँय [onom.; cf. *ठाँ*] *f.* 〔擬音〕パーンパーンという連続した銃声．

ठाँय /ṭʰā̃ya ターエン/ ▸ठाँ *f.* ☞ठाँ

ठाँय-ठाँय /ṭʰā̃ya-ṭʰā̃ya ターエン・ターエン/ ▸ठाँ-ठाँ *f.* ☞ठाँ-ठाँ

ठाँव /ṭʰā̃va ターオン/ [<OIA.n. *sthā́man-* 'station, place': T.13760] *m.* 場所；宿泊地．

ठाँसना[1] /ṭʰā̃sanā ターンスナー/ [onom.; cf. *ठन-ठन*] *vt.* (*perf.* ठाँसा /ṭʰā̃sā ターンサー/) コンコン (ठन-ठन) 咳をする．(⇒खाँसना)

ठाँसना[2] /ṭʰā̃sanā ターンスナー/ ▸ठूँसना *vt.* ☞ठूँसना

ठाकुर /ṭʰākura タークル/ [<OIA.m. *ṭhakkura-* 'idol, deity (cf. ḍhakkārī), title': T.05488] *m.* **1** 〖ヒンドゥー教〗神，造物主；神像《特にヴィシュヌ神 (विष्णु) の化身であるラーマ (राम) やクリシュナ (कृष्ण) など》． **2** 〖ヒンドゥー教〗タークル《ジャーティ (जाति) の一つ；地主や地方の実力者，主にクシャトリヤ，に対する尊称》．

ठाकुरद्वारा /ṭʰākuradvārā タークラドワーラー/ [*ठाकुर* + *द्वार*] *m.* 〖ヒンドゥー教〗〖スィック教〗寺院．

ठाट /ṭʰāṭa タート/ ▸ठाठ *m.* ☞ठाठ[1], ठाठ[2]

ठाट-बाट /ṭʰāṭa-bāṭa タート・バート/ ▸ठाठ-बाट *m.* ☞ठाठ-बाट

ठाठ[1] /ṭʰāṭʰa タート/ ▸ठाट [<OIA. **thaṭṭha-[1]* 'framework': T.06089] *m.* (竹などで作った)骨組み；骨格．

ठाठ[2] /ṭʰāṭʰa タート/ ▸ठाट [<OIA. **thaṭṭha-[2]* 'pomp, ceremony': T.06090; cf. OIA. *taṣṭá-* 'fashioned, formed in mind': T.05743] *m.* 華やかさ，華麗；派手，贅沢；誇示；もったいぶり． ❐(का) ～ डाटना (…の)華やかさをみせつける． ❐वह रईसी ～ से रहते थे। 彼は貴族のような華麗な生活をしていた． ❐अपने लड़के का बबुआई ～ निभाना कोई आसान काम न था। 自分の息子に対しては子どもであっても相応の体面をつくろうのは楽ではなかった．

ठाठ-बाट /ṭʰāṭʰa-bāṭa タート・バート/ ▸ठाट-बाट [echo-word; cf. *ठाठ*] *m.* 華やかさ，華麗；派手，贅沢． ❐～ निभाना 贅沢を維持する．

ठानना /ṭʰānanā ターンナー/ [<OIA. **sthānya-* 'stand': T.13754z1; cf. OIA.n. *sthā́na-* 'firm stance': T.13753] *vt.* (*perf.* ठाना /ṭʰānā ターナー/) **1** 意を決する，覚悟する；断固とした態度をとる． ❐आपने आज मुझे बनाने की ठान ली, क्यों? あなたが今日は私をおだてようって決めたのは，どうした風の吹きまわしかしら？ ❐मेरे लिए मेरी माँ ने दो-एक व्रत भी ठाने थे। 私のために母は幾つか願かけの断食を決めた． ❐मैंने ठान लिया है कि कौड़ी भी न दूँगा। 私はびた一文出さないと心に決めた． **2** (けんかなどを)ふっかける． ❐तू तो यहाँ लड़ाई ठाने बैठी है। お前ときたらこんなところでけんかを売ろうと居直ったな．

ठार /ṭʰāra タール/ [?<OIA. **sthāra-* 'firm, firmness': T.13765] *adj.* 凍えるように寒い．

— *m.* 凍えるような寒さ．

ठाला /ṭʰālā ターラー/ [<OIA. **ṭhalla-* 'empty': T.05497] *m.* **1** 失業者；怠け者，無精者．(⇒निठल्ला) **2** 失業(状態)．(⇒बेरोज़गारी) **3** (人が)ぐずぐずしていること．

ठिंगना /ṭʰĩganā ティングナー/ ▸टिंगना [<OIA. **ṭhiṅga-[2]* 'defective': T.05501] *adj.* (背丈が)矮小な；ちびな． ❐～ आदमी 小男．

ठिकाना /ṭʰikānā ティカーナー/ [<OIA. **ṭhīkka-* 'firm, right': T.05503] *m.* **1** 場所；ありか，所在，居所． ❐अपना ～ लिखना 自分の居所を書く． ❐ठिकाने का पता चलना 居所がわかる． **2** しかるべき場所；落ち着き先． ❐(का) ～ करना (人を)職につける；(人の)身をかためる；(娘を)嫁がす． ❐ठिकाने की बात もっともな話《理性的，論理的，常識的であること》． ❐(के) होश ठिकाने हुए। (人が)正気にもどった． ❐～ ढूँढ़ना 職を探す；落ち着き先を探す． **3** 見込み；あて． ❐खाने का ～ नहीं है। (貧困で)食べ物の見込みも立ちません． **4** 限り，限界． ❐मेरे आश्चर्य का ～ न रहा। 私の驚きと言ったらなかった． ❐उसकी ख़ुशी का ～ न था। 彼の喜びと言ったらなかった．

ठिगना /ṭʰiganā ティグナー/ ▸ठिंगना *adj.* ☞ठिंगना

ठिठक /ṭʰiṭʰakạ ティタク/ [cf. *ठिठकना*] *f.* **1** 急に立ち止まること. **2** めんくらうこと. **3** しりごみすること.

ठिठकना /ṭʰiṭʰakạnā ティタクナー/ [?; cf. *ठिकाना*] *vi.* (*perf.* ठिठका /ṭʰiṭʰạkā ティトカー/) **1** 急に立ち止まる;立ちつくす. ❐वह ठिठक गया और उनकी बातें सुनने लगा। 彼は急に立ち止まった, そして彼らの会話に耳をそばだてた. **2** めんくらう, ぎょっとする. ❐मुर्दे के साथ आए हुए लोग इन दो अपरिचित-अप्रत्याशित मूर्तियों को देखकर ठिठक गए। 死体を運んできた人々は, 見ず知らずのまた予期せぬこの二人の姿を見てぎょっとなった. **3** 恐れためらう, しりごみする;ひるむ;(馬が)おびえる. ❐जैसे पत्तों के खड़कने पर घोड़ा अकारण ही ठिठक जाता है और मारने पर भी आगे क़दम नहीं उठाता वही दशा उसकी थी। 葉っぱの擦れる音で馬が訳もなくおびえてしまい鞭をあてても前に進もうとしないような, まさに彼はそのような状態だった.

ठिठरना /ṭʰiṭʰarạnā ティタルナー/ ▸ठिठुरना *vi.* (*perf.* ठिठरा /ṭʰiṭʰạrā ティトラー/) ☞ठिठुरना

ठिठुरना /ṭʰiṭʰurạnā ティトゥルナー/ ▸ठिठरना [cf. OIA. *sthirá-* 'firm, hard, strong, durable': T.13771] *vi.* (*perf.* ठिठुरा /ṭʰiṭʰurā ティトゥラー/) **1** (寒さで)(手足が)かじかむ, こごえる;(寒さで)震える. ❐रात को खाना खाने के बाद पढ़ाने जाता और ग्यारह बजे रात के क़रीब लौटता -- कीटगंज से मुट्ठीगंज तक की सुनसान सड़कों पर खचर-खचर साइकिल चलाता, जाड़ों में ठिठुरता। (当時は)夜食事をした後で教えに出かけ, 夜11時頃帰宅したものだった -- キートガンジからムッティーガンジまでの人気のない道をカチャカチャ自転車をこぎながら, 寒さに震えながら. **2** (寒さなどで)(成長が)止まる, はばまれる. ❐वे सोलह पार कर चुकी थीं, पर षोडशी की आँखों में जो अप्रत्याशित की प्रतीक्षा, अंगों में जो कसाव-उभार, मन में जो अकारण उल्लास चाहिए उसका उनमें कहीं पता न था -- उनमें जैसे उनका लड़कपन ही गिठुर-ठिठुरकर रह गया था। 彼女は16才を過ぎていた, しかし16才の乙女の眼にあるはずの予期せぬものへの期待, 身体の部分部分にあるはずの引締まったり盛り上がっているさま, 胸の中にあるはずの理由のない歓喜, そういうものが彼女の中にはどこも見つからなかった -- 彼女の内部で, 彼女の成長期はまるで止まってしまったかのようだった.

ठिठोली /ṭʰiṭʰolī ティトーリー/ ▸ठठोली *f.* ☞ठठोली

ठिनकना /ṭʰinakạnā ティナクナー/ [onom.] *vi.* (*perf.* ठिनका /ṭʰinạkā ティンカー/) (子どもが)すすり泣く.

ठिया /ṭʰiyā ティヤー/ ▸ठीहा *m.* ☞ठीहा

ठीक /ṭʰīkạ ティーク/ [<OIA. **ṭhikka-* 'firm, right': T.05503] *adj.* **1** 申し分ない, 問題ない, ちゃんとしている, 正しい. ❐～ से 正しく, ちゃんと. **2** ちょうどの, ぴったりした, 適当な, 妥当な. **3** 故障していない. ❐～ करना (…を)直す, 修繕[修理]する, 調整する. ❐～ होना 直る, 修繕[修理]される, 調整される.

— *adv.* ちゃんと, ぴったりと, しっくりと.

ठीक-ठाक /ṭʰīkạ-ṭʰākạ ティーク・ターク/ [echo-word; cf. *ठीक*] *adj.* ちゃんとした;整然とした;順調な.

— *adv.* ちゃんと;整然と;順調に.

ठीकरा /ṭʰīkạrā ティークラー/ [<OIA. **ṭhikkara-* 'potsherd': T.05504] *m.* **1** (土器・陶器などの)かけら, 破片. ❐उसने ज़मीन पर एक ठीकरे से हिसाब लगाकर कहा। 彼は地面に一片の土器のかけらで計算をしてから言った. **2** 無価値・無用なもの. ❐(को) ～ समझना (…を)無価値・無用なものと思う.

ठीकरी /ṭʰīkạrī ティークリー/ [cf. *ठीकरा*] *f.* (土器・陶器などの)小さなかけら, 小さな破片.

ठीका /ṭʰīkā ティーカー/ ▸ठेका *m.* ☞ठेका

ठीकेदार /ṭʰīkedārạ ティーケーダール/ ▸ठेकेदार *m.* ☞ठेकेदार

ठीहा /ṭʰīhā ティーハー/ ▸ठिया [<OIA.m. *stíbhi-* 'clump, cluster, bunch': T.13695] *m.* 作業台;(露天商の)縄張り.

ठुकना /ṭʰukạnā トゥクナー/ [cf. *ठोकना*] *vi.* (*perf.* ठुका /ṭʰukā トゥカー/) **1** (杭・釘などが)トントン (ठक-ठक) 叩いて打ちこまれる. **2** トン[ポン] (ठक) と叩かれる[打たれる]. **3**〔俗語〕(金が)無駄に出費される. **4** 告訴される. ❐(पर) (की) नालिश ～ (人が)(…の件で)告訴される.

ठुकराना /ṭʰukạrānā トゥクラーナー/ [cf. *ठोकर*] *vt.* (*perf.* ठुकराया /ṭʰukạrāyā トゥクラーヤー/) **1** 蹴る, 蹴とばす. **2** 拒絶する, ひじ鉄砲を食らわせる;(提案などを)蹴る, はねつける. ❐अगर आप उसे ठुकरा सकते हैं, तो आप मनुष्य नहीं हैं। もしあなたが彼女を拒絶することができるなら, あなたは人間ではない. ❐उसने परिणाम की कुछ भी परवाह किए बिना राजा के प्रस्ताव को ठुकरा दिया। 彼は結果を全く気にかけず, 王の申し出をはねつけた.

ठुकवाना /ṭʰukạvānā トゥクワーナー/ [caus. of *ठुकना, ठोकना*] *vt.* (*perf.* ठुकवाया /ṭʰukạvāyā トゥクワーヤー/) (杭・釘などを)トントン (ठक-ठक) 叩いて打ちこませる;打ちこんでもらう.

ठुड्डी /ṭʰuḍḍī トゥッディー/ ▸ठोड़ी [<OIA.n. *tuṇḍa-* 'beak, trunk, snout': T.05853; cf. OIA. **ṭhuḍḍha-* 'mouth': T.05506z1] *f.* あご先, おとがい.

ठुमक /ṭʰumakạ トゥマク/ [onom.; cf. *ठुमकना*] *f.* (踊り子の)気取った歩み;(幼児の)よちよち歩き《いずれも目を楽しませる》.

ठुमकना /ṭʰumakạnā トゥマクナー/ [onom.; cf. *ठुमक*] *vi.* (*perf.* ठुमका /ṭʰumạkā トゥムカー/) **1** (幼児が)よちよち歩きする. ❐वह ठुमक-ठुमककर चलता है। その子はよちよち歩きです. **2** (インド古典舞踊で)トントン (ठुम-ठुम) と足を踏み鳴らして踊る《これにより足飾りが鳴る》;気取った足取りで歩く.

ठुमका /ṭʰumạkā トゥムカー/ *m.* **1** (凧を上げるために凧糸を)微妙に引っ張ること. **2** ☞ठुमक

ठुमकी /ṭʰumạkī トゥムキー/ [cf. *ठुमका*] *f.* ☞ठुमका

ठुम-ठुम /ṭʰumạ-ṭʰumạ トゥム・トゥム/ [onom.; cf. *ठुमकना*] *f.* (インド古典舞踊で足を踏み鳴らす音)トントン.

ठुमरी /ṭʰumarī トゥムリー/ [<OIA. **stumbha-*[1] 'song': T.13706] *f.* 〖音楽〗トゥムリー《北インドのラクナウー(लखनऊ) の宮廷文化を背景に盛んになったとされる歌曲》.

ठूँठ /ṭʰũṭʰa̤ トゥーント/ [<OIA. *ṭhuṭtha- 'defective': T.05506] *m.* **1**〖植物〗枯れ木《特に葉も枝も落ち幹だけの木;老醜のたとえにも》. ❐हरा-भरा पेड़ सूखकर ～ हो गया। 緑茂った木が干からび枯れ木になってしまった. **2** 切断された手, 切断された腕. **3** 手や腕を切断された人. **4** 切り株.

ठूँठा /ṭʰũṭʰā トゥーンター/ [cf. *ठूँठ*] *adj.* **1**〖植物〗枝葉を失った(木). **2** 手や腕を失った(人). **3** 空っぽの.

ठूँसना /ṭʰũsa̤nā トゥーンスナー/ ▸ठाँसना, ठूसना [<OIA. *ṭhass- 'press down': T.05499; cf. *ठस*] *vt.* (*perf.* ठूँसा /ṭʰũsā トゥーンサー/) **1** ぎゅうぎゅうに詰め込む;(無理に)押し込む;突っ込む. (⇒कसना) ❐वैसे तो सारे कपड़े थैले में नहीं आते, पर तुमने ठूँस ही दिए। 普通だったら洋服全部はカバンに入り切らないのだが, 君は全部をぎゅうぎゅうに詰め込んでしまったね. ❐खाता नहीं तो इसके मुँह में ठूँस दो। 彼が食べようとしないなら, 口に無理やりにでも押し込んでしまいなさい. ❐मैंने उसके मुँह में रिवाल्वर की नली ठूँस दी। 私は彼の口に拳銃の銃身を突っ込んだ. **2**〔俗語〕(食べ物を)むさぼり食う.

ठूसना /ṭʰūsa̤nā トゥースナー/ ▸ठूँसना *vt.* (*perf.* ठूसा /ṭʰūsā トゥーサー/) ☞ठूँसना

ठेंगा /ṭʰẽgā テーンガー/ [<OIA. *ṭhiṅga-[1] 'block, stick, leg': T.05500] *m.* **1** (右手を握り突き立てた)親指《人を誹謗中傷したり脅す動作》. ❐～ दिखाना (人を)脅す;後ろ指を指す. ❐ठेंगे की परवा नहीं। 人が何と言おうとかまったことじゃない. **2** 棍棒. **3**〔俗語〕〔卑語〕ペニス, 男根.

ठेक /ṭʰeka̤ テーク/ [<OIA. *ṭhēkk- 'fix': T.05509; cf. *टेक*] *f.* 支え, つっかい;支柱;土台.

ठेका[1] /ṭʰekā テーカー/ ▸ठीका [<OIA. *ṭhīkka- 'firm, right': T.05503] *m.*〖経済〗請負い(契約). (⇒कंट्रैक्ट) ❐(का) ～ देना (…の)請負権を与える. ❐(का) ～ लेना (…の)請負契約を獲得する.

ठेका[2] /ṭʰekā テーカー/ [?] *m.* 休憩する場所, 休息所.

ठेकेदार /ṭʰekedāra̤ テーケーダール/ ▸ठीकेदार [*ठेका*[1] + *-दार*] *m.*〖経済〗請負い人;契約人. (⇒कंट्रैक्टर)

ठेठ /ṭʰeṭʰa̤ テート/ [<OIA. *sthēṣṭha-* 'most fixed, durable': T.13778] *adj.* **1** 混ざりけのない, 純粋な, 生粋の;典型的な. ❐～ किसान 生まれながらの農民. ❐～ बहू 本当の嫁らしい嫁. **2**〖言語〗純粋な混交していない(言語);形式ばらない(言語). ❐～ भाषा (いかにもその言語らしい)そのままの言語.

ठेल-ठाल /ṭʰela̤-ṭʰāla̤ テール・タール/ [cf. *ठेलना*] *f.* 押し続けること;押し合いへし合い. ❐मैं ज़बरदस्ती उसे ～ कर ले जाता रहा। 私は強引に彼を押して連れて行ったものだった.

ठेलना /ṭʰela̤nā テールナー/ [<OIA. *ṭhēḍḍ- 'push': T.05512; cf. DEDr.3135 (DED.2559)] *vt.* (*perf.* ठेला /ṭʰelā テーラー/) **1** (車などを)押しながら進む;押しやる, 押しもどす. ❐वह गाड़ी को दो फ़रलाँग ठेल कर पेट्रोल की दूकान तक लाया। 彼は車を400メートルほど押してガソリンスタンドまで運んだ. ❐दोनों बैल सींग में सींग फँसाकर आमने-सामने डट गए, एक-दूसरे को आगे-पीछे ठेलते हुए। 二頭の雄牛は角をからませて正面から組み合った, 互いを前後に押し合いながら. ❐मैंने उसे ठेलकर यहाँ भेजा था। 私は, 彼を無理に押しだしてここによこしたのだ. **2** 推進する, 進める;(ゴールに)シュートする.

ठेला /ṭʰelā テーラー/ [cf. *ठेलना*] *m.* **1** 手押し車, カート;リヤカー. ❐एकपहिया ～ 一輪手押し車. **2** (手の)一押し.

ठेस /ṭʰesa̤ テース/ [<OIA. *ṭhēss- 'push': T.05512z3] *f.* **1** 叩くこと;一突き. ❐शीशा ～ लगते ही टूट जाता है, नरम वस्तुओं में लचक होती है। ガラスは叩くと割れるが, 柔らかいものには柔軟性がある.

ठोंकना /ṭʰõka̤nā トーンクナー/ ▸ठोकना *vt.* (*perf.* ठोंका /ṭʰõkā トーンカー/) ☞ठोकना

ठोंक-पीट /ṭʰõka̤-pīṭa̤ トーンク・ピート/ ▸ठोक-पीट *f.* ☞ठोक-पीट

ठोकना /ṭʰoka̤nā トークナー/ ▸ठोंकना [onom.; <OIA. *ṭhōkk- 'knock': T.05513] *vt.* (*perf.* ठोका /ṭʰokā トーカー/) **1** (杭・釘などを)トントン (ठक-ठक) 叩いて打ちこむ. ❐यह कील दीवार में हथौड़ी से ठोक देना। この釘を壁に金槌で打ちこんでくれ. ❐उसने ज़मीन में खूँटे ठोक दिए। 彼は地面に杭を打ちこんだ. ❐खाट का पाया ढीला है, इसे ठोक दो। ベッドの足がぐらついている, しっかり中に打ちこんでくれ. **2** (ゴールにボールを入れて)点をあげる;得点を叩き出す. ❐वे १४५ रन ठोंककर एक ही टेस्ट मैच की दोनों पारी में शतक बनाने वाले पहले भारतीय खिलाड़ी बन गए। 彼は145点を叩き出して, 一回のクリケット国際試合の2イニングで100桁の点を記録した最初のインド選手となった. **3** トン[ポン] (ठक) と叩く[打つ]. ❐उसने माथा ठोककर कहा। 彼は額をポンと叩いて言った. **4** (罰・戒めのため)(人を)叩く, 打ちすえる. ❐जब तक यह लड़का ठोका नहीं जाएगा, तब तक सीधा नहीं होगा। この子は叩かないと, まともにならないよ. **5** (とことん)吟味する, 品定めをする. ❐ठोक-बजाकर देख लो। よく吟味して見なさい. ❐वह माल को ठोकता-बजाता है। 彼はとことん品物の品定めをする. **6** 強引に(人に対し)(容疑を)かける;不法に(罰金を)課す. ❐(की) नालिश ～ (…の件を)告訴する. **7**〔慣用〕❐(से) ताल ～ (人を)挑発する《インド相撲 (कुश्ती) では力士が自分の腿を手で打つことが相手への挑戦のしぐさであることから》. ❐(की) पीठ ～ (人の)背中をポンポン叩く(＝励まし勇気づける). ❐(अपने) हाथ से ～ 自分の手で(ローティーを)叩く(＝自炊する).

ठोक-पीट /ṭʰoka̤-pīṭa̤ トーク・ピート/ ▸ठोंक-पीट *f.* (一人前にするために)叩き上げる. ❐～ लद्धड़ लड़के को क़ाबिल बना देने के लिए वे मशहूर थे। さんざん打ち叩いて怠け者の子どもをいっぱしのものに仕上げることで彼は有名だった. ❐(को) ～ कर वैद्यराज [हकीम] बनाना〔慣用〕(人を)鍛え上げて一人前にする.

ठोकर /ṭʰokara̤ トーカル/ [<OIA. *ṭhōkk- 'knock': T.05513] *f.* **1** つまずき. ❐～ खाना つまずく. **2** 足蹴り. ❐～ जमाना [मारना, लगाना] 足でけとばす. **3** 不運な打撃.

ठोड़ी /ṭʰoṛī トーリー/ ▸ठुड्डी *f.* ☞ठुड्डी

ठोस /ṭʰosa トース/ [cf. *ठस*] *adj.* **1** (中身が)固い, 堅固な;固形の. ❐～ पदार्थ 固体. **2** 実質的な;中身のある;まともな;確実な;確かな. ❐अब तो कोई ～ चीज़ चाहिए। もうこうなっては何かまともな食い物がいる. ❐सोने की ～ मूर्ति 純金の像. ❐～ प्रस्ताव 実質的な提案. ❐～ विचार 確かな思想.

ठौर /ṭʰaura タォール/ [<OIA. *sthāvará-* 'stationary, fixed': T.13767] *m.* 場所;居場所;身の置き所, よるべ. ❐तुम्हारे सिवाय मुझे दूसरा ～ नहीं है। あんたのところ以外に私には他に居場所は無いの.

ठौर-ठिकाना /ṭʰaura-ṭʰikānā タォール・ティカーナー/ *m.* 場所;居場所;身の置き所, よるべ.

ड ड़

डंक /ḍaṃka ダンク/ ▸डाँक [<OIA. **ḍakk-*[2] 'bite': T.05517] *m.* **1** (ハチなどの)針;(サソリなどの)毒針;(ヘビの)毒牙. ❐(को) ～ मारना (…を)毒針で刺す[毒牙で咬む]. ❐बिच्छू का ～ サソリの毒針. **2** (言葉に含まれる)とげ, 辛辣さ, 皮肉, 嫌味.

डंकदार /ḍaṃkadāra ダンクダール/ [*डंक* + *-दार*] *adj.* (毒)針のある, 毒牙のある.

डंका /ḍaṃkā ダンカー/ [<OIA. **ḍaṅka-* 'drum': T.05525] *m.* 『楽器』ダンカー《水がめ状の胴に革を張った大型太鼓の一種;2本のばちで打つ》. ❐विजय का ～ पीटना [बजाना]勝利の太鼓を打つ《人々にしらしめる》.

डँकिनी /ḍā̃kinī ダンキニー/ [<OIA.f. *ḍākínī-* 'female attendant on Kālī': T.05542] *f.* ☞डाकिनी

डंगर /ḍaṃgara ダンガル/ ▸डाँगर [<OIA. **ḍaṅgara-*[1] 'cattle': T.05526] *m.* 『動物』(家畜などの)四足動物. (⇒चौपाया)

डंगू /ḍaṃgū ダングー/ ▸डेंगू *m.* ☞डेंगू

डंठल /ḍaṃṭʰala ダンタル/ [<OIA. **ḍaṇṭha-* 'stem': T.05527] *m.* 『植物』(植物の)茎.

डंड /ḍaṃḍa ダンド/ [<Skt.m. *दण्ड-* 'stick, club': T.06128; cf. *डाँड़*] *m.* **1** さお;棒. **2** 腕. **3** 『スポーツ』腕立て伏せ. ❐मैं तीन सौ ～ रोज़ मारता हूँ। 私は300回腕立て伏せを毎日します. **4** 罰;罰金;弁償. ❐(पर) ～ डालना (…に)罰金を課す.

डंड-बेड़ी /ḍaṃḍa-beṛī ダンド・ベーリー/ *f.* (棒に鎖のついた)足かせ《刑罰に使用された》. ❐(को) ～ देना (人に)足かせをする.

डंड-बैठक /ḍaṃḍa-baiṭʰaka ダンド・バェータク/ *m.* 『スポーツ』腕立て伏せと(上半身を伸ばしたまま行う)膝の屈伸運動. ❐～ लगाकर बदन गरमाना 腕立て伏せと膝の屈伸運動をして体を温める. ❐उन्होंने अपने ～ की संख्या बढ़ा दी। 彼は腕立て伏せと膝の屈伸運動の回数を増やした.

डंडा /ḍaṃḍā ダンダー/ [cf. *डंड*] *m.* **1** さお;棒, 杖《農村では太く長い棒が護身あるいは家畜を追うために使用される》. ❐उसके सिर पर ～ इस ज़ोर से पड़ा कि वह सिर पकड़कर बैठ गया। 彼の頭に棍棒が強く打ち下ろされて, 彼は頭を抱えて座り込んだ. **2** 横木, バー;桟(さん);格子(こうし). **3** (デーヴァナーガリー文字で文の終わりを示す)縦棒の記号(।), フルストップ, ピリオド. (⇒पाई, पूर्णविराम)

डंडी /ḍaṃḍī ダンディー/ [cf. *डंडा*] *f.* **1** さお;棒, 杖. **2** 軸, シャフト. **3** 柄;レバー.

डंबल /ḍaṃbala ダンバル/ ▸डंबेल *m.* ☞डंबेल

डंबेल /ḍaṃbela ダンベール/ ▸डंबल [←Eng.n. *dumbbell*] *m.* ダンベル, 亜鈴.

डँसना /ḍā̃sanā ダンスナー/ ▸डसना *vt.* (*perf.* डँसा /ḍā̃sā ダンサー/) ☞डसना

डकरना /ḍakaranā ダカルナー/ ▸डकराना [onom.] *vi.* (*perf.* डकरा /ḍakarā ダクラー/) ☞डकराना

डकराना /ḍakarānā ダクラーナー/ ▸डकरना [onom.] *vi.* (*perf.* डकराया /ḍakarāyā ダクラーヤー/) (種牛が)大きな声で鳴く. (⇒रँभाना)

डकार[1] /ḍakāra ダカール/ [<OIA. **ḍakkāra-* 'belch': T.05521] *f.* げっぷ. ❐～ लेना げっぷをする. ❐खट्टी ～ 酸っぱいげっぷ, 胸やけ.

डकार[2] /ḍakāra ダカール/ [←Skt.m. *ड-कार-* 'Devanagari letter ड or its sound'] *m.* **1** 子音字 ड. **2** 『言語』子音字 ड の表す子音 /ḍ ド/.

डकार[3] /ḍakāra ダカール/ [cf. Eng.n. *Dakar*] *m.* 『地名』ダカール《セネガル(共和国) (सेनेगल) の首都》.

डकारना /ḍakāranā ダカールナー/ [cf. *डकार*] *vi.* (*perf.* डकारा /ḍakārā ダカーラー/) **1** げっぷ (डकार) をする. **2** (牛が)なく;(虎・ライオンが)咆える;うなる.

— *vt.* (*perf.* डकारा /ḍakārā ダカーラー/) **1** ゴクッと飲み込む. **2** 横領する. ❐मेरी सारी-की-सारी मज़दूरी साफ़ डकार गए। (奴等は)俺のあるったけの稼ぎをきれいさっぱり横領してしまった.

डकारांत /ḍakārāṃta ダカーラーント/ [←Skt. *डकार-अन्त-* 'ending in the letter ड or its sound'] *adj.* 『言語』語尾が ड で終わる(語)《खंड「断片」, ठंड「寒さ」, बोर्ड「板」など;ヒンディー語の本来の ड は, 直前が母音の場合は, ड़ に変化している; भीड़「群衆」など》. ❐～ शब्द 語尾が ड で終わる語.

डकैत /ḍakaita ダカェート/ [<OIA. **ḍākka-*[1] 'robber, robbery': T.05543; → Eng.n. *dacoit*] *m.* 強盗;群盗(の一員). (⇒डाकू)

डकैती /ḍakaitī ダカェーティー/ [*डकैत* + *-ई*; → Eng.n. *dacoity*] *f.* 強盗(行為), 強奪.

डग /ḍaga ダグ/ [<OIA. **dag-*[2] 'step, pace': T.05523] *m.* 歩み, 一歩;ひとまたぎ. (⇒क़दम) ❐उसने एक ～ इस तरह उठाया जैसे दलदल में पाँव रख रहे हों। 彼はまるでぬかるみに足を入れるかのように一歩足をあげた. ❐～ बढ़ाना 歩を進める.

डगमग /ḍagamaga ダグマグ/ [<OIA. **dag-*[1] 'tremble':

T.05522] *adj.* よろよろする;ゆらゆらする.

डगमगाना /ḍagamagānā ダグマガーナー/ [cf. *डगमग*] *vi.* (*perf.* डगमगाया /ḍagamagāyā ダグマガーヤー/) **1** (足が)よろよろ (डग-मग) よろめく[ぐらつく]. (⇒लटपटाना, लड़खड़ाना) ❐साइकिल के पैडिल पर मेरे पाँव डगमगाते थे। 自転車のペダルの上で, 私の足はふらついていた. **2** (小舟などが)横揺れする. ❐तख़्ता डगमगाता, कभी तिर्छा, कभी सीधा, कभी चक्कर खाता हुआ चला जा रहा था। 筏は横揺れしながら, 斜めになったり, まっすぐになったり, 回転しながら進んで行っていた. **3** (土台が)ぐらつく;(信念などが)ぐらつく, 動揺する. ❐इन फ़िल्मों के फ़्लाप होने के बाद उनका नंबर वन का सिंहासन डगमगाने लगा है। これらの映画が失敗した後, 彼女の(女優としての)ナンバーワンの王座はぐらつきはじめた. ❐तुम तो तनिक-से लोभ से डगमगाते हो। 君は, ちょっとした誘惑でぐらつくんだな.

— *vt.* (*perf.* डगमगाया /ḍagamagāyā ダグマガーヤー/) ぐらつかせる;揺らす.

डगर /ḍagara ダガル/ [<OIA. *ḍag-^{2} 'step, pace': T.05523] *f.* 小道, 道. ❐(की) ～ होकर (…の)道を通って. ❐(को) ～ बताना (人に)道を教える.

डच /ḍaca ダチ/ [←Eng.adj. *Dutch*] *adj.* オランダの;オランダ人の;オランダ語の.

— *m.* オランダ人.

— *f.* オランダ語.

डटना /ḍaṭanā ダトナー/ [cf. *डाटना*^{1}] *vi.* (*perf.* डटा /ḍaṭā ダター/) **1** (人が)動かず居座る, どっかり腰をすえる. ❐वे कुरसी पर डट गए। 彼は椅子にどっかり腰をすえた. ❐मैं वापस नहीं जाऊँगा, यहीं डटा रहूँगा। 私はもどらないぞ, ここに居座ってやるつもりだ. **2** 意を決して臨む, 不退転の決意で臨む;頑強に抵抗する. ❐उस निर्वाचन-क्षेत्र में १,०३३ उम्मीदवार चुनाव मैदान में डटे हुए हैं, जिनमें १,०२८ निर्दलीय हैं। その選挙区では 1,033 人の候補者が選挙戦に必死の覚悟で臨んでいる, その内 1,028 人が無所属である.

डट्टा /ḍaṭṭā ダッター/ ▸डाट *m.* ☞डाट

डढ़ियल /ḍaṛ^{h}iyala ダリヤル/ ▸दढ़ियल [cf. *डाढ़ी*] *adj.* ☞दढ़ियल

डपट /ḍapaṭa ダパト/ ▸दपट [cf. *डपटना*] *f.* **1** 叱責. **2** 駆けつけること, 急行.

डपटना /ḍapaṭanā ダパトナー/ ▸दपटना [<OIA. **drapp-* 'press': T.06619; cf. *डाँटना*] *vt.* (*perf.* डपटा /ḍapaṭā ダプター/) **1** どなりつける;叱りつける, 叱責する. ❐डपटकर कहना 叱りつけて言う. **2** 駆けつける;飛んで行く, 急行する.

डपोरशंख /ḍaporaśaṃk^{h}a ダポールシャンク/ ▸डपोरसंख, ढपोरसंख *m.* ☞ढपोरसंख

डपोरसंख /ḍaporasaṃk^{h}a ダポールサンク/ ▸डपोरशंख, ढपोरसंख *m.* ☞ढपोरसंख

डफ /ḍap^{h}a ダプ/ [?←Pers.n. دف 'a drum with one skin, cymbal'] *m.* 〖楽器〗タンバリン;フレームドラム.

डफली /ḍap^{h}alī ダプリー/ [cf. *डफ*] *f.* 〖楽器〗ダプリー《小さなタンバリン》. (⇒ख़ंजरी) ❐～ पर गाना タンバリンに合わせて歌う.

डब /ḍaba ダブ/ [?cf. *डब्बा*] *m.* **1** ダブ《ドーティー (धोती) やルンギー (लुंगी) などの腰にたくしこんだ部分; 小銭などの小物入れとして使う》. **2** 小さなポケット;袋《ドーティーやルンギーなどの》.

डबडबाना /ḍabaḍabānā ダブダバーナー/ [?] *vi.* (*perf.* डबडबाया /ḍabaḍabāyā ダブダバーヤー/) (目が)涙でうるむ[あふれる]. (⇒छलछलाना) ❐उसकी आँखें डबडबाईं और दो आँसू उसके गालों पर ढुलक पड़े। 彼の両眼がうるんだ, そして二粒の涙が頬を伝わった.

डबल /ḍabala ダバル/ [←Eng.adj. *double*] *adj.* 2倍の;二重の. ❐～ फ़ीस 2倍の料金. ❐～ मार्च (行進の)駆け足. ❐～ रोटी パン《特にイースト菌を使用する西洋風の食パン;ローティー (रोटी) より厚さが大きいことからという説がある》. ❐क्या बहुत ～ आदमी है? とてもでっかい奴なのか?

डब्बा /ḍabbā ダッバー/ ▸डिब्बा *m.* 小箱《小物を入れる箱;特に嗜好品パーン(पान)を入れる पनडब्बा を指すことが多い》.

डब्लिन /ḍablina ダブリン/ [←Eng.n. *Dublin*] *m.* 〖地名〗ダブリン《アイルランド(共和国) (आयरलैंड) の首都》.

डब्ल्यू /ḍablyū ダブルユー/ [←Eng.n. *W*] *m.* (ラテン文字の)W.

डम-डम /ḍama-ḍama ダム・ダム/ [onom.; cf. *डमरू*] *f.* 〔擬音〕ドンドン《太鼓 (ढोल) やダムルー (डमरू) などの響く音》. (⇒ढम-ढम)

डमरू /ḍamarū ダムルー/ [←Skt.m. *डमरु-* 'a sort of small drum shaped like an hour-glass'] *m.* 〖楽器〗ダムルー《小型の両面太鼓;結び付けられたひもの先に子安貝や豆が付いていて, でんでん太鼓の要領で, 細くくびれた中央部を片手でつかみ振って鳴らす》.

डमरूमध्य /ḍamarūmad^{h}ya ダムルーマディエ/ [neo.Skt.m. *डमरु-मध्य-* 'isthmus'] *m.* 〖地理〗地峡《ダムルー太鼓 (डमरू) の中央がくびれて細くなっていることから》. (⇒स्थल-डमरूमध्य)

डर /ḍara ダル/ [<OIA.m. *dara-*^{1} 'fear': T.06186] *m.* **1** 恐怖, 恐れ;おびえ. (⇒ख़ौफ़, भय) ❐(को) ～ लगना (人が)怖がる. ❐～ के मारे 恐怖のあまり. **2** 危惧;不安, 心配. ❐जिस बात का मुझे ～ था वह ठीक निकली। 私が恐れていたことがまさに起きた.

डरना /ḍaranā ダルナー/ [<OIA. *darati* 'is frightened': T.06190] *vi.* (*perf.* डरा /ḍarā ダラー/) **1** 恐れる, 怖がる;おびえる. (⇒सहमना) ❐उसने डरते-डरते पूछा। 彼は恐る恐るたずねた. ❐क्या डर रही हो? 怖いのかい? ❐मैं किसी से नहीं डरती। 私は誰も怖くないわ. ❐वह ऐसा डर रहा था, जैसे फाँसी हो जाएगी। 彼は, まるで絞首刑になるかのように, おびえていた. ❐मैं डर रही हूँ, गाँववाले क्या कहेंगे। 私は, 村の人たちが何を言うか, 怖いわ. ❐डरिए नहीं। 怖がらなくてもいいですよ. ❐(से) क्या डरना। (…など)怖くなどあるものか. **2** 危ぶむ, 不安を抱く, 危惧する, 心配する. ❐मैं डरती हूँ, कहीं तुम बीमार न पड़ जाओ। 私は, 万一おまえが病気にならないかと心配だ. ❐डरी, कहीं डूब न जाए। 彼女は不

安になった, 溺れるのではないかと.

डरपोक /ḍarapoka ダルポーク/ [डर + पोंकना] *adj.* 臆病な, 小心な. (⇒कायर, बुज़दिल) ❐～ आदमी 臆病な人間.
— *m.* 臆病な人, 小心な人. (⇒कायर)

डराना /ḍarānā ダラーナー/ [cf. डरना] *vt.* (*perf.* डराया /ḍarāyā ダラーヤー/) **1** 脅かす, こわがらせる, おびえさせる. ❐बहुत छुटपन में मुझे सड़क पर निकल जाने से रोकने के लिए यह कहकर डराया जाता था। ずいぶん小さかった時, 私が道に出ることを止めるためにこういうことを言って脅かされたものだった. **2** (脅して)思いとどませる.

डरावना /ḍarāvanā ダラーオナー/ [cf. डराना] *adj.* 恐ろしい, 恐怖をあたえる. ❐～ सपना 恐ろしい悪夢. ❐वह चीख़ उठा जैसे कोई डरावनी चीज़ देख ली हो। 彼は悲鳴をあげた, まるで何か恐ろしいものを見てしまったかのように.

डरावा /ḍarāvā ダラーワー/ [cf. डराना] *m.* **1** 脅し, 恫喝(どうかつ). ❐(को) ～ दिखाना (人を)恫喝する. **2** 案山子(かかし). (⇒बिजूका)

डल झील /ḍala j^{h}īla ダル ジール/ *m.* ダル湖《カシミール地方のシュリーナガル (श्रीनगर) にある風光明媚な湖》.

डलना /ḍalanā ダルナー/ [cf. डालना] *vi.* (*perf.* डला /ḍalā ダラー/) 投げ入れられる.

डलवाना /ḍalavānā ダルワーナー/ [caus. of डलना, डालना] *vt.* (*perf.* डलवाया /ḍalavāyā ダルワーヤー/) 投げ入れさせる;投げ入れてもらう.

डला[1] /ḍalā ダラー/ [<OIA. **ḍala-* 'lump': T.05536] *m.* 塊(かたまり), 一塊. ❐कोयले का ～ 石炭の塊. ❐नमक का एक ～ 塩の一塊.

डला[2] /ḍalā ダラー/ ▸डाली *m.* ☞डाली[2]

डलिया /ḍaliyā ダリヤー/ [cf. डाली[2]] *f.* 小さなバスケット, かご, 手提げかご.

डली /ḍalī ダリー/ [cf. डला[1]] *f.* 小さな塊(かたまり). ❐गुड़ की ～ 黒砂糖の塊.

डसना /ḍasanā ダスナー/ ▸डँसना [<OIA. *dáśati* 'bites': T.06230] *vt.* (*perf.* डसा /ḍasā ダサー/) (ヘビが)かむ, (毒をもつ虫やサソリなどが)刺す. ❐जब वे दस साल के थे तब उनकी आँख की पुतली पर किसी कीड़े ने डस लिया था, उसपर पुराने मरहम के इस्तेमाल से उनकी आँखें जाती रहीं। 彼が 10 才の時瞳を虫が刺した, 傷口に使用された昔ながらの軟膏のため彼の視力は失われた. ❐वह नागिन बनकर हमी को डसेगी। 彼女は雌ヘビとなって, 我々を毒牙にかけるだろう.

डसवाना /ḍasavānā ダスワーナー/ ▸डसाना [caus. of डसना] *vt.* (*perf.* डसवाया /ḍasavāyā ダスワーヤー/) (ヘビに)かませる, (毒をもつ虫やサソリなどに)刺させる.

डसाना /ḍasānā ダサーナー/ ▸डसवाना [caus. of डसना] *vt.* (*perf.* डसाया /ḍasāyā ダサーヤー/) ☞डसवाना

डाँक /ḍā̃ka ダーンク/ ▸डंक *m.* ☞डंक

डाँकना /ḍā̃kanā ダーンクナー/ ▸डाकना *vi.* (*perf.* डाँका /ḍā̃kā ダーンカー/) ☞डाकना[1]

डाँगर /ḍā̃gara ダーンガル/ ▸डंगर *m.* ☞डंगर

डाँट /ḍā̃ṭa ダーント/ [cf. डाँटना] *f.* 叱責. ❐(से) ～ खाना (人から)怒られる, 叱責を受ける.

डाँट-डपट /ḍā̃ṭa-ḍapaṭa ダーント・ダパト/ [cf. डाँटना-डपटना] *f.* 大声でどなりつけること, どやしつけること. (⇒डाँट-फटकार) ❐(को) ～ करना (人を)どやしつける.

डाँटना /ḍā̃ṭanā ダーントナー/ ▸डाटना [<OIA. **draṭ-* 'press': T.06618; cf. डपटना] *vt.* (*perf.* डाँटा /ḍā̃ṭā ダーンター/) **1** (怒って)叱る, 叱責する;小言を言う. (⇒घुड़कना, झाड़ना, फटकारना) ❐वह मुझे डाँटकर बोली। 彼女は, 私を叱って言った. ❐मैंने उसे ख़ूब डाँटा। 私は, 彼を強く叱った. ❐दादा इतने अच्छे हैं कि कभी मुझे डाँटा तक नहीं। 祖父は, 一度も私を叱ったこともないほど優しいんです. **2** 脅しつける, どなりつける. ❐उसने ज़ोर से डाँटा। 彼は大声でどなりつけた. ❐उसने मुझे डाँट दिया। 彼は私を, どなりつけた.

डाँटना-डपटना /ḍā̃ṭanā-ḍapaṭanā ダーントナー・ダパトナー/ *vt.* (*perf.* डाँटा-डपटा /ḍā̃ṭā-ḍapaṭā ダーンター・ダプター/) 大声でどなりつける, どやしつける.

डाँट-फटकार /ḍā̃ṭa-p^{h}aṭakāra ダーント・パトカール/ *f.* 叱りつけること, 叱責. (⇒डाँट-डपट) ❐(को) ～ बताना (人を)叱りつける.

डाँड़ /ḍā̃ṛa ダーンル/ [<OIA.m. *daṇḍá-* 'stick, club': T.06128] *m.* **1** さお;棒. **2** 櫓(ろ);櫂(かい), オール. (⇒चप्पू) ❐～ खेना [चलाना, लगाना]オールでこぐ. **3** 罰金, 科料, 違約金;罰. ❐(पर) ～ लगाना (…に対し)罰金を科する.

डाँड़ा /ḍā̃ṛā ダーンラー/ [<OIA.m. *daṇḍaka-* 'staff of banner': T.06128z1] *m.* **1** 櫓(ろ), オール. **2** 境界(線). ❐खेत का ～ 畑の境界.

डाँड़ी /ḍā̃ṛī ダーンリー/ [cf. डाँड़] *f.* 秤のさお.

डाँवाँ-डोल /ḍā̃vā̃-ḍola ダーンワーン・ドール/ *adj.* 揺れる, ぐらつく, がたつく. ❐～ करना ぐらつかせる.

डाँस /ḍā̃sa ダーンス/ [<OIA.m. *daṁśa-* 'stinging insect': T.06110] *m.* 〖昆虫〗 (家畜や人を刺すアブ科の)ハエ.

डाइन /ḍāina ダーイン/ ▸डायन [<OIA.f. *ḍākínī-* 'female attendant on *Kālī*': T.05542] *f.* 〔卑語〕悪女, 性悪女, 鬼女, 魔女.

डाइनामाइट /ḍāināmāiṭa ダーイナーマーイト/ [←Eng.n. *dynamite*] *m.* ダイナマイト. ❐～ से उड़ाना ダイナマイトで吹き飛ばす.

डाइनिंग-रूम /ḍāiniṃga-rūma ダーイニング・ルーム/ [←Eng.n. *dining room*] *m.* 食堂, ダイニング・ルーム.

डाइरेक्टर /ḍāirekṭara ダーイレークタル/ ▸डायरेक्टर [←Eng.n. *director*] *m.* 管理職の人間;ディレクター.

डाइरेक्टरी[1] /ḍāirekṭarī ダーイレークタリー/ [←Eng.n. *directory*] *f.* 住所録. ❐टेलीफ़ोन की ～ 電話帳.

डाइरेक्टरी[2] /ḍāirekṭarī ダーイレークタリー/ [डाइरेक्टर + -ई] *f.* ディレクターの職[任期].

डाक /ḍāka ダーク/ [<OIA. **ḍakka-*[1] 'relay, post': T.05519] *f.* **1** 郵便. (⇒मेल) ❐हवाई ～ से भेजना 航空郵便で送る. **2** 郵便物. (⇒मेल) ❐～ का पुलिंदा 郵便物の束.

डाकख़ाना /ḍākaxānā ダークカーナー/ [डाक + ख़ाना] *m.* 郵便局. (⇒डाकघर)

डाक-गाड़ी /ḍāka-gāṛī ダーク・ガーリー/ *m.* 郵便列車.

डाकघर /ḍākag^{h}ara ダークガル/ [*डाक* + *घर*] *m.* 郵便局. (⇒डाकख़ाना)

डाकना[1] /ḍākanā ダークナー/ ▸डाँकना [cf. OIA. *drā́ti* 'runs': T.06630] *vt.* (*perf.* डाका /ḍākā ダーカー/) (障害物を)飛び越す, 飛び越える.

डाकना[2] /ḍākanā ダークナー/ [?] *vi.* (*perf.* डाका /ḍākā ダーカー/) 吐く, 嘔吐(おうと)する.

डाक-बँगला /ḍāka-bãgalā ダーク・バングラー/ [→ Eng.n. *dak bungalow*] *m.* 〔古語〕ダークバンガロー《英領時代, 地方を巡回視察する役人用の宿泊施設》.

डाक-व्यय /ḍāka-vyaya ダーク・ヴィャエ/ *m.* 郵便料金.

डाका /ḍākā ダーカー/ [<OIA. **ḍākka-[1]* 'robber, robbery': T.05543] *m.* 強盗(行為), 押し入り, おしこみ;強盗事件. ❒～ डालना [मारना] 押し込みをはたらく. ❒गाँव में ～ पड़ा। 村で強盗事件が起きた.

डाकाज़नी /ḍākāzanī ダーカーザニー/ [*डाका* + *-ज़नी*] *f.* 強盗, 強奪行為. ❒～ इस इलाके में ख़ानदानी पेशे की तरह पीढ़ी-दर-पीढ़ी चलती है। 強奪行為はこの地域では家業のように先祖代々行われている.

डाकिनी /ḍākinī ダーキニー/ [←Skt.f. *डाकिनी-* 'a female imp attending *Kālī* (feeding on human flesh)': T.05542; cf. *डँकिनी*] *f.* **1**〖ヒンドゥー教〗〖仏教〗ダーキニー, 鬼女《カーリー女神 (काली) に仕える鬼女;人肉を食らう女の夜叉(やしゃ)または羅刹(らせつ);仏典では荼枳尼天(だきにてん), 荼吉尼天》. **2** 口やかましい女.

डाकिया /ḍākiyā ダーキヤー/ [cf. *डाक*] *m.* 郵便集配人[配達人]. (⇒पोस्ट-मैन)

डाकू /ḍākū ダークー/ [<OIA. **ḍākka-[1]* 'robber, robbery': T.05543] *m.* 強盗;野盗, 山賊, 盗賊. (⇒डकैत)

डाक्टर /ḍākṭara ダークタル/ ▸डॉक्टर [←Eng.n. *doctor*] *m.* **1**〖医学〗(西洋医学の)医者, 医師. **2** 博士, ドクター.

डाक्टरी /ḍākṭarī ダークタリー/ [cf. *डाक्टर*] *adj.*〖医学〗医学の;医療の. ❒～ यंत्र 医療器具. ❒(की) ～ जाँच करना [कराना] (…の)診察をする[してもらう].
— *f.* **1**〖医学〗医者の職. **2**〖医学〗医療. ❒～ करना 医療に従事する. **3**〖医学〗西洋医学. ❒～ पढ़ना 西洋医学を学ぶ.

डाट /ḍāṭa ダート/ ▸डट्टा [cf. *डाटना*] *f.* **1** 支え, 支柱. **2** 栓, 詰め物. **3** アーチの要石(かなめいし).

डाटना[1] /ḍāṭanā ダートナー/ [<OIA. **draṭ-* 'press': T.06618] *vt.* (*perf.* डाटा /ḍāṭā ダーター/) **1** (塀などを)支柱 (डाट) で支える. **2** (穴・隙間などを)詰め物 (डाट) でふさぐ. **3** がつがつ食う. **4** (美装して)これ見よがしに見せつける, 誇示する. ❒सिपाही पीली वर्दियाँ डाटे, नीले साफ़े बाँधे, जनता पर रोब जमाते फिरते थे। 兵士達は黄色い制服をこれ見よがしに誇示し, 青いターバンを巻き, 人々を威圧しながら行ったり来たりしていた. ❒उसने शिकारी सूट डाटा था, जो शायद आज ही के लिए बनवाया गया था। 彼は, おそらく今日のためにあつらえさせた狩猟服を, 得意げに誇示した.

डाटना[2] /ḍāṭanā ダートナー/ ▸डाँटना *vt.* (*perf.* डाटा /ḍāṭā ダーター/) ☞डाँटना

डाटा /ḍāṭā ダーター/ [←Eng.n. *data*] *m.* データ.

डाटाबेस /ḍāṭābesa ダーターベース/ [←Eng.n. *database*] *m.* データベース.

डाढ़ /ḍāṛ^{h}a ダール/ ▸दाढ़ *f.* ☞दाढ़

डाढ़ी /ḍāṛ^{h}ī ダーリー/ ▸दाढ़ी *f.* ☞दाढ़ी

डान /ḍāna ダーン/ ▸डॉन [←Eng.n. *don*] *m.* ドン, 首領, ボス.

डाब[1] /ḍāba ダーブ/ [<OIA. **ḍabba-[1]* 'box': T.05528] *m.*〖植物〗未熟のココナツ.

डाब[2] /ḍāba ダーブ/ ▸डाभ *m.* ☞डाभ

डाबर /ḍābara ダーバル/ [<OIA. **ḍabbara-* 'mud, pool, vessel': T.05530] *m.* 低地;湿地, 沼地.

डाभ /ḍāb^{h}a ダーブ/▸डाब [<OIA.m. *darbhá-* 'tuft of grass (esp. *Poa cynosuroides* or *kuśa* grass)': T.06203] *m.*〖植物〗ダーブ《不毛地によく見られるイネ科の草木》.

डामर[1] /ḍāmara ダーマル/ [←Skt. *डामर-* 'causing tumult; extraordinary, surprising'] *m.* 壮観, 華やかさ, 華麗;誇示. (⇒धूम-धाम)

डामर[2] /ḍāmara ダーマル/ [←Eng.n. *damar* ←Malay.] *m.* **1**〖植物〗ダマール《沙羅双樹(さらそうじゅ) (साल) の天然樹脂;食用やワニスなどの塗装用樹脂として使用》. **2**〖化学〗アスファルト, 土瀝青(どれきせい).

डायन /ḍāyana ダーヤン/ ▸डाइन *f.* ☞डाइन

डायबिटीज़ /ḍāyabiṭīza ダーエビティーズ/ [←Eng.n. *diabetes*] *m.*〖医学〗糖尿病. (⇒मधुमेह) ❒उसे ～ की बीमारी है। 彼は糖尿病です.

डायमंड /ḍāyamaṃḍa ダーエマンド/ [←Eng.n. *diamond*] *m.*〖鉱物〗ダイヤモンド. (⇒हीरा, हीरक)

डायरी /ḍāyarī ダーエリー/ [←Eng.n. *diary*] *f.* 日記. ❒मेज़ पर उनकी ～ खुली पड़ी थी। 机の上に彼の日記が開いたまま置いてあった.

डायरेक्टर /ḍāyarekṭara ダーエレークタル/ ▸डाइरेक्टर *m.* ☞डाइरेक्टर

डायल /ḍāyala ダーヤル/ [←Eng.n. *dial*] *m.* ダイヤル. ❒मोबाइल से नि:शुल्क ～ करें। 携帯電話から無料電話をかけてください.

डायलाग /ḍāyalāga ダーヤラーグ/ ▸डायलॉग [←Eng.n. *dialogue*] *m.* ダイアローグ, (映画, 劇, 物語などの)会話の部分.

डाल /ḍāla ダール/ [<OIA.m. *ḍāla-[1]* 'branch': T.05546] *f.*〖植物〗枝《木の幹から直接でている枝;葉や実と直接つながる小枝は टहना, टहनी》. (⇒शाखा) ❒चिड़िया एक ～ पर बैठी चहक रही थी। 小鳥が一本の枝にとまってさえずっていた.

डालना /ḍālanā ダールナー/ [<OIA. **ḍāl-* 'pour, put': T.05545] *vt.* (*perf.* डाला /ḍālā ダーラー/) **1** (ものを)投げ入れる, 投げこむ;投入する;(手紙を)投函する;(票を)投ずる;入れる, 突っ込む;投獄する;(調味料などを)

加える;(種・肥料などを)まく. ❒बिना कुछ पेट में डाले वह अब नहीं चल सकता। 腹に何か入れずには彼はもう歩けなかった. ❒पहला कौर मुँह में डालते ही उसने थूक दिया। 最初の一口を口に入れたとたん彼は吐き出した. ❒हमारे मुँह की रोटी कोई छीन ले तो उसके गले में उँगली डालकर निकालना हमारा धर्म हो जाता है। 俺の口のローティー(=パン)を誰かむしり取ったなら, 奴の喉に指を突っ込んで取りかえすのは俺の正義ということになる. ❒वह क्यों साँप के बिल में हाथ नहीं डालते? 彼は何故, ヘビの穴に手を入れないのか(=あえて危険を冒さないのか)? ❒वह यह बात उसके कानों में न डालना चाहती थी। 彼女はこの話を彼の耳に入れたくなかった. ❒मुझको उस स्कूल में डाला गया। 私はその学校に入れられた. ❒राजा ने उसके पूरे परिवार को पकड़कर बंदीगृह में डाल दिया। 王は彼の家族全員をつかまえて牢獄につないだ. ❒उसके पास और कुछ न था, स्नेह-भरी गोद तो थी, जिसमें मुँह डालकर वह रो लेती। 彼女はもう何も持っていなかった, (以前は)せめて顔を埋めて泣くことができる(母の)慈愛に満ちた膝があった. ❒चाय में चीनी न डालिए। 紅茶に砂糖を入れないでください. ❒चिट्ठी डालना। 手紙を投函する. ❒मेरी पार्टी ने विश्वास मत के ख़िलाफ़ वोट डालने का फ़ैसला किया। 私の党は, 信任案に反対する票を投ずることに決定した. ❒डाक्टर कुओं में दवाई डालने के लिए आने लगा है। 医師が井戸に薬をまくために来た. ❒उसने चौमासे-भर इन खेतों में खाद डाली। 彼は雨期の 4 か月間これらの畑に肥料をまいた. ❒व्यर्थ में अपनी जान ख़तरे में डालना बहादुरी नहीं है। 無駄に自分の命を危険の中に投げ入れる(=危険にさらす)のは勇敢さではない. **2** (液体を)注ぎこむ, 入れる, たらす, つぐ;撒く, かける. (⇒उँड़ेलना, उझालना, ढालना) ❒उसने आग पर घी डाला। 彼女は火にギーを注いだ(=火に油を注いだ). ❒वह कान में तेल डालकर बैठता [सोता] है। 彼は耳に油を注ぎこんで座る[眠る](=鈍感[愚鈍]である, 馬耳東風である). ❒उस ने मेरे कुर्ते पर स्याही डाल दी। 彼は私のクルターにインクをかけた. **3** (重荷・責任などを)課する, 背負わせる. ❒मेरे बाबा ने अपनी अंतिम श्वासों से मेरे पिताजी पर यह भार डालकर कि वे उसकी शादी कर दें, अपना शरीर छोड़ दिया। 私の祖父は末期の息で父に, 彼女を結婚させるという重荷を課して, あの世に旅立った. **4** (ものを)しまう, 収納する. **5** (敷物・ベッドなどを)置く, 敷く, 広げる;面前に置く;差し出す;(武器を)下に置き放棄する. ❒उसने खाट डाल दी। 彼は簡易ベッドを置いた. ❒उसने खाट पर एक दरी डाल दी। 彼は縁台に一枚の敷物を広げた. ❒मैं उसके सामने हथियार डालने को तैयार नहीं था। 私は彼の面前で武器を放棄する(=降参する)気はなかった. **6** (仮の住処を)定める. ❒जहाँ से तुम्हारा पाँव आगे न उठे वहीं रात बिताना और सवेरे वहीं अपनी झोंपड़ी डाल लेना। お前の足がもうこれ以上進まなくなる場所で夜を明かし, 朝その場所に自分の小屋を建てるがいい. ❒लोगों ने वहीं डेरा डाला। 人々はそこに宿営した. **7** (妾を)囲う. ❒उसने एक विधवा को घर में डाल लिया था। 彼は一人の未亡人を家に囲った. **8** (自分で)(靴などを)履く;(装身具などを)身につける, 身にまとう. (⇒पहनना) ❒सुन्नी औरतें सफ़ेद बुर्क़े डालतीं, शिया काले बुर्क़े। イスラム教スンニー派の女性は白いブルカーを身にまとっていた, シーヤ派の女性は黒いブルカーを. **9** (相手に)(花輪などを)かける, (指輪を)はめる;(手錠・鎖などを)かける;(錠を)かける. (⇒पहनाना) ❒उसने मेरे गले में माला डाल दी। 彼女は私の首に花輪をかけた. ❒मैंने एक दिन मज़ाक-मज़ाक में उसकी उँगली में वह अँगूठी डाल दी थी और वह बच्चों-सी ख़ुश हो गई थी। 私がある日冗談半分に彼女の指にその指輪をはめてあげたら, 彼女は子どものように喜んだ. ❒उसने नेकलेस उतारकर मेरे गले में डाल दी। 彼女はネックレスをはずして, 私の首にかけた. ❒दारोग़ाजी ने उसके आदमी के हाथ में हथकड़ी डाली। 警部は彼女の夫の手に手錠をかけた. ❒अस्तबल पर ताला डाल दिया गया। 馬小屋に錠がかけられた. **10** 吊るす, かける;(手・腕などを)投げかける, まわす. ❒पीपल के पेड़ की डाल में मोटे रस्से का झूला डाल दिया जाता और पास-पड़ोस की लड़कियाँ झूला झूलने आतीं। ピーパルの木の枝に太いロープのブランコがつるされ, 近隣の少女たちはブランコに乗りに来るのであった. ❒कंधों पर उन्होंने एक-एक दोहर तह करके डाल ली। 肩に, 彼は一枚一枚厚手の布を重ね折ってかけた. ❒उसने उसके गले में बाहें डाल दीं। 彼女は彼の首に腕をまわした. ❒उसने बाप की गरदन में हाथ डालकर कहा। 彼女は父親の首に手をまわして言った. ❒उसने मेरी कमर में हाथ डालकर कहा। 彼女は私の腰に手をまわして言った. **11** (人を)(心配・不安・驚嘆などの状態に)陥れる. ❒वह उसे चिंता में न डालना चाहती थी। 彼女は彼に心配をかけたくなかった. ❒कभी-कभी हिंदू समाज की प्रथाएँ, प्रवृत्तियाँ मुझे चक्कर में डाल देती हैं। 時々ヒンドゥー社会の慣習や習性は私を驚嘆させることがある. **12**〔慣用〕 ❒(में) अड़ंगा [बाधा] ~ (…を)邪魔する. ❒(पर) असर [प्रभाव] ~ (…に)影響を与える. ❒(की) आदत ~ (…の)習慣をつける. ❒(पर [के ऊपर]) जादू ~ (人に)魔法をかける. ❒(पर [के ऊपर]) दबाव ~ (…に)圧力をかける. ❒(पर) नज़र [दृष्टि, निगाह] ~ (…に)視線をむける, 一瞥する. ❒(पर) प्रकाश [रोशनी] ~ (…に)光をあてる, 明らかにする. ❒(पर) (के) संस्कार ~ (人に)(…の)性癖を植えつける.

— *vt.* (*perf.* डाला /ḍālā ダーラー/)〖複合動詞〗《〖他動詞語幹 डालना〗の形式で, 話者の意外・不快・恐怖などの心理が反映する表現「…してしまう, …しでかす」を表す》❒जब गोबर उसे मारता, तो उसे ऐसा क्रोध आता कि गोबर का गला छुरे से रेत डाले। ゴーバルが彼女を殴るたびに, 彼女はゴーバルの首をナイフで切り裂いてやろうと思うほどの怒りがこみあげるのだった. ❒मेरे प्राण सूखे जाते थे कि कहीं वह सब कुछ कह न डाले। 私は命が縮む思いだった, 彼女が何もかも話してしまわないかと.

डालमियानगर /ḍālạmiyānagarạ ダールミヤーナガル/ [cf. Eng.n. *Dalmianagar*] *m.*〖地名〗ダールミヤーナガル《ビハール州 (बिहार) の産業都市》.

डालर /ḍālarạ ダーラル/▶डॉलर [←Eng.n. *dollar*] *m.*〖単位〗ドル. ❒अमरीकी ~ 米ドル.

डाली[1] /ḍālī ダーリー/▶डला [*डाल* + *-ई*] *f.*〖植物〗小枝.

डाली[2] /ḍālī ダーリー/ ▶डला [<OIA. **ḍalla-*[2] 'basket': T.05537] *f.* **1** バスケット, かご. **2** (バスケットに入れた果物・菓子などの)贈り物《しばしば賄賂の意》. ❒अफ़सरों को क़ीमती-क़ीमती डालियाँ देना 役人たちに高価な贈り

物をする. ❒मेवे की ～ ドライフルーツが入ったバスケットの贈り物.

डाल्फ़िन /ḍālfina ダールフィン/ ▸डॉल्फ़िन [←Eng.n. *dolphin*] *m.* 〖動物〗イルカ. (⇒सूस) ❒गंगा ～ インドカワイルカ.

डाह /ḍāha ダーハ/ [<OIA.m. *dāha-* 'burning': T.06321] *f.* **1** 妬み, 嫉妬. (⇒ईर्षा) ❒(से) ～ खाना (人を)妬む. **2** 悪意;憎しみ.

डाहना /ḍāhanā ダーヘナー/ [<OIA. *dāhayati* 'burning': T.06324] *vt.* (*perf.* डाहा /ḍāhā ダーハー/) 嫉妬させる;くやしい思いをさせ苦しめる.

डिंगी /ḍīgī ディンギー/ ▸डेंगी *f.* ☞डेंगी

डिंब /ḍiṃba ディンブ/ [←Skt.m. *डिम्ब-* 'an egg; a chrysalis; the recently-formed embryo'] *m.* 〖生物〗卵子. (⇒अंडा)

डिंभ /ḍiṃbʰa ディンブ/ [←Skt.m. *डिम्भ-* 'a new-born child, child, boy, young animal'] *m.* 〖生物〗幼生(ようせい);幼虫. ❒तितली की ～ 蝶の幼虫.

डिक्की /ḍikkī ディッキー/ ▸डिग्गी [←I.Eng.n. *dickie, dicky*] *f.* (車の)トランク, トランクルーム.

डिग /ḍiga ディグ/ [←Eng.n. *dig*] *f.* (下宿の)貸間. ❒उसने मेरे लिए गैस चूल्हे वाले कमरे की ～ खोज दी। 彼は私のためにガスレンジが付いている部屋の下宿を探してきた.

डिगना /ḍiganā ディグナー/ [(metathesis) <OIA. **giḍḍ-* 'fall': T.04157] *vi.* (*perf.* डिगा /ḍigā ディガー/) **1** (足取りが)おぼつかない, よろめく;ぐらぐら揺れる. **2** (信念などが)ぐらつく;たじろぐ, ひるむ. ❒जो कहीं डिग न सके, ऐसे सबल-सुदृढ़ को मैं फ़रिश्ता भले ही समझूँ, इन्सान समझकर उसे अपने गले से नहीं लगा सकता। いかなる場合も信念がぐらつかないような確固不抜の者を, 私は天使だと認めることはあっても, 人間だと認めて抱擁することはできない. ❒यथावसर टिकते-डिगते चलनेवाले मानव को ही मैं अपना साथी बनाना चाहूँगा। その時ごとにしっかりしたりぐらついたりしながら歩む人間を, 私は自分の仲間としたい.

डिगरी¹ /ḍigarī ディグリー/▹डिग्री [←Eng.n. *degree*] *f.* **1** (大学から与えられる)学位, 学士号, 称号. ❒उसके पास एम。ए。 [बी。ए。] की ～ है। 彼は文学修士[文学士]の学位を持っている. **2** (角・弧・経緯度・寒暖計などの)度. (⇒अंश)

डिगरी² /ḍigarī ディグリー/▹डिग्री [←Eng.n. *decree*] *f.* (特に民事裁判の)判決, 裁定, 命令. (⇒फ़ैसला) ❒अदालत ने तजवीज़ सुना दी, मेरी ～ हो गई। 法廷は審判を下した, 私側の裁定だった. ❒एकतरफ़ा ～ 一方的な判決.

डिगरीदार /ḍigarīdāra ディグリーダール/ [*डिगरी²* + *-दार*] *m.* (民事裁判の判決が有利にでた側の)訴訟人.

डिगरीधारी /ḍigarīdʰārī ディグリーダーリー/ [*डिगरी¹* + *-धारी*] *adj.* 学位を持っている, 大卒の肩書きをもつ. ❒फ़र्ज़ी ～ 大卒の肩書きをかたる(人).

डिगाना /ḍigānā ディガーナー/ [cf. *डिगना*] *vt.* (*perf.* डिगाया /ḍigāyā ディガーヤー/) **1** よろめかせる;ぐらぐら揺らす. **2** (信念などを)ぐらつかせる;たじろがせる, ひるませる. ❒उन्नीसवीं सदी की वैज्ञानिक खोजों ने परंपरागत ईसाई धर्म में लोगों की आस्था डिगा दी थी। 19 世紀の科学の探求は伝統的なキリスト教において人々の信念をぐらつかせたのだった.

डिग्गी /ḍiggī ディッギー/ ▸डिक्की *f.* ☞डिक्की

डिग्री¹ /ḍigrī ディグリー/ ▹डिगरी *f.* ☞डिगरी¹

डिग्री² /ḍigrī ディグリー/ ▹डिगरी [←Eng.n. *decree*] *f.* ☞डिगरी²

डिज़ाइन /ḍizāina ディザーイン/ [←Eng.n. *design*] *m.* デザイン, 模様, 図案;設計.

डिज़ाइनर /ḍizāinara ディザーイナル/ [←Eng.n. *designer*] *m.* デザイナー.

डिजिटल /ḍijiṭala ディジタル/ [←Eng.adj. *digital*] *adj.* デジタル(式)の. ❒～ कैमरा デジタルカメラ, デジカメ.

डिजिटलीकरण /ḍijiṭalīkaraṇa ディジタリーカラン/ [डिजिटल (←Eng.n. *digital*) + *-ईकरण*] *m.* 〖コンピュータ〗デジタル化, 電子化. ❒(का) ～ करना (…の)デジタル化をする.

डिठौना /ḍiṭʰaunā ディタォーナー/ ▸दिठौना *m.* ☞दिठौना

डिनर /ḍinara ディナル/ [←Eng.n. *dinner*] *m.* 〖食〗ディナー, 食事. (⇒दावत) ❒(को) ～ पर बुलाना (人を)ディナーに招く.

डिपटी /ḍipaṭī ディプティー/▹डिप्टी [←Eng.adj. *deputy*] *adj.* 《次席の職》代理…, 副…. (⇒नायब) ❒～ कमिश्नर 警視副総監.

डिपो /ḍipo ディポー/ [←Eng.n. *depot*] *m.* 貯蔵所, 倉庫. (⇒गोदाम)

डिप्टी /ḍipṭī ディプティー/ ▸डिपटी [←Eng.adj. *deputy*] *m.* ☞डिपटी

डिप्लोमा /ḍiplomā ディプローマー/ [←Eng.n. *diploma*] *m.* 資格免状, 履修証書. ❒रूसी भाषा में ～ करना ロシア語資格コースを受講する.

डिबिया /ḍibiyā ディビヤー/ ▸डिब्बी [cf. *डिब्बा*] *f.* **1** 小箱. ❒माचिस की ～ マッチ箱. **2** 小さな缶.

डिब्बा /ḍibbā ディッバー/ ▸डब्बा [<OIA. **ḍabba-¹* 'box': T.05528] *m.* **1** 箱;(箱型の)容器. **2** 缶. ❒टिन का ～ 缶詰の缶. **3** (列車の)仕切り客室, コンパートメント. ❒हम दोनों एक ही डिब्बे में सफ़र कर रहे थे। 私たち二人とも同じコンパートメントで旅をしていた. **4** (列車の)車両. ❒वह तीसरे दर्जे के डिब्बे में बैठा। 彼は 3 等の客車に座った. ❒ट्रेन के डिब्बे 列車の車両.

डिब्बी /ḍibbī ディッビー/ ▸डिबिया *f.* ☞डिबिया

डिसिप्लिन /ḍisiplina ディスィプリン/ [←Eng.n. *discipline*] *m.* 規律, しつけ, 風紀.

डिस्ट्रिक्ट /ḍisṭrikṭa ディストリクト/ [←Eng.n. *district*] *m.* 行政区. (⇒ज़िला)

डींग /ḍīga ディーング/ [?] *f.* 自慢, ほら. ❒अब भूलकर भी देशभक्ति की ～ न मारिएगा। これからは間違っても愛国心を鼻にかけるじゃないよ. ❒उसकी ～ सुनता हूँ, तो बदन में आग लग जाती है। 彼の自慢話を聞くと, 体が怒りに

燃える. ❐(की) ～ मारना [हाँकना] (…を)自慢げに話す.

डींगमार /ḍīgamāra ディーンガマール/ [डींग + मारना] *adj.* 自慢に満ちた, 鼻にかける.

— *m.* 自慢家, ほら吹き.

डी /ḍī ディー/ [←Eng.n. *D*] *m.* (ラテン文字の)D.

डीज़ल /ḍīzala ディーザル/ [←Eng.n. *diesel*] *m.* **1** ディーゼル・エンジン. **2** 軽油.

डीठ /dīṭʰa ディート/ [<OIA.f. *dŕ̥ṣṭi-* 'seeing, sight': T.06520] *f.* **1** 見ること, 一見, 一瞥. **2** 視野, 視界. ❐(की) ～ बाँधना (人の)眼を釘づけにする. **3** 邪視(じゃし). (⇒नज़र) ❐किसी की ～ है। 誰かの邪視がとりついている. ❐(को) ～ लगना (人に)邪視がとりつく.

डील /ḍīla ディール/ [<OIA. *ḍalla-*[1] 'lump': T.05536z1] *m.* 身長, 背の高さ; 体格, 体つき. ❐बड़ी-बड़ी मूँछें और नाटा ～ था जिसे ऊँचा करने के लिए वह तनकर चलते थे। (彼は)りっぱな口ひげと低い背だった, 背を高くするために彼は背伸びをして歩いていた.

डील-डौल /ḍīla-ḍaula ディール・ダォール/ *m.* 体格, 体つき. ❐अच्छा ～ いい体格. ❐मैं ～ में उससे कहीं ऊँचे और मोटे-ताज़े थे। 私は体格では彼よりはるかに背が高く肉付きがよかった.

डिलीवरी /ḍilīvarī ディリーヴリー/ [←Eng.n. *delivery*] *f.* 配達; 配送. ❐फ़्री ～ 無料配達.

डीवीडी /ḍīvīḍī ディーヴィーディー/ [←Eng.n. *DVD* (digital versatile disc)] *f.* DVD《CD の記録容量を飛躍的に増大させた光ディスク(規格)》. ❐～ प्लेयर DVD プレーヤー.

डीह /ḍīha ディーフ/ [?←Pers.n. دیہ 'a town, village'] *m.* **1** 村, 部落, 人里. **2** 村の祠(ほこら)《村の守護神が祀られている》. ❐～ बाबा (村の)守護神. ❐गाँव के पास पहुँचा, तो गाँव के ～ का सुमिरन किया। 村に近づくと, (私は)村の祠に祈りをささげた.

डुगडुग /ḍugaḍuga ドゥグドゥグ/ ▸डुग्गी [onom.] *f.* 〔擬音〕ドゥグドゥグ《タブラー (तबला) と対に演奏されるバーヤーン (बायाँ) の出す音》.

डुगडुगी /ḍugaḍugī ドゥグドゥギー/ ▸डुग्गी [onom.; cf. *डुगडुग*] *f.* ☞बायाँ

डुग्गी /ḍuggī ドゥッギー/ ▸डुगडुगी [onom.; <OIA. **ḍuggi-* 'drum': T.05559] *f.* ☞बायाँ

डुबकी /ḍubakī ドゥブキー/ [cf. *डूबना*] *f.* 潜水. (⇒ग़ोता) ❐(को) ～ देना (…を)浸す. ❐(में) ～ खाना [मारना, लगाना] (海・川などに)潜る.

डुबवाना /ḍubavānā ドゥブワーナー/ [caus. of *डूबना, डुबाना*] *vt.* (*perf.* डुबवाया /ḍubavāyā ドゥブワーヤー/) 沈ませる.

डुबाना /ḍubānā ドゥバーナー/ ▸डुबोना [cf. *डूबना*] *vt.* (*perf.* डुबाया /ḍubāyā ドゥバーヤー/) **1** (液体に)沈める, ひたす. (⇒भिगोना) ❐सबको नदी में डुबा दो। みんな川に沈めてしまえ. **2** (船を)沈める; 沈没させる, 撃沈する. ❐उसने नौका डुबा दी। 彼は小舟を沈めた. **3** 溺れさす; 溺死させる. **4** (土地を)水没させる. **5** 破滅させる; 破産させる. ❐इस मुँह-जली ने सात पुस्त का नाम डुबा दिया। この罰当たりの女がご先祖様の名を汚してしまった. **6** (酒・遊興などに)ふけり(不安などを)忘れる; 沈潜[耽溺]させる. ❐यह अनुभूति मुझे एक मादक स्मृति में डुबाए रखती थी। この感動は, 私をある甘美な追憶にひたらせてくれるのであった. ❐सभी मज़दूर शराब में अपनी दैहिक थकान और मानसिक अवसाद को डुबाया करते थे। どの労働者も酒に溺れることで肉体の疲労と倦怠感を忘れるのです.

डुबाव /ḍubāva ドゥバーオ/ [cf. *डुबाना*] *m.* **1** 沈むこと, 沈没, 水没. **2** (人やものが)完全に水没する深さ.

डुबोना /ḍubonā ドゥボーナー/ ▸डुबाना *vt.* (*perf.* डुबोया /ḍuboyā ドゥボーヤー/) ☞डुबाना

डुलना /ḍulanā ドゥルナー/ ▸डोलना *vi.* (*perf.* डुला /ḍulā ドゥラー/) ☞डोलना

डुलाना /ḍulānā ドゥラーナー/ ▸डोलाना [cf. *डोलना*] *vt.* (*perf.* डुलाया /ḍulāyā ドゥラーヤー/) **1** (扇などで)あおぐ; 揺らす. ❐स्त्रियाँ धीरे-धीरे चँवर डुलाया करती थीं। 女たちはゆっくりとチャンワル(＝ヤクの尾の毛を合わせて作った払子; 蝿など追うために使う)であおいでいた. **2** (人・動物を)追い払う. **3** (決意を)ぐらつかせる, ゆさぶる.

डूँड़ा /ḍū̃ṛā ドゥーンラー/ [<OIA. **ḍuṇḍa-*[2] 'defective': T.05560z3] *adj.* **1** 片方の角が折れた(動物). **2** いたましい, 惨状を呈する.

— *m.* 片方の角が折れた動物《特に雄牛》.

डूबना /ḍūbanā ドゥーブナー/ [(metathesis) <OIA. **ḍubb-* 'sink': T.05561] *vi.* (*perf.* डूबा /ḍūbā ドゥーバー/) **1** (液体に)沈む; (日が)沈む, (一日が)暮れる; 潜る, 沈潜する. ❐पानी में डूबना 水に潜る. ❐सूरज डूबने से पहले वहाँ पहुँचना ज़रूरी है। 陽が沈む前にあそこに着く必要がある. **2** (洪水などで)(土地・家屋が)水没する; 沈下する; (暗闇に)沈んで見えなくなる. ❐सारा गाँव सो गया और पेड़ अंधकार में डूब गए। 村中が寝静まり木々は暗闇に沈んで見えなくなった. **3** 溺れる, (波などに)のまれる. ❐वह नदी में डूब मरा। 彼は川で溺れ死んだ. ❐तुमने मुझे डूबते से बचा लिया। 君は僕が溺れるところを助けてくれた. ❐आपने असावधानी की तो नौका डूब जाएगी और उसके साथ आप भी डूब जाएँगे। 気をゆるめると舟は沈んでしまうし一緒にあなたも溺れてしまいますよ. **4** (資金・財源などが)失われる; (名声・評判などが)地に落ちる; 無駄に犠牲になる; (声が)(涙に)のみこまれる. ❐रंगीन टीवी बाज़ार में उफान के बावजूद यह कंपनी कड़ी प्रतिस्पर्धा के कारण डूब गई। カラーテレビの市場における沸き立つ景気にもかかわらず, この会社はきびしい競争のために脱落した. ❐यह कहते-कहते उसकी आवाज़ आँसुओं में डूब गयी। こう言いながら彼女の声は涙にのまれた. **5** 没頭する, 夢中になる, はまる; 耽溺する; (思い出・感傷・悲嘆などに)ひたる. ❐हमें तो अपने पाठ्यक्रमों में डूब जाना चाहिए था, पर हमारे हाथों में जो एक सजीव और सरस पुस्तक आ गई थी उसके सामने पाठ्य-पुस्तकें नीरस थीं। 私たちは自分の教科課程に没頭すべきだった, しかし私たちの手に入った一冊の生き生きした魅力的な本の前では教科書などは味気の無いものだった. ❐वह शराब में डूब गया। 彼は酒に溺れた. ❐वह नशे में ऐसा डूबा कि बोल नहीं सका। 彼

はしゃべれないぐらい酩酊した. ❐वे गहरी चिंता में डूबे हुए थे। 彼は深い思索に沈潜していた. ❐वे इन्हीं विचारों में डूबे हुए थे। 彼はこれらの夢想に浸っていた. ❐स्मृति में डूबना 思い出にひたる. ❐एक दिन न जाने किस भावुकता में डूबे हुए उन्होंने कहा था। ある日のこと一体何の感傷に浸っていたのか彼は言った. ❐समूचा भारत गहरे विषाद में डूब जाता है। 全インドが深い悲しみに沈む.

डूमर /ḍūmara ドゥーマル/ [<OIA.m. *undumbára-*, *udúmbára-* 'the tree *Ficus glomerata*': T.01942] *m.* 〖植物〗ウドンゲノキ(優曇華), 優曇婆羅(うどんばら)《クワ科イチジク属の薬用植物》. (⇒गूलर)

डेंगी /ḍẽgī デーンギー/ ▸डिंगी [<OIA. **ḍēnga-*[1] 'boat': T.05563z1; ; → Eng.n. *dinghy*] *f.* 手漕ぎボート.

डेंगू /ḍeṃgū デーングー/▸डंगू [←Eng.n. *dengue*] *m.* 〖医学〗デング熱《蚊が媒介するウイルスによって感染》. ❐~ के संदिग्ध मरीज़ デング熱が疑われる患者.

डेक /ḍeka デーク/ [←Eng.n. *deck*] *m.* (船の)デッキ. ❐~ की मुँडेर デッキの手すり.

डेग /ḍega デーグ/ ▸देग *m.* ☞देग

डेगची /ḍegacī デーグチー/ ▸देगची *f.* ☞देगची

डेटिंग /ḍeṭiṃga デーティング/ [←Eng.n. *dating*] *f.* デートすること ❐वह उसके साथ ~ पर गई। 彼女は彼と一緒にデートに行った.

डेढ़ /ḍeṛʰa デール/ [<OIA. *dvyardha-* 'one and a half': T.06698] *adj.* 1.5《単数扱い》. ❐~ किलो 1キロ半. ❐~ घंटा 1時間半. ❐~ बजे 1時半に. ❐~ सौ [हज़ार, लाख] 150[1500, 15 万].

डेनमार्क /ḍenamārka デーンマールク/ [cf. Eng.n. *Denmark*] *m.* 〖国名〗デンマーク(王国)《首都はコペンハーゲン (कोपेनहेगन)》.

डेयरी /ḍeyarī デーエリー/ ▸डेरी [←Eng.n. *dairy*] *f.* 酪農場.

डेरा /ḍerā デーラー/ [<OIA. **ḍēra-*[1] 'resting-place': T.05564] *m.* **1** 宿営用テント. ❐~ डालना 宿営する. ❐उस रात वह अपने डेरे पर न था। その夜彼は自分のテントにいなかった. ❐दोनों बड़ी रात डेरे पर लौटे। 二人はたいそう夜遅くテントに戻ってきた. **2** 宿営(地), 野営(地). ❐आज यहाँ से ~ कूच है। 今日ここから宿営は出発だ. **3** 宿舎, 兵舎;住居, すみか. ❐घर क्या था, भूत का ~ था। 家なんてとんでもない, 幽霊のすみかだった.

डेरी /ḍerī デーリー/ ▸डेयरी *f.* ☞डेयरी

डेला /ḍelā デーラー/ ▸ढेला [<OIA. **ḍēlla-* 'lump': T.05564z2] *m.* **1** 眼球, 目玉. **2** (土や石の)塊;土くれ. ❐पत्थर का ~ 石の塊. ❐मिट्टी के डेले 土の塊.

डेवढ़ा /ḍevaṛʰā デーオラー/ ▸ड्योढ़ा [<OIA. **dvaiyardha-* 'one and a half': T.06697z1] *adj.* 1.5 倍の, 5 割増しの. ❐~ सूद 5 割の利子.

डेस्क /ḍeska デースク/ [←Eng.n. *desk*] *m.* デスク, (書きものをする)机.

डैना /ḍainā ダェーナー/ [<OIA.n. *ḍayana-* 'bird's flight': T.05535] *m.* **1** 〖鳥〗翼, 羽. **2** 櫓(ろ), オール. (⇒डाँड़ा)

डैश /ḍaiśa ダェーシュ/ [←Eng.n. *dash*] *m.* ダッシュ, 横線. (⇒रेखा)

डोंगा /ḍõgā ドーンガー/ [<OIA. **ḍōṅga-*[1] 'trough, dug-out canoe, boat': T.05568] *m.* **1** 丸木舟, カヌー, ボート. **2** (料理を出す)鉢, ボウル.

डोंगी /ḍõgī ドーンギー/ [cf. *डोंगा*] *f.* 小舟, 小さなボート. ❐एक ~ खूँटे से बँधी देख पड़ी। 一艘の小舟が杭に縛られているのが見えた.

डोमिनिकन गणराज्य /ḍominikana gaṇarājya ドーミニカン ガンラージエ/ [cf. Eng.n. the *Dominican Republic*] *m.* 〖国名〗ドミニカ共和国《首都はサントドミンゴ (सेंटो डोमिंगो)》.

डोमिनिका /ḍominikā ドーミニカー/ [cf. Eng.n. *Dominica*] *m.* 〖国名〗ドミニカ(国)《首都はロゾー (रासेओ)》.

डोर /ḍora ドール/ ▸डोरी *f.* ☞डोरी

डोरा /ḍorā ドーラー/ [<OIA.m. *davara-* 'string': T.06225] *m.* **1** 太めの糸;太めのひも. ❐(में) ~ डालना (…に)糸を通す. **2** (眼が血走る際)眼球に浮き出る赤い筋. ❐आँखें उनकी बड़ी-बड़ी थीं जिनमें भाँग पीने पर, अथवा गुस्सा आने पर लाल डोरे पड़ जाते थे। 彼の目は大きく, バーングを飲んだり, あるいは怒ると赤い筋が浮き出るのだった.

डोरिया /ḍoriyā ドーリヤー/ [cf. *डोरा*] *m.* ドーリヤー《縞(しま)模様の綿モスリン (मलमल)》.

डोरी /ḍorī ドーリー/▸डोर [cf. *डोरा*] *f.* **1** ひも;より糸;毛糸;釣り糸;ロープ, 綱;コード. **2** (弓の)弦. (⇒प्रत्यंचा) ❐उसने धनुष पर ~ चढ़ाई। 彼は弓に弦を張った.

डोल /ḍola ドール/ [<OIA. *dōla-*[2] 'bucket': T.06583] *m.* ドール《井戸の水をくみ上げる口が広いバケツ》.

डोलची /ḍolacī ドールチー/ [cf. *डोल*] *f.* 小さなかご. (⇒टोकरी)

डोलना /ḍolanā ドールナー/▸डुलना [<OIA. *dōlāyatē* 'moves to and fro': T.06585] *vi.* (*perf.* डोला /ḍolā ドーラー/) **1** 揺れる;揺れ動く. (⇒हिलना) ❐न एक तिनका डोलता है, न एक किनका खिसकता है। 草一本揺れず, 石の小粒一つ微動だにしない. ❐घड़ी का लंगर डोल रहा है। 時計の振り子が揺れ動いている. **2** 動き回る. **3** (権力・制度などが)揺れる, ぐらつく. **4** (視点・決意などが)揺れ動く, ぐらつく.

डोला /ḍolā ドーラー/ [<OIA. *dōla-*[1] 'swinging': T.06582] *m.* 駕籠(かご), 輿(こし). (⇒पालकी)

डोलाना /ḍolānā ドーラーナー/ ▸डुलाना *vt.* (*perf.* डोलाया /ḍolāyā ドーラーヤー/) ☞डुलाना

डोली /ḍolī ドーリー/ [cf. *डोला*; → I.Eng.n. *dhoolie*] *f.* (二人で担ぐ)小型の駕籠(かご), 輿(こし). ❐~ का प्रबंध करना 駕籠の手配をする. ❐~ में बैठना 駕籠に乗る.

डोसा /ḍosā ドーサー/▸दोसा [←Drav.; DEDr.3542 (DED.2920)] *m.* 〖食〗ドーサー《基本は, 吸水した米とダール (दाल) をペースト状にすりつぶし発酵した生地を鉄板の上でクレープ状に薄く延ばして焼いたもの;生地の成分, 焼き方, 具の有無などでいろいろバリエーションがある;南インドの軽食》.

डौंड़ी /ḍã̄ũṛī ダォーンリー/ [<OIA.m. *ḍiṇḍima-* 'a kind of drum': T.05548] *f.* 〖楽器〗ドウンリー《触れ太鼓の一種》. (⇒डुग्गी)

डौल /ḍaula ダォール/ [<OIA. **ḍavala-* 'shape': T.05538] *m.* **1** 形, 形状;骨格;外見. **2** 方法, 方策;算段;もくろみ. ❐(का) ~ करना [बाँधना, लगाना] (…の)算段をする.

ड्यूटी /ḍyūṭī ディューティー/ [←Eng.n. *duty*] *f.* **1** 職務, 任務;勤務. (⇒सेवा) ❐मैं ~ पर हूँ। 私は勤務中です. **2** 義務, 本務. (⇒कर्तव्य, धर्म, फ़र्ज़) **3** 〖経済〗関税;税金. (⇒कर, टैक्स, महसूल) ❐शक्कर पर ~ लगी है। 砂糖に税金がかかっている.

ड्योढ़ा /ḍyoṛ^{h}ā ディョーラー/ ▸डेवढ़ा *adj.* ☞डेवढ़ा

ड्योढ़ी /ḍyoṛ^{h}ī ディョーリー/ [<OIA. **dēhuḍī-* 'mound, threshold': T.06565] *f.* (玄関の)敷居, 戸口, (家の)入口. ❐~ पर पाँव न रखने की प्रतिज्ञा करना 家の敷居に足を踏み入れないという誓いをたてる《「二度とこの家に帰ってこない」という誓い》. ❐(की) ~ पर जाना (人の)家に向かう.

ड्योढ़ीदार /ḍyoṛ^{h}īdāra ディョーリーダール/ [*ड्योढ़ी* + *-दार*] *m.* 門番.

ड्रा /ḍrā ドラー/▸ड्रॉ [←Eng.n. *draw*] *m.* 〖スポーツ〗ドロー, 引き分け. ❐हमारे ज़माने में बहुत सारे टेस्ट ~ हो जाते थे। 我々の時代には多くのクリケット試合が引き分けになったものだった.

ड्राइंग रूम /ḍrāiṃga rūma ドラーイング ルーム/ [←Eng.n. *drawing room*] *m.* 客間, 応接室;客室, 個室. ❐~ में चित्र टाँगना 客間に絵画をかける.

ड्राइव /ḍrāiva ドラーイヴ/ [←Eng.vt. *drive*] *adj.* ドライブされた, 運転された. ❐~ करना ドライブする, (車を)運転する.

ड्राइवर /ḍrāivara ドラーイワル/ [←Eng.n. *driver*] *m.* (車の)ドライバー, 運転手. (⇒चालक) ❐टैक्सी का ~ タクシーの運転手.

ड्रामा /ḍrāmā ドラーマー/ [←Eng.n. *drama*] *m.* **1** 〖文学〗演劇, 劇, 芝居, ドラマ《時に不変化》. (⇒नाटक) ❐~ का रिहर्सल 演劇のリハーサル. **2** 〖文学〗戯曲, 脚本, 台本. (⇒नाटक) ❐~ लिखना 脚本を書く.

ड्रेस /ḍresa ドレース/ [←Eng.n. *dress*] *f.* ドレス;服装. ❐बदन दिखाऊ ~ 体の線が露わなドレス.

ड्रेसिंग /ḍresiṃga ドレースィング/ [←Eng.n. *dressing*] *f.* **1** (傷などの)手当. **2** 着付け, 衣服. ❐~ गाउन ナイトガウン, バスローブ. ❐~ रोम (化粧や着替えなどをする)化粧室. **3** (サラダの)ドレッシング.

ढ ढ़

ढंग /ḍ^{h}aṃga ダング/ [?] *m.* **1** やり方;方法;手法. (⇒क़ायदा, तरीक़ा, प्रणाली) ❐इस ~ से この方法で. ❐(का) ~ निकालना (…の)方法を編み出す. ❐बोलने का ~ 話し方, 口調. **2** 様式;種類, タイプ. (⇒तरीक़ा) ❐अपने ~ का 独自の, 固有の, 独特の. ❐पंजाबी ~ की पगड़ी パンジャーブ風のターバン. ❐मेरी स्त्री कुछ और ही ~ की होगी। 私の妻はもう少し違う種類の女だろう. **3** ふさわしさ;妥当さ. ❐~ का कमरा ちゃんとした立派な部屋. ❐~ से बोलो। ちゃんと話しなさい.

ढँढोरची /ḍ^{h}ãḍ^{h}oracī ダンドールチー/ ▸ढिंढोरची [*ढँढोरा* + *-ची*] *m.* (触れ太鼓を打って知らせる)触れ役.

ढँढोरा /ḍ^{h}ãḍ^{h}orā ダンドーラー/ ▸ढिंढोरा [<OIA. **ḍhaḍḍha-*[3] 'drum': T.05576] *m.* 〖楽器〗触れ太鼓. ❐~ पीटना 触れ太鼓を打ち鳴らし触れ回る. ❐गाँव भर में ~ पीटती फिरेगी। (彼女は)村中に言いふらすだろう.

ढँपना /ḍ^{h}ãpanā ダンプナー/▸ढपना [cf. *ढाँपना*] *vi.* (*perf.* ढपा /ḍ^{h}apā ダパー/) 包まれる. (⇒ढकना)

ढकना /ḍ^{h}akanā ダクナー/ ▸ढाँकना [<OIA. **ḍhakk-* 'cover': T.05574] *vi.* (*perf.* ढका /ḍ^{h}akā ダカー/) **1** 覆われる;覆い隠される;ふさがれる, かぶせられる. ❐झोंपड़ी बेलों और लताओं से ढकी हुई बहुत सुंदर लगती थी। 小屋は蔦(つた)やつる草で覆われとても美しく見えていた. ❐पहाड़ों के दर्रे बर्फ़ से ढक गए। 山々の峠は雪で覆われた. **2** 隠される.
— *vt.* (*perf.* ढका /ḍ^{h}akā ダカー/) **1** 覆う;覆い隠す;ふさぐ;かぶせる. ❐तन ढकने को वस्त्र तक न मिले। 体を覆う衣類さえ手に入らなかった. **2** 隠す.
— *m.* ふた;覆い, カバー. (⇒ढक्कन)

ढकनी /ḍ^{h}akanī ダクニー/ [cf. *ढकना*] *f.* 小さな蓋.

ढकार /ḍ^{h}akāra ダカール/ [←Skt.m. *ढ-कार-* 'Devanagari letter ढ or its sound'] *m.* **1** 子音字 ढ. **2** 〖言語〗子音字 ढ の表す子音 /ḍ^{h} ド/.

ढकारांत /ḍ^{h}akārāṃta ダカーラーント/ [←Skt. *ढकार-अन्त-* 'ending in the letter ढ or its sound'] *adj.* 〖言語〗語尾が ढ で終わる(語)《ヒンディー語の本来の ढ は, 直前が母音の場合は, ढ़ に変化している; डेढ़「1.5」など》. ❐~ शब्द 語尾が ढ で終わる語.

ढकेलना /ḍ^{h}akelanā ダケールナー/ ▸धकेलना [<OIA. **dhakk-* 'push, strike': T.06701] *vt.* (*perf.* ढकेला /ḍ^{h}akelā ダケーラー/) **1** (乱暴に)押す, 突く;押しやる;押しのける;突き落とす;押し込める. ❐उसने मुझे जोर से पीछे ढकेल दिया। 彼は私を思いっきり後ろに突き飛ばした. ❐बताती थीं कि निकली तो थीं वे कुएँ में कूदने के विचार से, पर न बेटी को कुएँ में ढकेलने की हिम्मत उनकी पड़ी और न बेटी को छोड़कर ख़ुद कुएँ में कूदने की। 彼女の話では, 彼女たち(=彼女と娘)は井戸に身を投げるつもりで家を出たが, 娘を井戸に突き

落とす勇気もでなかったし娘を置いて自分だけ井戸に飛び込む勇気もでなかったということだった. ❒मैं न हुई तेरी बीबी, नहीं यही जूती उठाकर मुँह पर तड़ातड़ जमाती और कोठरी में ढकेलकर बाहर से किवाड़ बंद कर देती। あたしはあんたのおかみさんじゃないんだよ, もしそうだったらこの履物を振り上げて(あんたの)顔をバシバシ叩いて物置に押し込めて外からかんぬきをかけてやるところだ. **2** (家から)追い出す;厄介ばらいする. ❒(को) (की ओर) ～ (…を)(…の方向に)追い出す.

ढकोसना /ḍʰakosanā ダコースナー/ [cf. *भकोसना*] *vt.* (*perf.* ढकोसा /ḍʰakosā ダコーサー/) (下品に)がつがつ食べる;がぶがぶ飲む. (⇒भकोसना) ❒कुत्ता सारा दूध ढकोस गया। 犬はミルクをがぶがぶ全部飲んでしまった.

ढकोसला /ḍʰakosalā ダコースラー/ [?] *m.* 見せかけ;ごまかし, 欺き;偽善.

ढक्कन /ḍʰakkana ダッカン/ [←Skt.n. *ढक्कन-* 'shutting (of a door)'] *m.* 蓋(ふた);覆い, カバー. (⇒ढकना) ❒～ खोलना 蓋を開ける. ❒～ बंद करना 蓋を閉める. ❒～ बंद रखना 蓋を閉めておく.

ढक्कनदार /ḍʰakkanadāra ダッカンダール/ [*ढक्कन* + *-दार*] *adj.* 蓋つきの. ❒～ बर्तन [डिब्बा] 蓋つきの容器[箱].

ढपना /ḍʰapanā ダプナー/ ▸ढँपना [cf. *ढाँपना*] *vi.* (*perf.* ढपा /ḍʰapā ダパー/) ☞ढँपना

ढपोरसंख /ḍʰaporasaṃkʰa ダポールサンク/ ▸डपोरशंख, डपोरसंख [*डफोर-* 'to make a great noise (in weeping)' + *शंख*] *m.* **1** 大口をたたく人, 大法螺吹き. **2** 図体は大きくても能がない人, 木偶坊(でくのぼう).

ढब /ḍʰaba ダブ/ [?] *m.* ☞ढंग

ढमकना /ḍʰamakanā ダマカナー/ [cf. *ढम-ढम*] *vi.* (*perf.* ढमका /ḍʰamakā ダムカー/) (太鼓が)ドンドンとなる.

ढम-ढम /ḍʰama-ḍʰama ダム・ダム/ [onom.; cf. *ढमकना*] *m.* 〔擬音〕ドンドン《太鼓 (ढोल) などの響く音》. (⇒डम-डम)

ढर्रा /ḍʰarrā ダルラー/ [?] *m.* ☞ढंग

ढलकना /ḍʰalakanā ダラクナー/ ▸ढुलकना *vi.* (*perf.* ढलका /ḍʰalakā ダルカー/) ☞ढुलकना

ढलकाना /ḍʰalakānā ダルカーナー/ ▸ढुलकाना [caus. of *ढुलकना*] *vt.* (*perf.* ढलकाया /ḍʰalakāyā ダルカーヤー/) ☞ढुलकाना

ढलना /ḍʰalanā ダルナー/ [cf. OIA. **ḍhalati* 'bends over, falls': T.05581] *vi.* (*perf.* ढला /ḍʰalā ダラー/) **1** (液体が)注がれる;流れ出る;こぼれる. **2** (溶かした金属が)鋳型に流し込まれる, 型にとられる;(コインが)鋳造される. **3** (型・枠組みに合わせて)作られる;形成される. ❒वेशभूषा, रहन-सहन और ज़िंदगी के प्रति नज़रिए में भी नई पीढ़ी की अभिनेत्रियाँ पश्चिमी साँचे में ढली हुई हैं। 服装, 生活習慣そして人生観においても, 新しい世代の女優たちは, 西洋風になっている. **4** (日が)陰る;(時間・人生などが)(盛りを過ぎ)終わりに近づく, 衰える. ❒दोपहर ढल गया। 正午が過ぎて日が陰った. ❒सारी देह ढल गयी थी, वह सुंदर गेहुआँ रंग सँवला गया था और आँखों से भी कम सूझने लगा था। (彼女の)体の盛りは過ぎてしまった, あの美しかった小麦色の肌は黒くなり, 目もかすみはじめた. ❒यद्यपि गुप्त-सम्राटों का प्रबल पराक्रम छठी शताब्दी में ढल पड़ा था, पर साहित्य के क्षेत्र में उस युग के स्थापित आदर्शों का प्रभाव किसी-न-किसी रूप में ईसा की नौवीं शताब्दी तक चलता रहा। たとえグプタ朝の皇帝たちの強大な勢力が 6 世紀に衰えてしまったにせよ, 文学の分野ではその時代に打ち立てられた理想の影響はなんらかの形で 9 世紀まで続いた.

ढलवाँ /ḍʰalavā̃ ダルワーン/ ▸ढलुआँ [cf. *ढलना*] *adj.* **1** 傾いている;坂になっている. (⇒ढालू) **2** 鋳造された. ❒～ लोहा 銑鉄.

ढलवाना /ḍʰalavānā ダルワーナー/ ▸ढलाना [caus. of *ढलना, ढालना*] *vt.* (*perf.* ढलवाया /ḍʰalavāyā ダルワーヤー/) 注がせる;注いでもらう.

ढलाई /ḍʰalāī ダラーイー/ [cf. *ढालना*] *f.* 鋳造.

ढलान /ḍʰalāna ダラーン/ [cf. *ढलना*] *f.* 斜面, 傾斜, スロープ. ❒पहाड़ की ～ पर लुढ़कना 山の斜面を転がる. ❒～ पर 下り坂で;衰退の一途で.

ढलाना /ḍʰalānā ダラーナー/ ▸ढलवाना *vt.* (*perf.* ढलाया /ḍʰalāyā ダラーヤー/) ☞ढलवाना

ढलुवाँ /ḍʰaluvā̃ ダルワーン/ ▸ढलवाँ *adj.* ☞ढलवाँ

ढलैया /ḍʰalaiyā ダライヤー/ [cf. *ढालना*] *adj.* 鋳造する(人), 鋳物を作る(人).
— *m.* 鋳造工, 鋳物工.

ढहना /ḍʰahanā ダヘナー/ [<OIA. **dhvasa-* 'fall': T.06902] *vi.* (*perf.* ढहा /ḍʰahā ダハー/) **1** (建造物が)崩壊する, 崩れる, 倒壊する. ❒बाबा के ज़माने में हाते की जो कच्ची दीवार उठाई गई थी वह बरसों की बरसात से ढहकर छोटे-बड़े ढूहों में परिवर्तित हो गई थी। 祖父の時代に作られた敷地の乾燥させただけの土塀(どべい)は, 長年の雨で崩れて大小の土の山に変わり果てていた. **2** (制度などが)崩壊する, 崩れる.

ढहवाना /ḍʰahavānā ダヘワーナー/ ▸ढहाना [caus. of *ढहना, ढाहना*] *vt.* (*perf.* ढहवाया /ḍʰahavāyā ダヘワーヤー/) (建物・塀などを)崩させる.

ढहाना /ḍʰahānā ダハーナー/ ▸ढहवाना [caus. of *ढहना, ढाहना*] *vt.* (*perf.* ढहाया /ḍʰahāyā ダハーヤー/) ☞ढहवाना

ढाँकना /ḍʰā̃kanā ダーンクナー/ ▸ढकना [<OIA. **ḍhakk-* 'cover': T.05574] *vt.* (*perf.* ढाँका /ḍʰā̃kā ダーンカー/) ☞ढकना

ढाँचा /ḍʰā̃cā ダーンチャー/ [?] *m.* **1** 骨格. ❒हड्डियों का ～ 骨格《「痩せ細って骨と皮の体」の意》. **2** 枠組み;構造. ❒सामाजिक ～ 社会構造.

ढाँपना /ḍʰā̃panā ダーンプナー/ [<OIA. **ḍhapp-* 'cover': T.05579] *vt.* (*perf.* ढाँपा /ḍʰā̃pā ダーンパー/) 包む, 覆い隠す. (⇒ढाँकना) ❒उसने बालक को कंबल से ढाँपकर गोद में उठाया। 彼女は子どもを毛布でくるんで膝の上に抱きかかえた. ❒वह अंचल में मुँह ढाँपकर रोने लगी। 彼女は(サリーの)すそに顔をうずめて泣きはじめた.

ढाई /ḍʰāī ダーイー/ ▸अढ़ाई [<OIA. *ardhatṛtīya-* 'two and a half': T.00651] *adj.* 2.5《複数扱い》. ❒～ किलो 2 キロ半. ❒～ घंटे 2 時間半. ❒～ बजे 2 時半に.

ढाक /ḍʰāka̸ ダーク/ [＜OIA. *dháksu-, dáksu-, daksús-* 'flaming, burning': T.06702] *m.* 〖植物〗ハナモツヤクノキ(花没薬樹)(*Butea frondosa*)《マメ科の落葉小高木；薬用植物》.(⇒पलाश)

ढाका /ḍʰākā ダーカー/ [←Beng.n. *ঢাকা* 'Dhaka'] *m.* 〖地名〗ダッカ《バングラデシュ(人民共和国) (बांग्लादेश) の首都》.

ढाटा /ḍʰāṭā ダーター/ [?cf. *दाढ़ी*] *m.* 〖スィック教〗ダーター《ひげを整えるためにあごから頭にかけて結ばれる細長い布》.

ढाड़स /ḍʰāṛasa̸ ダーラス/ ▸ढाढ़स *m.* ☞ढाढ़स

ढाढ़स /ḍʰāṛʰasa̸ ダーラス/ ▸ढाड़स [＜OIA.n. *dā́rḍhya-* 'hardness, firmness, strength': T.06302] *m.* 忍耐；辛抱；がんばり. ❐～ बँधना 励まされる, 元気づけられる. ❐(को) ～ देना [बँधाना] (人を)励ます, 元気づける. ❐～ बाँधना (自分を)励ます, 元気づける.

ढाना /ḍʰānā ダーナー/ ▸ढाहना [cf. *ढहना, ढाहना*] *vt.* (*perf.* ढाया /ḍʰāyā ダーヤー/) **1** (建物・塀などを)壊す. **2** (格闘技・戦争で)(相手を)倒す. **3** (災害・惨事などを)もたらす；(大パニック・ショックを)ひきおこす. ❐पखवाड़े भर में ही लगातार वर्षा ने क़हर ढा दिया। 2週間の間絶え間なく降り続いた雨が惨事をもたらした. ❐परदे पर सादी छवि के बावजूद वे ग्लैमर और ग़ज़ब ढाने में किसी से पीछे नहीं हैं। スクリーンでの清楚なイメージにもかかわらず彼女はセクシーさととてつもない衝撃をひきおこすことにかけては誰にも引けをとらない.

ढाबा /ḍʰābā ダーバー/ [?cf. *डब्बा*] *m.* **1** 藁(わら)ぶき屋根, 草ぶき屋根. **2** ダーバー《トラック運転手などを対象とした安価な食事を提供する道路沿いにある簡易食堂》.

ढाल[1] /ḍʰāla̸ ダール/ [←Skt.n. *ढाल-* 'a shield'; cf. T.05583] *f.* 盾(たて). ❐～ तलवार 盾と剣. ❐इन व्यंग्य-बाणों के रोकने के लिए उसके पास कोई ～ नहीं है। この皮肉の矢の雨を防ぐために彼はいかなる盾も持ち合わせていない.

ढाल[2] /ḍʰāla̸ ダール/ [cf. *ढलना, ढालना*] *m.* 下り坂, 傾斜地. ❐कुछ दूर की चढ़ाई के बाद एकाएक ～ आ गया। しばらく登りの後急に下り坂になった. ❐स्त्री का प्रेम पानी की धार है, जिस ओर ～ पाता है, उधर ही बह जाता है। 女の愛は水の流れのようだ, 低くなっている方にだけ流れるのだ.

ढालना /ḍʰāla̸nā ダールナー/ [＜OIA. **ḍhalati* 'bends over, falls': T.05581; cf. *ढलना*] *vt.* (*perf.* ढाला /ḍʰālā ダーラー/) **1** (液体を)つぐ, そそぐ；こぼす.(⇒उँड़ेलना, उझालना, डालना) ❐गिलास में पानी ढाल दो। グラスに水を入れてくれ. ❐शराब के ढालने की मधुर ध्वनि 酒をそそぐ甘美な音. **2** (溶かした金属を)鋳型に流し込む, 型にとる；(コインを)鋳造する. **3** (型・枠組みにはめて)作る；形づくる, 形成する. **4** (文・詩を)練って作る；(文・詩を練るために)(心血を)注ぐ, (心を)砕く. ❐वह वर्णन कवि ने प्राण ढालके किया है। その描写を詩人は心血を注いでした. ❐ऋतु-विशेष के अवसर पर पक्षी-विशेष का प्रादुर्भाव और उसका हृदय ढालकर किया हुआ वर्णन संस्कृत साहित्य की बेजोड़ संपत्ति है। 特定の季節における特定の鳥の登場, そして心を砕いてなされたその描写はサンスクリット文学の比類無き宝である. **5** (人に冗談などを)あてつける. **6** (酒を)飲む.

ढालू /ḍʰālū ダールー/ [cf. *ढलना, ढालना*] *adj.* 傾斜している, 坂になっている.(⇒ढलवाँ) ❐～ भूमि 傾斜している土地.

ढाहना /ḍʰāha̸nā ダーヘナー/ ▸ढाना [＜OIA. **dhvāsa-, *dhvāsana-, *dhvāsayati* 'makes fall': T.06905z1] *vt.* ☞ढाना

ढिंढोरची /ḍʰĩḍʰora̸cī ディンドールチー/ ▸ढँढोरची [*ढिंढोरा* + *-ची*] *m.* ☞ढँढोरची

ढिंढोरा /ḍʰĩḍʰorā ディンドーラー/ ▸ढँढोरा *m.* ☞ढँढोरा

ढिठाई /ḍʰiṭʰāī ディターイー/ [cf. *ढीठ*] *f.* **1** 生意気；厚かましさ；横柄さ；傲慢さ. ❐वह कितनी ～ से बोल रहा है, अदब और लिहाज़ जैसे भूल गया। 彼はなんという厚かましさでしゃべっていることか, 礼儀や遠慮など忘れたかのようだった. **2** 大胆さ；放胆さ. **3** 強情さ, 頑固さ.

ढिबरी /ḍʰiba̸rī ディブリー/ [＜OIA. **ḍhaba-, *ḍhabba-* 'lump': T.05580z1] *f.* **1** (ボルトの)ナット；(電球の)ソケット. **2** 灯心のあるランプ；油皿.

ढिलाई /ḍʰilāī ディラーイー/ [cf. *ढीला*] *f.* ゆるみ, 弛緩, たるみ.

ढीठ /ḍʰīṭʰa̸ ディート/ [＜OIA. *dhr̥ṣṭá-* 'bold, impudent': T.06875] *adj.* **1** 生意気な；厚かましい；横柄な；傲慢な.(⇒गुस्ताख़, बेशर्म) **2** 大胆な；放胆な. **3** 強情な, 頑固な. ❐～ लड़की 強情な娘.

ढील /ḍʰīla̸ ディール/ [＜OIA. **ḍhilla-*[2] 'slack': T.05590z2] *f.* **1** 緩み, 緩んでいること；しまりがないこと. **2** 怠慢；だらしないこと.

ढीलना /ḍʰīla̸nā ディールナー/ [cf. *ढीला*] *vt.* (*perf.* ढीला /ḍʰīlā ディーラー/) ゆるめる.(⇔कसना) ❐रस्सी को थोड़ा और ढीलो। ロープをもう少しゆるめてくれ.

ढीला /ḍʰīlā ディーラー/ [＜OIA. **ḍhilla-*[2] 'slack': T.05590z2] *adj.* **1** (部品などが)ゆるんだ, ゆるい.(⇔कड़ा) ❐(का) ढक्कन ～ करना (…の)栓をゆるめる. **2** (ひもなどが)ゆるんだ, たるんだ；だぶだぶの；だらしがない. ❐ढीली टाई ゆるんだネクタイ. ❐～ करना (…を)ゆるめる. ❐～ होना ゆるむ. **3** 力が抜けた, 力がゆるんだ.(⇔कड़ा) ❐शेर के पंजे ढीले पड़े। 虎の(つかんだ)爪がゆるんだ. ❐सारे अंग ढीले पड़ गए। 全身の力が失せた.

ढुँढ़वाना /ḍʰũṛʰa̸vānā ドゥンルワーナー/ [caus. of *ढूँढ़ना*] *vt.* (*perf.* ढुँढ़वाया /ḍʰũṛʰa̸vāyā ドゥンルワーヤー/) 探させる；探してもらう.

ढुलकना /ḍʰulaka̸nā ドゥラクナー/ ▸ढलकना [cf. OIA. **ḍhalati* 'bends over, falls': T.05581; cf. *ढलना*] *vi.* (*perf.* ढुलका /ḍʰula̸kā ドゥルカー/) **1** (涙・水滴などが)転がるように落ちる. ❐उसने मुझे दीन आँखों से देखा, दोनों कोनों से आँसू की दो बूँदें ढुलक पड़ी। 彼は私を悲しげな目で見た, 目の両すみから涙が二粒転がり落ちた. ❐उसकी आँखें डबडबाईं और दो आँसू उसके गालों पर ढुलक पड़े। 彼の両眼がうるんだ, そして二粒の涙が頬を伝わった. **2** 倒れる, ころぶ, 転倒する.(⇒लुढ़कना)

ढुलकाना /ḍʰulakānā ドゥルカーナー/ ▸ढलकाना [caus. of *ढुलकना*] *vt.* (*perf.* ढुलकाया /ḍʰulakāyā ドゥルカーヤー/) **1** 転がり落とす;すべり落とす;したたらす. **2** 転がす;ひっくり返す. (⇒लुढ़काना)

ढुलना[1] /ḍʰulanā ドゥルナー/ [<OIA. *ḍhulati 'bends, falls, flows': T.05593]; cf. *ढलना vi.* (*perf.* ढुला /ḍʰulā ドゥラー/) **1** 傾く. **2** (液体が)こぼれる;転げ落ちる.

ढुलना[2] /ḍʰulanā ドゥルナー/ [cf. *ढोना*] *vi.* (*perf.* ढुला /ḍʰulā ドゥラー/) 運ばれる, 運搬される. ❑इस हिसाब से तो दिन भर में भी ऊख न ढुल पाएगी। この計算では一日かかってもサトウキビは運び終わらないだろう.

ढुलमुल /ḍʰulamula ドゥルムル/ [echo-word; cf. *ढुलना*[1]] *adj.* 不安定な;定まらない.

ढुलवाई /ḍʰulavāī ドゥルワーイー/ [cf. *ढुलवाना*] *f.* ☞ढुलाई

ढुलवाना /ḍʰulavānā ドゥルワーナー/ ▸ढुलाना [caus. of *ढुलना*[1], *ढोना*] *vt.* (*perf.* ढुलवाया /ḍʰulavāyā ドゥルワーヤー/) 運ばせる;運んでもらう.

ढुलाई /ḍʰulāī ドゥラーイー/ [cf. *ढुलना, ढुलाना*] *f.* **1** 運搬, 運送, 輸送. (⇒ढुलवाई) ❑यात्री परिवहन और माल ～ 旅客輸送と貨物輸送. **2** 運送費, 輸送費. (⇒ढुलवाई) ❑रेलवे ने माल ～ और यत्री किराए से पिछले साल से ज़्यादा कमाई की। 鉄道は貨物輸送料と旅客運賃から昨年を越える収入を得た.

ढुलाना /ḍʰulānā ドゥラーナー/ ▸ढुलवाना [caus. of *ढुलना*[1], *ढोना*] *vt.* (*perf.* ढुलाया /ḍʰulāyā ドゥラーヤー/) ☞ढुलवाना

ढूँढ़ /ḍʰū̃ṛʰa ドゥーンル/ [cf. *ढूँढ़ना*] *f.* 捜索;模索.

ढूँढ़ना /ḍʰū̃ṛʰanā ドゥーンルナー/ [<OIA. *dhūṇḍh- 'seek': T.06839] *vt.* (*perf.* ढूँढ़ा /ḍʰū̃ṛʰā ドゥーンラー/) **1** (消えたもの・失ったものを)捜す, 捜し求める;捜索する. (⇒खोजना, तलाशना) ❑एक विशेष टीम दक्षिण कश्मीर के पहाड़ी इलाक़े में अपहृत चार विदेशी नागरिकों के शव ढूँढ़ने में नाकाम रही। 特別チームは南カシュミールの山岳地帯で誘拐された四人の外国人の遺体の捜索に失敗した. ❑एन्ट्रेंस फ़ेल होकर नौकरी ढूँढ़ लेना कोई खेल न था। 入学試験に落ちて職を捜すのは容易ではなかった. **2** 模索する. ❑इस मुद्दे पर उन्होंने सुझाया कि तीनओं आपस में बैठकर समस्या का हल ढूँढ़ सकते हैं। 彼はこの争点に関して, 三者が互いにテーブルについて問題の解決策を探ることが可能である, と提案した. ❑वह कोई-न-कोई तरीक़ा ढूँढ़ लेगा। 彼はなんらかの方法を探し出すだろう.

ढूह /ḍʰūha ドゥーフ/ [?] *m.* 盛り土;小高い地形. ❑वह कच्ची दीवार बरसों की बरसात से ढहकर छोटे-बढ़े ढूहों में परिवर्तित हो गई थी। その乾燥させただけの土塀(どべい)は長年の雨で崩れて大小の土の山に変わり果てていた.

ढेंकली /ḍʰẽkalī デーンクリー/ [<OIA. *ḍhēṅka-[2] 'weight on a lever': T.05596] *f.* **1** デーンクリー《唐臼(からうす), てこの原理を応用した足踏み式の臼;精米などに使用する》. **2** デーンクリー《井戸から汲み上げた水を田畑に入れる, てこの原理を応用した足踏み式の灌漑(かんがい)装置》. **3** とんぼ返り, 宙返り, でんぐり返し. (⇒कलाबाज़ी)

ढेंचू-ढेंचू /ḍʰẽcū-ḍʰẽcū デーンチュー・デーンチュー/ [onom.] *f.* 〔擬声〕(ロバの)鳴き声. (⇒हेंचू-हेंचू)

ढेर /ḍʰera デール/ [<OIA. *ḍhēra-[1] 'lump, heap': T.05599] *m.* **1** (積み重なった)山, 塊, 束, 堆積, 積み重ね. (⇒अंबार) ❑अनाज का ～ 穀物の山. ❑ईंटों के ～ レンガの山. ❑कूड़े का ～ ゴミの山. ❑रुपयों का ～ लगना [लगाना]金の(札束の)山が築かれる[山を築く]. **2** 《動かない生命のないもののたとえ》 ❑～ हो जाना (人が)殺される, のびる. ❑(को) ～ करना (人を)殺す, のばす.

ढेरी /ḍʰerī デーリー/ [cf. *ढेर*] *f.* 小さな束, 小さな堆積.

ढेला /ḍʰelā デーラー/ ▸डेला *m.* ☞डेला

ढैया /ḍʰaiyā ダイヤー/ [cf. *ढाई*] *f.* 〖単位〗 2.5 セール (सेर) の重量《約 2.3kg》.

ढोंग /ḍʰõga ドーング/ [<OIA. *ḍhōṅga-[2] 'hollow': T.05606] *m.* 偽善;見せかけ;ペテン.

ढोंगी /ḍʰõgī ドーンギー/ [*ढोंग* + *-ई*] *adj.* 偽善者の;いかさまの;ペテン師の.

ढोना /ḍʰonā ドーナー/ [<OIA. *ḍhaukayati* 'brings near': T.05610] *vt.* (*perf.* ढोया /ḍʰoyā ドーヤー/) **1** 運ぶ, 運搬する. ❑वह अपने सिर पर लादकर सामान ढो रहा था। 彼は自分の頭に載せて荷物を運んでいた. ❑उसने बोरे को पीठ पर ढोया। 彼は麻袋を背中に背負って運んだ. **2** (つらい事・負担などを)耐える, 我慢する. ❑हम लोग फ़ालतू के इस बोझ को कब तक ढोते रहेंगे? 我々は, 余計なこのお荷物をいつまで我慢しつづけるのか?

ढोर /ḍʰora ドール/ [<OIA.m. *dhaurēyá-* 'beast of burden': T.06884] *m.* (牛や水牛などの)家畜, 畜牛.

ढोल /ḍʰola ドール/ [←Skt.m. *ढोल-* 'a large drum'; cf. T.05608] *m.* **1** 〖楽器〗太鼓, ドラム《くりぬいた横長の木に革が張られている両面太鼓;首からひもで吊るし両手で, 素手またはスティックで打つ;擬音「ドンドン」は डम-डम》. ❑～ पीटना [बजाना] 太鼓を打ち鳴らす《「公然と言いふらす」の意も》. **2** (太鼓のように)中が空洞なもの《「響きだけは大きいもの」のたとえにも》. ❑लोग उन्हें ख़ाली ～ समझते थे। 人々は彼を太鼓のように中身が空っぽの人間だと思っていた.

ढोलक /ḍʰolaka ドーラク/ [cf. *ढोल*] *f.* 〖楽器〗 (小型の)太鼓, ドラム.

ढोलकिया /ḍʰolakiyā ドーラキヤー/ [cf. *ढोलकी*] *m.* 太鼓打ち.

ढोलकी /ḍʰolakī ドールキー/ [*ढोलक* + *-ई*] *f.* 〖楽器〗 ☞ढोलक

ढोल-मजीरा /ḍʰola-majīrā ドール・マジーラー/ *m.* 〖楽器〗 (祝い事などで演奏される)太鼓・シンバルなどの楽器《日本の「囃子(はやし)」,「笛太鼓」などに相当》.

ढोला /ḍʰolā ドーラー/ *m.* 〖音楽〗ドーラー《結婚式の祝い歌の一種》.

ढोली /ḍʰolī ドーリー/ [?] *f.* ドーリー《嗜好品パーン (पान) のキンマの葉の束;約 200 枚の束》.

ण

णकार /ṇakāra ナカール/ [←Skt.m. *ण-कार-* 'Devanagari letter ण or its sound'] *m.* **1** 子音字 ण. **2** 〖言語〗子音字 ण の表す子音 /ṇ ン/.

णकारांत /ṇakārāṃta ナカーラーント/ [←Skt. *णकार-अन्त-* 'ending in the letter ण or its sound'] *adj.* 〖言語〗語尾が ण で終わる(語)《आभूषण「装身具」, ऋण「負債」, क्षण「瞬間」など》. ❐～ शब्द 語尾が ण で終わる語.

त

तंग /taṃga タング/ [←Pers.adj. تنگ 'narrow, strait'] *adj.* **1** (広さ・幅などが)狭い. (⇒संकीर्ण) ❐～ कमरा 狭い部屋. ❐～ पुल 狭い橋. ❐～ रास्ता 狭い道. ❐वह एक ～ मकान में रहती थी। 彼女は一軒の狭い家に住んでいた. **2** (身に着けるものが)窮屈な, 締め付けられような, きつい;(体に)ぴったり合った, ぴっちりした. ❐～ कुरता 窮屈なクルター. ❐～ जूता きつい靴. ❐वह रेशमी अचकन और ～ पाजामा पहने हुए है। 彼は絹のコートそしてぴっちりしたパージャーマーを身に着けていた. **3** (経済的に)困っている, 困窮している, 窮乏している, 手元不如意(ふにょい)な. ❐आजकल उसका हाथ ～ है। 最近彼は金に困っている. ❐वह पैसे-पैसे को ～ हो रहे हैं। 彼は一銭一円に困っている. **4** (心が)狭い, 狭量な. ❐～ दिल का आदमी 心の狭い人. **5** 苦しんでいる, 困っている, 悩んでいる. ❐(को) ～ करना (人を)困らす. ❐～ होना 困る. **6**《〖तंग आना〗の形式で,「うんざりする, 嫌気がさす, 愛想がつきる」の意》❐उसने ～ आकर कहा। 彼はうんざりして言った. ❐मैं इस जीवन से ～ आ गई हूँ। 私はこの人生にうんざりしてしまったの. ❐वह इस तरह की शुभ कामनाएँ सुनते-सुनते ～ आ गया था। 彼はこのようなお祝いの言葉を聞き続けてうんざりしてしまった.

तंगदस्त /taṃgadasta タングダスト/ [←Pers. تنگدست 'tight-handed; poor'] *adj.* ☞तंगहाल

तंगहाल /taṃgahāla タングハール/ [←Pers. تنگحال 'straitened, poor'] *adj.* (経済的に)困っている, 困窮している, 窮乏している. (⇒तंग) ❐इधर कई साल से बहुत ～ हो रहे थे। 彼らはここ数年ひどく困窮していた.

तंगी /taṃgī タンギー/ [←Pers.n. تنگی 'narrowness, closeness, straitness, tightness'] *f.* (経済的な)困窮, (金銭・食べ物などの)窮乏. ❐आजकल पैसे-पैसे की ～ है। ここ最近一銭の金にも不自由しているのだ. ❐उन दिनों घर में खाने-पीने की बड़ी ～ थी। 当時家では食べ物すらひどく窮乏していた. ❐दाने-दाने की ～ हो रही है। 一粒の食べ物にも困っているのだ.

तंज़ानिया /taṃzāniyā タンザーニヤー/ [cf. Eng.n. *Tanzania*] *m.* 〖国名〗タンザニア(連合共和国)《首都はドドマ (दोदोमा); 旧首都はダルエスサラーム (दारेस्सलाम)》.

तंजावूर /taṃjāvūra タンジャーヴール/ [cf. Eng.n. *Thanjavur*] *m.* 〖地名〗タンジャーヴール《タミル・ナードゥ州 (तमिल नाडु) の古都; 旧名タンジョール (तंजोर)》.

तंज़ेब /taṃzeba タンゼーブ/ ▷तनज़ेब *f.* ☞तनज़ेब

तंजोर /taṃjora タンジョール/ [cf. Eng.n. *Tanjor*] *m.* 〖地名〗タンジョール《タミル・ナードゥ州 (तमिल नाडु) の古都タンジャーヴール (तंजावूर) 旧名》.

तंतु /taṃtu タントゥ/ [←Skt.m. *तन्तु-* 'a thread, cord, string, line, wire'] *m.* **1** 糸, ひも. **2** 繊維. ❐काँच ～ ガラス繊維. ❐रेशमी ～ 絹の繊維. **3** クモの巣. (⇒जाला) **4** (電球などの)フィラメント.

तंत्र /taṃtra タントル/ [←Skt.n. *तन्त्र-* 'a loom; the warp'] *m.* **1** 糸, ひも; 網. ❐रेलगाड़ी ～ 鉄道網. **2** 体制, 制度, システム, 組織《主に合成語の要素として; अधिनायक-तंत्र「独裁制」, लोकतंत्र「民主制」, स्वतंत्र「自主独立の」,》. **3** 呪文, まじない. (⇒मंत्र) **4** 〖ヒンドゥー教〗〖仏教〗タントラ《宗教の実践行法に関する規則(集), 経典の一種; 密教タントラが有名》.

तंत्रिका /taṃtrikā タントリカー/ [cf. Skt.f. *तन्त्रि-* 'any tubular vessel of the body, sinew, vein'] *f.* 神経. ❐～ तंत्र 神経系統.

तंत्री /taṃtrī タントリー/ [←Skt. *तन्त्रिन्-* 'having threads, made of threads, spun, wove'] *adj.* **1** 〖楽器〗弦のついている(楽器). ❐～ वाद्य 弦楽器. **2** 〖ヒンドゥー教〗〖仏教〗タントラ (तंत्र) の教えに従う.
— *m.* 〖音楽〗(弦楽器の)奏者, 楽師; 歌手.
— *f.* **1** 〖楽器〗(楽器の)弦; 弦楽器. **2** 神経. (⇒तंत्रिका)

तंदुरुस्त /taṃdurusta タンドゥルスト/ [←Pers.adj. تندرست 'healthy, vigorous'] *adj.* 健康な, 健全な, 丈夫な. (⇒स्वस्थ)

तंदुरुस्ती /taṃdurustī タンドゥルスティー/ [←Pers.n. تندرستی 'health, bodily vigour'] *f.* 健康. (⇒सेहत, स्वास्थ्य)

तंदूर /taṃdūra タンドゥール/ ▶तनूर [←Pers.n. تنور 'an oven'] *m.* 〖食〗オーブン. ❐～ में भूनना オーブンで焼く.

तंदूरी /taṃdūrī タンドゥーリー/ [तंदूर + -ई] *adj.* 〖食〗オーブンで焼いた, あぶった. ❐～ चिकन タンドーリー・チキン.

तंद्रा /taṃdrā タンドラー/ [←Skt.f. *तन्द्रा-* 'lassitude, exhaustion, laziness'] *f.* うたた寝; まどろみ.

तंबाकू /taṃbākū タンバークー/ ▶तमाकू, तमाखू [←Pers.n. تنباکو ←Port.m. *tabaco* 'tobacco'] *m.* **1** 〖植物〗タバコ(の葉). **2** 刻みタバコ. ❐उसने एक चिलम ～ और पिया। 彼は水ギセルのタバコをもう一服吸った. **3** 〖食〗噛みタバコ《押し固めたタバコの葉に香味を加えたもの; 嗜好

品パーン (पान) に好みに応じて混ぜる》. ❒वह ～ फाँककर बोला। 彼は噛みタバコを口に放り込んでから言った.

तंबू /taṃbū タンブー/ [←Pers.n. تنبو 'a kind of tent'; cog. Skt.m. *स्तम्भ-* 'a post, pillar, column, stem'] *m.* テント, 天幕. (⇒टेंट) ❒～ का खंभा テントの柱. ❒～ गाड़ना [डालना, तानना]テントを張る.

तंबूर /taṃbūra タンブール/ ▸तंबूरा [←Pers.n. تنبور 'a lute, lyre, guitar'] *m.* ☞तंबूरा

तंबूरची /taṃbūracī タンブールチー/ [*तंबूर* + *-ची*] *m.* 〖音楽〗タンブーラー (तंबूरा) 奏者.

तंबूरा /taṃbūrā タンブーラー/▸तंबूर [←Pers.n. طنبوره 'a kind of mandolin' ←Arab. ; cf. Pers.n. تنبور 'a lute, lyre, guitar'] *m.* 〖楽器〗タンブーラー《4 本の金属弦がある撥弦楽器;インド古典音楽の伴奏楽器》. (⇒तानपूरा)

तंबोली /taṃbolī タンボーリー/ [<OIA.m. *tāmbūlika-* 'seller of betel': T.05777; cf. *तमोली*] *m.* パーン (पान) を売る人.

तक /taka タク/ [<OIA. *tā́vatka-* 'bought for so much': T.05805] *postp.* **1**《空間の到達点》…まで. **2**《時間の到達点》…まで.

— *ind.* …すら, …までも.

तक़दीर /taqadīra タクディール/ [←Pers.n. تقدیر 'measuring; destiny; lot' ←Arab.] *f.* 運, 運命. (⇒क़िस्मत, भाग्य) ❒～ आज़माना 運を試す. ❒～ खुलना [चमकना, जागना, लड़ना]運が開ける, 運が向いてくる. ❒～ ठोंकना 自分の不運を嘆く. ❒～ फूटना [बिगड़ना]運が傾く. ❒～ में जो लिखा है, वही होता है। 運命で決まっていることは必ず起こるのです. ❒(को) ～ पर छोड़ना(…を)運に任せる. ❒तुम ～ के खोटे हो। 君は運のない奴だな.

तकनीक /takanīka タクニーク/ [←Eng.n. *technique*] *f.* 専門技術;技巧, テクニック.

तकनीकी /takanīkī タクニーキー/ [*तकनीक* + *-ई*] *adj.* 技術的な, 技術上の. ❒～ सहयोग 技術協力, 技術提携.

तकरार /takarāra タクラール/ [←Pers.n. تکرار 'returning to the attack; dispute; objection' ←Arab.] *f.* 口論; 論争. (⇒विवाद) ❒आये दिन इसी बात पर दोनों में ～ होती रहती थी। 毎日このことをめぐって二人の間で口論が続いた.

तक़रीबन /taqarībana タクリーバン/ [←Pers.adv. تقریباً 'near to, about, approximately' ←Arab.] *adv.* 大体, おおよそ, ほとんど. (⇒क़रीब, लगभग)

तक़रीर /taqarīra タクリール/ [←Pers.n. تقریر 'confirming; speaking, discoursing' ←Arab.] *f.* 演説, 講演, スピーチ. (⇒भाषण) ❒(पर) ～ करना(…について)講演する.

तकला /takalā タクラー/▸तकुआ [<OIA.m. *tarkú-* 'spindle': T.05717] *m.* 紡錘, 錘(つむ), スピンドル. (⇒टकुआ)

तकली /takalī タクリー/ [cf. *तकला*] *f.* 小型の紡錘, スピンドル.

तकलीफ़ /takalīfa タクリーフ/ [←Pers.n. تکلیف 'proposing to, or obliging another to, undertake any thing difficult or above his strength; trouble, difficulty' ←Arab.] *f.* **1** 苦労, つらさ, 困苦, 困窮, 難儀. (⇒कष्ट) ❒(का) ～ करना (…の)苦労をする. ❒वह बड़ी ～ में है। 彼はとても困って[難渋して]いる. ❒(को) ～ पहुँचाना (人を)つらい目にあわせる. **2** 骨折り, 手数, 苦心, 面倒. (⇒कष्ट) ❒(की) ～ उठाना (…の)骨折りをかってでる. ❒(को) (की) ～ देना (人に)(…の)面倒をかける.

तकल्लुफ़ /takallufa タカッルフ/ [←Pers.n. تکلف 'taking upon oneself; taking pains personally; careful observance of etiquette, formality' ←Arab.] *m.* 形式的儀礼;堅苦しさ. (⇒औपचारिकता) ❒～ करना 他人行儀のように堅苦しく振舞う.

तक़सीम /taqasīma タクスィーム/ [←Pers.n. تقسیم 'distributing, dividing, sharing' ←Arab.] *f.* **1** 分割, 分配. (⇒बटाई) **2**〖数学〗除法, 割り算. (⇒भाग)

तक़ाज़ा /taqāzā タカーザー/ ▸तगादा [←Pers.n. تقاضا 'dunning, exacting; a demand; exaction, requisition, claim' ←Arab.] *m.* **1** (借金・仕事などの)催促. ❒(का) ～ करना (…の)催促をする. **2** (状況・社会・時代などの)要求, 要請;必要性.

तकार /takāra タカール/ [←Skt.m. *त-कार-* 'Devanagari letter त or its sound'] *m.* **1** 子音字 त. **2**〖言語〗子音字 त の表す子音 /t ト/.

तकारांत /takārāṃta タカーラーント/ [←Skt. *त-कार-अन्त-* 'ending in the letter त or its sound'] *adj.* 〖言語〗語尾が त で終わる(語)《अतीत「過去」, खेत「畑」, सात「7」, など》. ❒～ शब्द 語尾が त で終わる語.

तक़ावी /taqāvī タカーヴィー/ [←Pers.n. تقاوی 'strengthening; money advanced to tenants (to pay for seed)' ←Arab.] *f.* 貸付金《特に困窮している農民に》.

तकिया /takiyā タキヤー/ [←Pers.n. تکیه 'a place of repose; a pillow'] *m.* **1** 枕. **2** クッション, 座布団. **3** 支柱.

तकिया-कलाम /takiyā-kalāma タキヤー・カラーム/ [←Pers.n. تکیه کلام 'a cant word or phrase introduced into conversation without any meaning, expletive'] *m.* (特に意味の無い)間投詞;口癖;決まり文句, 常套句;枕詞. ❒यह उनका ～ हो गया था। これが彼の口癖になった.

तकुआ /takuā タクアー/ ▸तकला *m.* ☞तकला

तक्र /takra タクル/ [←Skt.n. *तक्र-* 'buttermilk mixed with (a third part of) water'] *m.* 〖食〗バターミルク. (⇒छाछ)

तख़मीना /taxamīnā タクミーナー/ [←Pers.adv. تخمینا 'by conjecture or guess, by appraisement, nearly, about, more or less' ←Arab.] *m.* 見積もり;概算. (⇒ख़ाका) ❒(का) ～ करना(…を)見積もる.

तख़्त /taxta̤ タクト/ [←Pers.n. تخت 'a royal throne, chair of state'] *m.* **1** 王座. **2** (木製の)台;壇.

तख़्ता /taxtā タクター/ [←Pers.n. تخته 'a board, plank'] *m.* **1** 板, 板材. **2** 黒板. (⇒श्याम-पट्ट) **3** ベンチ, 腰掛け. **4** (一枚の)紙. (⇒पन्ना)

तख़्ती /taxtī タクティー/ [←Pers.n. تختی 'a board on which children learn to write'] *f.* 石板, 石盤《学童の筆記練習用の板》. (⇒पटिया)

तगड़ा /tagaṛā タグラー/ [＜OIA. **targa-* 'terrible, strong': T.05718] *adj.* **1** 身体強健な, 頑健な, 屈強な, たくましい, 丈夫な. (⇒हट्टा-कट्टा, हृष्ट-पुष्ट) **2** ずっしり重みのある.

तगाई /tagāī タガーイー/ [cf. *तगाना*] *f.* 刺し縫いの作業;その作業の手間賃.

तगादा /tagādā タガーダー/ ▸तक़ाज़ा *m.* ☞तक़ाज़ा

तगाना /tagānā タガーナー/ [caus. of *तागना*] *vt.* (*perf.* तगाया /tagāyā タガーヤー/) 刺し縫いをさせる;刺し縫いをしてもらう.

तजना /tajanā タジナー/▸त्यागना [cf. OIA. *tyájati* 'leaves': T.05984] *vt.* (*perf.* तजा /tajā タジャー/) 捨てる, 放棄する. (⇒छोड़ना)

तजरबा /tajarabā タジラバー/▸तजुरबा [←Pers.n. تجربة 'trying, proving; experience; probation' ←Arab.] *m.* 経験. (⇒अनुभव) ❐(का) ～ करना(…の)経験をする.

तजरबाकार /tajarabākāra̤ タジラバーカール/▸तजरबेकार, तजुरबाकार, तजुरबेकार [←Pers.n. تجربه کار 'versed in business'] *adj.* 経験のある, 熟練した. (⇒अनुभवी)

तजरबेकार /tajarabekāra̤ タジラベーカール/ ▸तजरबाकार, तजुरबाकार, तजुरबेकार *adj.* ☞तजरबाकार

तजवीज़ /tajavīza̤ タジヴィーズ/ [←Pers.n. تجویز 'causing to go or pass by; permitting, allowing, approving' ←Arab.] *f.* **1** 計画, 方策;提案. ❐आप मेरे सामने जो ～ रखेंगे, उसे मंज़ूर कर लूँगा। あなたが私の前に出す提案は承諾しましょう. **2** 判定, 判決, 審判. ❐अदालत ने ～ सुना दी। 法廷は審判を下した.

तजुरबा /tajurabā タジュルバー/ ▸तजरबा *m.* ☞तजरबा

तजुरबाकार /tajurabākāra̤ タジュルバーカール/ ▸तजरबाकार, तजरबेकार, तजुरबेकार *adj.* ☞तजरबाकार

तजुरबेकार /tajurabekāra̤ タジュルベーカール/ ▸तजरबाकार, तजरबेकार *adj.* ☞तजरबाकार

तट /taṭa̤ タト/ [←Skt.m. *तट-* 'a slope; a shore'] *m.* **1** 〚地理〛川岸;(川や池の)岸, 岸部. (⇒किनारा) ❐नदी के ～ पर 川岸に. ❐नौका ～ पर लगी। 舟が岸に着いた. **2** 〚地理〛海岸, 沿岸;浜辺. (⇒किनारा) ❐समुद्र के ～ पर 海岸に.

तटरक्षक /taṭarakṣaka̤ タトラクシャク/ [neo.Skt.n. *तट-रक्षक-* 'coast guard'] *m.* 沿岸警備隊.

तटवर्ती /taṭavartī タトワルティー/ [neo.Skt. *तट-वर्तिन्-* 'a lying near or at a bank, or shore, coastal'] *adj.* 岸辺にある;海辺にある, 浜辺にある;沿海の. ❐～ शहर 沿海都市.

तटस्थ /taṭastʰa̤ タトスト/ [←Skt. *तट-स्थ-* 'standing on a declivity or bank'] *adj.* **1** 中立の;不偏不党の. ❐～ देश 中立国. ❐～ भाव से 一方に偏することなく. **2** 岸辺にある;海辺にある, 浜辺にある. (⇒तटवर्ती)

तटस्थता /taṭastʰatā タタスタター/ [neo.Skt.f. *तटस्थ-ता-* 'neutrality, non-alignment'] *f.* 中立. ❐राजनीतिक ～ का पालन करना 政治的な中立を守る.

तटस्थतावाद /taṭastʰatāvāda̤ タタスタターワード/ [neo.Skt.m. *तटस्थता-वाद-* 'neutralism'] *m.* 中立主義.

तटस्थतावादी /taṭastʰatāvādī タタスタターワーディー/ [neo.Skt. *तटस्थता-वादिन्-* 'neutralist'] *adj.* 中立主義の. — *m.* 中立主義者.

तड़ /taṛa̤ タル/ [＜OIA. *traṭ-* 'crackle': T.05988] *m.* **1** (ひびが入る時のような)ミシ[パリ, バリ]という音. **2** (魚が跳ねる時のような)ピシャという音.

तड़क /taṛaka̤ タラク/ [cf. *तड़कना*] *f.* 割れ目, 裂け目, ひび.

तड़कना /taṛakanā タラクナー/ [cf. *तड़*; cf. *तड़तड़ाना*] *vi.* (*perf.* तड़का /taṛakā タルカー/) **1** ミシ[パリ, バリ] (तड़) とひびが入る;壊れる;割れる. ❐उसकी खोपड़ी तड़क उठी। 彼の頭蓋骨にミシとひびが入った. **2** (魚が)ピシャと跳ねる. (⇒तड़पना) **3** かっと怒る.
— *vt.* (*perf.* तड़का /taṛakā タルカー/) (風味を出すために)大さじなどの中で油で炒めたり熱した香辛料 (तड़का) を料理にかけて混ぜる. (⇒छौंकना, बघारना)

तड़क-भड़क /taṛaka-bʰaṛaka̤ タラク・バラク/ *f.* 華やかさ;虚飾. ❐ऊपरी ～ うわべの華やかさ. ❐शाही ～ के साथ शुरू हुए ओलिंपिक खेल। 壮麗な華やかさとともに始まったオリンピック競技.

तड़का /taṛakā タルカー/ [cf. *तड़कना*] *m.* **1** 夜明け, 早朝《後置格〘तड़के〙は, 単独で副詞「夜明けに, 早朝に」を表す》. ❐～ हुआ। 夜が明けた. ❐उसने ख़ूब तड़के स्नान किया। 彼はとても朝早く沐浴をした. ❐उसने तड़के उठकर लखनऊ की सड़क पकड़ ली। 彼は早朝起床しラクナウーへ向った. ❐पाँच बजे तड़के से लेकर बारह बजे रात तक 早朝 5 時から夜 12 時まで. **2** 〚食〛調味料で味付けをすること.

तड़काना /taṛakānā タルカーナー/ [cf. *तड़कना*] *vt.* (*perf.* तड़काया /taṛakāyā タルカーヤー/) ミシ[パリ, バリ] (तड़) と壊す;割る. (⇒तड़तड़ाना)

तड़तड़ाना /taṛataṛānā タルタラーナー/ [cf. *तड़कना*] *vi.* (*perf.* तड़तड़ाया /taṛataṛāyā タルタラーヤー/) ☞तड़कना
— *vt.* (*perf.* तड़तड़ाया /taṛataṛāyā タルタラーヤー/) ☞तड़काना

तड़प /taṛapa̤ タラプ/ ▸तड़फ [＜OIA. **taḍapphaḍ-* 'agitate': T.05634] *f.* のたうち回ること, もがき苦しむこと. ❐स्वाधीनता की ～ 独立を希求する痛みをともなう苦しみ.

तड़पना /taṛapanā タラプナー/▸तड़फड़ाना [cf. *तड़प*] *vi.* (*perf.* तड़पा /taṛapā タルパー/) **1** (苦痛で)のたうち回る, もがき苦しむ. (⇒छटपटाना) ❐वह देखते देखते तड़प-तड़पकर ठंडा हो गया। 彼は, 見ているうちに, のたうち回りながら息絶えてしまった. **2** (魚が)ぴしゃと跳ねる. (⇒तड़कना) **3** (切実な願望のために)身もだえする. (⇒छटपटाना) ❐वह

अपने पुराने साथी से मिलने को तड़पता था। 彼は古い仲間に会いたくてうずうずしていた.

तड़पाना /taṛapānā タルパーナー/ ▸तड़फड़ाना [cf. *तड़पना*] *vt.* (*perf.* तड़पाया /taṛapāyā タルパーヤー/) (肉体的・精神的に)苦しめる;(心を)かき乱させる.

तड़फ /taṛapʰa タラプ/ ▸तड़प *f.* ☞तड़प

तड़फड़ाना /taṛapʰaṛānā タルパラーナー/ ▸तड़पना, तड़पाना *vi.* (*perf.* तड़फड़ाया /taṛapʰaṛāyā タルパラーヤー/) ☞तड़पना

— *vt.* (*perf.* तड़फड़ाया /taṛapʰaṛāyā タルパラーヤー/) ☞तड़पाना

तड़ाक /taṛāka タラーク/ [cf. *तड़कना*] *f.* ☞तड़

— *adv.* ミシ[パリ, バリ]と;ぱっと(すかさず).

तड़ातड़ /taṛātaṛa タラータル/ [cf. *तड़तड़ाना*] *adv.* 〔擬音〕パンパンと, ビシビシと. ❐~ जवाब देना よどみなく返答をする. ❐जूती उठाकर मुँह पर ~ जमाना 履物を振り上げて(相手の)顔をパンパンと殴る.

तड़ित् /taṛit タリト/ ▹तड़ित [←Skt.f. *तडित्-* 'lightning'] *f.* 稲妻, 雷光.

तड़ी /taṛī タリー/ [<OIA. **taḍikā-* 'beating': T.05636] *f.* **1** 平手打ち. **2** 言い訳;ごまかし.

ततैया /tataiyā タタイヤー/ *f.*〖昆虫〗スズメバチ.

तत्काल /tatkāla タトカール/ [←Skt.ind. *तत्-कालम्* 'at that time, at the same time, during that time'] *adv.* 間髪を入れずに, 即座に. ❐~ मुहल्ले की महिलाएँ जमा हो गईं। すぐに近所の女たちが集まってきた.

तत्कालीन /tatkālīna タトカーリーン/ [←Skt. *तत्-कालीन-* 'of that time'] *adj.* 当時の, その時の;(その時代と)同時代の. (⇒तात्कालिक) ❐~ प्रधानमंत्री 当時の首相.

तत्क्षण /tatkṣaṇa タトクシャン/ [←Skt.ind. *तत्-क्षणम्* 'at the same moment, directly, immediately'] *adv.* その瞬間に, 即刻, 間髪を入れず. ❐आपका चित्र देखते ही आँखें मुग्ध हो गईं, ~ आपको बुलाने तार दे दिया। あなたの絵を見るや否や目が魅了されてしまいました, 即座にあなたを呼ぶために電報を打ちました.

तत्थो-थंबो /tattʰo-tʰaṃbo タットー・タンボー/ *m.* 〔俗語〕なだめすかすこと. ❐~ करना なだめすかす.

तत्पर /tatpara タトパル/ [←Skt. *तत्-पर-* 'following that or thereupon'] *adj.* **1** 熱心な, 熱中している, のめりこんでいる. ❐(के लिए) ~ रहना (…に)熱心である. ❐वह तन-मन से उनकी सेवा-सुश्रूषा में ~ थी। 彼女は身も心も彼につきっきりで介護することに捧げていた. **2** 用意周到な.

तत्परता /tatparatā タトパルター/ [←Skt.f. *तत्पर-ता-* 'entire devotion or addiction to'] *f.* **1** 熱心さ, 熱中, のめりこみ. ❐मैंने ~ से कहा। 私は急(せ)き込んで言った. **2** 用意周到であること.

तत्पश्चात् /tatpaścāt タトパシュチャート/ [neo.Skt.ind. *तत्-पश्चात्* 'afterwards, thereafter'] *adv.* その後, 以後.

तत्त्व /tattva タットオ/ [←Skt.n. *तत्-त्व-* 'true or real state, truth, reality'] *m.* **1** 成分, 要素, 構成分子. ❐भौतिकता, पश्चिमी सभ्यता का मूल ~ है। 物質的存在が, 西洋文明の基本要素である. ❐संभव है कि वहाँ की मिट्टी में कोई विशेष ~ हो। あそこの土には何か特別な成分があるのかもしれない. **2** (宇宙の)基本原理, (ものごとの)本質, 本性, 真理. ❐इस एकांत-जिवन में मुझे जीवन के तत्त्वों का ज्ञान हुआ। この隠棲生活で私は生命の真理を知った. ❐उनके व्याख्यानों में ~ तो बहुत कम होता था। 彼の講演には耳を傾けるべきことはとても少なかった. **3**〖化学〗(化学)元素. ❐तत्त्वों की आवर्त्त सारणी 元素の周期表. ❐रासायनिक ~ 化学元素. **4**…分子. ❐असामाजिक ~ 反社会的分子.

तत्त्वज्ञ /tattvajña タットワギエ/ [←Skt. *तत्त्व-ज्ञ-* 'knowing the truth'] *m.* ☞तत्वज्ञानी

तत्त्वज्ञान /tattvajñāna タットオギャーン/ [←Skt.n. *तत्त्व-ज्ञान-* 'knowledge of truth'] *m.* 真理の知識;哲学.

तत्त्वज्ञानी /tattvajñānī タットオギャーニー/ [←Skt. *तत्त्व-ज्ञानिन्-* 'knowing the truth'] *m.* 真理の知識をもつ人;哲学者.

तत्त्वतः /tattvataḥ タットオタハ/ [←Skt.ind. *तत्त्व-तस्* 'according to the true state or nature of anything, in truth, truly, really, accurately'] *adv.* 実に, まったく;本質的には.

तत्त्वदर्शी /tattvadarśī タットオダルシー/ [←Skt. *तत्त्व-दर्शिन्-* 'perceiving truth'] *m.* ☞तत्त्वज्ञानी

तत्त्वविद्या /tattvavidyā タットオヴィディャー/ [?neo.Skt.f. *तत्त्व-विद्या-* 'metaphysics'] *f.* 形而上学;哲学.

तत्त्वावधान /tattvāvadʰāna タットワーオダーン/ [neo.Skt.n. *तत्त्व-अवधान-* 'auspices, aegis'] *m.* 後援;庇護. ❐(के) ~ में आयोजित (…の)後援で開催された.

तत्व /tatva タトオ/ [cf. Skt.n. *तत्-त्व-* 'true or real state, truth, reality'] *m.* ☞तत्त्व

तत्संबंधी /tatsaṃbaṃdʰī タトサンバンディー/ [neo.Skt. *तत्-सम्बन्धिन्-* 'connected with that'] *adj.* それに関連する. ❐आयकर की कटौती तथा ~ अभिलेख 所得税の減額およびそれに関連する記録文書.

तत्सम /tatsama タトサム/ [←Skt. *तत्-सम-* 'similar or equal to the original *Sanskṛt* word'] *m.*〖言語〗タトサマ, タトサム《「(語形が)それ(サンスクリット語)と同じ」の意;ヒンディー語では, 基本的に同じ語形を保つサンスクリット語からの借用語を指す;本辞典では語源欄に「←Skt.」の表示があるもの;伝統的なタトサマの定義では, 新しい事物を表現するために近代以降サンスクリット語要素から造語された合成語(本辞典では語源欄に「neo.Skt.」の表示があるもの)との区別が明確ではない》.

तथा /tatʰā タター/ [←Skt.ind. *तथा* 'in that manner, so, thus'] *conj.* そして, …と…. (⇒और, एवं)

तथाकथित /tatʰākatʰita タタークティト/ [neo.Skt. *तथा-कथित-* 'so-called'] *adj.* いわゆる, 世間でいう.

तथापि /tatʰāpi タターピ/ [←Skt.ind. *तथा-अपि* 'even thus, even so, nevertheless, yet, still, notwithstanding'] *conj.* 《通常先行する従属節を導く यद्यपि「…にもかかわらず」と対になって主節「そうではあっても」を導く;従属

節の यद्यपि は省略されることがある》(⇒फिर भी) ❐यद्यपि अधिकांश सदस्यों को शत्रु के साथ ऐसी नरमी पसंद न थी, ～ महाराज के विपक्ष में बोलने का किसी को सहस न हुआ। たとえ多くの臣下たちには敵に対するこのような寛大さは気に入らなかったが, それでも大王に反対して発言する勇気は誰にもおこらなかった.

तथास्तु /tatʰāstu タターストゥ/ [←Skt. *तथा-अस्तु* 'as is agreeable, so let it be'] *int.* このようであるように, これでよろしい.

तथ्य /tatʰya タティエ/ [←Skt.n. *तथ्य-* 'truth'] *m.* 事実, 真実, 現実. ❐प्राप्त तथ्यों से जो परिणाम मैंने निकाले, वे मेरी थीसिस में हैं। 得られた諸事実から私が出した結論は, 私の論文の中にある.

तदनंतर /tadanaṃtara タドナンタル/ [←Skt.ind. *तद्-अनन्तरम्* 'immediately upon that, thereupon, then'] *adv.* その後, 以来.

तदनुकूल /tadanukūla タドヌクール/ [neo.Skt. *तद्-अनुकूल-* 'conformable to that'] *adj.* それに従った, それに応じた.

— *adv.* それに従って, それに応じて.

तदनुरूप /tadanurūpa タドヌループ/ [neo.Skt. *तद्-अनुरूप-* 'of the same form'] *adj.* それと同じ形の.

तदनुसार /tadanusāra タドヌサール/ [neo.Skt. *तद्-अनुसार-* 'according to that'] *adv.* それに従って.

तदपि /tadapi タダピ/ [?neo.Skt.ind. *तद्-अपि* 'stii'] *conj.* ☞तथापि

तदबीर /tadabīra タドビール/ [←Pers.n. تدبیر 'setting in order, arranging, disposing; device, provision' ←Arab.] *f.* 手立て, 方策, 工夫. ❐मैं तुम्हें एक ही ऐसी ～ बता दूँगी, जिससे इतना यश मिलेगा कि तुम ऊब जाओगे। あんたに一つだけ方法を教えてあげるわ, それであんたがうんざりするほどの名声が手に入るのよ.

तदर्थ /tadartʰa タダルト/ [←Skt. *तद्-अर्थ-* 'intended for that'] *adj.* その場限りの, 暫定的な; 特別な, アドホックな. ❐～ समिति 特別委員会.

तदाकार /tadākāra タダーカール/ [←Skt. *तद्-आकार-* 'having that appearance'] *adj.* その形をした, 同じ形の.

तदुपरांत /taduparāṃta タドゥプラーント/ [pseudo.Skt.ind. *तद्-उपरान्त* 'thereafter'] *adv.* その後.

तद्भव /tadbʰava タドバオ/ [←Skt. *तद्-भव-* 'sprung from that (i.e. from *Sanskrt*)'] *m.* 〖言語〗タドバヴ, タドバヴァ《「(語形が)それ(サンスクリット語)から生じた」の意; ヒンディー語では, 古期インド語派(代表はサンスクリット語)の語が歴史的音韻変化を経て語形が変化した語を指す, 本辞典では語源欄に「＜OIA.」の表示があるもの; ただしヒンディー語では, 二千五百年以上前の語形に遡るこれら「古い」タドバヴァとは別にもっと「新しい」タドバヴァも多く含まれている. この背景にはサンスクリット語が, 民衆が話す言語の時間的変化とは無関係に, 伝統的なヒンドゥー教文化の中枢で連綿として生き続けた事実がある. このため量の多少はあるが, 民衆の話す言語は常にサンスクリット語から語彙の供給を受けた. 特にヒンディー語圏では約 15, 16 世紀頃を中心にバクティ (भक्ति) 運動の高まりと前後して大量のサンスクリット語彙が当時の民衆の言語に借用された. これらの語彙は, 「古い」タドバヴァと異なり, それ以前の約二千年の歴史的音韻変化を経ずそれ以降のみの音韻変化を受け「新しい」タドバヴァとなった. 本辞典の語源欄では, サンスクリット語から直接変化した「新しい」タドバヴァを「＜Skt.」と表示した》.

तद्रूप /tadrūpa タドループ/ [←Skt. *तद्-रूप-* 'thus shaped, so formed, looking thus'] *adj.* ☞तदाकार

तन /tana タン/ [＜OIA.f. *tanū́-* 'body, person, self': T.05656; cog. Pers.n. تن 'body, stature, person'] *m.* 身体, 体. ❐～ मन और धन से 身も心も財も捧げて. ❐मुझे न पेट की रोटी मिलती है और न ～ का कपड़ा। 私には腹を満たすパンも無ければ体を覆う布もない.

तनख़ाह /tanaxāha タンカーハ/ ▸तनख़्वाह [←Pers.n. تنخواه 'an assignment on lands, or order on the treasury for the payment of a stipend, salary, and the like'] *f.* 〖経済〗給料, サラリー; 賃金. (⇒वेतन)

तनख़्वाह /tanaxvāha タンクワーハ/ ▸तनख़ाह *f.* ☞तनख़ाह

तनज़ेब /tanazeba タンゼーブ/ ▹तंज़ेब [←Pers.n. تن زیب 'a sort of fine cotton cloth rather thicker than muslin'] *f.* タンゼーブ《上質の綿モスリンの一種》.

तनना /tananā タンナー/ [cf. *तानना*] *vi.* (*perf.* तना /tanā タナー/) **1** ぴんと伸びる[張る]; (蜘蛛の巣が)張られる; (弓が)引き絞られる. ❐गर्व से उसकी छाती तन गई। 誇らしげに彼は胸を張った. **2** きつく締める; (こぶしが)固く握り締められる; (眉が)きっと引き締められる. ❐उसकी भवें तन गईं। 彼女の眉はきっと引き締まった.

तनय /tanaya タナエ/ [←Skt.m. *तनय-* 'a son'] *m.* 息子. (⇒पुत्र)

तनया /tanayā タナヤー/ [←Skt.f. *तनया-* 'a daughter'] *f.* 娘. (⇒पुत्री)

तनवाना /tanavānā タンワーナー/ ▸तनाना [caus. of *तनना, तानना*] *vt.* (*perf.* तनवाया /tanavāyā タンワーヤー/) ぴんと伸ばさせる[張らせる]; ぴんと伸ばしてもらう[張ってもらう].

तनहा /tanahā タンハー/ [←Pers.adj. تنها 'alone, solitary'] *adj.* 単独の; 孤独な.

— *adv.* 単独に; 孤独に.

तनहाई /tanahāī タンハーイー/ [←Pers.n. تنهائی 'solitude, loneliness, solitariness'] *f.* **1** 孤独; 独居. **2** 無人の場所, 寂しい場所.

तना /tanā タナー/ [←Pers.n. تنه 'the body; a web: the trunk of a tree'; cog. Skt.f. *तनु-* 'the body, person, self'] *m.* **1** 〖植物〗(木の)幹; 茎. **2** 〖楽器〗(弦楽器の)ネック, くび.

तनातनी /tanātanī タナートニー/ [cf. *तनना*] *f.* (人間の)緊張関係, 争い, いさかい.

तनाना /tanānā タナーナー/ ▸तनवाना [caus. of *तनना, तानना*] *vt.* (*perf.* तनाया /tanāyā タナーヤー/) ☞तनवाना

तनाव /tanāva タナーオ/ [cf. *तनना*] *m.* **1** 張った状態. **2** (精神的な)緊張;ストレス. ❐मानसिक ～ 精神的なストレス. ❐भारत-पाकिस्तान सीमा पर ～ में कमी आई है। 印パの国境では緊張が緩和された.

तनिक /tanika タニク/ [<OIA. *tanú-* 'thin, delicate': T.05654] *adj.* わずかな, ちょっとの, ほんの少しの. ❐उसकी भौंहों के ～ इशारे से 彼の眉のちょっとの合図で. ❐मेरे मन में ～ भी मैल नहीं है। 私の心にはわずかな汚れもない.

— *adv.* わずかに, ちょっと, ほんの少しだけ. ❐मैं ～ सुंदर हूँ। 私はほんの少しだけど綺麗よ.

तनी /tanī タニー/ [<OIA.f. *tanikā-* 'cord': T.05652] *f.* **1** (締めたり縛ったりするための)衣服のひも;ガーター. **2** (締めたり縛ったりするための)バッグなど入れ物についているひも.

तनु /tanu タヌ/ [←Skt. *तनु-* 'thin, slender, attenuated, emaciated, small, little, minute, delicate, fine'] *adj.* 細身の;きゃしゃな.

— *m.* 身体.

तनुज /tanuja タヌジ/ [←Skt.m. *तनु-ज-* 'a son'] *m.* 息子. (⇔तनुजा)

तनुजा /tanujā タヌジャー/ [←Skt.f. *तनु-जा-* 'a daughter'] *f.* 娘. (⇔तनुज)

तनूर /tanūra タヌール/ ▸तंदूर [←Pers.n. تنور 'an oven'] *m.* ☞तंदूर

तन्मय /tanmaya タンマエ/ [←Skt. *तन्-मय-* 'made up of, that, absorbed in or identical with that'] *adj.* 一心不乱な, 没頭している. ❐वह ～ होकर सुन रहा था। 彼は一心不乱に耳を傾けていた. ❐वह अपने काम में इतनी ～ थी कि उसे मेरे आने की ख़बर ही न हुई। 彼女は, 私が来たことも気がつかないほど, 自分の仕事に没頭していた.

तन्मयता /tanmayatā タンマエター/ [←Skt.f. *तन्-मय-ता* 'the being absorbed in or identical with that'] *f.* 一心不乱であること, 没頭していること. ❐～ से 一心不乱に.

तन्मात्र /tanmātra タンマートル/ [←Skt. *तन्-मात्र-* 'merely that, only a trifle'] *adj.* とても微量の.

तप /tapa タプ/ [←Skt.n. *तपस्-* 'warmth, heat; religious austerity'; cog. Pers.n. تب 'fever, heat, ardour'] *m.* **1** 〖ヒンドゥー教〗苦行. **2** 火;熱;暑気.

तपन /tapana タパン/ [←Skt.m. *तपन-* 'heat; the hot season'] *f.* 熱;夏.

तपना /tapanā タプナー/ [<OIA. *tápyati* 'is hot': T.05684] *vi.* (*perf.* तपा /tapā タパー/) **1** (砂・鉄などが)熱せられる;熱く焼ける;(体が)発熱する. ❐ये शब्द तपते हुए बालू की तरह हृदय पर पड़े और चने की भाँति सारे अरमान झुलस गये। この言葉は熱く焼けた砂のように胸に降りかかり秘めた期待はチャナー豆のようにことごとく黒焦げになってしまった. **2** (苦悩, 悲嘆, 苦痛などで)苦しむ.

तपवाना /tapavānā タプワーナー/ [caus. of *तपना, तपाना, तापना*] *vt.* (*perf.* तपवाया /tapavāyā タプワーヤー/) (ものを)熱くさせる.

तपश्चर्या /tapaścaryā タパシュチャルヤー/ [←Skt.f. *तपश्-चर्या-* 'the practice of austerities'] *f.* ☞तपस्या

तपस्या /tapasyā タパスィアー/ [←Skt.f. *तपस्या-* 'devout austerity'] *f.* 苦行, 修行. ❐कठोर ～ करना 厳しい苦行をする.

तपस्विनी /tapasvinī タパスヴィニー/ [←Skt.f. *तपस्-विनी-* 'a female devotee'] *f.* 女苦行者.

तपस्वी /tapasvī タパスヴィー/ [←Skt.m. *तपस्-विन्-* 'an ascetic'] *m.* 苦行者, 修行者.

तपाक /tapāka タパーク/ [←Pers.n. تپاك 'uneasiness, restlessness'] *m.* **1** 親愛;気遣い. ❐दोनों मित्र बड़े ～ से गले मिले। 二人の友人はたいそう親密に抱き合った. **2** 敏速;俊敏. ❐～ से すぐに, 間髪を入れず.

तपाना /tapānā タパーナー/ [cf. *तपना*] *vt.* (*perf.* तपाया /tapāyā タパーヤー/) **1** (火で)熱する;(ギーを)熱して溶かす. **2** (苦悩, 悲嘆, 苦痛などが)苦しめる.

तपी /tapī タピー/ [*तप* + *-ई*] *m.* ☞तपस्वी

तपेदिक़ /tapediqa タペーディク/ [←Pers.n. تپ دق 'hectic fever, consumption'] *f.* 〖医学〗結核. (⇒क्षयरोग, यक्ष्मा)

तपोबल /tapobala タポーバル/ [←Skt.m. *तपो-बल-* 'the power acquired by religious austerities'] *m.* 苦行が成就して神から授かる力.

तपोभूमि /tapobʰūmi タポーブーミ/ [neo.Skt.f. *तपो-भूमि-*] *f.* 苦行者が苦行を実践する場所.

तपोवन /tapovana タポーワン/ [←Skt.n. *तपो-वन-* 'a grove in which religious austerities are performed'] *m.* 〖ヒンドゥー教〗タポーヴァナ《苦行者が苦行を実践する森》.

तप्त /tapta タプト/ [←Skt. *तप्त-* 'heated, inflamed, hot'] *adj.* **1** 熱せられた, 熱い. (⇒गर्म) ❐पिघले लोहे की ～ बूँदें 溶けた鉄の熱い滴. **2** (精神的に)激しい苦痛を受けた;激しい苦行に耐えた.

तफ़रीह /tafarīha タフリーフ/ [←Pers.n. تفريح 'exhilarating, rejoicing, gladdening; fun, just' ←Arab.] *f.* **1** 娯楽, 気晴らし. (⇒मन-बहलाव, मनोरंजन) **2** (気晴らしの)旅行, 遊覧.

तफ़सील /tafasīla タフスィール/ [←Pers.n. تفصيل 'separating or distinguishing one thing from another; analysis, detail, particulars' ←Arab.] *f.* 詳細, 詳しい解説. (⇒ब्यौरा, विवरण)

तब /taba タブ/ *adv.* その時, あの時;それから, そして;そしたら. ❐तब का その時の, あの時の.

तबक़ा /tabaqā タブカー/ [←Pers.n. طبقة ←Arab. 'a degree, stage, story, floor, stratum; a class or order of men'] *m.* (社会の)特定層, 階級. ❐समृद्ध तबक़े 富裕層.

तबदील /tabadīla タブディール/▷तब्दील [←Pers.n. تبديل 'changing, altering, substituting, transposing' ←Arab.] *adj.* **1** 変化した;変更した. (⇒परिवर्तित) ❐अपना फ़ैसला ～ करना 自分の決定を変える. ❐पाकिस्तान और भारत ने क्रिकेट के मैदान को मैदान-ए-जंग में ～ कर दिया है।

パキスタンとインドはクリケットのグラウンドを戦場に変えた. ❐भारत के भूभाग का एक चौथाई हिस्सा तेज़ी से रेगिस्तान में ~ हो रहा है। インドの領土の四分の一が急速に砂漠化しつつある. **2** 転勤した.

— *f.* ☞तबदीली

तबदीली /tabadīlī タブディーリー/ ▹तब्दीली [←Pers.n. تبديلی 'transfer (of officials)'] *f.* **1** 変化;変更. (⇒परिवर्तन) ❐(में) ~ लाना (…に)変化をもたらす. **2** 転勤.

तबलची /tabalacī タバルチー/ [*तबला* + *-ची*] *m.* タブラー (तबला) の奏者.

तबला /tabalā タブラー/ [←Pers.n. طبلة 'a small tambourine, a little drum' ←Arab.] *m.* 〖楽器〗タブラー《片面革張りの小型の太鼓;床の上に置き右手の指と手のひらで打つ;出る音は ठन あるいは खन;対に左手でバーヤーン (बायाँ) を演奏する》. ❐~ उतारना [चढ़ाना] (調律のため)タブラーの革ひもを緩める[締める]. ❐~ खनकना [ठनकना]タブラーの演奏を背景に歌舞が進行する. ❐~ बजाना タブラーを演奏する.

तबलीग़ /tabalīğa タバリーガ/ [←Pers.n. تبليغ 'causing to arrive, conveying, sending' ←Arab.] *f.* 〖イスラム教〗宣教, 布教;宣伝. ❐(की) ~ करना (…を)布教する, 宣伝する.

तबादला /tabādalā タバードラー/ [←Pers.n. تبادل 'changing, transposing' ←Arab.] *m.* 転勤;転任;異動;左遷. ❐(का) ~ होना (人が)異動になる.

तबाशीर /tabāśīra タバーシール/ [←Pers.n. طباشير 'a substance of silicious nature produced in the bamboo, used in medicine' ←Arab. '; cf. Skt.m. *तव-क्षीर-* 'manna of bamboo'] *m.* タバーシール《竹の内部の節にできる二酸化ケイ素を主成分とする半透明の白い凝固物;南アジアでは古くから薬用として使われていた》. (⇒वंशलोचन)

तबाह /tabāha タバーハ/ [←Pers.adj. تباه 'bad, wicked; spoiled, ruined, destroyed'] *adj.* 破壊された;破滅した. ❐(को) ~ करना (…を)破壊する;破滅させる.

तबाही /tabāhī タバーヒー/ [←Pers.n. تباہی 'corruption, destruction, ruin'] *f.* 破壊;破滅;壊滅. (⇒संहार) ❐~ मचना 破壊される. ❐~ मचाना 破壊をもたらす.

तबियत /tabiyata タビヤト/ ▸तबीयत *f.* ☞तबीयत

तबीयत /tabīyata タビーヤト/ ▸तबियत [←Pers.n. طبيعة 'nature, essence, quality, property, genius, complexion, temperament, consitution, humour, instinct, temper, disposition' ←Arab.] *f.* **1** 気分, 気持ち. **2** 体調, 健康状態. ❐मेरी ~ अच्छी नहीं है। 私の体調は良くない. **3** 気質, 性癖, 気性, 性質. (⇒स्वभाव)

तबेला /tabelā タベーラー/ [←Pers.n. طويلة 'a stable' ←Arab.] *m.* 馬小屋, 馬屋.

तब्दील /tabdīla タブディール/ ▹तबदील *adj.* ☞तबदील

तब्दीली /tabdīlī タブディーリー/ ▹तबदीली *f.* ☞तबदीली

तभी /tab^hī タビー/ *adv.* まさにその時.

तमंचा /tamaṃcā タマンチャー/ [←Pers.n. طمنچه، تمنچه 'a pistol' ←Turk.] *m.* 旧式ピストル, 短銃, 短筒. (⇒पिस्तौल)

तम /tama タム/ [←Skt.n. *तमस्-* 'darkness, gloom'] *m.* **1** 闇, 暗闇. **2** 無知蒙昧.

तमकना /tamakanā タマクナー/ ▸तमतमाना [<OIA. *tāmrākṣa-* 'red-eyed': T.05791] *vi.* (*perf.* तमका /tamakā タムカー/) 真っ赤になって怒る.

तमग़ा /tamağā タムガー/ [←Pers.n. تمغا 'a wooden seal for sealing the doors of public granaries; a stamp' ←Turk.] *m.* メダル;勲章. (⇒पदक, मेडल)

तमतमाना /tamatamānā タムタマーナー/ ▸तमकना [cf. *तमकना*] *vi.* (*perf.* तमतमाया /tamatamāyā タムタマーヤー/) **1** (高熱で)赤くなる. **2** (顔が)怒りで真っ赤になる. ❐उसका मुँह तमतमा गया। 怒りで, 彼の顔面は真っ赤になった. **3** きらめく. (⇒चमकना)

तमन्ना /tamannā タマンナー/ [←Pers.n. تمنا 'wishing, asking for;' ←Arab.] *f.* 願望, 念願;祈願. ❐(की) ~ करना (…を)祈願する.

तमस्सुक /tamassuka タマッスク/ [←Pers.n. تمسك 'holding, keeping a fast hold; writing, instrument, receipt' ←Arab.] *m.* 〖経済〗約束手形.

तमाकू /tamākū タマークー/ ▸तंबाकू, तमाखू *m.* ☞तंबाकू

तमाखू /tamāk^hū タマークー/ ▸तंबाकू, तमाकू *m.* ☞तंबाकू

तमाचा /tamācā タマーチャー/ [←Pers.n. طمانچة 'a slap, blow'; cf. Pers.n. طپانچہ 'a blow, box, slap'] *m.* 平手打ち, びんた. (⇒चाँटा, थप्पड़) ❐(पर) ~ जड़ना [जमाना, मारना] (人を)平手打ちする.

तमाम /tamāma タマーム/ [←Pers.adj. تمام 'entire, perfect, complete, consummate' ←Arab.] *adj.* **1** 全部の, すべての;全体の. ❐~ लोग 全部の人. **2** 終わった;完了した. ❐(का) काम ~ करना (人を)殺す. ❐(का) काम ~ होना (人が)死ぬ.

तमाल /tamāla タマール/ [←Skt.m. *तमाल-* '*Xanthochymus pictorius*'] *m.* 〖植物〗タマール《フクギ属の常緑高木, タマゴノキ》.

तमाशबीन /tamāśabīna タマーシュビーン/ [?←Pers.n. تماشا بين 'a rake, epicure, libertine'] *m.* 見物人, 観客;傍観者;野次馬. (⇒तमाशाई)

तमाशा /tamāśā タマーシャー/ [←Pers.n. تماشا 'walking abroad for recreation; an entermainment. show' ←Arab.] *m.* **1** 見世物, ショー, 余興;興行;芝居. ❐~ देखना 見世物を見物する. **2** 戯れ, 興味本意の戯事(ざれごと). ❐यह ~ बंद करो। ふざけるのはもうよせ.

तमाशाई /tamāśāī タマーシャーイー/ [←Pers.adj. تماشائی 'looking at a sight'] *m.* **1** 見物人. (⇒तमाशबीन) **2** 見世物を見せる人, 興行主.

तमिल /tamila タミル/ [?<OIA. *drāviḍa-* 'Dravidian': T.06634z1] *adj.* タミルの;タミル人の;タミル語の. ❐~ भाषा タミル語. ❐~ लिपि タミル文字.

— *m.* **1** 〖地理〗タミル地方. **2** タミル人.

— *f.* タミル語.

तमिल नाडु /tamila nāḍu タミル ナードゥ/ [cf. Eng.n. *Tamil Nadu*] *m.* タミル・ナードゥ州《州都はチェンナイ (चेन्नई)》.

तमिस्रा /tamisrā タミスラー/ [←Skt.f. *तमिस्रा-* 'a dark night'] *f.* 月明かりのない夜，漆黒の夜.

तमीज़ /tamīza タミーズ/ [←Pers.n. تمیز 'discernment, discretion' ←Arab.] *f.* 礼儀；行儀；丁重さ；エチケット.(⇒अदब, शिष्टता, सभ्यता)

तमोगुण /tamoguṇa タモーグン/ [←Skt.m. *तमस्-गुण-* 'the quality of darkness or ignorance'] *m.* 〖ヒンドゥー教〗タモーグナ《根本原質の一つプラクリティ (प्रकृति) を構成する３つのグナ (गुण) の一つ》.

तमोलिन /tamolina タモーリン/ [cf. *तमोली*] *f.* **1** パーン (पान) を売ることを生業にしている女性. **2** タモーリー (तमोली) の妻.

तमोली /tamolī タモーリー/ [＜OIA.m. *tāmbūlika-* 'seller of betel': T.05777; cf. *तंबोली*] *m.* タモーリー《パーン (पान) を売ることを生業にしている男》.

तय /taya タエ/ ▸तै [←Pers. طی 'folding up; travelling' ←Arab.] *adj.* **1** 決定した，落着した，設定した. ❐～ करना (…を)決定[設定]する. ❐～ होना 決定[設定]される. ❐उनकी बड़ी लड़की की शादी एक बड़े समृद्ध-संपन्न घर में ～ हुई। 彼の上の娘の結婚はあるたいそう裕福な家に決まった. **2** (道のりを)通過した. ❐～ करना (道のりを)通過する. ❐～ होना (道のりが)通過される.

तरंग /taraṃga タラング/ [←Skt.m. *तरं-ग-* 'acrossgoer; a wave, billow'] *f.* **1** 波，波浪.(⇒मौज, लहर) ❐मेरे जीवन की नौका तरंगों के साथ ऊपर-नीचे होने लगी। 私の人生の小舟は波とともに上下に揺れた. **2** (感情などの)盛り上がり. ❐वह रुपया देखकर आनंद और भय की जो तरंगें दिल में उठी थीं, वे अभी तक याद हैं। その金を見て歓喜と恐怖が心に波立ったあの感情の盛り上がりを，いまだに覚えている.

तरंगिणी /taraṃgiṇī タランギニー/ [←Skt.f. *तरंगिणी-* 'a river'] *f.* (波立つ)川.

तरंगित /taraṃgita タランギト/ [←Skt. *तरंगित-* 'wavy, waving, overflown (by tears), moving restlessly to and fro'] *adj.* **1** (海・川などが)波打つ. **2** (感情で)興奮した，かきたてられた.

तरंगी /taraṃgī タランギー/ [←Skt. *तरंगिन्-* 'wavy, waving, moving restlessly to and fro'] *adj.* **1** 波立ちうねる. **2** 気まぐれな，移り気な.

तरंड /taraṃḍa タランド/ [cf. *तरना*] *m.* (釣りの)浮き.

तर /tara タル/ [←Pers.adj. تر 'moist, wet, juicy; fresh, green'] *adj.* **1** 濡れた；湿った；(水分で)潤った. ❐उसका बदन पसीने से ～ हो गया। 彼の体は汗でびっしょりになった. **2** おいしい(食事). ❐～ माल ご馳走.

तरकश /tarakaśa タルカシュ/ [←Pers.n. ترکش 'a quiver'] *m.* えびら，矢筒.(⇒तूणीर, निषंग)

तरकारी /tarakārī タルカーリー/ [cf. Pers.adj. تر 'fresh, green'; cog. Skt.f. *तर्करी-* 'a kind of gourd'] *f.* 〖食〗野菜料理，野菜カレー《菜っぱ類ではなく，茄子，ジャガイモ，トマト，オクラなど野菜の根や実などを使う汁気のないカレー》.

तरकीब /tarakība タルキーブ/ [←Pers.n. ترکیب 'composing; setting (a stone in a ring);means, plan' ←Arab.] *f.* 方策，手だて.(⇒उपाय) ❐मुझे एक ～ सूझी 私は一つの方策を思いついた.

तरक़्क़ी /taraqqī タラッキー/ [←Pers.n. ترقی 'ascending, rising step by step; promotion; progress' ←Arab.] *f.* **1** 進歩，発展；前進.(⇒उन्नति, प्रगति) ❐～ करना 発展する. ❐आर्थिक ～ 経済的発展. **2** 昇任，昇進，昇格，栄転.(⇒पदोन्नति) ❐आपका काम देखकर ～ भी कर दूँगा। あなたの仕事ぶりを見てから昇進もさせてあげよう. ❐ख़ुश हो जाओ, तुम्हारी ～ हो गई है। 喜べ，君の昇任が決まった.

तरजीह /tarajīha タルジーフ/ [←Pers.n. ترجیح 'preferring, considering as more valuable or important' ←Arab.] *f.* 好み，ひいき；優先. ❐(को) ～ देना (…を)優先させる.

तरजुमा /tarajumā タルジュマー/ ▹तर्जुमा [←Pers.n. ترجمة 'interpretation, translation' ←Arab.] *m.* 翻訳；通訳.(⇒अनुवाद, भाषांतर) ❐(से) (में) (का) ～ करना (…語から)(…語に)(…を)翻訳[通訳]する.

तरजुमान /tarajumāna タルジュマーン/ ▹तर्जुमान [←Pers.n. ترجمان 'an interpreter, translator' ←Arab.] *m.* 翻訳者；通訳者.(⇒अनुवादक, दुभाषिया)

तरणी /taraṇī タルニー/ [←Skt.f. *तरणी-* 'a boat'] *f.* 舟；小舟.

तरतीब /taratība タルティーブ/ [←Pers.n. ترتیب 'arranging; order, disposition, arrangement' ←Arab.] *f.* 順序；順番；配列，並び；整頓.(⇒क्रम) ❐～ से लगाना (…を)順序正しく並べる，整理整頓する. ❐(को) ～ देना (…に)順番をつける.

तरना /taranā タルナー/ [＜OIA. *tárati* 'crosses (e.g. a river), escapes': T.05702] *vi.* (*perf.* तरा /tarā タラー/) **1** (水面・波間に)漂う，浮かぶ.(⇒तैरना) **2** (川などを)泳いで渡りきる. **3** 救われる；(輪廻から)解脱する.
― *vt.* (*perf.* तरा /tarā タラー/) (川などを)泳いで[船で]渡る.

तरफ़ /tarafa タラフ/ [←Pers.n. طرف 'averting, turning away, repelling; side, quarter, end, extremity' ←Arab.] *f.* 方向，方角；側.(⇒ओर, दिशा) ❐(की) ～ (…の)方向[側]に[へ]. ❐(की) ～ से (…の)方向[側]から.

तरफ़दार /tarafadāra タラフダール/ [←Pers.n. طرفدار 'a partisan, follower, or sectary'] *adj.* (…を)支持する，味方する，肩をもつ；党派心の強い.
― *m.* 支持者；えこひいきをする人.

तरफ़दारी /tarafadārī タラフダーリー/ [←Pers.n. طرفداری 'partiality'] *f.* 支持；えこひいき.(⇒पक्षपात) ❐(की) ～ करना (…の)肩をもつ.

तरबतर /tarabatara タルバタル/ [←Pers.adj. تربتر 'completely wet'] *adj.* ぐっしょり濡れた，びしょ濡れの. ❐मेरे कपड़े पसीने से ～ हो गए। 私の服は汗でぐっしょり濡れてしまった.

तरबियत /tarabiyata タルビヤト/▷तर्बियत [←Pers.n. تربية 'educating; nursing, feeding; instruction' ←Arab.] *f.* **1** 養育. (⇒पालन-पोषण) **2** 教育;訓練;研修. (⇒शिक्षा)

तरबूज़ /tarabūza タルブーズ/ [←Pers.n. تربز، تربوز 'a water-melon'] *m.* 〘植物〙スイカ(西瓜).

तरबूज़ा /tarabūzā タルブーザー/ [←Pers.n. تربزه 'a water-melon'] *m.* ☞तरबूज़

तरमीम /taramīma タルミーム/ [←Pers.n. ترميم 'repairing; amendment' ←Arab.] *f.* 改訂, 修正, 訂正;改善, 改良. (⇒संशोधन) ❒(में) ～ करना (…に)修正をほどこす.

तरल /tarala タラル/ [←Skt. तरल- 'moving to and fro; liquid'] *adj.* 液状の;流動的な. ❒～ पदार्थ 液体.

तरलता /taralatā タラルター/ [←Skt.f. तरल-ता- 'unsteady activity'] *f.* 流動性. ❒बाज़ार ～ 〘経済〙(市場の)流動性.

तरवाना /taravānā タルワーナー/ [caus. of *तरना, तारना*] *vt.* (*perf.* तरवाया /taravāyā タルワーヤー/) (川などを)渡らせる;渡ってもらう.

तरस /tarasa タラス/ [?←Pers.n. ترس 'fear, terror'] *m.* 哀れみ, 気の毒に思うこと. ❒(पर) ～ खाना (…を)気の毒に思う.

तरसना /tarasanā タラスナー/ [<OIA. *tṛ́ṣyati-* 'is thirsty': T.05942] *vi.* (*perf.* तरसा /tarasā タルサー/) (手に入れようと)熱望[切望]する;(苦しいほど)思いこがれる;じれる. ❒जिस सौभाग्य के लिए बड़े-बड़े राजे तरसते हैं, वह आज उनके सामने खड़ा है। 王侯貴族ですら思いこがれ切望する幸運が, 今日彼の前にあった. ❒उसका जी शिशु को गोद में लेकर खेलाने के लिए तरसकर रह जाता था। 彼は, その赤子を膝に乗せて遊ばせたくてしかたがないのだが結局何もできないままだった.

तरसाना /tarasānā タルサーナー/ [cf. *तरसना*] *vt.* (*perf.* तरसाया /tarasāyā タルサーヤー/) 欲しくてたまらなくさせる;(苦しいほど)思いこがらせる;じらす.

तरह /taraha タラ/ [←Pers.n. ←Arab.] *f.* 種類, たぐい;様式. (⇒प्रकार) ❒इस [उस] ～ この[あの]ように. ❒की ～ …のように. ❒～ ～ का いろいろな.

तराई /tarāī タラーイー/ [<OIA. **tara-³* 'lowlying land': T.05697; cf. Skt.n. *तल-* 'the part underneath, lower part, base, bottom'] *f.* 〘地理〙タラーイー《山間の広く開けた平地, 盆地;特にインドとネパールの国境に沿ってヒマラヤ山脈の南に東西に延びる広大な湿潤地帯, テライとも》.

तराज़ू /tarāzū タラーズー/ [←Pers.n. ترازو 'a balance, scale, weight'] *m.* はかり, 秤, 天秤. ❒～ पर तौलना 秤で(重さを)計る.

तराना /tarānā タラーナー/ [←Pers.n. ترانه 'a handsome youth; modulation, voice, song, melody'; cog. Skt. *तरुण-* 'young, tender, juvenile'] *m.* 〘音楽〙歌;メロディー. ❒क़ौमी ～ (パキスタンの)国歌.

तरावत /tarāvata タラーワト/ [←Pers.n. طراوة 'a being fresh; freshness, moisture' ←Arab.] *f.* 新鮮さ;繁茂;豊穣.

तरावा /tarāvā タラーワー/ [cf. Eng.n. *Tarawa*] *m.* 〘地名〙タラワ(島)《キリバス(共和国) (किरिबाती) の首都》.

तराश /tarāśa タラーシュ/ [←Pers.n. تراش '(in comp.) shaving, scraping, erasing, paring'] *f.* **1** 切断;裁断;削剥;彫刻. **2** カット;スタイル. **3** 彫刻;彫塑.

तराशना /tarāśanā タラーシュナー/ [cf. *तराश*] *vt.* (*perf.* तराशा /tarāśā タラーシャー/) **1** (石を)切り出す;(果物などを)切る;(爪を)切る. (⇒काटना) ❒नाख़ून तराशना 爪を切る. **2** (布などを)裁断する. (⇒कतरना, काटना)

तरी¹ /tarī タリー/ [←Skt.f. *तरी-* 'a boat, ship'] *f.* 小舟, ボート.

तरी² /tarī タリー/ [←Pers.n. ترى 'freshness, moisture'] *f.* **1** 湿気, しめりけ;水分. **2** (気持ちのいい)冷気;爽快感. **3** 水たまり. ❒खेत में कुछ ～ है। 畑に少し水たまりがある.

तरीक़ा /tarīqā タリーカー/ [←Pers.n. طريقة 'a road, way, path; manner, way, fashion' ←Arab.] *m.* **1** 方法, 手法, テクニック. (⇒ढंग, रीति) ❒इस [उस] तरीक़े से この[あの]やり方で. ❒किफ़ायत से रहने के व्यावहारिक तरीक़े 節約して生活する実際的なテクニック. ❒यह भी कोई ～ है? こんなやり方ってあるんですか(＝こんなひどいことはない)? **2** 様式;流儀. (⇒ढंग)

तरु /taru タル/ [←Skt.m. *तरु-* 'a tree'] *m.* 〘植物〙木, 樹木.

तरुण /taruṇa タルン/ [←Skt. *तरुण-* 'young, tender, juvenile'] *adj.* 若い;若々しい.
— *m.* 若人, 青年.

तरुणाई /taruṇāī タルナーイー/ [*तरुण* + *-ई*] *f.* 若さ;若々しさ;青春期, 思春期.

तरुणी /taruṇī タルニー/ [←Skt.f. *तरुणी-* 'a young woman'] *f.* 若い女性.

तरेरना /tareranā タレールナー/ [?] *vt.* (*perf.* तरेरा /tarerā タレーラー/) にらみつける. (⇒घूरना) ❒उसने मेरी ओर आँखें तरेर कर कहा। 彼は私の方をにらんで言った. ❒उसने बड़ी-बड़ी आँखों से उन्हें तरेरा, मानो सोच रही हो कि उनपर दया करे या रोष। 彼女は大きな目で彼をにらんだ, まるで彼を憐れもうか怒ろうかと考えているかのように.

तरो-ताज़ा /taro-tāzā タロー・ターザー/ [←Pers.adj. تر و تازه 'moist and fresh'] *adj.* **1** みずみずしく新鮮な. **2** (頭や気分が)さわやかな, すっきりした, 爽快な, リフレッシュした. ❒दिमाग़ ～ मालूम होता है। 頭がリフレッシュしたように思える.

तर्क /tarka タルク/ [←Skt.m. *तर्क-* 'conjecture; reasoning, speculation, inquiry'] *m.* 論理, 理屈;論法;論拠. ❒(पर) ～ करना (…について)議論する. ❒प्रमाणहीन ～ 裏付けのない論理.

तर्कबुद्धि /tarkabuddʰi タルクブッディ/ [neo.Skt.f. *तर्क-बुद्धि-* 'reason, reasoning faculty, discursive intellect'] *f.* 理性, 分別(ふんべつ).

तर्क-वितर्क /tarka-vitarka タルク・ヴィタルク/ [neo.Skt.m.

तर्क-वितर्क- 'argumentation for and against'] *m.* 論証と反証;議論の応酬.

तर्क-शास्त्र /tarka-śāstra タルク・シャーストル/ [←Skt.n. *तर्क-शास्त्र-* 'science of reasoning;, a manual of logic'] *m.* 論理学.

तर्कसंगत /tarkasaṃgata タルクサンガト/ [neo.Skt. *तर्क-संगत-* 'in accordance with reason or logic, logical'] *adj.* 論理的な, 理に適っている. ❐उनका कहना ～ था। 彼の言うことは理にかなっていた.

तर्क-सिद्ध /tarka-sidd^{h}a タルク・スィッド/ [neo.Skt. *तर्क-संगत-* 'in accordance with reason or logic, logical'] *adj.* 論理的に証明された.

तर्काभास /tarkāb^{h}āsa タルカーバース/ [←Skt.m. *तर्क-आभास-* 'apparent reasoning, or confutation'] *m.* もっともらしい推論, 詭弁(きべん).

तर्ज़ /tarza タルズ/ [←Pers.n. طرز 'form, manner, habit, fashion' ←Arab.] *m.* **1** 様式;流儀. **2**〖音楽〗(歌の)メロディー, 旋律, 節(ふし). ❐सिनेमाई ～ 映画音楽の旋律.

तर्जन /tarjana タルジャン/ [←Skt.n. *तर्जन-* 'threatening, scolding'] *m.* **1** 威嚇(いかく), 脅かし. **2** 叱責.

तर्जनी /tarjanī タルジャニー/ [←Skt.f. *तर्जनी-* 'threatening finger; the fore-finger'] *f.* 人さし指. ❐उसने ～ से द्वार की ओर संकेत किया। 彼は人差し指でドアの方向を指さした.

तर्जुमा /tarjumā タルジュマー/ ▷तरजुमा *m.* ☞तरजुमा

तर्जुमान /tarjumāna タルジュマーン/ ▷तरजुमान *m.* ☞तरजुमान

तर्पण /tarpaṇa タルパン/ [←Skt.n. *तर्पण-* 'satiety'] *m.* **1** 満足すること;満足させること. **2**〖ヒンドゥー教〗タルパナ《神々や祖先の霊に水を供える儀式》.

तर्बियत /tarbiyata タルビヤト/ ▸तरबियत *f.* ☞तरबियत

तल /tala タル/ [←Skt.n. *तल-* 'the part underneath, lower part, base, bottom'] *m.* 底, 底面, 底部;表面. (⇒तह) ❐समुद्र ～ 海面, 海抜.

तलछट /talac^{h}aṭa タルチャト/ [*तला* + *छँटना*] *f.* (液体の底に沈んだ)おり, 沈殿物.

तलना /talanā タルナー/ [<OIA. **talati*^{2} 'fries': T.05736] *vt.* (*perf.* तला /talā タラー/) (油で)揚げる, フライにする. (⇒काढ़ना) ❐तेल में पूरी तल लो। 油でプーリーを揚げなさい. ❐मुझे तली हुई मछलियाँ पसंद हैं। 私は魚のフライが好きです.

तलफ़्फ़ुज़ /talaffuza タラッフズ/ [←Pers.n. ←Arab.] *m.*〖言語〗発音. (⇒उच्चारण)

तलब /talaba タラブ/ [←Pers.n. طلب 'petitiopning, begging, requesting, seeking, desiring' ←Arab.] *f.* **1** 求めること;要請すること. ❐कैफ़ियत ～ करना 説明をもとめる. **2** 給金, 給料.

-तलब /-talaba ・タラブ/ [←Pers.n. طلب 'petitiopning, begging, requesting, seeking, desiring' ←Arab.] *suf.* 《形容詞「…を求める, 必要とする」, 名詞「…を求める人」を作る接尾辞; आरामतलब「安楽をもとめる人, なまけもの」など》.

तलबाना /talabānā タルバーナー/ [←Pers.n. طلبانہ 'daily pay to constables, paid by those whom they guard; the fee payable to a witness'] *m.* (裁判所の)証人召喚料.

तलबी /talabī タルビー/ [←Pers.adj. طلبی 'requisite, demandable'] *f.* 召喚状, 呼び出し状.

तलवा /talavā タルワー/ ▸तलुवा [<OIA. **talapāda-* 'lower foot': T.05738] *m.* 足裏, 足底. ❐～ खुजलाना 足裏がむずむずする《「無性に旅に出たくなる」の意》. ❐(के) तलवे चाटना (人の)足裏を舐める《「(人に)へつらう」の意》.

तलवार /talavāra タルワール/ [<OIA.m. *taravāri-* 'one-edged sword': T.05706] *f.* 剣, 刀;タルワール《ムガル時代に生まれた片刃の湾刀;ウーツ鋼(ダマスカス鋼)で作られているので有名;ナックル・ガードを備えている》. ❐एक म्यान में दो तलवारें नहीं रह सकतीं। 〔諺〕一つの鞘(さや)に二本の剣は収まらない《「一人の女と二人の男の三角関係は破綻する」」の意》.

तलवारबाज़ी /talavārabāzī タルワールバーズィー/ *f.*〖スポーツ〗フェンシング, 剣術.

तलहटी /talahaṭī タルハティー/ [cf. OIA.n. *tala-* 'base, bottom': T.05731] *f.*〖地理〗山麓;裾野.

तला /talā タラー/ [<OIA.n. *tala-* 'base, bottom': T.05731] *m.* **1** 底;底面;底部. (⇒पेंदा) **2** (建物の)階《平らになっている床または天井を指す》. ❐वह एक दुमंज़िले मकान के ऊपर-वाले तले में रहता था। 彼はある二階建ての家の屋上に住んでいた. **3** (船の)竜骨. **4** 靴底.

तलाई[1] /talāī タラーイー/ [<OIA.n. *taḍāga-* 'pool': T.05635; cf. *तलाव*[1], *तलैया*] *f.* 池;貯水池.

तलाई[2] /talāī タラーイー/ [cf. *तलना*] *f.*〖食〗油で揚げること.

तलाक़ /talāqa タラーク/ [←Pers.n. طلاق 'Being divorced (a wife); divorce' ←Arab.] *m.*〖法律〗離婚. (⇒विवाह-विच्छेद, संबंध-विच्छेद) ❐(को) ～ देना (妻と)離婚する《夫の立場から》. ❐(से) ～ लेना (夫と)離婚する《妻の立場から》.

तलाव[1] /talāva タラーオ/ [<OIA.n. *taḍāga-* 'pool': T.05635; cf. *तलाई*[1], *तलैया*; cog. Pers.n. تالاب 'a pond'] *m.* 池;貯水池.

तलाव[2] /talāva タラーオ/ [cf. *तलना, तलाई*[2]] *m.*〖食〗油で揚げること.

तलाश /talāśa タラーシュ/ [←Pers.n. تلاش 'search'] *f.* **1** 捜索;探索. (⇒खोज) ❐(की) ～ करना (…を)捜す. ❐(की) ～ में (…を)捜し求めて. **2** 求人;求職. (⇒खोज) ❐मैं नौकरी की ～ में हूँ। 私は求職中です.

तलाशना /talāśanā タラーシュナー/ [cf. *तलाश*] *vt.* (*perf.* तलाशा /talāśā タラーシャー/) (…を求めて)くまなく探[捜]す;模索する. (⇒खोजना, ढूँढ़ना) ❐यहाँ बढ़िया दहेज लाने वाली सुंदर दुलहन तलाशते कुँवारे, रोज़गार की चाह में युवा, संतान की आस लगाए निःसंतान दंपती, अच्छी फ़सल के लिए प्रार्थना करते किसान और अच्छे स्वास्थ्य की कामना करते बुज़ुर्ग आम तौर पर देखे जा सकते हैं। こ

こでは申し分ない結婚持参金をもたらす美しい花嫁を探す未婚の男，定職を望む青年，子どもが授かることを願う子どものない夫婦，よき収穫を祈る農民，そして丈夫な健康を願う老人を普通に見ることができます． ❐उनके समर्थकों ने पार्टी के असंतुष्ट तत्वों के बीच आम सहमति तलाशना शुरू भी कर दिया। 彼の支持者たちは党の不満分子の間での一般的な合意を模索することを開始した．

तलाशी /talāśī タラーシー/ [*तलाश* + *-ई*; cf. Pers.n. تلاشی 'an inquirer'] *f.* (家宅)捜索；(所持品)検査． ❐घर की ～ लेना 家探しする；家宅捜索する． ❐मेरी भी ～ ली गई। 私も身体検査された．

तली /talī タリー/ [<OIA.n. *tala-* 'base, bottom': T.05731] *f.* **1** 底．(⇒पेंदा) **2** 手のひら，足の裏；靴底． ❐पैर की ～ 足の裏． ❐हाथ की ～ 手のひら．

तलुवा /taluvā タルワー/ ▸तलवा *m.* ☞तलवा

तले /tale タレー/ [cf. *तला*] *adv.* **1** 下に． ❐तले-ऊपर 下から上に(順番に)． **2**《『名詞 के तले』の形式で，副詞句「…の下で」を作る；後置詞 के は省略されることが多い》 ❐(को) पैरों ～ कुचलना (…を)足で踏み潰す． ❐चिराग़ के ～ अँधेरा रहा तो क्या हुआ, उसका प्रकाश तो फैल रहा है! ランプの下に闇があったとしてもそれがどうしたというのだ，ランプの明かりが周りに広がっているのは確かだ！ ❐पेड़ ～ बैठना 木の根元に座る．

तले-ऊपर /tale-ūpara タレー・ウーパル/ [cf. *तले*] *adv.* **1** 次から次へ． ❐तले-ऊपर के बच्चे 間を置かず次から次へ生まれた子ども． **2** 上下がさかさまに；めちゃくちゃに． ❐उसकी साँस ～ होने लगी। 彼の呼吸は乱れた．

तलैया /talaiyā タライヤー/ [cf. *तलाई*[2], *तलाव*[1]] *f.* 池；貯水池．

तल्ला[1] /tallā タッラー/ [<OIA.n. *tala-* 'base, bottom': T.05731] *m.* (靴の)裏，靴底．

तल्ला[2] /tallā タッラー/ [<OIA. **talla-*[2] 'surface': T.05742z1] *m.* (建物の)階．(⇒मंज़िल) ❐मकान दो तल्ले का बनवाया गया था। 家は2階建てに作られた．

तल्ली /tallī タッリー/ [cf. *तल्ला*[1]] *f.* (足につっかける)履物． ❐वह पाँव से ～ निकालकर चौधरी के सिर, मुँह, पीठ पर अंधाधुंध जमाने लगी। 彼女は足から履物を脱いでチャォードリーの頭といわず顔といわず背中といわずめちゃくちゃに打ちすえはじめた．

तल्लीन /tallīna タッリーン/ [neo.Skt. *तत्-लीन-* 'immersed (in); deeply involved (in)'] *adj.* 没頭している；夢中になっている． ❐(में) ～ होना (…に)没頭する，夢中になる．

तल्लीनता /tallīnatā タッリーンター/ [neo.Skt.f. *तल्लीन-ता-* 'deep involvement; concentration'] *f.* 没頭，熱中．

तवज्जह /tavajjaha タワッジャ/ [←Pers.n. توجه 'turning towards or proceeding towards; attention' ←Arab.] *f.* **1** 注目；関心．(⇒ध्यान) **2** 留意．(⇒ख़याल, ध्यान) ❐(पर) ～ करना (…に)留意する．

तवर्ग /tavarga タワルグ/ [←Skt.m. *त-वर्ग-* 'the class of the dental letters'] *m.* (伝統的なデーヴァナーガリー文字の字母表において) त から始まる歯音の閉鎖音および調音点が共通する鼻子音を表す子音字のグループ《配列順に त, थ, द, ध, न の各文字》．

तवा /tavā タワー/ [<OIA. **tapaka-* 'frying pan': T.05670; cf. Pers.n. تابه 'a frying-pan'] *m.* 〖食〗タワー《凸状の円形鉄板；火の上に置き，その上でローティー (रोटी) を焼き上げるのに使用する》． ❐तवे पर रोटी पकाना タワーの上でローティーを焼く．

तवायफ़ /tavāyafa タワーヤフ/ [←Pers.n. طوائف 'peoples, tribes, nations; troops, bands; a dancing girl' ←Arab. ; pl. of طائفة] *f.* タワーヤフ《歌舞で宴席の客をもてなす芸妓》．

तवालत /tavālata タワーラト/ [←Pers.n. طوالت 'prolonging; length'] *f.* **1** 長さ；長引かせること；遅れ，遅滞． **2** 厄介事，面倒事．

तशरीफ़ /taśarīfa タシュリーフ/ [←Pers.n. تشريف 'ennobling, exalting, honouring' ←Arab.] *f.* 敬意，名誉《『तशरीफ़ 動詞』の形式で，敬語表現「…なさる」を表す》． ❐～ रखना お座りになる． ❐～ लाना [फ़रमाना] いらっしゃる，お越しになる． ❐～ ले जाना] 出かけられる，去られる．

तश्तरी /taśtarī タシュタリー/ [cf. Pers.n. تشت ، طشت 'a large basin, ewer, cup, bowl'] *f.* 〖食〗小皿；(カップの)受皿，ソーサー． ❐कप और ～ カップと受け皿． ❐मिठाई की ～ 菓子の小皿． ❐～ में मिठाइयाँ रखना 小皿にお菓子を置く． ❐उड़न ～ 空飛ぶ円盤．

तसकीन /tasakīna タスキーン/ ▹तस्कीन [←Pers.n. تسكين 'quieting, stilling, allaying, assuaging' ←Arab.] *f.* 慰め；(せめてもの)救い． ❐(को) ～ देना (人や心を)慰める．

तसदीक़ /tasadīqa タスディーク/ [←Pers.n. تصديق 'assuring of or proving the truth of, attesting, verifying; confirmation, proof, verification' ←Arab.] *f.* 確認；検証；裏付け． ❐(की) ～ करना (…の)確認をする．

तसमा /tasamā タスマー/ ▹तस्मा [←Pers.n. تسمه 'a raw hide; a thong of undressed leather'] *m.* 革ひも；靴ひも．(⇒फ़ीता)

तसर /tasara タサル/ ▸टसर [←Skt.n. *तसर-* 'a shuttle'; cf. T.05744] *m.* ☞टसर

तसला /tasalā タスラー/ [?←Pers.n. تشت 'a bason'] *m.* タスラー《底の浅い鍋；お盆の形をした金属容器；小麦粉をこねるために使用》． ❐गारे का ～ モルタルを入れる容器《頭に乗せて運ぶ》．

तसल्ली /tasallī タサッリー/ [←Pers.n. تسلی 'being diverted by a thing from the remembrance of another, being consoled; solace, comfort; assurance' ←Arab.] *f.* (安心させる)慰め；気が休まること；一息つくこと，安堵(あんど)． ❐～ रखना 大丈夫だと思い辛抱する． ❐～ लेना 安心して一息つく． ❐(को) ～ देना (人を)安心させ慰める． ❐(को) ～ मिलना (人が)安堵する．

तसवीर /tasavīra タスヴィール/ ▹तस्वीर [←Pers.n. تصوير

'painting; a picture' ←Arab.] *f.* **1** 絵, 絵画. (⇒चित्र) **2** 写真. (⇒फ़ोटो, छायाचित्र) ❐ (की) 〜 खींचना [लेना, उतारना] (…の)写真を撮る.

तस्कर /taskara タスカル/ [←Skt.m. *तस्कर-* 'a thief, robber'] *m.* 密輸業者. (⇒स्मगलर)

तस्करी /taskarī タスカリー/ [*तस्कर* + *-ई*] *f.* 密輸(業). (⇒स्मगलिंग)

तस्कीन /taskīna タスキーン/ ▷तसकीन *f.* ☞तसकीन

तस्मा /tasmā タスマー/ ▷तसमा *m.* ☞तसमा

तस्मानिया /tasmāniyā タスマーニヤー/▸टासमानिया [cf. Eng.n. *Tasmania*] *m.* 〖地名〗タスマニア(州)《オーストラリア(連邦) (आस्ट्रेलिया) の州の一つ》. ❐〜 द्वीप タスマニア島.

तस्वीर /tasvīra タスヴィール/ ▷तसवीर *f.* ☞तसवीर

तह /taha タ/ [←Pers.n. ته 'a fold, ply'] *f.* **1** 折りたたみ. (⇒परत) ❐〜 करना 折りたたむ. **2** 層;膜. (⇒परत) ❐ उनके हाथों और पैरों में मैल की मोटी 〜 जमी हू थी। 彼の手足には垢の層が厚く覆っていた. **3** 底. (⇒तल) **4** 根底;根本;核心;本質. ❐समस्या की 〜 तक पहुँचना 問題の核心にまで到達する.

तहक़ीक़ /tahaqīqa タヘキーク/ [←Pers.n. تحقيق 'ascertaining the truth, verifying' ←Arab.] *f.* ☞ तहक़ीक़ात.

तहक़ीक़ात /tahaqīqāta タヘキーカート/ [←Pers.n. تحقيقات 'certainties, verities' ←Arab. ; pl. of تحقيق] *f.* (学術上の)調査;(警察の)捜査. ❐पुलिस में रिपोर्ट करना और 〜 कराना व्यर्थ है। 警察に被害届を出し捜査をしてもらうことは無駄である. ❐ (की) 〜 करना (…の)調査をする, 捜査をする.

तहख़ाना /tahaxānā タヘカーナー/ [←Pers.n. تهخانه 'a cave, cavern, cellar, vault'] *m.* 地下室.

तहज़ीब /tahazība タヘズィーブ/ [←Pers.n. تهذيب 'purifying; correction, amendment, refinement, polish' ←Arab.] *f.* **1** 文明;文化. (⇒सभ्यता) ❐असमत हिंदुस्तनी 〜 की आत्मा है। 貞節はインド文明の魂である. **2** 上品さ, 洗練されていること;教養. (⇒सभ्यता)

तहत /tahata タハト/ [←Pers.n. تحت 'the lower part' ←Arab.] *m.* 下部;従属《〖名詞 के तहत〗の形式で, 副詞句「…に基づき, …のもとに」を表す》. ❐योजना के 〜 計画に基づき. ❐संविदा के 〜 契約に基づき.

तहमत /tahamata タヘマト/ [←Panj.m. ਤਹਿਮਤ 'loincloth' ←Pers.n. ته بند 'a strip worn round the loins'] *f.* タヘマト《足首までである男性用腰巻布》.

तहरी /taharī タヘリー/ [?cf. Pers.adj. طاهر 'clear, pure, unsullied' ←Arab.] *f.* 〖食〗タヘリー《豆類を入れた一種の炊き込みご飯》.

तहरीक /taharīka タヘリーク/ [←Pers.n. تحريك 'putting in motion; motion, movement' ←Arab.] *f.* **1** (政治的・宗教的・社会的な)運動. (⇒आंदोलन) ❐〜 चलना 運動が始まる. **2** 刺激;扇動.

तहलका /tahalakā タハルカー/ [←Pers.n. تهلكة 'perishing, dying' ←Arab.] *m.* 大混乱;大騒動;パニック. ❐〜 मचना 大混乱になる. ❐〜 मचाना 大混乱を巻き起こす.

तहस-नहस /tahasa-nahasa タハス・ナハス/ [echo-word; cf. *नहस*] *adj.* (破壊されて)めちゃくちゃな. ❐उस निगोड़ी का पौरा जिस दिन से आया, घर 〜 हो गया। あのろくでなしの嫁が来た日から, 家はめちゃくちゃになってしまった. ❐ (को) 〜 करना (…を)めちゃくちゃに破壊する.

तहसील /tahasīla タヘスィール/ [←Pers.n. تحصيل 'collecting, gathering, gaining; collection of revenues or rent' ←Arab.] *f.* **1** タヘスィール《行政, 徴税上の地域区分;州 (राज्य) の下位区分である県 (ज़िला) の下の区分, 郡》. **2** タヘスィール(郡)の役所.

तहसीलदार /tahasīladāra タヘスィールダール/ [←Pers.n. تحصيل دار 'a collector of revenue'] *m.* 〖歴史〗タヘスィールダール《徴税官, 徴税吏》.

तहसीलना /tahasīlanā タヘスィールナー/ [cf. *तहसील*] *vt.* (*perf.* तहसीला /tahasīlā タヘスィーラー/) (税を)徴収する.

तहाना /tahānā タハーナー/ [cf. *तह*] *vt.* (*perf.* तहाया /tahāyā タハーヤー/) 折り重ねる, 折りたたむ.

ताँगा /tā̃gā ターンガー/ ▸टाँगा [→ I.Eng.n. *tonga*] *m.* ターンガー《1 頭だての小型 2 輪馬車》.

ताँगावाला /tā̃gāvālā ターンガーワーラー/ *m.* ターンガー (ताँगा) の御者;馬車屋.

तांडव /tāṃḍava ターンダオ/ [←Skt.m. *ताण्डव-* 'frantic dance'] *m.* **1** 〖ヒンドゥー教〗ターンダヴァ《シヴァ神 (शिव) が世界終末の時踊る激しい舞踏》. ❐〜 नृत्य ターンダヴァの踊り. **2** 狂乱;狂態;(自然の)大猛威《滅亡や破滅を連想させる》. ❐〜 मचाना 大猛威をふるう.

ताँत /tā̃ta ターント/ [<OIA.f. *tantí-* 'cord, string': T.05660] *f.* **1** 腱(けん);革ひも. **2** 弦.

ताँता /tā̃tā ターンター/ [<OIA.m. *tántu-* 'thread, warp': T.05661] *m.* **1** 列, 行列. (⇒पंक्ति) ❐रात-दिन लोगों का 〜 लगा रहता है। 昼も夜も人々の行列が並んでいる. **2** 連続. ❐प्रश्नों का 〜 बँधना 質問が引きも切らない. ❐का 〜 बाँधना (…を)息つく暇もなく続ける.

तांत्रिक /tāṃtrika ターントリク/ [←Skt. *तान्त्रिक-* 'taught in the *Tantras*'] *adj.* 〖ヒンドゥー教〗タントラ (तंत्र) に関係する.

— *m.* 〖ヒンドゥー教〗タントラ行者.

ताँबा /tā̃bā ターンバー/ [<OIA.n. *tāmrá-* 'copper': T.05779x1] *m.* 〖鉱物〗銅. ❐ताँबे का तार 銅線.

तांबूल /tāṃbūla ターンブール/ [←Skt.n. *ताम्बूल-* 'betel'] *m.* 〖植物〗キンマ(の葉). (⇒पान)

-ता /-tā ・ター/ [←Skt.suf. *-ता-* 'denoting abstract qualities'] *suf.f.* 《本来は形容詞, 名詞に付加して女性抽象名詞を作るサンスクリット語接尾辞; कट्टरता「頑固さ, 頑迷さ」, सुंदरता「美しさ」, हीनता「劣等感」など;ただしヒンディー語では देवता「神」は例外的に男性名詞》

ताइपे /tāipe ターイペー/ [cf. Eng.n. *Taipei*] *m.* 〖地名〗台北, タイペイ《台湾 (ताइवान), 中華民国 (चीन गणराज्य) の首都》.

ताइवान /tāivāna ターイワーン/ [cf. Eng.n. *Taiwan*] *m.* 〚国名〛台湾, 中華民国 (चीन गणराज्य)《首都はタイペイ (ताइपे)》.

ताई /tāī ターイー/ [cf. *ताया*] *f.* おば, 叔母, 伯母《父の兄 (ताऊ, ताया) の妻》. (⇔ताया)

ताऊ /tāū ターウー/ [<OIA.m. *tātagu-* 'father's brother': T.05755x1] *m.* おじ, 叔父, 伯父《父の兄》. (⇒ताया)(⇔ताई)

ताऊन /tāūna ターウーン/ *m.* 〚医学〛流行[伝染]病《特にペスト》. (⇒प्लेग)

ताक /tāka ターク/ [cf. *ताकना*] *f.* 目を凝らすこと;好機を狙うこと. ❐(की) ～ में रहना (…を)待ち構える. ❐मैं उस अवसर की ～ में बैठा हूँ। 私はそのチャンスを待っているのだ.

ताक़ /tāqa ターク/ [←Pers.n. طاق 'an arch' ←Arab.] *m.* **1** 壁龕(へきがん), ニッチ. (⇒आला) ❐घर में कोई संदूक़ या आलमारी तो थी नहीं, रुपये-पैसे एक ऊँचे ～ पर रख दिये जाते थे। 家にはトランクも鍵のかかる戸棚もなかったので, 金は壁の高いところにあるくぼみに置かれていた. **2** 棚. ❐～ पर रखना〔慣用〕…を棚に置く《「…を真剣にとらない」の意》. **3** 奇数. (⇒विषम)(⇔जूस)

ताक-झाँक /tāka-jʰā̃ka ターク・ジャーンク/ *f.* (嗅ぎ回るように)まわりを注意深く窺うこと;盗み見すること. ❐वे इधर-उधर ～ कर आगे गढ़ गए। 彼らはあっちこっち注意深く窺って前に進んだ.

ताक़त /tāqata ターカト/ [←Pers.n. طاقة 'power, force, strength' ←Arab.] *f.* **1** 力, 強さ;体力;腕力;気力. (⇒शक्ति) ❐दम लेने से जरा हाथों में ～ आ गई। 一息入れるとやや手に力が戻ってきた. **2** 能力, 実力. **3** 〚物理〛エネルギー.

ताक़तवर /tāqatavara ターカトワル/ [←Pers.adj. طاقت ور 'powerful'] *adj.* 腕力のある, 強い, 強力な. (⇒शक्तिशाली)

ताकना /tākanā タークナー/ [<OIA. *tarkáyati* 'guesses, thinks': T.05716] *vt.* (*perf.* ताका /tākā ターカー/) **1** じっと見る, 見つめる;覗きこむ. ❐तुम सब खड़े ताकते क्या हो? お前たちみんな突っ立って何を見ているんだ？ ❐मैं उसकी तरफ़ ताक न सका। 私は彼の方をまともに見ることができなかった. ❐वे मेरे मुँह की ओर ताकने लगे, जैसे मेरे मनोभावों को पढ़ना चाहते हों। 彼は私の顔をじっとみつめた, まるで私の心理を読み取りたいかのように. ❐सभी आशा भरी आँखों से उसकी ओर ताकने लगीं। 皆期待に満ちた目で彼を見つめていた. **2** (機会を)じっとうかがう.

ताकि /tāki ターキ/ [←Pers.conj. تاکه 'in order that, so that'] *conj.* …のために, …であるように.

ताकीद /tākīda ターキード/ [←Pers.n. تأکید 'strengthening, satisfying, confirming, corroborating' ←Arab.] *f.* 厳命;厳しい指示. ❐(को) ～ देना (人に)厳命を与える.

तागना /tāganā ターグナー/ [cf. *तागा*] *vt.* (*perf.* तागा /tāgā ターガー/) (針に)糸をとおす;糸で縫う;刺し縫いをする.

तागा /tāgā ターガー/ [<OIA. **trāgga-, *tārga-, *tāgra-* 'thread': T.06010] *m.* 糸. (⇒धागा) ❐सूई में ～ पिरोना 針に糸を通す.

ताज /tāja タージ/ [←Pers.n. تاج 'a crown, diadem'] *m.* 王冠. (⇒मुकुट) ❐～ और तख़्त 王冠と玉座.

ताज़गी /tāzagī ターズギー/ [←Pers.n. تازگی 'freshness, youthfulness'] *f.* 新鮮さ, 鮮度;みずみずしさ;若々しさ;さわやかさ.

ताजमहल /tājamahala タージマハル/ *m.* タージマハル《ウッタル・プラデーシュ州 (उत्तर प्रदेश) のアーグラー (आगरा) にある廟墓(びょうぼ);ムガル帝国のシャー・ジャハーン (शाह जहाँ) が愛妃ムムターズ・マハル (मुमताज़ महल) のために17世紀の中頃造営した;ユネスコ世界遺産に登録された》.

ताज़ा /tāzā ターザー/ [←Pers.adj. تازه 'fresh'] *adj.* **1** 新鮮な. **2** 最新の;生々しい;(記憶に)新しい. ❐～ ख़बर 最新のニュース. ❐१९७५ वर्ल्डकप में भारत की जीत की याद अब भी ～ है। 1975年ワールドカップでのインドの勝利は記憶にまだ新しい. **3** (気分が)すっきりした, 生気をとりもどした, はつらつとした.

ताजिकिस्तान /tājikistāna タージキスターン/ [cf. Eng.n. *Tajikistan*] *m.* 〚国名〛タジキスタン(共和国)《首都はドゥシャンベ (दुशानबे)》.

ताज़िया /tāziyā ターズィヤー/ [←Pers.n. تعزية 'consoling; a representation on the shrines of Hasan and Husain, sons of Alī' ←Arab.] *m.* 〚イスラム教〛ターズィヤー《シーア派の殉教者ハサンとフセインの聖廟(びょう)のレプリカ;竹と紙などで作られている;ムハッラム (मुहर्रम) の行進の際, 担がれる》.

ताजिर /tājira タージル/ [←Pers.n. تاجر 'a merchant' ←Arab.] *m.* 商人. (⇒व्यापारी)

ताज़ीरात-ए-हिंद /tāzīrāta-e-hiṃda ターズィーラート・エー・ヒンド/ *f.* インド刑法(典).

ताज्जुब /tājjuba ターッジュブ/ [←Pers.n. تعجب 'being struck with astonishment' ←Arab.] *m.* **1** 驚き, 驚愕;仰天, 唖然;驚異. (⇒अचंभा, अचरज, आश्चर्य) ❐उसे यह सुनकर बड़ा ～ हुआ। 彼はこれを聞いてとても驚いた. ❐उसने बनावटी ～ से कहा। 彼はわざとらしく驚いて言った. ❐(को) ～ में डालना (人を)唖然とさせる. **2** 感嘆.

ताड़ /tāṛa タール/ [<OIA. **tāḍa-³* 'fan-palm': T.05750] *m.* 〚植物〛ヤシ(椰子)《実の汁からヤシ酒を作る》.

ताड़न /tāṛana ターラン/ [<Skt.n. *ताडन-* 'striking, beating'] *m.* **1** (人を)叩くこと;処罰. **2** 叱りつけること, 叱責. **3** 〚数学〛掛け算.

ताड़ना[1] /tāṛanā タールナー/ [<OIA. *tāḍáyati¹* 'beats, strikes, punishes': T.05752] *vt.* (*perf.* ताड़ा /tāṛā ターラー/) **1** 体罰を加える;罰する. **2** 叱る;たしなめる.

ताड़ना[2] /tāṛanā タールナー/ [<OIA. **tāḍayati²* 'thinks': T.05752z1] *vt.* (*perf.* ताड़ा /tāṛā ターラー/) 察する, 気付く, 看取する;推察する. ❐मेरे मन की बात उसने ताड़ ली थी। 私の心中を彼は察した.

ताड़ना[3] /tāṛanā タールナー/ [cf. *ताड़न*] *f.* ☞ताड़न

ताड़ी /tāṛī ターリー/ [<OIA. **tāḍa-*[3] 'fan-palm': T.05750; DEDr.3180 (DED.2599); → Eng.n. *toddy*] *f.* 〖食〗ヤシ酒.

तात /tāta タート/ [←Skt.m. *तात-* 'a father'] *m.* 父《時代物の戯曲などで高い身分の敬うべき男性に対する呼びかけの言葉として多く使用される》.

तातार /tātāra タータール/ [←Pers.n. تاتار 'a Tartar'] *m.* タタール人.

तातारी /tātārī ターターリー/ [←Pers.adj. تاتاری 'Scythian, Tartaric'] *adj.* タタールの;タタール人の.

तातील /tātīla ターティール/ [←Pers.n. تعطیل 'causing to be unemployed; vacation, holiday' ←Arab.] *f.* 休暇,休日. (⇒छुट्टी) ❒उसकी तातीलें अभिनय के अभ्यास में कटती थीं। 彼の休日は演技の練習に費やされた. ❒गर्मियों की ~ में वह मुझसे मिलने आया। 夏休みに彼は私に会いに来た.

तात्कालिक /tātkālika タートカーリク/ [←Skt. *तात्कालिक-* 'happening at that time'] *adj.* **1** 当時の, その時の;(その時代と)同時代の. (⇒तत्कालीन) **2** 一時的な;その時だけの.

तात्त्विक /tāttvika ターットヴィク/ [←Skt. *तात्त्विक-* 'conformable to or in accordance with reality'] *adj.* 本質 (तत्त्व) に関わる.

— *m.* 本質を理解する人, 真理を知る人.

तात्पर्य /tātparya タートパルエ/ [←Skt.n. *तात्पर्य-* 'aim, object, purpose, meaning'] *m.* 意図;本意;原意.

तादात्म्य /tādātmya ターダートミエ/ [←Skt.n. *तादात्म्य-* 'sameness or identity of nature or character'] *m.* 同一, 合一;一体化. ❒परमात्मा से ~ स्थापित करना 神と一体化する.

तादाद /tādāda ターダード/ [←Pers.n. تعداد 'numbering, enumeration, computation' ←Arab.] *f.* **1** 数;数量. (⇒संख्या) ❒बड़ी ~ में 多数で, 大量に. **2** 統計;総計. (⇒आँकड़ा)

तान /tāna ターン/ [cf. *तानना*; cf. Skt.m. *तान-* 'tone'] *f.* **1** 張り;伸張. **2**〖音楽〗(歌う)伸ばした音の微妙な節回し;音調;節;旋律, メロディー. **3** 支え綱;張り綱;車輪のスポーク.

तानना /tānanā ターンナー/ [<OIA. *tānáyati* 'makes stretch': T.05762] *vt.* (*perf.* ताना /tānā ターナー/) **1** ぴんと伸ばす[張る], 引き伸ばす;(蜘蛛の巣を)張る;(弓を)引き絞る. ❒उसने सीना तानकर कहा। 彼は胸を張って言った. ❒मकड़ियों ने उनपर जाला तान दिया था। 蜘蛛がそれらの上に巣を張っていた. **2** きつく締める;(こぶしを)固く握り締める;(眉を)きっと引き締める. ❒वह घूँसा तानकर बोला। 彼はこぶしを固く握り締めて言った. **3** (テントなどを)引っ張って立てる. **4** (威嚇のために)(手・杖を)振り上げる;(武器を)構える. ❒उसने मेरे सामने बंदूक़ तानकर डाँटा। 彼は私の前で銃を構えてどなった.

तानपूरा /tānapūrā ターンプーラー/ [*तान* + *पूरा*; cf. *तंबूरा*] *m.* ☞तंबूरा

ताना[1] /tānā ターナー/ [<OIA.m. *tāna-* 'tone': T.05761; cf. Pers.n. تانہ 'the warp of a web in the loom'] *m.* (織物の)縦糸. (⇔बाना)

ताना[2] /tānā ターナー/ [←Pers.n. طعنة 'One blow (with spear or tongue); taunt' ←Arab.] *m.* 嫌味;当てこすり;侮り. ❒(को) ताना [ताने] देना (人に)嫌味を言う.

ताना-बाना /tānā-bānā ターナー・バーナー/ *m.* 縦糸と横糸.

तानाशाह /tānāśāha ターナーシャーハ/ *m.* 独裁者;暴君《ゴールコンダ王国の 8 代目で最後の王(在位 1672–1687)の通称から》.

तानाशाही /tānāśāhī ターナーシャーヒー/ [*तानाशाह* + *-ई*] *f.* 独裁制;専制主義;絶対主義.

ताप /tāpa タープ/ *m.* 温み, 暖かさ.

तापक /tāpaka ターパク/ [←Skt. *तापक-* 'heating, inflaming, refining'] *adj.* 熱する;燃え上がらせる;苦しませる.

— *m.* 暖房器具, ヒーター.

तापक्रम /tāpakrama タープクラム/ [neo.Skt.m. *ताप-क्रम-* 'temperature; temperature scale'] *m.* 温度(の目盛り).

तापती /tāpatī タープティー/ ▷ताप्ती [cf. Skt.f. *तपती-* 'warming; name of a daughter of the Sun'] *f.* タプティー川, タープティー川《マディヤ・プラデーシュ州 (मध्य प्रदेश) の水源から発しアラビア海にそそぐ》.

तापना /tāpanā タープナー/ [<OIA. *tápyati* 'is hot': T.05684] *vi.* (*perf.* तापा /tāpā ターパー/) (火で)暖をとる. (⇒गरमाना) ❒सब अँगीठी से तापने लगे। 皆, 火鉢で暖をとり始めた.

— *vt.* (*perf.* तापा /tāpā ターパー/) (火で)(自分の手足を)暖める. ❒अधिक सरदी पड़ने पर हाथ-पैर ताप लेने से आराम मिलता है। 寒さが厳しくなったら, 手足を暖めると気持ちがいい. ❒आग तापना (暖をとるために)焚き火をする.

तापमान /tāpamāna タープマーン/ [neo.Skt.m. *ताप-मान-* 'temperature'] *m.* **1** 気温;温度《セ氏温度で表すことが多い》. ❒न्यूनतम [अधिकतम] ~ 最低[最高]気温. ❒~ गिरना [चढ़ना] 気温が下がる[上がる]. ❒लेह कस्बे में ~ शून्य से १८ डिग्री सेल्सियस निचे दर्ज किया गया। レーの町では気温がセ氏零下 18 度と記録された. **2**〖医学〗体温《カ氏温度で表すことが多い》.

तापमापक-यंत्र /tāpamāpaka-yaṃtra タープマーパク・ヤントル/ [neo.Skt.n. *ताप-मापक-यन्त्र-* 'thermometer'] *m.* 温度計;体温計. (⇒थर्मामीटर)

तापमापी /tāpamāpī タープマーピー/ [*ताप* + *मापना*] *m.* 温度計;体温計. (⇒थर्मामीटर)

तापस /tāpasa ターパス/ [←Skt.m. *तापस-* 'an ascetic'] *m.* 苦行者, 修行者. (⇒तपस्वी)

ताप्ती /tāptī タープティー/ ▷तापती *f.* ☞तापती

ताबड़तोड़ /tābaṛatoṛa ターバルトール/ [?*ताबड़* + *तोड़ना*] *adv.* **1** 即座に, 間髪を入れず. **2** やみくもに, 手当たり次第に. ❒उसने घोड़े पर ~ कई चाबुक लगाए। 彼は馬を激しく鞭で打った. ❒मैंने उसके गरदन पर रद्दे ~ जमाए। 私は彼の首に肘(ひじ)打ちを手当たり次第くらわせた. **3** 連

続して, 続けざまに. ❐दो-तीन बार ～ बाज़ी हाथ आई। 2, 3度続けざまに勝負の運が転がりこんできた.

ताबूत /tābūt̥a ターブート/ [←Pers.n. تابوت 'a coffin, bier' ←Arab.] *m.* 〖イスラム教〗棺(ひつぎ);棺架. ❐ ～ का ऊपरी तख़्ता हटाना 棺の上板をはずす.

ताबे /tābe ターベー/ [←Pers.n. تابع 'a follower, dependant' ←Arab.] *adj.* 命令に忠実な.

ताबेदार /tābedārḁ ターベーダール/ [*ताबे* + *-दार*] *adj.* 忠実な, 従順な.

— *m* 部下;しもべ, 従僕, 下僕.

तामचीनी /tāmḁcīnī タームチーニー/ [*ताम* (<Skt. *ताम्र-*) + *चीनी*] *f.* エナメル, (陶器の)上薬.

तामजान /tāmḁjānḁ タームジャーン/ ▸तामजाम [?] *m.* タームジャーン《2人あるいは4人で担ぐ屋根のない駕籠(かご)の一種》. (⇒पालकी)

तामजाम /tāmḁjāmḁ タームジャーム/ ▸तामजान *m.* ☞तामजान

तामझाम /tāmḁjʰāmḁ タームジャーム/ [?cf. *तामजाम*] *m.* 豪勢な様子, 贅沢さ, 立派さ.

तामलेट /tāmḁleṭḁ タームレート/ ▸तामलोट *m.* ☞तामलोट

तामलोट /tāmḁloṭḁ タームロート/ ▸तामलेट [←Eng.n. *tumbler*; *ताँबा* × *लोटा*] *m.* タンブラー.

तामस /tāmasḁ ターマス/ [←Skt. *तामस-* 'dark'] *adj.* **1** 暗黒の, 闇の. **2** (無知・邪心など)暗黒から生じる(もの).

— *m.* **1** 暗黒, 闇. **2** (暗黒から生じる)無知, 邪心.

तामसिक /tāmḁsikḁ タームスィク/ [←Skt. *तामसिक-* 'relating to the quality *tamas*'] *adj.* ☞तामस

तामसी /tāmḁsī タームスィー/ [←Skt.f. *तामसी-* 'night'] *f.* 夜, 闇夜.

तामीर /tāmīrḁ ターミール/ [←Pers.n. تعمیر 'building' ←Arab.] *f.* **1** 建設, 建築, 建造. (⇒निर्माण) ❐(की) ～ करना (…を)建設する. **2** 建造物;建築構造.

तामील /tāmīlḁ ターミール/ [←Pers.n. تعمیل 'causing to act; execution, performance' ←Arab.] *m.* (命令の)遂行, 履行, 実行, 執行. ❐अदम ～ (命令などの)不履行. ❐हुक्म की ～ करना 命令を遂行する.

ताम्र /tāmrḁ タームル/ [←Skt. *ताम्र-* 'of a coppery red colour'] *adj.* 赤銅色の.

— *m.* 銅. (⇒ताँबा) ❐～ लेख 銅板に刻まれた文書.

ताम्रपट्ट /tāmrḁpaṭṭḁ タームルパット/ [←Skt.m. *ताम्र-पट्ट-* 'a copper plate'] *m.* ☞ताम्रपत्र

ताम्रपत्र /tāmrḁpatrḁ タームルパトル/ [←Skt.n. *ताम्र-पत्र-* 'a copper plate'] *m.* 銅板.

ताया /tāyā ターヤー/ [<OIA. **tātiya-, tātyá-* 'fatherly': T.05759] *m.* おじ, 叔父, 伯父《父の兄》. (⇒ताऊ)(⇔ताई)

तार /tārḁ タール/ [←Pers.n. تار 'a thread; a wire'] *m.* **1** 電報, 電信. (⇒टेलीग्राम) ❐(को) ～ देना [भेजना] (人に)電報を送る. **2** 電線, 針金, ワイヤー, ケーブル, (電気の)コード. **3** 〖楽器〗弦.

तारक /tārakḁ ターラク/ [←Skt. *तारक-* 'causing or enabling to pass or go over'] *m.* **1** 星. (⇒तारा) **2** ひとみ, 瞳孔. (⇒पुतली) **3** 星印, アステリスク.

तारकोल /tārḁkolḁ タールコール/ [metathesis: *कोलतार* ←Eng.n. *coal-tar*] *m.* 〖化学〗コールタール. (⇒अलकतरा, कोलतार)

तारघर /tārḁgʰarḁ タールガル/ [*तार* + *घर*] *m.* 電報[電信]局.

तारतम्य /tārḁtamyḁ タールタミエ/ [←Skt.n. *तारतम्य-* 'gradation, proportion, difference'] *m.* **1** (質の優劣などの相対的な観点からの)区別, 相違, 差別. **2** (連続する濃淡のような)調和, 一貫性, 整合性.

तार-तार /tārḁ-tārḁ タール・タール/ [←Pers.adj. تارتار 'piecemeal'] *adj.* (服などが)ぼろぼろの, びりびりに破れた, ずたずたに裂けた. ❐～ कंबल ずたずたに裂けた毛布. ❐कपड़े ～, बाल बढ़े हुए, जैसे जेल से आया हो। (その男は)服はぼろぼろ, 髪は伸び放題, まるで牢獄から出てきたようだった. ❐बिरादरी से निकलकर उसका जीवन विशृंखल हो जायगा -- ～ हो जायगा। カースト社会から追放されると彼の人生はよりどころがなくなってしまうだろう -- ずたずたになってしまうだろう.

तारना /tārḁnā タールナー/ [<OIA. *tāráyati* 'causes to arrive at': T.05796] *vt.* (*perf.* तारा /tārā ターラー/) **1** (川などを)渡る助けをする;(溺れかかっている者を)救って(岸に)着ける. **2** (困っている者を)救う, 助ける;(輪廻の苦しみから)救い出す, 解脱させる. ❐बिरादरी ही तारेगी तो तरेंगे। ビラードリー(＝同じ職能カーストに属する社会共同体)が助けてくれれば, 救われるだろう.

तारपीन /tārḁpīnḁ タールピーン/ [←Eng.n. *turpentine*] *m.* テレビン油, 松精油.

तारांकित /tārāṃkitḁ ターラーンキト/ [neo.Skt. *तारा-अङ्कित-* 'marked with an asterik'] *adj.* 星印の付いた. ❐संसद् में ～ प्रश्न का उत्तर शासन की ओर से मौखिक दिया जाता है। 議会では星印の付いた質問への回答は政府から口頭でなされる.

तारा /tārā ターラー/ [<OIA. tāraká-[1] 'stellar': T.05793z1; cf. Skt.f. *तारा-* 'fixed star'] *m.* **1** 〖天文〗星. (⇒सितारा) **2** ひとみ, 瞳孔. (⇒पुतली)

तारा-पुंज /tārā-puṃjḁ ターラー・プンジ/ *m.* 〖天文〗星群, 星座.

तारा-मंडल /tārā-maṃḍalḁ ターラー・マンダル/ [←Skt.n. *तारा-मण्डल-* 'star-circle, the zodiac; eye-circle, the pupil of the eye'] *m.* 〖天文〗星座.

तारिका /tārikā ターリカー/ [←Skt.f. *तारिका-* 'a star'] *f.* 人気女優, 花形女優.

तारीख़ /tārīxḁ ターリーク/ [←Pers.n. تاریخ 'dating (a letter); date; history' ←Arab.] *f.* **1** 〖暦〗日付, 年月日. (⇒तिथि, दिनांक) ❐पहली [दूसरी, तीन] ～ को 一日[二日, 三日]に《一日, 二日には序数詞, 三日以降は基数詞を使う; तारीख़ は省略できる》. ❐आज कौन-सी ～ है? 今日は何日ですか? **2** (決められた)日にち, 期日, 日取り. ❐～ डालना 日にちを定める;(文書に)日付をつける. ❐～ पर चुकाना 期日までに支払う. ❐(की) ～ टलना (…の)日にちが延期になる. ❐(की)

～ पड़ना (…の)日にちが決まる. **3** 歴史. (⇒इतिहास)

तारीख़ी /tārīxī ターリーキー/ [*तारीख़* ＋ *-ई*; cf. Pers.n. تاریکی 'a chronologist'] *adj.* 歴史的な;歴史上の;由緒ある. (⇒ऐतिहासिक)

तारीफ़ /tārīfa ターリーフ/ [←Pers.n. تعریف 'making known, signifying; praise; a tariff' ←Arab.] *f.* **1** 賞賛, 賛美. (⇒प्रशंसा) ❐(की) ～ करना (…を)賞賛[賛美]する. ❐～ के पुल बाँधना 褒めあげる, 褒めちぎる. **2** (初対面の人の)紹介.

तारुण्य /tāruṇya タールニエ/ [←Skt.n. *तारुण्य-* 'youth, youthfulness'] *m.* 若さ;青春, 青年期. (⇒यौवन)

तार्किक /tārkika タールキク/ [←Skt. *तार्किक-* 'related or belonging to logic'] *adj.* 論理的な, 合理的な. ❐～ योग्यता परीक्षा 論理的推論能力テスト.

— *m.* 論理学者;弁証家.

ताल[1] /tāla タール/ [<OIA.m. *talla-*[1] 'pond': T.05742] *m.* 池.

ताल[2] /tāla タール/ [←Skt.m. *ताल-* 'the palmyra tree or fan-palm; slapping the hands together or against one's arm; musical time or measure'] *m.* **1** 『植物』ヤシの木. **2** 『スポーツ』(相手に挑むために)手の平で自分の腕や股などを叩くこと. ❐～ ठोंकना 手の平で自分の腕や股などを叩く. **3** 『音楽』ターラ, 拍子《日本の雅楽用語「八多羅(やたら), 八多羅滅多羅(やたらめったら)」の多羅(たら)の語源》. ❐(की) तालों पर थिरकना (…の)拍子に合わせて足を踏み鳴らして踊る.

तालपत्र /tālapatra タールパトル/ [←Skt.n. *ताल-पत्र-* 'a palm-leaf'] *m.* 『植物』ヤシの葉《古代インドでは, 乾燥させたものを横長の長方形に切り, 書写する貝多羅(バイタラ)として使用》.

तालमेल /tālamela タールメール/ [*ताल*[2] ＋ *मेल*[1]] *m.* 調和, 融和;(音の)ハーモニー. ❐～ खाना 調和する. ❐～ बिठाना 調和させる.

तालव्य /tālavya ターラヴィエ/ *adj.* 『言語』(硬)口蓋音の. ❐～ व्यंजन (硬)口蓋(子)音.

ताला /tālā ターラー/ [<OIA.m. *tāla-, tāḍaka-* 'latch, bolt': T.05749z1] *m.* 錠(じょう), 錠前, ロック. ❐(में) ～ लगाना (…に)錠をかける.

तालाबंदी /tālābaṃdī ターラーバンディー/ [*ताला* ＋ *बंदी*[1]] *f.* ロックアウト, 工場閉鎖. ❐(में) ～ करना (…を)ロックアウトする.

तालाब /tālāba ターラーブ/ [←Pers.n. تالاب 'a pond'; cog. *तलाव*[1] (<OIA.n. *taḍāga-* 'pool': T.05635)] *m.* 池;貯水池.

तालिका /tālikā ターリカー/ [?<Skt.m. *तालिक-* 'a cover for binding a parcel of papers or a manuscript'] *f.* 表, リスト. (⇒फ़ेहरिस्त, लिस्ट, सूची)

तालिन /tālina ターリン/ ▸ताल्लिन *m.* ☞ताल्लिन

ताली[1] /tālī ターリー/ [<OIA.m. *tā́ḍa-*[1] 'blow': T.05748] *f.* **1** 拍手. ❐～ [तालियाँ] बजना 拍手が鳴る. ❐～ [तालियाँ] बजाना 拍手する. **2** (手)拍子. ❐～ देना (手)拍子をとる.

ताली[2] /tālī ターリー/ [cf. *ताला*] *f.* 鍵. (⇒कुंजी, चाबी) ❐ताला और ～ 錠(じょう)と鍵.

तालीम /tālīma ターリーム/ [←Pers.n. تعلیم 'teaching, instructing, informing; instruction' ←Arab.] *f.* 教育;訓練. (⇒शिक्षा) ❐लाठी चलाने की ～ लेना ラーティーを操る訓練を受ける.

तालीमयाफ़्ता /tālīmayāftā ターリームヤーフター/ [*तालीम* ＋ *-याफ़्ता*] *adj.* 教育を受けた(人), 教養のある(人). (⇒शिक्षित)

तालीमी /tālīmī ターリーミー/ [?cf. Pers.n. تعلیمی 'a thong at the head of a bridle'] *adj.* 教育に関する, 教育上の. (⇒शैक्षिक)

तालु /tālu タール/ [←Skt.n. *तालु-* 'the palate'] *m.* 『言語』口蓋(こうがい). ❐कठोर [कोमल] ～ 硬[軟]口蓋.

तालू /tālū タールー/ [<Skt.n. *तालु-* 'the palate'] *m.* ☞ तालु

ताल्लिन /tāllina ターッリン/▸तालिन [cf. Eng.n. *Tallinn*] *m.* 『地名』タリン《エストニア(共和国) (एस्टोनिया) の首都》.

ताल्लुक़ /tālluqa ターッルク/ [←Pers.n. تعلق 'being suspended to, dependent upon, connected with' ←Arab.] *m.* **1** 関係, 関わり. (⇒संबंध) ❐उनका जवानी में एक औरत से ～ हो गया था। 彼は若い時一人の女と関係をもった. ❐(से) ～ रखना (人と)関わりをもつ. **2** 愛着. (⇒लगाव)

ताल्लुक़ा /tālluqā ターッルカー/ [←Pers.n. تعلقه 'connection, relationship; lordship; a district'] *m.* **1** (所有する)土地, 地所. **2** 『歴史』ターッルカー《公的権力ではなく地主の徴税権が直接認められた村や土地》.

ताल्लुक़ेदार /tālluqedāra ターッルケーダール/ [←Pers.n. تعلقه دار 'possessor of an estate, lord of a manor, landlord, feoffee'] *m.* ターッルケーダール, ターッルカダール《ターッルカー (ताल्लुक़ा) を所有する地主》. (⇒ज़मीनदार)

ताव[1] /tāva ターオ/ [<OIA.m. *tāpá-* 'heat, glow': T.05767; cog. Pers.n. تاو 'strength, power; heat; splendour'] *m.* **1** 熱. ❐आव देखा न ～ 〔慣用〕後先を考えずに, 前後の見境もなく. **2** 激情, 癇癪(かんしゃく);激怒. ❐मैं किसी का ～ नहीं सह सकता। 私は誰の(私に対する)怒りも耐えられない. **3** こわばり;(手を加えて)ぴんと張らすこと;(気を入れて)しゃきっとすること. ❐मूँछों पर ～ देना 口ひげをひねってぴんと反り返す.

ताव[2] /tāva ターオ/ [?←Pers.n. تا 'a fold, plait, or ply; a single sheet of paper'] *m.* (大判の)紙.

तावान /tāvāna ターワーン/ [←Pers.n. تاوان 'mulct, fine; a substitute; compensation'] *m.* 弁償, 損害賠償金.

तावीज़ /tāvīza ターヴィーズ/ [←Pers.n. تعویذ 'praying for protection; a charm, amulet' ←Arab.] *m.* お守り, 魔除け;護符《これはアラビア語源の語だがヒンドゥー教徒も使用》. (⇒जंतर) ❐～ पहनना [बाँधना] お守りを身につける. ❐मैंने एक पहुँचे हुए फ़क़ीर से यह ～ लिखाया है। 私は

ある徳の高いイスラム修行僧にこの護符を書いてもらったのだ.

ताश /tāśa ターシュ/ [?←Pers.n. طاس 'a cup, goblet; brocade' ←Arab. ; cf. Urd.m. تاش 'playing cards'] *m.* **1**〖ゲーム〗トランプ(ゲーム). ❐～ का खेल トランプゲーム. ❐～ का पत्ता トランプのカード. ❐～ खेलना トランプをする. **2** 錦(織り).

ताशकंद /tāśakaṃda ターシュカンド/▸ताशक़ंद [cf. Eng.n. *Tashkent*] *m.*〖地名〗タシケント《ウズベキスタン(共和国)(उज़्बेकिस्तान) の首都》.

ताशा /tāśā ターシャー/▸तासा [←Pers.n. طاسه 'a kind of drum'] *m.*〖楽器〗ターシャー, ターサー《2 本のスティックで打つ半球形の太鼓の一種》.

तासा /tāsā ターサー/ ▸ताशा *m.* ☞ताशा

तासीर /tāsīra タースィール/ [←Pers.n. تأثیر 'making an impression; impression' ←Arab.] *f.* (薬などの)効果があること, 有効であること.

ति- /ti- ティ・/ [cf. *तीन*] *comb. form* 《「3」を表す連結形; तिपाई「三脚」, तिमाही「3 か月に一度の, 季刊の」など》.

तिकड़म /tikaṛama ティクラム/ [?] *m.* はかりごと, 策略. 計略. ❐(का) ～ करना (…の)策略をめぐらす.

तिकड़मी /tikaṛamī ティクラミー/ [*तिकड़म* + *-ई*] *adj.* はかりごとをめぐらす(人), 策にたけた(人).

तिकोना /tikonā ティコーナー/ [cf. Skt. *त्रि-कोण-* 'triangular'] *adj.* 三角形の. ❐～ जंक्शन (線路の)デルタ線, 三角線. ❐～ मुक़ाबला 三つ巴の戦い. ❐तिकोनी जंग [लड़ाई]三つ巴の戦い. ❐तिकोनी पट्टी 三角巾.

— *m.* **1** 三角形. **2**〖食〗サモーサー《三角形の形から》. (⇒समोसा)

तिक्का[1] /tikkā ティッカー/ [<OIA. *tri-* 'three': T.06014z1; cf. *इक्का, दुक्का*] *m.*〖ゲーム〗(トランプやサイコロの) 3.

तिक्का[2] /tikkā ティッカー/ [←Pers.n. تکه 'a mouthful piece'] *m.*〖食〗ティッカー《一口大の肉片;その料理されたもの》. ❐तिक्का-बोटी करना 細切れにする.

तिक्त /tikta ティクト/ [←Skt. *तिक्त-* 'bitter, pungent'] *adj.* (味が)苦い. (⇒कड़वा)

तिगुना /tigunā ティグナー/ [<OIA. *triguṇa-* 'threefold': T.06022] *adj.* 3 倍の.

तिजारत /tijārata ティジャーラト/ [←Pers.n. تجارة 'trading' ←Arab.] *f.*〖経済〗ビジネス, 商売, 商業, 貿易, 取り引き, 売買. (⇒व्यापार)

तिजोरी /tijorī ティジョーリー/ [←Port.m. *tesour(o)* 'treasure, safe'] *f.* 金庫. (⇒सेफ़)

तितर-बितर /titara-bitara ティタル・ビタル/ [cf. OIA. *vistarati* 'spreads out': T.12005] *adj.* **1** (逃げ出して)散り散りばらばらの, 四散した. ❐प्रदर्शनकारियों को ～ करने के लिए पुलिस ने आँसू-गैस के गोले छोड़े। デモ参加者を四散させるために警察は催涙弾を発射した. **2** 乱雑に散らばった. ❐फ़र्श पर किताबें ～ पड़ी थीं। 床に本が散らばっていた.

तितली /titalī ティトリー/ [?] *f.* **1**〖昆虫〗チョウ, 蝶. ❐बालिका दौड़-दौड़कर तितलियों को पकड़ने लगी। 少女は走りながら蝶を捕まえようとした. ❐सिर में चक्कर आ रहे थे, तितलियाँ उड़ रही थीं। めまいがし, (蝶たちが飛び交っているように)くらくらとしていた. **2** 恋をもてあそぶ女, 浮ついた女. ❐उन्हें मालूम हुआ कि इस रमणी में विचार की शक्ति भी है, केवल ～ नहीं। この若く美しい女には考える力もある, 単なる浮ついた女ではない, ということが彼にはわかった. ❐वह बाहर से ～ है, भीतर से मधुमक्खी। 彼女は外見は蝶だが, その本質はミツバチだ《「派手で浮ついて見えるが実は堅実な倹約家」の意》.

तितालीस /titālīsa ティターリース/ ▸तैंतालीस *num.* ☞ तैंतालीस

तिथि /tit^hi ティティ/ [←Skt.m/f. *तिथि-* 'a lunar day'] *f.*〖暦〗日付, 年月日;期日, (結婚式などの)日取り. (⇒तारीख़, दिनांक) ❐विहाह की ～ नियत हो गई। 結婚式の日取りが決まった. ❐श्यामा के साथ मेरा विवाह मई, १९२६ में हो गया, ठीक ～ दिमाग़ से उतर गई है। シャーマーと私の結婚式は 1926 年 5 月に行われた, 正確な日付は忘れてしまった.

तिनकना /tinakanā ティナクナー/ ▸तुनकना [<OIA. *tr̥̄ṇṇa-* 'pierced, cracked': T.05908] *vi.* (*perf.* तिनका /tinakā ティンカー/) (些細なことに)かっと怒る. ❐उसने तिनककर कहा। 彼はかっとなって言った. ❐तुम तो ज़रा-ज़रा सी बात पर तिनक उठती हो। お前はちょっとしたことにもかっとするんだな.

तिनका /tinakā ティンカー/ [<OIA.n. *tr̥̄ṇa-* 'grass, blade of grass, straw (often as symbol of worthlessness)': T.05906] *m.* 藁(わら)《つまらぬものや些細なもののたとえ》. ❐तिनके का सहारा ほんのわずかな支え.

तिपाई /tipāī ティパーイー/ [*ति-* + *पाई*; → I.Eng.n. *teapoy*] *f.* **1** 三脚. **2** 小テーブル《本来の語義「三脚」からインド英語 teapoy「喫茶用小テーブル」に;ति-「三」の部分は, 英語の語形も語義も tea に同化した》.

तिबारा /tibārā ティバーラー/ [*तीन* + *बार*[1]] *adv.* 三度目に.

तिब्ब /tibba ティッブ/ [←Pers.n. طب 'medical art or treatment' ←Arab.] *m.* (イスラム医学の)医療.

तिब्बत /tibbata ティッバト/ [cf. Eng.n. *Tibet*] *m.* チベット, 現中国チベット自治区《政治的・文化的中心都市はラサ市 (ल्हासा)》. ❐～ का पठार チベット高原.

तिब्बती /tibbatī ティッバティー/ [*तिब्बत* + *-ई*] *adj.* チベットの;チベット人の;チベット語の.

— *f.* チベット人.

— *f.* チベット語.

तिब्बी /tibbī ティッビー/ [←Pers.adj. طبی 'medicinal, medical' ←Arab.] *adj.* (イスラム医学の)医療の.

तिमंज़िला /timaṃzilā ティマンズィラー/ [*ति-* + *मंज़िल*] *adj.* 3 階建ての, 3 層の. ❐～ मकान 3 階建ての家.

तिमाही /timāhī ティマーヒー/ [*ति-* + *-माही*] *adj.* 3 か月に一度の, 年 4 回の, (雑誌などが)季刊の. ❐～ बैठक 3 か月ごとの定例会議.

तिमिर /timira ティミル/ [←Skt.n. *तिमिर-* 'darkness;

darkness of the eyes'] *m.* **1** 暗闇, 闇. **2**〖医学〗夜盲症, 鳥目. (⇒रतौंधी)

तिरंगा /tiraṃgā ティランガー/ [*ति-* + *रंग*] *adj.* 三色の. ❐～ झंडा 三色旗. ❐सरकारी इमारतों पर फहराने वाले तिरंगे झंडे 官庁の建物にはためく三色旗(＝インド国旗).
— *m.* **1** 三色旗. **2** インド国旗《上からサフラン, 白, ダーク・グリーンの三色旗で白地の中央にネービー・ブルーの糸車のデザインを配してある;1947 年 7 月 22 日インド憲法制定会議で採択》.

तिरछा /tirac^{h}ā ティルチャー/ *adj.* **1** 斜めの;傾いた. **2** きざに斜に構えた, 粋な. **3**（目つきが）横目の《不信・悪意がこもっている》. ❐तिरछी आँखों [चितवनों, नज़रों, निगाहों] से देखना 横目で見る《後置詞 से が省略されることもある》. ❐हमारे रहते कोई तुझे तिरछी आँखों न देख सकेगा। 我々がいる限り誰もお前を嫌な目つきで見ないだろう.

तिरना /tiranā ティルナー/ [＜OIA. *tirátē* 'crosses over, sails across': T.05821] *vi.* (*perf.* तिरा /tirā ティラー/) ☞ तरना

तिरपन /tirapana ティルパン/ ▸त्रेपन [＜OIA.f. *tráyaḥpañcāśat-* 'fifty three': T.05995] *num.* 53.

तिरपाल /tirapāla ティルパール/ [←Eng.n. *tarpaulin*] *m.* 防水布, 防水シート. (⇒मोमजामा)

तिरमिरा /tiramirā ティルミラー/ [cf. *तिरमिराना*] *m.* **1**（強い光で）目が眩むこと. **2**（水面に浮く）油滴.

तिरमिराना /tiramirānā ティルミラーナー/ [＜OIA. **tirimiri-* 'dazzle': T.05824] *vi.* (*perf.* तिरमिराया /tiramirāyā ティルミラーヤー/)（強い光で）まぶしく目が眩む. (⇒चौंधियाना)

तिरसठ /tirasaṭ^{h}a ティルサト/ [＜OIA.f. *trayaḥṣaṣṭi-* 'sixty three': T.05996] *num.* 63.

तिरस्कार /tiraskāra ティラスカール/ [←Skt.m. *तिरस्-कार-* 'placing aside, concealment; abuse, censure'] *m.* **1** 軽蔑, 侮辱. ❐(का) ～ करना（人を）軽蔑する. **2** 非難;酷評;叱責.

तिरस्कृत /tiraskṛta ティラスクリト/ [←Skt. *तिरस्-कृत-* 'concealed; censured, reviled, despised'] *adj.* **1** 軽蔑された, 侮辱された. **2** 非難された;酷評された;叱責された.

तिरानवे /tirānave ティラーンヴェー/ [＜OIA.f. *trayōnavati-* 'ninety three': T.06003] *num.* 93.

तिराना[1] /tirānā ティラーナー/ [caus. of *तिरना, तैरना*] *vt.* (*perf.* तिराया /tirāyā ティラーヤー/)（水面に）浮かばせる.

तिराना[2] /tirānā ティラーナー/ [cf. Eng.n. *Tirana*] *m.*〖地名〗ティラナ《アルバニア（共和国）(अल्बानिया) の首都》.

तिरासी /tirāsī ティラースィー/ [＜OIA. *tryaśīti-* '83': T.06086] *num.* 83.

तिरिया /tiriyā ティリヤー/ [←Panj.f. *ਤਿਰਿਆ* 'woman' ＜OIA.f. *strī́-* 'woman, wife': T.13734] *f.*〔俗語〕女, 女性. ❐～ राज かかあ天下. ❐～ चरित्तर 女の手練手管.

तिरुचिरापल्ली /tirucirāpallī ティルチラーパッリー/ [cf. Eng.n. *Tiruchchirappalli*] *f.*〖地名〗ティルチラーパッリ《タミル・ナードゥ州（तमिल नाडु）の都市》.

तिरुपति /tirupati ティルパティ/ [cf. Eng.n. *Tirupati*] *m.*〖地名〗テルパティ《アーンドラ・プラデーシュ州（आंध्र प्रदेश）の都市;ヒンドゥー教聖地》.

तिरुवनन्तपुरम /tiruvanantapurama ティルワナントプラム/ [cf. Eng.n. *Thiruvananthapuram*] *m.*〖地名〗ティルヴァナンタプラム《ケーララ州（केरल）の州都;1991 年以前の名称はトリヴァンドラム（त्रिवेंद्रम）》.

तिरोभाव /tirob^{h}āva ティローバーオ/ [←Skt.m. *तिरो-भाव-* 'disappearance'] *m.*（聖者などが）この世からお隠れになること. ❐(का) ～ दिवस（聖者が）この世からお隠れになった日.

तिरोभूत /tirob^{h}ūta ティローブート/ [←Skt. *तिरो-भूत-* 'disappeared'] *adj.* 見えなくなった;隠れた.

तिरोहित /tirohita ティローヒト/ [←Skt. *तिरो-हित-* 'removed or with drawn from sight, concealed, hidden'] *adj.* 見えなくなった;隠された.

तिर्यक् /tiryak ティルヤク/ [←Skt. *तिर्यक्-* 'going or lying crosswise or transversely or obliquely, oblique, transverse'] *adj.* 斜めの, 傾いている. (⇔ऋजु) ❐～ कारक〖言語〗斜格(形).

तिल /tila ティル/ [＜OIA.m. *tilá-*[1] *(tíla-)* '*Sesamum indicum*': T.05827] *m.* **1**〖植物〗ゴマ(胡麻)(の実)《ゴマ科の一年草(*Sesamun indica*)》. **2** ほくろ, 黒子. ❐उसके गाल पर एक काला ～ है। 彼女の頬に一つ黒子がある.

तिलक /tilaka ティラク/ [←Skt.m. *तिलक-* 'a mark on the forehead (made with coloured earths, sandal-wood, or unguents, either as an ornament or a sectarial distinction)'] *m.*〖ヒンドゥー教〗ティラク《結婚式の時に花婿の額に付けるしるし;花嫁の親族から贈られる贈り物も指す》. ❐(को) ～ देना [भेजना]（花婿に）贈り物を贈る. ❐(पर) ～ लगाना（…に）ティラクを付ける.

तिलकुट /tilakuṭa ティルクト/ [*तिल* + *कूटना*] *m.*〖食〗ティルクト《甘いゴマ菓子の一種》.

तिलचटा /tilacaṭā ティルチャター/ ▸तिलचट्टा [*तेल* + *चाटना*] *m.*〖動物〗ゴキブリ, 油虫.

तिलचट्टा /tilacaṭṭā ティルチャッター/ ▸तिलचटा *m.* ☞ तिलचटा

तिलमिलाना /tilamilānā ティルミラーナー/ [cf. *तिरमिराना*] *vi.* (*perf.* तिलमिलाया /tilamilāyā ティルミラーヤー/) **1**（苦痛で）のたうち回る, もだえ苦しむ. ❐वह दर्द के मारे तिलमिला उठा। 彼は激痛のあまりのたうちまわった. **2** 怒り狂う. ❐वह तिलमिला उठा। 彼は怒り狂った. **3** 目がくらむ. ❐उसकी आँखें तिलमिला गईं। 彼は目がくらんだ.

तिलमिलाहट /tilamilāhaṭa ティルミラーハト/ [*तिलमिलाना* + *-आहट*] *f.*（苦痛で）のたうち回ること;怒り狂うこと;目がくらむこと.

तिलवा /tilavā ティルワー/ [＜OIA. **tilapūpa-* 'sesamum cake': T.05832] *m.*〖食〗ティルワー《甘いゴマ菓子の

一種》.

तिलस्म /tilasma ティラスム/ ▸तिलिस्म *m.* ☞तिलिस्म

तिलस्मी /tilasmī ティラスミー/ ▸तिलिस्मी *adj.* ☞तिलिस्मी

तिलहन /tilahana ティルハン/▸तेलहन [cf. *तेल*] *m.* 〖植物〗 (ゴマなど)油脂作物(の種).

तिलांजलि /tilāṃjali ティラーンジャリ/ [*तिल* + *अंजलि*] *f.* **1** 〖ヒンドゥー教〗ティラーンジャリ《死者の霊に供えるゴマの実を混ぜた手のひら一杯の水, またその供える儀礼》. **2** 決別. ❐(को) ～ देना (…と)決別する.

तिला /tilā ティラー/ [←Pers.n. طلا 'anything used in smearing over, especially pitch; ointment' ←Arab.] *m.* ティラー《男性が使う回春用の塗り薬》.

तिलिस्म /tilisma ティリスム/ ▸तिलस्म [←Pers.n. طلسم 'a talisman' ←Arab.] *m.* **1** 魔術;魔法;呪術;呪縛;摩訶(まか)不思議. ❐मैं चकित था कि यह कोई ～ या जादू। 私は驚嘆していた, これは魔法だろうかはたまた奇術なのかと. ❐～ खोलना 摩訶不思議の正体を暴く. ❐～ तोड़ना 呪縛を解く. **2** お守り;護符.

तिलिस्मी /tilismī ティリスミー/ ▸तिलस्मी [←Pers.adj. طلسمی 'talismanic; magical'] *adj.* **1** 魔術の;魔法の;呪術の;摩訶(まか)不思議な. **2** 〖文学〗ミステリー(小説), 推理(小説). ❐～ उपन्यास ミステリー小説, 推理小説.

तिल्ली[1] /tillī ティッリー/ [<OIA. **tilikā-* 'the spleen': T.05834] *f.* ひ臓.

तिल्ली[2] /tillī ティッリー/ [cf. *तिल*] *f.* 〖植物〗脂肪種子《アブラナ, ゴマ, クルミなど》.

तिहत्तर /tihattara ティハッタル/ [<OIA.f. *trayaḥsaptati-* 'seventy three': T.05997] *num.* 73.

तिहरा /tiharā ティフラー/ ▸तेहरा *adj.* ☞तेहरा

तिहाई /tihāī ティハーイー/ [<OIA.m. *tribhāga-* 'a third part': T.06037; cf. OIA. **tribhāgiya-* 'a third portion': T.06038] *adj.* 3 分の 1 の. ❐～ लोग 3 分の 1 の人々. — *m.* 3 等分された一つ. ❐एक [दो] ～ 3 分の 1[2]. ❐बारह का एक ～ 12 の 3 分の 1.

तीक्ष्ण /tīkṣṇa ティークシュン/ [←Skt. *तीक्ष्ण-* 'sharp, hot, pungent, fiery, acid'] *adj.* 鋭い;鋭利な;(味などが)刺すような;刺激の強い;辛辣な;痛烈な. ❐～ शब्दों में कहना 辛辣な言葉で言う.

तीक्ष्णता /tīkṣṇatā ティークシュンター/ [←Skt.f. *तीक्ष्ण-ता-* 'sharpness'] *f.* 鋭さ;強い刺激;辛辣さ.

तीखा /tīkʰā ティーカー/ [<OIA. *tīkṣṇá-* 'sharp': T.05839] *adj.* **1** 〖食〗舌や鼻を刺激する;(味が)ぴりっとからい, 香料がよくきいている, スパイシーな. (⇒गर्म) **2** (刃物などが)鋭い, 尖った. **3** (声・音などが)鋭い, 尖った, 甲高い. **4** 辛辣な;痛烈な;厳しい.

तीज /tīja ティージ/ [<OIA.f. *tr̥tīyā-* 'third day of the lunar fortnight': T.05920] *f.* 〖暦〗ティージ《太陰暦の白半月および黒半月の第三日目;この日に行われる祭事, 特にサーワン月(सावन)の祭り》.

तीतर /tītara ティータル/ [<OIA.m. *tittirá-* 'partridge': T.05809] *m.* 〖鳥〗キジ《鳴き声の擬声語は ती-ती》.

तीता /tītā ティーター/ [<OIA. *tiktá-* 'pungent, bitter': T.05806] *adj.* (味が)刺激的な;苦い;辛い.

ती-ती /tī-tī ティー・ティー/ *f.* 〔擬声〕ティーティー《ヤマウズラ (तीतर) の鳴き声》.

तीन /tīna ティーン/ [<OIA. *trī́ṇi-* 'three': T.06061z2] *num.* 3.

तीनगुना /tīnagunā ティーングナー/ [*तीन* + *-गुना*] *adj.* ☞तिगुना

तीन-पाँच /tīna-pā̃ca ティーン・パーンチ/ *f.* ずるさ, 屁理屈. ❐～ करना 言い逃れをする.

तीमार /tīmāra ティーマール/ [←Pers.n. تيمار 'sorrow, grief; attendance on the sick'] *m.* (病人の)世話, 看病, 看護;介護.

तीमारदार /tīmāradāra ティーマールダール/ [←Pers.n. تيمار دار 'a manager of property; caretaker'] *m.* (病人の)世話係, 看護士;介護人.

तीमारदारी /tīmāradārī ティーマールダーリー/ [←Pers.n. تيمار داری 'attendance, care of'] *f.* (病人の)世話, 看病, 看護;介護. ❐(की) ～ करना (人の)看病をする.

तीरंदाज़ /tīraṃdāza ティーランダーズ/ [←Pers.n. تير انداز 'an archer'] *m.* 〖スポーツ〗弓の射手, 弓術家.

तीरंदाज़ी /tīraṃdāzī ティーランダーズィー/ [←Pers.n. تير اندازی 'archery'] *f.* 〖スポーツ〗アーチェリー, 弓術.

तीर[1] /tīra ティール/ [←Pers.n. تير 'an arrow, either for shooting or casting lots'; cog. Skt.n. *तीर-* 'a kind of arrow'] *m.* 矢. (⇒बाण) ❐～ चलाना [मारना]矢を射る. ❐～ कमान पर चढ़ाना 矢を弓につがえる. ❐～ खाकर गिरना 矢を受けて倒れる.

तीर[2] /tīra ティール/ [<OIA.n. *tī́ra-* 'shore, bank': T.05842] *m.* 〖地理〗川岸;海岸. (⇒किनारा) ❐गंगाजी के ～ पर ガンジス川の岸辺で. ❐समुद्र के ～ पर 海辺で.

तीर्थंकर /tīrtʰaṃkara ティールタンカル/ [←Skt.m. *तीर्थंकर-* 'a *tīrthaṃ* maker'] *m.* 〖ジャイナ教〗ティールタンカラ《ジャイナ教で認められている 24 人の祖師;ジャイナ教開祖とされるマハーヴィール (महावीर) は 24 人目の最後のティールタンカル》.

तीर्थ /tīrtʰa ティールト/ [←Skt.n. *तीर्थ-* 'a passage, way; place of pilgrimage on the banks of sacred streams; piece of water'] *m.* 〖ヒンドゥー教〗聖地;巡礼地.

तीर्थयात्रा /tīrtʰayātrā ティールトヤートラー/ [←Skt.f. *तीर्थ-यात्रा-* 'pilgrimage'] *f.* 〖ヒンドゥー教〗聖地巡礼. ❐(की) ～ करना(…の)聖地巡礼をする. ❐～ पर जाना 聖地巡礼に出かける.

तीर्थयात्री /tīrtʰayātrī ティールトヤートリー/ [←Skt. *तीर्थ-यात्रिन्-* 'engaged in pilgrimage'] *m.* 〖ヒンドゥー教〗巡礼者.

तीली /tīlī ティーリー/ [?] *f.* **1** 麦藁(わら), 藁;(芦などの)茎. ❐सरकंडे की तीलियों की बनी हुई टट्टी 芦の茎でできた簾(すだれ). **2** マッチ棒. ❐दियासलाई की ～ マッチ棒. **3** 細い金属の棒状のもの;(自転車の車輪の)スポーク. ❐पिंजरे की तीलियाँ 鳥かごの鉄格子の棒.

तीव्र /tīvra̸ ティーヴル/ [←Skt. *तीव्र-* 'strong, severe, violent, intense, hot, pervading, excessive, ardent, sharp, acute, pungent, horrible'] *adj.* **1** 鋭い;鋭敏な;過度の;強烈な. ❐～ इच्छा 切なる願望. ❐～ आलोचना 痛烈な批判. ❐～ दृष्टि 鋭い視線. ❐～ बुद्धि 研ぎ澄まされた知性. ❐～ व्यथा 激しい痛み. ❐～ स्वर में कहना 鋭い声で言う. **2** 高速な;急速な. ❐～ गति रेल 高速鉄道. ❐～ गति से 高速に;急速に.

तीव्रता /tīvra̸tā ティーヴルター/ [←Skt.f. *तीव्र-ता-* 'violence, heat'] *f.* **1** 鋭さ;鋭敏さ. **2** 速度が急速なこと. ❐जल में गति की ～ थी। 水は急速な速度だった.

तीस /tīsa̸ ティース/ [<OIA.f. *triṁśát-* 'thirty': T.06015] *num.* 30.

तीसरा /tīsa̸rā ティースラー/ [<OIA. **triḥsara-* 'triple': T.06018] *adj.* 3 番目の. (⇒तृतीय, थर्ड)

तीसी /tīsī ティースィー/ [<OIA.f. *atasī́-* 'flax': T.00198] *f.* 〖植物〗アマ(亜麻). (⇒अलसी)

तुंग /tuṃga̸ トゥング/ [←Skt. *तुङ्ग-* 'prominent, erect, lofty, high'] *adj.* 高くそびえる.

तुंगभद्रा /tuṃga̸bʰadrā トゥングバドラー/ [cf. Eng.n. *Tungabhadra*] *m.* トゥングバドラー川, トゥンガバドラー川《カルナータカ州 (कर्नाटक) から発しアーンドラ・プラデーシュ州 (आंध्र प्रदेश) でベンガル湾に注ぐクリシュナ川 (कृष्णा) に合流する》.

तुंबा /tuṃbā トゥンバー/ ▸तूँबा [<OIA.m. *tumba-*[1] 'the gourd *Lagenaria vulgaris*': T.05868] *m.* (中が空洞の)ひょうたん《苦行者が水を入れて持ち運ぶ》.

तुंबी /tuṃbī トゥンビー/ ▸तूँबी [dimin. of *तुंबा*] *f.* トゥンビー《小型の細長いヒョウタン;ヘビ使いが吹く笛》.

तुक /tuka̸ トゥク/ [?←Pers.n. تک 'the beak of a bird; the point of a dagger or spear'] *f.* **1** 韻;脚韻. ❐～ जोड़ना [बिठाना, मिलाना] 韻を踏ませる, 押韻させる. **2** 妥当性;意義;道理. ❐चीन से डरने की कोई ～ नहीं। 中国を恐れる何ら理由はない. **3** 調和. ❐～ में ～ मिलाना 調子を合わせる, 同調する.

तुकबंदी /tuka̸baṃdī トゥクバンディー/ [*तुक* + *-बंदी*] *f.* **1** 押韻, 韻をふむこと《特に脚韻》. **2** 下手な詩を作ること;即興で詩作すること;語呂合わせをすること.

तुकांत /tukāṃta̸ トゥカーント/ [*तुक* + *अंत*] *adj.* 脚韻がふまれている(詩).

तुक्कड़ /tukkaṛa̸ トゥッカル/ [*तुक* + *-अक्कड़*] *m.* へぼ詩人, 三文詩人.

तुक्का /tukkā トゥッカー/ [←Pers.n. تکّا 'an arrow without a head, but with a knob'] *m.* 矢じりの付いてない矢《矢じりの代わりに丸いこぶが付いている》.

तुच्छ /tuccʰa̸ トゥッチ/ [←Skt. *तुच्छ-* 'empty, vain, small, little, trifling'] *adj.* **1** 些細な, ちょっとした, 小さな. (⇒अदना, छोटा)(⇔बड़ा) **2** つまらぬ, 取るに足らない. (⇒अदना, कमीना) ❐(को) ～ समझना (…を)取るに足らないものとみなす.

तुच्छता /tuccʰa̸tā トゥッチター/ [←Skt.f. *तुच्छ-ता-* 'emptiness, vanity'] *f.* つまらぬこと, 取るに足らないこと.

तुझ /tujʰa̸ トゥジ/ *pron.* 《तू の後置格; तुझमें, तुझपर など》

तुझको /tujʰa̸ko トゥジコー/ *pron.* 《तुझ + को》

तुझपर /tujʰa̸para̸ トゥジパル/ *pron.* 《तुझ + पर》

तुझमें /tujʰa̸mẽ トゥジメーン/ *pron.* 《तुझ + में》

तुझसे /tujʰa̸se トゥジセー/ *pron.* 《तुझ + से》

तुझी /tujʰī トゥジー/ *pron.* 《तुझ + ही》

तुझे /tujʰe トゥジェー/ *pron.* 《तू の融合形;= तुझ + को》

तुड़वाना /tuṛa̸vānā トゥルワーナー/ ▸तुड़ाना [caus. of *टूटना, तोड़ना*] *vt.* (*perf.* तुड़वाया /tuṛa̸vāyā トゥルワーヤー/) **1** 壊させる;壊してもらう. **2** (自分のお金を小銭に)くずす, (小銭に)換えてもらう.

तुड़ाना /tuṛānā トゥラーナー/ ▸तुड़वाना [caus. of *टूटना, तोड़ना*] *vt.* (*perf.* तुड़ाया /tuṛāyā トゥラーヤー/) ☞तुड़वाना

तुतला /tuta̸lā トゥトラー/ ▸तोतला *adj.* ☞तोतला

तुतलाना /tuta̸lānā トゥトラーナー/ ▸तोतलाना [onom.; cf. *तोता, तुतला*] *vi.* (*perf.* तुतलाया /tuta̸lāyā トゥトラーヤー/) **1** まわらぬ舌で話す, 舌足らずに話す. ❐सोलह की अवस्था में भी वह तुतलाती थी। 16 才になっても彼女は舌足らずだった. **2** どもる, 口ごもりながら話す. (⇒हकलाना)

तुनक /tunaka̸ トゥナク/ ▸तुनुक [←Pers.adj. تنک 'thin, slender, slight, weak, delicate'; cog. Skt. *तनुक-* 'thin'] *adj.* やつれた;繊細な;華奢な.

तुनकना /tunaka̸nā トゥナクナー/ ▸तिनकना *vi.* (*perf.* तुनका /tuna̸kā トゥンカー/) ☞तिनकना

तुनक-मिज़ाज /tunaka̸-mizāja̸ トゥナク・ミザージ/ ▸तुनुक-मिज़ाज [←Pers.adj. تنک مزاج 'whimsical, peevish'; cf. *तुनकना*] *adj.* (性格が)怒りっぽい, 短気な;気難しい, 口うるさい. ❐पिछलगुओं की ख़ुशामद ने हमें अभिमानी और ～ बना दिया। 取り巻き連中のおべっかが私たちを思い上がらせ短気にした.

तुनुक /tunuka̸ トゥヌク/ ▸तुनक *adj.* ☞तुनक

तुनुक-मिज़ाज /tunuka̸-mizāja̸ トゥヌク・ミザージ/ ▸तुनक-मिज़ाज *adj.* ☞तुनक-मिज़ाज

तुम /tuma̸ トゥム/ *pron.* 君, あんた, 君たち, あんたたち.

तुमको /tuma̸ko トゥムコー/ *pron.* 《तुम + को》

तुमड़ी /tuma̸ṛī トゥムリー/ [cf. *तुंबी*] *f.* ☞तुंबी

तुमने /tuma̸ne トゥムネー/ *pron.* 《तुम の能格》.

तुमपर /tuma̸para̸ トゥムパル/ *pron.* 《तुम + पर》

तुममें /tuma̸mẽ トゥムメーン/ *pron.* 《तुम + में》

तुमसे /tuma̸se トゥムセー/ *pron.* 《तुम + से》

तुमुल /tumula̸ トゥムル/ [←Skt. *तुमुल-* 'tumultuous, noisy'] *adj.* 騒々しい;(心が)激しく乱れた. ❐इस समय मेरे हृदय के भीतर ～ युद्ध हो रहा है। 今私の心の中では激しい争いが繰り広げられている.
— *m.* 騒々しい争い;心の乱れ.

तुम्हारा /tumhārā トゥムハーラー/ *pron.adj.* 君の, おまえの《तुम の属格; तुम्हारा, तुम्हारे, तुम्हारी と形容詞変化する》.

तुम्हीं /tumhī̃ トゥムヒーン/ *pron.* 《तुम の強調形》.

तुम्हें /tumhẽ トゥムヘーン/ *pron.* 《तुम の融合形;= तुम +

को》

तुरंग /turaṃga トゥラング/ [←Skt.m. तुरं-ग- 'going quickly; a horse'] *m.* 馬.

तुरंत /turaṃta トゥラント/ ▸तुरत [<OIA. *turánt-* 'hastening': T.05879] *adv.* ただちに, すぐに.

तुरई /turaī トゥライー/ ▸तोरई, तोरी *f.* ☞तोरई

तुरग /turaga トゥラグ/ *m.* ☞तुरंग

तुरत /turata トゥラト/ ▸तुरंत *adv.* ☞तुरंत

तुरपन /turapana トゥルパン/ [cf. तुरपना] *f.* 仮縫い.

तुरपना /turapanā トゥラプナー/ [<OIA. **trupyati, *trupnāti* 'pierces': T.06068] *vt.* (*perf.* तुरपा /turapā トゥルパー/) 仮縫いをする. ❐दर्ज़ी कोट सीने से पहले तुरपता है, और ग्राहक को पहनाकर देखने के बाद उसे सीता है। 仕立て屋はコートを縫う前に仮縫いをする, そして客に着せて見た後で本縫いをする.

तुरही /turahī トゥルヒー/ [<Skt.n. तूर्य- 'a musical instrument'] *f.* 『楽器』ラッパ;トランペット.

तुरुप[1] /turupa トゥルプ/ [Port.m. *trunfo* 'trump' × Eng.n. *trump*] *m.* 『ゲーム』（トランプの）切り札. ❐ ～ का पत्ता 切り札.

तुरुप[2] /turupa トゥルプ/ [←Port.f. *tropa* 'troop'] *f.* 中隊, 騎兵中隊.

तुर्क /turka トゥルク/ [←Pers.n. ترک 'a Turk' ←Turk.] *m.* トルコ人.

तुर्कमान /turkamāna トゥルクマーン/ [←Pers.n. ترکمان 'a Turkoman'] *m.* **1** トルクメン人. **2** 『動物』トルコ馬.

तुर्कमेनिस्तान /turkamenistāna トゥルクメーニスターン/ [cf. Eng.n. *Turkmenistan*] *m.* 『国名』トルクメニスタン《首都はアシガバート (अश्गाबात)》.

तुर्किस्तान /turkistāna トゥルキスターン/ [←Pers.n. ترکستان 'Turkomānia, Transoxania'] *m.* 『地理』トルキスタン《中央アジアを示す歴史的地域名称》.

तुर्की /turkī トゥルキー/ [←Pers.adj. تُرکی 'Turkish, Turk-like'] *adj.* **1** トルコの. ❐～ घोड़ा トルコ馬. ❐～ टोपी トルコ帽. **2** トルコ人の. **3** トルコ語の. ❐～ भाषा トルコ語.

— *m.* 『国名』トルコ（共和国）《首都はアンカラ (अंकारा)》.

— *f.*トルコ語.

तुर्रा /turrā トゥルラー/ [←Pers.n. طره 'a waving ringlet, dangling forelock, tuft of frizzled, braided, or curled hair' ←Arab.] *m.* **1** 巻き毛;垂れ髪;(鳥の)とさか. (⇒कलग़ी) **2** トゥルラー《ターバンや帽子などに付ける鳥の羽, 花の房, アクセサリーなどの飾りもの》. (⇒कलग़ी) **3**《『(इसपर) तुर्रा यह』の形式で,「(それに加えて)おまけにこれだ, (それなのに)奇妙なことはこれだ」を表す》 ❐सारे दिन गली-गली ठोकरें खानी पड़ती हैं। इसपर ～ यह कि हमेशा सिर पर नंगी तलवार लटकती रहती है। न जाने कब गिरफ़्तार हो जाऊँ, कब ज़मानत तलब हो जाए। 一日中行く先々で苦労しなけばいけない. これに加えておまけに, 絶えず頭上には抜身の剣がぶら下がっている(=「安心して息をつくこともできない」の意). いつ逮捕されるか, いつ保釈金を求められるかと. ❐इसका नफ़ा ग़रीबों के उपकार में ख़र्च होता था। ～ यह कि सभी जानते थे, यह रमेश की करामात है, पर किसी को मुँह खोलने की हिम्मत न होती थी। この収益は貧しい人たちの救済に使われた. それなのに奇妙なことは, みんなはこれがラメーシュの為せる摩訶(まか)不思議なわざだと知っていても, 誰も口を開く勇気がでなかったことだ.

तुलन-पत्र /tulana-patra トゥラン・パトル/ [neo.Skt.n. तुलन-पत्र- 'balance sheet'] *m.* 『経済』バランス・シート, 貸借対照表.

तुलना /tulanā トゥルナー/ [<OIA. *tulayati* 'lifts': T.05884] *vi.* (*perf.* तुला /tulā トゥラー/) **1** 計量される, (重さが)量られる;はかりにかけられる;(手にして)(重さが)比べられる. ❐अनाज तो सब-का-सब खलिहान में ही तुल गया। (収穫された)穀物はみんな倉庫で計量がすんだ. **2** バランスがとれる, 均衡[平衡]が保たれる. ❐साइकिल पर तुलकर बैठो। 自転車にバランスよく腰掛けなさい. **3** (手にした武器が)構えられる;(狙いが)定まる. **4** じっくり比較考量される;(言葉などが)慎重に選ばれる. ❐नपी-तुली बात 慎重に計算された話. ❐सरकारिया रिपोर्ट एक नपा-तुला दस्तावेज़ होते हुए भी पुराना और अधूरा है। 政府の報告書は気配りされた文書ではあるが時代遅れであり中途半端である. **5** 決意[覚悟]をする. ❐वह मेरे साथ झगड़ा करने पर तुला हुआ है। 彼はすっかり私と争う気になっている.

— *f.* 比較, 対照. (⇒मुक़ाबला) ❐(से) (की) ～ करना (…と)(…の)比較をする. ❐(की) ～ में (…に)比較して.

तुलनात्मक /tulanātmaka トゥルナートマク/ [neo.Skt. तुलना-आत्मक- 'comparative'] *adj.* 比較(上)の. ❐～ अध्ययन 比較研究.

तुलनीय /tulanīya トゥルニーエ/ [←Skt. तुलनीय- 'comparable'] *adj.* 比較すべき;比較できる.

तुलवाई /tulavāī トゥルワーイー/ [cf. तुलवाना] *f.* 計量する仕事;その仕事の手間賃.

तुलवाना /tulavānā トゥルワーナー/ ▸तुलाना, तौलवाना [caus. of तुलना, तौलना] *vt.* (*perf.* तुलवाया /tulavāyā トゥルワーヤー/) (重さを)量らせる;量ってもらう.

तुलसी /tulasī トゥルスィー/ [←Skt.f. तुलसी- 'holy basil'] *f.* 『植物』トゥラスィー《バジル, カミメボウキ, シソ科の多年生草本;家の庭や寺院に植え, その周りを回ると功徳があると信じられている;ラクシュミー女神の化身と考えられている;薬用にも使用される》.

तुला /tulā トゥラー/ [←Skt.f. तुला- 'a balance, weight; the zodiacal sign Libra'] *f.* **1** 天秤, 秤. **2** 『天文』天秤座. ❐～ राशि (黄道十二宮の一つ)天秤宮, 天秤座.

तुलाई /tulāī トゥラーイー/ [cf. तुलाना] *f.* ☞तुलवाई

तुलादान /tulādāna トゥラーダーン/ [←Skt.n. तुला-दान- 'gift of gold equal to a man's weight'] *m.* 『ヒンドゥー教』トゥラーダーナ《寄進者の体重と同じ重さの金品を寄進すること》.

तुलाना /tulānā トゥラーナー/ ▸तुलवाना, तौलवाना [caus. of तुलना, तौलना] *vt.* (*perf.* तुलाया /tulāyā トゥラーヤー/) ☞

तुलवाना

तुल्य /tulya トゥルエ/ [←Skt. *तुल्य-* 'equal to'] *adj.* 同じ；似ている《『名詞 (के) तुल्य』の形式で，形容詞句「…と同等な，…に匹敵する」を作る；後置詞 के は省略可能》. ❐आप मेरे पिता ～ हैं। あなたは私にとって父同様です. ❐उनके उपदेश सुनकर मैं उन्हें देव ～ समझने लगी थी। あの方の教えを聞き私はあの方を神に等しい方だと思いました. ❐मैं इसे पर्वत खोदकर चुहिया निकालने के ～ समझता हूँ। 私はこれは山を掘り子ネズミを得るのと同等だと思います《「苦労した割にたいした結果が得られない」の意》.

तुवालू /tuvālu トゥワール/ [cf. Eng.n. *Tuvalu*] *m.* 〖国名〗ツバル《首都はフナフティ (फ़ुनाफ़ती)》.

तुषार /tuṣāra トゥシャール/ [←Skt.m. *तुषार-* 'frost, cold, snow, mist, dew, thin rain'] *m.* 霜；雪. ❐(पर) ～ पड़ना (…に) 霜が降る《「(希望などに) 水がさされる」の意も》.

तुषारपात /tuṣārapāta トゥシャールパート/ [?neo.Skt.m. *तुषार-पात-* 'frost fall'] *m.* **1** 降霜(こうそう)；降雪. **2** (希望・期待などに対する) とどめの一撃. ❐सारी आशाओं पर ～ हो गया। 全ての希望が潰え去った.

तुष्ट /tuṣṭa トゥシュト/ [←Skt. *तुष्ट-* 'satisfied, pleased'] *adj.* 満足した，充足した，満たされた. (⇒संतुष्ट)

तुष्टि /tuṣṭi トゥシュティ/ [←Skt.f. *तुष्टि-* 'satisfaction, contentment'] *f.* 満足，充足. (⇒संतुष्टि)

तुष्टीकरण /tuṣṭīkaraṇa トゥシュティーカラン/ [neo.Skt.n. *तुष्टीकरण-* 'appeasement'] *m.* (相手を満足させる) 妥協，譲歩；融和政策.

तुहिन /tuhina トゥヒン/ [←Skt.n. *तुहिन-* 'frost, cold, mist, dew, snow'] *m.* 霜；露.

तूँबा /tū̃bā トゥーンバー/ ▸तुंबा *m.* ☞तुंबा

तूँबी /tū̃bī トゥーンビー/ ▸तुंबी [dimin. of *तूँबा*] *f.* ☞तुंबी

तू /tū トゥー/ [<OIA. *tuvám, tvám* 'thou': T.05889] *pron.* おまえ，きさま；(神に対して) 汝. ❐साधू लोग छोटे-बड़े, अमीर-ग़रीब, बूढ़े-जवान, सबको तू कहकर पुकारते हैं। ヒンドゥー教の苦行者たちは，身分の高い者も低い者も，金持ちも貧乏人も，老いた人も若い人も，皆に対して「おまえ」という言葉で呼ぶのである.

तूणीर /tūṇīra トゥーニール/ [←Skt.m. *तूणीर-* 'a quiver'] *m.* えびら，矢筒. (⇒तरकश)

तूतिया /tūtiyā トゥーティヤー/ [?<OIA.n. *tutthá-* 'blue vitriol (used as an eye ointment)': T.05855] *m.* 〖化学〗硫酸銅.

तूती /tūtī トゥーティー/ [←Pers.n. توتی، طوطی 'a parrot'] *f.* **1** 〖鳥〗トゥーティー《インコやカナリヤなど美声で鳴く小鳥の総称》. **2** 〖楽器〗トゥーティー《細長い笛の一種》. **3** (耳に心地よい) 甘美な調べ. ❐(की) ～ बोलना 〔慣用〕(…の) 評判をとる，席巻する. ❐नक़्क़ार-ख़ाने में ～ की आवाज़ 〔諺〕どんなに美声でも喧噪の中では聞こえない；お偉方の中で小者のたわごと.

तू-तू /tū-tū トゥー・トゥー/ [onom.] *m.* 〔擬声〕チュチュ；犬などを呼びよせる時の音. ❐～ आओ। ほらほら，おいで.

तूने /tūne トゥーネー/ *pron.* 《 तू の能格》.

तूफ़ान /tūfāna トゥーファーン/ [←Pers.n. طوفان 'a flood, a universal deluge' ←Arab.] *m.* 嵐，大あらし；暴風雨；台風.

तूफ़ानी /tūfānī トゥーファーニー/ [←Pers.adj. طوفانی 'stormy'] *adj.* **1** 嵐の，暴風雨の，台風の. **2** (会議・騒ぎなどが) 嵐のような，激しい，荒れ狂う. ❐～ शोर 嵐のような騒乱. **3** (気性・感情が) 激しい，荒々しい. ❐～ आवेश 激情.

तूमना /tūmanā トゥームナー/ [<OIA. *túmbati* 'distresses': T.05870] *vt.* (*perf.* तूमा /tūmā トゥーマー/) (紡ぐ前に) (綿・羊毛を) ほぐす.

तूल[1] /tūla トゥール/ [←Pers. طول 'being long, of long duration; exceeding in length' ←Arab.] *m.* 長さ；広さ《『(को) तूल देना』の形式で慣用表現「(…を) 大げさにする」を，『तूल खींचना [पकड़ना]』の形式で慣用表現「大げさになる」をそれぞれ作る》. ❐इस ज़रा-सी बात को इस भले आदमी ने इतना ～ दिया। この何でもないことをこのお人よしなバカはこんなに大げさにしちまった. ❐मैं फिर क़िस्से को ～ देने लगा। 私はまた作り話をでっち上げ始めた. ❐वे यह न समझे थे कि मामला इतना ～ खींचेगा। ことがこれほど大げさになるなんて彼は思ってもいなかった.

तूल[2] /tūla トゥール/ [←Skt.n. *तूल-* 'cotton'] *m.* 綿.

तूलिका /tūlikā トゥーリカー/ [neo.Skt.f. *तूलिका-* 'a painter's brush'] *f.* 筆，画筆，絵筆. (⇒बुरुश)

तृण /tṛṇa トリン/ [←Skt.n. *तृण-* 'grass, herb, any gramineous plant'] *m.* ☞तिनका

तृतीय /tṛtīya トリティーエ/ [←Skt. *तृतीय-* 'third'] *adj.* 3番目の. (⇒तीसरा, थर्ड)

तृतीय-पुरुष /tṛtīya-puruṣa トリティーエ・プルシュ/ [neo.Skt.m. *तृतीय-पुरुष-* 'the third person'] *m.* 〖言語〗三人称. (⇒अन्य-पुरुष)

तृप्त /tṛpta トリプト/ [←Skt. *तृप्त-* 'satiated, satisfied with'] *adj.* 満足した，満たされた. ❐वासना को ～ करना 欲望を満たす.

तृप्ति /tṛpti トリプティ/ [←Skt.f. *तृप्ति-* 'satisfaction, contentment'] *f.* 満足，満足感，充足；満腹，満腹感. ❐प्यासे को पानी से जो ～ होती है, वही ～ इस पत्र से उसे हुई। 喉が渇いている人間が水によって得られる満足感，その満足感がこの手紙によって彼は得られた.

तृष्णा /tṛṣṇā トリシュナー/ [←Skt.f. *तृष्णा-* 'thirst'] *f.* **1** 喉の渇き. (⇒प्यास) **2** 渇望.

तेंतालीस /tẽtālīsa テーンターリース/ ▸तितालीस, तैंतालीस [<OIA.f. *trayaścatvāriṁśat-, tricatvāriṁśat-* 'forty-three': T.05998] *num.* 43.

तेंतीस /tẽtīsa テーンティース/ ▸तेतीस, तैंतीस [<OIA.f. *tráyastriṁśat-* 'thirty-three': T.06000] *num.* 33.

तेंदुआ /tẽduā テーンドゥアー/ [?] *m.* 〖動物〗(雄) ヒョウ. (⇔तेंदुई)

तेंदुई /tẽduī テーンドゥイー/ [cf. *तेंदुआ*] *f.* 〖動物〗雌ヒョウ. (⇔तेंदुआ)

तेईस /teīsa テーイース/ [<OIA.f. *tráyōviṁśati-* 'twenty

three': T.06004] *num.* 23.

तेग़ /teğa テーグ/ [←Pers.n. تیغ 'a sword, scimitar, glaive, falchion'] *f.* 刀, 剣. (⇒तलवार)

तेग़ा /teğā テーガー/ [←Pers.n. تیغہ 'blade of a sword or knife'] *m.* 小さい刀;短剣.

तेज /teja テージ/ [←Skt.n. *तेजस्-* 'the sharp edge, point or top of a flame or ray, glow, glare, splendour, brilliance, light, fire'] *m.* 輝き;熱気;鋭気, 威勢;威厳, 威風. ❐उम्र चालीस से ऊपर थी, बाल खिचड़ी हो गये थे, पर चेहरे पर ~ था। 歳は40を過ぎていた, 髪は白いものが混じっていた, しかし顔には鋭気があった.

तेज़ /teza テーズ/ [←Pers.adj. تیز 'sharp, cutting, acute, pointed'; cog. Skt.m. *तेज-* 'sharpness'] *adj.* **1** 鋭い, 鋭利な. ❐~ करना (刃物を)鋭利にする. **2** 鋭敏な, さとい, きびきびした;(口が)達者で辛辣な. (⇔सुस्त) ❐वह ज़बान की ~ थी। 彼女は口が達者だった. ❐वह पढ़ाई में ~ है। 彼は勉強ができる. **3** (速度が)速い, 高速な. (⇔सुस्त) ❐~ करना (速度を)速める. ❐~ धावक 速いランナー. ❐~ रफ़्तार से 急速力で. ❐सुस्त कछुआ ~ ख़रगोश से बाज़ी मार ले गया था। のろまのカメが足の速いウサギに勝った. **4** (時計が)進んでいる. (⇔सुस्त) ❐मेरी घड़ी दो मिनट ~ है। 私の時計は2分進んでいる. **5** (お茶などが)濃い. ❐~ चाय 濃いお茶. **6**〖経済〗(市場景気が)活気ある. (⇔सुस्त)

तेजपत्ता /tejapattā テージパッター/ ▸तेजपात *m.* ☞तेजपात

तेजपात /tejapāta テージパート/▸तेजपत्ता [<Skt.n. *तेज:पत्र-* 'the leaf of *Laurus Cassia*'] *m.*〖植物〗ローリエ, ベイ・リーフ《月桂樹の葉;乾燥させて香辛料として使用》.

तेजवान /tejavāna テージワーン/ [cf. Skt. *तेजस्-वत्-* 'splendid, bright, glorious, beautiful'] *adj.* ☞तेजस्वी

तेजस्विता /tejasvitā テージャスヴィター/ [←Skt.f. *तेजस्वि-ता-* 'energy'] *f.* 威厳のあること, 荘重であること, 堂々としていること. ❐~ चेहरा 威厳のある顔. ❐~ रूप 威厳のある姿.

तेजस्वी /tejasvī テージャスヴィー/ [←Skt. *तेजस्विन्-* 'brilliant, splendid, bright, powerful, energetic'] *adj.* 威厳のある, 荘重な, 堂々としている.

तेज़ाब /tezāba テーザーブ/ [←Pers.n. تیز آب 'aquafortis'] *m.*〖化学〗酸《ニュース報道などでは硫酸 (गंधकाम्ल) の意で使用することも》. (⇒अम्ल, एसिड)

तेज़ी /tezī テーズィー/ [←Pers.n. تیزی 'sharpness'] *f.* **1** 鋭さ, 鋭利さ. **2** すばやさ, 機敏さ;迅速さ, 俊敏さ;(時計が)進んでいること. (⇔सुस्ती) ❐~ से すばやく. **3** 鋭敏さ, 賢さ. (⇔सुस्ती) **4** 感情の高り;激高;激情. **5** (スパイスなどの)刺激効果:(薬などの)強い効能;(お茶などが)濃いこと. **6**〖経済〗(経済・市場の)好況, 活況, 好景気;(物価の)上昇. (⇔मंदी)

तेतीस /tetīsa テーティース/ ▸तेंतीस, तैंतीस *num.* ☞तेंतीस

तेरस /terasa テーラス/ [cf. *तेरह*] *f.*〖暦〗テーラス《インド太陰月の白半月 (शुक्ल पक्ष) または黒半月 (कृष्ण पक्ष) の13日目》.

तेरह /teraha テーラ/ [<OIA. *tráyōdaśa*[1] 'thirteen': T.06001] *num.* 13.

तेरहीं /terahī̃ テールヒーン/ [cf. *तेरह*] *f.*〖ヒンドゥー教〗テールヒーン《故人が亡くなって13日目;忌明けの儀礼がある》.

तेरा /terā テーラー/ *pron.adj.* おまえの《 तू の属格; तेरा, तेरे, तेरी と形容詞変化する》.

तेलंगाना /telaṃgānā テーランガーナー/ [cf. Eng.n. *Telangana*] *m.* テランガーナ州《州都はハイデラーバード (हैदराबाद);2014年にアーンドラ・プラデーシュ州 (आंध्र प्रदेश) から分割》.

तेल /tela テール/ [<OIA.n. *tailá-* 'sesamun oil, oil': T.05958] *m.* **1** 植物性油《調理用オイル, 香油など》. (⇒आयल) ❐खाद्य ~ 食用油. ❐वनस्पति ~ 植物性油. ❐सरसों का ~ マスタード・オイル. **2** 鉱物性油《石油, オイル, グリース, 潤滑油など》. (⇒आयल) ❐कच्चा ~ 原油. ❐मिट्टी का ~ 石油. **3** ガソリン. (⇒आयल, पेट्रोल)

तेलहन /telahana テールハン/ ▸तिलहन *m.* ☞तिलहन

तेलिन /telina テーリン/ [cf. *तेली*] *f.* **1** 植物性油を搾ったり売ったりすることを生業とする女. **2**〖ヒンドゥー教〗テーリー (तेली) の妻.

तेलिया /teliyā テーリヤー/ [<OIA. **tailiya-* 'oily': T.05964] *adj.* **1** 油のついた;(光沢・滑らかさなどが)油のような. **2** (暗い)茶色がかった, 赤茶色の. ❐~ काकरेज़ी 黒紫色.

तेली /telī テーリー/ [<OIA.m. *tailika-* 'oil-miller': T.05963] *m.* **1** 植物性油を搾ったり売ったりすることを生業とする男. **2**〖ヒンドゥー教〗テーリー《植物性油を搾ったり売ったりすることを生業とするジャーティ集団 (जाति);また, このジャーティ集団に属する男》.

तेलुगु /telugu テールグ/ *f.* テルグ語.
— *adj.* テルグ語の.

तेवर /tevara テーワル/ [<OIA.n. *taimira-* 'dimness of the eyes': T.05955] *m.* (険しい)目つき;(不快な)顔色, 顔つき《特に怒りの表情として;複数扱い》. ❐(के) ~ मैले न होना (人が)顔色ひとつ変えない. ❐(के) ~ बदलना (人の)顔色が変わる. ❐उनके ~ देखकर मेरे प्राण सूख गए। あの方の険しい目つきを見て私は身が縮む思いだった.

तेहरा /teharā テーヘラー/ ▸तिहरा [<OIA. **tridhāra-, *trēdhāra-* 'three-fold, triple': T.06027] *adj.* 3倍の;3重の.

तेहरान /teharāna テヘラーン/ [←Pers.n. تہران 'Teheran'] *m.*〖地名〗テヘラン《イラン(イスラム共和国) (ईरान) の首都》.

तैंतालीस /tãĩtālīsa タェーンターリース/ ▸तितालीस, तेंतालीस *num.* ☞तेंतालीस

तैंतीस /tãĩtīsa タェーンティース/ ▸तेंतीस, तेतीस *num.* ☞तेंतीस

तै /tai タェー/ ▸तय *adj.* ☞तय

तैनात /taināta タェーナート/ [←Pers.n. تعینات 'appointments' ←Arab.] *adj.* (警戒, 防御などのため)

配置された;配備された. ❐(को) ～ करना (人を)配置する.

तैनाती /tainātī タェーナーティー/ [←Pers.n. تعیناتی 'appointment, serivce, duty'] *f.* (警戒, 防御などのための)配置;配備. ❐(की) ～ करना (人を)配置する.

तैयार /taiyāra タイヤール/ [←Pers.adj. تیار 'ready, prepared' ←Arab.] *adj.* **1** 支度の済んだ, 準備ができている. ❐～ करना(…を)準備する. **2**…する気になっている. (⇒हाज़िर) ❐वह यह काम करने को ～ है। 彼はこの仕事をする気になっている.

तैयारी /taiyārī タイヤーリー/ [←Pers.n. تیاری 'readiness, preparation'] *f.* 準備, 支度. ❐(की) ～ करना (…の)準備[支度]をする.

तैरना /tairanā タェールナー/ [<OIA. *tirátē* 'crosses over, sails across': T.05821] *vi.* (*perf.* तैरा /tairā タェーラー/) **1** 泳ぐ. (⇒पैरना) ❐उसे तैरना आता है। 彼は泳げます. ❐वह बहाव की ओर तैरने लगा। 彼は流れに向かって泳ぎだした. ❐परिवर्तनों के बीच अपरिवर्तित रहना, धारा के विरुद्ध तैर सकना, हिंदू समाज में गुण समझा जाता है। 変動の真っ只中において変わらずにいること, 時勢の流れに逆らって泳げることは, ヒンドゥー社会において美徳と考えられている. **2** (ものが)漂う, 浮く. (⇒तरना)

तैराई /tairāī タェーラーイー/ [cf. *तैरना*] *f.* 泳ぐ作業の仕事;この仕事の手間賃.

तैराक /tairāka タェーラーク/ [cf. *तैरना*] *m.* 〖スポーツ〗水泳選手, 泳ぎ手.

तैराकी /tairākī タェーラーキー/ [*तैराक* + *-ई*] *f.* 〖スポーツ〗水泳. ❐～ का मैच 水泳競技. ❐～ सूट 水泳着, 水着.

तैराना /tairānā タェーラーナー/ [caus. of *तैरना*] *vt.* (*perf.* तैराया /tairāyā タェーラーヤー/) 泳がせる.

तैल-चित्र /taila-citra タェール・チトル/ [neo.Skt.n. *तैल-चित्र-* 'oil painting'] *m.* 油絵, 油彩画.

तैश /taiśa タェーシュ/ [←Pers. طیش 'being light, inconstant; anger' ←Arab.] *m.* 激怒;憤激. (⇒क्रोध) ❐(को) ～ आना(人が)激怒する. ❐(को) ～ दिलाना (人を)激怒させる. ❐～ खाना かっとなる. ❐～ में आना かっとなる.

तैसा /taisā タェーサー/ [<OIA. *tādŕśa-* 'suchlike': T.05760] *adv.* ☞वैसा

तोंद /tõda トーンド/ [<OIA.n. *tundá-*[1] 'belly; pot-belly': T.05858] *f.* (でっぷりした)太鼓腹. ❐～ कमर के नीचे लटकना 太鼓腹が下腹部に垂れる. ❐～ निकलना 腹がでっぷりと突き出る.

तोंदल /tõdala トーンダル/ [cf. *तोंद*] *adj.* 太鼓腹の(人).

तो /to トー/ *conj.* …ならば.
— *ind.* (他は別にして)…に関しては.

तोक्यो /tokyo トーキョー/ [cf. Eng.n. *Tokyo*] *m.* 〖地名〗東京《日本(国) (जापान) の首都》. (⇒टोक्यो)

तोड़ /toṛa トール/ [<OIA. **trōṭa-* 'breaking, breakage': T.06077; cf. *तोड़ना*] *m.* **1** 破壊. **2** (危機への)対応策;(スポーツの)返し技;解毒剤.

-तोड़ /-toṛa ·トール/ [cf. *तोड़, तोड़ना*] *comb. form* 名詞の後に付加して「…を破壊する, …を圧倒する」などを意味する形容詞を作る;《टैंक-तोड़「対戦車(用の)」, मुँह-तोड़「口がきけないほど圧倒する」など》.

तोड़ना /toṛanā トールナー/ [<OIA. *trōṭáyati* 'breaks, tears': T.06079] *vt.* (*perf.* तोड़ा /toṛā トーラー/) **1** 破壊する;粉砕する;壊す;割る;破る;裂く. ❐उसने हथकड़ी तोड़ डाली। 彼は手錠を壊した. **2** (花・実などを)むしりとる, もぎとる, ちぎりとる, 手折る;摘む. (⇒खूँटना) ❐यहाँ फूल तोड़ना मना है। ここでは花を摘むことは禁じられています. ❐मैं चोरी से आम तोड़ने के लिए पेड़ पर चढ़ा। 私はこっそりとマンゴーをもぎとろうと木に登った. **3** (高額紙幣などを)くずす, こまかくする《「くずしてもらう」は तुड़ाना》. **4** (規則・束縛・約束・誓い・断食などを)破る;(関係を)絶つ. ❐सारे बंधन तोड़ दो। すべての束縛を打ち破れ. ❐अनशन तोड़ना। ハンストを中止する. ❐मैंने उससे नाता तोड़ लिया। 私は彼との関係を絶った. **5**〔慣用〕❐दम तोड़ देना 息をひきとる.

तोड़ना-फोड़ना /toṛanā-pʰoṛanā トールナー・ポールナー/ *vt.* (*perf.* तोड़ा-फोड़ा /toṛā-pʰoṛā トーラー・ポーラー/) 壊す, 破壊する;粉砕する.

तोड़-फोड़ /toṛa-pʰoṛa トール・ポール/ *f.* 破壊, 粉砕;破壊活動.

तोड़ा /toṛā トーラー/ [<OIA. **tōba-* 'bag': T.05972] *m.* トーラー《昔使用された腰に巻きつける財布, 巾着》.

तोतला /totalā トートラー/ ▸तुतला [cf. *तुतलाना, तोता*] *adj.* 舌足らずの(発音);よく舌のまわらない(言葉). ❐～ बोली 舌足らずの言葉.

तोतलाना /totalānā トートラーナー/ ▸तुतलाना *vi.* (*perf.* तोतलाया /totalāyā トートラーヤー/) ☞तुतलाना

तोता /totā トーター/ [?←Pers.n. طوطی 'a parrot'; cf. DEDr.3063 (DED.2491)] *m.* 〖鳥〗(雄)オウム, 鸚鵡《よく飼育されたオウムでもいったん鳥かごから逃げると二度と戻ってこないと言われている》. (⇒सुग्गा)(⇔तोती)

तोती /totī トーティー/ [cf. *तोता*] *f.* 〖鳥〗雌オウム. (⇔तोता)

तोप /topa トープ/ [←Pers.n. توپ 'a cannon' ←Turk.] *f.* 大砲. ❐～ गाड़ी 自走砲, 砲車.

तोप-ख़ाना /topa-xānā トープ・カーナー/ [←Pers.n. توپ خانہ 'an arsenal; artillery'] *m.* **1** 武器庫, 兵器庫. **2** 砲兵陣地;砲台.

तोपची /topacī トープチー/ [←Pers.n. توپچی 'commissary of ordnance; a gunner' ?←Turk.] *m.* 砲手, 砲兵.

तोबड़ा /tobaṛā トーブラー/ ▸तोबरा [←Pers.n. توبره 'a huntsman's bag; the nose-bag of a horse'] *m.* トーブラー《馬の首に下げるかいば入れの袋》 ❐(के) मुँह ～ चढ़ाना [लगाना] (人の)口をふさぐ.

तोबरा /tobarā トーブラー/ ▸तोबड़ा *m.* ☞तोबड़ा

तोबा /tobā トーバー/ ▸तौबा *f.* ☞तौबा

तोरई /toraī トーライー/ ▸तुरई, तोरी [?<OIA.f. *tūrī-*

'thorn-apple': T.05902] *f.* 〖植物〗トゥライー《ウリ科植物の一種;実は食用》.

तोरण /toraṇa トーラン/ [←Skt.n. *तोरण-* 'an arch, arched doorway, portal'] *m.* **1** アーチ門;アーチ. **2** アーチ門の装飾.

तोरी /torī トーリー/ ▸तुरई, तोरई *f.* ☞तोरई

तोल /tola トール/ ▸तौल *f.* ☞तौल

तोलना /tolanā トールナー/ ▸तौलना *vt.* (*perf.* तोला /tolā トーラー/) ☞तौलना

तोला /tolā トーラー/ [＜OIA.m/n. *tōlaka-* 'a weight of gold or silver': T.05978] *m.* 〖単位〗トーラー《重量の単位;1/5 チャターンク (छटाँक);1/80 セール(सेर)》.

तोशक /tośaka トーシャク/ [←Pers.n. توشک 'a small carpet with a short pile; bedding; a mattress for sleeping on'] *f.* 寝具;マットレス.

तोष /toṣa トーシュ/ [←Skt.m. *तोष-* 'satisfaction, contentment, pleasure, joy'] *m.* 満足;満足感;喜び.

तोहफ़ा /tohafā トーフファー/ [←Pers.n. تحفة 'a gift, present' ←Arab.] *m.* プレゼント, 贈り物;おみやげ. (⇒उपहार, सौग़ात)

तौंस /tãũsa タォーンス/ [＜OIA.f. *tapasyā-* 'austerity': T.05676] *f.* (暑さや日射による)激しい喉の渇き.

तौंसना /tãũsanā タォーンスナー/ [＜OIA. *tapasyà-* 'produced by heat': T.05676z1] *vi.* (*perf.* तौंसा /tãũsā タォーンサー/) 日射病にかかる;強い日差しを浴びる.

तौक़ /tauqa タォーク/ [←Pers.n. طوق 'being able; ability; a necklace, chain' ←Arab.] *m.* **1** 首飾り. **2** (刑罰用の)首枷(くびかせ).

तौबा /taubā タォーバー/ [←Pers.n. توبة 'vowing to sin no more' ←Arab.] *f.* 悔い改め(の誓い), 悔悛. ❐ ～ करना もう二度としないことを誓う.

— *int.* もうしませんからお許しを;くわばらくわばら;もうこりごり, もう真っ平御免だ.

तौर /taura タォール/ [←Pers.n. طور 'going round, wheeling about, skimming in circles; mode, manner' ←Arab.] *m.* やり方, 方法. (⇒ढंग) ❐～ तरीक़े 手法. ❐आम [मोटे, ख़ास] ～ पर 一般に[概して, 特に].

तौर-तरीक़ा /taura-tarīqā タォール・タリーカー/ *m.* **1** 物腰, 立ち居振る舞い. (⇒चाल-ढाल) **2** 様式, 流儀, やり方.

तौल /taula タォール/ ▸तोल [＜OIA.n. *taulya-* 'weight': T.05980z1] *f.* **1** 計量. ❐तुमने कई माशे ～ में उड़ा दिये थे। お前は何グラムか(金の)重さを量るときごまかした. **2** 重さ, 重量.

तौलना /taulanā タォールナー/▸तोलना [＜OIA. *tōláyati* 'lifts, weights, considers': T.05979] *vt.* (*perf.* तौला /taulā タォーラー/) **1** 計量する, (重さを)量る;はかりにかける;(手にして重さを)比べる. (⇒नापना, मापना) ❐उसने पोटली को हाथ में तौलकर कहा। 彼は小さな袋を手の上で重みを量ってから言った. ❐बड़ी तराज़ू को तीन बल्लियों के सहारे लटकाया जाता और मुझे किसी वर्ष अन्न से, किसी वर्ष फल, किसी वर्ष मिठाई से तौला जाता। (私の子ども時代に)大きな天秤が3本の棒で支えられて吊り下げられ, 私はある年は穀物で, ある年は果物で, ある年はお菓子ではかりにかけられたものだった. ❐यह सामान तौल दो। この荷物を計量してくれ. **2** じっくり比較考量する;(言葉などを)慎重に選ぶ. **3** (武器を手にとり)構える;(狙いを)定める. (⇒साधना)

तौलवाना /taulavānā タォールワーナー/ ▸तुलवाना, तुलाना [caus. of *तुलना, तौलना*] *vt.* (*perf.* तौलवाया /taulavāyā タォールワーヤー/) ☞तुलवाना

तौलाई /taulāī タォーラーイー/ *f.* 計量する仕事;その仕事の手間賃.

तौलाना /taulānā タォーラーナー/ ▸तुलवाना *vt.* (*perf.* तौलाया /taulāyā タォーラーヤー/) ☞तुलवाना

तौलिया /tauliyā タォーリヤー/ [←Port.f. *toalha* 'towel'; cf. Eng.n. *towel*] *m.* タオル, 手ぬぐい. (⇒अँगोछा, गमछा) ❐वे तौलिये से हाथ-मुँह पोंछते हुए बोले। 彼はタオルで手と顔を拭いてから言った.

तौहीन /tauhīna タォーヒーン/ [←Pers.n. توہین 'enervating, relaxing, debilitating; scoffing' ←Arab.] *f.* 侮辱. (⇒अपमान) ❐(की) ～ करना (…を)侮辱する.

त्यक्त /tyakta ティャクト/ [←Skt. *त्यक्त-* 'left, abandoned'] *adj.* 放棄された, 放置された.

त्याग /tyāga ティャーグ/ [←Skt.m. *त्याग-* 'leaving, abandoning, forsaking'] *m.* **1** 放棄;断念;決別. ❐(का) ～ करना (…を)放棄する. ❐मैं संसार का ～ कर चुका हूँ। 私はこの俗世とは決別しました. **2** 献身, 自己犠牲. ❐प्रेम और ～ 愛と献身.

त्यागना /tyāganā ティャーグナー/▸तजना [cf. *त्याग*] *vt.* (*perf.* त्यागा /tyāgā ティャーガー/) **1** 捨て去る, 放棄する;断念する;決別する. (⇒छोड़ना) ❐(का) मोह ～ (…に対する)執着を捨て去る. **2** 捧げる, 犠牲にする.

त्यागपत्र /tyāgapatra ティャーグパトル/ [neo.Skt.n. *त्याग-पत्र-* 'a letter of resignation'] *m.* 辞表. (⇒इस्तीफ़ा) ❐(को) ～ देना (…に)辞表を出す.

त्यागी /tyāgī ティャーギー/ [←Skt. *त्यागिन्-* 'giving up, resigning'] *adj.* **1** 放棄する;断念する;決別する. **2** 献身的な, 自己犠牲の.

— *m.* **1** 修道者;世捨人, 隠遁(いんとん)者. **2** 献身的な人, 自分を犠牲にする人.

त्याज्य /tyājya ティャージエ/ [←Skt. *त्याज्य-* 'to be left or abandoned or quitted or shunned or expelled or removed'] *adj.* 放棄すべき;断念すべき;決別すべき. ❐सभी ने उसे ～ समझ लिया। すべての人間が彼女を(自分たちの社会から)追放すべきだと考えた.

त्यों /tyõ ティョーン/ *adv.* **1** そのように. **2**《接続詞 ज्यों と相関的に使用した〖ज्यों 従属節 त्यों 主節〗の形式で,「…するとすぐさま…」を表す》 ❐शत्रुओं ने ज्यों ही सुना कि नादिरशाह ईरान आ पहुँचा, ～ ही उनके हौसले पस्त हो गए। 敵たちはナーディルシャーがイランに到着したと聞くやいなや, 意気消沈してしまった. **3**《〖ज्यों का त्यों〗の形式で, 副詞句「元のままで」を表す》 ❐उसने प्याले को शिष्टाचार के तौर पर हाथ में ले लिया, फिर उसे ज्यों का ～ मेज़ पर रखकर बोला। 彼はグラスを礼儀作法に従い手に取った, その後それをそのままテーブルに置いてから言った. ❐लड़की तो अभी

ज्यों की 〜 पड़ी हुई है। 娘はまだ元のまま横たわっている.

त्योरी /tyorī ティョーリー/ [cf. *तेवर*] *f.* **1** 目の表情, 目つき. ❐त्योरी [त्योरियाँ] बदलना (不機嫌・怒りなどで)目つきをかえる. **2** (感情が表れる)眉毛(まゆげ). ❐त्योरी [त्योरियाँ] चढ़ाना (怒って)眉をつりあげる.

त्योहार /tyohāra ティョーハール/ ▸त्यौहार [<OIA. **tithivāra-* 'a festival': T.05811] *m.* 祭り;祭典, 祭事. ❐〜 का दिन 祭日. ❐त्योहारों पर お祭りの時に.

त्योहारी /tyohārī ティョーハーリー/ ▸त्यौहारी [<OIA. **tithivāra-* 'a festival': T.05811] *f.* ティョーハーリー《祭りの際の贈りもの・施しもの;金銭・物・食物など》.

त्यौहार /tyauhāra ティャウハール/ ▸त्योहार *m.* ☞त्योहार

त्यौहारी /tyauhārī ティャウハーリー/ ▸त्योहारी *f.* ☞त्योहारी

त्रस्त /trasta トラスト/ [←Skt. *त्रस्त-* 'quivering, trembling, frighted'] *adj.* **1** 怯えた. ❐सभी चिंता और भय से 〜 हो रहे थे, यहाँ तक कि बच्चे ज़ोर से न रोते थे। 皆は不安と恐怖で怯えていた, 子どもたちは大声で泣くのすらやめていた. **2** 悩み苦しんだ;うろたえた. ❐मेरा चित्त गृणा से 〜 हो जाता है। 私の心は嫌悪感でもんもんと苦しんだ.

त्राण /trāṇa トラーン/ [←Skt.n. *त्राण-* 'protecting, preserving, protection'] *m.* **1** (守られているという)安心感;守護, 保護;防護(のよろい). ❐मैं धर्म, शास्त्र और मर्यादा इन सभी का आश्रय लेकर भी 〜 नहीं पाती। 私は正義, 聖典そして尊厳これらすべての庇護を受けても安心できないのです. **2** 救済, 逃げ道;救出. ❐उसकी अपमानित, पराजित आत्मा एकांत रोदन के सिवा और कोई 〜 न पाती थी। 彼のみじめな, 打ち負かされた魂は人気のない場所で泣く以外に逃げ道がなかった.

त्राता /trātā トラーター/ [←Skt.m. *त्रातृ-* 'a protector'] *m.* 守護者, 庇護者, 保護者.

त्रास /trāsa トラース/ [←Skt.m. *त्रास-* 'fear, terror, anxiety'] *m.* 恐怖, 恐れ, おびえ. ❐(को) 〜 देना (人に)恐怖を与える.

त्रासद /trāsada トラーサド/ [pseudo.Skt. *त्रास-द-* 'tragic'] *adj.* 悲劇の, 悲劇的な. ❐〜 अंत 悲劇的な最後.

त्रासदी /trāsadī トラースディー/ [pseudo.Skt.f. *त्रास-दी-* 'tragedy'] *f.* 〖文学〗悲劇. (⇒दुःखांतिका) ❐उस परिवार में एक बड़ी 〜 घटी। その家族にある大きな悲劇が起こった. ❐यूनानी 〜 ギリシャ悲劇.

त्राहि /trāhi トラーヒ/ [←Skt. *त्राहि* 'help, save me; imperative form of *त्रै-*'] *f.* 助けてくれ(という悲鳴). ❐चारों ओर 〜-〜 मची हुई थी। あたり一面助けを求める悲鳴があがっていた.

त्रिकाल /trikāla トリカール/ [←Skt.n. *त्रि-काल-* 'the 3 times or tenses'] *m.* **1** 現在から見て三つに分けられる時間《過去 (भूत), 現在 (वर्तमान), 未来 (भविष्य)》. **2** 一日の三つの刻限《夜明け (प्रातःकाल), 正午 (मध्याह्न), 日暮れ (सायंकाल)》.

त्रिकोण /trikoṇa トリコーン/ [←Skt.n. *त्रि-कोण-* 'a triangle'] *adj.* 三角の, 三角形の.
— *m.* **1** 三角, 三角形. (⇒त्रिभुज) **2** 三角形のもの. ❐प्रेम 〜 愛の三角関係. ❐स्वर्ण 〜 (密輸や麻薬栽培の盛んな)黄金の三角地帯.

त्रिज्या /trijyā トリジャー/ [←Skt.f. *त्रि-ज्या-* 'the sine of 3 signs or 90 degrees, radius'] *f.* 〖数学〗(円の)半径. (⇒अर्धव्यास)

त्रिनिदाद और टोबैगो /trinidāda aura ṭobaigo トリニダード アォール トーバェーゴー/ [cf. Eng.n. *Trinidad and Tobago*] *m.* 〖国名〗トリニダード・トバゴ(共和国)《首都はポート・オブ・ブスペイン (पोर्ट आफ़ स्पेन)》.

त्रिपुरा /tripurā トリプラー/ [cf. Eng.n. *Tripura*] *m.* トリプラー州《州都はアガルタラー (अगरतला)》.

त्रिपोली /tripolī トリポーリー/ [cf. Eng.n. *Tripoli* ←Gr.] *m.* **1** 〖地名〗トリポリ《リビア(国) (लीबिया) の首都》. **2** 〖地名〗トリポリ《レバノン(共和国) (लेबनान) の都市》. **3** 〖地名〗トリポリ《ギリシャ(共和国) (ग्रीस) の都市》.

त्रिभुज /tribʰuja トリブジ/ [←Skt.m. *त्रि-भुज-* 'a triangle'] *m.* 三角形. (⇒त्रिकोण)

त्रिभुवन /tribʰuvana トリブワン/ [←Skt.m. *त्रि-भुवन-* 'the three worlds (heaven, earth, and the lower world)'] *m.* 〖ヒンドゥー教〗世界, 三界《天界 (स्वर्ग), 地界 (पृथ्वी), 地下界 (पाताल)》. (⇒त्रिलोक)

त्रिमूर्ति /trimūrti トリムールティ/ [←Skt. *त्रि-मूर्ति-* 'having three forms or shapes'] *m.* 〖ヒンドゥー教〗三神一体《ブラフマー神 (ब्रह्मा), ヴィシュヌ神 (विष्णु), シヴァ神 (शिव) は本来一体のもので宇宙の創造・維持・破壊それぞれの機能が人格化されたものであるという比較的新しい考え方》.

त्रिलोक /triloka トリローク/ [←Skt.m. *त्रि-लोक-* 'the three worlds'] *m.* ☞त्रिभुवन

त्रिविध /trividʰa トリヴィド/ [←Skt. *त्रि-विध-* 'of three kinds, triple, threefold'] *adj.* 三種類の;三重の;三通りの.

त्रिवेंद्रम /trivemḍrama トリヴェーンドラム/ [cf. Eng.n. *Trivandrum*] *m.* 〖地名〗トリヴァンドラム《ケーララ州 (केरल) の州都;1991 年以降の正式名称はティルヴァナンタプラム (तिरुवनन्तपुरम)》.

त्रिवेणी /triveṇī トリヴェーニー/ [←Skt.f. *त्रि-वेणी-* 'triple-braided'] *f.* 〖地名〗トリヴェーニー《三つの河川, ガンジス川 (गंगा), ヤムナー川 (यमुना) と伝説のサラスヴァティー川 (सरस्वती) の合流点;現在のアラーハーバード (इलाहाबाद)》. (⇒संगम)

त्रिशूल /triśūla トリシュール/ [←Skt.n. *त्रि-शूल-* 'a trident'] *m.* 〖神話〗トリシューラ, 三つ又の矛(ほこ)《シヴァ神 (शिव) の武器とされる》.

त्रिश्तान दा कून्हा /triśtāna dā kūnhā トリシュターン ダー クーンハー/ [cf. Eng.n. *Tristan da Cunha*] *m.* 〖地理〗トリスタンダクーニャ《南大西洋の英領の火山島》.

त्रुटि /truṭi トルティ/ [←Skt.f. *त्रुटि-* 'loss, destruction'] *f.* **1** 欠陥, 欠点. ❐अपनी त्रुटियों को कौन स्वीकार करता है। 自分の欠点を誰が認めるものか. **2** 誤り;ミスプリント, 誤植.

त्रेतायुग /tretāyuga トレーターユグ/ [←Skt.m. *त्रेता-युग-* 'age of triads; the 2nd *Yuga* (or silver age)'] *m.* 〖神

話』トレーターユガ《循環すると考えられている 4 つの時期 (युग) の 2 番目;人間の時間では 129 万 6 千年続くとされる》.

त्रेपन /trepana トレーパン/ ▸तिरपन *adj.* ☞तिरपन

त्रैमासिक /traimāsika トラェーマースィク/ [←Skt. *त्रैमासिक-* '3 months old, lasting 3 months, quarterly'] *adj.* 三か月ごとの;(出版物が)季刊の. ❐～ पत्रिका 季刊雑誌.

त्रैलोक्य /trailokya トラェーローキエ/ [←Skt.n. *त्रैलोक्य-* 'the three worlds'] *m.* ☞त्रिभुवन

-त्व /-tva ・トオ/ [←Skt.n. *त्व-* 'the state of being the place or abode of'] *suf.* **1**《本来は形容詞, 名詞に付加して中性抽象名詞を作るサンスクリット語接尾辞; तत्त्व「要素」, मातृत्व「母性(愛)」など;ヒンディー語の要素に付加される用法もある; अपनत्व「一体感」など》(⇒-ता)

त्वचा /tvacā トワチャー/ [←Skt.f. *त्वचा-* 'skin'] *f.* **1** 皮膚. (⇒चमड़ा) **2**『植物』樹皮.

त्वरित /tvarita トワリト/ [←Skt. *त्वरित-* 'hasty, quick, swift, expeditious'] *adj.* 急速な.
— *adv.* 速く.

थ

थकना /tʰakanā タクナー/ [<OIA. **sthakk-* 'stop, halt': T.13737] *vi.* (*perf.* थका /tʰakā タカー/) **1** 疲労する, 疲れる, くたびれる;(心身が)消耗する. ❐अभी से थक गयीं? もう疲れたんですか? ❐थकीं नहीं, लेकिन ज़रा दम ले लेने दो। 疲れたわけじゃないけど, ちょっと一息入れさせて. ❐वह थककर बैठ गयी। 彼女は疲れて座りこんだ. ❐उस चोट के बाद वह थोड़ा-सा काम करके भी थक जाता था। その怪我の後, 彼はちょっと働いても疲れてしまうのだった. **2** (気力・興味などが)衰える, 弱くなる;止まる, やまる. ❐वह अपने भैया की बात करते न ऊबती थी, न थकती थी। 彼女は自分の兄の話をしだすと, 飽きることも倦むこともなかった. ❐इस प्रकार पुराणकार की भाषा अबाध भाव से वन-शोभा का वर्णन करती हुई थकना नहीं जानती। このようにプラーナ文献の作者の言語は, よどむことなく森林の見事さを描写し続けて衰えることを知らない.

थकान /tʰakāna タカーン/ [cf. *थकना*] *f.* 疲労, 疲れ;(体の)消耗. (⇒थकावट) ❐～ उतरना 疲れがとれる. ❐～ महसूस करना 疲労を感じる.

थकाना /tʰakānā タカーナー/ [cf. *थकना*] *vt.* (*perf.* थकाया /tʰakāyā タカーヤー/) **1** 疲労させる, 疲れさせる;(心身を)消耗させる. **2** 悩ませる, 苦しめる;(敵を)しつように攻撃する.

थका-माँदा /tʰakā-mā̃dā タカー・マーンダー/ *adj.* 疲労困憊した.

थकार /tʰakāra タカール/ [←Skt.m. *थ-कार-* 'Devanagari letter थ or its sound'] *m.* **1** 子音字 थ. **2**『言語』子音字 थ の表す子音 /tʰ ト/.

थकारांत /tʰakārāṃta タカーラーント/ [←Skt. *थकार-अन्त-* 'ending in the letter थ or its sound'] *adj.*『言語』語尾が थ で終わる(語)《अर्थ「意味」, ग्रंथ「書物」, हाथ「手」など》. ❐～ शब्द 語尾が थ で終わる語.

थकावट /tʰakāvaṭa タカーワト/ [*थकना* + *-आवट*] *f.* 疲労, 疲れ;(体の)消耗. (⇒थकान) ❐वह संध्या ही से ～ का बहाना करके लेट गया। 彼は夕方から疲れたことを言い訳に横になった.

थक्का /tʰakkā タッカー/ [cf. *थकना*] *m.* (液体の)凝固物. ❐ख़ून का ～『医学』かさぶた, (血管内の)血栓.

थन /tʰana タン/ [<OIA.m. *stána-* 'female breast, nipple, udder': T.13666] *m.*『動物』(ヤギ, 羊, 牛などの)乳房.

थनेला /tʰanelā タネーラー/ [<OIA. **stanakīla-* 'breast tumour': T.13667; cf. OIA. **stanapiḍaka-* 'breast tumour': T.13670] *m.*『医学』(女性の)乳房にできる腫れ物.

थपकना /tʰapakanā タパクナー/ ▸थपथपाना [onom.; <OIA. **thapp-* 'slap, pat': T.06091; cf. *थपेड़ना, थापना*] *vt.* (*perf.* थपका /tʰapakā タプカー/) **1** パタパタ[トントン] (थप-थप) と軽くやさしく叩く. ❐उसने बच्चे को थपककर सुलाया। 彼女は子どもをトントンと軽くやさしく叩いて寝つかせた. **2** (人の背中を)軽くポンポン (थप-थप) と叩いて励ます[なだめる]. ❐दादा ने मेरी पीठ थपकी। 祖父は私の背中を軽く叩いて励ましてくれた.

थपकी /tʰapakī タプキー/ [cf. *थपकना*] *f.* (手のひらで)軽く叩くこと. ❐(को) ～ देना (人を)軽く叩く《称賛のしぐさ》.

थपड़ी /tʰapaṛī タプリー/▸थपोड़ी [cf. *थप-थप*] *f.* 拍手. (⇒ताली) ❐～ बजाना 拍手する.

थप-थप /tʰapa-tʰapa タプ・タプ/ [onom.; <OIA. **thapp-* 'slap, pat': T.06091] *f.* (軽くやさしく叩く)パタパタ[トントン, ポンポン](という音).

थपथपाना /tʰapatʰapānā タプタパーナー/ ▸थपकना [cf. *थप-थप*] *vt.* (*perf.* थपथपाया /tʰapatʰapāyā タプタパーヤー/) ☞थपकना

थपेड़ना /tʰapeṛanā タペールナー/ [<OIA. **thapp-* 'slap, pat': T.06091; cf. *थपकना, थापना*] *vt.* (*perf.* थपेड़ा /tʰapeṛā タペーラー/) 平手打ちをくらわす.

थपेड़ा /tʰapeṛā タペーラー/ [cf. *थपेड़ना*] *m.* **1** (波や風による)衝撃;打撃. ❐तरंगों में थपेड़े खाना うねりの中で波の衝撃をくらう. **2** 平手打ち;一撃. (⇒थप्पड़)

थपोड़ी /tʰapoṛī タポーリー/ ▸थपड़ी *f.* ☞थपड़ी

थप्पड़ /tʰappaṛa タッパル/ [<OIA. **thapp-* 'slap, pat': T.06091] *m.* 平手打ち, びんた. (⇒चपेट) ❐～ खाना 平手打ちを受ける. ❐(को) ～ लगना (人が)平手打ちを受ける. ❐(पर) ～ देना [मारना, लगाना] (…に)平手打ちをする.

थमना /tʰamanā タムナー/ [cf. *थामना*] *vi.* (*perf.* थमा /tʰamā タマー/) **1** 静止する;(徐々に)(一時的に)止まる, 停止する;中断する;(雨・風が)やむ. (⇒रुकना) ❐बारिश थम गई। 雨がやんだ. ❐हवा एकदम थम गई। 全く無風状態に

なった. ❐उसे देखकर मेरे आँसू नहीं थमते थे। 彼を見て，私の涙は止まらなかった. **2** (手に)持たれる，あずけられる. **3** (落ちかけているものが)(支えられて)持ちこたえる. **4** (忍耐して)(一時的に)思いとどまる. ❐हमारे कहने से वह थम गया, नहीं तो अब तक दावा कर देता। 我々が言ったので彼は思いとどまった，さもなければもう訴えていたよ.

थमाना /t^{h}amānā タマーナー/ [cf. *थामना*] *vt.* (*perf.* थमाया /t^{h}amāyā タマーヤー/) **1** 停止[中断]させる. **2** (人に)手渡す；委ねる. ❐उसने मेरे हाथ में किताब थमा दी। 彼は私の手に本を手渡した. ❐भाजपा को भ्रष्टाचार का मुद्दा उछालने का ऐसा मौका नहीं थमाना चाहिए जिससे वह राजनैतिक लाभ बटोर सके। インド人民党に汚職問題を突きあげさせるような政治的に得する機会を与えてはならない.

थर-थर /t^{h}ara̷-t^{h}ara̷ タル・タル/ [<OIA. **thar-* 'tremble': T.06092] *f.* ぶるぶる，びくびく，がたがた(恐怖で震える様子).
— *adv.* (恐怖で震えて)ぶるぶると，びくびくと，がたがたと. ❐पाँव ～ काँप रहे थे। 足ががたがた震えていた. ❐वह भय से ～ काँपते हुए बोला। 彼は恐怖でぶるぶる震えながら言った. ❐स्कूल के चपरासी उससे ～ काँपते थे। 学校の用務員たちは彼にびくびくと怯えていた.

थरथराना /t^{h}ara̷t^{h}arānā タルタラーナー/ ▸थर्राना [cf. *थर-थर*] *vi.* (*perf.* थरथराया /t^{h}ara̷t^{h}arāyā タルタラーヤー/) ☞थर्राना

थरथराहट /t^{h}ara̷t^{h}arāhaṭa̷ タルタラーハト/ [*थरथराना* + *-आहट*] *f.* (恐怖や緊張からの)体や声の震え，わななき，おののき. ❐उसकी वाणी में ज़रा भी ～ न आई। 彼の声はわずかばかりも震えることがなかった.

थरथरी /t^{h}ara̷t^{h}arī タルタリー/ [*थर-थर* + *-ई*] *f.* ☞ थरथराहट

थर्ड /t^{h}arḍa̷ タルド/ [←Eng.adj. *third*] *adj.* 3番目の，三流の. (⇒तीसरा, तृतीय) ❐～ क्लास 三流；3等.
— *m.* (汽車の)三等席. ❐मैं ～ में सफ़र करता था। 私は三等で旅をしたものだった.

थर्मस /t^{h}armasa̷ タルマス/ [←Eng.n. *thermos*] *m.* 魔法瓶.

थर्मामीटर /t^{h}armāmīṭara̷ タルマーミータル/ [←Eng.n. *thermometer*] *m.* 温度計；検温器，体温計. (⇒तापमापी) ❐बगल में ～ लगाना わきに体温計をはさむ.

थर्राना /t^{h}arrānā タルラーナー/ ▸थरथराना [<OIA. **thar-* 'tremble': T.06092] *vi.* (*perf.* थर्राया /t^{h}arrāyā タルラーヤー/) (恐怖で)ぶるぶる[びくびく，がたがた] (थर-थर) 震える，怯える，恐れおののく. (⇒काँपना) ❐गाँव के लोग तो उसके नाम से ही थर्रा उठे। 村人たちは彼の名前だけで震え上がった.

थल /t^{h}ala̷ タル/ [<OIA.n. *sthála-* 'dry land': T.13744] *m.*陸地. ❐～ सेना 陸軍. ❐～ मेंढक 〚動物〛ヒキガエル.

थलचर /t^{h}ala̷cara̷ タルチャル/ [*थल* + *चर*] *adj.* 〚動物〛陸上(動物)，陸生の. (⇒स्थलचर)
— *m.* 〚動物〛陸上動物. (⇒स्थलचर)

थल-थल /t^{h}ala̷-t^{h}ala̷ タル・タル/ [<OIA. **thal-* 'tremble': T.06093] *adj.* ぶくぶくに太った，肉がたるんでしまりのない. ❐～ पिल-पिल। (太って)ぶくぶくの，ぶよぶよ. ❐वह बहुत खा-खाकर ～ हो गया था और दौड़ने में उसकी साँस फूलने लगती थी। 彼は食い過ぎでぶくぶくに太ってしまっていた，そのため走ると息が切れるのだった.

थल-सेना /t^{h}ala̷-senā タル・セーナー/ *f.* 陸軍. (⇒स्थल-सेना)

थवई /t^{h}avaī タワイー/ [<OIA.m. *sthapáti-* 'an architect, master builder': T.13740] *m.* レンガ積み職人，レンガ職人；石工. (⇒राज़गीर)

था /t^{h}ā ター/ *cpl.* …だった；…がいた.

थाईलैंड /t^{h}āīlaiṃḍa̷ ターイーラェーンド/ [cf. Eng.n. *Thailand*] *m.* 〚国名〛タイ(王国)《首都はバンコク(बैंकॉक)》.

थाती /t^{h}ātī ターティー/ [<OIA. **sthāpti-* 'placing': T.13758] *f.* 信託されるもの；委託されるもの. (⇒अमानत)

थान /t^{h}āna̷ ターン/ [?] *m.* 〚単位〛生地の一巻；一反.

थाना /t^{h}ānā ターナー/ [<OIA.n. *sthā́na-* 'firm stance': T.13753; cf. OIA.n. *sthānaka-* 'position, place': T.13753z1] *m.* 警察署. ❐～ प्रभारी 警察署長.

थानेदार /t^{h}ānedāra̷ ターネーダール/ [*थाना* + *-दार*] *m.* 警察署長.

थानेदारी /t^{h}ānedārī ターネーダーリー/ *f.* 警察署長の職.

थाप /t^{h}āpa̷ タープ/ [cf. *थापना¹*] *f.* ペタ[パタ，ポン](と叩く音).

थापना¹ /t^{h}āpa̷nā タープナー/ [onom.; <OIA. **thapp-* 'slap, pat': T.06091; cf. *थपकना, थपेड़ना*] *vt.* (*perf.* थापा /t^{h}āpā ターパー/) **1** ペタペタ[パタパタ，ポンポン] (थप-थप) 叩く. ❐उजाली रातों में जब सब लोग सो जाते,तब भी वह ईंटें थापती दिखाई देती। 月の明るい夜など皆が寝静まっている時も，彼女がレンガをペタペタ叩いて積み重ねているのが見えた. **2** (粘土状のものを)ペタペタ叩いて形を作る；(集めた牛糞 (गोबर) から)円盤状の固形燃料 (उपला) を作る.

थापना² /t^{h}āpa̷nā タープナー/ [<OIA. *sthāpyatē* 'is instituted, is erected': T.13759] *vt.* (*perf.* थापा /t^{h}āpā ターパー/) (神像などを)安置する.

थापा /t^{h}āpā ターパー/ [cf. *थापना¹*] *m.* 〚ヒンドゥー教〛(手のひらの)手形《吉祥な印あるいは厄災除けとして塀などに押される》. ❐(पर) ～ देना [लगाना] (…に)手形を押す.

थापी /t^{h}āpī ターピー/ [cf. *थापना¹*] *f.* ターピー《陶工，レンガ職人，左官などが粘土などを叩いて形を整えるために使う木製のへら》.

थामना /t^{h}āma̷nā タームナー/ [<OIA. *stámbatē* 'supports, arrests': T.13683] *vt.* (*perf.* थामा /t^{h}āmā ターマー/) **1** (手で)受け止める；(立ちはだかって)止める；抑制する. ❐उसने आगे बढ़कर गेंद थाम ली थी। 彼は前に出てボールを受け止めた. ❐उसे खटोले पर खेलते देखता था और दिल थामकर चला जाता था। 彼は，その子が小さなベッドの上で遊んでいるのを見て，そして胸を押さえて(＝締めつけ

られる思いを押さえて)立ち去るのであった. **2** しっかりつかむ;(頭などを)かかえこむ. (⇒पकड़ना) ❐इन मतदाताओं ने इंका छोड़कर भाजपा का पल्ला थाम लिया है। これら有権者たちは, 国民会議派を離れインド人民党のすそをつかんだ(=すがった). ❐ड्रामा ऐसा चाहिए कि जो सुने, दिल हाथों से थाम ले। こういうドラマが必要だ, 聴くものが手で思わず胸をぎゅっとおさえるような. ❐वह वहीं सिर थामकर बैठ गया। 彼はその場に頭をかかえて座りこんだ. **3** (落ちないように)支える;(悪化を)阻止する. **4** (仕事・責任などを)引き受ける.

थाल /tʰāla̯ タール/ [<OIA.f. *sthālī́-* 'earthen dish': T.13766; cf. *थाली*] *m.* 金属製の大皿;お盆. ❐वह ~ में पूजा की सामग्री लिये मंदिर को चली। 彼女はお盆に礼拝用の材料を入れて寺に向った.

थाला /tʰālā ターラー/ [cf. *थाली*] *m.* **1** ターラー《木を植えるための穴;水をためるために周囲の土を盛り上げる》. **2**ターラー《腫物 (फोड़ा) などの盛り上がっている周囲》. **3** 〖地理〗盆地.

थाली /tʰālī ターリー/ [<OIA.f. *sthālī́-* 'earthen dish': T.13766] *f.* **1** 〖食〗ターリー《金属製の円形のお盆;平皿, 大皿》. **2** 〖食〗 (ターリーに盛られた)食事《外食ではターリーに盛られた定食セットを指す;南インドの定食ミールス (मील्स) に対応する》. ❐~ पर बैठना 食事をするために腰を下ろす. ❐~ परसना 食事を出す.

थाह /tʰāha̯ ターハ/ [<OIA.m. *sthāgha-* 'base, bottom, ford, shallow': T.13748] *f.* **1** (川, 海, 池などの)底;限界, 限度. **2** (水の)深さ;(知識などの)深さ;程度, 度合. ❐(की) ~ लेना [लगाना] (…の)深さを探る. ❐(की) ~ लगना (…の)深さがわかる.

थाहना /tʰāha̯nā ターヘナー/ [cf. *थाह*] *vt.* (*perf.* थाहा /tʰāhā ターハー/) **1** (水深を)測る. **2** (人の心を)推し測る.

थिंफू /tʰiṃpʰū ティンプー/ [cf. Eng.n. *Thimphu*] *m.* 〖地名〗ティンプー《ブータン(王国) (भूटान) の首都》.

थिएटर /tʰieṭara̯ ティエータル/▷थियेटर [←Eng.n. *theatre*] *m.* シアター, 劇場. (⇒रंगशाला) ❐सिनेमा ~ 映画館.

थिगली /tʰiga̯lī ティグリー/ ▸थेगली *f.* パッチ, 継ぎ当て(の布);(パンクの補修用の)パッチ.

थियेटर /tʰiyeṭara̯ ティエータル/ ▷थिएटर *m.* ☞थिएटर

थिरक /tʰiraka̯ ティラク/ [cf. *थिरकना*] *f.* リズミカルに足などで調子をとること.

थिरकना /tʰiraka̯nā ティラクナー/ [?cf. OIA. *sthirá-* 'firm, hard, strong, durable': T.13771] *vi.* (*perf.* थिरका /tʰira̯kā ティルカー/) **1** 麻痺する. **2** (鳥が)ぴょんぴょん飛び歩く. **3** 足を踏み鳴らして踊る. **4** (影が)すいとよこぎる.

थिरना /tʰira̯nā ティルナー/ [<OIA. *sthirá-* 'firm, hard, strong, durable': T.13771] *vi.* (*perf.* थिरा /tʰirā ティラー/) (混ざったものが沈殿して)(水・液体が)澄む.

थिराना /tʰirānā ティラーナー/ [cf. *थिरना*] *vt.* (*perf.* थिराया /tʰirāyā ティラーヤー/) (混ざったものを沈殿させて)(水・液体を)澄ませる. (⇒निथारना)

थीसिस /tʰīsisa̯ ティースィス/ [←Eng.n. *thesis*] *f.* 論文;学位論文, 博士論文. (⇒शोध-प्रबंध) ❐पी-एच。डी。के लिए ~ प्रस्तुत करना 学術博士号のために論文を提出する.

थू /tʰū トゥー/ [onom.; cf. OIA. *thūthū* 'imitative sound of spitting': T.06104] *f.* **1**〔擬音〕ペッ《唾(つば)を吐く音》.
— *interj.* 恥を知れ!

थूक /tʰūka̯ トゥーク/ [<OIA. **thukk-* 'spit': T.06097; cf. OIA. *thūthū* 'imitative sound of spitting': T.06104] *m.* 唾(つば), 唾液;痰.

थूकना /tʰūka̯nā トゥークナー/ [<OIA. **thukk-* 'spit': T.06097] *vt.* (*perf.* थूका /tʰūkā トゥーカー/) **1** (唾や痰などを)ペッペッ (थू-थू) と吐く. ❐उसने ज़मीन पर थूककर कहा। 彼は地面に唾を吐いてから言った. ❐मिठाई का एक टुकड़ा मुँह में डालते ही उसने थूक दिया। 菓子の一片を口に入れるや否や, 彼はぺっと吐き出した. **2** 唾を吐きかける, 侮辱する, そしる, 悪態をつく. ❐जो आता है, उसके मुँह पर थूक देता है। 通りかかる者はみな, 彼の顔に唾を吐きかけるのである. ❐यह क्या कायरों की-सी बातें करने लगे हो? जो सुनेगा वह तुम्हारे नाम पर थूकेगा। これはまた何と臆病者のようなことを言い出すのだ. 人が聞いたら, お前の名前に唾を吐きかけてそしるだろうよ. **3**〔慣用〕❐थूककर चाटना つばを吐いてから舐める(=再び悪行をしないことを誓う).

थूथन /tʰūtʰana̯ トゥータン/ [<OIA. **thuṇḍa-, *thuttha-, *thuntha-* 'mouth': T.06099z2; cf. OIA.n. *tuṇḍa-* 'beak, trunk, snout': T.05853] *m.* 〖動物〗鼻づら, 鼻口部《馬や豚の鼻など;あご, 口を含む》. ❐उसने जाकर गधे की गर्दन सहलायी और उसके ~ को अपने मुँह से लगा लिया। 彼女は近寄ってロバの首をさすった, そして鼻づらを自分の顔にくっつけた.

थूथनी /tʰūtʰa̯nī トゥートニー/ [*थूथन* + *-ई*] *f.* ☞थूथन

थू-थू /tʰū-tʰū トゥー・トゥー/ [<OIA. *thūthū* 'imitative sound of spitting': T.06104] *f.* 〔擬音〕(唾や痰を吐く)ペッペッ(という音).

थून /tʰūna̯ トゥーン/ [cf. *थूनी*] *f.* ☞थूनी

थूनी /tʰūnī トゥーニー/ [<OIA. *sthū́ṇā-* 'post, pillar': T.13774] *f.* **1** 柱, 支柱. **2**トゥーニー《井戸の水汲み巻き上げ機の支柱》.

थूहर /tʰūhara̯ トゥーハル/ [?] *m.* ☞सेंहुड़

थेगली /tʰega̯lī テーグリー/ ▸थिगली *f.* ☞थिगली

थैला /tʰailā タェーラー/ [<OIA.m. *sthávi-* 'sack, bag': T.13746] *m.* 肩掛けカバン;袋, バッグ, カバン.

थैली /tʰailī タェーリー/ [cf. *थैला*] *f.* 小さい袋, バッグ, カバン. ❐पोलीथीन की ~ ポリ袋.

थोक /tʰoka̯ トーク/ [<OIA.m. *stábaka-* 'cluster of flowers, tuft': T.13675] *m.* **1** まとまった量;多量. **2** 〖経済〗卸売. (⇔फुटकर) ❐~ भाव 卸売価格. ❐~ मूल्य सूचकांक 卸売物価指数.

थोकदार /tʰoka̯dāra̯ トークダール/ [*थोक* + *-दार*] *m.* 〖経済〗卸売業者, 卸売商;卸売問屋. (⇒थोक-फ़रोश)(⇔फुटकर-दुकानदार)

थोक-फ़रोश /tʰoka̯-farośa̯ トーク・ファローシュ/ *m.* 〖経

済】卸売業者，卸売商；卸売問屋．(⇒थोकदार)(⇔फुटकर-दुकानदार)

थोड़ा /t^{h}oṛā トーラー/ [＜OIA.m. *stōká-* 'drop': T.13720] *adj.* **1** 少しの；小量の；わずかな．❐थोड़ी देर बाद しばらくすると．❐थोड़ी दूर पर 少し離れたところに．❐थोड़े दिन बाद わずか数日後．**2** 全然ない《述語形容詞としてのみ使用》．❐तुम्हारी ग़लती थोड़ी है। 君の過失ではない．❐साहब ने इतने दिनों तक परवरिश की, यह क्या ～ है। あの方がこれほどの期間面倒をみてくださった，これがなんてことないとでも言うのか．

— *adv.* 少し，いくらか．❐हम लोग ～ सो लें। 我々は少し寝よう．❐～ ही 全然…ない．

थोड़ा-बहुत /t^{h}oṛā-bahuta トーラー・バフト/ *adj.* ある程度の．

थोथा /t^{h}ot^{h}ā トーター/ [＜OIA. **thōttha-²* 'empty, blunt': T.06108] *adj.* 中身のない；うつろな；実質のない．

थोपना /t^{h}opanā トープナー/ [＜OIA. **stōpyatē* 'is obstructed': T.13723] *vt.* (*perf.* थोपा /t^{h}opā トーパー/) **1** (厚く)塗る．❐दीवार का सीमेंट जहाँ से उखड़ गया था वहाँ उसने मिट्टी थोप दी। 壁のセメントがはがれた箇所に，彼は泥を塗りこめた．**2** (責めを)負わす，なすりつける．❐आजकल भारतीय क्रिकेट टीम की सारी लानत-मलामत उनके मत्थे थोप दी जाती है। 今日，インドのクリケット・チームへの呪いと非難すべてが彼に負わされている．**3** 押しつける，しいる．❐अहिंदी भाषी प्रदेश पर ज़बरदस्ती हिंदी थोपा जाना ठीक नहीं है। 非ヒンディー語州にヒンディー語を無理強いするのは，公平ではない．❐यह सारा उपदेश ग़रीब नारियों ही के सिर क्यों थोपा जाता है? このようなお説教何もかもを貧しい女性たちだけに何故押しつけるのですか？ ❐वह आपपर शर्तें थोपना चाहे तो आप मानेंगे? 彼があなたにさまざまな条件を押しつけようとしたら，受け入れますか？

द

दंग /daṃga ダング/ [←Pers.adj. دنگ 'astonished, confounded'] *adj.* びっくり仰天した．❐～ रह जाना びっくり仰天する；茫然自失する．

दंगई /daṃgaī ダンガイー/ [cf. *दंगा*] *adj.* (暴徒などが)騒々しい，好戦的な，乱暴な，不穏な．

— *f.* 暴動などの騒ぎを起こす性分．

दंगल /daṃgala ダンガル/ [←Pers.n. دنگل 'crowd'] *m.* **1** (スポーツなどで)熱狂した群衆．**2**【スポーツ】レスリング闘技場．❐～ में उतरना (格闘技やけんかの勝負に)参加する《「土俵に上る」の意》．**3**【スポーツ】(レスリングなどの)格闘技の試合．❐～ मारना レスリング試合に勝つ．❐～ लड़ना レスリング試合をする．

दंगली /daṃgalī ダンガリー/ [*दंगल* + *-ई*] *adj.* **1** レスリング競技の．**2** けんかっ早い，血気盛んな．

दंगा /daṃgā ダンガー/ [?] *m.* 暴動；騒乱．❐～ करना 暴動を起こす．❐हिंदू-मुसलमानों में ～ हुआ। ヒンドゥー教徒とイスラム教徒の間に暴動が起きた．

दंगा-फ़साद /daṃgā-fasāda ダンガー・ファサード/ *m.* ☞ दंगा

दंड /daṃḍa ダンド/ [←Skt.m. *दण्ड-* 'a stick, staff, rod, pole, cudgel, club'] *m.* **1** 棒．(⇒डंडा) **2**【法律】罰，刑罰，懲罰，懲らしめ，罰則；(悪い行為の)報い．(⇒सज़ा) ❐कुकर्म का ～ 悪業の報い．❐(के) ～ में (…の)罰として．❐(को) ～ देना (人に)罰を与える．**3**【法律】《合成語として》(刑法が適用される)刑事．❐～ न्यायालय 刑事裁判所．❐～ संहिता 刑法(典)．

दंडनायक /daṃḍanāyaka ダンドナーヤク/ [←Skt.m. *दण्ड-नायक-* 'rod-applier; a judge'] *m.* 治安判事．

दंडनीय /daṃḍanīya ダンドニーエ/ [←Skt. *दण्डनीय-* 'to be punished'] *adj.* 処罰に値する，罰すべき．

दंड-न्यायालय /daṃḍa-nyāyālaya ダンド・ニャーヤーラエ/ [neo.Skt.m. *दंड-न्यायालय-* 'criminal court'] *m.* 刑事裁判所．

दंडवत् /daṃḍavat ダンドワト/ [←Skt. *दण्ड-वत्-* 'carrying a staff; like a stick; in a straight line'] *m.*【ヒンドゥー教】【仏教】五体投地の礼《身体を棒のように水平に地面につける礼法；最高の礼法》．❐～ करना 五体投地の礼をする．

दंड-विधान /daṃḍa-vid^{h}āna ダンド・ヴィダーン/ [neo.Skt.n. *दण्ड-विधान-* 'criminal law, penal code'] *m.*【法律】刑法(典)．(⇒दंड-विधि, दंड-संहिता)

दंड-विधि /daṃḍa-vid^{h}i ダンド・ヴィディ/ [neo.Skt.f. *दण्ड-विधि-* 'criminal law, penal code'] *f.*【法律】刑法(典)．(⇒दंड-विधान, दंड-संहिता)

दंड-संहिता /daṃḍa-saṃhitā ダンド・サンヒター/ [neo.Skt.f. *दंड-संहिता-* 'criminal law, penal code'] *m.*【法律】刑法(典)．(⇒दंड-विधान, दंड-विधि)

दंडित /daṃḍita ダンディト/ [←Skt. *दण्डित-* 'punished'] *adj.* 処罰された，罰せられた．❐(को) ～ करना (人を)罰する．

दंत /daṃta ダント/ [←Skt.m. *दन्त-* 'a tooth; an elephant's tusk, ivory'] *m.* **1** 歯《主に合成語の要素として》．(⇒दाँत) **2** 象牙《主に合成語の要素として》．(⇒दाँत)

दंतकथा /daṃtakat^{h}ā ダントカター/ [neo.Skt.f. *दन्त-कथा-* 'legend'] *f.* 伝説；伝承．

दंत-खोदनी /daṃta-k^{h}odanī ダント・コードニー/ *f.* 爪楊枝(つまようじ)．(⇒दाँत-खोदनी)

दंत-चिकित्सक /daṃta-cikitsaka ダント・チキトサク/ [neo.Skt.m. *दन्त-चिकित्सक-* 'a dentist'] *m.*【医学】歯医者．

दंत-चिकित्सा /daṃta-cikitsā ダント・チキトサー/ [neo.Skt.f. *दन्त-चिकित्सा-* 'dentistry'] *f.*【医学】歯の治療．

दंतधावन /daṃtad^{h}āvana ダントダーワン/ [←Skt.n. *दन्त-धावन-* 'cleaning the teeth'] *m.* 歯磨き．(⇒दातुन)

दंतुर /daṃtura ダントゥル/ [←Skt. *दन्तुर-* 'having

projecting teeth'] *adj.* (象など)牙のある.

दंत्य /daṃtyạ ダンティエ/ [←Skt. *दन्त्य-* 'dental'] *adj.* 〖言語〗歯音の (dental). ❐～ व्यंजन 歯(子)音.

दंत्योष्ठ्य /daṃtyoṣṭʰyạ ダンティョーシュティエ/ [←Skt. *दन्त्योष्ठ्य-* 'denti-labial'] *adj.* 〖言語〗唇歯音の. ❐～ व्यंजन 唇歯(子)音.

दंपति /daṃpati ダンパティ/ ▸दंपती [←Skt.m. *दम्-पति-* 'husband and wife'] *m.* 夫婦, 夫妻《単数・男性として扱われることが多い》. ❐～ और उसका २ साल का बच्चा 夫婦とその 2 歳の子ども. ❐जोशी ～ ジョーシー夫妻. ❐नवविवाहित ～ 新婚夫婦.

दंपती /daṃpatī ダンパティー/ ▸दंपति *m.* ☞दंपति

दंभ /daṃbʰạ ダンブ/ [←Skt.m. *दम्भ-* 'deceit, fraud, feigning, hypocrisy'] *m.* **1** 偽善, 不実. ❐मुझे ज़रा भी ईर्षा, ज़रा भी ～ नहीं है। 私にはわずかばかりの嫉妬, わずかばかりの偽善もありません. **2** 思い上がり, 高慢さ, 驕り;誇示. ❐मेरे मन में ～ हुआ। 私の心に思い上がりの気持ちが生まれた.

दंभी /daṃbʰī ダンビー/ [←Skt. *दम्भिन्-* 'acting deceitfully'] *adj.* **1** 偽善的な. **2** 思い上がった, 高慢な.
— *m.* **1** 偽善者. ❐अब तो मुझे ～ और पाखंडी कहने का साहस नहीं कर सकते? (あなた方は)まだ私を偽善者とかペテン師だとか言う勇気があるのか? **2** 思い上がった人, 高慢な人.

दंश /daṃśạ ダンシュ/ [←Skt.m. *दंश-* 'a bite, sting, the spot bitten'] *m.* **1** (ヘビなどに)噛まれること;(虫などに)刺されること. **2** 噛まれたり刺された傷跡.

-द /-dạ ・ド/ [←Skt. *द-* 'giving, granting, offering, effecting, producing'] *comb. form*《サンスクリット語起源の連結形;名詞の後に付加して形容詞「…を与える(もの)」を作る; दुखद「悲しむべき」, सुखद「喜びを与える」など》.

दकार /dakārạ ダカール/ [←Skt.m. *द-कार-* 'Devanagari letter द or its sound'] *m.* **1** 子音字 द. **2** 〖言語〗子音字 द の表す子音 /d ド/.

दकारांत /dakārāṃtạ ダカーラーント/ [←Skt. *दकार-अन्त-* 'ending in the letter द or its sound'] *adj.* 〖言語〗語尾が द で終わる(語)《चाँद「月」, बूँद「一滴」, भेद「違い」など》. ❐～ शब्द 語尾が द で終わる語.

दक़ियानूस /daqiyānūsạ ダキヤーヌース/ [←Pers. دقيانوس ←Arab. ←L.adj. *Decianus*] *adj.* 保守的な, 因習にとらわれた《ローマ市民に伝統的神々への祭儀を命じキリスト教徒を迫害したローマ皇帝デキウス(Gaius Quintus Trajanus Decius 在位 249-251)にちなむ》. (⇒दक़ियानूसी) ❐इलाहाबाद उन दिनों ～ शहर था। アラハーバードは当時保守的な町だった.
— *m.* 保守的な人;伝統主義者;時代遅れの人.

दक़ियानूसी /daqiyānūsī ダキヤーヌースィー/ [*दक़ियानूस* + *-ई*] *adj.* 保守的な, 因習にとらわれた. (⇒दक़ियानूस)

दक्खिन /dakkʰinạ ダッキン/ [<OIA.m. *dákṣiṇa-* 'the south': T.06119; → Port. → Eng.n. *Deccan*] *adj.* ☞दक्षिण

दक्खिना /dakkʰinā ダッキナー/ [cf. *दक्खिन*] *f.* 南風.

दक्खिनी /dakkʰinī ダッキニー/ [*दक्खिन* + *-ई*] *adj.* 南の;南インドの, デカン地方の.
— *m.* 南インドの人;デカン地方の人.
— *f.* ダッキニー, ダキニー《14 世紀以降デリーからの移住者の言語が南インドで発展した言語;ヒンディー語・ウルドゥー語と近い関係がある》.

दक्ष /dakṣạ ダクシュ/ [←Skt. *दक्ष-* 'able, fit, adroit, expert'] *adj.* 精通した, 上手な. (⇒कुशल, निपुण) ❐वह सभी कलाओं में ～ हो गया। 彼はすべての技芸に精通した.

दक्षता /dakṣatā ダクシュター/ [←Skt.f. *दक्ष-ता-* 'dexterity, ability'] *f.* 精通していること, 上手なこと, 手腕.

दक्षिण /dakṣiṇạ ダクシン/ [←Skt. *दक्षिण-* 'denoting relative position 'right' or, 'southern''] *adj.* **1** 右の, 右側の. (⇔वाम) **2** 南の, 南方の. (⇒जनूब)(⇔उत्तर) ❐～ अमरीका 〖地理〗南米. ❐～ भारत 〖地理〗南インド. **3** 右翼の, 右よりの. (⇔वाम)
— *m.* **1** 〖地理〗南. (⇔उत्तर) ❐～ में 南に, 南部に. **2** 〖地理〗南インド, デカン.

दक्षिण अफ़्रीका /dakṣiṇạ afrīkā ダクシン アフリーカー/ [cf. Eng.n. *South Africa*] *m.* 〖国名〗南アフリカ(共和国)《行政首都はプレトリア (प्रिटोरिया) ;国会はケープタウン (केप टाउन) にある》.

दक्षिण अमेरिका /dakṣiṇạ amerikā ダクシン アメーリカー/ *m.* 〖地理〗南アメリカ.

दक्षिणपंथ /dakṣiṇạpaṃtʰạ ダクシンパント/ [*दक्षिण* + *पंथ*] *m.* 右翼, 右派. (⇒दक्षिणपक्ष)(⇔वामपंथ)

दक्षिणपंथी /dakṣiṇạpaṃtʰī ダクシンパンティー/ [*दक्षिण* + *पंथी*] *adj.* 右翼(主義)の, 右派の, 右よりの;保守派の. (⇒दक्षिणपक्षी)(⇔वामपंथी)
— *m.* 右翼の人, 右よりの人. (⇒दक्षिणपक्षी)(⇔वामपंथी)

दक्षिणपक्ष /dakṣiṇạpakṣạ ダクシンパクシュ/ [neo.Skt.m. *दक्षिण-पक्ष-* 'right wing'] *m.* 右翼, 右派. (⇒दक्षिणपंथ)(⇔वामपंथ)

दक्षिणपक्षी /dakṣiṇạpakṣī ダクシンパクシー/ [neo.Skt. *दक्षिण-पक्षिन्-* 'rightist'] *adj.* 右翼(主義)の, 右派の, 右よりの;保守派の. (⇒दक्षिणपंथी)(⇔वामपंथी)
— *m.* 右翼の人. (⇒दक्षिणपंथी)(⇔वामपंथी)

दक्षिण-पश्चिम /dakṣiṇạ-paścimạ ダクシン・パシュチム/ *m.* 南西.

दक्षिण-पूर्व /dakṣiṇạ-pūrvạ ダクシン・プールオ/ *m.* 南東.

दक्षिणा /dakṣiṇā ダクシナー/ [←Skt.f. *दक्षिणा-* 'a fee or present to the officiating priest (consisting originally of a cow)'] *f.* 布施;謝礼.

दक्षिणायन /dakṣiṇāyanạ ダクシナーヤン/ [←Skt.n. *दक्षिण-अयन-* 'sun's progress south of the equator'] *m.* 〖天文〗ダクシナーヤナ《夏至から冬至までの太陽の通り道(黄道)の移動, 南回帰》. (⇔उत्तरायण)

दक्षिणी /dakṣiṇī ダクシニー/ [*दक्षिण* + *-ई*] *adj.* 南の, 南方の. (⇒जनूबी)(⇔उत्तरी) ❐～ चीन सागर 〖地理〗南シナ海.

दक्षिणी कोरिया /dakṣiṇī koriyā ダクシニー コーリヤー/ [cf. Eng.n. *South Korea*] *m.* 『国名』大韓民国, 韓国, 南朝鮮《首都はソウル (सियोल)》.

दक्षिणी ध्रुव /dakṣiṇī d^{h}ruva ダクシニー ドルオ/ *m.* 『地理』南極. (⇔उत्तरी ध्रुव)

दक्षेस /dakṣesa ダクシェース/ [<dndn></dn 'SAARC, South Asian Association for Regional Cooperation'] *m.* 〔略語〕南アジア地域協力連合. ❐～ देश [सदस्य] 南アジア地域協力連合加盟国. ❐～ शिखर सम्मेलन 南アジア地域協力連合サミット会議.

दख़ल /daxala ダカル/ [←Pers.n. دخل 'entering; interference' ←Arab.] *m.* **1** 干渉, 介入; 口出し. ❐(में) ～ देना (…に)介入する. **2** 関与, 関係.

दग़ना /dağanā ダグナー/ [cf. *दाग़ना*] *vi.* (*perf.* दग़ा /dağā ダガー/) **1** 焼き印が押される; (天然痘などの)痕が残る. **2** (火器が)発射[発砲]される.

दग़वाना /dağānā ダガーナー/ ▸दग़ाना [caus. of *दग़ना, दाग़ना*] *vt.* (*perf.* दग़वाया /dağavāyā ダガワーヤー/) ☞दग़ाना

दग़ा /dağā ダガー/ [←Pers.n. دغا 'imposture, deceit, treachery'] *f.* こそ泥, ペテン; 背信, 裏切り. (⇒धोखा) ❐(को) ～ देना (人を)裏切る. ❐(से [के साथ]) ～ करना (人を)裏切る.

दग़ाना /dağānā ダガーナー/ ▸दग़वाना [caus. of *दग़ना, दाग़ना*] *vt.* (*perf.* दग़ाया /dağāyā ダガーヤー/) 焼き印を押させる; 焼き印を押してもらう.

दग़ाबाज़ /dağābāza ダガーバーズ/ [←Pers.n. دغا باز 'an impostor, cheat, traitor'] *adj.* 人をだます(人). (⇒धोखेबाज़)

— *m.* こそ泥師, ペテン師; 裏切り者. (⇒धोखेबाज़)

दग़ाबाज़ी /dağābāzī ダガーバーズィー/ [←Pers.n. دغا بازی 'fraud'] *f.* こそ泥行為; 背信行為. (⇒धोखेबाज़ी)

दग्ध /dagd^{h}a ダグド/ [←Skt. *दग्ध-* 'burnt, scorched'] *adj.* 焼き焦げた, 燃えた. ❐उसने मुझे ऐसे देखा जैसे वह मुझे वहीं ～ करके क्षार कर देगी। 彼女は私を見た, まるでその場で私を焼き焦がし灰にしてしまうするような目で.

दढ़ियल /daṛ^{h}iyala ダリヤル/ ▸डढ़ियल [cf. *दाढ़ी*] *adj.* あごひげをたくわえた; 長いあごひげのある. ❐एक बूढ़े ～ मौलवी साहब 一人の老齢の長いあごひげをたくわえたイスラム法学者.

दतून /datūna ダトゥーン/ ▸दतौन, दातुन, दातून, दातौन *f.* ☞दातुन

दतौन /datauna ダタォーン/ ▸दतून, दातुन, दातून, दातौन *f.* ☞दातुन

दत्त /datta ダット/ [←Skt. *दत्त-* 'given, granted, presented'] *adj.* 与えられた, 授与された, (神に)付与された.

— *m.* **1** 与えられたもの, 寄進されたもの. **2** 養子.

दत्तक /dattaka ダッタク/ [←Skt. *दत्तक-* 'adopted (son)'] *m.* 養子.

दत्तचित्त /dattacitta ダッタチット/ [neo.Skt. *दत्त-चित्त-* 'devoted, zealous; attentive'] *adj.* 熱中した, 没頭した. ❐(में) ～ होना (…に)没頭する.

ददिया /dadiyā ダディヤー/ [cf. *दादा*] *adj.* 父方の祖父(दादा)の; 義理の父方の. (⇔ननिया) ❐～ ससुर 義理の父の父. ❐～ सास 義理の父の母.

ददियाल /dadiyāla ダディヤール/ [cf. *दादा*] *m.* **1** 父方の祖父の家. **2** 父方の祖父の親類.

ददोड़ा /dadoṛā ダドーラー/ ▸ददोरा, ददौरा *m.* ☞ददोरा

ददोरा /dadorā ダドーラー/ ▸ददोड़ा, ददौरा [cf. *दाद*[2]] *m.* 『医学』(赤い)発疹; (虫に刺されてできる)腫れ. (⇒चकत्ता)

ददौरा /dadaurā ダダォーラー/ ▸ददोड़ा, ददोरा *m.* ☞ददोरा

दन /dana ダン/ [<OIA. **dan-* 'flash, bang': T.06151] *m.* 〔擬音〕(銃声・砲声などの)バン[パン, ダン, ドン](という音).

दनदनाना /danadanānā ダンダナーナー/ [onom.; cf. *दन*] *vi.* (*perf.* दनदनाया /danadanāyā ダンダナーヤー/) (銃声・砲声などが連続して)バンバン[パンパン, ダンダン, ドンドン] (दन-दन, दनादन) とどろく.

— *vt.* (*perf.* दनदनाया /danadanāyā ダンダナーヤー/) (銃・砲などを連続して)バンバン[パンパン, ダンダン, ドンドン]撃つ.

दनादन /danādana ダナーダン/ [onom.; cf. *दन*] *adv.* **1** (銃・砲などを連続して)バンバン[パンパン, ダンダン, ドンドン]と撃ちながら. **2** 連続してどんどんと, 続々と, 次々に. ❐उसके पीछे के आदमियों को ～ तरक्कियाँ मिल रही हैं। 彼の下の人間がどんどん昇進している. ❐सामयिक पत्रों में उनके चित्र और चरित्र ～ निकल रहे थे। 時の週刊誌に彼の写真や行状が続々と公にされていた.

दपट /dapaṭa ダパト/ ▸डपट *f.* ☞डपट

दपटना /dapaṭanā ダパトナー/ ▸डपटना *vt.* (*perf.* दपटा /dapaṭā ダプター/) ☞डपटना

दफ़न /dafana ダファン/ [←Pers.n. دفن 'hiding under ground, interring, burying' ←Arab.] *m.* **1** 埋められること; 埋葬. ❐यह हीरा इसी लाश के साथ ～ होगा। このダイヤモンドはこの屍とともに葬られるであろう. ❐हिमस्खलन में १० जवान बर्फ़ में ज़िंदा ～ हो गए थे। 雪崩で10人の兵士が雪に生き埋めになった. **2** 密封, 秘匿(ひとく). ❐तुमने अपनी अभिलाषाओं को सदा के लिए ～ कर दिया है। お前は自分の願いを永遠に密封したのだ.

दफ़नाना /dafanānā ダフナーナー/ [cf. *दफ़न*] *vt.* (*perf.* दफ़नाया /dafanāyā ダフナーヤー/) 埋葬する, 土葬にする. (⇒गाड़ना) ❐उसकी लाश ज़मीन में दफ़ना दी गई है। 彼の遺体は地下に埋葬された.

दफ़ा[1] /dafā ダファー/ [←Pers.n. دفعة 'a race, a heat; one time, once; a moment' ←Arab.] *f.* **1** 回, 回数. (⇒बार) ❐एक [दो] ～ 一度[二度]. **2** (法令の)条項, …条. (⇒धारा) ❐(पर) (की) ～ लगाना (…に対して)(…の)条項を適用する. ❐१४४ वीं ～ = ～ १४४ (刑法)144条.

दफ़ा[2] /dafā ダファー/ [←Pers.n. دفع 'pushing, thrusting, driving away, beating off, parrying, repelling, averting, warding off' ←Arab.] *m.* 撃退; 排除. ❐

(को) (से) 〜 करना (…を)(…から)撃退する. ❒〜 हो जाना 退散する.

दफ़्तर /daftara ダフタル/ [←Pers.n. دفتر 'a book, record, register, journal; a roll, list, catalogue, inventory, account-book' ←Arab.] *m.* **1** オフィス, 事務所, 営業所. (⇒आफ़िस, कार्यालय, ब्यूरो) ❒वह उस समय एक 〜 में क्लर्क था। かれは当時ある事務所の事務員だった. **2** 勤務時間, 執務時間. ❒कल 〜 के समय आएँ। 明日勤務時間に来てください. ❒उनका 〜 आ गया। 彼の執務時間になった. **3** 事務室;(研究者, 教員の)研究室. (⇒आफ़िस)

दफ़्तरी /daftarī ダフタリー/ [←Pers.n. دفتری 'an office-keeper'] *adj.* **1** オフィスの;事務的な. **2** 官僚主義の.

— *m.* **1** 事務職員《特に文書の整理管理担当》. **2** 製本屋;製本職人. (⇒जिल्दसाज़)

दफ़्ती /daftī ダフティー/ [←Pers.n. دفتی 'the sides or boards (of the binding of a book)' ?←Arab.] *f.* ボール紙;厚紙(の表紙).

दबंग /dabaṃga ダバング/ [?<OIA. **dabb-* 'press': T.06173] *adj.* 不屈の(人);恐れを知らぬ(人).

दबकना /dabakanā ダバクナー/ ▸दुबकना [<OIA. **dabb-* 'press': T.06173] *vi.* (*perf.* दबका /dabakā ダブカー/) (おびえて)隠れる;(目立たないように)身を潜める. ❒वह अभी तक कोने में दबकी खड़ी थी। 彼女はまだ隅で身を潜めて立っていた.

दबकाना /dabakānā ダブカーナー/ ▸दुबकाना [cf. *दबकना*] *vt.* (*perf.* दबका /dabakā ダブカー/) **1** (ふざけて・かばって)隠す;しまいこむ《悪意はない》. ❒उसने बच्चे का खिलौना दबका दिया। 彼は子どものおもちゃを隠した(=「ないない」をした). ❒कबूतर ने अपनी गरदन परों में दबका ली। 鳩は首を羽の中にうずめた. ❒पिता की मार से बचाने के लिए माँ ने बच्चे को दबका लिया। 父親の暴力から守るために, 母親は子どもの身をかばった. **2** 叱る;おびえさせる.

दबदबा /dabadabā ダブダバー/ [←Pers.n. دبدبہ 'a great noise; pomp, state, magnificence' ←Arab.] *m.* 圧倒的な影響力;威圧;威力. ❒〜 जमाना 威圧する. ❒(को) 〜 दिखाना (…に)威力を見せつける.

दबना /dabanā ダブナー/ [<OIA. **dabb-* 'press': T.06173] *vi.* (*perf.* दबा /dabā ダバー/) **1** ぎゅっと押される;押しつけられる. **2** 圧搾される;(マッサージで)押される. **3** (感情などが)抑制される, 押し殺される. **4** 押さえつけられる, 屈伏させられる, 圧迫される;気後れする;(他のものに圧倒されて)見劣る, 埋もれる, 隠れる. ❒जितना दबो उतना ही लोग दबाते हैं। お前が気後れすればするほど人は押さえにかかるものだ.

दबवाना /dabavānā ダブワーナー/ [caus. of *दबना, दबाना*] *vt.* (*perf.* दबवाया /dabavāyā ダブワーヤー/) ぎゅっと押させる;押してもらう.

दबाना /dabānā ダバーナー/ ▸दाबना [cf. *दबना*] *vt.* (*perf.* दबाया /dabāyā ダバーヤー/) **1** ぎゅっと押す, 押しつける;はさむ;(口に)くわえる. ❒दुम दबाकर भागना 尻尾を巻いて逃げる. ❒बिजली का बटन दबाना 電気のボタンを押す. ❒बोलते थे मुँह में सिगार या पाइप दबाकर। (あの方は)話すときは葉巻やパイプをくわえながらだった. **2** (体を)押してもむ. ❒उसने रात को घंटे भर सास की देह दबाई। 彼女は夜一時間ほど姑の体をもんだ. ❒(के) पाँव दबाना (人の)足をもむ. **3** 圧縮する;圧搾する. **4** (感情などを)抑制する, 押し殺す. ❒कुछ देर अपने विद्रोह को दबाये रहने के बाद वह बोला। しばらく自分の反抗的態度を抑えた後で彼は言った. ❒वह अपने हार्दिक उल्लास को दबाये रखना चाहती थी। 彼女は自分の心の歓喜を抑えたままでいたかった. **5** (金を)横取りする;(借金を)踏み倒す. ❒उसने तो आपका सारा मेहनताना दबा लिया। 彼はあなたのすべての報酬を横取りした. ❒यहाँ चर्चा हो रही है कि मैंने अलग होते समय रुपए दबा लिये थे और भाइयों को धोखा दिया था। ここではうわさされているぞ, 俺が分家した際金を横取りし兄弟たちをだましたのだと. **6** 押さえつける, 屈伏させる, 圧迫する. ❒(का) गला दबाना (人の)首根っこをおさえる.

दबाव /dabāva ダバーオ/ [cf. *दबाना*] *m.* 圧力, 抑圧, 抑制. ❒(के) 〜 में आना (人の)圧力に屈する. ❒(पर [के ऊपर]) 〜 डालना (人に)圧力をかける. ❒(पर [के ऊपर]) 〜 पड़ना (人に)圧力がかかる.

दबैल /dabaila ダバェール/ [cf. *दबना*] *adj.* 従属する(人), 服従する(人), いいなりになる(人).

दबोचना /dabocanā ダボーチナー/ [cf. *दबाना*] *vt.* (*perf.* दबोचा /dabocā ダボーチャー/) (不意に襲いかかり)がっちり取り押さえる. ❒उसने ने चोर को दबोच लिया। 彼は泥棒に襲いかかり取り押さえた. ❒शराब का नशा उनके ऊपर सिंह की भाँति झपटा और दबोच बैठा। 酒の酔いが彼に獅子のごとく襲いかかり, がっちり捉えてしまった.

दब्बू /dabbū ダッブー/ [cf. *दबना*] *adj.* 従順で逆らわない, 気の弱い, 小心の. ❒बोलते कम थे, संकोची थे, दबे-से रहते थे, पर 〜 नहीं थे। (彼は)寡黙だった, 内気だった, 押さえつけられているばかりのようだった, しかし小心者ではなかった. ❒मैं क्यों इतना डरपोक, इतना 〜 हो गया? 私はなぜこれほど臆病者に, これほど小心者になってしまったのだ？

दम[1] /dama ダム/ [←Pers.n. دم 'breath'] *m.* **1** 息, 呼吸. (⇒साँस) ❒(का) 〜 घुटना (人が)息苦しくなる. ❒(का) 〜 फूलना へとへとになって(人の)息が切れる. ❒ज़रा 〜 ले लेने दो। ちょっと一息いれさせてくれ. **2** (水ギセルなどを吸う)一息. ❒उसने चिलम का 〜 लगाकर खाँसते हुए कहा। 彼は水ギセルを一息吸って咳き込みながら言った. ❒गाँजे के 〜 लगाना マリファナを吸う. **3** (死の)間際. ❒जीवन के आख़िरी 〜 तक 人生の最後の瞬間まで. ❒मरते 〜 तक 死ぬ間際まで. **4** 生命力;精力, 活力, 力強さ;熱情. ❒इस कविता में 〜 है। この詩には力強さがある. ❒(में) 〜 भरना (…に)息を吹き込む, 生き返らせる. ❒हाथों [पैरों, देह] में 〜 नहीं है। 手[足, 体]に力が入らない. **5** 力;説得力;効力;(薬などの)効能. ❒इस तर्क में 〜 है। この論理には説得力がある. ❒बंदूक के 〜 पर कराया गया चुनाव 銃の力で実施された選挙. **6**〔慣用〕❒(की) नाक में 〜 कर देना (人を)さんざん苦しめる.

दम[2] /dama ダム/ [←Skt. *दम-* 'taming, subduing'] *m.* **1**

抑制. **2** 自制;禁欲.

दमक /damaka ダマク/ [cf. *दमकना*] *f.* 輝き, 光輝. (⇒चमक)

दमकना /damakanā ダマクナー/▸दमदमाना [?cf. *चमकना*] *vi.* (*perf.* दमका /damakā ダムカー/) 輝く. (⇒चमकना) ❐उनके चेहरे ख़ुशी से दमकने लगे। 彼女たちの顔は喜びで輝いた.

दमकल /damakala ダムカル/ [*दम*[1] + *कल*[2]] *f.* **1** ポンプ. (⇒पंप) **2** 消防ポンプ;消防自動車. ❐~ गाड़ी 消防自動車. ❐~ घर 消防署. **3** ウインチ, クレーン.

दमड़ी /damaṛī ダムリー/ [cf. *दाम*] *f.* 〖歴史〗ダムリー《1パイサの 1/8;「値打ちのないもの」のたとえ》.

दमदमाना /damadamānā ダムダマーナー/ ▸दमकना [symbolic word] *vi.* (*perf.* दमदमाया /damadamāyā ダムダマーヤー/) ☞दमकना

दमन /damana ダマン/ [←Skt.n. *दमन-* 'taming, subduing, punishing'] *m.* 抑制, 抑圧. (⇒शमन) ❐~ नीति 抑圧政策. ❐उपद्रवकरियों का ~ करना 暴徒を鎮圧する. ❐दुख और सुख दोनों का ~ करना 悲しみと喜びの両者を抑圧する.

दमन और दीव /damana aura dīva ダマン アオール ディーヴ/ [cf. Eng.n. *Daman and Diu*] *m.* 〖地名〗ダマン・ディーウ《インド連邦政府直轄領;旧ポルトガル領インドの一部》.

दमनीय /damanīya ダムニーエ/ [←Skt. *दमनीय-* 'tamable, to be restrained'] *adj.* 抑制すべき;抑圧できる.

दमपुख़्त /damapuxta ダムプクト/ [←Pers. دم پخت 'a kind of pilaw'] *adj.* 〖食〗(土鍋で)炊いた(料理).
— *m.* 〖食〗ダム・プクト《蓋をした土鍋でスパイシーな味付けをした肉・野菜と米を炊いた料理;बिरयानी ビリヤーニー, पुलाव プラーオなど》.

दमा /damā ダマー/ [←Pers.n. دمه 'asthma'] *m.* **1** 〖医学〗喘息. (⇒खाँसी) **2** 〖医学〗結核. (⇒टीबी, राजयक्ष्मा) ❐दमे का मरीज़ 結核患者.

दमित /damita ダミト/ [←Skt. *दमित-* 'tamed, subdued'] *adj.* 抑制された, 抑圧された. ❐~ यौन भावना 抑圧された性の衝動.

दमिश्क़ /damiśqa ダミシュク/ [←Pers.n. دمشق 'Damascus' ←Arab.] *m.* 〖地名〗ダマスカス《シリア(・アラブ共和国) (सीरिया) の首都》.

दयनीय /dayanīya ダエニーエ/ [←Skt. *दयनीय-* 'pitiable'] *adj.* 哀れな, 気の毒な;惨めな. ❐~ स्थिति 気の毒な状態.

दया /dayā ダヤー/ [←Skt.f. *दया-* 'sympathy, compassion, pity'] *f.* 慈悲, 憐憫, 憐れみ, 情け;親切, おかげ. (⇒रहम) ❐(की) ~ से(…の)慈悲で. ❐(पर [के ऊपर]) ~ करना(…に対して)情けをかける. ❐मुझे उसके सीधेपन पर ~ आई। 私は彼の馬鹿正直さに憐憫の情を催した.

दयादृष्टि /dayādṛṣṭi ダヤードリシュティ/ [neo.Skt.f. *दया-दृष्टि-* 'kindly attitude'] *f.* 厚意, 高配. ❐महारानी की इतनी ~ तुम्हारे ऊपर है। 女王陛下のこれほどまでのご高配が汝の上にあるのだぞ.

दयाल /dayāla ダヤール/ [<Skt. *दयालु-* 'merciful'] *adj.* ☞दयालु

दयालु /dayālu ダヤール/ [←Skt. *दयालु-* 'merciful'] *adj.* 思いやりのある, 慈悲深い, 情け深い. (⇒कृपालु)

दयालुता /dayālutā ダヤールター/ [←Skt.f. *दयालु-ता-* 'pity'] *f.* 思いやり, 慈悲深さ, 情け深さ. (⇒कृपालुता)

दयावान् /dayāvān ダヤーワーン/ ▹दयावान [←Skt. *दया-वत्-* 'pitiful'] *adj.* ☞दयालु

दर[1] /dara ダル/ [?←Drav.; DEDr.3090 (DED.2519)] *f.* **1** 率, 割合, 歩合. (⇒रेट, अनुपात) ❐मुद्रास्फीति ~ インフレ率. ❐साक्षरता ~ 識字率. **2** 〖経済〗相場. (⇒रेट)

दर[2] /dara ダル/ [←Pers.n. در 'door'; ; cog. Skt.n. *द्वार-* 'door, gate, passage, entrance': T.06651] *m.* ドア, 扉.

दर- /dara- ダル・/ [←Pers.prep. در 'in, into, within, among; on upon, above; of, concerning, about'] *pref.* 《「…の中で, …に関して」などを意味するペルシャ語の前置詞;多くはこの前置詞を含む合成語として借用されている;例外的に, ペルシャ語から借用された副詞句 पुश्त दर पुश्त 「(先祖)代々」にあわせた表現 पीढ़ी दर पीढ़ी がある》.

दरअसल /daraasala ダルアサル/ [←Pers. دراصل 'in fact'] *adv.* 実際は, 実のところ.

दरक /daraka ダラク/ [cf. *दरकना*] *f.* 裂け目, 割れ目.

दरकना /darakanā ダラクナー/ [cf. OIA. *daráyati* 'causes to split': T.06192] *vi.* (*perf.* दरका /darakā ダルカー/) 裂ける;割れる.

दरकार /darakāra ダルカール/ [←Pers.adj. در کار 'in use, in operation; necessary, useful'] *adj.* 必要な;求められる. (⇒आवश्यक, ज़रूरी) ❐अगर आपको ज़्यादा माल ~ हो, तो मेरे साथ ग़रीबख़ाने तल तकलीफ़ कीजिए। もしあなたにもっと品物がご入り用でしたら, 私と一緒に拙宅までご足労くださいませんか.
— *f.* 必要, 必要性. (⇒आवश्यकता, ज़रूरत) ❐(को) (की) ~ है। (人には)(…が)必要である.

दरकिनार /darakināra ダルキナール/ ▸दरख़्वास्त [←Pers.adv. درکنار 'upon the side'] *adv.* わきに置かれて;片隅におかれて;棚上げになって. ❐(को) ~ करना (…を)わきに置く;片隅におく;棚上げにする.

दरख़ास्त /daraxāsta ダルカースト/▸दरख़्वास्त [←Pers.n. درخواست 'petition, request, application, appeal'] *f.* **1** 要望;申請;請願. (⇒निवेदन, प्रार्थना) **2** 申請書, 請願書. (⇒निवेदन-पत्र, प्रार्थना-पत्र)

दरख़्त /daraxta ダルクト/ [←Pers.n. درخت 'a tree, plant, bush, or shrub'] *m.* 〖植物〗木, 樹木. (⇒पेड़)

दरख़्वास्त /daraxvāsta ダラクワースト/ ▸दरख़ास्त *f.* ☞दरख़ास्त

दरगाह /daragāha ダルガーハ/ [←Pers.n. درگاه 'the king's court; a port, portal, gate, door'] *f.* 〖イスラム教〗聖者廟(びょう).

दरज़ /daraza̧ ダラズ/ ▸दर्ज *f.* ☞दर्ज़[2]

दरजा /darajā ダルジャー/ ▹दर्जा *m.* ☞दर्जा

दरज़िन /darazina̧ ダルズィン/ ▹दर्ज़िन *f.* ☞दर्ज़िन

दरज़ी /darazī ダルズィー/ ▹दर्ज़ी *m.* ☞दर्ज़ी

दरदरा /daradarā ダルダラー/ [cf. OIA. *daráyati* 'causes to split': T.06192] *adj.* 粗挽きの(粉). (⇒अधकचरा)

दरदराना /daradarānā ダルダラーナー/ [onom.] *vi.* (*perf.* दरदराया /daradarāyā ダルダラーヤー/) (砂などで)(足裏の感触が)ザラザラ (दर-दर) する. ❐यह फ़र्श चलते समय दरदराता है। この床は, 歩くとザラザラする.

— *vt.* (*perf.* दरदराया /daradarāyā ダルダラーヤー/) ゴリゴリ (दर-दर) と荒く挽く, 砕く.

दरबा /darabā ダルバー/ [?←Pers.n. در 'a door, gate'] *m.* **1** 鳥小屋;鶏小屋;鳩舎. **2** (鳥が巣を作る)木のくぼみ.

दरबान /darabāna̧ ダルバーン/ [←Pers.n. دربان 'a porter, warder'] *m.* **1** 門番;守衛. **2** ポーター.

दरबार /darabāra̧ ダルバール/ [←Pers.n. دربار 'a house, dwelling; a court'; → I.Eng.n. *durbar*] *m.* **1** 宮廷;謁見の間. ❐～ में हाज़िरी देना 宮廷に出仕する. **2**『歴史』謁見式. ❐～ लगना 謁見式が催される.

दरबारी /darabārī ダルバーリー/ [←Pers.n. درباری 'a courtier, an attendant at a darbār'] *adj.* 宮廷の;宮廷風の. ❐～ कवि 宮廷詩人. ❐～ ज़बान 宮廷言語《特にムガル朝の優雅なペルシア語》.

— *m.* 廷臣.

दरमियान /daramiyāna̧ ダルミヤーン/ [←Pers.n.] *m.* 《時間・空間》中央, 真ん中, 中間. (⇒बीच, मध्य) ❐के ～ …の中央に.

दरवाज़ा /daravāzā ダルワーザー/ [←Pers.n. دروازه 'a door'] *m.* **1** ドア, 扉;戸口. (⇒द्वार) ❐दरवाज़े पर 戸口に[へ]. ❐स्वचालित ～ 自動ドア. **2** 門;門口. (⇒गेट, द्वार)

दरवेश /daraveśa̧ ダルヴェーシュ/▹दर्वेश [←Pers.n. درویش 'dervish, monk'] *m.*『イスラム教』ダルヴィーシュ《イスラム神秘主義の修行僧》. (⇒फ़क़ीर)

दरसाना /darasānā ダルサーナー/ ▸दर्शाना *vt.* (*perf.* दरसाया /darasāyā ダルサーヤー/) ☞दर्शाना

दराँती /darā̃tī ダラーンティー/ [<OIA.n. *dā́tra-*[2] 'knife, sickle': T.06260] *f.* (長柄の)草切り鎌, 大鎌.

दराज़[1] /darāza̧ ダラーズ/ [?←Eng.n. *drawers*] *f.* 引き出し. ❐उसने मेज़ की दराज़ खोली। 彼は机の引き出しを開いた.

दराज़[2] /darāza̧ ダラーズ/ [cf. दर्ज़[2]] *f.* **1** 裂け目;割れ目. (⇒दरार) ❐उसने एक ～ से बाहर झाँका। 彼は一つの裂け目から外を覗いた. ❐चट्टानों की दराज़ों में बारूद रख पलीता लगा दिया और दूर भागे। 岩の割れ目に火薬をしかけ導火線をつけたそして遠くに逃げた. **2** 縫い目;裁縫.

दरार /darāra̧ ダラール/ [<OIA. **darākāra-* 'crack-formed': T.06193] *f.* **1** 割れ目;裂け目;隙間. (⇒दराज़) ❐मैंने अपनी उँगलियों में कुछ ～ छोड़ दी। 私は指の間に少し隙間を作った《手のひらで目隠しをしても隙間から見えるように》. **2** ひび割れ;亀裂. **3** 人間関係の亀裂;不和.

दरिंदा /dariṃdā ダリンダー/ [←Pers.n. درنده 'a tearer, render'] *m.* **1** 獣;(肉食の)野獣. (⇒पशु) **2** けもののような人間. (⇒पशु)

दरिद्र /daridra̧ ダリドル/ [←Skt. दरिद्र- 'poor, needy'] *adj.* **1** (経済的に)貧しい, 貧乏な, 貧困な;惨めな. (⇒ग़रीब) ❐～ घर की लड़कियाँ 貧しい家の娘たち. **2** (価値が)乏しい, 貧弱な, 粗末な;(能力が)貧しい, 劣った, 無能な.

— *m.* 貧乏人, 困窮者. (⇒ग़रीब) ❐सच्ची सज्जनता भी दरिद्रों और नीचों ही के पास रहती है। 人間としての真の高潔さすらも貧しい者たちや卑しい者たちがもっている.

दरिद्रता /daridratā ダリドラター/ [←Skt.f. दरिद्र-ता- 'indigence, penury'] *f.* **1** (経済的な)貧困, 貧乏. (⇒ग़रीबी) **2** (価値の)乏しさ, 貧弱さ, お粗末さ;(能力の)貧しさ, 無能さ.

दरिद्री /daridrī ダリドリー/ [*दरिद्र + -ई*] *adj.* ☞दरिद्र

दरिया /dariyā ダリヤー/ [←Pers.n. دریا 'a sea, ocean; a river'] *m.* **1**『地理』川, 河, 河川. (⇒नदी) **2**『地理』海. (⇒समुद्र, सागर)

दरियाई /dariyāī ダリヤーイー/ [←Pers.adj. دریائی 'marine, maritime'] *adj.* **1** 河川の. ❐～ घोड़ा『動物』カバ(河馬). **2** 海の. ❐～ आदमी 船乗り.

दरियादिल /dariyādila̧ ダリヤーディル/ [←Pers.adj. دریا دل 'bountiful as the sea'] *adj.* 度量の大きい;気前の良い.

दरियादिली /dariyādilī ダリヤーディリー/ [*दरियादिल + -ई*] *f.* 度量の大きさ;気前の良さ. ❐(में) ～ दिखाना (…において)気前の良さを見せる.

दरियाफ़्त /dariyāfta̧ ダリヤーフト/ [←Pers.n. در یافت 'perception, understanding, knowledge; discovery'] *f.* **1** 調査. ❐～ करना 調べる. **2** 探知;発見. ❐इस तरह के और भी पौधे ～ हो चुके हैं। この種のさらに別の植物も発見されている.

दरी[1] /darī ダリー/ [←Skt.f. दरी- 'a hole in the ground, cave'; cf. दर्रा] *f.*『地理』谷, 峡谷.

दरी[2] /darī ダリー/ [<OIA. **darita-, *darikā-* 'split cane, mat': T.06194] *f.* (綿の)敷物, マット. ❐कमरे में ～ बिछी है। 部屋には敷物が敷かれている.

दरी[3] /darī ダリー/ [←Pers.n. دری 'the Dari language'] *f.* ダリー語《現在のアフガニスターンで話されるペルシャ語系統の言語》.

दरीबा /darībā ダリーバー/ [?] *m.* ダリーバー《宝飾品やパーン (पान) など同じ種類の商品を売る売店が集まっているマーケット》.

दरेरना /darerana̧ ダレールナー/ [cf. OIA. **daḍavaḍa-* 'onrush': T.06127] *vt.* (*perf.* दरेरा /dar erā ダレーラー/) (硬いものを)擦りつける.

दरोग़ा /daroğā ダローガー/ ▸दारोग़ा *m.* ☞दारोग़ा

दर्ज /darja̧ ダルジ/ [←Pers.n. درج 'enveloping a thing in another; a volume, a roll' ←Arab. ; cf. दर्ज़] *adj.* 記録[登録]された. ❐～ करना [कराना] 登録する[しても

らう].

दर्ज़[1] /darzá ダルズ/ [hypercorr. of दर्ज (←Pers.n. درج 'enveloping a thing in another; a volume, a roll' ←Arab.)] *adj.* ☞दर्ज

दर्ज़[2] /darzá ダルズ/▸दरज़ [←Pers.n. درز 'a joint, the joining of the skull, a suture, a seam'; cf. *दराज़*[2]] *f.* **1** 裂け目;割れ目. (⇒दरार) **2** 縫い目;裁縫.

दर्जन /darjaná ダルジャン/ ←Eng.n. *dozen*; cf. Port. *dúzia num.*〖単位〗 1ダース. ❐दर्जनों 何ダースもの, 何十もの.

दर्जा /darjā ダルジャー/▹दरजा [←Pers.n. درجة 'the step of a stair, round of a ladder' ←Arab.] *m.* **1** 等級, 階級, ランク;グレード, 位, 品等. (⇒क्लास, श्रेणी) ❐दूसरे दर्जे का टिकट 2 等の切符. ❐फ़ौजी 〜 軍隊の階級. ❐〜 चढ़ना [बढ़ना]। 階級が高くなる, 昇進する. ❐〜 घटना 階級が低くなる, 降格する. **2** (学校の)学年, 年級. (⇒कक्षा, क्लास, जमात) ❐ऊँचे दर्जे की शिक्षा 高等教育. ❐वह तुमसे एक 〜 नीचे है। 彼は君より 1 学年下だ. **3** 程度; (温度などの)度数. (⇒डिग्री) ❐कितने दर्जे बुखार है?何度熱がありますか？

दर्जाबंदी /darjābaṃdī ダルジャーバンディー/ [*दर्जा* + *-बंदी*] *f.* 分類;格付け.

दर्ज़िन /darziná ダルズィン/ ▹दरज़िन [cf. *दर्ज़ी*] *f.* 仕立て屋 (दर्ज़ी) の妻.

दर्ज़ी /darzī ダルズィー/▹दरज़ी [←Pers.n. درزی 'a tailor'] *m.* 仕立て屋, 裁縫師. (⇒टेलर, मास्टर)

दर्द /dardá ダルド/ [←Pers.n. درد 'pain, ache, smart, trouble, disease, grief, affliction, pang, torment'] *m.* **1**〖医学〗痛み, 苦痛. (⇒पीड़ा) ❐〜 करना 痛む. ❐ (में) 〜 है। (…に)痛みがある. **2** (精神的な)痛み, 苦悩, 心痛, 悲痛. (⇒पीड़ा) **3** (相手の痛みへの)共感, 同情. (⇒पीड़ा)

दर्दनाक /dardanāká ダルダナーク/ [←Pers.adj. دردناك 'sick, afflicted; painful'] *adj.* 哀れみを誘う, 悲しそうな;痛ましい;悲劇的な. ❐उसने 〜 आँखों से मेरी तरफ़ देखा। 彼は悲しそうな目で私の方を見た. ❐〜 घटना 痛ましい事件[事故].

दर्प /darpá ダルプ/ [←Skt.m. *दर्प-* 'pride, arrogance, haughtiness, insolence, conceit'] *m.* 傲慢さ;尊大さ;横柄さ;慢心;虚飾.

दर्पण /darpaṇá ダルパン/ [←Skt.m. *दर्पण-* 'a mirror'] *m.* 鏡. (⇒आईना, शीशा) ❐अवतल 〜 凹面鏡. ❐उत्तल 〜 凸面鏡. ❐समतल 〜 平面鏡.

दर्रा /darrā ダルラー/ [←Pers.n. دره 'a valley (especially between hills through which a stream flows), a gully'; cf. *दरी*[1]] *m.*〖地理〗峠(道);細く険しい山道. ❐ख़ैबर 〜 カイバル峠. ❐पहाड़ों के दर्रे बर्फ़ से ढक गए। 山々の峠は雪に覆われた.

दर्वेश /darveśá ダルヴェーシュ/ ▹दरवेश *m.* ☞दरवेश

दर्शक /darśaká ダルシャク/ [←Skt. *दर्शक-* 'seeing; looking at; showing, pointing out'] *adj.* …を表示する《合成語の要素として》.
— *m.* 観客, 観衆;見物人.

दर्शन /darśaná ダルシャン/ [←Skt.n. *दर्शन-* 'seeing, observing, looking, noticing, observation, perception'] *m.* **1** 見ること;見えること. **2** (高貴の人との)面会, 拝謁(はいえつ);(神を)拝すること, (神像の)拝観《通常複数扱い》. ❐(के) 〜 करना (人に)拝謁する. ❐जीता रहा, तो फिर आपके 〜 करूँगा। 生きていれば, またあなたにお会いできるでしょう. ❐सौभाग्य से यहीं 〜 हो गये! 幸運なことにここでお目にかかれるとは. **3** (高貴な人の姿が)見えること, 尊顔(そんがん)《通常複数扱い;皮肉を含んだ表現が多い》. ❐इतने दिनों में आपने एक बार भी मुझे 〜 न दिये। これほど長い日々あなたは一度たりとも私にお姿をお見せになりませんでした. ❐कितना ही पानी डालो, उस पेड़ में हरी पत्तियों के 〜 नहीं होंगे। どれほど水をあげても, その木の緑の葉にはお目にかかれないよ. **4** 哲学, 哲学体系. **5** (個人の)ものの見方, 人生観, 主義主張. ❐〜 बघारना 偉そうに自分の哲学をのたまう. ❐हमारे नाम बड़े हैं, पर 〜 थोड़े। 我々の名声はたいしたものだが, 考えていることは全然たいしたもんじゃないさ.

दर्शन-शास्त्र /darśaná-śāstrá ダルシャン・シャーストル/ [neo.Skt.n. *दर्शन-शास्त्र-* 'philosophy'] *m.* (学問としての)哲学. ❐वे युनिवर्सिटी में 〜 के अध्यापक हैं। 彼は大学で哲学の教授である.

दर्शनीय /darśanīyá ダルシャニーエ/ [←Skt. *दर्शनीय-* 'worthy of being seen, good-looking, beautiful'] *adj.* 見るに値する;見るべき;美しい(風景).

दर्शनी हुंडी /darśanī huṃḍī ダルシャニー フンディー/ *f.*〖経済〗一覧払い手形.

दर्शाना /darśānā ダルシャーナー/▸दरसाना [cf. *दर्शन*] *vt.* (*perf.* दर्शाया /darśāyā ダルシャーヤー/) 見せる, 示す;披露[陳列]する. (⇒दिखाना) ❐यह रिपोर्ट निर्णायक तौर पर दर्शाती है कि चारों सांसदों द्वारा अपने व्यक्तिगत खातों में जमा किए गए २ करोड़ रुपए पार्टी कोष के नहीं थे। この報告書は, 4 人の国会議員によって自分の個人口座に振り込まれた 2000 万ルピーは党の資金ではなかったことを, 明確に示している.

दल /dalá ダル/ [←Skt.n. *दल-* 'a piece torn or split off, fragment'] *m.* **1**〖植物〗花弁, 花びら. (⇒पंखड़ी) **2** (動物・鳥の)群れ. (⇒झुंड) ❐पक्षियों का 〜 鳥の群れ. **3** グループ, 集団, 群れ;一隊, 一団, チーム;軍隊(の部隊). (⇒गिरोह) ❐〜 बनाना 隊を編成する. ❐आठ सदस्यीय तकनीकी 〜 8 人からなる技術チーム. ❐विशेषज्ञ 〜 専門家チーム. ❐सिपाहियों का बड़ा 〜 兵士たちの大きな部隊. **4** 政党. (⇒पार्टी) ❐राजनैतिक 〜 政党. ❐वामपंथी 〜 左翼政党. ❐सत्तारूढ़ 〜 与党, 政府党.

दलगत /dalagatá ダルガト/ *adj.* 政党の, 党派の.

दलदल /daladalá ダルダル/ [?<OIA. **dal-*[2] 'quiver': T.06212] *m.* **1** 沼地, 湿地;泥沼. ❐उसने एक डग इस तरह उठाया जैसे दलदल में पाँव रख रहा हो। 彼はまるで沼地に足を踏み入れるかのように一歩足を上げた. **2** 窮地, 苦境. ❐दलबदल के 〜 में मत फँसो। 政党鞍替えの泥沼にはまるな《政治家を皮肉った語呂あわせ》. ❐मुझे इस 〜 से उबार लीजिए। 私をこの窮地から救ってください.

दलदला /daladalā ダルダラー/ [cf. *दलदल*] *adj.* 湿地の，じめじめした. ❐दलदली ज़मीन じめじめした土地.

दलन /dalana ダラン/ [←Skt.n. *दलन-* 'splitting, tearing asunder, dispelling'] *m.* **1** 粉々にすること，粉砕すること. **2** 踏みつぶすこと；押しつぶすこと.

दलना /dalanā ダルナー/ [＜OIA.intr. ***dálati*** 'cracks, splits': T.06216] *vt.* (*perf.* दला /dalā ダラー/) **1** (穀類などを)荒挽きする；すり潰す. (⇒पीसना) ❐तुम उसे घर में रखे हुए हो, यह मेरी छाती पर मूँग दलना नहीं तो और क्या है! おまえはあいつを家に置いている，これが俺の胸の上で豆を挽いていること(＝苦痛を与えること)でなければ一体何なんだ！ **2** 踏みつぶす；押しつぶす.

दलबंदी /dalabaṃdī ダルバンディー/ [*दल* + *-बंदी*] *f.* 派閥主義；徒党を組むこと. (⇒गुटबंदी)

दलबदल /dalabadala ダルバダル/ [*दल* + *बदल*] *m.* 所属政党の鞍替え.

दलबदलू /dalabadalū ダルバドルー/ [*दलबदल* + *-ऊ*] *m.* (所属政党を利己的な目的のために変える)節操のない政治家.

दलबल /dalabala ダルバル/ [*दल* + *बल*[1]] *m.* 軍隊，軍勢. ❐राजा ने ～ के साथ अमोढ़ा पर चढ़ाई कर दी। 王は軍勢を率いてアモーラーを攻撃した.

दलबादल /dalabādala ダルバーダル/ [*दल* + *बादल*] *m.* 雲のむれ.

दलाल /dalāla ダラール/ [←Pers.n. دلال 'an auctioneer, broker; road-guide' ←Arab.] *m.* **1**〖経済〗株式仲買人. **2** 仲介者；斡旋業者；ポン引き.

दलाली /dalālī ダラーリー/ [←Pers.n. دلالی 'brokerage'] *f.* **1**〖経済〗株式仲買業務. **2** 代理業，仲介業. ❐बीमा कंपनी की ～ 保険会社の代理業. **3**〖経済〗手数料；仲介料.

दलित /dalita ダリト/ [←Skt. *दलित-* 'cracked'] *adj.* 抑圧された；迫害された. ❐～ वर्ग (社会的・経済的)被抑圧階層. ❐～ साहित्य〖文学〗ダリト文学《被抑圧者文学；独立後マラーティー文学から始まった文学潮流の一つ》.

दलिया /daliyā ダリヤー/ [＜OIA. ***dalita-*** 'burst': T.06220] *m.*〖食〗ダリヤー《穀類を粗挽きにしたものを煮た粥(かゆ)，ポリッジ》.

दलील /dalīla ダリール/ [(←Pers.n. دلیل 'a guide, director') ←Arab.] *f.* **1** 証拠，根拠；論拠，理屈. (⇒युक्ति) ❐(की) ～ देना (…の)根拠を提示する. **2** 実証，立証.

दलीली /dalīlī ダリーリー/ [←Pers.adj. دلیلی 'argumentative;'] *adj.* **1** 議論好きな；理屈っぽい. **2** 議論がうまい，言葉にたけている.

दलेल /dalela ダレール/ [←Eng.n. *drill*] *f.* (懲罰的な)教練《特に見せしめの行進》. ❐～ बोलना 懲罰的な教練を命じる.

दवा /davā ダワー/ [←Pers.n. دواء 'a medicine, remedy' ←Arab.] *f.* **1**〖医学〗薬，医薬；内服薬；良薬. (⇒औषध, औषधि) ❐अचूक ～ 特効薬. ❐नशीली ～ 催眠薬. ❐～ कंपनी 製薬会社. ❐～ खाना [पीना] 薬をのむ. ❐～ खिलाना [पिलाना] 薬をのませる. **2**〖医学〗治療. (⇒इलाज, चिकित्सा) ❐(की) ～ करना (…の)治療をする. **3** 対策，方策，手立て. ❐इस संकट से बचने की उसके पास और कोई ～ न थी। 彼にはこの危機から逃れるなんらすべがなかった.

दवाई /davāī ダワーイー/ [cf. *दवा*] *f.* ☞दवा

दवाख़ाना /davāxānā ダワーカーナー/ [*दवा* + *ख़ाना*] *m.*〖医学〗薬局；薬屋. (⇒दवा दुकान)

दवात /davāta ダワート/ [←Pers.n. دوات 'an ink-holder' ←Arab.n.] *f.* インク入れ，インク壺.

दवा-दारू /davā-dārū ダワー・ダールー/ *f.* **1**〖医学〗治療. ❐～ करना 治療する. ❐उसका मन आज भी कहता था, अगर उनकी ～ होती तो वे बच जाते। 彼女の心は今でも語りかけていた，もしあの子たちが治療を受けていたら助かっていたのにと. ❐महीनों की ～ के बाद आछी हुई। 何か月もの治療の後彼女はよくなった. **2**〖医学〗薬. ❐～ देना 投薬する.

दवानल /davānala ダワーナル/ ▸दावानल *m.* ☞दावानल

दवाफ़रोश /davāfarośa ダワーファローシュ/ ▸दावानल [*दवा* + *-फ़रोश*] *m.* 薬売り；薬剤師.

दवाम /davāma ダワーム/ [←Pers.n. دوام 'persisting, persevering in' ←Arab.] *m.* 永続.

दवामी /davāmī ダワーミー/ [*दवाम* + *-ई*] *adj.* (借用権などが)永久の，永続する. ❐～ पट्टा 永代小作契約(証書). ❐～ बंदोबस्त 永代土地貸与.

द वैली /da vailī ダ ワェーリー/ [cf. Eng.n. *The Valley*] *m.*〖地名〗バレー《カリブ海にある英領の島アンギラ(अंगुइला)の首府》.

दश- /daśa- ダシュ・/ [←Skt. *दश-* 'ten'] *m.* 10《合成語を形成する》.

दशक /daśaka ダシャク/ [←Skt. *दशक-* 'consisting of 10, having 10 parts'] *m.*〖単位〗十年間. ❐१९वीं शताब्दी के पहले [दूसरे] ～ में 19 世紀の 10[20]年代に.

दशन /daśana ダシャン/ [←Skt.m. *दशन-* 'a tooth'] *m.* 歯.

दशमलव /daśamalava ダシャムラオ/ [neo.Skt.m. *दशम-लव-* 'decimal'] *m.* **1** 小数点；小数. **2** 十進数(の). ❐～ पद्धति [प्रणाली] 十進法.

दशमांश /daśamāṃśa ダシャマーンシュ/ [neo.Skt.m. *दशम-अंश-* 'tenth part'] *m.* 10分の1.

दशमी /daśamī ダシュミー/ [←Skt.f. *दशमी-* 'the 10th'] *f.* **1**〖暦〗(陰暦の)十日目《白半月(新月から満月まで)あるいは黒半月(満月から新月まで)の》. **2**〖暦〗☞विजया-दशमी

दशहरा /daśaharā ダシュハラー/ [←Skt.f. *दश-हरा-* 'taking away the 10 sins; the *Gaṅgā*'] *m.* **1**〖暦〗☞विजया-दशमी **2**〖暦〗ダシャハラー《原意は「10 の罪を取り去るもの(ガンガー女神)」；ガンガー女神が生まれたとされる陰暦ジェート月白半月の十日目に行われる祭り》.

दशा /daśā ダシャー/ [←Skt.f. *दशा-* 'the fringe of a garment, loose ends of any piece of cloth, skirt or hem; state or condition of life'] *f.* **1** 状態，状況；苦境；

体調, 容体《あまり芳しくない状態の場合が多い》. ❐(की) ~ बिगड़ना (…の)状態が悪化する. ❐(की) ~ सुधरना (…の)状態がよくなる. ❐उनकी ~ और ख़राब हो गई। 彼の容体はさらに悪化した. **2**〖暦〗ダシャー《天体の位置とそれによる影響》. **3** (人生の中のある)時期.

दशाब्दी /daśābdī ダシャーブディー/ [cf. Skt.n. *दश-आब्द-* 'ten years'] *f.* 10 年間.

दस /dasa ダス/ [<OIA. *dáśa* 'ten': T.06227] *num.* 10.

दसनंबरी /dasanambarī ダスナンバリー/ [*दस* + *नंबर*] *m.* 犯罪者《これを規定したインド刑法百十条 (धारा एक सौ दस) から》.

दस्तंदाज़ /dastaṃdāza ダスタンダーズ/ [←Pers.n. دست انداز 'a dancer; an oppressor; infringement'] *adj.* 干渉する(人);妨害する(人).

दस्तंदाज़ी /dastaṃdāzī ダスタンダーズィー/ [←Pers.n. دست اندازی 'interference'] *f.* 干渉;妨害. (⇒हस्तक्षेप)

दस्त /dasta ダスト/ [←Pers.n. دست 'stool, purge, evacuation'] *m.* 〖医学〗下痢;排便. (⇒अतिसार, आँव)(⇔कब्ज़) ❐पतला ~ 軟便. ❐(को) ~ लग जाना (人が)下痢になる. ❐(को) ~ आना (人が)下痢になる.

दस्त- /dasta- ダスト・/ [←Pers.n. دست 'the hand'; cog. Skt.m. *हस्त-* 'the hand'] *m.* 手《主に合成語の要素として使用;दस्तख़त「署名」, दस्तकरी「手工芸(品)」など》.

दस्तक /dastaka ダスタク/ [←Pers.n. دستك 'a little hand; spindle; a summons or order to appear; a rap at the door'] *f.* **1** (ドアの)ノック;(相手の注意を喚起するために)軽く手を叩くこと. ❐(पर) ~ देना (…を)ノックする. **2**〖法律〗召喚(状). **3** 通行許可証. **4** 税金(の徴収);賦課金;通関税. ❐~ माफ़ करना 税金を免除する. ❐(पर) ~ लगाना (…に)税金を課す. ❐~ बाँधना いわれのない出費を招く.

दस्तकार /dastakāra ダストカール/ [←Pers.n. دستکار 'an artificer, handicraftsman'] *m.* 職人;熟練工. (⇒कारीगर)

दस्तकारी /dastakārī ダストカーリー/ [←Pers.n. دستکاری 'an art, trade; handicraft, dexterity'] *f.* 手工芸(品). (⇒हस्तशिल्प)

दस्तख़त /dastaxata ダストカト/ [←Pers.n. دستخط 'hand-writing, signature'] *m.* 署名, サイン. (⇒हस्ताक्षर) ❐(पर) ~ करना (…に)サインする.

दस्तख़ती /dastaxatī ダストカティー/ [*दस्तख़त* + *-ई*] *adj.* 署名入りの, サインされた. ❐~ दस्तावेज़ 署名入りの文書.

दस्तबंद /dastabaṃda ダストバンド/ [←Pers.n. دستبند 'swathes for the hands'] *m.* (手首に巻く)腕輪《真珠や宝石などが通してある腕輪;金銀で作られた腕輪など》.

दस्ता /dastā ダスター/ [←Pers.n. دستہ 'a handle, helve, haft; a handful; a division of an army'] *m.* **1** (手で掴む)握りの部分;取っ手, 柄, ハンドル;(小銃の)台尻, 銃床. (⇒मूठ, हत्था) ❐छड़ी का ~ ステッキの握り. **2** 乳棒(にゅうぼう). **3** 束状のもの, 束. **4** 部隊;(組織された)一隊. ❐पुलिसवालों का ~ 警官隊. ❐फ़ौजी ~ 軍の部隊. ❐सशस्त्र ~ 武装部隊. ❐विशेष दस्ते का गठन करना 特別部隊を編成する.

दस्ताना /dastānā ダスターナー/ [←Pers.n. دستانہ 'an agricultural tool; a whip; a glove'] *m.* **1** 手袋. **2**〖スポーツ〗グローブ.

दस्तावर /dastāvara ダスターワル/ [←Pers.adj. دست آور] *adj.*〖医学〗下剤の. (⇒विरेचक) ❐~ दवा 下剤.

दस्तावेज़ /dastāveza ダスターヴェーズ/ [←Pers.n. دست آویز 'a voucher, document, bond'] *f.* **1** 文書, 書類. (⇒प्रलेख) **2**〖経済〗証券;証書.

दस्तावेज़ी /dastāvezī ダスターヴェーズィー/ [*दस्तावेज़* + *-ई*] *adj.* **1** 文書の, 書類上の. **2**〖経済〗証券の;証書の.

दस्ती /dastī ダスティー/ [←Pers.n. دستی 'a torch or link carried in the hand; any vessel which may be lifted by the hand'] *adj.* 手の;手動の;手ごろな. ❐~ बम 手榴弾. ❐~ बैग ハンドバッグ.
— *f.* 取っ手;手燭;筆箱《片手で扱えるほどのもの》.

दस्तूर /dastūra ダストゥール/ [←Pers.n. دستور 'custom; constitution'] *m.* **1** 慣習, 習慣;慣例. (⇒प्रथा, रस्म) **2** 法, 決まり, 掟. (⇒क़ायदा, नियम) ❐यही दुनिया का ~ है। これが世の中の掟だ.

दस्तूरी /dastūrī ダストゥーリー/ [←Pers.n. دستوری 'perquisites paid to servants by one who sells to their master, fees'] *adj.* **1** 慣習上の. **2** 法律上の;決まりの.
— *f.* 心づけ《仲介者や代理の者に慣習的に与えられる役得の金》.

दस्यु /dasyu ダスィウ/ [←Skt.m. *दस्यु-* 'enemy of the god; robber'] *m.* 盗賊. (⇒डाकू)

दहकना /dahakanā ダハクナー/ [onom.; <OIA. *dáhati* 'burns, roasts': T.06245] *vi.* (*perf.* दहका /dahakā ダヘカー/) **1** (火が)ごうごうと[真っ赤に]燃える. (⇒धधकना) ❐आग दहकनेवाली थी। 火が真っ赤に燃え上がるところだった. **2** (嫉妬などで)身を焦がす;(悲嘆・自責の念などで焼けつくように)苦しむ. ❐ईर्षा की अग्नि उसके हृदय में दहक रही थी। 嫉妬の火炎が彼の心の中で燃え盛っていた.

दहकाना /dahakānā ダヘカーナー/ [cf. *दहकना*] *vt.* (*perf.* दहकाया /dahakāyā ダヘカーヤー/) **1** ごうごうと[真っ赤に]燃えあがらせる. **2** (嫉妬などで)焼き尽くす;激怒させる. (⇒भड़काना)

दहन /dahana ダハン/ [←Skt. *दहन-* 'burning, consuming by fire, scorching, destroying'] *m.* 燃えること;燃焼.

दहना /dahanā ダヘナー/ [<OIA. *dáhati* 'burns, roasts': T.06245] *vi.* (*perf.* दहा /dahā ダハー/) 燃える;燃焼する.

दहलना /dahalanā ダハルナー/ [?; cf. Skt.m. *दर-* 'fear'; *हिलना*] *vi.* (*perf.* दहला /dahalā ダヘラー/) 恐れおののく;怯える;すくむ. ❐(का) कलेजा [छाती] दहल उठना (人の)

胸がすくむ. ❐हृदय भावी अशुभ की आशंका से दहल गया। 心臓がこれから先の不吉な予感で縮み上がった.

दहला /dahalā ダヘラー/ [cf. Pers.n. ده 'ten'] *m.* 〖ゲーム〗(トランプの)10.

दहलाना /dahalānā ダヘラーナー/ [cf. *दहलना*] *vt.* (*perf.* दहलाया /dahalāyā ダヘラーヤー/) 怯えさせる.

दहलीज़ /dahalīza ダヘリーズ/ [←Pers.n. دهلیز 'a vestibule, place between two gates, or between the outer gate and the house'; cf. *देहली*[1]] *f.* 門口;玄関;(玄関の扉の)敷居;戸口. ❐～ का कुत्ता ごますり;子分. ❐～ की मिट्टी खोद [ले] डालना 人の家に足しげく通う《催促などで》. ❐(की) ～ झाँकना (人の)家を訪れる《頼みごとなどで》.

दहशत /dahaśata ダヘシャト/ [←Pers.n. دهشة 'fear, terror' ←Arab.] *f.* 恐怖(感), おびえ. ❐～ खाना おびえる. ❐(को) ～ देना (人を)おびえさせる.

दहाई /dahāī ダハーイー/ [cf. Pers.n. ده 'ten'] *f.* 〖数学〗十の位[桁]. ❐१२३ में ३ इकाई के स्थान पर, २ ～ के स्थान पर और १ सैकड़े के स्थान पर है। 123 において 3 が一の位, 2 が十の位そして 1 が百の位です. ❐अभी मेरी उम्र दो की ～ पर ही गिनी जाती थी। その時はまだ私の年齢は 20 の桁で数えられていた(＝20 代だった).

दहाड़ /dahāṛa ダハール/ [onom.] *f.* **1** (ライオンなどの)咆哮(ほうこう). ❐～ मारना 咆哮(ほうこう)する. **2** 大声で泣くこと. ❐～ मारकर रोना 声を張り上げて泣く.

दहाड़ना /dahāṛanā ダハールナー/ [onom.; cf. *दहाड़*] *vi.* (*perf.* दहाड़ा /dahāṛā ダハーラー/) **1** (ライオンなどが)吼える, 咆哮(ほうこう)する. (⇒गरजना) **2** 大声でどなる. (⇒गरजना) ❐वह बंदूक को कंधे से उतारकर हाथ में लेता हुआ दहाड़ा। 彼は銃を肩から下ろし, 手に持ち直しどなった. ❐वह अपना कविता पढ़ता नहीं था, दहाड़ता था। 彼は自分の詩を朗読するというより, 吼えるようにどなっていた. **3**〔慣用〕❐दिन दहाड़े 白昼に, 真っ昼間に.

दहाना /dahānā ダハーナー/ [←Pers.n. دہانہ 'anything which resembles the mouth; the mouth of a river'] *m.* 形が口状のもの《河口, 袋の口, 砲口など》. ❐तोप का ～ 大砲の砲口.

दही /dahī ダヒー/ [<OIA.n. *dádhi-* 'thick sour milk': T.06146] *m.* ヨーグルト, 凝乳, カード.

दही बड़ा /dahī baṛā ダヒー バラー/ [cf. *बड़ा*[2]] *m.* 〖食〗ダヒー・バラー《バラー बड़ा にヨーグルトと香辛料をかけたスナック》.

दहेज़ /daheza ダヘーズ/ ▸जहेज [←Pers.n. جهاز 'paraphernalia, or portion given with a daughter' ←Arab.; cf. Urd.m. جہیز 'dowry'] *m.* ダヘーズ《花嫁が嫁入りの際持参する金品, 嫁入り道具;悪しき慣習として花婿側が花嫁側に持参金などを要求することは現在法律で禁止されている》.

-दाँ /-dā̃ ・ダーン/ ▸-दान [←Pers.suf. دان '(in comp.) knowing, intelligent'] *suf.* 《〖名詞 दाँ〗の形式で, 名詞「…をよく知っている人」を作る; अँगरेज़ीदाँ「英語に堪能な人」, क़ानूनदाँ「法律専門家」など》(⇒-ज्ञ)

दाँत /dā̃ta ダーント/ [<OIA.m. *dánta-* 'tooth': T.06152] *m.* **1** 歯. ❐～ के निशान 歯で噛んだ痕. ❐(को) ～ से काटना (人を)歯で噛みつく. ❐दूध के ～ 乳歯. ❐नक़ली ～ 義歯, 入れ歯. ❐पक्का ～ 永久歯. **2** (象などの)牙;象牙. ❐हाथी के ～ 象牙. **3** 歯状のもの;(歯車, くしなどの)歯;(のこぎりなどの)目. ❐आरी के ～ のこぎりの目. ❐कंघी के ～ くしの歯. **4**〔慣用〕❐～ चबाना (怒りで)歯噛みをする. ❐～ बजना (寒さで)歯がガチガチ鳴る, 歯の根が合わない. ❐(के) ～ खट्टे करना (人を)さんざんやりこめる. ❐दाँतों (तले) उँगली काटना [दबाना] (賞賛のあまり)あっけにとられる.

दाँत-खोदनी /dā̃ta-kʰodanī ダーント・コードニー/ *f.* ☞ दंत-खोदनी

दाँता /dā̃tā ダーンター/ [<OIA. *dantaka-* '*having teeth': T.06153] *m.* **1** (櫛の)歯;(鋸の)歯;(歯車の)歯. **2** (岩石などの)尖った角;ぎざぎざ.

दाँती /dā̃tī ダーンティー/ [<OIA.n. *dā́tra-*[2] 'knife, sickle': T.06260] *f.* 鎌. (⇒हँसिया)

दाँतेदार /dā̃tedāra ダーンテーダール/ [*दाँता* + *-दार*] *adj.* 歯のある, のこぎり状の;ぎざぎざの. ❐～ पहिया 爪車(つめぐるま).

दांपत्य /dāmpatya ダーンパティエ/ [←Skt.n. *दाम्पत्य-* 'state of husband and wife, matrimonial relationship'] *adj.* 夫婦の, 夫婦間の;結婚生活の. ❐～ जीवन 夫婦生活, 結婚生活.
— *m.* 夫婦関係;結婚生活.

दाँव /dā̃va ダーオン/ [<OIA.n. *dā́tu-* 'share': T.06258; cf. Skt.m. *दामन्-* 'allotment, share'] *m.* **1** 〖ゲーム〗賭け(事);(金品など)賭けるもの. ❐(को) ～ पर रखना (…を)賭ける. ❐～ देना 賭けたものが負けて没収される. ❐～ लेना 賭けたものを勝ち取る. **2** 罠(わな);計略, 策略. ❐～ खेलना 罠をしかける;計略をめぐらす. ❐(के) ～ में आना (人の)策略にはまる. **3** (チェスの)一手;(レスリングの)しかけ技;(サイコロの)一振り. **4** 支配;コントロール. ❐～ पर चढ़ना (人が)意のままになる. ❐(को) ～ पर चढ़ाना [लाना] (人を)意のままにする;てなずける. ❐(को) ～ पर पाना (人が)意のままであることを確認する. **5** (罠に陥れる)好機, チャンス. ❐～ ताकना チャンスをうかがう.

दाँव-घात /dā̃va-gʰāta ダーオン・ガート/ *m.* 待ち伏せ;術策:策略;やりくち. ❐तुम उसके ～ सब जानते हो। 君は彼のやりくちをすべて知っている.

दाँव-पेंच /dā̃va-pẽca ダーオン・ペーンチ/ ▸दाँव-पेच *m.* 術策:策略;やりくち;手練手管. ❐～ खेलना 策をめぐらす, 策をろうする.

दाँव-पेच /dā̃va-peca ダーオン・ペーチ/ ▸दाँव-पेंच *m.* ☞ दाँव-पेंच

दाई /dāī ダーイー/ [cf. Pers.n. دایہ 'a nurse, foster-mother'; ?cog. Skt.f. *धात्री-* 'a nurse'] *f.* **1** 乳母. (⇒आया, धाय) **2** 産婆, 助産婦. ❐～ से पेट कहाँ छिप सकता है? 産婆からお腹が隠れることはない《「何もかもお見通し」

の意》.

दाएँ /dāẽ ダーエーン/▷दायें [cf. *दायाँ*] *adv.* 右に[へ]. (⇔बाएँ)

दाख /dākʰa̧ ダーク/ [<OIA.f. *drā́kṣā-, drā́kṣā́-* 'vine, grape': T.06628] *f.* **1**〖植物〗ブドウ(葡萄)(の実). (⇒अंगूर) **2**〖食〗干しブドウ, レーズン. (⇒किशमिश)

दाख़िल /dāxila̧ ダーキル/ [←Pers.adj. داخل 'who or what enters, penetrates, or arrives; inner, internal' ←AArab.] *adj.* **1** 入った;(学校や組織などに)入った, 入学[会]した. ❐वह कमरे में ～ हुआ। 彼は部屋に入った. ❐(को) अस्पताल में ～ करना (人を)病院に入院させる《病院側が》. ❐(को) अस्पताल में ～ कराना (人を)病院に入院させる《患者の親族などが》. **2** 登録記入された. (⇔ख़ारिज) ❐～ ख़ारिज (土地台帳の)土地保有者の名義変更. **3** (罰金や保証金などが)支払われた. ❐ज़मानत ～ करना 保証金を支払う.

दाख़िला /dāxilā ダーキラー/ [←Pers.n. داخله 'receipt for goods or money' ←Arab.] *m.* **1** 入ること;入場. (⇒प्रवेश) ❐～ मुफ़्त 入場無料. **2** (学校や組織などに)入ること, 入学[会].

दाख़िली /dāxilī ダーキリー/ [←Pers.adj. داخلی 'contained, belonging to'] *adj.* 内部の;内的な.

दाग़ /dāğa̧ ダーグ/ [←Pers.n. داغ 'a mark; scar, spot, freckle'] *m.* **1** (汚れた)しみ. (⇒धब्बा) ❐(पर) ～ लगना (…に)しみがつく. ❐ख़ून के ～ 血痕. **2** 焼印(の跡). **3**〖医学〗(天然痘などの)痕;(皮膚の)しみ;そばかす;あざ. (⇒धब्बा) ❐उसके चेहरे पर माता के ～ थे। 彼の顔には天然痘の痕があった. **4** 汚点;欠点. (⇒धब्बा) ❐(की) इज़्ज़त में ～ लगना (人の)名誉に汚点がつく.

दाग़दार /dāğa̧dāra̧ ダーグダール/ [←Pers.adj. داغدار 'spotted, marked, branded'] *adj.* (焼印の)跡がついた;(汚れた)しみのついた. (⇒दाग़ी) ❐(को) ～ बनाना (人に)汚点をつける.

दाग़ना /dāğa̧nā ダーグナー/ [cf. *दाग़*] *vt.* (*perf.* दाग़ा /dāğā ダーガー/) **1** 焼き印を押す;焼きごてをあてる. **2** (弾丸を)発射[発砲]する. ❐(पर) गोलियाँ दाग़ना (…に)弾を撃ち込む.

दाग़ी /dāğī ダーギー/ [←Pers.adj. داغی 'spotted, stained'] *adj.* **1** マークのついた;斑点のある;汚点のある. (⇒दाग़दार) **2** 前科のある, 犯罪歴のある.

दाड़िम /dāṛima̧ ダーリム/ [<OIA.m. *dāḍima-* 'pomegranate tree': T.06254] *m.*〖植物〗ザクロ(石榴)(の実)《ザクロ科の落葉性小高木》. (⇒अनार)

दाढ़ /dāṛʰa̧ ダール/ ▸डाढ़ [<OIA. **dāṁṣṭra-* 'fang, tusk, beard': T.06250] *f.* 臼歯;奥歯. ❐अक़्ल ～ 知恵歯, 親知らず.

दाढ़ी /dāṛʰī ダーリー/ ▸डाढ़ी [<OIA. **dāṁṣṭra-* 'fang, tusk, beard': T.06250] *f.* あごひげ. ❐～ बनाना [बनवाना] あごひげを剃る[剃らせる].

दातव्य /dātavya̧ ダータヴィエ/ [←Skt. *दातव्य-* 'to be given'] *adj.* 与えるべき;与えなければいけない.

— *m.* 与えるべきもの;布施;(税・会費など)納めるべきもの.

दाता /dātā ダーター/ [←Skt.m. *दातृ-* 'giver'] *m.* 与える者;贈与者;施主;ドナー.

दातुन /dātuna̧ ダートゥン/ ▸दतून, दतौन, दातून, दातौन [<OIA.n. *dantapavana-* 'toothcleaner, a small piece of wood': T.06157] *f.* ダートゥン《歯磨き, また歯磨きに使用する小枝;特にニーム नीम の小枝》. ❐～ करना (ダートゥンで)歯磨きをする.

दातून /dātūna̧ ダートゥーン/ ▸दतून, दतौन, दातुन, दातौन *f.* ☞दातुन

दातौन /dātauna̧ ダータォーン/ ▸दतून, दतौन, दातुन, दातून *f.* ☞दातुन

दाद[1] /dāda̧ ダード/ [←Pers.n. داد 'justice'] *f.* **1** 公平, 公正;正義. **2** 称賛. ❐(की) ～ देना (…を)称賛する.

दाद[2] /dāda̧ ダード/ [<OIA.m. *dadrú-[1]* 'cutaneous eruption': T.06142] *m.*〖医学〗タムシ, 白癬(はくせん)《水虫など白癬菌などによっておこる皮膚病》.

दादरा /dāda̧rā ダードラー/ [?] *m.*〖音楽〗ダードラー《速いテンポの歌曲の旋律の一つ》.

दादरा और नागर हवेली /dāda̧rā aura̧ nāgara̧ havelī ダードラー アォール ナーガル ハヴェーリー/ [cf. Eng.n. *Dadra and Nagar Haveli*] *m.*〖地名〗ダードラー・ナーガル・ハヴェーリー《インド連邦政府直轄領;旧ポルトガル領インドの一部》.

दादा /dādā ダーダー/ [<OIA. **dādda-* 'father or other elderly relative': T.06261] *m.* **1** (父方の)祖父. (⇒पितामह)(⇔दादी) **2** おじいさん;おじさん《年長者に対する敬った呼びかけの言葉》. **3** 兄, 兄貴. **4** (やくざの)顔役, ボス. (⇒नेता) ❐वे तीनों ～ क़िस्म के लोग लग रहे थे। 彼ら３人ともやくざ風の人間に見えた.

दादागिरी /dādāgirī ダーダーギリー/ ▸दादागीरी [*दादा* + *-गिरी*] *f.* 人をアゴで使う振る舞い, 兄貴風を吹かせること;無頼の振る舞い.

दादागीरी /dādāgīrī ダーダーギーリー/ ▸दादागिरी *f.* ☞दादागिरी

दादी /dādī ダーディー/ [cf. *दादा*] *f.* (父方の)祖母. (⇒पितामही)(⇔दादा)

दादुर /dādī ダーディー/ [<OIA.m. *dardurá-[1]* 'frog': T.06198] *m.*〖動物〗カエル(蛙)《特にヒキガエルを指す場合がある》. (⇒मेंढक)

दान /dāna̧ ダーン/ [←Skt.n. *दान-* 'the act of giving'] *m.* **1** 贈与;寄付, 寄贈, 寄進. ❐(को) ～ देना (…に)寄付する. **2** 喜捨;施し. ❐ग़रीबों को ～ करना 貧者に施す.

-दान /-dāna̧ ・ダーン/ ▸-दाँ [←Pers.suf. دان '(in comp.) containing anything; (in comp.) knowing, intelligent'] *suf.* **1**《〖名詞 दान〗の形式で, 男性名詞「…の入れ物」を作る; इत्रदान「香水入れ」, क़लमदान「筆箱」, कूड़ेदान「ごみ箱」など》. **2**《〖名詞 दान〗の形式で, 男性名詞「…をよく知っている人」を作る;この意味では〖名詞 दाँ〗の形式が普通; अँगरेज़ीदाँ「英語に堪能な

人」, क़ानूनदाँ「法律専門家」など》.

दानपत्र /dānapatra ダーンパトル/ [←Skt.n. *दान-पत्र-* 'deed of gift'] *m.* 慈善行為, 寄付[寄進]行為.

दान-पात्र /dāna-pātra ダーン・パートル/ [←Skt.n. *दान-पात्र-* 'object of charity'] *m.* 慈善箱.

दानव /dānava ダーナオ/ [←Skt.m. *दानव-* 'a class of demons often identified with the *Daityas* or *Asuras* and held to be implacable enemies of the gods or *Devas*'] *m.* 〖神話〗ダーナヴァ《神々の敵である巨人の悪魔》.

दानवी /dānavī ダーンヴィー/ [*दानव* + *-ई*] *adj.* ダーナヴァ (दानव) の.
— *f.* 女のダーナヴァ.

दानवीर /dānavīra ダーンヴィール/ [←Skt.m. *दान-वीर-* 'munificent man'] *m.* 寛大で気前のいい人.

दानशील /dānaśīla ダーンシール/ [←Skt. *दान-शील-* 'liberally disposed'] *adj.* 寛大で気前のいい(人).

दाना /dānā ダーナー/ [←Pers.n. دانہ 'grain'] *m.* **1**〖植物〗穀粒. ❐गेहूँ के दाने 麦粒. ❐उसने कई दिन से दाने की सूरत नहीं देखी थी। 彼は何日も穀粒にお目にかからなかった《＝まともな食事にありつけなかった》. **2** 小さな粒状のもの, 粒子; (ブドウなどの)種. ❐अंगूर के दाने ブドウの種. ❐मूँगफली के दाने ピーナッツの粒. **3**〖医学〗(天然痘などの)発疹; (皮膚にでる)斑点; 吹き出物. ❐उसके देह में दाने निकल आए। 彼の身体に発疹が出た. ❐चार-पाँच दिन में ही दाने बढ़कर आवले पड़ गए और मालूम हुआ कि यह माता नहीं, उपदंश है। 4, 5 日の内に発疹は大きくなり水ぶくれになった, そして分かったのは, これは天然痘ではなく梅毒であるということだった.

दाना-पानी /dānā-pānī ダーナー・パーニー/ *m.* (生きいくために必要な)食べ物と飲み物.

दानी /dānī ダーニー/ [←Skt. *दानिन्-* 'giving, liberal'] *adj.* 気前のいい(人).
— *m.* 気前のいい人.

-दानी /-dānī ・ダーニー/ [cf. *-दान*] *suf.* 《〖名詞 दानी〗の形式で, 女性名詞「…の(小型の)入れ物」を作る; चायदानी「ティーポット」, चीनीदानी「砂糖壺」, बच्चादानी「子宮」など》

दानेदार /dānedāra ダーネーダール/ [←Pers.adj. دانہ دار 'granulated'] *adj.* 粒状の, 顆粒状の. (⇒रवेदार) ❐～ शक्कर グラニュー糖.

दाब /dāba ダーブ/ [＜OIA. **dabb-* 'press': T.06173] *f.* **1**〖物理〗圧力; 圧縮. ❐वायुमंडलीय ～ 大気圧. **2** 統制, 管理, 監督; 圧制; 重圧. ❐(को) ～ में रखना (人を)監督下に置く. ❐आक्सफ़र्ड में विद्यार्थी पर विश्वविद्यालय का पूरा दबाव होता है और चौबीसों घंटे वह उसी ～ में रहता है। オックスフォード(大学)では学生に対し大学の完全な制御があり 24 時間学生はその統制下にある. **3** (活版印刷の)刷り, 印刷. **4** 文鎮, 紙押え; 重し.

दाबना /dābanā ダーブナー/ ▸दबाना [cf. *दाब*] *vt.* (*perf.* दाबा /dābā ダーバー/) ☞दबाना

दाम /dāma ダーム/ [＜OIA.n. *dramma-* 'a coin' ←Gr. 'a drachma': T.06622; cf. Pers.n. درم 'a weight (drachma); a silver coin'] *m.* **1** 価格, 値段. ❐दस रुपए के ～ पर 10ルピーの値段で. **2** 価値. **3** 代価, 代償. ❐(का) ～ चुकाना (…の)代償を払う. **4** ダーム《旧通貨のコイン; 1パイサの24分の1に相当》.

दामन /dāmana ダーマン/ [←Pers.n. دامن 'a skirt, tail, hem, border; sheet (of a sail)'] *m.* **1** 裾(すそ); スカート; ペチコート. ❐उन लोगों का और हम लोगों का चोली-दामन का साथ है। 彼らと私たちとは胴衣とスカートの関係です《互いが必要な大事な関係》. **2** 斜面; 裾野. **3** (町の)はずれ; 郊外. **4** 帆脚索《風に対する帆の角度を一定に保つためのロープ》. ❐(से) ～ छुड़ाना (…から)帆脚索をはずす《(政治などで)袂を分かち別の道を行く》.

दामाद /dāmāda ダーマード/ [←Pers.n. داماد 'a son-in-law'] *m.* 婿, 娘婿, 娘の夫. (⇒जामाता, पाहुना)

दामिनी /dāminī ダーミニー/ [cf. Skt.f. *सौदामनी-* 'lightning'] *f.* **1** 稲妻, 稲光, 電光. **2** ダーミニー《女性の額を飾る装身具の一種》. (⇒दावनी)

दामोदर नदी /dāmodara nadī ダーモーダル ナディー/ *f.* 〖地名〗ダーモーダル川《西ベンガル州 (पश्चिम बंगाल) とジャールカンド州 (झारखंड) 州を流れる; 水力発電用ダムがある》.

दाय /dāya ダーエ/ [←Skt. *दाय-* 'giving, presenting'] *m.* **1** 与えられるべきもの《寄付金, 贈り物, 持参金など》. **2** 相続財産.

-दायक /-dāyaka ・ダーヤク/ [←Skt. *दायक-* 'giving, granting, bestowing'] *suf.* 《〖名詞 दायक〗の形式で, 形容詞「…を与える(もの)」を作る; सुखदायक「幸せを与える」など》(⇒-दायी)

दायभाग /dāyabʰāga ダーエバーグ/ [←Skt.m. *दाय-भाग-* 'partition of inheritance'] *m.* (各相続人の)相続分.

दायर /dāyara ダーヤル/ [←Pers.adj. دائر 'who or what revolves' ←Arab.] *adj.* (裁判で)申し立てが行われた; (正式に書類が)提出された. ❐(पर) मुक़दमा ～ करना (…に対して)提訴する. ❐बेदख़ली ～ करना 立ち退き処分を提訴する.

दायरा /dāyarā ダーエラー/ [←Pers.n. دائرة 'a circle, circumference, circuit, periphery, compass, orbit, cycle' ←Arab.] *m.* **1** 円, 円輪. (⇒गोल) ❐स्त्रियाँ गोल दायरे में खड़ी हैं। 女たちが丸い円を描いて立っている. **2**〖数学〗円周. (⇒वृत्त) **3** 範囲; 領域; 圏内. (⇒क्षेत्र) ❐आपसी सहयोग का ～ बढ़ाना 相互協力の範囲を拡大する. ❐टैक्स छूट का ～ 非課税の範囲. **4** 交友範囲; 仲間内. **5** 周辺; 付近. **6** 軌道.

दायाँ /dāyā̃ ダーヤーン/ ▸दाहिना [＜OIA. *dákṣiṇa-* 'right (hand)': T.06119] *adj.* 右の, 右側の. (⇔बायाँ) ❐～ हाथ 右手. ❐दाईं तरफ़ 右の方向(へ).

दायाद /dāyāda ダーヤード/ *m.* 〖法律〗(男の)法定相続人.

दायिता /dāyitā ダーイター/ [neo.Skt.f. *दायि-ता-* 'liability'] *f.* ☞दायित्व

दायित्व /dāyitva ダーイトオ/ [neo.Skt.n. *दायि-त्व-*

'liability'] *m.* 〖法律〗責務. ❐(का) ～ (पर) आना(…の)責務が(人に)のしかかる. ❐(का) ～ (पर) है।(…の)責務は(人に)ある.

-दायी /-dāyī ・ダーイー/ [←Skt. *दायिन्-* 'giving, granting, communicating'] *suf.* 《〖名詞 दायी〗の形式で, 形容詞「…を与える(もの)」を作る; सुखदायी「幸せを与える」など》. (⇒-दायक)

दायें /dāyẽ ダーエーン/ ▷दाएँ *adv.* ☞दाएँ

-दार /-dāra ・ダール/ [Pers.suf. دار 'holding, possessing, keeping'; cog. Skt. *धार-* 'holding, supporting, containing'] *suf.* 〖名詞 दार〗の形式で, 形容詞「…をもつ(もの)」や名詞「…を所有する人」などを作る; ख़ुशबूदार「いい匂いの」, वफ़ादार「忠実な(人)」, समझदार「物分りのいい(人)」など

दारचीनी /dāracīnī ダールチーニー/ ▸दालचीनी *f.* ☞दालचीनी

दारमदार /dāramadāra ダールマダール/ [←Pers.n. دار مدار 'adjustment of a dispute; reconciliation'] *m.* 支え, 頼り, 依存. ❐अब सारा ～ ऊख पर था। いまやすべて(収入のあて)はサトウキビにかかっていた.

दारिद्र्य /dāridrya ダーリドルエ/ [←Skt.n. *दारिद्र्य-* 'poverty'] *m.* ☞दरिद्रता

दारुण /dāruṇa ダールン/ [←Skt. *दारुण-* 'hard, harsh; rough, sharp, severe, cruel, pitiless; dreadful, frightful'] *adj.* **1** 恐ろしい;ぞっとするような. ❐～ दृश्य 恐ろしい光景. **2** 大変な;ひどい;激しい《苦痛などの程度のはなはだしさを表わす》. ❐दुख को और ～ बनाना 悲しみをさらにひどくする. ❐～ प्रसव-पीड़ा 出産の激しい痛み.

दारू /dārū ダールー/ [←Pers.n. دارو 'a medicine, drug'] *f.* 酒, アルコール飲料. (⇒मदिरा, शराब)

दारेस्सलाम /dāressalāma ダーレーッサラーム/ [cf. Eng.n. *Dar es Salaama*] *m.* 〖地名〗ダルエスサラーム《タンザニア(連合共和国) (तंज़ानिया) の旧首都;新首都はドドマ (दोदोमा)》.

दारोग़ा /dāroğā ダーローガー/ ▸दरोगा [←Pers.n. داروغه 'head man of an office, prefect of a town or village, overseer, or superintendent of any department'] *m.* **1** 警部. (⇒इंस्पेक्टर) **2** 監督官;(現場の)最高責任者《政府や自治体の部局責任者》. ❐जेल का ～ 刑務所長. ❐नमक विभाग का ～ 塩専売局局長.

दार्जिलिंग /dārjiliṃga ダールジリング/ [cf. Eng.n. *Darjeeling*] *m.* 〖地名〗ダージリン《西ベンガル州 (पश्चिम बंगाल) 最北端の避暑地》.

दार्शनिक /dārśanika ダールシャニク/ [←Skt. *दार्शनिक-* 'acquainted or connected with philosophical systems'] *adj.* 哲学の;哲学的な;哲学上の.
— *m.* 哲学者. (⇒फ़िलासफ़र)

दाल /dāla ダール/ [<OIA. **dāla-²* 'kind of grain, split peas': T.06309] *f.* **1** 〖植物〗ダール豆;食用豆類の総称《अरहर, उड़द, चना, मसूर, मूँग の5種類がある;茹でて同名の副食物ダール料理 (दाल) を作ったり, 挽いた粉に香辛料を混ぜ乾燥させて作るパーパル (पापड़) の材料になる》. **2** 〖食〗ダール《ダール豆を用いたポタージュ風副食物;通常市販の荒挽き豆を煮て作る》. ❐अरहर [उड़द] की ～ アルハル[ウラド]のダール. ❐पतली [गाढ़ी] ～ 水っぽい[どろっとした]ダール. ❐～ में कुछ काला है। 何か怪しいぞ. **3** かさぶた;黄色い斑点;レンズを通した光線の焦点《ダール豆の形状や色に似ていることから》.

दालचीनी /dālacīnī ダールチーニー/ ▸दारचीनी [←Pers.n. دار چینی 'cinnamon'] *f.* 〖植物〗シナモン(の木), 肉桂《香辛料に使用》.

दाल-भात /dāla-bʰāta ダール・バート/ *m.* 〖食〗ダール (दाल) とご飯《普段の食事, 質素な食事》.

दाल-मोठ /dāla-moṭʰa ダール・モート/ *f.* 〖食〗ダールモート《各種のひき割り豆を油で揚げ香辛料で味付けしたスナック》.

दालान /dālāna ダーラーン/ [←Pers.n. دالان 'a hall, vestibule'] *m.* ダーラーン《屋根と柱がある玄関ホールやベランダ》.

दावत /dāvata ダーワト/ [←Pers.n. دعوة 'inviting to a feast' ←Arab.] *f.* **1** (宴の)招待. **2** 宴, 饗宴;祝宴, 宴会;ディナー・パーティー. ❐(को) ～ पर बुलाना(人を)宴に招く. **3** 〖食〗(宴で供される)食事, ご馳走. (⇒डिनर) ❐(को) ～ देना(人に)ご馳走を振る舞う.

दावत-नामा /dāvata-nāmā ダーワト・ナーマー/ *m.* (食事への)招待状. (⇒निमंत्रण-पत्र)

दावनी /dāvanī ダーオニー/ [<OIA.n. *dā́man-¹* 'rope': T.06283; cf. Skt.f. *दामनी-* 'long rope to which calves are tied by means of shorter ropes'] *f.* ダーオニー《女性の額を飾る装身具の一種;ふち取りのついた長円形の形状をしている》. (⇒दामिनी)

दावा /dāvā ダーワー/ [←Pers.n. دعوا 'law-suit' ←Arab.] *m.* **1** (権利の)主張;断言. ❐(का) ～ करना (…を)主張する, 断言する. ❐दावे के साथ कहना 自信をもって言う. ❐मैं कवि नहीं हूँ और न मुझे कवि होने का ～ है। 私は詩人ではないしまた詩人であることを主張するつもりもありません. **2** (法的手段に)訴えること. ❐～ ख़ारिज करना 訴えをしりぞける. ❐～ दायर करना 告訴する. ❐दीवानी [फ़ौजदारी] में ～ करना 民事[刑事]訴訟として訴える. ❐(पर) ～ करना (人を)訴える.

दावाग्नि /dāvāgni ダーワーグニ/ [←Skt.m. *दाव-अग्नि-* 'fire in a forest'] *f.* 森林火災. (⇒दावानल)

दावानल /dāvānala ダーワーナル/ ▸दवानल [←Skt.m. *दाव-अनल-* 'fire in a forest'] *m.* 森林火災. (⇒दावाग्नि)

दावेदार /dāvedāra ダーヴェーダール/ [←Pers.n. دعوی دار 'a plaintiff, claimant'] *m.* 自分の権利を主張する人;原告.

दावेदारी /dāvedārī ダーヴェーダーリー/ [*दावेदार* + *-ई*] *f.* 自分の権利を主張すること.

दास /dāsa ダース/ [←Skt.m. *दास-* 'fiend, demon; slave, servant'] *m.* **1** (男の)奴隷;下僕. (⇔दासी) **2** 〖ヒンドゥー教〗神のしもべ, 信者. **3** (あることに)心を奪われた人, 虜(とりこ). ❐मैं निरर्थक रूढ़ियों और व्यर्थ के बंधनों का ～

नहीं हूँ। 私は意味のない因習や無駄な束縛の虜ではない.

दासता /dāsatā ダースター/ [←Skt.f. *दास-ता-* 'slavery, servitude'] *f.* 隷属(状態).

दासी /dāsī ダースィー/ [←Skt.f. *दासी-*] *f.* **1**〖歴史〗(女の)奴隷;侍女.(⇔दास) **2**〖歴史〗 ☞देवदासी

दास्तान /dāstāna ダースターン/ [←Pers.n. داستان 'history; a theme, fable, romance, tale, story, news'] *f.*〖文学〗話, 物語.

दास्य /dāsya ダースィエ/ [←Skt.n. *दास्य-* 'servitude, slavery, service'] *m.*〖ヒンドゥー教〗ダースヤ《神への帰依・信愛を深めるために説かれている九つの方法(नवधा भक्ति) の一つ,「神に僕(しもべ)としてお仕えする」》.

दाह /dāha ダーハ/ [←Skt.m. *दाह-* 'burning, combustion, conflagration, heat'] *m.* **1** 燃えること;大火;猛火. **2**〖ヒンドゥー教〗火葬, 荼毘(だび).(⇒दाह-कर्म, दाह-क्रिया, दाह-संस्कार) **3** 激しい苦しみ, 苦痛;苦悶. ❒दिल की 〜 心中の苦悶. ❒शोक और नैराश्य की 〜 悲しみと絶望の苦しみ.

दाहक /dāhaka ダーハク/ [←Skt. *दाहक-* 'burning, setting on fire'] *adj.* **1** 燃やす, 燃焼させる. ❒〜 बम 焼夷弾. **2** 怒りをあおる.

दाह-कर्म /dāha-karma ダーヘ・カルム/ [neo.Skt.n. *दाह-कर्मन्-* 'funeral rite(s)'] *m.* 火葬, 荼毘(だび). ❒(की) 〜 करना (人を)荼毘にふする.

दाह-क्रिया /dāha-kriyā ダーヘ・クリヤー/ [neo.Skt.f. *दाह-क्रिया-* 'funeral rite(s)'] *f.* ☞दाह-कर्म

दाह-संस्कार /dāha-saṃskāra ダーヘ・サンスカール/ [neo.Skt.m. *दाह-संस्कार-* 'funeral rite(s)'] *m.* ☞दाह-कर्म

दाहिना /dāhinā ダーヒナー/ ▸दायाँ *adj.* ☞दायाँ

दाहिने /dāhine ダーヒネー/ *adv.* 右に;右の方向に.

दिक़ /diqa ディク/ [←Pers.n. دق 'a hectic fever; teasing, trouble' ←Arab.] *adj.* (厄介なことなどで)困らされた. ❒(को) 〜 करना (人を)悩ます, 困らす, 苦しめる.
— *m.* ☞तपेदिक़

दिक् /dik ディク/ [←Skt.f. *दिक्-, दिश्-* 'quarter or region pointed at, direction, cardinal point'] *f.* **1** 方向《主に合成語の要素として使用; दिक्सूचक「羅針盤」など》.(⇒दिश्-) **2** 空間. ❒〜 और काल 空間と時間, 時空.

दिक़्क़त /diqqata ディッカト/ [←Pers.n. دقة 'being fine, minute (as dust or flour); slenderness, delicacy, exility; difficulty, nicety' ←Arab.] *f.* **1** 面倒事;苦難, 難儀. ❒〜 में पड़ना 困ったことになる. **2** 困難;障害;不便. ❒दवा मिलने में इतनी 〜 होगी। 薬を手に入れるのにこれほどの問題があるとは.

दिक्सूचक /diksūcaka ディクスーチャク/ [neo.Skt.m. *दिक्-सूचक-* 'compass'] *m.*〖天文〗コンパス, 羅針盤[儀].(⇒क़ुतुबनुमा)

दिखना /dikʰanā ディクナー/ ▸दीखना [<OIA. **dṛkṣati, *drakṣati* 'sees': T.06507] *vi.* (*perf.* दिखा /dikʰā ディカー/) 見える;目に入る. ❒वह सामने से आता दिखा। 彼が前から来るのが見えた. ❒मेरी आशंका के विपरीत वह स्वस्थ दिखी। 私の危惧に反して, 彼女は健康に見えた. ❒एक डाक्टर की दवा से लाभ होता न दिखता तो दूसरा डाक्टर बुलाया जाता, फिर तीसरा। ある医者の薬で効果がないと見えると次の医者が呼ばれるのであった, そしてまた次という具合に.

दिखलाना /dikʰalānā ディクラーナー/ [cf. *देखना*] *vt.* (*perf.* दिखलाया /dikʰalāyā ディクラーヤー/) ☞दिखाना

दिखाई /dikʰāī ディカーイー/ [cf. *दिखना, दिखाना*] *f.* 《以下の成句で用いる》. ❒(को) 〜 देना [पड़ना] (人に)…が見える.

दिखाऊ /dikʰāū ディカーウー/ [cf. *दिखना, दिखाना*] *adj.* **1** 見せるだけの, 見せかけの;模造の. ❒〜 गहना 安物の装身具. **2** 人目を引く;これ見よがしの. ❒बदन 〜 एक्ट्रेस 肉体派女優.

दिखाना /dikʰānā ディカーナー/▸दिखलाना [cf. *देखना*] *vt.* (*perf.* दिखाया /dikʰāyā ディカーヤー/) 見せる, 示す;提示する;示威する;披露[陳列]する.(⇒दर्शाना) ❒मुझे वह किताब दिखाओ। 私にその本を見せてくれ. ❒एक सप्ताह बाद नए केंद्रीय विधि मंत्री ने एजेंसी को हरी झंडी दिखा दी। 一週間後, 新しい連邦政府の法務大臣は関係部局に緑の旗を見せた(=ゴーのサインを出した).

दिखावट /dikʰāvaṭa ディカーワト/ [cf. *दिखाना*] *f.* **1** 見せること;みかけ, 外見. **2** 見せかけ;虚飾.(⇒दिखावा)

दिखावटी /dikʰāvaṭī ディカーワティー/ [cf. *दिखावट*] *adj.* **1** もっともらしい;見せかけだけの. **2** 偽造された;模造された.

दिखावा /dikʰāvā ディカーワー/ [cf. *दिखाना*] *m.* **1** 見せびらかし, 誇示, 虚栄. **2** 外観;見せかけ;虚飾.(⇒दिखावट) ❒वे बातें बिलकुल ऊपरी और दिखावे की थीं। それらの話は全くうわべだけの見せかけであった.

दिगंत /digaṃta ディガント/ [←Skt.m. *दिग्-अन्त-* 'the end of the horizon; remote distance'] *m.* 地の尽きる果て;地平線.(⇒क्षितिज)

दिगंबर /digaṃbara ディガンバル/ [←Skt. *दिग्-अम्बर-* 'sky clothed; quite naked'] *adj.* 身に何もつけていない, 裸形の.
— *m.* **1**〖ジャイナ教〗ディガンバラ, 空衣派(の修行者). **2**〖ヒンドゥー教〗ディガンバラ《シヴァ神 शिव の別名》.

दिग्गज /diggaja ディッガジ/ [←Skt.m. *दिग्-गज-* 'one of the mythical elephants which stand in the four or eight quarters of the sky and support the earth'] *m.* (各界の)大物, 大立者, 大御所. ❒अमेरिकी जाज़ 〜 アメリカ・ジャズ界の大御所.

दिग्दर्शन /digdarśana ディグダルシャン/ [←Skt.n. *दिग्-दर्शन-* 'the act of looking to every quarter, a general survey'] *m.* 指示;(入門的な)案内.

दिग्भ्रम /digbʰrama ディグブラム/ [←Skt.m. *दिग्-भ्रम-* 'perplexity about points of the compass; mistaking the way or direction'] *m.* 方向を見失うこと;方向を見誤ること.

दिग्विजय /digvijaya ディグヴィジャエ/ [←Skt.m.

दिग्-विजय- 'the conquest of various countries in all directions'] *f.* 世界制覇.

दिठौना /diṭʰaunā ディタォーナー/ ▸डिठौना [<OIA. *dr̥ṣṭá-* 'seen': T.06518] *m.* ディトウナー《邪視から守るために子どもの顔につける黒い印》.

दिन /dina̸ ディン/ [←Skt.m. *दिन-* 'a day'] *m.* **1**〘単位〙1 日. (⇒रोज़) ❐जवाब आने में कितने ～ लगेंगे? 返事が来るのに何日かかるでしょう. ❐～ भर 一日中. **2** 昼間, 日中. ❐～ में 昼間[日中]に. **3**〘暦〙曜日. ❐आज कौन-सा ～ है? 今日は何曜日ですか? **4** 太陽.

दिनकर /dina̸kara ディンカル/ [←Skt.m. *दिन-कर-* 'the sun, making day or light'] *m.* 太陽《主に男子名として》.

दिनचर्या /dina̸caryā ディンチャルヤー/ [←Skt.f. *दिन-चर्या-* 'daily-work'] *f.* 日常(生活); 日課; 生活習慣. ❐～ बदलना 生活習慣を変える. ❐आदर्श ～ 理想的な生活習慣. ❐सुव्यवस्थित ～ 規則的な生活習慣.

दिन-दहाड़े /dina̸-dahāṛe ディン・ダハーレー/ ▸दिन-दिहाड़े [*दिन* + *दिहाड़ी*] *adv.* 白昼に, 真昼間. ❐～ डाके पड़ते हैं। 白昼堂々強盗事件がおこるのだ.

दिन-दिहाड़े /dina̸-dihāṛe ディン・ディハーレー/ ▸दिन-दहाड़े *adv.* ☞दिन-दहाड़े

दिनमान /dina̸māna̸ ディンマーン/ [neo.Skt.n. *दिन-मान-* 'duration of the day (from sunrise to sunset)'] *m.* (日の出から日の入りまでの)一日.

दिनांक /dināṃka̸ ディナーンク/ [neo.Skt.m. *दिन-अङ्क-* 'date'] *m.*〘暦〙日付, 年月日《手紙, 記録文書など書き言葉に使う》. (⇒तारीख़, तिथि) ❐अंतर्राष्ट्रीय ～ रेखा〘地理〙国際日付変更線. ❐आपका पत्र ～ १४. ९. ५१. मिला। 51 年 9 月 14 日付けのあなたのお手紙受け取りました.

दिनातीत /dinātīta̸ ディナーティート/ [neo.Skt. *दिन-अतीत-* 'out-of-date, old-fashioned'] *adj.* 時代遅れの, 旧式の; すたれた. (⇒अनद्यतन, पुराना)

दिनेश /dineśa̸ ディネーシュ/ [←Skt.m. *दिन-ईश-* 'the sun'] *m.* 太陽《主に男子名として》.

दिनों-दिन /dinõ-dina̸ ディノーン・ディン/ [cf. *दिन*] *adv.* 日に日に, 一日一日と, 日ごとに. ❐～ श्रोताओं की संख्या बढ़ती जाती थी। 日に日に聴衆者の数は増加していった. ❐उसकी दशा ～ बिगड़ती गई। 彼の病状は日ごとに悪化していった. ❐जनता को ～ उनके उपदेशों से अरुचि होती जाती थी। 大衆は一日一日と彼の教えに嫌気がしてきた.

दिमाग़ /dimāğa̸ ディマーグ/ [←Pers.n. دماغ 'the brains' ←Arab.] *m.* **1** (大)脳, 脳髄. (⇒भेजा, मस्तिष्क) **2** 頭脳; 知力. (⇒मस्तिष्क) ❐～ खपाना [लड़ाना]頭脳を酷使する, いろいろ頭をひねる, 知恵を絞る. ❐(का) ～ खाना [चाटना](人を)無駄話でうんざりさせる. ❐(का) ～ फिर जाना 頭がおかしくなる, 気が狂う. **3** 高慢さ; 尊大さ. ❐(का) ～ आसमान पर चढ़ना(人が)のぼせあがる, うぬぼれる. ❐(का) ～ बढ़ जाना(人が)増長する, うぬぼれる.

दिमाग़ी /dimāğī ディマーギー/ [←Pers.adj. دماغی 'Vain, frivolous, proud'] *adj.* 頭脳的な; 精神的な. ❐～ कसरत 頭脳の訓練, 頭の体操. ❐～ तौर पर 精神的に. ❐～ बुख़ार〘医学〙(日本)脳炎. ❐～ मरीज़〘医学〙精神病患者. ❐～ रोग〘医学〙精神病.

दिया /diyā ディヤー/ ▸दीया *m.* ☞दीया

दिया-सलाई /diyā-salāī ディヤー・サラーイー/ ▸दीया-सलाई *f.* ☞दीया-सलाई

दिल /dila̸ ディル/ [←Pers.n. دل 'the heart, mind, soul'] *m.* **1** 心臓. (⇒हृदय) ❐उसे ～ का दौरा पड़ गया। 彼は心臓発作を起こした. **2** 心, 胸. (⇒मन, हृदय) ❐～ की बात 胸のうち; 打ち明け話.

दिलकश /dila̸kaśa̸ ディルカシュ/ [←Pers.adj. دلكش 'heart-attracting, amiable'] *adj.* 魅力的な. (⇒आकर्षक)

दिलकशी /dila̸kaśī ディルカシー/ [←Pers.n. دلكشی 'agreeableness, pleasantness'] *f.* 魅力. (⇒आकर्षण)

दिलचस्प /dila̸caspa̸ ディルチャスプ/ [←Pers.adj. دل چسپ 'beloved, pleasant'] *adj.* 興味深い, 興味のある; 関心を引きつける, おもしろい. (⇒रोचक)

दिलचस्पी /dila̸caspī ディルチャスピー/ [*दिलचस्प* + *-ई*] *f.* 興味, 関心; 好奇心. (⇒रुचि) ❐(में) ～ दिखाना (…に)興味[関心]を示す. ❐(में) ～ रखना [लेना](…に)興味[関心]をもつ. ❐(को) (में) ～ है। (人は)(…に)興味[関心]がある.

दिलजला /dila̸jalā ディルジャラー/ [*दिल* + *जलना*] *adj.* 心が痛めつけられた, つらい思いをした.

दिलदार /dila̸dāra̸ ディルダール/ [←Pers.adj. دلدار 'heart-holding'] *adj.* **1** やさしい心をもつ, 寛大な. **2** 愛しい, 心奪われる.

दिलदारी /dila̸dārī ディルダーリー/ [←Pers.n. دلداری 'demonstrations of love; comfort, consolation'] *f.* **1** 寛大さ. **2** (恋人の)愛しさ.

दिल-बहलाव /dila̸-bahalāva̸ ディル・バヘラーオ/ [*दिल* + *बहलाना*] *m.* 気晴らし, 娯楽, 楽しみ. ❐मनोरंजन, ～ और खेल-कूद के स्थानो की यहाँ कमी नहीं। 娯楽, 気晴らしそしてスポーツのための場所にここは不自由しない.

दिलवाना /dila̸vānā ディルワーナー/ ▸दिलाना [caus. of *देना*] *vt.* (*perf.* दिलवाया /dila̸vāyā ディルワーヤー/) ☞दिलाना

दिलाना /dilānā ディラーナー/ ▸दिलवाना [caus. of *देना*] *vt.* (*perf.* दिलाया /dilāyā ディラーヤー/) 与えさせる; 与えてもらう. ❐(को) (की) याद ～ (人に)(…を)思い出させる.

दिलावर /dilāvara̸ ディラーワル/ [←Pers.adj. دلاور 'bold, warlike, brave'] *adj.* 大胆(不敵)な, 勇敢な.

दिलासा /dilāsā ディラーサー/ [←Pers.n. دلاسا 'mind-assuaging, soothing; encouragemnet'] *m.* 慰め, 慰安; 励まし. ❐(को) ～ देना (人を)慰める; 励ます.

दिली[1] /dilī ディリー/ [←Pers.adj. دلی 'belonging to the heart; hearty; cardiac'] *adj.* **1** 心からの; 真心のこもった. ❐～ ख़्वाहिश 心からの願い, 念願. **2** 親密な, 気心の知れた. ❐～ दोस्त 親友.

दिली[2] /dilī ディリー/ [cf. Eng.n. *Dili*] *f.*〘地名〙ディリ

《東ティモール(民主共和国) (पूर्वी तिमोर) の首都》.

दिलेर /dilera ディレール/ [←Pers.adj. دلیر 'brave, intrepid'] *adj.* 勇敢な, 勇ましい;大胆な, 度胸のある.

दिलेरी /dilerī ディレーリー/ [←Pers.f. دلیری 'valour, courage'] *f.* 勇敢さ, 勇ましさ;大胆, 度胸があること.

दिल्लगी /dillagī ディッラギー/ [*दिल* + *लगना*] *f.* **1** 冗談;軽口. ❐~ करना おどける;軽口をたたく. **2** からかい, ひやかし. ❐(की) ~ उड़ाना (人を)からかう, ひやかす.

दिल्लगीबाज़ /dillagībāza ディッラギーバーズ/ [*दिल्लगी* + *-बाज़*] *adj.* おどけた(人), ひょうきんな(人).
— *m.* おどけた人, ひょうきんな人. ❐ज़रूर किसी ~ की शरारत है। きっと誰かお調子者のいたずらだ.

दिल्ला /dillā ディッラー/ [?] *m.* (扉や窓の)羽目板.

दिल्ली /dillī ディッリー/ [cf. *देहली²*; cf. Eng.n. *Delhi*] *f.* 『地名』デリー《インドの首都;インド連邦政府直轄地》. ❐नई ~ ニュー・デリー. ❐पुरानी ~ オールド・デリー.

दिवंगत /divaṃgata ディワンガト/ [neo.Skt. *दिवम्-गत-* 'gone to heaven: deceased'] *adj.* 今は亡き, 故…. (⇒स्वर्गीय)

दिवस /divasa ディワス/ [←Skt.m. *दिवस-* 'a day'] *m.* 記念日;祝祭日. ❐राष्ट्रीय ~ 国民の祝祭日《インドでは स्वतंत्रता दिवस 独立記念日(8月15日)と गणतंत्र दिवस 共和国記念日(1月26日)》. ❐हिंदी ~ ヒンディー語記念日《9月14日》.

दिवाकर /divākara ディワーカル/ [←Skt.m. *दिवा-कर-* 'day-maker, the sun'] *m.* 太陽.

दिवाला /divālā ディワーラー/ [cf. *दिवालिया*] *m.* **1** 『経済』破産;支払不能. ❐(का) ~ निकलना [पिटना] (…が)破産する. ❐~ निकालना [पीटना] 破産宣言する. ❐~ बोल देना 破産宣言する. **2** 全くの欠乏;からっぽ状態. ❐बहुत दिन हुए हृदय का ~ निकाल चुके थे। とうの昔に心は失っているよ.

दिवालिया /divāliyā ディワーリヤー/ [cf. *दीवाली*] *adj.* 破産した(人)《破産者が自宅や店の敷物を裏返しその上で灯火をともしたという慣習を दीवाली になぞらえて》.

दिवाली /divālī ディワーリー/ ▸दीवाली *f.* ☞दीवाली

दिवास्वप्न /divāsvapna ディワースワプン/ [←Skt.m. *दिवा-स्वप्न-* 'sleep by day'] *m.* 白昼夢;夢想.

दिव्य /divya ディヴィエ/ [←Skt. *दिव्य-* 'divine, heavenly, celestial'] *adj.* **1** 神々しい;神のような;天上界の;神聖な. ❐~ परीक्षा 神判;厳しい試練. ❐~ मूर्ति 神々しい姿. **2** この世のものとは思われない;すばらしい.

दिव्य-दृष्टि /divya-dṛṣṭi ディヴィエ・ドリシュティ/ [←Skt.f. *दिव्य-दृष्टि-* 'supernatural vision'] *f.* 天眼, 天眼通(てんげんつう)《過去・未来などを自由自在に見通す眼, その力》.

दिश्- /diś- ディシュ・/ [←Skt.f. *दिक्-, दिश्-* 'quarter or region pointed at, direction, cardinal point'] *f.* 方向《合成語の要素として使用》. (⇒दिक्-)

दिशा /diśā ディシャー/ [←Skt.f. *दिशा-* 'direction, region, quarter or point of the compass'] *f.* **1** 方向, 方角. (⇒तरफ़, ओर) ❐(की) ~ में (…の)方向に. **2**〔俗語〕《野外で「用を足す」ことを表す際の婉曲表現で》 ❐~ (मैदान) जाना 排便のため用を足しに行く.

दिशा-भ्रम /diśā-bʰrama ディシャー・ブラム/ [neo.Skt.m. *दिशा-भ्रम-* 'mistaking the way or direction'; cf. Skt.m. *दिग्-भ्रम-*] *m.* 道を見失って迷走すること;方向音痴であること.

दिशाशूल /diśāśūla ディシャーシュール/ [?neo.Skt.m. *दिशा-शूल-* 'inauspicious time for starting on a journey in a particular direction'] *m.* 『暦』ディシャーシューラ《特定の方向が外出には不吉とされる日時》.

दिशाहीन /diśāhīna ディシャーヒーン/ [neo.Skt. *दिशा-हीन-* 'directionless, aimless'] *adj.* 方向の定まらない, あてどのない. ❐~ राजनीति 方向の定まらない政治. ❐~ सफ़र 行くあてのない旅.

दिसंबर /disaṃbara ディサンバル/ [←Eng.n. *December*] *m.* 『暦』十二月. ❐~ में 十二月に. ❐पहली ~ को 十二月一日に.

दिसपुर /disapura ディスプル/ [cf. Eng.n. *Dispur*] *m.* 『地名』ディスプル《アッサム州 (असम) の州都》.

दिसावर /disāvara ディサーワル/ ▸देशावर [<OIA. **dēśāpara-* 'another country': T.06553] *m.* **1** 外国, 異国. **2** 『経済』 (外国の)輸入元, 輸出先.

दिहाड़ी /dihāṛī ディハーリー/ [?cf. *दिवस*] *f.* **1** 一日《特に日中の労働時間》. **2** 日当, 日給. ❐~ मज़दूर 日雇労働者.

दीक्षांत /dīkṣāṃta ディークシャーント/ [←Skt.m. *दीक्षा-अन्त-* 'the end of preceptorial period, the conclusion of a phase of education'] *m.* **1** 『ヒンドゥー教』儀式ディークシャー (दीक्षा) の終了(式). **2** (大学の)卒業(式);修了(式). ❐~ समारोह 卒業式;修了式;学位授与式.

दीक्षांत भाषण /dīkṣāṃta bʰāṣaṇa ディークシャーント バーシャン/ *m.* 大学の卒業式, 修了式, 学位授与式などでの著名人による特別講演.

दीक्षांत समारोह /dīkṣāṃta samāroha ディークシャーント サマーローフ/ *m.* 大学の卒業式;修了式;学位授与式.

दीक्षा /dīkṣā ディークシャー/ [←Skt.f. *दीक्षा-* 'preparation or consecration for a religious ceremony'] *f.* 『ヒンドゥー教』ディークシャー《宗教儀式や修行・修学の実践に先立つ清めの儀礼, 入門式;師に師事すること》.

दीक्षित /dīkṣita ディークシト/ [←Skt. *दीक्षित-* 'consecrated, initiated'] *adj.* 弟子入りした, 入門した;入信した. ❐(को) (में) ~ करना (人を)(…に)入信させる《自分が師の場合》. ❐(को) (में) ~ कराना (人を)(…に)入信させる《ある師の元に》.

दीखना /dīkʰanā ディークナー/ ▸दिखना *vi.* (*perf.* दीखा /dīkʰā ディーカー/) ☞दिखना

दीठ /dīṭʰa ディート/ [<OIA.f. *dṛ́ṣṭi-* 'seeing, sight': T.06520] *f.* ☞दृष्टि

दीदी /dīdī ディーディー/ [<OIA. **diddā-* 'elder sister': T.06327] *f.* 姉, 姉さん《主に呼びかけで使用》. (⇒

जीजी)

दीन[1] /dīna ディーン/ [←Skt. *दीन-* 'scarce, scanty; depressed, afflicted, timid, sad; miserable, wretched'] *adj.* **1** みじめな;哀れをもよおす;悲しい;気の毒な. ❐युवती ने ～ नेत्रों से उसे देखा। 少女は悲しい目で彼を見た. ❐वह ～ स्वर में बोला। 彼は哀れな声で言った. **2** 謙虚な;つつましやかな;ひかえめな. ❐उसने बड़े ～ भाव से कहा। 彼はたいそう下手に出て言った. ❐उसकी आँखों में ～ कृतज्ञता भरी हुई थी। 彼女の眼には謙虚な感謝の気持ちが満ちていた.

दीन[2] /dīna ディーン/ [←Pers.n. دین 'faith, religion; the Muhammadan faith' ←Arab.] *m.* 〖イスラム教〗信仰;宗教《特にイスラム教をさす》.

दीनता /dīnatā ディーンター/ [←Skt.f. *दीन-ता-* 'scarcity, weakness'] *f.* **1** みじめさ;哀れさ. **2** 謙虚さ;つつましやかさ.

दीन-दुनिया /dīna-duniyā ディーン・ドゥニヤー/ [cf. Pers.n. دین و دنیا 'religion and country, church and state'] *f.* 〖イスラム教〗この世とあの世, 現世と来世;聖と俗の世界.

दीनबंधु /dīnabaṃdʰu ディーンバンドゥ/ [?neo.Skt.m. *दीन-बन्धु-* 'a helper of the poor, the God'] *m.* 貧しい者の友《主に神への呼びかけに使用》.

दीप /dīpa ディープ/ [←Skt.m. *दीप-* 'a light, lamp, lantern'] *m.* **1** 灯(ともしび), 灯火;灯明. **2** 素焼きの油皿《灯火を燃やすために使用》. (⇒दीया)

दीपक /dīpaka ディーパク/ [←Skt.m. *दीपक-* 'a light, lamp'] *m.* **1** 灯(ともしび), 灯火;灯明. ❐～ जलाना 灯火をつける. ❐～ बुझना 灯火が消える. **2** 素焼きの油皿《灯火を燃やすために使用》. (⇒दीया)

दीपन /dīpana ディーパン/ [←Skt. *दीपन-* 'kindling, inflaming, setting on fire'] *m.* **1** 灯に火を点じること, 点灯. **2** (気持ちを)刺激すること, かきたてること. (⇒उद्दीपन)

दीपमाला /dīpamālā ディープマーラー/ [←Skt.f. *दीप-माला-* 'a row of lamps, an illumination'] *f.* 〖ヒンドゥー教〗灯火の列《「灯火の祭り」ディーワーリー दीवाली の別名》. (⇒दीपावली)

दीपस्तंभ /dīpastaṃbʰa ディープスタンブ/ [←Skt.m. *दीप-स्तम्भ-* 'a lamp-post'] *m.* 燭台.

दीपावली /dīpāvalī ディーパーオリー/ [<Skt.f. *दीप-आवलि-* 'a row of lights, nocturnal illumination'] *f.* ☞दीवाली

दीपिका /dīpikā ディーピカー/ [←Skt.f. *दीपिका-* 'a light, lamp'; cf. *दीपक*] *f.* ☞दीपक

दीप्त /dīpta ディープト/ [←Skt. *दीप्त-* 'blazing, flaming, hot, shining, bright, brilliant'] *adj.* **1** 赤々と燃えてる. **2** 明るく輝いている.

दीप्ति /dīpti ディープティ/ [←Skt.f. *दीप्ति-* 'brightness, light, splendour, beauty'] *f.* 光;輝き;光彩.

दीप्तिमान /dīptimāna ディープティマーン/ [←Skt. *दीप्तिमत्-* 'bright, splendid, brilliant'] *adj.* 輝やく;光彩を放つ. ❐मेरे अंधकारमय भाग्य में ～ तारे कहाँ हैं? 私の暗闇に閉ざされた運命の中に光明を放つ星がどこにあるというのだ?

दीमक /dīmaka ディーマク/ [←Pers.n. دیوك 'a weevil; the white ant'] *f.* 〖昆虫〗シロアリ.

दीया /dīyā ディーヤー/ ▸दिया [<OIA.m. *dīpa-* 'lamp': T.06348] *m.* **1** 灯火, ともしび, 明かり;ランプ. ❐～ जलाना 破産する《字義は「灯火をともす」;破産者が自宅や店の敷物を裏返し, その上で灯火をともしたという慣習から》. ❐～ बढ़ाना 灯火を消す《字義は「灯火を増やす」;縁起の悪い直截的な表現 दीया बुझाना を避けるため》. **2** ディーヤー《油を入れる素焼きの小型の皿;ディーワーリー祭 दीवाली の時, 灯心をつけて点火する》.

दीया-सलाई /dīyā-salāī ディーヤー・サラーイー/▸दिया-सलाई *f.* マッチ(棒). (⇒माचिस)

दीर्घ /dīrgʰa ディールグ/ [←Skt. *दीर्घ-* 'long (in space and time)'] *adj.* **1** (時間・距離が)長い. (⇔लघु, ह्रस्व) ❐～ जीवन 長命, 長生き. ❐उसने ～ नि:श्वास छोड़कर कहा। 彼は長い溜息をついて言った. **2** 〖言語〗(母音が)長い. (⇔ह्रस्व) ❐～ स्वर 長母音.
— *m.* 〖言語〗長母音. (⇔ह्रस्व)

दीर्घकालिक /dīrgʰakālika ディールグカーリク/ [neo.Skt. *दीर्घ-कालिक-* 'of a long term'] *adj.* 長期の;長命な;慢性的な. (⇔अल्पकालिक)

दीर्घकालीन /dīrgʰakālīna ディールグカーリーン/ [neo.Skt. *दीर्घ-कालीन-* 'of a long term'] *adj.* ☞दीर्घकालिक

दीर्घजीवी /dīrgʰajīvī ディールグジーヴィー/ [←Skt. *दीर्घ-जीविन्-* 'long-lived'] *adj.* 長生きする, 長寿の;長持ちする.

दीर्घदृष्टि /dīrgʰadṛṣṭi ディールグドリシュティ/ [←Skt. *दीर्घ-दृष्टि-* 'far-seeing, provident'] *f.* 〖医学〗遠視. (⇔निकटदृष्टि)

दीर्घशंका /dīrgʰaśaṃkā ディールグシャンカー/ [neo.Skt.f. *दीर्घ-शङ्का-* 'excrement'] *f.* 大便. (⇔लघुशंका)

दीर्घसूत्रता /dīrgʰasūtratā ディールグスートルター/ [←Skt.f. *दीर्घ-सूत्रता-* 'procrastination'] *f.* 延引, 遅延.

दीर्घसूत्री /dīrgʰasūtrī ディールグスートリー/ [←Skt. *दीर्घ-सूत्रिन्-* 'spinning a long yarn; slow, dilatory, procrastinating'] *adj.* 遅い, ぐずぐずする, 時間を引き延ばす.

दीर्घा /dīrgʰā ディールガー/ [←Skt.f. *दीर्घा-* 'an oblong tank'] *f.* **1** 画廊, ギャラリー;美術館. ❐कला ～ アートギャラリー, 美術館. ❐फ़ोटो ～ フォトギャラリー. **2** (劇場などの)二階席, 階上席.

दीर्घायु /dīrgʰāyu ディールガーユ/ [?neo.Skt. *दीर्घ-आयुस्-* 'long-lived'] *adj.* 長寿の, 長命の, 長生きの. (⇔अल्पायु) ❐आहार जो आपको ～ बनाते हैं あなたを長生きさせる食事.
— *f.* 長寿, 長命. (⇔अल्पायु) ❐～ देना 長寿を授ける.

दीवट /dīvaṭa ディーワト/ [<OIA.f. *dīpavarti-* 'lamp-wick': T.06354] *f.* 燭台.

दीवा /dīvā ディーワー/ [<OIA.m. *dīpa-* 'lamp': T.06348] *m.* ☞दीया

दीवान /dīvānạ ディーワーン/ [←Pers.n. دیوان 'a royal court'; → Eng.n. *divan*] *m.* **1**〖歴史〗宮廷；謁見の間. ❐दीवान-ए-आम [दीवाने-आम] ディーワーネーアーム《ムガル朝宮廷の一般人民のための謁見の間》. ❐दीवान-ए-ख़ास [दीवाने-ख़ास] ディーワーネーカース《ムガル朝宮廷の特別の謁見の間》. **2**〖歴史〗(藩王国の)裁定会議《財政，司法など重要事項を審議》. **3**〖歴史〗(藩王国の)大臣，宰相. **4**〖文学〗韻文詩選集《特にペルシャ語，ウルドゥー語など》. ❐हाथ का लिखा हाफ़िज़ का ～ 手書きのハーフィズの詩選集.

दीवान-ख़ाना /dīvānạ-xānā ディーワーン・カーナー/ [←Pers.n. دیوان خانہ 'a tribunal, office; a hall of audience'] *m.*〖歴史〗(ムガル朝宮廷の)謁見の間.

दीवाना /dīvānā ディーワーナー/ [←Pers.adj. دیوانہ 'foolish, insane'] *adj.* **1** 気がふれた(人)，狂気の. **2** 熱狂的な(人)；夢中な；マニアックな. ❐तुम मेरे रूप ही के दीवाने हो। あなたは私の姿かたちにだけ夢中になっているよ.

दीवानी /dīvānī ディーワーニー/ [←Pers.adj. دیوانی 'belonging to a court'] *adj.*〖法律〗民事上の. (⇔फ़ौजदारी) ❐～ अदालत 民事裁判所. ❐～ क़ानून [विधि] 民法. ❐～ मामला [मुक़दमा] 民事訴訟. ❐～ विवाह 民事婚.
— *f.*〖法律〗民事法廷. ❐～ में एक मुक़दमा दायर करना 民事法廷に訴訟をおこす.

दीवार /dīvārạ ディーワール/ [←Pers.n. دیوار 'a wall'] *f.* **1** 壁；塀. ❐दीवारों पर तस्वीरें थीं। 壁には絵がかかっていた. ❐क़िले की ～ १५ फ़ीट मोटी है। 城壁は 15 フィートの厚さである. ❐～ के भी कान होते हैं। 〔諺〕壁に耳あり. **2** 堤，堤防.

दीवारगीर /dīvārạgīrạ ディーワールギール/ *m.* (棚受け用の)L字形アーム，腕木[金].

दीवारी /dīvārī ディーワーリー/ [*दीवार* + *-ई*] *adj.* 壁の；壁掛けの. ❐～ कलेंडर 壁掛けカレンダー.

दीवाली /dīvālī ディーワーリー/▸दिवाली [<OIA.f. *dīpāvali-* 'row of lamps, festival on the new moon of *Āśvina*': T.06358] *f.*〖ヒンドゥー教〗ディーワーリー祭《インド暦の第8月 कार्तिक の新月の日に祝われる祭り；別名「灯火の祭り」とも呼ばれる》.

दुंद /duṃdạ ドゥンド/ [<OIA.n. *dvaṁdvá-* 'pair': T.06649; cf. OIA. **duvaṁdva-* 'pair': T.06454z3] *f.* **1** いさかい，けんか. **2** 大騒ぎ，騒動；喧騒. ❐～ मचाना 大騒ぎをする，はしゃぐ；騒動をおこす.

दुंदभी /duṃdabʰī ドゥンダビー/ *f.* ☞दुंदुभी

दुंदुभी /duṃdubʰī ドゥンドゥビー/ [<Skt.m. *दुन्दुभि-* 'a sort of large kettledrum'; cf. T.06412] *f.*〖楽器〗ドゥンドゥビー《大きな太鼓の一種；古代，触れを回すときに打ち鳴らされた》.

दुंबा /duṃbā ドゥンバー/ [←Pers.n. دمبہ 'a sheep's tail'] *m.*〖動物〗ドゥンバー《羊の一種；脂肪が尻尾に蓄積し太くなる》.

दुःख /duḥkʰạ ドゥハク/ [←Skt.n. *दुःख-* 'uneasiness, pain, sorrow, trouble, difficulty'] *m.* ☞दुख

दुःखद /duḥkʰadạ ドゥハカド/ [neo.Skt. *दुःख-द-* 'painful'] *adj.* ☞दुखद

दुःखदायक /duḥkʰadāyakạ ドゥハカダーヤク/ [neo.Skt. *दुःख-दायक-* 'painful'] *adj.* ☞दुखद

दुःखदायी /duḥkʰadāyī ドゥハカダーイー/ [neo.Skt. *दुःख-दायिन्-* 'painful'] *adj.* ☞दुखद

दुःखांत /duḥkʰāṃtạ ドゥハカーント/ [←Skt.m. *दुःख-अन्त-* 'the end of pain or trouble; final emancipation'] *adj.* 悲劇的な結末に終わる. (⇔सुखांत)
— *m.* 悲劇的な結末；悲劇. (⇔सुखांत)

दुःखांत नाटक /duḥkʰāṃtạ nāṭakạ ドゥハカーント ナータク/ *m.*〖演劇〗悲劇(の戯曲).

दुःखांतिका /duḥkʰāṃtikā ドゥハカーンティカー/ [neo.Skt.f. *दुःखान्तिका-* 'a tragedy'] *f.*〖文学〗悲劇(の戯曲). (⇒त्रासदी)

दुःखित /duḥkʰitạ ドゥハキト/ [←Skt. *दुःखित-* 'pained, distressed; afflicted, unhappy'] *adj.* **1** 悲しみにくれた，悲しい. **2** 苦痛にさいなまれる；痛む.

दुःखी /duḥkʰī ドゥハキー/ [←Skt. *दुःखिन्-* 'pained, afflicted, grieved'] *adj.* ☞दुखी

दुःसह /duḥsahạ ドゥハサ/ [←Skt. *दुः-सह-* 'difficult to be borne, unbearable, irresistible'] *adj.* 耐えがたい

दुःसाध्य /duḥsādʰyạ ドゥハサーディエ/ [←Skt. *दुः-साध्य-* 'to be performed or accomplished'] *adj.* (実践することが)困難な. ❐वहाँ से नित्य-प्रति पत्र भेजने का प्रबंध करना ～ था। そこから毎日手紙を送る手配をすることは困難だった.

दुःसाहस /duḥsāhasạ ドゥハサーハス/ [neo.Skt.n. *दुः-साहस-* 'audacity, effrontery'; cf. *दुस्साहस*] *m.* **1** 生意気(な行為)，さしでがましさ，猪口才(ちょこざい)；厚かましさ，厚顔無恥；無礼. (⇒हिम्मत) **2** 無分別(な行為)；無茶(な行為).

दुःसाहसिक /duḥsāhasikạ ドゥハサーヘスィク/ [neo.Skt. *दुः-साहसिक-* 'audacious, cheeky'] *adj.* **1** 生意気な，さしでがましい，思い上がった. **2** 無分別な；無茶な，向う見ずな.

दुःसाहसी /duḥsāhạsī ドゥハサーヘスィー/ [*दुःसाहस* + *-ई*] *adj.* ☞दुःसाहसिक

दुःस्वप्न /duḥsvapnạ ドゥハスワプン/ [←Skt.m. *दुः-स्वप्न-* 'a bad dream'] *m.* 悪夢.

दु- /du- ドゥ・/ [comb. form of *दो*; <OIA. *dva-* 'two': T.06648; cog. Pers.n. دو 'two'] *comb. form* 《「2」を表す連結形；दुपट्टा, दुहरा など》.

दुअन्नी /duannī ドゥアンニー/ [*दु-* + *आना*] *f.*〖歴史〗ドゥアンニー《英領時代の2アンナ (आना) 硬貨》.

दुआ /duā ドゥアー/ [←Pers.n. دعاء 'invocation, prayer' ←Arab.] *f.* **1**〖イスラム教〗祈り；祈願. ❐(ख़ुदा से) ～ करना (神に)祈る. **2**〖イスラム教〗祝福(の言葉). ❐(को) ～ देना (人に)祝福の言葉を言う《＝挨拶する》. ❐～ माँगना (神に)祝福を求める《＝願い事をする》.

दुकान /dukāna̸ ドゥカーン/ ▸दूकान [←Pers.n. دوکان، دکان 'a shop' ←Arab.] *f.* 店, 商店, 売店, 店舗. ❐ किताबों [पुस्तकों] की ～ 書店, 本屋. ❐स्टेशनरी की ～ 文房具店. ❐(की) ～ कर लेना (…の)店を開く. ❐ ～ बढ़ाना [उठाना] 店じまいする《商売の験(げん)をかついだ表現》.

दुकानदार /dukāna̸dāra̸ ドゥカーンダール/ ▸दूकानदार [←Pers.n. دکاندار 'a shop-keeper'] *m.* 店主, 商店主.

दुकानदारी /dukāna̸dārī ドゥカーンダーリー/ ▸दूकानदारी [←Pers.n. دکان داری 'shop-keeping'] *f.* 商店経営.

दुकूल /dukūla̸ ドゥクール/ [←Skt.n. *दुकूल-* 'very fine cloth or raiment made of the inner bark of a particular plant'] *m.* ドゥクール《薄手の上質な布》.

दुकेला /dukelā ドゥケーラー/ [folk etymology; cf. *दु-* + *अकेला*] *adj.* 二人連れの. ❐मैं भी अकेली से दुकेली हो जाऊँगी। 私も一人ぼっちから二人連れになれる.

दुक्का /dukkā ドゥッカー/ [<OIA. *dvika-* 'consisting of two': T.06676z1; cf. *दुक्की*] *m.* 『ゲーム』(トランプ, サイコロなどの)2.

दुक्की /dukkī ドゥッキー/ [cf. *दुक्का*] *f.* ☞दुक्का

दुख /dukʰa̸ ドゥク/ [<Skt.n. *दुःख-* 'uneasiness, pain, sorrow, trouble, difficulty'; cf. T.06375] *m.* **1** 苦痛, 苦しみ. (⇒दर्द) **2** 悲しみ, 悲哀. (⇒रंज)(⇔सुख) ❐(को) (पर) ～ होना (人が)(…に対し)悲しむ. **3** 不幸. (⇔सुख)

दुखड़ा /dukʰa̸ṛā ドゥクラー/ [cf. *दुख*] *m.* 悲痛な出来事(の話); 苦難の身の上話, 苦労話. ❐(अपना) ～ रोना 自分の苦難の身の上話を涙ながらに語る.

दुखद /dukʰada̸ ドゥカド/ [*दुख* + *-द*; cf. *दुःखद*] *adj.* 悲しませる; 悲しむべき. (⇔सुखद) ❐～ घटना 悲しい出来事.

दुखना /dukʰa̸nā ドゥクナー/ [<OIA. *duḥkhati* 'pains': T.06376] *vi.* (*perf.* दुखा /dukʰā ドゥカー/) **1** (傷・肉体の一部などが)痛む. ❐मेरा सिर [दाँत] दुखता है। 私は頭[歯]が痛む. **2** (同情・良心の呵責などで)(胸が)痛む. ❐इससे उसका दिल दुखेगा। このことで彼の胸は痛むだろう.

दुखांत /dukʰāṃta̸ ドゥカーント/ [cf. *दुःखांत*] *m.* ☞दुःखांत

दुखाना /dukʰānā ドゥカーナー/ [cf. *दुखना*] *vt.* (*perf.* दुखाया /dukʰāyā ドゥカーヤー/) (肉体的・精神的に)苦痛を与える, 苦しませる. ❐मैंने उसका दिल बहुत दुखाया। 私は彼女の心をとても苦しめた.

दुखित /dukʰita̸ ドゥキト/ [cf. *दुःखित*] *adj.* ☞दुःखित

दुखिया /dukʰiyā ドゥキヤー/ [<OIA. *duḥkhitá-* 'pained, unhappy': T.06380] *adj.* 悲しみにくれた(女).

दुखियारा /dukʰiyārā ドゥキヤーラー/ [cf. *दुखिया*] *adj.* 悲しみにくれている(人).

दुखी /dukʰī ドゥキー/ [<Skt. *दुःखिन्-* 'pained, afflicted, grieved'; cf. T.06380] *adj.* **1** 悲しい, 悲嘆にくれた; あわれな, 不幸な. (⇔सुखी) **2** 痛む, 痛い.

दुगना /duga̸nā ドゥグナー/ ▸दुगुना *adj.* ☞दुगुना

दुगुना /dugunā ドゥグナー/ ▸दुगना, दोगुना [?<OIA. *dviguṇá-* 'double': T.06677; ?<OIA. **duguṇa-* 'double': T.06390] *adj.* 2倍の, 倍の. (⇒दूना)

दुग्ध /dugdʰa̸ ドゥグド/ [←Skt.n. *दुग्ध-* 'milk'] *m.* 乳, ミルク. (⇒दूध)

दुत /duta̸ ドゥト/ ▹दुत् *int.* どけ, あっちへ行け《弱者を邪険に追い払うときののしり言葉》. ❐(को) ～ करना (人を)邪険に追い払う.

दुतकार /duta̸kāra̸ ドゥトカール/ [*दुत* + *-कार*] *f.* (弱者への)ののしり, 悪態. ❐(को) ～ देना [बताना] (人を)ののしる.

दुतकारना /duta̸kāra̸nā ドゥトカールナー/ [cf. *दुतकार*] *vt.* (*perf.* दुतकारा /duta̸kārā ドゥトカーラー/) (弱者を)邪険に追い払う. (⇒दुरदुराना)

दुतरफ़ा /dutara̸fā ドゥタルファー/ [cf. Pers.adj. دو طرفی 'mutual; on both sides'; cf. *दोतरफ़ा*] *adj.* ☞दोतरफ़ा

दुतल्ला /dutallā ドゥタッラー/▸दोतल्ला [*दु-* + *तल्ला*] *adj.* 二階建の; 二層の. (⇒दुमंज़िला) ❐～ मकान 二階建ての家.

दुत् /dut ドゥト/ ▹दुत *int.* ☞दुत

दुध- /dudʰa̸- ドゥド・/ comb. form of *दूध*] *comb. form* 《「乳」を表す連結形; दुधमुँहा, दुधहँड़ी など》.

दुधमुँहा /dudʰa̸mũhā ドゥドムンハー/ [*दुध-* + *मुँह*] *adj.* 乳離れしていない; 青くさい, 青二才の《原則として不変化》. ❐～ बच्चा 乳飲み子.

दुधहँड़ी /dudʰa̸hãṛī ドゥドハンリー/ [*दुध-* + *हँड़ी*] *f.* (ミルクを沸かすための)素焼きの鍋.

दुधार /dudʰāra̸ ドゥダール/ [? *दुध-* × *-धार*] *adj.* よく乳を出す. ❐～ गाय よく乳を出す雌牛.

दुधारी /dudʰārī ドゥダーリー/ [cf. *दुधार*] *adj.* ☞दुधार

दुधारू /dudʰārū ドゥダールー/ [cf. *दुधार*] *adj.* ☞दुधार

दुनाली /dunālī ドゥナーリー/ [*दु-* + *नाली*] *adj.* 二重銃身の(銃).

— *f.* 二重銃身の銃, 二連発銃.

दुनिया /duniyā ドゥニヤー/ [←Pers.n. دنیا 'the world' ←Arab.] *f.* **1** 世界; 地球. (⇒विश्व) ❐तीसरी ～ 第三世界. ❐～ भर में हर ४,००० व्यक्तियों में एक व्यक्ति इस रोग से पीड़ित है। 世界中の4千人に一人はこの病で苦しんでいる. **2** この世, 現世. (⇒संसार) ❐एक दिन माँ के ～ से विदा होने का समय आ गया। ある日母がこの世に別れを告げる時がやってきた. **3** 社会, 世間, 世の中(の人々). (⇒संसार, समाज) ❐～ जानती है। 世間は知っている. ❐～ को दूसरों को बदनाम करने में मज़ा आता है। 世間の人々は他人を悪者扱いすることが楽しいのだ. **4**…界, …世界, …社会. (⇒जगत्, संसार, समाज) ❐फ़िल्मी ～ 映画界. ❐राजनीति की ～ 政治の世界.

दुनियादार /duniyādāra̸ ドゥニヤーダール/ [←Pers.adj. دنیا دار 'worldly-minded, worldly'] *adj.* **1** 世俗的な, 俗世界の; 世事に関する. **2** 世事にたけた(人); 地に足のついている, 実際的な(人).

— *m.* 俗人; 世事にたけた人.

दुनियादारी /duniyādārī ドゥニヤーダーリー/ [←Pers.n. دنیا داری 'economy; mammon'] *f.* **1** 俗事. **2** 世事にたけていること; 抜け目なさ. ❐～ की बातें 慇懃(いんぎん)な言葉.

दुनियावी /duniyāvī ドゥニヤーヴィー/ [←Pers.adj. دنیاوی 'of the world, worldly' ←Arab. ; cf. Pers.adj. دنیوی 'worldly, secular'] *adj.* 俗世界の, 世俗の; 物質世界の. (⇒इहलौकिक) ❒～ तालीम 俗世界に役立つ教育.

दुपट्टा /dupaṭṭā ドゥパッター/ ▸दोपट्टा [दु- + *पट्टा*²] *m.* ドゥパッター《主に女性が頭からかぶるスカーフ, ショール》. (⇒दुशाला) ❒～ सिर पर ओढ़ना ドゥパッターを頭にかぶる. ❒सिर पर ～ लपेटे छरहरे बदन की एक औरत 頭にドゥパッターを巻きつけたほっそりとした身体つきの一人の女.

दुपल्ला /dupallā ドゥパッラー/ [दु- + *पल्ला*¹] *adj.* 二つ折りの. ❒दुपल्ली टोपी ドゥパッリー・トーピー《二枚の半円形の布地を縫い合わせたキャップ帽の一種》.

दुपहर /dupahara ドゥパハル/ ▸दोपहर [दु- + *पहर*] *f.* ☞दोपहर

दुपहरी /dupaharī ドゥパハリー/ ▸दोपहरी [*दुपहर* + -ई] *adj.* ☞दोपहरी

दुपहिया /dupahiyā ドゥパヒヤー/ [दु- + *पहिया*] *adj.* 二輪(車)の; 自転車の, オートバイの. ❒～ वहन 二輪車. ❒～ वहन चालक 二輪車ドライバー.
— *m.* 二輪車; 自転車, オートバイ.

दुबई /dubaī ドゥバイー/ [cf. Urd.m. دبئی 'Dubai' ←Arab.] *m.* **1**〖国名〗ドバイ《アラブ首長国連邦 (संयुक्त अरब अमीरात) を構成する首長国の一つ》. **2**〖地名〗ドバイ《同名のドバイ首長国の首都》.

दुबकना /dubakanā ドゥバクナー/ ▸दबकना *vi.* (*perf.* दुबका /dubakā ドゥブカー/) ☞दबकना

दुबकाना /dubakānā ドゥブカーナー/ ▸दबकाना *vt.* (*perf.* दुबकाया /dubakāyā ドゥブカーヤー/) ☞दबकाना

दुबला /dubalā ドゥブラー/ [<OIA. *durbala-* 'weak, impotent': T.06438] *adj.* **1** 痩せた. (⇒पतला) ❒दुबला-पतला 痩せ細った. **2** 弱々しい, 虚弱な. (⇒कमज़ोर)

दुबारा /dubārā ドゥバーラー/ ▸दोबारा [←Pers.adj. دو باره 'twice; double-distilled'] *adv.* もう一度, 再度, 二度目に《否定文での使用が多い》. ❒～ कहाँ विदेश जाने का मौक़ा मिलेगा! 外国に行くチャンスが二度とあるものか!

दुभाषिया /dub^{h}āṣiyā ドゥバーシヤー/ [दु- + *भाषी*] *m.* **1** 二言語話者. **2** 通訳(者). (⇒अनुवादक, तरजुमान)

दुमंज़िला /dumaṃzilā ドゥマンズィラー/ ▸दोमंज़िला [दु- + *मंज़िल*; cf. Pers.n. دو منزل 'this world and the next'] *adj.* 二階建の; 二層の. (⇒दुतल्ला) ❒～ मकान 二階建ての家.

दुम /duma ドゥム/ [←Pers.n. دم 'the tail; end'] *f.* **1** (動物・鳥. 魚の)尾, 尻尾. (⇒पूँछ) ❒～ दबाना 尻尾を巻く《恐れをなす》. ❒～ दबाकर भागना 尻尾を巻いて逃げ出す. ❒～ हिलाना 尻尾を振る《人にへつらう》. **2** (凧や彗星の)尾. (⇒पूँछ)

दुमदार /dumadāra ドゥムダール/ [←Pers.adj. دمدار 'tailed, possessing a tail'] *adj.* 尻尾のある. (⇒पूँछदार) ❒～ तारा〖天文〗彗星, ほうき星.

दुमुँहा /dumũhā ドゥムンハー/ ▸दोमुँहा [दु- + *मुँह*] *adj.* 二つの口をもつ(人), 二枚舌の(人).

दुमुँहापन /dumũhāpana ドゥムンハーパン/ [*दुमुँहा* + *-पन*] *m.* 二枚舌, 不誠実. (⇒दुरंगापन)

दुरंगा /duraṃgā ドゥランガー/ ▸दोरंगा [दु- + *रंग*] *adj.* **1** 2色の; 白黒のまだらな, ぶちの. **2** 二面性のある(人); 二枚舌を使う(人); 気まぐれな(人).

दुरंगापन /duraṃgāpana ドゥランガーパン/ [*दुरंगा* + *-पन*] *m.* 二枚舌, 不誠実. (⇒दुमुँहापन, दुरंगी)

दुरंगी /duraṃgī ドゥランギー/ [cf. *दुरंगा*] *f.* 二枚舌, 不誠実. (⇒दुरंगापन)

दुरंत /duraṃta ドゥラント/ [←Skt. *दुर्-अन्त-* 'having no end, infinite; having a bad end, miserable'] *adj.* **1** 終わりのない, 際限のない. **2** 悪い結末の.

दुरदुराना /duradurānā ドゥルドゥラーナー/ [cf. *दूर*] *vt.* (*perf.* दुरदुराया /duradurāyā ドゥルドゥラーヤー/) (邪険に・軽蔑して)追い払う; (犬などを)しっしっと追い払う. (⇒दुतकारना) ❒दादा, अब तुम्हारे सिवाय मुझे दूसरा ठौर नहीं है, चाहे मारो चाहे काटो, लेकिन अपने द्वार से दुरदुराओ मत। 兄さん, もうあなた以外に私には他に頼るところがないの, 殴っても噛みついてもいいから, 玄関先から追い払うことだけはしないで.

दुरना /duranā ドゥルナー/ [<OIA. *dūrá-* 'distant': T.06495] *vi.* (*perf.* दुरा /durā ドゥラー/) 姿が見えなくなる; 隠れる.

दुरभिसंधि /durab^{h}isaṃd^{h}i ドゥラビサンディ/ [←Skt.m. *दुर्-अभिसंधि-* 'having a bad intention'] *f.* 陰謀, たくらみ.

दुरमुट /duramuṭa ドゥルムト/ ▹दुर्मुट ▸दुर्मुठ [?*दूर* + ?*मूठ*; cf. *दुरमुस*] *m.* ☞दुरमुस

दुरमुस /duramusa ドゥルムス/ [?*दूर* + ?*मूसल*; cf. *दुरमुट*] *m.* 蛸突き, 蛸胴突き《地面を突き固める道具》.

दुरवस्था /duravast^{h}ā ドゥルワスター/ [←Skt.f. *दुर्-अवस्था-* 'bad state'] *f.* **1** 苦境; 窮状. **2** 荒廃したありさま.

दुराग्रह /durāgraha ドゥラーグラ/ [←Skt.m. *दुर्-आग्रह-* 'wicked obstinacy, stubbornness'] *m.* 強情をはること, 依怙地.

दुराग्रही /durāgrahī ドゥラーグラヒー/ [?neo.Skt. *दुर्-आग्रहिन्-* 'obstinate'] *adj.* 強情な, 依怙地な.

दुराचरण /durācaraṇa ドゥラーチャラン/ [?neo.Skt.n. *दुर्-आचरण-* 'bad behaviour'] *m.* ☞दुराचार

दुराचार /durācāra ドゥラーチャール/ [←Skt.m. *दुर्-आचार-* 'bad behaviour, ill conduct'] *m.* 悪しき行い, 悪行.

दुराचारी /durācārī ドゥラーチャーリー/ [←Skt. *दुर्-आचारिन्-* 'ill-conducted, wicked'] *adj.* 悪しき行いをする(人); 不道徳な(人).

दुरात्मा /durātmā ドゥラートマー/ [←Skt. *दुर्-आत्मन्-* 'evil-natured, wicked, bad'] *adj.* 邪悪な, 悪意のある.

दुराना /durānā ドゥラーナー/ [cf. *दुरना*] *vt.* (*perf.* दुराया /durāyā ドゥラーヤー/) **1** (ものを)遠ざける, どける. (⇒हटाना) **2** (懸念・不安などのことについて考えるのを)やめる. **3** 隠す, 秘密にする. (⇒छिपाना)

दुरारोह /durāroha ドゥラーローフ/ [←Skt. *दुर्-आरोह-* 'difficult to be ascended'] *adj.* 登りにくい(木)《ヤシの木など》.

दुराव /durāva̸ ドゥラーオ/ [cf. *दुरना, दुराना*] *m.* **1** 隠すこと, 隠匿. (⇒छिपाव) **2** 偽ること;偽善.

दुराशा /durāśā ドゥラーシャー/ [←Skt.f. *दुर्-आशा-* 'bad expectation, vain hope, despair'] *f.* 誤った期待, 無駄な期待.

दुरुखा /duruxā ドゥルカー/ ▸दोरुखा *adj.* ☞दोरुखा

दुरुपयोग /durupa̸yoga̸ ドゥルプヨーグ/ [←Skt.m. *दुर्-उपयोग-* 'misuse'] *m.* 悪用;濫用. (⇔सदुपयोग) ❐(का) ～ करना (…を)悪用する.

दुरुस्त /durusta̸ ドゥルスト/ [←Pers.adj. درست 'entire, complete, perfect, whole, well, safe, sound'] *adj.* **1** 正しい;正常な;正確な. ❐～ करना 修正する;調整する. **2** 良好な(状態);健全な. **3** 適した, 適切な. ❐मैंने सफ़र का सामान ～ किया। 私は旅行用の荷物をそろえた.

दुरुस्ती /durustī ドゥルスティー/ [←Pers.n. درستی 'entireness, soundness'] *f.* **1** 正常さ;修正;調整. **2** 良好さ;健全さ. **3** 適切さ.

दुरूह /durūha̸ ドゥルーフ/ [←Skt. *दुर्-ऊह-* 'difficult to be inferred or understood'] *adj.* 難解な, わかりづらい, 晦渋な.

दुरूहता /durūha̸tā ドゥルーフター/ [←Skt.f. *दुरूह-ता-* 'abstruseness'] *f.* 難解さ, わかりづらさ, 晦渋さ.

दुर्- /dur- ドゥル・/ [←Skt. *दुर्-* 'bad; difficult'] *pref.* 《「悪い」,「困難な」などを表すサンスクリット語の接頭辞》. (⇒बद-)(⇔सु-)

दुर्गंध /durgaṃd^{h}a̸ ドゥルガンド/ [←Skt.m. *दुर्-गन्ध-* 'bad smell, stink'] *f.* 悪臭. (⇒गंद, बदबू)(⇔ख़ुशबू, सुगंध) ❐～ उड़ना 悪臭がする.

दुर्ग /durga̸ ドゥルグ/ [←Skt.n. *दुर्-ग-* 'a difficult or narrow passage, a place difficult of access, citadel stronghold'] *m.* 城塞;砦. (⇒क़िला)

दुर्गति /durgati ドゥルガティ/ [←Skt.f. *दुर्-गति-* 'misfortune, distress, poverty'] *f.* 窮状;窮地;苦境. ❐(की) ～ करना (人を)苦しめる.

दुर्गम /durgama̸ ドゥルガム/ [←Skt. *दुर्-गम-* 'difficult to be traversed or travelled over, impassable, inaccessible, unattainable'] *adj.* **1** 険しい, 峻険な;到達が困難な;近寄りがたい. (⇔सुगम) ❐～ पर्वतों को पार करना 険しい山々を越える. **2** 難解な;深遠な(意味). (⇔सुगम)

दुर्गा /durgā ドゥルガー/ [←Skt.f. *दुर्-गा-* 'the inaccessible or terrific goddess; the daughter of Himavat and wife of Śiva'] *f.* 『ヒンドゥー教』ドゥルガー女神.

दुर्गापुर /durgāpura̸ ドゥルガープル/ [cf. Eng.n. *Durgapur*] *m.* 『地名』ドゥルガープル《西ベンガル州(पश्चिम बंगाल) の工業都市》.

दुर्गुण /durguṇa̸ ドゥルグン/ [←Skt.m. *दुर्-गुण-* 'defect'] *m.* 欠点;欠陥.

दुर्ग्राह्य /durgrāhya̸ ドゥルグラーヒエ/ [←Skt. *दुर्-ग्राह्य-* 'difficult to be seized or caught or attained or won or accomplished or understood '] *adj.* **1** 入手が困難な. **2** 捉えがたい, 難解な.

दुर्घट /durg^{h}aṭa̸ ドゥルガト/ [←Skt. *दुर्-घट-* 'hard to be accomplished, difficult'] *adj.* 成就し難い.

दुर्घटना /durg^{h}aṭa̸nā ドゥルガトナー/ [neo.Skt.f. *दुर्-घटना-* 'an accident; a disaster'] *f.* **1** 事故;不幸な事件. (⇒हादसा) ❐कार ～ 自動車事故. ❐रेल [रेलवे] ～ 列車事故, 鉄道事故. ❐सड़क ～ में पाँच की मौत हो गई। 交通事故で５人が死亡した. **2** 災害. (⇒हादसा)

दुर्घटनाग्रस्त /durg^{h}aṭa̸nāgrasta̸ ドゥルガトナーグラスト/ [neo.Skt. *दुर्-घटना-ग्रस्त-* 'involved in an accident'] *adj.* 事故に巻き込まれた;事故に遭った. ❐यात्रियों से खचाखच भरी बस ～ हो गई। 乗客で満員のバスが事故に巻き込まれた.

दुर्घटना-स्थल /durg^{h}aṭa̸nā-st^{h}ala̸ ドゥルガトナー・スタル/ [neo.Skt.m. *दुर्-घटना-स्थल-* 'place or venue of an accident'] *m.* 事故現場. ❐～ पर बचाव कार्य 事故現場における救助活動.

दुर्जन /durjana̸ ドゥルジャン/ [←Skt.m. *दुर्-जन-* 'a bad man, villain, scoundrel'] *m.* 悪人, 悪者.

दुर्जनता /durjana̸tā ドゥルジャンター/ [←Skt.f. *दुर्जन-ता-* 'wickedness, villainy'] *f.* 下劣な行為, 悪事. ❐वह उनकी यह ～ देखकर तिलमिला उठी। 彼女は彼らのこの下劣な行為を見て怒り狂った.

दुर्जेय /durjeya̸ ドゥルジェーエ/ [←Skt. *दुर्-जेय-* 'difficult to be conquered'] *adj.* 征服するのが困難な;克服するのが困難な;御しがたい.

दुर्दमनीय /durdama̸nīya̸ ドゥルダムニーエ/ [?neo.Skt. *दुर्-दमनीय-* 'hard to repress or to subdue'] *adj.* 抑制しがたい;抑圧しがたい.

दुर्दशा /durdaśā ドゥルダシャー/ [←Skt.f. *दुर्-दशा-* 'bad situation, misfortune'] *f.* 窮状;苦境, 窮地;惨状. ❐(की) ～ करना (人を)窮地に追い込む. ❐देश की ～ 国の窮状.

दुर्दिन /durdina̸ ドゥルディン/ [←Skt.n. *दुर्-दिन-* 'a rainy or cloudy day, bad weather'] *m.* 逆境の時;不遇の日々《主に複数で使用》.

दुर्दैव /durdaiva̸ ドゥルダェーヴ/ [←Skt.n. *दुर्-दैव-* 'bad luck, misfortune'] *m.* **1** 不運;不遇. ❐हाय रे ～! ああ何たる不運! **2** 悪魔;邪悪な霊. ❐～ का कठोरतम आघात भी मेरे व्रत को भंग नहीं कर सकता। 悪魔の最も過酷な一撃ですら私の誓いを破ることはできない.

दुर्निवार /durnivāra̸ ドゥルニワール/ [←Skt. *दुर्-निवार-* 'difficult to be kept back, unrestrainable, irrepressible'] *adj.* 防ぎがたい;避けがたい.

दुर्नीति /durnīti ドゥルニーティ/ [←Skt.f. *दुर्-नीति-* 'maladministration, impolicy'] *f.* 唾棄すべき倫理感;人倫に外れた行い.

दुर्बल /durbala̸ ドゥルバル/ [←Skt. *दुर्-बल-* 'of little strength, weak, feeble'] *adj.* **1** 弱い, 弱弱しい;軟弱な;薄弱な. (⇒कमज़ोर) ❐उसने ～ मुस्कान के साथ कहा। 彼は弱弱しい微笑を浮かべて言った. ❐～ हृदय 弱い心. **2**

病弱な；虚弱な；衰弱した．(⇒कमज़ोर) ❐～ स्वास्थ्य 病弱な健康状態．❐वह दिन पर दिन ～ होता जाता था। 彼は日に日に衰弱していった．

दुर्बलता /durbalatā ドゥルバルター/ [←Skt.f. दुर्-बल-ता- 'weakness'] *f.* **1** 弱さ，弱弱しさ；軟弱さ；薄弱さ．❐मानसिक ～ 精神的な弱さ．❐मानवी ～ 人間の弱さ．**2** 病弱；虚弱；衰弱．❐～ रोग का पूर्व रूप है। 衰弱は病に先立つ姿である．

दुर्बुद्धि /durbuddʰi ドゥルブッディ/ [←Skt.f. दुर्-बुद्धि- 'weak-mindedness, silliness'] *adj.* **1** 悪事をたくらむ，腹黒い；ひねくれた．**2** 愚かな．
— *f.* **1** 腹黒さ，悪意があること．**2** 愚かさ．

दुर्बोध /durbodʰa ドゥルボード/ [←Skt. दुर्-बोध- 'difficult to be understood, unfathomable'] *adj.* 難解な，理解しにくい．(⇔सुबोध)

दुर्भाग्य /durbʰāgya ドゥルバーギエ/ [←Skt.n. दुर्-भाग्य- 'ill luck'] *m.* 不運；不幸．(⇔सौभाग्य)

दुर्भाव /durbʰāva ドゥルバーオ/ [?neo.Skt.m. दुर्-भाव- 'bad disposition'] *m.* 悪意，敵意．

दुर्भावना /durbʰāvanā ドゥルバーオナー/ [←Skt.f. दुर्-भावना- 'an evil thought, bad inclination'] *f.* 嫌悪感；憎悪の気持ち．

दुर्भिक्ष /durbʰikṣa ドゥルビクシュ/ [←Skt.n. दुर्-भिक्ष- 'scarcity of provisions, dearth, famine, want, distress'] *m.* **1** 飢饉．(⇒अकाल) ❐भीषण ～ ひどい飢饉．**2** 欠乏，不足．❐इतना बढ़िया भोजन, इतना साफ़-सुथरा मकान, फिर भी मेहमानों का ～ ?これほどのすばらしい食事，これほど清潔でこぎれいな建物，それでも客が来ないとは．

दुर्भेद्य /durbʰedya ドゥルベーディエ/ [←Skt. दुर्-भेद्य- 'difficult to be broken or torn asunder'] *adj.* **1** 貫通しにくい．**2** 難攻不落の．❐～ क़िला 難攻不落の城砦．

दुर्मति /durmati ドゥルマティ/ [←Skt.f. दुर्-मति- 'bad disposition of mind, envy, hatred'] *adj.* **1** 悪意のある．**2** 愚かな；頭の悪い．
— *f.* **1** 悪意．**2** 愚かさ；頭の悪さ．

दुर्मुख /durmukʰa ドゥルムク/ [←Skt. दुर्-मुख- 'ugly-faced; scurrilous'] *adj.* **1** 醜い顔の．**2** 口の悪い，毒舌の．

दुर्मुट /durmuṭa ドゥルムト/ ▷दुरमुट ▶दुर्मुठ *m.* ☞दुरमुस

दुर्मुठ /durmuṭʰa ドゥルムト/ ▶दुरमुट, दुर्मुट *m.* ☞दुरमुस

दुर्मुस /durmusa ドゥルムス/ ▷दुरमुस *m.* ☞दुरमुस

दुर्लभ /durlabʰa ドゥルラブ/ [←Skt. दुर्-लभ- 'difficult to be obtained or found'] *adj.* 稀有な；得難い；希少な，珍しい．(⇔सुलभ) ❐～ मृदा धातु 〖鉱物〗レア・アース・メタル．❐प्रेम से ～ कोई वस्तु नहीं है। 愛よりも得難いものは何もない．

दुर्वचन /durvacana ドゥルワチャン/ [←Skt.n. दुर्-वचन- 'bad or harsh language'] *m.* 口汚い言葉；辛辣な言葉．❐उसके दोनों कान पकड़कर ख़ूब ऐंठे और भारतवर्ष कि सभी प्रचलित भाषाओं से ～ चुन-चुनकर उसे सुनाने लगे। (主人は)彼の両耳をつかんで思いっきりひねった，そしてインドのすべての主要な言語から汚い言葉を選んでは次から次へ彼に浴びせかけた．

दुर्विनीत /durvinīta ドゥルヴィニート/ [←Skt. दुर्-विनीत- 'badly educated, ill-conducted, undisciplined'] *adj.* 厚かましい，無礼な．(⇔विनीत)

दुर्विपाक /durvipāka ドゥルヴィパーク/ [←Skt.m. दुर्-विपाक- 'an evil consequence or result'] *m.* (前世の因縁による)悪い結果，不幸．

दुर्वृत्ति /durvr̥tti ドゥルヴリッティ/ [←Skt.f. दुर्-वृत्ति- 'distress, misery; vice, crime'] *f.* 悪行，悪事．

दुर्व्यवहार /durvyavahāra ドゥルヴィャオハール/ [←Skt.m. दुर्-व्यवहार- 'wrong judgment (in law)'] *m.* **1** 無作法；無礼な振る舞い．❐(के साथ) ～ करना (人に)無礼な振る舞いをする．**2** 虐待．❐यौन ～ 性的虐待．**3** 悪用；不正行為．

दुर्व्यसन /durvyasana ドゥルヴィャサン/ [←Skt.n. दुर्-व्यसन- 'bad propensity, vice'] *m.* 悪癖，放蕩癖．

दुर्व्यसनी /durvyasanī ドゥルヴィャスニー/ [?neo.Skt. दुर्-व्यसनिन्- 'addicted to a vice or evil habit'] *adj.* 悪癖のある，悪事に淫した，放蕩癖のある．

दुलकी /dulakī ドゥルキー/ [<OIA. *dulati 'swings': T.06452] *f.* (馬の)速足，トロット．❐～ चाल से चलना 速足で進む．

दुलखना /dulakʰanā ドゥラクナー/ [?] *vi.* (*perf.* दुलखा /dulakʰā ドゥルカー/) (相手の言うことに)頑固に逆らう，反発する．

दुलत्ती /dulattī ドゥラッティー/ [दु- + लात] *f.* 蹴り《特に馬や牛などが後ろ足をそろえて蹴ること》．❐उस गाय ने मुझे ज़ोरदार ～ मारी। その牛は後ろ足で私を激しく蹴った．

दुलराना /dularānā ドゥルラーナー/ [cf. दुलारना] *vi.* (*perf.* दुलराया /dularāyā ドゥルラーヤー/) 甘える．
— *vt.* (*perf.* दुलराया /dularāyā ドゥルラーヤー/) ☞दुलारना

दुलहन /dulahana ドゥルハン/ ▶दुलहिन [cf. दूल्हा] *f.* 花嫁，新婦；新妻，若妻．(⇔दूल्हा)

दुलहिन /dulahina ドゥルヒン/ ▶दुलहन *f.* ☞दुलहन

दुलार /dulāra ドゥラール/ [cf. लाड़ <OIA. *lāḍya- 'fondling': T.11013] *m.* **1** かわいがること．❐(का) ～ करना (人を)かわいがる．**2** 甘やかすこと．

दुलारना /dulāranā ドゥラールナー/ ▶दुलराना [cf. दुलार] *vt.* (*perf.* दुलारा /dulārā ドゥラーラー/) **1** かわいがる；猫可愛がりする．**2** (子どもを)甘やかす．❐वह सास से रूठ जाती थी और सास उसे दुलारकर मनाती थी। 彼女が姑にむくれると姑は彼女を優しくなでてなだめるのであった．

दुलारा /dulārā ドゥラーラー/ [cf. दुलारना] *adj.* (人に)かわいがられた；(人の)お気に入りの；(人に)甘やかされた．

दुल्हा /dulhā ドゥルハー/ ▶दूल्हा *m.* ☞दूल्हा

दुविधा /duvidʰā ドゥヴィダー/ [दु- + विधा; cf. Skt.ind. द्वि-धा 'in 2 ways or parts, twofold, divided'] *f.* ジレンマ；板ばさみ．❐मैं बड़ी ～ में पड़ गया। 私は大きなジレンマに陥った．

दुशानबे /duśānabe ドゥシャーンベー/ [cf. Eng.n. *Dushanbe*] *m.* 〖地名〗ドゥシャンベ《タジキスタン(共和

国）(ताजिकिस्तान) の首都》.

दुशाला /duśālā ドゥシャーラー/ [दु- + शाल¹] m. ドゥシャーラー《女性が頭からかぶるスカーフ，ショール》. (⇒दुपट्टा)

दुश्चरित्र /duścaritra ドゥシュチャリトル/ [←Skt. दुश्-चरित्र- 'misbehaving, wicked'] adj. 不品行な；行いのよくない.
— m. 不品行.

दुश्मन /duśmana ドゥシュマン/ [←Pers.n. دشمن 'an enemy, foe, adversary'] m. 敵；かたき. (⇒शत्रु)(⇔दोस्त)

दुश्मनी /duśmanī ドゥシュマニー/ [←Pers.n. دشمنی 'enmity, hatred, detestation'] f. 敵意；悪意；恨み；憎しみ；敵愾心. (⇒अदावत, द्वेष, वैर, शत्रुता)(⇔दोस्ती) ❐(को) (से) ～ है। (人は)(人に対し)敵意をもっている.

दुश्वार /duśvāra ドゥシュワール/ [←Pers.adj. دشوار 'difficult, hard, troublesome, arduous'] adj. 困難な，難しい；やっかいな，面倒な. ❐लड़की सयानी होकर बेब्याही रही तो समाज और भी जीना ～ कर देता है। 娘が年頃になって未婚のままだったら，世間というものは一層生きていくことを難しくさせるものだ.

दुष्कर /duṣkara ドゥシュカル/ [←Skt. दुष्-कर- 'hard to be done or borne, difficult, arduous'] adj. (成し遂げることが)難しい.

दुष्कर्म /duṣkarma ドゥシュカルム/ [←Skt.n. दुष्-कर्मन्- 'wickedness, sin; any difficult or painful act'] m. 悪事；悪行；罪過.

दुष्काल /duṣkāla ドゥシュカール/ [←Skt.m. दुष्-काल- 'an evil time'] m. 1 不遇な時. (⇒कुसमय) 2 飢饉. (⇒अकाल)

दुष्ट /duṣṭa ドゥシュト/ [←Skt. दुष्ट- 'spoilt, corrupted; defective, faulty; wrong, false; bad, wicked; malignant, offensive, inimical; guilty, culpable'] adj. 邪悪な；悪意のある.
— m. 悪人；ろくでなし.

दुष्टता /duṣṭatā ドゥシュトター/ [←Skt.f. दुष्ट-ता- 'badness, wickedness'] f. 悪行；悪意. ❐तुझे इस ～ के कड़वे फल मिलेंगे। お前はこの悪行の過酷な因果を受けるであろう.

दुष्टात्मा /duṣṭātmā ドゥシュタートマー/ [←Skt. दुष्ट-आत्मन्- 'evil-minded'] adj. 邪悪な，悪意のある. (⇒दुरात्मा)

दुष्प्राप्य /duṣprāpya ドゥシュプラーピエ/ [←Skt. दुष्-प्राप्य- 'hard to attain, inaccessible, remote'] adj. 得難い，まれにしか手に入らない.

दुष्वृत्ति /duṣvr̥tti ドゥシュヴリッティ/ [?neo.Skt. दुष्-वृत्ति- 'evil act, misdeed'] f. ☞दुर्वृत्ति

दुसूती /dusūtī ドゥスーティー/ ▸दोसूती [दु- + सूती] f. 厚手の生地《二重の縦糸と横糸で編む》.

दुस्- /dus- ドゥス・/ [←Skt.pref. दुस्- 'bad, evil, wicked, inferior, hard or difficult'] pref. 《「悪い…，劣った…，困難な…」などを表す接頭辞；दुस्सह「耐えがたい」，दुस्साहस「厚かましさ」など》(⇒सु-)

दुस्तर /dustara ドゥスタル/ [←Skt. दुस्-तर- 'difficult to be passed or overcome, unconquerable, invincible'] adj. (成し遂げることが)難しい，困難な. ❐～ कार्य 難事業. ❐साँस लेना ～ हो गया। 呼吸をするのが困難になった.

दुस्सह /dussaha ドゥッサ/ [cf. Skt. दुः-सह- 'difficult to be borne, unbearable'] adj. 耐えがたい. ❐～ यातना भोगना 耐えがたい地獄の責め苦を味わう. ❐यह मानसिक संताप और भी ～ हो गया। この精神的な苦痛はさらに耐えがたくなった.

दुस्साहस /dussāhasa ドゥッサーハス/ [cf. दुःसाहस-] m. 1 生意気(な行為)，さしでがましさ，猪口才(ちょこざい)；厚かましさ，厚顔無恥；無礼. (⇒हिम्मत) ❐～ करना さしでがましいことをする. 2 無分別(な行為)；無茶(な行為). ❐अपने ～ पर पछताना 自分の無分別な行為を後悔する.

दुस्साहसी /dussāhasī ドゥッサーヘスィー/ [दुस्साहस + -ई; cf. दुःसाहसिक] adj. 1 生意気な，さしでがましい，思い上がった. 2 無分別な；無茶な，向う見ずな.

दुहना /duhanā ドゥフナー/ ▸दूहना, दोहना [<OIA. *duhati 'milks': T.06476] vt. (perf. दुहा /duhā ドゥハー/) (乳を)絞り出す. ❐मैं ही दूध दुहूँगी। 私が乳を絞るわ.
— vi. (perf. दुहा /duhā ドゥハー/) (乳が)絞られる；(乳が)出る.

दुहरा /duharā ドゥフラー/ ▸दोहरा adj. ☞दोहरा

दुहराना /duharānā ドゥフラーナー/ ▸दोहराना vt. (perf. दुहराया /duharāyā ドゥフラーヤー/) ☞दोहराना

दुहाई¹ /duhāī ドゥハーイー/ ▸दोहाई [दु- + हाई (<OIA. hvāyin- 'calling, invoking, challenging')] f. (慈悲や公正を求める)叫び；救いを求める悲鳴. ❐(की) ～ देना (…からの)救いを求める；(…に)救いを求める. ❐(की) ～ है। (…の)救いを求める悲鳴がある. ❐संसार में अन्याय की, आतंक की, भय की ～ मची हुई है। 世界には不公正から，恐怖から，怯えからの救いを求める悲鳴が満ちている.

दुहाई² /duhāī ドゥハーイー/ ▸दोहाई [cf. दुहना] f. 1 乳搾り. 2 乳搾りの手間賃.

दुहाना /duhānā ドゥハーナー/ [caus. of दुहना] vt. (perf. दुहाया /duhāyā ドゥハーヤー/) (乳などを)絞らせる；絞ってもらう.

दुहिता /duhitā ドゥヒター/ [←Skt.f. दुहितृ- 'a daughter (the milker or drawing milk from her mother)'] f. 娘. (⇒बेटी)

दूकान /dūkāna ドゥーカーン/ ▸दुकान f. ☞दुकान

दूकानदार /dūkānadāra ドゥーカーンダール/ ▸दुकानदार m. ☞दुकानदार

दूकानदारी /dūkānadārī ドゥーカーンダーリー/ ▸दुकानदारी f. ☞दुकानदारी

दूज /dūja ドゥージ/ [<OIA. *dutīya- 'second': T.06402] f. 『暦』ドゥージ《インド太陰月の白半月 (शुक्ल पक्ष) または黒半月 (कृष्ण पक्ष) の2日目》.

दूत /dūta ドゥート/ [←Skt.m. दूत- 'a messenger, envoy, ambassador, negotiator'] m. 1 使者；使節. 2 大使. (⇒राजदूत)

दूतावास /dūtāvāsa ドゥーターワース/ [neo.Skt.m.

दूत-आवास- 'an embassy, high commission'] *m.* 大使館;高等弁務官事務所.

दूती /dūtī ドゥーティー/ [←Skt.f. *दूति-* 'a female messenger'] *f.* **1** 女性の使者. **2**〔卑語〕告げ口屋;間をとりもつ女;売春宿の女将.

दूध /dūd^{h}ḁ ドゥード/ [<OIA.n. *dugdhá-* 'milk': T.06391] *m.* ミルク, 牛乳;乳;(植物から出る)乳状の液. ❐～ का ～, पानी का पानी करना〔諺〕(ミルクと水とを分離するように)善悪あるいは真偽を峻別すること. ❐～ का बच्चा 乳児, 乳飲み子《「尻の青いガキ」の意も》. ❐～ के दाँत 乳歯.

दूध-पिलाई /dūd^{h}ḁ-pilāī ドゥード・ピラーイー/ *f.* **1** 乳母. (⇒आया) **2** 哺乳瓶.

दूध-भाई /dūd^{h}ḁ-b^{h}āī ドゥード・バーイー/ *m.* 乳兄弟.

दूधवाला /dūd^{h}ḁvālā ドゥードワーラー/ [*दूध* + *-वाला*] *m.* 牛乳屋, 牛乳配達人. (⇒ग्वाला)

दूधिया /dūd^{h}iyā ドゥーディヤー/ [<OIA. *dugdhin-* 'milky': T.06399] *adj.* **1** 乳状の;ミルクが入っている. ❐～ चाय ミルクティー. **2** 乳白色の. ❐～ पत्थर オパール.

— *m.* 乳児;乳獣.

दून[1] /dūnḁ ドゥーン/ [cf. *दूना*] *f.* 二倍, 倍《『दून की लेना』の形式で, 慣用表現「おおげさに言う, ほらを吹く」を作る》. ❐जहाँ किसी महिला ने ～ की ली या शान दिखाई, वहाँ उसकी त्योरियाँ बदलीं। どこかの女がほらを吹いたり得意気に自慢したりすると, 彼女は怒りで目がつりあがった. ❐मैं कतिपय अन्य शराबियों की भाँति नशा आते ही ～ की न लेता था, अनर्गल बातें न करता था, हल्ला न मचाता था। 私は他の若干の酒飲みのように酔いが回るとすぐにほらを吹くこともせず, 下品なことも言わず, 騒ぎを起こすこともなかった.

दून[2] /dūnḁ ドゥーン/ [?] *m.* 谷, 谷間.

दूना /dūnā ドゥーナー/ [<OIA. **duguṇa-* 'double': T.06390] *adj.* 二倍の, 倍の. (⇒दुगुना)

दूब /dūbḁ ドゥーブ/ [<OIA. *dū́rvā-* 'the grass *Panicum dactylon*': T.06501] *f.*〖植物〗ドゥーブ《イネ科の雑草;薬草, 家畜の飼料として》.

दूभर /dūb^{h}arḁ ドゥーバル/ [<OIA. *durbhara-* 'hard to bear': T.06440] *adj.* 困難な;苦しくつらい. ❐उसकी ज़िंदगी ～ हो गई है। 彼の人生は苦しくつらいものとなった.

दूरंदेश /dūraṃdeśḁ ドゥーランデーシュ/ [←Pers.adj. دور اندیش 'far-sighted, penetrating'] *adj.* 先見の明のある;思慮深い. (⇒दूरदर्शी)

दूरंदेशी /dūraṃdeśī ドゥーランデーシー/ [←Pers.n. دور اندیشی 'far-sightedness'] *f.* 先見の明(があること);思慮深さ.

दूर /dūrḁ ドゥール/ [←Skt. *दूर-* 'distant, far, remote, long (way)': T.06495; cog. Pers.adj. دور 'remote, distant, far off'] *adj.* **1** 遠い;遠く離れている;疎遠な《副詞的にも使用》. (⇒नज़दीक)(⇔निकट) ❐एक दूसरे से ～ होना 互いに疎遠になる. **2** (問題などから)距離のある;遠くかけ離れている. ❐～ करना (問題などを)除去する;遠ざける. ❐(से) कोसों ～ (…から)はるかかけ離れて, (…は)とんでもない.

— *f.* **1** 距離. (⇒दूरी) ❐कितनी ～ है? どのくらいの距離ですか? **2** (関係が)疎遠. ❐～ का संबंधी 遠い親戚の人.

— *int.* シッシッ《犬などを追い払う際》.

दूरदर्शक /dūrḁdarśakḁ ドゥールダルシャク/ [neo.Skt. *दूर-दर्शक-* 'far-seeing'] *adj.* 遠望する(人);先見の明のある. (⇒दूरदर्शी)

— *m.* 望遠鏡. (⇒दूरबीन)

दूरदर्शन /dūrḁdarśanḁ ドゥールダルシャン/ [neo.Skt.n. *दूर-दर्शन-* 'television'; cf. Skt.n. *दूर-दर्शन-* 'long-sightedness; foresight'] *m.* **1** テレビ. (⇒टीवी) **2** インド国営放送.

दूरदर्शिता /dūrḁdarśitā ドゥールダルシター/ [←Skt.f. *दूर-दर्शि-ता* 'far-sightedness'] *f.* 先見の明(があること);思慮深さ. (⇒दूरंदेशी)

दूरदर्शी /dūrḁdarśī ドゥールダルシー/ [←Skt. *दूर-दर्शिन्-* 'far-seeing; long-sighted'] *adj.* 先見の明のある;思慮深い. (⇒दूरंदेश)

दूरदृष्टि /dūrḁdr̥ṣṭi ドゥールドリシュティ/ [←Skt.f. *दूर-दृष्टि-* 'long-sightedness, foresight, discernment'] *f.* 先見の明《遠視は दीर्घदृष्टि》.

दूरबीन /dūrḁbīnḁ ドゥールビーン/ [←Pers.n. دور بین 'one who sees at a distance; a telescope'] *f.* 望遠鏡;双眼鏡. (⇒टेलीस्कोप, दूरदर्शक, दूरवीक्षण यंत्र)

दूरभाष /dūrab^{h}āṣa ドゥーラバーシャ/ [neo.Skt. *दूर-भाष-* 'telephone'] *m.* 電話《主に電話番号を表記する場合に使用》. (⇒टेलीफ़ोन)

दूरमार /dūrḁmārḁ ドゥールマール/ [*दूर* + *मारना*] *adj.* 長距離に届く. ❐～ तोप 長距離砲.

दूरवर्ती /dūrḁvartī ドゥールワルティー/ [←Skt. *दूर-वर्तिन्-* 'being in the distance, far removed'] *adj.* 遠く離れた, 遠隔の. (⇒दूरस्थ)

दूरवीक्षण यंत्र /dūrḁvīkṣaṇḁ yaṃtrḁ ドゥールヴィークシャン ヤントル/ *m.* 望遠鏡. (⇒टेलीस्कोप, दूरबीन)

दूरस्थ /dūrast^{h}ḁ ドゥールスト/ [←Skt. *दूर-स्थ-* 'being in the distance, remote'] *adj.* 遠方の, 遠隔の. (⇔निकटस्थ) ❐～ शिक्षा 遠隔教育.

दूरी /dūrī ドゥーリー/ [←Pers.n. دوری 'distance'; cf. *दूर*] *f.* 距離;(離れた)位置. (⇒फ़ासला) ❐अंतर की ～ 間隔. ❐(से) पाँच मील की ～ पर (…から)5 マイル離れた距離に.

दूरीकरण /dūrīkaraṇḁ ドゥーリーカラン/ [←Skt.n. *दूरी-करण-* 'the making distant, removing'] *m.* 距離を置くこと;遠ざけること;除去.

दूर्वा /dūrvā ドゥールワー/ [←Skt.f. *दूर्वा-* 'bent grass, panic grass'] *f.* ☞दूब

दूल्हा /dūlhā ドゥールハー/▶दुल्हा [<OIA. *durlabha-* 'hard to obtain, scarce': T.06446] *m.* 花婿, 新郎. (⇔दुलहन)

दूषण /dūṣaṇḁ ドゥーシャン/ [←Skt.n. *दूषण-* 'the act of corrupting'] *m.* **1** 汚染. **2** 非難すること;名を汚すこと;

中傷すること. ❏मैं अपने अपराध के ～ को मिटाना चाहता हूँ। 私は自分に加えられた罪の誹謗中傷を消したい.

दूषित /dūṣita ドゥーシト/ [←Skt. *दूषित-* 'spoiled, corrupted, contaminated, defiled, violated, hurt, injured'] *adj.* **1** 汚染された. ❏～ करना 汚染する. ❏～ पानी 汚染水. **2** 非難された;不名誉な, 名が汚された;中傷された. ❏सभी लोग नशे को ～ समझते थे। 皆は酒で酔うことを恥ずかしいことだと思っていた.

दूसरा /dūsarā ドゥースラー/ [<OIA. **dviḥsara-* 'twofold': T.06676] *adj.* **1** 2番目の. (⇒द्वितीय, सैकंड) ❏दूसरी शादी 再婚. ❏दूसरी श्रेणी 2番目の等級. **2** 次の. ❏दूसरे दिन 翌日. **3** 別の, 他の;異なる. ❏कोई ～ आदमी 誰か他の人.

दूहना /dūhanā ドゥーフナー/ ▸दुहना, दोहना *vt.* (*perf.* दूहा /dūhā ドゥーハー/) ☞दुहना

दृग /dr̥ga ドリグ/ [<Skt.f. *दृग्-* 'seeing; the eye'] *m.* 目.

दृढ़ /dr̥ṛ^{h}a ドリル/ [←Skt. *दृढ-* 'fixed, firm, hard, strong, solid, massive'] *adj.* 堅固な, 強固な;確固不動の, 意志の固い, 強靭な. (⇒अटूट) ❏～ मित्रता [संबंध] 強固な友情[きずな]. ❏～ संकल्प 固い決意.

दृढ़ता /dr̥ṛ^{h}atā ドリルター/ [←Skt.f. *दृढ-ता-* 'firmness'] *f.* 堅固, 堅実;確固不動, 意志の固さ, 強靭さ. ❏उसने दृढ़ता से कहा। 彼はきっぱりと言った.

दृढ़प्रतिज्ञ /dr̥ṛ^{h}apratijña ドリラプラティギエ/ [←Skt. *दृढ-प्रतिज्ञ-* 'in keeping a promise or agreement'] *adj.* 約束を忠実に守る;約束を固く誓った.

दृश्य /dr̥śya ドリシエ/ [←Skt. *दृश्य-* 'to be looked at, worth seeing, beautiful'] *adj.* 見るべき;視覚の対象となる. (⇒श्रव्य) ❏～ काव्य 見るべきカーヴィヤ.

— *m.* **1** 光景;風景, 景色, 眺め. (⇒नज़ारा) **2** 〖演劇〗場面, シーン. (⇒सीन) ❏मार-पीट का एक ～ 格闘の一場面.

दृश्यमान /dr̥śyamāna ドリシエマーン/ [?neo.Skt. *दृश्य-मान-* 'visible'] *adj.* 目に見える;見た目に明らかな.

दृष्ट /dr̥ṣṭa ドリシュト/ [←Skt. *दृष्ट-* 'seen, looked at, beheld'] *adj.* 見られた;見えた.

दृष्टांत /dr̥ṣṭāṃta ドリシュターント/ [←Skt.m. *दृष्ट-अन्त-* 'the end or aim of what is seen; example, paragon, standard, allegory, type'] *m.* 〖文学〗たとえ話, 寓話;たとえ.

दृष्टि /dr̥ṣṭi ドリシュティ/ [←Skt.f. *दृष्टि-* 'seeing, viewing, beholding (also with the mental eye)'] *f.* **1** 一瞥, 一見;視線;目つき, まなざし. (⇒नजर, निगाह) ❏उड़ती हुई ～ से देखना 焦点の定まらない目で見る. ❏उपहास की ～ से देखना 嘲りの目で見る. ❏(की तरफ़) ～ डालना(…の方を)見やる. ❏पैनी ～ से ताकना 鋭い目つきでにらみつける. **2** 視力. (⇒ज्योति) **3** 視野, 視界. (⇒नज़र) ❏जहाँ तक ～ जाती है, झाड़ियाँ ही नज़र आती थीं। 見渡す限り, 灌木の茂みしか目に入らなかった. **4** 観点, 視点;考え. (⇒दृष्टिकोण) ❏(की) ～ से(…の)観点から. ❏राष्ट्र उसकी ～ में सर्वोपरि था। 国家が彼の頭の中では至上のものであった.

दृष्टिकोण /dr̥ṣṭikoṇa ドリシュティコーン/ [neo.Skt.m. *दृष्टि-कोण-* 'viewpoint, point of view'] *m.* ものの見方;観点, 視点;見地. ❏तुम्हारा ～ बिलकुल ग़लत है। 君のものの見方は全く間違っている.

दृष्टिगत /dr̥ṣṭigata ドリシュティガト/ [←Skt.n. *दृष्टि-गत-* 'theory, doctrine'] *adj.* 視界に入った, 見えた.

दृष्टिगोचर /dr̥ṣṭigocara ドリシュティゴーチャル/ [←Skt. *दृष्टि-गोचर-* 'visible'] *adj.* 視界にある;目に見える. ❏आकाश में एक प्रकाश ～ हुआ। 空に一筋の光が見えた.

दृष्टिपात /dr̥ṣṭipāta ドリシュティパート/ [←Skt.m. *दृष्टि-पात-* 'falling of the sight; look, glance'] *m.* 一瞥, 一見;見やること. ❏(पर) ～ करना (…を)一瞥する.

दृष्टिभ्रम /dr̥ṣṭib^{h}rama ドリシュティブラム/ [neo.Skt.m. *दृष्टि-भ्रम-* 'optical illusion'] *m.* 目の錯覚.

देखना /dek^{h}anā デークナー/ [<OIA. **dr̥kṣati, *drakṣati* 'sees': T.06507] *vt.* (*perf.* देखा /dek^{h}ā デーカー/) **1** 見る;ながめる, 鑑賞する. (⇒जोहना) ❏जाकर शीशे में अपना मुँह देखो। 行って, 鏡で自分の顔を見なさい. ❏देखो देखो। ほらほら. ❏फ़िल्म [तस्वीर, टीवी] देखना 映画[絵画, テレビ]をみる. **2** 監視する, 見張る;警戒する. ❏मेरा सामान देख लेना। 私の荷物をみていてくれ. **3** 念入りに調べる, 観察する;診察する. ❏हस्तरेखा देखना। 手相を調べる. ❏नब्ज़ देखना। 脈を診る. **4** 見守る;面倒をみる, 気にかける;監督する, (家事・事業などを)切り回す. ❏मुझे देखनेवाला कोई नहीं है। 私の面倒をみてくれる人は誰もいない. ❏अब तुम ही घर का सब कामकाज देख लेना। これからおまえが家の家事全般をみるんだよ.

— *vi.* (*perf.* देखा /dek^{h}ā デーカー/) 《『देख पड़ना』の形式で,「見える」を表す》(⇒दिखना) ❏थोड़ी देर में कुछ बस्ती भी देख पड़ने लगी। しばらくすると少し集落も見えはじめた. ❏वहाँ तक पहुँचने का कोई भी मार्ग न देख पड़ा और न कोई वृक्ष ही देख पड़ा, जिसकी छाँह में ज़रा विश्राम करता। そこまで行き着くどんな道も見えなかったし, 木陰で少し休息するためのどんな木すら見えなかった.

देख-भाल /dek^{h}a-b^{h}āla デーク・バール/ *f.* **1** 世話, 面倒;保護. ❏बच्चों की ～ करना 子どもの面倒をみる. ❏(की) ～ में (…の)保護下で. **2** 管理・監督. (⇒निगरानी) ❏(की) ～ करना (…の)管理・監督をする. ❏(की) ～ में(…の)管理[監督]下で.

देख-रेख /dek^{h}a-rek^{h}a デーク・レーク/ [echo-word] *f.* ☞देख-भाल

देखा-देखी /dek^{h}ā-dek^{h}ī デーカー・デーキー/ [cf. *देखना*] *f.* **1** 対面;面識. ❏आपका परिचय कराइए। मुझे आपसे ～ नहीं है। 自己紹介してください. 私はあなたと面識がありません. **2** 見よう見真似《『名詞 की देखा-देखी』の形式で, 副詞句「人の見よう見真似で」を作る》. ❏उसकी ～ मुझे बनाव-शृंगार की चाट पड़ी। 彼女の見よう見真似で私はおめかしの味を覚えてしまった.

देग /dega デーグ/ ▸डेग [←Pers.n. دیگ 'a pot, kettle, cauldron'] *f.* 大鍋.

देगचा /degacā デーグチャー/ ▸डेगची [←Pers.n. دیگچه 'a pot, a small cauldron'] *m.* 小鍋.

देगची /dega̸cī デーグチー/ ▶डेगची [cf. *देगचा*] *f.* 小鍋《小型のデーグチャー (देगचा)》.

देदीप्यमान /dedīpyamāna̸ デーディーピャマーン/ [←Skt. *देदीप्यमान-* 'shining intensely, glowing, blazing'] *adj.* 光り輝いている.

देन[1] /dena̸ デーン/ [cf. *देना*] *f.* **1** 贈り物;賜物. **2** 寄与;貢献.

देन[2] /dena̸ デーン/ [←Pers.n. دین 'borrowing; lending; debt' ←Arab.] *m.* 〖経済〗負債;借金. (⇒ऋणी, क़र्ज़दार)

देनदार /dena̸dāra̸ デーンダール/ [←Pers.n. دیندار 'a debtor'] *m.* 〖経済〗債務者, 借り手. (⇔लेनदार)

देना /denā デーナー/ [<OIA. *dádāti* 'gives': T.06141] *vt.* (*perf.* दिया /diyā ディヤー/) **1** 与える;渡す;授与する. (⇔लेना) **2** 生む, 産する. ❐दूध देना। 乳をだす. ❐अंडा देना। 卵を生む.

— *vt.* (*perf.* दिया /diyā ディヤー/) 〖複合動詞〗《〖他動詞語幹 देना〗の形式で, 複合動詞を作る;この場合の他動詞語幹は, 動作や変化の結果・影響を動作主が相手に与える意味内容を表す》 ❐दे ～ 与える《相手に渡す》. ❐खिला ～ 食べさせる《食べ物を相手の体内に摂取させる》. ❐पिला ～ 飲ませる《飲み物を相手の体内に摂取させる》. ❐बेच ～ 売る《所有権を相手に渡す》. ❐समझा ～ 説得する《知識・理解を相手のものにする》. ❐सिखा ～ 教える《技能などを相手の身につけさせる》. ❐सुना ～ 聞かせる《音声・音を相手に捉えさせる》.

— *vt.* (*perf.* दिया /diyā ディヤー/) 〖許可・容認〗《〖(को) 不定詞の後置格形 देना〗の形式で, 許可「(人に)…することを許す」, 容認「(人に)…させておく」を表す》 ❐मैं आपको वहाँ जाने न दूँगा। 私はあなたをあそこには行かせませんよ. ❐इसे रहने दो। これをそのままにさせておいてくれ《=「構わないでほっておいてくれ」の意》.

देय /deya̸ デーエ/ [←Skt. *देय-* 'be given or presented or granted or shown; fit or proper for a gift'] *adj.* 与えられるべき(もの);贈られるべき(もの);返されるべき(もの). ❐～ तिथि (図書などの)返却日.

देर /dera̸ デール/ [←Pers.adv. دیر 'slowly, tardily'] *f.* **1** 遅れ;遅刻. ❐～ से 遅れて. ❐～ हो रही है। 遅れています. ❐आज बड़ी ～ लगाई। (あなたは)今日ずいぶん遅れましたね. **2** 所用時間. ❐～ तक 遅くまで;長い間. ❐उसका पता लगाने में ज़्यादा ～ न लगी। 彼女の所在を突き止めるのに多くの時間はかからなかった. ❐छोटी नदी को उमड़ते ～ नहीं लगती। 小さな川が氾濫するのに時間はかからない. ❐थोड़ी ～ पहले さっき, ちょっと前に.

— *adv.* 遅れて. (⇒लेट) ❐～ आना 遅れて来る.

देरी /derī デーリー/ [←Pers.n. دیری 'slowness, lateness'] *f.* ☞देर

देव /deva̸ デーオ/ [←Skt.m. *देव-* 'a deity, god'; cf. Pers.n. دیو 'a devil, demon, genius, spirit, ghost, hobgoblin'] *m.* **1** 〖ヒンドゥー教〗神《最高神ではなく八百万(やおよろず)の神》. (⇒देवता) ❐देव-देवता 神々. **2** 尊敬すべき方《名詞の後に付け尊称「神のごとき…」としても使用;時に皮肉な意味「お偉い…」にもなる》. ❐आदमी क्या, पूरा ～ था। 人間なんてとんでもない, まったく神のような方だった. ❐पतिदेव 夫《夫を敬った表現;人の夫を指す敬称「(人の)ご主人」》.

देवता /deva̸tā デーオター/ [←Skt.f. *देव-ता-* 'godhead, divinity'] *m.* **1** (男の)神. (⇔देवी) ❐देवी- ～ 男と女の神々. **2** 神格, 神性, 神であること. (⇒देवत्व)

देवत्व /devatva̸ デーワトオ/ [←Skt.n. *देव-त्व-* 'godhood, divinity'] *m.* 神格, 神性, 神であること.

देवदार /deva̸dāra̸ デーオダール/ [<Skt.m. *देव-दारु-* 'the god's tree; deodar'] *m.* 〖植物〗ヒマラヤ杉《マツ科の常緑高木》.

देवदासी /deva̸dāsī デーオダースィー/ [←Skt.f. *देव-दासी-* 'a girl *married* to a deity'] *f.* 〖歴史〗デーヴァダースィー《ヒンドゥー教寺院で奉仕する女, 特に歌や踊りを奉納する女;売春婦とみなされることもある》.

देवदूत /deva̸dūta̸ デーオドゥート/ [←Skt.m. *देव-दूत-* 'divine messenger'] *m.* 神の使い;天使.

देवनागरी /deva̸nāga̸rī デーオナーグリー/ [←Skt.f. *देव-नागरी-* 'divine city writing'] *f.* デーヴァナーガリー(文字). ❐～ लिपि デーヴァナーガリー文字.

देवर /devara̸ デーワル/ [←Skt.m. *देवर-* 'a husband's younger brother'] *m.* 義弟《夫の弟》. (⇔देवरानी)

देवरानी /deva̸rānī デーオラーニー/ [<OIA.f. **dēvarajāni-* 'husband's younger brother's wife': T.06534] *f.* 義妹《夫の弟 (देवर) の妻》. (⇔देवर)

देवर्षि /devarṣi デーワルシ/ [←Skt.m. *देव-र्षि-* 'a saint of the celestial class'] *m.* デーヴァルシ《神々とともに天界に住む聖仙 (ऋषि), 神仙》.

देवल /devala̸ デーワル/ [<OIA.n. *dēvakula-* 'temple': T.06524] *m.* **1** デーヴァル《神への供物で生計を立てているバラモン (ब्राह्मण)》. (⇒पंडा) **2** 寺. (⇒मंदिर)

देवस्थान /deva̸sthāna̸ デーオスターン/ [←Skt.m. *देव-स्थान-* 'abode of gods; temple'] *m.* 神々のすまい;寺院.

देवांगना /devāṃganā デーワーングナー/ [←Skt.f. *देव-अङ्गना-* 'a devine female'] *f.* 神の配偶者;女神;天女.

देवालय /devālaya̸ デーワーラエ/ [←Skt.m. *देव-आलय-* 'residence of the gods; heaven; temple'] *m.* 神々のすまい;天界;祠(ほこら).

देवी /devī デーヴィー/ [←Skt.f. *देवी-* 'a female deity, goddess'] *f.* **1** 女神. (⇔देवता) **2** ご婦人. (⇔सज्जन) ❐सज्जनो और देवियो। 紳士淑女のみなさん《演説などでの呼びかけの言葉》.

देश /deśa̸ デーシュ/ [←Skt.m. *देश-* 'point, region, spot, place, part, portion; province, country, kingdom'] *m.* **1** 国, 国家. (⇒मुल्क, राष्ट्र) ❐विकसित ～ 先進国. ❐विकासशील ～ 発展途上国. ❐स्वतंत्र ～ 独立国. **2** 祖国;故郷;出身地. (⇒वतन) **3** 空間. ❐～ और काल 空間と時間.

देशज /deśaja̸ デーシャジ/ [←Skt. *देश-ज-* 'country born; native, born or produced in the right place'] *adj.* 〖言

語〗(デーシャジャに分類される)土着言語由来の(語彙). ❐इस शब्द की व्युत्पत्ति मुझे नहीं मालूम, संभवत: ～ शब्द है। この語の語源は私は知らない, 恐らく土着言語由来の語だろう.
— *m.*〖言語〗デーシャジャ《伝統的な語源分類による語彙のグループの一つ;サンスクリット語とも外来語とも関係のない「土着言語」由来の語彙とされる;実用上は擬音語や語源未詳の語彙がこのグループに分類されることが多い》.

देश-द्रोह /deśa̸-droha̸ デーシュ・ドローフ/ [neo.Skt.m. *देश-द्रोह-* 'treason'] *m.* 反逆;反乱.

देश-द्रोही /deśa̸-drohī デーシュ・ドローヒー/ [neo.Skt. *देश-द्रोहिन्-* 'traitor to the country'] *m.* 反逆者;反乱者.

देश-निकाला /deśa̸-nikālā デーシュ・ニカーラー/ [*देश* + *निकालना*] *m.* 国外追放. ❐(को) ～ देना (人を)国外追放にする.

देशबंधु /deśa̸bamḍʰu デーシュバンドゥ/ [neo.Skt.m. *देश-बन्धु-* 'a fellow countryman'] *m.* 同胞, 同国人.

देश-भक्त /deśa̸-bʰakta̸ デーシュ・バクト/ [neo.Skt.m. *देश-भक्त-* 'patriot'] *adj.* 愛国の, 国を憂える. ❐वह एक ～ पुरुष की पत्नी है। 彼女は一人の国を憂える男の妻である.
— *m.* 愛国者, 憂国の士.

देश-भक्ति /deśa̸-bʰakti デーシュ・バクティ/ [neo.Skt.f. *देश-भक्ति-* 'patriotism'] *f.* 愛国心.

देशवासी /deśa̸vāsī デーシュワースィー/ [←Skt. *देश-वासिन्-* 'residing in a country'] *m.* 国民;国の住人.

देशांतर /deśāṃtara̸ デーシャーンタル/ [←Skt.n. *देश-अन्तर-* 'another country, abroad; longitude, the difference from the prime meridian'] *m.*〖地理〗経度. (⇔अक्षांश) ❐～ रेखा 経(度)線. ❐१८० अंश ～ 経度 180 度.

देशाटन /deśāṭana̸ デーシャータン/ [←Skt.n. *देश-अटन-* 'roaming through a land, travelling'] *m.* 諸国遍歴の旅. ❐～ करना 諸国遍歴の旅をする.

देशावर /deśāvara̸ デーシャーワル/ ▸दिसावर *m.* ☞दिसावर

देशी /deśī デーシー/ [*देश* + *-ई*; cf. Skt. *देशिन्-* 'of or belonging to a country'; cf. Skt.f. *देशी-* 'the vulgar dialect of a country'] *adj.* 国内の;国産の;自国の《特に「インド産の」を表す》. (⇔अँगरेज़ी, विदेशी, विलायती) ❐～ दृष्टिकोण(我々)インド人の視点. ❐～ शराब 地酒《ビール, ウイスキーなど洋酒に対する》.

देशीय /deśīya̸ デーシーエ/ [←Skt. *देशीय-* 'peculiar or belonging to or inhabiting a country, provincial, native'] *adj.* (ある国・地方)特産の;特有の.

देसी /desī デースィー/ *adj.* ☞देशी

देह /deha̸ デーヘ/ [←Skt.m. *देह-* 'the body'] *f.* 肉体, 肢体, 身体. (⇒जिस्म)

-देह /-deha̸ ・デ/ [←Pers. ده root of دادن 'to give'] *comb. form* 《名詞の後に付加して形容詞「…を与える(もの)」を作る連結語;आरामदेह「くつろぎを与える」など》.

देह-त्याग /deha̸-tyāga̸ デーヘ・ティャーグ/ [←Skt.m. *देह-त्याग-* 'relinquishing the body, death'] *m.* 死;逝去《特に「(魂が)肉体から離れる」の意》. ❐～ करना (魂が)肉体から離れる.

देहधारी /deha̸dʰārī デーヘダーリー/ [←Skt. *देहधारिन्-* 'having a body, living, alive'] *adj.* 肉体を有する;生身の.

देहरादून /deha̸rādūna̸ デーヘラードゥーン/ [cf. Eng.n. *Dehradun*] *m.*〖地名〗デーヘラードゥーン《ウッタラーカンド州 (उत्तराखंड) の州都》.

देहरी /deha̸rī デヘリー/ ▸देहली *f.* ☞देहली[1]

देहली[1] /deha̸lī デヘリー/ ▸देहरी [< *दहलीज़*] *f.* 門口;玄関;(玄関の扉の)敷居.

देहली[2] /deha̸lī デヘリー/ [←Pers.n. دهلی 'the city of Delhi'; cf. *दिल्ली*] *f.*〖地名〗デリー. (⇒दिल्ली)

देहांत /dehāṃta̸ デーハーント/ [←Skt.m. *देह-अन्त-* 'end of the body, death'] *m.* 死亡, 死去, 逝去. (⇒मृत्यु, मौत) ❐(का) ～ होना (人が)亡くなる.

देहात /dehāta̸ デーハート/ [cf. Pers.n. ده 'a town, village' + Pers. ات ،ة '(Arabic plural suffix)' (←Arab.)] *m.* **1** 田舎;地方. **2** 村落. (⇒गाँव) ❐आस-पास के देहातों में 付近の村々では.

देहाती /dehātī デーハーティー/ [*देहात* + *-ई*] *adj.* **1** 田舎の;地方の. (⇒शहरी) ❐～ जीवन का आनंद 田園生活の楽しさ. **2** 田舎風の;田舎くさい, 田舎じみた.
— *m.* 村人;田舎者. ❐मूल में वह अब भी ～ है। 本質において彼は依然として田舎者である.

देहावसान /dehāva̸sāna̸ デーハーオサーン/ [←Skt.n. *देह-अवसान-* 'end of the body, death'] *m.* ☞देहांत

दैत्य /daitya̸ ダェーティエ/ [←Skt.m. *दैत्य-* 'a son of *Diti*, a demon'] *m.*〖ヒンドゥー教〗ダェーティヤ《巨人の悪魔》.

दैनंदिन /dainaṃdina̸ ダェーナンディン/ [←Skt. *दैनं-दिन-* 'happening daily, quotidian'] *adj.* 日々の;日常の. (⇒दैनिक)
— *adv.* 日常的に.

दैनंदिनी /dainaṃdinī ダェーナンディニー/ [neo.Skt.f. *दैनंदिनी-* 'a diary'] *f.* 日記. (⇒डायरी)

दैनिक /dainika̸ ダェーニク/ [←Skt. *दैनिक-* 'daily, diurnal'] *adj.* 毎日の, 日々の;日常の. ❐～ जीवन 日常生活. ❐～ पत्र 日刊紙.
— *m.* 日刊紙. ❐उसने एक ～ निकाला। 彼は一つの日刊紙を発行した.

दैनिकी /dainikī ダェーニキー/ [neo.Skt.f. *दैनिकी-* 'a pocket-diary'] *f.* ポケット版日記帳;手帳.

दैन्य /dainya̸ ダェーニエ/ [←Skt.n. *दैन्य-* 'wretchedness, affliction, depression, miserable state'] *m.* **1** 惨めな状況;窮乏. **2** 卑屈さ.

दैव /daiva̸ ダェーヴ/ [←Skt.n. *दैव-* 'power or will,

destiny, fate, chance'] *adj.* 神の手による;運命の;宿命の. ❐～ विवाह ダイヴァ婚《古代正統と認められた八つの結婚形式の第二番目;宗教的奉仕の代価として娘を嫁がせる結婚》.

— *m.* 神の御業;運命. ❐～ ने मुझे कुरूप बना दिया। 神が私を醜くお作りになったのだ.

दैवयोग /daiva̸yoga̸ ダェーヴヨーグ/ [←Skt.m. *दैव-योग-* 'juncture of fate, fortune, chance'] *m.* 偶然;運命のいたずら. (⇒इत्तिफ़ाक़, संयोग) ❐～ से 偶然に, たまたま.

दैववशात् /daiva̸vaśāt ダェーヴワシャート/ [←Skt.ind. *दैव-वशात्* 'by chance, fatally'] *adv.* 偶然に;運命的に.

दैवात् /daivāt ダェーワート/ [←Skt.ind. *दैवात्* 'chance, accidentally'] *adv.* ☞दैववशात्

दैवाधीन /daivādʰīna̸ ダェーワーディーン/ [←Skt. *दैव-अधीन-* 'subject to fate'] *adj.* 運命に従順な.

दैविक /daivika̸ ダェーヴィク/ [←Skt. *दैविक-* 'divine'] *adj.* 神の;超人的な. ❐मानो संसार में जितनी ～, आधिदैविक, भौतिक, आधिभौतिक बाधाएँ हैं, उनका उत्तरदायी मैं हूँ। (こんなひどい仕打ちとは)神のしわざとしか思えないものであろうと, この世のものとは思われないものであろうと, 現実世界のものであろうと, 自然界のものであろうと, 世の中のすべての不都合の責任はまるで私にあるようではないか.

दैवी /daivī ダェーヴィー/ [←Skt. *दैव-* 'belonging to or coming from the gods, divine, celestial'] *adj.* 神の;人知の及ばない《この語は元々サンスクリット語形容詞 दैव- の女性形なので形容する名詞は女性名詞であるべきだが, 現代ヒンディー語では必ずしも守られていない》. ❐～ प्रेरणा 霊感. ❐～ विधान 神の采配;天命. ❐～ शक्ति 超自然力, 神通力.

दैहिक /daihika̸ ダェーヒク/ [←Skt. *दैहिक-* 'bodily, corporeal'] *adj.* 肉体の;身体上の. (⇒शारीरिक) ❐～ थकान 肉体の疲労.

दो /do ドー/ [<OIA. *dva-* 'two': T.06648] *num.* 2. ❐～ शब्द わずかな文言, 一言二言;序文. ❐नौ ～ ग्यारह होना 9 たす 2 は 11 になる《「一目散に逃げる」の意》.

दो- /do- ドー・/ ▸दु- [cf. *दो*; cf. Pers. دو 'two'] *pref.* 《「2」を表すヒンディー語の接頭辞; दोतरफ़ा「往復の」, दोतल्ला「二階建ての」など》

दोआब /doāba̸ ドーアーブ/ ▸दोआबा [*दो-* + *आब*; cf. Pers.n. دو آب 'name of a province in Hindūstān, lying between the rivers Ganges and Jumna'] *m.* ドーアーブ《特に北インドのガンジス川とヤムナー川に挟まれた地域》.

दोआबा /doābā ドーアーバー/ ▸दोआब *m.* ☞दोआब

दोग़ला /doğa̸lā ドーグラー/ [*दो-* + ?*घोलना*] *adj.* 〖生物〗(異種間)雑種の;混血の. (⇒वर्णसंकर)

— *m.* **1** 交雑種;混血児. **2**〔俗語〕婚外子, 非嫡出子, 私生児.

दोग़ली /doğa̸lī ドーグリー/ [cf. *दोग़ला*] *f.* 混血.

दोगुना /dogunā ドーグナー/ [*दो* + *-गुना*] *adj.* ☞दुगुना

दो-टूक /do-ṭūka̸ ドー・トゥーク/ *adv.* きっぱりと;ずけずけと, 歯に衣着せぬ物言いで. ❐जो बात वे ठीक समझती थीं उसे ～ कहती थीं, चाहे कोई बुरा माने, चाहे भला। (私の祖母は)正しいと思ったことを彼女にずけずけと言っていた, たとえ誰かが気分を害そうと, 気分がよくなろうと.

दोतरफ़ा /dotara̸fā ドータルファー/ [*दो* + *तरफ़*; cf. *दुतरफ़ा*] *adj.* 往復の;両方向の;二面性の《原則として不変化》. ❐～ टिकट 往復切符. ❐～ नीति 両面政策.

दोतल्ला /dotallā ドータッラー/ ▸दुतल्ला [*दो* + *तल्ला*] *adj.* 二階建ての. (⇒दोमंज़िला)

दोदोमा /dodomā ドードーマー/ [cf. Eng.n. *Dodoma*] *m.* 〖地名〗ドドマ《タンザニア(連合共和国) (तंज़ानिया) の首都》.

दोना /donā ドーナー/ [<OIA.n. *drṓṇa-*[1] 'wooden trough': T.06641] *m.* ドーナー《木の葉の器;料理を盛る》.

दोनों /donõ ドーノーン/ *adj.* 二人とも, 二つとも, 両方とも.

दोपट्टा /dopaṭṭā ドーパッター/ ▸दुपट्टा *m.* ☞दुपट्टा

दोपहर /dopahara̸ ドーパハル/ ▸दुपहर [*दो* + *पहर*] *f.* 真昼;正午. ❐～ को 正午に. ❐～ से पहले 午前に. ❐～ के बाद 午後に.

दोपहरी /dopaharī ドーパハリー/ ▸दुपहरी [*दोपहर* + *-ई*] *adj.* 真昼の;正午の.

— *f.* 真昼;正午過ぎ. ❐～ को 正午に.

दोबारा /dobārā ドーバーラー/ ▸दुबारा *adv.* ☞दुबारा

दोमंज़िला /domaṃzilā ドーマンズィラー/ ▸दुमंज़िला [*दो* + *मंज़िला*] *adj.* ☞दुमंज़िला

दोमुँहा /domũhā ドームンハー/ ▸दुमुँहा *adj.* ☞दुमुँहा

दोरंगा /doraṃgā ドーランガー/ ▸दुरंगा *adj.* ☞दुरंगा

दोरंगी /doraṃgī ドーランギー/ ▸दुरंगी *f.* ☞दुरंगी

दोरुख़ा /doruxā ドールカー/ ▸दुरुख़ा [*दो* + *रुख़*] *adj.* 二面性のある, 裏と表のある;偽善的な. (⇒दोहरा)

दोला /dolā ドーラー/ [←Skt.f. *दोला-* 'litter, hammock, palanquin, swing'] *f.* **1** ぶらんこ;揺りかご;駕籠(かご). **2** (気持ちの)ぐらつき, (二つのものの間での)心の揺れ動き.

दोलायमान /dolāya̸māna̸ ドーラーエマーン/ [←Skt. *दोलाय-मान-* 'swinging'] *adj.* 揺れている.

दोष /doṣa̸ ドーシュ/ [←Skt.m. *दोष-* 'fault, vice, deficiency, want, inconvenience, disadvantage'] *m.* **1** 欠点, 欠陥, 短所, あら;弱点. (⇒कमी, ख़राबी)(⇔ख़ूबी, गुण) **2** (非難されるべき)罪, 落ち度, 過失. ❐(पर) (का) ～ आरोपित करना (人に)(…の)罪をなすりつける. **3** 弊害, 害.

दोषारोपण /doṣāropaṇa̸ ドーシャーローパン/ [←Skt.n. *दोष-आरोपण-* 'imputing fault, accusation'] *m.* 責任や罪の転嫁;言いがかり;非難. ❐(पर) (का) ～ करना (人に)(…の)罪をなすりつける.

दोषी /doṣī ドーシー/ [←Skt. *दोषिन्-* 'faulty, defiled, contaminated'] *adj.* **1** 欠陥のある. **2** 非難されるべき. **3** 罪のある(人).

— *m.* 罪人;(不幸な事件, 事故などの)責任者.

दोसा /dosā ドーサー/ ▸डोसा *m.* ☞डोसा

दोसूती /dosūtī ドースーティー/ ▸दुसूती *f.* ☞दुसूती

दोस्त /dosta̸ ドースト/ [←Pers.n. دوست 'a friend'] *m.* 友人, 友達, 友. (⇒मित्र) ❐पुराना ～ 旧友.

दोस्ताना /dostānā ドースターナー/ [←Pers.adj. دوستانه 'friendly, affectionately'] *adj.* 好意的な;友好的な. ❐～ बातचीत 親密な会話. ❐～ रिश्ता 友好関係. ❐～ रुख़ 友好的な態度.
— *m.* 好意;親切;友情.

दोस्ती /dostī ドースティー/ [←Pers.n. دوستی 'freindship'] *f.* 友情;交友関係;友好関係. (⇒मित्रता, मैत्री)(⇔दुश्मनी) ❐(से) ～ करना (人と)親しくする. ❐(से) ～ बढ़ाना (人と)親交を深める.

दोहद /dohada̸ ドーハド/ [←Skt.m. *दोहद-* 'the longing of a pregnant woman for particular objects'] *f.* (妊婦特有の)渇望.

दोहन /dohana̸ ドーハン/ [←Skt. *दोहन-* 'giving milk, yielding profit'] *m.* 乳搾り.

दोहना /doha̸nā ドーフナー/ ▸दुहना, दूहना *vt.* (*perf.* दोहा /dohā ドーハー/) ☞दुहना

दोहरा /doha̸rā ドーフラー/ ▸दुहरा [<OIA. **dudhāra-* 'two-edged, double': T.06407] *adj.* **1** 二重の;2倍の;重ね合した. ❐～ फ़ायदा [घाटा]二重の利益[損害]. ❐～ ताला 二重の錠前. **2** (意味が)二様にとれる;二面性のある, 裏表のある;二心のある. (⇒दुरुख़ा) ❐～ अर्थ 二通りの意味. ❐दोहरी ज़िंदगी 裏と表の二重生活. ❐दोहरी रणनीति 2段構えの戦術. **3** 太った, 肉付きのいい. ❐～ बदन 太った体. ❐दोहरे बदन के ऊँचे आदमी थे। 肉付きのいい体をした背の高い男だった. **4** (腰が)折れ曲がった. ❐कमर दुहरी होना (老齢で)腰が折れ曲がる.

दोहराई /doha̸rāī ドーフラーイー/ [cf. *दोहराना*] *f.* **1** 反復, 繰り返し. **2** 見直し, 復習. **3** 二重にすること.

दोहराना /doha̸rānā ドーフラーナー/ ▸दुहराना [cf. *दोहरा*] *vt.* (*perf.* दोहराया /doha̸rāyā ドーフラーヤー/) **1** 繰り返す, (同じことを)また言う. ❐बार-बार ～ 幾度も繰り返す. ❐मैं उसकी भूलों को न दोहराऊँगा। 私は彼の過ちを繰り返さないつもりだ. ❐मैंने एक बार कह दिया और बात ～ मुझे पसंद नहीं। 私は一度言ったわ, 同じことをまた言うのは好きじゃないの. **2** 復習する;復唱する. **3** 二重にする.

दोहराव /doharāva̸ ドーハラーオ/ [cf. *दोहरा*] *m.* 繰り返し.

दोहा[1] /dohā ドーハー/ [<OIA. *dvidhā* 'in 2 ways or parts, twofold, divided'] *m.* 〚文学〛ドーハー《対句をなす韻文詩の形式の一つ》.

दोहा[2] /dohā ドーハー/ [cf. Eng.n. *Doha*] *m.* 〚地名〛ドーハ《カタール(国)(क़तर)の首都》.

दोहाई[1] /dohāī ドーハーイー/ ▸दुहाई *f.* ☞दुहाई[1]

दोहाई[2] /dohāī ドーハーイー/ ▸दुहाई *f.* ☞दुहाई[2]

दौंगरा /dāũga̸rā ダォーングラー/ [?] *m.* 土砂降りの雨《特に雨季の最初の大雨を指す》. ❐सहसा एक दिन बादल उठे और आसाढ़ का पहला ～ गिरा। 突然ある日雲が立ち昇りアーシャール月の最初の大雨が降った.

दौड़ /daura̸ ダォール/ [cf. *दौड़ना*] *f.* **1** 〚スポーツ〛競走, ランニング. ❐～ पूरी करना 完走する. ❐रिले ～ リレー競走. ❐१०० मीटर ～ में भाग लेना 100メートル走に出場する. ❐वे ४०० मीटर की ～ में चौथे स्थान पर रहे थे। 彼は400メートル走で第4位だった. ❐वह रोज़ाना ～ लगाता है। 彼は毎日ランニングをしている. **2** 競争;骨折り. ❐मुख्यमंत्री की कुर्सी की ～ 州首相の座をめぐっての競争. ❐व्यावसायिक ～ ビジネスの競争.

दौड़-धूप /daura̸-dʰūpa̸ ダォール・ドゥープ/ *f.* 大変な骨折り;奔走;東奔西走.

दौड़ना /daura̸nā ダォールナー/ [<OIA. *drávati* 'runs': T.06624] *vi.* (*perf.* दौड़ा /daurā ダォーラー/) **1** (動物が)走る, 駆ける;(車などが)走る. (⇒भागना) ❐पेट में चूहे दौड़ना〔慣用〕腹の中でネズミが走り回る《「お腹がぺこぺこである」の意》. **2** (人が)走る, (馬に乗って)走る, 駆ける;駆けつける, 駆け寄る;駆けずり回る. ❐दोनों बाग़ की तरफ़ दौड़ीं। 二人とも公園に向かって走った. ❐दौड़कर एक पैसे का तमाखू उस दुकान से ले ले। ひとっ走り行って, 一パイサーの噛みタバコをあの店から買ってきてくれ. ❐बच्चे का रोना सुनकर वह भी दौड़ा हुआ आया। 子どもの泣き声を聞いて彼も駆けつけて来た. ❐मैंने दौड़कर उन्हें सँभाला और वहीं ज़मीन पर लिटा दिया। 私は駆け寄って彼を支えた, そしてそのまま地面に横たえた. ❐वह दौड़कर मेरे गले लिपट गई। 彼女は駆け寄って私の首に抱きついた. ❐वह दौड़-दौड़कर सबका सत्कार कर रहा था। 彼は駆けずり回って皆のもてなしをしていた. ❐अब उससे दौड़ा भी तो नहीं जाता। もう彼は走ることもできない. **3** (ニュースなどが)駆け巡る. ❐सारे शहर में यह ख़बर बिजली की तरह दौड़ गई। 町中にこのニュースが電光のように駆け巡った. **4** (血液・毒などが)(体内を)駆け巡る. ❐इस मृदु कल्पना से उसकी आँखें चमक उठीं और कपोलों पर हलकी-सी लाली दौड़ गई। この甘美な空想で彼女の目が輝いた, そして頬にかすかな赤みがさした. ❐त्वचा में, मांस में दौड़ते स्वस्थ रक्त की जितनी आभा है कविता में उतनी ही कला मुझे सह्य है। 皮膚の中に, また肉体の中に流れる健康な血液が果たす色合い, 詩においてもその程度の技巧なら私は我慢できる. **5** (求めて)追いかける, 追いかけまわす. ❐मर्द दूसरी औरतों के पीछे दौड़ेगा, तो औरत भी ज़रूर मर्दों के पीछे दौड़ेगी। 男が他の女を追いかけるとしたら, 女もきっと男を追いかけるさ. ❐जितना ही दूर भागियेगा, उतना ही आपकी ओर दौड़ेगी। あなたが逃げれば逃げるだけ, あの女はあなたを追いかけるだろう. ❐सभी गाँव के महाजनों के पास रुपए के लिए दौड़े। みんなが村の高利貸しのところに金を求めて走った. ❐जब वह बीस क़दम निकल गया, तो झुँझलाकर उठी और उसके पीछे दौड़ी। 彼が二十歩ほど先に行った時, 彼女は我慢できずに立ち上がって彼を追いかけた.

दौड़ाना /daurānā ダォーラーナー/ [cf. *दौड़ना*] *vt.* (*perf.* दौड़ाया /daurāyā ダォーラーヤー/) **1** (馬・車などを)走らせる;(犬などを)けしかける. ❐फिर वह घर की ओर साइकिल दौड़ा देता था। その後, 彼は家に向かって自転車を走らせたものだった. ❐मैं घोड़ा दौड़ाते चला जा रहा था। 私は馬を走らせて進んでいた. **2** (人を)急用の使いに走らせる. ❐उसके घर आदमी दौड़ाया गया। 彼の家に人を走らせた. **3** (人を)走りまわさせる;奔走させる. ❐तुमने मुझे रास्ते-भर

दौड़ा के मार डाला। 君は，私を道中ずっと走らせてへとへとにさせた． ❐वह रुपए के लिए हमें ख़ूब दौड़ाएगी। 彼女は，金のために我々をきりきり舞いさせるだろう． ❐वे भागते हैं तो वह बुलडाग उन्हें दौड़ाता है। 彼らが逃げると，そのブルドッグが彼らを走りまわさせるのである． **4**（ペンを）走らせる． ❐वह काग़ज़ पर कलम दौड़ा रहा था। 彼は紙の上にペンを走らせていた． **5**（視線を）走らせる，（目を）配る． ❐गाँव के बाहर आकर उसने निगाह दौड़ाई। 村の外に出て，彼はあたりを見渡した． ❐उन्होंने बड़ी-बड़ी आँखें फाड़-फाड़कर घर में चारों तरफ़ दौड़ाईं। 彼は大きく目を張り裂けんばかりに見開き，家の中の四方に目を配った． **6**（電線・綱などを）引いて張る，張り渡す；（水などを）（田に）引く． ❐बिजली का तार उस कमरे तक दौड़ा दो। 電線をあの部屋まで張ってくれ． ❐दोनों खेत में पानी दौड़ा रही थीं। 二人とも田んぼに水を引き込んでいる最中だった． **7**（頭・想像力などを）働かす；機転をきかせる． ❐उसने ख़ूब दिमाग़ दौड़ाया। 彼は存分に頭を働かした．

दौत्य /dautya ダォーティエ/ [←Skt. *दौत्य-* 'the state or function of a messenger, message, mission'] *adj.* **1** 大使の，外交使節の． **2** 外交関係の． ❐(से) ～ संबंध स्थापित करना （…と）外交関係を樹立する．
— *m.* 大使や外交使節の職．

दौर /daura ダォール/ [←Pers.n. دور 'time, age; a revolution, period of years' ←Arab.] *m.* **1**（時の）一巡；（物事の）一巡り；ラウンド；回戦． ❐(के) तीसरे ～ में पहुँचना （…の）第３回戦に進出する． ❐लाइए, बोतल और प्याले, और ～ चलने दीजिए। さあ持ってきてくれ，ボトルとグラス，一杯やろうじゃないか． **2** 局面；時期；段階． ❐तैयारियाँ आख़िरी ～ में हैं। 準備は最終段階にある．

दौर-दौरा /daura-daurā ダォール・ダォーラー/ [?cf. Pers.n. دور دور 'prosperity' ←Arab.] *m.* 他を圧倒する権勢，天下，支配．

दौरा /daurā ダォーラー/ [←Pers.n. دورة 'an epicycle; a revolution' ←Arab.] *m.* **1** 視察（旅行）；巡回． ❐दौरे पर जाना 視察旅行に行く． **2**〖医学〗発作，ひきつけ，さしこみ．（⇒फ़िट） ❐उसे दिल का ～ पड़ा। 彼女は心臓発作を起こした．

दौरान /daurāna ダォーラーン/ [←Pers.n. دوران 'a revolution, period, circle, cycle'] *m.* 期間，時期《主に以下の副詞的用法で》． ❐(के) ～ （…の）間，期間，時期．

दौलत /daulata ダォーラト/ [←Pers.n. دولة 'going round each other in combat; good turn of fortune; felicity, wealth, victory' ←Arab.] *f.* 富，財産；繁栄．（⇒धन, संपत्ति）

दौलतमंद /daulatamaṃda ダォーラトマンド/ [←Pers.adj. دولتمند 'rich, fortunate, happy'] *adj.* 富裕な；繁栄している．（⇒समृद्ध）

दौहित्र /dauhitra ダォーヒトル/ [←Skt.m. *दौहित्र-* 'a daughter's son'] *m.* 孫《娘の息子》．（⇒नाती）

दौहित्री /dauhitrī ダォーヒトリー/ [←Skt.f. *दौहित्री-* 'a daughter's daughter'] *m.* 孫《娘の娘》．（⇒नातिन）

द्युति /dyuti ディュティ/ [←Skt.f. *द्युति-* 'splendour (as a goddess), brightness, lustre, majesty, dignity'] *f.* 光輝；美；壮麗．

द्युतिमान /dyutimāna ディュティマーン/ [←Skt. *द्युति-मत्-* 'resplendent, bright; splendid, majestic, dignified'] *adj.* 光り輝く；壮麗な．

द्योतक /dyotaka ディョータク/ [←Skt. *द्योतक-* 'shining, illuminating; making clear, explaining'] *adj.* 明示する；表示する．
— *m.* 表示するもの；兆候，きざし．

द्रव /drava ドラオ/ [←Skt. *द्रव-* 'flowing, fluid, dropping, dripping'] *adj.* 液体の；液状の． ❐～ क्रिस्टर 液晶． ❐～ नाइट्रोजन 液体窒素．
— *m.* 液体；流動体．

द्रवित /dravita ドラヴィト/ [?neo.Skt. *द्रवित-* 'made liquid'] *adj.* **1** 溶けた；液化した． ❐～ पेट्रोलियम गैस 液化石油ガス． **2** 哀れんだ，ふびんに思った；涙を誘った，涙にぬれた． ❐उसने भी ～ कंठ से उत्तर दिया। 彼もまた涙にぬれた声で返事をした． ❐भगवान् स्वयं ～ हो उठे थे। 神は自らふびんに思（おぼ）し召された．

द्रवीभूत /dravībʰūta ドラヴィーブート/ [←Skt. *द्रवी-भूत-* 'become fluid'] *adj.* ☞द्रवित

द्रव्य /dravya ドラヴィエ/ [←Skt.n. *द्रव्य-* 'a substance, thing, object'] *m.* **1**〖化学〗物質．（⇒पदार्थ） **2** 財貨；金銭．

द्रव्यमान /dravyamāna ドラヴィエマーン/ [neo.Skt.n. *द्रव्य-मान-* 'mass'] *m.*〖物理〗質量．

द्रष्टव्य /draṣṭavya ドラシュタヴィエ/ [←Skt. *द्रष्टव्य-* 'to be seen, visible, apparent'] *adj.* 見るに値する；見るべき．

द्रष्टा /draṣṭā ドラシュター/ [←Skt.m. *द्रष्टृ-* 'one who sees'] *m.* 見る人；目撃者．

द्राक्षा /drākṣā ドラークシャー/ [←Skt.f. *द्राक्षा-* 'vine, grape'] *f.*〖植物〗ブドウ（葡萄）．（⇒अंगूर）

द्रावक /drāvaka ドラーワク/ [←Skt. *द्रावक-* 'causing to run'] *adj.* **1**（ものを）溶かす；液化する． **2**（心を）なごませる；涙をさそう．

द्रुत /druta ドルト/ [←Skt. *द्रुत-* 'quick, speedy, swift'] *adj.* 早い；速い．
— *m.*〖音楽〗ドゥルタ《速いテンポ》．（⇔विलंबित）

द्रुतगामी /drutagāmī ドルトガーミー/ [neo.Skt. *द्रुत-गामिन्-* 'fast moving'] *adj.* 足の速い；高速の． ❐～ बस 高速バス． ❐～ रेलगाड़ी 高速鉄道．

द्रुम /druma ドルム/ [←Skt.m. *द्रुम-* 'a tree'] *m.*〖植物〗木，樹木．（⇒पेड़）

द्रोह /droha ドローフ/ [←Skt.m. *द्रोह-* 'injury, mischief. harm'] *m.* **1** 敵意；悪意． **2** 裏切り，背信，反逆． ❐आपसे ～ करने का आज दंड मिल गया। あなたを裏切った罰を今日受けました．

द्रोही /drohī ドローヒー/ [←Skt. *द्रोहिन्-* 'hurting, harming; perfidious against, hostile to'] *adj.* 裏切る（人），謀反を企てる（人），反逆する（人）．
— *m.* 裏切り者，謀反人，反逆者． ❐देश का ～ 国を裏切る人, 国賊. ❐मैं भी ～ हूँ, द्रोहियों का ～ हूँ। 私は裏切り者だ, 裏切り者の中の裏切り者だ.

द्वंद्व /dvaṃdva ドワンドオ/ [←Skt.n. *द्वंद्व-* 'pair, couple, male and female; a pair of opposites'] *m.* **1** 一対, ペア;一組(のもの). ❐आशा और भय का ～ 期待と恐れの組み合わせ. **2** 対立するもの同士の争い;(心の)葛藤. ❐उसके मन में भीषण ～ हो रहा था। 彼の心の中では激しい葛藤が続いていた.

द्वंद्व-युद्ध /dvaṃdva-yuddʰa ドワンドオ・ユッド/ *m.* 一騎打ち;決闘.

द्वादश /dvādaśa ドワーダシュ/ [←Skt. *द्वा-दश-* 'the twelfth'] *adj.* 12. (⇒बारह)

द्वादशी /dvādaśī ドワードシー/ [←Skt.f. *द्वा-दशी-* 'the 12th day of the half-month'] *f.* 〖暦〗ドゥワーダシー《インドの太陰暦の各半月 (पक्ष) の 12 日目》.

द्वापर /dvāpara ドワーパル/ [←Skt.m. *द्वा-पर-* 'that die or side of a die which is marked with two spots; the name of the third yuga of the world'] *m.* 〖神話〗☞द्वापरयुग.

द्वापरयुग /dvāparayuga ドワーパルユグ/ [←Skt.n. *द्वापर-युग-* 'the name of the third *Yuga* of the world'] *m.* 〖神話〗ドゥヴァーパルユガ《循環するとされる 4 つの時代 (युग) の第 3 番目;人間の時間では 86 万 4 千年間続くとされる》.

द्वार /dvāra ドワール/ [←Skt.n. *द्वार-* 'door, gate, passage, entrance'] *m.* **1** 扉, ドア;戸口. (⇒दरवाज़ा) ❐वह ～ पर खड़ा है। 彼が戸口に立っている. **2** 門. (⇒गेट, दरवाज़ा)

द्वारका /dvārakā ドワールカー/ [cf. Eng.n. *Dwarka*] *m.* 〖地名〗ドワールカー《グジャラート州 (गुजरात) の都市;ヒンドゥー教徒の巡礼地》.

द्वारचार /dvāracāra ドワールチャール/ [*द्वार* + *आचार*] *m.* ☞द्वारपूजा

द्वारपाल /dvārapāla ドワールパール/ [←Skt.m. *द्वार-पाल-* 'door-keeper'] *m.* 門番;門衛. (⇒दरबान)

द्वारपूजा /dvārapūjā ドワールプージャー/ [neo.Skt.f. *द्वार-पूजा-*] *f.* 〖ヒンドゥー教〗ドワーラプージャー《結婚式の際, 花嫁の家の入口で迎えに来る花婿の到着を祝う儀式》.

द्वारा /dvārā ドワーラー/ [←Skt.ind. *द्वारा* ' (instr. of *द्वार्* 'expedient, means, opportunity') by means of, by'] *postp.* …によって《के द्वारा の形式でも使用》. (⇒से) ❐मैंने तर्क ～ इस शंका को दिल से निकाल दिया। 私は論理的にこの疑念を心から取り去った.

द्विकर्मक /dvikarmaka ドヴィカルマク/ [neo.Skt. *द्वि-कर्मक-* '(a verb) having two objects'] *adj.* 〖言語〗(直接目的語と間接目的語の)二重目的語をとる(動詞). ❐～ क्रिया 二重他動詞.

द्विज /dvija ドヴィジ/ [←Skt.m. *द्वि-ज-* 'a man of any one of the first 3 caste groups (regarded as reborn on investiture with the sacred thread at puberty)'] *m.* 〖ヒンドゥー教〗再生族《上位カースト, ブラーフマン (ब्राह्मण), クシャトリヤ (क्षत्रिय), ヴァイシャ (वैश्य) を指す》.

द्वितीय /dvitīya ドゥヴィティーエ/ [←Skt. *द्वितीय-* 'second'] *adj.* **1** 2 番目の, 次の. (⇒दूसरा, सैकंड) ❐～ विश्वयुद्ध 第二次世界大戦. ❐～ श्रेणी (等級などで) 2 番目の, 二等級;第二種. **2** 二世《名前の直後につける》. ❐चार्ल्स ～ チャールズ二世.

द्वितीय-पुरुष /dvitīya-puruṣa ドゥヴィティーエ・プルシュ/ [neo.Skt.m. *द्वितीय-पुरुष-* 'the second person'] *m.* 〖言語〗二人称. (⇒मध्यम-पुरुष)

द्वितीया /dvitīyā ドゥヴィティーヤー/ [←Skt.f. *द्वितीया-* 'the 2nd day of a half-month'] *f.* 〖暦〗ドゥヴィティーヤー《インドの太陰暦の各半月 (पक्ष) の 2 日目》.

द्वित्व /dvitva ドゥヴィトオ/ [←Skt.n. *द्वि-त्व-* 'duality'] *m.* **1** 二重性. **2** 重複. ❐～ व्यंजन 〖言語〗重子音.

द्विधा /dvidʰā ドゥヴィダー/ [←Skt.ind. *द्वि-धा* 'in 2 ways or parts, twofold, divided'] *adv.* 二重に;両方に. ❐～ गतिवाला 水陸両用の.

— *f.* ジレンマ, 板ばさみ. ❐～ में पड़ना ジレンマに陥る.

द्विपक्षी /dvipakṣī ドゥヴィパクシー/ [neo.Skt. *द्वि-पक्षिन्-* 'bilateral, bipartite'] *adj.* 互恵的な, 双務的な.

द्विरागमन /dvirāgamana ドゥヴィラーグマン/ [←Skt.n. *द्विर्-आगमन-* 'twice coming; ceremonial arrival of the bride at her father-in-law's house'] *m.* 〖ヒンドゥー教〗ドゥヴィラーガマナ《花嫁の婚家への再訪の儀式, 実質的な嫁入りの儀式》. (⇒गौना)

द्विवचन /dvivacana ドゥヴィワチャン/ [←Skt.n. *द्वि-वचन-* 'the dual and its endings'] *m.* 〖言語〗両数, 双数.

द्विविध /dvividʰa ドゥヴィヴィド/ [←Skt. *द्वि-विध-* 'two fold, of two kinds'] *adj.* 二種の, 二様の.

द्विविधा /dvividʰā ドゥヴィヴィダー/ [←Skt.ind. *द्वि-विधा* 'in two parts or ways'] *f.* ジレンマ, 板ばさみ, 窮地. ❐～ में पड़ जाना ジレンマに陥る.

द्वीप /dvīpa ドゥヴィープ/ [←Skt.m. *द्वीप-* 'an island, peninsula, sandbank'] *m.* 〖地理〗島. (⇒जज़ीरा, टापू) ❐निर्जन ～ 無人島.

द्वीप-समूह /dvīpa-samūha ドゥヴィープ・サムーフ/ [neo.Skt.m. *द्वीप-समूह-* 'archipelago'] *m.* 〖地理〗群島, …諸島. ❐अंडमान और निकोबार ～ アンダマーン・ニコーバール諸島.

द्वेष /dveṣa ドゥヴェーシュ/ [←Skt.m. *द्वेष-* 'hatred, dislike, repugnance, enmity to'] *m.* 敵意;悪意;恨み;憎しみ, 憎悪. (⇒अदावत, दुश्मनी, वैर, शत्रुता) ❐(को) (से) ～ है। (人は) (人に) 敵意をもっている. ❐धार्मिक ～ 宗教的な憎悪.

द्वेषी /dveṣī ドゥヴェーシー/ [←Skt. *द्वेषिन्-* 'hating, disliking, hostile, malignant'] *adj.* 敵意をもつ, 悪意をもつ.

— *m.* 敵意をもつ人, 悪意をもつ人.

द्वैत /dvaita ドワェート/ [←Skt.n. *द्वैत-* 'duality, duplicity, dualism'] *m.* **1** 二元性. **2** 二元論. (⇒द्वैतवाद)

द्वैतवाद /dvaitavāda ドワェートワード/ [←Skt.m. *द्वैत-वाद-*

'dualism'] *m.* 二元論.

द्व्यर्थ /dvyart^{h}a ドヴィャルト/ [←Skt. *द्व्-अर्थ-* 'having 2 senses, ambiguous, equivocal'] *adj.* ☞द्व्यर्थक

द्व्यर्थक /dvyart^{h}aka ドヴィャルタク/ [neo.Skt. *द्व्-अर्थक-* 'having 2 senses, ambiguous, equivocal'] *adj.* 両義性をもつ;多義的な;曖昧な.

द्व्योष्ठ्य /dvyoṣṭ^{h}ya ドヴィョーシュティエ/ [neo.Skt. *द्व्-ओष्ठ्य-* 'bilabial'] *m.* 〖言語〗両唇音. ❐～ व्यंजन 両唇(子)音.

ध

धंधा /d^{h}aṃd^{h}ā ダンダー/ [<OIA.n. *dhandha-, dhāndhya-* 'awkwardness': T.06727] *m.* **1** 職業, 生業, なりわい;商売(の仕事), 商取引. (⇒पेशा) ❐(का) ～ करना(…を扱う)仕事をする. ❐काला ～ 違法な商売. ❐गंदा ～ (売春など)けがらわしい仕事. ❐पुश्तैनी ～ 家業. **2** 仕事;作業;家事. ❐घर का ～ 家事. ❐पेट का ～ 食うための仕事. ❐सब अपने धंधे में लग गए। 皆自分の作業に取りかかった.

धँसना /d^{h}ãsanā ダンスナー/ ▸धसना [<OIA. *dhváṁsati* 'falls to pieces': T.06896; cf. *धसकना*] *vi.* (*perf.* धँसा /d^{h}ãsā ダンサー/) **1** 陥没する;めりこむ;(ぬかるみに)はまる;くいこむ;沈む. ❐गाड़ी पहले मुश्किल से चलती थी, अब ज़मीन में धँस गई। 車は最初はなんとか動いていたが, 今や地面にめり込んでしまった. ❐बरसों से एक ही जगह पड़ी रहने से उसका कुछ हिस्सा ज़मीन में धँस गया था। 何年も同じ場所に放置されていたためにその一部は地面にめり込んでしまっていた. ❐रस्सी उसकी गर्दन में धँस गया। ロープが彼の首にくいこんだ. **2** へこむ;くぼむ. ❐उसकी आँखें छोटी और भीतर धँसी हुई थीं। 彼の両目は小さくそして奥にくぼんでいた. ❐पेट पीठ में धँसा जता था। 腹が背中にへこんでいくのだった《=「激しい空腹を覚えた」》. **3** (食べ物が)喉を通る, 飲み込まれる;(話が)納得される《主に否定文で》. ❐वह नमक की अधिकता थी, जो कौर को मुँह के भीतर धँसने नहीं देती। 口に入れたものが喉の奥に入って行かないのは塩味が強すぎるせいだった. **4** (家などに)もぐりこむ;(椅子やソファーに)深々と腰を下ろす. ❐इस गली से उस गली उस गली से किसी और गली में मुड़ते, भागते हम एक घर में धँस पड़े। この路地からあの路地, あの路地から別の路地へと曲がりくねって逃げながら, 我々は一軒の家にもぐりこんだ. ❐वह अध्यापक वाली कुर्सी में धँस गया। 彼は教師用の椅子に深々と腰を下ろした. **5** 浸み込む. ❐मानो उन बूढ़ी हड्डियों में जवानी धँस पड़ी हो। まるでその老いた骨の節々に若さが浸み込んだかのようだった. **6** (鋭いものが)突き刺さる;(弾が)命中する. ❐एक गोली उसके पैर में धँस गई। 一発の銃弾が彼の足に命中した. ❐मछली की हलक़ में धँस गया लोहे का काँटा 魚の喉に突き刺さった鉄の釣り針.

धँसान /d^{h}ãsāna ダンサーン/ ▸धसान [cf. *धँसना*] *f.* **1** 沼地, 湿地. **2** (沼や湿地に)沈み込むこと. **3** 坂, 斜面, スロープ. ❐भेड़िया ～ (主体性のない)群集行動, 付和雷同. **4** 〖ヒンドゥー教〗(神像を)水に浸す儀式.

धँसाना /d^{h}ãsānā ダンサーナー/ [cf. *धँसना*] *vt.* (*perf.* धँसाया /d^{h}ãsāyā ダンサーヤー/) **1** めりこませる. ❐उसने अपना पैर रेत में धँसा लिया। 彼は片足を砂にめりこませた. **2** 突き立てる;突き刺す. (⇒गड़ाना, घुसाना, घोंपना, चुभाना)

धँसाव /d^{h}ãsāva ダンサーオ/ [cf. *धँसना*] *m.* ☞धँसान

धक /d^{h}aka ダク/ [<OIA. **dhakk-* 'push, strike': T.06701] *f.* 動悸. ❐कलेजा धक-धक करने लगा। 心臓がドキドキしはじめた. ❐कलेजा धक-से हो गया। 心臓がドキとした.

धकधकाना /d^{h}akad^{h}akānā ダクダカーナー/ [<OIA. **dhagg-* 'throb, glitter': T.06704; cf. *धकधकी*] *vi.* (*perf.* धकधकाया /d^{h}akad^{h}akāyā ダクダカーヤー/) (不安・恐怖で)(心臓が)激しく鼓動を打つ, ドキドキ (धक-धक) する. (⇒धड़कना) ❐उसका जी धकधकाने लगा। 彼の心臓は早鐘のように打ちはじめた.

धकधकाहट /d^{h}akad^{h}akāhaṭa ダクダカーハト/ [*धकधकाना* + *-आहट*] *f.* ☞धकधकी

धकधकी /d^{h}akad^{h}akī ダクダキー/ [cf. *धक, धुकधुकी*] *f.* ☞धुकधुकी

धक-पेल /d^{h}aka-pela ダク・ペール/ ▸धका-पेल, धक्का-पेल *f.* ☞धका-पेल

धका-पेल /d^{h}akā-pela ダカー・ペール/ ▸धक-पेल, धक्का-पेल [*धक्का* + *पेलना*] *f.* (人混みの)押し合いへし合い. (⇒धक्कम-धक्का)

धकार /d^{h}akāra ダカール/ [←Skt.m. *ध-कार-* 'Devanagari letter ध or its sound'] *m.* **1** 子音字 ध. **2** 〖言語〗子音字 ध の表す子音 /d^h ド/.

धकारांत /d^{h}akārāṃta ダカーラーント/ [←Skt. *धकार-अन्त-* 'ending in the letter ध or its sound'] *adj.* 〖言語〗語尾が ध で終わる(語)《दूध「ミルク」, निषेध「禁止」, प्रतिशोध「復讐」など》. ❐～ शब्द 語尾が ध で終わる語.

धकेलना /d^{h}akelanā ダケールナー/ ▸ढकेलना *vt.* (*perf.* धकेला /d^{h}akelā ダケーラー/) ☞ढकेलना

धक्कम-धक्का /d^{h}akkama-d^{h}akkā ダッカム・ダッカー/ [cf. *धक्का*] *m.* (人混みの)押し合いへし合い. (⇒धका-पेल)

धक्का /d^{h}akkā ダッカー/ [<OIA. **dhakk-* 'push, strike': T.06701] *m.* **1** 強いひと押し;突き飛ばすこと. ❐(को) ～ देना (車などを)強く押す;(人を)突き飛ばす. ❐वह ～ खाकर गिर पड़ी। 彼女は突き飛ばされて倒れた. **2** 衝撃;激突;電撃. ❐उसने अपनी कार से बाइक में ～ मार दिया। 彼は自分の車をバイクに(故意に)ぶつけた. ❐बस ने उसे ～ मार दिया। バスが彼に激突した. ❐(को) बिजली का ～ लगना 感電する. **3** (精神的な)ショック, 打撃;痛手;損害. ❐(को) ～ लगना [पहुँचना] (…が)痛手を被る;(人が)ショックを受ける. ❐(को) ～ लगाना [पहुँचाना] (…に)痛手を与える;(人に)ショックを与える.

धक्का-पेल /d^{h}akkā-pela ダッカー・ペール/ ▸धका-पेल, धक-पेल *f.* ☞धका-पेल

धक्का-मुक्की /dʰakkā-mukkī ダッカー・ムッキー/ *f.* （いじめ苦しめるために）小突くこと. ❐से ～ करना （人を）小突く.

धगधगाना /dʰagadʰagānā ダグダガーナー/ ▸धधकना [<OIA. **dhagg-* 'throb, glitter': T.06704] *vi.* (*perf.* धगधगाया /dʰagadʰagāyā ダグダガーヤー/) ☞धधकना

धज /dʰaja ダジ/ [<OIA. **dhajja-* 'pomp': T.06705] *f.* **1** 物腰, 態度. **2** 態勢；姿勢. ❐पिछले चार आम चुनाव पार्टी ने पहली वाली ～ में लड़े हैं। 過去４回の総選挙を党は以前と同じ態勢で戦った.

धज्जी /dʰajjī ダッジー/ [?<OIA.m. *dhvajá-* 'flag': T.06897] *f.* （紙・布・皮などの）切れ端；（藁（わら）屑などの）断片. (⇒धुर्री) ❐(की) धज्जियाँ उड़ाना（…を）粉々に粉砕する. ❐(की) धज्जियाँ लेना（人を）こっぴどくやっつける.

धड़[1] /dʰaṛa ダル/ [<OIA. **dhaḍa-* 'trunk of body': T.06712] *m.* **1** 胴（体）. ❐सिर ～ से अलग हो जाना 頭が胴体から切り離される. **2** （木の）幹.

धड़[2] /dʰaṛa ダル/ [<OIA. **dhaḍ-* 'throb, beat': T.06711] *m.* **1**〔擬音〕ドシン, ズシン《重量物が落ちたり倒れる音》. **2**〖楽器〗〔擬音〕太鼓, ドラム《「ドンドン」という音から》.

धड़क /dʰaṛaka ダラク/ [cf. *धड़कना*] *f.* **1** 動悸, 心臓の鼓動. (⇒धड़कन) **2** 不安, 懸念；おびえ.

धड़कन /dʰaṛakana ダラカン/ [cf. *धड़कना*] *f.* 動悸,（心臓の）鼓動；胸の高鳴り, どきどき. ❐उनको एक दूसरे की छाती की ～ सुनाई पड़ने लगी। 彼女たちには互いの胸の鼓動が聞こえた. ❐उसके कलेजे में ～ होने लगी। 彼の心臓はどきどきし始めた. ❐दिल की ～ बढ़ना 心臓の鼓動が早まる.

धड़कना /dʰaṛakanā ダラクナー/ [cf. *धड़²*] *vi.* (*perf.* धड़का /dʰaṛakā ダルカー/) （心臓が）どきどき（धड़-धड़）鼓動する；動悸を打つ；（胸が）高鳴る. (⇒धकधकाना) ❐उसकी छाती धड़कने लगी। 彼の胸はどきどきし始めた. ❐उसका दिल [हृदय] धड़कने लगा। 彼の心臓は早鐘を打ち始めた.

धड़का /dʰaṛakā ダルカー/ [cf. *धड़कना*] *m.* **1** （心臓の）鼓動の音. **2** 不安；懸念. ❐उसे यह ～ समाया हुआ था कि कहीं वह आकर फिर न मार-पीट शुरू कर दें। 彼女には, 彼が来てまた暴力を振いはじめるのではないか, という不安が広がっていた. **3** 鳴子（なるこ）《ガラガラ（धड़-धड़）音を立てて田畑を荒らす鳥を脅し追いはらう仕掛け》.

धड़काना /dʰaṛakānā ダルカーナー/ [cf. *धड़कना*] *vt.* (*perf.* धड़काया /dʰaṛakāyā ダルカーヤー/) 胸を高鳴らす；どきどきさせる.

धड़धड़ाना /dʰaṛadʰaṛānā ダルダラーナー/ [cf. *धड़²*] *vi.* (*perf.* धड़धड़ाया /dʰaṛadʰaṛāyā ダルダラーヤー/) （ドンドン, ガンガン, ガラガラ, ドタバタなど）とけたたましい音をたてる. ❐कच्चे तेल का दाम धड़धड़ाकर गिरा। 原油の価格が音をたてて下落した. ❐कारख़ाने में मशीनें धड़धड़ा रहे हैं। 工場では機械がけたたましい音をたてている. ❐दरवाज़ा खुलते ही औरतें धड़धड़ाकर कमरे में घुस गईं। ドアが開くやいなや女たちがドタバタと部屋に入ってきた.

धड़ल्ला /dʰaṛallā ダラッラー/ ▸धरल्ला [*धड़²*] *m.* どんどん, がんがん, じゃんじゃん《盛んに勢いよく物事が進行する様子》. ❐धड़ल्ले से बिकना どんどんと売れる. ❐धड़ल्ले से बोलना （外国語などを）ぺらぺらしゃべる.

धड़ा /dʰaṛā ダラー/ [<OIA.m. *dhaṭa-¹* 'scale of a balance, a balance': T.06706] *m.* **1** 釣り合い重り, 分銅《4, 5, 10セール（सेर）の重さ》. **2** 天秤. (⇒तराज़ू) **3** （集団の中の）一派, 一団. ❐पार्टी का एक ～ 政党の中の一派.

धड़ाका /dʰaṛākā ダラーカー/ [*धड़²*] *m.* 轟音；爆発音；衝突音. ❐धड़ाके से 轟音をたてて, ドカン[ズシーン, ドシーン]と.

धड़ाधड़ /dʰaṛādʰaṛa ダラーダル/ [cf. *धड़²*] *adv.* 次々と；続々と；どんどんと. ❐उसकी किताबें ～ बिक रही हैं। 彼の著作が次々と売れている. ❐～ बोलना よどみなく話す.

धड़ाम /dʰaṛāma ダラーム/ [cf. *धड़²*] *m.* **1**〔擬音〕ドシン, ズドーン, ズシーン《巨大な重量のあるものが倒れる音》. ❐वह घुमटी खाकर ～ से धरती पर आ लोटा। 彼は目が回ってドシンと大地に倒れてのびた. **2** （相場や株価の）暴落.

धड़ी /dʰaṛī ダリー/ [<OIA.m. *dhaṭa-¹* 'scale of a balance, a balance': T.06706] *f.*〖単位〗ダリー《4または5セール（सेर）に相当》.

धड़ेबाज़ /dʰaṛebāza ダレーバーズ/ [*धड़ा* + *-बाज़*] *adj.* 派閥主義の（人）.

धड़ेबाज़ी /dʰaṛebāzī ダレーバーズィー/ [*धड़ा* + *-बाज़ी*] *f.* 派閥主義.

धत[1] /dʰata ダト/ ▸धत्, धुत *interj.* こら, しっ《相手をののしったり, 追い払うときの言葉》. ❐(को) ～ करना （人を）ののしって追い払う. ❐～ तेरे की! こら；この野郎.

धत[2] /dʰata ダト/ [<OIA.f. *dhŕ̥ti-¹* 'holding, firmness': T.06873] *f.* 悪癖. ❐(को) (की) ～ पड़ना [लगना] （人に）（…の）悪癖にそまる.

धता /dʰatā ダター/ [cf. *धत¹*] *m.* 〔俗語〕あばよ《主に〖(को) धता बताना〗の形式で「（人に）あばよと言う, うるさい人間をさける」》. ❐माँ-बाप से नहीं पटती, उन्हें ～ बताओ। 親とうまくいかないなら, 寄りつかなければいいさ.

धतूरा /dʰatūrā ダトゥーラー/ [<OIA.m. *dhattūra-* 'the white thorn-apple *Datura alba*': T.06714] *m.*〖植物〗ダトゥーラー, ダチュラ《チョウセンアサガオ, 別称, 曼陀羅華（まんだらげ）；ナス科の一年草；種子には猛毒がある》. (⇒कनक) ❐～ खाए फिरना 酔いしれたように歩き回る.

धधक /dʰadʰaka ダダク/ [cf. *धधकना*] *f.* 燃えさかる火炎；（熱風などの）猛暑.

धधकना /dʰadʰakanā ダダクナー/ ▸धगधगाना [onom.; <OIA. **dhagg-* 'throb, glitter': T.06704] *vi.* (*perf.* धधका /dʰadʰakā ダドカー/) ごうごう（धक-धक, धूँ-धूँ）と燃える. (⇒दहकना) ❐हरे-भरे पेड़ भी उस धधकती आग की लपेट में आ गए। 青々した木々もそのごうごうと燃えさかる火炎にまきこまれてしまった. ❐लू चल रही थी, बगूले उठ रहे थे, भूतल

धधक रहा था। 熱風が吹きつけていた, つむじ風が巻き起っていた, 大地はごうごうと燃えるように熱かった.

धधकाना /dʰadʰa̸kānā ダドカーナー/ [onom.] *vt.* (*perf.* धधकाया /dʰadʰa̸kāyā ダドカーヤー/) ごうごう (धक-धक, धूँ-धूँ) と燃やす.

धन /dʰana̸ ダン/ [←Skt.n. *धन-* 'the prize of a contest or the contest itself; (movable) property, money, treasure, gift'] *m.* **1** 富, 財産;金銭. (⇒दौलत, संपत्ति) ❐ ~ कमाना 金儲けをする. **3**〖物理〗陽極, プラス. (⇔ऋण) **4**〖数学〗正, プラス. (⇔ऋण) ❐~ चिह्न プラス記号.

धनतेरस /dʰana̸terasa̸ ダンテーラス/ [*धन* + *तेरस*] *f.*〖暦〗ダンテーラス《カールティカ月 (कार्तिक) の黒半月13日目;富を司るラクシュミー女神 (लक्ष्मी) の生誕の日として祝われる》.

धन-दौलत /dʰana̸-daulata̸ ダン・ダォーラト/ *f.* 資産, 財産;金品.

धन-धान्य /dʰana̸-dʰānya̸ ダン・ダーニエ/ [←Skt.n. *धन-धान्य-* 'money and grain'] *m.* (物質的に恵まれた) 繁栄;富裕.

धनराशि /dʰana̸rāśi ダンラーシ/ [neo.Skt.m. *धन-राशि-* 'a sum of money'] *f.* **1** 資金, 資金総額. **2** 富, 財産.

धनलोलुप /dʰana̸lolupa̸ ダンロールプ/ [neo.Skt. *धन-लोलुप-* 'greedy for wealth'] *adj.* 強欲な(人), 金に汚い(人).

— *m.* 金の亡者. ❐किसी ~ की भाँति सहसा यह धनराशि देखकर उसकी आँखों पर परदा पड़ गया। どこかの金の亡者のようにこの富を突然目にして彼の目は曇った.

धनवान् /dʰana̸vān ダンワーン/▷धनवान [←Skt. *धन-वत्-* 'wealthy, rich'] *adj.* 金持ちの(人), 富裕な(人). (⇒धनाढ्य)

— *m.* お金持ち, 富裕な人.

धनहीन /dʰana̸hīna̸ ダンヒーン/ [←Skt. *धन-हीन-* 'destitute of wealth, poor'] *adj.* 財のない, 貧しい.

धनाढ्य /dʰanāḍʰya̸ ダナーディエ/ [←Skt. *धन-आढ्य-* 'opulent, rich'] *adj.* 金持ちの(人), 富裕な(人). (⇒धनवान्)

धनात्मक /dʰanātmaka̸ ダナートマク/ [neo.Skt. *धन-आत्मक-* 'positive (as an electric charge); plus'] *adj.* **1**〖物理〗陽極の, プラスの. (⇔ऋणात्मक) **2**〖数学〗正の. (⇔ऋणात्मक) ❐~ पूर्णांक 正の整数.

धनादेश /dʰanādeśa̸ ダナーデーシュ/ [neo.Skt.m. *धन-आदेश-* 'money order'] *m.*〖経済〗郵便為替.

धनिक /dʰanika̸ ダニク/ [←Skt. *धनिक-* 'wealthy, opulent'] *adj.* 金持ちの(人), 富裕な(人).

— *m.* 金持ち, 富裕な人.

धनिकतंत्र /dʰanika̸taṃtra̸ ダニクタントル/ [neo.Skt.n. *धनिक-तन्त्र-* 'plutocracy'] *m.* 金権政治.

धनिया /dʰaniyā ダニヤー/ [<OIA.n. *dhānaka-* 'coriander': T.06776] *m.*〖植物〗コリアンダー, コエンドロ, 香菜(こうさい), パクチー《香辛料に使用》.

धनी /dʰanī ダニー/ [←Skt. *धनिन्-* 'possessing wealth or treasures, wealthy, rich, well off'] *adj.* **1** 金持ちの, 富裕な. ❐उन्होंने बेटी कीशादी किसी ~ घर में नहीं की। 彼は娘を金持ちの家に嫁がせなかった. ❐वह गाँव का सबसे ~ आदमी था। 彼は村一番の金持ちだった. **2** (資源・知識などが)豊かな;(才能などに)恵まれている;(技能などが)すぐれている, 達者な. ❐आप बहुमुखी प्रतिभा के ~ हैं। あなたは多方面の才能に恵まれている方である. ❐प्राकृतिक सौंदर्य का ~ देश 自然の美しさに満ちている国. ❐सभी सैनिक तलवाल के ~ थे। すべての兵士が剣の扱いに秀でていた. **3** (自分の言った言葉を)裏切らない, 誠実な. ❐वह अपनी बात का ~ था। 彼は自分の言った言葉を裏切る人間ではなかった.

— *m.* 金持ち.

धनु /dʰanu ダヌ/ [←Skt.m. *धनु-* 'a bow; the zodiacal sign Sagittarius'] *m.* **1** 弓. **2**〖天文〗射手座. ❐~ राशि (黄道十二宮の一つ)人馬宮, 射手座.

धनुर्धर /dʰanurdʰara̸ ダヌルダル/ [←Skt.m. *धनुर्-धर-* 'bearing a bow, an archer'] *m.* 弓の射手.

धनुर्विद्या /dʰanurvidyā ダヌルヴィディャー/ [←Skt.f. *धनुर्-विद्या-* 'bow-science; archery'] *f.* 弓術.

धनुष /dʰanuṣa̸ ダヌシュ/ [←Skt.n. *धनुष्-* '(in comp. for *धनुस्-*) a bow'] *m.* 弓. (⇒कमान, चाप) ❐~ चढ़ाना 弓を引く.

धन्नासेठ /dʰannāseṭʰa̸ ダンナーセート/ [*धन्य* + *सेठ*] *m.* 大金持ち, お大尽(だいじん)《皮肉が含まれる》. ❐~ का नाती〔慣用〕大金持ちの孫《「生まれた時からの金持ち, 金持ちの坊ちゃん」の意》.

धन्य /dʰanya̸ ダニエ/ [←Skt. *धन्य-* 'fortunate, happy, auspicious'] *adj.* 神の恵みを受けた, 祝福された;めでたい;幸運な. ❐~ भाग्य [भाग]। なんたる幸運か. ❐~ हों, आप ~ हों। 幸あれ, あなたに幸あれ《祝福の言葉》. ❐अपने (भाग्य) को ~ मानना 自分を幸運だと思う.

— *int.* (相手に対し)幸あれ;(自分に)ありがたや;万歳. ❐आपकी नम्रता को ~ है। あなたの謙虚さに幸あれ.

धन्यवाद /dʰanya̸vāda̸ ダニエワード/ [neo.Skt.m. *धन्य-वाद-* 'gratitude'] *m.* 感謝, お礼. (⇒शुक्र, शुक्रिया) ❐(को) ~ देना (人に)感謝する. ❐(से) ~ कहना (人に)お礼を言う.

— *int.* ありがとうございます. (⇒शुक्रिया)

धब्बा /dʰabbā ダッバー/ [<OIA. *ḍabba-*[2] 'spot': T.05529] *m.* **1** 汚れ, しみ;汚点. (⇒दाग़) ❐कपड़ों पर लगे दाग़ धब्बे 服に付着したしみや汚れ. ❐ख़ून के धब्बे 血痕. **2**〖医学〗(皮膚の)しみ, 斑点. (⇒दाग़) ❐हाथ-पैरों में काले धब्बे उभर आए। 手足に黒い斑点があらわれた. **3** 汚名;(不名誉な)汚点, 瑕(きず). (⇒दाग़) ❐पाप का ~ नहीं मिटता। 罪の汚名は消えることはない. ❐(पर) ~ लगना (…に)汚点がつく.

धम /dʰama̸ ダム/ ▸धम्म [onom.; <OIA. *dhamm-* 'noise': T.06735] *f.*〔擬音〕ドスン(という音)《重いものが地面や床に落下した際の音》. ❐वह ~ से गिर पड़ा। 彼はドスンと倒れた.

धमक /dʰamaka̸ ダマク/ [<OIA. *dhammakka-* 'threat':

T.06736; cf. *धम*] *f.* **1** ドスン(という音や振動);(打楽器を打つ)ドン(という音);(象や獣の)咆哮(ほうこう)《低く重々しい音》. ❐तबले की ～ タブラの音色. ❐हाथी की ～ 象の咆哮(ほうこう). **2** 威圧, 圧倒;勢威;横暴.

धमकना /dʰamakạnā ダマクナー/ [cf. *धम, धमक*] *vi.* (*perf.* धमका /dʰamạkā ダムカー/) **1** ドシン[ドスン] (धम) と音がする;落ちる. **2**《複合動詞『आ [जा] धमकना』の形式で,「突然押しかけて来る[行く]」を表す》 ❐एक दिन वह मेरे घर आ धमका। ある日彼が私の家に突然押しかけて来た.

धमकाना /dʰamạkānā ダムカーナー/ [cf. *धमकना*] *vt.* (*perf.* धमकाया /dʰamạkāyā ダムカーヤー/) **1** 脅す, 威嚇する;脅迫する. ❐उन्हें समझा-बुझाकर या धमका कर भगा देंगे। あいつらを諭しなだめるか脅して追い払ってしまおう. ❐आतंकवादी गुटों ने लोगों को धमकाया कि वे चुनाव में हिस्सा न लें। テロリストの集団は人々に, 選挙に参加しないように, と脅迫した. ❐सुरक्षा बलों ने उन्हें धमकाया कि अगर वे वोट नहीं देंगे तो उनकी दुकानें नहीं खुलने दी जाएँगी। 治安部隊は彼らに, もし投票しなければ店を開けさせないぞ, と威嚇した. **2** 叱りつける, 叱責する. ❐वह हर बात पर भुनभुनाती है, धमकाती है। 彼女は事あるごとにぶつぶつ文句を言い, 叱りつけるのである.

धमकी /dʰamạkī ダムキー/ [<OIA. **dhammakka-* 'threat': T.06736] *f.* **1** 脅迫, 脅し. ❐(की) ～ में आ जाना (人の)脅しに屈する. ❐(को) ～ देना (人を)脅迫する. **2** 叱責.

धमधमाना /dʰamạdʰamānā ダムダマーナー/ [onom.] *vt.* (*perf.* धमधमाया /dʰamạdʰamāyā ダムダマーヤー/) ドシンドシン[ドスンドスン] (धम-धम) と音をたてる;(地面・床などを)踏み鳴らす.

धमनी /dʰamạnī ダムニー/ [←Skt.f. *धमनि-* 'a canal of the human body, any tubular vessel, as a vein, nerve etc.'] *f.* 〘医学〙動脈;血管. (⇒नाड़ी, रग)(⇔नस) ❐धमनियों में नया रक्त दौड़ने लगा। 血管に新しい血液が巡り始めた. ❐वह विष प्रतिक्षण उसकी धमनियों में फैलता जाता था। その毒は刻一刻彼の血管の中を拡散していくのだった.

धमाका /dʰamākā ダマーカー/ [cf. *धम*] *m.* (落下音)ドシーン;(爆発の音)ドカーン;(乱暴な音)バタン. ❐उसने इतने धमाके से द्वार खोला कि हम दोनों चौंककर उठ खड़े हुए। 彼女は, 私たち二人とも驚いて立ち上がったほどのバタンという音をたててドアを開けた. ❐एक क्षण में ज़ोर का ～ हुआ। 一瞬でドカーンと激しい爆発音がおこった.

धमा-चौकड़ी /dʰamā-caukạṛī ダマー・チャオークリー/ *f.* 騒々しさ, 騒音;(子どもの)大はしゃぎ;馬鹿騒ぎ;大騒動. ❐～ मचाना 騒ぎたてる. ❐चुनावी ～ 選挙の馬鹿騒ぎ.

धमाधम /dʰamādʰamạ ダマーダム/ [cf. *धम*] *f.* ドシンドシン[ドタンバタン](という音). ❐～ शब्द सुनाई पड़ने लगा। ドタンバタンという音が聞こえはじめた.

— *adv.* ドシンドシン[ドタンバタン]と.

धमार /dʰamārạ ダマール/▶धमाल [?cf. *धम*] *m.* 〘音楽〙ダマール《北インドのブラジ地方 (ब्रज) の民謡;主題はホーリー祭 (होली) をにぎやかに飛び跳ねて祝うラーダー (राधा) とクリシュナ神 (कृष्ण)》.

धमाल /dʰamālạ ダマール/ ▶धमार *m.* ☞धमार

धम्म /dʰammạ ダムム/ ▶धम *f.* ☞धम

धरणि /dʰarạṇi ダルニ/ ▶धरणी *f.* ☞धरणी

धरणी /dʰarạṇī ダルニー/ ▶धरणि [←Skt.f. *धरणी-* 'the earth, the soil or ground'] *f.* 大地.

धरती /dʰarạtī ダルティー/ [<OIA.f. *dháritrī-* 'female carrier; the earth': T.06750] *f.* **1** 大地;陸地. ❐～ माता 母なる大地. ❐मेरा जी चाहता है कि ～ फट जाए और मैं उसमें समा जाऊँ। 大地が裂けその中に私が飲み込まれたらいいのにと思う《「消えていなくなってしまいたい」の意》. **2** 地面(の土);土地. (⇒ज़मीन) ❐～ का फूल キノコ. ❐～ जोतना [बाहना]土地を耕す. ❐～ पर (सीधे) पाँव [पैर] न रखना 驕り高ぶる. ❐वह ～ पर गिर पड़ा। 彼は地面に倒れた. **3** 地上;地球上;世界. ❐～ का सबसे बड़ा जीव 地上最大の生物. ❐हर रोज़ ～ से १०० प्रजातियाँ ख़त्म हो जाती हैं। 毎日地球上から100の生物の種が消滅しています.

धर-दबोचना /dʰarạ-dabocạnā ダル・ダボーチナー/ *vt.* (*perf.* धर-दबोचा /dʰarạ-dabocā ダル・ダボーチャー/) (犯人などを)取り押さえる, 捕らえる.

धरन /dʰaranạ ダラン/ [?<OIA.f. *dharā-*[2] 'womb': T.06749] *f.* **1** 梁(はり), けた, 横材. **2**〘医学〙子宮. ❐～ खिसकना [टलना, डिगना, सरकना, हटना] 子宮下垂, 子宮脱.

धरना[1] /dʰarạnā ダルナー/ [<OIA. *dhárati* 'holds, keeps': T.06747] *vt.* (*perf.* धरा /dʰarā ダラー/) **1** しっかりつかむ, おさえこむ;(対立意見を)おさえこむ. ❐धर-पकड़कर मुझे लोग वहाँ ले गए। しっかりつかんで, 私を人々はそこへ連れて行った. ❐बिल्ली ने कबूतर को धर दबाया। 猫が鳩をおさえこんだ. **2** 保持する, 堅持する. **3** (日時を)決める. **4**《完了分詞の形で》(機能を)中止する, 停止する. ❐उनके सामने जाते ही तुम्हारी सारी चालाकी धरी रह जाएगी। 彼の前に行くと, 君の小賢しさなどみんな役に立たなくなるぞ. **5** 置く;手渡す. ❐उसकी अम्मा ने अपनी छाती पर पत्थर धर कर उसे घर से निकाल दिया। 彼の母は自分の胸に岩を置いて(＝つらさを耐えて), 彼を家から追い出した. ❐जिस दिन मर जाऊँगी, सिर पर हाथ धरकर रोओगे। 私が死んだら, あんたは頭を手でかかえて泣くにきまってるわ. ❐कभी-कभी वह मेरा हाथ पकड़कर अपनी छाती पर धर लेती। 時折, 彼女は私の手をつかんで, 自分の胸に重ねるのだった. ❐वे मेरे हाथों में एक-दो पैसा धर देतीं। 彼女たちは私の手に1,2パイサを握らせたものだった. ❐उनहोंने एक प्रतिज्ञा की थी, हमारे घर में पाँव न धरने की। 彼は一つの誓いをたてた, 私たちの家に足を踏みいれないという. **6** 備えている《完了表現の形式で;「一体何があるというのだ」という反語表現》. ❐घर में क्या धरा है। 家に何があるというのだ. ❐वहाँ खाने को क्या धरा था? あそこに食うために何があったというのだ? **7** 預ける;質に入れる. ❐ये किताबें किसी दोस्त के पास धर दो। これらの本を誰か友人のところに預けてくれ. ❐वह अँगूठी धरकर रुपये ले आया है। 彼は指輪を質に入れて金を持ってきた. **8** (身に付けるものを)まとう;(姿に)身を

やつす. **9** (心を)注ぐ;(耳を)そばだてる.

धरना[2] /dʰarḁnā ダルナー/ [<OIA. *dháraṇa-*[1] 'supporting': T.06742] *m.* (争議などでの)座り込み;ピケ. ❐(पर) ～ देना (…に対して)ピケを張る, 座り込む.

धरनी /dʰarḁnī ダルニー/ *f.* ☞धरन

धर-पकड़ /dʰarḁ-pakaṛḁ ダル・パカル/ *f.* 大がかりな逮捕劇, 大量検挙.

धरम /dʰaramḁ ダラム/ [<Skt.m. *धर्म-* 'duty; justice'] *m.* ☞धर्म

धरल्ला /dʰarallā ダラッラー/ ▸धड़ल्ला *m.* ☞धड़ल्ला

धरा /dʰarā ダラー/ [←Skt.f. *धरा-* 'bearer, supporter; the earth'] *f.* 大地.

धराऊ /dʰarāū ダラーウー/ [cf. *धरना, धराना*] *adj.* どっておきの. ❐～ साड़ी とっておきのサリー.

धरातल /dʰarātalḁ ダラータル/ [neo.Skt.n. *धरा-तल-* 'surface of the earth'] *m.* **1** 地表. ❐पृथ्वी का ～ 地球の地表. **2** (相対的な)レベル, 段階;基準;水準. ❐प्रधानमंत्री की म्यांमर यात्रा ने भारत और म्यांमर के आपसी संबंध को नए ～ पर पहुँचा दिया है। 首相のミャンマー外遊はインドとミャンマーの相互関係を新しい段階に至らせた.

धराना /dʰarānā ダラーナー/ [caus. of *धरना*[1]] *vt.* (*perf.* धराया /dʰarāyā ダラーヤー/) しっかりつかませる, 握らせる;しっかり握ってもらう.

धराशायी /dʰarāśāyī ダラーシャーイー/ [neo.Skt. *धरा-शायिन्-* 'fallen to the ground'] *adj.* **1** (人が)倒れて地面にのびた, 突っ伏した;(建造物が)倒壊した. **2** (人・動物が)絶命した;(競技で)敗北した;(銀行・会社などが)つぶれた, 破産した.

धरित्री /dʰaritrī ダリトリー/ [←Skt.f. *धरित्री-* 'a female bearer or supporter; the earth'] *f.* 大地.

धरोहर /dʰaroharḁ ダローハル/ [cf. *धरना*[1]] *f.* **1** 〖経済〗委託物;抵当, 担保;質草. (⇒अमानत) ❐(को) (के पास) ～ रखना (…を)(人に)委託物として預ける. **2** 相続財産, 遺産;文化的遺産, 伝統. (⇒विरासत) ❐विश्व ～ 世界遺産.

धर्ता /dʰartā ダルター/ [←Skt.m. *धर्तृ-* 'bearer'] *m.* **1** 保有者. **2** (責任・債務などを)負う人.

धर्म /dʰarmḁ ダルム/ [←Skt.m. *धर्म-* 'duty; justice'] *m.* **1** 義務, 責務;本務, 本分. (⇒कर्तव्य, ड्यूटी, फ़र्ज़) **2** 宗教. (⇒मज़हब) ❐～ परिवर्तन 改宗. ❐इस्लाम ～ イスラム教. ❐ईसाई ～ キリスト教. ❐जैन ～ ジャイナ教. ❐बौद्ध ～ 仏教. ❐सिख ～ シック教. ❐हिंदू ～ ヒンドゥー教. **3** 〖ヒンドゥー教〗正義;正当な行為;倫理;道義《人生の4大目的 (पुरुषार्थ) の一つ》. **4** 〖ヒンドゥー教〗根本規範《宇宙秩序の中における万物を支配する原理》.

धर्मकर्म /dʰarmḁkarmḁ ダルムカルム/ [←Skt.n. *धर्म-कर्मन्-* 'work of duty, pious action'] *m.* **1** 立派な正しい行い. **2** 宗教儀式.

धर्म-ग्रंथ /dʰarmḁ-graṃtʰḁ ダルム・グラント/ [neo.Skt.m. *धर्म-ग्रन्थ-* 'scripture, holy book'] *m.* 聖典, 経典.

धर्मचक्र /dʰarmḁcakrḁ ダルムチャクル/ [←Skt.n. *धर्म-चक्र-* 'the wheel or range of the law'] *m.* 〖仏教〗法輪(ほうりん).

धर्मध्वज /dʰarmḁdʰvajḁ ダルムドワジ/ [←Skt. *धर्म-ध्वज-* 'whose banner is law; feigning virtue, hypocritical'] *m.* 正義の旗を振りかざす人, 錦のみ旗を振りかざす人, 偽善者.

धर्मनिरपेक्ष /dʰarmḁnirḁpekṣḁ ダルムニルペークシュ/ [neo.Skt. *धर्म-निरपेक्ष-* 'secular'] *adj.* 世俗主義の;政教分離の. ❐～ राज्य 世俗国家.

धर्मनिरपेक्षता /dʰarmḁnirḁpekṣatā ダルムニルペークシャター/ [neo.Skt.f. *धर्म-निरपेक्ष-ता* 'seculalism'] *f.* 世俗主義;政教分離原則《(宗教権威・権力から独立し)国家の政権・政策が世俗権力に支配されるべきという主義・主張》.

धर्मनिष्ठ /dʰarmḁniṣṭʰḁ ダルムニシュト/ [←Skt. *धर्म-निष्ठ-* 'grounded on or devoted to virtue'] *adj.* 敬虔な, 信仰の篤い, 信心深い.

धर्मनिष्ठा /dʰarmḁniṣṭʰā ダルムニシュター/ [neo.Skt.f. *धर्म-निष्ठा-* 'piety, devoutness, religiosity'] *f.* 敬虔さ, 信仰の篤さ, 信心深さ.

धर्मपत्नी /dʰarmḁpatnī ダルムパトニー/ [←Skt.f. *धर्म-पत्नी-* 'a lawful wife'] *f.* (正式な)妻, 正妻, 本妻.

धर्मपरायण /dʰarmḁparāyaṇḁ ダルムパラーヤン/ [←Skt. *धर्म-परायण-* 'intent on virtue, pious, righteous'] *adj.* 敬虔な, 信仰の篤い, 信心深い.

धर्मपरायणता /dʰarmḁparāyaṇatā ダルムパラーヤンター/ [?neo.Skt.f. *धर्म-परायण-ता-* 'religiosity, devoutness'] *f.* 敬虔さ, 信仰の篤さ, 信心深さ.

धर्म-पिता /dʰarmḁ-pitā ダルム・ピター/ [neo.Skt.m. *धर्म-पितृ-* 'foster father'] *m.* 養父.

धर्मपुत्र /dʰarmḁputrḁ ダルムプトル/ [←Skt.m. *धर्म-पुत्र-* 'a son begot from a sense of duty'] *m.* **1** ダルマプトラ《嫡出子ではないが, 正当な手続きを経て認められる息子》. **2** 〖神話〗ダルマプトラ《叙事詩マハーバーラタに登場するパーンダヴァ五王子 (पांडव) の長兄ユディシュティラ (युधिष्ठिर) の別称;父は正義を司るダルマ神 (धर्म) であることから》.

धर्म-प्रचार /dʰarmḁ-pracārḁ ダルム・プラチャール/ [neo.Skt.m. *धर्म-प्रचार-* 'propaganda, mission'] *m.* 布教, 宣教, 伝道. ❐～ करना 布教活動をする. ❐ईसाई ～ キリスト教の布教(活動).

धर्म-प्रचारक /dʰarmḁ-pracārakḁ ダルム・プラチャーラク/ [neo.Skt.m. *धर्म-प्रचारक-* 'a missionary'] *m.* 宣教師, 布教使, 伝道師.

धर्म-भीरु /dʰarmḁ-bʰīru ダルム・ビール/ [←Skt. *धर्म-भीरु-* 'forgetful (*lit.* afraid) of duty'] *adj.* 神を畏れる, 信心深い;迷信深い. ❐संकट पड़ने पर हम ～ हो जाते हैं। 災難が降ってくると我々は信心深くなるものだ.

धर्मयुद्ध /dʰarmḁyuddʰḁ ダルムユッド/ [←Skt.n. *धर्म-युद्ध-* 'an honest fight'] *m.* **1** 正々堂々とした戦い. (⇔कूटयुद्ध) **2** 正義のための戦い;聖戦.

धर्मशाला /dʰarmḁśālā ダルムシャーラー/ [←Skt.f.

धर्म-शाला- 'charitable asylum, hospital esp. religious asylum'] *f.* **1**〖ヒンドゥー教〗ダルマシャーラー《主に巡礼客を泊める宿泊施設》. **2**〖地名〗ダラムサラ《ヒマーチャル・プラデーシュ州 (हिमाचल प्रदेश) にある都市;チベット亡命社会の中心地》.

धर्मशास्त्र /dʰarma̩śāstra̩ ダルムシャーストル/ [←Skt.n. *धर्म-शास्त्र-*] *m.* **1**〖ヒンドゥー教〗ダルマシャーストラ《サンスクリットで書かれた伝統的学術に関する法典類》. **2** 聖典, 聖書.

धर्म-संकट /dʰarma̩-saṃkaṭa̩ ダルム・サンカト/ [neo.Skt.n. *धर्म-संकट-* 'dilemma'] *m.* ジレンマ, 板ばさみ, 窮地. (⇒असमंजस, द्विधा) ❐～ में पड़ना ジレンマに陥る. ❐(को) ～ में डालना (人を)ジレンマに陥しいれる.

धर्मांध /dʰarmāṃdʰa̩ ダルマーンド/ [neo.Skt. *धर्म-अन्ध-* 'bigoted, fanatical'] *adj.* 狂信的な, 盲信的な. ❐～ मुसलमान [हुंदू] 狂信的なイスラム教徒[ヒンドゥー教徒].

धर्मात्मा /dʰarmātmā ダルマートマー/ [←Skt. *धर्म-आत्मन्-* 'religious-minded, just, virtuous, dutiful'] *adj.* 高潔な(人), 徳のある(人);敬虔な(人).

— *m.* 高潔な人, 徳のある人;聖人, 聖者. ❐～ बनना 〔皮肉〕聖人におなりになる.

धर्मादा /dʰarmādā ダルマーダー/ [cf. ?neo.Skt.m. *धर्म-दाय-* 'religious endowment'] *m.* (慈善の)寄付.

धर्मार्थ /dʰarmārtʰa̩ ダルマールト/ [←Skt.ind. *धर्म-अर्थम्* 'for religious purposes, according to right or rule or duty'] *adj.* 慈善のための. ❐～ कार्य 慈善事業. ❐～ दान 慈善事業への寄付.

— *adv.* 慈善のために.

धवल /dʰavala̩ ダワル/ [←Skt. *धवल-* 'white, dazzling white'] *adj.* **1** 白い;純白の;まばゆいほど白い. ❐～ चाँदनी まばゆいほど白い月光. ❐टैगोर की ～ दाढ़ी タゴールの純白のひげ. **2** 汚れのない, 無垢(むく)な. **3** 美しい.

धसक[1] /dʰasaka̩ ダサク/ [cf. *धसकना*] *f.* 陥没;沈下. **2** 倒壊;崩落. **3** (気分の)落ち込み.

धसक[2] /dʰasaka̩ ダサク/ [onom.; cf. *धाँसना*] *f.* (刺激臭による)咳, くしゃみ;(痰の切れない)空咳.

धसकन /dʰasa̩kana̩ ダスカン/ [cf. *धसकना*] *f.* **1** 陥没すること;沈下すること. **2** 倒壊すること;崩落すること. **3** (気分が)落ち込むこと.

धसकना /dʰasaka̩nā ダサクナー/ [<OIA. *dhváṁsati* 'falls to pieces': T.06896; cf. *धँसना*] *vi.* (*perf.* धसका /dʰasa̩kā ダスカー/) **1** 陥没する;沈下する;めりこむ. ❐५ फ़िट गहरी और १८ फ़िट लंबी धरती धसकी। 5フィートの深さで18フィートの長さにわたって地面が陥没した. ❐बर्फ़ पाँवों के नीचे धसक गई। 氷が足もとで陥没した. ❐सड़क कई जगहों से धसक गई। 道路が数か所陥没した. **2** 倒壊する;崩落する. ❐एक सुरंग धसक जाने के कारण एक तीन मंजिला इमारत बैठ गई। トンネルが崩落したため1軒の三階建ての建物が崩れた. **3** 気がめいる, ふさぎ込む, 落ち込む. ❐दिल धसक रहा है। 心が落ち込んでいる.

धसका /dʰasa̩kā ダスカー/ [cf. *धसक²*] *m.* (家畜の)気管支炎;空咳.

धसना /dʰasa̩nā ダスナー/ ▸धँसना *vi.* (*perf.* धसा /dʰasā ダサー/) ☞धँसना

धसान /dʰasāna̩ ダサーン/ ▸धँसान *f.* ☞धँसान

धाँधली /dʰā̃dʰa̩lī ダーンドリー/ [?<OIA.n. *dhandha-, dhāndhya-* 'awkwardness': T.06727] *f.* **1** 横暴;勝手な振る舞い. **2**〖法律〗不法行為;不正行為. ❐परीक्षा में ～ हुई। 試験で不正行為が行われた.

धाँय /dʰā̃ya̩ ダーエン/ ▸धायँ *f.* ☞धायँ

धाँस /dʰā̃sa̩ ダーンス/ [cf. *धाँसना*] *f.* **1** (トウガラシやタバコなどの)刺激臭《むせかえって咳がでる》. **2** 咳き;空咳.

धाँसना /dʰā̃sa̩nā ダーンスナー/ [?; cf. *धँसना, खाँसना*] *vi.* (*perf.* धाँसा /dʰā̃sā ダーンサー/) 咳き込む;(馬や牛が)咳をする.

धाक /dʰāka̩ ダーク/ [<OIA. **dhākka-* 'pomp, boast': T.06769] *f.* (他を圧倒する)勢力, 勢威, 威光;畏敬(の対象);名声, 評判. (⇒दबदबा, रोब) ❐इलाक़े भर में उनकी अच्छी ～ थी। 地方一帯に彼の威光が及んでいた. ❐(पर) (की) ～ बैठना (…に対して)(人が)幅を利かせる. ❐(में) (की) ～ जमना [बँधना] (…において)(人が)勢威をふるう, (人の)天下である.

धाकड़ /dʰākaṛa̩ ダーカル/ [cf. *धाक*] *adj.* 勇猛な;豪放な;豪快な;凄腕の. ❐～ बल्लेबाज़ 凄腕の(クリケットの)打者.

धागा /dʰāgā ダーガー/ [<OIA. **dhāgga-* 'thread': T.06770] *m.* **1** 糸. (⇒तागा) **2** ダーガー《木綿糸を撚った細いひも》. ❐कच्चा ～ 〖ヒンドゥー教〗カッチャー・ダーガー《ラクシャーバンダン祭 (रक्षाबंधन) の際, 姉妹が庇護者である兄弟の手首に巻く細いひも;ラーキー (राखी) とも》.

धाड़ /dʰāṛa̩ ダール/ [cf. *दहाड़*] *f.* 大きな泣き声. ❐वह ज़ोर से धाड़ें मार-मारकर रोने लगा। 彼は声を張り上げて大声で泣き始めた.

धातु /dʰātu ダートゥ/ [←Skt.m. *धातु-* 'layer, stratum'] *f.* **1**〖化学〗金属. ❐मज़बूत ～ 硬い金属. **2**〖鉱物〗鉱石. ❐कच्ची ～ 原石. **3**〖化学〗元素. **4**〖言語〗語根;語幹.

धातु-विज्ञान /dʰātu-vijñāna̩ ダートゥ・ヴィギャーン/ *f.*〖化学〗冶金学.

धात्री /dʰātrī ダートリー/ [←Skt.f. *धात्री-* 'female supporter; a nurse; midwife'] *f.* **1** 乳母. (⇒आया) **2** 助産婦, 産婆. (⇒दाई)

धान /dʰāna̩ ダーン/ [<OIA.m. *dhānyà-* 'pertaning to grain': T.06778] *m.*〖植物〗イネ(稲);イネモミ;コメ(米)《脱穀した米は चावल》. ❐～ का खेत 稲田;水田.

धानी /dʰānī ダーニー/ [*धान* + *-ई*] *adj.* (稲のような)薄緑色の.

— *f.* 薄緑色.

धाम /dʰāma̩ ダーム/ [←Skt.n. *धामन्-* 'dwelling-place, house, abode'] *m.* **1** 住居, 住まい. **2**〖ヒンドゥー教〗聖地, 巡礼地. ❐प्रत्येक ～ का दर्शन कराना 各聖地の案

内をする.

धायँ /dʰāyã ダーヤン/ ▸धाँय [onom.] *f.* 〔擬音〕(銃声などの)ダン, バン. ❐～ की आवाज़ हुई। バンという音がした.

धाय /dʰāyā ダーエ/ [<OIA.f. *dhātrī-* 'nurse': T.06774] *f.* 乳母. (⇒आया, दाई)

धार¹ /dʰāra ダール/ [<OIA.f. *dhā́rā-¹* 'stream': T.06792z1] *f.* **1** (川などの)流れ. ❐～ तेज़ है। 流れが急です. ❐～ में बहना 流れに流される. **2** 一筋(の流れ), 一条. ❐इन शब्दों में जो प्यार भरा हुआ था, वह जैसे पिचकारी की ～ की तरह उसके हृदय में समा गया। これらの言葉に満ちた愛情は, まるで噴霧器の霧のように彼女の心に沁みこんだ. ❐उसने अपना स्तन दबाक़र दिखाया। दूध की ～ फूट निकली। 彼女は自分の乳房を押して見せた. 一筋の乳がほとばしった. ❐गालों पर आँसुओं की ～ बह रही थी। 頬に一筋の涙が流れ落ちていた.

धार² /dʰāra ダール/ [<OIA.f. *dhā́rā-²* 'sharp edge, rim, blade': T.06793] *f.* **1** (刃物の)刃, 刃先. ❐तलवार की ～ 剣の刃. **2** 刃の鋭さ;鋭敏さ. ❐तलवार पर ～ देना 剣を研ぐ. ❐बुद्धि को ～ देना 知性を磨く.

धारक /dʰāraka ダーラク/ [←Skt. *धारक* 'holding'] *adj.* 保持している(人);身に着けている(人), 身に帯びている(人).

धारण /dʰāraṇa ダーラン/ [←Skt. *धारण-* 'holding, bearing, keeping'] *m.* 保持すること;身に着けていること, 身に帯びること. ❐एक सुंदर सजीला युवक रेशमी सूट ～ किए जूते चरमर करता हुआ अंदर आया। 一人の着飾ったハンサムな青年が絹のスーツを身にまとい靴をきしませながら中に入ってきた. ❐मैं मौन ～ किए सिर झुकाए खड़ा रहा। 私は沈黙したまま頭を下げ立ち続けた. ❐यह रहस्य जब सत्य का रूप ～ कर लेगा, उस वक़्त लोगों को कितना विस्मय होगा। この秘密が真実の姿を帯びた時, 人々はどれほど驚くだろう.

धारणा /dʰāraṇā ダールナー/ [←Skt.f. *धारणा-* 'the act of holding, bearing, wearing, supporting, maintaining'] *f.* 見解, ものの見方, 考え, コンセプト. ❐प्रचलित या स्वीकृत ～ 流布しているかまたは受け入れられている考え. ❐बहुत संभव है, आगे चलकर हमें अपनी ～ बदलनी पड़े। おおいにありえるな, 将来我々は自身の考えを変えざるをえなくなるかも. ❐वह ～ जो अतीत काल से उनकी पथ-प्रदर्शक बनी हुई थी, हिल गई। 昔から彼の道を導く指針となっていたものの見方が, 揺れ動いた.

धारा /dʰārā ダーラー/ [←Skt.f. *धारा-* 'stream or current of water'] *f.* **1** (水・血液・電気などの)流れ. (⇒प्रवाह) ❐नदी की ～ 川の流れ. **2** (時・情勢などの)流れ;風潮, 趨勢(すうせい), 動向. (⇒प्रवाह) **3** (法令の)条項, …条. (⇒दफ़ा) ❐～ १४४ 夜間外出禁止令《刑法 (दंड संहिता) 144 条に規定があるため》.

धाराप्रवाह /dʰārāpravāha ダーラープラワーハ/ [neo.Skt. *धारा-प्रवाह-* 'fluent'] *adj.* 流暢な, よどみのない. ❐～ अंग्रेज़ी बोलना 流暢な英語をしゃべる.
— *adv.* 流暢に, よどみなく. ❐वह ～ उर्दू बोलता है। 彼は流暢にウルドゥー語を話します.

धारावाहिक /dʰārāvāhika ダーラーワーヒク/ [neo.Skt. *धारा-वाहिक-* 'flowing; uninterrupted, continuous'] *adj.* **1** (演説などが)流れるような, 流暢に. ❐वह स्वर्गीय कला की भाँति ～ रूप में बोल रही थी। 彼女はこの世のものとは思えない巧みさで流れるように語り続けていた. **2** (放送, 出版などが)連続した, シリーズの;連載の. ❐～ उपन्यास 連載小説.
— *m.* (放送, 出版などの)連続物, シリーズ物;連載.

धारावाही /dʰārāvāhī ダーラーワーヒー/ [neo.Skt. *धारा-वाहिन्-* 'flowing; uninterrupted, continuous'] *adj.* ☞धारावाहिक

धारा-सभा /dʰārā-sabʰā ダーラー・サバー/ [neo.Skt.f. *धारा-सभा-* 'legislative assemble'] *f.* ☞विधान-सभा

धारी /dʰārī ダーリー/ [<OIA.f. *dhā́rā-²* 'sharp edge, rim, blade': T.06793] *f.* 筋(すじ), 縞(しま);縞模様.

-धारी /-dʰārī ・ダーリー/ [←Skt. *धारिन्-* 'bearing, wearing, holding'] *suf.* 《合成語「…を保持する(人), …を身に帯びる(人)」の接辞として用いる;जटाधारी「蓬髪(ほうはつ)の」, प्राणधारी「生き物」, सत्ताधारी「与党の」など》

धारीदार /dʰārīdāra ダーリーダール/ [*धारी* + *-दार*] *adj.* 筋(すじ)の入った, 縞模様の. ❐～ कमीज़ ストライプの入ったシャツ.

धारोष्ण /dʰāroṣṇa ダーローシュン/ [←Skt. *धारा-उष्ण-* 'warm from the cow (milk)'] *adj.* 搾りたての(ミルク), まだ温かい(ミルク). ❐गाय के ～ दूध 搾りたての牛乳.

धार्मिक /dʰārmika ダールミク/ [←Skt. *धार्मिक-* 'righteous, virtuous, pious'] *adj.* **1** 本来あるべき;正義の, 正しい. **2** 宗教的な, 宗教上の. ❐～ ग्रंथ 経典, 聖典, 聖書. ❐～ संस्कार 宗教的な精神文化. ❐इन कालेजों की स्थापना शुरू-शुरू में ～ संस्थानों के रूप में हुई थी। これらのカレッジは最初は宗教的な研究所として設立された. ❐वकील होना ～ विचारों से शून्य होने का चिह्न है। 弁護士であるということは宗教的な思考とは全く無縁であることの印(しるし)である. **3** 信心深い, 敬虔な. ❐～ मनोवृत्ति का आदमी 信心深い気性の人間. ❐वे दयालु और ～ थे। 彼は慈悲深く敬虔な方だった.

धार्मिकता /dʰārmikatā ダールミクター/ [←Skt.f. *धार्मिक-ता-* 'righteousness, justice, virtue'] *f.* **1** 正義であること, 正しいこと. **2** 宗教的であること;信仰深いこと, 敬虔であること.

धावक /dʰāvaka ダーワク/ [←Skt. *धावक-* 'running'] *m.* 〖スポーツ〗競走者, 走者, ランナー. ❐अपने स्कूल के सबसे तेज़ ～ 学校で一番速いランナー.

धावा /dʰāvā ダーワー/ [<OIA. **dhāva-* 'act of running': T.06800] *m.* **1** 駆け足. ❐अभी दिन भर का ～ मारकर आया था। ほんのさっき一日中駆けずり回って帰ったところだ. **2** 襲撃, 攻撃. ❐(पर) ～ करना [बोल देना] (…を)襲撃する.

धिक्कार /dʰikkāra ディッカール/ [←Skt.m. *धिक्कार-* 'reproach, contempt, scoffing'] *m.* **1** 非難, とがめ;呪

詛(じゅそ). ❐(को) ～ भरी आँखों से देखना (人を)非難にあふれた目で見る. **2**《〖(को) धिक्कार है〗の形式で, 呪い「(…なんか)くたばってしまえ」の意》 ❐～ है तुम्हारी भोग-लिप्सा को, तुम्हारे इस कुत्सित जीवन को। くたばればいいのだ, お前のみだらな欲望なんか, お前のこのおぞましい人生なんか. ❐मुझे ～ है कि मेरे रहते तुम्हें इतना कष्ट उठाना पड़े। 私がついていながらお前がこれほどの苦労をしなければいけないなんて, こんな私なんかくたばってしまえばいいんだ.

धिक्कारना /dʰikkāraṇā ディッカールナー/ [cf. *धिक्कार*] *vt.* (*perf.* धिक्कारा /dʰikkārā ディッカーラー/) 責めて非難する, ののしる;呪う. ❐पति से उसका मन इतना विरक्त हो गया था कि अब उसे धिक्कारने की भी उसकी इच्छा न थी। 夫に対し彼女の心はあまりに醒(さ)めてしまっていたので, 今や夫をののしる気持ちすら彼女にはなかった.

धींग /dʰīṅga ディーング/ [?] *adj.* **1** 屈強な, 頑健な, 頑強な. **2** (気性が)荒い, 乱暴な.

धींगा-धींगी /dʰīṅgā-dʰīṅgī ディーンガー・ディーンギー/ [cf. *धींग*] *f.* つかみ合いのけんか, 乱闘.

धींगा-मुश्ती /dʰīṅgā-muśtī ディーンガー・ムシュティー/ [*धींग* + *मुश्त*] *f.* ☞धींगा-धींगी

धीमर /dʰīmara ディーマル/ ▸धीवर *m.* ☞धीवर

धीमा /dʰīmā ディーマー/ [<OIA. **dhīmma-* 'slow': T.06814] *adj.* **1** (速度が)ゆっくりとした;遅い, のろい. **2** (声・音などが)小さい, かすかな, 低い. (⇔ऊँचा) **3** (炎・熱・明かり・色調などが)かすかな, ほのかな, ぼんやりした;力のない, 弱い, 微弱な. ❐～ आँच पर पकाना 弱火で調理する. ❐～ नब्ज़ 弱弱しい脈.

धीमान् /dʰīmān ディーマーン/ ▹धीमान [←Skt. *धीमत्-* 'intelligent, wise, learned'] *adj.* 賢い, 分別のある.

धीर /dʰīra ディール/ [←Skt. *धीर-* 'steady, constant, firm, resolute, brave'] *adj.* 慎重な;冷静沈着な. ❐उसने ～ कंठ से कहा। 彼女は冷静沈着な声で言った.
— *m.* 慎重であること;冷静沈着であること. ❐मन ～ धरता है। 心が落ち着く.

धीरज /dʰīraja ディーラジ/ [<Skt.n. *धैर्य-* 'firmness, constancy, calmness, patience, gravity, fortitude, courage'] *m.* (冷静さを保つための)我慢(強さ), 忍耐(強さ). ❐～ रखना 辛抱する, 我慢する. ❐～ से काम लेना 我慢強く事にあたる. ❐उसने हिम्मत नहीं हारी, ～ को नहीं छोड़ा। 彼はくじけなかったし, 我慢強さも失わなかった. ❐(को) ～ देना [बँधाना, बाँधना] (人を)励まし耐え忍ばせる.

धीरता /dʰīratā ディールター/ [←Skt.f. *धीर-ता-* 'fortitude'] *f.* ☞धीरज

धीरे /dʰīre ディーレー/ [<OIA. *dhīra-* 'wise, clever': T.06817] *adv.* **1** ゆっくりと;次第に, 徐々に. ❐मैंने ～ ～ उसका सिर सहलाना शुरू किया। 私はゆっくりと彼女の頭をさすり始めた. ❐वह ～ से उठी। 彼女はゆっくりと立ち上がった. **2** 小声で;静かに. ❐～ ～ बोल, कोई सुने तो। 小声で話せよ, 誰かに聞かれたら. ❐वह ～ से बोला। 彼は小声で言った.

धीरे-धीरे /dʰīre-dʰīre ディーレー・ディーレー/ *adv.* ゆっくりと;徐々に;小声で.

धीवर /dʰīvara ディーワル/▸धीमर [<OIA.m. *dhīvará-* 'a partic. mixed caste': T.06819] *m.* 〖ヒンドゥー教〗漁夫, 漁師;船頭《漁に関係したことを生業とするカースト》.

धुँआना /dʰũānā ドゥンアーナー/ ▸धुआँना [cf. *धुआँ*] *vi.* (*perf.* धुँआया /dʰũāyā ドゥンアーヤー/) (煙で)すすける;煙臭い臭い[味]になる.

धुंध /dʰuṃdʰa ドゥンド/ [<OIA. **dhūmāndha-* 'dim-sighted': T.06858; cog. Pers.n. دود 'smoke'] *f.* **1** 霧, もや, かすみ. (⇒कुहरा) ❐～ छँट गई। 霧がはれた. **2** スモッグ. (⇒कुहरा) **3** 〖医学〗弱視.

धुँधलका /dʰũdʰalakā ドゥンダルカー/ *m.* **1** 薄暗がり. ❐～ छाया। 薄暗くなった. **2** たそがれ, 薄暮.

धुँधला /dʰũdʰalā ドゥンドラー/ [cf. *धुंध*] *adj.* **1** かすんだ, 曇った, うす暗い. ❐एक ～-सा दीपक टिमटिमा रहा था। 一つのうす暗い灯りがちかちか光っていた. **2** (視力や記憶などが)おぼろげな, もうろうとした, ぼんやりした. ❐नशे में चीज़ें धुँधली नज़र आ रही थीं। 酔いのためものがもうろうと見えた. ❐धुँधली सी स्मृति おぼろげな記憶. **3** (色が)くすんだ.

धुँधलाना /dʰũdʰalānā ドゥンドラーナー/ [cf. *धुँधला*] *vi.* (*perf.* धुँधलाया /dʰũdʰalāyā ドゥンドラーヤー/) 曇る;かすむ;もうろうとする;薄汚れる. ❐पार्टी में सबसे बेदाग़ माने जाने वाले व्यक्ति की छवि धुँधलाने की यह शुरूआत ही थी। 党の中で最も清廉潔白だと思われていた人物のイメージが曇り始めたこれが最初だった.

धुँधलापन /dʰũdʰalāpana ドゥンドラーパン/ [*धुँधला* + *-पन*] *m.* **1** かすんでいること, 曇っていること. (⇒धुँधलाहट) **2** (視力や記憶などが)おぼろげなこと, もうろうとしていること, ぼんやりしていること. (⇒धुँधलाहट) **3** (色が)くすんでいること. (⇒धुँधलाहट)

धुँधलाहट /dʰũdʰalāhaṭa ドゥンドラーハト/ [*धुँधलाना* + *-आहट*] *f.* ☞धुँधलापन

धुआँ /dʰuā̃ ドゥアーン/ ▸धुवाँ, धूआँ [<OIA.m. *dhūmá-* 'smoke, vapour, mist': T.06849] *m.* **1** 煙. **2** (大気の)ガス;霞;もや. **3** 湯気. ❐～ उठ रहा है। 湯気がたっている.

धुआँधार /dʰuā̃dʰāra ドゥアーンダール/ [*धुआँ* + *धार*[1]] *adj.* 激しい, 激烈な, 猛烈な;迫力ある. ❐उनका ～ व्याख्यान हो रहा था। 彼の迫力に満ちた講演が続いていた.

धुआँना /dʰuā̃nā ドゥアーンナー/ ▸धुँआना *vi.* (*perf.* धुआँया /dʰuyā̃ā ドゥヤーンアー/) ☞धुँआना

धुआँरा /dʰuā̃rā ドゥアーンラー/ ▸धुवाँरा [<OIA. **dhūmākhara-* 'smoke-hole': T.06857] *m.* 排煙口;煙突.

धुकधुकी /dʰukadʰukī ドゥクドゥキー/ [<OIA. **dhukk-* 'tremble': T.06820; cf. *धकधकी*] *f.* 動悸, (心臓の)鼓動;ハラハラドキドキ;不安. ❐(की) ～ बढ़ना (人の)不安が増す.

धुत[1] /dʰuta ドゥト/ ▸धुत्त [?<OIA. *d'vasta-* 'fallen': T.06905z1] *adj.* (酒などに)おぼれた. ❐वह नशे में ～

था। 彼は酔いつぶれていた.

धुत² /dʰuta ドゥト/ ▸धत *interj.* ☞धत¹

धुत्त /dʰutta ドゥット/ ▸धुत *adj.* ☞धुत¹

धुन¹ /dʰuna ドゥン/ [<OIA.m. *dhvaní-* 'sound, echo': T.06901] *f.*〖音楽〗音色;音の調子;節回し;旋律, メロディー. ❐～ गुनगुनाना メロディーを口ずさむ.

धुन² /dʰuna ドゥン/ [<OIA.f. *dhūni-* 'shaking, agitation': T.06845] *f.* のぼせあがること;熱狂, 情熱;没頭, 夢中, 熱中. ❐(की) ～ में (…に)うかれて, のぼせあがって. ❐(को [पर]) (की) ～ सवार होना (人が)(…に)夢中になる. ❐(को) क्रिकेट की ～ है। (人は)クリケットの熱狂的なファンだ. ❐वह कभी-कभी बालकों की भाँति ज़िद करने लगता है, अपनी ～ में किसी की सुनता नहीं। 彼は時々子どものように駄々をこねはじめるのだ, 自分のことだけに固執して誰の言うことも聞こうとしない.

धुनकना /dʰunakanā ドゥナクナー/ ▸धुनना [onom.] *vt.* (*perf.* धुनका /dʰunakā ドゥンカー/) ☞धुनना

धुनकी /dʰunakī ドゥンキー/ [cf. *धुनकना*] *f.* 綿(わた)打ち弓.

धुनना /dʰunanā ドゥンナー/ ▸धुनकना [<OIA. *dhūnóti* 'shakes': T.06846] *vt.* (*perf.* धुना /dʰunā ドゥナー/) **1** (綿を綿打ち弓で)打ってほぐす. **2** (嘆き悲しんで頭や額を)打ちつける. ❐उसने माथा धुन लिया। 彼は嘆き悲しんで額を打ちつけた.

धुनवाना /dʰunavānā ドゥンワーナー/ [caus. of *धुनना*] *vt.* (*perf.* धुनवाया /dʰunavāyā ドゥンワーヤー/) (綿を)打ってほぐさせる;(綿を)打ってほぐしてもらう.

धुनाई /dʰunāī ドゥナーイー/ [cf. *धुनना*] *f.* 綿(わた)打ちの仕事;その手間賃.

धुनियाँ /dʰuniyā̃ ドゥニヤーン/ ▸धुनिया *m.* ☞धुनिया

धुनिया /dʰuniyā ドゥニヤー/ ▸धुनियाँ [cf. *धुनना*] *m.* 綿(わた)打ち屋;綿屋

धुनी /dʰunī ドゥニー/ [*धुन²* + *-ई*] *adj.* 愚直なほど根気が強い.

धुरंधर /dʰuraṃdʰara ドゥランダル/ [←Skt. *धुरंधर* 'bearing a yoke or a burden'] *adj.* 名だたる, 著名な;卓越した, 傑出した. ❐बड़े-बड़े ～ आलोचक 名だたるお偉い批評家たち.

धुर /dʰura ドゥル/ [←Skt.m. *धुर्-* 'yoke, pole, burden'] *m.* **1** 軛(くびき). **2** 車軸, (車輪の)心棒. (⇒अक्ष) **3**〖単位〗ドゥラ《約 6.25 平方メートル; 20 分の 1 ビスワー (बिस्वा);ただし地方によって異なる》. ❐उसके पास एक ～ भी ज़मीन न थी और न रहने का घर ही था। 彼は1ドゥラほどの土地も持っていなかったし住むための家もなかった.

धुरा /dʰurā ドゥラー/ [<OIA.f. *dhúr-* 'yoke or yoke-pin': T.06826] *m.* 軸, 車軸, 心棒, 地軸. (⇒अक्ष)

धुरी /dʰurī ドゥリー/ [cf. *धुरा*] *f.* **1** 心棒, 車軸. **2** 軸, 軸線. ❐～ देश [राष्ट्र] 枢軸国.

धुरी-राष्ट्र /dʰurī-rāṣṭra ドゥリー・ラーシュトル/ *m.* 枢軸国.

धुरेंडी /dʰureṃḍī ドゥレーンディー/ ▸धुलेंडी *f.* ☞धुलेंडी

धुर्रा /dʰurrā ドゥルラー/ [cf. *धुर, धूल*] *m.* かけら, 破片;切れ端《つまらぬもののたとえ》. (⇒धज्जी) ❐(के) धुर्रे उड़ाना [बिखेरना] (…を)粉砕する, 論破する.

धुलना /dʰulanā ドゥルナー/ [cf. *धोना*] *vi.* (*perf.* धुला /dʰulā ドゥラー/) **1** 洗う, 洗浄される;洗濯される;(米が)とがれる. ❐माँ ने मुझे साफ़-धुले कपड़े पहनाए थे। 母は私にきれいに洗濯された衣服を着せた. **2** (フィルムが)現像される. **3** (雨・波などで)侵食される. **4** (汚点・罪などが)洗い流される.

धुलवाना /dʰulavānā ドゥルワーナー/ ▸धुलाना [caus. of *धुलना, धोना*] *vt.* (*perf.* धुलवाया /dʰulavāyā ドゥルワーヤー/) 洗わせる;洗ってもらう.

धुलाई /dʰulāī ドゥラーイー/ [cf. *धुलाना*] *f.* **1** 洗濯;洗浄. **2** 洗濯や洗浄の仕事;その仕事の手間賃. **3** (フィルムの)現像.

धुलाना /dʰulānā ドゥラーナー/ ▸धुलवाना *vt.* (*perf.* धुलाया /dʰulāyā ドゥラーヤー/) ☞धुलवाना

धुलेंडी /dʰulẽḍī ドゥレーンディー/ ▸धुरेंडी [? *धूल* + OIA. **ullaṇḍati* 'jumps up or out(?)': T.02369] *f.*〖ヒンドゥー教〗ドゥレーンディー《ホーリー祭の翌日に行われる行事;互いに赤い粉や水を掛け合う無礼講》.

धुवाँ /dʰuvā̃ ドゥワーン/ ▸धुआँ, धूआँ *m.* ☞धुआँ

धुवाँरा /dʰuvā̃rā ドゥワーンラー/ ▸धुआँरा *m.* ☞धुआँरा

धुस्सा /dʰussā ドゥッサー/ [? <OIA. *dūṣya-²* 'cotton cloth': T.06506z1] *m.* ドゥッサー《織り目の粗い毛織物の一種;この毛織物で作った毛布》.

धूआँ /dʰūā̃ ドゥーアーン/ ▸धुआँ, धुवाँ *m.* ☞धुआँ

धू-धू /dʰū-dʰū ドゥー・ドゥー/ [onom.] *m.* 〔擬音〕(火の燃える音)ボーボー, ゴーゴー. (⇒हू-हू) ❐सूखे पेड़ और झाड़ियाँ ～ करती हुई ऊँची-ऊँची लपटें फेंकने लगीं। 乾燥した木々や潅木がボーボーという音をたてて高く炎を上げはじめた.

धूनी /dʰūnī ドゥーニー/ [<OIA.n. *dhūpana-* 'incensing, fumigation': T.06848] *f.*〖ヒンドゥー教〗ドゥーニー《苦行者が燃やす火とその煙;暖をとったり, 身体を熱する苦行, 悪霊払いなどのため》. ❐～ जगाना [रमाना, लगाना] ドゥーニーを燃やす. ❐लाल मिर्च की ～ (悪霊払いなどのために)赤トウガラシをいぶす煙.

धूप¹ /dʰūpa ドゥープ/ [<OIA. **dhuppā-* 'sunshine': T.06825] *f.* 日差し, 日光. ❐～ का चश्मा サングラス. ❐तेज़ ～ きつい日差し. ❐(पर) ～ पड़ना (…に)日がさす.

धूप² /dʰūpa ドゥープ/ [←Skt.m. *धूप-* 'incense, perfume, aromatic vapour'] *m.* 香(こう);(香の)香り・煙. ❐～ चढ़ाना (神像の前で)香を焚く. ❐गुग्गुल ～ ミルラ樹脂.

धूपघड़ी /dʰūpagʰaṛī ドゥープガリー/ [*धूप¹* + *घड़ी*] *f.* 日時計.

धूप-चश्मा /dʰūpa-caśmā ドゥープ・チャシュマー/ [*धूप¹* + *चश्मा*] *m.* サングラス.

धूपदान /dʰūpadāna ドゥープダーン/ [*धूप²* + *-दान*] *m.* 香炉;香の入れ物.

धूपदानी /dʰūpadānī ドゥープダーニー/ [cf. *धूपदान*] *f.* (小型の)香炉.

धूपबत्ती /dʰūpa̸battī ドゥープバッティー/ [*धूप*[2] + *बत्ती*] *f.* 線香, 円錐状のインセンス. ❐～ जलाना 線香をたく.

धूप-स्नान /dʰūpa̸-snāna̸ ドゥープ・スナーン/ [*धूप*[1] + *स्नान*] *m.* 日光浴.

धूम[1] /dʰūma̸ ドゥーム/ [<OIA. **dhunman-* 'noise': T.06824] *f.* **1** (活気にあふれ, 騒がしい)賑やかさ. **2** 大騒動;大混乱. ❐चारों ओर ～ मच गई। 周囲は大騒動になった. ❐आपने कौंसिल में प्रश्नों की ～ मचा दी। あなたは会議で質問攻めの大混乱を引き起こした. **3** 盛大さ;誇示. (⇒धूम-धाम) **4** たいへんな名声, 大評判. ❐यह कविता छपेगी तो ～ मच जाएगी। この詩が印刷されたら大評判になるだろう. ❐इन नाटकों ने बंगलूर और मैसूर में ～ मचाई। これらの劇はバンガロールとマイソールで大評判をとった.

धूम[2] /dʰūma̸ ドゥーム/ [←Skt.m. *धूम-* 'smoke, vapour, mist'] *m.* **1** 煙. (⇒धुआँ) **2** (大気の)ガス;霞;もや. (⇒धुआँ) **3** 湯気. (⇒धुआँ)

धूमकेतु /dʰūma̸ketu ドゥームケートゥ/ [←Skt.m. *धूम-केतु-* 'a comet'] *m.* 〖天文〗彗星, ほうき星.

धूम-धड़ाका /dʰūma̸-dʰaṛākā ドゥーム・ダラーカー/ *m.* ☞धूम-धाम

धूम-धाम /dʰūma̸-dʰāma̸ ドゥーム・ダーム/ [echo-word; cf. *धूम*[1]] *f.* 盛大さ;誇示. (⇒धूम-धड़ाका) ❐～ से 盛大に.

धूमिल /dʰūmila̸ ドゥーミル/ [<Skt. *धूमल-* 'smoke-coloured, purple'] *adj.* **1** 紫煙の色の;紫色の;灰色の. **2** おぼろげな;かすんだ;曇った;冴えない(顔色). ❐उसका मुख ～ हो गया। 彼女の顔は曇った. **3** すすけた.

धूम्र /dʰūmra̸ ドゥームル/ [←Skt. *धूम्र-* 'smoke-coloured, smoky, darkcoloured, grey, dark-red, purple'] *m.* 煙.

धूम्रपान /dʰūmrapāna̸ ドゥームラパーン/ [neo.Skt.n. *धूम्र-पान-* 'smoking'] *m.* 喫煙.

धूर /dʰūra̸ ドゥール/ ▸धूल *f.* ☞धूल

धूर्त /dʰūrta̸ ドゥールト/ [←Skt. *धूर्त-* 'cunning, crafty, fraudulent, subtle, mischievous'] *adj.* **1** 悪賢い, 狡猾(こうかつ)な, ずるい. **2** 悪辣(あくらつ)な.

— *m.* **1** 悪賢い人, 狡猾(こうかつ)な人, ずるい人, ペテン師. **2** 極悪人, 悪党.

धूर्तता /dʰūrtatā ドゥールタター/ [←Skt.f. *धूर्त-ता-* 'knavery, roguery'] *f.* **1** 狡猾(こうかつ)さ, ずるさ;欺瞞(ぎまん). **2** 極悪非道(な行い).

धूल /dʰūla̸ ドゥール/▸धूर [<OIA.f. *dhūli-* 'dust, powder': T.06835z1] *f.* ほこり, ちり《無価値なもののたとえとしても》. (⇒ख़ाक) ❐(की) आँखों में ～ झोंकना (人の)目をくらましてごまかす.

धूलि /dʰūli ドゥーリ/ [←Skt.f. *धूलि-* 'dust, powder, pollen'] *f.* ほこり, ちり.

धूसर /dʰūsara̸ ドゥーサル/ [←Skt. *धूसर-* 'dust-coloured, grey'] *adj.* **1** 土色の, 褐色の, 黄褐色の, カーキ色の. **2** ほこりまみれの.

धूसरित /dʰūsarita̸ ドゥースリト/ [←Skt. *धूसरित-* 'made grey, greyish'] *adj.* ほこりまみれの.

धृत /dʰr̥ta̸ ドリト/ [←Skt. *धृत-* 'held, borne, maintained'] *adj.* **1** 保持された;身に帯びた. **2** つかみ取られた.

धृति /dʰr̥ti ドリティ/ [←Skt.f. *धृति-* 'holding, seizing, keeping, supporting'] *f.* 保持すること.

धृष्ट /dʰr̥ṣṭa̸ ドリシュト/ [←Skt. *धृष्ट-* 'bold, daring, confident, audacious, impudent'] *adj.* 無礼な;生意気な.

धृष्टता /dʰr̥ṣṭatā ドリシュタター/ [←Skt.f. *धृष्ट-ता-* 'boldness, courage, impudence'] *f.* 無礼であること;生意気なこと. ❐इस ～ को क्षमा कीजिएगा। この無礼をお許しください. ❐उसने ～ के साथ कहा। 彼は横柄に言った.

धेनु /dʰenu デーヌ/ [←Skt.f. *धेनु-* 'a milch cow'] *f.* 〖ヒンドゥー教〗乳牛《ゴーダーナ (गोदान) の際使われる雌牛》.

धेला /dʰelā デーラー/ [cf. *अधेला*] *m.* 〖単位〗デーラー《1 パイサ (पैसा) の半分(の旧硬貨);非常にわずかな金額》. ❐मैं एक ～ न दूँगा। びた一文やるものか.

धैर्य /dʰairya̸ ダェールエ/ [←Skt.n. *धैर्य-* 'firmness, constancy, calmness, patience, gravity, fortitude, courage'] *m.* 忍耐(強さ), 我慢(強さ). ❐～ धरना [बाँधना, रखना] 辛抱強く耐える. ❐नारी के ～ की भी सीमा है। 女の我慢にも限界がある.

धोका /dʰokā ドーカー/ ▸धोखा *m.* ☞धोखा

धोखा /dʰokʰā ドーカー/▸धोका [<OIA. **dhrōkṣa-* 'deceit': T.06894] *m.* **1** 欺き, ごまかし;こそ泥, ペテン;背信, 裏切り. (⇒दग़ा) ❐(को) ～ देना (人を)欺く, だます. ❐(को) धोखे में डालना (人を)欺く, だます. ❐देखना, कहीं इन लोगों के धोखे में मत आ जाना। 気をつけろ, 万が一にもこいつらにだまされるんじゃないぞ. ❐(से) ～ खाना (人から)欺かれる, だまされる. **2** 間違い, 思い違い, 錯覚;不覚. ❐धोखे में 思い違いで, 不覚にも.

धोखेबाज़ /dʰokʰebāza̸ ドーケーバーズ/ [*धोखा* + *-बाज़*] *adj.* 人をだます(人). (⇒दग़ाबाज़)

— *m.* こそ泥師, ペテン師;裏切り者. (⇒चार सौ बीस, दग़ाबाज़)

धोखेबाज़ी /dʰokʰebāzī ドーケーバーズィー/ [*धोखेबाज़* + *-ई*] *f.* こそ泥行為;背信行為. (⇒चार सौ बीसी)

धोती /dʰotī ドーティー/ [<OIA. **dhōtta-* 'cloth': T.06881] *f.* ドーティー《普通男性が腰布として着る長い一枚の布》.

धोना /dʰonā ドーナー/ [<OIA. **dhauvati* 'washes': T.06886] *vt.* (*perf.* धोया /dʰoyā ドーヤー/) **1** 洗う, 洗浄する;洗濯する;(米を)とぐ. (⇒पखारना) ❐उसने मुँह-हाथ धोया। 彼は顔と手を洗った. ❐उसने पाँव धोए। 彼は足を洗った. ❐उसने कपड़े धोये। 彼は服を洗った. ❐घाव ～ 傷口を洗浄する. ❐मैंने चावल धो लिया। 私は米をといだ. **2** (フィルムを)現像する. **3** (疲労を)洗い流す;(汚点・罪などを)ぬぐいさる. ❐मैंने उस कुएँ पर अपनी लंबी यात्रा की थकान धोई थी। 私はその井戸で長い旅の疲れを洗い流した.

4〔慣用〕 ❒(के) चरण धो-धोकर पीना (…に)心から敬い仕える. ❒रोना-धोना 泣き叫ぶ. ❒(से) हाथ ～ (…を)失う.

धोबन /d^{h}obana͓ ドーバン/ ▸धोबिन *f.* ☞धोबिन

धोबिन /d^{h}obina͓ ドービン/ ▸धोबन [cf. *धोबी*] *f.* 洗濯屋の妻;女の洗濯屋.

धोबी /d^{h}obī ドービー/ [<OIA. **dhauvati* 'washes': T.06886] *m.* 洗濯屋. ❒～ का कुत्ता न घर का न घाट का। 〔諺〕どっちつかずで役立たず《直訳は「洗濯屋の犬は家にも落ち着かず, 洗濯場にも落ち着かない」》.

धोबी-ख़ाना /d^{h}obī-xānā ドービー・カーナー/ *m.* クリーニング店, 洗濯屋.

धोबी-पछाड़ /d^{h}obī-pac^{h}āṛa͓ ドービー・パチャール/ *m.* ☞धोबी-पाट

धोबी-पाट /d^{h}obī-pāṭa͓ ドービー・パート/ *m.* **1** 洗濯板《洗濯屋が使う平たい岩板;洗濯ものを両手でつかんで洗濯板に叩きつけ洗う》. **2**〚スポーツ〛ドービー・パート《背負い投げに似た技の一つ;洗濯屋が洗濯ものを両手でつかんで洗濯板に叩きつける動作から》.(⇒धोबी-पछाड़)

धोवन /d^{h}ovana͓ ドーワン/ [cf. *धोना*] *f.* (食器・米・野菜などを洗った後の)汚れた残り水. ❒चावलों की ～ 米のとぎ汁.

धौंकना /d^{h}ãũka͓nā ダォーンクナー/ [<OIA. *dhámati* 'blows': T.06731] *vt.* (*perf.* धौंका /d^{h}ãũkā ダォーンカー/) **1** (ふいご (धौंकनी) や団扇などで風を送って)火力を強くする. **2** (風を)送る;(タバコを)ふかす. ❒एक हाथ से हवा धौंकता, दूसरे हाथ की उँगलियों को पर्दों पर चलाता, और उनसे निकले स्वरों के साथ स्वर मिलाता। 彼は一方の手で(ハーモニウムに)風を送り, 他方の手の指を鍵盤の上に走らせ, そしてそれらから出る音色に声を合わせて歌うのでした. **3** (罰金・重荷などを)(人に)課す[負わせる]. ❒तुमने उसपर बहुत भारी भार धौंक दिया। 君は彼に大変な重荷を負わせてしまった.

धौंकनी /d^{h}ãũka͓nī ダォーンクニー/ [cf. *धौंकना*] *f.* ふいご.

धौंस /d^{h}ãũsa͓ ダォーンス/ [?] *f.* (はったりの)脅し, 威嚇. ❒(की) ～ सहना (人の)脅しに屈する. ❒(पर) ～ जमाना (人を)脅す.

धौंसा /d^{h}ãũsā ダォーンサー/ [?] *m.* **1** ドウンサー《2本のスティックで打つ大型の片面太鼓》.(⇒नगाड़ा) ❒～ देना 陣太鼓を打つ. **2** 力量.

धौला /d^{h}aulā ダォーラー/ [<OIA. *dhavalá-*[2] 'dazzling white': T.06767] *adj.* 白い;まぶしい.

ध्याता /d^{h}yātā ディャーター/ [←Skt.m. *ध्यातृ-* 'a thinker'] *m.* 瞑想する者.

ध्यान /d^{h}yāna͓ ディャーン/ [←Skt.n. *ध्यान-* 'meditation, thought, reflection'; → Chin.n. *禅那* → Japan.n. *禅*] *m.* **1** 注意力;注目.(⇒ग़ौर, तवज्जह) ❒～ से सुनिए। 注意して聞いて下さい. **2** 留意, 配慮, 思いやり, 心づかい.(⇒ख़याल, तवज्जह) ❒(की तरफ़ [ओर]) ～ देना (…に)注意をむける. ❒(पर) ～ रखना (…に)留意[配慮]する. ❒(का) ～ रखना (…に)留意[配慮]する. **3** 精神集中. **4** 瞑想.

ध्यानपूर्वक /d^{h}yāna͓pūrvaka͓ ディャーンプールワク/ [neo.Skt.ind. *ध्यान-पूर्वक* 'attentively'] *adv.* 注意深く.

ध्यानमग्न /d^{h}yāna͓magna͓ ディャーンマグン/ [neo.Skt. *ध्यान-मग्न-* 'absorbed in meditation'] *adj.* 瞑想に耽(ふけ)った;考えごとに耽った.

ध्येय /d^{h}yeya͓ ディエーエ/ [←Skt. *ध्येय-* 'to be meditated on'] *m.* 目標, 目的. ❒केवल सुख से जीवन व्यतीत करना ही हमारा ～ नहीं। ただ幸福に人生を送ることだけが私たちの目的ではない. ❒जीवन का ～ 人生の目的.

ध्रुव /d^{h}ruva͓ ドルオ/ [←Skt. *ध्रुव-* 'fixed, firm, immovable, unchangeable, constant, lasting, permanent, eternal'] *adj.* 不動の;安定した;不変の, 恒久の. ❒～ तारा 北極星.
— *m.* **1**〚天文〛北極星.(⇒क़ुतुब) **2**〚天文〛(地球の)極;極地. ❒उत्तरी ～ 北極. ❒दक्षिणी ～ 南極. **3**〚化学〛電極.

ध्रुवीय /d^{h}ruvīya͓ ドルヴィーエ/ [neo.Skt. *ध्रुवीय-* 'polar'] *adj.*〚天文〛(地球の)極の;極地の;北極の. ❒～ उपग्रह 極軌道衛星. ❒～ क्षेत्र 極地. ❒～ भालू〚動物〛シロクマ, 北極熊. ❒～ समुद्र 北極海.

ध्वंस /d^{h}vaṃsa͓ ドワンス/ [←Skt.m. *ध्वंस-* 'falling down, perishing, destruction, loss, ruin'] *m.* 崩壊;破滅.

ध्वंसक /d^{h}vaṃsaka͓ ドワンサク/ [←Skt. *ध्वंसक-* 'destroying'] *adj.* 破滅をもたらす, 崩壊させる.

ध्वंसन /d^{h}vaṃsana͓ ドワンサン/ [←Skt.n. *ध्वंसन-* 'destruction, ruin'] *m.* 破壊すること;破壊活動, サボタージュ.

ध्वंसात्मक /d^{h}vaṃsātmaka͓ ドワンサートマク/ [neo.Skt. *ध्वंस-आत्मक-* 'destructive'] *adj.* 破壊的な, 破滅をもたらす. ❒～ कार्य 破壊活動.

ध्वंसावशेष /d^{h}vaṃsāvāśeṣa͓ ドワンサーオシェーシュ/ [neo.Skt. *ध्वंस-अवशेष-* 'remains, ruins, wreckage'] *m.* 廃墟;残骸. ❒मेरी हिम्मत नहीं होती कि उस ～ के सामने जाकर खड़ा हूँ। あの残骸の前に行って立つという勇気が私にはなかった.

ध्वज /d^{h}vaja͓ ドワジ/ [←Skt.m. *ध्वज-* 'a banner, flag, standard'] *m.* 旗, 旗印;幟(のぼり).(⇒झंडा) ❒भारत के राष्ट्रीय ～ को तिरंगा भी कहते हैं। インドの国旗を三色旗とも言います.

ध्वजदंड /d^{h}vaja͓daṃḍa͓ ドワジダンド/ [neo.Skt.m. *ध्वज-दण्ड-* 'flag-pole, flag-staff'] *m.* 旗ざお. ❒～ पर राष्ट्रीय ध्वज फहराया गया। 旗ざおに国旗がはためいた.

ध्वजपट /d^{h}vaja͓paṭa͓ ドワジパト/ [←Skt.m. *ध्वज-पट-* 'banners-cloth; a flag'] *m.* 旗.(⇒झंडा)

ध्वजरोहण /d^{h}vaja͓rohaṇa͓ ドワジローハン/ [neo.Skt.n. *ध्वज-रोहण-* 'hoisting of a flag'] *m.* ☞ध्वजारोहण

ध्वजा /d^{h}vajā ドワジャー/ [←Skt.f. *ध्वजा-* 'a banner, flag'] *f.* ☞ध्वज

ध्वजारोहण /d^{h}vajārohaṇa͓ ドワジャーローハン/ [neo.Skt.n. *ध्वज-आ-रोहण-* 'hoisting of a flag'] *m.* (国)旗の掲揚.

❐～ करना (国)旗を掲揚する.

ध्वजोत्तोलन /dʰvajottolana̸ ドワジョーットーラン/ [neo.Skt.n. *ध्वज-उत्तोलन-* 'hoisting of a flag'] *m.* ☞ध्वजारोहण

ध्वनि /dʰvani ドワニ/ [←Skt.m. *ध्वनि-* ' sound, echo, noise, voice, tone, tune, thunder'] *f.* **1** 音, 音響;音声. **2** 含蓄(がんちく);ほのめかされること, 暗示されること.

ध्वनित /dʰvanita̸ ドワニト/ [←Skt. *ध्वनित-* 'caused to sound'] *adj.* **1** 音が響いた. **2** (意味が)暗示された.

ध्वनि-विज्ञान /dʰvani-vijñāna̸ ドワニ・ヴィギャーン/ [neo.Skt.n. *ध्वनि-विज्ञान-* 'phonetics'] *m.*〖言語〗音声学.

ध्वन्यर्थ /dʰvanyartʰa̸ ドワニャルト/ [←Skt.m. *ध्वन्य्-अर्थ-* 'implied meaning or truth'] *m.* 暗示された意味.

ध्वन्यार्थ /dʰvanyārtʰa̸ ドワニャールト/ [←Skt.m. *ध्वन्य-अर्थ-* 'implied meaning'] *m.* ☞ध्वन्यर्थ

ध्वस्त /dʰvasta̸ ドワスト/ [←Skt. *ध्वस्त-* 'fallen, destroyed, perished'] *adj.* 破壊された;破滅した. ❐मुसलमानों ने उस मंदिर को ～ कर दिया था। イスラム教徒たちはその寺院を破壊した.

न

नंग-धड़ंग /naṃga̸-dʰaṛaṃga̸ ナング・ダラング/ [echo-word; cf. *नंगा*] *adj.* 全裸の, 丸裸の, 素っ裸の. ❐युवक की ～ लाश 全裸の若者の死体.

नंगा /naṃgā ナンガー/ [＜OIA. *nagná-* 'naked': T.06926] *adj.* **1** 裸の;何も身に着けない. ❐उसी वक़्त वे नंगे सिर, नंगे पाँव हाते में पहुँचे। まさにその時彼が頭に何もかぶらず, 裸足でキャンパスに駆けつけた. ❐नंगे पाँव 裸足で. ❐मैं ～ था। 私は裸だった. **2** むき出しの, 露出した, (剣が)抜身の. ❐～ बल्ब 裸電球. ❐पेड़ों की नंगी डालें 木々の葉のないむき出しの枝. ❐सिर पर नंगी तलवार लटकती रहती है। 頭上には抜身の剣がぶらさがっている. **3** 恥知らずの.

नंगा-झोरी /naṃgā-jʰorī ナンガー・ジョーリー/ ▸नंगा-झोली [*नंगा* + *झोरना*] *f.* (何か隠していないかを探る)徹底した身体検査. ❐इनकी ～ ली जाए। こいつらの身体検査をしようじゃないか.

नंगा-झोली /naṃgā-jʰolī ナンガー・ジョーリー/ ▸नंगा-झोरी *m.* ☞नंगा-झोरी

नंगापन /naṃgāpana̸ ナンガーパン/ [*नंगा* + *-पन*] *m.* 裸であること;赤裸々であること.

नंद /naṃda̸ ナンド/ ▸ननद *f.* ☞ननद

नंदक /naṃdaka̸ ナンダク/ [←Skt. *नन्दक-* 'rejoicing, gladdening, making happy (esp. a family)'] *adj.* 楽しくさせる, 愉快にさせる.

नंदन /naṃdana̸ ナンダン/ [←Skt. *नन्दन-* 'rejoicing, gladdening'] *adj.*喜ばす.

— *m.*〖ヒンドゥー教〗シヴァ神 (शिव);ヴィシュヌ神 (विष्णु).

नंदा देवी /naṃdā devī ナンダー デーヴィー/ [cf. Eng.n. *Nanda Devi*] *f.*〖地理〗ナンダー・デーヴィー《ウッタラーカンド州 (उत्तराखंड) に位置する, カンチェンジュンガ (कंचनजंघा) に次いで, インド第二の高い山》.

नंदित /naṃdita̸ ナンディト/ [←Skt. *नन्दित-* 'delighted'] *adj.* 楽しい, 喜んだ. (⇒आनंदित)

नंदी /naṃdī ナンディー/ [←Skt. *नन्दिन्-* 'rejoicing, gladdening'] *m.*〖ヒンドゥー教〗ナンディー《シヴァ神 (शिव) の乗り物とされる乳白色の雄牛》.

नंदोई /naṃdoī ナンドーイー/ [＜OIA.m. *nanāndr̥pati-, nanānduḥpati-* 'husband's sister's husband': T.06947] *m.* 義兄, 義弟《夫の姉妹 (ननद, नंद) の夫》.

नंबर /naṃbara̸ ナンバル/ [←Eng.n. *number*] *m.* **1** 数字, 番号. (⇒अंक, अदद, संख्या) **2** 電話番号. ❐इस ～ पर फ़ोन करना この番号に電話する. ❐～ मिलाना 電話をかける. ❐～ मिलना 電話がかかる. **3** (試験, 競技, 勝負の)点数, 得点, ポイント. (⇒अंक) ❐आपको गणित में कितना ～ मिला? あなたは数学で何点取りましたか. ❐वह अच्छे नंबरों से परीक्षा में पास हुआ 彼はいい成績で試験に合格した. **4** (定期刊行物の)号数. (⇒अंक) **5** 順番, 順序;序列, 優先順序. (⇒बाज़ी, बारी) ❐किसका ～ है? 誰の番ですか? ❐पाँचवें महीने में मेरी तरक़्क़ी का ～ आया। 五か月目に私の昇任の順番が来た.

नंबरदार /naṃbarada̸dāra̸ ナンバルダール/ [*नंबर* + *-दार*] *m.* (現場の)実力者;責任者.

नंबरवार /naṃbarāvāra̸ ナンバルワール/ [*नंबर* + *-वार*] *adv.* **1** 代わる代わる, 交代に. **2** 順番通りに.

नंबरी /naṃbarī ナンバリー/ [*नंबर* + *-ई*] *adj.* **1** (度量衡が)標準の, 規格の;高額な(紙幣). ❐～ गज 1 ヤード (36 インチ) の物差し. ❐～ नोट 高額紙幣. **2** 悪名高い, 札つきの, 常習犯の《インドの各警察署が保管している8番目の記録簿 (रजिस्ट्री नंबर आठ) に管轄地区の要注意の犯罪常習者についての記録が記載されていることから》. ❐～ चोर 窃盗の常習犯.

न /na ナ/ [←Skt.ind. *न* 'not, no, nor, neither'; cog. Pers. نه 'no, not, neither, not yet'] *adv.* **1**…しない《否定辞として動詞の直前に置く;否定辞としてほとんどすべての動詞形と使うことができるが, 特に不定詞, 命令形, 依頼形, 不確定未来形, 仮想表現, 仮定表現の否定辞としてはこれ以外にない》. **2**…でもなければ…でもない《同一文中で複数の述語の直前に置く》. ❐उसने ～ उनका स्वागत किया, ～ कुशल-क्षेम पूछा, ～ कुरसी दी। 彼女は彼らを歓迎もせず, 安否を問いもせず, 椅子もすすめなかった. **3**《動詞 जानना「知る」の不確定未来形と組み合わせた〖न जाने 疑問詞〗の形式で, 副詞句「(一体全体)わからないことが」の意で; न-जाने とハイフンで結ぶことも》. ❐～ जाने किधर चला गया। 一体全体どこへ行っちまったんだろう. ❐～ जाने कैसे बेदर्द माँ-बाप हैं। なんと冷酷な両親なのだ. ❐～ जाने क्यों मैं अब भी मौत से डरती हूँ। なぜだかわからないことに私は今も死を恐れている. ❐

तुम्हारे इन शब्द में ～ जाने क्या जादू था कि मैं जैसे फुँक उठी। お前のこの言葉に一体何の魔力があるのかわからないけど，私は魔力にかかったみたい． **4**《文末において念を押す》…ですよね． ❐आइए ～ । いらっしゃいね． ❐～ आइए ～ । 来ないでくださいね《前の न は否定辞》．

नई दिल्ली /naī dillī ナイー ディッリー/ [cf. Eng.n. *New Delhi*] *f.* 〘地名〙ニュー・デリー《インド（共和国）(भारत) の首都》．

नक- /naka- ナク・/ [comb. form of *नाक*] *comb. form* 《「鼻」を表す連結形；नककटा, नकचढ़ा など》．

नककटा /nakakaṭā ナクカター/ ▸नकटा [*नक-* + *कटना*] *adj.* **1** 鼻をそがれた；鼻のかけた． **2** 面目を失った（人）． **3** 恥知らずな（人），破廉恥な（人）．

नकचढ़ा /nakacaṛʰā ナクチャラー/ [*नक-* + *चढ़ना*] *adj.* **1** 気難しい，口うるさい；怒りっぽい，短気な． **2** 高慢な，傲慢な，横柄な．

नकटा /nakaṭā ナクター/ ▸नककटा *adj.* ☞नककटा

नक़द /naqada ナカド/▸नगद [←Pers.n. نقد 'ready money, prompt payment, cash' ←Arab.] *m.* 〘経済〙キャッシュ，現金；即金．(⇒कैश, रोकड़) ❐～ (में)現金で． ❐～ भुगतान 現金払い． ❐～ लेन-देन 現金取り引き，直取り引き．

नक़दी /naqadī ナクディー/ [←Pers.n. نقدی 'ready (money); belonging to ready money'] *adj.* キャッシュの，現金払いの． ❐～ करना 現金化する． ❐～ चिट्ठा 金銭出納簿，現金出納帳． ❐～ पुरज़ा 領収書． ❐～ फ़सल 換金作物．

— *f.* ☞नक़द

नक़दी-चिट्ठा /naqadī-ciṭṭʰā ナクディー・チッター/ *m.* 〘経済〙金銭出納簿，現金出納帳．

नकफूल /nakapʰūla ナクプール/ [*नाक* + *फूल*] *m.* ナクプール《鼻飾りの一種》．

नक़ल /naqala ナカル/ [←Pers.n. نقل 'transporting, carrying from one place to another; transcribing, copying' ←Arab.] *f.* **1** 模倣；模造；真似．(⇒अनुकरण) ❐जानवरों की बोलियों की ～ करना 動物の鳴き声の真似をする． **2** コピー（をとること），写し（を作ること），複写；筆耕（ひっこう）；カンニング． ❐मैंने उस पृष्ठ की हूबहू ～ की। 私はそのページをそっくりそのまま写した． **3** コピー（した一部），写し．(⇒कापी, प्रतिलिपि) ❐(की) नक़लें बनाना（…の）写しを作成する．

नक़लची /naqalacī ナカルチー/ [*नक़ल* + *-ची*] *m.* （他人の答案やレポートを写し）不正行為をする人．

नक़ल-नवीस /naqala-navīsa ナカル・ナヴィース/ [*नक़ल* + *-नवीस*] *m.* 写字生；筆耕人．

नक़ल-नवीसी /naqala-navīsī ナカル・ナヴィースィー/ [←Pers.n. نقل نویسی 'copying'] *f.* 写字（する仕事），筆耕．

नक़ली /naqalī ナクリー/ ▹नक़्ली [←Pers.adj. نقلی 'fictitious, imitated'] *adj.* **1** 人造の，模造の，合成の，代用の．(⇔असली) ❐～ आँख 義眼． ❐～ दाँत 義歯． ❐～ मोती 模造真珠． **2** 偽造の，ねつ造した；見せかけの，うわべだけの．(⇒खोटा)(⇔असली) ❐～ नोट [दस्तावेज़]偽造紙幣［文書］． ❐～ हँसी हँसना 作り笑いをする． **3** 模擬の．(⇔असली) ❐～ लड़ाई 模擬戦．

नकसीर /nakasīra ナクスィール/ [<OIA. **nakkasirā-* 'nose vein': T.06911] *f.* 〘医学〙鼻血． ❐～ फूटना 鼻血がでる． ❐～ भी न फूटना 痛くも痒くもない，何の害も受けない．

नक़ाब /naqāba ナカーブ/ [←Pers.n. نقاب 'meeting unexpectedly; a woman's veil' ←Arab.] *f.* **1** 仮面，お面；覆面． ❐～ उतारना 仮面を脱ぐ． **2** 各種マスク《防毒・防塵マスク，スポーツの防護用マスク，水中めがね等》． **3** 〘イスラム教〙ナカーブ《女性の頭部や顔を覆うベール》．(⇒बुरक़ा, हिजाब)

नक़ाबदार /naqābadara ナカーブドル/ [*नक़ाब* + *-दार*] *adj.* ☞नक़ाबपोश

नक़ाबपोश /naqābapośa ナカーブポーシュ/ [*नक़ाब* + *-पोश*] *adj.* ナカーブ (नक़ाब) をつけた；仮面をかぶった；覆面をした；マスクをした．(⇒नक़ाबदार)

नकार[1] /nakāra ナカール/ [←Skt.m. *न-कार-* 'Devanagari letter न or its sound'] *m.* **1** 子音字 न． **2** 〘言語〙子音字 न の表す子音 /n ン/．

नकार[2] /nakāra ナカール/ [←Skt.m. *न-कार-* 'the negation न, the word No'] *m.* 否（いな），ノー；否定；拒否． ❐(को) ～ देना（…に）ノーと言う．

नकारना /nakāranā ナカールナー/ [cf. *नकार²*] *vt.* (*perf.* नकारा /nakārā ナカーラー/) 否定［否認］する；拒否する．(⇔सकारना)

नकारांत /nakārāṃta ナカーラーント/ [←Skt. *नकार-अन्त-* 'ending in the letter न or its sound'] *adj.* 〘言語〙語尾が न で終わる（語）《ऊन「羊毛」，कान「耳」，फ़ोन「電話」など》． ❐～ शब्द 語尾が न で終わる語．

नकारा /nakārā ナカーラー/ ▸नाकारा [←Pers.adj. نکاره 'worthless, useless; invalid'; cf. *नाकारा*] *adj{adj.* 無用な，役立たずの．

नकारात्मक /nakārātmaka ナカーラートマク/ [neo.Skt. *नकार-आत्मक-* 'negative'] *adj.* 否定的な．(⇔सकारात्मक) ❐～ उत्तर 否定的な答え．

नकियाना /nakiyānā ナキヤーナー/ [cf. *नाक*] *vi.* (*perf.* नकियाया /nakiyāyā ナキヤーヤー/) 鼻声で言う［発音する］，鼻にかけてしゃべる．(⇒मिनमिनाना) ❐वह नकिया-नकियाकर गाता है। 彼は鼻声で歌います．

नकेल /nakela ナケール/ [<OIA. **nakkakīla-* 'nose peg': T.06910] *f.* （馬やラクダの）鼻輪． ❐(की [पर]) ～ कसना)（…の）手綱を引き締める．

नक्का /nakkā ナッカー/ [cf. *नाक*] *m.* （糸を通す）針の穴．

नक़्क़ार-ख़ाना /naqqāra-xānā ナッカール・カーナー/ [←Pers.n. نقار خانه 'a band of music; the place at the porch of a palace where the drums are beaten at stated intervals'] *m.* 〔古語〕ナッカールカーナー《軍楽隊の太鼓 (नक़्क़ारा) が打たれる場所；宮殿前のポーチや戦場などに設営される》．(⇒नौबतख़ाना)

नक़्क़ारची /naqqāracī ナッカールチー/ [←Pers.n. نقارچی 'a beater of the kettle-drum'] *m.* ドラマー;鼓手《片面太鼓ナッカーラー(नक़्क़ारा)を打つ人;特に軍楽隊の鼓手》.

नक़्क़ारा /naqqārā ナッカーラー/ [←Pers.n. نقاره 'a kettle-drum' ←Arab.] *m.* 〖楽器〗ナッカーラー《2本のスティックで打つ片面太鼓》. (⇒नगाड़ा)

नक़्क़ाश /naqqāśa ナッカーシュ/ [←Pers.n. نقاش 'a painter, limner, embroiderer, gilder (of books); a sculptor, carver, engraver; draughtsman' ←Arab.] *m.* **1** 彫刻家, 彫刻師;彫金家;木彫職人;刻石職人. **2** 刺繍職人. **3** 画家, 画工;デザイナー. **4** (本の装丁をする)金箔師.

नक़्क़ाशी /naqqāśī ナッカーシー/ [←Pers.n. نقاشی 'drawing, painting, embroidering, sculpting, or engraving'] *f.* **1** 彫刻;彫金;刻字;木彫;刻石;彫り物. ❐(पर) ～ करना (…に)彫刻する. **2** 刺繍. **3** 絵画.

नक्की[1] /nakkī ナッキー/ [?] *f.* 〖ゲーム〗 (トランプの)エース;(サイコロの)1. (⇒इक्का)

नक्की[2] /nakkī ナッキー/ [cf. *नाक*] *f.* (幼児の)鼻声. ❐～ बोलना (幼児のように)鼻声でしゃべる.

नक्कीमूठ /nakkīmūṭʰa ナッキームート/ [*नक्की*[1] + *मूठ*] *f.* 〖ゲーム〗ナッキームート《宝貝 (कौड़ी) を賭けて遊ぶ子どもたちの遊び》. (⇒इक्का)

नक्कू /nakkū ナックー/ [cf. *नाक*] *adj.* **1** 鼻の大きい(人). **2** 横柄な(人), 傲慢(ごうまん)な. **3** もの笑いの的になる(人);変わり者の, 変人の. ❐～ बनकर जीने से तो गले में फाँसी लगा लेना अच्छा है। もの笑いの的になって生きるよりは首をつった方がましだ. ❐वह मन में कुढ़ती थी कि पिता जी नाहक़ मेरे लिए समाज में ～ बन रहे हैं। 彼女は心の中で嘆き悲しんでいた, 父が不当に自分のために社会でもの笑いの的になっていることに.

नक़्ली /naqlī ナクリー/ ▷नक़ली *adj.* ☞नक़ली

नक़्श /naqśa ナクシュ/ [←Pers.n. نقش 'painting, printing' ←Arab.] *m.* **1** (石や木に刻まれた)模様;跡, 痕跡;彫刻. **2** 顔立ち, 容貌.

नक़्शा /naqśā ナクシャー/ [←Pers.n. نقشه 'a portrait, model, map, plan' ←Arab.] *m.* **1** 地図. (⇒मानचित्र) ❐दुनिया का ～ 世界地図. ❐लंदन की ट्यूब ट्रेनों का ～ ロンドンの地下鉄の路線図. **2** 図面;設計図, 構想図, 青写真. ❐नए मकान का ～ बनवाना 新築の家の図面を作らせる. **3** 絵画;肖像画. **4** (地形, 建物の配置などの)光景, 様子. ❐विद्यालय के चारों ओर का ～ तेज़ी से बदल रहा था, पर मेरी आँखों में तो उसका पुराना ～ बसा था। 学校の四方八方の様子が急速に変わりつつあった, しかし私の目には学校の昔の光景が焼き付いていた. **5** (現在の)様相, 状況;(将来の)見通し, 見込み. ❐ज़िंदगी का सारा ～ 人生の全貌. ❐भविष्य का ～ 将来の見通し.

नक़्शा-नवीस /naqśā-navīsa ナクシャー・ナヴィース/ [*नक़्शा* + *-नवीस*] *m.* 製図工.

नक़्शा-नवीसी /naqśā-navīsī ナクシャー・ナヴィースィー/ [cf. *नक़्शा-नवीस* + *-ई*] *f.* 製図法.

नक्षत्र /nakṣatra ナクシャトル/ [←Skt.n. *नक्षत्र-* 'a star or any heavenly body'] *m.* **1** 〖天文〗天体;星(の集まり). **2** 〖天文〗ナクシャトラ, 星宿《月の通り道である白道 (चंद्रमा का पथ) を基点から等分に 27 分割したもの;中国の二十七宿に相当》.

नक्षत्र-योग /nakṣatra-yoga ナクシャトル・ヨーグ/ [←Skt.m. *नक्षत्र-योग-* 'conjunction of (moon with the) *Nakṣatras*'] *m.* 〖暦〗ナクシャトラヨーガ《月が各星宿 (नक्षत्र) の位置に入ること;占星術における判断要素の一つ》.

नक्षत्रलोक /nakṣatraloka ナクシャトルローク/ [←Skt.m. *नक्षत्र-लोक-* 'the starry region, firmament'] *m.* 天空.

नक्षत्रविद्या /nakṣatravidyā ナクシャトルヴィディャー/ [←Skt.f. *नक्षत्र-विद्या-* 'star-knowledge, astronomy'] *f.* 天文学, 占星術.

नक्षत्री /nakṣatrī ナクシャトリー/ [*नक्षत्र* + *-ई*] *adj.* 幸運な星のもとに生まれた.

नख /nakʰa ナク/ [←Skt.m. *नख-* 'a finger-nail, toe-nail, claw, talon, the spur of a cock'] *m.* **1** (手足の)爪. (⇒नाख़ून) **2** (鳥獣の)かぎ爪. (⇒नाख़ून)

नख़ /naxa ナク/ [←Pers.n. نخ 'a raw thread of yarn of any sort'] *m.* **1** 絹糸. **2** 凧糸.

नखक्षत /nakʰakṣata ナカクシャト/ [?neo.Skt.n. *नख-क्षत-* 'bruises cause by the nails'] *m.* (性戯の際)爪でかいた傷あと.

नखर /nakʰara ナカル/ [←Skt.m. *नखर-* 'nail, claw'] *m.* **1** 爪;かぎ爪. (⇒नाख़ून) **2** ナカラ《かぎ爪形の武器》. (⇒बघनखा)

नख़रा /naxarā ナクラー/ [←Pers.n. نخرا 'trick, artifice, joke, waggery, coquetry, deceit, sham, pretence'] *m.* **1** (むら気で気まぐれな)媚態, しな;思わせぶりなしぐさ. (⇒चोचला) ❐नख़रे बघारना (女が)男をじらす. **2** 気取った態度;見下す態度. **3** ごまかし, 見せかけ, わざとらしさ.

नख़रेबाज़ /naxarebāza ナクレーバーズ/ [*नख़रा* + *-बाज़*] *adj.* 思わせぶりな(人);もったいぶる(人).

नख़रेबाज़ी /naxarebāzī ナクレーバーズィー/ [*नख़रेबाज़* + *-ई*] *f.* 思わせぶりな態度をとること;もったいぶること.

नख़ल /naxala ナカル/▸नख़्ल [←Pers.n. نخل 'sifting meal; the palm tree' ←Arab.] *m.* 〖植物〗ナツメヤシ(棗椰子).

नख़लिस्तान /naxalistāna ナクリスターン/ [←Pers.n. نخلستان 'a palm-plantation'] *m.* ヤシの木の林;オアシス.

नख-शिख /nakʰa-śikʰa ナク・シク/▸नख-सिख [*नख* + *शिखा*] *m.* 足の爪先から頭頂部までの全身. (⇒सरापा) ❐～ वर्णन 〖文学〗女性の身体各部の美しさについての詳細な描写.

— *adv.* 足の爪先から頭頂部まで. (⇒सरापा)

नख-सिख /nakʰa-sikʰa ナク・スィク/ ▸नख-शिख *m.* ☞नख-शिख

नख़ास /naxāsa ナカース/ [←Pers.n. نخاس 'a seller of captives, or cattle taken as plunder' ←Arab.] *m.* 家畜市.

नख़्ल /naxla ナクル/ ▸नख़ल *m.* ☞नख़ल

नग /naga ナグ/ [cf. *नगीना*] *m.* 宝石.

नगण्य /nagaṇya ナガニエ/ [pseudo.Skt. *न-गण्य-* 'negligible'] *adj.* 取るに足らない;ささいな;つまらない,価値がない.(⇒अगण्य, तुच्छ) ❒～ और निरर्थक विषय とるに足らない無意味な問題.

नगद /nagada ナガド/ ▸नक़द *m.* ☞नक़द

नगदी /nagadī ナグディー/ ▸नक़दी *f.* ☞नक़दी

नग़मा /nağamā ナガマー/ [←Pers.n. نغمة 'a soft, sweet voice; a musical sound or tune; ,elody, song' ←Arab.] *m.* 〖音楽〗(甘い)旋律, メロディー.

नगर /nagara ナガル/ [←Skt.n. *नगर-* 'a town, city'] *m.* **1** 都市, 都会;町.(⇒शहर) **2** 市[町]当局. ❒～ के मेयर 市長, 町長.

नगरनिगम /nagaranigama ナガルニガム/ [neo.Skt.m. *नगर-निगम-*] *m.* 市庁.

नगरपालिका /nagarapālikā ナガルパーリカー/ [neo.Skt.f. *नगर-पालिका-* 'municipality'] *f.* 市政機関, 市役所;市当局《原則人口 10 万以上の都市や地区に設置》.(⇒म्युनिसिपैलिटी)

नगरवासी /nagaravāsī ナガルワースィー/ [←Skt. *नगर-वासिन्-* 'town-dwelling'] *m.* 都会人, 市民.(⇒नागरिक)

नगरी /nagarī ナグリー/ [←Skt.f. *नगरी-* 'a town, city'] *f.* (小さな)都市, 町.

नगाड़ा /nagāṛā ナガーラー/ [< *नक़्क़ारा* ←Pers.n. نقاره 'a kettle-drum' ←Arab.] *m.* 〖楽器〗ナガーラー《2本のスティックで打つ片面太鼓》.(⇒नक़्क़ारा)

नगीना /nagīnā ナギーナー/ [←Pers.n. نگينه 'a ring, especially the seal-ring of a prince; a precious stone set in a ring, a bezel'] *m.* **1** (指輪についている)宝石. ❒अँगूठी का ～ 〔慣用〕かけがえのないほど大事なもの[人]. **2** 印章つきの指輪.

नग्न /nagna ナグン/ [←Skt. *नग्न-* 'naked, new, bare, desolate, desert'] *adj.* **1** 裸の.(⇒नंगा) ❒～ तस्वीर ヌード写真. ❒एक महिला का ～ अवस्था में शव मिला। 一人の女性の全裸の死体が発見された. **2** 赤裸々な, あからさまな. ❒～ तथ्य 赤裸々な事実.

नग्नता /nagnatā ナグンター/ [←Skt.f. *नग्न-ता-* 'nakedness'] *f.* 裸であること;赤裸々であること.(⇒नंगापन)

नचनिया /nacaniyā ナチニヤー/ [cf. *नाचना*] *m.* ダンサー, 舞踏家.

नचाना /nacānā ナチャーナー/ [cf. *नाचना*] *vt.* (*perf.* नचाया /nacāyā ナチャーヤー/) **1** 踊らせる. ❒वे लोग पुतलियों को नचाकर जीविका उपार्जन करते थे। 彼らは操り人形を踊らせて生計を立てていた. **2** (人を)手玉にとる, 意のまま操る;(人を)キリキリ舞させる. ❒वह मुझे उसी तरह नचाती थी, जैसे मदारी बंदर को नचाता है। 彼女は, まるで猿回しが猿を踊らすように, 私を意のままに操っていた. ❒वह मर्दों के नचाने की कला जानती थी। 彼女は男たちを手玉にとる術を知っていた.

नज़दीक /nazadīka ナズディーク/ [←Pers.adv. نزديك 'near, neighbouring, hard by, close to'] *adv.* 近くにへ, 接近して.(⇒निकट, क़रीब) ❒(के) ～ (…の)近くに. ❒(के) ～ से(…の)近くから.

नज़दीकी /nazadīkī ナズディーキー/ [←Pers.n. نزديكى 'nearness, neighbourhood, vicinity, approach'] *adj.* **1** (距離・関係が)近い.(⇒निकट) ❒～ सिनेमाघर 近所の映画館. ❒भारत और जापान के बीच ～ रिश्ता है। インドと日本との間には近い関係がある.

— *f.* **1** 近接(していること);近所, 近辺;僅差. ❒～ से हराना 僅差で負かす. **2** (相互関係の)接近;親密さ. ❒भारत और जापान की ～ インドと日本との接近. ❒भारत से जापान की ～ बढ़ रही है। インドと日本の親密さは増加している.

नज़र[1] /nazara ナザル/ [←Pers.n. نظر 'looking at; sight, vision, view' ←Arab.] *f.* **1** 一瞥, 一見;視線;目つき.(⇒दृष्टि, निगाह) ❒(पर) (की) ～ पड़ना(…に)(人の)目がとまる. ❒(पर) ～ डालना(…を)一瞥する. **2** 視界. ❒(को) ～ आना …が(人の)視界に入る. **3** 邪視(じゃし).(⇒डीठ) ❒(को) ～ लग जाना(人に)邪視がとりつく.

नज़र[2] /nazara ナザル/ ▸नज़्र [←Pers.n. نذر 'vowing; a gift, anything offered or dedicated' ←Arab.] *f.* 贈り物;贈与. ❒(को) ～ करना [गुज़ारना, देना] (人に)贈り物をする.

नज़रअंदाज़ /nazaraaṃdāza ナザルアンダーズ/ [←Pers.adj. نظر انداز 'cast off, out of sight'] *adj.* 無視された;見逃された. ❒～ करना 無視する;見逃す.

नज़रबंद /nazarabaṃda ナザルバンド/ [←Pers. نظر بند 'strictly watched (without imprisonment), under surveillance'] *adj.* 〖法律〗軟禁された(人). ❒(के) घर में [पर] (को) ～ करना [रखना](人の)自宅に(人を)軟禁する.

— *m.* 〖法律〗軟禁された人;被拘束者.

नज़रबंदी /nazarabaṃdī ナザルバンディー/ [←Pers.n. نظر بندى 'confinement'] *f.* 〖法律〗軟禁(状態).

नज़राना /nazarānā ナズラーナー/ [←Pers.n. نذرانه 'fees paid to government as an acknowledgement for a grant of land or any public office'] *m.* 付け届け;貢の金品;進物;賄賂. ❒(को) ～ देना (人に)付け届けをする.

नज़ला /nazalā ナズラー/ [←Pers.n. نزلة 'rheum, catarrh' ←Arab.] *m.* 〖医学〗インフルエンザ;感冒, 風邪.(⇒फ़्लू)

नज़ाकत /nazākata ナザーカト/ [←Pers.n. نزاكة 'elegance, softness, tenderness, politeness' ←Arab. ←Pers.adj. نازك 'thin, slender, subtle, tender, delicate, fragile, light, elegant'] *f.* **1** 繊細さ, デリカシー. ❒कविता करने के लिए ～ चाहिए। 詩作するには繊細さが必

要だ. **2** 優雅さ, 上品さ, 優美さ. ❐वह मुस्कराती और ～ से लचकती हुई आ पहुँची। 彼女は微笑みながら優雅に腰をくねらせながらやって来た.

नज़ारा /nazārā ナザーラー/ [←Pers.n. نظارة 'inspection, superintendency, administration; a walking and lokking about' ←Arab.] *m.* 光景;風景, 眺め. (⇒दृश्य) ❐अंतरिक्ष से दिखता धरती का ～ 宇宙から見える地球の様子. ❐सूर्योदय का ख़ूबसूरत ～ 日の出の美しい眺め.

नज़्म /nazma ナズム/ [←Pers.n. نظم 'joining (pearl) in a row; composing (verses); poetry, verse' ←Arab.] *f.* 〖文学〗韻文;詩. (⇒पद्य)

नज़्र /nazra ナズル/ ▸नज़र *f.* ☞नज़र[2]

नट /naṭa ナト/ [←Skt.m. *नट-* 'actor, dancer, mime' (<OIA.m. *nartá-* 'dancer': T.06977x1)] *m.* 〖演劇〗ナタ《インド古典演劇における俳優;踊り・曲芸などを生業とする人》. (⇔नटी)

नटखट /naṭakʰaṭa ナトカト/ [?echo-word] *adj.* いたずら好きな, 腕白な;悪ふざけをする.

नटखटपन /naṭakʰaṭapana ナトカトパン/ [*नटखट* + *-पन*] *m.* いたずらっぽさ, 腕白;悪ふざけ. ❐～ से मुस्कराना いたずらっぽく笑う.

नटखटी /naṭakʰaṭī ナトカティー/ [*नटखट* + *-ई*] *f.* いたずら, 腕白;悪ふざけ. ❐～ करना 悪ふざけをする.

नटना[1] /naṭanā ナトナー/ ▸नाटना [?cf. OIA. *naṣṭá-* 'lost': T.07028z1] *vi.* (*perf.* नटा /naṭā ナター/) 否定する;拒否する;前言を翻す.

नटना[2] /naṭanā ナトナー/ [<OIA. *nartáyati* 'makes dance': T.06979] *vi.* (*perf.* नटा /naṭā ナター/) 踊る.

नटनी /naṭanī ナトニー/ [cf. *नट*] *f.* ナタ (नट) の妻;女芸人.

नटराज /naṭarāja ナトラージ/ [*नट* (<OIA.m. *nartá-* 'dancing': T.06977) + *राज* (<OIA.m. *rā́jan-* 'chieftain, king': T.10679)] *m.* 〖ヒンドゥー教〗ナタラージャ《「舞踏の王」, シヴァ神 (शिव) の別称;クリシュナ神 (कृष्ण) を指すこともある》.

नटी /naṭī ナティー/ [←Skt.f. *नटी-* 'actress, dancer, mime'] *f.* ナティー《インド古典演劇における女優;踊り・曲芸などを生業とする女》. (⇔नट)

नत /nata ナト/ [←Skt. *नत-* 'bent, bowed, curved, inclined, inclining'] *adj.* **1** (頭の)垂れた, (頭が)下がった. **2** 曲がった.

नतमस्तक /natamastaka ナトマスタク/ [neo.Skt. *नत-मस्तक-* 'having the head lowered'] *adj.* (尊敬・服従・羞恥などで)頭を垂れた;屈した. ❐(के सामने [आगे]) ～ होना (…の前で)頭を垂れる.

नति /nati ナティ/ [←Skt.f. *नति-* 'bending, bowing'] *f.* 頭を垂れること.

नतीजा /natījā ナティージャー/ [←Pers.n. نتيجة 'a foetus, offspring, birth, of the same year with another; result, issue, fruit, effect, consequence, what necessarily follows; conclusion' ←Arab.] *m.* **1** 結果, 結末. (⇒अंजाम, परिणाम, फल) ❐(का) ～ निकलना (…の)結果が出る. ❐इम्तहान का ～ कब निकलेगा? 試験の結果はいつ出ますか? **2** 結論. (⇒अंजाम, निष्कर्ष) ❐(का) ～ निकालना (…の)結論を引き出す. ❐हम लोग इस नतीजे पर पहुँचे। 我々はこの結論に到達した.

नत्थी /nattʰī ナッティー/ [<OIA. *nastā-, *nasti-, *nastu-, *nastya-, *nastya-* 'nose': T.07032z1] *f.* (書類の)ファイル, 綴じ込み;綴じたもの. (⇒फ़ाइल, मिसल) ❐～ करना (書類を)綴じる. ❐～ वीज़ा 別紙ビザ《パスポート上の貼付やスタンプの形式ではなく別紙として発行されるビザ》.

नथ /natʰa ナト/ [<OIA.f. *nastā-* 'a hole bored through the septum of the nose': T.07032z1] *f.* (女性用の)鼻輪, 鼻飾り.

नथना[1] /natʰanā ナトナー/ [cf. *नथ*] *vi.* (*perf.* नथा /natʰā ナター/) **1** 鼻輪がつけられる《鼻の隔壁に穴をあける》. **2** (書類などが)綴じられる, (ピンで)とめられる.

नथना[2] /natʰanā ナトナー/ ▸नथुना [cf. OIA.m. *nasta-* 'nose': T.07031] *m.* **1** 鼻孔;小鼻. ❐नथने फड़कना (怒りで)小鼻がぴくぴくする. ❐नथने फुफकारना (雄牛が)鼻息を荒くする. ❐नथने फुलाना [चढ़ाना] (怒りで)小鼻をふくらませる. **2** (大きな)鼻輪.

नथनी /natʰanī ナトニー/ [cf. *नथना[2]*] *f.* **1** (小さな)鼻輪. **2** (鼻につける)小さな宝石. **3** (牛の鼻につなぐ)綱. **4**〔俗語〕(娼妓の)水揚げ. ❐(की) ～ उतरना (娼妓が)水揚げされる. ❐(की) ～ उतारना (娼妓の)水揚げをする.

नथुना /natʰunā ナトゥナー/ ▸नथना *m.* ☞नथना[2]

नदारद /nadārada ナダーラド/ [←Pers. ندارد 'it has not'] *adj.* 消え失せた;まったく無い;まったく不在で. ❐उसने अपना बैग ～ पाया। 彼は自分のバッグが無くなっているのに気づいた. ❐उनके चेहरों से ख़ुशियाँ ～ हैं। 彼らの顔から喜びが消えている. ❐तार का जवाब ～। 電報の返事はまったく無し.

नदी /nadī ナディー/ [←Skt.f. *नदी-* 'flowing water, a river'] *f.* 〖地理〗川, 河, 河川. (⇒दरिया) ❐नील [सिंधु, गंगा] ～ ナイル[インダス, ガンジス]川.

ननद /nanada ナナド/ ▸नंद [<OIA.f. *nánāndr̥-* 'husband's sister': T.06946] *f.* 義姉, 義妹《夫 (पति) の姉妹》. (⇔नंदोई)

ननदोई /nanadoī ナンドーイー/ [<OIA.m. *nanāndr̥pati-, nanānduḥpati-* 'husband's sister's husband': T.06947] *m.* 義姉妹の夫《夫の姉妹 ननद の夫》.

ननसार /nanasāra ナンサール/ ▸ननसाल [*नाना[1]* + *-शाला*] *f.* ☞ननिहाल

ननसाल /nanasāla ナンサール/ ▸ननसार *f.* ☞ननिहाल

ननिया /naniyā ナニヤー/ [<OIA. **nānna-[1]* 'term of respect for an older relative': T.07059; cf. *नाना*] *adj.* 母方の祖父 (नाना) の;義理の母方の. (⇔ददिया) ❐～ ससुर 義理の母の父. ❐～ सास 義理の母の母.

ननिहाल /nanihāla ナニハール/ [cf. *नाना*] *m.* **1** 母方の祖父の家. **2** 母方の親類.

ननुनच /nanunaca ナヌナチ/ [neo.Skt.ind. *न-नु-न-च*

'demur'] *m.* 異議;不服. ❐～ करना 異議を唱える.

नन्हा /nanhā ナンハー/ [<OIA. *ślakṣṇá-* 'slippery, smooth, soft, tender, gentle': T.12732] *adj.* 小さく愛らしい, かわいらしい;幼い.

नपना /napanā ナプナー/ [cf. *नापना*] *vi.* (*perf.* नपा /napā ナパー/) **1** (長さ・幅・深さなどが)測られる, 測定される, 寸法がとられる;(重さが)計られる;(液体が升などで)量られる. (⇒तुलना) ❐अनुभूति के क्षण घड़ी की सुई से नहीं नपते। 気持を実感する瞬間は時計の針では測れないものである. **2** (前もって効果・影響などが)計算される, 見積もられる;推測される.

नपाई /napāī ナパーイー/ [cf. *नापना*] *f.* 寸法を測る仕事;その手間賃.

नपा-तुला /napā-tulā ナパー・トゥラー/ [*नपना* + *तुलना*] *adj.* よく計算された, 慎重な. ❐वे नपी-तुली भाषा में नपी-तुली बात कहते हैं। あの方は慎重な言葉で計算されつくした話を話す.

नपुंसक /napuṃsaka ナプンサク/ [←Skt. *न-पुंसक-* 'neither male nor female; a hermaphrodite; a eunuch; a weakling, coward; neuter'] *adj.* **1** 〚医学〛インポテンツの. (⇒नामर्द) **2** 〚医学〛両性具有の. **3** 臆病な(男), 男らしくない. (⇒नामर्द) **4** 〚言語〛(文法性が)中性の. ❐～ लिंग की संज्ञा 中性名詞.

— *m.* **1** 〚医学〛性的不能者, インポテンツの男. **2** 〚医学〛両性具有者;半陰陽. (⇒हिजड़ा) **3** 臆病な男, 小心者, 男らしくない男. **4** 〚言語〛(文法性が)中性.

नपुंसकता /napuṃsakatā ナプンサクター/ [?neo.Skt.f. *नपुंसक-ता-* 'impotence; cowardice'] *f.* **1** 〚医学〛インポテンツ. ❐～ का उपचार インポテンツの治療. **2** 臆病, 小心.

नपुंसकलिंग /napuṃsakaliṃga ナプンサクリング/ [←Skt. *नपुंसक-लिङ्ग-* 'of the neuter gender'] *m.* 〚言語〛中性. ❐～ संज्ञा 中性名詞.

नफ़रत /nafarata ナフラト/ [←Pers.n. نفرة 'flight, terror, abomination, aversion, horror' ←Arab.] *f.* 嫌悪;憎しみ, 憎悪. (⇒घृणा) ❐(को) (से) ～ है। (人は)(…に)嫌悪感がある. ❐(से) ～ करना (…を)憎む.

नफ़ा /nafā ナファー/ [←Pers.n. نفع 'being useful, profitable, beneficial, availing; gain, profit, advantage, emolumnet,interest' ←Arab.] *m.* **1** 〚経済〛利益, 利潤, 儲け, 収益. (⇒लाभ)(⇔नुकसान, हानि) ❐(का) ～ उठाना (…で)利益を得る. ❐इस काम में उसे अच्छा ～ भी होता था। この仕事で彼はいい収益をあげていた. ❐पहली मिल में हमने २० प्रतिशत ～ दिया। 最初の工場で我々は 20 パーセントの利益を出した. **2** (利害関係の)利益, 利, 得. (⇒फ़ायदा, लाभ) **3** 〚経済〛利子. (⇒ब्याज, सूद)

नफ़ा-नुक़सान /nafā-nuqasāna ナファー・ヌクサーン/ *m.* 〚経済〛損得, 利害得失. ❐(अपना) ～ समझना (自分にとって)どちらが得か損かわかる.

नफ़ीस /nafīsa ナフィース/ [←Pers.adj. نفيس 'precious, delicate, exquisite' ←Arab.] *adj.* 申し分のないできの;(品質・技術が)優美で繊細な, 洗練された, 上品な. (⇒उत्तम, उम्दा, बढ़िया)

नब्ज़ /nabza ナブズ/ [←Pers.n. نبض 'beating, throbbing (as pulse or artery); the pusle' ←Arab.] *f.* **1** 〚医学〛脈, 脈拍. ❐(की) ～ देखना [पहचानना] (人の)脈を診る. ❐(की) ～ छूटना (人の)脈がなくなる《死ぬ》. ❐धीमी ～ 弱弱しい脈拍. **2** (市場・流行などの)動向, 動き, 流れ;風向き. ❐(की) ～ टटोलना (…の)動向を探る. ❐बाज़ार की ～ 市場の動向. ❐समय की ～ पहचानना 時代の流れを見極める.

नब्बे /nabbe ナッベー/ ▸नव्वे [<OIA.f. *navatí-* '90': T.06995] *num.* 90.

नभ /nabʰa ナブ/ [←Skt. *नभ-* 'the sky, atmosphere'] *m.* 天空.

नभश्चर /nabʰaścara ナバシュチャル/ [←Skt. *नभश्-चर-* 'sky-going'] *m.* 鳥.

नभचर /nabʰacara ナブチャル/ *m.* ☞नभश्चर

नभोमंडल /nabʰomaṃḍala ナボーマンダル/ [←Skt.n. *नभो-मण्डल-* 'sky-circle; firmament'] *m.* 天空.

नम /nama ナム/ [←Pers.n. نم 'moisture'] *adj.* **1** 湿った, 湿気のある. **2** (肌が)潤っている, 湿り気のある. ❐～ त्वचा 潤いのある肌. ❐त्वचा को ～ बनाना 肌に潤いをもたせる.

नमक /namaka ナマク/ [←Pers.n. نمك 'salt'] *m.* **1** 塩;塩分;食塩. (⇒नोन) ❐(में) ～ डालना (…に)塩を入れる. **2** 恩義. ❐～ (का हक़) अदा करना 恩に報いる. ❐(का) ～ खाना (人の)恩義を受ける.

नमकदान /namakadāna ナマクダーン/ [←Pers.n. نمكدان 'a salt-cellar'] *m.* (食卓用)塩入れ.

नमकहराम /namakaharāma ナマクハラーム/ [←Pers.adj. نمك حرام 'untrue to salt eaten together, i.e. ungrateful, faithless, perfidious, disloyal'] *adj.* 恩知らずの(人);不忠の. (⇔नमकहलाल)

नमकहरामी /namakaharāmī ナマクハラーミー/ [*नमकहराम* + *-ई*] *f.* 恩知らず, 忘恩.

नमकहलाल /namakahalāla ナマクハラール/ [←Pers.adj. نمك حلال 'faithful, loyal, true'] *adj.* 恩義を忘れない(人), 義理堅い;忠誠心のある. (⇔नमकहराम)

नमकहलाली /namakahalālī ナマクハラーリー/ [←Pers.n. نمك حلالى 'fidelity, loyalty'] *f.* 忠誠(心);忠義(の心).

नमकीन /namakīna ナムキーン/ [←Pers.adj. نمكين 'salted, salt, saline, brackish; witty; handsome, beautiful'] *adj.* **1** 塩味の, 塩気のある, しょっぱい, 塩辛い. (⇒खारा) ❐～ पानी 塩水. **2** きりりと艶っぽい(女).

— *m.* 〚食〛ナムキーン《塩味のスナック類;ポテトチップスや日本の煎餅やなどいわゆる「かわきもの」に相当》.

नमकीनी /namakīni ナムキーニ/ [←Pers.n. نمكينى 'saltness; agreeableness'] *f.* **1** 塩味, 塩気, 塩辛さ.

❒नमक की 〜 塩の塩辛さ. **2** (若い女の肌の)艶っぽさ.

नमदा /namadā ナムダー/ [←Pers.n. نمد 'felt; a garment of coarse cloth'; cog. Skt.m. *नमत-, नवत-* 'felt, woollen cloth'] *m.* フェルト.

नमन /namana ナマン/ [←Skt.n. *नमन-* 'bowing down; bending (a bow)'] *m.* 深々としたお辞儀. ❒(को) 〜 करना (人に)恭しく頭を下げる.

नमस्कार /namaskāra ナマスカール/ [←Skt.m. *नमस्-कार-* 'the exclamation *namas*, adoration, homage'] *int.* 〖ヒンドゥー教〗おはよう;こんにちは;今晩は《ヒンドゥー教徒の挨拶の言葉》. (⇒नमस्ते)
— *m.* 挨拶(の言葉). ❒(दोनों हाथों से) (को) 〜 करना (両手を合わせて)(人に)挨拶する. ❒उनसे मेरा 〜 कहिएगा। あの方に私からよろしくとお伝えください.

नमस्ते /namaste ナマステー/ [←Skt. *नमस्-ते* 'salutations to you'] *int.* 〖ヒンドゥー教〗おはよう;こんにちは;今晩は《ヒンドゥー教徒の挨拶の言葉》. (⇒नमस्कार) ❒(को) 〜 करना (人に)挨拶する.

नमाज़ /namāza ナマーズ/ [←Pers.n. نماز 'prayers, those especially prescribed by Islamic law (which are repeated five times a day)'; cf. Pers.n. صلاة ، صلوة 'praying' ←Arab.] *f.* 〖イスラム教〗ナマーズ《イスラム教徒の義務の一つである礼拝;毎日5回行われる》. ❒〜 पढ़ना [अदा करना] 祈りを捧げる.

नमाज़ी /namāzī ナマーズィー/ [←Pers. نمازی 'a praying person; relating to prayers'] *adj.* 敬虔な, 信心深い.
— *m.* 敬虔なイスラム教徒.

नमित /namita ナミト/ [←Skt. *नमित-* 'bowed, bent down'] *adj.* (弓形に)曲がった;丁重に腰を曲げた.

नमी /namī ナミー/ [←Pers.n. نمی 'coolness; moistness, dampness'] *f.* **1** (大気の)湿気, 湿り気;湿度. (⇒सील) ❒〜 बढ़ना 湿度が増す. **2** (肌の)潤い, 湿り気. ❒आपकी त्वचा के लिए बेहद ज़रूरी है नमी!あなたのお肌にとって特に必要なのは潤いです!

नमूना /namūnā ナムーナー/ [←Pers.n. نمونه 'sample, example, specimen, type, form, pattern'] *m.* **1** 見本, 標本;試供品, サンプル;模型, モデル;例, 実例. ❒ख़ून का 〜 血液サンプル. ❒नमूने के तौर पर 実例[見本]として. **2** 模様, パターン;型.

नमूनिया /namūniyā ナムーニヤー/ [←Eng.n. *pneumonia*] *m.* 〖医学〗肺炎.

नम्र /namra ナムル/ [←Skt. *नम्र-* 'bowing, inclining; bowed, bent, curved; submissive, reverential, humble'] *adj.* **1** 謙虚な, 慎ましい, 控えめな;丁重な. ❒〜 भाव से कहना 丁重に言う. ❒नवयुवक ने बड़े 〜 शब्दों में जवाब दिया। 青年はたいそう慎み深い言葉で答えた. **2** 従順な, 恭順な. ❒〜 निवेदन 謹んで申し上げたいこと.

नम्रता /namratā ナムルター/ [←Skt.f. *नम्र-ता-* 'state or condition of bowing or hanging down; submissiveness, humbleness, meekness'] *f.* **1** 謙虚, 慎ましさ, 控えめ;丁重. ❒〜 से [के साथ] 丁重に. **2** 従順, 服従, 恭順. ❒उसके मुख पर से 〜 का आवरण हट गया। 彼の顔から恭順の覆いが取り除かれた.

नय /naya ナエ/ [←Skt.m. *नय-* 'prudent conduct or behaviour'] *m.* 慎重さ;抜け目なさ.

नयन /nayana ナヤン/ [←Skt.n. *नयन-* 'the leading organ, the eye'] *m.* 〖文学〗まなざし, 目. (⇒आँख) ❒सजल नयनों से देखना 涙を湛えたまなざしで見る.

नयनाभिराम /nayanāb^{h}irāma ナエナービラーム/ [neo.Skt. *नयन-अभिराम-* 'pleasing to eyes, beautiful, charming'] *adj.* (目を楽しませるほど)魅力的な;(目を楽しませるほど)美しい(女). ❒एक बहुत ही मामूली शक्ल-सूरत की औरत इतनी 〜 हो सकती है, यह मैं न समझ सकता था। 一人のごく平凡な姿の女がこれほど魅力的に見えることがありうるということを, 私は知らなかった.

नया /nayā ナヤー/ [<OIA. *návya-* 'new': T.07025] *adj.* **1** 新しい, 初めての;耳新しい;今度の, 新式の, できたての;最近の. (⇔पुराना) **2** 新参の, 新任の;経験のない, 新米の. **3** 未知の;(場所に)不案内な. ❒〜 देश (人にとって)初めての国. ❒मैं इस शहर में 〜 हूँ। 私はこの街には不案内です.

नयापन /nayāpana ナヤーパン/ [*नया* + *-पन*] *m.* 新しいこと;新しさ. (⇔पुरानापन)

नर[1] /nara ナル/ [←Pers.n. نر 'male, masculine'; cog. Skt.m. *नृ-, नर-* 'a man, a male, a person'] *m.* 〖動物〗雄《雄であることを明示するため生物を表す名詞の前に付加することがある; नर-मक्खी「雄の蝿」など》. (⇔मादा)

नर[2] /nara ナル/ [←Skt.m. *नर-* 'a man, a male, a person'] *m.* 人間;男, 男性. (⇒पुरुष)(⇔नारी)

नरक /naraka ナラク/ [←Skt.m. *नरक-* 'hell, place of torment'; → Japan.n. *奈落*] *m.* 地獄, 奈落. (⇒जहन्नुम)(⇔स्वर्ग)

नरकुल /narakula ナルクル/ [<OIA.m. *naḍá-, naḷá-* 'a species of reed': T.06936] *m.* 〖植物〗アシ(芦). ❒〜 को तेज़ चाक़ू से काटकर क़लम बनाना アシを鋭いナイフで削ってペンを作る.

नरगिस /naragisa ナルギス/ [←Pers.n. نرگس 'a narcissus' ←Gr.] *m.* 〖植物〗スイセン(水仙)(の花).

नरगिसी /naragisī ナルギスィー/ [←Pers.adj. نرگسی 'belonging to a narcissus'] *adj.* 水仙(の花)のような;美しい.

नरपशु /narapaśu ナルパシュ/ [←Skt.m. *नर-पशु-* 'man-beast; a brute in human form'] *m.* 獣(けだもの)のような人間.

नर-भक्षी /nara-b^{h}akṣī ナル・バクシー/ [neo.Skt. *नर-भक्षिन्-* 'cannibal, man-eater'] *adj.* 人食いの. ❒〜 बाघ 人食い虎.

नरम /narama ナラム/▸नर्म [←Pers.adj. نرم 'soft to the touch'] *adj.* **1** 柔らかい;ソフトな手触りの. ❒〜 कोयला ピート, 泥炭. ❒〜 गलीचा ソフトな手触りのじゅうたん. **2** 柔和な, 温和な;穏健な. (⇒सख़्त) ❒(के प्रति) अपना रुख़ 〜 करना (…に対して)自身の態度を軟化させ

る. ❒～ दल(政治的に)穏健な党. ❒～ पड़ना(態度が)軟化する. **3**〖経済〗(市場が)軟調な, 活気のない.

नरमदिल /naramadila ナラムディル/ ▸नर्मदिल *adj.* ☞नर्मदिल

नरमा /naramā ナルマー/ [←Pers.adj. نرمہ 'soft'] *m.* 〖植物〗ナルマー《中米原産のワタの種子からとれる木綿》.

नरमाना /naramānā ナルマーナー/ [cf. *नरम, नर्म*] *vi.* (*perf.* नरमाया /naramāyā ナルマーヤー/) 柔らかくなる.
— *vt.* (*perf.* नरमाया /naramāyā ナルマーヤー/) 柔らかくする.

नरमी /naramī ナルミー/▹नर्मी [←Pers.n. نرمی 'softness, smoothness, sleekness'] *f.* **1** 柔らかさ;ソフトな手触り. ❒वह बालक जिसे गोद में उठाते ही ～, गरमी और भारीपन का अनुभव होता था, अब सूखकर काँटा हो गया। 膝に抱き上げると柔らかい感触, 体温そして重量感が感じられたあの子どもが, いまや痩せて骨のようになっていた. **2** 柔和さ, 温和さ;穏健さ;寛大さ, 手ぬるさ. (⇔सख़्ती) ❒(के साथ) ～ बरतना(人に対して)優しく接する. **3**〖経済〗(市場の)軟調さ, 活気のなさ.

नरसंहार /narasaṃhāra ナルサンハール/ [neo.Skt.m. *नर-संहार-* 'genocide'] *m.* 組織的大量虐殺, 集団殺戮(さつりく), ジェノサイド.

नरसिंगा /narasiṃgā ナルスィンガー/▸नरसिंघा, नरसिंहा [*नर* + *सिंगा*] *m.* 〖楽器〗ナルスィンガー《真鍮製のラッパの一種》.

नरसिंघा /narasiṃghā ナルスィンガー/ ▸नरसिंगा, नरसिंहा *m.* ☞नरसिंगा

नरसिंहा /narasiṃhā ナルスィンハー/ ▸नरसिंगा, नरसिंघा *m.* ☞नरसिंगा

नरसों /narasõ ナルソーン/ [cf. *परसों*] *adv.* **1** 明々後日(しあさって). **2** 一昨々日(さきおととい).

नराधम /narādhama ナラーダム/ [←Skt.m. *नर-अधम-* 'a low or vile man, a wretch'] *m.* いやしい男, あさましい男.

नरिया /nariyā ナリヤー/ [?cf. *नाली*] *m.* ナリヤー《半円筒形の屋根瓦》.

नरेश /nareśa ナレーシュ/ [←Skt.m. *नर-ईश-* 'lord of men, king'] *m.* 王.

नर्क /narka ナルク/ [hypercorr.Skt.m. *नर्क-* for Skt.m. *नरक-* 'hell, place of torment'] *m.* ☞नरक

नर्तक /nartaka ナルタク/ [←Skt.m. *नर्तक-* 'dancer, singer, actor'] *m.* (男性の)舞踏家, ダンサー;(男性の)俳優, 役者. (⇔नर्तकी)

नर्तकी /nartakī ナルタキー/ [←Skt.f. *नर्तकी-* 'a female dancer, actress, singing girl'] *f.* (女性の)舞踏家, ダンサー;(女性の)俳優, 役者. (⇔नर्तक)

नर्तन /nartana ナルタン/ [←Skt.n. *नर्तन-* 'dancing, acting'] *m.* 舞踏, 踊り;演技.

नर्म /narma ナルム/ ▸नरम *adj.* ☞नरम

नर्मदा /narmadā ナルマダー/ [←Skt.f. *नर्म-दा-* 'pleasure-giver; name of a river'] *f.* ナルマダー川, ナルマダ川《インド亜大陸の中部を東西に走るヴィンディヤ山脈(विंध्याचल)の南側を西に向かって流れ, グジャラート州でアラビア海に流入する》.

नर्मदिल /narmadila ナルムディル/ ▸नरमदिल [←Pers.adj. نرم دل 'tender-hearted, gentle'] *adj.* (心の)優しい.

नर्मी /narmī ナルミー/ ▹नरमी *f.* ☞नरमी

नर्वस /narvasa ナルワス/ [←Eng.adj. *nervous*] *adj.* 神経質な;緊張する, あがる. ❒～ होना 緊張する, あがる.

नर्स /narsa ナルス/ [←Eng.n. *nurse*] *f.* 〖医学〗女性の看護師, 看護婦. (⇒उपचारिका)(⇔उपचारक)

नल /nala ナル/ [<OIA.m. *naḍá-, naḷá-* 'a species of reed': T.06936] *m.* **1** (水道の)蛇口. ❒～ का पानी 水道の水. **2** パイプ, チューブ, 管, 導管, 筒. (⇒पाइप) **3** 下水管, 下水道. (⇒पाइप) **4** 尿道. (⇒पाइप)

नलका /nalakā ナルカー/ [←Panj.m. *ਨਲਕਾ* 'pipe; pump'] *m.* **1** (太い)水道管. **2** 井戸の手動式汲み上げポンプ.

नलकी /nalakī ナルキー/ [cf. *नलका*] *f.* (細い)水道管.

नलकूप /nalakūpa ナルクープ/ [*नल* + *कूप*] *m.* 掘り抜き井戸.

नलिका /nalikā ナリカー/ [←Skt.f. *नलिका-* 'a tube'] *f.* 細い管. ❒भोजन ～ 食道. ❒श्वास ～ 呼吸気管.

नलिन /nalina ナリン/ [←Skt.n. *नलिन-* 'a lotus flower or water-lily'] *m.* 〖植物〗ハス(蓮)(の花). (⇒कमल, नलिनी)

नलिनी /nalinī ナリニー/ [←Skt.f. *नलिनी-* 'a lotus'] *f.* 〖植物〗ハス(の茎). (⇒कमल, नलिन)

नली /nalī ナリー/ [cf. *नल*] *f.* **1** 小型のパイプ, チューブ, 管. **2** 銃身. ❒बंदूक की ～ 銃身.

नवंबर /navaṃbara ナワンバル/ [←Eng.n. *November*] *m.* 〖暦〗十一月. ❒～ में 十一月に. ❒पहली ～ को 十一月一日に.

नव-[1] /nava- ナオ・/ [←Skt. *नव-* 'new, fresh, recent, young, modern'] *adj.* 《合成語で「新…」を表す要素; नवचंद्र「新月」, नववधू「花嫁, 新妻」, नवशिक्षित「新人教育を受けた」など》

नव-[2] /nava- ナオ・/ [←Skt. *नवन्-* 'nine'] *adj.* 《合成語で「9」を表す要素; नवरत्न「九宝」, नवरात्र「9日間」など》

नवग्रह /navagraha ナオグラ/ [←Skt.m. *नव-ग्रह-* 'the 9 planets'] *m.* 〖天文〗九曜(くよう)《字義は「九つの惑星」で सूर्य「太陽」, चंद्र (सोम)「月」, मंगल「火星」, बुध「水星」, बृहस्पति「木星」, शुक्र「金星」, शनि「土星」, राहु「ラーフ」, केतु「ケートゥ」;最後の二つは実際には存在しない天体》.

नवचंद्र /navacaṃdra ナオチャンドル/ [*नव-*[1] + *चंद्र*] *m.* 〖天文〗新月.

नवजात /navajāta ナオジャート/ [←Skt. *नव-जात-* 'recently born; fresh, new'] *adj.* 新生の, 生まれたばかりの. ❒～ शिशु 新生児.

नवजीवन /navajīvana ナオジーワン/ [neo.Skt.m.

नव-जीवन- 'new life'] *m.* 新生.

नवधा /navadʰā ナオダー/ [←Skt.ind. *नव-धा* 'into 9 parts, in 9 ways, 9 times'] *adj.* 九種類の. ❐～ अंग 九つの身体部位《二つの目，二つの耳，二本の手，二本の足，一つの鼻》. ❐～ भक्ति 〖ヒンドゥー教〗神への帰依・信愛を深めるために説かれている九つの方法《श्रवण「神の御業や尊さを説くお話に耳を傾ける」, कीर्तन「神を賛美する」, स्मरण「神をひたすら念じる」, पादसेवन「神のおみ足におすがりしすべてを捧げる」, अर्चन「神のおみ足を拝む」, वंदन「神像や神の一部が宿りたまう信徒・バラモン・師・両親などに心からお仕えする」, दास्य「神に僕(しもべ)としてお仕えする」, सख्य「神を最高の友と思いすべてを捧げる」, आत्मनिवेदन「神の御許(みもと)にすべてをゆだねお任せする」》.

नवनिधि /navanidʰi ナオニディ/ [←Skt.m. *नव-निधि-* 'the 9 divine treasures belonging to *Kubera*'] *f.* 〖神話〗ナヴァニディ《クベーラ神が所有する天界の九種の宝》.

नवनिर्माण /navanirmāṇa ナオニルマーン/ [neo.Skt.n. *नव-निर्माण-* 'new construction'] *m.* 新造，再建；新築，改築；新編成，再編成.

नवनिर्मित /navanirmita ナオニルミト/ [neo.Skt. *नव-निर्मित-* 'newly constructed'] *adj.* 新造された，新しく作られた. ❐～ शब्द 〖言語〗新造語.

नवनीत /navanīta ナオニート/ [←Skt.n. *नव-नीत-* 'fresh butter'] *m.* 〖食〗無塩バター.

नवम /navama ナワム/ [←Skt. *नवम-* 'the ninth'] *adj.* 9番目の. (⇒नवाँ, नौवाँ)

नवमी /navamī ナオミー/ [←Skt.f. *नवमी-* 'the ninth'] *f.* 9番目の.

नवयुवक /navayuvaka ナオユワク/ [neo.Skt.m. *नव-युवक-* 'youth, young man'] *m.* 青年(男子)，若者. (⇔नवयुवती)

नवयुवती /navayuvatī ナオユオティー/ [neo.Skt.f. *नव-युवती-* 'young woman'] *f.* 若い女性. (⇔नवयुवक)

नवयुवा /navayuvā ナオユワー/ [neo.Skt. *नव-युवन्-* 'youth'] *m.* ☞नवयुवक

नवयौवन /navayauvana ナオヤォーワン/ [←Skt.n. *नव-यौवन-* 'fresh youth, bloom of youth'] *m.* 青春.

नवयौवना /navayauvanā ナオヤォーオナー/ [←Skt.f. *नव-यौवना-* 'blooming with the freshness of youth'] *f.* 若い娘.

नवरत्न /navaratna ナオラトン/ [←Skt.n. *नव-रत्न-* '9 precious gems (viz. मुक्ता- pearl, माणिक्य- ruby, पद्मराग- topaz, वज्र- diamond, मरकत- emerald, वैदूर्य- lapis lazuli, विद्रुम- coral, नील- sapphire, and गोमेद- agate (onyx)'] *m.* **1** 9種の宝玉，九宝《मोती「真珠」, मानिक「ルビー(紅玉)」, पुखराज「トパーズ(黄玉)」, हीरा「ダイヤモンド(金剛石)」, पन्ना「エメラルド(緑玉)」, लाजवर्द「ラピスラズリ(瑠璃)」, मूँगा「珊瑚」, नीलम「サファイヤ(青玉)」, गोमेद「瑪瑙(めのう)」》. **2**〖文学〗九宝《伝説による，古代ヴィクラマーディティヤ王の宮廷で珠玉と称えられた9人の文人》.

नवरस /navarasa ナオラス/ [←Skt.m. *नव-रस-* 'the nine tastes'] *m.* ナヴァラサ《インド古典文学理論で分類規定された，作品鑑賞者の感情を刺激し美的感動や純化した味わいに至らしめる九つの要素 (रस)；要素の数は8から10まで幅がある》.

नवरात्र /navarātra ナオラートル/ [←Skt.m. *नव-रात्र-* 'a period of 9 days'] *m.* 〖ヒンドゥー教〗ナヴァラートラ《チャイトラ月 (चैत्र) またはアーシュヴィン月 (आश्विन्) の9日間に行われる祭り；いずれもドゥルガー女神 (दुर्गा) を祀る》.

नवल /navala ナワル/ [<OIA. **navala-* 'new': T.07012] *adj.* 若々しい；初々しい.

नववधू /navavadʰū ナオワドゥー/ [←Skt.f. *नव-वधू-* 'a newly-married woman'] *f.* 花嫁；新妻.

नवविवाहित /navavivāhita ナオヴィワーヒト/ [neo.Skt. *नव-विवाहित-* 'newly-married'] *f.* 新婚の. ❐～ दंपति 新婚夫婦.

नवशिक्षित /navaśikṣita ナオシクシト/ [neo.Skt. *नव-शिक्षित-* 'neo-literate'] *adj.* 教育を受けたばかりの(人)；新人教育を受けた(人).

नवाँ /navā̃ ナワーン/ ▸नौवाँ [*नौ* + *-वाँ*] *adj.* 9番目の.

नवाकसुत /navākasuta ナワークスト/ [cf. Eng.n. *Nouakchott*] *m.* 〖地名〗ヌアクショット《モーリタニア(・イスラム共和国) (मारीतानिया) の首都》.

नवागंतुक /navāgaṃtuka ナワーガントゥク/ [neo.Skt. *नव-आगन्तुक-* 'just come'] *adj.* ☞नवागत
— *m.* ☞नवागत

नवागत /navāgata ナワーガト/ [←Skt. *नव-आगत-* 'just come'] *adj.* 新しく来たばかりの，新着の.
— *m.* 新人.

नवाज़िश /navāziśa ナワーズィシュ/ *f.* (目上からの)厚意，厚情；愛顧.

नवाज़ना /navāzanā ナワーズナー/ [cf. *नवाज़िश*] *vt.* (*perf.* नवाज़ा /navāzā ナワーザー/) 賜る；厚遇する. ❐उन्हें सर्वश्रेष्ठ गायिका के रूप में नवाज़ा गया। 彼女は最優秀歌手として栄誉を受けた.

नवाना /navānā ナワーナー/ [<OIA. *námati* 'bends': T.06956] *vt.* (*perf.* नवाया /navāyā ナワーヤー/) (頭を)垂れる，うなだれる. (⇒झुकाना) ❐(के) चरणों पर अपना मस्तक [शीश] ～ (人の)足元にぬかづく，ひれ伏す.

नवाब /navāba ナワーブ/ [←Pers.n. نواب 'a guard of soldiers; governor' ←Arab. ; → I.Eng.n. *nabob*] *m.* **1**〖歴史〗(ムガル帝国の)地方長官，太守. **2**〖歴史〗ナワーブ《英領インド時代にイスラム教藩王国支配者に与えられた称号》. **3** 金満家；金力や権力を誇示する人.

नवाबी /navābī ナワービー/ [←Pers.n. نوابی 'deputyship'] *adj.* **1** ナワーブの；ナワーブに関する. **2** 贅をつくした，豪華な，豪勢な.
— *f.* **1**〖歴史〗ナワーブ (नवाब) の地位. **2**〖歴史〗後期ムガル朝；群雄割拠による無政府状態. **3** 王侯貴族のような贅沢さ.

नवासा /navāsā ナワーサー/ [←Pers.n. نواسا 'a grandson'] *m.* 孫《娘の息子》. (⇔नवासी)

नवासी[1] /navāsī ナワースィー/ *num.* 89.

नवासी[2] /navāsī ナワースィー/ [←Pers.n. نواسی 'a grand-daughter'] *f.* 孫《娘の娘》. (⇔नवासा)

नवीकरण /navīkaraṇa ナヴィーカラン/ [←Skt.n. *नवी-करण-* 'making new, renewing'] *m.* 革新;更新, リニューアル;復活, 復元.

नवीन /navīna ナヴィーン/ [←Skt. *नवीन-* 'new, fresh, young'] *adj.* **1** 新しい;若々しい;新規の. (⇒नया) **2** 新鮮な. (⇒नया) **3** 近代的な, 現代的な. (⇒नया)

नवीनतम /navīnatama ナヴィーンタム/ [←Skt. *नवीन-तम-* 'newest, latest'] *adj.* 最新の. ❐～ समाचार 最新のニュース, 最新情報.

नवीनता /navīnatā ナヴィーンター/ [neo.Skt.f. *नवीन-ता-* 'newness'] *f.* 新しさ;若々しさ;新鮮さ.

नवीयन /navīyana ナヴィーヤン/ [neo.Skt.n. *नवीयन-* 'renovation, rejuvenation'] *m.* ☞नवीकरण

-नवीस /-navīsa ・ナヴィース/ [←Pers.n. نویس 'writing, describing; a writer'] *comb. form* 《男性名詞「描く人, 書く人」などを意味する合成語の要素として使用;अख़बार-नवीस「ジャーナリスト」, अफ़साना-नवीस「物語作家, 小説家」, नक़्शा-नवीस「製図工」など》.

-नवीसी /-navīsī ・ナヴィースィー/ [cf. *-नवीस*] *comb. form* 《女性名詞「描くこと, 書くこと, 書く仕事」を意味する合成語の要素として使用;अख़बार-नवीसी「ジャーナリズム」, नक़्शा-नवीसी「製図法」など》.

नवेला /navelā ナヴェーラー/ [cf. *नव-*[1]] *adj.* 若々しい, 初々しい;若く美しい. ❐नवेली बहू 新妻.

नवोढ़ा /navoṛʰā ナヴォーラー/ [←Skt.f. *नवोढा-* 'a newly married woman'] *f.* 新婚の女性;恥じらいのある新妻.

नव्य /navya ナヴィエ/ [←Skt. *नव्य-* 'new, young'] *adj.* **1** 新しい. **2** 近代の, 現代の.

नव्वे /navve ナッヴェー/ ▸नब्बे *num.* ☞नब्बे

नशा /naśā ナシャー/ [←Pers.n. نشا 'intoxiation' ←Arab. نشاة 'growing, appearing, being produced'] *m.* **1** 酔い, 酩酊;前後不覚. ❐～ उतरना [टूटना] 酔いがさめる. ❐～ किरकिरा [काफ़ूर, हिरन] हो जाना 酔いがいっぺんにさめる. ❐(पर) ～ चढ़ना [जमना] (人に)酔いが回る. ❐मानसिक व्यथा को शराब के नशे में डुबाना 精神的な苦悩を酒の酩酊にまぎらわす. ❐वह नशे में चूर था। 彼は酔いつぶれていた. **2** (酒など)酔わせるもの;麻薬(中毒). ❐नशे की दुकान 酒の店. **3** 驕り, 思い上がり;陶酔;無分別. ❐अहंकार नशे का मुख्य रूप है। 高慢は驕りの本性である. ❐उसे नेतृत्व का ～ चढ़ा हुआ था। 彼は人の上に立つという思い上がりに取りつかれていた. ❐सफलता का ～ 成功の陶酔.

नशाख़ोर /naśāxora ナシャーコール/ [←Pers.n. نشا خور 'a person who takes intoxicating drugs, a drunkard'] *adj.* 大酒のみの(人), のん兵衛の(人). (⇒नशेबाज़)

नशा-पानी /naśā-pānī ナシャー・パーニー/ *m.* 酒やつまみ類. ❐～ करना 酒盛りをする.

नशाबंदी /naśābaṃdī ナシャーバンディー/ [*नशा* + *-बंदी*] *f.* 〖法律〗禁酒(法).

नशीला /naśīlā ナシーラー/ [cf. *नशा*] *adj.* **1** 酔わせる, 酩酊させる;アルコールを含んでいる;催眠性のある. (⇒मादक) ❐नशीली दवाएँ 麻薬や薬物. **2** 酔わせる, 熱狂させる, うっとりさせる. (⇒मादक) ❐उसकी नशीली अदा 彼女のうっとりさせる媚態. **3** 酔った;酔いのまわった. ❐नशीली आँखें 酔った目つき. ❐वह नशीली चाल में घर लौटा। 彼は千鳥足で家に帰った.

नशेबाज़ /naśebāza ナシェーバーズ/ [*नशा* + *-बाज़*] *adj.* 大酒のみの(人), のん兵衛の(人). (⇒नशाख़ोर)

नशेबाज़ी /naśebāzī ナシェーバーズィー/ [*नशेबाज़* + *-ई*] *f.* 〖医学〗アルコール中毒, アル中.

नश्तर /naśtara ナシュタル/ [←Pers.n. نشتر 'a lancet, fleam'] *m.* 〖医学〗(外科用の)メス. ❐～ देना [लगाना] メスを入れる.

नश्वर /naśvara ナシュワル/ [←Skt. *नश्वर-* 'perishing, perishahle, transitory'] *adj.* 滅びる;はかない, つかの間の. ❐शारीरिक सुंदरता तो ～, आत्मिक सुंदरता शाश्वत। 肉体の美しさは滅ぶが, 精神の美しさは永遠である.

नश्वरता /naśvaratā ナシュワルター/ [←Skt.f. *नश्वर-ता-* 'perishableness, transitoriness'] *f.* はかなさ.

नष्ट /naṣṭa ナシュト/ [←Skt. *नष्ट-* 'lost, disappeared, perished, destroyed, lost sight of invisible'] *adj.* **1** 滅亡した, 破壊された;崩壊した, 荒廃した. (⇒बरबाद) ❐～ करना (…を)破壊する. ❐～ होना 破壊される. **2** (時間・金などが)浪費された;失われた. (⇒बरबाद) ❐समय ～ करना 時間を無駄にする. **3** 消失した;失われた. ❐सबूत ～ करना 証拠を隠滅する.

नष्टप्राय /naṣṭaprāya ナシュタプラーエ/ [*नष्ट* + *-प्राय*] *adj.* 破壊されたも同然の;失われたのも同然の.

नष्ट-भ्रष्ट /naṣṭa-bʰraṣṭa ナシュト・ブラシュト/ [neo.Skt. *नष्ट-भ्रष्ट-* 'completely destroyed or ruined'] *adj.* 破壊された;崩壊した;打ち砕かれた. ❐उसकी सारी अभिलाषाएँ ～ हो गईं। 彼のすべての願いが打ち砕かれた.

नस /nasa ナス/ [<OIA.f. *snasā-* 'tendon, muscle': T.13784] *f.* **1** 静脈;血管. (⇒नाड़ी, रग)(⇔धमनी) ❐(की) नस [नसें, नस-नस] पहचानना (人の)本性を見分ける. ❐उसकी नस-नस में रोब भरा हुआ था। 彼の全身隅々まで威風が満ち満ちていた. **2** 腱, 筋. (⇒रग) ❐गर्दन की नसें 首の筋肉. **3** 神経. ❐मेरी एक-एक ～ में बिजली दौड़ गई। 私の全神経に電撃が走った《ショックを受けた様子》. **4** 〖植物〗葉脈. (⇒रग) **5** 性器.

नसबंदी /nasabaṃdī ナスバンディー/ [*नस* + *-बंदी*] *f.* 〖医学〗精管切除, (男の)不妊手術, パイプカット. ❐～ कराना (男が)不妊手術を受ける.

नसल /nasala ナサル/ ▸नस्ल *f.* ☞नस्ल

नसलवाद /nasalavāda ナサルワード/ ▸नस्लवाद *m.* ☞नस्लवाद

नसलवादी /nasalavādī ナサルワーディー/ ▸नस्लवादी *adj.* ☞नस्लवादी

— *m.* ☞नस्लवादी

नसली /nasalī ナスリー/ ▷नस्ली [←Pers.adj. نسلی 'of family'] *adj.* 血統の;人種の

नसवार /nasavāra ナスワール/ [cf. *नास*] *f.* 嗅ぎタバコ. (⇒सूँघनी)

नसाऊ /nasāū ナサーウー/ [cf. Eng.n. *Nassau*] *m.* 『地名』ナッソー《バハマ(国) (बहामास) の首都》.

नसीब /nasība ナスィーブ/ [←Pers.n. نصيب 'good fortune; fate, destiny' ←Arab.] *m.* **1** 運, 運命. **2** 幸運, 幸せ《述語形容詞的「(…の)幸せに恵まれる」に用いられる場合が多い;否定文での用法が多い》. ❐१९ वर्ष की आयु में इतनी ख्याति बिरले ही किसी गुणी को ～ होती। 19歳でこれほどの名声は稀に特別な才能をもつ者だけが恵まれることがある. ❐उसको माता की गोद में खेलना ～ ही न हुआ था। 彼は母の膝で遊ぶ幸せに恵まれなかった. ❐चार दिन से सोना ～ नहीं हुआ। 四日間眠れなかった.

नसीहत /nasīhata ナスィーハト/ [←Pers.n. نصيحة 'counsel, advice, exhortation, admonition, reprimand' ←Arab.] *f.* **1** 教訓, 戒め. (⇒शिक्षा, सबक़) **2** 遺言. ❐उसकी आख़िरी ～ थी कि मेरी लाश जलाया न जाए, मेरी माँ की बग़ल में मुझे सुला दिया जाए। 彼女の最後の遺言は, 亡骸を焼かないように, 母の横に葬るように, ということだった.

नसूड़िया /nasūṛiyā ナスーリヤー/ [cf. *नासूर*] *adj.* 不吉な, 縁起の悪い.

नसैनी /nasainī ナサェーニー/▸निसेनी, निसैनी [<OIA.f. *niśrayaṇī-* 'ladder, staircase': T.07458] *f.* (木製の)はしご;階段. (⇒सीढ़ी)

नस्तालीक़ /nastālīqa ナスターリーク/ [←Pers.n. نستعليق 'a kind of Persian writing (or characters)' ←Arab.] *m.* ナスターリーク書体《ペルシア語・ウルドゥー語で使用される流麗なアラビア文字書体》.

नस्ल /nasla ナスル/▸नसल [←Pers.n. نسل 'stock, race, breed, caste' ←Arab.] *f.* **1** 『生物』(植物の)品種;(動物の)血統. (⇒जाति) ❐संकर ～ 交配種. **2** 人種. (⇒जाति)

नस्लवाद /naslavāda ナスルワード/ ▷नसलवाद [*नस्ल* + *-वाद*] *m.* 人種差別主義

नस्लवादी /naslavādī ナスルワーディー/ ▷नसलवादी [*नस्ल* + *-वादी*] *adj.* 人種差別主義の

— *m.* 人種差別主義者

नस्ली /naslī ナスリー/ ▷नसली *adj.* ☞नसली

नस्सौ /nassau ナッサォー/ [cf. Eng.n. *Nassau*] *m.* 『地名』ナッソー《バハマ(国) (बहामा) の首都》.

नह /naha ナ/ [<OIA.m. *nakhá-* 'nail (of finger or toe), claw': T.06914] *m.* (手・足の)爪.

नहछू /nahachū ナヘチュー/ [*नह* + *छू*] *m.* **1** 『ヒンドゥー教』ナヘチュー《婚礼の儀式前に花婿の髪や爪を切る一連の儀式》. **2** 『ヒンドゥー教』ナヘチュー《花婿の行列が花嫁の家に迎えに来た後, 花嫁の爪を切り沐浴させる儀式》.

नहन्नी /nahannī ナハンニー/ ▸नहरनी *f.* ☞नहरनी

नहर /nahara ナハル/ [←Pers.n. نهر 'flowing canal' ←Arab.] *f.* 『地理』運河;水路. ❐पनामा ～ パナマ運河. ❐स्वेज़ ～ スエズ運河.

नहरनी /naharanī ナハルニー/ ▸नहन्नी [<OIA. **nakhakaraṇa-* 'nail-cutter': T.06916] *f.* 爪切り.

नहरी /naharī ナヘリー/ [←Pers. نهری 'fluviatic, belonging to a river'] *adj.* 運河の, 運河に関係する.

— *f.* 運河で灌漑(かんがい)された土地.

नहला /nahalā ナヘラー/ [analogy to *दहला*] *m.* 『ゲーム』(トランプの)9.

नहलाई /nahalāī ナヘラーイー/ [cf. *नहलाना*] *f.* 入浴させる仕事;その手間賃.

नहलाना /nahalānā ナヘラーナー/ [cf. *नहाना*] *vt.* (*perf.* नहलाया /nahalāyā ナヘラーヤー/) 入浴させる;(人・動物を)洗う.

नहस /nahasa ナハス/ [←Pers.adj. نحس 'oppressing; unlucky, bad, inauspicious' ←Arab.] *adj.* 不吉な, 縁起の悪い. (⇒अशुभ, मनहूस)

नहान /nahāna ナハーン/ [cf. *नहाना*] *m.* 沐浴, 入浴.

नहाना /nahānā ナハーナー/ [<OIA. *snā́ti* 'bathes': T.13786] *vi.* (*perf.* नहाया /nahāyā ナハーヤー/) **1** 体を洗う;沐浴する. ❐नहाकर उसने कपड़े बदले। 沐浴してから彼は服を着替えた. ❐सुबह उठकर वे गंगा नहाने चले जाते थे। 早朝起きて彼はガンジス川に沐浴に行ったものだった. **2** 浸る;(汗・血)まみれになる. ❐नदी की लहरें अब भी चाँद की किरणों में नहा रही थीं। 川面の波はまだ月光を浴びて輝いていた. ❐वह रक्त से नहा उठी। 彼女は血まみれになった. ❐उसका पूरा बदन पसीने से नहा गया। 彼の全身は汗でびっしょりになった.

नहीं /nahī̃ ナヒーン/ [<OIA. *nahí* 'surely not': T.07035] *adv.* **1**…でない, …しない《通常, 動詞の直前に置く;動詞句の直後に置くと強い否定となる》. **2** いいえ, いいや. (⇔हाँ) ❐जी ～ いいえ.

— *f.* 「いいえ」と言うこと, 否定, 避妊, 拒否. (⇔हाँ) ❐वह किसी काम के लिए '～' न करता। 彼はどんな仕事も「いや」とは言わない.

नाँद /nā̃da ナーンド/ [<OIA. **nānda-* 'pot': T.07055] *f.* **1** かいば桶. **2** 壺《特に, 水を入れる口の大きな素焼きの壺》.

नांदी /nāṃdī ナーンディー/ [←Skt.f. *नान्दी-* 'joy, satisfaction, pleasure; a kind of blessing pronounced as a prologue to a drama'] *f.* 『演劇』ナーンディー《劇の序幕で劇の成功を祈願し神をほめたたえる言葉》.

ना /nā ナー/ [<OIA. *ná* 'not': T.06906] *adv.* ☞न

नाइजर /nāijara ナーイジャル/ [cf. Eng.n. *Niger*] *m.* 『国名』ニジェール(共和国)《首都はニアメ (नियामे)》.

नाइजीरिया /nāijīriyā ナーイジーリヤー/ [cf. Eng.n. *Nigeria*] *m.* 『国名』ナイジェリア(連邦共和国)《首都はアブジャ (अबुजा)》.

नाइट्रोजन /nāiṭrojana ナーイトロージャン/ [←Eng.n. *nitrogen*] *m.* 『化学』窒素. ❐द्रव ～ 液体窒素.

नाइन /nāina ナーイン/ [cf. *नाई*] *f.* 『ヒンドゥー教』ナーイン《ナーイー・カースト (नाई) の女;床屋の女房》.

नाई /nāī ナーイー/ [<OIA.m. *nāpitá-* 'a barber, shaver': T.07061z1] *m.* **1** 床屋, 理髪師, 理容師. (⇒हज्जाम) **2**〚ヒンドゥー教〛ナーイー《床屋を生業とするジャーティ集団 (जाति);また, このジャーティ集団に属する男》.

नाउम्मीद /nāummīda ナーウムミード/ ▸नाउम्मेद [←Pers.adj. نا امید 'desperate, desponding, hopeless'] *adj.* 希望のない, 絶望した, 落胆した. (⇒निराश, हताश) ❐(को) ～ करना (人を)失望させる.

नाउम्मीदी /nāummīdī ナーウムミーディー/ ▸नाउम्मेदी [←Pers.n. نا امیدی 'despair'] *f.* 失望, 絶望, 落胆. (⇒निराशा, हताशा)

नाउम्मेद /nāummeda ナーウムメード/ ▸नाउम्मीद *adj.* ☞नाउम्मीद

नाउम्मेदी /nāummedī ナーウムメーディー/ ▸नाउम्मीदी *f.* ☞नाउम्मीदी

नाउरु /nāuru ナーウル/ [cf. Eng.n. *Nauru*] *m.*〚国名〛ナウル(共和国)《主都はヤレン地区 (यारेन)》.

नाएप्यीडा /nāepyīḍā ナーエーピーダー/ ▸नाएप्यीडॉ [cf. Eng.n. *Naypyidaw*] *m.*〚地名〛ネーピードー《ミャンマー(連邦共和国) (म्यानमार) の首都》.

नाक /nāka ナーク/ [<OIA. **nakka-* 'nose': T.06909; cog. Pers.n. ناک 'the nose'] *f.* **1** 鼻. ❐(की) ～ बजना [बोलना] (人が)いびきをかく. ❐वह ～ पर मक्खी भी नहीं बैठने देती। 彼女は鼻に蝿さえ止まらせない《「神経質で潔癖症」の意》. **2** 鼻水. ❐～ बहना 鼻水が出る. **3** 威信, 威光, 面目. ❐(की) ～ कट जाना (人の)面目が失墜する. ❐(पर) ～ रगड़ना (…に)鼻をこすりつける《「卑屈な態度をとる」の意》. **4**〔慣用〕❐(की) ～ में दम कर देना (人を)さんざん苦しめる.

-नाक /-nāka ·ナーク/ [←Pers.suf. ناک '(as an affix) joined to noun it denotes abundance'] *suf.* 《名詞につけて形容詞「…に満ちた」を作る接尾辞; ख़तरनाक「危険な」, हसरतनाक「悲しげな」など》

नाक-नक़्शा /nāka-naqśā ナーク・ナクシャー/ *m.* 容貌, 顔かたち.

नाका[1] /nākā ナーカー/ [<OIA. **nākka-* 'like a nose, projecting': T.07037] *m.* **1** (道の)突き当り, (道の)入口;道角, 曲がり角. ❐(के) नाके पर (…の)道角に. ❐～ बाँधना 道路を封鎖する. **2** 検問所. ❐नगर के नाके बंद थे। 町の検問所は閉鎖されていた. **3** (針の)目;小さな穴.

नाका[2] /nākā ナーカー/ [<OIA.m. *nākra-* 'a kind of aquatic animal': T.07038] *m.*〔古語〕〚動物〛ワニ. (⇒घड़ियाल, मगरमच्छ)

नाकाबंदी /nākābaṃdī ナーカーバンディー/ ▸नाकेबंदी [*नाका*[1] + *-बंदी*] *f.* (道路・交通の)封鎖.

नाक़ाबिल /nāqābila ナーカービル/ [←Pers.adj. نا قابل 'incapable'] *adj.* 無能な;(目的に)そぐわない. ❐～ नेता 無能な指導者たち.

नाकाम /nākāma ナーカーム/ [←Pers.adj. ناکام 'unwilling; hopeless; disappointed'] *adj.* **1** 失敗した, 不首尾の;失望させる. (⇒नाकामयाब) ❐भाजपा बहुमत पाने में ～ रही। インド人民党は過半数票を獲得することに失敗した. **2** 役に立たない.

नाकामयाब /nākāmayāba ナーカームヤーブ/ [*ना-* + *कामयाब*; ←?I.Pers.adj. کامیاب; cf. Urd.adj. ناکامیاب 'unsuccessful'] *adj.* 失敗した, 不成功の. (⇒नाकाम)(⇔कामयाब) ❐आत्महत्या की वजह परीक्षा में ～ होना है। 自殺の原因は試験に失敗したことである.

नाकामयाबी /nākāmayābī ナーカームヤービー/ [*ना-* + *कामयाबी*; ←?I.Pers.adj. کامیابی; cf. Urd.adj. ناکامیابی 'unsuccess'] *f.* 失敗, 不成功. (⇒नाकामी)(⇔कामयाबी)

नाकामी /nākāmī ナーカーミー/ [←Pers.n. ناکامی 'disappointment'] *f.* **1** 失敗, 不首尾;失望. (⇒नाकामयाबी) ❐～ का सबूत 失敗の証拠. **2** 役に立たないこと.

नाकारा /nākārā ナーカーラー/ [←Pers.adj. ناکاره 'useless, worthless; idle, lazy'; cf. *नकारा*] *adj.* **1** 無用な, 役立たずの. **2** 怠惰な;だらしない.

नाक़िस /nāqisa ナーキス/ [←Pers. ناقص 'deficient, defective, imperfect, unfinished' ←Arab.] *adj.* 下等の;卑しい;欠陥のある;完全ではない. ❐～ ज़ात 卑しい生まれ.

नाकेबंदी /nākebaṃdī ナーケーバンディー/ ▸नाकाबंदी *f.* ☞नाकाबंदी

नाख़ुदा /nāxudā ナークダー/ [←Pers.n. نا خدا '(no-God) an atheist, impious wretch'] *m.*〚イスラム教〛無神論者;不信心者.

नाख़ुन /nāxuna ナークン/ ▸नाख़ून *m.* ☞नाख़ून

नाख़ुश /nāxuśa ナークシュ/ [←Pers.adj. ناخوش 'bad, wicked; unhappy; displeased'] *adj.* 不快な, 不機嫌な;不満な. (⇒अप्रसन्न)(⇔ख़ुश) ❐वह अपनी नौकरी से ～ था। 彼は自分の職業に不満だった.

नाख़ुशी /nāxuśī ナークシー/ [←Pers.n. ناخوشی 'indisposition; displeasure'] *f.* 不快, 不機嫌, 不興;不満. (⇒अप्रसन्नता)(⇔ख़ुशी)

नाख़ून /nāxūna ナークーン/ ▸नाख़ुन [←Pers.n. ناخون, ناخن 'a nail'; cog. Skt.m. *नख-* 'a finger-nail, toe-nail, claw, talon, the spur of a cock'] *m.* **1** (手足の)爪. (⇒नख) ❐～ काटना 爪を切る. **2** (鳥獣の)かぎ爪. (⇒नख)

नाग /nāga ナーグ/ [←Skt.m. *नाग-* 'a snake'] *m.* **1**〚動物〛(雄の)ヘビ;コブラ. (⇔नागिन) **2**〚神話〛ナーガ, ナーガ族《顔は人間, 身体はコブラの姿をした半神;地底界 (पाताल) に住むとされる》. (⇔नागिन)

नागकेसर /nāgakesara ナーグケーサル/ [←Skt.m. *नाग-केसर-* 'rose-chestnut, *Mesua ferrea*, *Mesua roxburghii*'] *m.*〚植物〛ナーグケーサル《セイロンテツボク;香りのよい黄色の花をつける背の低い常緑樹》.

नाग-दंत /nāga-daṃta ナーグ・ダント/ [←Skt.m. *नाग-दन्त-* 'elephant's tusk or ivory'] *m.* 象牙. (⇒हाथी-दाँत)

नागपंचमी /nāgapaṃcamī ナーグパンチミー/ [←Skt.f. *नाग-पञ्चमी-* 'a particular festival sacred to the *Nāgas*'] f.『暦』ナーガパンチャミー《シュラーヴァナ月 (श्रावण) の白半月第5日;この日ナーガ (नाग) を祀る祭礼が行われる》.

नागपुर /nāgapura ナーグプル/ [cf. Eng.n. *Nagpur*] *m.*『地名』ナーグプル《マハーラーシュトラ州 (महाराष्ट्र) の地方都市》.

नागफनी /nāgapʰanī ナーグパニー/ [*नाग* + *फन*] *f.*『植物』サボテン.

नागबेल /nāgabela ナーグベール/ [*नाग* + *बेल¹*] *f.*『植物』ナーグベール《キンマ (पान) のつる》.

नागर /nāgara ナーガル/ [←Skt. *नागर-* 'townborn, town-bred, relating or belonging to a town or city, town-like, civic'] *adj.* **1** 都会の, 都市の. (⇒शहरी) **2** 民間の. ❒〜 विमानन मंत्रालय 民間航空省.
— *m.* 都会人.

नागरमोथा /nāgaramotʰā ナーガルモーター/ [cf. Skt.f. *नागर-मुस्ता-* 'a species of *Cyperus* grass'] *m.*『植物』ナーガルモーター《カヤツリグサ科ハマスゲ;根は薬用に用いられる》. (⇒मोथा)

नागराज /nāgarāja ナーグラージ/ [←Skt.m. *नाग-राज-* 'serpent-king'] *m.*『神話』ナーガラージャ, 竜王. (⇒शेषनाग)

नागरिक /nāgarika ナーグリク/ [←Skt. *नागरिक-* 'born or living in a town, civic'] *adj.* 市民の, 公民の;都会の. ❒〜 अधिकार 市民の権利. ❒〜 जीवन 市民生活.
— *m.* 市民, 町民;国民;公民.

नागरिकता /nāgarikatā ナーグリクター/ [neo.Skt.f. *नागरिक-ता-* 'citizenship'] *f.* 市民権.

नागरिक-शास्त्र /nāgarika-śāstra ナーグリク・シャーストル/ [neo.Skt.n. *नागरिक-शास्त्र-* 'civics'] *m.* 市民論, 市政学, 公民研究;(学科として)公民科, 倫理社会.

नागरी /nāgarī ナーグリー/ [←Skt.f. *नागरी-* 'a clever or intriguing woman; Devanagari script'] *f.* **1** 機略に富む都会の女性. **2** デーヴァナーガリー文字. (⇒देवनागरी)

नागवार /nāgavāra ナーガワール/ [←Pers.adj. ناگوار 'undigested, unacceptable'] *adj.* 不愉快な, 苦々しい. ❒शर्मा जी को उनका आकर बैठना 〜 मालूम देता। シャルマー氏には彼が来て腰を下ろすことは苦々しく思えた. ❒मेरे संबंधियों और नातेदारों को यह ख़बर बड़ी 〜 गुज़री। 私の親類縁者にはこのニュースは苦々しかった.

नागा /nāgā ナーガー/ [<OIA. *nagná-* 'naked': T.06926] *m.* **1**『ヒンドゥー教』裸形の苦行者《シヴァ派の一つ》. **2**『地名』ナガランド (नागालैंड) の丘陵. **3** ナガ族(の人).

नाग़ा /nāğā ナーガー/ [?cf. Pers.adj. ناغه 'vacant, void, nought, unemployed' (?←Turk.)] *m.* **1** 欠席;不参加;欠勤;さぼり. ❒〜 करना (出席などを)休む, 欠勤する. ❒बिला 〜 नमाज़ें अदा करना 一回もさぼらず礼拝の祈りを捧げる. **2** 休日;休業.

नागालैंड /nāgālaiṃḍa ナーガーラェーンド/ [cf. Eng.n. *Nagaland*] *m.* ナガランド《州都はコヒマ (कोहिमा)》.

नागिन /nāgina ナーギン/ [cf. *नाग*] *f.*『動物』雌コブラ. (⇔नाग)

नाच /nāca ナーチ/ [<OIA.n. *nṛ́tya-* 'dancing': T.07582] *m.* 踊り, 舞い, 舞踏.

नाच-गान /nāca-gāna ナーチ・ガーン/ *m.* ☞नाच-गाना

नाच-गाना /nāca-gānā ナーチ・ガーナー/ *m.* 歌と踊り.

नाच-घर /nāca-gʰara ナーチ・ガル/ [*नाच* + *घर*] *m.* ダンスホール, 舞踏場.

नाचना /nācanā ナーチナー/ [<OIA. *nṛ́tyati* 'dances': T.07583] *vi.* (*perf.* नाचा /nācā ナーチャー/) **1** 踊る, 舞う. ❒वह मृदंग के ताल पर नाचने लगी। 彼女は両面太鼓のリズムに合わせて踊りだした. ❒नाचते-नाचते उनके केश-पाश शिथिल हो गए थे। 踊りつづけるうちに, 彼女らの髪を束ねるひもはゆるくなってしまった. ❒मयूर मेघदर्शन से प्रमत्त होकर नाच उठते थे। クジャクは雲を見て(=雨期の到来を知り), 喜びに酔いしれ舞いだすのであった. **2** (ふざけて)跳ね回る. **3** (死・疫病・悪など邪悪なものが)跳梁する, のさばる;はびこる. ❒मौत उसके सामने नाच रही है, मगर वह घबड़ाई नहीं है। 死神が彼女の目の前で舞っている, しかし彼女はおびえなかった. ❒उसके कपड़े ख़ून से सने थे और चेहरे पर पैशाचिकता नाच रही थी। 彼の服は血に染まり, 顔には悪魔のおぞましさが跳梁していた. **4** いいように操られる, 踊らされる.

नाच-रंग /nāca-raṃga ナーチ・ラング/ *m.* 歌と踊り;陽気で楽しいこと.

नाचार /nācāra ナーチャール/ [←Pers.adj. نا چار 'remediless'] *adj.* 仕方のない, 他に方策がない;ほとほと困り果てている. (⇒लाचार)

नाचीज़ /nācīza ナーチーズ/ [←Pers.adj. نا چیز 'a trifling, silly thing, of no consequence, insignificant'] *adj.* 取るに足らない, つまらない, くだらない, 価値のない.
— *m.* 取るに足らないもの[人], つまらないもの[人], くだらないもの[人], 価値のないもの[人]. ❒मैं विश्वास नहीं कर सकता कि आप मुझ जैसी 〜 पर क्रोध कर सक्ते हैं। 私は信じられません, あなたが私のような取るに足らないような女に対しご立腹なさるなんて.

नाज /nāja ナージ/ [cf. *अनाज*] *m.* ☞अनाज

नाज़ /nāza ナーズ/ [←Pers.n. ناز 'glory, glorification; pride, cconsequential airs, boasting'] *m.* **1** 人の気を引くそぶり, しな;媚び. **2** 気取ったしぐさ, 上品ぶること. **3** 誇り;自尊心, うぬぼれ. ❒(को) (पर) 〜 है। (人は)(…に)誇りがある. **4** 甘やかし, 溺愛.

नाज़-नख़रा /nāza-naxarā ナーズ・ナクラー/ *m.* 気取ったしぐさ, 上品ぶること;しなを作ること.

नाजायज़ /nājāyaza ナージャーヤズ/ [←Pers.adj. نا جائز 'unlawful, unsuitable'] *adj.* **1** 不適当な, 不適切な;不当な;法外な. (⇒अनुचित)(⇔जायज़) ❒〜 बिल 法外な請求書. ❒〜 रिश्ता (男女の)不適切な関係, 不義の関係. **2**『法律』不法な, 非合法な, 不当な, 禁制の. (⇔जायज़) ❒〜 हथियार 非合法な武器.

नाज़ुक /nāzuka ナーズク/ [←Pers.adj. نازك 'thin, slender, subtle, tender, delicate, fragile, light, elegant'] *adj.* **1** 繊細な, デリケートな, 微妙な. ❐उसके सामने ऐसे ～ प्रश्नों को छेड़ते हुए मुझे संकोच होता था। 彼女の前でこのようなデリケートな質問を始めることに私はためらいがあった. ❐मैं ऐसे ～ विषय पर बहस करने की बेहयाई पर नहीं उतर सकता था। 私はこのようなデリケートな問題について議論するほど恥知らずにはなれなかった. **2** こわれやすい(もの), もろい;きゃしゃな(体つき);か細い(声). ❐वह बड़ी ～ सी आवाज़ में बोलती थी। 彼女はとてもか細い声で話をする人だった. ❐वे बदन से ～ थे। 彼は体がきゃしゃだった. **3** きわどい, 危うい, 微妙な. ❐उसकी हालत आज बहुत ～ थी। 彼の容体は今日かなり危ないものだった. ❐मेरे घर की आर्थिक स्थिति और ～ हो गई थी। 私の家の経済状態はさらに危うくなった.

नाज़ुक-मिज़ाज /nāzukạ-mizājạ ナーズク・ミザージ/ [←Pers.adj. نازك مزاج 'of a delicate complexion or habit of body'] *adj.* 神経質な;癇癪(かんしゃく)持ちの. ❐～ स्त्री 神経質な女.

नाज़ुक-मिज़ाजी /nāzukạ-mizājī ナーズク・ミザージー/ [*नाज़ुक-मिज़ाज* + *-ई*] *f.* 神経過敏(症);癇癪(かんしゃく).

नाटक /nāṭakạ ナータク/ [←Skt.n. *नाटक-* 'any play or drama'] *m.* **1**〖文学〗演劇, 劇, 芝居;ドラマ. (⇒ड्रामा) ❐～ खेलना 芝居をする. **2**〖文学〗戯曲, 脚本. (⇒ड्रामा) ❐～ लिखना 戯曲を書く. **3** (人を欺くための)芝居, 狂言. ❐～ रचना [करना] 芝居を演じる.

नाटककार /nāṭakạkārạ ナータクカール/ [neo.Skt.m. *नाटक-कार-* 'a dramatist, playwright'] *m.*〖文学〗劇作家, 脚本家.

नाटकशाला /nāṭakạśālā ナータクシャーラー/ [neo.Skt.f. *नाटक-शाला-* 'a theatre'] *f.* ☞नाट्यशाला

नाटकीय /nāṭakīyạ ナートキーエ/ [←Skt. *नाटकीय-* 'dramatic'] *adj.* **1** 劇的な;めざましい, 印象的な. ❐～ अंदाज़ में 劇的に, 作り話のようだが本当に. ❐～ जीत 劇的な勝利. ❐～ परिवर्तन 劇的な変化. ❐～ मोड़ लेना 劇的な転換をする. ❐～ रूप [ढंग] से 劇的に. **2** 芝居じみた, わざとらしい;大げさな(立ち振る舞い).

नाटना /nāṭạnā ナートナー/ ▸नटना *vi.* (*perf.* नाटा /nāṭā ナーター/) ☞नटना[1]

नाटा /nāṭā ナーター/ [<OIA. **naṭṭa-* 'defective': T.06935] *adj.* 背の低い;ちびの.

नाटिका /nāṭikā ナーティカー/ [←Skt.f. *नाटिका-* 'a short or light comedy'] *f.*〖演劇〗ナーティカー《サンスクリット劇の分類の一つ》.

नाट्य /nāṭyạ ナーティエ/ [←Skt.n. *नाट्य-* 'dancing, mimic representation, dramatic art'] *m.* 演劇.

नाट्यकला /nāṭyạkalā ナーティエカラー/ [neo.Skt.f. *नाट्य-कला-* 'histrionics, dramatic art'] *f.* 演劇芸術.

नाट्यकार /nāṭyakārạ ナーティヤカール/ [neo.Skt.m. *नाट्य-कार-* 'a dramatist, playwright'] *m.* ☞नाटककार

नाट्यशाला /nāṭyaśālā ナーティヤシャーラー/ [←Skt.f. *नाट्य-शाला-* 'a theatre'] *f.* 劇場.

नाट्यशास्त्र /nāṭyaśāstrạ ナーティヤシャーストル/ [←Skt.n. *नाट्य-शास्त्र-* 'the science of dancing or mimic representation'] *m.* 演劇論, 演劇理論.

नाड़ा /nāṛā ナーラー/ ▸नारा [<OIA.f. *nāḍī-*[3] 'rope': T.07049] *m.* **1** 腰ひも, 引き締めひも. ❐पाजामे का ～ パージャーマー (पाजामा) の腰ひも. ❐～ खोलना〔卑語〕腰ひもを解く《情交する》. **2**〖ヒンドゥー教〗ナーラー《神への捧げものとして使う黄色や赤の結んだひも》. ❐～ बाँधना (師が)弟子をとる.

नाड़ी /nāṛī ナーリー/ [<OIA.f. *nāḍī-*[1] 'tubular stalk of any plant, tubular organ, tube': T.07047] *f.* **1** (動)脈, 血管. (⇒धमनी, नस, रग) **2** 脈, 脈拍. (⇒नब्ज़) ❐(की) ～ छूट जाना (人の)脈が止まる. ❐(की) ～ देखना (人の)脈を診る. ❐(की) ～ पहचानना (人を)見極める.

नाड़ी-परीक्षा /nāṛī-parīkṣā ナーリー・パリークシャー/ *f.*〖医学〗脈をとること, 脈拍を見ること. ❐～ कराना 脈拍を見てもらう.

नाड़ी-संस्थान /nāṛī-saṃstʰānạ ナーリー・サンスターン/ [neo.Skt.n. *नाड़ी-संस्थान-* 'network of arteries and veins'] *m.*〖医学〗血管系.

नाता /nātā ナーター/ [<OIA. **jñātra-* 'kinship, kinsman': T.05279] *m.* **1** 関係. ❐उनसे तो ख़ाली हँस-बोल लेने का ～ रखती हूँ। 彼とはただ冗談を言い合うだけの関係よ. ❐मालिक-मज़दूर का ～ 雇用主と被雇用者との関係. ❐(से) ～ जुड़ना (人との)関係が結ばれる. ❐(से) ～ जोड़ना (人との)関係を結ぶ. ❐(से) ～ टूट जाना (人との)関係が壊れる. ❐(से) ～ तोड़ना (人との)関係を絶つ. **2**《『名詞 के नाते』「…の関係上」や『名詞 होने के नाते』「…である関係上」の形式で使用》. ❐एक औरत और माँ होने के नाते आपका दर्द समझती हूँ। 私は一人の女としてまた母としてあなたの痛みを理解することができます. ❐उन्हें नैतिकता के नाते इस्तीफ़ा दे देना चाहिए। 彼は道義上辞表を提出すべきである.

नातिन /nātinạ ナーティン/ [cf. *नाती*] *f.* 孫《娘 (पुत्री) の娘》. (⇔नाती)

नाती /nātī ナーティー/ [<OIA.m. *náptr̥-* 'grandson': T.06955b] *m.* 孫《娘 (पुत्री) の息子》. (⇔नातिन)

नाते /nāte ナーテー/ [cf. *नाता*] *adv.* ☞नाता

नातेदार /nātedārạ ナーテーダール/ [*नाता* + *-दार*] *m.* 親戚(の人). (⇒रिश्तेदार, संबंधी)

नाथ[1] /nātʰạ ナート/ [←Skt.m. *नाथ-* 'a protector, patron, possessor, owner, lord'] *m.* 主, 主人;君主;夫.

नाथ[2] /nātʰạ ナート/ [<OIA.m. *nasta-* 'nose': T.07031] *m.* (牛・馬などの)鼻輪.

नाथना /nātʰạnā ナートナー/ [cf. *नाथ*[2]; cf. *नाधना*] *vt.* (*perf.* नाथा /nātʰā ナーター/) **1** (鼻輪をつけるために)(動物の鼻の隔壁 (नथना) に)穴をあける;鼻輪をつける. (⇒छेदना, बेधना) ❐उसने बैल को नाथ दिया। 彼は雄牛の鼻に穴をあけた. **2** (鼻輪をつけたように)支配下におく. **3** (書類などを)綴じる, (ピンで)とめる.

नाद /nādạ ナード/ [←Skt.m. *नाद-* 'a loud sound, roaring, bellowing, crying'] *m.* 大きな音, 大音響, 轟音;叫び声. ❐गगन-भेदी ～ 空をつんざく大音響. ❐

बिजली का भयंकर 〜 雷鳴のものすごい大音響.

नादान /nādāna̸ ナーダーン/ [←Pers.adj. نا دان 'ignorant, silly, unlearned'] *adj.* 無知な;愚かな, 分別がない;聞き分けのない;無邪気な. (⇒नासमझ)

नादानी /nādānī ナーダーニー/ [←Pers.n. نا دانی 'ignorance, simplicity, idiotism'] *f.* 無知;愚かさ, 分別のなさ;聞き分けのなさ;無邪気さ. (⇒नासमझी) ❐〜 करना 愚かなことをする, 馬鹿なことをする.

नादिम /nādima̸ ナーディム/ [←Pers.adj. نادم 'penitent, sorry for' ←Arab.] *adj.* 恥じている;後悔している. (⇒लज्जित, शर्मिंदा) ❐मैं 〜 हूँ। 私はすまないと思っている.

नादिया /nādiyā ナーディヤー/ [cf. *नंदी*] *m.* 〖ヒンドゥー教〗ナーディヤー《ヨーガ行者がお布施をもらうために連れ歩く奇形の雄牛》.

नादिरशाह /nādira̸śāha̸ ナーディルシャーハ/ [←Pers.n. نادر شاه 'name of a king of Persia who reigned from A.D. 1736 to A.D. 1747'] *adj.* **1** 〖歴史〗ナーディル・シャー《サフィービー朝のアッバース3世を廃止し王位についた;1739 年にムガル帝国の首都デリーを略奪した;残忍, 野蛮であったとされる》. **2** 暴君, 暴虐で非道な君主.

नादिरशाही /nādira̸śāhī ナーディルシャーヒー/ [*नादिरशाह* + -ई] *adj.* 暴君ナーディル・シャーをほうふつとさせる. ❐〜 फ़रमान 圧制的な命令.
— *f.* 暴政;圧制;恐怖政治.

नाधना /nādʰa̸nā ナードナー/ [<OIA. *naddhá-* 'tied': T.06944] *vt.* (*perf.* नाधा /nādʰā ナーダー/) ☞नाथना

नान /nāna̸ ナーン/ [←Pers.n. نان 'bread'] *f.* 〖食〗ナン《パン種を入れて発酵させた小麦粉を焼きかまど तंदूर で焼いた一種のパン》.

नान-ख़ताई /nāna̸-xatāī ナーン・カターイー/ [?←Pers.n. نان خطائی *'lit.* bread of Scythian province'] *f.* 〖食〗ナーンカターイー《米粉に砂糖を加えたものを焼いたビスケットに似た菓子の一種》.

नान-बाई /nāna̸-bāī ナーン・バーイー/ [←Pers.n. نان بائی 'a baker, bread-seller'] *m.* パン職人;パン屋《特にナン (नान) を扱う》.

नान-वेज /nāna̸-veja̸ ナーン・ヴェージ/ ▸नॉन-वेज [←I.Eng.n. *non-veg* 'non-vegetarian'] *m.* 非菜食者(のための食事). (⇒मांसाहारी)(⇔वेज)

नाना[1] /nānā ナーナー/ [<OIA. **nānna-* 'term of respect for an older relative': T.07059] *m.* (母方の)祖父. (⇔नानी)

नाना[2] /nānā ナーナー/ [←Skt.ind. *नाना* 'differently, variously, distinctly, separately'] *adj.* 様々な. ❐〜 प्रकार का 様々な種類の.

नानाविध /nānāvidʰa̸ ナーナーヴィド/ [←Skt. *नाना-विध-* 'of various sorts, multiform, manifold'] *adj.* 多様な, 様々な. (⇒विभिन्न)

नानी /nānī ナーニー/ [cf. *नाना*] *f.* (母方の)祖母. (⇔नाना)

नाप /nāpa̸ ナープ/ [cf. *नापना*] *f.* **1** 長さ, 大きさ, サイズ. ❐ब्रा की सही 〜 ブラの正しいサイズ. **2** 計測, 測定, 計量. **3** 基準, 尺度.

नाप-जोख /nāpa̸-jokʰa̸ ナープ・ジョーク/ *f.* ☞नाप-तौल

नाप-तौल /nāpa̸-taula̸ ナープ・タウル/ *f.* **1** (長さ・幅・深さ・重さなどの)計測;度量衡. ❐〜 और इकाई 計測と単位. **2** 見積もり;推測. ❐(की) 〜 करना (…を)見積もる.

नापना /nāpa̸nā ナープナー/ [<OIA. *jñāpyatē* 'is made known': T.05283] *vt.* (*perf.* नापा /nāpā ナーパー/) **1** (長さ・幅・深さなどを)測る, 測定する, 寸法をとる;(液体を升などで)量る. (⇒तौलना, मापना) ❐गज़ से यह कपड़ा नाप लो। 巻き尺でこの布地の寸法をとってくれ. ❐गरदन 〜 〔俗語〕首根っこをつかむ. **2** 見積もる;推測する. ❐वह चौदह वर्ष जेल की काली, ऊँची दीवारों को पलकों से नापता रहा। 彼は14 年の間, 監獄の黒くて高い塀を目測し続けた.

नापसंद /nāpasaṃda̸ ナーパサンド/ [←Pers.adj. نا پسند 'unchosen, disapproved of'] *adj.* **1** 嫌な, 嫌いな;好みでない, 気に入らない. ❐(को) 〜 करना (…を)嫌う. ❐कौन-सी चीज़ आपको सबसे 〜 है? どれがあなたは一番嫌いですか? **2** 受諾できない;容認できない. ❐(को) 〜 करना (…を)受け入れない. ❐उसका व्यवहार सभी को 〜 था। 彼の振る舞いはみんなが受け入れがたかった.

नापसंदी /nāpasaṃdī ナーパサンディー/ [←Pers.n. نا پسندی 'disagreeableness'] *f.* **1** 不快. **2** 不賛成;不同意.

नापसंदीदा /nāpasaṃdīdā ナーパサンディーダー/ [←Pers.adj. نا پسندیده 'unchosen, disapproved of'] *adj.* ☞नापसंद

नापाक /nāpāka̸ ナーパーク/ [←Pers.adj. نا پاک 'impure, unclean, polluted'] *adj.* (神聖ではなく)不浄な, けがらわしい;不純な; 不潔な. (⇒अपवित्र)(⇔पाक)

नापित /nāpita̸ ナーピト/ [←Skt.m. *नापित-* 'a barber, shaver'] *m.* 理容師, 散髪屋, 床屋. (⇒नाई)

नाफ़ /nāfa̸ ナーフ/ [←Pers.n. ناف 'the navel, nave, middle of anything'; cog. Skt.f. *नाभि-* 'the navel'] *f.* **1** 臍(へそ). **2** 中心.

नाब /nāba̸ ナーブ/ ▸नॉब [←Eng.n. *knob*] *m.* (ドアなどの)取っ手, ノブ.

नाबदान /nāba̸dāna̸ ナーブダーン/ [←Pers.n. نابدان 'a canal, gutter'] *m.* 下水路, 排水溝.

नाबालिग़ /nābāliġa̸ ナーバーリグ/ [←Pers.adj. نا بالغ 'under age, unripe, immature'] *adj.* 未成年の. (⇒अवयस्क)(⇔बालिग़)

नाबूद /nābūda̸ ナーブード/ [←Pers.adj. نا بود 'annihilated, reduced to nothing, disappeared'] *adj.* ☞नेस्त-नाबूद

नाभि /nābʰi ナービ/ [←Skt.f. *नाभि-* 'the navel'] *f.* 臍(へそ). (⇒नाफ़)

नाभिच्छेदन /nābʰiccʰedana̸ ナービッチェーダン/ [←Skt.n. *नाभि-च्छेदन-* 'the cutting of the navel-string'] *m.* 〖医学〗(新生児の)へその緒を切ること.

नामंज़ूर /nāmaṃzūra̸ ナーマンズール/ [←Pers.adj. نا

منظور 'not accepted'] *adj.* 不承認の;却下された. (⇒अस्वीकृय)(⇔मंज़ूर) ❒～ करना 却下する. ❒अमरीकी प्रस्ताव रूस को ～ है। アメリカの提案はロシアには受け入れ難い. ❒दरख़ास्त ～ हो गई। 申請が却下された.

नामंज़ूरी /nāmaṃzūrī ナーマンズーリー/ [*नामंज़ूर* + *-ई*] *f.* 不承認;却下.

नाम /nāma ナーム/ [<OIA.n. *nā́man-* 'name': T.07067; cog. Pers.n. نام 'a name'] *m.* **1** 名前, 名称; 題名, タイトル. ❒आपका क्या ～ है? あなたのお名前は何ですか. ❒(का) ～ रखना (…の)名前を付ける. ❒किसी गाँव में शंकर ～ का एक किसान रहता था। ある村にシャンカルという名前の一人の農夫が住んでいました. ❒(के) ～ से (…という)名前で. ❒(के) ～ पर (…の)名前のもとに, (…の)名前にかけて. **2** 名声, 評判. ❒～ कमाना 名声を得る. ❒हमारे ～ बड़े हैं। 我々の名声はたいしたものだ. **3** 名目;言葉;気配;形跡. ❒～ मात्र के ब्याज पर रुपए देना 形ばかりの利子で金を貸す. ❒उसके मुख पर क्षोभ या ग्लानि का ～ भी न था। 彼の顔には苦悩や後悔のかけらもなかった. ❒झिझक या संकोच का कहीं ～ नहीं। (彼女は)ためらいとか躊躇(ちゅうちょ)とかのかけらさえもなかった. ❒वह शादी ～ से डरता था। 彼は結婚というだけで恐れていた. ❒वे उठने का ～ भी नहीं लेते। 彼らは立ち上がろうともしなかった. **4**《『名詞 के नाम』の形式で, 副詞句「(連絡・通知などが)…宛に, …名義で」や副詞句「…の名目で, 名ばかりの…として」を作る》 ❒उसने पति के ～ कई पत्र लिखे। 彼女は夫宛に数通の手紙を書いた. ❒उसकी देह पर गहने के ～ कच्चा धागा भी न था। 彼女の身体には身を飾る名ばかりのものとして粗末なひもすらなかった.

नामक /nāmaka ナーマク/ [←Skt. *नामक-* 'bearing the name (of)'] *adj.* (…という)名をもつ. (⇒नामी) ❒धनगढ़ ～ एक गाँव ダンガルという名の一つの村.

नामकरण /nāmakaraṇa ナームカラン/ [←Skt.n. *नामकरण-* 'ceremony of naming a child after birth'] *m.* 命名;名づけ. ❒～ संस्कार〖ヒンドゥー教〗新生児の命名式.

नामज़द /nāmazada ナームザド/ [←Pers.adj. نامزد 'named (for an office), nominated, appointed, declared, destined'] *adj.* **1** 指名された;任命された. (⇒नामांकित) **2** 指名手配された. ❒(की) हत्या के मामले में ～ आरोपी (人の)殺人事件で指名手配された容疑者.

नामज़दगी /nāmazadagī ナームザドギー/ [cf. *नामज़द*] *f.* **1** 指名;任命. (⇒नामांकन) **2** 指名手配.

नामदार /nāmadāra ナームダール/ [←Pers.adj. نامدار 'renowned, celebrated, illustrious, famous, noted, glorious'] *adj.* 有名な, 高名な, 著名な. (⇒प्रसिद्ध)

नाम-धाम /nāma-dʰāma ナーム・ダーム/ *m.* 名前と住所, 住所氏名.

नामधारी /nāmadʰārī ナームダーリー/ [←Skt. *नाम-धारिन्-* 'bearing the name of'] *adj.* …という名を有する.
— *m.*〖スィック教〗ナームダーリー派(スィック教徒).

नामन /nāmana ナーマン/ [cf. *नाम*] *m.* 指名;推薦.

नाम-निशान /nāma-niśāna ナーム・ニシャーン/ *m.* 形跡, 痕跡. (⇒नामो-निशान) ❒मेरा ～ दुनिया से मिट जाएगा। 私がいたという痕跡はこの世から消えてしまうだろう. ❒व्यभिचार का ～ न था। 不貞の痕跡はなかった.

नामपटल /nāmapaṭala ナームパタル/ [neo.Skt.n. *नाम-पटल-* 'sign-board; name-plate'] *m.* ☞नाम-पट्ट

नामपट्ट /nāmapaṭṭa ナームパット/ [neo.Skt.m. *नामपट्ट-* 'sign-board; name-plate'] *m.* **1** 看板, 掲示板. (⇒साइनबोर्ड) **2** 名札, 表札.

नामपेन्ह /nāmapenha ナームペーンフ/ [cf. Eng.n. *Phnom Penh*] *m.*〖地名〗プノンペン《カンボジア(王国)(कंबोडिया)の首都》.

नामर्द /nāmarda ナーマルド/ [←Pers.adj. نا مرد 'unmanly, a coward'] *adj.* **1** 臆病な(男), 男らしくない. (⇒नपुंसक) **2**〖医学〗性的不能な. (⇒नपुंसक)
— *m.* **1** 臆病な男, 男らしくない男. (⇒नपुंसक) **2**〖医学〗性的不能な男. (⇒नपुंसक)

नामलेवा /nāmalevā ナームレーワー/ [*नाम* + *-लेवा*] *m.* (故人の名を唱える)後継者, 後継ぎ《原則として語形不変化》.

नामवर /nāmavara ナームワル/ [←Pers.adj. نامور 'celebrated, renowned'] *adj.* 有名な, 著名な, 高名な.

नामशेष /nāmaśeṣa ナームシェーシュ/ [←Skt. *नाम-शेष-* 'having only the name left'] *adj.* 名のみ残された;滅亡した, 死滅した, 絶滅した.

नामांकन /nāmāṃkana ナーマーンカン/ [←Skt.n. *नाम-अङ्कन-* 'the act of marking the name'] *m.* **1** (名前の)登録. **2** 任命;指名;推薦.

नामांकन-पत्र /nāmāṃkana-patra ナーマーンカン・パトル/ [neo.Skt.n. *नामाङ्कन-पत्र-* 'nomination paper'] *m.* 任命推薦書.

नामांकित /nāmāṃkita ナーマーンキト/ [←Skt. *नाम-अंकित-* 'marked with a name'] *adj.* **1** (名前が)登録された. ❒～ करना (担当者が申請者を)登録する. ❒～ कराना (申請者が)登録してもらう. ❒उसने क़ानून की फ़र्ज़ी डिग्री के आधार पर ख़ुद को वकील के रूप में ～ कराया है। 彼は偽造した法律の学位を元に自らを弁護士として登録した. ❒जीव-विज्ञान विषय की परीक्षा में ～ परीक्षार्थी 生物学の科目の試験に登録した受験者. **2** 指名された, ノミネートされた;任命された.

-नामा /-nāmā ・ナーマー/ [←Pers.n. نامہ 'a writing, letter, epistle'] *m.* 《名詞の語尾に付加して, 記録「…記」や文書「…状」を意味する男性名詞を作る; पंचनामा「仲裁契約書」, सिफ़ारिशनामा「推薦状」など》

नामाक़ूल /nāmāqūla ナーマークール/ [←Pers. نا معقول 'improbable, absurd, impertinent, improper, unreasonable, inconvenient'] *adj.* 不合理な, 不適当な;愚かな.

नामावली /nāmāvalī ナーマーオリー/ [←Skt.f. *नाम-अवली-* 'a list of names'] *f.* **1** 名簿. **2** (学術)用語集.

नामित /nāmita ナーミト/ [pseudo.Skt. *नामित-*

'nominated'; cf. Skt.n. *नामन्-* 'name'] *adj.* 指名された；任命された. ❒～ करना 指名する, 任命する.

नामी /nāmī ナーミー/ [←Pers.adj. نامی 'illustrious, celebrated; known'] *adj.* **1** 高名な, 評判の. (⇒प्रसिद्ध, मशहूर) **2** (…という)名の. (⇒नामक)

नामी-गिरामी /nāmī-girāmī ナーミー・ギラーミー/ *adj.* 有名な, 高名な.

नामीबिया /nāmībiyā ナーミービヤー/ [cf. Eng.n. *Namibia*] *m.* 『国名』ナミビア(共和国)《首都はウィントフック (विंडहाक)》.

नामुनासिब /nāmunāsiba ナームナースィブ/ [←Pers.adj. نا مناسب 'indecent, impertinent, incongruous, improper, unsuitable'] *adj.* 不適当な, 不適切な, 筋の通らない. (⇒अनुचित)(⇔मुनासिब)

नामुमकिन /nāmumakina ナームムキン/ *adj.* 不可能な, ありえない. (⇒असंभव)(⇔मुमकिन)

नामो-निशान /nāmo-niśāna ナーモー・ニシャーン/ [*नाम* + *व* + *निशान*] *m.* ☞नाम-निशान

नायक /nāyaka ナーヤク/ [←Skt.m. *नायक-* 'a guide, leader, chief, lord, principal'] *m.* **1** 指導者, 先導者, リーダー. (⇒नेता, लीडर, अगुआ) **2** 『演劇』(男の)主人公, ヒーロー；主演男優. (⇒हीरो)(⇔नायिका) **3** 下士官.

नायब /nāyaba ナーヤブ/ [←Pers.n. نائب 'a lieutenant, viceroy, vicegerent, substitute, deputy' ←Arab.] *adj.* 代理…, 副…《次席の職》. (⇒डिपटी) ❒～ सूबेदार インド陸軍(歩兵)伍長. ❒～ रिसालदार インド陸軍(騎兵・機甲)伍長.
— *m.* 補佐；代理.

नायलान /nāyalāna ナーヤラーン/ ▸नायलॉन [←Eng.n. *nylon*] *m.* ナイロン.

नायाब /nāyāba ナーヤーブ/ [←Pers.adj. نا یاب 'rare, not to be found, scarce'] *adj.* めったにお目にかかれない, 得難い. ❒～ नमूना めったにお目にかかれない例.

नायिका /nāyikā ナーイカー/ [←Skt.f. *नायिका-* 'a noble lady; the heroine in a drama'] *f.* 『演劇』(女の)主人公, ヒロイン；主演女優. (⇔नायक)

नारंगी /nāraṃgī ナーランギー/ [<OIA.m. *nāraṅgá-* 'orange tree': T.07073; → Pers.n. نارنگ → Arab.m. نارنج → Sp.f. *naranja*; cf. Fr.f. *orenge* → Eng.n. *orange*] *f.* **1** 『植物』オレンジ(の実)；橙(だいだい). **2** 女の乳房.
— *adj.* オレンジ色の；橙色の. ❒～ रंग オレンジ色；橙色.

नारकीय /nārakīya ナールキーエ/ [←Skt. *नारकीय-* 'hellish'] *adj.* 地獄のような. ❒रोमांचकारी तथा ～ दृश्य मेरी आँखों के सामने उपस्थित था। 背筋が寒くなる地獄のような光景が私の眼前に現出していた.

नारद /nārada ナーラド/ [←Skt.m. *नारद-* 'name of a celebrated *devarṣi*'] *m.* **1** 『ヒンドゥー教』ナーラダ仙《天界の聖仙の一人；ブラフマー神の 4 人の息子の一人；楽器ヴィーナー (वीणा) の発明者とされる；クリシュナ神の信奉者》. **2** (ナーラダ仙のように)おせっかいな人《他人同士の話に首をつっこみあることないことをそれぞれに吹き込み, 結果として不和を招くような人》. (⇒कुटना) ❒वह इस गाँव के ～ थे। 彼はこの村のおせっかい焼きだった.

नारा[1] /nārā ナーラー/ [←Pers.n. نعرة 'great noise, roar' ←Arab.] *m.* **1** 叫び声；喚声. **2** スローガン, 標語；掛け声. ❒(का) ～ लगाना (…の)スローガンを叫ぶ.

नारा[2] /nārā ナーラー/ ▸नाड़ा *m.* **1** ☞नाड़ा

नाराज़ /nārāza ナーラーズ/ [←Pers.adj. نا راض 'dissatisfied, discontented, displeased'] *adj.* 不満な；不機嫌な, 不興な, 腹を立てている；不愉快な. ❒(से) ～ होना (…に対して)不機嫌になる.

नाराज़गी /nārāzagī ナーラーズギー/ [←I.Pers.n. نا راضگی 'displeasure'] *f.* (不満による)不機嫌；立腹；不愉快. ❒(को) (से) ～ है। (人は)(…に対して)腹を立てている. ❒उन्होंने मौजूदा व्यवस्था के प्रति अपनी ～ का इज़हार किया। 彼は現行の制度に対して自分の不満を表明した.

नारायण /nārāyaṇa ナーラーヤン/ [←Skt.m. *नारायण-* 'the son of the original Man'] *m.* 『ヒンドゥー教』ナーラーヤナ《最高神；ヴィシュヌ神 (विष्णु) の別名》.

नारियल /nāriyala ナーリヤル/ [<OIA.m. *nārikēla-* 'coconut palm and fruit': T.07075] *m.* 『植物』ココヤシ, ココナツ(の実)《ヤシ科の高木；ヒンドゥー教では果実は神聖視され宗教儀礼に用いられる》. ❒दरियाई ～ オオミヤシ, フタゴヤシ.

नारी /nārī ナーリー/ [←Skt.f. *नारी-* 'a woman; a wife'] *f.* 女, 女性. (⇒स्त्री)(⇔नर, पुरुष)

नारीत्व /nārītva ナーリートオ/ [?neo.Skt.n. *नारी-त्व-* 'womanhood'] *m.* 女らしさ, 女であること, 女の本性. ❒उसकी ～ जाग उठा। 彼女の女の本性が目覚めた. ❒मेरे पैरों में ～ की बेड़ियाँ पड़ी हुई थीं। 私の足には女らしさという足かせがつながっていた.

नारेबाज़ /nārebāza ナーレーバーズ/ [*नारा* + *-बाज़*] *m.* スローガンを叫ぶ人.

नारेबाज़ी /nārebāzī ナーレーバーズィー/ [*नारेबाज़* + *-ई*] *f.* スローガンを叫ぶこと. ❒～ से देश नहीं बदलता। スローガンを叫ぶだけでは国は変わらない.

नार्फ़ोक द्वीप /nārafoka dvīpa ナールフォーク ドヴィープ/▸नॉर्फ़ोक द्वीप [cf. Eng.n. *Norfolk Island*] *m.* 『国名』ノーフォーク島《太平洋にあるオーストラリア領の島；主都はキングストン (किंग्सटन)》.

नार्मल /nārmala ナールマル/ ▸नॉर्मल [←Eng.adj. *normal*] *adj.* ノーマルな, 正常な；標準の.

नार्वे /nārve ナールヴェー/▸नॉर्वे [cf. Eng.n. *Norway*] *m.* 『国名』ノルウェー(王国)《首都はオスロ (ओस्लो)》.

नालंदा /nālaṃdā ナーランダー/ [cf. Eng.n. *Nalanda*] *m.* 『地名』ナーランダー《ビハール州 (बिहार) にある仏教遺跡》.

नाल[1] /nāla ナール/ [←Skt.m. *नाल-* 'a hollow stalk, (esp.) of the lotus'] *f.* **1** 『植物』茎. **2** 『医学』へそ

の緒. ❐～ काटना へその緒を切る.

नाल[2] /nāl*a* ナール/ [←Pers.n. نال 'a reed; a writing-reed; a gun-barrel'; cog. Skt.m. *नाल-* 'a hollow stalk, (esp.) of the lotus'] *f.* 葦の茎;葦ペン. **2** 砲身;銃身. ❐तोप की ～ 大砲の砲身.

नाल[3] /nāl*a* ナール/ [←Pers.n. نعل 'shoeing (a horse); a shoe, sandal, or anything which defends the feet of man or beast' ←Arab.] *m.* 蹄鉄(ていてつ).

नालबंद /nāl*a*baṃd*a* ナールバンド/ [←Pers.n. نعلبند 'a smith, farrier'] *m.* 蹄鉄(ていてつ)工.

नालबंदी /nāl*a*baṃdī ナールバンディー/ [←Pers.n. نعلبندی 'new-shoeing of a horse'] *f.* 蹄鉄(ていてつ)をつけること, 装蹄(そうてい).

नाला /nālā ナーラー/ [<OIA.f. *nāḍī́-*[1] 'tubular stalk of any plant, tubular organ, tube': T.07047] *m.* 水路;下水道, 下水.

नालायक़ /nālāyaq*a* ナーラーヤク/ [←Pers.adj. نا لائق 'improper, unsuitable, unfit, unworthy, inconvenient'] *adj.* **1** 役に立たない(人・もの);無能な(人). (⇒अयोग्य)(⇔लायक़) ❐～ आदमी 無能な人間. **2** 適していない, 不適当な. (⇔लायक़)

नालायक़ी /nālāyaqī ナーラーヤキー/ [*नालायक़* + *-ई*] *f.* **1** 無能さ;不適であること. **2** 愚かな行い, 愚行. ❐～ करना 愚かな行いをする.

नालिश /nāliś*a* ナーリシュ/ [←Pers.n. نالش 'a groan, lamentation, complaint, exclamation'] *f.* 〖法律〗告訴;訴訟. ❐(पर) (की) ～ करना (人を)(…で)告訴する.

नाली /nālī ナーリー/ [cf. *नाला*] *f.* **1** 血管. **2** 管, チューブ. **3** 水路;用水路;排水路, 下水溝.

नाव /nāv*a* ナーオ/ [<OIA.f. *nāvā́-* 'boat': T.07081] *f.* 小舟, ボート. ❐～ खेना 舟を漕ぐ.

नाविक /nāvik*a* ナーヴィク/ [←Skt.m. *नाविक-* 'a helmsman, pilot, sailor'] *m.* **1** 操舵手;船員, 船乗り;船頭. ❐जो ～ बहाव प्रति खे ले जाता है, वही सच्चा ～ है। 流れに逆らって漕いで進める船頭こそ真の船頭である. **2** 〖スポーツ〗漕ぎ手, ボート選手.

नाश[1] /nāś*a* ナーシュ/ [←Skt.m. *नाश-* 'the being lost, loss, disappearance, destruction, annihilation, ruin, death'] *m.* **1** 破壊;破滅;滅亡;絶滅. ❐(का) ～ करना (…を)破滅させる, 滅亡させる. **2** (罪などの)消滅, 消失.

नाश[2] /nāś*a* ナーシュ/ [←Pers.n. نعش 'lifting up; a bier with a dead body' ←Arab.] *f.* **1** 死体, 遺体. (⇒लाश, शव) **2** 棺(ひつぎ).

नाशक /nāśak*a* ナーシャク/ [←Skt. *नाशक-* 'destroying, annihilating, removing'] *adj.* 消滅させる, 絶滅させる. ❐खर-पतवार ～ 除草剤.

नाशकारी /nāś*a*kārī ナーシュカーリー/ [neo.Skt. *नाश-कारिन्-* 'destroying'] *adj.* ☞नाशक

नाशपाती /nāś*a*pātī ナーシュパーティー/ [←Pers.n. ناشپاتی 'the common pear'] *f.* 〖植物〗ナシ(梨)(の実).

नाशवान् /nāś*a*vān ナーシュワーン/ ▷नाशवान [neo.Skt. *नाश-वत्-* 'perishing, perishahle'] *adj.* ☞नश्वर

नाश्ता /nāśtā ナーシュター/ [←Pers.n. ناشتا 'fastening; breakfast'] *m.* 〖食〗朝食;軽食, スナック. ❐～ करना 朝食[軽食]をとる.

नास /nās*a* ナース/ [<OIA. *nāsyá-* 'errhine (?)': T.07093] *f.* かぎタバコ. ❐～ लेना [सूँघना] かぎタバコを吸う.

नासमझ /nāsamaj[h]*a* ナーサマジ/ [*ना-* + *समझ*] *adj.* **1** 物分かりが悪い, 愚かな. (⇒अनबूझ) **2** (幼いために)分別がない, 聞き分けのない. (⇒नादान)

नासमझी /nāsamaj[h]ī ナーサムジー/ [*नासमझ* + *-ई*] *f.* **1** 物分かりが悪いこと, 愚かなこと. **2** (幼いために)分別がないこと, 聞き分けのないこと. (⇒नादानी)

नासाफ़ /nāsāf*a* ナーサーフ/ [←Pers.adj. نا صاف 'unclean, dirty'] *adj.* **1** 不潔な, 汚れた. **2** 不鮮明な;あいまいな. (⇒अस्पष्ट) ❐～ लिखावट 不鮮明な筆跡.

नासिक /nāsik*a* ナースィク/ [cf. Eng.n. *Nasik*] *m.* 〖地名〗ナースィク《マハーラーシュトラ州 (महाराष्ट्र) にあるヒンドゥー教聖地》.

नासिका /nāsikā ナースィカー/ [←Skt.f. *नासिका-* 'a nostril; the nose'] *f.* 鼻. (⇒नाक)

नासूर /nāsūr*a* ナースール/ [←Pers.n. ناسور 'a disease in the corner of the eye, one in the gums, and one in the podex, attended by a constant running' ←Arab.] *m.* **1** 〖医学〗炎症;潰瘍(かいよう), 瘻(ろう). **2** 病弊, 弊害;社会病理.

नास्तिक /nāstik*a* ナースティク/ [←Skt. *नास्तिक-* 'atheistical, infidel'] *adj.* 〖ヒンドゥー教〗不信心な(人);無神論(者)の. (⇔आस्तिक) ❐～ दर्शन 無神論哲学.

नास्तिकता /nāstik*a*tā ナースティクター/ [←Skt.f. *नास्तिकता-* 'atheism; non-belief'] *f.* 〖ヒンドゥー教〗無神論. (⇔आस्तिकता)

नाहक़ /nāhaq*a* ナーハク/ [←Pers.adj. نا حق 'false, untrue; unjust, unlawful'] *adv.* **1** 不当に. ❐लोगों ने ～ उसे बदनाम कर दिया। みんなは不当に彼を悪者扱いにした. **2** 不必要に;わけもなく. ❐तुम ～ डर रही हो। お前は不必要に恐れているだけだ. **3** 何気なく.

नाहर /nāhar*a* ナーハル/ [<OIA. **nakhadara-* 'tearing with the claws': T.06919] *m.* **1** ライオン;トラ. **2** 勇猛な男, 勇者.

नाहीं /nāhī̃ ナーヒーン/ [cf. *नहीं*] *adv.* ☞नहीं
— *f.* ☞नहीं

निंदक /niṃdak*a* ニンダク/ [←Skt. *निन्दक-* 'blaming, abusive, censorious'] *m.* 悪口をいう人, 誹謗中傷する人.

निंदनीय /niṃd*a*nīy*a* ニンドニーエ/ [←Skt. *निन्दनीय-* 'blamable, reprehensible'] *adj.* 非難すべき. ❐सबसे ～ अपराध 最も非難すべき犯罪.

निंदा /niṃdā ニンダー/ [←Skt.f. *निन्दा-* 'blame, censure, reproach, reviling, defamation, controversy, injury, outrage'] *f.* 悪口, 非難, 中傷誹謗(ひぼう). ❐(की) ~ करना (…の)悪口をいう, (…を)非難する.

निंदा-प्रस्ताव /niṃdā-prastāvȧ ニンダー・プラスターオ/ [neo.Skt.m. *निंदा-प्रस्ताव-* 'censure motion'] *m.* 問責動議, 不信任動議; 問責決議(案), 非難決議(案). (⇒अविश्वास-प्रस्ताव) ❐(के ख़िलाफ़) ~ पारित [पास] करना(…に対する)問責決議案を可決する.

निंदित /niṃditȧ ニンディト/ [←Skt. *निन्दित-* 'blamed, censured, abused'] *adj.* 非難された, 誹謗(ひぼう)された.

निंब /niṃbȧ ニンブ/ [←Skt.m. *निम्ब-* 'the tree *Azadirachta indica*': T.07245] *m.* ☞नीम

निंबकौड़ी /niṃbȧkauṛī ニンブカォーリー/ ▸निंबकौरी, निमकौड़ी, निमकौरी [*निंब* + *कौड़ी*] *f.* 〖植物〗ニンブカォーリー《ニーム (नीम) の木の実》. (⇒निबौरी)

निंबकौरी /niṃbȧkaurī ニンブカォーリー/ ▸निंबकौड़ी *f.* ☞निंबकौड़ी

निःशंक /niḥśaṃkȧ ニハシャンク/ [←Skt. *निः-शङ्क-* 'free from fear or risk, not afraid of; careless, secure'] *adj.* 堂々とした; 恐れ知らずの. ❐ज़रा देखो, कितने ~ भाव से चला आता है, जैसे कोई विजयी सेनापति हो। ほら見てごらん, なんと堂々と歩いて来ていることか, まるで凱旋した将軍のようだ.

— *adv.* 堂々と; 恐れることなく. ❐जाने हुए रास्ते से हम ~ आँखें बंद किए चले जाते हैं। よく知っている道を私たちは恐れることなく目をつむって進んでいる.

निःशक्त /niḥśaktȧ ニハシャクト/ [neo.Skt. *निः-शक्त-* 'powerless, weak'] *adj.* 無力な, 非力な.

निःशब्द /niḥśabdȧ ニハシャブド/ [←Skt. *निः-शब्द-* 'noiseless, silent, still'] *adj.* 音のしない, 静寂な; 沈黙の.

निःशस्त्र /niḥśastrȧ ニハシャストル/ [←Skt. *निः-शस्त्र-* 'weaponless, unarmed'] *adj.* **1** 武器を持たない, 非武装の. (⇒निरस्त्र, निहत्था) **2** 武装解除された. (⇒निरस्त्र) ❐(को) ~ करना(…を)武装解除する.

निःशस्त्रीकरण /niḥśastrīkaraṇȧ ニハシャストリーカラン/ [←Skt.n. *निः-शस्त्रीकरण-* 'disarming; disarmament'] *m.* 非武装化. (⇔शस्त्रीकरण)

निःशुल्क /niḥśulkȧ ニハシュルク/ [neo.Skt. *निः-शुल्क-* 'not subject to charge, free'] *adj.* **1** 無料の, ただの. (⇒फ़्री, मुफ़्त) **2** 無税の, 免税の. ❐~ आयात 免税輸入.

— *adv.* **1** 無料で. **2** 無税で.

निःशेष /niḥśeṣȧ ニハシェーシュ/ [←Skt. *निः-शेष-* 'without remainder'] *adj.* **1** 何も残っていない, 消滅した. ❐अब वृद्धावस्था के कारण यह शक्ति ~ हो चली थी। すでに老年のためにこの力は残っていなかった. **2** 余すことなく完全な, 完結した.

निःश्रेयस /niḥśreyasȧ ニハシュレーヤス/ [←Skt. *निः-श्रेयस-* 'having no better; best, most excellent'] *m.* これ以上のものはないこと, 至福, 無上の喜び.

निःश्वसन /niḥśvasanȧ ニハシュワサン/ [←Skt.n. *निः-श्वसन-* 'breathing out or sighing'] *m.* 息を吐くこと; ため息をつくこと. (⇔श्वसन)

निःश्वास /niḥśvāsȧ ニハシュワース/ [←Skt.m. *निः-श्वास-* 'breathing out; sighing'] *m.* 呼気, 吐く息; ため息. (⇒निश्वास)(⇔उच्छ्वास) ❐~ निकलना ため息が出る. ❐दीर्घ ~ छोड़ना 長いため息をつく.

निःसंकोच /niḥsaṃkocȧ ニハサンコーチ/ [neo.Skt. *निः-संकोच-* 'without embarrassment, or shyness'] *adj.* ためらいのない; 遠慮をしない. ❐वह ~ भाव से बोली। 彼女はためらいなく言った.

— *adv.* ためらうことなく; 遠慮しないで.

निःसंग /niḥsaṃgȧ ニハサング/ [←Skt. *निः-सङ्ग-* 'unobstructed, moving freely; unconnected, separated, detached'] *adj.* **1** 連れのいない, 孤独な. **2** 執着心のない.

निःसंतान /niḥsaṃtānȧ ニハサンターン/ [←Skt. *निः-संतान-* 'destitute of offspring, childless'] *adj.* 子どものいない; 世継ぎのいない. ❐~ दंपति 子どものいない夫婦.

निःसंदेह /niḥsaṃdehȧ ニハサンデーヘ/ [←Skt. *निः-संदेह-* 'not doubtful, certain'] *adv.* 疑いなく, 必ずや, きっと; 明らかに. (⇒बेशक) ❐~ तुम्हें दुख उठाना पड़ा होगा। きっとお前は辛い目にあったのだろうね.

निःसरण /niḥsaraṇȧ ニハサラン/ [←Skt.n. *निः-सरण-* 'going forth or out'] *m.* 出ていくこと, 退場; 出口.

निःसहाय /niḥsahāyȧ ニハサハーエ/ [←Skt. *निः-सहाय-* 'without helpers, unassisted'] *adj.* 頼る人がいない, 無力な.

निःसार /niḥsārȧ ニハサール/ [←Skt. *निः-सार-* 'sapless, pithless, worthless, vain, unsubstantial'] *adj.* 内容のない, 取るに足らない.

निःसारण /niḥsāraṇȧ ニハサーラン/ [←Skt.n. *निः-सारण-* 'turning out, expelling'] *m.* 排出.

निःसारित /niḥsāritȧ ニハサーリト/ [←Skt. *निः-सारित-* 'turned out expelled, dismissed'] *adj.* 排出された.

निःसीम /niḥsīmȧ ニハスィーム/ [←Skt. *निः-सीमन्-* 'unbounded, immeasurable, infinite, grand'] *adj.* 限りない; 果てのない.

निःस्पृह /niḥspr̥hȧ ニハスプリフ/ ▸निस्पृह [←Skt. *निः-स्पृह-* 'free from desire'] *adj.* 無欲な; 私欲のない.

निःस्वार्थ /niḥsvārtʰȧ ニハスワールト/ [neo.Skt. *निः-स्वार्थ-* 'selfless, disinterested'; cf. *निस्स्वार्थ*] *adj.* ☞निस्स्वार्थ

निकट /nikaṭȧ ニカト/ [←Skt. *नि-कट-* 'being at the side, near'] *adj.* (距離・時間・関係が)近い. (⇒नज़दीकी) ❐~ भविष्य की समस्याएँ 近い未来の諸問題. ❐(का) ~ संबंधी(人の)近い親戚の人. ❐(से) ~ संबंध(…との)近い関係. ❐होरी उसे अपना भाई बल्कि उससे भी ~ जान पड़ा। ホーリーは彼が自分の兄弟どころかそれよりも身近に思えた.

— *adv.* **1** 近くに, 接近して;《『名詞 के निकट』の形式で, 副詞句「…の近くに」を表す》. (⇒नज़दीक, क़रीब)(⇔दूर) ❐(के) ~ (…の)近くに. **2**《名詞的に》近く. (⇔दूर) ❐मैं उसे ~ से देखता था। 私は彼女を近くから見ていた.

निकटता /nikaṭatā ニカトター/ [←Skt.f. *निकट-ता-* 'nearness, proximity'] *f.* (距離・時間・関係の)近さ.

निकटदृष्टि /nikaṭadr̥ṣṭi ニカトドリシュティ/ [neo.Skt.f. *निकट-दृष्टि-* 'myopia'] *f.* 〚医学〛近視. (⇔दीर्घदृष्टि)

निकटवर्ती /nikaṭavartī ニカトワルティー/ [←Skt. *निकट-वर्तिन्-* 'near, at hand'] *adj.* **1** 近在の, 近隣の. ❐~ गाँवों में 近隣の村々で. ❐~ राजा 近隣の王. **2** 身近な, 親しい. ❐अपने ~ मित्रों में 自身の身近な友人たちの間で.

निकटस्थ /nikaṭastʰa ニカトスト/ [←Skt. *निकट-स्थ-* 'near, at hand'] *adj.* 近い, 近隣の;身近な, 親密な. (⇒निकट)(⇔दूरस्थ) ❐~ मित्र 親密な友人.

निकम्मा /nikammā ニカムマー/ [<OIA. *niṣkarman-* 'inactive': T.07475] *adj.* 怠惰な, 不精な, だらしない. (⇒अकर्मण्य)

निकर[1] /nikara ニカル/ [←Skt.m. *नि-कर-* 'a heap, pile, a flock or multitude, a bundle, mass, collection'] *m.* 集団, 群れ.

निकर[2] /nikara ニカル/ [←Eng.n. *knicker*] *m.* ニッカー, ニッカーボッカー;半ズボン, ショートパンツ《最近は「パンティー」の意味でも》.

निकरना /nikaranā ニカルナー/ ▸निकलना *vi.* (*perf.* निकरा /nikarā ニクラー/) ☞निकलना

निकल /nikala ニカル/ [←Eng.n. *nickel*] *f.* 〚鉱物〛ニッケル.

निकलना /nikalanā ニカルナー/ ▸निकरना [cf. *निकालना*] *vi.* (*perf.* निकला /nikalā ニクラー/) **1** 取り出される;引き出される;抜き出される. **2** 抽出される;絞り出される;蒸留して取られる. **3** 取り除かれる;排除される;(リストから)削除される. **4** (表に)出て来る;現われる, 出現する;流れ出る. ❐बच्चे घर में से निकल आये और माता से लिपट गये। 子どもたちが家から出て来た, そして母親にしがみついた. ❐झाड़ी में से एक तेंदुआ निकला। 茂みから一頭のヒョウが出て来た. ❐अभी धूप नहीं निकली। まだ日差しが強くなってない. ❐एक बार उनके पाँव में एक फोड़ा निकल आया। ある時, 彼の足に一つの腫れ物ができた. ❐चौथे दिन उसे चेचक निकल आयी। 4日目その子に疱瘡が出た. ❐उसकी आँखों से आनंद के आँसू निकल पड़े। 彼の眼から喜びの涙が溢れ出た. ❐कई बार ऊँगलियाँ चिर गयीं, ख़ून निकला। 幾度か指(の皮)がむけ, 血が出た. ❐दोनों भूखे रह गये थे और किसी के मुँह से बात न निकलती थी। 二人とも空腹のままだった, 誰の口からも一言も言葉がでなかった. ❐उसके मुँह से एक शब्द न निकला। 彼女の口からは, 一言も発せられなかた. ❐वह कहते कुछ हैं, मुँह से निकलता कुछ है। 彼は, (人に)話すことと, 口から漏れ出ることが違う. **5** 判明する;(結論・解決策・意味などが)引き出される, 導き出される;(収支の結果が)出る;(金が)捻出される. ❐उसका अनुमान ठीक निकला। 彼の推測は当たった. ❐कोई नतीजा न निकला। 何の結論も出なかった. ❐कोई न कोई रास्ता निकल ही आयेगा। なんらかの方策が見つかるだろう. ❐लज्जा से उनका मुँह छोटा-सा निकल आया, जैसे सिकुड़ गया हो! 恥ずかしさのあまり彼の顔は小さくなった, まるで縮こまったみたいに. ❐उसी कमाई में उसकी रोटियाँ भी निकल आती हैं। その稼ぎから彼の食費も捻出されている. **6** (刊行物が)発行される, 出版される;(出版物に)載る. ❐सारे शहर में ख़बर फैल गयी होगी और शायद आज पत्रों में भी निकल जाय। 町中にうわさが広がってしまっただろう, 多分今日新聞にも出るかもしれない. ❐सामयिक पत्रों में उनके चित्र और चरित्र दनादन निकल रहे थे। 新聞にはその時ごとに彼の写真と経歴が次々と載り続けていた. **7** 出て行く;去る. ❐मैं उसकी आँख बचाकर कमरे से निकला। 私は彼の視線を避けて部屋から出た. ❐चौबीस घंटे के अंदर मुल्क से निकल जाने का हुक्म हुआ। 24時間以内に国外退去するようにとの命令が出た. ❐बहू भी दूसरे के साथ निकल गयी। 嫁も他の男と家から出て行った. ❐यह रक़म भी हाथ से निकल जायगी। この金も手から出て行ってしまうだろう(=身につかないだろう). ❐बड़ा अच्छा शिकार निकल गया। すばらしい獲物を逃がしてしまった. ❐उसने अस्पताल से निकलकर एक नया काम शुरू कर दिया था। 彼は病院を退院してから, ある新しい事業を始めた. ❐जान निकल जायगी। 命が出てしまうだろう(=死んでしまうだろう). **8** (特徴・特質が)失われる. **9** (時間が)無為に過ぎる;(金が)浪費される. ❐नोटिस की तारीख़ निकल गयी और रुपए न पहुँचे। 通告された日にちは過ぎてしまった, そして金は届かなかった. **10** (危険・難局などから)抜け出す, 脱出する;避難する;脱退する. ❐दो-तीन दिन इसी चिंता में पड़े रहे कि कैसे इस विपत्ति से निकलें। どうやってこの危機から抜け出そうかという心配事に2, 3日の間ふけっていた. ❐सात पुश्तों से जिस वातावरण में पला हूँ उससे अब निकल नहीं सकता। 自分が育った先祖代々の環境から, 今さら私は抜け出ることはできない. ❐वह उनके आश्रय से निकलकर भी ज़िंदा रह सकती है। 彼女は, 彼の庇護から飛び出しても生きていける. ❐वह दुम झाड़कर निकल जाने में बड़े सिद्धहस्त थे। 尻尾を振って(=へつらって)窮地を脱したりすることに巧みだった. **11** 突き出る, 出っ張る;はみ出る. ❐हमारा मकान नई निकलने वाली सड़क में आ जाएगा। 我が家は, 新しく延長される道路にはみ出てしまうだろう. ❐उसकी आँखें निकल गयीं। 彼の両眼は(驚きのあまり)飛び出した. **12** (先頭に)出る;追い越す;優る;突出する;傑出する. ❐वह ठिठक गया, बैल आगे निकल गये। 彼は立ち止まった, 雄牛たちは先に追い抜いて行った. **13** (建造物の一部が)突出する;(道路・水路などが)延びる. **14** (行列・行進などが)くりだす. ❐मजूरों का लंबा जुलूस निकला। 労働者たちの長い行進がくりだした. **15** (事業などが)順調にすべりだす.

निकलवाना /nikalavānā ニカルワーナー/ [caus. of *निकलना, निकालना*] *vt.* (*perf.* निकलवाया /nikalavāyā ニカルワーヤー/) 取り出させる;取り出してもらう.

निकष /nikaṣa ニカシュ/ [←Skt.m. *निकष-* 'the touchstone'] *m.* **1** 〚鉱物〛試金石. (⇒कसौटी) **2** 試金石, 基準, 標準. (⇒कसौटी)

निकाय /nikāya ニカーエ/ [←Skt. *निकाय-* 'a heap, an assemblage, a group, class, association (esp. of persons who perform the same duties)'] *m.* **1** (団体などの)組織体;(管理・運営の)機関. **2** (大学の)学部. **3** システム;組織;系統;仕組み. **4** 〚仏教〛ニカーヤ

《初期仏教の経蔵;パーリ語聖典と相応する漢訳経典がある》.

निकारागुआ /nikārāguā ニカーラーグアー/ [cf. Eng.n. *Nicaragua*] *m.* 『国名』ニカラグア(共和国)《首都はマナグア (मानागुआ)》.

निकालना /nikālanā ニカールナー/ [<OIA. *niṣkālayati* 'drives out': T.07484] *vt.* (*perf.* निकाला /nikālā ニカーラー/) **1** 取り出す;引き出す;抜き出す. **2** 選り出す, 選んで取りだす. **3** 抽出する;絞り出す;蒸留して取る. **4** (結論・解決策・意味などを)引き出す, 導き出す;(金を)捻出する. **5** 取り除く;排除する;(リストから)削除する. **6** 追い出す, 追い払う;駆逐[駆除]する;放逐する;解雇[免職・除名]する. **7** (危険・難局などから)救い出す, 脱出させる;避難させる. **8** (計算して値を)求める;差し引く, 控除する. ❐वर्गफल ~ 平方数を求める. **9** (刊行物を)発行する, 出版する. ❐अख़बार [पत्रिका] ~ 新聞[雑誌]を発行する. **10** (行列・行進などを)くりだす. **11** (目を)むく. **12** (建造物の一部を)突出させる;(道路・水路などを)延長する. **13** (仕事などを)なんとかやりとげる;(目標に)達する.

निकास /nikāsa ニカース/ [<OIA.m. *niṣkāsa-* 'egress': T.07485] *m.* 出口;排出口. (⇒निर्गम)(⇔प्रवेश)

निकासी /nikāsī ニカースィー/ [<OIA.m. *niṣkāsa-* 'egress': T.07485] *f.* **1** 出ること;排出;国外退去. ❐बारिश के पानी की ~ 雨水の排水. ❐विदेशी नागरिकों की ~ 外国人の国外退去. **2** (預金の)引き出し;(資本・株などの)引き揚げ, 回収. ❐बड़ी रक़म ~ 多額の引き出し. ❐विदेशी निवेशकों की ~ 外国人投資家の債券の引き揚げ. **3** 『経済』純益;収入.

निकाह /nikāha ニカーハ/ [←Pers.n. نکاح 'marrying; matrimony, marriage' ←Arab.] *m.* 『イスラム教』結婚《特にイスラム法に則った正式な婚姻》. (⇒विवाह, शादी)(⇔तलाक़) ❐(से) ~ करना(…と)結婚する. ❐(से) (का) ~ पढ़वाना(…と)(…を)結婚させる. ❐(से) (का) ~ पढ़ाना(…と)(…の)結婚を執り行う.

निकुंज /nikuṃja ニクンジ/ [←Skt.m. *नि-कुञ्ज-* 'an arbour, a bower, thicket'] *m.* 茂み, やぶ;木立《古典文学ではしばしば恋人との逢引(あいびき)の場となる》.

निकृष्ट /nikr̥ṣṭa ニクリシュト/ [←Skt. *नि-कृष्ट-* 'debased, vile, low, despised, outcast'] *adj.* 卑しい, あさましい, 醜い. ❐~ कर्म あさましい所業.

निकृष्टता /nikr̥ṣṭatā ニクリシュタター/ [←Skt.f. *निकृष्ट-ता-* 'debased state'] *f.* 卑しいこと, 下賤であること.

निकेत /niketa ニケート/ [←Skt.m. *निकेत-* 'a mark, sign; a house, habitation'] *m.* 住まい;屋敷, 邸宅.

निकेतन /niketana ニケータン/ [←Skt.n. *निकेतन-* 'house, mansion, habitation, temple'] *m.* 住処《造語の要素として宗教的・社会的な施設を意味することがある; नारी निकेतन「女性更生福祉施設」など》.

निकोबार /nikobāra ニコーバール/ [cf. Eng.n. *Nicobar*] *m.* 『地理』ニコーバール(諸島)《連邦直轄地域アンダマーン・ニコーバール(諸島) (अंडमान और निकोबार) の一部》. ❐~ द्वीप-समूह ニコーバール諸島.

निकोसिया /nikosiyā ニコースィヤー/ [cf. Eng.n. *Nicosia*] *m.* 『地名』ニコシア《キプロス(共和国) (साइप्रस) の首都》.

निक्षिप्त /nikṣipta ニクシプト/ [←Skt. *नि-क्षिप्त-* 'thrown down'] *adj.* **1** 投げられた;放棄された. **2** 信託された.

निक्षेप /nikṣepa ニクシェープ/ [←Skt.m. *नि-क्षेप-* 'putting down; throwing or casting on'] *m.* **1** 投下;放擲(ほうてき);放棄. **2** 『経済』信託(財産).

निखट्टू /nikʰaṭṭū ニカットゥー/ [cf. *खटना*] *adj.* 怠け者の, 怠惰な.

— *m.* 怠け者.

निखरना /nikʰaranā ニカルナー/ [<OIA. **niḥkṣarati* 'flows out': T.07095] *vi.* (*perf.* निखरा /nikʰarā ニクラー/) **1** (汚れ・覆いなどが取り除かれて)本来の美しさが出る;(水が)澄む;(空が)晴れ渡る;顔色[血色]がよくなる. ❐चेहरे [त्वचा] की रंगत ~ 顔[肌]の色つやがよくなる. **2** (一皮むけて)洗練される.

निखरवाना /nikʰaravānā ニカルワーナー/ [caus. of *निखरना, निखारना*] *vt.* (*perf.* निखरवाया /nikʰaravāyā ニカルワーヤー/) (汚れ・覆いなどを取り除いて)本来の美しさを出させる.

निखरा /nikʰarā ニクラー/ [cf. *निखरना*] *adj.* 『ヒンドゥー教』汚れのない(食べ物)《特にギー (घी) を使って火で調理した》. (⇔सखरा)

निखरी /nikʰarī ニクリー/ [cf. *निखरा*] *f.* 『ヒンドゥー教』汚れのない食べ物《特にギー (घी) を使って火で調理した料理》. (⇔सखरी)

निखार /nikʰāra ニカール/ [cf. *निखारना*] *m.* 本来の美しさ, 輝き;つや, 光沢.

निखारना /nikʰāranā ニカールナー/ [<OIA. **niḥkṣārayati* 'causes to flow out': T.07098] *vt.* (*perf.* निखारा /nikʰārā ニカーラー/) (汚れ・覆いなどを取り除いて)本来の美しさを出す;磨きをかける.

निखिल /nikʰila ニキル/ [←Skt. *नि-खिल-* 'complete, all, whole, entire'] *adj.* すべての, 全…. (⇒अखिल)

निगम /nigama ニガム/ [←Skt.m. *नि-गम-* 'insertion (esp. of the name of a deity into a liturgical formula); a caravan or company of merchants'] *m.* **1** 『経済』公社, 公共企業体;公団;社団法人. ❐दिल्ली परिवहन ~ デリー交通公社. ❐भारतीय जीवन बीमा ~ インド生命保険公社. ❐भारतीय संचार ~ लिमिटेड インド通信公社. **2** 地方自治体;市当局. ❐दिल्ली नगर ~ デリー市行政自治体. **3** 『ヒンドゥー教』ニガマ《ヴェーダ (वेद) のテキスト》.

निगमन /nigamana ニガマン/ [←Skt.n. *नि-गमन-* 'insertion; deduction'] *m.* **1** 公社化, 法人化. **2** 演繹.

निगमित /nigamita ニガミト/ [←Skt. *नि-गमित-* 'deduced'] *adj.* **1** 法人化された. **2** 演繹で導き出された.

निगरानी /nigarānī ニグラーニー/ [←Pers.n. نگرانی 'expectation; careful attention; anxiety'] *f.* **1** 監督, 管理. (⇒देख-भाल) ❐(की) ~ करना(…を)管理監督す

る. **2** 監視, 見張り. ❒(को) अपनी 〜 में लेना(…を)自分の監視下に置く.

निगलना /nigalanā ニガルナー/ [<OIA. *nigalati* ‘swallows’: T.07163] *vt.* (*perf.* निगला /nigalā ニグラー/) **1** (ぐいと)飲み込む, 飲み下す. (⇒लीलना)(⇔उगलना) ❒उसने दो-चार कौर निगले। 彼は, 二口三口(食べ物を)飲み込んだ. ❒मुझसे मक्के की रोटियाँ खायी ही न जायँगी, और किसी तरह निगल भी जाऊँ तो हज़म न होंगी। 私はトウモロコシの粉で作ったパンはどうしても食べられない, なんとか飲み込んでも消化されないだろう. ❒यह सोने की हँसिया थी, जिसे न उगलते बनता था, न निगलते। これは金でできている鎌(みたいにやっかいな代物)だった, 吐き出すことも飲み込むこともできない. ❒नदी की धारा ने उन्हें निगल लिया है। 川の流れが彼らを飲み込んでしまった. ❒धरती इस वक़्त मुँह खोलकर उसे निगल लेती, तो वह कितना धन्य मानती। 大地がこの瞬間口を開けて飲み込んでくれたら, 彼女はどれほどありがたく思ったことか. **2** 着服する, 横領する. (⇒गड़पना, हड़पना)

निगाली /nigālī ニガーリー/ [<OIA. **niṅgāla-* ‘cane’: T.07178] *f.* ニガーリー《水ギセルの吸い口となる竹製の管》.

निगाह /nigāha ニガーハ/ [←Pers.n. نگاه ‘look, aspect; a glace’] *f.* **1** 一瞥, 一見, 視線. (⇒दृष्टि, नज़र) ❒आपकी 〜 हमेशा अपने लाभ की ओर रही है। あなたの目はいつもご自身の利益の方に向いている. ❒(पर) 〜 पड़ना(…に)目がとまる. ❒(पर) 〜 डालना(…に)視線をおとす. ❒मेरी 〜 में वह केवल काम करने की मशीन थी। 私の目には彼は単なる仕事をする機械だった. **2** 目付き, 眼差し. **3** 監視(の目);配慮(の目配り). ❒(पर) 〜 रखना(人に)目を光らす.

निगूढ़ /nigūṛʰa ニグール/ [←Skt. *नि-गूढ-* ‘concealed, hidden, secret, obscure’] *adj.* (意味が)隠された.

निगोड़ा /nigoṛā ニゴーラー/ [*नि-* + *गोड़*] *adj.* 〔卑語〕ろくでなしの, 役立たずの《主に女性が使用する罵りの言葉》.

निग्रह /nigraha ニグラ/ [←Skt.m. *नि-ग्रह-* ‘keeping down or back, restraining, binding, coercion, suppression, subjugation’] *m.* 抑制;制御, コントロール. ❒इंद्रिय 〜 五官制御.

निचय /nicaya ニチャエ/ [←Skt.m. *नि-चय-* ‘piling up, heaping up, heap’] *m.* **1** 集積, 集まり;蓄積. **2** 〖経済〗準備金, 基金. ❒राजस्व 〜 利益準備金.

निचला /nicalā ニチラー/ [cf. *नीचा*] *adj.* 下の;下部の;(社会の)下層の. (⇔ऊपरी) ❒〜 स्तर 低い水準. ❒〜 हिस्सा 下の部分. ❒निचली मंज़िल 下の階. ❒संसद् का 〜 सदन 国会の下院《衆議院に相当》.

निचाई /nicāī ニチャーイー/▸नीचाई [*नीचा* + *-ई*] *f.* **1** 〖地理〗低地, 盆地. (⇒निचान) **2** 水深;水底. **3** 劣っていること;卑しさ. (⇒नीचता)

निचान /nicāna ニチャーン/ [cf. *नीचा*] *f.* 〖地理〗低地, 盆地.

निचुड़ना /nicuṛanā ニチュルナー/ [cf. *निचोड़ना*] *vi.* (*perf.* निचुड़ा /nicuṛā ニチュラー/) (液が)絞り出される.

निचुड़वाना /nicuṛavānā ニチュルワーナー/ [caus. of *निचुड़ना, निचोड़ना*] *vt.* (*perf.* निचुड़वाया /nicuṛavāyā ニチュルワーヤー/) (液を)絞り出させる;絞り出してもらう.

निचोड़ /nicoṛa ニチョール/ [cf. *निचोड़ना*] *m.* **1** 絞り取ったもの;エキス;抽出物. **2** エッセンス, 真髄, 精髄;要旨, 要点, 要諦.

निचोड़ना /nicoṛanā ニチョールナー/ [<OIA. **niścōṭayati* ‘presses out’: T.07449] *vt.* (*perf.* निचोड़ा /nicoṛā ニチョーラー/) **1** 絞る, 圧搾する;(液を)絞り出す. (⇒ऐंठना, गारना) ❒नींबू निचोड़ दो। レモンを絞ってくれ. ❒उसने अपनी साड़ी का पानी निचोड़ा। 彼女はサリーを絞って水をきった. **2** (人から)(財産などを)ゆすりとる, まきあげる.

निछावर /nicʰāvara ニチャーワル/ ▸न्योछावर, न्यौछावर [?] *f.* **1** 〖ヒンドゥー教〗供物《本来の意味は, 特定の人のために厄除け・息災を祈願する儀礼またその儀礼で贈与したり配られるお金;結婚式や子どもの誕生など祝い事の際行われる》. **2** ささげもの, 生贄(いけにえ);犠牲. ❒(पर) अपना सब कुछ 〜 करना (…に)自分の全てをささげる. ❒तुम्हारी लाज पर मेरा सर्वस्व 〜 है। お前の名誉を守るために私のすべてをささげる.

निज /nija ニジ/ [←Skt. *नि-ज-* ‘innate, native, of one's own party or country’] *adj.* 自分の;個人の《「自分;(私的な)個人」を表す名詞的用法がある》. ❒〜 का 自分自身の;個人的な. ❒〜 संबंधी 自分の親族.

निज़ाम /nizāma ニザーム/ [←Pers.n. نظام ‘joining in a row; arranging; arrangement’ ←Arab.] *m.* **1** 体系, 秩序;制度. ❒अदालती 〜 司法制度. ❒तालीमी 〜 教育制度. **2** 〖歴史〗ニザーム《ハイデラーバード(हैदराबाद) 藩王国の統治者の称号》.

निजी /nijī ニジー/ [*निज* + *-ई*] *adj.* **1** 自分自身の;個人の. ❒〜 कमरा 個室. ❒〜 संपत्ति 私有財産. **2** 私立の;私営の. (⇔सरकारी) ❒〜 कालेज 私立大学. ❒〜 क्षेत्र プライベート・セクター, 私営企業.

निठल्ला /niṭʰallā ニタッラー/ ▸निठल्लू [cf. *ठाला*] *adj.* **1** 怠け性の, 怠惰な, 無精な. **2** 職がなく暇な.
— *m.* 怠け者.

निठल्लापन /niṭʰallāpana ニタッラーパン/ [*निठल्ला* + *-पन*] *m.* 怠惰.

निठल्लू /niṭʰallū ニタッルー/ ▸निठल्ला *adj.* ☞निठल्ला

निठाला /niṭʰālā ニターラー/ [cf. *ठाला*] *m.* **1** 怠惰. **2** 失業(状態).

निठुर /niṭʰura ニトゥル/ <OIA. *niṣṭhura-* ‘hard, cruel’: T.07505] *adj.* **1** 無情な, 冷酷な. **2** 頑固な.

निठुरता /niṭʰuratā ニトゥラター/ [*निठुर* + *-ता*] *f.* ☞निठुराई

निठुराई /niṭʰurāī ニトゥラーイー/ [cf. *निठुर*] *f.* **1** 無情さ, 冷酷さ. **2** 頑固さ, 頑迷固陋.

निडर /niḍara ニダル/ [<OIA. *nirdara-* ‘*fearless’: T.07339; cf. Skt. *निर्-दर-* ‘pitiless, hard, shameless’] *adj.* **1** 恐れを知らぬ;勇敢な. ❒वह 〜 थी। 彼女は物怖じしなかった. **2** 生意気な.

निडरता /niḍaratā ニダルター/ [निडर + -ता] *f.* **1** 勇敢さ. ❐～ से 物怖じせずに. **2** 生意気さ.

निढाल /niḍʰālạ ニダール/ [cf. ढाल²] *adj.* **1** へとへとに疲れた. ❐उसका जिस्म और मनमस्तिष्क ～ हो गया था। 彼は心身ともにへとへとに疲れ果てていた. **2** ぐったりとして身動きできない;けだるい, ものうい.

नितंब /nitaṃbạ ニタンブ/ [←Skt.m. *नितम्ब-* 'the buttocks or hinder parts (esp. of a woman)'] *m.* 尻, 臀部(でんぶ). (⇒चूतड़)

नितंबिनी /nitaṃbinī ニタンビニー/ [←Skt.f. *नितम्बिनी-* 'a woman with large and handsome hips'] *f.* (ふくよかで形のいい臀部をもった)魅力的な女.

नित /nitạ ニト/ [<Skt. *नित्य-* 'innate, native; continual, perpetual, eternal'] *adv.* 常に;毎日.

नितांत /nitāṃtạ ニターント/ [←Skt. *नि-तान्त-* 'extraordinary, excessive, considerable, important'] *adj.* まったくの;極端な, 極度の. ❐～ भूल まったくの誤り.

— *adv.* まったく, 完全に;はなはだしく, 極端に. ❐आपके सिद्धांत निर्दोष हैं, किंतु उनको व्यवहार में लाना ～ दुस्तर है। あなたの主義原則は完璧だ, しかしそれらを実践することははなはだしく困難だ.

नित्य /nityạ ニティエ/ [←Skt. *नित्य-* 'innate, native; continual, perpetual, eternal'; cf. *नित*] *adj.* **1** 永遠の, 永続する. (⇔अनित्य) **2** いつもの, 恒常的な;毎日の, 日々の. (⇔अनित्य)

— *adv.* **1** 永遠に. **2** いつも, 恒常的に;毎日, 日々.

नित्य-कर्म /nityạ-karmạ ニティエ・カルム/ [←Skt.n. *नित्य-कर्मन्-* 'a constant act or duty; any daily and necessary rite'] *m.* **1** 日々の習慣的行為. ❐बातों को इस कान सुनकर उस कान उड़ा देना उसका ～ था। 人の話をこちらの耳で聞いてあちらの耳から吹き飛ばすのは彼のいつもの癖だった. **2**〖ヒンドゥー教〗日常的宗教儀礼《沐浴, 礼拝, 用便など》.

नित्यता /nityạtā ニティエター/ [←Skt.f. *नित्य-ता-* 'perpetuity, continuance'] *f.* 永遠性;永続性.

नित्य-प्रति /nityạ-prati ニティエ・プラティ/ [neo.Skt.ind. *नित्य-प्रति* 'everyday; daily'] *adv.* 日々, 毎日.

निथरना /nitʰaraṇā ニタルナー/ [<OIA. *nistarati* 'comes forth': T.07528] *vi.* (*perf.* निथरा /nitʰarā ニトラー/) (沈殿物が沈んで)澄む.

निथार /nitʰārạ ニタール/ [<OIA.m. *nistāra-* 'deliverance': T.07531] *m.* **1** 濾過(ろか). **2** 上澄み液. **3** 沈殿物, おり, かす.

निथारना /nitʰārạnā ニタールナー/ [<OIA. *nistārayati* 'delivers from': T.07532] *vt.* (*perf.* निथारा /nitʰārā ニターラー/) (上澄み液を別の容器に)注ぐ. (⇒थिराना)

निदर्शक /nidarśakạ ニダルシャク/ [←Skt. *नि-दर्शक-* 'pointing to, showing, indicating'] *adj.* 提示する;例示する.

निदर्शन /nidarśanạ ニダルシャン/ [←Skt.n. *नि-दर्शन-* 'illustration'] *m.* 見せること;提示;例示.

निदाघ /nidāgʰạ ニダーグ/ [←Skt.m. *नि-दाघ-* 'heat, warmth, the hot season (May and June), summer'] *m.* **1** 熱さ;暑さ. **2** 暑い季節, 夏.

निदान /nidānạ ニダーン/ [←Skt.n. *नि-दान-* 'a first or primary cause; the cause of a disease and enquiry into it, pathology'] *m.*〖医学〗診察;診断. ❐(का) ～ करना (…の)診断をする.

— *adv.* 結局, ついに.

निदान-गृह /nidānạ-gṛhạ ニダーン・グリフ/ [neo.Skt.m. *निदान-गृह-* 'clinic'] *m.* ☞निदान-शाला

निदान-शाला /nidānạ-śālā ニダーン・シャーラー/ [neo.Skt.f. *निदान-शाला-* 'clinic'] *f.* クリニック, 診療所. (⇒क्लिनिक)

निदेश /nideśạ ニデーシュ/ [←Skt.m. *नि-देश-* 'order, command, direction'] *m.* **1** 命令;指示. **2** 規定;明細. **3** 指導;指揮.

निदेशक /nideśakạ ニデーシャク/ [neo.Skt.m. *निदेशक-* 'director'] *m.* **1** 局長;理事;所長. **2** (大学院生の)指導教官.

निदेशालय /nideśālayạ ニデーシャーラエ/ [neo.Skt.m. *निदेश-आलय-* 'directorate'] *m.* (省庁の)局. ❐उच्च शिक्षा ～ 高等教育局.

निद्रा /nidrā ニドラー/ [←Skt.f. *नि-द्रा-* 'sleep, slumber, sleepiness, sloth'] *f.* 眠り, 睡眠;眠気. (⇒नींद) ❐(की) ～ टूटना (人の)目が覚める. ❐गहरी ～ 深い睡眠. ❐वे अनंत ～ में सोए हैं। あの方は永久(とわ)の眠りにつかれている.

निद्रालु /nidrālu ニドラール/ [←Skt. *नि-द्रालु-* 'sleeping, sleepy, drowsy'] *adj.* 眠い(人);寝坊の(人).

निद्रित /nidritạ ニドリト/ [←Skt. *निद्रित-* 'sleeping, asleep'] *adj.* 眠っている, 睡眠中の. ❐～ अवस्था में 睡眠中に. ❐～ नहीं, उनींदा सा हूँ। 眠ってはいない, 眠いだけだ.

निधड़क /nidʰaṛakạ ニダラク/ [cf. *धड़क*] *adv.* **1** 恐れずに, 大胆に. (⇒बेधड़क) **2** ためらいなく, 遠慮なく.

निधन /nidʰanạ ニダン/ [←Skt.n. *नि-धन-* 'conclusion, end, death, destruction, loss, annihilation'] *m.* 死去, 逝去. ❐(का) ～ हो जाना (人が)死去する. ❐(के) ～ पर शोक जताना (人の)逝去に哀悼の意を表す.

निधान /nidʰānạ ニダーン/ [←Skt.n. *नि-धान-* 'putting or laying down; anything laid up, a store, hoard, treasure'] *m.* **1** 容器;貯蔵所, 保管所. **2**〖経済〗投資. (⇒निवेश)

निधि /nidʰi ニディ/ [←Skt.m. *नि-धि-* 'abode; a store-house; a treasure'] *f.* **1** 財宝;宝庫. (⇒ख़ज़ाना) **2**〖経済〗基金;資金, 財源. (⇒फ़ंड) ❐कर्मचारी भविष्य ～ 従業員積立基金.

निनाद /ninādạ ニナード/ [←Skt.m. *नि-नाद-* 'sound, noise, crying, humming'] *adj.* 音色;音響. ❐सितार का सुमधुर ～ シタールのとても甘美な音色.

निनानवे /ninānạve ニナーンヴェー/ ▸निन्यानवे *num.* ☞निन्यानवे

निन्यानवे /ninyāna̯ve ニニャーンヴェー/ ▸निनानवे [<OIA. *navanavati-* '99': T.07001] *num.* 99.

निपट /nipaṭa̯ ニパト/ [<OIA. **nispraṣṭha-* 'absolutely foremost': T.07521] *adv.* まったく；本当に；ひどい． ❒यह तो ～ आँख का अँधा है। こいつは本当の明きめくらだぜ． ❒तुम सबके सब हत्यारे हो, ～ हत्यारे हो। お前たちはみんな人殺しだ，本物の人殺しだ．

निपटना /nipaṭa̯nā ニパトナー/ ▸निबटना [<OIA. *nírvartatē* 'comes forth, develops': T.07395] *vi.* (*perf.* निपटा /nipa̯ṭā ニプター/) **1** (仕事などが)上首尾に終わる；決着がつく．(⇒सपरना) ❒(से) ～ (…を)無事に終える． **2** (問題・争い・負債などが)解決される．

निपटान /nipaṭāna̯ ニパターン/ [cf. *निपटाना*] *m.* (問題解決の)処理，処分，整理，始末．

निपटाना /nipa̯ṭānā ニプターナー/▸निबटाना [cf. *निपटना*] *vt.* (*perf.* निपटाया /nipa̯ṭāyā ニプターヤー/) **1** (仕事などを)上首尾に終わらせる；決着をつける．(⇒सपराना) ❒न घर बेचा गया, न क़र्ज़ लिया गया, दादी का कोई बचा-खुचा ज़ेवर गिरवी रखकर उनका काम जैसे-तैसे निपटा दिया गया। 家も売られずに済み，借金をすることもなかった，祖母のわずかに残された宝石を抵当に入れて彼のなすべき仕事はどうにか決着した． **2** (問題・争い・負債などを)解決する． ❒झगड़े ～ 争いを解決する．

निपटारा /nipa̯ṭārā ニプターラー/ ▸निबटारा [cf. *निपटना*] *m.* 始末，処分；決着；解決． ❒आख़िर भाग्य के निपटारे का दिन आया। ついに運命が決まる日が来た． ❒(का) ～ करना (…の)決着をつける．

निपीड़न /nipīṛana̯ ニピーラン/ [←Skt.n. *नि-पीडन-* 'squeezing, pressing, hurting, giving pain'] *m.* **1** しめつけ圧迫すること；しめつけ搾ること． **2** 苦痛を与えること．

निपुण /nipuṇa̯ ニプン/ [←Skt. *निपुण-* 'clever, adroit, skilful, sharp, acute'] *adj.* 熟練[熟達]した，巧みな，堪能な，上手な．(⇒कुशल, माहिर) ❒～ लेखक 巧みな作家． ❒आप पाक-शास्त्र में भी ～ हैं। あなたは料理もお上手なのですね．

निपुणता /nipuṇa̯tā ニプンター/ [←Skt.f. *निपुण-ता-* 'skilfulness, adroitness, carefulness, accuracy'] *f.* 熟練[熟達]していること，巧みさ，堪能であること．

निपूत /nipūta̯ ニプート/ ▸निपूता *adj.* ☞निपूता

निपूता /nipūtā ニプーター/ ▸निपूत [<OIA. *nisputra-* 'childless': T.07519] *adj.* 息子のいない；子どものいない． ❒निपूती स्त्री 子どものいない女．

निपूती /nipūtī ニプーティー/ [cf. *निपूता*] *f.* 子どものいない女．

निबंध /nibaṃdʰa̯ ニバンド/ [←Skt.m. *नि-बन्ध-* 'binding on, tying, fastening; any literary composition or work'] *m.* **1** 〖文学〗随筆，エッセイ． **2** 小論，作文；評論；論文．

निबंधकार /nibaṃdʰa̯kāra̯ ニバンドカール/ [neo.Skt.m. *निबन्ध-कार-* 'essayist'] *m.* 随筆家．

निबंधन /nibaṃdʰana̯ ニバンダン/ [←Skt.n. *नि-बन्धन-* 'tying, fastening, binding together, ligation'] *m.* **1** 結び合わせること． **2** 登録(証明書)，登記．

निब /niba̯ ニブ/ [←Eng.n. *nib*] *m.* ペン先．

निबटना /nibaṭa̯nā ニバトナー/ ▸निपटना *vi.* (*perf.* निबटा /niba̯ṭā ニブター/) ☞निपटना

निबटाना /niba̯ṭānā ニブターナー/ ▸निपटाना *vt.* (*perf.* निबटाया /niba̯ṭāyā ニブターヤー/) ☞निपटाना

निबटारा /niba̯ṭārā ニブターラー/ ▸निपटारा *m.* ☞निपटारा

निबद्ध /nibaddʰa̯ ニバッド/ [←Skt. *नि-बद्ध-* 'bound, fettered, chained, tied or fastened to, fixed on'] *adj.* **1** 結び合わされた． **2** 登録された，登記された．

निबहना /nibaha̯nā ニバヘナー/ ▸निभना *vi.* (*perf.* निबहा /niba̯hā ニブハー/) ☞निभना

निबाह /nibāha̯ ニバーハ/ [cf. *निबाहना*] *m.* **1** (仕事・責務・約束などを)まっとうすること． ❒जिसकी बाँह पकड़ी, उसका ～ करना चाहिए। 腕をつかんだ男と添い遂げなければいけないよ． **2** (しきたり・現状・対人関係などを)維持すること． ❒लोक-नीति का ～ तो करना ही पड़ता है। 世間の約束事は守らねばなるまい．

निबाहना /nibāha̯nā ニバーヘナー/ ▸निभाना *vt.* (*perf.* निबाहा /nibāhā ニバーハー/) ☞निभाना

निबेड़ना /nibeṛa̯nā ニベールナー/ [cf. OIA. **nirvarati* 'restrains': T.07392] *vt.* (*perf.* निबेड़ा /nibeṛā ニベーラー/) (もつれあったものを)解きほぐし選り分ける．

निबौरी /nibaurī ニバォーリー/ ▸निबौली [<OIA. **nimbagulikā-* 'berry of *Melia azadirachta*': T.07246] *f.* 〖植物〗ニバォーリー《ニーム (नीम) の木の実》．

निबौली /nibaulī ニバォーリー/ ▸निबौरी *f.* ☞निबौरी

निभना /nibʰa̯nā ニブナー/ ▸निबहना [<OIA. *nírvahati* 'leads out of': T.07397] *vi.* (*perf.* निभा /nibʰā ニバー/) **1** (仕事・責務・約束などが)まっとうされる，果たされる，遂行される． **2** (しきたり・現状・対人関係などが)堅持される，維持される．

निभाना /nibʰānā ニバーナー/ ▸निबाहना [cf. *निभना*] *vt.* (*perf.* निभाया /nibʰāyā ニバーヤー/) **1** (仕事・責務・約束などを)まっとうする，果たす，遂行する． ❒उस कंपनी में क़रार निभाने की क्षमता नहीं दिखती। その会社には，契約を遂行する能力が見あたらない． ❒उन्होंने उसे राजी करने में महत्वपूर्ण भूमिका निभाई थी। 彼は彼女を承諾させる上で重要な役割を果たした． ❒पार्टी को चुनावी वादा निभाना है। 党は選挙公約を果たさねばならない． **2** (しきたり・現状・対人関係などを)堅持する，維持する． ❒वे अभी तक पुरानी मर्यादा निभाते आते हैं। 彼は今日まで古いしきたりを守ってきている．

निमंत्रण /nimaṃtraṇa̯ ニマントラン/ [←Skt.n. *नि-मन्त्रण-* 'invitation, calling, a summons'] *m.* 招待．(⇒आमंत्रण) ❒(को) (का) ～ देना (人に)(…の)招待をする．

निमंत्रण-पत्र /nimaṃtraṇa̯-patra̯ ニマントラン・パトル/ [neo.Skt.n. *निमन्त्रण-पत्र-* 'invitation card, letter of invitation'] *m.* 招待状．(⇒दावत-नामा)

निमंत्रित /nimaṃtrita̯ ニマントリト/ [←Skt. *नि-मन्त्रित-* 'invited'] *adj.* 招待された． ❒उन लोगों ने मुझे मुख्य अतिथि

के रूप में ～ किया। 彼らは私を主賓として招待した. ❐नियत समय पर ～ लोग एक-एक करके आने लगे। 定刻になって招待客たちが一人また一人と着きはじめた.

निमकौड़ी /nimakauṛī ニムカォーリー/ ▸निंबकौड़ी, निमकौरी *f.* ☞निंबकौड़ी

निमकौरी /nimakaurī ニムカォーリー/ ▸निंबकौड़ी, निमकौड़ी *f.* ☞निंबकौड़ी

निमग्न /nimagna ニマグン/ [←Skt. *नि-मग्न-* 'sunk, fallen into (water etc.); submerged, plunged, or immersed in, penetrated or fixed into'] *adj.* 没頭した;(物思いなどに)ふけっている. ❐वह चिंता में ～ था। 彼は心配ごとに心が奪われていた.

निमज्जन /nimajjana ニマッジャン/ [←Skt.n. *नि-मज्जन-* 'bathing, diving, sinking, immersion'] *m.* (水に)浸ること.

निमज्जित /nimajjita ニマッジト/ [←Skt. *नि-मज्जित-* 'plunged into the water, drowned'] *adj.* (水に)浸った. ❐मदिरा और आँसुओं की धारा से ～ भूमि, मुझे विदा दो। 酒と涙の流れに浸った大地よ, 私にさよならを言って送り出しておくれ.

निमित्त /nimitta ニミット/ [←Skt.n. *निमित्त* 'a butt, mark, target; cause, motive, ground, reason'] *m.* 理由, 原因;目的, 動機《主に के निमित्त の形式で副詞句「…のために」として》. ❐उसके विनोद के ～ गानेवाली स्त्रियाँ नियुक्त थीं। 彼の娯楽のために歌を歌う女たちが雇われていた.

निमिष /nimiṣa ニミシュ/ [←Skt.m. *निमिष-* 'twinkling, shutting the eye (also considered as a measure of time, a moment)'] *m.* **1** 目の瞬き. **2** 一瞬. ❐～ मात्र के लिए 一瞬の間に.

निमीलन /nimīlana ニミーラン/ [←Skt.n. *नि-मीलन-* 'shutting the eyes'] *m.* **1** 瞼(まぶた)を閉じること;死去. **2** まばたきすること, またたくこと.

निमीलित /nimīlita ニミーリト/ [←Skt. *नि-मीलित-* 'having closed the eyes'] *adj.* **1** 瞼(まぶた)を閉じた;死去した. **2** まばたいた.

निमेष /nimeṣa ニメーシュ/ [←Skt.m. *निमेष-* 'the eye, twinkling, winking'] *m.* ☞निमिष

निमोनिया /nimoniyā ニモーニヤー/ [←Eng.n. *pneumonia*] *m.* 〘医学〙肺炎. ❐(को) ～ हो जाना (人が)肺炎になる.

निम्न /nimna ニムン/ [←Skt. *निम्न-* 'deep, low, depressed, sunk'] *adj.* 下の;低い;下級の, 下位の. ❐～ कर्मचारी 下級職員.

निम्नतम /nimnatama ニムナタム/ [←Skt. *निम्न-तम-* 'lowest'] *adj.* 最低の, 最下層の, 最下級の. ❐～ श्रेणी 最下級.

निम्नलिखित /nimnalik^hita ニムナリキト/ [neo.Skt. *निम्न-लिखित-* 'mentioned below'] *adj.* 下記の. ❐～ पते पर ई-मेल भेजें। 下記のアドレスにeメールをお送りください. ❐～ प्रश्नों के उत्तर दीजिए। 下記の質問に答えてください.

निम्नवर्ग /nimnavarga ニムンワルグ/ [neo.Skt.m. *निम्न-वर्ग-* 'the low class'] *m.* 下層階級. (⇔उच्चवर्ग)

निम्नवर्गीय /nimnavargīya ニムンワルギーエ/ [neo.Skt. *निम्न-वर्गीय-* 'of the low class'] *adj.* 下層階級の. (⇔उच्चवर्गीय) ❐～ समाज 下層社会.

निम्नांकित /nimnāṃkita ニムナーンキト/ [neo.Skt. *निम्न-अङ्कित-* 'under-mentioned'] *adj.* ☞निम्नलिखित

नियंता /niyaṃtā ニヤンター/ [←Skt.m. *नि-यन्तृ-* 'one who governs'] *m.* 統率者, 制御する者.

नियंत्रक /niyaṃtraka ニヤントラク/ [neo.Skt. *नि-यन्त्रक-* 'controlling'] *m.* ☞नियंता

नियंत्रण /niyaṃtraṇa ニヤントラン/ [←Skt.n. *नि-यन्त्रण-* 'restraining, checking, governing'] *m.* コントロール, 制御;統制;抑制;管理. (⇒अंकुश, कंट्रोल, क़ाबू) ❐अब मुझे ज्ञात हुआ कि स्त्री कैसे पुरुष पर ～ कर सकती है? 女はどうやって男を思い通りにするのか, 今わかった. ❐(को) ～ में रखना (…を)コントロール下に置く.

नियंत्रण-रेखा /niyaṃtraṇa-rek^hā ニヤントラン・レーカー/ [neo.Skt.f. *नियन्त्रण-रेखा-* 'Line of Control (LOC)'] *f.* 実効支配線《カシミール係争地に引かれたインド・パキスタン間の協定ライン, 事実上の国境線;旧停戦ライン》. (⇒एलओसी)

नियंत्रित /niyaṃtrita ニヤントリト/ *adj.* 統制のとれた, 制御[抑制]されている. (⇔अनियंत्रित) ❐～ करना 制御する, コントロールする.

नियत[1] /niyata ニヤト/ [←Skt. *नि-यत-* 'held back or in, fastened, tied to; restrained, checked, curbed, suppressed, restricted, controlled'] *adj.* **1** 確定した, 定められた. (⇔अनियत) ❐～ समय पर 定められた時間に. ❐दिन और समय ～ कर दिया गया। 日時が定められた. **2** 規則的な;安定した, 一定の. (⇔अनियत)

नियत[2] /niyata ニヤト/ ▸नीयत *f.* ☞नीयत

नियतकालिक /niyatakālika ニヤトカーリク/ [neo.Skt. *नियत-कालिक-* 'fixed as to time'] *adj.* **1** 定期的な;周期的な;定期刊行の. 定期的な新聞. **2** 時限の.

नियतन /niyatana ニヤタン/ [neo.Skt.n. *नि-यतन-* 'allocating'] *m.* 割り当て, 分配;配給.

नियति /niyati ニエティ/ [←Skt.f. *नि-यति-* 'the fixed order of things, necessity, destiny, fate'] *f.* (定められた)運命, 宿命. ❐(को) ～ मानना (…を)宿命とあきらめる.

नियतिवाद /niyativāda ニエティワード/ [neo.Skt.m. *नियति-वाद-* 'determinism'] *m.* 決定論, 宿命論.

नियतिवादी /niyativādī ニエティワーディー/ [neo.Skt. *नियति-वादिन्-* 'deterministic'] *adj.* 決定論に関する. — *m.* 決定論者.

नियम /niyama ニヤム/ [←Skt.m. *नि-यम-* 'restraining; any fixed rule or law'] *m.* **1** 法, 規則, 決まり, 掟. (⇒क़ायदा, दस्तूर) ❐～ का पालन करना 規則を守る. ❐～ तोड़ना 規則を破る. **2** 法則. ❐यह तो प्रकृति के ～ के विरुद्ध है। これは自然の法則に反している.

नियमत: /niyamataḥ ニヤマタハ/ [neo.Skt.ind. *नियम-तस्* 'as a matter of rule'] *adv.* 規則に従って.

नियमन /niyamana ニエマン/ [←Skt.n. *नियमन* 'the act of subduing'] *m.* 規則化, 規定化;統制化.

नियमबद्ध /niyamabaddʰa ニヤムバッド/ [neo.Skt. *नियम-बद्ध-*] *adj.* 規則に則った, 規定通りの.

नियमानुसार /niyamānusāra ニエマーヌサール/ [neo.Skt.ind. *नियम-अनुसार* 'regularly'] *adv.* 規則に則って, 規定通りに.

नियमावली /niyamāvalī ニエマーオリー/ [neo.Skt.f. *नियम-आवली-* 'rules and regulations'] *f.* **1** 会則;規則集, 規定集. **2** マニュアル, 手引(書). **3** (学校などの)案内書.

नियमित /niyamita ニエミト/ [←Skt. *नि-यमित-* 'restrained'] *adj.* **1** 規則的な, 正規の;定期的な. (⇔अनियमित) ❐～ परीक्षा 定期試験. ❐～ रूप से 規則的に, 規則正しく. **2** 秩序のある, 統制のとれた. (⇔अनियमित)

नियमितता /niyamitatā ニエミトター/ [neo.Skt.f. *नियमित-ता-* 'regularity'] *f.* **1** 規則(性), 規則正しさ. (⇔अनियमितता) **2** 秩序. (⇔अनियमितता)

नियामक /niyāmaka ニヤーマク/ [←Skt. *नि-यामक-* 'restraining'] *adj.* 制御する;統制する;統御する.
— *m.* (ガス・電気などの)レギュレーター, 調節器.

नियामत /niyāmata ニヤーマト/▸नेमत [←Pers.n. نعمة 'graciousness, beneficence, a benefit, boon, blessing, favour' ←Arab.] *f.* 〚イスラム教〛 (神からの)賜りもの;幸福.

नियामे /niyāme ニヤーメー/ [cf. Eng.n. *Niamey*] *m.* 〚地名〛ニアメ《ニジェール(共和国) (नाइजर) の首都》.

नियुक्त /niyukta ニユクト/ [←Skt. *नि-युक्त-* 'appointed, directed, ordered'] *adj.* **1** (新規に)採用された;任命された, 任用された. (⇒मुक़र्रर) **2** (人事上)配属された, 配置された.

नियुक्ति /niyukti ニユクティ/ [←Skt.f. *नि-युक्ति-* 'injunction, order, command, charge, office'] *f.* **1** (新規の)採用;任命, 任用. ❐(की) ～ करना (人を)採用する《雇用者として》. ❐(की) ～ कराना (人を)採用する《選考委員として》. **2** (人事の)配属, 配置. ❐मैं सार्जंट हो गया और सौभाग्य से लखनऊ ही में मेरी ～ हुई। 私は軍曹になった, そして運よくラクナウに私は配属になった.

नियू /niyū ニユー/ [cf. Eng.n. *Niue*] *m.* 〚国名〛ニウエ《ニュージーランドと自由連合の関係;首都はアロフィ(अलोफ़ी)》.

नियोक्ता /niyoktā ニヨークター/ [←Skt.m. *नि-योक्तृ-* 'one who joins'] *m.* 雇用者, 使用者. (⇒नियोजक)

नियोग /niyoga ニヨーグ/ [←Skt.m. *नि-योग-* 'tying or fastening to'] *m.* ニヨーガ《古代インドにおけるアーリヤ人の慣習の一つ;子のいない未亡人または夫が性的不能者である妻は, 義弟または夫の親族の男子とのあいだに子をもうけることができる》.

नियोजक /niyojaka ニヨージャク/ [←Skt. *नि-योजक-* 'impelling or directing'] *m.* **1** 雇用者. (⇒नियोक्ता) **2** (組織の)まとめ役, オーガナイザー.

नियोजन /niyojana ニヨージャン/ [←Skt.n. *नि-योजन-* 'the act of tying or fastening'] *m.* **1** 雇用;採用. **2** 計画作成, 立案.

नियोजित /niyojita ニヨージト/ [←Skt. *नि-योजित-* 'appointed, authorized'] *adj.* **1** 雇用された;採用された. **2** 立案された.

निरंकुश /niraṃkuśa ニランクシュ/ [←Skt. *निर्-अङ्कुश-* 'unchecked (lit. not held by a hook), uncontrolled, independent, free, unruly, extravagant'] *adj.* **1** 束縛のない, 自由勝手な. **2** 専制的な, 独裁的な;暴政の. ❐～ शासक 専制君主. ❐～ शासन 専制政治.

निरंकुशता /niraṃkuśatā ニランクシュター/ [←Skt.f. *निर्-अङ्कुश-ता-* 'lack of restraint'] *f.* **1** 束縛のないこと;好き放題. **2** 専制(政治), 独裁(政治);暴政.

निरंजन /niraṃjana ニランジャン/ [←Skt. *निर्-अञ्जन-* 'unpainted, spotless, pure, simple'] *adj.* **1** アンジャン(अंजन) をつけていない(人). **2** 汚れのない, 無垢(むく)な.
— *m.* 〚ヒンドゥー教〛最高神.

निरंतर /niraṃtara ニランタル/ [←Skt. *निर्-अन्तर-* 'having no interval (in space or time), close, compact, dense, uninterrupted, perpetual, constant'] *adj.* 絶え間のない, 連続した. (⇒अनवरत) ❐～ परिश्रम 絶え間ない努力. ❐～ मानसिक वेदना 絶え間ない精神的苦痛.
— *adv.* 絶え間なく, 連続して. (⇒अनवरत, लगातार)

निरंतरता /niraṃtaratā ニランタルター/ [←Skt.f. *निर्-अन्तर-ता-* 'continuity; non-interruption'] *f.* 絶え間のないこと, 連続.

निरक्षर /nirakṣara ニラクシャル/ [←Skt. *निर्-अक्षर-* 'not knowing the letters'] *adj.* 読み書きのできない, 文盲の;無学な, 教育のない. (⇒अनपढ़, अशिक्षित)(⇔साक्षर) ❐～ भट्टाचार्य〔卑語〕全くの文盲. ❐दादी ～ थीं, लेकिन लोकबुद्धि और ज्ञान की उनमें कमी न थी। 父方の祖母は読み書きができなかった, しかし世間の知恵と知識にかけて彼女に足りないものはなかった.

निरखना /nirakʰanā ニラクナー/ [＜OIA. *nirīkṣatē* 'looks at': T.07280] *vt.* (*perf.* निरखा /nirakʰā ニルカー/) 観察する;(値踏みのために)よく見る. ❐गाँव के बालकों ने आकर इन दोनों आदमियों को घेर लिया और लगे निरखने, मानो चिड़ियाघर के अनोखे जंतु आ गये हों। 村の子どもたちが来てこの二人を取り囲みじろじろと観察した, まるで動物園の珍獣がやって来たかのように. ❐लड़की को ख़ूब भली प्रकार निरख लो, और समझ में आए तो शादी तय कर लेना। 相手の娘をよく見ときなさい, そして得心がいったら結婚を決めるがいい.

निरत /nirata ニラト/ [←Skt. *नि-रत-* 'pleased, satisfied, delighting in, attached or devoted to, quite intent upon, deeply engaged in or occupied with'] *adj.* 没頭した. ❐(में) ～ हो जाना (…に)没頭する.

निरपराध /niraparādʰa ニラプラード/ [←Skt. *निर्-अपराध-* 'unoffending, guiltless, blameless'] *adj.* 罪のない, 無実の. (⇒निर्दोष, बेक़सूर) ❐(को) ～ सिद्ध करना (人が)無実だと証明する.

— *adv.* 罪がないのに, 無実なのに, いわれなく. ❐बेचारी झुनिया पर ～ ये लोग झल्ला रहे हैं। 哀れなジュニヤーに対し罪がないのにこの人たちはののしっている. ❐यह लात उसे ～ मिली। この足蹴を彼女はいわれなく受けた.

निरपवाद /nirapavāda ニラプワード/ [←Skt. *निर्-अपवाद-* 'blameless; not admitting of any exception'] *adj.* 例外のない. ❐～ रूप से 例外なく.

निरपेक्ष /nirapekṣa ニルペークシュ/ [←Skt. *निर्-अप-ईक्ष-* 'regardless of. indifferent to, independent of; desireless, careless, indifferent, disinterested'] *adj.* **1** 中立の, 他に依存しない. ❐गुट ～ 非同盟の, 中立の. **2** 絶対的な, 無条件の. (⇔सापेक्ष) ❐～ मान 〖数学〗絶対値.

निरभिमान /nirabʰimāna ニルビマーン/ [←Skt. *निर्-अभिमान-* 'free from pride'] *adj.* うぬぼれのない, 謙虚な, 控え目な.

निरर्थक /nirartʰaka ニラルタク/ [←Skt. *निर्-अर्थक-* 'useless, vain, unsuccessful'] *adj.* 無意味な, 無駄な. (⇔सार्थक) ❐तुम्हारे बग़ैर मेरा जीवन ～ हो गया है। お前がいない私の人生は意味がなくなってしまった. ❐अब उसका जीवन ～ नहीं, बल्कि सार्थक हो गया था। 今や彼の人生は無意味ではなく, 意味あるものになった.

निरवलंब /niravalamba ニラオランブ/ [←Skt. *निर्-अवलम्ब-* 'supportless'] *adj.* 頼るものが何もなしの; 着の身着のままの. ❐～ यात्रा 着の身着のままの旅.

निरसन /nirasana ニルサン/ [←Skt.n. *निर्-असन-* ' the act of casting out etc.'] *m.* (法律などの)廃止, 破棄.

निरस्त /nirasta ニラスト/ [←Skt. *निर्-अस्त-* 'cast out or off, expelled, banished, rejected, removed, refuted, destroyed'] *adj.* (法律などが)廃止された, 破棄された.

निरस्त्र /nirastra ニラストル/ [←Skt. *निर्-अस्त्र-* 'unarmed, disarmed'] *adj.* 非武装の; 無防備な, 丸腰の; 武装解除された. (⇒निहत्था, बेहथियार)(⇔सशस्त्र) ❐(को) ～ करना (…を)武装解除する.

निरस्त्रीकरण /nirastrīkaraṇa ニラストリーカラン/ [neo.Skt.n. *निर्-अस्त्रीकरण-* 'disarmament'] *m.* 非武装化; 武装解除. (⇒विसैन्यीकरण)(⇔अस्त्रीकरण) ❐पूर्ण ～ 完全非武装化.

निरा /nirā ニラー/ [<OIA. *nīraja-* 'free from dust': T.07557] *adj.* **1** 全くの, 正真正銘の. ❐निरी मोटमरदी 全くの傲慢さ. **2** 単なる.

— *adv.* 全く, 正真正銘《嘲りをこめた言い方》. (⇒महज़) ❐मैं ～ पोंगा पंडित हूँ। 私は本当の大馬鹿者です. ❐वह तो ～ लफ़ंगा है। 彼は正真正銘の人間のくずです.

निराई /nirāī ニラーイー/ [cf. *निराना*] *f.* 草取り, 除草.

निराकरण /nirākaraṇa ニラーカラン/ [←Skt.n. *निर्-आ-करण-* 'separating; driving away, turning out, expelling, removing'] *m.* (悪いものを)取り除くこと, 排除, 除去; (病気・悪などの)根絶, 駆逐; 抹殺. ❐रोग का ～ 病気の根絶. ❐लांछन का ～ 不名誉な汚点の抹殺. ❐विष का ～ 毒の除去.

निराकार /nirākāra ニラーカール/ [←Skt. *निर्-आकार-* 'formless, shapeless, incorporeal'] *adj.* 形のないもの, 無形の. (⇔साकार)

— *m.* 〖ヒンドゥー教〗神.

निराकृत /nirākṛta ニラークリト/ [←Skt. *निर्-आ-कृत-* 'pushed or driven away, repudiated, expelled, banished, rejected, removed'] *adj.* 取り除かれた; 廃棄された.

निराकृति /nirākṛti ニラークリティ/ [←Skt.f. *निर्-आ-कृति-* 'obstruction, impediment, interruption'] *f.* ☞ निराकरण

निरादर /nirādara ニラーダル/ [←Skt. *निर्-आदर-* 'showing no respect, disrespectful'] *m.* 無礼; 侮辱. (⇒अनादर, अपमान, बेइज़्ज़ती)(⇔आदर, इज़्ज़त) ❐(का) ～ करना (人を)侮辱する.

निराधार /nirādʰāra ニラーダール/ [←Skt. *निर्-आधार-* 'without a receptacle or a support'] *adj.* **1** 支えのない; 頼るものがない. ❐मैं संसार में ～ नहीं हूँ। 私はこの世で頼る人がいないわけではない. **2** 根拠のない. (⇒बेबुनियाद) ❐आपका संदेह ～ है। あなたの疑念には根拠がありません.

निराना /nirānā ニラーナー/ [<OIA. **nīḍāti* 'cuts down, weeds': T.07542] *vt.* (*perf.* निराया /nirāyā ニラーヤー/) 雑草を抜く, 草取りをする. ❐वह खेत निरा रही है। 彼女は畑の草取りをしている.

निरापद् /nirāpad ニラーパド/ ▹निरापद [←Skt. *निर्-आपद्-* 'prosperous, fortunate, secure'] *adj.* 安全な, 害のない. ❐～ दियासलाई [माचिस] 安全マッチ.

निरामिष /nirāmiṣa ニラーミシュ/ [←Skt. *निर्-आमिष-* 'fleshless'] *adj.* 〖食〗肉を含まない(食事), 菜食の, ベジの. (⇒शाकाहारी)(⇔सामिष) ❐～ भोजन 菜食料理.

निरामिष-भोजी /nirāmiṣa-bʰojī ニラーミシュ・ボージー/ [neo.Skt. *निरामिष-भोजिन्-* 'vegetarian'] *adj.* 菜食主義の(人).

— *m.* 菜食主義者.

निरालंब /nirālamba ニラーランブ/ [←Skt. *निर्-आलम्ब-* 'self-supported, independent; friendless, alone'] *adj.* 支えのない; 身寄りのない.

निराला /nirālā ニラーラー/ [<OIA. **nirālaya-* 'without resting-place': T.07277] *adj.* 独特の, 特異な, 他に類のない; 風変わりな, 珍奇な. ❐यह खेल अपने ढंग का ～ होगा, बिलकुल अभूतपूर्व। この競技は独特で他に類がないものとなろう, まったく前代未聞の.

निरालापन /nirālāpana ニラーラーパン/ [*निराला* + *-पन*] *m.* 独特さ, 特異さ; 風変わり, 珍奇.

निरालोक /nirāloka ニラーローク/ [←Skt. *निर्-आलोक-* 'deprived of light, dark or blind'] *adj.* 光のない, 闇の.

निरावरण /nirāvaraṇa ニラーオラン/ [←Skt. *निर्-आवरण-* 'unveiled, manifest, evident'] *adj.* 覆いが除かれた; むき出しの.

— *m.* 覆いが除かれていること.

निराश /nirāśa ニラーシュ/ [←Skt. निर्-आश- 'without any hope or wish or desire, indifferent'] *adj.* 落胆した;失望した;絶望した. (⇒मायूस, नाउम्मीद) ❐(को) ～ करना(人を)がっかりさせる, 失望させる. ❐वह जीवन से ～ हो गया था। 彼は人生に絶望した.

निराशा /nirāśā ニラーシャー/ [←Skt.f. निर्-आशा- 'hopelessness, despair'] *f.* 落胆;失望;絶望. (⇒मायूसी, नाउम्मीदी)(⇔आशा) ❐मुझे इन शब्दों से घोर ～ हुई। 私はこの言葉でひどく落胆した. ❐मेरे पिता के चेहरे पर फिर भी एक उदासी और ～ छाई थी। 父の顔にはそれでも一種の悲しみと失望が覆っていた.

निराशाजनक /nirāśājanaka ニラーシャージャナク/ [neo.Skt. निराशा-जनक- 'disappointing'] *adj.* 失望させる, がっかりさせる. ❐～ उत्तर がっかりさせる返事.

निराशावाद /nirāśāvāda ニラーシャーワード/ [neo.Skt.m. निराशा-वाद- 'pessimism'] *m.* 悲観論, 悲観主義. (⇔आशावाद)

निराशावादी /nirāśāvādī ニラーシャーワーディー/ [neo.Skt. निराशा-वादिन्- 'pessimistic'] *adj.* 悲観的な(人). (⇔आशावादी)

— *m.* 悲観論者. (⇔आशावादी)

निराश्रय /nirāśraya ニラーシュラエ/ [←Skt. निर्-आश्रय- 'shelterless; supportless, having or offering no prop or stay, destitute, alone'] *adj.* 身寄りのない;庇護のない. ❐एक दिन उसका घर-द्वार सब नीलाम हो जायगा, उसके बाल-बच्चे ～ होकर भीख माँगते फिरेंगे। いつの日か彼の家屋家財すべてが競売にかけられるだろうよ, 彼の子どもたちは身寄りがなく物乞いをしながら路頭に迷うだろう.

निराहार /nirāhāra ニラーハール/ [←Skt. निर्-आहार- 'having no food or abstaining from it'] *adj.* **1** 食べ物がない;空腹の. ❐～ कोई कै दिन रह सकता है! 食べ物がなくて誰が一体何日生きていられるというのか! ❐वह निर्जल, ～, मूर्च्छित दशा में कमरे में पड़ी रहती। 彼女は飲み水もなく, 食べ物もなく, 気を失った状態で部屋の中で倒れていた. **2** 絶食の;断食の.

— *m.* **1** 空腹, 腹ペコ. **2** 絶食;断食.

निरीक्षक /nirīkṣaka ニリークシャク/ [←Skt. निर्-ईक्षक- 'looking at, seeing, viewing'] *m.* **1** 観察する人;検査官, 検閲官, 監察官;視学官. (⇒इंस्पेक्टर) ❐टिकट का ～ 切符の検査係. **2** 監督官, 監督者;監視.

निरीक्षण /nirīkṣaṇa ニリークシャン/ [←Skt.n. निर्-ईक्षण- 'look, looking at, observing; sight, view'] *m.* **1** 観察;検査, 検証, 検閲, 監察, 視察. (⇒मुआयना) ❐(का) ～ करना(…を)点検する. ❐घटना-स्थल का ～ करना 現場検証をする. **2** 監督;監視.

निरीक्षित /nirīkṣita ニリークシト/ [←Skt. निर्-ईक्षित- 'viewed'] *adj.* **1** 観察された;監察された, 検査された, 検閲された. **2** 監督された;監視された.

निरीश्वर /nirīśvara ニリーシュワル/ [←Skt. निर्-ईश्वर- 'godless, atheistic'] *adj.* 無神論(者)の.

निरीश्वरवाद /nirīśvaravāda ニリーシュワルワード/ [←Skt.m. निरीश्वर-वाद- 'atheistic doctrine'] *m.* 無神論.

निरीश्वरवादी /nirīśvaravādī ニリーシュワルワーディー/ [←Skt. निरीश्वर-वादिन्- 'holding atheistic doctrine'] *adj.* 無神論(者)の.

— *m.* 無神論者.

निरीह /nirīha ニリーフ/ [←Skt. निर्-ईह- 'motionless, inactive, desireless, indifferent, unanxious'] *adj.* **1** おとなしい, 従順な. ❐वह इतना ～ था कि उससे किसी तरह की शरारत की शंका न होती थी। 彼は, どんないたずらも彼のせいだとは疑えないほど, おとなしかった. **2** 欲のない, (自分のことを)かまわない;無気力な.

निरीहता /nirīhatā ニリーフター/ [←Skt.f. निर्-ईह-ता- 'absence of effort or desire, indifference'] *f.* **1** おとなしさ, 従順さ. ❐भेड़ों की ～ 羊たちの従順さ. **2** 欲のなさ;無気力.

निरुक्त /nirukta ニルクト/ [←Skt.n. निर्-उक्त- 'explanation or etymological interpretation of a word'] *m.* 〖ヒンドゥー教〗ニルクタ《ヴェーダの補助学問 (वेदांग) の一つ, 語源学》.

निरुत्तर /niruttara ニルッタル/ [←Skt. निर्-उत्तर- 'answerless, silenced'] *adj.* **1** 返答に窮した, やりこめられた, 黙るしかない. (⇒लाजवाब) ❐(को) ～ करना(人を)やりこめる. **2** 答のない(問題), 答えられない(問題). ❐～ प्रश्न 答えられない問題.

निरुत्साह /nirutsāha ニルトサーハ/ [←Skt. निर्-उत्साह- 'without energy or courage, indolent, indifferent'] *adj.* 気力の失せた, ひるむ. ❐वह ज़रा भी ～ न हुआ। 彼は少しもひるまなかった.

— *m.* 気力がくじけること. ❐उत्साह के एक क्षण के लिए भी ～ न हुआ। 気合の入っている間は一瞬たりとも気力がくじけなかった.

निरुत्साहित /nirutsāhita ニルトサーヒト/ [?neo.Skt. निर्-उत्साहित- 'discouraged'] *adj.* 気力を失った;落胆した.

निरुद्देश्य /niruddeśya ニルッデーシエ/ [neo.Skt. निर्-उद्देश्य- 'aimless'] *adj.* 目的のない.

— *adv.* 目的なく;意味もなく. ❐～ घूमना 意味もなく歩き回る.

निरुद्ध /niruddʰa ニルッド/ [←Skt. नि-रुद्ध- 'held back, withheld, held fast, stopped, shut, closed, confined, restrained, checked, kept off, removed, suppressed'] *adj.* 止められた;ふさがれた;(喉・管などが)詰まった.

निरुद्यम /nirudyama ニルディャム/ [←Skt. निर्-उद्यम- 'effortless, inactive, lazy'] *adj.* 怠惰な.

निरुद्यमी /nirudyamī ニルディャミー/ [?neo.Skt. निर्-उद्यमिन्- 'effortless, inactive, lazy'] *adj.* ☞निरुद्यम

निरुद्योग /nirudyoga ニルディョーグ/ [←Skt. निर्-उद्योग- 'effortless, inactive, lazy'] *adj.* 怠惰な.

निरुद्वेग /nirudvega ニルドヴェーグ/ [←Skt. निर्-उद्वेग- 'unexcited, sedate, calm'] *adj.* (心が)平静な, 落ち着いている.

निरुपम /nirupama ニルパム/ [←Skt. निर्-उपम- 'peerless,

unequalled, incomparable'] *adj.* たとえようのない(ほどよい).

निरुपयोग /nirupayoga ニルプヨーグ/ [←Skt. *निर्-उपयोग-* 'useless, unserviceable'] *adj.* 役に立たない(もの).

निरुपयोगी /nirupayogī ニルプヨーギー/ [?neo.Skt. *निर्-उपयोगिन्-* 'useless (person)'] *adj.* 役に立たない(人).

निरुपाधि /nirupādʰi ニルパーディ/ [←Skt. *निर्-उपाधि-* 'without attributes or qualities, absolute'] *adj.* 属性のない;肩書のない, 無冠の.

निरुपाय /nirupāya ニルパーエ/ [←Skt. *निर्-उपाय-* 'without expedients, helpless, unsuccessful'] *adj.* (自分の)手におえない, お手上げの. ❐उसे ज्ञात हुआ, स्त्री के सामने पुरुष कितना निर्बल, कितना ～ है। 彼は悟った, 女の前では男はなんと無力なことか, なんと非力なことか. ❐जब मनुष्य ～ हो जाता है, तो विधाता को कोसता है। 人間は自分では手におえなくなると, 神に悪態をつくのである.

निरूपक /nirūpaka ニルーパク/ [←Skt. *नि-रूपक-* 'observing, observer'] *adj.* 考察する;説明する.
— *m.* 考察する人.

निरूपण /nirūpaṇa ニルーパン/ [←Skt. *नि-रूपण-* 'stating, determining, defining'] *m.* 考察;考究;説明. ❐(का) ～ करना (…の)考察をする. ❐हमारे जीवन का ～ बहुत कुछ इस अनजान शक्ति से होता है। 私たちの生命の不思議はかなりの程度この見知らぬ力によって説明されるのである.

निरूपित /nirūpita ニルーピト/ [←Skt. *नि-रूपित-* 'seen, observed, considered, weighed, discovered, ascertained, determined, defined'] *adj.* 考察された;説明された.

निरोध /nirodʰa ニロード/ [←Skt.m. *नि-रोध-* 'confinement, locking up, imprisonment'] *m.* **1** 止めること;ふさぐこと;(喉・管などが)詰まること. **2**〖医学〗避妊;コンドーム《実際には निरोध はコンドームの商標名》. (⇒कंडोम)

निरोधक /nirodʰaka ニローダク/ [←Skt. *नि-रोधक-* 'obstructing, confining, hindering'] *adj.* 防ぐ;妨げる. ❐गर्भ ～ दवा 避妊薬.

निर्ख़ /nirxa ニルク/ [←Pers.n. نرخ 'price, price-list, tariff'] *m.* 相場;時価, 価格.

निर्गंध /nirgaṃdʰa ニルガンド/ [←Skt. *निर्-गन्ध-* 'void of smell, inodorous'] *adj.* 無臭の, 匂いのない. ❐～ फूल 香りのない花.

निर्गत /nirgata ニルガト/ [←Skt. *निर्-गत-* 'gone out; appeared'] *adj.* (証明書などが)発行された. ❐(द्वारा) ～ प्रमाण-पत्र (…によって)発行された証明書.

निर्गम /nirgama ニルガム/ [←Skt.m. *निर्-गम-* 'going forth, setting out, departure'] *m.* **1** 出口. **2** 発行. ❐शेयर ～ 株式の発行. **3** (コンピューターの)出力, アウトプット.

निर्गमन /nirgamana ニルガマン/ [←Skt.n. *निर्-गमन-* 'going out, coming forth from'] *m.* ☞निर्गम

निर्गुण /nirguṇa ニルグン/ [←Skt. *निर्-गुण-* 'having no good qualities or virtues, bad, worthless, vicious'] *adj.* 特質・属性を超越した. (⇔सगुण)
— *m.*〖ヒンドゥー教〗特質・属性を超越したもの, 最高神. (⇔सगुण)

निर्गुणता /nirguṇatā ニルグンター/ [←Skt.f. *निर्गुण-ता-* 'absence of qualities or properties'] *f.* 特質・属性を超越していること. (⇔सगुणता)

निर्गुणी /nirguṇī ニルグニー/ [*निर्गुण* + *-ई*] *adj.* 特質・属性を超越しているものとしての最高神を信仰する(人). (⇔सगुणी)

निर्घोष /nirgʰoṣa ニルゴーシュ/ [←Skt. *निर्-घोष-* 'soundless, noiseless'; cf. Skt.m. *निर्-घोष-* 'sound, noise, rattling, tramping'] *adj.* 音のない;騒音のない.
— *m.* 騒がしさ, 騒音.

निर्जन /nirjana ニルジャン/ [←Skt. *निर्-जन-* 'unpeopled, lonely, desolate'] *adj.* 無人の;人気のない;荒れ果てた. ❐～ घर 人気のない家. ❐～ द्वीप 無人島.

निर्जल /nirjala ニルジャル/ [←Skt. *निर्-जल-* 'waterless, dry'] *adj.* 水のない. ❐～ नदी 干上がった川. ❐～ व्रत 水も飲まない願掛けのための断食.

निर्जीव /nirjīva ニルジーヴ/ [←Skt. *निर्-जीव-* 'lifeless, dead'] *adj.* **1** 生命の宿っていない;死んだ. (⇒बेजान)(⇔सजीव) ❐～ यंत्र 命の宿っていない機械. ❐～ शव 命の宿っていない死体. **2** 生気のない;活気のない;色あせた. (⇒बेजान)(⇔सजीव)

निर्जीवता /nirjīvatā ニルジーヴター/ [←Skt.f. *निर्जीव-ता-* 'lifelessness'] *f.* 生命が宿っていないこと;生気のないこと. ❐शिष्ट प्रेम की दुर्बलता और ～ お行儀のいい恋愛のもろさとつまらなさ.

निर्झर /nirjʰara ニルジャル/ [←Skt.m. *निर्-झर-* 'a waterfall, cataract, mountain torrent, cascade'] *m.* 滝. (⇒झरना)

निर्झरिणी /nirjʰariṇī ニルジャリニー/ [←Skt.f. *निर्-झरिणी-* 'a torrent, river'] *f.* 急流, 激流, 奔流.

निर्णय /nirṇaya ニルナエ/ [←Skt.m. *निर्-णय-* 'decision, determination'] *m.* **1** 決断;決定;判定. (⇒फ़ैसला) ❐～ लेना 決断する. ❐कल तक वह माता-पिता के ～ को मान्य समझती थी। 昨日までは彼女は両親の決めたことを敬うべきだと理解していた. ❐(का) ～ करना (…の)決定をする. **2** 裁決, 評決. (⇒फ़ैसला)

निर्णयात्मक /nirṇayātmaka ニルナヤートマク/ [neo.Skt. *निर्णय-आत्मक-* 'decisive, conclusive'] *adj.* 決定する, 決定的な.

निर्णायक /nirṇāyaka ニルナーヤク/ [←Skt. *निर्-णायक-* 'settling; determining'] *adj.* 決定する, 決定的な.
— *m.* 審判, アンパイヤ, 判定者. (⇒अंपायर)

निर्णीत /nirṇīta ニルニート/ [←Skt. *निर्-णीत-* 'settled'] *adj.* 判定された, 結論の出た.

निर्दय /nirdaya ニルダエ/ [←Skt. *निर्-दय-* 'pitiless, unkind, cruel, hard, violent, excessive'] *adj.* 冷酷非情な, 無慈悲な, 血も涙もない. (⇒निर्दयी) ❐～ व्यंग 容赦のない皮肉.

निर्दयता /nirdayatā ニルダエター/ [←Skt.f. *निर्दय-ता-* 'mercilessness; cruelty'] *f.* 冷酷非情, 無慈悲. ❐～से [के साथ] 冷酷非情に, 無慈悲に.

निर्दयी /nirdayī ニルダイー/ [cf. *निर्दय*] *adj.* ☞निर्दय

निर्दल /nirdala ニルダル/ [neo.Skt. *निर्-दल-* 'not belonging to any party, independent'] *adj.* 無党派の, 無所属の. (⇒निर्दलीय) ❐～ प्रत्याशी 無所属の立候補者.

निर्दलीय /nirdalīya ニルダリーエ/ [neo.Skt. *निर्-दलीय-* '(politically) independent'] *adj.* 無所属の. (⇒निर्दल) ❐～ सांसद 無所属議員.

— *m.* 無所属議員.

निर्दिष्ट /nirdiṣṭa ニルディシュト/ [←Skt. *निर्-दिष्ट-* 'ordered, meant'] *adj.* **1** 命令された;指示された, 指定された. ❐～ समय से आध घंटा पहले 指示された時間より半時間前に. ❐～ स्थान पर रखना 指定された場所に置く. **2** 規定された.

निर्देश /nirdeśa ニルデーシュ/ [←Skt.m. *निर्-देश-* 'pointing out, indicating, directing, order, command, instruction'] *m.* **1** 命令;指示, 指定. ❐～ देना 指示する, 命令する. **2** 規定. **3** (薬などの)使用説明(書);案内書, ガイドブック.

निर्देशक /nirdeśaka ニルデーシャク/ [←Skt. *निर्-देशक-* 'pointing out, showing, indicating'] *adj.* 監督する;指示する;規定する. ❐～ सिद्धांत 指針, ガイドライン.

— *m.* **1** (研究所の)所長. **2** (映画・演劇などの)監督, 演出家. ❐फ़िल्म ～ 映画監督. **3** (大学院の)指導教官, 指導教員. ❐～ और शोधार्थी 指導教官と研究生.

निर्देश-ग्रंथ /nirdeśa-gramtʰa ニルデーシュ・グラント/ *m.* 手引書, マニュアル.

निर्देशन /nirdeśana ニルデーシャン/ [?neo.Skt.n. *निर्-देशन-* 'direction'] *m.* **1** 指示, 指図:(目的地までの)道順. **2** (映画などの)監督をすること, 演出;(論文などの)指導. ❐फ़िल्म का ～ करना 映画の監督をする. ❐यह उनके ～ में बनी तीसरी फ़िल्म थी। これは彼が監督してできた3番目の映画であった.

निर्देशिका /nirdeśikā ニルデーシカー/ [neo.Skt.f. *निर्-देशिका-* 'a directory, guide book'] *f.* (観光案内などの)小型の案内書, パンフレット.

निर्दोष /nirdoṣa ニルドーシュ/ [←Skt. *निर्-दोष-* 'faultless, defectless, guiltless, innocent'] *adj.* **1** 欠陥のない, 瑕疵(かし)のない, 完璧な. (⇔सदोष) ❐आपके सिद्धांत ～ हैं, किंतु उनको व्यवहार में लाना नितांत दुस्तर है। あなたの主義原則は完璧だ, しかしそれらを実践することははなはだしく困難だ. **2** 罪のない, 無実の. (⇒निरपराध)(⇔सदोष) ❐क्या उस ～ बालिका के साथ तुम्हारा यह अन्याय नहीं है? あの罪もない娘に対する君のこれは不当な仕打ちではないのか. ❐वह मुझे ～ जानता है। 彼は私が無実だと知っています.

निर्दोषता /nirdoṣatā ニルドーシュター/ [←Skt.f. *निर्दोष-ता-* 'faultlessness'] *f.* **1** 欠陥などがないこと. **2** 過失などがないこと;無実.

निर्द्वंद्व /nirdvamdva ニルドワンドオ/ [←Skt.f. *निर्-द्वंद्व-* 'indifferent to the alternatives or opposite pairs (of feelings, as pleasure and pain), neither glad nor sorry etc.'] *adj.* **1** 争う余地のない, 反対論のない. **2** (愛憎を超越した)屈託のない. ❐～ आदमी 屈託のない人. **3** 敵のいない(人), 対立する者がいない(人).

— *adv.* 自由気ままに.

निर्धन /nirdʰana ニルダン/ [←Skt. *निर्-धन-* 'without property, poor'] *adj.* 貧しい(人). (⇔धनी)

— *m.* 貧しい人, 貧乏人. (⇔धनी) ❐यहाँ सुबह से शाम तक के बीच भाग्य ने कितनों को धनी से ～ और ～ से भिखारी बना दिया। この地では朝から夕方までの間に運命が何人の人間を金持ちから貧乏人に, そして貧乏人から乞食にしたことか.

निर्धनता /nirdʰanatā ニルダンター/ [←Skt.f. *निर्धन-ता-* 'poverty, indigence'] *f.* 貧困, 貧乏.

निर्धारक /nirdʰāraka ニルダーラク/ [neo.Skt. *निर्-धारक-* 'one who determines'] *adj.* 決定する(人);規定する(人);査定する(人).

निर्धारण /nirdʰāraṇa ニルダーラン/ [←Skt.n. *निर्-धारण-* 'taking out or specifying one out of many, particularizing, defining, settling, certainty, ascertainment'] *m.* **1** (約束事などを)決めること, 定めること. ❐(का) ～ करना (…を)決定する. **2** (価値などを)査定すること;算定すること. ❐(का) ～ करना (…を)査定する;算定する.

निर्धारित /nirdʰārita ニルダーリト/ [←Skt. *निर्-धारित-* 'determined, ascertained, settled, accurately stated or told'] *adj.* **1** (約束事などが)決められた, 定められた. ❐～ करना 決定する. **2** (価値などが)査定された;算定された. ❐मूल्य ～ करना 価値を査定する.

निर्धारिती /nirdʰāritī ニルダーリティー/ [*निर्धारित* + *-ई*] *m.* 〖経済〗評価資産(額).

निर्निमेष /nirnimeṣa ニルニメーシュ/ [←Skt. *निर्-निमेष-* 'not twinkling; not closing the eye'] *adj.* 瞬(まばた)きをしない, 目を見開いたままの. ❐～ दृष्टि 瞬き一つしない目.

— *adv.* 瞬(まばた)きをしないで, 目を見開いたままで. (⇒एकटक) ❐वह ～ उसे देख रही थी। 彼女は瞬き一つせずに彼を見ていた.

निर्बद्ध /nirbaddʰa ニルバッド/ [neo.Skt. *निर्-बद्ध-* 'unrestricted'; cf. Skt. *निर्-बद्ध-* 'fixed or fastened upon'] *adj.* 束縛のない. ❐～ होकर 縛られることなく.

निर्बल /nirbala ニルバル/ [←Skt. *निर्-बल-* 'powerless, weak'] *adj.* 力のない, 無力な;弱い. (⇔सबल) ❐मैं उन सभी लोगों का वकील हूँ, जो ～ है, निस्सहाय हैं, पीड़ित हैं। 私は, 力のないもの, 頼る人がいないもの, 苦しんでいるものすべての人のための弁護士です.

निर्बलता /nirbalatā ニルバルター/ [←Skt.f. *निर्बल-ता-* 'weakness'] *f.* 無力;弱さ, 非力. ❐वे अपनी कायरता और ～ पर मन ही मन लज्जित थे। 彼は自分の臆病さそして無力に心から恥じていた.

निर्बाध /nirbādʰa ニルバード/ [←Skt. *निर्-बाध-* 'free from vexation or annoyance'] *adj.* 制限のない. ❐～

गति से बढ़ना（物事が）順調に進む.

— *adv.* 無制限に.

निर्बुद्धि /nirbuddʰi ニルブッディ/ [←Skt. *निर्-बुद्धि-* 'senseless, ignorant, stupid'] *adj.* 知恵のない, 愚かな.

निर्बोध /nirbodʰa̸ ニルボード/ [←Skt. *निर्-बोध-* 'senseless, ignorant, stupid'] *adj.* ☞निर्बुद्धि

निर्भय /nirbʰaya̸ ニルバエ/ [←Skt. *निर्-भय-* 'fearless'] *adj.* **1** 恐れのない, 大胆な.(⇒निडर) ❐उसने ～ होकर कह दिया। 彼女は恐れ知らずに言い放った. **2** 不安のない.

निर्भयता /nirbʰaya̸tā ニルバエター/ [←Skt.f. *निर्भय-ता-* 'fearlessness'] *f.* **1** 恐れを知らないこと, 勇敢さ.(⇒निडरता) ❐उसने ～ से कहा। 彼女は勇敢に言った. ❐भय ही पराधीनता है, ～ ही स्वराज्य है। 恐れこそ隷属であり, 恐れを知らないことこそ自主独立である. **2** 不安がないこと.

निर्भर /nirbʰara̸ ニルバル/ [←Skt. *निर्-भर-* 'without weight or measure; excessive, vehement, violent; deep, sound (as sleep), ardent (as an embrace)'] *adj.* 依存している, 依拠する.(⇒अधीन) ❐उसे आज विदित हुआ कि तृप्ति स्वादिष्ट व्यंजनों पर ～ नहीं है। 彼は今日知った, 満ち足りるということは美味な料理に依存しているのではないということを. ❐क़रीब आधे से अधिक कृषि भूमि खेती के लिए बारिश पर ～ रहता है। 約半数以上の農地は耕作のために降雨に依存している.

निर्भरता /nirbʰara̸tā ニルバルター/ [?Skt.f. *निर्भर-ता-* 'dependance'] *f.* 依存していること, 依拠していること.

निर्भीक /nirbʰīka̸ ニルビーク/ [←Skt. *निर्-भीक-* 'fearless'] *adj.* 恐れを知らない, 勇敢な. ❐～ स्पष्टवादिता 遠慮のない直言.

निर्भीकता /nirbʰīka̸tā ニルビークター/ [←Skt.f. *निर्भीक-ता-* 'fearlessness'] *f.* 恐れを知らないこと, 遠慮のないこと. ❐वह बहस इतनी ～ से करता कि ख़ुशामद के आदी हुक्काम् कि निगाहों में उसकी ～ गुस्ताख़ी मालूम होती। あまりに遠慮なく口論するので, おべっかに慣れている判事たちの眼には彼の遠慮のなさは無礼な振る舞いに見えるほどだった.

निर्भ्रांत /nirbʰrāṃta̸ ニルブラーント/ [?neo.Skt. *निर्-भ्रान्त-* 'one who has no doubts'] *adj.* ためらいのない, 疑いのない.

— *adv.* ためらいなく, 疑いなく.

निर्मम /nirmama̸ ニルマム/ [←Skt. *निर्-मम-* 'unselfish, disinterested, free from all worldly connections'] *adj.* 無慈悲な, 情け容赦のない. ❐उसने ～ स्वर में कहा। 彼女は情け容赦のない声で言った. ❐हो सकता है, तुम्हें लगे कि मैं तुम्हारे प्रति ～ हो रहा हूँ, पर मैं उससे सौ गुना अधिक अपने पर ～ हो रहा हूँ। 私が君に対して無慈悲な仕打ちをしているように君には思えるかもしれない, だが私はその百倍も自分に対して無慈悲になろうとしているのだ.

निर्ममता /nirmama̸tā ニルマムター/ [←Skt.f. *निर्मम-ता-* 'complete unselfishness or indifference'] *f.* 無情さ, 情け容赦の無さ.

निर्मल /nirmala̸ ニルマル/ [←Skt. *निर्-मल-* 'spotless, unsullied, clean, pure, shining, resplendent, bright'] *adj.* **1** 清らかな, 澄みきった;清浄な. ❐～ जल 清らかな水. ❐～ जलवायु 清浄な気候風土. **2** しみ一つ無い, けがれの無い, 無垢(むく)な. ❐बच्चे की ～ आँखें 子どもの汚れのない目. ❐मैं उसकी ～ कीर्ति पर धब्बा न लगाऊँगा। 私は彼のしみ一つ無い名声に汚点をつけるつもりはない.

निर्मलता /nirmala̸tā ニルマルター/ [←Skt.f. *निर्मल-ता-* 'stainlessness, cleanness, purity'] *f.* 清らかさ;清浄;純粋無垢(むく).

निर्मली /nirmalī ニルマリー/ [*निर्मल* + *-ई*] *f.* 〚植物〛ニルマリー《マチン科ミズスマシノキ;薬用の常緑樹;種子の成分に水の浄化作用がある》.

निर्माण /nirmāṇa̸ ニルマーン/ [←Skt.n. *निर्-माण-* 'forming, making, creating, creation, building, composition, work'] *m.* **1** 作ること;製造;建設, 建築, 建造.(⇒तामीर) ❐～ उद्योग 製造業. ❐(का) ～ करना (…を)製造する, 建設する. ❐जहाज़ का ～ 船の建造. **2**（組織の）建設;結成. ❐(का) ～ करना (…を)結成する. **3**（人格・精神などの）養成, 形成, 開発;（語の）形成. ❐चरित्र ～ 人格形成. ❐शब्द ～ 〚言語〛語形成.

निर्माणात्मक /nirmāṇātmaka̸ ニルマーナートマク/ [neo.Skt. *निर्माण-आत्मक-* 'formative; constructive'] *adj.* 形成上の;構造上の.

निर्माणी /nirmāṇī ニルマーニー/ [*निर्माण* + *-ई*] *f.* 製造工場.

निर्माता /nirmātā ニルマーター/ [←Skt.m. *निर्-मातृ-* 'maker, builder, creator, author'] *m.* **1** 製造者;製作者;（映画などの）プロデューサー. ❐फ़िल्म ～ 映画プロデューサー. **2** 建設者;創設者, 創作者;創造主, 造物主. ❐आधुनिक भारत के ～ 現代インドの建設者.

निर्माल्य /nirmālya̸ ニルマールエ/ [←Skt. *निर्-माल्य-* 'cast out or left from a garland'] *m.* 〚ヒンドゥー教〛お供え物のお下がり.

निर्मित /nirmita̸ ニルミト/ [←Skt. *निर्-मित-* 'constructed, built'] *adj.* **1** 作られた:製造された;建築された. **2**（組織などが）結成された. **3**（人格・精神などが）養成された, 形成された, 開発された;（語が）形成された.

निर्मुक्त /nirmukta̸ ニルムクト/ [←Skt. *निर्-मुक्त-* 'liberated or saved or escaped or free from'] *adj.* 解放された;束縛から放たれた;恩赦を受けた.

निर्मुक्ति /nirmukti ニルムクティ/ [neo.Skt.f. *निर्-मुक्ति-* 'release'] *f.* 解放;束縛からの自由;恩赦, 大赦.

निर्मूल /nirmūla̸ ニルムール/ [←Skt. *निर्-मूल-* 'rootless; eradicated'] *adj.* **1** 根のない;根拠のない. ❐～ आशंका 根拠のない懸念. ❐उसकी शंका ～ थी। 彼女の疑念は根拠がなかった. **2** 根絶された, 撲滅された. ❐आतंकवाद को ～ करना テロを根絶する.

निर्मूलन /nirmūlana̸ ニルムーラン/ [←Skt.n. *निर्-मूलन-* 'uprooting, extirpating'] *m.* **1** 根絶, 撲滅. ❐भ्रष्टाचार ～ 汚職撲滅. **2** 論破, 論駁(ろんばく).

निर्मोह /nirmoha ニルモーフ/ [←Skt. *निर्-मोह-* 'free from illusion'] *adj.* 幻想をもっていない;情に流されない, 無情な, 薄情な.

निर्मोही /nirmohī ニルモーヒー/ [*निर्मोह* + *-ई*] *m.* 幻想をもっていない人;情に流されない人, 薄情な人.

निर्यात /niryāta ニルヤート/ [neo.Skt.n. *निर्-यात-* 'export'] *m.* 〖経済〗輸出. (⇒एक्सपोर्ट, बरामद)(⇔आयात) ❐(का) ～ करना (…を)輸出する. ❐～ माल 輸出品.

निर्यातक /niryātaka ニルヤータク/ [neo.Skt.m. *निर्-यातक-* 'an exporter'] *m.* 輸出業者. (⇔आयातक)

निर्लज्ज /nirlajja ニルラッジ/ [←Skt. *निर्-लज्ज-* 'shameless, impudent'] *adj.* 恥知らずの. (⇒बेशर्म)

निर्लज्जता /nirlajjatā ニルラッジター/ [←Skt.f. *निर्लज्ज-ता-* 'shamelessness'] *f.* 恥知らずであること, 厚顔無恥. (⇒बेशर्मी)

निर्लिप्त /nirlipta ニルリプト/ [←Skt. *निर्-लिप्त-* 'unsmeared, undefiled'] *adj.* 固執しない, 未練ない, 頓着しない.

निर्लेप /nirlepa ニルレープ/ [←Skt. *निर्-लेप-* 'unsmeared, free from fatty substances'] *adj.* ☞निर्लिप्त

निर्लोभ /nirlob^ha ニルローブ/ [←Skt. *निर्-लोभ-* 'free from desire, unavaricious'] *adj.* 無欲の, 欲のない.

निर्लोभी /nirlob^hī ニルロービー/ [*निर्लोभ* + *-ई*] *adj.* ☞निर्लोभ

निर्वचन /nirvacana ニルワチャン/ [←Skt.n. *निर्-वचन-* 'interpretation, explanation'] *m.* 解釈, 説明.

निर्वसन /nirvasana ニルワサン/ [?neo.Skt. *निर्-वसन-* 'with no clothes on; nude, naked'] *adj.* 衣服をまとっていない, 裸の.

निर्वहण /nirvahaṇa ニルワハン/ [?neo.Skt.n. *निर्-वहण-* 'the denouement'; cf. Skt.n. *वहण-* 'the catastrophe of a drama'] *m.* **1** (義務・責任などを)果たすこと, 遂行すること. (⇒निर्वाह) **2** 〖演劇〗大団円, 大詰め;結末.

निर्वाचक /nirvācaka ニルワーチャク/ [neo.Skt.n. *निर्-वाचक-* 'an elector'] *m.* 選挙人;選挙民.

निर्वाचक-मंडल /nirvācaka-maṃḍala ニルワーチャク・マンダル/ [neo.Skt.n. *निर्वाचक-मण्डल-* 'electorate'] *m.* 選挙民, 有権者.

निर्वाचक-सूची /nirvācaka-sūcī ニルワーチャク・スーチー/ [neo.Skt.f. *निर्वाचक-सूची-* 'electoral roll'] *f.* 選挙人名簿.

निर्वाचन /nirvācana ニルワーチャン/ [neo.Skt.n. *निर्-वाचन-* 'election'] *m.* 選挙. (⇒चुनाव) ❐～ आयोग 選挙管理委員会.

निर्वाचन-अधिकारी /nirvācana-ad^hikārī ニルワーチャン・アディカーリー/ *m.* 選挙管理委員.

निर्वाचन-क्षेत्र /nirvācana-kṣetra ニルワーチャン・クシェートル/ [neo.Skt.n. *निर्वाचन-क्षेत्र-* 'constituency'] *m.* 選挙区.

निर्वाचित /nirvācita ニルワーチト/ [neo.Skt. *निर्-वाचित-* 'elected'] *adj.* 選出された.

निर्वाण /nirvāṇa ニルワーン/ [←Skt. *निर्-वाण-* 'blown or put out, extinguished (as a lamp or fire), set (as the sun)'; → Chin.n. *涅槃*] *m.* 〖仏教〗涅槃(ねはん).

निर्वात /nirvāta ニルワート/ [←Skt. *निर्-वात-* 'free from wind, sheltered, still'] *adj.*真空(状態)の.
— *m.* 〖物理〗真空(状態).

निर्वासन /nirvāsana ニルワーサン/ [←Skt.n. *निर्-वासन-* 'expelling from home, banishment'] *m.* 追放, 放逐;国外追放(の刑);流刑. (⇒देश-निकाला)

निर्वासित /nirvāsita ニルワースィト/ [←Skt. *निर्-वासित-* 'expelled, banished, dismissed'] *adj.* 追放された, 放逐された;国外追放された. ❐(को) (से) ～ करना (人を)(…から)追放する.

निर्वाह /nirvāha ニルワーハ/ [←Skt.m. *निर्-वाह-* 'carrying on'] *m.* (生活・事業などの営みを)遂行し維持していくこと;(慣習・主義・友情などを)守り維持する. ❐इतने कम वेतन में मेरा ～ न होगा। こんなに少ない給料では私はやっていけない. ❐(के) ～ काप्रबंध करना (人の)生計をたてる手立てをする. ❐थोड़े में ～ करने की विद्या उन्हीं को आती है। わずかなもので生計をたてる知恵が彼女には身についている. ❐दुनिया में किसी तरह मान-मर्यादा का ～ करते हुए ज़िंदगी काट लेना ही हमारा धर्म है। この世でなんとか体面を保ちながら人生を送ることこそが我々の義務なのだ. ❐यदि किसी कार्यालय में क्लर्क बन जाऊँ तो अपना ～ हो सकता है। もしどこかの事務所で事務員になれば, 自分の生計は成り立ちます.

निर्विकल्प /nirvikalpa ニルヴィカルプ/ [←Skt. *निर्-विकल्प-* 'not admitting an alternative, free from change or differences'] *adj.* 代わりのない, 変更のきかない;最終的な, 究極の.

निर्विकार /nirvikāra ニルヴィカール/ [←Skt. *निर्-विकार-* 'unchanged, unchangeable, uniform, normal'] *adj.* 変化のない, 不変の, 変わることのない. ❐～ भाव से 平静に, 静かに.

निर्विघ्न /nirvig^hna ニルヴィグン/ [←Skt. *निर्-विघ्न-* 'uninterrupted, unhindered'] *adj.* 障害や妨害のない, 平穏無事な, 順調な. ❐～ यात्रा 順調な旅. ❐मैं इस समय जीवन में पहली बार ～ आनंद का सुख उठा रहा था। 私はこの時人生で初めて平穏な幸せの喜びをかみしめていた.
— *adv.* 平穏無事に, 順調に.

निर्विरोध /nirvirod^ha ニルヴィロード/ [←Skt. *निर्-विरोध-* 'not being opposed to'] *adj.* 反対のない;競争相手のない. ❐इस चुनाव में ११ उम्मीदवारों को ～ विजेता क़रार दिया गया है। この選挙では 11 人の候補者が対立候補がない勝利者として決定された.
— *adv.* 逆らうことなしに;反対なしに.

निर्विवाद /nirvivāda ニルヴィワード/ [←Skt. *निर्-विवाद-* 'having no context, agreeing'] *adj.* 議論の余地がない, 反対意見がない. ❐उनकी सज्जनता ～ है। 彼の誠実さは疑う余地はない. ❐ज़हीन से ज़हीन लड़का भी अपनी सफलता का दावा इतने ～ रूप से न कर सकता था। ずば抜けて賢い少年でも自身の成功をこれほどの完璧さで断言することはでき

ないはずだった.

— *adv.* 議論の余地なく, 反対意見がなく.

निर्वीर्य /nirvīryạ ニルヴィールエ/ [←Skt. *निर्-वीर्य-* 'powerless, unmanly, impotent'] *adj.* 男らしくない, 根性のない, 精気のない.

निर्वेग /nirvegạ ニルヴェーグ/ [←Skt. *निर्-वेग-* 'without violent motion, quiet, calm'] *adj.* 動きのない, 静止した.

निर्वेद /nirvedạ ニルヴェード/ [←Skt. *निर्-वेद-* 'complete indifference, disregard of worldly objects'] *m.* 世事に無関心な;厭世的な;煩悩を超越した.

निर्वैयक्तिक /nirvaiyaktikạ ニルワェーヤクティク/ [neo.Skt. *निर्-वैयक्तिक-* 'impersonal'] *f.* 非人格的な, 非人間的な, 個人的感情を含まない.

निर्वैयक्तिकता /nirvaiyaktikạtā ニルワェーヤクティクター/ [neo.Skt.f. *निर्वैयक्तिक-ता-* 'impersonality'] *f.* 非人格性, 非人間性.

निर्व्याज /nirvyājạ ニルヴィャージ/ [←Skt. *निर्-व्याज-* 'free from deceit or ambiguity, undisputed; exact, honest, sincere, pure'] *adj.* 率直な, 包み隠しのない. ❐～ भाव से 率直に.

निलंबन /nilaṃbanạ ニランバン/ [neo.Skt.n. *नि-लम्बन-* 'suspension'] *m.* (資格などの)一時的剥奪, 停職, 停学. ❐(का) ～ करना (人を)停職[停学]にさせる.

निलंबित /nilaṃbitạ ニランビト/ [neo.Skt. *नि-लम्बित-* 'suspended'] *adj.* (資格などが)一時的に剥奪された, 停職になった, 停学になった. ❐एक पत्रकार की पिटाई करने के आरोप में थाने के प्रभारी को ～ कर दिया गया है। 一人のジャーナリストに暴行した容疑で警察署長が停職処分を受けた. ❐(को) पार्टी से ～ करना (人を)一時的に党籍剥奪の処分にする.

निलय /nilayạ ニラエ/ [←Skt.m. *नि-लय-* 'hiding- or dwelling-place, den, lair, nest'] *m.* **1** 隠れ家;(鳥・動物の巣);住処(すみか). **2**〖医学〗(心臓の)心室.

निलीन /nilīnạ ニリーン/ [←Skt. *नि-लीन-* 'clinging to, sitting on, hidden in'] *adj.* 包まれた;隠れた.

निवर्तन /nivartanạ ニワルタン/ [←Skt.n. *नि-वर्तन-* 'turning back, returning, turning the back'] *m.* (行って)戻ってくること.

निवल /nivalạ ニワル/ [?] *adj.* ネット, 純益, 正味. ❐～ आय 純利益.

निवाड़ /nivāṛạ ニワール/ ▸निवार *f.* ☞निवार

निवार /nivārạ ニワール/ ▸निवाड़ [<OIA. *nēmiyākāra-* 'shaped like a felly': T.07594] *f.* ニワール《簡易ベッド (चारपाई) の床面を編むための幅広帯状の木綿布》.

निवारक /nivārakạ ニワーラク/ [←Skt. *नि-वारक-* 'keeping off, defending'] *adj.* 予防する, 防止する, 阻止する. ❐～ निरोध〖法律〗予防拘禁. ❐दर्द ～ दवा 鎮痛薬. ❐भ्रष्टाचार ～ समिति 汚職防止委員会.

निवारण /nivāraṇạ ニワーラン/ [←Skt.n. *नि-वारण-* 'keeping back, preventing, hindering, opposing, refuting'] *m.* **1** (厄災・不幸・苦悩・心配などの)元を絶つこと, 除去;解消, 解決. ❐थोड़े ही दिनों में आपका क्लेश ～ हो जाएगा। 数日のうちにあなたの悩みは無くなるでしょう. ❐संकट का ～ 災いの除去. **2** (犯罪などの)撲滅, 追放, (悪習などの)根絶;(悪い制度・規則などの)撤廃, 廃止. ❐अपराध ～ 犯罪撲滅. ❐नशा ～ अभियान 飲酒追放キャンペーン.

निवाला /nivālā ニワーラー/ [←Pers.n. نوال 'a mouthful, morsel'] *m.* 一口(分の量);(猛獣の)餌食. (⇒कौर) ❐एक नरभक्षी तेंदुए ने एक बालक को अपना ～ बना लिया। 一頭の人食いヒョウが一人の子どもを餌食にした.

निवास /nivāsạ ニワース/ [←Skt.m. *नि-वास-* 'dwelling-place, abode, house'] *m.* **1** 居住, 在住. ❐(में) ～ करना (…に)居住する. ❐वह अब स्वर्ग में ～ कर रहे हैं। あの方は今は天国にいらっしゃる. **2** 居住地;住居. (⇒निवास-स्थान) **3** (抽象的なものの)存在. ❐इस वैषम्य में प्रेम का ～ हो सकता है, मुझे तो इसमें संदेह नहीं। この苦境の内に愛が宿りうるのだ, 私はそう信じる. ❐द्रिद्र में नारायण का ～ है। 貧しい者の内に神が宿るのだ.

निवास-स्थान /nivāsạ-sthānạ ニワース・スターン/ [neo.Skt.n. *निवास-स्थान-* 'place of residence'] *m.* 住所, 居住地;住処(すみか). ❐(के) ～ पर जा पहुँचना (人の)居住地にたどり着く. ❐प्रेम का ～ 愛の住処.

निवासी /nivāsī ニワースィー/ [←Skt. *नि-वासिन्-* 'dwelling or living or being or sticking in'] *adj.* (…に)住んでいる, 居住している《居住している地名と合成して使用》. ❐आगरा-निवासी मित्र アグラに住んでいる友人.

— *m.* 住民;住人. (⇒बाशिंदा) ❐मैं इस नगर का ～ हूँ। 私はこの町の住民です. ❐शहर के ～ 都会の住民たち.

निविड़ /niviṛạ ニヴィル/ [←Skt. *नि-विड-* 'without spaces or interstices, close, compact, thick, dense, firm'] *adj.* 隙間のない;密集した;濃い.

निविदा /nividā ニヴィダー/ [neo.Skt.f. *नि-विदा-* 'tender'] *f.*〖経済〗入札. (⇒टेंडर) ❐～ सूचना 入札公示.

निवृत्त /nivṛttạ ニヴリット/ [←Skt. *नि-वृत्त-* 'turned back'] *adj.* (義務・仕事などから)解放されて;(病・厄災などから)免れて;(食事・用便などを)済ませて. ❐खाने-पीने से ～ होकर 食事を済ませてから. ❐वे सबेरे तीन बजे उठते, शौचादि से ～ होते और ठीक साढ़े तीन बजे गंगा-स्नान के लिए चले जाते। 彼は早朝3時に起き, 用便などを済ませてぴったり3時半にガンジス川での沐浴に出かけるのであった.

निवृत्ति /nivṛtti ニヴリッティ/ [←Skt.f. *नि-वृत्ति-* 'returning, return'] *f.* (義務・仕事などからの)解放;(病・厄災などから)免れること;(食事・用便などを)済ませること. ❐उसे आये-दिन के लड़ाई-झगड़े से ～ मिली। 彼は毎日の争いごとから解放された. ❐संकट से ～ हुई। 危機は去った.

निवेदक /nivedakạ ニヴェーダク/ [←Skt. *नि-वेदक-* 'communicating'] *adj.* 申請する(人);請願する(人).

— *m.* 申請者;請願者.

निवेदन /nivedanạ ニヴェーダン/ [←Skt.n. *नि-वेदन-* 'making known, publishing, announcement'] *m.* 願い出, 申請;要望, 請願. (⇒दरख़ास्त, प्रार्थना)

निवेदन-पत्र /nivedanạ-patrạ ニヴェーダン・パトル/

[neo.Skt.n. *निवेदन-पत्र-* 'letter of petition'] *m.* 申請書；要望書，請願書.（⇒दरख़ास्त, प्रार्थना-पत्र）

निवेदित /nivedita/ ニヴェーディト/ [←Skt. *नि-वेदित-* 'made known, announced'] *adj.* 申請された；請願された.

निवेश /niveśa/ ニヴェーシュ/ [←Skt.m. *नि-वेश-* 'entering, settling in a place, encamping, halting'] *m.* 〖経済〗投資.（⇒विनियोग）❐(में) ～ करना (…に)投資する.

निवेशक /niveśaka/ ニヴェーシャク/ [neo.Skt.m. *नि-वेशक-* 'an investor'] *m.* 〖経済〗投資家.

निशंक /niśaṃka/ ニシャンク/ [＜Skt. *निः-शङ्क-* 'free from fear or risk, not afraid of; careless, secure'] *adj.* ☞नि:शंक

— *adv.* ☞नि:शंक

निशा /niśā/ ニシャー/ [←Skt.f. *निशा-* 'night'] *f.* 夜.

निशाकर /niśākara/ ニシャーカル/ [←Skt.m. *निशा-कर-* 'night-maker; the moon'] *m.* 月.

निशाचर /niśācara/ ニシャーチャル/ [←Skt.m. *निशा-चर-* 'a fiend'] *m.* 魑魅魍魎(ちみもうりょう)；百鬼夜行(ひゃっきやこう).

निशान /niśāna/ ニシャーン/ [←Pers.n. نشان 'a sign, signal, mark, character, seal, stamp, impression, annotation, index'] *m.* **1** しるし，マーク. ❐(पर) (का) ～ लगाना (…に)(…の)しるしをつける. **2** 跡，痕跡.

निशाना /niśānā/ ニシャーナー/ [←Pers.n. نشانه 'a butt for archers; a mark, sign, impression'] *m.* 標的，的；狙い. ❐～ ख़ाली गया। 的は外れた. ❐～ बाँधकर [साधकर] गोली चलायी। 狙いを定めて発砲した.

निशानी /niśānī/ ニシャーニー/ [←Pers.n. نشانی 'a mark, sign, token'] *f.* **1** しるし；あかし，証拠. ❐मुँह पर मुँहासे थे, जो उन दिनों जवानी की ～ समझे जाते थे। 顔にはにきびがあった，それは当時青春のあかしと思われていた. ❐मोटापे की ～ 肥満のしるし. **2** 思い出させるもの；忘れ形見(の人)；形見(の品)；記念品. ❐उसकी यही एक ～ मेरे पास रह गई है। 彼のこの一つの形見が私の手元に残った. ❐पूर्वजों की ～ 先祖の形見. ❐प्रेम की ～ 愛の形見.

निशानेबाज़ /niśānebāza/ ニシャーネーバーズ/ [*निशाना* + *-बाज़*] *m.* **1** 〖スポーツ〗射手. **2** 狙撃兵[手].

निशानेबाज़ी /niśānebāzī/ ニシャーネーバーズィー/ [*निशानेबाज़* + *-ई*] *f.* 〖スポーツ〗射撃(術). ❐～ प्रतियोगिता 射撃競技(会).

निशि /niśi/ ニシ/ [loc. of Skt.f. *निश्-* 'night'] *f.* 夜.

निशिदिन /niśidina/ ニシディン/ [*निशि* + *दिन*] *adv.* 夜も昼も，日夜.

निशीथ /niśītʰa/ ニシート/ [←Skt.m. *नि-शीथ-* 'midnight, night'] *m.* 真夜中，深夜；夜.

निश्चय /niścaya/ ニシュチャエ/ [←Skt.m. *निश्-चय-* 'inquiry, ascertainment, fixed opinion'] *m.* **1** 決意，決心；決定；決議. ❐(का) ～ करना (…の)決定をする. **2** 確信；確証.

— *adv.* かならず，決って.

निश्चयात्मक /niścayātmaka/ ニシュチャヤートマク/ [neo.Skt. *निश्चय-आत्मक-* 'definite'] *adj.* 明確な，明白な.

निश्चल /niścala/ ニシュチャル/ [←Skt. *निश्-चल-* 'motionless, immovable, fixed'] *adj.* 不動の，微動だにしない. ❐वह ～ खड़ी थी। 彼女は微動だにせず立っていた.

निश्चलता /niścalatā/ ニシュチャルター/ [←Skt.f. *निश्चल-ता-* 'motionlessness'] *f.* 不動であること，微動だにしないこと.

निश्चायक /niścāyaka/ ニシュチャーヤク/ [←Skt. *निश्चायक-* 'who or what ascertains and determines'] *adj.* 決定的な.

निश्चिंत /niściṃta/ ニシュチント/ [←Skt. *निश्-चिन्त-* 'not thinking, thoughtless, careless, unconcerned'] *adj.* **1** 不安のない，気がかりのない，心配無用の. ❐आप ～ रहिए। ご心配ご無用です. ❐वह ～ हो गया। 彼は一安心した. **2** くつろいだ，のびりした. ❐उसने एक सोफ़े पर बैठकर ～ भाव से धुआँ उड़ाते हुए कहा। 彼はソファーに座ってくつろいだ様子で紫煙をくゆらしながら言った. ❐～ बैठना उनके स्वभाव में न था। のんびりと座っていることなど彼の性格にはなかった.

निश्चित /niścita/ ニシュチト/ [←Skt. *निश्-चित-* 'ascertained, determined, settled, decided'] *adj.* **1** 確実な，はっきりした，明白な. ❐～ रूप से नहीं कहा जा सकता। はっきりとは言えない. **2** 決まった，確定した；一定の.（⇒मुक़र्रर）（⇔अनिश्चित）❐～ करना 決める，確定する. ❐～ समय पर जुलूस ने प्रस्थान किया। 決められた時間に行列は出発した. ❐तिथि ～ हो चुकी थी। 日取りは決まっていた.

निश्चेष्ट /niśceṣṭa/ ニシュチェーシュト/ [←Skt. *निश्-चेष्ट-* 'incapable of motion'] *adj.* **1** 身動きしない，じっとした. **2** 気絶して動かない.

निश्छल /niścʰala/ ニシュチャル/ [?neo.Skt. *निश्-छल-* 'guileless'] *adj.* 欺かない，うその無い，誠実な；公明正大な.（⇒निष्कपट）

निश्छलता /niścʰalatā/ ニシュチャルター/ [?neo.Skt.f. *निश्छल-ता-* 'guilelessness'] *f.* 欺かないこと；誠実なこと.

निश्शंक /niśśaṃka/ ニッシャンク/ [＜Skt. *निः-शङ्क-* 'free from fear or risk, not afraid of; careless, secure'] *adj.* ☞नि:शंक

— *adv.* ☞नि:शंक

निश्शब्द /niśśabda/ ニッシャブド/ [＜Skt. *निः-शब्द-* 'noiseless, silent, still'] *adj.* ☞नि:शब्द

निश्शस्त्र /niśśastra/ ニッシャストル/ [＜Skt. *निः-शस्त्र-* 'weaponless, unarmed'] *adj.* ☞नि:शस्त्र

निश्शस्त्रीकरण /niśśastrīkaraṇa/ ニッシャストリーカラン/ [＜neo.Skt.n. *निः-शस्त्रीकरण-* 'disarmament'] *m.* ☞निरस्त्रीकरण

निश्शेष /niśśeṣa/ ニッシェーシュ/ [＜Skt. *निः-शेष-* 'without remainder'] *adj.* ☞नि:शेष

निषंग /niṣaṃga/ ニシャング/ [←Skt.m. *नि-षङ्ग-* 'a

quiver'] *m.* えびら, 矢筒. (⇒तरकश, तूणीर)

निषाद /niṣādạ ニシャード/ [←Skt.m. *नि-षाद-* 'name of a wild non-Ārnan tribe in India'] *m.* ニシャーダ(族)《古代インドで言及される森や山岳部に居住する非アーリア系の先住民族の一つ》.

निषिद्ध /niṣiddʰạ ニシッド/ [←Skt. *नि-षिद्ध-* 'prevented from, forbidden to'] *adj.* 禁止されている. (⇒मना)

निषेध /niṣedʰạ ニシェード/ [←Skt.m. *नि-षेध-* 'warding or keeping off, hindering, prevention, prohibition'] *m.* **1** 禁止;制止. (⇒मनाही) ❐(का) ～ करना (…を)禁止する. ❐प्रवेश ～ 立ち入り禁止. **2** 拒否, 拒絶. (⇒इंकार) ❐(का) ～ करना (…を)拒絶する.

निषेधक /niṣedʰakạ ニシェーダク/ [←Skt. *नि-षेधक-* 'keeping back, preventing, prohibiting'] *adj.* 禁止を命じる(文書);禁止を命じる(人).

निषेध-पत्र /niṣedʰạ-patrạ ニシェード・パトル/ [neo.Skt.n. *निषेध-पत्र-* 'prohibitory order'] *m.* 〘法律〙差し止め命令書, 禁止命令書.

निषेधाज्ञा /niṣedʰājñā ニシェーダーギャー/ [neo.Skt.f. *निषेध-आज्ञा-* 'injunction; curfew'] *f.* **1** 〘法律〙差し止め命令, 禁止命令. **2** 〘法律〙夜間外出禁止令. (⇒करफ़्यू) ❐(में) ～ लागू करना (…に)夜間外出禁止令を発令する.

निषेधात्मक /niṣedʰātmakạ ニシェーダートマク/ [neo.Skt. *निषेध-आत्मक-* 'negative, prohibitive'] *adj.* 否定を表す;禁止する, 禁止を表す. ❐～ वाक्य 禁止命令文.

निषेधाधिकार /niṣedʰādʰikārạ ニシェーダーディカール/ [neo.Skt.m. *निषेध-अधिकार-* 'veto'] *m.* 拒否権. ❐～ का प्रयोग करना 拒否権を行使する.

निष्कंटक /niṣkaṃṭakạ ニシュカンタク/ [←Skt. *निष्-कण्टक-* 'from thorns or enemies, unhurt, untroubled, secure'] *adj.* とげのない;妨げのない.
— *adv.* 妨げなく.

निष्कंप /niṣkampạ ニシュカンプ/ [←Skt. *निष्-कम्प-* 'not shaking or tremulous'] *adj.* 動揺しない, 不動の.

निष्कपट /niṣkapaṭạ ニシュカパト/ [←Skt. *निष्-कपट-* 'guileless, free from deceit or fraud'] *adj.* たくらみのない, 誠実な, 正直な. ❐उसने ～ भाव से कहा। 彼はそのままの無邪気さで言った.

निष्कर्म /niṣkarmạ ニシュカルム/ [←Skt. *निष्-कर्मन्-* 'inactive; exempt from or neglecting religious or worldly acts'] *adj.* ものごとに執着しない, 結果を求めない. ❐～ भाव से कार्य करना ものごとに執着しないで仕事をする.

निष्कर्ष /niṣkarṣạ ニシュカルシュ/ [←Skt.m. *निष्-कर्ष-* 'extract or essence of anything, chief or main point'] *m.* 結論. (⇒नतीजा)

निष्कलंक /niṣkalaṃkạ ニシュカランク/ [←Skt. *निष्-कलङ्क-* 'stainless, immaculate'] *adj.* 汚点のない, けがれのない. ❐～ बालक 汚れのない子ども.

निष्काम /niṣkāmạ ニシュカーム/ [←Skt. *निष्-काम-* 'desireless, disinterested, unselfish'] *adj.* 無欲の. ❐～ भाव से 無私無欲に. ❐～ सेवा 無償の奉仕.

निष्कारण /niṣkāraṇạ ニシュカーラン/ [←Skt. *निष्-कारण-* 'causeless; groundless'] *adj.* 理由のない, いわれのない;原因不明の.
— *adv.* 理由なく, わけもなく. (⇒व्यर्थ)

निष्कासन /niṣkāsanạ ニシュカーサン/ [←Skt.n. *निष्-कासन-* 'driving away'] *m.* 追放;駆逐;除籍;罷免, 免職.

निष्कासित /niṣkāsitạ ニシュカースィト/ [←Skt. *निष्-कासित-* 'expelled, turned out'] *adj.* 追放された;駆逐された;除籍された;罷免された. ❐(को) (से) ～ करना (人を)(…から)追放する.

निष्कृत /niṣkr̥tạ ニシュクリト/ [←Skt. *निष्-कृत-* 'done away, removed, expelled'] *adj.* 除かれた;解放された;容赦された;無視された.

निष्कृति /niṣkr̥ti ニシュクリティ/ [←Skt.f. *निष्-कृति-* 'removal, doing away'] *f.* 除去;解放;容赦.

निष्क्रमण /niṣkramaṇạ ニシュクラマン/ [←Skt.n. *निष्-क्रमण-* 'going forth or out, departing'] *m.* **1** 外へ出ること;流出;避難;追放. **2** 〘ヒンドゥー教〙ニシュクラマナ《新生児の4か月目に初めて太陽を拝ませる通過儀礼》.

निष्क्रांत /niṣkrāṃtạ ニシュクラーント/ [←Skt. *निष्-क्रान्त-* 'gone out, departed, come forth'] *adj.* 外へ出た;流出した;避難した;追放された.

निष्क्रिय /niṣkriyạ ニシュクリエ/ [←Skt. *निष्-क्रिय-* 'inactive'] *adj.* **1** 何もしない, 動こうとしない;怠慢な. ❐～ भाग्यवादी 手をこまぬいて何もしない運命主義者. **2** 不活性の. ❐～ गैस 不活性気体. **3** 受け身の, 受動的な. ❐～ धूम्रपान 受動喫煙.

निष्क्रियता /niṣkriyạtā ニシュクリエター/ [←Skt.f. *निष्क्रिय-ता-* 'inactivity'] *f.* **1** 動こうとしないこと;怠慢なこと. **2** 不活性であること. **3** 受け身であること.

-निष्ठ /-niṣṭʰạ ・ニシュト/ [←Skt. *निष्ठ-* 'situated on'] *suf.* 《形容詞の合成語の接辞として「…に忠実な」,「…に偏向している」を表す:एकनिष्ठ「(唯一のものに)忠誠をつくす」, संस्कृतनिष्ठ「サンスクリット語語彙を多く含んでいる(文体・言語)」, समयनिष्ठ「時間に几帳面(きちょうめん)な」など》

निष्ठा /niṣṭʰā ニシュター/ [←Skt.f. *नि-ष्ठा-* 'firmness, steadiness, attachment, devotion, application'] *f.* **1** 信念;全幅の信頼. ❐(के प्रति) अपनी ～ व्यक्त करना (…に対する)自身の信念を表明する. **2** 信仰, 信奉, 帰依. **3** 敬愛;忠節;献身. ❐प्रेम और ～ से पति की सेवा करना 愛と献身をもって夫に仕える.

निष्ठावान् /niṣṭʰā-vān ニシュター・ワーン/ ▷निष्ठावान [←Skt. *निष्ठा-वत्-* 'perfect, complete, consummate'] *adj.* **1** 信念をもっている. **2** 信奉している, 帰依している. **3** 忠節な;献身的な.

निष्ठित /niṣṭʰitạ ニシュティト/ [←Skt. *नि-ष्ठित-* 'attached or devoted to'] *adj.* ☞निष्ठावान्

निष्ठुर /niṣṭʰurạ ニシュトゥル/ [←Skt. *नि-ष्ठुर-* 'hard,

rough, harsh, severe, cruel'] *adj.* **1** 冷酷な, 無慈悲な, 思いやりのない. ❐～ व्यवहार 冷酷な仕打ち. **2** 粗野な, 品がない.

निष्ठुरता /niṣṭ^{h}uratā ニシュトゥルター/ [←Skt.f. *निष्ठुर-ता-* 'harshness of speech, coarseness'] *f.* **1** 冷酷さ, 思いやりのなさ. ❐अगर मैं उसकी जगह होती, तो इस ～ का जवाब इसकी दसगुनी कठोरता से देता। もし私が彼女だったら, この冷酷さのお返しはこの十倍の非情さで返したものを. ❐(से) ～ करना (人に対し)冷たい態度をとる. **2** 粗野であること, 品がないこと.

निष्णात /niṣṇāta ニシュナート/ [←Skt. *नि-ष्णात-* 'deeply versed in, skilful, clever'] *adj.* 精通した.

निष्पंद /niṣpaṃda ニシュパンド/ [←Skt. *निष्-पन्द-* 'motionless, immovable'] *adj.* ☞निस्पंद

निष्पक्ष /niṣpakṣa ニシュパクシュ/ [neo.Skt. *निष्-पक्ष-* 'impartial, objective; neutral'] *adj.* 公正な, 公平な, 中立な, 不偏不党の. ❐～ जाँच की माँग करना 公正な調査を要求する. ❐～ रूप से 公平に, 正しく. ❐मैं ～ न्याय चाहती हूँ। 私は公正な正義を望んでいるのです.

निष्पक्षता /niṣpakṣatā ニシュパクシュター/ [neo.Skt.f. *निष्पक्ष-ता-* 'impartiality'] *f.* 公平さ, 公正さ, 中立であること.

निष्पत्ति /niṣpatti ニシュパッティ/ [←Skt. *निष्-पत्ति-* 'going forth or out, being brought about or effected'] *f.* **1** 出現;発生. **2** 完成;成就.

निष्पन्न /niṣpanna ニシュパンヌ/ [←Skt. *निष्-पन्न-* 'gone forth or sprung up'] *adj.* **1** 出現した;発生した. **2** 完成した;成就した.

निष्पादन /niṣpādana ニシュパーダン/ [←Skt.n. *निष्-पादन-* 'effecting, causing, producing'] *m.* **1** 産み出すこと;引き起こすこと. **2** 完成させること;成就すること.

निष्पादित /niṣpādita ニシュパーディト/ [←Skt. *निष्-पादित-* 'done, effected, prepared, achieved'] *adj.* ☞निष्पन्न

निष्पाप /niṣpāpa ニシュパープ/ [←Skt. *निष्-पाप-* 'sinless, guiltless'] *adj.* 罪のない, 潔白な.

निष्प्रभ /niṣprab^{h}a ニシュプラブ/ [←Skt. *निष्-प्रभ* 'deprived of light or radiance'] *adj.* (光が)明るくない, 輝いていない. ❐मशालों की ज्योति ～ हो गई। 松明(たいまつ)の光が暗くなった.

निष्प्रभाव /niṣprab^{h}āva ニシュプラバーオ/ [←Skt. *निष्-प्रभाव-* 'powerless'] *adj.* 効果のない, 無益な.

निष्प्रयोजन /niṣprayojana ニシュプラヨージャン/ [←Skt. *निष्-प्रयोजन-* 'having no motive, impartial, indifferent'] *adj.* 目的のない;漫然とした.
— *adv.* 目的もなく;わけもなく, 漫然と.

निष्प्राण /niṣprāṇa ニシュプラーン/ [←Skt. *निष्-प्राण-* 'breathless, lifeless, quite exhausted'] *adj.* **1** 死んでいる, 命の宿っていない. **2** 生気のない, 無気力な.

निष्फल /niṣp^{h}ala ニシュパル/ [←Skt. *निष्-फल-* 'bearing no fruit, fruitless, barren'] *adj.* 実りのない, 結実しない;無益な. ❐डाक्टरों का इलाज ～ हुआ। 医者たちの治療は実を結ばなかった. ❐हाकिमों का आदर-सत्कार कभी ～ नहीं जाता। 裁判官たちをもてなすことは決して無駄にはならないぞ.

निश्वास /niśvāsa ニシュワース/ [←Skt.m. *निश्वास-* 'breathing out; sighing'] *m.* ☞निःश्वास

निसबत /nisabata ニスバト/ ▷निस्बत *f.* ☞निस्बत

निसर्ग /nisarga ニサルグ/ [←Skt.m. *नि-सर्ग-* 'evacuation; natural state, nature'] *m.* 自然. (⇒प्रकृति)

निसर्गतः /nisargataḥ ニサルグタハ/ [←Skt.ind. *निसर्ग-तस्* 'nature, naturally, spontaneously'] *adv.* 自然に;生まれた時から.

निसार /nisāra ニサール/ [←Pers.n. نثار 'money which is thrown amongst the people at marriages or on other festive occasions' ←Arab.] *m.* 捧げること;捧げもの. ❐यहाँ ऐसे अवसर पर जान तक ～ करने को तैयार हैं। ここでは(人々は)こういう時は命すら投げ出す準備があるのだ.

निसृत /nisṛta ニスリト/ [←Skt. *निसृत-* 'gone away, disappeared'] *adj.* 排出された, 排気された. ❐～ हवा 排出された空気.

निसेनी /nisenī ニセーニー/ ▸नसैनी, निसैनी *f.* ☞नसैनी

निसैनी /nisainī ニサェーニー/ ▸नसैनी, निसेनी *f.* ☞नसैनी

निस्तब्ध /nistabd^{h}a ニスタブド/ [←Skt. *नि-स्तब्ध-* 'paralyzed, numbed; stopped, fixed'] *adj.* **1** 静止した, 動きのない;静かな, 静寂な. **2** (ショックなどで)茫然とした;感覚を失った.

निस्तब्धता /nistabd^{h}atā ニスタブドター/ [←Skt.f. *निस्तब्ध-ता-* 'motionlessness, stillness'] *f.* **1** 静寂. ❐कमरे में घोर ～ थी। 部屋の中は恐ろしいほどの静寂があった. **2** (ショックなどによる)茫然自失;感覚の麻痺, 無感覚.

निस्तार /nistāra ニスタール/ [←Skt.m. *निस्-तार-* 'crossing, passing over, rescue, deliverance'] *m.* (貧困・労苦などからの)解放, 救済;(魂の)救済.

निस्तारक /nistāraka ニスターラク/ [←Skt. *निस्-तारक-* 'rescuing, delivering'] *adj.* (貧困・労苦などから)救済する.
— *m.* (貧困・労苦などから)救済する人;魂の救済者;救世主.

निस्तारण /nistāraṇa ニスターラン/ [←Skt.n. *निस्-तारण* 'rescuing, liberating'] *m.* (貧困・労苦などから)救済すること;(魂を)救済すること.

निस्तीर्ण /nistīrṇa ニスティールン/ [←Skt. *निस्-तीर्ण-* 'rescued, delivered'] *adj.* (貧困・労苦などから)救済された;(魂が)救済された.

निस्तेज /nisteja ニステージ/ [←Skt. *निस्-तेजस्-* 'destitute of fire or energy, impotent, spiritless, dull'] *adj.* 輝きを失った;生気のない;元気のない.

निस्पंद /nispaṃda ニスパンド/ [←Skt. *नि-स्पन्द-* 'motionless, immovable'] *adj.* 動かない;静止した;鼓動のない. ❐वह मौन, ～ बैठा हुआ था। 彼は無言で, じっと座っていた. ❐वह हिरन अब ～ पड़ा है। その鹿はもうぴ

くりともせずに横たわっている.

निस्पृह /nispr̥hạ ニスプリフ/ ▸निःस्पृह *adj.* ☞निःस्पृह

निस्बत /nisbatạ ニスバト/ ▹निसबत [←Pers.n. نسبة 'mentioning the lineage (of anyone); relation' ←Arab.] *f.* **1** 対比, 比較;割合, 比率《『名詞 की निस्बत』の形式で副詞句「…に比較して」として使用》. ❐उसकी ～ तुम्हारा जो ख़याल है, वह बिलकुल ठीक है। 彼に比べれば君の考えは全くまともさ. ❐जब अक़्ल और जिस्म में १ और १० की ～ है, तो जितना ही मोटा आदमी होगा, उतना ही उसकी अक़्ल का वज़न भी ज़्यादा होगा। 頭脳と肉体において1対10の割合なら, 太っているほどそいつの頭脳も重いだろう. **2** 関係, 関連.

निस्संकोच /nissaṃkocạ ニッサンコーチ/ [< neo.Skt. *निः-संकोच-* 'without embarrassment, or shyness'] *adv.* ☞निःसंकोच

निस्संग /nissaṃgạ ニッサング/ [<Skt. *निः-सङ्ग-* 'unobstructed, moving freely; unconnected, separated, detached'] *adj.* ☞निःसंग

निस्संतान /nissaṃtānạ ニッサンターン/ [<Skt. *निः-संतान-* 'destitute of offspring, childless'] *adj.* ☞निःसंतान

निस्संदेह /nissaṃdehạ ニッサンデーヘ/ [<Skt. *निः-संदेह-* 'not doubtful, certain'] *adv.* ☞निःसंदेह

निस्सरण /nissaraṇạ ニッサラン/ [<Skt.n. *निः-सरण-* 'going forth or out'] *m.* ☞निःसरण

निस्सहाय /nissahāyạ ニッサハーエ/ [<Skt. *निः-सहाय-* 'without helpers, unassisted'] *adj.* 頼る人がいない, 無力な.

निस्सार /nissārạ ニッサール/ [<Skt. *निः-सार-* 'sapless, pithless, worthless, vain, unsubstantial'] *adj.* ☞निःसार

निस्सारण /nissāraṇạ ニッサーラン/ [<Skt.n. *निः-सारण-* 'turning out, expelling'] *m.* ☞निःसारण

निस्सारित /nissāritạ ニッサーリト/ [<Skt. *निः-सारित-* 'turned out expelled, dismissed'] *adj.* ☞निःसारित

निस्सीम /nissīmạ ニッスィーム/ [<Skt. *निः-सीमन्-* 'unbounded, immeasurable, infinite, grand'] *adj.* ☞निःसीम

निस्स्वार्थ /nissvārtʰạ ニッスワールト/ [< neo.Skt. *निः-स्वार्थ-* 'selfless, disinterested'] *adj.* 私利私欲のない.

— *adv.* 私利私欲なく.

निहत्था /nihattʰā ニハッター/ [<OIA. *nírhasta-* 'handless': T.07405] *adj.* 素手の, 丸腰の;非武装の, 無防備な. ❐निहत्थे आदमी पर वार करना 無防備な人間を襲う.

— *m.* 丸腰の人;非武装の人, 無防備な人. ❐निहत्थों पर वार करना 無防備な人間を襲う.

निहाई /nihāī ニハーイー/ [<OIA.f. *nighāti-* 'iron hammer': T.07172] *f.* 金床(かなとこ).

निहानी[1] /nihānī ニハーニー/ [<OIA. **nikhādana-* 'chisel': T.07156z1] *f.* のみ, たがね.

निहानी[2] /nihānī ニハーニー/ [←Pers.adj. نهانی 'secret'] *adj.* 秘密の, 密かな.

निहायत /nihāyatạ ニハーヤト/ [←Pers.adv. نهاية 'being very intelligent' ←Arab.] *adv.* 極端に. (⇒अतीव) ❐～ ज़रूरी 特に切実な. ❐～ ही बदसूरत 極端に不細工な.

निहारना /nihārạnā ニハールナー/ [<OIA. *nibhālayati* 'perceives': T.07228] *vt.* (*perf.* निहारा /nihārā ニハーラー/) (いとおしいものを)目を凝らして見守る. ❐दर्शक सुंदर नर्तकी को घंटों निहारते रहे। 観客は, 美しい踊り子を何時間も目を凝らして見つづけた.

निहाल /nihālạ ニハール/ [cf. Skt. *स्नेहल-* 'full of affection, fond of, tender'] *adj.* 願いがかなった, 大喜びの:満悦の. ❐माँ अपने खोए हुए बालक को पाकर ～ हो जाती है। 母というものはいったんは失ったと思ったわが子を得ると大喜びするものである.

निहित /nihitạ ニヒト/ [←Skt. *नि-हित-* 'laid, placed, deposited, fixed or kept in'] *adj.* **1** 内蔵している, 含まれている;秘められている. ❐सौर ऊर्जा में ～ है विश्व का कल्याण। 太陽エネルギーに秘められているのだ, 世界の幸福が. **2** 委ねられた.

नींद /nī̃dạ ニーンド/ [<OIA.f. *nidrā́-* 'sleep': T.07200] *f.* **1** 眠り, 睡眠. ❐～ खुलना 目覚める. ❐～ टूटना 眠りが破られる. ❐～ सोने के घंटों से नहीं उसकी घनता से पूरी होती है। 睡眠は眠りの時間ではなくその深さで満たされるのである. ❐अच्छी ～ सोना 熟睡する. **2** 眠気. ❐(को) ～ आना (人が)眠くなる. ❐～ की गोली 睡眠薬の錠剤.

नींबू /nī̃bū ニーンブー/ ▸नीबू *m.* ☞नीबू

नींव /nī̃vạ ニーンオ/ ▸नीव [<OIA.f. *nemí-* 'rim, felly': T.07592] *f.* **1** 礎石. ❐～ रखना 礎石を置く. **2** 根本;基礎, 基盤.

-नी /-nī ・ニー/ *suf.f.* 《雄の動物を表す男性名詞に付加して対応する雌を表す女性名詞を作る接尾辞; ऊँटनी「雌ラクダ」, शेरनी「雌ライオン」など》.

नीच /nīcạ ニーチ/ [←Skt. *नीच-* 'low, not high, short, dwarfish; vile, inferior (socially or morally), base, mean'] *adj.* **1** 身分の低い;劣っている, 下等な, 下賤(げせん)な. ❐～ जाति की औरत 下賤な生まれの女. **2** 下劣な, 卑しい, あさましい. ❐～ विचार あさましい考え.

— *m.* 卑劣な人.

नीच-ऊँच /nīcạ-ū̃cạ ニーチ・ウーンチ/ *f.* ☞ऊँच-नीच

नीचता /nīcạtā ニーチター/ [←Skt.f. *नीच-ता-* 'lowness, baseness, inferiority'] *f.* **1** (身分の)低さ. **2** あさましさ.

नीचा /nīcā ニーチャー/ [<OIA. *nīcá-* 'low': T.07540] *adj.* **1** (高さが)低い. (⇔ऊँचा) ❐उसने नज़रें नीची कर लीं। 彼は目を伏せた. ❐नीची ज़मीन 低い土地. ❐सिर ～ करना 頭をたれる, うなだれる. **2** 低位の;下位の;下等な, 劣っている. (⇔ऊँचा) ❐(को) ～ दिखाना (人を)貶(おと)める, 卑しめる. ❐वही जो अभी कई महीने तक मुझे अपने कुत्ते से भी ～ समझता था, आज मेरे लड़के से अपनी लड़की का विवाह करना चाहता था!ほんの数か月前までは私を飼い犬よりも劣って

いると思っていたあの彼が，今日は私の息子と自分の娘を結婚させたいと願っているのだ！ **3**（すそが）下に長い．(⇔ऊँचा) ❒～ कुरता すその長いクルター．

नीचाई /nīcāī ニーチャーイー/ ▸निचाई *f.* ☞निचाई

नीचे /nīce ニーチェー/ [cf. *नीचा*] *adv.* 下に[へ]，下で：(ke) ～（…の）下に[へ]．

नीचे-ऊपर /nīce-ūpara ニーチェー・ウーパル/ *adv.* 上に下に，上も下も．

नीड़ /nīṛa ニール/ [←Skt.m. *नीड-* 'any place for settling down, resting-place, abode, esp. a bird's nest'] *m.*（鳥などの）巣．(⇒आशियाना, घोंसला)

नीति /nīti ニーティ/ [←Skt.f. *नीति-* 'right or wise or moral conduct or behaviour, prudence, policy'] *f.* **1**（事を進める）手順，策．**2** 政策．(⇒पालिसी) ❒विदेश ～ 外交政策．**3** 正義，公正，公平；倫理，道義，モラル．(⇔अनीति) ❒～ शास्त्र 倫理学．

नीति आयोग /nīti āyoga ニーティ アーヨーグ/ *m.*〘経済〙政策審議会《2015 年から，廃止されたそれまでの（インド経済 5 か年計画の）計画審議会（योजना आयोग）の代わりに組織されたインド政府のシンクタンク》．

नीतिज्ञ /nītijña ニーティギエ/ [←Skt. *नीति-ज्ञ-* 'conversant with political science or policy'] *adj.*（言動が）用心深い；打算的な．

— *m.*（言動が）用心深い人；策士，打算的な人．

नीतिमान् /nītimān ニーティマーン/ ▹नीतिमान [←Skt. *नीति-मत्-* 'of moral or prudent behaviour, eminent for political wisdom'] *adj.* 道義をわきまえた；高潔な．

नीतिवाद /nītivāda ニーティワード/ [neo.Skt.m. *नीति-वाद-* 'moralism'] *m.* 道徳（至上）主義．

नीतिवादी /nītivādī ニーティワーディー/ [neo.Skt. *नीति-वादिन्-* 'moralist'] *adj.* 道徳（至上）主義の．

— *m.* 道徳（至上）主義の人，道徳家．

नीतिशास्त्र /nītiśāstra ニーティシャーストル/ [←Skt.n. *नीति-शास्त्र-* 'the science of or a work on political ethics or morals'] *m.* 倫理学．

नीदरलैंड /nīdaralaiṃḍa ニーダルラェーンド/ [cf. Eng.n. *Netherlands*] *m.*〘国名〙オランダ（王国）《首都はアムステルダム（ऐम्स्टर्डैम [एम्सटर्डम]）》．

नीबू /nībū ニーブー/▸नींबू [<OIA.m. *nimbū-, nimbūka-* 'the lime *Citrus acida*': T.07247] *m.*〘植物〙ライム（の実）；レモン．❒～ का रस ライムの汁．

नीम /nīma ニーム/ [<OIA.m. *nímba-* 'the tree *Azadirachta indica*': T.07245] *m.*〘植物〙ニーム，インドセンダン《センダン科の落葉高木；薬用植物；小枝は歯ブラシ（दातुन）として使われる》．

नीम- /nīma- ニーム・/ [←Pers.n. نیم 'a half'; cog. Skt. *नेम-* 'half'] *pref.*《合成語で「半分…，中途半端な…」を表す要素；नीम-हकीम「やぶ医者」》

नीम-हकीम /nīma-hakīma ニーム・ハキーム/ [*नीम-* + *हकीम*] *m.* やぶ医者．❒～ ख़तरा-ए जान〔諺〕やぶ医者は命の危険《「生兵法は怪我のもと」の意；表現はペルシャ語風の言い回し》．

नीयत /nīyata ニーヤト/ ▸नियत [←Pers.n. نية 'intending, proposing, aiming at; intention, intent, purpose, design' ←Arab.] *f.* **1** 意図，意向，思惑．❒किसकी ～ कैसी है, कौन जान सकता है? 誰の考えていることがどんなものか，誰が知ることができるというのだ．**2** 決心，決意；意志．❒～ बदलना 気持ちが変わる．❒उसकी ～ साफ़ है। 彼の決意にくもりはない．❒(की) ～ करना [बाँधना]（…を）決意する．

नीर /nīra ニール/ [←Skt.n. *नीर-* 'water'; DEDr.3690 (DED.3057)] *m.* 水；液体；涙．

नीर-क्षीर /nīra-kṣīra ニール・クシール/ [←Skt.n. *नीर-क्षीर-* 'water and milk'] *m.* ☞क्षीर-नीर

नीरज /nīraja ニーラジ/ [←Skt.m. *नीर-ज-* 'water-born; a water lily, lotus'] *m.* 水から生まれたもの；蓮；スイレン；真珠．

नीरधि /nīradʰi ニーラディ/ [←Skt. *नीर-धि-* 'water-receptacle; the ocean'] *m.* 海，大洋．

नीरव /nīrava ニーラオ/ [←Skt. *नी-रव-* 'soundless'] *adj.* 静寂な．❒चारों ओर ～ अंधकार छाया हुआ था। 四方に静寂な闇が覆っていた．

नीरवता /nīravatā ニーラオター/ [←Skt.f. *नीरव-ता-* 'silence'] *f.* 静寂．❒पक्षियों के एक जोड़े का सुरम्य संगीत रात की ～ में दूर तक सुनाई देता है। 一つがいの鳥の美しい調べが夜の静寂の中で遠くまで聞こえる．

नीरस /nīrasa ニーラス/ [←Skt. *नी-रस-* 'without juice, sapless, dried up, withered'] *adj.* **1** 汁気のない．(⇔सरस) **2** 味のない，まずい．(⇔सरस) **3** 味気のない，無味乾燥な，つまらない，潤いのない．(⇔सरस)

नीरा /nīrā ニーラー/ [←Skt.n. *नीर-* 'water; juice, liquor'] *f.*〘植物〙ヤシの果汁．

नीरोग /nīroga ニーローグ/ [←Skt. *नी-रोग-* 'free from sickness, healthy, well'] *adj.* 無病な，健康な．❒आप लोगों को बताऊँ कि आप अपने बच्चों को कैसे तंदुरुस्त और ～ रख सकती हैं। あなたたちがどのようにお子さんたちを健康で無病息災に保てるかお教えしましょう．

नील[1] /nīla ニール/ [←Skt.n. *नील-* 'dark (the colour), darkness; indigo'] *adj.* 青色の；藍色の．

— *m.*〘植物〙インド藍（あい）《かつては青色の染料インディゴの原料として利用された》．

नील[2] /nīla ニール/ [←Pers.n. نیل 'the river Nile' ←Arab.] *m.*〘地理〙ナイル（川）．

नीलकंठ /nīlakaṃṭʰa ニールカント/ [←Skt. *नील-कण्ठ-* 'blue-necked'] *m.* **1**〘鳥〙（喉が青い）鳥《クジャク，ブッポウソウ，アオカケスなど》．**2**〘ヒンドゥー教〙ニーラカンタ《シヴァ神（शिव）の別名》．

नीलगाय /nīlagāya ニールガーエ/ [*नील* + *गाय*] *f.*〘動物〙アンテロープ．

नीलम /nīlama ニーラム/ [←Pers.n. نیلم 'sapphire'; cog. OIA.m. *nīlamaṇi-* 'sapphire': T.07565] *m.*〘鉱物〙サファイヤ，青玉．

नीला /nīlā ニーラー/ [<OIA. *nī́la-* 'dark blue, dark green, black': T.07563] *adj.* **1** 青い，ブルーの．❒गहरे

नीले रंग का जल 深い群青色の水. ❐नीली आँखें 青い目. ❐हल्के नीले रंग की साड़ी 薄いブルーのサリー. **2** 青白い；青ざめた. ❐उसके होंठ नीले पड़ गये। 彼の唇は青白くなった.

नीला-थोथा /nīlā-tʰotʰā ニーラー・トーター/ *m.*〖化学〗硫酸銅.

नीलापन /nīlāpana ニーラーパン/ [*नीला* + *-पन*] *m.* 空色；(黒みがかった)青色；藍色. (⇒नीलिमा)

नीलाम /nīlāma ニーラーム/ [←Port.m. *leilão* 'auction' ←Arab.] *m.* 競売, せり売り, オークション. ❐उसने मकान नीलाम करा के रुपया वसूल कर लिया। 彼は家を競売にかけて金を回収した.

नीलाम-घर /nīlāma-gʰara ニーラーム・ガル/ [*नीलाम* + *घर*] *m.* 競売所.

नीलामी /nīlāmī ニーラーミー/ [*नीलाम* + *-ई*] *f.* **1** 競売用の. **2** 競売で購入した.

नीलिमा /nīlimā ニーリマー/ [←Skt.m. *नीलिमन्-* 'blueness, blackness, darkness'] *f.* (黒みがかった)青色；藍色. (⇒नीलापन)

नीव /nīva ニーヴ/ ▸नींव *f.* ☞नींव

नीवि /nīvi ニーヴィ/ ▸नीवी [←Skt.f. *नीवि-* 'a piece of cloth wrapped round the waist'] *f.* ニーヴィ《女性用腰布 (धोती) の引き締めひも》.

नीवी /nīvī ニーヴィー/ ▸नीवि *f.* ☞नीवि

नीहार /nīhāra ニーハール/ [←Skt.m. *नीहार-* 'mist, fog, hoar-frost, heavy dew'] *m.* 霧；霜；露.

नीहारिका /nīhārikā ニーハーリカー/ [neo.Skt.f. *नीहारिका-* 'nebula'] *f.*〖天文〗星雲.

नुआकशोत /nuākaśota ヌアークショート/ [cf. Eng.n. *Nouakchott*] *m.*〖地名〗ヌアクショット《モーリタニア(イスラム共和国) (मारितानिया) の首都》.

नुक /nuka ヌク/ [←Eng.n. *Nuuk*] *m.*〖地名〗ヌーク《グリーンランド (ग्रीनलैंड) の行政中心地；旧名はゴットホープ (गाडथाब)》.

नुकता /nukatā ヌクター/ ▹नुक्ता [←Pers.n. نکتة 'an impression made with the tip of the finger, or with a stick on the ground; a point; pithy sentence' ←Arab.] *m.* **1** 簡にして要を得た表現. **2** 核心(を突く指摘).

नुक़ता /nuqatā ヌクター/▹नुक़्ता [←Pers.n. نقطة 'a point, dot; a spot, stain' ←Arab.] *m.* **1** 点；(地図上の)地点, ポイント. (⇒बिंदी) **2** ヌクター《デーヴァナーガリー文字の子音字の下部に付加される点；外来音 (क़, ख़, ग़, ज़, फ़) や本来なかった新しい音 (ड़, ढ़) を表す》. (⇒बिंदी) **3** (数字の)ゼロ.

नुकताचीं /nukatācī̃ ヌクターチーン/ ▹नुकताचीन, नुक्ताचीन *adj.* ☞नुकताचीन

नुकताचीन /nukatācīna ヌクターチーン/ ▹नुकताचीं, नुक्ताचीन [←Pers.n. نکته چین 'a caviller, carper'] *adj.* あら探しをする(人).

नुकताचीनी /nukatācīnī ヌクターチーニー/▹नुक्ताचीनी [*नुकताचीन* + *-ई*] *f.* あら探し. (⇒छिद्रान्वेषण) ❐(की) ～ करना (…の)あら探しをする.

नुकती /nukatī ヌクティー/▸नुगदी [cf. *नुक़ता*] *f.*〖食〗ヌクティー《ひよこ豆の粉 (बेसन) などに水を加えて練ったものを粒状にして油で揚げた甘味菓子》.

नुक़सान /nuqasāna ヌクサーン/▹नुक़्सान [←Pers.n. نقصان 'diminishing, injuring; defect, deficiency' ←Arab.] *m.* 損害；被害；痛手, ダメージ. (⇒क्षति, घाटा, हानि) ❐(को) ～ पहुँचाना (…に)損害[被害]を与える.

नुकीला /nukīlā ヌキーラー/▸नोकीला [cf. *नोक*] *adj.* **1** 先の尖った. (⇒नोकदार) ❐नुकीली नाक 尖った鼻. ❐दो नुकीले सींग 2 本の尖った角(つの). **2** 刺すような険しい(目つき)；甲高い(声), 金切り(声). (⇒नोकदार) ❐नुकीली दृष्टि से देखना 刺すような目つきで見る. ❐नुकीले स्वर में कहना 甲高い声で言う.

नुकीलापन /nukīlāpana ヌキーラーパン/ [*नुकीला* + *-पन*] *m.* 尖っていること.

नुकुआलोफ़ा /nukuālofā ヌクアーローファー/ [cf. Eng.n. *Nukualofa*] *m.*〖地名〗ヌクアロファ《トンガ(王国) (टोंगा) の首都》.

नुक्कड़ /nukkaṛa ヌッカル/ [cf. *नोक*] *m.* 町角, 街角；街路の曲がりかど. ❐～ पर 街角で. ❐～ सभाएँ 街頭集会.

नुक्ता /nuktā ヌクター/ ▹नुकता *m.* ☞नुकता

नुक़्ता /nuqtā ヌクター/ ▹नुक़ता *m.* ☞नुक़ता

नुक्ताचीन /nuktācīna ヌクターチーン/ ▹नुकताचीन *adj.* ☞नुकताचीन

नुक्ताचीनी /nuktācīnī ヌクターチーニー/ ▹नुकताचीनी *f.* ☞नुकताचीनी

नुक़्स /nuqsa ヌクス/ [←Pers.n. نقص 'diminishing, injuring; defect, deficiency' ←Arab.] *m.* 欠点；欠陥. (⇒दोष) ❐～ निकालना 欠点を見つける.

नुक़्सान /nuqsāna ヌクサーン/ ▹नुक़सान *m.* ☞नुक़सान

नुगदी /nugadī ヌグディー/ ▸नुकती *f.* ☞नुकती

नुचना /nucanā ヌチナー/ [cf. *नोचना*] *vi.* (*perf.* नुचा /nucā ヌチャー/) **1** むしり取られる；(髪などが)かきむしられる. ❐दाढ़ी के एक-एक बाल नुच गए। あごひげが一本一本引き抜かれた. **2** (爪・牙などで)ひっかき傷つけられる, かきむしられる. **3** (かきむしられるように)苦しむ.

नुचवाना /nucavānā ヌチワーナー/ [caus. of *नुचना, नोचना*] *vt.* (*perf.* नुचवाया /nucavāyā ヌチワーヤー/) むしり取らせる；むしり取ってもらう.

-नुमा /-numā ・ヌマー/ [←Pers. نما 'showing, pointing out'] *suf.* 《語の後ろに付いて形容詞「…を示す, …に似た, …状の」を作る；語尾は変化しない； ख़ुशनुमा「すてきな」, गाँवनुमा「村のような」, रहनुमा「案内人」など》

नुमाइंदगी /numāiṃdagī ヌマーインダギー/ [cf. *नुमाइंदा*] *f.* 代表；代理. (⇒प्रतिनिधित्व)

नुमाइंदा /numāiṃdā ヌマーインダー/ [←Pers.n. نماینده 'one who shows; showy, striking'] *m.* **1** (展示)出品者. **2** 代表者；代理者. (⇒प्रतिनिधि)

नुमाइश /numāiśa ヌマーイシュ/ [←Pers.n. نمایش 'appearance, face, form, figure'] *f.* **1** 展示, 陳列. ❐～ करना 展示する. **2** 展覧会, 博覧会；品評会. (⇒

प्रदर्शनी) ❐वल्लाह आप ～ में रखने के क़ाबिल आदमी हैं, आपका वज़न तो दस मन से कम न होगा?ほー，あなたは博覧会に出品するに値するお方ですな，体重は10マン（約370キログラム）を下らないでしょう？

नुमाइशी /numāiśī ヌマーイシー/ [*नुमाइश* + *-ई*] *adj.* **1** 見せかけの，偽装の；見かけ倒しの；これ見よがしの．❐～ शादी 偽装結婚．**2** 展示用の；公開用の．❐क्रिकेट का ～ मैच クリケットの公開試合．

नुमायाँ /numāyā̃ ヌマーヤーン/ ▸नुमायान [←Pers.adj. نمایان 'appearing, apparent'] *adj.* 目に見える；目立つ，際立つ；明白な，顕著な．❐अब यहाँ के हालात की असली शक्ल मेरे सामने ～ हो रही थी। 今やここの状況の本当の姿が私の前に姿を現しつつあった．

नुमायान /numāyānа ヌマーヤーン/ ▸नुमायाँ *adj.* ☞नुमायाँ

नुसख़ा /nusаxā ヌスカー/ ▹नुस्ख़ा [←Pers.n. نسخة 'exemplar, prototype, archetype, a copy or model whence anything is taken' ←Arab.] *m.* **1**〖医学〗処方箋．❐～ बाँधना 処方箋に従って薬を出す．❐～ लिखना 処方箋を書く．**2** 対策．**3** 秘訣．(⇒गुर)

नुस्ख़ा /nusxā ヌスカー/ ▹नुसख़ा *m.* ☞नुसख़ा

नूतन /nūtanа ヌータン/ [←Skt. *नूतन-* 'belonging to 'now' or the present day, new, novel, recent, modern, young, fresh'] *adj.* 新しい．

नूतनता /nūtanаtā ヌータンター/ [←Skt.f. *नूतन-ता-* 'newness'] *f.* 新しさ．

नून /nūnа ヌーン/ ▸नोन *m.* ☞नोन

नूपुर /nūpurа ヌープル/ [←Skt.m. *नूपुर-* 'an ornament for the toes or ankles or feet, an anklet'] *m.* ヌープラ《鈴の付いた金属製の足首飾り；シャンシャン（छन-छन）と音がする》．(⇒घुँघरू)

नूर /nūrа ヌール/ [←Pers.n. نور 'light, rays of light' ←Arab.] *m.* 光，光輝，光明．❐आदमी में अक़्ल ही ख़ुदा का ～ है। 人間の内で知恵こそが神の光明である．

नृत्त /nṛttа ヌリット/ [←Skt.n. *नृत्त-* 'dancing, acting, gesticulation'] *m.*（肢体をくねらす）舞踊，踊り．

नृत्य /nṛtyа ヌリティエ/ [←Skt.n. *नृत्य-* 'dancing, acting, gesticulation, pantomime'] *m.* 舞踏，踊り．

नृत्यगीत /nṛtyagītа ヌリティヤギート/ [←Skt.n. *नृत्य-गीत-* 'dancing, and singing'] *m.* 踊りと歌，歌を伴う舞踏．

नृत्यशाला /nṛtyaśālā ヌリティヤシャーラー/ [←Skt.f. *नृत्य-शाला-* 'a dancing-room'] *f.* 舞踏室，舞踏ホール．

नृप /nṛpа ヌリプ/ [←Skt.m. *नृ-प-* 'protector of men, prince, king, sovereign'] *m.* 民を守護するもの，王．

नृपति /nṛpati ヌリパティ/ [←Skt.m. *नृ-पति-* 'lord of men; king, prince, sovereign'] *m.* 民の長，王．

नृ-विज्ञान /nṛ-vijñānа ヌリ・ヴィギャーン/ [neo.Skt.n. *नृ-विज्ञान-* 'anthropology'] *m.* 人類学．(⇒मानव-विज्ञान)

नृशंस /nṛśaṃsа ヌリシャンス/ [←Skt. *नृ-शंस-* 'cruel, base'] *adj.* 残虐な，残忍な，凶悪な．❐(की) ～ करना（人を）惨殺する．

नृशंसता /nṛśaṃsаtā ヌリシャンスター/ [←Skt.f. *नृशंस-ता-* 'mischievousness, baseness'] *f.* 残虐性，残忍さ，凶悪性．

ने /ne ネー/ *postp.*《述語に他動詞の完了分詞が含まれている場合，意味上の主語（行為主）に付加する》．

नेक /nekа ネーク/ [←Pers.adj. نيك 'good, beautiful, excellent'] *adj.* 善良な．(⇔बद-) ❐～ आदमी 善良な人間．

नेकचलन /nekаcalanа ネークチャラン/ [*नेक* + *चलन*] *adj.* 品行方正な．

नेकचलनी /nekаcalаnī ネークチャルニー/ [*नेकचलन* + *-ई*] *f.* 品行方正であること；高潔，清廉．

नेकनाम /nekаnāmа ネークナーム/ [←Pers.adj. نيكنام 'having a good name, famous'] *adj.* 高名な，有名な．

नेकनामी /nekаnāmī ネークナーミー/ [←Pers.n. نيكنامى 'reputation, a good name'] *f.* 名声，高名；評判．❐सारी ज़िंदगी की ～ मिट्टी में मिल जाय। 全人生の名声が泥にまみれてしまうかもしれない．

नेकनीयत /nekаnīyatа ネークニーヤト/ [←Pers.adj. نيك نيت 'well-intentioned'] *adj.* 善意の；誠実な．

नेकनीयती /nekаnīyаtī ネークニーエティー/ [*नेकनीयत* + *-ई*] *f.* 善意；誠実．

नेकी /nekī ネーキー/ [←Pers.n. نيكى 'goodness, piety, virtue, probity'] *f.* 善；善行．(⇔बदी)

नेकी-बदी /nekī-badī ネーキー・バディー/ [*नेकी* + *बदी*[1]] *f.* 善と悪．

नेग /negа ネーグ/ [?] *m.*〖ヒンドゥー教〗ネーグ《お祝い事の機会に使用人や出入りのカーストの人たち（洗濯人，床屋，革職人など）に祝儀を贈る風習；またその祝儀の金品》．

नेगचार /negаcārа ネーグチャール/ [cf. *नेग*] *m.*〖ヒンドゥー教〗ネーグチャール《ネーグ（नेग）を贈る風習》．

नेगी /negī ネーギー/ [?＜Skt. *नि-योगिन्-* 'appointed, employed'] *m.*〖ヒンドゥー教〗ネーギー《ネーグ（नेग）を贈られるカーストの人々》．

नेज़ा /nezā ネーザー/ [←Pers.n. نيزه 'a short spear, demi-lance, javelin, dart, pike'] *m.* 短い槍．

नेटवर्क /neṭаvarkа ネートワルク/ [←Eng.n. *network*] *m.* **1** 網状のもの，網状組織．❐रेल ～ 鉄道網．**2**〖コンピュータ〗ネットワーク．

नेता /netā ネーター/ [←Skt.m. *नेतृ-* 'one who leads'] *m.* **1** 指導者，先導者，リーダー《特に政治的指導者を揶揄（やゆ）して指すことがある》．(⇒अगुआ, नायक, लीडर) ❐～ जी ネーター・ジー《スバーシュチャンドラ・ボース（सुभाषचंद्र बोस）の愛称》．**2**〔俗語〕顔役；ボス．(⇒दादा)

नेतागिरी /netāgirī ネーターギリー/ ▸नेतागीरी *f.* ☞नेतागीरी

नेतागीरी /netāgīrī ネーターギーリー/ ▸नेतागिरी [*नेता* + *-गीरी*] *f.*〔卑語〕指導者気取り．❐～ करना 親分風を吹かす．

नेती /netī ネーティー/ [＜OIA.n. *nētra-*[3] 'cord of churning stick': T.07588] *f.* ネーティー《攪拌（かくはん）棒（मथानी）を回転させるひも》．

नेतृत्व /netṛtvạ ネートリトオ/ [←Skt.n. नेतृ-त्व- 'the office or business of a leader'] *m.* 人の上に立つこと, 指導, 指揮, 統率. ❐(के) ~ में (人の)指揮のもと.

नेत्र /netrạ ネートル/ [←Skt.n. नेत्र- 'the eye (as the guiding organ)'] *m.* 眼, 目, 目つき《主に表情を表す形容詞をともなう名詞句として》. (⇒आँख) ❐कातर नेत्रों से देखना すがりつくような目で見る. ❐चकित नेत्रों से देखना 驚いた目つきで見る. ❐सशंक नेत्रों से देखना 疑り深い目つきで見る.

नेत्रजल /netrạjalạ ネートルジャル/ [←Skt.n. नेत्र-जल- 'tears'] *m.* 涙. (⇒आँसू)

नेत्रदान /netrạdānạ ネートルダーン/ [neo.Skt.n. नेत्र-दान- 'eye donation'] *m.* 〖医学〗献眼.

नेपथ्य /nepat^hyạ ネーパティエ/ [←Skt.n. नेपथ्य- '(in dram.) the place behind the stage (separated by the curtain from the raṁga'] *m.* 〖演劇〗舞台裏;楽屋.

नेपाल /nepālạ ネーパール/ [cf. Eng.n. *Nepal*] *m.* 〖国名〗ネパール(連邦民主共和国)《首都はカトマンドゥ (काठमांडु)》.

नेपाली /nepālī ネーパーリー/ [नेपाल + -ई] *adj.* ネパールの;ネパール人の;ネパール語の. ❐~ भाषा ネパール語.
— *m.* ネパール人.
— *f.* ネパール語《ネパールの公用語》.

नेफ़ा[1] /nefā ネーファー/ [←Pers.n. نیفه 'the part of the drawers through which the string passes which fastens them'] *m.* ネーファー《ズボンなど下半身にはく衣類の腰ひもやベルトを通す部分》.

नेफ़ा[2] /nefā ネーファー/ [cf. Eng.n. *NEFA* (North-East Frontier Agency)] *m.* 北東辺境管区《地理的には現アルナーチャル・プラデーシュ州 (अरुणाचल प्रदेश) に相当》.

नेम /nemạ ネーム/ [<Skt.m. नि-यम- 'any fixed rule or law, necessity, obligation'] *m.* 規則;日課《特に宗教上の勤行》.

नेमत /nematạ ネーマト/ ▶नियामत *f.* ☞नियामत

नेम-धरम /nemạ-d^haramạ ネーム・ダラム/ *m.* 宗教上の日常的な勤行.

नेमी /nemī ネーミー/ [नेम + -ई] *adj.* 宗教上の日常的な勤行に熱心な(人).
— *m.* 宗教上の日常的な勤行に熱心な人, 敬虔な信者.

नेवला /nevạlā ネーオラー/ [<OIA.m. *nakulá-* 'mongoose': T.06908] *m.* 〖動物〗マングース《ヘビの天敵》.

नेस्त /nestạ ネースト/ [←Pers. نیست 'it is not'; cog. Skt. न-अस्ति 'it is not, there is not'] *adj.* ☞नेस्त-नाबूद

नेस्त-नाबूद /nestạ-nābūdạ ネースト・ナーブード/ *adj.* 絶滅された, 根絶やしにされた. ❐(को) ~ करना (…を)根絶やしにする.

नेह /nehạ ネーヘ/ [<OIA.m. *snēha-* 'grease': T.13802] *m.* ☞स्नेह

नेहरू /nehạrū ネーヘルー/ *m.* 〖歴史〗ネルー(元首相)《正式の名はジャワーハル・ラール・ネーヘルー (जवाहरलाल नेहरू)》.

नैचा /naicā ナェーチャー/ [←Pers.n. نیچه 'a tube, a small pipe'] *m.* ナェーチャー《水ギセルの中心部の管;キセルのラウに相当》.

नैतिक /naitikạ ナェーティク/ [neo.Skt.. नैतिक 'moral'; cf. Skt.f. नीति- 'moral conduct'] *adj.* 倫理的な, 倫理上の, 道徳的な. (⇔अनैतिक)

नैतिकता /naitikạtā ナェーティクター/ [←Skt.f. नैतिक-ता- 'morality'] *f.* 道徳性, 倫理性.

नैनीताल /nainītālạ ナェーニータール/ [cf. Eng.n. *Nainital*] *m.* 〖地名〗ナイニータール《ウッタラーカンド州 (उत्तराखंड) にある避暑地》.

नैपी /naipī ナェーピー/ [←Eng.n. *nappy*] *f.* (赤ん坊の)おむつ, おしめ.

नैपुण्य /naipuṇyạ ナェープニエ/ [←Skt.n. नैपुण्य- 'dexterity, experience in, skill'] *m.* ☞निपुणता

नैमित्तिक /naimittikạ ナェーミッティク/ [←Skt. नैमित्तिक- 'produced by any or by some partic. cause'] *adj.* **1** はっきりとした目的をもっている, 緊張感のある. ❐मेरे पिता का दैनिक जीवन प्राय: एक ढर्रे पर चलने-वाला, नियमबद्ध और ~ था। 私の父の日課はたいがいは単調で, 規則通りでそしてはっきりとした目的をもっていた. ❐सृजन का काम तो कोई नित्य- ~ काम न था, प्रेरणा मिली तो रोज़, न मिली तो महीनों नहीं। 創造的な仕事というものは日常的に絶えず緊張感が続くというような仕事ではない, インスピレーションを受ければ毎日だし, 受けなければ何か月もできない. **2** 不定期の, 臨時の. ❐~ कर्मचारी 臨時雇い労働者. ❐~ छुट्टी 臨時休暇.

नैया /naiyā ナイヤー/ [<OIA.m. *nā́vika-* 'sailor, helmsman': T.07082] *f.* ☞नाव

नैयायिक /naiyāyikạ ナイヤーイク/ [←Skt. नैयायिक- 'knowing the *Nyāya* philosophy'] *m.* ナイヤーイカ《インド古典論理学 (न्याय) に通じている哲学者》.

नैरंतर्य /nairaṃtaryạ ナェーランタルエ/ [←Skt.n. नैरन्तर्य- 'continuousness'] *m.* ☞निरंतरता

नैराश्य /nairāśyạ ナェーラーシエ/ [←Skt.n. नैर्-आश्य- 'hopelessness, non-expectancy, despair'] *m.* ☞निराशा

नैरोबी /nairobī ナェーロービー/ [cf. Eng.n. *Nairobi*] *m.* 〖地名〗ナイロビ《ケニヤ(共和国) (कीनिया) の首都》.

नैवेद्य /naivedyạ ナェーヴェーディエ/ [←Skt.n. नै-वेद्य- 'an offering of eatables presented to a deity or idol'] *m.* お供え(の食べ物).

नैष्ठिक /naiṣṭ^hikạ ナェーシュティク/ [←Skt. नैष्ठिक- 'definitive, fixed, firm'] *adj.* 信念に基づいた;信義の厚い.

नैसर्गिक /naisargikạ ナェーサルギク/ [←Skt. नै-सर्गिक- 'cast off, put off; natural'] *adj.* **1** 自然に起きる, 自然の. ❐क्रिया के पश्चात् प्रतिक्रिया ~ नियम है। 作用の後の反作用は自然の法則である. **2** 天性の;生まれつきの;生まれながらの. ❐~ अधिकार 生まれながらの権利. ❐~

प्रतिभा 生まれつきの才能.

नैहर /naihara ナェーハル/ [<OIA. **jñātighara-* 'kinsman's house': T.05278] *m.* 既婚女性の実家. (⇒मायका)(⇔ससुराल)

नोक /noka ノーク/ [←Pers.n. نوک 'a point, tip, end'] *f.* **1** (とがった)尖端, 先, 突端. (⇒अनी) ❐क़लम [सुई] की ～ 筆[針]の先. ❐बंदूक़ [चाक़ू] की ～ पर 銃[ナイフ]を突きつけて. **2** (四角いものの)かど, すみ. ❐दीवार की ～ 壁のかど. **3** 面子, 体面. ❐(की) ～ रह जाना (人の)面目が保たれる.

नोक-झोंक /noka-j^hõka ノーク・ジョーンク/ *f.* 口論;言葉の応酬;あてこすり, 嫌味.

नोकदार /nokadāra ノークダール/ [←Pers.adj. نوکدار 'pointed'] *adj.* 先の尖った. (⇒नुकीला) ❐भाले की तरह तनी हुई ～ मूँछें 槍のようにまっすぐ伸びて尖った口ひげ.

नोक-दुम /noka-duma ノーク・ドゥム/ *adv.* 一目散に《原意は「尖った尻尾」》. ❐～ भागना 一目散に逃げる.

नोकीला /nokīlā ノーキーラー/ ▸नुकीला *adj.* ☞नुकीला

नोच /noca ノーチ/ [cf. *नोचना*] *f.* **1** むしり取ること;むさぼり食うこと. **2** ひっかくこと, かきむしること. **3** (金品を)ひったくること, むしり取ること.

नोच-खसोट /noca-k^hasoṭa ノーチ・カソート/ *f.* **1** つかみ合い;引っ掻き合い.

नोचना /nocanā ノーチナー/ [<OIA. *luñcati* 'plucks out': T.11074] *vt.* (*perf.* नोचा /nocā ノーチャー/) **1** むしり取る, 千切る;むさぼり食う. (⇒खसोटना) ❐उसकी लाशा को खेत में गीदड़ और गिद्ध, कुत्ते और कौए नोच रहे थे। 彼の死体を畑でジャッカルとハゲタカ, 犬とカラスがむさぼり食っていた. ❐हमारी उम्र थी कि फूलों को तोड़ने और पत्तियों को नोचने के लिए हाथ में खुजली होती रहे। 私たちは花を摘み葉っぱをむしり取りたくて手がむずむずする年頃だった. **2** (爪・牙などで)ひっかき傷つける;(髪などを)かきむしる. (⇒बकोटना) ❐उसके मन में ऐसा उद्वेग उठा कि अपना मुँह नोच ले। 彼女の心の中で自分の顔をかきむしりたいほどの衝動にかられた. **3** (金品を)ひったくる, (金を)むしり取る. ❐यहाँ तो एक धेला भी हाथ में आ जाय, तो गाँव में शोर मच जाता है, और लेनदार चारों तरफ़ से नोचने लगते हैं। ここじゃあ半パイサでも手にしようものなら, 村中大騒ぎになりますよ, そして債権者が四方から金をむしり取ろうとするんです.

नोट /noṭa ノート/ [←Eng.n. *note*] *m.* **1** 紙幣. ❐सौ [दस] रुपये का ～ 百[十]ルピーの紙幣. **2** 覚え書き, メモ, ノート. ❐～ करना メモする, 書き留める.

नोटिस /noṭisa ノーティス/ [←Eng.n. *notice*] *m.* 通知, 通告, 予告. (⇒इत्तला, सूचना) ❐(को) ～ देना (人に)通知[予告]する.

नोन /nona ノーン/ ▸नून [<OIA.n. *lavaṇá-* 'salt': T.10978] *m.* 塩. (⇒नमक)

नोन-तेल /nona-tela ノーン・テール/ *m.* 塩と油;生活必需品. ❐इससे ～ आदि का काम चल जाएगा। これで生活必需品の金は足りるだろう.

नोबेल /nobela ノーベール/ [←Eng.n. *Nobel*] *m.* ノーベル《スウェーデンの化学者;ダイナマイトの発明者;ノーベル賞の基金遺贈者》. ❐～ पुरस्कार ノーベル賞.

नोश /nośa ノーシュ/ [←Pers. نوش 'Drink thou (imp. of نوشیدن); (in comp.) drinking; a drinker; adrink, draught'] *m.* 飲み物:飲食《例文のような用例に限定される》. ❐～ फ़रमाना お飲みになる, 召し上がる.

नौ /nau ナォー/ [<OIA. *náva-²* 'nine': T.06984] *num.* 9.

नौ-¹ /nau- ナォー・/ [<OIA. *náva-¹* 'new, young': T.06983; cog. Pers.pref. نو 'neo-'] *comb. form* 新しい;若い《単独では用いられず合成語の連結形として;नौसिखिया「初心者」など;意味・音形共に同じペルシア語の接頭辞とは同系語の関係》.

नौ-² /nau- ナォー・/ [←Skt.f. *नौ-* 'a ship, boat, vessel'] *comb. form* 船《単独では用いられず合成語の連結形として; नौसेना「海軍」など》.

नौकर /naukara ナォーカル/ [←Pers.n. نوکر 'a servant'] *m.* **1** 使用人, 雇用されている人;召使い, 下僕. (⇒चाकर, मुलाज़िम)(⇔नौकरानी) ❐लड़के अल्प वेतन पर ～ थे। 息子たちは薄給で雇われていた. **2** 公務員. ❐सरकारी ～ 公務員.

नौकर-चाकर /naukara-cākara ナォーカル・チャーカル/ *m.* 使用人たち, 召使いたち.

नौकरशाह /naukaraśāha ナォーカルシャーハ/ [*नौकर* + *शाह*] *m.* 官僚(主義者).

नौकरशाही /naukaraśāhī ナォーカルシャーヒー/ [*नौकरशाह* + *-ई*] *f.* 官僚主義, 官僚制度, お役所主義.

नौकरानी /naukarānī ナォークラーニー/ [cf. *नौकर*] *f.* (女の)雇い人, 使用人;女の召使い, 下女. (⇔नौकर)

नौकरी /naukarī ナォークリー/ [←Pers.n. نوکری 'service, attendance, inferiority'] *f.* **1** 職, 勤め口;雇用. ❐(को) ～ मिलना (人が)職を得る. ❐सरकारी ～ 公務員の職. **2** 勤め, 勤務. ❐～ छोड़ना 勤めをやめる, 辞職する. ❐(में) ～ करना (…に)勤務する.

नौकरी-पेशा /naukarī-peśā ナォークリー・ペーシャー/ [←Pers.n. نوکری پیشه 'one who lives on employment'] *m.* 勤労者, 勤め人.

नौका /naukā ナォーカー/ [←Skt.f. *नौका-* 'a small boat or ship'] *f.* 舟, 小舟, ボート.

नौकायन /naukāyana ナォーカーヤン/ [neo.Skt.n. *नौका-अयन-* 'yachting; boat race; rafting'] *f.* 〖スポーツ〗ヨット操縦;ボート競漕;ラフティング.

नौगुना /naugunā ナォーグナー/ [<OIA. **navaguṇa-* 'ninefold': T.06988] *adj.* 9 倍の.

नौजवान /naujavāna ナォージャワーン/ [←Pers.n. نو جوان 'a young man, lad, youth'] *adj.* 若い(人), 青年の.

— *m.* 若人, 青年.

नौजवानी /naujavānī ナォージャワーニー/ [←Pers.n. نو جوانی 'prime of life, youth'] *f.* 青春(時代), 青年時代.

नौटंकी /nauṭaṃkī ナォータンキー/ [*नौ* + *टंका*] *f.* **1** 〖演劇〗ナォータンキー《旅芸人によって興行される娯楽を

目的とした演劇の一種；元は同名の王女が主人公の演劇とされる》．**2**（見え透いた）猿芝居；（偽善的な）田舎芝居，三文オペラ．

नौनिहाल /naunihāla ナォーニハール/ [←Pers.n. نونهال 'a young tree'] *m.* 若木《比喩的に「新しい世代の若人」の意でも》．

नौबत /naubata ナォーバト/ [←Pers.n. نوبة 'supplying the place (of another); a period, time, turn, revolution; a very large kettle-drum, struck at stated hours' ←Arab.] *f.* **1** 順番；しかるべき時；機会，チャンス《主に否定文で》．❐थाना-पुलिस की ～ नहीं आएगी। 警察沙汰にはならないだろう．❐बोलने की ～ नहीं आई। 発言する機会は来なかった．**2** 悪い状況；窮地，苦境；破目（はめ）．❐झगड़ा इतना बढ़ा कि अलगौझे की ～ आ गई। 言い争いは別居する状況にまで発展した．❐दोनों आदमियों में इतना मतभेद हुआ कि वाद-विवाद की ～ आ गई। 二人の男の間では意見の食い違いが起こり口げんかになってしまった．❐यहाँ तक ～ पहुँच गई! これほどの状況になるとは！ **3**〔古語〕〚楽器〛ナォーバト《大型の打楽器の一種；定時に打ち鳴らされた》．❐～ झड़ना [बजना]（祝賀にために）太鼓が打ち鳴らされる．❐दिल्ली में नौबतें बज रही हैं। デリーではお祭り騒ぎである．

नौबतख़ाना /naubataxānā ナォーバトカーナー/ [←Pers.n. نوبتخانه 'a watch-tower; a guard-house'] *m.*〔古語〕ナォーバトカーナー《軍楽隊の太鼓（नौबत）が打たれる場所》．(⇒नक़्क़ार-ख़ाना)

नौबहार /naubahāra ナォーバハール/ [←Pers.n. نوبهار 'the spring-quarter'] *f.*〚暦〛早春；春．

नौलखा /naulak^{h}ā ナォーラカー/ [*नौ* + *लाख*[1]] *adj.* 高価な，値打ちのある《原意は「90万ルピーの価値のある」》．❐～ हार 高価な首飾り．

नौवाँ /nauvā̃ ナォーワーン/ ▸नवाँ *adj.* ☞नवाँ

नौ-विज्ञान /nau-vijñāna ナォー・ヴィギャーン/ [neo.Skt.n. *नौ-विज्ञान-* 'nautical science'] *m.* 航海術．

नौसादर /nausādara ナォーサーダル/ [←Pers.n. نوشادر 'sal-ammoniac (used in tinning and soldering)'] *m.*〚化学〛塩化アンモニウム．

नौसिखिया /nausik^{h}iyā ナォースィキヤー/ [*नौ-*[1] + *सीखना*] *adj.* 初心者の，ビギナーの，新米の；未熟な，青二才の．❐～ खिलाड़ी 新米プレーヤー．

— *m.* 初心者，ビギナー，新米；未熟者，青二才．

नौसेना /nausenā ナォーセーナー/ [neo.Skt.f. *नौ-सेना-* 'navy'] *f.* 海軍．(⇒जलसेना)

नौसेनाध्यक्ष /nausenād^{h}yakṣa ナォーセーナーディャクシュ/ [neo.Skt.m. *नौ-सेना-अध्यक्ष-* 'the commander of navy'] *m.* 海軍提督．(⇒नौसेनापति)

नौसेनापति /nausenāpati ナォーセーナーパティ/ [neo.Skt.m. *नौ-सेना-पति-* 'the commander of navy'] *m.* 海軍提督．(⇒नौसेनाध्यक्ष)

नौसेवा /nausevā ナォーセーワー/ [neo.Skt.f. *नौ-सेवा-* 'naval service'] *f.* 海軍勤務；海軍の軍務．

नौसैनिक /nausainika ナォーサェーニク/ [neo.Skt. *नौ-सैनिक-* 'naval'] *adj.* 海軍の．

— *m.* 海軍兵士，水兵．

न्यस्त-शस्त्र /nyasta-śastra ニャスト・シャストル/ [←Skt. *न्यस्त-शस्त्र-* 'one who has laid down the weapons'] *adj.* 武器を置いて投降した．

न्याय /nyāya ニャーエ/ [←Skt.m. *न्य्-आय-* 'a general or universal rule'] *m.* **1** 世のきまり，規則；格言，処世訓．**2** 公正，正義．(⇒इंसाफ़) **3**〚法律〛司法．❐～ व्यवस्था 司法制度．**4** ニャーヤ，インド古典論理学．

न्यायपर /nyāyapara ニャーエパル/ [neo.Skt. *न्याय-पर-* 'just, fair, equitable'] *f.* 公明正大な．

न्यायपरता /nyāyaparatā ニャーエパルター/ [neo.Skt.f. *न्यायपर-ता-* 'justness'] *f.* 公明正大であること．

न्याय-परायण /nyāya-parāyaṇa ニャーエ・パラーヤン/ [neo.Skt. *न्याय-परायण-* 'just, fair, equitable'] *adj.* ☞न्यायपर

न्यायपरायणता /nyāyaparāyaṇatā ニャーエパラーヤンター/ [neo.Skt. *न्यायपरायण-ता-* 'justness'] *f.* ☞न्यायपरता

न्यायपालिका /nyāyapālikā ニャーエパーリカー/ [neo.Skt.f. *न्याय-पालिका-* 'judiciary'] *f.*〚法律〛（三権の一つ）司法；司法部；司法組織，司法制度．

न्यायपीठ /nyāyapīṭ^{h}a ニャーエピート/ [neo.Skt.n. *न्याय-पीठ-* 'bench in a law court'] *m.* 判事席．

न्यायमूर्ति /nyāyamūrti ニャーエムールティ/ [neo.Skt.f. *न्याय-मूर्ति-* 'justice'] *m.* 裁判官．

न्यायसंगत /nyāyasaṃgata ニャーエサンガト/ [neo.Skt. *न्याय-संगत-* 'just, equitable'] *adj.* 公正な，公平な．❐(के साथ) ～ व्यवहार करना（…に対して）公正な扱いをする．

न्यायाधिकरण /nyāyād^{h}ikaraṇa ニャーヤーディカラン/ [neo.Skt.n. *न्याय-अधिकरण-* 'tribunal'] *m.* 裁判所，法廷．

न्यायाधिपति /nyāyād^{h}ipati ニャーヤーディパティ/ [neo.Skt.m. *न्याय-अधिपति-*] *m.* ☞न्यायमूर्ति

न्यायाधीश /nyāyād^{h}īśa ニャーヤーディーシュ/ [neo.Skt.m. *न्याय-अधीश-* 'a judge'] *m.* 裁判官，判事．(⇒जज)

न्यायालय /nyāyālaya ニャーヤーラエ/ [neo.Skt.m. *न्याय-आलय-* 'court of justice'] *m.* 法廷，裁判所．(⇒अदालत, कचहरी, कोर्ट) ❐उच्च [सर्वोच्च] ～ 高等［最高］裁判所．

न्यायिक /nyāyika ニャーイク/ *adj.* 裁判の，法廷の，司法の．(⇒अदालती)

न्यायी /nyāyī ニャーイー/ [←Skt. *न्यायिन्-* 'acting rightly, behaving properly'] *adj.* 公正な，公平な．(⇔अन्यायी)

— *m.* 裁判官，判事．

न्यायोचित /nyāyocita ニャーヨーチト/ [←Skt. *न्याय-उचित-* 'just (an action); lawful'] *adj.* 正当な；適法な．(⇒न्याय्य)

न्याय्य /nyāyya ニャーッエ/ [←Skt. *न्याय्य-* 'regular, customary, usual, correct, right, fit, proper'] *adj.* 正当な；適法な．(⇒न्यायोचित)

न्यारा /nyārā ニャーラー/ [＜OIA. **anyākāra-* 'of

different form': T.00404] *adj.* 他とは違っている;めったにない. ❐सुनती थी, मर्द समझदार होते हैं, पर तुम सबसे न्यारे हो। 男というものは物わかりがいいと聞いていたけど, あんたはみんなとは違っているのね.

न्यास /nyāsa ニャース/ [←Skt.m. *न्य्-आस-* 'putting down or in; any deposit or pledge'] *m.* **1**〖経済〗委託;信託. **2**〖経済〗受託財団, トラスト. (⇒ट्रस्ट)

न्यासधारी /nyāsadʰārī ニャースダーリー/ [←Skt.m. *न्यास-धारिन्-* 'the holder of a deposit'] *m.* ☞न्यासी

न्यासी /nyāsī ニャースィー/ [←Skt. *न्य्-आसिन्-* 'one who has abandoned all worldly concerns'] *m.*〖経済〗被信託人;管財人.

न्यूज़ीलैंड /nyūzīlaiṃḍa ニューズィーラェーンド/ [←Eng.n. *New Zealand*] *m.*〖国名〗ニュージーランド《首都はウェリントン (विलिंगटन)》.

न्यून /nyūna ニューン/ [←Skt. *न्य्-ऊन-* 'less, diminished, defective, deficient'] *adj.* **1** 少ない;小さい. (⇒कम)(⇔अधिक, ज़्यादा) ❐~ कोण〖数学〗鋭角. ❐मर्दों की संख्या दिनों-दिन ~ होती जाती है। 男の数が日に日に少なくなっていく. **2** 不足している, 欠乏している. **3** 劣っている.

न्यूनतम /nyūnatama ニューンタム/ [←Skt. *न्यून-तम-* 'minimum'] *adj.* 最低の;最少の;最小の. (⇔अधिकतम) ❐कल ~ तापमान दस सेंटीग्रेड था। 昨日の最低気温は摂氏10度でした.

न्यूनता /nyūnatā ニューンター/ [←Skt.f. *न्यून-ता-* 'shortage, deficiency'] *f.* 不足, 欠乏. ❐रक्त की ~ से मुख पर पीलापन छा गया। 血液の欠乏により顔面が蒼白になっていた.

न्यूनाधिक /nyūnādʰika ニューナーディク/ [←Skt. *न्यून-अधिक-* 'less or more, unequal'] *adj.* 多少の. ❐~ रूप में 多かれ少なかれ.

न्योछावर /nyocʰāvara ニョーチャーワル/ ▸निछावर, न्यौछावर *f.* ☞निछावर

न्योतना /nyotanā ニョートナー/ ▸न्यौतना [<OIA. *nimantrayatē* 'invites': T.07235] *vt.* (*perf.* न्योता /nyotā ニョーター/) (会食・催し事に)招く, 招待する. (⇒बुलाना) ❐उसने मुझे अपने घर कल न्योता है। 彼は私を自宅に昨日食事に招いた.

न्योतनी /nyotanī ニョートニー/ [cf. *न्योतना*] *f.* 祝宴, 宴会.

न्योता /nyotā ニョーター/ ▸न्यौता [<OIA. **nimantra-* 'invitation': T.07233] *m.* **1** (宴への)招待. (⇒दावत) ❐(को) ~ देना (人を)宴に招待する. **2** (宴の)食事. (⇒दावत) ❐~ खाना ご馳走にあずかる. **3** (厄災などを)誘いこむこと, 呼びこむこと, 招きいれること. ❐किसने इस क़हर को ~ दिया? 誰がこの大災害を招いたのか? ❐जमा मलबा बीमारियों को ~ दे रहा है। 集積した瓦礫の山がさまざまな病気を呼びこんでいる.

न्यौछावर /nyaucʰāvara ニャウチャーワル/ ▸निछावर, न्योछावर *f.* ☞निछावर

न्यौतना /nyautanā ニャウトナー/ ▸न्योतना *vt.* (*perf.* न्यौता /nyautā ニャウター/) ☞न्योतना

न्यौता /nyautā ニャウター/ ▸न्योता *m.* ☞न्योता

प

पंक /paṃka パンク/ [←Skt.m. *पङ्क-* 'mud'] *m.* 泥.

पंकज /paṃkaja パンカジ/ [←Skt.n. *पङ्क-ज-* 'lotus (mud-born)'] *m.*〖植物〗ハス, 蓮. (⇒कमल)

पंक्चर /paṃkcara パンクチャル/ [←Eng.n. *puncture*] *m.* パンク. ❐(में) ~ है (…が)パンクしている.

पंक्ति /paṃkti パンクティ/ [←Skt.f. *पङ्क्ति-* 'a row or set or collection of five'] *f.* **1** (順番を待つ)列, 並び. (⇒क्यू, ताँता, लाइन) ❐एक ~ में 一列に. ❐सैनिकों की ~ 兵士の隊列. **2** 線, 罫線. (⇒लाइन, लकीर, रेखा) **3** (文字の)行. (⇒लाइन) ❐पृष्ठ १ की पहली ~ पर अपना नाम लिखिए। ページの 1 行目に自分の名前を書いてください. ❐इन पंक्तियों का लेखक 本文の筆者《筆者自分自身のこと》.

पंक्तिबद्ध /paṃktibaddʰa パンクティバッド/ [neo.Skt. *पङ्क्ति-बद्ध-* 'arranged in a row or rows'] *adj.* 列に並んだ, 整列した. ❐उसने सबको ~ कराया। 彼は皆を整列させた.

पंख /paṃkʰa パンク/ [<OIA.m. *pakṣá-* 'wing, feather, fin, shoulder, side': T.07627; cf. Skt.m. *पुङ्ख-* 'the shaft or feathered part of an arrow'] *m.* **1**〖鳥〗羽, 翼. (⇒पर, बाज़ू) ❐वह चिड़िया आकाश में उड़ने के लिए ~ फड़फड़ा रही थी। その鳥は大空に飛び立とうと羽をパタパタと動かしていた. **2**〖魚〗ひれ.

पँखड़ी /pā̃kʰaṛī パンクリー/ ▸पँखुड़ी, पाँखुड़ी [< MIA.f. *pakhuḍiā-, pakhuḍī-* <OIA.m. *pakṣá-* 'wing, feather, fin, shoulder, side': T.07627; cf. OIA.n. *pákṣman-* 'an eyelash, the filament of a flower': T.07638] *f.* **1**〖植物〗花弁, 花びら. (⇒दल) **2** (扇風機などの)羽根.

पंखा /paṃkʰā パンカー/ [<OIA.m. *pakṣá-* 'wing, feather, fin, shoulder, side': T.07627: → I.Eng.n. *punka(h)*] *m.* **1** (天井から吊るす)大きな扇;(大型の)うちわ, 扇, 扇子. ❐(को) ~ करना [झलना, डुलाना] (人に)扇をあおいで風をおくる. ❐मैं ~ करके उसे होश में लाया। 私はうちわをあおいで彼を正気に戻した. ❐वे उनके सिरहाने बैठे बड़े प्रेम से उनके मुँह पर ~ झल रहे थे। 彼は彼女の枕元に座ってとても優しく彼女の顔に扇をあおいで風をおくっていた. **2** 扇風機, 送風機, ファン. ❐बिजली के पंखे 扇風機. **3** (飛行機の)プロペラ;(船の)スクリュー.

पंखी[1] /paṃkʰī パンキー/ [cf. *पंखा*] *f.* **1** (小型の)うちわ, 扇, 扇子. **2** (飛行機の)羽, 翼. **3**〖昆虫〗(羽のある)虫. **4**〖植物〗花弁. **5** (自動車や自転車などの)泥よけ, フェンダー.

पंखी[2] /paṃkʰī パンキー/ [<OIA.m. *pakṣín-* 'bird': T.07636x1] *m.*〖鳥〗鳥.

पँखुड़ी /pā̃kʰuṛī パンクリー/ ▸पँखड़ी, पाँखुड़ी *f.* ☞पँखड़ी

पंगत /paṃgata パンガト/ ▸पंगति [<Skt.f. *पङ्क्ति-* 'a row or set or collection of five'] *f.* 〚ヒンドゥー教〛会食で並んで座る人の列《同じカーストの人間同士のみが会食を許されるのが前提》. ❐ऊँचे-नीचे सभी एक ～ में बैठकर खाते हैं 上下のへだたりなく皆が同じ会食の列に座って食事をする. ❐～ बैठना 会食の一同が腰をおろす. ❐ (को) ～ से बाहर करना (人を)会食の列からはずす《村八分にする》.

पंगति /paṃgati パンガティ/ ▸पंगत *f.* ☞पंगत

पंगु /paṃgu パング/ [←Skt. *पङ्गु-* 'lame, halt, crippled in the legs'] *adj.* 足の不自由な(人).

पंच /paṃca パンチ/ [←Skt. *पञ्चन्-* 'five'] *adj.* 5つの. (⇒पाँच)
— *m.* **1** 5《主に合成語の要素として; पंचवर्षीय योजना「5ヵ年計画」など》. (⇒पाँच) **2** 仲裁人, 調停者《古代インドの共同社会では紛争の調停者の数が普通5人であったことからとされる》(⇒पाँच)

पँच- /pãca- パンチ・/ ▸पच- [comb. form of *पाँच*] *comb. form* 《「5」を表す連結形; पँचगुना「5 倍の」, पँचमेल「(5種類の)混合物」, पँचरंगा「5 色の」など》.

पंचक /paṃcaka パンチャク/ [←Skt. *पञ्चक-* 'consisting of 5'] *adj.* 5つの要素からなる.
— *m.* 5つのものの集まり.

पंच-ककार /paṃca-kakāra パンチ・カカール/ [neo.Skt.m. *पञ्च-क-कार-* 'five Ks'] *m.* ☞पंज कक्के

पँचगुना /pãcagunā パンチグナー/ ▸पचगुना [<OIA. *pañcaguṇa-* 'fivefold': T.07658] *adj.* 5倍の.

पंच-तत्त्व /paṃca-tattva パンチ・タットオ/ [←Skt.n. *पञ्च-तत्त्व-* 'the 5 elements collectively'] *m.* 〚ヒンドゥー教〛五大(ごだい)《世界を構成する地(ち)(पृथ्वी), 水(すい)(जल), 火(か)(अग्नि), 風(ふう)(वायु), 空(くう)(आकाश)の五要素》. (⇒पंच-भूत)

पंचनामा /paṃcanāmā パンチナーマー/ [*पंच* + *-नामा*] *m.* 〚法律〛仲裁契約書《第三者である仲裁者 (पंच) に紛争解決を委ね, その判断に従うことを約する》.

पंचभुज /paṃcabʰuja パンチブジ/ [←Skt.m. *पञ्च-भुज-* 'a pentagon'] *m.* 五角形.

पंच-भूत /paṃca-bʰūta パンチ・ブート/ [←Skt.n. *पञ्च-भूत-* 'the 5 elements (earth, air, fire, water and ether'] *m.* ☞पंच-तत्त्व

पंचम /paṃcama パンチャム/ [←Skt. *पञ्चम-* 'the fifth'] *adj.* **1** 5 番目の; (王・皇帝など)5 世. (⇒पाँचवाँ) **2** 〚音楽〛パンチャム《インド伝統音楽の音階 (सरगम) の第 5 音》. ❐～ स्वर में गाना 調子っぱずれに歌う.

पंचमांग /paṃcamāṃga パンチマーング/ [neo.Skt.n. *पञ्चम-अङ्ग-* 'fifth column'] *m.* 第五列, 第五部隊《敵方に内応する者, 内通者》.

पंचमांगी /paṃcamāṃgī パンチマーンギー/ [neo.Skt. *पञ्चम-अङ्गिन्-* 'a fifth columnist'] *m.* 第五列 (पंचमांग) の隊員.

पंचमी /paṃcamī パンチャミー/ [←Skt.f. *पञ्चमी-* 'the fifth day of the half month'] *f.* 〚暦〛パンチャミー《インド太陰暦の白半月 (शुक्लपक्ष) および黒半月 (कृष्णपक्ष) の第 5 日目》.

पँचमेल /pãcamela パンチメール/ ▸पचमेल [*पँच-* + *मेल*] *adj.* (5種類の)混合物.

पँचरंगा /pãcaraṃgā パンチランガー/ ▸पचरंगा [*पँच-* + *रंगा*] *adj.* 5 色の; 多色の.

पंचवर्षीय /paṃcavarṣīya パンチワルシーエ/ [*पंच* + *-वर्षीय*] *adj.* 5 ヵ年の. ❐प्रथम ～ योजना 第一次 5 カ年計画.

पंचशील /paṃcaśīla パンチシール/ [←Skt.n. *पञ्च-शील-* 'the 5 chief rules of conduct for Buddhists'] *m.* **1** 〚仏教〛パンチャシーラ, 五戒《不殺生戒(ふせっしょうかい), 不偸盗戒(ふちゅうとうかい), 不邪婬戒(ふじゃいんかい), 不妄語戒(ふもうごかい), 不飲酒戒(ふおんじゅかい)》. **2** パンチシール, 平和五原則《1954 年に中国の周恩来首相とインドのネルー首相の会談で合意された; 領土・主権の相互尊重, 相互不可侵, 相互内政不干渉, 平等互恵, 平和共存》.

पंचांग /paṃcāṃga パンチャーング/ [←Skt.n. *पञ्च-अङ्ग-* '5 members or parts of the body'] *m.* 〚暦〛暦, カレンダー《伝統的には占星術により作られた天体位置暦; 原意は「五要素(から成るもの)」》. (⇒कलेंडर) ❐～ मास 暦月(れきげつ). ❐～ वर्ष 暦年(れきねん).

पंचाट /paṃcāṭa パンチャート/ [cf. *पंचायत*] *m.* パンチャート《パンチャーヤト (पंचायत) による裁定, 仲裁, 調停》.

पंचानबे /paṃcānabe パンチャーナベー/ ▸पंचानवे, पचानबे, पचानवे *num.* ☞पचानवे

पंचानवे /paṃcānave パンチャーナヴェー/ ▸पंचानबे, पचानबे, पचानवे *num.* ☞पचानवे

पंचामृत /paṃcāmṛta パンチャームリト/ [←Skt.n. *पञ्च-अमृत-* 'the 5 kinds of divine food (viz. milk, coagulated or sour milk, butter, honey, and sugar)'] *m.* 〚ヒンドゥー教〛パンチャームリタ《神への供物としての 5 種類の飲み物, またおさがりとしてもいただく; दूध「ミルク」, दही「ヨーグルト」, घी「ギー」, मधु「蜂蜜」, घोल「(砂糖を)混ぜた飲み物」》.

पंचायत /paṃcāyata パンチャーヤト/ [cf. *पंच*] *f.* パンチャーヤト《インドの地方自治機関; 紛争の調停を含む伝統的な村落自治組織が基盤》. ❐उन्हें तो बिरादरी और ～ का भी डर नहीं। 彼はカースト共同体もパンチャーヤトも怖くなかった. ❐दूसरे ही दिन गाँववालों की ～ बैठ गया। 翌日村人たちのパンチャーヤトが開かれた.

पंचायती /paṃcāyatī パンチャーエティー/ [*पंचायत* + *-ई*] *adj.* パンチャーヤト (पंचायत) の; パンチャーヤトが決定[裁定]した.

पंछी /paṃcʰī パンチー/ [<OIA.m. ***pakṣín-*** 'bird': T.07636x1] *m.* 〚鳥〛鳥.

पंज /paṃja パンジ/ [←Pers.n. پنج 'five'; cog. Skt. *पञ्चन्-* 'five'] *adj.* 5つの. (⇒पाँच)

पंज कक्के /paṃja kakke パンジ カッケー/ [←Panj.m. *ਪੰਜ ਕੱਕੇ* 'the five Ks'] *m.* 〚スィック教〛パンジ・カッケー《スィ

ック教男子が戒律上身につけるべき5つのもの;原義は「(パンジャービー語で)k で始まる5つのもの」;「刈らない頭髪(ケーシュ)」(केश, ਕੇਸ਼),「櫛(カンガー)」(कंघा, ਕੰਘਾ),「短剣(キルパーン)」(किरपान, ਕਿਰਪਾਨ),「鉄製の腕輪(カラー)」(कड़ा, ਕੜਾ),「膝下までの短ズボン(カッチャー)」(कच्छा, ਕੱਛਾ)》. (⇒पंच ककार)

पंजर /paṃjara/ パンジャル/ [←Skt.n. पञ्जर- 'a cage, aviary, dove-cot, net; a skeleton, the ribs'] *m.* **1** (人体の)骨格, 骸骨;骨組み. **2** 胸郭. **3** 鳥かご.

पंजा /paṃjā/ パンジャー/ [←Pers.n. پنجه 'the palm of the hand with the five fingers, or the sole of the foot with the five toes'] *m.* **1** (5本の指を含む)手. ❐(से) ~ लेना [फेरना, मोड़ना]〖スポーツ〗(相手の)手をねじる. **2**〖動物〗かぎ爪のある足. **3** 魔手, 手中, 支配. ❐(के) पंजे में फँसना (人の)手中に落ちる. ❐(को) (के) पंजे से छुड़ाना [बचाना] (人を)(人の)魔手から救い出す. **4**〖ゲーム〗(トランプやサイコロの)5. ❐पंजा-छक्का [छक्का-पंजा] 賭け事, 博打.

पंजाब /paṃjāba/ パンジャーブ/ [←Pers.n. پنجاب 'the five waters or rivers'; cf. Eng.n. *Panjab, Punjab*] *m.* パンジャーブ州《州都はチャンディーガル (चंडीगढ़)》.

पंजाबी /paṃjābī/ パンジャービー/ [पंजाब + -ई] *adj.* **1** パンジャーブ語の, パンジャービー語の. **2** パンジャーブ(州)の, パンジャーブの人の.
— *m.* パンジャービー, パンジャーブの人.
— *f.* パンジャーブ語, パンジャービー語.

पंजिका /paṃjikā/ パンジカー/ [←Skt.f. पञ्जिका- 'a book in which receipts and expenditure are entered; the register or record of human actions kept by *Yama*'] *f.* **1** 記録簿;帳簿. **2**〖仏教〗閻魔帳(えんまちょう).

पंजी /paṃjī/ パンジー/ [←Skt.f. पञ्जी- 'an almanac, calendar, register'] *f.* 登録簿, 登記簿. (⇒रजिस्टर)

पंजीकरण /paṃjīkaraṇa/ パンジーカラン/ [neo.Skt.n. पञ्जी-करण- 'registration'] *m.* 登録, 登記, 記載. (⇒रजिस्ट्री)

पंजीकार /paṃjīkāra/ パンジーカール/ *m.* **1** 登録係, 登記係, 記録係. **2**〖暦〗パンジーカール《暦 (पंचांग) を作る人》.

पंजीकृत /paṃjīkṛta/ パンジークリト/ [neo.Skt. पञ्जी-कृत- 'registered'] *adj.* 登録された, 登記された, 記録された. ❐~ करना 登録する. ❐~ कराना 登録してもらう. ❐~ डाक 書留郵便.

पंजीयन /paṃjīyana/ パンジーヤン/ [cf. पंजी] *m.* 登録, 登記, 記載. ❐जन्म [मृत्यु] का ~ कराना 出生[死亡]届けをする.

पंजीरी /paṃjīrī/ パンジーリー/ [cf. पंज] *f.*〖食〗パンジーリー《いろいろな材料を使った菓子の一種;供物としてまた滋養があるため産婦などに食べさせる》.

पंडा /paṃḍā/ パンダー/ [<OIA.m. *paṇḍitá-* 'scholar, teacher': T.07718x1; → I.Eng.n. *panda*] *m.* **1**〖ヒンドゥー教〗パンダー《聖地で巡礼案内などを仕切るバラモン (ब्राह्मण)》. **2**〖ヒンドゥー教〗バラモンの料理人.

पंडाल /paṃḍāla/ パンダール/ [←Drav.; DEDr.4040 (DED.3327)] *m.* 大きな天幕《宗教行事や催し物のために仮設される》.

पंडित /paṃḍita/ パンディト/ [←Skt.m. पण्डित- 'a scholar, a learned man, teacher, philosopher'] *m.* **1**〖ヒンドゥー教〗(バラモンの)学者. **2**〖ヒンドゥー教〗パンディト《バラモンの男性への敬称として》. ❐~ जवाहरलाल नेहरू パンディト・ジャワーハルラール・ネーヘルー《インド共和国初代の首相》. ❐~ जी パンディト・ジー《バラモンの男性への呼びかけ》.

पंडिताइन /paṃḍitāina/ パンディターイン/ [cf. पंडित] *f.*〖ヒンドゥー教〗バラモンの妻;バラモンの女性. (⇒पंडितानी)

पंडिताई /paṃḍitāī/ パンディターイー/ [cf. पंडित] *f.* (バラモンとしての)学識;学者ぶること. ❐~ करना [छाँटना] 学識をひけらかす.

पंडिताऊ /paṃḍitāū/ パンディターウー/ [cf. पंडित] *adj.* 学者ぶる, 知ったかぶりの, 衒学(げんがく)的な.

पंडिताऊपन /paṃḍitāūpana/ パンディターウーパン/ [पंडिताऊ + -पन] *m.* 学者ぶること, 知ったかぶること. ❐उनकी भाषा में ~ है। 彼の言葉使いには学者であることを鼻にかけたところがある.

पंडितानी /paṃḍitānī/ パンディターニー/ [cf. पंडित] *f.* ☞ पंडिताइन

पंथ /paṃtʰa/ パント/ [<OIA.m. *pánthā-* 'path, road': T.07785] *m.* **1** 道. **2** 道理;人の道. **3** 宗派.

पंथी /paṃtʰī/ パンティー/ [<OIA. **panthin-* 'travelling': T.07786] *m.* **1** 旅人. **2** 特定の宗派の信奉者;党派に属する人.

पंद्रह /paṃdraha/ パンドラ/ [<OIA. *páñcadaśa* 'fifteen': T.07662] *num.* 15.

पंप[1] /paṃpa/ パンプ/ [←Eng.n. *pump*] *m.* ポンプ. (⇒दमकल)

पंप[2] /paṃpa/ パンプ/ [←Eng.n. *pump*] *m.* パンプス《留め具のない婦人靴》.

पँवाड़ा /pãvāṛā/ パンワーラー/ ▸पवाड़ा [<OIA.m. *pravāda-* 'speaking forth': T.08795] *m.* **1** (民謡などに歌われる)英雄譚. **2** 長く退屈な話.

पंसारी /paṃsārī/ パンサリー/ ▹पनसारी [<OIA. *prasārin-* 'spreading out': T.08839] *m.* (香辛料などを扱う)食料雑貨商. ❐~ की दुकान 食料雑貨店.

पँसेरी /pãserī/ パンセーリー/▸पसेरी [पाँच + सेर] *f.*〖単位〗パンセーリー《5 セール (सेर) 分の重さ;約 4.5 キログラム》.

पकड़ /pakaṛa/ パカル/ [<OIA. **pakkaḍ-* 'seize': T.07619] *f.* **1** つかむこと, しっかり握ること. **2** 捕捉;締め付け;拘束;束縛. ❐मैंने उसकी स्मृतियों की ~ से अपने को मुक्त करना चाहा। 私は彼女の記憶の束縛から自分を解放したかった. ❐(की) ~ में आना (…に)つかまる. **3** 理解力;核心をつかむ力.

पकड़ना /pakaṛanā/ パカルナー/ [<OIA. **pakkaḍ-* 'seize': T.07619] *vt.* (*perf.* पकड़ा /pakaṛā パクラー/) **1** (手で)つかむ, 握る, おさえる;(口で)くわえる;(頭を)

かかえる；キャッチする．(⇒ग्रसना, थामना) ❐मैंने ज़ोर से उसकी दाढ़ी पकड़कर खींची। 私は思いっきり彼のあごひげをつかんで引っ張った． ❐आपने मेरी कलाई इतने ज़ोर से पकड़ी कि अभी तक दर्द हो रहा है। あなたが私の手首をあまり強く握ったから，まだ痛いわ． ❐मैं हाथ छुड़ाता था, और वह बार-बार पकड़ लेती थी। 私は手を振りほどきつづけた，一方彼女は何度もつかむのであった． ❐अगर वह न आए तो हाथ पकड़कर खींच लाना। もし彼が来なければ，手をつかんで引っ張って連れてこい． ❐वह एक हाथ से हैंडिल पकड़कर साइकिल चलाता था, दूसरे हाथ से एक किताब पकड़कर पढ़ता जाता था। 彼は片手でハンドルを握って自転車を運転し，もう片方の手で本をつかんで読み続けていた． ❐उसने मेरा मुँह पकड़ लिया। 彼女は(しゃべらせないように)私の口をおさえた． ❐इसे दाँत से पकड़ो। これを歯でおさえなさい(＝口でくわえなさい)． ❐साँप ने अपने मुँह में अपनी पूँछ पकड़ ली। ヘビは，自分の口で自分の尾をくわえた． ❐हाथी ने पेड़ को अपने सूँड़ में पकड़ लपेटा। 象は，木を鼻でつかんで巻きこんだ． ❐वह सिर पकड़कर बैठ गया। 彼は頭を抱えて座りこんだ． ❐कान पकड़ता हूँ। 私は(自分の)耳をつかみます(＝悔い改めます)． **2** (電波などを)キャッチする，受信する． ❐इस टीवी सेट में उस चैनल को पकड़ने की क्षमता नहीं है। このテレビは，そのチャンネルを受信する機能がない． **3** つかまえる，捕らえる，捕獲する；逮捕する． ❐एक क्षण में उसने चिड़िया पकड़ ली। 一瞬のうちに，彼は小鳥を捕まえた． ❐मछलियाँ पकड़ने के गुर सिखाइए। 魚を獲る秘訣を教えてください． ❐पकड़ो, चोर को पकड़ो। 捕まえろ，泥棒を捕まえろ． ❐राजा ने ब्राह्मण के पूरे परिवार को पकड़कर बंदीगृह में डाल दिया। 王はバラモンの家族全員をひっとらえて牢獄につないだ． ❐बम कांड में शामिल किसी भी शख़्स को पुलिस पकड़ नहीं पाई है। 爆弾事件に関与したいかなる人間も，警察は逮捕できないでいる． **4** (病気で)(床に)伏す． ❐वह दो-चार महीने ठीक रहती तो चार-छह महीने को चारपाई पकड़ लेती। 彼女は二か月から四か月普通に生活したかと思えば，四か月から六か月床に伏すという具合だった． **5** 追いつく． **6** (列車・バスに)間に合って乗る；(タクシーを)つかまえる． ❐मैं ने छह बजे की गाड़ी पकड़ी। 私は6時の列車に間に合った． **7** (…に向かう道を)とる，出立する． ❐उसने किसी तरह रात काटी और तड़के उठ कर लखनऊ की सड़क पकड़ ली। 彼はどうにか夜を過ごし，早朝起きてラクナウーへの道をとった． **8** 見破る；(あらを)見つける． ❐वे विद्यार्थियों की ग़लतियाँ पकड़ा करते थे। 彼は，生徒の間違いをよく見つけた． **9** (形勢を)呈する；(…のさまを)帯びる；(色に)染まる． ❐जड़ पकड़ना। 根付く． ❐मेरे आगे पढ़ने का विरोध तो उन्होंने न किया, क्योंकि, वे जानते थे कि विरोध से मेरी इच्छा और ज़िद पकड़ेगी। 私が進学することに彼は反対しなかった，なぜなら，彼は，反対することで私の願望がいっそう手におえなくなることを知っていたからである． ❐उसके विवाह की चर्चा जैसे-जैसे ज़ोर पकड़ने लगी वैसे-वैसे मेरी बेचैनी बढ़ने लगी। 彼の結婚話に弾みがつくにつれて，私の不安が増しはじめた． ❐रंग पकड़ना। 色に染まる． ❐रफ़्तार पकड़ना। スピードがつく． **10** (要点を)つかむ，理解する；喝破する． **11** (火が)燃え移る；引火する． ❐साड़ी ने आग पकड़ी। サリーに火が燃え移った． ❐सूखी घास ने जो आग पकड़ी, तो देखते-देखते ज्वालामुखी बन चली। 枯れ草に燃え移った火は，またたく間に火の海となった． **12** (病が)(人に)とりつく．(⇒ग्रसना)

पकड़वाना /pakaṛ̣vānā パカルワーナー/ ▸पकड़ाना [caus. of *पकड़ना*] *vt.* (*perf.* पकड़वाया /pakaṛ̣vāyā パカルワーヤー/) (手で)つかませる；つかまえてもらう．

पकड़ाना /pak̤aṛānā パクラーナー/ ▸पकड़वाना [caus. of *पकड़ना*] *vt.* (*perf.* पकड़ाया /pak̤aṛāyā パクラーヤー/) ☞ पकड़वाना

पकना /pak̤nā パクナー/ [<OIA. *pakvá-* 'cooked, ripe': T.07621] *vi.* (*perf.* पका /pakā パカー/) **1** (火を使って)料理[調理]される；(オーブンで)焼かれる．(⇒रँधना) ❐आज उसके घर भोजन नहीं पका। 今日彼の家では食事が作られなかった． ❐बाज़ार में पकी-पकाई रोटियाँ मिल जाती हैं। マーケットでは出来合いのローティーが手に入る． ❐मद्धिम आँच में भोजन स्वादिष्ट पकता है। 中火で料理はおいしくできあがる． ❐मांस तो पक गया होगा। 肉料理は出来上がっただろう． ❐वहाँ मांस भी कई तरह के पकते थे। あそこでは肉料理もいろいろな種類が作られていた． **2** (煉瓦・陶器などが)焼かれる． **3** (果実が)熟す；成長しきる． ❐धान की पकी बालों के समान पिंगलवर्ण की जटाएँ झूल रही थीं। 稲の実りきった穂のように赤みを帯びた編んだ髪の毛が揺れていた． **4** (腫れもの・傷が)膿む，化膿する． ❐अँगूठा पक गया। 親指が化膿した． ❐कहीं घाव पक न जाय। 傷口が化膿しなければいいけど． **5**〔俗語〕(機が)熟する；(結婚話・商談などが)まとめる；手はずが整う；(策謀が)たくらまれる． ❐वह क्या जानता था, इनके बीच में क्या खिचड़ी पक रही है। 彼らの間でどんな策謀がたくらまれているか，彼が知っているものか． **6** (髪が)白くなる，白髪になる． ❐छत्तीसवाँ ही साल तो था, पर सारे बाल पक गये थे, चेहरे पर झुर्रियाँ पड़ गयी थीं। まだ 36 才だった，しかし髪は真っ白で，顔はしわだらけであった．

पकवान /pak̤vān̤ パクワーン/ [<Skt.n. *पक्व-अन्न-* 'cooked food'] *m.* 『食』 (火で調理された)食べ物《特に油やギーなどで揚げたプーリー (पूरी)，サモーサー (समोसा)，カチョーリー (कचौड़ी) などのスナック類；祭日などのご馳走》．

पकवाना /pak̤vānā パクワーナー/ [caus. of *पकना, पकाना*] *vt.* (*perf.* पकवाया /pak̤vāyā パクワーヤー/) 料理させる；料理してもらう．

पका /pakā パカー/ [cf. *पकना*] *adj.* **1** (火で)調理された． **2** 熟した．

पकाना /pakānā パカーナー/ [cf. *पकना*] *vt.* (*perf.* पकाया /pakāyā パカーヤー/) **1** (火を使って)料理[調理]する，(オーブンで)焼く．(⇒राँधना) ❐मैंने सभी चीज़ें अपने हाथ से पकायी हैं। 私は，料理全部を自分の手で作りました． ❐अब वह अपने हाथों से खाना पकाने लगी है?もう彼女は自分の手で食事を作りはじめたの？ ❐चिड़िये का सालन पका दूँगी। 鳥肉のカレーを作ってあげるわ． ❐दो आदमियों की रोटी पकाने में क्या लगता है। 二人分の食事を作るのに，一体どれほど金がかかるというのだ． ❐क्या कोई ब्राह्मन उसका पकाया खा लेगा?一体どこのバラモンが彼の調理したものを食べるだろう

か？ **2**（煉瓦・陶器などを）焼く. **3**（果実を）熟させる. **4**（湿布などを貼って腫れものを）膿ませる. **5**〔俗語〕（機を）熟させる；（結婚話・商談などを）まとめる；手はずを整える；（策謀を）たくらむ. **6**（髪を）白くさせる，白髪にする. ❐बाज़ारू तेल जल्दी बाल पका देते हैं। 安っぽい油は早く白髪にしてしまう. ❐हमने धूप में ही बाल नहीं पकाए हैं। 我々は日差しだけで髪を白くしたわけではない（＝だてに年をとったわけではない）. **7**（人に）心痛を起こさせる. **8**（唱えて）記憶する.

पकार /pakārạ パカール/ [←Skt.m. *प-कार-* 'Devanagari letter प or its sound'] *m.* **1** 子音字 प. **2**〖言語〗子音字 प の表す子音 /p プ/.

पकारांत /pakārāṃtạ パカーラーント/ [←Skt. *पकार-अन्त-* 'ending in the letter प or its sound'] *adj.*〖言語〗語尾が प で終わる（語）《आप「あなた」，तोप「大砲」，हस्तक्षेप「干渉」など》. ❐～ शब्द 語尾が प で終わる語.

पकोड़ा /pakoṛā パコーラー/▸पकौड़ा [＜OIA. **pakvavaṭa-* 'cooked ball': T.07625] *m.*〖食〗パコーラー《刻んだ野菜やジャガイモにヒヨコ豆などの粗びき粉の衣をつけて油やギーなどで揚げたもの；野菜てんぷらに似たスナック》.

पकोड़ी /pakoṛī パコーリー/▸पकौड़ी [cf. *पकोड़ा*] *f.*〖食〗パコーリー《小さなパコーラー पकोड़ा》.

पकौड़ा /pakauṛā パカォーラー/ ▸पकोड़ा *m.* ☞पकोड़ा

पकौड़ी /pakauṛī パカォーリー/ ▸पकोड़ी *f.* ☞पकोड़ी

पक्का /pakkā パッカー/▸पाका [＜OIA. *pakvá-* 'cooked, ripe': T.07621] *adj.* **1**〖食〗（火を使って）調理された.（⇔कच्चा）**2**〖植物〗（果実が）熟した，熟れた，成熟した；熟成した.（⇔कच्चा）**3**〖医学〗（はれものが）化膿した，うんだ.（⇔कच्चा）**4**（加工処理して）完成した；焼いた（レンガ）；（レンガなどで）作られた；舗装された；精製された（砂糖，油）.（⇔कच्चा）❐～ मकान レンガづくりの家. ❐पक्की सड़क 舗装された道. **5** 実証された，疑う余地のない，完全な；本物の，真の；熟達した；（約束などを）必ず果たす.（⇔कच्चा）❐～ कागज़ 正式な文書. ❐मैं तो ～ आदर्शवादी हूँ। 私は真の理想主義者だ. ❐वह ～ खिलाड़ी है। 彼は熟練した競技者だ（＝抜け目無い勝負師だ）. ❐राय साहब वादे के पक्के हैं। ラーエ氏は約束を必ず果たす方だ. **6**（日時などが）確定した，決定された. ❐उसने राजा शिशुपाल से उसका ब्याह ～ कर दिया। 彼はラージャー・シシュパールと彼女との結婚を取り決めた.

पक्व /pakvạ パクオ/ [←Skt. *पक्व-* 'cooked, roasted, baked, boiled, prepared on a fire; ripe, mature'] *adj.* ☞पका

पक्वता /pakvạtā パクオター/ [←Skt.f. *पक्व-ता-* 'ripeness, maturity, greyness (of the hair)'] *f.*（果実などが）熟していること；成熟していること.

पक्वान्न /pakvānnạ パクワーンヌ/ [←Skt.n. *पक्व-अन्न-* 'cooked or dressed food'] *m.*（火を使って）調理された食べ物.

पक्वाशय /pakvāśayạ パクワーシャエ/ [←Skt.m. *पक्व-आशय-* 'the receptacle for digested food, the stomach, abdomen'] *m.* 胃；消化器.

पक्ष /pakṣạ パクシュ/ [←Skt.m. *पक्ष-* 'a wing; a feather, the feathers on both sides of an arrow; the flank or side or the half of anything'] *m.* **1**（立場などの）支持の側；（提案などの）賛成の側.（⇔विपक्ष）❐～ में दस और विपक्ष में पाँच वोट पड़े। 賛成に 10 票そして反対に 5 票入った. ❐(का) ～ लेना（…の）側に立つ. ❐(को) अपने ～ में करना（人を）自分の味方にする. ❐सरकारी ～ के पत्र 政府系の新聞. **2** 側面；局面.（⇒पहलू）❐(का) आर्थिक [राजनैतिक, सामाजिक] ～（…の）経済的［政治的，社会的］側面. ❐जीवन का एक ～ 人生の一つの側面. **3**〖暦〗半月，2週間《もともとは，インド太陰月の新月（परिवा）から満月（पूर्णिमा）までの白半月（शुक्लपक्ष），または満月から新月（अमावस्या）までの黒半月（कृष्णपक्ष）を指す》.（⇒पखवाड़ा）**4**〖言語〗アスペクト，相.

पक्षधर /pakṣạdʰarạ パクシュダル/ [←Skt. *पक्ष-धर-* 'having wings; taking the side of, clinging to'] *m.* 支持者，味方.

पक्षपात /pakṣạpātạ パクシュパート/ [←Skt.m. *पक्ष-पात-* 'falling of the feathers, the moulting of birds; adopting a side or argument, siding with, partiality or inclination for'] *m.* 肩入れ，えこひいき，かたびいき.（⇒तरफ़दारी）❐(के साथ) ～ करना（…に）肩入れをする，えこひいきする.

पक्षपाती /pakṣạpātī パクシュパーティー/ [←Skt. *पक्ष-पातिन्-* 'siding with, favouring'] *adj.* 不公平な，片方に肩入れをする，かたよっている.

पक्षाघात /pakṣāgʰātạ パクシャーガート/ [←Skt.m. *पक्ष-आघात-* 'paralysis of one side'] *m.*〖医学〗半身不随；麻痺；中風.（⇒लक़वा）

पक्षी /pakṣī パクシー/ [←Skt.m. *पक्षिन्-* 'a bird or any winged animal'] *m.*〖鳥〗鳥.（⇒चिड़िया，परिंदा）❐राष्ट्रीय ～ 国鳥.

पखवाड़ा /pakʰạvāṛā パクワーラー/▸पखवारा [＜OIA. **pakṣavāra-* 'fortnight': T.07634] *m.*〖暦〗（太陰月の）半月，2 週間.（⇒पक्ष）❐एक पखवाड़े में 半月で.

पखवारा /pakʰạvārā パクワーラー/ ▸पखवाड़ा *m.* ☞पखवाड़ा

पखारना /pakʰārạnā パカールナー/ [＜OIA. *prákṣālayati* 'washes away': T.08456] *vt.* (*perf.* पखारा /pakʰārā パカーラー/)（水で）（汚れを）洗い落とす.（⇒धोना）❐(के) पाँव पखारना（人の）足を洗う.

पखावज /pakʰāvajạ パカーワジ/ [＜OIA. **pakṣātōdya-* 'side-drum': T.07635] *f.*〖楽器〗パカーワジ《小型の両面太鼓の一種》.

पखावजी /pakʰāvạjī パカーオジー/ [*पखावज* ＋ *-ई*] *adj.* パカーワジ（पखावज）に関する.
— *m.* パカーワジ（पखावज）の奏者.

पखेरू /pakʰerū パケールー/ [＜OIA. **pakṣirūpa-* 'bird': T.07637] *m.* 鳥《主に प्राण-पखेरू「（鳥がはばたくように この世を去る）命」の形として使用》.

पखौरा /pak^haurā パカォーラー/ [＜OIA.m. *pakṣapuṭa-* 'wing': T.07633] *m.* 肩甲骨.

पग /paga パグ/ [＜OIA. *padga-* 'afoot': T.07766] *m.* **1** 足《慣用的な表現に用いる》. ❐ठोकर खाकर ही तो हम सावधानी के साथ ～ उठाते हैं। つまづいてはじめて我々は用心深く足を踏み出すのだ. **2** 一歩(の幅);歩調, 足どり. (⇒क़दम) ❐उसने एक ～ बढ़ाकर कहा। 彼は一歩進んで言った. ❐वह मेरी ओर दो ～ और बढ़ आया। 彼は私の方にさらに二歩進めて近づいた. ❐हर ～ पर पाँव में काँटा चुभता था। 歩くたびに足にとげがささった.

पगडंडी /pagaḍaṃḍī パグダンディー/ [*पग* + *डंडी*] *f.* (山の)小道《人の通行で自然にできた道》.

पगड़ी /pagaṛī パグリー/ [＜OIA. **paggā-* 'headdress': T.07644; cf. *पाग²*] *f.* **1** ターバン. (⇒पाग, साफ़ा) ❐सिर पर वे रेशमी ～ बाँधते थे। 頭に彼は絹のターバンを巻いていた. **2** 尊厳. ❐नारीजाति के विरोधियों की ～ नीची हो। 女性に敵対する者のパグリーは下であれ(＝卑しめられよ). **3** 〖経済〗(裏で渡す)謝礼金;(家や部屋の賃貸契約における)礼金. ❐～ देना 礼金を渡す.

पगना /paganā パグナー/ [cf. *पागा¹*] *vi.* (*perf.* पगा /pagā パガー/) **1** (甘みをつけるためにシロップなどに)浸される. **2** (恋愛などに)どっぷり漬かる, 夢中になる, のぼせ上がる.

पगला /pagalā パグラー/ ▸पागल [＜OIA. **paggala-* 'mad': T.07643; cf. Skt. *पागल-* 'mad, deranged, demented'] *adj.* ☞पागल

पगलाना /pagalānā パグラーナー/ [cf. *पगला*] *vi.* (*perf.* पगलाया /pagalāyā パグラーヤー/) 発狂する;血迷う

पगहा /pagahā パグハー/ ▸पघा [＜OIA.m. *pragrahá-* 'holding in front': T.08478] *m.* (家畜をつなぐ)つなぎ縄[鎖].

पगहिया /pagahiyā パグヒヤー/ [cf. *पगहा*] *f.* (家畜をつなぐ)つなぎ縄[鎖]. ❐उसने गाय की ～ मेरे हाथ में दी। 彼は雌牛のつなぎ綱を私の手に渡した. ❐वह बैलों की ～ खोल ही रहा था। 彼は雄牛たちのつなぎ縄をほどいていた.

पगाना /pagānā パガーナー/ [caus. of *पगना, पागना*] *vt.* (*perf.* पगाया /pagāyā パガーヤー/) (甘みをつけるためにシロップなどに)浸させる;(甘みをつけるためにシロップなどに)浸してもらう.

पगार¹ /pagāra パガール/ [＜OIA. **pragaḍḍa-* 'ditch': T.08464] *m.* **1** (土地や家屋などを)囲うもの;塀;土手, 堤;掘割, 溝. **2** (川の)浅瀬;小川.

पगार² /pagāra パガール/ [＜OIA. **pragāra-* 'flowing forth': T.08470] *m.* (壁土用の)湿った土, 粘土.

पगार³ /pagāra パガール/ [←Port.vt. *pagado/pagar* 'to pay'] *m.* 賃金, 給料. (⇒तनख़ाह, पारिश्रमिक, मज़दूरी, वेतन)

पगुराना /pagurānā パグラーナー/ ▸पागुराना *vi.* (*perf.* पगुराया /pagurāyā パグラーヤー/) ☞पागुराना

पगोडा /pagoḍā パゴーダー/ [←Eng.n. *pagoda* ←Port. *pagode* ←Pers.n. بتكده 'an idol temple'] *m.* 〖仏教〗パゴダ, 仏舎利塔. (⇒स्तूप)

पघा /pag^hā パガー/ ▸पगहा *m.* ☞पगहा

पच- /paca- パチ・/ ▸पँच- [comb. form of *पाँच*; ＜OIA. *páñca* 'five': T.07655] *comb. form* 《「5」を表す連結形;पचगुना「5倍の」など》

पचगुना /pacagunā パチグナー/ ▸पँचगुना *adj.* ☞पँचगुना

पचड़ा /pacaṛā パチラー/ [cf. DEDr.3835 (DED.3172)] *m.* もめごと, トラブル. ❐वे कभी किसी पचड़े में पड़ते ही नहीं थे। あの方は決してどんなもめごとにも関わらなかった.

पचना /pacanā パチナー/ [＜OIA. *pacyátē* 'is cooked, is digested': T.07654] *vi.* (*perf.* पचा /pacā パチャー/) **1** (食物が)消化される, (腹で)こなれる. ❐खाया ही क्या आपने! घर पहुँचते-पहुँचते सब पच जायेगा। 一体どれだけ食べたというのです, あなたは！家に着くまでにみんなこなれてしまいますよ. **2** (水分が)吸収される. **3** (他人の金銭が)正当に消費される. ❐हराम की कमाई किसी को नहीं पचती। 不正な稼ぎは, 誰もまともには使えない《＝「悪銭は身につかないばかりか, 報いを受ける」の意》. **4** (経験・知識などが)吸収される, 消化される;納得がいく. ❐जब स्वयं उसके पेट में बात न पची, तो उसकी बीबी के पेट में क्या पचेगी। 彼自身が納得できなかったのに, 彼の妻がどうして納得することがあろうか. **5** (腹に納めて)口外されない, 秘密が守られる. ❐तुम्हारे पेट में तो कोई बात पचती ही नहीं। 君は何も隠し事ができないたちだね.

पच-पच /paca-paca パチ・パチ/ ▸पिच-पिच [onom.] *f.* 〔擬音〕(水分で)ピチャピチャする音;プチとつぶれる音.

पचपचा /pacapacā パチパチャー/ ▸पिचपिचा [cf. *पच-पच*] *adj.* 湿っている;べとべとする, ねばねばする;水っぽい;水気がある.

पचपचाना /pacapacānā パチパチャーナー/ ▸पिचपिचाना [cf. *पच-पच*] *vi.* (*perf.* पचपचाया /pacapacāyā パチパチャーヤー/) びちょびちょ[ぐしょぐしょ] (पच-पच, पिच-पिच) に濡れる[湿る].

पचपन /pacapana パチパン/ [＜OIA.f. *páñcapañcāśat-* 'fifty-five': T.07666] *num.* 55.

पचमेल /pācamela パンチメール/ ▸पँचमेल *adj.* ☞पँचमेल

पचरंगा /pācaraṃgā パンチランガー/ ▸पँचरंगा *adj.* ☞पँचरंगा

पचहत्तर /pacahattara パチハッタル/ ▸पछत्तर [＜OIA.f. *pañcasaptati-* 'seventy-five': T.07675] *num.* 75.

पचानबे /pacānabe パチャーナベー/ ▸पंचानवे, पंचानबे, पचानवे *num.* ☞पचानवे

पचानवे /pacānave パチャーンヴェー/ ▸पंचानवे, पंचानबे, पचानबे [＜OIA.f. *pañcanavati-* 'ninety-five': T.07665] *num.* 95.

पचाना /pacānā パチャーナー/ [cf. *पचना*] *vt.* (*perf.* पचाया /pacāyā パチャーヤー/) **1** (食物を)消化する. **2** (水分を)吸収する. **3** (他人の金銭などを)使い込む, 不正に享楽する. **4** (経験・知識などを)吸収する, 消化する;得心する. ❐यह उपन्यास इतना भारी-भरकम हो गया है कि इसे आसानी से पचा पाना दूभर हो जाता है। この小説は, 容易に(内容を)消化することが困難になるほど, 膨大なものに仕上がっている.

पचास /pacāsa̤ パチャース/ [＜OIA.f. *pañcāśát-* 'fifty': T.07682] *num.* 50.

पचासा /pacāsā パチャーサー/ [cf. *पचास*] *m.* **1** (同じ種類の)50 個の集合, セット; 50 ルピー; 50 トーラー (तोला) の分銅. **2** 早鐘, 警鐘《緊急を知らせるために続けざまに激しく打ち鳴らす》.

पचासी /pacāsī パチャースィー/ [＜OIA.f. *pañcāśīti-* 'eighty-five': T.07683] *num.* 85.

पचीस /pacīsa̤ パチース/ ▸पच्चीस *num.* ☞पच्चीस

पचीसी /pacīsī パチースィー/ ▸पच्चीसी *f.* ☞पच्चीसी

पच्चड़ /paccaṛa̤ パッチャル/ ▸पच्चर *m.* ☞पच्चर

पच्चर /paccara̤ パッチャル/ ▸पच्चड़ [＜OIA. *piccayati* 'presses flat': T.08149] *m.* **1** (竹や木でできた)くさび. **2** 障害; 妨げ.

पच्ची /paccī パッチー/ [cf. ?*पिचकना*] *adj.* **1** 接合された; 固定された.
— *f.* (金石の)象嵌(ぞうがん), はめ込み(細工), インレー.

पच्चीकारी /paccīkārī パッチーカーリー/ [*पच्ची* + *-कारी*] *f.* 象嵌(ぞうがん)細工.

पच्चीस /paccīsa̤ パッチース/ ▸पचीस [＜OIA.f. *páñcaviṁśati-* 'twenty-five': T.07672] *num.* 25.

पच्चीसी /paccīsa̤ パッチース/ ▸पचीसी [cf. *पच्चीस*] *f.* **1** (同じ種類の)25 個の集合, セット《たとえば 25 編の話が収録されている短編集や物語など, 「二十五話」》. **2** 人生の最初の 25 年間《まだ人間が成熟していない期間》. **3** 〖ゲーム〗 パッチースィー《インドすごろく; コヤスガイの貝殻あるいはサイコロを投げて, 十字架状の盤の上でコマを進める; 西洋すごろく(バックギャモン)に似ている》. **4** 〖ゲーム〗 (パッチースィー用の)すごろく盤.

पच्छिम /pacc^{h}ima̤ パッチム/ [＜Skt. *पश्चिम-* 'western': T.08007] *m.* 西.

पछड़ना /pac^{h}a̤ṛanā パチャルナー/ [＜OIA. **pracchaṭ-* 'be knocked, fall': T.08493; cf. *पछाड़ना*] *vi.* (*perf.* पछड़ा /pac^{h}a̤ṛā パチラー/) **1** (レスリングなど格闘技で)倒される, 負ける. **2** (勝負で)ひどく負ける, 敗北を喫する. (⇒हारना)

पछताना /pac^{h}a̤tānā パチターナー/ [＜OIA. **paścōttāpa-* 'repentance': T.08010] *vi.* (*perf.* पछताया /pac^{h}a̤tāyā パチターヤー/) 後悔する, 悔やむ. ❐इसपर वह बड़ी देर तक पछताता रहा। このことを彼はかなり長い間後悔し続けた. ❐कभी भूलकर भी यहाँ न आना, नहीं तो पछताओगे। 間違ってもここに来るんじゃないよ, さもないと後悔することになるよ.

पछताव /pac^{h}a̤tāva̤ パチターオ/ ▸पछतावा *m.* ☞पछतावा

पछतावा /pac^{h}a̤tāvā パチターワー/ [＜OIA. **paścōttāpa-* 'repentance': T.08010] *m.* 後悔, 悔い. ❐मुझे उसका ～ नहीं है। 私はそのことに悔いはない. ❐पछतावे का ढोंग करना 悔い改めるふりをする.

पछत्तर /paca̤hattara̤ パチハッタル/ ▹पचहत्तर *num.* ☞पचहत्तर

पछना /pac^{h}a̤nā パチナー/ [cf. *पाछना*] *vi.* (*perf.* पछा /pac^{h}ā パチャー/) (メスなどで)浅く切込みが入る; 切開される.

पछवाँ /pac^{h}avā̃ パチャワーン/ [＜OIA. *paścimá-* 'later, hinder, western': T.08007] *adj.* 西の; 西からの(風). (⇒पश्चिमी)

पछाँह /pac^{h}ā̃ha̤ パチャーンフ/ [＜OIA.m. *paścārdhá-* 'western side': T.08006] *m.* 西の地域, 西部地方; 西の国.

पछाँहिया /pac^{h}ā̃hiyā パチャーンヒヤー/ ▸पछाहीं [cf. *पछाँह*] *adj.* 西の, 西部の.

पछाड़ /pac^{h}āṛa̤ パチャール/ [cf. *पछाड़ना*] *f.* **1** (ショックなどによる)失神, 気絶; 卒倒. ❐वह ～ खाकर गिर पड़ी। 彼女は失神して倒れこんだ. **2** 〖スポーツ〗 投げ技.

पछाड़ना /pac^{h}āṛa̤nā パチャールナー/ ▸पछारना [＜OIA. **pracchaṭ-* 'be knocked, fall': T.08493] *vt.* (*perf.* पछाड़ा /pac^{h}āṛā パチャーラー/) **1** 投げつける; (洗い物を洗濯板などに)叩きつけて洗う. (⇒पटकना) **2** 〖スポーツ〗 (相手を)仰向けに投げ倒して負かす. ❐उस पहलवान ने मुझे पाँच सेकंड में पछाड़ दिया। そのレスラーは私を 5 秒で投げ倒した. ❐जब वह अखाड़े में आ उतरे, तो उसे पछाड़ डालना। 奴が土俵に上がったら, 投げ倒してやれ. **3** (勝負や戦闘で)ひどく負かす, 叩きのめす, 完勝する. (⇒हराना) ❐रूस-जापान-युद्ध में जापान ने रूस को पछाड़ दिया। 日露戦争で日本はロシアに完勝した.

पछारना /pac^{h}āranā パチャーラナー/ ▸पछाड़ना *vt.* (*perf.* पछारा /pac^{h}ārā パチャーラー/) ☞पछाड़ना

पछाहीं /pac^{h}āhī̃ パチャーヒーン/ ▸पछाँहिया *adj.* ☞पछाँहिया

पछियाव /pac^{h}iyāva̤ パチャーオ/ [＜OIA. **paścimavāta-* 'west wind': T.08008] *m.* 西風. (⇔पुरवैया)

पछीत /pac^{h}īta̤ パチート/ [＜OIA. **paścabhitti-* 'back wall': T.07995] *f.* 家の裏手.

पछुआ /pac^{h}uā パチュアー/ ▸पछुवा [＜OIA. *paścimá-* 'later, hinder, western': T.08007] *adj.* 西の(風).

पछुवा /pac^{h}uvā パチュワー/ ▸पछुआ *adj.* ☞पछुआ

पछोड़न /pac^{h}oṛana̤ パチョーラン/ [cf. *पछोड़ना*] *f.* (穀物を箕でふるいにかけた後の)殻, もみがら.

पछोड़ना /pac^{h}oṛa̤nā パチョールナー/ ▸पछोरना [＜OIA. **prakṣōṭayati* 'throws forth': T.08460] *vt.* (*perf.* पछोड़ा /pac^{h}oṛā パチョーラー/) **1** (穀物に混じっている塵・もみ殻などを)箕(ざる)で選別する. (⇒फटकना) ❐बहुत-सी स्त्रियों ने मिलकर, महीनों गा-गाकर, अनाज को बीना, चाला, पछोड़ा, दरा, पीसा और मटकों में भरा। 多くの女たちが一緒になって, 何か月も歌いながら, 穀物をより分け, ふるいにかけ, 箕で濾して, 挽いて, そして壺に蓄えた. **2** 綿密に調べる.

पछोरना /pac^{h}ora̤nā パチョールナー/ ▸पछोड़ना *vt.* (*perf.* पछोरा /pac^{h}orā パチョーラー/) ☞पछोड़ना

पजरना /pajara̤nā パジャルナー/ [＜OIA. *prajvalati* 'begins to burn, is kindled': T.08518] *vi.* (*perf.* पजरा /paja̤rā パジラー/) 発火する.

पजामा /pajāmā パジャーマー/ *m.* ☞पाजामा

पज़ावा /pazāvā パザーワー/ [←Pers.n. پجاوه ، پزاوه ، پراوه

'a brick-kiln'] *m.* レンガを焼く釜.

पट[1] /paṭa パト/ [cf. *चित्रपट*] *adj.* (人が)うつ伏せに横たわった;(投げられたコインなどが)裏をだしている《「絵の描かれた布地」(चित्रपट) の裏地が語源という説がある》. (⇒औंधा)(⇔चित) ❐वह चाल ~ पड़ गयी। その計略は裏目に出た.

पट[2] /paṭa パト/ [<OIA.m. *paṭṭa-*[2] 'cloth, woven silk': T.07700; cf. OIA.m. *paṭa-* 'woven cloth': T.07692] *m.* **1** 織物, 布;布切れ. **2** 幕, 帳;(映画の)スクリーン, 銀幕. (⇒परदा) ❐रजत ~ 銀幕. **3** (窓・扉の)蝶番(ちょうつがい)でとめた1枚. (⇒परदा) ❐खिड़कियों के ~ बंद थे। 窓の扉は閉まっていた. **4**〖ゲーム〗(チェスやすごろくなどのゲームに使用する)市松模様の盤. (⇒बिसात)

पट[3] /paṭa パト/ ▸पट्ट [<OIA.m. *paṭṭa-*[1] 'slab, tablet': T.07699] *m.* 板;書字版, 銘版, 碑版.

पट[4] /paṭa パト/ [<OIA. *paṭ-*[2] 'sudden noise': T.07691] *f.*〔擬音〕(雨の)ポツン, ポツリ, ポッタン;パリ, ピリ. — *adv.* すぐさま, 間髪入れずに;ぱっと, さっと. ❐मैंने ~ से जवाब दिया। 私は間髪入れずに返答した.

पटकथा /paṭakatʰā パトカター/ [*पट*[2] + *कथा*] *f.* (映画や劇の)シナリオ, 脚本, 台本.

पटकना[1] /paṭakanā パタクナー/ ▸पटख़ना [cf. *पट*[4]: T.07691] *vt.* (*perf.* पटका /paṭakā パトカー/) **1** パン (पट) と(地面などに)叩きつける, ぶつける;(洗い物を)(洗濯板などに)叩きつける. (⇒पछाड़ना) ❐उसे नीम के तने पर सिर पटक-पटककर बिलखते मैंने अपनी आँखों से देखा था। 彼がニームの木の幹に頭を打ちつけ打ちつけ号泣しているのを, 私は目撃した. ❐वह मेज़ पर हाथ पटककर बोला। 彼は机に手を叩きつけて言った. **2** (手足を)じたばたさせる.

पटकना[2] /paṭakanā パタクナー/ [?] *vi.* (*perf.* पटका /paṭakā パトカー/) (腫れ物の)腫れが引く;(湿った穀物などが)乾く.

पटकनी /paṭakanī パタクニー/ [cf. *पटकना*[1]] *f.* 投げつけること;ノックダウン. ❐~ खाना 投げつけられる. ❐(को) ~ देना (人を)投げつける.

पटका /paṭakā パトカー/ [<OIA.m. *paṭṭa-*[2] 'cloth, woven silk': T.07700] *m.* **1** 帯;腰帯;腰ひも. **2** (室内の)天井蛇腹, コーニス《装飾的な壁面の突出した水平部分》.

पटख़ना /paṭaxanā パタクナー/ ▸पटकना *vt.* (*perf.* पटख़ा /paṭaxā パトカー/) ☞पटकना

पट-चित्र /paṭa-citra パト・チトル/ [neo.Skt.m. *पट-चित्र-* 'roll-painting'] *m.* **1** 画布に描かれた絵《吊るしたり巻くことができる》;絵巻. (⇒चित्र-पट) **2** 映画フィルム. (⇒चित्र-पट)

पटड़ा /paṭaṛā パトラー/ ▸पटरा *m.* ☞पटरा

पटड़ी /paṭaṛī パトリー/ ▸पटरी *f.* ☞पटरी

पटना[1] /paṭanā パトナー/ [<OIA. **paṭyati* 'splits': T.07711] *vi.* (*perf.* पटा /paṭā パター/) **1** (窪みなどが)埋められて平らになる. **2** (商談・取引などが)まとまる, 成立する. ❐सौदा पट गया। 商談がまとまった. **3** (人間関係などが)うまくいく, 円満である《主語は原則として明示せず, 述語動詞は女性・単数形をとる》. ❐रामू और रूपा में ख़ूब पटती है। ラームーとルーパーとの間は円満である. ❐हमारी उनकी ख़ूब पटती है। 我々と彼らはうまくいっている. ❐पति से न पटने के कारण वह अपने पिता के साथ रहती थी। 夫とうまくいっていなかったので, 彼女は実の父と住んでいた.

पटना[2] /paṭanā パトナー/ [cf. Skt.n. *पाटलिपुत्र* 'old name of *Patna*'] *m.*〖地名〗パトナー《ビハール州 (बिहार) の州都》.

पटरा /paṭarā パトラー/ ▸पटड़ा [cf. *पट*[3]] *m.* **1** (木の)板;まな板;洗濯板. ❐वह झूले के पटरे पर खड़ी थी। 彼女はブランコの板の上に立っていた. **2** (木製の)腰掛け. **3** (犂(すき)で耕した表面の)土塊を粉砕し耕地表面を平らにする道具, ハロー.

पटरानी /paṭarānī パトラーニー/ [<OIA.f. *paṭṭarājñī-* 'turbaned queen': T.07708] *f.* 王妃, 第一王妃.

पटरी /paṭarī パトリー/ ▸पटड़ी [cf. *पटरा*] *f.* **1** (木や金属の)板の一片. **2** (鉄道の)線路. (⇒लाइन) ❐(रेल की) पटरियाँ बिछाना 線路を敷設する. ❐गाड़ी ~ से उतर गई। 汽車が脱線した. **3** 歩道;土手(の道). ❐~ पर चलना 歩道を歩く. **4** (他人との)仲, 折り合い;(ものごとの)整合性. ❐(की) (से [के साथ]) ~ नहीं बैठती [खाती] 《普通否定文で用いて》(…は)(…とは)折り合わない.

पटरोल /paṭarola パトロール/ ▹पट्रोल *m.* ☞पट्रोल

पटल /paṭala パタル/ [←Skt.n. *पटल-* 'veil, cover; roof, thatch': T.07693, T.07694] *m.* **1** (映画などの)スクリーン;(コンピュータの)ディスプレー, 画面. ❐रजत-पटल 銀幕, 映画スクリーン. ❐स्पर्श-पटल タッチディスプレー. **2** 覆い;ベール. **3** 屋根;草ぶき屋根. **4**〖医学〗白内障. **5** (薄い膜の)重なり;堆積, 積み重なり.

पटवा[1] /paṭavā パトワー/ ▸पटुआ, पटुवा [<OIA.m. *paṭṭa-*[2] 'cloth, woven silk': T.07700] *m.*〖植物〗パトゥワー《フヨウ属(*Hibiscus*)の草木の一種;粗麻の材料》.

पटवा[2] /paṭavā パトワー/ [<OIA. **paṭṭavaya-* 'silk-weaver': T.07709] *m.* **1** (ビーズや真珠などを通す)糸, ひも. **2**〖ヒンドゥー教〗パトワー《飾り玉の装身具や髪飾り作りなどを生業とする職人カースト》.

पटवाना /paṭavānā パトワーナー/ ▸पटाना [caus. of *पटना, पाटना*] *vt.* (*perf.* पटवाया /paṭavāyā パタワーヤー/) ☞पटाना

पटवार /paṭavāra パトワール/ ▸पटवारी *m.* ☞पटवारी

पटवारगिरी /paṭavāragirī パトワールギリー/ [*पटवार* + *-गिरी*] *f.* パトワール (पटवार) の仕事, 職責, 地位.

पटवारी /paṭavārī パトワーリー/ ▸पटवार [cf. OIA.m. *paṭṭa-*[1] 'slab, tablet': T.07699] *m.*〖歴史〗パトワーリー《農村内の徴税のための土地記録に従事した役人》. (⇒लेखपाल)

पटसन /paṭasana パトサン/ [*पट-*[2] + *सन*] *m.*〖植物〗パトサン《ツナソ, シマツナソ;シナノキ科の一年草;繊維からジュート(黄麻, インド麻)が作られる》. (⇒जूट, पटुआ)

पटह /paṭaha パタ/ [←Skt.m. *पटह-* 'kettle-drum': T.07696] *m.*〖楽器〗太鼓.

पटाका /paṭākā パターカー/ ▸पटाख़ा [cf. पटकना] m. ☞पटाख़ा

पटाख़ा /paṭāxā パターカー/ ▸पटाका [cf. पटखना] m. 爆竹;かんしゃく玉;クラッカー. ❐हाल तालियों से गूँज उठा, जैसे पटाख़ों की टट्टियाँ छूट रही हों। ホールは拍手でわきたった, まるで爆竹の束が爆発しているかのようだった.

पटाक्षेप /paṭākṣepa パタークシェープ/ [neo.Skt.m. पट-आक्षेप- 'curtain-fall'] m.〖演劇〗幕がおりること, 閉幕;(一段落がついた)幕切れ.

पटान /paṭāna パターン/ [cf. पटाना] f. (商談・取引・もめごとなどを)まとめること.

पटाना /paṭānā パターナー/ ▸पटवाना [caus. of पटना, पाटना] vt. (perf. पटाया /paṭāyā パターヤー/) 1 (窪みなどを)埋めて平らにさせる;埋めて平らにしてもらう. 2 (商談・取引・もめごとなどを)まとめる. ❐वे दाँव-पेंच के आदमी थे, सौदा पटाने में, मुआमला सुलझाने में बड़े सिद्धहस्त। 彼は手練手管にたけた男だった, 商談をまとめること, 問題を解決することに関してたいそう巧みな. 3 (相手を)言いくるめる;口説きおとす. ❐साथ चलने के लिए उन्होंने उसे पटा लिया। 一緒に行こうと, 彼は彼女を口説き落とした.

पटापट /paṭāpaṭa パターパト/ [cf. पट[4]] adv. 1 (雨などが絶え間なく)ぽたぽたと(降る);(人などが)ばたばたと(倒れる). ❐बेचारे गरीब चूहों की भाँति ～ मरने लगे। (ペストで)哀れにも貧しい者たちはネズミのようにばたばたと倒れはじめた. 2 すぐさま, ぱっと, さっと.

पटाव /paṭāva パターオ/ [cf. पटाना] m. 1 埋め立て. 2 屋根(をふくこと).

पटिया /paṭiyā パティヤー/ [cf. पट[3]] f. (字を書くための)木板, 石板.

पटियाला /paṭiyālā パティヤーラー/ [cf. Eng.n. Patiala] m.〖地名〗パティヤーラー《パンジャーブ州 (पंजाब) の主要都市》.

पटीलना /paṭīlanā パティールナー/ [cf. पटेल] vt. (perf. पटीला /paṭīlā パティーラー/) (人を)丸め込む;(だまして)言いくるめる.

पटु /paṭu パトゥ/ [←Skt. पटु- 'sharp, pungent, acrid, harsh, shrill, keen, strong, intense, violent; smart, clever, skilful, crafty, cunning'] adj. 1 達者な, 器用な. ❐बहस करने में तो वह इतनी ～ है कि मुझे आश्चर्य होता है। 議論では彼女は私が驚くほど達者である. 2 抜け目のない;狡猾な.

पटुआ /paṭuā パトゥアー/ ▸पटवा, पटुवा m. ☞पटवा[1]

पटुता /paṭutā パトゥター/ [←Skt.f. पटु-ता- 'skill (in speech), eloquence'] f. 達者であること, 器用であること.

पटुवा /paṭuvā パトゥワー/ ▸पटवा, पटुआ m. ☞पटवा[1]

पटेर /paṭera パテール/ ▸पटेरा [<OIA.m. paṭṭēraka- 'the grass Cyperus hexastachyus communis': T.07710] f.〖植物〗パピルス, カミガヤツリ《水辺に茂るカヤツリグサ科の草;葉を編んでござ・かごを作る》.

पटेरा /paṭerā パテーラー/ ▸पटेर m. ☞पटेर

पटेल /paṭela パテール/ ▸पटेर [<OIA.m. paṭṭakila- 'tenant of royal land': T.07703] m. 1 村長;村の代表者. 2 パテール《グジャラートの商人カーストの名の一つ》.

पट्ट /paṭṭa パット/ ▸पट m. ☞पट[3]

पट्टराज्ञी /paṭṭarājñī パットラーギー/▸पट [←Skt.f. पट्ट-राज्ञी- 'a turbaned queen, the principal wife of a king'] f. 王妃. (⇒राजमहिषी)

पट्टा[1] /paṭṭā パッター/ [<OIA.m. paṭṭa-[1] 'slab, tablet; a bandage, ligature, strip, fillet (of cloth, leather etc.)': T.07699] m. 1〖経済〗(不動産の)権利証書. 2 賃貸借契約, リース. ❐(को) पट्टे पर देना (人に)リースで貸す.

पट्टा[2] /paṭṭā パッター/ [<OIA.m. paṭṭa-[2] 'cloth, woven silk': T.07700] m. (皮の)バンド, ベルト. (⇒पेटी) ❐कुरसी का ～ बाँधना シートベルトを締める.

पट्टाधारी /paṭṭādʰārī パッターダーリー/ [पट्टा[1] + -धारी] m. 賃借人, 借地人, 借家人. (⇒पट्टेदार)

पट्टी[1] /paṭṭī パッティー/ [<OIA.m. paṭṭa-[1] 'slab, tablet': T.07699; cf. पट्टा[1]] f. 1 細長い板. ❐फाटक पर संगमरमर की एक ～ लगी थी। 門には大理石の一枚の板がはまっていた. 2 (携帯用の)黒板《子どもが字を書く練習に使う》. ❐हिंदी के विद्यार्थी काली ～ पर खड़िया मिट्टी के घोल से लिखते थे, उर्दू के, मुल्तानी मिट्टी से पुती तख़्तियों पर काली स्याही से। (当時の)ヒンディー語の生徒は携帯用黒板に白土の溶液で書いていた, ウルドゥー語の生徒は黄土が塗られた板に黒インクで. 3 看板, サインボード. ❐(को) ～ पढ़ाना (人に)看板を読んで聞かす《「巧妙に言いくるめる」》. 4 土地の共同所有(権).

पट्टी[2] /paṭṭī パッティー/ [<OIA.m. paṭṭa-[2] 'cloth, woven silk': T.07700; cf. पट्टा[2]; → Eng.n. puttee] f. 1 細長い布;リボン. ❐आँख पर ～ बाँधना 目隠しをする. 2〖医学〗包帯. ❐～ खोलना 包帯をほどく. ❐तिकोनी ～ 吊り包帯, 三角吊. ❐सिर [घाव] पर ～ बाँधना 頭[傷口]に包帯を巻く. 3 (帯状の)…地帯, ベルト. ❐हरित ～ 緑地帯.

पट्टीदार /paṭṭīdāra パッティーダール/ m.〖経済〗(土地の)共同権利者.

पट्टेदार /paṭṭedāra パッテーダール/ [पट्टा[1] + -दार] m. 賃借人, 借地人, 借家人. (⇒पट्टाधारी)

पट्ठा[1] /paṭṭʰā パッター/ [<OIA. *paṣṭha- 'young animal': T.08015] m. 1 生育した動物(の雄). 2 たくましい若者.

पट्ठा[2] /paṭṭʰā パッター/ [?] m. 1 腱;靭帯.

पट्रोल /paṭrola パトロール/ ▹पटरोल [←Eng.n. patrol] m. パトロール, 哨戒, 巡察.

पठन /paṭʰana パタン/ [←Skt.n. पठन- 'reciting, reading, studying, mentioning'] m. 1 朗読[暗唱]すること. 2 読むこと, 読書. ❐उनका ～ केवल साहित्य तक सीमित नहीं था। 彼の読書は単に文学に限られてはいなかった. ❐लेखन- ～ 執筆と読書. 3 学習, 勉強;研究. ❐～-पाठन 研究と教授.

पठन-पाठन /paṭʰana-pāṭʰana パタン・パータン/ m. 学習

と教授;学業.

पठवाना /paṭʰạvānā パトワーナー/ [caus. of *पठाना*] *vt.* (*perf.* पठवाया /paṭʰavāyā パタワーヤー/) 送らせる;送ってもらう. (⇒भिजवाना)

पठान /paṭʰānạ パターン/ [<OIA. **paṣṭāna-* 'Afghan': T.08014; ←Iran.] *m.* パターン人《アフガニスタンに住むアーリア系部族;スンニー派イスラム教徒》.

पठाना /paṭʰānā パターナー/ [<OIA. *prátiṣṭhati* 'stands up': T.08607; cf. Beng.vt. পাঠান] *vt.* (*perf.* पठाया /paṭʰāyā パターヤー/) 送る. (⇒भेजना)

पठार /paṭʰārạ パタール/ [<OIA. **pr̥ṣṭhadhāra-* 'plateau': T.08372] *m.* 高原, 台地. ❒तिब्बत का ～ チベット高原.

पठारी /paṭʰārī パターリー/ [*पठार* + *-ई*] *adj.* 高原の, 台地状の. ❒～ इलाक़ा 高原地帯.

पठिया /paṭʰiyā パティヤー/ [cf. *पट्ठा*[1]] *f.* **1** 生育した動物(の雌). **2** 成熟した娘.

पड़ता /paṛạtā パルター/ ▸परता [cf. *पड़ना*] *m.* **1**〖経済〗費用価格;原価, 元値. **2**〖経済〗(料金, 賃金などの)割合, 比率.

पड़ताल /paṛạtālạ パルタール/ [?] *f.* 検査, 調査;吟味, チェック《特に検査や調査の結果の精細な吟味》. ❒सरकार ने सीबीआइ की उस जाँच की फिर से ～ का आदेश दिया। 政府は CBI(インド中央捜査局)のその調査を再度吟味する命令を出した.

पड़ती /paṛạtī パルティー/ ▸परती [cf. *पड़ना*] *f.* 休閑地, 休耕地.

पड़दादा /paṛạdādā パルダーダー/ ▸परदादा *m.* ☞परदादा

पड़दादी /paṛạdādī パルダーディー/ ▸परदादी *f.* ☞परदादी

पड़ना /paṛạnā パルナー/ [<OIA. *pátati* 'flies': T.07722; DEDr.3852 (DED.3190)] *vi.* (*perf.* पड़ा /paṛā パラー/) **1** (雪・雨などが)降る, 落下する. **2**…の状態にある《特に「手付かずの状態」,「放置された状態」を表す》. ❒ज़मीन ख़ाली पड़ी है। 土地は空き地のままである. **3**《完了表現で》横たわる;寝そべる. **4** (危機などに)陥る. ❒वह संकट में पड़ गया। 彼は危機に陥った. **5** (運として)めぐり合せとなる, 上から降って来る;(被害として)被る;たまたま…となる;(結果として)…となる;生じる. ❒दोनों में कोई फ़र्क़ नहीं पड़ता। 両者に何の違いも生じない. **6** (野営などが)張られる. **7** 位置する. ❒रास्ते में एक गाँव पड़ता है। 途中に一つの村がある.

— *vi.* (*perf.* पड़ा /paṛā パラー/)〖複合動詞〗《主に自動詞語幹とともにもちいて複合動詞を作る》.

— *vi.* (*perf.* पड़ा /paṛā パラー/)《動詞不定詞とともにもちいて強制「…せざるをえない」を表す;否定は「…しないですむ」》. ❒(को) वहाँ जाना पड़ता है। (人は)あそこに行かざるをえない. ❒(को) वहाँ नहीं जाना पड़ा। (人は)あそこに行かないですんだ.

पड़नाना /paṛạnānā パルナーナー/ ▸परनाना *m.* ☞परनाना

पड़नानी /paṛạnānī パルナーニー/ ▸परनानी *f.* ☞परनानी

पड़पोता /paṛạpotā パルポーター/ ▸परपोता *m.* ☞परपोता

पड़वा[1] /paṛạvā パルワー/ ▸परिवा [<OIA.f. *pratipád-* 'entrance': T.08570] *m.*〖暦〗太陰暦の黒半月および白半月の最初の日.

पड़वा[2] /paṛạvā パルワー/ ▸पाड़ा [<OIA. **pāḍḍa-* 'young buffalo or goat': T.08042; DED 3208] *m.*〖動物〗水牛の(雄の)子. (⇔पड़िया)

पड़ा /paṛā パラー/ [cf. *पड़ना*] *adj.* 水平の;横方向の. (⇔खड़ा) ❒पड़ी रेखा (図形の)水平線.

पड़ाव /paṛāvạ パラーオ/ [cf. *पड़ना*] *m.* **1** 宿営(の場所);野営(の場所), キャンプ. ❒～ उठना 野営を引き払う. ❒～ डालना 野営する, 野宿する. **2** 宿泊(地).

पड़िया /paṛiyā パリヤー/ [cf. *पड़वा*[2]] *f.*〖動物〗水牛の雌の子.

पड़ोस /paṛosạ パロース/ ▸पड़ौस [<OIA. *prátivēśa-* 'neighbouring': T.08598] *m.* 近所, 近隣. ❒(के) ～ में (…の)近所[近隣]に.

पड़ोसिन /paṛosinạ パロースィン/ [cf. *पड़ोसी*] *f.* 近所に住む女, 隣人の女.

पड़ोसी /paṛosī パロースィー/ ▸पड़ौसी [<OIA.m. *prativēśya-* 'neighbour': T.08599] *m.* 近所の人, 隣人.

पड़ौस /paṛausạ パラォース/ ▸पड़ोस *m.* ☞पड़ोस

पड़ौसी /paṛausī パラォースィー/ ▸पड़ोसी *m.* ☞पड़ोसी

पढ़ंत /paṛʰaṃtạ パラント/ [cf. *पढ़ना*] *f.* **1** 読み上げること. **2** 呪文.

पढ़त /paṛʰatạ パラト/ [cf. *पढ़ना*] *f.* 読み上げること;(法的拘束力のある内容の)読み上げ.

पढ़ना /paṛʰạnā パルナー/ [<OIA. *páṭhati* 'repeats aloud': T.07712] *vi.* (*perf.* पढ़ा /paṛʰā パラー/) 教育を受ける. ❒उर्दू मेरे लिए पानी थी, मैं तो फ़ारसी पढ़ा था। ウルドゥー語は私にとって水だった(＝お手の物だった), 私はペルシャ語の教育を受けていたから. ❒उसने आगे न पढ़ने का निश्चय किया। 彼は進学しない決心をした. ❒उस समय तक हमारे पास-पड़ोस, नाते-रिश्तेदारों में कोई अँग्रेज़ी नहीं पढ़ा था। その頃まで私たちの隣人・親類縁者の中で, だれ一人英語を学んだものはいなかった. ❒तुम कहाँ तक पढ़े हो? 君はどこまで学校教育を受けたんだい？ ❒मैं इलाहाबाद में पढ़ा हूँ। 私はアラーハーバードで教育を受けました. ❒वह अमरीका में पढ़ रहा है। 彼はアメリカに留学している. ❒साथ खेले और साथ पढ़े हुए दो मित्र एक दूसरे के सम्मुख खड़े थे। 一緒に遊びそして一緒に学んだ二人の友が互いの前に立っていた.

— *vt.* (*perf.* पढ़ा /paṛʰā パラー/) **1** 読む, 黙読する;読書する. ❒मैंने पुस्तक मँगाकर ध्यान से पढ़ी। 私は, 本を取り寄せて注意深く読んだ. ❒उसपर कई अक्षर खुदे हुए थे, पर साफ़ किसी का नाम पढ़ पाना मुश्किल था। その上に幾つかの文字が刻まれていた, しかし鮮明に誰かの名前を読み取ることは難しかった. ❒हाल ही में मैंने कहीं पढ़ा कि नब्बे से अधिक की अवस्था में उनका देहावसान हुआ। 最近私はどこかで読んだのだが, 彼は九十才以上の歳で亡くなった. ❒मैंने उस पुस्तकालय की सारी पुस्तकों को पढ़ डालने का व्रत लिया। 私は, その図書室の本全部を読破する誓いを立てた. ❒जलियान-वाला बाग़ के हत्याकांड का समाचार पत्रों में बड़ों ने पढ़ा

होगा। ジャリヤーンワーラー・バーグの虐殺事件のニュースは，新聞などで年配者の方は読んだことがあるでしょう．❒मेरी नानी हिंदी पढ़-लिख लेती थीं। 私の母方の祖母は，ヒンディー語を読み書きできた．❒मैंने पुस्तकों में ऐसी प्रेम-कथाएँ पढ़ी हैं जहाँ प्रेमी ने प्रेमिका के नये प्रेमियों के लिए अपनी जान दे दी है। 私は本の中で，男の恋人が愛する女の新しい恋人のために自分の命を捧げるという恋愛物語を読んだことがある．**2** 読み上げる；朗読する．(⇒बाँचना) ❒मंत्री जी ने कल सार्वजनिक सभा में अपना भाषण पढ़ा। 大臣は，昨日公開集会でスピーチを読み上げた．❒कविता सस्वर पढ़ने का मुझे भी शौक़ है। 詩を声を出して読む楽しみは，私にもある．❒उसने श्रोताओं को एक कविता पढ़कर सुनाई। 彼は，聴衆に一つの詩を読んで聞かせた．**3** 勉強する；学問をする［修める］，研究をする．❒उस स्कूल में मैंने दर्जा दो तक पढ़ा। その学校で私は，2学年まで学んだ．❒वह घर पर अपने पिता से उर्दू-फ़ारसी भी पढ़ता था। 彼は，自宅で父親からウルドゥー語とペルシャ語も学んでいた．❒उसे पिता ने ज्योतिष पढ़ने के लिए काशी भेजा था। 彼を父親は，占星術を学ばせるためにカーシーに送った．❒मारने से तो वह पढ़ेगा नहीं, उसे तो सहज स्नेह ही से पढ़ाया जा सकता है। 叩いても彼は勉強しないだろう，彼はやさしく愛情をこめてこそ勉強させることができるのだ．❒बहुत पढ़ लेने से भी आदमी पागल हो जाते हैं। あまり勉強し過ぎても，人間は気が狂ってしまいます．**4** (呪文・祈りの言葉を)唱える．❒दस साल से उसने नमाज़ न पढ़ी थी। ここ十年彼は，ナマーズ(＝イスラム教徒が一日 5 回唱えなければいけない祈りの言葉)を唱えたことがなかった．❒वह आपका कलमा पढ़ रही है। 彼女は，あなたのカルマー(＝イスラム教徒の信仰告白の文句「アッラー以外に神は無し」)を唱えているのだから(＝あなたにひたすら尽くしている)．**5** (オウム・九官鳥などが)口真似をする．❒यह तोता राम-राम पढ़ता है। このオウムは，ラーム・ラームと口真似をする．**6** (表情などを)読み取る；(手相を)見る．❒वह मेरे मुँह की ओर ताकने लगा, जैसे मेरे मनोभावों को पढ़ना चाहता हो। 彼は私の顔をじっと見つめた，まるで私の心理を読もうとしているかのように．❒मैं हाथ की रेखाएँ नहीं पढ़ सकता। 私は手相を読み取ることができない．

पढ़वाना /paṛʰavānā パルワーナー/ [caus. of *पढ़ना, पढ़ाना*] *vt.* (*perf.* पढ़वाया /paṛʰavāyā パルワーヤー/) 勉強させる；教えさせる；読んでもらう．

पढ़ाई /paṛʰāī パラーイー/ [cf. *पढ़ाना*] *f.* **1** 学ぶこと；勉強；勉学；学習；学業．❒～ छोड़ना [जारी रखना] 勉学を放棄する［続ける］．❒रात-दिन की ～ 昼夜の勉学．**2** 教えること；教授，教育；授業．❒～ इन स्कूलों में हिंदी के माध्यम से होती थी। 授業はこれらの学校ではヒンディー語で行われていた．**3** 授業料；教育費．❒मैं अपनी ～ का ख़र्च ट्यूशन आदि करके चलाता था। 私は自分の授業料を家庭教師などをしてまかなっていた．

पढ़ाई-लिखाई /paṛʰāī-likʰāī パラーイー・リカーイー/ *f.* 学校教育；授業；学歴．

पढ़ाकू /paṛʰākū パラークー/ *adj.* ガリ勉の(人)．

पढ़ाना /paṛʰānā パラーナー/ [cf. *पढ़ना*] *vt.* (*perf.* पढ़ाया /paṛʰāyā パラーヤー/) **1** (本などを)読ませる．❒कक्षा में व्याकरण की एक किताब पढ़ाई जाती थी। クラスでは一冊の文法の本を読まされていた．**2** (勉強・科目などを)教える，教授する．❒मास्टर साहब मुझे हिंदी और गिनती-पहाड़ा पढ़ा देते थे। 先生は私にヒンディー語と九九を教えていた．❒वह लड़कों को पढ़ाकर अपना गुज़र करता था। 彼は子どもたちに勉強を教えて，自分の生計を立てていた．❒मुझे घर पर अँग्रेज़ी पढ़ाने को एक मास्टर रख दिए गए। 私に自宅で英語を教えるために一人の先生がつけられた．**3** (人に)勉強させる；(親などが)(子どもを)学校に通わす．❒उसने अपने बेटे को स्कूल में पढ़ाया। 彼は息子を学校に通わせた．**4** (呪文・祈りの言葉を)唱えさせる．**5** (オウム・九官鳥などに)(発音を)教えこむ．❒तुमको तो बूढ़े तोते को राम-नाम पढ़ाना पड़ेगा। 君は，年取ったオウムにラームの名を教えこまねばならない(＝成功がおぼつかない大変難儀な仕事をしなければいけない)だろう．**6** (人に)(都合のいいことを)教え込む，吹き込む．❒वह उसे मंतर पढ़ा रही है। 彼女は，彼によからぬことを吹き込んでいる．❒अधिकारियों को क्या पट्टी पढ़ा दी थी कि वे उसके इस व्यापार पर कोई एतराज़ न करते थे। 役人たちに一体何を吹き込んだものか，彼らは彼のこの商売に何の文句もつけなかった．

पढ़ा-लिखा /paṛʰā-likʰā パラー・リカー/ [cf. *पढ़ना, लिखना*] *adj.* 読み書きのできる(人)；教育を受けた(人)．❒उस दार्शनिक के नाम से सब पढ़े-लिखे लोग परिचित हैं। その哲学者の名前を教育を受けた人すべてが知っています．

पणजी /paṇajī パンジー/ [cf. Eng.n. *Panaji*] *m.* 『地名』パンジー，パナジー《ゴア州 (गोआ) の州都》．

पणन /paṇana パナン/ [←Skt.n. *पणन-* 'buying; selling'] *m.* 購買；販売．

पण्य /paṇya パニエ/ [←Skt. *पण्य-* 'to be bought or sold, vendible'] *adj.* 売りものの．

— *m.* 商品．

पतंग /pataṃga パタング/ [←Skt.m. *पतङ्ग-* 'bird; moth; grasshopper'] *m.* **1** 凧，たこ．❒～ उड़ाना 凧を上げる．**2** 『昆虫』バッタ；昆虫類《羽があり空を飛ぶ》．(⇒पतंगा) **3** 『昆虫』ガ，蛾《燈火 (दीपक) に引きよせられる蛾はスーフィズムでは神との合一を願う苦行者の象徴として，また最終的に燈火の炎に焼き焦げる蛾は神との合一の理想としてたとえられることがある》．(⇒पतंगा)

पतंगबाज़ /pataṃgabāza パタングバーズ/ [*पतंग* + *-बाज़*] *m.* 凧を揚げる人．

पतंगबाज़ी /pataṃgabāzī パタングバーズィー/ [*पतंग* + *-बाज़ी*] *f.* 『ゲーム』凧揚げ《相手の凧糸を切って落とす「ケンカ凧」も指す》．

पतंगा /pataṃgā パタンガー/▸फतिंगा [＜OIA.m. *pataṅgá-* '(noxious) insect': T.07721] *m.* **1** 『昆虫』バッタ；(羽があり空を飛ぶ)昆虫．(⇒पतंग) **2** 『昆虫』ガ，蛾．(⇒पतंग)

पतंजलि /pataṃjali パタンジャリ/ [←Skt.m. *पतञ्जलि-* 'Patañjali'] *m.* 『言語』パタンジャリ《紀元前 2 世紀頃のサンスクリット文法学者》．

पत /pata パト/ [?] *f.* 面子，体面，面目．❒मेरी ～ तुम्हारे हाथ है। 私の面子は君にかかっている．

पतझड़ /pata̸j^{h}aṛa̸ パトジャル/ [*पत्ता* + *झड़ना*] *m.* **1** 落葉. **2**〚暦〛秋《落葉の季節》.

पतन /patana̸ パタン/ [←Skt.n. *पतन-* 'fall, decline, ruin, death'] *m.* 没落, 凋落, 衰退;堕落, 退廃, 転落. (⇔उत्थान) ❐नैतिक ～ 道徳の堕落. ❐रोमन साम्राज्य का ～ ローマ帝国の衰退.

पतला /pata̸lā パトラー/ [<OIA. *patralá-* 'leafy': T.07736] *adj.* **1** (太さが)細い;(厚みが)薄い. ❐पतली छड़ी 細い杖. ❐पतली कमर 細い腰. ❐पतले होंठ 薄い唇. **2** (幅が)狭い. ❐पतली गली 狭い路地. ❐～ माथा 狭い額. ❐लंबी-पतली नाक 細く高い鼻. **3** 痩せた;細身の. (⇒इकहरा) **4** (濃厚でなく)水のような, 水っぽい;(食べ物が)粥状にやわらかい;(便が)やわらかい, 軟便状の. (⇔गाढ़ा) ❐पतली दूध 水っぽいミルク. ❐पतले दस्त 軟便, 下痢. ❐शोरबा इतना ～ था, जैसे चाय। 肉入りスープの水っぽさときたら, まるでお茶さ. **5** かぼそい(声), 弱弱しい, きゃしゃな;繊細な;もろい, 危なげな. ❐बोली उसकी पतली-सुरीली थी। 彼女の声の調子はかぼそく魅惑的だった. ❐पतली जाली के परदे 繊細な網目のカーテン. ❐हमारे दिन पतले हैं, न जाने कब क्या हो जाय। 私たちの人生はもろいものだ, いつどうなるかわかったもんじゃない. **5**《〚पतले कान〛の形式で, 慣用表現「(人の言うことを)鵜呑みにして信じこむ耳」を表す》❐दादी के कान बहुत पतले हैं। 祖母は人の言うことを鵜呑みにするたちである.

पतलापन /pata̸lāpana̸ パトラーパン/ [*पतला* + *-पन*] *m.* **1** (太さが)細いこと;(厚みが)薄いこと. **2** (幅が)狭いこと. **3** 痩せていること;細身であること. **4** (濃厚でなく)水のようであること;(食べ物が)粥状にやわらかいこと;(便が)やわらかいこと. **5** かぼそいこと, 弱弱しいこと, きゃしゃであること;繊細であること;もろいこと, 危なげであること.

पतलून /pata̸lūna̸ パトルーン/ [?←Eng.n. *pantaloon(s)*; cf. Fr.m. *pantalon* 'trousers'] *f.* 長ズボン, パンタロン, パンツ. (⇒पैंट) ❐～ पहनना ズボンをはく. ❐～ ऊपर चढ़ाना ズボンのすそを上にたくしあげる.

पतवार[1] /pata̸vāra̸ パトワール/ [?] *f.* (船の)かじ;オール. ❐～ खेना オールでこぐ. ❐देश की ～ थामना 国のかじ取りをする.

पतवार[2] /pata̸vāra̸ パトワール/ [cf. *पत्ता*] *m.* ごみ, くず. (⇒कूड़ा-करकट)

पता /patā パター/ [<OIA.n. *pattraka-* 'leaf (esp. of *Laurus cassia*)': T.07734] *m.* **1** 住所;(eメールの)アドレス. ❐इस पते पर चिट्ठी लिखिए। この住所に手紙を書いてください. **2** 所在, ありか. ❐(का) ～ लगाना [करना] (…の)所在をつきとめる. **3** 情報, 知識, 消息. ❐(का) ～ लगाना [करना] (…を)調べる. ❐(को) (का) ～ लगना [चलना] (人に)(…が)知られる, (人に)(…の)消息がわかる. ❐तुमको क्या ～। 君に何がわかるというのだ. **4**《〚पते की बात〛の形式で, 慣用表現「当意即妙の答え」を表す》❐वह पते-पते की बातें कहता था। 彼は(ことあるごとに)機転のきいたその場にぴったりした意見を述べたものだった.

पताका /patākā パターカー/ [←Skt.f. *पताका-* 'a flag, pennon, banner, sign, emblem'] *f.* 旗, 旗印;旗竿. (⇒झंडा)

पता-ठिकाना /patā-ṭ^{h}ikānā パター・ティカーナー/ *m.* 住所, 所在, 居場所, ありか;消息. ❐(का) ～ पूछना (人の)居場所を質問する.

पति /pati パティ/ [←Skt.m. *पति-* 'husband; a master, owner, possessor, lord, ruler, sovereign'] *m.* **1** 夫. (⇒शौहर)(⇔पत्नी) **2** 主人, 主.

पतित /patita̸ パティト/ [←Skt. *पतित-* 'fallen, dropped, descended, alighted'] *adj.* 落ちた;没落した;堕落した;下賤の.

पतिता /patitā パティター/ [←Skt.f. *पतिता-* 'degraded (woman)'] *adj.* 堕落した(女).

पतिदेव /patideva̸ パティデーオ/ [neo.Skt.m. *पति-देव-* 'respectable husband'] *m.* 夫;ご主人《自分の夫を敬った表現「(宅の)主人」;人の夫を指す敬称「(人の)ご主人」》.

पति-पत्नी /pati-patnī パティ・パトニー/ *m.* 夫と妻, 夫婦. (⇒मियाँ-बीबी)

पतियाना /patiyānā パティヤーナー/ [<OIA.m. *pratyaya-* 'belief, trust': T.08640] *vt.* (*perf.* पतियाया /patiyāyā パティヤーヤー/) 信じる, 信用する.

पतिव्रत /pativrata̸ パティヴラト/ [←Skt.n. *पति-व्रत-* 'loyalty or fidelity to a husband'] *m.* (夫への)貞節;貞淑.

पतिव्रता /pativratā パティヴラター/ [←Skt.f. *पति-व्रता-* 'a devoted and virtuous wife'] *f.* 貞節[貞淑]な妻.

पतीला /patīlā パティーラー/ [<OIA.n. *pā́tra-* 'drinking vessel, dish': T.08055] *m.* パティーラー《銅や真鍮でできた広口の調理用鍋》.

पतीली /patīlī パティーリー/ [cf. *पतीला*] *f.* パティーリー《調理用の小さな平鍋》.

पतुरिया /paturiyā パトゥリヤー/ [cf. *पातुर*; DED 3200] *f.* **1** 踊り子;舞姫. **2** ふしだらな女;売春婦.

पतोह /patoha̸ パトーフ/ ▸पतोहू *f.* ☞पतोहू

पतोहू /patohū パトーフー/▸पतोह [<OIA.f. *putravadhū-* 'son's wife': T.08270] *f.* 息子の妻, 嫁. (⇒बहू)

पत्तन /pattana̸ パッタン/ [←Skt.n. *पत्तन-* 'a town, city'] *m.* **1** 町;都市. **2** 港, 港湾;空港《主に行政用語の合成語要素として》. ❐कोलकाता ～ コルカタ港. ❐विमान ～ 空港.

पत्तर /pattara̸ パッタル/ [<Skt.n. *पत्र-* 'plate of metal'] *m.* 金属板. ❐सोने का ～ 金の板.

पत्तल /pattala̸ パッタル/ [<OIA. *pattralá-* 'leafy': T.07736] *f.* **1** (木の葉で作られた)皿《不浄・けがれを避けるため使い捨てにする》. ❐जिस ～ में खाता है, उसी में छेद करता है। 食べている皿に穴をあける《「恩を仇で返す」の意》. **2** パッタル (पत्तल) に盛られた食事.

पत्ता /pattā パッター/ [<OIA.n. *páttra-* 'wing-feather': T.07733] *m.* **1**〚植物〛(大きい)葉. **2**〚ゲーム〛(トランプなどの)カード. (⇒काडी) ❐ताश के पत्ते トランプの

カード. ❐पत्ते काटना [बाँटना] カードをきる[配る].

पत्ती /pattī パッティー/ [cf. *पत्ता*] *f.* 〖植物〗（小さい）葉. ❐चाय की 〜 お茶の葉.

पत्थर /pattʰarḁ パッタル/ [<OIA.m. *prastará-* 'anything strewn, grass to sit on; a rock, stone': T.08857] *m.* **1** 石;鉱石. (⇒पाषाण) ❐बुनियाद का 〜 礎石. ❐〜 का कोयला 石炭. ❐धातु के 〜 金属の鉱石. **2** 宝石. (⇒रत्न) ❐सारा भवन संगमरमर से बना हुआ, अमूल्य पत्थरों से जड़ा हुआ। 建物すべてが大理石で作られていた, 値がつけられないほど高価な宝石が埋め込まれていた. **3** （心の）抑制, 押さえ;（重くのしかかる）重石. ❐मैंने अपनी छाती पर 〜 धर कर उसे घर से निकाल दिया। 私は自分の胸に重石を抱いて（＝自分の心を鬼にして）彼を家から追い出した. **4** （石のように）血の通わない人;冷酷な人.

पत्नी /patnī パトニー/ [←Skt.f. *पत्नी-* 'a female possessor, mistress; a wife'] *f.* 妻;（女性）配偶者. (⇒औरत, बीबी, वाइफ़, श्रीमती जी, स्त्री)(⇔पति)

पत्नीव्रत /patnīvratḁ パトニーヴラト/ [neo.Skt.n. *पत्नी-व्रत-* 'marital vow: fidelity to one's wife'] *m.* （妻に対する）結婚の誓い. (⇔पतिव्रत)

पत्र /patrḁ パトル/ [←Skt.n. *पत्र-* 'the wing of a bird, pinion, feather; a leaf, petal; a leaf for writing on, written leaf, leaf of a book, paper; a letter, document'] *m.* **1** 手紙, 書状. (⇒ख़त, चिट्ठी) ❐मैं ने उन्हें एक बड़ा लंबा 〜 लिखा। 私は彼に一通のとても長い手紙を書いた. **2** （新聞, 雑誌など）定期刊行物. ❐दैनिक 〜 日刊新聞. **3** 〖植物〗葉. (⇒पत्ता, पत्ती)

पत्रक /patrakḁ パトラク/ [←Skt.m. *पत्रक* 'a leaf'] *m.* ちらし, リーフレット;（1枚の）紙. ❐〜 धन 紙幣.

पत्रकार /patrḁkārḁ パトルカール/ [neo.Skt.m. *पत्र-कार-* 'a journalist'] *m.* ジャーナリスト, 新聞[雑誌]記者. (⇒अख़बार-नवीस)

पत्रकारिता /patrḁkāritā パトルカーリター/ [neo.Skt.f. *पत्र-कारिता-* 'journalism'] *f.* ジャーナリズム. (⇒अख़बार-नवीसी)

पत्र-पत्रिका /patrḁ-patrikā パトル・パトリカー/ [neo.Skt.f. *पत्र-पत्रिका-* 'periodicals'] *f.* 新聞雑誌.

पत्र-पुष्प /patrḁ-puṣpḁ パトル・プシュプ/ [←Skt.m. *पत्र-पुष्प-* 'a sort of red basil'] *m.* 花束（の贈り物）;贈答品.

पत्र-पेटी /patrḁ-peṭī パトル・ペーティー/ [*पत्र* + *पेटी²*] *f.* **1** （個人宅の）郵便受け, 郵便箱. (⇒लेटर-बाक्स) **2** 郵便ポスト. (⇒लेटर-बाक्स) **3** 手紙の保存箱. (⇒लेटर-बाक्स)

पत्र-मित्र /patrḁ-mitrḁ パトル・ミトル/ *m.* ペンフレンド.

पत्रवाहक /patrḁvāhakḁ パトルワーハク/ [neo.Skt.m. *पत्र-वाहक-* 'bearer of a letter'] *m.* 手紙を届ける人;手紙配達人.

पत्र-व्यवहार /patrḁ-vyavḁhārḁ パトル・ヴィャオハール/ [neo.Skt.m. *पत्र-व्यवहार-* 'correspondence'] *m.* 文通, 手紙のやり取り. ❐(के साथ) 〜 करना （人と）文通する.

पत्रा /patrā パトラー/ [cf. *पत्र*] *m.* **1** 〖ヒンドゥー教〗暦. **2** （ページの）1枚. (⇒पन्ना)

पत्राचार /patrācārḁ パトラーチャール/ [neo.Skt.m. *पत्र-आचार-* 'correspondence'] *m.* ☞पत्र-व्यवहार

पत्रिका /patrikā パトリカー/ [←Skt.f. *पत्रिका-* 'a leaf (for writing upon), a letter, document'] *f.* 雑誌, 定期刊行物, マガジン. (⇒रिसाला) ❐मासिक [साप्ताहिक] 〜 月[週]刊誌.

पत्री /patrī パトリー/ [cf. *पत्र*] *f.* 〖暦〗ホロスコープ.

पथ /patʰḁ パト/ [←Skt.m. *पथ-* 'a way, path, road, course, reach'] *m.* **1** 道, 道路. **2** 進路, 針路;軌道;行程, 道筋. ❐पृथ्वी का परिक्रमण 〜 दीर्घ वृत्ताकार है। 地球の周回軌道は楕円形である.

पथ-प्रदर्शक /patʰḁ-pradarśakḁ パト・プラダルシャク/ [neo.Skt.m. *पथ-प्रदर्शक-* 'one showing the way: guide; leader'] *m.* 道を案内する人;導く人.

पथ-प्रदर्शन /patʰḁ-pradarśanḁ パト・プラダルシャン/ [neo.Skt.n. *पथ-प्रदर्शन-* 'guidance, direction'] *m.* 道案内;先導;指導.

पथभ्रष्ट /patʰabʰraṣṭḁ パタブラシュト/ [neo.Skt. *पथ-भ्रष्ट-* 'deviated from the right path'] *adj.* 道を踏み外した（人）, 堕落した.
— *m.* 道を踏み外した人, 堕落した人.

पथराना /patʰḁrānā パトラーナー/ [cf. *पत्थर*] *vi.* (*perf.* पथराया /patʰḁrāyā パトラーヤー/) **1** （石のように）硬くなる;（乾燥して）ひからびる. **2** （目に）生気がなくなる,（目が）どんよりする;（死んで）白眼をむく. ❐आँखें पथरा गई थीं। （彼女は）白眼をむいていた. ❐हिरन की गर्दन में गोली लगी थी, उसके पैरों में कंपन हो रहा था और आँखें पथरा गयी थीं। 鹿の首に弾が命中していた, 足には痙攣がきていた, そして目には生気がなくなっていた.
— *vt.* (*perf.* पथराया /patʰḁrāyā パトラーヤー/) 投石する.

पथराव /patʰḁrāvḁ パトラーオ/ [cf. *पथराना*] *m.* 投石. ❐(पर) 〜 करना （…に）投石する.

पथरी /patʰḁrī パトリー/ [<OIA.m. *prastará-* 'anything strewn, grass to sit on; a rock, stone': T.08857] *f.* **1** 小石, 砂利. **2** 火打ち石. (⇒चक़मक़) **3** 砥石. **4** 〖医学〗結石, 胆石. ❐पित्ताशय की 〜 胆石.

पथरीला /patʰḁrīlā パトリーラー/ [cf. *पत्थर*] *adj.* **1** 石の多い, 石だらけの. ❐पथरीली ज़मीन 石だらけの土地. ❐पथरीली सड़क 石ころだらけの道. **2** 石でできた;石を配置した;石を敷いた. ❐〜 बाग़ （日本の）石庭. ❐〜 रास्ता 石畳の道. **3** （石のように）冷たい, 冷ややかな;冷酷な;物音一つしない. ❐पथरीले स्वर में बोलना 冷ややかな声で言う. ❐पहाड़ों का 〜 सन्नाटा था। 山々のしんとした静けさがあった.

पथिक /patʰikḁ パティク/ [←Skt.m. *पथिक-* 'a traveller, wayfarer, guide'] *m.* **1** 旅人, 旅行者. **2** 求道者.

पथ्य /patʰyḁ パティエ/ [←Skt. *पथ्य-* 'belonging to the way; suitable, fit, proper, wholesome, salutary'] *adj.* 〖医学〗健康に良い（食事）. (⇔अपथ्य)

— *m.* 〖医学〗健康食;病人食. (⇔अपथ्य)

पथ्यापथ्य /pat^{h}yāpat^{h}ya パティャーパティエ/ [←Skt. *पथ्य-अपथ्य-* 'wholesome and unwholesome, beneficial or hurtful (esp. in sickness)'] *m.* 〖医学〗健康に良い食事と悪い食事. ❐उसकी अवस्था अब उस रोगी की-सी हो गई, जो आरोग्य लाभ से निराश होकर ～ का विचार त्याग दे, जिसमें मृत्यु के आने तक वह भोज्य-पदार्थों से भली भाँति तृप्त हो जाय। 彼の状態は今やあの病人のようになってしまった, つまり健康の回復に絶望して健康のための食事などという考えは捨て去り, 死の到来まで口にできるもので存分満ち足りてやろうとする病人.

पद /pada パド/ [←Skt.n. *पद-* 'a step, pace, stride; a footstep, trace, vestige, mark, the foot itself'] *m.* **1** 一歩, 歩み;足跡. (⇒क़दम) ❐वह धीरे-धीरे सतर्क पदों से मेरी ओर बढ़ा। 彼はゆっくりと慎重な足取りで私に向かって来た. **2** 役職, ポスト;地位, 位階. (⇒ओहदा) **3** 〖言語〗語《サンスクリットでは語根 (धातु) から生成され実際に使用される語形》. (⇒शब्द) **4** 〖文学〗パダ《韻律上の単位;詩脚》. **5** 〖ヒンドゥー教〗宗教讃歌.

पदक /padaka パダク/ [←Skt.m. *पदक-* 'a kind of ornament'] *m.* メダル, 勲章;記章, バッジ. (⇒तमग़ा, मेडल) ❐स्वर्ण [रजत, कांस्य] ～ जीतना। 金[銀, 銅]メダルを勝ち取る.

पदचाप /padacāpa パドチャープ/ [*पद* + *चाप*[1]] *f.* 足音. (⇒आहट)

पद-चिह्न /pada-cihna パド・チフン/ [cf. Skt.n. *पद-चिह्न-* 'a footwords (in speaking), parsing'] *m.* 足跡. ❐मैं उनके पद-चिह्नों पर चल रहा था। 私は彼の足跡をたどって歩んでいた.

पदच्युत /padacyuta パドチュト/ [←Skt. *पद-च्युत-* 'fallen from a position, dismissed from office'] *adj.* 解任された;解職された. (⇒बरख़ास्त) ❐(को) ～ करना (人を)解任する.

पदच्युति /padacyuti パドチュティ/ [neo.Skt.f. *पद-च्युति-* 'dismissal; degradation'] *f.* **1** 解任;解職. (⇒बरख़ास्तगी) **2** 左遷;降職.

पद-त्याग /pada-tyāga パド・ティャーグ/ [neo.Skt.m. *पद-त्याग-* 'renunciation or abandonment of an office'] *m.* 辞職, 辞任. (⇒इस्तीफ़ा)

पददलित /padadalita パドダリト/ [neo.Skt. *पद-दलित-* 'trodden under foot: oppressed'] *adj.* 踏みにじられた;抑圧された, しいたげられた. ❐गवर्नमेंट का पक्ष लेना अपनी अंतरात्मा को ～ करना था। (英国)政府を支持することは自分の魂を踏みにじることだった.

पदनाम /padanāma パドナーム/ [neo.Skt.n. *पद-नामन्-* 'designation'] *m.* 役職名;称号.

पदयोजना /padayojanā パドョージナー/ [←Skt.f. *पद-योजना-* 'arranagement of words'] *f.* (韻文における)語の配置.

पदविन्यास /padavinyāsa パドヴィニャース/ [neo.Skt.m. *पद-विन्यास-* 'disposition of words'] *m.* 語順, 語法.

पदवी /padavī パドヴィー/ [←Skt.f. *पद-वी-* 'a road, path, way, track, reach, range'] *f.* **1** 称号, タイトル;肩書. (⇒ख़िताब) ❐(को) (की) ～ देना (人に)(…の)称号を与える. **2** 地位, 位階.

पदाधिकार /padād^{h}ikāra パダーディカール/ [neo.Skt.m. *पद-अधिकार-* 'authority'] *m.* 職務権限, 職権.

पदाधिकारी /padād^{h}ikārī パダーディカーリー/ [neo.Skt.m. *पद-अधिकारिन्-* 'holder of a post or office'] *m.* 管理職の人;幹部;役員. ❐उच्च ～ 上級管理職の人;高官.

पदाना /padānā パダーナー/ [cf. *पादना*] *vi.* (*perf.* पदाया /padāyā パダーヤー/) (相手を)いたぶる;追い打ちをかける.

पदार्थ /padārt^{h}a パダールト/ [←Skt.m. *पद-अर्थ-* 'the meaning of a word; that which corresponds to the meaning of a word, a thing, material object, man, person'] *m.* **1** 物質;物. (⇒द्रव्य) ❐अचेतन [जड़] ～ 無生物. ❐खनिज ～ 鉱物, 鉱石. ❐तरल ～ 液体. ❐पेय [भोज्य] ～ 飲[食]物. **2** 語義, 語の意味.

पदार्पण /padārpaṇa パダールパン/ [neo.Skt.n. *पद-अर्पण-* 'setting foot: arrival'] *m.* 足を踏み入れること;到来;(身分の高い人の)来着. ❐～ करना 足を踏み入れる.

पदावधि /padāvad^{h}i パダーオディ/ [neo.Skt.m. *पद-अवधि-* 'tenure, term of post'] *f.* 任期.

पदावनति /padāvanati パダーワンティ/ [neo.Skt.f. *पद-अवनति-* 'fall in rank or status'] *f.* 降格(人事). (⇔पदोन्नति)

पदावली /padāvalī パダーオリー/ [←Skt.f. *पद-आवली-* 'a series of verses or words'] *f.* **1** 〖文学〗詞華集, アンソロジー, 撰集. **2** 用語集, グロッサリー. (⇒शब्दावली)

पदासीन /padāsīna パダースィーン/ [neo.Skt. *पद-आसीन-* 'holding a post, incumbent'] *adj.* (役職に)在職している;現職の. ❐महत्वपूर्ण पदों पर ～ लोग 要職に就いている人々.

पदेन /padena パデーン/ [neo.Skt.ind. *पदेन* 'ex-officio'] *adv.* 職務上, 職権上.

पदोन्नति /padonnati パドーンナティ/ [neo.Skt.f. *पद-उन्नति-* 'promotion'] *f.* 昇任, 昇進, 昇格(人事), 栄転. (⇒तरक़्क़ी)(⇔पदावनति)

पद्धति /padd^{h}ati パッダティ/ [←Skt.f. *पद्-धति-* 'foot-stroke; a way, path, course, line'] *f.* **1** 伝統, 慣習, しきたり, 流儀. ❐वह बिल्कुल भारतीय ～ से हाथ जोड़ कर बैठ गया। 彼は完全にインド式と同じ流儀で手を合わせて座った. **2** システム, 制度, 組織;体系(的方法), 方式. ❐शिक्षा की विभिन्न पद्धतियों का उन्होंने ख़ूब अध्ययन किया है। 教育の様々な制度を彼は十分に研究した. ❐दशमलव ～ 〖数学〗十進法.

पद्म /padma パドム/ *m.* 〖植物〗(ベニ)レンゲ((紅)蓮華)(Nelumbium speciosum). (⇒कमल)

पद्मासन /padmāsana パドマーサン/ [←Skt.n. *पद्म-आसन-* 'a lotus as seat'] *m.* パドマーサナ《蓮の台(うてな)に坐した姿勢;神像・仏像の蓮華の座;ヨーガの座法の一つ;インド性愛学における性交体位の一分類》.

पद्य /padya パディエ/ [←Skt.n. *पद्य-* 'a verse, metre,

poetry'] *m.*〚文学〛韻文；詩文．(⇒नज़्म)(⇔गद्य) ❐〜 रचना 韻文作品．

पधारना /padʰārana̧ パダールナー/ [<OIA. **paddhārayati* 'steps': T.07768] *vi.* (*perf.* पधारा /padʰārā パダーラー/)〔敬語〕おこしになる，いらっしゃる．(⇒आना)(⇔सिधारना) ❐जब शुक्ल जी प्रयाग पधारे थे तब उन्होंने उनके दर्शन किए थे। シュクル氏は，プラヤーグ（＝アラーハーバードの古名）におこしになられた折り，あの方にお会いになられた．

-पन /-pana̧ ・パン/ *suf.m.*《形容詞や名詞の短縮形に付加して男性名詞を作るヒンディー語接尾辞；बचपन「子ども時代」，अकेलापन「孤独」など；もとの形容詞が -ā で終わる場合，अकेलेपन のように，後置格はその部分のみ形容詞変化し e となる》．

पन- /pana̧- パン・/ [cf. *पानी*] *pref.*《「水」を表す接頭辞；पनघट「水汲み場」，पनचक्की「水車」，पनडुब्बी「潜水艦」など》

पनघट /pana̧gʰaṭa̧ パンガト/ [*पन-* + *घाट*] *m.*（井戸・貯水池などの）水汲み場．❐〜 पर गाँवों की अलबेली स्त्रियाँ जमा हो गई थीं। 水汲み場に村の着飾った女たちが集まった．

पनचक्की /pana̧cakkī パンチャッキー/ [*पन-* + *चक्की*] *f.*（粉をひく）水車；水車小屋．

पनडब्बा /pana̧ḍabbā パナダッバー/ [*पान*[1] + *डब्बा*] *m.* パンダッバー《パーン（पान）の材料を入れる小箱の容器》．(⇒पानदान)

पनडुब्बी /pana̧ḍubbī パンドゥッビー/ [*पन-* + *डूबना*] *f.* 潜水艦．

पनपना /panapa̧nā パナプナー/ [cf. OIA.n. *parṇá-* 'plumage, foliage (of tree)': T.07918] *vi.* (*perf.* पनपा /pana̧pā パンパー/) **1**（植物が）繁る，繁茂する．(⇒सरसना) ❐मुर्झाया हुआ पौधा किसी तरह भी न पनपता था। 枯れた植物はどうやっても繁茂しないのだった．**2**（健康などが）盛り返す，回復する．**3** 栄える，隆盛をきわめる．

पनपाना /pana̧pānā パンパーナー/ [cf. *पनपना*] *vt.* (*perf.* पनपाया /pana̧pāyā パンパーヤー/) **1**（植物を）繁らせる，繁茂させる．**2**（健康などを）回復させる．**3** 栄えさせる，盛んにする．

पनबिजली /pana̧bija̧lī パンビジリー/ [*पन-* + *बिजली*] *f.*〚物理〛水力電気；水力発電．

पनवाड़ी /pana̧vāṛī パンワーリー/ [<OIA. **parṇavāṭikā-* 'betel garden': T.07925] *m.* パーン（पान）を売る人．

पनसारी /pana̧sārī パンサーリー/ ▷पंसारी *m.* ☞पंसारी

पनहरा /pana̧harā パンハラー/ ▸पनिहार [<OIA. *&*pānīyadhāraka-*[1] 'water-carrier': T.08082z1] *m.*（灌漑（かんがい）などのために）水を汲んで運ぶ男性．

पनही /pana̧hī パンヒー/ [<OIA.f. *upānáh-* 'shoe, sandal': T.02302] *f.* 靴，履物．❐उसने पनहियाँ उतारकर मथुरा को ख़ूब पीटा। 彼は履物を脱いでマトゥラーをひどく叩いた．

पना /panā パナー/▸पन्ना [?cf. *पान*[2]] *m.*〚食〛パナー《あぶったマンゴーとタマリンドなどを混ぜて作られる甘酸っぱい飲み物》．

पनामा /panāmā パナーマー/ [cf. Eng.n. *Panama*] *m.*〚国名〛パナマ（共和国）《首都はパナマシティー（पनामा सिटी）》．

पनामा सिटी /panāmā siṭī パナーマー スィティー/ [cf. Eng.n. *Panama City*] *m.*〚地名〛パナマシティー《パナマ（共和国）（पनामा）の首都》．

पनारा /panārā パナーラー/ ▸पनाला *m.* ☞पनाला

पनारी /panārī パナーリー/ ▸पनाली *f.* ☞पनाली

पनाला /panālā パナーラー/ ▸पनारा [<OIA.f. *pranāḍī-* 'outlet pipe, drain': T.08673] *m.* 下水，どぶ；排水溝．❐पनाले का कीचड़ 下水の泥水．

पनाली /panālī パナーリー/ ▸पनारी *f.* 小規模な下水，どぶ；小さな排水溝．

पनाह /panāha̧ パナーハ/ [←Pers.n. پناه 'an asylum, refuge, protection'] *f.* 庇護；保護；避難所．

पनिहार /panihāra̧ パニハール/ ▸पनहरा *m.* ☞पनहरा

पनिहारिन /panihārina̧ パニハーリン/ [cf. *पनिहार*] *f.*（他家のために）水を汲んで頭に乗せて運ぶ女性．

पनीर /panīra̧ パニール/ [←Pers.n. پنیر 'cheese'] *m.*〚食〛パニール《南アジアで料理に使用される一種のカッテージチーズ；広くチーズ製品一般は英語からの借用語 चीज़》．

पनीला /panīlā パニーラー/ [cf. *पानी*] *adj.* **1** 水っぽい；水で薄められた．❐〜 दूध 水で薄められたミルク．**2** 味気のない．

पन्ना[1] /pannā パンナー/ [<OIA.n. *parṇá-* 'plumage, foliage (of tree)': T.07918] *m.*（ページの）一枚．

पन्ना[2] /pannā パンナー/ [?] *m.*〚鉱物〛エメラルド．(⇒मरकत)

पन्ना[3] /pannā パンナー/ ▸पना *m.* ☞पना

पन्नी /pannī パンニー/ [cf. *पन्ना*[1]] *f.*（装飾用の極薄の）金紙，銀紙，金属の薄片．

पपड़ियाना /papa̧ṛiyānā パプリヤーナー/ [cf. *पापड़*] *vi.* (*perf.* पपड़ियाया /papa̧ṛiyāyā パプリヤーヤー/)（乾燥地の表層が）ひび割れる；（壁の塗装などが）乾燥してひび割れる；（唇などが）乾燥してひび割れる．❐प्यास के मारे सबके ओंठ पपड़ियाए जा रहे थे। 渇きのために皆の唇は乾いてひび割れてきていた．

पपड़ी /papa̧ṛī パプリー/ [cf. *पापड़*] *f.* **1**（乾燥地の）ひび割れた表層；（壁の塗装などの）乾燥してひび割れた表皮；（唇などの）ひび割れ．**2**〚医学〛かさぶた．(⇒अंकुर, अंगूर) ❐〜 जमना [पड़ना] かさぶたができる．**3**〚食〛パプリー《砂糖，小麦粉，ギーなどでできた菓子の一種；薄片の層が重なった形状をしている》．

पपीता /papītā パピーター/ [?←Port.f. *papaia* 'papaya'] *m.*〚植物〛（雄株の）パパイヤ．(⇔पपीती)

पपीती /papītī パピーティー/ [cf. *पपीता*] *f.*〚植物〛（雌株の）パパイヤ．(⇔पपीता)

पपीहा /papīhā パピーハー/ [?onom.] *m.*〚鳥〛パピーハー《カッコウの一種で春と雨季の鳴き声は甘美；鳴き声（पी-कहाँ）は「愛しい人はどこ」と聞こえるとされる》．(⇒

चातक)

पपुआ न्यू गिनी /papuā nyū ginī パプアー ニュー ギニー/ [cf. Eng.n. *Papua New Guinea*] *m.* 〖国名〗パプアニューギニア(独立国)《首都はポートモレスビー (पोर्ट मोर्सबी)》. (⇒पपुआ न्यू गुयाना)

पपुआ न्यू गुयाना /papuā nyū guyānā パプアー ニュー グヤーナー/ *m.* ☞पपुआ न्यू गिनी

पपोटा /papoṭā パポーター/ [<OIA. **pakṣmapaṭṭa-* 'eyelid': T.07639] *m.* 瞼(まぶた). (⇒पलक)

पब्लिक /pablika パブリク/ [←Eng.n. *public*] *f.* 一般大衆, 公衆. (⇒जनता)

पयाल /payāla パヤール/ ▸पुआल *m.* ☞पुआल

पयोधर /payod^{h}ara パヨーダル/ [←Skt. *पयो-धर-* 'containing water or milk; a cloud; a woman's breast or an udder'] *m.* 雲;(女性の)乳房.

परंतु /paraṃtu パラントゥ/ [←Skt.ind. *परम्-तु* 'but; however; nevertheless'] *conj.* しかし, だが.

परंतुक /paraṃtuka パラントゥク/ [neo.Skt.m. *परम्-तु-क-* 'proviso'] *m.* (契約・条約などの)但し書き.

परंपरा /paraṃparā パランパラー/ [←Skt.f. *पर-म्-परा-* 'an uninterrupted row or series, order, succession, continuation, mediation, tradition'] *f.* 伝統. ❐वह गर्व, वह आत्मबल, वह तेज, जो ～ ने उनके हृदय में कूट-कूटकर भर दिया थासांस्कृतिक その誇り, その強靭な精神, その威厳, それは伝統が彼の心の中に隅々まで染み込ませたものだった. ❐सांस्कृतिक ～ 文化的な伝統.

परंपरागत /paraṃparāgata パランパラーガト/ [neo.Skt. *परम्परा-गत-* 'traditional'] *adj.* 伝統的な. ❐～ खेल 伝統的なスポーツ.

परंपरावाद /paraṃparāvāda パランパラーワード/ [neo.Skt.m. *परम्परा-वाद-* 'traditionalism'] *m.* 伝統主義.

परंपरावादी /paraṃparāvādī パランパラーワーディー/ [neo.Skt. *परम्परा-वादिन्-* 'traditionalist'] *adj.* 伝統主義の.
— *m.* 伝統主義者.

पर[1] /para パル/ [<OIA. **uppari* 'above': T.02333] *postp.* **1**…の上に. **2**…に加えて. ❐हँसमुख श्रमशील, विनोदी, निर्द्वंद्व आदमी था और ऐसा आदमी कभी भूखों नहीं मरता। उस ～ नम्र इतना कि किसी काम के लिए 'नहीं' न करता। (彼は)陽気な働き者で, ユーモアにあふれ, 敵のいない人間だったそしてこのような人間は飢え死にすることはない. さらにそれに加えて従順さときたら, どのような仕事も「いや」と言わないのだ. **3**…に関して, …について.

पर[2] /para パル/ [<OIA. *pára-* 'distant, further, other': T.07793] *conj.* しかし, だが. (⇒लेकिन)

पर[3] /para パル/ [←Pers.n. پر 'a wing; a feather'; cog. Skt.n. *पर्ण-* 'a pinion, feather (also of an arrow), wing'] *m.* **1**〖鳥〗羽, 翼. (⇒पंख, बाज़ू) ❐～ फड़फड़ाना (鳥が)パタパタと羽ばたく. ❐यह आशा थी कि वह मोहनी मूर्ति द्वार पर मेरा स्वागत करने के लिए खड़ी होगी, मेरे पैरों में ～-सा लगाए हुए थी। あの魅力的な姿が私を出迎えに門口で立っているだろうという期待があった, 私の足には羽が生えたようだった. **2**〖鳥〗羽毛.

पर- /para- パル・/ [←Skt.ind. *परस्* 'beyond, further, off, away; in future, afterwards'] *pref.* 《「他の, 他人の, 向こうの, 現在ではない(過去の, 未来の)」などを表す接頭辞》.

परकार /parakāra パルカール/ [←Pers.n. پرکار 'a pair of compasses'] *m.* (製図用)コンパス.

परकीय /parakīya パルキーエ/ [←Skt. *परकीय-* 'belonging to another or a stranger, strange, hostile'] *adj.* 他人の, 他人のもっている, 他人に属する.

परकीया /parakīyā パルキーヤー/ [←Skt.f. *परकीया-* 'another's wife or a woman dependent on others'] *f.* 〖文学〗パラキーヤー《インド伝統文学において恋愛対象となる成人女性を男性の視点から分類した一つで,「自分の夫をないがしろにし他人の男と通じる人妻」;残りは,「自分の夫を愛し貞節な妻」(स्वकीया),「金を目的に男性と疑似恋愛する芸妓, 娼婦」(सामान्या)》. (⇔स्वकीया)

परकोटा /parakoṭā パルコーター/ [cf. OIA.m. *kōṭṭa-*[1] 'fort': T.03500] *m.* 城壁, 塁壁.

परख /parak^{h}a パラク/ [cf. *परखना*] *f.* 吟味.

परखना /parak^{h}anā パラクナー/ [<OIA. *párīkṣatē* 'observes, examines': T.07904] *vt.* (*perf.* परखा /parak^{h}ā パルカー/) **1** 点検する, 吟味する. (⇒जाँचना) ❐मैंने उसका मन अच्छी तरह परख लिया। 私は彼の心を十分見極めた. **2** 判定[評価]する. ❐सरकार के काम को मुख्यत: वित्तीय घाटे की कसौटी पर ही परखा जाएगा। 政府の業績は主に財政赤字という試金石の上で判定されるだろう.

परखवाना /parak^{h}avānā パラクワーナー/ ▸परखाना *vt.* (*perf.* परखवाया /parak^{h}avāyā パラクワーヤー/) ☞परखाना

परखाधीन /parak^{h}ād^{h}īna パルカーディーン/ *adj.*

परखाना /parak^{h}ānā パルカーナー/ ▸परखवाना [caus. of *परखना*] *vt.* (*perf.* परखाया /parak^{h}āyā パルカーヤー/) 点検させる, 吟味させる;点検してもらう, 吟味してもらう.

परगना /paraganā パルガナー/ [←Pers.n. پرگنه 'a district, a division of a province so called'] *m.* 〖歴史〗パルガナ《ムガル帝国の行政・徴税区分, 郡》.

परचना /paracanā パラチナー/ [<OIA. **prarajyatē* 'is pleased, is excited': T.08737] *vt.* (*perf.* परचा /paracā パルチャー/) (動物が)飼い慣らされる;(子どもなどが)なつく;遠慮がなくなる. (⇒हिलगना, हिलना) ❐चिड़िया एक बार परच जाती है, तभी दूसरी बार आँगन में आती है। 小鳥は一度なつくと, 次から庭にやってきます. ❐यह कुत्ता अभी घर के लोगों से परचा नहीं है। この犬はまだ家の人間になついていない. ❐एक दिन उसने उसे एक मिठाई दे दी, बच्चा उस दिन से परच गया। ある日彼女は彼にお菓子を一つあげた, 子どもはその日からなついた.

परचा[1] /paracā パルチャー/ ▹पर्चा [←Pers.n. پرچه 'a bit, piece'] *m.* **1** (メモなどを書いた)紙切れ, 紙片;券. (⇒चिट) **2** パンフレット;ビラ. **3** 試験問題(用紙);答案(用紙). (⇒पेपर)

परचा[2] /paracā パルチャー/ ▹पर्चा [?<Skt.m. *परिचय-*

'acquaintance, intimacy; trial, practice, frequent repetition': T.07807] *m.* 身元，素性． ❐～ देना 自己紹介する；身元を明かす． ❐(का) ～ माँगना （人の）身元確認を求める． ❐(का) ～ लेना （人の）身元を調べる．

परची /paracī パルチー/ ▹पर्ची [cf. *परचा*[1]] *f.* 紙切れ，紙片．

परचून /paracūna パルチューン/ [cf. OIA. *cūrṇa-* '*pulverized': T.04889] *m.* 食料雑貨． ❐～ की दुकान 食料雑貨店．

परचूनिया /paracūniyā パルチューニヤー/ [cf. *परचून*] *adj.* 食料雑貨に関する．

— *m.* 食料雑貨商(の人)．

परचूनी /paracūnī パルチューニー/ [*परचून* + -*ई*] *f.* 食料雑貨商(の商売)．

परछती /paracʰatī パルチャティー/ ▸परछत्ती *f.* ☞परछत्ती

परछत्ती /paracʰattī パルチャッティー/ ▸परछती [<OIA. **paricchatti-* 'covering': T.07810] *f.* **1** パルチャッティー《物置用に建物の外壁にそって覆われた空間》． **2** 庇(ひさし)．

परछाईं /paracʰāī̃ パルチャーイーン/ [<OIA.f. *praticchāyā-* 'reflection': T.08560] *f.* **1** （人・物などの）影，影法師． **2** （水や鏡の面に映る）影．

परजीवी /parajīvī パルジーヴィー/ [neo.Skt. *पर-जीविन्-* 'parasitic'] *adj.* 寄生する． ❐～ कीड़ा 寄生虫． ❐～ पौधा 寄生植物．

— *m.* 寄生するもの，寄生虫，寄生植物．

परतंत्र /paratamtra パルタントル/ [←Skt. *पर-तन्त्र-* 'dependent on or subject to another, obedient'] *adj.* 従属した；隷属した．(⇔स्वतंत्र)

परतंत्रता /paratamtratā パルタントラター/ [←Skt.f. *परतन्त्र-ता-* 'dependence on another's will'] *f.* 従属；隷属． ❐आर्थिक ～ 経済的従属(性)．

परत /parata パラト/ *f.* **1** 層．(⇒तह) **2** （折りたたみの）一折り．(⇒तह)

परता /paratā パルター/ ▸पड़ता *m.* ☞पड़ता

परती /paratī パルティー/ ▸पड़ती *f.* ☞पड़ती

परदा /paradā パルダー/ ▹पर्दा [←Pers.n. پرده 'a veil, curtain'] *m.* **1** 幕，カーテン．(⇒आवरण) ❐～ उठना [गिरना] 幕が上がる[降りる]． **2** 覆い；ヴェール；膜．(⇒आवरण) ❐धुएँ का ～ 煙幕． ❐(पर) ～ डालना(…に)覆いをかける《「悪事を隠す」の意》． ❐(पर) ～ पड़ना(…に)覆いがかかる《「目がくもる，悪事が隠れる」の意》． **3** 膜，鼓膜．(⇒आवरण) ❐कान के परदे फट जाना 耳の鼓膜が破れる． **4** （映画の）スクリーン；（テレビの）画面． ❐छोटा ～ テレビ界． ❐बड़ा ～ 映画界，銀幕． **5** 〖イスラム教〗パルダー《他人に顔を露わにしないなど女性に制限を加える社会慣習》． **6** 〖楽器〗鍵盤；（弦楽器の）フレット．

परदादा /paradādā パルダーダー/ ▸पड़दादा [*पर-* + *दादा*] *m.* 父方の曽祖父．(⇔परदादी)

परदादी /paradādī パルダーディー/ ▸पड़दादी [cf. *परदादा*] *f.* 父方の曽祖母．(⇔परदादा)

परदानशीन /paradānaśīna パルダーナシーン/ [←Pers.adj. پرده نشين 'sitting behind the veil'] *adj.* 〖イスラム教〗年長の男性や他人の男性から隔離されている(女性)；深窓の，家に閉じこもっている． ❐～ महिलाएँ 男性から隔離され家に閉じこもっている女性たち．

परदाफ़ाश /paradāfāśa パルダーファーシュ/ ▹पर्दाफ़ाश [←Pers.n. پرده فاش 'a betrayer of secrets'] *m.* （秘密の）暴露．(⇒भंडा-फोड़) ❐(का) ～ करना(…を)暴露する．

परदेश /paradeśa パルデーシュ/ [<Skt.m. *पर-देश-* 'another or a foreign or a hostile country'] *m.* 異郷，異国．

परदेशी /paradeśī パルデーシー/ [←Skt. *पर-देशिन्-* 'foreign, exotic'] *adj.* 他国の(人)，異国の．

— *m.* 他国の人，異邦人；よそ者．

परदेस /paradesa パルデース/ [<Skt.m. *पर-देश-* 'another or a foreign or a hostile country'] *m.* ☞परदेश

परदेसी /paradesī パルデースィー/ [<Skt. *पर-देशिन्-* 'foreign, exotic'] *adj.* ☞परदेशी

परनाना /paranānā パルナーナー/ ▸पड़नाना [*पर-* + *नाना*[1]] *m.* 母方の曽祖父．(⇔परनानी)

परनानी /paranānī パルナーニー/ ▸पड़नानी [cf. *परनाना*] *f.* 母方の曽祖母．(⇔परनाना)

परनाला /paranālā パルナーラー/ [cf. *पनाला*] *m.* ☞पनाला

परनाली /paranālī パルナーリー/ [cf. *परनाला*] *f.* ☞पनाली

परपोता /parapotā パルポーター/ ▸पड़पोता [<OIA. **pratipautra-* 'great-grandchild': T.08578] *m.* （男の）曽孫．(⇔परपोती)

परपोती /parapotī パルポーティー/ [cf. *परपोता*] *f.* （女の）曽孫．(⇔परपोता)

परब्रह्म /parabrahma パルブラフム/ [←Skt.n. *पर-ब्रह्मन्-* 'the Supreme Spirit or *Brahman*'] *m.* 〖ヒンドゥー教〗最高原理ブラフマン．

परम /parama パラム/ [←Skt. *परम-* 'most distant, remotest, extreme'] *adj.* **1** 最上の，この上ない；崇高な． ❐～ आनंद 至福． ❐～ धर्म 崇高な義務． ❐～ मित्र 最高の友人． **2** 極限の，極度の． ❐～ आश्चर्य この上ない驚き． ❐～ दुर्भाग्य これ以上ない不幸．

परम-तत्त्व /parama-tattva パラム・タットオ/ [←Skt.n. *परम-तत्त्व-* 'the highest truth'] *m.* 〖ヒンドゥー教〗究極の真理；最高神ブラフマン．

परमपद /paramapada パラムパド/ [←Skt.n. *परम-पद-* 'the highest state or position, eminence, final beatitude'] *m.* 最高位；解脱．

परमहंस /paramahamsa パラムハンス/ [←Skt.m. *परमहंस-* 'an ascetic of the highest order'] *m.* 〖ヒンドゥー教〗パラマハンサ《すべての感覚を制御し最高知を得た苦行者》．

परमाणु /parạmāṇu パルマーヌ/ [←Skt.m. *परम-अणु-* 'an infinitesimal particle or atom'] *m.* 〚物理〛原子. (⇒अणु, एटम) ❐～ ऊर्जा 原子力エネルギー. ❐～ बम 原子爆弾. ❐～ भट्टी 原子炉. ❐～ युद्ध 核戦争.

परमात्मा /parạmātmā パルマートマー/ [←Skt.m. *परम-आत्मन्-* 'the Supreme Spirit'] *m.* 〚ヒンドゥー教〛最高神, 絶対者《個我 (आत्मा) に対する最高我》.

परमार्थ /parạmārtʰạ パルマールト/ [←Skt.m. *परम-अर्थ-* 'the highest or whole truth, spiritual knowledge; any excellent or important object'] *m.* 宇宙最高の原理; 解脱.

परमार्थी /parạmārtʰī パルマールティー/ [?neo.Skt. *परम-अर्थिन्-* 'pursuing the highest aim'] *adj.* 最上のものを追求する(人);徳の高い(人).

परमिट /parạmiṭạ パルミト/ [←Eng.n. *permit*] *m.* 許可書, 鑑札, 認可状.

परमेश्वर /parạmeśvarạ パルメーシュワル/ [←Skt.m. *परम-ईश्वर-* 'the supreme lord, Supreme Being, God'] *m.* 最高神.

परराष्ट्र /parạrāṣṭrạ パルラーシュトル/ [←Skt.n. *पर-राष्ट्र-* 'the country of an enemy'] *m.* 外国, 異国.

परला /parạlā パルラー/ [cf. *पर-*; cf. *पल्ला-*] *adj.* **1** あちら側の, 反対側の. (⇔उरला) ❐～ सिरा あちら側の端. **2** 極端な, ひどい. (⇒पल्ला) ❐परले सिरे का 極端な, とんでもない.

परलोक /parạlokạ パルローク/ [←Skt.m. *पर-लोक-* 'the other or future world'] *m.* あの世, 来世;天国, 極楽. (⇔इहलोक)

परवरिश /parạvariśạ パルワリシュ/ [←Pers.n. پرورش 'education; a fostering'] *f.* 養育;扶養, 生計. ❐इन पैसों से अपने बाल-बच्चों की ～ करो। この金で自分の子どもたちを養え.

परवर्ती /parạvartī パルワルティー/ [neo.Skt. *पर-वर्तिन्-* 'subsequent, later'] *adj.* 後の;後続する. (⇔पूर्ववर्ती)

परवल /parạvalạ パルワル/ [<OIA. *paṭōlá-* 'the gourd *Trichosanthes dioeca*': T.07698] *m.* 〚植物〛パルワル《つる草の一種;実は食用》.

परवश /parạvaśạ パルワシュ/ [←Skt. *पर-वश-* 'subject to another's will'] *adj.* 服属した;依存した.

परवशता /parạvaśatā パルワシュター/ [?neo.Skt.f. *परवश-ता-* 'dependence'] *f.* 服属;依存.

परवा /parạvā パルワー/ ▸परवाह *f.* ☞परवाह

परवाना /parạvānā パルワーナー/ [←Pers.n. پروانه 'a moth, particularly such as fly about a candle at night; a grant or letter under the great seal from any man in power'] *m.* **1** 命令書, 令状;通知書. ❐बरख़ास्तगी का ～ 解雇通知書. **2** 蛾, ガ;恋に焦がれる男《灯火に引き寄せられ最後にはその火に焦がされ死ぬ蛾にたとえて》.

परवाह /parạvāhạ パルワーハ/ ▸परवा [←Pers.n. پروا پرواه 'care, concern, solicitude, anxiety'] *f.* 心配, 懸念, 気がかり;配慮. ❐(की) ～ करना (…を)気にする. ❐(को) (की) कोई ～ नहीं है। (人には)(…の)なんら心配がない.

परसना[1] /parasạnā パラスナー/ [<OIA. *sparśayatē* 'adorns(?)': T.13811] *vt.* (*perf.* परसा /parạsā パルサー/) 触れる;感触をえる.

परसना[2] /parasạnā パラスナー/ ▸परोसना *vt.* (*perf.* परसा /parạsā パルサー/) ☞परोसना

परसर्ग /parạsargạ パルサルグ/ *m.* 〚言語〛後置詞.

परसा /parasā パラサー/ ▸फरसा *m.* ☞फरसा

परसाल /parạsālạ パルサール/ [←Pers.n. پار سال 'the last year'; cf. Skt. *पर-* 'previous (in time), former; ancient, past'] *adv.* 昨年, 去年.

परसों /parạsõ パルソーン/ [<OIA. *paraśvas-* 'the day after tomorrow': T.07799j] *adv.* **1** 明後日. (⇒अतरसों) ❐आनेवाले ～ 明後日に《特に「一昨日」と区別して》. **2** 一昨日. (⇒अतरसों) ❐गुज़रे (हुए) ～ 一昨日に《特に「明後日」と区別して》.

-परस्त /-parastạ ・パラスト/ [←Pers.n. پرست 'a worshipper; one who persists in his opinion'] *combining form* 《名詞の後に付加して形容詞「…主義の」や男性名詞「…主義者」を作る連結形;たとえば, कुनबापरस्त「身内びいきの, 縁故主義の」など》.

-परस्ती /-parastī ・パラスティー/ [*-परस्त* + *-ई*] *combining form* 《名詞の後に付加して女性名詞「…主義」を作る連結形;たとえば, कुनबापरस्ती「身内びいき, 縁故主義」など》.

परस्पर /parasparạ パラスパル/ [←Skt. *परस्-पर-* 'mutual, each other's'] *adv.* 相互に.

परहेज़ /parạhezạ パルヘーズ/ [←Pers.n. پرهیز 'abstinence'] *m.* 節制, 自制;(健康などのため)飲食を控えること, 慎むこと. ❐मीठी चीज़ों से ～ करना 甘いものを控える.

परहेज़गार /parạhezạgārạ パルヘーズガール/ [←Pers.adj. پرهیزگار 'sober, abstinent'] *adj.* (食事などを)節制する(人);(食事が)質素な(人).

— *m.* **1** (食事などを)節制する人;(食事が)質素な人. **2** 禁欲主義者.

परांठा /parā̃ṭʰā パラーンター/ ▸पराठा *m.* ☞पराठा

परा- /parā- パラー・/ [←Skt.ind. *परस्* 'beyond, further, off, away'] *pref.* 《名詞や形容詞の前に付いて合成名詞や合成形容詞「超…, 極度…」などを表す;पराकाष्ठा「極み, 極限」, पराबैंगनी「紫外線の」など》

पराकाष्ठा /parākāṣṭʰā パラーカーシュター/ [neo.Skt.f. *परा-काष्ठा-* 'summit, peak; climax'] *f.* 極み, 極地, 極限;絶頂. ❐(की) ～ पर [को] पहुँचना (…の)極限に達する. ❐भय की ～ ही साहस है। 恐怖の極地こそ勇気である.

पराक्रम /parākramạ パラークラム/ [←Skt.m. *परा-क्रम-* 'bold advance, attack, heroism, courage, power'] *m.* **1** 勇猛さ, 勇猛果敢;武勇, 腕力;気力. ❐उसे अपनी भुजाओं में अलौकिक ～ का अनुभव होने लगा। 彼は自分の腕の中にこの世のものとは思われない力がみなぎるのを感じ

た. **2** 英雄的行為;武勇伝, 手柄.

पराक्रमी /parākramī パラークラミー/ [←Skt. *परा-क्रमिन्-* 'showing courage or strength, exerting power'] *adj.* 勇猛果敢な, 勇敢;武勇のすぐれた, 腕力のある.

पराग /parāga̸ パラーグ/ [←Skt.m. *पराग-* 'the pollen of a flower'] *m.* 〖植物〗花粉.

पराङ्मुख /parāṅmukʰa̸ パラーンムク/ [←Skt. *पराङ्-मुख-* 'having the face turned away or averted'] *adj.* 振り向いた;顔を背けた.

पराजय /parājaya̸ パラージャエ/ [←Skt.m. *परा-जय-* 'defeat'] *f.* 敗北. (⇒हार)

पराजित /parājita̸ パラージト/ [←Skt. *परा-जित-* 'defeated'] *adj.* 敗北した, 打ち負かされた. ❒(को) ~ करना (人を)打ち負かす.

पराठा /parāṭʰā パラーター/▶परांठा [?] *m.* 〖食〗パラーター《小麦粉の生地を薄い円形にのばし油をひいた鉄板で焼いたもの》.

परात /parāta̸ パラート/ [←Port.m. *prato* 'large plate'] *f.* (大きな金属性の)皿.

पराधीन /parādʰīna̸ パラーディーン/ [←Skt. *पर-अधीन-* 'subject to another's will, subdued or ruled by'] *adj.* (他に)従属している, (他の)支配下にある.

पराधीनता /parādʰīna̸tā パラーディーンター/ [←Skt.f. *पराधीन-ता-* 'dependence upon another, subjection'] *f.* 服従, 従属, 隷属.

पराबैंगनी /parābãĩganī パラーバェーングニー/ [*परा-* + *बैंगनी*] *adj.* 〖物理〗(スペクトルの)紫外の;紫外線の. (⇔अवरक्त) ❒~ किरण 紫外線.

पराभव /parābʰava̸ パラーバオ/ [←Skt.m. *परा-भव-* 'overthrow, defeat, humiliation'] *m.* 敗北;屈辱, 恥辱.

पराभूत /parābʰūta̸ パラーブート/ [←Skt. *परा-भूत-* 'defeated, overcome, harmed, injured, degraded'] *adj.* 敗北した, 打ち負かされた;屈辱を受けた, 恥辱を受けた.

परामर्श /parāmarśa̸ パラーマルシュ/ [←Skt.m. *परा-मर्श-* 'seizing, pulling; reflection, consideration, judgment'] *m.* **1** (専門家を交えた)協議;諮問, コンサルティング. **2** 忠告, 助言, 勧告. (⇒सलाह) ❒(को) ~ देना (…に)助言する, 勧告する.

परामर्श-दाता /parāmarśa̸-dātā パラーマルシュ・ダーター/ [neo.Skt.m. *परामर्श-दातृ-* 'advisory, consultative; adviser'] *m.* 顧問;助言者, コンサルタント. (⇒सलाहकार)

परायण /parāyaṇa̸ パラーヤン/ [←Skt.n. *पर-अयण-* 'final end or aim, last resort or refuge, principal object, chief matter, essence, summary'] *adj.* (…に)専念している;(…に)忠実な《主に合成語の要素として》. ❒कर्तव्यपरायण 義務に忠実な. ❒धर्मपरायण 信心深い.

पराया /parāyā パラーヤー/ [<OIA. *paragata-* 'belonging or relating to another': T.07796] *adj.* 他人の;よそごとの. (⇔अपना) ❒~ धन 他人の金. ❒पराई स्त्री 人妻.

परावर्तन /parāvartana̸ パラーワルタン/ [←Skt.n. *परा-वर्तन-* 'turning back or round'] *m.* 〖物理〗(光の)反射.

परास /parāsa̸ パラース/ [←Skt.m. *परा-अस-* 'the range or distance of anything thrown'] *m.* **1** 射程範囲. ❒बंदूक का ~ 銃の射程範囲. **2** 影響範囲.

परास्त /parāsta̸ パラースト/ [←Skt. *परा-अस्त-* 'thrown away, rejected, repudiated; defeated'] *adj.* 打ち負かされた, 敗北した. ❒(को) ~ करना (…を)打ち負かす.

परिंदा /pariṃdā パリンダー/ [←Pers.n. پرنده 'a flyer; a bird; a winged animal'] *m.* 〖鳥〗鳥. (⇒चिड़िया, पक्षी)

परिकर /parikara̸ パリカル/ [←Skt.m. *परि-कर-* 'attendants, followers, entourage'] *m.* **1** 家族(の人間). **2** とりまき(の人間), 側近.

परिकलन /parika̸lana̸ パリクラン/ [neo.Skt.n. *परि-कलन-* 'calculation'] *m.* (コンピュータによる)計算. ❒(का) ~ करना (…の)計算をする.

परिकल्पना /parikalpanā パリカルパナー/ [←Skt.f. *परि-कल्पना-* 'making, forming, assuming'] *f.* 推定, 推測;仮説, 前提, 仮定.

परिक्रमा /parikramā パリクラマー/ [cf. Skt.m. *परि-क्रम-* 'roaming about, circumambulating, walking through, pervading'] *f.* 〖ヒンドゥー教〗パリクラマー《礼拝のため寺院や神像の周囲を時計回りに巡ること》. (⇒प्रदक्षिणा)

परिगणना /pariga̸ṇa̸nā パリガンナー/ [←Skt.f. *परि-गणना-* 'complete enumeration, accurate calculation or statement'] *f.* (人口など)すべて数え上げること.

परिगणित /pariga̸ṇita̸ パリグニト/ [←Skt. *परि-गणित-* 'enumerated, calculated'] *adj.* 数え上げられた.

परिग्रह /parigraha̸ パリグラ/ [←Skt.m. *परि-ग्रह-* 'taking, accepting'] *m.* 受け取ること.

परिचय /paricaya̸ パリチャエ/ [←Skt.m. *परि-चय-* 'acquaintance, intimacy, familiarity with, knowledge of'] *m.* **1** 紹介;披露. ❒(से) (का) ~ कराना (人に)(…の)紹介をする. ❒(को) अपना ~ देना (人に)自己紹介をする. ❒उसने अपनी क्रूरता का ~ दिया। 彼は自身の残酷な一面を見せた. **2** 面識.

परिचय-कार्ड /paricaya̸-kārḍa̸ パリチャエ・カールド/ *m.* 身分証. (⇒परिचय-पत्र)

परिचय-पत्र /paricaya̸-patra̸ パリチャエ・パトル/ [neo.Skt.n. *परिचय-पत्र-* 'letter of introduction; identity card'] *m.* **1** 紹介状. **2** 身分証. (⇒परिचय-कार्ड)

परिचर /paricara̸ パリチャル/ [←Skt.m. *परि-चर-* 'an attendant, servant, follower'] *m.* 従者;使用人.

परिचर्चा /paricarcā パリチャルチャー/ [←Skt.f. *परि-चर्चा-* 'attendance, service, devotion, worship'] *f.* シンポジウム.

परिचर्या /paricaryā パリチャルヤー/ [←Skt.f. *परि-चर्या-* 'attendance, service, devotion, worship'] *f.* 〖医学〗看護;介護. ❒~ विज्ञान 看護学. ❒(की) ~ करना (人の)看護をする.

परिचायक /paricāyaka パリチャーヤク/ [neo.Skt. *परि-चायक-* 'indicative, illustrative'] *adj.* 指示する, 表示する;知らせ紹介する.

— *m.* 指示, 表示;知らせ紹介すること.

परिचारक /paricāraka パリチャーラク/ [←Skt.m. *परि-चारक-* 'an assistant or attendant'] *m.* 看護人.

परिचारिका /paricārikā パリチャーリカー/ [←Skt.f. *परिचारिका-* 'female servant, assistant'] *f.* **1** 女性客室乗務員, キャビンアテンダント. **2**〖医学〗女性看護師.

परिचालन /paricālana パリチャーラン/ [←Skt.n. *परि-चालन-*] *m.* **1** 操縦, 運転;操作. **2** 運行, 運航;(血液などの)循環. ❐विमान ～ 飛行機の運航.

परिचित /paricita パリチト/ [←Skt. *परि-चित-* 'known, familiar'] *adj.* **1** 知られている, 既知の;面識のある(人). (⇔अपरिचित) ❐～ आवाज़ 聞きなれた声. ❐मैं (से) ～ हूँ। 私は(人と)面識がある. ❐(को) (से) ～ कराना (人を)(…に)紹介する. **2** 精通している, 慣れている. (⇔अपरिचित) ❐वह पिता के स्वभाव से ～ था। 彼は父の性格を知っていた.

— *m.* 知人.

परिच्छेद /paricc^{h}eda パリッチェード/ [←Skt.m. *परि-च्छेद-* 'cutting, severing, division, separation; a section or chapter of a book'] *m.* (法令文の)項;(本の)章.

परिजन /parijana パリジャン/ [←Skt.m. *परि-जन-* 'a surrounding company of people, entourage, attendants, servants, followers'] *m.* **1** (扶養)家族;身内. ❐मारे गए पाँचों पुलिसकर्मियों के परिजनों को बीस-बीस लाख रु。का मुआवज़ा दिया गया। 死亡した5人の警官の家族に2百万ルピーずつの補償金が与えられた. **2** 従者;随行員.

परिणत /pariṇata パリナト/ [←Skt. *परि-णत-* 'changed or transformed into'] *adj.* 変化した, 変形した, 変質した. ❐उसकी उत्तेजना गहरे विचार में ～ हो गई। 彼の興奮は深い思考に変わった.

परिणति /pariṇati パリンティ/ [←Skt.f. *परि-णति-* 'change, transformation'] *f.* 変化, 変形, 変質;結末.

परिणय /pariṇaya パリナエ/ [←Skt.m. *परि-णय-* 'leading the bride round the fire, marriage'] *m.* 結婚(式). (⇒विवाह, शादी)

परिणाम /pariṇāma パリナーム/ [←Skt.m. *परि-णाम-* 'change, alteration, transformation into, development, evolution; ripeness, maturity'] *m.* **1** 結果;結論;効果. (⇒अंजाम, नतीजा, फल) **2** (試験の)成績. (⇒नतीजा, फल)

परिणीत /pariṇīta パリニート/ [←Skt. *परि-णीत-* 'married'] *adj.* 結婚した.

परिणीता /pariṇītā パリニーター/ [←Skt.f. *परि-णीता-* 'a married woman'] *f.* 既婚女性.

परिताप /paritāpa パリタープ/ [←Skt.m. *परि-ताप-* 'glow, scorching heat'] *m.* **1** 焦熱. **2** 激しい苦悩.

परितोष /paritoṣa パリトーシュ/ [←Skt.m. *परि-तोष-* 'delight'] *m.* 満ち足りた喜び.

परितोषक /paritoṣaka パリトーシャク/ [←Skt. *परि-तोषक-* 'satisfying, pleasing'] *adj.* 満足させる(もの), 喜ばす(もの).

— *m.* 贈り物.

परित्यक्त /parityakta パリティャクト/ [←Skt. *परि-त्यक्त-* 'left, quitted'] *adj.* 捨て置かれた.

परित्यक्ता[1] /parityaktā パリティャクター/ [←Skt.m. *परि-त्यक्तृ-* 'one who leaves or abandons'] *m.* (妻を)見捨てる男.

परित्यक्ता[2] /parityaktā パリティャクター/ [←Skt.f. *परि-त्यक्ता* 'abandoned (woman)'] *f.* (夫に)離縁された女性.

परित्याग /parityāga パリティャーグ/ [←Skt.m. *परि-त्याग-* 'the act of leaving, abandoning, deserting, quitting, giving up, neglecting, renouncing'] *m.* 放棄;遺棄. ❐(का) ～ करना (…を)放棄する.

परित्राण /paritrāṇa パリトラーン/ [←Skt.n. *परि-त्राण-* 'protection or means of protection'] *m.* 保護, 庇護;防御, 防衛;救出. ❐उस कुमारी कन्या का ～ करने की उन्होंने प्रतिज्ञा की। その乙女を守ることを彼は誓った.

परिधान /parid^{h}āna パリダーン/ [←Skt.n. *परि-धान-* 'putting or laying round, wrapping round, putting on, dressing, clothing; a garment'] *m.* 服装, 衣服, 衣装. (⇒पहनावा)

परिधि /parid^{h}i パリディ/ [←Skt.m. *परिधि-* 'an enclosure, fence, wall, protection'] *f.* **1**〖数学〗円周. **2** 範囲;領域;場. ❐उनकी विचार ～ से बाहर है। 彼の思考の範囲を超えている. ❐आकर्षण ～ 〖物理〗磁場.

परिनिंदा /parinimdā パリニンダー/ [←Skt.f. *परि-निन्दा-* 'strong censure'] *f.* けん責;問責;不信任. ❐～ की सज़ा けん責処分.

परिनिष्ठित /parinișt^{h}ita パリニシュティト/ [←Skt. *परि-निष्ठित-* 'quite perfect, accomplished'] *adj.* 標準化された;規範的な. ❐～ हिंदी भाषा 標準ヒンディー語.

परिपक्व /paripakva パリパクオ/ [←Skt. *परि-पक्व-* 'completely cooked or dressed; quite ripe, mature, accomplished, perfect'] *adj.* **1** (果実などが)よく熟した;成熟した. **2** (火をとおして)よく調理された;(レンガなどが)よく焼けた. **3** (食べ物が)よく消化された. **4** (技芸などが)円熟した. **5** 高い教養のある(人);見識の高い(人).

परिपक्वता /paripakvatā パリパクワター/ [←Skt.f. *परिपक्व-ता-* 'being dressed or cooked, maturity; digestion; perfection; shrewdness'] *f.* **1** (果物などが)よく熟していること;成熟していること. **2** (技芸などが)円熟していること.

परिपत्र /paripatra パリパトル/ [neo.Skt.n. *परि-पत्र-* 'a circular; memorandum'] *m.* 回状;覚書.

परिपथ /paripat^{h}a パリパト/ [←Skt.m. *परि-पथ-* 'circuit'] *m.* (電気)回路.

परिपाक /paripāka パリパーク/ [←Skt.m. *परि-पाक-* 'being completely cooked or dressed'] *m.* **1** 火を使っ

てよく調理されていること. **2** 消化. **3** 成熟, 円熟.

परिपाटी /paripāṭī パリパーティー/ [←Skt.f. *परि-पाटी-* 'succession, order, method, arrangement'] *f.* 慣習, しきたり;伝統.

परिपूर्ण /paripūrṇa パリプールン/ [←Skt. *परि-पूर्ण-* 'quite full; completely filled or covered with, occupied by; accomplished, perfect, whole, complete'] *adj.* **1** 完全に満たされた;溢れんばかりの, 満ち満ちている. **2** 完全な, 完璧な. **3** 十分満足した.

परिप्रेक्ष्य /paripreksya パリプレークシエ/ [neo.Skt.n. *परि-प्र-ईक्ष्य-* 'perspective'] *m.* 遠近法;展望, 観点. ❐वर्तमान ～ में युवाओं की भूमिका 現代的展望における青少年の役割.

परिभाषा /paribʰāṣā パリバーシャー/ [←Skt.f. *परि-भाषा-* 'speech, discourse, words; any explanatory rule or general definition'] *f.* 定義. ❐(की) ～ देना (…の)定義を与える.

परिभाषित /paribʰāṣita パリバーシト/ [←Skt. *परि-भाषित-* 'explained'] *adj.* 定義された. ❐～ करना 定義する.

परिभ्रमण /paribʰramaṇa パリブルマン/ [←Skt.n. *परि-भ्रमण-* 'moving to and fro, going about'] *m.* **1** 周回;公転. **2** 散策;周遊;旅行. ❐वे ईरान, मिस्र, स्याम आदि देशों में ～ कर चुके थे। 彼はイラン, エジプト, シャムなどの国々を旅行していた.

परिमल /parimala パリマル/ [←Skt.m. *परि-मल-* 'fragrance, or a fragrant substance, perfume'] *m.* **1** 芳香. **2** (植物性オイルの)マッサージ.

परिमाण /parimāṇa パリマーン/ [←Skt.n. *परि-माण-* 'measuring, meting out'] *m.* **1** 測定, 測量. **2** 寸法, 大きさ, 広さ;分量;重さ. **3** (液体の)量, 分量. ❐प्रचुर ～ में 豊富に, 有り余るほど. **4**〖数学〗容積, 容量;体積.

परिमाप /parimāpa パリマープ/ [?neo.Skt. *परि-माप-* 'dimension; parimeter'] *m.* **1** (長さ・面積の)計測. **2**〖数学〗周長(の計測).

परिमार्जन /parimārjana パリマールジャン/ [←Skt.n. *परि-मार्जन-* 'wiping off, cleaning, washing'] *m.* 磨き上げること;洗練.

परिमार्जित /parimārjita パリマールジト/ [←Skt. *परि-मार्जित-* 'cleaned, polished'] *adj.* 磨き上げられた;洗練された.

परिमित /parimita パリミト/ [←Skt. *परि-मित-* 'measured, meted, limited, regulated'] *adj.* **1** 測定された, 測量された. **2** 制限された, 限定された. (⇒सीमित)(⇔अपरिमित)

परियोजना /pariyojanā パリヨージナー/ [neo.Skt.f. *परि-योजना-* 'project, scheme'] *f.* プロジェクト, 事業計画.

परिरक्षण /parirakṣaṇa パリラクシャン/ [←Skt.n. *परि-रक्षण-* 'the act of guarding, defending'] *m.* (歴史的建造物などの)保存管理. ❐संरक्षण और ～ 保護と保存.

परिवर्तन /parivartana パリワルタン/ [←Skt.n. *परि-वर्तन-* 'turning or whirling round, moving to and fro'] *m.* 変化, 変遷;変更, 転換, 変換, 交替. (⇒तबदीली) ❐(में) ～ लाना (…に)変化をもたらす. ❐(में) (का) ～ करना (…において)(…の)変更をする. ❐(का) ～ होना (…が)変化する.

परिवर्तनशील /parivartanaśīla パリワルタンシール/ [neo.Skt. *परिवर्तन-शील-*] *adj.* **1** 変化しやすい, 流動的な;変化し続ける. ❐२० जनवरी तक मौसम आम तौर पर ～ रहेगा। 1月20日まで天候は概して変化しやすいでしょう. ❐समय ～ है। 時代は変化し続けている. **2**〖経済〗変動する, 流動的な. ❐～ विनिमय दर प्रणाली 変動為替相場制.

परिवर्तित /parivartita パリワルティト/ [←Skt. *परि-वर्तित-* 'turned round, revolved'] *adj.* **1** 変化した;変換された. (⇒तबदील)(⇔अपरिवर्तित) ❐～ करना 変化させる. ❐उसका प्रेम इतनी जल्दी ～ नहीं हो सकता। 彼女の愛はこれほど早く変わるはずがない. ❐परिवर्तन के अनुरूप ～ 変化に合わせて変わった. **2** 迂回した. ❐～ मार्ग 迂回路.

परिवर्धन /parivardʰana パリワルダン/ [←Skt.n. *परि-वर्धन-* 'increasing, augmenting, multiplying'] *m.* **1** 増大;(書物の内容の)増補. ❐लेखों के संशोधन, ～ और परिवर्तन 原稿の修正, 増補そして変更. **2**〖生物〗成長, 発育. ❐जीवों के बाह्य लक्षण उनके ～ के साथ-साथ परिवर्तित होते रहते हैं। 生物の外的特徴は成長とともに変化し続けます.

परिवर्धित /parivardʰita パリワルディト/ [←Skt. *परि-वर्धित-* 'increased, augmented, grown'] *adj.* **1** 増大された;(書物の内容が)増補された. ❐संशोधित और ～ संस्करण (書物の)改訂増補版. **2**〖生物〗成長した, 発育した.

परिवहन /parivahana パリヴハン/ [neo.Skt.n. *परि-वहन-* 'transport, transportation'] *m.* 輸送, 運送, 運輸;交通. ❐～ प्रणाली 交通システム. ❐～ मंत्री 運輸大臣. ❐सड़क ～ एवं राजमार्ग मंत्रालय 陸運・国道省.

परिवा /parivā パリワー/ ▶पड़वा *m.* ☞पड़वा[1]

परिवाद /parivāda パリワード/ [←Skt.m. *परि-वाद-* 'blame, censure, reproach, charge, accusation'] *m.* 誹謗(ひぼう)中傷, 悪口;不平(の訴え).

परिवार /parivāra パリワール/ [←Skt.m. *परि-वार-* 'a cover, covering; surroundings, train, suite, dependants, followers'] *m.* **1** 家族, 家庭, 家;所帯. ❐～ का सदस्य 家族の一員. ❐आपके ～ में कितने लोग हैं? あなたは何人家族ですか. ❐मध्यवित्त ～ 中産階級の家庭. ❐संभ्रांत ～ 名門の家. **2** 一族, 同族;(分類上の)科. ❐बाघ बिल्ली ～ का जानवर है। 虎はネコ科の動物である. **3**〖言語〗語族. ❐भारोपीय भाषा ～ インド・ヨーロッパ語族.

परिवार-नियोजन /parivāra-niyojana パリワール・ニヨージャン/ [neo.Skt.n. *परिवार-नियोजन-* 'family planning'] *m.*〖医学〗家族計画.

परिवीक्षा /parivīkṣā パリヴィークシャー/ [neo.Skt.f. *परि-वीक्षा-* 'probation'] *f.* 審査(期間), 観察(期間);見習期間, 仮及第期間. ❐～ अवधि 保護観察期間.

परिवेश /pariveśa̸ パリヴェーシュ/ [←Skt.m. *परि-वेश-* 'a circle, circumference'] *m.* 環境, 周囲の状況;境遇. ❐हमारा सामाजिक ～ 私たちを取り囲んでいる社会環境.

परिव्राजक /parivrājaka̸ パリヴラージャク/ [←Skt.m. *परि-व्राजक-* 'a wandering religious mendicant'] *m.* 遊行者, 遊行の苦行者.

परिशिष्ट /pariśiṣṭa̸ パリシシュト/ [←Skt.n. *परि-शिष्ट-* 'a supplement, appendix'] *m.* (本などの)付録, 補遺.

परिशीलन /pariśīlana̸ パリシーラン/ [←Skt.n. *परि-शीलन-* 'touch, contact'] *m.* 批判的研究, 厳格な研究.

परिश्रम /pariśrama̸ パリシュラム/ [←Skt.m. *परि-श्रम-* 'fatigue, exertion, labour, fatiguing occupation, trouble, pain'] *m.* 苦労, 努力, 骨折り. (⇒मेहनत) ❐～ करना 骨折りをする.

परिश्रमी /pariśramī パリシュラミー/ [?neo.Skt. *परिश्रमिन्-* 'industrious'] *adj.* 勤勉な;努力家の;精力的な. (⇒मेहनती)

परिषद् /pariṣad パリシャド/ [←Skt.f. *परि-षद्-* 'an assembly, meeting, group, circle, audience, council'] *f.* 評議会, 協議会. (⇒कौंसिल)

परिष्कार /pariṣkāra̸ パリシュカール/ [←Skt.m. *परि-ष्-कार-* 'purification, initiation'] *m.* 浄化, 純化;洗練. ❐(का) ～ करना (…を)洗練する.

परिष्कृत /pariṣkr̥ta̸ パリシュクリト/ [←Skt. *परि-ष्-कृत-* 'prepared, adorned, embellished, furnished with'] *adj.* 浄化された, 純化された;洗練された. ❐～ शैली 洗練された文体. ❐कम से कम इस विषय में आज का समाज एक पीढ़ी पहले के समाज से कहीं ～ है। 少なくともこの問題に関して今日の社会は一世代前の社会よりはるかに洗練されている.

परिसंपत्ति /parisampatti パリサンパッティ/ [neo.Skt.f. *परि-सम्-पत्ति-* 'assets'] *f.* 〖経済〗資産.

परिसंवाद /parisaṃvāda̸ パリサンワード/ [neo.Skt.m. *परि-संवाद-* 'a symposium'] *m.* シンポジウム, 討論会.

परिसमापन /parisamāpana̸ パリスマーパン/ [←Skt.n. *परि-सम्-आपन-* 'the act of finishing completely'] *m.* 〖経済〗(負債などの)精算, 弁済.

परिसर /parisara̸ パリサル/ [←Skt.m. *परि-सर-* 'verge, border, proximity, neighbourhood, environs'] *m.* キャンパス, 構内. ❐विश्वविद्यालय ～ 大学キャンパス.

परिसीमन /parisīmana̸ パリスィーマン/ [neo.Skt.n. *परि-सीमन-* 'delimitation'] *m.* 範囲設定, 境界設定. ❐निर्वाचन क्षेत्रों का ～ 選挙区の境界設定.

परिसीमा /parisīmā パリスィーマー/ [←Skt.m. *परि-सीमन्-* 'a boundary, extreme term or limit'] *f.* (土地の)境界;境界線.

परिस्थिति /paristʰiti パリスティティ/ [?neo.Skt.f. *परि-स्थिति-* 'circumstance'; cf. Beng.n. পরিস্থিতি] *f.* (周囲の)事情, 状況, 境遇;環境. ❐ऐसा गधा नहीं हूँ कि गुलामी की ज़िंदगी पर गर्व करूँ, लेकिन ～ से मजबूर हूँ। 隷属の人生を自慢するほど愚かではありませんよ, でもね周囲の状況にはかなわなくてね. ❐वह इस ～ में कर ही क्या सकता है। 彼はこの状況で何ができるというのだ.

परिहार /parihāra̸ パリハール/ [←Skt.m. *परि-हार-* 'shunning, avoiding, excluding'] *m.* (課税の)免除.

परिहार्य /parihārya̸ パリハールエ/ [←Skt. *परि-हार्य-* 'to be shunned or avoided or omitted or escaped from'] *adj.* 除去できる;除去すべき.

परिहास /parihāsa̸ パリハース/ [←Skt.m. *परि-हास-* 'jesting, joking, laughing at, ridiculing, deriding'] *m.* 冗談, ひやかし, からかい. (⇒हँसी-मज़ाक़) ❐～ के स्वर में कहना 冗談の口調で言う. ❐～ करना ひやかす, からかう.

परी /parī パリー/ [←Pers.n. پری 'winged; a fairy'] *f.* **1** 妖精. **2** 美女, 麗人(れいじん).

परीक्षक /parīkṣaka̸ パリークシャク/ [←Skt.m. *परि-ईक्षक-* 'a prover, examiner, judge'] *m.* 試験官.

परीक्षण /parīkṣaṇa̸ パリークシャン/ [←Skt.n. *परि-ईक्षण-* 'trying, testing, experiment, investigation'] *m.* **1** 調査, 吟味, 検査. ❐रक्त ～ 血液検査. **2** 実験. ❐परमाणु ～ 核実験.

परीक्षा /parīkṣā パリークシャー/ [←Skt.f. *परि-ईक्षा-* 'inspection, investigation, examination, test, trial by ordeal of various kinds'] *f.* **1** 試験, テスト. (⇒इम्तहान) ❐(की) ～ देना [लेना] (…の)試験を受ける[する]. ❐(की) ～ में बैठना (…の)試験に臨む. **2** 吟味. (⇒इम्तहान) ❐(की) ～ करना (…を)吟味[試験]する. **3** 試練. (⇒इम्तहान) ❐कठिन ～ 過酷な試練.

परीक्षार्थी /parīkṣārtʰī パリークシャールティー/ [neo.Skt.m. *परीक्षा-अर्थिन्-* 'candidate for examination'] *m.* 受験者, 受験生. ❐परीक्षा में नामांकित ～ 試験に登録した受験生.

परुष /paruṣa̸ パルシュ/ [←Skt. *परुष-* 'hard, stiff, rugged, rough, uneven, shaggy'] *adj.* ごつごつした;荒々しい;無骨な.

परुषता /paruṣatā パルシュター/ [←Skt.f. *परुष-ता-* 'roughness, harshness'] *f.* 荒々しさ;無骨さ. ❐पुरुषोचित ～ 男らしい無骨さ.

परे /pare パレー/ [<OIA. *pára-* 'distant, further, other': T.07793] *adv.* 離れて;超えて. ❐ऐसा ～ मेरी क्षमा से परे है। このような目標は私の能力を超えています.

परेड /pareḍa̸ パレード/ [←Eng.n. *parade*] *f.* パレード, 行列, 行進.

परेशान /pareśāna̸ パレーシャーン/ [←Pers.adj. پریشان 'dispersed, scattered; dishevelled; disturbed, perplexed'] *adj.* **1** 困った, 困惑している. ❐(को) ～ करना (人を)困らせる. ❐(से) ～ होना (…で)困る. ❐मैं (से) ～ हूँ। 私は(…で)困っています. **2** 心配した, 心配している, 気掛りな.

परेशानी /pareśānī パレーシャーニー/ [←Pers.n. پریشانی 'dissipation, dispersion; distress, perplexity'] *f.* **1** 心配, 気苦労. **2** 心配事, 苦労の種.

परोक्ष /parokṣa̸ パロークシュ/ [←Skt. *परो-क्ष-* 'beyond the range of sight, invisible, absent, unknown, unintelligible'] *adj.* 間接的な, 間接な;婉曲な. (⇔प्रत्यक्ष) ❐～ रूप से 間接的に;婉曲に.

परोक्षी /parokṣī パロークシー/ [pseudo.Skt. *परोक्षिन्-* 'proxy'] *m.* 代理;代理人. ❐～ पत्र 委任状.

परोपकार /paropakāra パロープカール/ [←Skt.m. *पर-उपकार-* 'assisting others, benevolence, charity'] *m.* 善行, 親切, 慈善. ❐～ में लगाना …を慈善につぎ込む.

परोपकारी /paropakārī パロープカーリー/ [←Skt. *पर-उपकारिन्-* 'assisting others, beneficent, charitable merciful'] *adj.* 善行を行う(人), 親切な, 慈善心に富んだ. ❐～ पुरुष 慈善に熱心な男.

परोपजीवी /paropajīvī パロープジーヴィー/ [neo.Skt. *पर-उपजीविन्-* 'parasitic'] *adj.* 寄生する.
— *m.* 寄生する生物, 寄生動物, 寄生虫, 寄生植物.

परोसना /parosanā パロースナー/ ▶परसना [<OIA. *párivēṣati* 'attends, serves food': T.07888] *vt.* (*perf.* परोसा /parosā パローサー/) 給仕する, (食事を)よそう;(飲食物を器に)盛る. ❐ब्राहमणों के यहाँ यह रिवाज था कि सब्ज़ियाँ इत्यादि बग़ैर नमक के पकाई और परोसी जाती थीं, ऐसा विश्वास था कि अलोने भोजन को छूत नहीं लगती। バラモンの家では料理などが塩なしで調理され給仕される慣習があった, 塩の入っていない料理は汚れないと信じられていた.

परोसा /parosā パローサー/ [cf. *परोसना*] *m.* (準備された)一人分の食べ物.

पर्चा /parcā パルチャー/ ▷परचा *m.* ☞परचा

पर्ची /parcī パルチー/ ▷परची *f.* ☞परची

पर्ण /parṇa パルン/ [←Skt.n. *पर्ण-* 'a pinion, feather (also of an arrow), wing; a leaf (regarded as the plumage of a tree)'] *m.* 葉.

पर्णकुटी /parṇakuṭī パルンクティー/ [←Skt.f. *पर्ण-कुटी-* 'a hut made of leaves'] *f.* (草ぶきの)粗末な小屋;草庵(そうあん). (⇒पर्णशाला)

पर्णशय्या /parṇaśayyā パルナシャッヤー/ [←Skt.f. *पर्ण-शय्या-* 'a couch of leaves'] *f.* 草の臥所(ふしど), 粗末な寝床.

पर्णशाला /parṇaśālā パルンシャーラー/ [←Skt.f. *पर्ण-शाला-* 'leaf-hut, an arbour'] *f.* ☞पर्णकुटी

पर्दा /pardā パルダー/ ▷परदा *m.* ☞परदा

पर्दाफ़ाश /pardāfāśa パルダーファーシュ/ ▷परदाफ़ाश *m.* ☞परदाफ़ाश

पर्यंत /paryaṃta パルヤント/ [←Skt.m. *पर्य्-अन्त-* 'circuit, circumference, edge, limit, border; side, flank, extremity, end'] *ind.* …が尽きるまで;…まで. ❐जीवन ～ 命尽きるまで, 一生の間. ❐मरण ～ 死ぬまで, 一生の間.

पर्यटक /paryaṭaka パルヤタク/ [←Skt.m. *पर्य्-अटक-* 'a tramp, vagabond'] *m.* 観光旅行者, 観光客, ツーリスト. (⇒सैलानी)

पर्यटन /paryaṭana パルヤタン/ [←Skt.n. *पर्य्-अटन-* 'wandering about, roaming through'] *m.* 観光(旅行), ツーリズム. ❐～ उद्योग 観光産業.

पर्यवसान /paryavasāna パルヤオサーン/ [←Skt.n. *पर्य्-अव-सान-* 'end, termination, conclusion'] *m.* 終結, 結末.

पर्यवेक्षक /paryavekṣaka パルエヴェークシャク/ [neo.SktSkt.m. *पर्य्-अव-ईक्षक-* 'supervisor'] *m.* (国際連合平和維持活動などでの)監視人, 監視団.

पर्यवेक्षण /paryavekṣaṇa パルヤヴェークシャン/ [neo.SktSkt.n. *पर्य्-अवेक्षण-* 'supervision'] *m.* (国際連合平和維持活動などでの)監視.

पर्याप्त /paryāpta パルヤープト/ [←Skt. *पर्य्-आप्त-* 'obtained, gained Uttarar; finished, completed, full; extensive, spacious, large'] *adj.* 十分な;多量の. (⇒काफ़ी) ❐यह आमदनी उसके लिए ～ नहीं थी। この収入は彼にとって十分ではなかった.

पर्याय /paryāya パルヤーエ/ [←Skt.m. *पर्य्-आय-* 'going or turning or winding round, revolving, revolution; a convertible term, synonym'] *m.* 〖言語〗同義語, 同意語, 類義語. (⇔विपर्याय) ❐～ शब्दकोश 類義語辞典.

पर्यायवाची /paryāyavācī パルヤーエワーチー/ [neo.Skt. *पर्याय-वाचिन्-* 'synonymous'] *adj.* 〖言語〗同じ意味の. ❐～ शब्द 同義語, 同意語, 類義語.

पर्यालोचन /paryālocana パルヤーローチャン/ [←Skt.n. *पर्य्-आ-लोचन-* 'consideration, reflection'] *m.* 精査, 吟味;再検査.

पर्यावरण /paryāvaraṇa パルヤーワラン/ [neo.Skt.n. *परि-आ-वरण-* 'the environment'] *m.* 環境;自然環境. ❐～ और वन मंत्रालय 環境森林省.

पर्यावर्तन /paryāvartana パルヤーワルタン/ [←Skt.n. *पर्य्-आ-वर्तन-* 'coming back, returning'] *m.* 復帰.

पर्व /parva パルオ/ [←Skt.n. *पर्वन्-* 'a knot, joint limb, member a break, pause, division, section (esp. of a book); a period or fixed time'] *m.* **1** 〖ヒンドゥー教〗祭り;祭日. **2** (書物の)巻, 分冊.

पर्वत /parvata パルワト/ [←Skt.m. *पर्वत-* 'a mountain, mountain-range, height, hill, rock'] *m.* 〖地理〗山. (⇒पहाड़) ❐फ़ुजी ～ 富士山.

पर्वत-माला /parvata-mālā パルワト・マーラー/ [←Skt.f. *पर्वत-माला-* 'mountains-range'] *f.* 〖地理〗山脈. ❐हिमालय ～ ヒマラヤ山脈.

पर्वतारोहण /parvatārohaṇa パルワターローハン/ [neo.Skt.n. *पर्वत-आरोहण-* 'mountaineering'] *m.* 〖スポーツ〗登山.

पर्वतीय /parvatīya パルワティーエ/ [←Skt. *पर्वतीय-* 'belonging to or produced in mountains'] *adj.* 山の, 山地の.

पर्स /parsa パルス/ [←Eng.n. *purse*] *m.* 財布, 札入れ, がまぐち. (⇒बटुआ)

पलंग /palaṃga パラング/ [<OIA.m. *palyaṅka-* 'bed': T.07964; DED 3327] *m.* ベッド;寝台(の骨組). (⇒बेड)

पलंग-पोश /palaṃga-pośa パラング・ポーシュ/ *m.* (ベッドの)シーツ.

पल /pala パル/ [←Skt.n. *पल-* 'a partic. measure of

time'] *m.* 一瞬, 瞬く間. ❐अगर एक ～ का भी विलंब होता तो उनकी ख़ैरियत न थी। もし一瞬たりとも遅れていたら彼は無事ではなかった. ❐एक ～ में प्यासी नदी उसे पी गई। 一瞬で渇望の川は彼女を飲み込んだ. ❐मैंने आँखें ～ भर के लिए भी नहीं झपकीं। 私は一瞬たりとも瞬(まばた)きしなかった.

पलक /palaka̸ パラク/ [←Pers.n. پلك 'an eye-lid'] *f.* **1** 瞼(まぶた). (⇒पपोटा) **2** まつげ. (⇒बरौनी) **3** (目の)瞬(まばた)き, ウインク. ❐～ मारना 瞬く, ウインクする.

पलटन /pala̸ṭana̸ パルタン/ ▹पल्टन [←Eng.n. *platoon*] *f.* 小隊;大隊;連隊.

पलटना /palaṭa̸nā パラトナー/ [<OIA. **pallaṭṭ-* 'turn, overturn': T.07968] *vi.* (*perf.* पलटा /pala̸ṭā パルター/) 逆になる, 逆さまになる;ひっくり返る;転覆する;逆転する. (⇒उलटना) ❐पाँसा पलट गया। サイコロがひっくり返った《「計画などが失敗した, 予定がひっくり返った」の意》. — *vt.* (*perf.* पलटा /pala̸ṭā パルター/) 逆にする, 逆さまにする;ひっくり返す;転覆させる;逆転させる. (⇒उलटना) ❐ख़ाली समय में अपनी डायरी के पन्ने पलट लिया करो। 暇な時に自分の日記のページをめくってごらん. ❐मैंने तुरंत बात पलटकर कहा। 私は急いで話を変えて言った.

पलटा /pala̸ṭā パルター/ [cf. *पलटना*] *m.* **1** ひっくり返ること;転覆;逆転;転換. ❐एक क्षण में उनके विचारों ने ～ खाया। 一瞬の内に彼のもろもろの考えはひっくり返った. ❐जब से मैं फ़ौज में भरती हुआ, तब से मेरी क़िस्मत ने भी ～ खाना शुरू किया। 軍隊に入隊して以来, 私の運もおおきく舵を取りはじめた《「良い方向への転換」の意》. **2** フライ返し.

पलटाना /pala̸ṭānā パルターナー/ [cf. *पलटना*] *vt.* (*perf.* पलटाया /pala̸ṭāyā パルターヤー/) ひっくり返す.

पलटाव /pala̸ṭāva̸ パルターオ/ [cf. *पलटना*] *m.* 跳ね返り, リバウンド.

पलड़ा /pala̸ṛā パルラー/ [cf. *पल्ला*[3]] *m.* 天秤(てんびん)の皿, 秤皿(はかりざら). ❐ईर्ष्यालु भगवान् सुख का ～ ऊँचा करने के लिए कोई नयी विपत्ति भेज दें। 嫉妬深い神が幸福の秤皿が高くなるように(=軽くなるように)何か新しい厄災を送ってくるのでは. ❐कभी-कभी ख़र्च का ～ भारी हो जाता। 時々出費の秤皿が重くなるのである《「収入より支出が多くなる」の意》.

पलथी /pala̸tʰī パルティー/ ▸पालथी, पालती *f.* ☞पालथी

पलना /pala̸nā パルナー/ [<OIA. *pallavayati* 'puts forth young shoots': T.07971] *vi.* (*perf.* पला /palā パラー/) (子どもが)育てられる, 養育される. ❐जिस व्यवस्था में पला और जिया, उससे घृणा होने पर भी उसका मोह त्याग नहीं सकता। (私が)育ちまた生きた社会体制に対し嫌悪の念が生じたとしても, それに対する愛着を捨て去ることはできないことだ.

पलवाना /pala̸vānā パルワーナー/ [caus. of *पलना, पालना*] *vt.* (*perf.* पलवाया /pala̸vāyā パルワーヤー/) (子どもを)育てさせる;(子どもを)育ててもらう.

पलस्तर /palastara̸ パラスタル/▸प्लस्तर [←Eng.n. *plaster*] *m.* **1** 漆喰(しっくい), 石こう. (⇒प्लास्टर) **2** 〖医学〗ギプス. (⇒प्लास्टर) ❐(पर) ～ लगाना (…に)ギプスをはめる.

पलायन /palāyana̸ パラーヤン/ [←Skt.n. *पलायन-* 'fleeing, flight, escape'] *m.* 逃避. ❐उसने साहित्य में ～ किया। 彼は文学に逃避した.

पलायनवाद /palāyana̸vāda̸ パラーヤンワード/ [neo.Skt.m. *पलायन-वाद-* 'escapism'] *m.* 現実逃避(主義).

पलायनवादी /palāyana̸vādī パラーヤンワーディー/ [neo.Skt.m. *पलायन-वादिन्-* 'escapist'] *adj.* 逃避主義の. — *m.* 逃避主義者.

पलाश /palāśa̸ パラーシュ/ [←Skt.m. *पलाश-* 'the tree *Butea Frondosa*'] *m.* **1** 〖植物〗葉;群葉. **2** 〖植物〗パラーシャ《ハナモツヤクノキ, マメ科の落葉小高木;薬用植物》. (⇒ढाक)

पलास /palāsa̸ パラース/ *m.* ☞पलाश

पलीता /palītā パリーター/ [←Pers.n. پليته 'the wick of a candle or lamp' (metathesis) ←Arab. فتيلة] *m.* **1** 灯芯, ろうそく[ランプ]の芯. **2** 火縄;導火線. ❐～ लगाना 導火線をつける.

पलेथन /paletʰana̸ パレータン/ [<OIA. *paryasta-* 'thrown about': T.07938] *m.* **1** 〖食〗パレータン《パン生地をこねるとき, こねやすいように表面につける乾燥小麦粉》. ❐(का) ～ निकालना (人を)叩きのめす, 打ちのめす. ❐～ पकाना (相手を破滅させる)陰謀を企む. **2** 余分な出費. ❐उसपर यह पलेथन! その上にこの更なる出費!

पलोटना /paloṭa̸nā パロートナー/ [<OIA. **pralōrtati* 'rolls over': T.08770] *vt.* (*perf.* पलोटा /paloṭā パローター/) 心をこめて(人の足を)揉む;もてなす.

पल्टन /palṭana̸ パルタン/ ▹पलटन *f.* ☞पलटन

पल्लव /pallava̸ パッラオ/ [←Skt.m. *पल्लव-* 'a sprout, shoot, twig, spray, bud, blossom'] *m.* 若葉;新芽.

पल्लवित /pallavita̸ パッラヴィト/ [←Skt. *पल्लवित-* 'sprouted, having young shoots'] *adj.* **1** 若葉が伸びた;発芽した. **2** 青々と繁茂した;栄華の盛りにある, 栄えている.

पल्ला[1] /pallā パッラー/ [<OIA.m. *pallava-*[2] 'strip of cloth': T.07970] *m.* **1** (布の)端, (衣服の)すそ. ❐(का) ～ पकड़ना (人に)すがりつく, 頼る. **2** (結ばれるすそでできる)人との縁, 関係, 腐れ縁, 悪縁《ヒンドゥー教結婚式の儀式として新郎新婦の衣服の互いのすそを結びつけることから》. ❐मेरे पिता ने तुम्हारे पल्ले बाँधकर मुझे तो कुएँ में ढकेल दिया। 父があんたと結婚させて私を井戸に突き落としたようなものよ. ❐(से) ～ छूटना (人から)逃れる, 腐れ縁が切れる. ❐(से) ～ छुड़ाना (人から)逃れる, 腐れ縁を切る. **3** (ものを受け取るために広げた衣服の)すそ. ❐(के) पल्ले (में) पड़ना (人の)ものになる. ❐तुम्हारे पल्ले पड़कर ज़िंदगी नष्ट हो गई। あんたと一緒になって(私の)人生は台無しになってしまった.

पल्ला[2] /pallā パッラー/ [<OIA.n. *palya-* 'sack for corn': T.07963] *m.* **1** 麻袋, ナンキン袋. **2** 〖単位〗パッラー《3マン (मन) の重さ, 約 111 キログラム》.

पल्ला[3] /pallā パッラー/ [←Pers.n. پله 'the bason of a balance, a scale'] *m.* **1** (天秤の左右の)皿. ❐(का)

～ भारी होना （…の）皿が重くなる《「（人の）立場が優勢になる」の意》． ❐（का） ～ हलका होना （…の）皿が軽くなる《「（人の）立場が劣勢になる」の意》． **2** （一対の）片方． ❐दरवाज़े का ～ （両開きの）扉の片方． ❐कैंची का ～ ハサミの片方．

पल्ला[4] /pallā パッラー/ [cf. परला] *adj.* 極端な，ひどい． ❐पल्ले दरजे का हरामख़ोर आदमी あきれ果てたろくでなしの男． ❐पल्ले सिरे का बदमाश 極悪人．

पल्लू /pallū パッルー/ [<OIA.m. *pallava-*[2] 'strip of cloth': T.07970] *m.* ☞पल्ला[1]

पल्लेदार[1] /palledāra パッレーダール/ [पल्ला[1] + -दार] *adj.* （射程が）遠くに届く；（声が）遠くまで届くほど大きい． ❐ ～ आवाज़ 遠くまで届くほど大きな声．

पल्लेदार[2] /palledāra パッレーダール/ [पल्ला[2] + -दार] *m.* 穀物袋を運搬する人．

पल्लेदारी /palledārī パッレーダーリー/ [पल्लेदार[2] + -ई] *f.* 穀物袋を運搬する仕事；穀物袋を運搬する労賃．

पवन /pavana パワン/ [←Skt.m. पवन- 'purifier; wind or the god of wind, breeze, air'] *m.* 風；風神．(⇒वायु)

पवन-चक्की /pavana-cakkī パワン・チャッキー/ *f.* 風車．

पवर्ग /pavarga パワルグ/ [←Skt.m. त-वर्ग- 'the class of the labial letters'] *m.* （デーヴァナーガリー文字の字母表において）प から始まる両唇閉鎖音および調音点が共通する鼻子音を表す子音字のグループ《配列順に प, फ, ब, भ, म の各文字》．

पवाड़ा /pavāṛā パワーラー/ ▸पँवाड़ा *m.* ☞पँवाड़ा

पवित्र /pavitra パヴィトル/ [←Skt. पवित्र- 'purifying, averting evil, pure, holy, sacred, sinless, beneficent'] *adj.* 神聖な，聖なる；神々しい；無垢（むく）の．(⇔अपवित्र) ❐～ जल 聖水．

पवित्रता /pavitratā パヴィトラター/ [←Skt.f. पवित्र-ता- 'purity, cleanness'] *f.* 神聖さ，尊厳；神々しさ．

पशमीना /paśamīnā パシュミーナー/ ▹पश्मीना [←Pers. پشمینه 'woollen; a woollen garment'] *m.* パシュミナ《高品質の羊毛で編んだ衣服，ショール》．

पशु /paśu パシュ/ [←Skt.m. पशु- 'cattle, kine; a domestic or sacrificial animal'] *m.* **1** 〖動物〗獣（けだもの），動物．(⇒जानवर) ❐राष्ट्रीय ～ 国獣． **2** 獣（けだもの）のような人間．(⇒दरिंदा)

पशु-चिकित्सक /paśu-cikitsaka パシュ・チキトサク/ [neo.Skt.m. पशु-चिकित्सक- 'a veterinary surgeon'] *m.* 獣医．

पशु-चिकित्सा /paśu-cikitsā パシュ・チキトサー/ [neo.Skt.f. पशु-चिकित्सा- 'veterinary science'] *f.* 獣医学．

पशुता /paśutā パシュター/ [←Skt.f. पशु-ता- 'bestiality, brutality'] *f.* 獣性，残忍性；残虐行為，蛮行． ❐संसार में आज मनुष्य की ～ ही उसकी मानवता पर विजय पा रही है। 世界では今日人間の獣性が人間の人間性に勝利を収めつつある．

पशुधन /paśudʰana パシュダン/ [neo.Skt.n. पशु-धन- 'livestock'] *m.* 家畜．

पशुपाल /paśupāla パシュパール/ [←Skt.m. पशु-पाल- 'a herdsman'] *m.* （男の）牛飼い．

पशुपालक /paśupālaka パシュパーラク/ [←Skt.m. पशु-पालक- 'a herdsman'] *m.* ☞पशुपाल

पशुपालन /paśupālana パシュパーラン/ [←Skt.n. पशु-पालन- 'the tending or rearing of cattle'] *m.* 牧畜（業）．

पश्चगामी /paścagāmī パシュチガーミー/ [neo.Skt. पश्च-गामिन्- 'regressive'] *adj.* 逆行性の．(⇔पुरोगामी) ❐ ～ समीकरण 〖言語〗逆行同化《後続音が先行音を同化する現象；たとえば，サンスクリット語の sapta-「7」がプラークリット語で satta- と変化する例》．

पश्चात् /paścāt パシュチャート/ [←Skt.ind. पश्चात् 'from behind, behind, in the rear, backwards'] *adv.* 《〖名詞 के पश्चात्〗の形式で「…の後で」の意》(⇔पूर्व) ❐आख़िर बहुत वाद-विवाद के ～ यह निश्चित हुआ। 結局大変な議論の後こう決まった． ❐गाय दिन भर जंगलों में रहने के ～ संध्या को घर आती है। 雌牛は一日中森にいた後で夕刻に家に戻ってくる． ❐पूजन के ～ नित्य नाश्ता किया करते थे। 彼は礼拝の後いつも朝食をとっていた．

पश्चात्ताप /paścāttāpa パシュチャーッタープ/ [←Skt.m. पश्चात्-ताप- 'after-pain; sorrow, regret, repentance'] *m.* 後悔，自責の念，良心の呵責（かしゃく）． ❐（का [पर]） ～ करना （…を）後悔する． ❐उसकी ज़बान से जो धमकी निकल गई थी, उसपर घोर ～ हुआ। 彼は口から出てしまった脅しにひどく後悔した．

पश्चिम /paścima パシュチム/ [←Skt. पश्चिम- 'being behind; last (in time or space); the latter; western'] *adj.* 〖地理〗西の，西方の．(⇔पूर्व)

— *m.* **1** 西，西方，西部．(⇒मग़रिब)(⇔पूर्व) ❐（के） ～ में （…の）西に［へ］． **2** 〖地理〗西洋．

पश्चिम बंगाल /paścima baṃgāla パシュチム バンガール/ [cf. Eng.n. *West Bengal*] *m.* 西ベンガル州《州都はコルカタ (कोलकाता)，旧名はカルカッタ (कलकत्ता)》．

पश्चिमी /paścimī パシュチミー/ [पश्चिम + -ई] *adj.* **1** 西の，西方の，西部の．(⇒मग़रिबी)(⇔पूर्वी) **2** 西洋の．(⇔पूर्वी)

पश्चिमी घाट /paścimī gʰāṭa パシュチミー ガート/ [cf. Eng.n. *Western Ghats*] *m.* 〖地名〗西ガーツ山脈《インド亜大陸の西海岸沿いの山脈》．

पश्चिमी समोआ /paścimī samoā パシュチミー サモーアー/ [cf. Eng.n. *Western Samoa*] *m.* 〖国名〗旧西サモア《現サモア (समोआ) の旧称；首都はアピア (एपिया)》．

पश्चिमी सहारा /paścimī sahārā [cf. Eng.n. *Western Sahara*] *m.* 〖国名〗西サハラ《占領・実効支配しているモロッコ（王国） (मोरक्को) とサハラアラブ民主共和国が領有を主張している地域》．

पश्तो /paśto パシュトー/ [←Pers.n. پشتو 'the language spoken by the Afghān'] *f.* パシュトー語《アフガニスタン（・イスラム共和国）の公用語の一つ》．(⇒अफ़ग़ानी)

पश्मीना /paśmīnā パシュミーナー/ ▹पशमीना *m.* ☞पशमीना

पसंद /pasaṃda パサンド/ [←Pers.n. پسند 'approbation; choice'] *adj.* 好きな, 好みの, 気にいった《主に合成語で使用;आराम-पसंद「楽することが好きな(人)」, इंसाफ़-पसंद「正義感の強い」, मनपसंद「お気に入りの」など》.
— *f.* 好み, 愛好, 嗜好. ❐(की) ~ की चीज़ (人の)好みのもの. ❐~ करना …を好む. ❐(को) ~ आना (人は)…が気に入る. ❐(को) ~ है। (人は)…が好きである.

पसंदीदा /pasaṃdīdā パサンディーダー/ [←Pers.adj. پسندیده 'approved, admired, esteemed; selected, chosen'] *adj.* **1** 好みの, お気に入りの;人気の. ❐गोवा पर्यटकों का ~ स्थल है। ゴアは観光客に人気の場所です. **2** 選んで取り出された.

पस /pasa パス/ [←Eng.n. *pus*] *m.* 〖医学〗膿(うみ), 膿汁. (⇒पीप, मवाद)

पसरना /pasaranā パサルナー/ [<OIA.intr. *prásarati* 'advances, extends': T.08825] *vi.* (*perf.* पसरा /pasarā パスラー/) (のびのびと)手足を広げて座る[横になる].

पसली /pasalī パスリー/ [<OIA.m. *párśu-*[1] 'rib': T.07948] *f.* 肋骨, あばら骨. ❐हँसते-हँसते लोगों की पसलियाँ दुखने लगीं। 笑い続けて人々の脇腹が痛くなった.

पसाना /pasānā パサーナー/ [<OIA. **prasrāvayati* 'causes to flow forth': T.08891] *vt.* (*perf.* पसाया /pasāyā パサーヤー/) (炊いた米の余り水 (माँड़) を)捨てる《インディカ米の炊き方は湯取り法が主流》.

पसार /pasāra パサール/ [<OIA.m. *prasāra-* 'extension': T.08835] *m.* (手足の)伸び;広げること;広がり, 伸長. ❐सूर्य सिर पर आ गया था, उसके तेज से अभिभूत होकर वृक्षों ने अपना ~ समेट लिया था। 太陽が頭上に来た, その輝きに圧倒されて樹木は自身の広がりをすぼめた.

पसारना /pasāranā パサールナー/ [<OIA. *prásārayati* 'stretches out, extends': T.08838; cf. *पसरना*] *vt.* (*perf.* पसारा /pasārā パサーラー/) **1** (のびのびと)手足をのばす;ずうずうしくなる. ❐टाँग [पाँव] पसारकर सोई। 彼女は大股を広げて眠った《たいした家事もしないぐうたらな女についての表現》. ❐मित्रता ने यहाँ तक पाँव पसारे कि भाइयों की अनुपस्थिति में भी वह बेधड़क घर में घुस जाते और आँगन में खड़े होकर छोटी बहिन से पान-हुक्का माँगते। 友情はずうずうしさを増して, 兄弟たちが不在の時も大胆にも家に入り込んだり中庭に立って(彼らの)妹にパーンや水ギセルをせがむのだった. **2** (受け取るために裾などを)広げる;(受け取るために手を)差し伸ばす. (⇒रोपना) ❐इनाम के लिए हाथ ~ 褒美を受け取るために手を差し伸ばす.

पसीजना /pasījanā パスィージナー/ [<OIA. **prasvidyati* 'sweats': T.08896] *vi.* (*perf.* पसीजा /pasījā パスィージャー/) **1** 汗をかく, 発汗する, 汗ばむ. **2** (同情・哀れみなどで心が)動かされる, ほろりとする. ❐(का) दिल ~ (人の)心が動かされる. ❐जितनी चिरौरी-बिनती हो सकती थी, वह कर चुका, मगर वह पत्थर की देवी ज़रा भी न पसीजी। ありったけの懇願・哀願はすべてやった, しかし彼女は石でできた女神のように少しも心を動かさなかった.

पसीना /pasīnā パスィーナー/ [<OIA. **prasvidana-* 'sweating': T.08895; cf. OIA. *prasvinna-* 'sweated': T.08897] *m.* 〖医学〗汗;冷汗;発汗. (⇒स्वेद) ❐~ छूटना 汗が噴き出す. ❐~ टपकना 汗がしたたる. ❐~ बहाना 汗を流す(激しい労働をする). ❐(का) ~ पोंछना (…の)汗をぬぐう. ❐(को) ~ आना (人が)汗をかく.

पसेरी /paserī パセーリー/ ▸पँसेरी *f.* ☞पँसेरी

पसोपेश /pasopeśa パソーペーシュ/ [←Pers.n. پس و پیش 'hesitation'] *m.* **1** 躊躇(ちゅうちょ), ためらい. (⇒संकोच, हिचक) ❐~ करना ためらう. **2** ジレンマ, 板ばさみ. (⇒द्विधा) ❐वह बड़े ~ में पड़ा। 彼は大変なジレンマに陥った.

पस्त /pasta パスト/ [←Pers.adj. پست 'low; humble; plain, level ground'] *adj.* 気力が失せた, 萎えた, ぐったりした, 落胆した. ❐उनके हौसले ~ हो गए। 彼らは意気消沈してしまった.

पहचनवाना /pahacanavānā パヘチャンワーナー/ [caus. of *पहचानना*] *vt.* (*perf.* पहचनवाया /pahacanavāyā パヘチャンワーヤー/) 見分けさせる;見分けてもらう.

पहचान /pahacāna パヘチャーン/ ▸पहिचान [(metathesis) <OIA.n. *pratyabhijñāna-* 'recognition': T.08638; cf. *पहचानना*] *f.* **1** 識別, 判別, 見分け. ❐अपने-पराये की ~ 身内か他人かの判別. ❐बिना रोगी को देखे रोग की ~ कैसे हो सकती है? 病人を見ることなしに病気の判別がどうしてできるのか? **2** 本人であること, 同一物であること, アイデンティティー. ❐~-पत्र 身分証, ID カード;身分証明書. **3** 固有の特徴, しるし. **4** (人との)面識, なじみ;(対象への)知識. ❐अपनी ~ का आदमी 知り合いの人.

पहचानना /pahacānanā パヘチャーンナー/ ▸पहिचानना [(metathesis) <OIA. *pratyabhijānāti* 'recognizes': T.08637] *vt.* (*perf.* पहचाना /pahacānā パヘチャーナー/) **1** 見分ける, 識別[判別]する;(相違ないと)確認[鑑定]する. ❐आपने उसे कहाँ पहचाना? あなたは彼をどこでみかけましたか? ❐उसने मुझे देखते ही पहचान लिया। 彼は私を見るとすぐ気がついた. ❐आपने मुझे पहचाना? あなたは私が誰かわかりましたか? **2**《未完了表現で》(人を)よく知っている, 面識がある. ❐मैं उसे अच्छी तरह पहचानता हूँ। 私は彼をよく存じています.

पहचान-पत्र /pahacāna-patra パヘチャーン・パトル/ *m.* 身分証, ID カード;身分証明書. ❐छात्र ~ 学生証.

पहनना /pahananā パハンナー/ [<OIA. **pinahati* 'ties on': T.08198] *vt.* (*perf.* पहना /pahanā パヘナー/) **1** 身につける;(服を)着る;(靴を)はく;(帽子を)かぶる;(眼鏡を)かける;(装身具を)身につける;(花輪を)(自分に)かける. (⇒डालना, लगाना)(⇔उतारना) ❐चाचा को अच्छे कपड़े पहनने का शौक़ था, हमारे ख़ानदान में हैट और टाई के साथ सूट पहनने वाले वे पहले व्यक्ति थे। 叔父は身だしなみのいい服を着るのが趣味だった, 私たちの家系で帽子とネクタイを身につけスーツを着た最初の人間だった. ❐उसने रँगी धोती पहन ली थी, सारे गहने पहन लिये थे। 彼女は色物の腰布を身にまとい, ありったけの装身具を身につけた. ❐वह महिला ऊँची

एड़ी का जूता पहने हुए थीं। その女性は，ハイヒールの靴をはいていた．❐वे पाँव में काली स्लिपर पहनते थे। 彼は足に黒いスリッパをはいていた．❐उस पुस्तक में उनके कानों में पहने हुए पुष्पों की चर्चा आयी है। その本には，彼女の耳に飾られた花についての記述がある．**2**（手錠・鎖を）かけられる．❐उसे हथकड़ी पहननी पड़ेगी। 彼は手錠をかけられずにはすまないだろう．

पहनवाना /pahanavānā パハンワーナー/ [caus. of *पहनना, पहनाना*] *vt.* (*perf.* पहनवाया /pahanavāyā パハンワーヤー/) 着せさせる；着せてもらう．

पहनाना /pahanānā パヘナーナー/▸पहराना [cf. *पहनना*] *vt.* (*perf.* पहनाया /pahanāyā パヘナーヤー/) **1** 身につけさせる；（服を）着せる；（靴を）はかせる；（帽子を）かぶらせる；（眼鏡を）かけさせる；（装身具を）身につけさせる；（花輪を）（人に）かける．(⇒डालना) ❐माँ ने मुझे साफ़-धुले कपड़े पहनाए थे। 母は私に洗濯された清潔な服を着せた．❐मेरे पैरों में जूता पहनाओ। 私の足に靴をはかせてくれ．**2**（手錠・鎖を）かける．(⇒डालना)

पहनाव /pahanāva パヘナーオ/ ▸पहनावा *m.* ☞पहनावा

पहनावा /pahanāvā パヘナーワー/▸पहनाव [cf. *पहनना*] *m.* 衣服，衣装；着衣．(⇒परिधान, पोशाक)

पहर /pahara パハル/ [<OIA.m. *prahara-* 'a division of time (= about 3 hours), a watch': T.08900; cf. Pers.n. پہر 'fourth; watch of the night'] *m.* 〚単位〛パハル《一日の八等分，ほぼ3時間に相当；日の出（午前6時）を起点に数える；正午は起点から6時間後という意味でदोपहर》．❐आठों ～ 四六時中，一日中．❐तीसरे ～ 午後3時頃．

पहरा /paharā パヘラー/ [←Pers.n. پہره 'a guard; protection'] *m.* 見張り，監視，警戒．(⇒गारद) ❐～ देना 見張る．

पहराना /paharānā パヘラーナー/ ▸पहनाना *vt.* (*perf.* पहराया /paharāyā パヘラーヤー/) ☞पहनाना

पहरावा /paharāvā パヘラーワー/ ▸पहनावा *m.* ☞पहनावा

पहरेदार /paharedāra パヘレーダール/ [←Pers.n. پہره دار 'a watchman, guard'] *m.* 見張り；監視兵，番兵，歩哨．(⇒गार्ड, संतरी)

पहल /pahala パハル/ [<OIA. **prathila-* 'first': T.08652] *f.* 最初；口火，先鞭（せんべん）．❐(की) ～ करना（…の）口火を切る．❐पहले-पहल まず最初に．

पहलगाम /pahalagāma パハルガーム/ [cf. Eng.n. *Pahalgam*] *m.* 〚地名〛パハルガーム《ジャンムー・カシュミール州 (जम्मू और कश्मीर) にある風光明媚な観光地》．

पहलवान /pahalavāna パハルワーン/ [←Pers.n. پہلوان 'a hero, champion, brave warrior, strong athletic man'] *m.* 〚スポーツ〛レスラー，インド相撲 (कुश्ती) の力士．

पहलवानी /pahalavānī パヘラワーニー/ [←Pers.n. پہلوانی 'heroism'] *adj.* **1** レスラーの．❐～ काठी レスラーの体つき．

— *f.* **1** レスリングの稽古（けいこ）．**2** 勇ましい振る舞い．

पहला /pahalā パヘラー/ ▸पहिला [<OIA. **prathila-* 'first': T.08652] *adj.* **1** 最初の，第一番目の．❐～ क़दम 第一歩，最初の一歩．❐पहली बार 最初に，初めて．**2** 以前の，前の．

पहलू /pahalū パヘルー/ [←Pers.n. پہلو 'the side; utility; profit, advantage'] *m.* **1** 横腹，わき腹．❐उनके ～ में यह काँटा बुरी तरह खटक रहा था 彼のわき腹にこの棘がひどくひっかかっていた（＝気になっていた）．**2**（表裏の）面；（事物の）側面；局面．(⇒पक्ष) ❐एक सिक्के के दो ～ हैं। 一枚のコインには表裏がある．❐पैसे की कमी समस्या का एक ～ भर है। 金銭の不足は問題の一つの側面に過ぎない．❐उसने पक्ष और विपक्ष के सभी पहलुओं पर विचार किया। 彼は支持と反対のありとあらゆる局面について考えた．**3** 近辺，側．❐(के) ～ में（…の）そばに，近くに．

पहले /pahale パヘレー/ [cf. *पहला*] *adv.* **1** 最初に，まず．❐～ आप お先にどうぞ．❐～ से 前もって，あらかじめ．❐सबसे ～ 一番最初に．**2** 最初は．**3**《時間の単位を表わす語の後に使用して》…前に，…以前に．(⇔बाद) ❐एक [दो] महीने ～ 1[2]月前に．❐एक [दो] साल ～ 1[2]年前に．

पहले-पहल /pahale-pahala パヘレー・パハル/ *adv.* まず最初に．

पहलौंठा /pahalāũṭʰā パヘラォーンター/ ▸पहलौठा [<OIA. **prathilaputra-* 'first son'; cf. *इकलौता* <OIA. **ēkkalaputra-* 'only son': T.02507] *adj.* 最初に生まれた（子ども），第一子の．

पहलौठा /pahalauṭʰā パヘラォーター/ ▸पहलौंठा *adj.* ☞पहलौंठा

पहाड़ /pahāṛa パハール/ [<OIA. **pāhāḍa-* 'rock, hill': T.08141] *m.* **1** 〚地理〛山．(⇒पर्वत) **2** 〚地理〛丘．**3** 厄介な大仕事；つらくうんざりする仕事，苦痛な仕事；耐えがたい苦痛．❐एक घंटा भी किताब लेकर बैठना ～ था। 1時間すら本を手にして座るのは苦痛だった．❐ज़िंदगी ～ हो गई। 人生が耐えがたい苦痛になった．

पहाड़ा /pahāṛā パハーラー/ [cf. OIA.m. *prastārá-* 'spreading out': T.08864] *m.* 〚数学〛九九（の掛け算）．❐～ रटना 九九をとなえる．

पहाड़ी /pahāṛī パハーリー/ [*पहाड़* + *-ई*] *adj.* 〚地理〛山の，丘の，山間部の，山岳地帯［丘稜地］の．❐～ इलाक़ा 山岳地帯，丘稜地，山間部．❐～ बादाम ヘイゼルナッツ，ハシバミの実．

— *m.* 〚地理〛山岳地帯［丘稜地］の住人．

— *f.* 〚地理〛丘．

पहिचान /pahicāna パヒチャーン/ ▸पहचान *f.* ☞पहचान

पहिचानना /pahicānanā パヒチャーンナー/ ▸पहचानना *vt.* (*perf.* पहिचाना /pahicānā パヒチャーナー/) ☞पहचानना

पहिया /pahiyā パヒヤー/ [<OIA.m. *pradhí-* 'felly': T.08672] *m.* 車輪．❐～ और धुरी 車輪と車軸．

पहियेदार /pahiyedāra パヒエーダール/ [*पहिया* + *-दार*] *adj.* 車輪のついた．❐～ कुर्सी 車椅子．

पहिला /pahilā パヒラー/ ▸पहला *adj.* ☞पहला

पहुँच /pahũca パフンチ/ [<OIA. *prábhūta-* 'much,

great': T.08716; cf. *पहुँचना*] *f.* 影響力の及ぶ範囲;能力・理解の範囲. ❐आवाज़ की ～ के बाहर जाना 声の届かないところに行く. ❐मरकर और ～ से बाहर होकर वह और भी प्रिय हो गया था। 亡くなって手が届かなくなってから彼は一層みんなに愛された.

पहुँचना /pahũcanā パフンチナー/ [<OIA. *prábhūta-* 'much, great': T.08716] *vi.* (*perf.* पहुँचा /pahũcā パフンチャー/) **1** 着く, 到着する;届く;達する. ❐हम लोग छह बजे घर पहुँचे। 我々は6時に家に着いた. **2** (結論に)到達する;(協定・妥協などで)一致する. ❐वह इस नतीजे पर पहुँचा। 彼はこの結論に達した. **3** 深く理解する, 見抜く, 洞察する;極める, 精通する;徳の高い. ❐पहुँचे हुए फ़क़ीर 徳の高いイスラム修行僧. ❐पहुँचे हुए योगी 徳の高いヒンドゥー苦行者. **4** (利益などを)得る;(傷・痛み・損害などを)負う. ❐(को) चोट [नुक़सान] पहुँचना। (人が)傷[損害]を負う.

पहुँचवाना /pahũcavānā パフンチワーナー/ [caus. of *पहुँचना, पहुँचाना*] *vt.* (*perf.* पहुँचवाया /pahũcavāyā パフンチワーヤー/) 送り届けさせる;送り届けてもらう.

पहुँचा /pahũcā パフンチャー/ [?<OIA. **pahuñca-* 'forearm, wrist': T.08018; cf. Skt.m. *प्र-कोष्ठ-* 'forearm'] *m.* 手首. (⇒कलाई)

पहुँचाना /pahũcānā パフンチャーナー/ [cf. *पहुँचना*] *vt.* (*perf.* पहुँचाया /pahũcāyā パフンチャーヤー/) **1** (人・ものを)送り届ける;届ける;配達する. ❐चलो, मैं तुम्हारे घर तक पहुँचा दूँ। さあ, 君の家まで送ってあげよう. **2** (頂点を)極めさせる. ❐उनका विचार था कि तीनों लड़कियों को इंगलैंड भेजकर शिक्षा के शिखर पर पहुँचा दें। 彼の考えは, 娘3人とも英国に送って教育の頂点を極めさせよう, ということだった. **3** (傷・痛み・損害などを)負わせる. ❐मैं तुम्हें नुक़सान नहीं पहुँचाना चाहता। 私は君に損害を負わせたくない.

पहुँची /pahũcī パフンチー/ [cf. *पहुँचा*] *f.* (女性用)ブレスレット.

पहेली /pahelī パヘーリー/ [<OIA.f. *prahēlikā-* 'riddle': T.08911] *f.* **1** 〖ゲーム〗なぞなぞ(遊び). ❐～ बुझना なぞなぞが解ける. ❐～ बूझना なぞなぞを解く. ❐～ बुझाना なぞなぞを解かせる. ❐वर्ग [शब्द] ～ クロスワード(パズル). **2** 謎, ミステリー, 不可解なこと. (⇒रहस्य) ❐अनबूझ ～ 解けない謎. ❐उसका सहसा ग़ायब हो जाना मेरे बाल-मन की एक ～ बन गई। 彼女が急に姿を消したことは私の子ども心には一つの謎となった.

पाँखुड़ी /pãkʰuṛī パーンクリー/ ▸पँखड़ी, पँखुड़ी *f.* ☞पँखड़ी

पाँच /pãca パーンチ/ [<OIA. *paáñca* 'five': T.07655] *num.* 5.

पाँचगुना /pãcagunā パーンチグナー/ [*पाँच* + *-गुना*] *adj.* ☞पँचगुना

पांचभौतिक /pāṃcabʰautika パーンチバォーティク/ [←Skt. *पाञ्च-भौतिक-* 'composed of or containing the 5 elements'] *adj.* 五大(ごだい)から成る《宇宙を構成するする五つの要素である地・水・火・風・空》. ❐～ शरीर 五大から成る肉体.

पाँचवाँ /pãcavā̃ パーンチワーン/ [<OIA. pañcamá- 'fifth': T.07669] *adj.* 5番目の;5分の1の.

पाँच-सितारा /pãca-sitārā パーンチ・スィターラー/ *adj.* 五つ星の(ホテル), 最高級(ホテル). ❐～ होटल 五つ星ホテル, 最高級ホテル.

पाँचा /pãcā パーンチャー/ [cf. *पाँच*] *m.* (5本爪の)熊手, レーキ.

पाँजना /pãjanā パーンジナー/ [<OIA. **prāñjati* 'smears': T.08926] *vt.* (*perf.* पाँजा /pãjā パーンジャー/) (金属を)はんだ付けする. (⇒झालना, टाँकना)

पांडव /pāṃḍava パーンダオ/ [←Skt.m. *पाण्डव-* 'the five reputed sons of *Pāṇḍu*'] *m.* 〖神話〗パーンダヴァ五王子《叙事詩『マハーバーラタ』(महाभारत) の主役である五兄弟》.

पांडा /pāṃḍā パーンダー/ [←Eng.n. *panda*] *m.* 〖動物〗パンダ.

पांडिचेरी /pāṃḍicerī パーンディチェーリー/ [cf. Eng.n. *Pondicherry*] *f.* 〖地名〗ポンディシェリー, ポンディチェリー《インド連邦政府直轄地》.

पांडित्य /pāṃḍitya パーンディティエ/ [←Skt.n. *पाण्डित्य-* 'scholarship, erudition, learning, cleverness, skill'] *m.* 学識;博識.

पांडु /pāṃḍu パーンドゥ/ [←Skt. *पाण्डु-* 'yellowish white, white, pale'] *adj.* 黄白色の.
— *m.* **1** 黄白色. **2** (粘土と砂が混じっている)黄白色の土壌. **3** ☞पांडुरोग

पांडुरोग /pāṃḍuroga パーンドゥローグ/ [←Skt.m. *पाण्डु-रोग-* 'jaundice'] *m.* 〖医学〗黄疸. (⇒ज़रदी, पीलिया)

पांडुलिपि /pāṃḍulipi パーンドゥリピ/ [neo.Skt.f. *पाण्डु-लिपि-* 'manuscript'] *f.* **1** 写本. **2** 手書き(原稿).

पाँत /pãta パーント/▸पाँति [<OIA.f. *paṅktí-* 'group of five': T.07646] *f.* **1** 列;行. (⇒पंक्ति) **2** 階級;序列. **3** 〖ヒンドゥー教〗カースト制;カースト差別《特に共に食事ができるカースト集団やその差別》.

पाँति /pãti パーンティ/ ▸पाँत *f.* ☞पाँत

पाँव /pãva パーオン/ [<OIA.m. *pā́da-* 'foot': T.08056; cf. OIA.m. *pādú-* 'foot': T.08075] *m.* (くるぶしから下の)足. (⇒पैर) ❐उसकी पत्नी के ～ भारी थे। 彼の妻の足は重かった《「身重だった」の意》. ❐उसने मेरा ～ छूकर माफ़ी माँगी। 彼は私の足元に触れて許しを請うた.

पाँवड़ा /pãvaṛā パーオンラー/ [<OIA. **pādapaṭa-* 'cloth for feet': T.08062] *m.* (高位・高官の人のために敷く)敷物, 赤じゅうたん.

पाँसा /pãsā パーンサー/ ▸पासा *m.* ☞पासा

पाइप /pāipa パーイプ/ [←Eng.n. *pipe*] *m.* **1** パイプ, 管, 導管, 筒. (⇒नल) **2** (ゴム)ホース. **3** (タバコを吸う)パイプ.

पाई[1] /pāī パーイー/ [<OIA. *pādiká-* 'worth a quarter': T.08074] *f.* **1** パーイー《英領インド時代に通用した旧銅貨;価値は1パイサ (पैसा) の三分の一;きわめて安い価値, びた一文》. ❐नफ़े की एक ～ भी किसी की जेब में नहीं जाती। 儲けのびた一文すら誰のポケットに入らない. ❐सूद की एक ～ न छोड़ते थे। (彼は)利子のびた一文容赦しな

かった. **2** パーイー《(ヒンディー語で文の終わりを示す)縦棒の記号 ।, フル・ストップ;もとは「4分の1, 四半分」を表す縦棒の記号から》. (⇒डंडा, पूर्णविराम)

पाई[2] /pāī パーイー/ [←Eng.n. *pie*] *f.* 〖食〗パイ.

पाउडर /pāuḍara パーウダル/ [←Eng.n. *powder*] *m.* **1** 粉, 粉末. ❐दूध का ～ 粉ミルク. **2** おしろい. ❐मुँह पर ～ लगाना 顔におしろいを塗る. **3** 火薬. (⇒बारूद)

पाक[1] /pāka パーク/ [←Skt.m. *पाक-* 'cooking'] *m.* 調理, 料理.

पाक[2] /pāka パーク/ [←Pers.adj. پاک 'pure, chaste, innocent, clean, neat'; cog. Skt. *पावक-* 'pure, clear, bright'] *adj.* 清浄な, 清い. (⇒पवित्र)(⇔नापाक)

पाक[3] /pāka パーク/ [cf. *पाकिस्तान*] *m.* 〔略語〕パキスタン(の). ❐～ जाँच टीम パキスタン調査チーム.

पाकड़ /pākaṛa パーカル/ ▸पाकर *m.* ☞पाकर

पाकर /pākara パーカル/▸पाकड़ [<OIA.f. *parkaṭī-* '*Ficus infectoria*': T.07916z1] *m.* 〖植物〗パーカル《イチジク属の大木》.

पाकशाला /pākaśālā パークシャーラー/ [←Skt.f. *पाक-शाला-* 'cooking-room; a kitchen'] *f.* 〖食〗調理場, 厨房.

पाकशास्त्र /pākaśāstra パークシャーストル/ [←Skt.n. *पाक-शास्त्र-* 'the science of cooking'] *m.* 〖食〗調理学, 料理学;調理法, 料理法.

पाका /pākā パーカー/ ▸पक्का *adj.* ☞पक्का

पाकिस्तान /pākistāna パキスタン/ [cf. Eng.n. *Pakistan*] *m.* 〖国名〗パキスタン(・イスラム共和国)《首都はイスラーマーバード (इस्लामाबाद)》.

पाकिस्तानी /pākistānī パーキスターニー/ [*पाकिस्तान* + *-ई*] *adj.* パキスタンの;パキスタン人の.

— *m.* パキスタン人.

पाकेट /pākeṭa パーケート/▸पॉकेट [←Eng.n. *pocket*] *m.* ポケット. (⇒जेब)

पाकेटमार /pākeṭamāra パーケートマール/▸पॉकेटमार [*पाकेट* + *मारना*] *m.* すり. (⇒जेबकतरा)

पाक्षिक /pākṣika パークシク/ [←Skt. *पाक्षिक-* 'favouring a party or faction'] *adj.* **1** 2週間ごとの, 隔週の. ❐～ पत्रिका 隔週発行の雑誌. **2** (考えなどが)一方に片寄った, 不公平な.

पाखंड /pākʰaṃḍa パーカンド/ [<Skt.m. *पाषण्ड-* 'a heretic, hypocrite, impostor, any one who falsely assumes the characteristics of an orthodox'] *m.* 偽善;いかさま, いんちき;極悪. ❐～ रचना ねこをかぶる.

पाखंडी /pākʰaṃḍī パーカンディー/ [*पाखंड* + *-ई*] *adj.* 偽善的な;いかさまの, いんちきな;極悪な.

— *m.* 偽善者;いかさま師, ペテン師;極悪人.

पाख़ाना /pāxānā パーカーナー/ [←Pers.n. پای خانه 'a necessary, privy'] *m.* **1** トイレ, 便所. (⇒शौचालय) ❐पाख़ाने जाना トイレに行く. **2** 大便. ❐(को) ～ आना [लगना] (人が)便意をもよおす.

पाग[1] /pāga パーグ/ [<Skt.m. *पाक-* 'cooking': T.08022] *m.* 〖食〗パーグ《シロップに漬けた菓子の一種》.

पाग[2] /pāga パーグ/ [<OIA. **paggā-* 'headdress': T.07644; cf. *पगड़ी*] *f.* ターバン. (⇒पगड़ी)

पागना /pāganā パーグナー/ [cf. *पाग*[1]] *vt.* (*perf.* पागा /pāgā パーガー/) (甘みをつけるためにシロップなどに)浸す. ❐शीरे में ～ …をシロップに浸す.

पागल /pāgala パーガル/ ▸पगला [<OIA. **paggala-* 'mad': T.07643] *adj.* **1** 精神異常な, 精神を病んだ, 気が狂った. ❐～ कुत्ता 狂犬. ❐बहुत पढ़ लेने से भी आदमी ～ हो जाते हैं। 勉強し過ぎても人間は気が狂うものだ. ❐शराब लोगों को ～ कर देती है। 酒は人間を狂わせる. **2** 馬鹿な(人), 愚かな. ❐तुम तो ～ हो, झूठ-मूठ मुझे दिक़ कर रहे हो। お前は馬鹿だな, なんでもないことで私を困らせるんだから. **3** 熱狂した.

— *m.* **1** 〖医学〗精神異常者, 精神病者, 狂人. ❐उसने इस लंबे व्याख्यान को इस तरह सुना, जैसे कोई ～ बक रहा हो। 彼はこの長ったらしい講演を, まるでどこかの狂人がたわごとを言っているように聞いた. **2** 愚者, 馬鹿, 気違い. **3** 熱狂者, 熱烈なファン.

— *int.* (年下の者をたしなめて)バカ, おバカさん. ❐～ कहीं का। おバカさん.

पागल-ख़ाना /pāgala-xānā パーガル・カーナー/ *m.* 精神病院.

पागलपन /pāgalapana パーガルパン/ [*पागल* + *-पन*] *m.* **1** 〖医学〗狂気, 精神異常, 精神病. ❐अब किसी को उनके ～ में संदेह न रहा। もはや誰も彼の狂気に疑いはもたなかった. **2** 〖医学〗狂犬病, 恐水病. **3** 気違いざた, 狂気;馬鹿さかげん, 愚行. **4** 熱狂.

पागुर /pāgura パーグル/ [<OIA. **pragura-* 'chewing': T.08475] *m.* (牛などの)反芻(はんすう). (⇒जुगाली) ❐～ करना 反芻する.

पागुराना /pāgurānā パーグラーナー/ ▸पगुराना [<OIA. **pragurati* 'chews': T.08476; cf. *पागुर*] *vi.* (*perf.* पागुराया /pāgurāyā パーグラーヤー/) 反芻する.

पागो पागो /pāgo pāgo パーゴー パーゴー/ [cf. Eng.n. *Pago Pago*] *m.* 〖地名〗パゴパゴ《アメリカ領サモア (अमेरिकी समोआ) の首都》.

पाचक /pācaka パーチャク/ [←Skt.n. *पाचक-* 'cooking; causing digestion'] *adj.* 消化を促す. ❐～ तंत्र 消化器官.

— *m.* **1** 〖医学〗消化剤. **2** 料理人, 調理人.

पाचन /pācana パーチャン/ [←Skt. *पाचन-* 'causing to cook or boil, softening, digestive'] *m.* **1** 〖医学〗消化. (⇒हज़म) **2** 〖医学〗消化剤, 消化薬. **3** (文化・知識などの)消化, 吸収.

पाचन-शक्ति /pācana-śakti パーチャン・シャクティ/ [neo.Skt.f. *पाचन-शक्ति-* 'digestive power'] *f.* 〖医学〗消化能力.

पाछ /pācʰa パーチ/ [cf. *पाछना*] *f.* (メスなどによる)浅い切り込み;(傷口の)切開;(樹液をとるための)切り込み, 刻み. (⇒चीरना)

पाछना /pācʰanā パーチナー/ [<OIA. *pracchyati* 'scarifies': T.08505] *vt.* (*perf.* पाछा /pācʰā パーチャー/) (メスなどで)浅く切り込みを入れる;(傷口を)切開する;(樹液をとるために)木に傷をつける, 刻む. (⇒चीरना)

पाजामा /pājāmā パージャーマー/ ▸पजामा, पायजामा, पैजामा [←Pers.n. پا جامه 'trousers, long drawers'; → I.Eng.n. *pajama, pyjama*] *m.* パージャーマー《緩やかなズボンの一種;腰のところをひもでしばる》. ❐चूड़ीदार ～ チューリーダール・パージャーマー《膝からくるぶしの部分が足にぴったりするようにギャザーをいれたズボン》.

पाजी /pājī パージー/ [←Pers.adj. پاجی 'mean, low, grovelling'] *adj.* 下劣な(奴);心のひねくれた;ごろつきの.

पाजीपन /pājīpana パージーパン/ [*पाजी* + *-पन*] *m.* 下劣さ;極悪非道.

पाज़ेब /pāzeba パーゼーブ/ [←Pers.n. پای زیب 'a woman's foot-ornament'] *f.* パーゼーブ《足首の飾りの一種》.

पाट[1] /pāṭa パート/ [<OIA.m. *paṭṭa-[1]* 'slab, tablet': T.07699] *m.* **1** 板(状のもの);木板;石板《特に洗濯屋(धोबी)が洗濯に使う石板》. **2** (川などの)幅. ❐जमुना का ～ यहाँ बहुत चौड़ा हो जाता है। ジャムナー川の川幅がここではとても広くなります.

पाट[2] /pāṭa パート/ [<OIA.m. *paṭṭa-[2]* 'cloth, woven silk': T.07700] *m.* 布;絹布.

पाटना /pāṭanā パートナー/ [<OIA.m. *paṭṭa-[1]* 'slab, tablet': T.07699; cf. *पाट[1]*] *vt.* (*perf.* पाटा /pāṭā パーター/) **1** (窪みを)埋めて平らにする, ならす. **2** (物資で)満杯にする;過剰供給する. ❐न जाने क्या-क्या सामान वे बैलों पर लदवाकर लाते और हमारा घर पाट देते। 一体何が何だかわからないほどの荷物を彼は雄牛に積ませて持って来て, 私たちの家を満杯にしたものだった. **3** (借金・売買などで)折り合いをつける;(意見・感情などの対立を)解決する.

पाटा /pāṭā パーター/ [<OIA.m. *paṭṭa-[1]* 'slab, tablet': T.07699] *m.* **1** パーター《四脚の低い板状の椅子》. (⇒पीढ़ा) **2** パーター《耕した畑の地ならしに使う角材》. **3** パーター《左官のこての役割をする木のへら》.

पाटी[1] /pāṭī パーティー/ [cf. *पाटा*] *f.* **1** パーティー《子どもの筆記用具として使う木板》. ❐～ पढ़ना 読み書きを習う. **2** (寝台の)枠木. **3** 頭髪の分け目. ❐～ पारना [बैठना] 髪を分ける, 髪に櫛を入れる.

पाटी[2] /pāṭī パーティー/ ▸पॉटी [←Eng.n. *potty*] *f.* (幼児用)おまる.

पाठ /pāṭʰa パート/ [←Skt.m. *पाठ-* 'recitation, recital; reading, perusal, study (esp. of sacred texts); the text of a book'] *m.* **1** (教科書の)課;講義, レッスン. ❐पहला ～ 第1課. **2** (聖典の)暗唱;朗読. ❐(का) ～ करना (…を)暗唱する;朗読する. **3** (写本などの)原文, テキスト.

पाठक /pāṭʰaka パータク/ [←Skt.m. *पाठक-* 'a reciter, reader; a student, pupil; a scholar, lecturer, preceptor, teacher'] *m.* 読者.

पाठभेद /pāṭʰabʰeda パートベード/ [neo.Skt.m. *पाठ-भेद-* 'difference in version'] *m.* (テキストの)異本. (⇒पाठांतर)

पाठशाला /pāṭʰaśālā パートシャーラー/ [?neo.Skt.f. *पाठ-शाला-* ' school'] *f.* 学校《特に初等教育の教育機関》.

पाठांतर /pāṭʰāṃtara パーターンタル/ [←Skt.n. *पाठ-अन्तर-* 'another reading; a variation of the text in a book or manuscript'] *m.* (テキストの)異本. (⇒पाठभेद)

पाठ्य /pāṭʰya パーティエ/ [←Skt. *पाठ्य-* 'to be recited; to be taught, needing instruction'] *adj.* **1** 読むべき, 読むに値する. **2** 判読できる.

पाठ्यक्रम /pāṭʰyakrama パーティエクラム/ [neo.Skt.m. *पाठ्य-क्रम-* 'curriculum; syllabus'] *m.* **1** (学習・授業などの)課程, コース, カリキュラム. (⇒कोर्स) **2** (講義・授業の)シラバス.

पाठ्यचर्या /pāṭʰyacaryā パーティエチャルヤー/ [neo.Skt.f. *पाठ्य-चर्या-* 'syllabus'] *f.* ☞पाठ्यविवरण

पाठ्यपुस्तक /pāṭʰyapustaka パーティエプスタク/ [neo.Skt.n. *पाठ्य-पुस्तक-* 'text book'] *m.* 教科書.

पाठ्यविवरण /pāṭʰyavivaraṇa パーティエヴィワラン/ [neo.Skt.n. *पाठ्य-वि-वरण-* 'syllubus'] *m.* シラバス, (講義などの)概要.

पाड़[1] /pāṛa パール/ [<OIA. *pālí-[1]*, *pālī-* 'boundary, edge': T.08041z1] *m.* (サリーなどの)すそ, へり. (⇒किनारा)

पाड़[2] /pāṛa パール/ [<OIA.m. *pāṭa-* 'breadth, expanse': T.08030] *m.* (建築場の)足場.

पाडगोरिका /pāḍagorikā パードゴーリカー/▸पॉडगोरिका [cf. Eng.n. *Podgorica*] *m.* 〘地名〙ポドゴリツァ《モンテネグロ (मोंटेनेग्रो) の事実上の首都》.

पाड़ा /pāṛā パーラー/ ▸पड़वा *m.* ☞पड़वा[2]

पाणिग्रहण /pāṇigrahaṇa パーニグラハン/ [←Skt.n. *पाणि-ग्रहण-* 'taking (the bride) by the hand, marriage'] *m.* 〘ヒンドゥー教〙パーニグラハナ《結婚式で新郎が新婦の手を取る儀式;転じて「華燭(かしょく)の典」》. (⇒हथलेवा)

पातक /pātaka パータク/ [←Skt.n. *पातक-* 'that which causes to fall or sink; sin, crime, loss of caste'] *m.* 大罪. ❐अश्रुतपूर्व घोर ～ 前代未聞の恐ろしい大罪. ❐राजा ईश्वर का प्रतिनिधि है, उसकी आज्ञा के विरुद्ध चलना महान् ～ है। 王は神の代理人である, 彼の命令に背くことは大変な大罪である.

पातकी /pātakī パートキー/ [←Skt. *पातकिन्-* 'guilty of a crime, wicked, sinful'] *m.* 大罪人.

पाताल /pātāla パータール/ [←Skt.n. *पाताल-* 'one of the 7 regions under the earth and the abode of the *Nāgas* or serpents and demons'] *m.* **1** 〘神話〙パーターラ《ナーガ族 (नाग) が住むとされる地底界》. **2** 深くて広い地の裂け目;地獄. ❐आकाश-पाताल का अंतर 天と地の違

い.

पातिव्रत /pātivrata パーティヴラト/ [<Skt.n. *पातिव्रत्य-* 'devotedness to a husband, conjugal fidelity'] *m.* ☞ पातिव्रत्य

पातिव्रत्य /pātivratya パーティヴラティエ/ [←Skt.n. *पातिव्रत्य-* 'devotedness to a husband, conjugal fidelity'] *m.* 夫への貞節.

पाती /pātī パーティー/ [<OIA.n. *páttra-* 'wing-feather': T.07733; cf. Skt.f. *पत्रिका-* 'a leaf (for writing upon), a letter, document'] *f.* **1**〖植物〗葉. **2** 手紙, 書簡.

पातुर /pātura パートゥル/ [<Skt.n. *पात्र-* 'actor'] *f.* **1** 踊り子;舞姫. **2** 売春婦.

पात्र /pātra パートル/ [←Skt.n. *पात्र-* 'a drinking-vessel, goblet, bowl, cup, dish, pot, plate, utensil etc.'] *m.* **1** 器, 容器, 入れ物. **2**〖文学〗(作品の)登場人物;(演劇や映画の)役者, 俳優. ❐～ की भूमिका निभाना 登場人物の役を演じる. **3** 対象となる者;(愛, 尊敬などを受けるに値する)器や器量を備えている人;(地位にふさわしい)能力を備えている人《主に合成語の要素となる; कृपापात्र「恩情を受けている者」, विश्वासपात्र「信頼を受けている者」, स्नेहपात्र「慈愛を受けている者」など》. ❐प्रशंसा का ～ 賞賛のまと. ❐सहानुभूति का ～ 同情のまと. ❐हँसी का ～〔皮肉〕嘲笑のまと.

पात्रता /pātratā パートラター/ [←Skt.f. *पात्र-ता-* 'the being a vessel or receptacle for'] *f.* (愛, 尊敬などを受けるに値する)器や器量を備えていること;(地位にふさわしい)能力を備えていること.

पाथना /pāt^{h}anā パートナー/ [cf. *थापना*[1]] *vt.* (*perf.* पाथा /pāt^{h}ā パーター/) (牛糞 (गोबर) を)こねて固めて, 固形燃料の円盤状の塊 (उपला) を作る. ❐दोनों बहुएँ सामने बैठी गोबर पाथ रही थीं। 二人の嫁は前に腰を下ろし牛糞をこねて塊を作っていた.

पाथेय /pāt^{h}eya パーテーエ/ [←Skt.n. *पाथेय-* 'provender or provisions etc. for a journey, viaticum'] *m.* 旅の食糧, 携行食糧.

पाद[1] /pāda パード/ [<OIA.m. *parda-* 'fart': T.07931] *m.* 屁(へ), おなら. ❐～ मारना [छोड़ना] おならをする.

पाद[2] /pāda パード/ [←Skt.m. *पाद-* 'the foot (of men and animals); the foot or leg of an inanimate object, column, pillar'] *m.* **1** 足, 脚《動物の脚, またものを支える柱なども含む》. **2** パーダ《韻律詩の単位;一詩節の四半分》.

पाद-टिप्पणी /pāda-ṭippaṇī パード・ティッパニー/ [neo.Skt.f. *पाद-टिप्पणी-* 'footnote'] *f.* 脚注. ❐～ में उल्लेख करना 脚注に記述する.

पादना /pādanā パードナー/ [<OIA. *párdatē* 'farts': T.07933] *vt.* (*perf.* पादा /pādā パーダー/) (人が)おならをする.

पादरी /pādarī パードリー/ [←Port.m. *padre* 'padre'] *m.*〖キリスト教〗(カトリック教の)神父, 司祭.

पादशाह /pādaśāha パードシャーハ/ [←Pers.n. پادشاه '(protecting lord), an emperor, sovereign, monarch, king'; cf. *बादशाह*] *m.* ☞बादशाह

पादसेवन /pādasevana パードセーワン/ [←Skt.n. *पाद-सेवन-* 'foot-salutation; service, duty'] *m.*〖ヒンドゥー教〗パーダセーヴァナ《神への帰依・信愛を深めるために説かれている九つの方法 (नवधा भक्ति) の一つ,「神のおみ足におすがりしすべてを捧げる」》.

पादुका /pādukā パードゥカー/ [←Skt.f. *पादुका-* 'a shoe or slipper'] *f.* 木製の履物, サンダル. (⇒खड़ाऊँ)

पान[1] /pāna パーン/ [<OIA.m. *parṇá-* 'plumage; foliage (of tree)': T.07918] *m.* **1**〖植物〗キンマ(の葉)《コショウ科のつる植物;葉をビンロウジ・石灰とともに噛んで嗜好品とする》. ❐～ का पत्ता キンマの葉. **2**〖食〗パーン《嗜好品の一種;キンマの葉の裏に消石灰 (चूना) と阿仙薬 (खैर) を水に溶かしたものを塗り, その上にビンロウジ (सुपारी) を砕いたものをまぶし三角形に折ったものを口に含み噛む》. (⇒तांबूल, बीड़ा) **3**〖ゲーム〗(トランプの)ハート《キンマの葉がハート型をしていることから》. ❐～ की बेगम ハートのクイーン.

पान[2] /pāna パーン/ [←Skt.n. *पान-* 'drinking (esp. drinking spirituous liquors), draught'] *m.* **1** (液体を)飲むこと;(タバコを)吸う. **2** 飲み物.

पानगोष्ठी /pānagoṣṭ^{h}ī パーンゴーシュティー/ [←Skt.f. *पान-गोष्ठी-* 'a drinking-party; a tavern'] *f.* カクテルパーティー.

पानदान /pānadāna パーンダーン/ [*पान*[1] + *-दान*] *m.* パーンダーン《パーン (पान) の材料を入れる小箱の容器》. (⇒पनडब्बा) ❐～ का ख़र्च (女性の)小遣いなどこまごました出費.

पाना /pānā パーナー/ [<OIA. *prāpayati* 'causes to be obtained': T.08943] *vt.* (*perf.* पाया /pāyā パーヤー/) **1** (自然・幸運に)得る, 手にする, もらう;(資質などを)受け継ぐ;(教育を)受ける;(衝撃などを)受ける. ❐अपने पिता से संपत्ति के साथ-साथ उन्होंने राम की भक्ति भी पायी थी। 彼は父から財産と共にラーマ神への信心も受け継いだ. ❐अवसर पाकर उसने पीछे की तरफ़ देखा। チャンスをとらえ彼は後ろを見た. ❐आपने शिक्षा कहाँ तक पायी है? あなたは教育をどこまで受けましたか？ ❐उन्होंने लंबी उमर पाई। 彼は長生きした. ❐उनके मुख से यह प्रोत्साहन पाकर वह मतवाली हुई जा रही थी। 彼の口からこの励ましの言葉をもらって彼女は酔いしれていた. ❐उसने मुँह-माँगा दाम ही नहीं पाया, उसका दुगुना पाया। 彼は言い値どおりの額どころか, その二倍をもらった. ❐उसने शहर के स्कूल में नौकरी पाई। 彼は町の学校に職を得た. ❐एक रमणी के हाथों से शराब का प्याला पाकर वह कौन भद्र पुरुष है जो इनकार कर दे? 美しい女性の手から酒の杯をもらって断わるような紳士なんてどこにいるというのです？ ❐ज़रा-सी आहट पाते ही हम काँप उठते हैं। 僕は, ちょっと足音を聞くだけで震え上がってしまうんです. ❐झटका पाते ही गाँठ खुल गयी और सारे रुपए ज़मीन पर बिखर गये। ぐいと引っ張られて結び目が解けてしまった, そしてお金全部が地面にばらまかれた. ❐तुम कुछ न पाओगे। おまえは何ももらえないよ. ❐वह उससे जितना सुख पाती थी, उससे कहीं ज़्यादा कष्ट पाती थी। 彼女は,

彼から幸せよりはるかに苦しみを受けていた. ❐वह काम-धंधे से छुट्टी पाकर चिलम पीने लगा। 彼は仕事から一息ついて水煙管を飲みはじめた. ❐वह सबसे सम्मान पाने के आदी थे। 彼は皆から敬意を受けることに慣れていた. **2** (指示・知らせ・手紙などを)受け取る. ❐आपका इशारा पाते ही मैं आग में कूदने को तैयार हूँ। あなたの合図一つで私は火の中にだって飛び込むつもりです. ❐पत्र पाते ही तुरंत मैंने उन्हें सूचना दी। 手紙を受け取るとただちに私は彼に知らせた. ❐मृत्यु-दंड पाये हुए आदमी की भाँति उसने सिर झुकाया। 死刑判決を受けた人間のように彼は頭を垂れた. **3** (努力して)(賞などを)勝ち取る;獲得する, 手に入れる;圧倒する. ❐उसने ओठ सिकोड़कर ऊपर साँस खींचते हुए कहा, तुमसे कोई पेश न पायेगा। 彼女は唇をゆがめため息をつきながら言った, あんたには誰も勝てないよ. ❐नारी पुरुष पर कितनी आसानी से विजय पा सकती है, इसका आज उन्हें जीवन में पहला अनुभव हुआ। 女が男に対しどれほどたやすく勝利をおさめることができるのか, 彼は人生で初めて経験した. ❐वह मोह पर विजय न पा सका। 彼は誘惑に勝てなかった. **4** (給料を)もらう, 稼ぐ. ❐वह तीन सौ का महीना पाती थी। 彼女は, 月 300 ルピー稼いでいた. ❐वे बड़े पद पर थे, अच्छी तनख़्वाह पाते थे। 彼は高い地位についていたし, いい給料をもらっていた. **5** (偶然)見つける;見いだす, 発見する. ❐उसने दस रुपये का नोट सड़क पर पाया। 彼は 10 ルピーの紙幣を道端でみつけた. ❐मैं अपनी तरफ़ से आपको विश्वास दिलाता हूँ कि आप सभा-भवन में मुझे सबसे पहले मौजूद पायँगी। 私は自分で請け合いますがね, あなたは会議場で私が一番早く席についているのを見ることになるでしょう. **6** 気づく, わかる, 感じとる. ❐अब हमने आप में सच्चा पथ-प्रदर्शक, सच्चा गुरु पाया है। 今僕はあなたの中に真の指導者, 真の導師の姿を見ました. ❐उसने स्वतंत्र जीवन में भी अपने में एक दुर्बलता पायी थी। 彼は, 他人に頼らない人生ではあっても, 自身の中にある一つの弱さに気づいていた. ❐तुमने मेरे भीतर क्या पाया यह मुझे मालूम नहीं। 君が私の中に何を感じとったのかは, 私は知らない. **7** (…の状態で)発見する. ❐आधुनिक चिकित्सा शास्त्र भी "विश्वासो फलदायकः" को बहुत से अवसरों पर ठीक पाता है। 今日の医療ですら「(患者の)気力はよき結果をもたらす」という事実を多くの場合正しいと見ている. ❐एक अध्ययन में पाया गया कि इनमें आधे से ज़्यादा लोगों में आत्महत्या की प्रवृत्ति पैदा हो गई है। ある研究でこれらの中で半数以上の人間に自殺願望の傾向が生まれているとわかった. ❐प्राचीन साहित्य में दोनों का संबंध बहुत घनिष्ठ पाया जाता है। 古代の文献の中で両者の関係が緊密であったことがうかがわれる. ❐मैं ने उसे पास में खड़ी पाई। 私は彼女が側に立っているのに気づいた.

— *vi.* (*perf.* पाया /pāyā パーヤー/)〖複合動詞〗《〖動詞語幹 पाना〗の形式で, 結合動詞「(努力して)…できる」を形成する;否定文が多い》.

पानी /pānī パーニー/ [<OIA. *pānī́ya-* 'water': T.08082] *m.* **1** 水;水分. ❐गर्म ～ お湯. ❐(पर) ～ पड़ जाना (…に)水がかかる《「台無しになる」の意》 ❐पीने का ～ 飲料水. **2** 雨;水滴. (⇒बरसात) ❐शाम को ～ बरसने लगा। 夕方雨が降りだした. **3** 液体;溶液. **4** (涙, 唾液, 鼻汁など)分泌液. ❐सुगंध से उसके मुँह में ～ भर आया। 芳しい香りで彼の口には唾液が満ちた.

पानीदार /pānīdāra パーニーダール/ [*पानी* + *-दार*] *adj.* **1** (水のような)輝きをもつ, 光沢のある. ❐～ तलवार 光沢を放つ刃. ❐～ हीरा 光沢を放つダイヤモンド. **2** (馬などが)優れた血統の. ❐घोड़ा था ～। ただの馬ではない, 血統書付きだった. **3** 誇り高い. (⇒स्वाभिमानी)

पानीदेवा /pānīdevā パーニーデーワー/ [*पानी* + *देना*] *m.* 〖ヒンドゥー教〗パーニーデーワー《祖先の霊に水を供える儀式 (तर्पण) などをする人, 家系を継ぐ人, 息子》.

पानीपत /pānīpata パーニーパト/ [cf. Eng.n. *Panipat*] *m.* 〖地名〗パーニーパット《ハリヤーナー州 (हरियाणा) にあるムガル帝国時代の古戦場》.

पाप[1] /pāpa パープ/ [←Skt.n. *पाप-* 'evil, misfortune, ill-luck, trouble, mischief'] *m.* (道徳・宗教上の)罪, 罪悪;悪行, 悪事. (⇒गुनाह) ❐गर्भपात ～ है। 堕胎は罪である.

पाप[2] /pāpa パープ/▶पॉप [←Eng.n. *pop*] *m.* 〖音楽〗流行歌, ポピュラー音楽. ❐～ स्टार 人気のある流行歌手.

पापकर्म /pāpakarma パープカルム/ [←Skt.n. *पाप-कर्मन्-* 'a wicked deed'] *m.* 罪業, 悪行.

पापड़ /pāpaṛa パーパル/ [<OIA.m. *párpaṭa-*[1] 'thin cake of rice or pease-meal': T.07934; DEDr.3928 (DED.3243)] *m.* 〖食〗パーパル《豆類, 小麦粉, 米粉などに香辛料を加えてこねたものを乾燥させた薄い煎餅状の食べ物;火であぶったり油で揚げて食事の添え物として供する》. ❐～ बेलना 大変な苦労を経験する.

पापा /pāpā パーパー/ [←Eng.n. *papa*] *m.* パパ. (⇔मम्मी) ❐～ जी〔幼児語〕お父さん. ❐मम्मी ～ パパとママ.

पापाचार /pāpācāra パーパーチャール/ [←Skt. *पाप-आचार-* 'ill-conducted, vicious'] *adj.* 罪深い, 邪悪な.

— *m.* 罪深い行い, 邪悪な行為.

पापात्मा /pāpātmā パーパートマー/ [←Skt. *पाप-आत्मन्-* 'evil-minded, wicked'] *adj.* 罪深い, 邪悪な.

पापी /pāpī パーピー/ [←Skt. *पापिन्-* 'wicked, sinful, bad; a sinner, criminal'] *adj.* (道徳・宗教上)罪のある(人);罪深い. (⇒गुनाहगार)

— *m.* (道徳・宗教上の)罪人, 罪深い人《犯罪人は अपराधी》. (⇒गुनाहगार)

पापेते /pāpete パーペーテー/ [cf. Eng.n. *Papeete*] *m.* 〖地名〗パペーテ《仏領ポリネシア (फ़्रांसीसी पोलीनेशिया) の首都》.

पाबंद /pābaṃda パーバンド/ [←Pers. پا بند 'fetters; swathes; fettered'] *adj.* **1** 制限された;束縛された. **2** 順守された.

पाबंदी /pābaṃdī パーバンディー/ [*पाबंद* + *-ई*] *f.* **1** 制限;束縛. **2** 順守(じゅんしゅ). ❐समय की ～ 時間の順守.

पामर /pāmara パーマル/ [←Skt. *पामर-* 'affected with

skin-disease; wicked, vile, low, base'] *adj.* **1** 卑しい, 下劣な.
— *m.* 卑しい人, 下劣な人.

पामा /pāmā パーマー/ [←Skt.m. *पामन्-* 'a kind of skin-disease'] *m.* 〖医学〗湿疹. (⇒एकज़ीमा, छाजन)

पायँचा /pāyā̃cā パーヤンチャー/ [←Pers.n. پایچه 'breeches, drawers, or trousers'] *m.* (ズボンやパージャーマーなどの)脚部.

पायँता /pāyā̃tā パーヤンター/ [<OIA.m. *pādānta-* 'extremity of the feet': T.08072] *m.* (寝台上で横たわる時)足がくる位置, 足元. (⇒पैताना)

पायँती /pāyā̃tī パーヤンティー/ [cf. *पायँता*] *f.* ☞पायँता

पायजामा /pāyajāmā パーエジャーマー/ ▸पाजामा, पैजामा *m.* ☞पाजामा

पायदान /pāyadāna パーエダーン/ [←Pers.n. پایدان 'a shoe; a treadle; perpetual'] *m.* **1** 足掛け, 足乗せ台;タラップ. **2** ドア・マット, (玄関の)靴ぬぐい.

पायल /pāyala パーヤル/ [<OIA. **pādala-* 'appertaining to fee': T.08066] *f.* パーヤル《足首につける鈴のついた飾り, アンクレット;装着して踊るとシャンシャン (झन-झन) と鈴が鳴る》.

पायलट /pāyalaṭa パーエラト/ [←Eng.n. *pilot*] *m.* パイロット, 操縦士, 飛行士. ❐～ आफ़िसर 空軍[航空]少尉 .

पाया /pāyā パーヤー/ [←Pers.n. پایه 'the step of a stair, the round of a ladder; dignity, rank, promotion'; cog. Skt.m. *पाद-* 'the foot (of men and animals); the foot or leg of an inanimate object, column, pillar'] *m.* **1** (家具などの)脚. **2** (地位の)等級, ランク. ❐～ बुलंद होना 昇任する.

पारंगत /pāraṃgata パーランガト/ [←Skt. *पारम्-गत-* 'having reached the end; having studied or learned thoroughly'] *adj.* 熟達[精通]した, 巧みな. ❐(में) ～ (…に)熟達[精通]した.

पार /pāra パール/ [←Skt.n. *पार-* 'the further bank or shore or boundary, any bank or shore, the opposite side, the end or limit of anything, the utmost reach or fullest extent'] *m.* **1** 向こう側, 対岸, むこう岸. ❐इस [उस] こちら[あちら]側に[へ]. ❐～ करना (川, 道, 境などを)越える[渡る, 横切る];(困難, 障害などを)克服する. ❐वह रोज़ लोगों को अपनी नाव से नदी ～ कराता है। 彼は毎日人々を自分の舟にのせて川を渡します. **2**《名詞〖के पार〗の形式で, 副詞句「…の対岸に, …の向こう」を表す》❐गाड़ियाँ क्यों पुल के ～ जाती हैं? 車がなぜ橋の対岸に向っているんだい?

पारखी /pārakʰī パーラキー/ [cf. *परखना*] *adj.* 見識のある;眼力のある.
— *m.* 鑑定家, 通(つう), 目利き, くろうと.

पारगमन /pāragamana パーラグマン/ [←Skt.n. *पार-गमन-* 'reaching the opposite shore'] *m.* 通過, 通行. ❐～ नाका 通行検問所. ❐～ वीज़ा 通行査証, 通過ビザ. ❐प्रशांत महासागरीय ～ व्यापार संधि 環太平洋戦略的経済連携協定.

पारण /pāraṇa パーラン/ [←Skt.n. *पारण-* 'carrying through, accomplishing, fulfilling'] *m.* **1** 難関を無事に越えること. ❐～ शब्द 〖コンピュータ〗パスワード. **2** 〖ヒンドゥー教〗断食終了後の飲食. **3** (法案の)通過.

पारद /pārada パーラド/ [←Skt.m. *पारद-* 'quicksilver'; cf. *पारा*] *m.* 〖化学〗水銀. (⇒पारा)

पारदर्शक /pāradarśaka パーラダルシャク/ [←Skt. *पार-दर्शक-* 'showing the oppositive shore'] *adj.* 透明な, 透き通った.

पारदर्शी /pāradarśī パールダルシー/ [neo.Skt. *पार-दर्शिन्-* 'transparent; farsighted'] *adj.* **1** 透明な, 透き通った. ❐बिना ब्रा के ～ शर्ट पहनना ブラをつけないで透けたシャツを着る. **2** 先見の明のある. (⇒दूरदर्शी)

पारना /pāranā パールナー/ [? <OIA. *pātáyati* 'throws': T.08053; ?cf. *पड़ना*] *vt.* (*perf.* पारा /pārā パーラー/) **1** ドスンと落とす;投げ倒す. **2** (人に)手渡す, ゆだねる.

पारपत्र /pārapatra パールパトル/ [neo.Skt.n. *पार-पत्र-* 'a passport'] *m.* パスポート. (⇒पासपोर्ट)

पारपथ /pārapatʰa パールパト/ [neo.Skt.m. *पार-पथ-* 'zebra crossing'] *m.* 横断歩道.

पारमार्थिक /pāramārtʰika パールマールティク/ [←Skt. *पारमार्थिक-* 'relating to a high or spiritual object or to supreme truth'] *adj.* 宇宙最高の原理 (परमार्थ) に関する.

पारलौकिक /pāralaukika パールラォーキク/ [←Skt. *पार-लौकिक-* 'relating to the next world'] *adj.* 来世の, あの世の. (⇔इहलौकिक)
— *m.* 葬儀, 葬式.

पारस[1] /pārasa パーラス/ [cf. *परसना*] *m.* 錬金薬, 賢者の石《触れるだけで鉄を金に変えると言われる》. (⇒अकसीर) ❐～ को छूकर लोहा सोना हो जाता है। 錬金薬に触れることで鉄は金になるのだ.

पारस[2] /pārasa パーラス/ [←Skt. *पारस-* 'Persian'] *m.* ペルシャ, イラン.

पारसल /pārasala パールサル/ ▹पार्सल [←Eng.n. *parcel*] *m.* 小包.

पारसी /pārasī パールスィー/ [<OIA. *pārasika-* 'Persian': T.08108] *adj.* **1** ペルシアの. (⇒फ़ारसी) **2** ゾロアスター教の.
— *m.* パールシー, (インドの)ゾロアスター教徒《イスラム教の迫害を逃れるためペルシアから亡命しインド西海岸に居住した;拝火教徒とも》.

पारस्परिक /pārasparika パーラスパリク/ [cf. Skt. *परस्-पर-* 'mutual, each other's'] *adj.* 相互の. (⇒आपसी) ❐～ संबंध 相互関係.

पारा[1] /pārā パーラー/ [<OIA.m. *pārada-* 'quicksilver': T.08104] *m.* **1** 〖化学〗水銀. (⇒रसराज) **2** 温度計;水銀柱. ❐उस दिन दिल्ली का ～ ४२ डिग्री से ऊपर चला गया था। その日デリーの温度計は 42 度を超えていた. ❐शिमला में ～ जमाव बिंदु पर है। シムラーでは温度計は氷点を指している.

3 怒り(の頂点). ❒उसका ～ कुछ उतरा। 彼の怒りはやや静まった.

पारा[2] /pārā パーラー/ [←Pers.n. پاره 'a piece, portion, fragment, morsel'] *m.* 断片, かけら.

पारामारिबो /pārāmāribo パーラーマーリボー/ [cf. Eng.n. *Paramaribo*] *m.* 〚地名〛パラマリボ《スリナム(共和国)(सूरीनाम) の首都》.

पारायण /pārāyaṇa パーラーヤン/ [←Skt.n. *पार-आयण-* 'going over, reading through, perusing, studying'] *m.* **1** 仕事をやり遂げること. **2** 〚ヒンドゥー教〛(聖典を)読誦すること《特にプラーナ聖典 (पुराण) を読誦すること;功徳があるとされる》. ❒～ करना (プラーナ聖典を)読誦する. **3** (最初から最後までの)熟読. ❒इस निबंध का ～ करना चाहिए। このエッセイを熟読しなければいけない.

पारावार /pārāvāra パーラーワール/ [←Skt.m. *पार-अवार-* 'the sea'] *m.* 海, 大洋.

पारित /pārita パーリト/ *adj.* (議案などが)通過した. (⇒पास) ❒(का) विधेयक ～ करना (…の)法案を可決する. ❒(का) विधेयक ～ होना (…の)法案が通過する.

पारितोषिक /pāritoṣika パーリトーシク/ [←Skt.n. *पारितोषिक-* 'a reward, gratuity'] *m.* **1** 賞金. **2** 報酬;礼金.

पारिभाषिक /pāribʰāṣika パーリバーシク/ [←Skt. *पारिभाषिक-* 'conventional, technical'] *adj.* 専門的な(用語). ❒～ शब्दावली 専門用語(集).

पारिवारिक /pārivārika パーリワーリク/ [?neo.Skt. *पारिवारिक-* 'having to do with family'] *adj.* 家族の;家庭の. ❒～ धंधा 家業. ❒वह अनेक कारणों से अपने को ～ जीवन के अयोग्य पाते थे। 彼は多くの理由で自分を家庭生活の資格がないと思っていた.

पारिश्रमिक /pāriśramika パーリシュラミク/ [neo.Skt.n. *पारिश्रमिक-* 'remuneration'] *m.* 報酬, (労働の)対価.

पारिस्थितिकी /pāristʰitikī パーリスティティキー/ [neo.Skt.f. *पारिस्थितिकी-* 'ecology'] *f.* 〚生物〛生態学, エコロジー.

पारी /pārī パーリー/ [<OIA. **pāḍi-* 'row, line, turn': T.08041] *f.* **1** 番, 順番. (⇒बारी) **2** (勤務の)交替;当番. (⇒बारी) **3** 〚スポーツ〛(クリケット・野球などの)イニング.

पार्क /pārka パールク/ [←Eng.n. *park*] *m.* 公園.

पार्किंग /pārkiṃga パールキング/ [←Eng.n. *parking*] *m.* 駐車. ❒～ करना 駐車する. ❒～ स्थल 駐車場.

पार्ट /pārṭa パールト/ [←Eng.n. *part*] *m.* 〚演劇〛(俳優の)役, 役割. (⇒भूमिका) ❒(का) ～ करना [अदा करना] (…の)役を演じる.

पार्टी /pārṭī パールティー/ [←Eng.n. *party*] *f.* **1** (社交上の)集まり, パーティー. ❒(की) ～ में जाना (…の)パーティーに行く. **2** 政党. (⇒दल) **3** 一行.

पार्थक्य /pārtʰakya パールタキエ/ [←Skt.n. *पार्थक्य-* 'severalty, difference, variety'] *m.* 分離, へだたり. ❒उसी दिन से दोनों में कुछ ～-सा दिखाई देने लगा। その日から二人の間にはへだたりのようなものが見えはじめた.

पार्थिव /pārtʰiva パールティヴ/ [←Skt. *पार्थिव-* 'earthen, earthy, earthly'] *adj.* 土塊(つちくれ)でできた, 大地の;地球上の;俗世の.

— *m.* 土塊(つちくれ)でできたもの《土器, 肉体など》.

पार्लमेंट /pārlameṃṭa パールラメーント/ [←Eng.n. *parliament*] *f.* 議会, 国会. (⇒संसद)

पार्वती /pārvatī パールワティー/ [←Skt. *पार्वती-* 'name of the god *Śiva*'s wife'] *f.* 〚ヒンドゥー教〛パールヴァティー女神《シヴァ神 (शिव) の神妃》.

पार्श्व /pārśva パールシュオ/ [←Skt.n. *पार्श्व-* 'the region of the ribs; side, flank'] *m.* **1** (身体の)わき, わき腹;あばら(骨). **2** 側面, 隣接地, 近隣. ❒(के) ～ में (…の)近隣に.

पार्श्वगायक /pārśvagāyaka パールシュオガーヤク/ [neo.Skt.m. *पार्श्व-गायक-* 'playback singer'] *m.* (男性の)吹き替え歌手.

पार्श्वगायिका /pārśvagāyikā パールシュオガーイカー/ [neo.Skt.f. *पार्श्व-गायिका-* 'female playback singer'] *f.* (女性の)吹き替え歌手.

पार्श्ववर्ती /pārśvavartī パールシュオワルティー/ [←Skt. *पार्श्व-वर्तिन्-* 'standing by the side'] *adj.* お供の, 随行の;隣接している.

पार्श्विक /pārśvika パールシュヴィク/ [←Skt. *पार्श्विक-* 'lateral, belonging to the side'] *adj.* 〚言語〛側音の. ❒～ व्यंजन 側(子)音.

पार्षद /pārṣada パールシャド/ [←Skt.m. *पार्षद-* 'an associate, companion, attendant (esp. of a god); a member of an assembly'] *m.* 評議員, 協議会委員. (⇒कौंसिलर)

पार्सल /pārsala パールサル/ ▷पारसल *m.* ☞पारसल

पाल[1] /pāla パール/ [cf. *पालना*[1]] *m.* パール《果実の熟成を促すために藁(わら)や葉などで覆い温める方法》.

पाल[2] /pāla パール/ [<OIA. **palla-*[3] 'cloth': T.07967] *m.* **1** (船の)帆. ❒हर हवा को अपने ～ के अनुकूल करना すべての風を自分の帆の思い通りにする. **2** (日よけの)布地;(オープンカーの)幌.

-पाल /-pāla ・パール/ [←Skt.m. *पाल-* 'a guard, protector, keeper'] *suf.* 《「…を護持する(人)」を意味する接尾辞; राज्यपाल「州知事」, लेखापाल「会計検査官」など官職名に多い》.

पालक[1] /pālaka パーラク/ [<OIA.f. *pālakyā- 'Beta bengalensis'*: T.08126] *m.* 〚植物〛ホウレンソウ.

पालक[2] /pālaka パーラク/ [←Skt. *पालक-* 'guarding, protecting, nourishing'] *adj.* 守護する, 保護する;養育する.

— *m.* 守護者, 保護者;養育者.

पालकी /pālakī パールキー/ <OIA.m. *palyaṅka-* 'bed': T.07964; → I.Eng.n. *palanquin*] *f.* (四人で担ぐ)駕籠(かご), 輿(こし). (⇒डोला) ❒～ कंधे पर लेना 駕籠を担ぐ. ❒～ पर सवार होना 駕籠に乗る. ❒～ में बैठना 駕籠に座る.

पालती /pālatī パールティー/ ▸पलथी, पालथी *f.* ☞पालथी

पालतू /pālatū パールトゥー/ [cf. *पालना*[1]] *adj.* 飼育されている(動物);家畜の. (⇔जंगली) ❐ ~ कुत्ता 飼い犬. ❐ ~ जानवर 家畜;(愛玩用の)ペット. ❐(को) ~ बना लेना (…を)飼いならす.

पालथी /pālat^{h}ī パールティー/ ▸पलथी, पालती [<OIA.f. *paryastikā-* 'sitting on the hams': T.07939] *f.* **1** 胡座(あぐら), 足を組んで座る姿勢. ❐मैं उनके सामने पालथी मारकर बैठ गया। 私は彼の前に胡座をかいて座った. **2** (ヘビの)とぐろ. ❐उसके मन में पालथी मारकर बैठा नफ़रत का साँप कई बार अपना फन उठा लेता था। 彼女の心の中ではとぐろを巻いた憎悪のヘビが幾度となく鎌首をもたげるのであった.

पालन /pālana パーラン/ [←Skt.n. *पालन-* 'the act of guarding, protecting, nourishing, defending; maintaining, keeping, observing'] *m.* **1** 扶養;養育;飼育. ❐(का) ~ करना (…を)養育する. **2** (規則・約束などの)順守. ❐(का) ~ करना (…を)順守する.

पालन-पोषण /pālana-poṣaṇa パーラン・ポーシャン/ *m.* 養育. (⇒तरबियत)

पालना[1] /pālanā パールナー/ [<OIA. *pāláyati* 'guards, protects': T.08129] *vt.* (*perf.* पाला /pālā パーラー/) **1** 養う, 食わせる;養育する, 育てる;(夢などを)育む. (⇒पोसना) ❐भाइयों को तो तुमने बेटों की तरह पाला था। 兄弟たちをお前は息子のように育てた. ❐मैं मेहनत-मजूरी करके अपना पेट पाल लूँगी। 私は汗水流して食っていくわ. **2** (家畜・ペットを)飼う;畜産を営む. ❐वह एक विलायती कुत्ता पालता है। 彼は一頭の洋犬を飼っている. **3** (病・厄災などを)抱え込む. ❐यह तुमने क्या रोग पाल लिया? これはお前は何という厄災を抱えたのだ? **4** (悪癖・敵意などを)抱く. ❐तुम मुझसे इतना बैर क्यों पाल रहे हो। おまえは私にこれほどまでの敵意をどうして抱いているのだ. **5** 庇護する. **6** (約束・命令などを)守る, 順守する. ❐मुझे तो उनकी आज्ञा पालनी है। 私は彼の命令を守らなければいけない.

पालना[2] /pālanā パールナー/ [*पलंग* × *पालना*[1]] *m.* (赤ん坊用の)揺りかご.

पाला /pālā パーラー/ [<OIA.n. *prālēya-* 'hail, frost, snow, dew': T.08959x1] *m.* 霜. ❐(पर) ~ पड़ना [गिरना] (…に)霜が降りる;(…が)台無しになる.

पालिटेक्निक /pāliṭeknika パーリテークニク/ ▸पॉलिटेक्निक [←Eng.n. *polytechnic*] *m.* 科学技術専門学校.

पालिश /pāliśa パーリシュ/ ▸पॉलिश [←Eng.n. *polish*] *f.* (磨かれた)光沢, つや. ❐जूते पर ~ करना 靴をみがく.

पालिसी[1] /pālisī パーリスィー/▸पॉलिसी [←Eng.n. *policy*] *f.* 政策. (⇒नीति)

पालिसी[2] /pālisī パーリスィー/▸पॉलिसी [←Eng.n. *policy*] *f.* 〖経済〗保険証券.

पाव /pāva パーオ/ [<OIA.m. *pā́da-* 'foot': T.08056] *m.* 〖単位〗パーオ《1セール सेर の 1/4》.

पावक /pāvaka パーワク/ [←Skt. *पावक-* 'pure, clear, bright, shining'] *adj.* 浄化する(火). — *m.* 火;浄火.

पावती /pāvatī パーオティー/ [cf. *पाना*] *f.* 領収書. (⇒रसीद)

पावदान /pāvadāna パーオダーン/ [*पाव* + *-दान*] *m.* ☞पायदान

पावन /pāvana パーワン/ [←Skt. *पावन-* 'purifying, purificatory; pure, holy'] *adj.* 清める, 浄化する;清浄な;神聖な.

पावनता /pāvanatā パーワンター/ [←Skt.f. *पावन-ता-* 'the property of cleansing or purifying'] *f.* 神聖であること, 神々しいこと.

पावना /pāvanā パーオナー/ [cf. *पाना*] *m.* (決済による)受け取り金.

पावर /pāvara パーワル/ ▸पॉवर [←Eng.n. *power*] *f.* パワー, 動力. ❐~ कंपनी 電力会社. ❐इलेक्ट्रिक ~ 電力.

पाव-रोटी /pāva-roṭī パーオ・ローティー/ [Port.m. *pão* 'bread' + *रोटी*] *f.* 〖食〗パン(の一切れ)《特に西洋風の食パン》. (⇒डबल रोटी)

पावस /pāvasa パーワス/ [<OIA.f. *prāvṛ́ṣ-* 'the rainy season': T.08964] *m.* 雨季;モンスーン. (⇒बरसात)

पाश /pāśa パーシュ/ [←Skt.m. *पाश-* 'a snare, trap, noose, tie, bond, cord, chain, fetter'] *m.* **1** 罠;網. **2** 絆(きずな);束縛《主に合成語の要素として》. ❐नारी का हृदय प्रेम-पाश से नहीं बँधता, कंचन के ~ से बँध सकता है। 女の心というものは愛の絆に縛られるのではなく, 金の鎖に縛られるものである.

पाशविक /pāśavika パーシュヴィク/ [neo.Skt. *पाशविक-* 'bestial'] *adj.* 獣のような, 野蛮な. ❐~ ढंग से 野蛮な方法で.

पाशविकता /pāśavikatā パーシュヴィクター/ [neo.Skt.f. *पाशविक-ता-* 'bestiality'] *f.* 獣のように野蛮なこと.

पाश्चात्य /pāścātya パーシュチャーティエ/ [←Skt. *पश्चात्य-, पाश्चात्य-* 'hinder, western, posterior, last'] *adj.* 西洋の, 欧米の;西洋風の, 洋式の. (⇔प्राच्य) ❐~ सभ्यता 西洋文明.

पाषाण /pāṣāṇa パーシャーン/ [←Skt.m. *पाषाण-* 'a stone'] *m.* 石. (⇒पत्थर) ❐~ युग 〖歴史〗石器時代. ❐~ रोग 〖医学〗結石(症).

पाषाण-हृदय /pāṣāṇa-hṛdaya パーシャーン・フリダエ/ [neo.Skt. *पाषाण-हृदय-* 'stony-hearted'] *adj.* 冷酷な, 無情な.

पासंग /pāsaṃga パーサング/ [←Pers.n. پاسنگ 'a makeweight'] *m.* パーサング《天秤などの秤で重さの不足を補うために載せるもの;小石や分銅など》. ❐(के) ~ भी न होना (人に)問題にもならないほど劣っている.

पास[1] /pāsa パース/ [<OIA.n. *pārśvá-* 'region of the ribs, side': T.08118] *adv.* そばに[へ], 近くに[へ]. ❐(के) ~ (…の)近くに[へ]. ❐~ में そばに[へ].

पास[2] /pāsa パース/ [←Eng.vt. *pass*; ←Eng.n. *pass*] *adj.* **1** 合格した, パスした. (⇒उत्तीर्ण)(⇔फ़ेल) ❐(में) ~ करना

[कराना] (…に)合格する[させる]. ❒(में) ～ होना (…に)合格する. ❒वह बी॰ए॰ [एम॰ए॰] ～ है। 彼は文学士[文学修士]です. **2** (議案などが)通過した. (⇒पारित) ❒(का) बिल ～ कराना(…の)法案を通過させる. ❒(का) बिल ～ होना (…の)法案が通過する.
— *m.* 通行証, パス. (⇒प्रवेश-पत्र)

पासना /pāsa̸nā パースナー/ [<OIA. *prásravati* 'flows forth': T.08888] *vi.* (*perf.* पासा /pāsā パーサー/) 乳房が乳で張る.

पासपोर्ट /pāsa̸porṭa̸ パースポールト/ [←Eng.n. *passport*] *m.* パスポート. (⇒पारपत्र)

पासबुक /pāsa̸buka̸ パースブク/ [←Eng.n. *passbook*] *f.* (銀行の)預金通帳. (⇒लेखा-पुस्तिका)

पासवर्ड /pāsa̸varḍa̸ パースワルド/ [←Eng.n. *password*] *m.* 『コンピュータ』パスワード. (⇒पारण शब्द) ❒～ को गुप्त रखा जाना चाहिए। パスワードは秘密にしておかなければいけない.

पासा /pāsā パーサー/ ▸पाँसा [<OIA.m. *pāśa-*[1] 'die, dice': T.08132] *m.* 『ゲーム』サイコロ, ダイス. (⇒अक्ष) ❒～ फेंकना サイコロをふる.

पास्पोर्ट /pāsporṭa̸ パースポールト/ ▹पासपोर्ट *m.* ☞पासपोर्ट

पाहुना /pāhunā パーフナー/ [<OIA.m. *prāhuṇa-, prāhuṇaka-* 'guest': T.08973] *m.* **1** 客. (⇒अतिथि, मेहमान) **2** 娘婿. (⇒जामाता, दामाद)

पिंग /pīga̸ ピング/ ▸पेंग *f.* ☞पेंग

पिंजड़ा /piṃja̸ṛā ピンジラー/ ▸पिंजरा *m.* ☞पिंजरा

पिंजर /piṃjara̸ ピンジャル/ [<OIA.n. *pañjara-* 'cage, dovecot, net': T.07685] *m.* 骨格；骸骨.

पिंजरा /piṃja̸rā ピンジラー/ ▸पिंजड़ा [<OIA.n. *pañjara-* 'cage, dovecot, net': T.07685] *m.* (鳥)かご；檻. ❒(को) पिंजरे में बंद करना (…を)檻に閉じ込める.

पिंड /piṃḍa̸ ピンド/ [←Skt.m. *पिण्ड-* 'any round or roundish mass or heap, a ball, globe, knob, button, clod, lump, piece; a ball of rice or flour etc. offered to deceased ancestors'] *m.* **1** 『ヒンドゥー教』ピンダ《祖先の霊に供える米飯や小麦粉で作られた団子》. ❒(को) ～ देना (故人に)供物をささげ供養する. **2** 人間の体《主にイディオムで「(他人との)面倒な関係, しがらみ, 縁」などの意で使用》. ❒(से) ～ छुड़ाना (人を)厄介払いする. ❒(का) (से) ～ छूटना (人が)(人から)解放される. ❒(का) ～ छोड़ना (人に)つきまとうことをやめる. ❒(के) ～ पड़ना (人に)つきまとう.

पिंडज /piṃḍaja̸ ピンダジ/ [neo.Skt. *पिण्ड-ज-* 'viviparous'] *adj.* 胎生の. (⇒जरायुज)

पिंडदान /piṃḍa̸dāna̸ ピンドダーン/ [←Skt.n. *पिण्ड-दान-* 'the offering of balls of rice etc. (to deceased ancestors)'] *m.* 『ヒンドゥー教』ピンダダーナ《供物(पिंड) を供える祖霊の供養》.

पिंडली /piṃḍa̸lī ピンドリー/ [<OIA.m. *píṇḍa-* 'lump, clod, piece': T.08168] *f.* ふくらはぎ, こむら. ❒～ की नली 脛骨(けいこつ), すねの骨.

पिआनो /piāno ピアーノー/ ▸पियानो *m.* ☞पियानो

पिकनिक /pika̸nika̸ ピクニク/ [←Eng.n. *picnic*] *f.* ピクニック. ❒～ पर जाना ピクニックに行く.

पिघलना /pig^{h}alạnā ピガルナー/ [<OIA. **praghilati* 'flows forth': T.08486z1] *vt.* (*perf.* पिघला /pig^{h}a̸lā ピグラー/) **1** 溶[解, 融]ける, 溶解する. (⇒गलना) ❒बर्फ़ पिघल गया। 雪が溶けた. ❒मालूम हुआ, किसी ने सीसा पिघलाकर पिला दिया। わかったのは, 誰かが鉛を溶かして飲ませたのだった. **2** (態度が)軟化する；(怒りなどの感情が)和らぐ. ❒मेरे सामने उसने कुछ ऐसा भाव प्रकट किया था, जिसे स्वीकृति नहीं कहा जा सकता, मगर भीतर से वह पिघल गया था। 私の前では彼は, 承諾とは言えないような様子を見せたが, 内心彼は軟化していた. ❒उसके कंठे में आये हुए भर्त्सना के शब्द पिघल गये। 彼女の喉元まで上がってきた悪態の言葉は溶け失せた.

पिघलवाना /pig^{h}ala̸vānā ピガルワーナー/ [caus. of *पिघलना, पिघलाना*] *vt.* (*perf.* पिघलवाया /pig^{h}ala̸vāyā ピガルワーヤー/) 溶かさせる；溶かしてもらう.

पिघलाना /pig^{h}a̸lānā ピグラーナー/ [cf. *पिघलना*] *vt.* (*perf.* पिघलाया /pig^{h}a̸lāyā ピグラーヤー/) **1** 溶[解, 融]かす, 溶解させる. (⇒गलाना) **2** (態度を)軟化させる；(怒りなどを)和らげる. ❒उस गीत ने उसके मन को भी पिघला दिया। その歌は彼の心をも和ませた.

पिचकना /picaka̸nā ピチャクナー/ [<OIA. *piccayati* 'presses flat': T.08149] *vi.* (*perf.* पिचका /pica̸kā ピチカー/) **1** ぺちゃんこになる；へこむ. **2** (頬などが)しぼむ, こける. ❒उसके गहरे साँवले, पिचके हुए चेहरे पर मुस्कराहट की मृदुता झलक पड़ी। 彼の真っ黒なしなびた顔に柔和な微笑が一瞬見えた. **3** (腫れなどが)ひく.

पिचकवाना /picaka̸vānā ピチャクワーナー/ [caus. of *पिचकना, पिचकाना*] *vt.* (*perf.* पिचकवाया /picaka̸vāyā ピチャクワーヤー/) ぺちゃんこにさせる；ぺちゃんこにしてもらう.

पिचकाना /pica̸kānā ピチカーナー/ [cf. *पिचकना*] *vt.* (*perf.* पिचकाया /pica̸kāyā ピチカーヤー/) **1** ぺちゃんこにする；へこます. **2** (腫れなどを)ひかす.

पिचकारी /pica̸kārī ピチカーリー/ [cf. *पिचकाना*] *f.* **1** 水鉄砲《ホーリー祭 (होली) を祝うとき色水をかけあう》. ❒～ छोड़ना [मारना] 水鉄砲で水をかける. **2** 『医学』注射器；浣腸器. ❒～ लेना 浣腸される. ❒(को) ～ देना (人に)浣腸する. **3** 噴霧器, スプレー. ❒～ की धार スプレーが噴出する霧. **4** (液体の)噴出. ❒～ छूटना (水や血が)噴出する.

पिच-पिच /pica-pica ピチ・ピチ/ ▸पच-पच *f.* ☞पच-पच

पिचपिचा /pica̸picā ピチピチャー/ ▸पचपचा *adj.* ☞पचपचा

पिचपिचाना /pica̸picānā ピチピチャーナー/ ▸पचपचाना *vi.* (*perf.* पिचपिचाया /pica̸picāyā ピチピチャーヤー/) ☞पचपचाना

पिच्छल /picc^{h}ala̸ ピッチャル/ [←Skt. *पिच्छल-* 'slimy, slippery, smeary'; DED 3403] *adj.* 足の滑る；つるつる滑る.

पिच्छिल /picc^{h}ila̸ ピッチル/ [<Skt. *पिच्छल-* 'slimy,

slippery, smeary': T.08152] *adj.* ☞पिच्छल

पिछड़ना /picʰaṛanā ピチャルナー/ [cf. *पीछा*] *vi.* (*perf.* पिछड़ा /picʰaṛā ピチラー/) **1** (のろくて)遅れる. ❐अपना काम ख़त्म कर वे सहयोगी क्लार्कों का पिछड़ा काम भी अपनी मेज़ पर रख लेते और दफ़्तर बंद हो जाने के घंटों बाद, रात देर तक काम में जुटे रहते। 彼は自分の仕事を終わらせると, 同僚の職員の遅れている仕事をも自分の机に置き, オフィスが閉まった数時間後深夜まで仕事に没頭しているのでした. **2** (進歩が)遅れる;遅れをとる. ❐डाक्टर साहब के ये विचार मुझे तो कोई सौ साल पिछड़े हुए मालूम होते हैं। 博士のこの考えは, 私にはおよそ百年遅れているように思われます. ❐उन्होंने पिछड़ी जातियों के समर्थन से एक क्षेत्रीय संगठन के गठन की दिशा में पहला कदम बढ़ाया है। 彼は後進諸階級の支持により, 一つの地方組織を組織する方向に第一歩を進めた. ❐सरकार देश के १०० सबसे पिछड़े जिलों में बुनियादी सुविधाओं के विकास की विशेष योजना के तहत तमाम कानूनी अड़चनों को दूर करने की सोच रही है। 政府は, 国内の 100 の最後進地区において, 基盤設備促進特別計画のもとにあらゆる法的障害を取り除くことを考慮している. **3** (選挙・試合などで)敗退する. ❐कांग्रेस पार्टी चुनावों में पिछड़ गई। 国民会議派は, 諸選挙で敗北した.

पिछलगा /picʰalagā ピチラガー/ ▸पिछलग्गू [*पीछे* + *लगना*] *m.* ごますり, 取り巻き;子分, 追従者.

पिछलग्गू /picʰalaggū ピチラッグー/ ▸पिछलगा [*पीछे* + *लगना*] *m.* ☞पिछलगा

पिछला /picʰalā ピチラー/ [cf. *पीछा*] *adj.* **1** (空間的に)後の, 後部の, 背面の, 背後の;裏の. (⇔अगला) **2** (時間的に)前の, 以前の, 過去の. (⇔अगला) ❐पिछले दिन [हफ़्ते, महीने, साल] 先日[先週, 先月, 去年]に.

पिछवाड़ा /picʰavāṛā ピチワーラー/ [<OIA. **paścavāṭa-* 'rear enclosure': T.07998] *m.* **1** (家などの)背面, 後部, 裏《後置格なしで副詞「(家の)裏に」としても使用する》. (⇔अगवाड़ा) ❐पिछवाड़े कोई दरवाज़ा नहीं है? 裏に出口はないのか? ❐उसके मकान के सामने और हमारे घर के पिछवाड़े के बीच एक गली जाती थी। 彼の家の前面と私たちの家の背後の間に一本の路地が走っていた. **2** 裏庭. (⇔अगवाड़ा)

पिछाड़ी /picʰāṛī ピチャーリー/ [<OIA.m. *paścārdhá-* 'western side': T.08006] *f.* 後方部分. (⇔अगाड़ी)

पिछेलना /picʰelanā ピチェーラナー/ [*पीछे* × *धकेलना*] *vt.* (*perf.* पिछेला /picʰelā ピチェーラー/) **1** 追い抜く, 追い越す. **2** 後ろへ押す.

पिटकेर्न द्वीपसमूह /piṭakerna dvīpasamūha ピトケールンドヴィープサムーフ/ [cf. Eng.n. *Pitcairn Islands*] *m.* 〖国名〗ピトケアン諸島《南太平洋上の英領海外領土;首都はアダムスタウン (एडम्सटाउन)》.

पिटना /piṭanā ピトナー/ [cf. *पीटना*] *vi.* (*perf.* पिटा /piṭā ピター/) **1** 打たれる, 叩かれる, 殴られる. **2** (両手が)打たれる, 拍手される. ❐तालियाँ पिटने लगीं। 拍手がされた. **3** (試合などで)打ちのめされる, 敗北する;(映画などの興行が)失敗する. ❐उनकी पार्टी तो बुरी तरह पिट रही है। (選挙で)彼の政党はさんざんな敗北を喫しているところだ. **4** 経済的打撃を被る.

पिटवाना /piṭavānā ピトワーナー/ [caus. of *पिटना, पीटना*] *vt.* (*perf.* पिटवाया /piṭavāyā ピトワーヤー/) 叩かせる;叩いてもらう.

पिटाई /piṭāī ピターイー/ [cf. *पीटना*] *f.* 殴打. ❐(की) ~ करना (人を)叩く, 殴打する.

पिटारा /piṭārā ピターラー/ [<OIA.n. *piṭaka-*[1] 'basket, box': T.08164] *m.* (竹や籐などで編んだ)容器, 竹かご, バスケット.

पिटारी /piṭārī ピターリー/ [cf. *पिटारा*] *f.* 小さな竹かご, ざる. ❐मैं ने पत्रों को एक ~ में बंद करके अलग रख दिया है। 私は手紙を一つの竹かごにしまって別にしておいた.

पिट्ठू /piṭṭʰū ピットゥー/ [cf. *पीठ*] *m.* **1** おべっかつかい;追従者. (⇒पिछलगा) **2** バックパック, リュックサック.

पितर /pitara ピタル/ [←Skt.m. *पितरः* 'paternal ancestors'] *m.* 祖先(の霊).

पिता /pitā ピター/ [←Skt.m. *पितृ-* 'father'] *m.* **1** 父. (⇒बाप, वालिद)(⇔माता) **2** 先祖.

पितामह /pitāmaha ピターマ/ *m.* (父方の)祖父. (⇒दादा)(⇔दादी, पितामही)

पितामही /pitāmahī ピタームヒー/ *f.* (父方の)祖母. (⇒दादी)(⇔दादा, पितामह)

पितृपक्ष /pitṛpakṣa ピトリパクシュ/ [←Skt.m. *पितृ-पक्ष-* 'the dark fortnight of the month of *Āśvina*'] *m.* 〖暦〗ピトリパクシャ《アーシュヴィナ月 (आश्विन) の黒半月の期間;祖霊の供養が行われる》.

पितृविसर्जन /pitṛvisarjana ピトリヴィサルジャン/ [neo.Skt.n. *पितृ-विसर्जन-* 'the rites performed during the dark fortnight of the month of *Āśvina*'] *m.* 〖ヒンドゥー教〗祖霊の供養.

पित्त /pitta ピット/ [←Skt.n. *पित्त-* 'bile, one of the constituent humours of the body'] *m.* 〖医学〗胆汁《人間の体質を説明する三つの体液の一つ;他は「粘液」(कफ), 「体風」(वात)》. (⇒पित्ता)

पित्तप्रकोप /pittaprakopa ピッタプルコープ/ [←Skt.m. *पित्त-प्रकोप-* 'excess and vitiation of the bilious humour'] *m.* 〖医学〗ピッタプラコーパ《「胆汁」(पित्त) の過多;多くの病の原因となる》.

पित्ता /pittā ピッター/ [<OIA. **pittaka-* 'relating to bile': T.08182] *m.* **1** 〖医学〗胆汁. (⇒पित्त) **2** 〖医学〗胆嚢(たんのう).

पित्ताशय /pittāśaya ピッターシャエ/ [←Skt.m. *पित्त-आशय-* 'the gall-bladder'] *m.* 〖医学〗胆嚢(たんのう). ❐~ की पथरी 胆石.

पित्ती /pittī ピッティー/ [cf. *पित्ता*] *f.* **1** 〖医学〗じんましん. ❐~ उछलना [निकलना] じんましんが出る. **2** 〖医学〗汗疹(あせも). ❐~ निकलना 汗疹が出る.

पिद्दा /piddā ピッダー/ [<OIA. **pidda-* 'a small bird': T.08195] *m.* 〖鳥〗雄のアカハラコルリ. (⇔पिद्दी)

पिद्दी /piddī ピッディー/ [cf. *पिद्दा*] *f.* 〖鳥〗(雌の)アカハラ・コルリ《ツグミ科》. (⇔पिद्दा)

पिन /pina ピン/ [←Eng.n. *pin*] *f.* ピン, 止め針. (⇒आलपीन) ❐(में) ~ लगाना (…に)ピンを留める.

पिनक /pinaka ピナク/ ▸पीनक [←Pers.n. پینکی and پینگی 'slumber'] *f.* (泥酔・薬物中毒などによる)意識朦朧(もうろう), 夢想. ❐जो कल्पनाएँ जीवन की वास्तविकता को छू-छेड़ न सकें उन्हें मैं अफ़ीमची की ～ से अधिक नहीं मान सकता। 人生の本質に触れることのできない想像を, 私はアヘン中毒者の夢想以上のものだとは認めることができない.

पिनकना /pinakanā ピナクナー/ [cf. *पिनक*] *vi.* (*perf.* पिनका /pinakā ピンカー/) (眠気・泥酔などで)頭をぐらつかせる, こっくりこっくりする;うつらうつらする.

पिनपिन /pinapina ピンピン/ [onom.] *f.* 〔擬音〕(子どもの泣き声の)めそめそ, しくしく;(子犬の)クンクン;(矢や弾丸の)ヒューン, ピューン.

पिनपिनाना /pinapinānā ピンピナーナー/ [cf. *पिनपिन*] *vi.* (*perf.* पिनपिनाया /pinapināyā ピンピナーヤー/) (子どもが)めそめそ泣く, しくしく泣く;;(子犬が)クンクン鳴く;(矢や弾丸が)ヒューンと飛ぶ.

पिनपिनाहट /pinapināhaṭa ピンピナーハト/ [*पिनपिनाना* + *-आहट*] *f.* (子どもの)めそめそ泣く声, しくしく泣く声;;(子犬が)クンクン鳴く声;(矢や弾丸が)ヒューンと飛ぶ音.

पिपासा /pipāsā ピパーサー/ [←Skt.f. *पिपासा-* 'thirst'] *f.* **1** (喉の)渇き. (⇒प्यास) **2** 渇望. (⇒प्यास)

पिपासु /pipāsu ピパース/ [←Skt. *पिपासु-* 'thirsty, athirst'] *adj.* **1** 喉の渇いた. (⇒प्यासा) **2** 渇望する. (⇒प्यासा)

पिपीलिका /pipīlikā ピピーリカー/ [←Skt.f. *पिपीलिका-* 'the common small red ant or a female ant'] *f.* 〖昆虫〗赤アリ.

पियक्कड़ /piyakkaṛa ピヤッカル/ [*पीना* + *-अक्कड़*] *adj.* 酔っ払いの(人).
— *m.* 酔っ払い, 飲兵衛, 呑み助.

पिया /piyā ピヤー/ [<OIA. *priyá-* 'beloved': T.08974] *m.* (女にとっての)恋人, いとしい人.

पियानो /piyāno ピヤーノー/ ▸पिआनो [←Eng.n. *piano*] *m.* 〖楽器〗ピアノ.

पिरोना /pironā ピローナー/ [<OIA. *parivayati* 'interweaves': T.07869] *vt.* (*perf.* पिरोया /piroyā ピローヤー/) **1** (糸を)通す. ❐सुई में धागा पिरो दो। 針に糸を通してくれ. ❐यदि पत्र बहुत लंबे हुए तो दो छेद बनाये जाते थे और इन छेदों में धागा पिरो दिया जाता था। (紙の代用である当時の)貝葉は長すぎると二つの穴があけられました, そしてこれらの穴に糸が通されていました. **2** (糸を通して)数珠つなぎにする. (⇒गूँथना, पोना) ❐फूलों की माला पिरोना। 花に糸を通して数珠つなぎにして花輪を作る. ❐सोने के सूत्र में पिरोयी हुई मणि-मुक्ता की माला। 金糸で数珠つなぎされた宝石や真珠の首飾り.

पिलना[1] /pilanā ピルナー/ [cf. *पेलना*] *vi.* (*perf.* पिला /pilā ピラー/) **1** 突進する;襲いかかる. ❐(पर) पिल पड़ना (…に)襲いかかる. **2** わき目もふらず一心不乱になる;猪突猛進する. ❐वह सब धंधे छोड़कर किताबों पर पिल पड़ा। 彼はすべての仕事を投げ打って書物と格闘した.

पिलना[2] /pilanā ピルナー/ [cf. *पेरना*] *vi.* (*perf.* पिला /pilā ピラー/) **1** (サトウキビなどが)(圧搾機に)押し込まれて搾られる. **2** あくせく働く;こき使われる.

पिल-पिल /pila-pila ピル・ピル/ ▸पिलपिला *adj.* ☞ पिलपिला

पिलपिला /pilapilā ピルピラー/ [<OIA. *pilippilá-* 'slippery': T.08213] *adj.* (熟れた果物のように)ぶよぶよと柔らかい. ❐～ आम 熟れてぶよぶよのマンゴー. ❐～ फोड़ा ぶよぶよの腫れ物.

पिलपिलाना /pilapilānā ピルピラーナー/ [cf. *पिलपिला*] *vi.* (*perf.* पिलपिलाया /pilapilāyā ピルピラーヤー/) (果物・腫れ物などが)ぶよぶよ (पिलपिला) に柔らかくなる.
— *vt.* (*perf.* पिलपिलाया /pilapilāyā ピルピラーヤー/) (果物などをもんで)ぶよぶよにやわらかくする.

पिलवाना[1] /pilavānā ピルワーナー/ [caus. of *पीना*, *पिलाना*] *vt.* (*perf.* पिलवाया /pilavāyā ピルワーヤー/) 飲ませる;飲ませてもらう.

पिलवाना[2] /pilavānā ピルワーナー/ [caus. of *पिलना*[1], *पेलना*[1]] *vt.* (*perf.* पिलवाया /pilavāyā ピルワーヤー/) 押し込ませる;押し込んでもらう.

पिलाना /pilānā ピラーナー/ [cf. *पीना*] *vt.* (*perf.* पिलाया /pilāyā ピラーヤー/) **1** (人の口に入れて)(液体・薬などを)飲ます, 呑ます;(飲み物を)与える;(おごりで)飲ます. ❐बच्चे को चम्मच से दूध पिलाओ। 子どもにスプーンでミルクを飲ませてくれ. ❐मुझे एक गिलास पानी पिला दो। コップ一杯水を飲ませてくれ. **2** (タバコを)吸わせる. **3** (考えなどを)吹き込む.

पिल्ला /pillā ピッラー/ [<OIA. **pilla-* 'small, child, young of animal': T.08214; DEDr.4198 (DED.3449)] *m.* 〖動物〗(雄)子犬. (⇔पिल्ली)

पिल्ली /pillī ピッリー/ *f.* 〖動物〗雌の子犬. (⇔पिल्ला)

पिशाच /piśāca ピシャーチ/ [←Skt.m. *पिशाच-* 'name of a class of demons'] *m.* **1** ピシャーチャ《人肉を食らうと考えられた鬼, 悪魔》. **2** 鬼のような人, 悪魔のような人. ❐ऊपर से बहुत अच्छा आदमी है, लेकिन अंदर से पक्का ～। うわべはとても善良な人間だ, しかし内は本物の悪魔だ.

पिशाचिनी /piśācinī ピシャーチニー/ [cf. *पिशाच*] *f.* 鬼女, 悪魔のような女.

पिशुन /piśuna ピシュン/ [←Skt. *पिशुन-* 'backbiting, slanderous, calumnious'] *adj.* 陰口をきく(人), 誹謗中傷をする.

पिशुनता /piśunatā ピシュンター/ [←Skt.f. *पिशुन-ता-* 'slander, scandal, detraction'] *f.* 陰口, 誹謗中傷.

पिष्टपेषण /piṣṭapeṣaṇa ピシュタペーシャン/ [←Skt.n. *पिष्ट-पेषण-* 'grinding flour or what is already ground; useless labour'] *m.* 無駄に同じことを繰り返す愚.

पिसना /pisanā ピスナー/ [<OIA. **piṣyatē* 'is ground': T.08221; cf. *पीसना*] *vt.* (*perf.* पिसा /pisā ピサー/) **1** (小麦などの穀物が)挽かれて粉になる. **2** (歯が)噛みしめられる, 歯ぎしりする. ❐क्रोध आया, ख़ून खौला, आँख जली, दाँत पिसे, लेकिन बोला नहीं। 怒った, 血が煮えたぎった, 目が燃えた, 歯ぎしりした, しかし一言も口に出さなかった. **3** (骨が折れる仕事で)疲れ果てる, 擦り減る. ❐दिन भर

शहर में पिसते थे। 彼らは一日中町で(仕事で)疲れ果てるのだった. **4** 虐げられる, 不当な圧迫を受ける.

पिसवाना /pisavānā ピスワーナー/ ▸पिसाना [caus. of *पिसना, पीसना*] *vt.* (*perf.* पिसवाया /pisavāyā ピスワーヤー/) (小麦などの穀物を)挽いて粉にさせる;挽いて粉にしてもらう.

पिसाई /pisāī ピサーイー/ [cf. *पिसाना*] *f.* (臼で穀物を)挽いて粉にする仕事;その手間賃.

पिसान /pisāna ピサーン/ [cf. *पीसना*] *m.* (穀物を)粉に挽いたもの, 小麦粉.

पिसाना /pisānā ピサーナー/ ▸पिसवाना [caus. of *पिसना, पीसना*] *vt.* (*perf.* पिसाया /pisāyā ピサーヤー/) ☞पिसवाना

पिस्ता /pistā ピスター/ [←Pers.n. پسته 'the pistachio-nut'] *m.* 〖植物〗ピスタチオ(の実), ピスタチオナッツ.

पिस्तौल /pistaula ピスタォール/ [←Port.f. *pistola* 'pistol'] *f.* ピストル, 拳銃. (⇒तमंचा)

पिस्सू /pissū ピッスー/ [<OIA.m. *plúṣi-* 'a partic. noxious insect, (prob.) flea': T.09029] *m.* 〖昆虫〗ノミ.

पिहकना /pihakanā ピハクナー/ [onom.] *vi.* (*perf.* पिहका /pihakā ピフカー/) (鳥が)美しい声でさえずる. (⇒कुहकना, कूकना)

पी /pī ピー/ [←Eng.n. *P*] *m.* (ラテン文字の)P.

पीएचडी /pīecaḍī ピーエーチディー/ ▹पी-एच。डी。[←Eng.n. *Ph.D.* (Doctor of Philosophy)] *f.* 〔略語〕(哲学[学術])博士号;(哲学[学術])博士. ❒～ करना 博士課程に在学する. ❒～ की डिग्री (哲学)博士号.

पीक /pīka ピーク/ [<OIA. **pikkā-* 'saliva': T.08144] *f.* ピーク《パーン (पान) を噛んだ後の赤く染まった唾(つば);飲み込まないで吐き出す》. ❒～ थूकना ピークを吐き出す.

पीकदान /pīkadāna ピークダーン/ [*पीक + -दान*] *m.* ピークダーン《ピーク (पीक) を中に吐き入れる壺》.

पी-कहाँ /pī-kahā̃ ピー・カハーン/ [onom.] *m.* 〔擬声〕(カッコウの一種)パピーハー (पपीहा) の鳴き声《春と雨季の鳴き声は甘美;鳴き声は「愛しい人はどこ」に聞こえるとされる》.

पीच /pīca ピーチ/ [<OIA.f. *picchā-* 'scum of boiled rice': T.08154] *f.* 〖食〗米の煮汁. (⇒माँड़)

पीछा /pīcʰā ピーチャー/ [<OIA. **paśca-* 'hinder part': T.07990] *m.* 後ろ, 背後, 後部. ❒(का) ～ करना (…を)追跡する. ❒पीछे की ओर 後ろに向かって, 背後に. ❒पीछे से 背後から.

पीछे /pīcʰe ピーチェー/ [cf. *पीछा*] *adv.* **1** (空間的に)後ろに, 背後に, 後部に;逆方向に. (⇔आगे) ❒उसने ～ फिरकर देखा। 彼は後ろを振り返って見た. ❒(के) ～ (…の)後ろ[後部]に. **2** (時間的に)後で. (⇒आगे) ❒(के) ～ (…の)後で. **3** (時間的に)以前に. (⇔आगे) ❒(के) ～ (…の)前に.

पीटना /pīṭanā ピートナー/ [<OIA. *piṭṭayati* 'stamps into a solid mass': T.08165; cf. DEDr. (DED.3601)] *vt.* (*perf.* पीटा /pīṭā ピーター/) **1** 打つ, 叩く. (⇒मारना) ❒उसने मुझे जूतों से पीटा। 彼女は私を靴で叩いた. ❒वह अपनी छाती पीटने लगी। 彼女は自分の胸を打ち始めた.《悲痛を表わす動作》**2** (打楽器などを)打つ, 叩く. **3** (両手を)叩く;拍手する. ❒सारा गाँव तालियाँ पीटने लगा। 村の者皆が拍手をした. **4** (利益を)あげる, 儲ける.

पीठ[1] /pīṭʰa ピート/ [<OIA.n. *pr̥ṣṭhá-* 'back, hinder part': T.08371] *f.* **1** 背中, 背. ❒～ दिखाना (敵に)背中をみせる. ❒(की तरफ़ [ओर]) ～ करना (…に)背中を向ける. **2** (椅子などの)背.

पीठ[2] /pīṭʰa ピート/ [←Skt.n. *पीठ-* 'a stool, seat, chair, bench'] *m.* **1** ベンチ, 腰掛け《特に裁判所の判事席 (न्याय-पीठ)》. **2** 座(するところ);台座;壇.

पीठिका /pīṭʰikā ピーティカー/ [neo.Skt.f. *पीठिका-* 'background'] *f.* ☞पूर्वपीठिका

पीठी /pīṭʰī ピーティー/ [<OIA. *piṣṭá-* 'crushed, ground': T.08218] *f.* 〖食〗ピーティー《水に浸した豆をひき割りにしたもの》.

पीड़क /pīṛaka ピーラク/ [←Skt.m. *पीडक-* 'an oppressor'] *adj.* 痛みの元になる;苦悩の原因である. — *m.* 圧制者, 迫害者.

पीड़न /pīṛana ピーラン/ [←Skt.n. *पीडन-* 'the act of pressing or squeezing'] *m.* 苦痛をあたえること;苦しめること. ❒～ कामुक 〖医学〗サディスト.

पीड़ा /pīṛā ピーラー/ [←Skt.f. *पीडा-* 'pain, suffering, annoyance, harm, injury, violation, damage'] *f.* **1** 〖医学〗(身体の)痛み, 苦痛. (⇒दर्द) **2** (精神的な)痛み, 苦悩, 心痛;悲痛. (⇒दर्द) **3** (相手の痛みへの)共感, 同情. (⇒दर्द)

पीड़ाग्रस्त /pīṛāgrasta ピーラーグラスト/ [neo.Skt. *पीडा-ग्रस्त-* 'suffering pain'] *adj.* 苦痛にさいなまれた. ❒वह ～ रहने पर भी मुस्कराने का अभिनय कर सकती थी। 彼女は苦痛にさいなまれている時ですら微笑む演技ができた.

पीड़ित /pīṛita ピーリト/ [←Skt. *पीडित-* 'hurt, injured, afflicted, distressed, troubled'] *adj.* **1** (身体の痛みに)苦しんでいる;(病などに)苦しんでいる. ❒राजा स्वयं ज्वर से ～ हैं। 王は自ら発熱に苦しんでいる. ❒संक्रामक रोग से ～ समुद्री जहाज़ के यात्री 伝染病で苦しむ船客たち. ❒सारा जहाज़ ही समुद्री मतली से ～ था। 船中が船酔いで苦しんでいた. **2** (精神的に)苦しんでいる, 苦悩している. ❒मेरे विचार में तो पीड़क होने से ～ होना कहीं श्रेष्ठ है। 僕の考えでは, 圧制を加える者になるよりも圧制に苦しむ方がはるかにましだよ. **3** (不幸・災害などに)苦しんでいる(人), 困り果てている(人)《よく合成語の名詞句「…で苦しんでいる人」の形式として》. ❒अकाल-पीड़ितों की सहायता 飢饉に苦しむ人々の救援.

पीढ़ा /pīṛʰā ピーラー/ [<OIA.n. *pīṭha-* 'stool, bench': T.08222; cf. Skt.m. *पीठक-* 'a stool, chair, bench'] *m.* ピーラー《伝統的ヒンドゥー教徒が食事の際座る板状の椅子;四脚で低い》.

पीढ़ी /pīṛʰī ピーリー/ [<OIA.n. *pīṭha-* 'stool, bench':

T.08222] *f.* **1** 世代, ジェネレーション;家系;系統, 系譜. (⇒पुश्त) ❐～ दर ～ (先祖)代々. ❐युवा ～ 若い世代. **2** ピーリー《小型の低い椅子 (पीढ़ा)》.

पीत /pītạ ピート/ [←Skt. *पीत-* 'the colour of butter; yellow'] *adj.* 黄色の. (⇒पीला)

पीतज्वर /pītạjvarạ ピートジワル/ [neo.Skt. *पीत-ज्वर-* 'yellow fever'] *m.* 〖医学〗黄熱病.

पीतल /pītalạ ピータル/ [<OIA.n. *pittala-*[2] 'brass': T.08184] *m.* 〖化学〗真鍮(しんちゅう), 黄銅《銅 (ताँबा) と亜鉛 (जस्ता) の合金》. ❐～ के वाद्य 〖楽器〗金管楽器.

पीतांबर /pītāṃbarạ ピーターンバル/ [←Skt. *पीत-अम्बर-* 'dressed in yellow clothes'] *m.* **1** 〖ヒンドゥー教〗ピーターンバル《修行者が身にまとう黄色の衣》. **2** 〖ヒンドゥー教〗修行者《黄色の衣を身にまとっていることから》.

पीनक /pīnakạ ピーナク/ ▸पिनक *f.* ☞पिनक

पीनस /pīnasạ ピーナス/ [←Skt.m. *पी-नस-* 'cold (affecting the nose), catarrh'; cf. T.08237] *m.* **1** 〖医学〗風邪;鼻風邪, 急性鼻炎. **2** 〖医学〗蓄膿症.

पीना /pīnā ピーナー/ [<OIA. *píbati* 'drinks': T.08209] *vt.* (*perf.* पिया /piyā ピヤー/) **1** (液体・薬などを)飲む, 呑む. ❐मैं शराब नहीं पीता। 私は酒を飲みません. ❐वह एक ही साँस में पी गया। 彼は一息で飲み干した. **2** (タバコを)吸う. **3** (怒りなどを)飲み込む, (感情を)抑制する.

पीप /pīpạ ピープ/▸पीब [<OIA. *pīvan-* 'well-nourished, abundant': T.08242] *f.* 〖医学〗膿(うみ), 膿汁. (⇒पस, मवाद)

पीपल /pīpalạ ピーパル/ [<OIA.m. *píppala-* '*Ficus religiosa*': T.08205x1] *m.* 〖植物〗インドボダイジュ(印度菩提樹)《クワ科イチジク属の高木;薬効があり神聖視される》.

पीपा /pīpā ピーパー/ [←Port.f. *pipa* 'cask, barrel'] *m.* **1** 樽;ドラム缶;缶. (⇒कनस्तर) ❐तेल का ～ 石油のドラム缶. ❐शराब का ～ 酒樽. **2** (ガスの)シリンダ. **3** 鉄舟, 舟橋《渡河用にドラム缶などで応急的に作られる橋》. ❐पीपे का पुल 鉄舟, 舟橋.

पीपी /pīpī ピーピー/ [cf. *पीपा*] *f.* 小さな樽.

पीब /pībạ ピーブ/ ▸पीप *f.* ☞पीप

पीयूष /pīyūṣạ ピーユーシュ/ [←Skt.m. *पीयूष-* 'the milk of a cow during the first seven days after calving'] *m.* 〖ヒンドゥー教〗ピーユーシュ《特に出産後 7 日以内の雌牛の乳;インド神話では神々の飲み物とされる, 甘露》.

पीर /pīrạ ピール/ [←Pers.n. پیر 'an old man; a founder or chief of any religious body or sect'] *m.* 〖イスラム教〗聖人.

पीरियड /pīriyaḍạ ピーリヤド/ [←Eng.n. *period*] *m.* **1** (授業の)時間, 時限. ❐दूसरे ～ में 2 時限目に. **2** ピリオド, 終止符.

पीरू /pīrū ピールー/ [←Port.m. *peru* 'turkey (bird)'] *m.* 〖鳥〗シチメンチョウ, 七面鳥.

पीला /pīlā ピーラー/ [<OIA. *pītala-*[1] 'yellow': T.08233] *adj.* **1** 黄色い. ❐～ सागर 〖地理〗黄海. **2** (病気・不安などで)顔色がよくない, 顔色が青ざめた, 蒼白な. ❐उसका चेहरा ～ पड़ गया। 彼の顔は青ざめた.

पीलापन /pīlāpanạ ピーラーパン/ [*पीला* + *-पन*] *m.* **1** 黄色(いこと). (⇒ज़रदी) **2** 顔色がよくないこと, 青白さ. (⇒ज़रदी) ❐मुख पर वह ～ नहीं रहा, ख़ून की गुलाबी चमक है। 顔にはあの青白さはなく, 血色のいい輝きがある.

पीलिया /pīliyā ピーリヤー/ [cf. *पीला*] *m.* 〖医学〗黄疸. (⇒ज़रदी, पांडुरोग)

पीसना /pīsạnā ピースナー/ [<OIA. *piṁṣáti* 'grinds': T.08142] *vt.* (*perf.* पीसा /pīsā ピーサー/) **1** (小麦などの穀物を)挽いて粉にする;(臼で)挽く;すりつぶす. (⇒दलना) **2** (怒りや悔しさで歯を)噛みしめる, 歯ぎしりをする. (⇒कटकटाना) ❐दाँत पीसना 歯ぎしりする. **3** (人を)こき使う;虐げる, 不当な圧迫をする.

पीसी /pīsī ピースィー/ [←Eng.n. *PC* (personal computer)] *m.* 〖コンピュータ〗パソコン, PC. ❐टैबलेट ～ タブレット型 PC. ❐डेस्कटॉप ～ デスクトップ・パソコン.

पीहर /pīharạ ピーハル/ [<OIA. **pitṛghara-* 'father's house': T.08180] *m.* 既婚女性の実家. (⇒नैहर, मायका)

पुंकेसर /puṃkesarạ プンケーサル/ [neo.Skt.n. *पुंकेसर-* 'stamen'] *m.* 〖植物〗雄蕊(おしべ). (⇔गर्भ-केसर)

पुंज /puṃjạ プンジ/ [←Skt.m. *पुञ्ज-* 'a heap, mass'] *m.* 集積したもの, 堆積したもの.

पुंजित /puṃjitạ プンジト/ [←Skt. *पुञ्जित-* 'heaped, made up into a ball'] *adj.* 集積した, 堆積した.

पुंजीभूत /puṃjībʰūtạ プンジーブート/ [?neo.Skt. *पुञ्जी-भूत-* 'accumulated; hoarded'] *adj.* ☞पुंजित

पुंडरीक /puṃḍarīkạ プンダリーク/ [←Skt.n. *पुण्डरीक-* 'a lotus-flower (esp. a white lotus)'] *m.* 〖植物〗(ハク)レンゲ((白)蓮華). (⇒कमल)

पुंलिंग /puṃliṃgạ プンリング/ [←Skt.n. *पुं-लिङ्ग-* 'the male organ; the masculine gender'] *m.* 〖言語〗(文法性が)男性. (⇔स्त्रीलिंग) ❐～ संज्ञा 男性名詞.

पुआ /puā プアー/ ▸पूआ *m.* ☞पूआ

पुआल /puālạ プアール/ ▸पयाल [<OIA.n. *pálāla-* 'stalk, straw': T.07958] *m.* 藁(わら). ❐～ बिछा था। 藁が敷かれてあった.

पुकार /pukārạ プカール/ [cf. *पुकारना*] *f.* **1** 呼び声. ❐चारों ओर से उसकी ～ होने लगी। 四方から彼を呼ぶ声がした. **2** (不足しているものの)要請.

पुकारना /pukārạnā プカールナー/ [<OIA. **pukkār-* 'shout': T.08246] *vt.* (*perf.* पुकारा /pukārā プカーラー/) **1** (声をあげて)呼ぶ;声をかける, 呼びかける, 呼びとめる. ❐जब तक दस दफ़े न पुकारा जाय, वह बोलता ही नहीं। 十回呼びかけないと, 彼は口をきかない. ❐मैं उसे पुकारती रही। 私は彼を呼び続けた. ❐सहसा एक सज्जन को देखकर उसने पुकारा। 突然一人の紳士を見て, 彼は呼びとめた. **2** 名付けて呼ぶ. ❐घर पर मुझे बच्चन नाम से पुकारा जाता था। 家では私はバッチャンという名で呼ばれていた. ❐वह मुझे

अंकल कहकर पुकारती हैं। 彼女は私をアンクル（おじさん）と呼んでいる． **3**（欲するものを）何度も声に出す；連呼する；（助けを）呼び求める． ❐प्यास के मारे सब पानी पानी पुकार रहे थे। 渇きのために，皆「水，水」と叫んでいた．

पुखराज /pukʰar̤ājạ プクラージ/ [cf. Skt.m. *पुष्पराग-* 'flower-hued; topaz'; cf. OIA.m. *puṣyà-²* 'the 6th or 8th asterism': T.08307] *m.*〘鉱物〙トパーズ，黄玉．

पुख़्ता /puxtā プクター/ [←Pers.adj. پخته 'boiled, dressed, cooked'; ?cog. Skt. *पक्व-* 'cooked, roasted, baked, boiled, prepared on a fire'] *adj.* **1**（具の入った米などが）しっかり炊けた． **2**（レンガなどが）しっかり焼けて硬い．

पुचकार /pucạkārạ プチカール/ [*पुच* + *-कार¹*] *f.*（子ども・動物を）さすったり甘い声を出してかわいがること．

पुचकारना /pucạkārạnā プチカールナー/ [cf. *पुचकार*] *vt.* (*perf.* पुचकारा /pucạkārā プチカーラー/) **1**（子ども・動物に対し）甘い声（पुच-पुच）を出してかわいがる《普通は手で背中をさする行為を伴う》．(⇒चुमकारना) ❐उसने बाहर आकर गधे को पुचकारा, उसकी पीठ सहलायी। 彼は外に出てロバをかわいがり，その背中をなぜた． ❐वे दिन याद आते जब माता पुचकारकर गोद में उठा लेती और कहती, 'बेटा!' 昔の日々が思い出される，母がかわいがりながら膝に抱き上げて「ねえおまえ！」と言っていた日々が． **2**（いたわりながら馬を）走らせる．

पुच्छलतारा /puccʰalạtārā プッチャルターラー/ [neo.Skt.f. *पुच्छल-तारा-* 'comet'] *m.*〘天文〙彗星（すいせい），ほうき星．

पुछल्ला /pucʰallā プチャッラー/ [cf. *पूँछ*] *m.* **1** 尻尾；（尻尾のように）尻にくっついているもの，凧の足． **2** 用がないのにいつも後ろからついてくる人，ごますり，取り巻き，金魚の糞．

पुछवाना /pucʰạvānā プチワーナー/ [caus. of *पूछना*] *vt.* (*perf.* पुछवाया /pucʰạvāyā プチワーヤー/) 質問させる；質問してもらう．

पुजना /pujạnā プジナー/ [cf. *पूजना*] *vi.* (*perf.* पुजा /pujā プジャー/) 礼拝される，拝まれる；崇拝される；礼賛される． ❐अभी दस साल पहले जो व्यक्ति बैंक में क्लर्क था, वह केवल अध्यवसाय, पुरुषार्थ और प्रतिभा से शहर में पुजता है। ほんの10年前銀行の事務員だった人間が，根気強さ，勤勉と才能によって今では町で礼賛されている．

पुजवाना /pujạvānā プジワーナー/ ▸पुजाना [caus. of *पुजना, पूजना*] *vt.* (*perf.* पुजवाया /pujạvāyā プジワーヤー/) 拝ませる；拝んでもらう．

पुजाना /pujānā プジャーナー/ ▸पुजवाना [caus. of *पुजना, पूजना*] *vt.* (*perf.* पुजाया /pujāyā プジャーヤー/) ☞पुजवाना

पुजापा /pujāpā プジャーパー/ [cf. *पूजना, पूजा*] *m.*〘ヒンドゥー教〙プジャーパー《礼拝・祈祷などの儀式で供えられる花・果実・香など》． ❐~ फैलाना 仰々しく宗教的儀式をとり行う；大げさに不用なものまで並べる．

पुजारी /pujārī プジャーリー/ [cf. *पूजा*] *m.* **1**〘ヒンドゥー教〙プジャーリー《ヒンドゥー教の礼拝儀礼を行う僧；ヒンドゥー寺院の僧侶》． **2** 信奉者，賛美者．(⇒उपासक) ❐रूढ़ियों का ~ 因習にとらわれた人． ❐साम्राज्यवाद का ~ 帝国主義の信奉者．

पुट¹ /puṭạ プト/ [?<OIA. **puṭṭa-²* 'small, dwarfish': T.08256; DEDr.4259 (DED.3498)] *m.* 趣（おもむき）；味わい；色合い．

पुट² /puṭạ プト/ [←Skt.m. *पुट-* 'a fold, pocket, hollow space'] *m.* くぼみ，へこみ．

पुटाश /puṭāśạ プターシュ/ [←Eng.n. *potash*] *m.*〘食〙ポタージュ．

पुट्ठा /puṭṭʰā プッター/ [<OIA.n. *pr̥ṣṭhá-* 'back, hinder part': T.08371] *m.*（特に動物の）尻．(⇒कूल्हा) ❐छोटी-सी गरदन, भारी पुट्ठे और दूध से भरे हुए थन थे!（雌牛の）短い首，豊かな尻そしてミルクで満たされた乳房だった！

पुड़िया /puṛiyā プリヤー/ [<OIA.m. *puṭa-* 'cavity, small receptacle, fold': T.08253] *f.* 小さな紙包み，紙ひねり《少量の粉や豆などを紙で包んでひねったもの》．

पुणे /puṇe プネー/ [cf. Eng.n. *Pune*] *m.*〘地名〙プネー《マハーラーシュトラ州（महाराष्ट्र）の古都；旧名プーナ（पूना）》．

पुण्य /puṇyạ プニエ/ [←Skt. *पुण्य-* 'auspicious, propitious, fair, pleasant, good, right, virtuous, meritorious, pure, holy, sacred'] *adj.* 吉祥なる，めでたい；善なる；聖なる．

— *m.* 功徳（くどく），善行．

पुण्यतिथि /puṇyatitʰi プニャティティ/ *f.*〘ヒンドゥー教〙吉日《特に功徳を積むのにふさわしい日》．

पुण्यात्मा /puṇyātmā プニャートマー/ [←Skt. *पुण्य-आत्मन्* 'pure-souled; virtuous, pious'] *m.* 徳の高い，功徳を積んだ．

पुतना /putạnā プトナー/ [cf. *पोतना*] *vi.* (*perf.* पुता /putā プター/) **1** 塗られる，塗装される． **2**（汚名・汚点などで）汚される． ❐उनके सारे यश में कालिमा पुत जायगी। 彼のすべての名声に汚点がつくだろう． ❐हमारे मुँह पर सदैव के लिए कालिख पुत जाएगी। 私たちの顔に永遠に汚点がつくだろう．

पुतला /putạlā プトラー/ [<OIA.m. *puttala-¹* 'puppet': T.08264z2; cf. OIA. **putrala-* 'puppet, pupil of eye': T.08269] *m.* **1** 人形（ひとがた），像；マネキン人形． ❐रावण का ~ 悪魔ラーヴァナの人形《ダシュハラー祭（दशहरा）の最後に燃やされる》． **2**（思想・性質などの）具体化された人物，化身，権化． ❐दोनों शील और विनय के पुतले थे। 二人とも美徳と礼節の化身だった．

पुतली /putạlī プトリー/ [cf. *पुतला*] *f.* **1** 操り人形；人形． **2**（似せて作った）人形（ひとがた）． **3** 瞳孔，ひとみ．(⇒तारा) ❐आँख की ~ 目の瞳孔．

पुतली-घर /putạlī-gʰarạ プトリー・ガル/ *m.* 織物工場．

पुतवाना /putạvānā プトワーナー/ [caus. of *पुतना, पोतना*] *vt.* (*perf.* पुतवाया /putạvāyā プトワーヤー/) 塗装させる；塗装してもらう．

पुताई /putāī プターイー/ ▸पोताई [cf. *पोतना*] *f.* **1** 塗装；漆喰（しっくい）塗り． **2** 塗装料金．

पुत्र /putrạ プトル/ [←Skt.m. *पुत्र-* 'a son, child'] *m.* 息子．(⇒बेटा, लड़का)(⇔पुत्री, बेटी, लड़की)

पुत्रवती /putravatī プトラオティー/ [←Skt.f. *पुत्र-वती-* 'woman having a son or sons or children'] *f.* 息子に恵まれた女.

पुत्रवधू /putravadʰū プトラオドゥー/ [←Skt.f. *पुत्र-वधू-* 'a son's wife, daughter-in-law'] *f.* 嫁, 息子の妻. (⇒बहू)

पुत्री /putrī プトリー/ [←Skt.f. *पुत्री-* 'daughter'] *f.* 娘. (⇒बेटी, लड़की)(⇔पुत्र, बेटा, लड़का)

पुदीना /pudīnā プディーナー/▶पोदीना [←Pers.n. پودینه 'mint, spearmint'] *m.* 〖植物〗ハッカ(薄荷), ミント.

पुनः /punaḥ プナハ/ [←Skt.ind. *पुनर्* 'again, once more'] *adv.* 再び;さらに. ❐उसे ～ कुछ कहने का साहस नहीं हुआ। 彼は再び何か言う勇気はわかなかった. ❐यह कहकर मुन्नू ～ फूट-फूटकर रोने लगा। こう言うとわが子は再びわんわんと泣き出した.

पुनः-पुनः /punaḥ-punaḥ プナハ・プナハ/ *adv.* 幾度も, 何度も何度も.

पुनःस्थापन /punaḥstʰāpana プナハスターパン/ [neo.Skt.n. *पुनः-स्थापन-* 'restoration'] *m.* 再建, 復興.

पुनरागमन /punarāgamana プナラーグマン/ [←Skt.n. *पुनर्-आगमन-* 'being born again, re-birth'] *m.* 再生, 再来;転生. ❐मसीह का ～ 救世主の再臨.

पुनरावलोकन /punarāvalokana プナラーオローカン/ [neo.Skt.n. *पुनर्-आवलोकन-* 'revision'] *m.* 見直し;(書物の)改訂, 修正;(法などの)改正. ❐(का) ～ करना (…の)見直しをする.

पुनरावृत्ति /punarāvr̥tti プナラーヴリッティ/ [←Skt.f. *पुनर्-आवृत्ति-* 'return, re-appearance, re-birth; repetition'] *f.* **1** 反復, 繰り返し. **2** 再現;再発. ❐(की) ～ रोकना (…の)再発を防止する.

पुनरीक्षण /punarīkṣaṇa プナリークシャン/ [neo.Skt.n. *पुनर्-ईक्षण-* 'review'] *m.* 再検査, 再吟味.

पुनरीक्षित /punarīkṣita プナリークシト/ [neo.Skt. *पुनर्-ईक्षित-* 'reviewed'] *adj.* 再検査された, 再吟味された.

पुनरुक्ति /punarukti プナルクティ/ [←Skt.f. *पुनर्-उक्ति-* 'repetition, useless repetition, tautology'] *f.* 言葉の繰り返し;冗語.

पुनरुज्जीवन /punarujjīvana プナルッジーワン/ [neo.Skt.n. *पुनर्-उज्-जीवन-* 'rebirth'] *m.* ☞पुनर्जीवन

पुनरुज्जीवित /punarujjīvita プナルッジーヴィト/ [neo.Skt. *पुनर्-उज्-जीवित-* 'revived'] *adj.* ☞पुनर्जीवित

पुनरुत्थान /punaruttʰāna プナルッターン/ [←Skt.n. *पुनर्-उत्थान-* 'rising again, resurrection'] *m.* 再興;復活.

पुनरुद्धार /punaruddʰāra プナルッダール/ [neo.Skt.m. *पुनर्-उद्धार-* 'revival; restoration'] *m.* **1** 修復, 修理;復元. ❐मैंने राष्ट्रीय अभिलेखालय से इस प्राचीन पुस्तक का ～ करा लिया। 私は国立公文書館でこの古文書を修復させた. **2** (国などの)復興, 回復.

पुनर्ग्रहण /punargrahaṇa プナルグラハン/ [neo.Skt.m. *पुनर्-ग्रहण-* 'resumption'] *m.* 復職.

पुनर्ग्रहणाधिकार /punargrahaṇādʰikāra プナルグラハナーディカール/ [neo.Skt.m. *पुनर्-ग्रहण-अधिकार-* 'lien'] *m.* 〖法律〗先取(さきどり)特権《債権者が債務者の財産からほかの債権者に先立って債権の弁済を受けることのできる権利》.

पुनर्चक्रवत् /punarcakravat プナルチャクラワト/ ▷पुनर्चक्रवत [neo.Skt. *पुनर्-चक्र-वत्-* 'recyclable'] *adj.* 再生利用可能な(ごみ). ❐～ कूड़ा 再生利用可能なごみ.

पुनर्जन्म /punarjanma プナルジャナム/ [←Skt.n. *पुनर्-जन्मन्-* 're-birth, metempsychosis'] *m.* 〖ヒンドゥー教〗〖仏教〗再生;生まれ変わること, 輪廻転生(りんねてんしょう).

पुनर्जागरण /punarjāgaraṇa プナルジャーガラン/ [neo.Skt.n. *पुनर्-जागरण-* 'renaissance'] *m.* 覚醒;再生, 復活;ルネッサンス. ❐सांस्कृतिक ～ 文化の復活.

पुनर्जीवन /punarjīvana プナルジーワン/ [?neo.Skt.n. *पुनर्-जीवन-* 'new life, rebirth'] *m.* 再生, 新生, 生まれ変わること.

पुनर्जीवित /punarjīvita プナルジーヴィト/ [?neo.Skt. *पुनर्-जीवित-* 'revived'] *m.* 再生した, 新生の, 生まれ変わった. ❐～ करना 生まれ変わらせる.

पुनर्निर्माण /punarnirmāṇa プナルニルマーン/ [neo.Skt.n. *पुनर्-निर्माण-* 'reconstruction; restoration, renewal'] *m.* 再建;改築, リニューアル. ❐(का) ～ करना (…を)再建する.

पुनर्प्रयोग /punarprayoga プナルプラヨーグ/ [neo.Skt.m. *पुनर्-प्रयोग-* 'reuse'] *m.* 再使用, 再利用. ❐(का) ～ करना (…を)再使用する, 再利用する.

पुनर्मुद्रण /punarmudraṇa プナルムドラン/ [neo.Skt.n. *पुनर्-मुद्रण-* 'reprinting; a reprint'] *m.* リプリント, 再版;増刷;復刻. ❐(का) ～ होना (…が)再版される.

पुनर्वास /punarvāsa プナルワース/ [neo.Skt.m. *पुनर्-वास-* 'resettlement rehabilitation'] *m.* (移民・難民の)定住.

पुनर्विवाह /punarvivāha プナルヴィワーハ/ [←Skt.m. *पुनर्-विवाह-* 'second marriage'] *m.* 再婚. ❐(से) ～ करना (人と)再婚する.

पुनश्च /punaśca プナシュチ/ [←Skt.ind. *पुनश्-च* 'and again'] *ind.* (手紙の)追伸.

पुनीत /punīta プニート/ [←Skt. *पुनीत-* 'cleaned, purified'] *adj.* 浄化された, 清められた;神聖な. ❐मैं इसे पूर्व-जन्म की तपस्या का ～ फल समझती हूँ। 私はこれを前世の苦行の神聖な賜物(たまもの)だと思います.

पुर[1] /pura プル/ [←Skt.n. *पुर-* 'a fortress, castle, city, town'] *m.* 町;都市《本来は城塞都市;現在は都市名の末尾になっている場合が多い;कानपुर「カーンプル」, गोरखपुर「ゴーラクプル」, नागपुर「ナーグプル」など》.

पुर[2] /pura プル/ [?] *m.* プル《井戸の水を灌漑(かんがい)用に汲み上げる大きな皮袋》. (⇒पुरवट)

पुर[3] /pura プル/ [←Pers.adj. پر 'full; laden, charged; complete'; cog. Skt. *पूर्ण-* 'filled, full'] *adj.* いっぱいの, 満ちた, つまった. (⇒पूरा)

पुरखा /purakʰā プルカー/ [＜OIA.m. *púruṣa-, pū́ruṣa-*

'man, male': T.08289] *m.* 先祖《普通複数形で使用》.（⇒पूर्वज）❒पुरखों का घर 先祖伝来の家.

पुरज़ा /purazā プルザー/▷पुर्ज़ा [←Pers.n. پرزه پرزه 'a scrap; a piece'] *m.* **1**（機械の）部品，パーツ．❒मशीनरी के तेज़ चलनेवाले पुरज़ों से उन्हें भय लगता था। 機械装置の高速で動く部品に彼らは恐れをなした． **2** 断片，破片，一片，小片，かけら.（⇒टुकड़ा）**3** 書付，メモ，ノート.（⇒परचा）❒तीर की नोक पर एक कागज़ ～ लिपटा हुआ था। 矢の尖った先に紙の書付が巻きついていた.

पुरबिया /purabiyā プラビヤー/ [cf. *पूरब*] *adj.* 東の，東部の.（⇒पूर्वी）❒～ हवा 東から吹く風.

— *m.* プラビヤー《東部の住人，特にウッタル・プラデーシュ州（उत्तर प्रदेश）の東部に住む人》.

— *f.* プラビヤー《特にウッタル・プラデーシュ州（उत्तर प्रदेश）東部のヒンディー語方言》.

पुरवट /puravaṭa プルワト/ [cf. *पुर²*] *m.* ☞पुर²

पुरवा¹ /puravā プルワー/ [cf. *पुर¹*] *m.* 村落，部落，集落．❒गाँव क्या था，～ था，दस-बारह घरों का। 村どころか集落だった，十数軒の.

पुरवा² /puravā プルワー/ [cf. *पुरवैया*] *m.* ☞पुरवैया

पुरवाई /puravāī プルワーイー/ *f.* ☞पुरवैया

पुरवैया /puravaiyā プルワイヤー/ [＜OIA. **pūruvavāta-* 'east wind': T.08338; cf. OIA.m. *purōvātá-* 'east wind': T.08292] *f.* 東から吹く風，東風（こち）.（⇔पछियाव）

पुरस्कार /puraskāra プラスカール/ [←Skt.m. *पुरस्-कार-* 'placing in front; honouring'] *m.* 褒美（ほうび）；褒賞，賞；賞品，景品；賞金，懸賞（金）.（⇒इनाम）❒（को）～ में देना（人に）褒美として…を与える．❒（को）～ मिलना（人が）賞をもらう．❒नोबेल ～ ノーベル賞．❒प्रथम ～ 一等賞.

पुरस्कृत /puraskṛta プラスクリト/ [←Skt. *पुरस्-कृत-* 'placed in front; honoured'] *adj.* 褒美（ほうび）をもらった；（賞を）授与された，授賞した.

पुराकथा /purākatʰā プラーカター/ [←Skt.f. *पुरा-कथा-* 'a story of the past, an old legend'] *f.* 昔話，民間説話；伝説.（⇒मिथक）

पुराण /purāṇa プラーン/ [←Skt.n. *पुराण-* 'a thing or event of the past, an ancient tale or legend, old traditional history'] *m.*〖ヒンドゥー教〗プラーナ聖典《原意は「古譚（こたん），古伝説」；ヒンドゥー教の神話に基づく聖典；主なものに18種類ある》.

पुरातत्त्व /purātattva プラータットオ/ ▸पुरातत्व [neo.Skt.n. *पुरा-तत्त्व-* 'archaeology'] *m.* 考古学．❒～ विज्ञान [शास्त्र] 考古学．❒～ सर्वेक्षण 考古学調査．❒～ स्थल 遺跡.

पुरातत्त्वज्ञ /purātattvajña プラータットオギャ/▸पुरातत्वज्ञ [neo.Skt.m. *पुरा-तत्त्व-ज्ञ-* 'archaeologist'] *m.* 考古学者.（⇒पुरातत्त्ववेत्ता）

पुरातत्त्वविद् /purātattvavid プラータットオヴィド/ ▸ पुरातत्वविद [neo.Skt.m. *पुरा-तत्त्व-विद्-* 'archaeologist'] *m.* ☞पुरातत्त्वज्ञ

पुरातत्त्ववेत्ता /purātattvavettā プラータットオヴェーッター/ [neo.Skt.m. *पुरा-तत्त्व-वेत्तृ-* 'archaeologist'] *m.* ☞पुरातत्त्वज्ञ

पुरातन /purātana プラータン/ [←Skt. *पुरा-तन-* 'belonging to the past'] *adj.*〖歴史〗古代の，いにしえの.

— *m.*〖歴史〗古代.

पुरातनपंथी /purātanapaṃtʰī プラータンパンティー/ [neo.Skt. *पुरातन-पन्थिन्-* 'conservative'] *adj.* 保守的な（人）；保守主義の.（⇒पुरातनवादी）

— *m.* 保守的な人；保守主義者；伝統主義者.（⇒पुरातनवादी）

पुरातनवादी /purātanavādī プラータンワーディー/ [neo.Skt. *पुरातन-वादिन्-* 'conservative'] *adj.* ☞पुरातनपंथी

— *m.* ☞पुरातनपंथी

पुरातात्त्विक /purātāttvika プラーターットヴィク/ ▸ पुरातात्विक [neo.Skt. *पुरा-तात्त्विक-* 'archaeological'] *adj.* 考古学的な，考古学の.

पुराना /purānā プラーナー/ [＜OIA. *purāṇá-* 'ancient': T.08283] *adj.* **1** 古い，昔の；古風な.（⇔नया）❒दुनिया में ऐसी बहुत सी बातें हैं，जो कभी पुरानी हो ही नहीं सकतीं। 世の中には決して古くならないようなことがたくさんある．❒पुरानी कहावत 古いことわざ．❒पुराने ज़माने की बात है। 昔のことです《「昔話の冒頭「昔々あるところに…」にも》. **2** 旧態依然とした；時代遅れの，旧式な，すたれた.（⇒अनद्यतन, दिनातीत）❒पुराने विचार की नारियाँ 旧態依然とした考えの女たち． **3** 昔なじみの，古くからの，旧知の．❒～ दोस्त 旧友．❒हमारा तुम्हारा ～ भाईचारा है। 僕と君の昔からの付き合いじゃないか.

पुरानापन /purānāpana プラーナーパン/ [*पुराना* + *-पन*] *m.* 古いこと；古さ.（⇔नयापन）

पुरापाषाण /purāpāṣāṇa プラーパーシャーン/ [neo.Skt. *पुरा-पाषाण-* 'Paleolithic'] *m.* 旧石器（時代）．❒～ काल [युग] 旧石器時代.

पुरालिपि /purālipi プラーリピ/ [neo.Skt.f. *पुरा-लिपि-* 'pal(a)eography'] *f.*〖歴史〗古代文字；古代文字の研究；古文書学.

पुरालिपिज्ञ /purālipijña プラーリピギャ/ [neo.Skt.m. *पुरा-लिपि-ज्ञ-* 'pal(a)eographist'] *m.*〖歴史〗古代文字の研究者；古文書学者.

पुरालिपि-शास्त्र /purālipi-śāstra プラーリピ・シャーストル/ [neo.Skt.n. *पुरा-लिपि-शास्त्र-* 'pal(a)eography'] *m.* 古代文字の研究；古文書学.

पुरालेख /purālekʰa プラーレーク/ [neo.Skt.m. *पुरा-लेख-* 'epigraph'] *m.*〖歴史〗金石文《金属・石に刻まれた刻文；狭義には碑文 शिलालेख を指す》.

पुरावशेष /purāvaśeṣa プラーオシェーシュ/ [neo.Skt.n. *पुरा-अवशेष-* 'antiquities'] *m.*〖歴史〗古代の遺物，骨董品，アンティーク.

पुरी /purī プリー/ [←Skt.f. *पुरी-* 'a fortress, castle, town'] *f.* **1** 町，都． **2**〖地名〗プリー《オリッサ州（ओडिशा）にあるヒンドゥー教聖地；有名なジャガンナート

寺院があることからジャガンナートプリー（जगन्नाथपुरी）とも呼ばれる》.

पुरुष /puruṣ*a* プルシュ/ [←Skt.m. *पुरुष-* 'a man, male, human being'] *m.* **1** 男, 男子. (⇒मर्द)(⇔स्त्री) **2**〖言語〗人称. ❐प्रथम [उत्तम] 〜 一人称. ❐द्वितीय [मध्यम] 〜 二人称. ❐तृतीय [अन्य] 〜 三人称. **3**〖ヒンドゥー教〗プルシャ《世界に最初に存在したとされる原人；リグヴェーダ（ऋग्वेद）にプルシャに言及した賛歌がある》. **4**〖ヒンドゥー教〗プルシャ《物質原理であるプラクリティ（प्रकृति）に対応する純粋な精神原理とされる》.

पुरुषत्व /puruṣatv*a* プルシャトオ/ [←Skt.n. *पुरुष-त्व-* 'manhood'] *m.* 男であること；男らしさ；男の本能. ❐〜 को जगाना 男の本能を目覚めさせる.

पुरुषार्थ /puruṣārtʰ*a* プルシャールト/ [←Skt.m. *पुरुष-अर्थ-* 'any object of human pursuit; any one of the four objects or aims of existence'] *m.* **1**〖ヒンドゥー教〗人生の四大目的《欲望（काम）の充足, 富（अर्थ）の獲得, 義務（धर्म）の遂行, 解脱（मोक्ष）への到達》. **2** 勤勉.

पुरुषार्थी /puruṣārtʰī プルシャールティー/ [neo.Skt. *पुरुष-अर्थिन्-* 'pursuiting any one of the four objects or aims of existence; manly, vigorous; industrious'] *adj.* **1**〖ヒンドゥー教〗人生の 4 大目的（पुरुषार्थी）を追及する(人). **2** 男らしい(人), 強健な(人)；勤勉な(人).

पुरुषोचित /puruṣocit*a* プルショーチト/ [neo.Skt. *पुरुष-उचित-* 'proper to a man'] *adj.* 男性的な, 男性にふさわしい. (⇔स्त्रियोचित)

पुरोगामी /purogāmī プローガーミー/ [←Skt. *पुरो-गामिन्-* 'preceding'] *adj.* 進行性の；順行性の. (⇔पश्चगामी) ❐〜 समीकरण〖言語〗順行同化《先行音が後続音を同化する現象；たとえば, サンスクリット語の patra-「葉」がプラークリット語で patta- と変化する例》.

पुरोहित /purohit*a* プローヒト/ [←Skt.m. *पुरोहित-* 'a family priest'] *m.*〖ヒンドゥー教〗プローヒタ《謝礼を受け取って家庭の祭儀・通過儀礼を執り行うバラモン（ब्राह्मण）》.

पुरोहिताई /purohitāī プローヒターイー/ [*पुरोहित* + *-ई*] *f.*〖ヒンドゥー教〗プローヒタ（पुरोहित）の務め；その謝礼.

पुर्ज़ा /purzā プルザー/ ▹पुरज़ा *m.* ☞पुरज़ा

पुर्तगाल /purt*a*gāl*a* プルトガール/ [cf. Eng.n. *Portugal*] *m.*〖国名〗ポルトガル(共和国)《首都はリスボン（लिस्बन）》.

पुर्तगाली /purt*a*gālī プルトガーリー/ [*पुर्तगाल* + *-ई*] *adj.* ポルトガル(人)の；ポルトガル語の.
— *m.* ポルトガル人.
— *f.* ポルトガル語.

पुलंदा /pulaṃdā プランダー/ ▸पुलिंदा *m.* ☞पुलिंदा

पुल /pul*a* プル/ [←Pers.n. پل 'a bridge, an arch'] *m.* 橋. ❐〜 बाँधना 橋をかける.

पुलक /pulak*a* プラク/ [←Skt.m. *पुलक-* 'erection or bristling of the hairs of the body (considered to be occasioned by delight or rapture rather than by fear)'] *f.* 毛が逆立つこと《主に歓喜や絶頂感を表す表現；まれに恐怖による「身の毛立つ」場合も》. ❐वह अपनी 〜 को छिपाती हुई बोली। 彼女は自分の歓喜を隠しながら言った.

पुलकना /pulak*a*nā プラクナー/ [cf. *पुलक*] *vi.* (*perf.* पुलका /pul*a*kā プルカー/)（歓喜・絶頂感で）ぞくぞくする. ❐उसका हृदय पुलक उठा। 彼女の心は歓喜に震えた.

पुलकित /pul*a*kit*a* プルキト/ [←Skt. *पुलकित-* 'having the hair of the bristling erect, thrilled with joy'] *adj.*（歓喜・絶頂感で）ぞくぞくした. ❐उसका रोम-रोम 〜 हो उठा। 彼女の一本一本の毛が逆立った（＝歓喜に震えた）. ❐उसके पत्र ने मुझे 〜 कर दिया। 彼の手紙は私を歓喜させた.

पुलटिस /pul*a*ṭis*a* プルティス/ [←Eng.n. *poultice*] *f.* 湿布. ❐(पर) 〜 लगाना (बाँधना)（…に）湿布をあてる.

पुलाव /pulāv*a* プラーオ/▸पोलाव [←Pers.n. پلاو 'a dish composed of flesh or fish highly seasoned, first roasted and afterwards fricasseed or stewed, covered and heaped over with rice newly boiled, seasoned, and sometimes coloured, and garnished with eggs, onions'; cf. Skt.m. *पुलाक-* 'a lump of boiled rice'] *m.*〖食〗ピラフ.

पुलिंदा /pulimdā プリンダー/ ▸पुलंदा [?<OIA.m. *pūla-* 'bunch, bundle': T.08349] *m.*（紙や布の）包み；（紙や紙幣の）束. ❐उसने जेब से पत्रों का एक 〜 निकाला। 彼はポケットから一束の手紙を取り出した.

पुलिन /pulin*a* プリン/ [←Skt.m. *पुलिन-* 'a sandbank, a small island or bank in the middle of a river, an islet, a sandy beach'] *m.* 中州, 砂州, 砂だらけの川岸.

पुलिया /puliyā プリヤー/ [cf. *पुल*] *f.* **1** 小さな橋. **2**（道路・鉄道などの下を通る）排水溝, 排水渠（はいすいきょ）.

पुलिस /pulis*a* プリス/ [←Eng.n. *police*] *f.* 警察. ❐〜 कर्मी 警察官. ❐〜 कार パトカー, 警察車両.

पुलिसमैन /pulis*a*main*a* プリスマェーン/ [←Eng.n. *policeman*] *m.* 警官, 巡査.

पुलिसवाला /pulis*a*vālā プリスワーラー/ [*पुलिस* + *-वाला*] *m.* ☞पुलिसमैन

पुल्लिंग /pulliṃg*a* プッリング/ *m.* ☞पुंलिंग

पुश्त /puśt*a* プシュト/ [←Pers.n. پشت 'the back'; cog. Skt.n. *पृष्ठ-* 'the back (as the prominent part of an animal)'] *f.* **1** 世代, ジェネレーション. (⇒पीढ़ी) ❐〜 दर 〜（先祖）代々. **2** 背中；背面, 裏.

पुश्ता /puśtā プシュター/ [←Pers.n. پشته 'a little hill, an embankment'] *m.* **1** 堤（つつみ）, 堤防, 堰（せき）, 土手. **2**（建物の壁を補強し支えとなる）控え壁. **3**（椅子の）背もたれ. **4**（本の）背表紙.

पुश्तैनी /puśtainī プシュタェーニー/ [cf. *पुश्त*] *adj.* **1** 父祖の, 父方の；祖先から受け継いだ, 先祖伝来の；先祖代々の. (⇒पैतृक) ❐〜 घर 先祖伝来の家. ❐चित्रकारी उनके परिवार में 〜 थी। 絵を描くことは彼の一族では先祖から受け継がれていた. **2**〖生物〗遺伝(性)の, 遺伝的な. (⇒पैतृक, मौरूसी) ❐～ रोग 遺伝する病気. **3**〘法律〙世襲の, 相続権を有する, 親譲りの. (⇒पैतृक, मौरूसी) ❐～ संपत्ति 遺産.

पुष्कल /puṣkala プシュカル/ [←Skt. *पुष्कल-* 'much, many, numerous, copious, abundant'] *adj.* (数が)おびただしい.

पुष्ट /puṣṭa プシュト/ [←Skt. *पुष्ट-* 'nourished, cherished, well-fed, thriving, strong, fat, full, complete, perfect, abundant, rich, great, ample'] *adj.* **1** 肉づきがいい;頑健な. ❐बाबा शरीर से तो ～ थे, पर क़द से मझोले थे। 父方の祖父は体は肉付きがよかったが, 身長は中くらいだった. **2** しっかりと確かめられた, 確認された;裏付けされた. ❐गवाही ～ पाना 証言が裏付けられたと認める. ❐तर्क ने भ्रम को ～ किया। 論理が疑いを後押しした. ❐संदेह को और भी ～ करना 疑念をさらに裏付ける.

पुष्टई /puṣṭaī プシュタイー/ [*पुष्ट* + *-ई*] *f.* **1** 壮健であること, 精力旺盛であること. **2**〘医学〙強壮剤, 精力剤, 栄養剤.

पुष्टि /puṣṭi プシュティ/ [←Skt.f. *पुष्टि-* 'well-nourished condition, fatness, plumpness, growth, increase, thriving, prosperity, wealth, opulence, comfort'] *f.* **1** 確固たること, 盤石(ばんじゃく)であること. **2** (真実の)確認;(正しさの)裏付け. ❐उन्होंने अपने मत की ～ में विश्व के विभिन्न भागों में किए गए अध्ययनों का हवाला किया। 彼は自分の説の正しさを裏付けるために世界各地で行われた研究を引用した. ❐(की) ～ करना (…の正しさを)裏付ける. ❐जनता के संदेह की ～ हो गई। 大衆の疑念が裏付けられた.

पुष्टिकर /puṣṭikara プシュティカル/ [←Skt. *पुष्टि-कर-* 'nourishing, causing to thrive or grow'] *adj.* **1** 栄養のある, 滋養のある. ❐～ भोजन 滋養のある食事. **2** 確認できる;裏付けのある.

पुष्टिकरण /puṣṭikaraṇa プシュティカラン/ ▸पुष्टीकरण [neo.Skt.n. *पुष्टि-करण-* 'the act of confirming'] *m.* 確認(作業);裏付け(作業).

पुष्टिकारक /puṣṭikāraka プシュティカーラク/ [neo.Skt. *पुष्टि-कारक-* 'nourishing'] *adj.* ☞पुष्टिकर

पुष्टीकरण /puṣṭīkaraṇa プシュティーカラン/ ▸पुष्टिकरण *m.* ☞पुष्टिकरण

पुष्प /puṣpa プシュプ/ [←Skt.n. *पुष्प-* 'a flower, blossom'] *m.*〘植物〙花. (⇒फूल) ❐भारत का राष्ट्रीय ～ कमल है। インドの国花は蓮です.

पुष्पवर्षा /puṣpavarṣā プシュプワルシャー/ [←Skt.f. *पुष्प-वर्षा-* 'flower-rain; flower showered upon a hero on any great occasion'] *f.*〘神話〙天上から花が雨のように降ること《天界の神々が勇者を祝福する様子》. ❐(पर) ～ करना (…を)祝福する.

पुष्पवाटिका /puṣpavāṭikā プシュパワーティカー/ [←Skt.f. *पुष्प-वाटिका-* 'a flower garden'] *f.* 花園, 花畑.

पुष्पांजलि /puṣpāṃjali プシュパーンジャリ/ [←Skt.m. *पुष्प-अञ्जलि-* 'two handfuls of flower'] *f.*〘ヒンドゥー教〙プシュパーンジャリ《字義は「両手に盛られた花」;花を捧げる儀式, 献花》. (⇒कुसुमांजलि) ❐(पर) ～ अर्पित करना (…に)花を捧げる, 献花する.

पुष्पिका /puṣpikā プシュピカー/ [←Skt.f. *पुष्पिका-* 'the last words of a chapter, which state the subject treated therein'] *f.* 奥付《主に古写本の最後に記されている筆記者名や年号など》.

पुष्पित /puṣpita プシュピト/ [←Skt. *पुष्पित-* 'flowered, bearing flowers'] *adj.* 開花した;花におおわれた, 花に囲まれた.

पुष्पोद्यान /puṣpodyāna プシュポーディヤーン/ [←Skt.n. *पुष्प-उद्यान-* 'a flower-garden'] *m.* 花園.

पुस्तक /pustaka プスタク/ [←Skt.m. *पुस्तक-* 'a manuscript, book, booklet'] *f.* 本, 書物, 書籍. (⇒किताब) ❐～ पढ़ना 本を読む. ❐(पर) ～ लिखना (…について)本を書く.

पुस्तकाकार /pustakākāra プスタカーカール/ [neo.Skt. *पुस्तक-आकार-* 'in book form'] *adj.* 本の形をした. ❐～ रूप में 本の形で, 書籍として. ❐उस लेख को ～ कर दिया। その原稿を本の形にした.

— *adv.* 本の形で, 書籍として. ❐～ छापना 本の形で印刷する.

पुस्तकाध्यक्ष /pustakādʰyakṣa プスタカーディャクシュ/ [neo.Skt.m. *पुस्तक-अध्यक्ष-* 'librarian'] *m.* ライブラリアン, 司書.

पुस्तकालय /pustakālaya プスタカーラエ/ [neo.Skt.m. *पुस्तक-आलय-* 'library'] *m.* 図書館. (⇒ग्रंथागार, लाइब्रेरी)

पुस्तकीय /pustakīya プスタキーエ/ [neo.Skt. *पुस्तकीय-* 'bookish'] *adj.* 本に関する;書物上の. (⇒किताबी) ❐～ ज्ञान (経験からではなく)本から得た知識.

पुस्तिका /pustikā プスティカー/ [←Skt.f. *पुस्तिका-* 'a manuscript, book, booklet'] *f.* 小冊子, パンフレット.

पूँगी /pū̃gī プーンギー/ [cf. *पोंगा* × *फूँकना*] *f.*〘楽器〙プーンギー《中が空洞な細長いヒョウタン;ヘビ使いの吹く笛》.

पूँछ /pū̃cʰa プーンチ/ [<OIA.m. *púccha-* 'tail, hinder part': T.08249] *f.* **1** (動物・鳥・魚の)尻尾, 尾. (⇒दुम) ❐गाय ～ से मक्खियाँ उड़ाती है। 雌牛が尻尾で蝿を追っている. ❐(की) ～ पकड़ कर चलना〔慣用〕(人に)盲従する. **2** (凧の)尾;(彗星の)尾. (⇒दुम)

पूँछदार /pū̃cʰadāra プーンチダール/ [*पूँछ* + *-दार*] *adj.* 尻尾のある. (⇒दुमदार)

पूँजी /pū̃jī プーンジー/ [<OIA.m. *puñja-* 'heap, quantity': T.08251] *f.*〘経済〙資本, 元手. (⇒सरमाया) ❐(में) ～ लगाना (…に)資本を投入する.

पूँजीदार /pū̃jīdāra プーンジーダール/ [*पूँजी* + *-दार*] *m.* **1** 資産家. **2** 資本家. (⇒पूँजीपति)

पूँजीदारी /pū̃jīdārī プーンジーダーリー/ [*पूँजीदार* + *-ई*] *f.* 資本主義. (⇒पूँजीवाद)

पूँजीपति /pū̃jīpati プーンジープティ/ [*पूँजी* + *पति*] *m.*〘経済〙資本家.

पूँजीवाद /pū̃jīvāda プーンジーワード/ [*पूँजी* + *-वाद*] *m.*〘経済〙資本主義.

पूँजीवादी /pū̃jīvādī プーンジーワーディー/ [*पूँजी* + *-वादी*] *adj.* 資本主義の；資本主義的な.
— *m.*〖経済〗資本主義者.

पूआ /pūā プーアー/▸पुआ [<OIA.m. *apūpá-* 'cake of flour': T.00491; cf. Skt.m. *पूप-* 'a cake, a sort of bread'] *m.*〖食〗プーアー《小麦粉に砂糖水を加えてこねたものを油で揚げた甘い菓子》.

पूछ /pūc^{h}a プーチ/ [cf. *पूछना*] *f.* **1** 問い合わせ. **2** 求め，要請. ❐अब चारों ओर उसकी ～ थी। 今や彼は引っ張りだこだった. **3** 気にかけて声をかけること，尊重して配慮すること. ❐जब घर में उसकी कोई ～ नहीं है, तो वह क्यों रहे। 家の中で彼に誰も声をかけないとしたら，なぜ留まる必要があるのさ.

पूछताछ /pūc^{h}atāc^{h}a プーチターチ/ [echo-word; cf. *पूछ*] *f.* 問い合わせ，照会，質問《駅などの案内所表示に使用》. ❐कई आदमियों से ～ की, पर कुछ पता न चला। 何人かの人間にたずねた，しかし何もわからなかった.

पूछना /pūc^{h}anā プーチナー/ [<OIA. *pr̥ccháti* 'asks': T.08352] *vt.* (*perf.* पूछा /pūc^{h}ā プーチャー/) **1** 質問する，尋ねる. ❐मैंने दाम पूछा। 私は値段を尋ねた. ❐मैं आपसे पूछ रहा हूँ। 私はあなたに質問しているのです. ❐उसने स्नेह भरे स्वर में पूछा। 彼は慈愛に満ちた声で尋ねた. ❐उसने मुझसे केवल एक प्रश्न पूछा। 彼は私にたった一つの質問をした. ❐मुझसे कुछ न पूछो। 私に何も聞かないでくれ. ❐इसमें उनसे क्या पूछना है? このことについて，あの方に何を尋ねるというのだ？ ❐सच पूछो [पूछिए], तो मैं डर गया। 正直に言えば，私は怖くなった. **2** 気にかけて声をかける，(相手を思いやって)心配する，配慮する《否定・反語表現で使用》. ❐उसे कौन पूछता? 彼のことを誰が心配するというのだ？ ❐मुझे कोई पूछता भी नहीं। 誰も私に声もかけない. ❐राजनीति के सामने न्याय को कौन पूछता है। 政治の前に正義など誰が気にかけるというのだ.

पूजक /pūjaka プージャク/ [←Skt. *पूजक-* 'honouring, respecting, worshipping'] *adj.* 崇拝する，礼賛する，賛美する；敬愛する.
— *m.* 崇拝者，礼賛者，賛美者.

पूजन /pūjana プージャン/ [←Skt.n. *पूजन-* 'reverencing, honouring, worship'] *m.* **1** (神仏の)礼拝，読経，(朝夕の)勤行. ❐～ करना 礼拝をする. **2** 敬うこと.

पूजना /pūjanā プージナー/ [<OIA. *pūjáyati* 'honours, worships': T.08316] *vt.* (*perf.* पूजा /pūjā プージャー/) 礼拝する；拝む；崇拝する；礼賛する. ❐नारी को पूजने का आदर्श बनाकर पुरुष ने अपने को कम नहीं पुजवाया। 女を崇拝するという高邁な理想を作り上げたが，男は自分自身を崇拝させることを減らしたわけではなかった.

पूजनीय /pūjanīya プージニーエ/ [←Skt. *पूजनीय-* 'to be revered or worshipped, venerable, honourable'] *adj.* 尊敬すべき；崇拝すべき. (⇒पूज्य)

पूजा /pūjā プージャー/ [←Skt.f. *पूजा-* 'honour, worship, respect, reverence, veneration, homage to superiors or adoration of the gods'] *f.* **1**〖ヒンドゥー教〗プージャー《神像を礼拝する儀礼とそれにともなう諸々の儀式；祈り，祈祷》. **2** 崇拝，尊崇，崇敬. ❐(की) ～ करना (…を)拝む，崇拝する.

पूजा-पाठ /pūjā-pāṭ^{h}a プージャー・パート/ *m.*〖ヒンドゥー教〗(神への)礼拝と読経(どきょう). ❐～ करना 礼拝と読経をする.

पूजित /pūjita プージト/ [←Skt. *पूजित-* 'honoured, worshipped'] *adj.* 崇拝される，礼賛される，賛美される；敬愛される.

पूज्य /pūjya プージエ/ [←Skt. *पूज्य-* 'to be revered or worshipped, venerable, honourable'] *adj.* ☞पूजनीय

पूज्यपाद /pūjyapāda プージャパード/ [?neo.Skt. *पूज्य-पाद-* 'venerable, revered'] *adj.* (おみ足ですら)崇敬すべき，あがめるべき.

पूज्यवर /pūjyavara プージャワル/ [neo.Skt. *पूज्य-वर-* 'venerable, revered'] *adj.* 崇敬すべき，あがめるべき.

पूड़ी /pūṛī プーリー/ ▸पूरी *f.* ☞पूरी

पूत[1] /pūta プート/ [<OIA.m. *putrá-*[1] 'son': T.08265] *m.*〔古語〕息子. (⇒पुत्र)

पूत[2] /pūta プート/ [←Skt. *पूत-* 'cleaned, purified, pure, clear, bright'] *adj.* 神聖な；清浄な.

पूनम /pūnama プーナム/ [<OIA.f. *pūrṇimā-* 'the night or day of full moon': T.08340z1] *f.* 満月(の日，夜).

पूनी /pūnī プーニー/ [<OIA. **pūna-* 'bundle, roll': T.08326] *f.* (糸紡ぎ用の)木綿糸の束.

पूरक /pūraka プーラク/ [←Skt. *पूरक-* 'filling, completing, fulfilling, satisfying'] *adj.* 補完する. ❐～ परीक्षा 追試験. ❐～ बजट 補正予算.
— *m.* **1** 補完するもの. **2**〖言語〗補語. **3**〖数学〗乗数. **4**〖医学〗サプリメント.

पूरना /pūranā プールナー/ [cf. *पूरा*] *vi.* (*perf.* पूरा /pūrā プーラー/) 満たされる.
— *vt.* (*perf.* पूरा /pūrā プーラー/) 満たす.

पूरब /pūraba プーラブ/ [<Skt. *पूर्व-* 'eastern; former'] *m.* ☞पूर्व

पूरबी /pūrabī プールビー/ [<Skt. *पूर्विन्-* 'fore, first, eastern, ancient': T.08343] *adj.*〔俗語〕☞पूर्वी

पूरा /pūrā プーラー/ [<OIA. *pūra-*[1] 'filling': T.08330] *adj.* **1** 満ちた. ❐～ करना (…を)満たす，完了する，終わらす. ❐～ होना 満ちる，完了する，終わる. **2** 完全な. ❐पूरी तरह 完全に. **3** 全体の.

पूरित /pūrita プーリト/ [←Skt. *पूरित-* 'filled, completed'] *adj.* …で満たされた，…であふれた. ❐चित्त अभिमान से ～ हो गया। 心は自尊心で満たされた.

पूरी /pūrī プーリー/▸पूड़ी [<OIA.m. *pūra-*[2] 'cake': T.08331] *f.*〖食〗プーリー《酵母を使用しないで小麦粉を練ったパンを油で揚げたもの》.

पूर्ण /pūrṇa プールン/ [←Skt. *पूर्ण-* 'filled, full, filled with or full of'] *adj.* **1** 完全な；完成した；十分な，満ち足りた. (⇔अपूर्ण) ❐～ रूप से 完全に. **2**〖言語〗完了の，完了アスペクトの. (⇔अपूर्ण)

पूर्णकाम /pūrṇakāma プールンカーム/ [←Skt. *पूर्णकाम-* 'one whose wishes are fulfilled, satisfied'] *adj.* 願い

がすべて叶えられた(人).

पूर्णकालिक /pūrṇakālika プールンカーリク/ [neo.Skt. *पूर्ण-कालिक-* 'full-time (work)'] *adj.* フルタイムの.

पूर्णचंद्र /pūrṇacaṃdra プールンチャンドル/ [←Skt.m. *पूर्ण-चन्द्र-* 'the full moon'] *m.* 〖暦〗満月.

पूर्णतः /pūrṇataḥ プールンタハ/ [neo.Skt.ind. *पूर्ण-तस्* 'completely, entirely'] *adv.* 完全に, まったく.

पूर्णतया /pūrṇatayā プールンタヤー/ [cf. *पूर्णता*] *adv.* ☞ पूर्णतः

पूर्णता /pūrṇatā プールナター/ [←Skt.f. *पूर्ण-ता-* 'fullness'] *f.* 完全であること.

पूर्णमासी /pūrṇamāsī プールナマースィー/ [←Skt.f. *पूर्ण-मासी-* 'full-moon (day)'] *f.* 〖暦〗満月(の日)《白半月 (शुक्लपक्ष) の15日目》.

पूर्णविराम /pūrṇavirāma プールナヴィラーム/ [neo.Skt.m. *पूर्ण-विराम-* 'full stop'] *m.* 終止符, フル・ストップ, ピリオド;終わり. (⇒डंडा, पाई) ❐ज़िंदगी में ~ लगाना 人生に終止符を打つ. ❐शादी पर ~ लगाना 結婚生活に終止符を打つ.

पूर्णांक /pūrṇāṃka プールナーンク/ [←Skt.m. *पूर्ण-अङ्क-* 'a full figure or number; an integer'] *m.* **1** 〖数学〗整数. **2** 満点.

पूर्णाहुति /pūrṇāhuti プールナーフティ/ [←Skt.f. *पूर्ण-आहुती-* 'complete oblation; an offering made with a full ladle'] *f.* 〖ヒンドゥー教〗プールナフティ《供儀の最後にお供えをする儀式;仕上げ》.

पूर्णिमा /pūrṇimā プールニマー/ [←Skt.f. *पूर्णिमा-* 'the night or day of full moon'] *f.* 〖暦〗満月(の日, 夜).

पूर्ति /pūrti プールティ/ [←Skt.f. *पूर्ति-* 'filling, completion'] *f.* **1** 満たすこと, 充足;補給;埋め合わせ. ❐अभाव की ~ करना 不足を埋める. ❐तृष्णा की ~ करना 渇望を満たす. ❐पापों [त्रुटियों] की ~ करना 罪[過ち]の埋め合わせをする. **2** 完成;達成. **3** 〖数学〗掛け算, 乗法.

पूर्व /pūrva プールオ/ [←Skt. *पूर्व-* 'eastern; former'] *adj.* **1** 元の, 先の, 以前の. ❐~ मंत्री 前大臣. ❐~ जन्म 前世. ❐(से [के]) ~ (…の)以前に. ❐२०० ईसा [ईस्वी] ~ 紀元前 200 年に. **2** 予備的な, 本番前の. ❐~ निश्चित नियति 前もって決められている運命. **3** 古い, 昔の;過去の. **4** 〖地理〗東の, 東方の. (⇔पश्चिम) ❐~ दिशा में 東の方向に.

— *m.* **1** 東, 東方, 東部. (⇒मशरिक़)(⇔पश्चिम) ❐(के) ~ में (…の)東に[へ]. **2** 〖地理〗東洋. (⇔पश्चिम)

पूर्वकालिक /pūrvakālika プールオカーリク/ [←Skt. *पूर्व-कालिक-* 'belonging to former times, ancient'] *adj.* **1** 過去の;以前の;昔の. **2** 〖言語〗先行時制の. ❐~ कृदंत 先行時制分詞.

पूर्वकालीन /pūrvakālīna プールオカーリーン/ [←Skt. *पूर्व-कालीन-* 'belonging to former times, ancient'] *adj.* ☞पूर्वकालिक

पूर्वग्रह /pūrvagraha プールオグラ/ [neo.Skt.m. *पूर्व-ग्रह-* 'prejudice'] *m.* 偏見, 先入観.

पूर्वज /pūrvaja プールワジ/ [←Skt. *पूर्व-ज-* 'born or produced before or formerly, former; ancient, primaeval'] *m.* 祖先. (⇒बाप-दादा)(⇔वंशज)

पूर्वजन्म /pūrvajanma プールオジャナム/ [←Skt.n. *पूर्व-जन्मन्-* 'a former birth'] *m.* 前世, 前生. ❐न जाने ~ में हमसे तुमसे क्या संबंध था। 一体全体前世で私とお前とはどんな関係だったのだろうね. ❐मानो वह ~ का कोई ऋण चुकाने के लिए ही संसार में आया है। まるで彼は前世の負債を償うためだけにこの世に来たみたいだ.

पूर्वपक्ष /pūrvapakṣa プールオパクシュ/ [←Skt.m. *पूर्व-पक्ष-* 'the fore part or side'] *m.* **1** (原告による)申し立て. **2** 〖暦〗プールヴァパクシャ《インド太陰月における前半の二週間, つまり黒半月 (कृष्णपक्ष) の期間》.

पूर्वपीठिका /pūrvapīṭʰikā プールオピーティカー/ [neo.Skt.f. *पूर्व-पीठिका-* 'background'] *f.* **1** 背景. (⇒भूमिका) **2** (書物の)序言, 序説. (⇒भूमिका)

पूर्वराग /pūrvarāga プールオラーグ/ [←Skt.m. *पूर्व-राग-* 'earliest or incipient affection'] *m.* 〖文学〗プールヴァラーガ《男女が互いを直接見る前に, うわさや絵姿などで, 恋に落ちてしまうこと》.

पूर्वरूप /pūrvarūpa プールオループ/ [←Skt.n. *पूर्व-रूप-* 'indication of something approaching, an omen'] *m.* **1** 以前の形・姿, 前身. **2** (これから起こる)前の姿, 兆候, きざし.

पूर्ववत् /pūrvavat プールオワト/ [←Skt.ind. *पूर्व-वत्* 'as before, as hitherto, as heretofore, as aforesaid'] *adj.* 以前と同じく.

पूर्ववर्ती /pūrvavartī プールオワルティー/ [←Skt. *पूर्व-वर्तिन्-* 'existing before, preceding, prior, previous'] *adj.* 以前の;先行する. (⇔परवर्ती)

पूर्ववृत्त /pūrvavr̥tta プールオヴリット/ [←Skt.n. *पूर्व-वृत्त-* 'a former event, previous occurrence'] *m.* 過去の出来事.

पूर्वसूचना /pūrvasūcanā プールオスーチナー/ [neo.Skt.f. *पूर्व-सूचना-* 'advance notice'] *f.* 事前通知.

पूर्वाग्रह /pūrvāgraha プールワーグラ/ [←Skt.m. *पूर्व-आ-ग्रह-* 'prejudice'] *m.* ☞पूर्वग्रह

पूर्वानुमान /pūrvānumāna プールワーヌマーン/ [neo.Skt.n. *पूर्व-अनुमान-* 'supposition; forecast'] *m.* 仮定, 推測;仮説;予想;予報. ❐मौसम ~ 天気予報.

पूर्वापर /pūrvāpara プールワーパル/ [←Skt. *पूर्व-अपर-* 'being before and behind; directed forward and backward, eastern and western'] *adj.* 前後の. ❐~ संबंध 前後の関係, 前後の文脈.

पूर्वाभ्यास /pūrvābʰyāsa プールワービャース/ [←Skt.m. *पूर्व-अभ्यास-* 'the repetition of what precedes'] *m.* リハーサル. (⇒रिहर्सल)

पूर्वार्ध /pūrvārdʰa プールワールド/ ▸पूर्वार्द्ध [←Skt.n. *पूर्व-अर्ध-* 'the front or upper part; eastern side; the fore or first half (of a hemistich)'] *m.* (書物などの)前半部分. (⇔उत्तरार्ध)

पूर्वाह्न /pūrvāhna プールワーフン/ [←Skt.m. *पूर्व-आह्न-*,

पूर्व-आह्न- 'the earlier part of the day, forenoon'] *m.* 午前. (⇔अपराह्न)

पूर्वी /pūrvī プールヴィー/ [←Skt. *पूर्विन्-* 'fore, first, eastern, ancient'] *adj.* **1** 東の, 東方の, 東部の. (⇒मशरिक़ी)(⇔पश्चिमी) ❐～ भारत 東インド. **2** 東洋の. (⇔पश्चिमी)

पूर्वी घाट /pūrvī gʰāṭa̸ プールヴィー ガート/ [cf. Eng.n. *Eastern Ghats*] *m.*〖地理〗東ガーツ山脈《インド亜大陸の東海岸沿いの山脈》.

पूर्वी तिमोर /pūrvī timora̸ プールヴィー ティモール/ [cf. Eng.n. *East Timor*] *m.*〖国名〗東ティモール(民主共和国)《首都はディリ (दिली)》.

पूर्वोक्त /pūrvokta̸ プールヴォークト/ [←Skt. *पूर्व-उक्त-* 'said before, formerly stated'] *adj.* 前述された.

पूर्वोत्तर /pūrvottara̸ プールヴォーッタル/ [←Skt. *पूर्व-उत्तर-* 'north-eastern'] *adj.* 北東の.

पूर्वोपाय /pūrvopāya̸ プールヴォーパーエ/ [neo.Skt.m. *पूर्व-उपाय-* 'precaution'] *m.* 予防策, 予防措置. (⇒एहतियाती कार्यवाही)

पूला /pūlā プーラー/ [<OIA.m. *pūla-* 'bunch, bundle': T.08349] *m.* (草・藁(わら)の)束. ❐कोई ऊख काटता था, कोई छीलता था, कोई पूले बाँधता था। ある者はサトウキビを刈り取っていた, ある者は皮をはいでいた, ある者は束を結んでいた.

पूली /pūlī プーリー/ [cf. *पूला*] *f.* (草・藁(わら)の)小さな束.

पूस /pūsa̸ プース/ [<OIA.m. *puṣyà-*[2] 'the 6th or 8th asterism': T.08307] *m.* ☞पौष

पृथक् /pr̥tʰak プリタク/ [←Skt.ind. *पृथक्* 'widely apart, separately, differently, singly, severally, one by one'] *adj.* 異なる, 関係のない;分離した. (⇒अलग)

पृथक्करण /pr̥tʰakkaraṇa̸ プリタクカラン/ [←Skt.n. *पृथक्-करण-* 'separating, setting apart'] *m.* 分離;選別.

पृथिवी /pr̥tʰivī プリティヴィー/ [←Skt.f. *पृथिवी-* 'the earth or wide world'] *f.* ☞पृथ्वी

पृथ्वी /pr̥tʰvī プリトヴィー/ [←Skt.f. *पृथ्वी-* 'the earth'] *f.* **1**〖天文〗地球. ❐～ की सतह 地表. ❐वे लोग इतना भी न जानते थे कि ～ सूर्य का चक्कर लगाती है अथवा सूर्य ～ का। 彼らはこれほどのことも知らない, 回っているのは地球が太陽の周りなのか太陽が地球の周りなのかを. **2** 大地;地面;地上, 地(上)界. ❐हमारा स्वर्ग और नरक सब इसी ～ पर है। 我々の天国と地獄はすべてこの地上にある.

पृथ्वीपति /pr̥tʰvīpati プリトヴィープティ/ [←Skt.m. *पृथ्वी-पति-* 'earth-lord; a prince, king, sovereign'] *m.* (地上の)王.

पृष्ठ /pr̥ṣṭʰa̸ プリシュト/ [←Skt.n. *पृष्ठ-* 'the back'] *m.* **1** ページ, 頁. (⇒पेज, वरक़) **2** 背;背部;背中;背面;裏面. **3** 表面.

पृष्ठपोषक /pr̥ṣṭʰapoṣaka̸ プリシュトポーシャク/ [neo.Skt.m. *पृष्ठ-पोषक-* 'supporter; partisan'] *adj.* **1** 後援する(人);(背後から)支援する(人).

— *m.* 後援者;支援者, サポーター.

पृष्ठपोषण /pr̥ṣṭʰapoṣaṇa̸ プリシュタポーシャン/ [neo.Skt.n. *पृष्ठ-पोषण-* 'support'] *m.* 後援;(背後からの)支援, サポート.

पृष्ठभाग /pr̥ṣṭʰabʰāga̸ プリシュタバーグ/ [neo.Skt.m. *पृष्ठ-भाग-* 'rear part'] *m.* 背面;裏面.

पृष्ठभूमि /pr̥ṣṭʰabʰūmi プリシュタブーミ/ [neo.Skt.f. *पृष्ठ-भूमि-* 'background'] *f.* (事件, 歴史の)背景, バックグラウンド. (⇒भूमिका)

पृष्ठसंख्या /pr̥ṣṭʰa̸saṃkʰyā プリシュトサンキャー/ [neo.Skt.f. *पृष्ठ-संख्या-* 'page number'] *f.* **1** (書類などの)ページ番号. **2** 総ページ数.

पृष्ठांकन /pr̥ṣṭʰāṃkana̸ プリシュターンカン/ [neo.Skt.n. *पृष्ठ-अङ्कन-* 'endorsement'] *m.* (確認, 記録のための)裏書, エンドースメント.

पृष्ठांकित /pr̥ṣṭʰāṃkita̸ プリシューターンキト/ [neo.Skt. *पृष्ठ-अङ्कित-* 'endorsed'] *adj.* (確認, 記録のために)裏書きされた.

पेंग /pẽga̸ ペーング/ ▸पिंग [<OIA. *prēṅkhá-* 'swaying': T.08996] *f.* (ブランコなどの)揺れ. ❐झूले की पेंगों का-सा आनंद ブランコの揺れのような心地よさ.

पें /pẽ ペーン/ [onom.] *m.* 〔擬声〕キャン;ギャー;犬や豚などの悲鳴.

पेंगुइन /peṃguina̸ ペーングイン/ [←Eng.n. *penguin*] *m.*〖鳥〗ペンギン.

पेंच /pẽca̸ ペーンチ/ ▸पेच *m.* ☞पेच

पेंचदार /pẽca̸dāra̸ ペーンチダール/ ▸पेचदार *adj.* ☞पेचदार

पेंट /peṃṭa̸ ペーント/ [←Eng.vt. *paint*] *adj.* 塗装した. ❐(पर) ～ करना (…を)塗装する.

पेंटर /peṃṭara̸ ペーンタル/ [←Eng.n. *painter*] *m.* ペンキ屋, 塗装工. (⇒रंगसाज़)

पेंठ /pẽṭʰa̸ ペーント/ ▸पैंठ *f.* ☞पैंठ

पेंदा /pẽdā ペーンダー/ [<OIA. **pēnda-*[1] 'bottom': T.08379] *m.* 底;底面;底部.

पेंदी /pẽdī ペーンディー/ *f.* ☞पेंदा

पेंशन /peṃśana̸ ペーンシャン/ [←Eng.n. *pension*] *f.* 年金, 恩給, ペンション. (⇒वार्षिकी) ❐वह बाप की ～ पर खाता और मटरगश्ती करता था। 彼は親父の年金で生活しぶらぶらしていた.

पेंशनभोगी /peṃśana̸bʰogī ペーンシャンボーギー/ [*पेंशन* + *भोगी*] *adj.* 年金を受けている. (⇒पेंशनयाफ़्ता)

— *m.* 年金受給者;年金生活者. (⇒पेंशनर)

पेंशनयाफ़्ता /peṃśana̸yāftā ペーンシャンヤーフター/ [*पेंशन* + *-याफ़्ता*] *adj.* 年金を受けている. (⇒पेंशनभोगी)

पेंशनर /peṃśanara̸ ペーンシャナル/ [←Eng.n. *pensioner*] *m.* 年金受給者;年金生活者. (⇒पेंशनभोगी)

पेंसिल /peṃsila̸ ペーンスィル/ [←Eng.n. *pencil*] *f.* 鉛筆. ❐रंगीन ～ 色鉛筆.

पेच /peca̸ ペーチ/ ▸पेंच [←Pers.n. پیچ 'a curl, ringlet, fold, plait, wreath, twist, roll; a screw; a vortex'] *m.* **1** ねじれ;もつれ;(道が)曲がりくねっていること;(とぐろのような)ひと巻. **2** ねじくぎ. (⇒स्क्रू) ❐～ कसना

[खोलना, जड़ना] ねじを締める[はずす, はめる]. ❐～ ढीला है। ねじがゆるんでいる《比喩的意味「どこか変でまともでない」》. **3**〖スポーツ〗(相手にかける)わざ;一手《ケンカ凧 (पतंगबाजी) で相手の凧糸を切るわざなども》. **4** 策略;策謀;たくらみ. **5** 複雑で面倒な事柄[事情]. ❐～ खाना 面倒な事に巻きこまれる. ❐(में) ～ डालना (…を)紛糾させる.

पेचकश /pecakaśa ペーチカシュ/ ▸पेचकस [←Pers.n. پیچ کش 'a turn-screw'] *m.* ねじまわし, ドライバー;コルク栓抜き.

पेचकस /pecakasa ペーチカス/ ▸पेचकश *m.* ☞पेचकश

पेचदार /pecadāra ペーチダール/ ▸पेंचदार [←Pers.adj. پیچدار 'twisted, coiled'] *adj.* **1** ねじれた. **2** 渦巻き状の;らせん状の.

पेचवान /pecavāna ペーチワーン/ [←Pers.adj. پیچوان 'twisted, coiled'] *m.* 大型の水ギセル《渦巻き状の長い吸管が付いている》.

पेचिश /peciśa ペーチシュ/ [←Pers.n. پیچش 'contortion, inflection, curve'] *f.* 〖医学〗赤痢.

पेचीदगी /pecīdagī ペーチーダギー/ [←Pers.n. پیچیدگی 'a twisting, twist, distortion'] *f.* もつれ;複雑さ, 複雑化;困難な問題.

पेचीदा /pecīdā ペーチーダー/ [←Pers.adj. پیچیده 'twisted'] *adj.* もつれた;複雑な;やっかいな, 面倒な.

पेज /peja ページ/ [←Eng.n. *page*] *m.* ページ, 頁. (⇒पृष्ठ)

पेट /peṭa ペート/ [＜OIA. **pētta-²* 'belly': T.08376] *m.* **1** 腹部, 腹, おなか. ❐(को) ～ में दर्द है। (人は)腹が痛い. ❐～ भरना 腹が満たされる. ❐वह ～ तक पानी में थी। 彼女は腹まで水の中につかっていた. ❐(के) ～ में बात पचना। (人が)話を納得する《主に否定文で》. **2** 胃. (⇒आमाशय, मेदा) **3** (胎児がいる)おなか, 子宮. (⇒गर्भ) ❐मेरे ～ में बच्चा है। 私のおなかに子どもがいるの. **4** 妊娠. ❐इसे पाँच महीने का ～ है। 彼女は妊娠五か月です.

पेट-पूजा /peṭa-pūjā ペート・プージャー/ *f.* 〔俗語〕腹を満たすこと. ❐～ करना 腹を満たす.

पेटिका /peṭikā ペーティカー/ [cf. पेटी²] *f.* 小型の箱.

पेटी¹ /peṭī ペーティー/ [पेट + -ई] *f.* ベルト, 帯(おび). ❐～ बाँधना ベルトを締める.

पेटी² /peṭī ペーティー/ [←Skt.f. पेटी- 'a basket, bag'] *f.* 小箱;小型の収納箱, チェスト.

पेटीकोट /peṭīkoṭa ペーティーコート/ [←Eng.n. *petticoat*] *m.* ペチコート. (⇒साया)

पेटू /peṭū ペートゥー/ [cf. पेट] *adj.* 食いしん坊の, 食い意地のはった.

पेट्रोल /peṭrola ペートロール/ [←Eng.n. *petrol*] *m.* 〖化学〗ガソリン. ❐～ टंकी ガソリンタンク, 燃料タンク. ❐～ पंप ガソリンスタンドポンプ. ❐～ स्टेशन ガソリンスタンド. ❐सीसा रहित ～ 無鉛ガソリン.

पेट्रोलियम /peṭroliyama ペートローリヤム/ [←Eng.n. *petroleum*] *m.* 〖化学〗石油. ❐～ उत्पाद 石油製品.

पेठा /peṭʰā ペーター/ [?] *m.* **1** 〖植物〗ペーター《トウガ(冬瓜), トウガン(冬瓜)》. (⇒कुम्हड़ा) **2** 〖食〗ペーター《薄切りしたトウガンに砂糖を加えた菓子》.

पेड़¹ /peṛa ペール/ [＜OIA. **pēḍa-²* 'tree': T.08377a] *m.* 〖植物〗木, 樹木. (⇒दरख़्त, वृक्ष)

पेड़² /peṛa ペール/ [＜OIA. **pēḍa-* 'lump': T.08377] *m.* 塊:こぶ, はれもの《कनपेड़「おたふく風邪」などの合成語に使用》.

पेड़ा /peṛā ペーラー/ [＜OIA. **pēḍa-* 'lump': T.08377] *m.* **1** 〖食〗小麦粉をこねた一塊. **2** 〖食〗ペーラー《牛乳に砂糖と香料を加え煮詰めた菓子;形は丸く扁平》.

पेड़ू /peṛū ペールー/ [＜OIA. **pētta-²* 'belly': T.08376] *m.* 下腹部.

पेपर /pepara ペーパル/ [←Eng.n. *paper*] *m.* **1** 紙. (⇒काग़ज़) ❐टॉयलेट ～ トイレット・ペーパー. **2** 新聞(紙). (⇒अख़बार, समाचारपत्र) **3** 試験問題(用紙);答案(用紙). (⇒परचा) ❐～ जाँचना 答案を採点する.

पेय /peya ペーエ/ [←Skt. पेय- 'to be drunk or quaffed, drinkable'] *adj.* 飲料に適した, 飲める. ❐～ जल 飲料水. ❐～ पदार्थ 飲み物, ドリンク.
— *m.* 〖食〗飲料, ドリンク. ❐शीतल ～ 清涼飲料, ソフトドリンク.

पेरना /peranā ペールナー/ ▸पेलना [＜OIA. *prápīḍayati* 'presses, squeezes': T.08686] *vt.* (*perf.* पेरा /perā ペーラー/) (サトウキビなどを)圧搾機で押しつぶす. ❐ईख ～ サトウキビを絞る.

पेरिस /perisa ペーリス/ [cf. Eng.n. *Paris*] *m.* 〖地名〗パリ《フランス(共和国) (फ़्रांस) の首都》.

पेरू /perū ペールー/ [cf. Eng.n. *Peru*] *m.* 〖国名〗ペルー(共和国)《首都はリマ (लीमा)》.

पेलना¹ /pelanā ペールナー/ [＜OIA. *prērayati* 'sets in motion, pushes on': T.09002] *vt.* (*perf.* पेला /pelā ペーラー/) **1** 押し込む;突っ込む. **2** (無理に)割り込ませる. ❐मुझे लगा कि अभी संसार की नश्वरता के बारे में एक भाषण पेल देगा। 彼は今にも世界の無常について一席演説をぶつのではないかと私には思えた. **3**〔卑語〕肛門性交をする.

पेलना² /pelanā ペールナー/ ▸पेरना *vt.* (*perf.* पेला /pelā ペーラー/) ☞पेरना

पेलिकन /pelikana ペーリカン/ [←Eng.n. *pelican*] *m.* 〖鳥〗ペリカン.

पेश /peśa ペーシュ/ [←Pers.adv. پیش 'before; in front; forward'] *adv.* 面前に. ❐～ करना 提出する. ❐～ आना 起こる. ❐(से) (के साथ) ～ आना (人に対して)(…をもって)接する.

पेशकश /peśakaśa ペーシュカシュ/ [←Pers.n. پیشکش 'magnificent present'] *f.* **1** (目上の人に対する)豪華な贈り物. **2** 申し出, 提案. ❐(की) ～ करना (…の)申し出をする.

पेशकार /peśakāra ペーシュカール/ [←Pers.n. پیشکار 'an assistant, helper'] *m.* **1** 代理人;秘書. **2** (裁判所の)役人.

पेशगी /peśagī ペーシュギー/ [←Pers.n. پیشگی 'advance

of money'] *f.* 〖経済〗前金, 手付金.

पेशा /peśā ペーシャー/ [←Pers.n. پیشه 'art, skill; work, profession'] *m.* 職業;生業;商売. (⇒धंधा) ❐वह पेशे से वकील है। 彼は職業が弁護士です.

पेशाब /peśāba ペーシャーブ/ [←Pers.n. پیشاب 'urine'] *m.* 小便, 尿. (⇒मूत) ❐～ करना 小便をする. ❐(के) ～ का चिराग़ जलना〔慣用〕(人は)他を圧倒する威厳がある. ❐(को) ～ लगना (人が)尿意を催す.

पेशाब-ख़ाना /peśāba-xānā ペーシャーブ・カーナー/ *m.* ☞पेशाब-घर

पेशाब-घर /peśāba-g^{h}ara ペーシャーブ・ガル/ *m.* (小便用の)公衆トイレ[便所]. (⇒पेशाब-ख़ाना)

पेशावर[1] /peśāvara ペーシャーワル/ ▸पेशेवर *adj.* ☞पेशेवर

पेशावर[2] /peśāvara ペーシャーワル/ [←Pers.n. پشاور 'a province of Persia, Peshawar'; cf. Skt.n. *पुरुष-पुर-* 'name of *Gāndhāra*'] *m.* 〖地名〗ペシャーワル《アフガニスタンとの国境に近いパキスタンの都市》.

पेशी[1] /peśī ペーシー/ [←Skt.f. *पेशी-* 'a muscle'] *f.* 筋, 筋肉. ❐ऐच्छिक पेशियाँ 〖医学〗随意筋.

पेशी[2] /peśī ペーシー/ [←Pers.n. پیشی 'the chief seat, precedency, superior rank; money paid in advance'] *f.* (審問のための)出廷. ❐(की) ～ होना (人が)出廷する.

पेशेवर /peśevara ペーシェーワル/ ▸पेशावर [←Pers.n. پیشه ور 'an artisan'] *adj.* 職業的な, プロの;くろうとの. ❐～ आदमी プロ, くろうと. ❐～ खिलाड़ी プロの選手.
— *m.* 職人.

पैंट /paiṃṭa パェーント/ [←Eng.n. *pants*] *f.* ズボン. (⇒पतलून)

पैंटी /paiṃṭī パェーンティー/ [←Eng.n. *panty*] *f.* パンティー. (⇒निकर)

पैंठ /pãĩṭ^{h}a パェーント/ ▸पेंठ [<OIA.f. *pratiṣṭhā́-* 'foundation, prop': T.08608] *f.* (定期的な)市;市の立つ日.

पैंतरा /pãĩtarā パェーントラー/ ▸पैतरा [<OIA.n. *pādāntara-* 'interval of one step': T.08073] *m.* 足場《格闘・斬り合いなどで攻撃により有利な位置;主に〖पैंतरे बदलना〗の形式で「手をかえて反攻のチャンスをうかがう」の意》.

पैंतरेबाज़ /pãĩtarebāza パェーントレーバーズ/ [*पैंतरा* + *-बाज़*] *m.* 策略にたけた人, 戦術家, 策士.

पैंतरेबाज़ी /pãĩtarebāzī パェーントレーバーズィー/ [*पैंतरेबाज़* + *-ई*] *f.* 策をめぐらすこと, 策略.

पैंतालीस /pãĩtālīsa パェーンターリース/ [<OIA.f. *páñcacatvāriṁśat-* 'forty-five': T.07659] *num.* 45.

पैंती /pãĩtī パェーンティー/ [<OIA.n. *pavítra-* 'strainer': T.07983] *f.* 〖ヒンドゥー教〗パインティー《インドキチジョウソウ (कुश) を巻いて作った指輪;祖霊の供養の際薬指にはめる;銅製の同様の指輪》.

पैंतीस /pãĩtīsa パェーンティース/ [<OIA.f. *páñcatriṁśat-* 'thirty-five': T.07661] *num.* 35.

पैंसठ /pãĩsaṭ^{h}a パェーンサト/ [<OIA.f. *pañcaṣaṣṭi-* 'sixty-five': T.07674] *num.* 65.

पैक /paika パェーク/ [←Eng.vt. *pack*] *adj.* パックされた. ❐～ करना (…を)パックする, こん包する.
— *m.* パック.

पैकिंग /paikiṃga パェーキング/ [←Eng.n. *packing*] *f.* 荷造り, 包装.

पैकेट /paiketa パェーケート/ [←Eng.n. *packet*] *m.* 一箱, 一包み. ❐सिगरेट दो ～ दीजिए। タバコ2箱ください.

पैग़ंबर /paiğaṃbara パェーガンバル/ [←Pers.n. پیغمبر 'a prophet'] *m.* 〖イスラム教〗預言者. (⇒फ़रिश्ता)

पैग़ाम /paiğāma パェーガーム/ [←Pers.n. پیغام 'a message'] *m.* **1** お告げ, 預言;伝言, メッセージ. ❐(को) ～ देना (人に)伝言を伝える. **2** 結婚の申し込み, 結婚話《花婿の家から花嫁の家に対し》.

पैजामा /paijāmā パェージャーマー/ ▸पाजामा, पायजामा *m.* ☞पाजामा

पैठ /paiṭ^{h}a パェート/ [<OIA. **praviṣṭi-* 'entrance, deposit': T.08804] *f.* **1** 浸透;侵入;潜入. **2** 思いのままに操れる能力・技術.

पैठना /paiṭ^{h}anā パェートナー/ [cf. *पैठ*] *vi.* (*perf.* पैठा /paiṭ^{h}ā パェーター/) **1** (深く)入る;(奥まで)入りこむ;浸透する. ❐वह साड़ी ऊपर चढ़ाकर नदी में पैठी। 彼女はサリーを上にたくし上げて川に入った. ❐आप अपने दिल के अंदर पैठकर देखिए तो पता चले। ご自分の心の奥に入りこんで見てみればわかるでしょう. ❐भगवान् ने उसके भीतर पैठकर यह पत्र लिखवाया। 神が彼女の内に入りこんでこの手紙を書かせたのだ. **2** 侵入する;潜入する. (⇒घुसना)

पैड /paiḍa パェード/ [←Eng.n. *pad*] *m.* 便せん, レターパッド.

पैडल /paiḍala パェーダル/ [←Eng.n. *pedal*] *m.* ペダル.

पैड़ी /paiṛī パェーリー/ [<OIA. **padaḍa-* 'footstep, foot': T.07752] *f.* 階段;梯子. (⇒सीढ़ी)

पैतरा /paitarā パェートラー/ ▸पैंतरा *m.* ☞पैंतरा

पैताना /paitānā パェーターナー/ [cf. *पायँता*; analogy to *सिरहाना*] *m.* (寝台に横たわる時)足がくる位置, 足元《副詞「足元に」は後置詞なしに後置格 पैताने で》. (⇔सिरहाना) ❐उनकी स्त्री आकर उनके पैताने बैठ गई। 彼の奥さんが来て彼の足もとに座った.

पैतृक /paitṛka パェートリク/ [←Skt. *पैतृक-* 'belonging to a father, paternal, ancestral'] *adj.* **1** 父祖の, 父方の, 祖先[先祖]の. (⇒पुश्तैनी) ❐～ प्रतिष्ठा पर अभिमान करना 先祖からの威厳を誇りにする. **2** 〖生物〗遺伝(性)の, 遺伝的な. (⇒पुश्तैनी, मौरूसी) ❐～ गुण 遺伝形質. **3** 〖法律〗世襲の, 相続権を有する, 親譲りの. (⇒पुश्तैनी, मौरूसी) ❐～ संपत्ति 遺産.

पैदल /paidala パェーダル/ [<OIA.n. *pādatala-* 'sole of foot': T.08059] *m.* **1** 歩兵. (⇒प्यादा) **2** 〖ゲーム〗(チェスの)ポーン. (⇒प्यादा, सिपाही) ❐～ एक ख़ाना आगे चलता है। ポーンは1マス分前に進みます.
— *adv.* 徒歩で, 歩いて. ❐～ चलना 歩いて行く.

पैदा /paidā パェーダー/ [←Pers.adj. پیدا 'clear, evident, manifest, apparent; exhibited; public; born, produced'] *adj.* **1** 誕生した, 生まれた;発生した. ❐～ करना (…を)生む. ❐～ होना 生まれる. **2** 産出[生産]された. (⇒उत्पन्न) ❐～ करना (…を)産出[生産]する. ❐～ होना 産出[生産]される.

पैदाइश /paidāiśa̤ パェーダーイシュ/ [←Pers.n. پیدایش 'production, birth'; cf. Urd.f. پیدائش 'birth, creation'] *f.* **1** 誕生, 出生;発生. (⇒जन्म) **2** 産出, 生産. **3**〖経済〗儲け, 稼ぎ;利益, 利得.

पैदाइशी /paidāiśī パェーダーイシー/ [*पैदाइश* + *-ई*] *adj.* **1** 生まれつきの, 先天的な;生まれながらの. (⇒जन्मजात, जन्मसिद्ध) ❐～ बीमारी 先天的病気. ❐आज़ादी हमारा ～ हक़ है। 自由は我々の生まれながらの権利である.

पैदावार /paidāvāra̤ パェーダーワール/ [←Pers.n. پیداوار 'produce; profits'] *f.* **1** 収穫;農産物. **2** (工業)製品, 生産物.

पैना /painā パェーナー/ [<OIA. **pratīkṣṇa-* 'very sharp': T.08622] *adj.* **1** 鋭く尖った. **2** 鋭い;鋭敏な.
— *m.* 突き棒《牛を追うのに用いる》.

पैबंद /paibaṃda̤ パェーバンド/ ▸पैवंद [←Pers.n. پیوند 'a joint; connection, conjunction'] *m.* **1** つぎ, 当て布;つぎはぎ細工, パッチワーク;(道路の)補修工事. ❐(में) (का) ～ लगाना (…に)(…の)つぎをあてる. **2** 接ぎ木.

पैमाइश /paimāiśa̤ パェーマーイシュ/ [←Pers.n. پیمایش 'measure, measurement'; cf. Urd.f. پیمائش 'measuring'] *f.* 計測;(土地の)測量. ❐(की) ～ करना (…の)計測をする.

पैमाना /paimānā パェーマーナー/ [←Pers.n. پیمانہ 'a cup, goblet, bowl; a measure either for dry or wet goods; bushel'] *m.* **1** 尺度;基準《寸法, 大きさ, 広さ, 分量, 重さなど》. ❐छोटे पैमाने पर 小規模に, ちょっとした. ❐बड़े पैमाने पर 大規模に, おおがかりに. **2** ものさし;測定器.

पैर /paira̤ パェール/ [<OIA. **padara-* 'foot': T.07756] *m.* **1** (人間・動物の)足, 脚. (⇒पाँव) ❐～ की उँगली 足の指. ❐अपने पैरों पर खड़ा होना 自分の足で立つ《「自立する」の意》. ❐नशे में उसके ～ लड़खड़ा रहे थे। 酔って彼の足はふらついていた. ❐मैं आपके पैरों पड़ता हूँ। 僕はあなたの足元にひざまずきます《「お願いだから私の頼みを聞いてください」の意》. **2** (机などの)脚.

पैरगाड़ी /paira̤gāṛī パェールガーリー/ [*पैर* + *गाड़ी*] *f.* 自転車;三輪車;リキシャー《脚力で進む車》.

पैरना /paira̤nā パェールナー/ [<OIA. *prátarati* 'succeeds': T.08536] *vi.* (*perf.* पैरा /pairā パェーラー/) 泳ぐ. (⇒तैरना)

पैरवी /paira̤vī パェールヴィー/ [←Pers.n. پیروی 'a following, pursuit; search; dependence, consequence'] *f.* **1** 追従, 服従;信奉. ❐(की) ～ करना (…に)追従する. ❐अदम ～ 不履行. **2** (被告側の)弁護, 擁護《特に証拠集め, 証人探しなど裁判を有利に導くための努力を含む》. ❐(की तरफ़ से) ～ करना (…の側に立って)弁護する.

पैरवीकार /paira̤vīkāra̤ パェールヴィーカール/ [*पैरवी* + *-कार*; cf. *पैरोकार*] *m.* 弁護人;擁護者;支持者;信奉者.

पैरा /pairā パェーラー/ [←Eng.n. *para(graph)*] *m.* 段落, パラグラフ.

पैराग्वे /pairāgve パェーラーグヴェー/ [cf. Eng.n. *Paraguay*] *m.*〖国名〗パラグアイ(共和国)《首都はアスンシオン (आसनसियोन)》.

पैराशूट /pairāśūṭa̤ パェーラーシュート/ [←Eng.n. *parachute*] *m.* パラシュート, 落下傘. (⇒हवाई छतरी)

पैरोकार /pairokāra̤ パェーローカール/ [cf. *पैरवीकार*] *m.* ☞पैरवीकार

पैरोडी /pairoḍī パェーローディー/ [←Eng.n. *parody*] *f.* パロディー, もじり.

पैरौ /pairau パェーラォー/ [←Pers.n. پی رو 'a follower'] *m.* 追随者;信奉者(⇒पैरवीकार)

पैवंद /paivaṃda̤ パェーワンド/ ▸पैबंद *m.* ☞पैबंद

पैशाचिक /paiśācika̤ パェーシャーチク/ [←Skt. *पैशाचिक-* 'demoniacal'] *adj.* 悪魔のような;鬼畜のような. ❐～ क्रूरता 鬼畜のような残虐さ.

पैशाच्य /paiśācya̤ パェーシャーチエ/ [←Skt.n. *पैशाच्य-* 'demoniacal nature'] *m.*悪魔のような残虐性;鬼畜のような非道. ❐～ विहाव〖ヒンドゥー教〗パイシャーチヤ婚《古代正統と認められた八つの結婚形式の第八番目;女性の弱みに付け込み無理やり体の関係をもつ結婚》.

पैसा /paisā パェーサー/ [<OIA. **padāṁśa-* 'quarter part': T.07761; Pers.n. پیسہ 'A small weight, twenty-four to a pound, used only for weighing copper money; a copper coin; money'] *m.* **1**〖単位〗1パイサー《100パイサーで1ルピー (रुपया)》. **2** お金. (⇒रुपया) ❐～ वाला 金持ち. ❐खुले पैसे 小銭.

पैसीफ़िक आइलैंड्स ट्रस्ट टेरीटरी /paisīfika̤ āilaiṃḍsa̤ ṭrasṭa̤ ṭerīṭarī パェースィーフィク アーイラェーンドス トラスト テーリートリー/ [cf. Eng.n. *Trust Territory of the Pacific Islands*] *m.*〖国名〗(1947年から1994年まで存在した)太平洋信託統治諸島《行政中心地はサイパン (सैपान)》.

पैसेंजर /paiseṃjara̤ パェーセーンジャル/ [←Eng.n. *passenger*] *m.* **1** 旅客. **2** 旅客列車, (各駅停車の)鈍行列車.

पोंकना /põka̤nā ポーンクナー/ [<OIA. **prámuñcati* 'discharges, emits': T.08727] *vi.* (*perf.* पोंका /põkā ポーンカー/) **1** (人が)怯えた声 (पों-पों) を出す;怯え怖がる. **2** (人・動物が)下痢をする.

पोंगा /põgā ポーンガー/ [<OIA. **pōka-* 'hollow': T.08391; ←Drav.n. *pokku* 'hollow in a tree'; DEDr.4452 (DED.3646)] *adj.* **1** 空洞の. **2** 頭が空っぽの(人), 馬鹿な(人). ❐～ पंडित 大馬鹿者《学問があるだけの愚かで間抜けな人間》.
— *m.* パイプ;チューブ;管.

पोंगापंथी /põgāpaṃthī ポーンガーパンティー/ [*पोंगा* +

पंथी] *adj.* まったく愚かな，ひどく馬鹿げた.
— *f.* まったく愚かな行い.

पोंछना /põc^{h}anā ポーンチナー/ ▸पोछना [<OIA. *prōñchati* 'wipes off': T.09011] *vt.* (*perf.* पोंछा /põc^{h}ā ポーンチャー/) **1** (濡れているものを)拭く;(汚れを)拭きとる. ❐उसने रूमाल से मुँह का पसीना पोंछकर कहा। 彼は，ハンカチで顔の汗を拭いてから言った. ❐उसने अंचल से बेटी के आँसू पोंछते हुए कहा। 彼女はサリーの裾で娘の涙を拭いてやりながら言った. ❐उसने अपने आँसू पोंछ लिए। 彼は涙をぬぐった. ❐मेज़ पोंछ दो। 机を拭いてくれ. ❐पास बैठनेवालों में किसी ने कुर्ते पर स्याही डाल दी, किसी ने धोती में क़लम पोंछ दी -- यह छोटे पैमाने पर रैगिंग थी। そばに座っている者の内，ある者は私の上着にインクをこぼし，またある者は私の腰布でペンを拭いた -- これはちょっとした新入りいびりだった. **2** (黒板の文字などを)拭いて消す，ぬぐい取る.

पोखर /pok^{h}ara ポーカル/ ▸पोखरा *m.* ☞पोखरा

पोखरा /pok^{h}arā ポークラー/▸पोखर [<OIA. *pauṣkara-* 'pertaining to the blue lotus': T.08425] *m.* 池，沼;貯水池. (⇒तालाब)

पोछना /poc^{h}anā ポーチナー/ ▸पोंछना *vt.* (*perf.* पोछा /poc^{h}ā ポーチャー/) ☞पोंछना

पोटली /poṭalī ポートリー/ [<OIA. **pōṭta-*[1] 'bundle': T.08396] *f.* 小さな包み;袋.

पोटाश /poṭāśa ポーターシュ/▸पोटास [←Eng.n. *potash*] *m.* 〖化学〗カリ，炭酸カリウム.

पोटास /poṭāsa ポータース/ *m.* ☞पोटाश

पोत /pota ポート/ [←Skt.m. पोत- 'a vessel, ship, boat'] *m.* 船. (⇒जहाज़)

पोतड़ा /potaṛā ポートラー/ [<OIA.m. *pōta-*[2] 'cloth': T.08400] *m.* おしめ(の布). ❐पोतड़ों का अमीर [रईस] 生まれながらの誇り高い貴人.

पोतना /potanā ポートナー/ [<OIA. *pusta-*[2] 'working in clay': T.08310z2; DEDr. (DED.3569)] *vt.* (*perf.* पोता /potā ポーター/) **1** (塗料などを)塗る;塗りたくる，なすりつける. ❐यह दीवार हरे रंग से पोत दो। この壁を緑色に塗ってください. ❐त्वचा के ऊपर क्रीमपाउडर पोतना मेरी रुचि के अनुकूल नहीं है। 肌におしろいを塗りたくるのは，私の好みではない. ❐क्यों मेरे मुँह में कालिख पोत रही हो। なぜ僕の顔にすすをなすりつけるのかい(=悪者にしようとするのかい). **2** (ぼろを)かくす，(不都合を)糊塗する. (⇒लीपना) ❐उसने सहानुभूति का रंग मुँह पर पोतकर कहा। 彼は同情を装って言った.

पोतपरिवहन /potaparivahana ポートパリワハン/ [पोत + परिवहन] *m.* 海運業.

पोता /potā ポーター/ [<OIA.m. *paútra-* 'son's son': T.08416] *m.* 孫《息子 (पुत्र) の息子》. (⇔पोती)

पोताई /potāī ポーターイー/ ▸पुताई *f.* ☞पुताई

पोती /potī ポーティー/ [<OIA.f. *pautrī-* 'son's daughter': T.08417] *f.* 孫，孫娘《息子 (पुत्र) の娘》. (⇔पोता)

पोथी /pot^{h}ī ポーティー/ [<OIA. **pōstaka-* 'book': T.08413] *f.* 本，書籍;小冊子《特にヒンドゥー教やインドの伝統的学芸に関する古書を指す場合が多い》. ❐～पंडित 書斎派学者《本による知識しかなく実際の現実を知らない愚者》.

पोदीना /podīnā ポーディーナー/ ▸पुदीना *m.* ☞पुदीना

पोना[1] /ponā ポーナー/ [<OIA. *prátapati* 'kindles': T.08535] *vt.* (*perf.* पोया /poyā ポーヤー/) **1**〖食〗(水を加えながら練った小麦粉 (आटा) をちぎった一塊 (लोई) を)薄い円形にするため手で形を整える《これを焼き上げたりあぶったりしてローティー (रोटी) を作る》. **2**〖食〗ローティー (रोटी) を焼き上げる.

पोना[2] /ponā ポーナー/ [cf. *पिरोना*] *vt.* (*perf.* पोया /poyā ポーヤー/) (糸を通して)数珠つなぎにする. (⇒गूँथना, पिरोना) ❐फूलों की माला पो लो। 花に糸を通して数珠つなぎにして花輪を作る.

पोप /popa ポープ/ [←Eng.n. *Pope*] *m.* 〖キリスト教〗教皇.

पोपला /popalā ポープラー/ [<OIA. **pōppa-* 'hollow': T.08405] *adj.* (抜け落ちて)歯のない. ❐पोपले मुँह से कहना 歯のない口で話す. ❐अपनी पोपली सास की नक़ल करना 歯の抜け落ちた義母の物真似をする.

पोपलीला /popalīlā ポープリーラー/ [पोप + लीला] *f.* (宗教に名を借りた)偽善行為.

पोर /pora ポール/ [<OIA. **pōra-*[2] 'joint': T.08406] *f.* **1** 身体の関節;指関節，指節. ❐तर्जनी की ～ 人差し指の関節. **2**〖植物〗(茎などの)節.

पोर्ट-आ-प्रिंस /porṭa-ā-priṃsa ポールト・アー・プリンス/▸पोर्ट-ऑ-प्रिंस [cf. Eng.n. *Port-au-Prince*] *m.* 〖地名〗ポルトープランス《ハイチ(共和国) (हैती) の首都》.

पोर्ट आफ़ स्पेन /porṭa āfa spena ポールト アーフ スペーン/ ▸पोर्ट ऑफ़ स्पेन [cf. Eng.n. *Port of Spain*] *m.* 〖地名〗ポート・オブ・スペイン《トリニダード・トバゴ(共和国) (त्रिनिदाद और टोबैगो) の首都》.

पोर्ट ब्लेअर /porṭa bleara ポールト ブレーアル/ [cf. Eng.n. *Port Blair*] *m.* 〖地名〗ポートブレア《連邦直轄地域アンダマーン・ニコーバール(諸島) (अंडमान और निकोबार) の最大都市》.

पोर्ट मोरेस्बी /porṭa moresbī ポールト モーレースビー/ ▸पोर्ट मोर्सबी *m.* ☞पोर्ट मोर्सबी

पोर्ट मोर्सबी /porṭa morsabī ポールト モールサビー/▸पोर्ट मोरेस्बी [cf. Eng.n. *Port Moresby*] *m.* 〖地名〗ポートモレスビー《パプアニューギニア(独立国) (पपुआ न्यू गिनी) の首都》.

पोर्ट लुई /porṭa luī ポールト ルイー/ [cf. Eng.n. *Port Louis*] *m.* 〖地名〗ポートルイス《モーリシャス(共和国) (मारिशस) の首都》.

पोर्ट विला /porṭa vilā ポールト ヴィラー/ [cf. Eng.n. *Port Vila*] *m.* 〖地名〗ポートビラ《バヌアツ(共和国) (वनुआतु) の首都》.

पोर्टो नोवो /porṭo novo ポールトー ノーヴォー/ [cf. Eng.n. *Porto Novo*] *m.* 〖地名〗ポルトノボ《ベナン(共和国) (बेनिन) の首都》.

पोर्टो रीको /porṭo rīko ポールトー リーコー/▸पोर्टोरिको [cf.

Eng.n. *Puerto Rico*] *m.* 〖国名〗プエルトリコ(自治連邦区)《主都はサン・フアン (सैन जुआन)》.

पोर्टोरिको /porṭoriko ポールトーリコー/ ▸पोर्टो रीको *m.* ☞पोर्टो रीको.

पोल[1] /pola ポール/ [<OIA. **pōla-* 'hollow': T.08406z1] *f.* **1** 空洞, うつろ; 空虚. ❒ढोल की ～ 太鼓の内部の空洞. **2** 見かけ倒し; 虚飾; 皮相. ❒(की) ～ खुलना (…が)明るみに出る, 暴露される. ❒(की) ～ खोलना (…を)明るみに出す, 暴露する.

पोल[2] /pola ポール/ [<OIA.f. *pratōlī-* 'gate of town or fort, main street': T.08633] *m.* (城郭都市の)主門, 大手門.

पोल[3] /pola ポール/ [←Eng.n. *pole*] *m.* 棒, さお, ポール.

पोला /polā ポーラー/ [<OIA. **pōla-* 'hollow': T.08406z1] *adj.* **1** 空洞な, うつろな; 空虚な. **2** (スポンジのように)やわらかい; (土壌が)もろい, 砕けやすい.

पोलाव /polāva ポーラーオ/ ▸पुलाव *m.* ☞पुलाव

पोलियो /poliyo ポーリヨー/ [←Eng.n. *polio*] *m.* 〖医学〗ポリオ, 小児麻痺.

पोलीथीन /polīthīna ポーリーティーン/ [←Eng.n. *polythene*] *m.* 〖化学〗ポリエチレン. ❒～ की थैली ポリ袋.

पोलैंड /polaiṃḍa ポーラェーンド/ [cf. Eng.n. *Poland*] *m.* 〖国名〗ポーランド(共和国), 旧ポーランド(人民共和国)《首都はワルシャワ (वार्सा)》.

पोशाक /pośāka ポーシャーク/ [←Pers.n. پوشاك 'clothes, raiment, attire'] *f.* 衣服; 衣装; 服装; 身なり. (⇒पहनावा, वस्त्र) ❒अंग्रेज़ी ～ 洋装.

पोषक /poṣaka ポーシャク/ [←Skt. पोषक- 'nourishing, feeding'] *adj.* **1** 栄養のある, 滋養に富んだ. ❒～ तत्व 栄養素, 滋養分. **2** (成長・発達を)促進させる, 増進させる.

— *m.* 養育者, 保護者.

पोषण /poṣaṇa ポーシャン/ [←Skt.n. पोषण- 'the act of nourishing, fostering, keeping, supporting'] *m.* **1** 栄養を与えること. **2** (成長・発達を)促進させること, 増進させること; 養育. ❒～ करना (…を)育てる; (子どもを)養育する.

पोषण-तत्व /poṣaṇa-tatva ポーシャン・タトオ/ [neo.Skt.n. पोषण-तत्त्व- 'vitamins'] *m.* 栄養素, 滋養分.

पोसना /posanā ポースナー/ [<OIA. *pōṣáyati* 'nourishes, rears': T.08410] *vt.* (*perf.* पोसा /posā ポーサー/) (子どもを)養育する, 育てる; (生き物を)飼う, 飼育する. (⇒पालना)

पोस्ट-कार्ड /posṭa-kārḍa ポースト・カールド/ [←Eng.n. *post card*] *m.* はがき, 絵はがき.

पोस्ट-ग्रेजुएट /posṭa-grejueṭa ポースト・グレージュエート/ [←Eng.n. *postgraduate*] *m.* 大学院生. (⇒स्नातकोत्तर)

पोस्ट-मार्टम /posṭa-mārṭama ポースト・マールタム/ [←Eng.n. *postmortem*] *m.* 検死(解剖), 検屍. (⇒शवपरीक्षा) ❒～ करनेवाला डॉक्टर 監察医. ❒～ रिपोर्ट 検死報告書, 検死解剖所見.

पोस्ट-मास्टर /posṭa-māsṭara ポースト・マースタル/ [←Eng.n. *postmaster*] *m.* 郵便局長.

पोस्ट-मैन /posṭa-maina ポースト・マェーン/ [←Eng.n. *postman*] *m.* 郵便集配人[配達人]. (⇒डाकिया)

पोस्टर /posṭara ポースタル/ [←Eng.n. *poster*] *m.* ポスター, ビラ広告. ❒(पर) ～ लगाना (…に)ポスターを貼る.

पोस्त /posta ポースト/▸पोस्ता [←Pers.n. پوست 'skin; a raw hide; poppy-head'] *m.* **1** 〖植物〗ケシ(芥子)(の実)《未熟な果実はアヘンの原料》. **2** アヘン. (⇒अफ़ीम) **3** (果実などの)外皮, 表皮.

पोस्ता /postā ポースター/ ▸पोस्त [cf. पोस्त] *m.* ☞पोस्त

पोस्ती /postī ポースティー/ [←Pers.n. پوستی 'one who intoxicates himself with an infusion of poppy-heads'] *adj.* 〖医学〗アヘン中毒にかかった.

— *m.* 〖医学〗アヘン中毒者. (⇒अफ़ीमची)

पौंड /pauṃḍa パォーンド/ [←Eng.n. *pound*] *m.* **1** 〖単位〗ポンド《重量の単位》. **2** 〖単位〗ポンド《貨幣単位》.

पौ /pau パォー/ [<OIA.f. *prabhā́-* 'light': T.08705] *m.* 夜明けの光; 曙(あけぼの). ❒～ फटना 夜が明ける.

पौआ /pauā パォーアー/▸पौवा [<OIA.m. *pā́da-* 'foot': T.08056] *m.* 〖単位〗パウアー, パウワー《セール सेर の 4 分の 1; 約 0.23 キログラム》.

पौत्र /pautra パォートル/ [←Skt.m. पौत्र- 'a son's son, grandson'] *m.* (男の)孫. (⇒पोता)(⇔पौत्री) ❒तीन लड़के, तीन बहुएँ और कई पौत्र-पौत्रियाँ थीं। 三人の息子, 三人の嫁そして何人かの孫たちがいた.

पौत्री /pautrī パォートリー/ [←Skt.f. पौत्री- 'a granddaughter'] *f.* (女の)孫. (⇒पोती)(⇔पौत्र)

पौद /pauda パォード/▸पौध [<OIA. *právr̥ddha-* 'grown up, great': T.08807] *f.* 〖植物〗苗木, 若木.

पौदा /paudā パォーダー/ ▸पौधा *m.* ☞पौधा

पौध /paudha パォード/ ▸पौद *f.* ☞पौद

पौधा /paudhā パォーダー/▸पौदा [<OIA. *právr̥ddha-* 'grown up, great': T.08807] *m.* **1** 〖植物〗苗木, 若木. (⇒पौद) ❒पौधों के गमले 苗木を植えた鉢. **2** 〖植物〗草木; 低木, 灌木. ❒पेड़ पौधे 植物; 植生.

पौन /pauna パォーン/ {[<OIA. **padūna-* 'less by a quarter': T.07765] *adj.* 4 分の 3 の. ❒～ घंटे में 45 分以内に.

पौना[1] /paunā パォーナー/ [<OIA. **padūna-* 'less by a quarter': T.07765] *adj.* 4 分の 1 少ない《पौने と数詞の組み合わせで使用》. (⇔सवा) ❒पौने तीन किलो 2.75 キロ. ❒पौने तीन बजे 3時 15 分前に.

पौना[2] /paunā パォーナー/ [<OIA.n. *pávana-¹* 'sieve, strainer': T.07977] *m.* (濾し用の小さな孔がある)杓子.

पौर /paura パォール/ [←Skt. पौर- 'urban, civic'] *adj.* 都市の.

— *m.* 都会に住む人, 市民. (⇒नागरिक)

पौरा /paurā パォーラー/ [?] *m.* (吉祥な日取りの)嫁入り.

पौराणिक /paurāṇika パォーラーニク/ [←Skt. *पौराणिक-* 'versed in ancient legends and stories'] *adj.* 神話(上)の;伝説(上)の,《原意は「プラーナ聖典 (पुराण) に関係する」》. ❐～ कथा 神話;伝説.

— *m.* 〖ヒンドゥー教〗プラーナ聖典に通じたバラモン.

पौरुष /pauruṣa パォールシュ/ [←Skt. *पौरुष* 'manly, human'] *adj.* **1** 男らしい;精力旺盛な.

— *m.* 男らしさ;精力, 活力.

पौरुषेय /pauruṣeya パォールシェーエ/ [←Skt. *पौरुषेय-* 'relating to or derived from or made by man, human'] *adj.* 人間 (पुरुष) の, 人間による.

पौरोहित्य /paurohitya パォーローヒティエ/ [←Skt. *पौरोहित्य-* 'belonging to the family of a *Purohita*'] *m.* ☞पुरोहिताई

पौर्वात्य /paurvātya パォールワーティエ/ [pseudo.Skt. *पौर्वात्य-* for Skt. *पौरस्त्य* 'eastern'; analogy to Skt. *पाश्चात्य-* 'western'] *adj.* 東の, 東方の. (⇒पूर्वी)

पौर्वापर्य /paurvāparya パォールワーパルエ/ [←Skt.n. *पौर्वापर्य-* 'the relation of prior and posterior'] *m.* 前後関係. (⇒सिलसिला)

पौवा /pauvā パォーワー/ ▸पौआ *m.* ☞पौआ

पौष /pauṣa パォーシュ/ [←Skt.m. *पौष-* 'the month Pausha (December-January, when the full moon is in the asterism Pushya)'] *m.* 〖暦〗パウシャ月, プース月《インド暦の第10月;西暦の12月, 1月に相当》. (⇒पूस)

पौष्टिक /pauṣṭika パォーシュティク/ [←Skt. *पौष्टिक-* 'relating to growth or welfare, nourishing, invigorating, furthering, promoting'] *adj.* 栄養のある, 滋養のある. ❐～ आहार 栄養食.

प्याऊ /pyāū ピャーウー/ [cf. *पीना*] *m.* (公共の)水飲み場.

प्याज़ /pyāza ピャーズ/ [←Pers.n. پیاز 'an onion'] *m.* 〖植物〗タマネギ(玉葱), オニオン.

प्यादा /pyādā ピャーダー/ [←Pers.n. پیاده 'a footman; s foot-soldier; infantry; a pawn at chess'] *m.* **1** 歩兵. (⇒पैदल) **2** 〖ゲーム〗(チェスの)ポーン. (⇒पैदल, सिपाही)

प्यानो /pyāno ピャーノー/ [←Eng.n. *piano*] *m.* 〖楽器〗ピアノ. ❐～ बजाना ピアノを弾く.

प्यार /pyāra ピャール/ [<OIA. *priyakāra-* 'doing a kindness': T.08975] *m.* 愛, 恋, 愛情;愛着. ❐～ से やさしく, 愛情をこめて. ❐(से) ～ करना (人を)愛[恋]する. ❐(को) ～ करना (人を)可愛がる, (子どもを)あやす.

प्यारा /pyārā ピャーラー/ [<OIA. *priyakāra-* 'doing a kindness': T.08975] *adj.* かわいい, かわいらしい;愛しい, 大切な.

प्याला /pyālā ピャーラー/ [←Pers.n. پیالہ 'a cup, goblet, or drinking-glass'] *m.* **1** コップ, グラス, カップ, 杯(さかずき). ❐एक ～ पानी コップ 1 杯の水. ❐प्याले पर प्याले चढ़ाना 杯を重ねる. **2** 鉢(はち), 椀(わん), ボウル.

प्याली /pyālī ピャーリー/ [cf. *प्याला*] *f.* 小さなコップ, グラス, カップ.

प्यास /pyāsa ピャース/ [<OIA.f. *pipāsā́-* 'thirst': T.08199] *f.* **1** (喉の)渇き. ❐(को) ～ लगना (人が)喉が渇く. **2** 渇望.

प्यासा /pyāsā ピャーサー/ [<OIA. **pipāsaka-* 'thirsty': T.08198z3] *adj.* **1** 喉の渇いた. **2** 渇望する;(欲求が満たされず)飢えた. ❐(के) ख़ून का ～ (人の)血に飢えている. ❐मैं प्रेम का ～ हूँ। 私は愛に飢えている.

प्योंग्यांग /pyoṃgyāṃga ピョーンギャーング/ [cf. Eng.n. *Pyongyang*] *m.* 〖地名〗平壌(ピョンヤン)《朝鮮民主主義人民共和国, 北朝鮮 (उत्तरी कोरिया) の首都》.

प्र- /pra- プラ・/ [←Skt.ind. *प्र* 'excessively, very, much'] *pref.* 《「多…, 前方の」などを表す接頭辞》

प्रकट /prakaṭa プラカト/ [←Skt. *प्र-कट-* 'evident, clear, manifest, open, plain, public'] *adj.* (目に見えるように)現われた;表に出た, 表明された;明らかになった;発露した. (⇒ज़ाहिर) ❐उसके मुँह पर मिथ्या विनीत भाव ～ हुआ। 彼の顔に偽りの謙虚さが見てとれた. ❐(के लिए) आभार ～ करना (…に対して)感謝する. ❐(पर) अपना मत [विचार] ～ करना (…に対し)自分の意見[考え]を明らかにする. ❐(पर) असंतोष [कृतज्ञता, शोक, सहानुभूति] ～ करना (…に対し)不満の意[感謝の意, 追悼の意, 同情の意]を表す. ❐～ रूप से あからさまに.

प्रकटित /prakaṭita プラクティト/ [←Skt. *प्र-कटित-* 'manifested, unfolded, proclaimed, public, evident, clear'] *adj.* 表面化した.

प्रकरण /prakaraṇa プラカラン/ [←Skt.n. *प्र-करण-* 'a subject, topic, question, matter, occasion, opportunity'] *m.* (問題となる)件, 事柄, 事件;テーマ, 主題. ❐जासूसी ～ スパイ事件.

प्रकर्ष /prakarṣa プラカルシュ/ [←Skt.m. *प्र-कर्ष-* 'pre-eminence'] *m.* 傑出していること.

प्रकांड /prakāṃḍa プラカーンド/ [←Skt.m. *प्र-काण्ड-* 'the stem or trunk of a tree from the root to the branches; anything excellent of its kind'] *adj.* 卓越した;著名な, 高名な. ❐～ विद्वान 著名な学者.

प्रकार /prakāra プラカール/ [←Skt.m. *प्र-कार-* 'sort, kind, nature, class, species, way, mode, manner'] *m.* **1** 種類;様式, タイプ. (⇒तरह) ❐एक ～ का 一種の, ある種の. ❐एक ～ से 一種, ある種《副詞的に「どことなく他と違って」の意》. ❐नाना ～ के बहाने さまざまな言い訳. ❐सब ～ से すべての面から. **2** やり方, 仕方, 方法. (⇒तरह) ❐किस [इस, उस, किसी] ～ どのように[このように, あのように, なんとか].

प्रकाश /prakāśa プラカーシュ/ [←Skt.m. *प्र-काश-* 'clearness, brightness; light'] *m.* **1** 光り;明かり, 照明, ライト. (⇒रोशनी, लाइट) ❐अंधकार में ～ की रेखा कहीं नज़र न आती थी। 暗闇には一筋の光も見えなかった. ❐सहसा टार्च

का चकाचौंध पैदा करनेवाला 〜 बिजली की भाँति चमक उठा। 突然懐中電灯の目をくらます閃光が雷光のようにひらめいた. **2** 光明，(事実を解明する)光り. ❐(पर) 〜 डालना(…に)光りをあてる. ❐(पर) 〜 पड़ना(…に)光りがあたる. ❐〜 में आना 明るみに出る. ❐〜 में लाना 明るみに出す.

प्रकाशक /prakāśaka プラカーシャク/ [←Skt. *प्र-काशक-* 'making apparent or manifest, disclosing, discovering, publishing'] *adj.* 照らす(もの)；明るみに出す(もの).
— *m.* 出版社，出版元；出版者，発行者.

प्रकाशन /prakāśana プラカーシャン/ [←Skt.n. *प्र-काशन-* 'illuminating, giving light'] *m.* **1** 出版. ❐〜 उद्योग 出版産業. ❐〜 विभाग 出版局. **2** 出版物，刊行物. ❐ वार्षिक 〜 年刊物.

प्रकाशमान /prakāśamānā プラカーシュマーン/ [←Skt. *प्रकाश-मान-* 'shining'] *adj.* **1** 輝いている. ❐आँखें 〜 हो गईं। 目が輝いた. ❐उसका चेहरा सूर्य की भाँति 〜 है। 彼の顔は太陽のごとく輝いている. **2** 光彩を放っている；著名な.

प्रकाश-वर्ष /prakāśa-varṣa プラカーシュ・ワルシュ/ [neo.Skt.m. *प्रकाश-वर्ष-* 'light year'] *m.* 〖単位〗光年. ❐वह ग्रह पृथ्वी से २० 〜 की दूरी पर है। その惑星は地球から20光年離れたところにある.

प्रकाशस्तंभ /prakāśastamb^{h}a プラカーシュスタンブ/ [neo.Skt.m. *प्रकाश-स्तम्भ-* 'a lighthouse'] *m.* 灯台. (⇒कंडीलिया)

प्रकाशित /prakāśita プラカーシト/ [←Skt. *प्र-काशित-* 'become visible, brought to light'] *adj.* **1** 輝いた，光った. **2** 照らされた；表ざたになった. **3** 出版された，刊行された. ❐उनकी पुस्तक दिल्ली में 〜 हुई। 彼の本はデリーで出版された. ❐〜 करना 出版する.

प्रकीर्ण /prakīrṇa プラキールン/ [←Skt. *प्र-कीर्ण-* 'scattered, thrown about, dispersed'] *adj.* **1** 拡散した；散乱した. **2** 種々雑多なものを含む.

प्रकृत /prakr̥ta プラクリト/ [←Skt. *प्र-कृत-* 'made, done, produced, accomplished, prepared'] *adj.* 本来の，不自然ではない，自然な.

प्रकृति /prakr̥ti プラクリティ/ [←Skt.f. *प्र-कृति-* 'nature, character, constitution, temper, disposition'] *f.* **1** 自然(界)；天然. (⇒निसर्ग) **2** 性質；天性；気性. ❐उसकी कृषक 〜 झगड़े से भागती थी। 彼の農民としての本性が争い事から距離を置いていた. ❐तुम ऐसे लोभी 〜 के मनुष्य हो, यह मुझे आज ज्ञात हुआ। 君がこのような強欲の人間であると，私は今日知った. **3** 原初の形態；本来の姿. **4** 〖ヒンドゥー教〗プラクリティ《精神原理であるプルシャ (पुरुष) に対応する物質原理；現象世界の根源的物質とされる》.

प्रकृतिस्थ /prakr̥tist^{h}a プラクリティスト/ [←Skt. *प्रकृति-स्थ-* 'being in the original or natural state, genuine'] *adj.* 本来の自然な状態の；(つらい事態に対して)落ち着いた.

प्रकोप /prakopa プラコープ/ [←Skt. *प्र-कोप-* 'effervescence, excitement, raging (of diseases, war etc.)'] *m.* **1** (神々の)激怒；(天災や厄災の)猛威，猖獗(しょうけつ)の極み. ❐ज्वर का 〜 हो रहा था। 熱病が猛威を振るっていた. ❐एक बार प्रयाग में प्लेग का 〜 हुआ। ある時プラヤーグでペストが猛威を振るった. **2** 〖医学〗プラコープ《インド伝統医学で人間の体質を説明する三つの体液，「胆汁(पित्त)」，「粘液(कफ)」，「体風(वात)」のバランスが崩れること》.

प्रकोष्ठ /prakoṣṭ^{h}a プラコーシュト/ [←Skt.m. *प्र-कोष्ठ-* 'the fore-arm; a room near the gate of a palace'] *m.* **1** 前腕《ひじから手首まで》. **2** (議事堂の院外者との)会見室，ロビー.

प्रक्रम /prakrama プラクラム/ [←Skt.m. *प्र-क्रम-* 'stepping, proceeding'] *m.* 順序，段階，プロセス.

प्रक्रिया /prakriyā プラクリヤー/ [←Skt.f. *प्र-क्रिया-* 'producing, production; procedure, way, manner'] *f.* 過程，プロセス；手順. ❐(की) 〜 में (…の)過程で.

प्रक्षालन /prakṣālana プラクシャーラン/ [←Skt.n. *प्र-क्षालन-* 'washing, washes off, cleaning'] *m.* 洗浄；漂白.

प्रक्षिप्त /prakṣipta プラクシプト/ [←Skt. *प्र-क्षिप्त-* 'thrown or cast at'] *adj.* **1** 放出された；打ち上げられた. **2** (投影法などで)投影された，(光・影などが)投射された. **3** (原本にない語句が加えられて)改ざんされた. ❐ रामायण का 〜 अंश ラーマーヤナの改ざん部分.

प्रक्षेप /prakṣepa プラクシェープ/ [←Skt.m. *प्र-क्षेप-* 'throwing, casting, projecting; throwing into or upon, scattering upon'] *m.* ☞प्रक्षेपण

प्रक्षेपण /prakṣepaṇa プラクシェーパン/ [←Skt.n. *प्र-क्षेपण-* 'pouring upon; throwing on or into'] *m.* **1** 放出；(ロケットなどの)発射，打ち上げ. ❐〜 स्थल ロケット発射場[打ち上げ場]. ❐उपग्रह 〜 यान 衛星打ち上げロケット. **2** 投影；投射. ❐आलेखीय 〜 投影図. **3** (語句の追加などによる)テキストの改ざん.

प्रक्षेपास्त्र /prakṣepāstra プラクシェーパーストル/ [neo.Skt.m. *प्रक्षेप-अस्त्र-* 'missile'] *m.* ミサイル. (⇒मिसाइल) ❐अमेरीका की 〜 रक्षा प्रणाली アメリカのミサイル防衛システム. ❐प्राक्षेपिक 〜 弾道ミサイル.

प्रखर /prak^{h}ara プラカル/ [←Skt. *प्र-खर-* 'very hard or rough; very hot or acrid'] *adj.* **1** 激しい；辛辣な，痛烈な；意地の悪い. ❐मध्याह्न का 〜 ताप आता है। 真昼の激しい暑さが来る. **2** 鋭敏な，頭の切れる.

प्रखरता /prak^{h}aratā プラカルター/ [?neo.Skt.f. *प्रखर-ता-* 'fierceness, keenness'] *f.* **1** 激しさ；辛辣さ，痛烈さ. **2** 鋭敏さ，頭の切れること. ❐उसके परिष्कृत जीवन में बुद्धि की 〜 और विचारों की दृढ़ता ही सबसे ऊँची वस्तु थी। 彼の洗練された生活において知性の鋭さと思考の強靭さこそが最も大事なものだった.

प्रख्यात /prak^{h}yāta プラキャート/ [←Skt. *प्र-ख्यात-* 'known, celebrated, acknowledged, recognised'] *adj.* 有名な，高名な，著名な. (⇒विख्यात)

प्रगट /pragaṭa プラガト/ [←Skt. *प्र-गट-* 'evident, clear,

manifest, open, plain, public'; cf. Skt. *प्र-कट-*] *adj.* ☞प्रकट

प्रगति /pragati プラガティ/ [←Skt.f. *प्र-गति-* 'progress'] *f.* 進歩, 発展, 進展;前進.(⇒तरक़्क़ी) ❐～ करना 進歩する. ❐कार्य की धीमी ～ पर असंतोष जताना 作業の遅い進捗に対し不満を表明する.

प्रगतिवाद /pragativāda プラガティワード/ [neo.Skt.m. *प्रगति-वाद-* 'progressivism'] *m.*〖文学〗進歩主義.

प्रगतिवादी /pragativādī プラガティワーディー/ [neo.Skt. *प्रगति-वादिन्-* 'progressivistic'] *adj.*〖文学〗進歩主義の. — *m.*〖文学〗進歩主義者.

प्रगतिशील /pragatiśīla プラガティシール/ [neo.Skt. *प्रगति-शील-* 'progressive'] *adj.*進歩的な;進歩主義の. ❐अखिल भारतीय ～ लेखक संघ〖文学〗全インド進歩主義作家同盟.

प्रगल्भ /pragalbʰa プラガルブ/ [←Skt. *प्र-गल्भ-* 'bold, confident, resolute, brave, strong, able'] *adj.* **1** 能弁な, 弁舌さわやかな, 口の達者な. ❐उनके ～ और आकर्षक व्याख्यानों से उनके विद्यार्थी बहुत प्रभावित होते थे। 彼の弁舌さわやかで魅力的な講義に彼の学生たちはたいそう影響を受けていた. **2** 厚かましい, 生意気な.

प्रगल्भता /pragalbʰatā プラガルブター/ [←Skt.f. *प्रगल्भ-ता-* 'boldness, wilfulness, resolution, energy, strength, power'] *f.* **1** 能弁なこと, 弁舌のさわやかさ, 口が達者であること. **2** 厚かましさ, 生意気であること.

प्रगाढ़ /pragāṛʰa プラガール/ [←Skt. *प्र-गाढ-* 'dipped or steeped in, mixed with, soaked, impregnated'] *adj.* 深い;濃密な;密度の高い;密接な. ❐～ आलिंगन 濃密な抱擁. ❐～ संबंध 密接な関係.

प्रचंड /pracaṃḍa プラチャンド/ [←Skt. *प्र-चण्ड-* 'excessively violent, impetuous, furious, fierce, passionate, terrible, direful, formidable'] *adj.* **1** 甚(はなはだ)だしい, 猛烈な, 強烈な. ❐कोलाहल प्रतिक्षण ～ होता जाता था। 騒ぎが刻一刻と激しくなっていった. **2** (性格・気性が)激しい, とげとげしい, 険しい;獰猛(どうもう)な. ❐वह अलेकी होकर और भी ～ हो गयी थी। 彼女は独り身になってからさらにとげとげしくなっていた.

प्रचंडता /pracaṃḍatā プラチャンドター/ [←Skt.f. *प्रचण्ड-ता-* 'great violence or passion'] *f.* 甚(はなはだ)だしさ, 激しさ, 猛烈さ.

प्रचलन /pracalana プラチャラン/ [←Skt.n. *प्र-चलन-* 'trembling, shaking, rocking, swaying; circulating, being current or customary'] *m.* 通用;普及;流通;流布. ❐～ में आना 普及するようになる. ❐नक़ली नोटों का ～ 偽造紙幣の流通. ❐हिंदी भाषा का ～ ヒンディー語の普及.

प्रचलित /pracalita プラチャリト/ [←Skt. *प्र-चलित-* 'set in motion, moved, shaken, tremulous, rolling; current, customary, circulating'] *adj.* **1** 通用している;普及している;流通している;流布している.(⇔अप्रचलित) **2** 現行の, 現在の.

प्रचार /pracāra プラチャール/ [←Skt.m. *प्र-चार-* 'prevalence, currency, custom, usage'] *m.* **1** (政治・宗教, 思想などの)宣伝, 広報, プロパガンダ.(⇒इश्तहार) ❐(का) ～ करना(…を)広める. ❐चुनाव ～ 選挙広報. **2** (意図的な)普及. ❐शिक्षा का ～ 教育の普及.

प्रचारक /pracāraka プラチャーラク/ [neo.Skt. *प्रचारक-* 'proclaiming'] *adj.* 広める;普及させる;宣教する. — *m.* 宣伝者;宣教師, 伝道師.

प्रचारित /pracārita プラチャーリト/ [←Skt. *प्र-चारित-* 'made public or manifest'] *adj.* 公表された;広められた, 普及された.

प्रचुर /pracura プラチュル/ [←Skt. *प्रचुर-* 'much, many, abundant'] *adj.* 多量の, 大量の;豊富な. ❐～ मात्रा में 多量に, 豊富に.

प्रचुरता /pracuratā プラチュルター/ [←Skt.f. *प्रचुर-ता-* 'abundance'] *f.* 多量であること;豊富であること.

प्रच्छन्न /praccʰanna プラッチャンヌ/ [←Skt. *प्र-च्छन्न-* 'covered'] *adj.* 隠された;秘められた. ❐～ रूप से 秘密裏に.

प्रजनन /prajanana プラジャナン/ [←Skt.n. *प्र-जनन-* 'the act of begetting or bringing forth, generation, procreation, birth, production'] *m.*〖生物〗生殖;繁殖. ❐～ अंग 生殖器. ❐～ ऋतु [काल]繁殖期. ❐～ शक्ति 繁殖力.

प्रजा /prajā プラジャー/ [←Skt.f. *प्रजा-* 'procreation, propagation, birth; , children, family, race, posterity, descendants, aftergrowth (of plants); a creature, animal, man, mankind; people, subjects (of a prince)'] *f.* (王の)臣民;(領主の)領民;人民.

प्रजातंत्र /prajātaṃtra プラジャータントル/ [neo.Skt.n. *प्रजा-तन्त्र-* 'democracy'] *m.* 民主主義;民主制;共和制《現在は लोकतंत्र のほうが一般的》.(⇒लोकतंत्र)

प्रजापति /prajāpati プラジャープティ/ [←Skt.m. *प्रजा-पति-* 'lord of creatures'] *m.*〖ヒンドゥー教〗プラジャーパティ《宇宙万物の創造神;インド神話ではブラフマー神(ब्रह्मा)の産み出した10人の聖仙(ऋषि)を指す》.

प्रज्ञा /prajñā プラギャー/ [←Skt.f. *प्र-ज्ञा-* 'wisdom, intelligence, knowledge, discrimination, judgment'] *f.* **1** 知能. ❐～ परीक्षण 知能(指数)テスト. **2** 知恵, 知識.

प्रज्ञाचक्षु /prajñācakṣu プラギャーチャクシュ/ [←Skt.n. *प्र-ज्ञा-चक्षुस्-* 'the eye of understanding'] *m.* **1** 英知を備えた人《特に盲人でありながら心眼をもっている人》. **2** 盲人.

प्रज्वलित /prajvalita プラジオリト/ [←Skt. *प्र-ज्वलित-* 'lighted, kindled'] *adj.* ☞ज्वलित

प्रण /praṇa プラン/ [hypercorr.Skt.m. *प्रण-* for Skt.m. *पण-* 'play, gaming, playing for a stake, a bet or a wager'] *m.* 誓い;決意. ❐इस ～ का पालन हमारी तीन पीढ़ियों तक किया गया। この誓いが我が家では三世代まで守られた. ❐मैंने आजीवन ब्रह्मचारिणी रहने का ～ कर लिया था। 私は一生結婚せずに純潔を守る誓いを立てました.

प्रणति /praṇati プランティ/ [←Skt.f. *प्र-णति-* 'bending, bowing, salutation'] *f.* (前に)かがむこと;お辞儀, 挨拶.

प्रणय /praṇaya プラナエ/ [←Skt.f. *प्र-णय-* 'love; friendship'] *m.* 恋愛, 愛. ❐इस एक साल में उसने ～ के विविध रूपों को देख लिया था। この一年の間に彼女は愛の様々な姿を見てきた.

प्रणयन /praṇayana プランヤン/ [←Skt.n. *प्र-णयन-* 'bringing forwards'] *m.* (文学作品などの)創作.

प्रणयी /praṇayī プランイー/ [←Skt. *प्र-णयिन्-* 'having affection for'] *m.* 愛人;夫.

प्रणाम /praṇāma プラナーム/ [←Skt.m. *प्र-णाम-* 'bending, bowing, a bow, respectful salutation, prostration, obeisance'] *m.* 〚ヒンドゥー教〛(目上の人に対する)挨拶(の言葉). ❐(को) (का) ～ देना (人に)(人からの)挨拶を伝える. ❐(को) ～ करना (人に)挨拶する.
— *int.* 〚ヒンドゥー教〛ご挨拶申し上げます.

प्रणाली /praṇālī プラナーリー/ [←Skt.f. *प्र-णाली-* 'a channel'] *f.* **1** やり方, 方法, 手法. (⇒क़ायदा, ढंग) **2** システム, 制度.

प्रणीत /praṇīta プラニート/ [←Skt. *प्र-णीत-* 'performed, executed, finished, made'] *adj.* (文学作品などが)創作された.

प्रणेता /praṇetā プラネーター/ [←Skt.m. *प्र-णेतृ-* 'author'] *m.* 作者, 著者.

प्रताप /pratāpa プラタープ/ [←Skt. *प्र-ताप-* 'heat, warmth; splendour, brilliancy'] *m.* (燃えるような)情熱, 熱気;豪勇, 武勇;輝き.

प्रतापवान् /pratāpavān プラタープワーン/ ▷प्रतापवान [←Skt. *प्रताप-वत्-* 'full of splendour, majestic, glorious, powerful'] *adj.* ☞प्रतापी

प्रतापी /pratāpī プラタービー/ [←Skt. *प्र-तापिन्-* 'glorious'] *adj.* 威風堂々とした, 輝かしい.

प्रतारण /pratāraṇa プラターラン/ [?neo.Skt.n. *प्र-तारण-* 'deceiving; cheating'] *m.* 欺くこと.

प्रतारणा /pratāraṇā プラタールナー/ [?neo.Skt.f. *प्र-तारणा-* 'deceiving; cheating'] *f.* ☞प्रतारण

प्रतारित /pratārita プラターリト/ [?neo.Skt. *प्र-तारित-* 'deceived'] *adj.* 欺かれた.

प्रति[1] /prati プラティ/ [cf. Skt.n. *प्रति-पुस्तक-* 'a copy of an original manuscript, a copy in general'] *f.* **1** 校本;コピー, 写し. (⇒कापी) **2** (同じ本・雑誌・新聞などの)部, 冊;通. (⇒कापी) ❐मुझे इस किताब की दो प्रतियाँ भेजिएगा। 私にこの本を2冊送ってください.

प्रति[2] /prati プラティ/ [←Skt.ind. *प्रति* 'against, in opposition to'] *ind.* **1**《〚प्रति 名詞〛の形式で, 副詞句「…につき, …ごとに」を表す;一語の副詞としてつづられることも》(⇒फ़ी) ❐～ क्षण 刻一刻《= प्रतिक्षण》. ❐～ दिन 日ごとに《= प्रतिदिन》. ❐～ व्यक्ति दस रुपए 一人につき10ルピー. ❐जितने बालक अपराधी होते हैं, उनमें ७५ ～ सैकड़े सिगरेटबाज़ होते हैं। 罪を犯す未成年者の内, 75パーセントがタバコを吸っている. **2**《〚名詞 के प्रति〛の形式で, 副詞句「…に対して」を表す》❐उनके ～ मेरे मन में श्रद्धा के भाव जाग उठे। 彼に対し私の心に崇敬の念がわきおこった. ❐उसके ～ मुझे कोई शंका नहीं है। 彼女に対し私には何の疑念もない. ❐यह क्रोध उनके ～ नहीं, अपने दुर्भाग्य के ～ था। この怒りは彼に対してではなく, 自分の不運に対してであった.

प्रतिकार /pratikāra プラティカール/ [←Skt.m. *प्रति-कार-* 'requital, retaliation, reward, retribution, revenge'] *m.* **1** 仕返し, 報復;復讐. (⇒प्रतिशोध, बदला) ❐विवशता ने मेरे ～ के आवेग को शांत कर दिया। 逆らえない不本意が私の復讐の衝動をそいだ. **2** 補償;相殺, 埋め合わせ. ❐एक शुभ सौ अशुभों का ～ कर सकता है। 一つの幸福は百の不幸を補ってあまりある. **3** 反作用.

प्रतिकूल /pratikūla プラティクール/ [←Skt. *प्रति-कूल-* 'against the bank; contrary, adverse, opposite'] *adj.* **1** 反対の, 逆の. (⇔अनुकूल) **2** 逆風の, 不都合な, 不利な. (⇔अनुकूल)

प्रतिकूलता /pratikūlatā プラティクールター/ [←Skt.f. *प्रतिकूल-ता-* 'adverseness, opposition, hostility'] *f.* **1** 反対であること, 逆であること. (⇔अनुकूलता) **2** 逆風, 不都合, 不利. (⇔अनुकूलता)

प्रतिकृति /pratikr̥ti プラティクリティ/ [←Skt.f. *प्रति-कृति-* 'resistance, opposition, prevention; counterpart, substitute'] *f.* コピー;レプリカ;プロトタイプ.

प्रतिक्रिया /pratikriyā プラティクリヤー/ [←Skt.f. *प्रति-क्रिया-* 'requital (of good or evil), retaliation, compensation, retribution'] *f.* **1** 反動, 反発. **2**〚物理〛反作用. (⇔क्रिया) ❐क्रिया के पश्चात् ～ नैसर्गिक नियम है। 作用の後の反作用は自然の法則だ.

प्रतिक्रियात्मक /pratikriyātmaka プラティクリヤートマク/ [neo.Skt. *प्रतिक्रिया-आत्मक-* 'reactive'] *adj.* 反応する;反動的な.

प्रतिक्रियावाद /pratikriyāvāda プラティクリヤーワード/ [neo.Skt.m. *प्रतिक्रिया-वाद-* 'reactionism'] *m.* 反動主義.

प्रतिक्रियावादी /pratikriyāvādī プラティクリヤーワーディー/ [neo.Skt. *प्रतिक्रिया-वादिन्-* 'reactionary'] *adj.* 反動的な.
— *m.* 反動主義者.

प्रतिक्षण /pratikṣaṇa プラティクシャン/ [←Skt.ind. *प्रति-क्षणम्* 'at every moment, continually'] *adv.* 刻一刻. ❐हिंसा के भावों में प्रावाहित न हो जाना उनके लिए ～ कठिन होता जाता था। 暴力的な感情に流されないでいることが彼にとって刻一刻と困難になっていった.

प्रतिघात /pratig^hāta プラティガート/ [←Skt.m. *प्रति-घात-* 'warding off, keeping back, repulse'] *m.* **1** 反撃, 撃退. ❐आघात और ～ 攻撃と反撃. **2** 反発, 反動.

प्रतिच्छवि /praticc^havi プラティッチャヴィ/ [neo.Skt.f. *प्रति-च्छवि-* 'reflection'] *adj.* ☞प्रतिच्छाया

प्रतिच्छाया /praticc^hāyā プラティッチャーヤー/ [←Skt.f. *प्रति-च्छाया-* 'reflection'] *f.* 反射;投影.

प्रतिज्ञा /pratijñā プラティギャー/ [←Skt.f. *प्रति-ज्ञा-*

'admission, acknowledgment, assent, agreement, promise, vow'] *f.* 誓約, 誓い. (⇒क़सम) ❐आज आपके सामने 〜 करता हूँ कि शराब की एक बूँद भी कंठ के नीचे न जाने दूँगा। 今日あなたの前で誓います, 酒の一滴と言えども喉の下に行かせはしません.

प्रतिज्ञान /pratijñānạ プラティギャーン/ [←Skt.n. *प्रति-ज्ञान-* 'admission, assertion, assent'] *m.* (宗教的理由などで宣誓を拒む人の)証言. ❐मैं सत्यनिष्ठा से 〜 करता हूँ। 私は誠実さをもって証言いたします.

प्रतिज्ञा-पत्र /pratijñā-patrạ プラティギャー・パトル/ [←Skt.n. *प्रतिज्ञा-पत्र-* 'a promissory note, a written contract, bond'] *m.* 誓約書. ❐〜 पर हस्ताक्षर करना 誓約書に署名する.

प्रतिदान /pratidānạ プラティダーン/ [←Skt.n. *प्रति-दान-* 'restitution (of a deposit); exchange, barter'] *m.* 返還;交換.

प्रतिद्वंद्व /pratidvaṃdvạ プラティドワンドオ/ [←Skt.n. *प्रति-द्वंद्व-* 'opposition, hostility'] *m.* 対立, 敵対.

प्रतिद्वंद्विता /pratidvaṃdvitā プラティドワンドヴィター/ [neo.Skt.f. *प्रतिद्वंद्वि-ता-*] *f.* 対立していること, 闘争心, 敵愾心. ❐कभी-कभी उनका भ्रातृस्नेह 〜 एवं द्वेष भाव में परिणत हो जाता था। 時々彼らの兄弟愛は闘争心や憎悪の感情に変わるのであった.

प्रतिद्वंद्वी /pratidvaṃdvī プラティドワンドヴィー/ [←Skt.m. *प्रति-द्वंद्विन्-* 'a rival'] *m.* **1** 対立者, 敵対者. ❐वह मेरा मित्र नहीं रहा, 〜 हो गया है। 彼はもはや私の友ではなかった, 敵対者になった. **2** (競技などの)競争相手;(選挙などの)対立候補.

प्रतिध्वनि /pratidʰvạni プラティドオニ/ [←Skt.m. *प्रति-ध्वनि-* 'echo, reverberated sound'] *f.* こだま, エコー, 反響. ❐रास्ते भर उनके कानों में उन्हीं शब्दों की 〜 गूँजती रही। 道を行く間中彼の耳にはあの言葉が響き続けていた.

प्रतिध्वनित /pratidʰvạnitạ プラティドオニト/ [?neo.Skt. *प्रति-ध्वनित-* 'echoed'] *adj.* こだまする, 反響する. ❐सितार की ध्वनि गगनमंडल में 〜 हो रही थी। シタールの音色が天空に反響していた.

प्रतिनायक /pratināyakạ プラティナーヤク/ [←Skt.m. *प्रति-नायक-* 'counter hero; the adversary of the hero (in a play)'] *m.* 敵役(かたきやく). (⇒खलनायक)

प्रतिनिधान /pratinidʰānạ プラティニダーン/ [neo.Skt.n. *प्रति-निधान-* 'deputation'] *m.* 代表者の任命. ❐आनुपातिक 〜 比例代表制.

प्रतिनिधि /pratinidʰi プラティニディ/ [←Skt.m. *प्रति-निधि-* 'substitution; a substitute, representative'] *m.* 代表者, 代理者. (⇒नुमाइंदा)

प्रतिनिधिक /pratinidʰikạ プラティニディク/ [cf. *प्रतिनिधि*] *adj.* 代表的な.

प्रतिनिधित्व /pratinidʰitvạ プラティニディトオ/ [←Skt.n. *प्रतिनिधि-त्व-* 'representation'] *m.* 代表すること, 代理であること. (⇒नुमाइंदगी) ❐(का) 〜 करना (…を)代表する.

प्रतिनियुक्त /pratiniyuktạ プラティニユクト/ [neo.Skt. *प्रति-नि-युक्त-* 'deputed'] *adj.* 代理に任命された.

प्रतिनियुक्ति /pratiniyukti プラティニユクティ/ [neo.Skt.f. *प्रति-नि-युक्ति-* 'deputation'] *f.* 代理者の任命.

प्रतिपक्ष /pratipakṣạ プラティパクシュ/ [←Skt. *प्रति-पक्ष-* 'opposite side, hostile party, opposition'] *m.* 反対派, 対立する側.

प्रतिपक्षी /pratipakṣī プラティパクシー/ [←Skt.m. *प्रति-पक्षिन्-* 'an opponent, adversary'] *adj.* 反対派の, 対立側の. ❐〜 वकील 対立側の弁護士.
— *m.* 反対者, 対立者.

प्रतिपदा /pratipadā プラティパダー/ [←Skt.f. *प्रति-पदा-* 'the first day of a lunar fortnight'] *f.* 〖暦〗プラティパダー《太陰月の各半月 (पक्ष) の第一日目》.

प्रतिपादक /pratipādakạ プラティパーダク/ [←Skt. *प्रति-पादक-* 'stating, demonstrating, explaining, teaching'] *adj.* 解き明かし説明する(人).

प्रतिपादन /pratipādanạ プラティパーダン/ [←Skt.n. *प्रति-पादन-* 'stating, setting forth, explaining, teaching'] *m.* 解き明かし説明すること. ❐(का) 〜 करना (…を)解き明かし説明する.

प्रतिपादित /pratipāditạ プラティパーディト/ [←Skt. *प्रति-पादित-* 'stated, proved, set forth, explained, taught'] *adj.* 解き明かし説明された. ❐〜 करना 解き明かし説明する.

प्रतिपाद्य /pratipādyạ プラティパーディエ/ [←Skt. *प्रति-पाद्य-* 'to be explained or propounded'] *adj.* 解き明かし説明されるべき.

प्रतिपूर्ति /pratipūrti プラティプールティ/ [←Skt.f. *प्रति-पूर्ति-* 'fulfilment, perfection'] *f.* 返済, 弁償, 弁済; 補償.

प्रतिफल /pratipʰalạ プラティパル/ [←Skt.m. *प्रति-फल-* 'a reflection'] *m.* 果報, 報い.

प्रतिबंध /pratibaṃdʰạ プラティバンド/ [←Skt.m. *प्रति-बन्ध-* 'obstacle, hindrance, impediment'] *m.* **1** 制限, 制約;(法的な)規制;交通規制. ❐(पर) 〜 लगाना (…に)制限を加える, 規制を課す. ❐पुराने ज़माने में लोगों के हथियार रखने पर कोई 〜 नहीं था। 昔は人々が武器を所持することに何ら規制はなかった. **2** 禁止;(経済的などの)制裁. ❐अमेरिका ने उत्तर कोरिया पर 〜 और कड़े करने का विधेयक पारित किया। アメリカは北朝鮮に対する制裁をより厳しくする法案を可決した. **3**〖法律〗例外規定, 例外条項;条件.

प्रतिबिंब /pratibiṃbạ プラティビンブ/ [←Skt.n. *प्रति-बिम्ब-* 'the disc of the sun or moon reflected (in water); a reflection, reflected image, mirrored form] *m.* 反射して映ったもの, 反映, 影;反射. (⇒छाया)

प्रतिबिंबित /pratibiṃbitạ プラティビンビト/ [←Skt. *प्रति-बिम्बित-* 'reflected, mirrored'] *adj.* 反射して映った.

प्रतिबोध /pratibodʰạ プラティボード/ [←Skt.m. *प्रति-बोध-* 'awaking, waking; perception, knowledge'] *m.* **1** 覚醒, 迷いからさめること. **2** (識別する)知識.

प्रतिभा /pratib^{h}ā プラティバー/ [←Skt.f. *प्रति-भा-* 'an image; light, splendour'] *f.* **1** 才能, 才気;資質. ❐चेहरे से ～ झलक रही थी। 顔から才気があふれていた. **2** 光輝, 輝き.

प्रतिभावान् /pratib^{h}āvān プラティバーワーン/▷प्रतिभावान [←Skt. *प्रतिभा-वत्-* 'endowed with presence of mind, shrewd, intelligent'] *adj.* 才能にめぐまれた, 天分のある. (⇒प्रतिभाशाली)

प्रतिभाशाली /pratib^{h}āśālī プラティバーシャーリー/ [neo.Skt. *प्रतिभा-शालिन्-* 'brilliant; talented'] *adj.* 才能にめぐまれた, 天分のある. (⇒प्रतिभावान्)

प्रतिभू /pratib^{h}ū プラティブー/ [←Skt.m. *प्रति-भू-* 'a surety, security, bail'] *m.* 保証人. (⇒ज़ामिन)

प्रतिभूति /pratib^{h}ūti プラティブーティ/ [?neo.Skt.f. *प्रति-भूति-* 'security, deposit'] *f.* **1**〖経済〗担保, 保証;保証金. (⇒ज़मानत) **2**〖法律〗保釈金. (⇒ज़मानत)

प्रतिमा /pratimā プラティマー/ [←Skt.f. *प्रति-मा-* 'an image, likeness, symbol; a picture, statue, figure, idol'] *f.* **1** 像;彫像;神像. (⇒बुत, मूर्ति) ❐～ का उपासक 偶像崇拝者. **2** 象徴, シンボル.

प्रतिमान /pratimāna プラティマーン/ [←Skt.n. *प्रति-मान-* 'a model, pattern'] *m.* 型, 様式, パターン;原型, 模範, 手本.

प्रतिमा-भंजन /pratimā-b^{h}aṃjana プラティマー・バンジャン/ [neo.Skt.n. *प्रतिमा-भञ्जन-* 'iconoclasm'] *m.* ☞ मूर्ति-भंजन

प्रतियोगिता /pratiyogitā プラティヨーギター/ [←Skt.f. *प्रति-योगि-ता-* 'correlation, dependent existence'] *f.* **1** 競争. (⇒प्रतिस्पर्धा) ❐～ जीतने की क्षमता 競争力. ❐पारस्परिक स्पर्धा, ～ और ईर्ष्या की भावना 互いの対抗心, 競争そして嫉妬の感情. **2** 競技(会), コンクール, コンペ;コンテスト;トーナメント. ❐～ परीक्षा में बैठना 競技試験を受ける.

प्रतियोगी /pratiyogī プラティヨーギー/ [←Skt.m. *प्रति-योगिन्-* 'an adversary, rival'] *m.* 競争相手, 対抗者, 好敵手, ライバル. ❐अब आपका कोई ～ नहीं रहा। もうあなたの競争相手は誰もいませんよ.

प्रतिरक्षा /pratirakṣā プラティラクシャー/ [←Skt.f. *प्रति-रक्षा-* 'safety, preservation'] *f.* **1** 防御, 防衛. (⇒हिफ़ाज़त) ❐मिसाइल ～ व्यवस्था ミサイル防御システム. **2** 弁護. **3**〖医学〗免疫;予防. ❐कैंसर के ख़िलाफ़ ～ शक्ति ガンに対する免疫力.

प्रतिरूप /pratirūpa プラティループ/ [←Skt.n. *प्रति-रूप-* 'the counterpart of any real form, an image, likeness, representation'] *adj.* コピーの;偽造の, 模造の.

— *m.* **1** 写し, コピー. ❐(का) ～ बनाना (…の)コピーを作る. **2** 偽造(物), 模造(品).

प्रतिरोध /pratirod^{h}a プラティロード/ [←Skt.m. *प्रति-रोध-* 'opposition, impediment, obstruction'] *m.* **1** 抵抗;反抗, 敵対, 反対;妨害. ❐(का) ～ करना (…に)反対[反抗]する. **2**〖物理〗抵抗(力). ❐घर्षण ～ 摩擦抵抗(力).

प्रतिरोपण /pratiropaṇa プラティローパン/ [neo.Skt.n. *प्रति-रोपण-* 'planting'] *m.*〖医学〗(臓器)移植. (⇒प्रत्यारोपण) ❐हृदय ～ 心臓移植.

प्रतिलिपि /pratilipi プラティリピ/ [←Skt.f. *प्रति-लिपि-* 'a copy, transcript, written reply'] *f.* (文字の)写し;コピー, 複写. (⇒कापी) ❐～ अधिकार 著作権.

प्रतिलिप्यधिकार /pratilipyad^{h}ikāra プラティリピャディカール/ [neo.Skt.m. *प्रतिलिप्-अधिकार-* 'copyright'] *m.* 著作権.

प्रतिलोम /pratiloma プラティローム/ [←Skt. *प्रति-लोम-* 'against the hair or grain'] *adj.* **1** 順序が逆の, 反対の順序の. (⇔अनुलोम) ❐～ विवाह〖ヒンドゥー教〗プラティローマ婚《上位カーストの女と下位カーストとの男との結婚;古代の慣習法では禁止されていた》. ❐～ शब्दकोश (語末から語頭に向かうつづりで引く)逆引き辞典. **2** (数の大から小に進む)降順の. (⇔अनुलोम)

प्रतिवाद /prativāda プラティワード/ [←Skt.m. *प्रति-वाद-* 'contradiction, rejection, refusal'] *m.* 反論, 反駁(はんばく). ❐(का) ～ करना (…の)反論をする.

प्रतिवादी /prativādī プラティワーディー/ [←Skt. *प्रति-वादिन्-* 'contradicting, disobedient'] *adj.* 敵対する, 対抗する.

— *m.* **1** 敵対者. **2** 被告人.

प्रतिवेदन /prativedana プラティヴェーダン/ [neo.Skt.n. *प्रति-वेदन-* 'report, representation'] *m.* 報告書, レポート. ❐वार्षिक ～ 年次報告書.

प्रतिशत /pratiśata プラティシャト/ [neo.Skt.n. *प्रति-शत-* 'percent; percentage'] *m.* **1**…パーセント, 百分率. (⇒फ़ीसदी) ❐शत ～ 百パーセント. **2** 割合, 率. ❐मतदान का ～ बढ़ाना 投票率を上げる. ❐मतदान का ～ १९८९ के ५ फ़ीसदी के मुकाबले १९९६ में ४० फ़ीसदी हो गया है। 投票率は 1989 年の 5 パーセントに対して 1996 年には 40 パーセントになった.

प्रतिशोध /pratiśod^{h}a プラティショード/ [neo.Skt.m. *प्रति-शोध-* 'revenge'] *m.* 復讐;報復. (⇒इंतक़ाम, बदला) ❐(का) ～ लेना (…の)復讐をする.

प्रतिश्रुत /pratiśruta プラティシュルト/ [←Skt. *प्रति-श्रुत-* 'heard; promised (also in marriage), assented, agreed, accepted'] *adj.* **1** 約束された(こと), 保証された. **2** 誓った(人).

प्रतिश्रुति /pratiśruti プラティシュルティ/ [neo.Skt.f. *प्रति-श्रुति-* 'promise; guarantee'] *f.* 契約, 約束;保証.

प्रतिषिद्ध /pratiṣidd^{h}a プラティシッド/ [←Skt. *प्रति-षिद्ध-* 'forbidden, prohibited, disallowed, refused, denied'] *adj.* 禁止された. (⇒निषिद्ध)

प्रतिषेध /pratiṣed^{h}a プラティシェード/ [←Skt.m. *प्रति-षेध-* 'prohibition, refusal, denial'] *m.* 禁止. (⇒निषेध)

प्रतिष्ठा /pratiṣṭ^{h}ā プラティシュター/ [←Skt.f. *प्रति-ष्ठा-* 'standing still'] *f.* **1** 社会的な評判, 名声, 名誉, 尊厳. ❐उसकी ～ में ज़रा भी कमी न थी। 彼の名声に少しの不足もなかった. ❐(की) ～ धूल में मिला देना (人の)評判を汚す. ❐कुल की ～ 一族の名誉. **2** (専門分野で)名声

が確立していること, 一家をなしていること. **3** 基準であること, 規範であること. **4** (神像などを) 安置すること, 鎮座していること; 祀られていること, あがめらていること.

प्रतिष्ठान /pratiṣṭʰānạ プラティシュターン/ [←Skt.n. *प्रति-ष्ठान-* 'a firm standing-place, ground, foundation'] *m.* **1** 事業体, 組織体, 機関. **2** ☞ प्रतिष्ठापन

प्रतिष्ठापन /pratiṣṭʰāpanạ プラティシュターパン/ [←Skt.n. *प्रति-ष्ठापन-* 'fixing, placing, locating'] *m.* (神像などを) 据え付けること, 建立; 設立, 樹立.

प्रतिष्ठापित /pratiṣṭʰāpitạ プラティシュターピト/ [←Skt. *प्रति-ष्ठापित-* 'set up, fixed, erected'] *adj.* (神像などが) 据え付けられた, 建立された; 設立された, 樹立された.

प्रतिष्ठित /pratiṣṭʰitạ プラティシュティト/ [←Skt. *प्रति-ष्ठित-* 'standing, stationed; established, proved'] *adj.* **1** (社会的に) 立派な, 認められている, 著名な, 名の通っている. ❐उसका जिस वातावरण में पालन-पोषण हुआ था, वह एक ~ हिंदू कुल का वातावरण था। 彼女が育った環境は, 社会的に名の通っているあるヒンドゥー家系の家庭環境だった. ❐~ घरानों की औरतें 立派な家柄の女たち. **2** (専門分野で) 認められている, 一家をなしている. ❐वे उर्दू कविके रूप में ~ हो चुके थे। 彼はウルドゥー語詩人として認められていた. **3** (言語などが) 標準の, 基準となる. ❐~ हिंदी 標準ヒンディー語. **4** (神像などが) 安置されている, 鎮座している; 祀られている, あがめらている.

प्रतिस्थापन /pratistʰāpanạ プラティスターパン/ [neo.Skt.n. *प्रति-स्थापन-* 'replacement'] *m.* 交換; 交替.

प्रतिस्पर्धा /pratispardʰā プラティスパルダー/ [←Skt.f. *प्रति-स्पर्धा-* 'emulation, rivalry'] *f.* 競争. ❐कड़ी ~ 厳しい競争.

प्रतिस्पर्धी /pratispardʰī プラティスパルディー/ [←Skt. *प्रति-स्पर्धिन्-* 'emulous, coping with'] *m.* 競争相手, ライバル.

प्रतिहत /pratihatạ プラティハト/ [←Skt. *प्रति-हत-* 'struck; impeded'] *adj.* **1** 打ちのめされた. **2** 妨げされた.

प्रतिहस्ताक्षर /pratihastākṣarạ プラティハスタークシャル/ [neo.Skt.n. *प्रति-हस्त-अक्षर-* 'counter-signature'] *m.* 副署, 連署.

प्रतिहस्ताक्षरित /pratihastākṣaritạ プラティハスタークシュリト/ [neo.Skt. *प्रति-हस्त-अक्षरित-* 'counter-signed'] *adj.* 副署された, 連署された.

प्रतिहार /pratihārạ プラティハール/ [←Skt.m. *प्रति-हार-* 'a door; a portar'] *m.* ☞प्रतिहारी

प्रतिहारी /pratihārī プラティハーリー/ [neo.Skt.m. *प्रति-हारिन्-* 'a door-keeper'] *m.* 門番. (⇒दरबान)

प्रतिहिंसा /pratihiṃsā プラティヒンサー/ [?neo.Skt.f. *प्रति-हिंसा-* 'counter-violence'] *f.* 報復, 復讐.

प्रतीक /pratīkạ プラティーク/ [←Skt.m. *प्रतीक-* 'outward form or shape'] *m.* 象徴, シンボル. ❐~ चिह्न シンボルマーク.

प्रतीकवाद /pratīkạvādạ プラティークワード/ [neo.Skt.m. *प्रतीक-वाद-* 'symbolism'] *m.* 象徴主義.

प्रतीकात्मक /pratīkātmakạ プラティーカートマク/ [neo.Skt. *प्रतीक-आत्मक-* 'symbolic'] *adj.* 象徴的な.

प्रतीक्षा /pratīkṣā プラティークシャー/ [←Skt.f. *प्रति-ईक्षा-* 'expectation'] *f.* 待つこと, 待機. (⇒इंतज़ार) ❐(की) ~ करना (…を) 待つ. ❐(की) ~ में (…を) 待って.

प्रतीक्षागृह /pratīkṣāgṛhạ プラティークシャーグリフ/ [neo.Skt.m. *प्रतीक्षा-गृह-* 'waiting room'] *m.* ☞प्रतीक्षालय

प्रतीक्षालय /pratīkṣālayạ プラティークシャーラエ/ [neo.Skt.m. *प्रतीक्षा-आलय-* 'waiting room'] *m.* (駅などの) 待合室. (⇒प्रतीक्षागृह)

प्रतीत /pratītạ プラティート/ [←Skt. *प्रति-इत-* 'acknowledged, recognized, known'] *adj.* 明白であるように見える. ❐पत्रों से ऐसा ~ होता था, मानो वह जीवन से असंतुष्ट है। 手紙から明白に読み取れたのは, 彼は人生に不満をもっているらしいことだった.

प्रतीति /pratīti プラティーティ/ [←Skt.f. *प्रति-इति-* 'clear apprehension or insight into anything'] *f.* **1** 明白と思われる知識. **2** 確信.

प्रतीयमान /pratīyạmānạ プラティーエマーン/ [←Skt. *प्रति-ईयमान-* 'known, understood, implicit'] *adj.* 明らかであるとされる.

प्रत्यंकन /pratyaṃkanạ プラティャンカン/ [neo.Skt.n. *प्रत्-अङ्कन-* 'tracing (on transparent paper)'] *m.* (図面などの) トレース.

प्रत्यंग /pratyaṃgạ プラティャング/ [←Skt.n. *प्रत्-अङ्ग-* 'a minor or secondary member of the body'] *m.* プラティヤンガ《体の主要な各部 (अंग) に対してより細かな部分; 通常『अंग-प्रत्यंग』の形式で「体の隅々」を表す》. ❐उसका अंग- ~ फड़कने लगा। (怒りで) 彼女の全身がわなわなと震えた. ❐कुचले हुए शव के कटे हुए अंग- ~ देखकर कौन मनुष्य है, जिसे रोमांच न हो आए। 踏みつぶされた死体のばらばらの各部を見て身の毛がよだたない人間がいるだろうか.

प्रत्यंचा /pratyaṃcā プラティャンチャー/ [←Skt.f. *प्रत्-अञ्चा-* 'bow-string'] *f.* (弓の) 弦. (⇒डोरी)

प्रत्यक्ष /pratyakṣạ プラティャクシュ/ [←Skt. *प्रत्-अक्ष-* 'present before the eyes, visible, perceptible'] *adj.* **1** 目に見える; 明白な. ❐~ रूप 目に見える形. **2** 直接的な, 直接の. (⇔अप्रत्यक्ष, परोक्ष) ❐~ कर『経済』直接税. ❐~ प्रमाण 直接証拠《目撃証拠など》. ❐~ साक्षी 目撃者. ❐~ रूप से 直接的に.

प्रत्यक्षज्ञान /pratyakṣạjñānạ プラティャクシュギャーン/ [neo.Skt.n. *प्रत्यक्ष-ज्ञान-* 'perception'] *m.* 知覚.

प्रत्यक्षदर्शी /pratyakṣạdarśī プラティャクシュダルシー/ [neo.Skt. *प्रत्यक्ष-दर्शिन्-* 'eyewitness'] *adj.* 目撃者. (⇒साक्षी)

प्रत्यक्षीकरण /pratyakṣīkaraṇạ プラティャクシーカラン/ [neo.Skt.n. *प्रत्यक्षीकरण-* 'making visible'] *m.* 視覚化.

प्रत्यभिज्ञा /pratyạbʰijñā プラティエビギャー/ [←Skt.f. *प्रत्-अभिज्ञा-* 'recognition'] *f.* 認識.

प्रत्यभिज्ञान /pratyạbʰijñānạ プラティエビギャーン/ [←Skt.n. *प्रत्-अभिज्ञान-* 'recognition'] *m.* ☞प्रत्यभिज्ञा

प्रत्यय /pratyaya プラティャエ/ [←Skt.m. प्रत्-अय- 'firm conviction'] *m.* **1** 確認;証明. **2**〖経済〗信用. **3**〖言語〗接辞《接頭辞 (उपसर्ग), 接中辞 (अंत:प्रत्यय), 接尾辞 (परप्रत्यय) を含む;特に接尾辞を指すこともある》.

प्रत्यय-पत्र /pratyaya-patra プラティャエ・パトル/ [neo.Skt.n. प्रत्यय-पत्र- 'written credentials; letter of credit'] *m.* **1** 信任状. **2**〖経済〗信用状.

प्रत्ययवाद /pratyayavāda プラティャエワード/ [neo.Skt.m. प्रत्यय-वाद- 'idealism'] *m.* 観念論, 唯心論.

प्रत्ययवादी /pratyayavādī プラティャエワーディー/ [neo.Skt. प्रत्यय-वादिन्- 'idealistic'] *adj.* 観念論の.
— *m.* 観念論者.

प्रत्याक्रमण /pratyākramaṇa プラティャークルマン/ [neo.Skt.n. प्रत्-आक्रमण- 'counter-attack'] *m.* 逆襲, 反撃. ❐～ करना 逆襲する.

प्रत्याख्यान /pratyākʰyāna プラティャーキャーン/ [neo.Skt.n. प्रत्-आख्यान- 'protest'] *m.* 抗議, 異議.

प्रत्यारोप /pratyāropa プラティャーロープ/ [neo.Skt.m. प्रत्-आरोप- 'countercharge'] *m.* 反論;反対尋問.

प्रत्यारोपण /pratyāropaṇa プラティャーローパン/ [neo.Skt.n. प्रत्-आरोपण- 'transplant'] *m.*〖医学〗移植. (⇒प्रतिरोपण) ❐हृदय [जिगर, त्वचा] ～ 心臓[肝臓, 皮膚]移植.

प्रत्यारोपित /pratyāropita プラティャーローピト/ [neo.Skt. प्रत्-आरोपित- 'transplanted'] *adj.*〖医学〗移植された. ❐(में) ～ करना (…に)移植する.

प्रत्यालोचन /pratyālocana プラティャーローチャン/ [neo.Skt.n. प्रत्-आलोचन- 'review'] *m.* 再調査, 再検討.

प्रत्यावर्तन /pratyāvartana プラティャーワルタン/ [←Skt.n. प्रत्-आवर्तन- 'coming back, returning'] *m.* 反射, 反響. ❐किरणों का ～ 光線の反射.

प्रत्याशा /pratyāśā プラティャーシャー/ [←Skt.f. प्रत्-आशा- 'confidence, trust, hope, expectation'] *f.* **1** (当然の)期待. ❐～ उससे यह की जाती थी कि वह परिवार की देख-रेख करेगा। 彼には家族の面倒をみるということが期待されていた. ❐उनसे अधिक की ～ न करनी चाहिए। 彼に多くのことを期待してはいけない. ❐कमाने की ～ जिस एक मात्र व्यक्ति से है वह इस कार्य के लिए समुचित योग्यता नहीं प्राप्त कर सका है, बेकारी में दिन गुज़ार रहा है। 稼ぐと期待されている唯一の人間はこの仕事にふさわしい能力を得ることができず, 失業状態で日を送っているのだ. ❐मैं अपने विद्यार्थियों से भी ～ करता कि वे समय से क्लास में पहुँचें और ध्यान से मेरे लेक्चर सुनें। 私は自分の生徒に対しても期待した, 時間通りにクラスに来るようにそして熱心に私の講義を聞くようにと. **2** 予想, 予期. ❐उसे भी इसकी ～ न थी कि उसका स्वागत करने को कोई बंबई आएगा। 彼も自分の出迎えに誰かがボンベイに来てくれるとは予想していなかった. ❐मेरी ～ के विपरीत लंदन के हवाइ अड्डे हीथरो की इमारत न तो बहुत बड़ी थी, न भव्य। 私の予想に反してロンドンのヒースロー空港の建物はたいそう大きくもなかったし, 豪華でもなかった.

प्रत्याशित /pratyāśita プラティャーシト/ [pseudo.Skt. प्रत्-आशित- 'expected; anticipated'] *adj.* 期待されていた, 予想されていた, 思った通りの. (⇔अप्रत्याशित) ❐उस पत्रिका को ～ लोकप्रियता मिली। その雑誌は予想通りの評判をとった.

प्रत्याशी /pratyāśī プラティャーシー/ [←Skt. प्रत्-आशिन्- 'hoping, expecting'] *adj.* 立候補した;応募した, 志願した.
— *m.* 立候補者;応募者, 志願者. (⇒उम्मीदवार)

प्रत्युत /pratyuta プラティユト/ [←Skt.ind. प्रत्-उत 'on the contrary, rather, even'] *conj.* 《否定文の後にきて「(…ではなく)しかし…」を表す》(⇒बल्कि) ❐यह मेरा नहीं है, ～ उसका है। これは私のものではなく, 彼のものである.

प्रत्युत्तर /pratyuttara プラティユッタル/ [←Skt.n. प्रति-उत्तर- 'rejoinder'] *m.* 返答, 応答;答弁;言い返し, 口答え, 反駁. ❐～ देना 返答する.

प्रत्युत्थान /pratyuttʰāna プラティユッターン/ [←Skt.n. प्रत्-उत्थान- 'rising from a seat to welcome a visitor'] *m.* 来客に敬意を表して起立すること.

प्रत्युत्पन्नमति /pratyutpannamati プラティユトパンナムティ/ [←Skt. प्रत्-उत्पन्न-मति- 'ready-minded, sharp, confident, bold'] *adj.* 機知のある, 当意即妙の才のある.

प्रत्युपकार /pratyupakāra プラティユプカール/ [←Skt.m. प्रत्-उपकार- 'returning a service or favour, gratitude'] *m.* 返礼, 恩返し.

प्रत्येक /pratyeka プラティエーク/ [←Skt. प्रत्-एक- 'each one, each single one, every one'] *adj.* それぞれの, 各…, すべての. (⇒हर) ❐दुर्ग में ～ मनुष्य उसका आज्ञाकारी था। 城砦ではすべての人間が彼女に服従していた.

प्रथम /pratʰama プラタム/ [←Skt. प्रथम- 'first'] *adj.* **1** 最初の, 一番目の. (⇒पहला) ❐～ उपचार 応急手当. ❐मई के ～ सप्ताह में युनिवर्सिटी बंद हो जाती है। 五月の最初の週に大学は閉まってしまう. **2** 一世《名前の直後につける》. ❐चार्ल्स ～ チャールズ一世. **3** 一番の, 最上の;最優秀の. (⇒अव्वल) ❐मैं इम्तहान में पास हो गया और दरजे में ～ आया। 私は試験に合格した, そして順位は一番だった.
— *adv.* 最初に.

प्रथमत: /pratʰamataḥ プラタムタハ/ [←Skt.ind. प्रथम-तस् 'first, at first, firstly'] *adv.* 最初に.

प्रथमता /pratʰamatā プラタムター/ [←Skt.f. प्रथम-ता- 'state of being first'] *f.* ☞प्राथमिकता

प्रथम-पुरुष /pratʰama-puruṣa プラタム・プルシュ/ [←Skt.m. प्रथम-पुरुष- 'first (= our 3rd) person in the verb or its terminations'] *m.*〖言語〗一人称《この語はサンスクリット文法では「最初の人称」, つまり伝統的に最初に配置される人称である「三人称(彼, 彼女など)」の意;なお現在「三人称」は अन्यपुरुष が普通;サンスクリット文法の「一人称(私など)」は伝統的に最後に配置され「最後の人称」(उत्तमपुरुष) と呼ばれる》. (⇒उत्तम-पुरुष)

प्रथमोपचार /pratʰamopacāra プラタモープチャール/ [neo.Skt.m. प्रथम-उपचार- 'first aid'] *m.*〖医学〗応急手当. ❐～ केंद्र 救護センター.

प्रथा /pratʰā プラター/ [←Skt.f. *प्रथा-* 'spreading out, extending, flattening, scattering'] *f.* **1** (社会の)習慣, 風習;慣行, 慣習. (⇒दस्तूर, रस्म) ❐ब्राह्मनों में बहुत छोटी उम्र में विवाह करने की ～ थी। バラモンの間にはとても幼い年齢で結婚する慣習があった. **2** 制度. ❐शासन ～ 統治制度.

प्रदक्षिणा /pradakṣiṇā プラダクシナー/ [←Skt.f. *प्र-दक्षिणा-* 'turning the right side towards, circumambulation from left to right of a person or object'] *f.* 〖ヒンドゥー教〗プラダクシナー《礼拝する対象に対して時計回りに回ること》. (⇒परिक्रमा)

प्रदत्त /pradatta プラダット/ [←Skt. *प्र-दत्त-* 'offered, presented, granted, bestowed'] *adj.* 与えられた, 授けられた. ❐～ नाम (姓ではなく)個人の名. ❐आपकी प्रतिभा ईश्वर ～ उपहार है। あなたの才能は神によって授けられた贈り物です.

प्रदर /pradara プラダル/ [←Skt.m. *प्र-दर-* 'menorrhagia (a disease of women)'] *m.* 〖医学〗白帯下(はくたいげ), こしけ, おりもの.

प्रदर्शक /pradarśaka プラダルシャク/ [←Skt. *प्र-दर्शक-* 'showing, indicating'] *adj.* (歩むべき道などを)案内する.

प्रदर्शन /pradarśana プラダルシャン/ [←Skt.n. *प्र-दर्शन-* 'pointing out, showing, propounding, teaching, explaining'] *m.* **1** 展覧, 展示. (⇒नुमाइश) ❐(का) ～ करना (…を)展示する. **2** 示威行為, デモ.

प्रदर्शनकारी /pradarśanakārī プラダルシャンカーリー/ [neo.Skt.m. *प्रदर्शन-कारिन्-* 'demonstrator'] *m.* デモ参加者.

प्रदर्शनी /pradarśanī プラダルシャニー/ [neo.Skt.f. *प्र-दर्शनी-* 'exhibition'] *f.* 展覧会, 展示会, 博覧会;品評会. (⇒नुमाइश) ❐(की) ～ का आयोजन करना (…の)展覧会を企画する.

प्रदर्शित /pradarśita プラダルシト/ [←Skt. *प्र-दर्शित-* 'shown, pointed out, indicated'] *adj.* 示された;展示された. ❐～ करना …を示す, 展示する.

प्रदाता /pradātā プラダーター/ [←Skt.m. *प्र-दातृ-* 'giver'] *m.* 寄贈者, 施主.

प्रदान /pradāna プラダーン/ [←Skt.n. *प्र-दान-* 'giving, bestowal, presentation'] *m.* 与えること;授与;贈与. (⇔आदान) ❐ईश्वर मुझे बल ～ करे! 神が私に力を与えんことを！

प्रदीप /pradīpa プラディープ/ [←Skt.m. *प्र-दीप-* 'a light, lamp, lantern'] *m.* 灯火, あかり.

प्रदीप्त /pradīpta プラディープト/ [←Skt. *प्र-दीप्त-* 'kindled, inflamed, burning, shining'] *adj.* **1** 点火された;燃え上がった;輝いた. ❐दबी हुई आग हवा लगते ही ～ हो जाती है। おさえられていた火が風を受けるやいなや燃え上がる. **2** (喜びなどで表情が)輝いた. ❐उनका मुख-मंडल ～ हो गया। 彼の顔は輝いた.

प्रदूषण /pradūṣaṇa プラドゥーシャン/ [←Skt. *प्र-दूषण-* 'corrupting, defiling, impairing'] *m.* 汚染;公害. ❐जल ～ 水質汚染. ❐वायु ～ 大気汚染.

प्रदेश /pradeśa プラデーシュ/ [←Skt.m. *प्र-देश-* 'a spot, region, place, country, district'] *m.* 州《ウッタル・プラデーシュ州 (उत्तर प्रदेश) のように州名の一部としても使用》. (⇒रियासत)

प्रदोष /pradoṣa プラドーシュ/ [←Skt.m. *प्र-दोष-* 'defect, fault, disordered condition (of the body or of a country); first part of the night, evening'] *m.* **1** 欠陥;悪行. **2** 日暮れ, たそがれ時.

प्रधान /pradʰāna プラダーン/ [←Skt. *प्रधान-* 'chief, main, principal, most important'] *adj.* **1** 主な, 主要な;中心的な. **2**《〖名詞-प्रधान〗の形式で, 形容詞句「…中心の」を作る》❐पुरुष- ～ सभ्यता 男性中心の文明.
— *m.* (組織の)長.

प्रधान-कार्यालय /pradʰāna-kāryālaya プラダーン・カールヤーラエ/ [neo.Skt.m. *प्रधान-कार्यालय-* 'headquarter'] *m.* 本部;本社, 本拠.

प्रधानता /pradʰānatā プラダーンター/ [←Skt.f. *प्रधान-ता-* 'pre-eminence, excellence, superiority, prevalence'] *f.* 主要であること;中心であること;卓越していること.

प्रधानमंत्री /pradʰānamaṃtrī プラダーンマントリー/ [←Skt.m. *प्रधान-मन्त्रिन्-* 'prime minister'] *m.* 総理大臣, 首相. (⇒वज़ीरे-आज़म)

प्रधानाचार्य /pradʰānācārya プラダーナーチャールエ/ [neo.Skt.m. *प्रधान-आचार्य-* 'principal (of a college)'] *m.* (カレッジの)校長. (⇒प्रिंसिपल)

प्रधानाध्यापक /pradʰānādʰyāpaka プラダーナーディャーパク/ [neo.Skt.m. *प्रधान-अध्यापक-* 'headmaster'] *m.* 校長(先生).

प्रपत्र /prapatra プラパトル/ [neo.Skt.n. *प्र-पत्र-* 'a form'] *m.* 書式(用紙). (⇒फ़ार्म) ❐आवेदन ～ 申請フォーム.

प्रबंध /prabaṃdʰa プラバンド/ [←Skt.m. *प्र-बन्ध-* 'a connection, band, tie'] *m.* **1** 管理;運営, 経営, 切り盛り. ❐घर का सारा ～ 家事のすべての切り盛り. **2** 手配, 段取り, 手立て;準備, 支度. (⇒इंतज़ाम, बंदोबस्त, व्यवस्था) ❐खाने-पीने का ～ 飲食の手配. ❐रुपये का ～ お金の手配. **3** 学術論文. **4**〖文学〗(韻文の)物語文学.

प्रबंधक /prabaṃdʰaka プラバンダク/ [neo.Skt.m. *प्र-बन्धक-* 'manager, organiser, arranger'] *m.* マネージャー, 支配人. (⇒मैनेजर)

प्रबंध-काव्य /prabaṃdʰa-kāvya プラバンド・カーヴィエ/ [neo.Skt.m. *प्रबन्ध-काव्य-* 'an epic poem'] *m.* 〖文学〗叙事詩.

प्रबंध-संपादक /prabaṃdʰa-saṃpādaka プラバンド・サンパーダク/ [neo.Skt.m. *प्रबन्ध-सम्पादक-* 'managing editor'] *m.* 編集長.

प्रबंध-समिति /prabaṃdʰa-samiti プラバンド・サミティ/ [neo.Skt.f. *प्रबन्ध-समिति-* 'management committee'] *f.* 経営委員会.

प्रबल /prabala プラバル/ [←Skt. *प्र-बल-* 'strong, powerful, mighty, great'] *adj.* **1** 強力な;強烈な, 圧倒する;支配的な. ❐～ आशंका 大いなる危惧. ❐～

इच्छा 強烈な願望. **2** 強固な;堅固な. ❐～ संकल्प 固い決意.

प्रबलता /prabalatā プラバルター/ [←Skt.f. *प्रबल-ता-* 'strength, power, might, validity'] *f.* 強固な力.

प्रबुद्ध /prabuddʰa プラブッド/ [←Skt. *प्र-बुद्ध-* 'awakened, awake, roused, expanded, developed, opened'] *adj.* (思想などが)進歩的な;先進的な.

प्रबोध /prabodʰa プラボード/ [←Skt.m. *प्र-बोध-* 'awaking (from sleep or ignorance), becoming conscious, consciousness'] *m.* 覚醒.

प्रभंजन /prabʰaṃjana プラバンジャン/ [←Skt.m. *प्र-भञ्जन-* 'wind or the god of wind, storm, tempest, hurricane'] *m.* 大嵐, 暴風.

प्रभा /prabʰā プラバー/ [←Skt.f. *प्रभा-* 'light, splendour, radiance, beautiful appearance'] *f.* 光;光輝;輝き. ❐आशा की ～ 希望の輝き.

प्रभात /prabʰāta プラバート/ [←Skt.n. *प्रभात-* 'daybreak, dawn, morning'] *m.* 夜明け, 早朝. ❐～ की सुनहली किरणें 夜明けの金色に輝く日の光.

प्रभात-फेरी /prabʰāta-pʰerī プラバート・ペーリー/ *f.* プラバートペーリー《早朝より街頭で主義主張を宣伝するために集団で練り歩く行進》. ❐～ निकालना プラバートペーリーで街頭に繰り出す.

प्रभाती /prabʰātī プラバーティー/ [*प्रभात* + *-ई*] *adj.*夜明けに実践される. ❐～ गीत 夜明けに歌われる祈りの歌. ❐～ भजन 夜明けのバジャン.
— *f.* 『ヒンドゥー教』プラバーティー《夜明けに歌われる祈りの歌》.

प्रभामंडल /prabʰāmaṃḍala プラバーマンダル/ [←Skt.n. *प्रभा-मण्डल-* 'a circle or crown of rays'] *m.* 後光, 光輪.

प्रभार /prabʰāra プラバール/ [neo.Skt.m. *प्र-भार-* 'charge of duty'] *m.* 責務, 責任.

प्रभारी /prabʰārī プラバーリー/ [neo.Skt.m. *प्र-भारिन्-* 'chief of section'] *m.* (部局などの)担当責任者. ❐थाना ～ 警察署長. ❐विभाग का ～ 局長.

प्रभाव /prabʰāva プラバーオ/ [←Skt.m. *प्र-भाव-* 'might, power, majesty, dignity, strength, efficacy'] *m.* **1** 影響;効果. (⇒असर) ❐(पर) ～ डालना (…に)影響を与える. ❐(पर) (का) ～ पड़ना (…に)(…の)効果が及ぶ. **2** 影響力;権勢. **3** 心が動かされること, 感銘.

प्रभावकारी /prabʰāvakārī プラバーオカーリー/ [neo.Skt. *प्रभाव-कारिन्-* 'effective'] *adj.* **1** 効果的な, 有効な. ❐घोड़ा दबाना तभी ～, सार्थक हो सकता है जब बंदूक़ भरी हो और नली निशाने पर सधी। 引き金を引くのは, 銃が装てんされていて銃身が標的に照準があっている時だけ有効であり意味があるのである. **2** 影響力ある, 有力な. ❐वे ～ जगह पर थे। 彼は有力な地位にいた. **3** 印象的な, 印象深い. ❐इलाहाबाद युनिवर्सिटी की इमारत बड़ी भव्य और ～ है। イラーハーバード大学の建物はとても壮麗で印象的である.

प्रभाव-क्षेत्र /prabʰāva-kṣetra プラバーオ・クシェートル/ [neo.Skt.n. *प्रभाव-क्षेत्र-* 'sphere of influence'] *m.* 勢力圏.

प्रभावशाली /prabʰāvaśālī プラバーオシャーリー/ [neo.Skt. *प्रभाव-शालिन्-* 'effective; influential; impressive'] *adj.* **1** 効果的な, 有効な. ❐बिना दवा मधुमेह का ～ उपचार 薬を使用しない糖尿病の効果的な治療法. **2** 影響力ある, 有力な. ❐नगर में उसे ऐसा ～ व्यक्ति दूसरा नहीं दिखाई देता। 町では彼女にはこのように影響力のある人物は他に見当たらなかった. **3** 印象的な, 印象深い. ❐～ व्यक्तित्व 印象的な個性.

प्रभावित /prabʰāvita プラバーヴィト/ [←Skt. *प्र-भावित-* 'influenced'] *adj.* **1** 効果が出た. ❐(पर) ～ होना (…に)効果が出る. **2** 影響された. ❐मुझे उन्होंने सही-गलत, कई तरीक़ों से ～ किया। 私に彼はいいことも悪いことも, いろいろと影響を与えた. **3** 心が動かされた, 感銘を受けた. ❐उसने घर भर को ～ किया, अपनी मिलनसारी, खुलेपन और हँसमुख स्वभाव से। 彼は(私の)家中を虜にした, 自身の社交性で, 飾り気のなさでそして陽気な性格で. ❐कविता-पाठ करते समय पहले मुझे अक्सर लगता था कि कोई दूसरा सुना रहा है और मैं सुन रहा हूँ और उससे मैं स्वयं ～ हो रहा हूँ। 詩の朗読をする時, 以前はよく錯覚に取りつかれたものだった, つまり, 誰か他人が朗読していて私が耳を傾けていてそれによって私は自ら感銘を受けているのだという.

प्रभावी /prabʰāvī プラバーヴィー/ [←Skt. *प्र-भाविन्-* 'powerful, mighty'] *adj.* 支配的な, 優勢な;効率的な.

प्रभु /prabʰu プラブ/ [←Skt.m. *प्र-भु-* 'a master, lord, king (also applied to gods)'] *m.* 主(しゅ)《主に神々や王などへの呼びかけ》.

प्रभुता /prabʰutā プラブター/ [←Skt.f. *प्रभु-ता-* 'lordship, dominion, supremacy'] *f.* 支配権, 主権;優越権.

प्रभुत्व /prabʰutva プラブトオ/ [←Skt.n. *प्रभु-त्व-* 'lordship, sovereignty, high rank, might, power over'] *m.* ☞ प्रभुता

प्रभुसत्ता /prabʰusattā プラブサッター/ [neo.Skt.f. *प्रभु-सत्ता-* 'sovereignty'] *f.* 主権, 統治権. ❐भारतीय ～ को चुनौती देना インドの主権に挑戦する.

प्रभूत /prabʰūta プラブート/ [←Skt. *प्र-भूत-* 'abundant, much, numerous, considerable, high, great'] *adj.* 豊富に生じた.

प्रभृति /prabʰr̥ti プラブリティ/ [←Skt.f. *प्र-भृति-* 'commencing with' or et caetera'] *ind.* …など, その他. (⇒इत्यादि, वग़ैरह)

प्रभेद /prabʰeda プラベード/ [←Skt.m. *प्र-भेद-* 'division, subdivision, variety, species, kind, sort'] *m.* 下位区分.

प्रमत्त /pramatta プラマット/ [←Skt. *प्र-मत्त-* 'drunken, intoxicated'] *adj.* 酔い痴れた.

प्रमाण /pramāṇa プラマーン/ [←Skt.n. *प्र-माण-* 'measure, scale, standard; measure of any kind; right measure, standard, authority'] *m.* **1** 証拠. (⇒सबूत) **2** (正しいことの)証明.

प्रमाणन /pramāṇana プラマーナン/ [neo.Skt.n. *प्र-माणन-* 'certification'] *m.* (正しいことを)証明すること.

प्रमाण-पत्र /pramāṇa-patra プラマーン・パトル/ [←Skt.n.

प्रमाण-पत्र- 'a written warrant'] *m.* **1** 証明書. (⇒सनद) **2** 保証書, 鑑定書.

प्रमाणहीन /pramāṇahīna プラマーンヒーン/ [neo.Skt. *प्रमाण-हीन-* 'unsuppoerted'] *adj.* 証拠のない, 裏付けのない.

प्रमाणित /pramāṇita プラマーニト/ [←Skt. *प्र-माणित-* 'adjusted; proved, demonstrated, shown clearly'] *adj.* **1** (正しいことが)証明された. ❐～ करना 証明する. **2** 保証された, 折り紙つきの.

प्रमाणीकरण /pramāṇīkaraṇa プラマーニーカラン/ [←Skt.n. *प्रमाणी-करण-* 'setting up or quoting as an authority'] *m.* 認証.

प्रमाणीकृत /pramāṇīkṛta プラマーニークリト/ [←Skt. *प्रमाणी-कृत-* 'regarded as authority'] *adj.* 認証された.

प्रमाद /pramāda プラマード/ [←Skt.m. *प्र-माद-* 'intoxication; insanity; negligence'] *m.* **1** おごり高ぶること, 驕慢(きょうまん). **2** 人を見くびることによる失敗, 失策.

प्रमादी /pramādī プラマーディー/ [←Skt. *प्र-मादिन्-* 'negligent, careless, incautious'] *adj.* おごり高ぶっている, 驕慢(きょうまん)な態度の.

प्रमुख /pramukʰa プラムク/ [←Skt. *प्र-मुख-* 'first, foremost, chief, principal'] *adj.* 主な, 主要な;優越する, 卓越する. ❐वह अब वहाँ के भारतीय समाज का एक ～ अंग बन गया था। 彼は今やかの地のインド人社会の一つのなくてはならない部分になっていた.

प्रमुखता /pramukʰatā プラムクター/ [←Skt.f. *प्रमुख-ता-* 'superiority'] *f.* 優勢であること, 卓越していること.

प्रमेय /prameya プラメーエ/ [←Skt. *प्र-मेय-* 'to be ascertained or proved'] *adj.* 確かめるべき.
— *m.* **1** 発議, 提案. **2**〖数学〗定理.

प्रमेह /prameha プラメーヘ/ [←Skt.m. *प्र-मेह-* 'urinary disease'] *m.*〖医学〗(主に)泌尿器系疾患《淋病など;糖尿病 (मधुमेह) も含む》.

प्रमोद /pramoda プラモード/ [←Skt.m. *प्र-मोद-* 'excessive joy, delight, gladness'] *m.* 大きな深い喜び, 歓喜, 喜悦.

प्रयत्न /prayatna プラヤトン/ [←Skt.m. *प्र-यत्न-* 'persevering effort'] *m.* **1** 努力, 尽力. (⇒कोशिश, प्रयास) ❐(का) ～ करना (…の)努力をする. **2** 試み. (⇒कोशिश, प्रयास)

प्रयत्नलाघव /prayatnalāgʰava プラヤトンラーガオ/ [neo.Skt.n. *प्रयत्न-लाघव-* 'economy of effort'] *m.* 労力の節約(の法則).

प्रयत्नशील /prayatnaśīla プラヤトンシール/ [neo.Skt. *प्रयत्न-शील-* 'industrious'] *adj.* 勤勉な;熱心な, 精力的な.

प्रयाग /prayāga プラヤーグ/ [←Skt.m. *प्र-याग-* 'place of sacrifice; name of a celebrated place of pilgrimage'] *m.*〖地名〗プラヤーグ《ウッタル・プラデーシュ州 (उत्तर प्रदेश) の都市アラーハーバード (इलाहाबाद) の古名》.

प्रयाण /prayāṇa プラヤーン/ [←Skt.n. *प्र-याण-* 'setting out, starting, advancing, motion onwards, progress, journey, march, invasion'] *m.* **1** 旅(の出立). ❐उसकी आत्मा स्वर्ग को ～ कर चुकी है। 彼の魂は天国に旅立っていた. **2** 進軍.

प्रयाणगीत /prayāṇagīta プラヤーンギート/ [neo.Skt.n. *प्रयाण-गीत-* 'marching song'] *m.*〖音楽〗進軍歌.

प्रयास /prayāsa プラヤース/ [←Skt.m. *प्र-यास-* 'exertion, effort, pains, trouble'] *m.* 試み;努力, 尽力. (⇒कोशिश, प्रयत्न) ❐(का) ～ करना (…を)試みる. ❐निष्फल [विफल] ～ むなしい努力.

प्रयुक्त /prayukta プラユクト/ [←Skt. *प्र-युक्त-* 'used, employed, practised, performed, done'] *adj.* 使用された. ❐～ करना 使用する. ❐(में) ～ शब्द (…の中で)使われている語.

प्रयोक्ता /prayoktā プラヨークター/ [←Skt.m. *प्र-योक्तृ-* 'an executor, agent (of an action)'] *m.* **1** 使用者, 利用者, ユーザー. **2** 実験者. (⇒प्रयोगकर्ता)

प्रयोग /prayoga プラヨーグ/ [←Skt.m. *प्र-योग-* 'joining together, connection; practice, experiment'] *m.* **1** 使用, 利用;行使;用法. (⇒इस्तेमाल, उपयोग, व्यवहार) ❐(का) ～ करना (…を)使用する. ❐(को) ～ में लाना (…を)使用する. ❐(पर) बल का ～ (…に対する)力の行使. **2** 実験. ❐असफल ～ 失敗した実験. **3** 実用;適用;応用. (⇒अमल, व्यवहार) ❐(को) ～ में लाना (…を)実用に供する. **4**〖言語〗態. ❐कर्तरि ～ 能動態. ❐कर्मणि ～ 受動態. ❐भावे ～ 非人称態.

प्रयोगकर्ता /prayogakartā プラヨーグカルター/ [neo.Skt.m. *प्रयोग-कर्तृ-* 'an experimenter'] *m.* 実験者.

प्रयोगवाद /prayogavāda プラヨーグワード/ [neo.Skt.m. *प्रयोग-वाद-* 'experimentalism'] *m.* 実験[経験]主義.

प्रयोगवादी /prayogavādī プラヨーグワーディー/ [neo.Skt. *प्रयोग-वादिन्-* 'empirical'] *adj.* 実験[経験]主義の.
— *m.* 実験[経験]主義者.

प्रयोगशाला /prayogaśālā プラヨーグシャーラー/ [neo.Skt.f. *प्रयोग-शाला-* 'laboratory'] *f.* 実験室.

प्रयोगशील /prayogaśīla プラヨーグシール/ [neo.Skt. *प्रयोग-शील-* 'experimental'] *adj.* 実験的な, 試行の.

प्रयोगात्मक /prayogātmaka プラヨーガートマク/ [neo.Skt. *प्रयोग-आत्मक-* 'practical; experimental'] *adj.* **1** 実用的な;実際的な;実技の. ❐～ परीक्षा 実技試験. **2** 実験的な;実験による. ❐～ ध्वनि-विज्ञान〖言語〗実験音声学.

प्रयोजन /prayojana プラヨージャン/ [←Skt.n. *प्र-योजन-* 'occasion, object, cause, motive, opportunity, purpose, design, aim, end'] *m.* 意図, 思惑(おもわく), 目的. ❐(को) (से) ～ (人にとって)(…に対する)思惑. ❐नहीं-नहीं, मेरा यह ～ नहीं था। とんでもない, 私はそういうつもりはなかった. ❐वह यहाँ किस ～ से आई है? 彼女はここに何の目的で来たのかい?

प्ररूप /prarūpa プラループ/ [neo.Skt.n. *प्र-रूप-* 'type'] *m.* タイプ, 型.

प्रलयंकर /pralayaṃkara プラルヤンカル/ [←Skt.

प्रलयं-कर- 'causing destruction or ruin'] *adj.* 壊滅的な;悲劇的な.

प्रलय /pralaya プララエ/ [←Skt.m. *प्र-लय-* 'the destruction of the whole world'] *m.* 〖神話〗世界の終末;大異変, 大災害, 大惨事.

प्रलाप /pralāpa プララープ/ [←Skt.m. *प्र-लाप-* 'talk, discourse, prattling, chattering'] *m.* **1** (まとまりのない)おしゃべり, 無駄口. ❐उसके ~ में मुझे बनावट और दिखावे का आभास होता है। 彼のおしゃべりに私は見せかけと虚飾の印象を受けるのである. **2** たわごと;うわごと.

प्रलापी /pralāpī プララーピー/ [←Skt. *प्र-लापिन्-* 'chattering, talking much or unmeaningly'] *adj.* **1** (まとまりのない)おしゃべをする(人), 無駄口をたたく. **2** たわごとを言う(人);うわごとを言う.

प्रलेख /pralekʰa プラレーク/ [neo.Skt.m. *प्र-लेख-* 'a document'] *m.* 文書, 書類. (⇒दस्तावेज़)

प्रलोभन /pralobʰana プラローバン/ [←Skt.n. *प्र-लोभन-* 'allurement, inducement'] *m.* 誘惑, 誘い. ❐(को) (का) ~ देना (人に)(…の)誘惑をする. ❐मैं क्यों उसके ~ में आ गया। 私はなぜ彼の誘いに乗ってしまったのだろう. ❐वह माँ को प्रसन्न करने के ~ को न रोक सकी। 彼女は母を喜ばす誘惑を止めることができなかった.

प्रवंचना /pravaṃcanā プラワンチナー/ [←Skt.f. *प्र-वञ्चना-* 'deceit'] *f.* こそ泥.

प्रवक्ता /pravaktā プラワクター/ [←Skt.m. *प्र-वक्तृ-* 'one who tells'] *m.* **1** 代弁者, スポークスマン. **2** (大学の)講師. (⇒लेक्चरर)

प्रवचन /pravacana プラオチャン/ [←Skt.n. *प्र-वचन-* 'recitation, oral instruction, teaching, expounding'] *m.* 講演;講話;説教, 法話. ❐(पर) ~ करना (…について)講演する.

प्रवण /pravaṇa プラワン/ [←Skt. *प्र-वण-* 'declining, bent, sloping down'] *adj.* **1** 坂になっている, 傾斜している. (⇒ढलवाँ) **2**《主に合成語の構成要素として「特定の傾向が強い性癖の」を表す;कल्पना-प्रवण 「空想などに浸りやすい, 夢想家の」, बुद्धि-प्रवण 「理性が勝っている」, भाव-प्रवण 「感情に影響されやすい」など》

प्रवणता /pravaṇatā プラオナター/ [←Skt.f. *प्रवण-ता-* 'inclination'] *f.* 性癖, 性向.

प्रवर /pravara プラワル/ [←Skt. *प्र-वर-* 'most excellent, chief, principal, best'] *adj.* **1** 卓越した, 優れた. **2** 年長の;古参の.

प्रवर-समिति /pravara-samiti プラワル・サミティ/ [neo.Skt.f. *प्रवर-समिति-* 'select committee'] *f.* (議会の)特別委員会.

प्रवर्तक /pravartaka プラワルタク/ [←Skt.m. *प्र-वर्तक-* 'a founder, author, originator of anything'] *m.* **1** (宗教・宗派などの)開祖;創始者;創設者. ❐धर्म ~ 宗教の開祖. **2** 先駆者, 草分け, パイオニア.

प्रवर्तन /pravartana プラワルタン/ [←Skt.n. *प्र-वर्तन-* 'activity, procedure, engaging in'] *m.* 開拓し広めること, 普及;布教.

प्रवाद /pravāda プラワード/ [←Skt.m. *प्र-वाद-* 'speaking forth, uttering'] *m.* うわさ話, ゴシップ.

प्रवाल /pravāla プラワール/ [←Skt.m. *प्र-वाल-* 'coral'] *m.* 〖生物〗サンゴ, 珊瑚. (⇒मूँगा) ❐~ भित्ति サンゴ礁.

प्रवास /pravāsa プラワース/ [←Skt.m. *प्र-वास-* 'dwelling abroad, foreign residence, absence from home'] *m.* **1** 海外[外国]生活. **2** 海外移住;(鳥・魚の)移動, 渡り. (⇒एमिग्रेशन) **3**〖法律〗流罪;流刑. (⇒निर्वासन)

प्रवासित /pravāsita プラワースィト/ [←Skt. *प्र-वासित-* 'sent abroad, exiled, banished'] *adj.* **1** 海外移住した. ❐मलेशिया में ~ हिंदी कवयित्री マレーシアに移住したヒンディー語女流詩人. **2** 国外追放になった.

प्रवासी /pravāsī プラワースィー/ [←Skt. *प्र-वासिन्-* 'dwelling abroad, absent from home'] *adj.* **1** 海外生活をしている(人);海外移住した(人). ❐~ भारतीय 海外移住のインド人, インド系移民. **2** (動物などが)移住性の, 定期的に移動する. ❐~ पक्षी 渡り鳥.
— *m.* **1** 海外生活者;海外移住者. **2**〖法律〗追放された人;亡命者.

प्रवाह /pravāha プラワーハ/ [←Skt.m. *प्र-वाह-* 'a stream, river, current, running water'] *m.* **1** (液体・気体・電気などの)流れ. (⇒धारा) ❐उनकी नाड़ियों में जैसे रक्त का ~ बंद हो गया। 彼の血管中の血流がまるで止まったようだった. ❐नदी का ~ 川の流れ. **2** (時・情勢などの)流れ;風潮, 趨勢(すうせい), 動向. (⇒धारा)

प्रवाहिका /pravāhikā プラワーヒカー/ [←Skt.f. *प्र-वाहिका-* 'diarrhea'] *f.* 〖医学〗下痢. (⇒दस्त)

प्रवाहित /pravāhita プラワーヒト/ [←Skt. *प्र-वाहित-* 'bearing down'] *adj.* **1** (川などに)流された. ❐(की) अस्थियाँ गंगा में ~ करना (人の)遺骨をガンジス川に流す. **2** (血液・涙などが)流れている. ❐नेत्रों से अश्रुधाराएँ ~ थीं। 目から涙が流れていた. **3** (感情などに)流された. ❐हिंसा के भावों में ~ न हो जाना उनके लिए प्रतिक्षण कठिन होता जाता था। 凶暴な感情に流されないでいるということが彼らにとって刻一刻と難しくなりつつあった.

प्रविधि /pravidʰi プラヴィディ/ [neo.Skt.f. *प्र-विधि-* 'technology'] *f.* 科学技術, テクノロジー. ❐कंप्यूटर ~ コンピュータ・テクノロジー.

प्रविष्ट /praviṣṭa プラヴィシュト/ [←Skt. *प्र-विष्ट-* 'entered'] *adj.* 入った, 入り込んだ. ❐दोनों यात्री तराई पार करके नेपाल की भूमि में ~ हुए। 二人の旅人はタラーイーを越えてネパールの土地に入った. ❐वकालत में ~ हो जाना 弁護士稼業に入る.

प्रविष्टि /praviṣṭi プラヴィシュティ/ [←Skt.f. *प्र-विष्टि-* 'entrance'] *f.* **1** (帳簿などへの)記載, 記入;登記, 登録. **2** ☞प्रवेश

प्रवीण /pravīṇa プラヴィーン/ [←Skt. *प्र-वीण-* 'skilful, clever'] *adj.* 熟練した, 上手な, 堪能な, 長けた. ❐वे हिंदी भाषा में ~ हैं। 彼はヒンディー語に堪能である.

प्रवीणता /pravīṇatā プラヴィーンター/ [←Skt.f. *प्रवीण-ता-* 'skill, proficiency'] *f.* 熟練していること.

प्रवृत्त /pravr̥tta プラヴリット/ [←Skt. *प्र-वृत्त-* 'engaged in, occupied with, devoted to'] *adj.* **1** かかりっきりになる, 没頭する, 熱中する. ❐मरनेवालों के लिए वे आँसुओं की कुछ बूँदें बहाकर फिर अपने काम में ～ हो जाते थे। 死にゆく者たちのために彼らは涙の数滴を流しまた自身の仕事に没頭するのであった. **2** (気持ちが)傾いている, 傾斜している, 志向している.

प्रवृत्ति /pravr̥tti プラヴリッティ/ [←Skt.f. *प्र-वृत्ति-* 'moving onwards, advance, progress'] *f.* **1** かかりっきりになること, 没頭, 熱中. **2** 傾向;(引かれる気持ちの)傾斜, 志向, 性向, 性癖. ❐नए और अजनबी को छेड़ने की ～ बच्चों में शायद स्वाभाविक होती है। 新入りやよそ者にちょっかいを出す性癖は子どもたちの中におそらく自然にあるものなのだ. ❐संगीत के प्रति जो मेरी ～ थी, उसको विकसित न करने का मुझे बड़ा मलाल है। 音楽に対してあった私の傾斜を伸ばさなかったのは私にはとても残念でならない.

प्रवेश /praveśa プラヴェーシュ/ [←Skt.m. *प्र-वेश-* 'entering, entrance, penetration or intrusion into'] *m.* **1** 入ること;入学;入場, 登場. (⇒दाख़िला) ❐(में) ～ करना (…に)入る. **2** 入口, エントランス. (⇒इंट्रेंस)(⇔निकास)

प्रवेश-द्वार /praveśa-dvāra プラヴェーシュ・ドワール/ [?neo.Skt.n. *प्रवेश-द्वार-* 'doorway'] *m.* 出入り口.

प्रवेश-पत्र /praveśa-patra プラヴェーシュ・パトル/ [neo.Skt.n. *प्रवेश-पत्र-* 'an admission ticket'] *m.* 入場券, パス. (⇒पास)

प्रवेश-शुल्क /praveśa-śulka プラヴェーシュ・シュルク/ [neo.Skt.m. *प्रवेश-शुल्क-* 'admission fee'] *m.* 入場料.

प्रवेशिका /praveśikā プラヴェーシカー/ [?neo.Skt.f. *प्रवेशिका-* 'introduction; entry ticket'] *f.* **1** 初歩読本, 入門書. (⇒प्राइमर) **2** 入場券. **3** 入場料. **4** 入学試験.

प्रव्रजन /pravrajana プラヴラジャン/ [←Skt.n. *प्र-व्रजन-* 'going abroad'] *m.* 〖ヒンドゥー教〗遊行(期). (⇒संन्यास)

प्रशंसनीय /praśaṃsanīya プラシャンスニーエ/ [←Skt. *प्र-शंसनीय-* 'to be praised'] *adj.* 称賛すべき.

प्रशंसक /praśaṃsaka プラシャンサク/ [←Skt. *प्र-शंसक-* 'praising, commending'] *m.* 称賛者, 信奉者;ファン.

प्रशंसा /praśaṃsā プラシャンサー/ [←Skt.f. *प्र-शंसा-* 'praise, admiration; eulogy; applause, flattery'] *f.* 称賛, 賛美. (⇒तारीफ़) ❐(की) ～ करना (…を)称賛する.

प्रशंसित /praśaṃsita プラシャンスィト/ [←Skt. *प्र-शंसित-* 'praised, commended'] *adj.* 称賛された.

प्रशमन /praśamana プラシャマン/ [←Skt.n. *प्र-शमन-* 'the act of tranquillizing'] *m.* 鎮め落ち着かせること. ❐(का) ～ करना (…を)鎮める, 鎮静化させる.

प्रशस्त /praśasta プラシャスト/ [←Skt. *प्र-शस्त-* 'praised, commended'] *adj.* **1** 称賛された, 称えられた. **2** 称賛に値する, すばらしい. **3** (道が)広々とした.

प्रशस्ति /praśasti プラシャスティ/ [←Skt.f. *प्र-शस्ति-*] *f.* **1** 〖歴史〗称賛《庇護者である王の栄光を称え徳を賛美する内容》. **2** 〖歴史〗王室の布告, 勅令《石碑・銅版などに刻まれたもの》.

प्रशस्य /praśasya プラシャスィエ/ [←Skt. *प्र-शस्य-* 'to be praised'] *adj.* 称賛すべき.

प्रशांत /praśāṃta プラシャーント/ [←Skt. *प्र-शान्त-* 'tranquillized, calm, quiet'] *adj.* 静かな, 穏やかな.

प्रशांत महासागर /praśāṃta mahāsāgara プラシャーント マハーサーガル/ [cf. Eng.n. *Pacific Ocean*] *m.* 〖地理〗太平洋.

प्रशाखा /praśākʰā プラシャーカー/ [←Skt.f. *प्र-शाखा-* 'a branch or twig'] *f.* **1** 小枝, 細枝. **2** (組織の)末端の支部.

प्रशासक /praśāsaka プラシャーサク/ [←Skt.m. *प्र-शासक-* 'director'] *m.* (地方政府の)行政官, 地方公務員.

प्रशासकीय /praśāsakīya プラシャースキーエ/ [neo.Skt. *प्र-शासकीय-* 'administrative'] *adj.* ☞प्रशासनिक

प्रशासन /praśāsana プラシャーサン/ [←Skt.n. *प्र-शासन-* 'guidance, government'] *m.* 行政(当局).

प्रशासनिक /praśāsanika プラシャースニク/ [neo.Skt. *प्र-शासनिक-* 'administrative'] *adj.* 行政の. ❐～ इकाई 行政単位. ❐～ व्यवस्था 行政組織.

प्रशासित /praśāsita プラシャースィト/ [←Skt. *प्र-शासित-* 'governed, administered; enjoined, enacted'] *adj.* 実効支配されている, 統治されている. ❐भारत [भारतीय] ～ कश्मीर インドが実効支配しているカシュミール.

प्रशिक्षक /praśikṣaka プラシクシャク/ [neo.Skt.m. *प्र-शिक्षक-* 'an instructor'] *m.* 訓練指導員;(動物の)トレーナー;(スポーツ選手の)コーチ.

प्रशिक्षण /praśikṣaṇa プラシクシャン/ [neo.Skt.n. *प्र-शिक्षण-* 'training; apprenticeship'] *m.* (実技)訓練, 実習, トレーニング;養成. (⇒ट्रेनिंग) ❐(का) ～ लेना(…の)訓練を受ける. ❐(को) (का) ～ देना(人に)(…の)訓練をほどこす.

प्रशिक्षणार्थी /praśikṣaṇārtʰī プラシクシャナールティー/ [neo.Skt.m. *प्रशिक्षण-अर्थिन्-* 'a trainee'] *m.* 訓練生, 実習生;研修員.

प्रशिक्षार्थी /praśikṣārtʰī プラシクシャールティー/ [neo.Skt.m. *प्रशिक्षा-अर्थिन्-* 'a trainee'] *m.* ☞प्रशिक्षणार्थी

प्रशिक्षित /praśikṣita プラシクシト/ [neo.Skt. *प्र-शिक्षित-* 'trained'] *adj.* 訓練された;実技訓練を受けた.

प्रशीतक /praśītaka プラシータク/ [neo.Skt.m. *प्र-शीतक-* 'a refrigerator'] *m.* 冷凍機;冷蔵庫.

प्रशीतन /praśītana プラシータン/ [neo.Skt.n. *प्र-शीतन-* 'refrigeration'] *m.* 冷凍, 冷却.

प्रश्न /praśna プラシュン/ [←Skt.m. *प्रश्न-* 'a question, demand, interrogation, query, inquiry after'] *m.* **1** 疑問;質問, 問い;設問, 問題. (⇒सवाल)(⇔उत्तर) ❐(से) (का) ～ करना [पूछना](人に)(…の)質問をする. **2** (重大な)問題;疑問;難問. (⇒समस्या, सवाल) ❐(का) ～ उठना (…の)問題が生じる. ❐(का) ～ उठाना (…の)問題を提起する.

प्रश्न-चिह्न /praśna-cihna プラシュン・チフン/ [neo.Skt.n. *प्रश्न-चिह्न-* 'a question-mark'] *m.* 疑問符, クエスチョン・マーク. ❐(पर) ～ लगना (…に)疑問符がつく, 疑惑を感じる. ❐(पर) ～ लगाना (…に)疑問符をつける, 疑

う.

प्रश्नावली /praśnāvalī プラシュナーオリー/ [neo.Skt.f. *प्रश्न-आवली-* 'questionnaire'] *f.* アンケート用紙, 質問票.

प्रश्नोत्तर /praśnottara プラシュノーッタル/ [←Skt.n. *प्रश्न-उत्तर-* 'question and answer, a verse consisting of question and answer'] *m.* 質疑応答, 答弁, 問答. ❐(से) ～ करना (人に)答弁する.

प्रश्नोत्तरी /praśnottarī プラシュノーットリー/ [*प्रश्नोत्तर* + *-ई*] *f.* 問答集.

प्रश्रय /praśraya プラシュラエ/ [←Skt.m. *प्र-श्रय-* 'leaning or resting on, resting-place'] *m.* 後援, 支援;庇護. ❐(को) ～ देना (…を)応援する, 庇護を与える.

प्रश्वास /praśvāsa プラシュワース/ [←Skt.m. *प्र-श्वास-* 'breathing in, inhaling'] *m.* 呼気. ❐श्वास और ～ 吸気と呼気.

प्रसंग /prasaṃga プラサング/ [←Skt.m. *प्र-सङ्ग-* 'occurrence of a possibility, contingency, case, event'] *m.* **1** 話題, 主題, テーマ. ❐उन्होंने इस ～ का अंत कर देने के इरादे से कहा। 彼はこの話題を終わらせるつもりで言った. ❐वे उस ～ से ऊबे हुए मालूम होते थे। 彼はその話題には飽きたように思われた. **2** 脈絡, 文脈, 前後関係. (⇒संदर्भ) ❐इस ～ में この文脈において. ❐न जाने किस ～ में उनके स्वास्थ्य पर बात चल पड़ी। 何の話をしている時だったのかわからないが, 彼の健康についての話になった.

प्रसंगवश /prasaṃgavaśa プラサングワシュ/ [neo.Skt. *प्रसङ्ग-वश-* 'incidentally'] *adv.* 話のついでに. ❐～ बता दूँ 話のついでに言いましょう.

प्रसन्न /prasanna プラサンヌ/ [←Skt. *प्र-सन्न-* 'clear, bright, pure; soothed, pleased'] *adj.* **1** うれしい, 喜んだ, 幸せな. (⇒खुश) **2** 機嫌のいい, 陽気な, 明るい. (⇒प्रसन्न-चित्त)

प्रसन्न-चित्त /prasanna-citta プラサンヌ・チット/ [neo.Skt. *प्रसन्न-चित्त-* 'delighted'] *adj.* 機嫌のいい, 陽気な, 明るい.

प्रसन्नता /prasannatā プラサンヌター/ [←Skt.f. *प्रसन्न-ता-* 'brightness, clearness, purity'] *f.* **1** 喜び, うれしさ;幸福. (⇒खुशी) **2** 機嫌のよさ, 陽気さ, 明るさ.

प्रसन्नमुख /prasannamukʰa プラサンヌムク/ [←Skt. *प्रसन्न-मुख-* 'placid-countenanced; looking pleased, smiling'] *adj.* ☞प्रसन्नवदन

प्रसन्नवदन /prasannavadana プラサンヌワダン/ [neo.Skt. *प्रसन्न-वदन-* 'looking cheerful'] *adj.* 機嫌のいい. ❐वे जैसे ～ आए थे वैसे ही ～ लौट गये। 彼は来た時と同じように機嫌よく帰って行った.

प्रसव /prasava プラサオ/ [←Skt.m. *प्र-सव-* 'begetting, procreation, generation, conception, parturition, delivery, birth, origin'] *m.* 〚医学〛出産, 分娩. (⇒प्रसूति)

प्रसव-काल /prasava-kāla プラサオ・カール/ [←Skt.m. *प्रसव-काल-* 'the time of delivery or bringing forth'] *m.* 〚医学〛出産時, 分娩時.

प्रसव-गृह /prasava-gr̥ha プラサオ・グリフ/ [←Skt.n. *प्रसव-गृह-* 'a lying-in chamber'] *m.* 〚医学〛産室.

प्रसव-पीड़ा /prasava-pīṛā プラサオ・ピーラー/ [neo.Skt.f. *प्रसव-पीडा* 'the pangs of childbirth, throes of labour'] *f.* 〚医学〛陣痛. (⇒प्रसव-वेदना)

प्रसव-वेदना /prasava-vedanā プラサオ・ヴェードナー/ [←Skt.f. *प्रसव-वेदना* 'the pangs of childbirth, throes of labour'] *f.* 〚医学〛陣痛. (⇒प्रसव-पीड़ा)

प्रसाद /prasāda プラサード/ [←Skt.m. *प्र-साद-* 'clearness, brightness, pellucidnees, purity; the food presented to an idol, or the remnants of food left by a spiritual teacher (which any one may freely appropriate to his own use)'] *m.* **1** 〚ヒンドゥー教〛贖罪(しょくざい)の供物. **2** 〚ヒンドゥー教〛神像に供えられる(特に食べ物の)供物;供物のお下がり.

प्रसाधन /prasādʰana プラサーダン/ [←Skt.n. *प्र-साधन-* 'bringing about, perfecting; bringing about, perfecting; embellishment, decoration, toilet and its requisites'] *m.* **1** 化粧(品), メーキャップ(用品). ❐～ सामग्री 化粧品. **2** トイレ, 化粧室.

प्रसार /prasāra プラサール/ [←Skt. *प्र-सार-* 'spreading or stretching out, extension'] *m.* 広まり, 普及, 伝播《意図的な「普及・宣伝」は प्रचार》. ❐भारतीय संस्कृति का ～ インド文化の伝播. ❐हिंदी का ～ ヒンディー語の普及.

प्रसारण /prasāraṇa プラサーラン/ [←Skt.n. *प्र-सारण-* 'stretching or spreading out, extending'] *m.* **1** 普及させること, 広まらせること. ❐(का) ～ करना (…を)普及させる. **2** 放送. (⇒ब्राडकास्ट) ❐सूचना एवं ～ मंत्रालय 情報・放送省.

प्रसारित /prasārita プラサーリト/ [←Skt. *प्र-सारित-*] *adj.* 広められた;放送された. ❐～ करना 放送する, 放映する.

प्रसिद्ध /prasiddʰa プラスィッド/ [←Skt. *प्र-सिद्ध-* 'brought about, accomplished; well known, notorious, celebrated'] *adj.* 有名な, よく知られている;高名な;著名な. (⇒नामी, मशहूर) ❐वह गाँव में अपने क्रोध के लिए ～ था। 彼は村ではその怒りっぽさのために有名だった.

प्रसिद्धि /prasiddʰi プラスィッディ/ [←Skt.f. *प्र-सिद्धि-* 'general opinion, publicity, celebrity, renown, fame, rumour'] *f.* 名声, (良い)評判. (⇒ख्याति)

प्रसुप्त /prasupta プラスプト/ [←Skt. *प्र-सुप्त-* 'fallen into sleep, fast asleep'] *adj.*睡眠状態の;休止状態の. ❐～ ज्वालामुखी 〚地理〛休火山.

प्रसूत /prasūta プラスート/ [←Skt. *प्र-सूत-* 'procreated, begotten, born'] *adj.* 出産された, 生まれた.

प्रसूता /prasūtā プラスーター/ [←Skt.f. *प्र-सूता-* 'a woman who has brought forth a child, recently delivered'] *f.* 〚医学〛出産したばかりの女性. (⇒जच्चा)

प्रसूति /prasūti プラスーティ/ [←Skt.f. *प्र-सूति-* 'procreation, generation, bringing forth (children or young), laying (eggs), parturition, birth'] *f.* 〚医学〛出産, 分娩(ぶんべん). (⇒प्रसव) ❐～ अवकाश 産休, 出

産休暇.

प्रसूति-गृह /prasūti-gṛha̸ プラスーティ・グリフ/ [neo.Skt.n. *प्रसूति-गृह-* 'maternity home'] *m.* 産院.

प्रसून /prasūna̸ プラスーン/ [←Skt. *प्र-सून-* 'produced'] *m.* 花.

प्रस्तर /prastara̸ プラスタル/ [←Skt.m. *प्र-स्तर-* 'a rock, stone'] *m.* 石;岩石, 岩. ❒~ कला 彫刻(術). ❒~ मुद्रण 石版画, リトグラフ. ❒~ स्तंभ 石柱.

प्रस्ताव /prastāva̸ プラスターオ/ [←Skt.m. *प्र-स्ताव-* 'introductory eulogy'] *m.* **1** 決議(案);動議. ❒~ पारित [प्रस्तुत] करना 決議案を可決[提出]する. **2** 提案. ❒(के सामने) (का) ~ रखना (人に)(…の)提案をする. ❒~ वापस लेना 提案を引っ込める. **3** 申し出, 申し込み. ❒सहायता का ~ 援助の申し出.

प्रस्तावक /prastāvaka̸ プラスターワク/ [neo.Skt.m. *प्र-स्तावक-* 'proposer (of a motion)'] *m.* 提案者, 発議者, 動議者.

प्रस्तावना /prastāva̸nā プラスターオナー/ [←Skt.f. *प्र-स्तावना-* 'introduction, commencement, beginning, preface, exordium'] *f.* 序, 序文;前文;前置き. ❒उन्होंने मेरी रचना के अंग्रेज़ी अनुवाद के लिए ~ लिख दि थी। 彼は私の作品の英訳のために序文を書いてくれた.

प्रस्तावित /prastāvita̸ プラスターヴィト/ [←Skt. *प्र-स्तावित-* 'caused to be told or related, mentioned'] *adj.* 企画提案された, 計画予定された. ❒~ व्यय 予算の歳出. ❒~ संघर्ष विराम 提案された停戦. ❒~ सड़क (都市計画で)計画予定された道路.

प्रस्तुत /prastuta̸ プラストゥト/ [←Skt. *प्र-स्तुत-* 'praised; proposed, propounded'] *adj.* **1** 提出された. ❒थीसिस ~ करना 博士論文を提出する. **2** 進んで…する気がある, …する努力を惜しまない. ❒तुम्हारे संकेत पर मैं अपना सब कुछ न्योछावर कर देने के लिए ~ हूँ। お前の合図一つで私は自分のすべてを捧げる準備がある. ❒वह तृप्ति के लिए नीच साधनों का सहारा लेने को भी ~ हो जाता है। 彼は満足のためには卑しむべき手段に頼ることにもためらわない.

प्रस्तुति /prastuti プラストゥティ/ [←Skt.f. *प्र-स्तुति-* 'praise, eulogium'] *f.* **1** (計画などの)提案, 提示, プレゼンテーション;(劇・映画などの)上演, 公開;リサイタル. **2** 進んで…する気があること, …する努力を惜しまないこと. **3** 賛辞, 頌徳(しょうとく)文.

प्रस्तोता /prastotā プラストーター/ [←Skt.m. *प्र-स्तोतृ-* 'one who praises aloud'] *m.* (番組の)キャスター, 司会者.

प्रस्थान /prastʰāna̸ プラスターン/ [←Skt.n. *प्र-स्थान-* 'setting out, departure, procession, march'] *m.* **1** 出発;進軍. (⇒रवानगी) ❒(को [की ओर]) ~ करना(…に向かって)出発する. **2** (あの世への)旅立ち, 死. ❒उन्होंने इस संसार से ~ किया। 彼はこの世から旅立った.

प्रस्थापन /prastʰāpana̸ プラスターパン/ [←Skt.n. *प्र-स्थापन-* 'causing to depart, sending away'] *m.* **1** 派遣. **2** 設立;設置.

प्रस्फुटन /praspʰuṭana̸ プラスプタン/ [←Skt.n. *प्र-स्फुटन-* 'bursting, opening, expanding'] *m.* **1** 開花. **2** 表面化, 顕在(けんざい)化;噴出.

प्रस्फुटित /praspʰuṭita̸ プラスプティト/ [←Skt. *प्र-स्फुटित-* 'cleft open, burst, expanded, blown'] *adj.* **1** 開花した. **2** 表面化した, 顕在(けんざい)化した;噴出した. ❒स्वाधीन जीवन का गौरव एक-एक भाव से ~ हो रहा था। 自立した人生の誇りが一つ一つの表情からはっきりと表れていた.

प्रहर /prahara̸ プラハル/ [←Skt.m. *प्र-हर-* 'a division of time (about 3 hours)'] *m.* ☞पहर

प्रहरी /praharī プラヘリー/ [←Skt.m. *प्र-हरिन्-* 'one who announces the hours by beating a gong; a watchman, bellman'] *m.* 見張り, 番兵. (⇒पहरेदार)

प्रहसन /prahasana̸ プラハサン/ [←Skt.n. *प्र-हसन-* 'laughter, mirth, mockery, derision; a kind of comedy or farce'] *m.* 〖演劇〗喜劇, 笑劇, コメディー.

प्रहार /prahāra̸ プラハール/ [←Skt.m. *प्र-हार-* 'striking, hitting, fighting; a stroke, blow, thump, knock, kick'] *m.* 攻撃;打撃. ❒(पर) ~ करना (…に)攻撃を加える.

प्रहेलिका /prahelikā プラヘーリカー/ [←Skt.f. *प्र-हेलिका-* 'an enigma, riddle, puzzling question'] *f.* **1** なぞなぞ, 判じ物. (⇒पहेली) **2** 謎, 不可解なもの. (⇒पहेली, रहस्य)

प्रांगण /prāṃgaṇa̸ プラーンガン/ [←Skt.n. *प्र-अङ्गण-* 'a court, yard, court-yard'] *m.* **1** 構内, 敷地. (⇒अहाता) ❒राष्ट्रपति भवन का ~ 大統領官邸の敷地. **2** (建物・塀などで囲まれた)中庭. (⇒आँगन)

प्रांजल /prāṃjala̸ プラーンジャル/ [←Skt. *प्र-अञ्जल-* 'straight; upright, honest, sincere'] *adj.* (言葉などが)平明な, 明快な. ❒अधिक से अधिक सटीक और ~ भाषा ही हमारे मूल लक्ष्य को पूरा कर सकती हैं। より的確で明快な言葉こそ私たちの根幹の目的を果たすことができるのである.

प्रांत /prāṃta̸ プラーント/ [←Skt.m. *प्र-अन्त-* 'edge, border, margin, verge, extremity, end'] *m.* **1** プラーント《英領時代の行政単位「管区, 州」, 現在の州 (प्रदेश) に相当》. ❒उन दिनों अयोध्या अवध ~ का राजधानी था। 当時アヨーディヤーはアワド州の首都だった. ❒मद्रास ~ マドラース管区. ❒संयुक्त ~ आगरा व अवध アーグラー・アワド連合州. **2** 地域;地方. ❒कोई बीस-पचीस मील पर पहाड़ी ~ शुरू हो गया। 約 20, 25 マイル行くと山岳地域がはじまった.

प्रांतीय /prāṃtīya̸ プラーンティーエ/ [neo.Skt. *प्र-अन्तीय-* 'provincial, territorial'] *adj.* **1** 〖歴史〗州 (प्रांत) の. **2** 地域の;地方の.

प्रांतीयता /prāṃtīya̸tā プラーンティーエター/ [neo.Skt.f. *प्रान्तीय-ता-* 'provincialism'] *f.* 地方優先主義, 地域至上主義;地方的特徴. ❒संकुचित ~ 偏狭な地方優先主義.

प्राइमर /prāimara̸ プラーイマル/ [←Eng.n. *primer*] *f.* 初歩読本, 入門書. (⇒प्रवेशिका)

प्राइमरी /prāimarī プラーイマリー/ [←Eng.adj. *primary*] *adj.* 初等の. ❒~ स्कूल 小学校.

प्राइवेट /prāiveṭa プラーイヴェート/ [←Eng.adj. *private*] *adj.* 私用の, 私設の, 私有の, 私立の. ❐～ सेक्रेटरी 私設秘書. ❐～ स्कूल 私立学校.

प्राकार /prākāra プラーカール/ [←Skt.m. *प्रा-कार-* 'a wall, enclosure, fence, rampart'] *m.* 周囲を取り囲む高い壁・塀；城郭. (⇒चहारदीवारी)

प्राकृत /prākṛta プラークリト/ [←Skt. *प्राकृत-* 'low, vulgar, unrefined'] *adj.* 粗野な, 洗練されていない. (⇔संस्कृत) — *f.* プラークリット.

प्राकृतिक /prākṛtika プラークリティク/ [←Skt. *प्राकृतिक-* 'natural, common, vulgar'] *adj.* 自然界の, 天然の；あるがままの. ❐～ चिकित्सा 〖医学〗自然療法. ❐～ दृश्य 自然の風景. ❐～ रेशे 天然繊維. ❐～ वरण 〖生物〗自然淘汰, 自然選択説. ❐～ सौंदर्य 自然の美しさ. ❐मैं मनुष्य को उसके ～ रूप में देखना चाहता हूँ, जो प्रसन्न होकर हँसता है, दुखी होकर रोता है और क्रोध में आकर मार डालता है। 私は人間をそのあるがままの姿で見たいのだ, うれしい時は笑い, 悲しい時は泣きそして怒ったときは暴力をふるうという人間を.

प्राक्कथन /prākkatʰana プラーッカタン/ [neo.Skt.n. *प्राक्-कथन-* 'foreword, introduction'] *m.* 前書き, 序文. (⇒भूमिका, मुक़दमा) ❐(के) ～ में (…の)序文において.

प्राक्कलन /prākkalana プラーッカラン/ [neo.Skt.n. *प्राक्-कलन-* 'preliminary estimate'] *m.* 〖経済〗概算, 見積もり.

प्राक्टर /prākṭara プラークタル/ ▷प्रॉक्टर [←Eng.n. *proctor*] *m.* (大学の)学生監.

प्राक्षेपिक /prākṣepika プラークシェーピク/ [neo.Skt. *प्राक्षेपिक-* 'ballistic'; cf. Skt.m. *प्र-क्षेप-* 'throwing, casting, projecting; throwing into or upon, scattering upon'] *adj.* 弾道(学)の. (⇒बैलिस्टिक) ❐～ मिसाइल 弾道ミサイル.

प्राग /prāga プラーグ/ [cf. Eng.n. *Prague*] *m.* 〖地名〗プラハ《チェコ(共和国)(चेक), (旧)チェコスロヴァキア(社会主義共和国) (चेकोस्लोवाकिया) の首都》.

प्रागैतिहासिक /prāgaitihāsika プラーガェーティハースィク/ [neo.Skt. *प्राग्-ऐतिहासिक-* 'prehistoric'] *adj.* 〖歴史〗有史前の, 先史の. ❐～ युग 先史時代.

प्राचार्य /prācārya プラーチャールエ/ [←Skt.m. *प्र-आचार्य-* 'the teacher of a teacher or a former teacher'] *m.* (カレッジの)校長.

प्राची /prācī プラーチー/ [←Skt.f. *प्राची-* 'the east'] *f.* 東, 東方.

प्राचीन /prācīna プラーチーン/ [←Skt. *प्राचीन-* ' turned towards the front or eastward, eastern, easterly; former, prior, preceding. ancient, old'] *adj.* **1** 古代の；いにしえの. (⇔अर्वाचीन) ❐～ काल में 古代において. ❐～ मिस्र [यूनान]古代エジプト[ギリシャ]. ❐हमें ～ गौरव को याद करके संदेह होने लगता है कि हम वही हैं, या बदल गए। 我々は古代人の尊厳を思い起こすとき疑念が生じるのである, 我々はあのままなのだろうか, または変わったのだろうかと. **2** 過去の古い, 時代物の. (⇒पुराना) ❐～ पांडुलिपि 古写本. ❐～ पुस्तक 古文書. ❐～ मंदिर 古寺院.

प्राचीनता /prācīnatā プラーチーンター/ [?neo.Skt.f. *प्राचीन-ता-* 'antiquity'] *f.* 〖歴史〗古さ；(言語などの)古風さ.

प्राचीर /prācīra プラーチール/ [←Skt. *प्राचीर-* 'an enclosure, hedge, fence, wall'] *m.* 城壁, 城郭《時に女性名詞として使用》.

प्राचुर्य /prācurya プラーチュルエ/ [←Skt.n. *प्रा-चुर्य-* 'multitude, abundance, plenty'] *m.* 多量(にあること)；潤沢(にあること).

प्राच्य /prācya プラーチエ/ [←Skt. *प्राच्य-* 'being in front or in the east, living in the east, belonging to the east, eastern, easterly'] *adj.* 東洋の, オリエントの；東洋風の. (⇔पाश्चात्य)

प्राच्यविद् /prācyavid プラーチエヴィド/ ▷प्राच्यविद [neo.Skt.f. *प्राच्य-विद्-* 'an orientalist'] *f.* 東洋学者, オリエンタリスト.

प्राच्यविद्या /prācyavidyā プラーチエヴィディャー/ [neo.Skt.f. *प्राच्य-विद्या-* 'orientalism'] *f.* 東洋学, オリエンタリズム.

प्राजापत्य /prājāpatya プラージャーパティエ/ [←Skt. *प्राजापत्य-* 'coming or derived from *prajāpati*'] *adj.* 〖ヒンドゥー教〗プラジャーパティ (प्रजापति) に関わる. ❐～ विवाह プラージャーパティヤ婚《古代正統と認められた八つの結婚形式の第四番目；娘の合意を前提とせず高貴な家に嫁がす結婚》.

प्राण /prāṇa プラーン/ [←Skt.m. *प्राण-* 'the breath of life, breath, respiration spirit vitality; (*pl.*) life'] *m.* **1** 呼吸《以下の意味を含めて普通複数扱い》. (⇒साँस) **2** 命, 生命. (⇒जान) ❐～ देना 命を失う, 命を差し出す. ❐～ लेकर भागना 命からがら逃げる. ❐～ लेना 命を取る, 殺す. ❐(के) ～ निकल जाना (人が)息を引き取る. ❐(के) ～ बचना (人の)命が助かる. ❐(के) ～ सूख जाना 恐怖で(人の)命が縮む. ❐(में) ～ फूँकना [डालना] (…に)命を吹き込む. **3** 最愛の人[もの]. (⇒जान) **4** 〖ヒンドゥー教〗プラーナ《体内に存在すると考えらえている 5 種類の精気》. (⇒जान)

प्राणघातक /prāṇagʰātaka プラーンガータク/ [←Skt. *प्राण-घातक-* 'causing destruction of life'] *adj.* 命取りになる, 致命的な. ❐(पर) ～ आघात लगना (…に)致命的な攻撃を受ける.

प्राण-त्याग /prāṇa-tyāga プラーン・ティャーグ/ [←Skt.m. *प्राण-त्याग-* 'abandonment of life, suicide, death'] *m.* 死, 死去《死期を悟り命の終わりを待って死ぬこと；自殺 (आत्महत्या) の意味でも》.

प्राण-दंड /prāṇa-daṃḍa プラーン・ダンド/ [←Skt.m. *प्राण-दंड-* 'the punishment of death'] *m.* 〖法律〗死刑. (⇒मृत्यु-दंड) ❐(को) ～ मिलना (人が)死刑になる.

प्राणदान /prāṇadāna プラーンダーン/ [←Skt.n. *प्राण-दान-* 'gift of (i.e. saving a person's) life'] *m.* **1** 命を救うこと；助命. (⇒जीवनदान) ❐तुमने मुझे ～ दिया। お前が私の命を救ってくれた. ❐तूने उसे ～ दिया है, तूने ही इस राज्य का

पुनरुद्धार किया है। 汝が彼の命を救ったのだ，汝こそこの国をよみがえらせてくれたのだ． **2** （自分の）命を捧げること．(⇒जीवनदान) **3** 命を吹き込むこと．

प्राणधारी /prāṇadʰārī プラーンダーリー/ [←Skt. *प्राण-धारिन्-* 'saving a person's life'] *m.* 生命のあるもの，生き物．

प्राण-पण /prāṇa-paṇa プラーン・パン/ [neo.Skt.m. *प्राण-पण-* 'risking life'] *m.* 命がけ，命を賭(と)すること． ❐～ से (की) रक्षा करना 命がけで(…を)守る． ❐मैं ज़ोर लगाकर ～ से उस चट्टान पर जा पहुँची। 私は力をこめて命がけでその岩までたどり着いた．

प्राण-पखेरू /prāṇa-pakʰerū プラーン・パケールー/ *m.* （鳥がはばたくようにこの世を去る）命《複数扱い》． ❐(के) ～ उड़ जाना （人が）死ぬ，この世を去る．

प्राणप्रतिष्ठा /prāṇapratiṣṭʰā プラーナプラティシュター/ [←Skt.f. *प्राण-प्रतिष्ठा-* 'consecration or dedication (of a monument or of an idol or of a temple'] *f.* 〖ヒンドゥー教〗〖仏教〗（神像などの）入魂式，開眼法要． ❐(की) ～ करना(…の)入魂式をする．

प्राणवायु /prāṇavāyu プラーンワーユ/ [neo.Skt.m. *प्राण-वायु-* 'vital breath; oxygen'] *f.* （生命維持に不可欠な）酸素．(⇒आक्सीजन) ❐विष रूपी कार्बन डाईआक्साइड को वृक्ष ले लेते हैं और ～ आक्सीजन को हमें देते हैं। 毒である二酸化炭素を樹木は摂取しそして生命維持に不可欠な酸素を我々に与えてくれる．

प्राणशक्ति /prāṇaśakti プラーンシャクティ/ [?neo.Skt.f. *प्राण-शक्ति-* 'vitality'] *f.* 生命力．

प्राणांत /prāṇāṃta プラーナーント/ [←Skt. *प्राण-अन्त-* 'life-end; death'] *m.* 命を絶つこと，絶命《殺害・自殺・死去を含む》． ❐मैं पहले तुम्हारा ～ कर दूँगा, फिर अपना। 私はまずお前の息の根を止めてやる，それから自分のを． ❐युवक का ～ होनेवाला ही था। 若者の死は間近だった． ❐विष खाकर ～ करना 毒をあおって命を絶つ．

प्राणायाम /prāṇāyāma プラーナーヤーム/ [←Skt.m. *प्राण-आयाम-* 'breath-exercises'] *m.* 〖ヒンドゥー教〗プラーナーヤーマ《ヨーガにおける呼吸を整え制御する方法》．

प्राणाहुति /prāṇāhuti プラーナーフティ/ [←Skt.f. *प्राण-आहुति-* 'an oblation to the 5 *Prāṇas*'] *f.* **1** 自分の命を捧げ死ぬこと． ❐～ देना 自分の命を捧げて死ぬ． **2** 〖ヒンドゥー教〗プラーナーフティ《体内に存在すると考えらえている 5 種類の精気 (प्राण) それぞれにお供えをすること》．

प्राणि-विज्ञान /prāṇi-vijñāna プラーニ・ヴィギャーン/ [neo.Skt.n. *प्राणि-विज्ञान-* 'zoology'] *m.* 〖動物〗動物学．

प्राणी /prāṇī プラーニー/ [←Skt. *प्राणिन्-* 'breathing, living, alive'] *adj.* 生命のある，生きている．

— *m.* **1** 〖生物〗生物，生き物；動物．(⇒जानवर, जीव) **2** 人，人間；生き物(としての人間)．(⇒आदमी, मनुष्य) ❐घर के सब ～ सो रहे थे। 家のすべての者が眠っていた． ❐दोनों ～ 夫婦． ❐वह तो संसार में सबसे अभागा ～ है। 彼はこの世でもっともついていない人間である．

प्राणोत्सर्ग /prāṇotsarga プラーノートサルグ/ [←Skt.m. *प्राण-उत्सर्ग-* 'giving up the ghost, dying'] *m.* 命を捧げて死ぬこと． ❐राष्ट्र रक्षा के लिए ～ करना 国を守るために命を捧げる．

प्रातः /prātaḥ プラータハ/ [←Skt.ind. *प्रातर्* 'in the early morning. at daybreak, at dawn'] *m.* 早朝，夜明け． ❐～ से दस-ग्यारह बजे तक तो पूजा-पाठ ही करते रहते हैं। （彼は）早朝から 10, 11 時まで礼拝と読経(どきょう)に没頭していた．

— *adv.* 早朝に，夜明けに． ❐एक दिन ～ जोशी आ पहुँचे। ある日の早朝ジョーシーがやって来た．

प्रातःकाल /prātaḥkāla プラータハカール/ [←Skt.m. *प्रातः-काल-* 'morning time, early morning, daybreak'] *m.* 早朝，夜明け． ❐～ का समय था। 早朝の時間だった． ❐मैं कल चला, तो ～ के ४ बजे थे। 私が昨日出たのは，早朝の 4 時だった．

— *adv.* 早朝に，夜明けに． ❐～ घर पहुँचा तो अभी अँधेरा ही था। 早朝家に着くと，まだ暗かった． ❐～ ठंडी हवा चल रही थी। 早朝冷たい風が吹いていた．

प्रातःकालीन /prātaḥkālīna プラータハカーリーン/ [neo.Skt. *प्रातः-कालीन-* 'of early morning'] *adj.* 早朝の．

प्रातःस्मरण /prātaḥsmaraṇa プラータハスマラン/ [←Skt.n. *प्रातः-स्मरण-* 'early remembrance or tradition'] *m.* 〖ヒンドゥー教〗毎日早朝行われる読経(どきょう)などの勤行，お勤め．

प्रातःस्मरणीय /prātaḥsmaraṇīya プラータハスマルニーエ/ [←Skt.n. *प्रातः-स्मरणीय-* 'early remembrance or tradition'] *adj.* 毎日早朝行われるべき(勤行)；もっとも敬意を払うべき(人)．

प्रातराश /prātarāśa プラートラーシュ/ [←Skt.m. *प्रातर्-आश-* 'breakfast'] *m.* （軽い）朝食．(⇒कलेवा)

प्राथमिक /prātʰamika プラートミク/ [←Skt. *प्राथमिक-* 'primary, initial, previous'] *adj.* **1** 優先的な． **2** 初等の，最初の；予備的な． ❐～ उपचार [चिकित्सा] 〖医学〗医療の応急手当，救急療法．

प्राथमिकता /prātʰamikatā プラートミクター/ [←Skt.f. *प्राथमिक-ता-* 'priority'] *f.* 優先，優先権． ❐(को) ～ देना （…を）優先させる．

प्राथमिक-शिक्षा /prātʰamika-śikṣā プラートミク・シクシャー/ [neo.Skt.f. *प्राथमिक-शिक्षा-* 'primary education'] *f.* 初等教育．

प्रादर्शी /prādarśī プラーダルシー/ [neo.Skt. *प्र-आ-दर्शिन्-* 'displaying'] *f.* ディスプレー． ❐द्रव क्रिस्टल ～ 液晶ディスプレー．

प्रादुर्भाव /prādurbʰāva プラードゥルバーオ/ [←Skt. *प्रा-दुर्भाव-* 'becoming visible or audible, manifestation, appearance (also of a deity on earth)'] *m.* 顕在化；出現．

प्रादुर्भूत /prādurbʰūta プラードゥルブート/ [←Skt. *प्रा-दुर्भूत-* 'come to light, become manifest or evident, appeared, revealed'] *adj.* 顕在化した, 表面に現れた.

प्रादेशिक /prādeśika プラーデーシク/ [←Skt. *प्रा-देशिक-* 'having precedents; local, limited'] *adj.* **1** 州 (प्रदेश) の. **2** 地方の; 地域の.

प्राधान्य /prādʰānya プラーダーニエ/ [←Skt.n. *प्राधान्य-* 'predominance, prevalence, ascendency, supremacy'] *m.* 優勢, 支配的であること.

प्राधिकरण /prādʰikaraṇa プラーディカラン/ [←Skt.n. *प्र-अधिकरण-* 'an authority'] *m.* (公認された)公共事業機関. ❐भारतीय विमानपत्तन ～ インド空港管理局.

प्राधिकार /prādʰikāra プラーディカール/ [neo.Skt.m. *प्र-अधिकार-* 'authority'] *m.* 権限, 特権, 職権; 許可.

प्राधिकारी /prādʰikārī プラーディカーリー/ [neo.Skt.m. *प्र-अधि-कारिन्-* '(person in) authority'] *m.* 権限をもつ人.

प्राधिकृत /prādʰikr̥ta プラーディクリト/ [neo.Skt. *प्र-अधि-कृत-* 'authorized'] *adj.* 公認された, 認可された; 公式の, 正規の, 正式の.

प्राध्यापक /prādʰyāpaka プラーディヤーパク/ [neo.Skt.m. *प्र-अध्य्-आपक-* 'a (university) teacher'] *m.* 大学教員; (大学の)教授. (⇒प्रोफ़ेसर)

प्राप्त /prāpta プラープト/ [←Skt. *प्र-आप्त-* 'attained to, reached, arrived at, met with, found, incurred, got, acquired, gained'] *adj.* 入手した; 獲得した; 達成した, 到達した. (⇒हासिल)

प्राप्ति /prāpti プラープティ/ [←Skt.f. *प्र-आप्ति-* 'advent, occurrence'] *f.* 入手; 獲得; 達成, 到達. ❐धन, यश, मान की ～ 富, 名声, 名誉を得ること. ❐मेरी माता को निश्चय स्वर्ग की ～ हुई होगी। 私の母はきっと天国に行っただろう.

प्राप्य /prāpya プラーピエ/ [←Skt. *प्र-आप्य-* 'to be reached, attainable, acquirable, procurable'] *adj.* 入手可能な, 得ることのできる.

प्राबल्य /prābalya プラーバルエ/ [←Skt.n. *प्राबल्य-* 'superiority of power, predominance, ascendency'] *m.* **1** 強固な力. (⇒प्रबलता) **2** 優位, 支配.

प्राब्लम /prāblama プラーブラム/ ▸प्रॉब्लम [←Eng.n. *problem*] *f.* (やっかいな)問題. (⇒समस्या)

प्रामाणिक /prāmāṇika プラーマーニク/ [←Skt. *प्रा-माणिक-* 'forming or being a measure; authentic, credible'] *adj.* **1** 本物の; 信憑性のある, 典拠の確かな, 信頼できる. (⇔अप्रामाणिक) ❐～ प्रमाण 信頼できる証拠. **2** 権威ある, 正式の.

प्रायः /prāyaḥ プラーヤハ/ [←Skt.ind. *प्रायस्-* 'for the most part, mostly, commonly, as a general rule'] *adv.* **1** しばしば, よく; たいてい, たいがい. (⇒अकसर) **2** 普通は, 一般的に; ほとんど. (⇒अमूमन, साधारणतः) ❐～ समतल भूमि ほとんど平らな土地. ❐～ सारा दिन रोते ही कटता था। ほとんど一日中泣き暮らしているうちに過ぎてしまうのであった. ❐यात्रा-वृत्तांत देश के ～ सभी पत्रों में छपा। 旅行記は国中のほとんどすべての新聞に載った.

— *pref.* …に類似した《प्रायद्वीप「半島」など》.

प्राय- /prāya- プラーエ・/ [cf. *प्रायः*] *pref.* …に類似した《प्रायद्वीप「半島」など》.

— *suf.* …したも同然の, ほとんど…した《नष्टप्राय「破壊されたも同然の」, मृतप्राय「死んだも同然の」, लुप्तप्राय「消滅したも同然の」など》.

प्रायश्चित्त /prāyaścitta プラーヤシュチット/ [←Skt.n. *प्र-आयश्-चित्त-* 'predominant thought, thought of death; atonement, expiation, amends, satisfaction'] *m.* 〘ヒンドゥー教〙 贖罪(しょくざい), 罪の償い(の行為). (⇒कफ़्फ़ारा) ❐(का) ～ करना (…の)贖罪をする. ❐वह नित्य स्नान्-पूजा करके अपने पापों का ～ कर लेता था। 彼は毎日沐浴やお祈りをして自分の罪の贖罪をしていた.

प्राये /prāye プラーエー/ [cf. Eng.n. *Praia*] *m.* 〘地名〙 プライア《カーボベルデ(共和国) (केप वर्डे) の首都》.

प्रायोगिक /prāyogika プラーヨーギク/ [←Skt. *प्रा-योगिक-* 'applied. used, applicable'] *adj.* **1** 実験的な, 試験的な. ❐～ मनोविज्ञान 実験心理学. **2** 実用的な; 応用した. ❐～ परीक्षण 応用実験.

प्रायोजना /prāyojanā プラーヨージナー/ [neo.Skt.f. *प्र-आयोजना-* 'project'] *f.* プロジェクト.

प्रारंभ /prārambʰa プラーランブ/ [←Skt.m. *प्र-आरम्भ-* 'commencement, beginning, undertaking, enterprise'] *m.* 始まり, 開始. (⇒आरंभ)

प्रारंभिक /prārambʰika プラーランビク/ [neo.Skt. *प्र-आरम्भिक-* 'initial; elementary (as teaching)'] *adj.* **1** 最初の, 初期の. ❐～ रेखा スタートライン. **2** 初歩の, 初等の. ❐～ शिक्षा 初等教育.

प्रारब्ध /prārabdʰa プラーラブド/ [←Skt. *प्र-आ-रब्ध-* 'commenced, begun, undertaken'] *m.* 運命, 宿命《特に前世の行い (कर्म) の因果として》.

प्रारूप /prārūpa プラーループ/ [neo.Skt.n. *प्रा-रूप-* 'prototype'] *m.* 原型, プロトタイプ; 草案, ドラフト. (⇒मसौदा)

प्रार्थना /prārtʰanā プラールトナー/ [←Skt.f. *प्र-अर्थना-* 'wish, desire, request, entreaty, solicitation, petition'] *f.* **1** お願い, 請願, 嘆願. (⇒दरख़ास्त, निवेदन) ❐(से) ～ करना (人に)お願いをする. ❐तुमसे मेरी एक ～ है। 君に私は一つお願いがある. **2** 出願, 申請. **3** (神への)祈り.

प्रार्थना-पत्र /prārtʰanā-patra プラールトナー・パトル/ [neo.Skt.n. *प्रार्थना-पत्र-* 'a petition; application'] *m.* **1** 要望書, 請願書. (⇒दरख़ास्त, निवेदन-पत्र) **2** 願書, 申請書, 申込書.

प्रार्थी /prārtʰī プラールティー/ [←Skt. *प्र-अर्थिन्-* 'wishing for, desirous of'] *adj.* 願う(人).

— *m.* **1** 請願者. **2** 申請者.

प्राविधिक /prāvidʰika プラーヴィディク/ [neo.Skt. *प्राविधिक-* 'technological'; cf. neo.Skt.f. *प्र-विधि-* 'technology'] *adj.* 科学技術の, テクノロジーの. ❐～ विश्वविद्यालय 科学技術大学.

प्रासंगिक /prāsamgika プラーサンギク/ [←Skt. *प्रासङ्गिक-* 'incidental, casual, occasional; relevant'] *adj.* (前後

関係から見て)妥当な;関連のある. (⇔अप्रासंगिक)

प्रासाद /prāsāda プラーサード/ [←Skt.m. *प्रासाद-* 'palace'] *m.* **1** 宮殿, 王宮. (⇒महल) ❐अलहमरा ～ (スペインの)アルハンブラ宮殿. **2** 大邸宅, 豪邸. (⇒महल)

प्रिंट /priṃṭa プリント/ [←Eng.n. *print*] *f.* 模様が印刷されたもの, プリント地.

प्रिंटर /priṃṭara プリンタル/ [←Eng.n. *printer*] *m.* **1** プリンター;印刷機;印字機. (⇒मुद्रक) ❐लेज़र ～ レーザープリンター. **2** 印刷業者;印刷所. (⇒मुद्रक)

प्रिंसिपल /priṃsipala プリンスィパル/ [←Eng.n. *principal*] *m.* (カレッジの)校長. (⇒प्रधानाचार्य)

प्रिटोरिया /priṭoriyā プリトーリヤー/ [cf. Eng.n. *Pretoria*] *m.* 〖地名〗プレトリア《南アフリカ(共和国) (दक्षिण अफ़्रीका) の行政首都》.

प्रिय /priya プリエ/ [←Skt. *प्रिय-* 'beloved, dear to, liked, favourite, wanted, own'] *adj.* **1** 好きな, 愛着のある, お気に入りの. ❐मेरी ～ कहानियाँ 私の好きな短編小説. **2** 親愛なる, 愛しい. ❐～ मित्र [बंधु] 親愛なる友《手紙の書き出しで使う》.

प्रियजन /priyajana プリエジャン/ [←Skt.m. *प्रिय-जन-* 'a dear person, the beloved one'] *m.* (自分が)愛する人, 愛しい人;愛すべき人.

प्रियतम /priyatama プリエタム/ [←Skt. *प्रिय-तम-* 'most beloved, dearest'] *adj.* 最愛の.
— *m.* (最愛の)夫.

प्रियतमा /priyatamā プリエタマー/ [←Skt.f. *प्रिय-तमा-* 'a mistress, wife'] *f.* (最愛の)妻, 愛妻.

प्रियदर्शी /priyadarśī プリエダルシー/ [←Skt.m. *प्रिय-दर्शिन्-* 'looking with kindness upon everything'] *adj.* 〖歴史〗アショーカ王 (अशोक)《「すべてのものを優しさをもって見る(人)」の意》.

प्रियवर /priyavara プリエワル/ [neo.Skt. *प्रिय-वर-* 'dear'] *adj.* 親愛なる(者)《男性宛ての手紙の書き出し》.

प्रिया /priyā プリヤー/ [←Skt.f. *प्रिया-* 'beloved (woman)'] *f.* 愛妻;愛しい女.

प्रीत /prīta プリート/ [←Skt. *प्रीत-* 'pleased, delighted, satisfied, joyful, glad'] *adj.* **1** 喜んだ, うれしい. **2** 愛しい;親愛なる. (⇒प्रिय)

प्रीतम /prītama プリータム/ [<Skt. *प्रिय-तम-* 'most beloved, dearest'] *adj.* ☞प्रियतम
— *m.* ☞प्रियतम

प्रीति /prīti プリーティ/ [←Skt.f. *प्रीति-* 'any pleasurable sensation, pleasure'] *f.* **1** 喜び, 楽しみ. **2** 愛情, 好意, 好感.

प्रीतिकर /prītikara プリーティカル/ [←Skt. *प्रीति-कर-* 'inspiring love or affection'] *adj.* 感じがいい, 好感を与える.

प्रीतिपात्र /prītipātra プリーティパートル/ [←Skt.n. *प्रीति-पात्र-* 'an object of affection, a beloved person or thing'] *adj.* 愛しい人;愛しいもの.

प्रीतिभोज /prītibʰoja プリーティボージ/ [neo.Skt.m. *प्रीति-भोज-* 'social dinner'] *m.* (公の)会食, 宴.

प्रीमियर prīmiyara/ [←Eng.n. *premiere*] *m.* (演劇・映画などの)初日, プレミア;初演, 封切り. ❐～ शो プレミア・ショー.

प्रूफ़ /prūfa プルーフ/ [←Eng.n. *proof*] *m.* 校正刷り, ゲラ. ❐～ देखना [शोधना] 校正する, ゲラを見る.

प्रूफ़रीडर /prūfarīḍara プルーフリーダル/ [←Eng.n. *proofreader*] *m.* 校正係.

प्रेक्षक /prekṣaka プレークシャク/ [←Skt.m. *प्र-ईक्षक-* 'a spectator, member of an audience'] *m.* 観察者;観測者.

प्रेक्षण /prekṣaṇa プレークシャン/ [←Skt.n. *प्र-ईक्षण-* 'viewing, looking at or on (at a performance)'] *m.* 観察;観測.

प्रेक्षागृह /prekṣāgṛha プレークシャーグリフ/ [←Skt. *प्रेक्षा-गृह-* 'play-house, theatre'] *m.* 劇場. (⇒रंगशाला)

प्रेत /preta プレート/ [←Skt.m. *प्र-इत-* 'the spirit of a dead person (esp. before obsequial rites are performed), a ghost, an evil being'] *m.* 霊魂;幽霊, 幽鬼. (⇒भूत)

प्रेम /prema プレーム/ [←Skt.m. *प्रेमन्-* 'love, affection'] *m.* **1** (一般的な)愛, 愛情;慈愛. ❐मैं तो केवल तुम्हरा ～ चाहती हूँ और उसी में प्रसन्न हूँ। 私はただあなたの愛が欲しいのです, そしてそれだけで幸せなのです. **2** 恋愛, 恋情, 恋慕. (⇒प्यार, मुहब्बत) ❐(से) ～ करना (人を)愛する, (人に)恋する. **3** 愛好, 愛着. (⇒लगाव) ❐～ से 親しげに, くつろいで.

प्रेमपत्र /premapatra プレームパトル/ [neo.Skt.n. *प्रेम-पत्र-* 'love letter'] *m.* 恋文, ラブレター. (⇒आशिक़ाना ख़त)

प्रेमपात्र /premapātra プレームパートル/ [←Skt.n. *प्रेम-पात्र-* 'an object of affection, a beloved person or thing'] *m.* 愛されている人, 好かれている人, お気に入りの人.

प्रेमालाप /premālāpa プレーマーラープ/ [←Skt.m. *प्रेम-आलाप-* 'loving words'] *m.* 愛の語らい, 恋人たちの語らい.

प्रेमिका /premikā プレーミカー/ [neo.Skt.f. *प्रेमिका-* 'beloved woman'] *f.* (男にとっての)恋人, 愛人. (⇒आशिक़ा, महबूबा)(⇔प्रेमी)

प्रेमी /premī プレーミー/ [←Skt. *प्रेमिन्-* 'loving, affectionate'] *m.* **1** (女にとっての)恋人, 愛人. (⇒आशिक़, महबूब)(⇔प्रेमिका) **2** 愛好者, ファン;趣味をもっている人. (⇒शौक़ीन) ❐उर्दू साहित्य का ～ ウルドゥー文学の愛好者. ❐फ़ुटबॉल ～ サッカーファン.

प्रेय /preya プレーエ/ [←Skt. *प्रेयस्-* 'dearer, more agreeable, more desired'] *adj.* 大好きな, とっても愛している.
— *m.* (女から)愛されている男;最愛の夫.

प्रेयसी /preyasī プレーエスィー/ [←Skt.f. *प्रेयसी-* 'a mistress'] *f.* (男から)愛されている女;最愛の妻.

प्रेरक /preraka プレーラク/ [←Skt. *प्र-ईरक-* 'setting in motion, urging, dispatching, sending'] *adj.* 触発させる;刺激する;鼓舞する. ❐～ शक्ति 奮い立たせる力.

प्रेरणा /preraṇā プレールナー/ [←Skt.f. *प्र-ईरणा-* 'setting in motion, urging, inciting, direction, command, impelling to'] *f.* 触発;刺激. ❒～ ग्रहण करना 触発を受ける. ❒(को) ～ देना (人を)触発する.

प्रेरणाप्रद /preraṇāprada プレールナープラド/ [neo.Skt. *प्रेरणा-प्रद-* 'inspiring'] *adj.* 触発する.

प्रेरित /prerita プレーリト/ [←Skt. *प्र-ईरित-* 'urged, impelled, dispatched, sent'] *adj.* 触発された;刺激された;啓発された. ❒～ करना 触発する.

प्रेशर /preśara プレーシャル/ [←Eng.n. *pressure*] *m.* 圧力. ❒～ कुकर 圧力鍋, 圧力釜.

प्रेषक /preṣaka プレーシャク/ [←Skt. *प्र-ईषक-* 'sending, directing, commanding'] *m.* 送り主, 発送者;差出人, 発信者, 送信者.

प्रेषण /preṣaṇa プレーシャン/ [←Skt.n. *प्र-ईषण-* ' the act of sending'] *m.* 発送;発信, 送信. ❒धन ～ 送金. ❒बिजली का ～ 送電. ❒संदेश का ～ メッセージの送信.

प्रेषणीय /preṣaṇīya プレーシュニーエ/ [←Skt. *प्र-ईषणीय-* 'to be sent or dispatched'] *adj.* 発送すべき;発信すべき, 送信すべき.

प्रेषणीयता /preṣaṇīyatā プレーシュニーエター/ [neo.Skt.f. *प्रेषणीय-ता-* 'communicability'] *f.* 伝達能力.

प्रेषित /preṣita プレーシト/ [←Skt. *प्र-इषित-* 'sent, dispatched on an errand'] *adj.* 発送された;発信された, 送信された. ❒～ करना 発送する, 発信する.

प्रेस /presa プレース/ [←Eng.n. *press*] *m.* **1** 印刷所, 発行所. (⇒मुद्रणालय, छापाख़ाना) ❒मेरी किताब ～ में है। 私の本は印刷中です. **2** 印刷機. **3** 出版, ジャーナリズム;報道機関. (⇒पत्रकारिता) ❒～ की स्वतंत्रता 出版の自由. ❒～ विज्ञप्ति プレスリリース, 報道発表. **4** アイロン, プレス. (⇒इस्तरी) ❒(पर) ～ करना (…に)アイロンをかける.

प्रैक्टिस /praikṭisa プラェークティス/ [←Eng.n. *practice*] *f.* 実務;(開業医としての)業務. ❒～ करना 開業医として仕事をする.

प्रोग्राम /progrāma プローグラーム/ [←Eng.n. *programme*] *m.* **1** (テレビ, ラジオの)番組. (⇒कार्यक्रम) **2** 計画[予定](表), 式次第. (⇒कार्यक्रम) **3** (コンピュータの)プログラム.

प्रोटीन /proṭīna プローティーン/ [←Eng.n. *protein*] *m.* 〖化学〗タンパク質.

प्रोड्यूसर /proḍyūsara プローディューサル/ [←Eng.n. *producer*] *m.* プロデューサー. ❒फ़िल्म ～ 映画制作者.

प्रोत्साहन /protsāhana プロートサーハン/ [←Skt.n. *प्र-उत्-साहन-* 'the act of inspiriting or inciting, instigatlon, invitation to'] *m.* 激励, 奨励;鼓舞, 励まし;おだて, 扇動. ❒(को) ～ देना (人を)激励する. ❒(से) ～ पाना (人から)励まされる.

प्रोत्साहित /protsāhita プロートサーヒト/ [←Skt. *प्र-उत्-साहित-* 'incited, instigated, stimulated, encouraged'] *adj.* 奨励された, 励まされた;おだてられた, けしかけられた. ❒सच बात तो यह है कि संपादकजी ने जी उन्हें ～ करके कवि बनाया था। 実のことを言うと編集長が彼をおだてて詩人に仕立て上げたのである.

प्रोपेलर /propelara プローペーラル/ [←Eng.n. *propeller*] *m.* (飛行機の)プロペラ, (船の)スクリュー. ❒जहाज़ के ～ के चलने की गरर-गरर-गर आवाज़ निरंतर कानों में आती रहती है। 船のスクリューが回るガラガラという音が絶えず耳に入ってくる.

प्रोफ़ेसर /profesara プローフェーサル/ [←Eng.n. *professor*] *m.* 教授. (⇒आचार्य) ❒अतिथि ～ 客員教授.

प्रौढ़ /prauṛʰa プラォール/ [←Skt. *प्र-ऊढ-* 'grown up, fullgrown'] *adj.* **1** 壮年の, いい年をした. **2** 成熟した, 円熟した.

प्रौढ़ता /prauṛʰatā プラォールター/ [←Skt.f. *प्रौढ-ता-* 'confidence, arrogance'] *f.* **1** 壮年であること. ❒उभरती जवानी से पकती ～ तक 芽吹く青春の時より成熟する壮年に至るまで. **2** 成熟(度), 円熟(度). ❒विचारों की ～ और ज्ञान-विस्तार में किसी ऊँचे दर्जे की शिक्षित महिला से कम नहीं। (彼女は)考え方の成熟度そして知識の広さにおいて他のどのような高等教育をうけた女性にも劣ってはいなかった.

प्रौढ़ा /prauṛʰā プラォーラー/ [←Skt.f. *प्रौढा-* 'a married woman from 30 to 55 years of age'] *f.* いい年をした女, 中年の女.

प्रौढ़ावस्था /prauṛʰāvastʰā プラォーラーワスター/ [neo.Skt.f. *प्रौढ-अवस्था-* 'the prime of manhood'] *f.* 壮年期. ❒किशोरावस्था में घर माता-पिता, भाई-बहन, सखी-सहेली के प्रेम की याद दिलाता है, ～ में गृहिणी और बाल-बच्चों के प्रेम की। 青春時代において家というものは両親, 兄弟姉妹, 幼馴染の愛を思い出させるものだが, 壮年期においては妻や子どもたちの愛を思い出させる.

प्लग /plaga プラグ/ [←Eng.n. *plug*] *m.* **1** (浴槽の)栓. **2** (電気の)プラグ, 差し込み.

प्लस्तर /plastara プラスタル/ ▶पलस्तर *m.* ☞पलस्तर

प्लास्टर /plāsṭara プラースタル/ [←Eng.n. *plaster*] *m.* **1** 漆喰(しっくい), 石こう. (⇒पलस्तर) **2** 〖医学〗ギプス. (⇒पलस्तर) ❒(पर) ～ लगाना (…に)ギプスをはめる.

प्लास्टिक /plāsṭika プラースティク/ [←Eng.n. *plastic*] *m.* プラスティック.

प्लीहा /plīhā プリーハー/ [←Skt.f. *प्लीहा-* 'the spleen'] *f.* 〖医学〗脾臓(ひぞう).

प्लूरिसी /plūrisī プルーリスィー/ [←Eng.n. *pleurisy*] *f* 〖医学〗肋(ろく)膜炎.

प्लेग /plega プレーグ/ [←Eng.n. *plague*] *m.* 〖医学〗ペスト, 黒死病. (⇒ताऊन)

प्लेट /pleṭa プレート/ [←Eng.n. *plate*] *f.* 皿. (⇒रकाबी)

प्लेटफ़ार्म /pleṭafārma プレートファールム/ [←Eng.n. *platform*] *m.* (駅の)プラットフォーム. ❒गाड़ी ～ नंबर तीन पर खड़ी है। 列車は3番プラットフォームに停車している.

प्लेयर /pleyara̸ プレーヤル/ [←Eng.n. *player*] *m.* **1** (CD, レコードなどの) プレーヤー. ❒डीवीडी ～ DVD プレーヤー. **2** (スポーツ・ゲームなどの) 選手, プレーヤー. ❒पाक हॉकी ～ パキスタンのホッケー選手.

फ फ़

फंका /pʰaṃkā パンカー/ [cf. *फाँकना*] *m.* ☞फाँक

फंकी /pʰaṃkī パンキー/ [cf. *फंका*] *f.* パンキー《噛みタバコ (सुरती) など手のひらにのせて口に放り込む粉末状の一口分》. (⇒फाँक)

फ़ंड /faṃḍa̸ ファンド/ [←Eng.n. *fund*] *m.* 基金, 資金, 財源. (⇒निधि)

फंदा /pʰaṃdā パンダー/ [*फाँसना* × *बंद*] *m.* **1** (引くと締まる) 輪縄, 引き結び; わな; (絞首刑用の) 首つり縄. ❒उसने रस्सी का ～ बनाकर मुर्दे के पैर में डाला, और फंदे को खींचकर कस दिया। 彼はロープで輪縄を作り死体の足にかけた, そして輪縄を引っ張りきつく締めた. ❒गले से ～ छुड़ाना 首から首つり縄をはずす. ❒फंदे में गला डालना 首つり縄に首を入れる. **2** 魔手, 手中, わな; 計略, 策略. ❒मैं ही ऐसी अल्हड़ थी कि तुम्हारे फंदे में आ गयी। 私が何も知らない子どもだったからあんたの計略にはまってしまったのね. **3** ごたごた, 難局, 苦境. ❒अब मुझे इस फंदे से उबारना आप ही का काम है। 今となっては私をこの苦境から救うのはあなたの仕事だ.

फंदेदार /pʰaṃdedāra̸ パンデーダール/ [*फंदा* + *-दार*] *adj.* 輪縄の形をした, 引き結びのついた.

फँसना /pʰā̃sanā パンスナー/ [<OIA. **spāśyatē* 'is bound': T.13814z2] *vi.* (*perf.* फँसा /pʰā̃sā パンサー/) **1** (ぬかるみなどに) はまる, 立ち往生する; (隙間などに) はまる, 抜けられなくなる. **2** 網[罠]に掛かる, 罠に落ちる, 引っ掛かる, はめられる. ❒छोटी मछलियाँ या तो उस जाल में फँसती ही नहीं या तुरंत निकल जाती हैं। 子魚は, その網に掛からないか, (掛かっても) すぐ抜け出てしまう. **3** (面倒なことに) 巻き込まれる. ❒दलबदल के दलदल में मत फँसो। (異なる政党間での) 離党入党を繰り返すごたごたに巻き込まれるな.《インドの落書から; 駄洒落になっている》

फँसाना /pʰā̃sānā パンサーナー/ ▸फाँसना [cf. *फँसना*, *फाँसना*] *vt.* (*perf.* फँसाया /pʰā̃sāyā パンサーヤー/) **1** 絡ませる; (ぬかるみなどで) 立ち往生させる; (隙間などに) はめて抜けられなくする. ❒दोनों बैल सींग में सींग फँसाकर आमने-सामने डट गए। 二頭の雄牛は角に角を絡ませ真正面に踏ん張った. **2** 網[罠]に掛ける, 罠に落とす, 陥れる, 引っ掛ける, はめる. ❒वह हमें कुछ कम सूद पर रुपए उधार देकर अपने जाल में फँसा लेता है। 彼は我々に, 少ない利子で金を貸して罠に陥れようとする. **3** (面倒なことに) 巻き込む.

फ़क़त /faqata̸ ファカト/ [←Pers.adv. فقط 'only, solely, merely, simply' ←Arab.] *adv.* 単に, ただ. (⇒केवल, सिर्फ़) ❒लखनऊ छोड़ने को अब ～ दो दिन हैं। ラクナウーを去るのにあとたった二日だけだ.

फकार /pʰakāra̸ パカール/ [←Skt.m. *फ-कार-* 'Devanagari letter फ or its sound'] *m.* **1** 子音字 फ. **2** 〖言語〗子音字 फ の表す子音 /pʰ プ/.

फकारांत /pʰakārāṃta̸ パカーラーント/ [←Skt. *फकार-अन्त-* 'ending in the letter फ or its sound'] *adj.* 〖言語〗語尾が फ で終わる (語)《कफ「痰 (たん)」, डफ「タンバリン」, सौंफ「アニシード」など》. ❒～ शब्द 語尾が फ で終わる語.

फ़क़ीर /faqīra̸ ファキール/ [←Pers.n. فقير 'an itinerant monk, a dervish' ←Arab.] *m.* **1** 〖イスラム教〗ファキール《イスラム神秘主義の托鉢 (たくはつ) 行を実践する修行者, 托鉢僧》. (⇒दरवेश) **2** 乞食; とても貧しい人.

फ़क़ीरी /faqīrī ファキーリー/ [←Pers.n. فقيرى 'poverty; the life of a dervish or devotee'] *f.* **1** 〖イスラム教〗修行僧 (फ़क़ीर) の生活. **2** 極貧; 乞食の身分.

फक्कड़[1] /pʰakkaṛa̸ パッカル/ [<OIA. **phakk-*[2] 'deceive': T.09035] *adj.* 先の心配はしない (人), のんきで気ままな (人), 楽天的な (人).

— *m.* 言いたい放題の言葉, 無遠慮な言葉, 口汚い言葉, 下品でみだらな言葉. ❒～ तौलना 口汚くののしる.

फक्कड़बाज़ /pʰakkaṛa̸bāza̸ パッカルバーズ/ [*फक्कड़* + *-बाज़*] *m.* 口汚い人, 無作法な人.

फक्कड़बाज़ी /pʰakkaṛa̸bāzī パッカルバーズィー/ [*फक्कड़बाज़* + *-ई*] *f.* 口汚くののしること, 下品でみだらなことを言うこと.

फ़ख़र /faxara̸ ファカル/ ▸फ़ख़्र *m.* ☞फ़ख़्र

फ़ख़्र /faxra̸ ファクル/ ▸फ़ख़र [←Pers.n. فخر 'excelling in glory; pride' ←Arab.] *m.* 誇り; 誇らしさ, 自慢. (⇒गर्व) ❒～ से कहना 誇らしげに言う.

फगुआ /pʰaguā パグアー/ [cf. *फागुन*] *m.* ☞फाग

फ़ज़ीहत /fazīhata̸ ファズィーハト/ [←Pers.n. فضيحة 'disgrace, ignominy' ←Arab.] *f.* 不名誉, 汚名; 恥ずべきことが表ざたになること, スキャンダル.

फ़ज़ूल /fazūla̸ ファズール/ ▸फ़िज़ूल, फ़ुज़ूल *adj.* ☞फ़ुज़ूल

फ़ज़ूलख़र्च /fazūla̸xarca̸ ファズールカルチ/ ▸फ़ुज़ूलख़र्च *adj.* ☞फ़ुज़ूलख़र्च

फ़ज़ूलख़र्ची /fazūla̸xarcī ファズールカルチー/ ▸फ़ुज़ूलख़र्ची *f.* ☞फ़ुज़ूलख़र्ची

फट /pʰaṭa̸ パト/ [<OIA. **phaṭ-*[1] 'sudden movement': T.09038] *f.* 〔擬音〕(鋭い) ピシャという音《一瞬のたとえとしても》. ❒उनको लटकाने की आदत न थी, जिसको जो बतलाना होता ～ से बता देते। 彼はおざなりにする習慣はなかった, 言うべき人に言うべきことを間髪を入れずピシャと言うのであった.

फटकना /pʰaṭakanā パタクナー/ [cf. *फट*] *vi.* (*perf.* फटका /pʰaṭakā パトカー/) **1** 寄ってくる, 近づいてくる《主に〖否定辞 फटकने देना〗の形式で「(そばに) 寄せつけない」, あるいは反語的表現・否定表現で》. ❒जहाँ किसी को देखकर जी खटकता, उसे उस बच्चे के पास न फटकने देती। 彼女は見

て何か怪しいと感じた者を，その赤子のそばに寄せつけようとしなかった．❐वे विजातीय वस्तुओं को हेय समझते थे, कभी क्रिकेट या हाकी के पास न फटकते थे। 彼は異国の事物を卑しむべきものと考えていた，決してクリケットやホッケーには近づきもしなかった．❐सारे बंधन तोड़ दो, धर्म और समाज को गोली मारो, जीवन के कर्तव्यों को पास न फटकने दो। すべての束縛を打破せよ，正義や社会などくそくらえだ，生きて行く上での義務など寄せつけるな． **2**〖複合動詞〗《〖आ फटकना〗の形式で「ふらっと訪れる」の意》 ❐वह कभी-कभी आ फटकता है। 彼は時々ふらっとやって来る．

— *vt.* (*perf.* फटका /p^haṭakā パトカー/) **1** パタパタ (फट-फट) はたく；(布を)はたく；羽ばたく． **2** (手足を)ばたばたさせる；じたばたする． **3** (穀物に混じっている塵・もみ殻などが取り除かれるように)はたく．(⇒पछोड़ना)

फटकवाना /p^haṭakavānā パタクワーナー/ [caus. of *फटकना*] *vt.* (*perf.* फटकवाया /p^haṭakavāyā パタクワーヤー/) はたいて脱穀する．

फटकार /p^haṭakāra パトカール/ [cf. *फट*] *f.* **1** 厳しい叱責．❐～ सुनना お叱りを受ける． **2** 非難，なじること．❐(के मुँह पर) ～ बरसना (人に)非難が集中する．❐(को) ～ बताना (人を)非難する．❐चारों ओर से उसपर फटकाएँ पड़ने लगीं। 四方から彼に非難が集中した．

फटकारना /p^haṭakāranā パトカールナー/ [cf. *फटकार*] *vt.* (*perf.* फटकारा /p^haṭakārā パトカーラー/) **1** (鞭を)ピシャと打つ．❐उसने कई कोड़े बड़ी निर्दयता से फटकारे। 彼は幾度か鞭を情け容赦なく打った． **2** (あごひげなどを)振る．❐उसने लंबी दाढ़ी फटकारकर कहा। 彼は長いあごひげを振りながら言った． **3** (武器などを)振り回す．❐उसने लाठी फटकार कर कहा। 彼は棍棒を振り回して言った． **4** 厳しくたしなめる，叱りつける，こっぴどくやっつける．(⇒घुड़कना, झाड़ना, डाँटना) ❐वह पति को फटकारने लगी। 彼女は夫を叱りつけた． **5**〔俗語〕派手に儲ける，荒稼ぎをする．❐जो एक हज़ार रुपए हर महीने फटकारकर विलास में उड़ाता हो, उसमें आत्मबल जैसी वस्तु नहीं रह सकती। 一月に千ルピーも荒稼ぎして遊興に浪費する奴に，精神力などという代物が残っているはずがないよ．❐वह मज़े से घर बैठे सौ-दो सौ फटकार लेता है। 彼は安楽に自宅でいながらにして百ルピー二百ルピーを儲けている．

फटन /p^haṭana パタン/ [cf. *फटना*] *f.* 裂け目，割れ目．(⇒दरार)

फटना /p^haṭanā パトナー/ [<OIA. *sphāṭayati* '*causes to split': T.13825] *vi.* (*perf.* फटा /p^haṭā パター/) **1** 裂ける，破れる．❐फटी-फटी आँखों से घूरना 張り裂けんばかりの目でにらみつける．❐ढोल इतने ज़ोरों से बजाता कि कान के परदे फट जाते। 耳の鼓膜が破れんばかりに太鼓を激しく打ち鳴らすのであった．❐वह एक फटा कुरता सी रही थी। 彼女は一着の破れたクルターを繕っていた．❐साड़ी कई जगह से फट गयी थी। サリーは何か所も裂けていた． **2** 割れる；ひびが入る．(⇒खिलना) ❐उसका सिर [माथा] फट गया। 彼の頭[額]がざっくり割れた．❐फटा फ़र्श ひびの入った床． **3** (雲・霧などが)晴れる．❐कुहरा फट गया और निर्मल स्वच्छ चाँदनी निकल आई है। 霧がはれた，そして汚れのない明るい月光があらわれた． **3** 破裂する；(火山が)噴火する． **4** (ミルクが傷んで)凝固し分離する．❐दूध फट गया। ミルクが傷んでしまった． **5** (悲しみで胸が)張り裂ける，(苦痛で体が)張り裂ける《〖完了分詞 जाना〗の形式でも使用；完了分詞は形容詞変化》．❐किसी की छाती फटती है, तो फट जाए, मुझे परवाह नहीं। 誰かの胸が張り裂けるなら，張り裂けるがいい，知ったこっちゃない．❐छाती फटी जाती होगी। 胸が張り裂ける思いだろうよ．❐मारे दर्द के सारी देह फटी जाती है। 痛みのあまり全身が引き裂かれるようだ． **6** (悪臭で鼻が)曲がる．❐ऐसी दुर्गंध उड़ने लगी कि पास बैठते नाक फटती थी। そばに座ると鼻が曲がるほどの悪臭を放ち始めていた．

फट-फट /p^haṭa-p^haṭa パト・パト/ [cf. *फट*] *f.* **1**〔擬音〕(エンジンの)バタバタという音，(サンダルの)パタパタという音． **2**〔擬音〕(羽ばたく)パタパタという音．(⇒फड़-फड़)

फटफटाना /p^haṭap^{h}aṭānā パトパターナー/ [cf. *फट-फट*] *vi.* (*perf.* फटफटाया /p^haṭap^{h}aṭāyā パトパターヤー/) **1** (エンジンが)バタバタ (फट-फट) 音をたてる，(履物が)パタパタ (फट-फट) と音をたてる．❐गाड़ी फटफटा चलती है। 自動車がバタバタ音を出して走る． **2** (翼が)パタパタ (फट-फट) 音をたてる，羽ばたく．(⇒फड़फड़ाना) ❐मुर्गी फटपठा उठी। 鶏が羽ばたいた．

— *vt.* (*perf.* फटफटाया /p^haṭap^{h}aṭāyā パトパターヤー/) **1** (履物などを)パタパタさせて歩く．❐जूती फटफटा फिरना 靴をパタパタいわして歩き回る． **2** (翼を)パタパタさせる，羽ばたかせる．(⇒फड़फड़ाना)

फटफटिया /p^haṭap^{h}aṭiyā パトパティヤー/ [cf. *फट-फट*] *f.*〔幼児語〕オートバイ，原動機付き自転車《擬音語 फट-फट から》．(⇒मोटर साइकिल)

फटा /p^haṭā パター/ [cf. *फटना*] *adj.* **1** 裂けた，破けた． **2** 破裂した．

फटा-पुराना /p^haṭā-purānā パター・プラーナー/ [*फटना* + *पुराना*] *adj.* (衣類などが)着古した，ぼろぼろの，すり切れた．❐फटे-पुराने कपड़े 着古した服．

फटाफट /p^haṭāp^{h}aṭa パターパト/ [cf. *फट*] *adv.* ぱっと，さっと，すばやく．

फटिक /p^haṭika パティク/ [<Skt.m. *स्फटिक-* 'crystal, quartz'] *m.*〖鉱物〗水晶；石英．

फटीचर /p^haṭīcara パティーチャル/ [cf. *फटा*] *adj.* いつもぼろを着ている，着た切り雀の．

फटे-हाल /p^haṭe-hāla パテー・ハール/ [*फटना* + *हाल*[1]] *adj.* 惨憺(さんたん)たるありさまの，落ちぶれた．❐～ गोबर और इस परिष्कृत गोबर में बड़ा अंतर था। みすぼらしいゴーバル(人名)とこの着飾ったゴーバルとは大変な違いだった．❐मेरे-जैसे फटे-हालों से वह हँस-बोलेगी? 私のような落ちぶれた者に彼女が気持ちよく付き合ってくれるというのか？

— *adv.* 惨憺(さんたん)たるありさまで，落ちぶれて．❐ऐसे ～ क्यों आया। このように落ちぶれて何故帰ってきたのか．

— *m.* 惨憺(さんたん)たるありさま．❐चार सौ फटे-हालों की सेना 4 百人の惨憺たるありさまの軍隊．

फट्टा /p^haṭṭā パッター/ ▸फट्ठा [←Panj.m. *ਫੱਟਾ* 'plank'; cf.

पाट[1]] *m.* 大きな板切れ;太い棒切れ. ❒लोग दरवाज़ों पर मोटे-मोटे लकड़े के फट्टे या चूते या चिमटे लिए खड़े रहते हैं 人々は戸口にそれぞれ太い棒切れあるいは靴あるいは火ばさみを手に立っている.

फट्टी /p^{h}aṭṭī パッティー/ [cf. *फट्टा*] *f.* 小さな板切れ;細い棒切れ.

फट्ठा /p^{h}aṭṭ^{h}ā パッター/ ▶फट्टा *m.* ☞फट्टा

फड़कन /p^{h}aṛakanạ パルカン/ [cf. *फड़कना*] *f.* 小刻みな震え.

फड़कना /p^{h}aṛakạnā パラクナー/ ▶फड़फड़ाना [<OIA. **spharati*[1] 'throbs, quivers': T.13820] *vt.* (*perf.* फड़का /p^{h}aṛạkā パルカー/) (体の部分が)ぴくぴく[わなわな](फड़-फड़) 小刻みに震える. ❒उसके ओंठ और नथने फड़क चले। 彼の唇と小鼻がわなわなと震えた. ❒दादी का बायाँ अंग फड़का। おばあさんの体の左の部分がぴくぴくと震えた《俗信では, 体の左側がぴくぴく震えるのは吉兆とされる》. ❒लाश ज़मीन पर फड़कने लगी। 死体が地面の上でぴくぴくと動いた.

फड़काना /p^{h}aṛạkānā パルカーナー/ ▶फड़फड़ाना [onom.] *vt.* (*perf.* फड़काया /p^{h}aṛạkāyā パルカーヤー/) パタパタ[パラパラ]音をたてる.

फड़-फड़ /p^{h}aṛạ-p^{h}aṛạ パル・パル/ [onom.] *f.* 〔擬音〕(翼などが羽ばたく)パタパタ(という音);(雨などが降る)パラパラ(という音);(紙などが破れる)パリパリ(という音).

फड़फड़ाना /p^{h}aṛạp^{h}aṛānā パルパラーナー/ ▶फड़कना, फड़काना [onom.; cf. *फड़-फड़*] *vi.* (*perf.* फड़फड़ाया /p^{h}aṛạp^{h}aṛāyā パルパラーヤー/) **1** (翼などが)パタパタ(फड़-फड़) する, 羽ばたく;(雨などが)パラパラ降る;(紙などが)パリパリ音がする. (⇒फटफटाना) ❒इस जाल में पक्षियों को तड़पते और फड़फड़ाते देखता हूँ। (私は)この網の中で鳥たちがもがき羽ばたくのを見ている. **2** (体の部分が)ぴくぴく[わなわな](फड़-फड़) 震える. ❒उनके प्रति क्रोध से उसके होठ फड़फड़ाने लगे थे। 彼に対する怒りで彼女の唇はわなわなと震えた. **3** もがく, じたばたする. ❒जितना ही फड़फड़ाओगे, उतना ही और जकड़ते जाओगे। もがけばもがくほど, おまえはさらに身動きがとれなくなるだろう. ❒मैं पिंजड़े में बंद पक्षी की तरह फड़फड़ा रही हूँ। 私はかごにとらわれた鳥のようにもがいています.

— *vt.* (*perf.* फड़फड़ाया /p^{h}aṛạp^{h}aṛāyā パルパラーヤー/) **1** (翼などを)パタパタ (फड़-फड़) させる, 羽ばたかせる. (⇒फटफटाना) ❒वह पक्षी अब आकाश में उड़ने के लिए पंख फड़फड़ा रही है। その鳥は, 今まさに大空に飛翔しようと翼を羽ばたかせている.

फण /p^{h}aṇạ パン/ [←Skt.m. *फण-* 'the expanded hood or neck of a serpent'; DEDr.App.47 (DED.3180)] *m.* (ヘビの)鎌首.

फ़तवा /fatạvā ファトワー/ [←Pers.n. فتوا (for فتویٰ) 'a judicial decree pronounced by a *mufti*' ←Arab.] *m.* 〚イスラム教〛ファトワー《ウラマー (उलमा) によるイスラム法学上の見解・宣告》. ❒~ देना ファトワーを宣告する.

फ़तह /fatahạ ファタ/ [←Pers.n. فتح 'opening (a door); taking (a city); victory, conquest, triumph' ←Arab.] *f.* **1** 勝利;戦勝. (⇒विजय) **2** 征服;征伐.

फ़तहपुर सीकरी /fatahạpurạ sīkạrī ファタヘプル スィークリー/ [cf. Eng.n. *Fatehpur Sikri*] *f.* 〚歴史〛ファテープル・スィークリー《ムガル朝アクバル帝により建設された古城;アーグラー市 (आगरा) の西約 40 キロメートル》.

फतिंगा /p^{h}atiṃgā パティンガー/ ▶पतंगा *m.* ☞पतंगा

फ़तीला /fatīlā ファティーラー/ [←Pers.n. فتيلة 'particles of skin rubbed off the body in the bath; a wick, a match, afuse' ←Arab. ; cf. *पलीता*] *m.* ☞पलीता

फ़तूर /fatūrạ ファトゥール/ ▶फ़ितूर, फुतूर *m.* ☞फुतूर

फ़तूरी /fatūrī ファトゥーリー/ ▶फुतूरी *adj.* ☞फ़तूरी

फन /p^{h}anạ パン/ [<OIA.m. *phaṇa-*[1] 'expanded hood of snake (esp. of cobra)': T.09042] *m.* (コブラの)鎌首. ❒~ उठाना 鎌首をもちあげる.

फ़न /fanạ ファン/ [←Pers.n. فن 'driving (camels); science, doctrine, art; artifice, craftiness, deceit' ←Arab.] *m.* **1** 技術, 技, 技芸. (⇒कला) **2** 悪賢さ;(ずる賢い)たくらみ. ❒वह इस ~ में उस्ताद है। 彼はこの悪賢さにかけては名人だ.

फ़ना /fanā ファナー/ [←Pers.n. فنا 'vanishing, passing away, being ended and finished' ←Arab.] *adj.* 消滅した, 滅亡した;死んだ. ❒~ करना 滅ぼす. ❒~ होना 滅びる;死ぬ. ❒(की) रूह ~ होना (人が)恐ろしさに身も心も縮む思いをする.

— *f.* **1** 消滅, 滅亡;死. **2** 〚イスラム教〛ファナー《神秘主義思想で神との合一の境地》.

फन्नी /p^{h}annī パンニー/ [<OIA.m. *phaṇa-*[1] 'expanded hood of snake (esp. of cobra)': T.09042] *f.* くさび.

फप्फस /p^{h}app^{h}asạ パッパス/ [?<OIA.m. *phupphusa-* 'lungs': T.09090] *adj.* ふくれた;むくんだ;はれた.

फफकना /p^{h}ap^{h}akạnā パパクナー/ [onom.] *vt.* (*perf.* फफका /p^{h}ap^{h}ạkā パプカー/) ヒックヒック (फफ-फफ) と泣く, しゃくりあげて泣く.

फफूँद /p^{h}ap^{h}ū̃dạ パプーンド/ ▶फफूँदी *f.* ☞फफूँदी

फफूँदी /p^{h}ap^{h}ū̃dī パプーンディー/▶फफूँद [?] *f.* 〚生物〛カビ, 黴;糸状菌. ❒(पर) ~ लगना(…に)カビがはえる.

फफोला /p^{h}ap^{h}olā パポーラー/ [<OIA. **prasphōṭa-* 'bursting forth': T.08883] *m.* 〚医学〛水ぶくれ;火ぶくれ. (⇒छाला)

फबती /p^{h}abạtī パブティー/ [cf. *फबना*] *f.* からかい;皮肉, 嫌味, あてこすり《特に気の利いた言葉による的を得た表現》. ❒(पर) ~ उड़ाना [कसना] (…について)冷やかす, からかう.

फबना /p^{h}abạnā パブナー/ [<OIA. **sparvati* 'releases, wins, succeeds, is fitting': T.13808] *vi.* (*perf.* फबा /p^{h}abā パバー/) **1** 似合う, 映える. (⇒खिलना, छाजना, भाना) ❒काला जूता, ढीला पाजामा और अचकन उनके लंबे-इकहरे शरीर पर ख़ूब फबती थी। 黒い靴, ゆったりしたパージャーマー(=ズボンの一種)そしてアチカン(=詰め襟コートの一

種)は長身でほっそりした彼の体にとても似合っていた. ❐यह टोपी आपके सिर पर फबती है। この帽子はあなたにお似合いですよ. **2** ふさわしい;しっくりする,当を得る. ❐तुम्हारे मुँह पर गाली नहीं फबती। 君の口には悪態は似合わないよ. ❐यह घोड़ा तुम्हें फबता है। この馬は君にこそふさわしい.

फबाना /pʰabānā パバーナー/ [cf. *फबना*] *vt.* (*perf.* फबाया /pʰabāyā パバーヤー/) 似合うように飾る,美しく装わせる.

फ़र[1] /fara ファル/ [←Pers.n. فر 'beauty, decoration; a feather' ←Arab.] *f.* 〖鳥〗羽毛.

फ़र[2] /fara ファル/ [←Eng.n. *fur*] *f.* 毛皮,毛皮製品.

फ़रक़ /faraqa ファラク/ ▸फ़र्क़ *m.* ☞फ़र्क़

फ़रज़ /faraza ファラズ/ ▸फ़र्ज़ *m.* ☞फ़र्ज़

फ़रज़ी[1] /farazī ファルズィー/▷फ़र्ज़ी [←Pers.n. فرزی 'the queen at chess'] *f.* 〖ゲーム〗(チェスの)クイーン《将棋の角に相当》. (⇒रानी, वज़ीर) ❐~ टेढ़े चलती है।(チェスの)クイーンは斜めに進みます.

फ़रज़ी[2] /farazī ファルズィー/ [←Pers.adj. فرضی 'obligatory, binding, incumbent; assumed, hypothetical; fictious, not real'] *adj.* 作りごとの,偽りの. ❐~ नाम 偽名.

फरफराना /pʰarapʰarānā パルパラーナー/ [onom.] *vi.* (*perf.* फरफराया /pʰarapʰarāyā パルパラーヤー/) (旗などが)パタパタ (फर-फर) はためく.

फ़रमा /faramā ファルマー/ [←Eng.n. *form*] *m.* フォーム,型. (⇒फ़ार्म)

फ़रमाइश /faramāiśa ファルマーイシュ/ [←Pers.n. فرمایش 'order, will, commands'] *f.* (客などからの)ご注文,ご依頼,ご要望. ❐अगर उनकी ~ न पूरी हुई, तो हमरे लिए कहीं मुँह दिखाने की जगह न रहेगी। もし彼女のご依頼がかなわなければ,私たちはどこにも顔見せできなくなる.

फ़रमाइशी /faramāiśī ファルマーイシー/ [←Pers.n. فرمایشی 'ordered'] *adj.* (客などからの)ご注文の,ご依頼の,ご要望の.

फ़रमान /faramāna ファルマーン/ ▷फ़र्मान [←Pers.n. فرمان 'a mandate, command, order, or royal patent'] *m.* 命令;訓令;布告《特に勅令や上からのお達しなどを指す格式ぶったもったいぶった表現》.

फ़रमाना /faramānā ファルマーナー/▷फ़र्माना [Pers. فرما '*imp.* of فرمودن; commanding, ordering'; cf. *फ़रमान*] *vt.* (*perf.* फ़रमाया /faramāyā ファルマーヤー/) **1** 命令する,指令する. **2**〔敬語〕おっしゃる,のたまう. (⇒कहना) ❐यह आप क्या फ़रमा रहे हैं। これはまた,あなたは何ていうことをおっしゃっているのですか. **3**〔敬語〕《〖名詞 फ़रमाना〗の形式で「…なさる」を表す》(⇒करना) ❐साहब आपको याद फ़रमाते हैं। 旦那様があなたを呼んでいらっしゃいます. ❐नोश फ़रमाइए। お飲みになってください. ❐उसके एक नज़ारे पर ज़रा ग़ौर फ़रमाइए। その一つの光景を少しご覧ください. ❐डाक्टर साहब इतनी तकलीफ़ फ़रमाएँ कि इक्के तक चलकर बीवी को देख लें। お医者様が一頭立ての馬車まで歩かれて家内を診察する労をとってくだされば,と存じます.

फ़रलांग /faralāṃga ファルラーング/▷फ़र्लांग [←Eng.n. *furlong*] *m.* 〖単位〗ファーロング《約200メートル》. ❐वह यहाँ से एक ~ पर है। 彼はここから約 200 メール離れたところにいる.

फ़रवरी /faravarī ファルワリー/ [←Eng.n. *February*; cf. ←Port.m. *fevereiro* 'February'] *f.* 〖暦〗二月. ❐~ में 二月に. ❐पहली ~ को 二月一日に.

फ़रशी /faraśī ファルシー/ ▷फ़र्शी *adj.* ☞फ़र्शी

फरसा /pʰarasā パルサー/▸परसा [<OIA.m. *paraśú-* 'axe': T.07799h] *m.* **1** 斧(おの),まさかり. **2** 鍬(くわ). (⇒फावड़ा)

फरहरा /pʰaraharā パルハラー/ [cf. *फहराना*] *m.* 旗;旗じるし. (⇒झंडा)

फ़राक /farāka ファラーク/ ▸फ़्राक *m.* ☞फ़्राक

फ़रार /farāra ファラール/ [←Pers.n. فرار 'running away; absconding; flight, escape' ←Arab.] *adj.* 姿をくらました,失踪した,脱走した. ❐(से) ~ होना(…から)姿をくらます,脱走する.

— *m.* 逃亡者,失踪者,脱走者. (⇒भगोड़ा)

फ़रासीसी /farāsīsī ファラースィースィー/ [←Pers.adj. فراسیسی 'of or belonging to France, French'] *adj.* ☞फ़्रांसीसी

फ़रयाद /farayāda ファルヤード/ ▸फ़रियाद *f.* ☞फ़रियाद

फ़रयादी /farayādī ファルヤーディー/ ▸फ़रियादी *m.* ☞फ़रियादी

फ़रियाद /fariyāda ファリヤード/ ▸फ़रयाद [←Pers.n. فریاد 'an exclamation, cry for help or redress'] *f.* **1** 不服申し立て;告訴. **2** 嘆願;哀願;懇請. ❐(से) (की) ~ करना (人に)(…の)嘆願をする.

फ़रियादी /fariyādī ファリヤーディー/ ▸फ़रयादी [←Pers.n. فریادی 'a complainant, plaintiff'] *m.* **1** 原告,告訴人. **2** 嘆願する人.

फ़रिश्ता /fariśtā ファリシュター/ [←Pers.n. فرشته 'an angel'] *m.* **1**〖イスラム教〗天使,エンジェル. **2**〖イスラム教〗預言者. (⇒पैग़ंबर)

फ़रीक़ /farīqa ファリーク/ [←Pers.n. فریق 'a troop or squadron; a sect' ←Arab.] *m.* (裁判などで敵対する)一方の側,対立側.

फ़रेब /fareba ファレーブ/ [←Pers.n. فریب 'deception, fraud, duplicity, trick, deceit, treachery, imposture, fallacy'] *m.* 欺瞞(ぎまん);こそ泥,ごまかし. (⇒छल-कपट) ❐~ खाना だまされる. ❐(को) ~ देना (人を)だます. ❐(के) ~ में आना [फँसना] (…の)ごまかしにだまされる. ❐वह संसार को मक्र और ~ से भरा समझता था। 彼は世界を虚偽と欺瞞に満ちたものと理解していた.

फ़रेबी /farebī ファレービー/ [←Pers.n. فریبی 'a cheat, impostor'] *adj.* (人を)だます,こそ泥をする;不正直な.

— *m.* こそ泥師,ペテン師.

फ़र्क़ /farqa ファルク/▸फ़रक़ [←Pers.n. فرق 'separating, dividing; separation, distinction, division' ←Arab.] *m.* **1** 違い,相違;差,ひらき. (⇒अंतर) ❐(में) (का) ~ पड़ना (…に)(…の)違いが生じる. ❐उम्र का ~ 年齢の差. ❐वक़्त का ~ 時間のひらき. **2** 区別;差別. (⇒

अंतर) ❐ (का) 〜 करना (…を)区別する. ❐ (में) 〜 करना (…に)差をつける.

फ़र्ज़ /farza ファルズ/▶फ़रज़ [←Pers.n. فرض 'cutting, nicking; an indispensable duty, divine command, obligation' ←Arab.] *m.* **1**〖イスラム教〗宗教的義務. **2** 義務, 責務. (⇒कर्तव्य, ड्यूटी, धर्म) ❐〜 अदा करना 義務を果たす. **3** 仮定;仮説.

फ़र्ज़ी[1] /farzī ファルズィー/ ▷फ़रज़ी *m.* ☞फ़रज़ी[1]

फ़र्ज़ी[2] /farzī ファルズィー/ ▷फ़रज़ी *adj.* ☞फ़रज़ी[2]

फ़र्नीचर /farnīcara ファルニーチャル/ [←Eng.n. *furniture*] *f.* 家具, 備品, 調度.

फ़र्म /farma ファルム/ [←Eng.n. *firm*] *f.* 商会, 会社.

फ़र्मान /farmāna ファルマーン/ ▷फ़रमान *m.* ☞फ़रमान

फ़र्माना /farmānā ファルマーナー/ ▷फ़रमाना *vt.* (*perf.* फ़र्माया /farmāyā ファルマーヤー/) ☞फ़रमाना

फ़र्राश /farrāśa ファルラーシュ/ [←Pers.n. فراش 'one who spreads the carpets or cushions; a footman, a butler' ←Arab.] *m.* 召使, 下男.

फ़र्लांग /farlāṃga ファルラーング/ ▷फ़रलांग *m.* ☞फ़रलांग

फ़र्श /farśa ファルシュ/ [←Pers.n. فرش 'spreading (a carpet of the like); a carpet' ←Arab.] *m.* **1** 床. **2** じゅうたん地;敷物類;床板, 床材. ❐〜 करना じゅうたんを敷く.

फ़र्शी /farśī ファルシー/ ▷फ़रशी [←Pers.n. فرشی 'a kind of hookah'; cf. *फ़र्श*] *adj.* 床の;地面の, 1階の. ❐हम लोग 〜 कमरों में पढ़ते थे, वे लोग दुमंज़िले पर। 私たちは1階の部屋で学んでいた, 彼らは2階で. ❐〜 सलाम करना (頭が床につくような)最敬礼をする.

— *f.* ファルシー《長いパイプの付いた水ギセル (हुक़्क़ा) の一種;水ギセルの床に置く水をためる壺状の容器》.

फ़र्स्ट /farsṭa ファルスト/ [←Eng.adj. *first*] *adj.* **1** 最初の, 一番の. (⇒पहला, प्रथम) **2** 最高の, 一流の, 一等の. ❐〜 क्लास (座席・合格等級などが)ファーストクラス, 一流, 最高級.

फल /p^{h}ala パル/ [←Skt.n. *फल-* 'fruit; the kernel or seed of a fruit; a blade (of a sword or knife)'] *m.* **1**〖植物〗果実, 実. ❐वृक्षों में 〜 लगते हैं। 木に果実がなる. **2** 結果, 結末;結実, 賜物(たまもの);試験結果, 試験成績. (⇒अंजाम, नतीजा, परिणाम) ❐ (का) 〜 भोगना (…の)結果を甘受する. **3** (刃物の)刃, 刀身, ブレード.

फलक /p^{h}alaka パラク/ [←Skt.n. *फलक-* 'a board, lath, plank, leaf. bench'] *m.* **1** 板;板状のもの. **2** (紙の)一枚, シート;カンバス, 画布.

फ़लक /falaka ファラク/ [←Pers.n. فلک 'having round breast (a maiden); heaven, sky, firmament' ←Arab.] *m.* 天空, 空;天国, 天.

फलतः /p^{h}alataḥ パルタハ/ [←Skt.ind. *फल-तस्* 'consequently, accordingly, virtually'] *adv.* 結果的に, 結果として.

फलद /p^{h}alada パラド/ [←Skt. *फल-द-* 'fruit-giving; yielding or bearing fruit'] *adj.* 効果のある, 利益のある.

फलदान /p^{h}aladāna パルダーン/ [?neo.Skt.n. *फल-दान-* 'the first present made from the bride's side to the bridegroom'] *m.*〖ヒンドゥー教〗パルダーン《結婚式の前に花嫁側から花婿側に贈られる贈り物;結婚承諾の再確認の意味がある》.

फलदार /p^{h}aladāra パルダール/ [*फल* + *-दार*] *adj.* **1** 実のなっている, 実をつけている. ❐〜 पौधे 実のなる植物. **2** 刃のついている(武器).

फलना /p^{h}alanā パルナー/ [<OIA. *phálati*[1] 'bears fruit': T.09057] *vi.* (*perf.* फला /p^{h}alā パラー/) (木に)実がなる. ❐तो क्या मेरे घर में रुपये फलते हैं? それでは, 私の家には金がなる木でもあるというのかい?

फलना-फूलना /p^{h}alanā-p^{h}ūlanā パルナー・プールナー/ *vi.* (*perf.* फला-फूला /p^{h}alā-p^{h}ūlā パラー・プーラー/) **1** (植物が)繁茂する. ❐फले-फूले वृक्ष よく茂った木々. **2** (仕事などが)繁盛する, 栄える, 繁栄する. ❐धन मेरे लिए बढ़ने और फलने-फूलनेवाली चीज़ नहीं, केवल साधन है। 富というものは私にとって増えたり繁栄したりするものではなく, 単に手段である.

फलवाला /p^{h}alavālā パルワーラー/ [*फल* + *-वाला*] *m.* 果実売り, 果物屋.

फ़लाँ /falā̃ ファラーン/ [←Pers. فلان 'a designation of any unknown or undefined person, he, that man, such a one, such, a certain' ←Arab.] *adj.* どこかの, ある;誰それ;何とかという. (⇒अमुक) ❐ख़बर आती थी, 〜 मुस्लिम का घर लुट गया, आज 〜 को लोगों ने आहत किया। 知らせが届いたものだった, どこかのイスラム教徒の家が略奪されたとか, 今日は誰それを人々が傷つけたとか. ❐उसका पुरज़ा पहुँचता, 〜 तारीख़ को इतने रुपये भेज दो। 彼の書付けが届いたものだ, いついつこれだけの金を送れなどと.

फलाँग /p^{h}alā̃ga パラーング/ [cf. *फलाँगना*] *f.* 跳躍, ジャンプ. ❐〜 मारना [भरना] 跳躍する.

फलाँगना /p^{h}alā̃ganā パラーングナー/ [<OIA. **pralaṅghati* 'jumps': T.08749] *vi.* (*perf.* फलाँगा /p^{h}alā̃gā パラーンガー/) 一またぎで跳ぶ, 飛び越す;飛ぶように行く. ❐उसने ऊपर के कमरे की ओर इशारा किया और हम दो-दो सीढ़ियाँ फलाँगते कमरे में जा पहुँचे। 彼は階上の部屋の方向をほのめかした, 我々は二段ずつ階段を飛び越して部屋に駆け上がった.

— *vt.* (*perf.* फलाँगा /p^{h}alā̃gā パラーンガー/) 飛び越えさせる.

फलाकांक्षा /p^{h}alākāṃkṣā パラーカーンクシャー/ [←Skt.f. *फल-आकाङ्क्षा-* 'hope or expectation of favourable consequences'] *f.* ご利益(りやく)の期待.

फलागम /p^{h}alāgama パラーガム/ [←Skt.m. *फल-आ-गम-* 'access of fruits; production of fruit, load of fruit'] *m.* **1** 実がなること;実を結ぶ季節. **2**〖文学〗パラーガマ《サンスクリット戯曲の筋における最終段階;主人公の努力・苦労が報われ果報を手にする大団円》.

फलादेश /p^{h}alādeśa パラーデーシュ/ [←Skt.m. *फल-आदेश-*] *m.*〖暦〗(未来の)結果を教えること.

फलाना /pʰalānā パラーナー/ [cf. *फलना*] *vt.* (*perf.* फलाया /pʰalāyā パラーヤー/) 実らせる, 結実させる.

फ़लालेन /falālenạ ファラーレーン/ ▸फ़लालैन *f.* ☞फ़लालैन

फ़लालैन /falālainạ ファラーラェーン/ ▸फ़लालेन [←Eng.n. *flannel*] *f.* フランネル, フラノ. ❐～ का कुर्ता フランネル製のクルター.

फलाहार /pʰalāhārạ パラーハール/ [←Skt.m. *फल-आहार-* 'feeding or living on fruit'] *m.* 果物を食すること;果物だけの食事《特に宗教や健康上の理由で果物のみを食すること》. ❐～ करना 果物だけの食事をする. ❐～ मँगाना 果物だけの食事を持ってこさせる.

फलाहारी /pʰalāhārī パラーハーリー/ *फलाहार* + *-ई adj.* 果物を食べる(人);果実中心の(食事).

— *m.* (主に)果物を食べる人.

फलित /pʰalitạ パリト/ [←Skt. *फलित-* 'bearing or yielding fruit, producing consequences, fruitful'] *adj.* 結実した;結果の出た.

फलितज्योतिष /pʰalitạjyotiṣạ パリトジョーティシュ/ [neo.Skt.m. *फलित-ज्योतिष-* 'astrology'] *m.* 占星術《天文学 (गणितज्योतिष) に対して》.

फलितार्थ /pʰalitārtʰạ パリタールト/ [neo.Skt.m. *फलित-अर्थ-* 'a meaning implied though not expressed'] *m.* **1** 真意;隠された意図. **2** 要旨, 要約.

फली /pʰalī パリー/ [<OIA.n. *phála-*[1] 'fruit': T.09051] *f.* **1**〖植物〗(豆の)さや. **2**〖植物〗豆;豆に似た実.

फलीदार /pʰalīdārạ パリーダール/ [*फली* + *-दार*] *adj.* 〖植物〗マメ科の;豆のなる. ❐～ पौधा マメ科の植物.

फलीभूत /pʰalībʰūtạ パリーブート/ [←Skt. *फलीभूत-* 'fructified'] *adj.* 実を結んだ;報われた. ❐कामनाएँ और प्रार्थनाएँ कब ～ होती हैं? 願掛けやお祈りはいつ叶うのですか?

फ़लसफ़ा /falsafā ファルサファー/ [←Pers.n. فلسفة 'philosophy' ←Arab. ←Gr.] *m.* 哲学.

फ़व्वारा /favvārā ファッワーラー/ ▸फ़ौवारा [←Pers.n. فواره 'a jet d'eau, fountain, spring'] *m.* **1** (庭園などの)噴水;泉;(噴水のように)噴き出す液体. ❐～ छूटना (水・血などが)噴水のように噴き出る. ❐ख़ून का ～ बह निकला। 血の噴水が流れ出た. **2** (浴室の)シャワー.

फ़सल /fasalạ ファサル/▸फ़स्ल [←Pers.n. فصل 'cutting, dissecting; harvest, crop' ←Arab.] *f.* **1** 収穫;収穫期《主に春作 (रबी) と秋作 (ख़रीफ़)》. ❐～ काटना 刈り入れる, 収穫する. **2** 収穫物, 作物. (⇒उपज, पैदावार)

फ़सली /fasalī ファスリー/ ▹फ़स्ली [←Pers.adj. فصلی 'seasonal'] *adj.* **1** 季節の, 季節的な. ❐～ बीमारी〖医学〗流行病(はやりやまい), コレラ. ❐～ बुख़ार〖医学〗マラリア熱. **2** 収穫期の.

फ़साद /fasādạ ファサード/ ▸फ़िसाद [←Pers.n. فساد 'being corrupted, spoiled; mischief, munity, sedition, rebellion' ←Arab.] *m.* 暴動, 騒乱. ❐～ उठाना [करना, मचाना] 暴動を起こす.

फ़सादी /fasādī ファサーディー/ [←Pers.adj. فسادی 'quarrelsome, mutinous'] *adj.* 暴動を起こす(人);騒乱状態の.

फ़स्ल /faslạ ファスル/ ▸फ़सल *f.* ☞फ़सल

फ़स्ली /faslī ファスリー/ ▹फ़सली *adj.* ☞फ़सली

फहरना /pʰaharạnā パハルナー/ [cf. *फहराना*] *vi.* (*perf.* फहरा /pʰaharā パヘラー/) 波打つ;風になびく;(旗などが)はためく. (⇒फहराना)

फहराना /pʰaharānā パヘラーナー/ [cf. *फरफराना*] *vi.* (*perf.* फहराया /pʰaharāyā パヘラーヤー/) 波打つ;(風に)なびく;(旗などが)はためく. (⇒फहरना) ❐तिरंगी पताका हवा में फहराती दिखाई दी। 三色旗が風の中ではためいているのが見えた.

— *vt.* (*perf.* फहराया /pʰaharāyā パヘラーヤー/) (風に)なびかせる;(旗を)はためかせる. ❐उसने मैदान में राष्ट्रीय ध्वज [झंडा] फहराया। 彼は広場に国旗をはためかせた.

फाँक /pʰā̃kạ パーンク/ [cf. *फाँकना*] *f.* (一口分の)一切れ;スライス. ❐～ करना (レモンなどを)薄切りにする, スライスにする.

फाँकना /pʰā̃kạnā パーンクナー/ [<OIA. **phakk-*[1] 'toss food into the mouth': T.09034] *vt.* (*perf.* फाँका /pʰā̃kā パーンカー/) (粉や粒状のものを)(手のひらから)口に放り込む. ❐उसे हाथ पर मलकर सुरती फाँकने की आदत थी। 彼には噛みタバコを手の上で揉んでから口に放り込む癖があった.

फाँदना /pʰā̃dạnā パーンドナー/ [<OIA. *spandatē* 'trembles, throbs, kicks (of an animal)': T.13806] *vi.* (*perf.* फाँदा /pʰā̃dā パーンダー/) 跳ぶ, 飛び越える. (⇒लाँघना)

— *vt.* (*perf.* फाँदा /pʰā̃dā パーンダー/) 飛び越える. ❐कार ने नाला फाँद लिया। 車は水路を飛び越えた.

फाँस /pʰā̃sạ パーンス/ [<OIA.m. *spāśa-* 'fetter, noose': T.13813] *f.* (引くと締まる)輪なわ.

फाँसना /pʰā̃sạnā パーンスナー/ ▸फँसाना [<OIA. *spāśáyati* 'causes to be bound or stopped': T.13814] *vt.* (*perf.* फाँसा /pʰā̃sā パーンサー/) ☞फँसाना

फाँसी /pʰā̃sī パーンスィー/ [cf. *फाँस*] *f.* **1** (絞首刑用の)首つりなわ. **2**〖法律〗絞首刑. ❐～ की सज़ा सुनाना 絞首刑を言い渡す.

फ़ाइनल /fāinalạ ファーイナル/ [←Eng.adj. *final*] *adj.* 決勝戦の. ❐～ मैच 決勝戦.

— *m.* **1** 決勝戦. **2** (大学の)最終試験. ❐एम。ए。～ 文学修士課程最終学年の試験.

फ़ाइल /fāilạ ファーイル/ [←Eng.n. *file*] *f.* **1** (書類の)ファイル, とじ込み. (⇒नत्थी, मिसल) ❐～ करना …をファイルする. **2** 整理箱.

फ़ाइव-स्टार /fāivạ-sṭārạ ファーイヴ・スタール/ [←Eng.adj. *five-star*] *adj.* 5つ星の. ❐～ होटल 5つ星のホテル《最高級ホテル》.

फ़ाकलैंड द्वीप समूह /fākạlaiṃḍạ dvīpạ samūhạ ファークラェーンド ドヴィープ サムーフ/▸फ़ॉकलैंड द्वीप समूह [cf. Eng.n. *Falkland Islands*] *m.*〖地理〗フォークランド諸島《南大

西洋上にある英領諸島；首都はスタンリー（स्टेनले）》.

फ़ाक़ा /fāqā ファーカー/ [←Pers.n. فاقة 'poverty, necessity, want; a day's fast' ←Arab.] *m.* 飢え，飢餓；空腹. ❒～ करना ひもじい思いをする.

फ़ाक़ाकश /fāqākaśa̸ ファーカーカシュ/ [←Pers.n. اقہ کش 'a faster'] *adj.* 飢えている；空腹の.

फ़ाक़ाकशी /fāqākaśī ファーカーカシー/ [←Pers.n. اقہ کشی 'fasting, hunger'] *f.* 飢餓；空腹.

फ़ाक़ामस्त /fāqāmasta̸ ファーカーマスト/ ▶फ़ाक़ेमस्त [←Pers.n. فاقہ مست 'one who is starving, but conceals his distress'] *adj.* 空腹でも楽天的な（人）；苦境にあってもくよくよしない（人）. ❒धन छोड़कर मरने से ～ रहना कहीं अच्छा है। 財産を残して死ぬより腹をすかしても呑気に生きるほうがはるかにいい.

फ़ाक़ामस्ती /fāqāmastī ファーカーマスティー/ ▶फ़ाक़ेमस्ती [←Pers.n. فاقہ مستی 'cheerfulness in want or adversity'] *f.* 空腹でも楽天的であること；苦境にあってもくよくよしないこと.

फ़ाक़ेमस्त /fāqemasta̸ ファーケーマスト/ ▶फ़ाक़ामस्त *adj.* ☞फ़ाक़ामस्त

फ़ाक़ेमस्ती /fāqemastī ファーケーマスティー/ ▶फ़ाक़ामस्ती *f.* ☞फ़ाक़ामस्ती

फाग /p^{h}āga̸ パーグ/ [<OIA.f. *phalgú-*[1] 'red powder thrown at Holi festival': T.09062x1] *m.* 〖ヒンドゥー教〗パーグ《ホーリー祭（होली）で色粉や色水を掛け合う遊び；ホーリー祭そのものを指すことも》. ❒～ खेलना ホーリー祭を楽しむ.

फागुन /p^{h}āguna̸ パーグン/ [<OIA.m. *phālguná-* 'the month February-March': T.09075x1] *m.* ☞फाल्गुन

फाटक /p^{h}āṭaka̸ パータク/ [<OIA. **phāṭṭakka-* 'gate, door': T.09069] *m.* **1**（入口の）門，ゲート. **2**（遮断機や踏切の）ゲート. ❒रेलवे ～ 鉄道線路の踏切ゲート.

फाड़ना /p^{h}āṛa̸nā パールナー/ [<OIA. *sphāṭayati* '*causes to split': T.13825] *vt.* (*perf.* फाड़ा /p^{h}āṛā パーラー/) **1**（紙や布などを）引き裂く，破く，ちぎる.（⇒चीथना）❒उसने साड़ी का किनारा फाड़ा। 彼女はサリーの裾を引き裂いた. ❒मैंने अपनी कहानियाँ फाड़कर रद्दी की टोकरी में डाल दीं। 私は自分の短編小説を引き裂いて屑かごに放り込んだ. ❒मैंने डाक्टर का नुस्ख़ा फाड़ डाला। 私は医者の処方箋を引き裂いた. **2** 張り裂けんばかりに（目，耳，口，喉を）大きく開く. ❒वह आँखें फाड़े मुँह बाए खड़ा-का-खड़ा रह गया। 彼は，目を張り裂けんばかりに見開き，口をあんぐり開けて，立ちつくした. ❒उसने बड़ी-बड़ी आँखें फाड़-फाड़कर घर में चारों तरफ़ दौड़ाईं। 彼は，大きな目を見開き，家の中の四方に目を走らせた. ❒वह गला फाड़कर बोली। 彼女は喉が張り裂けんばかりに大声で言った.

फ़ादर /fādara̸ ファーダル/ [←Eng.n. *father*] *m.* 〖キリスト教〗神父.

फ़ानूस /fānūsa̸ ファーヌース/ [←Pers.n. فانوس 'a pharos, a light-house' ←Arab.] *m.* （ランプの）ガラス製のシェード；シャンデリア.

फ़ायदा /fāya̸dā ファーエダー/ [←Pers.n. فائدة 'profit, gain (of learning or wealth); utility, advantage, emolument' ←Arab.] *m.* **1** 好都合；有利，利点；（薬・治療・処置などの）効き目，効果.（⇒नफ़ा, लाभ）（⇔नुक़सान, हर्ज़, हानि）❒(का) ～ उठाना （…を）利用する，（…に）つけこむ. ❒फ़ायदे में 得をして. ❒◌-ने से क्या ～।…して何になるというのだ. **2** 利益，利得，儲け，収益.（⇒नफ़ा, लाभ）（⇔अकाज, नुक़सान, हर्ज़, हानि）

फ़ायदेमंद /fāya̸demaṃda̸ ファーエデーマンド/ [←Pers.adj. فائده مند 'profitable, useful'] *adj.* 有益な，有用な，効き目のある.

फ़ायर /fāyara̸ ファーヤル/ [←Eng.n. *fire*] *m.* **1** 発砲. ❒(पर) ～ करना （…に）発砲する. ❒हवाई ～ 空砲. **2** 火事，火災. ❒～ इंजन 消防車，消防ポンプ.

फ़ायरिंग /fāyariṃga̸ ファーヤリング/ [←Eng.n. *firing*] *f.* 発砲；射撃.（⇒गोलीबारी）❒दो पक्षों के बीच अंधाधुंध ～ हुई। 両グループの間で無差別な銃撃戦が起こった. ❒पुलिस की जवाबी ～ में दो डाकुओं की मौत हुई। 警察の応射で盗賊の二人が死亡した.

फ़ारख़ती /fāraxa̸tī ファーラクティー/ [< Pers.n. فارغخطی 'a written release'] *f.* ☞फ़ारिग़-ख़ती

फ़ारम /fārama̸ ファーラム/ ▶फ़ार्म *m.* ☞फ़ार्म[2]

फ़ारमूला /fāra̸mūlā ファールムーラー/ ▷फ़ार्मूला▶फ़ॉरमूला [←Eng.n. *formula*] *m.* **1** 方式，定式，規定.（⇒सूत्र）❒तीन भाषा ～ 3言語方式《多言語国家インドの中等教育に導入されている母語を含む 3 言語を学習する教育課程》. **2**〖数学〗公式.（⇒सूत्र）

फ़ारमोसा /fāra̸mosā ファールモーサー/ [←Eng.n. *Formosa* ←Port.adj. *formosa* 'beautiful (island)'] *m.* 〖地理〗台湾（の旧称）（⇒ताइवान）

फ़ारसी /fārasī ファーラスィー/ [←Pers. فارسی 'Persian, Persic'] *adj.* **1** ペルシアの. ❒～ संस्कृति ペルシア文化. **2** ペルシア人の；ペルシア語の. ❒～ भाषा ペルシア語.

— *m.* ペルシア人.

— *f.* ペルシア語. ❒～ बघारना 学をひけらかす《直訳は「ペルシア語をひけらかす」》.

फ़ारिग़-ख़ती /fāriğa̸-xatī ファーリグ・カティー/ [←Pers.n. فارغخطی 'a written release'] *f.* （債務が完済された）証明書；（権利を放棄する）証明書. ❒(से) ～ लिखाना （人に）権利を放棄する証明書を書かす.

फ़ारेनहाइट /fārena̸hāiṭa̸ ファーレーンハーイト/ ▶फ़ॉरेनहाइट [←Eng.n. *Fahrenheit*] *m.* 〖単位〗カ氏，華氏.

फ़ार्म[1] /fārma̸ ファールム/ [←Eng.n. *farm*] *m.* 農場，農園.

फ़ार्म[2] /fārma̸ ファールム/ ▶फ़ारम, फ़ॉर्म [←Eng.n. *form*] *m.* フォーム，書式（用紙）.（⇒प्रपत्र）❒～ भरना 書式用紙に記入する.

फ़ार्मूला /fārmūlā ファールムーラー/ ▷फ़ारमूला *m.* ☞फ़ारमूला

फाल[1] /p^{h}āla̸ パール/ [cf. *फलाँग*] *m.* 一またぎ，一歩（の歩幅）；跳躍. ❒～ बाँधना 跳躍する. ❒～ भरना

[रखना] 一歩進める.

फाल² /pʰāla パール/ [?] *f.* (薄く切った)一片, 切片. ❐सुपारी की ～ ビンロウジの薄く切った一片.

फाल³ /pʰāla パール/ [←Skt.m. *फाल* 'a ploughshare'] *f.* 鋤(すき)の刃. ❐हल की ～ ढीली हो गई है। 鋤の刃の取り付けがゆるくなっている.

फ़ाल /fāla ファール/ [←Pers.n. فال 'an omen, augury, presage' ←Arab.] *m.* (占いなどによる)前兆, 兆し. ❐～ देखना [निकालना, लेना] 占う.

फालतू /pʰālatū パールトゥー/ ▸फ़ालतू *adj.* ☞फ़ालतू

फ़ालतू /fālatū ファールトゥー/▸फालतू [?] *adj.* **1** 余分の, 余剰の; 予備の. (⇒अतिरिक्त) **2** 不要の; 役に立たない.

फ़ालसा /fālasā ファールサー/ [<OIA.m. *parūṣaka-* '*Grewia asiatica*': T.07911] *m.* 〖植物〗ファールサー(の実)《果実は薬効がある》.

फ़ालिज /fālija ファーリジ/ [←Pers.n. فالج 'a praralytic affection of one side of the body, hemiplegia' ←Arab.] *m.* 〖医学〗麻痺; 中風; 半身不随. (⇒लक़वा) ❐(पर) ～ गिरना (人が)半身不随になる.

फ़ालूदा /fālūdā ファールーダー/ [←Pers.n. فالوده 'a dish made of starch, honey, and water, sweet flummery'; cf. Pers.n. پالوده 'a kind of sweet beverage made of water, flour, and honey'] *m.* 〖食〗ファールーダー《小麦粉やクズウコンの根などの澱粉(でんぷん)で作られる腰のないビーフン状の細麺; これを冷やしてシロップ, ミルク, アイスクリーム, 氷などを混ぜた飲み物》.

फाल्गुन /pʰālguna パールグン/ [←Skt.m. *फाल्गुन-* ' the month during which the full moon stands in the Nakshatra *Phālgunī* (February-March)'] *m.* 〖暦〗パールグナ月, パーグン月《インド暦の第12月; 西暦の2月, 3月に相当》. (⇒फागुन)

फावड़ा /pʰāvaṛā パーオラー/ [?<OIA. **sphiyá-, sphyá-* '*scapula': T.13839] *m.* 鍬(くわ). (⇒कुदाल, फरसा)

फ़ासला /fāsalā ファースラー/▸फ़ासिला [←Pers.n. فاصلة 'space, intermediate space, distance' ←Arab.] *m.* 距離, 道のり. (⇒दूरी) ❐मेरे घर से कुछ मील के फ़ासले पर एक मंदिर है। 私の家から数マイルの距離に一つの寺院がある.

फ़ासिला /fāsilā ファースィラー/ ▸फ़ासला *m.* ☞फ़ासला

फ़ास्ट फ़ूड /fāsṭa fūḍa ファースト フード/ [←Eng.n. *fast food*] *m.* ファストフード.

फाहा /pʰāhā パーハー/▸फोहा *m.* 〖医学〗(膏薬などを塗る)ガーゼ.

फिंकना /pʰiṃkanā ピンクナー/ [cf. *फेंकना*] *vi.* (*perf.* फिंका /pʰiṃkā ピンカー/) 放り投げられる.

फिंकवाना /pʰiṃkavānā ピンクワーナー/ ▸फेंकवाना [caus. of *फिंकना, फेंकना*] *vt.* (*perf.* फिंकवाया /pʰiṃkavāyā ピンクワーヤー/) 放り投げさせる; 放り投げてもらう.

फ़िकर /fikara フィカル/ ▸फ़िक्र *f.* ☞फ़िक्र

फ़िक्र /fikra フィクル/ [←Pers.n. فكر 'thinking; thought, reflection, consideration' ←Arab.] *m.* **1** 憂慮, 懸念; 不安, 心配. (⇒चिंता, अंदेशा) ❐(का) ～ करना (…を)懸念[憂慮]する. **2** 気配り, 思案. (⇒चिंता) ❐(का) ～ करना (…の)気配りをする.

फ़िजी /fijī フィジー/ ▸फ़ीजी *m.* ☞फ़ीजी

फ़िज़ूल /fizūla フィズール/ ▸फ़ज़ूल, फ़ुज़ूल *adj.* ☞फ़ुज़ूल

फ़िट¹ /fiṭa フィト/ [←Eng.adj. *fit*] *adj.* ぴったりあった, 適当な. ❐～ आना ぴったりする. ❐(पर) ～ करना (…に)ぴったりする.

फ़िट² /fiṭa フィト/ [←Eng.n. *fit*] *m.* 〖医学〗発作, ひきつけ, さしこみ. (⇒दौरा) ❐उसे मिरगी का ～ आता [पड़ता] है। 彼はてんかんの発作がおこる.

फ़िटन /fiṭana フィタン/ [←Eng.n. *phaeton*] *f.* 2頭立て4輪軽馬車; フェートン型オープンカー, ほろ型自動車.

फ़िटर /fiṭara フィタル/ [←Eng.n. *fitter*] *m.* 組立て工, 整備工.

फिटकरी /pʰiṭakarī ピタクリー/▸फिटकिरी [cf. Skt.f. *स्फटिका-* 'alum'; cf. OIA.m. *sphaṭika-* 'crystal': T.13818] *f.* 〖化学〗ミョウバン.

फिटकिरी /pʰiṭakirī ピトキリー/ ▸फिटकरी *f.* ☞फिटकरी

फ़ितरत /fitarata フィトラト/ [←Pers.n. فطرة 'nature, creation, form (which an embryo takes in the womb)' ←Arab.] *f.* **1** (人の)性質, 気質, 気性. **2** そつのなさ, 抜け目なさ.

फ़ितरती /fitaratī フィトラティー/ [←Pers.adj. فطرتى 'sagacious, shrewd'] *adj.* **1** 生まれつきの. **2** そつのない, 抜け目ない.

फ़ितूर /fitūra フィトゥール/ ▸फ़तूर, फ़ुतूर *m.* ☞फ़ुतूर

फ़िनलैंड /finalaiṃḍa フィンラェーンド/ [cf. Eng.n. *Finland*] *m.* 〖国名〗フィンランド(共和国)《首都はヘルシンキ (हेलसिंकी)》.

फ़िरंग /firaṃga フィラング/ [←Pers.n. فرنگ 'the country of the Franks'] *m.* **1** ヨーロッパ(の国). **2** 〖医学〗梅毒. (⇒आतिशक, उपदंश, गरमी)

फ़िरंगी /firaṃgī フィランギー/ [←Pers.n. فرنگی 'French; European (Frankish)'] *adj.* 西欧の; 西欧人の.
— *m.* **1** 西欧人. **2** 刀剣の一種《ムガル時代マラータ族が用いた; まっすぐな刀身, 鍔, 柄頭からなる柄の形状が西洋の刀剣と似ている》.

फिर /pʰira ピル/ [cf. *फिरना*] *adv.* **1** それから, そして, その後. **2** また, 再び. ❐～ भी それでもなお.

फिरकी /pʰirakī ピルキー/ [cf. *फिरना*] *f.* **1** 〖ゲーム〗回転するおもちゃ《風車, 独楽(こま), ヨーヨーなど》. ❐～ की तरह घूमना [फिरना] 忙しく駆けずり回る. ❐～ घुमाना 風車を回す. **2** (糸・テープなどの)巻きわく, リール; 糸巻き, (筒型の糸巻き)ボビン

फिरना /pʰiranā ピルナー/ [<OIA. **phirati* 'moves, wanders, turns': T.09078] *vi.* (*perf.* फिरा /pʰirā ピラー/) **1** 回る, 回転する. **2** 円を描いて動く; 循環する. **3** あちらこちら動き回る《主に 『未完了分詞 फिरना』「…しながらあちこち行く」の形式や 『完了分詞 फिरना』「…したままあちこち行く」の形式で》. ❐वह बहत्तर घाटों का पानी पीकर भी मिस बनी फिरती है। あの女はたいへんな海千山千のくせしてお嬢様になりきってぶらぶらしている. ❐वे पहले नौकरी खोजते फिरते थे। 彼は最初は仕事を探してあちらこち

ら動き回っていた. **4**（通知などが）回る, 回覧される. **5** 向く;（方向が）それる;（左右に）曲がる. ❐पीछे फिरकर देखना 振り向いて見る.

फिरवाना /p^hirạvānā ピルワーナー/ [caus. of *फिरना, फिराना, फेरना*] *vt.* (*perf.* फिरवाया /p^hirạvāyā ピルワーヤー/) くるくる回させる;くるくる回してもらう.

फिराना /p^hirānā ピラーナー/ [cf. *फिरना*] *vt.* (*perf.* फिराया /p^hirāyā ピラーヤー/) **1** 回す, 回転させる. **2** 円を描いて動かす;循環させる. **3** あちらこちら動き回らせる;連れ回す;散歩させる. **4**（方向を）そらせる;（顔などを）そむける.

फिरौती /p^hirautī ピラォーティー/ [cf. *फिराना*] *f.* 身代金. ❐(से) पाँच लाख रुपए की ～ माँगना（人に）5 万ルピーの身代金を要求する.

फ़िलमाना /filạmānā フィルマーナー/ ▹फ़िल्माना *vt.* (*perf.* फ़िलमाया /filạmāyā フィルマーヤー/) ☞फ़िल्माना

फ़िलहाल /filạhālạ フィルハール/ [←Pers.adv. فی الحال 'now, immediately, suddenly' ←Arab.] *adv.* 現在は, 目下のところ. ❐～, लिखना ही बंद करने की बात सोच रहा हूँ। 目下のところ, 物を書くことはやめようと考えている. ❐मैंने अपने ख़र्च से ही जाने का निश्चय किया, लौटने के ख़र्च की बात ～ दिमाग़ से टाल दी। 私は自分のお金で行く決心をした, 戻って来る時の費用は目下のところ頭から追い出した.

फ़िलासफ़र /filāsạfarạ フィラースファル/ [←Eng.n. *philosopher*] *m.* 哲学者. (⇒दार्शनिक)

फ़िलीपीन्स /filīpīnsạ フィリーピーンス/ [←Eng.n. *Philippines*] *m.* 〖国名〗フィリピン（共和国）《首都はマニラ (मनीला)》.

फ़िल्म /filmạ フィルム/ [←Eng.n. *film*] *f.* **1** 映画. (⇒चलचित्र, सिनेमा) ❐～ उद्योग 映画産業. ❐～ देखकर आए हो? 映画でも見てきたのか《「夢みたいなことを言うな」の意》? ❐～ बनाना 映画を製作する. ❐बोलती [सवाक्] ～ 発声映画, トーキー. **2**（カメラの）フィルム.

फ़िल्माना /filmānā フィルマーナー/ ▹फ़िलमाना [cf. *फ़िल्म*] *vt.* (*perf.* फ़िल्माया /filmāyā フィルマーヤー/) 映画を製作する.

फ़िल्मी /filmī フィルミー/ [*फ़िल्म* + *-ई*] *adj.* 映画の. ❐～ दुनिया 映画界.

फ़िल्मोत्सव /filmotsavạ フィルモートサオ/ [*फ़िल्म* + *उत्सव*] *m.* 映画祭.

फ़िल्मोद्योग /filmodyogạ フィルモーディョーグ/ [*फ़िल्म* + *उद्योग*] *m.* 映画産業.

फिस /p^hisạ ピス/ ▸फिस्स [cf. *फिसड्डी*] *adj.* 何の役にも立たない, 何の効果もない. ❐टाँय-टाँय ～ さんざん大騒ぎしたわりにたいした効果もない.

फिसड्डी /p^hisaḍḍī ピサッディー/ [cf. *फिस, फिसलना*] *adj.* 落ちこぼれの（人）;役立たずの（人）.

फिसलन /p^hisalanạ ピスラン/ [cf. *फिसलना*] *f.* 滑ること, スリップ.

फिसलनदार /p^hisạlanạdārạ ピスランダール/ [*फिसलन* + *-दार*] *adj.* 滑りやすい, スリップしやすい. ❐～ सड़क スリップしやすい道.

फिसलना /p^hisalạnā ピサルナー/ [<OIA. **phiss-* 'slip': T.09080] *vi.* (*perf.* फिसला /p^hisạlā ピスラー/) **1**（表面がつるつるしていたり傾斜しているため）滑る;滑り落ちる;滑ってころぶ;（手が）滑って離れる. (⇒रपटना) ❐अँगूठी उँगली से फिसल पड़ी। 指輪が指から滑り落ちた. ❐उसका पैर फिसल गया। 彼の足が滑った. ❐जब वह सीढ़ियाँ पकड़कर ऊपर चढ़ रहा था तो उसका हाथ फिसल गया। 彼が梯子をつかんで上に登っていた時, 滑って手が離れてしまった. ❐वह बर्फ़ीली चट्टान से फिसलकर गिर गई है। 彼女は氷の岩から滑って落下した. **2** へまをする;落ちこぼれる, 落伍する, 落第する.

फिसलाना /p^hisạlānā ピスラーナー/ [cf. *फिसलना*] *vt.* (*perf.* फिसलाया /p^hisạlāyā ピスラーヤー/) 滑らせる.

फ़िसाद /fisādạ フィサード/ ▸फ़साद *m.* ☞फ़साद

फिस्स /p^hissạ ピッス/ ▸फिस *adj.* ☞फिस

फ़िहरिस्त /fihạristạ フィフリスト/ ▸फ़ेहरिस्त *f.* ☞फ़ेहरिस्त

फ़ी /fī フィー/ [←Pers.prep. فی 'in, into, among' ←Arab.] *ind.* 《後続する名詞とともに下記のような副詞句「…につき, …ごとに」を作る》(⇒प्रति) ❐～ आदमी 一人につき. ❐～ सदी 100 につき;パーセント《फ़ीसदी と一語としてつづられることが多い》.

फीका /p^hīkā ピーカー/ [<OIA. **phikka-* 'defective': T.09075z1] *adj.* **1**（味が）薄い, 気の抜けた. ❐～ पड़ना（味が）薄くなる. **2** 精彩のない, ぼんやりした, くすんだ. ❐～ पड़ना くすむ.

फ़ीजी /fījī フィージー/▸फ़िजी [←Eng.n. *Fiji*] *m.* 〖国名〗フィージー（共和国）《首都はスバ (सूवा)》. ❐～ हिंदी フィジー・ヒンディー語《フィジーの公用語の一つ;現地ではヒンドゥスターニー語 (हिंदुस्तानी) と呼ばれる;19 世紀から 20 世紀初めにかけてサトウキビ・プランテーションの労働力供給のため, 年季契約労働者 (गिरमिटिया) として, 主に東部ヒンディー語方言群に属するボージプリー語 (भोजपुरी) 圏からの移民の言語がもとになっている》.

फ़ीता /fītā フィーター/ [←Port.f. *fita* 'tape'] *m.* **1** ひも状のもの, バンド, リボン. ❐घड़ी का ～ 時計バンド. **2** 靴ひも. (⇒तसमा) ❐उसने जूते का ～ बाँधा। 彼は靴ひもを結んだ. **3** テープ.

फ़ीरोज़ा /fīrozā フィーローザー/ [←Pers.n. فیروزه 'a turquoise'] *m.* 〖鉱物〗トルコ石, トルコ玉.

फ़ीरोज़ी /fīrozī フィーローズィー/ [←Pers.adj. فیروزی 'victorious, happy, glorious; of the colour of the turquoise, azure, blue'] *adj.* 青緑色の.

फ़ील /fīlạ フィール/ [←Pers.n. فیل 'an elephant' ←Arab. ; cf. Pers.n. پل 'an elephant'] *m.* **1** 〖動物〗ゾウ（象）. (⇒हाथी) **2** 〖ゲーム〗（チェスの）ビショップ. (⇒ऊँट)

फ़ील-पाँव /fīlạ-pā̃vạ フィール・パーオン/ *m.* 〖医学〗象皮病. (⇒हाथी-पाँव)

फ़ीलपाया /fīlạpāyā フィールパーヤー/ [←Pers.n. فیلپایه 'a pillar'] *m.* 太い柱.

फ़ीलवान /fīlạvānạ フィールワーン/ [*फ़ील* + *-वान*] *m.* 象使い. (⇒महावत)

फ़ीला /fīlā フィーラー/ [←Pers.n. فيلة 'a female elephant' ←Arab. ; Pers.n. پيل 'an elephant'] *m.* 〚ゲーム〛(チェスの)ビショップ. (⇒ऊँट) ❐～ तिरछे चल सकता है। ビショップは斜めに進むことができる.

फ़ीस /fīsa フィース/ [←Eng.n. *fees*] *f.* (専門職へ払う)謝礼, 手数料, …料. ❐डाक्टर [वकील, स्कूल] की ～ 診察[弁護, 授業]料.

फ़ीसदी /fīsadī フィーサディー/ [*फ़ी* + *सदी*] *f.* パーセント. (⇒प्रतिशत) ❐दस ～ लोग 十パーセントの人々. ❐सौ ～ 百パーセント.

फुँकना /pʰũkanā プンクナー/ [cf. *फूँकना*] *vi.* (*perf.* फुँका /pʰũkā プンカー/) プッと吹かれる;呪文にかかる.

फुँकनी /pʰũkanī プンクニー/ [cf. *फूँकना*] *f.* ふいご.

फुँकवाना /pʰũkavānā プンクワーナー/ ▸फुँकाना [caus. of *फुँकना, फूँकना*] *vt.* (*perf.* फुँकवाया /pʰũkavāyā プンクワーヤー/) プッと吹かせる;プッと吹いてもらう.

फुँकाना /pʰũkānā プンカーナー/ ▸फुँकवाना *vt.* (*perf.* फुँकाया /pʰũkāyā プンカーヤー/) ☞फुँकवाना

फुंकार /pʰuṃkāra プンカール/ [onom.; cf. Skt.m. *फुत्-कार-* 'puffing, blowing, hissing, the hiss of a serpent'] *f.* 〔擬声〕(ヘビなどの)シューという音. (⇒फूं)

फुँदना /pʰũdanā プンドナー/ *m.* 飾り房.

फुंसी /pʰuṃsī プンスィー/ [?←Drav.; DEDr.4268 (DED.3506)] *f.* 〚医学〛にきび, 吹き出物;発疹. ❐～ निकल आना 吹き出物が出る.

फ़ुज़ूल /fuzūla フズール/ ▸फ़ज़ूल, फ़िज़ूल [←Pers.adj. فضول 'exuberant, excessive, redundant, disproportioned (about the head)' ←Arab.] *adj.* **1** 度を越した, 過度の. **2** 不必要な;無駄な;無意味な.
— *f.* 愚かなこと;ばかげたこと.

फ़ुज़ूलख़र्च /fuzūlaxarca フズールカルチ/ ▸फ़ज़ूलख़र्च [←Pers.adj. فضول خرج 'lavish, profuse'] *adj.* **1** 無駄遣いな;浪費的な;不経済な. **2** 金遣いの荒い(人), 浪費癖のある(人).

फ़ुज़ूलख़र्ची /fuzūlaxarcī フズールカルチー/ ▸फ़ज़ूलख़र्ची [←Pers.n. فضول خرجی 'excess of expenditure'] *f.* 浪費;無駄遣い.

फ़ुट /fuṭa フト/ [←Eng.n. *foot* (=12 inches, 1/3 yard, 30.48 cm)] *m.* 〚単位〛フィート. ❐आठ ～ चौड़ा और बारह ～ लंबा कमरा 8 フィートの幅で 12 フィートの奥行きの部屋.

फुटकर /pʰuṭakara プトカル/▸फुटकल [cf. *फूटना*] *adj.* **1** 〚経済〛小売りの, ばら売りの. ❐～ माल 小売り商品. **2** ばらの, 別々の;雑多な. ❐～ चीज़ें 雑貨. ❐～ विचार 雑感. ❐～ ख़र्च 雑費. ❐～ कविता 個々の詩.
— *m.* 〚経済〛小売り. (⇒ख़ुदरा)(⇔थोक) ❐～ बेचना 小売りする.

फुटकर-दुकानदार /pʰuṭakara-dukānadāra プトカル・ドゥカーンダール/ *m.* 〚経済〛小売業者, 小売商(⇔थोकदार, थोक-फ़रोश)

फुटकल /pʰuṭakala プトカル/ ▸फुटकर *adj.* ☞फुटकर

फ़ुटनोट /fuṭanoṭa フトノート/ [←Eng.n. *footnote*] *m.* 脚注.

फ़ुटपाथ /fuṭapātʰa フトパート/ [←Eng.n. *footpath*] *m.* 歩道.

फ़ुटबाल /fuṭabāla フトバール/ ▸फ़ुटबॉल [←Eng.n. *football*] *m.* **1** 〚スポーツ〛サッカー;フットボール. ❐～ खेलना サッカーをする. ❐～ प्रेमी サッカーファン. ❐अमरीकी ～ アメリカン・フットボール, アメフト. **2** 〚スポーツ〛(サッカー用の)ボール.

फ़ुटा /fuṭā フター/ [←Eng.n. *foot rule*] *m.* フィートざし, ものさし.

फुटैल /pʰuṭaila プタェール/ [cf. *फूटना*] *adj.* 仲間から離れた(鳥や獣);孤独な.

फुड़वाना /pʰuṛavānā プルワーナー/ [caus. of *फूटना, फोड़ना*] *vt.* (*perf.* फुड़वाया /pʰuṛavāyā プルワーヤー/) 破らせる;破ってもらう.

फुड़िया /pʰuṛiyā プリヤー/ [cf. *फोड़ा*] *f.* 〚医学〛小さな腫れ物.

फ़ुतूर /futūra フトゥール/ ▸फ़तूर, फ़ितूर [←Pers.n. فتور 'slackening; languishing; weakness, languor, infirmity' ←Arab.] *m.* **1** 不健全;欠陥;不調. ❐दिमाग़ में ～ 頭に潜む善からぬこと. **2** 仲たがい, 不和. ❐(में) ～ उठाना [खड़ा करना] (…に)不和の種をまく.

फ़ुतूरी /futūrī フトゥーリー/ ▸फ़तूरी [←Pers.adj. فتوری 'exciting quarrels'] *adj.* けんかっ早い(人);難癖をつける(人).

फुत्कार /pʰutkāra プトカール/ ▸फूत्कार [←Skt.m. *फुत्-कार-* 'puffing, blowing, hissing, the hiss of a serpent'] *m.* ☞फूत्कार

फुदकना /pʰudakanā プダクナー/ [onom.] *vi.* (*perf.* फुदका /pʰudakā プドカー/) **1** (前方に)跳ぶ;ぴょんと跳ぶ, 飛び移る. ❐उसका मन फुदकनेवाली चिड़िया की भाँति इधर-उधर उड़ता फिरता था। 彼女の心はぴょんぴょんとび跳ねる小鳥のようにあちこちを定まることなくさまよっていた. **2** (液体が)噴き出す. ❐फ़व्वारे से पानी फुदक फुदक कर निकल रहा था। 噴水から水がピュッピュと噴き出していた. **3** (喜びで)跳ねる, 踊る.

फुदकी /pʰudakī プドキー/ [cf. *फुदकना*] *f.* **1** (カエルなどが)ぴょんと跳ぶこと, (鳥などが枝から枝へ)ぴょんぴょん跳ぶこと, (子牛・小鹿などが)ぴょんぴょんとび跳ねること. **2** 〚鳥〛プドキー《ウグイスなど枝をぴょんぴょん跳ぶ小鳥をさす》.

फुनगी /pʰunagī プンギー/ [?] *f.* (木の)こずえ. ❐तोता ～ से उतरकर नीचे की एक डाल पर आ बैठा। オオムは木のこずえから降りて下の一本の枝にとまった.

फुनाफ़ुती /funāfatī フナーフティー/ [cf. Eng.n. *Funafuti*] *m.* 〚地名〛フナフティ(島)《ツバル (तुवालू) の首都》.

फुफकार /pʰupʰakāra プフカール/ [onom.] *f.* (ヘビなどの)シューシュー (फू-फू) という音. (⇒फूत्कार)

फुफकारना /pʰupʰakāranā プフカールナー/ [onom.; cf. *फुफकार*] *vt.* (*perf.* फुफकारा /pʰupʰakārā プフカーラー/) (ヘビなどが)シュー (फू-फू) という音をたてる. ❐नाग तिलमिलाकर फुफकार उठा। 大蛇は怒ってシューシューと音を

たてた.

फुफियाल /p^{h}up^{h}iyāl*a* プピヤール/ [cf. *फूफी*] *m.* **1** おば(父の姉妹)が嫁いでいる家. **2** おば(父の姉妹)が嫁いでいる家の親類.

फुफेरा /p^{h}up^{h}erā プペーラー/ [cf. *फूफा*] *adj.* おば方の《父の姉妹 (फूफी) の》. ❐～ भाई (父方の)おば方の従兄弟. ❐फुफेरी बहन (父方の)おば方の従姉妹.

फुरती /p^{h}ur*a*tī プルティー/▷फुर्ती [?<OIA. *sphura-* 'quivering': T.13847] *f.* 敏捷さ, すばやさ. (⇒चुस्ती) ❐～ से 敏捷に, てきぱきと.

फुरतीला /p^{h}ur*a*tīlā プルティーラー/ ▷फुर्तीला [cf. *फुरती*] *adj.* 敏捷な, すばやい.

फुरसत /fur*a*sat*a* フルサト/▷फ़ुर्सत [←Pers.n. فرصة 'occasion, opportunity, convenience; leisure, rest, ease' ←Arab.] *f.* 余暇, 暇, 自由時間. (⇒अवकाश) ❐मुझे ～ नहीं मिल रही है। 私は暇がとれない.

फुर्ती /p^{h}urtī プルティー/ ▷फुरती *f.* ☞फुरती

फुर्तीला /p^{h}urtīlā プルティーラー/ ▷फुरतीला *adj.* ☞फुरतीला

फ़ुर्सत /fursat*a* フルサト/ ▷फुरसत *f.* ☞फुरसत

फुल- /p^{h}ul*a*- プル・/ [comb. form of *फूल*; cf. OIA. *phulla-* 'expanded, blown (of flowers)': T.09092] *comb. form* 《「花」を表す連結形; फुलझड़ी, फुलकारी など》.

फुलका /p^{h}ul*a*kā プルカー/ [cf. *फूलना*] *adj.* **1** ふわっとふくれた. **2** 軽い;軽やかな.
— *m.* 〖食〗プルカー《作りたてのふわっとふくれたチャパーティー (चपाती)》.

फुलकारी /p^{h}ul*a*kārī プルカーリー/ [*फुल-* + *-कारी*] *f.* プルカーリー《花模様の刺繍が施された布;パンジャーブ産が有名》

फुलझड़ी /p^{h}ul*a*j^{h}aṛī プルジャリー/ ▶फुलझरी [*फुल-* + *झड़ी*] *f.* **1** プルジャリー《花火の一種;花のような火花を放つ》. **2** しゃくにさわる感想, 意見. ❐(एक न एक) ～ छोड़ना (一々)癇にさわることを言う.

फुलझरी /p^{h}ul*a*j^{h}arī プルジャリー/ ▶फुलझड़ी *f.* ☞फुलझड़ी

फुलवाड़ी /p^{h}ul*a*vāṛī プルワーリー/ ▶फुलवारी [<OIA. **phullavāṭikā-* 'flower garden': T.09096] *f.* 花園.

फुलवारी /p^{h}ul*a*vārī プルワーリー/ ▶फुलवाड़ी *f.* ☞फुलवाड़ी

फुलाना /p^{h}ulānā プラーナー/ [cf. *फूलना*] *vt.* (*perf.* फुलाया /p^{h}ulāyā プラーヤー/) **1** ふくらませる, 膨張させる;(髪などを)ふっくら[ふわりと]とふくらませる. ❐उसने गुब्बारे को फुला दिया। 彼は風船をふくまらせた. ❐वह अपने को ऊपर खींच कुछ और लंबा दिखाने का प्रयत्न करता, कंधे पीछे कर छाती फुलाता। 彼は背伸びして背を高く見せようとしたり, 肩を後ろに反らして胸をふくらませたりするのであった. ❐(से) मुँह ～ (人に対して)顔をふくらませる《不機嫌になる》. **2** (へとへとにして)息切れにさせる. ❐(का) दम ～ (人を)息切れさせる. **3** 得意にならせる, 有頂天にさせる.

फुलाव /p^{h}ulāv*a* プラーオ/ [cf. *फूलना*] *m.* ふくらみ.

फुलेल /p^{h}ulel*a* プレール/ [<OIA. **phullataila-* 'oil of flowers': T.09094] *m.* (花からとる)香油.

फुलौरी /p^{h}ulaurī プラォーリー/ [<OIA. **phullapūra-* 'puffed cake': T.09095] *f.* ☞पकोड़ी

फुसफुसा /p^{h}us*a*p^{h}usā プスプサー/ [<OIA. **phuss-*[1] 'be loose': T.09098] *adj.* もろい;こわれやすい;か弱い;(ロープなどが)ゆるい. ❐फुसफुसी आवाज़ か弱い声. ❐फुसफुसी दोस्ती もろい友情.

फुसफुसाना /p^{h}us*a*p^{h}usānā プスプサーナー/ [<OIA. **phuss-*[2] 'hissing, whispering': T.09099] *vt.* (*perf.* फुसफुसाया /p^{h}us*a*p^{h}usāyā プスプサーヤー/) ささやく. ❐मैंने उसके कान में फुसफुसाया। 私は彼の耳にささやいた. ❐अंतिम साँस लेते समय उसने अपनी माँ से ठेठ पंजाबी में फुसफुसा कहा। 最後の息をひきとる時, 彼は母に混じり気のないパンジャービー語でささやいて言った.

फुसफुसाहट /p^{h}us*a*p^{h}usāhaṭ*a* プスプサーハト/ [*फुसफुसाना* + *-आहट*] *f.* ささやき(声);(耳元の)低いざわめき.

फुसलाना /p^{h}us*a*lānā プスラーナー/ [<OIA. *spr̥śáti* 'touches, strokes': T.13815; cf. OIA. **phuss-*[2] 'hissing, whispering': T.09099] *vt.* (*perf.* फुसलाया /p^{h}us*a*lāyā プスラーヤー/) **1** (人を)(快楽・報酬などで)つる, 誘惑する. **2** (うまい言葉などで)だます;(やさしい言葉・態度などで)うまく説き伏せる;(女を)誘惑する, くどく. ❐वह किसी के फुसलाने में नहीं आता। 彼は誰の誘惑にものらない. **3** (子どもの)ごきげんをとる.

फुहार /p^{h}uhār*a* プハール/ [?cf. *फूँ*] *f.* **1** 霧雨, こぬか雨. ❐～ पड़ना 霧雨が降る. ❐ठंडी ～ वाली रोमांटिक फ़िल्में 冷たい霧雨が降る恋愛映画. **2** (霧状の)しぶき, 水煙. ❐～ छिड़काव 噴霧(ふんむ).

फुहारना /p^{h}uhār*a*nā プハールナー/ [cf. *फुहार*] *vt.* (*perf.* फुहारा /p^{h}uhārā プハーラー/) (液体を)霧状に吹きつける.

फुहारा /p^{h}uhārā プハーラー/ [? *फुहार* × *फ़व्वारा*] *m.* **1** 噴水. (⇒फ़व्वारा) **2** スプリンクラー;じょうろ.

फूँ /p^{h}ũ プーン/ [onom.] *f.* **1**〔擬声〕シュー《ヘビがたてる音》. (⇒फुंकार) **2**〔擬声〕プー(と吹く音).

फूँक /p^{h}ũk*a* プーンク/ [<OIA. **phūtka-* 'blowing': T.09102] *f.* **1** プーと吹く息;タバコの一服, 一吹き. ❐एक ～ में उड़ाना 一吹きでふっとばす. ❐दो ～ लगाना (タバコを)ちょっと一服する. **2** まじない, 呪術《呪術師が呪文をかけて対象に息を吹きかけることから》. (⇒झाड़-फूँक)

फूँकना /p^{h}ũk*a*nā プーンクナー/ [cf. *फूँक*] *vt.* (*perf.* फूँका /p^{h}ũkā プーンカー/) **1** プッと吹く;プープー[フーフー](फूँ-फूँ) 吹く;(楽器を)吹き鳴らす. ❐वह गरमागरम चाय फूँक-फूँककर पी रहा है। 彼は熱いお茶をフーフー吹いて飲んでいるところだ. ❐उसने आग को फूँक-फूँक कर उसमें ज्वाला पैदा कर दी। 彼は火種をプープー吹いて炎をあげさせた. ❐उसने शंख फूँका। 彼はほら貝を吹き鳴らした. **2** (タバコを)ふかす. ❐वह बिना एकाध टिन फूँके हुए कोई भी कविता पूरा नहीं कर पाता। 彼は, 1,2 缶分のタバコをふかさずには, どんな詩も書き上げられないのだ. **3** (家を)焼き払う. ❐हज़ारों घर फूँक दिए गए। 何千何万の家が焼き払われた.

4 (金や財産を)無駄使いする, 浪費する. ❐बारात में फुलवारी-आतशबाज़ी पर रुपए न फूँके जाएँ। 婚礼の行列の際花火に金をかけ過ぎないように. **5** (人の耳に)あることないことを吹き込む. ❐(के) कान में ～ (人の)耳に吹き込む. **6** (新しい命を)吹き込む. ❐(में) प्राण ～ (…に)命を吹き込む. **7** (呪文を)吹き込む. ❐मंत्र ～ 呪文を吹き込む.

फूँका /pʰũkā プーンカー/ [cf. *फूँक, फूँकना*] *m.* **1** 吹いて火をおこすこと. **2** 火吹き竹《吹いて火をおこすための竹筒》.

फूट /pʰūṭa̱ プート/ [cf. *फूटना*; cf. Skt.f. *स्फुटी-* 'cracking or chapping of the skin of the feet'] *f.* **1** 亀裂;仲違い, 対立. ❐आपसी ～ 相互の亀裂. ❐(में [के बीच]) ～ डालना (…に)亀裂を生じさせる. **2**〖植物〗プート《ウリ科のキュウリの一種;熟れると割れる》.

फूटना /pʰūṭa̱nā プートナー/ [<OIA. **sphuṭyati* 'is burst open': T.13845] *vi.* (*perf.* फूटा /pʰūṭā プーター/) **1** (ものが)割れる, こわれる;ひびが入る. (⇒खिलना) ❐आँखें फूट जाना (悪事の報いとして)目がつぶれる. ❐(के) भाग्य [भाग] फूट जाना (人の)運が尽きる. ❐घड़ा फूट गया। 壷が割れた. **2** (液体・言葉などが)噴き出す, ほとばしる;(怪我をして)血が出る;(音・声などが)急に響く;(笑みが)こぼれ落ちる. ❐अचानक उनकी शहनाई की तान फूटी। 突然彼のシャヘナーイー(＝管楽器の一種)の音色が鳴り響いた. ❐उसने अपना स्तन दबाकर दिखया। दूध की धार फूट निकली। 彼女は自分の乳房を押して見せた. 一筋の乳がほとばしった. ❐पानी का स्रोत फूट पड़ा। 水の水源が噴き出した. ❐फूट-फूटकर रोना わんわん泣く. **3** 発芽する;(若葉が)生える, 伸びる. **4** (秘密などが)漏れる;発覚する.

फूत्कार /pʰūtkāra̱ プートカール/ ▸फुत्कार [←Skt.m. *फूत्-कार-* 'puffing, blowing, hissing, the hiss of a serpent'] *m.* 激しく息が出るシューシュー (फू-फू) という音. (⇒फुफकार)

फूफा /pʰūpʰā プーパー/ [cf. *फूफी*] *m.* 叔父《父方の叔母(फूफी) の夫》. (⇔फूफी)

फूफी /pʰūpʰī プーピー/ ▸फूफू [<OIA. **phupphu-*, **phupphī-*, **phapphī-* 'father's sister': T.09089] *f.* (父方の)叔母《父の姉妹》. (⇒बुआ)(⇔फूफा)

फूफू /pʰūpʰū プープー/ ▸फूफी *f.* ☞फूफी

फूल /pʰūla̱ プール/ [<OIA.n. *phulla-* 'full-blown flower': T.09092x1] *m.* **1**〖植物〗花. (⇒कुसुम) ❐～ तोड़ना 花を折る[摘む]. **2** 遺灰. ❐～ सिराना 遺灰を(川に)流す. **3** えくぼ. ❐(के) गालों पर ～ पड़ना (人の)頬にえくぼができる. **4**〖化学〗青銅, ブロンズ. (⇒काँसा) ❐घर में एक ही ～ की थाली थी, वह उसी थाली में खाता था। 家には一つだけブロンズのターリーがあった, 彼はそのターリーで食事をしていた.

फूलगोभी /pʰūla̱gobʰī プールゴービー/ [*फूल* + *गोभी*] *f.*〖植物〗カリフラワー. (⇒गोभी)

फूलदान /pʰūla̱dāna̱ プールダーン/ [*फूल* + *-दान*] *m.* 花瓶. (⇒गुलदान)

फूलदार /pʰūla̱dāra̱ プールダール/ [*फूल* + *-दार*] *adj.* 花柄の, 花模様の. (⇒गुलदार)

फूलना /pʰūla̱nā プールナー/ [<OIA. *phúllati* 'expands, opens (as a flower)': T.09093] *vi.* (*perf.* फूला /pʰūlā プーラー/) **1** (つぼみが)開花する, 花をつける. (⇒खिलना) ❐कहते हैं कि सुंदरियों की मुख मदिरा से सिंचने पर बकुर फूलता है। 美しい乙女の顔を拝し, 美酒で潤うがごとく, バクラ(＝花の一種)の花は開花すると言い伝えられている. **2** 栄える;花開く;盛りになる. ❐उपग्रह टीवी उद्योग को फूलने-फलने का मौका मिलेगा। 衛星放送産業が盛り上がるチャンスがあるだろう. **3** 腫れる;むくむ;ふくらむ, 膨張する;太る, 肥満になる. ❐यह लात उसे निरपराध मिली और उसके फूले हुए गाल आँसुओं से भींग गये। この足蹴は彼女にはいわれの無いものだった, 彼女の腫れ上がった頬は涙で濡れた. **4** (へとへとになって)息が切れる. ❐गाड़ी पर बैठे और ज़रा साँस ～ बंद हुआ। 車に座ると少しばかり息が切れたのが止んだ. ❐दौड़ते-दौड़ते उसका दम फूल गया। 走り続けて彼は息が切れてしまった. **5** 喜色満面の笑みを浮かべる;得意満面になる;(不機嫌で)(顔が)ふくれる. ❐वह ख़ुशी से फूल उठा। 彼は嬉しくて満面の笑みを浮かべた. ❐फूले न समाना। 得意満面で鼻高々になる.

फूलबत्ती /pʰūla̱battī プールバッティー/ [*फूल* + *बत्ती*] *f.* プールバッティー《火をともす灯芯の一種;下の部分が咲いた花のように円形に広がっている》.

फूली /pʰūlī プーリー/ [cf. *फूल*] *f.*〖医学〗角膜白斑(かくまくはくはん)《目の瞳孔にできる白い斑点》.

फूस /pʰūsa̱ プース/ [<OIA.f. *puṣyā́-* 'a kind of plant': T.08306z1] *m.* 干し草, 藁(わら). ❐～ के घर 藁ぶきの家.

फूहड़ /pʰūhaṛa̱ プーハル/ [<OIA. **phūha-* 'wantonness': T.09105] *adj.* 不器用な, 気の利かない, 粗野な.

— *f.* 気の利かない女, 田舎者.

फूहड़पन /pʰūhaṛa̱pana̱ プーハルパン/ [*फूहड़* + *-पन*] *m.* 不器用であること, 気が利かないこと, 粗野であること.

फेंकना /pʰẽka̱nā ペーンクナー/ [<OIA. **phēkk-* 'throw': T.09106] *vt.* (*perf.* फेंका /pʰẽkā ペーンカー/) **1** 投げる, 放り投げる, 投げ出す;(種・肥料などを)蒔[撒]く. ❐उसने एक रुपये का सिक्का ज़मीन पर फेंक दिया। 彼は1ルピーのコインを地面に放り投げた. ❐वह उसपर जाल फेंक रहा था। 彼は彼女に網(＝罠)を掛けようとしていた. ❐वह खेत में खाद फेंक रहा है। 彼は畑に肥料を撒いている. **2** (不要なものを)投げ捨てる;(ゲームで)(札・牌などを)捨てる. ❐उसे जड़ से खोदकर फेंक दो। それを根こそぎ捨てなさい. ❐उसने उस ख़त को फाड़कर फेंक दिया। 彼はその手紙を破り捨てた. **3** (槍・石などを)投げる. ❐(पर) पत्थर फेंकना (人に)石を投げる. ❐भाला फेंकने का खेल〖スポーツ〗槍投げ.

फेंकवाना /pʰẽka̱vānā ペーンクワーナー/ ▸फिकवाना [caus. of *फिकना, फेंकना*] *vt.* (*perf.* फेंकवाया /pʰẽka̱vāyā ペーンクワーヤー/) ☞फिकवाना

फेंटना /pʰẽṭa̱nā ペーントナー/ [?] *vt.* (*perf.* फेंटा /pʰẽṭā ペーンター/) **1** (指・道具を使って)よくかき混ぜる;泡立てる. **2**〖ゲーム〗(トランプのカードを)混ぜて切る,

シャッフルする.

फेंटनी /pʰẽṭanī ペーントニー/ [cf. *फेंटना*] *f.* 『食』泡立て器.

फेंटा /pʰẽṭā ペーンター/ [<OIA. **phēṭṭa-¹* 'strip of cloth': T.09107] *m.* ペーンター《ドーティー (धोती) を着るときねじって締めるウエスト部分》.

फ़ेंस /femsa̯ フェーンス/ [←Eng.n. *fence*] *m.* フェンス, 垣根, 柵. (⇒बाड़)

फेन /pʰena̯ ペーン/ [←Skt.m. *फेन-* 'foam, froth, scum'] *m.* 泡(あわ).

फेनदार /pʰenadāra̯ ペーンダール/ [*फेन* + *-दार*] *adj.* 発泡性の, 泡立つ. ❐~ शराब 発泡酒.

फेनिल /pʰenila̯ ペーニル/ [←Skt. *फेनिल-* 'foamy, frothy, spumous'] *adj.* **1** 泡だらけの;泡立つ. ❐~ प्रवाह 泡立つ流れ. **2** 炭酸ガスを含んだ(水). ❐~ पेय 炭酸飲料.

फेनी /pʰenī ペーニー/ [<OIA.f. *phēnikā-* 'ground rice boiled in water': T.09110] *f.* 『食』ペーニー《小麦粉を原料にしてギー (घी) で揚げて作る甘い菓子の一種》.

फेफड़ा /pʰepʰaṛā ペープラー/ [<OIA.m. *phupphusa-* 'the lungs': T.09090] *m.* 肺. ❐उसे फेफड़े का क्षय था। 彼は肺結核だった.

फेर /pʰera̯ ペール/ [cf. *फिरना*] *m.* **1** 変化;変転. ❐समय का ~ 時代の変化. **2** 面倒事, 厄介なこと. ❐(के) ~ पड़ना (…の)面倒事に巻きこまれる.

फेरना /pʰeranā ペールナー/ [<OIA. **phēra-, *phērayati* 'turns': T.09111z1; cf. *फिरना*] *vt.* (*perf.* फेरा /pʰerā ペーラー/) **1** くるくる回す;巻きつける. **2** (数珠の珠などを)指先で繰り動かす;(数珠を)つまぐって祈りを唱える. ❐वे दिन में रेहल पर रखकर कुरान शरीफ़ पढ़ते या काली गुरियों की एक छोटी-सी माला फेरते थे। 彼は昼間は書見台に置いてコーランを読むか, 黒いビーズの小さな数珠をつまぐって祈りを唱えていた. ❐उनके साथ मेरे जीवन की न जाने कितनी स्मृतियाँ जुड़ी थीं, उन्हें न जाने कितनी बार मैंने अपने मन में माला की तरह फेरा है। 私の人生のなんと多くの思い出が彼女と結びついていることか, 私は数えきれないほど何回も, それらの思い出を自分の心の中で数珠をつまぐるように思いおこしたことか. **3** (手で)さする, なでる;(喉元にナイフなどを)突きつける. ❐उन्होंने झुककर मेरी पीठ पर हाथ फेरते हुए प्यार-भरे स्वर में कहा। 彼はかがんで私の背中を手でさすりながら, 慈愛に満ちた声で言った. ❐(के) गले पर छुरा फेरना (人の)喉元にナイフを突きつける. ❐वह ने दाढ़ी पर हाथ फेर रहा था। 彼はあごひげをなでていた. **4** (文字などの表面を)なぞる. ❐माँ ने पेंसिल से अक्षर काग़ज़ पर लिख दिए और मुझसे कहा, इनपर स्याही फेरो। 母は鉛筆で文字を紙に書いて私に言った, この上をインク(のペン)でなぞりなさい. **5** (布告などを)回す, 回送する. **6** (車・馬などの進行方向の)向きを変える. **7** (…の方向に)向ける. ❐वह पीछे मुँह फेरकर बोला। 彼は後ろを向いて言った. ❐उसने बार-बार मेरा मुँह अपनी ओर फेरने की विफल चेष्टा करके कहा, मुझसे क्यों रूठी हो मेरी लाड़ली? 彼は幾度も私の顔を自分の方に向けようと無駄な努力をしてから言った, どうしてむくれているんだい, 僕の子猫ちゃん？ **8** (顔・目を)そむける. ❐उसने मुझसे मुँह फेर लिया। 彼は私から顔をそむけた. ❐उसने मुँह फेरकर रूमाल से आँसू पोंछे। 彼女は顔をそむけて, ハンカチで涙を拭いた. **9** 裏返す, めくる. **10** (渡された金銭・ものを)返す, つっかえす. (⇒लौटाना) ❐उसने मेरी भेजी भेंट फेर दी। 彼は, 私の送った贈り物を送り返した. **11** (前言を)翻す. ❐ज़बान फेरना 前言を翻す. **12** 裏切らせて味方に引き入れる. **13** (危険などを)避ける, 回避する. **14**〔慣用〕❐(पर) पानी ~ (…を)台無しにする.

फेरफार /pʰerapʰāra̯ ペールパール/ [cf. *फेरना*] *m.* 大変化;大変動;大変更.

फेरा /pʰerā ペーラー/ [<OIA. **phirati* 'moves, wanders, turns': T.09078] *m.* **1** 回転;周回;旋回. **2** 訪問;巡回. **3** 周囲, 周り.

फेरी /pʰerī ペーリー/ [cf. *फेरा*] *f.* **1** ペーリー《神像, 聖火などの周りを時計回りに回ること;結婚式の際新郎新婦が聖火の周りを回る儀礼》. **2** 行商;(托鉢などで)家々を訪問すること;巡回.

फेरीवाला /pʰerīvālā ペーリーワーラー/ *m.* 行商人.

फ़ेल /fela̯ フェール/ [←Eng.vi. *fail*] *adj.* **1** (試験に)落ちた, 落第した. (⇒अनुत्तीर्ण)(⇔पास, उत्तीर्ण) ❐वह परीक्षा में ~ हो गया। 彼は試験に落ちた. **2** 停電した. ❐बिजली ~ हो गई। 停電になった.

फ़ेहरिस्त /feharista̯ フェーヘリスト/▸फ़िहरिस्त [←Pers.n. فهرست 'an index, summary, syllabus, table of contents'] *f.* リスト, カタログ, 目録;名簿;表. (⇒तालिका, लिस्ट, सूची)

फ़ैक्टरी /faikṭarī ファェークタリー/ [←Eng.n. *factory*] *f.* 工場, 製造所. (⇒कारख़ाना, मिल)

फ़ैदम /faidama̯ ファェーダム/ [←Eng.n. *fathom*] *m.* 『単位』尋(ひろ).

फैलना /pʰailanā パェールナー/ [<OIA. *prathita-* 'spread out': T.08651] *vi.* (*perf.* फैला /pʰailā パェーラー/) **1** 広がる;広げられる;(手・翼などが)広げられる. ❐दूर तक फैले हुए खेत 遠くまで広がった田畑. ❐भूमि पर फली हुई लता 大地に広がったつる草. ❐मैंने अंदाज़ से कोई सेर-भर अनाज उसके फैले हुए अंचल में डाल दिया 私は目分量でおおよそ1セールの穀物を彼女の広がったサリーのすそに入れた. **2** 散乱する;ちらばる;分散する;分布する;点在する;(塗料などが)のびる. ❐घर में काँच के टुकड़े फैल गए। 家中にガラスのかけらが散乱した. **3** (目・口などが)大きく開く. ❐आँखें फैल गईं। 目が見開いた. **4** ふくらむ, 膨張する;(体が)肥える;むくむ. (⇔सिकुड़ना) **5** (活動範囲が)拡大する. **6** (うわさ・伝染病・流行などが)広まる;蔓延する;浸透する. ❐उन दोनों ही के विषय में तरह-तरह की बातें फैल रही थीं। その二人のことについてさまざまな話が広まりつつあった. ❐चारों तरफ़ बेकारी फैली रहने के कारण आदमी सस्ते हो गये हैं। 四方に失業が蔓延しているために人件費が安くなってしまった. ❐मलेरिया फैला हुआ था। マラリアが蔓延していた. ❐सारे गाँव में सनसनी फैली हुई थी। 村中に戦慄が広がっていた. ❐सारे शहर में यह ख़बर फैल गयी होगी। 町中にこの知らせが広

まったことだろう. 7 (欲張って)さらに要求する.

फैलाना /pʰailānā パェーラーナー/ [cf. फैलना] vt. (perf. फैलाया /pʰailāyā パェーラーヤー/) 1 広げる;(手・翼などを)広げる;(足を)伸ばす. ❐मुसीबत में ही आदमी दूसरों के सामने हाथ फैलाता है। 困ったときにこそ人は他人の前に手を広げるのです(＝助けを請うのです). ❐वह टाँग फैलाकर सो रहा था। 彼は足を広げて寝ていた. 2 散乱させる;ちらばらす;(塗料などを)のばす. 3 (目・口などを)大きく開ける. 4 ふくらませる, 膨張させる. (⇔सिकोड़ना) ❐यह कहकर उसने छाती फैलाकर दिखायी। こう言って彼は胸を張って見せた. 5 (活動範囲を)拡大する. 6 (うわさ・伝染病・流行などを)広める;はやらせる;浸透させる.

फैलाव /pʰailāvạ パェーラーオ/ [cf. फैलना] m. 1 広がり. ❐झाड़ियों का हरियाला ～ 灌木の緑の広がり. 2 広まり, 普及.

फ़ैशन /faiśanạ ファェーシャン/ [←Eng.n. fashion] m. ファッション, はやり, 流行. ❐नए ～ की साड़ी 新しい流行のサリー.

फ़ैशनेबल /faiśanebalạ ファェーシュネーバル/ ▸फ़ैशनेबुल adj. ☞फ़ैशनेबुल

फ़ैशनेबुल /faiśanebulạ ファェーシュネーブル/ ▸फ़ैशनेबल [←Eng.adj. fashionable] adj. 流行の, ファッショナブルな, いきな.

फ़ैसला /faisalā ファェースラー/ [←Pers.n. فیصلہ 'decree, settlement, adjustment' ←Arab.] m. 1 決定, 決着. (⇒निर्णय) ❐(का) ～ करना (…の)決定をする. 2 判決. ❐～ सुनाना 判決を読み上げる.

फोकट /pʰokaṭạ ポーカト/ [<OIA. *pōka- 'hollow': T.08391] adj. 1 くだらない(もの・人), つまらない(もの・人). 2 無料の, ただの《名詞的に使用されることがある》. ❐～ का माल ただでもらえるもの. ❐～ में देंगे तो नहीं लूँगा। ただでくれようといらない. ❐～ में यात्रा करना 無銭旅行をする.

फ़ोटो /foṭo フォートー/ [←Eng.n. photo] m. 写真. (⇒छायाचित्र, तसवीर) ❐(का) ～ लेना [उतारना, खींचना] (…の)写真を撮る.

फ़ोटोकापी /foṭokāpī フォートーカーピー/ ▸फ़ोटोकॉपी [←Eng.n. photocopy] f. 写真複製, フォトコピー. ❐～ मशीन コピー機.

फ़ोटोग्राफ़ /foṭogrāfạ フォートーグラーフ/ [←Eng.n. photograph] m. ☞फ़ोटो

फ़ोटोग्राफ़र /foṭogrāfarạ フォートーグラーファル/ [←Eng.n. photographer] m. 写真家, カメラマン;撮影者. (⇒छायाकार, छविकार)

फ़ोटोग्राफ़ी /foṭogrāfī フォートーグラーフィー/ [←Eng.n. photography] f. 写真術, 撮影技術;撮影. (⇒छायाचित्रण)

फोड़ना /pʰoṛạnā ポールナー/ [<OIA. sphōṭayati 'bursts, splits, breaks': T.13857] vt. (perf. फोड़ा /pʰoṛā ポーラー/) 1 割る;壊す;粉々にする. 2 (竹の子などが)(地面を)突き破り出てくる. 3 (味方に引き込むために)(敵を)仲違いさせる. 4 (秘密を)ばらす, 暴露する. 5 (目・頭を)酷使する.

फोड़ा /pʰoṛā ポーラー/ [<OIA.m. sphōṭa-[2] 'swelling, boil': T.13854] m. 〖医学〗膿傷, 腫れ物, ねぶと《膿をもつ》. ❐मेरे पाँव में एक ～ निकल आया। 私の足にひとつの腫れ物ができた.

फ़ोता /fotā フォーター/ [←Pers.n. فوطة 'a covering, a wrapper (especially worn in baths); testicle' ←Arab.] m. 陰嚢(いんのう);睾丸(こうがん). (⇒अंडकोश)

फ़ोन /fonạ フォーン/ [←Eng.n. phone] m. 電話機;電話. (⇒टेलीफ़ोन) ❐～ उठाना 受話器をとる. ❐～ नंबर 電話番号. ❐～ पर बात करना 電話で話をする. ❐कल उसका ～ आया। 昨日彼から電話があった. ❐(को) ～ करना (人に)電話する.

फ़ोर्ट-दि-फ़्रांस /forṭạ-di-frāṃsạ フォールト・ディ・フラーンス/ [cf. Eng.n. Fort-de-France] m. 〖地名〗フォール・ド・フランス《カリブ海にあるフランス海外県マルティニク(मार्टिनिक) の中心地》.

फोहा /pʰohā ポーハー/ ▸फाहा m. ☞फाहा

फ़ौज /faujạ ファォージ/ [←Pers.n. فوج 'an army' ←Arab.] f. 軍, 軍隊. (⇒आर्मी, मिलिटरी, लशकर, सेना) ❐आज़ाद हिंद ～ 〖歴史〗インド国民軍《太平洋戦争中に日本軍の支援によって作られたインド人部隊;英印軍の捕虜が主体》.

फ़ौजदार /faujạdārạ ファォージダール/ [←Pers.n. فوجدار 'an officer of the police in Hindūstān, and chief magistrate of a chaklah, who takes cognizance of all criminal matters'] m. 1 〖歴史〗軍司令官《英領インドにおいて県に配置された軍の司令官》. 2 〖歴史〗ファォージダール《インドのイスラム王朝において県の警察権・司法権を行使した長官》.

फ़ौजदारी /faujạdārī ファォージダーリー/ [←Pers.n. فوجداری 'the office or jurisdiction of a faujdār'] adj. 1 〖法律〗刑事上の, 刑事事件の. (⇔दीवानी) ❐～ अदालत 刑事裁判所. ❐～ क़ानून [विधि] 刑法. ❐～ मामला [मुक़दमा] 刑事裁判, 刑事訴訟. 2 〖歴史〗ファォージダール फ़ौजदार の.
— f. 1 〖法律〗刑事裁判所;刑事裁判. 2 〖法律〗刑事犯;刑事事件. ❐～ करना 刑事事件をおこす. 3 〖歴史〗ファォージダール फ़ौजदार の職.

फ़ौजी /faujī ファォージー/ [←Pers.adj. فوجی 'of or belonging to the army, military'] adj. 軍の, 軍隊の, 軍事上の. (⇒सैनिक) ❐～ सलाम (軍隊式)敬礼.

फ़ौरन /fauranạ ファォーラン/ [←Pers.adv. فوراً 'immediately, quickly, directly' ←Arab.] adv. すぐに, 直ちに.

फ़ौलाद /faulādạ ファォーラード/ [←Pers.n. فولاد 'steel'] f. 鋼鉄. (⇒इसपात, स्टील)

फ़ौलादी /faulādī ファォーラーディー/ [←Pers.adj. فولادی 'made of steel'] adj. 1 鋼鉄製の. 2 鋼(はがね)のように頑丈な. ❐～ जिस्म 鋼のような肉体.

फ़ौवारा /fauvārā ファォーワーラー/ ▸फ़व्वारा m. ☞फ़व्वारा

फ़्यूज़ /fyūzạ フィューズ/ [←Eng.n. fuse] m. (電気の)ヒ

ューズ.

— *adj.* ヒューズが飛んだ.

फ़्रांस /frāṃsa フラーンス/ [cf. Eng.n. *France*] *m.*〘国名〙フランス(共和国)《首都はパリ (पेरिस)》.

फ़्रांसीसी /frāṃsīsī フラーンスィースィー/ [cf. फ़रासीसी] *m.* フランスの;フランス人の;フランス語の. ❐～ गुयाना 仏領ギアナ.

— *m.* フランス人.

— *f.* フランス語.

फ़्रांसीसी गुयाना /frāṃsīsī guyānā フラーンスィースィー グヤーナー/ [cf. Eng.n. *French Guiana*] *m.*〘地理〙仏領ギアナ《南アメリカにあるフランスの海外県;県都はカイエンヌ (कायीन)》.

फ़्रांसीसी पोलीनेशिया /frāṃsīsī polīneśiyā フラーンスィースィー ポーリーネーシヤー/ [cf. Eng.n. *French Polynesia*] *m.*〘国名〙仏領ポリネシア《首都はパペーテ (पापेते)》.

फ़्राक /frāka フラーク/ ▸फ़राक [←Eng.n. *frock*] *m.* **1** フロック・コート. **2** 子ども用ワンピース.

फ़्रिज /frija フリジ/ [←Eng.n. *frig*] *m.* 冷蔵庫, 冷凍室.

फ़्री /frī フリー/ [←Eng.adj. *free*] *adj.* **1** 無料の, ただの. (⇒निःशुल्क, मुफ़्त) **2** 暇な, 手のあいた.

फ़्रीटाउन /frīṭāuna フリーターウン/ [cf. Eng.n. *Freetown*] *m.*〘地名〙フリータウン《シエラレオネ(共和国) (सिएरा लियोन) の首都》.

फ़्रीमैसन /frīmaisana フリーマェーサン/ [←Eng.n. *freemason*] *m.* フリーメーソン(の会員).

फ़्रेम /frema フレーム/ [←Eng.n. *frame*] *m.* 枠, (眼鏡の)フレーム, 額縁. (⇒चौखटा)

फ़्लाइंग /flāiṃga [←Eng.n. *flying*] *m.* 飛行. ❐～ आफ़िसर 空軍[航空]中尉.

फ़्लाइंग फ़िश कोव /flāiṃga fiśa kova フラーイング フィシュ コーオ/ [cf. Eng.n. *Flying Fish Cove*] *m.*〘地名〙フライング・フィッシュ・コーブ《インド洋に浮かぶオーストラリア領クリスマス島 (क्रिसमस द्वीप) の中心地》.

फ़्लाइट /flāiṭa フラーイト/ [←Eng.n. *flight*] *f.* **1** 飛行. (⇒उड़ान) ❐～ लेफ़्टिनेंट 空軍[航空]大尉. **2** 飛行機便, フライト. (⇒उड़ान) ❐रात [सुबह] की ～ 夜[朝]のフライト.

फ़्लाप /flāpa フラープ/▸फ़्लॉप [←Eng.vi. *flop*] *adj.* (映画などが)失敗した;(興行的に)失敗した. (⇔हिट) ❐एक भी फ़िल्म ～ नहीं हुई। 一つの映画も失敗しなかった.

फ़्लू /flū フルー/ [←Eng.n. *flu*] *m.*〘医学〙インフルエンザ, 流行性感冒. (⇒इनफ़्लुएंज़ा, नज़ला)

फ़्लैट /flaiṭa フラェート/ [←Eng.n. *flat*] *m.* フラット, アパート(の一戸分).

फ़्लैश /flaiśa フラェーシュ/ [←Eng.n. *flash*] *m.* フラッシュ, 閃光.

ब

बंकिम /baṃkima バンキム/ [<Skt. वक्रिम- 'bent, curved'] *adj.* 曲がった, 斜めの.

बँगला[1] /bāgalā バングラー/ [cf. Skt.m. वङ्ग- 'Bengal proper or the eastern parts of the modern province'; → Port.f. *Bengala* → Japan.n. 紅殻(格子)] *adj.* ベンガルの;ベンガル人の;ベンガル語の《不変化形容詞》. (⇒बंगाली) ❐～ भाषा ベンガル語.

— *f.* ベンガル語.

बँगला[2] /bāgalā バングラー/ *m.* バンガロー.

बँगलादेश /bāgalādeśa バングラーデーシュ/ ▸बंगलादेश, बांग्लादेश [बँगला + देश] *m.* ☞बांग्लादेश

बंगलादेश /baṃgalādeśa バングラーデーシュ/ ▸बँगलादेश, बांग्लादेश *m.* ☞बांग्लादेश

बँगलादेशी /bāgalādeśī バングラーデーシー/ ▸बंगलादेशी [बँगलादेश + -ई] *adj.* バングラデシュの;バングラデシュ人の.

— *m.* バングラデシュ人.

बंगलादेशी /baṃgalādeśī バングラーデーシー/ ▸बँगलादेशी *adj.* ☞बँगलादेशी

बंगलौर /baṃgalaura バンガラォール/ [cf. Eng.n. *Bangalore*] *m.*〘地名〙バンガロール《現在の正式名称はベンガルール (बेंगलूरु);カルナータカ州 (कर्नाटक) の州都》.

बंगाल /baṃgāla バンガール/ [cf. Skt.m. वङ्ग- 'Bengal proper or the eastern parts of the modern province'] *m.*〘地理〙ベンガル(地方). ❐～ की खाड़ी ベンガル湾. ❐पश्चिम ～ 西ベンガル州.

बंगाली /baṃgālī バンガーリー/ [बंगाल + -ई] *adj.* ベンガル(地方)の;ベンガル人の;ベンガル語の. ❐～ साहित्य ベンガル語文学.

— *m.* ベンガル人.

बंजर /baṃjara バンジャル/ [?<OIA. *vandhya-* 'barren, sterile': T.11275] *adj.* 不毛の(地). ❐～ ज़मीन 不毛の地.

— *m.* 不毛の地, 荒地.

बंजारा /baṃjārā バンジャーラー/ ▹बनजारा [<OIA. **vaṇijyākāra-* 'trader': T.11234] *m.* **1** ジプシー;遊牧の民. **2** (穀物)行商人.

बंजुल /baṃjula バンジュル/ [cf. Eng.n. *Banjul*] *m.*〘地名〙バンジュール《ガンビア(共和国) (गांबिया) の首都》.

बँटना /bāṭanā バントナー/ ▸बटना [cf. बाँटना] *vi.* (*perf.* बँटा /bāṭā バンター/) **1** 分割される;仕切られる. ❐नगर, देश-दुनिया में क्या हो रहा है, इसमें मैं बराबर रुचि लेता रहा, और मेरा बहुत-सा समय और बहुत-सा ध्यान उस ओर बँटता रहा। 町で, 国で何が起きているのか, このことに私は絶えず関心を持ち

続けた, そして私の多くの時間と多くの注意がその方向に割かれ続けた. **2** 配られる, 分配される, 分け与えられる. ❐मिठाइयाँ सभी बच्चों में बँट गईं। お菓子が子どもたちみんなに配られた.

बँटवाना /bāṭạvānā バントワーナー/ ▸बँटाना, बटवाना, बटाना [caus. of *बँटना, बाँटना*] *vt.* (*perf.* बँटवाया /bāṭạvāyā バントワーヤー/) 分配させる;分配してもらう.

बँटवारा /bāṭạvārā バントワーラー/ ▸बटवारा [cf. *बाँटना*] *m.* **1** (財産の)分割, 分離. **2** (財産の)分配, 割り当て.

बँटाई /bāṭāī バンターイー/ ▸बटाई *f.* ☞बटाई

बंटाढार /baṃṭāḍʰārạ バンターダール/ [?] *m.* 台無し, めちゃくちゃ. ❐(का) ～ करना (…を)めちゃくちゃにする.

बँटाना /bāṭānā バンターナー/ ▸बँटवाना, बटवाना, बटाना [caus. of *बँटना, बाँटना*] *vt.* (*perf.* बँटाया /bāṭāyā バンターヤー/) ☞बँटवाना

बंडल /baṃḍalạ バンダル/ [←Eng.n. *bundle*] *m.* 束, 包み. ❐कपड़ों [किताबों] का ～ 布地[本]の１包み. ❐चिट्ठियों के ～ 手紙の束. ❐नोटों के ～ 札束.

बंडा /baṃḍā バンダー/ *m.* 〘植物〙バンダー(の塊茎)《サトイモ科アラム属の一種;食用》.

बंडी /baṃḍī バンディー/ [?] *f.* バンディー《袖のない上着の一種》.

बंद[1] /baṃdạ バンド/ [←Pers.n. بند 'a band, tie, fastening, ligament, ligature, bandage, chain, shackle, fetter, manacle'; cog. Skt. *बद्ध-* 'bound, tied, fixed, fastened, chained, fettered'] *adj.* **1** 閉じた, 閉まった, 閉鎖した. ❐～ करना (…を)閉める. ❐～ होना 閉まる, 閉じる. **2** (仕事や作業などが)中止[中断]した;(電気・水道などの供給が)止まった. ❐～ करना (…を)中止する[止める]. ❐～ होना 止まる. **3** 密閉された, 密封された;(瓶などに)詰められた. ❐लिफ़ाफ़े में ～ चिट्ठी 封筒の中に密封された手紙. **4** 拘束された, 閉じ込められた. ❐उसे जेल में ～ करो। 彼を牢に入れろ. ❐पिंजड़े में ～ चिड़िया 籠の鳥.
— *m.* **1** 結び目. (⇒गाँठ) **2** ベルト, バンド;帯;リボン. **3** 関節. **4** ダム;堤防. (⇒बाँध) **5** 監禁;投獄. **6** 〘文学〙(詩の)連, 節, スタンザ.

बंद[2] /baṃdạ バンド/ [←Eng.n. *bun*] *m.* 〘食〙菓子パン.

-बंद /-baṃdạ ・バンド/ [cf. *बंद*[1]] *suf.* 《主に名詞に付加して「……を備えた, …に付属した」などの形容詞を作るペルシヤ語接尾辞; गुलूबंद「マフラー」, टिन-बंद「缶詰になった」, हथियारबंद「武装した」など》.

बंदगी /baṃdagī バンダギー/ [←Pers.n. بندگی 'servitude, ministry, devotion'] *f.* **1** 服従;隷属. **2** (神への)帰依. **3** 〘イスラム教〙挨拶, おじぎ. ❐(की) ～ करना (人に)挨拶をする.

बंदगोभी /baṃdạgobʰī バンドゴービー/ [*बंद* + *गोभी*] *f.* 〘植物〙キャベツ. (⇒करमकल्ला)

बंदनवार /baṃdanạvārạ バンダンワール/ [<Skt.f. *वन्दन-माला-* 'a festoon of leaves suspended across gateways'] *m.* バンダンヴァール《マンゴーやムユウジュなどの葉を使った花綱;結婚式などの慶事, 名士の来場などの機会に式場の出入り口に飾られる》. (⇒वंदनमाला)

बंदर /baṃdarạ バンダル/ [<OIA.m. *vānara-* 'monkey': T.11515] *m.* 〘動物〙(雄)サル(猿). 《鳴き声はकी-की》(⇔बँदरिया, बंदरी)

बंदरगाह /baṃdarạgāhạ バンダルガーハ/ [←Pers.n. بندرگاه 'a port, emporium, pass'] *m.* 港;波止場.

बंदर-घुड़की /baṃdarạ-gʰuṛạkī バンダル・グルキー/ *f.* こけ脅し, 虚勢, からいばり. (⇒बंदर-भभकी)

बंदर-बाँट /baṃdarạ-bāṭạ バンダル・バーント/ *f.* (公平ではない)自分勝手な分配. (⇔बंदर)

बंदर-भभकी /baṃdarạ-bʰabʰạkī バンダル・バブキー/ *f.* ☞बंदर-घुड़की

बंदर सेरी बेगवान /baṃdarạ serī begạvānạ バンダル セーリー ベーグワーン/ [cf. Eng.n. *Bandar Seri Begawan*; cf. *श्री भगवान्*] *m.* 〘地名〙バンダルスリブガワン《ブルネイ(・ダルサラーム国) (ब्रुनेई) の首都》.

बँदरिया /bādariyā バンダリヤー/▸बंदरी [cf. *बंदर*] *f.* 〘動物〙雌猿. (⇔बंदर)

बंदरी /baṃdarī バンダリー/ ▸बँदरिया [cf. *बंदर*] *f.* ☞बँदरिया

बंदा /baṃdā バンダー/ [←Pers.n. بنده 'a servant, slave'] *m.* 僕(しもべ);奴隷《主に自分を卑下して言う表現として》.

बंदिश /baṃdiśạ バンディシュ/ [←Pers.n. بندش 'engraving, enchasing (of gold or silver)'] *f.* **1** 停止;束縛, 拘束;制限, 制約. (⇒प्रतिबंध) ❐(पर) (की) ～ लगाना (…に対して)(…の)制限を課す. ❐बिजली की ～ 停電. **2** (詩文などにおける)吟味された言葉使い.

बंदी[1] /baṃdī バンディー/ [←Pers.n. بندی 'bound, chained, imprisoned; a prisoner'; cog. Skt.m. *बन्दिन्-, वन्दिन्-* 'a prisoner, captive, slave'] *m.* **1** 捕虜, とりこ. **2** 囚人. **3** 奴隷.
— *f.* **1** 結びつけること;縛りつけること. **2** 閉鎖. ❐फ़ैक्टरी ～ का आदेश 工場閉鎖命令.

बंदी[2] /baṃdī バンディー/ [←Skt.m. *बन्दिन्-, वन्दिन्-* 'a praiser, bard, herald'] *m.* 吟遊詩人;即興詩人《特に王侯の武勇などを謳う》.

बंदीख़ाना /baṃdīxānā バンディーカーナー/ [←Pers.n. بندیخانه 'house of bandage, prison'] *m.* 刑務所, 監獄;拘置所. (⇒बंदीगृह)

बंदीगृह /baṃdīgṛhạ バンディーグリフ/ [*बंदी*[1] + *गृह*] *m.* 刑務所, 監獄;拘置所. (⇒बंदीख़ाना)

बंदीघर /baṃdīgʰarạ バンディーガル/ [*बंदी*[1] + *घर*] *m.* ☞बंदीगृह

बंदूक़ /baṃdūqạ バンドゥーク/ [←Pers.n. بندوق 'a musket' ←Arab.] *f.* 小銃, 鉄砲《古くはマスケット銃;後にライフル銃》. ❐～ चलाना 小銃を発射する.

बंदूक़ची /baṃdūqạcī バンドゥークチー/ [←Pers.n. بندوقچی 'musketter; rifle-man'] *m.* 小銃兵《古くはマスケット銃兵;後にライフル銃兵》.

बंदोबस्त /baṃdobastā バンドーバスト/ [←Pers.n. بند و بست 'settlement for rent or taxes; arrangement'] *m.* 手配；準備. (⇒प्रबंध) ❐(की) ～ करना (…の)手配をする.

बंध /baṃdʰā バンド/ [←Skt.n. *बन्ध-* 'binding, tying, a bond, tie, chain'; cog. Pers.n. بند 'a band, tie, fastening, ligament, ligature, bandage, chain, shackle, fetter, manacle'] *m.* 結ぶもの, 縛るもの.

बंधक /baṃdʰakā バンダク/ [←Skt.m. *बन्धक-* 'pledging or a pledge'] *m.* **1**〚経済〛抵当, 担保. (⇒रेहन) ❐किसी ने बैल, किसी ने गहने ～ रखे। ある者は雄牛を, ある者は装身具を担保にした. **2** 人質. ❐एक हथियारबंद छात्र ने क़रीब २० बच्चों को ～ बना लिया। 一人の武装した学生が約 20 人の子どもたちを人質にした. ❐मेरे माता-पिता को मेरे लौटने तक ～ के रूप में बंदी रक्खा जा सकता है। 両親を私が戻るまで人質として囚われの身としておいて結構です.

बंधन /baṃdʰanā バンダン/ [←Skt.n. *बन्धन-* 'the act of binding, tying, fastening, fettering'] *m.* 束縛, 制約；きずな. ❐(के) ～ को तोड़ना (…の)束縛を打ち破る. ❐(के) ～ में बँधना (…の)束縛に縛られる. ❐शादी नहीं करेगी, इससे जीवन ～ में पड़ जाता है। (彼女は)結婚しないだろう, 結婚で人生は束縛されるのだ.

बँधना /bā̃dʰanā バンドナー/ [cf. *बाँधना*] *vi.* (*perf.* बँधा /bā̃dʰā バンダー/) **1** (糸・ひも・ロープなどで)縛られる, 結ぶばれる, くくりつけられる；(糸・ひも・ロープ同士が)結ばれる, つながれる；(家畜・船などが)つながれる. (⇔खुलना) ❐द्वार पर एक बैल बँधा हुआ था। 戸口に一頭の雄牛がつながれていた. **2** 束縛[拘束]される, 縛られる. **3** (あらかじめ)取決めされる. ❐रात को भी खाने का समय बँधा हुआ था। 夜も食事の時間は決められていた. ❐पहले ही से इशारा बँधा हुआ था। 前もって合図が決められていた. **4** (思考などが)中断されないで集中する；(期待などが)抱かれる；(列が)揃って並ぶ. ❐इस क्रांतिकारी तकनीक से रेटिनाइटिस पिगमेंटोसा जैसे असाध्य नेत्र रोग का निदान ढूंढ़ने की उम्मीद बँधी है। この革命的な技術によって色素性網膜炎 (reinitis pigmentosa) のような眼の不治の病の治療を探り出す期待がもたれている.

बँधनी /bā̃dʰanī バンドニー/ [cf. *बँधना*] *f.* **1** (離れないように)つなぐもの, 結ぶもの, 縛るもの. **2** 絞り染め.

बंध-पत्र /baṃdʰā-patrā バンド・パトル/ [neo.Skt.n. *बन्ध-पत्र-* 'a bond'] *m.*〚経済〛証書, 証文.

बँधवाना /bā̃dʰavānā バンドワーナー/ ▸बँधाना [caus. of *बँधना, बाँधना*] *vt.* (*perf.* बँधवाया /bā̃dʰavāyā バンドワーヤー/) 縛らせる；縛ってもらう.

बँधाना /bā̃dʰānā バンダーナー/ ▸बँधवाना *vt.* (*perf.* बँधाया /bā̃dʰāyā バンダーヤー/) ☞बँधवाना

बंधु /baṃdʰu バンドゥ/ [←Skt.m. *बन्धु-* 'connection, relation, association; a friend'] *m.* 友, 同胞(はらから).

बंधेज /baṃdʰejā バンデージ/ [<OIA. **bandhēyya-* : T.09146z2] *m.* **1** (特に贈答などの)慣例；(慣例による)金品などの贈り物. **2** 絞り染め. ❐～ की साड़ियाँ 絞り染めのサリー. **3** 制限, 抑制.

बंपुलिस /baṃpulisā バンプリス/ ▹बमपुलिस *m.* ☞बमपुलिस

बंबइया /baṃbaiyā バンバイヤー/ [cf. *बंबई*] *adj.* ボンベイの；ボンベイ風の；ボンベイ流の《現在は新しい地名ムンバイー (मुंबई) にちなんだ形容詞 मुंबइया が使用される》.

बंबई /baṃbaī バンバイー/ [cf. Eng.n. *Bombay*] *f.*〚地名〛バンバイー, ボンベイ《マハーラーシュトラ州 (महाराष्ट्र) の州都ムンバイー (मुंबई) の旧名》.

बंबा /baṃbā バンバー/ [←Port.f. *bomba* 'pump'] *m.* **1** ポンプ. **2** 消化栓；給水栓. **3** 郵便ポスト.

बंबू /baṃbū バンブー/ [←Port.f. *bambu* 'bamboo' (←Sumatra, Java)] *m.* (アヘン चंडू 吸引用の竹製の)パイプ.

बंसी /baṃsī バンスィー/ [<OIA.f. *vaṁśī-* 'flute, pipe': T.11180] *f.* **1**〚楽器〛竹笛. (⇒बाँसुरी, मुरली) **2** 釣り竿. **3** 釣り針.

बँहगी /bā̃hagī バンフギー/ ▸बहँगी *f.* ☞बहँगी

बक /bakā バク/ [←Skt.m. *बक-* 'a kind of heron or crane, *Ardea nivea*'] *m.*〚鳥〛サギ. (⇒बगला)

बक-झक /bakā-jʰakā バク・ジャク/ [*बकना* + *झकना*] *f.* たわごと；騒々しくわめくこと. (⇒बक-बक) ❐～ करना たわごとをわめく. ❐औरतों की लड़ाई मर्दों की ～ तक पहुँची। 女たちの争いは男たちのわめき合いにまで達した.

बकतर /bakatarā バクタル/ ▹बक्तर ▸बख़्तर [←Pers.n. بکتر 'a cuirass'; cf. *बख़्तर*] *m.* ☞बख़्तर

बकना /bakanā バクナー/ [<OIA. **bakk-* 'chatter': T.09117] *vt.* (*perf.* बका /bakā バカー/) **1** (くだらぬことを)ぺちゃくちゃしゃべる；ほざく, 罵る. (⇒अकबकाना) ❐यह दुनिया है, जिसके जी में जो आता है, बकता है। これが世間ですよ, 心に思ったことをそのまま口外するのです. ❐आपस में लड़ाई हो, तो मुँह से चाहे जितना बक ले, मन में कीना न पाले। 互いに争いごとがあるなら, 口でどれほど罵ろうともかまわないが, 心のなかで恨みはもつな. **2** (意味不明のことを)言う；(たわごとを)言う. ❐बेबात की बात मत बको। 馬鹿みたいなことを言うな. ❐लटपटाती हुई ज़बान से ऊटपटाँग बक रहा था। 彼はよくまわらぬ舌でたわごとを言っていた. **3** うっかり口ばしる. ❐जो कुछ मुँह में आया बका। 口にのぼったことをそのまま口ばしった.

बक-बक /bakā-bakā バク・バク/ [cf. *बकना*] *f.* たわごと, 馬鹿話. (⇒बक-झक) ❐क्यों व्यर्थ की ～ करती हो? (おまえは)どうして意味のないたわごとをほざくのだ.

बकरम /bakaramā バクラム/ [←Eng.n. *buckram*] *m.* バックラム《膠(にかわ)・糊などでこわばらせたあらい布地；服地の芯や製本などに用いる》.

बकरा /bakarā バクラー/ [<OIA.m. *bárkara-* 'kid, lamb': T.09153] *m.*〚動物〛(雄)ヤギ(山羊). (⇔बकरी)

बकरी /bakarī バクリー/ [cf. *बकरा*] *f.*〚動物〛(雌)ヤギ(山羊). 《鳴き声の擬声語は में-में》(⇔बकरा) ❐～ मिमियाती है। ヤギがメーメー鳴く.

बकलस /bakalasa バクラス/ [←Eng.n. *buckles*] *m.* (ベルトなどの)締め金, バックル.

बकवाद /bakavāda バクワード/ [*बकना* + *-वाद*] *f.* 馬鹿話, でたらめ話.

बकवाना /bakavānā バクワーナー/ [caus. of *बकना*] *vt.* (*perf.* बकवाया /bakavāyā バクワーヤー/) 馬鹿話をさせる.

बकवास /bakavāsa バクワース/ [cf. *बकना, बकवाना*] *f.* (くだらぬ)おしゃべり, たわごと. ❐～ करना たわごとを言う. ❐～ बंद करो। たわごとはやめろ.

बकवासी /bakavāsī バクワースィー/ [*बकवास* + *-ई*] *adj.* 無駄口をたたく(人), 馬鹿話をする(人).

बकवृत्ति /bakavṛtti バクヴリッティ/ [←Skt. *बक-वृत्ति-* 'one who acts like a heron, a hypocrite'] *f.* 偽善者ぶり.

बकस /bakasa バカス/ ▸बक्स *m.* 〔俗語〕☞बक्स

बकसुआ /bakasuā バクスアー/ ▸बकलस *m.* ☞बकलस

बक़ाया /baqāyā バカーヤー/ [←Pers.n. بقایا 'remainders, remains' ←Arab.] *adj.* 〖経済〗未払いの, 未納の. ❐क़र्ज़ की ४३ प्रतिशत रक़म ～ है। 借金の43パーセントの金額が未返済である.
— *m.* 〖経済〗未払い金, 未納金.

बकार /bakāra バカール/ [←Skt.m. *ब-कार-* 'Devanagari letter ब or its sound'] *m.* **1** 子音字 ब. **2** 〖言語〗子音字 ब の表す子音 /b ブ/.

बकारांत /bakārāṃta バカーラーント/ [←Skt. *बकार-अन्त-* 'ending in the letter ब or its sound'] *adj.* 〖言語〗語尾が ब で終わる(語)《अब「今」, जेब「ポケット」, शराब「酒」など》. ❐～ शब्द 語尾が ब で終わる語.

बकैयाँ /bakaiyā̃ バカェーヤーン/ [?cf. *बक*] *f.* (幼児の)はいはい歩き, 這って歩くこと, 四つん這いになること. ❐～ चलना はいはい歩きをする, 這って歩く.

बकोटना /bakoṭanā バコートナー/ [cf. OIA. **bukka-*[3] 'handful': T.09262] *vt.* (*perf.* बकोटा /bakoṭā バコーター/) **1** (爪で皮膚を)ひっかく, つねる. (⇒नोचना) **2** (金品を)強要する, ゆすりとる.

बकोटा /bakoṭā バコーター/ [cf. *बकोटना*] *m.* (皮膚にのこる爪の)ひっかき傷, つねった傷跡.

बक़ौल /baqaula バカォール/ [←Pers.ind. بقول 'according to the saying of'] *ind.* …の言によれば《直後に人名を置き, 副詞句「…氏によれば」を作る》. ❐～ प्रो॰ शर्मा シャルマー教授によれば.

बक्कल /bakkala バッカル/ [<OIA.m. *valkala-* 'bark , bark garment': T.11418] *m.* **1** 樹皮. (⇒छाल) **2** (果物の)皮. (⇒छिलका)

बक्तर /baktara バクタル/ ▹बकतर ▸बख़्तर [←Pers.n. بکتر 'a cuirass'] *m.* ☞बख़्तर

बक्स /baksa バクス/ ▸बकस, बक्सा [←Eng.n. *box*; cf. *बाक्स*] *m.* 箱, ボックス. ❐दवाओं का ～ 薬箱.

बक्सा /baksā バクサー/ ▸बक्स *m.* ☞बक्स

बखान /bakʰāna バカーン/ [<OIA.n. *vyākhyā́na-* 'comment, narration': T.12188] *m.* **1** 説明;解説;描写. **2** 賞賛(の言葉), 賛美. (⇒तारीफ़, प्रशंसा) ❐(का) ～ करना(…を)賞賛する.

बखानना /bakʰānanā バカーンナー/ [cf. *बखान*] *vt.* (*perf.* बखाना /bakʰānā バカーナー/) **1** 解説する, 評する. **2** 誉めそやす, 賞賛する《皮肉的な意になる場合も》. (⇒सराहना)

बखार /bakʰāra バカール/ [<OIA.m. *vakṣaskāra-* 'basket': T.11189] *m.* 穀物倉庫.

बख़िया /baxiyā バキヤー/ [←Pers.n. بخیه 'quilting, sewing very thick and strong'] *m.* 返し縫い. ❐～ उधेड़ना 返し縫いをほどく;正体を暴く.

बख़ियाना /baxiyānā バキヤーナー/ [cf. *बख़िया*] *vt.* (*perf.* बख़ियाया /baxiyāyā バキヤーヤー/) 返し縫いをする.

बख़ूबी /baxūbī バクービー/ [←Pers.adv. بخوبی 'in a good maner, well'] *adv.* **1** 見事に, 立派に, うまく, 上手に. ❐वह फ़्रांसीसी ～ बोल सकता है। 彼はフランス語を見事に話せます. **2** 十分に. ❐～ याद है। とてもよく覚えています.

बखेड़ा /bakʰeṛā バケーラー/ [<OIA.m. *vyākṣepa-* 'invective': T.12186; cf. *बिखरना*] *m.* 面倒事, 厄介事, ごたごた. ❐～ करना 面倒事を起こす. ❐मैं तो इन बखेड़ों में ऐसा फँसा कि जाने की नौबत नहीं आई। 私はこの果てしのないごたごたに巻き込まれてしまった.

बख़्तर /baxtara バクタル/ ▸बक्तर [hypercorr. ←Pers.n. بکتر 'a cuirass'; cf. *बकतर*] *m.* **1** よろい, 鎧, 甲冑. (⇒कवच) **2** 装甲板. (⇒कवच)

बख़्तरबंद /baxtarabaṃda バクタルバンド/ [*बख़्तर* + *-बंद*] *adj.* **1** よろい[防具]で身をかためた. **2** 装甲した, 装甲の. ❐～ गाड़ी। 装甲車.

-बख़्श /-baxśa ・バクシュ/ [←Pers.n. بخش 'fortune; a giver'] *comb. form* 《名詞に付加して「…を与える(もの)」を意味する連結形;सेहतबख़्श「健康を与える, 健康にいい」など》

बख़्शना /baxśanā バクシュナー/ [cf. *-बख़्श*] *vt.* (*perf.* बख़्शा /baxśā バクシャー/) **1** 授ける, 贈与する. ❐बादशाह ने ग़रीबों को बहुत-सा धन बख़्शा। 王は貧しい者たちに多くの富を与えた. **2** (人・罪などを)許す, 大目に見る, 免ずる. ❐मुसलमानों की एक भी दुकान या मकान को नहीं बख़्शा गया। イスラム教徒の店や家は一軒たりとも逃れることはできなかった. ❐मैं किसी को बख़्शने की मनःस्थिति में न था। 私は誰も許せるような気分ではなかった.

बख़्शवाना /baxśavānā バクシュワーナー/ ▸बख़्शाना [caus. of *बख़्शना*] *vt.* (*perf.* बख़्शवाया /baxśavāyā バクシュワーヤー/) 許させる;許してもらう.

बख़्शाना /baxśānā バクシャーナー/ ▸बख़्शवाना *vt.* (*perf.* बख़्शाया /baxśāyā バクシャーヤー/) ☞बख़्शवाना

बख़्शिश /baxśiśa バクシシュ/ ▸बख़्शीश [←Pers.n. بخشیش 'a present'] *f.* **1** 心付け, チップ, 祝儀. (⇒टिप) **2** 容赦, 勘弁. (⇒क्षमा)

बख़्शीश /baxśīśa バクシーシュ/ ▸बख़्शिश [←Pers.n. بخشیش 'a present'] *f.* ☞बख़्शिश

बग़दाद /baġadāda バグダード/ [←Pers.n. بغداد 'the city of Baghdad' ←Arab.] *m.* 〖地名〗バグダッド《イラク(共

和国）(इराक़) の首都》.

बग़ल /bağala バガル/ [←Pers.n. بغل 'the arm-pit'] *f.* **1** 脇の下(の窪み)《男性名詞としても使用》. (⇒काँख) ❒एक दिन वे एक बस्ता-सा ～ में दाबे मेरे घर आए। ある日彼はカバンのようなようなものを小脇にかかえて私の家に来た. **2** 側, 脇, 横. ❒वह मेरी ～ में बैठी। 彼女は私の脇に座った. **3**〔慣用〕❒बग़लें झाँकना (恥をかいて)どうしたものかと周囲を見回す. ❒बग़लें बजाना 大喜びをする.

बगला /bagalā バグラー/ ▸बगुला [<OIA.m. *baka-* 'the bird *Ardea nivea*': T.09115] *m.* 〖鳥〗(雄)サギ. (⇔बगली)

बगला-भगत /bagalā-b^hagata バグラー・バガト/ ▸बगुला-भगत *m.* 偽善者《特に信仰心の篤いことを装う不信心者;サギ (बगला) の身動きしないで立っている様が敬虔な祈りをささげているように見え, 近づくものがサギの餌食になってしまうということから》.

बग़लियाना /bağaliyānā バグリヤーナー/ [cf. *बग़ल*] *vi.* (*perf.* बग़लियाया /bağaliyāyā バグリヤーヤー/) (人・ものを)避けて通り抜ける. (⇒कतराना)
— *vt.* (*perf.* बग़लियाया /bağaliyāyā バグリヤーヤー/) (ものを)脇にどける;(人・ものを)避ける. ❒वह मुझे बग़लियाकर इधर से निकल गया। 彼は私を避けてこっちから出て行った.

बगली /bagalī バグリー/ [cf. *बगला*] *f.* 〖鳥〗雌サギ. (⇔बगला)

बग़ली /bağalī バグリー/ [←Pers.adj. بغلی 'pertaining to the arm-pit, axillary'] *adj.* 側面の, 脇の, 横についている. ❒～ घूँसा 脇腹を殴ること, 思わぬ伏兵. ❒～ सीट (オートバイの)サイドシート. ❒सामने घात न करके ～ चोटें करना 正面から攻撃するのではなく側面から打撃を与える.

बग़ावत /bağāvata バガーワト/ [←Pers.n. بغاوة 'rebellion' ←Arab.] *f.* 反乱, 謀反(むほん). (⇒ग़दर, विद्रोह) ❒बाग़ियों की ～ 反乱者たちの謀反.

बगिया /bagiyā バギヤー/ [cf. *बाग़*] *f.* 小さな庭園.

बग़ीचा /bağīcā バギーチャー/ [cf. *बाग़ीचा*] *m.* ☞बाग़ीचा

बगुला /bagulā バグラー/ ▸बगला *m.* ☞बगला

बगुला-भगत /bagulā-b^hagata バグラー・バガト/ ▸बगला-भगत *m.* ☞बगला-भगत

बगुली /bagulī バグリー/ ▸बगली *f.* ☞बगली

बगूला /bagūlā バグーラー/ ▸बबूला [<OIA. &**vātōdgūra-* 'whirlwind': T.11504a] *m.* 竜巻, 旋風(つむじかぜ). ❒सवान का महीना आ गया था और बगूले उठ रहे थे। サーワン月がやって来た, そして旋風が巻き上がっていた.

बग़ैर /bağaira バガェール/ [←Pers.ind. بغير 'without, besides, except, unless' ←Arab.] *ind.* 《(के) बग़ैर あるいは बग़ैर (के) の形式で副詞句「(…)無しに」を表す;動詞の完了分詞後置格形とともに副詞句「…しないで」を表す》. (⇒बिना) ❒पाँच महीने ～ वेतन के घर चलाने की समस्या थी। 5か月を給料無しで家を切り盛りする問題があった.

बग्गी /baggī バッギー/ ▸बग्घी *f.* ☞बग्घी

बग्घी /bagg^hī バッギー/ ▸बग्गी [?←Eng.n. *buggy*] *f.* 軽装馬車. ❒～ में सफ़र करना 馬車で旅行する. ❒～ पर सवार होना 馬車に乗る.

बघ- /bag^ha- バグ・/ [comb. form of *बाघ*] *comb. form* 《「虎」(बाघ)を表す連結形;बघछाला, बघनखा など》.

बघछाला /bag^hac^hālā バグチャーラー/ [*बाघ* + *छाल*] *m.* 虎の皮(の敷物).

बघनखा /bag^hanak^hā バグナカー/ ▸बघनहाँ, बघनहा [*बाघ* + *नख*] *m.* **1** バグナカー《虎の爪の形状をした鉤爪形の中世の武器;手の甲から指にかけて装着する》. **2** バグナカー《虎の爪が入っている首飾り;魔除けに使用》.

बघनहाँ /bag^hanahā̃ バグナハーン/ ▸बघनखा, बघनहा *m.* ☞बघनखा

बघनहा /bag^hanahā バグナハー/ ▸बघनखा, बघनहाँ *m.* ☞बघनखा

बघार /bag^hāra バガール/ [cf. *बघारना*] *m.* 〖食〗(熱した油で)味付け用のタマネギや香辛料を炒めること.

बघारना /bag^hāranā バガールナー/ [<OIA. *vyā́ghārayati* 'sprinkles over': T.12191] *vt.* (*perf.* बघारा /bag^hārā バガーラー/) **1**〖食〗(熱した油で)味付け用のタマネギや香辛料を炒める;(風味を出すために)(炒めた香辛料を)ダール (दाल) などの上にかける. (⇒छौंकना, तड़कना) **2** えらそうに(知識などを)ひけらかす. ❒बहुत ज्ञान न बघार। えらそうにあんまり知識をひけらかすんじゃないよ. ❒मज़े से एक हज़ार माहवार फटकारते हैं, न जोरू न जाँता, न कोई चिंता न बाधा, वह दर्शन न बघारें, तो कौन बघारे? あの人は簡単に毎月千ルピーも荒稼ぎしているんだよ, 妻も家庭ももたず, 何の心配もなければ何の束縛だってない, あの人がえらそうに人生哲学をひけらかさなければ, 一体誰がひけらかすと言うのだい. **3**〔慣用〕❒नख़रे ～ (女が)男をじらす. ❒शान ～ これみよがしに誇示する. ❒(पर) शेख़ी ～ (…を)これみよがしに自慢する.

बच- /baca- バチ・/ comb. form of *बच्चा* *comb. form* 《「子ども」(बच्चा) 表す連結形; बचपन「幼年時代」など》

बचकाना /bacakānā バチカーナー/ [←Pers.adj. بچگانه 'childish, fit for children'] *adj.* 子どもじみた, 子どもっぽい, 幼稚な.

बचत /bacata バチャト/ [cf. *बचना*] *f.* **1** (時間・労力・金などの)節約. ❒साइकिल से मेरे श्रम और समय की बड़ी ～ हुई। 自転車によって私の労力と時間がとても節約された. **2** 節約された費用(の額);蓄え, 貯金. **3** (苦境からの)救済.

बचना /bacanā バチナー/ [<OIA. *váñcati* 'moves (with a stick), crawls': T.11208] *vi.* (*perf.* बचा /bacā バチャー/) **1** 助かる, 救われる;生き延びる. **2** (もの・金が)余る, 残る;節約される;貯蓄される. **3** (…から)のがれる;(…を)免れる;(…に)近づかない, (…を)避ける. **4**《〖未完了分詞 未完了分詞 बचा〗の形式で,「あわや…するところだった」の意;重複する未完了分詞は男性・複数形, बचा は主語の性・数に合わせる》❒जेल जाते जाते

बचे। (彼は)あわや牢屋行きになるところだった. ❐मैं मरते मरते बचा। 私はあわや死ぬところだった.

बचपन /bacapana バチパン/ [बच- + -पन] *m.* 幼年時代, 子ども時代. (⇒बालापन) ❐～ में 幼年[子ども]時代に.

बचा-खुचा /bacā-kʰucā バチャー・クチャー/ [echo-word; cf. बचना] *adj.* 手元に残った；余りものの, 食べ残した；手垢の付いた. ❐दादी का कोई ～ ज़ेवर 祖母の手元に残ったなにがしかの装飾品. ❐बचे-खुचे खाने 残飯.

बचाना /bacānā バチャーナー/ [cf. बचना] *vt.* (*perf.* बचाया /bacāyā バチャーヤー/) **1** (命を)助ける；(危機・絶滅などから)救う；保存する；守る. **2** (もの・金を)余す；残す；倹約[節約]する；貯蓄する. **3** (…から)のがす；(…を)免れさす；(…に)近づけない, (…を)避けさす；(人の目を)避ける.

बचाव /bacāva バチャーオ/ [cf. बचाना] *m.* **1** 救助. ❐～ कार्य 救助活動. **2** 防衛, 防御. **3** (保身のために)言い逃れ. **4** (被告側の)弁護. 抗弁. ❐～ पक्ष 被告側. **5** 『スポーツ』守備, ディフェンス.

बच्चा /baccā バッチャー/ [←Pers.n. بچه 'an infant, boy, child, son'; cog. Skt.m. वत्स- 'a calf, the young of any animal, offspring, child': T.11239] *m.* **1** (男の)子ども, 子, 児童；幼児, 小児. (⇔बच्ची) **2** (動物・鳥・昆虫などの)子, 雛, 幼虫. **3**〔卑語〕ガキ, 鼻ったれ小僧.

बच्चादान /baccādāna バッチャーダーン/ [←Pers.n. بچه دان 'the womb'] *m.* 『医学』子宮. (⇒गर्भाशय)

बच्चादानी /baccādānī バッチャーダーニー/ [←Pers.n. بچه دانی 'the womb'] *f.* ☞बच्चादान

बच्ची /baccī バッチー/ [cf. बच्चा] *f.* (女の)子ども, 幼児. (⇔बच्चा)

बछड़ा /bacʰaṛā バチラー/ [<OIA.m. *vatsá-¹* 'calf, child': T.11239] *m.* 『動物』(雄)子牛. (⇔बछड़ी, बछिया)

बछड़ी /bacʰaṛī バチリー/ [cf. बछड़ा] *f.* 『動物』雌の子牛. (⇒बछिया)(⇔बछड़ा)

बछिया /bacʰiyā バチヤー/ [<OIA.m. *vatsá-¹* 'calf, child': T.11239] *f.* 『動物』雌の子牛. (⇒बछड़ी)(⇔बछड़ा) ❐～ का ताऊ 大馬鹿者.

बछेड़ा /bacʰeṛā バチェーラー/ ▸बछेरा [<OIA.m. *vatsatará-* 'young bull or goat before weaning or copulation': T.11241] *m.* 『動物』(雄)子馬. (⇔बछेड़ी)

बछेड़ी /bacʰeṛī バチェーリー/ [cf. बछेड़ा] *f.* 『動物』雌の子馬. (⇔बछेड़ा)

बछेरा /bacʰerā バチェーラー/ ▸बछेड़ा *m.* ☞बछेड़ा

बजट /bajaṭa バジャト/ [←Eng.n. *budget*] *m.* 『経済』予算(案). (⇒आय-व्ययक) ❐बचत [घाटे] का ～ 黒字[赤字]予算. ❐पारिवारिक ～ 家計. ❐रक्षा ～ 防衛予算.

बजटीय /bajaṭīya バジティーエ/ [बजट + -ईय] *adj.* 予算の, 予算上の. ❐～ आवंटन 予算配分.

बजना /bajanā バジナー/ ▸बाजना [<OIA. *vādyatē* 'is made to sound': T.11513] *vi.* (*perf.* बजा /bajā バジャー/) **1** (楽器が)奏でられる, 演奏される. ❐बाजा बजना बंद हो गया। 楽器の演奏がやんだ. **2** 音が出る；(鐘・電話・拍手などが)鳴る. ❐ज़ोर से तालियाँ बजीं। 激しい拍手が鳴った. ❐ताली हमेशा दो हथेलियों से बजती है, यह आप भूल जाते हैं। 拍手というものは常に二つの手のひらで鳴るのです, このことをあなたは忘れてしまわれます. ❐फ़ोन बज रहा है। 電話が鳴っている. ❐बैलों के गले की घंटियाँ कभी-कभी बज उठती थीं। 雄牛の首の鐘が時々鳴っていた. **3** (時計が)(…時を)打つ. ❐दो बज चुके थे। 2時を過ぎていた. ❐दो बजे गाड़ी आने वाली है। 2時に汽車が来ます. ❐दो बजकर तीन मिनट पर 2時3分に. ❐दो बजने में तीन मिनट पर 2時3分前に.

बजबजाना /bajabajānā バジバジャーナー/ [onom.] *vi.* (*perf.* बजबजाया /bajabajāyā バジバジャーヤー/) (暑さなどで水中の腐敗物などから)泡が立つ. ❐कूड़े-कचरे से पटी नालियाँ बजबजा रही हैं। ゴミや廃棄物で満ちた排水溝は腐ったものから泡が立っている.

बजरा /bajarā バジラー/ [?cf. Skt.m. वज्र- 'the hard or mighty one'; → Eng.n. *budgerow*] *m.* バジラー《居住用の部屋がある大型の川船, ハウスボート, 屋形船；鉄道が敷設される前はガンジス川の往来によく使用された》. ❐चलो, आज बजरे पर दरिया की सैर करें। さあ, 今日は屋形船で川遊びをしよう.

बजरी /bajarī バジリー/ [?] *f.* 砂利. ❐सड़क पर ～ बिछी हुई थी। 道には砂利が敷かれていた.

बजवाना /bajavānā バジワーナー/ [caus. of बजना, बजाना] *vt.* (*perf.* बजवाया /bajavāyā バジワーヤー/) 鳴らさせる；鳴らしてもらう.

बजा /bajā バジャー/ [←Pers.adj. بجا 'in place; true, accurate, right, proper'] *adj.* 正当な, 理屈に合った；適当な, 合理的な, 妥当な. (⇔बेजा)

— *adv.* 正当に, 妥当性をもって. (⇔बेजा)

बजाए /bajāe バジャーエー/ ▹बजाय *ind.* ☞बजाय

बज़ाज़ /bazāza バザーズ/ [←Pers.n. بزاز 'a dealer in cloths, a linen-draper' ←Arab.] *m.* 織物商人, 呉服商人.

बज़ाज़ी /bazāzī バザーズィー/ [←Pers.n. بزازی 'business of a cloth-merchant'] *f.* 織物商, 呉服商.

बजाना /bajānā バジャーナー/ [cf. बजना] *vt.* (*perf.* बजाया /bajāyā バジャーヤー/) **1** (楽器を)奏でる, (鍵盤楽器を)弾く, 演奏する. ❐कंठ उनका बहुत ही मधुर था और हारमोनियम भी अच्छा बजा लेते थे। 彼の喉はとても甘美だった, またハルモニウムも上手に弾いていた. **2** 音を出す；(鐘・拍手などを)鳴らす；(ラジオを)つける. ❐उसने सीटी बजाई। 彼は口笛を吹いた. ❐लोग बीच-बीच में तालियाँ बजाते थे। 人々は途中途中で拍手をしていた.

बजाय /bajāya バジャーエ/ ▹बजाए [←Pers. بجای 'in lieu'] *ind.* 《『名詞 के बजाय』の形式で, 副詞句「…の代わりに」を表す》 ❐मैंने एक के ～ दो ट्यूशनें कर लीं। 私は一つの代わりに二つの家庭教師をした.

बजे /baje バジェー/ [cf. बजना] *ind.* …時に. ❐एक [डेढ़, दो, ढाई, तीन] ～ मिलेंगे। 1時[1時半, 2時, 2時半, 3時]

に会いましょう. ❐साढ़े तीन ～ मिलेंगे। 3時半に会いましょう.

बटखरा /baṭakʰarā バトカラー/ [cf. Skt.m. *वटक-* 'a particular weight (= 8 *māṣas*)'] *m.* 分銅(ふんどう).

बटन /baṭana バタン/ [←Eng.n. *button*] *m.* **1** (服の)ボタン. ❐(पर [में]) ～ टाँकना (…に)ボタンを縫い付ける. **2** 押しボタン. ❐(का) ～ दबाना (…の)ボタンを押す.

बटना[1] /baṭanā バトナー/ [<OIA. *vartáyati* 'causes to turn, whirls': T.11356] *vi.* (*perf.* बटा /baṭā バター/) すり潰される.
— *vt.* (*perf.* बटा /baṭā バター/) (糸などを)より合わせる.

बटना[2] /baṭanā バトナー/ ▸बँटना *vi.* (*perf.* बटा /baṭā バター/) ☞बँटना

बटमार /baṭamāra バトマール/ [*बाट*[1] + *मारना*] *m.* 追いはぎ.

बटमारी /baṭamārī バトマーリー/ [*बटमार* + *-ई*] *f.* 追いはぎ行為.

बटला /baṭalā バトラー/ ▸बटुला [<OIA.n. *vartalōha-* 'a kind of brass (i.e. *cup metal?)': T.11357] *m.* バトラー《料理用の真鍮製大鍋, 大釜》.

बटली /baṭalī バトリー/ ▸बटलोई, बटुली [cf. *बटला*] *f.* バトリー《料理用の真鍮製鍋, 釜》.

बटलोई /baṭaloī バトローイー/ ▸बटली *f.* ☞बटली

बटवाना[1] /baṭavānā バトワーナー/ [caus. of *बटना, बाटना*] *vt.* (*perf.* बटवाया /baṭavāyā バトワーヤー/) すり潰させる; すり潰してもらう.

बटवाना[2] /baṭavānā バトワーナー/ ▸बँटवाना, बँटाना, बटाना [caus. of *बँटना, बाँटना*] *vt.* (*perf.* बटवाया /baṭavāyā バトワーヤー/) ☞बँटवाना

बटवारा /baṭavārā バトワーラー/ ▸बँटवारा *m.* ☞बँटवारा

बटा /baṭā バター/ [cf. *बटना*[1]] *m.* スラッシュ(／)《割り算記号に使用》. ❐तीन ～ चार 3 割る 4.

बटाई /baṭāī バターイー/▸बँटाई [cf. *बाँटना*] *f.* 分割, 分配; (収穫物の)刈分け小作. (⇒तक़सीम)

बटाई-पत्र /baṭāī-patra バターイー・パトル/ *m.* (財産)分割証書.

बटाना /baṭānā バターナー/ ▸बँटवाना, बँटाना, बटवाना [caus. of *बँटना, बाँटना*] *vt.* (*perf.* बटाया /baṭāyā バターヤー/) ☞बँटवाना

बटालियन /baṭāliyana バターリヤン/ [←Eng.n. *battalion*] *f.* 大隊.

बटी /baṭī バティー/ [<Skt.f. *वटी-* 'a little round ball'] *f.* 団子状に丸めたもの; 粒にしたもの. (⇒गोली)

बटुआ /baṭuā バトゥアー/▸बटुवा [?] *m.* **1** バトゥアー《お金やパーン (पान) の材料など小物を入れる口ひも付きバッグ; 内部に仕切りがある》. **2** 財布, 札入れ. (⇒पर्स)

बटुरना /baṭuranā バトゥルナー/ [<OIA. *vartula-* 'round, globular': T.11365] *vi.* (*perf.* बटुरा /baṭurā バトゥラー/) 集められてまとまる, 集まる.

बटुला /baṭulā バトゥラー/ ▸बटला *m.* ☞बटला

बटुली /baṭulī バトゥリー/ ▸बटली *f.* ☞बटली

बटुवा /baṭuvā バトゥワー/ ▸बटुआ *m.* ☞बटुआ

बटेर /baṭera バテール/ [<OIA. **vartakara-* 'making turns (of the quail)': T.11350] *f.* 〖鳥〗ウズラ, 鶉.

बटोरना /baṭoranā バトールナー/ [cf. *बटुरना*] *vt.* (*perf.* बटोरा /baṭorā バトーラー/) **1** 集める, 収集する; 蓄える. ❐दोनों पार्टियों ने २०-२० फ़ीसदी से अधिक वोट बटोरे। 二つの政党ともそれぞれ 20 パーセント以上の票を集めた. ❐क्या करोगे बहुत-सा धन बटोरकर? 何をしようというんだい, たくさん金をため込んで? **2** 覚悟する, 思い切る. ❐उसने साहस बटोरकर कहा। 彼は勇気を出して言った.

बटोही /baṭohī バトーヒー/ [<OIA. **vartmapathika-* 'traveller': T.11367] *m.* 旅人. (⇒पथिक, मुसाफ़िर, यात्री, राही)

बट्टा[1] /baṭṭā バッター/ [<OIA. **varta-*[3] 'round stone': T.11348] *m.* バッター《円筒形の石のすりこ木; 石台 (सिल) の上で香辛料や薬種などをすりつぶしたり挽くのに使用する》.

बट्टा[2] /baṭṭā バッター/ [<OIA.m. *varta-*[1] '*turning round': T.11346; cf. Tamil.n. *poṭṭu* 'drop, spot'; DEDr.4492, DED.3676] *m.* **1** 〖経済〗(仲買・仲介)手数料; 割引. **2** 汚点, きず, 瑕疵; 欠陥. ❐(में) ～ लगना [आना] (名誉, 名声などに)傷がつく.

बट्टा[3] /baṭṭā バッター/ [<OIA.m. **varta-*[2] 'circular object': T.11347] *m.* 円形の小さな容器, 小物入れ.

बट्टा-खाता /baṭṭā-kʰātā バッター・カーター/ *m.* 〖経済〗損益.

बट्टी /baṭṭī バッティー/ [cf. *बट्टा*[1]] *f.* **1** 小さな塊; (石などの)小片. ❐एक ～ साबुन में दर्जनों कपड़े ऐसे साफ़ हो जाते हैं जैसे बगुले के पर। 一つの小さな石鹸の塊で何十枚という衣類が白くなります, まるでサギの羽のように白く. ❐साबुन की ～ 石鹸の小さな塊. **2** ☞बट्टा[1]

बड़ /baṛa バル/ [<OIA.m. *vaṭa-*[1] 'the banyan *Ficus indica*': T.11211] *m.* 〖植物〗ベンガルボダイジュ(菩提樹), バニヤンの木, ガジュマル.

बड़- /baṛa- バル・/ [comb. form of *बड़ा*[1]] *dim.* 《बड़ा「大きい」を表す連結形; बड़प्पन, बड़भागी など》.

बड़प्पन /baṛappana バラッパン/ [*बड़-* + *-पन*] *m.* **1** 尊大さ. **2** 年長であること. **3** 偉大であること, 卓越していること.

बड़बड़ /baṛabaṛa バルバル/ [cf. *बड़बड़ाना*] *f.* **1** つぶやき. **2** 寝言; うわごと.

बड़बड़ाना /baṛabaṛānā バルバラーナー/▸कुड़कुड़ाना, कुड़बुड़ाना, बुड़बुड़ाना [onom.; <OIA. **baḍabaḍa-* 'grumble, mutter': T.09122] *vi.* (*perf.* बड़बड़ाया /baṛabaṛāyā バルバラーヤー/) **1** ぶつぶつ (बड़-बड़) つぶやく. **2** 寝言を言う, うわごとを言う. (⇒बर्राना) ❐उसकी स्त्री सोते-सोते ही बड़बड़ाई। 彼の妻は寝入るとすぐに寝言を言った. **3** (精神が錯乱して)うわごとを言う.

बड़बोला /baṛabolā バルボーラー/ [*बड़-* + *बोलना*] *adj.* 大言壮語する(人), 大口をたたく(人).

बड़भागी /baṛabʰāgī バルバーギー/ [*बड़-* + *भाग*] *adj.* 幸

運な, 運のいい, ついている(人).

बड़वानल /baṛavānala バルワーナル/ [←Skt.m. *वडवा-नल-* 'mare's fire, submarine fire or the fire of the lower regions'] *m.* 〖神話〗バルワーナル《海底の「雌馬の口」と呼ばれる穴から噴出していると想像されている火炎》.

बड़हल /baṛahala バルハル/ [<OIA. **vaḍraphala-* 'name of a tree (?*Artocarpus lakoocha*)': T.11228] *m.* 〖植物〗バルハル(の木)《黄色の染料がとれる》.

बड़हार /baṛahāra バルハール/ [*बड़-* + *आहार*] *m.* バルハール《結婚式の際, 花嫁の側から花婿とその親族に供される食事》.

बड़ा[1] /baṛā バラー/ [<OIA. *vaḍra-* 'big': T.11225] *adj.* **1** 大きな. (⇔छोटा) ❐~ करना …を大きくする, 拡大する. ❐बड़े अक्षर 大文字. **2** 広い. (⇔छोटा) ❐बड़ी स्क्रीन 映画(界)《テレビ(界) छोटी स्क्रीन に対して》. **3** 年上の, 年長の. (⇒ज्येष्ठ, सीनियर)(⇔कनिष्ठ, छोटा, जूनियर) ❐~ भाई 兄. ❐(को) ~ करना (人を)大きく育てる. ❐बड़ी बहन 姉. **4** (社会的地位が)高い; 偉い; 立派な. (⇔छोटा) ❐बड़े आदमी 偉い人; 身分の高い人. **5** 重要な, たいした; 意味のある; 偉大な; 深刻な. (⇔छोटा, तुच्छ) ❐जिंदगी बड़ी होनी चाहिए, लंबी नहीं। 人生は意味がなければいけない, 長ければいいのではない. ❐इसमें कौन-सी बड़ी बात है। これがどうしたというのだ. ❐यह कोई बड़ी बात नहीं है। これは何らたいした事ではない. **6**〔慣用〕. ❐~ दिन クリスマスの日. ❐~ गोश्त 牛肉.

— *adv.* 《〖बड़ा 形容詞〗の形式で, 形容詞の意味を強調する「とても, たいへん, 非常に, 中々どうして」などを表す; बड़ा は形容詞変化する》❐बड़े ही सज्जान हैं, बड़े ही ज़िंदादिल। (彼は)たいそう立派な方であり, また大変陽気な方である.

बड़ा[2] /baṛā バラー/ [<OIA.m. *vaṭa-[3]* 'small lump': T.11213; cf. *वडा*; cf. DED 4360] *m.* 〖食〗バラー, ワダー《豆を挽いたものを水に浸しすりつぶしペースト状にしたものに香辛料を加え団子状にし油で揚げたもの》. ❐दही ~ ダヒー・バラー《バラーをヨーグルトにつけたスナックの一種》.

बड़ाई /baṛāī バラーイー/ [*बड़ा[1]* + *-ई*] *f.* **1** 大きさ. **2** 地位・身分が上であること; 年長であること. **3** 賞賛, 推賞; 自画自賛. ❐(की) ~ अतिशयोक्तियों में करना (人を)誇張して称賛する. ❐झूठी ~ 誇大な賞賛.

बड़ा-दिन /baṛā-dina バラー・ディン/ *m.* クリスマス.

बड़ी /baṛī バリー/▸बरी [cf. *बड़ा[2]*] *f.* 〖食〗バリー《茹でたジャガイモと豆をすりつぶし香辛料を加え, 小さな団子状にして天日で干したもの》.

बड़ी माता /baṛī mātā バリー マーター/ *f.* 〖医学〗天然痘《水疱瘡 छोटी माता に対して》.

बड़ौदा /baṛaudā バラォーダー/ [cf. Eng.n. *Baroda*] *m.* 〖地名〗バロゥダー《グジャラート州 (गुजरात) の主要都市ヴァドーダラー (वडोदरा) の旧名; 旧藩王国の名前でもある》.

बढ़ई /baṛʰaī バライー/ [<OIA.m. *vardhaki-* 'carpenter': T.11375] *m.* 木工職人, 大工《木製農機具などの修理修繕もする》. ❐~ हलों की मरम्मत करने लगा। 木工職人は鋤(すき)の修理をはじめた.

बढ़कर /baṛʰakara バルカル/ [cf. *बढ़ना*] *adj.* 優れている, 勝っている.

बढ़ती /baṛʰatī バルティー/ [cf. *बढ़ना*] *f.* 増大, 増加; 繁栄. (⇔घटती)

बढ़ना /baṛʰanā バルナー/ [<OIA. *várdhatē* 'grows, increases': T.11376] *vi.* (*perf.* बढ़ा /baṛʰā バラー/) **1** (範囲・数・量が)増加[増大]する; (期間が)延びる. (⇔घटना) ❐पढ़ने का उसे शौक़ था, कविता का भी, जो विशेषकर मेरे संपर्क से और बढ़ा। 彼女には詩を含めて読書の趣味があったのだが, その趣味は特に私と知り合いになってさらに高じた. **2** (生きものが)成長する; (爪・ひげなどが)伸びる. **3** 前進する. ❐यह धमकी देकर वह आगे बढ़ा। こう脅して, 彼は先に行った. **4** (手が)伸びる; 差し出される. **5** (物価が)上昇する. **6** (速度が)速まる. **7** (活動・事業が)進展する; 進歩する; (争い・病状などが)悪化する. ❐झगड़ा इतना बढ़ा कि अलगौझे की नौबत आ गयी। 言い争いはさらに悪化して, 別居という話にまでなった. **8** (影響力が)増す, 広がる. **9** 栄える, 成功する, 繁栄する; 繁盛する. **10** (相手を)しのぐ, こえる, (相手に)まさる. **11** (利益が)あがる; 実入りがある. **12** (店が)閉店する; (灯火が)消える; (未亡人になった女の腕輪が)はずされる. 《不吉で直截的な言い方「終わる」を避けた表現》

बढ़नी /baṛʰanī バルニー/ [<OIA.f. *vardhanī-* 'a broom, brush': T.11379] *f.* ほうき. (⇒झाड़ू, बुहारी)

बढ़वाना /baṛʰavānā バルワーナー/ [caus. of *बढ़ना, बढ़ाना*] *vt.* (*perf.* बढ़वाया /baṛʰavāyā バルワーヤー/) 進ませる.

बढ़ाना /baṛʰānā バラーナー/ [cf. *बढ़ना*] *vt.* (*perf.* बढ़ाया /baṛʰāyā バラーヤー/) **1** (範囲・数・量を)増加[増大]させる; (期間を)延ばす. (⇔घटाना) ❐अब आर्य यायावर इस देश में आकर कृषक के रूप में व्यवस्थित हुए होंगे तब अवश्य ही उन्हें अपनी संतान बढ़ाने की आवश्यकता का अनुभव हुआ होगा। 遊牧民であるアーリヤ人がこの地域に来て農民として落ち着いたとき, きっと彼らは自分たちの子孫を増やす必要性を感じたことだろう. ❐उन दिनों उस स्कूल में विद्यार्थियों की संख्या बढ़ाने का अभियान चल रहा था। 当時その学校では生徒の数を増やすためのキャンペーンが行なわれていた. ❐उन्होंने इस आयोग को २४ जनवरी १९९७ तक अपनी रिपोर्ट देने को कहा पर अदालत ने तब समय सीमा और बढ़ा दी है। 彼はこの委員会に対し 1997年1月 24 日までに報告書を提出するように言った, しかし裁判所はその際時限をさらに延ばした. ❐उसकी तनख़्वाह बढ़ा दी गई। 彼の給料は増額された. ❐चरक, सुश्रुत, वृहत्संहिता आदि ग्रंथों में स्वास्थ्य और सौंदर्य बढ़ानेवाली औषधियों का भूरिशः उल्लेख है। チャラカ, スシュルタ, ヴリハトサンヒターなどの書物には, 健康と美を増進させる薬草についての多くの記述がある. ❐ज़मीन-मालिक ने किराया बढ़ा दिया। 地主は地代を値上げした. ❐तिथि तो आगे न बढ़ाई जा सकेगी। 日にちは先に延ばせられないだろう. ❐बिजली की ज़ोर से

फ़सलों की पैदावार बढ़ायी जा सकती है। 電力によって作物の収穫量を増やすことができる. ❒मैंने उससे घनिष्ठता बढ़ानी शुरू की। 私は彼女との親密さを深めはじめた. ❒वह अपने घर का गौरव बढ़ाना चाहता था। 彼は家の誇りを高めたかった. ❒सुरक्षा बलों की बंदूक़ों के ज़ोर पर मतदान प्रतिशत तो बढ़ा लिया गया। 警備部隊の銃の力で投票率が上げられた. **2** (ロープ・配線などを)引き伸ばす;(金属を)打ち伸ばす. **3** (爪・ひげなどを)伸ばす. ❒उसने शायद मेरी देखा-देखी अपने बाल बढ़ा लिये थे। 彼は多分私の真似をして髪の毛を伸ばした. **4** 前進させる, 進める;(歩を)進める;(伝統を)存続させる. ❒उसने तेज़ी से क़दम बढ़ाये। 彼は早足で歩を進めた. ❒उन्होंने पिछड़ी जातियों के समर्थन से एक क्षेत्रीय संगठन के गठन की दिशा में पहला कदम बढ़ाया है। 彼は後進諸階級の支持で一つの地方組織の結成に向けて第一歩を踏み出した. ❒वे पीछे से क़दम बढ़ाते हुए बराबर आकर बोले। 彼は背後から前に出て並んでから言った. ❒संभव हो तो इस परंपरा को कुछ आगे बढ़ाने के लिए हम लोगों को प्रयत्नशील होना होगा। 可能であれば, この伝統をいくらかでも存続させるために, 私たちは努力しなければいけないだろう. **5** (手を)伸ばす;(手を)差し出す. ❒उसने एक रुपया बटुए से निकालकर मेरी तरफ़ बढ़ाया। 彼女は 1 ルピーを財布からとりだして私の方へ差し出した. ❒उसने मित्रता का हाथ बढ़ाया है। 彼は友情の手を差し伸ばした. ❒उसने सिगरेट-केस मेरी तरफ़ बढ़ाते हुए प्रसन्न मुख से कहा। 彼はシガレットケースを私の方へ差し出して, 上機嫌で言った. ❒उसने हाथ बढ़ाकर कहा। 彼は(握手するために)手をさしだして言った. ❒मैंने उसके हाथ से किताब लेने के लिए हाथ बढ़ाया। 私は彼の手から本を受け取るために手を伸ばした. **6** (速度を)速める. **7** (活動・事業を)進展させる;進歩させる;(争いなどを)悪化させる. ❒उसने इस कार्य को और आगे बढ़ाया। 彼はこの事業をさらに進展させた. ❒उपभोक्तावाद तथा विदेशी संस्कृति के बढ़ते प्रभाव ने ही भ्रष्टाचार बढ़ाया है। 消費主義と外国文化の増大しつつある影響が, 汚職を助長させたのである. ❒वह इस समय झगड़ा न बढ़ाना चाहती थी। 彼女は今もめごとを悪化させたくなかった. **8** 誇張する. **9** (人を)そそのかす;かりたてる;発奮させる. **10** (店を)閉める;(灯火を)消す;(未亡人になった女が)(腕輪を)はずす.《不吉で直截的な言い方「終らせる」を避けた表現》

बढ़ा-बढ़ी /baṛʰā-baṛʰī バラー・バリー/ *f.* 行き過ぎ, 一線を越えること.

बढ़ाव /baṛʰāv*a* バラーオ/ [cf. *बढ़ना, बढ़ाना*] *m.* **1** 増加;拡大;拡張;延長. **2** (川の)増水. ❒बैठक में गंगा में ~ पर चिंता जताई गई। 集会ではガンジス川の増水に懸念が表明された.

बढ़ावा /baṛʰāvā バラーワー/ [cf. *बढ़ाना*] *m.* 励まし, 激励;そそのかし, 扇動. ❒(के) बढ़ावे में आना (人の)そそのかしに乗る. ❒(को) ~ देना (…を)促進する, 激励する.

बढ़िया /baṛʰiyā バリヤー/ *adj.* 上等な, 上質の, すてきな, すばらしい. (⇔घटिया)

बढ़ोतरी /baṛʰot*a*rī バロートリー/ [cf. *बढ़ना*] *f.* 増加, 上昇. ❒केंद्र सरकार महँगाई भत्ते में छह फ़ीसदी की ~ कर सकती है। 連邦政府は物価手当を6パーセント増加する可能性がある. ❒रेल किराए में ~ 鉄道運賃の値上げ. ❒वेतन ~ 昇給.

बतंगड़ /bataṃgaṛ*a* バタンガル/ [cf. *बात*] *m.* 大事(おおごと), 大変なこと, 大げさなこと. ❒ज़रा-सी बात का ~ हो जायगा। ほんのちょっとしたことが大事になるよ. ❒बात का ~ क्यों बनाती हो! (おまえは)話をどうして大げさにするのだ!

बतख़ /batax*a* バタク/ ▸बत्तख़ [←Pers.n. بطاك 'a duckling'; cf. Pers.n. بط 'a duck' ←Arab.] *f.*〘鳥〙アヒル.

बतलाना /bat*a*lānā バトラーナー/ [cf. *बताना*] *vt.* (*perf.* बतलाया /bat*a*lāyā バトラーヤー/) ☞बताना

बताना /batānā バターナー/ [cf. *बात*] *vt.* (*perf.* बताया /batāyā バターヤー/) **1** 告げる, 知らせる, 伝える, 教える《特に「(考え・意見・情報を伝えようと)述べる」の意; कहना は「(ある内容を)話す」, बोलना は「(声を出して)しゃべる」の意》. ❒अच्छा, बताओ अब कब आओगे? じゃあ, 今度いつ来るのか言ってくれ. ❒उसने अपने गाँव का नाम और पता बताया। 彼は, 自分の村の名前と所在を教えた. ❒तुम्हारे बारे में मैंने उसे काफ़ी बता रक्खा है। 君のことについて私は彼に十分伝えてあるからね. ❒पहले यह बता दो, रुपए मिल गये? まず最初に言ってくれ, 金は手に入ったのかい? ❒उनकी मृत्यु के संबंध में वह एक घटना बताती थी। 彼の死にまつわるある事件を, 彼女はよく言っていた. **2** (事情・内容を)説明する. ❒क्या बताऊँ, कुछ अक़्ल काम नहीं करती। どう説明していいか, 全然頭が働かないんだ(=何が何だかわからない). ❒ये रुपए कहाँ लिये जा रहा है, बता। この金を持ってどこへ行こうとしているんだ, 説明しろ. ❒बताओ, क्या जादू मारा? 教えてくれ, どんな魔法を使ったんだい? **3** 指図する, 教える;指摘する;(道などを)教える. ❒काम तो हम लोग करेंगे, आप केवल बताती जाइएगा। 仕事は我々がしますから, あなたはただ指図してください. ❒मुझे भी तो कोई काम बताओ, मैं क्या करूँ? 私にも何か仕事を言いつけてください, 何をしましょう? ❒कुछ जगहों पर मतदाताओं को बताया गया कि किसे वोट देना है। 何か所かで投票者たちは, 誰に投票すべきかを指示された. ❒अपनी बुढ़ाई में भी वे हम लड़कों को चार-छह दाँव और उनके काट बता जाते थे। 晩年になっても, 彼は私たち少年に(インド相撲(कुश्ती)の)技とそのはずし方を教えてくれていました. **4** (身振りで)暗に知らせる[教える];暗に(教訓を)与える. ❒मैंने हाथों से इशारा करके बताया। 私は, 両手で合図して知らせた. ❒अभियुक्त ने जज को संकेत से बताया कि वह भी फ़्रीमैसन है। 容疑者は, 自分もフリーメーソンだと, 判事に身振りで知らせた. ❒मेरा अनुभव यही बता रहा था कि क़र्ज़ वह मेहमान है, जो एक बार आकर जाने का नाम नहीं लेता। 私の経験が教えていたことは, 借金というものは一度訪れると帰るそぶりも見せない客のようなものだ, ということです. **5**〔慣用〕❒(को) डाँट [फटकार] ~ (人を)叱りつける. ❒(को) धता ~ (人と)縁を切る.

बताशा /batāśā バターシャー/ ▸बतासा *m.* ☞बतासा

बतासा /batāsā バターサー/ ▸बताशा [←Pers.n. بتاشه 'a

sweetmeat,confection'] *m.*〚食〛バターサー《カルメラに似た砂糖菓子の一種》.

बतिया /batiyā バティヤー/ [?] *f.*〚植物〛バティヤー《料理で野菜として使えるまだ青い実;ナス, カボチャの実など》.

बतियाना /batiyānā バティヤーナー/ [cf. *बात*] *vi.* (*perf.* बतियाया /batiyāyā バティヤーヤー/) 話す, おしゃべりをする.

बतौर /batauraḁ バタォール/ [←Pers. بطور 'after the manner of, like'] *ind.* **1**《〚名詞 के बतौर〛や〚बतौर 名詞 (के)〛の形式で, 副詞句「…として」を表す》 ❐～ मानवीय सहायता (के) 人道的支援として. ❐यह पहली बार होगा जब ओबामा ～ राष्ट्रपति अमरीका के किसी मस्जिद में जाएँगे। アメリカ大統領としてイスラム教寺院に行くのはオバマ氏が初めてのことであろう. **2**《〚名詞 के बतौर〛や〚बतौर 名詞 (के)〛の形式で, 副詞句「…のように」を表す》

बत्तख़ /battaxaḁ バッタク/ ▸बतख़ *f.* ☞बतख़

बत्ती /battī バッティー/ [<OIA.f. *várti-*[1] (and *vartí-*) 'wick': T.11359] *f.* **1** ランプ, 電灯, 灯火. ❐～ जलाना [बुझाना]明りを灯す[消す]. **2** 信号灯. ❐हरी ～ जली। 青[緑]信号になった. ❐लाल ～ 赤信号《赤信号を灯した緊急車両の意でも》. **3** 灯芯(とうしん). (⇒वर्तिका)

बत्तीदान /battīdānaḁ バッティーダーン/ *m.* 燭台, ろうそく立て.

बत्तीस /battīsaḁ バッティース/ [<OIA.f. *dvā̆triṁśat-* 'thirty two': T.06657] *num.* 32.

बत्तीसी /battīsī バッティースィー/ [*बत्तीस* + *-ई*] *f.* **1** 一組 32 個のもの. **2** (人間の)歯並び. ❐(को) ～ दिखाना (人に)歯を見せる(＝にっこり笑う). ❐～ बजना (寒さなどで)歯が鳴る.

बथुआ /batʰuā バトゥアー/ [cf. Skt.m. *वास्तुक-* '*Chenopodium album*'] *m.*〚植物〛バトゥアー《シロザ, アカザ属の一年草の雑草;食用》.

बद- /badḁ- バド・/ [←Pers.adj. بد 'bad, wicked, naughty'] *pref.*《「悪い」を表す接頭辞;名詞に付いて形容詞を作る;बदचलन「ふしだらな」など;音と意味が似ている英語の bad とは語源的に無関係》. (⇒कु-)(⇔नेक)

बदकार /badḁkārḁ バドカール/ [←Pers.adj. بد کار 'iniquitous, villainous, sinful'] *adj.* 不品行な, 身持ちの良くない.

बदकारी /badḁkārī バドカーリー/ [←Pers.n. بد کاری 'wickedness, villainy'] *f.* 不品行, 身持ちの良くないこと.

बदक़िस्मत /badḁqismatḁ バドキスマト/ [*बद-* + *क़िस्मत*] *adj.* 不運な, 不幸な. (⇒भाग्यहीन)(⇔ख़ुशक़िस्मत)

बदक़िस्मती /badḁqismatī バドキスマティー/ [*बदक़िस्मत* + *-ई*] *f.* 不運, 不幸.

बदचलन /badḁcalanḁ バドチャラン/ [*बद-* + *चलन*] *adj.* 不品行な, ふしだらな, 身持ちの悪い. (⇒चरित्रहीन)

बदचलनी /badḁcalanī バドチャルニー/ [*बदचलन* + *-ई*] *f.* 不品行;ふしだらな行い.

बदज़बान /badḁzabānḁ バドザバーン/ [←Pers.adj. بد زبان 'foul-mouthed, ill-tongued, back-biting, scurrilous'] *adj.* 口汚い, 口の悪い. ❐～ स्त्री 口の悪い女.

बदज़बानी /badḁzabānī バドザバーニー/ [←Pers.n. بد زبانی 'scurrility, abuse'] *f.* 口の悪さ, 口汚なさ;罵り.

बदज़ात /badḁzātḁ バドザート/ [*बद-* + *ज़ात*] *adj.* 卑しい生まれの.

बदतमीज़ /badḁtamīzḁ バドタミーズ/ [*बद-* + *तमीज़*] *adj.* 無礼な, 礼を逸した, ぶしつけな.

बदतमीज़ी /badḁtamīzī バドタミーズィー/ [*बदतमीज़* + *-ई*] *f.* 無礼, ぶしつけ.

बदतर /badḁtarḁ バドタル/ [←Pers.adj. بدتر 'worse, more villainous'] *adj.* より劣る, より悪い. (⇔बेहतर)

बददिमाग़ /badḁdimāğḁ バドディマーグ/ [←Pers.adj. بد دماغ 'difficult to please'] *adj.* 気難しい(人), 怒りっぽい.

बददिमाग़ी /badḁdimāğī バドディマーギー/ [←Pers.n. بد دماغی 'displeasure, discontent'] *f.* 気難しさ, 怒りっぽさ.

बददुआ /badḁduā バドドゥアー/ [←Pers.n. بد دعا 'an imprecation, malediction'] *f.* 呪い(の言葉). (⇒शाप)

बदन /badanḁ バダン/ [←Pers.n. بدن 'the body (especially when lifeless)' ←Arab.] *m.* 身体, 肉体, 体. (⇒शरीर) ❐～ पर कोई हथियार न था। 体には武器一つ身に着けていなかった. ❐～ में आग लग जाना 体が怒りに燃える.

बदनसीब /badḁnasībḁ バドナスィーブ/ [*बद-* + *नसीब*] *adj.* 不運な, 運の悪い. (⇒बदक़िस्मत)(⇔ख़ुशनसीब) ❐संसार में मुझसे ज़्यादा ～ और कोई न होगा। 世界で私より運の悪い者は他に誰もいないだろう.

बदनसीबी /badḁnasībī バドナスィービー/ [*बदनसीब* + *-ई*] *f.* 不運, 運の悪さ. ❐यह हमारी ～ है कि हम आप दो विरोधी दलों में खड़े हैं। 我々の不運は, 二つの対立するグループにいる立場であることだ.

बदना /badḁnā バドナー/ [<OIA. *vádati* 'speaks, says': T.11245] *vt.* (*perf.* बदा /badā バダー/) 決める, 設定する;(運命などが)定められる. ❐भाग्य में सुख बदा होता, तो लड़का यों हाथ से निकल जाता? もし運命に幸福が約束されていたとしたら, 息子がこのように手からすり抜けていってしまうだろうか(＝息子を失うだろうか)?

बदनाम /badḁnāmḁ バドナーム/ [←Pers. بد نام 'a bad name; having a bad name'] *adj.* 悪名高い, 名うての;悪評の高い. (⇒कुख्यात)

बदनामी /badḁnāmī バドナーミー/ [←Pers.n. بد نامی 'infamy, bad repute, disgrace'] *f.* 不名誉;汚名;悪名;悪評. (⇒अकीर्ति, अपयश) ❐～ का भय 悪評の立つ恐れ. ❐～ से डरना 不名誉を恐れる.

बदनीयत /badḁnīyatḁ バドニーヤト/ [←Pers.adj. بد نیت 'mal-intentioned, malevolent'] *adj.* 不誠実な;悪意のある;欲深い.

बदनीयती /badḁnīyatī バドニーエティー/ [*बदनीयत* + *-ई*]

f. 不誠実さ;悪意があること;欲深さ.

बदपरहेज़ /badaparaheza バドパルヘーズ/ [←Pers.adj. بد پرہیز 'intemperate; inattentive to medical advice'] *adj.* 不摂生な, 不養生な;暴飲暴食の.

बदपरहेज़ी /badaparahezī バドパルヘーズィー/ [←Pers.n. بد پرہیزی 'inattention to medical advice'] *f.* 不摂生, 不養生;暴飲暴食.

बदबू /badabū バドブー/ [←Pers.n. بد بو 'fetid; bad smell'] *f.* 悪臭. (⇒गंद, दुर्गंध)(⇔ख़ुशबू, सुगंध)

बदबूदार /badabūdāra バドブーダール/ [*बदबू* + *-दार*] *adj.* 悪臭のする, 臭い. (⇔ख़ुशबूदार)

बदमाश /badamāśa バドマーシュ/ [←Pers.adj. بد معاش 'of a bad life, profession, or trade'] *adj.* 極悪な;性悪な.

— *m.* ごろつき, 悪党, 悪人.

बदमाशी /badamāśī バドマーシー/ [*बदमाश* + *-ई*] *f.* 公序良俗に反する行為;悪ふざけ. ❐थानेदार साहब ~ में उसका चालान करनेवाले थे। 署長は公序良俗に反する行為で彼を送検するところだった.

बदमिज़ाज /badamizāja バドミザージ/ [←Pers.adj. بد مزاج 'peevish'] *adj.* 怒りっぽい, 気が短い;機嫌が悪い.

बदमिज़ाजी /badamizājī バドミザージー/ [←Pers.n. بد مزاجی 'peevishness'] *f.* 怒りっぽいこと, 気が短いこと;機嫌が悪いこと.

बदरंग /badaraṃga バドラング/ [←Pers.adj. بد رنگ 'of a bad colour or kind'] *adj.* 変色した, 色あせた. ❐~ कपड़े 色あせた服. ❐ताजमहल वायु प्रदूषण से ~ होता जा रहा है। タージマハルが大気汚染のために変色しつつある.

बदल /badala バダル/ [←Pers.n. بدل 'change, alteration' ←Arab.] *m.* 交換;交代;変換.

बदलना /badalanā バダルナー/ [cf. *बदल*] *vi.* (*perf.* बदला /badalā バドラー/) **1** 変わる, 変化する;変形する;変更される;くつがえる. ❐देखते ही देखते हमारे घर के सामने की शक्ल बदल गई। 見る見るうちに, 私たちの家の前の風景が変わってしまった. ❐कई वर्षों से मेरे घर का फ़ोन-नंबर बदल गया है। 何年も前から私の家の電話番号は変わっている. ❐मुझे देखकर उसके चेहरे का रंग बदल गया। 私を見て, 彼の顔色が変わった. ❐उसके आने से दो ही चार दिन में घर का वातावरण बदल गया। 彼女が来て数日で, 家の雰囲気は変わってしまった. ❐शहर तेज़ी से बदल रहे हैं। 都市は急速に変わりつつある. ❐ज़माना बदल गया। 時代は変わってしまった. ❐मुझे तो आश्चर्य होता है कि आदमी इतनी जल्द कैसे इतना बदल जाता है। 人間が何故これほどすばやくこのように変身できるのか, 私には驚きだ. ❐मनुष्य प्रायः अपनी जवानी में, कोई ऐसी भूल कर जाता है कि उससे उसकी ज़िंदगी का सारा नक़्शा ही बदल जाता है। 人間はたいがい若い時に, 人生の設計図のすべてが塗りかえられてしまうほどの過ちを犯してしまうものだ. **2** 代わる, 替わる, 換わる. **3** 配置替えになる, 転勤する.

— *vt.* (*perf.* बदला /badalā バドラー/) **1** 変える, 変化させる;変形させる;変更する;くつがえす. ❐उसने बात बदलकर कहा। 彼女は話題を変えて言った. ❐विषय बदलने के लिए मैंने पूछा। 話題をかえるために, 私は質問した. ❐मुझे अपनी राय बदलनी पड़ी। 私は自説を変えざるをえなくなった. ❐मैं उसका स्वभाव कैसे बदल दूँ? 私が, 彼の性格をどう変えられるというのだ? ❐एक तरह से बैठे-बैठे ऊब गए तो आसन बदल लिया। 同じように座り続けて飽きたので, 座り方を変えた. ❐अपना नाम बदलने की बात कभी मेरे मन में नहीं आई। 自分の名前を変えようとする考えは, 決して私の心には生まれなかった. ❐पिछले साल मार्च में सुप्रीम कोर्ट ने १९९४ के अपने फ़ैसले को बदलकर यह व्यवस्था दी कि आत्महत्या का प्रयास दंडनीय अपराध है। 去年の3月に最高裁判所は1994年の自身の判決結果をくつがえして, 自殺をはかることは罰すべき罪であるとの見解を出した. ❐वह अपने आपको बदलना नहीं चाहता। 彼は自分自身を変えようとは思っていない. ❐इन फ़िल्मों की सफलता के बाद वे अच्छी, प्यारी, नेक लड़की की छवि बदलकर आज के चलन के मुताबिक निगेटिव भूमिकाएँ करने को उत्सुक हैं। これらの映画が成功を収めた後, 彼女は「良家の, 愛らしい, 清純な」娘のイメージを変えて, 最近の流行にしたがって正反対の役柄をこなすことに熱心である. ❐तुम अपनी हार को जीत में बदल सकते हो। 君は自分の敗北を勝利に変えることができる. ❐वह घोर पश्चात्ताप में करवटें बदल रहा था। 彼は, 激しい自責の念から寝返りをうっていた. **2** 代える, 替える, 換える. ❐नहाकर उसने कपड़े बदले। 沐浴をしてから, 彼は服を着替えた. ❐उसने मेरे कमरे की सफ़ाई की थी, मेरे बिस्तर की चादरें, तकियों के गिलाफ़ बदल दिए थे। 彼女は私の部屋を掃除し, ベッドのシーツ, 枕カバーを取り替えてくれていた. ❐मैंने दुकान्दार से अपनी किताब बदल ली है। 私は店主に言って, 本を取り替えた. **3** 配置替えする, 転勤させる.

बदलवाना /badalavānā バダルワーナー/ ▸बदलाना [caus. of *बदलना*] *vt.* (*perf.* बदलवाया /badalavāyā バダルワーヤー/) 変えさせる, 換えさせる;変えてもらう, 換えてもらう.

बदला /badalā バドラー/ [←Pers.n. بدلاء 'substitutes' ←Arab.] *m.* **1** 交換;交替;償い;返報, 返礼. ❐(के) बदले में (…の)代わりに. ❐(को) (का) ~ चुकाना [देना] (人に)(…の)返礼をする, 報いる. **2** 復讐;報復. (⇒इंतक़ाम, प्रतिशोध) ❐(से) (का) ~ लेना (人に)(…の)復讐をする.

बदलाई /badalāī バドラーイー/ [cf. *बदलाना*] *f.* 交換(する物).

बदलाना /badalānā バダラーナー/ ▸बदलवाना [caus. of *बदलना*] *vt.* (*perf.* बदलाया /badalāyā バダラーヤー/) ☞ बदलवाना

बदलाव /badalāva バドラーオ/ [cf. *बदलना*] *m.* **1** 取り替え, 交替;変更. ❐(में) ~ करना (…に)変更を加える. **2** 変化. (⇒परिवर्तन) ❐क्रांतिकारी ~ パラダイムシフト.

बदली[1] /badalī バドリー/ [*बदल* + *-ई*] *f.* 転勤, 異動. (⇒तबादला, स्थानांतरण) ❐उनकी ~ दिल्ली से लखनऊ हो गई। 彼の転勤はデリーからラクナウーになった.

बदली[2] /badalī バドリー/ [cf. *बादल*] *f.* **1** 小さな雲. **2** 曇り空.

बदशक्ल /badaśakla バドシャクル/ [←Pers.adj. بد شکل

'deformed, ill-shaped'] *adj.* 不格好な；醜い．

बदसूरत /badasūrata バドスーラト/ [←Pers.adj. بد صورت 'ugly; badly formed'] *adj.* **1**（顔かたちが）醜い．（⇔ख़ूबसूरत）❐～ आदमी 醜男（ぶおとこ）．❐हे ईश्वर, तुमने मुझे ～ क्यों बनाया? 神よ，汝は私をなぜ醜くお作りになったのですか？ **2** 見苦しい，不格好な，体裁のよくない；奇形の，グロテスクな．❐मैं ख़ूबसूरत पराधीनता नहीं चाहती, ～ स्वाधीनता चाहती हूँ। 私は見栄えのいい従属は望みません，見苦しくとも自立を望みます．

बदसूरती /badasūratī バドスールティー/ [*बदसूरत* + -ई] *f.* 醜さ；不格好さ．

बदहज़मी /badahazamī バドハズミー/ [**बदहज़म* (Pers.adj. بد بضم 'having a bad digestion') + -ई] *f.*〖医学〗消化不良．（⇒अजीर्ण, अपच, मंदाग्नि）

बदहवास /badahavāsa バドハワース/ [←Pers.adj. بد حواس 'senseless, insensible'] *adj.* 気が動転した，慌てふためいた．❐आप इतने ～ क्यों हैं? こんなに慌てふためいてどうしたんです？

बदहवासी /badahavāsī バドハワースィー/ [←Pers.n. بد حواسی 'stupefaction'] *f.* びっくり仰天，茫然自失．

बदी[1] /badī バディー/ [←Pers.n. بدی 'badness'] *f.* 悪，悪行．（⇔नेकी）

बदी[2] /badī バディー/ [<Skt.ind. *वदि* 'in the dark half of any month'; cf. *ब(हुल)* + *दि(न)*] *f.* ☞कृष्णपक्ष（⇔सुदी）

बदौलत /badaulata バダォーラト/ [?Pers. بدولت 'by the help of'] *ind.*《〖名詞 की बदौलत〗の形式で，副詞句「…によって，…のおかげで」を表す》❐इस शराब की ～ मैंने लाखों की हैसियत बिगाड़ दी और भिखारी हो गया। この酒のせいで私は巨万の富を有する社会的地位を台無しにしてしまったそして乞食になってしまった．❐तुम्हीं मेरी देवी हो और तुम्हारी ～ ही आज मुझे यह सौभाग्य प्राप्त हुआ है।। お前は私の女神だそしてお前のおかげで今日私にはこの幸運が得られた．

बद्ध /baddʰa バッド/ [←Skt. *बद्ध-* 'bound, tied, fixed, fastened, chained, fettered'] *adj.* 縛られた，束縛された；結ばれた《名詞の末尾に付加して形容詞の合成語を作ることが多い；क्रमबद्ध「順に並べられた」，भाषाबद्ध「言語化された」，वचनबद्ध「約束に束縛された」など》．

बधक /badʰaka バダク/ [<Skt.m. *वधक-* 'a murderer, assassin'] *m.* ☞बधिक

बधाई /badʰāī バダーイー/ [cf. OIA. *vardhāpayati*[2] 'increases, exalts, gladdens, congratulates': T.11383] *f.* 祝辞，祝い，おめでとうの言葉．❐(को) ～ का तार भेजना（人に）祝電を送る．❐(को) ～ देना（人に）おめでとうを言う．

— *int.* おめでとう．

बधावा /badʰāvā バダーワー/ [cf. OIA. *vardhāpayati*[2] 'increases, exalts, gladdens, congratulates': T.11383] *m.* **1** 祝い，おめでとうの言葉．（⇒बधाई）**2**（男子が生まれた折などの）祝いの品．

बधिक /badʰika バディク/ [cf. *बधक* <Skt.m. *वधक-* 'a murderer, assassin'] *m.* **1** 猟師．❐जिस प्रकार ～ की दृष्टि पशु के मांस और चर्म पर रहती है, उसी प्रकार उसकी दृष्टि में मनुष्य एक भोग्य पदार्थ था। 猟師の目が獣の肉と毛皮に注がれているように，彼の目には人間は享楽を尽くすための一つの獲物にすぎなかった．**2** 殺人者；死刑執行人．❐नदियाँ बधिकों के हृदयों की भाँति सूख गईं। 川は死刑執行人の心のように枯れてしまった．

बधिया /badʰiyā バディヤー/ [<OIA. *vádhri-* 'castrated': T.11256] *adj.* 去勢された（牛などの動物）．

— *f.* 去勢された牛（などの動物）《男性名詞として扱われる場合も》．❐(की) ～ बैठ जाना（…が）大損をこうむる．

बधियाना /badʰiyānā バディヤーナー/ [cf. *बधिया*] *vt.* (*perf.* बधियाया /badʰiyāyā バディヤーヤー/)（動物を）去勢する．

बधिर /badʰira バディル/ [←Skt. *बधिर-* 'deaf'] *adj.* 耳の聞こえない（人）．（⇒बहरा）

बन[1] /bana バン/ [<OIA.n. *vána-*[1] 'a forest': T.11258] *m.* 森，森林．

बन[2] /bana バン/ [←Eng.n. *bun*] *m.*〖食〗丸い小型のパン．

बनजारा /banajārā バンジャーラー/ ▷बंजारा *m.* **1** ☞बंजारा

बनना /bananā バンナー/ [<OIA. *vánati, vanóti* 'desires, gains, makes ready': T.11260] *vi.* (*perf.* बना /banā バナー/) **1**（新たに）作られる，世に送られる；作り出される；発明される；創造される；（作品が）創作される；（法律が）制定される；（グループが）作られる．**2** 建つ，建てられる；建築［建造］される；制作［製造］される；（素材から）作られる．**3**（料理が）作られる；（お茶が）入れられる．**4**（財が）築かれる；（利益が）生まれる．**5**（…に）なる；変化［変身］する；（…に）仕立てられる，なりすます；（代表者などに）選出される；任命される；（役に）なる．❐मालूम नहीं, वह मेरा आशय समझ रहा था, या बन रहा था। 彼が私の意図を理解していたのか，あるいはそのそぶりをしていたのか，わからない．**6**（交渉・話などが）まとまる；（成果が）あがる；（人と）うまくやっていく．（⇔बिगड़ना）**7**（靴・時計などが）修理［修繕］される．**8** 整髪される；（ひげが）剃られる．**9** いかめしく装う；（よりよく見せようと）格好をつける．**10**（人におだてられて）物笑いの種になる．

बनफ़शा /banafaśā バナフシャー/▷बनफ़्शा [←Pers.n. بنفشه 'violet'] *m.*〖植物〗スミレ（菫）．

बनफ़्शा /banafśā バナフシャー/ ▷बनफ़शा *m.* ☞बनफ़शा

बनबिलाव /banabilāva バンビラーオ/ [*बन*[1] + *बिलाव*] *m.*〖動物〗カラカル《野生のネコ科の動物；耳が大きく黒い》．（⇒स्याहगोश）

बनमानुष /banamānuṣa バンマーヌシュ/ ▶बनमानुस *m.* ☞बनमानुस

बनमानुस /banamānusa バンマーヌス/▶बनमानुष [*बन* + *मानुस* (<Skt.m. *मानुष* 'a man, human being')] *m.*〖動物〗類人猿《ゴリラ，チンパンジー，オランウータンなど》．

बनवाना /banavānā バンワーナー/ [caus. of *बनना, बनाना*] vt. (*perf.* बनवाया /banavāyā バンワーヤー/) 作らせる;作ってもらう.

बना-ठना /banā-ṭʰanā バナー・タナー/ [*बनना + ठनना*] *adj.* 着飾った，めかしこんだ;おしゃれな. ❐वह बनी-ठनी उधर से निकली। 彼女はめかしこんであちらから出てきた. ❐वह लंदन के एक फ़ैशनेबुल रेस्तराँ में ～ बैठा था। 彼はロンドンのあるファッショナブルなレストランにめかしこんで座っていた.

बनाना /banānā バナーナー/ [cf. *बनना*] vt. (*perf.* बनाया /banāyā バナーヤー/) **1** (新たに)作る，世に送る;作り出す;発明する;創造する;(作品を)創作する;(法律を)制定する;(グループを)作る. **2** 建てる;建築[建造]する;制作[製造]する;(素材から)作る. (⇔बिगाड़ना) **3** (料理を)作る;(お茶を)入れる. **4** (財を)なす;(利益を)生む. ❐उन्होंने कपड़े के रोज़गार में लाखों रुपये बनाए। 彼は布地の取り引きで，何十万何百万ルピーもの財をなした. ❐उसने इस घोटाले में कम से कम ५० करोड़ रुपये बनाए। 彼はこの背任横領で少なくとも 5 億ルピーを自分のものにした. **5** (…を)(…に)する;変化[変身]させる;(…を)(…に)仕立てる;(人を)(代表者などに)選出する;任命する. **6** (靴・時計などを)修理[修繕]する. **7** 整髪する;(ひげを)剃る. **8** (人を)おだてて物笑いの種にする;からかう;かつぐ. ❐अध्यापकों को बनाने और चिढ़ाने में ही उसे आनंद आता था। 教師をおだててからかったり怒らせることにこそ彼は喜びを覚えるのだった.

बना-बनाया /banā-banāyā バナー・バナーヤー/ [*बनना + बनाना*] *adj.* **1** 既成の，作られている. ❐～ खाना 出来合いの食事，店屋物. ❐बने-बनाए कपड़े 既成服. **2** (前もって)お膳立てされた. ❐～ खेल बिगड़ जाना せっかくお膳立てした計画がぶち壊しになる. ❐～ खेल बिगाड़ देना せっかくお膳立てした計画をぶち壊す. ❐आज मोटर पर न आने के लिए ～ बहाना था। 今日自動車で来なかったのには前もって用意された言い訳があった.

बनाम /banāma バナーム/ [←Pers. بنام 'by name'] *ind.* **1**《『बनाम 名詞 के』の形式で，「…の名で，…の名によって」を表す》 **2**《『बनाम 名詞』の形式で，「…の宛名で」を表す》 **3**《『名詞 बनाम 名詞』の形式で，「…対…」を表す》 ❐भारत ～ चीन インド対中国.

बनारस /banārasa バナーラス/ [cf. Eng.n. *Benares*] *m.* 〖地名〗バナーラス，ベナレス《ヴァーラーナスィー(वाराणसी) の旧名》.

बनाव /banāva バナーオ/ [cf. *बनना, बनाना*] *m.* 化粧，おめかし. (⇒बनाव-सिंगार)

बनावट /banāvaṭa バナーワト/ [cf. *बनाना*] *f.* **1** 造り;構造. **2** 体格;(体の)骨組み，骨格. ❐ऐसा कहा जाता है कि शरीर की ～ में मन के स्वभाव का संकेत रहता है। 肉体の体格には心の気質が示唆されていると言われている. ❐रीढ़की हड्डी की ～ 背骨の骨格. **3** (外形のみの)みせかけ，作為，わざとらしさ. ❐～ नहीं, सत्य कहता हूँ। みせかけのことではなく，真実を申し上げます. ❐उनकी प्रशंसा में मुझे ～ की गंध आती थी। 彼の称賛の言葉は私にはわざとらしさの匂いがしていた.

बनावटी /banāvaṭī バナーオティー/ [*बनावट + -ई*] *adj.* (外形だけの)みせかけの，作為的な，わざとらしい，偽物の. ❐～ प्रेम 見せかけの愛. ❐उसकी चारपाई से ～ खाँसी के स्वर में उत्तर आया, खूँ-खूँ। 彼のベッドからわざとらしい咳の声で返事があった，コホンコホン. ❐उसने ～ आश्चर्य से कहा। 彼はわざとらしく驚いて言った.

बनाव-शृंगार /banāva-śr̥ṃgāra バナーオ・シュリンガール/ *m.* ☞बनाव-सिंगार

बनाव-सिंगार /banāva-siṃgāra バナーオ・スィンガール/ *m.* 化粧;着飾ること，おしゃれ. ❐～ की चीज़ें 化粧道具. ❐उसने ख़ूब ～ किया। 彼女は精一杯おめかしをした.

बनिया /baniyā バニヤー/ [<OIA.m. *vaṇija-, vaṇijaka-* 'trader': T.11231] *m.* **1** 食料雑貨商，商人;商売人. **2** 〔卑語〕けちな人，けちん坊.

बनियाइन[1] /baniyāina バニヤーイン/ [cf. *बनिया*] *f.* 食料雑貨商の妻;商売人の妻;女の商売人.

बनियाइन[2] /baniyāina バニヤーイン/ [cf. *बनियान*] *f.* ☞बनियान

बनियान /baniyāna バニヤーン/ [←I.Eng.n. *banyan* 'undershirt'; cf. Guj. વાણિયો 'merchant' → Port. → Eng.n. *banyan* 'a garment worn by men'] *f.* 下着，肌着，肌シャツ. (⇒गंजी)

बनिस्बत /banisbata バニスバト/ [←Pers. بنسبت 'in respect of, with regard to'; cf. *निस्बत*] *ind.* …に比較して《『बनिस्बत 名詞 के』「…に比較して」の形式で;まれに『名詞 की बनिस्बत』「…に比較して」の形式でも》. ❐मैं अपने जीवन में अपने भावक और सर्जक को अधिक महत्त्व देता हूँ ～ अपने अध्यापक के। 私は自身の人生において感性の主体と創造の主体としての自己により重きをおきたい，自己の師よりも.

बनैला /banailā バナェーラー/ [cf. *बन*] *adj.* 森に住む，野生の. (⇒जंगली) ❐बनैले सुअर イノシシ. ❐यह अवैज्ञानिक मनोवृत्ति है जो हमने अपने बनैले पूर्वजों से पायी है। この科学では説明できない心理は我々が森に棲んでいた時代の祖先から受け継いだものだ.

बन्ना /bannā バンナー/ [?<OIA. **vanva-* 'desiring': T.11279] *m.* 花婿，新郎. (⇒दूल्हा)(⇔बन्नी)

बन्नी /bannī バンニー/ [cf. *बन्ना*] *f.* 花嫁，新婦. (⇒दुलहन)(⇔बन्ना)

बपतिस्मा /bapatismā バプティスマー/ [←Port.m. *ba(p)tismo* 'baptism'] *m.* 〖キリスト教〗洗礼.

बपौती /bapautī バパォーティー/ [cf. *बाप*] *f.* 息子が継承する父の財産，世襲財産.

बफारा /bapʰārā バパーラー/ [<OIA. **bāṣpākāra-* 'having the form of vapour': T.09224] *m.* 〖医学〗バパーラー《水を沸かした蒸気，あるいは薬効のある薬の入った水を沸かした蒸気;その蒸気を吸引したり患部にあてる治療》. ❐(का) ～ देना (…の)蒸気をあてる. ❐खाँसी, ज़ुकाम होने पर गर्म पानी का ～ लें। 咳が出たり風邪を引いたら熱湯の蒸気を吸引してください.

बबर /babara ババル/▸बब्बर [←Pers.n. ببر 'a tiger'] *m.*

〖動物〗ライオン, 獅子. (⇒केसरी, सिंह)

बबर-शेर /babara-śera ババル・シェール/▸बब्बर-शेर *m.* 〖動物〗ライオン, 獅子. (⇒केसरी, सिंह)

बबुआ /babuā バブアー/ [cf. *बाबू*] *m.* **1** (男の子の姿をした)人形, おもちゃ. **2** 小さな男の子.

बबुआई /babuāī バブアーイー/ [*बबुआ* + *-ई*] *adj.* 男の子の;男の子らしい.

बबूल /babūla バブール/ [<OIA.m. *babbūla-* '*Acacia arabica*': T.09148] *m.* 〖植物〗アカシア(の木). (⇒कीकर)

बबूला[1] /babūlā バブーラー/ [cf. *बुलबुला*] *m.* 水泡.

बबूला[2] /babūlā バブーラー/ ▸बगूला [cf. *बुलबुला*] *m.* ☞बगूला

बब्बर /babbara バッバル/ ▸बबर *m.* ☞बबर

बब्बर-शेर /babbara-śera バッバル・シェール/ ▸बबर-शेर *m.* ☞बबर-शेर

बम[1] /bama バム/ [?] *m.* 〖ヒンドゥー教〗バム《シヴァ神(शिव)の信奉者が唱える呪文; बम बम महादेव など》.

बम[2] /bama バム/ [←Drav.; DEDr.5253 (DED.4294)] *m.* バム《馬車などの馬をつなぐ竹製の軛(くびき)》.

बम[3] /bama バム/ [←Eng.n. *bomb*] *m.* 爆弾. ❐～ गिराना [बरसाना] 爆弾を投下する[降らす].

बमकना /bamakanā バマクナー/ [?cf. *बम*[1]] *vi.* (*perf.* बमका /bamakā バムカー/) 威張りちらす, 高慢[横柄]な態度をとる;偉そうなことを言う;威張ってどなりつける. ❐वह बमकता हुआ घोड़े पर चढ़ा। 彼はふんぞり返って馬に乗った.

बमगोला /bamagolā バムゴーラー/ [*बम*[3] + *गोला*] *m.* 爆弾;砲弾. ❐～ छोड़ना 爆弾を落とす. ❐यह प्रश्न बमगोले की तरह उसके मस्तिष्क पर गिरा। この質問は砲弾のように彼の頭脳に命中した.

बमपुलिस /bamapulisa バムプリス/ ▹बंपुलिस [←Eng.n. ?*bomb place*] *m.* (葦や竹の皮で編まれた柵で囲まれた)簡易公衆トイレ《大規模な祭りなど人出が多い時に臨時に設営される》. (⇒टट्टी)

बमबार /bamabāra バムバール/ [Eng.n. *bomber* × *बमबारी*] *m.* 爆撃機. (⇒बममार, बमवर्षक)

बमबारी /bamabārī バムバーリー/ [*बम*[3] + *-बारी*] *f.* 爆撃. (⇒बममारी)

बममार /bamamāra バムマール/ [*बम*[3] + *-मार*] *adj.* 爆弾を落とす, 爆撃用の. (⇒बमवर्षक)

— *m.* 爆撃機. (⇒बमबार, बमवर्षक)

बममारी /bamamārī バムマーリー/ [*बममार* + *-ई*] *f.* 爆撃. (⇒बमबारी) ❐(पर) ～ करना (…を)爆撃する. ❐हवाई ～ 空爆.

बमवर्षक /bamavarṣaka バムワルシャク/ [*बम*[3] + *वर्षक*] *adj.* 爆弾を落とす, 爆撃用の. (⇒बममार) ❐～ विमान 爆撃機.

— *m.* 爆撃機. (⇒बममार) ❐गोताख़ोर ～ 急降下爆撃機.

बमवर्षा /bamavarṣā バムワルシャー/ [*बम*[3] + *वर्षा*] *f.* 爆撃. (⇒बमबारी) ❐अस्पतालों पर ～ करना 病院に爆撃を加える.

बमाको /bamāko バマーコー/ [cf. Eng.n. *Bamako*] *m.* 〖地名〗バマコ《マリ(共和国)(माली)の首都》.

बया /bayā バヤー/ [<OIA.m. *vaya-*[1] 'weaver': T.11298] *m.* 〖鳥〗バヤー《ハタオリドリ科の小鳥》.

बयान /bayāna バヤーン/ [←Pers.n. بیان 'speaking clear and distinct' ←Arab.] *m.* 供述, 陳述;(明細の)記述[描写]. ❐～ करना 供述をする, 記述をする. ❐मैं शब्दों में अपनी दशा ～ नहीं कर सकता। 私は言葉によって自分の状況を説明することができません.

बयाना /bayānā バヤーナー/ [←Pers.n. بیانه 'an earnest, advance, pledge'] *m.* 〖経済〗手付け金, 保証金.

बयाबान /bayābāna バヤーバーン/ ▸बियाबान *m.* ☞बियाबान

बयार /bayāra バヤール/ [<OIA. *vātara-* 'windy, stormy': T.11497] *f.* 風. ❐～ करना (扇をあおいで)風をおくる.

बयालीस /bayālīsa バヤーリース/ [<OIA.f. *dvācatvāriṁśat-* 'forty two': T.06656] *num.* 42.

बयासी /bayāsī バヤースィー/ [<OIA.f. *dvyaśīti-* 'eighty two': T.06699] *num.* 82.

बरकत /barakata バルカト/ [←Pers.n. برکة 'a blessing; abundance, prosperity' ←Arab.] *f.* **1** 祝福. ❐रसूल उसके सर पर बरकत का हाथ रखेंगे। 使徒たちが彼の頭上に祝福の手を置くであろう. **2** 豊富で潤沢なこと. **3** 繁栄;幸運. ❐जब से इसकी माँ मरी है, जैसे घर की ～ ही उठ गयी। 彼の母が亡くなって以来, まるで家の運が傾いたようだった.

बरख़ास्त /baraxāsta バルカースト/▹बर्ख़ास्त [←Pers.n. بر خاست 'adjournment; recall'] *adj.* **1** (集会が)散会された. ❐महाराज ने दरबार ～ कर दिया। 王は宮廷会議をお開きにした. **2** (組織が)解散された. ❐राज्य सरकारों को ～ करना 州政府を解散する. **3** 解雇された;解任された. (⇒पदच्युत) ❐(को) नौकरी से ～ करना (人を)解雇する.

बरख़ास्तगी /baraxāstagī バルカースタギー/▹बर्ख़ास्तगी [←Pers.n. بر خاستگی 'a rising up, uprising'] *f.* **1** (集会の)散会. **2** (組織の)解散. **3** 解雇;解任. (⇒पदच्युति)

बरगद /baragada バルガド/ [cf. Skt.m. *वट-* 'the Banyan tree (*Ficus Indica*)'] *m.* 〖植物〗バンヤンの木, バンヤンジュ, ベンガルボダイジュ.

बरछा /barac^{h}ā バルチャー/▹बर्छा [?cf. DEDr.5306 (DED.4327)] *m.* 槍. (⇒बल्लम, भाला)

बरछी /barac^{h}ī バルチー/ ▹बर्छी [cf. *बरछा*] *f.* **1** (小型の)槍. **2** 銃剣.

बरतन /baratana バルタン/▹बर्तन [cf. *बरतना*] *m.* 〖食〗(調理用の)容器《なべ, かま類》. ❐जूठे ～ (未洗浄の)使用した調理器.

बरतना /baratanā バラトナー/▸बर्तना [<Skt. *वर्तते* 'turns; takes place; is performed'] *vi.* (*perf.* बरता /baratā バルター/) **1** (出来事が)起こる. (⇒घटना) **2** 遇される. **3**

(時間が)経過する. ❐आजकल बहुत ही बुरा समय बरत रहा है। ここ最近好ましくない時が過ぎている. **4** (食事が)配膳される. ❐दाल बरत गई है। ダール(＝豆のスープ)が配られた.

— *vt.* (*perf.* बरता /baratā バルター/) **1** 役立たせる, 利用する. **2** (細心の注意を)払う, (慎重な気配りを)する;遇する. ❐(के साथ) हमदर्दी बरतना (人に対して)同情的態度をとる. ❐(में) ईमानदारी बरतना (…において)誠実さをまっとうする. ❐नई सरकार ने कांग्रेस से सौदा किया है कि समर्थन के बदले वह भूतपूर्व प्रधानमंत्री को फँसाने वाले मामलों में नरमी बरतेगी। 新政府は国民会議派に対し支持をとりつける代わりに, 前首相を陥れるスキャンダルに関しては柔軟な態度をとる, という取り引きをした. ❐यह काम करने में सावधानी बरती जानी चाहिए। この仕事をするには細心の注意が払われなければいけない.

बरताव /baratāva バルターオ/ ▹बर्ताव [cf. *बरतना*] *m.* (人に接する)態度, 振舞い, 様子; 取扱い, 待遇(の仕方). ❐उनके 〜 में गर्मजोशी थी। 彼の対応には熱意があった. ❐स्नेहरहित 〜 思いやりのない態度.

बरदाश्त /baradāśta バルダーシュト/▹बर्दाश्त [←Pers.n. برداشت 'endurance'] *f.* 忍耐, 我慢, 辛抱. (⇒सहन) ❐वह यह 〜 नहीं कर सकेगी। 彼女はこれに我慢できないだろう. ❐मुझसे यह कभी 〜 न होता। 私にはこれは絶対我慢できない.

बरपा /barapā バルパー/ ▸बर्पा [←Pers. بر پا 'raised, fixed, extablished, erect'] *adv.* 立った, 起きた《成句としての用法に限られる》. ❐(का) क़हर 〜 करना (…の)大災難を巻き起こす. ❐(का) क़हर 〜 होना (…の)大災難が起きる.

बरफ़ /barafa バラフ/ ▸बर्फ़ *m.* ☞बर्फ़

बरफ़ानी /barafānī バルファーニー/ ▹बर्फ़ानी [*बर्फ़* + *-आनी*] *adj.* ☞बर्फ़ानी

बरफ़ी /barafī バルフィー/▹बर्फ़ी [←Pers. برفی 'snowy, icy; a kind of sweetmeat'] *f.* 〖食〗バルフィー《ミルクと砂糖でできた甘い菓子の一種》.

बरफ़ीला /barafīlā バルフィーラー/ ▹बर्फ़ीला [cf. *बरफ़*] *adj.* ☞बर्फ़ीला

बरबस /barabasa バルバス/ [? *बल*[1] + *बस*[1]] *adv.* **1** 力ずくで, 強引に. ❐चोट तो ऐसी ज़्यादा न थी, इन लोगों ने 〜 पट्टी-पट्टी बाँधकर ज़ख़्मी बना दिया। 傷はそんなたいしたことなかったんです, この方たちが無理やりに包帯をぐるぐる巻いて怪我人に仕立てたんですよ. **2** 無駄に, 意味もなく. ❐जब से ये धमकियों से भरे हुए पत्र मिलने लगे थे, उन्हें 〜 तरह-तरह की शंकाएँ व्यथित करने लगी थीं। この強迫に満ちた手紙を受け取りはじめて以来, 彼を意味もなくさまざまな疑念が苦しめるのだった. **3** 思いがけなく;突然に. ❐मुझसे सुनतीं तो किसी-किसी पर 〜 उनके मुख से सीत्कार निकल जाती। 私から(詩の朗読)を聞くときは, そこかしこで前触れもなく彼女の口から喜悦の吐息が漏れるのであった.

बरबाद /barabāda バルバード/▹बर्बाद [←Pers.adj. بر باد 'destroyed, overthrown, laid waste'] *adj.* **1** 破滅された, 破壊された;崩壊した, 荒廃した, 没落した;(健康が)損なわれた. (⇒नष्ट) ❐〜 करना (…を)破滅させる. ❐〜 होना 破滅する. ❐मैं तो 〜 हुआ ही, अब उसे 〜 करके क्या पाऊँगा? 私は破滅したのだ, 今彼を破滅させて何を得ようというのだ? **2** 無駄になった, 台無しになった. (⇒नष्ट) ❐मैं अपना शेष जीवन 〜 नहीं करना चाहता। 私は自分の残りの人生を無駄にしたくない. ❐मैंने अपने हज़ारों रुपए 〜 कर दिए। 私は何万ルピーも無駄にした.

बरबादी /barabādī バルバーディー/ ▹बर्बादी [*बरबाद* + *-ई*] *f.* **1** 破滅, 破壊;荒廃, 滅亡;没落. ❐चारों तरफ़ बाढ़ से 〜 का मंज़र दिख रहा है। 四方に洪水による破壊の光景がひろがっている. **2** (金・財産・時間などの)浪費, むだ使い. ❐समय की 〜 時間の浪費.

बरमा /baramā バルマー/ [?<Skt.m. *भ्रम-* 'turning round, revolving, rotation'] *m.* 木工用きり, ドリル.

बरमी /baramī バルミー/ [cf. *बरमा*] *f.* 小さなきり, 小さなドリル.

बरमूडा /baramūḍā バルムーダー/ [cf. Eng.n. *Bermuda*] *m.* 〖国名〗バーミューダ島《英国植民地バーミューダ諸島で最大;諸島首都はハミルトン (हैमिल्टन)》.

बरस /barasa バラス/ [<Skt. *वर्ष-* 'a year'] *m.* 〖単位〗1 年. (⇒वर्ष, साल)

बरसना /barasanā バラスナー/ [<Skt. *वर्षति* 'rains'] *vi.* (*perf.* बरसा /barasā バルサー/) **1** (雨などが)降る. (⇒गिरना) ❐पानी बरसने लगा। 雨が降りはじめた. **2** 降りかかる, 降り注ぐ. ❐प्यासे किसान ऐसे उछल रहे थे मानो पानी नहीं, अशर्फ़ियाँ बरस रही हों। 渇きに苦しむ農民たちは躍り上がっていた, まるで雨ではなく金貨が降り注いでいるかのように.

बरसात /barasāta バルサート/ [<OIA.f. *varṣārātri-* 'the rainy season': T.11398] *f.* 雨季;雨. (⇒वर्षा-ऋतु)

बरसाती /barasātī バルサーティー/ [cf. *बरसात*] *adj.* 雨季の.

— *f.* **1** レインコート, 雨合羽;防水のカバー. **2** 〖鳥〗インドショウノガン.

बरसाना /barasānā バルサーナー/ [cf. *बरसना*] *vt.* (*perf.* बरसाया /barasāyā バルサーヤー/) (雨のように)降らせる;浴びせる. ❐तोपों से गोला 〜 大砲で砲弾の雨を降らす. ❐उनकी गाड़ी पर पत्थर बरसाए गए। 彼の車に投石が浴びせられた.

बरसी /barasī バルスィー/ *f.* 命日.

बरांडा /barāṃḍā バラーンダー/ [←Eng.n. *verandah*] *m.* ベランダ. (⇒बरामदा)

बरात /barāta バラート/ ▸बारात [<OIA.f. *varayātrā-* 'procession of suitor or bridegroom': T.11322] *f.* 〖ヒンドゥー教〗バラート《花嫁を迎えに行く花婿の一行やその賑やかな行列;花婿は白馬に乗り楽隊を従える場合が多い》.

बराती /barātī バラーティー/ ▸बाराती [*बरात* + *-ई*] *m.* バラーティー《バラート (बरात に加わっている一員;花婿の親戚, 友人, 知人など》.

बराना /barānā バラーナー/ [?cf. OIA.n. *vāri-* 'water, rain': T.11556] *vt.* (*perf.* बराया /barāyā バラーヤー/)

(土地に)水を引く，灌漑(かんがい)する. ❐क्यारी ～ 苗床に水をやる.

बराबर /barābara バラーバル/ [←Pers.adj. برابر '(breast to breast) equal, alike, on a par'] *adj.* 1 等しい. ❐～ करना …を等しくする. 2 平らな;水平な.

— *adv.* 1 等しく，平等に. ❐के ～ …と等しく. 2 平に. 3 いつも，絶え間無く，コンスタントに.

बराबरी /barābarī バラーバリー/ [←Pers.n. برابری 'an equality'] *f.* 1 対等，同等，等しさ. 2 対抗，競合，張り合うこと. ❐(से) ～ करना (…と)張り合う.

बरामद /barāmada バラーマド/ [←Pers.n. بر آمد 'a rising or coming up'] *adj.* (隠匿された品物が)発見され押収された;(失踪した人が)発見され保護された. ❐उसके घर से चोरी का माल ～ हुआ। 彼の家から盗品が発見され押収された. ❐और दो शव ～ किए गए। さらに二体の死体が発見された.

— *f.* 『経済』 輸出(品). (⇒एक्सपोर्ट, निर्यात)

बरामदगी /barāmadagī バラーマドギー/ [←Pers.n. بر آمدگی 'a projection, rising, or swelling'] *f.* (隠匿された品物の)発見・押収;(失踪した人の)発見・保護. ❐अपहृत नाबालिग़ बालिका की ～ 誘拐された未成年の少女の発見・保護. ❐हेरोइन ～ ヘロインの押収.

बरामदा /barāmadā バラームダー/ [←Pers.n. برآمده 'balcony, verandah'; ?←Port.f. *varanda* 'verandah'; cf. *बरांडा* ←Eng.n. *verandah*; cf. OIA.m. *varaṇḍa-* 'mass; heap of grass': T.11317] *m.* ベランダ. (⇒बरांडा) ❐मैं बरामदे में था। 私はベランダにいた.

बरार /barāra バラール/ [cf. Eng.n. *Berar*] *m.* 『地名』 バラール《現ヴィダルバ (विदर्भ) の旧名;マハーラーシュトラ州 (महाराष्ट्र) にあるインド有数の綿花生産地》.

बरी[1] /barī バリー/ [←Pers. بری 'cutting; acquitted' ←Arab.] *adj.* 解放された，免除された，自由になった;無罪放免になった. ❐वह ～ हो गई। 彼女は無罪放免になった. ❐वह भी अपनी ज़िम्मेदारी से ～ हो जाते हैं और मेरे सिर से भी फ़िक्र का बोझ उतर जाता है। 彼も自分の責任から解放されるし私の頭からも心配ごとの重荷が下りるというものだ.

बरी[2] /barī バリー/ ▶बड़ी *f.* ☞बड़ी

बरौनी /baraunī バラォーニー/ [?] *f.* まつげ. (⇒पलक)

बर्ख़ास्त /barxāsta バルカースト/ ▷बरख़ास्त *adj.* ☞बरख़ास्त

बर्ख़ास्तगी /barxāstagī バルカースタギー/ ▷बरख़ास्तगी *f.* ☞बरख़ास्तगी

बर्छा /barcʰā バルチャー/ ▷बरछा *m.* ☞बरछा

बर्छी /barcʰī バルチー/ ▷बरछी *f.* ☞बरछी

बर्तन /bartana バルタン/ ▷बरतन *m.* ☞बरतन

बर्तना /bartanā バルトナー/ ▶बरतना *vi.* (*perf.* बर्ता /bartā バルター/) ☞बरतना

बर्ताव /bartāva バルターオ/ ▷बरताव *m.* ☞बरताव

बर्दाश्त /bardāśta バルダーシュト/ ▷बरदाश्त *f.* ☞बरदाश्त

बर्न /barna バルン/ [cf. Eng.n. *Bern*] *m.* 『地名』 ベルン《スイス(連邦)(स्विटज़रलैंड) の首都》.

बर्फ़ /barfa バルフ/▶बरफ़ [←Pers.n. برف 'snow'] *m.* 1 氷《女性名詞としても使われる》. 2 雪. (⇒हिम) ❐～ पड़ना 雪が降る.

बर्फ़ानी /barafānī バルファーニー/▷बरफ़ानी [*बर्फ़* + *-आनी*] *adj.* 雪[氷]に覆われた. (⇒बर्फ़ीला)

बर्फ़ी /barfī バルフィー/ ▷बरफ़ी *f.* ☞बरफ़ी

बर्फ़ीला /barfīlā バルフィーラー/▷बरफ़ीला [cf. *बर्फ़*] *adj.* 雪[氷]に覆われた. (⇒बर्फ़ानी) ❐बर्फ़ीली बारिश 雪混じりの雨，みぞれ. ❐बर्फ़ीले पहाड़ 雪に覆われた山.

बर्बर /barbara バルバル/ [←Skt. *बर्बर-* 'the non-*Āryans*, barbarians'] *adj.* 1 野蛮な，未開の. 2 残忍な，残酷な. ❐～ हिंसक पशु 残忍な猛獣.

बर्बरता /barbaratā バルバルター/ [←Skt.f. *बर्बर-ता-* 'a partic. stammering pronunciation of the letter *r*'] *adj.* 1 野蛮. ❐प्रेम से शासन करना मानवता है, आतंक से शासन करना ～ है। 愛をもって治めることは人間らしさであり，恐怖をもって治めることは野蛮である. 2 残忍な行為，残酷な行為.

बर्बाद /barbāda バルバード/ ▷बरबाद *adj.* ☞बरबाद

बर्बादी /barbādī バルバーディー/ ▷बरबादी *adj.* ☞बरबादी

बर्मा /barmā バルマー/ [cf. Eng.n. *Burma*] *m.* 『国名』 旧ビルマ(連邦社会主義共和国)《現ミャンマー(連邦共和国) (म्यानमार)》.

बर्रे /barre バルレー/▶बर्रै [<OIA.m. *varōla-* 'wasp': T.11330] *f.* 『昆虫』 スズメバチ. (⇒भिड़)

बर्रा /barrā バルラー/ [<OIA.m. *vaṭāraka-, varāṭaka-* 'string': T.11217] *m.* (綱引き用の)太い綱. (⇒रस्सा)

बर्राना /barrānā バルラーナー/ [onom.] *vi.* (*perf.* बर्राया /barrāyā バルラーヤー/) 1 ぶつぶつ (बर-बर, बड़-बड़) つぶやく. (⇒बड़बड़ाना)

बर्रै /barrai バルラェー/▶बर्रे *m.* 『昆虫』 スズメバチ. (⇒भिड़)

बर्लिन /barlina バルリン/ [cf. Eng.n. *Berlin*] *m.* 『地名』 ベルリン《ドイツ(連邦共和国) (जर्मनी) の首都》.

बल[1] /bala バル/ [←Skt.n. *बल-* 'power, strength'] *m.* 1 強さ;力;(精神的な)強さ，気力. (⇒ताक़त, शक्ति) ❐उसकी वाणी में सत्य का ～ था। 彼の声には真実の力があった. ❐बहुत लोग केवल विश्वास के ～ पर अच्छे हो जाते हैं। 多くの人はただ信仰の力で回復することもある. 2 (強引な)力ずく;腕力;暴力. ❐वह पैसे के ～ से सारे गाँव का मुँह बंद कर सका। 彼は金の力で村中の口を塞ぐことができた. 3 強調;力点. (⇒ज़ोर) ❐(पर) ～ देना (…を)強調する. 4 『言語』 強勢アクセント. (⇒बलाघात) 5 (軍・警察の)部隊. ❐पुलिस ～ 警官隊. ❐सुरक्षा ～ 防衛軍;守備隊. 6 支え，頼り，拠所. ❐(के) ～ पर (…を)支えに. ❐वह कुहनियों के ～ मेज़ पर टिककर बोला। 彼は肘をテーブルについて言った. 7 向き《後置詞を省略した副詞句「…の向きに」として使用》. ❐वह मुँह के ～ फ़र्श पर गिर पड़ा। 彼は顔面から床に倒れた.

बल[2] /bala バル/ [<OIA.f. *váli-* 'fold of skin': T.11412] *m.* 1 (ひもなどの)ねじれ;ひねり. 2 (ひも

などの)ひと巻き;螺旋(状のもの). **3** (皮膚の)しわ,皺《老化などによるしわ झुर्री ではなく,表情などの一時的なしわ》.(⇒शिकन) ❐उसके माथे पर ～ पड़ गये। 彼は額にしわをよせた. ❐माथे पर ～ तक न आने दिया। (彼は)表情すら変えなかった. ❐हँसते-हँसते लोगों के पेट में ～ पड़ जाता है। 笑いっぱなしで腹にしわがよる(=腹がよじれる). **4** (布や紙の)しわ,ひだ. **5** (川などの)曲がりくねり. ❐～ खाता पानी 曲がりくねって流れる水.

बलग़म /balağama バルガム/ [←Pers.n. بلغم 'phlegm' ←Arab. ←Gr.] *m.* 〖医学〗たん,痰.(⇒कफ, कफ़)

बल-तोड़ /bala-toṛa バル・トール/ ▸बाल-तोड़ *m.* ☞ बाल-तोड़

बलना /balanā バルナー/ [<OIA. **dvalati* 'burns': T.06654] *vi.* (*perf.* बला /balā バラー/) (灯火などが)(火種を用いて)灯される.(⇒जलना)

बलपरीक्षा /balaparīkṣā バルパリークシャー/ [neo.Skt.f. *बल-परीक्षा-* 'show-down'] *f.* (力による)決着.

बलपूर्वक /balapūrvaka バルプールワク/ [neo.Skt.ind. *बल-पूर्वक* 'forcibly'] *adv.* 強引に,無理やり,力ずくで.

बलप्रयोग /balaprayoga バルプラヨーグ/ [neo.Skt.m. *बल-प्रयोग-* 'use of force'] *m.* (軍事力などの)実力行使. ❐～ उसका अंतिम शस्त्र था। 実力行使は彼の最後の武器だった.

बलबलाना /balabalānā バルバラーナー/ [onom.] *vi.* (*perf.* बलबलाया /balabalāyā バルバラーヤー/) **1** (ラクダが)鳴く. **2** (水など液体が沸騰して)ごぼごぼ(बल-बल) 音をたてる.

बल-बूता /bala-būtā バル・ブーター/ [*बल¹* + *बूता*] *m.* **1** 力量,能力. ❐(के) बल-बूते पर (…の)力で. **2** 威力,威光. ❐(के) बल-बूते पर (…を)笠に着て.

बलवा /balavā バルワー/ [←Pers.n. بلوا 'disturbance; disobedience'] *m.* **1** 暴動,騒乱. ❐～ करना 暴動を起こす. **2** 反乱,謀反(むほん).(⇒बग़ावत) ❐सन् ५७ ईस्वी का ～ 57年の反乱《「セポイの乱」を指す》.

बलवान् /balavān バルワーン/ ▹बलवान [←Skt. *बल-वत्-* 'possessing power, powerful, mighty, strong, intense'] *adj.* 強力な,腕力のある;頑丈な. ❐अच्छा खाने से लोग ～ होते हैं, मोटे नहीं होते। मोटे होते हैं, घास-पात खाने से। いいものを食べることで人は力がつくのだ,太るのではない.太るのはろくでもないものを食べるからだ. ❐～ शत्रु का सामना करने में उदारता को ताक़ पर रख देना पड़ता है। 強力な敵に立ち向かうには寛容さは脇に置いておかねばならない.

बलशाली /balaśālī バルシャーリー/ [←Skt. *बल-शालिन्-* 'having or possessing strength, strong, vigorous'] *adj.* ☞बलवान्

बला /balā バラー/ ▸बलाय [←Pers.n. بلاء 'tempting, trying; trial, affliction, calamity, evil, ill' ←Arab.] *f.* **1** 大災害;災難;不幸;災厄. ❐～ टालना 災いを除く. ❐～ दूर। 災難が遠ざからんことを《祈願の表現》. ❐जन्नत की हूरें तुम्हारी बलाएँ लेंगी। 天国の天女がお前の厄災を身代りに引き受けてくれるだろう. ❐मेरे सिर से ～ टली। 私は災難を免れた. **2** 悪霊,怨霊,物の怪. **3**〔俗語〕とほうもない,すさまじい;とてつもない;とんでもない《主に 〖बला का 名詞〗 の形式で,「とほうもない…」を表す》. ❐～ का बोलनेवाला すさまじいおしゃべり屋. ❐～ की मिरचें とんでもない(辛さの)唐辛子. ❐～ की हाज़िर-जवाब とんでもなく頭の切れる女. ❐～ से 知ったこっちゃないが,勝手だが. ❐यह क्या ～ है। これはまた何とたまげたことか.

बलाघात /balāghāta バラーガート/ [neo.Skt.m. *बल-आघात-* 'emphasis, stress'] *m.* **1** 強調. **2** 〖言語〗強勢,ストレス・アクセント.(⇒स्वराघात)

बलात् /balāt バラート/ [←Skt.ind. *बलात्* 'forcibly, against one's will'; ablative case of Skt.n. *बल-* 'power, force'] *adv.* 強制的に;腕ずくで,強引に,無理矢理に.

बलात्कार /balātkāra バラートカール/ [←Skt.m. *बलात्कार-* 'employment of force, violence, oppression, injustice'] *m.* レイプ,強姦,婦女暴行.(⇒बेइज़्ज़ती, रेप) ❐(के साथ) ～ करना (人を)レイプする.

बलाय /balāya バラーエ/ ▸बला *f.* ☞बला

बलि /bali バリ/ [←Skt.m. *बलि-* 'tribute, offering, gift, oblation'] *f.* 生贄(いけにえ),犠牲. ❐(के लिए) अपनी प्राणों की ～ देना (…のために)自分の命を犠牲にささげる. ❐(पर) ～ चढ़ाना (…に)身をささげる. ❐बकरे की ～ देना ヤギの生贄をささげる.

बलिदान /balidāna バリダーン/ [←Skt.n. *बलि-दान-* 'the presentation of an offering to a deity'] *m.* **1** 生贄(いけにえ)を捧げること. ❐(की) वेदी पर बकरे का ～ करना (…の)祭壇にヤギを生贄として捧げる. **2** 犠牲;犠牲的献身.(⇒क़ुर्बानी) ❐(का) ～ करना (…を)犠牲にする.

बलिष्ठ /baliṣṭʰa バリシュト/ [←Skt. *बलिष्ठ-* 'most powerful, very. strong or mighty'] *adj.* たくましい,腕力のある;強健な,壮健な. ❐～ युवक たくましい若者.

बलिहारी /balihārī バリハーリー/ *f.* 献身,犠牲をはらうこと《〖名詞 की बलिहारी है〗の形式で,賞賛・感嘆「…はたいしたものだ」を表す》.(⇒निछावर) ❐～ ऐसी अक़्लमंदी की! たいしたものだ,この知恵は! ❐रुपये की ～ है और क्या! お金というのはたいしたものだ,まったく!

बली /balī バリー/ [←Skt. *बलिन्-* 'powerful, strong, mighty, stout, robust'] *adj.* ☞बलवान्

बलुआ /baluā バルアー/ [cf. *बालू*] *adj.* 砂の混じった. ❐～ काग़ज़ 紙やすり. ❐～ पत्थर 砂岩. ❐बलुई मिट्टी 砂土.

बल्कि /balki バルキ/ [←Pers.conj. بلکه 'but, however, perhaps'] *conj.* **1** しかし,だが. ❐वह बड़ा हँसोड़ था, सारे गाँव का विदूषक, ～ नारद। 彼はとても愉快な奴だった,村中の道化者,しかし大変なおせっかい焼き. **2**《否定文の後にきて「(…ではなく)それどころか」を表す》(⇒प्रत्युत, बल्कि) ❐उसको इस संसार के व्यापार से कोई रुचि न थी, ～ अरुचि थी। 彼女は世俗の出来事にはなんら関心がなかった,それどころか嫌悪していた. **3** その上,それ以上に,それどころか. ❐उनका जितना आदर-मान तब था, उतना ही आज भी है, ～ और भी बढ़ गया। 彼に対する当時の敬意は今日も

同じくらいある, それどころかさらに増しているのだ. ❒वह मुझे अपना भाई 〜 उससे भी निकट जान पड़ा। 彼は私にとって実の兄弟いやそれ以上に身近に思えた.

बल्ब /balba バルブ/ [←Eng.n. *bulb*] *m.* (白熱)電球. ❒〜 लगाना 電球を取り付ける.

बल्लम /ballama バッラム/ [cf. DEDr.5306 (DED.4327)] *m.* **1** 太い棒;棍棒. (⇒छड़) **2** 槍. (⇒बरछा, भाला)

बल्ला /ballā バッラー/ [<OIA.m. *vala-, valaka-* 'beam, pole': T.11403] *m.* **1**〖スポーツ〗(クリケット・野球の)バット;(テニスの)ラケット. **2** 棒, 棍棒.

बल्ली /ballī バッリー/ [cf. *बल्ला*] *f.* 棒;棹.

बवंडर /bavaṃḍara バワンダル/ [<Skt.n. *वात-मण्डल-, वायु-मण्डल-* 'whirlwind'] *m.* 嵐, 暴風.

बवाल /bavāla バワール/ [(metathesis) < *वबाल*] *m.* ☞वबाल

बवासीर /bavāsīra バワースィール/ [←Pers.n. بواسیر 'emerods, piles' ←Arab.] *f.*〖医学〗痔(疾), 痔核.

बसंत /basaṃta バサント/ [<Skt.m. *वसन्त-* 'brilliant (season); spring'] *m.* 春, 春季. (⇒बहार)

बसंती /basaṃtī バサンティー/ [*बसंत* + *-ई*] *adj.* **1** 春の. **2** 黄色の.

— *m.* 黄色《特に春に咲くアブラナ (सरसों) の花の色》.

बस[1] /basa バス/ [<Skt.m. *वश-* 'will, wish, desire; authority, power, control, dominion'] *m.* 制御(能力), コントロール. ❒(के) 〜 में आना (人の)思いのままになる. ❒(को) 〜 में करना (人を)思いどうりにする. ❒मेरा 〜 चले, तो ऐसे दुष्टों को गोली मार दूँ। 私の力が及べば, こんな悪党たちは撃ち殺してやるのに. ❒यह मेरे 〜 की बात नहीं है। これは私の手には負えない.

बस[2] /basa バス/ [←Pers.adj. بس 'many; more; very much; greatly; enough, sufficient'; cog. Skt. *बहु-* 'much, many, frequent, abundant, numerous, great or considerable in quantity'] *int.* もう結構[十分], 止めてください. ❒〜 〜। もう結構, 十分です《食事などのおかわりを断る場合》. ❒〜 करो। もういいかげんしてくれ.

— *adv.* ただ…のみ.

बस[3] /basa バス/ [←Eng.n. *bus*] *f.* バス. ❒〜 अड्डा [टर्मिनल] バスターミナル. ❒〜 स्टॉप [स्टैंड] バス停. ❒〜 पर सवार होना バスに乗る. ❒〜 में सफ़र करना バスで旅行する.

बसना[1] /basanā バスナー/ [<OIA. *vásati* 'stays, dwells': T.11435] *vi.* (*perf.* बसा /basā バサー/) **1** (人が)住みつく;定住する. (⇒रहना) ❒आदमी पानी से दूर नहीं बसता। 人間というものは水から離れて住まないものだ. ❒हमेशा के लिए बस जाना 永住する. **2** (家・世帯が)構えられる;(人家・集落が)できる. ❒उजड़े हुए गाँव बस गए। 荒廃した村々が復興した. ❒उसकी बदौलत हम गरीबों के कितने ही घर बस गए। そのおかげで私たち貧乏人の家がどれほど助かったことか. ❒बसे हुए घर को उजाड़ना せっかく安住した家を破滅させる. **3** (目・心に)焼きつく, 強く印象に残る. ❒वे गहने उसकी आँखों में बसे हुए थे। それらの装身具が彼の目に焼きついていた. **4** (命が)宿る《「…なしには(人は)生きていけないほど大切, …が生きがい」の表現》. ❒चरस और गाँजे में उसकी जान बसती थी। 麻薬や大麻なしに彼は生きていけなかった.

बसना[2] /basanā バスナー/ [cf. *बसाना*[2]] *vi.* (香水の)香りがつく. ❒इतर में बसी हुई रेशम की साड़ी 香水の香りを含ませた絹のサリー. ❒वह इत्र में बसी हुई, मुँह पर पाऊडर लगाए निकली। 彼女は香水をつけ, 顔には粉白粉をつけて外出した.

बसर /basara バサル/ [←Pers.adv. بسر 'at or to the head'] *f.* (時間を)費やすこと;生計. (⇒यापन) ❒ज़िंदगी 〜 करना 人生を過ごす.

बसाना[1] /basānā バサーナー/ [cf. *बसना*[1]] *vt.* (*perf.* बसाया /basāyā バサーヤー/) **1** 定住[定着]させる. **2** (家を)構える.

बसाना[2] /basānā バサーナー/ [<OIA. *vāsayati*[3] 'perfumes': T.11601] *vt.* (*perf.* बसाया /basāyā バサーヤー/) (香水の)香りをつける. ❒उसने उस पत्र को इत्र में बसाया। 彼はその手紙に香水をつけた.

बसूला /basūlā バスーラー/ [<OIA.f. *vā́śī-* 'sharp-pointed knife or adze': T.11588] *m.* (木工職人が使う)手斧.

बसूली /basūlī バスーリー/ [cf. *बसूला*] *f.* 小さな手斧.

बसेरा /baserā バセーラー/ [<OIA. **vāsakara-* 'making a stay': T.11594] *m.* ねぐら, (鳥などの)巣;宿;我が家. ❒चिड़ियों ने 〜 लिया। 小鳥たちはねぐらに帰った.

बस्ता /bastā バスター/ [←Pers.adj. بسته 'bound, obliged, tied, fastened, chained'] *m.* **1** (書類などを包む)風呂敷. (⇒बेठन) **2** (布製の)肩掛けカバン, ランドセル.

बस्ती /bastī バスティー/ [cf. *बसना*] *f.* 村落, 集落, 居住地.

बहँगी /bahãgī バハンギー/▸बँहगी [<OIA. **vahaṅga-* 'carrying-pole': T.11452a] *f.* 天秤棒. (⇒काँवर)

बहकना /bahakanā バハクナー/ [cf. OIA. *vyáthatē* 'trembles, goes astray': T.12164] *vi.* (*perf.* बहका /bahakā バヘカー/) (人に)だまされる, かつがれる.

बहकाना /bahakānā バヘカーナー/ [cf. *बहकना*] *vt.* (*perf.* बहकाया /bahakāyā バヘカーヤー/) そそのかす;(人を)だます, かつぐ, たぶらかす;(女を)口説く, かどわかす. ❒इसी शैतान ने मुझे बहकाया और मेरे एक लाख रुपए बरबाद कर दिये। この悪魔が私をたぶらかして私の十万ルピーをすっかり失わせてしまった.

बहकावा /bahakāvā バヘカーワー/ [cf. *बहकाना*] *m.* そそのかし;(人を)だますこと, たぶらかすこと;(女を)かどわかすこと.

बहत्तर /bahattara バハッタル/ [<OIA.f. *dvā́saptati-* 'seventy two': T.06674] *num.* 72.

बहन /bahana バハン/▸बहिन [<OIA.f. *bhaginī-* 'sister': T.09349] *f.* **1** 姉妹. (⇔भाई) ❒बड़ी [छोटी] 〜 姉[妹]. ❒सगी [सौतेली] 〜 実の[腹違いの]姉妹. **2** 従姉妹.

(⇔भाई) ❐चचेरी [ममेरी] ～ 父方の[母方の]従姉妹. **3**《同世代の女に対する親しい呼びかけ》. ❐～ जी ねえあなた.

बहना /baha̸nā バヘナー/ [<OIA. *váhati* 'carries, bears along (of rivers), is carried': T.11453] *vi.* (*perf.* बहा /bahā バハー/) **1** (液体が)流れる;流される;流出する. ❐उस पाईप में से पानी बह रहा था। そのパイプから水が流れ出ていた. **2** 漂う;流される. **3** こぼれる;溢れ出る. ❐जब उसकी आँखों से झर-झर आँसू बहने लगे, तो मुझे उसपर दया आ गयी। 彼女の目からぼろぼろ涙がこぼれだすと, 私は彼女がかわいそうになった. **4** しみ[にじみ]出る. **5** (溶けて)流れる. **6** (風が)吹く. **7** (香り・臭気が)漂う. (⇒उड़ना) **8** (金が)浪費される. **9** (感情・情緒に)流される. ❐वह भावनाओं में बहते हुए बोली। 彼女は, 感傷的になって言った. **10** (跡形もなく)流され消えうせる.

बहनोई /baha̸noī バヘノーイー/ *m.* 義理の兄弟《姉妹の夫》.

बहरा /baha̸rā バヘラー/ [<OIA. *badhirá-* 'deaf': T.09130] *adj.* 耳の聞こえない(人), 耳の不自由な(人).
— *m.* 耳の聞こえない人, 耳の不自由な人, ろう者.

बहरी[1] /baha̸rī バヘリー/ [<OIA.m. *vyādhá-* 'hunter': T.12199] *f.* 〘鳥〙タカ, ハヤブサ.

बहरी[2] /baha̸rī バヘリー/ [←Pers.adj. بحری 'marine, maritime'] *adj.* 海の, 海上の.

बहरीन /baha̸rīna̸ バヘリーン/ [cf. Eng.n. *Bahrain*] *m.* 〘国名〙バーレーン(王国)《首都はマナーマ (मनामा)》.

बहलना /bahala̸nā バハルナー/ [?cf. OIA. **vēlya-* 'at leisure': T.12118] *vi.* (*perf.* बहला /baha̸lā バヘラー/) 楽しむ;気が紛れる. ❐(का) जी [दिल, मन] ～ (人の)心が紛れる. ❐दिन-भर तो कच्ची अमिया से जी बहला, मगर अब तो कोई ठोस चीज़ चाहिए। 日中は熟してないマンゴーでもったが, 今は何か腹にこたえるものがなければ.

बहलाना /baha̸lānā バヘラーナー/ [cf. *बहलना*] *vt.* (*perf.* बहलाया /baha̸lāyā バヘラーヤー/) (楽しんで)気を紛らわせる, 気晴らしをする;(無聊を)なぐさめる. ❐जी [दिल, मन] ～ 心を紛らわす. ❐हँस-बोलकर अपने विधुर जीवन को बहलाते रहते थे। 彼は愉快に過ごすことで自身の男やもめの人生を紛らわせていた.

बहली /baha̸lī バヘリー/ [<OIA. *vahalá-* 'accustomed to the yoke': T.11458] *f.* バヘリー《天蓋の付いた昔風の牛車》.

बहस /bahasa̸ バハス/ [←Pers.n. بحث 'investigating, examining; controversy, debate' ←Arab.] *f.* **1** 討論, 議論;論議, 論争. ❐(से) (पर) ～ करना (人と)(…について)討論[議論]する. **2** 口論, 口げんか.

बहादुर /bahādura̸ バハードゥル/ [←Pers.adj. بهادر 'brave, bold, valiant, courageous, magnanimous, warlike, strong, athletic'] *adj.* 勇気のある, 勇敢な, 勇ましい, 大胆な.
— *m.* **1** 勇者. **2**〔古語〕バハードゥル《名前の後に付ける称号》.

बहादुराना /bahādurānā バハードゥラーナー/ [←Pers.adv. بهادرانه 'bravely, like a champion'] *adj.* 勇猛果敢な(行為);大胆不敵な;勇者にふさわしい.

बहादुरी /bahādurī バハードゥリー/ [←Pers.n. بهادری 'valour, military gallantry'] *f.* 勇気:勇敢さ, 勇ましさ;大胆さ;(戦場での)勇猛果敢. ❐～ से 勇敢に.

बहाना[1] /bahānā バハーナー/ [cf. *बहना*] *vt.* (*perf.* बहाया /bahāyā バハーヤー/) 流す;流し去る.

बहाना[2] /bahānā バハーナー/ [←Pers.n. بهانه 'pretence, excuse, evasion'] *m.* **1** 言い訳, 弁解. ❐(का) ～ बनाना (…の)言い訳をする. **2** 口実, 見せかけ. ❐(के) बहाने (…を)口実に. ❐(का) ～ करना (…の)ふりをする.

बहानेबाज़ /bahānebāza̸ バハーネーバーズ/ [*बहाना* + *-बाज़*] *adj.* 言いのがれをする(人);見せかけのふりをする(人).

बहानेबाज़ी /bahānebāzī バハーネーバーズィー/ [*बहाना* + *-बाज़ी*] *f.* 言い逃れ;弁解行為. ❐～ न करना। 言い逃れをしてもだめよ.

बहामा /bahāmā バハーマー/ ▸बहामास *m.* ☞बहामास

बहामास /bahāmāsa̸ バハーマース/▸बहामा [cf. Eng.n. *Bahamas*] *m.* 〘国名〙バハマ(国)《首都はナッソー (नसाऊ)》.

बहार /bahāra̸ バハール/ [←Pers.n. بهار 'spring, beginning of summer'] *f.* **1** 〘暦〙春. (⇒वसंत) **2** 花盛り;全盛期;青春. ❐～ के दिन 全盛期の日々. ❐～ पर आना 全盛期を迎える. **3** 美しさ, 麗しさ;輝き. ❐बारात की ～ 婚礼の行列の美しさ. **4** 楽しみ, 歓喜. ❐(की) ～ उड़ाना [लूटना] (…の)楽しさを味わう.

बहाल /bahāla̸ バハール/ [←Pers. بحال 'in its proper state or condition'] *adj.* 元通りの, (健康などが)回復した, 復旧した;復職した. ❐～ करना 元通りにする. ❐अब डायरेक्टरों के सामने यह सवाल आया कि वह पुरानों को ～ करें या नयों को रहने दें। 今や管理職の人間の前に問題が迫った, 古い人間を復職させるか新しい人間をそのままにしておくかという.

बहाली /bahālī バハーリー/ [←Pers.n. بحالی 'the being in its usual or former state'] *f.* 元通りになること, (健康などの)回復, 復旧;復職.

बहाव /bahāva̸ バハーオ/ [cf. *बहना*] *m.* (水・空気の)流れ, 流出;(時の)流れ, 推移;思潮. ❐क्रोध पानी के समान ～ का मार्ग न पाकर और भी प्रबल हो जाता है। 怒りというものは水と同じくはけ口が見つからないとさらに勢いが増すものである. ❐～ की ओर नाव खे ले जाना तो बहुत सरल है। 流れに沿って船を漕ぐのはとても簡単だ.

बहिन /bahina̸ バヒン/ ▸बहन *f.* ☞बहन

बहिरंग /bahiraṃga̸ バヒラング/ *adj.* 外部の, 外側の, うわべの. (⇔अंतरंग)

बहिर्गमन /bahirgamana̸ バヒルガマン/ [←Skt.n. *बहिर्-गमन-* 'the act of going out or forth'] *m.* 外に出ること;退場. ❐विधान सभा से ～ करना 州議会から退場す

る.

बहिर्जगत् /bahirjagat バヒルジャガト/ ▷बहिर्जगत [neo.Skt.n. *बहिर्-जगत्-* 'external world'] *m.* 外界(がいかい).

बहिष्कार /bahiṣkāra バヒシュカール/ [←Skt.m. *बहिष्-कार-* 'expulsion, removal'] *m.* ボイコット, 排斥(運動). (⇒बायकाट) ❐(का) ～ करना (…を)ボイコットする.

बहिष्कृत /bahiṣkr̥ta バヒシュクリト/ [←Skt. *बहिष्-कृत-* 'turned out, expelled or excluded from, rejected'] *adj.* ボイコットされた, 排斥された.

बही /bahī バヒー/ [<OIA.f. *vahikā-* in *rāja-vahikā-* 'king's diary': T.11460] *f.* 〖経済〗帳簿, 台帳;会計簿. ❐～ पर चढ़ना 帳簿に記載される. ❐～ पर चढ़ाना 帳簿に記載する.

बही-खाता /bahī-kʰātā バヒー・カーター/ *m.* ☞बही

बहु- /bahu- バフ・/ [←Skt. *बहु-* 'much, many, frequent, abundant, numerous, great or considerable in quantity'] *pref.* 《「多くの」を表す接頭辞; बहुमंज़िला「多層の, 高層の」, बहुमत「多数意見」, बहुमुखी「多面的な」など》.

बहु-आयामी /bahu-āyāmī バフ・アーヤーミー/ [neo.Skt. *बहु-आयामिन्-* 'multifaceted'] *adj.* 多面的な;広範囲の. ❐～ कलाकार 多才な芸術家.

बहुचर्चित /bahucarcita バフチャルチト/ [neo.Skt. *बहुचर्चित-* 'much-discussed, well-known'] *adj.* 話題の; 議論をよんだ. ❐～ और विवादास्पद कृति 議論をよび論争の的となっている作品.

बहुज्ञ /bahujña バフギエ/ [←Skt. *बहु-ज्ञ-* 'possessed of great knowledge'] *adj.* 博識の(人).

बहुज्ञता /bahujñatā バフギエター/ [←Skt.f. *बहु-ज्ञ-ता-* 'great knowledge'] *f.* 博識.

बहुत /bahuta バフト/ [<OIA.n. *bahutva-* 'abundance': T.09190] *adj.* **1** たくさんの, 多くの. **2** 十分な. ❐मेरे लिए तो यही ～ है। 私にとってはこれだけで十分です.

— *adv.* とても, 非常に, 大いに.

— *m.* 多くの人. ❐उसके मरने से दुःख थोड़ों को होता है सुख बहुतों को। 彼が死んでも悲しむのはわずかな人々で多くの人は喜ぶのだ.

बहुतायत /bahutāyata バフターヤト/ [cf. *बहुत*] *f.* **1** 多数; 多量, 大量;豊富さ. ❐～ में 大量に, 豊富に. **2** 過剰, 過多;余剰.

बहुतेरा /bahuterā バフテーラー/ [<OIA.n. **bahutva-tara-*; cf. OIA.n. *bahutva-* 'abundance': T.09190] *adj.* 多くの, 多数の;多量の.

— *adv.* 相当に, ずいぶんと, かなり.

बहुधंधी /bahudʰaṃdʰī バフダンディー/ [*बहु-* + *धंधा*] *adj.* 多くの職を兼ねて多忙な(人).

बहुधा /bahudʰā バフダー/ [←Skt.ind. *बहु-धा* 'in many ways or parts or forms or directions'] *adv.* たいがい, ふつう, 一般に. ❐मैं ～ एक जून खाता हूँ। 私は日に一度しか食事をしません.

बहुभाषी /bahubʰāṣī バフバーシー/ [←Skt. *बहु-भाषिन्-* 'talking much, garrulous'] *adj.* 多言語に通じた(人); 多言語を使う. ❐～ देश 多言語国家. ❐～ समाज 多言語社会. ❐वेबसाइट के ～ संस्करण ウェブサイトの多言語版.

— *m.* 多言語に通じた人, ポリグロット.

बहुमंज़िला /bahumaṃzilā バフマンズィラー/ [*बहु-* + *मंज़िल*] *adj.* 高層の, 多層の. ❐～ इमारत 高層ビル.

बहुमत /bahumata バフマト/ [neo.Skt.n. *बहु-मत-* 'the opinion of a majority'] *m.* **1** 多数意見;多数派. (⇔अल्पमत) ❐～ जुटाना 多数派工作をする. ❐～ का समर्थन प्राप्त [हासिल] करना 過半数の支持を得る. ❐सर्वसम्मति या दो-तिहाई ～ की मंज़ूरी 全員一致または三分の二の多数の賛成. ❐कांग्रेस पार्टी को विधानसभा में मात्र १२ सीटों का ～ है। 国民会議派は州議会でわずか 12 議席過半数を上回っているにすぎない. **2** (投票における)過半数票;大量票, 大得票. ❐～ से चुनाव जीतना 過半数の票で選挙に勝つ. ❐कांग्रेस ने राजस्थान में दो-तिहाई से भी अधिक ～ हासिल किया। 会議派はラージャスターン州で 3 分の 2 以上の大量票を獲得した.

बहुमुखी /bahumukʰī バフムキー/ [←Skt. *बहु-मुख-* 'many-mouthed; speaking variously'] *adj.* 多方面の, 多才な. ❐～ प्रतिभा 多才な才能. ❐उनकी प्रतिभा ～ थी। 彼の才能は多方面にわたっていた. ❐स्कूली बच्चों के व्यक्तित्व का ～ विकास 学童の個性の多方面の発達.

बहुमूत्र /bahumūtra バフムートル/ [←Skt. *बहु-मूत्र-* 'making water in excess'] *m.* 〖医学〗多尿症;頻尿症.

बहुमूलक /bahumūlaka バフムーラク/ [←Skt.n. *बहु-मूलक-* 'the sweetscented root of *Andropogon muricatus*'] *m.* 〖植物〗バフムーラカ《イネ科ベチベルソウ》. (⇒ख़स, उशीर)

बहुमूल्य /bahumūlya バフムールエ/ [?neo.Skt. *बहु-मूल्य-* 'high in price; precious, valuable'] *adj.* 高価な;貴重な.

बहुरंगा /bahuraṃgā バフランガー/ [*बहु-* + *रंग*] *adj.* ☞बहुरंगी

बहुरंगी /bahuraṃgī バフランギー/ [*बहु-* + *रंग*] *adj.* **1** 多色の;多色刷りの. **2** 多彩な;多様な.

बहुराष्ट्रीय /bahurāṣṭrīya バフラーシュトリーエ/ [neo.Skt *बहु-राष्ट्रीय-* 'multinational'] *adj.* 多国籍の. ❐～ कंपनी 多国籍企業.

बहुरूपिया /bahurūpiyā バフルーピヤー/ [cf. Skt. *बहु-रूपिन्-* 'multiform, manifold'] *adj.* 千変万化(せんぺんばんか)の.

— *m.* 千変万化する者, 百面相, 物真似芸人.

बहुलता /bahulatā バフルター/ [←Skt.f. *बहुल-ता-* 'muchness, multiplicity, abundance, numerousness'] *f.* 多量(に含まれていること), 豊富.

बहुवचन /bahuvacana バフワチャン/ [←Skt.n. *बहु-वचन-* 'the plural number'] *m.* 〖言語〗複数. (⇒अनेकवचन)(⇔एकवचन)

बहुविवाह /bahuvivāha バフヴィワーハ/ [neo.Skt.m. *बहु-विवाह-* 'polygamy; polyandry'] *m.* (一夫多妻または一妻多夫の)複婚性.

बहुसंख्यक /bahusaṃk^{h}yaka バフサンキャク/ [?neo.Skt. *बहु-संख्यक-* 'numerous'] *adj.* **1** 多数の. ❒इतनी ～ सेना के सामने ये मुट्ठी भर आदमी क्या कर सकते थे?これほど大勢の軍勢の前でこの一握りの人間たちが一体何ができただろう? **2** 多数派の, 大勢を占める. (⇔अल्पसंख्यक)

बहुसंख्या /bahusaṃk^{h}yā バフサンキャー/ [neo.Skt.f. *बहु-संख्या-* 'majority'] *f.* 多数. (⇔अल्पसंख्या)

बहू /bahū バフー/ [<OIA.f. *vadhū́-* 'bride, young wife': T.11250] *f.* 息子の妻, 嫁. (⇒पतोहू)

बहेड़ा /baheṛā バヘーラー/ [<OIA.m. *vibhī́daka-* 'the tree *Terminalia bellerica*': T.11817] *m.* 〖植物〗セイタカミロバラン《シクンシ科の高木;果実は薬用》.

बहेलिया /baheliyā バヘーリヤー/ [<OIA.m. *vyādhá-* 'hunter': T.12199] *m.* (小型の鳥獣の猟をする)猟師, 狩人.

बाँ /bā̃ バーン/ [onom.] *m.* 〔擬声〕モー, 牛の鳴き声. ❒～ ～ करना (牛が)モーモーと鳴く.

बाँका /bā̃kā バーンカー/ [<OIA. *vaṅka-*[1] '*bent, crooked': T.11191] *adj.* **1** 曲がっている. ❒बाल ～ न होने देना 〔慣用〕髪一本曲がったままにさせない《「指一本触らせない」の意》. **2** 斜にかまえた;かっこをつける, きどった;粋な, おしゃれな(男);やくざな(男).
— *m.* しゃれ者, めかし屋, かっこをつける男;やくざ.

बाँकापन /bā̃kāpana バーンカーパン/ [*बाँका* + *-पन*] *m.* (男が)きどっていること, 斜にかまえていること.

बाँग /bā̃ga バーング/ [←Pers.n. بانگ 'voice, sound, noise, cry, clamour'] *f.* **1** 雄鶏(おんどり)の鳴き声;大きな叫び声. ❒एकाएक मुर्गे की ～ ने नींद तोड़ दी। 不意に雄鶏の鳴き声が眠りを破った. ❒मुरग़ा ～ देता है। 雄鶏が時を告げる. **2** 〖イスラム教〗祈祷時刻であることを告知する大声. (⇒अज़ान) ❒～ देना 祈祷時刻であることを大声で告知する.

बांगुई /bāṃguī バーングイー/ [cf. Eng.n. *Bangui*] *m.* 〖地名〗バンギ《中央アフリカ(共和国) (मध्य अफ़्रीकी गणराज्य) の首都》.

बांग्लादेश /bāṃglādeśa バーングラーデーシュ/▸बंगलादेश [←Beng.n. *বাংলাদেশ* 'Bangladesh'] *m.* 〖国名〗バングラデシュ(人民共和国)《旧東パキスタン (पूर्वी पाकिस्तान); 1971 年独立;首都はダッカ (ढाका)》. (⇒बँगलादेश)

बाँचना /bā̃canā バーンチナー/ [←Skt. *वाचयति* 'causes to say or speak'] *vt.* (*perf.* बाँचा /bā̃cā バーンチャー/) 声を出して読む, 音読する;朗誦する. (⇒पढ़ना) ❒वह रात को बड़ी देर तक उच्च स्वर से रामायण बाँचता था। 彼は夜たいそう遅くまで大きな声でラーマーヤナ物語を読んでいました.

बाँझ /bā̃j^{h}a バーンジ/ [<OIA. *vandhya-* 'barren, sterile': T.11275] *adj.* **1** 不妊症の(女性, 動物の雌). **2** 実のならない(植物). **3** 不毛の(地).
— *f.* 〖医学〗不妊症の女性.

बाँझपन /bā̃j^{h}apana バーンジパン/ [*बाँझ* + *-पन*] *m.* **1** 〖医学〗不妊(症). **2** 不毛.

बाँट /bā̃ṭa バーント/ [<OIA.m. *vaṇṭa-*[1], *vaṇṭaka-* 'share': T.11235] *f.* **1** 分割. **2** 〖歴史〗分離分割《特に 1947 年の印パ分離独立をさす》. **3** 分配;配分;割当.

बाँटना /bā̃ṭanā バーントナー/ [<OIA. *váṇṭati, vaṇṭáyati* 'shares': T.11238] *vt.* (*perf.* बाँटा /bā̃ṭā バーンター/) **1** 分ける, 分割する;仕切る. ❒मकान दो खंडों में बाँट दिया गया। 家屋は二つの部分に分けられた. **2** 配る, 分配する, 分け与える;配給する. ❒अमीरों से पैसा लेकर ग़रीबों को बाँट देना। 金持ちから金を取って, 貧しい者に分け与えなさい. ❒उनकी राय थी कि ज़रूरी-ज़रूरी सामान को इलाहाबाद तक ले जाया जाए, बाक़ी चीज़ें पास-पड़ोसवालों को दे-बाँट दी जाएँ। 彼の意見は, 必要な荷物はアラーハーバードまで持って行こう, 残りは近所の人たちに分け与えてしまおう, というものだった. ❒मिठाई बाँटने की ज़िम्मेदारी उसने अपने उपर ली। お菓子を配る役目は, 彼女が引き受けた. **3** 配達する. ❒वह घरों में अख़बार बाँटता है। 彼は家々に新聞を配達する. **4** (トランプのカードを)配る. ❒पत्ते ख़ूब काटकर बाँटो। カードをよくきって配りなさい.

बाँड़ /bā̃ṛa バーンル/ [?cf. *बाँट*] *m.* 〖地理〗川洲(かわす), 砂州《二つの川の合流点の浅瀬;乾季には水面上にあらわれ, 雨季には沈む》.

बाँड़ा /bā̃ṛā バーンラー/ [<OIA. *baṇḍá-* 'maimed (in hands, feet or tail)': T.09124] *adj.* 尻尾のちぎれた(動物);身寄りのない(人).

बाँदी /bā̃dī バーンディー/ [<OIA.f. *bandī-* 'captive slave-girl': T.09135] *f.* **1** 下女. (⇒लौंडी) **2** 〖歴史〗女奴隷.

बाँध /bā̃d^{h}a バーンド/ [<OIA.m. *bandhá-* 'bond': T.09136; cog. Pers.n. بند 'a band, tie, fastening, ligament, ligature, bandage, chain, shackle, fetter, manacle'] *m.* **1** ダム;堤防, 堤. (⇒बंद) ❒नर्मदा नदी पर बनने वाला ～ ナルマダー川に作られるダム. **2** 防壁, バリケード. **3** 足かせ.

बाँधना /bā̃d^{h}anā バーンドナー/ [<OIA. *bandhati* 'binds': T.09139] *vt.* (*perf.* बाँधा /bā̃d^{h}ā バーンダー/) **1** (糸・ひも・ロープなどで)縛る, 結ぶ, くくりつける;(糸・ひも・ロープ同士を)結ぶ, つなぐ;(家畜・船などを)つなぐ. (⇒गाँठना)(⇔खोलना) ❒उसने अँगोछा कमर में बाँध लिया। 彼はてぬぐいを腰にくくりつけた. ❒उसने गाय को बाहर बाँध दिया। 彼は雌牛を外につないだ. ❒जो आदमी नहीं रहना चाहता, क्या उसे बाँधकर रखोगी?一緒に住みたくないという人間を, 縛ってまで置いておくつもりかい. ❒मैंने नाव तट पर बाँध दी। 私は舟を岸につないだ. ❒वह कंधे पर बंदूक़ रखे और कमर में तलवार बाँधे न जाने किधर से आ खड़ा हो गया। 彼は, 一体どこから急に現れたのかわからないが, 肩に銃をかけ腰に剣を帯びて立ちはだかった. ❒वह गाय को खूँटे से बाँधकर द्वार की ओर चली। 彼女は雌牛を杭につないで, 戸口の方へ歩いて行った. ❒वह साड़ी को घुटनों से मोड़ कर कमर में बाँधे हुए थी। 彼女はサリーを膝からまくって腰にくくりつけていた. **2** (骨を)接ぐ. **3** (しっかり)締める, 締めて留める;つ

なぎとめる. ❒उनका लचीलापन विभिन्न गुटों को बाँधे रखने में सहायक होगा। 彼の柔軟性がさまざまな派閥をまとめてつなぎとめておくことに役立つだろう. ❒उसने जूते का फ़ीता बाँधा। 彼は靴ひもを締めた. ❒उसने मेरी क़लाई की घड़ी खोलकर अपनी क़लाई पर बाँध ली। 彼は私の腕時計をはずして, 自分の腕にはめた. **4** 包装する, 包む, くるむ, 巻く;束にする;包帯する. (⇒लपेटना, लिपटाना) ❒उसने दवा की पुड़िया बाँधी। 彼は一服分の薬を包んだ. ❒खेत में कोई ऊख काटता था, कोई छीलता था, कोई पूले बाँधता था। 畑で, ある者はサトウキビを刈り, ある者は皮をむき, またある者は束にしていた. ❒नर्स ने मेरे घाव पर पट्टी बाँध दी। 看護婦は私の傷口に包帯をまいた. ❒मैंने किताबों की गठरी बाँध ली। 私は, 本をふろしきで包んだ. ❒वह अपने कमरे में सिर में पट्टी बाँधे पड़ा था। 彼は部屋の中で, 頭に包帯を巻いて横たわっていた. ❒सिर पर उसने रेशमी पगड़ी बाँधी। 頭に彼は絹のターバンを巻いた. **5** (人を)捕縛する, 縛りあげる;監禁する;投獄する. ❒उसे पुलिस बाँधकर ले गई। 彼を, 警察が捕縛して連れ去った. **6** 呪縛する, 金縛りにする. **7** (視線を)釘付けにする;(ねらいを)定める. ❒उनके प्राण सूखे जा रहे थे, मानो उनपर कोई निशाना बाँधा जा रहा हो। 彼の心臓は凍りつきそうだった, まるで自分に照準が定められているかのようだった. ❒दोनों एक चट्टान की आड़ में छिप गये और निशाना बाँधकर गोली चलायी। 二人は岩陰に隠れた, そして狙いを定めて発砲した. **8** (河川の流れを)抑制する;せき止める. ❒पनबिजली परियोजना के तहत छोटी नदियों को बाँधा जाएगा। 水力発電計画に基づき小さな河川の流れがせき止められるだろう. **9** 抑制する;制限する;制約する, 縛る;拘束する. ❒धर्मनिरपेक्षता और संघीय ढाँचे के प्रति हमारी प्रतिबद्धता हमें बाँधे हुए है। 特定の宗教に偏らない世俗主義と連邦性の枠組みを固守するという方針が我々を縛っている. **10** 集めてまとめる, かたまりにする;荷作りする. ❒वह पाँच पूरियाँ एक डिब्बे में बाँध लायी। 彼女は, 5 枚のプーリー(＝揚げパン)を一つの箱に詰めて持ってきた. ❒वह सामान बाँधने लगा। 彼女は荷作りをしはじめた. **11** (橋・ダムなどを)作る. ❒इन दिनों जो कोई उससे मिलता, वह उससे मेरी तारीफ़ों के पुल बाँध देती। ここ最近, 彼女は会う人ごとに私の賞賛の橋をかける(＝賞賛する). **12** (ばらばらのものを)組み立てまとめる;(列を)揃えて並ぶ;(計画・構想を)思い描く;(希望・野心を)抱く;(詩節を)練って作る. ❒मैंने तुम्हारे ही भरोसे यह सारे प्रोग्राम बाँधे हैं। 私は君を信頼して, この計画全体をまとめたのだ. ❒मैंने भूमिका बाँध दी। 私は(話のお膳立てとして)前置きして言った. ❒रोने के ही स्वर-लय में बाँधकर उन्होंने अपने जीवन और यात्रा का सारा सुख-दुख सुना डाला। 泣くような声の調子で, 彼女は自分の人生と旅の悲喜こもごもを語って聞かせた. ❒वह आशा बाँधे हुए चला गया। 彼は希望に胸をふらませて立ち去った. ❒वह भविष्य के मंसूबे बाँधने लगा। 彼は将来の計画を思い描きはじめた. ❒वह शेख़ चिल्ली के से मंसूबे बाँधने लगा था। 彼は誇大妄想的な夢を思い描きはじめた. ❒वे अपनी सुरक्षित स्थिति की उम्मीद बाँध रहे हैं। 彼は自分の保身を期待している. **13** (友好[敵対]関係を)むすぶ. **14** (腕を)組む;(片方の手でもう片方の手を)つかんでおさえる;(こぶしを)握りしめる. ❒बहुत हाथ बाँधने पर भी तीन सौ से कम ख़र्च न होंगे। いくら手をおさえても(＝節約しても), 300 ルピー以下の出費ではおさまらないだろう. ❒वह मुट्ठी बाँधकर मेरी ओर झपटा। 彼は拳骨を握りしめて, 私に飛びかかってきた. ❒वे आसन बाँधकर बैठ गये। 彼はあぐらをかいて座った. **15** (男女を)結びつける, 結婚させる. ❒दुःख ने तुम्हें एक सूत्र में बाँध दिया है। 苦労が君たちを一つの糸で結びつけたのだ. **16** (境界・上限などを)定める;(あらかじめ)取決める. **17** たとえる, なぞらえる. **18**〔慣用〕❒(के) गले (में) ～ (人の)首につなぐ《「やっかいなものをおしつける」の意》(＝) ❒गाँठ ～ (ふろしきなどの)結び目を縛る《「執念深くうらみなどを抱く」の意》. ❒हाथ बाँधकर खड़ा होना 手を縛って立つ《「(命令を待って)神妙に待機する」の意》.

बाँधनू /bā̃d^{h}a̸nū バーンドヌー/ [cf. *बाँधना*; → Eng.n. *bandanna*] *m.* **1** 絞り, 絞り染め《図案など一部を糸でくくった布地を染色液に浸し, 染料の浸入しない部分を模様として染め残す染色法》. **2** たくらみ, 企て. **3** (でっち上げの)誹謗, 中傷.

बांधव /bāṃd^{h}ava̸ バーンダオ/ [←Skt.m. *बान्धव-* 'a kinsman, relation (esp. maternal relation), friend'] *m.* 親類縁者;友人.

बाँबी /bā̃bī バーンビー/ [＜OIA.m. *vamriya-* 'anthill': T.11297] *f.* アリ塚;ヘビ穴. ❒～ में बैठा हुआ साँप ヘビ穴にいるヘビ.

बाँस /bā̃sa̸ バーンス/ [＜OIA.m. *vaṁśá-* 'bamboo': T.11175; cog. Pers.n. بانس 'a bamboo'] *m.* 〘植物〙竹;竹の竿.

बाँसुरी /bā̃surī バーンスリー/ [cf. *बाँस*] *f.* 〘楽器〙(竹の)横笛;フルート. (⇒बंसी, मुरली) ❒～ बजाना 横笛を吹く. ❒न रहेगा बाँस, न बजेगी ～। 竹がなければ, 竹笛が鳴るはずがない《〔諺〕「禍根を絶つ」の意》.

बाँह /bā̃ha̸ バーンフ/ [＜OIA.m. *bāhú-* 'arm': T.09229] *f.* **1** 腕. (⇒बाज़ू) **2** (上着の)そで. (⇒आस्तीन, बाज़ू) ❒उसने ～ चढ़ाकर कहा। 彼はそでをまくって(＝意気込んで)言った.

बाइक /bāika̸ バーイク/ [←Eng.n. *bike*] *f.* 自転車;オートバイ. (⇒साइकिल)

बाइबल /bāibala̸ バーイバル/▸बाइबिल [←Eng.n. *Bible*] *f.* 〘キリスト教〙聖書.

बाइबिल /bāibila̸ バーイビル/ ▸बाइबल *f.* ☞बाइबल

बाइस /bāisa̸ バ ー イ ス/ [←Pers.n. باعث 'cause, occasion' ←Arab.] *m.* **1** 原因, 理由;きっかけ, 動機. **2**《〘名詞 के बाइस〙の形式で, 副詞句「…の理由で」を作る》❒मैं नादिम हूँ कि हिमाक़त के ～ जनाब को इतनी तकलीफ़ हुई। 私はすまないと思っているんですよ, 愚かしいことで旦那がこれほど難儀なさったことに.

बाइसिकल /bāisikala̸ バーイスィカル/▸बाइसिकिल [←Eng.n. *bicycle*] *f.* 自転車. (⇒साइकिल)

बाइसिकिल /bāisikila̸ バーイスィキル/ ▸बाइसिकल *f.* ☞बाइसिकल

बाईस /bāīsa̸ バーイース/ [＜OIA.f. *dvā́viṁśati-* 'twenty two': T.06672] *num.* 22.

बाएँ /bāẽ バーエーン/ *adv.* 左に[へ]. (⇔दाएँ)

बाक़ायदा /bāqāyadā バーカーエダー/ [←Pers.adj. باقاعده 'regular'] *adv.* 規則通りに;筋を通して;正規の手続きを経て. (⇒विधिवत्)(⇔बेक़ायदा)

बाक़ी /bāqī バーキー/ [←Pers.adj. باقی 'remaining, left' ←Arab.] *adj.* 1 残りの;余りの;残存する. (⇒शेष) ❒रुपया ～ पड़ना 金が未払いで残る. 2 終わっていない, 片付けなければいけない(仕事). (⇒शेष) ❒अब तो मरना ～ है। 今や死ぬのみだ.
— *f.* 1 残余, 余り;残額. (⇒शेष) ❒～ चुकाना 残額を支払う. 2『数学』引き算. (⇔जोड़)

बाक्स /bāksa バークス/ ▸बॉक्स [←Eng.n. *box*] *m.* 囲み記事.

बाग /bāga バーグ/ [<OIA.f. *valgā-* 'bridle': T.11420] *f.* 1 手綱(たづな). (⇒लगाम) ❒～ ढीली करना 手綱をゆるめる. 2 制御, 統制.

बाग़ /bāğa バーグ/ [←Pers.n. باغ 'a garden'] *m.* 庭, 庭園;果樹園;公園. (⇒उद्यान) ❒～ की सैर करना 庭園を散策する. ❒आमों का ～ マンゴーの果樹園. ❒(को) सब्ज़ ～ दिखाना〔慣用〕(人に)青々した庭園を見せる《「人を甘い言葉でだます」の意》.

बागडोर /bāgaḍora バーグドール/ [*बाग* + *डोर*] *f.* 1 (馬などの)手綱. 2 制御;采配, 手綱.

बाग़बान /bāğabāna バーグバーン/ [←Pers.n. باغبان 'a gardener'] *m.* 庭師, 植木屋. (⇒माली)

बाग़बानी /bāğabānī バーグバーニー/ [←Pers.n. باغبانی 'the care of a garden, horticulture'] *f.* 園芸;造園.

बाग़वान /bāğavāna バーグワーン/ [←Pers.n. باغوان 'a gardener'] *m.* ☞बाग़बान

बाग़वानी /bāğavānī バーグワーニー/ [cf. *बाग़वान*] *f.* ☞बाग़बानी

बाग़ी /bāğī バーギー/ [←Pers.adj. باغی 'rebellious, revolting, disloyal' ←Arab.] *adj.* 反乱の;暴動の.
— *m.* 反乱者;暴徒. (⇒राजद्रोही)

बाग़ीचा /bāğīcā バーギーチャー/ [←Pers.n. باغچه 'a little garden, a garden'] *m.* 小さな庭園;果樹園;菜園.

बाघंबर /bāgʰaṃbara バーガンバル/ [*बाघ* + *अंबर¹*] *m.* トラの皮《寝床に敷いたり身にまとったりする》.

बाघ /bāgʰa バーグ/ [<OIA.m. *vyāghrá-* 'tiger': T.12193] *m.*『動物』(雄)トラ(虎)《インドの国獣(राष्ट्रीय पशु)に指定されている》. (⇒व्याघ्र, शेर)(⇔बाघिन)

बाघिन /bāgʰina バーギン/ [cf. *बाघ*] *f.*『動物』雌虎. (⇒शेरनी)(⇔बाघ)

बाछ /bācʰa バーチ/ [?] *f.* 口の両端《主に『名詞 की बाछें खिलना』の形式で, 慣用表現「人の笑みが思わずこぼれる」を表す》. ❒पैसे देखते ही उसकी बाछें खिल गईं। 金を見るや否や彼の笑みが思わずこぼれた. ❒वह मेरी बाछें खिली देखकर बोली। 彼女は私の笑みが思わずこぼれたの見て言った.

बाछा /bācʰā バーチャー/ [<OIA.m. *vatsá-¹* 'calf, child': T.11239; cf. *बच्चा*] *m.* ☞बछड़ा

बाज़¹ /bāza バーズ/ [←Pers.n. باز 'a falcon'; ?cog. Skt. *वाजिन्-* 'winged, having any thing for wings; feathered (as an arrow)'] *m.*『鳥』タカ, 鷹;ハヤブサ, 隼.

बाज़² /bāza バーズ/ [←Pers.adv. باز 'back, again; anew, afesh'] *adv.* (意識的に)疎遠な, 離れた, 縁を切った. ❒मैं ऐसे खाने से ～ आए। 私はこういう食事はもう食べないことにしたんだ. ❒तुम बदमाशी से ～ नहीं आओगे। お前は悪事から足を洗えないだろう.

बाज़³ /bāza バーズ/ [←Pers.adj. بعض 'some, some few' ←Arab.] *adj.* 1 或る. 2 いくらかの.

-बाज़ /-bāza ・バーズ/ [←Pers.suf. باز '(in comp.) playing at, with, or on, staking'] *suf.* 《主に名詞に付加して形容詞や男性名詞「…する(人), …をもっている(人)」を表す; कलाबाज़「軽業師」, बहानेबाज़「言い訳をする(人)」, निशानेबाज़「射撃手」など》.

बाजना /bājanā バージナー/ ▸बजना *vi.* (*perf.* बाजा /bājā バージャー/) ☞बजना

बाजरा /bājarā バージラー/ [<OIA. **bājjara-* 'millet': T.09201] *m.*『植物』雑穀.

बाजा /bājā バージャー/ [<OIA. *vā́dya-* 'to be said': T.11511] *m.*『楽器』楽器, 鳴り物.

बाजा-गाजा /bājā-gājā バージャー・ガージャー/ *m.*『楽器』さまざまな楽器;その奏でるにぎやかな音. ❒आतिशबाज़ी और बाजे-गाजे के साथ बारात निकल गई। 花火とにぎやかな鳴物入(なりものいり)で花婿の行列が出発した.

बाज़ार /bāzāra バーザール/ [←Pers.n. بازار 'a market'] *m.* 1 マーケット, 商店街;バーザール, 市場, 市. ❒काला ～ (非合法な)闇市場. 2『経済』相場;(株式)市場. ❒विदेशी मुद्रा विनिमय ～ 外国為替相場. ❒शेयर ～ 株式市場. 3『経済』景気, 市況. ❒～ गर्म हो गया। 市況は活気づいた.

बाज़ारी /bāzārī バーザーリー/ [←Pers.adj. بازاری 'belonging to a market, mercantile'] *adj.* 1 マーケットの, 市場の. 2 ごく普通の, ありふれた. (⇒बाज़ारू) 3 安っぽい;品のない;粗野な;卑しい. (⇒बाज़ारू) ❒～ औरत 娼婦. ❒～ गप(当てにならない)うわさ話.

बाज़ारू /bāzārū バーザールー/ [cf. *बाज़ार*] *adj.* 1 ごく普通の, ありふれた. (⇒बाज़ारी) ❒～ आदमी ごくありふれた人. 2 安っぽい;品のない;粗野な;卑しい. (⇒बाज़ारी) ❒～ औरत 娼婦. ❒～ भाषा『言語』俗語. ❒～ हरकत 品のない振る舞い, 無作法.

-बाज़ी /-bāzī ・バーズィー/ [←Pers.suf. بازی '(in comp.) playing'] *suf.* 《主に名詞に付加して女性名詞「…する行為, …の技術, …ゲーム」などを表す; कलाबाज़ी「宙返り」, बहानेबाज़ी「言い逃れ」, निशानेबाज़ी「射撃術」など》

बाज़ी /bāzī バーズィー/ [←Pers.n. بازی 'play, sport'] *f.* 1 賭けごと, 勝負;ゲーム. ❒～ खेलना 賭けごとをする. ❒～ हारना ゲームに負ける. ❒ताश की ～ トランプの賭けごと, カードゲーム. ❒(से) ～ जीतना [मारना](人に)ゲームで勝つ. 2 (賭博で)賭ける金品. (⇒शर्त) ❒(पर) ～ लगाना(…に)金品を賭ける. 3 (勝負の)順

番, 番；勝負手. (⇒नंबर, बारी) ❒आज ～ उसके हाथ थी। 今日は勝負手は彼女が握っていた.

बाज़ीगर /bāzīgara バーズィーガル/ [←Pers.n. بازیگر 'a rope-dancer, a tumbler'] *m.* (大道芸人の)奇術師；曲芸師.

बाज़ीगरी /bāzīgarī バーズィーガリー/ [←Pers.n. بازی گری 'jugglery'] *f.* (大道芸人の)奇術；曲芸.

बाज़ू /bāzū バーズー/ [←Pers.n. بازو 'the arm, or the upper part of it'; cog. Skt.m. *बाहु-* 'the arm, (esp.) the fore-arm'] *m.* **1** 腕, 二の腕. (⇒बाँह) **2**〖鳥〗羽, 翼. (⇒पंख, पर) **3** そで. (⇒आस्तीन, बाँह)

बाज़ूबंद /bāzūbaṃda バーズーバンド/ [←Pers.n. بازو بند 'a bracelet, an armlet'] *m.* ブレスレット, 腕輪. (⇒कंकण)

बाट[1] /bāṭa バート/ [<OIA.n. *vártman-* 'track of a wheel, path': T.11366] *m.* 道《おもに以下の成句で使用》. ❒(की) ～ जोहना [देखना] (人が戻ってくる道を)見る《待ち望む》. ❒～ दिखाना 道案内をする.

बाट[2] /bāṭa バート/ [<OIA. **varta-*[3] 'round stone': T.11348] *m.* (秤にのせる)分銅, おもり.

बाटना /bāṭanā バートナー/ [<OIA. *vartáyati* 'causes to turn, whirls': T.11356] *vt.* (*perf.* बाटा /bāṭā バーター/) **1** (糸などを)よる, より合わせる. **2** すり潰す.

बाटी /bāṭī バーティー/ [?] *f.*〖食〗バーティー《直火で焼いた円形のパン》. ❒पत्तल पर आटा गूँधा, उपलों पर बाटियाँ सेंकी, आलू भूनकर भुरता बनाया और मज़े से खाकर सो रहे। 木の葉で作った皿の上で小麦粉をこね, 牛糞の乾燥燃料でバーティーを焼いて, ジャガイモをあぶった. そうして何不自由なく食べ眠った.

बाड़ /bāṛa バール/ [<OIA.m. *vāṭa-*[1] 'enclosure, fence': T.11480] *f.* フェンス, 垣根, 柵. (⇒फ़ेंस)

बाड़ा /bāṛā バーラー/ [<OIA.m. *vāṭa-*[1] 'enclosure, fence': T.11480] *m.* 柵で囲まれた土地.

बाड़ी /bāṛī バーリー/ [<OIA.f. *vāṭī-* 'enclosed land': T.11480z1; cf. *बाड़ा*] *f.* **1** 庭園；野菜園. **2** 家屋(と庭).

बाढ़ /bāṛʰa バール/ [<OIA.f. *vṛ́ddhi-*[2] 'increase, prosperity': T.12076] *f.* **1** 洪水, 大水, (川の)増水, 氾濫. (⇒सैलाब) **2** (人・物の)洪水, 殺到, 氾濫, 充満. (⇒सैलाब) **3** (植物・動物の)成長, 生育.

बाण /bāṇa バーン/ [←Skt.m. *बाण-* 'an arrow'] *m.* 矢. (⇒तीर) ❒धनुष और ～ 弓と矢.

बात /bāta バート/ [<OIA.f. *vārttā-* 'tidings': T.11564] *f.* **1** 言葉；話；会話, 談話. ❒(से [के साथ]) (की) ～ करना (人と)(…の)話をする. ❒(की) ～ चलाना (…の)話を進める. **2** こと, 物事. ❒～ बनाना 体裁を繕う. ❒अच्छी ～ है। 上出来だ, 結構だ. ❒ऐसी ～ नहीं है। そういうことではないのだ.

बातचीत /bātacīta バートチート/ [cf. *बात*; *चीत* <OIA.f. *cítti-*[1] 'thought': T.04801] *f.* 会話. (⇒वार्तालाप) ❒(से) ～ करना (人と)会話する.

बातूनी /bātūnī バートゥーニー/ [cf. *बात*] *adj.* おしゃべりな(人).

बाथरूम /bātʰarūma バートルーム/ [←Eng.n. *bathroom*] *m.* バスルーム, 浴室；洗面所；トイレ. (⇒ग़ुसलख़ाना)

बाद /bāda バード/ [←Pers.adv. بعد 'after, afterwards' ←Arab.] *ind.* **1**《主に〖名詞 के बाद〗の形式で, 副詞句「(時間的に)…の後で, …の次に」を表す》 ❒एक क्षण के ～ उसने फिर कहा। 一瞬の後彼は再度言った. ❒कुछ दूर चलने के ～ उसने पीछे फिरकर देखा। 少し遠くまで行った後彼は後ろを振り向いて見た. ❒छह महीने के ～ मुझे याद आई। 6か月の後私は思い出した. ❒छह लेक्चरर मेरे ～ नियुक्त हुए। 6人の講師が私の後で採用された. **2**《दिन「日」や साल「年」など時間の単位を表わす語の後では के がよく省略される》 ❒एक [दो] दिन (के) ～ 一[二]日後に. ❒एक [दो] महीने ～ 一[二]か月後に. ❒एक [दो] साल (के) ～ 一[二]年後に. **3**《बाद の直後に後置詞が付加される用法もある》 ❒～ में 後で. ❒यहाँ पर आने के तीन साल ～ से मेरी कहानी आरंभ होती है। 当地に来て3年後から私の物語が始まります.

-बाद /-bāda ・バード/ [←Pers. باد 'let it be, so be it'] *suf.* 《本来はペルシア語で祈願「…であれ」を表す動詞形；形容詞の後に付けて間投詞や男性名詞を作る接尾辞として機能； ज़िंदाबाद「万歳」, मुर्दाबाद「くたばれ」, मुबारकबाद「祝辞」など》.

बादल /bādala バーダル/ [<OIA.n. *vārdala-* 'rainy day, bad weather': T.11567] *m.* 雲；暗雲. ❒～ गरजना 雷鳴がとどろく. ❒～ छँटना [फटना] 雲が晴れる. ❒～ छाना 雲が覆う.

बादशाह /bādaśāha バードシャーハ/ [←Pers.n. بادشاه 'a king'; cf. *पादशाह*] *m.* **1** 王；皇帝. (⇒राजा)(⇔बेगम) **2**〖ゲーム〗(トランプの)キング. (⇒मीर) **3**〖ゲーム〗(チェスの)キング. ❒～ बिसात पर बने ख़ानों पर एक बार में किसी भी दिशा में सिर्फ़ एक ख़ाना चल सकता है। キングはチェス盤に作られたマスの上を一回にどの方向にも 1 マス分だけ進むことができる. **4** (ある分野における)帝王, 最高権力者, 大立者；(技芸における)比類なき巧者. ❒भारतीय क्रिकेट के बेताज ～ インドのクリケット界の無冠の帝王. ❒मीडिया के ～ メディアの帝王.

बादशाहत /bādaśāhata バードシャーハト/ [←Pers.n. بادشاہت 'kingdom, government'] *f.* **1** 王国；帝国. (⇒बादशाही) **2** 統治；支配権.

बादशाही /bādaśāhī バードシャーヒー/ [←Pers.n. بادشاہی 'a kingdom'] *adj.* 王の, 王者の；帝国の.
— *f.* 王国. (⇒बादशाहत)

बादाम /bādāma バーダーム/ [←Pers.n. بادام 'an almond'] *m.*〖植物〗アーモンド(の実).

बादामी /bādāmī バーダーミー/ [←Pers.adj. بادامی 'almond-coloured'] *adj.* **1** アーモンド色の, 薄褐色の. ❒～ रंग アーモンド色, 薄褐色. **2**〖食〗アーモンドを使った(料理). **3** アーモンドの形をした.

बादी /bādī バーディー/ [←Pers.adj. بادی 'flatulent'; cog. Skt. *वातीय-* 'windy, relating or belonging to wind'] *adj.*〖医学〗腸内ガスを生じさせやすい.

बाधक /bād^{h}aka バーダク/ [←Skt. *बाधक-* 'oppressing, harassing, paining'] *adj.* 障害となる, 妨げとなる, 邪魔になる. ❐आपके मत से शासन बालकों के मानसिक विकास में ～ होता है। あなたの意見では規律というものは子どもたちの精神の発達に妨げとなるということですね. ❐वह मेरे सुख में ～ नहीं बनना चाहती थी। 彼女は私の幸せの邪魔になりたくなかった.

बाधा /bād^{h}ā バーダー/ [←Skt.f. *बाधा-* 'obstacle, distress'] *f.* 障害, 支障; 妨害, 邪魔. (⇒अड़ंगा, अड़चन) ❐(में) ～ डालना (…を)妨害する. ❐(में) ～ पड़ना (…に)支障が生じる. ❐(में) ～ पहुँचना (…に)邪魔になる. ❐(में) ～ पहुँचाना (…に)邪魔をする.

बाध्य /bād^{h}ya バーディエ/ [←Skt. *बाध्य-* 'to be (or being) pressed hard or harassed or distressed'] *adj.* **1** 妨害された, 妨げられた. **2** やむを得ない, 避けられない. (⇒मजबूर) ❐उसने छल करके मुझे वचन देने पर ～ किया। 彼は欺いて私が言質を与えるように無理強いした. ❐मैं वह पत्र लिखने के लिए ～ नहीं था। 私はあの手紙を書かねばならなかったわけではなかった.

बान[1] /bāna バーン/ [<OIA.m. *várṇa-*[1] 'appearance, colour, class': T.11338] *f.* (悪い)癖. ❐तुम जानते हो, झूठ बोलने की मेरी ～ नहीं है। お前は知っているだろう, 嘘を言う癖は私にはない. ❐बूढ़े हो गये, पर यह ～ न गयी। (お前は)年をとったのに, この癖はなくならないな.

बान[2] /bāna バーン/ [<Skt.m. *बाण-* 'an arrow'] *m.* **1** 矢. **2** バーン《矢の形をした打ち上げ花火》. **3** バーン《綿(わた)打ち弓 (धुनकी) の弦 (ताँत) を弾いて綿をほぐす棒》.

बान[3] /bāna バーン/ [<OIA. **vāṇa-*[2] 'a sort of rush, twisted grass rope': T.11483] *m.* バーン《ムーンジュ草 (मूँज) やダーブ草 (डाभ) の繊維でできた縄; これでベッド (चारपाई) の床の部分を編む》.

बान[4] /bāna バーン/▸बॉन [cf. Eng.n. *Bonn*] *m.* 『地名』ボン《ドイツ(連邦共和国) (जर्मनी) の都市; 旧西ドイツの首都》.

बानगी /bānagī バーンギー/ [<OIA.m. *varṇaka-* 'model, specimen': T.11338z1] *f.* サンプル, 見本.

बानवे /bānave バーンヴェー/ [<OIA.f. *dvinavati-* 'ninety two': T.06683] *num.* 92.

बाना[1] /bānā バーナー/ [<OIA. *vyādadāti* 'opens (esp. the mouth)': T.12197] *vi.* (*perf.* बाया /bāyā バーヤー/) (口などが)ぽっかり開く.

— *vt.* (*perf.* बाया /bāyā バーヤー/) (口などを)大きく開ける. ❐देश में ही समस्या मुँह बाये खड़ी हैं। 国内では問題が大きく口を開けて立ちはだかっている. ❐श्रोता इन बातों को बड़े चाव से मुँह बाकर सनते थे। 聴衆はこれらの話を熱心に口をぽかんと開けて聞いていた.

बाना[2] /bānā バーナー/ [<OIA.n. *vāna-*[1] 'weaving': T.11514] *m.* **1** (織物の)横糸. (⇔ताना) **2** 織ること; 織物.

बाप /bāpa バープ/ [<OIA. **bāppa-* 'father': T.09209] *m.* 父, 親父. (⇒पिता, वालिद)(⇔माँ, अम्मा)

बाप-दादा /bāpa-dādā バープ・ダーダー/ *m.* 先祖. (⇒पूर्वज)

बाबत /bābata バーバト/ [←Pers.n. بابت 'an item'] *f.* 事項, 事柄, 関連《『名詞 की बाबत』の形式で, 副詞句「…について, …に関して」を作る; 男性名詞として扱われる場合もある》. ❐इस बीमारी की ～ अनेक ग़लतफ़हमियाँ फैली हैं। この病気に関して多くの誤解が広まっている.

बाबा /bābā バーバー/ [←Pers.n. بابا 'a father; a grandfather'] *m.* **1** (父方の)祖父. (⇒दादा) **2** 父, 親父. **3**《年輩の男性に対する呼称「おじいさん, おじさん, おやじさん」など; 聖者・行者などに対する尊称; 男の子どもに対する親しみをこめた呼称》.

बाबाने /bābāne バーバーネー/ [cf. Eng.n. *Mbabane*] *m.* 『地名』ムババーネ, ムババネ《スワジランド(王国) (स्वाज़ीलैंड) の首都》.

बाबुल /bābula バーブル/ [*बाप*? × *बाबा*] *m.* ☞बाबा

बाबू /bābū バーブー/ [<OIA. **bāppa-* 'father': T.09209] *m.* バーブー《目上の男性の敬称として; 事務員の敬称としても》.

बाम /bāma バーム/ [<OIA.f. *brāhmī-* 'the fish *Macrognathus pancalus*': T.09328] *f.* 『魚』トゲウナギ, スパイニーイール《ウナギ (सर्पमीन) に似た体型の熱帯魚》.

बाम्बे /bāmbe バームベー/▸बॉम्बे [←Eng.n. *Bombay*] *m.* 『地名』☞बंबई

बायकाट /bāyakāṭa バーエカート/▸बॉयकाट [←Eng.n. *boycott*] *m.* ボイコット, 排斥(運動). (⇒बहिष्कार) ❐(का) ～ करना (…を)ボイコットする.

बायन /bāyana バーヤン/ [<Skt.n. *वायन-* 'sweetmeats or cakes which may be eaten during a religious feast, presents of sweetmeats etc.'; cf. T.11542z1] *m.* (菓子の)贈り物《結婚式や祭日などに身内や親しい友人に贈る》. (⇒बैना)

बायस्कोप /bāyaskopa バーヤスコープ/ [←Eng.n. *bioscope*] *m.* バイオスコープ, 映写機.

बायाँ /bāyā̃ バーヤーン/ [<OIA. *vā́ma-*[1] 'left': T.11533; cf. OIA. *vāmaka-* 'lefthand': T.11533z1] *adj.* 左の, 左側の. (⇔दायाँ) ❐～ हाथ 左手. ❐बाईं तरफ़ 左の方向(へ).

— *m.* 『楽器』バーヤーン《右手で演奏するタブラー (तबला) と対に左手で演奏する; 出る音は डुगडुग》. (⇒डुग्गी)(⇔दायाँ)

बायें /bāyẽ バーエーン/ ▹बाएँ *adv.* ☞बाएँ

बायोलाजी /bāyolājī バーヨーラージー/▸बैयोलाजी [←Eng.n. *biology*] *f.* 『生物』生物学. (⇒जीव-विज्ञान)

बारंबार /bārambāra バーランバール/ [cf. Skt. *वारं वारम्* 'many times, often, repeatedly'] *adv.* 幾度も幾度も.

बार[1] /bāra バール/ [←Pers.n. بار 'a time, turn'; cog. OIA.m. *vāra-*[2] 'appointed time, one's turn': T.11547] *f.* …回, …度; 回数. (⇒दफ़ा) ❐अबकी [इस] ～ 今回は. ❐कितनी [एक, दो] ～ 何[1, 2]回. ❐पहली [दूसरी] ～ 第1[2]回目に.

बार² /bāra̱ バール/ [←Pers.n. بار 'a burden, load, weight, charge'; cog. Skt.m. भार- 'a burden, load, weight'] m. ☞भार

बार³ /bāra̱ バール/ [←Eng.n. *bar*] m. **1** 酒場, バー. **2** 法廷. **3**〖法律〗法曹界.

बार⁴ /bāra̱ バール/ [<Skt.n. द्वार- 'door, gate, passage, entrance'] m. 扉;戸口.

बारजा /bāra̱jā バールジャー/ [←Pers.n. بارجا 'a royal court'] m. **1**（正面玄関の）張り出し屋根. **2** 屋上の部屋.

बारदाना /bāra̱dānā バールダーナー/ [←Pers.n. باردان 'a fruit-basket; repository for travellers, goods, and baggage'] m. 荷袋, 布袋.

बारबाडोस /bāra̱bāḍosa̱ バールバードース/ [cf. Eng.n. *Barbados*] m.〖国名〗バルバドス《首都はブリッジタウン（ब्रिजटाउन）》.

बारह /bāraha̱ バーラ/ [<OIA. *dvā́daśa-* 'twelve': T.06658] *num.* 12.

बारह-खड़ी /bāraha̱-kʰaṛī バーラヘ・カリー/ f. ヒンディー語で使用される 12 の母音記号の付いたデーヴァナーガリー文字の音節文字セット《子音字 क を例にとれば क, का, कि, की, कु, कू, के, कै, को, कौ, कं, कः の 12 音節文字;サンスクリット語で使用される कृ, कॄ は含めない》.

बारहदरी /bāraha̱darī バーラヘダリー/ [*बारह* + -*दर*] f. バーラダリー《屋上の風通しのいい部屋;四方に 3 つずつ計 12 の戸口がある》.

बारहमासा /bāraha̱māsā バーラヘマーサー/ [*बारह* + *मास*] m.〖文学〗バーラハマーサー《1 年の各月の季節描写を, 別離の恋人の心情を織り込んで, 歌い上げた詩歌（の形式）》.

बारहमासी /bāraha̱māsī バーラヘマースィー/ [*बारह* + *मास* + -*ई*] *adj.* **1**〖植物〗四季を通じて咲く（花）;常緑の;多年生の（植物）.（⇒सदाबहार）**2** 一年を通して利用可能な;全天候用の. ❐～ नदी 一年を通して水量のある川. ❐～ रास्ता [सड़क] 一年を通して利用可能な道路.

बारहसिंगा /bāraha̱siṃgā バーラヘスィンガー/ [*बारह* + *सींग*] m.〖動物〗（雄の）大鹿《原意「12 本の角をもつもの」は角が枝分かれしているところから》.

बारात /bārāta̱ バーラート/ ▸बरात f. ☞बरात

बाराती /bārātī バーラーティー/ ▸बराती m. ☞बराती

बारिक /bārika̱ バーリク/ [←Eng.n. *barrack*] m. **1** バラック, 粗造の仮小屋. **2** 兵営, 兵舎.

बारिश /bāriśa̱ バーリシュ/ [←Pers.n. بارش 'rain'; cog. OIA.f. *varṣā́-* 'rain': T.11396] f. **1** 雨.（⇒पानी, वर्षा）❐～ में भीगना 雨に濡れる. ❐～ होना 雨が降る. **2** 雨季.（⇒वर्षा）**3** 降雨（量）. ❐सालाना ～ का औसत 年間降雨量の平均.

बारी /bārī バーリー/ [←Pers.n. بارى 'a time, a turn'] f. **1** 順番, 番;めぐりあわせ.（⇒नंबर, पारी, बाज़ी）❐किसकी ～ है? 誰の番ですか. ❐（की）～ आना（…の）番になる. ❐～ ～ से 順番に, 順繰りに. **2**（勤務の）交替;当番.（⇒नंबर, पारी）

-बारी /-bārī ・バーリー/ [←Pers.adj. بارى 'loaded, heavy'] *comb. form*《女性名詞「降るように落ちること」を作る接辞;गोलाबारी「砲撃」, बमबारी「爆撃」, बर्फ़बारी「降雪」など》.

बारीक /bārīka̱ バーリーク/ [←Pers.adj. باريك 'subtile, slender; small, fine, delicate, thin, minute, little, indistinct'] *adj.* **1** 薄い, 薄手の.（⇒पतला, महीन）❐～ कपड़ा 薄手の布. **2** 細い. **3** 微小な, 微細な. **4** 微妙で繊細な;きめの細かい.（⇒सूक्ष्म）❐～ अंतर 微妙な違い. ❐～ नक़्क़ाशी 細密な刺繍.

बारीकी /bārīkī バーリーキー/ [←Pers.n. باريكى 'subtilty; slenderness, slimness'] f. **1** 薄さ;細さ. **2** 微小さ, 微細さ. **3** 繊細さ;きめの細かさ.（⇒सूक्ष्मता）❐～ से 綿密に.

बारूद /bārūda̱ バールード/ [←Pers.n. بارود 'saltpetre; gunpowder'] f. 火薬.（⇒पाउडर）

बारे /bāre バーレー/ [←Pers.n. باره 'form, manner; rule; a time, a turn'] *ind.*《〖名詞 के बारे में〗の形式で, 副詞句「…について, …に関して」を作る》❐उसने मेरे ～ में क्या कहा? 彼は私について何を言いましたか? ❐मेरे पिता की अपने लड़कों के ～ में कोई महत्त्वाकांक्षा न थी। 父は自分の息子たちについて何ら過大な期待をもっていなかった.

बाल¹ /bāla̱ バール/ [<OIA.m. *vā́la-* 'hair of tail, tail, hair': T.11572] m. **1** 毛髪.（⇒केश）❐～ की सेवा 髪の手入れ. ❐～ बनाना（床屋が）散髪する. ❐～ बनवाना（客が床屋に）散髪してもらう, 散髪させる. ❐पके [सफ़ेद] ～ 白髪. ❐सिर के ～ झड़ गए थे। 頭の髪がすっかり抜け落ちていた. ❐हफ़्तों ～ नहीं बनते। 何週間も散髪していない. **2** 体毛.

बाल² /bāla̱ バール/ ▸बाली, बालू f. ☞बाली

बाल³ /bāla̱ バール/ [←Skt.m. बाल- 'boy (under five years old)': T.09216] m. 子ども, 幼児, 児童. ❐～ विवाह 幼児婚.

बाल⁴ /bāla̱ バール/ ▸बॉल [←Eng.n. *ball*] m. ボール, 球.

बालक /bālaka̱ バーラク/ [←Skt.m. बालक- 'a child, boy, youth, the young of an animal'] m. 子ども, 幼児.

बालकमानी /bāla̱kamānī バールカマーニー/ [*बाल¹* + *कमानी*] f.（時計の）ひげぜんまい.

बालचर /bāla̱cara̱ バールチャル/ [neo.Skt.m. *बाल-चर-* 'boy scout'] m. ボーイスカウト（の一員）.

बालटी /bāla̱ṭī バールティー/ ▹बाल्टी [?←Port.m. *balde* 'bucket'] f. **1** バケツ. **2**〖食〗バルティ（カレー）《南アジアからの移民によって作られた英国生まれのカレー料理の一種;金属製の鍋（बालटी）で調理され, そのまま供される;1970 年代後半のバーミンガムで発祥》.

बालटू /bāla̱ṭū バールトゥー/ [←Eng.n. *bolt*] m. ボルト, 締めくぎ.（⇒काबला）

बाल-तोड़ /bāla̱-toṛa̱ バール・トール/ ▸बल-तोड़ [*बाल¹* + *तोड़ना*] m.〖医学〗おでき, できもの《髪の毛や体毛を抜いたところにできる》. ❐उसने साँकल ऐसे छुई जैसे कोई अपना

～ पाका छू रहा हो। 彼女はドアの鎖にまるで自分の化膿したできものに触るかのように触った.

बालना /bāl̥nā バールナー/ [<OIA. **dvālayati* 'kindles': T.06671] *vt.* (*perf.* बाला /bālā バーラー/) (火種を用いて)灯す.《本来の意味以外に, 縁起をかついで जलाना「点火する」(「燃やす, 焼く」などのマイナスのイメージを連想させる意味もある)の代用として使用されることもある》(⇒जलाना) ❑शाम हो गई, दिया बाल लो। 夜になった, ランプを灯しなさい.

बाल-बच्चा /bāl̥-baccā バール・バッチャー/ [*बाल*[3] + *बच्चा*] *m.* (扶養家族としての)子ども《「子どもが一人もいない」という表現を除き, 普通は複数形で使用》. ❑ ～ कोई न था। (彼女には)子どもは一人もいなかった. ❑ज़िंदगी भर बाल-बच्चों के लिए मर मिटे। (彼は)子どもたちを養うために一生死ぬほど苦労をした. ❑तुम बाल-बच्चेवाले आदमी हो। お前は養なわなければいけない家族がいる人間だ. ❑बाल-बच्चे तो अच्छी तरह हैं? (お前の)子どもたちは元気かい？

बालम /bālam̥ バーラム/ [<OIA. *vallabhatama-* 'dearest': T.11428] *m.* 夫;恋人.

बाल-लीला /bāl̥-līlā バール・リーラー/ [←Skt.f. *बाल-लीला-* 'child's play or amusement'] *f.* 子どもの戯れ, 児戯.

बाल-विधवा /bāl̥-vid^{h}avā バール・ヴィドワー/ [neo.Skt.f. *बाल-विधवा-* 'child widow'] *f.* 〖ヒンドゥー教〗幼児の寡婦(かふ)《幼児婚 (बाल-विवाह) の慣習が背景にある》.

बाल-विवाह /bāl̥-vivāh̥ バール・ヴィワーハ/ [neo.Skt.m. *बाल-विवाह-* 'child marriage'] *m.* 〖ヒンドゥー教〗幼児婚.

बाल-साहित्य /bāl̥-sāhity̥ バール・サーヒティエ/ [neo.Skt.n. *बाल-साहित्य-* 'children's literature'] *m.* 〖文学〗児童文学.

बाला[1] /bālā バーラー/ [<OIA.m. *vālaka-*[1] 'bracelet': T.11573] *m.* (大型の)イヤリング.

बाला[2] /bālā バーラー/ [←Skt.f. *बाला* 'girl, young woman (esp. one under 16 years)'] *f.* 少女, 乙女《古代インドでは特に16歳以下》.

बाला[3] /bālā バーラー/ [←Pers.adj. بالا 'high, exalted, supreme, above'] *adj.* 《「高い, 卓越した, 上部の」などを意味するペルシャ語から借用した形容詞;主に合成語として使用》.

बालानशीं /bālānaśī̃ バーラーナシーン/ ▸बालानशीन, बालानिशीन *adj.* ☞बालानशीन

बालानशीन /bālānaśīn̥ バーラーナシーン/ ▸बालानशीं, बालानिशीन [←Pers.adj. بالا نشين 'sitting high'] *adj.* 高貴な(方);高位の.

बालानिशीन /bālānaśīn̥ バーラーナシーン/ ▸बालानशीन, बालानशीं *adj.* ☞बालानशीन

बालापन /bālāpan̥ バーラーパン/ [*बाला* + *-पन*] *m.* 幼時, 幼年時代. (⇒बचपन)

बालिका /bālikā バーリカー/ [←Skt.f. *बालिका-* 'a girl'] *f.* 幼女, 童女;少女, 娘, 乙女. ❑एक आदमी एक तीन-चार साल की ～ को गोद में लिये आया। 一人の男が一人の三, 四歳の幼女を抱いて来た. ❑वह उम्र से किशोरी, देह के गठन में युवती और बुद्धि से ～ थी। 彼女は年齢からはティーン・エージャー, 体つきはもう女だが知恵は幼女だった.

बालिग़ /bāliğ̥ バーリグ/ *adj.* 成年に達した;成人の, おとなの. (⇒वयस्क, सयाना)(⇔नाबालिग़)

— *m.* 成人, おとな. (⇒वयस्क)

बालिवुड /bālivuḍ̥ バーリヴド/ ▸बॉलिवुड, बालिवुड [←I.Eng.n. *Bollywood* (Bombay + Hollywood)] *m.* ボリウッド《ムンバイー(旧ボンベイ)の映画産業界》.

बालिश्त /bāliśt̥ バーリシュト/ [←Pers.n. بالشت 'span'] *m.* 〖単位〗バーリシュト《手を開いて親指の先から小指の先までの長さ》. (⇒बित्ता)

बाली[1] /bālī バーリー/ [cf. *बाला*[1]] *f.* イヤリング, 耳飾り. ❑कान में ～ पहनना 耳にイヤリングをつける.

बाली[2] /bālī バーリー/ ▸बाल, बालू [<OIA.m. *valla-* 'a kind of wheat': T.11425] *f.* 〖植物〗(麦やトウモロコシなどの)穂, ひげ.

बालीवुड /bālīvuḍ̥ バーリーヴド/ ▸बालिवुड, बॉलीवुड *m.* ☞बालिवुड

बालू[1] /bālū バールー/ [<OIA.f. *vālukā-* 'sand, gravel': T.11580] *f.* 砂. (⇒रेत)

बालू[2] /bālū バールー/ ▸बाली, बालू, बाल *m.* ☞बाली

बालूशाही /bālūśāhī バールーシャーヒー/ [*बालू* + *शाही*] *f.* 〖食〗バールーシャーヒー《練った小麦粉を油で揚げシロップに浸した菓子の一種》.

बाल्टी /bālṭī バールティー/ ▹बालटी *f.* ☞बालटी

बाल्यावस्था /bālyāvast^{h}ā バールヤーワスター/ [neo.Skt.f. *बाल्य-अवस्था-* 'infancy, childhood'] *f.* 幼少期, 少年時代, 少女時代. ❑मैं अनुभव से कह सकता हूँ कि युवास्था में हम जितना ज्ञान एक महीने में प्राप्त कर सकते हैं, उतना ～ में तीन साल में भी नहीं कर सकते। 私は経験から言えるが, 青年時代に一か月で習得する知識を少年時代には三年かけても習得できない.

बावजूद /bāvajūd̥ バーオジュード/ [←Pers.ind. با وجود 'existing, being present'] *ind.* 《〖名詞 के बावजूद〗の形式で, 「…にも関わらず」を表す》 ❑उसकी आर्थिक समस्या, कुछ वेतन-वृद्धि के ～ अभी तक सुलझी न थी। 彼の経済的な問題は, いくらか給与は増えたものの, まだ解決していなかった. ❑मैंने मन ही मन निश्चय किया कि अपने को अंग्रेज़ी का एक अच्छा अध्यापक सिद्ध करूँगा, हिंदी का कवि होने के ～। 私は心の底で決めた, 自分を英語の優れた教師だということを証明してみせると, ヒンディー語の詩人ではあっても.

बावड़ी /bāvṛ̥ī バーオリー/ ▸बावली *f.* ☞बावली

बावन /bāvan̥ バーワン/ [<OIA.f. *dvāpañcāśat-* 'fifty two': T.06661] *num.* 52.

बावरची /bāvar̥cī バーワルチー/ [←Pers.n. باورچی '(in Khwārazm) an officer who attends to a great man's table, and whose duty is to taste his master's food; a cook'] *m.* **1** 料理人, コック. (⇒ख़ानसामा) ❑～ ख़ाना 台所, キッチン. **2**〔古語〕毒味役.

बावरचीख़ाना /bāvara̸cīxānā バーワルチーカーナー/ [←Pers.n. باورچیخانه 'a kitchen'] *m.* 厨房(ちゅうぼう), 調理場, 台所.

बावला /bāva̸lā バーオラー/ [<OIA. *vātula-* 'affected by wind-disease, crazy': T.11504; cf. *बौरा*] *adj.* **1** 気がふれた(人);正気を失った. ❐तुम बावले हो गए हो क्या? お前は気が狂ってしまったのかい? ❐ग़रज़ का ～ 私利私欲で目のくらんだ. **2** 怒り狂った(人), 荒れ狂った, 逆上した. ❐कोई दूसरी स्त्री, ईर्षा से बावली हो जाती। 誰か他の女だったら, 嫉妬で逆上していた.

बावलापन /bāva̸lāpana̸ バーオラーパン/ [*बावला* + *-पन*] *m.* **1** 狂気;精神錯乱. **2** 逆上, 狂乱.

बावली /bāva̸lī バーオリー/ ▸बावड़ी [<OIA.f. *vāpī́-* 'pond, tank': T.11529] *f.* 大きい井戸;貯水池《水を汲むために下に降りる石段がある》.

बाशिंदा /bāśiṃdā バーシンダー/ [←Pers.n. باشنده 'an inhabitant'] *m.* 住民, 住人. (⇒निवासी)

बाष्प /bāṣpa̸ バーシュプ/▸वाष्प [←Skt.m. *बाष्प-* 'a tear, tears; steam, vapour'] *m.* 〚物理〛蒸気. (⇒बुख़ार, भाप)

बास[1] /bāsa̸ バース/ [<OIA.m. *vāsa-*[3] 'perfume': T.11592] *f.* 香り. (⇒बू)

बास[2] /bāsa̸ バース/ ▸बॉस [←Eng.n. *boss*] *m.* ボス;上司.

बासठ /bāsaṭʰa̸ バーサト/ [<OIA.f. *dvāṣaṣṭi-* 'sixty two': T.06673] *num.* 62.

बासन[1] /bāsana̸ バーサン/ [<OIA.n. *vāsana-*[2] 'box, casket': T.11599] *m.* 器;容器.

बासन[2] /bāsana̸ バーサン/ [<OIA.n. *vā́sana-*[1] 'covering, dress': T.11598] *m.* 衣服;衣料.

बासमती /bāsa̸matī バースマティー/ [cf. *बास*] *m.* 〚植物〛バースマティー米《香りのいい高級インディカ米》.

बासी /bāsī バースィー/ [<OIA. *vāsita-* 'infused, scented': T.11604] *adj.* **1** 食べ残された, 残飯の. ❐ ～ खाना 残飯. **2** (花が)しおれた;色あせた. ❐～ फूल しおれた花.
— *f.* 食べ残り, 残飯.

बास्केटबाल /bāskeṭa̸bāla̸ バースケートバール/▸बास्केटबॉल [←Eng.n. *basketball*] *m.* 〚スポーツ〛バスケットボール.

बास्निया और हर्ज़ेगोविना /bāsniyā aura̸ harzegovinā バースニヤー アオール ハルゼーゴーヴィナー/▸बॉस्निया और हर्ज़ेगोविना [cf. Eng.n. *Bosnia and Herzegovina*] *m.* 〚国名〛ボスニア・ヘルツェゴビナ《首都はサラエボ(सारायेवो)》.

बाहना /bāha̸nā バーヘナー/ [<OIA. *vāhayati*[1] 'drives (a chariot), rides (a horse)': T.11612] *vt.* (*perf.* बाहा /bāhā バーハー/) **1** (馬・牛を)御する. **2** (土地を)耕す. (⇒जोतना) ❐धरती [खेत] ～ 土地[畑]を耕す.

बाहर /bāhara̸ バーハル/ [<OIA. **bāhira-* 'external': T.09226] *adv.* **1** 外部で[に, へ], 外で[に, へ]. (⇔अंदर, भीतर) ❐～ जाइए। 外に出てください. ❐～ करना (…を)外に出す. ❐～ का 外の…. ❐(के [से]) ～ (…の)外で[に, へ], (…の)範囲を超えて. **2** (外出中で)不在の;出国中で.

बाहरी /bāha̸rī バーヘリー/ [*बाहर* + *-ई*] *adj.* **1** 外の;外部の. ❐～ दबाव 外圧. **2** よその(人);見知らぬ(人). ❐～ आदमी 見知らぬ人. **3** うわべの, 表面的な.

बाहु /bāhu バーフ/ [←Skt.m. *बाहु-* 'the fore-arm, the arm between the elbow and the wrist'] *f.* 腕《特にひじから手首まで》.

बाहुपाश /bāhupāśa̸ バーフパーシュ/ [←Skt.m. *बाहु-पाश-* 'a particular attitude in fighting'] *m.* 両腕で抱きしめること, 抱擁. ❐उसका ～ प्रतिक्षण साँप की कुंडली की भाँति कठोर एवं संकुचित होता जाता था। 彼の抱擁は刻一刻ヘビのとぐろのように固くきつくなっていった.

बाहुबल /bāhubala̸ バーフバル/ [←Skt.n. *बाहु-बल-* 'power or strength of arm'] *m.* 腕力. ❐उसकी स्वतंत्र आत्मा अपने ～ से प्राप्त किसी वस्तु में हिस्सा देना स्वीकार न करती थी। 彼の自主独立の魂は自分の腕力で得たいかなるものにも分け前として与えることを認めなかった. ❐हम वीर हैं और हमारा विश्वास ～ में है। 我々は勇者だそして我々が信じているのは腕力である.

बाहुल्य /bāhulya̸ バーフルエ/ [←Skt.n. *बाहुल्य-* 'abundance, plenty, multitude, variety'] *m.* **1** 多量であること, 豊富であること. (⇒बहुतायत) **2** 過剰であること. (⇒बहुतायत)

बाह्य /bāhya̸ バーヒエ/ [←Skt. *बाह्य-* 'outer, exterior'] *adj.* 外側の, 外面の. (⇒बाहरी)

बिंदास /biṃdāsa̸ ビンダース/ [←Mar.adj. *बिंदास* 'indepedent and carefree; cool'; → I.Eng.adj. *bindaas, bindass*] *adj.* **1**〔俗語〕くよくよしない(人), 自由気ままな(人). **2**〔俗語〕すばらしい, すごい, しぶい《同名の人気テレビ番組がある》.

बिंदी /biṃdī ビンディー/ [cf. *बिंदु*] *f.* **1** 点. **2** ビンディー《(ヒンドゥー教徒の)女性の額に描いたり付ける丸い印》. **3** ビンディー《デーヴァナーガリー文字の上部に付加される点;鼻子音を表す》. **4** ビンディー《デーヴァナーガリー文字の子音字の下部に付加される点;外来音 (क़, ख़, ग़, ज़, फ़) や本来なかった新しい音 (ड़, ढ़) を表す》. (⇒नुक़ता)

बिंदु /biṃdu ビンドゥ/ [←Skt.m. *बिन्दु-* 'a detached particle, drop, globule, dot, spot'] *m.* **1** 点. (⇒बिंदी, नुक़ता) **2** 省略記号《ヒンディーでは数字のゼロ (०) とよく似た記号 (॰) を使う》.

बिंधना /bĩdʰa̸nā ビンドナー/ ▸बिधना [cf. *बींधना*] *vi.* (*perf.* बिंधा /bĩdʰā ビンダー/) 刺し貫かれる.

बिंब /bimba̸ ビンブ/ [←Skt.m. *बिम्ब-* 'the disk of the sun or moon; an image, shadow, reflected or represented form'] *m.* **1** 映像, 像, 姿形. ❐यह मानी हुई बात है कि प्रतिरूप रूप से, प्रतिबिंब ～ से, अस्पष्ट और कमज़ोर होता है। 知られていることだが, 写しは実際の形よりも, また反映は実際の像よりも, 鮮明さに欠け弱弱しいものである. **2** 〚天文〛(太陽・月の)円盤形.

बिंबित /biṃbita̸ ビンビト/ [←Skt. *बिम्बित-* 'mirrored

back, reflected'] *adj.* ☞प्रतिबिंबित

बिकना /bikanā ビクナー/ [<OIA. *vikrīyatē* 'is sold': T.11642] *vi.* (*perf.* बिका /bikā ビカー/) 売れる；売られる.

बिकवाना /bikavānā ビクワーナー/ [caus. of *बिकना, बेचना*] *vt.* (*perf.* बिकवाया /bikavāyā ビクワーヤー/) 売らせる；売ってもらう.

बिकसना /bikasanā ビカスナー/ [cf. Skt. *वि-कसति* 'blossoms'] *vi.* (*perf.* बिकसा /bikasā ビクサー/) (花が) 開花する.

बिकाऊ /bikāū ビカーウー/ *adj.* 売り物である, 販売用である.

बिक्री /bikrī ビクリー/ [cf. OIA.m. *vikrayá-* 'sale': T.11638] *f.* 『経済』販売；売上高. ❐～ कर 売上税. ❐～ मशीन 自動販売機.

बिखरना /bikʰaranā ビカルナー/ [<OIA. **viṣkirati* 'scatters': T.11985] *vi.* (*perf.* बिखरा /bikʰarā ビクラー/) **1** 散らばる, 散乱する；撒かれる. (⇒छिटकना) ❐सारे रुपए ज़मीन पर बिखर गये। すべてのお金が地面に散乱した. **2** (髪などが) ばらばらに乱れる. ❐वह सामने खड़ा था, बाल बिखरे हुए। 彼が前に立っていた, 髪を振り乱したまま. ❐स्त्रियाँ बालकों को गोद से उतारकर माथे का पसीना पोंछने और बिखरे हुए केशों को सँभालने लगीं। 女たちは子どもたちを膝からおろし額の汗を拭いたり乱れた髪を直したりした. **3** (家などが) 散在する. **4** (記憶などが) まとまりがなくなる, 散り散りになる. ❐उसने एक क्षण आँखें बंद करके, बिखरी हुई स्मृति को एकत्र करके कहा। 彼女は一瞬目を閉じて, 散り散りになった記憶を一つにしてから言った. **5** (組織・まとまりなどが) 瓦解する, 空中分解する.

बिखराव /bikʰarāva ビクラーオ/ [cf. *बिखरना*] *m.* 散乱；散在；瓦解, 空中分解.

बिखेरना /bikʰeranā ビケールナー/ [<OIA. **viṣkērayati* 'scatters': T.11985z1] *vt.* (*perf.* बिखेरा /bikʰerā ビケーラー/) **1** 撒く, まき散らす. ❐अपनी प्रतिभा को बहुत दिशाओं में बिखेरने से वे एक स्थान पर विशिष्टता पाने से वंचित रह गए। 自分の才能を多方面にまき散らしたため彼はひとところで卓越した地位を得ることに恵まれなかった. ❐मुस्कान बिखेरना 微笑をふりまく. ❐वह चिड़िया के सामने दाने बिखेर रहा था। 彼は小鳥の前に穀粒を撒いていた. **2** (髪を) ばらばらに乱す, かき乱す, 振り乱す. ❐उसके कपड़े अस्त-व्यस्त रहते और बाल बिखरे रहते। 彼女の服ははだけ髪はばらばらに乱れていた.

बिगड़ना /bigaṛanā ビガルナー/ [(OIA. *vighaṭatē* 'flies apart': T.11673) ?× (OIA.m. *vigraha-* 'separation, discord, war': T.11668)] *vi.* (*perf.* बिगड़ा /bigaṛā ビグラー/) **1** だめになる；台無しになる；壊れる；損なわれる；くずれる. (⇔बनना) ❐यह किताब पढ़ोगी तो तुम्हारी रुचि बिगड़ जाएगी। おまえがこの本を読むと, おまえの上品さが損なわれてしまうよ. ❐छपना शुरू हुआ तो कभी प्रेस की मशीन बिगड़ जाती, कभी मशीनमैन बीमार पड़ जाता। 印刷が始まると, 印刷機が壊れたり, 印刷工が病気になってしまうのだった. ❐यह किस शब्द से बना या बिगड़ा, इसके विषय में मुझे कुछ नहीं मालूम। この言葉がどの言葉から作られたのかくずれたのか, このことについて私は何も知らない. **2** (人が) 堕落する; (甘やかされて) (子どもが) だめになる. ❐उसका लड़का बिगड़ गया। 彼の息子は, 甘やかされてだめになった. **3** (友情・友好の関係が) 損なわれる, こじれる. ❐हमारा देश के अमेरिका से संबंध बिगड़ रहे हैं। 我が国のアメリカとの関係が, こじれつつある. ❐हाल में विश्व व्यवस्था में नाटकीय परिवर्तन से अब आर्थिक -- न कि सैन्य -- हितों से देशों के संबंध बनते-बिगड़ते हैं। 現在の世界秩序における劇的な変化によって, 今や経済的な -- 軍事的ではなく -- 利害で国々の関係が緊密になったりこじれたりしている. ❐पत्नी के साथ उनके संबंध बिगड़ने लगे। 妻との彼の関係は悪化しはじめた. **4** (健康が) 害される, 損なわれる. (⇒उजड़ना) ❐उसकी दशा दिन-दिन बिगड़ती जाती थी। 彼の体調は, 日に日に損なわれていった. ❐गर्मियों में मेरा स्वास्थ्य बिगड़ जाता है। 夏は, 私の体調が崩れてしまう. **5** (人が) 怒る, 腹をたてる. ❐किस बात पर बिगड़ती है? 彼女は何に腹を立てるのかい？ ❐सुना की वह तुमसे बहुत बिगड़ा हुआ है। 彼は君にずいぶん腹を立てているそうじゃないか. ❐इसपर वह बिगड़ उठा। このことに彼は怒った. **6** (金が) 無駄使いされる；散財される. ❐इस मुक़दमेबाज़ी के पीछे दो-ढाई लाख बिगड़ गये। この訴訟騒動で, 20-25 万ルピーかかってしまった.

बिगड़ैल /bigaṛaila ビグラェール/ [cf. *बिगड़ना*] *adj.* 癇癪(かんしゃく)持ち, 気が短い人.

बिगाड़ /bigāṛa ビガール/ [cf. *बिगाड़ना*] *m.* だめになること；台無しになること；壊れること；損なうこと. ❐क्या ～ के डर से ईमान की बात् न कहोगे? 関係が壊れてしまうかもという恐れで正直なことは言わないつもりかい？

बिगाड़ना /bigāṛanā ビガールナー/ [cf. *बिगड़ना*] *vt.* (*perf.* बिगाड़ा /bigāṛā ビガーラー/) **1** だめにする；台無しにする；壊す；損なわせる. (⇔बनाना) ❐उसने उसका खेल बिगाड़ दिया। 彼女は彼の得意な気持ちを台無しにしてしまった. ❐इस शराब की बदौलत मैंने लाखों की हैसियत बिगाड़ दी और भिखारी हो गया। この酒のために私は何十何百万ルピーの身代を持ち崩しそして乞食になってしまった. ❐चित्रकार ने यहाँ हरा रंग देकर चित्र बिगाड़ दिया। 画家はこの個所に緑色を使って絵を台無しにした. ❐पहले उन्हें यह अधिकार दीजिए कि वे टीम का संतुलन बिगाड़ने वाले को बाहर कर सकें। まず彼にチームの調和を崩す人間を排除できるような権限を与えてください. ❐मैं तेरा क्या बिगाड़ लेता हूँ। 私がおまえに何の迷惑をかけるというのだ. **2** (人を) 堕落させる; (子どもを) 甘やかしてだめにする. ❐बहुत करके तो मर्द ही औरतों को बिगाड़ते हैं। 多くのことをやりすぎて男が女をだめにしているのだ. ❐माँ ने लड़कों को बिगाड़ दिया। 母は甘やかして息子たちをだめにしてしまった. **3** (友情・友好の関係を) 損なう, こじらす. ❐तुम बनी बात बिगाड़ दोगे। お前はまとまった話を壊すのかい. **4** (健康を) 害する, 損なわせる. (⇒उजाड़ना) **5** (人を) 怒らせる, (人の機嫌を) 損ねる. ❐तुम्हीं लोगों ने तो इन सबों का मिज़ाज बिगाड़ दिया है। 君たちがこのみんなの機嫌を損ねたのだ. **6** (金を) 無駄使いする；散財する. ❐आज मेले में हम भी दस रुपए बिगाड़ आए। 今日はお祭りの市で我々も 10 ルピー散財してきた.

बिगुल /bigulạ ビグル/ [←Eng.n. *bugle*] *m.* 〖楽器〗ラッパ. ❐～ बजाना ラッパをふく.

बिचकना /bicạkạnā ビチャクナー/ [?cf. *पिचकना*] *vi.* (*perf.* बिचका /bicạkā ビチカー/) (不快感で)しかめ面になる.

बिचकाना /bicạkānā ビチカーナー/ [cf. *बिचकना*] *vt.* (*perf.* बिचकाया /bicạkāyā ビチカーヤー/) (顔を)しかめる.

बिचलना /bicalạnā ビチャルナー/ [<OIA. *vícalati* 'moves away': T.11682] *vi.* (*perf.* बिचला /bicạlā ビチラー/) 立ち去る.

बिचला /bicạlā ビチラー/ [cf. *बीच*[1]] *adj.* 中くらいの, 中間の.

बिचारा /bicārā ビチャーラー/ ▸बेचारा *adj.* ☞बेचारा

बिचौलिया /bicauliyā ビチャォーリヤー/ ▸बिचौली [cf. *बीच*[1]] *m.* 仲介人, 中間業者, ブローカー.

बिचौली /bicaulī ビチャォーリー/ ▸बिचौलिया *m.* ☞बिचौलिया

बिच्छी /bicc^{h}ī ビッチー/ [<OIA.m. <*vŕ̥ścika-* 'scorpion': T.12081] *f.* 〖動物〗雌サソリ. (⇔बिच्छू)

बिच्छू /bicc^{h}ū ビッチュー/ [<OIA.m. <*vŕ̥ścika-* 'scorpion': T.12081] *m.* 〖動物〗(雄)サソリ. (⇔बिच्छी)

बिछड़ना /bic^{h}aṛạnā ビチャルナー/ ▸बिछुड़ना, बिछुरना [<OIA. **vikṣuṭati* 'falls apart': T.11651] *vi.* (*perf.* बिछड़ा /bic^{h}ạṛā ビチラー/) **1** (不本意に)離れ離れになる;はぐれる. ❐पति-पत्नी चार साल के लिए बिछड़ गए। 夫婦は4年の間離れ離れになった. ❐प्रेमी-प्रेमिका सदा के लिए बिछड़ गए। 恋人同士は生き別れとなり二度と逢えなかった. ❐वह बच्चा भीड़ में अपनी माँ से बिछड़ गया। その子どもは人混みの中で母親からはぐれてしまった. **2** 顔をそむける, そっぽを向く. **3** 捻挫する, くじく.

बिछना /bic^{h}ạnā ビチナー/ [cf. *बिछाना*] *vi.* (*perf.* बिछा /bic^{h}ā ビチャー/) (敷布などが)敷かれる;(線路などが)敷設される;(食卓が)準備される.

बिछवाना /bic^{h}ạvānā ビチワーナー/ [caus. of *बिछना, बिछाना*] *vt.* (*perf.* बिछवाया /bic^{h}ạvāyā ビチワーヤー/) 敷かせる;敷いてもらう.

बिछाना /bic^{h}ānā ビチャーナー/ [<OIA. **vicchādayati* 'spread out': T.11692] *vt.* (*perf.* बिछाया /bic^{h}āyā ビチャーヤー/) (敷布などを)広げる, 敷く;(線路などを)敷設する;(食卓を)準備する.

बिछावन /bic^{h}āvanạ ビチャーワン/ ▸बिछौना *m.* ☞बिछौना

बिछिया /bic^{h}iyā ビチヤー/ [cf. *बिछुआ*] *f.* ビチヤー《既婚で夫が存命の女性が足の指につける小型の指輪》.

बिछुआ /bic^{h}uā ビチュアー/ ▸बिछुवा [cf. *बिच्छू*] *m.* **1** ビチュアー《既婚で夫が存命の女性が足の親指につける指輪》. **2** ビチュアー《湾曲した短剣》. **3** 〖植物〗ビチュアー《イラクサの一種の俗称;とげに含まれる毒の効果がサソリ (बिच्छू) に刺されたと思わせることから》.

बिछुड़ना /bic^{h}uṛạnā ビチュルナー/ ▸बिछड़ना, बिछुरना *vi.* (*perf.* बिछुड़ा /bic^{h}uṛā ビチュラー/) ☞बिछड़ना

बिछुरना /bic^{h}urạnā ビチュルナー/ ▸बिछड़ना, बिछुड़ना *vi.* (*perf.* बिछुरा /bic^{h}urā ビチュラー/) ☞बिछड़ना

बिछुवा /bic^{h}uvā ビチュワー/ ▸बिछुआ *m.* ☞बिछुआ

बिछोह /bic^{h}ohạ ビチョーフ/ [<OIA. *vikṣōbha-* 'shaking, alarm': T.11660] *m.* 別離(の悲しみ). ❐इतने दिनों के ～ के बाद फिर मिलाप होगा, ख़ुशी आँखों से उबली पड़ती है। これほどの年月の別離の後での再会だ, 喜びが目から湧きだすのであった.

बिछौना /bic^{h}aunā ビチャォーナー/ ▸बिछावन [<OIA. **vicchādana-* 'covering over': T.11691] *m.* 寝床;寝具(の敷物).

बिज़नेस /bizạnesạ ビズネース/ [←Eng.n. *business*] *m.* 〖経済〗ビジネス, 商売. ❐～ अख़बार 商業新聞. ❐～ क्लास (飛行機の)ビジネスクラス. ❐～ लंच ビジネスランチ.

बिजली /bijạlī ビジリー/ [<OIA.f. *vidyullatā-* 'forked lightning': T.11745] *f.* **1** 雷, 雷鳴;雷光, 稲妻. (⇒विद्युत्) ❐～ गरजना 雷鳴がとどろく. ❐～ चमकना 稲妻が光る. **2** 〖物理〗電気;電流;供給電力. (⇒इलेक्ट्रिसिटी, विद्युत्) ❐～ का खंभा 電信柱. ❐～ की बत्ती 電灯. ❐～ का बल्ब 電球. ❐～ की धारा 電流.

बिजलीघर /bijạlīg^{h}arạ ビジリーガル/ [*बिजली* + *घर*] *m.* 発電所.

बिजूका /bijūkā ビジューカー/ ▸बिजूखा, बिझूका [<OIA. **vijjhukkati* 'stoops aside': T.11704] *m.* 案山子(かかし). (⇒डरावा)

बिजूखा /bijūk^{h}ā ビジューカー/ ▸बिजूका, बिझूका *m.* ☞बिजूका

बिझूका /bij^{h}ūkā ビジューカー/ ▸बिजूका, बिजूखा *m.* ☞बिजूका

बिटिया /biṭiyā ビティヤー/ [cf. *बेटी*] *f.* 娘.

बिठाना /biṭ^{h}ānā ビターナー/ ▸बैठाना *vt.* (*perf.* बिठाया /biṭ^{h}āyā ビターヤー/) ☞बैठाना

बिताना /bitānā ビターナー/ [cf. *बीतना*] *vt.* (*perf.* बिताया /bitāyā ビターヤー/) (時間・人生を)過ごす. (⇒काटना, गुज़ारना)

बित्ता /bittā ビッター/ [<OIA.f. *vítasti-* 'measure of length consisting of span between extended thumb and little finger or between wrist and tip of fingers': T.11721] *m.* 〖単位〗ビッター《手を開いて親指の先から小指の先までの長さ》. (⇒बालिश्त)

बिदकना /bidakạnā ビダクナー/ [cf. Drav.; DEDr.4401 (DED.4425)] *vi.* (*perf.* बिदका /bidạkā ビドカー/) (恐怖・驚きで)後ずさりする, ひるむ.

बिदकाना /bidạkānā ビドカーナー/ [cf. *बिदकना*] *vt.* (*perf.* बिदकाया /bidạkāyā ビドカーヤー/) 怯えさせる, ひるませる.

बिदा /bidā ビダー/ ▸विदा *f.* ☞विदा

बिदाई /bidāī ビダーイー/ ▸विदाई *f.* ☞विदाई

बिदेसिया /bidesiyā ビデースィヤー/ [cf. *विदेशी*] *m.* 〖文学〗ビデースィヤー《異郷にいる夫 (बिदेसिया) を偲ぶ俗謡》.

बिधना /bid^{h}ạnā ビドナー/ ▸बिंधना *vi.* (*perf.* बिधा /bid^{h}ā ビダー/) ☞बिंधना

बिनती /binạtī ビンティー/ [<OIA.f. *vijñapti-* 'information, report, request (to a superior)': T.11706] *f.* 懇願, 嘆願. ❐～ करना 懇願する, 嘆願する.

बिनना[1] /binạnā ビンナー/ ▸बुनना *vt.* (*perf.* बिना /binā ビナー/) ☞बुनना

बिनना[2] /binạnā ビンナー/ [cf. *बीनना*] *vi.* (*perf.* बिना /binā ビナー/) (混ざった粒などが)選り出される.

बिना /binā ビナー/ [<OIA. *vínā* 'without': T.11772] *ind.* 《『名詞 के बिना』あるいは『बिना 名詞 के』の形式で, 副詞句「…なしに」を表す; 『完了分詞[-ए] बिना』あるいは『बिना 完了分詞[-ए]』の形式で, 副詞句「…しないで」を表す》(⇒बग़ैर) ❐वह ～ तकिया और गद्दा के सोता है। 彼は枕も布団も無しで眠る. ❐उसने ～ सोचे जवाब दिया। 彼は考えないで返事をした.

बिनौला /binaulā ビナォーラー/ *m.* 『植物』綿花の種子.

बिब /bibạ ビブ/ [←Eng.n. *bib*] *m.* よだれ掛け.

बियर /biyarạ ビヤル/ [←Eng.n. *beer*] *f.* ビール. ❐～ पीना ビールを飲む.

बियाबान /biyābānạ ビヤーバーン/ ▸बयाबान [←Pers.adj. بیابان 'uncultivated, desert'] *m.* 荒地, 不毛地.

बिरता /birạtā ビルター/ [cf. OIA. *vr̥ttá-* 'turned': T.12069; cf. *बूता*] *m.* (裏付けとなる)能力, 力量; 甲斐性. ❐आख़िर किस बिरते पर हज़ार पाँच सौ माँगते हो तुम? 結局どんな甲斐性を根拠に千五百ルピー貸してくれと言うのだお前は?

बिरयानी /birạyānī ビルヤーニー/ [←Pers.adj. بریان 'roasted, broiled, grilled, baked'] *f.* 『食』ビルヤーニー《香辛料を入れて炊いた米に, 肉の煮込み料理を加え蒸し上げる手の込んだ料理; インドのハイデラバード (हैदराबाद) のものが絶品とされる》.

बिरला /birạlā ビルラー/ [<OIA. *virala-* 'wide apart, loose, thin, few': T.11847] *adj.* きわめて稀な; ほとんどない《主に बिरला ही कोई の形式で用いて》. ❐१८ वर्ष की आयु में इतनी ख्याति बिरले ही किसी गुणी को नसीब होती है। 18の歳でこれほどの名声を得られるほどの資質を有する者はほとんどいない.

बिरवा /birạvā ビルワー/ [<OIA.n. *vīrudha-* 'plant': T.12060] *m.* 『植物』木; 幼木; 苗木.

बिरहा /birạhā ビルハー/ [<Skt.m. *वि-रह-* 'abandonment, desertion, parting, separation (esp. of lovers)'] *m.* 『文学』ビルハー《ボージプリー語 (भोजपुरी) などで盛んな別離の苦しみなどを主題とする二行詩の形式の俗謡》.

बिराजना /birājạnā ビラージナー/ ▸विराजना *vi.* (*perf.* बिराजा /birājā ビラージャー/) ☞विराजना

बिरादर /birādarạ ビラーダル/ [←Pers.n. برادر 'a brother'; cog. Skt.m. *भ्रातृ-* 'a brother'] *m.* 兄弟. (⇒भाई)

बिरादरी /birādạrī ビラードリー/ [←Pers.n. برادری 'brotherhood, the fraternal relation'] *f.* **1** (利害・職業・宗教などを同じくする人の)社会(集団), 共同体, コミュニティー. **2** 『ヒンドゥー教』ビラーダリー《特に同一カースト・ジャーティ (जाति) のコミュニティー》. ❐～ से पृथक् जीवन की वह कोई कल्पना ही न कर सकता था। ビラーダリーから離れた人生を彼は想像もできなかった. ❐लड़की का ब्याह न हुआ, तो सारी ～ में हँसी होगी। 娘の結婚ができなかったら, 仲間内で笑いものになるだろう.

बिराना[1] /birānā ビラーナー/ [?] *adj.* 他人の, 身内ではない. (⇒पराया, बेगाना)

बिराना[2] /birānā ビラーナー/ [<OIA. *virādhayati* 'is at variance with': T.11859] *vt.* (*perf.* बिराया /birāyā ビラーヤー/) (からかうために)おかしな顔を作る; しかめつらをする. ❐मुँह ～ おかしな顔を作る.

बिल[1] /bilạ ビル/ [←Eng.n. *bill*] *m.* **1** 『法律』法案, 議案. (⇒विधेयक) ❐(का) ～ पेश करना (…の)法案を提出する. ❐(का) ～ पास कराना (…の)法案を通過させる. ❐(का) ～ पास होना (…の)法案が通過する. **2** 勘定書, 請求書. ❐～ का भुगतान करना 勘定を払う.

बिल[2] /bilạ ビル/ [<OIA.n. *bíla-*[1] 'cave, hole, pit, opening': T.09245] *m.* 『動物』(獣, ヘビなどの)巣穴. ❐साँप के ～ में हाथ डालना ヘビの巣に手を入れる.

बिलकुल /bilạkulạ ビルクル/ ▹बिल्कुल [←Pers.adv. بالکل 'totally, entirely, wholy, universally, all together' ←Arab.] *adv.* 全く, 完全に; 全然. ❐～ ठीक है। 全く問題ないです.

बिलखना /bilak^{h}ạnā ビラクナー/ [<OIA. *vilakṣayati* 'observes': T.11877] *vi.* (*perf.* बिलखा /bilạk^{h}ā ビルカー/) 大声で泣く, わんわん泣く; 無念のあまり泣く; 嘆き悲しむ. (⇒रोना) ❐लड़कियाँ बिलख-बिलखकर रो रही थीं। 娘たちが, わんわん泣いていた. ❐उसको नीम के तने पर सिर पटक-पटककर बिलखते मैंने अपनी आँखों से देखा था। 彼がニームの木の幹に頭を打ちつけ打ちつけ男泣きするのを, 私はこの目で見たことがあった.

बिलग /bilagạ ビラグ/ [<OIA. **vilagna-*[2] 'separate': T.11880] *adj.* 離れている; 別の. (⇒अलग) ❐～ मानना 悪くとる, 腹を立てる.

बिलगाना /bilạgānā ビルガーナー/ [cf. *बिलग*] *vt.* (*perf.* बिलगाया /bilạgāyā ビルガーヤー/) 分ける; 分離する.

बिलगाव /bilạgāvạ ビルガーオ/ [cf. *बिलगाना*] *m.* 分離. ❐धर्म और राजनीति के ～ की आवश्यकता 宗教と政治の分離の必要性.

बिलटी /bilạṭī ビルティー/ ▹बिल्टी [←Eng.n. *billet*] *f.* 『経済』(鉄道貨物の)引受請求手形.

बिलनी /bilạnī ビルニー/ *f.* 『医学』麦粒腫, ものもらい.

बिलबिलाना /bilạbilānā ビルビラーナー/ [onom.] *vi.* (*perf.* बिलबिलाया /bilạbilāyā ビルビラーヤー/) (痛みなどで)悲鳴をあげる.

बिला /bilā ビラー/ [←Pers. بلا 'without, beyond' ←Arab.] *ind.* 《『बिला 名詞』の形式で副詞句「…なしで」の意》(⇒बग़ैर, बिना) ❐～ नागा 一日[一回]も休まな

いで. ❐～ सबब 理由なしに.

बिलाव /bilāva ビラーオ/ [<OIA.m. *bíḍāla-* 'cat': T.09237] *m.* 『動物』雄猫. (⇒बिल्ला)(⇔बिल्ली)

बिलियर्ड्स /biliyarḍsa ビリヤルドス/ [←Eng.n. *billiards*] *m.* 『ゲーム』ビリヤード, 玉突き.

बिलोकना /bilokanā ビロークナー/ [cf. Skt. *वि-लोकति* 'looks'] *vi.* (*perf.* बिलोका /bilokā ビローカー/) 見る;観察する.

बिलोड़ना /biloṛanā ビロールナー/ ▸बिलोना, विलोड़ना *vt.* (*perf.* बिलोड़ा /biloṛā ビローラー/) ☞बिलोना

बिलोना /bilonā ビローナー/ ▸बिलोड़ना, विलोड़ना [<OIA. *vilōḍayati* 'stirs about': T.11911] *vt.* (*perf.* बिलोया /biloyā ビローヤー/) **1** (液体を)かき回す[混ぜる], 攪拌する. (⇒घँघोलना) **2** (液体にあるものを入れて)よく振る. **3** (涙を)流す.

बिलौटा /bilauṭā ビラォーター/ [<OIA.m. *bíḍāla-* 'cat': T.09237] *m.* (雄の)子猫.

बिल्कुल /bilkula ビルクル/ ▹बिलकुल *adv.* ☞बिलकुल

बिल्टी /bilṭī ビルティー/ ▹बिलटी *f.* ☞बिलटी

बिल्ला[1] /billā ビッラー/ [?] *m.* バッジ, 記章, 肩章. (⇒बैज) ❐(पर) ～ लगाना (…に)バッジをつける.

बिल्ला[2] /billā ビッラー/ [<OIA.m. *bíḍāla-* 'cat': T.09237] *m.* 『動物』雄猫. (⇒बिलाव)(⇔बिल्ली)

बिल्ली /billī ビッリー/ [<OIA.m. *bíḍāla-* 'cat': T.09237] *f.* 『動物』 (雌)ネコ(猫). 《鳴き声の擬声語は म्याँऊँ》(⇔बिलाव, बिल्ला)

बिल्लौर /billaura ビッラォール/ [←Pers.n. بلور 'crystal' ←Arab.] *m.* 『鉱物』水晶;石英. (⇒स्फटिक) ❐सफ़ेद ～ का गिलास 透き通った水晶でできたグラス.

बिल्लौरी /billaurī ビッラォーリー/ [←Pers.adj. بلوری 'made of crystal'] *adj.* 水晶でできた;水晶のような.

बिवाई /bivāī ビワーイー/ ▸बेवाई [<OIA.f. *vipādikā-* 'sore crack on foot': T.11795] *f.* **1** 『医学』 (足裏の)ひび, ひびわれ;あかぎれ. ❐～ फटना (足裏の)ひびがわれる. ❐～ फटे पैर ひびわれた足. **2** 『医学』しもやけ;凍傷.

बिश्केक /biśkeka ビシュケーク/ [cf. Eng.n. *Bishkek*] *m.* ビシュケク《キルギス(共和国) (किर्गिज़स्तान) の首都》.

बिसरना /bisaranā ビサルナー/ [<OIA. *vismarati* 'forgets': T.12021] *vi.* (*perf.* बिसरा /bisarā ビスラー/) 忘れられる.

— *vt.* (*perf.* बिसरा /bisarā ビスラー/) 忘れる. (⇒भूलना)

बिसवा /bisavā ビスワー/ ▹बिस्वा *m.* ☞बिस्वा

बिसाऊ /bisāū ビサーウー/ [cf. Eng.n. *Bissau*] *m.* 『地名』ビサウ《ギニアビサウ(共和国) (गिनी-बिसाऊ) の首都》.

बिसात /bisāta ビサート/ [←Pers.n. بساط 'anything spread out; carpet, bedding; chess-cloth, dice-board; goods, wares' ←Arab.] *f.* **1** (カーペット;寝具などの)敷物. **2** 雑貨・小間物;(雑貨・小間物を並べるための)敷物. **3** 『ゲーム』 (チェスやすごろくなどのゲームに使用する)盤. (⇒पट) ❐शतरंज की ～ बिछी हुई है। チェス盤の布が広げられている. **4** 甲斐性;資力;能力. ❐(की) ～ ही क्या? (…が)どれほどのものなのだ?

बिसातख़ाना /bisātaxānā ビサートカーナー/ [*बिसात* + *ख़ाना*] *m.* 雑貨店, 小間物屋.

बिसाती /bisātī ビサーティー/ [←Pers.n. بساطی 'a pedlar, a toyman'] *m.* 小間物商, 雑貨屋;行商人.

बिसारना /bisāranā ビサールナー/ [<OIA. *vismārayati* 'causes to forget': T.12023] *vt.* (*perf.* बिसारा /bisārā ビサーラー/) 忘れさせる;(意識的に)忘れようとする. (⇒भूलना) ❐बीती बातों को बिसारना 過ぎ去ったことを忘れる(何もなかったことにする).

बिसाहना /bisāhanā ビサーヘナー/ [<OIA. **viṣādhayati* 'accomplishes, acquires': T.11979] *vt.* (*perf.* बिसाहा /bisāhā ビサーハー/) 買い求める.

बिसूरना /bisūranā ビスールナー/ [<OIA. **viśūratē* 'is hurt, is distressed': T.11941] *vi.* (*perf.* बिसूरा /bisūrā ビスーラー/) **1** ふさぎ込む;考え込む. ❐अकेले बैठूँ तो बिसूरने की आदत है। 一人になると考え込む癖がある. **2** めそめそする, しくしく泣く. ❐अब खड़ी बिसूर क्या रही है, जा अपना काम कर। 立って何をめそめそしているんだ, さあ行って自分の仕事をするんだ.

बिस्कुट /biskuṭa ビスクト/ [←Beng.n. *বিস্কুট* 'biscuit' (*বিস* 'poison' + *কুট* 'chip'); cf. Port.m. *biscoito* 'biscuit'] *m.* 『食』ビスケット, クッキー.

बिस्तर /bistara ビスタル/ ▸बिस्तरा [←Pers.n. بستر 'a bed, mattress, bolster, pillow, cushion'] *m.* **1** (旅行用)寝具(一式)《巻いて持ち運べるマット状の寝床》. ❐～ बँधना 寝具の荷造りができる《旅立ちの準備ができる》. ❐～ बिछाना 寝具を敷く. **2** (敷物, ベッドなど)寝床. ❐सामने पुआल बिछा था, वही उसका बिस्तर था। 前に藁(わら)が敷かれてあった, それが彼女の寝床だった.

बिस्तरबंद /bistarabaṃda ビスタルバンド/ [*बिस्तर* + *-बंद*] *m.* ビスタルバンド《旅行用寝具 बिस्तर を巻いて収納する袋, 寝具入れ》.

बिस्तरा /bistarā ビスタラー/ ▸बिस्तर *m.* ☞बिस्तर

बिस्वा /bisvā ビスワー/ ▹बिसवा [cf. *बीसवाँ* 'twentieth part' <OIA.m. **viṁśamāṁśa-* '20th part': T.11619] *m.* 『単位』ビスワー《約 125 平方メートル; 20 分の 1 ビーガー (बीघा);ただし地方によって異なる》.

बिहान /bihāna ビハーン/ [<OIA. **vibhāna-* 'shining': T.11813] *m.* 日の出前;夜明け;朝.

बिहार /bihāra ビハール/ [cf. Eng.n. *Bihar*] *m.* ビハール州《州都はパトナー (पटना)》.

बींधना /bīdʰanā ビーンドナー/ ▸बेधना [<OIA. **vindhati* 'pierces': T.11784] *vt.* (*perf.* बींधा /bīdʰā ビーンダー/) ☞बेधना

बी /bī ビー/ [←Eng.n. *B*] *m.* (ラテン文字の)B.

बी॰ ए॰ /bī e ビー エー/ [←Eng.n. *B.A.* (Bachelor of Arts)] *m.* 〔略語〕文学士;文学部課程. ❐～ करना 文学部課程に在籍している, 文学士の称号を取得する.

बीकानेर /bīkānera ビーカーネール/ [cf. Eng.n. *Bikaner*] *m.* 『地名』ビーカーネール《ラージャスターン州

(राजस्थान) の古都》.

बीघा /bīg^{h}ā ビーガー/ [<OIA.m. *vigraha-* 'separation, discord, war': T.11668] *m.* 〖単位〗ビーガー《約 2,500 平方メートル;ただし地方によって異なる》.

बीच[1] /bīca ビーチ/ [<OIA. **vīcya-* 'middle': T.12042] *m.* **1**《時間・空間》中央, 真ん中;間. (⇒दरमियान, मध्य) ❐~ की उँगली 中指. ❐के ~ …の中央に;…の途中で. ❐~ में 中央に;途中で. ❐~ बाजार (में)公衆の面前で. **2** 中間;平均値.

बीच[2] /bīca ビーチ/ [←Eng.n. *beach*] *m.* ビーチ, 砂浜, 浜辺.

बीच-बचाव /bīca-bacāva ビーチ・バチャーオ/ *m.* (けんかの)仲裁, 間に入ること. ❐~ करना 仲裁する.

बीचोंबीच /bīcõbīca ビーチョーンビーチ/ *adv.* ど真ん中に;真っ最中に.

बीज /bīja ビージ/ [←Skt.n. *बीज-* 'seed (of plants), semen (of men and animals)'] *m.* **1**〖植物〗種, 種子. ❐(के) ~ बोना (…の)種を蒔く. **2** (動物や魚の)精子. ❐मछली के ~ 魚の精子. **3** 根源, 大本;原因.

बीजक /bījaka ビージャク/ [←Skt.n. *बीजक-* 'seed; a list'] *m.* **1** 荷札. **2**〖経済〗送り状, インボイス. (⇒चालान) **3**〖文学〗ビージャク《特にヒンドゥー教の特定宗派の韻文集》.

बीजगणित /bījagaṇita ビージガニト/ [←Skt.n. *बीज-गणित-* 'calculation of primary causes, analysis, algebra'] *m.* 〖数学〗代数(学).

बीजमंत्र /bījamaṃtra ビージマントル/ [←Skt.n. *बीज-मन्त्र-* 'a mystical syllable of a *Mantra*'] *m.* **1**〖ヒンドゥー教〗ビージャマントラ《特定の神を表すマントラ, 音節(文字);密教の「種字(しゅじ)」》. **2** 秘訣. (⇒गुर)

बीजांक /bījāṃka ビージャーンク/ [neo.Skt.m. *बीज-अङ्क-* 'a secret code, cypher'] *m.* 暗号. (⇒कूट)

बीजांकित /bījāṃkita ビージャーンキト/ [neo.Skt.m. *बीज-अङ्कित-* 'coded'] *adj.* 暗号化された. (⇒कूट) ❐संदेश को ~ करना メッセージを暗号化する.

बीजांकुर /bījāṃkura ビージャーンクル/ [←Skt.m. *बीज-अङ्कुर-* 'a seedshoot, seedling'] *m.* 発芽, 新芽.

बीजापुर /bījāpura ビージャープル/ [cf. Eng.n. *Bijapur*] *m.* 〖地名〗ビージャープル《カルナータカ州 (कर्नाटक) の古都》.

बीजारोपण /bījāropaṇa ビージャーローパン/ [neo.Skt.n. *बीज-आरोपण-* 'sowing seed'] *m.* **1** 種まき;植えつけ. **2** 原因となるもとが植えつけられること;(不和・争いなどの)種をまくこと. ❐जिस दिन इस घातक कलह का ~ हुआ, उसी दिन से उसने इधर आना छोड़ दिया। この致命的ないさかいの種がまかれた日以来, 彼女はこちらに来ることをやめてしまった. ❐मुझमें अध्यापक का ~ निःसंदेह उन ट्यूशनों के समय हुआ होगा। 私の中に教師の種が植えつけられたのはきっとあの家庭教師として個人授業をした時代だったのだろう.

बीजिंग /bījiṃga ビージング/▸बेजिंग [cf. Eng.n. *Beijing*] *m.* 〖地名〗北京, ペキン《中国, 中華人民共和国 (चीन) の首都》.

बीट[1] /bīṭa ビート/ [<OIA. *viṭa-* 'impurity': T.11712] *f.* (鳥の)糞.

बीट[2] /bīṭa ビート/ [←Eng.n. *beat*] *f.* 〖音楽〗ビート. ❐डिस्को ~ ディスコミュージックのビート.

बीड़ा /bīṛā ビーラー/ [<OIA.m. *vīṭaka-* 'roll of betel': T.12046z1] *m.* **1** ビーラー《嗜好品;ビンロウジ, 石灰, 香料などをキンマの葉 (पान) で巻いたもの》. (⇒पान) **2** (挑戦に応ずる)決意《勇敢な武将は盆に盛られたビーラーから自ら手に取ることで困難な任を買って出ることを表明した故事から》. ❐~ उठाना (困難な仕事を)買って出る.

बीड़ी /bīṛī ビーリー/ [cf. *बीड़ा*] *f.* ビーリー《巻きタバコの一種;粒状にしたタバコを黒檀の一種の広葉樹の葉で巻いたもの;労働者が吸う安タバコ》.

बीतना /bītanā ビートナー/ [<OIA. *vṛttá-* 'turned': T.12069] *vi.* (*perf.* बीता /bītā ビーター/) (時間が)経過する, 過ごされる. (⇒कटना, गुज़रना) ❐एक साल बीत गया। 1年が過ぎた.

बीती /bītī ビーティー/ [cf. *बीतना*] *f.* (つらい)身の上話. (⇒आपबीती) ❐उसने अपनी ~ सुनाई। 彼は自分の身の上話を聞かせた.

बीन /bīna ビーン/ [<OIA.f. *vīṇā-* 'lute': T.12048] *f.* **1**〖楽器〗ビーン《ヘビ使いの笛;瓢箪(ヒョウタン)で作られる》. (⇒महुअर) **2**〖楽器〗ヴィーナー《弦楽器の一種》. (⇒वीणा)

बीनकार /bīnakāra ビーンカール/ [*बीन* + *-कार*] *m.* 〖音楽〗ヴィーナー演奏者.

बीनना /bīnanā ビーンナー/ [<OIA. *vicinōti* 'picks out, chooses': T.11686] *vt.* (*perf.* बीना /bīnā ビーナー/) (穀粒などを)(選んで)つまみ取る;選別する. ❐स्त्रियों ने मिलकर, महीनों गा-गाकर, अनाज को बीना, चाला, पछोरा, पीसा और मटकों में भरा। 女たちは一緒になって, 何か月も歌を歌い, 穀物を選り分け, ふるいにかけ, 笊(ざる)で濾して, 粉に挽き, そして壺につめた.

बीफ़ /bīfa ビーフ/ [←Eng.n. *beef*] *m.* 〖食〗ビーフ, 牛肉.

बीबी /bībī ビービー/▸बीवी [←Pers.n. بی بی 'a lady, a matron; wife, mistress of the house'] *f.* 妻;奥さん, 奥方. (⇒पत्नी)

बीबी-बच्चा /bībī-baccā ビービー・バッチャー/ *f.* 妻子. ❐बीबी-बच्चों का पालना बड़े गुर्दे का काम है। 妻子を養うということはとても勇気のいることだ.

बीभत्स /bīb^{h}atsa ビーバトス/ [←Skt. *बीभत्स-* 'loathsome, disgusting, revolting, hideous'] *adj.* ☞वीभत्स

बीमा /bīmā ビーマー/ [←Pers.n. بیمه 'insurance against risk'] *m.* 〖経済〗保険. (⇒इन्श्योरेंस) ❐जीवन ~ 生命保険. ❐स्वास्थ्य ~ 健康保険. ❐(का) ~ कराना (…の)保険をかける. ❐(का) ~ करना (…の)保険業務を扱う.

बीमार /bīmāra ビーマール/ [←Pers.adj. بیمار 'sick, infirm, afflicted'] *adj.* 〖医学〗病気の, 病んだ. ❐~ पड़ना 病気になる.

— *m.* 病人.

बीमारी /bīmārī ビーマーリー/ [←Pers.n. بیماری 'desease, sickness, infirmity'] *f.* 〖医学〗病気, 病, 疾病, 病弊. (⇒रोग) ❐गंभीर ～ 深刻な病, 重病.

बीर-बहूटी /bīra-bahūṭī ビール・バフーティー/ *f.* 〖昆虫〗エンジムシ《カイガラムシの一種;色素成分が多く染色用に使用》.

बीवर /bīvara ビーワル/ [←Eng.n. *beaver*] *m.* 〖動物〗ビーバー.

बीवी /bīvī ビーヴィー/ ▸बीबी *f.* ☞बीबी

बीस /bīsa ビース/ [<OIA.f. *viṁśati-* 'twenty': T.11616] *num.* **1** 20《20の整数倍を意味する語形 बीसों は,「何十もの」を表す》. ❐बीसों आदमी 何十人もの人. **2** 多すぎるほどの, たくさんの. ❐जब कहो, तो ～ बहाने निकालने लगता है। いったん口を開けば, ありったけの言い訳をしだすのよ. **3** (他より)勝っている. ❐(से) ～ पड़ना (…よりも)勝っている.

बीसी /bīsī ビースィー/ [cf. *बीस*] *f.* 20(の集まったもの).

बीहड़ /bīhaṛa ビーハル/ ▸बेहड़ [?] *adj.* **1** 荒涼とした. ❐～ मैदान 荒涼とした原野. **2** 起伏のある. **3** (道が)険しい. ❐इसमें संदेह नहीं कि काम कठिन है, राह ～ है। 任務は困難で道は険しいことに疑いはない. ❐रास्ता ～ और सवारी कोई नहीं। 道は険しく乗り物などまったくない.
— *m.* 荒地.

बुंदा /buṃdā ブンダー/ [cf. *बूँद*] *m.* イヤリング, 耳飾り.

बुँदिया /bũdiyā ブンディヤー/ ▸बूँदी *f.* ☞बूँदी

बुआ /buā ブアー/ ▸बुवा, बूआ *f.* ☞बूआ

बुकनी /bukanī ブクニー/ [<OIA. **bukka-*[5] 'powder': T.09264] *f.* 粉, 粉末. ❐～ रोग うどん粉病《葉や茎が粉をかけたように白くなるウドンコカビ科の菌による植物病害》. ❐(की) ～ करना (…を)粉に挽く. ❐लाल मिर्च की ～ 赤唐辛子の粉.

बुख़ार /buxāra ブカール/ [←Pers.n. بخار 'vapour, steam, exhalation, fog, mist; fever' ←Arab.] *m.* **1** 〖医学〗熱, 発熱. (⇒ज्वर) ❐(को) ～ आना (人が)発熱する. ❐(का) ～ उतरना [बढ़ना] (人の)熱が下がる[上がる]. ❐(का) ～ लेना (人の)熱を計る. ❐तेज़ [हल्का] ～ 高[微]熱. ❐दिमाग़ी ～ (日本)脳炎. **2** 〖物理〗蒸気, 湯気. (⇒भाप, बाष्प) **3** 熱狂.

बुख़ारेस्ट /buxāresṭa ブカーレースト/ [cf. Eng.n. *Bucharest*] *m.* 〖地名〗ブカレスト《ルーマニア(रोमानिया)の首都》.

बुज़दिल /buzadila ブズディル/ [←Pers.adj. بزدل 'coward (goat-hearted)'] *adj.* 臆病な, 小心な. (⇒कायर, डरपोक)

बुज़दिली /buzadilī ブズディリー/ [*बुज़दिल* + *-ई*] *f.* 臆病, 小心. (⇒कायरता)

बुजुंबुरा /bujuṃburā ブジュンブラー/ [cf. Eng.n. *Bujumbura*] *m.* 〖地名〗ブジュンブラ《ブルンジ(共和国)(बुरुंडी) の首都》.

बुज़ुर्ग /buzurga ブズルグ/ [←Pers.adj. بزرگ 'great, large; powerful; adult, elder'] *adj.* **1** 年配の, 年長の, 目上の. **2** 尊敬すべき(人), 名声の高い(人).
— *m.* **1** 年長者, 年配者;長老. ❐मैंने तो बुज़ुर्गों की ज़बानी सुना है कि मोटे आदमी अक़्ल के दुश्मन होते हैं। 私は年長の人間から直接聞いたのだが, 太った人間というのは知恵の敵だということだ. **2** 偉人, 聖者.

बुज़ुर्गी /buzurgī ブズルギー/ [←Pers.n. بزرگی 'greatness'] *f.* **1** 年長であること, 目上であること. **2** 尊敬すべきこと, 名声が高いこと.

बुझना[1] /bujʰanā ブジナー/ [<OIA. **vijjhāyati* 'is burnt out, is extinguished': T.11703] *vi.* (*perf.* बुझा /bujʰā ブジャー/) **1** (火・灯火が)消える. (⇔जलना) **2** (熱いものが水に浸されて)冷却される. **3** (飢え・渇きが)癒される.

बुझना[2] /bujʰanā ブジナー/ [cf. *बुझाना*[2]] *vi.* (*perf.* बुझा /bujʰā ブジャー/) (判じ物・なぞなぞが)解ける. ❐पहेली बुझना। なぞなぞが解ける.

बुझाना[1] /bujʰānā ブジャーナー/ [<OIA. **vijhāpayati* 'extinguishes': T.11702z1] *vt.* (*perf.* बुझाया /bujʰāyā ブジャーヤー/) **1** (火・灯火を)消す. (⇒बुताना)(⇔जलाना) ❐आग ～ 火を消す. ❐बत्ती ～ 電気を消す. **2** (熱いものを水に浸して)冷却する. **3** (飢え・渇きを)癒す. ❐प्यास ～ 渇きを癒す.

बुझाना[2] /bujʰānā ブジャーナー/ [<OIA. *víjñapayati* 'makes known, begs': T.11705] *vt.* (*perf.* बुझाया /bujʰāyā ブジャーヤー/) (判じ物・なぞなぞを)を解かせる, 謎をかける. ❐मुझे लगा वह पहेलियाँ बुझा रहा है। 彼が謎をかけているのだと私は感じた.

बुझौवल /bujʰauvala ブジャォーワル/ [cf. *बुझाना*] *f.* 判じ物, 謎. (⇒पहेली)

बुड़बुड़ाना /buṛabuṛānā ブルブラーナー/ ▸कुड़कुड़ाना, कुड़बुड़ाना, बड़बड़ाना [onom.] *vi.* (*perf.* बुड़बुड़ाया /buṛabuṛāyā ブルブラーヤー/) ☞बड़बड़ाना

बुड़भस /buṛabʰasa ブルバス/ ▸बुढ़भस *f.* ☞बुढ़भस

बुडापेस्ट /buḍāpesṭa ブダーペースト/ [cf. Eng.n. *Budapest*] *m.* 〖地名〗ブダペスト《ハンガリー(共和国)(हंगरी) の首都》.

बुड्ढा /buḍḍʰā ブッダー/ [<OIA. *vr̥ddhá-*[2] 'grown, large': T.12073] *adj.* 年老いた, 高齢の.
— *m.* 老人, おじいさん. (⇔बुढ़िया)

बुढ़भस /buṛʰabʰasa ブルバス/ ▸बुड़भस [*बूढ़ा* + ?*भासना*] *f.* 年寄りが年甲斐もなく若者のように振る舞うこと, 年寄りの冷や水. ❐बुड्ढों का ～ हास्यास्पद वस्तु है। 年寄りの冷や水は馬鹿げたことだ.

बुढ़ापा /buṛʰāpā ブラーパー/ [cf. *बूढ़ा*] *m.* 老齢, 老年, 高齢;老後. (⇒वृद्धावस्था) ❐बुढ़ापे में 老後に.

बुढ़िया /buṛʰiyā ブリヤー/ [cf. *बूढ़ा*] *f.* 老婆, おばあさん, 老婦人. (⇔बुड्ढा)

बुत /buta ブト/ [←Pers.n. بت 'an idol, any figure that is an object of adoration' ←Skt.m. *बुद्ध-* 'Gautama Buddha'] *m.* 偶像;彫像, 像. (⇒मूर्ति, प्रतिमा) ❐जो सिपाही जहाँ था, वहीं ～ हो गया। そこにいた兵士はその場で彫像となった《「ぴたりと動かなくなった」の意》.

बुत-तराश /buta̤-tarāśa̤ ブト・タラーシュ/ [←Pers.n. بت تراش 'an idol-maker, sculptor'] *m.* 彫刻家.

बुत-तराशी /buta̤-tarāśī ブト・タラーシー/ [*बुत-तराश* + *-ई*; ←?I.Pers.n. بت تراشی 'sculpture'; cf. Urd.f. بت تراشی 'sculpture'] *f.* 彫刻(術).

बुतपरस्त /buta̤parasta̤ ブトパラスト/ [←Pers.n. بتپرست 'an idolater'] *m.* 〖イスラム教〗偶像崇拝者.

बुतपरस्ती /buta̤parastī ブトパラスティー/ [←Pers.n. بتپرستی 'idolatry'] *f.* 〖イスラム教〗偶像崇拝.

बुत-शिकन /buta̤-śikana̤ ブト・シカン/ [←Pers.n. بت شکن 'an image-breaker'] *m.* 〖イスラム教〗偶像破壊者;因襲打破主義者.

बुत-शिकनी /buta̤-śika̤nī ブト・シクニー/ [←Pers.n. بت شکنی 'iconoclasm'] *f.* 〖イスラム教〗偶像破壊;因襲打破.

बुताना /butānā ブターナー/ [cf. OIA. *vr̥ttá-* 'turned': T.12069] *vt.* (*perf.* बुताया /butāyā ブターヤー/) (火・灯火を)消す. (⇒बुझाना)(⇔जलाना)

बुदबुदा /buda̤budā ブドブダー/ [<Skt.m. *बुद्बुद-* 'a bubble': T.09278] *m.* (水の)泡, あぶく. (⇒बुलबुला)

बुदबुदाना /buda̤budānā ブドブダーナー/ [cf. *बुदबुदा*] *vi.* (*perf.* बुदबुदाया /buda̤budāyā ブドブダーヤー/) **1** ごぼごぼ (बुद-बुद) 泡立つ. **2** ぶつぶつつぶやく. (⇒बड़बड़ाना)

बुद्ध /buddʰa̤ ブッド/ [←Skt. *बुद्ध-* 'awakened, awake'] *adj.* 覚醒した(人);聡明な.

— *m.* 〖仏教〗ブッダ, 仏陀;覚者. ❐भगवान् ~ की मूर्ति 仏像.

बुद्धवार /buddʰavāra̤ ブッダワール/ ▸बुधवार *m.* ☞ बुधवार

बुद्धि /buddʰi ブッディ/ [←Skt.f. *बुद्धि-* 'the power of forming and retaining conceptions and general notions'] *f.* **1** 知性, 知能, 知恵, 知力, 思考力. (⇒अक़्ल) **2** 理解, 理解力;判断力. (⇒समझ, अक़्ल)

बुद्धि-कौशल /buddʰi-kauśala̤ ブッディ・カォーシャル/ [neo.Skt.n. *बुद्धि-कौशल-* 'wisdom, sagacity'] *m.* 賢さ, 利口さ, 頭のよさ.

बुद्धिजीवी /buddʰijīvī ブッディジーヴィー/ [←Skt. *बुद्धि-जीविन्-* 'subsisting by intelligence, rational, intelligent'] *m.* 知識人, インテリ. ❐~ वर्ग 知識人階層.

बुद्धि-प्रवण /buddʰi-pravaṇa̤ ブッディ・プラワン/ [neo.Skt. *बुद्धि-प्रवण-* 'rational'] *adj.* 理性が勝つ, 理性的な.

बुद्धिबल /buddʰibala̤ ブッディバル/ [neo.Skt.n. *बुद्धि-बल-* 'intellectual power'] *m.* 知力;聡明さ. ❐ऐसे ही संकटों में तो ~ का परिचय मिलता है। このような窮地にこそ知力が試されるのだ.

बुद्धिमत्ता /buddʰimattā ブッディマッター/ [←Skt.f. *बुद्धिमत्-ता* 'intelligence, wisdom'] *f.* 賢さ, 賢明さ;才知, 巧知. ❐(को) ~ का परिचय देना (人に)才知を見せる. ❐मैं उसकी ~ देखकर चकित हो गया। 私は彼女の才知を見て驚いた.

बुद्धिमानी /buddʰimānī ブッディマーニー/ [cf. *बुद्धिमान्*] *f.* 賢明, 分別, 知恵. (⇒अक़्लमंदी, समझदारी)

बुद्धिमान् /buddʰimān ブッディマーン/▹बुद्धिमान [←Skt. *बुद्धि-मत्-* 'endowed with understanding, intelligent, learned, wise'] *adj.* **1** 賢い, 利口な, 聡明な. (⇒अक़्लमंद) **2** 理解力のある. (⇒समझदार)

बुद्धिसंगत /buddʰisaṃgata̤ ブッディサンガト/ [neo.Skt. *बुद्धि-संगत-* 'rational'] *adj.* 理性的な, 分別のある.

बुद्धिहीन /buddʰihīna̤ ブッディヒーン/ [←Skt. *बुद्धि-हीन-* 'destitute of understanding, foolish, ignorant'] *adj.* 知恵がない(人), 愚かな;知性のない. (⇒बेअक़्ल)

बुद्धिहीनता /buddʰihīna̤tā ブッディヒーンター/ [←Skt. *बुद्धिहीन-ता-* 'foolishness'] *f.* 知恵のないこと;愚かさ;知性のないこと. (⇒बेअक़्ली)

बुद्धू /buddʰū ブッドゥー/ [<Skt. *बुद्ध-* 'the Buddha'] *adj.* 愚かな(人).

— *m.* 愚かな人.

बुदबुदांक /budbudāṃka̤ ブドブダーンク/ [neo.Skt.m. *बुद्बुद-अङ्क-* 'boiling point'] *m.* ☞क्वथनांक

बुध /budʰa̤ ブド/ [←Skt. *बुध-* 'awaking; intelligent, clever, wise'] *adj.* 賢い.

— *m.* **1** 〖天文〗水星. **2** 〖暦〗水曜日《बुधवार の省略形》.

बुधवार /budʰa̤vāra̤ ブドワール/▸बुद्धवार [←Skt.m. *बुध-वार-* 'Wednesday'] *m.* 〖暦〗水曜日. ❐~ को 水曜日に.

बुनकर /buna̤kara̤ ブンカル/ [cf. *बुनना*] *m.* 織工, 織り手. (⇒जुलाहा)

बुनना /buna̤nā ブンナー/ ▸बिनना [<OIA. **vināti* 'weaves': T.11773] *vt.* (*perf.* बुना /bunā ブナー/) **1** 織る. ❐जुलाहे कपड़े बुनते हैं। 織物職人が布を織る. **2** 編む. ❐मेरी माँ के हाथ का बुना ऊनी गुलूबंद 私の母が手作りで編んだ毛糸のマフラー. ❐स्वेटर बुनना セーターを編む. **3** (クモが)糸をかける. ❐मकड़ी जाला बुनती है। クモが糸をかける.

बुनवाना /buna̤vānā ブンワーナー/ [caus. of *बुनना*] *vt.* (*perf.* बुनवाया /buna̤vāyā ブンワーヤー/) 編ませる;編んでもらう.

बुनाई /bunāī ブナーイー/ [cf. *बुनना*] *f.* **1** 布を織る仕事;その手間賃. **2** 編み物.

बुनावट /bunāvaṭa̤ ブナーワト/ [cf. *बुनना*] *f.* (布・織物の)生地. ❐महीन ~ 上質な生地. ❐मोटी ~ 粗い生地.

बुनियाद /buniyāda̤ ブニヤード/ [←Pers.n. بنیاد 'a foundation, basis'] *f.* **1** 土台, 基礎. (⇒आधार) ❐~ का पत्थर 礎石. ❐(की) ~ डालना [रखनाका] (…の)基礎を築く. **2** 基礎, 基本. (⇒आधार)

बुनियादी /buniyādī ブニヤーディー/ [*बुनियाद* + *-ई*] *adj.* **1** 基礎的な, 基本的な;根本的な. (⇒आधारभूत) ❐~ पत्थर 礎石. ❐~ शिक्षा 基礎教育, (大学の)教養課程. **2** 初歩的な, 入門的な. (⇒आधारभूत)

बुर /bura̤ ブル/ [<OIA.f. *buri-* 'vulva': T.09291z1] *f.* 〔卑語〕女性性器.

बुरकना /bura̤ka̤nā ブラクナー/ [cf. *बूरा*] *vt.* (*perf.* बुरका

/buraḳā ブルカー/) (粉・粒などを) (指でつまんで) 振り掛ける. (⇒छिटकाना, छिड़कना, छितराना)

बुरक़ा /buraqā ブルカー/▷बुर्क़ा [←Pers.n. برقع 'a lady's veil, through which only the eyes are seen' ←Arab.] *m.* 〖イスラム教〗ブルカー《女性が外出時, 顔と体を隠すために着用する全身を覆うベール》. (⇒नक़ाब, हिजाब) ❐वह बुरक़े में थी। 彼女はブルカーを身にまとっていた. ❐सुन्नी औरतें सफ़ेद बुरक़े डालतीं, शिया काले बुरक़े। スンニ派の女性は白いブルカーをまとい, シーア派は黒いブルカーをまとう.

बुरकाना /buraḳānā ブルカーナー/ [cf. *बुरकना*] *vt.* (*perf.* बुरकाया /buraḳāyā ブルカーヤー/) (粉・粒などを) (指でつまんで) 振り掛けさせる.

बुरक़ापोश /buraqāpośa ブラカーポーシュ/ [←Pers.n. برقع پوش 'a woman veiled in a *burqa*'] *adj.* ブルカーをまとった (女).

बुरा /burā ブラー/ [<OIA. **bura-* 'defective': T.09289] *adj.* **1** 悪い, 間違っている, 道理に背いている. (⇔अच्छा) ❐बुरे काम का बुरा नतीजा 悪事の因果応報. ❐बुरी बात है। 間違ったことだ. **2** 失礼な, 不快な, いやな. ❐~ न मानिए। 気を悪くしないでください. ❐(को) ~ मानना (…を) 不快に思う. ❐(को) ~ लगना (人が) …を不快に思う. **3** (程度が) ひどい. ❐प्यास के मारे सब का ~ हाल था। 喉が渇いてみんなひどい有様だった. ❐बहुत ~ हुआ। ひどいことになった. ❐बुरी तरह ひどく.

बुराई /burāī ブラーイー/ [*बुरा* + *-ई*] *f.* **1** 欠点, 短所, 欠陥. (⇔अच्छाई) ❐(की) ~ करना (…を) 中傷する. **2** 道理に合わないこと, 害悪.

बुराई-भलाई /burāī-b^halāī ブラーイー・バラーイー/ *f.* 良いことや悪いこと; 褒めたり貶したりすること.

बुरादा /burādā ブラーダー/ [←Pers.n. برادة 'filings, scrapings, saw-dust; powder' ←Arab.] *m.* おがくず; 粉.

बुरा-भला /burā-b^halā ブラー・バラー/ *adj.* 《名詞的に「あることないこと」の意で使用》 ❐(को) ~ कहना [सुनाना] (人について) あることないことを言う, 悪口を言ってののしる.

बुरुंडी /burumḍī ブルンディー/ [cf. Eng.n. *Burundi*] *m.* 〖国名〗ブルンジ (共和国) 《首都はブジュンブラ बुजुंबुरा》.

बुरुश /buruśa ブルシュ/▶ब्रुश [←Eng.n. *brush*] *m.* **1** ブラシ; ヘアブラシ. ❐दाँतों का ~ 歯ブラシ. ❐(पर) ~ करना [मारना] (…に) ブラシをかける. **2** 筆, 画筆, 絵筆; 刷毛 (はけ). (⇒तूलिका) ❐चित्रकार का ~ 画家の絵筆.

बुर्क़ा /burqā ブルカー/ ▷बुरक़ा *m.* ☞बुरक़ा

बुर्किना फ़ासो /burkinā fāso ブルキナー ファーソー/ [cf. Eng.n. *Burkina Faso*] *m.* 〖国名〗ブルキナファソ《首都はワガドゥグー (औगाडौगू)》.

बुर्ज /burja ブルジ/ [←Pers.n. برج 'a tower' ←Arab.] *m.* 稜堡, 櫓, 小塔; 小尖塔.

बुलंद /bulamda ブランド/ [←Pers.adj. بلند 'high, sublime, elevated, exalted, tall'] *adj.* **1** 高い. (⇒ऊँचा) ❐इमारत ~ थी। 建造物は高かった. **2** (声が) 大きい. ❐आवाज़ ~ करना (主張などのために) 大きな声をあげる. ❐चारों ओर 'मेहरबान! मेहरबान!' की आवाज़ें ~ हुईं। 四方八方で「ありがたや！ありがたや！」という声が大きくなった. **3** (レベルの) 高い, 一流の; 気高い. ❐~ हौसले 気高い勇気. ❐२०१५ के खेलों के ~ सितारे 2015 年度のスポーツの上位を占めるスター選手たち.

बुलडोज़र /buladozara ブルドーザル/ [←Eng.n. *bulldozer*] *m.* ブルドーザー.

बुलबुल /bulabula ブルブル/ [←Pers.n. بلبل 'the bulbul, a bird with a melodious voice, the nightingale' ←Arab.] *f.* **1** 〖鳥〗ナイチンゲール, 夜鳴鶯 (ヨナキウグイス) 《ウルドゥー詩では男性名詞で用い, 「恋する男」のイメージと重ねる》. **2** 〖鳥〗ブルブル《ヒヨドリ科の鳥; 闘わせる鳥として飼育される》.

बुलबुला /bulabulā ブルブラー/ [cf. Skt.ind. *बुड्बुड* 'an onomatopoetic word imitative of the bubbling sound made by the sinking of an object in water'] *m.* **1** (一つ一つの) 泡, あぶく; 気泡《泡が集まったものが झाग》. (⇒बुदबुदा) ❐साबुन के बुलबुले 石鹸の泡. **2** (はかないもののたとえとしての) 泡, 泡沫 (うたかた). ❐ज़िंदगी पानी का ~ है। 人生は泡沫.

बुलवाना /bulavānā ブルワーナー/ [caus. of *बुलाना, बोलना*] *vt.* (*perf.* बुलवाया /bulavāyā ブルワーヤー/) 呼ばせる; 呼んでもらう.

बुलाक़ /bulāqa ブラーク/ [←Pers.n. بلاق 'an ornament worn in the nose' ←Turk.] *m.* **1** (鼻の) 隔壁. **2** 鼻飾り.

बुलाना /bulānā ブラーナー/ [cf. *बोलना*] *vt.* (*perf.* बुलाया /bulāyā ブラーヤー/) **1** (人を) 呼びよせる, 呼んでくる, 呼びつける. ❐अम्माँ को जल्दी से बुला लाओ। 母さんを急いで呼んでおいで. ❐इसका ज्वर आज भी नहीं उतरा, किसी डाक्टर को बुला दो। この子の熱が今日も下がらない, 医者を誰か呼んでくれ. ❐उसने बेटी को बुलाकर प्यार से गोद में बैठाया। 彼は娘を呼んで優しく膝に座らせた. ❐उसने मुझे बुलाकर कान में कहा। 彼は私を呼んで耳元で言った. ❐उसे तार से बुलाया गया। 彼は電報で呼びよせられた. ❐एक और टैक्सी बुलाइए। もう一台タクシーを呼んでください. ❐ऐसे अवसर पर मुझे बुला लेना। こういう時は私を呼ぶんだよ. ❐कहना, दादा जी बुला रहे हैं। おじいさんが呼んでいる, と言うんだよ. ❐कहाँ है डाक्टर, उसको बुलाओ। どこにいるんだ医者は, 彼を呼んでくれ. ❐भीड़ पर नियंत्रण रखने को पुलिस बुलाई गई। 群衆を規制するために警察に要請がなされた. ❐मैंने उसे इशारे से बुलाया। 私は彼を身振りで呼びよせた. **2** 招く, 招待する. (⇒न्योतना) ❐आपको बेटी की शादी के अवसर पर ज़रूर बुलाऊँगा। あなたを娘の結婚式の時にきっとお呼びしましょう. ❐उसने मुझे नाश्ते पर बुलाया। 彼は私を朝食に招いた. **3** 招き呼ぶ; 召集する; 召喚する, 出頭を命じる. ❐अदालत ने फ़ैसला सुनाने के लिए उसे बुलाया। 法廷は判決を言い渡すために彼を召喚した. ❐(को) बुला भेजना [लाना] (人を) 呼び寄せる. ❐राष्ट्रपति ने उन्हें सरकार बनाने के लिए बुलाना। 大統領は組閣のために彼を招き呼んだ. **4** (会合などを) 召集

する. ❐कार्यसमिति की बैठक बुलाने पर ज़ोर दिया गया। 運営委員会の会合を召集するよう圧力がかけられた. ❐छोटी से छोटी घोषणा के लिए भी वे पत्रकार सम्मेलन बुलाती हैं। ごく些細な声明のためにも彼女は記者会見を開く.

बुलावा /bulāvā ブラーワー/ [cf. *बुलाना*] *m.* **1** 呼び出し; 召喚(状). ❐बार-बार बुलावे आते। 幾度もお呼びがかかったものだった. ❐मुझे विदेश मंत्रालय दिल्ली से ～ आया। 私のところへデリーの外務省から呼び出しが来た. **2** 招待, 招き. (⇒निमंत्रण) ❐(को) ～ भेजना (人を)招待する.

बुलेटिन /buleṭina ブレーティン/ [←Eng.n. *bulletin*] *m.* 告示, 公報, 会報.

बुल्गारिया /bulgāriyā ブルガーリヤー/ [cf. Eng.n. *Bulgaria*] *m.* 〖国名〗ブルガリア(共和国)《首都はソフィア (सोफ़िया)》.

बुवा /buvā ブワー/ ▸बूआ *f.* ☞बूआ

बुवाई /buvāī ブワーイー/ ▸बोआई [cf. *बोना*] *f.* 種まきの仕事;その手間賃.

बुहारना /buhāranā ブハールナー/ [<OIA. *bahukāra-* 'effecting much': T.09188] *vt.* (*perf.* बुहारा /buhārā ブハーラー/) 掃除する, 掃く.

बुहारी /buhārī ブハーリー/ [cf. *बुहारना*] *f.* ほうき. (⇒झाड़ू, बढ़नी)

बुहारू /buhārū ブハールー/ [cf. *बुहारना*] *m.* 掃除人.

बूँद /bū̃da ブーンド/ [<OIA.m. **bundu-* 'drop': T.09279z3; cf. Skt.m. *बिन्दु-* 'drop, spot': T.09240] *f.* (液体の)一滴, しずく. ❐आँसू की एक ～ उसके कपोल पर आ गिरी थी। 涙の 1 滴が彼の頬を伝わって落ちた. ❐पसीने की बूँदें 汗のしずく. ❐पानी की एक ～ 水の一滴.

बूँदा-बाँदी /bū̃dā-bā̃dī ブーンダー・バーンディー/ [cf. *बूँद*] *f.* 小雨, 霧雨.

बूँदी /bū̃dī ブーンディー/ ▸बुँदिया [*बूँद* + *-ई*] *f.* 〖食〗ブーンディー《ヒヨコマメの粉 (बेसन) を砂糖水に溶いたものを, 少しずつ油に落として揚げた甘い菓子》.

बू /bū ブー/ [←Pers.n. بو 'odour, smell, flavour, fragrance, scent, fume'] *f.* 匂い;香り;臭気. (⇒गंध)

बूआ /būā ブーアー/ ▸बुआ, बुवा [?] *f.* (父方の)叔母《父の姉妹》. (⇒फूफी)

बूकना /būkanā ブークナー/ [<OIA. **bukka-^{5}* 'powder': T.09264] *vt.* (*perf.* बूका /būkā ブーカー/) **1** すり潰す. **2** (知識などを)ひけらかす. (⇒बघारना)

बूचड़ /būcaṛa ブーチャル/ [←Eng.n. *butcher*] *m.* 屠畜業者;肉屋. (⇒क़साई)

बूचड़ख़ाना /būcaṛaxānā ブーチャルカーナー/ [*बूचड़* + *ख़ाना*] *m.* 屠畜場. (⇒क़साई-ख़ाना)

बूचा /būcā ブーチャー/ [<OIA. **bucca-^{1}* 'defective': T.09266] *adj.* **1** 耳の欠けた. (⇒कनकटा) **2** (本来あるべきものが)欠けた. ❐～ पेड़ 葉の落ちた木.

बूझ /būjʰa ブージ/ [cf. *बूझना*] *f.* **1** 理解;知覚;理解力. **2** 推測, 推量.

बूझना /būjʰanā ブージナー/ [<OIA. *búdhyatē* 'is awakened, observes, understands': T.09279; cf. *बुझाना^{2}*] *vi.* (*perf.* बूझा /būjʰā ブージャー/) **1** 理解する, さとる. ❐इस कथन में कितना सत्य है, यह उनकी बूझी आँखों से छिपा न रह सका। この言葉にどれほどの真実があるのか, 彼のさとい目からは隠すことができなかった. ❐जान-बूझकर よく理解した上で, 故意に. **2** (判じ物・なぞなぞを)解く; (暗号を)解読する. ❐कूट संदेशों का अर्थ ～ कमरतोड़ मेहनत का काम है। 暗号メッセージを解読するのは骨の折れるつらい仕事です.

बूट /būṭa ブート/ [←Eng.n. *boot*] *m.* ブーツ, 深ぐつ.

बूटा /būṭā ブーター/ [<OIA. **būṭa-^{2}* 'bush, plant': T.09297] *m.* **1** 〖植物〗低木, ブッシュ;若木. ❐बूटे लगाना 若木を植える. ❐बूटे का-सा क़द とても低い身長. **2** (刺繍などによる)花模様《サファビー朝ペルシャが起源で, ムガル朝インドで発達;デザインとしてペイズリー模様の元になった》. (⇒बूटी) ❐बेल-बूटे का काम (花模様の)刺繍. ❐(पर) ～ काढ़ना (…に)花模様の刺繍をする.

बूटी /būṭī ブーティー/ [<OIA. **būṭa-^{2}* 'bush, plant': T.09297; cf. *बूटा*] *f.* **1** 〖植物〗薬草, 薬用植物, ハーブ. ❐जड़ी-बूटी 薬用植物《インド伝統医学で使用》. **2** (刺繍などによる)花模様. (⇒बूटा) **3** 〖ゲーム〗(サイコロなどの)点;(カードなどの)マーク《特にトランプなどの一揃いの組札》. ❐लाल रंग की चौकोन बूटियाँ 赤色の四角(＝ダイヤ)のマーク. **4** 麻薬. (⇒भाँग)

बूटीदार /būṭīdāra ブーティーダール/ [*बूटी* + *-दार*] *adj.* ☞बूटेदार

बूटेदार /būṭedāra ブーテーダール/ [*बूटा* + *-दार*] *adj.* (花模様などの)刺繍がほどこされた.

बूड़ना /būṛanā ブールナー/ [<OIA. **buḍyati* 'sinks': T.09272] *vi.* (*perf.* बूड़ा /būṛā ブーラー/) 沈む;潜る.

बूढ़ा /būṛʰā ブーラー/ [<OIA. **buḍḍha-^{2}* 'old': T.09271] *adj.* 老年の, 老いた, 高齢の, 歳をとった. (⇒वृद्ध) ❐～ आदमी 老人. ❐मैं बहुत ～ हो गया हूँ। 私はとても老いた.

— *m.* 老人. ❐मैं ९० वर्ष का ～ हूँ। 私は 90 才の老人です.

बूता /būtā ブーター/ [<OIA. *vr̥ttá-* 'turned': T.12069] *m.* 力;気力;体力;能力. ❐अपने बूते पर 独力で, 自力で. ❐बूते के बाहर 能力を超えている. ❐है ～ लिखने का? 一体あるのか書く気力が?

बूथ /būtʰa ブート/ [←Eng.n. *booth*] *m.* ブース. ❐टेलिफ़ोन ～ 電話ボックス. ❐टोल ～ (高速道路の)料金所.

बूरा /būrā ブーラー/ [<OIA. **būra-* 'powder': T.09298] *m.* 粉《粗糖, おがくずなど》.

बृहत् /br̥hat ブリハト/ [←Skt. *बृहत्-* 'lofty, high, tall, great, large, wide, vast, abundant, compact, solid, massy, strong, mighty'] *adj.* 巨大な;大規模な. ❐～ ग्रंथ 大分な書物.

बृहस्पति /br̥haspati ブリハスパティ/ [←Skt.m. *बृहस्पति-* 'name of the preceptor of the gods'] *m.* **1** 〖神話〗ブリハスパティ《原意は「祈祷の主」;神々の世界の祭官》. **2** 〖天文〗木星. **3** 〖暦〗木曜日《बृहस्पतिवार の省略形》.

बृहस्पतिवार /bṛhaspativārạ ブリハスパティワール/ [←Skt.m. *बृहस्पति-वार-* 'Thursday'] *m.* 〖暦〗木曜日. (⇒गुरुवार)

बेंगलूरु /beṃgalūru ベーンガルール/▸बैंगलूरू [cf. Eng.n. *Bengaluru*] *m.* 〖地名〗ベーンガルール《旧名バンガロール (बंगलौर) の現在の正式名称;カルナータカ州 (कर्नाटक) の州都》.

बेंच /beṃcạ ベーンチ/ [←Eng.n. *bench*] *f.* ベンチ, 長腰掛け. ❐～ पर बैठना ベンチに座る.

बेंत /bẽtạ ベーント/ [<OIA.m. *vētrá-* 'large reed': T.12101] *m.* **1** 〖植物〗トウ(籐). ❐～ की कुर्सी 籐椅子. **2** 籐の鞭;棒切れ. ❐～ से मारना 籐の鞭で打つ. **3** (鞭や棒切れの)一撃. ❐(को) ～ मारना [लगाना] (人を)鞭で打つ.

बे- /be- ベー・/ [←Pers.pref. بی 'without, in-, un-'] *pref.* 《「…が欠如している」を表す接頭辞;बेअक़्ल「知恵がない(人)」, बेकाम「役に立たない」, बेजोड़「比類のない」など》(⇒-हीन)

बेअक़ल /beaqalạ ベーアカル/ ▸बेअक़्ल *adj.* ☞बेअक़्ल

बेअक़ली /beaqạlī ベーアクリー/ ▹बेअक़्ली *f.* ☞बेअक़्ली

बेअक़्ल /beaqlạ ベーアクル/▸बेअक़ल [←Pers.adj. بی عقل 'without judgment or intellect'] *adj.* 知恵がない(人), 能無しの, 愚かな. (⇒बुद्धिहीन)

बेअक़्ली /beaqlī ベーアクリー/▹बेअक़ली [←Pers.n. بی عقلی 'want of sense and understanding'] *f.* 知恵がないこと, 愚かさ. (⇒बुद्धिहीनता)

बेअदब /beadabạ ベーアダブ/ [←Pers.adj. بی ادب 'uncivil, rude, ill-mannered'] *adj.* 無礼な;ぶしつけな, 無作法な;粗野な. (⇒अशिष्ट) ❐～ कहीं का! 無礼者め!

बेअदबी /beadạbī ベーアドビー/ [←Pers.n. بی ادبی 'ill-breeding, rudeness, incivility'] *f.* 無礼;非礼;無作法;粗野. (⇒अशिष्टता, गुस्ताख़ी) ❐(से [के साथ]) ～ करना (人に)無礼な振る舞いをする.

बेअसर /beasarạ ベーアサル/ [←Pers.adj. بی اثر 'unimpressive, inefficacious'] *adj.* 効果のない, 効能のない;無効の. (⇒निष्फल) ❐～ दवा 効果のない薬. ❐～ करना 効果をなくす, 無効にする.

बेआबरू /beābạrū ベーアーブルー/ [←Pers.adj. بی آبرو 'dishonoured, disgraced, degraded'] *adj.* 恥をかいた, 名誉が汚された. (⇒अपमानित)

बेआबरूई /beābạrūī ベーアーブルーイー/ [←Pers.n. بی آبروی 'a disagreeable thing'] *f.* 侮辱;不名誉. (⇒अपमान) ❐(की) ～ करना (人を)侮辱する.

बेइंतहा /beiṃtạhā ベーイントハー/ ▸बेइंतिहा *adj.* ☞बेइंतिहा

बेइंतिहा /beiṃtihā ベーインティハー/ [←Pers.adj. بی انتها 'immense, infinite, boundless'] *adj.* 限りない, 並外れた, 極端な. (⇒बेहद) ❐～ तकलीफ़ 並外れた苦労. ❐～ दर्द とてつもない痛み.
— *adv.* 限りなく, 並外れて, 極端に. (⇒बेहद) ❐उससे ～ प्यार करती हूँ। 彼をものすごく愛しているわ.

बेइंसाफ़ /beiṃsāfạ ベーインサーフ/ [←Pers.adj. بی انصاف 'unjust'] *adj.* 不公平な, 不公正な. (⇒अन्यायी)

बेइंसाफ़ी /beiṃsāfī ベーインサーフィー/ [←Pers.n. بی انصافی 'injustice'] *f.* 不公平, 不公正. (⇒अन्याय)

बेइज़्ज़त /beizzatạ ベーイッザト/ [←Pers.adj. بی عزت 'inglorious, dishonourable'] *adj.* 侮辱された. ❐(को) ～ करना (人を)侮辱する.

बेइज़्ज़ती /beizzatī ベーイッザティー/ [←Pers.n. بی عزتی 'dishonour'] *f.* **1** 侮辱, 辱め;無礼. (⇒अनादर, अपमान, निरादर)(⇔आदर, इज़्ज़त) ❐आप ख़ुद अपनी ～ करा रही हैं। あなたは自ら自分を貶めさせているのだ. ❐(की) ～ करना (人を)侮辱する. ❐ख़ानदान की ～ 一族の恥辱. **2** (女性を)汚すこと, レイプ. (⇒बलात्कार) ❐(की) ～ करना (女を)レイプする.

बेईमान /beīmānạ ベーイーマーン/ [←Pers.adj. بی ایمان 'without religion, or faith'] *adj.* 不誠実な(人), 信用できない, ごまかしをする. ❐ऐसा ～ आदमी मैंने नहीं देखा। これほど信用できない人間を私は見たことがない.
— *m.* 不誠実な人, 信用できない人, いかさま師.

बेईमानी /beīmānī ベーイーマーニー/ [←Pers.n. بی ایمانی 'irreligion; dishonesty'] *f.* 不誠実;いかさま, 不正. ❐～ करना いかさまをする. ❐～ का धन जैसे आता है, वैसे ही जाता है। 不正で得た金というのは入っても, そのまま出て行くものだ. ❐सारी दुनिया ～ से भरी है। 世界中が不正で満ちている.

बेउसूल /beusūlạ ベーウスール/ [*बे-* + *उसूल*] *adj.* 原則のない, 節操のない.

बेक़दर /beqadarạ ベーカダル/ ▸बेक़द्र *adj.* ☞बेक़द्र

बेक़दरी /beqadạrī ベーカドリー/ ▹बेक़द्री *f.* ☞बेक़द्री

बेक़द्र /beqadrạ ベーカドル/ ▸बेक़दर [←Pers.adj. بیقدر 'without dignity'] *adj.* 尊敬に値しない;軽蔑される(人).

बेक़द्री /beqadạrī ベーカドリー/ ▹बेक़दरी [←Pers.n. بیقدری 'worthlessness; disesteem'] *f.* **1** 尊敬に値しないこと;(人の)馬鹿さ加減. ❐मैं मन में उसकी ～ पर ख़ुश हुआ। 私は内心彼の馬鹿さ加減にほくそ笑んだ. **2** 軽蔑, 侮蔑;軽視.

बेक़रार /beqarārạ ベーカラール/ [←Pers.adj. بیقرار 'inconstant, unsettled, variable'] *adj.* (気持ちが)落ち着かない;そわそわする;不安な. (⇒बेचैन)

बेक़रारी /beqarārī ベーカラーリー/ [←Pers.n. بیقراری 'instability, restlessness'] *f.* (気持ちが)落ち着かないこと;不安.

बेकरी /bekạrī ベークリー/ [←Eng.n. *bakery*] *f.* ベーカリー, 製パン所, パン屋.

बेकल /bekalạ ベーカル/ [?<Skt. *व्य्-आकुल-* 'bewildered, confounded, perplexed, troubled'] *adj.* そわそわと落ち着かない.

बेकली /bekạlī ベークリー/ [*बेकल* + *-ई*] *f.* そわそわとして落ち着かないこと. ❐सहेली ने छेड़कर कहा, पिया-मिलन की ～ है! 女友達はからかって言った, いい人と逢い引きでそわそわしてるのね.

बेकस /bekasạ ベーカス/ [←Pers.adj. بیکس 'friendless,

destitute'] *adj.* 身寄りのない(人), 孤独な, 助けのない. ❒मैं ～ बेवा हूँ। 私は身寄りのない寡婦(かふ)です.

बेकसी /bekasī ベーカスィー/ [←Pers.n. بیکسی 'a friendless condition, solitude'] *f.* 天涯孤独;哀れさ. ❒उसके चेहरे पर दीनता और ～ छायी थी। 彼の顔にはみじめさと哀れさが覆っていた.

बेक़सूर /beqasūra̸ ベーカスール/ ▸बेकुसूर [←Pers.adj. بیقصور 'without defect, without fail'] *adj.* 無実の, 無罪の. (⇒अनपराध, अनपराधी, निरपराध, बेगुनाह)

बेक़ाबू /beqābū ベーカーブー/ [←Pers.adj. بیقابو 'without restraint'] *adj.* 制御がきかない. ❒अर्थशास्त्रियों को आशंका है कि साल के अंत तक वित्तीय घाटा फिर ～ हो जाएगा। 経済学者の危惧は, 年末までに財政損失に再び歯止めがなくなるだろうということだ.

बेकाम /bekāma̸ ベーカーム/ [*बे-* + *काम*[1]] *adj.* 役に立たない;機能しない;(体の自由が)きかない. ❒उनपर फ़ालिज गिरा और ～ कर गया। 彼女は半身不随になり体の自由がきかなくなってしまった. ❒स्मोक अलार्म बैटरी ख़त्म हो जाने से ～ था। 煙探知器はバッテリーが切れていて役に立たなかった.

बेक़ायदा /beqāya̸dā ベーカーエダー/ [←Pers.adj. بیقاعده 'without order; irregular'] *adj.* 不規則な;無秩序な;不適切な;違法な. (⇔बाक़ायदा) ❒～ खाने का व्यवहार 不規則な食習慣. ❒～ साँस 不規則呼吸.

बेकार /bekāra̸ ベーカール/ [←Pers.adj. بیکار 'without employment or profession'] *adj.* **1** 無用な, 無益な, 無駄な, 役に立たない;(体の自由が)きかない. (⇒बेकाम, व्यर्थ) ❒उनके एक पाँव पर लक़वे का आक्रमण हुआ और धीरे-धीरे वह ～ हो गया। 彼の片方の足に麻痺が襲った, そして次第にきかなくなった. ❒सारी कोशिश ～ हुई। すべての努力が無駄になった. **2** 失業した, 職のない. (⇒बेरोज़गार)
— *adv.* むだに, 無益に;無為に. ❒उनका समय क्यों ～ बरबाद किया जाए। 彼の時間を何故むだに台無しにすることがあるのか. ❒वे घर पर ～ बैठे हैं। 彼は家で何もせずじっとしている.
— *m.* 失業者.

बेकारी /bekārī ベーカーリー/ [←Pers.n. بیکاری 'want of employment, idleness'] *f.* **1** 役に立たないこと. **2** 失業. (⇒बेरोज़गारी) ❒वह ～ में दिन गुज़ार रहा है। 彼は失業中の日々を送っている.

बेकुसूर /bequsūra̸ ベークスール/ ▸बेक़सूर *adj.* ☞बेक़सूर

बेखटक /bek^haṭaka̸ ベーカタク/ [*बे-* + *खटक*] *adv.* ☞बेखटके

बेखटके /bek^haṭake ベーカトケー/ [cf. *बेखटक*] *adv.* 障害なしに;躊躇(ちゅうちょ)しないで, のびのびと, 安心して.

बेख़बर /bexabara̸ ベーカバル/ [←Pers.adj. بی خبر 'ignorant, uninformed'] *adj.* **1** (…を)知らない;(…を)知らされていない. (⇒अज्ञात) ❒मैं दुनिया से ～ हूँ। 私は世間知らずだ. **2** 意識不明の, 気絶している. (⇒अचेत, बेसुध, बेहोश) **3** 無防備で安心している, 警戒しないでいる;(ぐっすりと眠りこけて)前後不覚になっている. ❒मैं ～ खड़ा था। 私は無防備に立っていた. ❒वह ～ सोया था। 彼はぐっすり眠りこんでいた.

बेख़बरी /bexaba̸rī ベーカブリー/ [←Pers.n. بی خبری 'ignorance; imprudence'] *f.* 無知;人事不省;無防備;前後不覚.

बेगम /begama̸ ベーガム/ [←Pers.n. بیگم 'a lady of rank' ←Turk.] *f.* **1**〖イスラム教〗妻, 夫人;奥さん. (⇒बीबी) ❒～ साहिबा 奥様. **2** 女王. (⇔बादशाह) **3**〖ゲーム〗(トランプの)クイーン. (⇒मेम) **4**〖ゲーム〗(チェスの)クイーン.

बेग़म /beğama̸ ベーガム/ [←Pers.adj. بی غم 'without grief or anxiety'] *adj.* 心配のない;不安のない.

बेग़रज़ /beğaraza̸ ベーガラズ/ [←Pers.adj. بی غرض 'disinterested'] *adj.* 無私無欲の(人). ❒ग़रज़वाले आदमी के साथ कठोरता करने में लाभ ही लाभ है, लेकिन ～ को दाँव पर पाना ज़रा कठिन है। 欲の皮の突っ張った人間に対し情け容赦ない扱いをするのは効果大だ, しかし無私無欲の人間を操るのは少し難しいぞ.

बेगाना /begānā ベーガーナー/ [←Pers.adj. بیگانه 'unknown; foreign, strange, alien'] *adj.* (意識が)よそ者の, 他人の. ❒एक छाती से दूध पीनेवाले अब इतने ～ हो रहे हैं। 同じ乳房から乳を飲んだ者同士が今やこれほどまでよそよそしくなるなんて.
— *m.* 異邦人;よそ者.

बेगार /begāra̸ ベーガール/ [←Pers.n. بیگار 'employing anyone without a remuneration'] *m.* **1** 無報酬労働者. ❒बेगारों ने काम करने से इनकार कर दिया है। 無報酬労働者たちは働くことを拒否した.
— *f.* ただ働き, 無報酬労働;強制労働. ❒～ देना ただ働きをする. ❒खेत ～ में जुतवाना 畑を無報酬で耕させる. ❒मैं तुमसे ～ नहीं लेना चाहता। 私はお前にただ働きさせたくない.

बेगुनाह /begunāha̸ ベーグナーハ/ [←Pers.adj. بیگناه 'innocent, guiletless, harmless'] *adj.* 罪のない(人), 無実の, 潔白な. (⇒बेक़सूर) ❒उसने ख़ुद को ～ बताया। 彼は自分が無実だと言った. ❒(को) ～ साबित करना (人を)無実だと証明する.

बेगुनाही /begunāhī ベーグナーヒー/ [←Pers.n. بیگناہی 'innocence, guiletlessness'] *f.* 無実, 潔白

बेग़ैरत /beğairata̸ ベーガェーラト/ [←Pers.adj. بی غیرت 'spiritless'] *adj.* 恥知らずの;厚顔無恥な. ❒दौलत इंसान को कितना ～ बना देती है। 富は人間をなんと恥知らずにしてしまうことか.

बेघर /beg^hara̸ ベーガル/ [*बे-* + *घर*] *adj.* ホームレスの(人);家や家庭のない(人).

बेचना /beca̸nā ベーチナー/ [<OIA. **vētyayati* 'makes a price': T.12100] *vt.* (*perf.* बेचा /becā ベーチャー/) **1** 売る, 販売する;売却する. (⇔ख़रीदना) ❒मैंने अपना मकान उसे दो लाख रुपये में बेचा। 私は, 自宅を彼に20万ルピーで売った. ❒मैंने उसके हाथ गाय बेच दी। 私は, 彼に牛を売り渡した. ❒उसने तो यहाँ तक कह डाला, इससे तो कहीं अच्छा है, मुझे बेच

डालो। 彼女はここまで言った, 私が売りとばされるほうがこれよりはるかにましよ. ❐उनके लिए विद्या बेचने की चीज़ न थी, मुफ़्त देने के लिए थी। 彼にとっては, 知識は売るものではなく, 無料で与えるものだった. **2** 裏切る, そむく;(魂を)売り渡す.

बेचारा /becārā ベーチャーラー/ ▸बिचारा [←Pers.adj. بیچاره 'without remedy; hopeless; helpless'] *adj.* 気の毒な, 哀れな, かわいそうな;不運な, ついていない《副詞「哀れにも」としても》. ❐देखिए, यह ~ ग़रीब कितने कष्ट में है। ごらんなさい, この哀れな貧しい者はなんと難儀をしていることか.

बेचैन /becaina ベーチャェーン/ [*बे-* + *चैन*] *adj.* 落ち着かない;じれったい;苛立ち焦る. (⇒बेक़रार, बेताब) ❐जी बहुत ~ हो रहा है। 気持ちが落ち着かずいらいらする. ❐(को) ~ करना (人を)不安にさせる. ❐रात ही से सिरदरद से ~ हूँ। 夜から頭痛で落ち着かないのです.

बेचैनी /becainī ベーチャェーニー/ [*बेचैन* + *-ई*] *f.* 不安, 心配;焦燥, あせり. ❐~ से 不安で, 不安そうに. ❐कई दिन की ~ भरे हुए इंतज़ार के बाद यह समाचार आया। 何日もの不安に満ちた待ちの時間の後この知らせが入った. ❐रात को उसकी ~ बढ़ने लगी। 夜彼女の不安は増した.

बेजा /bejā ベージャー/ [←Pers.adj. بیجا 'out of place, unseasonable, wrong'] *adj.* 不当な, 理屈に合わない;不適当な, 不合理な, 妥当性に欠く;とんでもない. (⇔बजा) ❐उन्हें मजूरों की यह हड़ताल बिलकुल ~ मालूम होती थी। 彼には労働者たちのこのストライキは全く不合理に思われた. ❐मैंने आपके हर एक जा और ~ हुक्म की तामील की है। 私はあなたの正当であれ不当であれすべての命令を遂行してきました.
— *adv.* 不当に, 妥当性なく. (⇔बजा) ❐(के साथ) ~ ज़्यादती करना (人に対して)不当に横暴な振る舞いをする.

बेजान /bejāna ベージャーン/ [←Pers.adj. بیجان 'lifeless'] *adj.* **1** 生命の宿っていない;死んだ. (⇒निर्जीव) **2** 生気のない, 魂が抜けた;活気のない;色あせた. (⇒निर्जीव) ❐वह वहीं ~ खड़ा था। 彼はその場に魂が抜けたように立っていた.

बेज़ार /bezāra ベーザール/ [←Pers.adj. بیزار 'free, clear; absolved; healed;wearied, disgusted'] *adj.* うんざりした, 嫌気がさした. ❐(से) ~ हो जाना (…に)うんざりする.

बेज़ारी /bezārī ベーザーリー/ [←Pers.n. بیزاری 'vexation; anger, ill-humour, displeasure'] *f.* うんざりした気持ち, 嫌気(感). ❐~ से बोलना うんざりして言う.

बेजिंग /bejiṃga ベージング/ ▸बीजिंग *m.* ☞बीजिंग

बेजोड़ /bejoṛa ベージョール/ [*बे-* + *जोड़*] *adj.* **1** 比類のない, 並ぶもののない, 追随を許さない;すばらしい. ❐वह नक़ल करने में ~ था। 彼は物真似をすることにかけては並ぶものがいなかった. **2** 不調和な, 釣り合わない.

बेटा /beṭā ベーター/ [<OIA. **bēṭṭa-* 'small': T.09307z1] *m.* **1** 息子. (⇒पुत्र, लड़का)(⇔पुत्री, बेटी, लड़की) **2**《自分の子どもぐらいの年の男(時に女も)に対する親しみをこめた呼びかけ》. ❐~ सुनो। ねえ, お聞き.

बेटी /beṭī ベーティー/ [cf. *बेटा*] *f.* **1** 娘. (⇒पुत्री, लड़की)(⇔पुत्र, बेटा, लड़का) **2**《自分の子どもぐらいの年の女に対する親しみをこめた呼びかけ》.

बेठन /beṭʰana ベータン/ [<OIA.n. *vēṣṭana-* 'enclosing': T.12131] *m.* ベータン《物を包む布》. ❐पोथी का [पर] ~ 本の覆い《蔵書の数は多くてもあまり知識がない人》.

बेड़ा /beṛā ベーラー/ [<OIA.f. *bēḍā-* 'boat': T.09308] *m.* **1** いかだ;渡し船. ❐~ पार लगना 渡し舟が向こう岸に着く《比喩的に「事が成就する」の意》. ❐~ पार है। 大丈夫だ《「事が成就している」の意》. **2** 艦隊. ❐भारतीय नौसेना का पनडुब्बी ~ インド海軍の潜水艦艦隊.

बेड़ी /beṛī ベーリー/ [<OIA.m. *vēṣṭá-* 'band, noose': T.12130] *f.* **1** 足かせ;足鎖. ❐पैरों में बेड़ियाँ डालाना 足に足かせをはめる. ❐(को) बेड़ियाँ पहनाना (人に)足かせをはめる. **2** (足かせとなる)絆, 束縛;重荷. ❐मैं धर्म की ~ में जकड़ा हुआ था। 私は因習の束縛に縛られていました.

बेड /beḍa ベード/ [←Eng.n. *bed*] *m.* ベッド. (⇒पलंग)

बेडरूम /beḍarūma ベードルーム/ [←Eng.n. *bedroom*] *m.* ベッドルーム, 寝室.

बेडौल /beḍaula ベーダォール/ [*बे-* + *डौल*] *adj.* 不恰好な;みっともない(姿かたち).

बेढंगा /beḍʰaṃgā ベーダンガー/ [*बे-* + *ढंग*] *adj.* 秩序がない;ちぐはぐな;不恰好な;無作法な. ❐कितनी बेढंगी बात है! なんておかしな話なの!

बेढंगापन /beḍʰaṃgāpana ベーダンガーパン/ [*बेढंगा* + *-पन*] *m.* 秩序のなさ;ちぐはぐな有様;不恰好さ;無作法. ❐फ़र्श पर दुनिया भर की चीज़ें बेढंगेपन से अस्त-व्यस्त पड़ी हुई हैं। 床の上にはありとあらゆるものが秩序なく乱雑に散らばっている.

बेढब /beḍʰaba ベーダブ/ [*बे-* + *ढब*] *adj.* ぎこちない;奇妙な;まともではない;やっかいな.

बेतकल्लुफ़ /betakallufa [←Pers.adj. بی تکلف 'unceremonious, frank'] *adj.* 儀式ばらない, 率直な, 気兼ねのない;ぶっきらぼうな;無遠慮な. ❐~ दोस्त 気のおけない友人.

बेतकल्लुफ़ी /betakallufī [*बेतकल्लुफ़* + *-ई*] *f.* 気兼ねがないこと;無遠慮. ❐~ से 気兼ねなく;無遠慮に.

बेतरतीब /betaratība ベータルティーブ/ [←Pers.adj. بیترتیب 'irregular, disorderly'] *adj.* 無秩序な;いいかげんな, ずさんな.

बेतहाशा /betahāśā ベータハーシャー/ [←Pers.adj. بی تحاشا 'rash, precipitate'] *adv.* 向う見ずに, 思慮なく;手加減なしに, ひどく;大慌てで. ❐~ भागना 一目散に逃げる.

बेताज /betāja ベータージ/ [*बे-* + *ताज*] *adj.* 王冠をつけていない;無冠の. ❐~ बादशाह 無冠の帝王.

बेताब /betāba ベーターブ/ [←Pers.adj. بیتاب 'impotent, feeble, faint; impatient, restless'] *adj.* 落ち着かない;じれったい;苛立ち焦る. (⇒बेचैन)

बेतार /betāra̸ ベータール/ [बे- + तार] *adj.* 無線の, ワイヤレスの.
— *m.* 無線(電信);ラジオ;電気通信. ❒~ का तार 無線電信.

बेतुका /betukā ベートゥカー/ [बे- + तुक] *adj.* 的外れの;支離滅裂な.

बेदख़ल /bedaxala̸ ベーダカル/ [←Pers.adj. بی دخل 'dispossessed; excluded'] *adj.* 〖法律〗(土地などから)立ち退かれた. ❒(को) (से) ~ करना (人を)(…から)立ち退かす.

बेदख़ली /bedaxa̸lī ベーダクリー/ [←Pers.n. بی دخلی 'exclusion, dispossession'] *f.* 〖法律〗立ち退き(処分). ❒~ दायर करना 立ち退き処分を提訴する. ❒(को) ~ आना (人が)立ち退き処分を受ける.

बेदम /bedama̸ ベーダム/ [बे- + दम] *adj.* 息絶え絶えな. ❒वे हाँफते-हाँफते ~ हो गए। 彼らは息切れして息絶え絶えになった.

बेदर्द /bedarda̸ ベーダルド/ [←Pers.adj. بی درد 'painless'] *adj.* 冷酷な, 血も涙もない. (⇒बेरहम) ❒~ आदमी 冷酷な男.

बेदर्दी /bedardī ベーダルディー/ [←Pers.n. بی دردی 'freedom from pain; unfeelingness, inhumanity'] *f.* 冷酷無情. (⇒बेरहमी) ❒~ से 冷酷無情に.

बेदाग़ /bedāğa̸ ベーダーグ/ [←Pers.adj. بیداغ 'without scar or freckle; spotless'] *adj.* しみひとつない;欠点のない;無傷な《副詞的にも使用》. ❒~ बचना [छूटना] 無罪放免になる.

बेदिली /bedilī ベーディリー/ [←Pers.n. بیدلی 'heartlessness'] *f.* 気乗りがしないこと, 不熱心. ❒उसने ~ से [के साथ] कहा। 彼女は気乗り薄の様子で言った.

बेधड़क /bed^{h}aṛaka̸ ベーダラク/ [बे- + धड़क] *adv.* **1** 大胆に, 躊躇(ちゅうちょ)なく;大ぴらに. (⇒निधड़क) **2** 不安なく, 安心して. ❒~ सोना 安心して眠る.

बेधना /bed^{h}a̸nā ベードナー/▸बींधना [<OIA. *viddhá-* 'pierced, wounded': T.11739] *vt.* (*perf.* बेधा /bed^{h}ā ベーダー/) **1** 穴をあける;刺し貫く. (⇒छेदना, नाथना) ❒मोती बेधना। 真珠に穴をあける. **2** (刺して)傷つける;(矢で)射貫く, 射殺する. ❒शिकारी ने हिरन को बाणों से बेध डाला। 狩人は鹿を矢で射殺した. **3** (辛辣な言葉が)(名声・感情・良心などを)突く, 傷つける. ❒उसकी निर्भीक स्पष्टवादिता ने उस अनीत के बख़्तर को बेध डाला। 彼の恐れを知らない率直な言葉は, その不正の鎧を刺し貫いた.

बेनिन /benina̸ ベーニン/ [cf. Eng.n. *Benin*] *m.* 〖国名〗ベナン(共和国)《首都はポルトノボ (पोर्टो नोवो)》.

बेपरवाह /bepara̸vāha̸ ベーパルワーハ/ [बे- + परवाह; cf. Pers.adj. بی پروا 'without fear, scruple, or reflection'] *adj.* 思慮のない;気にしない, 気にもかけない;はずみの. ❒वह बहुत ही दृढ़प्रतिज्ञ, आशा-निराशा तथा भय से बिलकुल ~-सा जान पड़ता था। 彼は固く約束を誓い, 希望や絶望そして恐怖は全く気にもかけないように見えた.

बेपरवाही /bepara̸vāhī ベーパルワーヒー/ [बेपरवाह + -ई; cf. Pers.n. بی پروائی 'carelessness, thoughtlessness, inattention, independence, indifference'] *f.* 思慮のないこと;気にしないこと;(一時の)はずみ. ❒इसका उत्तर राजकुमार ने बिलकुल ~ से दिया, मानो उसे इसकी कुछ भी चिंता न थी। この返事を王子は実にあっけなく出した, まるで彼はこの何の不安もなかったかのように.

बेफ़ायदा /befāya̸dā ベーファーエダー/ [←Pers.adj. بیفائده 'without advantage'] *adj.* 利益のない, 得にならない.

बेफ़िक्र /befikra̸ ベーフィクル/ [←Pers.adj. بیفکر 'thoughtless, rash; content'] *adj.* 心配がない, のんきな, 気楽な. ❒आप ~ बैठे रहिए। あなたは安心して座っていてください. ❒बड़े दिल्लगीबाज़, ~ जीव थे। (彼は)とてもひょうきんで気楽な人だった.

बेफ़िक्री /befikrī ベーフィクリー/ [←Pers.n. بیفکری 'freedom frm care, thoughtlessness'] *f.* 心配がないこと, のんきさ, 気楽さ.

बेबस /bebasa̸ ベーバス/ [बे- + बस¹] *adj.* 無力な, どうにもならない. ❒स्त्री के आँसुओं के सामने पुरुष ~ हो जाता है। 女の涙の前では男は無力になってしまう.

बेबसी /beba̸sī ベーブスィー/ [बेबस + -ई] *f.* 無力であること, どうにもならないこと. (⇒विवशता)

बेबी /bebī ベービー/ [←Eng.n. *baby*] *f.* 赤ん坊, 赤ちゃん, 乳児, ベビー.

बेबुनियाद /bebuniyāda̸ ベーブニヤード/ [←Pers.adj. بی بنیاد 'groudless, unfounded'] *adj.* 根拠のない, 根も葉もない. (⇒निराधार)

बेब्याहा /bebyāhā ベービャーハー/ [बे- + ब्याहना] *adj.* 未婚の. (⇒अविवाहित)

बेमज़ा /bemazā ベーマザー/ [←Pers.adj. بی مزه 'insipid, tasteless'] *adj.* **1** 味気ない, 味のない, まずい. (⇒स्वादहीन) **2** 面白味のない, 退屈な.

बेमन /bemana̸ ベーマン/ [बे- + मन¹] *adj.* 気の進まない, 気乗り薄の.
— *m.* 気乗りのしないこと. ❒~ से 気乗りせずに, いやいや.

बेमानी /bemānī ベーマーニー/ [←Pers.adj. بی معنی 'unmeaning'] *adj.* 無意味な, 無益な, 馬鹿げた. (⇒बेकार)

बेमिसाल /bemisāla̸ ベーミサール/ [←Pers.adj. بی مثال 'incomparable, unequalled'] *adj.* 比類ない, 他に例を見ない;ユニークな. (⇒अतुलनीय)

बेमेल /bemela̸ ベーメール/ [बे- + मेल] *adj.* 不調和な, 釣り合わない, 不似合いな, 矛盾する. ❒~ शादी [विवाह] 釣り合わない結婚.

बेमौक़ा /bemauqā ベーマォーカー/ [←Pers.adj. بی موقع 'out of place, unseasonable'] *adj.* 時機を逸した, 折の悪い.
— *adv.* 時機を逸して, 折悪しく.

बेयरा /beya̸rā ベーエラー/ ▸बैरा *m.* ☞बैरा

बेयोनेट /beyoneṭa̸ ベーヨーネート/ [←Eng.n. *bayonet*] *f.* 銃剣. (⇒संगीन)

बेर[1] /bera ベール/ [<OIA.n. *bádara-* 'fruit of the jujube tree (*Zizyphus jujuba*)': T.09125] *m.* 〖植物〗ナツメ(棗)(の実)《クロウメモドキ科落葉高木;和名は夏芽に由来;ヤシ科常緑高木のナツメヤシ (खजूर) は別種》.

बेर[2] /bera ベール/ [<OIA.f. *vélā-* 'limit, boundary, time': T.12115] *f.* …回, …度;…の時. (⇒बार) ❐खाने की ～ तो बिल्ली की तरह लपकेंगी।《嫁の母に嫌味で》(あなたときたら)食事時には猫みたいにがっついて飛びかかるのにね.

बेरहम /berahama ベーラハム/ [←Pers.adj. بی رحم 'merciless, cruel, savage'] *adj.* 無慈悲な, 冷酷な;過酷な. (⇒बेदर्द) ❐कितनी ～ हो तुम! 何て冷酷なんだお前は!

बेरहमी /berahamī ベーラヘミー/ [←Pers.n. بی رحمی 'hardness of heart, cruelty'] *f.* 無慈悲, 冷酷さ;過酷さ. (⇒बेदर्दी) ❐～ करना 酷いことをする. ❐～ से पेश आना 冷酷な態度をとる.

बेरी /berī ベーリー/ [cf. *बेर*] *f.* 〖植物〗インドナツメ(印度棗)の小木.

बेरीबेरी /berīberī ベーリーベーリー/ [←Eng.n. *beriberi* ←Sinhal.] *f.* 〖医学〗脚気《ビタミン B 欠乏症》.

बेरूत /berūta ベールート/ [←Pers.n. بیروت 'a maritime city in Syria' ←Arab. ; cf. Eng.n. *Beirut*] *m.* 〖地名〗ベイルート《レバノン(共和国) (लेबनान) の首都》.

बेरोक-टोक /beroka-ṭoka ベーローク・トーク/ [*बे-* + *रोक-टोक*] *adv.* 制限なく;のびのびと, 気兼ねなく;おおっぴらに.

बेरोज़गार /berozagāra ベーローズガール/ [←Pers.adj. بی روزگار 'without occupation or livelihood'] *adj.* 失業中の(人). (⇒बेकार)

बेरोज़गारी /berozagārī ベーローズガーリー/ [*बेरोज़गार* + *-ई*] *f.* 失業. (⇒बेकारी) ❐～ भत्ता 失業手当.

बेल[1] /bela ベール/ [<Skt.m. *बैल्व-* 'relating to the Bilva tree'] *m.* 〖植物〗ベルノキ(の実), インドカラタチ《ミカン科の落葉高木;果実, 葉には薬効がある》.

बेल[2] /bela ベール/ [<OIA.f. *vēlli-* 'creeping plant': T.12123] *m.* 〖植物〗つる, つる草.

बेल[3] /bela ベール/ [←Pers.n. بیل 'a shovel, spade'] *m.* ☞बेलचा

बेलगाम /belagāma ベーラガーム/ [←Pers.adj. بی لگام 'unbridled'] *adj.* **1** 馬勒(ばろく)をはずされた. **2** 抑えのきかない, 制御できない.

बेलग्रेड /belagreḍa ベーラグレード/ [cf. Eng.n. *Belgrade*] *m.* 〖地名〗ベオグラード《セルビア(共和国) (सर्बिया) および(旧)ユーゴスラビア (यूगोस्लाविया) の首都》.

बेलचा /belacā ベールチャー/ [←Pers.n. بیلچه 'a hoe, a small mattock'] *m.* シャベル, スコップ.

बेलदार /beladāra ベールダール/ [←Pers.n. بیلدار 'a digger, delver'] *m.* (シャベルを使う)工夫, 土木作業員.

बेलन /belana ベーラン/ [<OIA.n. *vēllana-* 'shaking, tossing': T.12120] *m.* **1** 円柱;円筒. **2** (糸車の筒状の)糸巻, ボビン. **3** 〖食〗ベーラン《円筒状の木製の延べ棒;チャクラー (चकला) の上で, 小麦粉 (आटा) をこねた塊 (लोई) を薄い円形に整え延ばすのに用いる;漫画などでは主婦の家庭内権威の象徴として描かれる》.

बेलना /belanā ベールナー/ [<OIA. *vēllayati* 'causes to shake, kneads': T.12121] *vt.* (*perf.* बेला /belā ベーラー/) 延べ棒 (बेलन) で, 小麦粉を水でこねた塊を円形に整え延ばす.

बेल-बूटा /bela-būṭā ベール・ブーター/ *m.* (植物の)刺繍.

बेलमोपान /belamopāna ベールモーパーン/ [←Eng.n. *Belmopan*] *m.* 〖地名〗ベルモパン《ベリーズ (बेलीज़) の首都》.

बेला[1] /belā ベーラー/ [<OIA.f. *vélā-* 'limit, boundary, time': T.12115] *f.* **1** (1日の内の特定の)時刻, 刻限. ❐अब तो चलने की ～ है। もう出かける時間だ. ❐एक सबेरे बहन की विदा की ～ आ गई। ある朝, 姉との別れの時が来た. **2**《〖名詞 की बेला〗の形式で, 副詞句「…の時」を作る》❐साँझ की ～ 夕刻時に.

बेला[2] /belā ベーラー/ [?←Port.f. *viola*] *m.* 〖音楽〗ベーラー《弦楽器の一種》.

बेला[3] /belā ベーラー/ [cf. Skt.f. *मल्लिका-* '*Jasminum sambac*'] *f.* 〖植物〗ベーラー《ジャスミンの一種》.

बेलाग /belāga ベーラーグ/ [*बे-* + *लगना*] *adj.* 率直な, 偏見のない, 腹を割った, 遠慮のない. ❐～ और खरी कहता था। (彼は)腹蔵なく本当のことを話していた.

बेलारूस /belārūsa ベーラールース/ [cf. Eng.n. *Belarus*] *m.* 〖国名〗ベラルーシ(共和国)《首都はミンスク (मिन्स्क)》.

बेलीज़ /belīza ベーリーズ/ [←Eng.n. *Belize*] *m.* 〖国名〗ベリーズ《首都はベルモパン (बेलमोपान)》.

बेल्जियम /beljiyama ベールジヤム/ [cf. Eng.n. *Belgium*] *m.* 〖国名〗ベルギー(王国)《首都はブリュッセル (ब्रुसेल्स)》.

बेवक़ूफ़ /bevaqūfa ベーワクーフ/ [←Pers.adj. بی وقوف 'inexpert; uninformed'] *adj.* **1** 愚かな, 馬鹿な, 間抜けな. ❐～ बनना からかわれる, 愚弄される, 馬鹿な真似をする. ❐(को) ～ बनाना (人を)馬鹿にする, カモにする, 愚弄する.

— *m.* 愚かな人, 馬鹿な人, 間抜けな人.

बेवक़ूफ़ी /bevaqūfī ベーワクーフィー/ [←Pers.n. بی وقوفی 'ignorance; folly; fatuity'] *f.* 愚かさ, 馬鹿さかげん, 間抜けさ. ❐(की) ～ पर हँसना (人の)愚かさを笑う.

बेवफ़ा /bevafā ベーワファー/ [←Pers.adj. بی وفا 'faithless, insincere, deceitful'] *adj.* 不実な, 不誠実な, (人を)裏切る;恩知らずな. ❐～ औरत 不実な女. ❐मैं तुम्हें शुरू से ～ समझती थी, और तुम वैसे ही निकले। 私はあんたを最初から不実な人だと思っていたわ, そしてあんたはその通りだったわ. ❐वह बड़ा ～ आदमी है। 彼は大変な恩知らずな奴だ.

बेवफ़ाई /bevafāī ベーワファーイー/ [←Pers.n. بی وفائی

'want of faith'] *f.* 不実であること, 不誠実であること, (人を)裏切ること;恩知らずなこと. ❐अच्छा, मान लो, मैं तुमसे विवाह करके कल तुमसे ～ करूँ तो तुम मुझे क्या सज़ा दोगी? では, たとえばだけど, もし私が君と結婚して明日君を裏切ったらどういう罰をくだすんだい？ ❐उसने मेरे साथ ～ की। 彼は私を裏切った.

बेवा /bevā ベーワー/ [←Pers.n. بیوه 'a widow'] *f.* 寡婦(かふ), 未亡人. (⇒विधवा) ❐बेकस ～ 身寄りのない寡婦.

बेवाई /bevāī ベーワーイー/ ▸बिवाई *f.* ☞बिवाई

बेशक /beśaka ベーシャク/ [←Pers.adv. بی شك 'without doubt, doubtless'] *adv.* 疑いなく, もちろん, かならず《あいづち「もちろんだ」としても使用》. (⇒नि:संदेह)

बेशक़ीमत /beśaqīmata ベーシュキーマト/ [←Pers.n. بیش قیمت 'a high value or price'] *adj.* 高価な;貴重な. (⇒अमूल्य)

बेशक़ीमती /beśaqīmatī ベーシュキームティー/ [*बेशक़ीमत* + -ई] *adj.* ☞बेशक़ीमत

बेशरम /beśarama ベーシャラム/ ▸बेशर्म *adj.* ☞बेशर्म

बेशरमी /beśaramī ベーシャルミー/ ▹बेशर्मी *f.* ☞बेशर्मी

बेशर्म /beśarma ベーシャルム/ ▸बेशरम [←Pers.adj. بی شرم 'shameless, indecent'] *adj.* 恥知らずな;厚かましい. ❐कैसी ～ लड़की है! なんて厚かましい娘だ！

बेशर्मी /beśarmī ベーシャルミー/▹बेशरमी [←Pers.n. بی شرمی 'immodesty, shamelessness'] *f.* 恥知らずであること, 破廉恥;厚かましいこと. (⇒बेहयाई) ❐इस ～ और बेहयाई की ज़िंदगी से मुझे घृणा हो रही है। この恥知らずで厚顔無恥な人生が私は嫌でたまりません.

बेशी /beśī ベーシー/ [←Pers.n. بیشی 'excess, increase'] *f.* **1** 多いこと;多すぎること, 超過. **2** (収入などの)増加.

बेशुमार /beśumāra ベーシュマール/ [←Pers.adj. بی شمار 'innumerable'] *adj.* 数えきれないほどの. (⇒असंख्य)

बेसन /besana ベーサン/ [＜OIA.n. *vēsana-* 'flour of a partic. vegetable product': T.12133] *m.* 〖食〗ベーサン《ヒヨコマメ (चना दाल) の粉》.

बेसबरी /besabarī ベーサブリー/ ▹बेसब्री *f.* ☞बेसब्री

बेसब्र /besabra ベーサブル/ [←Pers.adj. بی صبر 'impatient, not brooking delay'] *adj.* いらいらした;落ち着きのない;せっかちな, 気の短い. ❐क्यों ～ हो रहे हो? 何をいらいらしているんだい？

बेसब्री /besabrī ベーサブリー/ ▹बेसबरी [←Pers.n. بی صبری 'impatience, restlessness'] *f.* 苛立ち;落ち着かないこと;せっかち, 気が短いこと. ❐～ से いらいらしながら;落ち着かない気持ちで.

बेसमझ /besamajʰa ベーサマジ/ [*बे-* + *समझ*] *adj.* 物わかりの悪い, 頭の悪い, 愚かな.

बेसमझी /besamajʰī ベーサマジー/ [*बेसमझ* + -ई] *f.* 物わかりの悪さ, 頭の悪さ, 愚かしさ. ❐कैसी ～ की बात करती है रे, कुछ पगली तो नहीं हो गई? なんて愚かなことを言うのだ, 気が変になったんじゃ？

बे-सरो-सामान /be-saro-sāmāna ベー・サロー・サーマーン/ [←Pers.adj. بی سر و سامان 'unfurnished, destitute, helpless'] *adj.* 家具もない;極貧の. ❐～ घर 家財道具もない家.

बेसुध /besudʰa ベースド/ [*बे-* + *सुध*] *adj.* **1** 卒倒した;意識不明の, 気絶している. (⇒बेख़बर, बेहोश) **2** 気が動転した.

बेसुधी /besudʰī ベースディー/ [*बेसुध* + -ई] *f.* **1** 卒倒;意識不明, 気絶. (⇒बेहोशी, मूर्छा) **2** (気の)動転.

बेसुर /besura ベースル/ ▸बेसुरा *adj.* ☞बेसुरा

बेसुरा /besurā ベースラー/ ▸बेसुर [*बे-* + *सुर*] *adj.* 音痴な;調子っぱずれな.

बेसेत्री /besetrī ベーセートリー/ [cf. Eng.n. *Basseterre*] *m.* 〖地名〗バセテール《セントクリストファー・ネーヴィス (सेंट किट्स और नेविस) の首都》.

बेहड़ /behaṛa ベーハル/ ▸बीहड़ *adj.* ☞बीहड़

बेहतर /behatara ベヘタル/ [←Pers.adj. بهتر 'better'] *adj.* **1** より良い;ましな. (⇔बदतर) **2** とても良い, 良好な. **3** お勧めの.

बेहतरीन /behatarīna ベヘタリーン/ [←Pers.adj. بهترین 'best'] *adj.* 最上の. (⇒उत्तम)

बेहथियार /behatʰiyāra ベーハティヤール/ [*बे-* + *हथियार*] *adj.* 武器を持たない, 非武装の;丸腰の, 無防備な. (⇒निरस्त्र)

बेहद /behada ベーハド/ [←Pers.adj. بی حد 'boundless, immense, unbounded, infinite'] *adv.* 極端に, ひどく. (⇒अत्यंत)

— *adj.* 無限の. (⇒असीम)

बेहया /behayā ベーハヤー/ [←Pers.adj. بی حیا 'impudent, shameless'] *adj.* 恥知らずの, 破廉恥(はれんち)な;厚かましい. ❐मैं ही ऐसा ～ हूँ कि अब तक जीता हूँ। 私こそ今日まで生きながらえている恥知らずの人間です.

बेहयाई /behayāī ベーハヤーイー/ [←Pers.n. بی حیائی 'impudence, effrontery'] *f.* 恥しらず, 厚顔無恥, 破廉恥, ずうずうしさ. (⇒बेशर्मी) ❐～ करना 破廉恥なことをする. ❐～ से ずうずうしく.

बेहाल /behāla ベーハール/ [←Pers.adj. بیحال 'ill-circumstanced'] *adj.* **1** (病気で)具合が悪い. ❐वह तो आज बहुत ～ है। 彼は今日具合がとても悪い. **2** 悲惨な, ひどい有様の.

बेहिचक /behicaka ベーヒチャク/ [*बे-* + *हिचक*] *adv.* ためらいなく, 躊躇(ちゅうちょ)せず.

बेहिसाब /behisāba ベーヒサーブ/ [←Pers.adj. بی حساب 'countless'] *adj.* 勘定できないほど多い;莫大な.

बेहूदगी /behūdagī ベーフードギー/ [←Pers.n. بیهودگی 'absurdity, folly, levity'] *f.* **1** 愚かさ, 馬鹿げていること. **2** 粗野なこと;下品なこと.

बेहूदा /behūdā ベーフーダー/ [←Pers.adj. بیهوده 'immodest, obscene; vain, futile'] *adj.* **1** 愚かな, 馬鹿げている;とんでもない(こと). ❐～ बात 馬鹿げた話.

2 粗野な;下品な.

बेहोश /behośa ベーホーシュ/ [←Pers.adj. بيهوش 'insane, mad, distracted; unconscious'] *adj.* 意識不明の, 気絶している;こん睡状態の. (⇒अचेत, बेख़बर, बेसुध, मूर्च्छित) ❐दूसरे दिन भी वह ～ पड़ा रहा। 翌日も彼はこん睡状態が続いた. ❐वह ～ होकर गिर पड़ा। 彼は気絶して倒れた. ❐वह मेरी बाहों में ～ हो गई। 彼女は私の腕の中で気を失った.

बेहोशी /behośī ベーホーシー/ [←Pers.n. بی هوشی 'insanity; fainting'] *f.* 卒倒;気絶, 意識不明. (⇒बेसुधी, मूर्छा) ❐～ से मुझे कुछ होश आया। 意識不明の状態から私は少し意識が戻った.

बैंक /baiṃka バェーンク/ [←Eng.n. *bank*] *m.* 〖経済〗銀行.

बैंकाक /baiṃkāka バェーンカーク/▸बैंकॉक [cf. Eng.n. *Bangkok*] *m.* 〖地名〗バンコク《タイ(王国) (थाईलैंड) の首都》.

बैंगन /bãīgana バェーンガン/▸बैगन [<OIA.m. *vātiṅgaṇa-* 'the egg-plant *Solanum melongena*': T.11503; cf. DEDr.5301 (DED.4339); cf. Eng.n. *brinjal* < Port.f. *berinjela*] *m.* 〖植物〗ナス(茄子).

बैंगनी /bãīganī バェーングニー/ [*बैंगन* + *-ई*] *adj.* 紫色の. (⇒ऊदा)

बैंगलूरु /baiṃgalūrū バェーンガルールー/ ▸बेंगलूरु ←Kan.n. ಬೆಂಗಳೂರು 'Bengaluru (Bangalore)' *m.* ☞ बेंगलूरु

बैंजनी /bãījanī バェーンジニー/ [cf. *बैंगनी*] *adj.* 紫色の.

बैंड /baiṃḍa バェーンド/ [←Eng.n. *band*] *m.* 楽隊, バンド. ❐फ़ौजी ～ 軍楽隊.

बैकुंठ /baikuṃṭʰa バェークント/ [<Skt.m. *वैकुण्ठ-* 'the heaven of *Viṣṇu*'] *m.* ☞वैकुंठ

बैक्टीरिया /baikṭīriyā バェークティーリヤー/ [←Eng.n. *bacteria*] *m.* 〖生物〗バクテリア, 細菌. (⇒कीटाणु, जर्म, जीवाणु)

बैग /baiga バェーグ/ [←Eng.n. *bag*] *m.* バッグ, ハンドバッグ, カバン;袋.

बैगन /baigana バェーガン/ ▸बैंगन [<OIA. **vātigana* 'egg-plant': T.11502z1; ?←Drav.; (DED.4339)] *m.* ☞बैंगन

बैज /baija バェージ/ [←Eng.n. *badge*] *m.* バッジ, 記章;肩章. (⇒बिल्ला) ❐फ़ौजी ～ 階級章.

बैट /baiṭa バェート/ [←Eng.n. *bat*] *m.* 〖スポーツ〗(クリケット, 野球の)バット, 打球棒.

बैटरी /baiṭarī バェートリー/ [←Eng.n. *battery*] *f.* **1** バッテリー, 電池. ❐～ की सेल 乾電池. **2** 懐中電灯. (⇒टार्च)

बैठक /baiṭʰaka バェータク/ [cf. *बैठना*] *f.* **1** 居間, リビングルーム;会議室. (⇒बैठक-ख़ाना) **2** 会合, ミーティング;会議. (⇒मीटिंग) ❐～ बुलाना 会合を召集する. ❐कई बार अध्यापकों की ～ हुई। 何度か教師たちの会議が開かれた. **3** 〖スポーツ〗ヒンズー・スクワット《(上半身を伸ばしたまま行う)膝の屈伸運動》. ❐बैठकें लगाना ヒンズー・スクワットをする.

बैठक-ख़ाना /baiṭʰaka-xānā バェータク・カーナー/ *m.* 居間, リビングルーム;会議室. (⇒बैठक)

बैठका /baiṭʰakā バェートカー/ [cf. *बैठना*] *m.* バェタカー《屋根と柱だけの空間;集会所などに使用》.

बैठकी /baiṭʰakī バェートキー/ [cf. *बैठना*] *f.* 座ること. ❐～ हड़ताल 座り込みスト.

बैठना /baiṭʰanā バェートナー/ [<OIA. *úpaviśati* 'approaches, sits down': T.02245] *vi.* (*perf.* बैठा /baiṭʰā バェーター/) **1** 座る, 腰掛ける;しゃがむ, 屈む;(鳥が)とまる. (⇒विराजना) ❐कमरे में कितने लोग बैठे (हुए) हैं? 部屋には何人の人々が座っていますか? ❐वह एक घने वृक्ष की छाया में एक कुरसी पर बैठ गया। 彼はよく繁った木の木陰で椅子に腰をおろした. ❐वह सिर पकड़कर बैठ गया। 彼は頭を抱えてしゃがみこんでしまった. **2** (乗り物に)乗る;(馬に)乗る;(人の上に)馬乗りになる. ❐वह नाव [मोटर, रेल, घोड़े] पर बैठा। 彼は船[車, 汽車, 馬]に乗った. **3** (玉座に)つく;(役職に)つく;店番をする. ❐उनके बाद उनका ज्येष्ठ पुत्र गद्दी पर बैठा। 彼の後, 彼の長男が王位についた. ❐कल राज्य में नए राज्यपाल बैठेंगे। 明日新しい州知事が就任するだろう. ❐सारे दिन दूकान पर बैठी रहती थी और वहीं वह सारे गाँव की ख़बर लगाती रहती थी। 彼女は一日中店番をしていた, そしてそこで村中の情報を探っていた. **4** (授業に)出席する;受験する;(祈祷などに)参じる. ❐परीक्षा में बैठना। 受験する. ❐वे प्रातःकाल पूजा पर बैठ जाते थे। 彼は早朝から, 祈祷に励むのであった. **5** (決定・判定などのために)(会議などが)開催される. ❐दूसरे ही दिन गाँववालों की पंचायत बैठ गयी। 翌日, 村人たちによるパンチャーヤットが開かれた. **6** (鳥が)卵を抱く. **7** (支援などから)手をひく;(立候補などを)とりさげる;しり込みする. ❐अब उनके सभी समर्थक बैठ गए। 今や, 彼のすべての支持者が支援の手をひっこめてしまった. ❐चुनाव के लिए जो चार उम्मीदवार खड़े थे, उनमें से दो बैठ गए। 選挙に立候補していた四人の候補者のうち, 二人がおりてしまった. **8** (仕事もせずに)じっとしている. ❐जब तक कहीं काम न लगे तब तक तो घर पर ही बैठना था। 職につくまで家でじっとしているしかなかった. **9** (太陽・星などが)沈む. **10** (建物などが)崩れ落ちる, 倒壊する. **11** (腫れが)ひく;沈殿する. **12** (本来の味・香りなどが)失われる, 損なわれる. ❐गला ～ しわがれ声になる, 声がかすれる. **13** 低調[不調]になる;(気持ち・心が)沈む;(事業などが)挫折する;(喉が)しわがれる. ❐उसका दिल बैठ गया। 彼女の心は沈みこんでしまった. ❐बोल-बोलकर मेरा गला बैठ गया। しゃべり続けて私は声がかすれてしまった. **14** (植物などが)根をはる, 根づく;(土台が)しっかり固定される, 据えられる;(印象が)(心に)刻みつけられる. ❐उसके मन में बैठ गया था कि यह पक्का मतलबी, बेदर्द आदमी है, मुझे केवल भोग की वस्तु समझता है। この人は完全な自己中心者で冷たい男だと, 彼女の胸に刻みこまれた, あの人は私をただ慰みものとしか考えていないのだ. **15** (考えが)とりつく;(疫病神として)とりつく. **16** がんとして動かなくなる;(女が)内縁の妻としていすわる. **17** (的に)命中する;急所を

つく;ぐさりと突き刺さる. **18** (…の)重さになる;(…の)額になる. **19** (本来の位置に)落ち着く, 収まる. **20** (言葉の意味が)(文脈上)しっくりくる, ぴったりはまる. **21** (技量・腕が)さえる.
— *vi.* (*perf.* बैठा /baiṭ^{h}ā バェーター/) 〖複合動詞〗《〖動詞語幹 बैठना〗の形式で, 意外・反感などを表す複合動詞「…に成り上がる, …に成り下がる, …しでかす」を作る;動詞語幹は自動詞・他動詞とも可能;複合動詞全体としては自動詞扱い》. ❐एक मेहनती, उद्यमशील युवक आलस्य का उपासक बन बैठा। 一人の努力家で, 勤勉な若者が怠惰(たいだ)の信奉者に成り下がった. ❐न जाने क्या कर बैठे। 何をしでかすか, わかったものじゃない. ❐महाजन बन बैठा। 彼は金貸しに成り上がった.

बैठाना /baiṭ^{h}ānā バェーターナー/ ▸बिठाना [cf. *बैठना*] *vt.* (*perf.* बैठाया /baiṭ^{h}āyā バェーターヤー/) 座らせる;座ってもらう.

बैडमिंटन /baiḍamiṃṭana バェードミンタン/ [←Eng.n. *badminton*]} *m.* 〖スポーツ〗バドミントン.

बैत /baita バェート/ [←Pers.n. بيت 'a distich, verse, couplet' ←Arab.] *m.* 〖文学〗バェト《対句の形式をとる二行詩》.

बैतबाज़ी /baitabāzī バェートバーズィー/ [*बैत* + *-बाज़ी*] *f.* 〖文学〗バェートバーズィー《日本の連歌合(れんがあわせ)に似た詩の勝負形式;ルールは, 二組に別れた一方の詩の最後の文字で始まる詩をもう一方が作り, うまく続けることができなかった方が負け》.

बैद /baida バェード/ [<Skt.m. *वैद्य-* 'a learned man; a medical man'] *m.* (伝統医学の)医者;村医者.

बैनर /bainara バェーナル/ [←Eng.n. *banner*] *m.* バナー, 旗じるし, のぼり, 横断幕.

बैना /bainā バェーナー/ [<OIA.n. *upāyana-* 'approach; offer, present, gift': T.02309; cf. Skt.n. *वायन-*] *m.* (菓子の)贈り物《結婚式や祭日などに身内や親しい友人に贈る》. (⇒बायन)

बैनामा /baināmā バェーナーマー/ [←Pers.n. بيع نامه 'a bill of sale'] *m.* 〖経済〗売却証書.

बैयोलाजी /baiyolājī バェーヨーラージー/ ▸बायोलाजी *f.* ☞बायोलाजी

बैरंग /bairaṃga バェーラング/ [←Eng.adj. *bearing*] *adj.* (郵送料など)料金未納の, 送料未払いの.

बैर /baira バェール/ [<Skt.n. *वैर-* 'enmity, hostility'] *m.* 敵意;憎悪. ❐(से) ～ करना (人を)憎む.

बैरक /bairaka バェーラク/ [←Eng.n. *barrack*] *f.* 兵舎, 兵営, バラック.

बैरक़ /bairaqa バェーラク/ [←Pers.n. بيرق 'a standard, flag, pennant, colours' ←Turk.] *m.* 〖歴史〗旗, 軍旗《支配地であることを示すために掲げる》.

बैरन /bairana バェーラン/ [←Eng.n. *baron*] *m.* **1** 男爵, バロン. **2** 大物, 大立者, 実力者.

बैरल /bairala バェーラル/ [←Eng.n. *barrel*] *m.* 〖単位〗バレル.

बैरा /bairā バェーラー/ ▸बेयरा [←IEng.n. *bearer*] *m.* (ホテル・船の)ボーイ, ウエイター, 給仕, ポーター.

बैराग /bairāga バェーラーグ/ [<Skt.n. *वैराग्य-* 'freedom from all worldly desires, asceticism'] *m.* ☞वैराग्य

बैरिस्टर /bairisṭara バェーリスタル/ [←Eng.n. *barrister*] *m.* 法廷弁護士.

बैरिस्टरी /bairisṭarī バェーリスタリー/ [*बैरिस्टर* + *-ई*] *f.* 法廷弁護士の職[資格].

बैरी /bairī バェーリー/ [<Skt.m. *वैरिन्-* 'an enemy': T.12145] *m.* 敵. (⇒दुश्मन)

बैरोमीटर /bairomīṭara バェーローミータル/ [←Eng.n. *barometer*] *m.* バロメータ, 指標, 尺度;気圧計.

बैल /baila バェール/ [<OIA. **balilla-* 'ox': T.09175] *m.* 〖動物〗雄牛;去勢牛. (⇔गाय)

बैलगाड़ी /bailagāṛī バェールガーリー/ [*बैल* + *गाड़ी*] *f.* 牛車.

बैलिस्टिक /bailisṭika バェーリスティク/ [←Eng.adj. *ballistic*] *adj.* 弾道(学)の. (⇒प्राक्षेपिक) ❐～ मिसाइल 弾道ミサイル.

बैलून /bailūna バェールーン/ [←Eng.n. *balloon*] *m.* 風船;気球. (⇒गुब्बारा)

बैसाख /baisāk^{h}a バェーサーク/ [<Skt.m. *वैशाख-* 'one of the 12 months constituting the *Hindū* lunar year'] *m.* ☞वैशाख

बैसाखी[1] /baisāk^{h}ī バェーサーキー/ [cf. Skt. *द्वि-शाख-* 'two-branched, forked'] *f.* 松葉杖. ❐～ पर चलना 松葉杖をついて歩く.

बैसाखी[2] /baisāk^{h}ī バェーサーキー/ [<Skt.f. *वैशाखी-* 'the day of full moon in the month *Vaiśākha*'] *f.* 〖ヒンドゥー教〗バェーサーキー祭《バェーサーク月 बैसाख の満月の日に行われる祭り》.

बोआई /boāī ボーアーイー/ ▸बुवाई *f.* ☞बुवाई

बोगस /bogasa ボーガス/ [←Eng.adj. *bogus*] *adj.* にせの, いんちきな, うそっぱちな. ❐～ आदमी いんちき野郎.

बोगी /bogī ボーギー/ [←Eng.n. *bogie*] *f.* ボギー車《車軸が自由に回る鉄道車両》.

बोगोटा /bogoṭā ボーゴーター/ [cf. Eng.n. *Bogota*] *m.* 〖地名〗ボゴタ《コロンビア(共和国) (कोलंबिया) の首都》.

बोझ /boj^{h}a ボージ/ [<OIA.n. *vahya-* 'litter': T.11465] *m.* **1** 積荷, 荷. (⇒भार) ❐～ रखना [उतारना, उठाना] 荷を置く[下ろす, 持ち上げる]. **2** (運ぶものの)重さ, 重量;荷重. (⇒भार) ❐ताँगा उनके ～ से पीछे को झुका। ターンガー(＝小型 2 輪馬車)は彼の重みで後ろに傾いた. **3** 重荷;負担;責務, 責任. (⇒भार) ❐उसके मन से बड़ा ～ उतर गया। 彼の心から大きな重荷が下りた. ❐इनकी ख़ातिरदारी और मेहमानी का ～ अपने ऊपर समझो। このお方の歓待とおもてなしの責任は自らの上にあると心得よ.

बोझा /boj^{h}ā ボージャー/ *m.* ☞बोझ

बोझिल /boj^{h}ila ボージル/ [cf. *बोझ*] *adj.* **1** 重い;重くのしかかってくる. **2** 重荷となる, やっかいな.

बोटी /boṭī ボーティー/ [?cf. DEDr.4588 (DED.3749)] *f.*

肉片;チョップ.

बोतल /botala̸ ボータル/ [←Port.f. *botelha* 'bottle'; ?←Eng.n. *bottle*] *f.* 瓶, ボトル. ❐शराब की ～ 酒瓶. ❐उसने दो ～ बियर पी। 彼は 2 瓶ビールを飲んだ.

बोतलबंद /botala̸bamṃda̸ ボータルバンド/ [*बोतल* + *बंद*[1]] *adj.* 瓶詰の. ❐～ शराब 瓶詰の酒.

बोताम /botāma̸ ボーターム/ [←Port.m. *botão* 'button'] *m.* ボタン;スイッチ. (⇒बटन)

बोत्सवाना /botsa̸vānā ボートスワーナー/ [cf. Eng.n. *Botswana*] *m.* 〖国名〗ボツワナ(共和国)《首都はハボローネ (गाबोर्नी)》.

बोदा /bodā ボーダー/ [<OIA. **butta-* 'defective': T.09273] *adj.* **1** 愚鈍な;のろまな. **2** 意気地のない;臆病な;小心な.

बोदापन /bodāpana̸ ボーダーパン/ [*बोदा* + *-पन*] *m.* **1** 愚鈍さ. **2** 意気地なさ. ❐कभी-कभी वह अपने बोदेपन पर झुँझला उठता। 時々彼は自分の意気地のなさに苛立つのだった.

बोध /bodʰa̸ ボード/ [←Skt.m. *बोध-* 'waking, becoming or being awake, consciousness'] *m.* **1** 知覚されること, 認識されること. ❐उसके वस्त्राभूषणों से सुरुचि का ～ होता है। 彼女が身に着けている衣装・装身具から趣味のよさが窺い知れる. ❐(को) (का) ～ कराना (人に)(…を)身にしみて感じさせる. **2** 理解(力), 知性.

-बोधक /-bodʰaka̸ ・ボーダク/ [←Skt. *बोधक-* 'awakening, arousing'] *suf.* 《合成語「…を表す(もの)」の要素として;विस्मयादि-बोधक「間投詞, 感動詞」, समुच्चय-बोधक「接続詞」など》

बोधगया /bodʰa̸gayā ボードガヤー/ [cf. Eng.n. *Buddh Gaya*] *m.* 〖地名〗ブッダガヤー, ボードガヤー《ビハール州 (बिहार) にある仏教聖地》.

बोनस /bonasa̸ ボーナス/ [←Eng.n. *bonus*] *m.* ボーナス, 賞与.

बोना /bonā ボーナー/ [<OIA. *vápati* 'scatters, sows': T.11282] *vt.* (*perf.* बोया /boyā ボーヤー/) **1** (種を)まく. (⇒रोपना) ❐खेत को ～ 畑に種まきをする. **2** 植える. (⇒लगाना) ❐आलू ～ ジャガイモを植える. **3** (社会に害毒を)植え付ける. ❐समाज में ज़हर [विष] ～ 社会に害毒を植え付ける.

बोर /bora̸ ボール/ [←Eng.vt. *bore*] *adj.* 退屈した, うんざりした, 飽きた. ❐आप ～ तो नहीं हुए? あなたは退屈したのではないですか. ❐(को) ～ करना (人を)退屈させる.

बोरा /borā ボーラー/ [<OIA. **bōra-*[2] 'sacking, sack': T.09320] *m.* (麻袋などの)粗布の大きな袋.

बोराबंदी /borābamṃdī ボーラーバンディー/ [*बोरा* + *-बंदी*] *f.* (穀物などを大きな麻袋などに詰める)袋詰めの作業.

बोरियत /boriyata̸ ボーリヤト/ [*बोर* + *-इयत*] *f.* 退屈.

बोरिया[1] /boriyā ボーリヤー/ [cf. *बोरा*] *f.* ☞बोरी

बोरिया[2] /boriyā ボーリヤー/ [←Pers.n. بوریه 'a mat made of split reeds; a carpet'] *m.* 敷物;旅行用寝具, マット. (⇒बिस्तर)

बोरिया-बँधना /boriyā-bãdʰa̸nā ボーリヤー・バンドナー/ *m.* 身の回り品一式, 家財道具. (⇒बिस्तर) ❐～ उठाना 身の回り品を取り上げる(＝出発の準備をする).

बोरिया-बिस्तर /boriyā-bistara̸ ボーリヤー・ビスタル/ *m.* 旅行用品一式. (⇒बिस्तर)

बोरी /borī ボーリー/ [cf. *बोरा*] *f.* 小型の麻袋.

बोर्ड /borḍa̸ ボールド/ [←Eng.n. *board*] *m.* **1** 板, 台, 盤. ❐～ खेल (チェスなどの)ボード・ゲーム. **2** 評議会, 理事会, 役員会, 重役会.

बोल /bola̸ ボール/ [cf. *बोलना*] *m.* **1** 言葉;冷やかし(の言葉). ❐वह जब मुँह खोलता था, बड़ा बोल मुँह से निकालता था। 彼は口を開くと, 大口をたたくのだった. **2** (楽器などの)リズム, 調子. ❐ढोल के एकाध ～ पर उँगलियाँ चलाना 太鼓のちょっとしたリズムに合わせて指で調子をとる.

बोलचाल /bola̸cāla̸ ボールチャール/ [*बोल* + *चाल*] *f.* (日常の)会話;言葉をかける間柄. ❐～ की भाषा 話し言葉.

बोलना /bola̸nā ボールナー/ [<OIA. **bōll-* 'speak': T.09321] *vi.* (*perf.* बोला /bolā ボーラー/) **1** しゃべる, 言う, 話す;スピーチをする《特に「(声を出して)しゃべる」の意; कहना は「(ある内容を)話す」, बताना は「(考え・意見・情報を伝えようと)述べる」の意》. ❐बच्चा बोलने लगा। 幼児が言葉をしゃべり出した. ❐वह कम बोलता था। 彼は口数が少なかった. ❐बोलो, क्या पसंद करोगे? さあ言ってごらん, 何にするかい？ ❐वह अपनी पति से बोली। 彼女は夫に言った. ❐छह महीने के अंदर वह मुझसे एक शब्द भी न बोली। 六か月の間彼女は私と一言も口をきかなかった. ❐आजकल तो वह मुझसे बोलती भी नहीं। 最近彼女は私と口もきかないのだ. ❐चित्रगत होने पर भी मुख में ऐसी सजीवता थी कि जान पड़ता था अब बोला, अब बोला। 絵画ではあっても(描かれている人物の)口元には, 今にも語りかけてくるような生気があった. **2** (人が)声を出す;(動物が)声を出す, 吠える;(鳥が)さえずる, 鳴く. ❐एक चिड़िया पेड़ पर बैठा बोल रही है। 一羽の小鳥が木にとまってさえずっている. ❐कुत्ता कैसे बोलता है? 犬はどう吠えるのかい？ ❐बोलो, जय हिंद। さあ唱和してください, インド万歳. **3** 音を出す. ❐डाकू की नाक बोली। 盗賊はいびきをかいた. **4** (意見・批判などを)口に出す, 声をあげる, 述べる, 発言する. ❐यहाँ कोई नहीं बोलेगा। ここでは, 誰も文句を言わないだろう. ❐उसे धर्म-प्रचार करने और धर्म के विषय में बोलने का कोई अधिकार नहीं है। 彼には, 宗教を布教したり宗教について語る何の権利もない. **5** (状況・事物が)物語る[語りかける]. ❐जहाँ शब्द हार मानते हैं वहाँ मौन बोलता है। 言葉が敗北を認める時, 沈黙が代弁してくれる.

— *vt.* (*perf.* बोला /bolā ボーラー/) **1** (言語を)話す;しゃべる, 言う. ❐आप हिंदी बोलते हैं? あなたはヒンディー語を話しますか？ ❐छह महीने के अंदर वह मुझसे एक शब्द भी न बोली न मैं ही एक शब्द उससे बोला। 6 か月の間彼女は私に一言も口をきかなかったし, 私も彼女に一言も口をきかなかった. ❐मैं झूठ बोल दूंगा। 僕は嘘を言ってやるぞ. ❐सच

बोलो। 本当のことを言ってくれ. **2** 宣言[宣告]する. ❐उसने दिवाला बोल दिया। 彼は, 破産宣言をした. **3**〔慣用〕❐आक्रमण [धावा] ～ 攻撃する, 襲来する. ❐चीं ～ 悲鳴をあげる(＝降参し退散する). ❐बोली ～ 入札[せり]をする

बोलना-चालना /bolạnā-cālạnā ボールナー・チャールナー/ [*बोलना* + *चालना*] *vi.* (*perf.* बोला-चाला /bolā-cālā ボーラー・チャーラー/) (話しかけたりして)人付き合いする《普通, 否定文「人付き合いしない」の形式で》. ❐कोई उससे न बोले-चाले। 誰も彼女を相手にしなかった.

बोलबाला /bolạbālā ボールバーラー/ [echo-word; cf. *बोल*] *m.* はびこること;横行;圧倒的支配, 席巻, (…の)天下. ❐रिश्वत का ～ 賄賂の横行. ❐मिश्र में अराजकता का ～ エジプトにおける無政府状態の横行.

बोली /bolī ボーリー/ *f.* **1** (人の)話し声, しゃべりかた, 声色(こわいろ);(鳥の)さえずり;(動物の)鳴き声. ❐～ की नक़ल करने में तो उसका सानी नहीं है। 人の声色を真似ることにかけては彼女の右に出る者はいない. ❐उसने ～ पहचानी। 彼女は話し声の主がわかった. ❐कौवे की ～ सुनाई दी। カラスの鳴き声が聞こえた. **2** 入札, せり値, 付値(つけね). ❐(पर) ～ लगाना (…を)入札する. ❐मेरी ～ चार हज़ार की है। 私の付値は4千ルピーだ. **3** 嫌味, あてこすり. ❐(पर) ～ कसना [मारना] (人に)嫌味を言う. **4**〖言語〗方言. ❐इलाहाबाद की ～ में नपुंसक को मेहरा कहते हैं। アラーハーバードの方言では軟弱な男をメヘラーと言う. ❐देहाती ～ 田舎の言葉. ❐हिंदी की बोलियाँ ヒンディー語の諸方言.

बोलीविया /bolīviyā ボーリーヴィヤー/ [cf. Eng.n. *Bolivia*] *m.*〖国名〗ボリビア(多民族国)《首都は憲法上はスクレ (सोक्रे) であるが事実上はラパス (ला पाज़)》.

बोसा /bosā ボーサー/ [←Pers.n. بوسه 'a kiss'] *m.* キス, 口づけ, 接吻(せっぷん). (⇒चुंबन) ❐(का) ～ करना (…に)口づけをする. ❐(का) ～ लेना (人の)口づけを受ける. ❐(को) ～ देना (人に)口づけをする. ❐(पर) ～ देना (身体部位・ものなどに)口づけをする.

बोहनी /bohạnī ボーフニー/ [<OIA.n. *bōdhana-* 'awakening': T.09316] *f.* 一日の最初の売り上げ(代金)《その日の商売の運・不運が決まるとされる》. ❐पहली ～ दिन भर की बिक्री का भाग्य निर्णय करती है। 最初の売り上げが一日の商売の運を決めることになっている.

बौखलाना /baukʰạlānā バォークラーナー/ [cf. OIA. *skhálati* 'stumbles': T.13663] *vi.* (*perf.* बौखलाया /baukʰạlāyā バォークラーヤー/) 激怒する, 激高する, 逆上する. ❐आप क्रोध से बौखलाए हुए हैं। あなたは怒りのあまり頭に血がのぼっているのです. ❐वह यह पत्र पाते ही बौखला उठा। 彼はこの手紙を手にするやいなや激怒した.

बौखलाहट /baukʰạlāhaṭạ バォークラーハト/ [*बौखलाना* + *-आहट*] *f.* 激怒, 激高, 逆上.

बौछाड़ /baucʰāṛạ バォーチャール/ ▸बौछार *f.* ☞बौछार

बौछार /baucʰārạ バォーチャール/ ▸बौछाड़ [*बौ* (<OIA.m. *vāyú-¹* 'wind': T.11544) + *छार* (<OIA.m. *kṣārá-¹* 'alkali': T.03674) *f.* **1** 激しいにわか雨. **2** 雨あられ(と降り注ぐ). ❐उसपर गालियों की ～ पड़ी। 彼に対し罵詈雑言の雨が降りかかった. ❐उसपर चाबुकों की ～ हुई। 彼に鞭の雨が降った. ❐प्रदर्शनकारियों को तितर-बितर करने के लिए पुलिस ने पानी की बौछारें छोड़ीं। デモ参加者を四散させるために警察は放水をした. ❐प्रश्नों की ～ होने लगी। 質問の雨が降り注いだ.

बौड़म /bauṛamạ バォーラム/ [?cf. *बौरा*] *adj.* 気のふれた(人);常軌を逸した(人).

बौद्ध /bauddʰa バォーッダ/ [←Skt. *बौद्ध-* 'relating or belonging to Buddha, Buddhist'] *adj.* 仏教の. ❐～ धर्म 仏教.
— *m.* 仏教徒.

बौना /baunā バォーナー/ [<OIA. *vāmaná-* 'dwarfish': T.11538] *adj.* 矮小な.
— *m.* こびと, 侏儒.

बौर /baurạ バォール/ [<OIA.n. *bádara-* 'fruit of the jujube tree (*Zizyphus jujuba*)': T.09125; cf. OIA.m. *bakula-* 'the tree *Mimusops elengi*; its flower': T.09116] *m.*〖植物〗(マンゴーの)花の房.

बौरा /baurā バォーラー/ [cf. *बावला*] *adj.* **1** 気のふれた(人);常軌を逸した(人). **2** 純朴な;お人よしの.

बौराना /baurānā バォーラーナー/ [cf. *बौरा*] *vi.* (*perf.* बौराया /baurāyā バォーラーヤー/) 気がふれる, 頭がおかしくなる;心の平静を失う. (⇒सनकना) ❐क्या कहती है तू? बौरा तो नहीं गयी? 何を言っているの?頭がおかしくなったんじゃない? ❐बहुत पढ़ने से आदमी बौरा जाता है। 勉強しすぎると人間は頭がおかしくなるものだ.

ब्याज /byājạ ビャージ/ [<Skt.m. *व्य्-आज-* 'deceit, fraud, deception, semblance, appearance, imitation, disguise, pretext, pretence'] *m.*〖経済〗利子. (⇒सूद) ❐～ चुकाना 利子を完済する. ❐नाम मात्र के ～ पर रुपए देना 形ばかりの利子で金を貸す.

ब्याजख़ोर /byājạxorạ ビャージコール/ [*ब्याज* + *-ख़ोर*] *m.* 高利貸し.

ब्याना /byānā ビャーナー/ [<OIA. *vijāyatē* 'is born': T.11701] *vi.* (*perf.* ब्याया /byāyā ビャーヤー/) (動物が)出産する. ❐ब्यायी हुई गाय 出産した雌牛《気性の荒い女のたとえ》.
— *vt.* (*perf.* ब्याया /byāyā ビャーヤー/) (動物が)子どもを産む.

ब्यालू /byālū ビャールー/ [<OIA.m. *vikāla-* 'twilight, evening': T.11625] *m.* 夕食, 夕餉(ゆうげ). ❐～ करना 夕食をとる.

ब्यास /byāsạ ビャース/ [cf. Eng.n. *Beas* River] *m.* ビアス川《インダス川 5 大支流の一つ;パンジャーブ州 (पंजाब) のサトレジ川に注ぐ》.

ब्याह /byāhạ ビャーハ/ [<OIA.m. *vivāhá-* 'marriage': T.11920] *m.* 結婚(式), 婚姻, 婚礼. (⇒विवाह, शादी, मैरिज) ❐(से) ～ करना (人と)結婚する. ❐(से [के साथ]) (का) ～ करना (人と)(人を)結婚させる. ❐～ रचाना 結婚式を挙げる.

ब्याहता /byāhạtā ビャーヘター/ [cf. *ब्याहना*] *adj.* 嫁に入

った(女), 既婚の(女), 正式に結婚した(妻). ❐उनकी अपनी ～ पत्नी भी थी, कई बच्चे थे। 彼には結婚した妻もいた, 何人か子どももいた.

— *f.* 既婚の女;妻, 人妻. ❐चाहे लौकिक रूप में कुमारी ही क्यों न रहूँ, लेकिन हृदय से उनकी ～ हो चुकी। 私は世俗的には未婚であろうとも, 心底あの方の妻になったのです.

ब्याहना /byāhạnā ビャーヘナー/ [<OIA. *vivāhayati* 'gives (a girl) in marriage': T.11923] *vt.* (*perf.* ब्याहा /byāhā ビャーハー/) **1** 結婚する;嫁ぐ. **2** 結婚式をあげさせる.

ब्यूनस आयर्स /byūnasạ āyarsạ ビューナス アーヤルス/ [cf. Eng.n. *Buenos Aires*] *m.* 〖地名〗ブエノスアイレス《アルゼンチン(共和国) (अर्जेंटीना) の首都》.

ब्यूरो /byūro ビューロー/ [←Eng.n. *bureau*] *m.* 事務局, 事務所. (⇒आफ़िस, कार्यालय, दफ़्तर)

ब्योंतना /byõtạnā ビョーントナー/ [<OIA. **viyavakartati* 'cuts out': T.11830] *vt.* (*perf.* ब्योंता /byõtā ビョーンター/) **1** (布地を)裁断する;(布地を)裁断し縫う, 仕立てる;仮縫いする. ❐वह कोट सी तो लेता है, पर ब्योंत नहीं पाता। 彼はコートを縫うことはできるが, 裁断することはできない. ❐दर्ज़ी ने यह कोट अपने आप ब्योंता है। 仕立て屋はこのコートを自分で裁断から仕立てた. **2**〔俗語〕(人に)暴力をふるう;殺す.

ब्योरा /byorā ビョーラー/ ▸ब्यौरा [cf. Skt.n. *वि-वरण-* 'explanation, exposition, interpretation'] *m.* 詳細(な記録);細目. (⇒तफ़सील, विवरण)

ब्योरेवार /byorevārạ ビョーレーワール/ ▸ब्यौरेवार [*ब्योरा* + *-वार*] *adj.* 詳しい, 詳細な.

— *adv.* 詳しく, 詳細に.

ब्यौरा /byaurā ビャウラー/ ▸ब्योरा *m.* ☞ब्योरा

ब्यौरेवार /byaurevārạ ビャウレーワール/ ▸ब्योरेवार *adj.* ☞ब्योरेवार

— *adv.* ☞ब्योरेवार

ब्रज /brajạ ブラジ/ [<Skt.m. *व्रज-* 'name of the district around Āgrā and Mathurā'] *m.* 〖地名〗ブラジ(地方)《アーグラー (आगरा) とマトゥラー (मथुरा) の付近の総称;クリシュナ神 (कृष्ण) 信仰の中心地》.

ब्रजभाषा /brajạbʰāṣā ブラジバーシャー/ [*ब्रज* + *भाषा*] *f.* ブラジバーシャー《ブラジ地方 (ब्रज) で話されるヒンディー語の方言;クリシュナ神 (कृष्ण) を称える詩はほとんどこの方言で作された》.

ब्रश /braśạ ブラシュ/ ▸बुरुश *m.* ☞बुरुश

ब्रह्मचर्य /brahmạcaryạ ブラフムチャルエ/ [←Skt.n. *ब्रह्म-चर्य-* 'study of the Veda, the state of an unmarried religious student'] *m.* **1** 〖ヒンドゥー教〗学生期《四生活期 (आश्रम) の第一期;禁欲と純潔を守り聖典の学習に励む時期》. **2** 禁欲(生活);純潔. ❐वह पहले ही से ～ व्रत धारण कर चुके थे। 彼は以前から禁欲の誓いを立てていた.

ब्रह्मचारिणी /brahmạcāriṇī ブラフムチャーリニー/ [←Skt.f. *ब्रह्म-चारिणी-* 'observing chastity'] *f.* 独身・純潔を守る女.

ब्रह्मचारी /brahmạcārī ブラフムチャーリー/ [←Skt. *ब्रह्म-चारिन्-* 'practising sacred study as an unmarried student, observing chastity'] *m.* 〖ヒンドゥー教〗ブラフマチャーリー《学生期 (ब्रह्मचर्य) を実践する男;独身・純潔を守る男》.

ब्रह्मपुत्र /brahmạputrạ ブラフムプトル/ [¥leftarrow$ Skt.m. *ब्रह्म-पुत्र-* 'the son of a priest or *Brāhman*'; cf. Eng.n. *Brahmaputra*] *m.* ブラフマプトラ川.

ब्रह्महत्या /brahmạhatyā ブラフムハティャー/ [←Skt.f. *ब्रह्म-हत्या-* 'murder of a Brāhman (or any crime equally henious)'] *f.* 〖ヒンドゥー教〗バラモン殺し(の罪)《あるいは同等の重い罪》.

ब्रह्मांड /brahmāṃḍạ ブラフマーンド/ [←Skt.n. *ब्रह्म-अण्ड-* 'Brahmā's egg, the universe, world'] *m.* 〖ヒンドゥー教〗世界;宇宙.

ब्रह्मा /brahmā ブラフマー/ [←Skt.n. *ब्रह्मन्-* 'one selfexistent impersonal Spirit, the one universal Soul'] *m.* 〖ヒンドゥー教〗ブラフマン, ブラフマー神.

ब्रह्मानंद /brahmānaṃdạ ブラフマーナンド/ [←Skt. *ब्रह्मानन्द-* 'joy in Brahmā; the rapture of absorption into the one self-existent Spirit'] *m.* 〖ヒンドゥー教〗ブラフマーナンダ《ブラフマン(世界)との合一による歓喜;最高の喜悦》.

ब्रांडी /brāṃḍī ブラーンディー/ [←Eng.n. *brandy*] *f.* ブランデー.

ब्रा /brā ブラー/ [←Eng.n. *bra*] *f.* ブラ, ブラジャー.

ब्राज़ाविले /brāzāvile ブラーザーヴィレー/ [cf. Eng.n. *Brazzaville*] *m.* 〖地名〗ブラザビル《コンゴ(共和国) (कांगो) の首都》.

ब्राज़ील /brāzīlạ ブラーズィール/ [cf. Eng.n. *Brazil*] *m.* 〖国名〗ブラジル(連邦共和国)《首都はブラジリア (ब्रासीलिआ)》.

ब्राडकास्ट /brāḍạkāsṭạ ブラードカースト/ [←Eng.n. *broadcast*] *m.* 放送. (⇒प्रसारण)

ब्रातिस्लावा /brātislāvā ブラーティスラーワー/ [cf. Eng.n. *Bratislava*] *m.* 〖地名〗ブラチスラバ《スロバキア(共和国) (स्लोवाकिया) の首都》.

ब्रासीलिआ /brāsīliā ブラースィーリアー/ [cf. Eng.n. *Brasilia*] *m.* 〖地名〗ブラジリア《ブラジル(連邦共和国) (ब्राज़ील) の首都》.

ब्राह्म /brāhmạ ブラーフム/ [←Skt. *ब्राह्म-* 'relating to *brahma* or *brahmā*; holy, sacred, divine'] *adj.* **1** ブラーフマン (ब्राह्मण) に関わる. ❐～ विवाह ブラーフマ婚《古代正統と認められた八つの結婚形式の第一番目;釣り合いのれた両家の合意による結婚;現代の見合い結婚に相当するといわれる》. **2** ブラフマー神 (ब्रह्मा) に関わる;神聖な.

ब्राह्मण /brāhmaṇạ ブラーフマン/ [←Skt.m. *ब्राह्मण-* 'one who has divine knowledge, a *Brāhman*'] *m.* **1** 〖ヒンドゥー教〗ブラーフマン, バラモン《カースト制度で最上位のカースト》. **2** 〖ヒンドゥー教〗ブラーフマナ文献《「祭

儀書」;ヴェーダ文献の内「天啓文学」(श्रुति) を構成する一つ;アタルヴァ・ヴェーダを除く各ヴェーダの本集 (संहिता) に対する説明的文献で, 祭式と祭詞の注釈を目的とする》.

ब्राह्ममुहूर्त /brāhmamuhūrta ブラーフマムフールト/ [←Skt.m. *ब्राह्म-मुहूर्त-* 'a partic. period of the day (that included between the 4th ghaṬkā and the 2nd before sunrise), dawn'] *m.* 〖ヒンドゥー教〗ブラーフマ・ムフールト《日に出前の時間;吉祥の時刻》.

ब्रिगेडियर /brigeḍiyara ブリゲーディヤル/ [←Eng.n. *brigadier*] *m.* 陸軍准将.

ब्रिजटाउन /brijaṭāuna ブリジターウン/ [cf. Eng.n. *Bridgetown*] *m.* 〖地名〗ブリッジタウン《バルバドス (बारबाडोस) の首都》.

ब्रिटेन /briṭena ブリテーン/ [←Eng.n. Great *Britain*] *m.* 〖地理〗グレートブリテン(島)《イギリスの国土の中心的な島》.

ब्रुनेई /bruneī ブルネーイー/ [cf. Eng.n. *Brunei*] *m.* 〖国名〗ブルネイ(・ダルサラーム国)《1982 年末まで英連邦内の自治領;首都はバンダルスリブガワン बंदर सेरी बेगवान》.

ब्रुश /bruśa ブルシュ/ ▸बुरुश *m.* ☞बुरुश

ब्रुसेल्स /bruselsa ブルセールス/ [cf. Eng.n. *Brussels*] *m.* 〖地名〗ブリュッセル《ベルギー(王国) (बेल्जियम) の首都》.

ब्रेक /breka ブレーク/ [←Eng.n. *brake*] *m.* ブレーキ. ❐(का) ～ लगाना (…の)ブレーキをかける.

ब्लाउज़ /blāuza ブラーウズ/ ▸ब्लाउस [←Eng.n. *blouse*] *m.* ブラウス.

ब्लाउस /blāussa ブラーウッス/ ▸ब्लाउज़ *m.* ☞ब्लाउज़

ब्लाक /blāka ブラーク/ ▸ब्लॉक [←Eng.n. *block*] *m.* 街区, 区画, ブロック.

ब्लाग /blāga ブラーグ/▸ब्लॉग [←Eng.n. *blog* (web-log)] *m.* 〖コンピュータ〗ブログ. ❐～ लिखना ブログを書く.

ब्लूप्रिंट /blūpriṃṭa ブループリント/ [←Eng.n. *blueprint*] *m.* 青写真.

ब्लेड /bleḍa ブレード/ [←Eng.n. *blade*] *m.* (かみそりやナイフの)刃, ブレード.

भ

भंग¹ /bʰaṃga バング/ [←Skt.m. *भङ्ग-* 'hemp; bursting (said of the Soma)'] *f.* ☞भाँग

भंग² /bʰaṃga バング/ [←Skt.m. *भङ्ग-* 'breaking; bursting (said of the Soma)'] *m.* (制度, 因習, 均衡, 状態など継続されているものを)断ち切ること;破壊;中断, 中止. ❐इस शब्द ने उसके स्वप्न को ～ कर दिया। この言葉が彼女の夢を打ち砕いた. ❐शांति ～ होना 平和が破られる. ❐सभा ～ करना 会を閉会する.

भँगड़ /bʰãgaṛa バンガル/ ▸भँगेड़ी [cf. *भाँग*] *m.* ☞भँगेड़ी

भँगड़ा /bʰãgaṛā バングラー/ [←Panj.m. *ਭੰਗੜਾ* 'Bhangra (dance)'] *m.* バングラー《パンジャーブ地方の収穫祭を祝う踊る民俗舞踊, またその時歌われる民謡;太鼓と手拍子のリズムに合わせた激しい動きが特徴;現代風にアレンジしたバングラー・ビートも有名》.

भंगिमा /bʰaṃgimā バンギマー/ [←Skt.m. *भङ्गिमन्-* 'fracture; bending'] *f.* (女の)なまめかしいポーズ. (⇒अदा)

भंगी /bʰaṃgī バンギー/ [?] *m.* 掃除人, 清掃人. (⇒मेहतर)

भंगुर /bʰaṃgura バングル/ [←Skt. *भङ्गुर-* 'apt to break, fragile, transitory, perishable'] *adj.* 壊れやすい;はかない.

भँगेड़ी /bʰãgeṛī バンゲーリー/ ▸भँगड़ [cf. *भाँग*] *m.* 大麻中毒者.

भंजन /bʰaṃjana バンジャン/ [←Skt.n. *भञ्जन-* 'breaking, shattering, crushing, destroying'] *m.* 破壊すること《合成語の要素としても使用;मूर्ति-भंजन「聖像破壊, 偶像破壊」など》.

भँजना /bʰãjanā バンジナー/ [cf. *भाँजना*] *vi.* (*perf.* भँजा /bʰãjā バンジャー/) **1** (お金が)くずされる. **2** 折り曲げられる;たたまれる. **3** (剣・棒などが)振り回される.

भँजाना /bʰãjānā バンジャーナー/ [caus. of *भाँजना, भँजना*] *vt.* (*perf.* भँजाया /bʰãjāyā バンジャーヤー/) (金を)くずしてもらう.

भंडा-फोड़ /bʰaṃḍā-pʰoṛa バンダー・ポール/ [*भांडा* + *फोड़ना*] *m.* **1** (秘密を)暴露する人. **2** (秘密の)暴露. (⇒परदाफ़ाश) ❐(का) ～ करना (…を)暴露する.

भंडार /bʰaṃḍāra バンダール/ ▸भांडार [<OIA.n. *bhāṇḍāgāra-* 'treasury': T.09442] *m.* **1** 貯蔵庫, 倉庫;宝庫. **2** (知識の)宝庫, たくわえ. ❐उनका मस्तिष्क कृषि-संबंधी ज्ञान का ～ था। 彼の頭脳は農業関係の知識の宝庫だった. ❐उनके पास अपने अनुभवों का विशेष ～ था। 彼は自分の経験の特別な宝庫をもっていた.

भंडारा /bʰaṃḍārā バンダーラー/ [cf. *भंडार*] *m.* **1** 〖ヒンドゥー教〗バンダーラー《人々に振る舞う食事;特に苦行者などに振る舞う食事をさす》. ❐～ लगाना [देना] (人々に)食事を振る舞う. **2** 腹. (⇒पेट)

भंडारी /bʰaṃḍārī バンダーリー/ [<OIA.m. *bhāṇḍāgārika-* 'treasurer': T.09443] *m.* **1** 倉庫の責任者, 倉庫番. **2** 厨房(ちゅうぼう)の責任者, 料理長, 料理人.

भँभीरी /bʰãbʰīrī バンビーリー/ [<OIA.m. *bhambha-* 'fly': T.09389] *f.* **1** 〖昆虫〗トンボ, 蜻蛉. **2** 独楽(こま). (⇒फिरकी, लट्टू)

भँवर¹ /bʰãvara バンワル/ [<OIA. *bhramara-¹* '*moving unsteadily, revolving': T.09650] *m.* 渦, 渦巻き. ❐～ में पड़ना 渦に飲み込まれる;危機に陥る.

भँवर² /bʰãvara バンワル/▸भौंरा [<OIA.m. *bhramará-²* 'large black bee': T.09651; cf. *भौंरा¹*] *m.* 〖昆虫〗花蜂, ハナバチ.

भकभकाना /b^{h}akab^{h}akānā バクバカーナー/ [onom.; cf. *भभकना*] *vi.* (*perf.* भकभकाया /b^{h}akab^{h}akāyā バクバカーヤー/) ボーボー (भक-भक) と燃える.

भकार /b^{h}akāra バカール/ [←Skt.m. *भ-कार-* 'Devanagari letter भ or its sound'] *m.* **1** 子音字 भ. **2** 〖言語〗子音字 भ の表す子音 /b^h ブ/.

भकारांत /b^{h}akārāṃta バカーラーント/ [←Skt. *भकार-अन्त-* 'ending in the letter भ or its sound'] *adj.* 〖言語〗語尾が भ で終わる(語)《जीभ「舌」, लाभ「効き目」, शुभ「吉祥な」など》. ❐～ शब्द 語尾が भ で終わる語.

भकोसना /b^{h}akosanā バコースナー/ [<OIA. *bhakṣáyati* 'eats, drinks': T.09342; cf. *ढकोसना*] *vt.* (*perf.* भकोसा /b^{h}akosā バコーサー/) がつがつ食べる. (⇒ढकोसना) ❐ ज़रा सी देर में वह सारा खाना भकोस गया, मेरे लिए कुछ नहीं छोड़ा। わずかの間に彼は食べ物全部をがつがつと食べてしまった, 私には何も残さなかった.

भकोसू /b^{h}akosū バコースー/ [cf. *भकोसना*] *m.* 大食いの人, 食い意地のはった人.

भक्त /b^{h}akta バクト/ [←Skt. *भक्त-* 'distributed, allotted; divided; devoted to, faithful'] *adj.* 〖ヒンドゥー教〗敬虔な, 信心深い.

— *m.* **1** 〖ヒンドゥー教〗(絶対神に帰依する)熱烈な信者. **2** 熱烈な愛好家, ファン. ❐मिठाई का ～ お菓子の大好きな人.

भक्तवत्सल /b^{h}aktavatsala バクトワトサル/ [←Skt. *भक्त-वत्सल-* 'kind to worshippers or to faithful attendants'] *adj.* 〖ヒンドゥー教〗(神が)信じる者を慈しむ. ❐क्या ～ शंकर भगवान् इस अवसर पर मेरी सहायता न करेंगे? 信じる者を慈しむシヴァ神はこのような場合私を助けてくださらないのだろうか？

भक्ति /b^{h}akti バクティ/ [←Skt.f. *भक्ति-* 'separation; division; devotion'] *f.* 〖ヒンドゥー教〗(絶対神への)帰依, 信愛.

भक्षक /b^{h}akṣaka バクシャク/ [←Skt. *भक्षक-* 'one who eats, an eater, enjoyer'] *adj.* 《合成語「…を食らう(もの), …を食する(もの)」の要素として; मांसभक्षक「肉食の, 肉を食らう」など》

— *m.* 大食漢.

भक्षण /b^{h}akṣaṇa バクシャン/ [←Skt.n. *भक्षण-* 'the act of eating'] *m.* 食すること, (獣などが肉を)食らうこと. ❐ गोमांस ～ 牛の肉を食べること.

भक्षी /b^{h}akṣī バクシー/ [←Skt. *भक्षिन्-* 'eating, devouring'] *adj.* 《主に合成語の要素「…を食べる(もの), …を食らう(もの)」として; नर-भक्षी「人食いの」など》.

भक्ष्याभक्ष्य /b^{h}akṣyāb^{h}akṣya バクシャーバクシエ/ [?neo.Skt. *भक्ष्य-अभक्ष्य-* 'edible and inedible'] *adj.* 食べられるものと食べられないものの, 食べていいものと食べってはいけないものの.

भगंदर /b^{h}agaṃdara バガンダル/ [←Skt.m. *भगं-दर-* 'lacerating the vulva; a fistula in the pudendum muliebre or in the anus etc.'] *m.* 〖医学〗瘻(ろう), フィステル.

भगत /b^{h}agata バガト/ [<Skt. *भक्त-* 'attached or devoted to, loyal, faithful'] *adj.* 〖ヒンドゥー教〗信心深い.

— *m.* 〖ヒンドゥー教〗信心深い人.

भगतिन /b^{h}agatina バグティン/ [cf. *भगत*] *f.* 〖ヒンドゥー教〗女性信者.

भगदड़ /b^{h}agadaṛa バグダル/ [*भागना* + *दौड़ना*] *f.* (パニックになった)集団暴走, 群衆の殺到. ❐～ मचना 大恐慌をきたす. ❐～ मचाना 大恐慌を起こす.

भगना /b^{h}aganā バグナー/ ▸भागना *vi.* (*perf.* भगा /b^{h}agā バガー/) ☞भागना

भगवद्गीता /b^{h}agavadgītā バグワドギーター/ [←Skt.f. *भगवद्-गीता-* 'name of a celebrated mystical poem'] *f.* 〖文学〗バガヴァドギーター《叙事詩『マハーバーラタ』(महाभारत) の一部をなすヒンドゥー教聖典; 単にギーター (गीता) とも》.

भगवा /b^{h}agavā バグワー/ [cf. *भक्त*] *m.* **1** 黄土色. (⇒गेरू) ❐～ झंडा [ध्वज]黄土色の旗《ヒンドゥー教の保守的な党派のシンボル》. **2** 黄土色に染めた布《ヒンドゥー教の修行者が身にまとう》.

भगवान् /b^{h}agavān バグワーン/▹भगवान [←Skt. *भगवत्-* 'glorious, illustrious, divine, adorable, venerable; holy (applied to gods, demigods, and saints ae a term of address)'] *adj.* あがめるべき, 崇拝すべき; 神々しい.

— *m.* **1** 〖ヒンドゥー教〗神, 最高神《「神」を表す最もよく使われる語; 特定の「神」に限定されない》. (⇒ईश्वर, परमेश्वर) ❐～ जाने। 神のみぞ知る. ❐～ ने तो सब को बराबर ही बनाया है। 神様は皆を平等におつくりになったのだ. ❐जैसी ～ की इच्छा 神のお望みのままに. **2** 〖仏教〗〖ジャイナ教〗聖人《開祖を表す語の前につける》. ❐～ बुद्ध 仏陀, ブッダ. ❐～ महावीर 大聖マハーヴィーラ. **3** 神のような人, あがめられる人.

भगाना /b^{h}agānā バガーナー/ [cf. *भागना*] *vt.* (*perf.* भगाया /b^{h}agāyā バガーヤー/) **1** 追い出す, 追い払う. (⇒खदेड़ना, हटाना) **2** (女をそそのかして)連れ去る, さらう. (⇒उड़ाना)

भगिनी /b^{h}aginī バギニー/ [←Skt.f. *भगिनी-* 'a sister'] *f.* 姉妹. (⇒बहन)

भगीरथ /b^{h}agīrat^{h}a バギーラト/ [←Skt.m. *भगीरथ* 'having a glorious chariot; name of an ancient king'] *m.* 〖神話〗バギーラタ王《厳しい苦行により天界のガンジス川 (गंगा) を地上に降下させたとされる》. ❐～ परिश्रम [प्रयत्न]すさまじい努力.

भगोड़ा /b^{h}agoṛā バゴーラー/ [cf. *भागना*] *m.* **1** 逃亡した; 失踪した; 脱走した. (⇒फ़रार) ❐～ सिपाही 脱走兵. **2** 臆病な, 小心な. (⇒कायर, डरपोक)

— *m.* **1** 逃亡者; 失踪者; 脱走者. (⇒फ़रार) **2** 臆病者, 小心者. (⇒कायर, डरपोक)

भग्गू /b^{h}aggū バッグー/ [cf. *भागना*] *adj.* ☞भगोड़ा

भग्नावशेष /b^{h}agnāvaśeṣa バグナーオシェーシュ/ [neo.Skt.n. *भग्न-अवशेष-* 'broken remains; ruins, debris'] *m.* 遺跡; 廃墟(はいきょ); 瓦礫(がれき), 残骸

(ざんがい).

भग्नावस्था /b^{h}agnāvast^{h}ā バグナーワスター/ [neo.Skt.f. *भग्न-अवस्था-* 'ruined condition'] *f.* 荒れ果てた状態. ❐झोंपड़े की ～ मूक भाषा में अपनी करुण कथा सुना रही थी। みすぼらしい小屋の荒れ果てた状態が無言の言葉で自身の哀れな物語を語っていた.

भजन /b^{h}ajana バジャン/ [←Skt.n. *भजन-* 'the act of sharing; reverence, worship, adoration'] *m.* **1** 〖ヒンドゥー教〗バジャン《神を念じ神の讃歌を詠唱する行為》. ❐भगवान का ～ करना 神を称え讃歌を詠唱する. **2** 〖ヒンドゥー教〗バジャン《ふしをつけて歌われる神の讃歌》. ❐～ गाना バジャンを朗詠する.

भजना /b^{h}ajanā バジナー/ [cf. *भजन*] *vt.* (*perf.* भजा /b^{h}ajā バジャー/) (神の名を)唱える, 念じる.

भजनी /b^{h}ajanī バジニー/ [*भजन* + -ई] *m.* 〖ヒンドゥー教〗賛歌 (भजन) を詠唱する人.

भटकटैया /b^{h}aṭakaṭaiyā バトカタイヤー/ [cf. *कंटक*] *m.* 〖植物〗バトカタイヤー《ナス科の薬草;とげがある》. (⇒कटाई)

भटकना /b^{h}aṭakanā バタクナー/ [<OIA. *bhraṣṭá-* 'fallen, ruined': T.09655; cf. OIA. **bhaṭ-* 'sudden movement or noise': T.09365] *vi.* (*perf.* भटका /b^{h}aṭakā バトカー/) **1** 道に迷う, 迷子になる;さまよう. ❐जंगल में ～ 森の中をさまよう. **2** 過ちを犯す;逸脱する. **3** (あるものを求めて)落ち着かない;さまよう.

भटकाना /b^{h}aṭakānā バトカーナー/ [cf. *भटकना*] *vt.* (*perf.* भटकाया /b^{h}aṭakāyā バトカーヤー/) 道に迷わせる.

भटकाव /b^{h}aṭakāva バトカーオ/ [cf. *भटकना*] *m.* 道に迷うこと.

भटियारा /b^{h}aṭiyārā バティヤーラー/ ▸भठियारा *m.* ☞भठियारा

भट्टाचार्य /b^{h}aṭṭācārya バッターチャールエ/ [←Skt.m. *भट्ट-आचार्य-* 'a title given to a learned *Brāhman*'; cf. Beng.n. *ভট্টাচার্য*] *m.* **1** バッターチャールヤ《ベンガル地方のバラモンの代表的な名の一つ;「学のある人」の意味にも》. **2**〔皮肉〕学があるように見えてその実読み書きも満足にできない人.

भट्टी /b^{h}aṭṭī バッティー/ ▸भट्ठी *f.* ☞भट्ठी

भट्ठा /b^{h}aṭṭ^{h}ā バッター/ [<OIA.n. *bhrā́ṣṭra-* 'frying pan, gridiron': T.09656] *m.* (レンガなどを焼く)窯;炉. ❐ईंट ～ レンガを焼く窯.

भट्ठी /b^{h}aṭṭ^{h}ī バッティー/ ▸भट्टी [cf. *भट्ठा*] *f.* **1** オーブン, かまど. **2** ストーブ, 暖炉. **3** ボイラー, 缶(かま). **4** 炉;原子炉. ❐परमाणु ～ 原子炉.

भठियाना /b^{h}aṭ^{h}iyānā バティヤーナー/ [<OIA. *bhraṣṭá-* 'fallen, ruined': T.09655] *vi.* (*perf.* भठियाया /b^{h}aṭ^{h}iyāyā バティヤーヤー/) **1** (潮が)引く. **2** (引き潮にのって)下流に下る.

भठियारा /b^{h}aṭ^{h}iyārā バティヤーラー/ ▸भटियारा [<OIA.m. *bhṛṣṭakāra-* 'preparer of roasted meat': T.09596] *m.* バティヤーラー《隊商宿 (सराय) の主人》.

भड़कना /b^{h}aṛakanā バラクナー/ [<OIA. **bhaṭ-* 'sudden movement or noise': T.09365] *vi.* (*perf.* भड़का /b^{h}aṛakā バルカー/) (火が)急に激しく燃え上がる. (⇒भभकना)

भड़काना /b^{h}aṛakānā バルカーナー/ [onom.] *vt.* (*perf.* भड़काया /b^{h}aṛakāyā バルカーヤー/) **1** (火を)激しく燃え上がらせる. **2** 激怒させる;(人を)駆り立てて火に油を注ぐ. (⇒उकसाना, उभारना, दहकाना) ❐इस ख़याल ने उसके क्रोध को फिर भड़काया। この考えが, 彼の怒りをまた燃え上がらせた. ❐उसने उसे भड़काया। 彼女は彼を駆り立てて火に油を注いだ.

भड़कीला /b^{h}aṛakīlā バルキーラー/ [cf. *भड़कना*] *adj.* 派手な, 目立つ;けばけばしい. ❐पक्षियों में नर मादा से अधिक भड़कीले रंग का होता है। 鳥は雄が雌よりもより派手な色である.

भड़भड़ /b^{h}aṛab^{h}aṛa バルバル/ [cf. OIA. **bhaṭ-* 'sudden movement or noise': T.09365] *f.* (ゴーゴー, ガラガラなど)激しくけたたましい音. ❐～ मचाना けたたましい音をたてる.

भड़भड़ाना /b^{h}aṛab^{h}aṛānā バルバラーナー/ [cf. *भड़भड़*] *vi.* (*perf.* भड़भड़ाया /b^{h}aṛab^{h}aṛāyā バルバラーヤー/) 激しくけたたましい音 (भड़-भड़) をたてる.

भड़भड़िया /b^{h}aṛab^{h}aṛiyā バルバリヤー/ [cf. *भड़भड़*] *m.* 大声で怒鳴るように話す人.

भड़भूँजा /b^{h}aṛab^{h}ū̃jā バルブーンジャー/ [*भाड़* + *भूँजना*] *m.* バルブーンジャー《穀物を炒る人;穀物を炒ることを生業とするカースト》.

भड़ास /b^{h}aṛāsa バラース/ [?cf. OIA. **bhaṭ-* 'sudden movement or noise': T.09365] *f.* **1** 蒸し暑さ. **2** 癇癪(かんしゃく);心に鬱積(うっせき)した思い. ❐～ निकालना 癇癪を爆発させる, 鬱積した思いを吐き出す.

भड़ुआ /b^{h}aṛuā バルアー/ [?<OIA.m. *bhártṛ-* 'husband': T.09402] *m.* バルアー《芸妓の伴奏をする男芸人;ぽん引き》.

भतीजा /b^{h}atījā バティージャー/ [<OIA.m. *bhrātrī́ya-* 'brother's son': T.09672] *m.* 甥《兄弟の息子》. (⇔भतीजी)

भतीजी /b^{h}atījī バティージー/ [cf. *भतीजा*] *f.* 姪《兄弟の娘》. (⇔भतीजा)

भत्ता /b^{h}attā バッター/ [<OIA. **bhārta-* 'pertaining to servants': T.09468; cf. Skt.m. *भाट-* 'wages, hire, rent'] *m.* 〖経済〗手当;支給額. ❐आवास ～ 住宅手当. ❐जोखिम ～ 危険手当. ❐महँगाई ～ 物価特別手当.

भद्द /b^{h}adda バッド/ [cf. *भद्दा*] *f.* 面目丸つぶれ, 体面を失うこと, 恥辱. ❐(की) ～ उड़ाना (人を)面目丸つぶれにする. ❐कुछ न पूछिए, उस घड़ी कितनी ～ हुई। 何も聞かないでくれ, その時どれほど恥をかいたか. ❐वह व्यर्थ अपनी ～ करा रहे हैं। 彼は意味もなく自分自身を貶めている.

भद्दा /b^{h}addā バッダー/ [<OIA. *bhadrá-*[1] 'fortunate, delightful': T.09377] *adj.* **1** 気の利かない, ぼんくらの;あかぬけしない. **2** 醜い, 醜悪な;卑猥な.

भद्र /b^{h}adra バドル/ ←Skt. *भद्र-* 'fortunate; gracious'] *adj.* (家柄のよさを思わせる)温和な, もの静かな(人):(物腰が)礼儀正しい, 丁重な.

भद्रता /bʰadrạtā バドルター/ [←Skt.f. *भद्र-ता-* 'probity'] *f.* (家柄のよさを思わせる)温和な性格:礼儀正しさ, 丁重な物腰.

भनक /bʰanakạ バナク/ [onom.; cf. *भन-भन*] *f.* **1** かすかな物音, 気配;遠くの音. ❐उसके कानों में स्वर की ～ पड़ी, उठ बैठा और सुने लगा। 彼の耳にかすかな歌声が聞こえた, 座り直しそして耳を傾けた. **2** うわさ, 風説. ❐उसके कानों में भी इस बात की ～ पड़ी थी, पर उसे विश्वास न आया था। 彼の耳にもこのうわさが入っていたが, 彼は信じられなかった.

भन-भन /bʰanạ-bʰanạ バン・バン/ ▸भिन-भिन [onom.; cf. OIA. **bhan-²* 'buzz': T.09382] *f.* 〔擬音〕ブンブン《蠅や虫などの羽音》.

भनभनाना /bʰanạbʰanānā バンバナーナー/ ▸भन्नाना, भिनभिनाना [cf. *भन-भन*] *vi.* (*perf.* भनभनाया /bʰanạbʰanāyā バンバナーヤー/) **1** (蠅など昆虫が)ブンブン (भन-भन) 音をたてる. (⇒गुनगुनाना) **2** 耳鳴りがする. **3** 鼻声で話す.

भन्नाना /bʰannānā バンナーナー/ ▸भनभनाना *vi.* (*perf.* भन्नाया /bʰannāyā バンナーヤー/) ☞भनभनाना

भभक /bʰabʰakạ ババク/ [onom. *भक-भक*] *f.* **1** (激しく燃えあげる)火炎;(激しい)沸騰. **2** (むっと鼻をつく)悪臭[異臭].

भभकना /bʰabʰakạnā ババクナー/ [onom.; cf. *भकभकाना*] *vi.* (*perf.* भभका /bʰabʰạkā バブカー/) **1** (さらに火力を増して)ゴーと音を出し燃え上がる. (⇒भड़कना) ❐वह घर भभककर जल उठा। その家はゴーと音を出し燃え上がった. **2** ゴボゴボと激しく沸騰する. **3** (強烈な悪臭が)むっと鼻をつく. **4** 激怒する.

भभकी /bʰabʰạkī バブキー/ [cf. *भभकना*] *f.* (怖い形相での)脅し, 威圧. (⇒घुड़की) ❐～ में आना 脅しに屈する.

भभूत /bʰabʰūtạ バブート/ [<Skt.f. *वि-भूति-* 'manifestation of might, great power, superhuman power'] *f.* 〖ヒンドゥー教〗バブート《聖なる灰;シヴァ派の修行者が額や腕など体に塗る》. ❐शरीर में ～ मलना [रमाना, लगाना]体に聖なる灰を塗る.

भयंकर /bʰayaṃkarạ バヤンカル/ [←Skt. *भयम्-कर-* 'terrible'] *adj.* **1** 恐ろしい, 怖い. **2** ものすごい, ひどい;つらい.

भय /bʰayạ バエ/ [←Skt.n. *भय-* 'fear'] *m.* **1** 恐怖, 恐れ;おびえ. **2** 危惧.

भयानक /bʰayānakạ バヤーナク/ [←Skt. *भयानक-* 'fearful, terrible, dreadful, formidable'] *adj.* 恐ろしい, ぞっとする;ひどい, 強烈な. ❐～ स्वप्न देखना 恐ろしい夢を見る. ❐उसने मेरी ओर बड़ी ～ दृष्टि से देखा था। 彼は私の方をとても恐ろしい目で見た. ❐मैंने मन ही मन कहा, बड़ा ～ आदमी है। 私は心の底から言った, とても恐ろしい男です.

भयावह /bʰayāvahạ バヤーワ/ [←Skt. *भय-आवह-* 'bringing feer or danger, formidable, fearful'] *adj.* ☞भयानक

भर /bʰarạ バル/ *ind.* 《〖名詞 भर〗の形式で, 副詞句「…中, …いっぱいに」を作る》 ❐दिन ～ 一日中. ❐जीवन ～ 一生涯.

भरण-पोषण /bʰaraṇạ-poṣaṇạ バラン・ポーシャン/ *m.* 扶養, 養育. ❐(का) ～ करना (人を)扶養する.

भरता /bʰarạtā バルター/ ▸भुरता [?] *m.* 〖食〗バルター, ブルター《ジャガイモやナスなどをあぶって, 柔らかくなった果肉を香辛料などで炒めた料理》.

भरती /bʰarạtī バルティー/ ▹भर्ती [cf. *भरना*] *f.* **1** (空白などが)埋まること, 満たされること. ❐～ करना (空白などを)埋める. **2** (教育機関への)入学;(軍隊・警察・鉄道など国の組織への)就職, 入隊, 入社;(使用人としての)就職;(病院への)入院《よく形容詞的に用いられる》. ❐उनकी सिफ़ारिश से मैं स्कूल में ～ हो गया। 彼の推薦で私は学校に入学できた. ❐उन्हें अस्पताल में ～ कराया गया। 彼を入院させた. ❐(को) ～ करना (人を)採用する. ❐(को) ～ कराना (人を)採用させる. ❐मैं फ़ौज में ～ हुआ। 私は軍隊に入隊した.

भरना /bʰarạnā バルナー/ [<OIA. *bhárati* 'bears, brings, keeps': T.09397] *vi.* (*perf.* भरा /bʰarā バラー/) **1** (液体が)注がれる;(ものが)詰められる;積まれる. **2** 満杯になる, いっぱいになる. **3** (腹が)満たされる, 満杯になる. **4** (既定の日数・時間・期間が)満了する. **5** (胸が)盛り上がる;(歩き過ぎで)(足が)腫れる. **6** (弾が)こめられる, 装填される. **7** (隙間・穴などが)ふさがれる. **8** (傷口が)ふさがる, 快癒する. ❐घाव ～ 傷口がふさがる. **9** (書類の空欄が)埋まる. **10** (空位・空席が)補充される. **11** (全額が)支払われる;(損害などが)補填される.

— *vt.* (*perf.* भरा /bʰarā バラー/) **1** (液体を)注ぐ, つぐ;(ものを)詰める;積む. **2** 満杯にする, いっぱいにする. **3** (生涯を)全うする. **4** (弾を)こめる, 装填する. ❐बंदूक़ मेरी भरी थी। 私の銃は弾がこめられていた. **5** (隙間・穴などを)ふさぐ. **6** (書類の空欄を)埋める, 記入する. **7** (空位・空席を)補充する. **8** (全額を)支払う;(損害などを)補填す. **9**〔慣用〕❐उड़ान ～ (飛行機が)飛行する.

भरनी /bʰarạnī バルニー/ [cf. *भरना*] *f.* **1** 満たすこと. **2** (織物の)横糸.

भरपाई /bʰarạpāī バルパーイー/ [*भरना* + *पाना*] *f.* 支払いの完済;その証書, 完済証書. ❐～ लिखाना 完済証書を書いてもらう.

भरपूर /bʰarạpūrạ バルプール/ [*भर* + *पूरा*] *adj.* **1** 満杯の, なみなみと満ちた;満ち満ちている. ❐～ परोसा 腹一杯の食事. ❐भोला पर जो नशा चढ़ रहा था, उसे इस ～ प्याले ने और गहरा कर दिया। ボーラーに回りつつあった酔いを, このなみなみと満たされた杯はさらに深くした. ❐रईसों के सभी गुण इनमें ～ थे। 高い家柄の人たちがもっているすべての特質がこの方の中に満ち満ちていた. **2** 全力の, 思い切りの. ❐～ ज़ोर लगाना 全力の力を込める.

— *adv.* **1** 満杯に, なみなみと. **2** 全力で, 思い切り.

भरमाना /bʰarạmānā バルマーナー/ [cf. *भ्रम*] *vt.* (*perf.*

भरमाया /b^{h}aramāyā バルマーヤー/) (人を)惑わせる.

भरमार /b^{h}aramāra バルマール/ [*भरना* + *मारना*] *f.* (うんざりするするものが)たくさんあること,(ありがたくない人が)うじゃうじゃいること. ❐इस देश में उच्चशिक्षित मनुष्यों की इतनी ~ है। この国には高学歴の人間がこれほどひしめいている. ❐सरकारी दफ़्तर में नियम और नीतियों की ~ रहती है। 役所には規則や手順がうんざりするほどある. ❐निमंत्रणों की ~ रहती थी। 山のような招待状だった.

भरवाई /b^{h}aravāī バルワーイー/ [cf. *भरवाना*] *f.* 満たしたり積載する仕事;その仕事の手間賃.

भरवाना /b^{h}aravānā バルワーナー/ ▸भराना [caus. of *भरना*] *vt.* (*perf.* भरवाया /b^{h}aravāyā バルワーヤー/) 満たさせる;満たしてもらう.

भरसक /b^{h}arasaka バルサク/ [*भरना* + *सकना*] *adv.* できる限り, 精一杯. ❐उन्होंने इस कलह को शांत करने की ~ बहुत चेष्टा की। 彼はこの言い争いを静めようと精一杯力を尽くした. ❐मैं ~ तुम्हारी मदद करूँगा। 君をできる限り助けるつもりだ.

भरा /b^{h}arā バラー/ [cf. *भरना*] *adj.* 満たされた, 満杯の;(銃の弾が)装てんされている. ❐भरी जवानी में 若さの盛りの時. ❐भरी हुई पिस्तौल 弾の込められたピストル.

भराई /b^{h}arāī バラーイー/ [cf. *भराना*] *f.* 荷物を詰めたり積んだりする仕事;その仕事の手間賃.

भराना /b^{h}arānā バラーナー/ ▸भरवाना *vt.* (*perf.* भराया /b^{h}arāyā バラーヤー/) ☞भरवाना

भरा-पूरा /b^{h}arā-pūrā バラー・プーラー/ *adj.* **1** 満ちた, 満杯の;(家族が)賑やかで活気がる. **2** 満ち足りた, 豊かな;栄える, 盛んな.

भराव /b^{h}arāva バラーオ/ [cf. *भरना, भराना*] *m.* **1** (水などが)溜まること. **2** 詰め物;具(ぐ).

भरी /b^{h}arī バリー/ [cf. *भरना*] *f.* 〖単位〗バリー《金・銀などの貴金属を計量する単位;1バリーは10マーシャー (माशा) に相当, 約10グラム》.

भरोसा /b^{h}arosā バローサー/ *m.* 信用, 信頼. (⇒विश्वास, यक़ीन) ❐वह भरोसे का है। 彼は信用[信頼]できる.

भर्ती /b^{h}artī バルティー/ ▹भरती *f.* ☞भरती

भर्त्सना /b^{h}artsanā バルトサナー/ [←Skt.f. *भर्त्सना-* 'threatening, a threat, menace, curse'] *f.* **1** 毒舌, 悪態, 悪口;小言, 説教, 文句. ❐(की) ~ करना (人に)悪態をつく. **2** 脅し.

भर्राना /b^{h}arrānā バルラーナー/ [onom.] *vi.* (*perf.* भर्राया /b^{h}arrāyā バルラーヤー/) (嗚咽で喉や声が)つまってかすれる. ❐उसका गला भर्रा गया और उसने मुँह फेरकर रूमाल से आँसू पोंछे। 彼女の喉は(嗚咽で)つまった, そして彼女は顔をそむけてハンカチで涙をぬぐった. ❐उसने भर्राई हुई आवाज़ में कहा। 彼はかすれた声で言った.

भलमनसाहत /b^{h}alamanasāhata バルマンサーハト/ [*भला* + *मनुष्य*] *f.* 人の良さ, 善良さ;礼儀正しさ. ❐उसके चेहरे से ~ बरसती थी। 彼の顔から善良さが溢れ出ていた. ❐यह कहाँ की ~ है कि आप उसका निमंत्रण अस्वीकार कर दें। 彼女の招待をお断りになるなんて, 一体どこの礼儀でございましょう.

भलमनसी /b^{h}alamanasī バルマンスィー/ *f.* ☞भलमनसाहत

भला /b^{h}alā バラー/ [<OIA. *bhalla-*[1] 'auspicious': T.09408] *adj.* **1** 良い;存分な. ❐मैं उसे भली भाँति जानता हूँ। 私は彼をよく知っている. **2** 善良な;好ましい. ❐~ आदमी वही है, जो दूसरों की बहू-बेटी को अपनी बहू-बेटी समझे। 善い人というのは, 他人の妻や娘を自分の妻や娘同然に思う人のことだ. ❐मुझे तो बड़ा ~ आदमी लगता है। 私には(彼は)とてもいい人に思えるが. ❐मेरी आँखों में तुम अब भी उतनी ही भली हो। 私の目にはお前は今でも昔と同じようにいい子だよ.

— *m.* **1** 善きこと, 幸せ, 幸福. ❐ईश्वर उसका ~ करे। 神があの人を幸せにしますように. ❐जिसका हुक्म न माने, वही बैरी, सबसे ~ अकेला। 言い付けを聞かなきゃすぐ敵だ, 一番善いのは一人でいることさ. **2** (自分の)得, 利益. ❐~ चाहते हो, तो यहाँ से चले जाओ। 自分がかわいかったら, ここから立ち去れ.

— *int.* 一体全体, そもそも《疑問詞や不定代名詞とともに使って反語的な表現を作る》. ❐घर तुम्हारा, मालिक तुम, मैं ~ कौन होती हूँ तुम्हें घरा से निकालनेवाली। 家はあんたのだし, 主(あるじ)はあんただ, 一体全体私があんたを家から追い出せる何様だというんだい. ❐मैं ~ क्या कर सकता हूँ। 私が一体何ができるというのだ.

भलाई /b^{h}alāī バラーイー/ [*भला* + *-ई*] *f.* 善きこと;幸福. ❐(के साथ) ~ करना (人に対して)善きことをする. ❐(की) ~ के ख़याल से कहना (人に)良かれと思い言う. ❐मैं उस आदमी को आदमी नहीं समझता, जो देश और समाज की ~ के लिए उद्योग न करे और बलिदान न करे। 私は, 国と社会の幸福のために努力しないようなそして犠牲を払わないような人間を人間だと思いません.

भला-चंगा /b^{h}alā-caṃgā バラー・チャンガー/ *adj.* 健康な, 壮健な.

भला-बुरा /b^{h}alā-burā バラー・ブラー/ *m.* (人を批判する)あることないこと;毀誉褒貶. ❐मैं तुम्हें जो ~ कहा, उसकी माफ़ी दे दो। 私は君にあることないことを言ったが, それを許してくれ.

भलामानस /b^{h}alāmānasa バラーマーナス/ [*भला* + *मानुष्य*] *m.* 善良な人;礼儀正しい人, 紳士.

भवदीय /b^{h}avadīya バオディーエ/ [←Skt. *भवदीय-* 'your honour's, your'] *adj.* 《(男性の)手紙の末尾に名前の直前に書く「敬具」(आपका) の代わりに使用》.

भवदीया /b^{h}avadīyā バオディーヤー/ [cf. Skt. *भवदीय-* 'your honour's, your'] *adj.* 《女性の手紙の末尾に名前の直前に書く「敬具」(आपकी) の代わりに使用》.

भवन /b^{h}avana バワン/ [←Skt.n. *भवन-* 'a place of abode, mansion, home, house, palace, dwelling'] *m.* **1** 館, 邸宅, 屋敷. **2**《公共の建物》…館.

भवसागर /b^{h}avasāgara バオサーガル/ [←Skt.m. *भव-सागर-* 'the ocean of worldly existence'] *m.* 〖ヒンドゥー教〗〖仏教〗生死流転の海, 現世《漢訳仏典では「有海」》.

भवानी /b^{h}avānī バワーニー/ [←Skt.f. *भवानी-* 'name of of a goddess identified in later times with *Pārvat{i}*'] *f.*〘ヒンドゥー教〙バワーニー《シヴァ神 (शिव) の妻パールヴァティー (पार्वती) の別名》.

भवितव्य /bʰavitavya バヴィタヴィエ/ [←Skt. *भवितव्य-* 'to be about to become or be or happen'] *adj.* 運命づけられている, 必然的な.

भवितव्यता /bʰavitavyatā バヴィタヴィヤター/ [←Skt.f. *भवितव्य-ता-* 'the bring about to be, inevitable consequence, necessity, fate, destiny'] *f.* 運命, 宿命, 必然.

भविष्य /bʰaviṣya バヴィシエ/ [←Skt.n. *भविष्य-* 'the future'] *m.* 未来, 将来. (⇔अतीत) ❐～ में 未来に.

भविष्य-काल /bʰaviṣya-kāla バヴィシエ・カール/ *m.* **1** 未来. **2**〘言語〙未来時制.

भविष्यत्- /bʰaviṣyat- バヴィシャト・/ [←Skt. *भविष्यत्-* 'about to become or be, future'] *adj.* 未来の.
— *m.*〘言語〙未来時制. (⇒भविष्य-काल)

भविष्यत्-काल /bʰaviṣyat-kāla バヴィシャト・カール/ [←Skt.m. *भविष्यत्-काल-* 'future time'] *m.*〘言語〙未来時制. (⇒भविष्य-काल)

भविष्य-निधि /bʰaviṣya-nidʰi バヴィシエ・ニディ/ [neo.Skt.f. *भविष्य-निधि-* 'provident fund'] *f.*〘経済〙(従業員退職金)準備基金.

भविष्य-वक्ता /bʰaviṣya-vaktā バヴィシエ・ワクター/ [neo.Skt.m. *भविष्य-वक्तृ-* 'a prophet'] *m.* 予言者;預言者.

भविष्य-वाणी /bʰaviṣya-vāṇī バヴィシエ・ワーニー/ [neo.Skt.f. *भविष्य-वाणी-* 'prophecy, prediction'] *f.* 予言;預言.

भव्य /bʰavya バヴィエ/ [←Skt. *भव्य-* 'being, existing, present; being, existing, present'] *adj.* 豪華な, 華麗な;すばらしい, 見事な. ❐～ भवन 豪邸.

भसींड़ /bʰasī̃ṛa バスィーンル/ [<OIA.n. *bísa-* 'edible stalk of lotus': T.09249] *m.*〘植物〙ハスの茎, 蓮根. (⇒कमल-ककड़ी, कमल-नाल)

भस्म /bʰasma バスム/ [←Skt.n. *भस्मन्-* 'ashes'] *m.* 灰, 灰塵;燃えがら. (⇒राख) ❐～ कर देना 焼き尽くす, 滅ぼす. ❐～ हो जाना 灰塵に帰する, 滅びる.

भस्मी /bʰasmī バスミー/ [cf. *भस्म*] *f.* 遺灰, 遺骨.

भाँग /bʰā̃ga バーング/ [<OIA.m. *bhaṅgá-*[2] 'hemp': T.09354] *f.* **1**〘植物〙アサ(麻);タイマ(大麻)《クワ科の大形の草本;麻酔薬, 麻薬の原料》. (⇒गाँजा) **2** バーング《大麻の乾燥した葉から作られる麻薬作用をもつ飲み物》.

भाँजना /bʰā̃janā バーンジナー/ [<OIA. **bhañjati, bhanákti* 'breaks': T.09363] *vt.* (*perf.* भाँजा /bʰā̃jā バーンジャー/) **1** 壊す, 破壊する. **2** 折り曲げる;たたむ;(数珠を)くる. **3** (戦い・訓練などのために)(剣・棒など)を振り回す;振りかざす. (⇒घुमाना) ❐वे ढोलक की ताल पर लकड़ी भाँजने का अभ्यास करते थे। 彼らは太鼓の調子に合わせて棒を操る訓練をしていた.

भाँजा /bʰā̃jā バーンジャー/ ▸भानजा *m.* ☞भानजा

भाँजी[1] /bʰā̃jī バーンジー/ ▸भानजी *f.* ☞भानजी

भाँजी[2] /bʰā̃jī バーンジー/ [cf. *भाँजना*] *f.* 陰口(かげぐち), 中傷(ちゅうしょう);讒言(ざんげん). ❐～ मारना 陰口を言う.

भाँड़ /bʰā̃ṛa バーンル/ [<OIA.m. *bhaṇḍa-*[2] 'jester, mime': T.09371] *m.* 道化師《物真似をする》.

भाँड़ा /bʰā̃ṛā バーンラー/ ▸भांडा [<OIA.n. *bhāṇḍa-*[1] 'pot, dish, vessel, ornament, wares': T.09440] *m.* 素焼きの壺.

भांडा /bʰāṃḍā バーンダー/ ▸भाँड़ा *m.* ☞भाँड़ा

भांडागार /bʰāṃḍāgāra バーンダーガール/ [←Skt.n. *भाण्ड-अगार-* 'a treasury'] *m.* 倉庫.

भांडार /bʰāṃḍāra バーンダール/ ▸भंडार *m.* ☞भंडार

भाँति /bʰā̃ti バーンティ/ [<OIA.f. *bhaktí-*[2] 'part': T.09339] *f.* 種類;様式《主に副詞句 की भाँति「…のように」として使用》. ❐उसने अपराधी की ～ सिर झुका लिया। 彼は罪人のように頭をたれた. ❐भाँति-भाँति की कल्पनाएँ さまざまな想像.

भाँपना /bʰā̃panā バーンプナー/ [<OIA. *bhāpayatē, *bhāpyatē* 'causes to shine': T.09453z1] *vt.* (*perf.* भाँपा /bʰā̃pā バーンパー/) (相手の意図などを)見抜く, 見透かす;見破る. ❐उसकी थोड़ी-सी बात-चीत से, उसकी आँखों से, मुझे यह भाँपते देर न लगी थी कि वह केवल इस काम के लिए यहाँ आया नहीं है। 彼のちょっとした話しぶりから, 彼の目から, 彼がこの用事だけでここに来たのではないことを見抜くのに私は時間がかからなかった.

भाँवर /bʰā̃vara バーンワル/ [<OIA.f. *bhrāmarī-* 'giddiness': T.09678] *f.*〘ヒンドゥー教〙バーンワル《結婚式の最後に新郎と新婦が聖火の周りを 7 周回る儀式;複数形で使用》. ❐भाँवरें समाप्त हो गईं। バーンワルの儀式が終了した.

भाई /bʰāī バーイー/ [<OIA.m. *bhrā́tṛ-* 'brother': T.09661] *m.* **1** 兄弟. (⇔बहन) ❐गुरु ～ 兄弟弟子. ❐बड़ा [छोटा] ～ 兄[弟]. ❐सगा [सौतेला] ～ 実の[腹違いの]兄弟. **2** 従兄弟. (⇔बहन) ❐चचेरा [ममेरा] ～ 父方の[母方の]従兄弟. **3** 君《同世代の男に対する親しい呼びかけ》. ❐～ साहब ねえ君.

भाईचारा /bʰāīcārā バーイーチャーラー/ [cf. *भाई*] *m.* (他人だが)兄弟のような親しい間柄. ❐भाईचारे का आचरण 親密な振る舞い. ❐हमारा तुम्हारा पुराना ～ है। 俺とお前の古い仲じゃないか.

भाईदूज /bʰāīdūja バーイードゥージ/ [*भाई* + *दूज*] *f.*〘暦〙バーイードゥージ《インド太陰暦 8 月 (कार्तिक) の白半月 (शुक्लपक्ष) 2日目の祭礼;姉妹が兄弟をもてなし絆を確認する》. (⇒भैयादूज)

भाई-बंधु /bʰāī-baṃdʰu バーイー・バンドゥ/ *m.* (兄弟付き合いするほどの)親しい仲間.

भाई-भतीजावाद /bʰāī-bʰatījāvāda バーイー・バティージャーワード/ [*भाई* + *भतीजा* + *-वाद*] *m.* 縁故主義. (⇒कुनबापरस्ती)

भाग[1] /bʰāga バーグ/ [←Skt.m. *भाग-* 'a part, portion, share, allotment, inheritance'] *m.* **1** 一部, 部分, 断片. (⇒हिस्सा, अंश) **2**《文芸作品などの》部, 文冊. (⇒हिस्सा) **3**

分担, 配分, 割り当て. (⇒अंश, शेयर, हिस्सा) **4** 参加, 関与. (⇒हिस्सा) ❐(में) ～ लेना (…に)参加する. **5**〖数学〗分割, 除法, 割り算. (⇔गुणा) ❐(को) (से) ～ देना (…を)(…で)割る.

भाग[2] /bʰāgạ バーグ/ [<Skt.n. *भाग्य-* 'fate, destiny, good fortune, luck, happiness, welfare'] *m.* 運;幸運《普通複数扱い》.

भाग-दौड़ /bʰāgạ-dauṛạ バーグ・ダォール/ *f.* 走り回ること;(忙しく)駆けずり回ること;右往左往して逃げまどうこと. ❐चुनावी ～ 選挙の大わらわ.

भागना /bʰāgạnā バーグナー/▸भगना [<OIA. **bhajyati*[3] 'flees': T.09360az3] *vi.* (*perf.* भागा /bʰāgā バーガー/) **1** 走る, 駆ける. (⇒दौड़ना) **2** 逃げる. ❐बेचारा उसके डर के मारे भागा-भागा फिरता था। かわいそうに彼は彼女を恐れて逃げ回っていた. ❐उसे आते देखो, तो दुम दबाकर भागो। 奴がやって来るのを見たら, 尻尾を巻いて逃げろ. ❐कोई गाँव छोड़कर भागा थोड़ा ही जाता है। 誰も村を捨てて逃げて行かないよ. **3** (愛人と)駆け落ちする;家出する. (⇒उड़रना) ❐जब मैं घर से भागा था तो पाँच हज़ार कैश लाया था। 私が家出した時, 五千ルピーの現金を持って出た. **4** (義務・責任などを)逃れる, 避ける. ❐हमें ज़िम्मेदारी से भागना नहीं चाहिए। 我々は責任を逃れてはいけない. **5** (…から)距離を置く, 関わらないようにする. ❐वे आदमियों की सूरत से भागते हैं। 彼は人とは関わらないようにしている.

भागफल /bʰāgạpʰalạ バーグパル/ [neo.Skt.n. *भाग-फल-* 'quotient, result of dividing'] *m.*〖数学〗(割り算の)商. (⇒लब्धि)

भागलपुर /bʰāgalạpurạ バーガルプル/ [cf. Eng.n. *Bhagalpur*] *m.*〖地名〗バーガルプル《ビハール州 (बिहार) の主要都市》.

भागवान /bʰāgạvānạ バーグワーン/ [<Skt. *भाग्य-वत्-* 'having good qualities or fortune, happy, prosperous'] *adj.* ☞भाग्यवान्

भागी /bʰāgī バーギー/ [←Skt. *भागिन्-* 'entitled to or receiving or possessing a share, partaking of, blessed with, concerned in, responsible for'; cf. *भाग*[1]] *m.* 共にする人, 共有者.

भागीदार /bʰāgīdārạ バーギーダール/ [*भागी* + *-दार*] *m.* **1** 共同者, 分かち合う人;仲間. (⇒हिस्सेदार) **2** 共犯者. (⇒हिस्सेदार) **3**〖経済〗株主. (⇒हिस्सेदार)

भागीरथी /bʰāgīratʰī バーギーラティー/ [←Skt.f. *भागीरथी-* 'of *Bhagīratha*'] *f.*〖神話〗バーギーラティー《ガンジス川 (गंगा) の別名;バギーラタ王 (भगीरथ) の厳しい苦行により天界より地上にもたらされたことによる》.

भाग्य /bʰāgyạ バーギエ/ [←Skt.n. *भाग्य-* 'fate, destiny, good fortune, luck, happiness, welfare'] *m.* 運, 運命《特に「幸運」を指す場合が多い;普通複数扱い》. (⇒क़िस्मत, तक़दीर)

भाग्यवश /bʰāgyavaśạ バーギャワシュ/ [neo.Skt.m. *भाग्य-वश-* 'the power of fate'] *adv.* 幸運なことに, 幸いにも.

भाग्यवाद /bʰāgyavādạ バーギャワード/ [neo.Skt.m. *भाग्य-वाद-* 'fatalism'] *m.* 運命主義;運命論, 宿命論.

भाग्यवादी /bʰāgyavādī バーギャワーディー/ [neo.Skt. *भाग्य-वादिन्-* 'fatalistic'] *adj.* 運命論的な;運命的な.
— *m.* 運命論者, 運命主義者.

भाग्यवान् /bʰāgyavān バーギャワーン/▹भाग्यवान [←Skt. *भाग्य-वत्-* 'having good qualities or fortune, happy, prosperous'] *adj.* 幸運な. (⇒ख़ुशक़िस्मत)

भाग्यशाली /bʰāgyaśālī バーギャシャーリー/ [neo.Skt. *भाग्य-शालिन्-* 'lucky, fortunate'] *adj.* ☞भाग्यवान्

भाग्यहीन /bʰāgyahīnạ バーギャヒーン/ [neo.Skt. *भाग्य-हीन-* 'unfortunate'] *adj.* 不運な, 不幸な. (⇒बदक़िस्मत)(⇔भाग्यवान्, भाग्यशाली)

भाग्योदय /bʰāgyodayạ バーギョーダエ/ [←Skt.m. *भाग्य-उदय-* 'rise of fortune, rising prosperity'] *m.* 開運, 運が向いてくること.

भाजक /bʰājakạ バージャク/ [←Skt.m. *भाजक-* 'a divisor (in arithm.)'] *adj.*分割する.
— *m.*〖数学〗(割り算の)除数.

भाजन /bʰājanạ バージャン/ [←Skt.n. *भाजन-* 'sharing, division (in arithm.); partaker of', a recipient, receptacle, (esp.) a vessel, pot, plate, cup'] *m.* **1** 器;分かち合うこと《主に合成語「…に値する人」の接尾辞として使用; कृपाभाजन「(人の)恩恵を受ける人」, कोपभाजन「(人の)怒りをかう人」など》. (⇒पात्र) **2**〖数学〗割り算, 除法. (⇔गुणन)

भाजपा /bʰājạpā バージパー/ [abbr. of *भारतीय जनता पार्टी*] *f.*〔略語〕インド人民党.

भाजी /bʰājī バージー/ [<OIA. *bharjita-* 'fried, parched': T.09401] *f.*〖食〗(調理された)野菜;野菜カレー.

भाट /bʰāṭạ バート/ [<OIA.m. *bhaṭṭa-*[2] 'mixed caste of bards': T.09366] *m.* **1**〖歴史〗吟遊詩人《特に王の徳や武勇を歌い上げた詩歌を作することを生業としていた》. (⇒चारण) **2** お世辞のうまい人.

भाटा /bʰāṭā バーター/ [<OIA. *bhraṣṭá-* 'fallen, ruined': T.09655] *m.*〖天文〗引き潮, 下げ潮;干潮. (⇔ज्वार)

भाड़ /bʰāṛạ バール/ [<OIA.m. *bhrāṣṭra-* 'gridiron': T.09684] *m.* かまど《特に穀物の種子を炒るために使用》. ❐～ में जाए। …なんかくそっくらえだ.

भाड़ा /bʰāṛā バーラー/ [<OIA.m. *bhāṭa-* 'wages': T.09468z1] *m.* **1** 賃貸料, 賃借料. (⇒किराया) ❐भाड़े पर देना 賃貸で貸す. ❐भाड़े पर लेना 賃借で借りる. **2** (人の)料金, 運賃;輸送料. (⇒किराया, महसूल)

भात /bʰātạ バート/ [<OIA.m. *bhaktá-* 'food': T.09331] *m.*〖食〗炊いた米, 飯. (⇒चावल)

भादों /bʰādõ バードーン/ [<OIA.m. *bhādrapada-* 'the 5th month August-September': T.09447] *m.* ☞भाद्रपद

भाद्र /bʰādrạ バードル/ *m.* ☞भाद्रपद

भाद्रपद /bʰādrạpadạ バードルパド/ [←Skt.m. *भाद्र-पद-* 'the month *Bhādra*'] *m.*〖暦〗バードラパダ月《インド暦の第 6 月;西暦の 8, 9 月に相当》. (⇒भादों)

भानजा /bʰānạjā バーンジャー/▸भाँजा [<OIA.m.

bhāginēya- 'sister's son': T.09433] *m.* 甥《姉妹の息子》.(⇔भानजी)

भानजी /bʰānajī バーンジー/▸भाँजी [cf. *भानजा*] *f.* 姪《姉妹の娘》.(⇔भानजा)

भाना /bʰānā バーナー/ [<OIA. *bhā́ti* 'shines': T.09445] *vt.* (*perf.* भाया /bʰāyā バーヤー/) **1** 気に入る;好印象を与える.(⇒सुहाना) ❐(को) ～ (人が)…を気に入る. ❐(को) फूटी आँखों न ～ (人が)…をまったく気に入らない. **2** (衣服などが)似合う, 映える.(⇒फबना)

भानु /bʰānu バーヌ/ [←Skt. *भानु*- 'appearance, brightness, light or a ray of light, lustre, splendour; the sun'] *f.* 太陽.(⇒सूर्य)

भाप /bʰāpa バープ/▸भाफ [<OIA.m. *bāṣpá*- 'steam, vapour': T.09223] *f.* 〖物理〗蒸気, 水蒸気.(⇒बुख़ार, बाष्प) ❐～-सा बनकर शून्य में विलीन हो जाना 蒸気のようになって虚空に消えていく.

भाफ /bʰāpʰa バープ/ ▸भाप *f.* ☞भाप

भाभी /bʰābʰī バービー/ [?cf. Skt.f. *भाविनी*- 'a noble or beautiful woman'] *f.* **1** 兄嫁.(⇒भावज, भौजाई) **2** (親しい友人の)奥さん. ❐～ जी नमस्कार। 奥さん, こんにちは.

भार /bʰāra バール/ [←Skt.m. *भार*- 'a burden, load'] *m.* **1** 荷, 重荷.(⇒बोझ) ❐～ उतारना [उठाना]荷を下ろす[持ち上げる]. **2** 重さ, 重量;重み.(⇒वज़न) ❐कलश के ～ से उसकी गर्दन झुक गयी है। 水がめの重みで彼の首は曲がってしまっている. **3** 責務, 職責, 重責;任務;責任;重荷, 負担.(⇒बोझ) ❐छोटे बच्चों को पालने का ～ उसी पर है। 小さな子どもたちを育てる重荷を彼女は背負っている. ❐(का) ～ हलका हो जाना(…の)重荷が軽くなる. ❐(का) ～ उतारना(…の)重荷をおろす. ❐(पर) (का) ～ लादना(人に)(…の)重荷を背負わせる. ❐(पर) (का) ～ डालना(人に)(…の)任務を与える. ❐(का) ～ लेना(…の)任務を引き受ける.

भार-क्षमता /bʰāra-kṣamatā バーラ・クシャムター/ [neo.Skt.f. *भार-क्षम-ता*- 'carrying capacity'] *f.* 積載能力.

भारत /bʰārata バーラト/ [←Skt.m. *भारत*- 'a descendant of *Bharata*'] *m.* 〖国名〗インド(共和国)《首都はニュー・デリー (नई दिल्ली)》. ❐～ गणराज्य インド共和国《インドの正式名称》.

भारत-पाक /bʰārata-pāka バーラト・パーク/ [*भारत* + *पाक*[3]] *m.* 印パ(間の). ❐～ युद्ध 印パ戦争. ❐～ संबंध 印パ関係.

भारत-यूरोपीय /bʰārata-yūropīya バーラト・ユーローピーエ/ *adj.* ☞भारोपीय

भारतवर्ष /bʰāratavarṣa バーラトワルシュ/ [←Skt.n. *भारत-वर्ष*- 'king *Bharatas*'s realm, i. e. India'] *m.* ☞भारत

भारती /bʰāratī バールティー/ [←Skt.f. *भारती*- 'a daughter of *Āditya*; later identified with *Sarasvatī*, the goddess of speech; speech, voice, word, eloquence, literary composition, dramatic art or recitation'] *f.* **1** 〖神話〗バーラティー《言葉と学問を司るとされるサラスワティー女神 (सरस्वती) の別名》. **2** 言葉, 言語.

भारतीय /bʰāratīya バールティーエ/ [neo.Skt. *भारतीय*- 'Indian'] *adj.* インドの;インド人の.(⇒इंडियन) ❐～ अंक インド数字《いわゆるアラビア数字, 算用数字》. ❐～ प्रायद्वीप インド亜大陸, インド半島. ❐～ लोग インドの人々. ❐～ संस्कृति インド文化.

— *m.* インド人.

भारतीयकरण /bʰāratīyakaraṇa バールティーエカラン/ [neo.Skt.n. *भारतीय-करण*- 'Indianization'] *m.* 〖歴史〗(本来非インド的なものの)インド化. ❐इस्लाम का ～ イスラム教のインド化.

भार-वाहक /bʰāra-vāhaka バール・ワーハク/ [neo.Skt. *भार-वाहक*- 'carrying a load'] *adj.* 荷物運搬用の, 貨物運送用の. ❐～ वाहन 貨物専用車.

भार-वाहन /bʰāra-vāhana バール・ワーハン/ [neo.Skt.n. *भार-वाहन*- 'carrying a load'] *m.* 荷物の運搬, 貨物運送.

भारी /bʰārī バーリー/ [<OIA. *bhārika*-[2] 'forming a load, heavy': T.09465] *adj.* **1** (重さが)重い.(⇔हलका) ❐～ उद्योग 重工業. **2** 途方もない, ものすごい;猛烈な. ❐～ ग़लती [भूल]とんでもない過ち. ❐～ रक़म 大金. ❐～ वर्षा 豪雨. **3** (他のものより)大事な, 大切な. ❐सबको अपनी जान ～ है। 誰も自分の命はかわいいのだ. **4** 重みのある, 無視できない;重きをなす, 勢威のある. ❐वे बड़े ～ आदमी हैं। 彼はたいそう社会的勢威のある男である. **5** (体が)だるい;鈍い;(足取りが)重い;(声・気分などが)落ち込んだ, 沈んだ. ❐उसका जी ～ हो गया। 彼の心は重く沈んだ. ❐देह ～ है। 体がだるい. ❐दोनों के दिल ～ थे, और आँखें सजल। 二人の心は沈んでいた, そして目はうるんでいた. ❐पाँव ～ है। 足がだるい. ❐रात को बहुत पी जाने के कारण सिर ～ था। 夜飲みすぎたために頭が重かった. ❐वह ～ कंठ से बोली। 彼女は落ち込んだ声で言った. **6** (気分が)重い, 沈んだ. ❐मन ～ होना 気分が重くなる. ❐～ मन से 重い心で. **7** 重荷な, やっかいな. ❐उत्तरदायित्व का ～ बोझ 責任のずっしりした重荷. **8** (食べ物が)胃にもたれる. ❐मेरी रोटी तुम्हें ～ हो, तो मैं अपने घर चली जाऊँ। 私の作る食事が胃にもたれるというなら, 実家に帰るわよ. **9** (耳が)遠い. ❐मैं कानों का ज़रा ～ हूँ। 私は少し耳が遠い.

भारी-भरकम /bʰārī-bʰarakama バーリー・バルカム/ *adj.* 途方もない, ものすごい;大規模な;重量感のある;堂々とした.

भारोत्तोलक /bʰārottolaka バーロートトーラク/ [neo.Skt.m. *भार-उत्-तोलक*- 'a weightlifter'] *m.* 〖スポーツ〗重量挙げ選手.

भारोत्तोलन /bʰārottolana バーロートトーラン/ [neo.Skt.n. *भार-उत्-तोलन*- 'weightlifting'] *m.* 〖スポーツ〗重量挙げ.

भारोपीय /bʰāropīya バーローピーエ/ [*भारतीय* + *यूरोपीय*] *adj.* **1** 〖地理〗インド・ヨーロッパの.(⇒भारत-यूरोपीय) **2**

〖言語〗インド・ヨーロッパ語族に属する.(⇒भारत-यूरोपीय, हिंद-यूरोपीय) ❐～ भाषाएँ インド・ヨーロッパ語族に属する言語. ❐～ भाषा-परिवार インド・ヨーロッパ語族.

भार्या /b^{h}āryā バールヤー/ [←Skt.f. *भार्या-* 'a wife (or the female of an animal); cf. OIA.f. *bhāryā̀-* 'wife': T.09471] *f.* 妻.

भाल /b^{h}āla̸ バール/ [←Skt.n. *भाल-* 'the forehead, brow'; cf. OIA.n. *bhāla-*[1] 'forehead': T.09472] *m.* 額《人の運命があらわれるところとされる》.(⇒माथा)

भाला /b^{h}ālā バーラー/ [<OIA.m. *bhalla-*[3] 'a kind of arrow': T.09409] *m.* 槍.(⇒बरछा, बल्लम) ❐इस वक़्त के थप्पड़ उसके हृदय में तेज़ भाले के सामान लगे और चुभ गए। 今回の平手打ちは彼の胸に鋭利な槍のように刺さり貫いた. ❐(की) देह में ～ चुभा देना (人の)体に槍を突き刺す. ❐भाले की तरह तनी हुई नोकदार मूँछें 槍のようにまっすぐ伸びて先の尖った口ひげ.

भालू /b^{h}ālū バールー/ [<OIA.m. *bhallū́ka-*[1] 'bear': T.09415] *m.* 〖動物〗クマ(熊).(⇒रीछ)

भाव /b^{h}āva̸ バーオ/ [←Skt.m. *भाव-* 'becoming, being, existing, occurring, appearance'; cf. OIA.m. *bhāvá-* 'being, thing': T.09475] *m.* **1**〖経済〗価格;市価.(⇒क़ीमत, मूल्य) ❐थोक ～ 卸売価格. ❐सब्ज़ी का क्या ～ है? 野菜はいくらだい? **2**〖経済〗相場. ❐बाज़ार ～ 市場相場. **3** 感情, 情緒;表情. ❐विनीत ～ 謙虚な表情. **4**《〖形容詞 भाव से〗や〖名詞 के भाव से〗の形式で, 副詞句「…のようすで, …の気持ちで」を作る》❐शांत ～ से पूछना おだやかにたずねた. ❐सहानुभूति के ～ से कहना 同情をこめて言う. **5**〖言語〗(動詞の)法, 叙法.

भावज /b^{h}āvaja̸ バーワジ/ [<OIA.f. *bhrāturjāyā-* 'brother's wife': T.09660] *f.* 兄嫁.(⇒भाभी)

भाव-ताव /b^{h}āva̸-tāva̸ バーオ・ターオ/ [echo-word; cf. *भाव*] *m.* **1** 価格;見積もり額. **2** 値段交渉, 値切る交渉. ❐(का) ～ करना (…の)値段交渉をする.

भावना /b^{h}āva̸nā バーオナー/ [←Skt.f. *भावना-* 'forming in the mind, conception, apprehension, imagination, supposition, fancy, thought, meditation'] *f.* 感情, 情緒, 気持ち, 気分;感傷.

भावनात्मक /b^{h}āva̸nātmaka̸ バーオナートマク/ [neo.Skt. *भावना-आत्मक-* 'emotional; spiritual'] *adj.* 感情的な, 情緒的な;感傷的な.

भाव-प्रवण /b^{h}āva̸-pravaṇa̸ バーオ・プラワン/ [neo.Skt. *भाव-प्रवण-* 'sentimental, emotional'] *adj.* 感情に影響されやすい, 情が勝つ;傷つきやすい.

भाववाचक /b^{h}āva̸vācaka̸ バーオワーチャク/ [←Skt.n. *भाव-वाचक-* 'an abstract noun'] *adj.* 〖言語〗抽象概念を表す(名詞). ❐～ संज्ञा 抽象名詞.

भाववाच्य /b^{h}āva̸vācya̸ バーオワーチエ/ [?neo.Skt.n. *भाव-वाच्य-* 'neutral voice'] *m.* 〖言語〗中動態, 中間態《サンスクリット文法では反射態に相当》.

भावातिरेक /b^{h}āvātireka̸ バーワーティレーク/ [?neo.Skt.m. *भाव-अतिरेक-* 'excess of emotion'] *m.* 過剰な感情移入, 感情過多.

भावात्मक /b^{h}āva-ātmaka̸ バーワ・アートマク/ [←Skt. *भावात्मक-* 'consisting of reality; real, actual'] *adj.* 気持ちを中心にした, 印象を大切にした. ❐～ अनुवाद (直訳ではなく)意訳.

भावार्थ /b^{h}āvārt^{h}a̸ バーワールト/ [←Skt.m. *भाव-अर्थ-* 'the simple or obvious meaning (of a word, phrase etc.)'] *m.* (言葉で表現された)意味, 趣旨;(古典作品などの)意味解釈. ❐(का) ～ करना (…の)意味解釈をする.

भावी /b^{h}āvī バーヴィー/ [←Skt. *भाविन्-* 'becoming, being, existing'] *adj.* 未来の, 運命づけられている. ❐～ जीवन 来るべき人生. ❐～ पत्नी 未来の妻. ❐हृदय ～ अशुभ की आशंका से दहल गया। 心臓が来るべき不吉な予感で縮み上がった.

— *f.* 未来, 来るべき運命. ❐～ को कौन टाल सकता है? 来るべき運命を一体誰が先延ばしにできるというのだ?

भावुक /b^{h}āvuka̸ バーヴク/ [←Skt. *भावुक-* 'being, becoming, disposed or about to be; having a taste for the beautiful or poetical'] *adj.* 感傷的な, 情緒的な;涙もろい.

भावुकता /b^{h}āvuka̸tā バーヴクター/ [?neo.Skt.f. *भावुक-ता-* 'sentimentality'] *f.* 感傷;涙もろさ. ❐～ में डूबना 感傷にひたる.

भावे प्रयोग /b^{h}āve prayoga̸ バーヴェー プラヨーグ/ [neo.Skt.m. *भावे-प्रयोग-* 'impersonal voice'] *m.* 〖言語〗非人称態.

भाषण /b^{h}āṣaṇa̸ バーシャン/ [←Skt.n. *भाषण-* 'the act of speaking, talking'] *m.* **1** スピーチ, 演説.(⇒तक़रीर) ❐(पर) ～ देना (…について)演説[スピーチ]する. **2** 講義, 講演, レクチャー.(⇒लेक्चर, व्याख्यान) ❐(पर) ～ देना (…について)講義[講演]する.

भाषांतर /b^{h}āṣāṃtara̸ バーシャーンタル/ [←Skt.n. *भाषा-अन्तर-* 'another dialect or version, translation'] *m.* 翻訳.(⇒अनुवाद, तरजुमा) ❐(से) (में) (का) ～ करना (…語から)(…語へ)(…の)翻訳をする.

भाषांतरकार /b^{h}āṣāṃtara̸kāra̸ バーシャーンタルカール/ [←Skt.m. *भाषा-अन्तर-कार-* 'translator'] *m.* 翻訳者;通訳.(⇒अनुवादक, तरजुमान, दुभाषिया)

भाषा /b^{h}āṣā バーシャー/ [←Skt.f. *भाषा-* 'speech, language'] *f.* **1** 言語.(⇒ज़बान) ❐～ और लिपि का अनिवार्य संबंध 言語と文字の必然的な関係. ❐अंग्रेज़ी ～ 英語. ❐विदेशी ～ 外国語. ❐सांकेतिक ～ में बात करना 手話で話をする. **2** 話し方, 言葉づかい.(⇒ज़बान) ❐उस इक्के उनके नौकर-चाकर अपनी ～ में उड़न-खटोला कहते थे। その一頭立て馬車を彼の召使いたちは自分たちの言葉で空飛ぶ絨毯と呼んでいた. ❐नपी-तुली ～ में 慎重な言葉で.

भाषाबद्ध /b^{h}āṣābadd^{h}a̸ バーシャーバッド/ [neo.Skt. *भाषा-बद्ध-* 'expressed in language'] *adj.* 言語化された, 言語表現された. ❐～ करना 言語として表現する.

भाषा-विज्ञान /b^{h}āṣā-vijñāna̸ バーシャー・ヴィギャーン/ [neo.Skt.n. *भाषा-विज्ञान-* 'linguistics, philology'] *m.* 言語学.(⇒भाषा-शास्त्र)

भाषा-विज्ञानी /b^{h}āṣā-vijñānī バーシャー・ヴィギャーニー/ [neo.Skt. *भाषा-विज्ञानिन्-* 'having knowledge of language'] *m.* 言語学者.

भाषाविद् /b^{h}āṣāvid バーシャーヴィド/ [neo.Skt. *भाषा-विद्-* 'linguist'] *m.* 言語学者.

भाषा-शास्त्र /b^{h}āṣā-śāstra バーシャー・シャーストル/ [neo.Skt.n. *भाषा-शास्त्र-* 'linguistics, philology'] *m.* ☞भाषा-विज्ञान

भाषी /b^{h}āṣī バーシー/ [←Skt. *भाषिन्-* 'saying, speaking, loquacious'] *adj.*《主に言語名の後に置いて形容詞句「…語を話す(人)」の意》❐मेरा एक तमिल ～ मित्र 私のタミル語を話す一人の友人.
— *m.*《主に言語名の後に置いて名詞句「…語を話す人, …語話者」の意》❐हिंदी भाषियों की संख्या ヒンディー語話者人口.

भाष्य /b^{h}āṣya バーシエ/ [←Skt.n. *भाष्य-* 'an explanatory work'] *m.* 注釈;注釈書.

भाष्यकार /b^{h}āṣyakāra バーシャカール/ [←Skt.m. *भाष्य-कार-* 'commentator'] *m.* 注釈者.

भासना /b^{h}āsanā バースナー/ [<OIA. *bhā́sati* 'is bright': T.09481] *vi.* (*perf.* भासा /b^{h}āsā バーサー/) **1** 輝く. **2** 思われる.

भिंडी /b^{h}iṃḍī ビンディー/ [<OIA.f. *bhiṇḍā-* 'the vegetable *Abelmoschus esculentus*': T.09492] *f.*〖植物〗オクラ.

भिक्षा /b^{h}ikṣā ビクシャー/ [←Skt.f. *भिक्षा-* 'the act of begging or asking'] *f.* **1** 物乞い;乞食(こつじき), 托鉢(たくはつ). ❐～ के सिवा दूसरा कोई उपाय न सूझता था। 物乞い以外に他に何の方法も思い浮かばなかった. **2** (食べ物などの)施しもの, 布施. ❐(से) ～ माँगना (人に)施しものを求める. **3** めぐみ, 恩恵, 神の賜物(たまもの). ❐क्षमा की ～ माँगना 許しを乞う.

भिक्षाजीवी /b^{h}ikṣājīvī ビクシャージーヴィー/ [neo.Skt.m. *भिक्षा-जीविन्-* 'a beggar'] *m.* 物乞いで生きている人, 乞食. (⇒भिक्षार्थी, भिखमँगा)

भिक्षाटन /b^{h}ikṣāṭana ビクシャータン/ [←Skt.n. *भिक्षा-अटन-* 'wandering about for alms, mendicancy'] *m.* 托鉢に出ること.

भिक्षादान /b^{h}ikṣādāna ビクシャーダーン/ [neo.Skt.n. *भ्क्षा-दान-* 'alms giving'] *m.* 施しを与えること.

भिक्षा-पात्र /b^{h}ikṣā-pātra ビクシャー・パートル/ [←Skt.n. *भिक्षा-पात्र-* 'a mendicant's bowl, alms-dish'] *m.* **1** 托鉢用の鉢, 施しものを入れる鉢. **2** 施しを受ける資格のある人.

भिक्षार्थी /b^{h}ikṣārt^{h}ī ビクシャールティー/ [←Skt. *भिक्षा-अर्थिन्-* 'a beggar or mendicant'] *m.* 物乞い, 乞食. (⇒भिक्षाजीवी, भिखमँगा)

भिक्षु /b^{h}ikṣu ビクシュ/ [←Skt.m. *भिक्षु-* 'a beggar, mendicant, religious mendicant'; → Japan.n. *比丘*] *m.*〖仏教〗托鉢者, 托鉢僧, 比丘(びく).

भिक्षुक /b^{h}ikṣuka ビクシュク/ [←Skt. *भिक्षुक-* 'a beggar, mendicant, a *Brāhman* of the mendicant order'] *m.* ☞भिक्षु

भिक्षुणी /b^{h}ikṣuṇī ビクシュニー/ [←Skt.f. *भिक्षुणी-* 'a Buddhist female mendicant or nun'; → Japan.n. *比丘尼*] *f.*〖仏教〗女の托鉢者, 比丘尼(びくに).

भिखमँगा /b^{h}ik^{h}amãgā ビクマンガー/ [*भीख* + *माँगना*] *m.* 乞食. (⇒भिखारी)

भिखारिन /b^{h}ik^{h}ārina ビカーリン/ [cf. *भिखारी*] *f.* 女の乞食. (⇒भिक्षुणी)

भिखारी /b^{h}ik^{h}ārī ビカーリー/ [<OIA.m. *bhikṣācara-* 'mendicant': T.09486] *m.* 乞食. (⇒भिखमँगा)

भिगोना /b^{h}igonā ビゴーナー/ [cf. *भीगना*] *vt.* (*perf.* भिगोया /b^{h}igoyā ビゴーヤー/) **1** (水で)湿らせる. ❐आटा भिगो दो। 小麦粉を湿らせておきなさい. **2** (液に)つける, ひたす. (⇒डुबाना) ❐बाल्टी में कपड़े भिगो दो। バケツ(の水に)に洗濯物をつけておきなさい. ❐थोड़ी देर के लिए चावल पानी में भिगो दो। しばらくお米を水にひたしてください.

भिजवाना /b^{h}ijavānā ビジワーナー/ [caus. of *भेजना*] *vt.* (*perf.* भिजवाया /b^{h}ijavāyā ビジワーヤー/) 送らせる;送ってもらう. (⇒पठवाना)

भिड़ंत /b^{h}iṛaṃta ビラント/ [cf. *भिड़ना*] *f.* **1** (乗り物同士の)衝突(事故). ❐कार और ट्रक की आमने-सामने हुई ～ में १० लोग मारे गए। 乗用車とトラックの正面衝突事故で 10 人が死亡した. ❐बस और ट्रक की आमने-सामने की ～ हो गई। バスとトラックの正面衝突事故が起こった. **2** (暴力的な)衝突, 小競り合い. ❐प्रदर्शनकारियों और पुलिस के बीच हुई ～ デモ参加者と警察との間に起こった衝突.

भिड़ /b^{h}iṛa ビル/ [?] *f.*〖昆虫〗スズメバチ. (⇒बर्रै)

भिड़ना /b^{h}iṛanā ビルナー/ [<OIA. **bhiṭ-* 'meet, throng': T.09490; cf. *भेंटना, भेड़ना*] *vi.* (*perf.* भिड़ा /b^{h}iṛā ビラー/) **1** 格闘する, 取っ組み合う;もみ合う;(試合で)対戦する. ❐एक आदमी को पचीस-तीस के दल से भिड़ने को आते देख एक बार तो विरोधी भी सकते में आ गए। 一人の男が二, 三十人の集団と格闘しようとやって来るのを見て, 一度は敵もあっけにとられた. **2** (車が)衝突する. ❐कार और ट्रक आमने-सामने से भिड़ गए। 乗用車とトラックが正面衝突した.

भिड़ाना /b^{h}iṛānā ビラーナー/ [cf. *भिड़ना*] *vt.* (*perf.* भिड़ाया /b^{h}iṛāyā ビラーヤー/) 格闘させる, 取っ組み合いをさせる;衝突させる.

भित्ति /b^{h}itti ビッティ/ [←Skt.f. *भित्ति-* 'a wall'] *f.* 壁. ❐मंदिर की ～ पर गणेश चित्रित हैं। 寺院の壁にガネーシャ神が描かれている.

भित्तिचित्र /b^{h}itticitra ビッティチトル/ [neo.Skt.n. *भित्ति-चित्र-* 'wall-painting'] *m.* 壁画.

भिनकना /b^{h}inakanā ビナクナー/ [cf. *भिन-भिन*] *vi.* (*perf.* भिनका /b^{h}inakā ビンカー/) (蠅など虫が)ブンブン(भिन-भिन) 音をたてる.

भिन-भिन /b^{h}ina-b^{h}ina ビン・ビン/ ▸भन-भन [onom.] *f.* 〔擬音〕ブンブン《蠅や虫などの羽音》.

भिनभिनाना /b^{h}inab^{h}inānā ビンビナーナー/ ▸भनभनाना [cf. *भिन-भिन*] *vi.* (*perf.* भिनभिनाया /b^{h}inab^{h}ināyā ビンビナーヤー/) ☞भनभनाना

भिन्न /bʰinna ビンヌ/ [←Skt. *भिन्न-* 'split, broken, shattered, pierced, destroyed'] *adj.* 異なる, 違う;別個の, 無関係な. (⇒अलग, जुदा, मुख़्तलिफ़) ❐एक दूसरे से ～ 互いに異なる.
— *m.* 〚数学〛分数.

भिन्नता /bʰinnatā ビンヌター/ [←Skt.f. *भिन्न-ता-* 'the state of being different from'] *f.* **1** 違い, 差異. **2** 相違.

भिन्न-भिन्न /bʰinna-bʰinna ビンヌ・ビンヌ/ *adj.* (それぞれが)異なる. ❐～ स्वभाव के मनुष्य いろいろ異なる性格の人間たち.

भिन्नाना /bʰinnānā ビンナーナー/ [symbolic word] *vi.* (*perf.* भिन्नाया /bʰinnāyā ビンナーヤー/) (悪臭で鼻につんときて)目眩(めまい)がする. ❐उसपर पुते हुए विष की गमक से उसकी नाक भिन्ना उठी। そこに塗られている毒の匂いが彼の鼻につんときてくらくらした.

भिलाई /bʰilāī ビラーイー/ [cf. Eng.n. *Bhilai*] *f.* 〚地名〛ビラーイー《チャッティースガル州 (छत्तीसगढ़) の都市》.

भिश्ती /bʰiśtī ビシュティー/ [←Pers. بہشتی 'paradisiacal; handsome; a water-carrier (the last is Hindustani)'] *m.* 水運び人, 水売り. (⇒सक़्क़ा)

भींगना /bʰī̃ganā ビーングナー/ ▸भीगना *vi.* (*perf.* भींगा /bʰī̃gā ビーンガー/) ☞भीगना

भींचना /bʰī̃canā ビーンチナー/ [<OIA. **bhicc-* 'press': T.09489] *vt.* (*perf.* भींचा /bʰī̃cā ビーンチャー/) (こぶしなどを)ぎゅっと握りしめる;(目を)ぎゅっとつぶる;(子どもなどを)ぎゅっと抱きしめる. ❐उसने मुट्ठी भींच ली। 彼はこぶしをぎゅっと握りしめた.

भी /bʰī ビー/ *ind.* (他もだが)…もまた, 同じく. ❐अब [अभी] ～ 未だ.

भीक /bʰīka ビーク/ ▸भीख [cf. Urd.f. بھیک 'alms, begging'] *f.* ☞भीख

भीख /bʰīkʰa ビーク/ ▸भीक [<OIA.f. *bhikṣā́-* 'alms': T.09485] *f.* **1** 物乞い. **2** 施しもの. ❐भिखारी को ～ देना 乞食に施しを与える. ❐(से) ～ माँगना (人に)施しを乞う.

भीगना /bʰīganā ビーグナー/ ▸भींगना [<OIA. **bhiyagna-* 'smeared, wet': T.09500] *vi.* (*perf.* भीगा /bʰīgā ビーガー/) **1** 濡れる;湿る. ❐बारिश में वह भीग गया। 雨で彼はずぶ濡れになった. ❐वह उनके सामने भीगी बिल्ली बन जाता है। 彼はあの方の前では濡れた猫(=借りてきた猫)になってしまう. **2** (水に)浸した, 浸してふやけた. ❐भीगे चने 水に浸してふやけたチャナー豆.

भीड़ /bʰīṛa ビール/ [<OIA. **bhiṭ-* 'meet, throng': T.09490] *f.* **1** 群衆;人混み. (⇒हुजूम) ❐दर्शकों की ～ 見学者の群れ. ❐～ वाली मानसिकता 群集心理. ❐～ ज़्यादा नहीं थी। 群衆は多くなかった. ❐उस समय तक काफ़ी ～ जुट गई। その時までにかなりの群衆が集まった. **2** (仕事などの)殺到, ラッシュ.

भीड़-भड़क्का /bʰīṛa-bʰaṛakkā ビール・バラッカー/ [cf. *भीड़भाड़*] *m.* 群衆の群れ;人混み;雑踏. ❐वह मुझे इस भीड़-भड़क्के में से ले कैसे जाएगा? 彼は私をこの人混みの中から一体どうやって連れ出すのだろう?

भीड़भाड़ /bʰīṛabʰāṛa ビールバール/ [echo-word; cf. *भीड़*] *f.* ☞भीड़-भड़क्का

भीत[1] /bʰīta ビート/ [←Skt. *भीत-* 'frightened, alarmed, terrified'] *adj.* おびえた, 恐れおののいた.

भीत[2] /bʰīta ビート/ [<OIA.f. *bhittí-* 'mat of split reeds': T.09494] *f.* 壁;塀.

भीतर /bʰītara ビータル/ [<OIA. **bhiyantara-* 'inner': T.09504] *adv.* **1** 内部に, 中に, 奥に. (⇒अंदर)(⇔बाहर) ❐आँखें छोटी और ～ धँसी हुई थीं। (彼の)目は小さくて奥にくぼんでいた. ❐उसे ～ ले जाकर मैंने कहा। 彼を中に連れて行って私は言った. ❐वह ～ चली गई। 彼女は奥に入った. **2**《〚名詞 के भीतर〛の形式で, 副詞句「…の内部に, …の中に;…以内に」を作る》❐मैंने गुफा के ～ झाँका। 私は洞穴の中を覗いた. ❐वह कमरे के ～ आया। 彼は部屋の中に入って来た. ❐साल भर के ～ 一年の内に.

भीतरी /bʰītarī ビートリー/ [*भीतर* + *-ई*] *adj.* 内部の, 中の, 奥の.

भीति /bʰīti ビーティ/ [←Skt.f. *भीति-* 'fear, alarm, dread, danger'] *f.* **1** 恐怖;恐慌. **2** 〚医学〛恐怖症.

भीना /bʰīnā ビーナー/ [<OIA. **bhiyagna-* 'smeared, wet': T.09500] *adj.* かすかな, ほのかな. ❐～ सा सौरभ ほのかな芳香. ❐गुलाब का ～ ～ एहसास バラのほんのかすかな感触.

भीरु /bʰīru ビール/ [←Skt. *भीरु-* 'fearful, timid, cowardly'] *adj.* 臆病な, 気の弱い, 小心な. (⇒कायर, डरपोक) ❐वह अब पहले की भाँति ～ न थे। 彼はもう以前のように臆病ではなかった.

भीरुता /bʰīrutā ビールター/ [←Skt.f. *भीरु-ता-* 'fearfulness, timidity, cowardice'] *f.* 臆病, 気の弱さ, 小心. ❐मैं अपनी ～ पर अत्यंत लज्जित हूँ। 私は自分の臆病さをとても恥じています.

भीषण /bʰīṣaṇa ビーシャン/ [←Skt. *भीषण-* 'terrifying, frightening, formidable, horrible'] *adj.* **1** 恐ろしい, 震撼(しんかん)させる. ❐～ अग्नि-कांड 恐ろしい大火. ❐～ बाढ़ 恐ろしい洪水. ❐～ रूप 恐ろしい姿. **2** (程度が)はなはだしい, 激しい, 猛烈な. ❐～ वेदना 激しい痛み. ❐～ संकल्प 激しい決意.

भुक्कड़ /bʰukkaṛa ブッカル/ ▸भुक्खड़ *adj.* ☞भुक्खड़

भुक्खड़ /bʰukkʰaṛa ブッカル/ ▸भुक्कड़ [cf. *भूख*] *adj.* **1** 腹を空かした;食い意地の張った, 食いしん坊の, 大食いの. ❐～ प्रतियोगिता 大食い競争. **2** 貪欲な, 強欲な.

भुक्तभोगी /bʰuktabʰogī ブクタボーギー/ [neo.Skt. *भुक्त-भोगिन्-* 'having experience of sufferings'] *adj.* **1** (犯罪の)被害を受けた. ❐तेज़ाब हमलों की ～ युवतियाँ アシッド・アタック(酸攻撃)の被害者の女性たち. **2** 報いを受けた.
— *m.* (犯罪の)被害者.

भुखमरा /bʰukʰamarā ブクマラー/ [*भूख* + *मरना*] *adj.* 飢えて死にそうな;あさましいほどがつがつしている.
— *m.* 飢えて死にそうな人;あさましいほどがつがつしている人.

भुखमरी /b^{h}uk^{h}a̸marī ブクマリー/ [cf. *भुखमरा*] *f.* 餓死;飢え, 飢餓.

भुगतना /b^{h}ugata̸nā ブガトナー/ [<Skt. *भुक्त-* 'enjoyed, eaten'] *vt.* (*perf.* भुगता /b^{h}uga̸tā ブグター/) **1** (代金・勘定などを) 支払う, 精算する;(借金を) 返済する. **2** (罪などを) 償う, 代償を払う.

भुगतान /b^{h}uga̸tāna̸ ブグターン/ [cf. *भुगताना*] *m.* 精算, 支払い. ❐(का) ~ करना (…の) 精算をする.

भुगताना /b^{h}uga̸tānā ブグターナー/ [cf. *भुगतना*] *vt.* (*perf.* भुगताया /b^{h}uga̸tāyā ブグターヤー/) **1** (職務・任務を) 果たす. **2** (代金・勘定などを) 支払う, 精算する;(借金を) 返済する. ❐आज महीने भर के अख़बार का बिल भुगताना है। 今日は一月分の新聞代を払わなければいけない. ❐उसने सारा ऋण भुगता दिया। 彼は借金全部を返済した. ❐उसने मेरा कर्ज़ा भुगता दिया। 彼は私の借金を返済してくれた. **3** (時間を) 費やす, かける. ❐ज़रा-से काम में तुमने सारा दिन भुगता दिया। ちょっとした仕事に, 君は丸一日かけてしまった. **4** 経験させる. **5** 配分する, 割り当てる.

भुज /b^{h}uja̸ ブジ/ [←Skt.m. *भुज-* 'the arm'] *f.* 腕. (⇒बाँह)

भुजा /b^{h}ujā ブジャー/ [←Skt.f. *भुजा-* 'a winding, curve, coil (of a snake); the arm or hand; the side of any geometrical figure'] *f.* **1** 腕. (⇒बाँह) **2** 〚数学〛 (物体・図形の) 辺. ❐एक ~ की लंबाई 一辺の長さ.

भुजाली /b^{h}ujālī ブジャーリー/ [?cf. *भुज*] *f.* ブジャーリー《短剣の一種》.

भुजिया /b^{h}ujiyā ブジャー/ [<OIA. **bhr̥jjita-* 'fried, parched': T.09584] *f.* 〚食〛 ブジヤー《汁気のない野菜炒め;茹でた籾米(もみごめ)》.

भुट्टा /b^{h}uṭṭā ブッター/ [<OIA. *bhr̥ṣṭá-*[1] 'fried; roasted': T.09594] *m.* **1** 〚植物〛 トウモロコシ (मक्का) の実. ❐भुट्टे भूनकर खाऊँगा। トウモロコシをあぶって食べよう. **2** 〚植物〛 トウモロコシ(玉蜀黍) (मक्का) の雌穂《実, 包葉を含む》.

भुनगा /b^{h}una̸gā ブンガー/ [<OIA.m. *bhr̥ṅga-*[1] 'bee': T.09577z1] *m.* 〚昆虫〛 ブンガー《ジガバチの一種;捕食寄生動物》.

भुनना[1] /b^{h}una̸nā ブンナー/ [cf. *भूनना*] *vi.* (*perf.* भुना /b^{h}unā ブナー/) **1** あぶって焼かれる. (⇒सिंकना) **2** (豆が) 炒られる. ❐ज़ीरा ज़रा ज़्यादा भुन गया है। クミンシードを少し炒りすぎてしまった. **3** やけどする. ❐सारा हाथ भुन गया। 手全体をやけどした. **4** 撃ち殺される.

भुनना[2] /b^{h}una̸nā ブンナー/ [<OIA. *bhajyátē* 'is broken': T.09361] *vi.* (*perf.* भुना /b^{h}unā ブナー/) **1** (金が) くずされる.

भुनभुनाना /b^{h}una̸b^{h}unānā ブンブナーナー/ [onom.; cf. *भुनना*] *vi.* (*perf.* भुनभुनाया /b^{h}una̸b^{h}unāyā ブンブナーヤー/) **1** (蠅・蚊などが) ブンブン (भुन-भुन) 音をたてる. 《不快で苛立つ音をたてる》(⇒गूँजना) **2** ぶつぶつ文句を言う. ❐वह बात-बात पर भुनभुनाती है। 彼女は一つ一つのことにぶつぶつ文句を言う.

भुनवाई /b^{h}una̸vāī ブンワーイー/ [cf. *भुनवाना*] *f.* ☞भुनाई

भुनवाना[1] /b^{h}una̸vānā ブンワーナー/ ▸भुनाना [caus. of *भुनना*[1], *भूनना*] *vt.* (*perf.* भुनवाया /b^{h}unavāyā ブナワーヤー/) ☞भुनाना[1]

भुनवाना[2] /b^{h}una̸vānā ブンワーナー/ ▸भुनाना [caus. of *भुनना*[2]] *vt.* (*perf.* भुनवाया /b^{h}unavāyā ブナワーヤー/) ☞भुनाना[2]

भुनाई /b^{h}unāī ブナーイー/ [cf. *भुनाना*] *f.* (穀物などを) 炒る仕事;その仕事の手間賃. (⇒भुनवाई)

भुनाना[1] /b^{h}unānā ブナーナー/ ▸भुनवाना [caus. of *भुनना*[1], *भुनना, भूनना*] *vt.* (*perf.* भुनाया /b^{h}unāyā ブナーヤー/) あぶって焼かさせる;あぶって焼いてもらう, 炒ってもらう.

भुनाना[2] /b^{h}unānā ブナーナー/ ▸भुनवाना [caus. of *भुनना*[2]] *vt.* (*perf.* भुनाया /b^{h}unāyā ブナーヤー/) 換金させる;換金してもらう. ❐मुझे यह चेक भुनाना है। 私はこの小切手を現金にしたいのだが.

भुरकस /b^{h}ura̸kasa̸ ブルカス/ ▸भुरकुस [cf. *भुरभुरा*] *adj.* かけらの, 粉々な. ❐सारी देह ~ हो गयी। 体中がぼろぼろだ.

— *m.* 破片, かけら;(穀物などの) 殻, もみがら. ❐(का) ~ निकालना (人を) 殴って打ちのめす.

भुरकुस /b^{h}ura̸kusa̸ ブルクス/ ▸भुरकस *m.* ☞भुरकस

भुरता /b^{h}ura̸tā ブルター/ ▸भरता *m.* ☞भरता

भुरभुरा /b^{h}ura̸b^{h}urā ブルブラー/ [<OIA. **būra-* : T.14723] *adj.* (乾いて) ぱさぱさな, ぱりぱりした, さくさくした;ぱらぱらと砕けやすい, 粉になりやすい, もろい. ❐भुरभुरी मिट्टी もろい土. ❐यह हलवा ~ है। このハルワーはさくさくしている.

भुरभुराना /b^{h}ura̸b^{h}urānā ブルブラーナー/ [onom.] *vt.* (*perf.* भुरभुराया /b^{h}ura̸b^{h}urāyā ブルブラーヤー/) (触って) ぼろぼろにくずす.

भुलक्कड़ /b^{h}ulakkaṛa̸ ブラッカル/ [*भूलना* + *-अक्कड़*] *adj.* 忘れん坊の(人), 忘れっぽい(人).

— *m.* 忘れん坊, 忘れっぽい人.

भुलवाना /b^{h}ula̸vānā ブルワーナー/ [caus. of *भूलना, भुलाना*] *vt.* (*perf.* भुलवाया /b^{h}ula̸vāyā ブルワーヤー/) 忘れさせる;忘れてもらう.

भुलाना /b^{h}ulānā ブラーナー/ [cf. *भूलना*] *vt.* (*perf.* भुलाया /b^{h}ulāyā ブラーヤー/) **1** (意図的に) 忘れようとする, 思い出さないようにする《भूलना は「(無意識に) 物忘れする, 失念する」》. ❐मनुष्य के लिए अपने लकड़पन को भुला देना असंभव होता है। 人は自分の子ども時代を忘れ去ることは不可能である. ❐मुझे भुला मत देना। 私を忘れないでおくれ. ❐मैंने उसका ग़म भुला दिया। 私はあの悲しみをようやく忘れたところだ. **2** 忘れさせる. ❐ख़ैरियत है कि उन्होंने उन अप्रिय प्रसंगों को भुला दिया है। ありがたいことに, 彼女たちはあの不愉快な出来事を忘れさせてくれた.

भुलावा /b^{h}ulāvā ブラーワー/ [cf. *भुलाना*] *m.* ごまかし;ペテン. ❐(को) ~ देना (人を) だます, ペテンにかける.

भुवन /b^{h}uvana̸ ブワン/ [←Skt.m. *भुवन-* 'the world, earth'] *m.* 〚ヒンドゥー教〛 (古代インドの世界観に基づく) 世界.

भुवनेश्वर /b^{h}uvaneśvara̸ ブワネーシュワル/ [←Skt.m.

भुवन-ईश्वर- 'lord of the world'; cf. Eng.n. *Bhubaneswar*] *m.* 〖地名〗ブワネーシュワル《旧オリッサ州(उड़ीसा), 現オディシャ州 (ओडिशा) の州都》.

भूँकना /bʰũkanā ブーンクナー/ ▸भूकना, भौंकना [onom.] *vi.* (*perf.* भूँका /bʰũkā ブーンカー/) **1** (犬が)ワンワン(भूँ-भूँ, भौं-भौं) 吠える. ❐कुत्ता भूँकने लगा। 犬が吠えはじめた. ❐कुत्ते किसी अजनबी के गाँव में घुसने पर भूँकना शुरू कर देते थे। 犬たちは, 見知らぬ人間が村に入ると吠えだすのだった. ❐गाँव के कुत्ते भूँकते हुए उसकी तरफ़ दौड़े। 村の犬たちは, 吠えながら彼の方に走った. **2** 無駄口をたたく;ぺちゃくちゃしゃべる.

भूँजना /bʰũjanā ブーンジャナー/ [<OIA. **bhr̥ñjati* 'parches': T.09586] *vt.* (*perf.* भूँजा /bʰũjā ブーンジャー/) ☞भूनना

भूँ-भूँ /bʰũ-bʰũ ブーン・ブーン/ ▸भौं-भौं [onom.] *f.* 〔擬声〕ワンワン;犬の鳴き声.

भू /bʰū ブー/ [←Skt. *भू-* 'the earth'] *f.* 地, 土地, 大地.

भूकंप /bʰūkampa ブーカンプ/ [←Skt.m. *भू-कम्प-* 'an earthquake'] *m.* 地震. (⇒ज़लज़ला, भूचाल) ❐～ आ गया। 地震が起きた.

भूक /bʰūka ブーク/ ▸भूख *f.* ☞भूख

भूकना /bʰūkanā ブークナー/ ▸भूँकना, भौंकना *vi.* (*perf.* भूका /bʰūkā ブーカー/) ☞भूँकना

भूखंड /bʰūkʰaṃḍa ブーカンド/ [←Skt.m. *भू-खण्ड-* 'earth-section'] *m.* **1** (地球上の)地域;区域. ❐बांग्लादेश के ज़्यादातर ～ समुद्र-तल से महज़ २० फ़ीट की ऊँचाई पर स्थित हैं। バングラデシュのほとんどの地域は海抜わずか 20 フィートの高さである. **2** (分譲などの)土地の区画. ❐आरक्षित ～ पर स्कूल बनाना 確保された土地区画に学校を作る. ❐भूखंडों का आवंटन 土地区画の割り当て.

भूख /bʰūkʰa ブーク/▸भूक [<OIA.f. *bubhukṣā-* 'desire to eat, hunger': T.09286] *f.* **1** 空腹, 食欲;飢え, ひもじさ, 飢餓. (⇒क्षुधा) ❐～ हड़ताल ハンガーストライキ. ❐(को) ～ लगना (人が)空腹になる. ❐～ [भूखों] मरना 餓死する. ❐मुझे ～ नहीं है। 私は腹が減っていない. ❐रोने से उनका पेट न भरता, बल्कि और ～ खुल जाती। 泣いて腹がふくれるわけではない, むしろもっと腹がすくのだ. **2** 渇望. ❐ऐश की ～ रोटियों से नहीं जाती। 贅沢への渇望は食い物などで消えるものではない. ❐धन से धन की ～ बढ़ती है, तृप्ति नहीं होती। 富によって富への渇望が増すのである, 満ち足りることはないのだ.

भूख-हड़ताल /bʰūkʰa-haṛatāla ブーク・ハルタール/ *f.* ハンガー・ストライキ.

भूखा /bʰūkʰā ブーカー/ [cf. *भूख*] *adj.* **1** 空腹な, ひもじい, 飢えた. ❐～ आदमी 腹をすかした人間. ❐तुम भूखे होगे। 君は腹ぺこなのだろう. **2** 渇望している. ❐वह किसी इनाम का ～ न था। 彼は特に賞が欲しいわけではなかった. ❐वह हमदर्दी की भूखी थी। 彼女は同情に飢えていた.

भूखा-नंगा /bʰūkʰā-naṃgā ブーカー・ナンガー/ *adj.* まともに食べるものもなく着るものもない, 極貧の.

भूगर्भ /bʰūgarbʰa ブーガルブ/ [←Skt. *भू-गर्भ-* 'interior of the earth'] *m.* 地球の内部.

भूगोल /bʰūgola ブーゴール/ [←Skt.m. *भू-गोल-* 'earth-ball; the terrestrial globe, earth'] *m.* **1** 〖地理〗地球;地理. ❐भारत का ～ インドの地理. **2** 〖地理〗地理学. ❐भौतिक ～ 自然地理学. ❐मानव ～ 人文地理学.

भूचाल /bʰūcāla ブーチャール/ *m.* 地震. (⇒ज़लज़ला, भूकंप)

भूटान /bʰūṭāna ブーターン/ [<OIA.m. **bhauṭṭānta-*, **bhōṭānta-* 'name of a country': T.09637; cf. Skt.m. *भोट-* 'Tibet': T.09636z1] *m.* 〖国名〗ブータン(王国)《首都はティンプー (थिंपू)》.

भूटानी /bʰūṭānī ブーターニー/ [*भूटान* + *-ई*] *adj.* ブータンの;ブータン人の;ゾンカ語の, ブータン語の.

— *m.* ブータン人.

— *f.* ゾンカ語, ブータン語.

भूत /bʰūta ブート/ [←Skt.n. *भूत-* 'the past; a spirit (good or evil), the ghost of a deceased person'] *adj.* **1** 過去の;昔の. ❐～ काल 過去. **2** 元…. (⇒भूतपूर्व) ❐～ प्रधानमंत्री 元首相. **3**《〖名詞 भूत〗の形式で, 合成形容詞「…の性質をもつ」を作る; आधारभूत 「基礎的な」など》

— *m.* **1** 過去. ❐मैं ～ की चिंता नहीं करता, भविष्य की परवाह नहीं करता। 私は過去を気にかけないし, 未来の心配もしない. **2** 幽霊, お化け, 亡霊. (⇒प्रेत) ❐(के सिर) ～ होना (人に)霊がとりつく. **3** 〖言語〗過去(時制).

भूतकाल /bʰūtakāla ブートカール/ [←Skt.m. *भूत-काल-* 'past time or the preterite tense'] *m.* **1** 過去. **2** 〖言語〗過去時制.

भूतनी /bʰūtanī ブートニー/ [cf. *भूत*] *f.* **1** 鬼女;魔女. (⇒डाकिनी) **2** 髪を振り乱し狂ったようなそぶりの女.

भूतपूर्व /bʰūtapūrva ブートプールオ/ [←Skt. *भूत-पूर्व-* 'who or what has been before, prior, former'] *adj.* 過去の, 以前の, 前の, 元の. ❐～ राष्ट्रपति 前大統領. ❐～ सैनिक 元兵士. ❐वह मेरा ～ छात्र था। 彼は私の以前の教え子だった.

भूतप्रेत /bʰūtapreta ブータプレート/ [←Skt.m. *भूत-प्रेत-* 'ghosts and spirits'] *m.* 幽霊, 亡霊.

भूतल /bʰūtala ブータル/ [←Skt.n. *भू-तल-* 'the surface of the ground, the earth'] *m.* **1** 地表(面). **2** (建物の)一階.

भूनना /bʰūnanā ブーンナー/ [<OIA. **bhr̥gna-* 'fried, roasted': T.09577] *vt.* (*perf.* भूना /bʰūnā ブーナー/) **1** (火の上で)あぶって焼く. (⇒सेंकना) ❐भुट्टे ～ トウモロコシをあぶる. **2** (豆を)炒る;(油で)炒める. (⇒भूँजना) ❐जब तक लाल न हो जाएँ, धीमी आँच पर भूनती रहो। 赤くなるまで弱火で炒め続けてね. **3** 撃ち殺す. ❐उग्रवादियों ने उसे गोलियों से भून डाला। 過激派は彼を撃ち殺した.

भूभाग /bʰūbʰāga ブーバーグ/ [←Skt.m. *भू-भाग-* 'a portion of ground, a place, spot, station'] *m.* **1** 〖地理〗地域, 区域;版図, 領土. ❐भारतीय ～ インドの領

土. **2**〘地理〙地形, 地勢.

भूमंडल /b^{h}ūmaṃḍala ブーマンダル/ [←Skt.n. *भू-मण्डल-* 'earth-circle; the terrestrial globe'] *m.*〘天文〙地球.

भूमंडलीकरण /b^{h}ūmaṃḍalīkaraṇa ブーマンダリーカラン/ [neo.Skt.n. *भू-मण्डलीकरण-* 'globalization'] *m.*〘地理〙グローバリゼーション, 地球規模化.

भूमध्यरेखा /b^{h}ūmad^{h}yarek^{h}ā ブーマディエレーカー/ [neo.Skt.f. *भू-मध्य-रेखा-* 'equator'] *f.*〘地理〙赤道.

भूमध्यरेखीय /b^{h}ūmad^{h}yarek^{h}īya ブーマディエレーキーエ/ [neo.Skt. *भू-मध्य-रेखीय-* 'equatorial'] *f.*〘地理〙赤道の;赤道直下の. ❐～ जलवायु 赤道気候.

भूमध्यरेखीय गिनी /b^{h}ūmad^{h}yarek^{h}īya ginī ブーマディエレーキーエ ギニー/ [cf. Eng.n. *Equatorial Guinea*] *f.*〘国名〙赤道ギニア(共和国)《首都はマラボ (मलाबो)》.

भूमध्यसागर /b^{h}ūmad^{h}yasāgara ブーマディエサーガル/ [neo.Skt.m. *भू-मध्य-सागर-* 'Mediterranian Sea'] *m.*〘地理〙地中海.

भूमध्यीय गुयाना /b^{h}ūmad^{h}yīya guyānā ブーマディーエ グヤーナー/ *m.*〘国名〙赤道ギニア(共和国)《首都はマラボ (मलाबो)》.

भूमि /b^{h}ūmi ブーミ/ [←Skt.f. *भूमि-* 'the earth, soil, ground'] *f.* **1** 地面. ❐वह ～ पर चित पड़ी हुई थी। 彼女は地面に仰向けに倒れていた. ❐वह धम से ～ पर गिर पड़ा। 彼はドスンと地面に倒れた. **2** 土地;農地. ❐～ जोतना 土地を耕す. ❐उर्वर ～ 肥沃な土地. ❐रेतीली ～ 砂を含んだ土地. ❐समतल ～ पर को बसा है। (この町は)平地にできている. **3** 地;大地. ❐अपने पूर्वजों की ～ 自分の先祖の地. ❐न जाने कितनी ～ को उर्वरा बनाती, न जाने कितने खेतों को सींचती। (この川は)どれほどの大地を豊穣にし, どれほどの田畑を潤しているのだろうか. **4** 基盤, 土台, 下地, 素地. ❐(की) ～ तैयार करना (…の)素地を整える. ❐(की) ～ तैयार होना (…の)素地が整う.

भूमिका /b^{h}ūmikā ブーミカー/ [←Skt.f. *भूमिका-* 'earth, ground, soil; an actor's part; preface, introduction'] *f.* **1** (本の)前書き, 序文. (⇒प्राक्कथन, मुक़दमा) **2** (事件, 歴史の)背景, 前置き. (⇒पृष्ठभूमि) ❐(की) ～ बाँधना (…の)前置きを述べる. **3**〘演劇〙(俳優の)役;役割. (⇒पार्ट) ❐(की) ～ निभाना(…の)役を演じる, 役割を果たす.

भूमिगत /b^{h}ūmigata ブーミガト/ [←Skt. *भूमि-गत-* 'fallen to the earth'] *adj.* 地下の. ❐～ पथ 地下道. ❐～ रेल 地下鉄.

भूमिधर /b^{h}ūmid^{h}ara ブーミダル/ [←Skt.m. *भूमि-धर-* 'earth-supporter; a mountain'] *m.* 自作農.

भूरा /b^{h}ūrā ブーラー/ [<OIA. **bhrūra-* 'brown': T.09690] *adj.* 褐色の, 茶色の.

भूल /b^{h}ūla ブール/ [cf. *भूलना*] *f.* **1** 誤り, 過ち, 過失, 落度. (⇒ग़लती) ❐आज उसने अपने जीवन में सबसे बड़ी ～ की। 今日彼は人生で最も大きな過ちを犯した. **2**《『भूल कर भी 否定文』の形式で,「誤っても…しない, 決して…しない」を表す》❐इंटरव्यू में ～ कर भी न कहें ये बातें। 面接では決して言わないように, こういうことは.

भूल-चूक /b^{h}ūla-cūka ブール・チューク/ *f.* 過ち, 過失. ❐मुझसे जो कुछ ～ हुई हो क्षमा करो। 私が仕出かした過ちは許してくれ. ❐लड़कों से इस तरह की ～ होती रहती है। 子どもたちのこんな過ちはよく起こるものだ.

भूलना /b^{h}ūlanā ブールナー/ [<OIA. **bhull-* 'err, forget': T.09538] *vi.* (*perf.* भूला /b^{h}ūlā ブーラー/) 忘れる, 失念する. (⇒बिसरना) ❐मैं तो बिलकुल भूल ही गया था, अच्छा किया जो आपने याद दिला दिया। 私はすっかり忘れていました, よかった, あなたが思い出させてくれて.
— *vt.* (*perf.* भूला /b^{h}ūlā ブーラー/) 忘れる, 失念する. (⇒बिसारना)

भूल-भुलैयाँ /b^{h}ūla-b^{h}ulaiyā̃ ブール・ブラェーヤーン/ ▸ भूल-भुलैया *f.* ☞भूल-भुलैया

भूल-भुलैया /b^{h}ūla-b^{h}ulaiyā ブール・ブライヤー/ ▸ भूल-भुलैयाँ *f.* 迷路;迷宮. ❐～ में पड़ना 迷宮に迷い込む.

भूला-भटका /b^{h}ūlā-b^{h}aṭakā ブーラー・バトカー/ [*भूलना* + *भटकना*] *adj.* 迷子になった, 路頭に迷った;迷い込んだ.

भूलोक /b^{h}ūloka ブーローク/ [←Skt.m. *भू-लोक-* 'the terrestrial world, earth'] *m.* 地界, 地上界;人間界.

भू-विज्ञान /b^{h}ū-vijñāna ブー・ヴィギャーン/ [neo.Skt.n. *भू-विज्ञान-* 'geology'] *m.* 地質学. (⇒भौमिकी)

भूषण /b^{h}ūṣaṇa ブーシャン/ [←Skt.n. *भूषण-* 'embellishment, ornament, decoration'] *m.* 装飾(品).

भूसा /b^{h}ūsā ブーサー/ [?<OIA.n. *busa-* 'chaff, any rubbish': T.09293; ?<OIA. **bhusa-* 'chaff': T.09539z1] *m.* **1** 藁(わら). **2** (穀物の)殻, 外皮.

भूसी /b^{h}ūsī ブースィー/ [cf. *भूसा*] *f.* (穀物の)殻, 外皮.

भूस्खलन /b^{h}ūsk^{h}alana ブースカラン/ [neo.Skt.n. *भू-स्खलन-* 'landslide'] *m.* 地滑り, 山崩れ.

भृंग /b^{h}ṛṃga ブリング/ [←Skt.m. *भृङ्ग-* 'a species of large black bee'] *m.*〘昆虫〙ブリンガ《マルハナバチ (भ्रमर) を含むハチの名称》.

भृत्य /b^{h}ṛtya ブリティエ/ [←Skt.m. *भृत्य-* 'a dependent, servant (also the servant of a king, a minister)'] *m.* 従者, 付き人.

भें /b^{h}ẽ ベーン/ [onom.] *f.*〔擬声〕メー《羊の鳴き声》.

भेंगा /b^{h}ẽgā ベーンガー/ ▸भैंगा [<OIA. **bhēṅka-, *bhēṅga-* 'defective': T.09602z2] *adj.*〘医学〙斜視の(人), やぶにらみの, すがめの.

भेंगापन /b^{h}ẽgāpana ベーンガーパン/ ▸भैंगा [*भेंगा* + *-पन*] *m.*〘医学〙斜視, やぶにらみ, すがめ.

भेंट /b^{h}ẽṭa ベーント/ [<OIA. **bhiṭ-* 'meet, throng': T.09490] *f.* **1** 面会;訪問. ❐तब से मेरी उससे ～ नहीं हुई। その時以来私は彼とは会っていない. **2** インタビュー, 会見. (⇒इंटरव्यू) **3** (目上の人への)贈り物. ❐मैंने अपनी रचना की एक प्रति उन्हें ～ की। 私は自分の作品を一部彼に贈呈した. **4** (神への)捧げ物, 供え物《「大事な失われたもの」も表す》. ❐उसकी पत्नी यक्ष्मा की ～ हो चुकी थी। 彼は妻を結核で失っていた.

भेंटना /bʰēṭanā ベーントナー/ [<OIA. *bhiṭ- 'meet, throng': T.09490; cf. *भिड़ना, भेड़ना*] *vi.* (*perf.* भेंटा /bʰēṭā ベーンター/) **1** (人と)会う. **2** (人と)抱き合って挨拶する.
— *vt.* (*perf.* भेंटा /bʰēṭā ベーンター/) (目上の人に)贈り物をする.

भेंट-वार्ता /bʰēṭa-vārtā ベーント・ワールター/ *f.* 会見;インタビュー, 取材訪問. (⇒इंटरव्यू) ❐(से) ~करना(人と)会見する;(人に)インタビューする.

भेजना /bʰejanā ベージナー/ [<OIA. *bhējj- 'send': T.09603] *vt.* (*perf.* भेजा /bʰejā ベージャー/) **1** (ものを)送る, 届ける, 寄こす. (⇒पठाना) ❐मैं आज ही आपके नाम बिल भेजता हूँ। 今日の内に, あなた宛に請求書をお送りします. ❐इतने दिनों में उसने एक पैसा भी घर नहीं भेजा। これほどの間, 彼は1パイサも家に送金しなかった. ❐डाक से रुपया भेजो। 郵便為替で金を送ってくれ. ❐चिट्ठी-पत्तर तक भेजता नहीं, रुपए क्या भेजेगा। 彼は手紙だって寄こさないのに, 金なんか寄こすものか. ❐एक गुमनाम पत्र उस पत्रिका के संपादक की सेवा में भेज दिया जाए। 一通の無署名の手紙を, あの雑誌の編集者宛に送ろうじゃないか. ❐अंतरिक्ष की कक्षा में फ़िलहाल मौजूद तीन उपग्रहों से भेजी गई हजारों तस्वीरों के विभिन्न उपयोग हो सकते हैं। 宇宙の軌道上に現在存在している3つの人工衛星から送られてくる何万枚もの写真は, いろいろな利用がありうる. ❐सुप्रीम कोर्ट ने इस मामले को तत्काल वापस भेज दिया। 最高裁はこの訴訟を直ちに差し戻した. **2** (人を)派遣する, 行かせる, 寄こす;(学校に)遣る;送りこむ. ❐इस काम के लिए किसी को भेज दूँ? この仕事のために誰かを派遣しようか. ❐उसे और उसके लड़के को मेरे पास भेज दीजिएगा। 彼と彼の息子を私のもとに寄こしてください. ❐क्या करे, पैसे नहीं हैं, नहीं किसी को भेजकर डाक्टर बुलाती। どうすることもできなかった, お金がないのだ, そうでなければ誰かを遣って医者を呼べたのだが. ❐घर-घर जाकर उन्होंने लोगों से आग्रह किया कि वे अपनी लड़कियों को पढ़ने के लिए पाठशाला भेजें। 家々を訪れて彼は人々に娘たちを教育のために学校に遣るようにと力説した. ❐मुझे पिता जी ने ज्योतिष पढ़ने के लिए काशी भेजा था। 父は私を, 占星術を学ばせるためにカーシー(＝ヴァーラーナスィー)に送った. ❐वह डाक्टर तो मरीज़ों को स्वर्ग भेजने के लिए मशहूर है। あの医者は患者をあの世に送りこむことで有名だ. **3**〔慣用〕❐(पर) लानत ~ (人を)呪う.

भेजा /bʰejā ベージャー/ [<OIA.m. *majján-* 'marrow, pith': T.09712] *m.* (大)脳;脳髄. (⇒दिमाग़, मस्तिष्क)

भेड़ /bʰeṛa ベール/ [<OIA.m. *bhēḍra-, bhēṇḍa-* 'ram': T.09606] *f.* **1**〖動物〗(雌)ヒツジ(羊). (⇔भेड़ा) **2** (従順だが馬鹿にされる)お人よし.

भेड़-चाल /bʰeṛa-cāla ベール・チャール/ *f.* 盲従;(主体性のない)群集行動, 付和雷同. (⇒भेड़िया-धँसान)

भेड़ना /bʰeṛanā ベールナー/ [<OIA. *bhiṭ- 'meet, throng': T.09490; cf. *भिड़ना, भेंटना*] *vt.* (*perf.* भेड़ा /bʰeṛā ベーラー/) (戸などを)閉める. ❐वह किसी को आते देखकर भयभीत होकर दोनों पट भेड़ लेती है। 彼女は誰かがやって来るのを見ると, 怖くなって両扉を閉めてしまう.

भेड़ा /bʰeṛā ベーラー/ [<OIA.m. *bhēḍra-, bhēṇḍa-* 'ram': T.09606; cf. *भेड़*] *m.*〖動物〗雄羊. (⇒मेढ़ा)(⇔भेड़)

भेड़िया[1] /bʰeṛiyā ベーリヤー/ [cf. *भेड़*] *adj.* 羊のような, 羊特有の.

भेड़िया[2] /bʰeṛiyā ベーリヤー/ [?cf. *भेड़*] *m.*〖動物〗オオカミ(狼). ❐भेड़ की खाल में ~ 羊の皮をかぶった狼.

भेड़िया-धँसान /bʰeṛiyā-dʰãsāna ベーリヤー・ダンサーン/ *m.* ☞भेड़-चाल

भेद /bʰeda ベード/ [←Skt.m. *भेद-* 'breaking; separating'] *m.* **1** 違い, 区別. (⇒अंतर) ❐गुड़ और चीनी में बहुत ~ है। 粗糖と砂糖とは大変な違いがある. ❐तुममें और हममें कौन ~ है? 君と私に何の違いがあるというのだ? **2** 差別. ❐ऊँच-नीच का ~ 身分の上下の差別. **3** 秘密, 隠し事;謎. (⇒रहस्य, राज़) ❐(का) ~ सब पर खुल जाना(…の)秘密がみんなに露顕してしまう. **4** (区分される)種, 種類, カテゴリー.

भेद-भाव /bʰeda-bʰāva ベード・バーオ/ [neo.Skt.m. *भेद-भाव-* 'discrimination'] *m.* 差別, 差別意識. ❐(में) ~ रखना (…に)差別をする.

भेदिया /bʰediyā ベーディヤー/ [cf. *भेद*] *m.* スパイ, 密偵. (⇒जासूस)

-भेदी /-bʰedī ・ベーディー/ [←Skt. *भेदिन्-* 'breaking, splitting, piercing'; cf. *-वेधी*] *suf.adj.*《名詞に付加して「…を裂く」を意味する形容詞を作る接尾辞; मर्मभेदी「胸が張り裂けるような」, गगनभेदी「天を突き破るような(音)」など》.

भेदी /bʰedī ベーディー/ [←Skt.m. *भेदिन्-* 'breaking; dividing'] *m.* ☞भेदिया

भेला /bʰelā ベーラー/ [<OIA. *bhēlla-[2] 'lump': T.09618; cf. DED 4523] *m.* 塊(かたまり).

भेली /bʰelī ベーリー/ [cf. *भेला*] *f.* 黒砂糖の塊(かたまり).

भेश /bʰeśa ベーシュ/ ▸भेष, भेस *m.* ☞भेस

भेष /bʰeṣa ベーシュ/ ▸भेश, भेस [pseudo.Skt.m. for Skt.m. *वेष-* 'dress, apparel, ornament, artificial exterior, assumed appearance'] *m.* ☞भेस

भेषज /bʰeṣaja ベーシャジ/ [←Skt.n. *भेषज-* 'a remedy, medicine, medicament, drug'] *m.* **1**〖医学〗医薬. (⇒औषधि, दवा) **2**〖医学〗治療. (⇒इलाज, चिकित्सा)

भेस /bʰesa ベース/ ▸भेश, भेष [cf. *भेष*] *m.* **1** (人の)外見, 見かけ. **2** 服装, 身なり. (⇒वेश) ❐(के) ~ में(…の)身なりで. **3** 変装, 扮装. ❐(का) ~ बनाना(…の)変装をする. ❐मर्दाने ~ में 男装して.

भैंगा /bʰãĩgā バェーンガー/ ▸भेंगा *adj.* ☞भेंगा

भैंस /bʰãĩsa バェーンス/ [<OIA.f. *máhiṣī-* 'buffalo cow': T.09964z1; cf. *भैंसा*] *f.*〖動物〗(雌)水牛. (⇔भैंसा)

भैंसा /bʰãĩsā バェーンサー/ [<OIA.m. *mahiṣá-* 'buffalo': T.09964x1; cf. *भैंस*] *m.* **1**〖動物〗雄の水牛. (⇔भैंस) **2** 強壮な人.

भैया /bʰaiyā バイヤー/ *m.* 兄弟;兄さん.

भैयादूज /bʰaiyādūja バイヤードゥージ/ *f.* ☞भाईदूज

भोंकना /bʰõka̸nā ボーンクナー/ [onom.; ?cf. DEDr.4452 (DED.3646)] *vt.* (*perf.* भोंका /bʰõkā ボーンカー/) (鋭いものを) (柔らかいものに)ぐさりと突き刺す. ❐किसी ने उसके पेट में छुरा भोंक दिया। 誰かが彼の腹にナイフを突き刺した.

भोंड़ा /bʰõṛā ボーンラー/ [<OIA. **bhuṭṭa-* 'defective': T.09530] *adj.* ぞっとするほど醜い.

भोंदू /bʰõdū ボーンドゥー/ [<OIA. **bhutta-*[2] 'defective': T.09532] *adj.* のろまな, 愚鈍な(人).

भोंपू /bʰõpū ボーンプー/ [onom.] *m.* **1** (車の)警笛, ホーン《「ブッブー」などに相当》. **2** 拡声器.

भोग /bʰoga̸ ボーグ/ [←Skt.m. *भोग-* 'enjoyment, eating'] *m.* **1** 享受して楽しむこと;悦楽《主に現世的な欲望(食欲, 性欲など)を満たすために貪ること》. ❐वह पुरुष का खिलौना नहीं है, न उसके 〜 की वस्तु। 彼女は男の慰みものではないし, 男の享楽の道具でもない. **2** 苦難(を甘受すること). **3**〖ヒンドゥー教〗(神への)お供え, 供物《主に食べ物》. ❐(को) 〜 लगाना (…に)供物をそなえる.

भोगना /bʰoga̸nā ボーグナー/ [cf. *भोग*] *vt.* (*perf.* भोगा /bʰogā ボーガー/) **1** 楽しむ;享楽する. ❐आदमी संसार में कुछ भोगने के लिए आता है, यही जिंदगी के मज़े हैं। 人間はこの世にちょっとばかり楽しむために生まれてくるのだ, これこそ人生の醍醐味さ. ❐जिंदगी का थोड़ा-सा सुख 〜 人生のささやかな幸せを楽しむ. **2** (因果などの報いを)受ける, 甘受する. **3** (苦しい経験を)積む. ❐जो कुछ भोगना बदा है, भोगेंगे। 経験しなければいけないことは経験するさ.

भोग-विलास /bʰoga̸-vilāsa̸ ボーグ・ヴィラース/ [neo.Skt.m. *भोग-विलास-* 'indulgence in luxury'] *m.* 放蕩, 享楽に溺れること, 快楽に耽ること. ❐〜 करना 放蕩の限りを尽くす. ❐〜 में पड़ा रहना 享楽に耽溺する. ❐〜 के नशे में अपने को भूल जाना 享楽の酔いに我を忘れる. ❐उन्होंने धन और 〜 को जीवन का लक्ष्य बना लिया। 彼は富と快楽を人生の目的にした.

भोगी /bʰogī ボーギー/ [←Skt. *भोगिन्-* 'enjoying, eating'] *adj.* 酒色にふける(人), 快楽に溺れる(人).
— *m.* 酒色にふける人, 快楽に溺れる人.

भोग्य /bʰogya̸ ボーギエ/ [←Skt. *भोग्य-* 'to be enjoyed, to be used'] *adj.* **1** (利用など)享受すべき, 享楽すべき. ❐〜 पदार्थ 享楽品. **2** (運命などとして)甘受すべき, 耐え忍ぶべき.

भोज[1] /bʰoja̸ ボージ/ [<OIA.n. *bhōjyà-* 'food, meal': T.09631x1] *m.* 会食, 宴(うたげ);(人に振る舞う)ご馳走. ❐(को) 〜 देना (人に)ご馳走を振る舞う.

भोज[2] /bʰoja̸ ボージ/ [←Skt.m. *भोज-* 'a king with uncommon qualities'] *m.*〖歴史〗ボージャ王《11 世紀の中央インドを治めた伝説的なヒンドゥー教徒の王》.

भोजन /bʰojana̸ ボージャン/ *m.* **1**〖食〗食事(の摂取). ❐〜 करना 食事をする. ❐〜 का समय 食事の時間. ❐〜 पकाना 食事を調理する. **2**〖食〗食物;食糧.

भोजन-भट्ट /bʰojana̸-bʰaṭṭa̸ ボージャン・バット/ [neo.Skt.m. *भोजन-भट्ट-* 'a glutton'] *m.* 大食漢;食い意地が張っている人.

भोजनालय /bʰoja̸nālaya̸ ボージナーラエ/ [neo.Skt.m. *भोजन-आलय-* 'eating-place; restaurant'] *m.* レストラン, 食堂《特にベジタリアン料理の店》.

भोजपत्र /bʰoja̸patra̸ ボージパトル/ [*भोज* (<OIA.m. *bhūrja-* 'the brich tree *Betula bhojpattra*': T.09570) + *पत्र*] *m.*〖植物〗シラカンバ[シラカバ](白樺)(の樹皮)《カバノキ科カバノキ属の高木;樹皮は文字を書くために使われた》.

भोजपुर /bʰoja̸pura̸ ボージプル/ [←Skt.n. *भोज-पुर-* 'names of towns'] *m.* **1**〖地名〗ボージプル《ビハール州 (बिहार) の地方都市》. **2**〖地名〗ボージプル《マディヤ・プラデーシュ州 (मध्य प्रदेश) の地方都市;11 世紀の伝説的なボージャ王の建設と伝わる》.

भोजपुरी /bʰoja̸purī ボージプリー/ [*भोजपुर* + *-ई*] *f.* ボージプリー方言《東部ヒンディー方言群に属す;この方言を話す多くの人々が年季契約労働者 (गिरमिटिया) として, サトウキビ・プランテーションの労働力供給のため海外移住した》.

भोज्य /bʰojya̸ ボージエ/ [←Skt. *भोज्य-* 'to be enjoyed or eaten, eatable'] *adj.* 食べるべき;食べてもいい. (⇒खाद्य)(⇔अभोज्य)
— *m.* 食物.

भोपाल /bʰopāla̸ ボーパール/ [cf. Eng.n. *Bhopal*] *m.*〖地名〗ボーパール《マディヤ・プラデーシュ州 (मध्य प्रदेश) の州都》.

भोर /bʰora̸ ボール/ [<OIA. **bhōrā-, bhōlā-* 'daybreak': T.09634] *m.* 夜明け前, 早朝. ❐〜 हो गया। もう夜が明ける.

भोला /bʰolā ボーラー/ [<OIA. **bhulla-* 'defective': T.09539] *adj.* **1** (性格が)純真な, 無邪気な, 飾り気のない, あどけない. (⇒मासूम) **2** お人よしの;単純な, 疑うことを知らない, うぶな.

भोलापन /bʰolāpana̸ ボーラーパン/ [*भोला* + *-पन*] *m.* (性格が)純真[無邪気]であること, 飾り気がないこと;単純なこと.

भोला-भाला /bʰolā-bʰālā ボーラー・バーラー/ *adj.* ☞भोला

भौं /bʰãũ バォーン/ ▸भौंह *f.* ☞भौंह

भौंकना /bʰãũka̸nā バォーンクナー/ ▸भूकना, भूँकना [onom.] *vi.* (*perf.* भौंका /bʰãũkā バォーンカー/) ☞भूँकना

भौंचक्का /bʰãũcakkā バォーンチャッカー/ ▸भौचक्का *adj.* ☞भौचक्का

भौं-भौं /bʰãũ-bʰãũ バォーン・バォーン/ ▸भूँ-भूँ [onom.] *f.* ☞भूँ-भूँ

भौंरा[1] /bʰãũrā バォーンラー/ ▸भँवर [<OIA.m. *bhramará-*[2] 'large black bee': T.09651; cf. *भँवर*[2]] *m.*〖昆虫〗花蜂, ハナバチ.

भौंरा[2] /bʰãũrā バォーンラー/ [<OIA.n. **bhaumaghara-* 'cellar': T.09640] *m.* 洞穴;地下室.

भौंरी /bʰãũrī バォーンリー/ [<OIA. *bhramara-*[1]

'*moving unsteadily, revolving': T.09650] *f.* (髪の)巻き毛.

भौंह /bʰãũha̸ バォーンフ/ ▸भौं [<OIA.f. *bhrū́-* 'eyebrow': T.09688] *f.* 眉, 眉毛. ❐भौंहें चढ़ाना 眉をつりあげる. ❐भौंहें सिकोड़ना 眉をしかめる. ❐उनकी भौंहों पर शिकन पड़ी। 彼は眉をひそめた.

भौचक्का /bʰaucakkā バォーチャッカー/ ▸भौंचक्का [*भौंह* + *चक्क-*] *adj.* (驚いて)あっけにとられた. ❐वह यहाँ का दृश्य देखकर भौचक्का-सा खड़ा रह गया। 彼はこの場のありさまを見てあっけにとられたように立ちつくした.

भौजाई /bʰaujāī バォージャーイー/ [<OIA.f. *bhrāturjāyā-* 'brother's wife': T.09660] *f.* 兄弟の妻. (⇒भाभी)

भौतिक /bʰautika̸ バォーティク/ [←Skt. *भौतिक-* 'belonging to created or living beings'] *adj.* **1** 物質的な;物理的な;自然の. ❐~ चिकित्सा〖医学〗物理療法. ❐~ भूगोल〖地理〗自然地理学. ❐~ रसायन〖化学〗物理化学. ❐~ सुख-सुविधाएँ 物質的な幸福. **2** 肉体的な. **3** 現世の, 世俗の;現実の. ❐~ संसार 世俗世界.

भौतिकता /bʰautika̸tā バォーティクター/ [neo.Skt.f. *भौतिक-ता-* 'real existence'] *f.* 物質的存在.

भौतिकतावाद /bʰautika̸tāvāda̸ バォーティクターワード/ [neo.Skt.m. *भौतिक-ता-वाद-* 'materialism'] *m.* 唯物論;物質主義. (⇒भौतिकवाद)

भौतिकतावादी /bʰautika̸tāvādī バォーティクターワーディー/ [neo.Skt. *भौतिकता-वादिन्-* 'materialistic'] *adj.* 唯物論的な;物質主義の.
— *m.* 唯物論者;物質主義者.

भौतिकवाद /bʰautika̸vāda̸ バォーティクワード/ [←Skt.m. *भौतिक-वाद-* 'materialism'] *m.* ☞भौतिकतावाद

भौतिक-विज्ञान /bʰautika̸-vijñāna̸ バォーティク・ヴィギャーン/ [neo.Skt.n. *भौतिक-विज्ञान-* 'physics'] *m.*〖物理〗物理学. (⇒भौतिकी)

भौतिकी /bʰautikī バォーティキー/ [cf. *भौतिक*] *f.*〖物理〗物理学. (⇒भौतिक-विज्ञान) ❐व्यावहारिक ~ 応用物理学. ❐सैद्धांतिक ~ 理論物理学.

भौमवार /bʰauma̸vāra̸ バォームワール/ [←Skt.m. *भौम-वार-* 'Mars-day; Tuesday'] *m.* 火曜日. (⇒मंगलवार)

भौमिक /bʰaumika̸ バォーミク/ [←Skt. *भौमिक-* 'having to do with the earth'] *adj.* **1** 地質学の, 地質学上の. **2** 現世の;物質的な.

भौमिकी /bʰaumikī バォーミキー/ [cf. *भौमिक*] *f.* 地質学. (⇒भू-विज्ञान)

भ्रंश /bʰraṃśa̸ ブランシュ/ [←Skt.m. *भ्रंश-* 'falling; decline, decay. ruin '] *m.* **1** 落下;没落;滅亡. **2** 断層. ❐~ घाटी 地溝, 裂谷.

भ्रम /bʰrama̸ ブラム/ [←Skt.m. *भ्रम-* 'wandering or roaming about; confusion, perplexity, error, mistake'] *m.* **1** 錯覚, 幻覚;当惑, 困惑. ❐~ में पड़ना 錯覚に陥る. ❐(को) ~ में डालना (人を)惑わせる. **2** 誤解, 思い違い;邪推, 思い過ごし. ❐मुझे ~ हुआ, वह मेरा उपहास कर रहे हैं। 私は邪推した, 彼は私をあざ笑っているのだと. ❐यह आपका ~ है। それはあなたの思い過ごしです.

भ्रमजाल /bʰrama̸jāla̸ ブラムジャール/ [neo.Skt.n. *भ्रम-जाल-* 'snares of illusions'] *m.* (錯覚の)わな;幻影, 幻想. (⇒इंद्रजाल, मायाजाल)

भ्रमण /bʰra̸maṇa̸ ブルマン/ [←Skt.n. *भ्रमण-* 'wandering or roaming about, roving through, circumambulating'] *m.* (周遊)旅行. ❐विश्व ~ 世界一周旅行.

भ्रमर /bʰramara̸ ブラマル/ [←Skt.m. *भ्रमर-* 'a large black bee, a kind of humble bee, any bee'] *m.*〖昆虫〗クマバチ;マルハナバチ, クロマルハナバチ. (⇒भँवर)

भ्रमात्मक /bʰramātmaka̸ ブラマートマク/ [neo.Skt. *भ्रम-आत्मक-* 'illusory'] *adj.* 錯覚の, (事が)誤った. ❐उनके विरिद्ध दिये गए प्रमाण निर्मूल और ~ हैं। 彼にとって不利に出された証拠は根拠がなくまた誤っている. ❐पर यह बात शीघ्र ही ~ सिद्ध हो गई। しかしこれはすぐに間違っていたと分かった.

भ्रष्ट /bʰraṣṭa̸ ブラシュト/ [←Skt. *भ्रष्ट-* 'broken down, decayed, ruined, disappeared, lost, gone'] *adj.* **1** (道徳が)堕落した, 腐敗した;汚職が横行する. **2** (神聖なものが)汚された, 冒涜(ぼうとく)された. ❐उसके स्पर्श से मंदिर की प्रतिमा ~ हो जाएगी। 彼女が触れることで寺院の神像が汚れてしまう.

भ्रष्टाचार /bʰraṣṭācāra̸ ブラシュターチャール/ [neo.Skt.m. *भ्रष्ट-आचार-* 'corruption'] *m.* 汚職;腐敗.

भ्रांत /bʰrāṃta̸ ブラーント/ [←Skt. *भ्रान्त-* 'perplexed, confused, being in doubt or error'] *adj.* 錯誤した, 誤った, 間違った;錯覚した.

भ्रांति /bʰrāṃti ブラーンティ/ [←Skt.f. *भ्रान्ति-* 'wandering or roaming about; perplexity, confusion, doubt, error, false opinion'] *m.* 錯誤, 誤り, 間違い;錯覚. ❐उसे इस ~ में डालूँगी कि मुझे उससे प्रेम है। 私が彼を愛していると彼に錯覚させてやるわ.

भ्राता /bʰrātā ブラーター/ [←Skt.m. *भ्रातृ-* 'brother'] *m.* 兄弟. (⇒भाई)

भ्रातृत्व /bʰrātr̥tva̸ ブラートリトオ/ [?neo.Skt.n. *भ्रातृ-त्व-* 'brotherhood; fraternity'] *m.* 兄弟愛;同胞愛. (⇒भाईचारा)

भ्रातृ-भाव /bʰrātr̥-bʰāva̸ ブラートリ・バーオ/ [neo.Skt.m. *भ्रातृ-भाव-* 'fraternity'] *m.* 兄弟愛, 同胞愛.

भ्रातृ-स्नेह /bʰrātr̥-sneha̸ ブラートリ・スネーヘ/ [neo.Skt.m. *भ्रातृ-स्नेह-* 'brotherly affection'] *m.* 兄弟愛.

भ्रामक /bʰrāmaka̸ ブラーマク/ [←Skt. *भ्रामक-* 'causing error, deceitful, false'] *adj.* 誤解させる;錯覚させる.

भ्रू /bʰrū ブルー/ [←Skt.f. *भ्रू-* 'an eyebrow, the brow'] *f.* 眉, 眉毛. (⇒भौंह)

भ्रूण /bʰrūṇa̸ ブルーン/ [←Skt.n. *भ्रूण-* 'an embryo'] *m.*〖医学〗胎児.

भ्रूणहत्या /bʰrūṇa̸hatyā ブルーンハティャー/ [←Skt.f.

भ्रूण-हत्या- 'the killing of an embryo; the killing of a learned Brāhman'] *f.* 〖医学〗堕胎;胎児殺し.

भ्रूभंग /bʰrūbʰaṃgá ブルーバング/ [←Skt.m. *भ्रू-भङ्ग-* 'contraction of the brows, a frown'] *m.* 眉をしかめた表情, 眉をひそめる仕草.

म

मँगता /mãgátā マングター/ [cf. *माँगना*] *m.* 乞食, 物乞い. (⇒भिखमँगा)

मँगनी /mãgánī マングニー/ [<OIA. *mārgaṇa-*[1] 'asking': T.10073; cf. *माँगना*] *f.* **1** 借用;借用したもの. ❐～ का 借り物の. **2** 〖ヒンドゥー教〗婚約(式)《両家の間の将来の結婚の取り決め;本人たちは幼い場合もある》. ❐(की) ～ करना (人の)婚約を取り決める.

मँगरैला /mãgárailā マングラェーラー/ [?] *m.* 〖食〗ヒメウイキョウの種から作られる香辛料. (⇒कलौंजी)

मंगल /maṃgalá マンガル/ [←Skt. *मङ्गल-* 'auspicious'] *adj.* 吉祥な, めでたい.

— *m.* **1** 幸運;幸福;安寧. **2** 〖天文〗火星. **3** 〖暦〗火曜日《मंगलवार の省略形》.

मंगलकलश /maṃgalákalaśá マンガルカラシュ/ [←Skt.m. *मङ्गल-कलश-* 'a vessel used at festivals'] *m.* 〖ヒンドゥー教〗マンガラカラシャ《おめでたい儀礼の際, 礼拝や飾りのために水を満たして置かれる水差しあるいは水甕》.

मंगलकारी /maṃgalákārī マンガルカーリー/ [←Skt. *मङ्गल-कारिन्-* 'causing welfare'] *adj.* 幸福をもたらす, めでたい.

मंगलगान /maṃgalágāná マンガルガーン/ [neo.Skt.n. *मङ्गल-गान-* 'auspicious song'] *m.* 〖ヒンドゥー教〗祝い唄《結婚式などの慶事に主に女性たちによって歌われる》. (⇒मंगलगीत)

मंगलगीत /maṃgalágītá マンガルギート/ [←Skt.n. *मङ्गल-गीत-* 'a solemn song'] *m.* ☞मंगलगान

मंगलपाठ /maṃgalápāṭʰá マンガルパート/ [←Skt.m. *मङ्गल-पाठ-* 'blesssing recitation'] *m.* ☞मंगलाचरण

मंगलमय /maṃgalámayá マンガルマエ/ [←Skt. *मङ्गल-मय-* 'consisting of nothing but happiness'] *adj.* めでたい;よいことの多い. ❐आज का दिन कितना ～ है। 今日という日はなんとめでたいことか.

मंगलवार /maṃgalávārá マンガルワール/ [←Skt.m. *मङ्गल-वार-* 'Tuesday'] *m.* 〖暦〗火曜日. (⇒भौमवार) ❐～ को 火曜日に.

मंगलसूत्र /maṃgalásūtrá マンガルスートル/ [←Skt. *मङ्गल-सूत्र-* 'lucky thread; the marriage-thread (tied by the bridegroom round the bride's neck, and worn as long as the husband lives'] *m.* 〖ヒンドゥー教〗マンガラスートラ《既婚女性が夫の存命中, 自分の手首に巻くひも》. ❐(की) कलाई पर ～ बाँधना (人の)手首にマンガラストラを巻く.

मंगलाचरण /maṃgalācaraṇá マンガラーチャラン/ [←Skt.n. *मङ्गल-आचरण-* 'benediction, prayer for the success of anything'] *m.* 〖ヒンドゥー教〗マンガラーチャラナ《始める事業が無事に完成成就する祈願の言葉;古典文学作品などの冒頭の祈願文など》. (⇒मंगलपाठ)

मंगलाचार /maṃgalācārá マンガラーチャール/ [←Skt.m. *मङ्गल-आचार-* 'repeating a prayer for success and observing other auspicious ceremonies'] *m.* 〖ヒンドゥー教〗マンガラーチャーラ《祭りや儀式などの開始に先立ち無事の終了を祈願して詠唱される詩歌》.

मंगली /maṃgalī マンガリー/ [*मंगल* + *-ई*] *adj.* 〖暦〗マンガリー《ホロスコープに火星の位置が大きく影響している(人)》.

मँगवाना /mãgávānā マングワーナー/ ▸मँगाना [caus. of *माँगना*] *vt.* (*perf.* मँगवाया /mãgávāyā マングワーヤー/) ☞मँगाना

मँगाना /mãgānā マンガーナー/ ▸मँगवाना [caus. of *माँगना*] *vt.* (*perf.* मँगाया /mãgāyā マンガーヤー/) **1** (人を)取りにやらす;(ものを)求める, ねだる. ❐बार-बार घर से पैसा न मँगाना पड़ा। 幾度も家から金の無心をしないですんだ. **2** 注文する, オーダーする;発注する;(定期購読のため)取り寄せる.

मँगेतर /mãgetará マンゲータル/ [<OIA. **mārgayitṛ-* 'wooer': T.10075] *adj.* 婚約した(人);許嫁(いいなずけ)の.

— *m.* 婚約者, 許嫁(いいなずけ), フィアンセ《婚約者(男性)は男性名詞として, 婚約者(女性)は女性名詞として扱う》.

मंगोलिया /maṃgoliyā マンゴーリヤー/ [cf. Eng.n. *Mongolia*] *m.* **1** 〖国名〗モンゴル(国)《首都はウランバートル (उलान बतोर)》. **2** 〖地理〗(地域としての)モンゴル》. ❐भीतरी ～ 内蒙古, 内モンゴル(自治区).

मंच /maṃcá マンチ/ [←Skt.m. *मञ्च-* 'a stage or platform on a palace or on columns, raised seat, dais, throne'] *m.* **1** 舞台, ステージ. (⇒स्टेज, रंगमंच) ❐～ पर आना 舞台に登場する. ❐～ के निकट की सीटें ステージの近くの席. **2** 演壇. (⇒स्टेज) ❐～ पर चढ़ना 登壇する. **3** 活動の場所[範囲]. (⇒स्टेज, रंगमंच) ❐अंतर्राष्ट्रीय ～ 国際舞台. ❐राजिनीतिक ～ 政治の舞台.

मंजन /maṃjaná マンジャン/ [<OIA.n. *mārjana-* 'wiping off, cleaning': T.10081; cf. *माँजना*] *m.* 歯磨き粉. ❐～ करना 歯磨きをする.

मँजना /mãjánā マンジナー/ [cf. *माँजना*] *vi.* (*perf.* मँजा /mãjā マンジャー/) **1** 擦って磨かれる;(汚れが)擦りとられる. (⇒घिसना) ❐वहाँ दो-तीन पीतल और लोहे के बासन मँजे-धुले रखे थे। そこには, 2, 3 の真鍮と鉄の食器が洗われ磨かれて置いてあった. **2** (技量が)磨かれる. ❐पुराने आदमियों में अधिकांश तो बचपन से ही मिल में काम करने के अभ्यस्त थे और ख़ूब मँजे हुए। 古くからいる男たちは大部分が子ども時代から工場での作業に慣れていた, また優れた熟練工でもあった.

मंज़र /maṃzara マンザル/ [←Pers.n. منظر ‘Looking, beholding; scene; landscape, scenery’ ←Arab.] *m.* 光景, 景色, ながめ. (⇒दृश्य, नज़ारा)

मंजरी /maṃjarī マンジャリー/ [←Skt.f. *मञ्जरी-* ‘a cluster of blossoms’] *f.* **1**〚植物〛花房(はなぶさ). **2**〚植物〛花芽(はなめ), つぼみ;小枝, 若枝.

मँजवाना /mãjavānā マンジワーナー/ ▸मँजाना [caus. of *मँजना, माँजना*] *vt.* (*perf.* मँजवाया /mãjavāyā マンジワーヤー/) 擦って磨かせる;擦って磨いてもらう.

मँजाना /mãjānā マンジャーナー/ ▸मँजवाना [caus. of *मँजना, माँजना*] *vt.* (*perf.* मँजाया /mãjāyā マンジャーヤー/) ☞मँजवाना

मंज़िल /maṃzila マンズィル/ [←Pers.n. منزل ‘descending or alighting (as a stranger or guest); a caravansera, inn; a stage in travelling or in the divine life’ ←Arab.] *f.* **1** 階, フロア. ❐किस [पहली, दूसरी] ～ पर 何[1, 2]階に. **2** 段階, ステージ. **3** 旅程, 道のり;目的地. ❐～ मारना 目的地まで行軍する. ❐अभी दस मील की ～ बाक़ी है। まだ 10 マイルの道のりが残っている.

मंज़िला /maṃzilā マンズィラー/ [cf. *मंज़िल*] *adj.*《〚数詞 मंज़िला〛の形式で, 形容詞句「…階建の」を作る; मंज़िला は形容詞変化》❐तीन ～ मकान 3 階建ての家. ❐पति-पत्नी एक मंज़िले मकान में रहते थे। 夫婦は 1 階建ての家に住んでいた.

— *comb. form*《〚数詞の連結形 मंज़िला〛の形式で一語の形容詞「…階建の」を作る;形容詞変化をせず不変化の場合も》❐दुमंज़िला मकान 2 階建ての家. ❐तिमंज़िला मकान 3 階建ての家. ❐चौमंज़िला मकान 4 階建ての家. ❐बहुमंज़िला इमारत 高層ビル.

मंजिष्ठा /maṃjiṣṭʰā マンジシュター/ [←Skt.f. *मञ्जिष्ठा-* ‘Indian madder’] *f.*〚植物〛アカネ《根から赤い染料がとれる》. (⇒मजीठ)

मंजीर /maṃjīra マンジール/ [←Skt.m. *मञ्जीर-* ‘a foot-ornament, anklet’] *m.* 足首飾り, アンクレット.

मँजीरा /mãjīrā マンジーラー/ ▸मजीरा *m.* ☞मजीरा

मंजु /maṃju マンジュ/ [←Skt. *मञ्जु-* ‘beautiful, lovely, charming, pleasant, sweet’] *adj.* 美しい, 優美な.

मंजुल /maṃjula マンジュル/ [←Skt. *मञ्जुल-* ‘beautiful, pleasing, lovely, charming’] *adj.* 美しい, 魅力的な.

मंज़ूर /maṃzūra マンズール/ [←Pers.adj. منظور ‘approved’ ←Arab.] *adj.* 認められた;受諾[受理]された;承諾された;認可された, 許可された. (⇒स्वीकार)(⇔नामंज़ूर) ❐～ करना 承諾する. ❐मुझे ～ है। 私はOKだ.

मंज़ूरी /maṃzūrī マンズーリー/ [←Pers.n. منظوری ‘approval’] *f.* 受諾, 受理;承諾;認可, 許可. (⇒अनुमोदन, स्वीकृति)(⇔नामंज़ूरी) ❐(की) ～ लेना(…の)認可をえる. ❐(की) ～ वापस लेना(…の)認可を取り消す. ❐(को) (की) ～ देना(…に)(…の)認可をあたえる.

मंजूषा /maṃjūṣā マンジューシャー/ [←Skt.f. *मञ्जूषा-* ‘a box, chest, case, basket’] *f.* かご;箱;容器.

मँझधार /mãjʰadʰāra マンジダール/ ▸मझधार *f.* ☞मझधार

मँझला /mãjʰalā マンジラー/ ▸मझला *adj.* ☞मझला

मँझोला /mãjʰolā マンジョーラー/ ▸मझोला *adj.* ☞मझोला

मंडन /maṃḍana マンダン/ [←Skt.n. *मण्डन-* ‘adorning, ornament, decoration’] *m.* **1** (証拠などを)裏付けること;裏付け, 補強. (⇔खंडन) **2** 飾ること;装飾.

मंडप /maṃḍapa マンダプ/ [←Skt.m. *मण्ड-प-* ‘an open hall or temporary shed (erected on festive occasions), pavilion, tent, temple’] *m.* 大型テント;パビリオン《結婚式や儀礼のために一時的に作られる》.

मँडराना /mãḍarānā マンドラーナー/ ▸मँडलाना [cf. *मंडल*] *vi.* (*perf.* मँडराया /mãḍarāyā マンドラーヤー/) **1** (空を)舞う, 飛び回る, 飛び交う. ❐कई दिनों तक उस लाश पर गिद्ध और कौए मँडराते रहे। 何日もその死体の上をハゲタカとカラスが舞っていた. ❐मधुमक्खियाँ फूलों पर मँडरा रही हैं। 蜜蜂が花の上を飛び回っている. **2** (黒雲などが)浮かぶ, ただよう. ❐आकाश पर काले-काले बादल मँडरा रहे थे। 空には黒い雲がただよっていた. **3** (気になって)行ったり来たりする, うろつく. **4** (不吉な影が)ただよう;(危険・危機が)しのびよる, おびやかす. ❐पार्टी के असंतुष्टों के आक्रामक तेवरों से ज़ाहिर है कि दिग्विजय सरकार पर ख़तरा मँडरा रहा है। 党の不満分子の攻撃的な姿勢から明らかなことは, 万全なはずの政府に危機がしのびよりつつあることである. ❐इस क्षेत्र के भविष्य पर ख़ौफ़ का साया मँडरा रहा था। この地域の未来に不安な影がしのびよっていた. ❐पर्यावरणवादी भारत में वन्य जीवन और पर्यावरण पर मँडराते ख़तरों से चिंतित हैं। 環境主義者たちはインドにおける自然生態と環境をおびやかしつつある危険を懸念している.

मंडल /maṃḍala マンダル/ [←Skt.n. *मण्डल-* ‘a circular orb’] *m.* **1** 円, 環. **2** 全系統. ❐सौर ～〚天文〛太陽系. **3** …(世)界. **4** 団体, …会. ❐व्यापार ～ 商業会議所. **5**〚仏教〛マンダラ.

मंडलाकार /maṃḍalākāra マンダラーカール/ [←Skt.m. *मण्डल-आकार-* ‘the shape of a circle’] *adj.* 丸い, 円環状の;球体の.

मँडलाना /mãḍalānā マンドラーナー/ ▸मँडराना *vi.* (*perf.* मँडलाया /mãḍalāyā マンドラーヤー/) ☞मँडराना

मंडली /maṃḍalī マンドリー/ [cf. *मंडल*] *f.* **1** チーム;グループ, 集団. ❐नाटक ～ 劇団. ❐संगीत ～ 楽団. **2** クラブ, 同好会, サークル.

मंडवा /maṃḍavā マンドワー/ [cf. *मंडप*] *m.* ☞मंडप

मंडित /maṃḍita マンディト/ [←Skt. *मण्डित-* ‘adorned, decorated’] *adj.* **1** 飾られた. ❐शिशिर की तुषार- ～ संध्या थी। 冬の降霜に飾られた夕刻であった. **2** 覆われた;隠された, 隠ぺいされた. ❐मेरे विचार में पाप सदैव पाप है, चाहे वह किसी आवरण में ～ हो। 私の考えでは罪は常に罪である, たとえそれがいかなる覆いに隠されていようとも.

मंडी /maṃḍī マンディー/ [cf. Skt.f. *मण्डपिका-* ‘a small pavilion, an open hall or shed’] *f.* 卸売市場. ❐सब्ज़ी ～ 野菜卸売市場.

मंडूक /maṃḍūka マンドゥーク/ [←Skt.m. *मण्डूक-* ‘a frog’] *m.*〚動物〛カエル(蛙).

मंतर /maṃtarа マンタル/ [<Skt.m. *मन्त्र*- 'of thought; speech, sacred text or speech, a prayer or song of praise'] *m.* まじない，呪文．

मंतव्य /maṃtavyа マンタヴィエ/ [←Skt. *मन्तव्य*- 'to be thought; to be regarded or considered as'] *m.* 意図，趣旨；意見，見解．

मंत्र /maṃtrа マントル/ [←Skt.m. *मन्त्र*- 'instrument of thought; speech, sacred text or speech, a prayer or song of praise'] *m.* **1**〖ヒンドゥー教〗〖仏教〗マントラ，祭詞；真言．❐～ पढ़ना [जपना] マントラを唱える．**2** 呪文，まじない．❐(पर) (का) ～ चलाना [फूँकना, मारना] (人に)(…の)呪文をかける．❐(पर) (का) ～ चल जाना (人に)(…の)呪文が効く．**3** (秘訣などの)忠告，助言；指図．❐(को) (का) ～ देना [सिखाना] (人に)(…の)秘訣をさずける．❐(को) (का) ～ पढ़ाना (人に)(…を)吹き込む《誤った指図など》．

मंत्रणा /maṃtraṇā マントラナー/ [←Skt.f. *मन्त्रणा*- 'consultation, deliberation'] *f.* **1** 相談，協議，討議．❐(से) ～ करना (人と)協議する．**2** (専門的な)忠告，助言；勧告．❐～ परिषद् 諮問委員会．

मंत्रणाकार /maṃtraṇākārа マントラナーカール/ [neo.Skt.m. *मण्त्रणा-कार*- 'counsellor, adviser, consultant'] *m.* 顧問，アドバイザー．

मंत्र-तंत्र /maṃtrа-taṃtrа マントル・タントル/ *m.* 呪文，まじない(の文句)．

मंत्र-मुग्ध /maṃtrа-mugdʰа マントル・ムグド/ [neo.Skt. *मन्त्र-मुग्ध*- 'spell-bound'] *adj.* 呪文にかかった．❐उसके सामने ही वह ～ सी हो गई। 彼の前で彼女は呪文にかかったようになった．

मंत्रालय /maṃtrālayа マントラーラエ/ [neo.Skt.m. *मन्त्र-आलय* 'ministry; secretariat'] *m.* (政府の)省．❐विदेश ～ 外務省．

मंत्रित्व /maṃtritvа マントリトオ/ [←Skt.n. *मन्त्रि-त्व*- 'the office or vocation of a minister, ministership, ministry'] *m.* 大臣職；大臣の職務．

मंत्रि-परिषद् /maṃtri-pariṣad マントリ・パリシャド/ [neo.Skt.f. *मन्त्रि-परिषद्*- 'council of ministers'] *f.* 評議会．

मंत्रिमंडल /maṃtrimaṃḍalа マントリマンダル/ [neo.Skt.n. *मन्त्रि-मण्डल*- 'the Cabinet'] *m.* 内閣．(⇒कैबिनेट) ❐संयुक्त ～ 連立内閣．

मंत्री /maṃtrī マントリー/ [←Skt.m. *मन्त्रि*- 'a king's counsellor, minister'; → Port.m. *mandarin* → Eng.n. *Mandarin*] *m.* **1** 大臣．(⇒मिनिस्टर, वज़ीर) ❐प्रधान ～ (インドの)連邦首相；首相．❐मुख्य ～ (インドの)州首相．**2** (組織の)幹事，書記長．**3**〖ゲーム〗(チェスの)クイーン．(⇒फ़रज़ी, रानी, वज़ीर)

मंथन /maṃtʰanа マンタン/ [←Skt.m. *मन्थन*- 'a churning-stick'] *m.* **1** 攪拌(かくはん)；(バターを作るためにクリーム，ヨーグルトを)かき回すこと．(⇒आलोड़न) ❐(का) ～ करना (…を)攪拌する．**2** (心や感情が)かき乱れること．(⇒आलोड़न) **3** 吟味しふるい分けること；(問題を)掘り下げ徹底的に調べること，考究．❐लोगों ने पहाड़ी की एक-एक चट्टान का ～ कर डाला, पर रत्न न हाथ आया। 人々は丘の岩一つ一つをしらみつぶしに調べた，しかし宝石は手に入らなかった．❐हार के कारणों का ～ करना 敗北の原因を徹底的に調べつくす．

मंथनी /maṃtʰanī マントニー/ [←Skt.f. *मन्थनी*- 'a vessel for butter'] *f.*〖食〗マンタニー《素焼きの甕(かめ)；バターを取り出すために攪拌(かくはん)するヨーグルトを入れる》．(⇒मटका)

मंथर /maṃtʰarа マンタル/ [←Skt. *मन्थर*- 'slow, lazy, tardy, indolent, dull, stupid, silly'] *adj.* **1** のろい；ゆるやかな，緩慢な．❐～ गति से ゆるやかに，ゆっくりと．**2** のろのろした，のろまな；怠惰な；愚鈍な．

मंद /maṃdа マンド/ [←Skt. *मन्द*- 'slow, tardy, moving slowly or softly, loitering, idle, lazy'] *adj.* **1** (歩みが)ゆるやかな，緩慢な；のろい，遅い；(市場などが)活気のない，不活発な，鈍った．❐～ गति ゆるやかな速度．❐उसकी चाल ～ पड़ गई। 彼女の歩みは遅くなった．**2** (音・声・光・香り・灯火などが)かすかな，ほのかな；弱弱しい(微笑)．❐～ प्रकाश かすかな明かり．❐～ स्वर में बोलना 弱弱しい声で言う．❐उसके वस्त्र मंद-मंद महक रहे थे 彼女の衣服はほのかな香りを放っていた．**3** (風などが)おだやかな，やさしい．❐वसंत ऋतु की शीतल, ～, सुगंधित वायु 春の冷涼で，おだやかな，芳しい風．**4** (頭の)鈍い，鈍重な；愚かな，愚鈍な．❐वह बुद्धि के ～, लेकिन शरीर से बड़े परिश्रमी थे। 彼は頭は鈍いが，肉体的にはたいそう働き者だった．

-मंद /-maṃdа ・マンド/ [←Pers.suf. مند 'a suffix joined to substantives to form adjectives denoting possession'] *suf.* 《名詞に付加して「…を有している，備えている」を意味する形容詞を作るペルシア語接尾辞；ग़ैरतमंद「自尊心のある」，ज़रूरतमंद「必要な」など》．

मंदबुद्धि /maṃdаbuddʰi マンドブッディ/ [←Skt. *मन्द-बुद्धि*- 'slow-witted, simple, silly'] *adj.* 頭の鈍い，愚鈍な．(⇒मंदमति)

मंदमति /maṃdаmati マンドマティ/ [←Skt. *मन्द-मति*- 'slow-witted, simple, silly'] *adj.* 頭の鈍い，愚鈍な．(⇒मंदबुद्धि)

मंदा /maṃdā マンダー/ [cf. *मंद*] *adj.*〖経済〗(経済・市場が)活気のない，不活発な．

मंदाग्नि /maṃdāgni マンダーグニ/ [←Skt.m. *मन्द-अग्नि*- 'slowness of digestion'] *f.*〖医学〗消化不良(症)．(⇒अजीर्ण, अपच, बदहज़मी) ❐～ का रोगी 消化不良症の病人．

मंदार /maṃdārа マンダール/ [←Skt.m. *मन्दार*- 'the coral tree, *Erythrina Indica*'] *m.*〖植物〗マンダール《デイゴ，赤い花が咲くマメ科の高木；天界にあるとされる5種の樹木の一つ》．

मंदिर /maṃdirа マンディル/ [←Skt.n. *मन्दिर*- 'any waiting or abiding-place, habitation, dwelling, house, palace, temple, town, camp etc.'] *m.*〖ヒンドゥー教〗〖仏教〗寺，寺院．❐बौद्ध [हिंदू] ～ 仏教[ヒンドゥー教]寺院．

मंदी /maṃdī マンディー/ [cf. *मंदा*] *f.*〖経済〗(経済・市場の)不況, 不景気, 衰退;(物価の)低下. (⇔तेज़ी) ❐मंदी-तेज़ी(経済・市場の)好不況.

मंद्र /maṃdra̸ マンドル/ [←Skt. *मन्द्र-* 'sounding or speaking pleasantly'] *adj.*低い(音). ❐～ स्वर 低い声. — *m.*〖音楽〗低音.

मंशा /maṃśā マンシャー/ [←Pers.n. منشأ 'one's native soil; motive; object' ←Arab.] *f.* 意図;目的. (⇒इरादा) ❐आख़िर आपकी ～ क्या है?結局あなたの目的は何です?

मंसूख़ /maṃsūxa̸ マンスーク/ [←Pers.adj. منسوخ 'cancelled, obliterated, abolished, abrogated' ←Arab.] *adj.* **1** 取り消された, キャンセルされた. (⇒रद्द) ❐～ करना(…を)キャンセルする. **2** 廃止された.

मंसूख़ी /maṃsūxī マンスーキー/ [←Pers.n. منسوخی 'cancelment, abolition, abrogation, annulment, repeal'] *f.* **1** キャンセル. **2** 廃止.

मंसूबा /maṃsūbā マンスーバー/ ▷मनसूबा *m.* ☞मनसूबा

मई /maī マイー/ [←Port. *maio* 'May'; cf. Eng.n. *May*] *f.*〖暦〗五月. ❐～ में 五月に. ❐पहली ～ को 五月一日に.

मई-दिवस /maī-divasa̸ マイー・ディワス/ [*मई* + *दिवस*; cf. Eng.n. *May Day*] *m.*〖暦〗メーデー.

मकई /makaī マカイー/ ▸मक्की *f.* ☞मक्का[1]

मकड़ा /maka̸ṛā マクラー/ [<OIA.m. *markaṭa-*[2], *markaṭaka-* 'spider': T.09883] *m.*〖動物〗雄グモ. (⇔मकड़ी)

मकड़ी /maka̸ṛī マクリー/ [cf. *मकड़ा*] *f.*〖動物〗(雌)クモ(蜘蛛). (⇔मकड़ा) ❐～ का जाला 蜘蛛の巣.

मक़बरा /maqa̸barā マクバラー/ [←Pers.n. مقبرة 'a burying-ground, burial-place, sepulchre, graveyard' ←Arab.] *m.*〖イスラム教〗霊廟(びょう), 廟.

मक़बूल /maqa̸būla̸ マクブール/ [←Pers.adj. مقبول 'accepted, admitted, approved' ←Arab.] *adj.* **1** 受け入れられた. (⇒स्वीकृत) **2** 好ましい;人気のある.

मकरंद /maka̸raṃda̸ マクランド/ [←Skt.m. *मकरन्द-* 'the juice of flowers, honey'] *m.* (ミツバチが吸う)花の蜜;甘露.

मकर[1] /makara̸ マカル/ [←Skt. *मकर-* 'a kind of sea-monster (sometimes confounded with the crocodile, shark, dolphin etc.); the sign Copricornus of the zodiac'] *m.* **1**〖ヒンドゥー教〗マカラ海獣《しばしば鰐に同定される海獣》. **2**〖天文〗山羊座. ❐～ राशि マカラ宮, 磨羯宮(まかつきゅう)《黄道十二宮の一つ;紀元前 2 世紀には山羊座に相当;現在は射手座にかかる》. ❐～ रेखा 南回帰線, 冬至線.

मकर[2] /makara̸ マカル/ ▸मक्र *m.* ☞मक्र

मकर-संक्रांति /makara̸-saṃkrāṃti マカル・サンクラーンティ/ [←Skt.f. *मकर-संक्रान्ति-* 'festival (which marks the beginning of the sun's northern course)'] *f.*〖暦〗マカラ・サンクラーンティ《太陽が磨羯宮(まかつきゅう)(मकर राशि) に入る日及びその祭り》.

मक़सद /maqa̸sada̸ マクサド/ [←Pers.n. مقصد 'intent, desire, will' ←Arab.] *m.* 目的;意図, 狙い. (⇒उद्देश्य, इरादा, मतलब)

मकाओ /makāo マカーオー/ [cf. Eng.n. *Macao*] *m.*〖国名〗マカオ《中華人民共和国マカオ特別行政区, ポルトガルの旧海外領土;首都は同名マカオ (मकाओ)》.

मकान /makāna̸ マカーン/ [←Pers.n. مکان 'a place; a habitation, house, dwelling' ←Arab.] *m.* **1** 住居, 住宅, 家. (⇒घर, ख़ाना) ❐रोटी कपड़ा और ～ 衣食住. **2** 家屋, 建物. (⇒इमारत) ❐～ मालिक 家主.

मक़ाम /maqāma̸ マカーム/ muqaama *m.* ☞मुक़ाम

मकार /makāra̸ マカール/ [←Skt.m. *म-कार-* 'Devanagari letter म or its sound'] *m.* **1** 子音字 म. **2**〖言語〗子音字 म の表す子音 /m ム/.

मकारांत /makārāṃta̸ マカーラーント/ [←Skt. *मकार-अन्त-* 'ending in the letter म or its sound'] *adj.*〖言語〗語尾が म で終わる(語)《अफ़ीम「アヘン」, आम「マンゴー」, शाम「夕方」など》. ❐～ शब्द 語尾が म で終わる語.

मकोय /makoya̸ マコーエ/ [?] *f.*〖植物〗イヌホオズキ《ナス科ナス属》.

मक्का[1] /makkā マッカー/ ▸मकई [<OIA.m. *markaka-* '*Ardea argala*': T.09879] *m.*〖植物〗トウモロコシ(玉蜀黍). ❐मक्के का खेत トウモロコシ畑.

मक्का[2] /makkā マッカー/ [←Pers.n. مكة 'Mecca' ←Arab.] *m.*〖イスラム教〗メッカ.

मक्कार /makkāra̸ マッカール/ [←Pers.n. مكار 'cheat, knave, swindler, impostor' ←Arab.] *adj.* 人をだます(人), ずるがしい;偽善的な(人).
— *m.* 人をだます人, ペテン師;偽善者.

मक्कारी /makkārī マッカーリー/ [←Pers.n. مكاری 'cheating, knavery, roguery'] *f.* 欺瞞(ぎまん);ずる賢さ.

मक्की /makkī マッキー/ ▸मकई *f.* ☞मक्का[1]

मक्खन /makkʰana̸ マッカン/ [<OIA.n. *mrakṣaṇa-* 'rubbing in': T.10378] *m.*〖食〗バター. (⇒मसका) ❐(पर) ～ लगाना(…に)バターをつける. **2**〔慣用〕❐(को) ～ लगाना(人に)媚びへつらう, ごまをする.

मक्खी /makkʰī マッキー/ [<OIA.f. *mákṣā-* 'fly': T.09696] *f.*〖昆虫〗蝿, ハエ. ❐दूध में ～ पड़ जाना ミルクに蝿が落ちる《「台無しになる」のたとえ》. ❐नाक पर ～ न बैठने देना 鼻に蝿をとまらせない《「過度に潔癖であること」のたとえ》.

मक्खीचूस /makkʰīcūsa̸ マッキーチュース/ [*मक्खी* + *चूसना*] *m.* けちん坊, 欲ばり, しみったれ, 守銭奴, 吝嗇家《ギー (घी) の中に落ちた蝿をもったいないと吸った男がいたという故事による》. (⇒कंजूस)

मक्खीमार /makkʰīmāra̸ マッキーマール/ [*मक्खी* + *मारना*] *m.* **1** ハエ叩き;ハエを殺す(もの). ❐～ काग़ज़ ハエ取り紙. **2**〔卑語〕不潔な奴;怠け者;人の真似しかできない人.

मक्र /makra̸ マクル/ ▸मकर [←Pers.n. مکر 'plotting; deceiving; malice' ←Arab.] *m.* 虚偽, ごまかし;欺瞞(ぎまん). (⇒छल, धोखा)

मख़मल /maxa̸mala̸ マクマル/ [←Pers.n. مخمل ‘velvet’ ←Arab.] *f.* ベルベット, ビロード.

मख़मली /maxa̸malī マクマリー/ [←Pers.adj. مخملی ‘of velvet’] *adj.* **1** ベルベット製の, ビロードでできた. **2** (ビロードのように)滑らかで柔らかい, すべすべした.

मखाना /makʰānā マカーナー/ [cf. Skt.n. *मख-अन्न-* ‘sacrificial food; the seed of *Euryale Ferox*’] *m.* 〚食〛マカーナー《スイレンの実を炒った一種のドライフルーツ》.

मखौल /makʰaula̸ マカォール/ ▸मख़ौल [cf. Panj.m. *ਮਖੌਲ* ‘joke, jest; mockery, derision’ *m.* 冗談, からかい, ひやかし. ❐(का) ～ उड़ाना (…を)からかう.

मखौलिया /makʰauliyā マカォーリヤー/ [cf. *मखौल*] *adj.* ひょうきんな(人).

मग /maga̸ マグ/ [←Eng.n. *mug*] *m.* マグ.

मग़ज़ /maǧaza̸ マガズ/ ▸मग़्ज़ [←Pers.n. مغز ‘brain’; cog. Skt.m. *मज्जन्-* ‘the marrow of bones’] *m.* **1** 脳;脳みそ;脳髄. **2** 果肉. **3** (物事の)核心, 本質.

मग़ज़-पच्ची /maǧaza̸-paccī マガズ・パッチー/ *f.* ☞माथा-पच्ची

मग़ज़ी /maǧa̸zī マグズィー/ [←Pers.n. مغزی ‘edging, border’] *f.* **1** ふち, へり. **2** ヘム, 折り返し.

मगन /magana̸ マガン/ [<Skt. *मग्न-* ‘sunk, plunged, immersed in’] *adj.* ☞मग्न

मगर[1] /magara̸ マガル/ [<OIA.m. *mákara-*[1] ‘crocodile’: T.09692] *m.* ☞मगरमच्छ

मगर[2] /magara̸ マガル/ [←Pers.conj. مگر ‘but’] *conj.* しかし. (⇒पर, लेकिन)

मगरमच्छ /magara̸maccʰa̸ マガルマッチ/ [*मगर*[1] + *मच्छ*] *m.* 〚動物〛ワニ(鰐). (⇒घड़ियाल)

मग़रिब /maǧa̸riba̸ マグリブ/ *m.* **1** 西. (⇒पश्चिम)(⇔मशरिक़) **2** 西方世界.

मग़रिबी /maǧa̸ribī マグリビー/ *adj.* 西の. (⇒पश्चिमी)(⇔मशरिक़ी)

मग़रूर /maǧa̸rūra̸ マグルール/ [←Pers.adj. مغرور ‘deceived, deluded, buoyed up with vain hopes’ ←Arab.] *adj.* 高慢な, 傲慢な, 横柄な, 尊大な. ❐पढ़ा-लिखा भी था, मगर बड़ा ～, अपनी कुल-प्रतिष्ठा की डींग मारनेवाला। (彼は)教育はあった, だがたいそう高慢で, 自分の家柄を鼻にかける奴.

मग्न /magna̸ マグン/ [←Skt. *मग्न-* ‘sunk, plunged, immersed in’] *adj.* **1** 夢中な;没頭した, 耽っている. ❐वह विचारों में ～ था। 彼はさまざまな考えに耽っていた. ❐सिपाही थककर चूर हो जाने के कारण निद्रा में ～ हो गए। 兵士たちは疲れてくたくたになったためぐっすりと眠りこんでしまった. **2** (喜びなどに)浸った, 楽しそうな, 幸せな.

मचकना /macaka̸nā マチャクナー/ [onom.] *vi.* (*perf.* मचका /maca̸kā マチカー/) (ベッドなどが)ミシミシ(मच-मच) 音をたてる;きしむ.

मचकाना[1] /maca̸kānā マチカーナー/ ▸मिचकाना *vt.* (*perf.* मचकाया /maca̸kāyā マチカーヤー/) ☞मिचकाना

मचकाना[2] /maca̸kānā マチカーナー/ [onom.] *vt.* (*perf.* मचकाया /maca̸kāyā マチカーヤー/) ミシミシ (मच-मच) 音をたてる;きしませる.

मचना /macanā マチナー/ [<OIA. **macyatē* ‘is produced, grows, is kindled, is rubbed’: T.09710] *vi.* (*perf.* मचा /macā マチャー/) (騒ぎ・暴動などが)おきる. ❐शोर मचना। 騒ぎがおきる.

मचलना /macala̸nā マチャルナー/ [<OIA. **macyatē* ‘is produced, grows, is kindled, is rubbed’: T.09710] *vi.* (*perf.* मचला /maca̸lā マチラー/) (子どもが)駄々をこねる;せがむ, ねだる. ❐वह भी मेरे साथ बैठने को मचलता था। 彼も私と一緒に座るんだと駄々をこねたものだった.

मचलाना /maca̸lānā マチラーナー/ ▸मतलाना, मिचलाना *vi.* (*perf.* मचलाया /maca̸lāyā マチラーヤー/) ☞मतलाना

मचली /maca̸lī マチリー/ ▸मतली *f.* ☞मतली

मचवाना /maca̸vānā マチワーナー/ [caus. of *मचना, मचाना*] *vt.* (*perf.* मचवाया /maca̸vāyā マチワーヤー/) (騒ぎ・暴動などを)ひきおこさせる.

मचान /macāna̸ マチャーン/ [cf. *मंच*] *m.* 見張り台《木で組んだ櫓(やぐら)など》. ❐एक सिपाही ～ पर बैठा देख रहा था। 一人の兵士が見張り台に座って監視していた.

मचाना /macānā マチャーナー/ [cf. *मचना*] *vt.* (*perf.* मचाया /macāyā マチャーヤー/) (騒ぎ・暴動などを)ひきおこす. ❐अबकी तो आपने कौंसिल में प्रश्नों की धूम मचा दी। 今回は, あなたが会議場で質問の嵐を巻き起こしましね. ❐विपक्ष ने हद से ज़्यादा हो-हल्ला मचाया। 野党はおおげさに騒ぎ立てた.

मचिया /maciyā マチヤー/ [cf. Skt.f. *मञ्चिका-* ‘a chair’] *f.* (四本足の)低い椅子;小型ベッド.

मच्छड़ /maccʰaṛa̸ マッチャル/ ▸मच्छर *m.* ☞मच्छर

मच्छर /maccʰara̸ マッチャル/ ▸मच्छड़ [<OIA.m. *matsara-*[2] ‘mosquito, fly’: T.09757] *m.* 〚昆虫〛蚊. ❐मच्छरों की सूँ-सूँ 蚊のブーンブーンという音.

मच्छरदानी /maccʰara̸dānī マッチャルダーニー/ [*मच्छर* + *-दानी*] *f.* 蚊帳(かや). (⇒मसहरी)

मछली /macʰa̸lī マチリー/ [<OIA.m. *mátsya-* ‘fish’: T.09758] *f.* 〚魚〛魚. ❐～ मारना 魚を捕る.

मछलीघर /macʰa̸līgʰara̸ マチリーガル/ [*मछली* + *घर*] *m.* 水族館.

मछलीमार /macʰa̸līmāra̸ マチリーマール/ [*मछली* + *मारना*] *m.* 漁師;釣り人. (⇒मछुआ)

मछुआ /macʰuā マチュアー/ ▸मछुवा [<OIA.m. *mātsyiká-mātsika-* ‘fisherman’: T.10026] *m.* 漁師. (⇒मछलीमार)

मछुवा /macʰuvā マチュワー/ ▸मछुआ *m.* ☞मछुआ

मज़दूर /maza̸dūra̸ マズドゥール/ [←Pers.n. مزدور ‘a mercenary, hired labourer’] *m.* (肉体)労働者;人夫;職工, 工員. (⇒श्रमिक)

मज़दूरी /maza̸dūrī マズドゥーリー/ [←Pers.n. مزدوری ‘bodily labour’] *f.* **1** (肉体)労働, 賃金労働. **2** 労賃;日当.

मजनूँ /majanū̃ マジヌーン/ [←Pers. مجنون ‘possessed by a demon or *jinn*; insane, mad, furious’ ←Arab.] *adj.* 気のふれた, 狂気の(男)《特に恋人に恋い焦がれるあま

り身も心も衰弱した状態》.
— *m.* **1**〖文学〗マジュヌーン《アラブ世界の古典的悲恋物語の男主人公;恋人ライラ（लैला）に恋焦がれて死ぬ;イランの叙事詩人ニザーミーによるペルシア語韻文詩『ライラとマジュヌーン』が有名》. **2** 繊細過ぎて脆い男.

मज़बूत /mazabūta マズブート/ [←Pers.adj. مضبوط 'possessed, occupied; firm, strong, solid' ←Arab.] *adj.* 堅固な, 頑強な, 頑丈な, 強固な, しっかりした. ❐～ करना 堅固[頑丈]にする.

मज़बूती /mazabūtī マズブーティー/ [←Pers.n. مضبوطی 'strength, durability'] *f.* 堅固さ, 頑強さ, 頑丈さ, 強固さ;耐久性. ❐～से पकड़ना しっかりとつかむ.

मजबूर /majabūra マジブール/ [←Pers.adj. مجبور 'constrained, forced' ←Arab.] *adj.* 不本意の, 気が進まない;無理強いされた, 強要された. (⇒विवश) ❐(को) ◌-ने पर ～ करना （人を）…するように強要する. ❐ ◌-ने पर ～ होना …するように強要される.

मजबूरन /majabūrana マジブーラン/ [←Pers.adv. مجبوراً 'compulsorily' ←Arab.] *adv.* 仕方なく, 不本意に.

मजबूरी /majabūrī マジブーリー/ [←Pers.n. مجبوری 'compulsion, constraint'] *f.* 不本意, 気が進まないこと;無理強い, 強要. (⇒विवशता)

मजमा /majamā マジマー/ [←Pers.n. مجمع 'a place of assembly; a concourse, crowd' ←Arab.] *m.* **1** 集会(所). **2** 会衆;人だかり, 群衆.

मज़मून /mazamūna マズムーン/ [←Pers.n. مضمون 'sense, signification, meaning, contents (of a letter); subject; an article' ←Arab.] *m.* **1**（手紙や本の）内容. **2** トピック, 主題. **3**（新聞や雑誌の）記事.

मजलिस /majalisa マジリス/ [←Pers.n. مجلس 'sitting down; time or place of sitting; an assembly' ←Arab.] *f.* 会, 会合, 集会.

मज़हब /mazahaba マズハブ/ [←Pers.n. مذہب 'going, walking, passing along; way, course, manner, mode of conduct; a religious opinion; a sect, religious order' ←Arab.] *m.*〖イスラム教〗宗教. (⇒धर्म)

मज़हबी /mazahabī マズハビー/ [←Pers.adj. مذہبی 'of or relating to a religion, sect'] *adj.* 宗教の, 宗教上の.

मज़ा /mazā マザー/ [←Pers.n. مزہ 'taste, flavour, smack, relish'] *m.* **1** 楽しさ, 愉快, おもしろ味. ❐～ आया। おもしろかった《映画を見た後などで》. ❐(के साथ) ～ करना （人と）楽しむ. ❐(को) ～ आना （人が）楽しむ. **2** 美味しい味. ❐～ आया। おいしかった, ごちそうさま《食後などにで》. ❐ज़िंदगी के मज़े 人生の醍醐味. **3** 満足すべき状態;楽. ❐आप मज़े में हैं? あなたはお元気ですか？ ❐मज़े से 何不自由なく. ❐वह मज़े में हिंदी बोलने लगा। 彼は苦もなくヒンディー語を話すようになった. **4**（反語的に）痛手, 痛い目. ❐(को) ～ चखाना [दिखाना] （人に）思い知らせる.

मज़ाक़ /mazāqa マザーク/ [←Pers.n. مذاق 'tasting; taste; wit, humour, pleasantry' ←Arab.] *m.* **1** 冗談, 戯れ言. (⇒हँसी) ❐～ में 冗談で. **2** 嘲笑, からかい. (⇒हँसी) ❐(का) ～ उड़ाना （…を）からかう.

मज़ाक़िया /mazāqiyā マザーキヤー/ [cf. *मज़ाक़*] *adj.* ユーモアのある;こっけいな. ❐～ तौर पर 冗談として.
— *m.* おどけ者, ひょうきんな人.

मज़ार /mazāra マザール/ [←Pers.n. مزار 'visiting; a place of visitation; a shrine, sepulchre, tomb, grave' ←Arab.] *m.*〖イスラム教〗墓;廟(びょう)《特に人々の参詣の対象となる聖者廟など》.

मजाल /majāla マジャール/ [←Pers.n. مجال 'power, strength, ability, vigour, skill' ←Arab.] *f.* 力量;勇気, 大胆さ, 気力《反語的に使用されることが多い》. ❐～ न था कि ज़बान खोल सके। 口を開くほどの勇気がなかった. ❐डाकुओं की क्या ～ है कि अंदर क़दम रख सकें। 野盗どもに中に足を踏み入れほどの勇気があるものか.

मजिस्ट्रेट /majisṭreṭa マジストレート/ [←Eng.n. *magistrate*] *m.* 治安判事.

मजीठ /majīṭʰa マジート/ [<OIA.f. *mañjiṣṭhā-* 'the Indian madder (*Rubia cordifolia* and its dye)': T.09718] *f.*〖植物〗アカネ《根から赤い染料がとれる》.

मजीरा /majīrā マジーラー/▸मँजीरा [<OIA.m. *mañjīra-* 'a foot ornament, anklet': T.09719] *m.*〖楽器〗マジーラー《シンバルの一種》. (⇒झाँझ)

मजूर /majūra マジュール/ [cf. Pers.n. مزدور 'a mercenary, hired labourer'] *m.* ☞मज़दूर

मजूरी /majūrī マジューリー/ [cf. Pers.n. مزدوری 'bodily labour'] *f.* ☞मज़दूरी

मज़ेदार /mazedāra マゼーダール/ [←Pers.adj. مزه دار 'tasty, savoury, tasteful, palatable, delicious'; cf. Urd.adj. [مزیدار] *adj.* **1** 愉快な, 楽しい;面白い. ❐～ आदमी 愉快な人. ❐～ फ़िल्म 面白い映画. **2** 美味な, おいしい. (⇒स्वादिष्ट) ❐～ खाना おいしい食べ物.

मज्जा /majjā マッジャー/ [←Skt.f. *मज्जा-* 'marrow'] *f.*〖動物〗髄(ずい). (⇒गूदा)

मझ- /majʰa- マジ・/ [<OIA. *mádhya-* 'middle': T.09804] *pref.*《「真ん中の, 中央の」を意味する接頭辞》.

मझधार /majʰadʰāra マジダール/ ▸मँझधार [*मझ-* + *धार*] *f.* **1** 流れの中ほど, 中流. **2**（物事の）中途, 道半ば(の状態). ❐(को) ～ में छोड़ना （人を）道半ばで放り出す, 路頭に迷わせる.

मझला /majʰalā マジラー/ ▸मँझला [<OIA. *mádhya-* 'middle': T.09804] *adj.* 中間の, 間の;（3 人の内の年が）真ん中の. ❐मझले क़द का 中背の.

मझोला /majʰolā マジョーラー/ ▸मँझोला [<OIA. *mádhya-* 'middle': T.09804] *adj.* **1** 中間の, 間の;（3 人の内の年が）真ん中の. ❐मझोली बहन 真ん中の姉[妹]. **2** 平均的な, 普通の, 中ぐらいの. ❐मेरा क़द ～ है। 私の身長は中ぐらいです.

मटक /maṭaka マタク/ [cf. *मटकना*] *f.* 気取った様子.

मटकना /maṭakanā マタクナー/ [<OIA. **maṭ-* 'crackle,

snap': T.09722] *vi.* (*perf.* मटका /maṭakā マトカー/) (高慢・尊大な)動作をする;(気取って)しなを作る. ❒वह मटक-मटककर चलती है। 彼女はしゃなりしゃなりと歩く.

मटका /maṭakā マトカー/ [<OIA.f. *mr̥dā-* 'earth, clay': T.10291] *m.* (素焼きの)水がめ.

मटकाना /maṭakānā マトカーナー/ [cf. *मटकना*] *vt.* (*perf.* मटकाया /maṭakāyā マトカーヤー/) (目・姿態などで)しなを作る. ❒उसने उँगली मटकाकर कहा। 彼女は指をもてあそんでから言った.

मटकी /maṭakī マトキー/ [cf. *मटका*] *f.* (素焼きの)小さい水がめ.

मटन /maṭana マタン/ [←Eng.n. *mutton*] *m.*〖食〗マトン,羊肉《インドなど南アジアでは羊 भेड़ 以外にヤギ बकरी の肉も含めることが多い》.

मटमैला /maṭamailā マトマェーラー/ [*मट्टी* + *मैला*] *adj.* **1** 土色の,茶褐色の,カーキ色の. **2** 薄汚れた;泥混じりの,濁った. ❒～ पानी 泥水.

मटर /maṭara マタル/ [<OIA. **maṭṭara-[1]* 'pea': T.09724] *m.*〖植物〗サヤエンドウ(莢豌豆);エンドウマメ.

मटरगश्त /maṭaragaśta マタルガシュト/ [*मटर* + *गश्त*] *f.* ☞मटरगश्ती

मटरगश्ती /maṭaragaśtī マタルガシュティー/ [*मटरगश्त* + *-ई*] *f.* (仕事せずに)ぶらぶら歩き回ること. ❒～ करना ぶらぶら歩き回る.

मटर-पनीर /maṭara-panīra マタル・パニール/ *m.*〖食〗マタル・パニール《エンドウ豆とチーズの野菜カレー》.

मटियाना /maṭiyānā マティヤーナー/ [cf. *मट्टी*] *vt.* (*perf.* मटियाया /maṭiyāyā マティヤーヤー/) (汚れをとるために食器などに)土をなすりつけこする.

मटियामेट /maṭiyāmeṭa マティヤーメート/ [cf. *मट्टी, मेटना*; cf. *मलियामेट*] *adj.* 破滅した;全滅した;塵芥に帰した. (⇒मलियामेट) ❒(को) ～ कर देना (…を)破滅させる.

मटियाला /maṭiyālā マティヤーラー/ [cf. *मट्टी*] *adj.* 茶褐色の;薄暗い. ❒आकाश पर ～ गर्द छाया हुआ था। 空は茶褐色の土ぼこりでおおわれていた.

मटीला /maṭīlā マティーラー/ [cf. *मट्टी*] *adj.* ほこりまみれの;泥混じりの;汚れてくすんだ.

मट्टी /maṭṭī マッティー/ ▶मिट्टी *f.* ☞मिट्टी

मट्ठर /maṭṭʰara マッタル/ [<OIA. **maṭṭa-* 'defective': T.09723; cf. DEDr.3721 (DED.3082)] *adj.* ☞मट्ठा[2]

मट्ठा[1] /maṭṭʰā マッター/▶मठा [<OIA. *mr̥ṣṭá-[1]* 'rubbed; washed; pure': T.10299; cf. Skt. *मथ्य-* 'to be extracted'] *m.*〖食〗バター・ミルク《攪拌(かくはん)(मंथन) の後,ミルクからバターを取り去った残りの液体》.

मट्ठा[2] /maṭṭʰā マッター/ [<OIA. **maṭṭa-* 'defective': T.09723] *adj.* のろい;のろまな.

मट्ठी /maṭṭʰī マッティー/▶मठरी *f.*〖食〗 ☞मठरी

मठ /maṭʰa マト/ [←Skt.m. *मठ-* 'cottage; cloister'] *m.*〖ヒンドゥー教〗僧院,僧坊;修道院.

मठरी /maṭʰarī マトリー/▶मट्ठी [<OIA. *miṣṭa-[1]* 'dainty, sweet': T.10299z1] *f.*〖食〗マトリー《小麦粉を油で揚げた塩味のスナック》.

मठा /maṭʰā マター/ ▶मट्ठा *m.* ☞मट्ठा[1]

मठाधीश /maṭʰādʰīśa マターディーシュ/ [neo.Skt.m. *मठ-आधीश* 'head of a monastery'] *m.*〖ヒンドゥー教〗僧院 (मठ) の長.

मड़ई /maṛaī マライー/ ▶मड़ैया *f.* ☞मड़ैया

मड़ैया /maṛaiyā マライヤー/▶मड़ई [<OIA.m. *máyaṭa-* 'grass-house': T.09864; cf. *मढ़ैया*] *f.* 小屋,掘立小屋;粗末な庵(いおり). (⇒झोंपड़ी)

मढ़ना /maṛʰanā マルナー/ [<OIA. **maḍh-* 'cover': T.09729] *vt.* (*perf.* मढ़ा /maṛʰā マラー/) **1** カバーをつける;(太鼓などの皮を)張る;(枠を)つける. **2** (宝石などを)はめ込む. **3** (責任などを)なすりつける. ❒यश तो तुम लो, अपयश मेरे सिर मढ़ो। 名声はおまえが独り占めするがいい,悪評は私になすりつけるがいい. **4** (重荷などを)押しつける.

मढ़वाना /maṛʰavānā マルワーナー/ ▶मढ़ाना [caus. of *मढ़ना*] *vt.* (*perf.* मढ़वाया /maṛʰavāyā マルワーヤー/) 貼り付ける仕事をさせる;貼り付ける仕事をしてもらう.

मढ़ाई /maṛʰāī マラーイー/ [cf. *मढ़ाना*] *f.* 貼り付ける仕事,取りつける仕事;その仕事の手間賃.

मढ़ाना /maṛʰānā マラーナー/ ▶मढ़वाना [caus. of *मढ़ना*] *vt.* (*perf.* मढ़ाया /maṛʰāyā マラーヤー/) ☞मढ़वाना

मढ़ी /maṛʰī マリー/ ▶मढ़ैया *f.* ☞मढ़ैया

मढ़ैया /maṛʰaiyā マライヤー/ ▶मढ़ी [<OIA.m. *maṭha-[1]* 'hut, cottage, esp. cell of an ascetic': T.09727] *m.* 小屋;粗末な庵(いおり).

मणि /maṇi マニ/ [←Skt.m. *मणि-* 'gem, pearl'] *f.*〖鉱物〗宝石;宝玉.

मणिपुर /maṇipura マニプル/ [cf. Eng.n. *Manipur*] *m.* マニプル州《州都はインパール (इंफाल)》.

मणिभ /maṇibʰa マニブ/ *m.*〖化学〗結晶. (⇒रवा)

मत[1] /mata マト/ [←Skt.n. *मत-* 'a thought, idea, opinion, sentiment, view, belief. doctrine'] *m.* **1** 意見,見解,持論;学説. (⇒राय) ❒अपना ～ व्यक्त करना 自分の意見を表明する. **2** (宗教上の)教義,教理. (⇒राय) ❒यहूदियों, ईसाइयों और अन्य मतों में भी कुरबानी की महिमा गाई गई है। ユダヤ教徒たち,キリスト教徒たちそして他の宗教教義においても自己犠牲の尊さが賛美されている. **3** 賛否の表示,票. (⇒वोट) ❒(के पक्ष में) ～ देना (…に賛成して[を支持して])票を投ずる. ❒(के विरुद्ध [के विपक्ष में]) ～ देना (…に反対して)票を投ずる.

मत[2] /mata マト/ [<OIA. *mā́* 'negative of prohibition (used with conjunctive and imperative)': T.09981] *neg.* **1**《主に二人称代名詞 तुम に対応する動詞の命令形あるいは依頼形の直前に置き,否定表現「…するな」を作る》❒किसी से एक पैसा उधार ～ लेना और किसी को कुछ ～ देना। 誰からも一パイサと言えども借りるなまた誰にも何も貸すな. ❒जो बात नहीं जानते, उसमें टाँग ～ अड़ाया करो। 知らないことに足をつっこむな. ❒शादी ～ करो। 結婚するな. **2**《二人称代名詞 आप に対応する動詞の命令形

あるいは依頼形の直前に न の代わりに用い，強い否定表現「…しないでください」を作ることがある》 ❒नहीं, नहीं, उसे ～ बुलाइए। だめ，だめ，彼を呼ばないで． **3**《二人称代名詞 तुम に対応する動詞の命令形あるいは依頼形の直前ではなく，直後に置くと俗っぽい否定表現「…するんじゃないよ」を作る》 ❒घबराओ ～। うろたえるんじゃないよ． ❒चिल्लाओ ～। さわぐんじゃないよ． ❒रोओ ～। 泣くんじゃないよ．

मतगणना /matagaṇanā マトガンナー/ [neo.Skt.f. *मत-गणना-* 'counting of votes'] *f.* (投票の)開票，票数を数えること． ❒～ जारी है। 開票が続いている．

मतदाता /matadātā マトダーター/ [neo.Skt.m. *मत-दातृ-* 'voter'] *m.* 投票者，(選挙の)有権者．(⇒वोटर)

मतदान /matadāna マトダーン/ [neo.Skt.n. *मत-दान-* 'casting of votes'] *m.* 投票． ❒～ करना 投票する． ❒～ केंद्र 投票場． ❒～ पत्र 投票用紙． ❒～ पेटिका 投票箱．

मतपत्र /matapatra マトパトル/ [neo.Skt.n. *मत-पत्र-* 'ballot'] *m.* 投票用紙．

मतभेद /matabʰeda マトベード/ [neo.Skt.n. *मत-भेद-* 'difference of opinion'] *m.* 見解の相違，見解の違い；意見の対立． ❒उनसे मुझे थोड़ा ～ है। 私には彼とはやや見解の相違がある． ❒(में) ～ है। (…において)意見の対立がある．

मतलब /matalaba マトラブ/ [←Pers.n. مطلب 'a question, demand, request, petition; intention, purpose' ←Arab.] *m.* **1** 意味．(⇒अर्थ, माने) ❒क्या ～? どういう意味ですか？ **2** 意図，動機，目的．(⇒उद्देश्य, मक़सद) **3** 関与． ❒मेरा उससे कोई ～ नहीं है। 私はそれには何の関係もない． **4** 私利私欲，利己心．

मतलबी /matalabī マタルビー/ [*मतलब* + *-ई*] *adj.* 利己的な，功利的な；身勝手な，打算的な．(⇒स्वार्थी)

मतलाना /matalānā マトラーナー/ ▸मचलाना, मिचलाना [?<OIA. *mattá-* 'delighted, intoxicated': T.09750] *vi.* (*perf.* मतलाया /matalāyā マトラーヤー/) 吐き気をもよおす．

मतली /matalī マトリー/ ▸मचली, मितली [cf. *मतलाना*] *f.* 『医学』吐き気，むかつき，悪心(おしん)． ❒(को) ～ आना (人が)吐き気をもよおす． ❒समुद्री ～ 船酔い．

मतवाला /matavālā マトワーラー/ [<OIA. **mattapāla-* 'drunkard': T.09751] *adj.* 酔った；陶酔した；(物事に)のぼせた；熱狂した． ❒(को) ～ कर देना (人を)熱狂させる． ❒(पर) ～ होना (…に)熱狂する．
— *m.* **1** 酔っ払い． **2** 起き上がりこぼし．

मतांतर /matāṃtara マターンタル/ [←Skt.n. *मतान्तर* 'another opinion or creed or sect'] *m.* 異論． ❒(को लेकर) ～ है (…をめぐって)異論がある．

मताधिकार /matādʰikāra マターディカール/ [neo.Skt.m. *मत-अधिकार-* 'right to vote, franchise'] *m.* 投票権． ❒～ का प्रयोग करना 投票権を行使する．

मताधिकारी /matādʰikārī マターディカーリー/ [neo.Skt.m. *मत-अधिकारिन्-* 'an eligible voter'] *m.* 有権者．

मतानुयायी /matānuyāyī マターヌヤーイー/ [neo.Skt.m. *मत-अनुयायिन्-* 'adherent of a view or doctrine'] *m.* 信奉者；追随者．

मतानुसार /matānusāra マターヌサール/ [neo.Skt. *मत-अनुसार-* 'according to the view (of)'] *ind.* 《(के) मतानुसार「(…の)見解に従えば」の形式で使用》 ❒प्रधान मंत्री के ～ 首相の見解によれば． ❒विभिन्न ～ さまざまな見解によれば．

मतावलंबी /matāvalaṃbī マターワランビー/ [←Skt. *मत-अवलम्बिन्-* 'holding the doctrines of a particular sect'] *m.* (特定の宗教・教義の)信徒，教徒． ❒बौद्ध ～ 仏教徒． ❒शैव ～ シヴァ派の信徒．

मति /mati マティ/ [←Skt.f. *मति-* 'devotion, prayer, worship, hymn, sacred utterance; thought, design, intention, resolution, determination, inclination, wish, desire'] *f.* **1** 理性；判断力，分別．(⇒अक़्ल) ❒(की) ～ हर जाना (人の)分別が奪われる． ❒(की) ～ हर लेना (人の)分別を奪う． **2** 考え；意見．(⇒मत) ❒(की) ～ फिर जाना (人の)考えが変わる．

मतिभ्रम /matibʰrama マティブラム/ [←Skt.m. *मति-भ्रम-* 'confusion of mind'] *m.* 幻覚．

मतिमंद /matimaṃda マティマンド/ [cf. Skt. *मन्द-मति-* 'slow-witted, simple, silly'] *adj.* 愚鈍な，頭の鈍い．

मतिमान् /matimān マティマーン/ ▹मतिमान [←Skt. *मति-मत्-* 'clever, intelligent, wise'] *adj.* 聡明な；賢明な，分別のある．

मतैक्य /mataikya マタェーキエ/ [neo.Skt.n. *मत-ऐक्य-* 'unity of opinion, agreement in views'] *m.* 意見の一致，合意；満場一致． ❒(पर) ～ प्राप्त करना (…について)合意を得る．

मत्त /matta マット/ [←Skt. *मत्त-* 'excited with joy, overjoyed, delighted, drunk, intoxicated'] *adj.* **1** 酔った，酔いしれた． **2** のぼせあがった，熱狂した；幸福に満たされた． **3** 我を忘れた，前後の見境がなくなった；逆上した，荒れ狂った．

मत्था /mattʰā マッター/ ▸माथा *m.* 額《『名詞 के मत्थे』の形式で，慣用的な副詞句「人に(責任などをなすりつける)」を作る》． ❒(के) मत्थे दोष मढ़ना (人に)過失をなすりつける．

मत्सर /matsara マトサル/ [←Skt. *मत्सर-* 'greedy, envious, jealous, hostile'] *m.* **1** 妬み，嫉妬． **2** 憎しみ，憎悪．

मत्स्य /matsya マトスィエ/ [←Skt.m. *मत्स्य-* 'a fish'] *m.* 『魚』魚．(⇒मछली) ❒～ उद्योग 漁業．

मत्स्यन्याय /matsyanyāya マトスィアニャーエ/ [*मत्स्य* + *न्याय*] *m.* 弱肉強食．

मत्स्य-पालन /matsya-pālana マトスィア・パーラン/ [neo.Skt.n. *मत्स्य-पालन-* 'pisciculture'] *m.* 養魚(法)．

मथना /matʰanā マトナー/ [<OIA. *mathnā́ti* 'whirls (stick for fire)': T.09771] *vt.* (*perf.* मथा /matʰā マター/) **1** (液体を)かきまわす． **2** (心を)かき乱す，苦しめ悩ます． ❒उसने उसके सामने आँखों में आँसू भरकर वह अपराध स्वीकार

किया, जो कई दिन से उसकी आत्मा को मथ रहा था। 彼は彼女の前で目に涙をためて罪を受け入れた, その罪は幾日も前から彼の魂をさいなんでいた.

मथनी /matʰanī マトニー/ [<OIA.f. *mánthā-*[1] 'churning-stick': T.09841] *f.* **1** 攪拌(かくはん)棒. (⇒मथानी) **2** 攪拌(かくはん)用の甕(かめ).

मथानी /matʰānī マターニー/ [<OIA.m. *manthāna-* 'churning-stick': T.09842] *f.* 攪拌(かくはん)棒. (⇒मथनी)

मथुरा /matʰurā マトゥラー/ [cf. Eng.n. *Mathura*] *m.* 〖地名〗マトゥラー《ウッタル・プラデーシュ州 (उत्तर प्रदेश) の古都;クリシュナ信仰の聖地》.

मद[1] /mada マド/ [←Skt.m. *मद-* 'hilarity, rapture, excitement, inspiration, intoxication'] *m.* **1** 酔い, 酩酊. **2** 熱狂, 熱中;高ぶり, 驕(おご)り, うぬぼれ. ❐जवानी के ～ में किसी को कुछ समझता नहीं। (あの男は)若さの勢いで誰であろうと何とも思わない. ❐दिल्ली से ओरछे तक सैकरों मर्दानगी के ～ से मतवाले उसके सामने आये, पर कोई उसे जीत न सका। デリーからオールチャーまでの何百という男気(おとこぎ)の高ぶりに酔いしれた者たちが彼の前に来た, しかし誰一人彼を打ち負かすことはできなかった. ❐धनी को अपने धन का ～ हो सकता है। 金持ちには自分の富に対するうぬぼれがありうる. **3** 〖動物〗マダ《発情期の雄の象のこめかみから分泌する液》. (⇒मदजल)

मद[2] /mada マド/ ▶मद्द [←Pers.n. مد 'extending, stretching, lengthening; the mark over the *alif*; a peculiar mode of writing certain words in accounts' ←Arab.] *f.* **1** マッダ《アラビア文字のアリフ ا の上部に付ける長母音化記号; マッダ付きアリフは آ》. **2** (帳簿などの)費目, 項目. ❐पान, सिगरेट आदि की ～ में ३ रु。 और कम किए। (嗜好品である)パーンやタバコなどの出費項目で3ルピーさらに減らした. ❐किस ～ से यह रुपया दिया जाता था? 何の費目からこの金は出されていたのかい?

मदजल /madajala マドジャル/ [←Skt.n. *मद-जल-* 'the temple juice (of a ruttish elephant)'] *m.* マダジャラ《発情期の雄の象のこめかみから分泌する液》.

मदद /madada マダド/ [←Pers.n. مدد 'assistance, aid, succour, support' ←Arab.] *f.* 助け, 助力, 援助;応援;補助. (⇒सहायता) ❐(की) ～ करना(…を)補助[援助する]. ❐(में) (को) ～ देना(…において)(…に)援助を与える.

मददगार /madadagāra マドダガール/ [←Pers.n. مددگار 'assistant, protector, ally'] *adj.* 助けとなる(人), 補助する(人);味方する(人), 援助する(人), 支援する(人). (⇒सहायक)

— *m.* 助っ人, 補助者, アシスタント, 助手;味方, 援助者, 支援者. (⇒सहायक)

मदन /madana マダン/ [←Skt.m. *मदन-* 'passion, love or the god of love'] *m.* 〖神話〗マダナ《愛の神カーマ神 (कामदेव) の別名》.

मदनोत्सव /madanotsava マドノートサオ/ [←Skt.m. *मदन-उत्सव-* '*Kāmadeva*'s festival'] *m.* 〖ヒンドゥー教〗マダノートサヴァ《古代インドで祝われた愛の神カーマ神 (कामदेव) の祭り》.

मदमत्त /madamatta マドマット/ [?neo.Skt. *मद-मत्त-* 'intoxicated, frenzied'] *adj.* 酔いしれた;有頂天になった. (⇒मदहोश)

मदरसा /madarasā マドラサー/ [←Pers.n. مدرسة 'a university, college, academy, public school' ←Arab.] *m.* 〖イスラム教〗学校. (⇒स्कूल, विद्यालय)

मदहोश /madahośa マドホーシュ/ [←Pers.adj. مدهوش 'astonished; intoxicated' ←Arab.] *adj.* 酔いしれた;有頂天になった. (⇒मदमत्त) ❐(को) ～ कर देना(人を)うっとりさせる.

मदांध /madāṃdʰa マダーンド/ [←Skt. *मद-अन्ध-* 'blind through drunkenness or passion, infatuated, ruttish (as an elephant)'] *adj.* 酔いしれた;我を忘れた;狂暴な.

मदार[1] /madāra マダール/ [<OIA.m. *mándāra-* 'the coral tree *Erythrina indica*': T.09849] *m.* 〖植物〗マダール《薬草の一種》. (⇒आक)

मदार[2] /madāra マダール/ [←Pers.n. مدار 'a centre, a place of turning or returning, a boundary or goal' ←Arab.] *m.* **1** 軌道;円周;旋回軸. **2** 支え.

मदारी /madārī マダーリー/ [<OIA.m. *mantrakāra-* 'reciter of mantras': T.09835] *m.* 手品師, 奇術師;動物使い, 猿回し;大道芸人. ❐～ बंदर को नचाता है। 猿回しが猿を踊らせる. ❐इंद्रजाल का ～ 魔法使い, 奇術師.

मदिरा /madirā マディラー/ [←Skt.f. *मदिरा-* 'spirituous liquor, any inebriating drink, wine, nectar'] *f.* 〖食〗酒, アルコール飲料. (⇒दारू, शराब) ❐～ पान 飲酒. ❐～ पीना 酒を飲む.

मदिरा-पान /madirā-pāna マディラー・パーン/ [neo.Skt.n. *मदिरा-पान-* 'the drinking of intoxicating liquors'] *m.* 飲酒. (⇒मद्यपान)

मदिरालय /madirālaya マディラーラエ/ [neo.Skt.m. *मदिरा-आलय-* 'wine-hall, tavern'] *m.* 酒場, 居酒屋, バー.

मदुरई /madurai マドゥライー/ ▶मदुरै *m.* ☞मदुरै

मदुरै /madurai マドゥラエー/ ▶मदुरई [cf. Eng.n. *Madurai*] *m.* 〖地名〗マドゥライ《タミル・ナードゥ州 (तमिल नाडु) の古都》.

मदोन्मत्त /madonmatta マドーンマット/ [←Skt. *मद-उन्मत्त-* 'intoxicated with passion (rut) or pride'] *adj.* 酔いしれた;浮かれた;慢心した.

मद्द /madda マッド/ ▶मद *m.* ☞मद[2]

मद्दा /maddā マッダー/ ▶मंदा *adj.* ☞मंदा

मद्देनज़र /maddenazara マッデーナザル/ [←Pers.adv. مد نظر 'in view, in sight, in prospect'] *adv.* 視野に《〖名詞 के मद्देनज़र〗あるいは〖名詞 को मद्देनज़र रखते हुए〗の形式で, 副詞句「…を直視して, …を考慮して」を作る》. ❐भारत में शनिवार को ६९वें स्वतंत्रता दिवस के ～ देश के सभी बड़े शहरों में सुरक्षा कड़ी कर दी गई है। インドでは土曜日に

69 回目の独立記念日を配慮して国中の大都市すべてで警備を厳重にした.

मद्धम /madd^{h}ama マッダム/ ▸मद्धिम *adj.* ☞मद्धिम

मद्धिम /madd^{h}ima マッディム/ ▸मद्धम [<Skt. *मध्यम-* 'middle; being or placed in the middle, middlemost, intermediate, central'] *adj.* 薄ぼんやりした(明かり);はっきりしないくぐもった(声);弱い(火力);ゆっくりした(速度). ❐~ आँच 弱火. ❐~ रफ़्ता से のろのろと. ❐~ रोशनी 薄明り.

मद्य /madya マディエ/ [←Skt.n. *मद्य-* 'any intoxicating drink, vinous or spiritous liquor, wine'] *m.* 酒. ❐~ पेय アルコール・ドリンク類.

मद्यप /madyapa マディャプ/ [←Skt. *मद्य-प-* 'drinking intoxicating liquor'] *adj.* 酒飲み;酔っ払い.

मद्यपान /madyapāna マディャパーン/ [←Skt.n. *मद्य-पान-* 'the drinking of intoxicating liquors'] *m.* 飲酒. (⇒मदिरा-पान)

मद्रास /madrāsa マドラース/ [cf. Eng.n. *Madras*] *m.* 〘地名〙マドラス《タミル・ナードゥ州 (तमिल नाडु) の州都チェンナイー (चेन्नई) の旧名》.

मद्रिद /madrida マドリド/▸मैड्रिड [cf. Eng.n. *Madrid*] *m.* 〘地名〙マドリード《スペイン(国) (स्पेन) の首都》.

मधु /mad^{h}u マドゥ/ [←Skt. *मधु-* 'sweet, delicious, pleasant, charming, delightful'] *adj.* 甘い. (⇒मीठा)
— *m.* 〘食〙蜂蜜, 蜜. (⇒शहद)

मधुकर /mad^{h}ukara マドゥカル/ [←Skt.m. *मधु-कर-* 'honey-maker; a bee'] *m.* 〘昆虫〙ミツバチ, 蜜蜂. (⇒मधु-मक्खी)

मधुकरी /mad^{h}ukarī マドゥカリー/ [cf. *मधुकर*] *f.* 〘ヒンドゥー教〙〘仏教〙マドゥカリー《修行僧や行者が受ける托鉢の一種;調理された食物のみを受け取る》.

मधुप /mad^{h}upa マドゥプ/ [←Skt. *मधु-प-* 'drinking sweetness, honey-drinker'] *m.* ☞मधुकर

मधुमक्खी /mad^{h}umakk^{h}ī マドゥマッキー/ [*मधु* + *मक्खी*] *f.* 〘昆虫〙ミツバチ, 蜜蜂. ❐~ का शहद ミツバチの蜜.

मधुमय /mad^{h}umaya マドゥマエ/ [←Skt. *मधु-मय-* 'consisting of honey'] *adj.* 蜜のように甘い;陶酔させる.

मधुमास /mad^{h}umāsa マドゥマース/ [←Skt.m. *मधु-मास-* 'a spring month'] *m.* 〘暦〙春の到来を告げる月. (⇒चैत)

मधुमेह /mad^{h}umeha マドゥメーヘ/ [←Skt.m. *मधु-मेह-* 'honey-like or saccharine urine, diabetes'] *m.* 〘医学〙糖尿病.

मधुर /mad^{h}ura マドゥル/ [←Skt. *मधुर-* 'sweet, pleasant, charming, delightful'] *adj.* 甘い;甘美な, 心地よい. ❐~ कल्पना 甘美な空想. ❐~ संगीत 甘美な音楽. ❐~ स्वर 甘い声.

मधुरता /mad^{h}uratā マドゥルター/ [←Skt.f. *मधुर-ता-* 'sweetness'] *f.* 甘美さ, 心地よさ.

मधुरभाषी /mad^{h}urab^{h}āṣī マドゥルバーシー/ [←Skt. *मधुर-भाषिन्-* 'speaking sweetly or kindly'] *adj.* **1** 柔らかい言葉づかいをする(人), 言葉づかいの優しい(人). ❐वह ऐसा हँसमुख और ~ था कि उससे जो बातें कर लेता, वह जीवन भर उसका भक्त बना रहता। 彼の陽気さと言葉の柔らかさは, 彼と話をした者は生きている限り彼のファンでありつづけるほどであった. **2** 甘い言葉をささやく(人). (⇒मिष्टभाषी)

मधुशाला /mad^{h}uśālā マドゥシャーラー/ [neo.Skt.f. *मधु-शाला-* 'wine-hall, tavern'] *f.* 酒場.

मध्य /mad^{h}ya マディエ/ [←Skt. *मध्य-* 'middle; middlemost, intermediate, central'] *adj.* **1** 中間の;(社会の)中流の;(歴史的に)中期の. ❐~ अप्रैल में 4 月の中旬に. ❐~ वर्ग 中流階級. **2** 中央の. ❐~ अमरिका 中央アメリカ, 中米. ❐~ एशिया 中央アジア.
— *m.* **1** 中間. (⇒दरमियान, बीच) ❐१९९५ के ~ में 1995 年の中頃に. **2** 中央;真ん中. (⇒दरमियान, बीच) ❐(के) ~ में(…の)中央に. **3** (2者の)間《後置詞を省略して副詞句「…の間で」の意》. (⇒दरमियान, बीच) ❐सीबीआइ के तत्कालीन निदेशक और प्रधानमंत्री कार्यालय के ~ हुए पत्राचार से शक होता है। インド中央情報局(CBI)の当時の長官と首相官邸との間での手紙のやりとりから疑念が生じる.

मध्य अफ़्रीकी गणराज्य /mad^{h}ya afrīkī gaṇarājya マディエ アフリーキー ガンラージエ/ [cf. Eng.n. *Central African Republic*] *m.* 〘国名〙中央アフリカ(共和国)《首都はバンギ (बांगुई)》.

मध्यकाल /mad^{h}yakāla マディエカール/ [neo.Skt.m. *मध्य-काल-* 'the Middle Ages'] *m.* 〘歴史〙中世;中期. (⇒मध्ययुग)

मध्यकालीन /mad^{h}yakālīna マディエカーリーン/ [neo.Skt. *मध्य-कालीन-* 'medieval'] *adj.* 〘歴史〙中世の;中期の. (⇒मध्ययुगीन) ❐~ भारतीय आर्यभाषाएँ 中期インド語派諸語《パーリ語 पालि, プラークリット諸語 प्राकृत, アパブランシャ諸語 अपभ्रंश など》. ❐~ हिंदी साहित्य 中世ヒンディー文学.

मध्यपूर्व /mad^{h}yapūrva マディエプールオ/ [neo.Skt.m. *मध्य-पूर्व-* 'the Middle East'] *m.* 〘地理〙中東.

मध्य प्रदेश /mad^{h}ya pradeśa マディエ プラデーシュ/ [neo.Skt.m. *मध्य-प्रदेश-* 'central province'; cf. Eng.n. *Madhya Pradesh*] *m.* マディヤ・プラデーシュ州《州都はボーパール (भोपाल)》.

मध्यभाग /mad^{h}yab^{h}āga マディエバーグ/ [←Skt.m. *मध्य-भाग-* 'the middle part or portion'] *m.* 中央部;中心部.

मध्यम /mad^{h}yama マディャム/ [←Skt. *मध्यम-* 'middle'] *adj.* **1** 中間の. (⇒मध्य) ❐~ वर्ग 中流階級. **2** 中道の;穏健な. ❐~ मार्ग 中庸, 中道.
— *m.* 中間;中央.

मध्यम-पुरुष /mad^{h}yama-puruṣa マディャム・プルシュ/ [←Skt.m. *मध्यम-पुरुष-* 'the second person in verbal conjugation, a termination of the second person'] *m.* 〘言語〙二人称《サンスクリット文法の用語で原意は「中間の人称」》. (⇒द्वितीय-पुरुष)

मध्यम-वर्ग /mad^{h}yama-varga マディャム・ワルグ/ *m.* 中

流[中産]階級, ミドルクラス. (⇒मध्यवर्ग)

मध्यमा /madʰyamā マディャマー/ [←Skt.f. *मध्यमा-* 'the middle finger'] *f.* 中指. (⇒ज्येष्ठा)

मध्ययुग /madʰyayuga マディエユグ/ [neo.Skt.n. *मध्य-युग-* 'the Middle Ages'] *m.* ☞मध्यकाल

मध्ययुगीन /madʰyayugīna マディエユギーン/ [neo.Skt. *मध्य-युगीन-* 'medieval'] *adj.* ☞मध्यकालीन

मध्यवयस्क /madʰyavayaska マディエワヤスク/ [neo.Skt. *मध्य-वयस्क-* 'middle-aged'] *adj.* 中年の(人). (⇒अधेड़)

मध्यवर्ग /madʰyavarga マディエワルグ/ [neo.Skt.m. *मध्य-वर्ग-* 'the middle class'] *m.* 中流[中産]階級, ミドルクラス. (⇒मध्यम-वर्ग)

मध्यवर्गीय /madʰyavargīya マディエワルギーエ/ [neo.Skt. *मध्य-वर्गीय-* 'of the middle class'] *adj.* 中流[中産]階級の, ミドルクラスの.

मध्यवर्ती /madʰyavartī マディエワルティー/ [←Skt. *मध्य-वर्तिन्-* 'being in the middle or between or among, middle, central'] *adj.* 中間に位置する. ❐～ शिक्षा 中等教育.

मध्यवित्त /madʰyavitta マディエヴィット/ [neo.Skt. *मध्य-वित्त-* 'of the bourgeois'] *adj.* (商工業に従事する)中産階級の. (⇒मध्यवर्गीय) ❐～ परिवार 中産階級の家庭. ❐～ वर्ग 中産階級.

मध्यसर्ग /madʰyasarga マディエサルグ/ [neo.Skt.m. *मध्य-सर्ग-* 'infix'] *m.* 〖言語〗接中辞.

मध्यस्थ /madʰyastʰa マディャスト/ [←Skt. *मध्य-स्थ-* 'being in the middle'] *adj.* **1** 中間に位置する. **2** 中央に位置する. **3** (立場が)中間の, 仲介の.
— *m.* 仲介者;調停者.

मध्यस्थता /madʰyastʰatā マディャストター/ [←Skt.f. *मध्य-स्थ-ता-* 'intermediate situation'] *f.* 中間の立場.

मध्यांतर /madʰyāṃtara マディャーンタル/ [neo.Skt.n. *मध्य-अन्तर-* 'interval'] *m.* **1** 〖演劇〗インターバル, 幕間;休憩時間. (⇒इंटरवल)

मध्याह्न /madʰyāhna マディャーフン/ [←Skt.m. *मध्य-अह्न-* 'midday, noon'] *m.* 真昼, 正午.

मन:स्थिति /manaḥstʰiti マナハスティティ/ [neo.Skt.f. *मनः-स्थिति-* 'state of mind'] *f.* 心理状態, 気分. ❐जिस ～ में मैंने परीक्षा दी थी उसमें बड़े अच्छे परिणाम की प्रत्याशा नहीं की जा सकती थी। 私が試験を受けた時の心理状態ではとてもいい結果の期待はできなかった. ❐शायद उन्होंने मेरी सारी ～ पल मात्र में समझ ली। 多分彼は私の心理状態のすべてを一瞬の内に理解した.

मन[1] /mana マン/ [←Skt.n. *मनस्-* 'mind, intellect, intelligence, understanding, perception, sense, conscience, will'] *m.* **1** 心;胸. (⇒दिल, हृदय) ❐मैं ～ ही ～ आश्वस्त हुआ। 私は心の底から安堵した. **2** 望み;(…する)気分. (⇒जी)

मन[2] /mana マン/ [<OIA.n. *maṇa-* 'a partic. measure of grain': T.09730; cf. Pers.n. من 'a weight which varies according to the custom of the country, from 40 to 84 lbs.' ←Arab.] *m.* 〖単位〗マン《40 セール(सेर) に相当;約 37 キログラム》.

मनका /manakā マンカー/ [?<Skt.m. *मणिक-* 'a jewel, gem, precious stone'] *m.* ビーズ, 数珠.

मनगढ़ंत /managaṛʰaṃta マンガラント/ [*मन[1]* + *गढ़ना*] *adj.* 空想上の, 虚構の;でたらめの. (⇒कल्पित) ❐～ क़िस्सा 作り話.

मनचला /manacalā マンチャラー/ [*मन[1]* + *चलना*] *adj.* (欲しいものに)目がくらむ(人);移り気な(人);軽薄な(人).

मनचाहा /manacāhā マンチャーハー/ [*मन[1]* + *चाहना*] *adj.* 思いどおりの, 願いどおりの. (⇒मनचीता)

मनचीता /manacītā マンチーター/ [*मन[1]* + *चीतना[1]*] *adj.* 望みどおりの. (⇒मनचाहा)

मनन /manana マナン/ [←Skt.n. *मनन-* 'thinking, reflection, meditation'] *m.* **1** 思索;熟考. ❐(का) ～ करना (…について)深く考える. **2** 考察, 考究.

मननशील /mananaśīla マナンシール/ [neo.Skt. *मनन-शील-* 'thoughtful, reflective; studious'] *adj.* 思慮深い, 思索にふける;深く研究する.

मननीय /mananīya マンニーエ/ [←Skt. *मननीय-* 'containing homage or praise'] *adj.* 沈思黙考すべき.

मनपसंद /manapasaṃda マンパサンド/ [*मन[1]* + *पसंद*] *adj.* 好みの;お気に入りの. ❐(की) ～ चीज़ (人の)好物.

मन-बहलाव /mana-bahalāva マン・バヘラーオ/ *m.* 気晴らし;娯楽. (⇒तफ़रीह, मनोरंजन)

मनभाया /manabʰāyā マンバーヤー/ [*मन[1]* + *भाना*] *adj.* お気に入りの.

मनभावना /manabʰāvanā マンバーオナー/ *adj.* ☞मनभाया

मनमस्तिष्क /manamastiṣka マンマスティシュク/ [neo.Skt.m. *मन-मस्तिष्क-* 'mind and brain'] *m.* 心と頭脳;精神;頭脳

मनमाना /manamānā マンマーナー/ [*मन[1]* + *मानना*] *adj.* したい放題の;好き勝手な, 自分勝手な. (⇒अनर्गल) ❐～ दाम 自分勝手に付けた価格.

मनमानी /manamānī マンマーニー/ [cf. *मनमाना*] *f.* したい放題;自分勝手, わがまま. ❐～ करना したい放題をする.

मनमुटाव /manamuṭāva マンムターオ/ ▸मनमोटाव [*मन[1]* + *मुटाना*] *m.* 仲違い, 不和, 反目. ❐दोनों में बरसों से ～ था। 二人の間には長年の仲違いがあった.

मनमोटाव /manamoṭāva マンモーターオ/ ▸मनमुटाव *m.* ☞मनमुटाव

मनमोदक /manamodaka マンモーダク/ [*मन[1]* + *मोदक*] *m.* 絵に描いた餅, 画餅;絵空事;白昼夢.

मनमौज /manamauja マンマォージ/ [*मन[1]* + *मौज*] *f.* **1** 気まぐれ;むら気. **2** 有頂天, 歓喜.

मनमौजी /manamaujī マンマォージー/ [*मनमौज* + *-ई*] *adj.* 気まぐれな;むら気な.

मनवाना /manavānā マンワーナー/ [caus. of *मानना, मनाना*] *vt.* (*perf.* मनवाया /manavāyā マンワーヤー/) 認めさせる;認めてもらう.

मनसा-वाचा-कर्मणा /manasā-vācā-karmaṇā マンサー・ワーチャー・カルムナー/ [instr. of Skt.n. *मनस्-* 'mind', Skt.f. *वाच्-* 'speech' and Skt.n. *करमन्-* 'act', respectively] *adv.* 心も言葉も行いも, 全身全霊で. ❐मैंने उनके सम्मुख ～ सिर झुकाया। 私は彼の前で全身全霊をささげ頭を垂れた.

मनसूबा /manasūbā マンスーバー/ ▷मंसूबा [←Pers.n. منصوبه 'intention, will, desire' ←Arab.] *m.* (心の中で思い描く)計画, プラン, 夢; 意図《普通, 複数で》. ❐उसकी ज़िंदगी में बड़े-बड़े मनसूबे थे। 彼の人生にはいろいろ大きな夢があった. ❐(के) मनसूबे बाँधना (…の)計画を思い描く.

मनस्ताप /manastāpa マナスタープ/ [←Skt.m. *मनस्-ताप-* 'burning of the mind; mental pain, anguish, repentance'] *m.* 心の痛み, 心痛, 苦悩; 良心の呵責(かしゃく).

मनस्वी /manasvī マナスヴィー/ [←Skt. *मनस्-विन्-* 'of mind or sense, intelligent, clever, wise'] *adj.* 聡明な, 賢い.

मनहूस /manahūsa マンフース/ [←Pers.adj. منحوس 'unfortunate, unhappy' ←Arab.] *adj.* **1** 不吉な, 縁起の悪い; 呪われた; 不運な. ❐अब मुझे भी इजाज़त हो कि अपने ～ क़दम यहाँ से ले जाऊँ। さて私もいとまごいを, 縁起の悪い私はここから去ろうかね. ❐आपके लिए मुबारक होगा, मेरे लिए तो ～ ही था। あなたにとってはめでたいことだろうよ, 私には不運そのものだった. **2** 陰気で気味の悪い. ❐वह संजीदा है, पर ～ नहीं। 彼は真面目な人間だが陰気ではない.

मना /manā マナー/ [←Pers.adj. منع 'forbidding, repelling' ←Arab.] *adj.* 禁止されている《限定詞用法はない; 不変化》. (⇒निषिद्ध) ❐～ करना (…を)禁止する. ❐(को) ◌-ने से ～ करना (人に)…することを禁じる. ❐पेशाब करना सख़्त ～ है। 放尿厳禁. ❐फूल तोड़ना ～ है। 花を摘むことは禁じられています. ❐सिगरेट पीना ～ है। 禁煙.

मनाना /manānā マナーナー/ [cf. *मानना*] *vt.* (*perf.* मनाया /manāyā マナーヤー/) **1** (儀式を)挙行する; 祝う; (休暇を)楽しむ. ❐शोक [मातम] मनाना 喪に服する. ❐ख़ुशियाँ [जन्म-दिन, उत्सव] मनाना 喜び[誕生日, 祭り]を祝う. ❐छुट्टी मनाना 休暇を楽しむ. **2** なだめる, なだめすかす; 説得する. ❐मैं माँ को मना लूँगा। 僕が母さんを説得しよう.

मनामा /manāmā マナーマー/ [cf. Eng.n. *Manama*] *m.* 〖地名〗マナーマ《バーレーン(王国) (बहरीन) の首都》.

मनाही /manāhī マナーヒー/ [←Pers.n. مناہی 'prohibited things'; cf. Urd.f. ممانعت 'prohibition' ←Pers.n. ممانعة 'preventing, forbidding, prohibiting, driving away, repelling; prohibition' ←Arab.] *f.* 禁止, 不許可. ❐(की) ～ करना (…を)禁止する. ❐क्या मुझसे बोलने की भी ～ कर दी गई है? 私と口をきくことも禁止されたの? ❐नाले में नहाने की सख़्त ～ थी। 水路で水浴びすることは厳禁だった.

मनिहार /manihāra マニハール/ [Skt.m. *मणि-कार-* 'a lapidary, jeweller' × *-हार* (<OIA. *dhāra-*[1] 'holding': T.06787)] *m.* マニハール《チューリー (चूड़ी) などブレスレット類を製作したり販売する人》.

मनीआर्डर /manīārḍara マニーアールダル/ ▸मनीऑर्डर [←Eng.n. *money order*] *m.* 送金為替, 郵便為替. ❐तार का ～ 電信為替. ❐फ़्री डिलीवरी के लिए निम्नलिखित पते पर ～ करें 無料配達のために以下の住所に為替を送ってください.

मनीबैग /manībaiga マニーバェーグ/ [←Eng.n. *moneybag*] *m.* 財布, 金入れ.

मनीला /manīlā マニーラー/ [←Eng.n. *Manila*] *m.* 〖地名〗マニラ《フィリピン(共和国) (फ़िलीपीन्स) の首都》.

मनीषा /manīṣā マニーシャー/ [←Skt.f. *मनीषा-* 'thought, reflection, consideration, wisdom, intelligence, conception, idea'] *f.* 知恵; 聡明.

मनीषी /manīṣī マニーシー/ [←Skt. *मनीषिन्-* 'thoughtful, intelligent, wise, sage, prudent'] *adj.* 賢い(人); 知恵のある(人).

— *m.* 賢者.

मनु /manu マヌ/ [←Skt.m. *मनु-* 'the Man par excellence or the representative man and father of the human race'] *m.* 〖神話〗マヌ《神話に登場する人類の始祖》.

मनुज /manuja マヌジ/ [←Skt.m. *मनु-ज-* '*Manu*-born; a man'] *m.* マヌ (मनु) の末裔(まつえい), 人間.

मनुष्य /manuṣya マヌシエ/ [←Skt.m. *मनुष्य-* 'a man, human being'] *m.* 人, 人間; 人類. (⇒इनसान)

मनुष्यता /manuṣyatā マヌシャター/ [←Skt.f. *मनुष्य-ता-* 'manhood, humanity, the state or condition of man'] *f.* **1** 人間であること. **2** 人間性, ヒューマニティー. (⇒इनसानियत)

मनुष्येतर /manuṣyetara マヌシエータル/ [*मनुष्य* + *-इतर*] *adj.* 人間以外の(生物). ❐～ जीव 人間以外の生物.

मनुस्मृति /manusmr̥ti マヌスムリティ/ [←Skt.f. *मनु-स्मृति-* 'Manu's law-book'] *f.* 〖ヒンドゥー教〗マヌ法典.

मनुहार /manuhāra マヌハール/ [cf. *मनाना*] *f.* なだめすかすこと; 機嫌をとること. ❐(की) ～ करना (人の)機嫌をとる.

मनोकामना /manokāmanā マノーカームナー/ [corrupt form of Skt.f. *मनः-कामना-* 'heart's desire'] *f.* 願い, 願望.

मनोगत /manogata マノーガト/ [←Skt. *मनो-गत-* 'mindgone; existing or passing or concealed in the mind or heart'] *adj.* 胸中の; 心に生じた. ❐पहले जो केवल ～ शंका थी, वह भीषण सत्य बन गई। 最初は単に心の中で生じた疑惑が恐ろしい真実となった.

— *m.* (胸中の)考え, 願望.

मनोज /manoja マノージ/ [←Skt.m. *मनो-ज-* 'mind-born; love or the god of love'] *m.* 〖神話〗マノージャ《カーマ神 (कामदेव) の別名》.

मनोज्ञ /manojña マノーギエ/ [←Skt. *मनो-ज्ञ-* 'agreeable to the mind, pleasing, lovely, beautiful, charming'] *adj.* （人柄などが）心地いい，愛嬌（あいきょう）のある；魅力的な．❐उनका व्यक्तित्व बड़ा ही 〜 और आकर्षक था। 彼の人柄はとても心地よく魅（ひ）かれるものだった．

मनोज्ञता /manojñatā マノーギャター/ [←Skt.f. *मनोज्ञ-ता-* 'loveliness, beauty'] *f.* （人柄などの）心地よさ，愛嬌（あいきょう）；魅力．

मनोदशा /manodaśā マノーダシャー/ [neo.Skt.f. *मनो-दशा-* 'mood, state of mind'] *f.* 〖医学〗心理（状態）；精神（状態）．❐(की) 〜 अच्छा [बुरा] प्रभाव पड़ना（人の）心理状態によい［悪い］影響が及ぶ．

मनोनिग्रह /manonigraha マノーニグラ/ [←Skt.m. *मनो-निग्रह-* 'mental restraint'] *m.* （性欲などの）欲望の自制．

मनोनीत /manonīta マノーニート/ [←Skt. *मनो-नीत-* 'taken by the mind; chosen, approved, preferred'] *adj.* 指名された；選任された．❐〜 हों या निर्वाचित 指名されようと選出されようと．❐(को) 〜 करना （人を）指名する．

मनोनुकूल /manonukūla マノーヌクール/ [←Skt. *मनो-नुकूल-* 'pleasant to the mind'] *adj.* 心にかなった，思い通りの．❐〜 जीवन-साथी 心にかなった人生の伴侶．

मनोबल /manobala マノーバル/ [neo.Skt.n. *मनो-बल-* 'strength of mind or spirit'] *m.* 精神力，心の強さ，気力；意気込み，士気．❐(का) 〜 टूटना （人が）意気消沈する，（人の）士気が低下する．

मनोभाव /manobʰāva マノーバーオ/ [?neo.Skt.m. *मनो-भाव-* 'mentality'] *m.* 心理；感情．❐(के) मनोभावों को पढ़ना （人の）心理を読み取る．

मनोमालिन्य /manomālinya マノーマーリニエ/ [neo.Skt.n. *मनो-मालिन्य-* 'estrangement'] *m.* 仲違い，わだかまり．(⇒मनमुटाव) ❐〜 बढ़ता गया। 仲違いの溝は深まっていった．

मनोयोग /manoyoga マノーヨーグ/ [neo.Skt.m. *मनो-योग-* 'concentration, attention'] *m.* 精神集中．

मनोरंजक /manoraṃjaka マノーランジャク/ [neo.Skt. *मनो-रञ्जक-* 'entertaining'] *adj.* 愉快な，おもしろい；娯楽の．❐बूढ़ों के लिए अतीत के सुखों और वर्तमान के दुःखों और भविष्य के सर्वनाश से ज़्यादा 〜 और कोई प्रसंग नहीं होता। 老人たちにとっては過去の幸福そして現在の不幸そして未来の滅亡ほど愉快な話題はないものだ．

मनोरंजन /manoraṃjana マノーランジャン/ [←Skt.n. *मनो-रञ्जन-* 'entertainment'] *m.* 娯楽；気晴らし；遊興．(⇒तफ़रीह, मन-बहलाव) ❐〜 करना 気晴らしをする．❐शामों को जहाज़ पर तरह-तरह के 〜 का आयोजन होता है, जिनमें हर आदमी अपनी रुचि के अनुसार भाग ले सकता है। 夕方には船上でいろいろな娯楽の企画があり，それらに各人は自分の好みで参加することができる．

मनोरथ /manoratʰa マノーラト/ [←Skt.m. *मनो-रथ-* 'heart's joy; a wish, desire; desired object'] *m.* 願い，願望；望み．

मनोरम /manorama マノーラム/ [←Skt. *मनो-रम-* 'gratifying the mind, attractive, pleasant, charming, beautiful'] *adj.* 心を楽しませる；喜びをあたえる；魅力的な；美しい．❐दृश्य बहुत 〜 है। 風景がとてもすばらしい．

मनोरमा /manoramā マノーラマー/ [←Skt.f. *मनो-रमा-* 'a beautiful woman'] *adj.* 心を楽しませる；喜びをあたえる；魅力的な；美しい《मनोरम の女性形》．❐अरुणोदय की 〜 छटा 日の出の美しい輝き．
— *f.* 美しく魅力的な女．

मनोरोग /manoroga マノーローグ/ [neo.Skt.m. *मनो-रोग-* 'mental illness'] *m.* 〖医学〗精神病．(⇒मनोविकार) ❐〜 चिकित्सक 精神病専門医．

मनोवांछित /manovāṃcʰita マノーワーンチト/ [←Skt.n. *मनो-वाञ्छित-* 'heart'swish, the mind's desire'] *adj.* 心から望んでいる，念願の．❐〜 कामना 念願．❐〜 फल 念願の結実．

मनोविकार /manovikāra マノーヴィカール/ [←Skt.m. *मनो-विकार-* 'change or emotion of the mind'] *m.* **1** 心理（の動き）；心理的衝動．**2**〖医学〗精神病，精神疾患；精神異常；精神錯乱．❐〜 विज्ञानी 精神病医．

मनोविज्ञान /manovijñāna マノーヴィギャーン/ [neo.Skt.n. *मनो-विज्ञान-* 'psychology'] *m.* 心理学．

मनोविज्ञानी /manovijñānī マノーヴィギャーニー/ [neo.Skt.m. *मनो-विज्ञानिन्-* 'psychologist'] *m.* 心理学者．

मनोविनोद /manovinoda マノーヴィノード/ [←Skt.m. *मनो-विनोद-* 'amusement'] *m.* 娯楽；趣味．

मनोविश्लेषण /manoviśleṣaṇa マノーヴィシュレーシャン/ [neo.Skt.n. *मनो-विश्लेषण-* 'psychoanalysis'] *m.* 〖医学〗心理分析．

मनोवृत्ति /manovr̥tti マノーヴリッティ/ [←Skt.f. *मनो-वृत्ति-* 'activity or disposition of the mind, volition, fancy'] *f.* 心理（状態）；心的態度；精神的傾向．

मनोवेग /manovega マノーヴェーグ/ [←Skt.m. *मनो-वेग-* 'speed or velocity of thought'] *m.* 激情；衝動．

मनोवैज्ञानिक /manovaijñānika マノーワェーギャーニク/ *adj.* 心理学（上）の，心理学的な，心（理）的な．
— *m.* 心理学者．

मनोव्यथा /manovyatʰā マノーヴィャター/ [←Skt.f. *मनो-व्यथा-* 'mental pain or anguish'] *f.* 苦悩；精神的苦痛．

मनोहर /manohara マノーハル/ [←Skt. *मनो-हर-* 'heart-stealing; fascinating, attractive, charming, beautiful'] *adj.* 心を魅了する，魅力的な；美しい．

मनोहरता /manoharatā マノーハルター/ [←Skt.f. *मनोहर-ता-* 'charm'] *f.* 心を魅了する美しさ．

मनौती /manautī マナォーティー/ [cf. *मनाना*] *f.* 〖ヒンドゥー教〗願掛け（の供物）；祈願；発願．❐देवताओं की 〜 करना 神々に願を掛ける．❐〜 मानना 願掛けをする．

मन्नत /mannata マンナト/ [cf. *मनाना*] *f.* ☞मनौती

ममता /mamatā マムター/ [←Skt.f. *मम-ता-* 'the state of 'mine', sense of ownership, self-interest, egotism, interest'] *f.* **1** (子への)愛，母性[父性]愛；愛しさ；情愛；(物への)愛着；執着. ❐माँ की ～ उमड़ आई। 母性愛が込み上げてきた. **2** うぬぼれ；尊大さ.

ममत्व /mamatvạ ママトオ/ [←Skt.n. *ममत्व-* 'the state of 'mine', sense of ownership, self-interest, egotism, interest'] *m.* ☞ममता

ममिया /mamiyā マミヤー/ *adj.* 母方の叔父につながる. ❐～ ससुर 配偶者(夫または妻)の母方の兄弟. ❐～ सास 配偶者(夫または妻)の母方の姉妹.

ममेरा /mamerā マメーラー/ [cf. *मामा*] *adj.* 母方の叔父につらなる《母の兄弟 मामा と関係する》. ❐～ भाई 従兄弟. ❐ममेरी बहन 従姉妹.

मम्मी /mammī マムミー/ [←Eng.n. *mammy*] *f.* ママ. (⇔पापा)

-मय /-mayạ ・マエ/ [←Skt. *-मय-* 'an affix used to indicate 'made of', 'consisting or composed of', 'full of''] *suf.adj.* 《名詞に付加して形容詞「…を含んでいる(もの)」を作る要素；रहस्यमय「不可解な，神秘的な」など》

मयस्सर /mayassarạ マヤッサル/▸मुयस्सर [←Pers.adj. میسر 'attained, attainable, procurable' ←Arab.] *adj.* 入手可能な，手に入った《主に否定文で》. (⇒प्राप्त) ❐अपसरा-जैसी सुंदर स्त्री, क़ारूँ के ख़ज़ाने-जैसी दौलत, दोनों साथ ही किसे ～ होते हैं? 天女のように美しい妻，クロイソス王の宝物庫のような富，両方同時に誰が手に入れられるというのだ？ ❐लत्ता भी पहनने को ～ नहीं है। 身に着けるぼろ布すら手に入らないのです.

मयूर /mayūrạ マユール/ [←Skt.m. *मयूर-* 'a peacock'] *m.* 〘鳥〙クジャク，孔雀. (⇒मोर)

मरकज़ /marạkazạ マルカズ/ [←Pers.n. مرکز 'a centre, centre of a circle' ←Arab.] *m.* 中心，中心点.

मरकत /marạkatạ マルカト/ [←Skt.n. *मरकत-* 'an emerald' ←Gr.] *m.* 〘鉱物〙エメラルド，緑玉. (⇒पन्ना)

मरकना /marạkanā マルカナー/ ▸मरखना *adj.* ☞मरखना

मरकहा /marạkahā マルカハー/ ▸मरखना *adj.* ☞मरखना

मरखना /marạkʰanā マルカナー/ ▸मरकना, मरकहा [? *मार*¹ + *खाना*] *adj.* (雄牛などが)気性のあらい；けんかっ早い.

मरघट /marạgʰaṭạ マルガト/ [*मरना* + *घाट*] *m.* 〘ヒンドゥー教〙火葬場.

मरज़ /marazạ マラズ/ ▸मर्ज़ *m.* ☞मर्ज़

मरज़ी /marạzī マルズィー/ ▹मर्ज़ी [←Pers.n. مرضی 'agreeable, acceptable, anything in which one takes a pleasure; will, assent, pleasure'] *f.* 望み，希望. ❐आपकी ～ है। あなたの気のすむように.

मरण /maraṇạ マラン/ [←Skt.n. *मरण-* 'the act of dying, death'] *m.* 死；死去. ❐जीवन और ～ का प्रश्न 生と死の問題，死活問題.

मरण-शय्या /maraṇạ-śayyā マラン・シャッヤー/ *f.* 死の床. ❐वह ～ पर पड़ा हुआ था। 彼は死の床についていた.

मरणशील /marạṇaśīlạ マルナシール/ [←Skt. *मरण-शील-* 'liable to death, mortal'] *adj.* 死ぬ運命にある，死を免れない.

मरणासन्न /marạṇāsannạ マルナーサンヌ/ [←Skt. *मरण-आसन्न-* 'on the point of death, moribund'] *adj.* 死にかけている，瀕死の；消滅しつつある. (⇒मरणोन्मुख)

मरणोन्मुख /marạṇonmukʰạ マルノーンムク/ [←Skt. *मरण-उन्मुख-* 'on the point of death, moribund'] *adj.* 死にかけている，死期の近い，瀕死の；消滅しつつある. (⇒मरणासन्न)

मरतबा /marạtabā マルタバー/▸मर्तबा [←Pers.n. مرتبة 'a step, stair; a stage, story (of a house)' ←Arab.] *m.* **1** …回，…度. (⇒दफ़ा, बार) ❐बीस ～ 20 回. **2** 地位；階級；立場.

मरतबान /maratabānạ マラタバーン/ ▸मर्तबान *m.* ☞मर्तबान

मरद /maradạ マラド/ ▸मर्द *m.* ☞मर्द

मरद-बच्चा /maradạ-baccā マラド・バッチャー/ ▸मर्द-बच्चा *m.* ☞मर्द-बच्चा

मरदानगी /marạdānagī マルダーンギー/ ▹मर्दानगी *f.* ☞मर्दानगी

मरदाना /marạdānā マルダーナー/ ▹मर्दाना *adj.* ☞मर्दाना — *m.* ☞मर्दाना

मरना /marạnā マルナー/ [<OIA. *máratē* 'will die': T.09871] *vi.* (*perf.* मरा /marā マラー/) **1** 死ぬ；くたばる. (⇒गुज़रना) ❐तीन लड़के बचपन ही में मर गये। 息子 3 人は幼児の時死んだ. ❐तुम कहाँ मर गए हो [तू कहाँ मर गया है]। どこでくたばってるんだ《直訳は「お前はどこで死んだのだ」；探し物がなかなか見つからないときの軽い罵りの言葉》. ❐भूखों मर जाने से या अपने बाल-बच्चों को भूखों मरते देखने से तो यह कहीं अच्छा था कि इस परिस्थिति से लड़कर मरें। 餓死するよりはあるいは自分の子どもたちが餓死するのを見るよりは，この状況と戦って死ぬ方がはるかにましだった. **2** (死ぬほど)苦労する；(異性に)恋こがれる. ❐भाइयों के लिए मरते रहते हो। あんたは兄弟のために死ぬほど苦労のしどおしだ. ❐(पर) मरना (人に)恋こがれる.

मरना-जीना /marạnā-jīnā マルナー・ジーナー/ *m.* 生と死，悲喜こもごも.

मरम्मत /marammatạ マラムマト/ [←Pers.n. مرمة 'mending, repairing (a house)' ←Arab.] *f.* **1** 修理，修繕. ❐(की) ～ करना (…を)修理[修繕]する. **2** (人を叩いて)懲らしめること. ❐(की) ～ करना (人に)焼きを入れる.

मरवाना /marạvānā マルワーナー/ ▸मराना [caus. of *मरना, मारना*] *vt.* (*perf.* मरवाया /marạvāyā マルワーヤー/) 殺させる；殺してもらう.

मरसा /marạsā マルサー/ [cf. Skt.m. *मारिष-* '*Amaranthus oleraceus*'] *m.* 〘植物〙マルサー，ハゲイトウ(葉鶏頭)《ヒユ科ヒユ属の一年草》.

मरसिया /marạsiyā マルスィヤー/▹मर्सिया [←Pers.n. مرثية 'lamenting (anyone), pronouncing a funeral eulogium; an elegy' ←Arab.] *m.* 〘イスラム教〙挽歌，哀歌《特にカルバラー(करबला)の地におけるシーア派第三代イマームのイマーム・フサイン一族の殉教(680 年)が主題》.

मरहम /marahama マルハム/▷मर्हम▶मलहम [←Pers.n. مرہم 'a plaster, any dressing for wounds'] *m.*〖医学〗軟膏;膏薬. ❐(पर) ～ लगाना(…に)膏薬をつける.

मरहम-पट्टी /marahama-paṭṭī マルハム・パッティー/ *f.*〖医学〗(外傷の)応急処置. ❐(की) ～ करना(人の)応急処置をする.

मराठा /marāṭʰā マラーター/ [<OIA.n. *mahārāṣṭra-* 'kingdom': T.09952] *adj.* マハーラーシュトラ(महाराष्ट्र)の.
— *m.* **1** マラーター地方. **2**〖歴史〗マラーター王国. **3** マハーラーシュトラ人.

मराठी /marāṭʰī マラーティー/ [cf. *मराठा*] *adj.* **1** マラーター地方の, マハーラーシュトラ地方の. **2** マハーラーシュトラ人の. **3** マラーティー語の.
— *f.* マラーティー語.

मराना /marānā マラーナー/ ▶मरवाना *vt.* (*perf.* मराया /marāyā マラーヤー/) ☞मरवाना

मराल /marāla マラール/ [←Skt.m. *मराल-* 'a kind of duck or goose or flamingo'] *m.*〖鳥〗マラーラ《カモ科の一種》.

मरिच /marica マリチ/ [←Skt.m. *मरिच-* 'the pepper shrub'] *m.* ☞मिर्च

मरियम /mariyama マリヤム/ [←Pers.n. مریم 'Mary' ←Arab.] *f.*〖キリスト教〗(イエスの母)マリア.

मरियल /mariyala マリヤル/ [cf. *मरना*] *adj.* 生気のない;弱々しい;衰弱した;死にかけた. ❐～ टट्टू ひ弱な人;役立たずの人.

मरीचिका /marīcikā マリーチカー/ [←Skt.f. *मरीचिका-* 'a mirage, illusory appearance of water in a desert'] *f.* 蜃気楼(しんきろう). (⇒मृगजल)

मरीज़ /marīza マリーズ/ [←Pers.adj. مریض 'sick, ill, infirm, diseased' ←Arab.] *adj.*病気の, 病気にかかった.
— *m.*〖医学〗病人;患者. (⇒रोगी)

मरुभूमि /marubʰūmi マルブーミ/ [←Skt.f. *मरु-भूमि-* 'a desert, wilderness'] *f.*〖地理〗砂漠. (⇒रेगिस्तान) ❐अरब [थार] ～ アラビア[タール]砂漠.

मरुस्थल /marustʰala マルスタル/ [←Skt.n. *मरु-स्थल-* 'a desert, wilderness'] *m.* ☞मरुभूमि

मरोड़ /maroṛa マロール/ [cf. *मरोड़ना*] *f.* **1** 曲がり, 屈曲. **2** ねじれ, よじれ, ゆがみ. **3**〖医学〗ねんざ;(ねじれるような)激痛. ❐एक बार उलटी हुई और पेट में ～ होने लगी। 一度嘔吐があり腹部に激痛がはじまった. **4** 傲慢, 横柄.

मरोड़ना /maroṛanā マロールナー/ [<OIA. **marōṭati* 'twists': T.09878z5; ?cf. *मटकना, मोड़ना*] *vt.* (*perf.* मरोड़ा /maroṛā マローラー/) **1** 曲げる;折りたたむ. **2** ひねる, よじる, ねじる. (⇒उमेठना, ऐंठना, मलना) ❐उसने मेरा हाथ [कान] ज़ोर से मरोड़ दिया। 彼は私の手[耳]を強くひねった. ❐मुँछ ～ 口ひげを捻る. **3** (事実を)曲げる, 歪曲する;(意味・言葉を)曲げてとる《主に तोड़ना と組み合わせて使う》. ❐उसने मेरे शब्दों को तोड़-मरोड़ दिया। 彼は私の言葉を曲解した. **4** 苦しめる;悩ませる.

मर्ज़ /marza マルズ/▶मरज़ [←Pers.n. مرض 'falling sick; disease' ←Arab.] *m.* **1** 病気, 病. (⇒बीमारी, रोग) ❐आपको क्या ～ है?どこが悪いのですか? **2** 悪い癖. (⇒बीमारी) ❐(को) (का) ～ है।(人には)(…の)悪い癖がある. ❐आप भी तो इसी ～ में गिरफ़्तार हैं?あなたもこの悪い癖に取りつかれているのですか?

मर्ज़ी /marzī マルズィー/ ▷मरज़ी *f.* ☞मरज़ी

मर्डर /marḍara マルダル/ [←Eng.n. *murder*] *f.* 殺人. (⇒हत्या) ❐～ केस 殺人事件.

मर्तबा /martabā マルタバー/ ▶मरतबा *m.* ☞मरतबा

मर्तबान /martabāna マルタバーン/ ▶मरतबान [←Pers.n. مرتبان 'a vessel of the finest porcelain which poison cannot penetrate; a jar, pot, vessel' ←Arab. ; cf. *अमृतबान*] *m.* 釉薬をかけた壺.

मर्त्यलोक /martyaloka マルティャローク/ [←Skt.m. *मर्त्य-लोक-* 'the world of mortals, the earth'] *m.* 現世, この世.

मर्द /marda マルド/▶मरद [←Pers.n. مرد 'a man, hero'] *m.* **1** 男, 男子. (⇒पुरुष)(⇔औरत) **2** 夫. (⇒पति) ❐जो ～ कमाता नहीं वह औरत पर मुश्किल से हावी हो पाता है। 稼ぎのない夫が妻に優位に立つのは容易ではない. **3** 男らしい男;勇者, 男の中の男. ❐～ आदमी 男らしい人;たくましい人. ❐ऐसे ～ को मैं ～ नहीं कहती। こういう男を私は男とは言わないわ.

मर्दन /mardana マルダン/ [←Skt.n. *मर्दन-* 'the act of crushing or grinding or destroying'] *m.* **1** 擦りこむこと. **2** すりつぶすこと;踏みつぶすこと;破壊すること.

मर्द-बच्चा /marda-baccā マルド・バッチャー/ ▶मरद-बच्चा [←Pers.n. مردبچہ 'son of a brave man'] *m.* 勇敢な若者.

मर्दानगी /mardānagī マルダーンギー/ ▷मरदानगी [←Pers.n. مردانگی 'manhood; manliness, courage prowess'] *f.* 男らしさ, 男気(おとこぎ);勇敢さ, 剛勇.

मर्दाना /mardānā マルダーナー/▷मरदाना [←Pers.adj. مردانہ 'brave, manly'] *adj.*男性的な, 男らしい;勇敢な. ❐मर्दाने भेस में 男装して.
— *m.*〖イスラム教〗(男性用の)居住空間. (⇔ज़नाना)

मर्दुमशुमारी /mardumaśumārī マルドゥムシュマーリー/ [←Pers.n. مردم شماری 'numbering of the people, a census'] *f.* 国勢調査, 人口調査, センサス. (⇒जनगणना)

मर्म /marma マルム/ [←Skt.n. *मर्मन्-* 'mortal spot, vulnerable point, any open or exposed or weak or sensitive part of the body'] *m.* **1** (体の)急所, (傷つくと)命とりとなる場所. **2** 真髄, 精髄;勘所, つぼ;本質, 核心;奥義. ❐साहित्य का ～ 文学の本質.

मर्मघाती /marmagʰātī マルムガーティー/ [←Skt. *मर्म-घातिन्-* 'wounding mortally'] *adj.* 致命的な.

मर्मज्ञ /marmajña マルマギエ/ [←Skt. *मर्म-ज्ञ-* 'knowing weak or vulnerable points'] *adj.* (物事の)真髄を極めた(人);本質に通じている(人).

मर्मभेदी /marmabʰedī マルムベーディー/ [←Skt.

मर्म-भेदिन्- 'cutting through the joints or to the quick, wounding mortally'] *adj.* 胸が張り裂けるような;悲痛な. (⇒मर्मविधी)

मर्म-वचन /marma̸-vacana̸ マルム・ワチャン/ [neo.Skt.n. *मर्म-वचन-* 'touching words; subtle words'] *m.* 胸を打つ言葉, 感動的な言葉.

मर्मविधी /marma̸vedʰī マルムヴェーディー/ [←Skt. *मर्म-वेधिन्-* 'cutting through the joints or to the quick, wounding mortally'] *adj.* 胸が張り裂けるような;悲痛な. (⇒मर्मभेदी)

मर्मस्थल /marma̸stʰala̸ マルムスタル/ [←Skt.n. *मर्म-स्थल-* 'a vital part, vulnerable place'] *m.* 急所;致命的な場所.

मर्मस्पर्शी /marma̸sparśī マルムスパルシー/ [neo.Skt. *मर्म-स्पर्शिन्-* 'touching the inner heart'] *adj.* (感動で)胸を打つ;(心の)琴線に触れる.

मर्माघात /marmāgʰāta̸ マルマーガート/ [neo.Skt.m. *मर्म-आघात-* 'blow to the vitals, dire blow'; cf. Skt.m. *मर्म-घात-* 'wounding the vitals'] *m.* 致命的な打撃;打ちのめされるほどのショック. ❒(को) ～ पहुँचना (人が)打ちのめされるほどのショックを受ける.

मर्माहत /marmāhata̸ マルマーハト/ [neo.Skt. *मर्म-आहत-* 'wounded to the quick'] *adj.* (心が)深く傷つく;胸が張り裂ける;悲痛な.

मर्यादा /maryādā マルヤーダー/ [←Skt.f. *मर्या-दा-* 'a frontier, limit, boundary, border, bank, shore, mark, end, extreme point, goal (in space and time); the bounds or limits of morality and propriety, rule or custom, distinct law or definition'] *adj.* **1** (伝統的社会から見た)節度, 自制;因習, (社会の)しきたり. ❒～ का पालन करना 社会のしきたりを守る. ❒～ की बेड़ी 因習の足かせ. ❒～ निभाना 社会のしきたりを堅持する. ❒पुरानी की मर्यादाओं और प्रथाओं में विश्वास रखना 古い因習と慣習を信じる. **2** 尊厳;面目, 体面;名誉. ❒कुल (की) ～ 家の体面.

मर्सिया /marsiyā マルスィヤー/ ▹मरसिया *m.* ☞मरसिया

मर्हम /marhama̸ マルハム/ ▹मरहम *m.* ☞मरहम

मल /mala̸ マル/ [←Skt.n. *मल-* 'dirt, filth, dust, impurity (physical and moral)'] *m.* **1** 不浄物《身体から排泄されるものや分泌されるもの;汗, 痰, 小便, 大便, 垢など》. **2** 生ごみ, 汚物.

मलखंभ /mala̸kʰambʰa̸ マルカンブ/ ▸मलखम, मालखंभ *m.* ☞मलखम

मलखम /mala̸kʰama̸ マルカム/ ▸मलखंभ, मालखंभ [*मल्ल* + *खंभा*] *m.* マルカム《体を鍛えるために使う地面に立てた太い木柱;それを使った運動》.

मलना /mala̸nā マルナー/ [<OIA. **marati* 'crushes, rubs': T.09870] *vt.* (*perf.* मला /malā マラー/) **1** ごしごし擦る. ❒सहसा वह चौंककर उठ बैठा और आँखें मलता हुआ बोला। 急に彼は驚いて立ち上がった, そして目を擦りながら言った. ❒वह कपड़े पर साबुन मल रही थी। 彼女は洗濯物に石鹸をごしごし擦りつけていた. ❒पुरानेपन की कोई निशानी बची थी तो हाथ पर मलकर सुरती फाँकने की आदत। (彼に)昔風の痕跡が何か残っているとすれば, 手のひらで噛みタバコを擦りつぶしてから(口に)放り込む習慣だった. **2** 擦ってきれいにする, 擦り磨く. (⇒घिसना, माँजना) **3** (オイルなどを)すりこむ;(オイルなどをつけて)マッサージする, もむ. ❒वह अपनी लाठी में तेल मल रहा था। 彼は棍棒に油をすりこんでいた. ❒शरीर पर तेल मल दो। 体にオイルをすりこんでマッサージしなさい. **4** ひねる, ねじる, つねる. (⇒ऐंठना, उमेठना, मरोड़ना) ❒उसने बच्चे का कान मल दिए। 彼は子どもの耳をつねった. **5**〔慣用〕❒हाथ मलते रह जाना 手を擦りあわせるしかない《＝後悔をする》.

मलनी /mala̸nī マルニー/ [cf. *मलना*] *f.* マルニー《陶工が粘土を削る竹のへら》.

मलबा /mala̸bā マルバー/ [cf. Skt.n. *मल-* 'dirt, filth, dust, impurity (physical and moral)'] *m.* 瓦礫;(廃墟の)残骸;廃物. ❒ढही इमारत का ～ हटाने का काम जारी रहा। 崩壊した建物の瓦礫を撤去する作業が続行している. ❒मलबे में ज़िंदगी की तलाश 瓦礫の中で生命の捜索.

मलमल /mala̸mala̸ マルマル/ [←Pers.n. ململ 'muslin'] *f.* 綿モスリン.

मलमास /mala̸māsa̸ マルマース/ [←Skt.m. *मल-मास-* 'an intercalary month, an intercalated 13th month (in which no religious ceremonies should be performed)'] *m.* 〖暦〗うるう月. (⇒अधिकमास, अधिमास)

मलय /malaya̸ マラエ/ [←Skt.m. *मलय-* 'a mountain range on the west of Malabar'] *m.* 〖歴史〗マラヤ《現在のケララ州マルバール地方 (मलबार)》.

मलयानिल /mala̸yānila̸ マルヤーニル/ [←Skt.m. *मलय-अनिल-* 'wind (blowing) from Malaya (an odoriferous wind prevalent in Southern and Central India during the hot season)'] *m.* 〖歴史〗マラヤーニラ《マラヤ地方 (मलय) から南インド内陸部に向かって吹く風;芳しい風とされる》.

मलयालम /mala̸yālama̸ マルヤーラム/ *f.* マラヤーラム語. — *adj.* マラヤーラム語の.

मलयाली /mala̸yālī マルヤーリー/ *adj.* ケーララ(州)の.

मलवाना /mala̸vānā マルワーナー/ ▸मलाना [caus. of *मलना*] *vt.* (*perf.* मलवाया /mala̸vāyā マルワーヤー/) 擦らせる;擦ってもらう.

मलहम /mala̸hama̸ マルハム/ ▸मरहम *m.* ☞मरहम

मलाई[1] /malāī マラーイー/ [?] *f.* **1** 〖食〗マラーイー《煮立てたミルクの上にできる脂肪質の薄い膜;クリームの素材;醍醐(だいご)》. **2** 〖食〗クリーム;固形クリーム.

मलाई[2] /malāī マラーイー/ [cf. *मलना, मलाना*] *f.* **1** 擦ること;マッサージ. **2** マッサージ料.

मलाना /malānā マラーナー/ ▸मलवाना *vt.* (*perf.* मलाया /malāyā マラーヤー/) ☞मलवाना

मलाबो /malābo マラーボー/ [cf. Eng.n. *Malabo*] *m.* 〖地名〗マラボ《赤道ギニア(共和国) (भूमध्यरेखीय गिनी) の首都》.

मलार /malhāra̸ マルハール/ ▸मल्हार [<Skt.n. *मल्लार-* 'name of *{rāga}*'] *m.* 〖音楽〗マラール《インド古典音楽

の旋法の一つ》.

मलाल /malālạ マラール/ [←Pers.n. ملال 'being tired, wearied, vexed; weariness, fatigue; sadness' ←Arab.] *m.* **1** 悲嘆;苦悩. **2** 落胆, 意気消沈;憂鬱. **3** 遺憾;残念なこと. (⇒अफ़सोस)

मलावरोध /malāvạrodʰạ マラーオロード/ [←Skt.m. *मल-अवरोध-* 'obstruction of the feces'] *m.* 〖医学〗便秘. (⇒क़ब्ज़)

मलावी /malāvī マラーヴィー/ [cf. Eng.n. *Malawi*] *m.* 〖国名〗マラウイ(共和国)《首都はリロングウェ(लिलोंग्वे)》.

मलाशय /malāśayạ マラーシャエ/ [←Skt.m. *मल-आशय-* 'receptacle of feculent matter; the bowels'] *m.* 直腸.

मलिक /malikạ マリク/ [←Pers.n. ملك 'a king' ←Arab.] *m.* 王, 国王, 君主. (⇒राजा, सम्राट्)(⇔मलिका)

मलिका /malikā マリカー/ [←Pers.n. ملكة 'a queen' ←Arab.] *f.* **1** 女王, 女帝. (⇒सम्राज्ञी)(⇔मलिक) **2** 王妃, 皇后. (⇒रानी)

मलिन /malinạ マリン/ [←Skt. *मलिन-* 'dirty, filthy, impure, soiled, tarnished'] *adj.* **1** 汚れた, 汚らしい;不潔な;不浄な. **2** 輝きのない;(金属などが)変色した. ❐~ प्रकाश 輝きを失った明かり. **3** 気分が晴れない, 気分が沈んでいる, 憂鬱な. ❐उदास और ~ मुख 悲しそうな沈んだ顔. ❐मैंने बहुत ही ~ स्वर में कहा। 私はひどく陰鬱な声で言った.

मलिनता /malinạtā マリンター/ [←Skt.f. *मलिन-ता-* 'dirtiness, impurity'] *f.* **1** 汚れ, 不潔;不浄. **2** 気分が晴れない様子. ❐उनके चेहरे पर न कभी प्रसन्नता, न ~। 彼の顔にはいつも決して上機嫌の様子もなかったが不機嫌の様子もなかった.

मलियामेट /maliyāmeṭạ マリヤーメート/ [cf. *मलना, मेटना*; cf. *मटियामेट*] *adj.* ☞मटियामेट

मलीदा /malīdā マリーダー/ [←Pers.n. ماليده 'cakes made with flour, milk, butter, and sugar'] *m.* 〖食〗マリーダー《小麦粉, ミルク, バター, 砂糖などで作るケーキの一種》.

मलीन /malīnạ マリーン/ corrupt form of Skt. *मलिन-* 'dirty, filthy, impure, soiled, tarnished' *adj.* ☞मलिन

मलेरिया /maleriyā マレーリヤー/ [←Eng.n. *malaria*] *m.* 〖医学〗マラリヤ. ❐~ ज्वर [बुख़ार] マラリヤ熱.

मलेशिया /maleśiyā マレーシヤー/ [cf. Eng.n. *Malaysia*] *m.* 〖国名〗マレーシヤ《首都はクアラルンプール(कुआला लंपुर)》.

मल्ल /mallạ マッル/ [←Skt.m. *मल्ल-* 'a wrestler or boxer by profession'] *m.* 〖スポーツ〗力士;レスラー.

मल्ल-क्रीड़ा /mallạ-krīṛā マッル・クリーラー/ [←Skt.f. *मल्ल-क्रीडा-* 'wrestling or boxing match, athletic sports'] *f.* (古代インドの)格闘技.

मल्लभूमि /mallabʰūmi マッラブーミ/ [←Skt.f. *मल्ल-भूमि-* 'a wrestling ground'] *f.* 〖スポーツ〗(古代インドの)格闘場.

मल्लयुद्ध /mallayuddʰạ マッラユッド/ [←Skt.n. *मल्ल-युद्ध-* 'a prize-fight, pugilistic encounter, wrestling or boxing match'] *m.* 〖スポーツ〗(古代インドの)格闘試合.

मल्लविद्या /mallavidyā マッラヴィディャー/ [←Skt.f. *मल्ल-विद्या-* 'the art of wrestling'] *f.* 〖スポーツ〗(古代インドの)格闘技の技.

मल्लशाला /mallaśālā マッラシャーラー/ [←Skt.f. *मल्ल-शाला-* 'a room for wrestling or boxing'] *f.* 〖スポーツ〗(古代インドの)格闘場.

मल्लाह /mallāhạ マッラーハ/ [←Pers.n. ملاح 'a seaman, sailor, mariner, boatman' ←Arab.] *m.* 船乗り, 水夫. (⇒माँझी)

मल्लाही /mallāhī マッラーヒー/ [←Pers.n. ملاحى 'the profession of a seafaring man'] *adj.* 船乗りの. ❐~ काँटा 長い爪竿《ボートを岸に引き寄せるのに使用》. — *f.* 船乗りの仕事;船乗り稼業.

मल्लिका /mallikā マッリカー/ [←Skt.f. *मल्लिका-* '*Jasminum zambac*'] *f.* 〖植物〗ジャスミン;マツリカ(茉莉花). (⇒यासमीन)

मल्हार /malhārạ マルハール/ ▸मलार *m.* ☞मलार

मवाद /mavādạ マワード/ [←Pers.n. مواد 'matter, pus' ←Arab.] *m.* 〖医学〗膿(うみ), 膿汁. (⇒पस, पीप)

मवेशी /maveśī マヴェーシー/ [←Pers.n. مويشى 'a herd or drove of oxen' ←Arab. مواشى 'quadrupeds, especially camels, sheep, cows, calves, and other similar cattle'] *m.* 〖動物〗家畜. (⇒चौपाया)

मशक /maśakạ マシャク/ ▸मश्क [←Pers.n. مشك 'a sheep-skin tanned or not, especially for carrying butter-milk or water'] *f.* (水を入れる)大きな皮袋. (⇒चँगेर)

मशक़्क़त /maśaqqatạ マシャッカト/ [←Pers.n. مشقة 'being difficult and troublesome; labour, pains, toil' ←Arab.] *f.* きつい労働, 苦役. ❐~ से सधी काठी きつい労働で鍛えられた体つき.

मशग़ूल /maśağūlạ マシュグール/ [←Pers. مشغول 'busied, occupied, employed, wholly dedicated to, diligent, anxious about' ←Arab.] *adj.* (…に)従事して忙しい, 忙殺されている, かかりっきりである.

मशरिक़ /maśarikạ マシュリク/ [←Pers.n. مشرق 'the east, sun-rising' ←Arab.] *f.* 東. (⇒पूर्व)(⇔मग़रिब)

मशरिक़ी /maśarikī マシュリキー/ *adj.* 東の, 東方の, 東部の. (⇒पूर्वी)(⇔मग़रिबी)

मशवरा /maśavarā マシュワラー/ ▸मशविरा *m.* ☞मशविरा

मशविरा /maśavirā マシュヴィラー/ ▸मशवरा [←Pers.n. مشورة 'counsel, deliberation, consultation' ←Arab.] *m.* **1** 助言, アドバイス;忠告, 勧告. (⇒सलाह) ❐(को) ~ देना 助言を与える. ❐(को) ~ लेना 助言を得る. **2** 相談, 協議. (⇒सलाह) ❐~ करना 協議する.

मशहूर /maśahūrạ マシュフール/ [←Pers.adj. مشهور 'public, notorious, well-known' ←Arab.] *adj.* 有名な, よく知られている;高名な;著名な. (⇒नामी, प्रसिद्ध)

मशाल /maśālạ マシャール/ [←Pers.n. مشعل 'a torch,

flambeau, lantern' ←Arab.] *m.* 松明(たいまつ). ❐मशालें जलना 松明が燃える.

मशालची /maśāla̸cī マシャールチー/ [←Pers.n. مشعلچی 'a torch-bearer'] *m.* 松明(たいまつ)持ち.

मशीन /maśīna̸ マシーン/ [←Eng.n. *machine*] *f.* 機械, マシーン. (⇒यंत्र) ❐～ के कल-पुर्ज़े 機械の部品. ❐～ चलाना 機械を動かす. ❐आविष्कारकों ने मनुष्य को ～ का गुलाम बना दिया। 発明家は人間を機械の奴隷にした.

मशीन-अनुवाद /maśīna̸-anuvāda̸ マシーン・アヌワード/ *m.* 機械翻訳. ❐～ सॉफ़्टवेयर 機械翻訳ソフト.

मशीनगन /maśīna̸gana̸ マシーンガン/ [←Eng.n. *machine gun*] *f.* マシンガン, 機関銃, 機銃.

मशीनरी /maśīna̸rī マシーンリー/ [←Eng.n. *machinery*] *f.* **1** (集合的に)機械, 機械装置. **2** 機械部品. **3** 機構, 組織, メカニズム. ❐नौकरशाही की ～ 官僚機構.

मशीनी /maśīnī マシーニー/ [*मशीन* + *-ई*] *adj.* 機械仕掛けの. (⇒यांत्रिक) ❐～ अनुवाद 機械翻訳. ❐～ आरा 機械鋸(のこぎり). ❐～ युग 機械時代.

मश्क /maśka̸ マシュク/ ▸मशक *f.* ☞मशक

मस /masa̸ マス/ [<OIA.n. *śmáśru-* 'beard, mustache': T.12659] *f.* (思春期に生える)薄い口ひげ《複数形で使用》. ❐उसकी मसें भीग चुकी हैं। 彼の薄い口ひげがすでに濡れている《＝薄い口ひげが生え半分大人になっている》.

मसकना /masaka̸nā マサクナー/ [<OIA. *maṣati* '*rubs, crushes': T.09919; cf. DED 3779?] *vi.* (*perf.* मसका /masa̸kā マスカー/) (引っ張られて)裂ける.
— *vt.* (*perf.* मसका /masa̸kā マスカー/) (裂けるぐらい)引っ張る.

मसका /masa̸kā マスカー/ [←Pers.n. مسکه 'fresh butter'] *m.* **1**〖食〗バター. (⇒मक्खन) **2**〖食〗バターミルク.

मसख़रा /masa̸xarā マスカラー/ [←Pers.n. مسخرة 'a buffoon, fool, jester, droll, wag, facetious fellow' ←Arab.] *adj.* こっけいな, ひょうきんな, ユーモアのある.
— *m.* 道化者;道化師, ピエロ.

मसजिद /masa̸jida̸ マスジド/ ▹मस्जिद *f.* ☞मस्जिद

मसनद /masa̸nada̸ マスナド/ [←Pers.n. مسند 'a throne; a large cushion on which people recline' ←Arab.] *f.* (よりかかることができる)大きなクッション. ❐～ के सहारे उठना クッションを支えに起き上がる. ❐～ पर लेटना クッションに身体を横たえる.

मसरूफ़ /masa̸rūfa̸ マスルーフ/ [←Pers.adj. مصروف 'turned, changed; inflected, conjugated; expended, employed' ←Arab.] *adj.* **1** 忙しい, 多忙な. (⇒व्यस्त) **2** 従事している.

मसल /masala̸ マサル/ [←Pers.n. مثل 'a fabel, tale, parable, proverb, adage' ←Arab.] *f.* 諺(ことわざ), 格言. (⇒कहावत, लोकोक्ति)

मसलना /masala̸nā マサルナー/ [<OIA. *maṣati* '*rubs, crushes': T.09919; cf. *मसकना*] *vt.* (*perf.* मसला /masa̸lā マスラー/) **1** すりつぶす. **2** 壊滅させる, 粉砕する.

मसलन् /masa̸lan マスラン/ ▹मसलन [←Pers.adv. مثلاً 'for example, for instance' ←Arab.] *adv.* 例えば.

मसला /masa̸lā マスラー/ [←Pers.n. مسئلة 'a question, proposition, problem' ←Arab.] *m.* 問題(点), 課題. ❐(का) ～ हल करना (…の)問題を解決する.

मसविदा /masa̸vidā マスヴィダー/ ▸मसौदा *m.* ☞मसौदा

मसहरी /masa̸harī マスハリー/ [<OIA.f. *maśakaharī, maśaharī-* 'bed curtain': T.09918] *f.* **1** 蚊帳(かや). (⇒मच्छरदानी) **2** 蚊帳付きのベッド.

मसा /masā マサー/ ▸मस्सा *m.* ☞मस्सा

मसान /masāna̸ マサーン/ [<OIA.n. *śmaśāná-* 'erection for burning dead, burial place for cremated bones': T.12658] *m.* ☞श्मशान

मसाला /masālā マサーラー/ [←Pers.n. مصالح 'a compound of various drugs and spices' ←Arab.] *m.* **1**〖食〗マサーラー, 香辛料, 調味料, 薬味. **2** (最後の仕上げに必要な)要素, 味付け.

मसालेदार /masāledāra̸ マサーレーダール/ [*मसाला* + *-दार*] *adj.*〖食〗スパイシーな, 味がきいている.

मसि /masi マスィ/ [←Skt.m. *मसि-*, *मषि-* 'soot, lampblack, ink'] *f.* インク, 墨;煤(すす).

मसीह /masīha̸ マスィーフ/ [←Pers.n. مسیح 'the Messiah' ←Arab.] *m.*〖キリスト教〗メシア, 救世主;イエス・キリスト.

मसीहा /masīhā マスィーハー/ [←Pers.n. مسیحا 'Christ, the Messiah'] *m.* メシア, 救世主. ❐दलितों के ～ 迫害された人々の救世主.

मसूड़ा /masūṛā マスーラー/ ▸मसूढ़ा *m.* 歯茎(はぐき), 歯肉(しにく)《ふつう複数形で使用》. ❐मूसड़ों से ख़ून निकलता है। 歯茎から血が出る.

मसूढ़ा /masūṛʰā マスーラー/ ▸मसूड़ा *m.* ☞मसूड़ा

मसूर /masūra̸ マスール/ [<OIA.m. *masū́ra-* 'lentil': T.09924] *f.*〖植物〗レンズマメ《ダール豆の一種;マメ科の一年草(*Lens esculenta*)》. (⇒दाल)

मसूरी /masūrī マスーリー/ [cf. Eng.n. *Mussoorie*] *f.*〖地名〗マスーリー《ウッタラーカンド州 (उत्तराखंड) の避暑地》.

मसूसना /masūsa̸nā マスースナー/ ▸मसोसना *vt.* (*perf.* मसूसा /masūsā マスーサー/) ☞मसोसना

मसेरु /maseru マセール/ [cf. Eng.n. *Maseru*] *m.*〖地名〗マセル《レソト(王国) (लिसोथो) の首都》.

मसोसना /masosa̸nā マソースナー/ ▸मसूसना [?] *vi.* (*perf.* मसोसा /masosā マソーサー/) (悔しさなどを)じっと耐える;(胸が)締め付けられる. ❐उसका मन [दिल, हृदय] मसोसकर रह गया। 彼はじっと我慢するしかなかった.
— *vt.* (*perf.* मसोसा /masosā マソーサー/) **1** (締め付けるような)苦痛を与える. ❐उसकी याचना भरी आँखें मेरे मन को मसोसने लगीं। 彼の懇願する目が私の心を苦しめた. ❐मृदु स्मृतियाँ आ-आकर हृदय को मसोसने लगीं। 優しい思い出が思い返されては心を苦しめた. **2** じっと我慢する, こらえる.

मसौदा /masaudā マサォーダー/ ▸मसविदा [←Pers.n.

مسودة 'a black thing; a note, rough draft of any thing' ←Arab.] *m.* **1** ドラフト, 下書き, 草稿, 草案. (⇒प्रारूप) **2** 企画, プラン. **3** 筆写, コピー.

मस्क़ट /masqaṭa マスカト/ [cf. Eng.n. *Muscat*] *m.* 〖地名〗マスカット《オマーン(・スルタン国) (ओमान) の首都》.

मस्जिद /masjida マスジド/▷मसजिद [←Pers.n. مسجد 'a mosque, temple, place of worship' ←Arab.] *f.* 〖イスラム教〗マスジッド, モスク, 回教寺院.

मस्त /masta マスト/ [←Pers.adj. مست 'drunk, intoxicated; libidinous, lustful, wanton, furious'] *adj.* **1** 酔った;陶酔した, うっとりした. ❐वह जवानी के नशे में ~ था। 彼は青春の陶酔の中でうっとりしていた. ❐वह शराब पीकर ~ हो जाता था। 彼は酒を飲むとほろ酔い気分になるのだった. **2** 好色な, 欲情した;(象などが)発情した. ❐~ हाथियों की लड़ाई 発情した象の戦い. **3** (夢中になると)まわりが見えない. ❐वह बड़ा ~ आदमी है। 彼は自分の関心に夢中で人の目などまったく気にしない男だった.

मस्तक /mastaka マスタク/ [←Skt. मस्तक- 'the head, skull'] *m.* **1** 額;頭(こうべ);頭脳. ❐~ झुकाना 頭を垂れる, うなだれる. ❐उसका ~ नीचा हो गया। 彼の頭が垂れた. ❐गर्व से उसका ~ ऊँचा हो गया। 誇りで彼の頭が高く上がった. **2** 頂(いただき), 頂上. ❐पर्वत के ~ पर 山の頂に.

मस्तमौला /mastamaulā マスタマォーラー/ [←Pers.n. مست مولا 'a drunken, careless fellow'] *m.* (周りを気にしない)のんきな人.

मस्ताना[1] /mastānā マスターナー/ [←Pers.adj. مستانہ 'intoxicated; like a drunkard'] *adj.* 酔った;陶酔した;浮かれた;のぼせた.

मस्ताना[2] /mastānā マスターナー/ [cf. मस्त] *vi.* (*perf.* मस्ताया /mastāyā マスターヤー/) **1** (酒で)酔う, 酩酊する. ❐शराब पीकर आज वह मस्ता रहा है। 酒を飲んで, 今日, 彼は酩酊状態だ. **2** 好色になる, みだらになる. **3** (上機嫌で)威勢がよくなる;気前がよくなる. **4** 慢心する, うぬぼれる, おごる;気が大きくなる. ❐शेर मस्ता गया। 獅子は慢心してしまった.

मस्तिष्क /mastiṣka マスティシュク/ [←Skt.m. मस्तिष्क- 'the brain'] *m.* **1** 脳;大脳. (⇒दिमाग़, भेजा) **2** 頭脳;知力. (⇒दिमाग़)

मस्ती /mastī マスティー/ [←Pers.n. مستی 'drunkenness, intoxication; wantonness, lust'] *f.* **1** 酔い, 酩酊;陶酔. ❐(की) ~ में (…に)陶酔して. **2** 好色, 欲情;(象などが)発情. **3** 夢中.

मस्तूल /mastūla マストゥール/ [?←Port.m. *masto* (modern Port.m. *mastro*) 'mast'] *m.* (船の)マスト, 帆柱.

मस्सा /massā マッサー/▸मसा [<OIA.n. *māṁsá-* 'flesh': T.09982] *m.* 〖医学〗いぼ.

महँगा /mahãgā マハンガー/ [<OIA. *mahārgha-* 'high-priced': T.09954] *adj.* **1** 高価な, 値段の高い;費用がかかる. (⇔सस्ता) ❐डाक्टर साहब, आपका इलाज बहुत ~ है। 先生, あなたの治療費はとても高いのです. ❐महँगी चीज़ें 高価な品々. ❐महँगे दामों मँगाना 高い値段で取り寄せる. **2** (代償など)高くつく. ❐~ पड़ना 高くつく. ❐~ सौदा 高くつく商い.

महँगाई /mahãgāī マハンガーイー/ *f.* 〖経済〗物価高. ❐~ भत्ता 物価手当.

महंत /mahaṃta マハント/ [←Skt.m. महन्त- 'the superior of a monastery'] *m.* 〖ヒンドゥー教〗マハンタ《僧院の長;聖人》.

महक /mahaka マハク/ [<OIA. *magha-* '*fragrance': T.09703] *f.* 香り, 芳香.

महकदार /mahakadāra マハクダール/ [महक + -दार] *adj.* よい香りの, 芳しい.

महकना /mahakanā マハクナー/▸महमहाना [cf. महक] *vi.* (*perf.* महका /mahakā マヘカー/) 芳ばしさがただよう, よい香りがぷんぷん (मह-मह) する. (⇒गमकना) ❐कमरा सुगंध से महक उठा। 部屋にはよい香りが立ちこめた.

महकमा /mahakamā マヘカマー/ [←Pers.n. محكمة 'a tribunal, a court of justice, town-house or hall' ←Arab.] *m.* (行政組織の)部局, 部門.

महकाना /mahakānā マヘカーナー/ [cf. महक] *vt.* (*perf.* महकाया /mahakāyā マヘカーヤー/) **1** (香気を)発散する. **2** (香水などで)香りをつける. ❐उसने इत्र डालकर कमरा महका दिया। 彼女は香水をふりまき部屋をかぐわしくした.

महज़ /mahaza マハズ/ [←Pers. محض 'possessing milk unmixed with water; only, mere, simple' ←Arab.] *adv.* 単に;純粋に. (⇒निरा)

महती /mahatī マヘティー/ [cf. महत्] *adj.* 《महत् の女性形》. ❐~ सहन-शक्ति 偉大なる忍耐力.

महत् /mahat マハト/ [←Skt. महत्- 'great (in space, time, quantity or degree)'] *adj.* 巨大な;偉大な;卓越した;重要な《合成語の先頭要素として महत् あるいは महा の形で使われる;महत्ता「偉大さ」, महात्मा「聖人」など》.

महत्तम /mahattama マハッタム/ [←Skt. महत्-तम- 'greatest or very great'] *adj.* 最高の;最上の;最大の. (⇔लघुतम) ❐~ समापवर्तक 〖数学〗最大公約数.

महत्ता /mahattā マハッター/ [←Skt.f. महत्-ता- 'greatness, high rank or position'] *f.* 偉大さ;重要性;優秀性;卓越していること. (⇒महत्त्व) ❐(की) ~ का गर्व करना (…の)偉大さを誇る.

महत्त्व /mahattva マハットオ/ [←Skt.n. महत्-त्व- 'great size or extent, magnitude'] *m.* 重要性, 大切さ;意義. (⇒अहमियत) ❐(को) ~ देना (…を)重視する. ❐मेरे लिए यह बड़े ~ की बात है। 私にとってこれはとても重要なことです.

महत्त्वपूर्ण /mahattvapūrṇa マハットワプールン/ [?neo.Skt. महत्-त्व-पूर्ण- 'important'] *adj.* 重要な. (⇒अहम)

महत्त्वाकांक्षा /mahattvākāṃkṣā マハットワーカーンクシャー/ [neo.Skt.f. महत्त्व-आकाङ्क्षा- 'ambition'] *f.* 大志, 大望;野心, 野望.

महत्त्वाकांक्षी /mahattvākāṃkṣī マハットワーカーンクシー/ [neo.Skt. *महत्त्व-आकाङ्क्षिन्-* 'ambitious'] *adj.* 大志を抱く, 大望のある;野心のある.

महफ़िल /mahafila マヘフィル/ [←Pers.n. محفل 'a place or time of meeting' ←Arab.] *f.* **1** 会合, 集い. **2** 宴(うたげ), 宴会《踊り子による舞踏などがある》.

महबूब /mahabūba マヘブーブ/ [←Pers.adj. محبوب 'beloved, loved, liked, amiable' ←Arab.] *m.* (女にとっての)恋人, 愛人. (⇒आशिक़, प्रेमी)(⇔महबूबा)

महबूबा /mahabūbā マヘブーバー/ [←Pers.adj. محبوبة 'beloved; a lovely woman' ←Arab.] *f.* (男にとっての)恋人, 愛人. (⇒आशिक़ा, प्रेमिका)(⇔महबूब)

महमहाना /mahamahānā マヘマハーナー/ ▸महकना [cf. *महक*] *vi.* (*perf.* महमहाया /mahamahāyā マヘマハーヤー/) 芳ばしさがただよう, よい香りがぷんぷん (मह-मह) する. ❐सारा घर दूध-दही की सोंधी महक से महमहाता रहता था। 家中が, ミルクとヨーグルトの芳ばしい香りでつつまれていた.

महमान /mahamāna マヘマーン/ ▸मेहमान *m.* ☞मेहमान

महर /mahara マハル/ [←Pers.n. مهر 'contracting, engaging by writing to make a settlement on a wife' ←Arab.] *m.* 〖イスラム教〗マハル《結婚を契約とみるイスラム法に従って花婿側が花嫁側に贈る契約金》.

महरा /maharā マヘラー/ [?<OIA.m. *mahārājá-* 'great chieftain, king': T.09951] *m.* マヘラー《カハール (कहार) カーストの男;家事をする使用人》. (⇒महरी)

महरी /maharī マヘリー/▸मेहरी [cf. *महरा*] *f.* マヘリー《カハール (कहार) カーストの女;家事をする使用人》. (⇒महरा)

महर्षि /maharṣi マハルシ/ [←Skt.m. *मह-र्षि-* 'any great sage or saint'] *m.* 〖ヒンドゥー教〗マハルシ《偉大な聖仙 (ऋषि) ;大聖者》.

महल /mahala マハル/ [←Pers.n. محل 'place of abode; a palace' ←Arab.] *m.* **1** 宮殿, パレス. (⇒प्रासाद) **2** 大邸宅, 豪邸. (⇒प्रासाद) **3** 後宮. (⇒अंतःपुर, रनिवास)

महल्ला /mahallā マハッラー/ ▸मुहल्ला, मोहल्ला *m.* ☞मुहल्ला

महसूल /mahasūla マヘスール/ [←Pers.n. محصول 'remaining over and above; tax,duty, excise, custom, postage' ←Arab.] *m.* **1** 〖経済〗税金;関税. (⇒कर, ड्यूटी, टैक्स) ❐～ अदा करना 納税する. ❐(पर) ～ लगाना (…に)課税する. **2** 料金;運送料;郵便料金. (⇒किराया, भाड़ा)

महसूली /mahasūlī マヘスーリー/ [←Pers.adj. محصولی 'of or relating to taxes'] *adj.* 課税対象の.

महसूस /mahasūsa マヘスース/ [←Pers.adj. محسوس 'perceived, felt, known' ←Arab.] *adj.* 感じられた, 感知された;気づかれた. ❐～ करना (…を)感じる[気づく]. ❐(को) ～ होना (人が)…を感じる[…に気づく].

महा- /mahā- マハー・/ [←Skt. *महत्-* 'great'] *pref.* 《合成語で「偉大な, 巨大な, 非常な」などを表す接頭辞; महाजीत「偉大な勝利」, महामूर्ख「大馬鹿者」など》.

महाकल्प /mahākalpa マハーカルプ/ [←Skt.m. *महा-कल्प-* 'a great cycle of time'] *m.* 時代, 代. ❐नूतनजीव ～ 新生代. ❐पुराजीव ～ 古生代. ❐मध्यजीवी ～ 中生代.

महाकाय /mahākāya マハーカーエ/ [neo.Skt. *महा-काय-* 'gigantic'] *adj.* 巨体の, 巨人のような.

महाकाल /mahākāla マハーカール/ [←Skt.m. *महाकाल-* 'a form of *Śiva* in his character of destroyer (being then represented black and of terrific aspect) or a place sacred to that form of *Śiva*'; → Japan.n. ***大黒天***] *m.* 〖ヒンドゥー教〗マハーカーラ《世界の破壊者としてのシヴァ神 (शिव) の別名》.

महाकाव्य /mahākāvya マハーカーヴィエ/ [←Skt.n. *महा-काव्य-* 'a great or classical poem'] *m.* 〖文学〗叙事詩.

महाजन /mahājana マハージャン/ [←Skt.m. *महा-जन-* 'a great multitude of men, the populace'] *m.* 〖経済〗金貸し, 金融業者.

महाजनी /mahājanī マハージャニー/ [*महाजन* + *-ई*] *adj.* 金貸しの, 金貸しに関する. ❐～ टोला 金貸し業者が多く住む居住区.

― *f.* **1** 金貸し業, 金融業. (⇒साहूकारी) ❐～ करना 金貸し業をする. **2** マハージャニー文字《金貸し業者が伝統的に帳簿の記録に使っていた文字;デーヴァナーガリー文字を簡略化した文字》.

महात्मा /mahātmā マハートマー/ [←Skt. *महा-आत्मन्-* 'high-souled; magnanimous, having a great or noble nature, high-minded, noble'] *m.* マハートマー, 聖人《「偉大なる精神を有する(人)」》. ❐～ गाँधी マハートマー・ガーンディー.

महादेव /mahādeva マハーデーオ/ [←Skt.m. *महा-देव-* 'the great deity; name of *Rudra* or *Śiva*'] *m.* 〖ヒンドゥー教〗マハーデーヴァ神《原意は「偉大なる神」, 通常シヴァ神 (शिव) を指す》.

महाद्वीप /mahādvīpa マハードヴィープ/ [neo.Skt.m. *महा-द्वीप-* 'a continent'] *m.* 〖地理〗大陸, …大陸. ❐एशिया [यूरोप] ～ アジア[ヨーロッパ]大陸.

महाद्वीपीय /mahādvīpīya マハードヴィーピーエ/ [neo.Skt.m. *महा-द्वीपीय-* 'continental'] *adj.* 〖地理〗大陸の. ❐～ विस्थापन 大陸移動(説).

महाधमनी /mahādʰamanī マハーダムニー/ [neo.Skt.f. *महा-धमनी-* 'aorta'] *f.* 〖医学〗大動脈.

महाधिवक्ता /mahādʰivaktā マハーディワクター/ [neo.Skt.m. *महा-अधि-वक्तृ-* 'Advocate General'] *m.* 〖法律〗検事総長.

महान /mahāna マハーン/ [vulgar spelling of *महान्* (←Skt. *महत्-* 'great (in space, time, quantity or degree)')] *adj.* ☞महान्

महानगर /mahānagara マハーナガル/ [←Skt.n. *महा-नगर-* 'a great city'] *m.* 大都市, 大都会

महानता /mahānatā マハーンター/ [*महान* + *-ता*] *f.* 偉

大さ. (⇒महत्ता)

महानदी /mahānadī マハーナディー/ [←Skt.f. *महा-नदी-* 'a great river or stream'] *f.* 大河《特にガンジス川 (गंगा), ヤムナー川 (यमुना), クリシュナー川 (कृष्णा) など大きく神聖視されている川》.

महानिशा /mahāniśā マハーニシャー/ [←Skt.f. *महा-निशा-* 'the dead of night, midnight'] *f.*深夜, 夜更け, 真夜中. ❐～ पूजा 〖ヒンドゥー教〗深夜の礼拝儀式.

महानुभाव /mahānub^hāvá マハーヌバーオ/ [←Skt. *महा-अनुभाव-* 'of great might, mighty'] *m.* 偉人;高潔な人;立派な人.

महान् /mahān マハーン/ ▷महान [←Skt. *महत्-* 'great (in space, time, quantity or degree)'] *adj.* **1** 偉大な, 大いなる. ❐～ गुरु 偉大な師. ❐～ व्यक्ति 偉大な人間. **2** 大変な;はなはだしい, 極端な《時に皮肉をこめて》. ❐～ पाप 大変な罪. ❐～ संकट 大変な危機.

महान्यायवादी /mahānyāyávādī マハーニャーエワーディー/ [neo.Skt.m. *महा-न्याय-वादिन्-* 'Attorney General'] *m.* 司法長官.

महापातक /mahāpātaká マハーパータク/ [←Skt.n. *महा-पातक-* 'a great crime or sin'] *m.* (地獄に落ちるとされる)大罪. (⇒महापाप)

महापाप /mahāpāpá マハーパープ/ [←Skt.n. *महा-पाप-* 'a great crime'] *m.* ☞महापातक

महापुरुष /mahāpuruṣá マハープルシュ/ [←Skt.m. *महा-पुरुष-* 'a great or eminent man'] *m.* **1** 偉人. **2**〔皮肉〕(悪事の)張本人, 元凶.

महापौर /mahāpaurá マハーパォール/ [neo.Skt.m. *महा-पौर-* 'mayor'] *m.* 市長. (⇒मेयर)

महाप्रलय /mahāpralayá マハープララエ/ [←Skt.m. *महा-प्रलय-* 'the total annihilation of the universe at the end of a *Kalpa*'] *m.* 〖神話〗世界の滅亡.

महाप्रस्थान /mahāprast^hāná マハープラスターン/ [←Skt.n. *महा-प्रस्थान-* 'departing this life, dying'] *m.* 死への旅立ち, 死出の旅路.

महाप्राण /mahāprāṇá マハープラーン/ [←Skt.m. *महा-प्राण-* 'hard breathing or aspirate'] *m.* 〖言語〗有気音, 帯気音. (⇔अल्पप्राण) ❐～ व्यंजन 有気子音.

महाबलीपुरम /mahābálīpuramá マハーブリープラム/ [cf. Eng.n. *Mahabalipuram*] *m.* 〖地名〗マハーバリープラム《タミル・ナードゥ州 (तमिल नाडु) の古代の港湾都市;石窟寺院, 石彫寺院, 初期の石造寺院などの建築群がユネスコ世界遺産に登録されている》.

महाबलेश्वर /mahābáleśvará マハーブレーシュワル/ [cf. Eng.n. *Mahabaleshwar*] *m.* 〖地名〗マハーバレーシュワル《マハーラーシュトラ州 (महाराष्ट्र) の都市》.

महाभाग /mahāb^hāgá マハーバーグ/ [←Skt. *महा-भाग-* 'highly fortunate, eminent in the highest degree'] *adj.* とても幸運な, とてもついている.

महाभागी /mahāb^hāgī マハーバーギー/ [←Skt. *महा-भागिन्-* 'exceedingly fortunate'] *adj.* ☞महाभाग

महाभारत /mahāb^hāratá マハーバーラト/ [←Skt.m. *महा-भारत-* 'the great war of the *Bharatas* '] *m.* **1** 〖ヒンドゥー教〗マハーバーラタ《ラーマーヤナ (रामायण) と並んでサンスクリットによる古代インドの二大叙事詩の一つ》. **2** 大戦争;大げんか.

महाभूत /mahāb^hūtá マハーブート/ [←Skt.n. *महा-भूत-* 'a great element'] *m.* 〖ヒンドゥー教〗五大(ごだい)《世界を構成する地(ち)(पृथ्वी), 水(すい)(जल), 火(か)(अग्नि), 風(ふう)(वायु), 空(くう)(आकाश)の五要素》. (⇒पंच-तत्त्व)

महामंत्री /mahāmaṃtrī マハーマントリー/ [←Skt.m. *महा-मन्त्रिन्-* 'a chief counsellor, prime minister'] *m.* (共産党などの)書記長.

महामना /mahāmánā マハームナー/ [←Skt. *महा-मनस्-* 'great-minded, high-minded, magnanimous'] *adj.* 高潔な, 気高い;心の大きい.

महामहिम /mahāmáhimá マハームヒム/ [←Skt.m. *महा-महिमन्-* 'excessive greatness, true greatness'] *m.* …閣下《職名の前に付けて形容詞的に使用》. ❐～ राष्ट्रपति 大統領閣下.

महामान्य /mahāmānyá マハーマーニエ/ [←Skt. *महा-मान्य-* 'being in great honour with'] *adj.* 殿下, 閣下.

महामारी /mahāmārī マハーマーリー/ [←Skt.f. *महा-मारी-* 'great destroying goddess; a pestilence causing great mortality, the cholera'] *f.* 〖医学〗(コレラ, ペストなどの)伝染病, 疫病. ❐～ विज्ञान 〖医学〗疫学.

महामूर्ख /mahāmūrk^há マハームールク/ [←Skt.m. *महा-मूर्ख-* 'a great fool'] *adj.* 大馬鹿者の(人).

महायज्ञ /mahāyajña マハーヤギエ/ [←Skt. *महा-यज्ञ-* 'a great sacrifice or offering'] *m.* 〖ヒンドゥー教〗(法典に規定されている)お供えの儀礼.

महायात्रा /mahāyātrā マハーヤートラー/ [←Skt.f. *महा-यात्रा-* 'a great pilgrimage, the pilgrimage to Benares'] *f.* 大いなる旅立ち, 死出の旅.

महायुद्ध /mahāyudd^há マハーユッド/ [←Skt.n. *महा-युद्ध-* 'a great fight'] *m.*大戦争;(世界)大戦. ❐प्रथम [द्वितीय] ～ 〖歴史〗第一[二]次大戦.

महारथी /mahārát^hī マハールティー/ [←Skt.m. *महा-रथिन्-* 'a great chariot; a great warrior'] *m.* 偉大なる戦士, 一騎当千の勇士;大変なつわ者.

महाराज /mahārājá マハーラージ/ [←Skt.m. *महा-राज-* 'a great king'] *m.* **1** 大王, 大帝. **2** 〖ヒンドゥー教〗マハーラージ《バラモンや聖者などに対する尊称》. **3** 〖ヒンドゥー教〗(バラモン階級の)コック, 料理人. (⇒पंडा)

महाराजा /mahārājā マハーラージャー/ [<Skt.m. *महा-राज-* 'a great king'] *m.* ☞महाराज

महारात्रि /mahārātri マハーラートリ/ [←Skt.f. *महा-रात्रि-* 'the time after midnight or near the close of night'] *f.* ☞महानिशा

महारानी /mahārānī マハーラーニー/ [*महा* + *रानी*] *f.* 女王;王妃.

महाराष्ट्र /mahārāṣṭrá マハーラーシュトル/ [cf. Eng.n. *Maharashtra*] *m.* マハーラーシュトラ州《州都はムンバ

イー (मुंबई)》.

महारोग /mahāroga マハーローグ/ [←Skt.n. *महा-रोग-* 'a severe illness'] *m.* 大病.

महारोगी /mahārogī マハーローギー/ [←Skt. *महा-रोगिन्-* 'suffering from a severe illness'] *adj.* 大病に罹っている.

महालेखापाल /mahālekʰāpāla マハーレーカーパール/ [neo.Skt.m. *महा-लेखा-पाल-* 'Accountant General'] *m.* 会計検査院総裁.

महावत /mahāvata マハーワト/ [<OIA.m. *mahāmātra-* 'man of high rank, king's minister, elephant-driver': T.09950; → Eng.n. *mahout*] *m.* 象使い.

महावर /mahāvara マハーワル/ [?] *m.* マハーワル《ラックカイガラムシ (लाही) の雌虫が分泌した樹脂状物質；深紅の染料として既婚女性が足に塗る》.

महाविद्यालय /mahāvidyālaya マハーヴィディヤーラエ/ [neo.Skt.m. *महा-विद्या-आलय-* 'college'] *m.* カレッジ, 大学. (⇒कालेज)

महावीर /mahāvīra マハーヴィール/ [←Skt.m. *महा-वीर-* 'a great hero'] *adj.* 勇猛果敢な.
— *m.* **1**〖ジャイナ教〗マハーヴィーラ《ジャイナ教の開祖》. **2** 偉大なる勇者《ハヌマーン神 (हनुमान्) の称号としても使用》. ❐～ चक्र マハーヴィーラ・チャクラ《インド陸海空軍において戦時の顕著な武勲に対する第 2 等の勲章》.

महाशय /mahāśaya マハーシャエ/ [←Skt.m. *महा-आशय-* 'a respectable person, gentleman (sometimes a term of respectful address = Sir, Master)'] *m.* 高貴なる人《「高貴なる人よ, あなた様」など時代がかった呼称としても使用》.

महासभा /mahāsabʰā マハーサバー/ [←Skt.f. *महा-सभा-* 'a large (dining) hall'] *f.* 大会, 総会.

महासागर /mahāsāgara マハーサーガル/ [←Skt.m. *महा-सागर-* 'ocean'] *m.*〖地理〗大洋, 大海；…洋《「…海」は सागर を用いる》. ❐एटलांटिक ～ 大西洋. ❐प्रशांत ～ 太平洋. ❐हिंद ～ インド洋.

महासागरी /mahāsāgarī マハーサーグリー/ [*महासागर* + *-ई*] *adj.* ☞महासागरीय

महासागरीय /mahāsāgarīya マハーサーグリーエ/ [←Skt. *महा-सागरीय-* 'oceantic'] *???*. 大洋の, 海洋の. ❐～ गर्त 海溝. ❐～ धाराएँ 海流. ❐प्रशांत ～ 太平洋の, 環太平洋….

महिमा /mahimā マヒマー/ [←Skt.f. *महिमा-* 'greatness, might, power, majesty, glory'] *f.* **1** 偉大さ；栄光；尊さ. ❐कुर्बानी की ～ 自己犠牲の尊さ. ❐पातिव्रत की ～ 夫への貞節の尊さ. **2** 力, 偉力.

महिला /mahilā マヒラー/ [←Skt.f. *महिला-* 'a woman, female'] *f.* 女性, 女, 婦人. (⇒औरत, स्त्री)

महिषी /mahiṣī マヒシー/ [←Skt.f. *महिषी-* 'a female buffalo, buffalo-cow; the first or consecrated wife of a king'; cf. Skt.m. *महिष-* 'a buffalo'>] *f.* **1** 雌の水牛. (⇒भैंस) **2** 王妃, 皇后.

मही[1] /mahī マヒー/ [<OIA. *mathitá-* 'stirred, churned': T.09767] *f.*〖食〗バターミルク. (⇒छाछ, मट्ठा)

मही[2] /mahī マヒー/ [←Skt.f. *मही-* 'the great world; the earth'] *f.* 大地.

महीतल /mahītala マヒータル/ [←Skt.n. *मही-तल-* 'the surface of the earth, ground, soil'] *m.* 地上, 地表.

महीधर /mahīdʰara マヒーダル/ [←Skt.m. *मही-धर-* 'earth bearing; a mountain'] *m.* 大地を支えるもの；山.

महीन /mahīna マヒーン/ [←Pers.adj. مہین 'fine, subtle, thin'] *adj.* **1** (布地などが)きめの細かい, 上質な；(粒子が)細かい. ❐～ साड़ी 上質なサリー. **2** (針などが)細い. **3** か細い(声)；華奢な(体型).

महीना /mahīnā マヒーナー/ [←Pers.n. مہینا 'a month; monthly pay'] *m.* **1**〖単位〗1 か月. (⇒माह) ❐एक महीने बाद 一か月後に. **2**〖暦〗月. (⇒माह) ❐किस [इस, उस, अगले, पिछले] महीने どの[今, あの, 来, 先]月に. **3** 月給. **4** 月経, 生理. ❐～ चढ़ना 生理が終わる, 妊娠する. ❐महीहे से होना 生理中である.

महीनावार /mahīnāvāra マヒーナーワール/ ▸महीनेवार [*महीना* + *-वार*] *adj.* ☞माहवार

महीनेवार /mahīnevāra マヒーネーワール/ ▸महीनावार [*महीना* + *-वार*] *adj.* ☞माहवार

महीप /mahīpa マヒープ/ [←Skt.m. *मही-प-* 'earth-protector; a king'] *m.* 地上の守護者；王. (⇒महीपाल)

महीपति /mahīpati マヒーパティ/ [←Skt. *मही-पति-* 'earth-lord; a king, sovereign'] *m.* 地上の支配者, 王. ❐संसार का कोई भी ～ इस विपुल धन का एक अंश भी पाकर अपने को भाग्यशाली समझता। この世のいかなる王といえどもこの莫大な富のほんの一部でも得れば自身を幸運な者であると思うのである.

महीपाल /mahīpāla マヒーパール/ [←Skt.m. *मही-पाल-* 'earth-protector; a king'] *m.* ☞महीप

महीश /mahīśa マヒーシュ/ [←Skt.m. *मही-ईश-* 'a king'] *m.* ☞महीप

महुआ /mahuā マフアー/ ▸महुवा [<OIA.m. *madhū́ka-* 'the tree *Bassia latifolia* (from the blossoms of which arak is distilled)': T.09801] *m.*〖植物〗マフアー, イリッペ《アカテツ科の高木；その花から作られる蒸留酒》.

महुअर /mahuara マフアル/ [<OIA.m. *madhukara-* 'honey-maker, a bee': T.09788] *m.*〖楽器〗マフアル《瓢箪の中をくり抜いて作った笛；ヘビ使いなどが使用》. (⇒बीन)

महुवा /mahuvā マフワー/ ▸महुआ *m.* ☞महुआ

महेश /maheśa マヘーシュ/ [←Skt. *महा-ईश-* 'great lord or god; name of *Śiva*'] *m.*〖ヒンドゥー教〗マヘーシュ《シヴァ神 (शिव) の別名》.

महोत्सव /mahotsava マホートサオ/ [←Skt.m. *महा-उत्सव-* 'a great festival, any great rejoicing'] *m.* 大祭.

महोदय /mahodaya マホーダエ/ [←Skt.m. *महा-उदय-* 'a lord, master'] *m.* 貴方様《格式ばった手紙などの書き

出しに使う男性用の敬称》.

महोदया /mahodayā マホードヤー/ [cf. *महोदय*] *f.* 貴方様《格式ばった手紙などの書き出しに使う女性用の敬称》.

महौषधि /mahauṣadʰi マハォーシャディ/ [←Skt.f. *महा-औषधि-* 'a great or very efficacious medicinal plant'] *f.* 万能薬.

माँ /mā̃ マーン/ [<OIA.f. *mātŕ̥-* 'mother': T.10016] *f.* 母, 母さん. (⇒माता, वालिदा)(↔बाप)

माँग[1] /mā̃ga マーング/ [cf. *माँगना*] *f.* **1** 願い事; 要請. ❐(की) ～ करना (…を)要請する. **2**〖経済〗需要; 人気. ❐इस साल जनवरी में यहाँ बिजली की अधिकतम ～ १,९४० मेगावाट थी। 今年の一月当地の電力の最大需要は 1,940 メガワットでした. **3** 要求.

माँग[2] /mā̃ga マーング/ [<OIA.m. *mārga-* 'track, road': T.10071] *f.* **1**〖ヒンドゥー教〗髪の分け目, 分け際. ❐～ निकालना [पारना] 髪に分け目を入れる. ❐～ सँवारना 髪を飾って整える. ❐अब वे अपने बालों में तेल लगाने, कंघी करने, बीच से माँग निकालने लगे थे। さて彼は自分の髪に油を塗り, 櫛でとかし, 真ん中から分け目を入れ始めた. **2**〖ヒンドゥー教〗(女性にとって)夫が健康無事であることの幸せ《伝統的なヒンドゥー教既婚女性は髪の分け目に朱(सिंदूर)を塗ることから》. ❐～ उजड़ना [सूना होना] 寡婦(かふ)となる《髪の分け目の朱がなくなる》. ❐～ कोख से सुखी रहना 夫の健康と子宝に恵まれる. ❐～ खुलना (新郎の死により)結婚式がなくなる. ❐～ भरना (女性が)結婚する《髪の分け目に朱を塗る》.

माँग-टीका /mā̃ga-ṭīkā マーング・ティーカー/ *m.* マーング・ティーカー《女性の髪の分け目を飾る真珠が数珠つなぎになった装身具》.

माँगना /mā̃ganā マーングナー/ [<OIA. *mā́rgati* 'seeks, requests': T.10074] *vt.* (*perf.* माँगा /mā̃gā マーンガー/) **1** (報酬・贈答などを)(当然のこととして)要求する, 求める; 欲しがる, ねだる, せびる. ❐वह अपना पैसा वापस माँगेगा। 彼は, 自分の金を返すように求めるだろう. ❐वह लालचिन ऐसी थी कि नमक तक दूसरों के घर से माँग लाती थी। 彼女の強欲さは, 塩さえもよその家から求めて来るほどであった. ❐लड़के की ओर से किसी प्रकार का दहेज़ वग़ैरह नहीं माँगा गया। 花婿の側からは, いかなる持参金のたぐいも要求されなかった. ❐पुरोहित जी ने कथा सुनाने और पूजा कराने के लिए एक हज़ार एक रुपए की दक्षिणा माँगी थी। お坊様は, 講話をし礼拝を司るために一千一ルピーの謝礼を要求した. ❐कोई ग्रमोफ़ोन माँगता था, कोई फ़ोटो खींचने का कैमरा, कोई घड़ी, कोई साइकिल। ある者は蓄音機をねだった, ある者は写真を写すカメラ, ある者は時計, ある者は自転車だった. **2** (へりくだって)願い求める, 請願[懇願]する; (施し・許しなどを)求める. ❐उसने उनका पाँव छूकर माफ़ी माँगी। 彼女は, 彼の足に触れて許しを請うた. ❐एक दिन उर्दू छोड़कर हिंदी लेने की अनुमति माँगने को उनके पास गया था। 私はある日, ウルドゥー語を放棄しヒンディー語をとる許可を求めに彼のもとに行った. ❐वह आज उनसे भिक्षा माँग रही थी। 彼女は今日, 彼に施しを乞うていた. **3** (事物が)要求する, 要する. ❐उनका कहना था कि नींद लंबाई नहीं गहराई माँगती है। 彼に言わせると, 睡眠というのは長さではなく深さを必要としている.

मांगलिक /māṃgalika マーンガリク/ [←Skt. *माङ्गलिक-* 'desirous of success'] *adj.* めでたい, 慶賀すべき.

माँजना /mā̃janā マーンジナー/▸माँझना [<OIA. *mārjati* 'wipes off, destroys': T.10080] *vt.* (*perf.* माँजा /mā̃jā マーンジャー/) **1** 擦って磨く; (歯を)磨く. (⇒घिसना, मलना) ❐वह मिट्टी से जूठे बरतन माँजने लगी। 彼女は使った食器を土で擦って磨きはじめた. **2** (技量を)磨く.

माँझना /mā̃jʰanā マーンジナー/ ▸माँजना *vt.* (*perf.* माँझा /mā̃jʰā マーンジャー/) ☞माँजना

माँझा[1] /mā̃jʰā マーンジャー/ [<OIA. *mádhya-* 'middle': T.09804] *m.* マーンジャー《ターバンにつける装身具の一種》.

माँझा[2] /mā̃jʰā マーンジャー/ [cf. *माँजना, माँझना*] *m.* マーンジャー《ガラスの粉を混ぜた一種のペースト; 凧の糸に塗って凧合戦で相手の凧の糸を切るために使用》.

माँझी /mā̃jʰī マーンジー/ [<OIA. **majjhika-* 'boatman': T.09714; ?←Tam.n. *mañci* 'cargo boat with a raised platform'; DEDr.4638] *m.* 船頭; 船乗り, 水夫. (⇒मल्लाह)

मांटसेराट /māṃṭaserāṭa マーントセーラート/ [cf. Eng.n. *Montserrat*] *m.*〖地名〗モントセラト《カリブ海にある英国の海外領土》.

माँड़ /mā̃ṛa マーンル/ [<OIA.m. *maṇḍá-[1]* 'scum of boiled rice': T.09735] *m.*〖食〗米の煮汁. (⇒पीच)

माँड़ना /mā̃ṛanā マーンルナー/▸माड़ना [<OIA. *márdati* 'pounds, crushes, treads on, squeezes, rubs': T.09890] *vt.* (*perf.* माँड़ा /mā̃ṛā マーンラー/) **1** すりつぶす. (⇒मसलना) **2** (ローティーなどを作るために小麦粉に水を加えて)(手で)こねる. (⇒गूँधना, सानना) **3** (穂を叩きつけて)脱穀する. ❐मैं अनाज माँड़ूँगी। 私が脱穀しましょう.

माँड़ा[1] /mā̃ṛā マーンラー/ [cf. *माँड़*] *m.*〖医学〗白内障.

माँड़ा[2] /mā̃ṛā マーンラー/ [cf. *माँड़ना*] *m.*〖食〗マーンラー《ギーで揚げたプーリー पूरी に似た薄いパン》. (⇒लुच्ची)

माँड़ी /mā̃ṛī マーンリー/ [cf. *माँड़*] *f.* (米の煮汁から作る)糊.

माँद /mā̃da マーンド/ [?] *f.* **1** (野獣の)巣穴, ねぐら. ❐शेर की ～ में घुसना 獅子の巣穴に入る. **2** 動物の糞.

माँदगी /mā̃dagī マーンドギー/ [←Pers.n. ماندگی 'fatigue, lassitude'] *f.* 疲労, 疲れ.

माँदा /mā̃dā マーンダー/ [←Pers.adj. مانده 'remaining, left; fatigued, tired, wearied'] *adj.* 疲れた, 疲労した. (⇒थका-माँदा)

माँ-बाप /mā̃-bāpa マーン・バープ/ *m.* 父母, 両親. (⇒माता-पिता)

मांस /māṃsa マーンス/ [←Skt.n. *मांस-* 'flesh, meat'] *m.* 肉. (⇒गोश्त)

मांस-पिंड /māṃsa-piṃḍa マーンス・ピンド/ [←Skt.m. *मांस-पिण्ड-* 'a lump of flesh, tumour'] *m.* 肉体; 肉の

塊.

मांस-पेशी /māṃsa̷-peśī マーンス・ペーシー/ *f.* 筋肉.

मांसभक्षक /māṃsa̷bʰakṣaka̷ マーンスバクシャク/ [←Skt. *मांस-भक्षक-* 'flesh-eating, carnivorous'] *adj.* 肉食の, 肉を食らう;人食いの.

मांस-भक्षी /māṃsa̷-bʰakṣī マーンス・バクシー/ [←Skt. *मांस-भक्षिन्-* 'meat-eating'] *adj.* **1** 肉食の(動物). (⇒मांसाहारी) ❐～ पशु 肉食獣. **2** (菜食主義ではなく)肉食をする(人). (⇒मांसाहारी)(⇔शाकाहारी)

मांस-भोजी /māṃsa̷-bʰojī マーンス・ボージー/ [neo.Skt. *मांस-भोजिन्-* 'meat-eating'] *adj.* ☞मांस-भक्षी

मांसल /māṃsala̷ マーンサル/ [←Skt. *मांसल* 'fleshy'] *adj.* 肉付きのいい;たくましい;豊満な. ❐उसके ～, स्वस्थ, सुगठित अंगों में मानो यौवन लहरें मार रहा था। 彼女の肉付きのいい, 健康な, 均整のとれた肢体にはまるで若さが波打っているようだった.

मांसलता /māṃsala̷tā マーンサルター/ [?neo.Skt.f. *मांसल-ता-* 'fleshiness'] *f.* 肉付きがいいこと;たくましいこと;豊満なこと.

मांसाहार /māṃsāhāra̷ マーンサーハール/ [←Skt.m. *मांस-आहार-* 'animal food'] *m.* 肉食, ノンベジ(の食事). (⇒नान-वेग)(⇔शाकाहार)

मांसाहारी /māṃsāhārī マーンサーハーリー/ [neo.Skt. *मांस-आहारिन्-* 'non-vegetarian'] *adj.* 肉食の, ノンベジの. (⇒नान-वेज, मांस-भक्षी)(⇔शाकाहारी) ❐～ भोजन ノンベジの料理.

— *m.* 肉食をする人. (⇔शाकाहारी)

माइक /māika̷ マーイク/ [←Eng.n. *mike*] *m.* マイク. ❐～ पर बोलना マイクでしゃべる.

माइक्रोस्कोप /māikroskopa̷ マーイクロースコープ/ [←Eng.n. *microscope*] *m.* 顕微鏡. (⇒सूक्ष्मदर्शी, सूक्ष्मदर्शक यंत्र)

माई /māī マーイー/ ▸मैया [＜OIA.f. *mātṛ́-* 'mother': T.10016] *f.* 母, 母親《年配の女性に対する敬称としても使用》. ❐गंगा ～ 母なるガンジス川.

माउस /māusa̷ マーウス/ [←Eng.n. *mouse*] *m.* 〖コンピュータ〗マウス.

माघ /māgʰa̷ マーグ/ [←Skt.m. *माघ-* 'the month *māgha*'] *m.* 〖暦〗マーガ月, マーフ月《インド暦の第11月;西暦の1月, 2月に相当》. (⇒माह)

माचस /mācasa̷ マーチャス/ ▸माचिस *f.* ☞माचिस

माचिस /mācisa̷ マーチス/▸माचस [←Eng.n. *matches*] *f.* マッチ(棒). (⇒दीया-सलाई) ❐～ जलाना [बुझाना] マッチを燃やす[消す]. ❐～ की डिबिया マッチ箱.

माजरा /mājarā マージラー/ [←Pers.n. ماجرا 'an accident, event, occurrence, adventure, thing past, state, condition, circumstances' ←Arab.] *m.* **1** 出来事, 事件. (⇒घटना) **2** (理解しがたい)状況. ❐यह ～ क्या है? これは一体どうしたことだ？

माजू /mājū マージュー/ [←Pers.n. ماجو 'a gall-nut'; cog. Skt.m. *मायु-* 'gall, bile, the bilious humour'] *m.* 〖植物〗没食子(モッショクシ), 虫こぶ《植物に昆虫が産卵・寄生して異常発育した部分;薬用になる》. ❐रात को सोने से पहले पिसा हुआ ～-फल दूध में मिलाकर पिते। (彼は)夜就寝前に挽いて粉にした没食子をミルクに混ぜて飲むのだった.

माजून /mājūna̷ マージューン/ [←Pers.n. معجون 'an electuary, medicine, confection' ←Arab.] *f.* 〖医学〗マージューン《蜜や砂糖などの甘味料を混ぜて飲みやすくした薬》.

माजूफल /mājūpʰala̷ マージューパル/ [*माजू* + *फल*] *m.* ☞माजू

माड़ना /māṛa̷nā マールナー/ ▸माँड़ना *vt.* (*perf.* माड़ा /māṛā マーラー/) ☞माँड़ना

माडल /māḍala̷ マーダル/ ▸मॉडल [←Eng.n. *model*] *m.* **1** (ファッション)モデル. **2** モデル, 型. ❐१०० सीसी जापानी ～ (オートバイの)100cc の日本のモデル.

माडलिंग /māḍaliṃga̷ マードリング/ ▸मॉडलिंग [←Eng.n. *modelling*] *f.* (ファッション)モデルになること. ❐～ करना モデルをする. ❐वह एक कैलेंडर की ～ के लिए राज़ी हो गई। 彼女はあるカレンダーのモデルになることに同意した.

माणिक /māṇika̷ マーニク/ [＜Skt.n. *माणिक्य-* 'a ruby'] *m.* 〖鉱物〗ルビー. (⇒याक़ूत)

माणिक्य /māṇikya̷ マーニキエ/ [←Skt.n. *माणिक्य-* 'a ruby'] *m.* ☞माणिक

मात /māta̷ マート/ [←Pers. مات 'he died, he is dead; conquered; checkmated'; → Arab. مَاتَ → Fr. *mat* → Eng.n. *mate* (in chess)] *f.* **1** 敗北, 負け. ❐(को) ～ करना (…を)打ち負かす, 凌駕(りょうが)する. **2** 〖ゲーム〗(チェスの)王手;詰み. (⇒शह)

मातम /mātama̷ マータム/ [←Pers.n. مأتم 'a misfortune' ←Arab.] *m.* 哀悼;悔み;悲嘆. (⇒शोक) ❐(से) ～ करना (人に)お悔みを言う. ❐(के शोक में) ～ मनाना (人を悼んで)喪に服する.

मातमपुरसी /mātama̷pura̷sī マータムプルスィー/ ▹मातमपुर्सी [←Pers.n. ماتم پرسی 'oblations, funeral-obsequies; compliments of condolence'] *f.* 悔み;弔問. ❐(की) ～ करना (人を)弔問する, (人に)お悔みを言う.

मातमपुर्सी /mātama̷pursī マータムプルスィー/ ▹मातमपुरसी *f.* ☞मातमपुरसी

मातमी /mātamī マートミー/ [←Pers.adj. ماتمی 'mourning, clad in sable'] *adj.* 喪の, 喪に服した;悲しみに沈んだ. ❐～ पोशाक [लिबास] 喪服.

मातहत /mātahata̷ マータハト/ [←Pers. ما تحت 'subordinate, dependent; lower, inferior' ←Arab.] *adj.* 従属する;配下の. ❐(के) ～ काम करना (人の)配下として働く. ❐वरिष्ठ अधिकारी के ～ कर्मचारी 上役の配下の部下.

— *m.* 部下;配下, 手下. ❐अफ़सर और ～ 上役と部下.

माता /mātā マーター/ [←Skt.f. *मातृ-* 'a mother'] *f.* **1** 母, 母親. (⇒माँ, वालिदा)(⇔पिता) **2** 〖医学〗天然痘, 疱瘡.

(⇒चेचक, शीतला) ❐उसके चेहरे पर ～ के दाग़ थे। 彼の顔には疱瘡の痕があった.

माता-पिता /mātā-pitā マーター・ピター/ *m.* 父母, 両親. (⇒माँ-बाप) ❐मैं अपने ～ की छठी संतान थी। 私は父母の六番目の子どもだった.

मातामह /mātāmaha̸ マーターマ/ [←Skt.m. *माता-मह-* 'a maternal grandfather'] *m.* 母方の祖父. (⇒नाना)(⇔मातामही)

मातामही /mātāmahī マーターマヒー/ [←Skt.f. *माता-मही-* 'a maternal grandmother'] *m.* 母方の祖母. (⇒नानी)(⇔मातामह)

मातृत्व /mātr̥tva̸ マートリトオ/ [←Skt.n. *मातृ-त्व-* 'the state of a mother'] *m.* 母性, 母性愛.

मातृ-प्रेम /mātr̥-prema̸ マートリ・プレーム/ [neo.Skt.m. *मातृ-प्रेमन्-* 'maternal love'] *m.* 母の愛, 母性愛. ❐～, धन्य है। 母の愛よ, 汝に幸あれ.

मातृभाषा /mātr̥bʰāṣā マートリバーシャー/ [neo.Skt.f. *मातृ-भाषा-* 'mother tongue'] *f.* 〖言語〗母語, 母国語.

मातृभूमि /mātr̥bʰūmi マートリブーミ/ [neo.Skt.f. *मातृ-भूमि-* 'motherland'] *f.* 母国, 故国; 郷土.

मात्र /mātra̸ マートル/ [←Skt.n. *मात्र-* 'the one thing and no more'] *adj.* **1** ただ, たった《〖एक मात्र 名詞〗の形式で, 形容詞句「ただ一人の…, ただ一つの…」を作る》. ❐उनके एक ～ कन्या थी। 彼にはたった一人の娘がいた. ❐उनके एक ～ लड़के का भरी जवानी में अकस्मात देहांत हो गया था। 彼のたった一人の息子が若さの盛りに突然亡くなった. ❐मेरे दहेज़ की एक ～ निशानी यह घड़ी थी। 私の嫁入り道具の唯一の証がこの時計だった. **2** 単に, ただ《〖मात्र 名詞〗あるいは〖名詞 मात्र〗の形式で, 名詞句「単に…(にすぎない), ただの…(にすぎない)」を作る》. ❐वह कविता को जीवन का विलास ～ समझता है। 彼は詩を単なる人生の享楽にすぎないと考えている. ❐वह क्षण ～ में नष्ट हो गया। それはただの一瞬で壊れ去った. ❐वह मरीचिका ～ थी। それはただの蜃気楼にすぎなかった. **3**《否定文の中で〖लेश मात्र (भी)〗の形式で, 副詞句「かけらほども, これっぽっちも」を作る》. ❐मैंने लेश ～ भी परवाह न की। 私はこれっぽっちも気にしなかった. ❐ऐसे आदमी के साथ मुझे लेश ～ भी सहानुभूति नहीं हो सकती। このような人間に対して私はこれっぽっちも同情することができない.

मात्रा /mātrā マートラー/ [←Skt.f. *मात्रा-* 'measure (of any kind), quantity, size, duration, number, degree etc.'] *f.* **1** 量; 基準の量; 一回分の量. ❐अल्प ～ में 少量で. ❐बड़ी ～ में 大量に. **2** マートラー《デーヴァナーガリー文字の母音記号とその音価》. **3** マートラー韻律単位《母音を中心とした, 韻律上の音節の長さ単位; 基本的には短母音 (ह्रस्व स्वर) を含む音節は「軽」(लघु), 長母音 (दीर्घ स्वर) を含む音節は「重」(गुरु) と呼ばれる》.

मात्रात्मक /mātrātmaka̸ マートラートマク/ [neo.Skt. *मात्रा-आत्मक-* 'quantitative'] *adj.* 定量的な; 量的な. (⇔गुणात्मक) ❐～ विश्लेषण 定量分析.

मात्रिक /mātrika̸ マートリク/ [←Skt. *मात्रिक-* 'containing one prosodial instant or mora'] *adj.* **1** 母音記号 (मात्रा) の. **2** マートラー韻律単位 (मात्रा) の. ❐～ छंद マートラー韻律単位で構成されている韻律.

मात्सर्य /mātsarya̸ マートサルエ/ [←Skt.n. *मात्सर्य-* 'envy, jealousy'] *m.* 妬み, 嫉妬.

माथा /mātʰā マーター/▸मत्था [<OIA.m. *masta-* 'head': T.09926] *m.* **1** 額. (⇒कपाल, ललाट) ❐～ टिकाना [टेकना] 額を(地面に)つける. ❐～ धुनना (自分の)額を打ちつける. ❐(अपना) ～ खपाना〔慣用〕(自分の)頭脳を酷使する. ❐उसके माथे पर बल पड़ गए। 彼の額に皺(しわ)がよった. ❐उसने मेरे माथे पर हाथ रखकर कहा। 彼は私の額に手を置いて言った. ❐(का) ～ खाना〔慣用〕(人を)しつこく困らせる. ❐चौड़ा [पतला] ～ 広い[狭い]額. ❐(पर) ～ रगड़ना (…に)額を擦りつける. **2** 頂点. ❐सूरज देवता माथे पर आ गए। お天道様が真上に来た. **3** 船首, 舳先. **4**《〖名詞 के माथे〗の形式で, 副詞句「人の額に」また慣用的な副詞句「人に(責任などをなすりつける)」などを作る》❐(के) माथे कलंक मढ़ना (人に)汚名をなすりつける. ❐(के) माथे चढ़ना (人に)横柄な態度をとる. ❐विजय का सेहरा किसके माथे बाँधूं? 勝利の頭飾りを誰の額に結ぼうか?

माथा-पच्ची /mātʰā-paccī マーター・パッチー/ *f.* (解決のための)頭脳の酷使. (⇒सिर-पच्ची) ❐～ करना 知恵を絞る.

मादक /mādaka̸ マーダク/ [←Skt. *मादक-* 'intoxicating, exhilarating, gladdening, stupefying'] *adj.* **1** (人を)酔わせる; 夢中にさせる. (⇒नशीला) ❐～ वस्तुएँ 酒類. ❐～ स्वप्न うっとりするような夢. **2**〖医学〗麻薬性の; 催眠性の. (⇒नशीला)

मादकता /mādakatā マーダクター/ [←Skt.f. *मादक-ता-* 'intoxication'] *f.* **1** 酔い, 酩酊. **2** 麻酔作用.

मादा /mādā マーダー/ [←Pers.n. ماده 'a female'] *f.* 〖動物〗雌《雌であることを明示するため, 生物や動物を表す名詞の前に付加することがある; मादा-मच्छर「雌の蚊」など》. (⇔नर)

माद्दा /māddā マーッダー/ [←Pers.n. مادة 'continued augmentation' ←Arab.] *m.* 根本, 本質; 本質的な能力. ❐स्वयं संघर्ष कर आगे बढ़ने का ～ उनमें न था। 自ら奮闘し前進するという最も大事な能力が彼の中にはなかった.

माधुरी /mādʰurī マードゥリー/ [←Skt.f. *माधुरी-* 'sweetness, loveliness'] *f.* 甘美さ; 愛らしさ.

माधुर्य /mādʰurya̸ マードゥルエ/ [←Skt.n. *माधुर्य-* 'sweetness; loveliness, exquisite beauty, charm'] *m.* **1** 甘美さ; 愛らしさ. **2** 甘い魅力.

माध्यम /mādʰyama̸ マーディャム/ [←Skt. *माध्यम-* 'relating to the middle, middlemost'] *m.* **1** 媒体; 媒介; 手段, メディア. (⇒ज़रिया) ❐शब्दों के ～ से 言葉を媒介して. ❐संचार ～ コミュニケーション. メディア. **2** (教育や研究などの)使用言語. (⇒ज़रिया) ❐शिक्षा के ～ को लेकर आये दिन कई बहस होती रहती है। 教育の使用言語をめぐって連日論争が続いている. ❐हिंदी ～ 使用言語とし

てのヒンディー語.

माध्यमिक /mādʰya̸mika̸ マーディエミク/ [←Skt. *माध्यमिक-* 'relating to the middle region'] *adj.* 中間の;過渡期の;(学校・教育が)中等の. ❒～ शिक्षा 中等教育.

मान[1] /māna̸ マーン/ [←Skt.m. *मान-* 'opinion, notion, conception, idea; consideration, regard, respect, honour'] *m.* 威信, 威光, 尊厳;敬意;名誉. ❒पिता जी का शहर में बड़ा ～ था। 町では父のたいそうな威光があった.

मान[2] /māna̸ マーン/ [←Skt.n. *मान-* 'measure, measuring-cord, standard'] *m.* 尺度;標準, 基準.

मानक /mānaka̸ マーナク/ [←Skt.n. *मानक-* 'measure, weight'] *adj.* 標準的な;基準となる. ❒～ हिंदी 標準ヒンディー語.

मानकीकरण /māna̸kīkaraṇa̸ マーンキーカラン/ [neo.Skt.n. *मानकी-करण-* 'standardization'] *m.* 標準化;規格化, 画一化.

मानचित्र /māna̸citra̸ マーンチトル/ [neo.Skt.n. *मान-चित्र-* 'a map'] *m.* 地図;図面. (⇒नक़शा)

मानचित्रावली /māna̸citrāva̸lī マーンチトラーオリー/ [neo.Skt.f. *मान-चित्र-आवली-* 'atlas'] *f.* 地図帳.

मानदंड /māna̸daṃḍa̸ マーンダンド/ [neo.Skt.m. *मान-दंड-* 'standard, yard-stick'] *m.* **1** 定規, ものさし. **2** (判断・比較の)基準, 尺度, ものさし. ❒(के) मानदंडों पर खरा उतरना (…の)基準に合格する.

मानदेय /māna̸deya̸ マーンデーエ/ [neo.Skt.n. *मान-देय-* 'honorarium'] *m.* 謝礼金.

मानना /māna̸nā マーンナー/ [<OIA. *mányatē* 'thinks, honours': T.09857] *vt.* (*perf.* माना /mānā マーナー/) **1** (…を)(…と)みなす;認める;(現状などを)受け入れる;承諾[承認]する. ❒और कोई माने या न माने, मैं आपको फ़िलासफ़र मानता हूँ। 他の誰かが認めようと認めまいと, 私はあなたを哲学者だと認めますよ. ❒आप बुरा न मानें तो बतला दूँ। あなたが気を悪くしなければ言いましょう. ❒आप बुरा मान गए। あなたは気を悪くしましたね. ❒वह इतनी जल्दी हार माननेवाला न था। 彼はそう簡単に敗北を認める人間ではなかった. ❒धरती इस वक़्त मुँह खोलकर उसे निगल लेती, तो वह कितना धन्य मानती! 大地が今口を開けて彼女を飲み込んでくれたら, 彼女はどれほどありがたく思ったことだろう. ❒यह मानी हुई बात है। これはよく知られていることです. ❒इसे मैं अपना सौभाग्य ही मानता हूँ। このことを私は自分の幸運だと思います. ❒ऐसी कलाएँ उन दिनों सभी सभ्य व्यक्तियों के लिए आवश्यक मानी जाती थीं। このような技芸は当時すべての洗練された人間にとって必要なものと考えられていました. ❒उसके विरुद्ध आप कितने ही तर्क और प्रमाण लाकर रख दें, लेकिन मैं मानूँगी नहीं। あなたが彼に不利などれほどの論理と証拠を持ってきて置こうと, 私は決して認めないわ. ❒उन्हें सिर्फ़ चार फ़ीसदी लोग सर्वोत्तम प्रधानमंत्री मानते हैं। 彼をたった4パーセントの人々だけが最良の首相と認めている. ❒बस-बस, वह देवी है, मैं मान गयी। もうけっこうよ, 彼女は女神様よ, 認めるわ. ❒जहाँ शब्द हार मानते हैं वहाँ मौन बोलता है। 言葉が敗北を認める場所(＝無力である場合)では沈黙が語りだすのである. **2** (人の力量などを)認める, 一目置く;重んじる, 尊重する. (⇒गरदानना, गुनना) ❒इन सब दुर्गुणों के होते हुए भी वह ऐसे प्रतिभावान् थे कि अच्छे-अच्छे विद्वान् उनका लोहा मानते थे। これらすべての欠点があっても彼は優れた学者たちが一目置いていたほど才能があった. ❒मैं मान गया। たいしたもんだ, さすがだね. **3** (正しいと)信じる. ❒तो फिर मेरा कहना मानोगी कि उसका? それなら, 私の言うことを信じるかい, それとも彼の言うことを? ❒तुम मानो चाहे न मानो, है यह मेरी कमाई। 君が信じようと信じまいと, これが私の稼いだぶんだ. **4** (神の存在を)信じる, 信仰する. ❒मैं हिंदू धर्म को मानता हूँ। 私はヒンドゥー教を信仰している. ❒वह तक़दीर को नहीं मानता, रूह को नहीं न्मानता, स्वर्ग और नरक को नहीं मानता। 彼は運命を信じないし, 霊魂を信じないし, 天国と地獄を信じていない. **5** (命令・助言などを)守る, 遵守する. ❒तुम्हें मेरा हुक्म मानना पड़ेगा। 君は私の命令を聞かざるをえないだろう. ❒तुमने मेरी सलाह मान ली, बड़ा अच्छा किया। 君は私の助言を守った, 賢明なことをしました. ❒जब हम ख़ुदा का एक हुक्म भी कभी नहीं मानते, तो दीन के लिए क्यों जान दें! 我々が神の命令を一つとして守らないのに, 信仰のためにどうして命を投げ出すことがありえようか! **6** 《命令・依頼表現で》想定する, 仮定する. ❒अच्छा मान लो, तुम्हारा अनुमान ठीक है, तो फिर? それでは君の推測が正しいと仮定したとして, それからどうなるんだ? ❒मान लो, मैं न होता, तुम ही अकेली रहतीं, तब तुम क्या करतीं? 考えてもごらんよ, もし私がいなくて, 君が一人だったとしたら, 君は何をしていたというのかい? ❒अच्छा, मान लो, मैं तुमसे विवाह करके कल तुमसे बेवफ़ाई करूँ तो तुम मुझे क्या सज़ा दोगी? それでは, たとえばだよ, 私が君と結婚して明日不倫をしたとしたら君は私にどういう罰を与えるつもりかい?

माननीय /māna̸nīya̸ マーンニーエ/ [←Skt. *माननीय-* 'to be honoured, deserving honour'] *adj.* 尊敬すべき.

मानपत्र /māna̸patra̸ マーンパトル/ [neo.Skt.n. *मान-पत्र-* 'address of welcome'] *m.* (人の徳や偉業を讃える)称賛の書状.

मान-मनौअल /māna̸-manauala̸ マーン・マナォーアル/ ▶ मान-मनौवल *f.* ☞मान-मनौवल

मान-मनौती /māna̸-manautī マーン・マナォーティー/ *f.* ☞मान-मनौवल

मान-मनौवल /māna̸-manauvala̸ マーン・マナォーワル/ ▶ मान-मनौअल *f.* (機嫌を損ねた恋人を)なだめること, 機嫌をとること.

मानव /mānava̸ マーナオ/ [←Skt.m. *मानव-* 'a human being, man'] *m.* 人間;人類. ❒～ शरीर 〖医学〗人体.

मानवता /mānava̸tā マーナオター/ [←Skt.f. *मानव-ता-* 'state of being a man; human attributes; humanity'] *f.* 人間性;人間らしさ.

मानवतावाद /mānava̸tāvāda̸ マーナオターワード/ [neo.Skt.m. *मानव-ता-वाद-* 'humanism; humanitarianism'] *m.* ヒューマニズム, 人道主義, 博愛主義.

मानवतावादी /mānavatāvādī マーナオターワーディー/ [neo.Skt. *मानव-ता-वादिन्-* 'humanist; humanitarian'] *adj.* 人道主義の.
— *m.* 人道主義者.

मानवती /mānavatī マーンワティー/ [←Skt.f. *मान-वती-* '(a woman) angry from jealousy'] *f.* 〚文学〛(恋人に対し不機嫌になり)すねる女.

मानववाद /mānavavāda マーナオワード/ [neo.Skt.m. *मानव-वाद-* 'humanism'] *m.* ☞मानवतावाद

मानव-विज्ञान /mānava-vijñāna マーナオ・ヴィギャーン/ [neo.Skt.n. *मानव-विज्ञान-* 'anthropology'] *m.* 人類学. (⇒नृ-विज्ञान)

मानवाधिकार /mānavādʰikāra マーナワーディカール/ [neo.Skt.m. *मानव-अधिकार-* 'human rights'] *m.* 人権.

मानवी[1] /mānavī マーンヴィー/ [*मानव* + *-ई*] *adj.* ☞मानवीय

मानवी[2] /mānavī マーンヴィー/ [←Skt.f. *मानवी-* 'a daughter of man, a woman'] *f.* 女.

मानवीकरण /mānavīkaraṇa マーンヴィーカラン/ [neo.Skt.n. *मानवी-करण-* 'personification'] *m.* 擬人化.

मानवीय /mānavīya マーンヴィーエ/ [←Skt. *मानवीय-* 'descended or derived from *Manu*'] *adj.* 人間の;人間的な, 人間らしい. ❐~ दुर्बलताएँ 人間の弱さ. ❐~ भाव 人間的な感情. ❐~ सहायता 人道的支援.

मानस /mānasa マーナス/ [←Skt. *मानस-* 'belonging to the mind or spirit, mental, spiritual'] *adj.* 心の;精神的な.
— *m.* 心;精神;心理.

मानसपुत्र /mānasaputra マーナスプトル/ [←Skt.m. *मानस-पुत्र-* 'psychic progeny'] *m.* 〚神話〛マーナサプトラ《男女の交わりからではなく, 意志や精神だけから生まれた子ども;ブラフマー神 (ब्रह्मा) の身体の各部から生まれとされる聖仙など》.

मानसपूजा /mānasapūjā マーナスプージャー/ [←Skt.f. *मानस-पूजा-* 'mental or spiritual devotion'] *f.* マーナサプージャー《聖像などを前提とせず, 心だけで神を礼拝する精神行為》(⇔मूर्तिपूजा)

मानसरोवर /mānasarovara マーンサローワル/ [<Skt.n. *मानस-सरोवर-* *lit.* 'the lake of the mind'] *m.* 〚地理〛マーンサローワル湖《中華人民共和国チベット自治区の標高 4556 メートルにある湖;チベットの聖湖として知られる》.

मानसिक /mānasika マーンスィク/ [←Skt. *मानसिक-* 'mental; imaginary; committed in thought (as a sin)'] *adj.* 〚医学〛精神の, 精神的な;心の. ❐~ उम्र 精神年齢. ❐~ दशा 精神状態. ❐~ दुर्बलता 精神的な弱さ. ❐~ रोग 精神病, 心の病. ❐~ वेदना [व्यथा]精神的苦痛.

मानसिकता /mānasikatā マーンスィクター/ [neo.Skt.f. *मानसिकता-* 'mentality'] *f.* 精神構造;心的傾向;性根, 根性

मानसून /mānasūna マーンスーン/ ▸मॉनसून [←Eng.n. *monsoon*; cf. Port.f. *mançāo* 'monsoon'; cf. Pers.n. موسم 'time, season' ←Arab.] *m.* **1** モンスーン, 季節風, 貿易風《特にアラビア海で毎年6月から9月にかけて吹く南西の風, 10 月から 5 月にかけて吹く北東の風》. **2** (インドの)雨季.

मान-हानि /māna-hāni マーン・ハーニ/ [←Skt.f. *मान-हानि-* 'loss of honour'] *f.* 〚法律〛名誉棄損;侮辱. ❐(पर) ~ की नालिश करना (人を)名誉棄損で訴える.

मानागुआ /mānāguā マーナーグアー/ [cf. Eng.n. *Managua*] *m.* 〚地名〛マナグア《ニカラグア(共和国) (निकारागुअ) の首都》.

मानार्थ /mānārtʰa マーナールト/ [neo.Skt. *मान-अर्थ-* 'complimentary'] *adj.* (好意により)無料の. ❐~ पास 無料パス.

मानिक /mānika マーニク/ [<OIA.n. *mā́ṇikya-* 'ruby': T.09997] *m.* 〚鉱物〛ルビー, 紅玉.

मानिनी /māninī マーニニー/ [←Skt.f. *मानिन्-* 'a disdainful or sulky woman'] *adj.* 恋人を軽んじる尊大な女;恋人にすねる女. (⇒मानवती)

मानी[1] /mānī マーニー/ [←Skt. *मानिन्-* 'high-minded, haughty, proud'] *adj.* 高慢な;誇り高い.

मानी[2] /mānī マーニー/ ▸माने, मायने *m.* ☞माने

मानुष /mānuṣa マーヌシュ/ [←Skt. *मानुष-* 'belonging to mankind, human'] *m.* ☞मनुष्य

मानुषिक /mānuṣika マーヌシク/ [cf. *मानुष*] *adj.* 人間の.

मानुषी[1] /mānuṣī マーヌシー/ [*मानुष* + *-ई*] *adj.* ☞मानुषिक

मानुषी[2] /mānuṣī マーヌシー/ [←Skt.f. *मानुषी-* 'a woman'] *f.* 女.

मानुषीय /mānuṣīya マーヌシーエ/ [cf. *मानुष*] *adj.* 人間の;人間的な. (⇔अमानुषीय) ❐~ कृति 人間のしわざ. ❐(के साथ) ~ व्यवहार करना (人を)人間として扱う.

माने /māne マーネー/ ▸मानी, मायने [←Pers.n. معنی 'sense, meaning, signification, import, drift, reality' ←Arab.] *m.* 真意, 意味;意図, 目的. ❐(का) ~ रखना (…を)暗示する. ❐(का) ~ समझना (…の)真意を理解する.

मानों /mānõ マーノーン/ ▸मानो *conj.* ☞मानो

मानो /māno マーノー/▸मानों [cf. *मानना*] *conj.* まるで, あたかも. (⇒गोया) ❐उन्होंने ऐसा मुँह बना लिया, ~ इस विषय में वे अंतिम शब्द कह चुके। 彼は顔をしかめた, まるでこの件については最終決定を言い終わっているといわんばかりに.

मान्य /mānya マーニエ/ [←Skt. *मान्य-* 'to be respected or honoured, worthy of honour, respectable, venerable'] *adj.* **1** 権威のある;正しいと認められた, 正当な. ❐(को) ~ समझना (…を)正当なものとして理解する. **2** うやまうべき, 大切にすべき. ❐माता-पिता की इच्छा मेरे लिए और सब चीज़ों से ~ है। 両親の願いは私にとってほかのすべてのものにもましてうやまうべきものです. **3** 敬意を表すべき;尊敬すべき. (⇒माननीय) ❐वे नगर के ~ पुरुषों में गिने जाने लगे। 彼は町の敬意を表すべき人々の

中に数えられはじめた.

मान्यता /mānyatā マーニャター/ [←Skt.f. *मान्य-ता-* 'the being honoured, respectability, worthiness'] *f.* **1** 考え, 信念;価値観, 理念. **2** 承認, 認可;容認. ❒～ प्राप्त करना 認可を得る. ❒राजनयिक ～ 国家の承認.

मान्यता-प्राप्त /mānyatā-prāpta マーニエター・プラープト/ [neo.Skt. *मान्यता-प्राप्त-* 'official, approved'] *adj.* 認可された, 公認の.

माप /māpa マープ/ [cf. *मापना*] *f.* **1** 測量, 計量, 測定. **2** 計量の単位, 基準.

मापक /māpaka マーパク/ [←Skt. *मापक-* 'serving as a measure of'] *adj.* 計測用の. ❒～ जग 計量カップ.
— *m.* **1** 計測器具. **2** 測量技師.

माप-तौल /māpa-taula マープ・タウル/ *f.* **1** 測定, 測量, 計測, 計量. **2** 計量単位, 度量衡.

मापदंड /māpadaṃḍa マープダンド/ [*माप* + *दंड*] *m.* ものさし, 尺度, 基準. ❒योग्यता का ～ 能力のものさし.

मापना /māpanā マープナー/ [<OIA. **māpyatē* 'is measured': T.10054] *vt.* (*perf.* मापा /māpā マーパー/) 計量する;(長さなどを)測定する. (⇒तौलना, नापना)

मापी /māpī マーピー/ [*माप* + *-ई*] *m.* 計測器, 計量器. ❒वर्षा ～ यंत्र 雨量計測器.

मापूतो /māpūto マープートー/ [cf. Eng.n. *Maputo*] *m.* 〖地名〗マプト《モザンビーク(共和国) (मोज़ांबिक) の首都》.

माफ़ /māfa マーフ/ ▶मुआफ़ [←Pers.adj. معاف 'absolved, excused, forgiven, pardoned, condoned, spared, dispensed with, exempted from, free, privileged' ←Arab.] *adj.* **1** 許された, 容赦された. ❒～ करना (…を)許す. ❒～ होना 許される. **2** (義務・税・支払いなどが)免除された. ❒～ करना (…を)免除する. ❒～ होना 免除される.

माफ़िक़ /māfiqa マーフィク/▶मुआफ़िक़ [←Pers.adj. موافق 'comformable, agreeable, consonant' ←Arab.] *adj.* ふさわしい, 適している;釣り合った;. (⇒अनुकूल) ❒हालतें उनके ～ हैं। 状況は彼らに有利だ.

माफ़िया /māfiyā マーフィヤー/ [←Eng.n. *Mafia*] *m.* マフィア, 犯罪組織. ❒～ सरग़ना। マフィアのボス.

माफ़ी /māfī マーフィー/▶मुआफ़ी [←Pers.n. معافى 'immunity, privilege, exemption' ←Arab.] *f.* **1** 許し, 容赦, 勘弁. (⇒क्षमा, बख़्शिश) ❒(की) ～ माँगना [चाहना] (人の)許しを請う. **2** (税や料金などの)免除.

मामला /māmalā マームラー/▶मुआमला [←Pers.n. معاملة 'trading, negociating; business, trade, commerce, traffic, affair' ←Arab.] *m.* **1** 案件, 用件, 事案;問題, 事柄;事件, 出来事. ❒～ ख़त्म। 一件落着. ❒क्या ～ है? 何事だい？ **2** 訴訟. (⇒केस, मुक़दमा)

मामा /māmā マーマー/ [<OIA.m. *māma-* 'uncle': T.10055] *m.* 母方の叔父, 伯父《母の兄弟》. (⇒ख़ाल)(⇔मामी)

मामी /māmī マーミー/ [cf. *मामा*] *f.* おば, 叔母, 伯母《母の兄弟 मामा の妻》. (⇔मामा)

मामूली /māmūlī マームーリー/ [←Pers.adj. معمولى 'ordinary, common, normal'; cf. Pers.n. معمول 'usage, established custom' ←Arab.] *adj.* 平凡な, 並の, 普通の, 一般的な;陳腐な, ありふれた. ❒～ तौर पर 普通には, 一般的に. ❒तीन रुपये से तीन लाख कमा लेना ～ काम नहीं है। 3 ルピーで 30 万ルピー稼ぐということは並みの仕事ではないよ.

मायका /māyakā マーエカー/▶मैका [cf. OIA.f. *mātŕ̥-* 'mother': T.10016] *m.* 既婚女性の実家. (⇒नैहर, पीहर)(⇔ससुराल)

मायने /māyane マーエネー/ ▶मानी, माने *m.* ☞माने

माया /māyā マーヤー/ [←Skt.f. *माया-* 'illusion, unreality, deception, fraud, trick, sorcery, witchcraft magic'] *f.* **1** 幻(まぼろし), 幻影;妄想;錯覚. **2** 財, 富, 金. **3** 〖ヒンドゥー教〗マーヤー《真実の世界が覆い隠された虚妄の現実世界のたとえ, 幻(の力)》.

मायाजाल /māyājāla マーヤージャール/ [neo.Skt.n. *माया-जाल-* 'phantasmagoria, the web of worldly illusion'] *m.* 幻影, 幻;(妖力を使った)わな. ❒～ में फँसना 幻覚にだまされる.

मायावाद /māyāvāda マーヤーワード/ [←Skt.m. *माया-वाद-* 'the doctrine affirming the world to be illusion'] *m.* 〖ヒンドゥー教〗マーヤーワーダ《現実の世界は幻 (माया) のようなものであり虚妄であるとする説》.

मायाविनी /māyāvinī マーヤーヴィニー/ [cf. Skt. *माया-विन्-* 'possessing illusion or magical powers, employing deceit, deluding or deceiving others'] *adj.* 男を欺く(女).
— *f.* 男を欺く女.

मायावी /māyāvī マーヤーヴィー/ [←Skt. *माया-विन्-* 'possessing illusion or magical powers, employing deceit, deluding or deceiving others'] *m.* 幻の;人を欺く, 妖力をもつ.

मायूस /māyūsa マーユース/ [←Pers.adj. مأيوس 'desperate, hopeless; disappointed' ←Arab.] *adj.* 意気消沈した, しょげている, 落胆した;失望した. (⇒निराश) ❒～ करना 失望させる, がっかりさせる.

मायूसी /māyūsī マーユースィー/ [←Pers.n. مايوسى 'hopelessness, despair, desperation'] *f.* 落胆, 失意, 気落ち, 意気消沈;失望. (⇒निराशा)

मार /māra マール/ [cf. *मारना*; cf. Skt.m. *मार-* 'death, pestilence'] *f.* 打撃, 殴打. ❒～ खाना 打撃を受ける, 殴打される.

-मार /-māra ・マール/ [cf. *मारना*] *comb. form* 《〖名詞 -मार〗の形式で, 形容詞「…で攻撃する」や男性名詞「…を捕まえる人」などを作る;चिड़ीमार「(鳥を捕える)猟師」, बममार「爆撃用の」, मछलीमार「漁師」など》.

मारक /māraka マーラク/ [←Skt. *मारक-* 'killing'] *adj.* **1** 命取りになる, 致命的な打撃を与える. ❒अगर यह मज़ाक़ था तो यह बड़ा क्रूर और ～ मज़ाक़ था। もしこれが冗談であったらこれはとても残忍で致命的な冗談だった. **2** 攻撃の. ❒स्वदेशी मिसाइलों की ～ क्षमता 国産ミサイルの攻撃能力.

3 解毒作用のある. ❐विष ～ औषधि 解毒作用のある薬草.

मारका /māraḳā マールカー/▷मार्का [←Port.f. *marca* 'mark'; ?←Eng.n. *mark*] *m.* **1**〖経済〗商標, トレードマーク. (⇒छाप) **2** マーク, しるし. (⇒चिह्न, निशान, मार्क) ❐(पर) ～ लगाना (…に)マークする.

मार-काट /māra-kāṭa マール・カート/ [*मारना* + *काटना*] *f.* (つかみ合いの)殺し合い, 殺傷, 流血.

मारकीन /mārakīna マールキーン/ [←Eng.n. *nankeen*] *f.* 南京(ナンキン)木綿.

मारण /māraṇa マーラン/ [←Skt.n. *मारण-* 'killing, slaying, slaughter'] *m.* 殺害.

मार-धाड़ /māra-dʰāṛa マール・ダール/ *f.* 乱闘, 格闘, 暴力沙汰. ❐～ करना 暴力沙汰をおこす. ❐नाच-गान, हँसी-मज़ाक़, ～ वाली फ़िल्में 歌と踊り, ふざけた冗談, 格闘がお決まりの映画.

मारना /māranā マールナー/ [<OIA. *mārāyati*[1] 'kills': T.10066] *vt.* (*perf.* मारा /mārā マーラー/) **1** 叩く, 殴る; 打つ. (⇒पीटना) **2** 殺す《複合動詞〚मार डालना〛の形式で使用することが多い》. **3** 狩猟する; 漁をする. ❐मछली मारना 魚を捕る.

― *vt.* (*perf.* मारा /mārā マーラー/)〖複合動詞〗《〚他動詞語幹 मारना〛の形式で, 複合動詞「無造作に…仕上げる」を作る》❐उतनी कल्पना-शक्ति आज होती तो ऐसा उपन्यास लिख मारता कि लोग चकित रह जाते। あれだけの想像力が今日あれば, 人々が驚嘆するほどの小説を簡単に書き上げたものを.

मार-पीट /māra-pīṭa マール・ピート/ [*मारना* + *पीटना*] *f.* 殴り合い, 格闘.

मारफ़त /mārafata マールファト/ ▷मार्फ़त [←Pers. معرفة 'knowing; by means of' ←Arab.] *ind.* 《〚名詞 की मारफ़त〛の形式で, 副詞句「…経由で, …を通して」を作る》 ❐मैंने कोई चीज उसकी ～ नहीं मँगवायी। 私はどんなものも彼を通して取り寄せてないよ.

मारा-मारी /mārā-mārī マーラー・マーリー/ [cf. *मारना*] *f.* 乱闘, 取っ組み合い. ❐(को लेकर) ～ मचना (…をめぐって)乱闘騒ぎが起きる. ❐(के लिए) ～ करना (…を求めて)乱闘騒ぎを起こす.

मारितानिया /māritāniyā マーリターニヤー/▶मॉरितानिया [cf. Eng.n. *Mauritania*] *m.*〖国名〗モーリタニア(イスラム共和国)《首都はヌアクショット (नुआकशोत)》.

मारिशस /māriśasa マーリシャス/▶मॉरिशस, मारीशस [cf. Eng.n. *Mauritius*] *m.*〖国名〗モーリシャス(共和国)《首都はポートルイス (पोर्ट लुई)》.

मारीटेनिया /mārīṭeniyā マーリーテーニヤー/ ▶मारीतानिया *m.* ☞मारीतानिया

मारीतानिया /mārītāniyā マーリーターニヤー/▶मारीटेनिया, मॉरीतानिया [cf. Eng.n. *Mauritania*] *m.*〖国名〗モーリタニア(・イスラム共和国)《首都はヌアクショット (नवाकसुत)》.

मारीशस /mārīśasa マーリーシャス/ ▶मारिशस, मॉरीशस *m.* ☞मारिशस

मारुत /māruta マールト/ [←Skt.m. *मारुत-* 'wind, air, the god of wind'] *m.*〖神話〗マールタ神, 風神.

मारू /mārū マールー/ [cf. *मारना*] *adj.* **1** 死に至らしめる; 死ぬほど過酷な. **2** 士気を鼓舞する.

― *m.*〖楽器〗陣太鼓. ❐～ के भय बढ़ानेवाले शब्द 陣太鼓の恐怖をあおる音.

मारे /māre マーレー/ [cf. *मारना*] *ind.* 《〚名詞 के मारे〛あるいは〚मारे 名詞 के〛の形式で, 副詞句「…の理由で」を作る》❐～ भय के उनका चेहरा पीला पड़ गया था। 恐怖のあまり彼の顔は青くなった. ❐दुश्मन के भय के ～ रात को नींद नहीं आई। 敵の恐怖のあまり夜眠れなかった. ❐वह भूख के ～ व्याकुल थी। 彼女は空腹のために気が狂いそうだった.

मार्क /mārka マールク/ [←Eng.n. *mark*] *m.* マーク, 印. (⇒चिह्न, निशान, मार्का)

मार्का /mārkā マールカー/ ▷मारका *m.* ☞मारका

मार्क्सवाद /mārksavāda マールクスワード/ [*मार्क्स* + *-वाद*] *m.* マルクス主義.

मार्क्सवादी /mārksavādī マールクスワーディー/ [*मार्क्स* + *-वादी*] *adj.* マルクス主義の.

― *m.* マルクス主義者.

मार्ग /mārga マールグ/ [←Skt.m. *मार्ग-* 'the track of a wild animal, any track, road, path, way'] *m.* **1** 道; 道路. **2** 経路; 軌道. **3** 方式, 方法; 筋道.

मार्गदर्शक /mārgadarśaka マールグダルシャク/ [neo.Skt.m. *मार्ग-दर्शक-* 'a guide'] *m.* ガイド, 案内人. (⇒गाइड)

मार्गदर्शन /mārgadarśana マールグダルシャン/ [neo.Skt.n. *मार्ग-दर्शन-* 'guidance'] *m.* 道案内, 案内. (⇒गाइड) ❐(का) ～ करना (人を)案内する. ❐(के) ～ में [से] (人の)案内で.

मार्गशीर्ष /mārgaśīrṣa マールグシールシュ/ [←Skt.m. *मार्ग-शीर्ष-* 'the name of the month in which the full moon enters the constellation'] *m.*〖暦〗マールガシールシャ月, アグラハーヤナ月《インド暦の第9月; 西暦の11, 12月の相当》. (⇒अग्रहायण)

मार्च[1] /mārca マールチ/ [←Eng.n. *March*] *m.*〖暦〗三月. ❐～ में 三月に. ❐पहली ～ को 三月一日に.

मार्च[2] /mārca マールチ/ [←Eng.n. *march*] *m.* 行進, 進軍; 行進の歩調. ❐डबल ～ करना (行進を)駆け足でする. ❐पुलिस के दो सौ जवान डबल ～ से उपद्रवकारियों का दमन करने चले आ रहे थे। 二百人の警官が駆け足で暴徒鎮圧のために向って来ていた.

मार्जन /mārjana マールジャン/ [←Skt.n. *मार्जन-* 'wiping off, washing, purifying'] *m.* **1** 清潔にすること, 清掃すること. **2**〖ヒンドゥー教〗清め(の行為)《特に儀式の始めに水を振りかける清めの所作》.

मार्जनी /mārjanī マールジャニー/ [←Skt.f. *मार्जनी-* 'a broom, brush'] *f.* ほうき. (⇒झाड़ू)

मार्जनीय /mārjanīya マールジャニーエ/ [←Skt. *मार्जनीय-* 'to be cleaned or purified'] *adj.* 清掃すべき; 清めるべき.

मार्जित /mārjita̸ マールジト/ [←Skt. *मार्जित-* 'wiped, rubbed, swept, cleansed, purified'] *adj.* 清掃された；清められた.

मार्टिनिक /mārṭinika̸ マールティニク/ [cf. Eng.n. *Martinique*] *m.* 〖国名〗マルティニク《カリブ海にあるフランス海外県；中心地はフォール・ド・フランス (फ़ोर्ट-दि-फ़्रांस)》.

मार्तंड /mārtaṃḍa̸ マールタンド/ [←Skt.m. *मार्तण्ड-* 'the sun or the god of the sun'] *m.* 太陽；太陽神.

मार्दव /mārdava̸ マールダオ/ [←Skt.n. *मार्दव-* 'softness'] *m.* 穏やかさ, 温和；柔和, 優しさ.

मार्फ़त /mārfata̸ マールファト/ ▹मारफ़त *ind.* ☞मारफ़त

मार्मलेड /mārmaleḍa̸ マールマレード/ [←Eng.n. *marmalade*] *m.* 〖食〗マーマレード.

मार्मिक /mārmika̸ マールミク/ [←Skt. *मार्मिक-* 'versed in, familiar or acquainted with anything'] *adj.* 急所を突く；核心に迫る；胸を打つ, 心の琴線に触れる. ❐～ विवेचना 核心に迫る追求. ❐～ शब्द 胸を打つ言葉.

मार्मिकता /mārmikatā マールミクター/ [?neo.Skt.f. *मार्मिक-ता-* 'poignancy'] *f.* 胸を打つこと.

मार्शल[1] /mārśala̸ マールシャル/ [←Eng.n. *marshal*] *m.* 空軍の将官；(陸軍)元帥. ❐एयर ～ (空軍)中将. ❐एयर चीफ़ ～ (空軍)大将. ❐एयर वाइस ～ (空軍)少将. ❐फ़ील्ड ～ (陸軍)元帥.

मार्शल[2] /mārśala̸ マールシャル/ [←Eng.adj. *martial*] *adj.* 軍の, 軍隊の. ❐～ ला 戒厳令. ❐कोर्ट ～ 軍事裁判.

माल[1] /māla̸ マール/ [←Pers.n. مال 'riches, money, property wealth, possessions, stock, goods, effects, estate' ←Arab.] *m.* **1** 商品；品物；物資；資材；貨物. ❐～ जहाज़ 貨物船. ❐～ ढुलाई 貨物輸送. ❐चोरी का ～ 盗品. **2** 財産.

माल[2] /māla̸ マール/ [<OIA.f. *mā́lā-* 'wreath, garland': T.10092] *f.* **1** 花輪. (⇒माला) **2** (糸車の)調べ糸, ドライブバンド.

मालकिन /mālakina̸ マールキン/ [cf. *मालिक*] *f.* (一家の)主婦；女主人.

मालखंभ /mālak^{h}amb^{h}a̸ マールカンブ/ ▸मलखंभ, मलखम *m.* ☞मलखम

मालगाड़ी /mālagāṛī マールガーリー/ [*माल[1]* + *गाड़ी*] *f.* 貨物列車.

मालगुज़ार /mālaguzāra̸ マールグザール/ [←Pers.n. مال گذار 'a landholder, one who holds land under government'] *m.* 地税納税者.

मालगुज़ारी /mālaguzārī マールグザーリー/ [←Pers.n. مال گذاری 'land-revenue, the state of a renter'] *f.* 地税, 地租.

मालगोदाम /mālagodāma̸ マールゴーダーム/ [*माल* + *गोदाम*] *m.* 倉庫.

मालटा /mālaṭā マールター/ ▹माल्टा *m.* ☞माल्टा

मालती /mālatī マールティー/ [←Skt.f. *मालती-* '*Jasminum Grandiflorum* (plant and blossom; it bears fragrant white flowers which open towards evening)'] *f.* 〖植物〗マールティー《モクセイ科の低木, ジャスミンの一種》.

मालदार /māladāra̸ マールダール/ [←Pers.adj. مالدار 'rich, moneyed'] *adj.* 金持ちの, 資産のある.
— *m.* 金持ち, 資産家.

मालदीव /māladīva̸ マールディーヴ/ [cf. Eng.n. *Maldives*] *m.* 〖国名〗モルディブ(共和国)《首都はマレ (माले)》.

मालपुआ /mālapuā マールプアー/ ▸मालपूआ *m.* ☞मालपूआ

मालपूआ /mālapūā マールプーアー/ ▸मालपुआ [*माल[1]* + *पूआ*] *m.* 〖食〗マールプーアー《油で揚げた菓子の一種》.

माला /mālā マーラー/ [←Skt.f. *माला-* 'a wreath, garland crown; a string of beads, necklace, rosary'] *f.* **1** 花輪, レイ. (⇒हार) ❐(के) गले में ～ डालना (人の)首に花輪をかける. ❐(को) ～ पहनाना (…に)花輪をかける. **2** ネックレス, 首飾り. (⇒हार) ❐मोतियों की ～ 真珠のネックレス. **3** 数珠. ❐～ फेरना 数珠を繰る. **4** 連続したもの；シリーズ. ❐पुस्तक ～ 本の全集. ❐मेघ ～ 雲の群れ.

मालामाल /mālāmāla̸ マーラーマール/ [←Pers.adj. مالامال 'heaped, brimful'] *adj.* (財・名声などが)あり余るほどある；富裕な. ❐(को) ～ करना (人を)富ます.

मालिक /mālika̸ マーリク/ [←Pers.n. مالك 'a possessor, occupier, lord, master, proprietor, ruler' ←Arab.] *m.* **1** 主人；ボス. (⇒स्वामी) **2** オーナー, 所有者；家主. (⇒स्वामी) ❐मकान ～ 家主.

मालिका[1] /mālikā マーリカー/ [←Skt.f. *मालिका-* 'a garland'] *f.* **1** 花輪. (⇒माला) **2** 首飾り. **3** 列, 並び. (⇒पंक्ति)

मालिका[2] /mālikā マーリカー/ [←Pers.n. مالكة 'a queen' ←Arab.] *f.* 女主人；(女性の)オーナー, 所有者；女家主.

मालिकाना /mālikānā マーリカーナー/ [←Pers.adj. مالكانہ 'like an owner'] *adj.* **1** 所有者の. **2** 所有者のような.
— *m.* **1** 所有権(⇒स्वामित्व) **2** 〖歴史〗マーリカーナー《農地の所有者に小作農が収める一定の地租》.

मालिन /mālina̸ マーリン/ [cf. *माली*] *f.* 庭師の妻. (⇔माली)

मालिन्य /mālinya̸ マーリニエ/ [←Skt.n. *मालिन्य-* 'foulness, dirtiness, impurity'] *m.* **1** 汚れ, 不潔(なもの). **2** 怨恨(えんこん), 憎しみ. ❐दोनों के बीच में यह ～ समय के साथ लोहे के मोर्चे की भाँति गहरा, दृढ़ और कठोर होता जाता था। 二人の間のこの憎しみは時間とともに鉄さびのように深く, 強固にそして険しくなっていった.

मालियत /māliyata̸ マーリヤト/ [←Pers.n. مالية 'opulence; finance' ←Arab.] *f.* **1** 価値：料金, 値段. **2** 富, 富裕.

मालिश /māliśa マーリシュ/ [←Pers.n. مالش 'a rubbing, kneading, polishing, furbishing, friction'] *f.* マッサージ. ❐～ कराना マッサージしてもらう. ❐(की) छाती में तेल की ～ करना (人の)胸に油を塗ってマッサージする.

माली[1] /mālī マーリー/ [<OIA.m. *mālin-* 'gardener': T.10094x1] *m.* 庭師, 植木屋. (⇒बाग़बान)(⇔मालिन)

माली[2] /mālī マーリー/ [cf. Eng.n. *Mali*] *m.*〖国名〗マリ(共和国)《首都はバマコ (बमाको)》.

मालूम /mālūma マールーム/ [←Pers.adj. معلوم 'known, distinguished' ←Arab.] *adj.* 知られている;判明している《述語形容詞としてのみ使用》. ❐～ करना (…を)調べ確認する. ❐(को) ～ पड़ना (人に)…が知られる. ❐(को) ～ है। (人に)…が知られている.

माले /māle マーレー/ [cf. Eng.n. *Male*] *m.*〖地名〗マレ《モルディブ(共和国) (मालदीव) の首都》.

माल्टा /mālṭā マールター/ ▹मालटा [cf. Eng.n. *Malta*] *m.* **1**〖国名〗マルタ(共和国)《首都はバレッタ (वेलेटा)》. **2**〖地理〗マルタ島. **3**〖植物〗マールター《柑橘(かんきつ)類の一種クレメンティン;マルタ島から移入されたと言われる》.

माल्डोवा /mālḍovā マールドーワー/▸मॉल्डोवा, मोल्दाविया [cf. Eng.n. *Moldova*] *m.*〖国名〗モルドバ(共和国)《首都はキシナウ (चिसीनाउ)》.

माल्य /mālya マールエ/ [←Skt.n. *माल्य-* 'a wreath, garland, chaplet'] *m.* (飾りや儀式の)花輪. ❐(पर) पुष्प ～ अर्पित करना (…に)花輪を捧げる.

मावा /māvā マーワー/ [?; cf Pers.n. مایه 'ferment, leaven; root, origin, principle, essence'] *m.* **1**〖食〗澱粉(でんぷん). **2**〖食〗マーワー《ミルクを煮詰めたもの》. (⇒खोया)

माशा /māśā マーシャー/ [<OIA.m. *māṣaka-* 'a partic. weight of gold': T.10098z1; cf. Pers. ماشه 'a small weight'] *m.*〖単位〗マーシャー《約1グラム;主に宝石・貴金属などの計量に使用》.

मास /māsa マース/ [←Skt.m. *मास-* 'the moon; a month'] *m.*〖単位〗ひと月;(暦の)月. (⇒माह, महीना)

मासांत /māsāṃta マーサーント/ [←Skt.m. *मास-अन्त-* 'the end of a month, day of new moon'] *m.*〖暦〗月の最終日;新月の日. (⇒अमावस्या)

मासिक /māsika マースィク/ [←Skt. *मासिक-* 'monthly'] *adj.*〖暦〗月々の, 月 1 回の, 毎月の. (⇒माहवार) ❐～ धर्म 月経, メンス. ❐～ पत्रिका 月刊誌.

— *m.* **1** 月給. **2** 月刊誌.

मासूम /māsūma マースーム/ [←Pers.adj. معصوم 'defended, preserved; innocent' ←Arab.] *adj.* 無邪気な;あどけない;純真無垢(むく)な. (⇒भोला) ❐～ बच्चा あどけない幼児.

मासूमियत /māsūmiyata マースーミヤト/ ▸मासूमी [←Pers.n. معصومیة 'innocence'] *f.* 無邪気さ;あどけなさ.

मासूमी /māsūmī マースーミー/ ▸मासूमियत *f.* ☞मासूमियत

मासेरु /māseru マーセール/ [cf. Eng.n. *Maseru*] *m.*〖地名〗マセル《レソト(王国) (लेसोथो) の首都》.

मास्क /māska マースク/ [cf. Eng.n. *mask*] *m.* (病原菌・塵埃(じんあい)などを防ぐ)マスク. ❐～ पहनना マスクをかける.

मास्को /māsko マースコー/▸मॉस्को [cf. Eng.n. *Moscow*] *m.*〖地名〗モスクワ《旧ソ連, 旧ソヴェート(社会主義共和国連邦) (सोवियत संघ) の首都;現在はロシア連邦 (रूस) の首都》.

मास्टर /māsṭara マースタル/ [←Eng.n. *master*] *m.* **1** (小中学校の)教師, 先生《生徒は先生を मास्टर जी と呼ぶ》. (⇒अध्यापक) **2** (仕立て屋, 裁縫師などの)親方. (⇒टेलर, दर्ज़ी, उस्ताद) **3** 名人, 名匠. (⇒उस्ताद) ❐ग्रैंड ～ チェスの名人.

माह[1] /māha マーハ/ [<OIA.m. *māghá-* 'the month January-February': T.09993] *m.* ☞माघ

माह[2] /māha マーハ/ [←Pers.n. ماه 'moon; a month'; cog. Skt.m. *मास-* 'the moon; a month'] *m.* **1**〖単位〗ひと月;(暦の)月. (⇒मास, माहीना) **2**〖天文〗月. (⇒चंद्र, चंद्रमा, चाँद)

माहवार /māhavāra マーヘワール/ [←Pers.adj. ماهوار 'monthly'] *adj.*〖暦〗月々の, 月 1 回の, 毎月の《副詞「月々に」としても使用》. (⇒मासिक) ❐～ ख़र्च 月々の出費. ❐एक हज़ार रुपये ～ मिलना 千ルピー月々に得る.

— *m.* 月給;月極めの料金.

माहवारी /māhavārī マーヘワーリー/ [←Pers.n. ماهوارى 'the revenue which is collected within a month; monthly wages'] *adj.* ☞माहवार

— *f.* **1** 月給. **2** 月経, メンス.

माहात्म्य /māhātmya マーハートミエ/ [←Skt.n. *माहात्म्य-* 'magnanimity, highmindedness'] *m.* **1** 偉大さ;霊験(れいげん)あらたかなこと. **2**〖ヒンドゥー教〗霊験記(れいげんき)《巡礼地や聖地などで信者に売られるパンフレット》.

माहिर /māhira マーヒル/ [←Pers.adj. ماهر 'acute, ingenious, sagacious, expert, cunning' ←Arab.] *adj.* (技に)熟練[熟達]した, 巧みな, 上手な(人). (⇒कुशल, निपुण)

— *m.* (技術の)専門家, 熟練者.

-माही /-māhī ・マーヒー/ [cf. *माह*] *adj.* …か月ごとの《तिमाही「3ヵ月ごとの」, छमाही「6か月ごとの」など》.

माहौल /māhaula マーハォール/ [←(Pers.n. ←) Arab. ما حول 'what changes'] *m.* **1** 雰囲気, ムード, 空気. (⇒वातावरण) **2** 環境. (⇒वातावरण)

मिक़दार /miqadāra ミクダール/ [←Pers.n. مقدار 'quantity' ←Arab.] *f.* 量, 数量, 分量;規模.

मिक्सर /miksara ミクサル/ [←Eng.n. *mixer*] *m.* ミキサー. ❐～ में डालकर पीसें। ミキサーに入れて細かくしてください.

मिचकना /micakanā ミチャクナー/ [cf. *मिचकाना*] *vi.* (*perf.* मिचका /micakā ミチカー/) (目を)しばたく.

मिचकाना /micakānā ミチカーナー/ ▸मचकाना [<OIA.

*micc- 'close the eyes, blink': T.10118; cf. *मीचना*] *vt.* (*perf.* मिचकाया /mica̸kāyā ミチカーヤー/) ウインクする；（目を）しばたく．

मिचना /mica̸nā ミチナー/ [cf. *मीचना*] *vi.* (*perf.* मिचा /micā ミチャー/)（瞼（まぶた）が）閉じられる．

मिचलाना /mica̸lānā ミチラーナー/ ▸मचलाना, मतलाना *vi.* (*perf.* मिचलाया /mica̸lāyā ミチラーヤー/) ☞मतलाना

मिज़राब /miza̸rāba̸ ミズラーブ/ [←Pers.n. مضراب 'an instrument for striking; a plectrum' ←Arab.] *f.* 〖楽器〗（弦楽器をつま弾くための）爪，ピック． ❐～ पहनना（弦楽器をつま弾くための）爪を指にはめる．

मिज़ाज /mizāja̸ ミザージ/ [←Pers.n. مزاج 'temperament, complexion, constitution, habit of body, disposition, temper' ←Arab.] *m.* **1** 気質，気性．(⇒स्वभाव) **2** 機嫌，気分． ❐～ (शरीफ़) पूछना ご機嫌うかがいをする． ❐ (का) ～ बिगड़ना（人の）機嫌が悪くなる． ❐ (का) ～ बिगाड़ना（人の）機嫌を損ねる． **3** うぬぼれ；高慢，傲慢（ごうまん）． ❐ (का) ～ आसमान पर पहुँचा देना（人を）うぬぼれの極みにさせる．

मिज़ोरम /mizorama̸ ミゾーラム/ [cf. Eng.n. *Mizoram*] *m.* ミゾーラム州《州都はアイゾール（आइज़ोल）》．

मिटना /miṭa̸nā ミトナー/ [<OIA. *mr̥ṣṭá-*[1] 'rubbed, washed, pure': T.10299] *vi.* (*perf.* मिटा /miṭā ミター/) **1** 削除される，消える． **2** 破壊される；抹殺される；撲滅される；消滅する． **3**（疲労・疑惑などが）消える；（記憶などが）ぬぐい去られる． ❐सारी थकान मिट जाएगी। 疲労がすべて消え去るだろう． **4**《〖मर मिटना〗の形式で，慣用表現「命を捧げて死ぬ，死ぬほど苦労をする」を表す》 ❐ उस लौंडे के पीछे तो मर मिटा। あのガキにはほとほと苦労した． ❐देश के लिए मर मिटने की आन 祖国のために命を落とす崇高さ．

मिटवाना /miṭa̸vānā ミトワーナー/ [caus. of *मिटना, मिटाना, मेटना*] *vt.* (*perf.* मिटवाया /miṭa̸vāyā ミトワーヤー/) 消させる；消してもらう．

मिटाना /miṭānā ミターナー/ [cf. *मिटना*] *vt.* (*perf.* मिटाया /miṭāyā ミターヤー/) **1** 削除する，消す．(⇒मेटना) **2** 破壊する；抹殺する；撲滅する；消滅させる． ❐भेद-भाव को मिटाओ। 差別感情をなくしなさい． **3**（感情などを）押し殺す；（記憶などを）ぬぐい去る． ❐उसने अपने को मिटा दिया। 彼は自分自身を押し殺した．

मिट्टी /miṭṭī ミッティー/ ▸मट्टी [<OIA.f. *mŕ̥ttikā-* 'earth, clay' : T.10286] *f.* **1** 土． ❐～ का तेल 石油． ❐～ का बरतन （素焼きの）土器． **2** 土壌． **3** 泥，粘土．

मिट्ठू /miṭṭʰū ミットゥー/ [<OIA. *miṣṭa-*[1] 'dainty, sweet': T.10299z1] *adj.* 甘美なことを言う（人）．(⇒मिष्टभाषी)

— *m.* オオム．(⇒तोता)

मिठबोला /miṭʰa̸bolā ミトボーラー/ [*मीठा* + *बोलना*] *adj.* **1** 柔らかい言葉づかいをする（人），言葉づかいが優しい（人）．(⇒मधुरभाषी) **2** 甘い言葉をささやく（人）．(⇒मधुरभाषी, मिष्टभाषी)

मिठाई /miṭʰāī ミターイー/ [cf. *मीठा*] *f.* 〖食〗（甘い）菓子．

मिठास /miṭʰāsa̸ ミタース/ [cf. *मीठा*] *f.* **1** 甘さ，甘味． ❐～ और कड़वापन 甘さと苦さ． **2** 心地よさ．

मिडल /miḍala̸ ミダル/ ▸मिडिल *m.* ☞मिडिल

मिडिल /miḍila̸ ミディル/ ▸मिडल [←Eng.adj. *middle*] *m.* 前期中等教育（の終了試験）《現行の制度では 8 年間の初等教育の後半期間，6 年級から 8 年級（ほぼ 11 歳から 14 歳）までの教育に相当》． ❐～ स्कूल 中学校《6 年級から 8 年級までの教育期間；8 年級に修了資格試験がある》．

मिडिलची /miḍila̸cī ミディルチー/ [*मिडिल* + *-ची*] *m.* 8 年級の修了資格試験に受かった者（いわゆる中卒にほぼ相当）．

मित- /mita̸- ミト・/ [←Skt. *मित-* 'measured, meted out, measured or limited by'] *adj.* 節度のある；適度の．

मितभाषी /mita̸bʰāṣī ミトバーシー/ [←Skt. *मित-भाषिन्-* 'speaking little'] *adj.* 穏やかな口調の（人）；口数の少ない（人）． ❐अपने वैवाहित जीवन में वे ～ और संजीदा रहा करते थे, विधुर होने के पश्चात् वे मिलनसार, हँसमुख और सब के लिए खुले-से हो गए थे। ご自身の結婚生活ではあの方は口数が少なくまた謹厳な様子でありました，男やもめになられてからはあの方は社交的で，陽気でそして皆に対して打ち解けた様子になられました．

मितली /mita̸lī ミトリー/ ▸मतली *f.* ☞मतली

मितव्यय /mitavyaya̸ ミタヴィャエ/ [neo.Skt. *मित-व्यय-* 'thrifty'] *adj.* 節約する，倹約する；質素な．

— *m.* 節約，倹約；質素．(⇒किफ़ायत)

मितव्ययता /mitavyaya̸tā ミタヴィャエター/ [neo.Skt.f. *मित-व्यय-ता-*] *f.* 節約すること，倹約すること；質素であること．

मितव्ययी /mitavyayī ミタヴィャイー/ [←Skt. *मित-व्ययिन्-* 'spending little, frugal, economical'] *adj.* ☞मितव्यय

— *m.* ☞मितव्यय

मिताहार /mitāhāra̸ ミターハール/ [←Skt.m. *मिताहार-* 'moderate food, scanty diet'] *m.* 簡素な食事；小食；節食．

मिताहारी /mitāhārī ミターハーリー/ [←Skt. *मिताहारिन्-* 'moderate in diet'] *adj.* 簡素な食事をする（人）；小食な（人）．

— *m.* 小食な人．

मिती /mitī ミティー/ [<Skt.f. *मिति-* 'fixing, erecting, establishing'] *f.* 〖暦〗（太陰暦上の）日付．

मित्र /mitra̸ ミトル/ [←Skt.m. *मित्र-* 'a friend, companion, associate'] *m.* **1** 友人，友達，友．(⇒दोस्त)(⇔शत्रु) ❐आप धन्य हों, मित्र हों तो ऐसे हों। あなたに幸あれ，友であればこうでなければ． **2** 味方，協力者；同盟者；同盟国，友好国．(⇒दोस्त)(⇔शत्रु) ❐भारत और चीन एक दूसरे के ～ देश हैं। インドと中国は相互の友好国である．

मित्रता /mitra̸tā ミトルター/ [←Skt.f. *मित्र-ता-* 'friendship'] *f.* 友情；友好（関係）．(⇒दोस्ती, मैत्री)(⇔शत्रुता)

मित्र-देश /mitra̸-deśa̸ ミトル・デーシュ/ [neo.Skt.m. *मित्र-देश-* 'a friendly country, an ally'] *m.* 友好国；同盟

国. (⇔शत्रु-देश)

मिथक /mitʰakạ ミタク/ [cf. Eng.n. *myth*; cf. Skt.ind. *मिथस्-* 'reciprocally; in secret'] *m.* 神話. (⇒पुराकथा)

मिथुन /mitʰunạ ミトゥン/ [←Skt.m. *मिथुन-* 'a pair (male and female); any couple or pair'] *m.* **1** (男女の)一対. **2** 性交. **3**〖天文〗双子座. ❐～ राशि (黄道十二宮の一つ)双子宮, 双子座.

मिथ्या /mitʰyā ミティャー/ [←Skt.ind. *मिथ्या* 'falsely, deceitfully, untruly'] *adj.* **1** 偽の;見せかけの, わざとらしい;似非(えせ)の. ❐उसके मुख पर कुछ ऐसा ～ विनीत भाव प्रकट हुआ जो भिक्षा माँगते समय मोटे भिक्षुकों पर आ जाता है। 彼の顔には少しばかりわざとらしい謙虚な表情があらわれた, 物乞いをしている時肥満した乞食の顔にあらわれるあの表情が. **2**《名詞的に「偽り」の意で使われることがある》❐इन बातों में ～ का कितना मिश्रण है, यह वह न भाँप सका। これらの話に偽りがどれほど混じっているのか, 彼は見抜くことができなかった.

मिथ्याचार /mitʰyācārạ ミティャーチャール/ [←Skt.m. *मिथ्या-आचार-* 'improper conduct'] *m.* 偽善;偽善的行為.

मिथ्यावाद /mitʰyāvādạ ミティャーワード/ [←Skt.m. *मिथ्या-वाद-* 'a false statement, lie'] *m.* 嘘をつくこと.

मिथ्यावादी /mitʰyāvādī ミティャーワーディー/ [←Skt. *मिथ्या-वादिन्-* 'lying'] *adj.* 偽りの. (⇒झूठा)
— *m.* 嘘つき. ❐वह ～ न था। 彼は嘘つきではなかった.

मिनकना /minakạnā ミナクナー/ [onom.; cf. *मिन-मिन*] *vi.* (*perf.* मिनका /minạkā ミンカー/) (不明瞭に不平などを)つぶやく. (⇒मिनमिनाना) ❐वह चुपचाप सुनता रहा, मिनका तक नहीं। 彼は黙って聞いていた, 何も口に出さなかった.

मिनट /minaṭạ ミナト/ [←Eng.n. *minute*] *m.*〖単位〗1分. ❐एक ～। ちょっと待っていてください. ❐पाँच बजकर दस ～ पर 5時10分に.

मिन-मिन /minạ-minạ ミン・ミン/ [onom.] *f.* 〔擬音〕ブツブツ《不明瞭な不平の声》.
— *adv.* (不明瞭に不平などを)ブツブツと.

मिनमिनाना /minạminānā ミンミナーナー/ [onom.; cf. *मिन-मिन*] *vi.* (*perf.* मिनमिनाया /minạmināyā ミンミナーヤー/) **1** (不明瞭に不満などを)ぶつぶつ (मिन-मिन) 言う. (⇒मिनकना) ❐किसी ने चूँ न की, कोई मिनमिनाया तक नहीं। 誰も声を上げなかった, ぶつぶつ言う者すらいなかった. **2** 鼻声で言う, 鼻にかけて言う. (⇒नकियाना)

मिनिरल वाटर /minirạlạ vāṭạrạ ミニラル ワータル/ ▸मिनिरल वॉटर [←Eng.n. *mineral water*] *m.* ミネラルウオーター.

मिनिस्टर /minisṭạrạ ミニスタル/ [←Eng.n. *minister*] *m.* 大臣. (⇒मंत्री, वज़ीर)

मिन्नत /minnatạ ミンナト/ [←Pers.n. منة 'conferring a favour; obligation, favour, courtesy, grace; kindness or service done to anyone' ←Arab.] *f.* 懇願, 哀願;願掛け, 神頼み, 祈願. (⇒निवेदन, प्रार्थना) ❐～ करना 懇願する, 頼み込む. ❐देवी-देवताओं की मिन्नतें होने लगीं। 八百万の神々への祈願が始まった.

मिन्स्क /minskạ ミンスク/ [cf. Eng.n. *Minsk*] *m.*〖地名〗ミンスク《ベラルーシ(共和国) (बेलारूस) の首都》.

मिमियाना /mimiyānā ミミヤーナー/ [onom.; cf. *में-में*] *vi.* (*perf.* मिमियाया /mimiyāyā ミミヤーヤー/) **1** (ヤギ・羊が)メーメー (में-में) と鳴く. **2** (お世辞などを言って)こびへつらう.

मिमी /milimīṭạrạ ミリミータル/ [←Eng.n. *millimeter* (mm)] *m.*〖単位〗〔略語〕ミリメートル.

मियाँ /miyā̃ ミヤーン/ [←Pers.n. ميان 'waist, loins; middle, centre; interior; (in India) a form of polite address, sir, master'] *m.* **1**〖イスラム教〗ミヤーン《男に対する敬意をこめた呼びかけ》. ❐～ आदमी 立派な方. ❐～ जी 先生《学校の教師などに対する敬称》. **2** 夫. (⇔बीबी) ❐मियाँ-बीबी 夫婦.

मियाँ-बीबी /miyā̃-bībī ミヤーン・ビービー/ ▸मियाँ-बीवी *m.* 夫婦. (⇒पति-पत्नी)

मियाँ-बीवी /miyā̃-bīvī ミヤーン・ビーヴィー/ ▸मियाँ-बीबी *m.* ☞मियाँ-बीबी

मियाँ-मिट्ठू /miyā̃-miṭṭʰū ミヤーン・ミットゥー/ *adj.* 調子がいい(人);人の受け売りをする(人).
— *m.* 調子がいい人;人の受け売りをする人. ❐～ बनना 調子のいいことを言う. ❐～ बनाना お世辞を言う, へつらう;(生徒に)棒暗記をさせる.

मियाद /miyādạ ミヤード/ ▸मीयाद [←Pers.n. ميعاد 'place or time of a promise' ←Arab.] *f.* (一定の)期間. (⇒अवधि) ❐～ काटना (服役の)期間を過ごす. ❐～ बढ़ाना 期間を延長する.

मियादी /miyādī ミヤーディー/ ▸मीयादी [*मियाद* + *-ई*] *adj.* **1** 一定期間持続する. **2** 周期的な, 定期的な. **3** 定められた期間の禁固刑に服した.

मियादी बुख़ार /miyādī buxārạ ミヤーディー ブカール/ *m.*〖医学〗間欠熱.

मियादी हुंडी /miyādī huṃḍī ミヤーディー フンディー/ *f.*〖経済〗日付後支払い手形.

मियान /miyānạ ミヤーン/ ▸म्यान *m.* ☞म्यान

मियाना /miyānā ミヤーナー/ [←Pers.adj. ميانه 'middle-sized, middling, moderate'] *adj.* 中くらいの. ❐～ क़द 中背.

मियानी /miyānī ミヤーニー/ ▸म्यानी [←Pers.n. ميانى 'a cod-piece'] *f.* 襠(まち).

मिरगिया /mirạgiyā ミルギヤー/ ▹मिर्गी [cf. *मिरगी*] *adj.*〖医学〗てんかん(性)の;癲癇患者の.
— *m.*〖医学〗癲癇患者.

मिरगी /mirạgī ミルギー/ ▹मिर्गी [<Skt.f. *मृगी-* 'a female deer; epilepsy'] *f.*〖医学〗癲癇(てんかん). (⇒अपस्मार) ❐(को) ～ आना (人に)癲癇の発作がおこる.

मिरच /miracạ ミラチ/ ▸मिर्च *f.* ☞मिर्च

मिरज़ई /mirạzaī ミルザイー/ ▸मिरज़ाई [←Pers.n. مرزائى 'an under jacket with long loose sleeves and open cuffs'] *f.* ミルザイー《ゆったりした長袖の上着》.

मिरज़ाई /mirạzāī ミルザーイー/ ▸मिरज़ई *f.* ☞मिरज़ई

मिर्गी /mirgī ミルギー/ ▹मिरगी *f.* ☞मिरगी

मिर्च /mirca̸ ミルチ/ ▸मिरच [(?metathesis) & (?hypercorr.) <Skt.m. *मरीच-* 'the pepper shrub': T.09875] *f.* **1**〖植物〗トウガラシ(唐辛子)《原産地は新大陸南米;ポルトガル人によりインドに 16 世紀中ごろもたらされた;辛さで勝ること, 栽培の容易さなどの理由で, 食生活上胡椒に取って代った;本来胡椒を意味していたこの語の語義変化もこれに起因》. ❒लाल [हरी] ~ 赤[青]トウガラシ. ❒शिमला ~ ピーマン《北インドの高冷地シムラー (शिमला) で栽培》. **2**〖植物〗コショウ(胡椒). ❒काली ~ (黒)胡椒.

मिर्चा /mircā ミルチャー/ ▸मिर्च *f.* ☞मिर्च

मिल /mila̸ ミル/ [←Eng.n. *mill*] *f.* 製造工場, 製作所. (⇒कारख़ाना, फ़ैक्टरी)

मिल-जुलकर /mila̸-jula̸kara̸ ミル・ジュルカル/ *adv.* 一緒に, 協力して.

मिलता-जुलता /mila̸tā-jula̸tā ミルター・ジュルター/ [cf. *मिलना-जुलना*] *adj.* **1** 一致している;似ている. ❒उसका चेहरा अपने भाई से बहुत ~ था। 彼の顔は兄弟ととても似ていた. **2** 世間の付き合いをする, (社交的な)交際をする. ❒मैं छह दिन काम करता, लोगों से ~। 私は(一週間の内)六日間は仕事をし, 人々と付き合った.

मिलन /milana̸ ミラン/ [←Skt.n. *मिलन-* 'coming together, meeting, contact, union'] *m.* **1** 出会い;ふれあい. ❒मधुर ~ (男女の)甘美な出会い. **2** 結合;混合. **3** 調和, 一致.

मिलनसार /milana̸sāra̸ ミランサール/ [*मिलन* + *-सार*] *adj.* (性格が)社交的な, 人付き合いのいい. ❒वह बड़ा ख़ुशमिज़ाज और ~ है। 彼はとても陽気で社交的です.

मिलनसारी /milana̸sārī ミランサリー/ [*मिलनसार* + *-ई*] *f.* 交際好き, 社交性, 交際上手. ❒वे आत्मकेंद्रित व्यक्ति थे, ~ उनसे कोसों दूर थी। 彼は自己中心的な人間だった, 社交性などというものは彼からはるかに遠かった.

मिलना /milanā ミルナー/ [<OIA. *miláti* 'meets, encounters': T.10133] *vi.* (*perf.* मिला /milā ミラー/) **1** 混ざる, 混合する;混入する;まみれる. ❒वह सारी आशा मिट्टी में मिल गयी। その期待全部が, 泥にまみれてしまった(=無駄になってしまった). ❒वह जब से आयी, तुम्हारा घर मिट्टी में मिल गया। 彼女が来て以来, おまえの家は泥にまみれてしまった(=家名が汚れてしまった). ❒जिस खन्ना को देखकर लोग जलते थे, वह खन्ना अब धूल में मिल गया है। 人々が見ては嫉妬し羨んでいたあのカンナー(=人名)が, 今は面目を失ってしまった. **2** 合う, 合わさる;連結する;接続する;統合される;合併される;組み入れられる;隣接する;(道路・河川などが)合流する. **3** 加算される, 合算される. (⇒जुड़ना)(⇔घटना) ❒सब मिलकर एक हज़ार रूपए से अधिक महीने में कमा लेते थे। 彼は合計して千ルピー以上を一月で稼いでいた. ❒सब मिलकर कितना होगा? 合計していくらになるでしょう? **4** 手に入る, 入手する;(探していたもの・人が)見つかる;(人に)巡り合う;(時間・機会・休暇などを)を得る;(快感・喜び・自信などを)覚える. ❒इसके आधे वेतन पर ऐसे ही आदमी आसानी से मिल सकते हैं। この半分の給与で同じような人間が簡単に見つけられますよ. ❒ऐसी औरत आपको इस दुनिया में तो शायद ही मिले। このような女性は, あなたにはこの世では巡り合えますまい. ❒मालिक अच्छा मिल गया है। いい主人に巡り合った. ❒उसे जैसे स्वर्ग मिल गया। 彼は, まるで天国を手に入れたかのようだった. ❒उसे जैसे अँधेरे में टटोलते हुए इच्छित वस्तु मिल गयी। 彼は, まるで暗闇で手探りで探していたものが見つかったかのようだった. ❒मुझे आपको पत्र लिखने तक की फ़ुरसत न मिलती थी। 私はあなたに手紙を書く暇さえありませんでした. ❒ऐसा मौक़ा फिर न मिलेगा। こういうチャンスはまたとないでしょう. ❒पाँच बजे छुट्टी मिलेगी। 5時に仕事から開放されるでしょう. ❒मुझे अभी तक चुनाव के विषय में उससे बातचीत करने का अवसर न मिला था। 私には, 今まで選挙について彼と話をするチャンスがなかった. ❒उन्हें इस खेल में विशेष आनंद न मिल रहा था। 彼はこのスポーツを特に楽しんでいるわけではなかった. ❒उसे कभी तो जीवन का सुख न मिला। 彼女は, 一度も人生の喜びを味わったことがなかった. **5** (手紙・情報を)受け取る;(結果を)受け取る. ❒तुम्हारे दोनों पत्र मुझे यथासमय मिल गए थे। 君の手紙二通とも折よく受け取りました. ❒उन्हें एक ऐसा समाचार मिला है, जिस पर विश्वास करने की उनकी इच्छा नहीं होती। 彼が受け取った知らせは, 信じたくないものだった. **6** (賞・罰などを)受ける. ❒हिज़ मैजेस्टी के जन्म-दिन के अवसर पर उन्हें राजा की पदवी भी मिल गयी। 国王陛下の誕生日の折り彼は「ラージャー」の称号を受けた. **7** (人に)会う;面会する;訪問する. ❒आप भी एक दिन उनसे मिल आइए। あなたもいつか彼に会ってこられたらどうです. ❒तुमसे मिलने को बहुत जी चाहता था। 君に会いたいととても思っていました. ❒मेरा जी तो चाहता है पहले उससे मिलकर अपना अपराध क्षमा कराये, लेकिन अंदर जाने का साहस नहीं होता। まず彼女に会って許しを願おうと私は思うのだが, 中に入って行く勇気が起こらないのである. **8** 偶然出会う;出くわす, 遭遇する. **9** 交際する, 付き合う;(人と)とけ込む. ❒उन्होंने हमेशा जनता के साथ मिले रहने की कोशिश की थी। 彼はいつも大衆ととけ込んでいる努力をした. **10** 集合する. ❒उसने समझा, सब-के-सब मिलकर मुझे नीचा दिखाना चाहते हैं। みんながよってたかって自分を軽蔑しようとしているのだ, と彼女は思いこんだ. ❒दोनों ने मिलकर किसी तरह एक पत्र लिखा। 二人は共同して, なんとか一通の手紙を書いた. **11**《未完了表現で》似ている. ❒दो भाइयों के चेहरे एक दूसरे से मिलते हैं। 二人の兄弟の顔は互いに似ている. **12** 調和がとれる;(楽器の)調子が合う;(歩調が)合う. **13** 和解する, 仲直りする;仲間になる. **14** 比較照合される.

मिलना-जुलना /milanā-julanā ミラナー・ジュラナー/ *vi.* (*perf.* मिला-जुला /milā-julā ミラー・ジュラー/) **1** 混じる, 混じり合う;組み入れられる《主に完了分詞〖मिला-जुला〗の形式で》. ❒मिला-जुला 混じり合った. **2** 一致する;似る《主に未完了分詞〖मिलता-जुलता〗の形式で》. ❒(से) मिलता-जुलता (…と)似ている. **3** 世間の付き合いをする, (社交的な)交際をする《主に未完了分詞〖मिलता-जुलता〗の形式で》. ❒(से) मिलता-जुलता (人と)世間付き合いをする.

मिलनी /milanī ミルニー/ [cf. *मिलना*] *f.*〖ヒンドゥー教〗

ミルニー《結婚式の際，新郎と新婦の両家の親族が互いに親しく挨拶を交わす儀式；またその際，新婦側から新郎側に渡される金品を指すことも》.

मिलवाई /milavāī ミルワーイー/ [cf. *मिलवाना*] *f.* 人と人とを引き合わせる仕事；その仕事の手間賃.

मिलवाना /milavānā ミルワーナー/ [caus. of *मिलना, मिलाना*] *vt.* (*perf.* मिलवाया /milavāyā ミルワーヤー/) 混ざらせる；混ぜてもらう.

मिलाई /milāī ミラーイー/ [cf. *मिलाना*] *f.* **1** ものを混ぜるたり溶かす仕事；その手間賃. **2** 人と人とを引き合わせる仕事；その仕事の手間賃. (⇒मिलवाई) **3** 〖ヒンドゥー教〗ミラーイー《カースト・ジャーティから追放された者を再び迎え入れること》. **4** ☞मिलनी

मिला-जुला /milā-julā ミラー・ジュラー/ [cf. *मिलना-जुलना*] *adj.* 混じった，混じり合った；組み入れられた. ❐मिली-जुली भावनाएँ (相反する) 混じり合った感情. ❐मिली-जुली सरकार 連立政府.

मिलान /milāna ミラーン/ [cf. *मिलाना*] *m.* **1** 会わせること. **2** 合わせること，照合. ❐(से) (का) ～ करना (…と)(…を)照合する.

मिलाना /milānā ミラーナー/ [cf. *मिलना*] *vt.* (*perf.* मिलाया /milāyā ミラーヤー/) **1** 混ぜる，混入する；まみれさせる. ❐बुढ़िया ने खाँड़ और सत्तू मिलाकर उसे खाने को दिया। 老婆は粗糖と麦焦がしを混ぜ合わせ彼に食べるようにと差し出した. ❐उसने दया को व्यापार में मिलाना स्वीकार न किया। 彼は憐れみを商売にもちこむことをいさぎよしとしなかった. ❐उसने मेरी इज़्ज़त मिट्टी में मिला दी। 彼は私の面目を泥にまみれさせた(＝面目を失墜させた). **2** 合わせる；連結する；接続する. ❐नंबर मिलाना। ダイヤルを回して電話をかける. ❐उसने उठकर हाथ मिलाया। 彼は立ち上がって握手した. ❐वह इस सत्य से आँखें मिलाने का साहस न कर सकते थे। 彼はこの真実に目を合わせる勇気がだせなかった. **3** (新しい要素などを)付け加える. **4** 加算する，合算する，合計する. (⇒जोड़ना)(⇔घटाना) **5** 統合する；合併する；組み入れる. **6** ひき会わせる，紹介する. ❐अबकी आप आयेंगे, तो उनसे मिलाऊँगा। 今度いらっしゃったら，彼に紹介しましょう. ❐मिस मालती को उनसे मिलाया या नहीं? マールティー嬢を彼に紹介しましたか？ **7** 調和させる；(楽器の調子を)合わせる；(歩調を)合わせる；相づちをうつ. ❐वह मर्द का आश्रय नहीं चाहतीं, उससे कंधा मिलाकर चलना चाहती हैं। 彼女は男の庇護を望んでいない，男と肩をならべて進みたいのだ. ❐वह हमेशा बड़े आदमियों की हाँ में हाँ मिलाता है। 彼はいつも，お偉方には相づちをうつ. **8** 仲直りさせる；説得して(味方に)引き入れる. **9** 比較照合する，対照する.

मिलाप /milāpa ミラープ/ [cf. *मिलना*] *m.* **1** ☞मिलन **2** 和解；融和.

मिलावट /milāvaṭa ミラーワト/ [cf. *मिलाना*] *f.* (不純物の)混合；混入. ❐दूध में ～ ミルクの中に不純物の混入.

मिलावटी /milāvaṭī ミラーオティー/ [cf. *मिलावट* + *-ई*] *adj.* (不純物が)混ぜられた，混入した. ❐～ खाद्य पदार्थ 不純物が混入した食品.

मिलिंद /miliṃda ミリンド/ [←Skt.m. *मिलिन्द-* 'a bee'; cf Drav.; DEDr.5098 (DED.4184)] *m.* **1** 〖昆虫〗花蜂，ハナバチ. (⇒भौंरा) **2** 〖仏教〗ミリンダ王《パーリ語仏典に言及がある，紀元前 2 世紀後半アフガニスタン・北インドを支配したギリシア系の王メナンドロス 1 世》.

मिलिटरी /miliṭarī ミリタリー/ [←Eng.n. *military*] *f.* 軍隊. (⇒आर्मी, फ़ौज, सेना)

मिली-भगत /milī-bʰagata ミリー・ブガト/ [?*मिलना* + *भक्ति*] *f.* 共謀，なれ合い. ❐(के) मामले में (की) मिली-भगत (…の)事件における(…の)共謀.

मिल्कियत /milkiyata ミルキヤト/ [←Pers.n. ملكة 'property, possession' ←Arab.] *f.* 〖法律〗(土地などの)所有権；地所，所有地.

मिशन /miśana ミシャン/ [←Eng.n. *mission*] *m.* **1** 使命. (⇒उद्देश्य) **2** (外国への)使節団，派遣団. **3** 〖キリスト教〗伝道，布教；伝道[宣教師]団，伝道組織.

मिशनरी /miśanarī ミシュナリー/ [←Eng.n. *missionary*] *m.* 〖キリスト教〗伝道師，宣教師.

मिश्र /miśra ミシュル/ [←Skt. *मिश्र-* 'mixed, mingled, blended, combined'] *adj.* 混合した；結合した. ❐～ धातु 〖化学〗合金. ❐～ वाक्य 〖言語〗複文.

मिश्रण /miśraṇa ミシュラン/ [←Skt.n. *मिश्रण-* 'mixing, mixture'] *m.* **1** 混合；混交. **2** 〖化学〗化合物；混合物.

मिश्रधातु /miśradʰātu ミシュルダートゥ/ [neo.Skt.m. *मिश्र-धातु-* 'an alloy'] *m.* 〖化学〗合金.

मिश्रित /miśrita ミシュリト/ [←Skt. *मिश्रित-* 'mixed, blended with'] *adj.* 混合した；混淆(こんこう)した. ❐～ भाषा 〖言語〗混合言語，混成言語.

मिश्री /miśrī ミシュリー/ ▸मिस्री *f.* ☞मिस्री

मिश्रीकरण /miśrīkaraṇa ミシュリーカラン/ [←Skt.n. *मिश्री-करण-* 'the act of mixing, seasoning. an ingredient'] *m.* 混ぜ合わせること.

मिष्टभाषी /miṣṭabʰāṣī ミシュトバーシー/ [neo.Skt. *मिष्ट-भाषिन्-* 'honeyed'] *adj.* 甘い言葉をささやく(人). (⇒मधुरभाषी)
— *m.* 甘い言葉をささやく人.

मिष्टान्न /miṣṭānna ミシュターンヌ/ [←Skt.n. *मिष्ट-अन्न-* 'sweet or savoury food'] *m.* 〖食〗菓子；デザート. (⇒मिठाई)

मिष्ठान्न /miṣṭʰānna ミシュターンヌ/ [*मिष्टान्न* × *मीठा*] *m.* ☞मिष्टान्न

मिस[1] /misa ミス/ [＜OIA.n. *miṣa-* 'false appearance': T.10298z1] *m.* 言い訳；口実. (⇒बहाना) ❐(के) ～ से (…を)口実に；(…の)よしみで. ❐बच्चों का सा ～ करना 子どものような言い訳をする.

मिस[2] /misa ミス/ [←Eng.n. *miss*] *f.* …嬢《未婚女性の名につける敬称》. (⇒कुमारी) ❐～ वर्ल्ड ミス・ワールド. ❐～ साहब お嬢さま.

मिस[3] /misa ミス/ [←Eng.vt. *miss*] *adj.* **1** ミスした，間違った. ❐～ कॉल 間違い電話. **2** (乗り物に)乗り遅れた；(映画などを)見そこなった；(誤って)見逃す；(人がいないのを)寂しく思う. ❐पायलट लैंडिंग के वक़्त रनवे को

～ कर गया। パイロットは着陸の際滑走路を見誤った.

मिसरा /misa̸rā ミスラー/ [←Pers.n. مصرع 'a hemistich, a line of a poem' ←Arab.] *m.* ミスラ《ウルドゥー語やペルシャ語の詩の半句;特に最初の半句を指すことが多い;和歌の連歌と似て最初の半句に別の詩人が残りの半句を加え詩を完成させる遊戯がある》. ❒～ लगाना 最初の半句に残りの半句を加え詩を完成させる.

मिसरी /misa̸rī ミスリー/ ▹मिस्री *adj.* ☞मिस्री
— *m.* ☞मिस्री
— *f.* ☞मिस्री

मिसल /misala̸ ミサル/▸मिसिल [?←Pers. مثل 'punishing (one) quickly (as an example)' ←Arab.] *f.* (書類の)ファイル, とじ込み. (⇒फ़ाइल, नत्थी)

मिसाइल /misāila̸ ミサーイル/ [←Eng.n. *missile*] *f.* ミサイル. (⇒प्रक्षेपास्त्र) ❒～ छोड़ना ミサイルを発射する. ❒～ हमला ミサイル攻撃.

मिसाल /misāla̸ ミサール/ [←Pers.n. مثال 'similitude' ←Arab.] *f.* 例, 実例. (⇒उदाहरण) ❒～ के तौर पर たとえば.

मिसिज़ /misiza̸ ミスィズ/ [←Eng.n. *Mrs.*] *f.* **1**…夫人《既婚女性の名につける敬称》. (⇒श्रीमती) ❒～ शर्मा シャルマー夫人. **2** (他人の)妻, 奥さん. (⇒श्रीमती जी) ❒～ कैसी हैं? 奥さんはお元気?

मिसिल /misila̸ ミスィル/ ▸मिसल *f.* ☞मिसल

मिस्टर /misṭara̸ ミスタル/ [←Eng.n. *mister*] *m.* **1**…氏《男性に対するやや気取った敬称》. **2** ミスター《男性に対する気取った呼びかけ》.

मिस्तरी /mista̸rī ミストリー/▹मिस्त्री [←Port.m. *mestre* 'artisan'] *m.* 機械工, メカニック, 職工, 職人;電気工. (⇒मेकैनिक, यांत्रिक)

मिस्त्री /mistrī ミストリー/ ▹मिस्तरी *m.* ☞मिस्तरी

मिस्र /misra̸ ミスル/ [←Pers.n. مصر 'Egypt' ←Arab.] *m.* 〖国名〗エジプト(・アラブ共和国)《首都はカイロ(क़ाहिरा)》.

मिस्री /misrī ミスリー/▹मिसरी▸मिश्री [←Pers.n. مصری 'an Egyptian'] *adj.* エジプトの.
— *m.* エジプト人.
— *f.* 〖食〗氷砂糖.

मिस्सा /missā ミッサー/ [<OIA. *miśrá-* 'mixed': T.10135] *adj.* (雑穀が)混じった;粗い, 粗雑な(雑穀). ❒मिस्सी रोटी 雑穀の穀粉でつくったローティー.
— *m.* ミッサー《雑穀が混じった粗い穀粉》.

मिस्सी /missī ミッスィー/ [<OIA. *miśrayati* 'mixes': T.10137; cf. Pers.n. مسی 'a sort of dentifrice or colouring for the teeth used in Hindustan'] *f.* ミッスィー《女性が歯や唇を黒く染める粉》. ❒मिस्सी-काजल 化粧(品).

मींचना /mī̃ca̸nā ミーンチナー/ ▸मीचना *vt.* (*perf.* मींचा /mī̃cā ミーンチャー/) ☞मीचना

मींजना /mī̃ja̸nā ミーンジナー/ [<OIA. **mr̥ñjati* 'rubs': T.10275] *vt.* (*perf.* मींजा /mī̃jā ミーンジャー/) (手で)こする;さする.

मीचना /mīca̸nā ミーチナー/▸मींचना [<OIA. **micc-* 'close the eyes, blink': T.10118; cf. *मिचकाना*] *vt.* (*perf.* मीचा /mīcā ミーチャー/) (瞼(まぶた)を)閉じる. (⇒मूँदना)

मीज़ान /mīzāna̸ ミーザーン/ [←Pers.n. میزان 'a balance, pair of scales' ←Arab.] *f.* **1** 天秤. (⇒तराज़ू) **2** 合計. (⇒जोड़, योग)

मीटर[1] /mīṭara̸ ミータル/ [←Eng.n. *meter*] *m.* メーター, 計量機, 計測器, 計器. ❒टैक्सी का ～ タクシーのメーター.

मीटर[2] /mīṭara̸ ミータル/ [←Eng.n. *meter, metre*] *m.* 〖長さ, 距離の単位〗メートル. ❒४०० ～ की दौड़ 〖スポーツ〗400 メートル走.

मीटिंग /mīṭiṃga̸ ミーティング/ [←Eng.n. *meeting*] *f.* **1** ミーティング, 会合. (⇒बैठक) ❒～ करना ミーティングをする. **2** 大会, 集会. (⇒सभा)

मीठा /mīṭʰā ミーター/ [<OIA. *miṣṭa-*[1] 'dainty, sweet': T.10299z1] *adj.* **1** 〖食〗(味が)甘い;おいしい. (⇔कड़वा) ❒～ पानी おいしい水. ❒～ फल 甘い果物. ❒(का) मुँह ～ होना (人が)甘いものを口にする. **2** 甘美な;(言葉が)甘く心地よい;優しい;(本気ではない)軽い, 甘やかすような. ❒～ उलाहना 軽いたしなめ. ❒मीठी नींद 心地よい眠り. ❒मीठी बात 耳に心地よい話. ❒मीठी स्मृतियाँ 甘美な記憶. ❒मीठे स्वर में बोलना 甘い声で話す.

मीडिया /mīḍiyā ミーディヤー/ [←Eng.n. *media*] *m.* メディア, (テレビ, 新聞などの)マスコミ媒体. ❒हिंदी ～ ヒンディー語メディア.

मीन /mīna̸ ミーン/ [←Skt.m. *मीन-* 'a fish; the sign of the zodiac Pisces'] *m.* **1** 魚. (⇒मछली) **2** 〖天文〗魚座. ❒～ राशि (黄道十二宮の一つ)双魚宮, 魚座.

मीन-मेख /mīna̸-mekʰa̸ ミーン・メーク/ [*मीन* + *मेष*] *m.* あら探し;(あら探しの結果)あれこれ迷うこと. ❒～ करना [निकालना] あら探しをする.

मीना /mīnā ミーナー/ [←Pers.n. مینا 'enamel'] *m.* 〖化学〗エナメル. (⇒इनामिल)

मीनाकार /mīnākāra̸ ミーナーカール/ [←Pers.n. مینا کار 'an enameller'] *m.* エナメル職人.

मीनाकारी /mīnākārī ミーナーカーリー/ [←Pers.n. مینا کاری 'enamel'] *f.* 琺瑯(ほうろう)細工, エナメル加工.

मीना-बाज़ार /mīnā-bāzāra̸ ミーナー・バーザール/ *m.* **1** 〖歴史〗ミーナー・バーザール《ムガル朝の宮廷の女性たちが売り手や買い手になって楽しんだ市(いち)の真似事》. **2** ミーナー・バーザール《高価な貴金属や装身具を売る商店街;蚤の市》.

मीनार /mīnāra̸ ミーナール/ [←Pers.n. مینار 'a tower, turret, steeple, spire, minaret' ←Arab.] *f.* 塔, 尖塔, ミナレット. ❒क़ुतुब ～ クトゥブ・ミーナール.

मीनू /mīnū ミーヌー/ [←Eng.n. *menu*] *m.* メニュー.

मीमांसा /mīmāṃsā ミーマーンサー/ [←Skt.f. *मीमांसा-* 'profound thought or reflection or consideration, investigation, examination, discussion'] *f.* 〖ヒンドゥー教〗ミーマーンサー《原意は「考究」, ヴェーダ聖典の解釈学的研究;インドの六派哲学の一派》.

मीयाद /mīyādạ ミーヤード/ ▸मियाद *f.* ☞मियाद

मीयादी /mīyādī ミーヤーディー/ ▸मियादी *adj.* ☞मियादी

मीर /mīrạ ミール/ [←Pers.n. میر 'an emperor, prince, lord, governor, chief, leader' ←Arab. امیر] *m.* **1**〖歴史〗族長, 首長;(部署の)長, 最高責任者. **2**〖ゲーム〗(トランプの)キング. (⇒बादशाह) **3**〖イスラム教〗ミール《預言者ムハッマドの子孫であるサイヤド家の称号》.

मीर-फ़र्श /mīrạ-farśạ ミール・ファルシュ/ [←Pers.n. میر فرش 'a stone or weight holding down the edge of a carpet'] *m.* 絨毯など敷物の四隅に置かれる重石.

मीर-बख़्शी /mīrạ-baxśī ミール・バクシー/ [←Pers.n. میر بخشی 'paymaster-general'] *m.*〖歴史〗主計長官.

मीर-मंज़िल /mīrạ-maṃzilạ ミール・マンズィル/ [←Pers.n. میر منزل 'overseer of the halting-places; quartermaster-general'] *m.*〖歴史〗兵站責任者, 補給担当責任者.

मीर-शिकार /mīrạ-śikārạ ミール・シカール/ [←Pers.n. میر شکار 'a huntsman and trainer of hawks, a falconer'] *m.*〖歴史〗(ムガル朝時代の王侯貴族が催す)狩猟の責任者;鷹匠.

मीर-सामान /mīrạ-sāmānạ ミール・サーマーン/ [←Pers.n. میر سامان 'head steward'] *m.*〖歴史〗執事長, 家令.

मील /mīlạ ミール/ [←Port.f. *milha* 'mile'] *m.*〖単位〗マイル (=5,280 feet, 1,760 yards, 1,609.3m). ❐～ का पत्थर マイル標石, 里程標.

मील-पत्थर /mīlạ-pattʰarạ ミール・パッタル/ *m.* マイル標石;一里塚.

मील्स /mīlsạ ミールス/ [cf. Eng.n. *meals*] *m.*〖食〗ミールス《南インドの定食;北インドのターリー (थाली) の相当》.

मुँगरा /mũgạrā ムングラー/ [<OIA.m. *mudgara-*[1] 'mallet': T.10199] *m.* 木槌(きづち).

मुँगरी /mũgạrī ムングリー/ [cf. *मुँगरा*] *f.* 小さな木槌(きづち).

मुंगेर /muṃgerạ ムンゲール/ [cf. Eng.n. *Munger*] *m.*〖地名〗ムンゲール《ビハール州 (बिहार) の歴史的な都市》.

मुंड /muṃḍạ ムンド/ [←Skt.m. *मुण्ड-* 'a man with a shaven head, bald-headed man'] *m.* **1** 頭部《特に切り離された頭部》. ❐नर [मानव] ～ (切り離された)人間の頭部. **2** 頭蓋骨. **3**〔卑語〕亀頭. (⇒शिश्न-मुंड, सुपारी)

मुंडन /muṃḍanạ ムンダン/ [←Skt.n. *मुण्डन-* 'shaving the head, tonsure'] *m.*〖ヒンドゥー教〗剃髪《特に男子の儀礼として;幼児の通過儀礼としての剃髪, 親族の死去の際の剃髪など》. ❐～ संस्कार 剃髪の儀礼.

मुँड़ना /mũṛanā ムンルナー/ [<OIA. *muṇḍa-*[1] 'shaved, bald, lopped': T.10191] *vi.* (*perf.* मुँड़ा /mũṛā ムンラー/) (頭髪が)剃られる.

मुंड-माला /muṃḍạ-mālā ムンド・マーラー/ [←Skt.f. *मुण्ड-माला-* 'a necklace of heads, or skulls'] *f.*〖ヒンドゥー教〗ムンダ・マーラー《人間の頭部や頭蓋骨を数珠つなぎにした環;カーリー女神 काली の首飾り》.

मुँड़वाना /mũṛạvānā ムンルワーナー/ ▸मुँड़ाना [caus. of *मुँड़ना, मूँड़ना*] *vt.* (*perf.* मुँड़वाया /mũṛạvāyā ムンルワーヤー/) (頭を)剃らせる;剃ってもらう.

मुंड-विहीन /muṃḍạ-vihīnạ ムンド・ヴィヒーン/ *adj.* 首を切られた;首のない, 頭のない. ❐～ धड़ 頭部のない胴体.

मुंडा[1] /muṃḍā ムンダー/ [<Skt. *मुण्ड-* 'shaved, bald, having the head shaved or the hair shorn'; cf. *मुँड़ना*: T.10191] *adj.* **1** 頭髪を剃った(人);坊主頭の(人). **2** 頭が禿げている(人). (⇒गंजा)

— *m.* **1** 頭髪を剃った人;坊主頭の人;頭が禿げている人. **2** ムンダー文字《カイティー文字 (कैथी) の別名;文字上部の横線がないことから》. (⇒कैथी)

मुंडा[2] /muṃḍā ムンダー/ [?] *m.* ムンダ族《インド東部からバングラデシュにかけて分布する先住民族》.

— *f.* ムンダ語《インド東部からバングラデシュにかけて話される先住民言語;オーストロアジア語族に属すると考えられている》.

मुँड़ाई /mũṛāī ムンラーイー/ [cf. *मुँड़ाना*] *f.* (頭を)剃る仕事;その手間賃.

मुँड़ाना /mũṛānā ムンラーナー/ ▸मुँड़वाना [caus. of *मुँड़ना, मूँड़ना*] *vt.* (*perf.* मुँड़ाया /mũṛāyā ムンラーヤー/) ☞मुँड़वाना

मुँड़ासा /mũṛāsā ムンラーサー/ [cf. *मुँड़ना*] *m.* ムンラーサー《ゆるく締める小型のターバンの一種》.

मुंडित /muṃḍitạ ムンディト/ [←Skt. *मुण्डित-* 'shaved, bald, shorn, lopped'] *adj.* 頭を剃った;剃髪した.

मुंडी /muṃḍī ムンディー/ [cf. *मुंडा*[1]] *f.* 剃髪した女《未亡人など;女性を罵倒する語としても使用》.

मुँडेर /mũṛerạ ムンレール/ [cf. *मूँड़*] *f.* (平たい屋根や屋上の)手すり壁;胸壁;手すり. ❐डेक की ～ デッキの手すり.

मुँदना /mũdạnā ムンドナー/ [<OIA. *mudrayati* 'seals': T.10202] *vi.* (*perf.* मुँदा /mũdā ムンダー/) (目や瞼(まぶた)が)閉じられる;ふさがる. ❐(की) पलकें [आँखें] मुँद जाना (人の)瞼[目]が閉じる.

मुँदरा /mũdạrā ムンドラー/ [?←Skt.f. *मुद्रा-* 'a seal-ring, signet-ring'] *m.* ムンダラー《耳輪;ヨーガの修行者 (योगी) が身に着ける》.

मुँदरी /mũdạrī ムンドリー/ [cf. *मुँदरा*] *f.* ムンダリー《指輪;印章付きの指輪》.

मुंबई /muṃbaī ムンバイー/ [cf. Eng.n. *Mumbai*] *f.*〖地名〗ムンバイー《マハーラーシュトラ州 (महाराष्ट्र) の州都;旧称ボンベイ (बंबई)》.

मुंबइया /muṃbaiyā ムンバイヤー/ [cf. *मुंबई*] *adj.* ムンバイーの;ムンバイー風の;ムンバイー流の. (⇒बंबइया) ❐～ फ़िल्म ムンバイー映画《インド最大の映画産業地ムンバイーで制作された映画》.

मुंशी /muṃśī ムンシー/ [←Pers.n. منشی 'a writer, author, secretary, tutor, or language teacher' ←Arab.] *m.* **1**〖歴史〗書記;事務員. **2**〖歴史〗ムンシー《ペルシア語やウルドゥー語の教師》. **3**〖歴

史】ムンシー《教育を受けた人に対する敬称》.

मुंशीगीरी /muṃśīgīrī ムンシーギーリー/ [*मुंशी* + *-गीरी*] *f.* 〖歴史〗書記職;事務職.

मुंसिफ़ /muṃsifa ムンスィフ/ [←Pers.n. منصف 'a judge-advocate; (in India) a subordinate judge' ←Arab.] *adj.* 公平な;公正な.
— *m.* 〖歴史〗判事;判事補.

मुंसिफ़-मिज़ाज /muṃsifa-mizāja ムンスィフ・ミザージ/ [←Pers.adj. منصف مزاج 'just, equitable, discreet'] *adj.* 公正な;公平な;正義感の強い. (⇒न्यायसंगत, मुंसिफ़ाना)

मुंसिफ़ाना /muṃsifānā ムンスィファーナー/ [←Pers.adj. منصفانه 'candidly, equitably'] *adj.* 公正な;公平な;正義感の強い. (⇒न्यायसंगत, मुंसिफ़-मिज़ाज)

मुंसिफ़ी /muṃsifī ムンスィフィー/ [←Pers.n. منصفی 'equity, justice, right, decision'] *f.* **1** 公平であること;公正であること. **2** ムンスィフィー《ムンスィフ (मुंसिफ़) の職務;その職務をとる法廷》.

मुँह /mũha ムンフ/ [<OIA.m. *múkha-* 'mouth, face': T.10158] *m.* **1** 顔;顔面. (⇒चेहरा, मुख) ❐(की तरफ़ [ओर]) ～ करना (…に)顔を向ける. ❐～ धोना 顔を洗う. ❐(से) ～ फूलना (人に対して)顔をしかめる, すねる. ❐(से) ～ फेरना (…から)顔をそむける. **2** 口;口腔. (⇒मुख) ❐～ खोलना 口を開く(＝話し始める). ❐～ बाना ぽっかりと口を開ける. **3** (鳥の)くちばし;(動物の)鼻口部. **4** (容器の)口, 注ぎ口;銃口, 砲口. **5** 威信;虚飾, 見栄. **6**〔慣用〕❐～ अँधेरे 夜も明けぬうちに. ❐～ काला करना 面汚しをする, 悪事をはたらく. ❐～ बनाना 顔をしかめる. ❐अपना-सा ～ लेकर रह जाना あっけにとられたままでいる. ❐अपना-सा ～ लेकर लौटना (うまくいかずに)しょんぼりと帰る.

मुँह-अँधेरे /mũha-āgʰere ムンフ・アンゲーレー/ *adv.* (暗くて人の顔もさだかに見えない)早朝に, 日の出前に.

मुँह-छुट /mũha-cʰuṭa ムンフ・チュト/ *adj.* ずけずけ遠慮なく言う(人). (⇒मुँह-फट)

मुँह-ज़बानी /mũha-zabānī ムンフ・ザバーニー/ *adj.* 暗唱している. ❐सब ～ याद है। すべて暗唱するほど覚えている.
— *adv.* 口頭で. ❐(को) ～ बताना (人に)口頭で伝える.

मुँह-जला /mũha-jalā ムンフ・ジャラー/ [*मुँह* + *जलना*] *adj.* 〔卑語〕(不吉なことを口にする)罰当たりの(人). ❐मुँह-जली 罰当たりの(女).

मुँहज़ोर /mũhazora ムンフゾール/ [*मुँह* + *ज़ोर*] *adj.* **1** 口の汚い(人), ずけずけ言う(人). **2** 頑固な(人), 強情な(人).

मुँहज़ोरी /mũhazorī ムンフゾーリー/ [*मुँहज़ोर* + *-ई*] *f.* **1** 口が汚いこと, ずけずけ言うこと. **2** 頑固であること, 強情であること. ❐घोड़े की ～ 馬の強情さ.

मुँह-तोड़ /mũha-toṛa ムンフ・トール/ *adj.* ぐうの音も出ない, やりこめる. ❐(का) ～ जवाब देना (…に対して)ぐうの音も出ない返答をする.

मुँह-दिखाई /mũha-dikʰāī ムンフ・ディカーイー/ *f.* 〖ヒンドゥー教〗ムンフ・ディカーイー《結婚式の後, 新郎側の女性たちが新婦のベールを取って顔を見る儀式;その際新婦に贈り物がされる》.

मुँह-देखा /mũha-dekʰā ムンフ・デーカー/ *adj.* 見せかけの, うわべだけの.

मुँह-फट /mũha-pʰaṭa ムンフ・パト/ *adj.* ずけずけ遠慮なく言う(人), 口の悪い, 口汚い. (⇒मुँहछुट) ❐उन्होंने अपने बदनाम ～ स्वभाव से कहा। 彼は悪名高い口の悪さで言った. ❐आपको ख़बर नहीं, नशेबाज़ लोग कितने ～ होते हैं। 酔っ払いがどれほど口汚いかを, あなたはご存じない.

मुँहबोला /mũhabolā ムンフボーラー/ [*मुँह* + *बोलना*] *adj.* (言葉の上で肉親)同然の. ❐～ भाई 自分の兄弟同然の男性, 義兄弟, 兄弟分. ❐मुँह-बोली बहन 自分の姉妹同然の女性, 妹分. ❐मुँह-बोली बेटी 娘同然の女性, 養女.

मुँहमाँगा /mũhamā̃gā ムンフマーンガー/ [*मुँह* + *माँगना*] *adj.* 言いなりの, 望みどおりの. ❐उस ग़रीब ने ～ दाम ही नहीं पाया, उसका दुगुना पाया। その貧しい者は言いなりの値段どころか, その二倍を得た. ❐मुँहमाँगी मुराद पूरी हुई। 望みどおりの願いがかなった.

मुँह-लगा /mũha-lagā ムンフ・ラガー/ [*मुँह* + *लगना*] *adj.* 横柄な, なれなれしい, 生意気な.

मुँहासा /mũhāsā ムンハーサー/▸मुहासा [cf. *मुँह*] *m.* 〖医学〗にきび, 吹き出物. ❐मुँह पर मुँहासे थे। 顔にはにきびがあった.

मुअक्किल /muakkila ムアッキル/ ▸मुवक्किल *m.* ☞मुवक्किल

मुअत्तल /muattala ムアッタル/ ▸मुअत्तिल [←Pers.adj. معطل 'abandoned, deserted, uninhabited, unfrequented, neglected, fallen into disuse' ←Arab.] *adj.* 停止された;停職になった;停学になった. ❐(को) ～ करना (人を)停職にする, 停学にする.

मुअत्तली /muattalī ムアッタリー/ ▸मुअत्तिली [←Pers.n. معطلی 'the being idle, or out of employment'] *adj.* 停止;停職;停学. ❐～ का परवाना 停職通知書.

मुअत्तिल /muattila ムアッティル/ ▸मुअत्तल *adj.* ☞मुअत्तल

मुअत्तिली /muattilī ムアッティリー/ ▸मुअत्तली *adj.* ☞मुअत्तली

मुअल्लिम /muallima ムアッリム/ [←Pers.n. معلم 'a school-master, tutor; the pilot or the mate (of a ship)' ←Arab.] *m.* 教師.

मुआफ़ /muāfa ムアーフ/ ▸माफ़ *adj.* ☞माफ़

मुआफ़िक़ /muāfiqa ムアーフィク/ ▸माफ़िक़ *adj.* ☞माफ़िक़

मुआफ़ी /muāfī ムアーフィー/ ▸माफ़ी *f.* ☞माफ़ी

मुआमला /muāmalā ムアーマラー/ ▸मामला *m.* ☞मामला

मुआयना /muāyanā ムアーエナー/ [←Pers.n. معاینة 'contemplating' ←Arab.] *m.* 検査, 調査;視察;診断. (⇒निरीक्षण) ❐(का) ～ करना (…を)調査する.

मुआवज़ा /muāvazā ムアーオザー/ [←Pers.n. معاوضة 'returning like for like, compensating, giving a substitute' ←Arab.] *m.* 補償(金);賠償(金). (⇒हरजाना) ❐～ राशि 補償金. ❐मारे गए पाँचों पुलिसकर्मियों के

परिजनों को बीस-बीस लाख रु。का मुआवज़ा दिया गया। 死亡した5人の警官の家族に2百万ルピーずつの補償金が与えられた.

मुआहिदा /muāhidā ムアーヒダー/ [←Pers.n. معاهدة 'entering into an alliance, conspiring, confederating, convenanting; an agreement, treaty' ←Arab.] *m.* 条約. (⇒संधि)

मुक़दमा /muqadamā ムカドマー/▶मुक़द्दमा [←Pers.n. مقدمة 'an affair, matter, case, business, subject; lawsuit; preface' ←Arab.] *m.* **1** 訴訟(事件), 裁判. (⇒केस, अभियोग) ❐～ जीतना [हारना]訴訟に勝つ[負ける]. ❐～ लड़ना 訴訟を争う. ❐～ वापस लेना 訴訟を取り下げる. ❐दीवानी [फ़ौजदारी] ～ 民事[刑事]訴訟. ❐(पर) ～ चलाना(…に対して)訴訟を起こす, 起訴する. ❐(पर) ～ दायल करना(…に対して)提訴する. **2** 序文. (⇒प्राक्कथन, भूमिका)

मुक़दमेबाज़ /muqadamebāza ムカドメーバーズ/ [*मुक़दमा* + *-बाज़*] *adj.* 訴訟好きの(人);裁判慣れした(人).

मुक़दमेबाज़ी /muqadamebāzī ムカドメーバーズィー/ [*मुक़दमेबाज़* + *-ई*] *f.* 訴訟沙汰, 裁判沙汰. ❐～ में लाखों रुपये नष्ट हुए। 訴訟沙汰で何十万何百万ルピーが失われた. ❐वह ～ से तंग आ गया। 彼は訴訟沙汰にうんざりした.

मुक़द्दमा /muqaddamā ムカッダマー/ ▶मुक़दमा *m.* ☞मुक़दमा

मुक़द्दर /muqaddara ムカッダル/ [←Pers.n. مقدر 'fate, destiny' ←Arab.] *m.* 運, 運命. (⇒भाग्य)

मुकम्मल /mukammala ムカムマル/ [←Pers.adj. مكمل 'consummate, perfect (either in excellence or villainy)' ←Arab.] *adj.* 完全な, 完璧な;徹底した. (⇒संपूर्ण)

मुकरना /mukaranā ムカルナー/ [?<OIA. **mukna-* 'loosed': T.10157; ?cf. Pers.adj. منكر 'denied, unacknowledged, ignored, disowned' ←Arab.] *vi.* (*perf.* मुकरा /mukarā ムクラー/) **1** 前言をひるがえす. ❐बाद में वह मुकर गया। 後で彼は前言をひるがえした. **2** 頑として認めない. ❐अपने कर्तव्य से मुकर जाना लज्जा की बात है। 自分の義務を認めようとしないのは恥ずべきことだ.

मुक़र्रर /muqarrara ムカルラル/ [←Pers.adj. مقرر 'established, confirmed, ratified, agreed upon, fixed, settled' ←Arab.] *adj.* **1** 確定した, 決定された. (⇒निश्चित) **2** 任命された. (⇒नियुक्त)

मुक़ाबला /muqābalā ムカーブラー/▶मुक़ाबिला [←Pers.n. مقابلة 'facing, standing over against' ←Arab.] *m.* **1** 直面;対面;対決;対抗. ❐(का [से]) ～ करना(…に)直面する. **2** 応戦;対戦. **3**〖スポーツ〗対戦, 試合;競技. (⇒प्रतियोगिता, मैच) **4** 比較;対比. (⇒तुलना) ❐(के) मुक़ाबले(…に)比較して.

मुक़ाबिला /muqābilā ムカービラー/ ▶मुक़ाबला *m.* ☞मुक़ाबला

मुक़ाम /muqāma ムカーム/ ▶मकाम [←Pers.n. مقام 'staying, stopping, halting, resting, residing (in any place)' ←Arab.] *m.* **1** 宿営. **2** 宿営地. **3** 住居.

मुक़ामी /muqāmī ムカーミー/ *adj.* 地方の. (⇒स्थानीय) ❐～ ज़बान 地方語.

मुकियाना /mukiyānā ムキヤーナー/ [cf. *मुक्की*] *vt.* (*perf.* मुकियाया /mukiyāyā ムキヤーヤー/) (マッサージとして拳で)叩く.

मुकुट /mukuṭa ムクト/ [←Skt.m. *मुकुट-* 'a tiara, diadem, crown'] *m.* 王冠, 冠(かんむり). (⇒ताज)

मुकुर /mukura ムクル/ [←Skt.m. *मुकुर-* 'a mirror'] *m.* 鏡. (⇒दर्पण)

मुकुल /mukula ムクル/ [←Skt.n. *मुकुल-* 'a bud'] *m.*〖植物〗つぼみ. (⇒कली)

मुकुलित /mukulita ムクリト/ [←Skt. *मुकुलित-* 'budded, full of blossoms'] *adj.*〖植物〗つぼみの付いた.

मुक्का /mukkā ムッカー/ [<OIA. **mukka-*[1] 'a blow with fist': T.10150; cf. Drav.; DEDr.4932 (DED.4041)] *m.* **1** 握りこぶし, 拳骨(げんこつ). (⇒मुट्ठी) **2** 拳骨(げんこつ)で殴ること, 突くこと. ❐(को) ～ मारना(人を)殴る. ❐(को) ～ लगना(人が)殴られる.

मुक्का-मुक्की /mukkā-mukkī ムッカー・ムッキー/ [cf. *मुक्का*] *f.* 殴り合い(のけんか). ❐～ पर उतरना 殴り合いのけんかになる.

मुक्की /mukkī ムッキー/ [cf. *मुक्का*] *f.* 拳(こぶし)で軽く叩くこと. ❐(की) देह में मुक्कियाँ लगाना (人の)体を軽く叩きもみほぐす.

मुक्केबाज़ /mukkebāza ムッケーバーズ/ [*मुक्का* + *-बाज़*] *m.*〖スポーツ〗ボクサー, 拳闘家. (⇒घूँसेबाज़)

मुक्केबाज़ी /mukkebāzī ムッケーバーズィー/ *f.*〖スポーツ〗ボクシング, 拳闘. (⇒घूँसेबाज़ी)

मुक्त /mukta ムクト/ [←Skt. *मुक्त-* 'loosened, let loose, set free, relaxed, slackened, opened, open'] *adj.* 解放された;免除された;自由な;おおらかな. ❐(से) ～ करना (…から)解放する.

मुक्तकंठ /muktakaṃṭʰa ムクトカント/ [←Skt.ind. *मुक्त-कण्ठम्* '(to cry or weep) with all one's might'] *adj.* 声を張り上げた《実用上は名詞的に『मुक्तकंठ से』の形式で, 副詞句「声を張り上げて, ためらいなく」を作る》. ❐～ से प्रशंसा करना 声を張り上げて称賛する.

मुक्तक /muktaka ムクタク/ [←Skt. *मुक्तक-* 'a detached *{'sloka}* (the meaning of which is complete in itself)'] *m.* **1**〖文学〗抒情詩. **2**〖文学〗ムクタク《詩の形式の一つ;連続する詩節が前後の詩節から独立して意味をもつ》. (⇔प्रबंध)

मुक्त छंद /mukta cʰaṃda ムクト チャンド/ *m.* 自由韻律.

मुक्त व्यापार /mukta vyāpāra ムクト ヴィャーパール/ *m.*〖経済〗自由貿易.

मुक्तहस्त /muktahasta ムクタハスト/ [←Skt. *मुक्त-हस्त-* 'open. handed, liberal'] *adj.* 気前のいい, 物惜しみしない. ❐～ से 気前よく, 惜しみなく.

मुक्ता /muktā ムクター/ [←Skt.f. *मुक्ता-* 'a pearl (as loosened from the pearl-oyster shell)'; DEDr. (DED.4062)] *f.* 真珠. (⇒मोती)

मुक्ताफल /muktāpʰala̸ ムクターパル/ [←Skt.n. *मुक्ता-फल-* 'a pearls'] *m.* ☞मुक्ता

मुक्तावली /muktāva̸lī ムクターオリー/ [←Skt.f *मुक्ता-आवली-* 'a pearl necklace'] *f.* 真珠の首飾り.

मुक्ति /mukti ムクティ/ [←Skt.f. *मुक्ति-* 'setting or becoming free, release, liberation, deliverance from'] *f.* **1** 解放;免除;自由. **2**〖ヒンドゥー教〗〖仏教〗解脱;魂の救済.

मुख /mukʰa̸ ムク/ [←Skt.n. *मुख-* 'the mouth, face, countenance'] *m.* **1** 顔, 顔面. (⇒चेहरा, मुँह) **2** 口. (⇒मुँह) **3** (容器の)口, 注ぎ口;銃口, 砲口. (⇒मुँह)

मुख-कमल /mukʰa̸-kamala̸ ムク・カマル/ [←Skt.n. *मुख-कमल-* 'a lotus-like face'] *m.* (蓮のように)美しい顔, 花の顔(かんばせ). (⇒मुखारविंद)

मुखड़ा /mukʰa̸ṛā ムクラー/ [cf. *मुख*] *m.* 顔, 顔つき《मुख と違い「美しい顔」,「溌剌とした顔」,「愛らしい容貌」など好ましさのニュアンスが含まれる》. ❐(का) खिला हुआ 〜 (人の)輝く顔. ❐गोरा 〜 色白の顔. ❐(का) प्यारा 〜 (人の)愛らしい顔.

मुख़तार /muxa̸tāra̸ ムクタール/ ▷मुख़्तार *m.* ☞मुख़्तार

मुख़तारनामा /muxa̸tāra̸nāmā ムクタールナーマー/ ▷मुख़्तारनामा *m.* ☞मुख़्तारनामा

मुख-पत्र /mukʰa̸-patra̸ ムク・パトル/ [neo.Skt.n. *मुख-पत्र-* 'organ (newspaper etc.)'] *m.* 機関紙.

मुखपृष्ठ /mukʰa̸pr̥ṣṭʰa̸ ムクプリシュト/ [neo.Skt.n. *मुख-पृष्ठ-* 'title page'] *m.* (本の)表紙, 表題紙.

मुख़बिर /muxa̸bira̸ ムクビル/ [←Pers.n. مخبر 'an announcer, intelligencer, teller of news, informer' ←Arab.] *m.* 情報提供者, 密告者;スパイ. (⇒इनफ़ारमर)

मुख़बिरी /muxa̸birī ムクビリー/ [←Pers.n. مخبری 'secret information'] *f.* 密告;スパイ行為.

मुखमंडल /mukʰa̸maṃḍala̸ ムクマンダル/ [←Skt.n. *मुख-मण्डल-* 'face-orb; the face, countenance'] *m.* 顔, 顔面;顔つき;顔立ち, 面立ち. ❐〜 पर उदासी छा गई। 顔に悲しみが広がった. ❐विकसित 〜 花の顔(かんばせ).

मुखर /mukʰara̸ ムカル/ [←Skt. *मुखर-* 'talkative, garrulous, loquacious'] *adj.* **1** 話好きな, 多弁な, おしゃべりな. **2** ずけずけ言う;口汚い, 罵倒する. **3** 露わな, 表面化した;露骨な. ❐पार्टी में उनके विरोधियों की आवाज़ 〜 हो गई थी। 党内では彼の敵対者たちの声が表面化した.

मुखरित /mukʰarita̸ ムクリト/ [←Skt. *मुखरित* 'rendered noisy. made resonant'] *adj.* ☞मुखर

मुखसुख /mukʰa̸sukʰa̸ ムクスク/ [←Skt.n. *मुख-सुख-* 'causing ease of pronunciation'] *m.* ムカスカ《口 (मुख) の喜び (सुख) を妨げない言葉の発音およびその仕方;たとえば外国語からの借用語を自分が発音しやすいように変えて発音することなど》.

मुखाकृति /mukʰākr̥ti ムカークリティ/ [neo.Skt.f. *मुख-आकृति-* 'facial features'] *f.* 顔つき;顔立ち, 容貌.

मुखाग्र /mukʰāgra̸ ムカーグル/ [←Skt.n. *मुख-अग्र-* 'the extremity of a nose or snout; any extremity'] *adj.* 暗唱された.

— *m.* (顔などの)前面.

मुखापेक्षी /mukʰāpekṣī ムカーペークシー/ [←Skt. *मुख-अपेक्षिन्-* 'looking at others for help'] *adj.* 他者に頼る, 他者に依存する.

मुखारविंद /mukʰāra̸viṃda̸ ムカールヴィンド/ [?neo.Skt.n. *मुख-अरविन्द-* 'a lotus-like face'] *m.* (蓮のように)美しい顔, 花の顔(かんばせ). (⇒मुख-कमल)

मुख़ालिफ़ /muxālifa̸ ムカーリフ/ [←Pers.adj. ←Arab.] *adj.* 反対する, 対立する. (⇒विरोधी)

— *m.* 反対者. (⇒विरोधी)

मुखिया /mukʰiyā ムキヤー/ [<Skt. *मुख्य-* 'being at the head or at the beginning, first, principal, chief, eminent': T.10174] *m.* ボス, 首領;村長.

मुखौटा /mukʰauṭā ムカォーター/ [cf. *मुख*] *m.* 仮面, 面;(防護用の)マスク.

मुख़्तलिफ़ /muxtalifa̸ ムクタリフ/ [←Pers.adj. مختلف 'diverse, different, discordant, various' ←Arab.] *adj.* **1** 異なった. (⇒भिन्न) **2** さまざまな. (⇒विविध)

मुख़्तसर /muxtasara̸ ムクタサル/ [←Pers.adj. مختصر 'abbreviated, abridged, contracted' ←Arab.] *adj.* **1** 簡略な, 縮めた. (⇒संक्षिप्त) ❐〜 तौर पर 簡略に. ❐〜 यह कि दो साल के बाद मेरे तबादले का हुक्म आ गया। 手短に言うと, 二年後に私の転勤の命令が来たというわけさ. **2** 簡素な, 簡単な. ❐एक एक्का मँगवाकर उसपर अपना 〜 सामान लादा। (彼女は)一台の一頭立て馬車を呼んでそれに自分の簡素な荷物を載せた.

मुख़्तार /muxtāra̸ ムクタール/ ▷मुख़तार [←Pers.adj. مختار 'chosen, selected; most excellent, supreme, highest' ←Arab.] *m.* (法定)代理人. ❐〜 आम 総代理人.

मुख़्तारनामा /muxtāra̸nāmā ムクタールナーマー/ ▷मुख़तारनामा [←Pers.n. مختار نامہ 'written power, a power of attorney'] *m.* 代理委任状.

मुख्य /mukʰya̸ ムキエ/ [←Skt. *मुख्य-* 'being at the head or at the beginning, first, principal, chief, eminent'] *adj.* **1** 主要な;主な;中心的な;基幹の. ❐〜 अतिथि 主賓. ❐〜 कारण 主な理由. ❐〜 द्वार 正門. ❐〜 रूप से 主に. **2** 最高位の, 最上位の;首席の, 上席の, 筆頭の. ❐〜 मंत्री 州の首相. ❐〜 न्यायमूर्ति 裁判所長官. ❐〜 न्यायाधीश 首席裁判官, 裁判長. **3**〖言語〗直接の. (⇔गौण) ❐〜 कर्म 直接目的語.

मुख्यत: /mukʰyataḥ ムキエタハ/ [←Skt.ind. *मुख्यतस्* 'principally, chiefly, particularly'] *adv.* 主に;第一に, 何よりも, 特に. (⇒मुख्य रूप से)

मुख्यता /mukʰya̸tā ムキエター/ [←Skt.f. *मुख्य-ता-* 'pre-eminence, superiority, highest rank or position'] *f.* 大事なこと, 主要なこと, 傑出していること.

मुख्यमंत्री /mukʰya̸maṃtrī ムキエマントリー/ [←Skt.m. *मुख्य-मन्त्रिन्-* 'a prime minister'] *m.* (州の)首相《国の首相は प्रधानमंत्री》.

मुख्यार्थ /mukʰyārtʰa̸ ムキャールト/ [←Skt.m. *मुख्य-अर्थ-*

'the primary meaning of a word'] *m.* (語の)主要な意味, 第一義.

मुख्यालय /mukʰyālayạ ムキャーラエ/ [neo.Skt.m. *मुख्य-आलय-* 'head office'] *m.* (団体・組織などの)本部.

मुगदर /mugạdarạ ムグダル/ [(metathesis) <Skt.m. *मुद्गर-* 'a hammer, mallet, any hammer-like weapon or implement'] *m.* 〖スポーツ〗ムグダル《筋力を鍛えるための重く太い木製の棒》. ❐～ घुमाना ムグダルを振り回す.

मुग़ल /muǧalạ ムガル/ [←Pers.n. مغل 'a Moghul, Mongolian; the Great Mogul, emperor of *Hindūtān*'] *adj.* ムガル朝の. ❐～ साम्राज्य ムガル帝国.

— *m.* ムガル帝国, ムガル朝.

मुग्ध /mugdʰạ ムグド/ [←Skt. *मुग्ध-* 'gone astray, lost; perplexed, bewildered; charming (from youthfulness)'] *adj.* うっとりとした, 陶酔した;魅了された;満悦した《美しいもの, 心地良いものに対して》. ❐(पर) ～ होना (…に)うっとりする.

मुग्धता /mugdʰạtā ムグドター/ [←Skt.f. *मुग्ध-ता-* 'ignorance, simplicity artlessness, loveliness'] *f.* うっとりとした状態;魅了された状態;満悦した状態.

मुग्धा /mugdʰā ムグダー/ [←Skt.f. *मुग्धा-* 'a young and beautiful female'] *f.* 若く美しい女.

मुचलका /mucalạkā ムチャルカー/ [←Pers.n. مچلكا 'a bond, note of hand, agreement, recognizance, engagement, promise' ←Turk.] *m.* 〖法律〗(再犯しないことの)誓約保証書.

मुछंदर /mucʰaṃdarạ ムチャンダル/ [cf. *मूँछ*] *adj.* むさくるしいほど口ひげがのびた(人).

— *m.* むさくるしいほど口ひげがのびた人;愚か者.

मुछमुँड़ा /mucʰamũṛā ムチムンラー/ [*मूँछ* + *मूँड़ना*] *adj.* 口ひげをそった(人).

— *m.* 口ひげをそった人.

मुजरा /mujarā ムジラー/ [←Pers.n. مجرا 'a place where anything runs' ←Arab.] *m.* **1** ムジラー《ムガル時代に盛んだった, 芸妓 (तवायफ़) が侍る歌舞の宴席》. **2** ムジラー《うやうやしく丁重な礼とその動作;軽く頭を下げ右手を胸の前で三回着けるように揺らす;元はマラーラー王国の王族に対する礼と言われる》.

मुजरिम /mujarimạ ムジリム/ [←Pers.adj. مجرم 'culpable, criminal' ←Arab.] *adj.* 〖法律〗罪を犯した(人);容疑がかかっている(人). (⇒अपराधी)

— *m.* 〖法律〗犯罪者, 犯人;容疑者;被告;受刑者, 罪人. (⇒अपराधी) ❐नाबालिग़ ～ 未成年犯罪者.

मुझ /mujʰạ ムジ/ [<OIA. *mahyam* ; cf. *ma-* 'base of singular oblique cases of 1st person pronoun': T.09691] *pron.* 《代名詞「私」の後置格形:主格は मैं》

मुझको /mujʰako ムジコー/ [*मुझ* + *को*] *pron.* 《同じ機能を果たす融合形は मुझे》. ❐तुम्हारे रुपये ख़र्च करने का तुम्हें जितना अख़्तियार है, उतना ही ～ भी है। 君の金を使う権利が君にあるのと同じ程度, 私にもあるのだ. ❐यह काम ～ ही करने दो। この仕事は私にやらせてくれ.

मुझपर /mujʰapara ムジパル/ [*मुझ* + *पर*[1]] *pron.* ❐भगवान् ने ～ दया की। 神は私に慈悲を垂れられた.

मुझमें /mujʰamẽ ムジメーン/ [*मुझ* + *में*] *pron.* ❐क्या वह शक्ति ～ नहीं है? あの力が私の中にないでも言うの?

मुझसे /mujʰase ムジセー/ [*मुझ* + *से*] *pron.* ❐वह भी ～ जलता है। 奴も私に嫉妬しているのさ.

मुझी /mujʰī ムジー/ [*मुझ* + *ही*] *pron.* ❐～ से सीखिए। 私から学んでください. ❐देखो, ～ को छेड़ता है। ほら, (彼は)私だけにかまうのよ.

मुझे /mujʰe ムジェー/ *pron.* 《代名詞「私」の融合形;機能は मुझको と同じ》 ❐～ भूख नहीं है। 私は腹が減っていない.

मुटमरदी /muṭamaradī ムトマルディー/ ▸मोटमरदी [*मोटा* + *मर्द* + *-ई*] *f.* 傲慢さ, 横柄さ, 尊大さ.

मुटाई /muṭāī ムターイー/ ▸मोटाई *f.* ☞मोटाई

मुटाना /muṭānā ムターナー/ ▸मोटाना [cf. *मोटा*] *vi.* (*perf.* मुटाया /muṭāyā ムターヤー/) **1** 太る, 肥満になる. **2** 傲慢[尊大]になる.

मुटापा /muṭāpā ムターパー/▸मोटापा [cf. *मोटा*] *m.* 〖医学〗肥満.

मुट्ठा /muṭṭʰā ムッター/ ▸मूठा [cf. *मुट्ठी*] *m.* **1** 一握り;(干し草などの)一束ね. ❐(का) ～ बाँधना (…の)束を作る. **2** (すきなどの)柄.

मुट्ठी /muṭṭʰī ムッティー/ [<OIA.m/f. *muṣṭí-* 'the clenched hand, fist': T.10221] *f.* **1** 握りこぶし, 拳骨(げんこつ). (⇒मुक्का) ❐～ खोलना 握りこぶしを開く. ❐～ बाँधना 拳骨を握りしめる. **2** 握り, 把握. ❐～ गरम होना 賄賂を受け取る. ❐(की) ～ गरम करना (人に)賄賂を贈る. ❐थोड़े ही दिनों में दोनों भाइयों ने सारी विद्याएँ और चौसठों कलाएँ ～ में कर लीं। わずかな日数で兄弟二人ともすべての学芸を修得した. ❐वह सदा यह प्रयत्न करता रहता है कि कैसे पैसा ～ में आए और ～ से जाने न पाए। 彼はいつも, どうやって金を握るかそして金を逃がさないようにするか, ということに努めている. **3** 一掴み(分の);一握り(の). ❐～ भर अनाज 一掴み分の穀物. ❐दो ～ चावल 二掴み分の米. ❐कुछ ～ भर सांसदों का ही समर्थन 何人かの一握りの議員だけの支持. **4** (幼児の)おしゃぶり.

मुठभेड़ /muṭʰabʰeṛạ ムトベール/ [*मूठ* + *भिड़ना*] *f.* **1** 交戦;遭遇戦. ❐～ में मारा जाना 交戦中に死亡する. **2** 衝突;不一致. ❐कभी कभी आश्चर्य और प्रश्न के चिह्नों की आपस में ～ हो जाती है। (正書法上の問題として)時々感嘆符と疑問符が互いにぶつかり合うことがある.

मुठिया /muṭʰiyā ムティヤー/ [cf. *मूठ*] *f.* 取っ手;ハンドル.

मुठियाना /muṭʰiyānā ムティヤーナー/ [cf. *मुट्ठी*] *vt.* (*perf.* मुठियाया /muṭʰiyāyā ムティヤーヤー/) (こぶしで)握り締める.

मुड़ना /muṛanā ムルナー/ [<OIA. *muṭáti* '*twists': T.10186] *vi.* (*perf.* मुड़ा /muṛā ムラー/) **1** 曲がる;折れ曲がる. **2** よじれる, ねじれる. (⇒ऐंठना) **3** (布・紙などに)しわがよる. **4** 向きが変わる;振り向く. (⇒उलटना, घूमना) ❐वह पीछे मुड़ा। 彼は後ろを振り向いた.

मुड़वाना /muṛavānā ムルワーナー/ [caus. of *मुड़ना, मोड़ना*] *vt.* (*perf.* मुड़वाया /muṛavāyā ムルワーヤー/) 向きを変えさせる;向きを変えてもらう.

मुड़िया /muṛiyā ムリヤー/ [cf. *मूँड़ना*] *m.*〘ヒンドゥー教〙頭を剃った人《特に苦行者》.
— *f.* ムリヤー文字《デーヴァナーガリー文字の変種カイティー文字 कैथी の別名;文字の上部の水平線を書かない》.

मुताबिक़ /mutābiqa ムタービク/ [←Pers.ind. مطابق 'comfortable, suitable, equal, agreeable to, consonant with, answering to' ←Arab.] *ind.*《〚名詞 के मुताबिक़〛の形式で, 副詞句「…によれば, …に従って, …に応じて」を表す;直前に हुक्म「命令」などがくると के が省略されることもある;直前に動詞の完了分詞後置格形を置くと「…したことに従って」を表す》. (⇒अनुसार) ❒अपने क़ौल के ～ 自身の約束どおりに. ❒मेरे कहे ～ 私が言ったことに従って. ❒सब इन्तज़ाम आपके हुक्म ～ हो गया। すべての手配があなたの命令どおりに整いました.

मुदित /mudita ムディト/ [←Skt. *मुदित-* 'delighted, joyful, glad'] *adj.* 喜んだ, 幸福な.

मुद्गर /mudgara ムドガル/ [←Skt.m. *मुद्गर-* 'a hammer, mallet, any hammer-like weapon or implement'] *m.* ムドガラ《先端に球形の石がはめ込まれた太い棍棒;武器として鍛錬用の道具として使用》.

मुद्आ /muddaā ムッダアー/ ▸मुद्दा *m.* ☞मुद्दा

मुद्दत /muddata ムッダト/ [←Pers.n. مدة 'one extension or prolongation' ←Arab.] *f.* 期間;長期間. ❒उसका ～ से पता नहीं, बहुत संभव है कि वह अब संसार में न हो। 彼の所在は大分以前からわからない, 彼がもうこの世にはいないことも大いにありうる. ❒मुद्दतों से उस प्रांत में हिंदू और मुसलमान साथ-साथ रहते चले आये थे। 昔からその地方ではヒンドゥー教徒とイスラム教徒は一緒に住んでいた.

मुद्दा /muddā ムッダー/ ▸मुद्आ [←Pers.n. مدعا 'whatever is alleged, pretended, or meant' ←Arab.] *m.* **1** 意図, 目的. **2** 論点, 争点. ❒चुनावी ～ 選挙の争点.

मुद्रक /mudraka ムドラク/ [neo.Skt.m. *मुद्रक-* 'printer; typesetter'] *m.* **1** 印刷業者;活版職工, 植字工. (⇒प्रिंटर) **2** 印刷機, プリンタ. (⇒प्रिंटर)

मुद्रण /mudraṇa ムドラン/ [←Skt.n. *मुद्रण-* 'the act of sealing up or closing or printing'] *m.* **1** 印刷. **2** 植字.

मुद्रणालय /mudraṇālaya ムドラナーラエ/ [neo.Skt.m. *मुद्रण-आलय-* 'a printing-house'] *m.* 印刷所;発行所. (⇒छापाख़ाना, प्रेस)

मुद्रांक /mudrāṃka ムドラーンク/ [←Skt. *मुद्र-अङ्क-* 'stamped, sealed, marked'] *m.* 印紙;スタンプ, 刻印.

मुद्रांकन /mudrāṃkana ムドラーンカン/ [?neo.Skt.n. *मुद्र-अङ्कन-* 'stamping'] *m.* 刻印すること.

मुद्रांकित /mudrāṃkita ムドラーンキト/ [←Skt. *मुद्र-अङ्कित-* 'stamped'] *adj.* 刻印された.

मुद्रा /mudrā ムドラー/ [←Skt.f. *मुद्रा-* 'a seal or any instrument used for sealing or stamping'] *f.* **1** 封印, 証印, 刻印. (⇒मोहर, छाप, सील) **2**〚経済〛コイン, 硬貨. ❒स्वर्ण मुद्राएँ 金貨. **3**〚経済〛通貨;貨幣. ❒विदेशी ～ 外貨. **4** (顔の)表情, 様子. ❒इस कल्पना से उसकी ～ खिल गयी। この想像で彼の顔は喜び輝いた. ❒कठोर ～ से देखना 厳しい表情で見る. ❒वे कुछ आश्चर्य, कुछ क्रोध और कुछ शिकायत की ～ बनाकर बोलीं। 彼女は少し驚いたような, 少し怒ったようなそして少し不平の表情をして言った. **5** そぶり, 仕草. ❒(की) ～ में (…の)そぶりで. **6** ムドラー《古典舞踊や古典劇において手や指の形で象徴的に表現する約束事》. **7**〚仏教〛ムドラー《仏菩薩の種類特徴を示すもの, 印契(いんげい)》. **8**〚ヒンドゥー教〛ムドラー《ヨーガの印相》.

मुद्राक्षर /mudrākṣara ムドラークシャル/ [neo.Skt.n. *मुद्रा-अक्षर-* 'a type'] *m.* 活字.

मुद्रास्फीति /mudrāspʰīti ムドラースピーティ/ [neo.Skt.f. *मुद्रा-स्फीति-* 'inflation'] *f.*〚経済〛インフレ(ーション), 通貨膨張. ❒～ की वार्षिक दर १० फ़ीसदी है। インフレの年間(増加)比率は 10 パーセントである.

मुद्रिका /mudrikā ムドリカー/ [←Skt.f. *मुद्रिका-* 'a little seal, seal, seal-ring'] *f.* (印章つき)指輪.

मुद्रित /mudrita ムドリト/ [←Skt. *मुद्रित-* 'sealed, stamped, impressed, printed, marked'] *adj.* **1** 封印された. **2** 刻印された. **3** 印刷された.

मुनक़्क़ा /munaqqā ムナッカー/ [←Pers.n. منقى 'a species of dried grapes or raisins' ←Arab.] *m.*〚食〛カラント《ブドウやスグリの実を干したもの》.

मुनहसर /munahasara ムンハサル/ ▸मुनहसिर *adj.* ☞मुनहसिर

मुनहसिर /munahasira ムンハスィル/ ▸मुनहसर [←Pers.adj. منحصر 'dependent, resting on' ←Arab.] *adj.* 依存している, 頼っている. ❒बिल को पास करा लेना प्रस्तावक का ज़ोरदार वकालत पर ～ है। 法案を通すことは提案者の強力な弁論に依存している.

मुनादी /munādī ムナーディー/ [←Pers.n. منادى 'proclamations' ←Arab.] *f.* 布告, お触れ《ムガル期には為政者の布告を, 太鼓を打ち鳴らしながら触れ回る慣習があった;そこから, 特に「(為政者の)おおげさな布告」の意》. ❒(की) ～ करना (…の)布告を出す.

मुनाफ़ा /munāfā ムナーファー/ [←Pers.n. منافع 'gains, profits' ←Arab.] *m.*〚経済〛利益, 利潤, もうけ;収益.

मुनाफ़ाख़ोर /munāfāxora ムナーファーコール/ [*मुनाफ़ा* + *-ख़ोर*] *m.*〚経済〛暴利をむさぼる者, 不当利得者.

मुनाफ़ाख़ोरी /munāfāxorī ムナーファーコーリー/ [*मुनाफ़ा* + *-ख़ोरी*] *adj.*〚経済〛不当利得.

मुनासिब /munāsiba ムナースィブ/ [←Pers.adj. مناسب 'corresponding, adapted to, conformable, proportioned, agreeing with, analogous, congruous, just, fit, proper, suitable, pertinent' ←Arab.] *adj.* 適当な, 妥当な, ほどよい;穏当な;筋の通った. (⇒उचित)(⇔अनुचित)

मुनि /muni ムニ/ [←Skt.m. मुनि- 'any one who is moved by inward impulse, an inspired or ecstatic person, enthusiast'; → Chin.n. → Japan.n. 牟尼] *m.* 〖ヒンドゥー教〗〖仏教〗〖ジャイナ教〗聖者;修行者, 苦行者.

मुनियाँ /muniyā̃ ムニヤーン/ *f.* 〖鳥〗雌ツグミ. (⇔लाल)

मुनीम /munīma ムニーム/ [←Pers.n. منیب 'one who returns (to God), repentant, a penitent; one who appoints a deputy' ←Arab.] *m.* **1** 〖経済〗会計係, 帳簿係. ❐वह एक दुकान पर 〜 था। 彼はある店の帳簿係だった. **2** 代理人.

मुनीमी /munīmī ムニーミー/ [मुनीम + -ई] *f.* 会計係[帳簿係]の職.

मुन्ना /munnā ムンナー/ [<OIA. *munna- 'defective': T.10208z2] *m.* 坊や, おちびちゃん《男の愛児を指して言う言葉;不変化》. (⇔मुन्नी)

मुन्नी /munnī ムンニー/ [cf. मुन्ना] *f.* お嬢ちゃん, おちびちゃん《女の愛児を指して言う言葉;不変化》. (⇔मुन्ना)

मुन्नू /munnū ムンヌー/ [cf. मुन्ना] *m.* ☞मुन्ना.

मुफ़ीद /mufīda ムフィード/ [←Pers.adj. مفید 'useful, profitable, salutary' ←Arab.] *adj.* 有益な;有用な, 役に立つ;便利な. (⇒लाभकारी)

मुफ़्त /mufta ムフト/ [←Pers.adv. مفت 'gratuitously, without payment, gratis' ←Arab.] *adj.* 無料の, ただの;無償の. (⇒नि:शुल्क, फ़्री) ❐〜 में ただで. ❐〜 का 無料の.

मुफ़्तख़ोर /muftaxora ムフトコール/ [←Pers.n. مفت خوار 'who eats for nothing or gratuitously, a sponger, a parasite'] *m.* 無為徒食の人, ただ飯食いの人;他人にたかる人.

मुफ़्तख़ोरी /muftaxorī ムフトコーリー/ [मुफ़्तख़ोर + -ई] *f.* 無為徒食, ただ飯食い;たかり.

मुबारक /mubāraka ムバーラク/ [←Pers.adj. مبارك 'blessed; happy, fortunate, auspicious' ←Arab.] *adj.* めでたい;吉祥な. ❐मेरी ज़िंदगी का सबसे 〜 दिन 私の生涯最良の日. ❐शादी [नया साल] 〜 (हो)। 結婚[新年]おめでとう.

मुबारकबाद /mubārakabāda ムバーラクバード/ [मुबारक + -बाद] *int.* おめでとうございます.

— *m.* 祝辞;祝いの言葉. ❐(को) 〜 देना (人に)祝いの言葉を贈る. ❐(से) 〜 कहना (人に)おめでとうをいう.

मुमकिन /mumakina ムムキン/ [←Pers.adj. ممکن 'possible, practicable, feasible' ←Arab.] *adj.* 可能な, ありうる. (⇒संभव)(⇔नामुमकिन)

मुमताज़ /mumatāza ムマターザ/ [←Pers.adj. ممتاز 'chosen, distinguished, select, choice' ←Arab.] *adj.* 卓越した, 抜群の.

मुमताज़ महल /mumatāza mahala ムムターズ マハル/ *f.* 〖歴史〗ムムターズ・マハル《ムガル帝国第5代皇帝シャー・ジャハーンの妃(1595年-1631年)》.

मुमुक्षा /mumukṣā ムムクシャー/ [←Skt.f. मुमुक्षा- 'desire of final emancipation'] *f.* 解脱の願望.

मुमुक्षु /mumukṣu ムムクシュ/ [←Skt. मुमुक्षु- 'desirous of freeing; eager to be free'] *adj.* 解脱を願望する(人).

— *m.* 解脱を願望する人.

मुयस्सर /muyassara ムヤッサル/ ▸मयस्सर *adj.* ☞मयस्सर

मुरकी /murakī ムルキー/ [?; cf. DEDr.4919 (DED.4028)] *f.* ムルキー《小型の耳飾りの一種》.

मुरग़ा /muraǧā ムルガー/▹मुर्ग़ा [←Pers.n. مرغ 'a bird, fowl'; cog. Skt.m. मृग- 'a forest animal or wild beast'] *m.* 〖鳥〗雄鶏(おんどり), (雄の)ニワトリ, 鶏.《鳴き声の擬声語は कुकड़ूं-कूं》(⇔मुरग़ी) ❐〜 बनना ニワトリの格好をする《しゃがんで両手で両耳をつかむ姿勢をとる;初等教育の教室で生徒に与えられる罰の一種》. ❐〜 बाँग देता है। 雄鶏が時を告げる.

मुरग़ी /muraǧī ムルギー/▹मुर्ग़ी [cf. मुरग़ा] *f.* 〖鳥〗めんどり, 雌鶏. (⇔मुरग़ा)

मुरझाना /murajʰānā ムルジャーナー/ [?<OIA. *mūrchayati* 'coagulates (milk)': T.10241] *vi.* (*perf.* मुरझाया /murajʰāyā ムルジャーヤー/) **1** (植物が)しおれる, しぼむ, 枯れる. (⇒कुम्हलाना) ❐गमले के फूल धूप में मुरझाए। 鉢の花は, 日差しの中でしおれた. **2** やつれる;しょげる, めげる. (⇒कुम्हलाना)

मुरदनी /muradanī ムラダニー/ ▹मुर्दनी *f.* ☞मुर्दनी

मुरदा /muradā ムルダー/ ▹मुर्दा *adj.* ☞मुर्दा

मुरदादिल /muradādila ムルダーディル/ ▹मुर्दादिल *adj.* ☞मुर्दादिल

मुरदाबाद /muradābāda ムルダーバード/ ▹मुर्दाबाद *int.* ☞मुर्दाबाद

मुरब्बा[1] /murabbā ムラッバー/ [←Pers.n. مربا 'jam' ←Arab.] *m.* 〖食〗果実の砂糖漬け;ジャム. (⇒जाम)

मुरब्बा[2] /murabbā ムラッバー/ [←Pers.adj. مربع 'squared' ←Arab. *r-b-{'}* 'to make four'] *adj.* 〖数学〗正方形の, 四角の.

— *m.* **1** 〖数学〗正方形, 四角;一区画. **2** 〖文学〗四行詩.

मुरमुरा /muramurā ムルムラー/ [<OIA. *murumura- 'crackling': T.10215] *m.* 〖食〗ムルムラー《米を炒ってふくらませたもの;トウモロコシの実を炒ったもの, ポップコーン》.

मुरली /muralī ムルリー/ [←Skt.f. मुरली- 'a flute, pipe'; cf. DEDr.4973 (DED.4076)] *f.* 〖楽器〗竹笛;フルート. (⇒बंसी, बाँसुरी)

मुरलीधर /muralīdʰara ムルリーダル/ [←Skt.m. मुरली-धर- 'flute-bearer; a title of *Kṛṣṇa*'] *m.* 〖神話〗竹笛をもつもの《クリシュナ神 (कृष्ण) の別称》.

मुरव्वत /muravvata ムラッワト/ ▸मुरौवत [←Pers.n. مروة 'humanity; generosity, politeness' ←Arab.] *f.* 思いやり;寛大さ. ❐मैं किसी के साथ 〜 नहीं करता। 私は誰に対しても思いやりなどかけやしない.

मुराद /murāda ムラード/ [←Pers.n. مراد 'What is willed, or wished, or intended, or meant; will, wish, desire, inclination; intention, design, end, scope, object, purport, tenor' ←Arab.] *f.* **1** 念願(されるもの);待望;願望. (⇒इच्छा) ❐(की) ～ पूरी होना(…の)念願がかなう. ❐(की) ～ रखना(…を)念願する. **2** 目的. **3** (言わんとする)意味;意図;趣旨. (⇒आशय, तात्पर्य, मतलब)

मुरादाबाद /murādābāda̸ ムラーダーバード/ [cf. Eng.n. *Moradabad*] *m.* 〘地名〙ムラーダーバード《ウッタル・プラデーシュ州 (उत्तर प्रदेश) の都市》.

मुरीद /murīda̸ ムリード/ [←Pers.n. مرید 'disciple, the obsequious follower of another' ←Arab.] *m.* 〘イスラム教〙弟子;信奉者. (⇒अनुयायी, चेला, शिष्य)

मुरेठा /mureṭhā ムレーター/ ▸मुरैठा [cf. मूँड़] *m.* ムレーター《ターバン (पगड़ी) のように頭に巻く布類の総称》.

मुरैठा /muraiṭhā ムラェーター/ ▸मुरेठा *m.* ☞मुरेठा

मुरौवत /murauvata̸ ムラォーワト/ ▸मुरव्वत *f.* ☞मुरव्वत

मुर्ग़ /murğa ムルガ/ [←Pers.n. مرغ 'a bird, fowl'; cog. Skt.m. *मृग-* 'a forest animal or wild beast'] *m.* ☞मुरग़ा

मुर्ग़ा /murğā ムルガー/ ▹मुरग़ा *m.* ☞मुरग़ा

मुर्ग़ी /murğī ムルギー/ ▹मुरग़ी *f.* ☞मुरग़ी

मुर्दनी /murdanī ムルダニー/ ▹मुरदनी [←Pers. مردنی 'to die; fit to die, deserving of death'] *f.* **1** 死相;しにがお. ❐उसके मुखड़े पर ～ छा गई। 彼の顔に死相がひろがった. **2** 葬列.

मुर्दा /murdā ムルダー/▹मुरदा [←Pers.adj. مرده 'dead, defunct'] *adj.* 死んでいる. (⇒मृत)(⇔ज़िंदा)

— *m.* 死者. ❐गड़े मुर्दे उखाड़ना 埋葬された死者を掘り起こす《「昔のことをむしかえす」の意》.

मुर्दादिल /murdādila̸ ムルダーディル/▹मुरदादिल [←Pers.adj. مرده دل 'cold-hearted, lifeless'] *adj.* 生気のない(人), 元気のない(人), 死んだような. (⇔ज़िंदादिल)

मुर्दाबाद /murdābāda̸ ムルダーバード/▹मुरदाबाद [*मुर्दा* + *-बाद*] *int.* (…)打倒;(…)くたばれ. (⇔ज़िंदाबाद) ❐भ्रष्टाचार ～ के नारे 汚職追放の叫び声.

मुलज़म /mulazama̸ ムルザム/ ▸मुलज़िम *adj.* **1** ☞मुलज़िम

— *m.* ☞मुलज़िम

मुलज़िम /mulazima̸ ムルズィム/▸मुलज़म [←Pers.adj. ملزم 'convinced, convicted, condemned' ←Arab.] *adj.* **1** 容疑のかかった(人). (⇒अभियुक्त)

— *m.* 容疑者;被告人. (⇒अभियुक्त)

मुलतवी /mulatavī ムルタヴィー/▹मुल्तवी [←Pers.adj. ملتوی 'crooked; squinting; postponed, delayed' ←Arab.] *adj.* 延期された. (⇒स्थगित) ❐～ करना [रखना]延期する.

मुलतान /mulatāna̸ ムルターン/ [cf. Skt.n. *मूल-स्थान-* 'foundation, base; Multan'] *m.* 〘地名〙ムルターン《パキスタンの都市》.

मुलतानी /mulatānī ムルターニー/ *adj.* ムルターンの;ムルターン産の;ムルターン語の. ❐～ मिट्टी 黄土.

— *m.* ムルターン人.

— *f.* ムルターニー語, ムルターン語《パンジャービー語 (पंजाबी) の一方言》.

मुलम्मा /mulammā ムラムマー/ [←Pers.n. ملمع 'acoating of gold or silver' ←Arab.] *m.* 〘化学〙金めっき;めっき. (⇒झोल) ❐(का) ～ खुल जाना(…の)めっきがはがれる. ❐गिलट पर सोने का ～ करना ニッケルに金のめっきをほどこす. ❐दुरवस्था ही वह परीक्षाग्नि है, जो मुलम्मे और रोग़न को उतारकर मनुष्य का यथार्थ रूप दिखा देती है। 苦境こそめっきや塗装をはいで人間の本当の姿を見せる試練の時なのである.

मुलहठी /mulahaṭhī ムルハティー/ ▸मुलेठी *f.* ☞मुलेठी

मुलाक़ात /mulāqāta̸ ムラーカート/ [←Pers.n. ملاقاة 'meeting, encountering, falling on' ←Arab.] *f.* **1** 出会い. **2** 面会;会見;面接. ❐(से) ～ करना (人と)面会する.

मुलाक़ाती /mulāqātī ムラーカーティー/ [←Pers.n. ملاقاتی 'an acquaintance; a visitor'] *adj.* 面会の. ❐～ कार्ड 名刺.

— *m.* 面会人.

मुलाज़िम /mulājima̸ ムラージム/ [←Pers.n. ملازم 'a servant, an attendant' ←Arab.] *m.* **1** 使用人. (⇒नौकर) **2** 公務員, 公僕.

मुलायम /mulāyama̸ ムラーヤム/ [←Pers.adj. ملائم 'wholesome, suitable; mild, gentle, affable, easy, tame; soft, smooth, even' ←Arab.] *adj.* やわらかい, ソフトな. (⇒कोमल)

मुलेठी /muleṭhī ムレーティー/▸मुलहठी [＜OIA. **madhulaṣṭi-* 'liquorice': T.09799] *f.* 〘植物〙ムレーティー《マメ科カンゾウ(甘草);根は薬用になる》.

मुल्क /mulka̸ ムルク/ [←Pers.n. ملك 'possessing, having dominion; a kingdom' ←Arab.] *m.* 国;祖国. (⇒देश)

मुल्तवी /multavī ムルタヴィー/ ▹मुलतवी *adj.* ☞मुलतवी

मुल्ला /mullā ムッラー/ [←Pers.n. ملا 'a schoolmaster, doctor, learned man, a judge, a priest' ←Arab.] *m.* 〘イスラム教〙ムッラー《一定の宗教教育を修了した人;教育活動, 地域住民の人生相談, 宗教儀式の立会, 説教などもする》.

मुवक्किल /muvakkila̸ ムワッキル/ ▸मुअक्किल [←Pers.n. موكل 'one who appoints a lieutenant, deputy, substitute, factor, or agent (wakīl)' ←Arab.] *m.* (弁護士の)依頼人, クライアント.

मुशायरा /muśāyarā ムシャーエラー/ [←Pers.n. مشاعرة 'contending with, or excelling in poetry; a meeting of poets' ←Arab.] *m.* 〘文学〙ムシャーエラー《ウルドゥー語詩人が自作の詩を朗唱し競い合う詩会》. ❐किसी मुशायरे में रात भर बैठकर ग़ज़लें सुनने और शायरों को दाद देने की याद है। ある詩会で一晩中座ってガザルを聞き詩人たちを称賛した思い出がある.

मुश्क /muśka̸ ムシュク/ [←Pers.n. مشك 'musk'] *f.* ジャコウ, 麝香. (⇒कस्तूरी)

मुश्किल /muśkila̸ ムシュキル/ [←Pers.adj. مشكل 'difficult, hard, painful' ←Arab.] *adj.* **1** 困難な, むずかしい;難解な. (⇒कठिन, सख़्त)(⇔आसान) **2** 苦難の, 難儀な. (⇒कठिन, सख़्त)(⇔आसान)

— *f.* **1** 困難, 難しさ. (⇒कठिनाई) **2** 難儀, 苦難. (⇒कठिनाई) ❐～ से かろうじて.

मुश्त /muśta ムシュト/ [←Pers.n. مشت 'the fist'; cog. Skt.m/f. मुष्टि- 'the clenched hand, fist'] *m.* 拳骨(げんこつ);一握り. (⇒मुट्ठी)

मुष्टि /muṣṭi ムシュティ/ [←Skt.m/f. मुष्टि- 'the clenched hand, fist'] *f.* **1** 拳骨(げんこつ). (⇒मुट्ठी) **2** 取っ手, 柄.

मुसकराना /musakarānā ムスカラーナー/ ▷मुस्कराना ▸मुसकाना, मुसकुराना [<OIA. **muss-* 'smile, sob': T.10227] *vi.* (*perf.* मुसकराया /musakarāyā ムスカラーヤー/) **1** ほほえむ, 微笑する, にっこりする;にこにこする. ❐वह मुसकराती हुई बोली। 彼女はほほえみながら言った. ❐फ़ोटो तो खिंच जाने दीजिए, ज़रा मुसकराइए। 写真ぐらいとらせてください, ちょっとにっこりして. ❐बच्चा उसकी गोद में ज़रा-सा मुसकराया। 子どもは彼女の膝でちょっと笑った. ❐यह कहते-कहते वह मुसकरा पड़ी। こう言いながら, 彼女はにっこりした. ❐मैं समझता था कि वह इसपर मुसकरा देगी, पर वह गंभीर हो गई। 私は彼女がこのことをほほえんで済ますだけと思っていた, しかし彼女は真剣な顔つきになった. **2** にたにた笑う;ほくそえむ, にんまりする.

मुसकराहट /musakarāhaṭa ムスカラーハト/ ▷मुस्कराहट [*मुसकराना* + *-आहट*] *f.* 微笑, ほほえみ.

मुसकान /musakāna ムスカーン/ ▷मुस्कान [cf. *मुसकाना*] *f.* 笑み, 微笑.

मुसकाना /musakānā ムスカーナー/ [<OIA. **muss-* 'smile, sob': T.10227] *vi.* (*perf.* मुसकाया /musakāyā ムサカーヤー/) ☞मुसकराना

मुसकुराना /musakurānā ムスクラーナー/ ▸मुसकराना, मुस्कराना *vi.* (*perf.* मुसकुराया /musakurāyā ムスクラーヤー/) ☞मुसकराना

मुसटंडा /musaṭaṃḍā ムスタンダー/ ▷मुस्टंडा *adj.* ☞मुस्टंडा

— *m.* ☞मुस्टंडा

मुसलमान /musalamāna ムサルマーン/ [←Pers.n. مسلمان 'a Musulman, a Muhammadan, believer' ←Arab.] *m.* 〚イスラム教〛イスラム教徒, 回教徒, ムスリム.

मुसाफ़िर /musāfira ムサーフィル/ [←Pers.n. مسافر 'a traveller, passenger, temporary sojourner' ←Arab.] *m.* **1** 旅行者, 旅人;観光客. (⇒यात्री, सैलानी) **2** (乗り物の)乗客;通勤通学者. (⇒यात्री) ❐ट्रेन के ～ 列車の乗客.

मुसाफ़िर-ख़ाना /musāfira-xānā ムサーフィル・カーナー/ [←Pers.n. مسافر خانہ 'an inn'] *m.* **1** (駅などの)待合室. **2** 旅館, 旅籠(はたご).

मुसीबत /musībata ムスィーバト/ [←Pers.n. مصيبة 'a misfortune, disaster, calamity, affliction, evil, misery, ill, trouble, adversity' ←Arab.] *f.* 難儀, 苦難, 面倒事, 災難, 不幸. (⇒विपत्ति) ❐～ में फँस जाना 面倒な事に巻き込まれる.

मुस्कराना /muskarānā ムスカラーナー/ ▸मुसकराना, मुसकुराना *vi.* (*perf.* मुस्कराया /muskarāyā ムスカラーヤー/) ☞मुसकराना

मुस्कराहट /muskarāhaṭa ムスカラーハト/ ▷मुसकराहट [*मुस्कराना* + *-आहट*] *f.* ☞मुसकराहट

मुस्कान /muskāna ムスカーン/ ▷मुसकान *f.* ☞मुसकान

मुस्टंडा /musṭaṃḍā ムスタンダー/ ▷मुसटंडा [cf. *संड-मुसंड*] *adj.* 屈強な(男).

— *m.* 〔卑語〕ならず者;暴れ者.

मुस्तक़िल /mustaqila ムスタキル/ [←Pers.adj. مستقل 'stable, firm, durable' ←Arab.] *adj.* 安定した;固定した;堅固な. (⇒स्थायी)

मुस्तैद /mustaida ムスタェード/ [←Pers.adj. مستعد 'prepared, arranged, put in order' ←Arab.] *adj.* **1** 手際のいい, きびきびした. **2** 用意周到な.

मुस्तैदी /mustaidī ムスタェーディー/ [←Pers.n. مستعدى 'readiness, promptitude, alertness' ←Arab.] *f.* **1** 手際のよさ, 機敏さ. ❐～ से 手際よく. **2** 用意周到さ.

मुहताज /muhatāja ムフタージ/ ▸मोहताज [←Pers. محتاج 'necessitous, needy, indigent' ←Arab.] *adj.* **1** 貧しくて(食べ物・小銭などにも)事欠く. ❐वेतन कम ही सही, रोटियों को तो ～ न रहते। 給金が少ないのは本当だが, (私たちは)食べ物に事欠いているわけではない. ❐वह इस समय तो धेले-धेले को ～ है। 彼は今では小銭にも事欠くありさまです. **2** (頼る人なしに)生きていけない. ❐पुरुष स्त्री का ～ नहीं है, तो स्त्री पुरुष की ～ है। 男は女がいなくても生きていけるが, 女は男なしには生きていけないのだ.

मुहब्बत /muhabbata ムハッバト/ ▸मोहब्बत [←Pers.n. محبة 'love, affection' ←Arab.] *f.* 愛, 愛情;恋愛. (⇒प्रेम) ❐(से) ～ करना (人を)愛する.

मुहम्मद /muhammada ムハムマド/ [←Pers.n. محمد 'praising; name of the prophet and founder of Islam' ←Arab.] *m.* 〚イスラム教〛預言者ムハンマド.

मुहर /muhara ムハル/ ▸मोहर *f.* ☞मोहर

मुहरा /muharā ムフラー/ ▸मोहरा *m.* ☞मोहरा

मुहरी /muharī ムフリー/ ▸मोहरी *f.* ☞मोहरी

मुहर्रम /muharrama ムハルラム/ [←Pers.n. محرم 'the first month of the Muhammadan year' ←Arab.] *m.* 〚イスラム教〛ムハッラム《ヒジュラ暦の第一月;シーア派イスラム教徒の服喪の月》.

मुहर्रमी /muharramī ムハルラミー/ [*मुहर्रम* + *-ई*] *adj.* ムハッラム月の《「陰気な」と同義に使用されることが多い》.

मुहर्रिर /muharrira ムハルリル/ [←Pers.n. محرر 'a writer, clerk, scribe, accountant' ←Arab.] *m.* (役所の)書記, 事務官.

मुहर्रिरी /muharrirī ムハルリリー/ [←Pers.n. محررى 'the office or business of a clerk'] *f.* (役所の)書記の仕事, 事務官の仕事.

मुहलत /muhalata ムフラト/ ▸मोहलत *f.* ☞मोहलत

मुहल्ला /muhallā ムハッラー/ ▸महल्ला, मोहल्ला [←Pers.n. محلة 'a street or quarter of a city' ←Arab.] *m.* 居住区;地区;町内. ❐हमारे मुहल्ले में 私たちが住んでいる地

区では.

मुहाजिर /muhājira ムハージル/ [←Pers.n. مهاجر 'a fugitive, one who abandons his country, especially on account of public calamity or persecution' ←Arab.] *m.* **1** 難民, 避難民, 亡命者. (⇒शरणार्थी) **2** 〖歴史〗ムハージル《印パ分離独立(1947)時にインド領からパキスタン領に避難したイスラム教徒》. **3** 〖歴史〗ムハージル《622 年メッカを逃れメジナにムハンマドともに避難移住したイスラム教徒》.

मुहाना /muhānā ムハーナー/ [<OIA. **mukhāyana-* 'entrance course (of a river)': T.10173] *m.* 〖地理〗河口. ❐गंगा का ～ ガンジス川の河口.

मुहावरा /muhāvarā ムハーオラー/ [←Pers.n. محاورة 'holding a dialogue; conversation; idiom, usage, common speech, phraseology' ←Arab.] *m.* **1** 〖言語〗慣用語法;成句, 慣用句, イディオム. **2** お定まりの文句, 決まり文句, 常套句.

मुहावरेदार /muhāvaredāra ムハーオレーダール/ [*मुहावरा* + *-दार*] *adj.* 慣用語法の;いかにもその言語らしい. ❐～ भाषा 自然な言語.

मुहासा /muhāsā ムハーサー/ ▸मुँहासा *m.* ☞मुँहासा

मुहिम /muhima ムヒム/ [←Pers.adj. مهم 'great, important, necessary, urgent, serious, momentous (business)' ←Arab.] *f.* 困難な.

— *f.* **1** 大事業, 大仕事, 難事業. ❐～ सर करना 大事業を成し遂げる. **2** キャンペーン. (⇒अभियान)

मुहूर्त /muhūrta ムフールト/ [←Skt.m. *मुहूर्त-* 'a moment, instant, any short space of time; the 30th part of a day, a period of 48 minutes'] *m.* 〖暦〗ムフールタ《儀式を執り行うために吉祥な時刻》. ❐विवाह का ～ आधी रात के बाद था। 婚礼のための吉祥な時刻は夜半を過ぎた時だった.

मुहैया /muhaiyā ムハイヤー/ [←Pers.adj. مهيا 'disposed in order, prepared, arranged, ready' ←Arab.] *adj.* **1** 用意の出来た. **2** 入手された, 得られた. ❐～ कराना (便宜などを)提供[供給]する.

मूँग /mū̃ga ムーング/ [<OIA.m. *mudgá-* 'the bean *Phaseolus mungo*': T.10198] *f.* 〖植物〗ムーング《ダール豆 (दाल) の一種;アオアズキ;リョクトウ(緑豆), ヤエナリ, ブンドウマメなど》. (⇒दाल)

मूँगफली /mū̃gapʰalī ムーングパリー/ [*मूँग* + *फली*] *f.* 〖植物〗ピーナッツ, 落花生, ナンキンマメ. (⇒चिनिया बादाम, चीना-बादाम) ❐～ का तेल ピーナッツ・オイル. ❐～ के दाने ピーナッツの豆.

मूँगा /mū̃gā ムーンガー/ [cf. *मूँग*] *m.* 〖生物〗サンゴ(珊瑚). (⇒प्रवाल)

मूँगिया /mū̃giyā ムーンギヤー/ [cf. *मूँग, मूँगा*] *adj.* 深緑色の;淡いピンク色の, サンゴ色の.

मूँछ /mū̃cʰa ムーンチ/ [<OIA.n. *śmáśru-* 'beard, mustache': T.12659; cf. Tam. *mīcai* 'moustache'; DEDr.4879] *f.* **1** 口ひげ. ❐～ का एक बाल 口ひげの一本の毛. ❐मूँछों पर ताव देना〔慣用〕口ひげを捻る《「偉そうにする, 傲慢な態度をとる」の意》. **2** 〖動物〗触角.

मूँज /mū̃ja ムーンジ/ [<OIA. *múñja-* 'the grass *Saccharum sara* or *munja*': T.10184] *f.* 〖植物〗ムーンジュ《丈の長いイネ科の草;繊維は綱などに使用》.

मूँड़ /mū̃ṛa ムーンル/ [<OIA.m. *mūrdhán-* 'cranium, head, top, chief, beginning': T.10247] *m.* 頭;頭部.

मूँड़न /mū̃ṛana ムーンラン/ [<Skt.n. *मुण्डन-* 'shaving the head, tonsure'] *m.* ☞मुंडन

मूँड़ना /mū̃ṛanā ムーンルナー/ [<OIA. *muṇḍayati* 'shaves': T.10194; ?<OIA. **muṭṭa-*[1] 'defective': T.10187] *vt.* (*perf.* मूँड़ा /mū̃ṛā ムーンラー/) **1** (頭髪を)剃る. ❐नाई ने मेरा सिर मूँड़ा। 床屋が私の頭を剃った. **2** (羊の)毛を刈る. (⇒कतरना) ❐भेड़ को मूँड़ना 羊の毛を刈る. **3** 弟子にする. ❐उन दिनों ऐसा प्रसिद्ध था कि साधू लोग छोटे बच्चों को ले जाते हैं और चेला मूँड़ लेते हैं। 当時, 行者たちは幼い子どもたちをさらっては弟子にしてしまうのだ, と信じられていた. **4** (人から)(金品を)巻き上げる, だまし取る. ❐वह उसे उलटे छुरे [उस्तरे] से मूँड़ती है। 彼女は彼から金品をずうずうしくも巻き上げているのさ. ❐उसे उल्लू बनाकर ही मूँड़ा जा सकता है। 奴をかついでやれば, 巻き上げられるさ.

मूँदना /mū̃danā ムードナー/ [<OIA. *mudrayati* 'seals': T.10202] *vt.* (*perf.* मूँदा /mū̃dā ムーダー/) **1** (目を)閉じる;(見えないように)目隠しをする. (⇒मीचना) ❐उसने आँख मूँद ली। 彼女は目を閉じた. **2** (穴など)ふさぐ. ❐उसने पत्थर सरकाकर खोह का मुँह मूँद दिया। 彼は石をずらして穴の入り口をふさいだ.

मूक /mūka ムーク/ [←Skt. *मूक-* 'tongue-tied; dumb, speechless, mute, silent'] *adj.* **1** 唖の(人);口のきけない(人). (⇒गूँगा) **2** 無言の;沈黙の. ❐～ अभिनय パントマイム. ❐～ फ़िल्म 無声映画. ❐～ भाषा 声にならない言葉. ❐～ समर्थन 無言の支持.

— *m.* 唖の人;口がきけない人. (⇒गूँगा)

मूकता /mūkatā ムークター/ [←Skt.f. *मूक-ता-* 'dumbness, muteness, silence'] *f.* 唖であること;口がきけないこと;沈黙.

मूठ /mūṭʰa ムート/ [<OIA.m/f. *muṣṭí-* 'clenched hand, fist': T.10221; cf. *मुट्ठी*] *f.* **1** (手で掴む)握りの部分;柄;取っ手;ハンドル. (⇒दस्ता) ❐छाते की ～ 傘の柄. ❐तलवार की ～ 刀の柄. ❐～ मारना〔卑語〕マスターベーションをする. **2** まじない;魔術. ❐(पर) ～ चलाना (人に)呪文をかける.

मूठा /mūṭʰā ムーター/ ▸मुट्ठा *m.* ☞मुट्ठा

मूठी /mūṭʰī ムーティー/ [cf. *मूठा*] *f.* ☞मुट्ठा

मूड /mūḍa ムード/ [←Eng.n. *mood*] *m.* 気分;機嫌;ムード. (⇒मुद्रा) ❐मेरा आज वहाँ जाने का ～ नहीं है। 僕は今日あそこへ行く気分じゃない.

मूढ़ /mūṛʰa ムール/ [<Skt. *मूढ-* 'stupid, foolish'] *adj.* 馬鹿な;愚かしい.

मूढ़ता /mūṛʰatā ムールター/ [<Skt.f. *मूढ-ता-* 'bewilderment, perplexity, confusion, simplicity, folly, ignorance'] *f.* 愚かさ;愚行;愚かな考え.

मूत /mūta ムート/ [<OIA.n. *mū́tra-* 'urine': T.10234]

m. 小便, 尿. (⇒पेशाब)

मूतना /mūtanā ムートナー/ [<OIA. *mūtráyati* 'urinates': T.10238] *vt.* (*perf.* मूता /mūtā ムーター/) (人が)小便する, 放尿する. ❐बच्चे ने बिस्तर पर मूत दिया। 子どもが寝小便をした.

मूत्र /mūtra ムートル/ [←Skt.n. *मूत्र-* 'the fluid secreted by the kidneys, urine'] *m.* 小便, 尿.

मूत्रालय /mūtrālaya ムートラーラエ/ [neo.Skt.m. *मूत्र-आलय-* 'urinal'] *m.* 小便所.

मूत्राशय /mūtrāśaya ムートラーシャエ/ [←Skt.m. *मूत्र-आशय-* 'urinary-receptacle; the belly or, bladder'] *m.* 膀胱.

मूर्ख /mūrkʰa ムールク/ [←Skt. *मूर्ख-* 'stupid, foolish, silly, dull'] *adj.* **1** 愚鈍な;無知な. (⇔मेधावी) **2** 愚かな, 馬鹿げた.

— *m.* 愚か者;無知な人.

मूर्खता /mūrkʰatā ムールクター/ [←Skt.f. *मूर्ख-ता-* 'stupidity'] *f.* 愚かさ, 馬鹿さかげん;愚行;無知であること. (⇒हिमाक़त) ❐अपनी ~ पर पछताना 自分の愚かさを後悔する. ❐निरी ~ 全くの愚行.

मूर्च्छा /mūrccʰā ムールッチャー/ ▶मूर्छा *f.* ☞मूर्छा

मूर्च्छित /mūrccʰita ムールッチト/▶मूर्छित [<Skt. *मूर्छित-* 'fainted, stupefied, insensible'] *adj.* 意識不明の, 気絶している;こん睡状態の. (⇒बेहोश) ❐वह ~ दशा में अपने कमरे में पड़ी रहती। 彼女はこん睡状態で自室に横になったままだった. ❐वह ~ होकर भूमि पर गिर पड़ी। 彼女は気を失って地面に倒れた.

मूर्छा /mūrcʰā ムールチャー/▶मूर्च्छा [←Skt.f. *मूर्छा* 'fainting, a swoon, stupor; mental stupefaction, infatuation, delusion, hallucination'] *f.* 〖医学〗失神, 気絶, 卒倒. (⇒बेहोशी, बेसुधी)

मूर्छित /mūrcʰita ムールチト/ ▶मूर्च्छित [←Skt. *मूर्छित-* 'fainted, stupefied, insensible'] *adj.* ☞मूर्च्छित

मूर्त /mūrta ムールト/▶मूर्त्त [←Skt. *मूर्त-* 'coagulated; into any fixed shape, formed, substantial, material, embodied, incarnate'] *adj.* 形のある, 有形の;具現された. (⇔अमूर्त)

मूर्ति /mūrti ムールティ/▶मूर्त्ति [←Skt.f. *मूर्ति-* 'any solid body or material form'] *f.* **1** 像;彫像;偶像. (⇒प्रतिमा, बुत) ❐~ पूजा 偶像崇拜. ❐वहा ~ की भाँति खड़ी रह गई। 彼女は彫像のように立ちつくした. ❐सभी पत्थर ख़राद पर चढ़कर सुंदर मूर्तियाँ नहीं बन जाते। すべての石が削られて美しい彫像になるわけではない. **2** 人の姿(の輪郭). ❐उसकी म्लान ~ देखकर उसके हृदय के टुकड़े हो जाते हैं। 彼の憔悴した姿を見て彼女の心は張り裂けんばかりになるのである. ❐एक अल्पकाय ~ अब भी प्लेटफ़ार्म पर खड़ी थी। 一人の小柄な姿がまだプラットフォームに立っていた. **3** 権化, 化身, 典型;具現化された姿. ❐वह शोक और करुणा की ~ बनी थी। 彼女は悲しみと悲哀そのものであった. ❐वह विनय की ~ है। 彼は礼儀正しさそのものである. **4** 人物, 名士. ❐बीच में दो सौम्य मूर्तियाँ खड़ी थीं। 中に二人の名士である人物が立っていた. ❐मंच पर कई मूर्तियाँ ऐसी थी जिनका संबंध पत्रकारिता युनिवर्सिटी-शिक्षण तथा बंगाल के सामाजिक जीवन से था। 壇上には, ジャーナリズム, 大学教育そしてベンガルの社交界に関係する名士の方々がいらした.

मूर्तिकला /mūrtikalā ムールティカラー/ [neo.Skt.f. *मूर्ति-कला-* 'sculpture'] *f.* 彫刻.

मूर्तिकार /mūrtikāra ムールティカール/ [neo.Skt.m. *मूर्ति-कार-* 'an sculptor'] *m.* 彫刻家.

मूर्तिपूजा /mūrtipūjā ムールティプージャー/ [←Skt.f. *मूर्ति-पूजा-* 'adoration of images'] *f.* 偶像崇拝;聖像崇拝. (⇔मानसपूजा)

मूर्ति-भंजन /mūrti-bʰaṃjana ムールティ・バンジャン/ [neo.Skt.n. *मूर्ति-भञ्जन-* 'iconoclasm'] *m.* 聖像破壊, 偶像破壊. (⇒प्रतिमा-भंजन)

मूर्तिमान् /mūrtimāna ムールティマーン/ ▹मूर्तिमान [←Skt. *मूर्ति-मत्-* 'having a material form'] *adj.* **1** 実体をともなった, 具現化した. ❐अतीत जीवन आँखों के सामने ~ हो गया। 過去の人生が眼前に実像となってあらわれた. **2** 人間の姿をした, 権化の, 化身の. ❐आकृति से जान पड़ता था, मानो साक्षात् क्रोध ~ हो गया था। 形相から見て取れたのは, 怒りがそのまま人間の姿をとったかのようだった.

मूर्तिवत् /mūrtivat ムールティワト/ [neo.Skt. *मूर्ति-वत्-* 'like a statue'] *adv.* 彫像のようにじっとして. ❐वह ~ खड़ी रही। 彼女は彫像のようにじっと立ちつくした.

मूर्द्धन्य /mūrddʰanya ムールッダニエ/ ▶मूर्धन्य *adj.* ☞मूर्धन्य

मूर्धन्य /mūrdʰanya ムールダニエ/▶मूर्द्धन्य [←Skt. *मूर्धन्य-* 'being on or in the head; formed on the roof or top of the palate'] *adj.* 〖言語〗そり舌音の, 反舌音の. ❐~ व्यंजन そり舌子音.

मूल /mūla ムール/ [←Skt.n. *मूल-* 'a root (of any plant or tree); basis, foundation, cause, origin, commencement, beginning'] *adj.* **1** 根本の, 根幹の;基本的な. ❐~ कारण 根本的原因. ❐~ पाठ オリジナル・テキスト. ❐~ मानवाधिकार 基本的人権. **2** 主要な. ❐~ लागत 原価. **3** 本来その土地の. ❐~ निवासी 先住民.

— *m.* **1** 根本, 根底;基礎;本質. ❐~ में वह अब भी देहाती है। 本質において彼は今でも田舎者である. **2** 起源;由来;発端;根源. ❐सब पापों का ~ すべての罪悪の根源. **3**《国・地域を表す形容詞と結びついて生まれや血統を表す名詞句「…の生まれ」を作る》❐तमिल ~ का एक युवक タミル系の一人の青年. ❐भारतीय ~ के अमेरिकी インド系アメリカ人. **4** 原形;原作, 原本. **5** 〖経済〗元金. ❐~ का दुगना सूद भर चुका, पर ~ ज्यों का त्यों सिर पर सवार है। 元金の二倍の利息を支払った, しかし元金はそのまま相変わらず頭にのしかかっている. **6** 〖数学〗ルート, 根(こん).

मूलतः /mūlatah ムールタハ/ [←Skt.ind. *मूल-तस्* 'on the root, on the lower side'] *adv.* 本質的に, 本来.

मूलधन /mūladʰana ムールダン/ [←Skt.n. *मूल-धन-* 'original property, capital, stock'] *m.* 〖経済〗資本金. (⇒पूँजी)

मूलपाठ /mūlapāṭ^{h}a ムールパート/ [neo.Skt.m. *मूल-पाठ-* 'text'] *m.* 原文テキスト, 原典.

मूलप्रकृति /mūlaprakṛti ムールプラクリティ/ [←Skt.f. *मूल-प्रकृति-* 'the original root or germ out of which matter or all apparent forms are evolved'] *f.* 根本原質.

मूलभूत /mūlab^{h}ūta ムールブート/ [←Skt. *मूल-भूत-* 'become the root or original'] *adj.* 根本的な;基本的な.

मूलमंत्र /mūlamaṃtra ムールマントル/ [←Skt.m. *मूल-मन्त्र-* 'a principal or primary or fundamental text'] *m.* **1** (政策などの)基本方針. **2** 秘訣, 鍵. (⇒गुर) ❐सफलता का ～ 成功の秘訣.

मूल स्थान /mūla st^{h}āna ムール スターン/ *m.* 原産地.

मूली /mūlī ムーリー/ [<OIA.n. *mū́la-* 'root': T.10250] *f.* 〖植物〗(ハツカ)ダイコン((廿日)大根), ラディッシュ. ❐मैं किस खेत की मूली था।〔慣用〕私はどの畑のダイコンだというわけだった《「私の素性など誰も知らなかった」の意》.

मूलोच्छेद /mūlocc^{h}eda ムーローッチェード/ [←Skt.m. *मूल-उच्छेद-* 'cutting up the roots; utter destruction'] *m.* 根絶, 絶滅. ❐(का) ～ करना (…を)根絶する.

मूल्य /mūlya ムールエ/ [←Skt.n. *मूल्य-* 'original value, value, price, worth, a sum of money given as payment'] *m.* **1** 価格, 値段. (⇒क़ीमत, भाव) ❐अंकित ～ 額面価格. **2** 価値. (⇒क़ीमत)

मूल्यवान् /mūlyavān ムールヤワーン/▷मूल्यवान [←Skt. *मूल्य-वत्-* 'valuable'] *adj.* **1** 高価な. (⇒क़ीमती) ❐～ वस्तुएँ 高価な品物. **2** 価値のある, かけがえのない, 貴重な. ❐उनका समय ～ है। あの方の時間は貴重です. ❐एक आदमी का जीवन इतना ～ नहीं है कि उसके लिए असंख्य जानें ली जाएँ। 一人の人間の命は, そのために無数の命が奪われるほど価値のあるものではない.

मूल्यांकन /mūlyāṃkana ムールヤーンカン/ [neo.Skt.n. *मूल्य-अङ्कन-* 'evaluation, assessment'] *m.* 評価, 鑑定; 値踏み. (⇒अंकन) ❐(का) ～ करना (…を)評価する.

मूषक /mūṣaka ムーシャク/ [←Skt.m. *मूषक-* 'a thief, plunderer; a rat, mouse'] *m.* **1** 〖動物〗ネズミ《特に「ハツカネズミ」をさすことがある》. (⇒चूहा) **2** 泥棒, 盗人.

मूस /mūsa ムース/▶मूसा [<OIA.m. *mūṣa-* 'rat, mouse': T.10258] *m.* 〖動物〗ネズミ. (⇒चूहा)

मूसना /mūsanā ムースナー/ [<OIA. *mūṣati* 'steals': T.10260] *vt.* (*perf.* मूसा /mūsā ムーサー/) 盗む, くすねる. (⇒चुराना)

मूसल /mūsala ムーサル/ ▶मूसली [<OIA.m. *músala-* 'pestle': T.10223] *m.* 杵(きね);乳棒.

मूसलधार /mūsalad^{h}āra ムーサルダール/ ▶मूसलाधार *adj.* ☞मूसलाधार

— *adv.* ☞मूसलाधार

मूसलाधार /mūsalād^{h}āra ムースラーダール/ ▶मूसलधार [*मूसल* + *-धार*] *adj.* 土砂降りの(雨). ❐～ वर्षा 土砂降りの雨.

— *adv.* (雨が)土砂降りに. ❐～ बरसना 土砂降りに降る.

मूसली /mūsalī ムースリー/ ▶मूसल *f.* ☞मूसल

मूसा[1] /mūsā ムーサー/ ▶मूस *m.* ☞मूस

मूसा[2] /mūsā ムーサー/ [←Pers.n. موسى 'Moses' ←Arab.] *m.* 〖キリスト教〗〖ユダヤ教〗〖イスラム教〗モーゼ《ヘブライの預言者》.

मृग /mṛga ムリグ/ [←Skt.m. *मृग-* 'a deer, fawn, gazelle, antelope, stag, musk-deer'] *m.* 〖動物〗(雄)シカ(鹿). (⇔मृगनी, मृगी)

मृगचर्म /mṛgacarma ムリグチャルム/ [neo.Skt.n. *मृग-चर्मन्-* 'skin of deer'] *m.* 鹿皮.

मृग-छाला /mṛga-c^{h}ālā ムリグ・チャーラー/ *f.* ☞मृगचर्म

मृगजल /mṛgajala ムリグジャル/ [←Skt.n. *मृग-जल-* 'deer-water; mirage'] *m.* 蜃気楼(しんきろう). (⇒मरीचिका)

मृगतृष्णा /mṛgatṛṣṇā ムリグトリシュナー/ [←Skt.f. *मृग-तृष्णा-* 'mirage'] *f.* 蜃気楼(しんきろう). (⇒मृग-मरीचिका)

मृगनयनी /mṛganayanī ムリガナヤニー/ ▶मृगिनी [←Skt.f. *मृग-नयनी-* 'deer-eyed: a woman having soft or lovely eyes'] *m.* (小鹿のように)愛らしく美しい目をした女.

मृगनी /mṛganī ムリグニー/▶मृगिनी [cf. *मृग, मृगी*] *f.* 〖動物〗雌鹿. (⇒मृगी)(⇔मृग)

मृग-मद /mṛga-mada ムリグ・マド/ [←Skt.m. *मृग-मद-* 'musk'] *m.* ジャコウ, 麝香. (⇒कस्तूरी, मुश्क)

मृग-मरीचिका /mṛga-marīcikā ムリグ・マリーチカー/ [neo.Skt.f. *मृग-मरीचिका-* 'mirage'] *f.* ☞मृगतृष्णा

मृगया /mṛgayā ムリグヤー/ [←Skt.f. *मृग-या-* 'hunting, the chase'] *f.* 狩り, 狩猟.

मृगिनी /mṛginī ムリギニー/ ▶मृगनी *f.* ☞मृगनी

मृगी /mṛgī ムリギー/ [←Skt.f. *मृगी-* 'a female deer, doe'] *f.* 〖動物〗雌鹿. (⇔मृग)

मृणाल /mṛṇāla ムリナール/ [←Skt.n. *मृणाल-* 'a lotus-fibre'] *m.* 〖植物〗ハスの茎;蓮根.

मृत /mṛta ムリト/ [←Skt. *मृत-* 'dead, deceased, deathlike, torpid, rigid'] *adj.* 死んだ. (⇒मुर्दा)(⇔जीवित) ❐～ ज्वालामुखी 〖地理〗死火山. ❐～ व्यक्ति की स्मृति 故人の思い出. ❐～ शरीर 死体.

मृतक /mṛtaka ムリタク/ [←Skt.m. *मृतक-* 'a dead man, a corpse'] *adj.* 死んだ. ❐～ गाय 死んだ雌牛. ❐～ शरीर 死体.

— *m.* 死者, 死亡者. ❐～ का क्रिया-कर्म 死者の葬儀.

मृतक-कर्म /mṛtaka-karma ムリタク・カルム/ [neo.Skt.n. *मृतक-कर्मन्-* 'last rituals'] *m.* 葬式, 葬礼.

मृतप्राय /mṛtaprāya ムリタプラーエ/ [←Skt. *मृत-प्राय-* 'well-nigh dead'] *adj.* 死んだも同然の. ❐यह कला ～ हो रही है। この技術はほぼ死に絶えつつある.

मृत-भाषा /mṛta-b^{h}āṣā ムリト・バーシャー/ [←Skt.f. *मृत-भाषा-* 'dead language'] *f.* 〖言語〗死に絶えた言語, 死語.

मृत-संजीवनी /mṛta-saṃjīvanī ムリト・サンジーヴァニー/

[←Skt.f. *मृत-संजीवनी-* 'revival of a dead person'] *f.* 死者をよみがえらせる薬(草).

मृत्युंजय /mr̥tyuṃjaya ムリティュンジャエ/ [←Skt. *मृत्युं-जय-* 'overcoming disease'] *adj.* 不死の.
— *m.* 〖ヒンドゥー教〗 不死であるもの《シヴァ神 (शिव) の別称》.

मृत्यु /mr̥tyu ムリティュ/ [←Skt.m. *मृत्यु-* 'death, dying'] *f.* 死;死亡. (⇒देहांत, मौत) ❐～ दंड 死刑.

मृत्युकर /mr̥tyukara ムリティュカル/ [neo.Skt.m. *मृत्यु-कर-* 'death duty'] *m.* 〖経済〗 相続税.

मृत्यु-दंड /mr̥tyu-daṃḍa ムリティュ・ダンド/ [neo.Skt.m. *मृत्यु-दण्ड-* 'capital punishment'] *m.* 〖法律〗 死刑. (⇒प्राण-दंड) ❐(को) ～ की सज़ा सुनाना (人に)死刑を宣告する.

मृत्यु-शय्या /mr̥tyu-śayyā ムリティュ・シャッヤー/ [neo.Skt.f. *मृत्यु-शय्या-* 'deathbed'] *f.* 死の床. ❐अपने अक्खड़ स्वभाव का परिचय उन्होंने ～ पर भी दिया। 自身の頑固な性格の一面を彼は臨終の際も見せた. ❐उसने ～ पर पड़े हुए मुझसे कहा। 彼女は死の床に横たわったまま私に言った.

मृत्यु-संख्या /mr̥tyu-saṃkʰyā ムリティュ・サンキャー/ [neo.Skt.f. *मृत्यु-संख्या-* 'death roll'] *f.* 死亡者数. ❐स्त्रियों की ～ बढ़ रही है। 女性の死亡者数が増加しつつある.

मृदंग /mr̥daṃga ムリダング/ [←Skt.m. *मृदङ्ग-* 'a kind of drum, tabour'] *m.* 〖楽器〗 ムリダング《両面太鼓の一種;中央が太くなっている》.

मृदा /mr̥dā ムリダー/ [←Skt.f. *मृदा-* 'clay, loam, earth'] *f.* 〖鉱物〗 土壌;土類《還元されにくい金属酸化物》. ❐～ विज्ञान 土壌学. ❐～ संरक्षण 土壌保全. ❐दुर्लभ ～ レア・アース, 希土類.

मृदु /mr̥du ムリドゥ/ [←Skt. *मृदु-* 'soft, delicate, tender, pliant, mild, gentle'] *adj.* 穏やかな, 温和な;ソフトな;柔和な, 優しい. ❐～ स्वर में बोलना 穏やかな声で言う.

मृदुता /mr̥dutā ムリドゥター/ [←Skt.f. *मृदु-ता-* 'softness, tenderness, mildness, weakness'] *f.* 穏やかさ;優しさ. (⇔कटुता) ❐मरीजों के साथ उसके व्यवहार में ～ आ गई थी। 患者に対する彼女の接し方に優しさが加わった.

मृदुल /mr̥dula ムリドゥル/ [←Skt. *मृदुल-* 'soft, tender, mild'] *adj.* 甘美な;優しい. ❐उसकी ～ मुसकान 彼女の甘美なほほえみ. ❐बड़े ～ शब्दों में बोलना とても優しい言葉で言う.

मृषा /mr̥ṣā ムリシャー/ [←Skt.ind. *मृषा* 'in vain, uselessly, to no purpose'] *adj.* 偽りの. ❐उनकी वाणी ～ कैसे होती। あのお方のお言葉にどうして偽りがあろうか.
— *adv.* **1** 偽って. **2** 空しく.

में /mẽ メーン/ *postp.* …の中に;…において.

मेंगनी /mẽganī メーングニー/ [<OIA. **mēṅga-²*, **mēṅgana-* 'lump': T.10305z1] *f.* (ヤギなどの)丸く小さな糞.

मेंड़ /mẽṛa メーンル/ ▸मेड़ [←Drav.; DEDr.4659 (DED.3810)] *f.* (田の)あぜ;(畑の)土が盛り上がった境界. ❐खेत की ～ पर बैठना 田のあぜに座る.

मेंडक /meṃḍaka メーンダク/ ▸मेंढक *m.* ☞मेंढक

मेंड़बंदी /mẽṛabaṃdī メーンルバンディー/ [*मेंड़* + *-बंदी*] *f.* (田の)あぜを作ること;(畑の)土が盛り上がった境界を作ること.

मेंढक /meṃḍʰaka メーンダク/ ▸मेंडक [<OIA.m. *maṇḍū́ka-* 'frog': T.09746] *m.* 〖動物〗 (雄)カエル (蛙)《鳴き声の擬声語は टर-टर》. (⇒दादुर)(⇔मेंढकी)

मेंढकी /meṃḍʰakī メーンドキー/ [cf. *मेंढक*] *f.* 〖動物〗 雌ガエル. (⇔मेंढक)

मेंबर /meṃbara メーンバル/ [←Eng.n. *member*] *m.* メンバー, 会員. (⇒सदस्य)

में-में /mẽ-mẽ メーン・メーン/ [onom.] *f.* 〔擬声〕メーメー《羊やヤギの鳴き声》.

मेंह /mẽha メーンフ/ ▸मेह *m.* ☞मेह¹

मेंहदी /mẽhadī メーンフディー/ ▸मेहँदी *f.* ☞मेहँदी

मेक-अप /meka-apa メーク・アプ/ [←Eng.n. *make-up*] *m.* メーク・アップ, 化粧. ❐वह ～ में प्रवीण है। 彼女は化粧がうまい.

मेकैनिक /mekainika メーカェーニク/ [←Eng.n. *mechanic*] *m.* 機械工, 修理工, 職工. (⇒मिस्तरी)

मेख़ /mexa メーク/ [←Pers.n. میخ 'a nail; a pin, peg'] *f.* **1** 釘(くぎ);ピン. (⇒कील) ❐(में) ～ ठोंकना (…に)釘を打つ. **2** 杭(くい). (⇒खूँटा)

मेखला /mekʰalā メークラー/ [←Skt.f. *मेखला-* 'a girdle, belt, zone (as worm by men or women, but esp. that worn by the men of the first three classes)'] *f.* **1** 帯(おび), ベルト. (⇒कमरबंद) **2** 〖地理〗 (帯状の)地帯.

मेग़ /meğa メーグ/ [←Pers.n. میغ 'a cloud; fog, mist'; cog. Skt.m. *मेघ-* 'sprinkler; a cloud'] *m.* ☞मेघ

मेघ /megʰa メーグ/ [←Skt.m. *मेघ-* 'sprinkler; a cloud'] *m.* 雲. (⇒बादल)

मेघाच्छन्न /megʰāccʰanna メーガーッチャンヌ/ *adj.* 雲におおわれた.

मेघालय /megʰālaya メーガーラエ/ [neo.Skt.m. *मेघ-आलय-* 'the abode of clouds'; cf. Eng.n. *Meghalay*] *m.* メーガーラヤ州《州都はシラーング (शिलांग)》.

मेज़ /meza メーズ/ [?←Port.f. *mesa* 'table'; ?←Pers.n. میز 'a guest; a table'] *f.* 机, デスク;テーブル, 食卓. ❐～ पर किताब रखना 机に本を置く.

मेज़पोश /mezapośa メーズポーシュ/ [*मेज़* + *-पोश*] *m.* テーブルクロス, テーブルかけ.

मेज़बान /mezabāna メーズバーン/ [←Pers.n. میزبان 'a landlord; a host'] *m.* ホスト, (客をもてなす)主人, 亭主;(番組の)司会者. (⇔मेहमान) ❐टीवी शो के ～ テレビ・ショーの司会者.

मेज़बानी /mezabānī メーズバーニー/ [←Pers.n. میزبانی 'hospitality'] *f.* もてなし, 歓待, 接待;接客. ❐(की) ～ करना (…を)もてなす.

मेजर /mejara メージャル/ [←Eng.n. *major*] *m.* 陸軍少佐. ❐～ जनरल 陸軍少将.

मेट /meṭa メート/ [←Eng.n. *mate*] *m.* (労働者の)班長,

職長, 現場監督者.

मेटना /meṭanā メートナー/ ▸मिटना [cf. *मिटना*] *vt.* (*perf.* मेटा /meṭā メーター/) ☞मिटाना

मेट्रो /meṭro メートロー/ [←Eng.n. *metro*] *m.* メトロ, 地下鉄. ❐दिल्ली ～ デリー地下鉄線.

मेड़ /meṛa メール/ ▸मेंड़ *f.* ☞मेंड़

मेडल /meḍala メーダル/ [←Eng.n. *medal*] *m.* メダル, 勲章, 記章. (⇒तमग़ा, पदक)

मेडागास्कर /meḍāgāskara メーダーガースカル/ ▸मैडागास्कर *m.* ☞मैडागास्कर

मेडिकल /meḍikala メーディカル/ [←Eng.n. *medical*] *m.* **1**〖医学〗健康診断. ❐～ कराना 健康診断を受ける. **2**〖医学〗医療機関.

मेढ़ा /meṛʰā メーラー/ [<OIA.m. *mēṇḍha-²* 'ram': T.10310] *m.*〖動物〗雄羊;子羊, ラム. (⇒भेड़ा)

मेथी /metʰī メーティー/ [cf. Skt.f. *मेथिका- 'Trigonella foenum-graecum'*] *f.*〖植物〗フェヌグリーク《ハーブ・香辛料の一種》.

मेद /meda メード/ [←Skt.n. *मेदस्-* 'fat, marrow, lymph'] *m.* (体内の)脂肪. (⇒चरबी)

मेदा /medā メーダー/ [←Pers.n. معدة 'the human stomach, paunch' ←Arab.] *m.* 胃, 胃袋. (⇒पेट)

मेदिनी /medinī メーディニー/ [←Skt.f. *मेदिनी-* 'having fatness or fertility; the earth, land, soil, ground'] *f.* 大地.

मेधा /medʰā メーダー/ [←Skt.f. *मेधा-* 'mental vigour or power, intelligence, prudence, wisdom'] *f.* 知力;知性;賢さ.

मेधावी /medʰāvī メーダーヴィー/ [←Skt. *मेधा-विन्-* 'possessing wisdom, intelligent, wise'] *adj.* 賢い, 聡明な, (頭脳が)優れている. (⇒ज़हीन)(⇔मूर्ख)

मेम /mema メーム/ [←Eng.n. *ma'am*] *f.* **1** 奥様;ヨーロッパ人の女性《主に मेम-साहब の形で用いる》. **2**〖ゲーム〗(トランプの)クイーン. (⇒बेगम)

मेमना /memanā メームナー/ [onom.; cf. *में-में*] *m.*〖動物〗子羊, 小羊.

मेम-साहब /mema-sāhaba メーム・サーハブ/ *मेम + साहब*; → I.Eng.n. *memsahib f.* **1** (使用人からみた)奥様. (⇔साहब) **2**〖歴史〗(成人の)白人女性. (⇔साहब)

मेयर /meyara メーヤル/ [←Eng.n. *mayor*] *m.* 市長;町長. (⇒महापौर)

मेयोट /meyoṭa メーヨート/ [cf. Eng.n. *Mayotte*] *m.*〖地名〗マヨット《コモロ諸島にあるフランスの海外領土》.

मेरठ /meraṭʰa メーラト/ [cf. Eng.n. *Meerut*] *m.*〖地名〗メーラト《ウッタル・プラデーシュ州 (उत्तर प्रदेश) の歴史的都市》.

मेरा /merā メーラー/ [<OIA. *ma-* 'base of singular oblique cases of 1st person pronoun': T.09691] *pron.adj.* 私の《 मैं の属格; मेरा, मेरे, मेरी と形容詞変化する》.

मेरु /meru メール/ [←Skt.m. *मेरु-* 'name of a fabulous mountain'] *m.* **1**〖神話〗メール山《黄金でできている山》. **2** メール《数珠 (जपमाला) の中央にある大きな親珠(おやだま);数珠の爪繰りをこの珠より始めこの珠で終わる》.

मेरुदंड /merudaṃḍa メールダンド/ [?neo.Skt.m. *मेरु-दंड-* 'backbone, spine'] *m.* **1** 背骨, 脊柱(せきちゅう). (⇒रीढ़) **2** 精神的な支え, 支柱. ❐संस्कृत भाषा भारतीय संस्कृति का ～ रही है। サンスクリット語はインド文化の精神的な支柱であった. **3**〖天文〗(南北両極を結ぶ)地軸.

मेल[1] /mela メール/ [←Skt.m. *मेल-* 'meeting, union, intercourse'] *m.* **1** 結合;混合. **2** 調和;一致. ❐(से) ～ करना (人と)調子を合わせる. ❐(से) ～ खाना (…と)調和する, 一致する. **3** 仲のいいこと, 和合, 融和;友好関係. ❐～ से रहना 仲良く過ごす. ❐उससे मेरा कोई ～ नहीं है। 彼と私はそりが合わない. ❐पति-पत्नी में ～ हो गया था। 夫婦仲が良くなった.

मेल[2] /mela メール/ [←Eng.n. *mail*] *f.* **1** 郵便. (⇒डाक) ❐ई-मेलE メール. **2** 郵便物. (⇒डाक) **3** 郵便列車;(郵便貨車を連結した)急行列車. (⇒डाकगाड़ी)

मेल-जोल /mela-jola メール・ジョール/ [*मिलना + जुलना*] *m.* 仲がいいこと, 親密な交際. ❐(से) ～ बढ़ाना (人と)親交を深める. ❐(से) ～ रखना (人と)親交を結ぶ.

मेल-मिलाप /mela-milāpa メール・ミラープ/ [*मिलना + मिलाप*] *m.* ☞मेल-जोल

मेला /melā メーラー/ [<OIA.m. *mēla-* 'meeting': T.10331; cf. Skt.m. *मेलक-* 'meeting, union, intercourse'] *m.* (定期)市, 縁日;祭り(の催し物), フェア. ❐～ लगना 市がたつ. ❐पुस्तक ～ ブック・フェア.

मेला-ठेला /melā-ṭʰelā メーラー・テーラー/ [*मेला + ठेलना*] *m.* (縁日などの)人のごったがえする場所.

मेवा /mevā メーワー/ [←Pers.n. ميوه 'fruit'] *m.*〖食〗ドライ・フルーツ.

मेष /meṣa メーシュ/ [←Skt.m. *मेष-* 'a ram; the sign Aries of the zodiac'] *m.* **1**〖動物〗雄羊. **2**〖天文〗牡羊座. ❐～ राशि (黄道十二宮の一つ)白羊宮, 牡羊座.

मेष-संक्रांति /meṣa-saṃkrāṃti メーシュ・サンクラーンティ/ *f.*〖暦〗メーシュ・サンクラーンティ《太陽が白羊宮 (मेष राशि) に入る日及びその祭り》.

मेसेडोनिया /meseḍoniyā メーセードーニヤー/ ▸मैसिडोनिया *m.* ☞मैसिडोनिया

मेहँदी /mēhadī メーンフディー/ ▸मेंहदी [<OIA.f. *mēndhī-* 'the plant *Lawsonia alba*': T.10328] *f.* **1**〖植物〗ヘンナ《ミソハギ科の低木》. **2** ヘンナ, メヘンディー《粉末にしたヘンナの葉をペースト状にした黄色の着色料;ファッションとしても人気のある花嫁の手足にヘンナで描かれる美しい模様》.

मेह[1] /meha メーヘ/ ▸मेंह [<OIA.m. *mēghá-* 'cloud, rain': T.10302] *m.* **1**〔古語〕雲. **2**〔古語〕雨.

मेह[2] /meha メーヘ/ [←Skt.m. *मेह-* 'urinary disease, excessive flow of urine, diabetes'] *m.*〖医学〗泌尿器系の疾患《多尿症など;糖尿病も含む》. (⇒प्रमेह)

मेह[3] /meha メーヘ/ [<OIA. *mēha-²* 'ram': T.10337z1;

cf. Skt.m. *मेष*- 'a ram, sheep'] *m.* 〔古語〕雄の羊. (⇒भेड़ा)

मेहतर /mehatara メヘタル/ [←Pers.n. مهتر 'prince, lord, chief, governor; a sweeper, a menial who removes filth'; cog. Skt. *महत्तर*- 'greater or very great or mighty or strong'] *m.* (男の)掃除人, 掃除夫《特に便所掃除を生業とする》. (⇔मेहतरानी)

मेहतरानी /mehatarānī メヘタラーニー/ [cf. *मेहतर*] *f.* 掃除夫の妻;女の掃除人, 掃除婦. (⇔मेहतर)

मेहनत /mehanata メヘナト/ [←Pers.n. محنة 'moil, toil, drudgery' ←Arab.] *f.* **1** (辛い)労働;苦労, 骨折り. (⇒परिश्रम) ❐कड़ी ~ 重労働. ❐~ करना 苦労する, 骨折って励む. **2** 努力, 勤勉. (⇒परिश्रम) ❐~ करना 努力する, 励む.

मेहनताना /mehanatānā メヘナターナー/ [*मेहनत* + *-आना*] *m.* 労賃;報酬.

मेहनती /mehanatī メヘナティー/ [←Pers.adj. محنتی 'laborious, difficult'] *adj.* 勤勉な, 努力家の;働き者の. (⇒परिश्रमी)

मेहमान /mehamāna メヘマーン/▸महमान [←Pers.n. مهمان 'a guest'] *m.* 客, 客人, ゲスト. (⇒अतिथि)(⇔मेज़बान)

मेहमानदार /mehamānadāra メヘマーンダール/ [←Pers.n. مهمان دار 'a hospitable or courteous man'] *m.* (客を)丁重にもてなす(人). (⇒मेहमान-नवाज़)

मेहमानदारी /mehamānadārī メヘマーンダーリー/ [←Pers.n. مهمانداری 'hospitality, a waiting upon guests'] *f.* (客を)丁重にもてなすこと, 歓待. (⇒अतिथि-सत्कार, आतिथ्य, मेहमान-नवाज़ी)

मेहमान-नवाज़ /mehamāna-navāza メヘマーン・ナワーズ/ [←Pers.adj. مهمان نواز 'hospitable'] *adj.* (客を)丁重にもてなす(人). (⇒मेहमानदार)

मेहमान-नवाज़ी /mehamāna-navāzī メヘマーン・ナワーズィー/ [←Pers.n. مهمان نوازی 'hospitality, hospitableness'] *f.* (客を)丁重にもてなすこと, 歓待. (⇒अतिथि-सत्कार, आतिथ्य, मेहमानदारी)

मेहमानी /mehamānī メヘマーニー/ [←Pers.n. مهمانی 'an entertainment, banquet, feast; hospitality'] *f.* (客の)もてなし.

मेहरबान /meharabāna メヘルバーン/ [←Pers.adj. مهربان 'benevolent, beneficent, kind, affectionate, friendly, compassionate, favouring, loving'] *adj.* 親切な;情け深い.

मेहरबानी /meharabānī メヘルバーニー/ [←Pers.n. مهربانی 'friendship, friendliness, kindness'] *f.* 恩情, 親切, 好意. (⇒कृपा) ❐आपकी ~ (है)। ご親切に, ありがとう. ❐~ करके どうぞ(…してください).

मेहरा /meharā メーヘラー/ [<Skt.f. *महिला*- 'woman': T.09962] *m.* 軟弱な男, 女々しい男.

मेहराब /meharāba メヘラーブ/ [←Pers.n. محراب 'the principal place in a mosque, where the priest prays to the people with his face turned towards Mecca' ←Arab.] *f.* 〖イスラム教〗アーチ(状のもの)《特にモスクの礼拝堂でメッカに面した壁に作られるアーチ状の壁龕(へきがん), ミフラーブ》. (⇒चाप)

मेहराबदार /meharābadāra メヘラーブダール/ [←Pers.adj. محراب دار 'arched, bowed'] *adj.* アーチ状の. ❐~ छत アーチ型屋根;丸天井.

मेहरी /meharī メーヘリー/ ▸महरी [cf. *मेहरा*] *f.* ☞महरी

मेहरिया /mehariyā メーヘリヤー/ [cf. *मेहरा*] *f.* 妻, 家内;女. ❐~ रख लेना पाप नहीं है, हाँ, रखके छोड़ देना पाप है। 妻を家に置くのは罪ではないわ, そう, 一旦置いてから捨てるのは罪よ.

मैं /mãĩ マェーン/ *pron.* 私, 僕, 俺.

मैंने /mãĩne マェーンネー/ *pron.* 《मैं の能格》.

मैका /maikā マェーカー/ ▸मायका *m.* ☞मायका

मैकेनिकल /maikenikala マェーケーニカル/ [←Eng.adj. *mechanical*] *adj.* 機械学の. ❐~ इंजीनियरिंग 機械工学.

मैक्सिको /maiksiko マェークスィコー/ [←Eng.n. *Mexico*] *m.* 〖国名〗メキシコ(合衆国)《首都はメキシコ・シティー(मैक्सिको सिटी)》.

मैक्सिको सिटी /maiksiko siṭī マェークスィコー スィティー/ [←Eng.n. *Mexico City*] *m.* 〖地名〗メキシコ・シティー《メキシコ(合衆国)(मैक्सिको)の首都》.

मैच /maica マェーチ/ [←Eng.n. *match*] *m.* 〖スポーツ〗試合;競技. (⇒प्रतियोगिता, मुकाबला) ❐टेस्ट ~ クリケットの試合. ❐फ़ुटबॉल ~ サッカーの試合.

मैट्रिक /maiṭrika マェートリク/ [←Eng.n. *matric* (matriculation)] *m.* 大学入学資格試験(に合格した人)《インドの旧教育制度の検定試験;日本の大学検定試験にほぼ相当》. (⇒मैट्रिकुलेशन) ❐~ पास करना 大学検定試験に合格する.

मैट्रिकुलेशन /maiṭrikuleśana マェートリクレーシャン/ [←Eng.n. *matriculation*] *m.* ☞मैट्रिक

मैडम /maiḍama マェーダム/ [←Eng.n. *madam*] *f.* マダム《「先生, 奥様, お嬢様」など目上の女性に対する呼びかけの言葉;敬称としても使用》. ❐~ तुसाद संग्रहालय マダム・タッソー館《ロンドンにある蝋人形館》. ❐~ से पूछिए। 奥様に聞いてください. ❐यस ~ はい;承知しました.

मैडागास्कर /maiḍāgāskara マェーダーガースカル/▸मेडागास्कर [cf. Eng.n. *Madagascar*] *m.* 〖国名〗マダガスカル(共和国)《首都はアンタナナリボ(अंतानानारिवो)》.

मैड्रिड /maiḍriḍa マェードリド/ ▸मद्रिद *m.* ☞मद्रिद

मैत्री /maitrī マェートリー/ [←Skt.f. *मैत्री*- 'friendship, friendliness, benevolence, good will'] *f.* **1** 友情;友好関係. (⇒दोस्ती, मित्रता) **2** 同盟(関係);協調(関係).

मैथुन /maitʰuna マェートゥン/ [←Skt.n. *मैथुन*- 'copulation, sexual intercourse or union, marriage'] *m.* 〖医学〗性交;交尾. (⇒संभोग)

मैदा /maidā マェーダー/ [←Pers.n. میده 'the finest flour'] *m.* 〖食〗小麦粉, メリケン粉《製粉した時に残る皮の屑を取り除いたもの;皮の屑が含まれているものはアーター(आटा)》.

मैदान /maidānạ マェーダーン/ [←Pers.n. میدان 'an open field without buildings, an extensive plain' ←Arab.] *m.* **1** 広場, グラウンド. ❐खेल का ～ 運動場. **2**〖地理〗平地, 平野, 平原. **3**（勝負を決する）場, 決戦場；活躍の舞台. (⇒रंगभूमि) ❐～ छोड़ना 勝負から逃げる. ❐～ में उतरना 決戦場に登場する. **4** マイダーン《コルカタ（旧カルカッタ）市内にある広場》.

मैना /mainā マェーナー/ [<OIA.m. *madana-²* 'species of bird': T.09776] *f.*〖鳥〗九官鳥《鳴き声の擬声語は मै-ना》. (⇒सारिका)

मैनेजर /mainejarạ マェーネージャル/ [←Eng.n. *manager*] *m.* マネージャー, 支配人；（スポーツチームの）監督. (⇒प्रबंधक)

मैया /maiyā マイヤー/ ▸माई *f.* ☞माई

मैरिज /mairijạ マェーリジ/ [←Eng.n. *marriage*] *f.* 結婚（式）, 婚姻, 婚礼. (⇒ब्याह, शादी, विवाह) ❐लव ～ 恋愛結婚. ❐सिविल [कोर्ट] ～ 民事婚, 民事的婚姻《宗教的儀式によらず民事上の契約に基づいて公吏が行う》.

मैल /mailạ マェール/ [<OIA. **malin-* 'dirty': T.09904] *f.* **1**（身体の）よごれ；垢；不潔. ❐(का) ～ धुल जाना（…の）よごれが洗い流される. ❐रुपया हाथ का ～ है। 金（かね）は手の垢みたいなもんだ《「金はたいしたことのないくだらないもの」の意》. ❐हाथों और पैरों में ～ की मोटी तह जमी हुई थी। 手と足には垢の厚い層が固まっていた. **2**（心の）汚れ；不浄. ❐मन की ～ मिट जाना 心の汚れが消え去る. **3**（表情・気持ちの）陰り, くもり；不快；恨み, 悪意. ❐उसने मुख [चेहरे] पर ～ नहीं आने दिया। 彼は顔に不快な表情を出さなかった.

मैलख़ोरा /mailạxorā マェールコーラー/ [*मैल* + *ख़ोरा*] *adj.* 汚れが目立たない（服や色）. ❐～ कपड़ा 汚れが目立たない服. ❐～ रंग 汚れが目立たない色.

मैला /mailā マェーラー/ [cf. *मैल*] *adj.* **1** 垢まみれの；（身体が）よごれた, 不潔な. (⇒गंदा) ❐मैले कपड़े よごれた服. **2**（心が）汚れた；不浄な. ❐वह स्वभाव के नीचे, दिल के मैले, स्वार्थी आदमी हैं। 彼は卑しい根性をした, 汚れた心の, 利己的な男である. **3**（表情・気持ちが）陰った, くもった. ❐उसका चेहरा ～ हो गया था, मानो बदन में जान ही नहीं है। 彼の顔は暗くくもった, まるで肉体に生命が宿っていないかのように.

मैला-कुचैला /mailā-kucailā マェーラー・クチャェーラー/ *adj.* 垢まみれの；よごれきった.

मैलापन /mailāpanạ マェーラーパン/ [*मैला* + *-पन*] *m.* **1** 垢まみれ；（身体の）よごれ, 不潔. **2**（心の）汚れ；不浄.

मैसिडोनिया /maisiḍoniyā マェースィドーニヤー/▸मेसेडोनिया [cf. Eng.n. *Macedonia*] *m.*〖国名〗マケドニア（共和国）, マケドニア旧ユーゴスラビア共和国《首都はスコピエ (स्कोप्जे)》.

मैसूर /maisūrạ マェースール/ [cf. Eng.n. *Mysore*] *m.*〖地名〗マイソール《カルナータカ州 (कर्नाटक) の古都》.

मोंटेनेग्रो /moṃṭenegro モーンテーネーグロー/ [cf. Eng.n. *Montenegro*] *m.*〖国名〗モンテネグロ《(旧)ユーゴスラビア (यूगोस्लाविया) が 2003 年セルビア・モンテネグロに国名を改称した後, 2006 年モンテネグロとセルビア (सर्बिया) に分離して独立；モンテネグロの事実上の首都はポドゴリツァ (पाडगोरिका)》.

मोंटेविडियो /moṃṭeviḍiyo モーンテーヴィディョー/ [cf. Eng.n. *Montevideo*] *m.*〖地名〗モンテビデオ《ウルグアイ（東方共和国）(उरुग्वे) の首都》.

मोंढ़ा /mõṛʰā モーンラー/ ▸मोढ़ा *m.* ☞मोढ़ा

मोक्ष /mokṣạ モークシュ/ [←Skt.m. *मोक्ष-* 'emancipation'] *m.*〖ヒンドゥー教〗解脱《人生の４大目的 पुरुषार्थ の一つ》.

मोगरा /mogạrā モーグラー/ [<OIA.m. *mudgara-²* 'bud': T.10199z1] *m.*〖植物〗モーグラー《ジャスミンの一種, マツリカ；花はジャスミン茶に使われる》.

मोगादीशू /mogādīśū モーガーディーシュー/ [cf. Eng.n. *Mogadishu*] *m.*〖地名〗モガディシュ《ソマリア（連邦共和国）(सोमालिया) の首都》.

मोघ /mogʰạ モーグ/ [←Skt. *मोघ-* 'vain, fruitlets, useless, unsuccessful, unprofitable'] *adj.* 無益な, 効果のない. (⇔अमोघ)

मोच /mocạ モーチ/ [<OIA. **mōcc-* 'twist, wring': T.10351] *f.*〖医学〗（手首やくるぶしを）くじくこと, 捻挫（ねんざ）. (⇒मोड़) ❐पाँव में ～ आ गई है। 足をくじいた.

मोचन /mocanạ モーチャン/ [←Skt.n. *मोचन-* 'release, liberation, freeing or delivering'] *m.* 解放；除去.

मोचना /mocạnā モーチナー/ [cf. *मोचन*] *vt.* (*perf.* मोचा /mocā モーチャー/) 解放する.
— *m.* **1**（鍛冶屋の）やっとこ. **2**（床屋の）毛抜き, ピンセット.

मोची /mocī モーチー/ [<OIA.n. **mōca-²*, *mōcaka-* 'shoe': T.10349] *m.* 靴屋；靴直し屋《伝統的には靴などの皮革製品に携わるカーストに属する人》.

मोज़ांबिक /mozāṃbikạ モーザーンビク/ [cf. Eng.n. *Mozambique*] *m.*〖国名〗モザンビーク（共和国）《首都はマプト (मापूतो)》.

मोज़ा /mozā モーザー/ [←Pers.n. موزه 'a boot; a stocking; a glove'] *m.* 靴下, ソックス；ストッキング.

मोटमरदी /moṭạmarạdī モートマルディー/ ▸मुटमरदी *f.* ☞मुटमरदी

मोटर /moṭarạ モータル/ [←Eng.n. *motor*] *f.* **1** モーター, 発動機. ❐～ साइकिल オートバイ. **2** 自動車. (⇒कार, गाड़ी, मोटरकार)

मोटरकार /moṭarạkārạ モータルカール/ [←Eng.n. *motorcar*] *f.* 自動車. (⇒कार, गाड़ी, मोटर)

मोटर-वे /moṭarạ-ve モータル・ヴェー/ [←Eng.n. *motorway*] *f.* 高速道路. (⇒एक्सप्रेस-वे)

मोटा /moṭā モーター/ [<OIA. **muṭṭa-¹* 'defective': T.10187] *adj.* **1** 太った, 肥満した. ❐जितना ही ～ आदमी, उतनी ही मोटी उसकी अक़्ल 人間は太っていればいるほどそれだけ知能が粗雑だ. ❐मोटी औरत 太った女. ❐शरीर उनका ～ नहीं कहा जा सकता था। 彼の身体は肥満し

ているとは言えなかった．2 太い．❐～ डंडा 太い棒．❐मोटी ज़ंजीरें 太い鎖．3 太字の；ボールド体の．❐मोटे टाइप में छपी हुई पुस्तक ボールド体活字で印刷された本．❐अख़बार में यह समाचार मोटे-मोटे अक्षरों में छपा। 新聞にこのニュースは太字で印刷された（「でかでかと載った」の意）．4 厚い，厚手の；厚みのある．❐मोटी किताब 厚い本．❐क़िले की दीवार १५ फ़ीट मोटी है। 城壁は 15 フィートの厚さである．5（金額などが）多額の；たっぷりした．❐मोटी तनख़्वाह की नौकरी 高給な職．6 粗い；粗略な，粗末な；（頭脳が）粗雑な．❐～ खाना 粗末な食事；粗末なものを食べる．❐～ पहनना 粗末なものを着る．❐इसे मोटी से मोटी बुद्धि का मनुष्य भी समझ सकता है। こんなことは余程の粗雑な知能の人間でも理解できる．❐मोटे कपड़े 目の粗い布地．7 おおまかな，おおざっぱな．❐मोटी बातें 話の概略．❐मोटे तौर पर 一般的に．❐मोटे अनुमान के मुताबिक़ おおよその推測によれば．

मोटाई /moṭāī モーターイー/▸मुटाई [*मोटा* + *-ई*] *f.* 1 肥満．(⇒मुटापा) 2 厚さ；太さ．3 粗さ．

मोटा-ताज़ा /moṭā-tāzā モーター・ターザー/ *adj.* 肉付きのいい，太った．

मोटाना /moṭānā モーターナー/ ▸मुटाना [cf. *मोटा*] *vi.* (*perf.* मोटाया /moṭāyā モーターヤー/) ☞मुटाना

मोटापन /moṭāpana モーターパン/ [*मोटा* + *-पन*] *m.*〖医学〗太っていること，肥満．

मोटापा /moṭāpā モーターパー/ ▸मुटापा *m.* ☞मुटापा

मोठ /moṭʰa モート/ [＜OIA.m. *mukuṣṭha-, mukuṣṭhaka-* 'a kind of bean': T.10148] *f.*〖植物〗モート《モスビーン，インド原産のマメ科の一種(*Phaseolus aconitifolius*)；実は食用》．

मोड़ /moṛa モール/ [cf. *मोड़ना*] *m.* 1（道の）曲がり角；（川の）湾曲部；カーブ．2 転機，岐路，分かれ目，節目，転換点，ターニングポイント．❐ऐतिहासिक ～ 歴史的な転換点．❐कोरियाई प्रायद्वीप में तनाव की स्थिति नाज़ुक ～ पर पहुँच गई। 朝鮮半島における緊張状態がきわどい岐路にさしかかった．❐ज़िंदगी के इस ～ पर 人生のこの分かれ目に．3 ねじれ，よじれ；（裾の）折り返し；（ページの）折り．4〖医学〗捻挫（ねんざ）．(⇒मोच)

मोड़ना /moṛanā モールナー/ [cf. *मुड़ना*] *vt.* (*perf.* मोड़ा /moṛā モーラー/) 1 曲げる；折り曲げる．2 ねじる；ひねる．3（袖などを）巻き上げる．4 向きを変える；（顔を）そむける．❐उसने बंदूक़ की नाला मेरी तरफ़ मोड़ दी। 彼は銃身（＝銃口）を私の方に向けた．❐(से) मुँह ～（…）から顔をそむける．

मोढ़ा /moṛʰā モーラー/ ▸मोंढ़ा [＜OIA. **mōṭha-²* 'wicker stool': T.10352z7] *m.* モーラー《葦などで編まれた低いスツール》．

मोतिया /motiyā モーティヤー/ [*मोती* + *-इया*] *adj.* 真珠色の；真珠のように輝いた．

— *m.*〖植物〗モーティヤー《ジャスミンの一種》．

मोतियाबिंद /motiyābiṃda モーティヤービンド/ [*मोतिया* + *बिंद*] *m.*〖医学〗白内障．

मोती /motī モーティー/ [＜OIA.n. *mauktika-* 'pearl': T.10365] *m.*〖貝〗真珠．

मोतीचूर /motīcūra モーティーチュール/ [*मोती* + *चूर*] *m.*〖食〗モーティーチュール《ヒヨコマメの粉 (बेसन) を甘く加工したもので，シロップに浸してラッドゥー (लड्डू) を作る》．

मोती-झरा /motī-jʰarā モーティー・ジャラー/▸मोती-झिरा *m.*〖医学〗腸チフス．(⇒टाइफ़ायड)

मोती-झिरा /motījʰirā モーティージラー/ ▸मोती-झरा *m.* ☞मोती-झरा

मोथा /motʰā モーター/ [＜OIA.m. *musta-* 'the fragrant grass *Cyperus rotundus*': T.10226] *m.*〖植物〗モーター《カヤツリグサ科ハマスゲ；根は薬用に用いられる》．

मोद /moda モード/ [←Skt.m. *मोद-* 'joy, delight, gladness, pleasure'] *m.* 歓喜；楽しみ．

मोदक /modaka モーダク/ [←Skt.m. *मोदक-* 'a small round sweetmeat'] *adj.* 人を喜ばせる（もの）．

— *m.* モーダク《球形の甘い菓子；「絵に描いた餅」の「餅」のたとえによく使用される》．(⇒लड्डू) ❐मन के ～ खाना 甘い空想にふける．

मोदन /modana モーダン/ [←Skt.n. *मोदन-* 'the act of gladdening'] *m.* 喜ばせること；楽しませること．

मोदी /modī モーディー/ [?] *m.* 食料雑貨商（の人）．(⇒परचूनिया)

मोदीख़ाना /modīxānā モーディーカーナー/ [*मोदी* + *ख़ाना*] *m.* 食料雑貨商の店；食料雑貨商の倉庫．

मोनरोविया /monaroviyā モーンローヴィヤー/ [cf. Eng.n. *Monrovia*] *m.*〖地名〗モンロビア《リベリア（共和国）(लाबेरिया) の首都》．

मोनाको /monāko モーナーコー/ ▸मोनैको [cf. Eng.n. *Monaco*] *m.* 1〖国名〗モナコ（公国）《首都は同名のモナコ (मोनाको)》．2〖地名〗モナコ《同名のモナコ（公国）の首都》．

मोनैको /monaiko モーナエーコー/ ▸मोनाको *m.* ☞मोनाको

मोबाइल /mobāila モーバーイル/ [←Eng.adj. *mobile*] *adj.* 移動可能な；携帯可能な．❐～ फ़ोन 携帯電話．

— *m.* 携帯電話．

मोम /moma モーム/ [←Pers.n. موم 'wax'] *m.* 蝋（ろう）；ワックス；蜜蝋（みつろう）．❐～ की पर्त ワックス・コーティング．❐～ की प्रतिमा 蝋人形．❐～ जैसा दिल [हृदय] 蝋のような心《「優しい心」の意》．

मोमजामा /momajāmā モームジャーマー/ [←Pers.n. موم جامه 'waxcloth, cerecloth'] *m.* 防水布，防水シート；レインコート．(⇒तिरपाल)

मोमबत्ती /momabattī モームバッティー/ [*मोम* + *बत्ती*] *f.* 蝋燭（ろうそく），キャンドル．❐～ जलाना [बुझाना] ロウソクを点す［消す］．

मोमी /momī モーミー/ [←Pers.adj. مومی 'waxen'] *adj.* 1 蜜蝋（みつろう）の；蝋（ろう）で作られている．❐～ काग़ज़ ろう紙，パラフィン紙，トレーシングペーパー．❐～ खड़िया クレヨン．❐～ छींट ろうけつ染め．2 蝋のように溶けやすい；蝋のように柔らかい．

मोयन /moyana̸ モーヤン/ [<OIA. *mōdana- 'mixing': T.10356] *m.* 〖食〗モーヤン《こねた小麦粉などに加えられるバターや油;できあがりの食感をよくするため》.

मोर /mora̸ モール/ [<OIA.m. *mayū́ra-* 'peacock': T.09865] *m.* 〖鳥〗(雄)クジャク, 孔雀《鳴き声の擬声語は कू-कू》. (⇒मयूर)(⇔मोरनी) ❐～ कूकता है। クジャクが鳴く.

मोरक्को /morakko モーラッコー/ ▶मोरोक्को [cf. Eng.n. *Morocco*] *m.* 〖国名〗モロッコ(王国)《首都はラバト(रबात)》.

मोरचा[1] /moracā モールチャー/ ▷मोर्चा [←Pers.n. مورچه، مورچل، مورچال 'an intrenchment for besieging a fortified place'] *m.* **1** 戦線;前線;塹壕(陣地). ❐～ बाँधना 戦闘配置をする. **2**戦線. ❐संयुक्त ～ 共同戦線.

मोरचा[2] /moracā モールチャー/▷मोर्चा [←Pers.n. مورچه 'rust'] *m.* **1** 〖化学〗錆(さび). (⇒ज़ंग) ❐लोहे के मोरचे 鉄さび.

मोरचाबंदी /moracābaṃdī モールチャーバンディー/ ▷मोर्चाबंदी [←Pers.n. مورچه بندی 'intrenching; fortifying, fortification'] *f.* 戦闘配置;戦略.

मोरनी /moranī モールニー/ [cf. *मोर*] *f.* 〖鳥〗雌クジャク. (⇔मोर)

मोरपंख /morapaṃkʰa̸ モールパンク/ [*मोर* + *पंख*] *m.* クジャクの羽.

मोर-मुकुट /mora̸-mukuṭa̸ モール・ムクト/ *m.* クジャクの羽で作られた冠《クリシュナ神 (कृष्ण) が身に着けている》.

मोरी /morī モーリー/ [cf. *मोहरी*] *f.* 排水溝;排水路.

मोरोक्को /morokko モーローッコー/ ▶मोरक्को *m.* ☞मोरक्को

मोरोनी /moronī モーローニー/ [cf. Eng.n. *Moroni*] *m.* 〖地名〗モロニ《コモロ(連合) (कोमोरोस) の首都》.

मोर्चा /morcā モールチャー/ ▷मोरचा *m.* ☞मोरचा[1], मोरचा[2]

मोर्चाबंदी /morcābaṃdī モールチャーバンディー/ ▷मोरचाबंदी *f.* ☞मोरचाबंदी

मोल /mola̸ モール/ [<OIA.n. *maulya-* 'price': T.10373x1] *m.* 値段, 価格;価値;(実際より高い)掛け値. ❐(का) ～ करना (…の)値段を交渉する. ❐～ लेना 買う;背負い込む, 引き受ける.

मोल-तोल /mola̸-tola̸ モール・トール/ *m.* 売買交渉;値切り交渉. ❐(से) ～ करना (人と)値段の交渉をする.

मोल्दाविया /moldāviyā モールダーヴィヤー/ ▶माल्डोवा *m.* ☞माल्डोवा

मोह /moha̸ モーフ/ [←Skt.m. *मोह-* 'loss of consciousness, bewilderment, perplexity, distraction, infatuation, delusion, error, folly'] *m.* **1** 執着, 執心;誘惑, 魅力. ❐उसे अपनी जान का कुछ भी ～ नहीं है। 彼は自分の命が少しも惜しくないのだ. ❐प्राण का ～ प्राणी-मात्र में होता है और हम लोगों में भी हो, तो कोई लज्जा की बात नहीं। 命の執着は生きているものにだけにあります, だから我々にあったとしても, 決して恥ずべきことではありません. **2** 妄想;幻想;錯覚.

मोहक /mohaka̸ モーハク/ [←Skt. *मोहक-* 'bewildering, infatuating, causing ignorance or folly'] *adj.* 魅了する, うっとりさせる. ❐～ और मादक स्वर में गाना うっとりと酔わせる声で歌う. ❐रूपवती कदापि न थी, मगर रूप से ज़्यादा ～ थी उसकी सरलता और प्रसन्नता। (彼女は)決して美しくはなかった, しかし姿かたちより魅了するのは彼女の素直さと明るさだった.

मोहताज /mohatāja̸ モーフタージ/ ▶मुहताज *adj.* ☞मुहताज

मोहन /mohana̸ モーハン/ [←Skt. *मोहन-* 'depriving of consciousness, bewildering, confusing, perplexing, leading astray, infatuating'] *adj.*魅了する(人・もの).
— *m.* 〖ヒンドゥー教〗モーハン《クリシュナ神 (कृष्ण) の別名》.

मोहनभोग /mohanabʰoga̸ モーハンボーグ/ [*मोहन* + *भोग*] *m.* 〖食〗モーハンボーグ《ハルワー菓子 (हलवा) の一種》.

मोहना /mohanā モーフナー/ [<OIA. *mōháyati* 'bewilders': T.10362] *vt.* (*perf.* मोहा /mohā モーハー/) 魅了する, 虜にする;たぶらかす. ❐कैंब्रिज ने प्रथम संपर्क में ही मुझे मोह लिया। ケンブリッジ(地名)は一目で私を魅了した.

मोहनी /mohanī モーフニー/ [←Skt.f. *मोहनी-* 'illusion or delusion; incantation'] *f.* **1** 魅惑(するもの), 魅力;妄想. ❐गऊ ～-रूप थी। 雌牛はうっとりする姿をしていた. ❐प्रकृति में ～ भरी हुई थी। 自然は心をうっとりさせるものであふれていた. **2** 魅力的な女. **3** 媚薬(びやく), ほれ薬.

मोहपाश /mohapāśa̸ モーフパーシュ/ [←Skt.m. *मोह-पाश-* 'the snare of (worldly) illusion'] *m.* **1** (世俗のものへ)執着する罠(わな), 誘惑の罠. **2** (魅力的なものの)虜になること. ❐(के) ～ में बँधना (…の)虜になる, 夢中になる.

मोहब्बत /mohabbata̸ モハッバト/ ▶मुहब्बत *f.* ☞मुहब्बत

मोह-भंग /moha̸-bʰaṃga̸ モーフ・バング/ [?neo.Skt.m. *मोह-भङ्ग-* 'disillusionment'] *m.* 幻滅;迷いからさめること, 覚醒. ❐ज़िंदगी मोह से शुरू होती है, ～ पर ख़त्म। 人生は執着から始まり, 覚醒で終わる.

मोहर /mohara̸ モハル/▶मुहर [←Pers.n. مهر 'a seal, seal-ring'] *f.* **1** スタンプ, 刻印. (⇒छाप, मुद्रा) ❐(पर) (का) ～ लगाना (…に)(…の)スタンプ[刻印]を押す. **2** 封印, 証印. (⇒सील, छाप, मुद्रा) **3** 印鑑;印章つきの指輪. **4** 〖歴史〗ムフル《金貨の一種》.

मोहरा[1] /moharā モフラー/ ▶मुहरा [<OIA.n. *múkha-* 'mouth, face': T.10158] *m.* **1** (容器の)口. **2** 先端部. **3** 先陣, 前衛.

मोहरा[2] /moharā モフラー/▶मुहरा [←Pers.n. مهره 'a chessman, a tableman, counter for playing any game'] *m.* 〖ゲーム〗(チェスの)駒. ❐यदि विरोधी का

कोई ～ प्यादे के तिरछे ख़ाने पर रखा हो तभी वह मार सकता है। もし相手のある駒がポーンの斜めのマス目に置かれている時は，(ポーンは)それを取ることができる. ❐शतरंज के मोहरे チェスの駒.

मोहरी /moharī モーフリー/ ▸मुहरी [cf. *मोहरा¹*] *f.* **1** (銃・管などの)口径. **2** (ズボンの)裾.

मोहलत /mohalata モホラト/ ▸मुहलत [←Pers.n. مهلة 'delay, putting off, deferring, retarding' ←Arab.] *f.* (時間的な)猶予. ❐(को) तीन माह की ～ देना (…に)3か月の猶予を与える.

मोहल्ला /mohallā モハッラー/ ▸महल्ला, मुहल्ला *m.* ☞मुहल्ला

मोहित /mohita モーヒト/ [←Skt. *मोहित-* 'stupefied, bewildered, infatuated, deluded'] *adj.* 魅了された，(恋などで)夢中になった，虜になった;惑わせられた. ❐देखते ही वह उस घोड़े पर ～ हो गया। 一目見るや否や彼はその馬に魅了されてしまった.

मोहिनी /mohinī モーヒニー/ [←Skt.f. *मोहिनी-* 'infatuating living beings'] *f.* ☞मोहनी

मोही /mohī モーヒー/ [←Skt. *मोहिन्-* 'deluding, confusing, perplexing, illusive'] *adj.* (人を)惑わせる.

मौक़ा /mauqā マォーカー/ [←Pers.n. موقع 'a place where anything falls or happens; opportunity' ←Arab.] *m.* 機会;チャンス，好機. (⇒अवसर, चांस) ❐इस मौक़े पर この機会に. ❐(को) (का) ～ मिलना (人が)(…の)チャンスを得る.

मौखिक /maukʰika マォーキク/ [←Skt. *मौखिक-* 'oral'] *adj.* 口頭の，口で言い表された. ❐～ परंपरा 口承. ❐～ परीक्षा 口頭試問，面接試験. ❐～ रूप से 口頭で.

मौज /mauja マォージ/ [←Pers.n. موج 'being agitated (as the sea), rolling in billows; whim, caprice' ←Arab.] *f.* **1** 波;うねり. (⇒तरंग, लहर) **2** (感情の)高まり;歓喜，恍惚;上機嫌;快楽. ❐～ करना [उड़ाना]思う存分楽しむ. ❐सब अपनी-अपनी ～ में मस्त हैं। みんなそれぞれ自分の快楽に浮かれている. **3** 移り気，気まぐれ，酔狂.

मौज़ा /mauzā マォーザー/ [←Pers.n. موضع 'placing, laying down; a place, site; a village' ←Arab.] *m.* 村，村落.

मौजी /maujī マォージー/ [←Pers.adj. موجی 'whimsical, emotional'] *adj.* **1** 気まぐれな. **2** 陽気な;浮かれた.

मौज़ूँ /mauzū̃ マォーズーン/ [←Pers.adj. موزون 'weighed; well-adjusted, balanced' ←Arab.] *adj.* 適している，ふさわしい，ぴったりな.

मौजूद /maujūda マォージュード/ [←Pers.adj. موجود 'found; present, existing, standing before' ←Arab.] *adj.* 居合わせている，出席している，参列している，臨席している. (⇒उपस्थित, हाज़िर)(⇔अनुपस्थित, ग़ैर-हाज़िर)

मौजूदगी /maujūdagī マォージュードギー/ [←Pers.n. موجودگی 'existence; presence'] *f.* 出席，参列，臨場，臨席. (⇒उपस्थिति, हाज़िरी)(⇔अनुपस्थिति, ग़ैर-हाज़िरी) ❐अदम ～ 不在，不参加.

मौजूदा /maujūdā マォージューダー/ [←Pers.adj. موجوده 'existing'] *adj.* 現在の;現行の;現存の. (⇒वर्तमान)

मौत /mauta マォート/ [←Pers.n. موت 'dying; death' ←Arab.] *f.* 死;死亡. (⇒देहांत, मृत्यु)

मौन /mauna マォーン/ [←Skt.n. *मौन-* 'silence, taciturnity'] *adj.* 沈黙した，無言の. (⇒चुप, ख़ामोश) ❐उसने एक मिनट तक ～ रहने के बाद कहा। 彼は1分間の沈黙の後言った.

— *m.* **1** 沈黙，無言. ❐जहाँ शब्द हार मानते हैं वहाँ ～ बोलता है। 言葉が敗北するところでは沈黙が雄弁に物語る. **2** 黙祷(もくとう).

मौनव्रत /maunavrata マォーナヴラト/ [←Skt.n. *मौन-व्रत-* 'a vow of silence'] *m.* 沈黙の誓い;沈黙の行.

मौनी /maunī マォーニー/ [←Skt. *मौनिन्-* 'observing silence, silent, taciturn'] *adj.* 〚ヒンドゥー教〛無言の行(ぎょう)をしている.

मौनी अमावस /maunī amāvasa マォーニー アマーワス/ *f.* 〚暦〛マオニー・アマーワス《マーガ月 (माघ) の新月の日;この日無言の行を行うと功徳があるといわれる》.

मौर¹ /maura マォール/ [<OIA.m. *mukuṭa-* 'tiara, crest, point, head': T.10144] *m.* 〚ヒンドゥー教〛マォール《伝統的な結婚式で花婿のかぶる冠の一種》. ❐अंतिम अभिलाषा उनकी मेरे सिर पर ～ देखने की थी। 彼女の最後の願いは私の頭に花婿の冠を見ることだった.

मौर² /maura マォール/ [<OIA.n. *mukula-* 'bud': T.10146] *m.* 〚植物〛花房(はなぶさ). (⇒मंजरी) ❐आम का ～ マンゴーの花房.

मौरूसी /maurūsī マォールースィー/ [←Pers.adj. موروثی 'hereditary; patrimonial, ancestral'; cf. Pers.adj. موروث 'hereditary, possessed by paternal succession' ←Arab.] *adj.* 〚法律〛世襲の. (⇒पुश्तैनी, पैतृक) ❐～ काश्तकार 世襲の耕作権をもつ小作人. ❐～ हक़ 先祖代々の権利.

मौलवी /maulavī マォールヴィー/ [←Pers.n. مولوی 'a doctor of the Muhammadan law; a learned man'] *m.* **1** 〚イスラム教〛マォーラヴィー《イスラム法に精通している学者》. **2** 〚イスラム教〛学者;教師《特にアラビア語・ペルシア語に精通しているイスラム教徒》.

मौलसरी /maulasarī マォールサリー/ ▸मौलसिरी *f.* ☞मौलसिरी

मौलसिरी /maulasirī マォールスィリー/ ▸मौलसरी [<OIA.m. *makula-¹* 'the tree *Mimusops elengi*': T.09694z4] *f.* 〚植物〛ミサキノハナ(の花)《アカテツ科の常緑小高木》.

मौला /maulā マォーラー/ [←Pers.n. مولا 'a lord, master' ←Arab. مولی] *m.* 〚イスラム教〛主人，主;神.

मौलाना /maulānā マォーラーナー/ [←Pers.n. مولانا 'our Lord (title given to judges, heads of religious orders'; cf. Pers.n. مولی 'a lord, master' ←Arab.] *m.* 〚イスラム教〛モウラーナー《イスラム教学者への敬称》.

मौलि /mauli マォーリ/ [←Skt.m. *मौलि-* 'the head, the

top of anything'] *m.* **1** 頂き;頭. **2** 王冠.

मौलिक /maulikạ マォーリク/ [←Skt. *मौलिक-* 'derived from a root, original'] *adj.* **1** 独創的な, オリジナルな. ❐～ चित्र 独創的な絵画. ❐～ योजना 独創的な計画. **2** 根源の;基本的な. ❐～ सिद्धांत 根本原理.

मौलिकता /maulikạtā マォーリクター/ [←Skt.f. *मौलिक-ता-* 'originality'] *f.* 独創性;独自性. ❐(की) ～ प्रश्न-चिह्न लगाना (…の)独創性に疑問符をつける.

मौसंबी /mausaṃbī マォーサンビー/▸मौसम्मी [?←Port.m. *Moçambique* 'Mozambique'; ?←Pers.adj. موسمی 'seasonable, in season'] *f.* 〖植物〗モウサンビー(の実)《甘いオレンジの一種》.

मौसम /mausamạ マォーサム/▸मौसिम [←Pers.n. موسم 'time, season' ←Arab.] *m.* **1** 天気, 天候. ❐～ की भविष्यवाणी 天気予報. ❐～ विज्ञान 気象学. ❐ख़राब ～ 悪天候. **2** 気候. (⇒जल-वायु, हवा-पानी) ❐जापान का ～ 日本の気候. **3**〖暦〗季節. (⇒ऋतु) ❐गरमी का ～ 夏の季節. ❐चुनावी ～ 選挙の季節.

मौसमी /mausạmī マォースミー/ [←Pers.adj. موسمی 'seasonable, in season'] *adj.* 季節の. ❐～ फल 季節の果物.

मौसम्मी /mausạmmī マォースムミー/ ▸मौसंबी *f.* ☞मौसंबी

मौसिम /mausimạ マォースィム/ ▸मौसम *m.* ☞मौसम

मौसा /mausā マォーサー/ [cf. *मौसी*] *m.* 母方の叔父, 伯父《母の姉妹 मौसी の夫》. (⇒ख़ालू)(⇔मौसी)

मौसिया /mausiyā マォースィヤー/ [cf. *मौसी*] *adj.* ☞मौसेरा

मौसियाल /mausiyālạ マォースィヤール/ [cf. *मौसी*] *m.* **1** おば(母の姉妹)が嫁いでいる家. **2** おば(母の姉妹)が嫁いでいる家の親類.

मौसी /mausī マォースィー/ [<OIA.f. *mātuḥṣvasṛ-* 'mother's sister': T.10001] *f.* おば, 叔母, 伯母《母の姉妹》. (⇒ख़ाला)(⇔मौसा)

मौसेरा /mauserā マォーセーラー/ [<OIA. **mātuḥṣvasṛghara-* 'mother's sister's house': T.10003] *adj.* おば方の《母の姉妹 (मौसी) の》. ❐～ भाई (母方の)おば方の従兄弟. ❐मौसेरी बहन (母方の)おば方の従姉妹.

म्याँऊँ /myā̃ū̃ū̃ ミャーンウーン/ ▸म्याऊँ *f.* ☞म्याऊँ.

म्याऊँ /myāū̃ ミャーウーン/ ▸म्याँऊँ [onom.] *f.* 〔擬声〕ニャー, ミャー《ネコの鳴き声》. ❐～ का ठौर [मुँह] 猫の鼻づら;(ネズミにとって)危険な所;リスクの高い仕事. ❐～ ～ करना (猫が)鳴く;怯えて小声で話す.

म्यान /myānạ ミャーン/▸मियान [←Pers.n. میان 'scabbard, sheath'] *f.* (刀の)鞘. (⇒गिलाफ़) ❐～ में करना(刀を)鞘に納める. ❐～ से तलवार खींचना 鞘から刀を引き抜く. ❐एक ～ में दो तलवारें नहीं रह सकतीं।〔諺〕一つの鞘に二本の刀は納まらない《「一人の女と二人の男の三角関係は破綻する」の意》.

म्यानमार myānạmārạ [cf. Eng.n. *Myanmar*] 〖国名〗ミャンマー(連邦共和国)《旧ビルマ (बर्मा) ;首都は 2006 年にヤンゴン (यांगून) からネーピードー (नाएप्यीडॉ) に移った》.

म्यानी /myānī ミャーニー/ ▸मियानी *f.* ☞मियानी

म्युनिसिपल /myunisipalạ ミュニスィパル/ [←Eng.adj. *municipal*] *adj.* 市政機関の, 市当局の;市立の. ❐～ स्कूल 市立学校.

म्युनिसिपैलिटी /myunisipailiṭī ミュニスィパェーリティー/ [←Eng.n. *municipality*] *f.* 市政機関, 市当局. (⇒नगरपालिका)

म्रियमाण /mriyạmāṇạ ムリエマーン/ [←Skt. *म्रियमाण-* 'on the verge of death'] *adj.* 死にかかっている, 瀕死の. (⇒मृतप्राय)

म्लान /mlānạ ムラーン/ [←Skt. *म्लान-* 'faded, withered, exhausted, languid, weak, feeble'] *adj.* **1** しおれた, 色あせた. **2** 力ない, 弱弱しい. **3** 汚れた.

म्लानता /mlānạtā ムラーンター/ [←Skt.f. *म्लान-ता-* 'withered or faded condition'] *f.* ☞म्लानि

म्लानि /mlāni ムラーニ/ [←Skt.f. *म्लानि-* 'withering, fading, decay, languishing, perishing'] *f.* **1** しおれている様子, 色あせている様子. **2** 力ない様子, 弱弱しい様子. **3** 汚れている様子.

म्लेच्छ /mleccʰạ ムレーッチ/ [←Skt.m. *म्लेच्छ-* 'a foreigner, barbarian, non-Aryan, man of an outcast race'] *m.* 〖ヒンドゥー教〗ムレッチャ《古代インドにおける異民族あるいは非アーリヤ文化に属する人々を指す蔑称;未開人, 野蛮人;非ヒンドゥー教徒》.

य

यंत्र-मंत्र /yaṃtrạ-maṃtrạ ヤントル・マントル/ *m.* 魔術;呪術. (⇒जादू-टोना)

यक /yakạ ヤク/ [←Pers. یک 'one, everyone'; cog. Skt. *एक-* 'one'] *adj.* 一つの《ヒンディー語に借用されたペルシャ語語彙では, 同系のインド語派語形 एक に置き換えられたつづりが多い;एकाएक「突然」, एकबारगी「いっぺんに」など》.

यकता /yakạtā ヤクター/ [←Pers.adj. یکتا 'single, simple; unique, incomparable'] *adj.* 比類のない(⇒अनुपम) ❐ख़ुशामद में ～ おべっかを使うことにかけては比類のない(人).

यकायक /yakāyakạ ヤカーヤク/ ▸एकाएक [←Pers.adv. یکا یک 'one by one; suddenly'] *adv.* ☞एकाएक

यकार /yakārạ ヤカール/ [←Skt.m. *य-कार-* 'Devanagari letter य or its sound'] *m.* **1** 子音字 य. **2**〖言語〗子音字 य の表す子音 /y ェ/.

यकारांत /yakārāṃtạ ヤカーラーント/ [←Skt. *यकार-अन्त-* 'ending in the letter य or its sound'] *adj.* 〖言語〗語尾が य で終わる(語)《आय「収入」, भविष्य「未来」, विषय「テーマ, 題目」など》. ❐～ शब्द 語尾が य で終わる語.

यक़ीन /yaqīna ヤキーン/ [←Pers.n. يقين 'certainty, assurance, sure knowledge, true faith, truth, infallibility, evidence' ←Arab.] *m.* **1** 信用, 信頼;保証, 請け合い. (⇒भरोसा, विश्वास) ❐(को) ～ दिलाना (人に) 保証する. ❐(पर) ～ करना (…を) 信用[信頼]する. **2** 確信;信念. (⇒विश्वास) ❐(का) ～ करना (…を) 確信する. ❐(को) (पर) ～ है। (人は) (…に) 確信がある.

यक़ीनन /yaqīnana ヤキーナン/ [←Pers.adv. يقيناً 'certainly, truly, surely' ←Arab.] *adv.* 確かに, 疑いなく.

यकृत् /yakr̥t ヤクリト/▷यकृत [←Skt.n. *यकृत्-* 'the liver'] *m.* 肝臓. (⇒कलेजा)

यक्ष्मा /yakṣmā ヤクシュマー/ [←Skt.m. *यक्ष्मन्-* 'pulmonary consumption, consumption'] *m.* 〚医学〛結核(症). (⇒क्षयरोग, टीबी, तपेदिक़)

यजन /yajana ヤジャン/ [<Skt.n. *यजन-* 'the act of sacrificing or worshipping'] *m.* 〚ヒンドゥー教〛供儀・祭式の遂行.

यजमान /yajamāna ヤジマーン/ [←Skt.m. *यजमान-* 'the person paying the cost of a sacrifice, the institutor of a sacrifice (who to perform it employs a priest or priests, who are often hereditary functionaries in a family)'] *m.* **1** 〚ヒンドゥー教〛祭式・供儀の施主《祭司を雇用しその費用を負担する一族の主や有力者など》. (⇒जजमान) **2** パトロン, 後援者.

यजमानी /yajamānī ヤジマーニー/ [*यजमान* + *-ई*] *f.* **1** 〚ヒンドゥー教〛祭式・供儀の施主 (यजमान) としての務め. (⇒जजमानी) **2** 〚ヒンドゥー教〛祭式・供儀の施主 (यजमान) が負担する費用. (⇒जजमानी)

यजुर्वेद /yajurveda ヤジュルヴェード/ [←Skt.m. *यजुर्-वेद-* 'the sacrificial *Veda*'] *m.* 〚ヒンドゥー教〛ヤジュル・ヴェーダ《「祭詞のヴェーダ」;4 つのヴェーダの一つ》.

यज्ञ /yajña ヤギエ/ [←Skt.m. *यज्ञ-* 'worship, devotion, prayer, praise'] *m.* 〚ヒンドゥー教〛供儀;祭式.

यज्ञ-कर्ता /yajña-kartā ヤギエ・カルター/ [neo.Skt.m. *यज्ञ-कर्तृ-* 'one who performs the sacrificial rite or ceremony'] *m.* 〚ヒンドゥー教〛供儀・祭式を行う者;祭式の施主.

यज्ञशाला /yajñaśālā ヤギエシャーラー/ [←Skt.f. *यज्ञ-शाला-* 'a sacrificial hall'] *f.* 〚ヒンドゥー教〛祭式場, 祭礼場.

यज्ञ-सूत्र /yajña-sūtra ヤギエ・スートル/ [←Skt.n. *यज्ञ-सूत्र-* 'the sacrificial thread or cord'] *m.* ☞जनेऊ

यज्ञोपवीत /yajñopavīta ヤギョープヴィート/ [←Skt.n. *यज्ञ-उपवीत-* 'the investiture of youths of the three twice-born castes with the sacred thread or (in later times) the thread itself'] *m.* ☞जनेऊ

यति[1] /yati ヤティ/ [←Skt.m. *यति-* 'a striver; an ascetic, devotee, one who has restrained his passions and abandoned the world'] *m.* 苦行者;隠遁者, 隠者.

यति[2] /yati ヤティ/ [←Skt.f. *यति-* 'stopping, ceasing, a pause (in music)'] *f.* 休止, ポーズ.

यति[3] /yati ヤティ/ ▶येति [←Tib.n. '*Yeti*, Abominable Snowman'] *m.* イエティ, ヒマラヤの雪男.

यतिभंग /yatibʰaṃga ヤティバング/ [neo.Skt.m. *यति-भङ्ग-* 'wanting the caesura (in prosody)'] *m.* ヤティバング《行中あるいは語中にあるべき休止 (यति) がない韻律上の欠陥》.

यतीम /yatīma ヤティーム/ [←Pers.n. يتيم 'an orphan, pupil, ward' ←Arab.] *m.* 孤児. (⇒अनाथ)

यतीमख़ाना /yatīmaxānā ヤティームカーナー/ [←Pers.n. يتيم خانه 'assassins' rendezvous; a robber's den'] *m.* 孤児院. (⇒अनाथालय, अनाथाश्रम)

यत्किंचित् /yatkiṃcit ヤトキンチト/ [←Skt. *यत्-किं-चिद्-* 'a little (of); to a small extent'] *adv.* 少し, わずかに;やや, いささか. ❐मुझे बड़ा संतोष हुआ कि उनकी कुछ सेवा कर मैं उनसे ～ उऋण हो सका। 彼にいくらか仕え少しでも彼の恩に報いることができたことで, 私はとても満足した.

यत्न /yatna ヤトン/ [←Skt.m. *यत्न-* 'activity of will, volition, aspiring after; effort, exertion'] *m.* 努力;骨折り, 尽力. ❐～ करना 努力する;尽力する. ❐उनका सारा ～ विफल हो गया। 彼のすべての骨折りは実を結ばなかった. ❐जितना ही मैं सोने का ～ करता, उतना ही नींद मुझसे दूर भागती। 私が眠る努力をすればするほど, 眠気は私から遠ざかっていくのであった.

यत्नवान् /yatnavān ヤトンワーン/ [←Skt. *यत्न-वत्-* 'possessing energy'] *adj.* 努力する(人);勤勉な(人).

यत्र /yatra ヤトル/ [←Skt.ind. *यत्र* 'in or to which place, where'] *adv.* 《サンスクリットでは तत्र「あそこ」と相関的に使用する関係詞「…である場所(そこでは)」;ヒンディー語の जहाँ に相当》. ❐～ तत्र (सर्वत्र) ここでもあそこでも, いたるところで.

यत्र-तत्र /yatra-tatra ヤトル・タトル/ [←Skt. *यत्र तत्र* 'in whatever place, anywhere'] *adv.* ここでもあそこでも, どこでも, いたるところで. ❐～ इस कथा में हास-परिहास का भी पुट पाया जाता है। ここかしこにこの物語にはユーモアの味わいも見てとれる.

यथा /yatʰā ヤター/ [←Skt.ind. *यथा* 'in which manner or way; according as, as, like; namely'] *conj.* **1** …のように, …のごとく《तथा と相関的に使用》. (⇒जैसा) **2** たとえば. (⇒जैसे) **3**《合成語の要素として「…に応じて, …のかぎり」などを表す副詞を作る; यथाशक्ति「力のかぎり」, यथासंभव「可能なかぎり」など》

यथाक्रम /yatʰākrama ヤタークラム/ [←Skt.ind. *यथा-क्रमम्* 'according to order, in due succession, successively, respectively'] *adv.* 順序に従って, 順次.

यथातथ्य /yatʰātatʰya ヤタータティエ/ [←Skt.ind. *यथा-तथ्यम्* 'in accordance with the truth, really, truly'] *adj.* そっくりそのままの.
— *adv.* そっくりそのままに.

यथानुक्रम /yatʰānukrama ヤターヌクラム/ [?neo.Skt.ind. *यथा-अनुक्रमम्* 'according to order'] *adv.* ☞यथाक्रम

यथापूर्व /yatʰāpūrva ヤタープールオ/ [←Skt. *यथा-पूर्व-* 'being as before'] *adj.* これまで通りの, 以前同様の.

❒～ स्थिति 現状.

― *adv.* これまで通りに, 以前同様に. ❒इधर लाश उठती है, उधर दुनिया के काम ～ होने लगते हैं। 一方で死体が片付けられ, 他方では世間の日常がこれまで通りに行われはじめている.

यथायोग्य /yatʰāyogyạ ヤターヨーギエ/ [←Skt.ind. *यथा-योग्यम्* 'suitably, properly, fitly'] *adj.* 適切な, ふさわしい. ❒(का) ～ सत्कार करना (人に)ふさわしいもてなしをする.

― *adv.* 適切に, ふさわしく.

यथार्थ /yatʰārtʰạ ヤタールト/ [←Skt. *यथा-अर्थ-* 'accordant with reality, conformable to truth or the true meaning, true, genuine, right'] *adj.* 現実の, 実際の. ❒～ रूप 現実の姿. ❒～ स्तिथि 実状.

― *m.* 現実, 実際. (⇒हक़ीक़त) ❒～ में 現実に, 実際に.

यथार्थतः /yatʰārtʰạtaḥ ヤタールトタハ/ [←Skt.ind. *यथार्थ-तस्* 'in accordance with truth or reality'] *adv.* 現実には, 事実上.

यथार्थता /yatʰārtʰạtā ヤタールトター/ [←Skt.f. *यथार्थ-ता-* 'suitableness, rectitude, accordance of a name with its meaning'] *f.* 現実(性).

यथार्थवाद /yatʰārtʰạvādạ ヤタールトワード/ [neo.Skt.m. *यथार्थ-वाद-* 'realism'] *m.* **1** 現実主義. **2** 写実主義, リアリズム.

यथार्थवादी /yatʰārtʰạvādī ヤタールトワーディー/ [neo.Skt. *यथार्थ-वादिन्-* 'realistic'] *adj.* **1** 現実主義の, 現実主義的な. **2** 写実主義の, リアリズムの.

― *m.* **1** 現実主義者. **2** 写実主義者.

यथावत् /yatʰāvat ヤターワト/ [←Skt.ind. *यथा-वत्* 'duly, properly, rightly, suitably, exactly'] *adv.* 以前同様に, 本来のように. ❒(को) ～ रखना (…を)以前同様に維持する.

यथाविधि /yatʰāvidʰi ヤターヴィディ/ [←Skt.ind. *यथा-विधि* 'according to prescription or rule'] *adv.* 規則通りに, 規則に従って. ❒～ (की) दाह-क्रिया करना 古式に則り(人を)荼毘にふする.

यथाशक्ति /yatʰāśakti ヤターシャクティ/ [←Skt.ind. *यथा-शक्ति* 'according to power or ability, to the utmost of one's power'] *adv.* 力の及ぶ限り, 精一杯. (⇒यथाशक्य) ❒～ चेष्टा करना 精一杯がんばる.

यथाशक्य /yatʰāśakyạ ヤターシャキエ/ [neo.Skt.ind. *यथा-शक्य* 'according to power or ability'] *adv.* ☞यथाशक्ति

यथाशास्त्र /yatʰāśāstrạ ヤターシャーストル/ [←Skt.ind. *यथा-शास्त्र* 'according to precept or rule, according to the codes of law'] *adv.* 〖ヒンドゥー教〗ヒンドゥー法典(शास्त्र) に則って.

यथाशीघ्र /yatʰāśīgʰrạ ヤターシーグル/ [neo.Skt.ind. *यथा-शीघ्र* 'as quickly as possible'] *adv.* できるだけ早く, 早急に.

यथासंभव /yatʰāsaṃbʰavạ ヤターサンバオ/ [←Skt. *यथा-सम्भव-* 'accordant with possibility, as far as possible, compatible'] *adv.* 可能な限り, できる限り.

यथासमय /yatʰāsamayạ ヤターサマエ/ [←Skt.ind. *यथा-समयम्* 'according to time, at the proper time'] *adv.* 適宜, 適当な頃合に;時間どおりに. ❒(को) ～ रुपये भेजना (人に)適宜送金する. ❒भोजन भी ～ न मिलता था। 食事も時間どおりに与えられなかった.

यथासाध्य /yatʰāsādʰyạ ヤターサーディエ/ [neo.Skt.ind. *यथा-साध्य* 'as far as practicable, or possible'] *adv.* ☞यथाशक्ति

यथास्थान /yatʰāstʰānạ ヤタースターン/ [←Skt.ind. *यथा-स्थानम्* 'according to pleasure, each according to the right pleasure'] *adv.* しかるべきところに, 適所に, 本来の場所に.

यथास्थिति /yatʰāstʰiti ヤタースティティ/ [←Skt.ind. *यथा-स्थिति* 'according to usage, as on previous occasions'] *f.* 現状.

― *adv.* 状況に応じて.

यथेच्छ /yatʰeccʰạ ヤテーッチ/ [←Skt. *यथा-इच्छ-* 'agreeable to wish or desire'] *adj.* 好みに応じた, 望み通りの.

― *adv.* 好みに応じて, 望み通りに.

यथेष्ट /yatʰeṣṭạ ヤテーシュト/ [←Skt. *यथा-इष्ट-* 'agreeable to wish, desired, agreeable'] *adj.* 好みに応じた, 望み通りの.

यथोचित /yatʰocitạ ヤトーチト/ [←Skt. *यथा-उचित* 'accordant with propriety or equity, fit, suitable, becoming'] *adj.* 適切な, ふさわしい, しかるべき.

यथोपयुक्त /yatʰopạyuktạ ヤトープユクト/ [?neo.Skt. *यथा-उपयुक्त-* 'suitable'] *adj.* ☞यथोचित

यदा-कदा /yadā-kadā ヤダー・カダー/ [neo.Skt.ind. *यदा-कदा* 'occasionally, sometimes'] *adv.* 時折, 時々.

यदि /yadi ヤディ/ [←Skt.ind. *यदि* 'if, in case that'] *conj.* 《〖यदि 条件節 तो 帰結節〗の形式で, 条件節「もし…なら」を導く接続詞;省略可能》(⇒अगर) ❒～ आपको कोई आपत्ति न हो, तो कभी कभी यहाँ आया करें। もしあなたに異存がないのなら, 時々ここにお越しになってください.

यदृच्छया /yadr̥ccʰayā ヤドリッチャヤー/ [←Skt.ind. *यद्-ऋच्छया* 'spontaneously, by accident, unexpectedly'] *adv.* 任意に;独断で.

यदृच्छा /yadr̥ccʰā ヤドリッチャー/ [←Skt.f. *यद्-ऋच्छा-* 'self-will, spontaneity, accident, chance'] *f.* 任意;独断.

यद्यपि /yadyapi ヤディャピ/ [←Skt.ind. *यद्-अपि* 'even if, although'] *conj.* たとえ…であるが, …だけれども, …にもかかわらず《通常先行する従属節を導く;तथापि で始まる主節と対になることが多い;主節が「しかし…」を表す接続詞 (किंतु, पर, लेकिन) で始まることもある》. (⇒अगरचे, हालाँकि) ❒इसके रचयिता महोदय का नाम ～ हम हिंदी में प्रथम बार देख रहे हैं तथापि कविताएँ पढ़ने से मालूम होता है कि वे इस कला में सिद्धहस्त हैं। この作者の名前を私たちはヒンディー語では初めて目にしているのであるが, 詩を読むとこの人物がこ

の技芸に巧みな方であることがわかる. ❐～ वह प्रत्यक्ष नहीं कहती, किंतु मुझे विश्वास है कि वह मेरे विचारों को घृणा की दृष्टि से देखती है। 彼女は直接的には言わないが, しかし私は彼女が私の考えを憎しみの目で見ていることを確信している.

यम /yama ヤム/ [←Skt.m. *यम-* 'self-control forbearance, any great moral rule or duty; name of the god who presides over the *Pitṛs* and rules the spirits of the dead'; → Japan.n. *閻魔*] *m.* 〖ヒンドゥー教〗〖仏教〗閻魔大王《黄泉(よみ)の国の王》.

यमक /yamaka ヤマク/ [←Skt.n. *यमक-* '(in rhet.) the repetition in the same stanza of words or syllables similar in sound but different in meaning'] *m.* ヤマカ《同じ語または音節がそれぞれ異なる意味で繰り返される修辞技法, 同語異義復言法;駄洒落も含む》.

यमज /yamaja ヤマジ/ [←Skt. *यम-ज-* 'twin-born'] *adj.* 双子の. (⇒जुड़वाँ)
— *m.* 双子の子ども.

यमदूत /yamadūta ヤムドゥート/ [←Skt.m. *यम-दूत-* '*Yama*'s messenger or minister (employed to bring departed spirits to *Yama*'s judgment-seat, and thence to their final destination)'] *m.* 〖ヒンドゥー教〗〖仏教〗閻魔大王の使者.

यमन /yamana ヤマン/ [cf. Eng.n. *Yemen*] *m.* 〖国名〗イエメン(共和国)《首都はサヌア (साना)》.

यमराज /yamarāja ヤムラージ/ [←Skt.m. *यम-राज-* 'king *Yama*'] *m.* 〖ヒンドゥー教〗〖仏教〗閻魔大王. (⇒यम)

यमल /yamala ヤマル/ [←Skt. *यमल* 'twin, paired, doubled'] *adj.* 対になっている, 一組の.
— *m.* 対になっているもの, 一組.

यमलोक /yamaloka ヤムローク/ [←Skt.m. *यम-लोक-* '*Yama*'s world'] *m.* 〖ヒンドゥー教〗〖仏教〗黄泉(よみ)の世界;死者の世界. ❐न मालूम कितनों को ～ का रास्ता बता दिया। 何人に黄泉の世界への道を教えたか覚えちゃいない《「数えきれないほど殺した」の意》.

यमुना /yamunā ヤムナー/ [←Skt.f. *यमुना-* 'the Yamuna river'] *f.* ヤムナー川. (⇒जमुना)

यरुशलम /yaruśalama ヤルシャラム/ [cf. Eng.n. *Jerusalem*] *m.* 〖地名〗エルサレム《イスラエル(国) (इज़रायल) の首都》. (⇒जेरुसलम)

यव /yava ヤオ/ [←Skt.m. *यव-* 'barley'] *m.* 〖植物〗オオムギ(大麦). (⇒जौ)

यवक /yavaka ヤワク/ [←Skt.m. *यवक-* 'barley'] *m.* ☞यव

यवन /yavana ヤワン/ [←Skt.m. *यवन-* 'an Ionian, Greek'] *m.* 〖歴史〗古代ギリシャ人. (⇒यूनानी)

यवनिका /yavanikā ヤオニカー/ [←Skt.f. *यवनिका-* 'a curtain, screen'; cf. Skt.m. *यवन-* 'an Ionian, Greek'] *f.* 〖演劇〗(舞台の)幕.

यवर्ग /yavarga ヤワルグ/ [←Skt.m. *य-वर्ग-* 'the class of the semivowel letters'] *m.* (伝統的なデーヴァナーガリー文字の字母表において) य から始まるいわゆる半母音のグループ《配列順に य, र, ल, व の各文字》.

यश /yaśa ヤシュ/ [←Skt.n. *यशस्-* 'beautiful appearance, beauty, splendour, worth; honour, glory, fame, renown'] *m.* **1** 栄誉, 名誉;名声. ❐～ कमाना 名声を博する. **2** 称賛, 賞賛.

यशस्कर /yaśaskara ヤシャスカル/ [←Skt. *यशस्-कर-* 'causing renown'] *adj.* 名声を博す, 称賛の的となる.

यशस्विनी /yaśasvinī ヤシャスヴィニー/ [←Skt. *यशस्-विनी-* 'celebrated (woman)'] *adj.* 名声を博した(女性).
— *f.* 名声を博した女性.

यशस्वी /yaśasvī ヤシャスヴィー/ [←Skt. *यशस्-विन्-* 'beautiful, splendid, illustrious, famous, celebrated'] *adj.* 名声を博した(人), 著名な.

यष्टि /yaṣṭi ヤシュティ/ [←Skt.f. *यष्टि-* 'a staff, stick'] *f.* 棒;杖;竿(さお).

यष्टिका /yaṣṭikā ヤシュティカー/ [←Skt.f. *यष्टिका-* 'a staff, stick, club'] *f.* ☞यष्टि

यस /yasa ヤス/ [←Eng.adv. *yes*] *int.* はい, ええ, イエス. ❐～ मैडम। はい;かしこまりました《女性の教師や上司に対する返事》. ❐～ सर। はい;かしこまりました《男性の教師や上司に対する返事》.

यह /yaha イエ/ [<OIA.pron. *ēṣá*[1] 'this': T.02530] *pron.* **1** これ, それ;この人, その人, 彼, 彼女《敬意を表す複数形「この方」の ये の代用としても使用》. ❐～ क्या है? これは何ですか？ **2** この…, その…《後ろに名詞をともなう形容代名詞の用法》. ❐～ आदमी この人, その人. ❐～ किताब この本, その本. **3**《関係節を導く接続詞 कि と相関的に使用;関係節の内容を主節で受け名詞句「…である(こと)」を表す;時に省略される》 ❐बात ～ है कि उसकी घरवाली ज़बान की बड़ी तेज़ थी। 話はこうだ, 彼の奥さんは口がとても達者で辛辣だった.

यहाँ /yahā̃ ヤハーン/ [<OIA. *ihá* 'here': T.01605] *adv.* **1** ここに[へ];そこに[へ];当地に[へ]. ❐～ आइए। ここに来てください. ❐～ बैठिए। ここにお座りください. **2** ここ, この場所;そこ, その場所《後置詞を伴い名詞的にも使用される》. ❐～ का मौसम ここの気候. ❐～ तक कहना ここまで言う. ❐～ पर ここに, ここでは. ❐～ से वहाँ तक ここからあそこまで. ❐हमारे ～ 私たちのところへ, 私たちのところでは, 私たちの国では.

यहीं /yahī̃ ヤヒーン/ [*यहाँ* + *ही*] *adv.* まさにここに[へ];ここだけに[へ].

यही /yahī ヤヒー/ [*यह* + *ही*] *adj.* これこそが, それこそが;これだけが, それだけが.

यहूद /yahūda ヤフード/ [←Pers.n. يهود 'a Jew' ←Arab.] *m.* ユダヤ人;ユダヤ教徒.

यहूदिन /yahūdina ヤフーディン/ [cf. *यहूद, यहूदी*] *f.* ユダヤ女性;女性のユダヤ教徒.

यहूदी /yahūdī ヤフーディー/ [←Pers.adj. يهودی 'Hebrew, Jewish, Judaical'] *adj.* ユダヤ人の;ユダヤ教(徒)の. ❐～ धर्म ユダヤ教.
— *m.* 〖ユダヤ教〗ユダヤ人;ユダヤ教徒.

यांगून /yāṃgūna ヤーングーン/ [cf. Eng.n. *Yangon*] *m.*

〖地名〗ヤンゴン《ミャンマー(連邦共和国) (म्यानमार) の旧首都, 旧称ラングーン (रंगून) ;現在の首都はネピドー (नाएप्यीडा)》.

यांत्रिक /yāṃtrika ヤーントリク/ [←Skt. *यान्त्रिक*- 'relating to instruments'] *adj.* 機械の;機械で動く, 機械仕掛けの. (⇒मशीनी)
— *m.* メカニック, 機械工. (⇒मिस्तरी)

यांत्रिकी /yāṃtrikī ヤーントリキー/ [neo.Skt.f. *यान्त्रिकी*- 'mechanics'] *f.* 機械学;応用力学.

या[1] /yā ヤー/ [←Pers.conj. یا 'or'] *conj.* **1** あるいは, または, もしくは. (⇒अथवा) ❐और कोई माने ～ न माने, मैं आपको फ़िलासफ़र मानता हूँ। 他の誰かが認めようと認めまいと, 私はあなたを哲学者だと認めますよ. ❐जो लोग पक्ष ～ विपक्ष में कुछ कहना चाहेंगे, उन्हें पूरा अवसर दिया जायगा। 賛成または反対の立場で何か言いたいことがある人には, 十分機会が与えられるでしょう. ❐मालूम नहीं आप उसे स्वीकार करेंगे ～ नहीं। あなたが彼を受け入れるかどうかはわからない. **2**《〖या तो 節 या 節〗の形式で,「…であるかあるいは…」を表す》❐～ तो आपको याद नहीं है, ～ आप छिपा रहे हैं। あなたが覚えていないか, あるいはあなたが隠しているのだ. ❐मैं तो केवल इतना जानता हूँ, हम ～ तो साम्यवादी हैं ～ नहीं हैं। 私はこれだけは知っている, 私たちは共産主義者であるかあるいはそうでないということを. **3** すなわち, 言い換えれば. (⇒अर्थात्)

या[2] /yā ヤー/ [←Pers.int. یا 'o, oh' ←Arab.] *int.* 〖イスラム教〗おお, ああ《神に対する呼びかけ;主に驚愕, 悲嘆などを表す》. ❐～ अल्लाह [इलाही, ख़ुदा, रब]おお神よ《ヒンドゥー教徒の हे भगवान् に相当》.

याउंडे /yāuṃḍe ヤーウンデー/ ▸योंडे *m.* ☞योंडे

याक /yāka ヤーク/ [←Tib. 'yak'] *m.* 〖動物〗ヤク.

याक़ूत /yāqūta ヤークート/ [←Pers.n. یاقوت 'a hyacinth, a ruby, a cornelian' ←Arab. ←Gr.] *m.* 〖鉱物〗ルビー. (⇒माणिक)

याग /yāga ヤーグ/ [←Skt.m. *याग*- 'an offering, oblation, sacrifice'] *m.* ☞यज्ञ

याचक /yācaka ヤーチャク/ [←Skt.m. *याचक*- 'a petitioner, asker, beggar'] *adj.* 請求する;請願する, 嘆願する. ❐मैं ～ भाव से आपके पास आया हूँ। 私は嘆願者としてあなたのもとに参りました.
— *m.* **1** 請願者, 嘆願者. **2** 物乞いする人, 乞食. (⇒भिखारी)

याचकता /yācakatā ヤーチャクター/ [?neo.Skt.f. *याचक-ता*- 'begging'] *f.* 請うこと;乞うこと.

याचना /yācanā ヤーチナー/ [←Skt.f. *याचना*- 'asking, soliciting, request, petition, entreaty'] *f.* **1** 懇願, 哀願. **2** 請願, 嘆願;陳情.

याचिका /yācikā ヤーチカー/ [←Skt.f. *याचिका*- 'a petition, request'] *f.* 申立(書), 訴状;請願(書), 嘆願(書). ❐～ ख़ारिज करना 訴状を棄却する. ❐～ दायर करना 訴状を提出する. ❐(की) ज़मानत ～ (人の)保釈請願.

याचिका-कर्ता /yācikā-kartā ヤーチカー・カルター/ [neo.Skt.m. *याचिका-कर्तृ*- 'petitioner'] *m.* 請願者;嘆願者.

याचित /yācita ヤーチト/ [←Skt. *याचित*- 'asked, begged'] *adj.* 嘆願された;請願された.

याजक /yājaka ヤージャク/ [←Skt.m. *याजक*- 'a sacrificer'] *m.* 〖ヒンドゥー教〗供儀を司る僧, 祭官.

याजन /yājana ヤージャン/ [←Skt.n. *याजन*- 'sacrificing for others'] *m.* 〖ヒンドゥー教〗供儀や祭礼を司ること.

यातना /yātanā ヤートナー/ [←Skt.f. *यातना*- 'acute pain, torment, agony; punishment inflicted by *Yama*, the pains of hell'] *f.* **1** 激しい苦痛;地獄の責め苦. (⇒यंत्रणा) ❐～ भोगना 地獄の責め苦を味わう. **2** 拷問. (⇒यंत्रणा) ❐～ झेलना 拷問に耐える. ❐(को) ～ देना (人に)拷問を加える.

यातायात /yātāyāta ヤーターヤート/ [←Skt.n. *यात-आयात*- 'going and coming'] *m.* 交通;往来. (⇒ट्रैफ़िक) ❐～ के साधन 交通手段. ❐～ जाम 交通渋滞. ❐～ पुलिसकर्मी 交通警察官. ❐～ बत्ती 交通信号灯. ❐～ संकेत 交通信号.

यातुधान /yātudʰāna ヤートゥダーン/ [←Skt.m. *यातु-धान*- 'a kind of evil spirit or demon'] *m.* 〖ヒンドゥー教〗悪霊, 悪魔.

यात्रा /yātrā ヤートラー/ [←Skt.f. *यात्रा*- 'going, setting off, journey, march, expedition'] *f.* **1** 旅行, 旅. (⇒सफ़र) ❐अंतरिक्ष ～ 宇宙旅行. ❐(की) ～ करना (…の)旅行をする. **2** 〖ヒンドゥー教〗巡礼(の旅);巡礼の一団. **3** 〖ヒンドゥー教〗神像を積んだ山車(だし)の行進.

यात्रा-भत्ता /yātrā-bʰattā ヤートラー・バッター/ *m.* 旅行手当, 旅費.

यात्रा-वृत्तांत /yātrā-vr̥ttāṃta ヤートラー・ヴリッターント/ [neo.Skt.m. *यात्रा-वृत्तान्त*- 'itinerary'] *m.* 旅行記.

यात्रिक /yātrika ヤートリク/ [←Skt. *यात्रिक*- 'relating to a march or campaign etc.'] *adj.* 旅行の, 旅行に関する.
— *m.* **1** 旅行者, 旅人. (⇒मुसाफ़िर) **2** 〖ヒンドゥー教〗巡礼者.

यात्री /yātrī ヤートリー/ [←Skt.m. *यात्रिन्*- 'being on a march or in a procession'] *m.* **1** 旅行者, 旅人;観光客. (⇒मुसाफ़िर, सैलानी) ❐अंतरिक्ष ～ 宇宙飛行士. ❐परदेशी ～ 異国の旅人. **2** (乗り物の)乗客;通勤通学者. (⇒मुसाफ़िर) ❐यात्रियों से खचाखच भरी बस दुर्घटनाग्रस्त हो गई। 乗客で満員のバスが事故に巻き込まれた. **3** 〖ヒンドゥー教〗巡礼者.

याद /yāda ヤード/ [←Pers.n. یاد 'remembrance, recollection, memory'] *f.* **1** 記憶. (⇒स्मरण, स्मृति) ❐～ रखना [करना] (…を)記憶する. **2** 思い出;追想, 追憶. (⇒स्मरण, स्मृति) ❐अपने पति की ～ उसे बहुत सताती थी। 夫への追憶が彼女をひどくつらくさせるのであった. ❐(की) ～ करना (…を)思い出す, (…を)なつかしく思う. ❐(को) ～ आना (人が)(…を)思い出す. ❐(को) ～ करना [फ़रमाना] (人を)お召しになる《尊敬表現》. ❐(को) (की) ～ दिलाना (人に)(…を)思い出させる. ❐

दादा जी आपको बहुत 〜 करते हैं। 祖父はあなたをとてもなつかしがっています.

यादगार /yādaġārạ ヤードガール/ [←Pers.n. یاد گار 'a souvenir'] *f.* **1** おみやげ, 記念品. **2** 遺品, 形見. **3** モニュメント, 記念碑, 記念建造物. (⇒स्मारक)

यादगारी /yādaġārī ヤードガーリー/ [←Pers.n. یاد گاری 'remembrance'] *f.* 回想, 思い出.

याददाश्त /yādạdāśtạ ヤードダーシュト/ [←Pers.n. یادداشت 'a memorandum, a memorial, a note'] *f.* **1** メモ, 覚書. **2** 記憶力. (⇒स्मरण-शक्ति)

यान /yānạ ヤーン/ [←Skt.n. *यान-* 'vehicle'] *m.* 乗り物.

यानी /yānī ヤーニー/▸याने [←Pers.conj. یعنی 'that is to say' ←Arab.] *conj.* つまり, すなわち. (⇒अर्थात्) ❐ सर्वोच्च सिंहासन 〜 प्रधानमंत्री की कुर्सी 最高位の玉座つまり首相の座.

याने /yāne ヤーネー/ ▸यानी *conj.* ☞यानी

यापन /yāpanạ ヤーパン/ [←Skt.n. *यापन-* 'causing to go; causing time to pass away'] *m.* (時間を)過ごすこと, (時間を)費やすこと. ❐जीवन 〜 करना 人生を送る.

यापना /yāpạnā ヤープナー/ [←Skt.f. *यापना-* 'causing to go, driving away'] *f.* (乗り物を)運転すること; (馬などを)前に進めること.

-याफ़्ता /-yāftā ・ヤーフター/ [←Pers.adj. یافته 'found, discovered'] *suf.* 《名詞に付いて「…を得た, …を受けている」を表す接尾辞; तालीमयाफ़्ता 「教育を受けた」, पेंशनयाफ़्ता 「年金を受けている」など》.

याम /yāmạ ヤーム/ [←Skt.m. *याम-* 'period or watch of 3 hours, the 8th part of a day'] *m.* 〘単位〙 ヤーマ《一日の 8 分の一, 3 時間》. (⇒पहर)

यामिनी /yāminī ヤーミニー/ [←Skt.f. *यामिनी-* 'consisting of watches; night'] *f.* 夜. (⇒रात्रि) ❐न तुम सो रही हो, न मैं सो रहा हूँ, मगर 〜 बीच में ढल रही है। 君も寝ていないし, 私も寝ていない, けれど夜は半ばで終わろうとしている.

यामोसुकरो /yāmosukạro ヤーモースクロー/ [cf. Eng.n. *Yamoussoukro*] *m.* 〘地名〙 ヤムスクロ《コートジボワール(共和国) (कोत दईवोआर) の首都》.

यायावर /yāyāvarạ ヤーヤーワル/ [←Skt. *यायावर-* 'going about, having no fixed or permanent abode'] *adj.* **1** 放浪する; 流浪する; 定住しない. **2** 遊牧民の; 遊牧の.
— *m.* **1** 放浪者; 漂泊者; 流浪の民. **2** 遊牧民.

यायावर-वृत्ति /yāyāvara-vr̥tti ヤーヤーワラ・ヴリッティ/ [neo.Skt.f. *यायावर-वृत्ति-* 'wandering spirit, instinct to go round'] *f.* 放浪癖.

यार /yārạ ヤール/ [←Pers.n. یار 'a friend, lover, companion, comrade'] *m.* **1** (気のおけない)友人. **2** 愛人, 情夫.

याराना /yārānā ヤーラーナー/ [←Pers.adj. یارانه 'friendly'] *adj.* 親しみのある; 友好的な.
— *m.* 友情; 親しい関係. ❐(से) (का) 〜 है। (人と) (人は)親しい関係である.

यारी /yārī ヤーリー/ [←Pers.n. یاری 'friendship, intimacy'] *f.* **1** 親交. ❐(से) 〜 गाँठना [जोड़ना] (人と)親交を結ぶ. **2** 不義密通; 浮気.

यारेन /yārenạ ヤーレーン/ [cf. Eng.n. *Yaren*] *m.* ヤーレン地区《ナウル(共和国) (नाउरु) の主都》.

यासमीन /yāsạmīnạ ヤースミーン/ [←Pers.n. یاسمین 'jasmine'] *f.* 〘植物〙 ジャスミン. (⇒चमेली)

यीशु /yīśu イーシュ/ [←Pers.n. عیصو 'Esau (brother of Jacob)' ←Arab.] *m.* 〘キリスト教〙 イエス(キリスト). (⇒ईसा)

युक्त /yuktạ ユクト/ [←Skt. *युक्त-* 'yoked or joined or fastened or attached or harnessed to'] *adj.* **1** 結合した; 結ばれた; 連結した; 連合した. (⇒-युत) **2** 備わった; 含んだ; 帯びた; 添加された; 添付された. ❐प्रोटीन 〜 आहार タンパク質を含んだ食物. ❐फ़ोटो 〜 परिचय-पत्र 写真付の身分証. **3** ふさわしい; 適切な; 適当な.

युक्त प्रांत /yuktạ prāṃtạ ユクト プラーント/ [cf. Eng.n. *United Provinces* (of Agra and Oudh)] *m.* 〘歴史〙 (英領インド時代の)連合州《インド独立後ウッタル・プラデーシュ州 (उत्तर प्रदेश) となる》.

युक्ति /yukti ユクティ/ [←Skt.f. *युक्ति-* 'union, junction, connection, combination'] *f.* **1** 結合, 合同; 組み合わせ. **2** 器具, 設備; 装置, 仕掛け. **3** 方策, 手段; 計略, 策略. **4** 論法; 論拠, 理屈. (⇒दलील) ❐(को) (की) 〜 सूझना (人が) (…の)理屈を思いつく.

युक्तिकर /yuktikarạ ユクティカル/ [←Skt. *युक्ति-कर-* 'suitable, proper, fit'] *adj.* ☞युक्तियुक्त

युक्तियुक्त /yuktiyuktạ ユクティユクト/ [←Skt. *युक्ति-युक्त-* 'experienced, skilful; suitable, proper, fit'] *adj.* 理にかなった, 合理的な.

युक्तिसंगत /yuktisaṃgatạ ユクティサンガト/ [neo.Skt. *युक्ति-संगत-* 'reasonable'] *adj.* 筋の通った, 理にかなった, 道理にかなう. ❐〜 ढंग से 筋の通ったやり方で.

युग /yugạ ユグ/ [←Skt.n. *युग-* 'a yoke, team; an age of the world'] *m.* **1** 時代; 時期. (⇒काल, ज़माना) ❐पाषाण [कांस्य, लौह] 〜 〘歴史〙 石器[青銅器, 鉄器]時代. **2** 〘神話〙 ユガ《循環すると考えられている 4 つの時期; 「サティヤユガ」(सत्ययुग), 「トレーターユガ」(त्रेतायुग), 「ドヴァーパラユガ」(द्वापरयुग), 「カリユガ」(कलियुग)》.

युगद्रष्टा /yugạdraṣṭā ユグドラシュター/ [neo.Skt.m. *युग-द्रष्टृ-* 'seer of the age'] *m.* 時代の先見者.

युग-धर्म /yugạ-dʰarmạ ユグ・ダルム/ [neo.Skt.m. *युग-धर्म-* 'the stream of the times'] *m.* 時流(に沿った動き), 時代の潮流.

युगपत् /yugạpat ユグパト/ [←Skt.ind. *युग-पद्* 'together, at the same time, simultaneously'] *adj.* 同時の.
— *adv.* 同時に.

युग-पुरुष /yugạ-puruṣạ ユグ・プルシュ/ [neo.Skt.m. *युग-पुरुष-* 'man of the age'] *m.* 時代を代表する人物.

युग-प्रवर्तक /yugạ-pravartakạ ユグ・プラワルタク/ [neo.Skt. *युग-प्रवर्तक-* 'epoch-making'] *adj.* 先駆的な, 画期的な.
— *m.* 先駆者.

युगल /yugala ユガル/ [←Skt.n. *युगल-* 'a pair, couple, brace'] *m.* **1** (男女の)一組, カップル. ❐प्रेमी ～ 恋人同士のカップル. **2** 双子. (⇒जुड़वाँ) ❐～ भ्राता 双子の兄弟. **3**〖スポーツ〗(テニス, 卓球, バドミントンなどの)ダブルス. (⇔एकल) ❐बैडमिंटन प्रतियोगिता के ～ (वर्ग) में प्रिंकल राठी और अज़हर बेग़ की जोड़ी ने बाज़ी मारी। バドミントンのダブルスではプリンカル・ラーティーとアズハル・ベーグの組が勝った. ❐पुरुष [महिला, मिश्रित] ～ का ख़िताब 男子[女子, 男女混合]ダブルスの選手権.

युगांडा /yugāṃḍā ユガーンダー/ ▸उगांडा [←Eng.n. *Uganda*] *m.*〖国名〗ウガンダ(共和国)《首都はカンパラ (कंपाला)》.

युगांत /yugāṃta ユガーント/ [←Skt.m. *युग-अन्त-* 'the end of an age or *Yuga*, destruction of the world'] *m.*〖ヒンドゥー教〗世界の終末.

युगांतर /yugāṃtara ユガーンタル/ [←Skt.n. *युग-अन्तर-* 'nother generation, a succeeding generation'] *m.* 新時代, エポック. ❐～ लानेवाले साहित्यकार 新時代をもたらす文学者.

युगावतार /yugāvatāra ユガーオタール/ [?neo.Skt.m. *युग-अवतार-* 'man of the age'] *m.* 時代を代表する人物.

युग्म /yugma ユグム/ [←Skt.n. *युग्म-* 'a pair, couple, brace'] *m.* **1** 一組, ペア;カップル. (⇒जोड़ा, जोड़ी) **2**〖数学〗偶数. (⇔अयुग्म)

युग्मज /yugmaja ユグマジ/ [←Skt.m. *युग्म-ज-* 'twins'] *adj.* 双子の, 双生児の. (⇒जुड़वाँ)

— *m.* 双子, 双生児. (⇒जुड़वाँ)

-युत /-yuta ・ユト/ [←Skt. *युत-* 'united, combined, joined or connected'] *adj.* 伴った;結びついた《主に合成語の末尾の要素として使用; श्रीयुत「光輝ある(男性の名前の前に付ける敬称)」など》. (⇒युक्त)

युद्ध /yudd^{h}a ユッド/ [←Skt.n. *युद्ध-* 'battle, fight, war'] *m.* **1** 戦争;戦闘. (⇒जंग, लड़ाई) ❐～ छिड़ना 戦争が始まる. ❐परमाणु ～ 核戦争. ❐विश्व ～ 世界大戦. **2** 争い, いさかい;闘争, バトル.

युद्धकारी /yudd^{h}akārī ユッドカーリー/ [←Skt. *युद्ध-कारिन्-* 'making war, fighting'] *adj.* **1** 戦闘中の(兵士);交戦中の(国). **2** 好戦的な;戦争支持の(政党).

युद्धकाल /yudd^{h}akāla ユッドカール/ [←Skt.m. *युद्ध-काल-* 'time of war'] *m.* 戦時;戦争期間. ❐～ में 戦時中に.

युद्ध-नीति /yudd^{h}a-nīti ユッダ・ニーティ/ [neo.Skt.f. *युद्ध-नीति-* 'military strategy'] *f.* 戦術;戦略. ❐～ बदलना 戦術を変える. ❐विलंब ～ अपनाना 待機戦術を採用する.

युद्धपोत /yudd^{h}apota ユッドポート/ [neo.Skt.m. *युद्ध-पोत-* 'warship'] *m.* 軍艦.

युद्धबंदी /yudd^{h}abaṃdī ユッドバンディー/ [*युद्ध* + *बंदी*[1]] *m.* 戦争捕虜.

— *f.* 停戦. (⇒युद्ध-विराम)

युद्धभूमि /yudd^{h}ab^{h}ūmi ユッドブーミ/ [←Skt.f. *युद्ध-भूमि-* 'battle-ground, a field of battle'] *f.* 戦場.

युद्ध-विराम /yudd^{h}a-virāma ユッド・ヴィラーム/ [neo.Skt.m. *युद्ध-विराम-* 'ceasefire'] *m.* 停戦, 休戦. (⇒युद्धबंदी) ❐～ संधि 停戦協定.

युद्धोन्मत्त /yudd^{h}onmatta ユッドーンマット/ [←Skt. *युद्ध-उन्मत्त-* 'battle-mad; fierce or frantic in battle'] *adj.* 戦争熱にうかされた. ❐～ राष्ट्रवादी 戦争熱にうかされた国家主義者.

युधिष्ठिर /yud^{h}iṣṭ^{h}ira ユディシュティル/ [←Skt.m. *युधिष्ठिर-* 'name of the eldest of the five reputed sons of *Pāṇḍu*'] *m.*〖神話〗ユディシュティラ《パーンダヴァ五王子 (पांडव) の長兄》.

युनाइटेड किंगडम /yunāiṭeḍa kiṃgaḍama ユナーイテード キングダム/ ▹युनाइटेड किंग्डम [←Eng.n. (the) *United Kingdom* of Great Britain and Northern Ireland] *m.*〖国名〗(グレートブリテン・北アイルランド)連合王国, 英国, イギリス《イングランド (इंग्लैंड), スコットランド (स्काटलैंड), ウェールズ (वेल्स), 北アイルランド (उत्तरी आयरलैंड);首都はロンドン (लंदन)》.

युनाइटेड किंग्डम /yunāiṭeḍa kiṃgḍama ユナーイテード キングダム/ ▹युनाइटेड किंगडम *m.* ☞युनाइटेड किंगडम

युनिवर्सिटी /yunivarsiṭī ユニワルスィティー/ ▸यूनिवर्सिटी [←Eng.n. *university*] *f.* 大学. (⇒विश्वविद्यालय)

युयुत्सा /yuyutsā ユユトサー/ [←Skt.f. *युयुत्सा-* 'the wishing to fight, desire for war, pugnacity'] *f.* 戦意;闘争心.

युयुत्सु /yuyutsu ユユトス/ [←Skt. *युयुत्सु-* 'wishing to fight'] *adj.* 戦意旺盛な;闘争心むき出しの.

युरेनियम /yureniyama ユレーニヤム/ ▸यूरेनियम *m.* ☞यूरेनियम

युवक /yuvaka ユワク/ [←Skt.m. *युवक-* 'a youth, young man'] *m.* (男性の)青年, 若者. (⇔युवती)

युवती /yuvatī ユオティー/ [←Skt.f. *युवती-* 'a girl, young woman'] *f.* 若い女性. (⇔युवक)

युवराज /yuvarāja ユオラージ/ [←Skt.m. *युव-राज-* 'young king; crown prince'] *m.* 皇太子, 王子, 親王. (⇔युवराज्ञी)

युवराज्ञी /yuvarājñī ユオラーギー/ [←Skt.f. *युव-राज्ञी-* 'a princess'] *f.* 王女, 内親王. (⇔युवराज)

युवा /yuvā ユワー/ [←Skt. *युवन्-* 'young, youthful, adult'] *adj.* 若い;青少年の. ❐～ इंजीनियर 若い技術者.

— *m.* 青少年. ❐एशियाई ～ खेल〖スポーツ〗アジア・ユース・ゲームズ.

यूँ /yū̃ ユーン/ ▸यों *adv.* ☞यों

यू /yū ユー/ [←Eng.n. *U*] *m.* (ラテン文字の)U.

यूक्रेन /yūkrena ユークレーン/ [cf. Eng.n. *Ukraine*] *m.*〖国名〗ウクライナ《首都はキエフ (कीव)》.

यूगोस्लाविया /yūgoslāviyā ユーゴースラーヴィヤー/ [cf. Eng.n. *Yugoslavia*] *m.*〖国名〗(旧)ユーゴスラビア《2003 年セルビア・モンテネグロに国名を改称した後, 2006 年モンテネグロ (मोंटेनेग्रो) とセルビア (सर्बिया) に分離して独立;(旧)ユーゴスラビアの首都ベオグラード (बेलग्रेड) は(現)セルビア(共和国)の首都》.

यूथ[1] /yūtʰa̸ ユート/ [←Skt.m. *यूथ-* 'a herd, flock, troop'] *m.* (動物の)群れ;(人の)群れ, 集団;軍隊, 軍勢.

यूथ[2] /yūtʰa̸ ユート/ [←Eng.n. *youth*] *m.* 若者, 青年《主に政党など組織名の前に付けて「…青年部」の意として》. ❒～ कांग्रेस インド国民会議派青年部.

यूथपति /yūtʰa̸pati ユートパティ/ [←Skt.m. *यूथ-पति-* 'the lord or leader of a herd or band or troop'] *m.* 集団の指導者, 先導者.

यूनाइटेड किंग्डम /yūnāiṭeḍa̸ kiṃgḍama̸ ユーナーイテードキングダム/ [cf. Eng.n. *United Kingdom* of Great Britain and Northern Ireland] *m.* 〖国名〗(グレートブリテン及び北アイルランド)連合王国, イギリス, 英国《首都はロンドン (लंदन)》.

यूनान /yūnāna̸ ユーナーン/ [←Pers.n. یونان 'Ionia, Greece' ←Arab.] *m.* **1**〖国名〗ギリシャ(共和国)《首都はアテネ (एथेन्स). (⇒ग्रीस) **2**〖歴史〗古代ギリシャ, イオニア. ❒प्राचीन ～ 古代ギリシャ.

यूनानी /yūnānī ユーナーニー/ [←Pers.n. یونانی 'one Grecian; anything Greek, Grecian'] *adj.* **1** ギリシャ語の. **2** ギリシャの.

— *m.* ギリシャ人.

— *f.* ギリシャ語.

यूनियन /yūniyana̸ ユーニヤン/ [←Eng.n. *union*] *f.* (共同目的で結合した)同盟, 連合, 組合. (⇒संघ) ❒मज़दूर ～ 労働組合.

यूनिवर्सिटी /yūnivarsiṭī ユーニワルスィティー/ ▸युनिवर्सिटी *f.* ☞युनिवर्सिटी

यूरेनियम /yūreniyama̸ ユーレーニヤム/▸युरेनियम [←Eng.n. *uranium*] *m.* 〖化学〗ウラン, ウラニウム. ❒संवर्धित ～ 濃縮ウラン.

यूरेशिया /yūreśiyā ユーレーシヤー/ [←Eng.n. *Eurasia*] *m.* 〖地理〗ユーラシア.

यूरो /yūro ユーロー/ [←Eng.n. *Euro*] *m.* 〖単位〗ユーロ.

यूरोप /yūropa̸ ユーロープ/ [←Eng.n. *Europe*] *m.* 〖地理〗ヨーロッパ, 欧州. ❒～ महाद्वीप ヨーロッパ大陸. ❒पश्चिमी [पूर्वी] ～ 東[西]ヨーロッパ.

यूरोपी /yūropī ユーローピー/ [*यूरोप* + *-ई*] *adj.* ヨーロッパの.

यूरोपीय /yūropīya̸ ユーローピーエ/ [cf. *यूरोप*] *adj.* ☞यूरोपी

ये /ye エー/ [cf. *यह*] *pron.* **1** これら, それら;これらの人々, それらの人々;(敬意をあらわして)このかた, そのかた《本来単数形の यह で代用されることもある》. **2** これらの…, それらの…《後ろに名詞をともなう形容代名詞の用法》. ❒～ किताबें これらの本, それらの本. ❒～ लोग これらの人々, それらの人々.

येति /yeti エーティ/ ▸यति *m.* ☞यति³

येन /yena̸ エーン/ [←Eng.n. *yen*] *m.* (日本の通貨単位)円.

येन केन प्रकारेण /yena̸ kena̸ prakāreṇa̸ エーン ケーン プラカーレーン/ [←Skt.ind. *येन केन प्रकारेण* 'somehow or the other'] *adv.* なんとかして;あらゆる手段を使って.

यों /yõ ヨーン/ ▸यूँ [<OIA. *ēvá*[1] 'just so, indeed': T.02524] *adv.* **1** このように. ❒～ ही このように. ❒किस्सा ～ था। 話はこうだった. **2** まあ本当のところは《あいまいな言い方》. ❒～ ही なんとなく, これという理由もなく.

योंडे /yoṃḍe ヨーンデー/▸याउंडे [cf. Eng.n. *Yaoundé*] *m.* 〖地名〗ヤウンデ《カメルーン(共和国) (कैमरून) の首都》.

योग /yoga̸ ヨーグ/ [←Skt.m. *योग-* 'the act of yoking, joining, attaching, harnessing, putting to (of horses); any junction, union, combination, contact with'] *m.* **1** 結合, 連結;組み合わせ. **2** 合計. (⇒जोड़, टोटल) **3** 貢献, 寄与. **4**〖ヒンドゥー教〗ヨーガ(の修行).

योग-क्षेम /yoga̸-kṣema̸ ヨーグ・クシェーム/ [←Skt.m. *योग-क्षेम-* 'the security or secure possession of what has been acquired'] *m.* 幸福と繁栄(の維持).

योगदर्शन /yoga̸darśana̸ ヨーグダルシャン/ [neo.Skt.n. *योग-दर्शन-* 'Yogic philosophy'] *m.* 〖ヒンドゥー教〗ヨーガ学派.

योगदान /yoga̸dāna̸ ヨーグダーン/ [neo.Skt.n. *योग-दान-* 'contribution'] *m.* 貢献, 寄与. ❒(में) (का) ～ देना (…において)(…の)貢献をする.

योगफल /yoga̸pʰala̸ ヨーグパル/ [neo.Skt.n. *योग-फल-* 'the sum total'] *m.* 〖数学〗合計.

योगबल /yoga̸bala̸ ヨーグバル/ [←Skt.n. *योग-बल-* 'the force of devotion, the power of magic, supernatural power'] *m.* 〖ヒンドゥー教〗ヨーガバラ《ヨーガ (योग) の修行によって獲得する超能力》.

योगमाया /yoga̸māyā ヨーグマーヤー/ [←Skt.f. *योग-माया-* 'magical power of abstract meditation'] *f.* **1**〖ヒンドゥー教〗☞योगबल **2**〖ヒンドゥー教〗ヨーガマーヤー《世界の創造力を神格化したもの》.

योगविद्या /yoga̸vidyā ヨーグヴィディャー/ [←Skt.f. *योग-विद्या-* 'knowledge of the Yoga, the science of Yoga'] *f.* 〖ヒンドゥー教〗ヨーガヴィディヤー《ヨーガ (योग) の知識(の体系)》.

योगशक्ति /yoga̸śakti ヨーグシャクティ/ [neo.Skt.f. *योग-शक्ति-* 'the power of magic, supernatural power'] *f.* ☞योगबल

योगसिद्ध /yoga̸siddʰa̸ ヨーグスィッド/ [←Skt. *योग-सिद्ध-* 'perfected by means of *Yoga*'] *adj.* 〖ヒンドゥー教〗ヨーガ (योग) の修行を極めた(行者).

योगसिद्धि /yoga̸siddʰi ヨーグスィッディ/ [←Skt.f. *योग-सिद्धि-* 'simultaneous accomplishment'] *f.* 〖ヒンドゥー教〗ヨーガ (योग) の修行を極めた状態.

योगाभ्यास /yogābʰyāsa̸ ヨーガービャース/ [?neo.Skt.m. *योग-अभ्यास-* 'practice of *Yoga*'] *m.* 〖ヒンドゥー教〗ヨーガ (योग) の実践.

योगाभ्यासी /yogābʰyāsī ヨーガービャースィー/ [?neo.Skt.m. *योग-अभ्यासिन्-* 'one who practises *Yoga*']

m.〘ヒンドゥー教〙ヨーガ (योग) の実践者.

योगासन /yogāsana ヨーガーサン/ [←Skt.n. *योग-आसन-* 'a mode of sitting suited to profound meditation or similar to that of the *Yoga*'] *m.*〘ヒンドゥー教〙ヨーガの座法･体位, アーサナ.

योगित्व /yogitva ヨーギトオ/ [←Skt.n. *योगि-त्व-* 'the state or condition of a *yogī*'] *m.*〘ヒンドゥー教〙ヨーガ行者 (योगी) であること.

योगिनी /yoginī ヨーギニー/ [←Skt.f. *योगिनी-* 'a female demon or any being endowed with magical power, a fairy, witch, sorceress'] *f.* **1**〘ヒンドゥー教〙女のヨーガ行者. (⇒जोगिन)(⇔योगी) **2**〘ヒンドゥー教〙ヨーギニー《魔術や呪詛(じゅそ)の能力を身につけた女;女の悪魔》.

योगिराज /yogirāja ヨーギラージ/ [←Skt.m. *योगि-राज-* 'a king among *yogī*'] *m.*〘ヒンドゥー教〙卓越したヨーガ行者.

योगी /yogī ヨーギー/ [←Skt.m. *योगिन्-* 'a follower of the Yoga system; saint, devotee, ascetic'] *m.*〘ヒンドゥー教〙ヨーガ行者. (⇔योगिनी)

योग्य /yogya ヨーギエ/ [←Skt. *योग्य-* 'fit for the yoke; useful, serviceable, proper, fit or qualified for, able or equal to, capable of'] *adj.* **1** ふさわしい, 値する. (⇒क़ाबिल, लायक़) ❐प्रधानमंत्री के लिए कौन ज़्यादा ～ है?首相に誰がよりふさわしいか? **2** 有能な(人間). (⇒क़ाबिल)

योग्यता /yogyatā ヨーギエター/ [←Skt.f. *योग्य-ता-* 'suitableness, fitness, propriety, ability'] *f.* **1** 能力, 力量;才能. ❐～ का परिचय देना 力量を示す. ❐～ रखना 能力を有する. **2** 資格;適性. ❐अकादमिक ～ अनुभव 研究者としての資格と経歴.

योजक /yojaka ヨージャク/ [←Skt.m. *योजक-* 'a yoker, harnesser; an arranger, preparer, contriver, effecter'] *adj.* 結合する, 連結する.

— *m.* 結合, 連結. ❐～ चिह्न 連結記号, ハイフン.

योजन /yojana ヨージャン/ [←Skt.n. *योजन-* 'joining, yoking, harnessing; a partic. measure of distance, sometimes regarded as equal to 4 or 5 English miles, but more correctly 4 *krośa* as or about 9 miles'] *m.* **1** 結合, 連結. **2**〘単位〙ヨージャナ《古代インドの距離の単位;一説では 4 クローシャ (क्रोश) に相当, 約 14.4 キロメートル》.

योजना /yojanā ヨージナー/ [←Skt.f. *योजना-* 'use, application, arrangement, preparation'] *f.* **1** 計画, プラン, 構想. ❐(की) ～ बनाना (…の)計画をたてる. **2** (理想的な)配分, 配合, 配置. ❐शब्द ～ (美しい)言葉の表現, 言葉のあや.

योजना आयोग /yojanā āyoga ヨージナー アーヨーグ/ *m.*〘経済〙(インド経済 5 か年計画の)計画審議会《2015 年からは廃止され代わりに政策審議会 (नीति आयोग) が組織された》.

योजनीय /yojanīya ヨージニーエ/ [←Skt. *योजनीय-* 'to be joined or united with'] *adj.* ☞योज्य

योजित /yojita ヨージト/ [←Skt. *योजित-* 'used, employed, applied, performed'] *adj.* 計画された.

योज्य /yojya ヨージエ/ [←Skt. *योज्य-* 'to be joined or united'] *adj.*加えられる;結ばれる.

— *m.*〘数学〙加数.

योद्धा /yoddʰā ヨーッダー/ [←Skt.m. *योद्धृ-* 'a fighter, warrior, soldier'] *m.* 戦士;兵.

योधन /yodʰana ヨーダン/ [←Skt.n. *योधन-* 'the act of fighting, battle, war'] *m.* 戦い, 戦闘.

योनि /yoni ヨーニ/ [←Skt.f. *योनि-* 'the womb, uterus, vulva, vagina, female organs of generation'] *f.* 子宮;女性性器;膣.

योनिज /yonija ヨーニジ/ [←Skt. *योनि-ज-* 'produced from the womb, viviparous'] *adj.*哺乳類の.

— *m.*〘生物〙哺乳類.

यौगिक /yaugika ヤオーギク/ [←Skt. *यौगिक-* 'useful, applicable'] *adj.* **1** 複合の;合成の. ❐～ शब्द〘言語〙複合語;合成語. ❐～ वाक्य〘言語〙重文. **2** ヨーガ (योग) に関する.

— *m.* **1**〘言語〙複合語;合成語. **2**〘化学〙化合物.

यौन /yauna ヤオーン/ [←Skt. *यौन-* 'relating to the womb or place of birth, uterine'] *adj.*性的な, 性の. ❐～ उत्पीड़न セクシャルハラスメント. ❐～ संबंध 性的関係.

— *m.*〘医学〙性, セックス. ❐～ इच्छा 性欲. ❐～ भावना 性の衝動. ❐～ रोग 性病. ❐～ शिक्षा 性教育.

यौन-विकृति /yauna-vikṛti ヤオーン・ヴィクリティ/ [neo.Skt.f. *यौन-विकृति-* 'sexual perversion'] *f.*〘医学〙性的倒錯.

यौन-विज्ञान /yauna-vijñāna ヤオーン・ヴィギャーン/ [neo.Skt.n. *यौन-विज्ञान-* 'sexology'] *m.*〘医学〙性科学, セクソロジー.

यौनाकर्षण /yaunākarṣaṇa ヤオーナーカルシャン/ [neo.Skt.n. *यौन-आकर्षण-* 'sex appeal'] *m.* 性的魅力, 色気.

यौवन /yauvana ヤオーワン/ [←Skt.n. *यौवन-* 'youth, youthfulness, adolescence, puberty, manhood'] *m.* 青年期, 青春;若さ. (⇒जवानी) ❐～ की आभा 若さの輝き. ❐～ ढलना 若さが衰える.

र

रंक[1] /raṃka ランク/ [←Skt. *रङ्क-* 'poor, miserable, hungry'] *adj.* 貧しい, 窮乏した.

— *m.* 貧民;乞食. ❐राजा और ～ 王様と乞食.

रंक[2] /raṃka ランク/ [←Eng.n. *rank*] *m.* ランク, 等級, 階級.

रंग /raṃga ラング/ [←Skt.m. *रङ्ग-* 'colour, paint, dye, hue'; cog. Pers.n. رنگ 'colour, hue'] *m.* **1** 色, 色彩.

❒आसमानी ～ की साड़ी 水色のサリー. ❒(से) ～ खेलना (人と)ホーリー祭 (होली) を祝う《色のついた水を相手にかけあうことから》. **2** 絵具;顔料;塗料;染料. **3** (顔や肌の)色つや;顔色. ❒(के) मुख [चेहरे] का ～ उड़ जाना (人が)顔色を失う. **4** (場の)雰囲気, 空気, 気配;(人の)雰囲気, 様子. ❒उन्होंने ～ पहचाना और सशंकित हो गए। 彼は場の気配を察した, そして用心深くなった. ❒उसने सभा का यह ～ देखा, तो ख़ून सर्द हो गया। 会のこの雰囲気を見てとると, 彼は肝が冷えた. **5** 優位, 勢威. ❒(का) ～ जमना (…が)他を圧倒する. ❒(पर) ～ जमाना (人に)強い印象を与える. **6**〘ゲーム〙(トランプのカードの)同じ色ぞろい.

रंग-ढंग /raṃgạ-ḍʰaṃgạ ラング・ダング/ *m.* 様子, 具合;外見, ありさま;状況;気配. ❒शहर का क्या ～ है? 町はどんな様子かい?

रंगत /raṃgatạ ランガト/ [cf. *रंग, रँगना*] *f.* **1** 色彩;色合い, 色調;(顔や肌の)色つや. ❒～ उड़ना 色つやが失せる. ❒चेहरे [त्वचा] की ～ निखरना 顔[肌]の色つやがよくなる. **2** 喜び, 楽しさ. ❒～ आना 愉快になる.

रंगदानी /raṃgạdānī ラングダーニー/ [*रंग* + *-दानी*] *f.* 顔料などの入れもの.

रँगना /rãgạnā ラングナー/ [<OIA. **raṅgayati* 'dyes': T.10570] *vi.* (*perf.* रँगा /rãgā ランガー/) **1** 彩色[染色]される;(色に)染まる. ❒उसकी पीठ पर की साड़ी तो लहू से रँग गयी है। 彼女の背中にあたっているサリーは血で染まっていた. ❒तरह-तरह के रंगों में रँगी साड़ियाँ सूखने को बाँसों पर टँगी रहती थीं। さまざまな色に染められたサリーが乾かすために竹に吊るされていた. ❒रँगा (हुआ) सियार うわべは人畜無害にみえても内心は悪意を秘めた人. ❒(को) रँगे हाथों [हाथ] पकड़ना (人を)現行犯で捕まえる《「(血で)染まった手」の意》. **2** (好み・思想などに)染まる. ❒वह इन्हीं विचारों में रँगा हुआ था। 彼はこのような思想に染まっていた.

— *vt.* (*perf.* रँगा /rãgā ランガー/) **1** 彩色[染色]する, 着色する. ❒आधुनिक काल में अधरों को लिपस्टिक से स्त्रियाँ रँगा करती हैं। 現代では唇に口紅で女性たちは色をつけている. ❒यह कपड़ा बाल्टी में धुले रंग में डालकर रँग लो। この布を, バケツに溶かした色にひたして染めなさい. **2** (性格・好みなどを)同じ色に染める.

रंगबाज़ /raṃgạbāzạ ラングバーズ/ [*रंग* + *-बाज़*] *adj.* ひとに影響を及ぼす(人), 人を感化する(人).

रंगबाज़ी /raṃgạbāzī ラングバーズィー/ [*रंगबाज़* + *-ई*] *f.* 人を感化すること.

रंग-बिरंग /raṃgạ-biraṃgạ ラング・ビラング/ ▸रंग-बिरंगा *adj.* ☞रंग-बिरंगा

रंग-बिरंगा /raṃgạ-biraṃgā ラング・ビランガー/ ▸रंग-बिरंग [←Pers.adj. رنگ برنگ 'various'] *adj.* **1** 色とりどりの, カラフルな, 多色の. ❒रंग-बिरंगे फूल 色とりどりの花. **2** 多彩な;多種多様な.

रंगभूमि /raṃgạbʰūmi ラングブーミ/ [←Skt.f. *रङ्ग-भूमि-* 'a place for acting, stage, theatre, arena, battle-field'] *f.* **1**〘演劇〙舞台, ステージ;劇場. **2** (活動の)舞台, 場;(闘争の)舞台, 闘技場. (⇒मैदान)

रंगमंच /raṃgạmaṃcạ ラングマンチ/ [neo.Skt.m. *रङ्ग-मञ्च-* 'stage for acting'] *m.* **1**〘演劇〙舞台, ステージ. (⇒मंच, स्टेज) ❒～ पर आना ステージにあらわれる. ❒～ पर अभिनय करना 舞台で演技する. **2** (活動の)場, 舞台. (⇒मंच, स्टेज)

रंगरली /raṃgạralī ラングラリー/ ▸रंगरेली *f.* ☞रंगरेली

रंग-रसिया /raṃgạ-rasiyā ラング・ラスィヤー/ *m.* 享楽的な人, 酒色にふける人.

रँगरूट /rãgạrūṭạ ラングルート/ [←Eng.n. *recruit*] *m.* 新兵, 補充兵.

रंग-रूप /raṃgạ-rūpạ ラング・ループ/ *m.* 容貌, 外観, 見かけ, うわべ. ❒～ सँवारना 外観を飾る.

रँगरेज़ /rãgạrezạ ラングレーズ/ [←Pers.n. رنگ ریز 'a dyer'] *m.* 染物師, 染物屋.

रंगरेली /raṃgạrelī ラングレーリー/ ▸रंगरली, रंगरैली [*रंग* + *रलना*] *f.* 歓楽;歓喜;性的快楽;お祭り騒ぎ《普通, 複数形で使用》. ❒(के साथ) रंगरेलियाँ मनाना (人と)性的快楽にふける.

रंगरैली /raṃgạrailī ラングラェーリー/ ▸रंगरेली *f.* ☞रंगरेली

रंगवाई /raṃgạvāī ラングワーイー/ [cf. *रँगना, रँगवाना*] *f.* 染色の手間賃.

रँगवाना /rãgạvānā ラングワーナー/ ▸रँगाना [caus. of *रँगना*: cf. *रँगाना*] *vt.* (*perf.* रँगवाया /rãgạvāyā ラングワーヤー/) 彩色[染色]させる;彩色[染色]してもらう.

रंगशाला /raṃgạśālā ラングシャーラー/ [←Skt.f. *रङ्ग-शाला-* 'a play-house, theatre, dancing-hall'] *f.*〘演劇〙劇場. (⇒थिएटर)

रंगसाज़ /raṃgạsāzạ ラングサーズ/ [←Pers.n. رنگساز 'a painter, a dyer'] *m.* ペンキ屋, 塗装工;染物師. (⇒पेंटर)

रंगसाज़ी /raṃgạsāzī ラングサーズィー/ [*रंगसाज़* + *-ई*] *f.* 塗装工の仕事;染物師の仕事.

रँगाई /rãgāī ランガーイー/ [cf. *रँगना*; cf. Pers.n. رنگائی 'the price paid for dyeing'] *f.* **1** 染色;着色, 彩色. (⇒रँगावट) **2** 染色・着色などの手間賃.

रँगाना /rãgānā ランガーナー/ ▸रँगवाना [caus. of *रँगना*: <OIA. **raṅgayati* 'dyes': T.10570] *vt.* (*perf.* रँगाया /rãgāyā ランガーヤー/) ☞रँगवाना

रंगारंग /raṃgāraṃgạ ランガーラング/ [cf. *रंग*] *adj.* 色とりどりの;(催し物などが)多種多様な. ❒～ कार्यक्रम 多種多様な番組予定.

रँगावट /rãgāvaṭạ ランガーワト/ [cf. *रँगना*] *f.* 染色;着色, 彩色. (⇒रँगाई)

रँगा सियार /rãgā siyārạ ランガー スィヤール/ *m.* うわべは人畜無害にみえても内心は悪意を秘めた人.

रंगीन /raṃgīnạ ランギーン/ [←Pers.adj. رنگین 'coloured, tinctured, painted, of many colours'] *adj.* **1** 染色した;着色した, 彩色した;カラーの;色彩に富んだ, カラフルな. ❒～ खड़िया パステル, クレヨン. ❒～ तितली カラフルな蝶. ❒～ पेंसिल 色鉛筆. ❒～ फ़िल्म カラーフィルム. **2** 派手な;けばけばしい. ❒～ कपड़े

派手な服. **3** 愉快な(会話);快活な(人);享楽的な;派手好きの. ❐～ तबीयत 派手好きの性格. ❐वह शौक़ीन, ～ और रसीला आदमी था। 彼はおしゃれで享楽的で色好みの男だった.

रंगीनी /raṃgīnī ランギーニー/ [*रंगीन* + *-ई*] *f.* 彩りが華やかなこと;華美;派手.

रँगीला /rãgīlā ランギーラー/ [cf. OIA. **raṅgita-* 'coloured': T.10571: cf. OIA. *raṅgin-* 'enjoying': T.10572] *adj.* **1** 華やかな;色彩豊かな. **2** 活気にあふれた;陽気な;お祭り気分の, 浮かれた;派手な. ❐वह बड़ा ～ जवान था। 彼はとても陽気な青年だった.

रंगून /raṃgūna ラングーン/ [cf. Eng.n. *Rangoon*] *m.* 〖地名〗ラングーン《現ヤンゴン (यांगून) の旧称;旧ビルマ(連邦社会主義共和国)の首都;現ミャンマー (म्यानमार) の首都はネーピードー (नाएप्यीडा)》.

रंच /raṃca ランチ/ [?cf. *रंक*[1]] *adj.* わずかな, 少しの《主に否定文で रंच मात्र (भी)「かけらほども…ない」の意》. ❐उसमें ～ मात्र भी सच्चाई नहीं है। その中にはかけらほどの真実もない.

रंचक /raṃcaka ランチャク/ [cf. *रंच*] *adj.* ☞रंच

रंज /raṃja ランジ/ [←Pers.n. رنج 'trouble; grief, afflication, sadness; toil'] *m.* 悲しみ, 悲痛, 悲嘆;苦悩. (⇒दुख) ❐(को) ～ होना (人が)悲しむ, 悲嘆にくれる.

रंजक[1] /raṃjaka ランジャク/ [←Skt. *रञ्जक-* 'colouring, dyeing'] *adj.* 色付けする. ❐～ क्रिया 〖言語〗ベクトル動詞《आ जाना, देख लेना, भेज देना などの複合動詞において2番目の要素となる動詞》.

रंजक[2] /raṃjaka ランジャク/ [←Pers.n. رنجك 'the touch-hole of fire-arms'] *m.* 点火薬;(火縄銃の)点火口.

रंजन /raṃjana ランジャン/ [←Skt.n. *रञ्जन-* 'the act of colouring or dyeing'] *m.* 染色.

रंजनीय /raṃjanīya ランジニーエ/ [←Skt. *रञ्जनीय-* 'to be coloured or dyed; to be rejoiced at, pleasant, delightful'] *adj.* 楽しめる, 堪能できる.

रंजित /raṃjita ランジト/ [←Skt. *रञ्जित-* 'coloured, dyed, painted, tinted; affected, moved, charmed, delighted'] *adj.* **1** 彩色された;染色された;(血・紅などで)染まった. ❐उषा के सौरभ और प्रकाश से ～ आकाश 夜明けのかぐわしさと光に染められた空. **2** 楽しんだ, 喜んだ.

रंजिश /raṃjiśa ランジシュ/ [←Pers.n. رنجش 'indignation, offence'] *f.* **1** 憎しみ;うらみ. (⇒नफ़रत) ❐ज़मीनी ～ 土地をめぐる憎しみ. **2** 仲違い, 不和. (⇒मनमुटाव)

रंजीदगी /raṃjīdagī ランジードギー/ [←Pers.n. رنجیدگی 'affliction, sadness'] *f.* 悲しみ.

रंजीदा /raṃjīdā ランジーダー/ [←Pers.adj. رنجیده 'vexed, exasperated, indignant'] *adj.* **1** (気分が)悲しい, ふさぎ込んだ. **2** 不快な;無念な;憤慨した.

रंडा /raṃḍā ランダー/ [←Skt.f. *रण्डा-* 'a term of abuse in addressing women, a slut'] *f.* 〔卑語〕いかず後家.

रंडापा /raṃḍāpā ランダーパー/ [cf. *रंडा*] *m.* 〔卑語〕未亡人であること.

रंडी /raṃḍī ランディー/ [cf. *रंडा*] *f.* 〔卑語〕売春婦;尻軽女.

रंद /raṃda ランド/ [?<OIA.n. *rándhra-* 'a slit, split, opening, aperture, hole, chasm, fissure, cavity': T.10617] *m.* (城砦の)銃眼.

रंदना /raṃdanā ランドナー/ [cf. *रंदा*] *vt.* (*perf.* रंदा /raṃdā ランダー/) 鉋(かんな)をかける.

रंदा /raṃdā ランダー/ [←Pers.n. رنده 'a joiner's plane'] *m.* 鉋(かんな). ❐(पर) ～ करना [फेरना] (…に)鉋をかける.

रंधन /raṃdʰana ランダン/ [←Skt.n. *रन्धन-* 'destruction; cooking'] *m.* 調理.

रँधना /rãdʰanā ランドナー/ [cf. *राँधना*] *vi.* (*perf.* रँधा /rãdʰā ランダー/) (火を使って)料理[調理]される. (⇒पकना)

रंध्र /raṃdʰra ランドル/ [←Skt.n. *रन्ध्र-* 'a slit, split, opening, aperture, hole, chasm, fissure, cavity'] *m.* **1** (微細な)穴, 孔. (⇒छेद) **2** 欠点, 欠陥.

रंभा /raṃbʰā ランバー/ [<OIA. **rambhati*[2] 'scrapes': T.10633z1] *m.* 鍬(くわ);かなてこ, バール.

रँभाना /rãbʰānā ランバーナー/ ▸राँभना [<OIA. *rámbatē* 'sounds, roars': T.10631] *vi.* (*perf.* रँभाया /rãbʰāyā ランバーヤー/) (牛などが)モー (बाँ) と鳴く. (⇒डकराना)

रई /raī ライー/ [<OIA. **rapaka-* 'churning stick, churn': T.10618] *f.* ライー《ヨーグルトを攪拌(かくはん)するための棒》. (⇒मथनी)

रईस /raīsa ライース/ [←Pers.n. رئیس 'a head, chief' ←Arab.] *m.* 首長;貴族;有力者, 名士, 長者.

रईसज़ादा /raīsazādā ライースザーダー/ [*रईस* + *-ज़ादा*] *m.* (貴族・金持ちなど)有力者の息子.

रईसी /raīsī ライースィー/ [*रईस* + *-ई*] *f.* 堂々として威厳があること;富裕であること.

रक़बा /raqabā ラクバー/ [←Pers.n. رقبه 'enclosure, explanade, environs'] *m.* 面積. (⇒क्षेत्रफल)

रक़म /raqama ラカム/ [←Pers.n. رقم 'notation; writing, written character, cypher; description' ←Arab.] *f.* (まとまった)金, 金銭;金額;総額. (⇒राशि) ❐～ डकारना [खा जाना] 金を着服する. ❐नोबेल पुरस्कार की ～ ノーベル賞の賞金. ❐बड़ी [मोटी] ～ 大きな金額.

रकाब /rakāba ラカーブ/ ▸रिकाब [←Pers.n. رکاب 'stirrup' ←Arab.] *f.* 鐙(あぶみ). ❐～ पर पैर रखना あぶみに足をかける.

रकाबी /rakābī ラカービー/ [←Pers.n. رکابی 'a small dish, plate, or saucer'] *f.* 皿. (⇒प्लेट)

रकार /rakāra ラカール/ [←Skt.m. *र-कार-* 'Devanagari letter र or its sound'] *m.* **1** 子音字 र. **2** 〖言語〗子音字 र の表す子音 /r ル/.

रकारांत /rakārāṃta ラカーラーント/ [←Skt. *रकार-अन्त-* 'ending in the letter र or its sound'] *adj.* 〖言語〗語尾

が र で終わる(語)《और「そして」, तार「電報」, तीर「矢」など》. ❒～ शब्द 語尾が र で終わる語.

रक्खना /rakkʰanā ラックナー/ [cf. *रखना*] *vt.* (*perf.* रक्खा /rakkʰā ラッカー/)《रखना「置く」と意味・活用は全く同じであるが, रखा, रखूँगा など母音で始まる語尾が付くときに, 代わりに रक्खा, रक्खूँगा の形が使用されることがある》

रक्त /rakta̸ ラクト/ [←Skt.m. *रक्त-* 'red color'] *m.*〚医学〛血液, 血. (⇒खून, लहू)

रक्तचाप /rakta̸cāpa̸ ラクトチャープ/ [*रक्त* + *चाप*¹] *m.*〚医学〛血圧. ❒उच्च ～ 高血圧. ❒निम्न ～ 低血圧. ❒～ मापना 血圧を測る.

रक्तचापमापी /rakta̸cāpa̸māpī ラクトチャープマーピー/ [*रक्तचाप* + *मापी*] *m.*〚医学〛血圧計.

रक्तदान /rakta̸dāna̸ ラクトダーン/ [neo.Skt.n. *रक्त-दान-* 'blood donation'] *m.*〚医学〛献血. ❒～ करना 献血をする. ❒～ शिविर 臨時献血施設.

रक्तदोष /rakta̸doṣa̸ ラクトドーシュ/ [neo.Skt.m. *रक्त-दोष-* 'hemophilia'] *m.*〚医学〛血友病.

रक्तपात /rakta̸pāta̸ ラクトパート/ [←Skt.m. *रक्त-पात-* 'bloodshed, spilling of blood'] *m.* **1**〚医学〛出血. ❒～ रोकना 出血を止める. **2** 流血(の惨事).

रक्तपायी /rakta̸pāyī ラクトパーイー/ [←Skt. *रक्त-पायिन्-* 'blood-drinking'] *adj.* 人間の血を飲む, 吸血の. ❒～ दानव 吸血鬼.

— *m.* 吸血動物;吸血鬼.

रक्तप्रदर /rakta̸pradara̸ ラクトプラダル/ [←Skt.m. *रक्त-प्रदर-* 'a flow of blood from the womb, menorrhagia'] *m.*〚医学〛月経過多(症).

रक्त-बैंक /rakta̸-baiṃka̸ ラクト・バェーンク/ *m.*〚医学〛血液銀行.

रक्तविकार /rakta̸vikāra̸ ラクトヴィカール/ [←Skt.m. *रक्त-विकार-* 'alteration or deterioration of blood'] *m.* ☞रक्तदोष

रक्तसंबंध /rakta̸saṃbaṃdʰa̸ ラクトサンバンド/ [neo.Skt.m. *रक्त-सम्बन्ध-* 'blood relation'] *m.* 血縁(関係).

रक्तस्राव /rakta̸srāva̸ ラクトスラーオ/ [←Skt.m. *रक्त-स्राव-* 'a flow of blood, hemorrhage'] *m.*〚医学〛大出血.

रक्ताधान /raktādʰāna̸ ラクターダーン/ [neo.Skt.n. *रक्त-आधान-* 'blood transfusion'] *m.*〚医学〛輸血.

रक्ताभ /raktābʰa̸ ラクターブ/ [←Skt. *रक्त-आभ-* 'red-looking, having a red appearance'] *adj.* (ほおなどが)紅潮した, 赤らんだ.

रक्ताल्पता /raktālpatā ラクタールパター/ [neo.Skt.f. *रक्त-अल्पता* 'anaemia'] *f.*〚医学〛貧血症.

रक्तिम /raktima̸ ラクティム/ [cf. Skt.m. *रक्तिमन्-* 'redness, redcolour'] *adj.* 赤い;血の色をした.

रक्षक /rakṣaka̸ ラクシャク/ [←Skt.m. *रक्षक-* 'a watcher, keeper'] *m.* **1** 保護者, 守護者;管理人. **2**〚スポーツ〛防御側(の人), ディフェンス.

रक्षण /rakṣaṇa̸ ラクシャン/ [←Skt.n. *रक्षण-* 'the act of guarding, watching, protecting, tending (of cattle), preservation'] *m.* 防御, 防衛;保護;守備.

रक्षणीय /rakṣaṇīya̸ ラクシャニーエ/ [←Skt. *रक्षणीय-* 'to be guarded or preserved or protected from'] *adj.* 守るべき, 守るに値する.

रक्षा /rakṣā ラクシャー/ [←Skt.f. *रक्षा-* 'the act of protecting'] *f.* **1** 防御, 防衛;護衛. (⇒हिफ़ाज़त) ❒～ जैकेट 救命胴衣. ❒～ मंत्रालय 国防省. ❒(से) (की) ～ करना (…から)(…を)守る. **2** 保存;保護. (⇒हिफ़ाज़त) ❒प्रकृति की ～ 自然保護.

रक्षा-कवच /rakṣā-kavaca̸ ラクシャー・カワチ/ [←Skt.m. *रक्षा-कवच-* 'protective armour'] *m.* **1** 甲冑(かっちゅう);防弾チョッキ. **2** お守り, 魔除け.

रक्षाबंधन /rakṣābaṃdʰana̸ ラクシャーバンダン/ [←Skt.n. *रक्षा-बंधन-* 'knot of protection'] *m.*〚ヒンドゥー教〛ラクシャーバンダン《サーワン月 (सावन) の満月の日に祝われる祭り;姉妹が庇護者である兄弟の手首に細いひも (राखी) を巻く慣習がある》.

रक्षिका /rakṣikā ラクシカー/ [neo.Skt.f. *रक्षिका-* 'a female guard'] *f.* 女性警護員.

रक्षित /rakṣita̸ ラクシト/ [←Skt. *रक्षित-* 'guarded, protected, saved, preserved, maintained, kept'] *adj.* 守られた, 保護された.

रक्षी /rakṣī ラクシー/ [←Skt. *रक्षिन्-* 'guarding against, avoiding, keeping off, preventing'] *m.* 守護者;警護員.

रक्षीदल /rakṣīdala̸ ラクシーダル/ [*रक्षी* + *दल*] *m.* 警護隊, 警備隊.

रखना /rakʰa̸nā ラクナー/ [<OIA. *rákṣati* 'guards': T.10547] *vt.* (*perf.* रखा /rakʰā ラカー/) **1** (ある位置に)置く;並べて置く;設置する;(人を)配置する. ❒मैंने उसके सिरहाने पानी का लोटा रखा। 私は彼の枕許に水の入ったコップを置いた. ❒थोड़ी-सी किताबें मेज़ पर रखी हुई थीं। 何冊かの本が机の上に置かれていた. ❒उसने चिट्ठी तकिये के नीचे रख ली। 彼女は手紙を枕の下に置いた. ❒उसने कोई पसंद की चीज़ उठाकर अपनी जेब में रख ली। 彼は好きなものを取ってポケットに入れた. ❒मेरी माता जी एक डिब्बे में खाना रखकर मुहल्ले के किसी आदमी से पिता जी के दफ़्तर भिजवाती थीं। 私の母は容器に弁当をつめて, 近所の誰かに頼んで父のオフィスに送り届けてもらっていた. ❒गाड़कर रख लो, तो कौन देखता है? 埋めておけば, 誰が見つけるというのだ? ❒उन्होंने मेरे सिर पर हाथ रखकर ढाढ़स देते हुए कहा। 彼は私の頭に手を置いて, 勇気づけながら言った. ❒मैंने उनके लिए कुरसी रख दी। 私は彼のために, 椅子を用意して置いてあげた. ❒वह घुटने पर सिर रखे, कुछ सोच रही थी। 彼女は膝に頭をつけ, 何か考えていた. ❒वहाँ इतनी भीड़ थी कि कहीं तिल रखने की जगह न थी। 〔慣用〕そこはあまりの群衆で, ゴマを置く場所もなかった《「身動きひとつできなかった」の意》. **2** (肩に)担ぐ;(頭に)載せる;(帽子を)かぶる, かぶせる. ❒वह बंदूक कंधे पर रखकर घर से निकला। 彼は銃を肩にかけて外出した. ❒लकड़हारे ने हिरन को गरदन पर रख लिया और घर की ओर चला। 木こりは鹿を首に担いだ, そして家路についた. ❒उसने टोकरी सिर पर रखी। 彼はかごを頭に載せた. ❒उसने नयी टोपी सिर पर रखा। 彼は新しい帽子

をかぶった. ❐उसने टोपी को बच्चे के सिर पर रख दिया। 彼は帽子を子どもの頭にかぶせた. **3** (足を)踏みいれる. ❐उसी वक़्त उसने कमरे में क़दम रखा। ちょうどその時, 彼が部屋に足を踏みいれた. ❐उन्होंने एक डग इस तरह उठाया जैसे दलदल में पाँव रख रहे हों। 彼は一歩を踏みだした, まるで泥沼に足を踏みいれつつあるかのように. ❐उसने एक डग और रखा। 彼はもう一歩踏みだした. **4** (自分の手元に)置く, 預かる;(人に)預ける, 渡す. ❐मैंने सात रुपए निकालकर उसके हाथ में रख दिये। 私は7ルピー取り出して彼の手に渡した. ❐अपने पास रखे रहो। 手元に置いておきなさい. **5** (抵当に)入れる;供託する. ❐उसने दादी का बचा-खुचा ज़ेवर गिरवी रख दिया। 彼女は祖母の残した宝石を質に入れた. **6** (裁判で)(証拠・主張・罪科を)提出する;(会議で)(案などを)提案[提示]する. ❐सभा में इस विषय का एक प्रस्ताव रखा जाए। 会議でこの件について一つ提案をしようじゃないか. ❐उसके विरुद्ध आप कितने ही तर्क और प्रमाण लाकर रख दें, लेकिन मैं मानूँगी नहीं। 彼に対抗してあなたがどれほど論拠と証拠を持って来て示そうと, 私は認めるつもりはない. **7** (名前を)つける. ❐मेरा नाम कुछ और रख दो। 私の名前は何か別のにしてくれ. ❐उन्होंने संभवत: अपनी पत्नी ललिता के नाम पर उसका नाम ललिताश्रम रख दिया था। 彼は恐らく自分の妻の名ラリターをもとに, その名前をラリターシュラムとつけた. **8** (ある状態に)置く, 保つ;保留する;(胸に)しまう. ❐वह उस द्वार को सदैव बंद रखती है। 彼女はそのドアをいつも閉めておきます. ❐उन्होंने अपनी पढ़ाई जारी रखने का निश्चय किया। 彼は自分の勉強を続ける決意をした. ❐मैंने इस बात को गुप्त रखा। 私は, このことを秘密にした. ❐मैं किसी रमणी को प्रसन्न नहीं रख सकता। 私は, ご婦人のご機嫌をとることができないのです. ❐क्या अब भी मुझे धोखे में रखना चाहती है? 彼女はまだ私をだましつづけたいのか? ❐यह बात अपने मन में रख लो। このことは自分の胸にしまっておけ. ❐देखिए, यह बात अपने ही तक रखिएगा, हालाँकि आपसे यह याद दिलाने की ज़रूरत नहीं। いいですか, この話は他言なさぬように, わざわざ言う必要もないでしょうが. **9** (人を家に)おく;(妾を)おく;(使用人を)おく, 雇う;(生き物を)飼う. ❐तुम्हें उसे घर में रखना न चाहिये था। 君は彼女を家におくべきではなかった. ❐वह तुम-जैसों को अपना गुलाम बनाकर रखना चाहती है, पति बनाकर नहीं। 彼女は君のような男を自分の奴隷としておきたいのだ, 夫としてではなく. ❐नौकरी करना है, तो हम तुझे रख लेंगे। 働くのなら, おまえをおいてやろう. ❐मुझे घर पर अँग्रेज़ी पढ़ाने को एक मास्टर रख दिए गए। 私に家で英語を教えるために, 一人の家庭教師が雇われた. **10** 確保する, 用意する;とっておく, 残しておく. ❐उनके परिवार के लिए दो कमरे रखे गये थे। 彼の家族のために, 二つの部屋が用意されていた. ❐केवल एक जेबी घड़ी रख ली गई थी। (他のものは手放したが)たった一つ懐中時計だけは, とっておかれた. ❐मुझे याद है, नगर के कई लोगों ने यह प्रतिज्ञा कर के बाल रख लिये थे कि जब तक स्वराज्य न मिल जाएगा वे बाल नहीं कटवाएँगे। 私は覚えているが, 町の幾人かは, インド独立が達成されるまでは髪を切らないという誓いをたてて髪をのばしたままだった. **11**《未完了表現で》保つ;(知識・財産・武器などを)保有する;(感情を)もつ;(権利などを)保持する;保管する;(関係を)保つ, 維持する. ❐वह दो मोटरें रखता है। 彼は2台車を持っている. ❐वह व्यापक क्षेत्र की जानकारी रखता है। 彼は幅広い知識をもっている. ❐हिसाब रखना और बात है और हिसाबी बुद्धि रखना और बात है। 収支の勘定をつけるということと, 収支の勘定がわかる頭をもつこととは別のことである. ❐मुसल्मानी शासन-काल में लोगों के हथियार रखने पर कोई प्रतिबंध नहीं था। イスラム王朝の時代には, 人々が武器を持つことに何ら制限がなかった. ❐वह लिखने में तो अपना जोड़ नहीं रखता। 文章を書くことにかけては, 彼に並ぶものはいない. ❐मैं उससे अधिक आशा नहीं रखता। 私は彼に多くを期待していないよ. ❐इस विषय में वह भी कुछ बोलने का साहस रखती हैं! この問題について, 彼女も何か発言する勇気をもっているとは! ❐वे मुहल्ले के पुराने बाशिंदे न थे, इससे मुहल्ले-वाले उनसे कुछ अलगाव का भाव रखते थे। 彼は町の古くからの住人ではなかった, このため町の人々は彼に対し少しよそ者意識をもっていた. ❐उनके प्रति मैं एक आलोचनात्मक दृष्टि रखता था। 彼に対して私は一つの批判的な考えをもっていた. ❐घर के लोग राष्ट्रीय आंदोलन में सक्रिय रुचि रखते थे। 家の者たちは国民運動に積極的に関心をもっていた. ❐उनसे तो ख़ाली हँस-बोल लेने का नाता रखती हूँ। 彼とはただ談笑するだけの関係よ. **12**〔慣用〕❐(का) ख़याल [ध्यान] ～ (…を)心にとめる, 気にかける ❐तशरीफ़ ～ 座る《敬語》. ❐याद ～ 覚えておく. ❐(में) विश्वास [यक़ीन] ～ (…を)信用する, 信じる. ❐व्रत ～ 断食をする. ❐सिर पर पाँव रखकर भागना 一目散に逃げる.

— *vt.* (*perf.* रखा /rakʰā ラカー/)《『他動詞語幹 रखना』の形式で, 複合動詞「…しておく」を作る》❐उसने पहले की कमाई छिपा रखी थी। 彼は以前の稼ぎを隠しておいた. ❐मैंने कुछ कविताएँ यहाँ आने के पूर्व लिख रखी थीं। 私は幾つかの詩をここに来る前に書いておいた.

रख-रखाव /rakʰa̸-rakʰāva̸ ラク・ラカーオ/ [cf. *रखना, रखाना*] *m.* 保守, 管理, 維持, メンテナンス. ❐(का) ～ करना (…を)保守管理する.

रखवाई /rakʰa̸vāī ラクワーイー/ [cf. *रखवाना*] *f.* **1** (田畑の)見張りの手配. **2** 見張りや警備の手間賃.

रखवाना /rakʰa̸vānā ラクワーナー/ ▸रखाना [caus. of *रखना*] *vt.* (*perf.* रखवाया /rakʰa̸vāyā ラクワーヤー/) 置かせる;置いてもらう.

रखवाल /rakʰa̸vāla̸ ラクワール/ [<OIA.m. *rakṣapāla-* 'watchman': T.10548] *m.* (畑や放牧の)番人, 見張り人.

रखवाला /rakʰa̸vālā ラクワーラー/ [cf. *रखवाल*] *m.* ☞ रखवाल

रखवाली /rakʰa̸vālī ラクワーリー/ [*रखवाल* + *-ई*] *f.* 見張ること, 警戒, 監視;警備. ❐(की) ～ करना (…を)見張る, (…の)番をする.

रखाई /rakʰāī ラカーイー/ [cf. *रखना*] *f.* **1** 見張り;警護. **2** 見張りや警護の手間賃. (⇒रखवाई)

रखाना /rakʰānā ラカーナー/ ▸रखवाना *vt.* (*perf.* रखाया /rakʰāyā ラカーヤー/) ☞रखवाना

रखैल /rakʰaila̸ ラカエール/ [cf. *रखना*] *f.* 妾, 囲われ者.

रग /raga ラグ/ [←Pers.n. رگ 'a vein'] *f.* **1** 血管;動脈, 静脈. (⇒धमनी, नस, नाड़ी) **2** 腱, 筋. (⇒नस) **3** 〖植物〗葉脈. (⇒नस)

रगड़ /ragaṛa ラガル/ [cf. *रगड़ना*] *f.* **1** 摩擦, こすれること. ❐किसी के पाँव की ~ निशान 誰かの足でこすれた跡. ❐(से) ~ खाना (…と)こすれる. **2** 〖医学〗擦り傷, 擦過傷.

रगड़ना /ragaṛanā ラガルナー/ [<OIA. **ragg-* 'rub': T.10558] *vi.* (*perf.* रगड़ा /ragaṛā ラグラー/) 〔俗語〕(身を粉にして)働く;こき使われる.

— *vt.* (*perf.* रगड़ा /ragaṛā ラグラー/) **1** 擦る, 擦りつける;なする;(足蹴にして)踏みつける. ❐नाक ~〔慣用〕鼻を(地面に)擦りつける《「へりくだって頼みごとをする」の意》. ❐पुलिसवालों को मैंने ऐसा रगड़ा कि वह भी याद करेंगे। お巡りの奴らを俺は, 奴らが忘れないほど踏みつけてやった. ❐सिर ज़मीन पर रगड़कर कहने लगा। 彼は頭を地面に擦りつけて言った. ❐सभी सोने के देवता के पैरों पर माथा रगड़ते हैं। 誰もが金の偶像の足元に額を擦りつける拝金主義者だ. **2** (足を)ひきずる. (⇒घसीटना) **3** (混雑の中で)押し合いへし合いする. **4** (人を)へとへとに消耗させる;すり減らす. ❐एड़ियाँ ~ かかとをすり減らす《「方々を尋ね歩きへとへとになる」の意》.

रगड़वाना /ragaṛavānā ラガルワーナー/ [caus. of *रगड़ना*] *vt.* (*perf.* रगड़वाया /ragaṛavāyā ラガルワーヤー/) 擦らせる;擦ってもらう.

रगड़ा /ragaṛā ラグラー/ [cf. *रगड़ना*] *m.* **1** こすれ(の跡). **2** 口論;もめごと.

रगड़ा-झगड़ा /ragaṛā-jʰagaṛā ラグラー・ジャグラー/ *m.* 長期にわたる争いごと.

रगेदना /ragedanā ラゲードナー/ [?cf. *खदेड़ना*] *vt.* (*perf.* रगेदा /ragedā ラゲーダー/) **1** 追う;追い払う. **2** 追求する, 糾弾する. ❐वे अपने पत्र में एक-एक को रगेदते थे। 彼は自分の新聞で一人一人を糾弾していた.

रचना[1] /racanā ラチナー/ [<OIA. **racyatē* 'is fashioned': T.10574] *vi.* (*perf.* रचा /racā ラチャー/) **1** 創作される, 産み出される. **2** (文学作品が)創作される. **3** (陰謀・偽善行為などが)企まれる, 謀られる.

— *vt.* (*perf.* रचा /racā ラチャー/) **1** 創作する, 創出する, 産み出す. ❐पुरुषों की रची हुई इस संस्कृति में शांति कहाँ है? 男たちによって作られたこの文化の中に, 平和がどこにあるというのです? ❐तुम जैसा घामड़ आदमी भगवान् ने क्यों रचा, कहीं मिलते तो उनसे पूछती। あんたのように馬鹿な人間を神様が何故お作りになったのか, 万一会えるものなら神様に聞いてみたいものだわ. **2** (文学作品を)創作する. ❐वह कभी-कभी कविता रचती थी। 彼女は時々詩を作っていた. **3** (陰謀・偽善行為などを)企む, 謀る. ❐उधर लोगों में उसे नीचा दिखाने के लिए षड्यंत्र रचा जा रहा था। 一方人々の間では彼を見下すために企みが謀られつつあった. ❐बहुत मुमकिन है कि तुमने उसे फँसाकर उससे सौ-पचास ऐंठने के लिए यह पाखंड रचा हो। おおいにありうるのは, お前が彼を陥れて彼から50ルピー, 100ルピーの金を巻き上げるためにこの偽善行為を企んだかもしれないということだ. **4** (結婚式を)挙行する.

रचना[2] /racanā ラチナー/ [←Skt.f. *रचना-* 'a literary production, work, composition'] *f.* **1** 作品;創作物. (⇒कृति) **2** 構造.

रचना-तंत्र /racanā-taṃtra ラチナー・タントル/ [neo.Skt.n. *रचना-तन्त्र-* 'technique'] *m.* (芸術作品の)創作技法.

रचनात्मक /racanātmaka ラチナートマク/ [neo.Skt. *रचना-आत्मक-* 'creative; constructive'] *adj.* **1** 創造的な. ❐~ दुनिया 創造的世界. **2** 建設的な, 前向きな. ❐~ कार्य 建設的な活動. ❐~ रुख 前向きな姿勢. **3** 構造上の.

रचना-प्रक्रिया /racanā-prakriyā ラチナー・プラクリヤー/ [neo.Skt.f. *रचना-प्रक्रिया-* 'creative process'] *f.* 創作過程;制作プロセス.

रचयिता /racayitā ラチャイター/ [←Skt.m. *रचयितृ-* 'an author, composer'] *m.* (芸術作品の)作者, 創作者.

रचवाना /racavānā ラチワーナー/ ▸रचाना [caus. of *रचना*[1]] *vt.* (*perf.* रचवाया /racavāyā ラチワーヤー/) 創作させる;創作してもらう.

रचाना /racānā ラチャーナー/ ▸रचवाना [caus. of *रचना*[1]] *vt.* (*perf.* रचाया /racāyā ラチャーヤー/) ☞रचवाना

रचित /racita ラチト/ [←Skt. *रचित-* 'produced, fashioned, constructed, performed, arranged, prepared, made of'] *adj.* 創作された;創造された.

रज /raja ラジ/ [←Skt.n. *रजस्-* 'coloured or dim space; dirt, dust, any small particle of matter'] *f.* 塵(ちり);ほこり;花粉.

रजक /rajaka ラジャク/ [←Skt.m. *रजक-* 'a washerman (so called from his cleaning or whitening clothes)'] *m.* 洗濯人, 洗濯屋. (⇒धोबी)

रजत /rajata ラジャト/ [←Skt. *रजत-* 'whitish, silver-coloured, silvery'] *adj.* 白銀色の. ❐~ पट 銀幕, (映画の)スクリーン. ❐कमरे में बिजली का ~ प्रकाश फैला हुआ था। 部屋には電気の白色光が広がっていた.

— *m.* **1** 〖鉱物〗銀. (⇒चाँदी) **2** 白銀色.

रजत-जयंती /rajata-jayaṃtī ラジャト・ジャヤンティー/ [neo.Skt.f. *रजत-जयन्ती-* 'silver jubilee'] *f.* 25周年記念. ❐~ समारोह 25周年記念祝賀会.

रजतपट /rajatapaṭa ラジャトパト/ [neo.Skt.m. *रजत-पट-* 'silver screen'] *m.* 銀幕, 映画.

रजनी /rajanī ラジニー/ [←Skt.f. *रजनी-* 'the coloured or dark one; night'] *f.* 夜. (⇒रात)

रजनीकर /rajanīkara ラジニーカル/ [←Skt.m. *रजनी-कर-* 'night-maker; the moon'] *m.* 〖天文〗月. (⇒चाँद)

रजनीगंधा /rajanīgaṃdʰā ラジニーガンダー/ [←Skt.f. *रजनी-गन्धा-* '*Polianthes tuberosa*'] *f.* 〖植物〗ラジニーガンダー《月下香(げっかこう), チュベローズ;夜に咲き芳香を放つ》. (⇒रात की रानी)

रजनीचर /rajanīcara ラジニーチャル/ [←Skt.m. *रजनी-चर-* 'a night-rover'] *m.* **1** 悪霊. **2** 〖天文〗月. (⇒चाँद)

रजनीपति /rajanīpati ラジニーパティ/ [←Skt.m.

रजनी-पति- 'lord of night; the moon'] *m.* 〖天文〗月. (⇒चाँद)

रजनीमुख /rajanīmukʰa ラジニームク/ [←Skt.n. *रजनी-मुख-* 'night-beginning; the evening'] *m.* 夕暮れ, 日暮れ.

रजनीश /rajanīśa ラジニーシュ/ [←Skt.m. *रजनी-ईश-* 'lord of night; the moon'] *m.* ☞रजनीपति

रजवाड़ा /rajavāṛā ラジワーラー/ [＜OIA. **rājyavāṭa-* 'extent of rule': T.10695] *m.* 〖歴史〗（インド中世および英領時代の）藩王国. (⇒रियासत)

रजस्वला /rajasvalā ラジャスワラー/ [←Skt.f. *रजस्-वला-* 'a menstruating or marriageable woman'] *adj.* 月経のある；結婚適齢期に達した.

— *f.* 月経のある女子；結婚適齢期に達した女子.

रज़ाई /razāī ラザーイー/ [←Pers.n. رضائی 'a cover for the head in winter'] *f.* （綿入りの）掛け布団, キルト.

रज़ामंद /razāmaṃda ラザーマンド/ [←Pers.adj. رضامند 'consenting, permitting'] *adj.* 同意した, 承諾した. (⇒सहमत) **2** 納得した. (⇒सहमत) ❐(पर) ～ होना (…に) 納得する.

रज़ामंदी /razāmaṃdī ラザーマンディー/ [←Pers.n. رضامندی 'consent, permission'] *f.* **1** 同意, 承諾. (⇒सहमति) **2** 納得. (⇒सहमति)

रजिस्टर /rajisṭara ラジスタル/ [←Eng.n. *register*] *m.* 登録[登記]簿. (⇒पंजी)

रजिस्टरी /rajisṭarī ラジストリー/ ▷रजिस्ट्री *f.* ☞रजिस्ट्री

रजिस्ट्रार /rajisṭrāra ラジストラール/ [←Eng.n. *registrar*] *m.* **1** （大学の）事務長. **2** 記録[登録]事務官.

रजिस्ट्री /rajisṭrī ラジストリー/▷रजिस्टरी [*रजिस्टर* + *-ई*] *f.* 登録, 登記, 記載. (⇒पंजीकरण) ❐(की) ～ कराना (…の) 登録[登記, 記載]をしてもらう.

रजोगुण /rajoguṇa ラジョーグン/ [←Skt.m. *रजस्-गुण-* 'passion, emotion, affection'] *m.* 〖ヒンドゥー教〗ラジョーグナ《根本原質の一つプラクリティ (प्रकृति) を構成する３つのグナ (गुण) の一つ》.

रजोदर्शन /rajodarśana ラジョーダルシャン/ [←Skt.n. *रजस्-दर्शन* '(first) appearance of the menstrual excretion'] *m.* 〖医学〗初潮.

रजोधर्म /rajodʰarma ラジョーダルム/ [←Skt.m. *रजस्-धर्म-* 'menstruation'] *m.* 〖医学〗月経, 生理.

रजोनिवृत्ति /rajonivr̥tti ラジョーニヴリッティ/ [neo.Skt.f. *रजस्-निवृत्ति-* 'menopause'] *f.* 〖医学〗閉経；更年期.

रज्जु /rajju ラッジュ/ [←Skt.f. *रज्जु-* 'a rope, cord, string'] *f.* 縄, ひも；ロープ. (⇒डोरी, रस्सी)

रज्जुमार्ग /rajjumārga ラッジュマールグ/ [neo.Skt.m. *रज्जु-मार्ग-* 'ropeway'] *m.* ロープウェー, 空中ケーブル.

रटंत /raṭaṃta ラタント/ [cf. *रटना*] *f.* （ひたすら）丸暗記した, 詰込まれた. ❐उस समय की पढ़ाई ～ विद्या थी। 当時の学習は（ひたすら覚える）詰込み知識であった.

रट /raṭa ラト/ [cf. *रटना*] *f.* **1** 復唱；丸暗記. ❐(की) ～ लगाना (…を) 復唱する, 唱える. **2** 馬鹿の一つ覚え.

रटना /raṭanā ラトナー/ [＜OIA. *ráṭati* 'cries, yells': T.10590] *vt.* (*perf.* रटा /raṭā ラター/) **1** （暗記するために）唱える；（馬鹿の一つ覚えのように）唱える. (⇒घोखना) ❐पहाड़ा ～ 九九を唱える. **2** そらんじる, 丸暗記する；棒暗記する. ❐हरएक चीज़ दिखाता था और रटे हुए शब्दों में उसके गुण भी बयान करता जाता था। 彼は一つ一つを見せて, そらんじている言葉でその特徴もまた説明していくのだった. ❐तोते की तरह एक फ़्रेज़ उसने रट लिया है -- लेडीज़ फ़र्स्ट। オウムのように一つのフレーズを彼は棒暗記した -- レディーズ・ファースト.

रटाना /raṭānā ラターナー/ [caus. of *रटना*] *vt.* (*perf.* रटाया /raṭāyā ラターヤー/) （暗記するために）唱えさせる；（馬鹿の一つ覚えのように）唱えさせる. ❐वकील गवाहों को उनके बयान रटा रहा था। 弁護士は証言者たちに証言を何度も繰り返させていた. ❐एक साल तक तो मुझे यह रचना ही रटाई गई। 一年間私はこの作品だけを暗記するために唱えさせられた.

रट्टू /raṭṭū ラットゥー/ [*रटना* + *-ऊ*] *adj.* 棒暗記する（人）.

— *m.* 棒暗記する人.

रड़क /raṛaka ララク/ [cf. *रड़कना*] *f.* （目に入ったほこり・刺さったとげなどの）痛み.

रड़कना /raṛakanā ララクナー/ [?cf. Skt. *रद-* 'scratching, splitting, gnawing at'] *vi.* (*perf.* रड़का /raṛakā ラルカー/) （目に入ったほこり・刺さったとげなどが）チクチクする. (⇒चुभना)

रड़काना /raṛakānā ラルカーナー/ [＜OIA. **raḍḍ-* 'slip': T.10594] *vt.* (*perf.* रड़का /raṛakā ラルカー/) （手荒く）押しのける.

रडार /raḍāra ラダール/ [←Eng.n. *radar*] *m.* レーダー.

रण /raṇa ラン/ [←Skt.m. *रण-* 'battle'] *m.* 戦い, 戦争；戦闘.

रणक्षेत्र /raṇakṣetra ランクシェートル/ [←Skt.n. *रण-क्षेत्र-* 'battle-field'] *m.* 戦場；戦地.

रणन /raṇana ラナン/ [?cf. Skt.m. *रण-* 'sound, noise'] *m.* 音が鳴ること.

रणनीति /raṇanīti ランニーティ/ [neo.Skt.f. *रण-नीति-* 'strategy'] *f.* 戦術；戦略. ❐(की) ～ बनाना (…の) 戦術[戦略]を立てる.

रणनीतिकार /raṇanītikāra ランニーティカール/ [neo.Skt.m. *रण-नीति-कार-* 'strategist'] *m.* 戦術家, 軍師；策略家, 策士.

रणभूमि /raṇabʰūmi ランブーミ/ [←Skt.f. *रण-भूमि-* 'battle-ground'] *f.* 戦場；戦地.

रणभेरी /raṇabʰerī ランベーリー/ [?neo.Skt.f. *रण-भेरी-* 'kettledrum in the battle'] *f.* 出陣の太鼓；進軍ラッパ. ❐आम चुनाव की ～ बज चुकी है। 総選挙の出陣太鼓が打ち鳴らされた.

रणरंग /raṇaraṃga ランラング/ [←Skt.m. *रण-रङ्ग-* 'battle-stage'] *m.* 戦意；好戦性.

रण-वाद्य /raṇa-vādya ラン・ワーディエ/ [←Skt.n. *रण-वाद्य-* 'a military musical instrument, martial music'] *m.* 〖楽器〗（兵士の士気を鼓舞する）楽器.

रण-स्थल /raṇa̸-st^{h}ala̸ ラン・スタル/ [neo.Skt.m. *रण-स्थल-* 'battle-field'] *m.* 戦場；戦地.

रणांगण /raṇāṃgaṇa̸ ラナーンガン/ [←Skt.n. *रण-अङ्गण-* 'battle-arena'] *m.* 闘技場.

रत /rata̸ ラト/ [←Skt. *रत-* 'pleased, amused, gratified; delighting in, intent upon, fond or enamoured of, devoted or attached or addicted or disposed to'] *adj.* 没頭している；専念している. ❐(में) ～ होना（…に）没頭している.

रत- /rata̸- ラト・/ [comb. form of *रात*] *comb. form* 《「夜」を表す連結形；रतजगा「徹夜」など》.

रतजगा /rata̸jagā ラトジャガー/ [*रत-* + *जागना*] *m.* 徹夜；不寝番.

रतनार /rata̸nāra̸ ラトナール/ ▸रतनारा [?<OIA. *rakta-*[1] 'coloured, dyed': T.10539] *adj.* 赤い，赤みを帯びた.

रतनारा /rata̸nārā ラトナーラー/ ▸रतनार *adj.* ☞रतनार

रतालू /ratālū ラタールー/ [<OIA.m. *raktālu-* 'a red yam, *Dioscorea purpurea*': T.10543] *m.* 〖植物〗ラタールー《ヤムイモの一種；塊茎は食用》.

रति /rati ラティ/ [←Skt.f. *रति-* 'the pleasure of love, sexual passion or union, amorous enjoyment'] *f.* **1** 性的な快楽，性的快感. **2** 性交（の体位）. **3** 〖神話〗ラティ《愛の神カーマデーヴァ (कामदेव) の妻の名》.

रति-क्रिया /rati-kriyā ラティ・クリヤー/ [←Skt.f. *रति-क्रिया-* 'sexual union'] *f.* 性戯，性交.

रति-रोग /rati-roga̸ ラティ・ローグ/ [neo.Skt.m. *रति-रोग-* 'venereal disease'] *m.* 〖医学〗性病.

रतौंध /ratāũd^{h}a̸ ラタォーンド/ [<OIA. *rātryandha-* 'night-blind': T.10704] *adj.* 〖医学〗夜盲症の（人），鳥目の.

रतौंधी /ratāũd^{h}ī ラタォーンディー/ [*रतौंध* + *-ई*] *f.* 〖医学〗夜盲症，鳥目.

रत्ती /rattī ラッティー/ [<OIA.f. *raktikā-*[1] '*Abrus precatorius* (the red and black seed used as a weight)': T.10544] *f.* **1** 〖植物〗ラッティー《マメ科トウアズキ；その小粒の赤色の種子》.（⇒गुंजा，घुँघची）**2** 〖単位〗ラッティー《宝石を量る単位；ほぼ大麦 8 粒の重さに相当》. **3** 微小なもの.

रत्न /ratna̸ ラトン/ [←Skt.n. *रत्न-* 'a jewel, gem, treasure'] *m.* **1** 〖鉱物〗宝石. ❐नव-रत्न 九宝. **2** （宝石のごとき）貴重なもの，至宝《名詞の直後に付加》. ❐ग्रंथ-रत्न 珠玉の一巻. ❐भारत ～ インドの至宝《インド連邦共和国の最高文化勲章》.

रत्नाकर /ratnākara̸ ラトナーカル/ [←Skt.m. *रत्न-आकर-* 'a jewel-mine; the sea, ocean'] *m.* ラトナーカラ《原意は「宝石を産する場所」，宝蔵；「海，太洋」の意も》.

रथ /rat^{h}a̸ ラト/ [←Skt.m. *रथ-* 'a chariot'] *m.* **1** 〖歴史〗ラタ《古代インドの二輪戦車；御者と戦士が乗る》. **2** 〖ヒンドゥー教〗山車（だし）.

रथयात्रा /rat^{h}a̸yātrā ラトヤートラー/ [←Skt.f. *रथ-यात्रा-* 'car-procession, the festive procarriage of an idol on a car'] *f.* 〖ヒンドゥー教〗ラタヤートラー《神像が鎮座する山車の巡行》.

रथवान् /rat^{h}a̸vān ラトワーン/ ▸रथवान [←Skt. *रथ-वत्-* 'having chariots, accompanied with chariots'] *m.* 馬車の御者；古代二輪戦車 (रथ) の御者.

रथी /rat^{h}ī ラティー/ [←Skt.m. *रथिन्-* 'charioteer, warrior who fights from a chariot'] *m.* ラティー《古代二輪戦車 (रथ) の「御者」あるいは「戦士」》.

रथ्या /rat^{h}yā ラティャー/ [←Skt.f. *रथ्या-* 'a carriage-road, highway, street'] *f.* 道路；水路.

रद्द /radda̸ ラッド/ [←Pers.n. رد 'driving, casting, bringing or sending back; rejection' ←Arab.] *adj.* **1** 取り消された，キャンセルされた；中止された.（⇒मंसूख़）❐फ़्लाइट ～ करना 飛行機のフライトをキャンセルする. **2** 却下された；拒絶された. ❐(का) प्रस्ताव ～ करना（…の）提案を却下する.

रद्दा /raddā ラッダー/ [←Pers.n. رده 'a line, rule, series, a row of stones, course of bricks'] *m.* **1** 列；（レンガなどの積み重なった）層. ❐मिट्टी के रद्दे रखना（壁などを作るために）土の層を積み重ねて高くする. **2** 〖スポーツ〗エルボー・バット，エルボー・パッド，肘（ひじ）打ち，肘鉄砲. ❐(पर) रद्दे जमाना [देना, लगाना]（…に）肘打ちをくらわす.

रद्दी /raddī ラッディー/ [←Pers.adj. ردی 'rejected'] *adj.* 無用な；屑の；廃品の. ❐～ काग़ज़ 屑紙.

— *f.* 屑紙；ごみ屑（入れ）；がらくた，スクラップ，廃品. ❐～ में डालना（…を）屑かごに捨てる.

रन[1] /rana̸ ラン/ [<OIA.n. *áraṇya-* 'foreign land': T.00600] *m.* **1** 荒野，荒れ地；森. **2** 〖地理〗ラン《グジャラート州西部とパキスタンのシンド地方にまたがるカッチ大湿原 (कच्छ का रन)》.

रन[2] /rana̸ ラン/ [←Eng.n. *run*] *m.* 〖スポーツ〗（クリケットなどの）得点. ❐～ बनाना 得点する. ❐भारत ने पाकिस्तान को ५ ～ से हराया। インドはパキスタンを5点差で負かした.

रनवास /rana̸vāsa̸ ランワース/ ▸रनिवास *m.* ☞रनिवास

रनवे /rana̸ve ランヴェー/ [←Eng.n. *runway*] *m.* （飛行機の）滑走路.

रनिवास /ranivāsa̸ ラニワース/ ▸रनवास [<Skt.m. *राज्ञी-वास-* 'the queen's palace'] *m.* 後宮，ハーレム.（⇒अंत:पुर，ज़नानख़ाना）

रपट[1] /rapaṭa̸ ラパト/ ▸रिपोर्ट [←Eng.n. *report*] *f.* **1** 報告（書），レポート.（⇒रिपोर्ट）**2** （被害）届け；通報. ❐थाने में (की) ～ करना [लिखाना] 警察署に（…の）被害届けを出す.

रपट[2] /rapaṭa̸ ラパト/ [cf. *रपटना*] *f.* **1** 滑ること，スリップ；転落. **2** 坂道.

रपटना /rapaṭanā ラパトナー/ [?←Pers.vi. رفتن 'to walk, go, proceed, depart, pass along, travel'] *vi.* (*perf.* रपटा /rapa̸ṭā ラプター/)（表面がつるつるして足が）滑る.（⇒फिसलना）❐जब वह सड़क पर रपटा तब लोग उसे देखकर हँसे। 彼が道で滑ると人々は彼を見て笑った.

रपटाना /rapa̸ṭānā ラプターナー/ [cf. *रपटना*] *vt.* (*perf.*

रपटाया /rapaṭāyā ラプターヤー/) **1** (つるつるしている表面を)滑らせる. **2** 駆けつけさせる;せきたてる. **3** (仕事などを)手早く片付ける.

रपटीला /rapaṭīlā ラプティーラー/ [cf. *रपट*] *adj.* 滑りやすい.

रफ़ा /rafā ラファー/ [←Pers.n. رفع 'lifting, raising, elevating; decision; abolition' ←Arab.] *adj.* (問題などが)決着した, 取り除かれた.

रफ़ा-दफ़ा /rafā-dafā ラファー・ダファー/ [←Pers. رفع دفع 'deciding, settling, finishing'] *adj.* (問題などが)決着した, 取り除かれた. ❑～ करना (問題を)解決する.

रफ़ू /rafū ラフー/ [←Pers.n. رفو 'mending (a garment); darning' ←Arab.] *m.* かがり縫い. ❑वह फटे हुए कपड़ों को ～ तो कर देती है। 彼女は破れた服のかがり縫いは一応する.

रफ़ूगर /rafūgara ラフーガル/ [←Pers.n. رفوگر 'a fine-drawer, darner'] *m.* かがり縫い職人.

रफ़ूगरी /rafūgarī ラフーガリー/ [←Pers.n. رفوگری 'darning'] *f.* かがり縫いの仕事.

रफ़ू-चक्कर /rafū-cakkara ラフー・チャッカル/ *adj.* 〔俗語〕いつのまにか雲隠れした(人);(痛みなどが)いつのまにか消えた. ❑कमर का दर्द ～ हो गया। 腰の痛みがいつのまにかなくなった.

रफ़्तार /raftāra ラフタール/ [←Pers.n. رفتار 'gait, pace, (elegant) air in walking'] *f.* 速度, スピード. (⇒गति, वेग) ❑यह गाड़ी १०० किलो मीटर प्रति घंटे की ～ से चलती है। この車は時速 100 キロメートルの速度で走る.

रफ़्ता-रफ़्ता /raftā-raftā ラフター・ラフター/ ▸रफ़्ते-रफ़्ते [←Pers.adv. رفته رفته 'step by step, by degrees'] *adv.* 次第に, 徐々に.

रफ़्ते-रफ़्ते /rafte-rafte ラフテー・ラフテー/ ▸रफ़्ता-रफ़्ता *adv.* ☞रफ़्ता-रफ़्ता

रबड़ /rabaṛa ラバル/ [←Eng.n. *rubber*] *m.* **1** ゴム. **2** 消しゴム.

रबड़ी /rabaṛī ラブリー/ [<OIA. **rabbā-* 'gruel, inspissated juice': T.10623] *f.* 〖食〗ラブリー《ミルクに砂糖を加え煮詰めたもの, コンデンスミルク》.

रबात /rabāta ラバート/ [cf. Eng.n. *Rabat*] *m.* 〖地名〗ラバト《モロッコ(王国) (मोरक्को) の首都》.

रबी /rabī ラビー/ [←Pers.n. ربيع 'the spring; vernal showers' ←Arab.] *f.* 春作;春の収穫. (⇔ख़रीफ़) ❑～ बोना 春作の植え付けをする.

रम /rama ラム/ [←Eng.n. *rum*] *f.* ラム酒. ❑～ की बोतल ラム酒のボトル.

रमज़ान /ramazāna ラムザーン/ [←Pers.n. رمضان 'the ninth month of the Muhammadan year; the fast observed during that month' ←Arab.] *m.* 〖イスラム教〗ラマダーン, ラマザーン《イスラム暦の第 9 番目の月;この月に行われる断食》.

रमण /ramaṇa ラマン/ [←Skt. *रमण-* 'a lover, husband; pleasure, joy'] *m.* **1** 歓喜;(男女の)戯れ. **2** 恋人;夫.

रमणी /ramaṇī ラムニー/ [←Skt.f. *रमणी-* 'a beautiful young woman'] *f.* 若く美しい女.

रमणीक /ramaṇīka ラムニーク/ [Skt. *रमणीय-* × Skt. *रमणीयक-*] *adj.* ☞रमणीय

रमणीय /ramaṇīya ラムニーエ/ [←Skt. *रमणीय-* 'pleasant, agreeable, delightful, charming'] *adj.* (自然などが)美しい, 風光明媚な. (⇒रम्य)

रमणीयता /ramaṇīyatā ラムニーエター/ [←Skt.f. *रमणीय-ता-* 'loveliness, beauty, charm'] *f.* (自然などの)美しさ, 麗しさ.

रमना /ramanā ラムナー/ [<OIA. **ramyati* 'rests, enjoys oneself': T.10637] *vi.* (*perf.* रमा /ramā ラマー/) **1** (かって気ままに)放浪する;(気の向くまま)ぶらぶら歩き回る. **2** (喜んで)楽しむ;夢中になる. ❑खेलों में मेरा मन कभी पूरी तरह नहीं रमा। スポーツに私の心が完全に夢中になったことは決してない. ❑दुनिया की नज़रों में मेरा उस पुस्तक में रम जाना शायद ग़लती थी। 世間的に見れば, 私がその本に夢中になったことは恐らく過ちだった.

रमल /ramala ラマル/ [←Pers.n. رمل 'sand; the art of prognosticating from lines in the sand, geomancy' ←Arab.] *m.* ラマル, ラムル《本来はアラブ人による砂の線から未来を占う方法;サイコロの目の数による方法もある》.

रमा /ramā ラマー/ [←Skt.f. *रमा-* 'a title of *Lakṣmī*'] *f.* 〖神話〗ラマー《ラクシュミー女神 (लक्ष्मी) の別名》.

रमाना /ramānā ラマーナー/ [cf. *रमना*] *vt.* (*perf.* रमाया /ramāyā ラマーヤー/) **1** (人を)楽しませる, 堪能させる. **2** (人を)魅了させる, 夢中にさせる. **3** 〖ヒンドゥー教〗(シヴァ派の半裸体の修行者が)額など体に灰を塗る. ❑एक साधु आया, सिर पर जटाएँ, शरीर में भस्म रमाए। 一人の修行者が来た, 頭は長く伸びた蓬髪(ほうはつ), 体には灰が塗られていた.

रमी /ramī ラミー/ [←Eng.n. *rummy*] *f.* 〖ゲーム〗ラミー《トランプゲームの一種》.

रम्य /ramya ラミエ/ [←Skt. *रम्य-* 'enjoyable, pleasing, delightful, beautiful'] *adj.* (風景が)美しい, 風光明媚な. (⇒रमणीय) ❑～ उद्यान 美しい庭園.

रलना /ralanā ラルナー/ [<OIA. **ral-* 'meet with, join': T.10640] *vi.* (*perf.* रला /ralā ララー/) **1** 溶け込む;混じり合う. **2** (群衆の中に)見失われる.

रलाना /ralānā ララーナー/ [cf. *रलना*] *vt.* (*perf.* रलाया /ralāyā ララーヤー/) 溶け込ませる;混じり合わせる.

रव /rava ラオ/ [←Skt.m. *रव-* 'a roar, yell, cry, howl'] *m.* (獣の)吠え声;音, 音響.

रवन्ना /ravannā ラワンナー/ [←Pers.n. روانہ 'a custom-house passport, pass, or permit'] *m.* **1** 〖経済〗送り状, インボイス. **2** 通行許可証.

रवांडा /ravāṃḍā ラワーンダー/ ▸रुआंडा [cf. Eng.n. *Rwanda*] *m.* 〖国名〗ルワンダ(共和国)《首都はキガリ किगाली》.

रवा /ravā ラワー/ [<OIA.m. **rava-*[2] 'piece': T.10642] *m.* **1** 粒状のもの;塵;粉. **2** 〖化学〗結晶(⇒मणिभ)

रवादार[1] /ravādāra ラワーダール/ [←Pers.adj. روادار

'lawful, true, just, proper, fit'] *adj.* **1** 寛容な, 寛大な, おおらかな. (⇒उदार) **2**《 〚(से) (का) रवादार 否定文〛の形式で, 慣用表現「(人に対して)(…すらも)容赦しない」を表す》 ❐कभी मुझसे एक पाई के ~ न हुए। (彼は)私に対しびた一文(自由にすることを)決して許さなかった. ❐अब गाँव का चमार भी उनके हाथ का पानी पीने या उन्हें छूने का ~ न था। 今や村のチャマールですら彼の手から水を飲んだり彼に触れることも我慢できなかった.

रवादार[2] /ravādāra ラワーダール/ ▸रवेदार *adj.* ☞रवेदार

रवादारी /ravādārī ラワーダーリー/ [*रवादार*[1] + -*ई*] *f.* 寛大さ. (⇒उदारता) ❐~ से 寛大に.

रवानगी /ravānagī ラワーンギー/ [←Pers.n. روانگی 'a running, a flowing, flux; a passing, a travelling'] *f.* **1** 出発, 出立. (⇒प्रस्थान) **2** 発送.

रवाना /ravānā ラワーナー/ [←Pers.adj. روانہ 'going, running, passing, flowing; despatched, departed'] *adj.* **1** 出発した. ❐हम लोग नेपाल के लिए ~ हुए। 我々はネパールに向けて出発した. **2** 発送された. ❐मैंने अपना विनय पत्र अपने फ़ोटो के साथ ~ कर दिया। 私は自分の願書を自身の写真と一緒に発送した.

रवानी /ravānī ラワーニー/ [←Pers.n. روانی 'a course; effusion'] *f.* **1** (よどみない)流れ;推移. **2** (言葉の)流暢さ;流麗さ.

रवि /ravi ラヴィ/ [←Skt.m. *रवि-* 'the sun'] *m.* **1**〚天文〛太陽. (⇒सूर्य) **2**〚暦〛日曜日《रविवार の省略形》.

रविवार /ravivāra ラヴィワール/ [←Skt.m. *रवि-वार-* 'Sunday'] *m.*〚暦〛日曜日. (⇒इतवार) ❐~ को 日曜日に.

रवेदार /ravedāra ラヴェーダール/▸रवादार [*रवा* + *-दार*] *adj.* **1** 粒状の, 顆粒状の. (⇒दानेदार) ❐~ चीनी グラニュー糖. **2** 結晶状の.

रवैया /ravaiyā ラワイヤー/ [←Pers.n. رویہ 'custom, fashion, institution, law, rule; behaviour'] *m.* 態度, 姿勢. ❐(पर) दोहरा ~ (…に対する)裏と表のある態度. ❐(पर) सकारात्मक ~ अपनाना (…に対して)肯定的な態度をとる.

रश्मि /raśmi ラシュミ/ [←Skt.m. *रश्मि-* 'a string, rope; a ray of light, beam, splendour'] *f.* 光線;日光. ❐अब प्रवाह स्थिर और शांत हो गया था और रश्मियाँ उसकी तह तक पहुँच रही थीं। すでに川の流れは一定となり落ち着いていた, そして太陽の光線がその底にまで届いていた.

रस /rasa ラス/ [←Skt.m. *रस-* 'the sap or juice of plants, juice of fruit, any liquid or fluid, the best or finest or prime part of anything, essence, marrow'] *m.* **1** 果汁, ジュース;汁;樹液. (⇒जूस) ❐अंगूरों का ~ ぶどうのジュース. **2** 味, 風味《伝統的には「酸味」(अम्ल), 「苦味」(कटु), 「渋み」(कषाय), 「辛味」(तिक्त), 「甘味」(मधुर), 「塩味」(लवण) の六種》 **3** 本質, 真髄. **4**〚文学〛ラサ《作品鑑賞者の感情を刺激し美的感動や純化した味わいに至らしめる要素;インド古典文学理論で分類規定されているものは, 「恋情」(शृंगार), 「滑稽」(हास्य), 「悲哀」(करुण), 「憤怒」(रौद्र), 「武勇」(वीर), 「恐怖」(भयानक), 「嫌悪」(बीभत्स), 「驚異」(अद्भुत) など》.

रस-केलि /rasa-keli ラス・ケーリ/ [?neo.Skt.f. *रस-केलि-* 'play of love'] *f.* 恋愛遊戯.

रसगुल्ला /rasagullā ラスグッラー/ [←Beng.n. রসগোল্লা 'a typical round and spongy Bengali sweet'] *m.*〚食〛ラスグッラー《糖蜜に浸した球形のミルク菓子;コルカタ(旧カルカッタ)の特産》.

रसज्ञ /rasajña ラサギエ/ [←Skt.m. *रस-ज्ञ-* 'a poet or any writer who understands the *rasas*; an alchemist'] *m.* **1** 風雅の道を極めた人;(芸術の分野で)目の肥えた人, 目利き. **2** 錬金術師.

रसद /rasada ラサド/ [←Pers.n. رسد 'a store of grain laid in for an army, a supply of provisions'] *f.* 糧食;携帯食, 携行食糧.

रसदार /rasadāra ラスダール/ [*रस* + *-दार*] *adj.* 汁気の多い;美味な.

रसना[1] /rasanā ラスナー/ ▸रिसना *vi.* (*perf.* रसा /rasā ラサー/) ☞रिसना

रसना[2] /rasanā ラスナー/ [←Skt.f. *रसना-* 'the tongue as organ of taste'] *f.* (味覚器官としての)舌;味覚. ❐एक विशेष अवस्था के बाद पुरुष के जीवन का सबसे बड़ा सुख ~ का स्वाद ही रह जाता है। ある特定の時期を過ぎると男の人生の最大の楽しみは味覚だけになってしまう.

रस-निष्पत्ति /rasa-niṣpatti ラス・ニシュパッティ/ [←Skt.f. *रस-निष्पत्ति-* 'accomplishment or consummation of a sentiment in poetry'] *f.*〚演劇〛ラサ・ニシュパッティ《作品鑑賞者の美的感動が成就すること》.

रसभरी /rasab^{h}arī ラスバリー/ [←Eng.n. *raspberry*; folk etymology *रस* + *भरना*] *f.*〚植物〛ラズベリー, 木イチゴ(木苺).

रसरंग /rasaraṃga ラスラング/ [*रस* + *रंग*] *m.* 恋愛の戯れ.

रसराज /rasarāja ラスラージ/ [←Skt.m. *रस-राज-* 'chief of fluids; quicksilver'] *m.* **1**〚化学〛水銀. (⇒पारा) **2**〚文学〛恋情 (शृंगार)《ラサ (रस) の王, 最高のラサとされる》.

रसवाद /rasavāda ラスワード/ [neo.Skt.m. *रस-वाद-* 'amorous conversation'; cf. Skt.m. *रस-वाद-* 'alchemy'] *m.* (恋人たちの)愛の語らい;痴話げんか.

रसा[1] /rasā ラサー/ [<OIA.m. *rása-* 'sap or juice of plants': T.10650] *m.*〚食〛(料理の)汁, 汁気.

रसा[2] /rasā ラサー/ [←Skt.f. *रसा-* 'the earth, ground, soil'] *f.* ☞रसातल

रसातल /rasātala ラサータル/ [←Skt.n. *रसा-तल-* 'the lower world or hell in general; the earth, ground, soil'] *m.* 地の果て;冥界. ❐~ को पहुँचना [चला जाना] 滅びる. ❐~ को पहुँचाना [भेजना] 滅ぼす.

रसाभास /rasāb^{h}āsa ラサーバース/ [←Skt.m. *रस-आभास-* 'the mere semblance or false attribution or improper manifestation of a sentiment'] *m.*〚演劇〛ラサーバーサ《疑似的なラサ (रस), 真の美的感動とは似て非なるもの》.

रसायन /rasāyana ラサーヤン/ [←Skt.m. रस-अयन- 'a partic. drug used as a vermifuge'] *m.* 〖化学〗化学(作用).

रसायनज्ञ /rasāyanajña ラサーヤンギエ/ [neo.Skt.m. रसायन-ज्ञ- 'a chemist'] *m.* 〖化学〗化学者.

रसायन-विज्ञान /rasāyana-vijñāna ラサーヤン・ヴィギャーン/ [neo.Skt.n. रसायन-विज्ञान- 'chemistry'] *m.* 〖化学〗化学.

रसायन-शास्त्र /rasāyana-śāstra ラサーヤン・シャーストル/ [neo.Skt.n. रसायन-शास्त्र- 'chemistry'] *m.* ☞ रसायन-विज्ञान

रसाल /rasāla ラサール/ [←Skt.m. रसाल- 'the mango tree; the sugar-cane; the bread-fruit tree'] *adj.* 汁気のある;美味な. (⇒रसीला)
— *m.* 〖植物〗マンゴー. (⇒आम)

रसास्वादन /rasāsvādana ラサースワーダン/ [?neo.Skt.n. रस-आस्वादन- 'savouring, enjoying'; cf. Skt.m. रस-आस्वाद- 'sipping of juice; perception of pleasure'] *m.* (美味の)賞味;(快楽の)満喫. ❐(का) ~ करना (…を)満喫する.

रसिक /rasika ラスィク/ [←Skt.m. रसिक- 'a man full of taste or feeling'] *m.* **1** 風雅の道を愛する人, 風流人. **2** 享楽的な人;好色家.

रसिकता /rasikatā ラスィクター/ [neo.Skt.f. रसिक-ता- 'artistic discrimination or sense'] *f.* **1** 風雅(の道), 風流;道楽. **2** 好色, 色好み.

रसिया /rasiyā ラスィヤー/ [<OIA. *rasika-* 'tasteful, libertine': T.10663z1] *m.* **1** 快楽主義者, 享楽主義者;道楽者;好色家. ❐वे अपनी जवानी में स्वयं बड़े ~ रह चुके थे। 彼は若いころ自身がたいそう享楽にふけっていたことがあった. **2**〖音楽〗ラスィヤー《ホーリー祭 (होली) の時期に歌われる俗謡》.

रसीद /rasīda ラスィード/ [←Pers.n. رسید 'receipt; he arrived'] *f.* 領収書, レシート.

रसीदी /rasīdī ラスィーディー/ [रसीद + -ई] *adj.* 受け取りの;受領書の. ❐~ टिकट 収入印紙.

रसीला /rasīlā ラスィーラー/ [<OIA. *rasín-* 'juicy': T.10663] *adj.* **1** (食べ物が)汁気をたっぷり含んでいる, とてもおいしい. **2** (話などが)味のある.

रसीलापन /rasīlāpana ラスィーラーパン/ [रसीला + -पन] *m.* **1** (食べ物が)汁気をたっぷり含んでいること, とてもおいしいこと. **2** (話などが)味があること.

रसूल /rasūla ラスール/ [←Pers.n. رسول 'a missionary, apostle, prophet' ←Arab.] *m.* 〖イスラム教〗使徒;預言者《預言者ムハマッド (मुहम्मद) を指すことが多い》.

रसेदार /rasedāra ラセーダール/ [रसा[1] + -दार] *adj.* 〖食〗汁気のある(料理). (⇔सूखा)

रसोइया /rasoiyā ラソーイヤー/ [cf. रसोई] *m.* 〖食〗コック, 料理人.

रसोई /rasoī ラソーイー/ [<OIA.f. *rasavatī-* 'kitchen': T.10656] *f.* **1**〖食〗料理, 調理されたもの. **2**〖食〗台所. (⇒रसोईघर) ❐स्त्री का पहला धर्म यह है कि वह ~ के काम में चतुर हो। 妻の第一の本分は台所仕事に長けていることである.

रसोईघर /rasoīgʰara ラソーイーガル/ [रसोई + घर] *m.* 〖食〗台所, 調理場, キッチン. (⇒रसोई)

रसौली /rasaulī ラサォーリー/ [<OIA. **rasapūlikā-* 'bunch of liquid': T.10654] *f.* 〖医学〗腫れもの, 腫瘤;腫瘍. ❐उसके मुँह पर बाईं ओर उगी ~ ने उसकी बाईं आँख को पूरा ढक लिया। 彼の顔の左側にできた腫れものは彼の左目を完全にふさいでしまった.

रस्म /rasma ラスム/ [←Pers.n. رسم 'making out, drawing, writing; a low, habit, custom, mode' ←Arab.] *f.* **1** 慣習. (⇒दस्तूर, प्रथा) **2** 儀礼;儀式. ❐(की) ~ अदा करना (…の)儀式を執行する.

रस्म-रिवाज /rasma-rivāja ラスム・リワージ/ *m.* 風俗習慣.

रस्मी /rasmī ラスミー/ [←Pers.adj. رسمی 'ritual; usual, customary'] *adj.* **1** 慣習的な. **2** 儀礼的な, 正式の;形式的な. (⇒औपचारिक) ❐~ तौर पर 儀礼上, 正式に. ❐~ लिबास 儀礼服.

रस्मो रिवाज /rasmo rivāja ラスモー リワージ/ [रस्म + व + रिवाज] *m.* ☞रस्म-रिवाज

रस्सा /rassā ラッサー/ [<OIA.m. *raśmí-* 'rope, bridle, ray of light': T.10648] *m.* 太いロープ, 綱.

रस्साकशी /rassākaśī ラッサークシー/ [रस्सा + -कशी] *f.* 〖スポーツ〗綱引き.

रस्सी /rassī ラッスィー/ [cf. रस्सा] *f.* ロープ, 綱, ひも. ❐~ कूदना 縄跳びをする.

रहँट /rahãṭa ラハント/ ▸रहट *m.* ☞रहट

रहट /rahaṭa ラハト/ ▸रहँट [<OIA.m. *araghaṭṭa-* 'wheel for raising water': T.00596] *m.* ラハト《灌漑(かんがい)用に井戸の水をくみ出す装置》.

रहड़ू /rahaṛū ラヘルー/ ▸रेहड़ी *m.* ☞रेहड़ी

रहन[1] /rahana ラハン/ [<OIA. **rahaṇa-* 'remaining': T.10665] *f.* 生活(様式), 暮らし.

रहन[2] /rahana ラハン/ ▸रेहन *m.* ☞रेहन

रहन-सहन /rahana-sahana ラハン・サハン/ *m.* 生活様式, ライフ・スタイル, 暮らしぶり《女性名詞として扱われることもある》. ❐~ का स्तर 生活水準. ❐उसका ~ तो अंग्रेज़ी था ही। 彼のライフスタイルは西洋風そのものだった.

रहना /rahanā ラヘナー/ [<OIA. **rahati* 'remains': T.10666] *vi.* (*perf.* रहा /rahā ラハー/) **1**《未完了表現以外で》…であり続ける;い続ける;滞在する. ❐जीवन में यह घटना भी स्मरणीय रहेगी। 人生においてこの出来事も記憶に残るだろう. ❐वह ज़ब्त किए बैठा रहा। 彼は我慢して座り続けた. **2** 住む, 居住する《未完了表現で》. ❐आप कहाँ रहते हैं? あなたはどこにお住まいですか? **3** 存在する;(人が)いる;(ものが)ある. (⇒होना) ❐आप यहाँ रहिए। あなたはここにいてください. **4** そのまま残される, 置き去りになる, 手付かずになる;…したきりになる《〖रह जाना〗の形式で》. ❐अब मेरे लिए कुछ भी शेष नहीं रह गया है। もはや私には何も残っていない. ❐लोक-निंदा का भय अब उसमें

बहुत कम रह गया। 世間の中傷への恐れは今や彼の内にはほとんどなくなった. ❐वह भी चली गयी, केवल मेहता और मिर्ज़ा रह गये। 彼女も去った, ただメヘターとミルザーだけが残った. ❐वह कहाँ रह गया? 彼は一体どこに取り残されてしまったんだ？ **5** (くやしくても)ただ…するしかない, ただ…するだけである《『動詞語幹 कर रह जाना』の形式で》. ❐मैं अपना-सा मुँह लेकर रह गया। 私はあっけにとられたままだった. ❐वह ख़ून का घूँट पीकर रह गया। 彼は血を一息に飲むしかなかった《慣用表現「ぐっと堪えるしかなかった」の意》. ❐वह दाँत कटकटाकर रह गया। 彼は歯噛みをするしかなかった. ❐वह मन में ऐंठकर रह गया। 彼は心の中でもがき苦しむしかなかった. **6** (あっけにとられて)ただ…し続ける, ただ…し続けるだけである《『未完了分詞 रह जाना』の形式で;未完了分詞は形容詞変化》. ❐लोग देखते रह गए। 人々はただ見ているしかなかった. ❐वह जैसे मंत्र-मुग्ध सी खड़ी ताकती रह गयी। 彼女はまるで呪文にかかったように立ったまま見つめているだけだった. **7**…したきりになる, …したままになる《『形容詞または完了分詞 रह जाना』の形式で;形容詞, 完了分詞は形容詞変化》. ❐आलू चूल्हे पर चढ़े रह गए। ジャガイモがかまどの火にかけられたままになった. ❐दोनों भूखे रह गए। 二人とも空腹になってしまった. ❐वह चुप रह गया। 彼は黙ってしまった. ❐वह यहाँ का दृश्य देखकर भौचक्का-सा रह गया। 彼はここのありさまを見てあっけにとられてしまった. **8**《文頭に置く完了分詞》たとえば…だが, さあこれが(問題の)…だが. ❐रहा मैं। たとえば私だが. ❐रही प्रकाशन की बात। 残ったのは出版の件ですね. ❐यह रहा आज का अख़बार। さあこれが今日の新聞だ.

— *vi.* (*perf.* रहा /rahā ラハー/) **1**『進行表現』《『動詞語幹 + रहा + コピュラ動詞』の形式で, 進行表現「…しつつある」を表す;रहा は形容詞変化》❐लोग सोच रहे होंगे कि मैं अपनी चाची के नाम पर आँसू बहा रहा हूँ। 人々は私が(亡くなった)叔母のために涙を流しているのだと考えていただろう. **2**『継続表現』《『未完了分詞 रहना』の形式で, 継続表現「(絶え間なく)…しつづける;(反復して)…しつづける」を表す;未完了分詞は形容詞変化》❐कभी-कभी इस सेवक को याद करते रहिएगा। 時々この私めを思い出してくださいね. ❐मैं गुप्त रूप से तुम्हारी सहायता करता रहूँगा। 私は隠れて君を援助し続けよう. ❐वह थोड़ी देर मुझसे बातें करता रहा। 彼はしばらく私と話をし続けた. ❐साहित्यकारों की इस ज़माने में जो दुर्दशा है, उसका अनुभव कर चुका हूँ, और करता रहता हूँ। 文学者の今の世における悲惨さを私は経験し尽したし, 今もし続けている. **3**《『जाता रहा』の形式で,「失われた」を表す》❐रही-सही याद भी जाती रही। わずかに残った思い出も失われた.

रहनुमा /rahanumā ラヘヌマー/ [←Pers.n. رہنما 'a guide, pilot, escort'] *m.* 案内人, 先導者, ガイド.

रहनुमाई /rahanumāī ラヘヌマーイー/ [←Pers.n. رہنمائی 'conduct, guidance'] *f.* 道案内, 先導;指導. ❐(की) ～ करना (…を)先導する, 導く.

रहम /rahama ラハム/ [←Pers.n. رحم 'compassion, commiseration' ←Arab.] *m.* 慈悲, 哀れみ, 情け, 同情. (⇒दया) ❐(पर) ～ करना (人を)哀れむ.

रहमदिल /rahamadila ラハムディル/ *adj.* 慈悲深い(人), 憐れみ深い(人).

रह-रहकर /raha-rahakara ラヘ・ラヘカル/ *adv.* 間を置いて, 断続的に.

रहल /rahala ラハル/ ▸रिहल, रेहल [←Pers.n. رحل 'saddling (a camel); a reading-stick, a support for a book' ←Arab.] *f.* 書見台《2 枚の板を X 状に組み合わせた折り畳み式》. ❐～ पर रखकर क़ुरान शरीफ़ पढ़ना 書見台に聖典コーランを置いて読む.

रहस्य /rahasya ラハスィエ/ [←Skt.n. *रहस्य-* 'a secret, any secret doctrine or mystery, any subtle or recondite point, mystical or esoteric teaching'] *m.* **1** 秘密, 隠し事. (⇒भेद, राज़) ❐～ छिपाना 秘密を隠す. **2** 神秘, 謎. ❐एक दिन इसका ～ खुला। ある日この謎がとけた.

रहस्यमय /rahasyamaya ラハスィエマエ/ [neo.Skt. *रहस्य-मय-* 'mysterious'] *adj.* **1** 不可解な, 謎につつまれた. ❐उनकी ～ मृत्यु 彼の謎につつまれた死. **2** 神秘的な, 神秘につつまれた. ❐～ शक्ति 神秘的な力.

रहस्यवाद /rahasyavāda ラハスィエワード/ [neo.Skt.m. *रहस्य-वाद-* 'mysticism'] *m.* 神秘主義.

रहस्यात्मक /rahasyātmaka ラハスィアートマク/ [neo.Skt. *रहस्य-आत्मक-* 'mystical'] *adj.* ☞रहस्यमय

रहाइश /rahāiśa ラハーイシュ/ ▸रिहायश *f.* ☞रिहायश

रहाइशी /rahāiśī ラハーイシー/ ▸रिहायशी *adj.* ☞रिहायशी

रहा-सहा /rahā-sahā ラハー・サハー/ [echo-word; cf. *रहना*] *adj.* わずかに残された. ❐रही-सही आशा भी टूट गई। わずかに残っていた希望も消えた.

रहित /rahita ラヒト/ [←Skt. *रहित-* 'wanting, absent'] *adj.* **1**…が欠けている;…が足りない. ❐गृहस्थी के अनुभव से ～ बहू 家事の経験が欠けている嫁. **2**…がない, …が免除されている. ❐वह पवित्र और वासनाओं से ～ था। それは神聖なものであり肉欲などとは縁がないものだった. **3**《『名詞 रहित』の形式で合成形容詞や形容詞句「…が欠けている」,「…がない」を作る》. ❐चालक ～ ट्रेन (運転手のいらない)無人電車. ❐पंख ～ पक्षी 翼のない鳥. ❐लज्जा ～ स्त्री 慎みのない女. ❐स्नेह ～ दृष्टि से देखना 思いやりのない目で見る.

रांग /rāṃga ラーング/ [←Eng.adj. *wrong*] *adj.* 誤っている, 間違いの. (⇒ग़लत) ❐～ नंबर (電話の)間違い番号.

राँगा /rā̃gā ラーンガー/ [<OIA. *raṅga-*[3] 'tin': T.10562] *m.*『鉱物』スズ, 錫. (⇒टिन)

राँची /rā̃cī ラーンチー/ [cf. Eng.n. *Ranchi*] *f.*『地名』ラーンチー《ジャールカンド州 (झारकंड) の州都》.

राँड़ /rā̃ṛa ラーンル/ [<OIA.f. **raṇṭa-, *raṇṭha-, raṇḍa-* 'defective': T.10596z1; cf. Skt.f. रण्डा- 'a term of abuse in addressing women, a slut'] *f.* **1** 寡婦(かふ), 未亡人. **2** ふしだらな女;売春婦.

राँधना /rā̃dʰanā ラーンドナー/ [<OIA. *randháyati* 'subjects': T.10616] *vt.* (*perf.* राँधा /rā̃dʰā ラーンダー/)

(火を使って)料理[調理]する. (⇒पकाना)

राँपी /rā̃pī ラーンピー/ ▸रापी [<OIA. **rampa-* 'knife, scraper': T.10629] *f.* ラーンピー《革職人が革を切断するための鉄製のへら状の道具》.

राँभना /rā̃bʰa̸nā ラーンブナー/ ▸रँभाना *vi.* (*perf.* राँभा /rā̃bʰā ラーンバー/) ☞रँभाना

राइफ़ल /rāifala̸ ラーイファル/ ▸रायफ़ल [←Eng.n. *rifle*] *f.* ライフル銃.

राई[1] /rāī ラーイー/ [<OIA.f. *rājikā-* 'mustard (*Sinapis racemosa*)': T.10688] *f.* **1**〖植物〗カラシナ(辛子菜)(の種);カラシ, マスタード《香辛料に使用》. **2** 極小の粒;微量.

राई[2] /rāī ラーイー/ [←Eng.n. *rye*] *f.*〖植物〗ライ麦.

राउंड /rāuṃḍa̸ ラーウンド/ [←Eng.n. *round*] *m.* **1** (試合・勝負の)1ラウンド. **2** 一斉射撃.

राक /rāka̸ ラーク/▸रॉक [←Eng.n. *rock*] *m.*〖音楽〗ロック(ミュージック), ロックン・ロール.

राक-पाप /rāka̸-pāpa̸ ラーク・パープ/▸रॉक-पॉप [←Eng.n. *rock-pop*] *m.*〖音楽〗ロック・ポップ.

राका /rākā ラーカー/ [←Skt.f. *राका-* 'the day of full moon, full moon'] *f.*〖暦〗十五夜;満月の日.

राकेट /rākeṭa̸ ラーケート/ ▸रॉकेट [←Eng.n. *rocket*] *m.* ロケット. ❐～ छोड़ना ロケットを発射する.

राकेश /rākeśa̸ ラーケーシュ/ [←Skt.m. *राका-ईश-* 'husband of the goddess *Rākā*' presiding over the actual day of full moon] *m.*〖ヒンドゥー教〗月;満月《シヴァ神 (शिव) の別名》.

राक्षस /rākṣasa̸ ラークシャス/ [←Skt.m. *राक्षस-* 'demon in general'; → Chin.n. *羅刹*] *m.* **1**〖ヒンドゥー教〗魔物, 悪魔, 羅刹. (⇒शैतान) ❐～ विवाह ラークシャサ婚《古代正統と認められた八つの結婚形式の第七番目;花嫁を同意なしに略奪する結婚》. **2** 人でなし, 人非人(にんぴにん);極悪人. (⇒शैतान)

राक्षसी[1] /rākṣasī ラークシャスィー/ [←Skt.f. *राक्षसी-* 'a female demon'] *f.* **1** (女の)悪魔;鬼女. **2** 悪魔のような女.

राक्षसी[2] /rākṣasī ラークシャスィー/ [*राक्षस* + *-ई*] *adj.* 悪魔的な;悪魔のような;人でなしの.

राख /rākʰa̸ ラーク/ [<OIA.f. *rakṣā-*[2] 'ashes': T.10552] *f.* 灰, 灰塵, 燃えがら. (⇒भस्म)

राखदानी /rākʰa̸dānī ラークダーニー/ [*राख* + *-दानी*] *f.* 灰皿.

राखी /rākʰī ラーキー/ [<OIA.f. *rakṣā-*[1] 'preservation, care': T.10551] *f.*〖ヒンドゥー教〗ラーキー《ラクシャーバンダン祭 (रक्षाबंधन) の際, 姉妹が庇護者である兄弟の手首に巻く細いひも》.

राग /rāga̸ ラーグ/ [←Skt.m. *राग-* 'passion; desire; love'] *m.* **1** 愛情, 愛着. **2**〖音楽〗ラーガ, 旋律. **3** 自分勝手な主張. ❐(का) ～ अलापना (…を)繰り返しとなえる.

राग-रंग /rāga̸-raṃga̸ ラーグ・ラング/ *m.* 歓楽. ❐～ में रहना 歓楽にふける.

रागिनी /rāginī ラーギニー/ [<Skt.f. *रागिणी-* 'a modification of the musical mode called *rāga*'] *f.*〖音楽〗ラーギニー《ラーガ (राग) の分類の一つ》.

राछ /rācʰa̸ ラーチ/ [<OIA. *ráthya-* 'pertaining to a chariot': T.10607] *m.* 綜絖(そうこう), あぜ《緯(よこ)糸を通すために経(たて)糸を上下に開く器具》.

राछस /rācʰasa̸ ラーチャス/ [<Skt.m. *राक्षस-* 'demon in general'] *m.* **1** 悪霊;悪魔;鬼. **2** 人非人(にんぴにん), 人でなし;極悪人.

राज /rāja̸ ラージ/ [<OIA.n. *rājyá-* (*rājyà-, rā́jya-*) 'kingships': T.10694] *m.* **1** 統治, 支配. (⇒शासन) ❐(पर) ～ करना (…を)統治[支配]する. **2** 統治領, 支配地, 王国.

राज- /rāja̸- ラージ・/ [←Skt.m. *राजन्-* 'a king, sovereign, prince, chief'] *comb. form* 王の;王室の《राजकुमार「王子」, राजतंत्र「君主国」など》.

राज़[1] /rāza̸ ラーズ/ [←Pers.n. راز 'a secret, a mystery'; cog. Skt.n. *रहस्-* 'a secret, mystery, mystical truth'] *m.* 秘密, 隠し事. (⇒भेद, रहस्य)

राज़[2] /rāza̸ ラーズ/ [←Pers.n. راز 'an architect, master-builder' ←Arab.] *m.* ☞राज़गीर

राजकर /rāja̸kara̸ ラージカル/ [←Skt.m. *राज-कर-* 'king's tax, tribute paid to a king'] *m.*〖歴史〗王に納める税や貢物.

राजकाज /rāja̸kāja̸ ラージカージ/ [*राज* + *काज*] *m.* 国事;政務;まつりごと.

राजकीय /rāja̸kīya̸ ラージキーエ/ [←Skt. *राजकीय-* 'of or belonging to a king'] *adj.* **1** 王の;王立の. ❐(को) ～ मान्यता देना (…に)勅許をあたえる. **2** 州の;公立の. (⇒सरकारी) ❐～ संग्रहालय 州立博物館《国立博物館は राष्ट्रीय संग्रहालय》. **3** 国の;公の;公式の, 正式の. (⇒राष्ट्रीय) ❐～ प्रतीक 国のシンボル. ❐～ भाषा 公用語. ❐～ शोक 国喪(こくそう).

राजकुमार /rāja̸kumāra̸ ラージクマール/ [←Skt.m. *राज-कुमार-* 'prince'] *m.* 王子, プリンス. (⇔राजकुमारी)

राजकुमारी /rāja̸kumārī ラージクマーリー/ [←Skt.f. *राज-कुमारी-* 'princess'] *f.* 王女, プリンセス. (⇔राजकुमार)

राजकुल /rāja̸kula̸ ラージクル/ [←Skt.n. *राज-कुल-* 'a king's race, royal family'] *m.* ロイヤル・ファミリー;王族;皇族.

राजकोष /rāja̸koṣa̸ ラージコーシュ/ [neo.Skt.m. *राज-कोष-* 'exchequer'] *m.*〖経済〗国庫;公庫. ❐～ ख़ाली करना 国庫を空にする.

राजगद्दी /rāja̸gaddī ラージガッディー/ [*राज-* + *गद्दी*] *f.* 王座, 王座. (⇒सिंहासन)

राज़गीर /rāza̸gīra̸ ラーズギール/ [*राज़*[2] + *-गीर*] *m.* レンガ職人.

राज़गीरी /rāza̸gīrī ラーズギーリー/ [*राज़गीर* + *-ई*] *f.* 煉瓦(れんが)職人の仕事.

राजतंत्र /rāja̸taṃtra̸ ラージタントル/ [neo.Skt.n. *राज-तन्त्र-* 'monarchy'] *m.* 王国, 君主国. (⇔गणतंत्र, गणराज्य) ❐ संवैधानिक ～ 立憲君主国.

राजतंत्रीय /rājataṃtrīya ラージタントリーエ/ [neo.Skt.n. राज-तन्त्रीय- 'monarchal'] *adj.* 王政の, 君主政治の.

राजतिलक /rājatilaka ラージティラク/ [neo.Skt.m. राज-तिलक- 'coronation'] *m.* 即位(式), 戴冠式(たいかんしき)《現代政治において, 政治家が所属政党の総帥や首相などになることなどを皮肉る表現としての用法が多い》. ❐(का) ～ करना (人の)即位式を執り行う.

राजदंड /rājadaṃḍa ラージダンド/ [←Skt.m. राज-दण्ड- 'a kings's sceptre or authority, punishment inflicted by a kings'] *m.* **1** 王笏(おうしゃく), 王権; 支配権. **2** (王の命による)罰, 処罰.

राजदूत /rājadūta ラージドゥート/ [neo.Skt.m. राज-दूत- 'ambassador'] *m.* 大使. (⇒सफ़ीर)

राजदूतावास /rājadūtāvāsa ラージドゥーターワース/ [neo.Skt.m. राजदूत-आवास- 'an embassy'] *m.* 大使館.

राजद्रोह /rājadroha ラージャドローフ/ [←Skt.m. राज-द्रोह- 'oppression, tyranny; rebellion'] *m.* 謀叛(むほん), 反乱. ❐(पर) ～ का अभियोग चलाना (人に)謀叛の疑いをかける.

राजद्रोही /rājadrohī ラージャドローヒー/ [←Skt.m. राज-द्रोहिन्- 'a rebel, traitor'] *m.* 謀叛(むほん)人, 反逆者. (⇒बाग़ी)

राजद्वार /rājadvāra ラージャドワール/ [←Skt.n. राज-द्वार- 'the kings's gate, gate of a royal palace'] *m.* **1** 王宮の門. **2** 裁きの場《古代, 王宮において罪人の裁きが行われたことから》.

राजधर्म /rājadʰarma ラージダルム/ [←Skt.m. राज-धर्म- 'a kings's duty'] *m.* **1** 統治者としての王の義務. **2** 国教.

राजधानी /rājadʰānī ラージダーニー/ [←Skt.f. राज-धानी- 'a king's residence'] *f.* **1** (国の)首都, 首府. **2** (州の)州都. ❐उत्तर प्रदेश की ～ लखनऊ है। ウッタルプラデーシュ州の州都はラクナウーです.

राजनय /rājanaya ラージナエ/ [←Skt.m. राज-नय- 'royal conduct or policy, politics'] *m.* 外交(政策). ❐～ संबंधी दस्तावेज़ 外交関係文書.

राजनयिक /rājanayika ラージナイク/ [neo.Skt. राजनयिक- 'diplomatic'] *adj.* 外交上の. ❐～ मान्यता 国家の承認. ❐(से [के साथ]) ～ संबंध तोड़ना [ख़त्म करना] (…と)国交を断絶する.

— *m.* 外交官.

राजनीति /rājanīti ラージニーティ/ [neo.Skt.f. राज-नीति- 'politics'] *f.* 政治. (⇒सियासत) ❐भ्रष्ट ～ 腐敗政治. ❐इस देश में आज ～ से नैतिकता की विदाई हो गई है। この国では今日政治から倫理が別離してしまっている.

राजनीतिक /rājanītika ラージニーティク/ [cf. राजनीति] *adj.* ☞राजनैतिक

— *m.* **1** 政治家.

राजनीतिज्ञ /rājanītijña ラージニーティギエ/ [neo.Skt.m. राज-नीति-ज्ञ- 'a politician'] *m.* 政治家.

राजनीति-शास्त्र /rājanīti-śāstra ラージニーティ・シャーストル/ [neo.Skt.n. राजनीति-शास्त्र- 'political science'] *m.* 政治学.

राजनैतिक /rājanaitika ラージナェーティク/▸राजनीतिक [cf. राजनीति] *adj.* 政治の; 政治的な. (⇒सियासी) ❐～ कौशल 政治手腕. ❐～ दबाव 政治的圧力. ❐～ दल [पार्टी]政党. ❐～ समाधान 政治的解決.

राजपत्र /rājapatra ラージパトル/ [neo.Skt.n. राज-पत्र- 'gazette'] *m.* 官報. (⇒गज़ट)

राजपत्रित /rājapatrita ラージパトリト/ [neo.Skt. राज-पत्रित- 'gazetted'] *adj.* 官報にのった, (官報で)公告された. (⇔अराजपत्रित)

राजपथ /rājapatʰa ラージパト/ [?neo.Skt.m. राज-पथ- 'king's way; highway'] *m.* **1** 国道, 幹線道路, 主要道路.

राज-पाट /rāja-pāṭa ラージ・パート/ *m.* 王国(の統治権).

राजपुरुष /rājapuruṣa ラージプルシュ/ [?neo.Skt.m. राज-पुरुष- 'state official'] *m.* 役人, 公務員.

राजपूत /rājapūta ラージプート/ [＜OIA.m. *rājaputrá-* 'king's son': T.10682] *m.* 〖ヒンドゥー教〗ラージプート《現在ラージャスターン (राजस्थान) を中心に居住し, 由緒正しい古代の戦士階級 (क्षत्रिय) の末裔(まつえい)を自称する民族集団》.

राजपूताना /rājapūtānā ラージプーターナー/ [राजपूत ＋ -आना] *m.* 〖地名〗ラージプーターナー《現在のラージャスターン (राजस्थान) に相当する地名; 19 世紀の初めの英国人による造語という説がある》.

राजभक्त /rājabʰakta ラージバクト/ [neo.Skt. राज-भक्त- 'loyalist'] *adj.* 愛国の; (主人に)忠節な.

— *m.* 愛国者; (主人に)忠節な人, 忠義者.

राजभक्ति /rājabʰakti ラージバクティ/ [neo.Skt.f. राज॰भक्ति- 'loyalty towards the king or the state'] *f.* 愛国(精神); (主人への)忠節, 忠義.

राज-भवन /rāja-bʰavana ラージ・バワン/ [neo.Skt.n. राज-भवन- 'governor's house'] *m.* 州知事 (राज्यपाल) の公邸.

राजभाषा /rājabʰāṣā ラージバーシャー/ [neo.Skt.f. राज-भाषा- 'official language'] *f.* 公用語.

राजमहल /rājamahala ラージマハル/ *m.* 王宮, 宮殿.

राजमहिषी /rājamahiṣī ラージマヒシー/ [?neo.Skt.f. राज-महिषी- 'queen consort'] *f.* 王妃. (⇒पट्टराज्ञी)

राजमा /rājamā ラージマー/ [←Panj.m. ਰਾਜਮਾਂਹ 'kidney beans' ＜OIA.m. *rājamāṣa-* 'the bean *Dolichos catjang*': T.10684] *m.* 〖植物〗インゲンマメ(隠元豆).

राजमाता /rājamātā ラージマーター/ [←Skt.f. राज-मातृ- 'queen mother'] *f.* 皇太后, 国母.

राजमार्ग /rājamārga ラージマールグ/ [?neo.Skt.m. राज-मार्ग- 'king's way; highway'] *m.* 国道, 幹線道路, 主要道路. (⇒राजपथ) ❐सड़क परिवहन एवं ～ मंत्रालय 陸運・国道省.

राजमुद्रा /rājamudrā ラージムドラー/ [?neo.Skt.f. राज-मुद्रा- 'royal signet or seal'] *f.* 玉璽(ぎょくじ).

राजयक्ष्मा /rājayakṣmā ラージヤクシュマー/ [neo.Skt.m. राज-यक्ष्मन्- 'tuberculosis'] *m.* 〖医学〗結核. (⇒टीबी,

तपेदिक़, दमा)

राजयोग /rājayoga ラージョーグ/ [←Skt.m. *राज-योग-* 'royal *yoga*'] *m.* **1**〖ヒンドゥー教〗ラージャヨーガ《ハタヨーガ (हठयोग) と並ぶヨーガの流派, 古典ヨーガ》. **2**〖暦〗ラージャヨーガ《誕生時に王になることが運命づけられているホロスコープ》.

राजरोग /rājaroga ラージローグ/ [neo.Skt.m. *राज-रोग-* 'mortal disease'] *m.* **1**〖医学〗不治の病, 難病. ❐तपेदिक़ को ～ कहते हैं। 結核を不治の病と言うのだ. **2** 不治の病. ❐भ्रष्टाचार, भारतीय लोकतांत्रिक राजसत्ता को लगा बहुत पुराना ～ है। 汚職は, インドの民主的な政治権力にとりついたとても古い不治の病である.

राजर्षि /rājarṣi ラージャルシ/ [←Skt.m. *राज-ऋषि-* 'royal seer or sage'] *m.*〖ヒンドゥー教〗ラージャルシ《出自が王族である聖仙 (ऋषि)》.

राजलक्ष्मी /rājalakṣmī ラージラクシュミー/ [?neo.Skt.f. *राज-लक्ष्मी-* 'kingly prosperity and splendour'] *f.* 王族の栄華.

राजवंश /rājavaṃśa ラージワンシュ/ [?neo.Skt.m. *राज-वंश-* 'royal family, dynasty'] *m.* **1** 王族; 王家. ❐～ के दो राजकुमार 王家の二人の王子. **2**〖歴史〗王朝. ❐मौर्य ～ マウリヤ朝.

राजवंशी /rājavaṃśī ラージワンシー/ [?neo.Skt. *राज-वंशिन्-* 'of royal family'] *adj.* 王族の; 王家の.

राजसत्ता /rājasattā ラージサッター/ [neo.Skt.f. *राज-सत्ता-* 'government authority, political power'] *f.* 政権, 政治権力.

राजसिंहासन /rājasiṃhāsana ラージスィンハーサン/ [neo.Skt.n. *राज-सिंह-आसन-* 'royal throne'] *m.* 玉座. (⇒सिंहासन)

राजसी /rājasī ラージスィー/ [*राजस* + *-ई*] *adj.* **1** 王にだけ許される, 王にふさわしい; 王室の. ❐वह ～ नियमों से अनभिज्ञ थे। 彼は王室の決まりごとに無知だった. **2** 豪奢(ごうしゃ)な, 豪勢な. ❐वह ～ ठाट से रहता था। 彼はたいそう豪勢な生活をしていた. ❐वे ～ प्रकृति के आदमी थे। 彼は豪快な性格の人間だった.

राजसूय /rājasūya ラージスーエ/ [←Skt.n. *राज-सूय-*] *m.*〖歴史〗ラージャスーヤ《古代インドにおいて, 帝王の即位式に先立ち長期間続くいけにえを捧げる儀式》.

राजस्थान /rājasthāna ラージスターン/ [neo.Skt.n. *राज-स्थान-* ' the Indian state of Rajasthan'] *m.* ラージャスターン州《州都はジャイプル (जयपुर)》.

राजस्व /rājasva ラージャスオ/ [neo.Skt.n. *राज-स्व-* 'revenue'] *m.*〖経済〗歳入.

राजहंस /rājahaṃsa ラージハンス/ [neo.Skt.m. *राज-हंस-* 'flamingo'] *m.*〖鳥〗フラミンゴ.

राजा /rājā ラージャー/ [←Skt.m. *राजन्-* 'a king, sovereign, prince, chief'] *m.* **1** 王, 国王. (⇒बादशाह)(⇔रानी) **2** ラージャー《英領インド時代の藩王の称号の一つ》.

राजाज्ञा /rājājñā ラージャーギャー/ [←Skt.f. *राज-आज्ञा-* 'a kind's edict, royal decree'] *f.* (王の)勅令, 布告.

राज़ी /rāzī ラーズィー/ [←Pers.adj. راضی 'content, satisfied' ←Arab.] *adj.* (人が)同意した, 承諾した; 承認した. ❐(को) (पर) ～ करना (人を)(…に関して)同意させる. ❐वह अपनी लड़की की शादी मेरे साथ करने को ～ है। 彼女は自分の娘を私と結婚させることに同意している. ❐वह किसी से विवाह करने पर ～ न हुई। 彼女は誰とも結婚することに同意しなかった.

राज़ी-ख़ुशी /rāzī-xuśī ラーズィー・クシー/ *adv.* **1** 無事に. (⇒सही-सलामत) **2** 喜んで; 乗り気で.

— *f.* 気が進むこと; 機嫌がいいこと. ❐～ से 喜んで; 乗り気で.

राज़ीनामा /rāzīnāmā ラーズィーナーマー/ [←Pers.n. راضی نامہ 'a deed acknowledging one to be satisfied for a debt, assault, and the like'] *m.* 同意書, 承諾書.

राजीव /rājīva ラージーヴ/ [←Skt.n. *राजीव-* 'a blue lotus-flower'] *m.*〖植物〗青いハスの花, 青蓮華.

राज्य /rājya ラージエ/ [←Skt.n. *राज्य-* 'royalty, kingship, sovereignty, empire'] *m.* **1** 州. **2** 統治. ❐～ करना 統治する. ❐अदालत में पुन: एक बार शांति का ～ हुआ। 法廷は再びもう一度静まり返った. **3** 王国.

राज्यतंत्र /rājyatamtra ラージエタントル/ [←Skt.n. *राज्य-तन्त्र-* 'the science or theory of government'] *m.* 政治形態; 国家組織.

राज्य-परिषद् /rājya-pariṣad ラージエ・パリシャド/ [neo.Skt.f. *राज्य-परिषद्-* 'the Council of States'] *f.* (インド国会の) 上院. (⇒राज्यसभा)

राज्यपाल /rājyapāla ラージャパール/ [neo.Skt.m. *राज्य-पाल-* 'governor of an (Indian) state'] *m.* (インドの)州知事. (⇒गवर्नर)

राज्यसभा /rājyasabhā ラージエサバー/ [neo.Skt.f. *राज्य-सभा-* 'the Council of States (the upper house of the Indian Parliament)'] *f.* (インド国会の) 上院. 《省略表記は रास》(⇒राज्य-परिषद्)(⇔लोकसभा)

राज्याभिषेक /rājyābhiṣeka ラージャービシェーク/ [←Skt.m. *राज्य-अभिषेक-* 'inauguration to a kingdom, coronation'] *m.* 即位式, 戴冠式. (⇒राजतिलक)

रात /rāta ラート/ [<OIA.f. *rắtrī-* 'night': T.10702] *f.* 夜, 夜中. ❐～ को 夜に. ❐～ भर 一晩中. ❐आधी ～ को 夜半に, 真夜中に.

रात की रानी /rāta kī rānī ラート キー ラーニー/ *f.*〖植物〗ラート・キー・ラーニー《原意は「夜の女王」; 月下香(げっかこう), チュベローズ; 夜に咲き芳香を放つ》. (⇒रजनीगंधा)

रातब /rātaba ラータブ/ ▸रातिब *m.* ☞रातिब

रातिब /rātiba ラーティブ/ ▸रातब [←Pers.n. راتب 'daily allowance of food' ←Arab.] *m.* 1日分の配給糧食; (特に)家畜の1日分の飼料.

रात्रि /rātri ラートリ/ [←Skt.f. *रात्रि-* 'night'] *f.* 夜. (⇒रात) ❐नीरव ～ 静寂な夜. ❐शुभ ～ おやすみなさい.

राधा /rādhā ラーダー/ [←Skt.f. *राधा-* 'prosperity, success'] *f.*〖ヒンドゥー教〗ラーダー《クリシュナ神

(कृष्ण) の恋人としてヒンディー語文学に頻繁に描写される牛飼いの女 (गोपी))》.

रान /rānā ラーン/ [←Pers.n. ران 'the thigh'] f. 腿, もも. (⇒जाँघ)

रानी /rānī ラーニー/ [<OIA.f. rā́jñī- 'queen': T.10692] f. 1 皇后, 王妃; 女王, クイーン. (⇒बेगम, मलिका)(⇔राजा) 2 〖ゲーム〗(チェスの)クイーン. (⇒फ़रज़ी, बेगम, वज़ीर) 3 〖ゲーム〗(トランプの)クイーン. (⇒बेगम)

रानी-मक्खी /rānī-makkʰī ラーニー・マッキー/ f. 〖昆虫〗女王バチ.

रापी /rāpī ラーピー/ ▸राँपी f. ☞राँपी

राब /rābā ラーブ/ [<OIA. *rabbā- 'gruel, inspissated juice': T.10623] f. 〖食〗糖蜜(とうみつ).

राबट /rābaṭā ラーバト/ ▸रॉबट [←Eng.n. robot] m. ロボット.

राम /rāmā ラーム/ [←Skt.m. राम- 'the name of Rāma{'c}andra'] m. 〖ヒンドゥー教〗ラーマ, ラーム《叙事詩『ラーマーヤナ』(रामायण) の主人公; ヴィシュヌ神 (विष्णु) の第7番目の化身とされる》.

राम-कहानी /rāmā-kahānī ラーム・カハーニー/ f. 身の上話.

रामकोटि /rāmākoṭi ラームコーティ/ f. 〖ヒンドゥー教〗ラームコーティ《ラーマの名を1千万回書写すること》.

रामदाना /rāmādānā ラームダーナー/ [राम + दाना] m. 〖植物〗ラームダーナー《ヒユ科のアマランサスに属するヒモゲイトウ; 種子は食用》.

रामनवमी /rāmānavāmī ラームナオミー/ [←Skt.f. राम-नवमी- 'name of the 9th day in the light half of the month Caitra'] f. 〖暦〗ラーマナヴァミー《インド太陰暦チャイトラ月 (चैत्र) の白半月の第 9 日; ヴィシュヌ神 (विष्णु) の化身ラーマ (राम) の誕生日とされる》.

रामनामी /rāmānāmī ラームナーミー/ [राम + नामी] f. 〖ヒンドゥー教〗ラームナーミー《ラーマ (राम) の名前が一面に染め抜かれている布地; それで作られた衣類》.

रामबाण /rāmābāṇā ラームバーン/ [←Skt.m. राम-बाण- 'Rāma's arrow; a partic. medicinal preparation'] m. 〖医学〗特効薬; 万能薬; 霊薬. ❐अब साधारण औषधि भी उनपर ～ का-सा चमत्कार दिखाती थी। 今や普通の薬すら彼には特効薬のような効き目を見せていた. ❐उन्हें बुला लो, उनका दर्शन मुझे ～ हो जायगा। あの方をお呼びしろ, あの方にお会いすることが私には万能薬になるのだ.

रामरज /rāmārajā ラームラジ/ [< ?neo.Skt.n. राम-रजस्-] f. 〖鉱物〗ラームラジ《一種の黄土; ヒンドゥー教徒は額につけるティラク (तिलक) に用いる》.

रामरस /rāmārasā ラームラス/ [neo.Skt.m. राम-रस- 'sovor of Rāma ; salt'] m. 塩. (⇒नमक)

रामराज्य /rāmārājyā ラームラージエ/ [neo.Skt.n. राम-राज्य- 'rule of Rāma, ideal rule, utopia'] m. 〖ヒンドゥー教〗ラーマの王国《神話上のラーマ (राम) を理想の支配者と見て, その王国を民にとっての理想郷ととらえる》.

राम-राम /rāmā-rāmā ラーム・ラーム/ [cf. राम] int. 1 〖ヒンドゥー教〗《北インドのラーマ信仰の盛んな地方における日常の挨拶の言葉; नमस्कार に相当》❐～! आज ही आया हूँ। こんにちは！今日帰って来たんだ. 2 〖ヒンドゥー教〗くわばらくわばら《忌まわしいことを避けるために》. ❐अरे ～। まあ, くわばらくわばら.
— f. 1 〖ヒンドゥー教〗挨拶《男性名詞としても使われることがある》❐～ हुई। 挨拶が交わされた. ❐मुझसे दस साल बड़े होंगे, पर ～ पहले ही करते हैं। (彼は)私より 10 歳年上だろう, でも挨拶は先にするんだ. 2 〖ヒンドゥー教〗(ひたすら唱え念じる)神の名. ❐～ जपना 神の名を唱え念じる.

रामलीला /rāmālīlā ラームリーラー/ [←Skt.f. राम-लीला- 'name of the dramatic representation of the life of Lord Rāma'] f. 〖ヒンドゥー教〗ラーマリーラー《北インドのダシャハラー祭 (दशहरा) で演じられる主人公ラーマ (राम) の物語; 特にスィーター妃 (सीता) の悪魔ラーヴァナ (रावण) による略奪とその救出が筋の中心をなす》.

रामायण /rāmāyaṇā ラーマーヤン/ [←Skt.n. राम-अयण- 'the goings of rāma and sītā'] m. ラーマーヤナ《マハーバーラタ (महाभारत) と並んでサンスクリットによる古代インドの二大叙事詩の一つ》.

रामेश्वर /rāmeśvarā ラーメーシュワル/ ▸रामेश्वरम m. 〖地名〗☞रामेश्वरम

रामेश्वरम /rāmeśvaramā ラーメーシュワラム/ ▸रामेश्वर [cf. Eng.n. Rameswaram, Ramisseram] m. 〖地名〗ラーメーシュヴァラム《タミル・ナードゥ州 (तमिल नाडु) の地方都市; ヒンドゥー教聖地》.

राय /rāyā ラーエ/ [←Pers.n. رائی 'seeing; opinion, view, counsel' ←Arab.] f. 1 意見, 見解, 持論. (⇒मत) ❐आपकी क्या ～ है? あなたのご意見はどうですか？ 2 賛否の表示. 3 助言, 忠言.

रायता /rāyātā ラーエター/ [<OIA. *rājikātiktaka- 'mustard pickle': T.10689] m. 〖食〗ラーエター《ヨーグルトにスライスしたキュウリなどの生野菜と香辛料を加えたもの》.

रायपुर /rāyāpurā ラーエプル/ [cf. Eng.n. Raipur] m. 〖地名〗ラーイプル《チャッティースガル州 (छत्तीसगढ़) の州都》.

रायफ़ल /rāyāfalā ラーエファル/ ▸राइफ़ल f. ☞राइफ़ल

रायल्टी /rāyalṭī ラーヤルティー/ ▸रॉयल्टी [←Eng.n. royalty] f. (本などの)印税, 著作権使用料; 特許権使用料. ❐अग्रिम ～ के रूप में 先払いの印税として. ❐पुस्तकों की ～ 本の印税.

रार /rārā ラール/ [<OIA.f. rāṭi- 'war, battle': T.10697] f. いさかい, 口げんか. ❐उसने छात्रों का पक्ष लेकर प्रिंसिपल से ～ मोल ली। 彼は学生たちの側に立って校長とのいさかいをしょいこんだ.

राल[1] /rālā ラール/ ▸लार, लाला f. ☞लार

राल[2] /rālā ラール/ [←Skt.m. राल- 'the resin of Shorea robusta'] f. 〖植物〗サラソウジュ(の樹脂).

राव /rāvā ラーオ/ [<OIA.m. rā́jan- 'chieftain, king': T.10679] m. ラーオ《(藩王国の)藩王の称号; 身分の

高い廷臣や貴族の称号》.

रावण /rāvaṇa ラーワン/ [←Skt.m. *रावण-* 'name of the ruler of Laṅkā and the famous chief of the demons'] *m.* 〖神話〗ラーヴァナ《悪魔 (राक्षस) の王, ランカー島 (लंका) の支配者》.

राशन /rāśana ラーシャン/ [←Eng.n. *ration*] *m.* 配給. ❐～ कार्ड 配給カード.

राशि /rāśi ラーシ/ [←Skt.m. *राशि-* 'a heap, mass, pile, group; a sum; a sign of the zodiac'] *f.* **1** 堆積した塊. **2** (まとまった)金;金額;総額. (⇒रक़म) ❐७ लाख रु。 की अग्रिम ～ 総額 70 万ルピーの前払い金. ❐एक लाख रु。 की मुआवज़ा ～ 総額 10 万ルピーの補償金. ❐कुल ～ 総額. **3** 〖天文〗宮, 星座《黄道十二宮の一つ;各星座が配されている》. ❐मेष ～ 牡羊座.

राशिचक्र /rāśicakra ラーシチャクル/ [←Skt.n. *राशि-चक्र-* 'the zodiacal circle, zodiac'] *m.* 〖天文〗黄道帯, 獣帯《黄道十二宮が位置する》.

राशिनाम /rāśināma ラーシナーム/ [←Skt.n. *राशि-नामन्-* 'a name given to a child taken from the *rāśi* under which he is born'] *m.* 〖ヒンドゥー教〗ラーシナーマ《実名とは別に, 誕生時の黄道十二宮 (राशि) の位置に基づく個人名;あらかじめ十二宮それぞれに割り当てられている 8, 9 個の音節文字が名前の先頭に来るようにする》.

राष्ट्र /rāṣṭra ラーシュトル/ [←Skt.m. *राष्ट्र-* 'a kingdom, realm, empire, dominion, district, country'] *m.* 国家. (⇒क़ौम)

राष्ट्रकवि /rāṣṭrakavi ラーシュトルカヴィ/ [neo.Skt.m. *राष्ट्र-कवि-* 'national poet'] *m.* 国民的詩人.

राष्ट्रकुल /rāṣṭrakula ラーシュトルクル/ [neo.Skt.n. *राष्ट्र-कुल-* 'the Commonwealth of Nations'] *m.* 英連邦. (⇒राष्ट्रमंडल)

राष्ट्रगान /rāṣṭragāna ラーシュトルガーン/ [neo.Skt.n. *राष्ट्र-गान-* 'national anthem'] *m.* 国歌《インドの正式国歌は, 最初の節 जन गण मन (「すべての人民の心」の意) から別名「ジャナ・ガナ・マナ」呼ばれることが多い》》.

राष्ट्रगीत /rāṣṭragīta ラーシュトルギート/ [neo.Skt.n. *राष्ट्र-गीत-* 'national song'] *m.* 国歌《インドの正式の国歌 (राष्ट्रगान) とは別に, インド憲法により認められた「国歌」;最初の節 वन्दे मातरम् (「母よ, 汝をたたえます」の意) から別名「ヴァンデー・マータラム」と呼ばれることが多い》.

राष्ट्रध्वज /rāṣṭrad^{h}vaja ラーシュトルドワジ/ [neo.Skt.m. *राष्ट्र-ध्वज-* 'national flag'] *m.* 国旗. (⇒राष्ट्रपताका)

राष्ट्रपताका /rāṣṭrapatākā ラーシュトルパターカー/ [neo.Skt.f. *राष्ट्र-पताका-* 'national flag'] *f.* ☞राष्ट्रध्वज

राष्ट्रपति /rāṣṭrapati ラーシュトルパティ/ [←Skt.m. *राष्ट्र-पति-* 'lord of a kingdom'] *m.* 大統領. ❐～ भवन 大統領官邸.

राष्ट्रभाषा /rāṣṭrab^{h}āṣā ラーシュトルバーシャー/ [neo.Skt.f. *राष्ट्र-भाषा-* 'national language'] *f.* 国語, 国家語. ❐पाकिस्तान की ～ उर्दू है। パキスタンの国語はウルドゥー語です.

राष्ट्रमंडल /rāṣṭramaṃḍala ラーシュトルマンダル/ [neo.Skt.n. *राष्ट्र-मण्डल-* 'the Commonwealth of Nations'] *m.* ☞राष्ट्रकुल

राष्ट्रवाद /rāṣṭravāda ラーシュトルワード/ [neo.Skt.m. *राष्ट्र-वाद-* 'nationalism'] *m.* 国家主義, ナショナリズム, 国粋主義.

राष्ट्रवादी /rāṣṭravādī ラーシュトルワーディー/ neo.Skt. *राष्ट्र-वादिन्-* 'nationalist'] *adj.* 国家主義の, 国粋主義の. — *m.* 国家主義者, 国粋主義者.

राष्ट्र-संघ /rāṣṭra-saṃg^{h}a ラーシュトル・サング/ [neo.Skt.m. *राष्ट्र-संघ-* 'League of Nations'] *m.* 国際連盟《国際連合は संयुक्त राष्ट्र》.

राष्ट्रिक /rāṣṭrika ラーシュトリク/ [←Skt. *राष्ट्रिक-* 'belonging to or inhabiting a kingdom'] *adj.* 国家の《現在は राष्ट्रीय がより普通》. (⇒राष्ट्रीय)
— *m.* 国民, 市民《現在は नागरिक がより普通》. (⇒नागरिक)

राष्ट्रिकता /rāṣṭrikatā ラーシュトリクター/ [neo.Skt.f. *राष्ट्रिक-ता-* 'nationality'] *f.* 国籍《現在は राष्ट्रीयता がより普通》. (⇒नागरिकता)

राष्ट्रीकरण /rāṣṭrīkaraṇa ラーシュトリーカラン/ [neo.Skt.n. *राष्ट्री-करण-* 'nationalisation'] *n.* 〖経済〗国有化. ❐उद्योगों का ～ करना 産業を国有化する.

राष्ट्रीय /rāṣṭrīya ラーシュトリーエ/ [←Skt. *राष्ट्रीय-* 'belonging to a country or kingdom'] *adj.* **1** (全)国民の, 国家の. (⇒क़ौमी) ❐～ एकता 国家統一. **2** 国立の, 国有の, 国定の. ❐～ उद्यान 国立公園. ❐～ दिवस 国民の祝祭日. ❐～ पक्षी [पशु, पुष्प] 国鳥[獣, 花].

राष्ट्रीयता /rāṣṭrīyatā ラーシュトリーエター/ [neo.Skt.f. *राष्ट्रीय-ता-* 'nationalism; nationality'] *f.* **1** 民族主義, ナショナリズム. (⇒राष्ट्रवाद) **2** 国籍.

रास[1] /rāsa ラース/ [<OIA.m. *raśmí-* 'rope, bridle, ray of light': T.10648] *f.* (牛馬などの)手綱(たづな). (⇒बागडोर) ❐जी चाहता था, गोड़े की ～ पीछे मोड़ दें। 心の中では望んでいた, 馬の手綱を後ろ向きに回したいと.

रास[2] /rāsa ラース/ [<OIA.m. *rāśí-* 'heap': T.10720] *f.* ☞राशि

रास[3] /rāsa ラース/ [←Skt.m. *रास-* 'name of a partic. rustic dance practised by cowherds'] *f.* 〖ヒンドゥー教〗ラーサ《クリシュナ神 (कृष्ण) と牛飼いの女 (गोपी) たちとの戯れに題材をとった円舞;ブラジ地方 (ब्रज) で盛ん》.

रास[4] /rāsa ラース/ [←Pers.n. راس 'the head; head (of cattle, etc.)' ←Arab.] *f.* (家畜の)頭, 首《頭数を数える「…頭」や「…匹」としても》. ❐उसने सस्ते दामों में कलाँ ～ का घोड़ा पाया, तो फूले न समाए। 彼は安い値段で立派な馬を手に入れて, 喜色満面だった. ❐पाँच ～ बैल 五頭の雄牛.

रास-मंडली /rāsa-maṃḍalī ラース・マンドリー/ [cf. Skt.n. *रास-मण्डल-* '*Kṛṣṇa*'s circular dancing ground'] *f.* 〖ヒンドゥー教〗ラーサ・マンダリー《ラーサ (रास) に参加する

人たちの一団》.

रासलीला /rāsalīlā ラースリーラー/ [?neo.Skt.f. *रास-लीला-*] *f.* 〖ヒンドゥー教〗ラーサリーラー《ブラジ地方に盛んなクリシュナ神 (कृष्ण) と土地の牛飼いの女 (गोपी) たちとの恋愛の戯れを題材にした劇》.

रासायनिक /rāsāyanika ラーサーエニク/ [?neo.Skt. *रासायनिक-* 'chemical'; cf. *रसायन*] *adj.* 〖化学〗化学の. ❐～ खाद 化学肥料. ❐～ तत्त्व 化学元素. ❐～ परीक्षण 化学実験. ❐～ संश्लेषण 化学合成.

— *m.* 〖化学〗化学者.

रासेओ /rāseo ラーセーオー/▸रॉसेओ [cf. Eng.n. *Roseau*] *m.* 〖地名〗ロゾー《ドミニカ(国) (डोमिनिका) の首都》.

रासो /rāso ラーソー/ [?cf. Skt.m. *रासक-* 'a kind of dramatic entertainment'] *m.* 〖文学〗ラーソー《英雄の武勇や恋愛をテーマにした韻文の物語文学; 12 世紀以降のラージャスターニー語, グジャラーティー語, ヒンディー語などで作された》.

रास्ता /rāstā ラースター/ [←Pers.n. راستہ 'a market place; a level road'] *m.* **1** 道, 道路. (⇒राह) ❐(के) रास्ते में (…の)途中で. ❐(का) ～ देखना (人を)待つ《待ちわびて人の帰路を見ることから》. ❐～ पूछना 道をたずねる. ❐दिल्ली जाने का ～ デリーに通じる道. **2** 通路, 抜け道. **3** 手段, 方策, 便法. ❐(का) ～ निकालना (…の)方策を講じる.

राह /rāha ラーハ/ [←Pers.n. راه 'way, road, path, passage'] *f.* **1** 道. (⇒रास्ता) **2** 旅.

राहगीर /rāhagīra ラーヘギール/ [←Pers.n. راه گیر 'a traveller, wayfarer'] *m.* **1** 通行人, 通りがかりの人. **2** 旅人.

राहज़नी /rāhazanī ラーハズニー/ [←Pers.n. راہزنی 'highway-robbery'] *f.* おいはぎ(行為).

राहत /rāhata ラーハト/ [←Pers.n. راحة 'being nimble, ready at any act of kindness (the hand); relief, pleasure, comfort' ←Arab.] *f.* **1** 安堵; 安らぎ. ❐～ की साँस लेना 安堵のため息をつく. ❐(को) ～ मिलना (人が)安らぎを得る. **2** 救済, 救援. ❐～ कोष 救援基金.

राहदारी /rāhadārī ラーヘダーリー/ [←Pers.n. راہداری 'a branch of revenue collected from travellers for protection afforded'] *f.* 通行税; 通行料.

राही /rāhī ラーヒー/ [←Pers.n. راہی 'a traveller'] *m.* 旅人.

राहु /rāhu ラーフ/ [←Skt.m. *राहु-* 'a *Daitya* or demon who is supposed to seize the sun and moon and thus cause eclipses'] *m.* **1** 〖暦〗ラーフ《古代インドで日食・月食の原因になると信じられた悪魔; 九曜 (नवग्रह) の一つ》. **2** 厄災(やくさい), わざわい.

रिंच /riṃca リンチ/ [←Eng.n. *wrench*] *m.* レンチ, スパナ.

रिअर /riara リアル/ [←Eng.adj. *rear*] *adj.* 後方の; しんがりの. ❐～ एडमिरल 海軍少将.

रिआयत /riāyata リアーヤト/ ▸रियायत *f.* ☞रियायत

रिआयती /riāyatī リアーエティー/ ▸रियायती *adj.* ☞रियायती

रिआया /riāyā リアーヤー/ [←Pers.n. رعايا 'herds; subjects, especially non-Muhammadans of a Muhammadan ruler' ←Arab.] *f.* **1** 民(たみ), 臣民, 臣下. ❐～ के दिल से बादशाह की इज़्ज़त और मुहब्बत उठ गई। 民の心から王に対する敬慕と敬愛が消え失せた. **2** 小作農, 農民.

रिकाब /rikāba リカーブ/ ▸रकाब *f.* ☞रकाब

रिकार्ड /rikārḍa リカールド/ ▸रिकॉर्ड, रेकार्ड [←Eng.n. *record*] *m.* **1** 記録; 登録; 記録文書. **2** 〖スポーツ〗競技記録, 最高記録, レコード. ❐विश्व ～ बनाना [तोड़ना] 世界記録を作る[破る]. **3** レコード, 音盤. ❐ग्रामोफ़ोन पर ～ बजाना। 蓄音機にレコードをかける.

रिकार्डर /rikārḍara リカールダル/ ▸रेकार्डर, रेकॉर्डर [←Eng.n. *recorder*] *m.* 録音[録画]機器. ❐कैसेट ～ カセットレコーダー. ❐टेप ～ テープレコーダー.

रिकार्डिंग /rikārḍiṃga リカールディング/ ▸रिकॉर्डिंग [←Eng.n. *recording*] *f.* レコーディング, 録音. ❐～ स्टूडियो レコーディング・スタジオ. ❐उस गाने की ～ नहीं हुई। その歌のレコーディングは行われなかった. ❐एक सदी पुरानी दुर्लभ ～ का डिजिटलीकरण 一世紀昔の稀有な録音のデジタル化.

रिक्त /rikta リクト/ [←Skt. *रिक्त-* 'emptied, empty, void'] *adj.* (職・地位が)空席の, 欠員の, 空位の; 空の. (⇒ख़ाली) ❐～ पद 欠員の職.

रिक्तता /riktatā リクトター/ [←Skt.f. *रिक्त-ता-* 'emptiness, vacuity'] *f.* ☞रिक्ति

रिक्ति /rikti リクティ/ [neo.Skt.f. *रिक्ति-* 'vacancy'] *f.* (職・地位の)空席, 欠員, 空位.

रिक्शा /rikśā リクシャー/ [←Eng.n. *rickshaw* ←Japan.n. *力車*] *m.* (手や自転車で引く)人力車.

रिज़र्व /rizarva リザルオ/ [←Eng.vt. *reserve*] *adj.* 予約された; 確保された. (⇒आरक्षित) ❐कमरा ～ है। 部屋が予約されている.

— *m.* 〖経済〗(株式会社, 銀行, 政府などが用意する)準備金, 予備金, 予備費, 積立金. ❐～ बैंक (連邦)準備銀行.

रिज़र्वेशन /rizarveśana リザルヴェーシャン/ [←Eng.n. *reservation*] *m.* 予約; 確保. (⇒आरक्षण) ❐(का) ～ कराना (…の)予約をする.

रिझाना /rij^hānā リジャーナー/ [cf. *रीझना*] *vt.* (*perf.* रिझाया /rij^hāyā リジャーヤー/) (手をつくして)(人を)楽しませる; 喜ばす; (幼児を)あやす. ❐नौकर ने अपने परिश्रम से मालिक को रिझा लिया है। 使用人は精勤して主人を喜ばした.

रिटायर /riṭāyara リターヤル/ [←Eng.vi. *retire*] *adj.* 引退した, 退職した, 退役した. (⇒सेवानिवृत्त) ❐वह नौकरी से ～ हो गया। 彼は退職した.

रिपु /ripu リプ/ [←Skt. *रिपु-* 'an enemy'] *m.* 敵. (⇒दुश्मन, शत्रु)

रिपोर्ट /riporṭa リポールト/ ▸रपट [←Eng.n. *report*] *f.*

☞रपट

रिफ़ार्मेटरी /rifārmeṭarī リファールメートリー/ [←Eng.n. *reformatory*] *adj.* 矯正の. ❒～ स्कूल 少年院, 感化院.

रिबन /ribanạ リバン/ [←Eng.n. *ribbon*] *m.* リボン.

रिमझिम /rimạj^{h}imạ リムジム/ [onom.] *adv.* しとしと《雨が降るさま》. ❒～ बारिश हुई। しとしとと雨が降った. — *f.* しとしとと降る雨(の音), 小雨.

रियाज़ /riyāzạ リヤーズ/ [←Pers.n. رياض 'training or breaking in (a colt)' ←Arab.] *m.* 訓練, 鍛錬, 練習; 苦行, 修行.

रियाद /riyādạ リヤード/ [cf. Eng.n. *Riyadh*] *m.* 『地名』リヤド《サウジアラビア(王国) (सऊदी अरब) の首都》.

रियायत /riyāyatạ リヤーヤト/ ▸रिआयत [←Pers.n. رعاية 'ruling, governing; respect honour; kind treatment' ←Arab.] *f.* 特別の計らい, 配慮, 手心; 値引き. ❒(के साथ) ～ करना (人に対して)特別の計らいをする.

रियायती /riyāyạtī リヤーエティー/ ▸रिआयती [←Pers.n. رعايتى 'a favoured person'] *adj.* 特別の計らいの, 手心が加わった; 値引きされた. ❒～ दर 値引き率.

रियासत /riyāsatạ リヤーサト/ [←Pers.n. رئاسة 'governing, ruling; government, dominion, sway, command' ←Arab.] *f.* **1** 『歴史』(英領時代の)州. (⇒प्रदेश) **2** 『歴史』藩王国.

रियासती /riyāsạtī リヤースティー/ [*रियासत* + *-ई*] *adj.* 藩王国の.

रियूनियन /riyūniyanạ リユーニヤン/ ▸रेयूनियों *m.* ☞रेयूनियों

रिरना /rirạnā リルナー/ ▸रिरियाना [onom.] *vi.* (*perf.* रिरा /rirā リラー/) ☞रिरियाना

रिरियाना /ririyānā リリヤーナー/ ▸रिरना [onom.] *vi.* (*perf.* रिरियाया /ririyāyā リリヤーヤー/) **1** (人にすがって)哀れっぽい声 (रि-रि) で泣く; 泣き言を言う. (⇒घिघियाना) **2** (不明瞭な)か細い音を出す. ❒लाउडस्पीकर पर घिसे-पिटे रिकार्ड रिरिया रहे थे। スピーカーをとおして, 古ぼけたレコードがか細い音を出していた.

रिलना /rilạnā リルナー/ [cf. *रेलना*] *vi.* (*perf.* रिला /rilā リラー/) 突入する.

रिवाज /rivājạ リワージ/ [←Pers.n. رواج 'being vendible; use, custom, practice, fashion' ←Arab.] *m.* **1** (社会の)慣習, 慣行, 慣例. ❒चाय-वाय पीने का ～ उस समय नहीं था। お茶などを飲む習慣は当時なかった. **2** 普及, 流布, 通用.

रिवाल्वर /rivālvarạ リワールワル/ [←Eng.n. *revolver*] *m.* リボルバー, 輪胴式連発ピストル.

रिश्ता /riśtā リシュター/ [←Pers.n. رشته 'thread, line, rope; relationship, connection, kin'] *m.* **1** (人との)関係, 絆(きずな), 縁故. (⇒नाता, संबंध) ❒मेरा और आपका १० सालों पुराना ～ 私とあなたとの10年来の付き合い. **2** 親族関係, 血縁関係. (⇒संबंध) ❒ख़ून का ～ 血縁関係, 血のつながり.

रिश्तेदार /riśtedārạ リシュテーダール/ [←Pers.n. رشته دار 'a dependant, relation'] *m.* 親類, 親戚, 血縁, 身内. (⇒नातेदार, संबंधी)

रिश्तेदारी /riśtedārī リシュテーダーリー/ [*रिश्तेदार* + *-ई*] *f.* ☞रिश्ता

रिश्वत /riśvatạ リシュワト/ [←Pers.n. رشوة 'a gift for corrupting a judge, bribery, simony' ←Arab.] *f.* 賄賂(わいろ). (⇒घूस) ❒(को) ～ देना (人に)贈賄する. ❒(से) ～ खाना [लेना] (人から)収賄する.

रिश्वतख़ोर /riśvatạxorạ リシュワトコール/ [←Pers.n. رشوت خور 'a taker of bribes'] *adj.* 賄賂(わいろ)を取る(人). (⇒घूसख़ोर) — *m.* 収賄者. (⇒घूसख़ोर)

रिश्वतख़ोरी /riśvatạxorī リシュワトコーリー/ [*रिश्वतख़ोर* + *-ई*] *f.* 収賄(しゅうわい).

रिसना /risạnā リスナー/ ▸रसना [<OIA. *ríśyati* 'is hurt, suffers wrong': T.10749] *vi.* (*perf.* रिसा /risā リサー/) **1** (しずくが)したたり落ちる. ❒कभी-कभी उसकी बंद आँखों के कोनों से आँसू की बूँदें निकलकर उसकी कनपटियों पर बहने लगतीं और कभी मेरे आँसू भी मेरे चेहरे पर होते हुए मेरे होठों पर आ, मुँह में रिस, खारेपन का स्वाद देने लगते। ときおり彼女の閉じた目の隅から涙のしずくが溢れ出てこめかみを伝い流れていた, またときに私の涙も私の顔を伝わりながら唇まで来て, 口にしたたり, 塩辛い味がした. **2** (液体が)しみ出る; (血・膿などが)にじみ出る.

रिसाना /risānā リサーナー/ [<OIA. *rúṣyati* 'is angry': T.10794] *vi.* (*perf.* रिसाया /risāyā リサーヤー/) 怒る.

रिसाला[1] /risālā リサーラー/ [←Pers.n. رسالة 'a mission, legation; a letter, treatise' ←Arab.] *m.* 雑誌, 定期刊行物. (⇒पत्रिका)

रिसाला[2] /risālā リサーラー/ [←Pers.n. رسالہ 'a troop of horse'] *m.* 騎兵隊.

रिसीवर /risīvarạ リスィーワル/ [←Eng.n. *receiver*] *m.* (電話の)受話器.

रिहर्सल /riharsalạ リハルサル/ [←Eng.n. *rehearsal*] *m.* リハーサル. (⇒पूर्वाभ्यास)

रिहल /rihalạ リハル/ ▸रहल, रेहल *f.* ☞रहल

रिहा /rihā リハー/ [←Pers.adj. رہا 'liberated'] *adj.* 釈放された, 放免された; 解放された. ❒(को) ～ करना (人を)釈放する.

रिहाई /rihāī リハーイー/ [←Pers.n. رہائی 'dismission, liberation, deliverance'] *f.* 釈放, 放免; 解放. ❒क़ैदियों की ～ 人質の解放.

रिहायश /rihāyaśạ リハーヤシュ/ ▸रहाइश [cf. *रहना*] *f.* 居住; 宿泊.

रिहायशी /rihāyạśī リハーエシー/ ▸रहाइशी [*रिहायश* + *-ई*] *adj.* 居住(用)の, 住居(用)の. ❒～ इलाक़ा 住宅地域. ❒२६ मंज़िला ～ इमारत 26 階建ての居住用ビル.

री[1] /rī リー/ [cf. *रे*[1]] *int.* おい, なんてこった《不快・皮肉・軽蔑・怒りなどを表す; 感情の対象が男性名詞の場合は रे》. ❒वाह ～ तेरी इज़्ज़त! なんてすばらしいんだ, あんたの名誉!《皮肉をこめて》 ❒हाय ～ दुराशा! ああなんてこった, 無駄な期待だったとは!

रीगा /rīgā リーガー/ [cf. Eng.n. *Riga*] *m.* 〖地名〗リガ《ラトビア(共和国) (लाटविया) の首都》.

रीछ /rīcʰạ リーチ/ [<OIA.m. *ṛ́kṣa-* 'bear': T.02445] *m.* 〖動物〗 (雄)クマ(熊). (⇒भालू)(⇔रीछनी)

रीछनी /rīcʰạnī リーチニー/ [cf. *रीछ*] *f.* 〖動物〗 雌グマ. (⇔रीछ)

रीझ /rījʰạ リージ/ [cf. *रीझना*] *f.* 喜び, 満ち足りた気持ち;恋心, 恋慕. ❐～ पचाना 心の思いを隠す.

रीझना /rījʰạnā リージナー/ [<OIA. *ṛ́dhyati* 'increases, prospers, succeeds': T.02457z1] *vi.* (*perf.* रीझा /rījʰā リージャー/) (感激して)喜ぶ, うれしがる;(うれしくて)目を細める;惚れ込む. ❐उसने लजाते हुए कहा -- ऐसे ही तो बड़े सजीले जवान हो कि साली-सलहजें तुम्हें देख कर रीझ जाएँगी। 彼女は恥じらいながら言った -- とってもいい男ぶりよ, 義理の姉妹たちがあんたを見たら目を細めるわ. ❐वह आजकल उसपर बे-तरह रीझा हुआ है। 彼は最近彼女にみっともないぐらい惚れ込んでいる.

रीठा /rīṭʰā リーター/ [<OIA.m. *ariṣṭa-*[2] 'soap-nut tree': T.00610] *m.* 〖植物〗リーター《ムクロジ;果皮が石けんの代用となることからセッケンノキとも》.

रीडर /rīḍarạ リーダル/ [←Eng.n. *reader*] *m.* **1** リーダー《英国の大学制度における職;教授 (प्रोफ़ेसर) と講師 (लेक्चरर) の中間の職;准教授, 助教授に相当》. **2** 読者. (⇒पाठक)

— *f.* 読本.

रीढ़ /rīṛʰạ リール/ [<OIA.m. *rīḍhaka-* 'backbone': T.10749a] *f.* 背骨. (⇒मेरुदंड) ❐～ की हड्डी 背骨.

रीत /rītạ リート/ [<Skt.f. *रीति-* 'general course or way, usage, custom, practice, method, manner'] *f.* ☞रीति

रीता /rītā リーター/ [<OIA. *riktá-* 'emptied': T.10729] *adj.* **1** (中身が)空の;(職などが)空いている. (⇒ख़ाली) **2** 何も持っていない.

रीति /rīti リーティ/ [←Skt.f. *रीति-* 'general course or way, usage, custom, practice, method, manner'] *f.* **1** しかた, 方法, 流儀;様式. (⇒तरीक़ा) **2** しきたり, 慣習. **3** 決まり, 規則.

रीति-काल /rīti-kālạ リーティ・カール/ [neo.Skt.m. *रीति-काल-* 'the period dominated by mannerism in Hindi literature'] *m.* リーティカール, リーティカーラ《ヒンディー文学の時代区分の一つ(16 世紀～19 世紀);詩作が詩人の創造力よりも, 技法や詩論との整合性に重きが置かれた》.

रीति-काव्य /rīti-kāvyạ リーティ・カーヴィエ/ [neo.Skt.m. *रीति-काव्य-* 'Hindi poetry of *Rīti-kāl*'] *m.* リーテゥカーヴィヤ《リーティカール (रीति-काल) に作詩された典型的な作品》.

रीति-रिवाज /rīti-rivājạ リーティ・リワージ/ *m.* 風俗習慣;伝統. ❐विवाह के ～ 婚礼の風俗習慣.

रीतिवाद /rītivādạ リーティワード/ [neo.Skt.m. *रीति-वाद-* 'formalism'] *m.* 〖文学〗形式主義.

रील /rīlạ リール/ [←Eng.n. *reel*] *f.* **1** 糸巻き. **2** フィルム巻きわく.

रीस /rīsạ リース/ [?<OIA.f. *īrṣyā́-* 'envy': T.01615] *f.* (対抗心むき出しの)嫉妬.

रुंड /ruṃḍạ ルンド/ [←Skt.m. *रुण्ड-* 'a headless body'] *m.* 頭部のない死体, 胴体.

रुंड-मुंड /ruṃḍạ-muṃḍạ ルンド・ムンド/ *m.* 切断された胴体と頭部.

रुँधना /rũdʰạnā ルンドナー/ [<OIA. *rundhati* 'obstructs': T.10782] *vi.* (*perf.* रुँधा /rũdʰā ルンダー/) **1** (道などが)封鎖される;(防護のために)(柵で)囲まれる. **2** (喉・声が)つまる. ❐वह भरी सभा में रुँधे हुए कंठ से बोली। 彼女は満員の会場で声をつまらせて言った. ❐कफ से गला रुँध गया। 痰で喉がつまってしまった. **3** (事業の進展などが)はばまれる;封じられる.

रुआँ /ruā̃ ルアーン/ ▸रोआँ *m.* ☞रोआँ

रुआंडा /ruāṃḍā ルアーンダー/ ▸रवांडा *m.* ☞रवांडा

रुआँसा /ruā̃sā ルアーンサー/ [*रोना* + *-सा*] *adj.* 今にも泣きそうな, 半べその;涙ぐんだ. ❐रुआँसी आँखों से देखना 涙ぐんだ目で見る. ❐वह ～ हो गया। 彼は半べそになった.

रुआब /ruābạ ルアーブ/ ▸रोब *m.* ☞रोब

रुई /ruī ルイー/ ▸रूई [<OIA.m. **rū-a-* '(carded) cotton': T.10798] *f.* (製綿された)綿《製綿前は कपास》.

रुईदार /ruīdārạ ルイーダール/ ▸रूईदार [*रुई* + *-दार*] *adj.* 綿入れの, キルティングがほどこされた.

रुकना /rukạnā ルクナー/ [cf. *रोकना*] *vi.* (*perf.* रुका /rukā ルカー/) **1** 止まる;停止する;立ち止まる. (⇒थमना) ❐उसके रुके हुए आँसू उबल पड़े। 彼女の止まっていた涙が溢れ出た. ❐कभी-कभी तो आप-ही-आप उसके पाँव रुक जाते, फिर सचेत होकर चलने लगता। 時々ひとりでに彼の足は止まってしまい, その後我にかえって歩きだすのであった. ❐उसने ज़रा रुककर कहा। 彼女はちょっと立ち止まって言った. ❐वह दरवाज़े पर क्षण भर रुका। 彼は, 戸口で一瞬立ち止まった. ❐स्थान-स्थान पर जुलूस रुक जाता था। ところどころで, パレードは止まるのであった. **2** (乗り物が)停車する. ❐कार रुक गई। 車は停車した. ❐गाँव के स्टेशन पर यह ट्रेन नहीं रुकती। 村の駅にはこの列車は停車しない. **3** 留まる;滞在する;宿営する. (⇒टिकना, ठहरना) ❐थोड़ी देर रुक जाओ। しばらくいなさいよ. ❐एक मिनट रुको भाई। 君, ちょっと待ちたまえ. ❐अपने अधिकारियों को प्रभावित करने के लिए उन्होंने निर्धारित समय से ज़्यादा देर तक रुक कर काम किया। 自分の部下に印象づけるために, 彼は定刻よりも遅くまで残って仕事をした. **4** 妨げられる;中断される;中止される. ❐उसकी विचार-धारा रुक गयी। 彼の思考の流れが中断された. ❐पैसे की कमी की वजह से यह फ़िल्म बीच में रुक जाएगी। 資金不足で, この映画制作は中断してしまうだろう. ❐मेरे जीवन का क्या आदर्श है, आपको यह बतला देने का मोह मुझसे नहीं रुक सकता। 私の人生の理想は何か, このことをあなたに伝えたいという誘惑を私は止められない. **5** 口ごもる, ためらう.

रुक-रुककर /rukạ-rukạkarạ ルク・ルクカル/ *adv.* 途切れ途切れに, ためらいながら.

रुकवाना /rukạvānā ルクワーナー/ [caus. of *रुकना, रोकना*]

vt. (*perf.* रुकवाया /ruk̥avāyā ルクワーヤー/) 止めさせる; 止めてもらう.

रुकाना /rukānā ルカーナー/ [cf. *रुकवाना, रोकना*] *vt.* (*perf.* रुकाया /rukāyā ルカーヤー/) **1** (人を家に)泊める. **2** 止める, 中止する. (⇒रोकना)

रुकाव /rukāvḁ ルカーオ/ [cf. *रुकना*] *m.* ☞रुकावट

रुकावट /rukāvaṭḁ ルカーワト/ [cf. *रुकाना*] *f.* **1** 障害, 邪魔. ❐(में) ~ पड़ना (…に)邪魔が入る. **2** 停滞.

रुक़्क़ा /ruqqā ルッカー/ [←Pers.n. رقعة 'a sheet of paper for writing' ←Arab.] *m.* 書付(の紙), メモ.

रुख़ /ruxḁ ルク/ [←Pers.n. رخ 'a cheek; the face, countenance; the rook or tower at chess'; → Eng.n. *rook*] *m.* **1** 顔の表情, 顔つき; 態度, 姿勢. ❐(पर) (का) ~ बदलना (…に対する)(…の)態度が変わる. **2** 向き, (進む)方向, 方角. ❐मिसाइल का ~ मोड़ना ミサイルの向きを変える. ❐हवा का ~ 風向き. **3**〖ゲーム〗(チェスの)キャッスル, ルーク. (⇒हाथी) ❐~ सीधे ख़ानों पर चलता है। キャッスルはまっすぐのマス目を進むことができる.

रुख़सत /ruxḁsatḁ ルクサト/ [←Pers.n. رخصة 'leave, permission to retire' ←Arab.] *f.* 休暇(の許可). ❐~ होना 去る, 暇乞いする. ❐(को) ~ करना (人を)帰らせる, (人を)見送る. ❐(को) ~ देना (人に)休暇を与える, (人を)解雇する. ❐तुम्हारी शादी तय हो गई, ~ लेकर चले आओ। お前の結婚話がまとまった, 休暇をもらって戻ってこい.

रुखाई /rukʰāī ルカーイー/ [cf. *रूखा*] *f.* **1** 乾いて粗いこと, かさかさしていること, ざらざらしていること. **2** (態度が)冷たいこと, 無愛想なこと. ❐उसने ~ से जवाब दिया। 彼女は無愛想に返事をした.

रुखानी /rukʰānī ルカーニー/ [?] *f.* のみ, たがね.

रुग्ण /rugṇḁ ルグン/ [←Skt. *रुग्ण-* 'broken; diseased, sick, infirm'] *adj.* 病んでいる; 不調の.

रुग्णता /rugṇḁtā ルグンター/ [←Skt.f. *रुग्ण-ता-* 'brokenness, crookedness'] *f.* 病んでいること; 不調であること.

रुचना /rucḁnā ルチナー/ [<OIA. *rucyatē* 'is pleasant': T.10765] *vi.* (*perf.* रुचा /rucā ルチャー/) 好もしく思える, 気に入る. ❐उसे यह समस्या-पूर्ति नहीं रुची। 彼はこの付け足された下の句が気に入らなかった.

रुचि /ruci ルチ/ [←Skt.f. *रुचि-* 'liking, taste, relish, pleasure, appetite, zest'] *f.* 興味, 関心, 好奇心; 愛好; 審美眼. (⇒दिलचस्पी) ❐उन्हें इस संसार के व्यापर से कोई ~ न थी, बल्कि अरुचि थी। 彼女はこの世の出来事にはなんら関心がなかった, むしろ嫌悪があった. ❐(को) (में) ~ है। (人は)(…に)興味がある. ❐(में) ~ लेना (…に)興味をもつ.

रुचिकर /rucikarḁ ルチカル/ [←Skt. *रुचि-कर-* 'causing pleasure, exciting desire'] *adj.* **1** 関心を引く, 興味をそそる. **2** 食欲をそそる. ❐~ भोजन 食欲をそそる食事. ❐खाना ऐसा पकाएँ कि बीमार को भी ~ हो। 食事は病人も食欲がそそられるように作ってください.

रुचिकारक /rucikārakḁ ルチカーラク/ [neo.Skt. *रुचि-कारक-* 'causing pleasure, exciting desire'] *adj.* ☞रुचिकर

रुचिकारी /rucikārī ルチカーリー/ [neo.Skt. *रुचि-कारिन्-* 'causing pleasure'] *adj.* ☞रुचिकर

रुचिर /rucirḁ ルチル/ [←Skt. *रुचिर-* 'pleasant, charming, agreeable'] *adj.* **1** 心地のいい, 好みにかなっている. **2** 晴れやかな, すっきりしている, 美しい.

रुचिवर्धक /rucivardʰakḁ ルチワルダク/ [neo.Skt. *रुचि-वर्धक-* 'increasing interest'] *adj.* 興味をさらにそそる, 関心を増大させる.

रुझान /rujʰānḁ ルジャーン/ [←Pers.n. رجحان 'inclining, preponderating, drawing (a scale)' ←Arab.] *m.* **1** 性癖, 性向; (好みの)傾向, 傾斜; 傾倒. **2** 風潮, 趨勢, 傾向, トレンド.

रुठाना /ruṭʰānā ルターナー/ [cf. *रूठना*] *vt.* (*perf.* रुठाया /ruṭʰāyā ルターヤー/) 怒らせる.

रुत /rutḁ ルト/ [<Skt.m. *ऋतु-* 'any settled point of time; season'] *f.* 季節.

रुतबा /rutḁbā ルトバー/ [←Pers.n. رتبة 'a degree, a step; rank, dignity' ←Arab.] *m.* (高い)地位; 階級; 身分.

रुदन /rudanḁ ルダン/ [←Skt.n. *रुदन-* 'the act of crying, weeping, lamentation'] *m.* 涙を流すこと; 悲嘆にくれること.

रुद्ध /ruddʰḁ ルッド/ [←Skt. *रुद्ध-* 'obstructed, checked, stopped, suppressed, kept back, withheld'] *adj.* 妨げられた; 止められた; 閉ざされた; (息が)詰まった.

रुद्र /rudrḁ ルドル/ [←Skt. *रुद्र-* 'dreadful, terrific, terrible, horrible'] *adj.* 恐ろしい; 凶暴な. (⇒डरावना, भयंकर)

— *m.*〖ヒンドゥー教〗ルドラ《シヴァ神 (शिव) の別名; 憤怒の形相をしている》. ❐मैं उस समय ~ बना हुआ था। 私はその時憤怒の権化と化していた.

रुद्राक्ष /rudrākṣḁ ルドラークシュ/ [←Skt.m. *रुद्र-अक्ष-* 'Rudra(Shiva)-eyed'] *m.*〖植物〗ジュズボダイジュ(数珠菩提樹), インドジュズノキ(の種子)《ホルトノキ科に属する; 種子は「金剛子」または「金剛珠」と呼ばれる; ヒンドゥー教シヴァ派の人たちは数珠にし宗教儀礼に使用する》.

रुधिर /rudʰirḁ ルディル/ [←Skt.n. *रुधिर-* 'blood'] *m.* 血. (⇒ख़ून, लहू, रक्त) ❐रणभूमि ~ से लाल हो गई। 戦場は血で赤く染まった.

रुपना /rupḁnā ルプナー/ [cf. *रोपना*] *vi.* (*perf.* रुपा /rupā ルパー/) 植えられる; 移植される.

रुपया /rupayā ルパヤー/ [<OIA. **rūpiya-* 'silver': T.10804z2] *m.* **1**〖単位〗1 ルピー. **2**《単数形のみ》お金. (⇒पैसा)

रुपल्ली /rupallī ルパッリー/ [cf. *रुपया*] *f.* ルパッリー《貨幣単位「ルピー」(रुपया) と同義; 特に卑しくさげすんだ「銭金」という意味で》.

रुपहरा /rupahḁrā ルパヘラー/ ▸रुपहला *adj.* ☞रुपहला

रुपहला /rupahalā ルパヘラー/ ▶रुपहरा [＜OIA. **rūpiya-* 'silver': T.10804z2; cf. Skt. *रूप-धर-* 'being of the colour of'] *adj.* 銀でできている;銀色の. ❒रुपहली चाँदनी 銀色の月光.

रुबाई /rubāī ルバーイー/ [←Pers.n. رباعی 'a verse of four hemistichs, a tetrastich' ←Arab.] *f.* 〖文学〗ルバーイー《4 つの半句 (मिसरा)からなる詩形;主にペルシア語, ウルドゥー語などで》.

रुस्तम /rustama ルスタム/ [←Pers.n. رستم 'the most renowned hero among the Persians'] *m.* ルスタム, ロスタム《ペルシャの伝説的勇者》.

रुमाल /rumāla ルマール/ ▶रूमाल *m.* ☞रूमाल

रुमाली /rumālī ルマーリー/ ▶रूमाली *f.* ☞रूमाली

रुलाई /rulāī ルラーイー/ [cf. *रुलाना*] *f.* 泣くこと;泣きそうな気持.

रुलाना /rulānā ルラーナー/ [caus. of *रोना*] *vt.* (*perf.* रुलाया /rulāyā ルラーヤー/) 泣かす, 泣かさせる;涙ぐませる.

रुष्ट /ruṣṭa ルシュト/ ←Skt. *रुष्ट-* 'angry'] *adj.* 腹を立てた;不機嫌になった. ❒वह ～ होकर बोली। 彼女は腹を立てて言った.

रुष्टता /ruṣṭatā ルシュトター/ [←Skt.f. *रुष्ट-ता-* 'anger'] *f.* 怒り;不機嫌であること.

रुँगटा /rũgaṭā ルーングター/ ▶रोंगटा *m.* ☞रोंगटा

रुँधना /rũdʰanā ルーンドナー/ [＜OIA. *rundhati* 'obstructs': T.10782] *vt.* (*perf.* रुँधा /rũdʰā ルーンダー/) **1** (道などを)封鎖する;(防護のために)(柵で)囲い込む. **2** (事業の進展などを)はばむ;封じる.

रुई /rūī ルーイー/ ▶रूई *f.* ☞रूई

रुईदार /rūīdāra ルーイーダール/ ▶रूईदार *adj.* ☞रूईदार

रूक्ष /rūkṣa ルークシュ/ [←Skt. *रूक्ष-* 'rough, dry, arid, dreary'] *adj.* 粗野な;冷淡な;粗い. (⇒रूखा)

रूक्षता /rūkṣatā ルークシャター/ [←Skt.f. *रूक्ष-ता-* 'roughness, dryness, aridity, harshness, unkindness'] *f.* 粗野であること;冷淡であること.

रूखा /rūkʰā ルーカー/ [＜OIA. *rūkṣá-* 'dry, rough': T.10799] *adj.* **1** 粗末な;粗雑な;粗い. ❒रूखी रोटियाँ 粗末な食べ物. **2** 無愛想な, そっけない, ぶっきらぼうな. ❒रूखे स्वर में कहना そっけない声で言う.

रूखापन /rūkʰāpana ルーカーパン/ [*रूखा* + *-पन*] *m.* **1** 粗末であること;粗雑であること. **2** 情味に乏しいこと, そっけないこと, ぶっきらぼうであること.

रूखा-सूखा /rūkʰā-sūkʰā ルーカー・スーカー/ *adj.* 粗末な(食べ物). ❒～ खाना 粗末な食べ物を食べる.

रूठना /rūṭʰanā ルートナー/ [＜OIA. *ruṣṭa-¹* 'angry': T.10791] *vi.* (*perf.* रूठा /rūṭʰā ルーター/) (気分を害して)むくれる, すねる, ふくれる. (⇒रूसना) ❒बहुत होगा, गालियाँ दे लेगी, एक-दो दिन रूठी रहेगी, थाना-पुलिस की नौबत तो न आयेगी। てんやわんやになるだろう, 彼女は悪口雑言言うだろう, 数日はすねるだろう, でも警察沙汰にはならないだろう. ❒वह सास से रूठ जाती थी और सास उसे दुलारकर मनाती थी। 彼女が姑に対しむくれると姑は彼女を甘やかしなだめるのだった. ❒स्त्री रूठकर मैके चली गयी। 妻はむくれて実家に帰ってしまった.

रूढ़ /rūṛʰa ルール/ [←Skt. *रूढ-* 'traditional, conventional, popular'] *adj.* **1** 因習的な, 慣習的な. ❒～ मान्यताएँ 因習的な価値観. **2** 〖言語〗慣用的な(意味), 定着した. ❒～ शब्द 慣用語《語源的に分解して合成される意味とは直接関係ない慣用的な意味をもつ語;たとえば, पंकज という語は पंक「泥」と ज「(…から)生まれた」に語源的に分解できるが,「蓮」という意味が慣用として定着している》. ❒इस शब्द का ～ अर्थ この語の定着した意味.

रूढ़ि /rūṛʰi ルーリ/ [←Skt.f. *रूढि-* 'tradition, custom, general prevalence, current usage (esp. of speech)'] *f.* 因習, 慣習, 伝統. ❒पुरानी रूढ़ियों का गुलाम 古い因習の奴隷. ❒रूढ़ियों के बंधन को तोड़ना 因習の束縛を打破する.

रूढ़िबद्ध /rūṛʰibaddʰa ルーリバッド/ [neo.Skt. *रूढि-बद्ध-* 'bound by convention'] *adj.* 因習にとらわれた.

रूढ़िवाद /rūṛʰivāda ルーリワード/ [neo.Skt.m. *रूढि-वाद-* 'conventionalism; conservatism'] *m.* 慣例主義, 因習尊重;保守主義.

रूढ़िवादी /rūṛʰivādī ルーリワーディー/ [neo.Skt. *रूढि-वादिन्-* 'conventionalistic; conservative'] *adj.* 因習的な;保守的な.
— *m.* 慣例主義者;保守主義者.

रूप /rūpa ループ/ [←Skt.n. *रूप-* 'any outward appearance or phenomenon or colour, form, shape, figure'] *m.* **1** 形, 形状. (⇒सूरत) **2** 容姿, 姿, 肢体. (⇒सूरत) **3**《「形容詞 ～ से」で副詞句を作る》. ❒निश्चित ～ से 確実に, 確かに. ❒पूर्ण ～ से 完全に. ❒प्रत्यक्ष [परोक्ष] ～ से 直接[間接]的に. **4**《के ～ में の形式で副詞句「…として」》. ❒अधिकार के ～ में 権利として. ❒पुरुष के ～ में 男として.

रूपक /rūpaka ルーパク/ [←Skt.n. *रूपक-* 'a figure of speech, metapbor, comparison, simile'] *m.* 隠喩, メタファー.

रूपभेद /rūpabʰeda ループベード/ [←Skt.m. *रूप-भेद-* 'diversity or variety of forms or manifestations'] *m.* **1** 変形;変種. **2** 〖生物〗変態.

रूपरेखा /rūparekʰā ループレーカー/ [neo.Skt.f. *रूप-रेखा-* 'sketch, outline (of a topic)'] *f.* 輪郭, アウトライン;素描.

रूपलावण्य /rūpalāvaṇya ループラーワニエ/ [←Skt.n. *रूप-लावण्य-* 'beauty of form, elegance, loveliness'] *m.* 美しい体つき, 美しい姿.

रूपवंत /rūpavaṃta ループワント/ [←Skt. *रूप-वत्-* 'handsome, beautiful'] *adj.* 美しい容貌の, 美貌の.

रूपवती /rūpavatī ルーパオティー/ [←Skt.f. *रूपवती-* 'a handsome woman'] *adj.* 美しい(女), 美貌の.
— *f.* 美しい女.

रूपवान् /rūpavān ループワーン/ [←Skt. *रूप-वत्-* 'handsome, beautiful'] *adj.* ☞रूपवंत

रूपसी /rūpasī ループスィー/ [pseudo.Skt. *रूपस्- for Skt. रूपस्विन्- 'handsome, beautiful'] *f.* 美しい女.

रूपांतर /rūpāṃtara ルーパーンタル/ [neo.Skt.n. रूप-अन्तर- 'transformation'] *m.* **1** 変化, 変形. **2** 翻案, 改作. ❐कहानी का रेडियो नाट्य ～ 短編小説のラジオ劇用翻案. **3** 翻訳(版). (⇒अनुवाद) ❐(का) हिंदी ～ (…の)ヒンディー語翻訳(版).

रूपांतरण /rūpāṃtaraṇa ルーパーンタラン/ [neo.Skt.n. रूप-अन्तरण- 'transformation'] *m.* ☞रूपांतर

रूम /rūma ルーム/ [←Eng.n. *room*] *m.* 部屋, ルーム《主に英語から借用された名詞句の一部として》. (⇒कमरा) ❐ग्रीन ～ 楽屋, 俳優控え室. ❐ड्राइंग ～ 客間. ❐ड्रेसिंग ～ 化粧室. ❐लिविंग ～ リビング, 居間.

रूमानिया /rūmāniyā ルーマーニヤー/ ▸रोमानिया *m.* ☞रोमानिया

रूमानी[1] /rūmānī ルーマーニー/ [?cf. Fr.m. *roman*] *adj.* ロマンティックな; 感傷的な. (⇒रोमांटिक) ❐अगर मैं चौबीस-पचीस की ～ उम्र में अपने को ऐसी स्थिति में पता तो बड़े आँसू बहाता। もし私が 24,5 の感傷的な年齢の時自分がこのような状況であったなら, たいそう涙を流したかもしれない.

रूमानी[2] /rūmānī ルーマーニー/ ▸रोमानी *adj.* ☞रोमानी[1]

रूमाल /rūmāla ルーマール/ ▸रुमाल [←Pers.n. رومال 'handkerchief'] *m.* ハンカチ.

रूमाली /rūmālī ルーマーリー/ ▸रुमाली [←Pers.n. رومالی 'a handkerchief worn about the head'] *f.* **1** スカーフ《ハンカチを頭に覆い結んだもの》. **2** 小さな腰布; おむつ. **3** 『スポーツ』ルーマーリー《ムグダル (मुगदर) を使った肉体鍛錬の一種》.

रूल /rūla ルール/ [←Eng.n. *rule*] *m.* **1** 規則, ルール. **2** 物差し, 定規. (⇒रूलर) ❐उसने ～ को तो हाथ पर लिया। (相手を叩くために)彼は物差しを手に取った.

रूलर /rūlara ルーラル/ [←Eng.n. *ruler*] *m.* 物差し, 定規.

रूस /rūsa ルース/ [←Pers.n. روس 'Russia'] *m.* 『国名』ロシア; ロシア連邦; 旧ソ連邦.

रूसना /rūsanā ルースナー/ [<OIA. *rúṣyati* 'is angry': T.10794] *vi.* (*perf.* रूसा /rūsā ルーサー/) ☞रूठना

रूसी[1] /rūsī ルースィー/ [←Pers. روسی 'Russian; a Russian'] *adj.* **1** ロシアの. **2** ロシア人の. **3** ロシア語の. ❐～ भाषा ロシア語.
— *m.* ロシア人.
— *f.* ロシア語.

रूसी[2] /rūsī ルースィー/ [?] *f.* (頭の)ふけ. (⇒खुश्की)

रूह /rūha ルーフ/ [←Pers.n. روح 'the soul, incorporeal spirit' ←Arab.] *f.* 魂, 霊魂; 真髄. (⇒आत्मा) ❐～ को मानता 霊魂の存在を信じる. ❐(की) ～ फ़ना [क़ब्ज़] होना (人が)恐ろしさに身も心も縮む思いをする. ❐(की) ～ काँपना (人が)恐ろしさに震え上がる.

रेंक /rēka レーンク/ [cf. रेंकना] *f.* 耳障りな音・声. ❐भावना मात्र दो तो वह भावातिरेक की ～ हो जाती है, तर्क मात्र दो तो सूखे काठ की घंटियों की टक-टक। (詩作において)感情だけを注ぐと感情過多の耳障りな言葉になってしまうし, 理屈だけを持ち込むと乾いた木材の鐘が出す音のようにぎすぎすした言葉になってしまう.

रेंकना /rēkanā レーンクナー/ [onom.; <OIA. *riṅk- 'roar, cry': T.10734] *vi.* (*perf.* रेंका /rēkā レーンカー/) **1** (ロバが)鳴く.《鳴き声は (ढेंचू-ढेंचू, हैंक्की-हैंक्की, हैंचूँ-हैंचूँ) など; 耳障りな音のイメージ》 **2** 大声でどなるように話す. **3** 調子っぱずれに大声で歌う.

रेंगना /rēganā レーングナー/ [<OIA. *ríṅgati* 'crawls': T.10739] *vi.* (*perf.* रेंगा /rēgā レーンガー/) **1** (手足を動かして)這う, 這って進む; (植物が)はう, からみつく. (⇒सरकना) ❐ज़मीन पर मगर की तरह ～ 地面をワニのように這って進む. **2** ゆっくり[のろのろ]進む. ❐क्या रेंग रहे हो, जल्दी चलो। 何をのろのろしているんだ, 速く歩こう.

रेंगाना /rēgānā レーンガーナー/ [caus. of रेंगना] *vt.* (*perf.* रेंगाया /rēgāyā レーンガーヤー/) 這って進ませる; (植物を)はわせる.

रेंट[1] /rēṭa レーント/ [?] *m.* 鼻水; 鼻くそ. ❐～ सुड़कना 鼻水をすする.

रेंट[2] /remṭa レーント/ [←Eng.n. *rent*] *m.* 賃貸料. (⇒किराया)

रे[1] /re レー/ [cf. Skt.ind. रे 'a vocative particle (generally used contemptuously or to express disrespect; often doubled)'; cf. T.10808] *int.* おい, なんてこった《不快・皮肉・軽蔑・怒りなどを表す; 感情の対象が女性名詞の場合は री とも》. ❐क्यों ～! 一体なぜなんだい! ❐वाह ～ नसीब! 〔皮肉〕なんてすばらしいんだ, この幸運! ❐हाय ～ दुर्भाग्य! ああなんてこった, この不運!

रे[2] /re レー/ [←Eng.n. *ray*] *f.* 光線. (⇒किरण) ❐एक्स-～ エックス線.

रे[3] /re レー/ [←Eng.n. *ray*] *m.* 『魚』エイ.

रेकार्ड /rekārḍa レーカールド/ ▸रिकार्ड, रेकॉर्ड *m.* ☞रिकार्ड

रेकार्डर /rekārḍara レーカールダル/ ▸रिकार्डर, रेकॉर्डर *m.* ☞रिकार्डर

रेक्जाविक /rekjāvika レークジャーヴィク/ [cf. Eng.n. *Reykjavik*] *m.* 『地名』レイキャビク, レイキャヴィーク《アイスランド(共和国) (आइसलैंड) の首都》.

रेख /rekʰa レーク/ [←Skt.m. रेख- 'a scratch, line'] *f.* ダッシュ, 横線. (⇒डैश)

रेख़ता /rexatā レークター/ ▹रेख़्ता [←Pers.adj. ریخته 'poured; scattered'] *m.* **1** レークター《混合言語, 混成言語; 特に北インドのデリー周辺のヒンディー語方言を基層にアラビア語・ペルシア語からの語彙が多く混合した言語の呼称; ウルドゥー語の初期の呼称の一つ》. **2** 『文学』レークター《ウルドゥー詩のジャンルの一つ》.

रेखांकन /rekʰāṃkana レーカーンカン/ [neo.Skt.n. रेखा-अङ्कन- 'underlining; demarcation; drawing'] *m.* **1** 線を引くこと. **2** 描写; デッサン.

रेखांकित /rekʰāṃkita レーカーンキト/ [neo.Skt. रेखा-अङ्कित- 'underlined; demarcated; drawn'] *adj.* **1** 線が引かれた; 境界線が引かれた; 下線が引かれた; 強調

された. ❐～ चित्र 〖数学〗線グラフ. **2** 描写された, 活写された. ❐～ करना 描写する, 活写する.

रेखा /rek^hā レーカー/ [←Skt.f. *रेखा-* 'a scratch, streak, stripe, line'] *f.* **1** 〖数学〗線;直線. (⇒लाइन) ❐सीधी ～ खींचना 直線を引く. ❐अंतर्राष्ट्रीय दिनांक ～ 〖地理〗国際日付変更線. ❐खड़ी [पड़ी] ～ 垂直[水平]線. ❐देशांतर ～ 〖地理〗経(度)線. **2** しわ;すじ. (⇒झुर्री) ❐प्रकाश की ～ 一筋の光. ❐माथे पर रेखाएँ 額のしわ. **3** (手相の線からわかる)運命. ❐भाग्य की ～ 運命線.

रेखा-गणित /rek^hā-gaṇita レーカー・ガニト/ [←Skt.n. *रेखा-गणित-* 'line-reckoning, geometry'] *m.* 〖数学〗幾何学. (⇒ज्यामिति)

रेखा-चित्र /rek^hā-citra レーカー・チトル/ [neo.Skt.n. *रेखा-चित्र-* 'sketch'] *m.* スケッチ;デッサン.

रेख़्ता /rextā レークター/ ▷रेख़ता *m.* ☞रेख़ता

रेग /rega レーグ/ [←Pers.n. ریگ 'sand, gravel, dust'] *f.* 砂;小石;砂利. (⇒बालू, रेत)

रेगमार /regamāra レーグマール/ [? *रेग* + *मारना*] *m.* ☞रेगमाल

रेगमाल /regamāla レーグマール/ [? *रेग* + *मलना*] *m.* 紙やすり. (⇒बलुआ काग़ज़) ❐～ से रगड़ना 紙やすりでこする.

रेगिस्तान /registāna レーギスターン/ [←Pers.n. ریگستان 'a sandy region'] *m.* 砂漠. (⇒मरुभूमि, मरुस्थल)

रेचक /recaka レーチャク/ [←Skt. *रेचक-* 'emptying, purging, aperient, cathartic'] *adj.* 〖医学〗下剤の, 排便をうながす. ❐～ दवा 下剤.

रेचन /recana レーチャン/ [←Skt.n. *रेचन-* 'the act of emptying, lessening, exhausting'] *m.* 〖医学〗下剤(での排便).

रेज़गारी /rezagārī レーズガーリー/ [cf. Pers.n. ریزگی 'a scrap, bit; small coin (as two anna, four-anna, or eight-anna pieces)'] *f.* 小銭.

रेज़गी /rezagī レーズギー/ [←Pers.n. ریزگی 'a scrap, bit; small coin (as two anna, four-anna, or eight-anna pieces)'] *f.* ☞रेज़गारी

रेजिमेंट /rejimeṃṭa レージメーント/ [←Eng.n. *regiment*] *f.* 連隊. ❐राइफ़ल ～ ライフル連隊.

रेट /reṭa レート/ [←Eng.n. *rate*] *m.* **1** 率, 割合, 歩合. (⇒अनुपात, दर) **2** 相場. (⇒दर)

रेडियो /reḍiyo レーディヨー/ [←Eng.n. *radio*] *m.* **1** ラジオ. ❐～ पर समाचार सुनना ラジオでニュースを聞く. **2** 無線電話[電信].

रेढ़ी /reṛ^hī レーリー/ [?＜OIA. **ṭhēḍḍ-* 'push': T.05512; cf. DEDr.3135 (DED.2559)] *f.* 手押し車.

रेणु /reṇu レーヌ/ [←Skt. *रेणु-* 'dust, a grain or atom of dust, sand etc.'] *f.* 塵(ちり), ほこり.

रेत /reta レート/ ▸रेता [＜OIA.n. *rētra-* 'perfumed powder': T.10816] *f.* **1** 砂. (⇒बालू) ❐～ में दौड़ना 砂の中を走る. ❐जलती हुई ～ में तलवे भुन जाना 熱く焼けた砂で足裏がやけどする. **2** (川岸の)砂洲. (⇒बालू)

रेतना /retanā レートナー/ [＜OIA.n. *rētra-* 'perfumed powder': T.10816] *vt.* (*perf.* रेता /retā レーター/) **1** やすり (रेती) をかける. **2** (刃物で)引いて切る. ❐जब गोबर उसे मारता, तो उसे ऐसा क्रोध आता कि गोबर का गला छुरे से रेत डाले। ゴーバルが彼女を殴るたびに, 彼女はゴーバルの首をナイフで切り裂いてやろうと思うほどの怒りがこみあげるのだった. ❐तुमने मेरे साथ भलाई की है या उलटी छुरी से मेरा गला रेता है? お前は私に親切をほどこしたのか, それともナイフの背で私の喉を剃ったのか(＝ずうずうしく欺いたのか)?

रेता /retā レーター/ ▸रेत *m.* ☞रेत

रेती /retī レーティー/ [cf. *रेत*] *f.* **1** 砂州;砂地. **2** やすり. ❐～ से चिकना करना やすりでなめらかにする.

रेतीला /retīlā レーティーラー/ [cf. *रेत*] *adj.* 砂を含んだ, 砂だらけの. ❐～ मैदान 砂地, 砂原.

रेप /repa レープ/ [←Eng.n. *rape*] *m.* レイプ, 強姦, 婦女暴行. (⇒बलात्कार) ❐(के साथ) ～ करना (人を)レイプする.

रेफ /rep^ha レープ/ [←Skt.m. *रेफ-* 'a burring guttural sound, the letter र (as so pronounced)'] *m.* レーパ《रの半子音字 र्◌》.

रेफ़री /refarī レーフリー/ [←Eng.n. *referee*] *m.* 〖スポーツ〗レフリー, 審判員.

रेयूनियों /reyūniyõ レーユーニヨーン/▸रियूनियन [cf. Eng.n. *Reunion*] *m.* 〖地理〗レユニオン《マダガスカル島東方のインド洋上に位置する, フランス(共和国) (फ़्रांस) の海外県;県都はサン＝ドゥニ (सेंट डेनिस)》.

रेल /rela レール/ [←Eng.n. *rail*] *f.* 鉄道. (⇒रेलवे) ❐～ की पटरी 鉄道線路. ❐～ समय सारणी 列車時刻表.

रेलगाड़ी /relagāṛī レールガーリー/ [*रेल* + *गाड़ी*] *f.* 汽車;列車;電車.

रेलना /relanā レールナー/ [cf. *रेला*] *vt.* (*perf.* रेला /relā レーラー/) (激しい力で)押しのける, 押し出す.

रेल-पेल /rela-pela レール・ペール/ [echo-word; cf. *रेलना*] *f.* (群衆の)押し合いへし合い;込み合い. ❐गाड़ियों की ～ 車の大渋滞. ❐मेट्रो रेल में ～ 地下鉄の中の押し合いへし合い.

रेलवे /relave レールヴェー/ [←Eng.n. *railway*] *f.* 鉄道. (⇒रेल) ❐～ स्टेशन 鉄道の駅.

रेला /relā レーラー/ [＜OIA.m. *raya-* 'stream, current': T.10638] *m.* (群衆などの)殺到;(人混みの)押し合い;奔流(ほんりゅう). ❐एक हज़ार आदमियों का दल ～ मारकर मिल से निकल आया। 千人もの人々の集団が雪崩を打って工場から出てきた. ❐भीड़ का ～ 群衆の殺到.

रेवड़ /revaṛa レーワル/ [?] *m.* (家畜の)群れ.

रेवड़ी /revaṛī レーオリー/ [＜OIA. **rēvaḍa-* 'a sweetmeat covered with seeds': T.10822] *f.* 〖食〗レーオリー《ゴマを散らした砂糖菓子の一種;パリパリしてもろい》.

रेशम /reśama レーシャム/ [←Pers.n. ریشم 'silk'] *m.* 絹, シルク. (⇒सिल्क) ❐～ कीट 〖昆虫〗蚕(カイコ).

रेशमी /reśamī レーシュミー/ [←Pers.adj. ریشمی 'silken'] *adj.* 絹の;絹製の. ❐～ कपड़ा 絹布.

रेशा /reśā レーシャー/ [←Pers.n. ریشہ 'a fringe; a fibre']

m. 繊維;葉脈. ❒आहारीय 〜 食物繊維.

रेस्टरेंट /resṭaremṭa レースタレーント/ [←Eng.n. *restaurant*] *m.* 〖食〗レストラン, 料理店. (⇒रेस्तराँ, होटल)

रेस्तराँ /restarā̃ レースタラーン/ ▸रेस्टरेंट [←Fr.m. restaurant] *m.* 〖食〗レストラン, 料理店. (⇒रेस्टरेंट, होटल)

रेह /reha レーヘ/ [?←Pers.n. ریہ 'brackish soil'; ?＜OIA. **rēhā-* 'sand': T.10824] *f.* レーヘ《アルカリ性白土, フラー土;砕いて水を加えて洗浄・漂白などに使用》.

रेहड़ी /rehaṛī レーヘリー/▸रहडू [＜OIA.m. *rátha-* 'chariot, cart': T.10602] *f.* 手押し車, 荷車. (⇒ठेला)

रेहन /rehana レヘン/▸रहन [←Pers.n. رہن 'a plege, a pawn' ←Arab.] *m.* 〖経済〗抵当, 担保. (⇒बंधक) ❒〜 करना [रखना] (…を)抵当に入れる, 担保にする. ❒〜 छुड़ाना 抵当を受け戻す.

रेहनदार /rehanadāra レヘンダール/ [*रेहन* + *-दार*] *m.* 〖経済〗抵当債権者.

रेहननामा /rehananāmā レヘンナーマー/ [*रेहन* + *-नामा*] *m.* 〖経済〗抵当証書.

रेहल /rehala レーハル/ ▸रहल, रिहल *f.* ☞रहल

रैकून /raikūna ラェークーン/ [←Eng.n. *raccoon*] *m.* 〖動物〗タヌキ(狸).

रैगिंग /raigimga ラェーギング/ [←Eng.n. *ragging*] *f.* 悪ふざけ;(新入生に対する)いじめ, しごき.

रैन /raina ラェーン/ [＜OIA.f. *rajanī́-* 'night': T.10579] *f.* 夜. (⇒रात)

रैन-बसेरा /raina-baserā ラェーン・バセーラー/ *m.* ねぐら;(ホームレス用の)簡易宿泊所.

रैयत /raiyata ラェーヤト/ [←Pers.n. رعية 'a herd of grazing camels; people, subjects; peasant, pleberian' ←Arab.] *f.* **1** 小作人;借地人. **2** 臣民, 臣下.

रैयतवारी /raiyatavārī ラェーヤトワーリー/ [←Pers. رعیت واری 'by individuals, individually; the ryotwary system'] *f.* 〖歴史〗ライヤットワーリー制《英国東インド会社のインド統治下の南インドを中心にした地税徴収税制;個々の農民から直接租税を徴収し, 領主や地主などの徴税請負人を介さない》. (⇔ज़मीनदारी)

रैली /railī ラェーリー/ [←Eng.n. *rally*] *f.* **1** 決起集会, 大衆集会. ❒〜 निकालना 決起集会に向けて行進をする. **2** 〖スポーツ〗(テニス・卓球などの)ラリー, 応酬. **3** (自動車競技の)ラリー.

रोंगटा /rõgaṭā ローングター/▸रूँगटा [cf. *रोआँ*] *m.* 体毛《主に以下の表現で使用》. (⇒रोआँ) ❒(के) रोंगटे खड़े हो जाना (人の)身の毛がよだつ.

रोआँ /roā̃ ローアーン/ ▸रुआँ, रोयाँ [＜OIA.n. *rṓman-* 'hair (esp. short hair) on body of men and animals': T.10851] *m.* **1** うぶ毛;体毛. ❒उसकी कल्पना ही से उसके रोएँ खड़े हो जाते थे। そのことを想像して彼の身の毛がよだつのだった. **2** 〖動物〗動物の毛;羊毛;(鳥の)綿毛. **3** (じゅうたんの)けば.

रोएँदार /roẽdāra ローエーンダール/ ▸रोयेंदार [*रोआँ* + *-दार*] *adj.* 毛むくじゃらの, 毛深い.

रोक /roka ローク/ [cf. *रोकना*] *f.* **1** 制限, 抑制;阻止, 妨害;禁止. ❒(की) 〜 निकालना (…の)抑制[禁止]策を講じる. ❒(पर) 〜 लगाना (…を)抑制する;禁止する. **2** 障害, 障壁.

रोक-टोक /roka-ṭoka ローク・トーク/ *f.* **1** 阻止, 妨害;禁止. ❒(में) 〜 करना (…を)妨害する. **2** (歩哨などによる)制止, 誰何(すいか).

रोकड़ /rokaṛa ローカル/ [＜OIA. **rōkka-* 'ready money': T.10828] *f.* 〖経済〗現金;即金. (⇒कैश, नक़द)

रोकड़-जमा /rokaṛa-jamā ローカル・ジャマー/ *f.* 〖経済〗初めの収支(勘定), 開始残高.

रोकड़-बही /rokaṛa-bahī ローカル・バヒー/ *f.* 〖経済〗金銭出納帳.

रोकड़-बाक़ी /rokaṛa-bāqī ローカル・バーキー/ *f.* 〖経済〗現金残高.

रोकड़िया /rokaṛiyā ロークリヤー/ [cf. *रोकड़*] *m.* (銀行の)出納係.

रोक-थाम /roka-tʰāma ローク・ターム/ *f.* **1** 阻止, 排斥, ボイコット. ❒विलायती कपड़े की 〜 外国製衣類の排斥. **2** 防止, 予防. ❒अपराधों की 〜 犯罪の防止. ❒प्रदूषण की 〜 汚染の防止. ❒बाल विवाह की 〜 幼児婚の防止.

रोकना /rokanā ロークナー/ [＜OIA. **rōkk-* 'stop': T.10827] *vt.* (*perf.* रोका /rokā ローカー/) **1** 止める, 停止させる;中断させる, 中止する;阻止する;(道を)閉鎖する;誰何(すいか)する. ❒उसने कार रोक दी। 彼は車を止めた. ❒लत्ते और चिथड़े ठूँसकर अब उस प्रवाह को नहीं रोक सकता। くずやぼろ布を詰め込んだくらいでは, もはやその流れを阻止することができない. **2** 抑制する;妨害する;(話を)さえぎる. ❒वह मेरा रास्ता रोककर बोला। 彼は私の行く手をはばんで言った. **3** 禁止する, やめさせる. ❒उसने मुझे वहाँ जाने से रोका। 彼は, 私がそこに行くのを禁止した. ❒स्काउटिंग दल में भी प्रवेश लेने से मुझे रोका गया। ボーイスカウトに入会することも私は禁止された. **4** (人を)拘置する, 拘束する;抑留する, 拘引する. **5** (与えることを)保留する;差し止める. **6** (…から)食い止める, 守り防ぐ, 防御する;(危険などを)回避する;思いとどまらす. ❒उन्होंने हरियाणा में शराब की तस्करी रोकने के लिए पड़ोसी राज्यों से सहयोग माँगा है। 彼はハリヤーナー州における酒の密輸を防ぐために隣接している各州に協力を要請した. ❒मौसम संबंधी उपग्रहों के माध्यम से मौसम पर नज़र रखने वाले उपकरणों से मिली चेतावनी के कारण तूफ़ान से तबाही को कुछ हद तक रोक लिया गया। 気象衛星を介して気象監視装置から得た警告によって, 台風による被害をある程度食い止められた. ❒मनोरोग चिकित्सकों का मानना है कि यदि आत्महत्या की बात सोच रहे लोगों का पता पहले चल जाए तो उन्हें ख़तरनाक कदम उठाने से रोका जा सकता है। 精神病の医者は, もし自殺を考えている人々の所在があらかじめわかれば彼らが危険な行動を起こすことを防げる, と認めている. **7** (自分の感情などを)抑圧する, こらえる, 押し殺す. ❒उसने लोभ को रोककर कहा। 彼は心の誘惑を押さえて言った. ❒वह माँ को प्रसन्न करने के प्रलोभन को न रोक सकी। 彼女は母を喜ばす誘惑に勝てなかった. ❐वह अपनी हँसी न रोक सकी। 彼女は笑いをこらえきれなかった. ❐उसने आँसुओं को रोकने की चेष्टा करके कहा। 彼女は涙をこらえる努力をして言った. ❐वे अपने को बहुत रोके हुए थे। 彼は自分をかなり押し殺していた.

रोग /rogạ ローグ/ [←Skt.m. *रोग-* 'a disease, sickness, malady, distemper, infirmity'] *m.* **1**〖医学〗病気, 疾病, 疾患. (⇒बीमारी) ❐अलज़ाइमर ～ アルツハイマー病. ❐असाध्य ～ 不治の病. ❐संक्रामक ～ 伝染病. **2** 社会的な悪弊, 病根. (⇒बीमारी) **3** (個人の)悪い癖, 困った習慣;厄災, 厄介事. (⇒बीमारी) ❐बाप का ～ कहीं बेटे को भी न लग जाए। 父親の悪い癖が息子に決してうつらないように.

रोगग्रस्त /rogạgrastạ ローググラスト/ [←Skt. *रोग-ग्रस्त-* 'seized with any disease or sickness'] *adj.* 病に侵された, 病気にかかった.

रोग़न /roğanạ ローガン/ ▸रौग़न [←Pers.n. روغن 'oil'] *m.* ニス, ペンキ;ニス塗り;塗装.

रोग़न-जोश /roğanạ-jośạ ローガン・ジョーシュ/▸रौग़न-जोश [←Pers.n. روغن جوش 'a fritter, anything fried in oil or butter'] *m.*〖食〗ローガンジョーシュ《香辛料の入ったヨーグルトに漬け込んだマトンを調理したカレー料理の一種》.

रोग़नदार /roğanạdārạ ローガンダール/ ▸रौग़नदार [←Pers.adj. روغن دار '(meat) dressed with oil; fed with oil (as a lamp)'] *adj.* ニス塗された;塗装された.

रोगनाशक /rogạnāśakạ ローグナーシャク/ [neo.Skt. *रोग-नाशक-* 'preventive, prophylactic'] *adj.*〖医学〗(病気)予防の.

रोग-निदान /rogạ-nidānạ ローグ・ニダーン/ [neo.Skt.n. *रोग-निदान-* 'diagnosis, pathogenesis'] *m.*〖医学〗診断.

रोग-विज्ञान /rogạ-vijñānạ ローグ・ヴィギャーン/ [neo.Skt.n. *रोग-वि-ज्ञान-* 'pathology'] *m.*〖医学〗病理学.

रोग-शय्या /rogạ-śayyā ローグ・シャッヤー/ [neo.Skt.f. *रोग-शय्या-* 'sickbed'] *f.* 病床. ❐～ पर पड़े रहना 病床に伏せる.

रोगाक्रांत /rogākrāṃtạ ローガークラーント/ [neo.Skt. *रोग-आ-क्रान्त-* 'diseased'] *adj.*〖医学〗病に侵された.

रोगाणु /rogāṇu ローガーヌ/ [neo.Skt.m. *रोग-अणु-* 'germ'] *m.*〖医学〗病原菌, ばい菌, 細菌.

रोगिणी /rogiṇī ローギニー/ [←Skt. *रोगिन्-* 'sick, diseased, ill'] *adj.* 病気の(女).
— *f.* 女性の病人, 女性患者.

रोगी /rogī ローギー/ [←Skt. *रोगिन्-* 'sick, diseased, ill'] *adj.* 病気の, 病にかかった.
— *m.* 病人, 患者. (⇒मरीज़)

रोचक /rocakạ ローチャク/ [←Skt. *रोचक-* 'pleasing, agreeable'] *adj.* 興味深い, 関心を引く, おもしろい. (⇒दिलचस्प)

रोचकता /rocakạtā ローチャクター/ [?neo.Skt.f. *रोचक-ता-* 'appeal, interest'] *f.* 興味・関心をおこさせるもの;魅力, 人気. ❐खेल की ～ スポーツの面白さ. ❐गणित, विज्ञान का डर ～ से दूर किया जा सकता है। 数学や科学への恐れは興味や関心からなくすことができる.

रोज़ /rozạ ローズ/ [←Pers.n. روز 'a day'] *m.* **1** 1日. (⇒दिन) ❐हर ～ 毎日. **2** いつもの日. ❐वह भी आज ～ से ज़्यादा उदास था। 彼も今日はいつもよりふさぎこんでいた.
— *adv.* 毎日. ❐～ ～ 毎日, 来る日も来る日も.

रोज़गार /rozạgārạ ローズガール/ [←Pers.n. روزگار 'the world; labour, toil; earning'] *m.* **1** 定職;職, 仕事;雇用. ❐नए ～ मुहैया कराना 新しい雇用を生む. **2** 生計(の手段), 生業.

रोज़गारी /rozạgārī ローズガーリー/ [←Pers.adj. روزگاری 'one who earns'] *adj.* 定職をもっている(人).
— *m.* 定職をもっている人.

रोज़नामचा /rozạnāmạcā ローズナームチャー/ [←Pers.n. روز نامچه 'a book of the day, i.e. an ephemeris, calendar, almanack'] *m.* 日記;(当直)日誌. ❐～ भरना 日誌をつける. ❐～ लिखना 日記を書く.

रोज़मर्रा /rozạmarrā ローズマルラー/ [←Pers.n. روز مره 'daily conversation, common discourse'] *adj.* 日常の;日用の.
— *m.* **1** 日常;日常生活;日課;日常会話. ❐～ की चीज़ें 日用品. ❐～ की ज़िंदगी 日常生活. ❐～ की हिंदी 日常ヒンディー語. **2** 日当.

रोज़ा /rozā ローザー/ [←Pers.n. روزه 'fasting; a fast-day'] *m.*〖イスラム教〗断食《特にラマザーン月 (रमज़ान) の断食》. ❐～ खोलना 断食を解く. ❐～ रखना 断食をする.

रोज़ाना /rozānā ローザーナー/ [←Pers.adv. روزانه 'daily'] *adv.* 毎日.

रोज़ी /rozī ローズィー/ [←Pers.n. روزی 'daily food; monthly wages'] *f.* **1** 日々の糧. **2** 生計, 職;日当.

रोज़ीदार /rozīdārạ ローズィーダール/ [*रोज़ी* + *-दार*] *adj.* 定職のある.

रोट /roṭạ ロート/ [<OIA. **rōṭṭa-[1]* 'bread': T.10837] *m.* **1**〖食〗ロート《厚めに焼いた大型のローティー (रोटी)》. **2**〖食〗ロート《同上を甘く味付けしたもの;神へのお供え》.

रोटी /roṭī ローティー/ [<OIA. **rōṭṭa-[1]* 'bread': T.10837] *f.* **1**〖食〗ローティー《北インドで主食となる無発酵のパンの総称;小麦粉, 大麦, 黍などの挽いた粉 (आटा) を水を加えながらこねて, 適当にちぎった一塊 (लोई) を平らな板 (चकला) の上で延べ棒 (बेलन) を使ったり手で伸ばして薄い円形に形を整えてから, 鉄板 (तवा) で焼くか直火の上であぶって作る; चपाती, पराठा, फुलका などが含まれる》. **2**〖食〗(西洋)パン;食パン. **3** 食事, 食料. ❐～ कपड़ा और मकान 衣食住. **4** 生活の糧, 生活費. ❐～ कमाना 生活費を稼ぐ.

रोटी-कपड़ा /roṭī-kapaṛā ローティー・カプラー/ *m.* 衣食, 生活必需品. ❐～ और मकान 衣食住.

रोटी-दाल /roṭī-dālạ ローティー・ダール/ *f.* 粗末な食事;質素な生活. ❐उसके पैसे से ～ चल जाती थी। 彼の金で

なんとか食べていた.

रोड /roḍa ロード/ [←Eng.n. *road*] *f.* 道, 道路, 通り;街道《一般に主要街路の名に用いる》. ❒अशोक ～ アショーク通り.

रोड टाउन /roḍa ṭāuna ロード ターウン/ [cf. Eng.n. *Road Town*] *m.* 〖地名〗ロードタウン《(イギリス領)ヴァージン諸島 (वर्जिन द्वीपसमूह) の首都》.

रोड़ा /roṛā ローラー/ [<OIA. **ruṭṭa-* 'lump': T.10769] *m.* **1** 石ころ, 小石, (レンガなどの)破片. **2** 障害物, じゃま物[者]. ❒(की) राह में रोड़े अटकाना (人の)進路をじゃまする.

रोड़ी /roṛī ローリー/ [cf. *रोड़ा*] *f.* 石ころ, (レンガなどの)破片.

रोदन /rodana ローダン/ [←Skt.n. *रोदन-* 'a tear, tears'] *m.* 泣くこと. ❒करुण ～ से घर गूँज उठा। 痛ましい泣き声で家中が響き渡った.

रोध /rod^{h}a ロード/ [←Skt.m. *रोध-* 'the act of stopping, checking, obstructing, impeding'] *m.* 封鎖;阻止.

रोधक /rod^{h}aka ローダク/ [←Skt. *रोधक-* 'stopping, holding back, restraining, shutting up, besieging, blockading'] *adj.* 妨害する, 阻止する;止める. ❒गर्भ ～ गोली 〖医学〗避妊薬.

रोधन /rod^{h}ana ローダン/ [←Skt.n. *रोधन-* 'stopping, restraining, checking, preventing, impeding'] *m.* 妨害すること, 阻止すること;止めること.

रोना /ronā ローナー/ [<OIA. *rōdati* 'howls, weeps': T.10840] *vi.* (*perf.* रोया /royā ローヤー/) **1** 泣く. (⇒बिलखना) ❒वह एकांत में जाकर ख़ूब रोना चाहती है। 彼女は人気の無いところへ行って存分に泣きたいのだ. ❒वह मेरे पाँव पड़कर रोने लगी। 彼女は, 私の足をつかんで泣き出した. ❒रोते समय हृदय इतना भरा होता है कि मुँह से शब्द नहीं निकलते। 泣く時は胸が, 口から言葉が出てこないほど一杯になる. ❒वह फूट-फूट कर रोने लगी। 彼女は, わーわーと泣きだした. ❒वह बलल-बलल [बलर-बलर] रोए जा रही थी। 彼女は, わんわん泣いていた. ❒वह रो पड़ी। 彼女は泣き崩れた. ❒उसका सूना खटोला देखकर वह रो उठती। 主のいない彼のベッドを見て, 彼女は号泣した. ❒दिन-भर घर के धंधे करती रहती है और जब अवसर पाती है, रो लेती है। 彼女は一日中家事に追われている, そこで暇を見つけた時だけが泣くことができる時間である. **2** 嘆く. ❒(पर) रोना (…を)嘆き悲しむ.

— *vt.* (*perf.* रोया /royā ローヤー/) (不幸を)嘆き悲しむ. ❒उसने अपना दुखड़ा रोया। 彼は自分の不幸を嘆いた. ❒उसने अपने भाइयों का रोना रोया। 彼は自分の兄弟たちの不幸を嘆き悲しんだ. ❒तुम अपने दो सौ को रोते हो। 君は自分の200ルピーを惜しんで嘆いているんだろ. ❒वह सिर नीचा किये अपने भाग्य को रो रहा था। 彼は頭を垂れて自分の運命を嘆いていた.

— *m.* (不幸を)嘆き悲しむこと;愚痴(ぐち)《同語源の他動詞 रोना「(…を)泣く」の目的語となることが多い》. ❒उसने शहर के ख़र्च का ～ रोया। 彼は都会の出費を愚痴った. ❒न जाने क्यों मुझे भी ～ आ गया। なぜだか私も泣きたくなった.

रोना-कलपना /ronā-kalapanā ローナー・カラプナー/ *vi.* (*perf.* रोया-कलपा /royā-kalapā ローヤー・カルパー/) ☞रोना-धोना

रोना-धोना /ronā-d^{h}onā ローナー・ドーナー/ *vi.* (*perf.* रोया-धोया /royā-d^{h}oyā ローヤー・ドーヤー/) 泣き叫ぶ, 嘆き悲しむ. (⇒रोना-कलपना) ❒दो लड़कियाँ रो-धोकर सो गयी थीं। 二人の娘はさんざん嘆き悲しんで寝入ってしまった. ❒चालीस सात सैंतालीस साल इसी तरह रोते-धोते कट गये। 40と7, つまり47年がこのように嘆き悲しみながら過ぎて行った.

रोपण /ropaṇa ローパン/ [←Skt.n. *रोपण-* 'the act of planting, setting, sowing, transplanting'] *m.* **1** 植えつけ;移植;種まき. **2** 据えつけ.

रोपना /ropanā ロープナー/ [<OIA. *rōpayati*[2] 'plants': T.10848z2] *vt.* (*perf.* रोपा /ropā ローパー/) **1** (苗などを)植える;(種を)まく. (⇒बोना) ❒खेत में धान ～ 田に苗を植える. **2** (植物を)移植する. **3** 基礎を築く;(しっかりと)立てる. **4** (もらうために)(手を)差し出す. (⇒पसारना) **5** (攻撃を)(手や武器で)受け止める.

रोपाई /ropāī ローパーイー/ [cf. *रोपना*] *f.* 田植え;植えつけ. ❒सावन में धान की ～ की ऐसी धूम रही कि मजूर न मिले। サーワン月(=ヒンドゥー暦の第5月)は稲の植え付けで大忙しで人手が見つからなかった.

रोपित /ropita ローピト/ [←Skt. *रोपित-* 'caused to grow, raised, elevated; fixed, directed, aimed (as an arrow); set, planted'] *adj.* **1** (植物が)植えられた;(皮膚が)移植された. **2** (レンガ・タイルなどが)敷き詰められた.

रोब /roba ローブ/ ▸रुआब, रौब [←Pers.n. رعب 'terrifying, scaring; fear, terror' ←Arab.] *m.* **1** 威厳, 尊厳, 威風;畏敬, 畏怖. ❒सब उसका ～ मानते थे। 皆彼を畏敬していた. **2** 威圧的[傲慢な]態度. ❒(पर) ～ जमाना (人を)威圧する.

रोब-दाब /roba-dāba ローブ・ダーブ/ [*रोब* + *दाब*] *m.* 威厳, 尊厳. ❒उन दिनों के माता-पिता अपने लड़कों पर बड़ा ～ रखते थे। 当時の親というものは子どもにたいそう威厳があったものだ.

रोबदार /robadāra ローブダール/ [*रोब* + *-दार*] *adj.* **1** 威厳のある, 威風堂々とした, 畏敬の念を起こさせる. (⇒रोबीला) ❒मामा जी स्कूल में मामा के रूप में नहीं ～ हेडमास्टर साहब के रूप में मुझसे मिले। 叔父さんは学校では叔父としてではなく威厳のある校長先生として私に接した. **2** 威圧的な;傲慢な.

रोबीला /robīlā ロービーラー/ [cf. *रोब*] *adj.* **1** 威厳のある. (⇒रोबदार) **2** 威圧的な;傲慢な. (⇒रोबदार)

रोम[1] /roma ローム/ [←Skt.n. *रोमन्-* '(short) hair on body of men and animals'] *m.* 体毛. (⇒लोम) ❒(के) ～-～ में (人の)体の隅々まで.

रोम[2] /roma ローム/ [←Eng.n. *Rome*] *m.* 〖地名〗ローマ《イタリア(共和国) (इटली) の首都》.

रोमकूप /romakūpa ロームクープ/ [←Skt.m. *रोम-कूप-* 'hair-hole; a pore of the skin'] *m.* 毛穴.

रोमछिद्र /romac^{h}idra ロームチドル/ [neo.Skt.n. *रोम-छिद्र-* 'hair-hole; a pore of the skin'] *m.* 毛穴. ❒सारी देह सुन्न

हो गयी थी, मानो रोमछिद्रों से प्राण उड़े जा रहे हों। 全身の力がぬけてしまった，まるで毛穴という毛穴から命が飛び出しているかのようだった.

रोमन /romana ローマン/ [←Eng.adj. *Roman*] *adj.* 古代ローマ(人)の；ローマの. ❒～ कैथोलिक चर्च ローマカトリック教会. ❒～ लिपि ローマ字，ラテン文字. ❒～ साम्राज्य ローマ帝国. ❒संगमरमर की ～ शैली की मूर्तियाँ 大理石でできた古代ローマ風の彫像.
— *m.* 古代ローマ人. ❒रोमनों की ढाल 古代ローマ人の盾.

रोमांच /romāṃca ローマーンチ/ [←Skt.m. *रोम-अञ्च-* 'thrill of the hair'] *m.* (狂喜・恐怖で)身の毛がよだつこと，鳥肌がたつこと. ❒उसकी मौत की कल्पना ही से मुझे ～ हो उठा। 彼女の死を想像するだけで私は身の毛がよだった.

रोमांचक /romāṃcaka ローマーンチャク/ [neo.Skt. *रोमाञ्च-क-* 'horripilating, thrilling'] *adj.* ☞रोमांचकारी

रोमांचकारी /romāṃcakārī ローマーンチカーリー/ [neo.Skt. *रोमाञ्च-कारिन्-* 'horripilating, thrilling'] *adj.* (恐怖で)戦慄する，背筋が寒くなる. ❒～ समाचार 戦慄すべきニュース.

रोमांचित /romāṃcita ローマーンチト/ [←Skt. *रोम-अञ्चित-* 'having the hair of the body errect'] *adj.* (狂喜・恐怖で)身の毛がよだった，鳥肌がたった. ❒उसकी सारी देह और हृदय और प्राण ～ हो उठे। 彼女の全身がそして心臓がそして生命が(狂喜のあまり)震えた.

रोमांटिक /romāṃṭika ローマーンティク/ [←Eng.adj. *romantic*] *adj.* ロマンティックな，恋愛に関した.(⇒रूमानी) ❒～ उपन्यास 恋愛小説.

रोमा /romā ローマー/ [cf. Eng.n. *Roma*; ?cf. *डोम*] *m* ロマ人《かつて北インドからヨーロッパ，アフリカなど西方に移動したと考えられている少数民族；かつてはジプシーと総称された》.

रोमानिया /romāniyā ローマーニヤー/▸रूमानिया [cf. Eng.n. *Romania, Rumania*] *m.* 〖国名〗ルーマニア《首都はブカレスト (बुख़ारेस्ट)》.

रोमानी[1] /romānī ローマーニー/ ▸रूमानी [cf. *रूमनिया, रोमानिया*] *adj.* ルーマニアの；ルーマニア人の；ルーマニア語の.
— *m.* ルーマニア人.
— *f.* ルーマニア語.

रोमानी[2] /romānī ローマーニー/ [cf. Eng.n. *Romani* (language)] *f* ロマ語《かつて北インドからヨーロッパ，アフリカなど西方に移動したと考えられている少数民族ロマ रोमा の言語；かつてはジプシーの言語と呼ばれた》.

रोमावलि /romāvali ローマーオリ/ ▸रोमावली *f.* ☞रोमावली

रोमावली /romāvalī ローマーオリー/ ▸रोमावलि [←Skt.f. *रोम-आवली-* 'a line of hair (above the navel)'] *f.* (へその上の)うぶ毛の連なり《インド古典文学では美女の条件とされた》.

रोयाँ /royā̃ ローヤーン/ ▸रोआँ *m.* ☞रोआँ

रोयेंदार /royẽdāra ローエーンダール/ ▸रोएँदार *adj.* ☞रोएँदार

रोल[1] /rola ロール/ [←Eng.n. *roll*] *m.* **1** (会社，学級，団体の)名簿，出席簿，登録簿. ❒～ नंबर 出席番号. **2** 〖食〗巻いて作ったもの；ロールパン. ❒स्प्रिंग ～ 春巻. **3** 巻いたもの，ロール. ❒टॉयलेट ～ (一巻の)トイレットペーパー.

रोल[2] /rola ロール/ [←Eng.n. *role*] *m.* (映画・演劇などの)役；役割，任務.(⇒पार्ट, भूमिका)

रोलना /rolanā ロールナー/ [<OIA. *luḍáti* 'stirs': T.11080] *vt.* (*perf.* रोला /rolā ローラー/) 左右に揺する[振る].

रोली /rolī ローリー/ [cf. Skt.f. *रोचनी-* 'yellow pigment'] *f.* 〖ヒンドゥー教〗ローリー《ウコンと石灰を混ぜた赤色の粉；額に付けるティラク (तिलक) などに用いる》.(⇒कुमकुम)

रोशन /rośana ローシャン/ ▸रौशन [←Pers.adj. روشن *rośan* 'light, bright'; cf. Pers.n. روشن *rauśan* 'a window'] *adj.* 輝かしい，明るい. ❒क़ब्रस्तान में मशालें ～ थीं। 墓地では松明(たいまつ)が明るく燃えていた. ❒यह विदेश में भारत का नाम ～ करने का पुरस्कार था। それは海外においてインドの名を輝かしいものにしたご褒美(ほうび)だった.

रोशनदान /rośanadāna ローシャンダーン/ ▸रौशनदान [←Pers.n. روشندان *rośandān* 'a window-frame'; ←Pers.n. روشندان *rauśandān* 'a skylight'] *m.* 天窓，明り採り；(天窓の)窓枠.

रोशनाई /rośanāī ローシュナーイー/ [←Pers.n. روشنائی 'ink; an eye-salve'] *f.* インク.(⇒स्याही) ❒दवात उलट गई और ～ मेज़ पर फैल गई। インク壺がひっくり返りインクが机の上に広がった.

रोशनी /rośanī ローシュニー/▸रौशनी [←Pers.n. روشنی 'light'] *f.* **1** 輝き，光.(⇒प्रकाश, लाइट) ❒दुनिया को इस्लाम की ～ से रोशन कर दो। 世界をイスラム教の光で輝かせるのだ. **2** 灯火；電灯；明かり，照明，ライト. ❒बिजली की ～ 電気照明. ❒मशाल की ～ 松明(たいまつ)の明かり.

रोष /roṣa ローシュ/ [←Skt.m. *रोष-* 'anger'] *m.* **1** 怒り，憤り. ❒उसने नक़ली ～ से कहा। 彼女は怒ったふりをして言った. **2** 敵意，憎悪. ❒उसने नशीली आँखों में ～ भरकर कहा। 彼女は酔いのまわった目に憎悪を満たして言った.

रोहण /rohaṇa ローハン/ [←Skt.n. *रोहण-* 'the act of mounting or ascending or riding or sitting or standing on'] *m.* **1** 上ること，登ること；乗ること. **2** (植物が)はい登ること，成長すること.

रोहे /rohe ローヘー/ [?] *m.* 〖医学〗トラコーマ，トラホーム，結膜炎.

रौंदना /rā̃ūdanā ラォーンドナー/ [*रूँधना* × *खूँदना*] *vt.* (*perf.* रौंदा /rā̃ūdā ラォーンダー/) **1** 踏みつぶす；踏みつける.(⇒कुचलना) ❒जौ-गेहूँ के खेतों को रौंदता हुआ वह इस तरह भागा जा रहा था, मानो पीछे दौड़ आ रही है। 大麦・小麦の畑を踏みつけ

ながら，まるで追っ手が迫っているかのように彼は走っていた．**2** 踏みにじる，虐げる．(⇒कुचलना)

रौग़न /rauğana ラォーガン/ ▸रोग़न *m.* ☞रोग़न

रौग़न-जोश /rauğana-jośa ラォーガン・ジョーシュ/ ▸ रोग़न-जोश *m.* ☞रोग़न-जोश

रौग़नदार /rauğanadāra ラォーガンダール/ ▸रोग़नदार *adj.* ☞रोग़नदार

रौद्र /raudra ラォードル/ [←Skt. *रौद्र-* 'relating or belonging to or coming from *Rudra*; violent, impetuous, fierce, wild'] *adj.* 怒り狂った，憤怒(ふんぬ)の．❐～ रूप 憤怒の形相．
— *m.* 憤怒，激怒．

रौनक़ /raunaqa ラォーナク/ [←Pers.n. رونق 'beauty, elegance, grace, splendour, brightness, ornament' ←Arab.] *f.* **1** 輝き，光彩．**2** 光沢；(刃の)波紋．**3** (雰囲気の)華やかさ，にぎわい．

रौब /rauba ラォーブ/ ▸रोब *m.* ☞रोब

रौला /raulā ラォーラー/ [<OIA.n. *ravaṇa-*[1] 'noise': T.10642z1] *m.* 大騒ぎ，歓声，やかましい叫び声．❐～ मचाना やかましく大騒ぎする．

रौशन /rauśana ラォーシャン/ ▸रोशन *adj.* ☞रोशन

रौशनदान /rauśanadāna ラォーシャンダーン/ ▸रोशनदान *m.* ☞रोशनदान

रौशनी /rauśanī ラォーシュニー/ ▸रोशनी *f.* ☞रोशनी

ल

लंकलाट /laṃkalāṭa ランクラート/ [←Eng.n. *longcloth*] *m.* ロングクロス《元はインド産の上質木綿》．

लंका /laṃkā ランカー/ [←Skt.f. *लङ्का-* 'name of the chief town in Ceylon or of the whole islan'] *f.* **1** 〚神話〛ランカー島．**2** ☞श्रीलंका

लंगड़ /laṃgaṛa ランガル/ ▸लंगर *m.* ☞लंगर

लँगड़ /lãgaṛa ランガル/ ▸लँगड़ा *adj.* ☞लँगड़ा

लँगड़ा /lãgaṛā ラングラー/▸लँगड़ [?←Pers.adj. لنگ 'lame'; cf. OIA. **lakka-*[1] 'defective': T.10877; Skt.vi. *लङ्गति* 'limps': T.10902] *adj.* 〚医学〛足の不自由な．(⇒अंगहीन) ❐वह एक पैर से ～ है। 彼は片足が不自由だ．
— *m.* 足の不自由な人．

लँगड़ाना /lãgaṛānā ラングラーナー/ [cf. *लँगड़ा*] *vi.* (*perf.* लँगड़ाया /lãgaṛāyā ラングラーヤー/) (びっこをひきながら)よろよろ歩く．❐वह धीरे से उठी और लँगड़ाती हुई उसके पीछे हो ली। 彼女はゆっくりと立ち上がった，そしてびっこをひきながら彼の後にしたがった．

लँगड़ापन /lãgaṛāpana ラングラーパン/ [*लँगड़ा* + *-पन*] *m.* 〚医学〛びっこ(をひくこと)．

लंगर /laṃgara ランガル/ ▸लंगड़ [←Pers.n. لنگر 'an anchor'] *m.* 錨(いかり)．❐～ डालना 錨を下す．

लंगूर /laṃgūra ラングール/ [<OIA.n. *lāṅgūlá-* 'tail': T.11009] *m.* 〚動物〛ラングール，ハヌマーンラングール《南インドに生息するオナガザル科に分類されるサル；灰褐色の体毛，黒い皮膚，長い尾が特徴；インド神話に登場する猿の王ハヌマーン (हनुमान्) と関連付ける民間信仰がある》．

लँगोट /laṃgoṭa ランゴート/ ▸लँगोटा [<OIA. **laṅgapaṭṭa-* 'loincloth': T.10903] *m.* **1** ランゴート《男性用の腰に巻く布，腰布，ふんどし》．❐～ कसना [बाँधना] ふんどしをしめる《「かたく決心をして，覚悟して事に当たる」の意も》．❐～ का ढीला 腰布のゆるい(男)《「女にだらしない(男)」の意》．❐～ का पक्का [सच्चा] 腰布にまちがいのない(男)《「不貞を働かない(男)」の意》．❐～ खोलना (男が)腰布をほどく《「女にふしだらな行為をする」の意も》．**2** (幼児の)おむつ，おしめ．

लँगोटा /lãgoṭā ランゴーター/ ▸लँगोट *m.* ☞लँगोट

लँगोटिया /lãgoṭiyā ランゴーティヤー/ [cf. *लँगोट, लँगोटा, लँगोटी*] *adj.* おむつの頃の．❐～ यार 幼友達，竹馬の友．

लँगोटी /lãgoṭī ランゴーティー/ [cf. *लँगोट, लँगोटा*] *f.* **1** 小さめの腰巻，短めの腰布．❐～ लगाना 腰巻をつける．**2** 短めのおしめ．❐कमर में ～ बाँधना 腰におしめを巻く．

लंघन /laṃgʰana ランガン/ [←Skt.n. *लङ्घन-* 'the act of leaping or jumping, leaping over, stepping across, crossing, traversing'] *m.* **1** (本来あるものを)抜かすこと，省略すること．**2** 〚医学〛節食，(健康上の)絶食．

लंघनीय /laṃgʰanīya ラングニーエ/ [←Skt. *लङ्घनीय-* 'to be lept or passed over, to be crossed or traversed'] *adj.* (本来あるものを)抜かすべき，省略すべき．

लँघाना /laṃgʰānā ランガーナー/ [cf. *लाँघना*] *vt.* (*perf.* लंघाया /laṃgʰāyā ランガーヤー/) 飛び越えさせる．

लंच /laṃca ランチ/ [←Eng.n. *lunch*] *m.* ランチ，昼食．❐～ लेना ランチをとる．❐(को) ～ पर बुलाना (人を)ランチに招く．

लंठ /laṃṭʰa ラント/ [<OIA.m. *laṭṭa-*[1] 'bad man': T.10917] *adj.* うすのろな(人)．
— *m.* うすのろな人．

लंदन /laṃdana ランダン/ [cf. Eng.n. *London*] *m.* 〚地名〛ロンドン《英国(グレートブリテン及び北アイルランド連合王国) (युनाइटेड किंग्डम) の首都》．

लंप /laṃpa ランプ/ ▸लैंप *m.* ☞लैंप

लंपट /laṃpaṭa ランパト/ [←Skt. *लम्पट-* 'covetous, greedy, lustful'] *adj.* みだらな，放蕩(ほうとう)にふける；(道徳的に)堕落した．
— *m.* みだらな人，ふしだらな人．❐मैं तुम जैसे ～ से अपनी कन्या का विवाह करना लज्जा की बात समझता हूँ। 私は君のようなふしだらな人間と自分の娘を結婚させることは恥ずべきことだと思っている．

लंपटता /laṃpaṭatā ランパトター/ [←Skt.f. *लम्पट-ता-* 'greediness, dissoluteness, lewdness'] *f.* ふしだらであること；(道徳的に)堕落していること．

लंब /laṃba ランブ/ [←Skt.m. *लम्ब-* '(in geom.) a perpendicular'] *m.* 〚数学〛垂線．

लंबतड़ंग /lamับataramga ランブタラング/ [*लंबा* + *ताड़*] *adj.* (椰子の木のように)背が高い(人), のっぽの(人).

लंबमान /laṃbamāna ランブマーン/ [←Skt. *लम्बमान-* 'prolonged'] *adj.* 長く伸びている;長く垂れ下がっている.

लंबरदार /laṃbaradāra ランバルダール/ [cf. *नंबरदार*] *m.* ☞नंबरदार

लंबा /laṃbā ランバー/ [<OIA. *lamba-[1]* 'pendent': T.10951] *adj.* **1** (長さ・距離が)長い;縦に長い. (⇔छोटा) ❑~ गाउन 長いガウン. ❑~ चेहरा [मुँह] 面長の顔. ❑~ पत्र 長い手紙. ❑~ मुँह करना [बनाना] 〔慣用〕口をとがらし不平面をする. ❑अपना ~ काला मुँह और ~ करके बोला। 彼は自分の長く黒い顔をさらに長くして(=口をとがらして)言った. ❑भुखमरों की लंबी क़तार 飢えて死にそうな人々の長い列. **2** 背が高い. (⇔छोटा) ❑उनका क़द ~ न था, पर दुबले-पतले होने के कारण वे कुछ लंबे होने का आभास देते थे। 彼は背が高くはなかった, しかし痩せていたので少し背が高い印象を与えていた. ❑लंबे क़द का आदमी 背の高い人. ❑वह साँवला, ~, एकहरा युवक था। 彼は褐色の肌をした, 背の高い, 痩せた若者だった. **3** (時間・期間が)長い. (⇔छोटा) ❑उनकी बीमारी लंबी चली। 彼の病気は長引いた. ❑उन्हें बहुत ~ इंतज़ार न करना पड़ा। 彼はひどく長く待たないですんだ. ❑उस पंद्रह-बीस मिनट से ~ समय मैंने अपने जीवन में कभी नहीं जाना। あの15分から20分より長い時間を私は自分の人生において知らない. ❑जाड़े की ऋतु लंबी है। 冬の期間が長い. ❑लंबी उम्र 長寿. ❑लंबी साँस खींचना [भरना, लेना] ため息をつく, 深呼吸をする.

लंबाई /laṃbāī ランバーイー/ [*लंबा* + *-ई*] *f.* **1** (長さ・距離の)長さ. (⇔चौड़ाई) **2** 身長, 身の丈. ❑मेरी ~ पूरी छह फुट नौ इंच थी। 私の身長はぴったり6フィート9インチだった. **3** (時間・期間の)長さ. ❑उनका कहना था कि नींद ~ नहीं गहराई माँगती है। 彼に言わせれば, 睡眠というものは長さではなく深さが大事なのだということだった. ❑उसने पंद्रह महीने की अवधि की ~ की कल्पना शायद ही की हो। 彼は15か月の期間の長さを全く想像しなかったのだろう. ❑सुबह जल्दी जागने, रात को देर से सोने का ~ अभ्यास अब आदत बन गया था। 朝早く起き, 夜遅く床につく長年の訓練が今では習慣になってしまった.

लंबाई-चौड़ाई /laṃbāī-cauṛāī ランバーイー・チャォーラーイー/ *f.* 長さと幅;大きさ;広さ. ❑दो मील की ~ की प्रायः समतल भूमि 2マイル四方のほとんど平らな土地.

लंबा-चौड़ा /laṃbā-cauṛā ランバー・チャォーラー/ *adj.* **1** 長くて幅のある, 広大な, 長大な;とんでもなく大きな. ❑~ खेत 広大な畑. ❑पुस्तकों की लंबी-चौड़ी सूची 本の長大なリスト. ❑लंबी-चौड़ी फ़ीस माँगना とんでもない額の謝礼を要求する. **2** (知識などが)幅広い, 広範囲な. ❑~ सोचना あれこれ考える. ❑व्यापार भी बड़ा ~ था। 商売もとても手広かった. **3** (説明などが)長広舌の, 長々とした. ❑लंबी-चौड़ी हाँकना 長広舌をふるう.

लंबान /laṃbāna ランバーン/ [cf. *लंबा*] *f.* ☞लंबाई

लंबायमान /laṃbāyamāna ランバーエマーン/ [pseudo.Skt. *लम्बायमान-* for Skt. *लम्बमान-* 'prolonged; lying flat'] *adj.* (身体が大の字に)横たわった.

लंबोतरा /laṃbotarā ランボートラー/ [<OIA. **lambōttara-* 'very long': T.10958] *adj.* 長円形の;楕円型の;卵形の. ❑~ फल 卵の形をした実.

लकड़- /lakaṛa- ラカル・/ [cf. *लकड़ी*] *comb. form* **1**《「木, 木材」(लकड़ी) を表す連結形;「キツツキ」लकड़फोड़, 「きこり」(लकड़हारा) など》 **2**《一部の親族名詞と結合して「遠い先祖」を表す連結形;たとえば, 「(父方の)昔のご先祖」(लकड़दादा) など》

लकड़दादा /lakaṛadādā ラカルダーダー/ [*लकड़-* + *दादा*] *m.* (父方の)昔のご先祖《曽祖父 (परदादा) より昔の先祖》.

लकड़फोड़ /lakaṛapʰoṛā ラカルポーラー/▸कठफोड़वा [*लकड़-* + *फोड़ना*] *m.* 〖鳥〗キツツキ. (⇒कठफोड़ा)

लकड़बग्घा /lakaṛabaggʰā ラカルバッガー/ [? *लगना* + *भागना*] *m.* 〖動物〗ハイエナ.

लकड़हारा /lakaṛahārā ラカルハーラー/ [<OIA. **lakkuṭahāra-* 'wood carrier': T.10880] *m.* きこり.

लकड़ी /lakaṛī ラクリー/ [<OIA.m. *lakuṭa-* 'club': T.10875] *f.* **1** 木材, 材木. **2** まき, たきぎ. ❑~ बीनना 薪をあつめる.

लक़वा /laqavā ラクワー/ [←Pers.n. لقوة 'a disease or distortion of the mouth; paralysis' ←Arab.] *m.* **1** 〖医学〗麻痺;半身不随;中風. (⇒पक्षाघात, फ़ालिज) **2** 〖医学〗脳卒中. ❑उसे ~ मार गया। 彼を脳卒中が襲った.

लकार /lakāra ラカール/ [←Skt.m. *ल-कार-* 'Devanagari letter ल or its sound'] *m.* **1** 子音字 ल. **2** 〖言語〗子音字 ल の表す子音 /l ル/. **3** 〖言語〗サンスクリット語の動詞活用の総称《古典サンスクリット語伝統文法用語》.

लकारांत /lakārāṃta ラカーラーント/ [←Skt. *लकार-अन्त-* 'ending in the letter ल or its sound'] *adj.* 〖言語〗語尾が ल で終わる(語)《झील「湖」, फल「果物」, भूल「過失」など》. ❑~ शब्द 語尾が ल で終わる語.

लकीर /lakīra ラキール/ [?] *f.* **1** 線, 線条. (⇒पंक्ति, रेखा, लाइन) ❑~ खींचना 線を引く. **2** すじ, しま, しわ. **3** 通った跡, わだち, (世の)常道. ❑~ का फ़कीर コチコチの因習主義者[慣例尊重者]. ❑~ पर चलना 世のしきたりに従う. ❑~ पीटकर चलना 石橋を叩いて渡る.

लकुट /lakuṭa ラクト/ [←Skt.m. *लकुट-* 'a club'] *m.* 太く長い棒, 棍棒.

लकुटी /lakuṭī ラクティー/ [*लकुट* + *-ई*] *f.* 杖, 棒.

लक्कड़ /lakkaṛa ラッカル/ [<OIA.m. *lakuṭa-* 'club': T.10875] *m.* 丸太;梁(はり).

लक्ज़मबर्ग /lakzamabarga ラクザムバルグ/ ▸लक्समबर्ग [cf. Eng.n. *Luxembourg*] *m.* **1** 〖国名〗ルクセンブルク(大公国)《首都は同名のルクセンブルク》. **2** 〖地名〗ルクセンブルク《同名のルクセンブルク(大公国)の首都》.

लक्ष /lakṣa ラクシュ/ [←Skt.n. *लक्ष-* 'a lac, one hundred thousand'] *adj.* 十万. (⇒लाख)

लक्षक /lakṣaka ラクシャク/ [←Skt. *लक्षक-* 'indicating, hinting at'] *adj.* 示唆する;暗示する.

लक्षण /lakṣaṇa ラクシャン/ [←Skt.n. *लक्षण-* 'a mark, sign, symbol, token, characteristic, attribute, quality; a symptom or indication of disease'] *m.* **1** (証拠となる)特徴;(身体にある痣・傷などの)跡. ❐यह मानसिक दुर्बलता का ही ～ है! これは心の弱さの特徴に他ならない！ **2** 兆候, きざし, 前兆. ❐बादल छाये हुए थे, पर वर्षा के ～ न थे। 雲に覆われていた, しかし雨のきざしはなかった. ❐ह्रास के ～ 衰退の兆し. **3**〖医学〗徴候, 症状. ❐गर्भवती होने के ～ तो उसके शरीर पर मई में दिखाई दिए। 妊娠した兆候が彼女の体に5月にはあらわれた. ❐बीमारी का कोई ～ नहीं था। 病気のいかなる兆候もなかった.

लक्षणा /lakṣaṇā ラクシャナー/ [←Skt.f. *लक्षणा-* 'indication, elliptical expression'] *f.* (暗示される)言外の意味.

लक्षद्वीप /lakṣadvīpa ラクシュドヴィープ/ [cf. Skt.m. *लक्ष-द्वीप-* 'one hundred thousand islands'; cf. Eng.n. *Lakshadweep, Laccadive*] *m.*〖地理〗ラクシャドゥイープ(諸島)《インド亜大陸南端の西部, アラビア海に浮かぶインド連邦政府直轄地のサンゴ礁からなる島々》.

लक्षित /lakṣita ラクシト/ [←Skt. *लक्षित-* 'marked, indicated'] *adj.* 示唆された;暗示された;目標にされた.

लक्षितार्थ /lakṣitārt^{h}a ラクシタールト/ [neo.Skt.m. *लक्षित-अर्थ-* 'a transferred or figurative sense'] *m.* 示唆された意味;暗示された意味.

लक्ष्मण /lakṣmaṇa ラクシュマン/ [←Skt.m. *लक्ष्मण-* 'younger brother and companion of *Rāma*'] *m.*〖ヒンドゥー教〗ラクシュマナ, ラクシュマン《叙事詩『ラーマーヤナ』の主人公ラーマ王子 (राम) に忠実な弟》.

लक्ष्मण-रेखा /lakṣmaṇa-rek^{h}ā ラクシュマン・レーカー/ [neo.Skt.f. *लक्ष्मण-रेखा-* 'forbidding line suggestive of destruction if crossed'] *f.*〖ヒンドゥー教〗ラクシュマン・レーカー《字義は「ラクシュマン (लक्ष्मण) の引いた線」; 一時的に独りにするスィーター (सीता) の安全のため, それを越えて外に出ないよう引いた線;転じて「(安全のために)越えてはならない境界」》. ❐लोगों के लिए मदनि की हद ～ थी। 人々にとって男性用居住区域の境界は越えてはならない境界であった.

लक्ष्मी /lakṣmī ラクシュミー/ [←Skt.f. *लक्ष्मी-* 'name of the goddess of fortune and beauty'] *f.* **1**〖ヒンドゥー教〗ラクシュミー女神《ヴィシュヌ神 (विष्णु) の妻, 幸運と富の女神とされる》. ❐अच्छी घरनी आ जाय, तो समझ लो ～ आ गयी। いい嫁が来てくれれば, ラクシュミー女神が来られたようなもんだ. ❐इस कुलच्छनी के आते ही जैसे ～ रूठ गयी। この縁起でもない女が来て以来まるでラクシュミー女神がむくれてしまったようだ. **2** 幸運;富. ❐जब तक तुम्हारे पास ～ है, तुम्हारे सामने पूँछ हिलाएगी। お前に財産がある間,(あの女は)お前に尻尾を振るだろうよ.

लक्ष्मीवान् /lakṣmīvān ラクシュミーワーン/ ▷लक्ष्मीवान [←Skt. *लक्ष्मी-वत्-* 'possessed of fortune or good luck, lucky prosperous, wealthy'] *adj.* 富に恵まれた, 富裕な.

लक्ष्य /lakṣya ラクシエ/ [←Skt. *लक्ष्य-* 'to be indicated, indirectly denoted or expressed'] *adj.* 目標すべき;注目すべき.

— *m.* **1** 標的, 的. ❐उन्हें हास्य का ～ बनने में देर नहीं लगती। 彼がもの笑いの的になるのに時間はかからない. **2** 目標, 目的. ❐जीवन के अंतिम ～ 人生の最終目的. **3** ☞लक्ष्यार्थ

लक्ष्यवेधी /lakṣyaved^{h}ī ラクシャヴェーディー/ [←Skt. *लक्ष्य-वेधिन्-* 'piercing or hitting a mark'] *m.* (必ず)的を射抜く. ❐बंदूक़ मेरी भरी थी, बड़ी ही जीवंत, सशक्त और ～ गोलियों से। 私の銃には弾がこめられていた, とても生きのいい, 強力なそして必ず的を射抜く弾が.

लक्ष्य-साधन /lakṣya-sād^{h}ana ラクシエ・サーダン/ [neo.Skt.n. *लक्ष्य-साधन-* 'aiming'] *m.* (目標に)照準を合わせること.

लक्ष्यार्थ /lakṣyārt^{h}a ラクシャールト/ [←Skt.m. *लक्ष्य-अर्थ-* 'indirectiy expressed meaning'] *m.* 示唆された意味;暗示された意味

लक्समबर्ग /laksamabarga ラクサムバルグ/ ▸लक्ज़मबर्ग *m.* ☞लक्ज़मबर्ग

लखनऊ /lak^{h}anaū ラクナウー/ [cf. Eng.n. *Lucknow*] *m.*〖地名〗ラクナウー《ウッタル・プラデーシュ州 (उत्तर प्रदेश) の州都》.

लखनवी /lak^{h}anavī ラクナヴィー/ [cf. *लखनऊ*] *adj.* ラクナウー (लखनऊ) 生まれの;ラクナウー風の. ❐～ पहनावा ラクナウー風の衣装.

— *m.* ラクナウー生まれの人, ラクナウー市民, ラクナウーっ子.

लखना /lak^{h}anā ラクナー/ [<OIA. *lakṣati* 'recognizes': T.10883] *vt.* (*perf.* लखा /lak^{h}ā ラカー/) 見て取る, 看取する.

लखपति /lak^{h}apati ラクパティ/▸लखपती [*लाख* + *पति*] *m.* 億万長者, 大金持ち, 大富豪. (⇒करोड़पति)

लखपती /lak^{h}apatī ラクパティー/ ▸लखपति *m.* ☞लखपति

लख़लख़ा /laxalaxā ラクラカー/ [←Pers.n. لخلخه 'a cephalic medicine'] *m.*〖医学〗気付け薬.

लखौरी /lak^{h}aurī ラカォーリー/ [cf. *लाख*[1]] *f.* (一昔前の)小型レンガ.

लगन[1] /lagana ラガン/ [cf. *लगना*] *f.* 熱意, 熱心, 意気込み, はりきり. ❐परिश्रम और ～ 努力と熱意. ❐मैंने पूरी ～ के साथ हिंदी पढ़ना आरंभ किया। 私は大いにはりきってヒンディー語を学びだした.

लगन[2] /lagana ラガン/ [<Skt.m. *लग्न-* 'the point where the horizon intersects the ecliptic or path of the planets'] *m.*〖ヒンドゥー教〗ラガン《占星術から見て吉祥の星の位置;それに従った結婚式などの儀式を行う吉祥の日時》. ❐इसी सहालग में ～ ठीक हुआ है। この吉日にいい星の位置が来たんだ.

लगना /laganā ラグナー/ [<OIA. *lagyati* 'adheres to': T.10895] *vi.* (*perf.* लगा /lagā ラガー/) **1** 付く;貼られる;(写真などが)掲げられる;結び付けられる;付属する. ❐इस लिफ़ाफ़े पर कितने का टिकट लगेगा? この封筒にいくらの

切手を貼ればいいですか？ ❐एक बड़ी टंकी में मोटे पाइप का एक नल लगा था। 大きな貯水タンクに太いパイプの一本の管がついていた. ❐काग़ज़ साथ में लगे हुए हैं। 用紙が一緒に付属しています. ❐नगर में बहुत-सी जगहों पर पंचम जार्ज और क्वीन मेरी की तस्वीरें और यूनियन-जैक झंडे लगे थे। 町の中には多くの場所にジョージ5世とメアリー女王の写真そしてユニオンジャックの旗が掲げられていた. ❐मकान के बाहर अँग्रेज़ी और बंगला अक्षरों में नाम की संगमरमरी पटिया लगी थी। 家の外に英語とベンガル語の文字で大理石の表札がかかっていた. **2** 固定される, 据えられる;定着する;根づく. ❐कमरे के बीच में दो मेज़ें लग गईं। 部屋の中央に二つの机が据えられた. **3** 植えられる. ❐अहाते में एक तरफ़ आम के पौधे लगे हुए थे, दूसरी तरफ़ कुछ फूल। 敷地には一方にマンゴーの木が植えられていた, そしてもう一方には花が. **4** 付着する;(塗料などが)塗られる. ❐कपड़े पर तेल का धब्बा लगा हुआ है। 布に油のしみが付着している. ❐कपाट पर ज़ंग लगा ताला पड़ा हुआ था। 戸には錆のついた錠がかかっていた. ❐कीड़ों से बचाने के लिए उस काग़ज़ पर लाल रंग का एक लेप लगता था। 虫から保護するためにその紙には赤い色の塗布がほどこされていた. **5** 接する;接触する;(肌に)擦れてあたる, ぶつかる;(船が)着岸する;たどりつく. ❐नौका तट पर लगी। 舟は岸についた. ❐पिता जी शायद ख़ुश हुए होंगे कि भूल-भटककर मैं ठीक रास्ते पर लग गया। 父は恐らく喜んだろう, さんざん道草をくってから私がちゃんとした進路についたので. ❐वह मंदिर मेरे घर से लगा हुआ था। その寺院は私の家に接していた. **6** (料理などが)ならべられる. **7** くっつく, 粘着する. **8** (火が)引火する;火事になる. ❐शक्कर-मिल में आग लग गयी। 砂糖工場が火事になった. ❐यह हाल सुनकर तो उसके बदन में आग ही लग गयी। この様子を聞いて彼の体に火がついた《「烈火のごとく怒った」の意》. **9** (人が)(人に)べったりくっつく, つきまとう. ❐अचानक उनके साथ एक स्त्री और लग गई। 突然彼女らにもう一人の女が(同行に)加わった. ❐उसे देखते ही उसके पीछे लग जाता और जब तक मिठाई न लेता, उसका पीछा न छोड़ता। 彼女を見るやいなや彼女につきまとうのであった, そしてお菓子がもらえるまで彼女から離れないのであった. ❐कल भी तो उसके पीछे लगा हुआ था। 昨日も(彼は)彼女にべったりくっついていた. ❐पुलिस उसके पीछे लगी है। 警察が彼を追っている. **10** (錠が)かかる;(瞼(まぶた)が)くっついて閉じる. ❐आपकी ज़बान बंद हुई, जैसे बुद्धि पर ताला लग जाता था। あなたの舌は止まってしまったね, まるで思考力に錠がかかったように. ❐कभी-कभी माँ की आँख लग जाती, या वे जानबूझ कर सोने का अभिनय करतीं तो उसके साथ मुझे दो क्षण एकांत में मिल जाते। 時々母の目が閉じたり, あるいは故意に眠っているそぶりをみせる時, 彼女と一緒にひそかにいられるほんの短い時間が得られるのだった. **11** (石・矢などが)当たる;つまづく;(体・心に)(傷を)受ける;(衝撃・ショックを)受ける. ❐उसने कौन-सी बुरी बात कही थी कि तुम्हें चोट लग गयी। 彼女は, おまえが傷つくようなどんな悪いことを言ったというのだ. ❐उसके अभिमान को चोट लगी। 彼の自尊心が傷つけられた. ❐उनके इस फ़ेल से परिवार के सब सदस्यों को भारी धक्का लगा। 彼のこの落第で, 家族のみんなは大きなショックを受けた. ❐उसे यह चुहल तीर-सा लगा। 彼女にこの戯れ言は矢のように突き刺さった. ❐एक पत्थर उसकी टाँग पर लग गया। 一つの石が彼の足に当たった. ❐पाँव में एक बार ठोकर लग जाने के बाद किसी कारण से बार-बार ठोकर लगती है। 足は一度つまづいた後なぜか何度もつまづいてしまう. **12** (費用が)かかる;(時間が)かかる;(努力が)要される. ❐अभी उसे अच्छा होने में महीनों लगेंगे। まだ彼が元気になるまでに, 何か月もかかるだろう. ❐जनमत बदलते देर नहीं लगती। 世論が変化するのに時間はかからない. ❐फ़ुज़ूलख़र्ची ऊपर से लगी। 余分な出費がさらにかかった. **13** 賭けられる;投資される;つぎこまれる. ❐इस फ़िल्म में तो उसका कैरियर भी दाँव पर लगा है। この映画には彼のこれからの成功が賭けられている. ❐वहाँ तीतर और बुलबुल की लड़ाई पर बाज़ी लगती थी। そこではキジとヒヨドリの闘いに賭けが行なわれていた. **14** (抑制が)加えられる;(監視の目が)光る;(義務が)押し付けられる;(税金・罰金などが)かかる. ❐उसपर दो बहनों की चार आँखों का कठोर अंकुश हर समय लगा रहता था। 彼の上には二人の姉妹の四つの厳しい監視の目がいつも光っていた. ❐चिलम के लिए बाबा की माँग बढ़ी कि दादी का कंट्रोल लग जाता था। 祖父の水ギセルの求めが増えるとすぐに, 祖母のコントロールが加えられるのであった. ❐शक्कर पर ड्यूटी लगी थी। 砂糖には税金がかかっていた. **15** (規則・法令が)適用される;(教科書に)採用される. ❐आजकल शहर में दफ़ा [धारा] १४४ लगी हुई है। 最近町には法令 144 条が適用されている. ❐उनकी यह किताब स्कूलों में लग गई। 彼のこの本はいろいろな学校で教科書に採用された. **16** (実が)なる;(つぼみを)つける. ❐पेड़ों में फल लगे हैं। 木々に実がなっている. **17** (一時的な病気・熱狂に)とりつかれる;(癖・習慣が)つく;(考えが)とりつく;(病気が)うつる;(熱風に)あたって病気になる;(害虫が)つく. ❐उसे कविता का रोग लग गया था। 彼は詩作にとりつかれたことがあった. ❐उसे नौकरी ढूँढ़ने की फ़िक्र लगी। 彼は, 職を探そうと考えた. ❐उसे ज़ुकाम लग गया। 彼は, 風邪をひいてしまった. ❐उसे लू लग गयी थी। 彼は, 熱風にあたって病気になってしまった. ❐दादी ने बाबा के बस्ते और शतरंज की बिसात को संदूक़ में बंद कर ताला लगा दिया, बाप का रोग कहीं बेटे को भी न लग जाए। 祖母は祖父の本の包みとチェス盤をチェストにしまって錠をかけた, 父の病気が息子にうつらないようにと. ❐मुझे सिगरेट पीने की आदत लग गई। 私はタバコを吸う習慣がついてしまった. ❐यहाँ भी तो ऊख में दीमक लगते हैं, जौ में गेरुई लगती है, सरसों में लाही लग जाती है। ここでも, サトウキビに白蟻がついたり, 大麦にゲールイー(＝赤さび病の菌)がついたり, カラシナにカイガラムシがついたりします. ❐शहर की हवा उसे भी लग गयी है। 都会の空気が彼にも取りついてしまった《「都会の色に染まってしまった」の意》. **18** (金・ものが手に)入る;(職が)得られる;就職する. ❐जब तक कहीं काम न लगे तब तक तो घर पर ही बैठना था। 職につくまで, 家でじっとしているしかなかった. ❐बस एक जोड़ा धोती और एक पगड़ी मेरे हाथ लगी। たった一組の腰布と一つのターバンだけが私の手に入った. ❐मुश्किल से सत्रह रुपए हाथ लगते थे। やっとのことで 17 ルピーを手にしていた. ❐यहीं आकार उनके पति की नौकरी लगी। ここに越してきてから彼女の夫の職が見つかった. ❒वह अपनी पढ़ाई समाप्त कर नौकरी-चाकरी से लग गया था। 彼は自分の学業を終え就職していた. ❒साल में दस-पाँच हज़ार रुपए मेरे हाथ लग जाते हैं। 年に数千ルピーの金が私の手に入る. **19** 熱中[没頭]する;(注意・視線などが)集中する. ❒उसकी आँखें उसी गाय पर लगी हुई थीं। 彼の目はその雌牛に釘付けになっていた. ❒किसी काम में उसका मन न लगता। どんな仕事にも彼の心は打ち込めない. ❒पढ़ने-लिखने में उनका मन न लगा। 勉強に彼の心は打ち込めなかった. ❒वे तो उसी दिन से तरह-तरह के पूजा-व्रत में लग गईं। 彼女はその日以来さまざまな祈祷や願掛けの断食に熱中した. ❒सब लोग अपने-अपने काम में लगे थे। 皆それぞれ自分の仕事に没頭していた. **20** …という印象を受ける;感じられる;思われる. ❒उसे पिछली कक्षा के विद्यार्थियों के साथ जाकर बैठने में लज्जा लगती होगी। 彼は, 年下のクラスの生徒と一緒に座るのは, 恥ずかしいのだろう. ❒मुझे आप बहुत अच्छे लगते हैं। 僕は, あなたがとても好きだ. ❒आज तो भाभी, तुम सचमुच जवान लगती हो। 今日は奥さん, 本当にお若く見えますよ. ❒उसे सास का बात-बात पर बिगड़ना बुरा लगता था। 彼女は, 姑がことあるごとに怒ることを, 不愉快に思っていた. ❒दुनिया में मुझे सबसे ज़्यादा डर संपादकों से लगता है। 世の中で, 僕が一番恐れているのは編集者だ. ❒पल पहाड़ लगा। 一瞬が, 山のように思えた(＝重苦しく長く感じられた). ❒बड़ों से मैंने सुना है कि मैं अपने छुटपन में अपनी उम्र से कहीं बड़ा लगता था। 年上の人から聞いた話では, 私は子どもの頃歳よりもはるかに年長に見えていた. ❒मुझे लगता है कि उनकी बात में कुछ सच्चाई ज़रूर है। 彼の話には何か真実がきっとあると, 私には思われる. ❒वह दूर से बिलकुल गुड़िया-सी लग रही थी। 彼女は遠くからは, まったく人形のように見えていた. ❒वह घर भी अब उसे पिंजरे-सा लगता था। その家も, 今は彼女にとっては檻のように思えるのだった. ❒वह तुम्हें कैसा लगता है? 彼, あんたはどう思う? ❒वास्तव में मुझे उसका आना बुरा लग रहा था। 実際は, 私には彼が来ることが不愉快であった. ❒वे अपनी जवानी में साधारण स्त्रियों से क़द में लंबी लगती होंगी। 彼女は若い頃, 平均的な女性よりも身長が高く思われていただろう. **21** (空腹・渇きを)覚える;(暑さ・寒さを)感じる;しみる. ❒उसे गर्मी [ठंड] लगी है। 彼は暑く[寒く]感じた. ❒दाँत में पानी लगती है। 歯に水がしみる. ❒मुझे भूख [प्यास] लगी है। 僕は腹がへった[喉が渇いた]. **22** (過失などの責任が)負わされる;(容疑が)かけられる;(汚名・恥辱を)受ける. ❒उनकी कीर्ति पर कोई कलंक न लग सकता था। 彼の名声になんら汚点はつきえなかった. ❒उनपर भ्रष्टाचार के भी आरोप लगे मगर कोई साबित नहीं हो पाया। 彼らには汚職の容疑がかけられたが, だれ一人として立証されなかった. ❒कुल में कलंक लग जाएगा। 家名が汚されるだろう. ❒दो आदमियों पर चोरी का आरोप लगा। 二人の男に窃盗の容疑がかかった. **23** (企てなどが)うまくいく, 成就する. ❒नियति का भी क्या व्यंग्य है कि मैं आधी दुनिया की यात्रा कर चुका हूँ पर अमरीका ही जाने का योग नहीं लग सका, जहाँ पहुँचने का स्वप्न मैंने सबसे अधिक देखा। 運命もなんたる皮肉なことか, 私は世界の半分を旅したというのに, 行きたいと一番夢に見たアメリカには行くことができなかった. **24** (映画などが)かかる, 上映される;(市が)たつ, 賑わう;(授業が)行なわれる;(列が)できる. ❒उस इमारत में जहाँ भी जगह थी क्लास लगते थे। その建物の中で, 場所があるところすべてで, 授業が行なわれていました. ❒उसके घर के सामने लोगों का ताँता लगा हुआ था। 彼の家の前には, 人々の列ができていた. ❒कल यहाँ मेला लगेगा। 明日ここで市がたつでしょう. ❒दिन भर जमघट लगा रहता है। 一日中, 人で賑わっています. ❒वहाँ शनिवार को बाज़ार लगा करता था, शायद अब भी लगता है। あそこでは土曜日ごとにに市がたっていました, 多分今もたっています. **25**《未完了表現で》(血縁上)…にあたる. ❒वह आपका कौन लगता है? 彼はあなたの何にあたるのですか. ❒वे रिश्ते में दूर के देवर लगते थे। 彼は, 血縁上, 遠いデーヴァル(＝夫の弟)にあたっていた. **26**〔慣用〕❒(को) (का) पता ～ (人に)(…が)知れる. ❒(को) नज़र ～ (…に)(邪視が)とりつく. ❒(की) होड़ ～ (…を)競って張り合う.

— *vi.* (*perf.* लगा /lagā ラガー/)《〚不定詞・後置格 लगना〛の形式で, 行為・状態の開始をあらわす動詞句「…し始める」を作る;命令形はない》❒उसपर नशा चढ़ने लगा। 彼に酔いが回り始めた. ❒बर्फ़ पड़ने लगी। 雪が降り始めた.

लगभग /lagabʰaga ラグバグ/ [echo-word; cf. *लगना*] *adv.* 約, 大体, おおよそ. (⇒क़रीब, तक़रीबन)

लगवाना /lagavānā ラグワーナー/ [caus. of *लगना, लगाना*] *vt.* (*perf.* लगवाया /lagavāyā ラグワーヤー/) 付けさせる; 付けてもらう.

लगातार /lagātāra ラガータール/ [*लगना* + *तार*] *adv.* 絶え間なく, 連続して. (⇒अनवरत, निरंतर)

लगान /lagāna ラガーン/ [cf. *लगाना*] *m.* **1** (農地の)借地料, 小作料;地代;地租, 地税. ❒दो साल का बक़ाया ～ 2年分の未納の地税. **2** 船着き場, 停泊所. **3** 荷物運搬人の休憩所.

लगाना /lagānā ラガーナー/ [cf. *लगना*] *vt.* (*perf.* लगाया /lagāyā ラガーヤー/) **1** 付ける;(くっつくほど)接近させる;よりかかる;貼る;懸ける;(判を)押す;加える;(印を)つける;付属させる. ❒उसने नोटों को आँखों से लगाकर कहा। 彼はお札を目にくっつけて(＝うやうやしくいただいて), 言った. ❒उसने मेरा सिर अपनी छाती से लगाया। 彼女は私の頭を自分の胸につけて抱いた. ❒उसकी साड़ी अभी दो-एक महीने थेगलियाँ लगाकर चल सकती है। 彼女のサリーは, まだ 1,2 か月つぎを当てればもつ. ❒उसने कमरे के दरवाज़े पर कान लगाकर सुना। 彼女は部屋のドアに耳をくっつけて聞いた. ❒ह्रस्व की जगह दीर्घ और दीर्घ की जगह ह्रस्व लगा देना उनके लिए मामूली बात थी। (デーヴァナーガリー文字を書くときに)短母音の代わりに長母音の記号を, 長母音の代わりに短母音の記号を付けてしまうことは, 彼にはごく普通のことだった. ❒जब उन्हें पढ़ना होता, मसनद से टेक लगा लेते। 読書する時は, 彼は大きなクッションによりかかっていたものだった. ❒पिता जी ने कमरे में कुछ देवताओं की तस्वीरें लगवाई थीं, बाद को हमने देश के कई नेताओं की तस्वीरें लगाईं। 父は部屋にいくつか神々の絵を懸けさせた, 後になって私たちは祖国の指導者たちの絵を懸けた. ❒लिफ़ाफ़े पर टिकट लगाओ। 封筒に切手を貼ってくれ. ❒उसने उसके ऊपर अपनी मुहर लगा दी। 彼はその上に自分の判を押した. ❒ग्रेजुएट शायद नहीं हो सके थे, नहीं तो अपने नाम के आगे बी० ए० ज़रूर लगाते। 彼は恐らく大学は卒業できなかった, そうでなければ自分の名前の前に B.A.(＝学士)を必ずつけていただろう. ❒पुस्तकों को पढ़ते समय मैं जगह-जगह पर निशान लगाया करता हूँ। 本を読むとき, 私はところどころに印をつけます. ❒कुछ लोगों ने इस रचना की मौलिकता पर प्रश्न-चिह्न लगाया है। 何人かの人は, この作品のオリジナリティーに疑問符をつけた. **2** 固定する;据える;(牛馬を)つなぐ;(カーペットを)敷く;(床を)のべる. ❒दीवार में खूँटी लगा दो। 壁に釘を取り付けてくれ. ❒उस पेड़ पर झंडा लगाया गया। その木に旗は結び付けられた. ❒मैंने गले में फाँसी लगा ली। 私は首に縄の首輪をつけた(＝首吊り自殺をしようとした). ❒उसने बैलों को नाँद में लगाया। 彼は, 雄牛をかいば桶のところにつないだ. ❒अब बिस्तर लगाये लेते हैं। 今, ベッドを用意しますから. ❒वे चारपाई पर मसनद लगाकर बैठते और हुक़्क़ा पीते। 彼は, 寝台に大きなクッションを置いて座り, 水煙管を飲んだものだった. **3** (植物を)植える. **4** 付着させる;(薬・化粧品などを)つける;(塗装を)塗る. ❒फोड़े पर दवा लगाइए। おできに薬をつけてください. ❒वह मुँह पर पाउडर लगा रही थी। 彼女は顔におしろいを塗っていた. ❒डबलरोटी पर मक्खन लगाओ। パンにバターを塗ってくれ. ❒उसने ख़ूब नमक-मिर्च लगाकर अपने भाग्योदय का वृत्तांत कहा। 彼はじゅうぶん塩と唐辛子をつけて(おおげさに脚色して), 自分の運が開けた物語を語った. ❒मेरे मुँह में कालिख मत लगाओ। 私の顔に煤(すす)を塗るな(＝私の顔に泥を塗るな). **5** (帽子を)かぶる;(眼鏡を)かける;(装身具を)身につける. (⇒पहनना)(⇔उतारना) ❒वह मोटा चश्मा लगाता था। 彼は分厚い眼鏡をかけていた. **6** (船を)(岸に)つける. ❒आप चाहें तो नौका को आँधी और तूफ़ानों में पार लगा सकती हैं। あなたが望めば, 舟を砂あらしや台風の中でも向こう岸に着けることができます(＝困難を乗り越え目的をとげることができます). **7** (…に)(手を)のばす. ❒उसे हाथ मत लगाओ। 彼女に手を出すな. ❒अगर एक भी फूल-पत्ते को हाथ लगाया तो यहीं खोदकर गाड़ दूँगा। もし一つでも花や葉っぱに手をのばしたら, この場で(穴を)掘っておまえを埋めてしまうぞ. ❒आप जिस काम में हाथ लगायेंगे, उसमें हम-जैसे किताबी कीड़ों की मदद की ज़रूरत न होगी। あなたが着手する事業には, 私たちのような本の虫の助けは必要ないでしょう. **8** (火を)つける, 放火する. ❒उसने अपने घर में आग लगाई। 彼は自宅に放火した. ❒बाप-बेटे में आग लगा दो। 父と息子に火をつけろ(＝仲違いさせろ). **9** (人を)配置する;雇用する;(職に)つける;(スパイを)つける. ❒मैंने एक नया माली लगाया है। 私は一人新しい庭師を雇った. ❒उसने मुझे किताबें गिनने के काम पर लगा दिया। 彼は私を, 本を数える仕事につけた. ❒वे अपने बड़े लड़के को नौकरी-चाकरी से लगा देना चाहते थे। 彼は長男を職につけさせたかった. ❒और लड़कों को खेल-कूद से हटाकर पढ़ने-लिखने की ओर लगाया जाता था, मुझे पढ़ने-लिखने से हटाकर खेलने-कूदने की ओर। 他の子どもたちは遊びから遠ざけられ勉強に集中させられていた, 私は勉強から遠ざけられ遊びに. **10** (料理などを)ならべる. ❒खाना जल्दी लगाओ। 食事を早く出してくれ. ❒मैंने कमरे की मेज़-कुर्सियाँ क़रीने से लगा दी थीं। 私は部屋の机や椅子をちゃんと並べておいた. **11** (ドアを)閉める;(瞼(まぶた)を)閉じる. ❒उसने अंदर से दरवाज़े की साँकल लगाई। 彼は内側からドアのチェーンをかけた. ❒उसने संदूक़ में ताला लगाया। 彼女はチェストに錠をかけた. **12** (暴力を)加える;(衝撃を)与える. ❒उसने मेरे मुँह पर थप्पड़ लगाई। 彼女は私の顔に平手打ちをくわせた. ❒एक, दो, तीन, चार .. गिन-गिनकर चूतड़ पर गोदे लगाते जाते। 1, 2, 3, 4 と一つ一つ数えながら, お尻が竹の鞭で叩かれたものだった. **13** (ねらいを)定める, (照準を)つける;(いいものに)(目を)つける. ❒बाहर लोग नज़र लगा देते हैं। 外では, 人が目をつけてしまうよ. **14** (費用を)かける;(時間を)かける. ❒उसने अपने बाप के क्रिया-करम में पाँच हज़ार लगाये। 彼は父親の葬式に五千ルピーかけた. ❒आजकल सबेरे के दो-तीन घंटे वह परीक्षा की तैयारी में लगाया करता है। 最近, 朝の2,3 時間を彼は試験の準備に費やしている. **15** 投入する, つぎこむ;投資する;賭ける. ❒बेटे की शादी में जो कुछ बर्तन, कपड़े, रुपये आदि मिले थे वे सब बेटी की शादी में लगा दिए गए। 息子の結婚でもらった食器, 衣類, 現金などすべてが, 娘の結婚につぎこまれた. ❒उग्रवाद से निबटने में फ़ौज को लगा दिया गया। 過激主義を鎮圧するために軍隊が投入された. ❒क़ानून से इस क्षेत्र के पाँच किमी के घेरे में कोई उद्योग नहीं लगाया जाएगा। 法律によって, この地域の周囲5キロ以内には, いかなる産業も許されないだろう. ❒मेष, तीतर आदि प्राणियों की लड़ाई पर बाजी लगायी जाती थी। (当時は)雄羊, キジなどの生き物の闘いに賭けが行なわれていた. **16** (抑制を)加える;(人に)押し付ける;(条件を)つける;(税金・罰金などを)課す;(人に)(癖・習慣を)つける. ❒अदालत ने इन झीलों के २ किमी के घेरे में खनन और अन्य विकास गतिविधियों पर रोक लगा दी है। 裁判所は, これらの湖の周囲2キロ以内での採掘や他の開発活動を禁止した. ❒पंचायत ने फ़ैसला किया कि उसपर सौ रुपए नक़द और तीस मन अनाज डाँड़ लगाया जाय। パンチャーヤット(＝村の長老会議)は, 彼に100ルピーの現金と30マン(＝約1200kg)の穀物の罰則を課す決定をした. ❒अपने विवाह के संबंध में जो शर्त मैंने लगाई थी वह यह थी कि मेरी शादी बहुत सादे तरीक़े से की जाए। 自分の結婚式に関して私がつけた条件は, 結婚式はいたって簡素に行なわれるようにということだった. ❒उसने मुझे शराब पीने की जो लत लगा दी थी, वह मुझसे न छूटी। 彼が私にしこんだ飲酒の悪癖は, 終生なくならなかった. ❒मैंने रातों को देर तक जगने की आदत लगा ली है। 私は夜遅くまで起きている習慣をつけてしまった. **17** (規則・法令を)適用する;(教科書に)採用する. ❒इस अपराधी पर दफ़ा [धारा] ११० लगाई जा रही है। この罪人には, 刑法110条が適用される予定である. ❒सरकार ने इमरजेंसी लगाई। 政府は緊急事態宣言をした. ❒राज्य सरकार को रात का कर्फ़्यू लगाना पड़ा। 州政府は夜間外出禁止令を出さざるをえなかった. **18** 没頭させる;(注意・心などを)集中させる;(期待を)かける. ❒औरतें मन लगाकर सुनती रहीं। 女たちは熱心に聞いていた. ❒लड़के स्कूलों में पढ़ने-लिखने में मन नहीं लगाते थे। 子どもたちは学校で, 勉強に身を入れていなかった. ❒अगर मैं आपके पास नहीं हूँ तो आप अपना सारा ध्यान पढ़ाई की तरफ़ लगा सकते होंगे।

もし私があなたのそばにいなければ，あなたは自分の全神経を勉学に集中させせることができるでしょう．❒भैया की शादी की हम लोग कब से आशा लगाए हैं। 兄さんの結婚を，私たちはずっと前から待ち望んでいる． **19**（過失などの責任を）負わす；（容疑を）かける；（汚名・恥辱を）加える．❒किसी पर झूठा इलज़ाम न लगाना चाहिए। 誰に対しても誤った嫌疑をかけてはならない．❒वह उनपर भाई-भतीजावाद का आरोप लगाता है। 彼は彼らに，縁故主義の容疑をかけている．❒उसपर झूठा दोष लगाने पर उसे भी बड़ी लाज लगी। 彼女に無実の罪をなすりつけて，彼はとても恥じ入った．❒मेरे सिर पर यह पाप न लगाओ। 私の頭に，この罪をなすりつけないでくれ（＝私のせいにしないでくれ）． **20**（市など催しものを）開催する；（行列を）作る． **21**（声を）掛ける；（スローガンを）叫ぶ；唱える．❒उसने एक पुकार लगाई। 彼は声を掛けた．❒लोग जुलूसों में नारे लगाते थे। 人々は行進しながらスローガンを叫んでいた．❒भारत में वन्य जीवन और पर्यावरण पर मँडराते ख़तरों से चिंतित पर्यावरणवादियों ने हर तरफ़ से निराश होकर मदद के लिए अदालत में गुहार लगाई है। インドにおける自然生態と環境をおびやかしつつある危険を懸念する環境主義者たちは，八方塞がりに失望して援助のために裁判所に救済請求をした．❒उसने बस एक रट लगा दी, काका को बुला दो। 彼女はただ一つのことだけを唱えるのみであった，「おじさんを呼んでちょうだい」と． **22**〔慣用〕❒(का) अनुमान [अंदाज़] ～ （…を）推測する．❒क़हक़हा ～ 大声で笑う；．❒(को) गले ～ （…と）抱擁する．❒(का) चक्कर ～ （…を）一巡する．❒झाड़ू ～ ほうきで掃く．❒डुबकी [गोते] ～ 潜る，潜水する．❒(का) ढेर ～ （…を）山のように積みあげる．❒दम ～ 深く息を吸う．❒(का) पता ～ （…を）調査する．❒(का) हिसाब ～ （…の）計算をする．

लगाम /lagāma̸ ラガーム/ [←Pers.n. لگام 'a bridle; the bit'] *f.* **1** 手綱（たづな）；（行動や言葉を）制御すること．❒～ ढीली करना 手綱をゆるめる．❒(की) ～ खींचना [कसना] （…の）手綱を締める．❒(की) ज़बान पर ～ रखना （人の）おしゃべりを勝手にさせない．❒(को) ～ देना [लगाना] （…を）統制下に置く． **2** 馬勒（ばろく）《馬の頭部につける「馬銜（はみ）, 轡（くつわ）」(लगाम की मुखरी)，「鼻革（はながわ）」(नकेल)，「額革（ひたいがわ）」सिर-पट्टा などの総称》．

लगाव /lagāva̸ ラガーオ/ [cf. *लगना, लगाना*] *m.* 愛着；親近感；執着．❒इलाहाबाद युनिवर्सिटी के प्रति भी मेरा कम ～ नहीं था। アラーハーバード大学に対しても私の愛着は少なからずあった．❒(से [के साथ]) ～ अनुभव करना （…に対し）親近感を感じる．

लगावट /lagāvaṭa̸ ラガーワト/ [cf. *लगाना*] *f.* ☞लगाव

लग्गा /laggā ラッガー/ [cf. *लगना*] *m.* 太く長い竿（さお）．

लग्गी /laggī ラッギー/ [cf. *लग्गा*] *f.* 釣りざお．

लग्गू /laggū ラッグー/ [cf. *लगना*] *adj.* いつもついて来る（人・犬）．

— *m.*〔卑語〕情夫，ひも．

लग्न /lagna̸ ラグン/ [←Skt. *लग्न-* 'adhered, adhering or clinging to, attached to'] *adj.* はり付いた；添付された，はり付けられた．

— *m.* **1**〖暦〗ラグナ《日昇時に東の地平線に来る黄道十二宮（राशि）の位置》． **2**〖ヒンドゥー教〗（結婚式などの儀式を行う）吉祥の日時；結婚式．

लग्न-कुंडली /lagna̸-kuṃḍalī ラグン・クンドリー/ [neo.Skt.f. *लग्न-कुण्डली-* 'horoscope'] *f.*〖暦〗ホロスコープ，（星占いによる）運勢図．

लग्न-पत्र /lagna̸-patra̸ ラグン・パトル/ [?neo.Skt.n. *लग्न-पत्र-* 'list of *lagnas* involved in a wedding'] *m.*〖ヒンドゥー教〗ラグナパトラ《占星術から見て結婚式などの儀式が吉兆な日時とその時の星の位置を記したもの》．

लग्न-पत्रिका /lagna̸-patrikā ラグン・パトリカー/ [?neo.Skt.f. *लग्न-पत्रिका-* 'list of *lagnas* involved in a wedding'] *f.* ☞लग्न-पत्र

लघिमा /lagʰimā ラギマー/ [←Skt.m. *लघिमन्-* 'supernatural faculty of assuming excessive lightness at will'] *f.*〖ヒンドゥー教〗ラギマー《ヨーガの修行により得られるとされる超能力（सिद्धि）の一つ；体を小さくまた軽くできる能力》．

लघु /lagʰu ラグ/ [←Skt. *लघु-* 'light, quick'] *adj.* **1** 小さい，小型の，小規模の；軽い，軽量の《主に合成語の一部として使用》．(⇔दीर्घ) ❒～ उद्योग 軽工業． **2** ラグ，「軽」《短母音（ह्रस्व स्वर）が含まれる音節；韻律上の時間単位は1マートラー（मात्रा）分とされる》．(⇔गुरु)

लघु-उद्योग /lagʰu-udyoga̸ ラグ・ウディョーグ/ [neo.Skt.m. *लघु-उद्योग-* 'small industry'] *m.*〖経済〗小規模企業，中小企業．

लघु-उपन्यास /lagʰu-upanyāsa̸ ラグ・ウパニャース/ *m.*〖文学〗中編小説．

लघु-कथा /lagʰu-katʰā ラグ・カター/ [neo.Skt.f. *लघु-कथा-* 'short story'] *f.*〖文学〗短編小説，ショートショート．(⇒कहानी)

लघुकरण /lagʰukaraṇa̸ ラグカラン/ [neo.Skt.n. *लघुकरण-* 'reduction'] *m.* 短縮（化），縮小（化）．

लघुतम /lagʰutama̸ ラグタム/ [←Skt. *लघु-तम-* 'samllest'] *adj.* 最小の．(⇔महत्तम) ❒～ समापवर्त्य〖数学〗最小公倍数．

लघुता /lagʰutā ラグター/ [←Skt.f. *लघु-ता-* 'quickness, promptness, agility, dexterity; lightness, ease, facility'] *f.* **1** 小さいこと；わずかであること；軽いこと．(⇒लघुत्व) **2** 卑小であること．(⇒लघुत्व)

लघुत्व /lagʰutva̸ ラグトオ/ [←Skt.n. *लघु-त्व-* 'quickness, promptness, agility, dexterity; lightness, ease, facility'] *m.* ☞लघुता

लघु-रूप /lagʰu-rūpa̸ ラグ・ループ/ [neo.Skt.n. *लघु-रूप-* 'miniature'] *m.* 小型模型，ミニチュア．

लघुशंका /lagʰuśaṃkā ラグシャンカー/ [neo.Skt.f. *लघु-शङ्का-* 'urine'] *f.* 小便．(⇒पेशाब)(⇔दीर्घशंका)

लचक /lacaka̸ ラチャク/ [cf. *लचकना*] *f.* **1** しなやかさ，弾力性；柔軟さ． **2** ゆったりしていること．

लचकना /lacakanā ラチャクナー/ ▸लचना [＜OIA. **lacc-* 'bend, sway': T.10907] *vi.* (*perf.* लचका /laca̸kā ラチカー

/) **1** 曲がる, しなる;たわむ. **2** (歩きながら)少し腰をひねる《魅力的な仕草》. ❐वह मुस्कराती और नज़ाकत से लचकती हुई आ पहुँची। 彼女は微笑みながら優雅に腰をくねらせながらやって来た. **3** 捻挫する, くじく. **4** (対応が)柔軟になる, 融通がきく. ❐आजकल वह बहुत लचक गया है, पहले तो किसी की बात नहीं मानते थे। 最近彼はとてもまるくなった, 以前は誰の話も認めようとしなかったのに.

लचका /lacakā ラチカー/ [cf. *लचकना*] *m.* 〖医学〗捻挫, 筋違い.

लचकाना /lacakānā ラチカーナー/ [cf. *लचकना*] *vt.* (*perf.* लचकाया /lacakāyā ラチカーヤー/) 曲げる, しならせる.

लचकीला /lacakīlā ラチキーラー/ [cf. *लचक*] *adj.* ☞लचीला

लचना /lacanā ラチナー/ ▸लचकना *vi.* (*perf.* लचा /lacā ラチャー/) ☞लचकना

लचर /lacara ラチャル/ [cf. *लचकना*] *adj.* 弁明できない;(根拠が)弱い.

लचलचा /lacalacā ラチラチャー/ [cf. *लचकना*] *adj.* ☞लचीला

लचीला /lacīlā ラチーラー/ [cf. *लचना*] *adj.* **1** しなやかな, 弾力のある, 弾性の. ❐～ शरीर しなやかな体. **2** 融通のきく, 順応性のある. ❐～ बजट 弾力的予算, 変動予算.

लचीलापन /lacīlāpana ラチーラーパン/ [*लचीला* + *-पन*] *m.* **1** しなやかさ, 弾力があること. **2** 融通性.

लच्छन /lacchana ラッチャン/ [<Skt.n. *लक्षण-* 'a mark, sign, symbol, token, characteristic, attribute, quality'] *m.* ☞लक्षण

लच्छा /lacchā ラッチャー/ [<OIA.n. *lapsuda-* 'goat's beard': T.10944] *m.* **1** ひもの束(たば), 房(ふさ);もつれて絡み合ったもの. **2** ラッチャー《二重三重に鎖が巻いてあるブレスレットやアンクレット》. **3** 〖食〗ラッチャー《小麦粉を使った菓子の一種;細い糸がもつれたような形状》.

लच्छी /lacchī ラッチー/ [cf. *लच्छा*] *f.* (糸の)かせ.

लच्छेदार /lacchedāra ラッチェーダール/ [*लच्छा* + *-दार*] *adj.* **1** 束状の, 房(ふさ)の付いた. **2** (話が)よどみない, ひきこまれるほどおもしろい. ❐～ भाषा में よどみない言葉づかいで.

लजवाना /lajavānā ラジワーナー/ [caus. of *लजाना*] *vt.* (*perf.* लजवाया /lajavāyā ラジワーヤー/) 恥ずかしがらせる;恥をかかせる.

लजाना /lajānā ラジャーナー/ [<OIA. *lajjátē* 'is ashamed': T.10909] *vi.* (*perf.* लजाया /lajāyā ラジャーヤー/) **1** はにかむ, 恥じらう. (⇒शरमाना) ❐युवती ने लजाते हुए कहा। 乙女は恥じらいながら言った. **2** 恥じる, 恥じ入る. (⇒झेंपना, शरमाना) ❐मुझे तो उसने ऐसी फटकार बतायी कि मैं लजा गया। 彼女は, 私の立場がなくなるほど, 私を叱りつけた.
— *vt.* (*perf.* लजाया /lajāyā ラジャーヤー/) 恥ずかしくさせる;恥じをかかせる. (⇒शरमाना)

लजालू /lajālū ラジャールー/ [<Skt. *लज्जा-लु-* 'shameful, bashful, timid'] *adj.* 内気な, 恥ずかしがり屋の. (⇒शरमीला)
— *m.* 〖植物〗 ☞छुई-मुई

लजीला /lajīlā ラジーラー/ [cf. *लाज*] *adj.* 恥ずかしがりの, 内気な, はにかんだ. ❐लजीली आँखें 恥じらいを含んだ眼.

लज़्ज़त /lazzata ラッザト/ [←Pers.n. لذّت 'pleasure, delight, enjoyment, content, sweetness, deliciousness' ←Arab.] *f.* 美味;悦楽.

लज़्ज़तदार /lazzatadāra ラッザトダール/ [*लज़्ज़त* + *-दार*] *adj.* 美味な.

लज्जा /lajjā ラッジャー/ [←Skt.f. *लज्जा-* 'shame, modesty, bashfulness, embarrassment'] *f.* 恥じらい, 羞恥(しゅうち). (⇒शर्म) ❐उसकी आँखों से ग्लानि और ～ के आँसू बहने लगे। 彼女の目から後悔と羞恥の涙が流れた.

लज्जाप्रद /lajjāprada ラッジャープラド/ [neo.Skt. *लज्जा-प्रद-* 'shameful'] *adj.* 恥ずべき, みっともない;下品な.

लज्जालु /lajjālu ラッジャール/ [←Skt. *लज्जा-लु-* 'shameful, bashful, timid'] *adj.* ☞लज्जाशील

लज्जावान् /lajjāvān ラッジャーワーン/ ▹लज्जावान [←Skt. *लज्जा-वत्-* 'ashamed, embarrassed, bashful, perplexed'] *adj.* ☞लज्जाशील

लज्जाशील /lajjāśīla ラッジャーシール/ [←Skt. *लज्जा-शील-* 'of a modest disposition, bashful, humble'] *adj.* 恥じらいのある, 慎み深い;はにかんだ, 恥ずかしがりやの, 内気な. ❐～ आँखें जो एक बार सामने उठकर फिर झुक जाती हैं। 一度正面に上がってまた俯いてしまう恥じらいのある目. ❐वह ～ भी थी, जो स्त्री का सबसे बड़ा आकर्षण है। 彼女は慎み深くもあった, それは女性の最大の魅力である.

लज्जाशीलता /lajjāśīlatā ラッジャーシールター/ [←Skt.f. *लज्जा-शील-ता* 'being bashful'] *f.* 内気であること, 恥ずかしがりやであること. ❐～ रमणियों का सबसे सुंदर भूषण है। 恥ずかしがりやであることは若い女の最も美しい装飾である.

लज्जाशून्य /lajjāśūnya ラッジャーシューニエ/ [←Skt. *लज्जा-शून्य-* 'shameless'] *adj.* ☞लज्जाहीन

लज्जाहीन /lajjāhīna ラッジャーヒーン/ [←Skt. *लज्जा-हीन-* 'shameless'] *adj.* 恥じらいのない;恥知らずの, 厚顔無恥の. (⇒लज्जाशून्य) ❐～ स्त्री 恥じらいのない女.

लज्जित /lajjita ラッジト/ [←Skt. *लज्जित-* 'modest; ashamed'] *adj.* 恥じた, 赤面した. ❐(को) ～ करना (人に)恥をかかせる, 赤面させる. ❐(पर) ～ होना (…を)恥じる.

लट /laṭa ラト/ [<OIA. **laṭṭa-²* 'hanging, tangled': T.10918; cf. Skt.f. *लट्टा-* 'a curl on the forehead'] *f.* 髪の一房;ほつれ髪. ❐मैंने उसके बालों की एक ～ अपनी उँगली पर लपेट ली। 私は彼女の髪の一房を自分の指に巻きつけた.

लटक /laṭaka ラタク/ [cf. *लटकना*] *f.* **1** ぶら下がり;懸垂. **2** (女の)なまめかしい歩き方, 魅力的な仕草. **3** (衝動的な)はずみ.

लटकन /laṭakana ラトカン/ [cf. *लटकना*] *m.* **1** (ペンダント

など) ぶら下がっているもの. **2**〔俗語〕陰嚢, 金玉袋. (⇒अंडकोश)

लटकना /laṭaka̸nā ラタクナー/ [<OIA. **laṭṭa-²* 'hanging, tangled': T.10918] *vi.* (*perf.* लटका /laṭa̸kā ラトカー/) **1** 吊り下がる, ぶら下がる;掛けられる. (⇒टँगना) ❐उसकी साँस टँगी हुई थी, मानो सिर पर तलवार लटक रही हो। 彼女は息を止めていた, まるで頭上に剣が吊り下がっているかのように. ❐किसी खूँटी पर ढोलक लटक रही थी किसी पर मजीरा। 一つの掛け釘には太鼓が, また別の掛け釘にはシンバルが掛かっていた. ❐छोटे-से-छोटे भी घर के दरवाज़े पर, फटा-पुराना-मैला ही सही, परदा ज़रूर लटकता रहता। どんな小さな家の戸口にも, ぼろぼろで薄汚いものではあるが, カーテンは必ず掛かっていた. ❐जब स्कूल में कोई उत्सव आदि होता तो वे पूरी फ़ौजी वर्दी में आते, जो जगह-जगह से सिकुड़ी-मिकुड़ी, कहीं-कहीं से फटी भी, सीने पर तीन-चार चमकाए हुए तमग़े लटकते होते। 学校で何か催し物などがあると彼は全身軍服に身をつつんで来るのであった, その軍服はところどころ縮んでいたり, 破れている箇所もあり, 胸には 3 つ 4 つピカピカに磨かれた勲章がぶら下がっているのだった. **2** だらりと垂れ下がる. ❐काला रंग, तोंद कमर के नीचे लटकती हुई, दो बड़े-बड़े दाँत सामने जैसे काट खाने को निकले हुए।(彼は)色は黒く, 太鼓腹は腰から下に垂れ下がり, 二本の大きな歯はまるで噛みつかんばかりに前に突き出ていた. ❐सही नाप की ब्रा न पहनने के कारण भी स्त्रियों के स्तन लटक जाते हैं। 正しいサイズのブラをつけていない理由からでも女性の乳房は垂れてしまいます. **3** (絞首刑で)吊り下がる;(首吊り自殺で)ぶらさがる. (⇒झूलना) ❐उसकी शब्दावली में पेड़ों से लटकते हुए आदमी ऐसे लग रहे थे जैसे कटहल के पेड़ में फल लगे हों। 彼女の言葉を借りると, 木から吊り下げられた人々は, まるでジャックフルーツの木に実がなっているかのように見えていた. ❐फाँसी पर लटक जाना 絞首刑で吊るされる. ❐सुबह दरवाज़ा चीरा गया तो दोनों की लाशें छत से लटक रही थीं -- दोनों ने ख़ुदकुशी कर ली थी। 朝ドアが破られると二人の死体が天井からぶら下がっていた -- 二人は自殺をしていたのだ. **4** 未決で宙ぶらりんになる. (⇒झूलना) ❐अपराधी के अपराध की सज़ा एक वर्ष की क़ैद हो सकती है और मामला उससे अधिक समय से लटका है तो उसे रिहा किया जाना चाहिए। 罪人の犯罪の刑罰が一年の禁固刑の可能性でありかつ裁判がそれよりも長期間宙に浮いているならば, 罪人は釈放されなければならない.

लटकवाना /laṭaka̸vānā ラタクワーナー/ [caus. of *लटकना, लटकाना*] *vt.* (*perf.* लटकवाया /laṭaka̸vāyā ラタクワーヤー/) 吊り下げさせる;吊り下げてもらう.

लटका /laṭakā ラトカー/ [cf. *लटकना*] *m.* **1** これ見よがしのしぐさ. **2** 特効薬;霊験(れいげん)あらたかな呪文. **3** 〔俗語〕陰嚢, 金玉袋. (⇒अंडकोश)

लटकाना /laṭa̸kānā ラトカーナー/ [cf. *लटकना*] *vt.* (*perf.* लटकाया /laṭa̸kāyā ラトカーヤー/) **1** 吊す, ぶら下げる, 垂らす;掛ける. (⇒टाँगना) ❐वह कंधे में चमड़े का बैग लटकाये खड़ा था। 彼は肩に皮のバッグを掛けて立っていた. ❐हाल में आपके चित्र लटकाए जाएँगे। ホールにあなたの写真が掲げられるだろう. ❐उसी खिड़की से रस्सी लटकाकर रसद खींच ली गई। その窓からロープを垂らして食料がひっぱり上げられた. ❐लिखाई उनकी बहुत अच्छी नहीं थी, एक सीधी लकीर पहले खींच देतीं और उसी में अक्षर और मात्राओं को लटका देतीं। 彼女の筆跡はとても良いとは言えなかった, 一本の直線を最初に書き, それに文字と母音記号をぶらさげるのであった. **2** (絞首刑で)吊り下げる;(首吊り自殺で)(首を)吊る. ❐हिंदुस्तानियों को पकड़-पकड़ नीम के पेड़ से लटकाकर फाँसी दी जा रही थी। インド人たちを捕まえてはニームの木から吊り下げて絞首刑にしていた. **3** (決定・結論を)未決で宙ぶらりんにする. ❐उन्हें लटकाने की आदत न थी, जिसको जो बतलाना होता फट से बता देते।(占星術師である)彼には物事を宙ぶらりんにする習癖はなかった, 人に言わねばならぬことは即座に言うのであった. **4**〔慣用〕❐(अपना सा) मुँह ~ しょんぼりと頭を垂れる.

लटना /laṭa̸nā ラトナー/ [<OIA. **laṭṭa-²* 'hanging, tangled': T.10918] *vi.* (*perf.* लटा /laṭā ラター/) (病気・苦労・老齢などで)衰弱する, やせ衰える. ❐जवानी में बड़ी सुंदरी थी, जब उसे देखने की मेरी स्मृति है तब वह लट चुकी थी। 若い時はたいそうな美人だった, しかし私が彼女を見た記憶の中では彼女はすでにやせ衰えてしまっていた.

लटपटा /laṭa̸paṭā ラトパター/ [?echo-word] *adj.* **1** (足取りが)よろよろした. ❐लटपटी चाल よちよち歩き. **2** (だらしなく)ずり落ちた. **3** (酔って)舌がもつれた;口ごもった. ❐लटपटे स्वर में 口ごもった声で.

लटपटाना /laṭa̸paṭānā ラトパターナー/ [cf. *लटपटा*] *vi.* (*perf.* लटपटाया /laṭa̸paṭāyā ラトパターヤー/) **1** (体力がないため)よろめく, ぐらつく;(よろめきながら)千鳥足で歩く;. (⇒डगमगाना, लड़खड़ाना) ❐वह इतना कमज़ोर हो गया है कि चलते चलते लटपटाता है। 彼は体力が衰弱し, 歩いているうちによろめくほどだ. **2** (舌が)もつれてよくまわらない;口ごもる. ❐वह लटपटाती हुई ज़बान से ऊटपटाँग बक रहा था।(酔っ払って)彼はよくまわらない舌で意味不明の言葉をわめいていた.

लटा /laṭā ラター/ [<OIA.m. *laṭa-* 'fool': T.10915z3] *adj.* 不品行な(人), ひどい(人).

लट्टू /laṭṭū ラットゥー/ [cf. *लटना*] *m.* **1** 独楽(こま). ❐~ नचाना [फिराना] 独楽を回す. **2** 握り, 取っ手;ドアノブ;電球《独楽に似た球形の形状から》. **3** (恋人や好物に)夢中の人《独楽(こま)が一か所で自転していることから》. ❐तुम तो इस छोकरी पर ~ हो गये हो। お前はこの小娘に夢中になったな.

लट्टूदार /laṭṭūdāra̸ ラットゥーダール/ [*लट्टू* + *-दार*] *adj.* 握りの付いた, ノブの付いた. ❐~ छड़ी 握りの付いたステッキ.

लट्ठ /laṭṭʰa̸ ラット/ [<OIA. **laṣṭi-* 'stick': T.10991] *m.* 太い棍棒;丸太棒.

लट्ठबाज़ /laṭṭʰabāza̸ ラッタバーズ/ [*लट्ठ* + *-बाज़*] *adj.* (武術として)棍棒の扱いに慣れた. (⇒लठैत)

लट्ठबाज़ी /laṭṭʰabāzī ラッタバーズィー/ [*लट्ठ* + *-बाज़ी*] *f.* 棍棒での殴り合い.

लट्ठमार /laṭṭʰamāra̸ ラッタマール/ [*लट्ठ* + *-मार*] *adj.* **1** 棍棒で殴る. ❐~ होली 『ヒンドゥー教』 ラットマール・ホーリー祭《女性の一団が棍棒で男性に殴り掛かるブラジ地

方の奇祭》. **2** (言語や文体が) 粗野な, 暴力的な, 攻撃的な. ❐～ भाषा का प्रयोग करना 暴力的な言語を使用する.

लट्ठा /laṭṭʰā ラッター/ [cf. *लट्ठ*] *m.* **1** 太い木材; (建物の) はり, けた; (線路の) まくら木. **2** ラッター《土地測量用の竹竿; 約 160cm の長さ》. **3** ロングクロス《元はインド産の上質木綿》. (⇒लंकलाट) ❐लट्ठे की साड़ी ロングクロスのサリー.

लट्ठाबंदी /laṭṭʰābaṃdī ラッターバンディー/ [*लट्ठा* + *-बंदी*] *f.* 〖単位〗ラッターバンディー《土地測量用の竹竿 (लट्ठा) で測る長さ; 約 160cm の長さ》.

लठिया /laṭʰiyā ラティヤー/ [cf. *लाठी*] *f.* 短い棍棒; 杖, ステッキ. ❐वे ～ टेकते हुए आए। 彼は杖を突きながらやって来た.

लठैत /laṭʰaitạ ラタェート/ [cf. *लट्ठ*] *adj.* ☞लट्ठबाज़

लड़ /laṛạ ラル/ ▸लड़ी *f.* ☞लड़ी

लड़क- /laṛakạ- ララク・/ [comb. form of *लड़का*] *comb. form* 《「子ども」を表す連結形; लड़कखेल「子どもの遊び, たやすい仕事」, लड़कपन「少年時代」, लड़कबुद्धि「子どもの知恵, 幼稚さ」, など》.

लड़कखेल /laṛakạkʰelạ ララクケール/ [*लड़क-* + *खेल*] *m.* 子どもの遊び, 児戯(じぎ); たやすい仕事.

लड़कपन /laṛakạpanạ ララクパン/ [*लड़क-* + *-पन*] *m.* **1** 少年期, 少年時代, 子ども時代. ❐～ में इसी नदी में वह कितनी बार तैर चुकी है। 子ども時代にこの川で彼女は幾度泳いだことか. ❐उसका ～ तो लाड़-प्यार से बीता था। 彼の少年時代は甘やかされて過ぎた. ❐मेरे माता-पिता मुझे ～ ही में छोड़कर स्वर्ग चले गए थे। 両親はまだ子どもの頃に私をおいて天国に行ってしまった. **2** 子どもらしさ; 子どもっぽい幼稚さ, 子どもじみた愚かさ. ❐उसमें ～ की न चंचलता थी, न शरारत, न खिलाड़ीपन। 彼には子ども特有の落ち着きのなさもなければ, やんちゃさもなく, ふざける様子もなかった. ❐जल में रहकर मगर से बैर करना ～ है। 水の中でワニに敵意をもつのは子どもじみた愚かさだ. ❐बूढ़े हो गए, मगर ～ न गया। (彼は) 歳をとった, しかし子どもらしさは失せなかった.

लड़कबुद्धि /laṛakạbuddʰi ララクブッディ/ [*लड़क-* + *बुद्धि*] *f.* 子どもじみた理解, 幼稚な理解.

लड़का /laṛakā ラルカー/ [<OIA. *laḍikka- 'child': T.10924] *m.* **1** 少年; 青年; 子ども. (⇒लड़की) **2** 息子. (⇒पुत्र, बेटा) ❐पहली स्त्री पाँच लड़के-लड़कियाँ छोड़कर मरी थी। 最初の妻は 5 人の子どもたちをおいて亡くなった. **3** (見合いなどでの) 花婿候補の青年.

लड़की /laṛakī ラルキー/ [cf. *लड़का*] *f.* **1** 少女; (若い) 娘. (⇒लड़का) ❐उनके शिष्यों में कई लड़कियाँ थीं। 彼の弟子には何人かの娘がいた. **2** 娘. (⇒पुत्री, बेटी) ❐उनकी तीन लड़कियाँ थीं। 彼には三人の娘がいた. **3** (見合いなどでの) 花嫁候補の娘.

लड़कीवाला /laṛakīvālā ラルキーワーラー/ [*लड़की* + *-वाला*] *m.* **1** 花嫁の父. **2** (見合い・結婚式などで) 花嫁側の人間.

लड़केवाला /laṛakevālā ラルケーワーラー/ [*लड़का* + *-वाला*] *m.* **1** 花婿の父. **2** (見合い・結婚式などで) 花婿側の人間.

लड़खड़ाना /laṛakʰaṛānā ラルカラーナー/ [?<OIA. *laṭati* '*shakes': T.10916] *vi.* (*perf.* लड़खड़ाया /laṛakʰaṛāyā ラルカラーヤー/) **1** (足が) よろける[ぐらつく]; よろよろ歩く. (⇒डगमगाना, लटपटाना) ❐भूख की वजह से पाँव लड़खड़ाने लगे। 空腹のため, 足がよろよろした. ❐इस भय से कि कहीं नशे में उसके पैर लड़खड़ा न जाएँ, मैंने लपककर उसकी बाँह पकड़ ली। 万一酔っ払って彼の足がよろけるのではないかという恐れで, 私は飛びついて彼の腕をつかんだ. **2** (足が) つまずく. (⇒उखटना) ❐मैं जवानी की सीढ़ियों पर चढ़ रहा था -- पंद्रह, सोलह, सत्रह -- लड़खड़ाया, गिरा, पर सँभल भी गया। 私は人生の階段を登っていた -- 15, 16, 17 才と -- つまずき, 倒れ, しかし起き上がりもした. **3** (舌が) 思うように動かない, もつれる. ❐उसकी ज़बान लड़खड़ा गई। 彼の舌はもつれてしまった. **4** (決心・意見などが) ぐらつく. ❐अब तो उसका धीरज भी लड़खड़ा चला। 今回はさすがに彼の忍耐もぐらついた.

लड़खड़ाहट /laṛakʰaṛāhaṭạ ラルカラーハト/ [*लड़खड़ाना* + *-आहट*] *f.* よろめく足取り.

लड़ना /laṛanā ラルナー/ [<OIA. *laḍ-² 'fight': T.10920] *vi.* (*perf.* लड़ा /laṛā ララー/) **1** (戦争・裁判・選挙などを) 戦う; (スポーツで) 勝負する; (挑戦的に) いどむ. ❐मिर्ज़ापुर से फूलन देवी चुनाव लड़ीं। ミルザープル (＝選挙区の名前) からプーラン・デヴィーは選挙を戦った. ❐भाजपा ने ५९ पर लड़कर ४२ सीटों पर कब्ज़ा किया। インド人民党は 59 議席を争って 42 議席を獲得した. ❐उसे कुश्ती लड़ने का शौक़ था। 彼はインド相撲をする趣味があった. **2** 言い争う, かみつく; けんかする. ❐वह क्यों तुमसे लड़ी? 彼女は, なぜ君ともめたんだ? ❐आज तो तुमसे लड़ गयी, कल को दूसरों से लड़ जायगी। 今日は君にかみついた, 彼女は明日は他の人間にかみつくだろう. ❐माँ से लड़कर गया, और सालों हो गये, न चिट्ठी, न पत्तर। 彼は母親と言い争って出た, そして何年もたった, 手紙一つない. ❐चौमुख लड़ाई लड़ने के लिए तैयार हो गयी। 彼女は四方の敵と戦う覚悟ができた. **3** (困窮・病苦・境遇などと) 苦闘する, 格闘する. ❐भूखों मर जाने से या अपने बाल-बच्चों को भूखों मरते देखने से तो यह कहीं अच्छा था कि इस परिस्थिति से लड़कर मरें। 空腹で死ぬか自分の子どもが空腹で死んでいくのを見るよりも, この状況と戦って死ぬ方がはるかにましだった. ❐आज तीस साल तक जीवन से लड़ते रहने के बाद वह परास्त हुआ है। 今日, 30 年間人生と格闘しつづけてきた後で, 彼は打ちのめされた. **4** (車などが) ぶつかる, 衝突する. ❐उनके साले ऐन जवानी में मोटर लड़ जाने के कारण गत हो गये थे। 彼の義理の弟はほんの若い時, 自動車の衝突事故で亡くなっていた.

लड़ना-भिड़ना /laṛanā-bʰiṛanā ラルナー・ビルナー/ *vi.* (*perf.* लड़ा-भिड़ा /laṛā-bʰiṛā ララー・ビラー/) ☞लड़ना

लड़वाना /laṛavānā ララワーナー/ ▸लड़ाना [caus. of *लड़ना*] *vt.* (*perf.* लड़वाया /laṛavāyā ラルワーヤー/) ☞लड़ाना

लड़ाई /laṛāī ララーイー/ [cf. *लड़ना*] *f.* **1** 戦争; 戦闘, 戦い; 格闘. (⇒युद्ध) ❐इस ～ में वह मारा गया। この戦争で彼

は戦死した．❐(की) ～ लड़ना(…の代わりとなって)戦う．❐तलवार की ～ में हम उसके बराबर हैं। 剣の戦いでは我々は彼と互角である．❐प्रथम विश्वयुद्ध के दिनों में शायद मैंने इतना ही जाना कि दुनिया के किसी दूर-सुदूर भाग में अंग्रेज़ों की जरमनों से ～ हो रही है। 第一次世界大戦当時，多分私が知ったことはせいぜい，世界のあるはるか彼方の場所で英国人のドイツ人との戦いが行われていることぐらいだった．❐हाथियों की ～ 象の戦い．**2** けんか；もめ事．❐उसे ख़बर मिली कि चौधरी और पुनिया में ～ हो रही है। チャオードリーとプニヤーの間でけんかが始まっているという知らせが彼にとどいた．❐यह ～ हाथा-पाई की न होती, सिर्फ़ गाली-गलौज की। そのけんかは殴り合いではなく，単なる口げんかだった．❐(से) ～ करना(人と)けんかする．❐हम दोनों में ～ होते होते बची। 我々二人の間であわやけんかになるところだった．**3** (訴訟の)争い．

लड़ाई-झगड़ा /laṛāī-jʰagaṛā ララーイー・ジャグラー/ *m.* けんかや殴り合い．❐वह सहनशील आदमी था, ～ कोसों भागनेवाला। 彼は我慢強い人間だった，争い事などとんでもない人間だった．

लड़ाका /laṛākā ララーカー/ [cf. *लड़ना*] *adj.* けんかっ早い；好戦的な．(⇒लड़ाकू)

लड़ाकू /laṛākū ララークー/ [cf. *लड़ना*] *adj.* **1** けんかっ早い；好戦的な．(⇒लड़ाका) **2** 戦闘用の．(⇒जंगी) ❐～ विमान 戦闘機．

लड़ाना /laṛānā ララーナー/ ▸लड़वाना [caus. of *लड़ना*] *vt.* (*perf.* लड़ाया /laṛāyā ララーヤー/) **1** (戦争・裁判・選挙などを)戦わせる，勝負させる．**2** 優劣を競わせる；(闘犬・闘鶏などで)闘わせる，勝負させる．❐बुलबुल ～ ヒヨドリを闘わせる．**3** 仲たがいさせる，けんかさせる．**4** (自分の力を)働かせる，総動員させる；(知略を)働かせる；(策略を)めぐらす．❐आँख ～ 目で火花をちらす．❐(से) गप [गप्पें] ～ (人と)おしゃべりをする．❐ज़बान ～ 言葉でやりこめる．❐जान ～ 精一杯頑張る．❐बहुत दिमाग़ लड़ाने पर भी उसका आशय मेरी समझ में न आया। おおいに頭を働かせたが彼の意図は私にはわからなかった．

लड़ी /laṛī ラリー/ ▸लड़ [＜OIA. **laḍa-* 'string, garland': T.10921] *f.* **1** (より糸などで)数珠つなぎになったもの．❐मोतियों की ～ (首飾りなど)真珠を糸で数珠つなぎにしたもの．**2** より糸；ひも．**3** 連なり，連続；列．❐उसके आँसू की ～ टूट गई। 彼女の涙が堰を切ったように流れ出した．

लड्डू /laḍḍū ラッドゥー/ [＜OIA.m. *laḍḍu-¹*, *laḍḍuka-* 'a kind of sweetmeat': T.10926] *m.* **1**〖食〗ラッドゥー《牛乳と粗挽きの豆類にトウモロコシ粉，砂糖などを混ぜ団子状にしたものをギーで揚げた菓子》．**2**〔俗語〕ゼロ；零点《形が丸いことから》．

लत /lata ラト/ [?←Pers.n. علة 'an accident, calamity, disease; a charge, count of indictment' ←Arab.] *f.* **1** 悪癖，悪い習慣．❐(को) (की) ～ पड़ना [लगना] (人に)(…の)悪い癖がつく．❐नशा बुरी ～ है, इसे सब जानते हैं। 酔っぱらうことは悪癖である，このことは皆が知っている．❐(से) (की) ～ छूटना (人から)(…の)悪い癖がぬける．**2** 常用癖，中毒；癖(へき)，嗜好(しこう)．❐पढ़ने की ～ 読書癖．

लतख़ोर /lataxora ラトコール/ [*लात* + *-ख़ोर*] *adj.* (人の足蹴に慣れた)卑屈な(人)，軽蔑すべき(人)．

लतख़ोरा /lataxorā ラトコーラー/ [*लात* + *-ख़ोरा*] *m.* 靴ぬぐい，ドア・マット．

लता /latā ラター/ [←Skt.f. *लता-* 'a creeper, any creeping or winding plant or twining tendril'] *f.*〖植物〗つる草；巻きひげ．

लताकुंज /latākuṃja ラタークンジ/ [neo.Skt.m. *लता-कुञ्ज-* 'pergola, an arbour overgrown with creepers'] *m.* パーゴラ《つる草などをはわせた棚を屋根にしたあずまや》(⇒लतामंडप)

लताड़ /latāṛa ラタール/ ▸लथाड़ [cf. *लताड़ना*] *f.* **1** 足蹴；侮辱．**2** 叱責，譴責(けんせき)；非難，こきおろし．

लताड़ना /latāṛanā ラタールナー/ ▸लथाड़ना [＜OIA. **lattā-* 'foot, kick': T.10931] *vt.* (*perf.* लताड़ा /latāṛā ラターラー/) **1** (人を)足蹴にする；侮辱する；鼻であしらう．**2** 叱責する，譴責(けんせき)する；非難する，こきおろす．❐आप तो हमें ऐसा लताड़ रही हैं मानो अपनी प्राण रक्षा करना कोई पाप है। あなたはまるで自分の命を守ることが何か罪であるかのように我々を責めていらっしゃる．

लतामंडप /latāmaṃḍapa ラターマンダプ/ [←Skt.m. *लता-मण्डप-* 'a creeper-bower'] *m.* ☞लताकुंज

लतियल /latiyala ラティヤル/ [cf. *लात*] *adj.* ☞लतख़ोर

लतियाना /latiyānā ラティヤーナー/ [cf. *लात*] *vt.* (*perf.* लतियाया /latiyāyā ラティヤーヤー/) (足で)蹴る．❐अपनी मेहरिया को सारे गाँव के सामने लतियाने से इसकी इज़्ज़त नहीं जाती! 自分の妻を村中の前で足蹴にしておいてこの男の名誉が失われないなんて！

लतीफ़ा /latīfā ラティーファー/ [←Pers.n. لطيفة 'a jest, joke, pleasantry, jeu d'esprit' ←Arab.] *m.* 気の利いたジョーク，小話．

लत्ता /lattā ラッター/ [＜OIA. **latta-¹* 'defective': T.10930] *m.* ぼろ(布)；布ぎれ．(⇒चिथड़ा) ❐उसके बदन पर एक ～ भी नहीं था। 彼女の体にはぼろ布一つなかった．

लत्ती¹ /lattī ラッティー/ [cf. *लात*] *f.* (馬やロバまどが)後ろ足で蹴ること．❐(को) ～ मारना (人を)後ろ足で蹴る．

लत्ती² /lattī ラッティー/ [cf. *लत्ता*] *f.* ☞लत्ता

लथ-पथ /latʰa-patʰa ラト・パト/ [echo-word; cf. *लथेड़ना*] *adj.* (雨・汗・泥水などで)ぐっしょり濡れた，ずぶ濡れの；(血に)まみれた．❐उसने पसीने में ～ आकर कहा। 彼は汗だくになって来てから言った．❐एक आदमी ख़ून से ～ पड़ा था। 一人の男が血まみれで倒れていた．❐कीचड़ से ～ सड़क 泥まみれの道路．

लथाड़ /latʰāṛa ラタール/ ▸लताड़ *f.* ☞लताड़

लथाड़ना /latʰāṛanā ラタールナー/ ▸लताड़ना *vt.* (*perf.* लथाड़ा /latʰāṛā ラターラー/) ☞लताड़ना

लथेड़ना /latʰeṛanā ラテールナー/ [cf. *लथ-पथ*] *vt.* (*perf.* लथेड़ा /latʰeṛā ラテーラー/) **1** (泥など)ぐしょぐしょに汚す，泥まみれにする；べとべとにする；びしょ濡れにする．**2** なじる；叱りつける．❐उसने अपनी स्त्री को ख़ूब लथेड़ा। 彼は妻

をひどく叱った.

लदना /ladanā ラドナー/ [cf. *लादना*] *vi.* (*perf.* लदा /ladā ラダー/) **1** (荷物などが)(動物・乗り物・船などに)載せられる, 積まれる. **2** (重ねて)積み上げられる, 積み重ねられる. **3** (積まれたものなどで)ずっしり重みがかかる; (植物に)(果実が)たわわに実る, (花が)咲き誇る. ❐नाव पाँच-सात दिनों बाद लौटे मछलियों से लदे। 舟は五, 七日後戻って来た, 魚でずっしり重くなって. ❐वह पेड़ फलों से लदा था। その木には, 果実がたわわに実っていた. ❐उस उद्यान में रंग-बिरंगे फूलों से लदी क्यारियाँ हैं। その庭園には, 色とりどりの花が咲き誇っている花壇がある. ❐सभी देवियाँ सोने और रेशम से लदी हुई थीं, मानो किसी बारात में आयी हों। すべてのご婦人方は(身につけた)金と絹でずっしり重くなっていた, まるで結婚式の行列に来たようだった. **4** 重荷になる, 堪えがたい負担がかかる, 重くのしかかる. ❐दोनों पर चार-चार सौ का बोझ लद गया। 二人に400ルピーずつの重荷がのしかかった. ❐घर पर लदा क़र्ज़ चुकाना था। 家に重くのしかかった負債を返済しなければいけなかった. **5** 〔俗語〕(刑罰を受け)投獄される. ❐वह चोर साल भर के लिए लद गया। その泥棒は一年間投獄された. **6**〔俗語〕(ある時代などが)過去のものとなる;死ぬ, くたばる.《自嘲・侮蔑的な表現》 ❐नख़रों और इतराती अदाओं वाली अभिनेत्रियों का ज़माना लद गया। いちゃいちゃする恋愛遊戯や焦らす媚態専門の女優たちの時代は過去のものになった.

लदवाना /ladavānā ラドワーナー/ ▸लदाना [caus. of *लदना, लादना*] *vt.* (*perf.* लदवाया /ladavāyā ラドワーヤー/) 載せさせる;載せてもらう.

लदाई /ladāī ラダーイー/ [cf. *लदाना*] *f.* **1** (船・車などに)貨物を積載すること. **2** 貨物を積載する労賃.

लदान /ladāna ラダーン/ [cf. *लदाना*] *f.* 荷の積み込み;積荷.

लदाना /ladānā ラダーナー/ ▸लदवाना [caus. of *लदना, लादना*] *vt.* (*perf.* लदाया /ladāyā ラダーヤー/) ☞लदवाना

लदा-फँदा /ladā-pʰãdā ラダー・パンダー/ [cf. *लदना*] *adj.* 多く積みすぎた;満載の, 満杯の. ❐रिक्शे में लदे-फँदे बच्चे リキシャーに満杯の子どもたち.

लदाव /ladāva ラダーオ/ [cf. *लदाना*] *m.* **1** 積載(物). **2** ラダーオ《梁を使わずアーチ状にレンガ・石などを積み上げた屋根や天井》.

लद्दू /laddū ラッドゥー/ [cf. *लादना*] *adj.* 積荷を運ぶ(家畜), 積荷を運搬する(輸送機関). ❐～ घोड़ा 運搬用の馬.

लद्धड़ /laddʰaṛa ラッダル/ [cf. *लदना*] *adj.* **1** 重い荷物で動作が鈍い, よろよろしている. **2** 動作の鈍い(人);怠け者の. ❐～ लड़के को क़ाबिल बनाना 怠け者の子どもをいっぱしのものに仕上げる.

लद्धड़पन /laddʰaṛapana ラッダルパン/ [*लद्धड़* + *-पन*] *m.* 動作が鈍いこと.

लपक /lapaka ラパク/ [cf. *लपकना*] *f.* **1** 跳躍. **2** 弾力性, しなやかさ. **3** 素早さ. **4** 閃光;輝き.

लपकना /lapakanā ラパクナー/ [symbolic word; ＜OIA. **lappa-*[1] 'sudden movement': T.10939] *vi.* (*perf.* लपका /lapakā ラプカー/) **1** 急に飛びかかる, 襲いかかる. (⇒झपटना) ❐बिल्ली चूहे पर लपकी। 猫はネズミに飛びかかった. ❐वह आँखों से अँगारे बरसाता उसकी ओर लपका। 彼は目から怒りの炎を吹き出しながら彼女に向かって飛びかかった. **2** 飛び出す, 突進する, 殺到する, 駆け寄る;ずんずん前に進む. (⇒झपटना) ❐उसने लपककर मुझे गले लगा लिया। 彼は駆け寄って私を抱きしめた. ❐मैंने बाहर लपककर उसकी कार देखी। 私は外に駆け出て彼の車を確かめた. ❐बच्चा उन चीज़ों की ओर लपक रहा था और चाहता था, सब-का-सब एक साथ मुँह में डाल ले। その子どもはそれら(食べ物)に向かって駆け寄って行った, そしてみんな一緒に口に入れようとした. ❐लकड़हारा हिरन को कंधे पर रखे लपका चला जा रहा था। 木こりは鹿を肩にかけてずんずん進んで行った. **3** (閃光が)走る. **4** (傷口が)ずきずきする.

— *vt.* (*perf.* लपका /lapakā ラプカー/) さっとかすめとる. (⇒झपटना) ❐उसने ऊपर ही ऊपर अँगूठी लपक ली। 彼は指輪をさっとかすめとった.

लपकाना /lapakānā ラプカーナー/ [cf. *लपकना*] *vt.* (*perf.* लपकाया /lapakāyā ラプカーヤー/) **1** (つかむために手を)伸ばす. ❐हाथ ～ 手を伸ばす. **2** (人を)使いに走らせる. ❐मुझे आते देखकर उन्होंने एक तेरह बरस की लड़की को मेरी ओर लपकाया था। 私が来るのを見て彼は13歳になる娘を私の方に使いに走らせた.

लपट /lapaṭa ラパト/ [＜OIA. **lappa-*[2] 'slap': T.10940] *f.* **1** 炎, 火炎. ❐आग की लपटें उठ रही थीं। 火炎が立ち上っていた. **2** (漂う)芳香. ❐गुलाब की लपटें उड़ रही थीं। バラの香りが漂っていた.

लपटना /lapaṭanā ラパトナー/ ▸लिपटना *vi.* (*perf.* लपटा /lapaṭā ラプター/) ☞लिपटना

लपटा /lapaṭā ラプター/ [cf. *लपटना*] *m.* 粘着性のあるもの;糊(のり).

लपटाना /lapaṭānā ラプターナー/ ▸लिपटाना *vt.* (*perf.* लपटाया /lapaṭāyā ラプターヤー/) ☞लिपटाना

लपना /lapanā ラプナー/ [onom.] *vi.* (*perf.* लपा /lapā ラパー/) (竹などが)しなる. ❐बाँस हवा में लप रहे थे। 竹が風にしなっていた.

लपलपाना /lapalapānā ラプラパーナー/ [onom.; ＜OIA. **lappa-*[2] 'slap': T.10940] *vi.* (*perf.* लपलपाया /lapalapāyā ラプラパーヤー/) **1** (竹・剣などしなるものが)振り回わされてビュンビュン (लप-लप) 音をたてる. **2** (刃などが)ぎらぎら光る. **3** (ヘビの舌などが)ちらちら (लप-लप) する;(チャンスを前に)舌なめずりをする.

— *vt.* (*perf.* लपलपाया /lapalapāyā ラプラパーヤー/) **1** ビュンビュン (लप-लप) と(しなるものを)振り回す. ❐पंडित जी को हाथ में गोदे लपलपाते देखकर ही कुछ लड़के हाथ जोड़कर माफ़ी माँगने लगते, या रोने लगते। 先生が手で竹の鞭をビュンビュンと振るのを見て何人かの生徒は手を合わせて許しを請うか泣きだした. **2** (刃などを)ぎらぎら光らせる. **3** (ヘビなどが舌を)ちらちら (लप-लप) させる;(チャンスを前に)舌なめずりをする. ❐अग्नि की उन्मत्त लहरें एक-पर-एक, दाँत पीसती थीं, जीभ लपलपाती थीं जैसे आकाश को भी निगल जाएँगी।

猛火の狂ったうねりが次から次へと，歯をきしませ，舌なめずりをしていた，まるで大空をも飲みこもうとするように．

लपलपाहट /lapalapāhaṭa ラプラパーハト/ [cf. *लपलपाना*] *f.* **1**（鞭などがしなる）ビュンビュンいう音．**2**（刀などの）きらめき．**3**（ヘビなどの）舌なめずり．

लपसी /lapasī ラプスィー/ [<OIA. **lappasikā-* 'a sweetmeat or dish': T.10941] *f.* 〖食〗ラプスィー《小麦粉にミルク，砂糖または塩を加え煮詰めたねばりけのある菓子の一種》．

लपेट /lapeṭa ラペート/ [cf. *लपेटना*] *f.* **1** 包んだもの，包み．**2**（コイルなどの）一巻，巻いたもの．

लपेटन /lapeṭana ラペータン/ [cf. *लपेटना*] *f.* ☞लपेट
— *m.* 包むもの；巻くもの．

लपेटना /lapeṭanā ラペートナー/ [<OIA. **lappēṭṭ-* 'wrap': T.10942] *vt.* (*perf.* लपेटा /lapeṭā ラペーター/) **1** 包装する；包みにする；荷作りをする；包み込む．❒लाल काग़ज़ में लपेटा पार्सल मुझे मिला। 赤い紙で包装された小包が届いた．❒उसने मूँछों में मुस्कराहट को लपेटकर कहा। 彼は口ひげのなかに微笑を包み込んで言った．**2**（巻いて）包む，くるむ，巻く；巻きつける．(⇒बाँधना, लिपटाना) ❒मैंने उसके बालों की एक लट अपनी ऊँगली पर लपेट ली। 私は彼女の髪の一房を自分の指に巻きつけた．❒वह फटे चिथड़े लपेटे फिरती थी। 彼女は，破れたぼろを身に巻きつけて歩き回っていた．❒साँप ने अपनी पूँछ नेवले के चारों ओर लपेट दी। ヘビは尾をマングースの周囲に巻きつけた．❒साँप ने नेवले को अपनी पूँछ में लपेट लिया। ヘビはマングースを尾の中に巻きつけた．❒बिस्तर लपेट दो। 寝具を巻いて片付けなさい．**3** よじる；（縄を）なう．**4**（泥・土などを）（体に）なすりつける．❒उसी मिट्टी को वे अपने बदन पर लपेटते हैं, बहुत-से वहाँ की मिट्टी में लोटते हैं, और कहते हैं, अच्छे हो जाते हैं।（薬効があると信じられている）その土を彼らは自分の体になすりつける，多くの者はそこの土の中に転げ回る，そしてこう言うのである，（病が）治ってしまいますと．**5**（事件などに）巻き込む．❒युद्ध में लपेटना। 戦争に巻き込む．**6**（つかんで）握りしめる．❒वह हाथों में मिट्टी लपेटे हुए बोला। 彼は，手に土を握りしめたまま言った．

लपेटनी /lapeṭanī ラペートニー/ [cf. *लपेटना*] *f.* ラペートニー《機織（はたおり）の縦糸が巻きつけられている棒》．

लप्पड़ /lappaṛa ラッパル/ [<OIA. **lappa-*[2] 'slap': T.10940] *m.* 平手打ち．(⇒थप्पड़)

लफ़ंगा /lafaṃgā ラファンガー/ [cf. Pers.n. لاف 'praise; boasting, self-praise, bragging'; ?<OIA. **lappha-*[2] 'defective': T.10943] *adj.* ごろつきのような（人）．(⇒लुच्चा)
— *m.* ごろつき，ならず者；人間のくず．❒वह तो निरा ～ है। 彼は正真正銘の人間のくずです．

लफ़्ज़ /lafza ラフズ/ [←Pers.n. لفظ 'ejecting, throwing out (of the mouth); pronunciation, utterance; a word,vocable' ←Arab.] *m.* 語，単語；語彙．(⇒शब्द)

लफ़्ज़-ब-लफ़्ज़ /lafza-ba-lafza ラフズ・バ・ラフズ/ [←Pers.adv. لفظ بلفظ 'word by word, verbatim'] *adv.* 一字一句，言葉通りに．(⇒शब्दश:)

लबाड़ /labāṛa ラバール/ ▸लबार [<OIA. **labba-*, **labbha-* 'defective': T.10947z2] *adj.* 作り話をする（人）．

लबाड़िया /labāṛiyā ラバーリヤー/ [cf. *लबाड़ी*] *m.* 作り話をする人，ほらふき，うそつき．

लबाड़ी /labāṛī ラバーリー/ [*लबाड़* + *-ई*] *f.* 作り話，ほら，うそ．

लबादा /labādā ラバーダー/ [←Pers.n. لباده 'a cloak for rain' ←Arab.] *m.*（キルティングされた）ガウン，マント．

लबार /labāra ラバール/ ▸लबाड़ *adj.* ☞लबाड़

लबालब /labālaba ラバーラブ/ [←Pers.adj. لبالب 'lip to lip; brimful'] *adj.*（液体が）あふれんばかりの，満杯の；（飲み物が）なみなみつがれた《「なみなみと」など副詞的にも使用》．❒प्याला ～ भर गया। カップはなみなみとつがれた．❒बाँध ～ हो गया। ダムは満水になった．

लब्ध /labd^ha ラブド/ [←Skt. *लब्ध-* 'taken, seized, caught, met with, found'] *adj.*（目的のものを）手に入れた，獲得した．

लब्धप्रतिष्ठ /labd^hapratiṣṭ^ha ラブドプラティシュト/ [←Skt. *लब्ध-प्रतिष्ठ-* 'one who has acquired fame or renown'] *adj.* 功成り名を遂げた（人）．

लब्धि /labd^hi ラブディ/ [←Skt.f. *लब्धि-* 'obtaining, gaining, acquisition; gain, profit; the quotient'] *f.* **1** 獲得；達成；利益．**2**〖数学〗（割り算の）商．(⇒भागफल)

लभ्य /lab^hya ラビエ/ [←Skt. *लभ्य-* 'obtainable, acquirable'] *adj.* 入手可能な．(⇔अलभ्य)

लय /laya ラエ/ [←Skt.m. *लय-* 'the act of sticking or clinging to'] *m.*融合；没入．❒दर्शन जीवन के इन रहस्यों से केवल विनोद करता है, कवि उनमें ～ हो जाता है। 哲学は人生のこれらの神秘に対し単に知的な遊戯をするだけである，詩人はそれらの神秘の中に溶け込むのである．
— *f.* 〖音楽〗リズム，調子．❒～ और ताल リズムと拍子．

लरज़ना /larazanā ララズナー/ [←Pers.adj. لرزان 'trembling, tremulous'] *vi.* (*perf.* लरजा /larazā ラルザー/) 震える；揺れる．

ललक /lalaka ララク/ [cf. *ललकना*] *f.* 切望，渇望．(⇒इच्छा) ❒शादी की ～ 結婚願望．

ललकना /lalakanā ララクナー/ ▸लिलकना [<OIA. *lálati* 'sports, dallies': T.10968] *vi.* (*perf.* ललका /lalakā ラルカー/) 切望する，渇望する．

ललकार /lalakāra ラルカール/ [cf. *ललकारना*] *f.* **1** 挑発，挑戦，チャレンジ；雄叫び．(⇒चुनौती, चैलेंज) ❒～ सुनकर उनका पुरुषत्व उत्तेजित हो जाता था। 挑発を耳にして彼の男の本能が刺激された．❒(को) (के लिए) ～ देना（人に）（…を競うため）挑発する．**2**（他に対する人の）戦意を煽ること，煽動．

ललकारना /lalakāranā ラルカールナー/ [<OIA. **lallakka-* 'threatening noise': T.10973] *vt.* (*perf.*

ललकारा /lalakārā ラルカーラー/) **1** (相手に声を上げて) 挑戦をいどむ, 挑発する. ❐उसने पंडित को शास्त्र के तर्क-युद्ध में उतरने के लिए ललकारा। 彼は学僧を学問上の論法戦に持ち込むために挑発した. ❐उसने मुझे ललकारा। 彼女は私を挑発した. ❐प्रतिद्वंद्वी एक-दूसरे को ललकारकर पहले बाहुयुद्ध में भिड़ गए। 対戦者は互いを声をあげて挑発してからまず腕力を競い合って組み合った. **2** (人を)煽動する, たきつける, (人の)戦意を煽る. ❐उसने अपने साथियों को ललकारा, सुन ली इन लोगों की बात कि नहीं! 彼は自分の仲間をたきつけた, 聞いたか, こいつらの話を!

ललचना /lalacanā ララチナー/ [cf. *ललचाना*] *vi.* (*perf.* ललचा /lalacā ラルチャー/) (他人のものなどが)欲しくてたまらなくなる. (⇒ललचाना)

ललचाना /lalacānā ラルチャーナー/ [<OIA.n. *lālitya-* 'amorousness': T.11029] *vi.* (*perf.* ललचाया /lalacāyā ラルチャーヤー/) 欲しくてたまらなくなる. (⇒ललचना) ❐उसका मन उन गायों को देख कर ललचा गया। 彼の心はその牛たちを見て欲しくてたまらなくなった.

— *vt.* (*perf.* ललचाया /lalacāyā ラルチャーヤー/) (人の)気をそそる;じらして苦しめる. ❐मैं भी उन्हें ललचाती हूँ, तिरछी नज़रों से देखती हूँ, मुसकराती हूँ। 私だってあいつらの気をそそってやるの, 流し目をして微笑んでやるのよ.

ललना /lalanā ラルナー/ [←Skt.f. *ललना-* 'a wanton woman, any woman, wife'] *f.* 女性.

लला /lalā ララー/ ▸लल्ला *m.* ☞लल्ला

ललाई /lalāī ララーイー/ [cf. *लाल¹*] *f.* ☞लाली

ललाट /lalāṭa ララート/ [←Skt.n. *ललाट-* 'forehead, brow'; cf. T.10970] *m.* 額. (⇒कपाल, माथा)

ललाट-रेखा /lalāṭa-rekʰā ララート・レーカー/ [←Skt.f. *ललाट-रेखा-* 'a line on the forehead supposed to indicate long life'] *f.* 額の線《運命が占えると考えられている》.

ललाम /lalāma ララーム/ [←Skt. *ललाम-* 'having a mark or spot on the forehead'] *adj.* 美しい;最上の.

ललित /lalita ラリト/ [←Skt. *ललित-* 'sported, played, playing, wanton, amorous, voluptuous'] *adj.*優雅な, 気品のある, エレガントな. ❐~ कला 芸術;美術品. ❐क्या तिरस्कार के भाव इतने ~ शब्दों में प्रकट हो सकते हैं?一体全体人を咎める気持ちがこれほど気品のある言葉で発露しうるだろうか? ❐~ शैली 〖文学〗典雅な文体. ❐~ साहित्य 〖文学〗純文学.

ललित-कला /lalita-kalā ラリト・カラー/ [neo.Skt.f. *ललित-कला-* 'fine arts'] *f.* 芸術.

ललित-साहित्य /lalita sāhitya ラリト サーヒティエ/ [neo.Skt.n. *ललित-साहित्य-* 'belles lettres'] *m.* 〖文学〗純文学.

लल्ला /lallā ラッラー/ ▸लला [<OIA. *lala-* '*child': T.10967] *m.* **1** 坊や《主に呼びかけの言葉として》. **2** 〔古語〕愛しい方《主に女性から男性への呼びかけの言葉として》.

लल्लो /lallo ラッロー/ [cf. Skt.f. *ललना-* 'the tongue'] *f.* 〔俗語〕舌, 舌先, 口先.

लल्लो-चप्पो /lallo-cappo ラッロー・チャッポー/ [echo-word; cf. *लल्लो*] *f.* お世辞, ご機嫌とり, ごますり; 甘言, 口車. (⇒लल्लो-पत्तो) ❐~ करना ごまをする;(だますために)甘いことを言う. ❐उन्हें ~ की आदत न थी। 彼女はお世辞を言う習慣がなかった.

लल्लो-पत्तो /lallo-patto ラッロー・パットー/ [echo-word; cf. *लल्लो*] *f.* ☞लल्लो-चप्पो

लवंग /lavaṃga ラワング/ [←Skt.m. *लवंग-* 'the clove tree'] *m.* 〖植物〗チョウジ(丁子), クローブ. (⇒लौंग)

लव¹ /lava ラオ/ [←Skt.m. *लव-* 'anything cut off, a section, fragment, piece, particle, bit'] *m.* 微量.

लव² /lava ラオ/ [←Eng.n. *love*] *m.* 愛, 恋愛. ❐~ मैरिज 恋愛結婚. ❐~ लेटर ラブレター, 恋文.

लवण /lavaṇa ラワン/ [←Skt.n. *लवण-* 'salt'] *m.* **1** 塩. (⇒नमक) **2** 〖化学〗塩(えん);塩類(えんるい).

लवलीन /lavalīna ラオリーン/ [hypercorr.Skt.; *लौ²* + *लीन*] *adj.* 専念している, 没頭している.

लवलेश /lavaleśa ラオレーシュ/ [*लव¹* + *लेश*] *m.* 微量.

लशकर /laśakara ラシュカル/ ▹लश्कर [←Pers.n. لشکر 'an army, a host, a military force; a camp; an encampment'] *m.* **1** 軍隊. (⇒फ़ौज, सेना) **2** 軍営.

लशकरी /laśakarī ラシュカリー/ ▹लश्करी [←Pers.adj. لشکری 'anything belonging to an army'] *adj.* 軍隊の;軍関係の.

लश्कर /laśkara ラシュカル/ ▹लशकर *m.* ☞लशकर

लश्करी /laśkarī ラシュカリー/ ▹लशकरी *adj.* ☞लशकरी

लस /lasa ラス/ [<OIA. **lasa-* 'stickiness, slipperiness': T.10992; cf. Skt.m. *लश-* 'gum, resin'] *m.* ねばねばすること, 粘着性;のり, にかわ.

लसदार /lasadāra ラスダール/ [*लस* + *-दार*] *adj.* ねばねばした, 粘着性のある. (⇒लसलसा) ❐~ मिट्टी 粘土.

लसलसा /lasalasā ラスラサー/ [cf. *लस*] *adj.* ねばねばした, 粘着性のある. (⇒लसदार)

लसीला /lasīlā ラスィーラー/ [cf. *लस*] *adj.* ☞लसदार

लसोड़ा /lasoṛā ラソーラー/ [<OIA.m. *ślēṣmāta-* '*Cordia latifolia*': T.12746] *m.* 〖植物〗ラソーラー《ムラサキ科の植物;にかわ質の実は薬用と食用》.

लस्टम-पस्टम /lasṭama-pasṭama ラスタム・パスタム/ [echo-word] *adv.* 〔俗語〕どうにかこうにか. ❐काम ~ चल रहा है। 仕事はどにかこうにか進んでいます.

लस्सी /lassī ラッスィー/ [<OIA. **lassī-* 'buttermilk': T.10998; cf. Skt.f. *लसीका-* 'the juice of the sugar-cane'] *f.* 〖食〗ラッシィー《乳酸飲料の一種》.

लहँगा /lahãgā ラハンガー/ [?<OIA. **laṅga-³* 'end of loincloth': T.10901; cf. Panj.n. ਲਹਿੰਗਾ 'a voluminous skirt'] *m.* ラハンガー《女性用のゆったりしたロングスカート》.

लहकना /lahakanā ラハクナー/ [<OIA. *lásati¹* 'flashes, shines': T.10993] *vi.* (*perf.* लहका /lahakā ラヘカー/) **1** きらめく. **2** (火が)燃え立つ. **3** (風に)そよぐ, はためく;(風が)そよぐ. (⇒लहराना) **4** (欲望が)燃えあがる.

लहकाना /lahakānā ラヘカーナー/ [cf. *लहकना*] *vt.* (*perf.*

लहकाया /lahakāyā ラヘカーヤー/) **1** きらめかす. **2** (風に)そよがせる, はためかせる. **3** (火を)(扇いだり吹いたりして)燃えあがらせる. (⇒भड़काना) **4** (人を)あおる, 扇動する. (⇒भड़काना)

लहकारना /lahakāranā ラヘカールナー/ [cf. *लहकाना*] *vt.* (*perf.* लहकारा /lahakārā ラヘカーラー/) ☞लहकाना

लहजा /lahajā ラヘジャー/ [←Pers.n. لهجة 'the tongue; voice, sound, tone; accent' ←Arab.] *m.* **1** 語り口, 口調; 声の調子. ❐गंभीरता, गरिमा, आत्मविश्वास उनके लहजे में कूट-कूट कर भरा था। 厳粛さ, 重厚さ, 自信が彼の口調に満ち満ちていた. ❐मज़ाक़ के लहजे में कहना 冗談の口調で言う. **2** なまり; イントネーション. ❐हिंदी अंग्रेज़ी लहजे में बोलना ヒンディー語を英語なまりでしゃべる.

लहर /lahara ラハル/ [<OIA.f. *lahari-* 'large wave': T.10999] *f.* **1** 波, 波浪, うねり. (⇒तरंग, मौज, हिलोर) ❐लहरें आना 波が押し寄せる. ❐लहरें उठना 波立つ. **2** 波形, 波紋. **3** (感情の)起伏; (痛みの)波; (時勢の)波, 機運の高まり.

लहरदार /laharadāra ラハルダール/ [*लहर* + *-दार*] *adj.* 波状の; 波打つ. ❐~ बाल 巻き毛, カーリーヘアー. ❐~ रेखा 波線. **2** 気まぐれな, むら気な.

लहराना /laharānā ラヘラーナー/ [cf. *लहर*] *vi.* (*perf.* लहराया /laharāyā ラヘラーヤー/) **1** (水面が)うねる, 波打つ; (髪などが)波打つ. ❐दोनों कंधों पर और पीछे पीठ पर घूँघर-वाले लहराते उनके बाल वैसे ही थे जैसे बहुत बाद को मैंने गांगेय नरोत्तम शास्त्री के देखे थे। 両肩そして背中まである巻き毛の波打つ彼の髪は, ずいぶん後で私が見たガーンゲーエ・ナロータム・シャーストリー(=人名)の髪とちょうど同じだった. **2** (旗が)風にはためく; (植物の穂・葉などが)風にそよぐ. ❐चोटी पर एक झंडा लहरा रहा था। 頂上には一本の旗がはためいていた. **3** (風が)そよぐ. **4** (ヘビなどが)くねくね進む.

— *vt.* (*perf.* लहराया /laharāyā ラヘラーヤー/) **1** (風に)ひらひらさせる, なびかせる, 波打たせる; (子どもなどを)ゆっくりゆする; (旗などを)掲げる. **2** (人の虚栄心を)くすぐる; じらす.

लहरिया /lahariyā ラヘリヤー/ [cf. *लहर*] *m.* 波形模様(の布地).

लहरी /laharī ラヘリー/ [*लहर* + *-ई*] *adj.* **1** 気まぐれな, むら気な. **2** いつも陽気な.

— *f.* 小波, さざ波.

लहरीला /laharīlā ラヘリーラー/ [cf. *लहर*] *adj.* ☞लहरदार

लहलहा /lahalahā ラヘラハー/ [cf. *लहलहाना*] *adj.* **1** 新緑で覆われた; 風に波打つ(穂). **2** 晴れやかな様子の.

लहलहाना /lahalahānā ラヘラハーナー/ [onom.; cf. *लहलहा*] *vi.* (*perf.* लहलहाया /lahalahāyā ラヘラハーヤー/) **1** (風に吹かれて)そよそよ (लह-लह) とそよぐ, 揺れる; (田畑が)緑に繁る. ❐अपने लहलहाते हुए खेतों को देखकर फूला न समाता था। 彼は自分の緑に繁った畑を見て得意この上なかった. ❐दो साल का लहलहाता हुआ सुंदर पौधा मुर्झा गया। 2年経った緑に繁った美しい若木が枯れてしまった. **2** 晴れやかな様子を見せる. ❐उसका मुरझाया हुआ मन आशा से लहलहा उठा। 彼の元気を失った心は希望で輝いた.

लहसुन /lahasuna ラヘスン/ [<OIA.n. *laśuna-* 'garlic': T.10990] *m.* 『植物』ニンニク(大蒜).

लहसुनिया /lahasuniyā ラヘスニヤー/ [*लहसुन* + *-इया*] *m.* 『鉱物』キャッツアイ, 猫目石. (⇒विदूर)

लहू /lahū ラフー/ ▸लोहू [<OIA. *lóhita-* 'red': T.11165] *m.* 血液, 血. (⇒ख़ून, रक्त)

लहू-लुहान /lahū-luhāna ラフー・ルハーン/ [echo-word; cf. *लहू*] *adj.* 血まみれの, 血だらけの. ❐(को) ~ करना (人を)襲って血まみれにする.

लाँग /lā̃ga ラーング/ [<OIA. **laṅga-*[3] 'end of loincloth': T.10901] *f.* ラーング《ドーティー (धोती) など腰布の端の部分; 身に着ける際, 最後に股間を通して腰の後ろにたくしこむ》.

लांगूल /lāṃgūla ラーングール/ [←Skt.n. *लाङ्गूल-* 'a tail, hairy tail; membrum virile'] *m.* **1** 尾, 尻尾. **2** 男性性器.

लाँघना /lā̃ghanā ラーングナー/ [<OIA. *laṅgháyati* 'leaps over': T.10905] *vi.* (*perf.* लाँघा /lā̃ghā ラーンガー/) **1** 飛び越える; またぐ; 越える, 渡る. (⇒फाँदना) ❐वह हमारी चौखट नहीं लाँघने पाती। 彼女は我が家の敷居をまたぐことはできない. ❐वह कोने से सोते हुए डाकू की चारपाई लाँघी -- समुद्र लाँघनेवाले हनुमान हो साईं को सुमिरकर। 彼女は隅から寝ている山賊のベッドをまたいだ -- 海を越えたハヌマーンであれと神に祈りながら. ❐नदी इस पहाड़ को लाँघकर आगे निकल गई है। 河はこの山を越えて先に流れている. **2** (境界を)侵犯する; (規則を)破る.

लांछन /lāṃchana ラーンチャン/ [←Skt.n. *लाञ्छन-* 'a mark, sign, token; a mark of ignominy, stain, spot'] *m.* **1** (不名誉な)汚点, 疵(きず). **2** 中傷, 悪口, 誹謗(ひぼう); 非難. ❐(पर [को]) ~ लगना (人が)中傷される. ❐(पर [को]) ~ लगाना (人を)中傷する.

लांछित /lāṃchita ラーンチト/ [←Skt. *लाञ्छित-* 'marked, decorated, characterized'] *adj.* **1** (不名誉な)汚点の付いた. **2** 中傷された, 誹謗(ひぼう)された; 非難された.

लांडरी /lāṃḍarī ラーンドリー/ ▹लांड्री [←Eng.n. *laundry*] *f.* 洗濯屋, クリーニング店.

लांड्री /lāṃḍrī ラーンドリー/ ▹लांडरी *f.* ☞लांडरी

ला /lā ラー/ ▸लॉ [←Eng.n. *law*] *m.* 法, 法律. ❐मार्शल ~ 戒厳令. ❐सिविल ~ 民法.

ला- /lā- ラー・/ [←Pers. لا 'no, not' ←Arab.] *pref.* 《『ला 名詞』の形式で形容詞「…がない」を作る; लाजवाब「返答に窮した」, लापता「行方不明の」など》

लाइट /lāiṭa ラーイト/ [←Eng.n. *light*] *f.* ライト, 光り, 明かり, 照明. (⇒रोशनी, प्रकाश)

लाइट-हाउस /lāiṭa-hāusa ラーイト・ハーウス/ [←Eng.n. *light house*] *m.* 灯台.

लाइन /lāina ラーイン/ [←Eng.n. *line*] *f.* **1** (順番を待つ)列, 並び. (⇒क्यू, ताँता, पंक्ति) ❐~ में खड़े हो जाओ। 列に並びなさい. **2** 線, 罫線. (⇒पंक्ति, लकीर, रेखा) ❐~ खींचना 線を引く. **3** (文字の)行. (⇒पंक्ति) ❐पृष्ठ ३ की दूसरी ~

पर निशान लगाइए। 3ページの2行目に印を付けてください. 4 (列車, バスの)路線, 航空路, 航路. 5 (鉄道の)線路, ゲージ. (⇒पटरी) ❐छोटी [बड़ी] ～ 狭軌[広軌]の線路. 6 (電話の)線. ❐～ कट [मिल] गई। 電話が切れた[つながった].

लाइबेरिया /lāiberiyā ラーイベーリヤー/ [cf. Eng.n. *Liberia*] *m.* 〖国名〗リベリア(共和国)《首都はモンロビア (मोनरोविया)》.

लाइब्रेरी /lāibrerī ラーイブレーリー/ [←Eng.n. *library*] *f.* 図書館, 図書室. (⇒पुस्तकालय)

लाइसेंस /lāiseṃsa ラーイセーンス/ [←Eng.n. *licence*] *m.* ライセンス, 許可証, 免許状. (⇒अनुज्ञप्ति) ❐ड्राइविंग ～ 運転免許証.

लाई /lāī ラーイー/ [<OIA.m. *lājá-* 'fried or parched grain': T.11011] *f.* 〖食〗ラーイー《米などの穀粒を炒ったもの;それを使った菓子》.

लाउडस्पीकर /lāuḍaspīkara ラーウドスピーカル/ [←Eng.n. *loudspeaker*] *m.* 拡声器, スピーカー.

लाओस /lāosa ラーオース/ [cf. Eng.n. *Laos*] *m.* 〖国名〗ラオス(人民民主共和国)《首都はビエンチャン (वियनतियेन)》.

लाकर /lākara ラーカル/ ▸लॉकर [←Eng.n. *locker*] *m.* ロッカー, (鍵の掛かる)戸だな. ❐～ रूम ロッカールーム, 更衣室. ❐ऊपरी ～ 上部の荷物入れ.

लाकेट /lāketa ラーケート/ ▸लॉकेट [←Eng.n. *locket*] *m.* (鎖や首飾りに付ける)ロケット.

लाक्षणिक /lākṣaṇika ラークシャニク/ [←Skt. *लाक्षणिक-* 'knowing marks, acquainted with signs'] *adj.* 1 特徴的な;象徴的な. 2 兆候を表す, 前兆となる. 3 〖医学〗徴候となる, 症状の.

लाक्षा /lākṣā ラークシャー/ [←Skt.f. *लाक्षा-* 'a kind of red dye, lac'] *f.* ☞लाख[2]

लाख[1] /lākʰa ラーク/ [<OIA.m. *lakṣá-* 'a lac, one hundred thousand': T.10881; → Eng.n. *lac*] *num.* 十万(の単位). ❐एक [दस] ～ 十[百]万. ❐लाखों 何十万何百万もの.

— *adv.* かなり, ずいぶんと, どれほど. ❐अपने भाई ～ बुरे हों, हैं तो अपने भाई ही। 自分の兄弟がどれほど悪かろうと, 結局は血を分けた兄弟だ. ❐तुम्हें कोई ～ समझाये, करोगे अपने मन की। 君を誰かがどれほど説得したとしても, 君は思い通りのことをするだろうな. ❐वह ～ गुस्सैल हो, पर इतना नीच काम नहीं कर सकता। 彼がどれほど癇癪(かんしゃく)持ちであろうと, これほど卑劣なことはするはずがない.

लाख[2] /lākʰa ラーク/ [<OIA.f. *lākṣā́-* 'a kind of red dye': T.11002; → Eng.n. *lac, lacquer*] *f.* 1 ラック;ラック染料. 2 封蝋(ふうろう).

लाग[1] /lāga ラーグ/ [cf. *लगना*] *f.* 1 近接していること;一致していること. 2 愛情;愛憎;憎しみ. 3 目標(への努力), 生きがい. ❐मानव-जीवन में ～ बड़े महत्त्व की वस्तु है। जिसमें ～ है, वह बूढ़ा भी हो तो जवान है। जिसमें ～ नहीं, ग़ैरत नहीं, वह जवान भी मृतक है। 人間の人生では目標はとても大事なものだ. 目標がある人間は老いていても若いのだ. 目標がなく, 誇りがない人間は若くても死者同様だ. 4 〖医学〗(予防接種に使用される)ワクチン;粘液.

लाग[2] /lāga ラーグ/ ▸लॉग [←Eng.n. *log*] *m.* 1 丸太, ログ. ❐～ हाउस ログハウス. 2 航海日誌. 3 (コンピュータの)ログ;(メールなどの)交信記録. ❐～ इन करना ログインする.

लाग-डाँट /lāga-ḍā̃ṭa ラーグ・ダーント/ *f.* 反感;対抗心.

लागत /lāgata ラーガト/ [cf. *लगना, लगाना*] *f.* 〖経済〗費用, 経費;出資金.

लाग-लपेट /lāga-lapeṭa ラーグ・ラペート/ *f.* 隠しごと, 内に秘めていること.

लागू /lāgū ラーグー/ [cf. *लगना, लगाना*] *adj.* 1 適用された. ❐यह नियम स्वामी और सेवक दोनों पर ही ～ होते हैं। この規則は主人と奉公人の両者に適用される. ❐(पर) ～ करना (…に)…を適用する. 2 合法的な;効力がある;(法律が)施行された, 発効した, 発動された. ❐आपातकाल ～ होते ही राजनीतिक विरोधियों की गिरफ़्तारी की गई। 非常事態が発動されるや否や政治的敵対者が逮捕された. ❐हैदराबाद में कर्फ़्यू ～ कर दिया गया है। ハイデラバードに夜間外出禁止令がだされた.

लाघव /lāgʰava ラーガオ/ [←Skt.n. *लाघव-* 'swiftness, rapidity, speed'] *m.* 縮小;簡略;節約.

लाचार /lācāra ラーチャール/ [←Pers.adj. لا چار 'helpless, destitute, poor; having no alternative'] *adj.* 仕方のない, 他に方策がない;ほとほと困り果てている. (⇒नाचार) ❐मुझे ～ होकर उसके साथ लौटना पड़ा। 私は仕方なく彼と一緒に戻らざるをえなかった. ❐मैं घरवाली के चटोरेपन से ～ हूँ। 私は妻の食い意地の汚さにほとほと困り果てている.

लाचारी /lācārī ラーチャーリー/ [*लाचार* + *-ई*] *f.* 仕方のないこと;困り果てていること. ❐क्या किया जाए, ～ है। どうしたらいいものか, ほとほと困り果てている.

लाज[1] /lāja ラージ/ [<OIA.f. *lajjā-* 'shame, modesty': T.10910] *f.* 1 恥;恥じらい;はにかみ. (⇒लज्जा, शर्म) ❐～ तो घोलकर पी गया। 恥なんかとうに捨ててしまったよ. ❐(को) ～ आना (人が)恥じる. ❐～ (से) गड़ जाना 穴があったら入りたく思う, 顔から火が出る. 2 名誉;面目, 面子;体面, 世間体. ❐(की) ～ रखना (人の)面目を保つ. ❐(की) ～ रहना (人の)名誉が保たれる.

लाज[2] /lāja ラージ/ ▸लॉज [←Eng.n. *lodge*] *m.* ロッジ, 山小屋.

लाजवंती /lājavaṃtī ラージワンティー/ [cf. *लाज*] *f.* 1 内気な女性, 恥ずかしがり屋の女性. 2 〖植物〗 ☞छुई-मुई

लाजवर्द /lājavarda ラージワルド/ [←Pers.n. لاجورد 'lapis lazuli'] *m.* 〖鉱物〗ラピス・ラズリ, 瑠璃(るり);紫水晶. (⇒विदूर)

लाजवाब /lājavāba ラージャワーブ/ [←Pers.adj. لا جواب 'incapable of answering, silenced, speechless, disconcerted'] *adj.* 1 返答に窮した;(一時的に)口がきけない. ❐आपने मुझे ～ कर दिया। あなたにやりこめられて私はぐうの音も出ません. 2 文句のつけようがない, 素晴らしい, あざやかな, 比類のない. ❐～ स्वाद 素

晴らしい味.

लाजा /lājā ラージャー/ [<OIA.m. *lājá-* 'fried or parched grain': T.11011; cf. *लावा*] *f.* 〖食〗炒った穀物, 炒米(いりごめ).

लाज़िम /lāzima ラーズィム/ [←Pers.adj. لازم 'necessary, urgent, indispensable, obligatory, important' ←Arab.] *adj.* ☞लाज़िमी

लाज़िमा /lāzimā ラーズィマー/ [←Pers.n. لازمه 'a necessary thing; a necessity, exgence'] *m.* 必要なもの[こと];必需品. ❐उनके जीवन में थोड़ी-सी रसिकता ～ थी। 彼の人生において少しばかりの享楽は必要なことだった.

लाज़िमी /lāzimī ラーズィミー/ [←Pers.n. لازمی 'anything that is necessary'] *adj.* 必須の;必要な;義務的な.

लाट[1] /lāṭa ラート/ [←Eng.n. *lord*] *m.* 〖歴史〗閣下《英領時代の英国人統治者への敬称;知事, インド総督など》. ❐छोटा ～ (州などの)総督, 知事. ❐फ़ौजी ～ (軍の)総司令官. ❐बड़े ～ (英領時代の)インド総督. ❐～ साहब(インド総督)閣下.

लाट[2] /lāṭa ラート/ ▸लॉट [←Eng.n. *lot* (in a sale)] *m.* (商品の)ひと山, ロット.

लाट[3] /lāṭa ラート/ [?←Tam. நாட்டு 'to set up'; DEDr.3583 (DED.2958); cf. *लाठ*] *f.* 石柱. ❐～ खड़ा करना 石柱を立てる.

लाट[4] /lāṭa ラート/ ▸लाठ *m.* ☞लाठ

लाटरी /lāṭarī ラートリー/ ▸लॉटरी [←Eng.n. *lottery*] *f.* 宝くじ, 富くじ;抽選, くじ引き. ❐(की) ～ निकलना (人の)宝くじが当たる. ❐～ खुलना 宝くじの抽選が行われる.

लाटविया /lāṭaviyā ラートヴィヤー/ [cf. Eng.n. *Latvia*] *m.* 〖国名〗ラトビア(共和国)《首都はリガ (रीगा)》.

लाठ /lāṭʰa ラート/ ▸लाट [<OIA. **laṣṭi-* 'stick': T.10991] *m.* **1** (石柱など)高い柱. **2** ブラーフミー文字《アショーカ王碑文のブラーフミー文字が石柱などに刻まれていたことから;ブラーフミー文字という呼称が定着する19世紀末以前の呼称の一つ》. **3** 太く長い棒.

लाठी /lāṭʰī ラーティー/ [*लाठ* + *-ई*; → I.Eng.n. *lathi, lathee*] *f.* ラーティー《木や竹を加工した背丈以上の長さの頑丈な棒;護身用あるいは杖として使用;インドの警官が警棒として使用》. ❐जिसकी ～ उसकी भैंस। 〔諺〕力の強い者が勝つ, 力は正義なり《「武器であるラーティーを持っている者が最終的には雄牛の所有者となる」の意》.

लाठी-चार्ज /lāṭʰī-cārja ラーティー・チャールジ/ [*लाठी* + Eng.n. *charge*] *m.* ラーティー・チャージ《インドの警官が暴徒を制圧するための警棒 लाठी の行使》. ❐(पर) ～ करना (…に対して)ラーティーチャージを行使する.

लाड़ /lāṛa ラール/ [<OIA. **lāḍya-* 'fondling': T.11013] *m.* (子どもへの)溺愛.

लाड़-प्यार /lāṛa-pyāra ラール・ピャール/ *m.* 甘やかし, 溺愛. ❐～ में पली हुई सुलोचना को कभी किसी ने तीखी आँखों से न देखा था। 溺愛の中で育ったスローチナーを決して誰も厳しい目で見ることはなかった. ❐वह इतने ～ पर भी बड़ी सुशील बालिका थी। 彼女はこれほどの溺愛にも関わらずとても気立てのいい少女だった.

लाड़ला /lāṛalā ラールラー/ [cf. *लाड़*] *adj.* **1** 自分のかわいい(子ども). **2** 溺愛され甘やかされた(子ども).

लात /lāta ラート/ [<OIA. **lattā-* 'foot, kick': T.10931] *f.* 足蹴(あしげ). ❐～ खाना 足蹴にされる. ❐(को) ～ मारना [जमाना] (人を)足蹴にする. ❐(पर) ～ मारना (…を)足でける.

लाद /lāda ラード/ [<OIA. **larda-* 'pilling up, load': T.10965; cf. *लादना*] *f.* 積載;積荷.

लादना /lādanā ラードナー/ [<OIA. *lardayati* 'loads': T.10966] *vt.* (*perf.* लादा /lādā ラーダー/) **1** (動物・乗り物・船などに)載せる, 積む. ❐गधे पर ये ईंटें लाद दो। ロバにこの煉瓦を積んでくれ. ❐नाव एक खेवे में पचास गाड़ियों का बोझ लाद लेती है। 船は一回の渡航で車50台分の積み荷を積み込んでしまう. ❐वह अपने सिर पर सामान लादकर चलने लगी। 彼女は自分の頭に荷物を載せて歩きはじめた. ❐सबों ने उसे उस इक्के पर लादकर अस्पताल पहुँचाया। 皆は彼をその一頭立て馬車に載せて病院に連れて行った. **2** (重ねて)積み上げる, 積み重ねる. **3** (重荷を)負わせる, 負担をかける. (⇒झोंकना) ❐जब अपनी चिंताओं से हमारे सिर में दर्द होने लगता है, तो विश्व की चिंता सिर पर लादकर कोई कैसे प्रसन्न रह सकता है! 自分の心配事で頭が痛くなるというのに, 世界の心配事を引き受けて誰がどうして幸せでいられるというんだ! **4** (考え・意見などを)押しつける. **5** おだてあげる, お世辞をふりまく. **6** 〖スポーツ〗背負い投げする.

लादी /lādī ラーディー/ [cf. *लाद*] *f.* (家畜の背に載せる)小さな積荷.

लान /lāna ラーン/ ▸लॉन [←Eng.n. *lawn*] *m.* 芝生, 芝地. ❐～ पर बैठना 芝生に腰を下ろす.

लानत /lānata ラーナト/ [←Pers.n. لعنة 'imprecation, curse, anathema' ←Arab.] *f.* 呪い(の言葉), 呪詛(じゅそ). ❐～ है (पर) くそ食らえだ(…なんか). ❐(पर) ～ भेजना (…を)呪う. ❐मैं ऐसी नौकरी पर ～ भेजता हूँ। こんな仕事はくそ食らえだ.

लाना /lānā ラーナー/ [?<OIA. *lábhatē* 'catches, takes': T.10948; ? *ले आना*] *vt.* (*perf.* लाया /lāyā ラーヤー/) **1** 持って来る, 運んで来る;連れて来る. ❐अभी लाई। ただいま持ってまいります. ❐जब वह लौटेगा, तो सबके लिए साड़ियाँ लाएगा। 彼が戻って来る時は, みんなにサリーを持って来るだろう. ❐लालचिन ऐसी थी कि नमक तक दूसरों के घर से माँग लाती थी। 彼女は, 塩すらよその家からもらって持って来るほどけちだった. ❐कहो तो बुला लाऊँ। 何なら呼んで連れてきますが. **2** もたらす, 招来する;導入する. ❐खेद यही है कि सब कुछ समझते हुए भी आप अपने विचारों को व्यवहार में नहीं लाते। 残念なことは, 何もかもおわかりになっているにもかかわらずあなたはご自身の考えを実行にうつさないことです. ❐बादशाह को ख़ज़ाने की एक कौड़ी भी निजी ख़र्च में लाने का अधिकार न था। 皇帝は, 宝物庫のびた一文たりとも自身の出費に入れる権限がなかった. ❐ईश्वर वह दिन जल्द लाये। 神がその日を早くもたらさんことを. ❐उसमें कुछ भी सत्य हुआ, तो वह उसे प्रकाश में लाने के लिए विवश हो जाएँगे। その中に少しでも真実があったら, 彼はそれを白日のもとにさらす

ことを余儀なくさせられるだろう. ❒मर्दों में किसी-किसी को हाल आ जाता, लोग मुँह पर पानी छिड़ककर, पंखा करके उसे होश में लाते। 男たちの中には(興奮のあまり)ひきつけをおこす者もいた, 人びとは顔に水を振り掛けたり団扇であおいだりして正気にもどした. ❒उसने आँखों में आँसू लाकर कहा। 彼は目に涙を浮かべて言った. **3** (議論・訴訟で)(証拠などを)持ち出す;(勝負のために)持ち込む. ❒उसके विरुद्ध आप कितने ही तर्क और प्रमाण लाकर रख दें, लेकिन मैं मानूँगी नहीं। あなたがそれに反するどれほどの理屈と証拠を持ち出して積み重ねようと, 私は認めるつもりはない. ❒भाजपा कुछ मुद्दों को राजनैतिक चर्चा में लाने में कामयाब रही है। インド人民党はいくつかの争点を政治的な議論に持ち込むことに成功した. ❒शायद डर के मारे वे मेरी रचना को प्रतियोगिता में नहीं लाना चाहते थे। 多分恐れをなして, 彼は私の作品をコンテストに加えたくなかったのだ. **4**〔慣用〕 ❒तशरीफ़ ～ おこしになる《敬語》.

लापता /lāpatā ラーパター/ [*ला-* + *पता*] *adj.* **1** 行方不明の, 消息不明の;姿を消した《不変化の形容詞》. ❒～ लोगों को मृत्यु प्रमाण पत्र जारी करना 行方不明者に死亡証明書を発行する. ❒～ विमान 消息不明の飛行機. ❒घर से ～ हुई युवती 自宅から姿を消した若い女性. **2** あて先不明の(手紙)《不変化の形容詞》.

लापरवा /lāparḁvā ラーパルワー/ ▸लापरवाह *adj.* ☞लापरवाह

लापरवाह /lāparḁvāhḁ ラーパルワーハ/ ▸लापरवा [*ला-* + *परवाह*] *adj.* **1** 不注意な, うっかりした, うかつな;怠慢な. (⇒असावधान) **2** 無造作な, 無頓着な. (⇒असावधान) ❒वे पहले अपने बालों की तरफ़ से हमेशा ～ रहते थे, चार-छह महीने में जब वे बड़े हो जाते हैं तब वे उनको अनासक्त भाव से छँटा देते। 彼は最初のうちは自分の髪にいつも無頓着だった, 四, 六か月で髪が伸びると彼はそれを惜し気もなく切らせるのだった.

लापरवाही /lāparḁvāhī ラーパルワーヒー/ [*लापरवाह* + *-ई*] *f.* **1** 不注意, うっかり, うかつさ;怠慢. (⇒असावधानी) ❒～ से 不注意に, うっかりと. **2** 無造作, 無頓着. (⇒असावधानी) ❒～ से 無造作に. ❒उम्र के साथ अपने कपड़ों के प्रति वे ～ होते गए थे। 年とともに自分の服装に対し彼は無頓着になっていった.

ला पाज़ /lā pāzḁ ラー パーズ/ [cf. Eng.n. *La Paz*] *m.* 〖地名〗ラパス《ボリビア(多民族国) (बोलीविया) の事実上の首都;憲法上の首都はスクレ (सोक्रे)》.

लाबी /lābī ラービー/ ▸लॉबी [←Eng.n. *lobby*] *f.* **1** ロビー, 広間. **2** 圧力団体.

लाबेरिया /lāberiyā ラーベーリヤー/ [cf. Eng.n. *Liberia*] *m.* 〖国名〗リベリア(共和国)《首都はモンロビア (मोनरोविया)》.

लाभ /lābʰḁ ラーブ/ [←Skt.m. *लाभ-* 'obtaining, getting, attaining, acquisition, gain, profit'] *m.* **1** (薬・治療・処置などの)効き目, 効果. (⇒फ़ायदा)(⇔नुक़सान, हर्ज, हानि) **2** 好都合;益, 得. (⇒फ़ायदा)(⇔हर्ज) ❒(का) ～ उठाना(…を)利用する;(…に)つけ入る. **3**〖経済〗利益, 利得, 儲け;黒字;配当. (⇒नफ़ा, फ़ायदा)(⇔अकाज, नुक़सान, हर्ज, हानि)

लाभकर /lābʰakarḁ ラーバカル/ [←Skt. *लाभ-कर-* 'causing gain, making profit, gainful, profitable'] *adj.* **1** 有用な, 有益な;効果のある, 効き目のある. (⇒मुफ़ीद) **2** 有利な, 利益をもたらす.

लाभकारक /lābʰḁkārakḁ ラーブカーラク/ [neo.Skt. *लाभ-कारक-* 'profitable'] *adj.* ☞लाभकर

लाभकारी /lābʰḁkārī ラーブカーリー/ [neo.Skt. *लाभ-कारिन्-* 'profitable'] *adj.* ☞लाभकर

लाभदायक /lābʰḁdāyakḁ ラーブダーヤク/ [neo.Skt. *लाभ-दायक-* 'profitable'] *adj.* ☞लाभकर

लाभप्रद /lābʰapradḁ ラーバプラド/ [neo.Skt. *लाभ-प्र-द-* 'profitable'] *adj.* ☞लाभकर

लाभांश /lābʰāṃśḁ ラーバーンシュ/ [neo.Skt.m. *लाभ-अंश-*] *m.* 〖経済〗配当金. ❒शेयरधारकों को ३० फ़ीसदी ～ देना 株主に 30 パーセントの配当金を支払う.

लाम[1] /lāmḁ ラーム/ [?←Fr. *l'arme* (cf. *armée* 'army')] *m.* 軍隊;最前線, 戦闘地区. ❒～ पर जाना 前線に出る. ❒～ बाँधना 隊形を作る, 整列する.

लाम[2] /lāmḁ ラーム/ [←Pers.n. لام 'the letter ل' ←Arab.] *m.* ラーム《子音 l を表すアラビア文字》.

लामबंदी /lāmḁbaṃdī ラームバンディー/ [*लाम*[1] + *-बंदी*] *f.* (軍隊の)動員.

लामा /lāmā ラーマー/ [←Tib. 'Lama'] *m.* 〖仏教〗ラーマー, ラマ《チベット仏教における僧侶の敬称の一つ》. ❒दलाई ～ ダライ・ラマ.

लायक़ /lāyaqḁ ラーヤク/ [←Pers.adj. لائق 'worthy, proper, suitable' ←Arab.] *adj.* **1** 値する, 匹敵する;ふさわしい, 適した《〖不定詞[-ने] (के) लायक़〗の形式で,「…するにふさわしい」の意;〖名詞 के लायक़〗の形式で,「…にふさわしい」の意》. (⇒योग्य) ❒अगर मेरा काम संतोष के ～ न हो, तो एक महीने के बाद मुझे निकाल दीजिएगा। もし私の仕事が満足に値しなければ, 一か月後に私を解雇してください. ❒आज तो शिकार खेलने के ～ दिन नहीं है। 今日は狩りをするのに適した日ではない. ❒आपके खाने ～ हमारे घर में क्या है। あなたのお口に合うようなものが我が家に何があるというのです. ❒यह औरत मार खाने ही ～ है। この女は殴られて当然だ. **2** 能力のある, 有能な;まともな, ひとかどの. (⇒योग्य) ❒बड़ा ～ आदमी とても有能な男. ❒बेटा ही ～ होता, तो फिर काहे को रोना था। 息子さえまともだったら, 嘆くことなんかありませんでしたよ.

लार /lārḁ ラール/ ▸राल [＜OIA.f. *lālā-*[1] 'spittle, saliva': T.11027] *f.* 唾(つば), 唾液(だえき);よだれ. ❒उसकी मुँह से ～ टपक पड़ी। 彼の口からよだれが垂れた.

लारी /lārī ラーリー/ ▸लॉरी [←Eng.n. *lorry*] *f.* トラック, 貨物自動車.

लाल[1] /lālḁ ラール/ [←Pers.adj. لال 'red'] *adj.* 赤い, 紅色の. ❒～ फ़ीता(公文書を縛る)赤テープ. ❒～ बत्ती 赤信号. ❒～ सागर〖地理〗紅海.

— *m.* **1**〖鉱物〗ルビー. **2**〖鳥〗(雄)ツグミ;カエデチョウ. (⇔मुनियाँ)

लाल[2] /lālḁ ラール/ [＜OIA. *lālya-* 'to be caressed':

T.11030] *m.* 坊や《特に母親が自分の子どもに対して愛情をこめて呼ぶ際の言葉》.

लाल क़िला /lāla̸ qilā ラール キラー/ [cf. Eng.n. *Red Fort*] *m.* **1** ラール・キラー《17世紀前半, 現在のオールド・デリー (पुरानी दिल्ली) にムガル帝国第5代皇帝シャー・ジャハーンが造営した城塞;城壁の赤い色は赤砂岩の色;ユネスコ世界遺産に登録された》. **2** ラール・キラー《16 世紀後半, アーグラー (आगरा) にムガル帝国第3代皇帝アクバルが造営した城塞;城壁の赤い色は赤砂岩の色;ユネスコ世界遺産に登録された》.

लालच /lālaca̸ ラーラチ/ [<OIA.n. *lālitya-* 'amorousness': T.11029] *m.* **1** 貪欲, 欲深さ. **2** (欲を刺激する)誘惑. ❐(को) (का) ～ देना (人を)(…で)誘う.

लालची /lāla̸cī ラールチー/ [*लालच* + *-ई*] *adj.* 欲深い, 貪欲な, いじきたない, .

लालटेन /lāla̸ṭena̸ ラールテーン/ ▸लालटैन [←Eng.n. *lantern*] *f.* ランタン, カンテラ, 手提げランプ.

लालटैन /lāla̸ṭaina̸ ラールタェーン/ ▸लालटेन *f.* ☞लालटेन

लालन /lālana̸ ラーラン/ [←Skt.n. *लालन-* 'the act of caressing, fondling, coaxing, indulging'] *m.* (子どもを)かわいがること, 抱きしめること.

लालन-पालन /lālana̸-pālana̸ ラーラン・パーラン/ *m.* (子どもを)かわいがり大事に育てること, 養育. ❐(का) ～ करना (人を)養育する.

लाल पगड़ी /lāla̸pagaṛī ラールパグリー/ *f.* 警官《字義は「赤色のターバン(をつけた人)」》.

लाल फ़ीता /lāla̸fītā ラールフィーター/ [cf. Eng.n. *red tape*] *m.* 官僚的形式主義, 官僚的で面倒な手続き.

लाल-फ़ीताशाही /lāla̸-fītāśāhī ラール・フィーターシャーヒー/ [*लाल* + *फ़ीता* + *-शाही*] *f.* (非能率的な)お役所仕事.

लाल मिर्च /lāla̸mirca̸ ラールミルチ/ *f.* 赤唐辛子.

लालसा /lāla̸sā ラールサー/ [←Skt.f. *लालसा-* 'longing or ardent desire'] *f.* **1** 心からの願望, 欲望. ❐आज मेरे मन की बड़ी भारी ～ पूरी हो गई। 今日私の心のとても大事な願いがかなえられました. **2** 妊婦の願望.

लालसी /lāla̸sī ラールスィー/ [cf. *लालसा*] *adj.* 切望する(人).

लाला¹ /lālā ラーラー/ [<OIA. *lālya-* 'to be caressed': T.11030; cf. Pers.n. لالا 'a schoolmaster; a mojor-domo'] *m.* 〖ヒンドゥー教〗ラーラー《商人などバラモン以外の男子の名前につける;呼びかけにも使用》.

लाला² /lālā ラーラー/ [←Pers.n. لاله 'a tulip; any wild flower'] *m.* 〖植物〗ラーラー《チューリップ;ケシの赤い花を指すことも》.

लाला³ /lālā ラーラー/ ▸लार [←Skt.f. *लाला* 'saliva, spittle, slobber'] *m.* ☞लार

लालायित /lālāyita̸ ラーラーイト/ [←Skt. *लालायित-* 'emitting saliva, slobbering, drivelling'] *adj.* 切望してうずうずする. ❐सभी उसकी मधुर वाणी सुनने के लिए ～ थे। 皆が彼女の甘美な声を聴こうと気もそぞろだった.

लालित्य /lālitya̸ ラーリティエ/ [←Skt.n. *लालित्य-* 'grace, beauty, charm, amorous or langoid gestures'] *m.* 優美さ, 優雅さ, 上品さ.

लालिमा /lālimā ラーリマー/ [pseudo.Skt. *लालिमा-* 'redness, reddishness, ruddiness'; cf. *लाली*] *f.* 赤色, 赤み. ❐उषा की ～ आकाश पर छाई हुई थी। 朝焼けの赤みが空を覆っていた. ❐स्वास्थ्य की ～ गालों पर चमकती थी। 健康そうな赤みが頬に輝いていた.

लाली /lālī ラーリー/ [←Pers.n. لالی 'redness, rubicundity'] *f.* 赤色, (肌の)赤み. ❐उसके कपोलों पर लज्जा की ～ दौड़ गई। 彼女の頬に恥じらいの赤みがさした.

लाले /lāle ラーレー/ [?cf. *लालच*] *m.* 渇望《〖(को) (के) लाले पड़ना〗の形式で,「(人が)(…を)渇望している」の意;लाले は常に複数扱い》. ❐उसे अपनी ही जान के ～ पड़े हुए थे, पीड़ित प्रजा की रक्षा कौन करे? 彼(王)は自分の命が惜しくなっていた, 苦しんでいる臣民など誰が守るというのだ? ❐जिनके द्वार पर सदावर्त खुले थे, उन्हें इस समय रोटियों के ～ पड़े हैं। 門口で貧者への施しがいつも開かれてた, その家の方が今や食うものに困っていらっしゃる.

लावण्य /lāvaṇya̸ ラーワニエ/ [←Skt.n. *लावण्य-* 'saltness, the taste cr property of salt; beauty, loveliness, charm'] *m.* (若い女性の)美しさ;(女の)色香. ❐वे उसके रूप-लावण्य पर मुग्ध हो गए। 彼らは彼女の姿・色香に酔いしれた.

लाव-लशकर /lāva̸-laśakara̸ ラーオ・ラシュカル/ ▹लाव-लश्कर *m.* (装備・人員を含めた)全軍;勢ぞろい, 一同.

लाव-लश्कर /lāva̸-laśkara̸ ラーオ・ラシュカル/ ▹लाव-लशकर *m.* ☞लाव-लशकर

लावा¹ /lāvā ラーワー/ [<OIA.m. *lājá-* 'fried or parched grain': T.11011; cf. *लाजा*] *m.* 〖食〗炒米(いりごめ)《イネモミを炒ったもの》.

लावा² /lāvā ラーワー/ [←Eng.n. *lava*] *m.* 溶岩.

लावारिस /lāvārisa̸ ラーワーリス/ [←Pers.adj. لاوارث 'heirless, leaving no heir' ←Arab.] *adj.* **1** 〖法律〗相続人のいない. ❐～ संपत्ति 相続人のいない財産. **2** 持ち主不明の;引き取り手のない;身元不明の. ❐～ वस्तु 持ち主不明の品物. ❐～ लाश 身元不明の死体. **3** 親のいない, 孤児の. ❐～ बच्चा 浮浪児;孤児.

लावारिसी /lāvārisī ラーワーリスィー/ [*लावारिस* + *-ई*] *f.* 相続人がいない状態;(遺体などの)引き取り手のない状態. ❐अज्ञात शव का ～ में दाह संस्कार किया गया। 身元不明の遺体が引き取り手のないまま火葬に付された.

लाश /lāśa̸ ラーシュ/ [←Pers.n. لاش 'a dead body, carcase'] *f.* **1** 死体, 遺体. (⇒नाश, शव) **2** (動物などの)死骸.

लासा¹ /lāsā ラーサー/ [<OIA. **lasya-* 'sticky': T.10996z1] *m.* **1** 粘着物質, ねばねばしたもの;接着剤. ❐गेहूँ का बना ～ 小麦のグルテン. **2** 鳥もち. (⇒लेस) ❐चिड़िया पैरों में ～ लगे होने के कारण उड़ न सकी। 小鳥は足に鳥もちが付いているために飛べなかった. **3** わな;誘惑. ❐～ लगाना わなをしかける.

लासा² /lāsā ラーサー/ *m.* 〖地名〗ラサ《中国チベット自治区の区都》.

लासानी /lāsānī ラーサーニー/ [←Pers.adj. لا ثانی 'incomparable, without a second' ←Arab.] *adj.* 比類のない, 二つとない. (⇒अद्वितीय, बेजोड़)

लास्य /lāsya ラースィエ/ [←Skt.n. *लास्य-* 'a dance representing the emotions of love dramatically'] *m.* ラースヤ《愛をテーマにした, 主に女性の舞踊》.

लाही /lāhī ラーヒー/ [<OIA. *lākṣiká-* 'dyed with lac': T.11003] *adj.*深い紅色の.
— *f.* 〖昆虫〗ラーヒー《ラックカイガラムシ;特に小麦・大麦の害虫》.

लिंग /liṃga リング/ [←Skt.n. *लिङ्ग-* 'the sign of gender or sex, organ of generation'] *m.* **1** ペニス, 男性性器, 男根. (⇒शिश्न) **2** 〖ヒンドゥー教〗 (シヴァ)リンガ《男根の形をしたシヴァ神の神聖なシンボル》. **3** 〖言語〗 文法性, ジェンダー《 पुंलिंग「男性」, स्त्रीलिंग「女性」, नपुंसक लिंग「中性」》. **4** 〖生物〗 (雄, 雌などの)自然性, セックス.

लिंगानुशासन /liṃgānuśāsana リンガーヌシャーサン/ [←Skt.n. *लिङ्ग-अनुशासन-* 'the doctrine or laws of grammatical gender'] *m.* 〖言語〗 文中の語の文法性(लिंग) を決定する規則(の理論).

लिए /lie リエー/ ▸लिये [cf. *लेना*] *ind.* **1**《 〖名詞 के लिए〗 の形式で, 目的「…のために」や観点・基準「…にとって, …には」を表す;代名詞の場合は, 属格の後置格形が 〖名詞 के〗 に相当する》(⇒वास्ते) ❐मेरे ～ इससे ज़्यादा ख़ुशी की और क्या बात हो सकती है? 私にとってこれよりうれしいことが他にあるだろうか? **2**《 〖不定詞 के लिए〗 の形式で, 目的「…するために, …するように」を表す》 ❐रात को जाने के ～ कोई बहाना ज़रूरी था। 夜外出するためには何か言い訳が必要だった. **3**《 〖代名詞 लिए〗 の形式で, 理由「…のために」を表す;代名詞は後置格》 ❐इस ～ このために, 従って. ❐किस ～ 何のために. **4**《 〖名詞 के लिए〗 の形式で, 期間を表す副詞句「…の間」を作る》 ❐मैं पाँच महीने के ～ नेपाल गया था। 私は五か月間ネパールに行った. **5**《 〖名詞 के लिए〗 の形式で, 目的地を表す副詞句「…に向かって」を作る》 ❐दूसरे दिन मैं लंदन के ～ रवाना हो गया। 翌日私はロンドンに向かった.

लिखत-पढ़त /likʰata-paṛʰata リカト・パラト/ [*लिखना* + *पढ़ना*] *f.* **1** 読み書き(の言葉), 書き言葉. ❐इस शब्द का इस्तेमाल ～ में ज़्यादा, बोलचाल में कम। この語の使用は書き言葉で多く, 話し言葉では少ない. **2** 文書. ❐～ करना 文書の形にする.

लिखना /likʰanā リクナー/ [<OIA. *likháti* 'scratches': T.11048] *vt.* (*perf.* लिखा /likʰā リカー/) **1** (文字を)書く;記す, 記入する;描写する;筆写する;執筆する. ❐आप जो कहिए, वह लिख दूँ। あなたがおっしゃる通り書きましょう. ❐उन्होंने क़लम उठाया और अपना नाम लिखकर उसके सामने पाँच हज़ार लिख दिये। 彼はペンを取り上げた, そして(小切手に)自分の名前を書きその前に 5000 ルピーと記入した. ❐उसे कविता लिखने का शौक़ था। 彼は詩を書くのが趣味だった. ❐क्या लिखूँ, कुछ सूझता ही नहीं। 何て書いていいのか, 全然浮かんでこない. ❐मुझे आश्चर्य होता है कि तुम इतने मोटे-मोटे ग्रंथ कैसे लिखते हो। 君がどうやってこんな厚い本をいろいろ書けるのかは, 私には驚きだ. **2** (人に)(手紙を)書き送る. ❐तुम आज ही उसे इनकारी ख़त लिख दो। 君は今日の内に彼に拒否の手紙を書きなさい. **3** (処方箋を)書く, 指示する. **4**《 〖完了分詞 + コピュラ動詞〗 の形式で, 「…という運命が書かれている, …という運命である」を表す》 ❐आराम तो हमारे भाग्य में लिखा ही नहीं। のんびりした休息など我々の運命には書かれていない(=我々には縁がない). ❐तक़दीर में जो लिखा होगा, वह तो आगे आएगा ही। 運命で決まっているものは, あとで現実になるのが当然だ.

लिखवाई /likʰavāī リクワーイー/ [cf. *लिखवाना*] *f.* (人に頼んで)書いてもらうこと;書いてもらうことへの報酬.

लिखवाना /likʰavānā リクワーナー/ ▸लिखाना [caus. of *लिखना*] *vt.* (*perf.* लिखवाया /likʰavāyā リクワーヤー/) 書かせる;書いてもらう. ❐मैंने अपनी किताब की भूमिका डा。 धीरेंद्र वर्मा से लिखवाई। 私は自分の本の序文をディーレンドラ・ヴァルマー博士に書いてもらった.

लिखा /likʰā リカー/ [cf. *लिखना*] *m.* 運命が書かれている.

लिखाई /likʰāī リカーイー/ [cf. *लिखना, लिखाना*] *f.* **1** 筆跡. (⇒लिखावट) **2** 筆記(の仕事);筆記の手間賃.

लिखाना /likʰānā リカーナー/ ▸लिखवाना [caus. of *लिखना*] *vt.* (*perf.* लिखाया /likʰāyā リカーヤー/) ☞लिखवाना

लिखा-पढ़ी /likʰā-paṛʰī リカー・パリー/ [cf. *लिखना, पढ़ना*] *f.* 文書のやりとり. ❐(से) ～ करना (人と)文書のやりとりをする.

लिखावट /likʰāvaṭa リカーワト/ [cf. *लिखना*] *f.* 筆跡. (⇒लिखाई)

लिखित /likʰita リキト/ [←Skt. *लिखित-* 'scratched, scraped, scarified; written'] *adj.* **1** 書かれた, 書き言葉の. ❐～ भाषा 書き言葉. **2** 文書の, 書類の;記録による. ❐～ रूप में 文書の形で.

लिख़्टेंश्टाइन /lixṭeṃśṭāina リクテーンシュターイン/ [cf. Eng.n. the Principality of *Liechtenstein*] *m.* 〖国名〗リヒテンシュタイン(公国)《首都はファドーツ (वादुज़)》.

लिटर /liṭara リタル/ [←Eng.n. *litre*] *m.* 〖単位〗リットル.

लिटाना /liṭānā リターナー/ ▸लेटाना [cf. *लेटना*] *vt.* (*perf.* लिटाया /liṭāyā リターヤー/) ☞लेटाना

लिपटना /lipaṭanā リパトナー/ ▸लपटना [<OIA. *lipyatē* 'is smeared': T.11061] *vi.* (*perf.* लिपटा /lipaṭā リプター/) **1** ぴったり張りつく, べったりくっつく;まといつく. **2** 抱きつく;しがみつく. ❐उसने मेरी टाँगों में लिपट कर कहा। 彼女は私の足にしがみついて言った. ❐उसने स्नेह, क्षमा और आश्वासन से भरे यह वाक्य सुने, तो मेरे पाँव छोड़कर उसके पाँव से लिपट गयी। 彼女は慈愛, 許しそして慰めに満ちたこの言葉を聞くと, 私の足を離して彼の足にしがみついた. ❐वह दौड़कर गाय के गले से लिपट गया। 彼は駆け寄って来て牛の首に抱きついた. ❐बच्चे घर में से निकल आये और अम्माँ-अम्माँ कहते हुए माता से लिपट गये। 子どもたちは家から出て来た, そ

して「かあちゃん，かあちゃん」と言いながら母に抱きついた． **3** くるまれる；巻きつく；からみつく． ❐एक साँप भगवान् शिव के गले में लिपटा रहता है। 一匹のヘビがシヴァ神の首に巻きついている． ❐मेज़ पर कागज़ में लिपटे हुए रुपए रखे थे। 机の上に紙にくるまれたお金が置いてあった． **4**（仕事などに）かじりつく，かかりきりになる． ❐वे अपने मुक़दमे में ही लिपटे हुए हैं। 彼は自分の訴訟にかかりきりである．

लिपटाना /lipaṭānā リプターナー/ ▸लपटाना [cf. *लिपटना*] *vt.* (*perf.* लिपटाया /lipaṭāyā リプターヤー/) **1** ぴったり張りつける． **2** くるむ，包む；巻きつける．(⇒बाँधना, लपेटना) **3** きつく抱きしめる．(⇒चिपकाना, चिपटाना)

लिपना /lipanā リプナー/ [＜OIA. *lipyatē* 'is smeared': T.11061] *vi.* (*perf.* लिपा /lipā リパー/)（薄汚れたように）塗りたくられる． ❐दूर से पुस्तक के जो अक्षर लिपे-पुते लगते थे, समीप से वह स्पष्ट हो गये हैं। 遠くからはただ薄汚れのように見えた本の文字も，そばで見ると鮮明になった．

लिपवाना /lipavānā リプワーナー/ ▸लिपाना [caus. of *लिपना, लीपना*] *vt.* (*perf.* लिपवाया /lipavāyā リプワーヤー/) 上塗りさせる．

लिपस्टिक /lipasṭika リプスティク/ [←Eng.n. *lipstick*] *f.* 口紅，リップスティック． ❐उसने लाल 〜 लगाई। 彼女は赤い口紅をつけた．

लिपाई /lipāī リパーイー/ [cf. *लीपना*] *f.*（壁・床などを泥・牛糞などで）塗りかためること；その仕事に対する報酬．

लिपाना /lipavānā リプワーナー/ ▸लिपवाना [caus. of *लिपना, लीपना*] *vt.* (*perf.* लिपाया /lipāyā リパーヤー/) ☞लिपवाना

लिपि /lipi リピ/ [←Skt.f. *लिपि-* 'writing, letters'] *f.* 書記法，アルファベット，文字体系． ❐देवनागरी 〜 デーヴァナーガリー文字． ❐भारतीय लिपियाँ インド系諸文字． ❐रोमन 〜 में लिखना ローマ字で書く．

लिपिक /lipika リピク/ [←Skt.m. *लिपिक-* 'a scribe, clerk'] *m.* **1**（官庁の）書記．(⇒क्लर्क) **2** 筆記者，筆写者，写字者，筆耕者．(⇒कातिब)

लिपिबद्ध /lipibaddʰa リピバッド/ [neo.Skt. *लिपि-बद्ध-* 'written'] *adj.* 書かれた，文字化された；記録された．(⇒क़लमबंद) ❐लोक-साहित्य को 〜 करना 民俗文学を文字化する．

लिप्त /lipta リプト/ [←Skt. *लिप्त-* 'smeared, anointed, soiled, defiled; joined, connected'] *adj.* **1**（仕事に）没頭している，専念している；（欲望に）のめりこんでいる． ❐आप सुबह से रात तक इन्हीं कामों में 〜 रहते हैं। あなたは朝から夜までこれらの仕事に没頭している． **2**（事件や犯罪に）関係している． ❐वह आपराधिक मामलों में 〜 रहा है। 彼はいくつかの刑事事件に関係している．

लिप्यंतरण /lipyaṃtaraṇa リピャンタラン/ [neo.Skt.n. *लिपि-अन्तरण-* 'transliteration'] *m.* 翻字． ❐देवनागरी से रोमन 〜 デーヴァナーガリー文字からローマ字への翻字．

लिप्सा /lipsā リプサー/ [←Skt.f. *लिप्सा-* 'the desire to gain, wish to acquire or obtain'] *f.* 欲望，貪欲．

लिप्सु /lipsu リプス/ [←Skt. *लिप्सु-* 'wishing to gain or obtain, desirous of, longing for'] *adj.* 欲の深い，貪欲（どんよく）な．

लिफ़ाफ़ा /lifāfā リファーファー/ [←Pers.n. لفافة 'a wrapper, an envelope' ←Arab.] *m.* 封筒． ❐〜 खोलना 封筒を開ける．

लिफ़्ट /lifṭa リフト/ [←Eng.n. *lift*] *f.* エレベーター，昇降機． ❐〜 से तीसरी मंज़िल पर जा सकते हैं। エレベーターで3階に行けます．

लिबरेविले /libarevile リブレーヴィレー/ [cf. Eng.n. *Libreville*] *m.*〖地名〗リーブルビル，リーブルヴィル《ガボン（共和国）(गबान) の首都》．

लिबलिबा /libalibā リブリバー/ *adj.* ねばねばする，粘着性の．

लिबलिबी /libalibī リブリビー/ [cf. *लिबलिबा*] *f.*（銃の）引金，トリガー，撃鉄．(⇒घोड़ा) ❐〜 दबाना 引金を引く．

लिबास /libāsa リバース/ [←Pers.n. لباس 'a garment, vesture, robe, apparel' ←Arab.] *m.* 衣服．(⇒पोशाक)

लिमोसिन /limosina リモースィン/ [←Eng.n. *limousine*] *f.* リムジン，大型高級セダン． ❐शानदार इंटीरियर वाली 〜 बार, डीवीडी प्लेयर, टीवी सेट से लैस होती है। 豪華なインテリアのリムジンはバー，DVD プレーヤー，テレビが備わっている．

लियाक़त /liyāqata リヤーカト/ [←Pers.n. لياقة 'skill, ability' ←Arab.] *f.* 才能；能力． ❐आपमें जो 〜 है वह तो दुनिया जानती है। あなたの才能は世間が知っています．

लिये /liye リエー/ ▸लिए *ind.* ☞लिए

लिलकना /lilakanā リラクナー/ ▸ललकना *vi.* (*perf.* लिलका /lilakā リルカー/) ☞ललकना

लिलोंग्वे /liloṃgve リローングヴェー/ [cf. Eng.n. *Lilongwe*] *m.*〖地名〗リロングウェ《マラウィ（共和国）(मलावी) の首都》．

लिवाना /livānā リワーナー/ [cf. *लेना*] *vt.* (*perf.* लिवाया /livāyā リワーヤー/)（人を）連れて行く． ❐वह मुझे लिवाने आया। 彼は私を連れに来た． ❐वह मुझे लिवा ले गया। 彼は私を連れて行った．

लिवैया /livaiyā リワイヤー/ [cf. *लिवाना, लेना*] *m.* 取る人；買い手．

लिसोथो /lisotʰo リソートー/ [cf. Eng.n. *Lesotho*] *m.*〖国名〗レソト（王国）《首都はマセル (मसेरु)》．

लिस्ट /lisṭa リスト/ [←Eng.n. *list*] *f.* リスト，一覧表，目録，表．(⇒तालिका, फ़ेहरिस्त, सूची)

लिस्बन /lisbana リスバン/ [cf. Eng.n. *Lisbon*] *m.*〖地名〗リスボン《ポルトガル（共和国）(पुर्तगाल) の首都》．

लिहाज़ /lihāza リハーズ/ [←Pers.n. لحاظ 'observing attentively' ←Arab.] *m.* **1**（人への）配慮，思いやり；（控え目な）遠慮． ❐(का) 〜 करना（人を）思いやる． **2** 注意，留意．(⇒ध्यान) ❐(का) 〜 रखना（…に）留意する． **3** 観点，視点．(⇒दृष्टि) ❐इस 〜 से この観点から．

लिहाज़ा /lihāzā リハーザー/ [←Pers. لحاظا 'observing attentively' ←Arab.] *ind.* 故に，だから．

लिहाफ़ /lihāfa リハーフ/ [←Pers.n. لحاف 'an upper garment; quilted counterpane' ←Arab.] *m.* リハーフ《キルテイングの綿入れ；掛け布団や上着など》．(⇒रज़ाई)

❐मैं ～ ओढ़े अँगीठी के सामने बैठी हुई थी। 私は掛け布団をはおって火ばちの前に座っていた．

लीक /līka リーク/ [<OIA. *likkā-[2] 'track, line': T.11070] *f.* **1** 轍（わだち），車輪の跡． **2** 慣行，しきたり． ❐～ पीटना しきたり通りにする．

लीख /līkʰa リーク/ [<OIA.f. *likṣā́-* 'nit, young louse': T.11045] *f.*〚昆虫〛シラミの卵．

लीचड़ /līcaṛa リーチャル/ [<OIA. **licca-* 'defective': T.11053] *adj.* **1** のろまな（人）；怠け者の．(⇒निकम्मा) **2** しみったれた（人），出し惜しみする．(⇒कंजूस)

लीची /līcī リーチー/ [←Eng.n. *litchi, lychee* ←Chin.n. 荔枝] *f.*〚植物〛レイシ（荔枝），ライチ．

लीडर /līḍara リーダル/ [←Eng.n. *leader*] *m.* リーダー，指導者，先導者；指揮官．(⇒नेता，नायक) ❐स्कवाड्रन ～ （空軍）少佐．

लीद /līda リード/ [<OIA.n. **lidda-*[3] 'lump': T.11057; cf. Skt. *लेण्ड-* 'excrement'] *f.* （馬，ロバ，ラクダ，象などの）糞．

लीन /līna リーン/ [←Skt. *लीन-* 'attached or devoted to, merged in'] *adj.* **1** 沈み込んだ；消えてなくなった． ❐कोई मानवी-शक्ति इस राज्य को विनाश-दिशा में ～ होने से नहीं रोक सकती। いかなる人間の力もこの国が滅亡の方向に沈み込んでいくのを止めることはできない． ❐जनता की स्मृति चिरस्थायी नहीं होती, अल्पकाल में मेरी सेवाएँ विस्मृति के अंधकार में ～ हो जाएँगी। 大衆の記憶というものは永く続くものではない，短い間に私の献身など忘却の暗闇に消えてなくなってしまうだろう． **2** 没入した，没頭した． ❐वे अपनी व्यक्तिगत चिंताओं में ～ रहते। 彼は自分の個人的な心配事にかかりっきりだった．

लीनता /līnatā リーンター/ [←Skt.f. *लीन-ता-* 'sticking or concealment in'] *f.* **1** 沈み込むこと；消えてなくなること． **2** 没入すること，没頭すること．

लीपना /līpanā リープナー/ ▸लेपना [<OIA. *lipyatē* 'is smeared': T.11061] *vt.* (*perf.* लीपा /līpā リーパー/) **1** （壁・床などを泥・牛糞などで）塗りかためる．(⇒लेसना) ❐यह फ़र्श गोबर से लीप दो। この床を牛糞で塗りかためてくれ． **2** （ぼろを）かくす，（不都合を）糊塗する．(⇒पोतना) **3** （かき消すように）滅ぼす．

लीपना-पोतना /līpanā-potanā リープナー・ポートナー/ *vt.* (*perf.* लीपा-पोता /līpā-potā リーパー・ポーター/) ☞लीपना

लीपा-पोती /līpā-potī リーパー・ポーティー/ *f.* （壁・床などを泥・牛糞などで）塗りかためること．

लीबिया /lībiyā リービヤー/ [cf. Eng.n. *Libya*] *m.*〚国名〛リビア（国）《首都はトリポリ (त्रिपोली)》．

लीमा /līmā リーマー/ [cf. Eng.n. *Lima*] *m.*〚地名〛リマ《ペルー（共和国）(पेरू) の首都》．

लीलना /līlanā リールナー/ [?<OIA. *nigalati* 'swallows': T.07163] *vt.* (*perf.* लीला /līlā リーラー/) （そっと）飲み込む．(⇒निगलना) ❐धरती बसनी लील नहीं सकती, पहले अपनी-अपनी तलाशी लो। 大地が財布を飲み込むわけがない，まず各自自分のところを探してごらん． ❐वे कुर्सी पाते ही इन वादों को ऐसा लील गए कि यकीन ही नहीं हुआ। 彼は（大臣の）座を得るや否や，これらの約束を飲み込んでしまった（＝反古にしてしまった），それは信じられないほどである．

लीला /līlā リーラー/ [←Skt.f. *लीला-* 'play, sport, diversion, amusement, pastime'] *f.*〚ヒンドゥー教〛遊戯，戯れ《現世の営みをたとえた言い方；地上に現れた神の化身の御業（みわざ）や人間の生涯など》． ❐कृष्ण-लीला ヴィシュヌ神の化身クリシュナの物語（の宗教劇）． ❐जीवन-लीला （人間の）一生，生涯． ❐राम-लीला ヴィシュヌ神の化身ラーマの物語（の宗教劇）．

लीलामय /līlāmaya リーラーマエ/ [←Skt. *लीला-मय-* 'consisting of or relating to play or amusement'] *adj.* 〚ヒンドゥー教〛（地上に現れた神の化身による）現世の戯れに満ちた（生涯）．

लीवर /līvara リーワル/ [←Eng.n. *lever*] *m.* レバー；梃（てこ）．(⇒उत्तोलक) ❐～ दबाना レバーを押す．

लुंगी /luṃgī ルンギー/ [←Pers.n. لنگی 'a cloth worn round the loins and passed between the legs'] *f.* ルンギー《男子が下半身に着用する薄手の綿布；腰の周囲で巻いてたくしこみ，足首まで隠れる》．

लुंचन /luṃcana ルンチャン/ [←Skt.n. *लुञ्चन-* 'plucking or tearing out'] *m.* （毛や羽毛などを）むしりとること．

लुंज /luṃja ルンジ/ [<OIA. **luñja-* 'defective': T.11075z1] *adj.* 手足が不自由な（人），手足に障害がある（人）．

— *m.* 手足が不自由な人；手足に障害がある人．

लुंजा /luṃjā ルンジャー/ ▸लुंज *adj.* ☞लुंज

लुंठन /luṃṭʰana ルンタン/ [←Skt.n. *लुण्ठन-* 'the act of plundering, pillaging'] *m.* 略奪すること．

लुंठित /luṃṭʰita ルンティト/ [←Skt. *लुण्ठित-* 'plundered, pillaged, robbed, stolen'] *adj.*〚言語〛ふるえ音の． ❐～ व्यंजन ふるえ（子）音．

— *m.*〚言語〛ふるえ音．

लुआंडा /luāṃḍā ルアーンダー/ [cf. Eng.n. *Luanda*] *m.* 〚地名〛ルアンダ《アンゴラ（共和国）(अंगोला) の首都》．

लुक /luka ルク/ [←Pers.n. لك 'gam-lac' ←Hind.f. *लाख*[2] 'lac'] *m.* **1** （つやを出すための）上薬（うわぐすり）． ❐～ फेरना 上塗りをかける． **2** 炎，火炎．

लुकना /lukanā ルクナー/ [<OIA. *lúpyatē* 'is lost, is removed': T.11083] *vi.* (*perf.* लुका /lukā ルカー/) **1** 隠れる．(⇒छिपना) ❐लुक-छिपकर चाहे जितना कुकर्म करो, कोई नहीं बोलता। 隠れてどんなに悪事をはたらこうが，誰も何も言いやしない． **2** 消える，いなくなる．

लुक़मान /luqamāna ルクマーン/ [←Pers.n. لقمان 'name of a certain wise man' ←Arab.] *m.* ルクマーン《伝説上の賢者》． ❐वहम की दवा तो ～ के पास भी नहीं! 妄想につける薬はルクマーンも持っていない！

लुका-छिपी /lukā-cʰipī ルカー・チピー/ [*लुकना* + *छिपना*] *f.* 〚ゲーム〛かくれんぼ（の遊び）． ❐～ खेलना かくれんぼをして遊ぶ．

लुकाट /lukāṭa ルカート/ ▸लोकाट [←Eng.n. *loquat*] *m.* 〚植物〛びわ（枇杷）（の実）．

लुकाना /lukānā ルカーナー/ [cf. *लुकना*] *vt.* (*perf.* लुकाया /lukāyā ルカーヤー/) (他人の目が届かないところへ)隠して置く. (⇒छिपाना)

लुग़त /luğata̸ ルガト/ [←Pers.n. لغة 'tongue, idiom, speech, language, dialect; a dictionary, lexicon, vocabulary' ←Arab.] *f.* 辞書, 辞典. (⇒शब्दकोश) ❐उर्दू जापानी ～ ウルドゥー語・日本語辞典.

लुगदी /luga̸dī ルグディー/ [?] *f.* **1** 湿った塊(かたまり). **2** (製紙用)パルプ. ❐～ साहित्य 紙屑のような文学《人気があっても文学価値がないとされる大衆文学》.

लुगाई /lugāī ルガーイー/ [cf. *लोग*] *f.* 〔俗語〕女性;妻.

लुच्चा /luccā ルッチャー/ [<OIA. **lucca-* 'defective': T.11073] *adj.* 卑劣な(人), 恥知らずな(人). (⇒लफ़ंगा) — *m.* ごろつき, 人間のくず. (⇒लफ़ंगा)

लुच्चाई /luccāī ルッチャーイー/ [*लुच्चा* + *-ई*] *f.* ☞ लुच्चापन

लुच्चापन /luccāpana̸ ルッチャーパン/ [*लुच्चा* + *-पन*] *m.* 悪行;極悪非道. (⇒लुच्चाई)

लुच्ची /luccī ルッチー/ [?] *f.* 〖食〗ルッチー《プーリー (पूरी) の一種》.

लुटना /luṭa̸nā ルトナー/ [cf. *लूटना*] *vi.* (*perf.* लुटा /luṭā ルター/) **1** 略奪される;(金品が)強奪される. ❐मेरा सब कुछ लुट गया। 私の全財産が略奪された. ❐उसकी इज़्ज़त लुट गई। 彼女の貞操が奪われた. **2** だまされて(代金などが)巻き上げられる. **3** (浪費して)使い果たされる.

लुटवाना /luṭa̸vānā ルトワーナー/ ▶लुटाना [caus. of *लुटना, लूटना*] *vt.* (*perf.* लुटवाया /luṭa̸vāyā ルトワーヤー/) ☞ लुटाना

लुटाना /luṭānā ルターナー/ ▶लुटवाना [caus. of *लुटना, लूटना*] *vt.* (*perf.* लुटाया /luṭāyā ルターヤー/) **1** 略奪させる. (⇒लुटवाना) **2** (金を)使い果たす. ❐उसने बेटे के ब्याह में बीस हज़ार लुटा दिये। 彼は息子の結婚に二万ルピーを使い果たした. **3** 二束三文で売る;惜しげもなく[気前よく]分け与える. ❐मेरा प्रेम स्वीकार कर ले तो उसके गाल पर जो काला तिल है उसपर मैं समरकंद और बुख़ारा की दौलत लुटा दूँ। 私の愛を受け入れてくれれば, 彼女の頬にある黒いほくろに, サマルカンドとブハラの財宝を気前よく与えてもいいのだが. ❐जैसे उसने मातापन का सदैव संचय किया हो और आज दोनों हाथों से उसे लुटा रही हो। まるで彼女は母性を常に蓄えてきてそして今日両手でそれを惜しげもなく分け与えているかのようである.

लुटिया /luṭiyā ルティヤー/ ▶लोटिया [cf. *लोटा*] *f.* ☞लोटिया

लुटेरा /luṭerā ルテーラー/ [cf. *लूटना*] *m.* 略奪者, 強奪者;強盗.

लुढ़कना /luṛʰaka̸nā ルラクナー/ [<OIA. *luṭháti[1]* 'rolls, wallows': T.11079] *vi.* (*perf.* लुढ़का /luṛʰa̸kā ルルカー/) **1** 転がる;ひっくり返る, 転覆する. (⇒उढ़कना) ❐पास की एक सुराही लुढ़क गई थी, पानी अभी उससे बह ही रहा था। そばにあった素焼きの壺がひっくり返った, 水がそれから流れ出していた. **2** 倒れる, ころぶ, 転倒する. (⇒ढुलकना) **3** (容器から)まきちらされる, ぶちまけられる. **4**〔俗語〕(休息のため)ごろんと横になる. **5**〔俗語〕死体となって転がる;ばったり倒れて死ぬ.

लुढ़काना /luṛʰa̸kānā ルルカーナー/ [cf. *लुढ़कना*] *vt.* (*perf.* लुढ़काया /luṛʰa̸kāyā ルルカーヤー/) **1** 転がす;ひっくり返す. (⇒ढुलकाना) **2** ころばす;すべらせる. **3** (容器から)ぶちまける. ❐औरत घी का घड़ा लुढ़का दे, घर में आग लगा दे, मर्द सह लेगा, लेकिन उसका कुराह चलना कोई मर्द न सहेगा। 妻がギーの壺をぶちまけようと家に火をつけようと, 夫は我慢するだろう, しかし妻の不貞はどんな夫も我慢しないだろう.

लुढ़की /luṛʰa̸kī ルルキー/ [cf. *लुढ़कना*] *f.* ひっくり返ること;転倒すること. ❐उसने रूल लेकर बिल्ली को इतने ज़ोर से मारा कि वह दो-तीन लुढ़कियाँ खा गई। 彼女は物差しで猫を, 2, 3回ひっくり返るほど強く叩いた.

लुत्फ़ /lutfa̸ ルトフ/ [←Pers.n. لطف 'being favourable' ←Arab.] *m.* 楽しみ, 喜び;享楽. (⇒मज़ा) ❐～ उठाना 楽しむ. ❐दो साल उसके साथ इतने ～ से गुज़रे कि आज भी उसकी याद करके रोता हूँ। 2年間彼女と一緒に過ごしたあまりの楽しさに, 今日でも彼女を思い出して涙するほどです. ❐बर्फ़ और सोडे के बग़ैर ～ न आएगा।(ラム酒を飲む際)氷とソーダ水無しではうれしくないね.

लुधियाना /ludʰiyānā ルディヤーナー/ [cf. Eng.n. *Ludhiana*] *m.* 〖地名〗ルディヤーナー《パンジャーブ州 (पंजाब) の工業都市》.

लुप्त /lupta̸ ルプト/ [←Skt. *लुप्त-* 'suppressed, lost, destroyed, annihilated, disappeared'] *adj.* 消えた;消滅した;失われた;滅んだ. (⇒गायब) ❐～ हो रही ग्रामीण संस्कृति 消えつつある村の文化. ❐जीवन में जब आशा ही ～ हो गई, तो अब अंधकार के सिवा और क्या था! 人生において希望が失われてしまった時, もう闇以外に何が残っていたというのだ.

लुप्तप्राय /lupta̸prāya̸ ルプトプラーエ/ [*लुप्त* + *-प्राय*] *adj.* 消滅したも同然の;消滅の危機に瀕している. ❐～ प्रजातियाँ 〖生物〗絶滅危惧種. ❐～ भाषाएँ 〖言語〗危機に瀕している言語, 危機言語.

लुबजाना /luba̸jānā ルブジャーナー/ [cf. Eng.n. *Ljubljana*] *m.* 〖地名〗リュブリャナ (लुबजाना)《スロベニア(共和国)(स्लोवेनिया) の首都》.

लुब्ध /lubdʰa̸ ルブド/ [←Skt. *लुब्ध-* 'greedy, covetous, avaricious'] *adj.* 魅せられた;物欲しげな;好色な, 下心をもった. ❐～ आँखों से देखना 物欲しげな眼で見る.

लुब्धक /lubdʰaka̸ ルブダク/ [←Skt.m. *लुब्धक-* 'a hunter'] *m.* **1** 狩人, 猟師. (⇒व्याध) **2** 〖天文〗シリウス.

लुभाना /lubʰānā ルバーナー/ [<OIA. *lúbhyati* 'is eager, is desirous': T.11086] *vi.* (*perf.* लुभाया /lubʰāyā ルバーヤー/) 誘惑される;魅了される. ❐रूप-रंग देखके लुभा गए क्या? 姿かたちを見て惚れちゃったの？

— *vt.* (*perf.* लुभाया /lubʰāyā ルバーヤー/) (人の欲望を)そそらせる;誘惑する;魅了する. ❐वहाँ के मनोरम दृश्य दर्शकों को लुभाते हैं। そこの美しい景色は見る者を魅了する. ❐झिझक या संकोच का कहीं नाम नहीं, मेक-अप में प्रवीण, बला की हाज़िर-जवाब, पुरुष-मनोविज्ञान की अच्छी जानकार, आमोद-प्रमोद को जीवन का तत्व समझनेवाली, लुभाने और रिझाने की कला में निपुण। (彼女は)ためらいとか遠慮とかにはまったく無縁で, 化粧がうまく, 当意即妙に答える抜群の才があり, 男の心理

を熟知し，遊興を人生の本質と解し，気をそそったりうれしがらせる技にたけている．

लुभावना /lubʰāvanā ルバーオナー/ [cf. *लुभाना*] *adj.* 心を魅了する，魅力的な．

लुसाका /lusākā ルサーカー/ [cf. Eng.n. *Lusaka*] *m.* 〖地名〗ルサカ《ザンビア(共和国) (ज़ांबिया) の首都》．

लुहार /luhāra ルハール/ ▸लोहार *m.* ☞लोहार

लुहार-ख़ाना /luhāra-xānā ルハール・カーナー/ ▸लोहार-ख़ाना *m.* ☞लोहार-ख़ाना

लुहारा /luhārā ルハーラー/ [cf. *लुहार, लोहार*] *m.* 鍛冶場(かじば)．(⇒लोहार-ख़ाना)

लुहारिन /luhārina ルハーリン/ ▸लोहारिन *f.* ☞लोहारिन

लुहारी /luhārī ルハーリー/ ▸लोहारी *f.* ☞लोहारी

लू /lū ルー/ [cf. *लूक*[1]; (metathesis) ?<OIA.f. *ulkā́-* 'meteor, fire falling from heaven': T.02362] *f.* **1** 熱波；(夏の)熱風． ❐～ चल रही थी। 熱風が吹いていた． **2** 〖医学〗日射病，熱射病． ❐～ लगना 日射病にかかる．

लूक¹ /lūka ルーク/ [<OIA. **lūṣā-* 'burning': T.11099] *f.* **1** 火炎． **2** (夏の)熱風．(⇒लू)

लूक² /lūka ルーク/ [(metathesis) <OIA.f. *ulkā́-* 'meteor, fire falling from heaven': T.02362] *f.* 〖天文〗流れ星．(⇒उल्का)

लूका /lūkā ルーカー/ [cf. *लूक*] *m.* 火炎，火．

लूट /lūṭa ルート/ [cf. *लूटना*; → Eng.n. *loot*] *f.* **1** 強奪，略奪． ❐～ का माल 略奪品． ❐～ मचना 略奪が行われる． ❐～ मचाना [मारना] 略奪する． **2** 暴利(のむさぼり)．

लूट-खसोट /lūṭa-kʰasoṭa ルート・カソート/ *f.* 略奪；強奪；搾取．

लूटना /lūṭanā ルートナー/ [<OIA. **luṭṭati* 'plunders': T.11078] *vt.* (*perf.* लूटा /lūṭā ルーター/) **1** 略奪する；(金品を)強奪する． ❐डाकुओं ने सारा गाँव लूट लिया। 野盗たちは村一帯を略奪した． **2** (客から)不当な代金を取る，暴利をむさぼる． ❐आजकल के दुकानदार ग्राहकों से ख़ूब लूटता है। 最近の商売人は客にずいぶんふっかける． **3** だまし取る；横領する，着服する． ❐उसने मेरा रुपया लूट लिया। 彼は私の金をだまし取った． **4** (…を)大いに楽しむ，心ゆくまで堪能する；(…に)ふける． ❐लोग हरी घास पर लेटे हवा का आनंद लूट रहे थे। 人々は緑の草原に寝転んで風に吹かれる気持ちよさを堪能していた． ❐वाहवाही ～ 拍手喝采をむさぼる．

लूट-पाट /lūṭa-pāṭa ルート・パート/ [echo-word; cf. *लूट*] *f.* 略奪，強奪．

लूट-मार /lūṭa-māra ルート・マール/ [*लूटना* + *मारना*] *f.* 略奪と暴力．

लूला /lūlā ルーラー/ [<OIA. **lulla-* 'defective': T.11090] *adj.* 〖医学〗手[腕]を失った，手[腕]の自由がきかない，障害のある．(⇒अंगहीन) ❐वह एक हाथ से लूली है। 彼女は片腕がきかない．

लेंस /leṃsa レーンス/ [←Eng.n. *lens*] *m.* **1** 〖物理〗レンズ；(カメラの)レンズ． ❐उत्तल ～ 凸レンズ． ❐अवतल ～ 凹レンズ． ❐फ़ोटोग्राफ़र का ～ ख़ूबसूरत मॉडल पर टिका है। カメラマンのレンズは美しいモデルに釘付けになっている． **2** (眼球の)水晶体．

लेई /lei レーイ/ [<OIA.m. *lēpa-* 'smearing': T.11110] *f.* 糊(のり)；接着剤． ❐आटे की ～ 小麦デンプンで作る糊． ❐कैंची, ～ का काम 切り貼り仕事．

लेकिन /lekina レーキン/ [←Pers.conj. لیکن 'but' ←Arab.] *conj.* しかし，だが．(⇒पर)

लेक्चर /lekcara レークチャル/ [←Eng.n. *lecture*] *m.* 講義，講演，レクチャー．(⇒व्याख्यान, भाषण) ❐(पर) ～ देना (…について)講義[講演]する．

लेक्चरर /lekcarara レークチャラル/ [←Eng.n. *lecturer*] *m.* **1** (大学の)講師．(⇒प्रवक्ता) **2** 講演者，講話者．

लेख /lekʰa レーク/ [←Skt.m. *लेख-* 'a line, stroke; a writing, letter, manuscript, written document of any kind'] *m.* **1** 書かれたもの；原稿，論稿，論文，論説，記事；碑文；令状． **2** 書かれた文字；筆跡．

लेखक /lekʰaka レーカク/ [←Skt.m. *लेखक-* 'a writer, scribe, clerk, secretary; one who delineates or paints'] *m.* **1** 執筆者，筆者；著者． ❐इन पंक्तियों का ～ この文を書いている筆者自身． **2** 〖文学〗作家，作者．(⇔लेखिका) ❐मौलिक ～ 原作者． ❐हिंदी ～ ヒンディー語作家．

लेखन /lekʰana レーカン/ [←Skt.n. *लेखन-* 'the act of scratching or scraping, lancing, scarifying; writing down, transcribing'] *m.* 書く行為，書字；執筆． ❐उनका ～ प्रायः अच्छी पुस्तकों की नक़ल करने तक सीमित था। 彼にとって文字を書くという行為は大概良質な書籍を書写することに限られていた． ❐हिंदी ～ ヒンディー語での執筆．

लेखमाला /lekʰamālā レークマーラー/ [neo.Skt.f. *लेख-माला-* 'series'] *f.* 連載物，シリーズ；連載記事．

लेखन-सामग्री /lekʰana-sāmagrī レーカン・サーマグリー/ *f.* 筆記用具，文房具．

लेखनी /lekʰanī レークニー/ [←Skt.f. *लेखनी-* 'an instrument for writing or painting, reed-pen, painting-brush, pen, pencil'] *f.* ペン，筆《文筆活動のシンボルとして》．(⇒कलम) ❐～ उठाना (書くために)ペンを取る． ❐उनकी रचना में अब सजीवता न थी, न ～ में शक्ति। 彼の作品にはもはや生気はなく，筆には力がなかった．

लेख-पत्र /lekʰa-patra レーク・パトル/ [←Skt.n. *लेख-पत्र-* 'a written document, letter, writ, deed'] *m.* 書類．(⇒दस्तावेज़)

लेखपाल /lekʰapāla レークパール/ [neo.Skt.m. *लेख-पाल-* 'record-keeper'] *m.* 〖歴史〗レークパール《村落単位の徴税記録を管理する役人》．(⇒पटवारि)

लेखा /lekʰā レーカー/ [<OIA. *lēkhya-* 'to be written': T.11108] *m.* **1** 〖経済〗会計，経理． **2** 計算，勘定．(⇒हिसाब)

लेखाकार /lekʰākāra レーカーカール/ [*लेखा* + *-कार*[1]] *m.* 会計係，計理士，主計官．(⇒एकाउंटेंट)

लेखाचित्र /lekʰācitra レーカーチトル/ [neo.Skt.n.

लेखा-चित्र- 'graph'] *m.* グラフ, 図表. (⇒ग्राफ़)

लेखा-जोखा /lekʰā-jokʰā レーカー・ジョーカー/ *m.* 〖経済〗会計収支の詳細, その記録.

लेखा-परीक्षक /lekʰā-parīkṣaka̸ レーカー・パリークシャク/ [*लेखा* + *परीक्षक*] *m.* 〖経済〗会計検査官, 監査役.

लेखा-परीक्षा /lekʰā-parīkṣā レーカー・パリークシャー/ [*लेखा* + *परीक्षा*] *f.* 〖経済〗会計検査, 監査. ❒～ निदेशालय 会計検査院.

लेखापाल /lekʰāpāla̸ レーカーパール/ [*लेखा* + *-पाल*] *m.* ☞लेखाकार

लेखा-पुस्तिका /lekʰā-pustikā レーカー・プスティカー/ [neo.Skt.f. *लेखा-पुस्तिका-* 'pass book'] *f.* 普通預金通帳. (⇒पासबुक)

लेखा-बही /lekʰā-bahī レーカー・バヒー/ *f.* 出納簿, 会計簿.

लेखा-शास्त्र /lekʰā-śāstra̸ レーカー・シャーストル/ [neo.Skt.n. *लेखा-शास्त्र-* 'accountancy'] *m.* 会計学.

लेखिका /lekʰikā レーキカー/ [←Skt.f. *लेखिका-* 'a little stroke'] *f.* 〖文学〗女流作家. (⇔लेखक)

लेख्य /lekʰya̸ レーキエ/ [←Skt. *लेख्य-* 'to be written or transcribed'] *adj.* 書かれるべき, 書くべき, 記録すべき. ❒～ साक्ष्य 証拠書類.

लेज़म /lezama̸ レーザム/ [←Pers.n. لیزم 'a kind of bow with an iron chain instead of a string, with which the natives of the East exercise their bodies'] *f.* レーザム《弦の代わりに鉄の鎖をつけた弓;トレーニング用》.

लेट /leṭa̸ レート/ [←Eng.adv. *late*] *adv.* 遅れて. (⇒देर) ❒गाड़ी बीस मिनट ～ है। 汽車は 20 分遅れている. ❒～ आना 遅れて来る.

लेटना /leṭanā レートナー/ [<OIA. *lēṭyáti* 'sleeps': T.11109] *vi.* (*perf.* लेटा /leṭā レーター/) **1** (休むために)横たわる, 寝そべる;(床に)伏す;(足元に)伏す. ❒आँगन में एक किनारे चटाई पर लेटी हुई धनिया सोना से देह दबवा रही थी। 中庭の片隅で敷物の上に横たわったダニヤーはソーナーに体をもませていた. ❒आराम से लेटे रहो। 楽にして横になっていなさい. ❒वह बिस्तर पर चित लेटी है। 彼女はベッドで仰向けに横たわっている. ❒हैरत की बात यह थी कि वे इस पूरे शोर-हंगामे में जिस करवट लेटे थे उसी करवट लेटे रहे। 驚いたことに, 彼はこのものすごい騒音と喧騒の中でいったん横になったそのままの姿勢でずっと横たわったままだった. ❒वे खाट पर लेटे तो फिर न उठे। 彼は床に伏せると, 二度と起き上がらなかった. **2** (作物が)(暴風で)なぎ倒される.

लेटर /leṭara̸ レータル/ [←Eng.n. *letter*] *m.* **1** 文字. (⇒अक्षर) **2** 手紙, 書簡. (⇒ख़त, चिट्ठी, पत्र) ❒लव ～ ラブレター, 恋文.

लेटर-बाक्स /leṭara̸-bāksa̸ レータル・バークス/▶लेटर-बॉक्स [←Eng.n. *letter box*] *m.* **1** (個人宅の)郵便受け. (⇒पत्र-पेटी) **2** 郵便ポスト. (⇒पत्र-पेटी) **3** 手紙の保存箱. (⇒पत्र-पेटी)

लेटाना /leṭānā レーターナー/ ▶लिटाना [cf. *लेटना*] *vt.* (*perf.* लेटाया /leṭāyā レーターヤー/) (人を)横たえる;寝かす. ❒उसने मुझे चारपाई पर लेटाया। 彼は私をベッドに横たえた. ❒उसने अपनी बेटी को दादी की गोद में लेटा दिया। 彼女は娘を祖母の膝に寝かした.

ले-दे /le-de レー・デー/ [cf. *लेन-देना*] *f.* (けんか言葉の)応酬.

लेन¹ /lena̸ レーン/ [cf. *लेना*] *m.* 受け取ること;取り分.

लेन² /lena̸ レーン/ [←Eng.n. *lane*] *m.* **1** (大通りと交差する)小道, 通り. **2** (トラック・プールの)コース;車線;水路.

लेनदार /lena̸dāra̸ レーンダール/ [*लेना* + *-दार*] *m.* 〖経済〗債権者, 貸し主. (⇔देनदार)

लेन-देन /lena̸-dena̸ レーン・デーン/ [*लेना* + *देना*] *m.* (ものの)やりとり, 交換;取引, 商売;金融, 貸金業. ❒भारतवर्ष में जितने व्यवसाय हैं, उन सबमें ～ का व्यवस्सय सबसे लाभदायक है। インドに存在する数ある商売の中で金融業は一番もうかる商売だ.

लेना /lenā レーナー/ [cf. OIA. *lábhatē* 'catches, takes': T.10948; × MIA. *leti/neti*] *vt.* (*perf.* लिया /liyā リヤー/) **1** 取る;受け取る. (⇔देना) **2** 得る;買う;借りる **3** (飲食物を)摂取する, 食べる, 飲む;(薬を)飲む. **4** (自分の勝手な都合で人に仕事などを)させる. ❒(से) बेगार ～ (人に)ただ働きさせる. ❒(से) काम ～ (人に)仕事をさせる.

— *vt.* (*perf.* लिया /liyā リヤー/) 〖複合動詞〗《〖他動詞語幹 लेना〗の形式で, 複合動詞を作る;この場合の他動詞語幹は, 動作や変化の結果・影響を動作主自身が受ける意味内容を表す》 ❒ले ～ 取る《自分のものにする》. ❒खा ～ 食べる《食べ物を自分の体内に摂取する》. ❒पी ～ 飲む《飲み物を自分の体内に摂取する》. ❒ख़रीद ～ 買う《所有権を自分のものにする》. ❒समझ ～ 理解する《知識を自分のものにする》. ❒सीख ～ 学ぶ《技能などを身につける》. ❒सुन ～ 聞く《音声・音を捉える》.

लेना-देना /lenā-denā レーナー・デーナー/ *m.* ☞लेन-देन

लेप /lepa̸ レープ/ [<OIA. *lēpya-* 'to be smeared': T.11114] *m.* **1** 練りもの, ペースト状のもの;それを塗ること, 塗布. ❒(का) ～ करना (…を)塗る. ❒(को) पानी के साथ सिल-बट्टे पर महीन पीसकर ～ तैयार करना (…を)水と一緒にすり鉢で細かく砕きペーストを作る. **2** 漆喰(しっくい);モルタル. ❒फ़र्श पर गाढ़े चूने का ～ लगाया जाता था। 床には石灰の漆喰が塗られていた. **3** 〖医学〗塗布薬, 軟膏(なんこう), 膏薬(こうやく). (⇒उबटन) ❒घाव पर ～ लगाना 傷に軟膏を塗る.

लेपन /lepana̸ レーパン/ [←Skt.n. *लेपन-* 'the act of smearing, anointing, plastering'] *m.* 塗ること, 塗布.

लेपना /lepa̸nā レープナー/ ▶लीपना *vt.* (*perf.* लेपा /lepā レーパー/) ☞लीपना

लेफ़्टिनेंट /lefṭinemṭa̸ レーフティネーント/ [←Eng.n. *lieutenant*] *m.* (陸軍)中尉 ;(海軍)大尉. ❒～ जनरल (陸軍)中将. ❒～ कर्नल (陸軍)中佐. ❒～ कमांडर (海軍)少佐. ❒फ़्लाइट ～ (空軍)大尉. ❒सब ～ (海軍)中尉. ❒सैकंड ～ (陸軍)少尉《現在のイン

ド陸軍では廃止;最下級士官は中尉》.

लेबनान /lebanāna レーブナーン/ [cf. Eng.n. *Lebanon*] *m.* 〚国名〛レバノン(共和国)《首都はベイルート (बेरूत)》.

लेमन /lemana レーマン/ [←Eng.n. *lemon*] *m.* 〚植物〛レモン.

लेमन-चूस /lemana-cūsa レーマン・チュース/ [*लेमन* + *चूसना*; cf. Eng.n. *lemon-juice*] *m.* 〚食〛レモンジュース.

लेमोनेड /lemoneḍa レーモーネード/ [←Eng.n. *lemonade*] *m.* 〚食〛レモネード, レモンスカッシュ.

लेवा /levā レーワー/ [cf. *लेना*] *adj.* …をとる(もの)《合成語の要素として; जानलेवा「命をとる, 致命的な」, नामलेवा「(故人の名を唱える)後継者」, हथलेवा「(結婚式で)新郎が新婦の手をとる儀式」など》.

— *m.* **1** (壁などに)塗るもの《粘土・漆喰(しっくい)・牛糞など》. **2** (肌に)塗るもの.

लेश /leśa レーシュ/ [←Skt.m. *लेश-* 'a small part or portion, particle, atom'] *m.* 微量《否定文の中で 〚लेश मात्र (भी)〛の形式で, 副詞句「かけらほども, これっぽっちも」を作る》. ❐इसमें ～ मात्र भी संदेह नहीं था। このことにかけらほどの疑いもなかった. ❐ऐसे आदमी के साथ मुझे ～ मात्र भी सहानुभूति नहीं हो सकती। このような人間に対して私はこれっぽっちも同情することができない.

लेस[1] /lesa レース/ [<OIA.m. *ślēṣmán-* 'mucus, phlegm': T.12744] *f.* **1** 粘着物質, ねばねばしたもの. **2** 鳥もち. (⇒लासा)

लेस[2] /lesa レース/ [←Eng.n. *lace*] *m.* レース.

लेसना /lesanā レーサナー/ [<OIA. *ślēṣayati* 'connects': T.12742] *vt.* (*perf.* लेसा /lesā レーサー/) **1** (壁・床などを)(牛糞・泥で)(一面に厚く)塗る. (⇒लीपना) ❐यह दीवार गीली मिट्टी से लेस दो। この壁に泥を塗ってください. **2** (告げ口をして)あおる. ❐हमने तुमको यों ही एक बात कही थी, तुमने वहाँ जाकर उनसे लेस दी। 僕が君に何気なく言った一言を, 君はあそこに行って彼に告げ口をしてあおりたててしまった.

लेसोथो /lesotʰo レーソートー/ [cf. Eng.n. *Lesotho*] *m.* 〚国名〛レソト(王国)《首都はマセル (मासेरु)》.

लेह्य /lehya レーヒエ/ [←Skt. *लेह्य-* 'to be licked, lickable'] *adj.* なめて摂取される(食物).

लैंगिक /laiṃgika ラェーンギク/ [←Skt. *लैङ्गिक* 'based upon a characteristic mark or evidence or proof'] *adj.* **1** 性的な. ❐～ अपराध 性犯罪. ❐～ जनन 〚医学〛生殖器官. ❐～ शिक्षा 性教育. **2** 性別の. ❐～ भेदभाव 性差別. ❐～ समानता 性の平等.

लैंडिंग /laiṃḍiṃga ラェーンディング/ [←Eng.n. *landing*] *f.* 上陸;着陸. ❐विमान की इमरजेंसी ～ 飛行機の緊急着陸.

लैंप /laiṃpa ラェーンプ/ ▸लंप [←Eng.n. *lamp*] *m.* ランプ. ❐～ जलाना [बुझाना] ランプを点す[消す].

लैटिन /laiṭina ラェーティン/ [←Eng.adj. *Latin*] *adj.* ラテンの;ラテン民族の;ラテン語の. ❐～ अमरीका ラテンアメリカ. ❐～ भाषा ラテン語.

— *f.* ラテン語.

लैपटाप /laipaṭāpa ラェープタープ/ ▸लैपटॉप [←Eng.n. *laptop*] *m.* ラップトップ・コンピュータ. ❐वह ～ पर नज़र गड़ाएँ है। 彼はラップトップ・コンピュータ(の画面)に目を釘づけにしている.

लैला /lailā ラェーラー/ [←Pers.n. ليلى 'a female proper name' ←Arab.] *f.* 〚文学〛ライラ《アラブ世界の古典的悲恋物語の男主人公マジュヌーン (मजनूँ) の恋人》.

लैस[1] /laisa ラェース/ [?<OIA.m. *ślēṣá-* 'adhering to': T.12741] *adj.* (装備を)備えた;(正装などで)身をかためた. ❐(को) स्मार्टफ़ोन से ～ करना (人に)スマートフォンをもたせる. ❐मिसाइल से ～ युद्धपोत ミサイルを装備した軍艦. ❐हथियार से ～ अपराधी 武装した犯罪者.

लैस[2] /laisa ラェース/ [←Eng.n. *lace*] *m.* レース.

लोंदा /lõdā ローンダー/ [<OIA. **lōttha-*[2] 'lump': T.11137] *m.* (冷えるなどして固まった)塊. ❐घी [दही] का ～ バター[ヨーグルト]の塊. ❐मिट्टी का ～ 泥の塊.

लोई[1] /loī ローイー/ [<OIA.m. *lōgá-* 'clod of earth': T.11127] *f.* 〚食〛ローイー《小麦粉をに水を加えながらこねたパン生地をちぎった一塊;薄い円形に形を整えてから, 焼き上げたりあぶったりしてローティー (रोटी) を作る》.

लोई[2] /loī ローイー/ [<OIA. **lōmiya-* 'made of hair or wool': T.11155] *f.* ローイー《細い毛で織られた毛布》.

लोक /loka ローク/ [←Skt.m. *लोक-* 'the earth or world of human beings'] *m.* **1** 世界;現世. ❐चंद्र-लोक 月世界. **2** 大衆;世間;社会;民間《主に合成語の一部として》. **3** 〚神話〛…界《神々の住む天界 (स्वर्ग), 死が宿命である地界 (मर्त्यलोक), ナーガ族 (नाग) が住む地底界 (पाताल) がある》.

लोक-कथा /loka-katʰā ローク・カター/ [neo.Skt.f. *लोक-कथा-* 'folk tale'] *f.* 〚文学〛民話.

लोक-गीत /loka-gīta ローク・ギート/ [neo.Skt.n. *लोक-गीत-* 'folk song'] *m.* 民謡, 俗謡, フォークソング.

लोकतंत्र /lokatamṭra ロークタントル/ [neo.Skt.n. *लोक-तन्त्र-* 'democracy'] *m.* 民主主義. (⇒जमहूरियत)

लोकतंत्री /lokatamṭrī ロークタントリー/ [neo.Skt. *लोक-तन्त्रिन्-* 'democratic'] *adj.* ☞लोकतांत्रिक

लोकतांत्रिक /lokatāmṭrika ロークターントリク/ [neo.Skt. *लोक-तान्त्रिक-* 'democratic'] *adj.* 民主主義の, 民主的な. ❐～ देश 民主主義国家. ❐～ प्रक्रिया 民主主義的プロセス. ❐～ व्यवस्था 民主(主義的)制度.

लोकना /lokanā ロークナー/ [?cf. *लुकना*] *vt.* (*perf.* लोका /lokā ローカー/) (落下物を)キャッチする. ❐उसने हवा में ही गेंद लोकी। 彼は空中でボールをキャッチした.

लोक-नीति /loka-nīti ローク・ニーティ/ [neo.Skt.f. *लोक-नीति-* 'folk ethics'] 世間的な道義.

लोक-नृत्य /loka-nṛtya ローク・ヌリティエ/ [neo.Skt.n. *लोक-नृत्य-* 'folk dance'] *m.* 民俗舞踊;郷土舞踊, 民俗舞踊, フォークダンス.

लोकपाल /lokapāla ロークパール/ [←Skt.m. *लोक-पाल-* 'a

world-protector, guardian of the world'] *m.* **1** 世界の守護者;王. **2** ロークパール《インド版オンブズマン;首相を含むインド中央政府の大臣, 中央議会議員に対する汚職の調査・処理をする独立機関;関連法案は 2013 年 12 月 18 日に可決された;州政府および州議会における同様な機関はローカーユクト (लोकायुक्त)》.

लोकप्रिय /lokapriya ロークプリエ/ [neo.Skt. *लोक-प्रिय-* 'popular'] *adj.* 人気のある, 評判がいい. ❐～ खेल 人気のあるスポーツ. ❐(को) ～ बनाना (人を)人気者にする.

लोकप्रियता /lokapriyatā ロークプリエター/ [neo.Skt.f. *लोकप्रिय-ता-* 'popularity'] *f.* 人気, 評判. ❐(को) ～ मिलना (…が)人気を得る.

लोक-भाषा /loka-bʰāṣā ローク・バーシャー/ [neo.Skt.f. *लोक-भाषा-* 'common language'] *f.* 一般大衆の言葉.

लोकमत /lokamata ロークマト/ [neo.Skt.n. *लोक-मत-* 'public opinion or view'] *m.* 世論;民意.

लोक-लाज /loka-lāja ローク・ラージ/ *m.* 社会的信用, 世間の目.

लोक-व्यवहार /loka-vyavahāra ローク・ヴィャオハール/ [←Skt.m. *लोक-व्यवहार-* 'usual or commonly current designation'] *m.* 慣習;風俗, 風習.

लोक-संग्रह /loka-saṃgraha ローク・サングラ/ [←Skt.m. *लोक-संग्रह-* 'the welfare of the world'] *m.* 人心の掌握;人心の懐柔.

लोक-संग्रही /loka-saṃgrahī ローク・サングラヒー/ [←Skt. *लोक-संग्रहिन्-* 'propitiating men'] *adj.* 人心を掌握する;人心を懐柔する.

लोक-संस्कृति /loka-saṃskṛti ローク・サンスクリティ/ [neo.Skt.f. *लोक-संस्कृति-* 'folk culture'] *f.* 民俗文化, 民俗.

लोक-सत्ता /loka-sattā ローク・サッター/ [neo.Skt.f. *लोक-सत्ता-* 'a democracy'] *f.* 民主主義.

लोक-सत्तात्मक /loka-sattātmaka ローク・サッタートマク/ [neo.Skt. *लोक-सत्तात्मक-* 'democratic'] *adj.* 民主主義の.

लोक-सदन /loka-sadana ローク・サダン/ [neo.Skt.n. *लोक-सदन-* 'House of the People'] *m.* ☞लोकसभा

लोकसभा /lokasabʰā ロークサバー/ [neo.Skt.f. *लोक-सभा-* 'House of the People (the lower house of the Indian Parliament)'] *f.* (インド国会の)下院. (⇔राज्यसभा)

लोक-साहित्य /loka-sāhitya ローク・サーヒティエ/ [neo.Skt.n. *लोक-साहित्य-* 'folk literature'] *m.* 〖文学〗民俗文学.

लोकसिद्ध /lokasiddʰa ロークスィッド/ [←Skt. *लोक-सिद्ध-* 'world-established, current among the people'] *adj.* 世間では常識となっている.

लोकसेवक /lokasevaka ロークセーワク/ [neo.Skt.m. *लोक-सेवक-* 'public servant'] *m.* 公務員.

लोकसेवा /lokasevā ロークセーワー/ [neo.Skt.f. *लोक-सेवा-* 'public service'] *f.* 公職.

लोकसेवा आयोग /lokasevā āyoga ロークセーワー アーヨーグ/ *m.* 人事院. ❐संघ ～ (インド)連邦政府人事院.

लोक-स्वास्थ्य /loka-svāstʰya ローク・スワースティエ/ [neo.Skt.n. *लोक-स्वास्थ्य-* 'public health'] *m.* 公衆衛生.

लोकहित /lokahita ロークヒト/ [neo.Skt.n. *लोक-हित-* 'public welfare'] *m.* 公益.

लोकाचार /lokācāra ローカーチャール/ [←Skt.m. *लोक-आचार-* 'usage or practice of the world, common practice'] *m.* 慣習;風習.

लोकाट /lokāṭa ローカート/ ▸लुकाट *m.* ☞लुकाट

लोकापवाद /lokāpavāda ローカープワード/ [←Skt.m. *लोक-अपवाद-* 'the reproach or censure of the world, general evil report, public scandal'] *m.* (社会の指弾による)汚名;不名誉. (⇒बदनामी) ❐～ के भय से 汚名を恐れて.

लोकायत /lokāyata ローカーヤト/ [←Skt. *लोक-आयत-* 'materialistic'] *adj.* 唯物主義的な, 物質主義的な, 無神論的な.
— *m.* 唯物論者, 物質主義者, 無神論者.

लोकायुक्त /lokāyukta ローカーユクト/ [neo.Skt.m. *लोक-आयुक्त-* 'an anti-corruption ombudsman oraganization (in the Indian states)'] *m.* ローカーユクト《首相を含むインド中央政府の大臣, 中央議会議員に対する汚職の調査・処理をする独立機関ロークパール (लोकपाल) の州政府および州議会版機関》.

लोकोक्ति /lokokti ローコークティ/ [←Skt.f. *लोक-उक्ति-* 'people's talk; a general or common saying. any saying commonly current among men, proverb'] *f.* 諺(ことわざ), 格言. (⇒कहावत, मसल) ❐(वाली) ～ को चरितार्थ करना (…という)格言を現実のものにする.

लोकोत्तर /lokottara ローコーッタル/ [←Skt. *लोक-उत्तर-* 'excelling or surpassing the world, beyond what is common or general, unusual, extraordinary'] *adj.* この世のものとは思えない;並外れた, 卓越した.

लोकोपकार /lokopakāra ローコープカール/ [←Skt.m. *लोक-उपकार-* 'a public advantage'] *m.* 博愛(行為);慈善(行為);人道的な行為.

लोकोपकारी /lokopakārī ローコープカーリー/ [←Skt. *लोक-उपकारिन्-* 'useful to the public'] *adj.* 博愛主義の;人道的な.

लोग /loga ローグ/ [cf. Skt.m. *लोक-* 'the earth or world of human beings'] *m.* **1**《不特定多数の》人々. **2**《人称代名詞と一緒に用いて「複数」を明示する》…がた, …たち. ❐आप [तुम, हम, ये, वे] ～ あなたがた[君たち, 私たち, この人たち, あの人たち].

लोग-बाग /loga-bāga ローグ・バーグ/ [echo-word; cf. *लोग*] *m.* 一般人, 庶民.

लोच /loca ローチ/ [cf. *लचक*] *f.* 弾力性, しなやかさ. ❐त्वचा में ～ नहीं है। 肌に張りがない.

लोचन /locana ローチャン/ [←Skt.n. *लोचन-* 'the eye'] *m.* 眼, 目. ❐～ तृप्त हो जाना 目の保養になる, 眼福になる.

लोट /loṭa ロート/ [cf. *लोटना*] *f.* 転げ回ること.

लोटन /loṭana ローターン/ [cf. *लोटना*] *adj.* 宙返りをする, とんぼ返りをする.

— *m.* ローターン《宙返りバト, 飼いバトの一種》.

लोटना /loṭanā ロートナー/ [<OIA. **lōrtati* 'rolls': T.11156] *vi.* (*perf.* लोटा /loṭā ローター/) **1** (体がだるくて)転がる, 寝返りをうつ. **2** 転げ回る;(おかしさで)抱腹絶倒する. ❐ये सभी दृश्य देखकर लोग हँसी के मारे लोटे जाते थे। これらの光景すべてを見て人々はおかしさのあまり転げ回っていた. **3** (怒り・悲しみ・苦しみなどで)身もだえする, もがく, のたうつ. ❐तालाब में पानी सूख जाने से मछलियाँ लोटने लगीं। 池の水が干上がり魚がのたうちまわった.

लोट-पोट /loṭa-poṭa ロート・ポート/ [echo-word; cf. *लोट*] *f.* (おかしさ・痛みなどで)転げ回ること. ❐वह हँसते हँसते ～ हो गया। 彼は笑い転げた.

लोटा /loṭā ローター/ [<OIA. **lōṭṭa-*[3] 'waterpot': T.11133] *m.* (真鍮など金属製の)コップ. (⇒गिलास)

लोटिया /loṭiyā ローティヤー/ ▸लुटिया [cf. *लोटा*] *f.* 小さなローター (लोटा).

लोढ़ा /loṛʰā ローラー/ [<OIA.m. *lōṭha-* 'rolling': T.11134] *m.* (石の)すりこ木. (⇒बट्टा)

लोथ /lotʰa ロート/ [<OIA. **lōttha-*[3] 'skin, skin-bag': T.11138] *f.* 死体, 骸(むくろ). (⇒लाश)

लोथड़ा /lotʰaṛā ロートラー/ [<OIA.m. *lōṣṭá-* 'lump of earth': T.11157] *m.* (肉の)塊. (⇒बोटी) ❐मांस का ～ 肉の塊.

लोन[1] /lona ローン/ [<OIA.n. *lavaṇá-* 'salt': T.10978] *m.* 塩. (⇒नमक, नोन)

लोन[2] /lona ローン/ [←Eng.n. *loan*] *m.* 貸し付け金, ローン. (⇒ऋण) ❐～ वापस देना ローンを返す.

लोना /lonā ローナー/ [<OIA.n. *lavaṇá-* 'salt': T.10978] *adj.* 塩分を含む.

— *m.* (レンガなどから吹きだした)塩分.

लोनी /lonī ローニー/ [cf. *लोना*] *f.* ☞लोना

लोप /lopa ロープ/ [←Skt.m. *लोप-* 'want, deficiency, absence, disappearance'] *m.* **1** 消失;消滅. ❐उसमें आत्म-सम्मान का सर्वथा ～ न हुआ था। 彼の中で自尊心は完全には無くなっていなかった. **2**『言語』音脱落. ❐स्वर ध्वनि का ～ 母音の脱落.

लोप-चिह्न /lopa-cihna ロープ・チフン/ *m.* 省略符号.

लोबान /lobāna ローバーン/ ▸लोहबान [←Pers.n. لوبان 'frankincense; olibanum; bensoin'] *m.*『植物』乳香, 安息香(あんそくこう)《エゴノキ科の落葉高木, その樹皮から分泌する樹脂;薬剤に使用》.

लोबिया /lobiyā ロービヤー/ [←Pers.n. لوبيا, لوبيه 'a kind of pulse, a species of French bean'] *m.*『植物』豆《特に牛の飼料になるササゲ》.

लोभ /lobʰa ローブ/ [←Skt.m. *लोभ-* 'covetousness, cupidity, avarice'] *m.* 貪欲, 強欲;(欲にかられた)誘惑. ❐(के) ～ से (…の)欲にかられて. ❐यश का ～ 名声への誘惑.

लोभनीय /lobʰanīya ローブニーエ/ [←Skt. *लोभनीय-* 'to be desired or longed for, alluring seductive'] *adj.* (心を)誘惑する, そそる. ❐एक आदमी के लिए जो चीज ～ होती है, वह दूसरे आदमी के लिए ～ नहीं होती। ある人間にとって欲しくなるようなものが, 他の人間にとって欲しくなるとは限らない.

लोभी /lobʰī ロービー/ [←Skt. *लोभिन्-* 'covetous, avaricious, desirous of. eager after, longing for'] *adj.* 欲張りの, 強欲な, 貪欲な. ❐अगर मुझे मालूम होता कि आप इतने ～ हैं, तो आपसे दूर ही रहता। もしあなたがこれほどの強欲であることが私にわかっていれば, あなたとは距離を置いていた. ❐उसका ～ मन संपत्ति पर संतुष्ट न रह सका। 彼女の強欲な心は財産で満足していることはできなかった.

लोम /loma ローム/ [←Skt.n. *लोम-* 'a hairy tail, tail'] *m.* 体毛. (⇒रोम)

लोमड़ी /lomaṛī ロームリー/ [<OIA.m. *lōmaṭaka-* 'fox': T.11153] *f.* **1**『動物』キツネ(狐). **2** ずるがしこい女.

लोमहर्षक /lomaharṣaka ロームハルシャク/ [neo.Skt. *लोम-हर्षक-* 'horripilating'] *adj.* 戦慄すべき, 身の毛もよだつ. (⇒रोमांचक) ❐～ घटना 身の毛もよだつ事件.

लोमहर्षण /lomaharṣaṇa ロームハルシャン/ [←Skt.n. *लोम-हर्षण-* 'the bristling of the hair, horripilation, thrill or shudder'] *m.* 戦慄(せんりつ). (⇒रोमांच)

लोमे /lome ローム/ [cf. Eng.n. *Lomé*] *m.*『地名』ロメ《トーゴ(共和国) (टोगो) の首都》.

लोरी /lorī ローリー/ [<OIA. **lōḍa-, lōla-* 'tossing, hanging': T.11136] *f.* 子守歌. ❐～ गाना 子守歌を歌う.

लोल /lola ロール/ [←Skt. *लोल-* 'moving hither and thither, shaking, rolling'] *adj.* 振動する;揺れ動く.

लोलक /lolaka ローラク/ [neo.Skt.m. *लोल-क-* 'a pendant (from the ear, or nose); a pendulum'] *m.* **1** (耳輪・鼻輪などの)下げ飾り. **2** (時計の)振り子. ❐～ घड़ी 振り子時計.

लोलुप /lolupa ロールプ/ [←Skt. *लोलुप-* 'very desirous or eager or covetous, ardently longing for'] *adj.* 貪欲な;あさましい.

लोलुपता /lolupatā ロールプター/ [←Skt.f. *लोलुप-ता-* 'greediness, cupidity, lust'] *f.* 貪欲さ;あさましさ.

लोशन /lośana ローシャン/ [←Eng.n. *lotion*] *m.* 化粧水, ローション.

लोह /loha ローフ/ [←Skt. *लोह-* 'red, reddish, copper-coloured'] *m.* ☞लौह

लोहचून /lohacūna ローフチューン/ [*लोहा* + *चून*] *m.* 鉄くず.

लोहड़ी /lohaṛī ローフリー/ [←Panj.f. ਲੋਹੜੀ 'festival of Punjab held in January wherein fire is worshipped at night'] *f.* ローフリー, ローリー《冬の夜, 火を焚いて暖かさを恵む太陽に祈りをささげるパンジャーブの祭り》.

लोहबान /lohabāna ローフバーン/ ▸लोबान *m.* ☞लोबान

लोहा /lohā ローハー/ [<OIA. *lōhá-* 'red, copper-coloured': T.11158] *m.* **1**『鉱物』鉄. ❐लोहे

का फाटक 鉄製の門. **2**（刀剣などの）武器. ❐～ बजाना 剣で打ち合う. ❐～ बजना 剣による切り合いが行われる. ❐(से) ～ लेना（人に）刃向う. **3** 力量；度量. ❐(का) ～ मानना（…の）力量を認める. **4** アイロン.（⇒इस्तरी）❐(पर) ～ करना（…に）アイロンをかける.

लोहार /lohāra ローハール/ ▸लुहार [<OIA.m. *lōhakāra-* 'iron-worker': T.11159] *m.* 鍛冶屋.

लोहार-ख़ाना /lohāra-xānā ローハール・カーナー/ ▸लुहार-ख़ाना *m.* 鍛冶場（かじば）.（⇒लुहारा）

लोहारिन /lohārina ローハーリン/ ▸लुहारिन [cf. *लोहारी*] *f.* 鍛冶屋（लोहार）の妻.

लोहारी /lohārī ローハーリー/ ▸लुहारी [*लोहार* + *-ई*] *f.* 鍛冶屋の仕事.

लोहित /lohita ローヒト/ [←Skt. *लोहित-* 'red, red-coloured, reddish'] *adj.* 赤色の，赤みを帯びた.

लोहिया /lohiyā ローヒヤー/ [cf. *लोहा*] *adj.* **1** 鉄でできている. **2** 赤みを帯びた. ❐～ घोड़ा 赤毛の馬.
— *m.* 鉄製品を扱う商人.

लोहू /lohū ローフー/ ▸लहू [<OIA. *lóhita-* 'red': T.11165] *m.* ☞लहू

लौंग /lãũga ラォーング/ [<OIA.m. *lavaṅga-* 'clove tree': T.10977] *f.*〖植物〗チョウジ（丁子），クローブ《香辛料に使う》.

लौंजी /lãũjī ラォーンジー/ [?] *f.*〖食〗ラォーンジー《マンゴーの果肉をスライスしたもの；ピクルスなどに使用》.

लौंडा /lãũḍā ラォーンダー/ [<OIA. **lavaṇḍa-* 'servent, boy': T.10984] *m.*〔俗語〕小僧，青二才，ガキ.

लौंडी /lãũḍī ラォーンディー/ [cf. *लौंडा*] *f.* **1**〔俗語〕娘っこ；下働きの女. **2**〔卑語〕ふしだらな女.

लौंद /lãũda ラォーンド/ [?] *m.*〖暦〗うるう月.（⇒अधिमास）

लौ[1] /lau ラォー/ [cf. Skt. *लोचन-* 'illuminating, brightening'] *f.* 炎，火炎. ❐मोमबत्ती की ～ ロウソクの炎.

लौ[2] /lau ラォー/ [<OIA.m. *láya-* 'absorption, disappearance': T.10962] *f.* 愛着；熱中；（神への）強い思慕. ❐उसे केवल यही ～ लगी थी कि दुर्गा के दर्शन पाऊँ। 彼女にはただドゥルガー女神のお姿を目にしたいという思いが取りついていた.

लौका /laukā ラォーカー/ [<OIA.f. *alā́bu, alā́bū* 'bottle-gourd': T.00711] *m.*〖植物〗ヒョウタン（瓢箪）.

लौकिक /laukika ラォーキク/ [←Skt. *लौकिक-* 'worldly, terrestrial, belonging to or occurring in ordinary life, common, usual, customary, temporal, not sacred'] *adj.* 現世の；世俗的な.（⇔अलौकिक, पारलौकिक）❐～ जीवन 世俗の生活. ❐～ संस्कृत 古典サンスクリット.

लौकी /laukī ラォーキー/ [cf. *लौका*] *f.*〖植物〗ヒョウタン（瓢箪）.

लौट /lauṭa ラォート/ [cf. *लौटना*] *f.*（元へ）戻ること.

लौटना /lauṭanā ラォートナー/ [*उलटना* × *लोटना*] *vi.* (*perf.* लौटा /lauṭā ラォーター/) **1**（人が）帰る，戻る. ❐अपनी ससुराल को लौट गई। 彼女は実家に帰った. ❐मैं न जाने कब लौटूँ। 私は，いつ戻れるかわからない. ❐ख़ाली हाथ लौटते शर्म नहीं आती? 手ぶらで戻ってきて，恥ずかしくないの？ ❐घर लौट आना। 家に戻って来なさい. ❐दोनों इतने प्रसन्न थे मानो ब्याह करके लौटे हों। 二人とも，まるで結婚式を挙げて戻って来たかのように幸福だった. ❐लौटती बार भी वे यहीं आकर ठहरेंगी। 戻ってくる時も，彼女はここに来て泊まるだろう. ❐वह उलटे पाँव लौट आया। 彼は，踵（きびす）を返して戻って来た. **2**（ものが）戻る，返る，返却される. **3**（意識が）戻る，気がつく；（失った視力などが）回復する. ❐इस आपरेशन से एक रोगी की तो आँखों की ज्योति भी लौट आई। この手術によって，一人の患者は視力をとりもどした. ❐उसकी चेतना लौटी। 彼の意識が戻った.

लौट-फेर /lauṭa-pʰera ラォート・ペール/ *m.*（社会的な）大きな変動.（⇒उलट-फेर）

लौटाना /lauṭānā ラォーターナー/ [cf. *लौटना*] *vt.* (*perf.* लौटाया /lauṭāyā ラォーターヤー/) **1**（人を）帰す，戻す，送り返す；（物を）戻す，返す，返却する.（⇒फेरना）❐ये रुपये ऋण के रूप में दे रहा हूँ, जब तुम्हारी समाई हो मुझे लौटा देना, तुम्हारी संतान मेरी संतान को लौटा सकती है। このお金を貸しとして渡します，返せる時に返してください，君の子どもが私の子どもに返すのもかまわない. ❐न उन्होंने कोई काग़ज़ लिखाया था, न लौटाने की कोई मीयाद पूछी थी। 彼は何の証文も書かせなかったし，返済期間も求めなかった. ❐वह किताब को मेरे हाथ में लौटाता हुआ बोला। 彼は本を私の手に返しながら言った. ❐यह किताब आपको ज़रूर लौटा दूँगा। この本は，あなたにきっと返します. **2**（請願者を）追い払う，門前払いする；却下する，差し戻す.

लौड़ा /lauṛā ラォーラー/ [<OIA. **lakkuṭa-* 'stick': T.10879z1] *m.*〔卑語〕男性性器，ペニス.

लौह /lauha ラォーフ/ [←Skt. *लौह-* 'made of copper or iron or any metal, coppery, iron, metallic'] *adj.*〖鉱物〗鉄でできた；鉄分を含む.
— *m.*〖鉱物〗鉄.（⇒लोहा）❐～ युग〖歴史〗鉄器時代.

लौह-आवरण /lauha-āvaraṇa ラォーフ・アーオラン/ [neo.Skt.n. *लौह-आवरण-* 'iron curtain'] *m.*〖歴史〗鉄のカーテン.（⇒लौह-पट）

लौह-पट /lauha-paṭa ラォーフ・パト/ [neo.Skt.m. *लौह-पट-* 'iron curtain'] *m.* ☞लौह-आवरण

लौह-पुरुष /lauha-puruṣa ラォーフ・プルシュ/ [neo.Skt.m. *लौह-पुरुष-* 'an iron man'] *m.* 鉄人.

लौह-युग /lauha-yuga ラォーフ・ユグ/ [neo.Skt.n. *लौह-युग-* 'Iron Age'] *m.*〖歴史〗鉄器時代.

लौहासव /lauhāsava ラォーハーサオ/ [←Skt.m. *लौह-आसव-* 'a particular preparation of iron'] *m.*〖医学〗ロウハーサヴァ《鉄分を含む煎じ薬》.

ल्हासा /lhāsā ルハーサー/ [cf. Eng.n. *Lhasa*] *m.*〖地名〗ラサ（市）《チベット（तिब्बत），現中国チベット自治区の都市》.

व

वंचक /vaṃcaka ワンチャク/ [←Skt. *वञ्चक-* 'deceiving, fraudulent, crafty'] *adj.* 人を欺く(人), ずるい(人). — *m.* こそ泥師.

वंचकता /vaṃcakatā ワンチャクター/ [←Skt.f. *वञ्चक-ता-* 'deceitfulness'] *f.* 欺瞞(ぎまん);詐欺(さぎ).

वंचन /vaṃcana ワンチャン/ [←Skt.n. *वञ्चन-* 'cheating, deception, fraud'] *m.* ☞वंचना

वंचना /vaṃcanā ワンチャナー/ [←Skt.f. *वञ्चना-* 'cheating, deception, fraud'] *f.* 詐欺(さぎ), ごまかし. ❐आयकर ～ 所得税のごまかし.

वंचित /vaṃcita ワンチト/ [←Skt. *वञ्चित-* 'deceived, tricked, imposed upon'] *adj.* **1** (運命などに)欺かれた. **2** (才能・容姿・幸福などに)恵まれない, 欠けている;失われた, 喪失した. ❐(को) (से) ～ रखना (人から)(…を)奪う. ❐मुझे विधाता ने सब सुख से ～ कर दिया है। 私から神はすべての喜びを取り上げてしまわれた. ❐(से) ～ होना (…に)恵まれていない.

वंटन /vaṃṭana ワンタン/ [←Skt.n. *वण्टन-* 'apportioning, distributing, partition, dividing into shares'] *m.* 分割;分配. ❐(का) ～ करना (…を)分割する.

वंदन /vaṃdana ワンダン/ [←Skt.n. *वन्दन-* 'the act of praising, praise'] *m.* **1** 崇拝, 礼讃. **2** 『ヒンドゥー教』ヴァンダナ《神への帰依・信愛を深めるために説かれている九つの方法 (नवधा भक्ति) の一つ,「神像や神の一部が宿りたまう信徒・バラモン・師・両親などに心からお仕えする」》.

वंदनमाला /vaṃdanamālā ワンダンマーラー/ [←Skt.f. *वन्दन-माला-* 'a festoon of leaves suspended across gateways'] *f.* ☞बंदनवार

वंदनमालिका /vaṃdanamālikā ワンダンマーリカー/ [←Skt.f. *वंदन-मालिका-* 'a festoon of leaves suspended across gateways'] *f.* ☞बंदनवार

वंदनवार /vaṃdanavāra ワンダンワール/ [cf. *बंदनवार*] *f.* ☞बंदनवार

वंदना /vaṃdanā ワンダナー/ [←Skt.f. *वन्दना-* 'praise, worship, adoration'] *f.* 礼讃;祈ること. ❐मैंने देवी के सम्मुख सिर झुकाकर ～ की थी। 私は女神の前に頭を垂れ祈った.

वंदनीय /vaṃdanīya ワンドニーエ/ [←Skt. *वन्दनीय-* 'to be respectfully greeted'] *adj.* 礼讃すべき, 称えるべき. (⇒वंद्य)

वंदित /vaṃdita ワンディト/ [←Skt. *वन्दित-* 'praised, extolled, celebrated'] *adj.* 礼讃された, 称えられた.

वंद्य /vaṃdya ワンディエ/ [←Skt. *वन्द्य-* 'to be praised, praiseworthy'] *adj.* ☞वंदनीय

वंध्या /vaṃdʰyā ワンディヤー/ [←Skt.f. *वन्ध्या-* 'a barren or childless woman'] *f.* 不妊症の女性;不妊症の雌.

वंश /vaṃśa ワンシュ/ [←Skt.m. *वंश-* 'the bamboo cane; the line of a pedigree or genealogy'] *m.* **1** 竹. (⇒बाँस) **2** 家系, 血統, 系譜. (⇒ख़ानदान) ❐～ परंपरा 血統, 血筋の継承. **3** (生物の)系統. ❐～ वृक्ष 系統樹. **4** 『歴史』王朝. (⇒राजवंश) ❐गुलाम ～ 奴隷王朝. ❐मौर्य ～ マウリヤ朝.

वंशक्रम /vaṃśakrama ワンシュクラム/ [←Skt.m. *वंश-क्रम-* 'family succession'] *m.* 血統, 血筋;系統.

वंशक्रमागत /vaṃśakramāgata ワンシュクラマーガト/ [←Skt. *वंशक्रम-आगत-* 'descended or inherited lineally'] *adj.* 由緒正しく受け継いだ.

वंशज /vaṃśaja ワンシャジ/ [←Skt. *वंश-ज-* 'born in the family of, belonging to the family of'] *m.* 子孫, 末裔(まつえい). (⇒औलाद)(⇔पूर्वज)

वंशलोचन /vaṃśalocana ワンシュローチャン/ [cf. Skt.f. *वंश-लोचना-* 'earthy concretion of a milk white colour formed in the hollow of a bamboo and called bamboo-manna'] *m.* ☞तबाशीर

वंशवृक्ष /vaṃśavr̥kṣa ワンシュヴリクシュ/ [neo.Skt.m. *वंश-वृक्ष-* 'family tree'] *m.* 系統樹, 家系(図), 系譜.

वंशहीन /vaṃśahīna ワンシュヒーン/ [←Skt. *वंश-हीन-* 'destitute of family or descendants'] *adj.* **1** 家系が絶えた. **2** 息子のいない.

वंशागत /vaṃśāgata ワンシャーガト/ [←Skt. *वंश-आगत-* 'coming from one's family, inherited, obtained by inheritance'] *adj.* **1** 継承した;相続した. **2** 遺伝した, 遺伝的な. ❐जुड़वें बच्चों के अध्ययन से विषाद के ～ होने के संकेत मिलता है। 双子の研究によりうつ病が遺伝である示唆が得られる.

वंशानुक्रम /vaṃśānukrama ワンシャーヌクラム/ [←Skt.m. *वंश-अनुक्रम-* 'succession, genealogy, lineal inheritance'] *m.* 世襲, 相続;継承.

वंशावली /vaṃśāvalī ワンシャーオリー/ [←Skt.f. *वंश-आवली-* 'the line of a family, pedigree, genealogy'] *f.* 系譜, 家系図.

वंशी /vaṃśī ワンシー/ [←Skt.f. *वंशी-* 'a flute, pipe'] *f.* 『楽器』(竹製の)横笛. (⇒बंसी) ❐चैन की ～ बजाना 〔慣用〕安堵の横笛を吹く《「安逸をむさぼる」の意》.

व /o オー/ [←Pers.conj. و 'and' ←Arab.] *conj.* **1** そして, …と《等位接続詞としてペルシア語・アラビア語系の名詞を結びつける慣用的な表現が中心;発音は /va/ ではなく /o/ で, 直前の名詞の語尾の子音と結びついて母音記号 ो で表されることが多い;またそのとき一語のようにつづられることもある》. (⇒और) ❐अददोशुमार [अदद व शुमार]統計. ❐आबोहवा [आब व हवा]気候・風土. **2** そして, …と《ときに普通の等位接続詞としても使用》. (⇒और) ❐उनके हाव-भाव ～ कटाक्ष के शर चलने लगे। 彼女たち(踊り子たち)の色っぽい仕草そして流し目の矢が降り注いだ. ❐जागी तो देखा कि मैं सिर से पाँव तक हीरे ～ जवाहरों से लदी हूँ। 目が覚めると私は頭から足の先までダイヤモンドと宝石類でずっしりと飾られていた.

वकालत /vakālata ワカーラト/ [←Pers.n. وكالة 'vicegerency; attorneyship' ←Arab.] *f.* **1** 弁護士業. ❒～ चमकना 弁護士業が成功する. ❒～ चलना 弁護士業が順調に行く. **2** 弁護;擁護. ❒उनका सारा जीवन सत्य और न्याय की ～ में गुज़रा है। 彼の全人生は真実と正義の擁護に過ぎた. ❒(की) ～ करना (人の)弁護をする.

वकालतनामा /vakālatanāmā ワカーラトナーマー/ [←Pers.n. وكالت نامه 'a plenipotentiary commission, full powers; a power of attorney'] *m.* 弁護(士)委任状. ❒वकालतनामे पर हस्ताक्षर करना 弁護士委任状に署名する.

वकार /vakāra ワカール/ [←Skt.m. *व-कार-* 'Devanagari letter व or its sound'] *m.* **1** 子音字 व. **2**〖言語〗子音字 व の表す子音 /v ヴ/.

वकारांत /vakārāṃta ワカーラーント/ [←Skt. *वकार-अन्त-* 'ending in the letter व or its sound'] *adj.*〖言語〗語尾が व で終わる(語)《घाव「傷」, जीव「生物」, शव「死体」など》. ❒～ शब्द 語尾が व で終わる語.

वकील /vakīla ワキール/ [←Pers.n. وكيل 'an ambassador, agent, deputy, vicegerent, lieutenant, commissary, factor, administrator, representative; an attorney, pleader, cousellor (at law)' ←Arab.] *m.* 弁護士. (⇒एडवोकेट)

वक़्त /vaqta ワクト/ [←Pers.n. وقت 'appointing a time; time, season, hour, especially fixed for doing anything' ←Arab.] *m.* **1** 時, 時間, 時刻《後置詞なしの後置格で副詞句「…の時に」を表す》. (⇒टाइम, समय) ❒इस ～ 今. ❒उस ～ あの時に, その時に, 当時. ❒किस ～ いつ. ❒शाम के ～ 夕刻に. ❒पढ़ने के ～ तुम्हें घूमने की सूझती है? 勉強するべき時間にお前はほっつき歩くことを思いついたのか? ❒मजाल है कि काम के ～ कोई सुस्ती दिखलाए। 仕事中に誰かがさぼるなんて勇気があるな. **2**《〖未完了分詞 वक़्त〗の形式で, 副詞句「…している時」を表す》(⇒टाइम, समय) ❒चलते ～ उनोंने मुझसे कहा। 歩いている時に彼は私に言った. ❒किताब पढ़ते ～ 読書している時に. **3** 所要時間. (⇒टाइम, समय) ❒(में) ～ लगना [लगाना] (…に)時間がかかる[をかける]. **4** 猶予期間[時間]. (⇒टाइम, समय) ❒मुझे सोचने का ～ दीजिए। 私に考える時間をください. **5** 定刻. (⇒टाइम, समय) ❒～ से [पर]時間通りに.

वक्तव्य /vaktavya ワクタヴィエ/ [←Skt. *वक्तव्य-* 'to be (or being) spoken or said or uttered or declared'] *adj.* 言うべき(こと).

— *m.* **1** (説明のための)発言, 言説. **2** 声明, コミュニケ. ❒संयुक्त ～ पर हस्ताक्षर करना 共同声明に署名する.

वक्ता /vaktā ワクター/ [←Skt.m. *वक्तृ-* 'one who speaks'] *m.* **1** 話し手. **2** 演説者, 弁士.

वक्तृता /vaktr̥tā ワクトリター/ [←Skt.f. *वक्तृ-ता-* 'ability to speak, talkativeness, eloquence'] *f.* **1** 雄弁, 能弁, 弁舌のさわやかさ. (⇒वक्तृत्व) ❒सच कहूँ तो मैं उनकी ～ के प्रवाह में बह गया। 実のところ私は彼の流暢な弁舌の流れにすっかり流されてしまった. **2** 演説;講演. ❒आप अपनी ～ शुरू करें। ご自身の演説を始めてください. ❒प्रधान महोदय की ～ के पश्चात् प्रस्ताव पेश होने लगे और उनके समर्थन के लिए वक्तृताएँ होने लगीं 議長の演説の後いくつも決議が提案された, そしてそれらの支持のために演説が始まった.

वक्तृत्व /vaktr̥tva ワクトリトオ/ [←Skt.n. *वक्तृ-त्व-* 'ability to speak, talkativeness, eloquence'] *m.* ☞वक्तृता

वक्तृत्व-कला /vaktr̥tva-kalā ワクトリトオ・カラー/ [←Skt.f. *वक्तृत्व-कला-* 'art of speaking'] *f.* 雄弁術.

वक्र /vakra ワクル/ [←Skt. *वक्र-* 'crooked, curved, bent, tortuous, twisted, wry, oblique'] *adj.* **1** 曲がった, 湾曲した. **2** (表現などが)遠回しの, 間接的な. **3** (性格などが)ひねくれた.

वक्रता /vakratā ワクルター/ [←Skt.f. *वक्र-ता-* 'crookedness, curvedness, tortuousness'] *f.* 湾曲.

वक्रदृष्टि /vakradr̥ṣṭi ワクルドリシュティ/ [←Skt.f. *वक्र-दृष्टि-* 'oblique vision, an oblique look, malignant regard, hostile view'] *f.* 悪意[敵意]のある視線.

वक्रोक्ति /vakrokti ワクロークティ/ [←Skt.f. *वक्र-उक्ति-* 'indirect mode of expression'] *f.* **1** あてこすり. **2** ヴァクロークティ《意味が二通りにとれる修辞法の一つ》.

वक्ष /vakṣa ワクシュ/ [←Skt.n. *वक्षस्-*] *m.* 胸, 胸部.

वक्षस्थल /vakṣasthala ワクシャスタル/ [cf. Skt.n. *वक्षः-स्थल-*] *m.* 胸, 胸部. (⇒वक्ष)

वग़ैरह /vağairaha ワガェーラ/ [←Pers.ind. وغيره 'et cetera' ←Arab.] *ind.* …など. (⇒आदि) ❒ज़रूरी सामान ～ ख़रीदना 必要な品物などを買う. ❒वग़ैरह-वग़ैरह などなど.

वचन /vacana ワチャン/ [←Skt.n. *वचन-* 'the act of speaking, utterance'] *m.* **1** 約束, 言質. (⇒वादा) ❒(का) ～ तोड़ना (…の)約束を破る. ❒(का) ～ पालना (…の)約束を守る. ❒(को) (का) ～ देना (人に)(…の)約束をする. **2**〖言語〗数(すう)《 एकवचन 単数, द्विवचन 両数[双数], बहुवचन 複数》.

वचनबद्ध /vacanabaddha ワチャンバッド/ [neo.Skt. *वचन-बद्ध-* 'committed (to one's words), bound (by one's words)'] *adj.* (人が)約束した, 約束に束縛された;約束に違反しない;言質(げんち)が取られた. ❒मैं तो नेहरू जी से ～ हो चुका था कि वे जब भी मुझे बुलाएँगे, मैं उनके मंत्रालय में काम करने को हाजिर हो जाऊँगा। 私はネルー氏と約束をしてしまっていた, 彼が私を招へいするときは彼の省で仕事をするためにはせ参じると.

वज़न /vazana ワザン/ [←Pers.n. وزن 'weighing exactly, weighing out (to anyone) money, telling (it) by just weight; weight, measure' ←Arab.] *m.* **1** 重さ, 重量. ❒～ छड़〖スポーツ〗バーベル. ❒(का) ～ तौलना (…の)重さを計る. **2** 重み, 重要性.

वज़नदार /vazanadāra ワザンダール/ [←Pers.adj. وزندار '(money) of just weight'] *adj.* **1** 重い, 重量のある. (⇒भारी) **2** 重みのある, 重々しい, 重要な.

वज़नी /vazanī ワズニー/ [←Pers.adj. وزنى 'heavy, weighty'] *adj.* 重い, 重量のある. (⇒वज़नदार)

वजह /vajahà ワジャ/ [←Pers.n. وزہ 'smiting on the face; the side (of anything)' ←Arab.] *f.* 理由, 原因. (⇒कारण, सबब) ❐इस ～ से この理由で. ❐(की) ～ से (…の)理由で. ❐कोई ～ नहीं। 特に理由はありません. ❐क्या ～ है? 何故ですか?

वज़ीफ़ा /vazīfā ワズィーファー/ [←Pers.n. وظيفة 'a pension, stipend, salary, soldiers' pay, allowance of provisions' ←Arab.] *m.* **1** 奨学金. (⇒छात्रवृत्ति) **2** 手当. (⇒भत्ता) **3** 年金, 恩給. (⇒पेंशन)

वज़ीफ़ादार /vazīfādārà ワズィーファーダール/ [*वज़ीफ़ा* + *-दार*] *m.* **1** 給費生. **2** 手当受給者. **3** 年金[恩給]受給者;年金生活者. (⇒पेंशनभोगी, पेंशनर)

वज़ीर /vazīrà ワズィール/ [←Pers.n. وزير 'a vizier, counsellor of state, minister, vicegerent, or lieutenant of a king (as bearing the weight of government)' ←Arab.] *m.* **1** 大臣. (⇒मंत्री, मिनिस्टर) **2** 〘ゲーム〙 (チェスの)クイーン. (⇒फ़रज़ी, मंत्री, रानी) ❐ ～ आगे-पीछे और दाएँ-बाएँ या तिरछे कितने ही ख़ाने चल सकता है। クイーンは前後と左右, または斜めにマス目幾つでも進むことができる.

वज़ीरे-आज़म /vazīre-āzamà ワズィーレー・アーザム/ [←Pers.n. وزير اعظم 'the grand vizier, prime minister'] *m.* 総理大臣, 首相. (⇒प्रधानमंत्री)

वज्र /vajrà ワジル/ [←Skt.m. *वज्र-* 'the hard or mighty one; a thunderbolt (of *Indra*)'] *adj.* きわめて硬い.
— *m.* **1** 〘神話〙 雷;雷光, 稲妻《インドラ神の武器》. **2** 〘鉱物〙 金剛石, ダイヤモンド. (⇒हीरा)

वज्रपात /vajràpātà ワジルパート/ [←Skt.m. *वज्र-पात-* 'the fall of a thunderbolt, stroke of lightning'] *m.* **1** 落雷. **2** (雷に打たれるような)衝撃的な事件, 思いもよらない衝撃, 晴天の霹靂(へきれき). ❐(पर) ～ हो जाना (…の上に)思いもよらない衝撃が走る.

वज्रहृदय /vajràhṛdayà ワジルフリダエ/ [←Skt.n. *वज्र-हृदय-* 'an adamantine heart'] *adj.* 石のような心をもった(人), 冷徹な, 情け容赦のない.

वज्राघात /vajrāghātà ワジラーガート/ [←Skt.m. *वज्र-आघात-* 'the stroke of a thunderbolt or of lightning'] *m.* (雷電にうたれるような)不意打ちの衝撃. ❐उसका निर्बल हृदय यह ～ नहीं सह सका। 彼のか弱い心はこの不意の衝撃を耐えることができなかった. ❐मैत्री पर ～ न करूँगा। 私は友情にひびを入れたくない.

वट /vaṭà ワト/ [←Skt.m. *वट-* 'the Banyan or Indian fig tree (*Ficus Indica*)'] *m.* 〘植物〙 ベンガルボダイジュ(菩提樹), バンヤンジュ, ガジュマル《クワ科イチジク属の高木;ヒンドゥー教では神聖視され, 葉, 樹皮, 根は薬用に使用される》.

वडा /vaḍā ワダー/ [cf. *बड़ा²*] *m.* 〘食〙 ワダー《南インドのポピュラーなスナック》.

वडोदरा /vaḍodarā ワドーダラー/ *m.* 〘地名〙 ヴァドーダラー《グジャラート州 (गुजरात) の主要都市;旧称バロウダー (बड़ौदा)》.

वणिक /vaṇikà ワニク/ [<Skt.m. *वणिक्-* 'a merchant, trader'] *m.* 商人.

वतन /vatanà ワタン/ [←Pers.n. وطن 'a biding, dwelling; a country; native country, home' ←Arab.] *m.* 故郷, 出身地, 故国, 祖国. (⇒देश)

वतनपरस्त /vatanàparastà ワタンパラスト/ [*वतन* + *-परस्त*] *adj.* 愛国の;郷土愛の. (⇒देश-भक्त)
— *m.* 愛国者. (⇒देश-भक्त)

वत्स /vatsà ワトス/ [←Skt.m. *वत्स-* 'a calf, the young of any animal, offspring, child'] *m.* **1** 子牛. (⇒बछड़ा) **2** 幼児, 子ども.

वत्सल /vatsalà ワトサル/ [←Skt. *वत्सल-* 'child-loving, affectionate towards offspring'] *adj.* (子どもを)慈しむ;子煩悩な.

वदन /vadanà ワダン/ [←Skt.n. *वदन-* 'the act of speaking, talking; the mouth, face'] *m.* ☞मुख

वध /vadhà ワド/ [←Skt.m. *वध-* 'the act of striking or killing, slaughter, murder'] *m.* **1** 殺人, 殺害. (⇒हत्या) ❐(का) ～ करना (人を)殺害する. **2** (動物を食肉用などに)殺すこと, 屠畜(とちく).

वधू /vadhū ワドゥー/ [←Skt.f. *वधू-* 'a bride or newly-married woman, young wife'] *f.* 花嫁;(新婚の)妻, 新妻;(息子の)嫁. (⇔वर)

वधूपक्ष /vadhūpakṣà ワドゥーパクシュ/ [neo.Skt.m. *वधू-पक्ष-* 'party of the bride (at a wedding)'] *m.* (結婚式における)花嫁側(の親類).

वध्य /vadhyà ワディエ/ [←Skt. *वध्य-* 'to be slain or killed, to be capitally punished'] *adj.* 殺されるべき.

वन /vanà ワン/ [←Skt.n. *वन-* ' forest, wood, grove, thicket'] *m.* 森, 森林.

वनमहोत्सव /vanàmahotsavà ワンマホートサオ/ [neo.Skt.m. *वन-महा-उत्सव-* 'annual tree-planting festival'] *m.* ヴァナマホートサヴァ《自然環境保護を目的にインド政府主導で1950年から始められた植林運動》.

वनमानुष /vanàmānuṣà ワンマーヌシュ/ [neo.Skt.m. *वन-मानुष-* 'person of the forest'; cf. Beng.n. *বনমানুষ* 'ape'] *m.* 〘動物〙 類人猿, 猿.

वनवास /vanàvāsà ワンワース/ [←Skt.m. *वन-वास-* 'dwelling or residence in a forest'] *m.* **1** 森に住むこと;森に隠棲すること. **2** (森への)追放;追放生活. ❐～ के चौदह वर्ष व्यतीत करना 追放の14年間を過ごす. ❐राजा ने वचन पालने के लिए अपने प्रिय पुत्र को ～ दे दिया। 王は約束を守るために自分の愛する息子に森への追放を命じた.

वनवासी /vanàvāsī ワンワースィー/ [←Skt. *वन-वासिन्-* 'living in a forest'] *adj.* 森に住む(人);森に隠棲する(人).

वनस्थली /vanàsthalī ワンスタリー/ [←Skt.f. *वन-स्थली-* 'forest-region, a wood'] *f.* 森, 森林地帯.

वनस्पति /vanaspati ワナスパティ/ [←Skt.m. *वन-स्-पति-* 'king of the wood; forest tree'] *f.* **1** 植物, 野菜. ❐～ घी 〘食〙 植物性ギー. **2** 植物相, フローラ.

वनस्पति-विज्ञान /vanaspati-vijñānà ワナスパティ・ヴィギャ

ーン/ [neo.Skt.n. *वनस्पति-विज्ञान-* 'botany'] *m.* 〖植物〗植物学. (⇒वनस्पति-शास्त्र)

वनस्पति-शास्त्र /vanaspati-śāstra ワナスパティ・シャーストル/ [neo.Skt.n. *वनस्पति-शास्त्र-* 'botany'] *m.* ☞ वनस्पति-विज्ञान

वनिता /vanitā ワニーター/ [←Skt.f. *वनिता-* 'a loved wife, mistress, any woman'] *f.* 女性;妻;恋人.

वनुआतु /vanuātu ワヌアートゥ/ ▸वानूअतु [cf. Eng.n. *Vanuatu*] *m.* 〖国名〗バヌアツ(共和国)《首都はポートビラ (पोर्ट विला)》.

वन्य /vanya ワニエ/ [←Skt. *वन्य-* 'growing or produced or existing in a forest'] *adj.* 野生の, 自然の. (⇒जंगली) ❐~ जीव 野生動物, 野生植物. ❐~ पक्षी 野鳥.

वपन /vapana ワパン/ [←Skt.n. *वपन-* 'the act of sowing seed'] *m.* 種まき.

वपु /vapu ワプ/ [←Skt.m. *वपुस्-* 'a body'] *m.* 身体.

वफ़ा /vafā ワファー/ [←Pers.n. وفاء 'performing a promise; fidelity, loyalty' ←Arab.] *f.* **1** 忠実, 忠誠. **2** 貞節. ❐तुमने उससे ~ की आशा की, मुझे तो यही अफ़सोस है। 君は彼女に貞節を期待した, 私にはこれが残念でならない.

वफ़ादार /vafādāra ワファーダール/ [←Pers.adj. وفا دار 'trusty, true, faithful'] *adj.* **1** 忠実な, 忠誠心の厚い. ❐मुझे तो आपसे ज़्यादा लायक़ और ~ आदमी नज़र नहीं आता। 私にはあなたより有能で忠誠心の厚い人間が目に入らない. **2** 貞節な.

वफ़ादारी /vafādārī ワファーダーリー/ [←Pers.n. وفاداری 'fidelity, sincerity'] *f.* **1** 忠実さ, 忠誠心. ❐मुझे यह देखकर दुख होता है कि मेरी ~ पर यों संदेह किया जा रहा है। 私はこのように私の忠誠心が疑われていることを見て悲しい. **2** 貞節であること.

वबा /vabā ワバー/ [←Pers.n. وبأ 'being infected with the plague; any epidemic disease' ←Arab.] *f.* 〖医学〗疫病, 伝染病.

वबाल /vabāla ワバール/ [←Pers.n. وبال 'being heavy and unwholesome (air);' ←Arab. ; cf. *बवाल*] *m.* 厄災, 迷惑.

वमन /vamana ワマン/ [←Skt.n. *वमन-* 'vomitting'] *m.* 〖医学〗嘔吐. (⇒उलटी, कै) ❐~ करना 嘔吐する. ❐~ कराना (薬などで)嘔吐させる.

वयःसंधि /vayaḥsaṃdʰi ワヤハサンディ/ [neo.Skt.m. *वयः-संधि-* 'puberty'] *f.* 思春期.

वय /vaya ワエ/ [←Skt.n. *वयस्-* 'vigorous age, age'] *f.* 年齢.

वयस्क /vayaska ワヤスク/ [←Skt. *वयस्क-* '-aged'] *adj.* 成年の. (⇒बालिग़, सयाना)(⇔अल्पवयस्क)

— *m.* 成人, 大人《法的には, 結婚年齢に達した者, 選挙権のある者など》. (⇒बालिग़)

वयोवृद्ध /vayovr̥ddʰa ワョーヴリッド/ [←Skt. *वयो-वृद्ध-* 'advanced in years, old'] *adj.* 年老いた;老練な. ❐~ प्रोफ़ेसर 老教授. ❐~ सज्जन 老紳士.

वर /vara ワル/ [←Skt.m. *वर-* 'chooser; one who solicits a girl in marriage, suitor, lover, bridegroom, husband'] *m.* 花婿;(新婚の)夫. (⇔वधू)

वरक़ /varaqa ワラク/ ▸वर्क़ [←Pers.n. ورق 'a leaf of a tree or of paper' ←Arab.] *m.* **1** (本の)ページ;木の葉. (⇒पृष्ठ, पेज) ❐इस किताब के पहले ~ पर एक तस्वीर है। この本の最初のページには 1 枚の写真がある. **2** (金や銀の)箔. ❐चाँदी का ~ 銀箔.

वरज़िश /varazisa ワルズィシュ/ [←Pers.n. ورزش 'custom, habit, exercise, use, study, labour, exertion'] *f.* **1** 〖スポーツ〗運動, 体操, 体育. (⇒कसरत, व्यायाम) ❐~ करना 体を鍛える. **2** きつい肉体労働.

वरण /varaṇa ワラン/ [←Skt.n. *वरण-* 'the act of choosing, wishing wooing, choice of a bride'] *m.* **1** 選択, 選び取ること. ❐प्राकृतिक ~ 〖生物〗自然淘汰, 自然選択説. ❐मैंने कहीं पढ़ा था कि हमारा जन्म ही हमारा भाग्य है, उसका ~ तो हम नहीं कर सकते। 私はどこかで読んだことがある, 私たちの誕生は運命であり, その選択を私たちはできないのだと. **2** (花嫁・花婿を)選ぶこと, 配偶者を選ぶこと.

वरदान /varadāna ワルダーン/ [←Skt.n. *वर-दान-* 'the granting a boon or request; the giving compensation or reward'] *m.* (神の)恵み, 恩恵, 恩寵(おんちょう). ❐(से) ~ माँगना (神に)恵みを乞う.

वरदी /varadī ワルディー/ ▹वर्दी [?; cf. Urdu.f. اردا بیگنی 'an armed female attendant in harem'] *f.* 制服, ユニフォーム. ❐पुलिस की ~ 警察の制服. ❐फ़ौज की ~ 軍服.

वरना /varanā ワルナー/ [←Pers.conj. ور نہ 'and if not, otherwise'; ?cog. Skt. *वरम्-* 'preferably'] *conj.* さもないと, あるいは. ❐आप लोग मुझे विवश न करें, ~ पछताइएगा। あなた方は私に無理強いさせないでください, さもないと後悔しますよ.

वरन् /varan ワラン/ [?cf. Skt.ind. *वरम्* 'preferably, rather, better'] *conj.* (…ではなく)むしろ. (⇒बल्कि) ❐यह विश्वास केवल मानसिक न था, ~ प्रत्यक्ष था। この信仰は単に精神的なものではなかった, それどころか目に見えるものだった.

वरपक्ष /varapakṣa ワルパクシュ/ [←Skt.m. *वर-पक्ष-* 'the party or side of bridegroom at a wedding'] *m.* (結婚式の際)花婿の側(の一行).

वरमाला /varamālā ワルマーラー/ [?neo.Skt.f. *वर-माला-* 'the garland which is put around the neck of the bride-groom by the bride'] *f.* ワルマーラー《結婚式で花嫁が花婿の首にかける花輪;自選夫式 (स्वयंवर) に起原があるとされる;現在は花婿と花嫁両者が互いの首に花輪をかけ合うこともある》. ❐दुल्हन ने दूल्हे के गले में ~ पहनाई। 花嫁は花婿の首にワルマーラーをかけた.

वराह /varāha ワラーハ/ [←Skt.m. *वराह-* 'a boar, hog, pig, wild boar'] *m.* 〖ヒンドゥー教〗イノシシ《ヴィシュヌ神 (विष्णु) の化身の一つ》.

वरिष्ठ /variṣṭʰa ワリシュト/ [←Skt. *वरिष्ठ-* 'most excellent or best'] *adj.* 先輩の, 先任の, 古参の, 上役の, 上位の,

上級の, 大物の. (⇒सीनियर)(⇔अवर, कनिष्ठ, जूनियर) ❐～ नेता 大物政治家. ❐～ नौकरशाह 高級官僚. ❐～ पुलिस अधिकारी 警察の高官.

वरीय /varīya ワリーエ/ [←Skt. *वरीयस्-* 'better more or most excellent'] *adj.* 優先する.

वरीयता /varīyatā ワリーエター/ [neo.Skt.f. *वरीय-ता-* 'seniority'] *f.* 優先(権). (⇒अधिमान) ❐～ क्रम 席次, 優先権. ❐(को) ～ देना (…に)優先権を与える.

वरुण /varuṇa ワルン/ [←Skt.m. *वरुण-* 'the Vedic deity *Varuṇa*'] *m.* 〖神話〗ヴァルナ神.

वरेण्य /vareṇya ワレーニエ/ [←Skt. *वरेण्य-* 'to be wished for, desirable, excellent'] *adj.* 選ばれるべき, 優れた.

वर्क़ /varqa ワルク/ ▸वरक *m.* ☞वरक

वर्ग /varga ワルグ/ [←Skt.m. *वर्ग-* 'a separate division, class'] *m.* **1** 分類;カテゴリー, 範疇. **2** (社会的な)階級, クラス. ❐उच्च [मध्यम, निम्न] ～ 上流[中流, 下層]階級. ❐पिछड़ा ～ 後進階級. ❐शासक ～ 支配者階級. **3** (デーヴァナーガリー文字の字母表において)調音点が共通の子音字のグループ《कवर्ग, चवर्ग, टवर्ग, तवर्ग, पवर्ग など》. **4**〖数学〗…平方. ❐उसका क्षेत्रफल १० ～ किलो मीटर है। その面積は 10 平方キロメートルです. **5**〖数学〗正方形. (⇒वर्गाकार)

वर्ग-पहेली /varga-pahelī ワルグ・パヘーリー/ *f.* 〖ゲーム〗クロスワードパズル.

वर्गफल /vargapʰala ワルグパル/ [neo.Skt.n. *वर्ग-फल-* 'square'] *m.* 〖数学〗平方(数).

वर्गमूल /vargamūla ワルグムール/ [←Skt.n. *वर्ग-मूल-* 'square root'] *m.* 〖数学〗平方根. ❐～ निकालना 平方根を求める.

वर्गाकार /vargākāra ワルガーカール/ [neo.Skt.m. *वर्ग-आकार-* 'square in shape'] *m.* 四角形.

वर्गीकरण /vargīkaraṇa ワルギーカラン/ [←Skt.n. *वर्गी-करण-* 'classfication'] *m.* 分類(化). ❐(का) ～ करना (…の)分類をする.

वर्गीकृत /vargīkr̥ta ワルギークリト/ [←Skt. *वर्गी-कृत-*] *adj.* 分類された.

वर्गीय /vargīya ワルギーエ/ [←Skt. *वर्गीय-* 'belonging to the class or category'] *adj.* 分類すべき, 分類できる《合成語の要素としても使用;उच्चवर्गीय「上流階級の」, निम्नवर्गीय「下層階級の」など》.

वर्चस्य /varcasya ワルチャスィエ/ [←Skt. *वर्चस्य-* 'bestowing vital power or vigour'] *m.* 活力を与える.

वर्चस्वी /varcasvī ワルチャスヴィー/ [←Skt. *वर्चस्-विन्-* 'vigorous, active, energetic'] *adj.* 生気にあふれた, 精気がみなぎる.

वर्जन /varjana ワルジャン/ [←Skt.n. *वर्जन-* 'excluding avoiding, leaving, abandoning'] *m.* 禁止;禁忌, タブー.

वर्जित /varjita ワルジト/ [←Skt. *वर्जित-*] *adj.* 禁止された;禁忌された.

वर्जिन द्वीपसमूह /varjina dvīpasamūha ワルジン ドヴィープサムーフ/ [cf. Eng.n. *the Virgin Islands*] *m.* 〖国名〗ヴァージン諸島《西側はアメリカ領諸島, 東側はイギリス領諸島;(アメリカ領)ヴァージン諸島の首都はシャーロット・アマリー (शैरोलेट एमली)(イギリス領)ヴァージン諸島の首都はロードタウン (रोड टाउन)》.

वर्ण /varṇa ワルン/ [←Skt.m. *वर्ण-* 'outward appearance, exterior, form, figure, shape, colour'] *m.* **1** 色. (⇒रंग) **2**〖ヒンドゥー教〗ヴァルナ, 四姓《ジャーティ (जाति) とともにいわゆる「カースト」を構成する要素;四姓であるブラーフマン (ब्राह्मण), クシャトリヤ (क्षत्रिय), ヴァイシャ (वैश्य), シュードラ (शूद्र) の外に, 不可触民 (अछूत), 異邦人 (म्लेच्छ) の分類があった》. ❐～ व्यवस्था ヴァルナ制度, 四姓制度. **3** (一つの)文字.

वर्णक्रम /varṇakrama ワルンクラム/ [←Skt.m. *वर्ण-क्रम-* 'order or succession of colours'] *m.* **1** (光の)スペクトル. **2** (音節)文字の配列(順).

वर्णक्रमिक /varṇakramika ワルンクラミク/ [neo.Skt. *वर्ण-क्रमिक-* 'of alphabetical order'] *adj.* (音節)文字の配列順の.

वर्णन /varṇana ワルナン/ [←Skt.n. *वर्णन-* 'the act of painting'] *m.* 描写, 記述. ❐(का) ～ करना (…を)描写する.

वर्णनातीत /varṇanātīta ワルナナーティート/ [neo.Skt. *वर्णन-अतीत-* 'beyond description'] *adj.* 言語に絶する, 筆舌に尽くしがたい. ❐～ वेदना 言語に絶する苦痛.

वर्णनात्मक /varṇanātmaka ワルナナートマク/ [neo.Skt. *वर्णन-आत्मक-* 'descriptive'] *adj.* 記述的な;よく説明された. ❐～ ज्यामिति〖数学〗画法幾何学. ❐～ भाषा-विज्ञान〖言語〗記述言語学.

वर्णनीय /varṇanīya ワルナニーエ/ [←Skt. *वर्णनीय-* 'to be painted or coloured'] *adj.* 描写すべき.

वर्णभेद /varṇabʰeda ワルナベード/ [neo.Skt.m. *वर्ण-भेद-* 'color distinction'] *m.* **1**〖ヒンドゥー教〗カースト差別. **2** (肌の色による)差別, 人種差別.

वर्णमाला /varṇamālā ワルンマーラー/ [←Skt.f. *वर्ण-माला-* 'order or series of letters'] *f.* (デーヴァナーガリー文字などの)音節文字表.

वर्णव्यवस्था /varṇavyavastʰā ワルンヴィャワスター/ [←Skt.f. *वर्ण-व्यवस्था-* 'caste system, institution of caste'] *f.* 〖ヒンドゥー教〗ヴァルナ制度.

वर्णसंकर /varṇasaṃkara ワルンサンカル/ [←Skt.m. *वर्ण-संकर-* 'mixture or blending of colours; mixture or confusion of castes through intermarriage'] *adj.* (異種間)雑種の, 混血の. (⇒दोग़ला)

— *m.* **1**〖生物〗交雑種;混血児. (⇒दोग़ला) **2**〔俗語〕婚外子, 非嫡出子, 私生児. (⇒दोग़ला)

वर्णाश्रम /varṇāśrama ワルナーシュラム/ [←Skt.n. *वर्ण-आश्रम-* 'caste and order, class and stage of life'] *m.* **1**〖ヒンドゥー教〗ヴァルナ制度. (⇒वर्णव्यवस्था) **2**〖ヒンドゥー教〗四生活期, 四住期. (⇒आश्रम)

वर्णिक /varṇika ワルニク/ [?neo.Skt. *वर्णिक-* 'of a (Devanagari) letter'] *adj.* 音節(文字)に基づいた. ❐～ छंद 音節韻律.

वर्णित /varṇita ワルニト/ [←Skt. *वर्णित-* 'painted, delineated'] *adj.* 描写された，記述された． ❐ये चार वर्ष कहीं भी इतिहास में 〜 नहीं है। この四年間は歴史のどこにも記述されていない．

वर्तनी /vartanī ワルトニー/ [?<Skt.f. *वर्तनि-* 'a road'] *f.* つづり．(⇒हिज्जे) ❐〜 और उच्चारण का अंतर つづりと発音の違い．

वर्तमान /vartamāna ワルトマーン/ [←Skt. *वर्तमान-* 'turning, moving, existing, living, abiding'] *adj.* **1** 現在の；現行の．(⇒मौजूदा) ❐〜 काल 現代；〖言語〗現在時制． ❐〜 पता 現住所． ❐आप 〜 व्यवस्था के समर्थक हैं? あなたは現体制を支持するのですか？ ❐समाज की 〜 दशा 社会の現状． **2** 現存している． ❐वह भवन आज तक 〜 है। あの建物は今日まで残っています．

— *m.* 現在，今という時間． ❐उसकी निगाह केवल 〜 पर रहती थी। 彼の目は唯一現在に向けられていた． ❐मेरे लिए 〜 ही सब कुछ है। 私にとって今がすべてなのです． ❐वह 〜 में रहते थे। न भूत का पछतावा था, न भविष्य की चिंता। 彼は現在を生きていた．過去の後悔もなければ，未来の不安もなかった． ❐सिर्फ़ 〜 में जीना ただ今を生きる．

वर्तिका /vartikā ワルティカー/ [←Skt.f. *वर्तिका-* 'the wick of a lamp'] *f.* (ろうそく・ランプの)芯(しん)．

वर्तुल /vartula ワルトゥル/ [←Skt. *वर्तुल-* 'round, circular, globular'] *adj.* 円形の；球形の．(⇒गोल)

वर्तुलाकार /vartulākāra ワルトゥラーカール/ [←Skt. *वर्तुल-आकार-* 'of circular shape, round'] *adj.* ☞वर्तुल

वर्त्स्य /vartsya ワルトスィエ/ [←Skt. *वर्त्स्य-*] *adj.* 〖言語〗歯茎音の． ❐〜 व्यंजन 歯茎(子)音．

वर्दी /vardī ワルディー/ ▷वरदी *f.* ☞वरदी

वर्द्धक /varddʰaka ワルッダク/ ▸वर्धक *adj.* ☞वर्धक

वर्द्धन /varddʰana ワルッダン/ ▸वर्धन *m.* ☞वर्धन

वर्द्धमान /varddʰamāna ワルッダマーン/ ▸वर्धमान *adj.* ☞वर्धमान

वर्धक /vardʰaka ワルダク/ ▸वर्द्धक [←Skt. *वर्धक-* 'increasing; cutting, dividing'] *adj.* 増やす，増加させる，増大させる，増進させる《合成語の要素としても使用；क्षुधावर्धक「食欲を増進させる」，रुचिवर्धक「興味をさらにそそる」，स्वास्थ्यवर्धक「健康を増進させる」など》．

वर्धन /vardʰana ワルダン/ ▸वर्द्धन [←Skt.n. *वर्धन-* 'growing; growth'] *m.* 増加，増大，増進．

वर्धमान /vardʰamāna ワルダマーン/ ▸वर्द्धमान [←Skt. *वर्धमान-* 'increasing, growing'] *adj.* 増加している，増大している，増進している．

वर्ष /varṣa ワルシュ/ [←Skt.m. *वर्ष-* 'rain, raining, a shower; a year'] *m.* **1** 〖単位〗 1年．(⇒साल) **2** 年齢，…才．(⇒साल) ❐दस 〜 की अवस्था में 10 才の歳で．

वर्षक /varṣaka ワルシャク/ [←Skt. *वर्षक-* 'raining, falling like rain'] *adj.* (空から雨のように)降らす《合成語の要素としても使用；बमवर्षक「爆弾を降らす」など》．

वर्ष-गाँठ /varṣa-gā̃ṭʰa ワルシュ・ガーント/ *f.* (毎年の)記念日；記念祭．(⇒साल-गिरह)

वर्षण /varṣaṇa ワルシャン/ [←Skt.n. *वर्षण-* 'raining, causing to rain, pouring out'] *m.* 降水．

वर्षफल /varṣapʰala ワルシュパル/ [←Skt.n. *वर्ष-फल-* 'astrological predictions for a (particular) year'] *m.* 〖暦〗年間の星占い，運勢．

वर्षा /varṣā ワルシャー/ [←Skt.f. *वर्षा-* 'rain'] *f.* **1** 雨；降雨．(⇒पानी, बारिश) ❐बादल छाये हुए थे, पर 〜 के लक्षण न थे। 雲が覆っていた，しかし雨の兆しはなかった． ❐रात ख़ूब 〜 हुई थी। 夜かなり雨が降った． **2** 雨期，モンスーン． ❐〜 में सालाना बारिश के औसत १,४०० मिमी के मुक़ाबले यहाँ सिर्फ़ ७०० मिमी बारिश होती है। 雨期の(全国)平年雨量 1,400 ミリメートルに対して当地ではたった 700 ミリメートルの雨量である． **3** 雨のように降り注ぐもの． ❐गालियों की 〜 करना 悪口雑言の雨を降らす． ❐सोने की 〜 黄金の雨．

वर्षा-ऋतु /varṣā-ṛtu ワルシャー・リトゥ/ [neo.Skt.f. *वर्षा-ऋतु-* 'rainy season'] *f.* 雨期．(⇒बरसात)

वर्षी /varṣī ワルシー/ [←Skt. *वर्षिन्-* 'raining, pouring out'] *adj.* 雨を降らす． ❐कपासी 〜 बादल [मेघ] 積乱雲，入道雲．

वर्षीय /varṣīya ワルシーエ/ [←Skt. *वर्षीय-* 'aged (man)'] *adj.* …歳の(男性)《女性形は वर्षीया》． ❐८० 〜 उस्ताद बिस्मिल्ला ख़ाँ 80 歳のビスミッラー・カーン師．

-वर्षीय /-varṣīya ・ワルシーエ/ [←Skt. *वर्षीय-* 'aged'] *adj.* 《基数詞に連結して形容詞「…年間の」，「…才の」を作る》． ❐पंचवर्षीय योजना 5 カ年計画．

वर्षीया /varṣīyā ワルシーヤー/ [←Skt. *वर्षीया-* 'aged (woman)'] *adj.* …歳の(女性)《男性形は वर्षीय》． ❐पुणे की ५० 〜 महिला プネー在住の 50 歳の婦人．

वल्कल /valkala ワルカル/ [←Skt.m. *वल्कल-* 'the bark of a tree'] *m.* 〖植物〗木の皮，樹皮《昔の苦行者がまとった衣服の材料ともなった》．

वल्द /valda ワルド/ [←Pers.n. ولد 'A son, off-spring' ←Arab.] *m.* 〖法律〗息子《公式文書などで『父親の名 वल्द 息子の名』の形式で，「…の息子である…」の意》．(⇒पुत्र) ❐बाबू प्रताप नारायण 〜 भोलानाथ का मकान नीलाम होता है। バーブー・プラタープ・ナーラーヤンの息子であるボーラーナートの家が競売にかけられる．

वल्दियत /valdiyata ワルディヤト/ [←Pers.n. ولديت 'family, paternity, parentage'] *f.* (父方の)家系(図)；家系の一員であること．

वल्लभ /vallabʰa ワッラブ/ [←Skt. *वल्लभ-* 'beloved above all'] *adj.* 最愛の．

— *m.* **1** 夫；恋人． **2** 主，主人．

वल्लाह /vallāha ワッラーハ/ [←Pers.int. والله 'and God; by God!' ←Arab.] *int.* 神よ，神にかけて；本当に．

वश /vaśa ワシュ/ [←Skt.m. *वश-* 'authority, power, control, dominion'] *m.* **1** 力，支配力，統制力． ❐अब उसे भी ज्ञात हुआ कि तमाशा देखने के सिवा और कुछ करना अपने 〜 से बाहर है। 今彼にもわかったのは見物する以外他に何かをすることは自分の力の及ぶところではないということだった． ❐(को) अपने 〜 में कर लेना (人を)自分の意のままにする． ❐जब आवाज़ 〜 में हुई, तो बोली। 声が出せるようになると，(彼女は)言った． ❐जहाँ तक मेरा 〜 चलेगा, मैं

निश्चय यह प्रतिज्ञा पूरी करूँगी। 私の力が及ぶ限り，きっとこの誓いを果たして見せるわ．❐भाग्य मेरे ～ में नहीं है। 運命は私の思い通りにはならない．❐आत्मा को बलवान् बनाओ, इंद्रिय को साधो, मन को ～ में करो। 魂を強くするのだ，感覚を手なずけるのだ，心を制御するのだ．**2**《『名詞 के वश』の形式で，副詞句「…に支配されて，…にとらわれて」を表す》❐मैंने अपने स्वार्थ के ～, अपने अविश्वास के ～ देश का बड़ा अहित किया। 私は自らの私利私欲に支配されて，自らの不信にとらわれて祖国に大変な害を与えてしまった．❐वह मुरौवत के ～ दाई को जवाब देने का साहस नहीं कर सकते थे। 彼は思いやりのせいで乳母に返事をする勇気が出せなかった．

-वश /-vaśa̧ ・ワシュ/ [cf. *वश*] *suf.*《名詞の後に付加して副詞「…のせいで，…に支配されて」を作る接尾辞；क्रोधवश「怒りに駆られて」，संयोगवश「偶然にも」，सौभाग्यवश「幸運にも」など》

वशवर्ती /vaśa̧vartī ワシュワルティー/ [←Skt. *वश-वर्तिन्-* 'being under the control of'] *adj.* (衝動に)駆られた；支配された．❐क्षणिक आवेशों के ～ होकर किसी काम में कूद पड़ना अच्छी बात नहीं। 一時的な衝動に駆られて事業に飛び込むのはいいことではない．

वशीकरण /vaśīkaraṇa̧ ワシーカラン/ [←Skt.n. *वशी-करण-* 'overcoming by charms and incantations'] *m.* (まじないや魅惑などで)意のままにすること．❐तूने मेरे लड़के पर ～ मंत्र चला दिया है। お前は私の息子に意のままにする呪文をかけた．❐(पर) ～ मंत्र चल जाना (人に)意のままにする呪文がかかる．

वशीकृत /vaśīkr̥ta̧ ワシークリト/ [←Skt. *वशी-कृत-* 'brought into subjection'] *adj.* (まじないや魅惑などで)意のままになった．

वशीभूत /vaśībʰūta̧ ワシーブート/ [←Skt. *वशी-भूत-* 'become subject, subject, obedient'] *adj.* 圧倒された；支配された；魅了された．❐(के) ～ होकर (…に)支配されて．❐(को) ～ कर लेना (人を)虜にしてしまう．

वसंत /vasaṃta̧ ワサント/ [←Skt.m. *वसन्त-* 'brilliant (season); spring'] *m.*〖暦〗春．(⇒बहार)

वसंत पंचमी /vasaṃta̧ paṃca̧mī ワサント パンチミー/ [←Skt.f. *वसन्त-पञ्चमी-* 'a festival held on the 5th of the light half of the month *Māgha*'] *f.*〖暦〗ワサント・パンチミー，ヴァサンタパンチャミー《春の到来を祝う祭り；インド暦の白半月5日目に祝われる》．

वसंती /vasaṃtī ワサンティー/ [*वसंत* + *-ई*] *adj.* ☞बसंती

वसंतोत्सव /vasaṃtotsava̧ ワサントートサオ/ [←Skt.m. *वसन्त-उत्सव-* 'spring-rejoicings, spring festival'] *m.*〖暦〗ヴァサントートサヴァ《春の祭り，ホーリー祭(होली)》．

वसन /vasana̧ ワサン/ [←Skt.n. *वसन-* 'cloth, clothes, dress'] *m.* 衣料，服．

वसा /vasā ワサー/ [←Skt.f. *वसा-* 'marrow, fat, grease'] *f.* 脂身，脂肪．

वसीयत /vasīyata̧ ワスィーヤト/ [←Pers.n. وصية 'a last will or testament' ←Arab.] *f.* 遺言．❐उन्हें ～ करके, उसी रात को बुढ़िया परलोक सिधारी। 彼に遺言してから，その夜老婆は息を引き取った．❐उन्होंने ～ की थी कि उन्हें इसी जगह पर दफ़नाया जाय। 彼は自分をこの場所に埋葬するようにと遺言した．

वसीयतनामा /vasīyata̧nāmā ワスィーヤトナーマー/ [←Pers.n. وصیت نامه 'last will, testament'] *m.* 遺言状．

वसुंधरा /vasuṃdʰarā ワスンダラー/ [←Skt.f. *वसुं-धरा-* 'the earth'] *f.* 大地．

वसु /vasu ワス/ [←Skt.n. *वसु-* 'wealth'] *m.* 富，財．

वसुधा /vasudʰā ワスダー/ [←Skt.f. *वसु-धा-* 'the earth; a country, kingdom'] *f.* 大地．

वसुमती /vasuma̧tī ワスムティー/ [<Skt.f. *वसु-मति-* 'the earth; a country, kingdom, region'] *f.* 大地．

वसूल /vasūla̧ ワスール/ [←Pers.n. وصول 'arriving; collection' ←Arab.] *adj.* 徴収された；受け取られた．❐～ करना 徴収する，受領する．

वसूली /vasūlī ワスーリー/ [←Pers.n. وصولی 'what may be realised or collected'] *f.* 徴収；回収．

वस्तु /vastu ワストゥ/ [←Skt.n. *वस्तु-* 'any really existing or abiding substance or essence, thing, object, article'] *f.* **1** もの；物体，物質．**2** 対象物．❐गऊ उसके लिए केवल भक्ति और श्रद्धा की वस्तु नहीं, सजीव संपत्ति भी थी। 雌牛は彼にとって単に信心や信仰の対象ではなく，生きた財産でもあった．**3** こと；事物．**4** 品物；商品．❐बहुमूल्य ～ 高価な品物．

वस्तुजगत् /vastujagat ワストゥジャガト/ [neo.Skt.n. *वस्तु-जगत्-* 'world of reality'] *m.* 現実世界．

वस्तुत: /vastutaḥ ワストゥタハ/ [←Skt.ind. *वस्तु-तस्* 'in fact, in reality, actually'] *adv.* 実際は，実をいうと．

वस्तुनिष्ठ /vastuniṣṭʰa̧ ワストゥニシュト/ [neo.Skt *वस्तु-निष्ठ-* 'objective'] *adj.* 客観的な．(⇔आत्मनिष्ठ)

वस्तुवाद /vastuvāda̧ ワストゥワード/ [neo.Skt.m. *वस्तु-वाद-* 'objectivism'] *m.* 客観主義．

वस्तुस्थिति /vastustʰiti ワストゥスティティ/ [←Skt.f. *वस्तु-स्थिति-* 'reality'] *f.* 現実(の事実)．❐मेरी दादी की एक आँख हर समय ～ पर रहती थी। 祖母の一つの目はいつも現実に向けられていた．

वस्त्र /vastra̧ ワストル/ [←Skt.n. *वस्त्र-* 'cloth, clothes, garment, raiment, dress'] *m.* 服，衣服，衣装．(⇒पोशाक)

वस्त्रागार /vastrāgāra̧ ワストラーガール/ [←Skt.m. *वस्त्र-आगार-* 'a clothier's shop'] *m.* 衣裳部屋．

वस्त्राभूषण /vastrābʰūṣaṇa̧ ワストラーブーシャン/ [?neo.Skt.n. *वस्त्र-आभूषण-* 'dress and ornaments'] *m.* 衣装と装身具．

वह /vaha̧ ヴォ/ [?<OIA. *asáu* 'that': T.00972; cf. Pers.pron. او 'he, she, it'] *pron.* **1** あれ，それ；あの人，その人，彼，彼女《敬意を表す複数形の वे の代用としても》．❐～ क्या है? あれは何ですか？ **2** この…，その…《後ろに名詞をともなう形容代名詞の用法》．❐～ किताबें あれらの本，それらの本．❐～ लोग あれらの人々，それらの人々．**3**《関係節に含まれる関係詞 जो

と相関的に使用し，主節で名詞句「…である（こと・人）」として受ける》

वहन /vahana ワハン/ [←Skt.n. *वहन-* 'the act of bearing, carrying, conveying, bringing'] *m.* **1** 運搬，運送，輸送．❐(का) ～ करना（…を）運ぶ．**2** 負担．❐(का) ख़र्च ～ करना（…の）費用を負担する．**3** 乗り物．❐दुपहिया ～ 二輪車．

वहम /vahama ワハム/ [←Pers.n. وهم 'thinking, turning anything in one's mind, imagining, persuading oneself' ←Arab.] *m.* **1** 妄想；錯覚；幻想．❐मुझे भी यही ～ हुआ था। 私もまったく同じ幻想にとらわれた．**2** 疑念．

वहमी /vahamī ワヘミー/ [←Pers.adj. وهمی 'imaginary, conjectural'] *adj.* **1** 妄想癖のある（人）．**2** 疑り深い（人）．

वहशियाना /vahaśiyānā ワヘシヤーナー/ [*वहशी* + *-आना*] *adj.* 野蛮な，獣のような，粗野な；獰猛（どうもう）な，残忍な，凶暴な．❐～ हरकतें करना 野蛮なひどい振る舞いをする．

वहशी /vahaśī ワヘシー/ [←Pers.adj. وحشی 'wild (man or beast)'] *adj.* **1** 野生の（動物）．(⇒जंगली)(⇔पालतू) **2** 野蛮な，獣のような，粗野な；獰猛（どうもう）な，残忍な，凶暴な．

— *m.* **1** 野獣，獣．**2** 野蛮な人，粗野な人．

वहशीपन /vahaśīpana ワヘシーパン/ [*वहशी* + *-पन*] *m.* 野蛮，粗野；獰猛（どうもう），残忍，凶暴．

वहाँ /vahā̃ ワハーン/ [*वह* × *यहाँ*] *adv.* **1** あそこに［へ］，そこに［へ］．❐इतनी रात तक तुम ～ क्या करते रहे? こんな夜遅くまであんたはあそこで何をしていたの？ ❐यहाँ की ～, ～ की यहाँ, यही उनका व्यवसाय था। こっちのものをあっちへ，あっちのものをこっちへ，これが彼の仕事だった．**2**《『जहाँ を含む従属節 ＋ वहाँ を含む主節』の複文形式で，従属節の内容を受けて「（…である場所）その場所で…，（…の状況）その状況で…」などを表す；主節が従属節に先行することも可能》❐मैं जहाँ आपसे पहले मिला था ～ मैं कल गया। あなたと以前会った場所に私は昨日行きました．❐कल मैं ～ गया जहाँ आपसे पहले मिला था। 昨日私はあそこに行きました，あなたと以前会った場所に．

वहीं /vahī̃ ワヒーン/ [*वहाँ* + *ही*] *adv.* **1** あそこだけに［へ］，そこだけに［へ］．**2** あそここそ．

वही /vahī ワヒー/ [*वह* + *ही*] *pron.* あれこそが，それこそが：あれだけが，それだけが．

-वाँ /-vā̃ ・ワーン/ *suf.adj.* **1**《数詞に付けて形容詞「…番目の」を作る；दसवाँ, एक सौ एकवाँ など；ただし पहला「1番目の」，दूसरा「2番目の」，तीसरा「3番目の」，चौथा「4番目の」，छठा「6番目の」，नवाँ「9番目の」は例外形》❐पाँचवाँ 5番目の．❐सौवाँ 100番目の．❐एक सौ एकवाँ 101番目の．**2**〖数学〗…分の《分数の分母を表す》．❐(एक) पाँचवाँ 5分の1．❐दो [तीन] पाँचवाँ 5分の2［3］．

वांछनीय /vāṃcʰanīya ワーンチニーエ/ [←Skt. *वाञ्छनीय-* 'desirable'] *adj.* 望ましい，望まれる．

वांछा /vāṃcʰā ワーンチャー/ [←Skt.f. *वाञ्छा-* 'wish, desire'] *f.* 願望．

वांछित /vāṃcʰita ワーンチト/ [←Skt. *वाञ्छित-* 'wished, desired'] *adj.* 望まれた，期待された．(⇒इच्छित)(⇔अवांछित)

वा /vā ワー/ [←Skt.ind. *वा* 'or'] *conj.* あるいは，または．(⇒अथवा, या)

वाइ /vāi ワーイ/ [←Eng.n. *Y*] *m.*（ラテン文字の）Y．

वाइन /vāina ワーイン/ [←Eng.n. *wine*] *f.* ワイン，ブドウ酒《時として酒類一般を指すこともある》．

वाइफ़ /vāifa ワーイフ/ [←Eng.n. *wife*] *f.* 妻．(⇒औरत, पत्नी, बीबी, स्त्री)

वाइस /vāisa ワーイス/ [←Eng.adj. *vice*] *adj.* 副の，次席の；代理の．❐～ एडमिरल 海軍中将．❐एयर ～ मार्शल 空軍［航空］少将．

वाइसराय /vāisarāya ワーイスラーエ/▸वायसराय [←Eng.n. *viceroy*] *m.*〖歴史〗（英国統治期の）インド副王，インド総督．❐हिज़ एक्सलेंसी ～ インド総督閣下．

वाक़ई /vāqaī ワーカイー/ [←Pers.adj. واقعی 'real, actual, true'] *adv.* 実際に，本当に，現実に．❐वल्लाह, तुमने ख़ूब सोचा, ～ तुम्हें ख़ूब सूझी। ああ神よ，お前はよくぞ考えてくれた，本当にお前はよくぞ思いついた．

वाक़या /vāqayā ワーカヤー/ [←Pers.n. واقعة 'accident, misfortune' ←Arab.] *m.* 出来事，事件．

वाक्- /vāk- ワーク・/ [←Skt.f. *वाक्-*, *वाच्-* 'speech, voice, talk, language'] *f.* 言葉，言語；弁舌．

वाक्पटु /vākpaṭu ワークパトゥ/ [←Skt. *वाक्-पटु-* 'skilled in speech, eloquent'] *adj.* 口の達者な，話術が巧みな．❐वह इतनी ～ है, इसका मुझे गुमान भी न था। 彼女がこれほど口が達者であるとは，私には思いもよらなかった．

वाक्पटुता /vākpaṭutā ワークパトゥター/ [←Skt.f. *वाक्-पटु-ता-* 'skilled in speech, eloquent'] *f.* 達者な話術，話術の巧みさ．❐मुझे उनकी ～ पर आश्चर्य हुआ। 私は彼女の達者な話術に驚いた．

वाक्य /vākya ワーキエ/ [←Skt.n. *वाक्य-* 'speech, saying, assertion, statement, command, words'] *m.* **1** 文，文章．❐पत्र का अंतिम ～ पढ़कर मेरी आँखों से आँसुओं की झड़ी लग गई। 手紙の最後の一文を読んで私の目から涙が止まらなかった．**2**〖言語〗文．

वाक्य-रचना /vākya-racanā ワーキエ・ラチナー/ [←Skt.f. *वाक्य-रचना-* 'formation of speech'] *f.*〖言語〗構文；統辞論，統語論．

वाक्य-विन्यास /vākya-vinyāsa ワーキエ・ヴィニャース/ [←Skt.m. *वाक्य-विन्यास-* 'the arrangement or order of a sentence, syntax'] *m.*〖言語〗統辞論，統語論．

वाक्यांश /vākyāṃśa ワーキャーンシュ/ [neo.Skt.m. *वाक्य-अंश-* 'sentence constituent; a phrase'] *m.*〖言語〗句．❐विशेषण ～ 形容詞句．

वाग्जाल /vāgjāla ワーグジャール/ [←Skt.n. *वाक्-जाल-* 'a confused mass or multitude of words'] *m.*（人を欺く）あいまいで持って回った言い方．

वाग्दत्ता /vāgdattā ワーグダッター/ [←Skt.f. *वाक्-दत्ता-* 'a betrothed virgin'] *f.* 婚約した娘．

वाग्मिता /vāgmitā ワーグミター/ [←Skt.f. *वाग्मि-ता-* 'eloquence'] *f.* 雄弁, 能弁.

वाग्विलास /vāgvilāsa ワーグヴィラース/ [←Skt.m. *वाक्-विलास-* 'play of words; graceful or elegant speech'] *m.* 優美な話しぶり;言葉をもてあそぶこと.

वाग्वैदग्ध्य /vāgvaidagdʰya ワーグワェーダグディエ/ [←Skt.n. *वाक्-वैदग्ध्य-* 'eloquence'] *m.* 雄弁, 能弁.

वाङ्मय /vāṅmaya ワーンマエ/ [←Skt. *वाक्-मय-* 'consisting of speech, depending on speech'] *adj.* 言葉で成り立っている, 言葉で構成されている. ❐कवि की कृति उसका ～ शरीर है। 詩人の作品は言葉で構成されている詩人の肉体なのだ.
— *m.* 文献. ❐संस्कृत ～ サンスクリット文献.

वाचक /vācaka ワーチャク/ [←Skt. *वाचक-* 'speaking, saying, telling anything; expressive of, expressing, signifying'] *adj.* 意味する, 示す《主に合成語の要素として使用; संख्यावाचक「数を表す(語)」など》.
— *m.* 話し手;アナウンサー. ❐समाचार ～ ニュースのアナウンサー.

वाचनालय /vācanālaya ワーチナーラエ/ [neo.Skt.m. *वाचन-आलय-* 'reading room'] *m.* 読書室, 閲覧室.

वाचाल /vācāla ワーチャール/ [←Skt. *वाचाल-* 'talkative, chattering'] *adj.* おしゃべりな;無駄口の多い.

वाचालता /vācālatā ワーチャールター/ [←Skt.f. *वाचाल-ता-* 'talkativeness, loquacity'] *f.* おしゃべりであること;無駄口の多いこと.

वाचिक /vācika ワーチク/ [←Skt. *वाचिक-* 'verbal, effected or caused by words'] *adj.* 口頭の. ❐～ पत्र 文書にした契約.

वाच्यार्थ /vācyārtʰa ワーチャールト/ [←Skt.m. *वाच्य-अर्थ-* 'the directly expressed meaning'] *m.* (言外の意味ではなく)直接の意味, 文字通りの意味.

वाजिब /vājiba ワージブ/ [←Pers.adj. واجب 'necessary; proper, worthy; reasonable' ←Arab.] *adj.* 当然の, 必要な;正当な, 適正な. (⇒उचित) ❐～ दाम 適正価格.

वाटिका /vāṭikā ワーティカー/ [←Skt.f. *वाटिका-* 'an enclosure, garden, plantation; a hut'] *f.* **1** 庭園. **2** (粗末な)小屋, 庵(いおり).

वाण /vāṇa ワーン/ [←Skt.m. *वाण-* 'an arrow'; cf. Skt.m. *बाण-* 'an arrow'] *m.* ☞बाण

वाणिज्य /vāṇijya ワーニジエ/ [←Skt.n. *वाणिज्य-* 'trade; commerce'] *m.* 通商, 貿易;商業. ❐～ मंत्री 通商大臣.

वाणिज्य-दूत /vāṇijya-dūta ワーニジエ・ドゥート/ [neo.Skt.m. *वाणिज्य-दूत-* 'consul'] *m.* 領事.

वाणिज्यवाद /vāṇijyavāda ワーニジエワード/ [neo.Skt.m. *वाणिज्य-वाद-* 'mercantilism'] *m.* 重商主義.

वाणी /vāṇī ワーニー/ [←Skt.f. *वाणी-* 'sound, voice, music; speech, language, words, diction'] *f.* 声;言葉《特に「人の心を魅了する, 神々しい」などの含意がある》. ❐ऐसा जान पड़ता है, तुम्हारी ～ पर सरस्वती बैठ गई हैं। 君の言葉にはサラスワティー女神が乗り移ったようだ. ❐मैं ～ में कुशल नहीं हूँ। 私は言葉が巧みではありません.

वात /vāta ワート/ [←Skt.m. *वात-* 'wind or the wind-god'] *m.* **1** 空気;風. (⇒वायु, हवा) **2**〖医学〗体風《人間の体質を説明する三つの体液の一つ;他は「粘液(कफ)」,「胆汁(पित्त)」》.

वातानुकूल /vātānukūla ワーターヌクール/ [neo.Skt. *वात-अनुकूल-* 'air-conditioned'] *adj.* エアコンの設備のある. ❐～ कार エアコン付の自動車.

वातानुकूलक /vātānukūlaka ワーターヌクーラク/ [neo.Skt.n. *वात-अनुकूलक-* 'air conditioner'] *m.* エアコン, 空気調節装置, 冷暖房機器. (⇒एयर-कंडीशनर)

वातानुकूलन /vātānukūlana ワーターヌクーラン/ [neo.Skt.n. *वात-अनुकूलन-* 'air-conditioning'] *m.* 空気調節, 空調, 冷暖房, エアコン. (⇒एयर-कंडीशनिंग)

वातानुकूलित /vātānukūlita ワーターヌクーリト/ [neo.Skt. *वात-अनुकूलित-* 'air-conditioned'] *adj.* エアコンが効いている, 空気調節がされている. (⇒एयर-कंडीशंड)

वातायन /vātāyana ワーターヤン/ [←Skt.n. *वात-आयन-* 'wind-passage; a window, airhole, loop-hole'] *m.* 窓;通風孔.

वातावरण /vātāvaraṇa ワーターワラン/ [neo.Skt.n. *वात-आवरण-* 'atmosphere'] *m.* **1** 雰囲気, ムード, (その場の)空気. (⇒माहौल) **2** 環境. (⇒माहौल) ❐मैं इस ～ में पला हूँ। 私はこの環境で育った.

वात्सल्य /vātsalya ワートサルエ/ [←Skt.n. *वात्साल्य-* 'affection or tenderness (esp. towards offspring)'] *m.* (わが子への)愛, 慈愛.

वाद /vāda ワード/ [←Skt.m. *वाद-* 'speech, discourse, talk, utterance, statement'] *m.* **1** 議論, 論争. **2** 主義主張, 説. ❐कोई वाद विशेष चलाना ある特定の主義主張を広める.

-वाद /-vāda ・ワード/ [←Skt.m. *वाद-* 'speech, discourse, talk, utterance, statement'] *comb. form*《男性名詞「…主義」を作る要素; यथार्थवाद「現実主義」, रहस्यवाद「神秘主義」, समाजवाद「社会主義」など》.

वादक /vādaka ワーダク/ [←Skt.m. *वादक-* 'a musician'] *m.* 楽器奏者. ❐गिटार ～ ギター奏者.

वादन /vādana ワーダン/ [←Skt.m. *वादन-* 'a player on any musical instrument'] *m.*〖音楽〗演奏. ❐～ कला 演奏技術.

वाद-विवाद /vāda-vivāda ワード・ヴィワード/ [←Skt.m. *वाद-विवाद-* 'discussion about a statement, argument and disputation'] *m.* 議論, 論争.

वादा /vādā ワーダー/▸वायदा [←Pers.n. وعدة 'a promise, vow' ←Arab.] *m.* 約束. (⇒वचन) ❐(से) (का) ～ करना (人と)(…の)約束をする. ❐～ पूरा करना 約束を果たす.

वादी /vādī ワーディー/ [←Skt.m. *वादिन्-* 'a speaker, asserter'] *m.* **1** 原告. (⇒फ़रियादी) **2**〖音楽〗ヴァーディー《インド伝統音楽の旋律 (राग) で主になる音階 (स्वर)》.

-वादी /-vādī ・ワーディー/ [←Skt. *वादिन्-* 'saying,

discoursing, speaking, talking'] *comb. form*《造語の形容詞「…主義の」や男性名詞「…主義者」を作る；समाजवादी「社会主義の，社会主義者」》.

वादुज़ /vāduza ワードゥズ/ [cf. Eng.n. *Vaduz*] *m.*〖地名〗ファドーツ《リヒテンシュタイン（公国）（लिख्टेंश्टाइन）の首都》.

वाद्य /vādya ワーディエ/ [←Skt.m. *वाद्य-* 'a musical instrument'] *m.*〖音楽〗楽器. (⇒बाजा) ❒～ यंत्र 楽器. ❒तंत्री ～ 弦楽器.

वाद्यवृंद /vādyavṛṃda ワーディエヴリンド/ [neo.Skt.n. *वाद्य-वृन्द-* 'orchestra'] *m.*〖音楽〗オーケストラ. (⇒आरकेस्ट्रा)

वान /vāna ワーン/ [←Eng.n. *van*] *f.* バン，ライトバン. ❒पिकअप ～ 客をひろって乗せる小型バス.

-वान /-vāna ・ワーン/ [←Pers. وان '(an affix denoting) a keeper, guardian'] *suf.*《名詞に付けて「（動物や馬車を）御する人」などを表す；ऊँटवान「ラクダ使い」，गाड़ीवान「（馬車の）御者」など》.

वानप्रस्थ /vānaprastʰa ワーナプラスト/ [←Skt.m. *वानप्रस्थ-* 'the third stage of a Brāhman's life, forest-life'] *m.*〖ヒンドゥー教〗林棲期，林住期《四生活期（आश्रम）の第三期；家庭をもち家長として家業に励み，一家の祭式を主宰する時期》.

वानर /vānara ワーナル/ [←Skt.m. *वानर-* 'a monkey, ape'] *m.* **1**〖動物〗猿；類人猿. (⇒बंदर) **2**〖ヒンドゥー教〗猿族《叙事詩『ラーマーヤナ』において，ラーマ王子（राम）を助けた；ハヌマーン（हनुमान्）はこの一族の戦士》.

वानूअतु /vānūatu ワーヌーアトゥ/ ▸वनुआतु *m.* ☞वनुआतु

वापस /vāpasa ワーパス/ [←Pers.adv. واپس 'behind, back, back again, afterwards'] *adv.* 戻って；帰って. ❒～ आना [जाना] 戻って来る[行く]. ❒(को) ～ देना [करना]（人に）（…を）返す. ❒～ लेना（…を）ひっこめる.

वापसी /vāpasī ワープスィー/ [*वापस* + *-ई*] *adj.* 戻りの；往復の. ❒～ टिकट 往復切符.

— *f.* **1** 復帰；帰宅；帰国. **2** 返却；返済金，払い戻し金.

वाम /vāma ワーム/ [←Skt. *वाम-* 'left, not right, being or situated on the left side'] *adj.* 左の《主に合成語に使用；वामपंथ「左翼」，वामाचार「左道密教」など》. (⇔दक्षिण)

वामन /vāmana ワーマン/ [←Skt. *वामन-* 'dwarfish, small or short in stature'] *adj.* 小人（こびと）の；矮小な.

— *m.*〖神話〗ヴァーマナ《ヴィシュヌ神（विष्णु）の五番目の化身》.

वामपंथ /vāmapaṃtʰa ワームパント/ [*वाम* + *पंथ*] *m.* **1** 左翼（主義），左派. (⇒वामपक्ष)(⇔दक्षिणपंथ) ❒उग्र ～ 極左主義. **2**〖ヒンドゥー教〗〖仏教〗〖ジャイナ教〗密教タントラ，左道密教. (⇒वामाचार)

वामपंथी /vāmapaṃtʰī ワームパンティー/ [*वाम* + *पंथी*] *adj.* 左翼（主義）の，左派の，左よりの. (⇒वामपक्षी)(⇔दक्षिणपंथी) ❒～ पार्टी [दल]左翼政党. ❒～ विचारधारा 左翼思想.

— *m.* 左翼思想の人. (⇒वामपक्षी)(⇔दक्षिणपंथी)

वामपक्ष /vāmapakṣa ワームパクシュ/ [neo.Skt.m. *वाम-पक्ष-* 'left wing'] *m.* 左翼，左派. (⇒वामपंथ)(⇔दक्षिणपंथ)

वामपक्षी /vāmapakṣī ワームパクシー/ [neo.Skt. *वाम-पक्षिन्-* 'leftist'] *adj.* 左翼（主義）の，左派の，左よりの. (⇒वामपंथी)(⇔दक्षिणपंथी) ❒～ पार्टी [दल]左翼政党.

— *m.* 左翼の人. (⇒वामपंथी)(⇔दक्षिणपंथी)

वाममार्ग /vāmamārga ワームマールグ/ [←Skt.m. *वाम-मार्ग-* 'the left-hand doctrine'] *m.* ☞वामाचार

वामाचार /vāmācāra ワーマーチャール/ [←Skt.m. *वाम-आचार-* 'the left-hand practices or doctrines of the *Tantras*'] *m.*〖ヒンドゥー教〗〖仏教〗〖ジャイナ教〗密教タントラ，左道密教. (⇒वामपंथ)

वायदा /vāyadā ワーエダー/ ▸वादा *m.* ☞वादा

वायरलेस /vāyaralesa ワーヤルレース/ [←Eng.n. *wireless*] *m.* 無線電信[電話，電報]. ❒～ सेट ラジオ受信機.

वायरस /vāyarasa ワーエラス/ [←Eng.n. *virus*] *m.* **1**〖医学〗ウイルス，ビールス. (⇒विषाणु) **2**〖コンピュータ〗コンピュータ・ウイルス. ❒यह कंप्यूटर ～ से संक्रमित है। このコンピュータはウイルスに感染している.

वायरिंग /vāyariṃga ワーヤリング/ [←Eng.n. *wiring*] *f.* 電気配線.

वायलिन /vāyalina ワーエリン/ ▸वायोलिन *m.* ☞वायोलिन

वायवीय /vāyavīya ワーエヴィーエ/ [←Skt. *वायवीय-* 'relating to the air or the wind or the god of the wind'] *adj.* 風の；風力による.

वायसराय /vāyasarāya ワーヤスラーエ/ ▸वाइसराय *m.* ☞वाइसराय

वायु /vāyu ワーユ/ [←Skt.m. *वायु-* 'wind, air'] *f.* **1** 風. (⇒वात, हवा) **2** 大気；空. (⇒हवा) ❒～ प्रदूषण 大気汚染. ❒～ सेना 空軍.

वायु-दाब /vāyu-dāba ワーユ・ダーブ/ [*वायु* + *दाब*] *m.* **1**（大）気圧. **2**〖物理〗（圧縮空気の）圧力，気圧.

वायुमंडल /vāyumaṃḍala ワーユマンダル/ [←Skt.n. *वायु-मण्डल-* 'a whirlwind'] *m.* 大気（圏）.

वायुमंडलीय /vāyumaṃḍalīya ワーユマンダリーエ/ *adj.* 大気（圏）の，大気中の. ❒～ दाब 大気圧.

वायुमार्ग /vāyumārga ワーユマールグ/ [←Skt.m. *वायु-मार्ग-* 'the path or track of the wind'] *m.* 航空路，エア・ルート.

वायुयान /vāyuyāna ワーユヤーン/ [neo.Skt.n. *वायु-यान-* 'an aeroplane'] *m.* 飛行機. (⇒हवाई जहाज़, विमान) ❒～ वाहक 航空母艦.

वायु-सेना /vāyu-senā ワーユ・セーナー/ [neo.Skt.f. *वायु-सेना-* 'air force'] *f.* 空軍. (⇒एयर-फ़ोर्स)

वायोलिन /vāyolina ワーヨーリン/ ▸वायलिन [←Eng.n. *violin*] *m.*〖楽器〗バイオリン.

वारंट /vāraṃṭa ワーラント/ [←Eng.n. *warrant*] *m.*〖法律〗令状. ❒गिरफ़्तारी ～ 逮捕状.

वारंटी /vāraṃṭī ワーランティー/ [←Eng.n. *warranty*] *f.* (商品の品質などの)保証. (⇒आश्वासन, गारंटी)

वार¹ /vāra ワール/ [←Skt.m. *वार-* 'a day of the week'] *m.* 〖暦〗 (週の)1日, 曜日《रविवार「日曜日」, सोमवार「月曜日」, मंगलवार「火曜日」など;「曜日」を尋ねる場合は दिन を使う》. (⇒दिन)

वार² /vāra ワール/ [?<OIA.m. *pāta-* 'flight, fall, shot': T.08052] *m.* 攻撃;襲撃;一撃. ❐(पर) ～ करना (…を)襲う, 攻撃する, 一撃を与える. ❐～ ख़ाली जाना 一撃がそれる. ❐～ ख़ाली कर देना 攻撃をかわす.

-वार /-vāra ·ワール/ [←Pers. وار '(in. comp.) having, possessing, endowed with'] *suf.* 《名詞に付加して形容詞を作る接尾辞;ब्योरेवार「詳細な」, सिलसिलेवार「連続した」, हफ़्तेवार「毎週の, 週刊の」など》

वारदात /vāradāta ワールダート/ [←Pers.n. واردات 'things coming in; events, accidents' ←Arab.] *f.* **1** 事件, 出来事. ❐ऐसी ～ तो इस गाँव में कभी नहीं हुई। このような事件はこの村ではかつて起きたことがない. **2** 事故, 惨事.

वारना /vāranā ワールナー/ [<OIA. *vāráyatē* 'obstructs, keeps back': T.11554] *vt.* (*perf.* वारा /vārā ワーラー/) (呪術で)お祓(はら)いする, 憑き物を落とす;いけにえを捧げる.

वारांगना /vārāṃganā ワーラーングナー/ [←Skt.f. *वार-अङ्गना-* 'a harlot'] *f.* 売春婦.

वाराणसी /vārāṇasī ワーラーンスィー/ [cf. Eng.n. *Varanasi*] *m.* 〖地名〗ヴァーラナスィー《旧ベナレス(बनारस);ウッタル・プラデーシュ州 (उत्तर प्रदेश) の古都;ヒンドゥー教聖地》.

वारा-न्यारा /vārā-nyārā ワーラー・ニャーラー/ *m.* (揉め事・厄介事の)解決;思い切りのいい決断. (⇒निपटारा)

वाराह /vārāha ワーラーハ/ [←Skt.m. *वाराह-* 'the Boar (i.e. *Viṣṇu* in his third incarnation, as a *varāha*)'] *m.* ヴァーラーハ《ヴィシュヌ神 विष्णु の3番目の化身であるイノシシ》. (⇒वराह)

वारि /vāri ワーリ/ [←Skt.n. *वारि-* 'water, rain, fluid, fluidity'] *m.* 水.

वारिद¹ /vārida ワーリド/ [←Skt.m. *वारि-द-* 'giving water or rain; a rain-cloud'] *m.* 雨をもたらす雲, 雨雲.

वारिद² /vārida ワーリド/ [←Pers.adj. وارد 'one who comes, arrives, approaches' ←Arab.] *adj.* 到来する;現われる;起こる. ❐क्या आप हाल ही में ～ हुए हैं? あなたはつい最近来られたのですか?

वारिस /vārisa ワーリス/ [←Pers.n. وارث 'an heir' ←Arab.] *m.* 〖法律〗相続人, 跡取り. (⇒उत्तराधिकारी)

वारुणी /vāruṇī ワールニー/ [←Skt.f. *वारुणी-* 'a particular kind of spirit (prepared from hogweed mixed with the juice of the date or palm and distilled)'] *f.* 酒, アルコール.

वार्ड /vārḍa ワールド/ [←Eng.n. *ward*] *m.* **1** 病棟. **2** (刑務所の)監房.

वार्ता /vārtā ワールター/ ▸वार्त्ता [←Skt.f. *वार्ता-* 'an account of anything that has happened, tidings, report, rumour, news, intelligence, story'] *f.* **1** (交渉などの)会談, 協議, 話し合い. ❐(पर) ～ करना (…について)協議する. ❐समझौता ～ 折衝協議. **2** ニュース, 伝聞, 風評. **3** 〖ヒンドゥー教〗聖人伝.

वार्तालाप /vārtālāpa ワールターラープ/ ▸वार्त्तालाप [neo.Skt.m. *वार्ता-आलाप-* 'conversation'] *m.* 会話;談話. (⇒बातचीत) ❐(से) ～ करना (人と)話し合う.

वार्त्ता /vārttā ワールッター/ ▸वार्ता *f.* ☞वार्ता

वार्त्तालाप /vārttālāpa ワールッターラープ/ ▸वार्तालाप *m.* ☞वार्तालाप

वार्द्धक्य /vārddʰakya ワールッダキエ/ [←Skt.n. *वार्द्धक्य-* 'old age, senility'] *m.* 老いること;老化.

वार्धक्य /vārdʰakya ワールダキエ/ *m.* ☞वार्द्धक्य

वार्षिक /vārṣika ワールシク/ [←Skt. *वार्षिक-* 'belonging to the rainy-season, rainy; yearly, annual'; cf. *वर्ष*] *adj.* 年ごとの, 毎年の;年間の. (⇒सालाना) ❐～ अधिवेशन 年次大会. ❐～ आय 年収. ❐～ उत्सव 年に一度の祭り.

वार्षिकी /vārṣikī ワールシキー/ [neo.Skt.f. *वार्षिकी-* 'annuity'] *f.* **1** 年金, ペンション. (⇒पेंशन) **2** 年報, 年鑑, 年刊誌. **3** 命日.

वार्सा /vārsā ワールサー/ ▸वार्सॉ [cf. Eng.n. *Warsaw*] *m.* 〖地名〗ワルシャワ《ポーランド(共和国) (पोलैंड) の首都》.

वालंटियर /vālaṃṭiyara ワーランティヤル/ [←Eng.n. *volunteer*] *m.* ボランティア, 志願者.

-वाला /-vālā ·ワーラー/ [?<OIA.m. *pālá-* 'protector': T.08125; ?<OIA.m. *pālaka-* 'guardian': T.08125z1] *suf.adj.* **1**《〖名詞 वाला〗の形式で, 職業「…を売っている(人), …屋」を表す形容詞・名詞を作る;先行する名詞が地名の場合は形容詞・名詞「その土地に住む(人)」を作る》❐चाय ～ ミルクティーの売り子. ❐दूध ～ 牛乳屋. ❐फल ～ 果物屋. ❐सब्ज़ी ～ 八百屋. ❐दिल्ली ～ デリーに住む(人), デリーっ子, デリーに住む親戚. ❐आप कहाँ के रहने वाले हैं? あなたはどこにお住いの方ですか《「どこの国の方ですか」の意》? ❐मैं जापान का रहने ～ हूँ। 私は日本に住んでいる者です《「日本人です」の意》. **2**《〖動詞不定詞 वाला〗の形式で, 予定「…する, …することになっている(人・もの)」を表す名詞・形容詞を作る;動詞不定詞は後置格をとる》❐दिल्ली जाने वाली बस デリー行きのバス. ❐वह कुछ कहने वाली थी। 彼女は何か言おうとしていた. ❐हार मानने ～ 敗北を認める(人). **3**《〖副詞 वाला〗の形式で, 形容詞・名詞「…にいる(人), …にある(もの)」を作る》❐ऊपर ～ 上にいる人《「(天にいらっしゃる)神」,「上に住んでいる(人)」などを表す》. ❐ऊपर ～ कमरा 上の部屋. **4**《形容詞, 副詞, 名詞, 動詞不定詞などの後に自由に付加して, その場の当事者だけが理解できる形容詞・名詞「…に関係した, …が特徴の(人・もの)」を自由に作ることができる》❐खिड़की ～ 窓口の(人), 窓口係. ❐चीनी वाली चाय 砂糖入りの紅茶. ❐लाल कमीज़ ～ 赤いシャツばかり着ている(人). ❐वह पीले ～ दिखाइए। あの黄色いの見せてください.

वालिद /vālida ワーリド/ [←Pers.n. والد 'a parent; a father; a mother' ←Arab.] *m.* 父. (⇒पिता, बाप)(⇔वालिदा)

वालिदा /vālidā ワーリダー/ [←Pers.n. والدة 'a mother' ←Arab.] *f.* 母. (⇒माँ, माता)(⇔वालिद)

वालीबाल /vālībāla ワーリーバール/▸वालीबॉल [←Eng.n. *valleyball*] *m.* 〖スポーツ〗バレーボール.

वाशिंगटन, कोलंबिया ज़िला /vāśiṃgaṭana, kolaṃbiyā zilā ワーシングタン, コーランビヤー ズィラー/ [cf. Eng.n. *Washington, D.C.*] *m.* 〖地名〗ワシントン D.C.《アメリカ合衆国, 米国 (संयुक्त राज्य अमेरिका) の首都》.

वाष्प /vāṣpa ワーシュプ/ ▸बाष्प *m.* ☞बाष्प

वासंती /vāsaṃtī ワーサンティー/ [←Skt.f. *वासन्ती-* 'a spring festival'] *f.* **1** ☞वसंतोत्सव **2** 〖植物〗ヴァーサンティー《つる草の一種》.

वास¹ /vāsa ワース/ [←Skt.m. *वास-* 'staying; dwelling'] *m.* 居住;(神・霊・記憶・感情などが)宿っていること. ❒उस घर में उसकी स्मृति ～ करती है। その家には彼女の思い出が宿っている. ❒मैं नरक में ～ कर सकता हूँ। 私は地獄にも住むことができる. ❒शायद किसी समय उस प्राचीन मंदिर में देवताओं का ～ था। 恐らく昔その古い寺院には神々が鎮座なさっていたのだろう.

वास² /vāsa ワース/ [←Skt.m. *वास-* 'perfuming'] *m.* 匂い, 香り. (⇒गंध, बू)

वास³ /vāsa ワース/ [←Skt.m. *वास-* 'a garment, dress, clothes'] *m.* 衣服, 着物.

वासना /vāsanā ワースナー/ [←Skt.f. *वासना-* 'fancy, imagination, idea, notion, false notion, mistake'] *f.* 渇望, 熱情《しばしば「性的欲望」を意味する》. ❒～ को तृप्त करना 欲望を満たす. ❒वह पवित्र और वासनाओं से रहित था। 彼は汚れがなくそして欲望とは無縁だった.

वासनामय /vāsanāmaya ワースナーマエ/ [←Skt. *वासना-मय-* 'consisting in notions or ideas or in impressions of'] *adj.* (性的)欲望が露わな.

वासर /vāsara ワーサル/ [←Skt.m. *वासर-* 'a day'] *m.* **1** 日. (⇒दिन) **2** 新婚初夜;初夜を迎える部屋《वास「(共に)住むこと」との類似から生じた新しい意味とされる》.

वासी /vāsī ワースィー/ [←Skt. *वासिन्-* 'staying, abiding, dwelling'] *adj.* 居住している(人).

— *m.* 居住者;市民.

वास्कट /vāskaṭa ワースカト/ [←Eng.n. *waistcoat*] *f.* チョッキ, ベスト. ❒ऊनी ～ 毛糸のチョッキ.

वास्तव /vāstava ワースタオ/ [←Skt. *वास्तव-* 'substantial, real, true, genuine, being anything in the true sense of the word'] *m.* 現実, 実際;真実《ほとんどの用法は〚वास्तव में〛の形式で, 副詞句「実際に, 本当は」として》. ❒मैं जिसे सच्चा प्रेम समझ रही थी, वह ～ में कपटपूर्ण था। 私が真実の愛だと信じていたものが, 実際は欺瞞(ぎまん)に満ちたものだった.

वास्तविक /vāstavika ワースタヴィク/ [←Skt. *वास्तविक-* 'real, substantial'] *adj.* 現実の, 実際の;本質的な.

वास्तविकता /vāstavikatā ワースタヴィクター/ [neo.Skt.f. *वास्तविक-ता-* 'reality, substance'] *f.* 現実(のもの);事実であること;本質.

वास्ता /vāstā ワースター/ [←Pers.n. واسطة 'anything intermediate' ←Arab.] *m.* **1** 関係, 関連;関心事. (⇒संबंध) ❒मज़हब का अक़्ल से कोई ～ नहीं। 宗教は知力とは何の関係もないのだ. ❒मेरा तुमसे कोई ～ नहीं। 私は君とは何の関係もないのだ. ❒(से) ～ रखना (…と)関係をもつ. **2** 理由, 根拠;きっかけ.

वास्तु /vāstu ワーストゥ/ [←Skt.n. *वास्तु-* 'the site or foundation of a house'] *m.* **1** 建造物. **2** 建物の立地, 敷地.

वास्तुकला /vāstukalā ワーストゥカラー/ [neo.Skt.f. *वास्तु-कला-* 'architecture'] *f.* 建築術, 建築学.

वास्तुकार /vāstukāra ワーストゥカール/ [neo.Skt.m. *वास्तु-कार-* 'architect'] *m.* 建築家.

वास्ते /vāste ワーステー/ [←Pers. واسطی 'on account of'] *ind.* 《〚名詞 के वास्ते〛あるいは〚वास्ते 名詞 के〛の形式で, 目的・理由・原因などを表す副詞句「…のために」を作る》(⇒लिए) ❒ईश्वर के लिए थोड़े से रुपयों के ～ कई जनों का ख़ून न कीजिए। 後生だからわずかばかりの金のために幾人も殺めないでください. ❒ख़ुदा के ～ यह अनर्थ न करना। 神のために《「後生だから」の意》このような嘆かわしいことはしないでください. ❒मैं आपके ～ एक बड़ी ख़ुशख़बरी लाया हूँ। 私はあなたのためにある大変な吉報を持って来ましたよ.

वाह /vāha ワーハ/ [←Pers. واه '(an interjection of admiration) O! wonderful! excellent!' ←Arab.] *int.* すばらしい, いいぞ, でかした. ❒～ ～ करना 賞賛の声をあげる, 拍手喝采をする.

वाहक /vāhaka ワーハク/ [←Skt. *वाहक-* 'one who bears or carries, bearer, carrier, conveyer'] *adj.* 運搬する, 運ぶ.

— *m.* 運搬するもの, 運ぶもの. ❒वायुयान ～ 航空母艦.

वाहन /vāhana ワーハン/ [←Skt.n. *वाहन-* 'the act of drawing, bearing, carrying, conveying'] *m.* 乗り物;輸送手段.

वाहवाही /vāhavāhī ワーヘワーヒー/ [cf. *वाह*] *f.* 称賛, 絶賛, 拍手喝采. ❒～ लूटना 賞賛を独り占めする. ❒दूसरों के बल पर ～ लेना आसान है। 他人の力で拍手喝采を受けるのはたやすいことだ.

वाहिनी /vāhinī ワーヒニー/ [←Skt.f. *वाहिनी-* 'an army, a division consisting of 81 elephants, 81 chariots, 243 horse and 405 foot-soldiers'] *f.* 軍隊;師団《古代インドでは軍編成の単位名》.

वाहियात /vāhiyāta ワーヒヤート/ [←Pers.n. واهيات 'absurdities, fiddle-faddle, trifles, nonsense' ←Arab.] *adj.* 馬鹿げた, くだらない;たちの悪い. ❒साल की सबसे ～ फ़िल्म 今年の一番くだらない映画.

वाही /vāhī ワーヒー/ [←Pers.adj. واهی 'weak, torn' ←Arab.] *adj.* のろい, 鈍い;くだらない;下品な.

विंडहाक /viṃḍahāka ヴィンドハーク/▸विंडहॉक [cf. Eng.n.

Windhoek] *m.* 〖地名〗ウィントフック《ナミビア(共和国)(नामीबिया) の首都》.

विंध्याचल /viṃdʰyācala ヴィンディャーチャル/ [←Skt.m. *विन्ध्य-अचल-* 'the *Vindhya* range of hills'] *m.* 〖地理〗ヴィンディヤ山脈《インド亜大陸の中部を東西に走り, 北インドと南インドに分ける山脈》.

विकट /vikaṭa ヴィカト/ [←Skt. *वि-कट-* 'having an unusual size or aspect, horrible, dreadful, monstrous, huge, large, great'] *adj.* **1** 巨大な. **2** 恐ろしい;激しい, 猛烈な, 程度が甚だしい. ❐सभी आदमी ～ आवेश में आकर पुलिसवालों के चारों ओर जमा हो गए। 男たちは皆激しい興奮にかられて警官たちの周りに集まった. **3** 困難な(道), 難儀な;厄介な(問題);厳しい, つらい. ❐～ समस्या 厄介な問題. ❐वह दिन भर ～ मार्गों में चलती और रात को किसी सुनहान स्थान पर लेट रहती थी। 彼女は日中は難儀な道を進み, 夜は人気のない寂しい場所に横たわるのであった.

विकराल /vikarāla ヴィカラール/ [←Skt. *वि-कराल-* 'very formidable or dreadful'] *adj.* ぞっとするほど恐ろしい.

विकर्षण /vikarṣaṇa ヴィカルシャン/ [←Skt.n. *वि-कर्षण-* 'the act of drawing or dragging asunder'] *m.* **1** 〖物理〗(物質間の)反発(作用), 斥力(せきりょく). (⇔आकर्षण) **2** 反発, 反感. (⇔आकर्षण) ❐आकर्षण और ～ (人が互いに)惹かれ合うこと, そして反発し合うこと.

विकल /vikala ヴィカル/ [←Skt. *वि-कल-* 'deprived of a part or a limb or a member, mutilated, maimed, crippled, impaired, imperfect; confused, agitated, exhausted'] *adj.* **1** (身体の一部に)欠損がある. **2** 落ち着きのない;動揺した.

विकलांग /vikalāṃga ヴィクラーング/ [←Skt. *विकल-अङ्ग-* 'having mutilated or imperfect limbs, deformed, crippled, lamed'] *adj.* 〖医学〗身体に障害をもつ(人), ハンディーキャップを負った. ❐～ व्यक्ति 身体障害者.

विकल्प /vikalpa ヴィカルプ/ [←Skt.m. *वि-कल्प-* 'alternation, alternative, option'] *m.* 二者択一, (選択しなければいけない)代わりになるもの, 代案, 選択肢, 代替物. ❐कोई दूसरा ～ नहीं था। 他の選択肢は全くなかった.

विकसना /vikasanā ヴィカスナー/ [cf. *विकास*] *vi.* (*perf.* विकसा /vikasā ヴィクサー/) 成長する;進歩する;進展する.

विकसित /vikasita ヴィクスィト/ [←Skt. *वि-कसित-* 'opened, open, expanded, budded, blown'] *adj.* **1** 開花した, つぼみを出しかけた, 芽生え始めた. ❐अर्द्ध-विकसित यौवन まだ半分ほどしか開花していない若さ. ❐उसका ～ मुखमंडल कुछ मुरझा गया। 彼女の花の顔(かんばせ)がいくらか萎れてしまった. **2** 発展した;開発された, 進展された. ❐～ और विकासशील देश 先進国と発展途上国. ❐परमाणु हथियारों को ～ करना 核兵器を開発する.

विकार /vikāra ヴィカール/ [←Skt.m. *वि-कार-* 'change of form or nature'] *m.* **1** (良くない)変化, ゆがみ, ひずみ, 変形. **2** (健康などの)悪化. **3** 〖医学〗(精神の)疾患. ❐मानसिक ～ 精神疾患. ❐वह मस्तिष्क के विकारों का डाक्टर है। 彼は精神科医です. **4** 〖言語〗(語形変化する品詞の)活用変化形.

विकारी /vikārī ヴィカーリー/ [←Skt. *वि-कारिन्-* 'liable to change, changeable, variable'] *adj.* **1** ゆがんだ, ひずんだ, 変形した. **2** 〖医学〗(精神)疾患のある. **3** 〖言語〗活用変化した(語形). (⇔अविकारी) ❐～ कारक 斜格《ヒンディー語では後置格に相当》.

विकास /vikāsa ヴィカース/ [←Skt.m. *वि-कास-* 'expanding, budding, blowing (of flowers)'] *m.* **1** (肉体や精神の)発達, 成長. ❐मानसिक ～ 精神的成長. ❐शारीरिक ～ 肉体的成長. **2** 進化, 発展, 発達. ❐～ और ह्रास 発展と衰退. ❐～ होना 進化[発達]する. ❐आर्थिक ～ 経済発展.

विकासवाद /vikāsavāda ヴィカースワード/ [neo.Skt.m. *विकास-वाद-*] *m.* 進化論.

विकासशील /vikāsaśīla ヴィカースシール/ [neo.Skt. *विकास-शील-* 'developing'] *adj.* 発展途上の(国). (⇔विकसित) ❐～ देश 発展途上国.

विकिरण /vikiraṇa ヴィキラン/ [←Skt.n. *वि-किरण-* 'scattering, strewing'] *m.* 〖物理〗放射;放射線. ❐～ चिकित्सा 放射線療法.

विकीर्ण /vikīrṇa ヴィキールン/ [←Skt. *वि-कीर्ण-* 'scattered, thrown about, dispersed'] *adj.* 散乱した;拡散した. ❐～ केश 振り乱した髪.

विकृत /vikr̥ta ヴィクリト/ [←Skt. *वि-कृत-* 'deformed, disfigured, mutilated, maimed, unnatural, strange, extraordinary'] *adj.* **1** 変形した, ゆがんだ, 歪曲された;悪化した. ❐आँखें लाल, मुख ～, त्योरियाँ चढ़ी हुईं, मुट्ठियाँ बँधी हुईं। 目は血走り, 顔はゆがみ, 眉はつりあがり, こぶしは握りしめられていた. ❐बातें बहुत से कानों, ज़बानों पर उतरती-चढ़ती एकदम ～ हो गई हैं। 話は多くの人たちの耳, 舌を経ていくうちに全く歪曲されてしまった. ❐लालसा का ～ रूप 欲望のゆがんだ形. **2** (心や身体の健康が)損なわれた. **3** 〖医学〗(身体の一部が)損傷を受けた. (⇔अविकृत) **4** 〖言語〗活用変化した(語形)《ヒンディー語の男性名詞(単数)を例にとると, लड़का「少年」は活用変化する前の形(主格), लड़के は活用変化した形(後置格);主格, 後置格はそれぞれ直格, 斜格とも呼ぶ》. (⇔अविकृत) ❐～ रूप 活用変化した語形.

विकृति /vikr̥ti ヴィクリティ/ [←Skt.f. *वि-कृति-* 'change, alteration, modification, variation'] *f.* ☞विकार

विकेंद्रीकरण /vikeṃdrīkaraṇa ヴィケーンドリーカラン/ [neo.Skt.n. *वि-केन्द्रीकरण-* 'decentralisation'] *m.* 〖経済〗分散化;地方分権.

विकेट /vikeṭa ヴィケート/ [←Eng.n. *wicket*] *m.* 〖スポーツ〗(クリケットの)三柱門;打撃番. ❐～ लेना 打者をアウトにする.

विक्टोरिया /vikṭoriyā ヴィクトーリヤー/ [cf. Eng.n. *Victoria*] *m.* 〖地名〗ヴィクトリア《セーシェル(共和国)(सेशेल्स) の首都》.

विक्रम /vikrama ヴィクラム/ [cf. Skt.m. *विक्रम-आदित्य-* 'name of a celebrated Hindu king'] *m.* 〖暦〗ヴィクラ

マ暦《紀元元年は西暦 57 年》. ❐～ संवत् ヴィクラマ暦年.

विक्रमी /vikramī ヴィクラミー/ [←Skt. *वि-क्रमिन्-* 'displaying valour, courageous, gallant'] *adj.* 勇敢な, 英雄的な.

विक्रय /vikraya ヴィクラエ/ [←Skt.m. *वि-क्रय-* 'sale, selling, vending'] *m.* 販売. (⇔क्रय)

विक्रांत /vikrāṃta ヴィクラーント/ [←Skt. *वि-क्रान्त-* 'courageous, bold, strong, mighty'] *adj.* 勇猛な, 雄々しい.

विक्रेता /vikretā ヴィクレーター/ [←Skt.m. *वि-क्रेतृ-* 'seller'] *m.* **1**〖経済〗販売者, 販売人, 売り手. (⇔क्रेता) **2**〖経済〗販売代理人, 販売代理店. (⇔क्रेता)

विक्षत /vikṣata ヴィクシャト/ [←Skt. *वि-क्षत-* 'hurt severely, wounded'] *adj.* 負傷した, 傷ついた.

विक्षिप्त /vikṣipta ヴィクシプト/ [←Skt. *वि-क्षिप्त-* 'thrown asunder or away or about, scattered; agitated, bewildered, distraught'] *adj.* 気の狂った, 発狂した. ❐वह ～ हो गई। 彼女は発狂した.

विक्षिप्तता /vikṣiptatā ヴィクシプタター/ [?neo.Skt.f. *विक्षिप्त-ता-* 'insanity'] *f.* 発狂;狂気. ❐उनकी आँखों में वह शून्यता थी, जो ～ का लक्षण है। 彼の目には発狂のあの兆候である虚(うつ)ろさがあった.

विक्षुब्ध /vikṣubdʰa ヴィクシュブド/ [←Skt. *वि-क्षुब्ध-* 'disturbed'] *adj.* 激昂した.

विक्षेप /vikṣepa ヴィクシェープ/ [←Skt.m. *वि-क्षेप-* 'the act of throwing asunder or away or about, scattering, dispersion'] *m.* 投影, 投射, 射影.

विक्षोभ /vikṣobʰa ヴィクショーブ/ [←Skt.m. *वि-क्षोभ-* 'shaking; mental agitation, perturbation, distraction, alarm'] *m.* 激昂.

विखंडित /vikʰaṃḍita ヴィカンディト/ [←Skt. *वि-खण्डित-* 'cut into pieces, divided, lacerated'] *adj.* 粉砕された.

विख्यात /vikʰyāta ヴィキャート/ [←Skt. *वि-ख्यात-* 'generally known, notorious, famous'] *adj.* 有名な, 高名な, 著名な. (⇒प्रख्यात)

विख्यापन /vikʰyāpana ヴィキャーパン/ [←Skt.n. *वि-ख्यापन-* 'making known'] *m.* 世に知らしめること.

विगणन /vigaṇana ヴィガナン/ [←Skt.n. *वि-गणन-* 'paying off, discharge (of a debt)'] *m.* (支払うべきものの)支払い, (借金などの)返済.

विगत /vigata ヴィガト/ [←Skt. *वि-गत-* 'gone asunder, dispersed; gone away, departed, disappeared, ceased, gone'] *adj.* 過ぎ去った(こと), 過去の. (⇔अनागत)

विगर्हणा /vigarhaṇā ヴィガルハナー/ [←Skt.f. *वि-गर्हणा-* 'the act of blaming, censure, reproach'] *f.* 叱責, 譴責(けんせき).

विगर्हणीय /vigarhaṇīya ヴィガルハニーエ/ [←Skt. *वि-गर्हणीय-* 'reprehensible'] *adj.* 叱責すべき, 非難すべき.

विगलन /vigalana ヴィガラン/ [?neo.Skt.n. *वि-गलन-* 'melting'] *m.* 溶解;溶け出すこと.

विगलित /vigalita ヴィガリト/ [←Skt. *वि-गलित-* 'melted away, dissolved'] *adj.* 溶解した;溶け出した.

विग्रह /vigraha ヴィグラ/ [←Skt.m. *वि-ग्रह-* 'keeping apart or asunder, isolation'] *m.*〖言語〗ヴィグラハ《合成語 (समास) を分析し要素を取り出すこと》.

विघटन /vigʰaṭana ヴィガタン/ [←Skt.n. *वि-घटन-* 'breaking up, separation'] *m.* 分解, 解体, 崩壊. ❐ताप ～ 熱分解. ❐पारिवारिक ～ 家族の崩壊. ❐सोवियत संघ का ～ 旧ソ連邦の崩壊.

विघटित /vigʰaṭita ヴィガティト/ [←Skt. *वि-घटित-* 'broken, separated, divided'] *adj.* 分解された, 解体された, 崩壊した.

विघातक /vigʰātaka ヴィガータク/ [←Skt. *वि-घातक-* 'impeding, interrupting'] *adj.* 破壊的な, 有害な.

विघ्न /vigʰna ヴィグン/ [←Skt.m. *वि-घ्न-* 'an obstacle'] *m.* 障害, 妨害, 邪魔. ❐(में) ～ डालना (…を)妨害する. ❐(में) ～ पड़ना (…に)障害となる.

विघ्नकारी /vigʰnakārī ヴィグンカーリー/ [←Skt. *विघ्न-कारिन्-* 'fearful or terrible to be looked at'] *adj.* 障害となる, 妨害する. ❐～ उम्मीदवार (票田を荒らす)妨害立候補者.

विचरण /vicaraṇa ヴィチャラン/ [←Skt.n. *वि-चरण-* 'wandering, motion'] *m.* (出向いて)歩き回ること, 巡り歩くこと. ❐～ करना 巡り歩く.

विचरना /vicaranā ヴィチャルナー/ [cf. Skt. *वि-चर-* 'wandered'] *vi.* (*perf.* विचरा /vicarā ヴィチラー/) 歩き回る, 巡り歩く;放浪する.

विचल /vicala ヴィチャル/ [←Skt. *वि-चल-* 'moving about, shaking, unsteady'] *adj.* **1** 動く, 固定していない. **2** 落ち着かない;気まぐれな.

विचलन /vicalana ヴィチャラン/ [←Skt.n. *वि-चलन-* 'moving from, deviation'] *m.* **1** 歩き回ること. **2** 落ち着かないこと. **3** (本来の道から)逸脱すること. **4**〖数学〗偏差. ❐मानक ～ 標準偏差.

विचलित /vicalita ヴィチャリト/ [←Skt. *वि-चलित-* 'gone away, departed'] *adj.* **1** 動かされた. **2** 落ち着きを失った. ❐वह ～ न हुई। 彼女は動じなかった. ❐वह क्यों दूसरों का ठाट-बाट देखकर ～ हो जाती है? 彼女はなぜ他人の華やかさを見ていらいらするのだろう? **3** (本来の道から)逸脱した, それた, はずれた. ❐(को) (से) ～ करना (人を)(…から)逸脱させる. ❐(से) ～ होना (…から)逸脱する.

विचार /vicāra ヴィチャール/ [←Skt.m. *वि-चार-* 'reflection'] *m.* **1** 考え, 思考. (⇒ख़याल) ❐(पर) ～ करना(…について)考える. **2** 見方, 意見;アイディア. (⇒ख़याल) ❐आपका क्या ～ है?あなたはどう思いますか? **3** 思想;視点. **4** 配慮.

विचारक /vicāraka ヴィチャーラク/ [←Skt.m. *वि-चारक-* 'one who deliberates or considers'] *m.* 思想家.

विचारगोष्ठी /vicāragoṣṭʰī ヴィチャールゴーシュティー/ [neo.Skt.f. *विचार-गोष्ठी-* 'symposium, seminar'] *f.* シンポジウム, セミナー.

विचारणा /vicāraṇā ヴィチャールナー/ [←Skt.f. *विचारणा-* 'consideration, reflexion'] *f.* 思索;考察.

विचारणीय /vicāraṇīya ヴィチャールニーエ/ [?neo.Skt. *वि-चारणीय-* 'deserving thought or consideration'] *adj.* 考えるべき, 検討すべき.

विचार-धारा /vicāra-dʰārā ヴィチャール・ダーラー/ [neo.Skt.f. *विचार-धारा-* 'ideology'] *f.* イデオロギー, 観念形態;思潮.

विचारना /vicāranā ヴィチャールナー/ [cf. *विचार*] *vt.* (*perf.* विचारा /vicārā ヴィチャーラー/) 考える, 熟慮する;考慮する. ❐शकुन ~ 吉兆を占う.

विचारवान् /vicāravān ヴィチャールワーン/ ▷विचारवान [←Skt. *विचार-वत्-* 'proceeding with consideration, considerate, prudent'] *adj.* 思慮深い(人). (⇒विचारशील)

विचार-विमर्श /vicāra-vimarśa ヴィチャール・ヴィマルシュ/ [neo.Skt.m. *विचार-विमर्श-* 'deliberation'] *m.* 審議, 討議, 協議.

विचारशील /vicāraśīla ヴィチャールシール/ [←Skt. *विचार-शील-* 'disposed to deliberation or reflection, considerate, deliberative'] *adj.* 思慮深い(人). (⇒विचारवान्)

विचारशीलता /vicāraśīlatā ヴィチャールシールター/ [←Skt.f. *विचारशील-ता-* 'thoughtfulness'] *f.* (内面からにじみ出る)思慮深さ. ❐मुख से ~ झलक रही थी। 顔から思慮深さがにじみ出ていた.

विचाराधीन /vicārādʰīna ヴィチャーラーディーン/ [neo.Skt. *विचार-अधीन-* 'under consideration'] *adj.* 検討中の;(事件が)審理中の, 未決の. ❐यह अभियोग ~ है। この容疑は審理中である.

विचित्र /vicitra ヴィチトル/ [←Skt. *वि-चित्र-* 'variegated, many-coloured; strange, wonderful, surprising'] *adj.* **1** 不思議な, えも言われぬ. (⇒अजीब) **2** 奇妙な, おかしな, 風変わりな. (⇒अजीब)

विचित्रता /vicitratā ヴィチトルター/ [←Skt.f. *विचित्र-ता-* 'variegation, variety, wonderfulness '] *f.* 不思議であること;風変わりであること.

विच्छिन्न /viccʰinna ヴィッチンヌ/ [←Skt. *वि-च्छिन्न-* 'cut or torn or split or cleft or broken asunder'] *adj.* 切り離された, 断絶した.

विच्छेद /viccʰeda ヴィッチェード/ [←Skt.m. *वि-च्छेद-* 'cutting asunder, cleaving, piercing, breaking, division, separation'] *m.* **1** 分離, 切断, 断絶. **2** (本の)節, 項.

विछोह /vicʰoha ヴィチョーフ/ [<OIA.m. ***vikṣōbha-*** 'shaking, alarm': T.11660] *m.* (愛する者との)別離;別離の悲しみ.

विजन /vijana ヴィジャン/ [←Skt. *वि-जन-* 'free from people, destitute of men, deserted, solitary, lonely'] *adj.* 人家のない;人気のない, さびしい.

विजनता /vijanatā ヴィジャンター/ [←Skt.f. *विजन-ता-* 'solitude'] *f.* 人家のないこと;人気のないこと, さびしいこと.

विजय /vijaya ヴィジャエ/ [←Skt.m. *वि-जय-* 'overcoming; conquest'] *f.* 勝利. (⇒फ़तह) ❐~ यात्रा 凱旋. ❐(पर) ~ पाना [प्राप्त करना] (…に)打ち勝つ, 勝利を得る.

विजय-दशमी /vijaya-daśamī ヴィジャエ・ダシュミー/ ▶विजया-दशमी [←Skt.f. *विजय-दशमी-* 'the 10th day of the light half of the month *Āśvina*'] *f.* ☞विजया-दशमी

विजया-दशमी /vijayā-daśamī ヴィジャヤー・ダシュミー/▶विजय-दशमी [←Skt.f. *विजया-दशमी-* 'the 10th day of the light half of the month *Āśvina*'] *f.* 〖暦〗アーシュヴィナ月(आश्विन)の白半月の十日目《叙事詩『ラーマーヤナ』においてラーマ王子が魔王ラーヴァナに勝利した日;また当日これを祝うダシャハラー祭 (दशहरा)》.

विजय-पताका /vijaya-patākā ヴィジャエ・パターカー/ [←Skt.f. *विजय-पताका-* 'a triumphal flag'] *f.* 勝利の旗(印).

विजयश्री /vijayaśrī ヴィジャエシュリー/ [←Skt.f. *विजय-श्री-* 'the goddess of victory'] *f.* 勝利の女神.

विजया /vijayā ヴィジャヤー/ [←Skt.f. *वि-जया-* 'a kind of hemp'] *f.* **1** ヴィジャヤー《ドゥルガー女神 (दुर्गा) の別名》. **2** 大麻. (⇒भाँग)

विजया-दशमी /vijayā-daśamī ヴィジャヤー・ダシュミー/ [←Skt.f. *विजया-दशमी-* 'the 10th day of the light half of the month *Āśvina*'] *f.* 〖暦〗ヴィジャヤーダシャミー《アーシュヴィナ月 (आश्विन) の白半月10日目の祭り;ラーマ王子 (राम) ラーヴァナ (रावण) に勝利したことを祝うダシャハラー祭 (दशहरा)》.

विजयी /vijayī ヴィジャイー/ [←Skt. *वि-जयिन्-* 'victorious, triumphant'] *adj.* (戦争・競技・選挙などで)勝利した;勝利者の, 勝ち誇った, 凱旋した. ❐उसने पति की ओर ~ आँखों से देखा। 彼女は夫の方を勝ち誇った目で見た.
— *m.* (戦争・競技・選挙などの)勝利者.

विजयोत्सव /vijayotsava ヴィジャヨートサオ/ [←Skt.m. *विजय-उत्सव-* 'victory festival'] *m.* **1** 勝利の祝典. **2** ☞विजया-दशमी

विजाति /vijāti ヴィジャーティ/ [←Skt.f. *वि-जाति-* 'different origin or caste or tribe'] *f.* **1** 異種. **2** 〖ヒンドゥー教〗(自分とは異なる)別のジャーティ (जाति).

विजातीय /vijātīya ヴィジャーティーエ/ [←Skt. *वि-जातीय-* 'belonging to another caste or tribe'] *adj.* **1** 異国の;異質の. ❐वे ~ वस्तुओं को हेय समझते थे। 彼は異国の事物を卑しむべきものと考えていた. **2** 〖ヒンドゥー教〗(自分とは)異なるジャーティ (जाति) の.

विजिगीषा /vijigīṣā ヴィジギーシャー/ [←Skt.f. *वि-जिगीषा-* 'desire to conquer or overcome or subdue'] *f.* 征服欲;支配欲.

विजित /vijita ヴィジト/ [←Skt. *वि-जित-* 'conquered, subdued, defeated'] *adj.* 敗北した;征服された.

विजेता /vijetā ヴィジェーター/ [←Skt.m. *वि-जेतृ-* 'a vanquisher, conqueror'] *m.* **1** 勝利者. **2** 受賞者. ❐नोबेल पुरस्कार ~ ノーベル賞受賞者. **3** 征服者.

विज्ञ /vijña ヴィギエ/ [←Skt. *वि-ज्ञ-* 'knowing, intelligent, wise, clever'] *adj.* (特定の分野において)深い知識をもつ(人).

विज्ञप्ति /vijñapti ヴィギャプティ/ [←Skt.f. *वि-ज्ञप्ति-* 'information, report, address'] *f.* **1** 公式発表;公式声明, コミュニケ. ❐प्रेस ～ プレスリリース, 報道発表. **2** 広告, 告示. (⇒विज्ञापन) ❐उसे पकड़ लाने के लिए बड़े-बड़े इनामों की ～ निकाली जाती थी। 彼を捕まえて連れてくるために大きな賞金がかけられた告示が出されていた.

विज्ञात /vijñāta ヴィギャート/ [←Skt. *वि-ज्ञात-* 'discerned, understood, known'] *adj.* **1** よく理解されている. **2** よく知られている, 有名な.

विज्ञान /vijñāna ヴィギャーン/ [←Skt.n. *वि-ज्ञान-* 'act of distinguishing or discerning; worldly or profane knowledge'] *m.* **1** 科学. (⇒इल्म) ❐प्राकृतिक ～ 自然科学. **2**…学, …論. (⇒शास्त्र) ❐अर्थ ～ 意味論. ❐भाषा ～ 言語学.

विज्ञानी /vijñānī ヴィギャーニー/ [←Skt. *वि-ज्ञानिन्-* 'having intelligence or knowledge or science, clever, skilful'] *m.* 科学者. (⇒वैज्ञानिक)

विज्ञापक /vijñāpaka ヴィギャーパク/ [←Skt. *वि-ज्ञापक-* 'who or what makes known'] *adj.* 広告する.
— *m.* 広告主.

विज्ञापन /vijñāpana ヴィギャーパン/ [←Skt.n. *वि-ज्ञापन-* 'information, communication'] *m.* **1** 広告, 宣伝. (⇒इश्तहार) ❐पत्रों में (का) ～ निकलना 新聞に(…の)広告が出る. **2** 公示;広報.

विज्ञापित /vijñāpita ヴィギャーピト/ [←Skt. *वि-ज्ञापित-* 'made known, reported, informed'] *adj.* 広告された, 告示された.

विटप /viṭapa ヴィタプ/ [←Skt.m. *विटप-* 'the young branch of a tree or creeper'] *m.* 〖植物〗若枝.

विटामिन /viṭāmina ヴィターミン/ [←Eng.n. *vitamin*] *m.* 〖化学〗ビタミン. ❐～ ए [बी, सी, ई]ビタミンA[B, C, E].

विडंबना /viḍaṃbanā ヴィダンバナー/ [←Skt.f. *वि-डम्बना-* 'imitation, copying'] *f.* **1** (人をからかうための)物真似. **2** お笑い種(ぐさ), もの笑いの種, 皮肉で傑作なこと. ❐सबसे बड़ी ～ यह है कि इन सारे दुर्गुणों के होते हुए भी मैं इनसे एक दिन भी पृथक् नहीं रह सकती। 一番の皮肉は, これら全部の欠点があるにもかかわらず私がこの方と一日たりとも離れることができないということです.

विडियो /viḍiyo ヴィディヨー/ [←Eng.n. *video*] *m.* ビデオ. ❐～ कैमरा ビデオカメラ.

वितंडा /vitaṃḍā ヴィタンダー/ [←Skt.f. *वि-तण्डा-* 'cavil, captious objection'] *f.* あげ足とり, あら探し;屁理屈.

वितंडावाद /vitaṃḍāvāda ヴィタンダーワード/ [neo.Skt.m. *वितण्डा-वाद-* 'arguing for the sake of argument'] *m.* あげ足とりの議論, 無意味な議論.

वितरक /vitaraka ヴィタラク/ [←Skt. *वि-तरक-* 'distributing'] *m.* 配布者, 配達人;配給元;流通業者.

वितरण /vitaraṇa ヴィタラン/ [←Skt.n. *वि-तरण-* 'the act of crossing or passing over'] *m.* 配布, 配達;配給;流通. ❐(का) ～ करना (…を)配る.

वितरित /vitarita ヴィタリト/ [←Skt. *वि-तरित-* 'granted'] *adj.* 配布された, 配達された;配給された;流通した.

वितर्क /vitarka ヴィタルク/ [←Skt.m. *वि-तर्क-* 'conjecture, supposition'] *m.* 反論.

वितान /vitāna ヴィターン/ [←Skt.m. *वि-तान-* 'extension'] *m.* **1** 広がり. (⇒विस्तार) **2** 天蓋.

वितृष्णा /vitr̥ṣṇā ヴィトリシュナー/ [←Skt.f. *वि-तृष्णा-* 'thirst for, ardent desire'] *f.* **1** 嫌悪(感);反感. **2** 無関心, 無欲. **3** 激しい欲望.

वित्त /vitta ヴィット/ [←Skt.n. *वित्त-* 'anything found, a find; acquisition, wealth, property, goods, substance, money, power'] *m.* 〖経済〗財政, 財務;会計. ❐～ मंत्रालय 財務省, 大蔵省. ❐～ मंत्री 財務大臣, 大蔵大臣. ❐～ वर्ष 会計年度《वित्तीय वर्ष とも言う》.

वित्तीय /vittīya ヴィッティーエ/ [?neo.Skt. *वित्तीय-* 'financial, fiscal'] *adj.* 財政の. ❐～ वर्ष 会計年度《वित्त वर्ष とも言う》.

विदग्ध /vidagdʰa ヴィダグド/ [←Skt. *वि-दग्ध-* 'burnt up, consumed; clever, shrewd'] *adj.* **1** 燃え盛る. ❐भोग की ～ लालसा ने उसे उच्छृंखल बन दिया। 享楽の燃え盛る欲望は彼を自由奔放にした. **2** 刻苦の末到達した, 熟達した. ❐आधुनिक योरोपीय साहित्य और विचार-धारा के ～ अध्येता 現代ヨーロッパの文学と思潮に刻苦の末通じるに至った研究者.

विदग्धता /vidagdʰatā ヴィダグドター/ [←Skt.f. *विदग्ध-ता-* 'cleverness, sharpness, skill'] *f.* 刻苦の末到達した熟達の境地.

विदर्भ /vidarbʰa ヴィダルブ/ [cf. Eng.n. *Vidarbha*] *m.* 〖地名〗ヴィダルバ《旧名バラール (बरार);マハーラーシュトラ州 (महाराष्ट्र) にあるインド有数の綿花生産地》.

विदा /vidā ヴィダー/ ▸बिदा [←Pers. وداع 'adieu, farewell' ←Arab.] *f.* **1** 別れ, いとまごい. ❐(को) ～ करना (人を)送り出す, 見送る. ❐(को) ～ देना (人に)さよならを言って送り出す. ❐(से) ～ लेना (人に)さよならを言って別れる. **2** ヴィダー《花嫁が婚家に嫁ぐこと;既婚女性が里帰りのために婚家を離れ実家に向かうこと》. ❐लड़की को ～ करना (父が)娘を婚家に嫁がせる. ❐स्त्री को ～ कराना (夫が)里帰りの妻を実家に送り届ける.

विदाई /vidāī ヴィダーイー/ ▸बिदाई [*विदा* + *-ई*] *f.* 別れ;送別, 見送り. ❐～ समारोह 送別式.

विदारक /vidāraka ヴィダーラク/ [←Skt. *वि-दारक-* 'tearing asunder, cutting'] *adj.* (胸を)引き裂く《合成形容詞 हृदयविदारक「胸が引き裂かれるような, 悲痛な」の要素として多く使われる》. ❐～ वेदना 胸を引き裂かれる痛み.

विदारण /vidāraṇa ヴィダーラン/ [←Skt.n. *वि-दारण-* 'the act of tearing asunder'] *m.* 引き裂くこと.

विदित /vidita ヴィディト/ [←Skt. *वि-दित-* 'known, understood, learnt, perceived'] *adj.* 知られた, 判明し

た. ❒उसे आज ～ हुआ कि तृप्ति कुछ स्वादिष्ट व्यंजनों ही पर निर्भर नहीं है और निद्रा सुनहरे तकियों की ही आवश्यकता रखती है। 彼は今日知った，満腹感は美味な食べ物にだけに依存するのではないことを，また熟睡には黄金色の枕が必要だというわけではないということを.

विदीर्ण /vidīrṇa ヴィディールン/ [←Skt. *वि-दीर्ण-* 'rent asunder, torn, split, broken, wounded'] *adj.* 引き裂かれた. ❒उसने छाती पर हाथ रखा। ऐसा जान पड़ा, मानो मेरे इस प्रश्न ने उसके हृदय को ～ कर दिया है। 彼は胸に手を置いた. まるで私のこの質問が彼の心臓を引き裂いたかのように思えた.

विदुषी /viduṣī ヴィドゥシー/ [←Skt.f. *वि-दुषी-* 'a wise woman'] *f.* 才能のある賢い女性.

विदूर^1 /vidūra ヴィドゥール/ [←Skt. *वि-दूर-* 'very remote'] *adj.* **1** はるか離れた，はるか遠方の.

विदूर^2 /vidūra ヴィドゥール/ [＜Skt.n. *विदूर-ज-* 'cat's-eye (a sort of jewel)'] *m.* 〖鉱物〗キャッツアイ，猫目石. (⇒लहसुनिया)

विदूर^3 /vidūra ヴィドゥール/ [＜Skt.n. *वैदूर्य-* 'lapis lazuli; brought from vidūra'; → Chin.n. **吠瑠璃(べいるり)**] *m.* 〖鉱物〗ラピス・ラズリ，瑠璃；紫水晶. (⇒लाजवर्द)

विदूषक /vidūṣaka ヴィドゥーシャク/ [←Skt.m. *वि-दूषक-* 'a jester, wag, buffoon'] *m.* **1** 道化者，ひょうきん者. **2** 〖演劇〗道化師，道化役《サンスクリット演劇で主に宮廷道化師の役割を演じる》.

विदेश /videśa ヴィデーシュ/ [←Skt.m. *वि-देश-* 'another country, foreign country'] *m.* **1** 外国，異国. ❒～ नीति 外交. ❒～ मंत्रालय 外務省. ❒～ यात्रा 外国旅行. **2** 異郷，他国. (⇒परदेश)

विदेश-नीति /videśa-nīti ヴィデーシュ・ニーティ/ [neo.Skt.f. *विदेश-नीति-* 'foreign policy'] *f.* 外交.

विदेशी /videśī ヴィデーシー/ [←Skt. *वि-देशिन्-* 'belonging to another country, foreign'] *adj.* 外国の，外国製の，西洋の. (⇔देशी) ❒～ मुद्रा 外貨. ❒～ शराब की दुकान 洋酒(ウイスキー，ワイン，ビール，ジン，ラムなど)専門店.
— *m.* 外国人.

विदेह /videha ヴィデーヘ/ [←Skt. *विदेह-* 'bodiless, incorporeal; deceased, dead'] *adj.* 肉体を有しない.
— *m.* ヴィデーハ国《古代インドの国名》.

-विद् /-vid ・ヴィド/ ▷-विद [←Skt. *विद्-* 'knowing, understanding, a knower'] *suf.* 《〖名詞 विद्〗の形式で，合成語の形容詞・名詞「…をよく知っている(人)を作る」；कलाविद्「技芸に精通している(人)」，प्राच्यविद्「東洋学者，オリエンタリスト」，भाषाविद्「言語学者」など》

विद्ध /vidd^{h}a ヴィッド/ [←Skt. *विद्ध-* 'pierced, perforated, penetrated'] *adj.* 貫通された.

विद्यमान /vidyamāna ヴィディエマーン/ [←Skt. *विद्यमान-* 'being found; existent, existing, present, real'] *adj.* 存在している，現存している. ❒देश में ऐसे लोग ～ हैं, जिन्होंने आपका नमक खाया है और उसे भूले नहीं हैं। 国には，あなたの恩義を受けそれを忘れてはいない人々がいます. ❒भगवान् संसार के कण-कण में ～ है। 神は世界の隅々に宿られています.

विद्यमानता /vidyamānatā ヴィディエマーンター/ [←Skt.f. *विद्यमान-ता-* 'existence, presence'] *f.* 存在(していること).

विद्या /vidyā ヴィディャー/ [←Skt.f. *विद्या-* 'knowledge'] *f.* **1** 学問. **2** 知識.

विद्यादान /vidyādāna ヴィディャーダーン/ [←Skt.n. *विद्या-दान-* 'the imparting of knowledge'] *m.* 知識を与えること，教授.

विद्यापीठ /vidyāpīṭ^{h}a ヴィディャーピート/ [←Skt.n. *विद्या-पीठ-* 'seat of knowledge'] *m.* 学舎；(カレッジなど)高等教育機関. (⇒कालेज)

विद्याभ्यास /vidyāb^{h}yāsa ヴィディャービャース/ [←Skt.m. *विद्या-अभ्यास-* 'practice or pursuit of learning'] *m.* 学習，練習，実習.

विद्यारंभ /vidyārambh^{h}a ヴィディャーランブ/ [←Skt.m. *विद्या-आरम्भ-* 'beginning of study'] *m.* 〖ヒンドゥー教〗ヴィディヤーランバ《就学儀礼；通過儀礼の一つ》.

विद्यार्जन /vidyārjana ヴィディャールジャン/ [←Skt.n. *विद्या-अर्जन-* 'acquirement of knowledge'] *m.* 知識の習得，教育を受けること.

विद्यार्थी /vidyārt^{h}ī ヴィディャールティー/ [←Skt. *विद्या-अर्थिन्-* 'desirous of knowledge'] *m.* 学生，生徒. (⇒छात्र) ❒～ जीवन 学生生活.

विद्यालय /vidyālaya ヴィディャーラエ/ [←Skt.m. *विद्या-आलय-* 'abode or seat of learning, a school, college'] *m.* 学校. (⇒स्कूल)

विद्युत् /vidyut ヴィディュト/ [←Skt.f. *वि-द्युत्-* 'lightning, a flashing thunderbolt'] *f.* **1** 〖物理〗電気；供給電力. (⇒इलेक्ट्रिसिटी, बिजली) ❒～ शक्ति 電力. **2** 雷，雷光，稲妻. (⇒बिजली)

विद्युत्-दाब /vidyut-dāba ヴィディュト・ダーブ/ *f.* 〖物理〗電圧.

विद्युत्-धारा /vidyut-d^{h}ārā ヴィディュト・ダーラー/ [neo.Skt.f. *विद्युत्-धारा-* 'electric curent'] *f.* 〖物理〗電流.

विद्युत्-धारा-माप /vidyut-d^{h}ārā-māpa ヴィディュト・ダーラー・マープ/ *m.* 〖物理〗アンペア《電流の強さの単位》. (⇒एंपियर)

विद्रुम /vidruma ヴィドルム/ [←Skt.n. *वि-द्रुम-* 'coral'] *m.* 〖生物〗サンゴ. (⇒मूँगा)

विद्रूप /vidrūpa ヴィドループ/ [pseudo.Skt. *विद्रूप-* for Skt. *वि-रूप-* 'deformed, misshapen, ugly, monstrous, unnatural'; ?←Beng.n. *বিদ্রূপ* 'ridicule; irony; taunt'] *adj.* 奇怪な；醜悪な. ❒अंतर्राष्ट्रीय राजनीति का ～ चेहरा 国際政治の醜い一面.
— *m.* 〖生物〗イカ.

विद्रोह /vidroha ヴィドローフ/ [←Skt.m. *वि-द्रोह-* 'rebellion'] *m.* **1** 反乱，反逆，謀叛(むほん). (⇒गदर, बगावत) ❒～ करना 反乱を起こす. ❒～ का झंडा उठाना 反旗をひるがえす. **2** 公然たる反抗，反抗的態度；挑戦. ❒प्रसन्नता की जगह उसके मुख पर असंतोष और ～ था। 喜びの代

わりに彼の顔には不満と公然たる反抗があった.

विद्रोही /vidrohī ヴィドローヒー/ [←Skt. *वि-द्रोहिन्-* 'rebellious'] *adj.* **1** 反乱の, 反逆の, 反旗をひるがえした. ❐~ सेना 反乱軍. ❐~ विचार 反逆的思想. **2** 反抗的な;挑戦的な.
— *m.* 反乱者, 反逆者, 謀叛人. (⇒ग़द्दार)

विद्वत्ता /vidvattā ヴィドワッター/ [←Skt.f. *विद्वत्-ता-* 'knowlege, scholarship'] *f.* 学識.

विद्वान् /vidvān ヴィドワーン/ ▷विद्वान [←Skt. *विद्वस्-* 'learned, intelligent'] *adj.* 学識のある;物知りの, 博学の.
— *m.* 学者;物知り.

विद्वेष /vidveṣa ヴィドヴェーシュ/ [←Skt.m. *वि-द्वेष-* 'hatred, dislike, contempt'] *m.* 憎悪, 憎しみ;敵意, 敵愾心.

विद्वेषी /vidveṣī ヴィドヴェーシー/ [←Skt. *वि-द्वेषिन्-* 'hating, hostile'] *adj.* 憎悪の;悪意の.
— *m.* (憎むべき)敵.

विधर्म /vidʰarma ヴィダルム/ [←Skt. *वि-धर्म-* 'wrong, unjust, unlawful'] *m.* 異教;異端の信仰.

विधर्मी /vidʰarmī ヴィダルミー/ [←Skt. *वि-धर्मिन्-* 'transgressing the law (as speech)'] *adj.* 異教の;異端の.
— *m.* 異教徒;異端者.

विधवा /vidʰavā ヴィドワー/ [←Skt.f. *वि-धवा-* 'a husbandless woman, widow'] *f.* 未亡人, 寡婦(かふ). (⇒बेवा)(⇔सधवा)

विधवाश्रम /vidʰavāśrama ヴィドワーシュラム/ [neo.Skt.m. *विधवा-आश्रम-* 'home for widows'] *m.* ヴィドゥワーシュラム《身寄りのない寡婦(かふ)を保護収容する施設》.

विधा /vidʰā ヴィダー/ [←Skt.f. *वि-धा-* 'division, part, portion; form, manner, kind, sort'] *f.* 類型, 様式, ジャンル. ❐अगर अभिव्यक्ति की किसी नई ~ ने जन्म लिया था तो जीवन में कुछ ऐसा परिवर्तन आ चुका था कि वह पुरानी ~ में व्यक्त नहीं हो सकता था। もし表現の何らかの新しい様式が生まれたとするなら, それは人生において古い様式では表現できないような変化が到来しているということだ.

विधाता /vidʰātā ヴィダーター/ [←Skt.m. *वि-धातृ-* 'creator'] *m.* 造物主, 創造者.

विधान /vidʰāna ヴィダーン/ [←Skt.n. *वि-धान-* 'order, measure, disposition, arrangement, regulation, rule'] *m.* **1** 定め, 規定, 規則. ❐प्राणियों के जन्म-मरण, सुख-दुख, पाप-पुण्य में कोई ईश्वरीय ~ नहीं है। 生きとし生けるものの生と死, 幸福と不幸, 罪と善行に何ら神の定めは存在しない. **2** 法令, 法律, 法. ❐~ सभा (州議会の)下院. **3** (物事の)筋道, 方法, 方式.

विधान-परिषद् /vidʰāna-pariṣad ヴィダーン・パリシャド/ [neo.Skt.m. *विधान-परिषद्-* 'Legislative Council'] *f.* (二院制をとっている州議会の)上院《下院は विधान-सभा》.

विधान-मंडल /vidʰāna-maṃḍala ヴィダーン・マンダル/ [neo.Skt.n. *विधान-मण्डल-* 'legislature'] *m.* 州議会.

विधान-सभा /vidʰāna-sabʰā ヴィダーン・サバー/ [neo.Skt.f. *विधान-सभा-* 'Legislative Assembly'] *f.* (二院制をとっている州議会の)下院;(一院制をとっている)州議会. (⇒असेंबली, धारा-सभा)

विधानांग /vidʰānāṃga ヴィダーナーング/ [neo.Skt.n. *विधान-अङ्ग-* 'legislature'] *m.* ☞विधान-मंडल

विधायक /vidʰāyaka ヴィダーヤク/ [←Skt. *वि-धायक-* 'one who entrusts or deposits anything'] *adj.* (インドの)州議会の, 立法府の.
— *m.* (インドの)州議会議員.

विधायिका /vidʰāyikā ヴィダーイカー/ [neo.Skt.f. *वि-धायिका-* 'legislature'] *f.* 立法府, 議会.

विधायी /vidʰāyī ヴィダーイー/ [←Skt. *वि-धायिन्-* 'regulating, prescribing'] *adj.* 立法の. ❐~ कार्य 立法機能. ❐~ शक्ति 立法権.

विधि /vidʰi ヴィディ/ [←Skt.f. *विधि-* 'a rule, formula, injunction, ordinance; method, manner; the creator'] *m.* **1**〖法律〗法, 法律, 法規. ❐अंतर्राष्ट्रीय ~ 国際法. **2** 方法;様式;形式;祭式. **3** 天, 神;天命, 運命.

विधिक /vidʰika ヴィディク/ [neo.Skt. *विधि-क-* 'legal'] *adj.* 法律上の;法律に基づく, 適法の. ❐~ प्रतिनिधि 合法的な代理人.

विधि-निषेध /vidʰi-niṣedʰa ヴィディ・ニシェード/ [←Skt.m. *विधि-निषेध-* 'precept and prohibition'] *m.* 合法・非合法の規定.

विधिपूर्वक /vidʰipūrvaka ヴィディプールワク/ [←Skt.ind. *विधि-पूर्वकम्* 'according to rule, duly'] *adv.* 法に従って;適切に.

विधिमान्य /vidʰimānya ヴィディマーニエ/ [neo.Skt. *विधि-मान्य-* 'lawful'] *adj.* 法に従った;適切な.

विधिवत् /vidʰivat ヴィディワト/ [←Skt.ind. *विधि-वत्* 'according to rule, duly'] *adv.* 規則通りに, 正規の手続きを経て. (⇒बाक़ायदा)

विधु /vidʰu ヴィドゥ/ [←Skt. *विधु-* 'lonely, solitary (applied to the moon)'] *m.* 月.

विधुर /vidʰura ヴィドゥル/ [←Skt. *वि-धुर-* 'bereft, bereaved (esp. of any loved person), alone, solitary'] *m.* 妻に死別した男, 男やもめ.

विधेय /vidʰeya ヴィデーエ/ [←Skt.n. *वि-धेय-* 'what is to be done, duty, necessity'] *adj.*述部の.
— *m.*〖言語〗述部, 述語.

विधेयक /vidʰeyaka ヴィデーヤク/ [neo.Skt.n. *वि-धेयक-* 'a parliamentary bill'] *m.*〖法律〗法案, 議案. (⇒बिल) ❐(का) ~ प्रस्तुत करना (…の)法案を提出する. ❐(का) ~ पारित करना (…の)法案を可決する. ❐(का) ~ पारित होना (…の)法案が通過する.

विध्वंस /vidʰvaṃsa ヴィドワンス/ [←Skt.m. *वि-ध्वंस-* 'ruin, destruction, hurt, injury'] *m.* **1** 破滅, 荒廃. **2** 破壊, 粉砕. ❐(का) ~ करना (…を)破壊する.

विध्वंसक /vidʰvaṃsaka ヴィドワンサク/ [←Skt.m. *वि-ध्वंसक-* 'a debaucher, violator (of a woman)'] *adj.* 破壊する;破壊的な.
— *m.* **1** 破壊者. **2** 駆逐艦. (⇒विनाशक)

विध्वस्त /vid^{h}vasta ヴィドワスト/ [←Skt. *वि-ध्वस्त-* 'fallen asunder, fallen to pieces, dispersed, ruined, destroyed'] *adj.* 破壊された, 粉砕された;廃墟となった. ❐(को) ～ करना (…を)破壊する.

विनत /vinata ヴィナト/ [←Skt. *वि-नत-* 'bent, curved, bent down, bowed'] *adj.* **1** (腰を)屈めた, 頭を下げた. **2** 従順な;謙虚な.

विनती /vinatī ヴィンティー/ [<Skt.f. *वि-नति-* 'bowing, obeisance'] *f.* 嘆願. ❐(से) ～ करना (人に)嘆願する.

विनम्र /vinamra ヴィナムル/ [←Skt. *वि-नम्र-* 'bent down, stooping, submissive, humble, modest'] *adj.* 恭しい, 丁重な;控え目な, 謙虚な. ❐～ निवेदन 懇請. ❐उसने ～ स्वर में कहा। 彼は丁重な声で言った.

विनम्रता /vinamratā ヴィナムルター/ [←Skt.f. *विनम्र-ता-* 'humbleness'] *f.* 謙虚さ, 謙遜. ❐वे शिष्टाचार और ～ की मूर्ति थे। 彼は礼節と謙虚さの権化だった.

विनम्रतापूर्वक /vinamratāpūrvaka ヴィナムルタープールワク/ [neo.Skt.ind. *विनम्रता-पूर्वक* 'modestly, humbly'] *adv.* 謹んで;謙虚に, 謙遜して.

विनय /vinaya ヴィナエ/ [←Skt.m. *वि-नय-* 'taking away, removal, withdrawal'] *f.* 礼節, 節度, 慎み深さ. ❐उसने नक़ली ～ का नाटक करके कहा। 彼女はうわべだけの慎み深さを装って言った.

विनष्ट /vinaṣṭa ヴィナシュト/ [←Skt. *वि-नष्ट-* 'utterly lost or ruined, destroyed, perished, disappeared'] *adj.* 破壊された, 壊滅した, 滅亡した.

विनाश /vināśa ヴィナーシュ/ [←Skt.m. *वि-नाश-* 'utter loss, annihilation, perdition, destruction, decay'] *m.* 破壊, 壊滅, 滅亡. ❐धरती का ～ 世界の滅亡.

विनाशक /vināśaka ヴィナーシャク/ [←Skt. *वि-नाशक-* 'annihilating, destroying'] *adj.* 破滅をもたらす.
— *m.* 駆逐艦. (⇒विध्वंसक)

विनाशकारी /vināśakārī ヴィナーシュカーリー/ [neo.Skt. *विनाश-कारिन्-* 'destructive'] *adj.* ☞विनाशक

विनिमय /vinimaya ヴィニマエ/ [←Skt.m. *वि-निमय-* 'exchange, barter'] *m.* **1** 交換. ❐विचारों का ～ 意見交換. **2**〖経済〗(外貨の)両替. ❐～ दर 為替レート. ❐विदेशी मुद्रा ～ बाज़ार 外国為替市場.

विनियंत्रण /viniyaṃtraṇa ヴィニヤントラン/ [neo.Skt.n. *वि-नियंत्रण-* 'decontrol'] *m.*〖経済〗統制撤廃, 自由化.

विनियम /viniyama ヴィニヤム/ [←Skt.m. *वि-नियम-* 'limitation, restriction; limitation, restriction'] *m.*〖法律〗法規, 規定.

विनियमन /viniyamana ヴィニヤマン/ [?neo.Skt.n. *वि-नि-यमन-* 'regulating'] *m.* 法規化すること.

विनियोक्ता /viniyoktā ヴィニヨークター/ [←Skt.m. *वि-नि-योक्तृ-* 'one who appoints'] *m.*〖経済〗投資家. (⇒निवेशक)

विनियोग /viniyoga ヴィニヨーグ/ [←Skt.m. *वि-नियोग-* 'apportionment, distribution, division; employment, use, application (esp. of a verse in ritual)'] *m.*〖経済〗投資. (⇒निवेश)

विनिर्माण /vinirmāṇa ヴィニルマーン/ [←Skt.n. *वि-निर्माण-* 'meting out, measuring; building, forming, creating'] *m.* 製造業.

विनिर्माता /vinirmātā ヴィニルマーター/ [←Skt.m. *वि-निर्मातृ-* 'a maker, builder, creator'] *m.* 製造業者, メーカー.

विनीत /vinīta ヴィニート/ [←Skt. *वि-नीत-* 'led or taken away, removed; tamed, trained, educated, well-behaved, humble, modest'] *adj.* 謙虚な, 慎み深い;丁重な, 礼儀正しい.

विनोद /vinoda ヴィノード/ [←Skt.m. *वि-नोद-* 'driving away, removal; diversion, sport, pastime, pleasure, playing or amusing one's self'] *m.* **1** 知的な遊戯;ユーモア, 機知;冗談, ジョーク. ❐(से) ～ करना (人に)冗談をいう, からかう. **2** 娯楽, 楽しみ, 遊び, 慰み. ❐～ के सामान 娯楽の道具.

विनोदिनी /vinodinī ヴィノーディニー/ [cf. *विनोदी*] *adj.* 機知にとんだ(女), ユーモアのある(女);陽気な(女).

विनोदी /vinodī ヴィノーディー/ [←Skt. *वि-नोदिन्-* 'driving away, dispelling; amusing, diverting'] *adj.* 機知にとんだ, ユーモアのある;陽気な.

विन्यस्त /vinyasta ヴィニャスト/ [←Skt. *वि-न्यस्त-* 'put or placed down'] *adj.* 配置された, 配列された.

विन्यास /vinyāsa ヴィニャース/ [←Skt. *वि-न्यास-* 'putting or placing down'] *m.* 配置, 配列.

विपक्ष /vipakṣa ヴィパクシュ/ [←Skt.m. *वि-पक्ष-* 'an enemy, adversary, opponent'] *m.* **1** 正反対の事物;不支持. (⇔पक्ष) ❐(के) ～ में बोलना (人に)反対して発言する. **2** 野党. (⇔सत्तारूढ़ पार्टी) **3**〖言語〗(文法上の)例外.

विपक्षी /vipakṣī ヴィパクシー/ [←Skt. *वि-पक्षिन्-* 'adverse, contrary'] *adj.* 対立側の, 対戦側の, 反対派の.
— *m.* (競争)相手, 対戦者, 対抗者.

विपण /vipaṇa ヴィパン/ [←Skt.m. *वि-पण-* 'a trading-place, shop, market-place'] *m.* 市場, マーケット.

विपणन /vipaṇana ヴィパナン/ [neo.Skt.n. *वि-पणन-* 'marketing'] *m.* 市場開発, マーケティング.

विपत्ति /vipatti ヴィパッティ/ [←Skt.f. *वि-पत्ति-* 'going wrongly, adversity, misfortune, failure, disaster'] *f.* **1** 不幸;災難, 厄災;苦難. (⇒मुसीबत) ❐एक नयी ～ आ खड़ी हुई थी। 一つの新たな災難が立ちはだかった. **2** 災害, 天災, 大惨事.

विपथन /vipat^{h}ana ヴィパタン/ [neo.Skt.n. *वि-पथन-* 'aberration'] *m.* 逸脱, 脱線.

विपद् /vipad ヴィパド/ [←Skt.f. *वि-पद्-* 'going wrongly, misfortune, adversity, calamity, failure, ruin, death'] *f.* ☞विपत्ति

विपदा /vipadā ヴィパダー/ [←Skt.f. *वि-पदा-* 'misfortune, adversity, calamity'] *f.* ☞विपत्ति

विपन्न /vipanna ヴィパンヌ/ [←Skt. *वि-पन्न-* 'gone wrong,

failed, miscarried'] *adj.* 苦難に直面している, 苦境に陥っている.

विपन्नता /vipannatā ヴィパンナター/ [←Skt.f. *विपन्न-ता-* 'misfortune, ruin, destruction'] *f.* 苦難, 苦境. ❐अपने परिवार की आर्थिक 〜 自分の家族の経済的苦難.

विपरीत /viparīta ヴィプリート/ [←Skt. *वि-परि-इत-* 'turned round, reversed, inverted'] *adj.* **1** 反対の, 正反対の, 逆の;都合の悪い. ❐〜 प्रभाव 逆効果;副作用. ❐〜 रति (性交における)女性上位の体位. ❐〜 लक्षणा 相反する性質・特徴(の描写). ❐हम दोनों 〜 दिशाओं में जा रहे थे। 私たち二人は互いに正反対の方向に進んでいた. **2**《〖名詞 के विपरीत〗の形式で, 副詞句「…に反して, …に逆らって」を作る》❐धारा के 〜 नाव खेना 流れに逆らって舟をこぐ. ❐मनुष्य जो भीतर से होता है बाहर से उसके 〜 अपने को दिखाने का प्रयत्न करता है। 人間は外面的には, 自身の内面なるものとは正反対に自分を見せる努力をするものだ.

विपर्यय /viparyaya ヴィパルヤエ/ [←Skt.m. *वि-पर्यय-* 'transposition, change, alteration, inverted order or succession'] *m.* **1** 逆転, 反転. ❐महीनों दिन-सोने, रात-जागने के 〜 की थकान और तनाव उनके शरीर पर था। 何か月も昼眠り, 夜起きるという逆転生活の疲労と緊張が彼の身体にあった. **2**〖言語〗音位転換.

विपर्याय /viparyāya ヴィパルヤーエ/ [←Skt.m. *वि-पर्याय-* 'reverse, contrariety'] *m.*〖言語〗反意語. (⇔पर्याय)

विपिन /vipina ヴィピン/ [←Skt.n. *विपिन-* 'stirring or waving (in the wind); a wood, forest, thicket, grove'] *m.* 森, 森林.

विपुल /vipula ヴィプル/ [←Skt. *वि-पुल-* 'large, extensive, wide, great, thick, long (also of time), abundant, numerous, important, loud (as a noise), noble (as a race)'] *adj.* **1** 巨大な;広大な. **2** 莫大な, おびただしい. ❐〜 धन 莫大な富. **3** 底知れぬ, 深い.

विपुलता /vipulatā ヴィプルター/ [←Skt.f. *विपुल-ता-* 'largeness, greatness, extent, width, magnitude'] *f.* 巨大さ;広大さ;おびただしさ;底知れぬ深さ.

विप्र /vipra ヴィプル/ [←Skt.m. *विप्र-* 'a sage, seer, singer. poet, learned theologian'] *m.*〖ヒンドゥー教〗ブラーフマン, バラモン. (⇒ब्राह्मण)

विप्रलंभ /vipralamb^{h}a ヴィプラランブ/ [←Skt.m. *वि-प्रलम्भ-* 'deception, deceit, disappointment; separation of lovers'] *m.* (恋人たちの)別離. (⇒विरह)

विप्लव /viplava ヴィプラオ/ [←Skt.m. *वि-प्लव-* 'confusion, trouble, disaster, evil, calamity, misery, distress'] *m.* 騒乱(状態);反乱, 反逆, 造反. ❐जब उनकी रिपोर्ट प्रकाशित हुई, तो राजनीतिक क्षेत्र में 〜 मच गया। 彼のリポートが出版されると, 政界は騒乱状態になった.

विप्लवी /viplavī ヴィプラヴィー/ [←Skt. *वि-प्लविन्-* 'fugitive, transitory'] *adj.* 騒乱を引き起こした;反乱を起こした.

विफल /vip^{h}ala ヴィパル/ [←Skt. *वि-फल-* 'fruitless, useless, ineffectual, futile, vain, idle'] *adj.* **1** (植物が)実を結ばない. (⇔सफल) **2** 実りのない, 無駄な;失敗した. (⇒असफल)(⇔सफल) ❐किसी भूली बात को याद करने का 〜 प्रयास 何か忘れたことを思い出そうとする無駄な努力. ❐संतान की 〜 कामना में उसने जीवन का बड़ा भाग बिताया। 子どもを授かりたいという実りがない願望の中で彼は人生の大部分を過ごした.

विफलता /vip^{h}alatā ヴィパルター/ [←Skt.f. *विफल-ता-* 'fruitlessness, uselessness, unprofitableness'] *f.* **1** (植物が)実を結ばないこと, 実りがないこと. (⇔सफलता) **2** 実りがないこと, 無駄なこと;失敗. (⇒असफलता)(⇔सफलता) ❐उसे छिपा रखने की अपनी सफलता और उसका सुराग़ लगा सकने में पुलिस की 〜 पर वह एक संतोषप्रद पुलक का अनुभव करता था। 彼女をかくまうことの自分の上首尾と彼女の捜索に警察が失敗したことに彼はある満ち足りた歓喜を覚えていた.

विभक्त /vib^{h}akta ヴィバクト/ [←Skt. *वि-भक्त-* 'divided'] *adj.* 分割された, 分離された. ❐〜 करना 分割する. ❐यह पुस्तक दो भागों में 〜 है। この本は二部に分かれている.

विभक्ति /vib^{h}akti ヴィバクティ/ [←Skt.f. *वि-भक्ति-* 'separation, partition, division; (in gram.) inflection of nouns, declension, an affix of declension, case'] *f.*〖言語〗(代名詞, 名詞, 形容詞の)屈折, 屈折語尾;格変化形.

विभव /vib^{h}ava ヴィバオ/ [←Skt.m. *वि-भव-* 'development, evolution'] *m.* 富裕;富, 財産.

विभा /vib^{h}ā ヴィバー/ [←Skt.f. *वि-भा-* 'light, lustre, splendour, beauty'] *f.* 輝き, 光彩.

विभाग /vib^{h}āga ヴィバーグ/ [←Skt.m. *वि-भाग-* 'distribution, apportionment; a share, portion, section, constituent part of anything'] *m.* **1** (組織の)部, 部局, 部門, 課. ❐मासिक पत्रिका का संपादकीय 〜 月刊誌の編集部. **2** (大学教育組織の)学部, 学科. ❐अंग्रेज़ी 〜 英語科, 英文学科.

विभागाध्यक्ष /vib^{h}āgād^{h}yakṣa ヴィバーガーディャクシュ/ [neo.Skt.m. *विभाग-अध्यक्ष-* 'head of the department'] *m.* (大学の)学部長, 学科長.

विभागीय /vib^{h}āgīya ヴィバーギーエ/ [neo.Skt. *वि-भागीय-* 'departmental'] *adj.* 学部の, 学科の.

विभाजक /vib^{h}ājaka ヴィバージャク/ [←Skt. *वि-भाजक-* 'distributing, apportioning'] *m.* 分割する, 分離する, 仕切りをする. ❐〜 पर्वत-माला 分水嶺山脈. ❐〜 रेखा 分割線.

विभाजन /vib^{h}ājana ヴィバージャン/ [←Skt.n. *वि-भाजन-* 'the act of causing to share or distribute'] *m.* **1** 分割, 区分, 仕切り. ❐〜 की रेखाएँ 区切りの線. **2**〖歴史〗(国土・土地の)分離分割《特に英領インド帝国のインド・パキスタン分離独立(1947)を指すことがある》. **3**〖生物〗(細胞などの)分裂. ❐कोशिका 〜 細胞分裂.

विभाजित /vib^{h}ājita ヴィバージト/ [←Skt. *वि-भाजित-* 'caused to be divided, distributed, apportioned, partitioned'] *adj.* 分割された. ❐〜 करना 分割する.

विभाज्य /vib^{h}ājya ヴィバージエ/ [←Skt. *वि-भाज्य-* 'to be divided or apportioned, divisible'] *adj.* 分割することができる;分割すべき. (⇔अविभाज्य)

विभाव /vibʰāva ヴィバーオ/ [←Skt.m. *वि-भाव-* 'any condition which excites or develops a partic. state of mind or body, any cause of emotion'] *m.* 〖演劇〗ヴィバーヴァ《作品鑑賞者の美的感動を喚起する要因;アーランバナ (आलंबन) とウッディーパナ (उद्दीपन) の二種類がある》.

विभावरी /vibʰāvarī ヴィバーオリー/ [←Skt.f. *वि-भावरी-* 'the (starry) night'] *f.* (星明りの)夜.

विभाषा /vibʰāṣā ヴィバーシャー/ [←Skt.f. *वि-भाषा-* 'a class of *Prākṛt* languages'] *f.* 〖言語〗方言.

विभासित /vibʰāsita ヴィバースィト/ [←Skt. *वि-भासित-* 'made bright, illuminated'] *adj.* 光り輝いている.

विभिन्न /vibʰinna ヴィビンヌ/ [←Skt. *वि-भिन्न-* 'various, manifold'] *adj.* 様々な, 多様な;相異なる.

विभिन्नता /vibʰinnatā ヴィビンナター/ [←Skt.f. *विभिन्न-ता-* 'the state of being broken or split asunder or scattered'] *f.* 多様性;差異があること.

विभीषण /vibʰīṣaṇa ヴィビーシャン/ [←Skt. *वि-भीषण-* 'terrifying, fearful, horrible'] *adj.* 恐怖を与える, ぞっとするような.

— *m.* **1**〖神話〗ヴィビーシャナ《叙事詩『ラーマーヤナ』において悪魔の王ラーヴァナ (रावण) の弟;兄を裏切りラーマ王子 (राम) に味方し, その功により兄の死後ランカーの王となる》. **2** 裏切者.

विभीषिका /vibʰīṣikā ヴィビーシカー/ [←Skt.f. *वि-भीषिका-* 'the act of terrifying, means of terrifying, terror'] *f.* 恐怖(を見せつけること), 戦慄(させること).

विभूति /vibʰūti ヴィブーティ/ [←Skt.f. *वि-भूति-* 'manifestation of might, great power, superhuman power'] *f.* **1** (精神的な)力;偉力. **2** 権威, 大御所. ❐सभी रूपों में वे बँगला साहित्य-संसार की ख्यातिप्राप्त ～ थे। あらゆる点で彼はベンガル文学界の高名な大御所だった.

विभूषण /vibʰūṣaṇa ヴィブーシャン/ [←Skt.n. *वि-भूषण-* 'decoration, ornament'] *m.* 装飾;装飾品. ❐पद्म ～ パドマ・ヴィブーシャン《「インドの至宝」(भारत रत्न) に次ぐインド連邦共和国の文化勲章》.

विभूषित /vibʰūṣita ヴィブーシト/ [←Skt. *वि-भूषित-* 'adorned, decorated'] *adj.* 飾られた;(栄誉・功労が)称えられた. ❐पूर्व प्रधान मंत्री अटल बिहारी वाजपेयी को 'भारत रत्न' से ～ किया गया। 元首相アタル・ビハーリー・ワージペーイー氏を「インドの至宝」(最高文化勲章)で功労が称えられた.

विभेद /vibʰeda ヴィベード/ [←Skt.m. *वि-भेद-* 'breaking asunder, splitting, piercing, division, separation'] *m.* **1** 下位区分. **2** 差別. ❐आपस में कोई ～ न था। 互いに何の差別の気持ちはなかった.

विभेदक /vibʰedaka ヴィベーダク/ [←Skt. *वि-भेदक-* 'distinguishing anything from'] *adj.* (他と)区別する, 区分する.

विभोर /vibʰora ヴィボール/ [←Beng.adj. *বিভোর* 'engrossed'] *adj.* うっとりとした, 恍惚とした. ❐वह ～ होकर गीत सुनता था। 彼はうっとりと歌を聞いていた.

विभ्रम /vibʰrama ヴィブラム/ [←Skt.m. *वि-भ्रम-* 'illusion, illusive appearance'] *m.* (感覚器官の)錯覚.

विभ्रांत /vibʰrāṃta ヴィブラーント/ [←Skt. *वि-भ्रान्त-* 'confused, bewildered'] *adj.* 幻覚の;錯覚した.

विभ्रांति /vibʰrāṃti ヴィブラーンティ/ [←Skt.f. *वि-भ्रान्ति-* 'error, delusion'] *f.* 〖医学〗幻覚;錯覚.

विमर्श /vimarśa ヴィマルシュ/ [←Skt.m. *वि-मर्श-* 'consideration, deliberation, trial, critical test, examination'] *m.* 熟考, 熟慮.

विमल /vimala ヴィマル/ [←Skt. *वि-मल-* 'stainless, spotless, clean, bright, pure'] *adj.* 無垢(むく)な, 清らかな.

विमा /vimā ヴィマー/ [neo.Skt.f. *वि-मा-* 'dimension'] *f.* 〖数学〗次元.

विमाता /vimātā ヴィマーター/ [←Skt.f. *वि-मातृ-* 'a stepmother'] *f.* 継母(ままはは). (⇒सौतेली माँ)

विमान /vimāna ヴィマーン/ [←Skt.m. *वि-मान-* 'a car or chariot of the gods, any mythical self-moving aerial car'] *m.* 飛行機. (⇒वायुयान, हवाई जहाज़)

विमान-चालक /vimāna-cālaka ヴィマーン・チャーラク/ [*विमान* + *चालक*] *m.* (飛行機の)パイロット, 操縦士. (⇒वैमानिक)

विमानन /vimānana ヴィマーナン/ [neo.Skt.n. *वि-मानन-* 'air-navigation'] *m.* 飛行;航空. ❐नागर ～ मंत्रालय 民間航空省.

विमानपत्तन /vimānapattana ヴィマーンパッタン/ [neo.Skt.n. *विमान-पत्तन-* 'airport'] *m.* 空港. (⇒हवाई अड्डा) ❐भारतीय ～ प्राधिकरण インド空港管理局.

विमीय /vimīya ヴィミーエ/ [neo.Skt. *वि-मीय-* 'dimensional'] *adj.* 〖物理〗…次元の. ❐एक- [द्वि-, त्रि-] विमीय 1[2, 3]次元の.

विमुक्त /vimukta ヴィムクト/ [←Skt. *वि-मुक्त-* 'freed or delivered or escaped from'] *adj.* 解放された.

विमुख /vimukʰa ヴィムク/ [←Skt. *वि-मुख-* 'having the face averted, turned backwards'] *adj.* 顔を背けた, 背を向けた;背いた;乗り気でない. ❐उसका अहंकार शायद अंत तक उसे ईश्वर से ～ रखे। 彼のうぬぼれが恐らく最後まで彼を神に背をむけたままにするだろう. ❐संसार से ～ होकर जीवन व्यतीत करना 世間に背を向けて人生を送る.

विमुग्ध /vimugdʰa ヴィムグド/ [←Skt. *वि-मुग्ध-* 'confused, bewildered, infatuated'] *adj.* うっとりと酔いしれた. ❐(को) ～ करना (人を)うっとりと酔わす.

विमूढ़ /vimūṛʰa ヴィムール/ [←Skt. *वि-मूढ-* 'perplexed as to, uncertain about'] *adj.* 狼狽し戸惑った.

विमोचन /vimocana ヴィモーチャン/ [←Skt.n. *वि-मोचन-* 'deliverance, liberation'] *m.* 公開, お披露目. ❐पुस्तक ～ समारोह 出版記念式典.

विमोहित /vimohita ヴィモーヒト/ [←Skt. *वि-मोहित-* 'confused, infatuated, bewitched, beguiled'] *adj.* 魅了された.

वियतनाम /viyatanāma ヴィヤトナーム/ [cf. Eng.n. *Vietnam*] *m.* 〖国名〗ベトナム(社会主義共和国)《首都はハノイ (हनोई)》.

वियनतियेन /viyanatiyena ヴィヤンティエーン/ [cf. Eng.n. *Vientiane*] *m.* 〖地名〗ビエンチャン, ヴィエンチャン《ラオス(人民民主共和国) (लाओस) の首都》.

वियना /viyanā ヴィエナー/ [cf. Eng.n. *Vienna*] *m.* 〖地名〗ウィーン《オーストリア(共和国) (आस्ट्रिया) の首都》.

वियुक्त /viyukta ヴィユクト/ [←Skt. *वि-युक्त-* 'disjoined, detached, separated or delivered from'] *adj.* 分離した;独立した.

वियोग /viyoga ヴィヨーグ/ [←Skt.m. *वि-योग-* 'disjunction, separation (esp. of lovers)'] *m.* (恋人との)別離, 離別.

वियोगिन /viyogina ヴィヨーギン/ [cf. *वियोगी*] *f.* ☞वियोगिनी

वियोगिनी /viyoginī ヴィヨーギニー/ [←Skt.f. *वि-योगिनी-* 'a woman separated from her husband or lover'] *f.* 夫や恋人から離れてくらす女, 孤閨(こけい)を守る女.

वियोगी /viyogī ヴィヨーギー/ [←Skt. *वि-योगिन्-* 'separated or absent from'] *adj.* いとしいものとの別離に苦しむ(人).

— *m.* いとしいものとの別離に苦しむ人. ❐～ होगा पहला कवि, आह से उपजा होगा पहला गान। 別離に苦しむものこそおそらく原初の詩人, ため息から生じたものこそおそらく詩歌の始まり《二十世紀の現代ヒンディー語詩人スミトラーナンダン・パント (सुमित्रानंदन पंत) の詩の有名な一節》.

वियोजक /viyojaka ヴィヨージャク/ [←Skt. *वि-योजक-* 'separative, causing separation'] *adj.* 〖数学〗減数.

वियोजन /viyojana ヴィヨージャン/ [←Skt.n. *वि-योजन-* 'separation from; subtraction'] *m.* **1** 分離;分解. **2** 〖数学〗引き算, 減法.

विरक्त /virakta ヴィラクト/ [←Skt. *वि-रक्त-* 'indifferent to'] *adj.* 厭世的になった;(関心・熱意・意欲がなくなり)うとましくなった. ❐जब आप मुझसे इतने ～ हैं, तो मेरी समझ में नहीं आता कि जीकर क्या करूँ? あなたが私をこれほどまでうとましいとお思いなら, 私は何をして生きていけばいいかわかりません. ❐वह ～ मन से बोला। 彼はそっけなく言った.

विरक्ति /virakti ヴィラクティ/ [←Skt.f. *वि-रक्ति-* 'indifference to worldly objects, weanedness from the world'] *f.* 厭世的になること;(関心・熱意・意欲がなくなり)うとましくなること.

विरचित /viracita ヴィラチト/ [←Skt. *वि-रचित-* 'constructed, arranged; composed, written'] *adj.* (文学作品が)創作された.

विरत /virata ヴィラト/ [←Skt. *वि-रत-* 'stopped, ceased, ended'] *adj.* (世俗が)うとましくなった.

विरल /virala ヴィラル/ [←Skt. *विरल-* 'rare, scarcely found, unfrequent, scanty, few'] *adj.* ☞विरला

विरला /viralā ヴィルラー/ [cf. *विरल*] *adj.* **1** まれな(人・もの), 希少な《名詞的に使用されることも多い》. ❐शहरों में मनुष्य बहुत होते हैं, पर मनुष्यता विरले ही में होती है। 町には人間がたくさんいる, しかし人間性というものはまれな人間の中にだけにあるものだ. **2** (布の織り方が)粗い;(人家が)まばらな.

विरह /viraha ヴィラ/ [←Skt.m. *वि-रह-* 'abandonment, desertion, parting, separation (esp. of lovers)'] *m.* (夫・恋人との)別離;その苦しみや悲しみ. ❐मैंने ये ～ के दिन किस तरह काटे हैं, सो मेरा दिल ही जानता है। 私がこの別離の日々をどのように過ごしたのか, それは私の心だけが知っている.

विरहाग्नि /virahāgni ヴィルハーグニ/ [neo.Skt.f. *विरह-अग्नि-* 'fire of separation, agony of separation'] *f.* (愛しい人との)別離で恋い焦がれる苦痛.

विरहिणी /virahiṇī ヴィラヒニー/ [←Skt.f. *वि-रहिणी-* 'a woman separated from her husband or lover'] *f.* 恋人との別離に苦悶する女.

विरही /virahī ヴィルヒー/ [←Skt. *वि-रहिन्-* 'separated, parted (esp. from a beloved person)'] *adj.* 恋人との別離に苦悶する(人). (⇔संयोगी)

— *m.* 恋人との別離に苦悶する男.

विराग /virāga ヴィラーグ/ [←Skt.m. *वि-राग-* 'indifference to external things or worldly objects'] *m.* **1** 愛着・執着がないこと, 脱俗;厭世(えんせい)的な気持ち. (⇔अनुराग) ❐ज्ञान से जागे हुए ～ में मोह का संस्कार हो, पर नैराश्य से जागा हुआ ～ अचल होता है। 知によって覚醒した脱俗の中には姿を変えた執着が秘められていることもあるが, 絶望によって覚醒した脱俗はまぎれもないものである. **2** 気乗りでないこと, そっけないこと. ❐वह ईर्षा-जनित ～ से बोली। 彼女は嫉妬から生まれたそっけなさで言った.

विरागी /virāgī ヴィラーギー/ [←Skt. *वि-रागिन्-* 'indifferent to'] *adj.* 愛着・執着がない;厭世(えんせい)的な気持ちの.

— *m.* 修行者, 禁欲者;世捨て人.

विराजना /virājanā ヴィラージナー/ ▸बिराजना [cf. Skt. *विराजति* 'reigns'] *vi.* (*perf.* विराजा /virājā ヴィラージャー/) 〔敬語〕おかけになる, 腰をおろされる《बैठना「座る」の尊敬語》. (⇒बैठना) ❐विराजिए। おかけ下さい.

विराजमान /virājamāna ヴィラージマーン/ [cf. Skt. *विराजति* 'reigns'] *adj.* 鎮座している;いらっしゃる;宿られている. ❐सभी यहाँ ～ हैं। お歴々の方々すべてここにいらっしゃる.

विराट् /virāṭ ヴィラート/ ▹विराट [←Skt. *वि-राज्-* 'ruling far and wide, sovereign, excellent, splendid'] *adj.* 巨大な, 広大な;大規模な. ❐～ रूप 巨大な姿. ❐～ सभा 大規模な大会. ❐～ सागर 広大な海.

विराट्ता /virāṭtā ヴィラーッター/ ▹विराटता [?neo.Skt.f. *विराट्-ता-* 'vastness'] *f.* 巨大さ, 広大さ. ❐देश और काल की ～ में मनुष्य कितना तुच्छ और नगण्य है। 空間と時間の広大さの中で人間は何とちっぽけでとるに足らないものである

か.

विराम /virāmá ヴィラーム/ [←Skt.m. वि-राम- 'cessation, termination, end'] m. 1 停止;休止;中断. ❐～ घड़ी ストップウオッチ. ❐संघर्ष [युद्ध] ～ 停戦. 2 休息;休憩. ❐～ करना 休憩する. 3 ヴィラーマ《単独の子音字に含まれている母音 a を強制的に消す記号 ◌्》. (⇒हल्) 4 終止符;句読点. (⇒हल्) ❐(पर) ～ चिह्न लगाना (…に)終止符をうつ.

विरासत /virāsatá ヴィラーサト/ [←Pers.n. وراثة 'receiving by inheritance, inheriting; heritage' ←Arab.] f. 遺産. (⇒धरोहर) ❐～ में लेना 相続する, 継承する. ❐सांस्कृतिक ～ 文化遺産.

विरुद /virudá ヴィルド/ [←Skt.m. विरुद- 'laudatory poem, panegyric'] m. 1 賛辞, 頌徳(しょうとく). 2 (偉大さを表す)称号.

विरुदावली /virudāválī ヴィルダーオリー/ [←Skt.f. विरुद-आवली- 'a detailed panegyric'] f. 人を称える長たらしい美辞麗句.

विरुद्ध /viruddʰá ヴィルッド/ [←Skt. वि-रुद्ध- 'opposed, hindered, restrained, arrested, kept back'] adj. 反対の, 対立した《『名詞 के विरुद्ध』の形式で, 副詞句「…に反対して, …に対抗して」を作る》. (⇒ख़िलाफ़) ❐उसकी इच्छा के ～ तो किसी ने कुछ नहीं कहा। 彼の意に反しては誰も何も言わなかった. ❐किसी ने उसके ～ साक्षी न दी। 誰も彼に不利になる証言はしなかった. ❐सारा गाँव उसके ～ हो गया। 村中が彼の敵になった.

विरूप /virūpá ヴィループ/ [←Skt. वि-रूप- 'multiform, manifold, various; deformed, misshapen, ugly'] adj. 醜い, 異様な.

विरेचक /virecaká ヴィレーチャク/ [←Skt. वि-रेचक- 'purgative'] adj. 〖医学〗下剤の. (⇒दस्तावर)

विरेचन /virecaná ヴィレーチャン/ [←Skt.n. वि-रेचन- 'purging or any purging substance'] m. 〖医学〗下剤.

विरोध /virodʰá ヴィロード/ [←Skt.m. वि-रोध- 'opposition, hostility, quarrel'] m. 反対, 対立;敵対;抵抗, 抗議. ❐(के) ～ में (…に)反対[抵抗]して. ❐(का) ～ करना (…に)反対[抵抗]する.

विरोधाभास /virodʰābʰāsá ヴィローダーバース/ [←Skt.m. विरोध-आभास- '(in rhet.) aparent contradiction, the semblance of opposite qualities'] m. 矛盾していること.

विरोधी /virodʰī ヴィローディー/ [←Skt. वि-रोधिन्- 'opposing, hindering, preventing'] adj. 反対する, 対立する;敵対する. (⇒मुख़ालिफ़)

— m. 反対者;敵対者. (⇒मुख़ालिफ़)

वर्कशाप /varkáśāpá ワルクシャープ/ ▸वर्कशॉप [←Eng.n. *workshop*] f. 1 作業場. 2 研究会, 講習会, ワークショップ.

विलंब /vilambá ヴィランブ/ [←Skt.m. वि-लम्ब- 'hanging or falling down; slowness, tardiness, delay'] m. 遅れ, 遅延, 遅滞. (⇒देर) ❐बहुत ～ हो चुका, अब ～ की गुंजाइश नहीं है, वरना मरीज़ का अंत हो जायगा। とても遅れてしまった, もう遅れる余裕はない, さもないと患者は死んでしまう.

विलंबित /vilambitá ヴィランビト/ [←Skt. वि-लम्बित- 'hanging down, pendulous; delayed, retarded'] adj. 1 遅れた;速度の遅い. 2 延期になった. ❐राष्ट्रपति की यात्रा ～ हो गई। 大統領の旅行は延期になった.

— m. 〖音楽〗ヴィランビタ《遅いテンポ》. (⇔द्रुत)

विलक्षण /vilakṣaṇá ヴィラクシャン/ [←Skt. वि-लक्षण- 'having different marks, varying in character'] adj. 並外れた;非凡な, 特異な;すばらしい.

विलग /vilagá ヴィラグ/ [वि- + लगना] adj. 離れた.

विलगाना /világānā ヴィルガーナー/ [cf. विलग] vt. 引き離す.

विलय /vilayá ヴィラエ/ [←Skt.m. वि-लय- 'destruction of the world'] m. 世界の破滅, 世の終わり.

विलयन /vilayaná ヴィラヤン/ [←Skt.n. वि-लयन- 'dissolution, liquefaction'] m. 溶解;融解.

विलसन /vilasaná ヴィラサン/ [←Skt.n. वि-लसन- 'flashing (of lightning); play, sport'] m. 気晴らし, 娯楽.

विलसित /vilasitá ヴィラスィト/ [←Skt. वि-लसित- 'glittering, shining forth; played, sported'] adj. 戯れた, 楽しんだ.

विलाप /vilāpá ヴィラープ/ [←Skt.m. वि-लाप- 'lamentation'] m. 嘆き悲しむこと. ❐～ करना 嘆き悲しむ.

विलायत /vilāyatá ヴィラーヤト/ [←Pers.n. ولايت 'an inhabited country, dominion, district' ←Arab.] f. 外国, 異国《ムガル時代にはアフガニスタンを指す;近代以降は外国, 特に英国やヨーロッパなど西欧諸国を指す》. (⇒विदेश)

विलायती /vilāyátī ヴィラーエティー/ [←Pers.adj. ولايتى 'European, foreign'] adj. 外国の;西洋の;洋風の《英国植民地時代には「英国の, 英国製の」とほぼ同義》. (⇒अँगरेज़ी, विदेशी)(⇔देशी) ❐～ माल 外国製品.

— m. 外国人;ヨーロッパ人. (⇒विदेशी)

विलायतीपन /vilāyátīpaná ヴィラーエティーパン/ [विलायती + -पन] m. 外国主義《特に英国, 西洋のものを崇拝する気風》.

विलास /vilāsá ヴィラース/ [←Skt.m. वि-लास- 'sport, play, pastime, pleasure, diversion'] m. 1 享楽, 快楽;遊興;贅沢. ❐उसके पास ～ के ऊपरी साधनों की कमी नहीं। 彼には贅沢のためのうわべの手段に不足はなかった. 2 性的官能;酒色. ❐उन लंपटों के कुत्सित ～ का मैं खिलौना थी। あのふしだらな男たちのいまわしい性的官能の私は玩具だった.

विलासिता /vilāsitā ヴィラースィター/ [←Skt.f. विलासि-ता- 'wantonness, playfulness, cheerfulness'] f. 1 享楽にふけること;贅沢三昧. 2 性的官能に溺れること;酒色にふけること.

विलासी /vilāsī ヴィラースィー/ [←Skt. वि-लासिन्- 'wanton, sportive, playful'] adj. 享楽的な, 贅沢三昧の, 遊び好

きの.

विलिंगटन /viliṃgaṭana ヴィリングタン/ ▸वेलिंग्टन [←Eng.n. *Wellington*] *m.* 〖地名〗ウェリントン《ニュージーランド (न्यूज़ीलैंड) の首都》.

विलीन /vilīna ヴィリーン/ [←Skt. *वि-लीन-* 'hidden, disappeared, perished'] *adj.* **1** 溶解した;溶け込んだ;溶けて消えた. ❐(में) ～ हो जाना (…の中に)溶けて消えていく. **2** (我を忘れ)没入した. ❐वह चिंता में ～ हो गई। 彼女は物思いに沈んだ.

विलुप्त /vilupta ヴィルプト/ [←Skt. *वि-लुप्त-* 'torn or broken off, carried away'] *adj.* 消滅した.

विलोकन /vilokana ヴィローカン/ [←Skt.n. *वि-लोकन-* 'the act of looking or seeing'] *m.* 見ること.

विलोड़न /viloṛana ヴィローラン/ [←Skt.n. *वि-लोडन-* 'stirring up, churning'] *m.* ☞आलोड़न

विलोड़ना /viloṛanā ヴィロールナー/ ▸बिलोड़ना, बिलोना *vt.* (*perf.* विलोड़ा /viloṛā ヴィローラー/) ☞बिलोना

विलोप /vilopa ヴィロープ/ [←Skt.m. *वि-लोप-* 'carrying off, taking away'] *m.* 消滅. ❐(का) ～ हो जाना (…が)消滅してしまう.

विलोम /viloma ヴィローム/ [←Skt. *वि-लोम-* 'against the hair or grain, inverted, contrary to the usual or proper course, opposed'] *adj.* 逆順の;反対の. ❐～ कोश 反意語辞典;(語末から始まるつづりで引く)逆引き辞書. ❐～ शब्द 反意語.

विवक्षा /vivakṣā ヴィワクシャー/ [←Skt.f. *विवक्षा-* 'the wish or desire to speak or declare or teach or express'] *f.* **1** どうしても言ってしまいたい欲望. **2** (言葉の)暗示する意味.

विवक्षित /vivakṣita ヴィワクシト/ [←Skt. *विवक्षित-* 'wished or intended to be spoken or said'] *adj.* 暗示された, 意図された. ❐～ अर्थ 暗示された意味, 意図された意味.

विवर /vivara ヴィワル/ [←Skt.m. *विवर-* 'a fissure, hole, chasm, slit, cleft, hollow'] *m.* **1** 穴, 空洞;くぼみ. ❐ ज्वालामुखी ～ 噴火口, クレーター. **2**〖医学〗腔. ❐ मुख ～ 口腔.

विवरण /vivaraṇa ヴィヴラン/ [←Skt.n. *वि-वरण-* 'explanation, exposition, interpretation'] *m.* 詳細, 明細;詳しい解説. (⇒तफ़सील, ब्यौरा) ❐(का) ～ करना [देना] (…を)詳述する.

विवरणिका /vivaraṇikā ヴィワルニカー/ [?neo.Skt.f. *वि-वरणिका-* 'a brochure'] *f.* パンフレット, 案内書.

विवरणी /vivaraṇī ヴィワルニー/ [cf. Skt.n. *वि-वरण-* 'explanation, exposition, interpretation'] *f.* 内容報告書;納税申告書.

विवर्ण /vivarṇa ヴィワルン/ [←Skt. *वि-वर्ण-* 'colourless, bad-coloured; belonging to a mixed caste'] *adj.* 出自の卑しい.

विवर्त /vivarta ヴィワルト/ [←Skt.m. *वि-वर्त-* 'the revolving one; a whirlpool'] *m.* 回転;流転;変化.

विवर्तन /vivartana ヴィワルタン/ [←Skt.n. *वि-वर्तन-* 'rolling (of a horse)'] *m.* **1** 回転;流転;変化. **2**〖物理〗(光・電子などの)回折(かいせつ).

विवर्तवाद /vivartavāda ヴィワルタワード/ [←Skt.m. *विवर्त-वाद-* 'a method of asserting the Vedanta doctrine (maintaining the development of the Universe from Brahma as the sole real entity, the phenomenal world being held to be a mere illusion)'] *m.* 〖ヒンドゥー教〗ヴィヴァルタヴァーダ《目に見える流転する現世は幻影にすぎないとする説》.

विवर्धन /vivardʰana ヴィワルダン/ [←Skt.n. *वि-वर्धन-* 'growth, increase, prosperity'] *m.* 増大, 増進.

विवश /vivaśa ヴィワシュ/ [←Skt. *वि-वश-* 'deprived or destitute of will, powerless, helpless'] *adj.* 不本意の, 気が進まない;無理強いされた, 強要された. (⇒मजबूर) ❐～ होकर 仕方なく. ❐मानसिक अथवा भौतिक परिस्थितियों ने मुझे लिखने को ～ किया। 精神的または物質的な諸事情が私に執筆することを強いた.

विवशता /vivaśatā ヴィワシュター/ [←Skt.f. *विवश-ता-* 'absence of will, helplessness'] *f.* 不本意, 気が進まないこと;無理強い, 強要. (⇒मजबूरी) ❐इसे आप कायरता कहेंगे, मैं इसे ～ कहूँगा। これをあなたは臆病と言うだろう, 私はこれを不本意と言いたい. ❐उनकी आँखों में कितनी ～, कितनी पराजय, कितनी वेदना छिपी होती थी। 彼の眼にはどれほどの不本意が, どれほどの敗北が, どれほどの苦悩が隠されていたことか.

विवाचक /vivācaka ヴィワーチャク/ [?neo.Skt. *वि-वाचक-* 'arbitrator'] *m.* 仲裁者, 調停者.

विवाचन /vivācana ヴィワーチャン/ [←Skt.n. *वि-वाचन-* 'arbitration, authority'] *m.* 仲裁, 調停.

विवाद /vivāda ヴィワード/ [←Skt.m. *वि-वाद-* 'a dispute, quarrel, contest'] *m.* **1** 議論;論争. ❐～ करना 議論する. ❐उसमें ～ का स्थान नहीं है। その中に議論の余地はない. **2** 紛争. ❐भारत-पाकिस्तान सीमा ～ 印パ国境紛争.

विवादग्रस्त /vivādagrasta ヴィワードグラスト/ [neo.Skt. *विवाद-ग्रस्त-* 'controversial, disputed'] *adj.* ☞विवादास्पद

विवादास्पद /vivādāspada ヴィワーダースパド/ [←Skt.n. *विवाद-आस्पद-* 'the subject of a lawsuit'] *adj.* 議論の余地のある;論争の的となっている.

विवादी /vivādī ヴィワーディー/ [←Skt. *वि-वादिन्-* 'disputing, contending'] *adj.* 論争中の;係争中の.

विवाह /vivāha ヴィワーハ/ [←Skt.m. *वि-वाह-* 'leading away (of the bride from her father's house)'] *m.* **1** 結婚(式), 婚姻, 婚礼. (⇒ब्याह, परिणय, मैरिज, शादी) ❐～ संस्कार(宗教儀式としての)結婚式. ❐(से) ～ करना(人と)結婚する. ❐(से [के साथ]) (का) ～ करना (人と)(人を)結婚させる《親などの立場から》. ❐(से [के साथ]) (का) ～ कराना(人と)(人を)結婚させる《婚姻の儀式を執り行うバラモンなどの立場から》. ❐～ की रीति [रस्म] 結婚の儀式. **2**〖ヒンドゥー教〗古代正統と認められた結婚の諸形式《ब्राह्म विवाह「ブラーフマ婚」, दैव विवाह「ダイヴァ婚」, आर्ष विवाह「アールシャ婚」, प्राजापत्य विवाह「プ

ラージャーパティヤ婚」, गांधर्व विहाह「ガーンダルヴァ婚」, आसुर विहाह「アースラ婚」, राक्षस विहाह「ラークシャサ婚」, पैशाच्य विहाह「パイシャーチヤ婚」の8形式》.

विवाह-विच्छेद /vivāha-viccʰeda ヴィワーヘ・ヴィッチェード/ [neo.Skt.m. *विवाह-विच्छेद-* 'divorce'] *m.* 〖法律〗離婚. (⇒तलाक़, संबंध-विच्छेद)

विवाहित /vivāhita ヴィワーヒト/ [←Skt. *वि-वाहित-* 'married (said of men and women)'] *adj.* 既婚の. (⇒शादीशुदा)(⇔अकेला, अनब्याहा, अविवाहित) ❐～ जीवन 結婚生活.

विवाहिता /vivāhitā ヴィワーヒター/ [←Skt.f. *वि-वाहिता-* 'married woman'] *adj.* 既婚の(女性), 人妻の.
— *f.* 既婚女性, 人妻.

विवि /viśvavidyālaya ヴィシュオヴィディヤーラエ/ [abbr. of *विश्वविद्यालय*] *m.* 〔略語〕大学. ❐मुंबई ～ ムンバイー大学.

विविध /vividʰa ヴィヴィド/ [←Skt. *वि-विध-* 'of various sorts'] *adj.* 様々な, 多様な, 種々の. (⇒मुख़्तलिफ़)

विविधता /vividʰatā ヴィヴィドター/ [←Skt.f. *विविध-ता-* 'diversity'] *f.* 多様性. (⇒अनेकता) ❐～ में एकता 多様性の中の統一.

विवृत /vivṛta ヴィヴリト/ [←Skt. *वि-वृत-* 'uncovered, unconcealed; unclosed, open'] *adj.* 〖言語〗口の開きが広い(母音). (⇔संवृत) ❐～ स्वर 広母音.

विवेक /viveka ヴィヴェーク/ [←Skt.m. *वि-वेक-* 'discrimination, distinction'] *m.* 理性;正常な判断力. ❐～ और बुद्धि 理性と知性.

विवेकी /vivekī ヴィヴェーキー/ [←Skt. *वि-वेकिन्-* 'discriminating, distinguishing'] *adj.* 理性のある, 分別のある.

विवेचन /vivecana ヴィヴェーチャン/ [←Skt.n. *वि-वेचन-* 'the act of discriminating or distinguishing'] *m.* ☞ विवेचना

विवेचना /vivecanā ヴィヴェーチナー/ [←Skt.f. *वि-वेचना-* 'investigation, examination, discussion, critical treatment'] *f.* **1** 検討;調査研究. ❐(की) ～ करना (…を)検討する. **2** 評価, 査定, 判定, 判断.

विशद /viśada ヴィシャド/ [←Skt. *वि-शद-* 'conspicuous; bright, brilliant, shining'] *adj.* 明確で具体的な. ❐～ वर्णन 明確で具体的な描写.

विशाखापटनम /viśākʰapaṭanama ヴィシャーカーパトナム/ [cf. Eng.n. *Vishakhapatnam*] *m.* 〖地名〗ヴィシャーカパトナム《アーンドラ・プラデーシュ州 (आंध्र प्रदेश) の港湾都市》.

विशारद /viśārada ヴィシャーラド/ [←Skt. *वि-शारद-* 'experienced, skilled or proficient in'] *adj.* (技術に)熟練した;専門的知識のある.
— *m.* (技術に)熟練した人;専門的知識のある人.

विशाल /viśāla ヴィシャール/ [←Skt. *विशाल-* 'spacious, extensive; great, important'] *adj.* 巨大な;広大な;莫大な;広大無辺の. ❐～ उदारता 広大無辺の寛容さ. ❐～ धन 莫大な富. ❐～ भवन 大邸宅. ❐～ वृक्ष 巨木. ❐～ सेना 大軍. ❐उनका परिवार बहुत ～ था। 彼の家族は巨大だった.

विशालता /viśālatā ヴィシャールター/ [←Skt.f. *विशाल-ता-* 'greatness'] *f.* 巨大であること;広大であること.

विशालोत्पादन /viśālotpādana ヴィシャーロートパーダン/ [neo.Skt.n. *विशाल-उत्पादन-* 'mass production'] *m.* 大量生産.

विशिष्ट /viśiṣṭa ヴィシシュト/ [←Skt. *वि-शिष्ट-* 'distinguished, distinct, particular, peculiar'] *adj.* **1** (他とは違って)特異な, 独特の, 特有の, 特別の. **2** 卓越した, 特別優れている;特に選ばれた. ❐～ बनने के अपने सारे प्रयत्नों के बावजूद मैं एक साधारण-सा ही मनुष्य बनकर रह गया हूँ। 卓越したものになろうとした自分のすべての努力にも関わらず私は一人の平凡な人間になっただけだった. ❐मेरी अकादमिक योग्यता और अनुभव में कुछ ऐसा न था जिसे ～ कहा जाए। 私の研究者としての資格そして経歴には, 卓越したと呼べるようなものは何もなかった.

विशिष्टता /viśiṣṭatā ヴィシシュタター/ [←Skt.f. *विशिष्ट-ता-* 'difference, speciality, peculiarity, distinction, excellence'] *f.* **1** 独自性, 特異性, 固有性. **2** 卓越していること, 際立っていること. ❐उनके हृदय में सम्मान और ～ की कामना है। 彼の胸の内には尊敬と人から際立っていることへの強い願望がある.

विशिष्टाद्वैत /viśiṣṭādvaita ヴィシシュタードワェート/ [←Skt.n. *विशिष्ट-अद्वैत-* 'the doctrine that the spirits of men have a qualified identity with the one Spirit '] *m.* ヴィシシュタ・アドヴァイタ, 制限・不二一元論.

विशिष्टि /viśiṣṭi ヴィシシュティ/ [cf. Skt. *वि-शिष्ट-* 'distinguished, distinct, particular, peculiar'] *f.* 仕様, スペック.

विशुद्ध /viśuddʰa ヴィシュッド/ [←Skt. *वि-शुद्ध-* 'completely cleansed or purified'] *adj.* 純粋な, 混じり気のない. (⇒अनमेल)

विशुद्धि /viśuddʰi ヴィシュッディ/ [←Skt.f. *वि-शुद्धि-* 'complete purification, purity'] *f.* 純粋であること;無垢(むく)であること.

विशृंखल /viśṛmkʰala ヴィシュリンカル/ [←Skt. *वि-शृङ्खल-* 'unfettered, unrestrained, unbounded'] *adj.* (糸が切れたように)よりどころがない;無秩序に散乱した;混乱した. ❐पत्नी की मृत्यु से उनका जीवन अनियमित और ～-सा हो गया। 妻の死により彼の生活は不規則にまた糸が切れたように乱れてしまった.

विशेष /viśeṣa ヴィシェーシュ/ [←Skt. *वि-शेष-* 'special, peculiar, particular, different'] *adj.* **1** 特別な, 特殊な, 特定の, 著しい. (⇒ख़ास, स्पेशल) ❐～ रूप से 特に. **2**《名詞の直後に置いて》…固有の, …特有の, …特定の, …独特の. ❐किसी वर्ग ～ के लोग ある階級特定の人々.

विशेषकर /viśeṣakara ヴィシェーシュカル/ [*विशेष* + *करना*] *adv.* 特に, とりわけ. (⇒ख़ासकर)

विशेषज्ञ /viśeṣajña ヴィシェーシャギエ/ [←Skt. *विशेष-ज्ञ-* 'knowing distinctions, judicious'] *m.* 専門家. (⇒एक्सपर्ट)

विशेषण /viśeṣaṇa ヴィシェーシャン/ [←Skt.n. वि-शेषण- '(in gram.) 'differencer', a word which particularizes or defines'] *m.* **1** 〘言語〙形容詞;修飾語.(⇔विशेष्य) ❐क्रिया ～ 副詞. **2** 形容(する言葉), 通り名. ❐यह ～ उसके नाम के साथ ठीक नहीं बैठता। この通り名は彼の名前としっくり合わない.

विशेषता /viśeṣatā ヴィシェーシュター/ [←Skt.f. विशेष-ता- 'distinction, notion of the particular'] *f.* **1** 特色, 特長. **2** 特殊性.

विशेषांक /viśeṣāṃka ヴィシェーシャーンク/ [neo.Skt.m. विशेष-अङ्क- 'special number (or a journal)'] *m.* (定期刊行物の)特別[特集]号.

विशेष्य /viśeṣya ヴィシェーシエ/ [←Skt.n. वि-शेष्य- '(in gram.) the word to be 'differenced' or distinguished'] *m.* 〘言語〙被修飾語.(⇔विशेषण)

विश्रांत /viśrāṃta ヴィシュラーント/ [←Skt. वि-श्रान्त- 'reposed, rested'] *adj.* 休息中の;疲労している.

विश्रांति /viśrāṃti ヴィシュラーンティ/ [←Skt.f. वि-श्रान्ति- 'rest, repose'] *f.* 休息, 休憩.

विश्राम /viśrāma ヴィシュラーム/ [←Skt.m. वि-श्राम- 'rest, repose, relaxation'] *m.* 休息, 休憩;安静, 休養.(⇒आराम) ❐～ करना 休息する.

विश्रामालय /viśrāmālaya ヴィシュラーマーラエ/ [neo.Skt.m. विश्राम-आलय- 'retiring room'] *m.* (駅のホームにある乗客の)休憩室.

विश्रुत /viśruta ヴィシュルト/ [←Skt. वि-श्रुत- 'heard of far and wide'] *adj.* 高名な, 著名な.

विश्रुति /viśruti ヴィシュルティ/ [←Skt.f. वि-श्रुति- 'celebrity, fame, notoriety'] *adj.* 高名, 著名.

विश्लेषण /viśleṣaṇa ヴィシュレーシャン/ [←Skt.n. वि-श्लेषण- 'separation; dissolution'] *m.* 分析, 解析.(⇔संश्लेषण) ❐(का) ～ करना(…の)分析をする. ❐वैज्ञानिक ～ 科学的分析.

विश्लेषणात्मक /viśleṣaṇātmaka ヴィシュレーシュナートマク/ [neo.Skt. विश्लेषण-आत्मक 'analytical'] *adj.* 分析的な.(⇔संश्लेषणात्मक)

विश्व /viśva ヴィシュオ/ [←Skt.m. विश्व- 'the universe'] *m.* 世界, 全世界《形容詞のように, よく『विश्व 名詞』の形式で名詞句「世界…」を作る》.(⇒दुनिया) ❐～ इतिहास 世界史. ❐क्रिकेट का ～ कप जीतना クリケットのワールドカップを勝ち取る. ❐पंचम ～ हिंदी सम्मेलन 第五回世界ヒンディー語大会.

विश्वकोश /viśvakośa ヴィシュオコーシュ/ [?neo.Skt.m. विश्व-कोश- 'encyclopeadia'] *m.* エンサイクロペディア, 百科事典.

विश्वनाथ /viśvanātʰa ヴィシュオナート/ [←Skt.m. विश्व-नाथ- 'lord of the universe; name of Śiva'] *m.* シヴァ神.

विश्व-भारती /viśva-bʰāratī ヴィシュオ・バールティー/ [←Beng.n. বিশ্বভারতী 'the communion of the world with India'; cf. Eng.n. *Visva-Bharati* University] *m.* ヴィシュヴァ・バーラティー(大学)《西ベンガル州の地方都市シャーンティニケータン(शांतिनिकेतन)にラビンドラナート・タゴール(रवीन्द्रनाथ ठाकुर)が設立した教育機関, 後に国立大学になった》.

विश्वविख्यात /viśvavikʰyāta ヴィシュオヴィキャート/ [←Skt. विश्व-विख्यात- 'world-known'] *adj.* 世界的に知られた.

विश्वविद्यालय /viśvavidyālaya ヴィシュオヴィディャーラエ/ [neo.Skt.m. विश्व-विद्यालय- 'university'] *m.* 大学.(⇒यूनिवर्सिटी)

विश्व-व्यापी /viśva-vyāpī ヴィシュオ・ヴィャーピー/ *adj.* ワールドワイド. ❐～ वेब ワールドワイドウェブ.

विश्वसनीय /viśvasanīya ヴィシュワスニーエ/ [←Skt. वि-श्वसनीय- 'reliable, trustworthy'] *adj.* 信じられる;信頼できる;信頼すべき.(⇔अविश्वसनीय) ❐～ आदमी 信頼できる人. ❐～ स्रोत 信頼すべき情報源.

विश्वस्त /viśvasta ヴィシュワスト/ [←Skt. वि-श्वस्त- 'full of confidence, fearless'] *adj.* 信頼できる. ❐～ स्रोत 信頼できる情報源.

विश्वास /viśvāsa ヴィシュワース/ [←Skt.m. वि-श्वास- 'confidence, trust, reliance, faith or belief'] *m.* **1** (正しいという)確信.(⇒यक़ीन) ❐(पर [के ऊपर]) ～ करना(…を)確信する. **2** 信用, 信頼.(⇒भरोसा, यक़ीन) ❐(पर [के ऊपर]) ～ रखना(…を)信用する. **3** 信念, 信仰.(⇒ईमान) ❐ईश्वर पर अटल ～ रखना 神に対して揺るぐことのない信仰をもつ. ❐पुरानी प्रथाओं में ～ रखना 古くからの慣習を信じる.

विश्वासघात /viśvāsagʰāta ヴィシュワースガート/ [←Skt.m. विश्वास-घात- 'destruction of confidence, violation of trust, treachery'] *m.* 裏切り, 背信(行為). ❐कितना घोर ～ होगा! なんと恐ろしい裏切り行為だろう! ❐(से [के साथ]) ～ करना (人に対して)裏切り行為をする.

विश्वासघाती /viśvāsagʰātī ヴィシュワースガーティー/ [←Skt. विश्वास-घातिन्- 'one who destroys confidence'] *adj.* 裏切りの, 人に背く.
— *m.* 裏切り者, 背信者.

विश्वासपात्र /viśvāsapātra ヴィシュワースパートル/ [←Skt.n. विश्वास-पात्र- 'receptacle of confidence; a trustworthy person'] *adj.* 信頼の厚い(人).(⇒विश्वास-भाजन)

विश्वास-प्रस्ताव /viśvāsa-prastāva ヴィシュワース・プラスターオ/ [neo.Skt.m. विश्वास-प्रस्ताव- 'motion of confidence'] *m.* 信任決議.(⇔अविश्वास-प्रस्ताव)

विश्वास-भाजन /viśvāsabʰājana ヴィシュワースバージャン/ [←Skt.n. विश्वास-भाजन- 'receptacle of confidence; a trustworthy person'] *adj.* ☞विश्वासपात्र

विष /viṣa ヴィシュ/ [←Skt.n. विष- 'poison'; → Japan.n. 附子(ぶす)] *m.* 毒.(⇒ज़हर) ❐～ खाना 毒を食らう, 毒を飲む.

विषकन्या /viṣakanyā ヴィシュカニャー/ [←Skt.f. विष-कन्या- 'a girl supposed to cause the death of a man who has had intercourse with her'] *f.* 〘歴史〙ヴィシャカニャー《将来の暗殺者となるべく, 体内に毒を徐々に蓄積させて育てられた美しい娘》.

विषण्ण /viṣaṇṇa ヴィシャンヌ/ [←Skt. *वि-षण्ण-* 'dejected, sad, desponding'] *adj.* 憂鬱(ゆううつ)な, 気分が沈んだ, ふさぎ込んだ.

विषधर /viṣadʰara ヴィシュダル/ [←Skt. *विष-धर-* 'holding or containing poison'] *adj.* 毒をもつ. (⇒विषैला) ❐～ साँप 毒ヘビ.
— *m.* 毒ヘビ.

विषम /viṣama ヴィシャム/ [←Skt. *वि-षम-* 'uneven; unequal'] *adj.* **1** 平坦でない;起伏のある. (⇔सम) **2** 不均衡な;格差のある. (⇔सम) **3**〖数学〗奇数の. (⇔सम) ❐～ पृष्ठ 奇数ページ. ❐～ संख्या 奇数. **4** (状況などが)困難な;厄介な. ❐इतनी ～ परिस्थितियों में これほど困難な状況下で. **5** 理解しづらい. **6** (惨事などが)恐ろしい, 悲惨な.

विषमकोण /viṣamakoṇa ヴィシャムコーン/ [neo.Skt.m. *विषम-कोण-* 'an oblique angle'] *m.* 斜角.

विषमता /viṣamatā ヴィシャムター/ [←Skt.f. *विषम-ता-* 'inequality, difference'] *f.* **1** 不均衡;不平等. (⇔समता) ❐सामाजिक ～ 社会的不平等. **2** 相違(点). (⇔समता)

विषमीकरण /viṣamīkaraṇa ヴィシュミーカラン/ [neo.Skt.n. *वि-षमीकरण-* 'dissimilation'] *m.*〖言語〗異化(作用). (⇔समीकरण)

विषय /viṣaya ヴィシャエ/ [←Skt.m. *विषय-* 'sphere (of influence or activity)'] *m.* **1** 対象;客観, 客体《『名詞 के विषय में』の形式で, 副詞句「…について, …に関して」を作る;ただし『इस विषय में』は「これに関して」, किस विषय में』は「何に関して」》. ❐तुम जानते हो, विवाह के ～ में मेरे विचार कितने उदार हैं। 結婚に関して私の考えがどれほど寛容であるか, 君は知っている. **2** テーマ, 題目, 話題;問題, 事件. ❐आप इस ～ पर कोई लेखमाला शुरू कर दें। このテーマで何か連載物を始めてくれませんか. ❐उसने इस ～ पर एक किताब लिखी। 彼はこのテーマで一冊の本を書いた. **3** (教科の)科目. ❐भाषा-विज्ञान उनका प्रिय ～ था। 言語学は彼の好きな科目だった. **4** 官能的快楽.

विषय-वस्तु /viṣaya-vastu ヴィシャエ・ワストゥ/ [neo.Skt.f. *विषय-वस्तु-* 'subject-matter, topic'] *f.*〖文学〗主題, テーマ.

विषय-वासना /viṣaya-vāsanā ヴィシャヤ・ワーサナー/ [neo.Skt.f. *विषय-वासना* 'sensual enjoyment'] *???.* 性的快楽.

विषय-सूची /viṣaya-sūcī ヴィシャエ・スーチー/ [←Skt.f. *विषय-सूची-* 'table of contents'] *f.* 目次.

विषयांतर /viṣayāṃtara ヴィシャヤーンタル/ [neo.Skt.n. *विषय-अन्तर-* 'changing the subject'] *m.* 話題を変えること.

विषयानुक्रमणिका /viṣayānukramaṇikā ヴィシャヤーヌクラマニカー/ [neo.Skt.f. *विषय-अनुक्रमणिका-* 'subject index'] *f.* 索引;目次.

विषयी /viṣayī ヴィシュイー/ [←Skt. *विषयिन्-* 'relating or attached to worldly objects'] *adj.* 性欲をそそる, 色情的な;好色な.

विषरक्तता /viṣaraktatā ヴィシュラクトター/ [neo.Skt.f. *विष-रक्त-ता* 'blood poisoning'] *f.*〖医学〗敗血症.

विषाक्त /viṣākta ヴィシャークト/ [←Skt. *विष-अक्त-* 'smeared with poison, poisoned'] *adj.* 毒入りの, 毒を含んだ;有毒の. ❐～ पौधे 有毒植物.

विषाक्तता /viṣāktatā ヴィシャークタター/ [?neo.Skt.f. *विषाक्त-ता-* 'toxicity; poisoning'] *f.* 中毒. ❐सीसा ～ 鉛中毒.

विषाणु /viṣāṇu ヴィシャーヌ/ [neo.Skt.m. *विष-अणु-* 'virus'] *m.*〖医学〗ウイルス, ビールス. (⇒वायरस)

विषाद /viṣāda ヴィシャード/ [←Skt.m. *वि-षाद-* 'dejection, depression, despondency'] *m.* **1** 悲しみ;落胆, 意気消沈. **2**〖医学〗うつ病, うつ状態.

विषुवत्-रेखा /viṣuvat-rekʰā ヴィシュワト・レーカー/ [neo.Skt.f. *विषुवत्-रेखा-* 'equator'] *f.*〖天文〗赤道.

विषूचिका /viṣūcikā ヴィシューチカー/ [←Skt.f. *विषूचिका-* 'a partic. disease'] *f.*〖医学〗ヴィシューチカー《伝統的医学書に言及されているコレラと考えられる病》. (⇒कालरा, हैज़ा)

विषैला /viṣailā ヴィシャェーラー/ [cf. *विष*] *adj.* 有毒な, 毒のある, 毒を含んでいる. (⇒जहरीला) ❐विषैली गैस 毒ガス. ❐～ साँप 毒ヘビ.

विष्ठा /viṣṭʰā ヴィシュター/ [←Skt.f. *विष्ठा-* 'feces, excrement'] *f.*〖医学〗排泄物, 糞便.

विष्णु /viṣṇu ヴィシュヌ/ [←Skt.m. *विष्णु-* 'name of one of the principal *Hindū* deities'] *m.*〖ヒンドゥー教〗ヴィシュヌ神《ブラフマー神 (ब्रह्मा), シヴァ神 (शिव) とともに後世三神一体 (त्रिमूर्ति) とみなされた最高神の一つ;ラーマ (राम), クリシュナ (कृष्ण) など民衆に身近な多くの権化 (अवतार) の姿をもつ》.

विसंगत /visaṃgata ヴィサンガト/ [←Skt. *वि-संगत-* 'unconnected, inconsistent, not in harmony'] *adj.* 不適切な, 見当はずれの.

विसंगति /visaṃgati ヴィサンガティ/ [←Skt.f. *वि-संगति-* 'incoherence'] *f.* つじつまが合わないこと;見当はずれ.

विसम्मति /visammati ヴィサムマティ/ [?neo.Skt.f. *वि-सम्मति-* 'dissent'] *f.* 意見の相違, 異議, 不同意.

विसर्ग /visarga ヴィサルグ/ [←Skt.m. *वि-सर्ग-* 'sending forth; name of a symbol in grammar'] *m.*〖言語〗ヴィサルガ《無声声門摩擦音;デーヴァナーガリー文字では ः で表される》.

विसर्जन /visarjana ヴィサルジャン/ [←Skt.n. *वि-सर्जन-* 'evacuating; cessation; abandoning'] *m.* **1** 捨て去ること. ❐अपनी प्यारी मातृभूमि में ही अपने प्राण ～ करना 自分のいとおしい母なる大地に自身の命を捧げること. **2**〖ヒンドゥー教〗ヴィサルジャナ《故人の遺骨や遺灰を川や海に流す儀礼;祭式の終わりに神像を水に流す儀礼》.

विसर्जित /visarjita ヴィサルジト/ [←Skt. *वि-सर्जित-* 'sent forth, emitted, dismissed, abandoned'] *adj.* **1** 捨て去られた. ❐～ करना 捨てる, 葬り去る. **2** (川などに儀礼により)流された. **3** 閉会した. ❐संध्या हो गई और सभा ～ हुई। 日が暮れそして集会は散会した.

विसर्पी /visarpī ヴィサルピー/ [←Skt. वि-सर्पिन्- 'creeping or shooting forth'] *adj.* 這って進む;じわじわと進行する. ❐～ गणक 計算尺.

विसैन्यीकरण /visainyīkaraṇa ヴィサェーニーカラン/ [neo.Skt.n. वि-सैन्यीकरण- 'demilitarisation'] *m.* 非武装化. (⇒निरस्त्रीकरण)

विस्तार /vistāra ヴィスタール/ [←Skt.m. वि-स्तार- 'spreading, expansion, extent'] *m.* **1** 拡張, 拡大, 広がっていく様. ❐ज्ञान का ～ 知識の広がり. ❐शिक्षा का ～ 教育の広まり. **2** 広がり, 広がっている様. **3** 発展, 伸長;(癌の)転移. **4** 細部, 細々したこと, 詳細, ディテール. ❐～ के साथ तय करना 細部まで決める. ❐～ में मत जाओ। 細かいことは結構です. ❐उसके लेखों में ～ कम, पर सार अधिक होता था। 彼の書いたものには細々したことは少なく, 要点がより勝っていた.

विस्तारवाद /vistāravāda ヴィスタールワード/ [neo.Skt.m. विस्तार-वाद- 'expansionism'] *m.* 拡張論, 拡張主義.

विस्तीर्ण /vistīrṇa ヴィスティールン/ [←Skt. वि-स्तीर्ण- 'spread out, expanded'] *adj.* 広げられた, 広大な.

विस्तृत /vistṛta ヴィストリト/ [←Skt. वि-स्तृत- 'outstretched, expanded, opened wide'] *adj.* **1** (面積・領域などが)広大に広がった, 広大な. ❐～ मैदान [झील] 広大な平原[湖]. ❐～ क्षेत्र 広大な領域. ❐उनके पूर्वजों का कारोबार बहुत ～ था। 彼の先祖のビジネスはとても手広かった. **2** 詳細な, 詳しい;精密な, 緻密な. (⇒ब्योरेवार) ❐(की) ～ चर्चा करना (…について)詳しく述べる.

विस्थापन /vist^hāpana ヴィスターパン/ [neo.Skt.n. वि-स्थापन- 'displacement; drift'] *m.* **1** 強制退去;強制移住. **2** 流れに押し流されること, 漂流. ❐महाद्वीपीय ～ 〖地理〗大陸移動(説).

विस्थापित /vist^hāpita ヴィスターピト/ [neo.Skt. वि-स्थापित- 'displaced'] *adj.* 強制移住させられた(人).

विस्फारण /visp^hāraṇa ヴィスパーラン/ [←Skt.n. वि-स्फारण- 'spreading (wings)'] *m.* (鳥が)翼を広げること.

विस्फारित /visp^hārita ヴィスパーリト/ [←Skt. वि-स्फारित- 'opened wide, torn or rent asunder'] *adj.* 広げられた.

विस्फोट /visp^hoṭa ヴィスポート/ [←Skt.m. वि-स्फोट- 'cracking, crashing'] *m.* **1** 爆発, 破裂. ❐बम ～ 爆弾の爆発(事件). **2** (人口の)激増. ❐जनसंख्या ～ 人口爆発.

विस्फोटक /visp^hoṭaka ヴィスポータク/ [←Skt. वि-स्फोटक- 'a blister, boil'] *adj.* 爆発性の;起爆性の.
— *m.* 爆発物. (⇒एक्सप्लोजिव)

विस्मय /vismaya ヴィスマエ/ [←Skt.m. वि-स्मय- 'wonder, surprise, amazement, bewilderment, perplexity'] *m.* 驚き, 驚嘆. ❐उसने ～ में पड़कर कहा। 彼は驚嘆して言った. ❐उसने मेरी ओर ～ भरी आँखों से देखा। 彼は私の方を驚嘆した目で見た. ❐उसे ～ हुआ। 彼女はびっくりした.

विस्मयकारी /vismayakārī ヴィスマエカーリー/ [←Skt. विस्मय-कारिन्- 'causing astonishment or admiration, astonishing, wonderful'] *adj.* 驚嘆させる. ❐उसके मिज़ाज में आज मैंने ～ अंतर देखा, बिलकुल अभूतपूर्व। 彼女の気性に今日私は驚くべき別の面を見た, まったく見たこともないものだった.

विस्मय-चिह्न /vismaya-cihna ヴィスマエ・チフン/ [neo.Skt.n. विस्मय-चिह्न- 'exclamation mark'] *m.* 感嘆符.

विस्मयादि-बोधक /vismayādi-bod^haka ヴィスマヤーディ・ボーダク/ [neo.Skt.m. विस्मय-आदि-बोधक- 'interjection'] *m.* 〖言語〗間投詞, 感動詞.

विस्मरण /vismaraṇa ヴィスマラン/ [←Skt.n. वि-स्मरण- 'the act of forgetting, oblivion'] *m.* 忘却, 忘れ去ること.

विस्मित /vismita ヴィスミト/ [←Skt. वि-स्मित- 'amazed, surprised, perplexed'] *adj.* 驚いた, 驚嘆した. ❐उसने ～ नेत्रों से देखा। 彼は驚嘆した目で見た. ❐वह यह सुनते ही ～ हो उठी। 彼女はこれを聞くな否や驚愕した.

विस्मृत /vismṛta ヴィスムリト/ [←Skt. वि-स्मृत- 'forgotten'] *adj.* 忘れ去られた. ❐ऐसे संबंध प्रायः समय और दूरी क्षीण होकर ～ हो जाते हैं। このような関係というものはたいがい時間と距離が疎遠になるにつれ忘れ去られて行くものだ.

विस्मृति /vismṛti ヴィスムリティ/ [←Skt.f. वि-स्मृति- 'forgetfulness, loss of memory, oblivion'] *f.* 忘却. ❐अल्पकाल में मेरी सेवाएँ ～ के अंधकार में लीन हो जाएँगी। 短い間に私の仕事など忘却の闇の中に消えていくだろう.

विहंग /vihaṃga ヴィハング/ [←Skt.m. विहं-ग- 'sky-going, flying; a bird'] *m.* 空飛ぶ鳥.

विहंगम /vihaṃgama ヴィハンガム/ [←Skt.m. विहं-गम- 'moving in the sky, flying; a bird'] *m.* ☞विहंग

विहग /vihaga ヴィハグ/ [←Skt.m. विह-गम- 'sky-goer; a bird'] *m.* ☞विहंग

विहान /vihāna ヴィハーン/ [←Skt.m. विहान- 'morning, dawn'] *m.* 夜明け, 早暁(そうぎょう).

विहार /vihāra ヴィハール/ [←Skt.m. वि-हार- 'walking for pleasure or amusement; a monastery or temple'] *m.* **1** 歩き回ること;歩き巡る楽しみ;気晴らし. ❐～ करना 歩き回る, 散策をする. ❐जल [नौका] ～ 舟遊び. **2** (仏教やジャイナ教の)僧院.

विहित /vihita ヴィヒト/ [←Skt. वि-हित- 'put in order, arranged, determined, fixed, ordained, ordered'] *adj.* 規定された.

विहिप /vihipa ヴィヒプ/ [abbr. of विश्व हिंदू परिषद्] *f.* 〔略語〕世界ヒンドゥー協会.

-विहीन /-vihīna ・ヴィヒーン/ [←Skt. विहीन- 'entirely abandoned or left; low, vulgar; wanting, missing, absent'] *adj.* …がない, 欠けている《主に合成語の要素として使用; अंग-विहीन「手足の欠けた」, मुंड-विहीन「頭部の欠けた」など》.

विह्वल /vihvala ヴィフワル/ [←Skt. वि-ह्वल- 'agitated, perturbed, distressed, afflicted, annoyed'] *adj.* **1** 気が動転した, 取り乱した, 狼狽した. ❐मैंने भय ～ स्वर में

पूछा। 私は恐怖に取り乱した声で尋ねた. **2** 感極まった. ❐~ होकर उसके गले में लिपटकर बोली। (彼女は)感極まって彼の首に抱きつき言った.

विह्वलता /vihvalatā ヴィフワルター/ [←Skt.f. *विह्वल-ता-* 'agitation, perturbation, consternation, anxiety'] *f.* **1** 気が動転した状態. **2** 感極まった状態.

वी /vī ヴィー/ [←Eng.n. *V*] *m.* (ラテン文字の)V.

वीक्षण /vīkṣaṇa ヴィークシャン/ [←Skt.n. *वि-ईक्षण-* 'looking at, seeing, inspection, investigation'] *m.* 観察.

वीचि /vīci ヴィーチ/ [←Skt.f. *वीचि-* 'going or leading aside or astray; a wave, ripple'] *f.* 波.

वीज़ा /vīzā ヴィーザー/ [←Eng.n. *visa*] *m.* ビザ, 査証. ❐(को) ~ जारी करना (人に)ビザを発行する.

वीडियो /vīḍiyo ヴィーディヨー/ [←Eng.n. *video*] *m.* ビデオ(映像);ビデオデッキ. ❐~ कैसेट ビデオカセット.

वीणा /vīṇā ヴィーナー/ [←Skt.f. *वीणा-* 'Indian lute'] *f.* 〖楽器〗ヴィーナー, ヴィーナ《古代インド音楽の弦楽器の総称;時代・地方により多様性に富む》. (⇒बीन)

वीणापाणि /vīṇāpāṇi ヴィーナーパーニ/ [←Skt.m. *वीणा-पाणि-* 'Lute-hand; name of *Nārada*'] *m.* 〖ヒンドゥー教〗ナーラダ仙 (नारद) の別名.
— *f.* 〖ヒンドゥー教〗サラスワティー女神 (सरस्वती) の別名.

वीतराग /vītarāga ヴィートラーグ/ [←Skt. *वि-इत-राग-* 'free from passions or affections'] *adj.* 世俗の欲望から解放された, 無欲の.

वीथि /vītʰi ヴィーティ/ *f.* ☞वीथी

वीथी /vītʰī ヴィーティー/ [←Skt.f. *वीथी-, वीथि-* 'a row, line; a road, way, street'] *f.* **1** 小道. **2** ギャラリー, 展示室. ❐अस्थाई ~ 臨時(展示)ギャラリー;特設ギャラリー. ❐वस्त्र ~ 服飾(展示)ギャラリー.

वीभत्स /vībʰatsa ヴィーバトス/ [<Skt. *बीभत्स-* 'loathsome, disgusting, revolting, hideous'] *adj.* おぞましい.

वीर /vīra ヴィール/ [←Skt. *वीर-* 'heroic; mighty; excellent'] *adj.* 勇敢な(人). (⇒शूर) ❐~ लड़की 勇敢な少女.
— *m.* 勇敢な人, 勇者, 英雄;戦士. (⇒शूर)

वीरगति /vīragati ヴィールガティ/ [←Skt.f. *वीर-गति-* 'heroic end'] *f.* 勇敢な最後, 名誉の戦死. ❐कुछ लोग ~ को प्राप्त हुए। 何人かは勇敢な最後をとげた.

वीरता /vīratā ヴィールター/ [←Skt.f. *वीर-ता-* 'bravery'] *f.* 勇ましさ, 勇猛果敢. (⇒शूरता) ❐उसे देखकर मेरी सारी ~ हवा हो जाती है। 彼女を見ると私の勇ましさは跡形もなく消えてしまうのである. ❐(का) ~ के साथ सामना करना (…に)勇敢に立ち向かう.

वीरान /vīrāna ヴィーラーン/ [←Pers.adj. ويران 'desert, desolate, ruined, depopulated'] *adj.* **1** 荒廃して無人となった, 廃墟と化した. ❐~ करना 廃墟にする. **2** わびしい, 味気ない, さびしい.

वीराना /vīrānā ヴィーラーナー/ [←Pers.n. ويرانه 'a solitude, a place full of ruins'] *m.* 廃墟となった土地, 荒野.

वीर्य /vīrya ヴィールエ/ [←Skt.n. *वीर्य-* 'manliness, valour, strength, power, energy'] *m.* **1** 精力, 活力;男らしさ. (⇒वीरता) **2** 〖医学〗精液. ❐~ छोड़ना 射精する.

वीर्यवान् /vīryavān ヴィールエワーン/ [←Skt. *वीर-वत्-* 'brave'] *f.* 勇敢な.

वृंद /vr̥mda ヴリンド/ [←Skt.n. *वृन्द-* 'a heap, multitude, host, flock'] *m.* 集団, 集合, 群れ《合成語の末尾要素「…の集団」としてハイフンで結ばれることも》. ❐बाल [बालक] ~ 子どもたちの群れ. ❐दर्शक ~ 見物人の群れ. ❐मित्र ~ 友人仲間.

वृक्ष /vr̥kṣa ヴリクシュ/ [←Skt.m. *वृक्ष-* 'a tree'] *m.* 〖植物〗木, 樹木. (⇒पेड़)

वृत्त /vr̥tta ヴリット/ [←Skt. *वृत्त-* 'round, rounded, circular'] *m.* **1** 〖数学〗円;円周. (⇒दायरा) **2** 出来事.

वृत्तचित्र /vr̥ttacitra ヴリッタチトル/ [neo.Skt.m. *वृत्त-चित्र-* 'documentary (film)'] *m.* 記録映画, ドキュメンタリー.

वृत्तांत /vr̥ttāmta ヴリッターント/ [←Skt.m. *वृत्त-अन्त-* 'end or result of a course of action; occurrence, incident, event, doings, life'] *m.* 事の顛末(てんまつ), 一部始終. ❐(का) ~ कह सुनाना (…の)一部始終を語って聞かせる.

वृत्ताकार /vr̥ttākāra ヴリッターカール/ [neo.Skt. *वृत्त-आकार-* 'circular, round'] *adj.* 円形の;環状の. ❐दीर्घ ~ 楕円形の.

वृत्ति /vr̥tti ヴリッティ/ [←Skt.f. *वृत्ति-* 'mode of life or conduct, course of action'] *f.* **1** (人の)性質, 性分, 性格. ❐उनकी उदार ~ 彼の寛容な性格. **2** 生業, なりわい. **3** (生計のもととなる)給金, 給付金, 奨学金.

वृत्तिका /vr̥ttikā ヴリッティカー/ [neo.Skt.f. *वृत्तिका-* 'stipend'] *f.* 奨学金.

वृथा /vr̥tʰā ヴリター/ [←Skt.ind. *वृथा* 'in vain, vainly, uselessly, fruitlessly'] *adj.* 無駄な, 無益な. (⇒बेकार)
— *adv.* 無駄に, 無益に.

वृद्ध /vr̥ddʰa ヴリッド/ [←Skt. *वृद्ध-* 'grown, become larger or longer or stronger; aged, old'] *adj.* 年老いた. (⇒बूढ़ा)
— *m.* 老人. (⇒बूढ़ा)

वृद्धा /vr̥ddʰā ヴリッダー/ [←Skt.f. *वृद्धा-* 'an old woman'] *f.* 老女. (⇒बुढ़िया)

वृद्धावस्था /vr̥ddʰāvastʰā ヴリッダーワスター/ [←Skt.f. *वृद्ध-अवस्था-* 'the condition or period of old age, senility'] *f.* 老齢;老年(期). (⇒बुढ़ापा)

वृद्धि /vr̥ddʰi ヴリッディ/ [←Skt.f. *वृद्धि-* 'growth, increase'] *f.* **1** 成長;拡張. **2** 増加, 増大, (数の)上昇. (⇒इज़ाफ़ा) ❐क़ीमतों में ~ 物価における上昇. ❐जनसंख्या ~ 人口増加. ❐रक्षा बजट में ~ 防衛予算における増額. ❐वेतन ~ 給与の増額. **3** 〖言語〗ヴリッディ《サンスクリットにおける同じ語源の語形にみられる規則的な3段階の母音交代のうち第3番目の階梯》.

वृश्चिक /vr̥ścika ヴリシュチク/ [←Skt.m. *वृश्चिक-* 'a

scorpion; the zodiacal sign Scorpio'] *m.* **1**〖動物〗サソリ. (⇒बिच्छू) **2**〖天文〗さそり座. ❐～ राशि(黄道十二宮の一つ)天蠍宮, さそり座.

वृष /vṛṣa ヴリシュ/ [←Skt.m. *वृष-* 'a man; male of any animal; a bull; the zodiacal sign Taurus'] *m.* **1**〖動物〗雄牛;種牛. **2**〖天文〗牡牛座. ❐～ राशि (黄道十二宮の一つ)金牛宮, 牡牛座.

वृषभ /vṛṣabʰa ヴリシャブ/ [←Skt.m. *वृषभ-* 'a bull'] *m.*〖動物〗雄牛;種牛. (⇒वृष)

वृष्टि /vṛṣṭi ヴリシュティ/ [←Skt.f. *वृष्टि-* 'rain'] *f.* 雨, 降雨. ❐पुष्पों की ～ करना (祝福として)花の雨を降らす.

वे /ve ヴェー/ [cf. *वह*] *pron.* あ[そ]れらの人々;あの[その]かた;あ[そ]れら;あ[そ]れらの…《対応する単数形 वह が代わりに使われることがある》.

वेग /vega ヴェーグ/ [←Skt.m. *वेग-* 'a stream, flood, current; haste, speed, rapidity, quickness'] *m.* **1** 速度, スピード, 速さ. (⇒गति, रफ़्तार) ❐१० मील प्रति सेकंड के ～ से 毎秒 10 マイルの速度で. **2** (川・水などの)流れの勢い.

वेगवती /vegavatī ヴェーグワティー/ [←Skt. *वेग-वत्-* 'impetuous, rapid, hasty, swift, violent'] *adj.* (流れの)速い《特に女性名詞を形容》. ❐～ नदी 流れの速い川.

वेगवान् /vegavān ヴェーグワーン/ [←Skt. *वेग-वत्-* 'impetuous, rapid, hasty, swift, violent'] *adj.* 高速な.

वेज /veja ヴェージ/ [←I.Eng.n. *veg* 'vegetarian'] *m.* 菜食者(のための食事). (⇒शाकाहार)(⇔नान-वेज)

वेटर /veṭara ヴェータル/ [←Eng.n. *waiter*] *m.* ウエイター.

वेटिंग /veṭiṃga ヴェーティング/ [←Eng.n. *waiting*] *m.* 待つこと. ❐～ रूम 待合室. ❐～ लिस्ट ウエーティング・リスト, キャンセル待ち名簿.

वेणी /veṇī ヴェーニー/ [←Skt.f. *वेणी-* 'a braid of hair'] *f.* **1** 編んだ髪, おさげ髪, 三つ編み. **2** (川の)合流(点).

वेतन /vetana ヴェータン/ [←Skt.n. *वेतन-* 'wages, hire, salary, subsistence, livelihood'] *m.*〖経済〗給与, 給料, 俸給, 賃金. (⇒तनख़ाह) ❐～ और भत्ते 給与と諸手当. ❐कम ～ पर रहना 低賃金で生活する. ❐उसे प्रति माह १४,२०० रु。 ～ मिलता है। 彼は月給 1 万 4200 ルピーを受け取っている.

वेतनभोगी /vetanabʰogī ヴェータンボーギー/ [neo.Skt.m. *वेतन-भोगिन्-* 'one who is salaried'] *m.* サラリーマン, 給料生活者, 月給取り.

वेतनमान /vetanamāna ヴェータンマーン/ [neo.Skt.n. *वेतन-मान-* 'pay-scale'] *m.*〖経済〗賃金表;給与水準.

वेतन-वृद्धि /vetana-vṛddʰi ヴェータン・ヴリッディ/ [neo.Skt.f. *वेतन-वृद्धि-* 'increase in salary'] *f.*〖経済〗昇給. ❐～ सालाना मुद्रास्फीति के हिसाब से की जाएगी। 昇給は年間インフレ率に従って実施されるだろう.

वेत्ता /vettā ヴェーッター/ [←Skt.m. *वेत्तृ-* 'one who knows'] *m.* 知っている者, 精通者.

वेद /veda ヴェード/ [←Skt.m. *वेद-* 'knowledge, true or sacred knowledge or lore, knowledge of ritual'] *m.*〖ヒンドゥー教〗ヴェーダ聖典.

वेदज्ञ /vedajña ヴェーダギエ/ [←Skt. *वेद-ज्ञ-* 'knowing the Veda'] *adj.*〖ヒンドゥー教〗ヴェーダ聖典に精通している(人).

वेदना /vedanā ヴェードナー/ [←Skt.f. *वेदना-* 'pain, torture, agony'] *f.* (肉体的・精神的な)激しい苦痛;苦悩, 心痛.

वेदांग /vedāṃga ヴェーダーング/ [←Skt.n. *वेद-अङ्ग-* 'a limb (for preserving the body) of the *Veda*'] *m.*〖ヒンドゥー教〗ヴェーダーンガ《ヴェーダの六部門に分かれている補助学問;音韻学 (शिक्षा), 韻律学 (छंद), 文法学 (व्याकरण), 語源学 (निरुक्त), 天文学 (ज्योतिष), 祭事学 (कल्प)》.

वेदांत /vedāṃta ヴェーダーント/ [←Skt.m. *वेदान्त-* 'end of the Veda, complete knowledge of the Veda'] *m.*〖ヒンドゥー教〗ヴェーダーンタ. (⇒उपनिषद्)

वेदी /vedī ヴェーディー/ [←Skt.f. *वेदी-* 'an elevated piece of ground serving for a sacrificial altar'] *f.* **1**〖ヒンドゥー教〗(ヤギなどの犠牲獣を捧げる)祭壇;台座. ❐(की) ～ पर बकरे का बलिदान करना (…の)祭壇にヤギを生贄(いけにえ)として捧げる. ❐(को) (की) ～ पर चढ़ाना (…を)(…の)祭壇に生贄として捧げる. **2**〖ヒンドゥー教〗(結婚式など祝典で設けられた)壇.

वेधक /vedʰaka ヴェーダク/ [←Skt.m. *वेधक-* 'a piercer, perforator (of gems etc.)'] *m.* (耳や宝石などに)穴をあける人・道具.

वेधन /vedʰana ヴェーダン/ [←Skt.n. *वेधन-* 'piercing, hitting (with an arrow)'] *m.* 穿孔(せんこう).

वेधना /vedʰanā ヴェードナー/ [cf. Skt.m. *वेध-* 'penetration, piercing, breaking through, breach, opening, perforation'] *vt.* (*perf.* वेधा /vedʰā ヴェーダー/) 射抜く;貫通する. ❐मन [मर्म] ～ (苦痛・苦悩などが)胸を貫く.

-वेधी /-vedʰī ・ヴェーディー/ [←Skt. *वेधिन्-* 'piercing, perforating, hitting (a mark)'; cf. *-भेदी*] *suf.adj.*《名詞に付加して「…を射抜く, 貫通する」を意味する形容詞を作る接尾辞; मर्मवेधी「心臓を射抜くような, 胸が張り裂けるような」, लक्ष्यवेधी「標的を射抜く」など》.

वेधशाला /vedʰaśālā ヴェードシャーラー/ [neo.Skt.f. *वेध-शाला-* 'observatory'] *f.*〖天文〗天文台.

वेध्य /vedʰya ヴェーディエ/ [←Skt. *वेध्य-* 'to be pierced or perforated'] *adj.* 貫くことができる.

वेनेज़ुएला /venezuelā ヴェーネーズエーラー/ [cf. Eng.n. *Venezuela*] *m.*〖国名〗ベネズエラ(・ボリバル共和国)《首都はカラカス (काराकस)》.

वेब /veba ヴェーブ/ [←Eng.n. *Web* (World Wide Web)] *m.*〖コンピュータ〗ウェブ, インターネットの情報ネットワーク. ❐विश्व-व्यापी ～ ワールドワイドウェブ.

वेबसाइट /vebasāiṭa ヴェーブサーイト/ [←Eng.n. *website*]

m.〚コンピュータ〛ウェブサイト《インターネットのホームページが置かれているサイト》.

वेला /velā ヴェーラー/ [←Skt.f. *वेला-* 'limit of time, period, season, time of day'] *f.* ☞बेला

वेलिंगटन /veliṃgṭana ヴェーリングタン/ ▸विलिंगटन *m.* ☞विलिंगटन

वेलेटा /veleṭā ヴェーレーター/ [cf. Eng.n. *Valletta*] *m.*〚地名〛バレッタ《マルタ(共和国)(माल्टा)の首都》.

वेश /veśa ヴェーシュ/ [cf. Skt.m. *वेष-* 'dress'] *m.* **1** 服装, 身なり;変装, 扮装. (⇒भेस) ❐कोई कितना ही ～ बदले, रंग-रूप सँवारे, परंतु मेरी अंतर्दृष्टि को धोखा नहीं दे सकता। 誰がどれほど身なりを変えようと, 外観を飾ろうと, 私の見抜く力を欺くことはできない. ❐महिला के ～ में 女装して. **2** 衣服, 衣装.

वेशभूषा /veśabʰūṣā ヴェーシュブーシャー/ [neo.Skt.f. *वेष-भूषा-* 'apparel; get-up, appearance'] *f.* 服装, 身なり, 外観.

वेश्या /veśyā ヴェーシャー/ [←Skt.f. *वेश्या* 'a harlot, courtezan, prostitute'] *f.* 売春婦.

वेश्यालय /veśyālaya ヴェーシャーラエ/ [neo.Skt.m. *वेश्या-आलय-* 'brothel'] *m.* 売春宿.

वेश्यावृत्ति /veśyāvṛtti ヴェーシャーヴリッティ/ [neo.Skt.f. *वेश्या-वृत्ति-* 'prostitution as a profession'] *f.* 売春(行為).

वेष्टन /veṣṭana ヴェーシュタン/ [←Skt.n. *वेष्टन-* 'the act of surrounding or encompassing'] *m.* 包むこと, 巻きつけること;包むもの, 巻きつけるもの.

वैकल्पिक /vaikalpika ワェーカルピク/ [←Skt. *वैकल्पिक-* 'admitting of difference of opinion, optional'] *adj.* **1** 二者択一の, 任意の. **2** 代わりの, 代替の. ❐～ ऊर्जा 代替エネルギー. ❐～ खिलाड़ी 補欠選手. ❐～ चिकित्सा 代替医療.

वैकुंठ /vaikuṃṭʰa ワェークント/ [←Skt.m. *वैकुण्ठ-* 'the heaven of *Viṣṇu*'] *m.*〚ヒンドゥー教〛ヴィシュヌ神の天界, 天国.

वैक्युम क्लीनर /vaikyuma klīnara ワェーキュム クリーナル/ [←Eng.n. *vacuum cleaner*] *m.* 掃除機.

वैजयंती /vaijayaṃtī ワェージャヤンティー/ [←Skt.f. *वैजयन्ती-* 'a flag, banner'] *f.* **1** 旗, 軍旗. **2**〚神話〛ヴァイジャヤンティー《ヴィシュヌ神 (विष्णु) の丈の長い首飾り;五種類の宝石が使われているとされる》.

वैज्ञानिक /vaijñānika ワェーギャーニク/ [←Skt. *वैज्ञानिक-* 'rich in knowledge, proficient'] *adj.* 科学の, 科学的な. ❐～ विचार 科学思想.

— *m.* 科学者.

वैट /vaiṭa ワェート/ [cf. Eng.n. *vat* (value-added tax)] *m.*〚経済〛付加価値税.

वैटिकन सिटी /vaiṭikana siṭī ワェーティカン スィティー/ [cf. Eng.n. *Vatican City*] *m.*〚国名〛バチカン(市国).

वैतनिक /vaitanika ワェートニク/ [←Skt. *वैतनिक-* 'living on wages, serving for wages'] *adj.* 有給の. (⇔अवैतनिक) ❐～ छुट्टी 有給休暇.

— *m.* サラリーマン.

वैदग्ध्य /vaidagdʰya ワェーダグディエ/ [←Skt.n. *वैदग्ध्य-* 'dexterity, intelligence'] *m.* **1** 学識豊かなこと. **2** 抜け目がないこと.

वैदिक /vaidika ワェーディク/ [←Skt. *वैदिक-* 'relating to the Veda'] *adj.*〚ヒンドゥー教〛ヴェーダの, ヴェーダに関する, ヴェーダに規定されている.

वैदेशिक /vaideśika ワェーデーシク/ [←Skt. *वैदेशिक-* 'belonging to another country, foreign'] *adj.* 外国の, 異国の.

वैद्य /vaidya ワェーディエ/ [←Skt.m. *वैद्य-* 'an expert (versed in his own profession, esp. in medical science)'] *m.*〚医学〛医者《特にインド伝統医学 (आयुर्वेद) の専門家》. (⇒बैद)

वैद्यक /vaidyaka ワェーディャク/ [←Skt.n. *वैद्यक-* 'the science of medicine'] *m.*〚医学〛ヴァイディヤカ《インド伝統医学 (आयुर्वेद) の知識・体系》.

वैद्यराज /vaidyarāja ワェーディエラージ/ [←Skt.m. *वैद्य-राज-* 'king among physicians'] *m.* 卓越した医者 (वैद्य).

वैध /vaidʰa ワェード/ [←Skt. *वैध-* 'enjoined by rule or precept, prescribed, legal'] *adj.* **1**〚法律〛合法な, 適法の;(法的に)有効な. (⇔अवैध) **2** 妥当な, 正当な.

वैधता /vaidʰatā ワェードター/ [←Skt.f. *वैध-ता-* 'legality'] *f.* **1**〚法律〛合法(性). **2** 妥当(性), 正当(性). ❐(को) ～ प्रदान करना (…に)正当性を与える.

वैधव्य /vaidʰavya ワェーダヴィエ/ [←Skt.n. *वैधव्य-* 'widowhood'] *m.* 寡婦(かふ)であること.

वैधानिक /vaidʰānika ワェーダーニク/ [←Skt. *वैधानिक-* 'constitutional'] *adj.* 法律上の, 法制上の;法にかなった. (⇔अवैधानिक) ❐～ मान्यता 法的認可. ❐(के ख़िलाफ़) ～ कार्रवाई करना (…に対して)法的処置を講じる.

वैभव /vaibʰava ワェーバオ/ [←Skt.n. *वैभव-* 'superhuman power or might; grandeur, glory, magnificance'] *m.* 繁栄, 栄華;富, 富裕. ❐धन और ～ का गुलाम 財と富の奴隷.

वैभवशाली /vaibʰavaśālī ワェーバオシャーリー/ [neo.Skt. *वैभव-शालिन्-* 'mighty, powerful; wealthy'] *adj.* 栄華を極めている;富裕な.

वैमनस्य /vaimanasya ワェーマナスィエ/ [neo.Skt.n. *वैमनस्य-* 'dejection, depression, melancholy'] *m.* 憎しみ, 憎悪;不和, いさかい, 対立. ❐～ की आग भड़काना 憎悪の炎を掻き立てる. ❐माँ भी जीवित थी, पर दोनों बेटों का ～ देखकर आँसू बहाया करती। 母も存命だった, しかし二人の息子たちのいさかいを見て涙を流すのであった.

वैमानिक /vaimānika ワェーマーニク/ [←Skt. *वैमानिक-* 'borne in a heavenly car'] *adj.* 飛行機の;航空(学)の.

— *m.* (飛行機の)パイロット, 操縦士. (⇒विमान-चालक)

वैयक्तिक /vaiyaktika ワェーヤクティク/ [←Skt. *वैयक्तिक-* 'individual, personal'] *adj.* ☞व्यक्तिगत

-वैया /vaiyā ワイヤー/ *suf.*《動詞語幹に付加して行為者「…する人」を表す男性名詞を作るヒンディー語接尾辞;

その際, 長母音の動詞語幹母音は短母音化する; गवैया「歌手」, हँकवैया「(家畜を)声を出して追う人」など》.

वैयाकरण /vaiyākaraṇa̸ ワイヤーカラン/ [←Skt. *वैयाकरण-* 'relating to grammar, grammatical'] *adj.* 文法に関する, 文法上の. ❐～ मत 文法理論.

— *m.* 文法学者, 文法家. ❐संस्कृत ～ サンスクリット文法学者.

वैर /vaira̸ ワェール/ [←Skt.n. *वैर-* 'enmity, hostility, animosity, grudge'] *m.* 敵意, 悪意, 恨み, 憎しみ. (⇒अदावत, दुश्मनी, द्वेष, शत्रुता)

वैरागी /vairāgī ワェーラーギー/ [←Skt.m. *वैरागिन्-* 'an ascetic who has subdued all his passions and desires'] *m.* 遁世者, 世捨て人, 隠者.

वैराग्य /vairāgya̸ ワェーラーギエ/ [←Skt.n. *वैराग्य-* 'freedom from all worldly desires, asceticism'] *m.* 世俗のものへの執着がなくなること;求道に励むこと. ❐उनके चित्त में ～ उत्पन्न हुआ। 彼の心の中で世俗生活への関心が失われた.

वैरी /vairī ワェーリー/ [←Skt.m. *वैरिन्-* 'an enemy'] *m.* 敵, 仇. (⇒दुश्मन)

वैवाहिक /vaivāhika̸ ワェーワーヒク/ [←Skt. *वैवाहिक-* 'nuptial'] *adj.* **1** 結婚(後)の;夫婦間の. ❐～ जीवन 結婚生活. **2** 姻戚上の. ❐～ संबंध 姻戚関係.

वैशाख /vaiśākʰa̸ ワェーシャーク/ [←Skt.m. *वैशाख-* 'one of the 12 months constituting the *Hindū* lunar year'] *m.* 〖暦〗ヴァイシャーカ月, バェサーク月《インド暦の第2月;西暦の4, 5月に相当》. (⇒बैसाख)

वैशाखी /vaiśākʰī ワェーシャーキー/ [←Skt.f. *वैशाखी-* 'the day of full moon in the month *Vaiśākha*'] *f.* 〖暦〗ヴァイシャーキー《ヴァイシャーカ月 (वैशाख) の満月(の日)》.

वैश्य /vaiśya̸ ワェーシエ/ [←Skt. *वैश्य-* 'a man who settles on the soil; man of the third class or caste (whose business was trade as well as agriculture)'] *m.* 〖ヒンドゥー教〗ヴァイシャ(カースト).

वैश्रवण /vaiśravaṇa̸ ワェーシュラワン/ [←Skt.m. *वैश्रवण-* 'name of *Kubera*, the god of wealth'; → Japan.n. *毘沙門天*] *m.* 〖ヒンドゥー教〗ヴァイシュラヴァナ《クベーラ神 (कुबेर) の別名》.

वैषम्य /vaiṣamya̸ ワェーシャミエ/ [←Skt. *वैषम्य-* 'unevenness (of ground); inequality; difficulty, trouble'] *m.* **1** 不均衡;不平等. (⇔समता) ❐सामाजिक ～ 社会的不平等. **2** 相違(点). (⇔समता) **3** 苦境, 困難;困窮.

वैष्णव /vaiṣṇava̸ ワェーシュナオ/ [←Skt. *वैष्णव-* 'relating or belonging or devoted or consecrated to *Viṣṇu*'] *adj.* ヴィシュヌ派の;ヴィシュヌ神を信奉する.

— *m.* ヴィシュヌ派;ヴィシュヌ派の信徒《菜食や戒律の順守などで有名;このことで揶揄(やゆ)されることもある》.

वैसा /vaisā ワェーサー/ [analogy to *तैसा* (<OIA. *tādŕśa-* 'suchlike': T.05760)] *adj.* そのような, あのような.

— *adv.* そのように, あのように.

वैसे /vaise ワェーセー/ *adv.* そのように, あのように.

वो /vo ヴォー/ ▸वह [cf. *वह*] *pron.* ☞वह

वोट /voṭa̸ ヴォート/ [←Eng.n. *vote*] *m.* 投票, 票決, 票. (⇒मत) ❐(के पक्ष में) ～ देना (…に賛成して[を支持して])投票する. ❐पक्ष में दस और विपक्ष में पाँच ～ पड़े। 賛成に10票, 反対に5票入った.

वोटर /voṭara̸ ヴォータル/ [←Eng.n. *voter*] *m.* 投票者;(選挙の)有権者. (⇒मतदाता)

वोल्ट /volṭa̸ ヴォールト/ [←Eng.n. *volt*] *m.* 〖単位〗ボルト.

वोल्टता /volṭa̸tā ヴォールトター/ [*वोल्ट* + *-ता*] *f.* 〖単位〗電圧, ボルト数, ボルテージ. ❐उच्च ～ 高電圧.

व्यंग /vyaṃga̸ ヴィャング/ [<Skt. *व्यङ्ग्य* '(in rhet.) indicated by allusion or insinuation, implied, suggestive'] *m.* ☞व्यंग्य

व्यंग्य /vyaṃgya̸ ヴィャンギエ/ [←Skt. *व्य्-अङ्ग्य-* '(in rhet.) indicated by allusion or insinuation, implied, suggestive'] *adj.* ほのめかされた, 暗示された(意味).

— *m.* **1** 皮肉, 嫌味, 当てこすり. **2** 風刺.

व्यंग्य-चित्र /vyaṃgya̸-citra̸ ヴィャンギエ・チトル/ [neo.Skt.n. *व्यंग्य-चित्र-* 'a cartoon'] *m.* 風刺画.

व्यंग्यार्थ /vyaṃgyārtʰa̸ ヴィャンギャールト/ [←Skt.m. *व्यङ्ग्य-अर्थ-* 'suggested meaning'] *m.* 暗示(された意味), 含意.

व्यंजक /vyaṃjaka̸ ヴィャンジャク/ [←Skt. *व्य्-अञ्जक-* '(in rhet.) indicating by implication, suggesting'] *adj.* 暗示する, 含意する.

— *m.* 暗示する言葉, 含意する言葉.

व्यंजन /vyaṃjana̸ ヴィャンジャン/ [←Skt.m. *व्य्-अञ्जन-* 'a consonant; anything used in cooking or preparing food'] *m.* **1** 〖言語〗子音. (⇔स्वर) **2** 〖食〗料理(の品).

व्यंजना /vyaṃja̸nā ヴィャンジナー/ [←Skt.f. *व्य्-अञ्जना-* '(in rhet.) implied indication, allusion, suggestion'] *f.* ヴァンジャナー《言葉がもつ, 意味を暗示する機能》.

व्यक्त /vyakta̸ ヴィャクト/ [←Skt. *व्य्-अक्त-* 'caused to appear, manifested, apparent, visible, evident'] *adj.* 表明された;表現された. ❐(पर) अपनी प्रसन्नता ～ करना (…について)自分の喜びを表す. ❐बालकों में अपने भावों को ～ करने के लिए शब्द नहीं होते। 子どもは自分の気持ちを表現するための言葉をもっていない.

व्यक्ति /vyakti ヴィャクティ/ [←Skt.f. *व्य्-अक्ति-* 'visible appearance or manifestation; appearance; an individual'] *m.* 個人;人物. (⇒शख़्स)

व्यक्तिक /vyaktika̸ ヴィャクティク/ [neo.Skt. *व्यक्ति-क-* 'individual, personal'] *adj.* ☞व्यक्तिगत

व्यक्तिगत /vyaktigata̸ ヴィャクティガト/ [neo.Skt. *व्यक्ति-गत-* 'personal; private; individual'] *adj.* **1** 個人的な, プライベートな, 私的な. (⇒वैयक्तिक) ❐～ मामला 個人的な問題. ❐～ रूप से 個人的に. **2** 個人の. (⇒वैयक्तिक) ❐～ संपत्ति 私有財産.

व्यक्तित्व /vyaktitva/ ヴィャクティトオ/ [←Skt.n. *व्यक्ति-त्व-* 'personality; individuality'] *m.* **1** 性格, 人柄;人物. **2** 個性;人格.

व्यक्तिवाद /vyaktivāda/ ヴィャクティワード/ [neo.Skt.m. *व्यक्ति-वाद-* 'individualism'] *m.* 個人主義.

व्यक्तीकरण /vyaktīkaraṇa/ ヴィャクティーカラン/ [←Skt.n. *व्यक्ती-करण-* 'the act of making manifest or clear or distinct'] *m.* 明確化, 明示化.

व्यग्र /vyagra/ ヴィャグル/ [←Skt. *व्य्-अग्र-* 'distracted, inattentive; bewildered, agitated'] *adj.* **1** 狼狽した;動揺した. **2** 思い焦がれている;切望している. ❐मेरा मन कुछ परिवर्तन के लिए भी ～ था। 私の心はいくらか変化をも待ち望んでいた.

व्यग्रता /vyagratā/ ヴィャグルター/ [←Skt.f. *व्यग्र-ता-* 'perplexity, confusion'] *f.* **1** 狼狽していること;動揺していること. **2** 思い焦がれていること;切望していること. ❐उसके आँसू ～ और विह्वलता के हैं, मेरे आँसू निराशा और दुःख के। 彼女の涙は激しい思慕の情と思いが極限に達した涙である, 一方私の涙は落胆と悲しみの涙だ. ❐तीन दिन मैंने बड़ी ～ के साथ काटे 3日間を私は激しく思い焦がれた気持ちで過ごした.

व्यजन /vyajana/ ヴィャジャン/ [←Skt.n. *व्यजन-* 'a palmleaf or other article used for fanning, fan, whisk'] *m.* 扇, 扇子;うちわ;扇風機, 送風機, ファン. (⇒पंखा)

व्यतिक्रम /vyatikrama/ ヴィャティクラム/ [←Skt.m. *व्य्-अतिक्रम-* 'going beyond'] *m.* 違反, 侵害.

व्यतिरेक /vyatireka/ ヴィャティレーク/ [←Skt.m. *व्य्-अतिरेक-* 'distinction, difference, separateness'] *m.* 区別;相違, 対照. ❐～ अलंकार 対照修辞法《たとえる対象 (उपमेय) がたとえられる対象 (उपमान) よりも優れていることを描写する修辞法》.

व्यतिरेकी /vyatirekī/ ヴィャティレーキー/ [←Skt. *व्य्-अतिरेकिन्-* 'distinguishing, excluding'] *adj.* 対照的な. ❐～ भाषा-विज्ञान 対照言語学.

व्यतीत /vyatīta/ ヴィャティート/ [←Skt. *व्य्-अतीत-* 'passed away, gone'] *adj.* (時間が)過ぎた, (時間が)費やされる. ❐～ करना (時間を)過ごす. ❐इस प्रकार तीन-चार महीने ～ हो गए। このように 3, 4 か月が過ぎてしまった. ❐उनका शेष समय अपने और मित्रों के मनोरंजन में ～ होता है। 彼の残りの時間は自分と友人たちとの娯楽に費やされるのである. ❐दुनिया में आराम से जीवन ～ करने के लिए बहुत से स्थान हैं। この世には安楽に人生を過ごすために多くの場所がある.

व्यथा /vyatʰā/ ヴィャター/ [←Skt.f. *व्यथा-* 'agitation, perturbation, alarm, uneasiness, pain'] *f.* **1** 痛み;苦しみ. ❐मानसिक ～ 精神的な苦痛. ❐मैंने आज तक अपनी ～ अपने मन में रखी। 私は今日まで自分の苦しみを自分の胸にしまってきた. **2** 悲嘆, 悲しみ. ❐उसकी ～ अब नहीं देखी जाती। 彼女の悲しみをもう見ていられない.

व्यथित /vyatʰita/ ヴィャティト/ [←Skt. *व्यथित-* 'disquieted, agitated, perturbed; painful'] *adj.* 苦痛を受けた;悲嘆にくれた. ❐यह चिंता हृदय को ～ किया करती। この不安が胸を痛みつけるのであった. ❐वे ～ स्वर में बोले। 彼は痛々しい声で言った.

व्यभिचार /vyabʰicāra/ ヴィャビチャール/ [←Skt.m. *व्य्-अभिचार-* 'trespass, transgression, crime, vice, sin (esp. infidelity of a wife)'] *m.* (特に女性の)不貞, 姦淫, 不倫.

व्यभिचारिणी /vyabʰicāriṇī/ ヴィャビチャーリニー/ [←Skt.f. *व्य्-अभिचारिणी-* 'a wanton woman, unchaste wife, adulteress'] *adj.* ふしだらな(女).

— *f.* ふしだらな女.

व्यभिचारी /vyabʰicārī/ ヴィャビチャーリー/ [←Skt. *व्य्-अभिचारिन्-* 'following bad courses, wanton, unchaste'] *adj.* ふしだらな.

— *m.* ふしだらな男, まおとこ, 姦夫(かんぷ).

व्यय /vyaya/ ヴィャエ/ [←Skt.m. *व्य्-अय-* 'disappearance, decay, ruin, loss'] *m.* **1** (予算の)歳出, 出費. ❐युद्ध ～ 戦費. **2** 浪費;消費. (⇒अपव्यय)

व्यर्थ /vyartʰa/ ヴィャルト/ [←Skt. *व्य्-अर्थ-* 'useless, unavailing, unprofitable, vain'] *adj.* 無意味な, 役に立たない, 無益な. (⇒अकर्मण्य, बेकार) ❐मैंने इनसे कुछ पूछना ～ समझा। 私はこの方に何かたずねるのは無駄だとわかった.

— *adv.* 無意味に, わけもなく, 無駄に. (⇒निष्कारण) ❐मैं एक पैसा भी ～ नहीं ख़र्च करता। 私は1パイサーだって無駄には使っていない. ❐हम लोग यहाँ ～ खड़े हैं, आइए, लौट चलें। 私たちはここに無意味に立っている, さあ, 戻りましょう.

— *m.* 無意味(なこと), 無駄(なこと). ❐～ की बात 無駄なこと. ❐～ में अपनी जान ख़तरे में डालना बहादुरी नहीं है। 意味もなく自分の命を危険にさらすのは勇気ではない.

व्यवधान /vyavadʰāna/ ヴィャオダーン/ [←Skt.n. *व्य्-अवधान-* 'intervening, intervention; obstruction, hiding from view'] *m.* **1** 分け隔てるもの;隔たり. ❐वे उम्र में मुझसे छोटे थे, पर मेरी पढ़ाई में सात वर्ष का ～ पड़ने से उन्होंने मुझसे पहले एम० ए० किया था। 彼らは私より年下だったが, 私の学業に7年間のブランクが生じたために彼らは私よりも先に修士課程を終えていた. **2** 障害(物), 妨げ.

व्यवसाय /vyavasāya/ ヴィャオサーエ/ [←Skt.m. *व्य्-अवसाय-* 'strenuous effort or exertion; trade, business'] *m.* **1** ビジネス, 商取引, 商売;景気. (⇒कारोबार) ❐वे प्रकाशन के ～ में थे। 彼は出版業に従事していた. **2** (職業としての)仕事. ❐कोई स्त्री स्वेच्छा से रूप का ～ नहीं करती। どんな女も好き好んで身体の商売をしているわけではない.

व्यवसायी /vyavasāyī/ ヴィャオサーイー/ [←Skt. *व्य्-अवसायिन्-* 'engaged in trade or business'] *adj.* プロの, 専門職の.

— *m.* ビジネスマン, 商人, 商売人. ❐सर्जक और ～ का समन्वय मैं अपने में नहीं कर सकता था। 創作とビジネスを私は自分の中で調和できなかった.

व्यवस्था /vyavastʰā/ ヴィャワスター/ [←Skt.f. *व्य्-अवस्था-* 'settlement, establishment, decision, statute, law, rule'] *f.* **1** 状況, 状態. (⇒हालत) **2** 体制, 秩序, 制度. **3** 手配, 段取り, 準備, 支度. (⇒इंतज़ाम, प्रबंध) ❐(की) ～ करना (…の)段取り[準備]をする.

व्यवस्थापक /vyavastʰāpaka ヴィャワスターパク/ [←Skt. व्‌-अवस्थापक- 'settling, arranging, deciding, establishing'] *m.* (組織運営の)管理者, 責任者, 支配人, マネージャー.

व्यवस्थापन /vyavastʰāpana ヴィャワスターパン/ [←Skt.n. व्‌-अवस्थापन- 'fixing, establishing, deciding'] *m.* 組織化, 体系化;管理, 運営, マネージメント.

व्यवस्थित /vyavastʰita ヴィャワスティト/ [←Skt. व्‌-अवस्थित- 'placed in order'] *adj.* **1** 秩序のある, 整然とした. ❐～ पठन 秩序だった学習. ❐～ रूप में सजाना 整然と飾る. **2** (身の回りの片付けなどが済んで)落ち着いた;(居を構え)落ち着いた. ❐जिस दिन पहुँचा, ～ होते-होते शाम हो गई। 着いた日は, なんだかんだとようやく落ち着いたら夕方になっていた. ❐वह आजकल इलाहाबाद में ～ है। 彼は最近アラーハーバードに落ち着いている.

व्यवहर्ता /vyavahartā ヴィャオハルター/ [←Skt.m. व्‌-अव-हर्तृ- 'one who acts or transacts business'] *m.* **1** 行為者. **2** 使用者, 利用者.

व्यवहार /vyavahāra ヴィャオハール/ [←Skt.m. व्‌-अवहार- 'doing, performing, action, practice, conduct, behaviour'] *m.* **1** 振る舞い;態度;処遇, 待遇, 取扱い. (⇒सलूक) ❐(के साथ) सौतेला ～ करना (…に対して)継子(ままこ)扱いする. **2** 交際. ❐(से [के साथ]) पत्र ～ करना (…と)文通する. **3** 使用. (⇒इस्तेमाल, उपयोग, प्रयोग) ❐(का) ～ करना (…を)使用する. **4** 実用;適用;応用. (⇒अमल, प्रयोग) ❐(को) ～ में लाना (…を)(…に)適用する.

व्यवहार्य /vyavahārya ヴィャオハールエ/ [←Skt. व्‌-अवहार्य- 'to be transacted or practised'] *adj.* 実践すべき;実践可能な.

व्यवहृत /vyavahṛta ヴィャオフリト/ [←Skt. व्‌-अवहृत- 'managed'] *adj.* 使用された.

व्यष्टि /vyaṣṭi ヴィャシュティ/ [←Skt.f. व्‌-अष्टि- 'singleness, individuality'] *f.* 個, 個人, 個体, ミクロ. (⇔समष्टि) ❐～ अर्थशास्त्र ミクロ経済学.

व्यसन /vyasana ヴィャサン/ [←Skt.n. व्‌-असन- 'attachment or devotion or addiction to'] *m.* 道楽, 趣味. ❐अगर उनको कोई ～ था, तो पान खाने का। もし彼に何か道楽があったとするなら, パーンを噛むぐらいだった.

व्यसनी /vyasanī ヴィャスニー/ [←Skt. व्‌-असनिन्- 'passionately addicted to'] *adj.* 道楽が身についた(人), 道楽者の.

व्यस्त /vyasta ヴィャスト/ [←Skt. व्‌-अस्त- 'cut in pieces, dismembered'] *adj.* **1** 忙しい, 多忙な. (⇒मसरूफ़) ❐घर के काम-धंधों में ～ रहना 家事に忙殺されている. **2** 従事している. (⇒मसरूफ़)

व्यस्तता /vyastatā ヴィャストター/ [←Skt.f. व्यस्त-ता- 'severalty; agitation'] *f.* 多忙であること.

व्याकरण /vyākaraṇa ヴィャーカラン/ [←Skt.n. व्‌-आकरण- 'grammatical analysis, grammar'] *m.* **1** 〚言語〛文法. ❐हिंदी ～ ヒンディー語文法. **2** ヴャーカラナ《ヴェーダの補助学問 (वेदांग) の一つ, 文法学》.

व्याकरणिक /vyākaraṇika ヴィャーカルニク/ [?neo.Skt. व्‌-आकरणिक- 'grammatical'] *adj.* 文法上の. ❐～ कोटि 文法範疇, 文法カテゴリー. ❐～ नियम 文法規則.

व्याकुल /vyākula ヴィャークル/ [←Skt. व्‌-आकुल- 'bewildered, confounded, perplexed, troubled'] *adj.* **1** 気が動転した, 慌てふためいた;気が気ではない, 気が狂いそうな. ❐जिस तरह मृग-शावक व्याध के सामने ～ होकर इधर-उधर देखता है, उसी तरह वह अपनी बड़ी-बड़ी आँखों से दीवार की ओर ताकने लगी। 小鹿が猟師の前で慌てふためいてあっちこっちを見るように, 彼女は大きな目を見開いて壁を見た. ❐भूख से आत्मा ～ हो रही थी। 空腹のあまり気が狂いそうだった. **2** 狂おしいほど切望して. ❐शराब के डालने की मधुर ध्वनि मेरे कानों में आकर चित्त को और भी ～ कर देती। 酒を注ぐ甘美な音が耳に入り心をより一層狂おしくさせるのだった.

व्याकुलता /vyākulatā ヴィャークルター/ [←Skt.f. व्याकुल-ता- 'perturbation, agitation, bewilderment, alarm'] *f.* **1** 気が動転すること, 慌てふためくこと;気が気ではないこと, 気が狂いそうなこと. **2** 狂おしいほど切望すること. ❐उसकी ～ में प्रतीक्षा और उल्लास है, मेरी ～ में दैन्य और परवशता। 彼女の狂おしさには待望があり絶頂がある, 私の狂おしさには卑屈さと従属とが. ❐भूख में अब आशा की ～ नहीं, निराशा की शिथिलता थी। ひもじさの中でもはや希望への切望はなく, 絶望の疲労困憊があった.

व्याख्या /vyākʰyā ヴィャーキャー/ [←Skt.f. व्‌-आख्या- 'explanation, exposition, gloss, comment'] *f.* **1** 説明, 解説. ❐(की) ～ करना (…の)解説をする. **2** 注釈, 注解, 解釈. **3** 講演. (⇒व्याख्यान)

व्याख्याता /vyākʰyātā ヴィャーキャーター/ [←Skt.m. व्‌-आख्यातृ- 'explainer'] *m.* 解説者, 説明者, 注釈者.

व्याख्यान /vyākʰyāna ヴィャーキャーン/ [←Skt.n. व्‌-आख्यान- 'explaining, exposition, interpretation, gloss, comment'] *m.* 講義, 講演, レクチャー. (⇒लेक्चर, भाषण) ❐(पर) ～ देना (…について)講義[講演]する.

व्याघात /vyāgʰāta ヴィャーガート/ [←Skt.m. व्‌-आघात- 'striking against, beating, wounding, a stroke, blow'] *m.* **1** 妨害, 妨げ. ❐(में) ～ पहुँचना (…が)妨害される. ❐(में) ～ पहुँचाना (…を)妨害する. **2** 障害.

व्याघ्र /vyāgʰra ヴィャーグル/ [←Skt.m. व्याघ्र- 'a tiger'] *m.* 〚動物〛虎. (⇒बाघ)

व्याज /vyāja ヴィャージ/ [←Skt.m. व्‌-आज- 'deceit, fraud, deception'] *m.* ☞ब्याज

व्याज-निंदा /vyāja-niṃdā ヴィャージ・ニンダー/ [←Skt.f. व्याज-निन्दा- '(in rhet.) artful or ironical censure'] *f.* ヴャージャニンダー《インド古典文学の修辞法の一つ;当の本人に向けられているとはさとられない批判・悪口の表現》.

व्याज-स्तुति /vyāja-sputi ヴィャージ・スプティ/ [←Skt.f.

व्याज-स्तुति- '(in rhet.) artful praise; praise or censure conveyed in language that expresses the contrary, indirect eulogy, ironical commendation'] *f.* ヴァージャストゥティ《インド古典文学の修辞法の一つ;一見すると批判・悪口のようだが実際は相手を賛美していることが含意されている表現》.

व्याध /vyādʰa ヴィャード/ [←Skt.m. *व्याध-* 'one who pierces or wounds; a hunter'] *m.* 狩人, 猟師.

व्याधि /vyādʰi ヴィャーディ/ [←Skt.m. *व्य्-आधि-* 'disorder, disease, ailment, sickness, plague (esp. leprosy)'] *f.* **1** 病気, 疫病. ❐यह हैज़ा-प्लेग आदि व्याधियाँ दुष्कर्मों के ही दंड हैं। このコレラやペストなどの疫病は悪行の罰である. ❐शारीरिक ～ 身体の病. **2** (心身の)苦痛, 苦悩.

व्यापक /vyāpaka ヴィャーパク/ [←Skt. *व्य्-आपक-* 'pervading, diffusive, comprehensive, widely spreading or extending, spreading everywhere'] *adj.* 広大な;広範囲に行きわたっている. ❐उनका अध्ययन ～ था। 彼の研究は幅広かった. ❐(के प्रति) ～ दृष्टिकोण (…に対する)広い視野. ❐भगवान् की ～ दया का रूप आज जीवन में पहली बार उन्हें दिखाई दिया। 神のあまねく行き渡る慈悲の姿を今日人生で初めて彼は見た.

व्यापार /vyāpāra ヴィャーパール/ [←Skt.m. *व्य्-आपार-* 'occupation, employment, business, profession, function'] *m.* **1**〖経済〗ビジネス, 商売;商業, 貿易, 取り引き, 売買. ❐～ मंडल 商業会議所. ❐(का) ～ करना (…を)商う. ❐देह ～ 売春. **2** 活動, 動き;出来事.

व्यापारिक /vyāpārika ヴィャーパーリク/ [?neo.Skt. *व्यापारिक-* 'pertaining to a trade'] *adj.* 商売の, 取り引の, 貿易の. ❐～ पवन 貿易風. ❐～ बट्टा 業者間割引.

व्यापारी /vyāpārī ヴィャーパーリー/ [←Skt.m. *व्य्-आपारिन्-* 'a dealer'] *adj.* 商業に関する;通商上の. ❐～ लोग 商人たち.

— *m.* 商人;商売人. (⇒ताजिर) ❐अरबी ～ アラブ商人.

-व्यापी /-vyāpī ・ヴィャーピー/ [←Skt. *वि-आपिन्-* 'spreading everywhere'] *suf.* 《〖名詞-व्यापी〗の形式で, 合成形容詞「…を広く覆っている」を作る;विश्व-व्यापी「ワールドワイド」, संसार-व्यापी「全世界に広がる」など》

व्याप्त /vyāpta ヴィャープト/ [←Skt. *वि-आप्त-* 'spread through, pervaded'] *adj.* 広がった;浸透した;蔓延した. ❐ईश्वर की निष्ठ और भक्ति उसके रोम-रोम में ～ हो गई थी। 神への信仰と信愛が彼の体の隅々まで浸透していた.

व्याप्ति /vyāpti ヴィャープティ/ [←Skt.f. *वि-आप्ति-* 'pervasion'] *f.* 広がり;浸透;蔓延.

व्यामोह /vyāmoha ヴィャーモーフ/ [←Skt.m. *वि-आमोह-* 'loss of consciousness, mental confusion'] *m.* **1** 困惑, うろたえ. **2** 夢中, のぼせ上がること.

व्यायाम /vyāyāma ヴィャーヤーム/ [←Skt.m. *व्य्-आयाम-* 'exertion, manly effort, athletic or gymnastic exercise'] *m.*〖スポーツ〗運動, 体操. (⇒कसरत) ❐नियमित रूप से ～ करना 規則正しく運動をする. ❐बौद्धिक ～ 頭の体操.

व्यावसायिक /vyāvasāyika ヴィャーオサーイク/ [?neo.Skt. *व्यावसायिक-* 'occupational; professional'; cf. *व्यवसाय*] *adj.* ビジネス上の, 商売上の;職業上の. ❐～ दृष्टि से ビジネス上の観点から. ❐इसे भाग्य कहिए या ～ सिद्धांतों का अज्ञान कि उन्हें अपने व्यवसाय में कभी उन्नत अवस्था न मिली। これを運命というかビジネスの原則の無知というか, 彼は自分の商売において決して上向きの状態を手にすることはなかった.

व्यावहारिक /vyāvahārika ヴィャーオハーリク/ [←Skt. *व्यावहारिक-* 'relating to common life or practice or action, practical'] *adj.* 実際的な, 実用的な, 実践的な.

व्यास /vyāsa ヴィャース/ [←Skt.m. *व्य्-आस-* 'width, breadth, the diameter of a circle'] *m.*〖数学〗直径.

व्युत्पत्ति /vyutpatti ヴィュトパッティ/ [←Skt.f. *वि-उत्पत्ति-* 'production, origin, derivation (esp. in gram.), etymology'] *f.*〖言語〗語源, 言葉の由来.

व्युत्पन्न /vyutpanna ヴィュトパンヌ/ [←Skt. *वि-उत्पन्न-* 'arisen, originated, derived (esp. in gram.), to be explained etymologically'] *adj.* 派生した. ❐～ शब्द 派生語.

व्यूह /vyūha ヴィューフ/ [←Skt.m. *व्य्-ऊह-* 'military array'] *m.* 陣形, 戦闘隊形.

व्योम /vyoma ヴィョーム/ [←Skt.m. *व्योमन्-* 'heaven, sky'] *m.* 空;天;空間. ❐वर्ण ～ 色空間, カラースペース.

व्रण /vraṇa ヴラン/ [←Skt.m. *व्रण-* 'a wound'] *m.*〖医学〗潰瘍. (⇒अल्सर)

व्रत /vrata ヴラト/ [←Skt.n. *व्रत-* 'a religious vow or practice'] *m.* **1**〖ヒンドゥー教〗(神に誓う)強固な決意. ❐(का) ～ करना (…を)誓って決意する. **2**〖ヒンドゥー教〗ヴラタ《「願掛け」のためにする日常的禁欲生活の実践;断食などを含む》. ❐(का) ～ रखना (…の)ヴラタを守る.

व्रती /vratī ヴラティー/ [←Skt. *व्रतिन्-* 'observing a vow, engaged in a religious observance'] *adj.* ヴラタ (व्रत) を実践している(人).

— *m.* ヴラタ (व्रत) を実践する人.

व्रीड़ा /vrīṛā ヴリーラー/ [←Skt.f. *व्रीडा-* 'shame, modesty, bashfulness'] *f.* 恥じらい.

व्हिस्की /vhiskī ヴヒスキー/ ▸ह्विस्की [←Eng.n. *whisky*] *f.* ☞ह्विस्की

व्हेल /vhela ヴヘール/ ▸ह्वेल *f.* ☞ह्वेल

श

शंका /śaṃkā シャンカー/ [←Skt.f. शङ्का- 'apprehension, care, alarm, fear, distrust, suspicion'] *f.* **1** 疑念, 疑い. (⇒शक, संदेह) ❐उसके प्रति अब मुझे कोई ～ नहीं है। 彼女に対してもう私には何の疑念もない. ❐उसके मन में ～ हुई। 彼の心に疑念が生じた. **2** 懸念, 恐れ, 不安. (⇒आशंका, भय) ❐आख़िर वही हुआ, जिसकी मुझे ～ थी। ついに私が恐れていたことが起こった. ❐ज्यों-ज्यों रात बीतती थी, उसकी ～ तीव्र होती जाती थी। 夜が更けていくにつれて, 彼女の不安は強くなっていった.

शंकालु /śaṃkālu シャンカール/ [?neo.Skt. शङ्कालु- 'suspicious'] *adj.* 疑り深い, 猜疑心の強い. (⇒शक्की) ❐～ पति 疑り深い夫.

शंकित /śaṃkitạ シャンキト/ [←Skt. शङ्कित- 'alarmed, apprehensive, distrustful, suspicious, afraid'] *adj.* **1** 疑念に満ちた. **2** (不安に)おびえた.

शंकु /śaṃku シャンク/ [←Skt. शङ्कु- 'a peg, nail, spike; a stake, post, pillar; an arrow, spear, dart'] *m.* **1** (釘, 矢, 杭など)先端が尖った形状のもの. **2**〖数学〗円錐(形).

शंख /śaṃkʰạ シャンク/ [←Skt. शङ्ख- 'a shell, (esp.) the conch-shell; a partic. high number (said to = a hundred billions or 100, 000 krores)'] *m.* **1**〖貝〗ホラガイ(などの大形巻貝). **2**〖楽器〗ホラガイ. ❐～ बजाना ホラガイを吹き鳴らす. **3**〖単位〗巨大な数《一説によると「十兆」》.

शऊर /śaūrạ シャウール/ ▸शुऊर [←Pers.n. شعور 'knowing; knowledge, wisdom; good management' ←Arab.] *m.* **1** 知力;分別;意識. **2** 礼儀正しさ.

शक[1] /śakạ シャク/ [←Pers.n. شك 'doubting, suspecting; doubt, suspicion' ←Arab.] *m.* 疑い, 疑惑, 疑念. (⇒संदेह) ❐(को) (में [पर]) ～ है। (人は)(…に)疑いをもっている. ❐(पर) ～ करना (…を)疑う.

शक[2] /śakạ シャク/ [←Skt.m. शक- 'an era introduced by Emperor Śālivāhana of India (in 78 A.D.)'] *m.*〖暦〗シャカ(暦). ❐～ संवत् シャカ暦《独立後インド政府が国定暦に採用した太陽暦;改暦委員会は, 西暦 1957 年 2 月 22 日をシャカ暦 1879 年チャイトラ月 (चैत्र) 第 1 日とした;西暦 78 年が元年;第 1 月第 1 日目はグレゴリオ暦の 2 月 22 日(閏年は 21 日)に一致》.

शकल /śakalạ シャカル/ ▸शक्ल *f.* ☞शक्ल

शकर /śakarạ シャカル/ ▸शक्कर *f.* ☞शक्कर

शकरक़ंद /śakarạqaṃdạ シャカルカンド/ [←Pers.n. شکر قند 'sweet potatoes'] *m.*〖植物〗サツマイモ(薩摩芋).

शकरपारा /śakarạpārā シャカルパーラー/ [←Pers.n. شکر پاره 'a lump of sugar'] *m.*〖食〗シャカルパーラー《小麦粉, 砂糖などで作られる菓子の一種》.

शकार /śakārạ シャカール/ [←Skt.m. श-कार- 'Devanagari letter श or its sound'] *m.* **1** 子音字 श. **2**〖言語〗子音字 श の表す子音 /ś シュ/.

शकारांत /śakārāṃtạ シャカーラーント/ [←Skt. शकार-अन्त- 'ending in the letter श or its sound'] *adj.*〖言語〗語尾が श で終わる(語)《ताश「トランプ」, प्रकाश「明かり」, होश「正気」など》. ❐～ शब्द 語尾が श で終わる語.

शकुन /śakunạ シャクン/ [←Skt.n. शकुन- 'any auspicious object or lucky omen'] *m.*〖暦〗(吉凶の)きざし, 前兆, 縁起《本来は特に吉兆をさす》. ❐～ देखना [विचारना]吉兆を占う. ❐अशुभ ～ 凶兆. ❐शुभ ～ 吉兆. ❐मुझे ～ अच्छे नहीं दिखाई देते। 私には縁起が良くないように見える.

शकुन-विचार /śakunạ-vicārạ シャクン・ヴィチャール/ [शकुन + विचारना] *m.* 占い.

शकुन-विद्या /śakunạ-vidyā シャクン・ヴィディヤー/ *f.* ☞ शकुन-विचार

शक्कर /śakkarạ シャッカル/ ▸शकर [←Pers.n. شکر 'sugar'; cog. Skt.f. शर्करा- 'ground or candied sugar'; cf. OIA.f. *śarkarā-*[2] 'candied sugar': T.12338; → Arab. → Eng.n *sugar*; cf. Lat. *sakkharon*; → Chin.n. **蔗糖** → Japan.n. **砂糖**] *f.* **1**〖食〗砂糖. (⇒चीनी) **2** 未精製の砂糖, 粗糖.

शक्की /śakkī シャッキー/ [←Pers.adj. شکی 'doubtful'] *adj.* 疑り深い(人), 猜疑心の強い(人). (⇒संशयात्मक) ❐रुपये का लोभ आदमी को ～ बना देता है। 金への強欲は人間を疑り深くする.

शक्की-मिज़ाज /śakkī-mizājạ シャッキー・ミザージ/ [←Pers.adj. شکی مزاج 'undetermined, wavering, hesitating'] *adj.* 疑りぶかい性質の(人).
— *m.* 疑りぶかい性質. ❐～ का आदमी 疑りぶかい性質の男.

शक्ति /śakti シャクティ/ [←Skt.f. शक्ति- 'power, ability, strength, might, effort, energy, capability'] *f.* **1** 力, 強さ. (⇒ताक़त) ❐पूरी ～ से [के साथ]力いっぱい, 全力で. ❐सारी शक्तियाँ जवाब दे चुकी थीं। 力を使い果たしてしまった. **2**〖物理〗機械力, 動力;電力, エネルギー. **3** 能力, 実力. **4** 権力;勢力. **5**〖ヒンドゥー教〗シャクティ, 性力《人体内に存在する根源的生命エネルギー》. (⇒कुंडलिनी)

शक्तिमान् /śaktimān シャクティマーン/ [←Skt. शक्ति-मत्- 'possessed of ability, powerful, mighty'] *adj.* 力の強い.

शक्तिशाली /śaktiśālī シャクティシャーリー/ [neo.Skt. शक्ति-शालिन्- 'powerful'] *adj.* 腕力のある, 強い, 強力な. (⇒ताक़तवर)

शक्तिहीन /śaktihīnạ シャクティヒーン/ [←Skt. शक्ति-हीन- 'powerless impotent'] *adj.* 無力な;非力な;精力のない.

शक्य /śakyạ シャキエ/ [←Skt. शक्य- 'able, possible, practicable'] *adj.* ありうる, 実行可能な.

शक्ल /śaklạ シャクル/ ▸शकल [←Pers.n. شکل 'fettering (a horse); figure, form, shape' ←Arab.] *f.* **1** 顔つき, 容

貌;外観.(⇒सूरत) **2** 形, 形状.(⇒रूप)

शख़्स /śaxsa シャクス/ [←Pers.n. شخص 'being bulky and corpulent; being embodied; a person, body, individual' ←Arab.] *m.* (個人としての)人間;人物.(⇒व्यक्ति)

शगुन /śaguna シャグン/ [<Skt.n. शकुन- 'any auspicious object or lucky omen'] *m.* ☞शकुन

शठ /śaṭʰa シャト/ [←Skt. शठ- 'false, deceitful, fraudulent, malignant, wicked'] *adj.* 悪意のある.

शठता /śaṭʰatā シャトター/ [←Skt.f. शठ-ता- 'roguery, depravity, malice, wickedness'] *f.* 悪意のある行為, 悪事.(⇒शाठ्य) ❒इतने पर भी उसने दग़ा की, तो मैं भी ～ पर उतर आऊँगा これほどの上にさらにあいつがだますのなら, 私だってやってやろうじゃないか.

शत /śata シャト/ [←Skt.n. शत- 'a hundred'] *m.* 百《主に合成語の要素として; शतांश「百分の一」など》.(⇒सौ)

शतक /śataka シャタク/ [←Skt. शतक- 'consisting of a hundred'] *m.* 百が一つの単位になっているもの《「世紀」,「(クリケットの)100 点」,「(100 詩節の)詩歌」など》.

शतदल /śatadala シャトダル/ [←Skt.n. शत-दल- 'having a hundred petals: a lotus'] *m.* 〖植物〗ハスの花.(⇒कमल)

शतधा /śatadʰā シャトダー/ [←Skt.ind. शत-धा 'in a hundred ways'] *adv.* 百通りに;実にさまざまに.

शत-प्रतिशत /śata-pratiśata シャト・プラティシャト/ [neo.Skt.n. शत-प्रति-शत- '100 percent'] *adv.* 100 パーセント;完全に.

शतरंज /śataraṃja シャトランジ/ [←Pers.n. شطرنج 'chess'; ?cog. Skt. चतुर्-अङ्ग- 'having 4 limbs (or extremities); (army) comprising elephants, chariots, cavalry, and infantry'] *m.* 〖ゲーム〗チェス.(⇒चेस) ❒～ खेलना チェスをする.

शतरंजी /śataraṃjī シャトランジー/ [←Pers.n. شطرنجى 'a kind of carpet; a chess-player'] *m.* チェスの名手.
— *f.* **1** チェス盤. **2** 市松模様のカーペット, ベッドカバー.

शतशः /śataśaḥ シャトシャハ/ [←Skt.ind. शत-शस् 'by or in hundred, a hundred times'] *adv.* 百通りに;百回.

शतांश /śatāṃśa シャターンシュ/ [←Skt.m. शत-अंश- 'a hundredth part'] *m.* **1** 百分の一. ❒उसने इस धनराशि का ～ भी न देखा होगा। 彼はこの金額の百分の一も見たことがないだろう. **2** 〖単位〗(温度などの)度. ❒४० ～ तापमान 40 度の温度.

शताब्दी /śatābdī シャターブディー/ [cf. Skt.n. शत-आब्द- 'a hundred years, century'] *f.* **1** 世紀.(⇒सदी) ❒इक्कीसवीं ～ में 21 世紀に. **2** 百年祭, 百周年. ❒(की) जन्म- ～ पर(人の)生誕百周年の折に. ❒(की) मृत्यु- ～ पर(人の)没後百周年の折に.

शतायु /śatāyu シャターユ/ [←Skt. शत-आयुस्- 'attaining the age of a hundred'] *adj.* 百歳の, 百寿の. ❒(का) ～ सम्मान करना (人の)百寿のお祝いをする.

शती /śatī シャティー/ [←Skt. शतिन्- 'consisting of hundreds, hundredfold'] *f.* **1** 世紀.(⇒शताब्दी) ❒इक्कीसवीं ～ 21 世紀. **2** 百年祭. ❒स्वामी विवेकानंद सार्ध ～ スワーミー・ヴィヴェーカーナンダ(生誕)150 年祭.

शत्रु /śatru シャトル/ [←Skt.m. शत्रु- 'an enemy, foe, rival, a hostile king'] *m.* 敵, かたき.(⇒दुश्मन)(⇔मित्र)

शत्रुता /śatrutā シャトルター/ [←Skt.f. शत्रु-ता- 'hostility, enmity'] *f.* 敵意, 敵愾心, 悪意, 恨み, 憎しみ.(⇒अदावत, दुश्मनी, द्वेष, वैर)(⇔मित्रता) ❒(से) ～ रखना (に)敵意をもつ.

शत्रु-देश /śatru-deśa シャトル・デーシュ/ [neo.Skt.m. शत्रु-देश- 'a hostile country'] *m.* 敵国;非友好国.(⇔मित्र-देश)

शनाख़्त /śanāxta シャナークト/ ▸शिनाख़्त *f.* ☞शिनाख़्त

शनि /śani シャニ/ [←Skt.m. शनि- 'the planet Saturn'] *m.* **1** 〖天文〗土星. **2** 〖暦〗土曜日《शनिवार の省略形》.

शनिवार /śanivāra シャニワール/ [←Skt.m. शनि-वार- 'Saturday'] *m.* 〖暦〗土曜日.(⇒सनीचर) ❒～ को 土曜に.

शनैः शनैः /śanaiḥ śanaiḥ シャナェーハ シャナェーハ/ [←Skt.ind. शनैस् 'quietly, softly, gently, gradually, alternately'] *adv.* 次第に, 徐々に. ❒～ मुझे इस स्थान से प्रेम हो गया। 次第に私はこの場所を愛するようになった.

शपथ /śapatʰa シャパト/ [←Skt.m. शपथ- 'a curse, imprecation, anathema; an oath, vow'] *f.* 宣誓, 誓い(の言葉).(⇒क़सम) ❒～ लेना [ग्रहण करना]宣誓する. ❒(को) (की) ～ दिलाना (人に)(…の)宣誓をさせる.

शपथ-ग्रहण /śapatʰa-grahaṇa シャパト・グラハン/ [neo.Skt.n. शपथ-ग्रहण-] *m.* 宣誓(すること).

शपथ-पत्र /śapatʰa-patra シャパト・パトル/ [←Skt.n. शपथ-पत्र- 'written testimony on oath or affidavit'] *m.* 〖法律〗宣誓供述書.

शफ़तालू /śaftālū シャフタールー/ [←Pers.n. شفتالو 'a peach (rough plum)'] *m.* 〖植物〗モモ(桃)(の実).(⇒आड़ू)

शबनम /śabanama シャブナム/ [←Pers.n. شبنم '(night-moisture) dew'] *f.* **1** 露(つゆ), 夜露.(⇒ओस) **2** 上質の綿織物.

शब्द /śabda シャブド/ [←Skt.m. शब्द- 'sound, noise, voice, tone, note; a word'] *m.* **1** 言葉, 文言. ❒दूसरे शब्दों में 換言すれば. ❒दो ～ わずかな文言, 一言二言;序文. ❒मीठे ～ 甘い言葉. ❒वह एक ～ भी न बोला। 彼は一言もしゃべらなかった. **2** 音;音声. ❒कराहने का ～ うめき声. ❒किसी के गाने का ～ कानों में आया। 誰かが歌う声が耳に入った. ❒बंदूकों के ～ सुनाई दिए। 銃声が聞こえた. **3** 〖言語〗語, 単語;語彙.(⇒लफ़्ज़) ❒उसने अपने शोध-प्रबंध में केवल ३०,००० शब्दों का उपयोग किया। 彼は学位論文にたったの 3 万語費やしただけだ. ❒फ़ारसी ～ ペルシア語の語彙.

शब्दकोश /śabdakośa シャブドコーシュ/ [←Skt.m. शब्द-कोश- 'wordrepository'] *m.* 〖言語〗辞書, 辞典.(⇒लुग़त)

शब्दकोष /śabdakoṣa シャブドコーシュ/ [?neo.Skt.m. *शब्द-कोष-* 'dictionary'] *m.* ☞शब्दकोश

शब्दचित्र /śabdacitra シャブダチトル/ [neo.Skt.n. *शब्द-चित्र-* 'word sketch'] *m.* 言葉による簡潔な描写, 点描, 素描, スケッチ.

शब्दभेद /śabdabʰeda シャブドベード/ [←Skt.m. *शब्द-भेद-* 'difference or distinction of sounds or words'] *m.* 〖言語〗品詞.

शब्दवेध /śabdavedʰa シャブダヴェード/ [←Skt.m. *शब्द-वेध-* 'the act of shooting at or hitting an invisible object the sound of which is only heard'] *m.* ☞ शब्दवेधी

शब्दवेधी /śabdavedʰī シャブダヴェーディー/ [←Skt. *शब्द-वेधिन्-* 'sound-piercing; hitting an unseen (but heard) object'] *adj.* 音だけを頼りに弓で射抜く(名人技).

— *m.* 音だけを頼りに弓で射抜く名人技.

शब्दशः /śabdaśaḥ シャブドシャハ/ [?neo.Skt.ind. *शब्द-शस्* 'word for word, verbatim'] *adv.* 一字一句, 文字通りに. (⇒लफ़्ज़-ब-लफ़्ज़) ❐～ दुहराना 一字一句そのまま繰り返す.

शब्दाडंबर /śabdāḍambara シャブダーダンバル/ [←Skt.m. *शब्द-आडम्बर-* 'high-sounding words, verbosity, bombast'] *m.* おおげさな言い回し;冗舌;大言壮語.

शब्दानुशासन /śabdānuśāsana シャブダーヌシャーサン/ [←Skt.n. *शब्द-अनुशासन-* 'word-instruction or explanation; grammar'] *m.* 言葉の使い方, 語法;文法. (⇒व्याकरण)

शब्दार्थ /śabdārtʰa シャブダールト/ [←Skt.m. *शब्द-अर्थ-* 'the meaning of a word'] *m.* 語の意味, 語義.

शब्दालंकार /śabdālaṃkāra シャブダーランカール/ [←Skt.m. *शब्द-अलंकार-* 'a figure of speech depending for its pleasingness on sound or words'] *m.* シャブダーランカーラ《音の配置により効果をあげる修辞法(अलंकार)》. (⇔अर्थालंकार)

शब्दावली /śabdāvalī シャブダーオリー/ [←Skt.f. *शब्द-आवली-* 'a collection of paradigms of declension'] *f.* **1** (特定分野や個人の)語彙, ボキャブラリー. ❐(की) ～ में (人の)ボキャブラリーで言うと. ❐हम लोग बहुत-सी यौन संबंधी ～ से परिचित हुए। 私たちは多くのセックスに関する語彙を知った. **2** 単語集, 語彙集;用語集. ❐हिंदी ～ ヒンディー語語彙集.

शम /śama シャム/ [←Skt.m. *शम-* 'tranquillity, calmness, rest, equanimity, quietude or quietism'] *m.* (心の)平安, 安穏;静謐(せいひつ).

शमन /śamana シャマン/ [←Skt.n. *शमन-* 'the act of calming, appeasing, allaying, tranquillization'] *m.* **1** 鎮静;鎮圧. (…を)抑え込む. **2** 抑制, 抑圧. (⇒दमन) ❐(का) ～ करना (…を)抑え込む.

शमशीर /śamaśīra シャムシール/ [←Pers.n. 'a sword'] *f.* 半月刀, 三日月刀《ペルシャの湾刀;切り合いに適するように, 刀身と柄が逆の方向に湾曲している;サーベルの起源になった》.

शमा /śamā シャマー/ [←Pers.n. شمع 'wax; a wax-candle, taper' ←Arab.] *f.* **1** 蝋(ろう). **2** 蝋燭(ろうそく);ランプ, 灯火.

शयन /śayana シャヤン/ [←Skt.n. *शयन-* 'the act of lying down or sleeping, rest, repose, sleep'] *m.* (休むために)横になること, 休憩, 睡眠.

शयनकक्ष /śayanakakṣa シャヤンカクシュ/ [neo.Skt.m. *शयन-कक्ष-* 'a bedroom'] *m.* 寝室.

शयनयान /śayanayāna シャヤンヤーン/ [neo.Skt.n. *शयन-यान-* 'a bedroom'] *m.* 寝台車;寝台個室.

शयनागार /śayanāgāra シャヤナーガール/ [←Skt.m. *शयन-आगार-* 'a bedchamber'] *m.* 寝室.

शय्या /śayyā シャッヤー/ [←Skt.f. *शय्या-* 'a bed, couch, sofa'] *f.* 寝床, 臥所(ふしど), 床, 寝台. ❐वह ～ पर मुँह ढाँपकर रोने लगी। 彼女は寝床の上で顔を覆って泣いた.

शर /śara シャル/ [←Skt.m. *शर-* 'a sort of reed or grass; an arrow'] *m.* 矢. (⇒तीर, बाण) ❐ये शब्द तीव्र ～ के समान उसके कलेजे में चुभ गए। この言葉は鋭い矢のように彼の心に突き刺さった.

शरण /śaraṇa シャラン/ [←Skt.n. *शरण-* 'shelter, place of shelter or refuge or rest'] *f.* **1** 保護, 庇護;防御. ❐(की) ～ (में) आना (…の)保護下に入る. ❐(को) ～ देना (…に)庇護を与える. ❐(की) ～ लेना (…の)庇護を受ける. **2** 亡命. ❐राजनैतिक ～ माँगना [देना] 政治亡命を求める[認める]. **3** 避難所.

शरणागत /śaraṇāgata シャルナーガト/ [←Skt. *शरण-आगत-* 'one who has come for shelter or protection'] *adj.* 保護[庇護, 救援]を求める(人).

— *m.* 亡命者;難民, 避難民. (⇒शरणार्थी) ❐शरणागतों के साथ हमदर्दी बरतना 難民に対し同情を示す.

शरणार्थी /śaraṇārtʰī シャルナールティー/ [neo.Skt.m. *शरण-अर्थिन्-* 'refugee'] *m.* 難民, 避難民;亡命者. (⇒शरणागत, मुहाजिर)

शरत् /śarat シャルト/ [←Skt.f. *शरत्-* 'autumn (as the time of ripening)'; cf. *शरद*] *f.* 〖暦〗秋《शरत्काल「秋期」のように合成語の一部として;有声音の前では शरद् となる》.

शरद /śarada シャラド/ [<Skt.f. *शरद्-* 'autumn'] *f.* 〖暦〗秋. (⇒ख़िज़ाँ)

शरद् /śarad シャルド/ [←Skt.f. *शरद्-* 'autumn (as the time of ripening)'; cf. *शरद*] *f.* ☞शरत्

शरबत /śarabata シャルバト/▷शर्बत [←Pers.n. شربة 'one drink or sip, a single draught' ←Arab. ; → Eng.n. *sherbet*] *m.* 〖食〗シャルバト《水に果実や砂糖黍のしぼり汁を加えた甘味飲料;冷やして飲む》.

शरबती /śarabatī シャルバティー/ ▷शर्बती [←Pers.adj. شربتی 'of the colour of sherbet'] *adj.* 薄オレンジ色の, 淡いピンク色の. ❐～ रेशमी चादर 淡いピンク色の絹のショール.

— *m.* 薄オレンジ色, 淡いピンク色.

शरम /śarama̧ シャラム/ ▸शर्म *f.* ☞शर्म

शरमाना /śara̧mānā シャルマーナー/ ▹शर्माना [cf. *शरम*] *vi.* (*perf.* शरमाया /śara̧māyā シャルマーヤー/) **1** 恥じらう，はにかむ．(⇒लजाना) **2** 恥じる，恥じ入る．(⇒झेंपना, लजाना)

— *vt.* (*perf.* शरमाया /śara̧māyā シャルマーヤー/) (人を)恥じ入らせる．

शरमिंदा /śara̧miṃdā シャルミンダー/ ▹शर्मिंदा [←Pers. شرمنده 'covered with shame, confused, disconcerted'] *adj.* 恥ずかしい；恥をかいた．❐(को) ～ करना (人に)恥をかかす．❐～ होना 恥をかく．

शरमीला /śara̧mīlā シャルミーラー/ ▹शर्मीला [cf. *शरम*] *adj.* 内気な，恥ずかしがり屋の．(⇒लजालू)

शराफ़त /śarāfata̧ シャラーファト/ [←Pers.n. شرافة 'being noble; nobility' ←Arab.] *f.* 上品さ，優雅さ．

शराब /śarāba̧ シャラーブ/ [←Pers.n. شراب 'wine' ←Arab.] *f.* 酒，アルコール．(⇒दारू, मदिरा) ❐अंग्रेज़ी ～ 洋酒《ビール，ジン，ラム酒，ウイスキー，ワインなど》．

शराब-ख़ाना /śarāba-xānā シャラーバ・カーナー/ [←Pers.n. شراب خانه 'a cellar; tavern'] *m.* 酒屋．

शराबख़ोर /śarābaxora̧ シャラーブコール/ [←Pers.n. شراب خوار 'a wine-bibber, a drunkard'] *m.* 大酒飲み．

शराबख़ोरी /śarāba̧xorī シャラーブコーリー/ [←Pers.n. شراب خواری 'wine-bibbing, drunkenness'] *f.* 飲酒；アルコール中毒．

शराबी /śarābī シャラービー/ [←Pers.adj. شرابی 'drunken, intoxicated'] *m.* 大酒飲み．

शराबोर /śarābora̧ シャラーボール/ ▸सराबोर *adj.* ☞सराबोर

शरारत /śarārata̧ シャラーラト/ [←Pers.n. شرارة 'doing evil; wickedness, malice, depravity' ←Arab.] *f.* いたずら，わるさ．❐～ करना いたずらをする．❐उसे ～ सूझी। 彼はいたずらを思いついた．

शरारती /śarāra̧tī シャラールティー/ [*शरारत* + *-ई*] *adj.* いたずら好きな；いたずらっぽい．

शरीक /śarīka̧ シャリーク/ [←Pers.n. ←Arab.] *adj.* 参加した．

— *m.* **1** 仲間．**2** 財産相続の資格がある近親者．

शरीफ़ /śarīfa̧ シャリーフ/ [←Pers.adj. شريف 'noble, eminent, holy' ←Arab.] *adj.* **1** 上品な，気品のある；高貴な；名門の；高潔な．❐～ आदमी 高潔の士，品性を備えた人間．❐～ ख़ानदान [घराना] 良家，名家，上流家庭．❐मैं ख़ानदान का ～ हूँ। 私は高貴な家柄の出です．**2**〖イスラム教〗神聖な《敬意の対象となる語の直後に置く》．❐क़ुरान ～ 聖なるコーラン．

— *m.* 紳士；高貴な方．

शरीफ़ा /śarīfā シャリーファー/ [←Pers.n. شريفه 'custard-apple (*Annona squamosa*)'] *m.*〖植物〗バンレイシ(の実)《別名「仏頭果」とも呼ばれるように，表面に仏像の頭部のような突起がある；大粒の種があり実は甘い》．(⇒सीताफल)

शरीर[1] /śarīra̧ シャリール/ [←Skt.n. *शरीर-* 'the body'; → Japan.n. *舎利*] *m.* 体，身体；肉体．(⇒बदन) ❐सुगठित ～ 均整のとれた体．❐～ पर वस्त्र भी न थे। 身体は衣服すらまとってなかった．❐मृतक ～ में प्राण आ गए। 死者の体に命が宿った．

शरीर[2] /śarīra̧ シャリール/ [←Pers.adj. شرير 'wicked, malignant, perverse' ←Arab.] *adj.* いたずら好きな；性悪(しょうわる)の．❐लोग कहते हैं, लाड़-प्यार से बच्चे ज़िद्दी और ～ हो जाते हैं। 世間の人が言うには，甘やかされると子どもは強情にまた性悪になるらしい．

शरीरांत /śarīrāṃta̧ シャリーラーント/ [neo.Skt.m. *शरीर-अन्त-* 'end of the body, death'] *m.* 死．

शर्करा /śarkarā シャルカラー/ [←Skt.f. *शर्करा-* 'gravel, grit. pebbles, shingle, gravelly mould or soil; ground or candied sugar'] *f.* 砂糖；糖，糖分．(⇒चीनी)

शर्ट /śarṭa̧ シャルト/ [←Eng.n. *shirt*] *f.* シャツ；ワイシャツ．❐टी ～ Tシャツ．

शर्त /śarta̧ シャルト/ [←Pers.n. شرط 'scarifying, breathing a vein; stipulating; a condition' ←Arab.] *f.* **1** 条件；前提．❐इस ～ पर この条件で．❐(की) ～ रखना (…の)条件を提示する．❐(की) ～ स्वीकार करना (…の)条件を受け入れる．❐(के संबध में) ～ लगाना (…に関して)条件をつける．**2** (売買)契約；取引．**3** 賭け；(賭博で)賭ける金品．(⇒बाज़ी)

शर्तिया /śartiyā シャルティヤー/ [←Pers. شرطية 'conditionality, contingency' ←Arab.] *adj.* 信頼できる．

— *adv.* 必ず，きっと．❐वकीलों ने निश्चय रूप से कह दिया था कि आपकी ～ डिग्री होगी। 弁護士たちは確信をもって言ったものだ，あなたの側に必ずや裁定が下るからと．

शर्बत /śarbata̧ シャルバト/ ▹शरबत *m.* ☞शरबत

शर्बती /śarbatī シャルバティー/ ▹शरबती *adj.* ☞शरबती

— *adj.* ☞शरबती

शर्म /śarma̧ シャルム/ ▸शरम [←Pers.n. شرم 'bashfulness, modesty, shame'] *f.* 恥，羞恥(心)．(⇒लज्जा) ❐(को) (पर) ～ आना (人が)(…に対して)恥じる．❐तुम्हें भीख माँगते ～ नहीं आती? お前は施しを求めて恥ずかしくないのか？

शर्मनाक /śarma̧nāka̧ シャルムナーク/ [←Pers.adj. شرمناك 'ashamed, abashed, confused'] *adj.* 恥ずべき；破廉恥な．❐～ घटना 恥ずべき事件．❐～ हार 恥辱の敗北．

शर्मसार /śarma̧sāra̧ シャルムサール/ [←Pers. شرمسار 'abashed, ashamed'] *m.* 恥ずべき．❐(को) ～ करना (人に)恥をかかせる．

शर्माना /śarmānā シャルマーナー/ ▹शरमाना *vi.* (*perf.* शर्माया /śarmāyā シャルマーヤー/) ☞शरमाना

— *vt.* (*perf.* शर्माया /śarmāyā シャルマーヤー/) ☞शरमाना

शर्मिंदा /śarmiṃdā シャルミンダー/ ▹शरमिंदा *adj.* ☞शरमिंदा

शर्मीला /śarmīlā シャルミーラー/ ▹शरमीला *adj.* ☞शरमीला

शलग़म /śala̧ǧama̧ シャルガム/ [←Pers.n. شلغم 'a turnip, rape'] *m.*〖植物〗カブ(蕪)．

शलजम /śala̧jama̧ シャルジャム/ [←Pers.n. شلجم 'a

turnip' ←Arab. ; cf. *शलगम*] *m.* 〖植物〗カブ(蕪).

शलभ /śalab^ha/ シャラブ/ [←Skt.m. *शलभ-* 'a grass-hopper, locust; a kind of moth'] *m.* **1**〖昆虫〗バッタ, イナゴなどの虫. (⇒टिड्डा, टिड्डी) **2**〖昆虫〗ガ, 蛾. (⇒पतंग)

शलवार /śalavāra/ シャルワール/ ▶सलवार [←Pers.n. شلوار 'Inner breeches, drawers reaching to the feet'] *f.* シャルワール《ズボンの一種》.

शलाका /śalākā シャラーカー/ [←Skt.f. *शलाका-* 'any small stake or stick, rod'] *f.* **1** (木や金属の)細長い棒;針. **2**〖ゲーム〗(骨や象牙の)横長の札, 牌《古代インドのゲームで使用》. **3**〔古語〕投票《1本ずつの藁(わら)で行われた》.

शलाका-पत्र /śalākā-patra/ シャラーカー・パトル/ [neo.Skt.n. *शलाका-पत्र-* 'ballot-paper'] *m.* 投票用紙. (⇒मतदान पत्र)

शल्य /śalya/ シャルエ/ [←Skt.m. *शल्य-* 'a dart, javelin, lance, spear'] *m.* **1** とげ, 針. **2** (切開などの)外科手術. **3**〖動物〗ヤマアラシ. (⇒साही)

शल्य-चिकित्सक /śalya-cikitsaka/ シャルエ・チキトサク/ [neo.Skt.f. *शल्य-चिकित्सक-* 'surgeon'] *m.* 〖医学〗外科医. (⇒सर्जन)

शल्य-चिकित्सा /śalya-cikitsā シャルエ・チキトサー/ [neo.Skt.f. *शल्य-चिकित्सा-* 'surgery'] *f.* 〖医学〗外科;(外科)手術. (⇒सर्जरी)

शव /śava/ シャオ/ [←Skt.m. *शव-* 'a corpse, dead body'] *m.* 死体, 遺体. (⇒लाश)

शवपरीक्षा /śavaparīkṣā シャオパリークシャー/ [neo.Skt.f. *शव-परीक्षा-* 'post-mortem'] *f.* 検死(解剖), 検屍. (⇒पोस्ट-मार्टम)

शवयात्रा /śavayātrā シャオヤートラー/ [neo.Skt.f. *शव-यात्रा-* 'funeral procession'] *f.* 〖ヒンドゥー教〗(火葬場への)葬列.

शवर्ग /śavarga/ シャワルグ/ [←Skt.m. *श-वर्ग-* 'the sibilating class of letters, i. e. the three sibilants and the letter ह'] *m.* (デーヴァナーガリー文字の字母表において) श から始まる 3 つの歯擦音および最後の摩擦音を表す子音字のグループ《配列順に श, ष, स, ह の各文字》.

शशि /śaśi シャシ/ [←Skt.m. *शशिन्-* 'containing a hare; the moon'] *m.* 〖天文〗月. (⇒चंद्र)

शस्त्र /śastra/ シャストル/ [←Skt.n. *शस्त्र-* 'instrument for cutting or wounding, knife, sword, dagger, any weapon'] *m.* 武器;兵器《本来は「(剣などの)斬り合いの武器」を指す》. ❐परमाणु 〜 核兵器, 原子兵器.

शस्त्रास्त्र /śastrāstra/ シャストラーストル/ [←Skt.n. *शस्त्र-अस्त्र-* 'weapons both for striking and throwing'] *m.* 武器類《複数扱い;शस्त्र「(剣などの)斬りあいの武器」および अस्त्र「(弓矢などの)飛び道具」を含むすべての武器》. (⇒अस्त्रशस्त्र)

शस्त्रीकरण /śastrīkaraṇa/ シャストリーカラン/ [neo.Skt.n. *शस्त्रीकरण-* 'armament'] *m.* 武装化. (⇔निःशस्त्रीकरण)

शस्य /śasya/ シャスィエ/ [←Skt.n. *शस्य-* 'corn, grain'] *m.* ☞सस्य

शहंशाह /śahaṃśāha/ シャハンシャーハ/ [←Pers.n. شهنشاه 'king of kings'] *m.* 王の中の王, 皇帝.

शह /śaha/ シャ/ [←Pers.n. شه 'a king, sovereign prince; check (at chess)'] *f.* **1**〖ゲーム〗(チェスの)王手, チェック. (⇒मात) ❐बादशाह को 〜 देना 王手をかける. ❐इस चित्र में बादशाह को रुख़ की 〜 लग रही है। この棋譜ではキングにルークによる王手がかかっています. **2** 扇動, 教唆.

शहज़ादा /śahazādā シャヘザーダー/▶शाहज़ादा [←Pers.n. شهزاده 'a king's son, a prince'] *m.* 王子. (⇔शहज़ादी)

शहज़ादी /śahazādī シャヘザーディー/▶शाहज़ादी [cf. *शहज़ादा*] *f.* 王女. (⇔शहज़ादा)

शहतीर /śahatīra/ シャヘティール/ [←Pers.n. شاه تیر 'the king-beam, the large beam of a house'] *m.* 梁(はり).

शहतूत /śahatūta/ シャヘトゥート/ [←Pers.n. شهتوت 'a blackberry; a mulberry'] *m.* 〖植物〗クワ(桑). ❐〜 की पत्तियाँ 桑の葉.

शहद /śahada/ シャハド/ [←Pers.n. شهد 'honey; honey-comb' ←Arab.] *m.* 蜂蜜, 蜜. (⇒मधु) ❐〜 की मक्खी 〖昆虫〗蜜蜂.

शहनाई /śahanāī シャヘナーイー/ [←Pers.n. شهنای 'a clarion, hautbois'] *f.* 〖楽器〗シャヘナーイー《リード楽器の一種》. ❐〜 बजना シャヘナーイーが吹かれる《「結婚式が始まる」の意》.

शहर /śahara/ シャハル/ [←Pers.n. شهر 'a city, a town'] *m.* 都市, 都会;市, 町. (⇒नगर)

शहरी /śaharī シャへリー/ [←Pers.n. شهری 'a citizen'] *adj.* 都会の;都会風の. ❐〜 जीवन 都会生活.
— *m.* 市民;都会人.

शहादत /śahādata/ シャハーダト/ [←Pers.n. شهادة 'testifying, bearing witness to; evidence; a testimony' ←Arab.] *f.* **1**〖イスラム教〗宣誓証言;信仰告白《لا اله الا الله「アッラーのほかに神は無し」で始まる》. ❐〜 देना 証言する. **2**〖イスラム教〗殉教.

शहीद /śahīda/ シャヒード/ [←Pers.n. شهيد 'a witness; a martyr' ←Arab.] *m.* **1**〖イスラム教〗殉教者. **2** 犠牲者;殉職者.

शांत /śāṃta/ シャーント/ [←Skt. *शान्त-* 'appeased, pacified, tranquil, calm, free from passions, undisturbed'] *adj.* **1** 平和な, 泰平な. **2** 静かな;穏やかな;平静な, 落ち着いた. ❐〜 करना 鎮める. ❐〜 鎮まる.

शांति /śāṃti シャーンティ/ [←Skt.f. *शान्ति-* 'tranquillity, peace, quiet, peace or calmness of mind, absence of passion, averting of pain'] *f.* **1** 平和;平安. (⇒अमन) ❐संयुक्त राष्ट्र 〜 (रक्षा) सेना 国際連合平和維持軍. **2** 平穏;静寂.

शांतिपूर्ण /śāṃtipūrṇa/ シャーンティプールン/ [neo.Skt. *शान्ति-पूर्ण-* 'peaceful'] *adj.* **1** 平和な, 平穏な, おだやかな;安らかな. ❐〜 जीवन おだやかな人生. **2** 平和的

な, おとなしい, 非暴力的な. ❐～ मतदान 平和的な投票行動. ❐～ सत्तांतरण 平和的な政権移譲. ❐परीक्षा ～ ढंग से संपन्न हुई। 試験は平和裏に行われた.

शांतिनिकेतन /śāṃtiniketana シャーンティニケータン/ [←Beng.n. শান্তিনিকেতন 'abode of peace'; cf. Eng.n. *Santiniketan*] *m.* 〖地名〗シャーンティニケータン, シャンティニケトン《西ベンガル州 (पश्चिम बंगाल) にある地方都市;ラビンドラナート・タゴール (रवीन्द्रनाथ ठाकुर) が設立し, 後に国立大学になったヴィシュヴァ・バーラティー (विश्व-भारती) がある》.

शांति-भंग /śāṃti-bʰaṃga シャーンティ・バング/ [neo.Skt.m. *शान्ति-भङ्ग-* 'breach of the peace, eruption of disturbances'] *m.* 〖法律〗治安妨害;騒乱(の発生).

शाक /śāka シャーク/ [←Skt.n. *शाक-* 'any vegetable food'] *m.* 野菜;野菜料理. (⇒सब्ज़ी)

शाकाहार /śākāhāra シャーカーハール/ [←Skt. *शाक-आहार-* 'eating vegetables, living on vegetables'] *m.* 菜食. (⇔मांसाहार)

शाकाहारी /śākāhārī シャーカーハーリー/ [neo.Skt. *शाक-आहारिन्-* 'vegetarian'] *adj.* 菜食主義の, ベジタリアンの. (⇒निरामिष, वेज)(⇔मांसाहारी) ❐～ भोजन ベジタリアン料理.

— *m.* ベジタリアン, 菜食主義者. (⇔मांसाहारी)

शाक्त /śākta シャークト/ [←Skt. *शाक्त-* 'relating to power or energy'] *adj.* 〖ヒンドゥー教〗シャクティ派の, 性力崇拝をする.

— *m.* 〖ヒンドゥー教〗シャークタ, シャクティ派の信奉者《シヴァ神 (शिव) の妃の「エネルギー, 性力」(शक्ति) を崇拝する》.

शाख़ /śāxa シャーク/ [←Pers.n. شاخ 'a branch, bough, shoot, sucker, twig'; cog. Skt.f. *शाखा-* 'a branch'] *f.* **1** 〖植物〗枝. (⇒शाखा) **2** 〖動物〗(鹿の)角. **3** 支店;支部. (⇒शाखा)

शाखा /śākʰā シャーカー/ [←Skt.f. *शाखा-* 'a branch'; cf. Pers.n. شاخ 'a branch, bough, shoot, sucker, twig'] *f.* **1** 〖植物〗枝. (⇒डाल, शाख़) **2** 〖地理〗(川の)支流. **3** 分派. (⇒शाख़) **4** 支店, 支局, 出張所. (⇒शाख़) ❐उन दिनों वे वहाँ इलाहाबाद बैंक की ～ में काम करते थे। 当時彼はその地でアラーハーバード銀行の支店に勤めていた. **5** 部門;分科. (⇒अंग)

शागिर्द /śāgirda シャーギルド/ [←Pers.n. شاگرد 'a scholar, student, apprentice; a disciple, pupil'] *m.* 弟子, 門人;徒弟. (⇒चेला, शिष्य)

शाट /śāṭa シャート/ ▸शॉट [←Eng.n. *shot*] *m.* **1** 〖スポーツ〗(クリケットなどの球技の)一打. ❐～ लगाना (ボールを)打つ. **2** (映画撮影の)1 ショット.

शाठ्य /śāṭʰya シャーティエ/ [←Skt.n. *शाठ्य-* 'wickedness, deceit, guile, roguery, dishonesty'] *m.* 邪悪;極悪. (⇒शठता)

शातिर /śātira シャーティル/ [←Pers.adj. شاطر 'one who teases, thwarts, and harasses his relations' ←Arab.] *adj.* 悪賢い;狡猾な;札付きの. ❐फ़रार तीनों क़ैदी ～ अपराधी हैं। 逃亡した囚人は三人とも札付きの犯罪人である.

— *m.* **1** ならず者;悪党;悪賢い人. **2**〔卑語〕チェスの巧者.

शादी /śādī シャーディー/ [←Pers.n. شادی 'gladness, festivity, joy, rejoicing; a wedding'] *f.* 結婚(式), 婚姻, 婚礼. (⇒ब्याह, परिणय, मैरिज, विवाह) ❐(से) ～ करना (人と)結婚する. ❐(से [के साथ]) (की) ～ करना (人と)(人を)結婚させる. ❐～ मनाना 結婚を祝う.

शादी-ग़मी /śādī-ğamī シャーディー・ガミー/ *f.* 婚礼と身内の不幸;(人生の)喜びと悲しみ.

शादीशुदा /śādīśudā シャーディーシュダー/ [*शादी* + *-शुदा*] *adj.* 既婚の. (⇒विवाहित)(⇔अकेला)

शान /śāna シャーン/ [←Pers.n. شأن 'doing, minding, or looking after (one's business); rank, dignity, power' ←Arab.] *f.* **1** 威厳, 尊厳;威風;体面. ❐～ दिखाना 得意気に自慢する, 自分を偉そうに見せる. ❐～ निभाना 体面を保つ. ❐～ मारना [जमाना, बघारना] 大言壮語する, 偉そうにものを言う. ❐～ से 堂々と, 立派に. ❐(की) ～ में (人を)称えて. ❐(की) ～ में बट्टा लगना (人の)威厳に傷がつく. ❐निजी मुलाक़ात के लिए जाना आपकी ～ के ख़िलाफ़ है। 個人的な面会のためにお出かけになることはあなた様の体面に関わることでございます. **2** 華麗, 豪華;壮大. ❐वाह वाह, क्या ～ है। すばらしい, なんという豪華さだ.

शानदार /śānadāra シャーンダール/ [←Pers.n. شاندار 'a man of quality or rank'] *adj.* **1** 尊厳のある, 威厳のある, 見事な. ❐～ मौत 尊厳のある死, 見事な最後. ❐～ रिकार्ड 見事な記録. **2** 華麗な, 豪華な;壮大な. ❐～ दावत 豪華なごちそう.

शान-शौकत /śāna-śaukata シャーン・シャォーカト/ *f.* 壮麗, 荘厳;豪華, 盛大. ❐～ से 盛大に.

शाप¹ /śāpa シャープ/ [←Skt.m. *शाप-* 'a curse, malediction, abuse, oath'] *m.* 呪い, 呪詛. ❐～ के शब्द 呪いの言葉. ❐(को) ～ देना (人に)呪いをかける. ❐(पर) ～ पड़ना (人に)呪いがかかる.

शाप² /śāpa シャープ/ ▸शॉप [←Eng.n. *shop*] *f.* 店, …ショップ. ❐कॉफ़ी ～ コーヒーショップ.

शापग्रस्त /śāpagrasta シャープグラスト/ [neo.Skt. *शाप-ग्रस्त-* 'affected by a curse, cursed'] *adj.* 呪われた, 呪いをかけられた.

शापिंग /śāpiṃga シャーピング/ ▸शॉपिंग [←Eng.n. *shopping*] *f.* ショッピング, 買い物. ❐घर बैठे फ़ुरसत के साथ ～ करने का आनंद 家にいながら暇なときにショッピングをする幸せ.

शापित /śāpita シャーピト/ [←Skt. *शापित-* 'made to take an oath, one to whom an oath has been administered, sworn'] *adj.* 呪いがかけられた, 呪われた.

शाबाश /śābāśa シャーバーシュ/ [←Pers.int. شاباش 'Bravo, excellent'] *int.* よくやった, でかした.

शाबाशी /śābāśī シャーバーシー/ [←Pers.n. شاباشی

'praise, applause'] *f.* (目下に対する)賞賛, 拍手喝采(かっさい). ❐इसके लिए ～ उसे मिलनी चाहिए। このことについては彼女が褒められるべきだ. ❐(को) ～ देना (人を)褒める.

शाब्दिक /śābdika シャーブディク/ [←Skt. *शाब्दिक* 'relating to sounds or words, verbal'] *adj.* 文字通りの, 言葉通りの, 文字面の;語の, 言葉の. ❐कविताओं का ～ अनुवाद 詩の言葉通りの翻訳. ❐वह बिल्कुल ～ अर्थ में मेरी अर्धांगिनी थी। 彼女は全く文字通りの意味で私のベターハーフであった.

शाम /śāma シャーム/ [←Pers.n. شام 'evening'] *f.* 夕方, 夕刻. (⇒साँझ) ❐～ को 夕方に.

शामत /śāmata シャーマト/ [←Pers.n. شامة 'the left side; adversity, ill luck, disaster' ←Arab.] *f.* 不運;不幸;災難. ❐(की) ～ आना (人が)不運に見舞われる. ❐～ का मारा 不運に見舞われた(人).

शामियाना /śāmiyānā シャーミヤーナー/ [←Pers.n. شاميانه 'a parasol, umbrella, canopy'] *m.* 大型テント;大天幕. ❐～ तानना 大天幕を張る. ❐शामियाने में मेहमानों के चाय-पानी का आयोजन था। 大天幕の中では客人たちのために軽い飲食物が用意されていた.

शामिल /śāmila シャーミル/ [←Pers.adj. شامل 'included' ←Arab.] *adj.* **1** 含まれている. (⇒सम्मिलित) ❐(में) ～ करना (…に)(…を)含める. ❐(में) ～ होना (…に)含まれる. **2** 参加している;加わっている. ❐(में) (को) ～ करना (…に)(人を)加える. ❐(में) ～ होना (…に)加わる, 参加する.

शायद /śāyada シャーヤド/ [←Pers. شايد 'let it be; may be, perhaps'] *adv.* **1** 多分, おそらく. (⇒कदाचित्) ❐यह आपको ～ नहीं मालूम। このことはあなたはおそらくご存じない. **2** 〖शायद ही 完了分詞 + コピュラ動詞(不確定未来形)〗の形式で, 過去の強い否定「決して…したことがない」の意 ❐इससे पूर्व हमने ～ ही कोई किताब इतनी उत्सुकता और इतनी शीघ्रता से पढ़ी हो। これより以前私たちはどんな本もこれほどのもどかしさそしてこれほどの速さで読んだことはなかった. **3** 〖शायद ही 一般動詞動詞(不確定未来形)〗の形式で, 未来の強い否定「決して…しないだろう」の意 ❐ऐसी औरत आपको इस दुनिया में तो ～ ही मिले। このような女はあなたにはこの世では決して手に入らないだろう.

शायर /śāyara シャーヤル/ [←Pers.n. شاعر 'a poet' ←Arab.] *m.* 〖文学〗詩人. (⇒कवि) ❐फ़ारसी ～ ペルシアの詩人. ❐हिंदी के ～ ヒンディー語の詩人.

शायरी /śāyarī シャーエリー/ [←Pers.n. شاعرى 'the art of poetry; poetic composition'] *f.* 〖文学〗詩作;詩. ❐～ करना 詩作する. ❐～ का शौक 詩作の趣味.

शारदा /śāradā シャールダー/ [←Skt.f. *शारदा-* 'name of a *Sarasvatī*'] *f.* **1** 〖ヒンドゥー教〗シャーラダー《サラスヴァティー女神 (सरस्वती) の別名》. **2** シャールダー文字《カシュミール地方でかつて使用されていたインド系文字の一種》.

शारदीय /śāradīya シャールディーエ/ [←Skt. *शारदीय-* 'autumnal'] *adj.* 秋 (शरद) の.

शारीरिक /śārīrika シャーリーリク/ [←Skt. *शारीरिक-* 'relating to the body'] *adj.* 身体上の;肉体的な. (⇒जिस्मानी) ❐～ कमज़ोरी 身体の虚弱. ❐～ शक्ति 体力. ❐～ संबंध 肉体関係.

शार्क /śārka シャールク/ [←Eng.n. *shark*] *m.* 〖魚〗サメ, 鮫.

शार्टकट /śārṭakaṭa シャールトカト/ ▸शॉर्टकट [←Eng.n. *shortcut*] *m.* 近道, ショートカット;手っ取り早い方法. ❐～ से पाना 手っ取り早く手に入れる.

शार्दूल /śārdūla シャールドゥール/ [←Skt.m. *शार्दूल-* 'a tiger; a lion; a panther, leopard'] *m.* 〖動物〗トラ;ライオン;ヒョウ.

शाल[1] /śāla シャール/ [←Pers.n. شال 'a shawl or mantle, made of very fine wool of a species of goat common in Tibet'; → Eng.n 'shawl'] *f.* ショール.

शाल[2] /śāla シャール/ [←Skt.m. *शाल-* 'the tree *Vatica robusta*'] *m.* 〖植物〗サラノキ(沙羅の木), 沙羅, 沙羅双樹(*Shorea robusta*).

शालग्राम /śālagrāma シャールグラーム/ [←Skt.m. *शाल-ग्राम-* 'a sacred stone worshipped by the *Vaishnavas*'] *m.* 〖鉱物〗菊石, アンモナイトの化石を含む黒い石《ヒンドゥー教徒はヴィシュヌ神として神聖視する》.

शाला /śālā シャーラー/ [←Skt.f. *शाला-* 'a house, mansion, building, hall, large room, apartment, shed, workshop, stable'] *f.* 建物《主に合成語の要素として》.

-शाली /-śālī ・シャーリー/ [←Skt. *शालिन्-* 'possessing a house or room; possessing, abounding in, full of, possessed of'] *suf.* 《名詞に付いて形容詞「…を有する(もの)」を形成する接尾辞; प्रतिभाशाली「才能豊かな」, शक्तिशाली「強力な」など》.

शालीन /śālīna シャーリーン/ [←Skt. *शालीन-* 'having a fixed house or abode; shy, bashful, modest'] *adj.* 謙虚な;慎み深い;上品な, 品のいい, 気品のある. ❐वह व्यवहार में ～ था। 彼は振る舞いの品がよかった.

शालीनता /śālīnatā シャーリーンター/ [←Skt.f. *शालीन-ता-* 'bashfulness, embarrassment, shyness, modesty'] *f.* 謙虚さ, 遠慮;慎み深さ;上品なこと, 品のいいこと, 気品.

शावक /śāvaka シャーワク/ [←Skt.m. *शावक-* 'the young of any animal'] *m.* 〖動物〗(動物の)こども, (鳥の)ひな ❐शेर के तीन ～ ライオンの3匹のこども.

शावर /śāvara シャーワル/ [←Eng.n. *shower*] *m.* シャワー.

शाश्वत /śāśvata シャーシュワト/ [←Skt. *शाश्वत-* 'eternal, constant, perpetual, all'] *adj.* 永遠の, 恒久の. ❐～ प्रेम 永遠の愛.

शासक /śāsaka シャーサク/ [←Skt.m. *शासक-* 'a chastiser, teacher, instructor, governor, ruler'] *m.* 支配者, 統治者. ❐～ वर्ग 支配者階級.

शासन /śāsana シャーサン/ [←Skt.n. *शासन-* 'government, dominion'] *m.* **1** 統治;為政者, 政府. (⇒हुकूमत) **2** 規律;

制御, 支配. ❐वे स्त्रियों पर बड़ा कठोर ～ रखते थे। 彼は女たちをとても厳格に支配していた.

शासनकाल /śāsanakāla シャーサンカール/ [neo.Skt.m. *शासन-काल-* 'rule'] *m.* 統治期, 統治期間. ❐भारत में सर्वप्रथम मौर्य वंश के ～ में ही राष्ट्रीय राजनीतिक एकता स्थापित हुई। インドでは初めてマウリヤ朝の統治期に国家の政治的統一が確立した.

शासनिक /śāsanika シャースニク/ [?neo.Skt. *शासनिक-* 'governmental'] *adj.* 国営の;中央政府の;(中央政府の)行政の. ❐～ अधिकारी 国家公務員.

शासित /śāsita シャースィト/ [←Skt. *शासित-* 'governed, ruled, directed, instructed'] *adj.* 統治された.

शास्त्र /śāstra シャーストル/ [←Skt.n. *शास्त्र-* 'any religious or scientific treatise, any sacred book or composition of divine authority'] *m.* **1** 〖ヒンドゥー教〗シャーストラ《聖典, 法典, また伝統的学術に関する典籍》. **2** 学術;科学;…学. (⇒विज्ञान)

शास्त्रार्थ /śāstrārtʰa シャーストラールト/ [←Skt.m. *शास्त्रार्थ-* 'the object or purport of a book'] *m.* **1** 〖ヒンドゥー教〗(聖典や法典の)規定の意味解釈, 解説. **2** (学問上の解釈をめぐる)公開討論.

शास्त्री /śāstrī シャーストリー/ [←Skt. *शास्त्रिन्-* 'versed in the *Śāstras* , learned'] *adj.* 〖ヒンドゥー教〗聖典, 法典, 伝統的学術に精通した(学者).

— *m.* **1** 〖ヒンドゥー教〗学者《特に聖典, 法典, 伝統的学術に精通した者》. **2** シャーストリー《伝統的学術教育機関が授与する学位の一つ;その学位保持者》.

शास्त्रीय /śāstrīya シャーストリーエ/ [←Skt. *शास्त्रीय-* 'conformable to sacred precepts, legal'] *adj.* **1** 〖ヒンドゥー教〗聖典, 法典, 伝統的学術に則った;正統的な. **2** 〖音楽〗古典様式の. ❐～ संगीत インド古典音楽. **3** 学問的な;学術的な.

शाहंशाह /śāhaṃśāha シャーハンシャーハ/ [←Pers.n. شاہنشاہ 'king of kings'] *m.* ☞शहंशाह

शाह /śāha シャーハ/ [←Pers.n. شاہ 'a king, sovereign, emperor, monarch, prince'; → Arab. → Fr. *échec* → Eng.n. *check* (in chess)] *m.* **1** 王;皇帝. (⇒राजा) **2** 〖ゲーム〗(チェスやトランプの)キング.

शाह जहाँ /śāha jahā̃ シャーハ ジャハーン/ [←Pers.n. شاہ جہان 'name of an emperor of *Hindūstān*'] *m.* 〖歴史〗シャー・ジャハーン《ムガル帝国の第5代皇帝(在位:1628年-1658年)》.

शाहज़ादा /śāhazādā シャーヘザーダー/ ▸शहज़ादा [←Pers.n. شاہ زادہ 'king's son, heir-apparent'] *m.* 王の息子;王子, 皇子.

शाहज़ादी /śāhazādī シャーヘザーディー/ ▸शहज़ादी [cf. *शाहज़ादा*] *f.* 王女, 皇女.

शाहज़ीरा /śāhazīrā シャーヘズィーラー/ [←Pers.n. شاہ زیرہ 'caraway-seed'] *m.* 〖植物〗キャラウェイ(の種)《香辛料に使用;同じセリ科のイノンド (सोआ) の和名と同じくヒメウイキョウとも呼ぶ》.

शाही /śāhī シャーヒー/ [←Pers.adj. شاہی 'royal'] *adj.* **1** 王の;王家の, 王族の;皇室の. ❐～ परिवार [ख़ानदान] 王族, ロイヤル・ファミリー. ❐～ फ़रमान 勅令. **2** 君主制の. **3** 王者にふさわしい;豪奢な;壮麗な;豪華な. ❐～ दावत 豪勢な宴.

-शाही /-śāhī ・シャーヒー/ [←Pers.n. شاہی 'imperial dignity, dominion'] *f.* 《「…支配」を表す女性名詞の合成語を形成;तानाशाही「専制政治」, लालफ़ीताशाही「(不能率な)お役所仕事」など》.

शिकंजा /śikaṃjā シカンジャー/ [←Pers.n. شکنجہ 'pain, torture; rack; a bookbinder's press'] *m.* **1** プレス機械, 圧搾機, 万力. ❐शिकंजे में कसना 万力で締め付ける. **2** 拷問器具, 責め具. **3** しっかりつかまれること, がんじがらめに支配されること. ❐पीढ़ी-दर-पीढ़ी से चले आए रीति-रिवाजों के शिकंजों में जकड़े हिंदू 代々伝わる風俗習慣にかんじがらめに縛られているヒンドゥー教徒.

शिकंजी /śikaṃjī シカンジー/ [cf. *शिकंजा*] *f.* 〖食〗レモネード.

शिकन /śikana シカン/ [←Pers.n. شکن 'a fold, wrinkle, curl'] *f.* しわ. (⇒बल) ❐उनकी भौंहों पर शिकन पड़ी। 彼は眉をひそめた.

शिकमी /śikamī シクミー/ [←Pers.n. شکمی 'skin of the belly; a glutton'] *adj.* 〖歴史〗孫作をする(小作人). ❐～ काश्तकार 孫作をする小作人.

— *m.* 〖歴史〗地主から借りた小作人の小作地をさらに又借りする小作人, 孫作をする小作人.

शिकरा /śikarā シクラー/ [←Pers.n. شکرہ 'rapacious birds trained to hunt'] *m.* 〖鳥〗シクラー《タカ (बाज़) の一種;訓練し鷹狩に使う》.

शिकवा /śikavā シクワー/ [←Pers.n. شکوة 'complaint' ←Arab.] *m.* 不平, 苦情, 泣きごと, 訴え. (⇒शिकायत) ❐～ करना 文句を言う.

शिकस्त /śikasta シカスト/ [←Pers. شکست 'he broke'] *f.* 敗北. (⇒पराजय) ❐(को) ～ देना (…を)打ち破る.

शिकायत /śikāyata シカーヤト/ [←Pers.n. شکایة 'lamenting, complaining, explaining the cause of any complaint or ailment; accusation' ←Arab.] *f.* **1** 不平, 文句, 苦情, クレーム, 言い分. (⇒शिकवा) ❐(से) (की) ～ करना (…に)(…の)不平[苦情]を訴える. **2** 非難, 訴え;告訴. **3** (体調の不良などの)訴え;愁訴. ❐उन्होंने छाती में दर्द की ～ की। 彼は胸の痛みを訴えた. ❐मुझे पेट की ～ है। 私は腹の調子が良くない.

शिकायती /śikāyatī シカーエティー/ [*शिकायत* + *-ई*] *adj.* 不平を言う, 苦情を訴える. ❐～ पत्र 告訴状.

शिकार /śikāra シカール/ [←Pers.n. شکار 'prey, game; the chase, hunting'] *m.* **1** 狩猟. (⇒आखेट) ❐(का) ～ करना (…の)猟をする. ❐～ खेलना (娯楽として)猟をする. **2** 獲物. ❐एक ～ मिला भी तो निशाना ख़ाली गया। 一つの獲物がみつかったが的が外れた. ❐～ हाथ आना 獲物が手に入る. ❐～ मारना 獲物を射止める. **3** 犠牲者;餌食. ❐(का) ～ हो जाना (…の)犠牲になる.

शिकारी /śikārī シカーリー/ [←Pers.n. شکاری 'anything belonging to hunting (as dogs, hawks, or horses)'] *adj.*

狩猟用の. ❐～ कुत्ता 猟犬.
— *m.* 猟師, 狩人. (⇒आखेटक)

शिक्षक /śikṣaka シクシャク/ [←Skt.m. *शिक्षक-* 'a teacher; a trainer'] *m.* 教育者;教師.

शिक्षण /śikṣaṇa シクシャン/ [←Skt.n. *शिक्षण-* 'the act of learning, acquiring knowledge; teaching, instruction in'] *m.* (知識を中心とした)教育, 教授, 授業《実技などのトレーニングは प्रशिक्षण》.

शिक्षा /śikṣā シクシャー/ [←Skt.f. *शिक्षा-* 'teaching, training; the science which teaches proper articulation and pronunciation of Vedic texts'] *f.* **1** 教育;教授. (⇒तरबियत, तालीम) ❐～ प्रणाली 教育制度. **2** 教訓;戒め. (⇒नसीहत, सबक़) ❐(को) (की) ～ देना (人に)(…の)教訓を与える. **3**〖ヒンドゥー教〗シクシャー《ヴェーダの補助学問 (वेदांग) の一つ, 音韻学》.

शिक्षा-दीक्षा /śikṣā-dīkṣā シクシャー・ディークシャー/ [neo.Skt.f. *शिक्षा-दीक्षा-* 'initiation into learning'] *f.* (勉学のため)入門し師事すること, 教育を受けること;伝授.

शिक्षार्थी /śikṣārtʰī シクシャールティー/ [neo.Skt.m. *शिक्षा-अर्थिन्-* 'a learner; a student; pupil'] *m.* 学習者;学生;生徒.

शिक्षित /śikṣita シクシト/ [←Skt. *शिक्षित-* 'learnt, studied, practised; taught, instructed or trained or exercised in'] *adj.* 教育を受けた(人);訓練を受けた(人);教養のある(人). (⇒तालीमयाफ़्ता)

शिख /śikʰa シク/ ▸सिख [<Skt.f. *शिखा-* 'a tuft or lock of hair on the crown of the head, a crest, topknot, plume'] *f.* ☞शिखा

शिखर /śikʰara シカル/ *m.* **1** 頂上, 頂. (⇒चोटी) **2** 首脳, トップ. ❐～ सम्मेलन 首脳会談, サミット.

शिखा /śikʰā シカー/ [←Skt.f. *शिखा-* 'a tuft or lock of hair on the crown of the head, a crest, topknot, plume'] *f.* **1**〖ヒンドゥー教〗シカー《男子の入門式 (दीक्षा) の際, 剃髪せずに残す頭頂部の一房の毛髪》. (⇒चोटी) ❐सबसे पहले ～ पर छुरा फिरा। まず最初にシカーにかみそりがあたった. **2**〖鳥〗とさか;冠毛. (⇒कलग़ी, चोटी) **3** 上に突出したもの, 先端;(山の)頂;(炎の)舌. ❐आग की ～ आसमान से बातें करने लगीं। 火炎の先端は天にも届かんばかりだった. ❐उच्च पर्वत-शिखाओं पर तारे जगमगा रहे थे। 高い山々の頂には星が輝いていた.

शिखी /śikʰī シキー/ [←Skt. *शिखिन्-* 'having a tuft or lock of hair on the top of the head'] *adj.* とさかのある.
— *m.*〖鳥〗クジャク. (⇒मोर)

शिथिल /śitʰila シティル/ [←Skt. *शिथिल-* 'loose, slack, lax, relaxed, untied, flaccid, not rigid or compact'] *adj.* **1** ゆるい, しまりのない, たるんだ. **2** (筋肉が)弛緩した, 疲労困憊した. ❐देह ～ पड़ जाना 体がくたくたになる. **3** 鈍重な;(動作が)緩慢な;怠惰な. ❐उस नशे ने मानसिक शक्तियों को ～ कर दिया। その酩酊は精神力を鈍らせた. **4** (規則などが)厳格でない, 手ぬるい.

शिथिलता /śitʰilatā シティルター/ [←Skt.f. *शिथिल-ता-* 'looseness, laxity, relaxation, want of energy or care, indifference, languor'] *f.* **1** ゆるさ, しまりのなさ, たるみ. (⇒शैथिल्य) **2** (筋肉の)弛緩, 疲労困憊(の状態). **3** 鈍重さ;(動作の)緩慢さ;怠惰. **4** (規則などが)厳格でないこと, 手ぬるいこと.

शिनाख़्त /śināxta シナークト/ ▸शनाख़्त [←Pers. شناخت 'he knew; understanding, intellect; knowledge, acquaintance'] *f.* 面通し, 面割り;身元, 身分証明;識別, 照合 ❐(की) ～ करना (人の)身元照合をする.

शिमला /śimalā シムラー/ [cf. Eng.n. *Simla*] *m.*〖地名〗シムラー《ヒマーチャル・プラデーシュ州 (हिमाचल प्रदेश) の州都》. ❐～ मिर्च ピーマン.

शिमलाई /śimalāī シムラーイー/ [*शिमला* + *-ई*] *adj.* シムラーの, シムラー産の.

शिया /śiyā シャー/ [←Pers.n. شيعة 'a multitude following one another in persuit of the same object; particularly applied to the partisans of 'Alī' ←Arab.] *m.*〖イスラム教〗シーア派イスラム教徒.

शिर /śira シル/ [←Skt.n. *शिरस्-* 'the head'] *m.* 頭, 頭部.

शिरा /śirā シラー/ [←Skt.f. *शिरा-* 'any tubular vessel of the body, a nerve, vein, artery, tendon'] *f.* 血管.

शिरोधार्य /śirodʰārya シローダールエ/ [←Skt. *शिरो-धार्य-* 'to be borne on the head, to be greatly honoured'] *adj.* (師や目上の人の命令を)うやうやしく頂くべき, 間違いなく実行すべき. ❐माता-पिता की आज्ञा को ～ करो। 両親の言いつけを拝して守りなさい.

शिरोमणि /śiromaṇi シロームニ/ [←Skt. *शिरो-मणि-* 'crest-jewel; a jewel worn on the head'] *m.* **1** 頭に頂く宝玉. **2** (斯界の)第一人者, 筆頭, 至宝;(一族の)長. ❐कवि ～ 最も優れた詩人.

शिरोरुह /śiroruha シロールフ/ [←Skt.m. *शिरो-रुह-* 'head-growing; hair of the head'] *m.* 頭髪.

शिरोरेखा /śirorekʰā シローレーカー/ [neo.Skt.f. *शिरो-रेखा-* 'top line'] *f.* **1** 上線, トップライン. (⇔अधोरेखा) **2** シローレーカー《デーヴァナーガリー文字の上部の横線;語のつづりでは連続する》.

शिलांग /śilāṃga シラーング/ [cf. Eng.n. *Shillong*] *m.*〖地名〗シラーング, シローン《メーガーラヤ州 (मेघालय) の州都》.

शिला /śilā シラー/ [←Skt.f. *शिला-* 'a stone, rock, crag'] *f.* **1** 岩, 岩石;岩壁. (⇒चट्टान) ❐～ पर बैठना 岩に腰掛ける. **2** 平たい石. ❐रोज़ेटा ～ ロゼッタ石.

शिलाजीत /śilājīta シラージート/ [cf. Skt.n. *शिला-जित्-* 'rock-overpowering; bitumen'] *f.*〖鉱物〗瀝青(れきせい).

शिलान्यास /śilānyāsa シラーニャース/ [←Skt.m. *शिला-न्यास-* 'the laying of a foundation-stone'] *m.* 定礎, 礎石を据える工事. ❐～ समारोह 定礎式.

शिलालेख /śilālekʰa シラーレーク/ [?neo.Skt.m. *शिला-लेख-* 'stone inscription'] *m.*〖歴史〗碑文;石碑. ❐अशोक के ～ アショーカ王碑文.

शिलीमुख /śilīmukʰa シリームク/ [←Skt.m. *शिली-मुख-* 'an

arrow; a bee; a fool'] *m.* 〖昆虫〗蜂(はち). (⇒भ्रमर)

शिल्प /śilpa シルプ/ [←Skt.n. *शिल्प-* 'any manual art or craft'] *m.* 手工芸.

शिल्पकार /śilpakāra シルパカール/ [←Skt.m. *शिल्प-कार-* 'an artisan, mechanic'] *m.* 手工芸職人.

शिल्पी /śilpī シルピー/ [←Skt.m. *शिल्पिन्-* 'an artificer, artisan, craftsman, artist'] *m.* 職人.

शिव /śiva シヴ/ [←Skt.m. *शिव-* 'the Auspicious one; name of the disintegrating or destroying and reproducing deity'] *m.* 〖ヒンドゥー教〗シヴァ神《破壊と創造の二面性をもつ神》.

शिवपुरी /śivapurī シヴプリー/ [cf. Eng.n. *Shivpuri*] *f.* 〖地名〗シヴプリー《マディヤ・プラデーシュ州 (मध्य प्रदेश) の都市》.

शिवलिंग /śivaliṃga シヴリング/ [←Skt.n. *शिव-लिङ्ग-* 'phallus, worshipped as a symbol of *Śiva*'] *m.* 〖ヒンドゥー教〗シヴァリンガ《シヴァ神 (शिव) のシンボルとされる男性性器像》.

शिवालय /śivālaya シワーラエ/ [←Skt.m. *शिव-आलय-* '*Śiva*'s abode'] *m.* 〖ヒンドゥー教〗シヴァ神を祀る寺院.

शिवाला /śivālā シワーラー/ [<Skt.m. *शिव-आलय-* '*Śiva*'s abode'] *m.* ☞शिवालय

शिविका /śivikā シヴィカー/ [←Skt.f. *शिविका-, शिबिका-* 'a palanquin, palkee, litter, bier'] *f.* 駕籠(かご), 輿(こし). (⇒पालकी)

शिविर /śivira シヴィル/ [←Skt.n. *शिविर-* 'a royal camp or residence, tent in a royal camp, any tent'] *m.* **1** 野営(場), キャンプ(場);合宿. (⇒कैंप) ❒योग ～ ヨーガ研修合宿. **2** (野営)テント, 天幕. (⇒तंबू) ❒～ लगाना テントを張る. **3** 臨時施設. ❒रक्तदान ～ 臨時献血施設.

शिशिर /śiśira シシル/ [←Skt.m. *शिशिर-* 'the cool or dewy season'] *m.* **1** 〖暦〗冬. **2** 寒気.

शिशु /śiśu シシュ/ [←Skt.m. *शिशु-* 'a child, infant, the young of any animal'] *m.* 〖医学〗赤ん坊, 幼児, 幼子. ❒～ देखभाल ベビーケア. ❒～ पालन 育児. ❒नवजात ～ 新生児.

शिश्न /śiśna シシュン/ [←Skt.m. *शिश्न-* 'male generative organ'] *m.* ペニス, 男性性器.

शिश्न-मुंड /śiśna-muṃḍa シシュン・ムンド/ [?neo.Skt.m. *शिश्न-मुण्ड-* 'the glans'] *m.* 亀頭. (⇒सुपारी)

शिष्ट /śiṣṭa シシュト/ [←Skt. *शिष्ट-* 'disciplined, cultured, educated, learned, wise'] *adj.* **1** 礼儀正しい, 丁重な. **2** 教養ある.

शिष्टता /śiṣṭatā シシュトター/ [←Skt.f. *शिष्ट-ता-* 'refinement'] *f.* **1** 礼儀(正しさ), 丁重さ. (⇒अदब, तमीज़, सभ्यता) ❒वे ～ की सीमा में पीते थे। 彼は礼儀を逸脱しない範囲内で酒をたしなんでいた. **2** 教養があること.

शिष्टमंडल /śiṣṭamaṃḍala シシュトマンダル/ [neo.Skt. *शिष्ट-मण्डल-* 'delegation'] *m.* 使節団;代表団.

शिष्टाचार /śiṣṭācāra シシュターチャール/ [←Skt.m. *शिष्ट-आचार-* 'practice or conduct of the learned or virtuous, good manners, proper behaviour'] *m.* 礼儀(作法), 礼節. ❒～ करना 礼儀正しく振る舞う. ❒～ का व्यवहार 礼儀正しい振る舞い. ❒～ के तौर पर 礼儀作法に従って.

शिष्य /śiṣya シシエ/ [←Skt.m. *शिष्य-* 'a pupil, scholar, disciple'] *m.* **1** 弟子. (⇒चेला, शागिर्द) **2** 生徒.

शीघ्र /śīgʰra シーグル/ [←Skt. *शीघ्र-* 'quick, speedy, swift, rapid'] *adv.* 早く, 即刻. (⇒जल्द)

शीघ्रगामी /śīgʰragāmī シーグルガーミー/ [←Skt. *शीघ्र-गामिन्-* 'going or moving or running quickly'] *adj.* 高速の.

शीघ्रता /śīgʰratā シーグルター/ [←Skt.f. *शीघ्र-ता-* 'quickness'] *f.* 迅速.

शीत /śīta シート/ [←Skt. *शीत-* 'cold, cool, chilly, frigid'] *adj.* 冷たい;寒い. (⇒ठंडा) ❒～ कटिबंध 〖地理〗寒帯. ❒～ युद्ध 冷戦. ❒～ लहर [लहरी]寒波.
— *m.* **1** 寒さ;冷気. (⇒ठंड, सर्दी) **2** 冬, 冬季.

शीतयुद्ध /śītayuddʰa シートユッド/ [neo.Skt.n. *शीत-युद्ध-* 'cold war'] *m.* 冷戦.

शीतल /śītala シータル/ [←Skt. *शीतल-* 'cold, cool, cooling'] *adj.* **1** 冷たい, こごえるような. (⇒शीत) ❒ज्यों-ज्यों रात गुज़रती थी, उसका ज्वर भी बढ़ता जाता था, यहाँ तक कि तीन बजते-बजते उसके हाथ-पाँव ～ होने लगे। 夜が過ぎるにつれて彼の熱は上がっていった, さらに 3 時になる頃は彼の手足は冷たくなり始めた. ❒धारा प्रबल वेग से प्रवाहित थी और जल बर्फ़ से भी अधिक ～। 川の流れは激しい勢いだった, そして水は氷よりも冷たかった. **2** ひんやりする, 涼しい. ❒～ वायु चल रही थी। 涼しい風が吹いていた. **3** 清涼感のある. ❒～ पेय 清涼飲料. **4** おだやかな, 落ち着いた;さわやかで心地よい;元気を回復させる;なごんだ. ❒उसे केवल इतनी ही लालसा है कि स्वामी कुशल से लौट आएँ और बालक को देखकर अपनी आँखें ～ करें। 彼女の切なる願いは, 夫が無事に帰るようにまた子どもを見て夫の目がなごむように, というだけである. ❒चिंता और निराशा और अभाव से आहत आत्मा इन शब्दों में एक कोमल ～ स्पर्श का अनुभव कर रही थी। 不安と絶望と欠乏に傷ついた魂はこの言葉に一つの柔らかく心地よい感触を覚えていた. ❒वह ～ हृदय से बोली। 彼女はおだやかに言った.

शीतलता /śītalatā シータルター/ [←Skt.f. *शीतल-ता-* 'coldness'] *f.* **1** 冷たさ;寒気. **2** 涼しさ, 冷涼;さわやかさ. ❒वायु में चित्ताकर्षक ～ आ गई थी। 風の中に気持ちのいい涼しさが含まれていた.

शीतला /śītalā シートラー/ [←Skt.f. *शीतला-* 'the goddess inflicting small-pox'] *f.* 〖医学〗天然痘, ほうそう. (⇒चेचक, माता)

शीताद /śītāda シータード/ [←Skt.m. *शीत-अद* 'a kind of affection or diseased state of the gums'] *f.* 〖医学〗壊血病《ビタミン C 欠乏症》.

शीतोष्ण /śītoṣṇa シートーシュン/ [←Skt. *शीत-उष्ण-* 'cold and hot'] *adj.* (気候などが)温暖な. ❒～ कटिबंध 〖地理〗温帯. ❒～ जलवायु 温暖な気候.

शीरा /śīrā シーラー/ [←Pers.n. شیره 'new wine; syrup']

m.〘食〙シロップ;果汁.

शीर्ष /śīrṣạ シールシュ/ [←Skt.n. *शीर्ष-* 'the head, skull; the upper part'] *m.* **1** 頭, 頭部. **2** 頂上, 頂点. **3** (三角形の)頂点.

शीर्षक /śīrṣakạ シールシャク/ [←Skt.n. *शीर्षक-* 'the top of anything'] *m.* (本などの)題名;タイトル, 見出し. ❐(को) ～ देना (…に)題名を付ける. ❐'भारत का इतिहास' ～ पुस्तक 「インドの歴史」というタイトルの本.

शीर्षबिंदु /śīrṣabiṃdu シールシャビンドゥ/ [neo.Skt.m. *शीर्ष-बिंदु-* 'vertex; zenith'] *m.* 頂点;絶頂.

शील /śīlạ シール/ [←Skt.n. *शील-* 'moral conduct'] *m.* 美徳, 品性;慎み深さ. ❐～ और विनय 美徳と礼節. ❐आपका धैर्य और त्याग और ～ और प्रेम अनुपम है। あなた様の忍耐力そして献身そして美徳そして愛は比類がありません.

शीलवान् /śīlạvān シールワーン/ ▷शीलवान [←Skt. *शील-वत्-* 'possessed of a good disposition or character, well conducted, moral'] *adj.* 美徳をそなえた, 品性のある;慎み深い. ❐वह उन ～ पुरुषों में हैं, जिन्होंने 'नहीं' करना ही नहीं सीखा। 彼は,「否(いな)」ということを学ばなかったそういう美徳をそなえた男たちの一人である.

शीश /śīśạ シーシュ/ [<OIA.n. *śīrṣá-* 'head skull': T.12497] *m.* 頭, 頭部. ❐(के) चरणों पर ～ नवाना (人の)足元に頭を垂れる, ひれ伏す.

शीशम /śīśamạ シーシャム/ [cf. Skt.f. *शिंशपा-* 'the tree *Dalbergia sissoo*'] *m.*〘植物〙シーシャム, ローズウッド, 紫檀(したん).

शीशमहल /śīśạmahalạ シーシュマハル/ [←Pers.n. شیشه محل 'a glazed palace'] *m.* シーシュマハル, シーシャーマハル《宮殿などで四方の壁面に鏡を埋め込んだ「鏡の間」》. ❐～ का कुत्ता〔慣用〕何が何だか訳が分からず気が動転した人.

शीशा /śīśā シーシャー/ [←Pers.n. شیشه 'a glass, bottle, flask, phial, cup, caraff, decanter' ←Turk.] *m.* **1** ガラス;ガラス製品. **2** 鏡. (⇒आईना,दर्पण)

शीशी /śīśī シーシー/ *f.* (ガラスの)小瓶. ❐दवा की ～ 薬瓶.

शुऊर /śuūrạ シュウール/ ▸शऊर *m.* ☞शऊर

शुक /śukạ シュク/ [←Skt.m. *शुक-* 'a parrot'] *m.*〘鳥〙オウム, 鸚鵡. (⇒तोता)

शुक्ति /śukti シュクティ/ [←Skt.f. *शुक्ति-* 'a pearl-oyster or oyster shell'] *f.*〘貝〙真珠貝.

शुक्र[1] /śukrạ シュクル/ [←Skt. *शुक्र-* 'bright, radiant'] *m.* **1**〘天文〙金星;明星. **2**〘暦〙金曜日《शुक्रवार の省略形》.

शुक्र[2] /śukrạ シュクル/ [←Pers.n. شکر 'returning thanks (to God)' ←Arab.] *m.*〘イスラム教〙(神への)感謝, ありがたさ. (⇒आभार) ❐(ख़ुदा [अल्लाह] का) ～ अदा करना (神に)感謝する. ❐(ख़ुदा [अल्लाह] का) ～ है कि सभी ख़ुश हैं। 皆が幸福であることはありがたいことだ.

शुक्रगुज़ार /śukrạguzārạ シュクルグザール/ [←Pers.adj. شکر گذار 'grateful, thankful'] *adj.* 感謝している, ありがたく思う. (⇒आभारी, कृतज्ञ) ❐मैं आप सभी का ～ हूँ। 私はあなた方皆に感謝しています.

शुक्रगुज़ारी /śukrạguzārī シュクルグザーリー/ [←Pers.n. شکر گذاری 'thanksgiving'] *f.* 感謝の念, ありがたく思う気持. (⇒आभार, कृतज्ञता)

शुक्रवार /śukrạvārạ シュクルワール/ [←Skt.m. *शुक्र-वार-* 'Friday'] *m.*〘暦〙金曜日. ❐～ को 金曜日に.

शुक्राणु /śukrāṇu シュクラーヌ/ [neo.Skt.m. *शुक्र-अणु-* 'a spermatozoon'] *m.*〘医学〙精子.

शुक्रिया /śukriyā シュクリヤー/ *int.* ありがとう. (⇒धन्यवाद)
— *m.* 感謝, 礼. ❐(को) (का) ～ अदा करना (人に)(…の)礼を述べる.

शुक्ल /śuklạ シュクル/ [←Skt. *शुक्ल-* 'bright, light'] *adj.* 白い;まばゆい.
— *m.* **1**〘暦〙白半月 (शुक्लपक्ष)《月が満ちていく新月から満月までの約2週間》. (⇔कृष्ण) **2**〘ヒンドゥー教〙シュクル《ヒンドゥー教徒の男性名》.

शुक्लपक्ष /śuklạpakṣạ シュクルパクシュ/ [←Skt.m. *शुक्ल-पक्ष-* 'the light half, of a month, the 15 days of the moon's increase'] *m.*〘暦〙シュクラパクシャ, 白半月《太陰月における新月から満月までの半月の期間》. (⇔कृष्णपक्ष)

शुगून /śugūnạ シュグーン/ [←Pers.n. شگون 'a good omen'; ?cog. Skt.n. *शकुन-* 'any auspicious object or lucky omen'] *m.* 吉兆, 吉事の前兆.

शुचि /śuci シュチ/ [←Skt. *शुचि-* 'clear, clean, pure'] *adj.* 清浄な, 汚れのない;純粋な.
— *f.* **1** 清浄;純粋. **2**〘ヒンドゥー教〙(沐浴による)潔斎.

शुचिता /śucitā シュチター/ [←Skt.f. *शुचि-ता-* 'clearness, purity'] *f.* 清浄であること;純粋であること.

शुतुरमुर्ग़ /śuturạmurğạ シュトゥルムルグ/ [←Pers.n. شتر مرغ 'the ostrich'] *m.*〘鳥〙ダチョウ, 駝鳥.

-शुदा /-śudā ・シュダー/ [←Pers.suf. شده 'become; gone by; when added to another word, it forms a passive participle'] *suf.*《名詞に付加して形容詞「(…を)した」などの合成語を作る接辞;इस्तेमालशुदा「使用済みの」, शादीशुदा「既婚の」など》

शुद्ध /śuddʰạ シュッド/ [←Skt. *शुद्ध-* 'cleansed, cleared, clean, pure, clear'] *adj.* **1** 純粋な;不純物を含まない;純正な. (⇒ख़ालिस)(⇔अशुद्ध) ❐～ घी 純粋のギー. **2** 正しい;誤りのない. (⇔अशुद्ध) ❐～ हिंदी 正しいヒンディー語. **3** けがれのない;無垢(むく)な, 清浄な. (⇔अशुद्ध)

शुद्धता /śuddʰạtā シュッドター/ [←Skt.f. *शुद्ध-ता-* 'purity, correctness, faultlessness'] *f.* **1** 純粋であること;純正であること. **2** 誤りがなく正しいこと, 無謬(むびゅう)性. **3** けがれがないこと, 清浄であること.

शुद्धि /śuddʰi シュッディ/ [←Skt.f. *शुद्धि-* 'cleansing, purification, purity'] *f.* **1** 清らかさ, 清浄;純粋. **2**〘ヒンドゥー教〙罪滅ぼし;浄化. **3** (正誤表などの)訂正.

शुद्धिपत्र /śuddʰipatrạ シュッディパトル/ [←Skt.n. *शुद्धि-पत्र-* 'a sheet or paper of corrections, errata list'] *m.* 正誤

表.

शुभ /śub^{h}a シュブ/ [←Skt. *शुभ-* 'splendid, bright, beautiful, handsome; auspicious, fortunate, prosperous'] *adj.* めでたい;吉祥な;縁起のいい.(⇔अशुभ) ❒आपका 〜 नाम? あなたのお名前は? ❒इस 〜 अवसर पर このよき折りに.

शुभकामना /śub^{h}akāmanā シュブカームナー/ [neo.Skt.f. *शुभ-कामना-* 'good wish'] *f.* お祝いの言葉, 祝辞, 賀詞(がし). ❒नववर्ष के लिए आपकी शुभकामनाएँ। 新年おめでとうございます.

शुभचिंतक /śub^{h}aciṃtaka シュブチンタク/ [neo.Skt.m. *शुभ-चिन्तक-* 'a well-wisher'] *m.* (人の)幸せを願う人.

शुभाकांक्षी /śub^{h}ākāṃkṣī シュバーカーンクシー/ [←Skt. *शुभ-आकाङ्क्षिन्-* 'well-wisher'] *adj.* 他人の幸福を祈願する(人).

— *m.* 他人の幸福を祈願する人.

शुभागमन /śub^{h}āgamana シュバーガマン/ [neo.Skt.n. *शुभ-आगमन-* 'auspicious arrival'] *m.* ご来場, お越しになること《垂れ幕やプラカードに書かれている場合は「ようこそいらっしゃいました」の意》. ❒(का) 〜 हुआ है। (人が)お越しになった.

शुभाशीष /śub^{h}āśīṣa シュバーシーシュ/ [cf. Skt.f. *शुभ-आशिस्-* 'good wishes, benediction, blessing'] *f.* 祝福(の言葉).

शुभेच्छु /śub^{h}ecc^{h}u シュベーッチュ/ [neo.Skt. *शुभ-इच्छु-* 'well-wishing'] *m.* ☞शुभाकांक्षी

शुभ्र /śub^{h}ra シュブル/ [←Skt. *शुभ्र-* 'radiant, shining, beautiful, splendid'] *adj.* 輝くように白い.

शुभ्रता /śub^{h}ratā シュブルター/ [←Skt.f. *शुभ्र-ता-* 'whiteness'] *f.* 輝くような白さ.

शुमार /śumāra シュマール/ [←Pers.n. شمار 'number, numeration, reckoning, computation'] *m.* 計算, 勘定;総計. ❒(का) 〜 कारगुज़ार, नेकनाम आदमियों में होता है। (人は)功なり名遂げた人の中に数えられている.

शुरुआत /śuruāta シュルアート/▸शुरूआत [←Pers.n. شروعات 'beginnings' ←Arab.] *f.* 開始, 始まり.(⇒आरंभ)

शुरुआती /śuruātī シュルアーティー/▸शुरूआती [*शुरुआत* + -ई] *adj.* 開始時の, 始まりの.(⇒आरंभिक) ❒शेयर बाज़ारों में आज के 〜 कारोबार में गिरावट का रुख़ देखा गया। 株式市場において本日の開始時の取引では下落の方向性が見られた.

शुरू /śurū シュルー/ [←Pers.n. شروع 'starting on; beginning' ←Arab.] *m.* 始まり, 開始.(⇒आरंभ)(⇔अंत, आख़िर, अंजाम) ❒〜 करना (…を)始める. ❒〜 कीजिए 始めてください《食前であれば「召し上がってください」の意》. ❒〜 होना 始まる. ❒〜 में 最初に.

शुरूआत /śurūāta シュルーアート/ ▸शुरुआत *f.* ☞शुरुआत

शुरूआती /śurūātī シュルーアーティー/ ▸शुरुआती *adj.* ☞शुरुआती

शुल्क /śulka シュルク/ [←Skt.m. *शुल्क-* 'price, value, purchase-money; toil, tax, duty, customs'] *m.* **1**〖経済〗料金;入場料;購読料;手数料. ❒प्रवेश 〜 入場料. **2**〖経済〗税, 税金.(⇒कर) ❒〜 मुक्त दुकान デューティーフリーショップ, 免税店. ❒उत्पाद 〜 物品税. ❒(पर) 〜 लगाना (…に)税金を課す. ❒सीमांत 〜 関税.

शुश्रूषा /śuśrūṣā シュシュルーシャー/ [←Skt.f. *शुश्रूषा-* 'desire or wish to hear; obsequiousness, reverence, obedience, service'] *f.* 看護;看病.

शुष्क /śuṣka シュシュク/ [←Skt. *शुष्क-* 'dried, dried up, dry, arid, parched'; cf. Pers.adj. خشك 'dry, withered'] *adj.* **1** 乾いた, 乾燥した;干上がった. **2** 無味乾燥な, 潤いのない.(⇒नीरस) ❒〜 जीवन 無味乾燥な人生. **3** 人情味のない, 温かみのない. ❒(की) 〜 व्यवहार (人の)人情味のない扱い.

शुष्कता /śuṣkatā シュシュクター/ [←Skt.f. *शुष्क-ता-* 'dryness, aridity'] *f.* **1** 乾燥(状態);不毛. **2** 無味乾燥, 味気なさ. **3** 人情味のなさ, 冷たさ.

शूक /śūka シューク/ [←Skt.m. *शूक-* 'a bristle, spicule, spike'] *m.* **1** (麦などの)ひげ, のぎ. **2** 剛毛, 針毛;(虫などの)鋭いひげ.

शूकर /śūkara シューカル/ [←Skt.m. *शू-कर-* 'making the sound; a boar, hog'] *m.*〖動物〗(雄)豚;(雄)イノシシ.(⇒सूअर)(⇔शूकरी)

शूकरी /śūkarī シュークリー/ [*शूकर* + -ई] *f.*〖動物〗(雌)豚;(雌)イノシシ.(⇒सूअरनी)(⇔शूकर)

शूटिंग /śūṭiṃga シューティング/ [←Eng.n. *shooting*] *f.* **1** (映画の)撮影, シューティング. ❒एक सीन की 〜 करना (映画の)ワンシーンを撮影する. ❒फ़िल्म की 〜 映画の撮影. **2** 射撃, 発砲.

शूद्र /śūdra シュードル/ [←Skt.m. *शूद्र-* 'a man of the fourth or lowest of the four original classes or castes'] *m.*〖ヒンドゥー教〗シュードラ《古代インドのヴァルナ(वर्ण)制度の第4位のグループ;およびこのグループに属する人》.

शून्य /śūnya シューニエ/ [←Skt. *शून्य-* 'empty, void'] *adj.* **1** 空の, 空虚な;(大事なものが)欠けている;(皮膚が)無感覚な. ❒मेरे सारे अंग ठंड से 〜 हो गए। 私の全身は寒さで無感覚になってしまった. ❒वह कोमल भावों से 〜 था। 彼は優しい気持ちが欠けていた. **2** うつろな. ❒〜 दृष्टि से देखना うつろな目で見る.

— *m.* **1** (何もない)空間, 虚空. ❒〜 में विलीन हो जाना 虚空に消える(=跡形もなく消える). ❒वहाँ 〜 था। そこには何もなかった. **2**〖数学〗ゼロ.(⇒ज़ीरो)

शून्यता /śūnyatā シューニエター/ [←Skt.f. *शून्यता* 'emptiness, loneliness, desolateness'] *f.* 無であること;空(から)であること.

शूर /śūra シュール/ [←Skt. *शूर-* 'strong, powerful, valiant, heroic, brave'] *adj.* 勇敢な(人).

— *m.* 勇敢な人, 勇者, 英雄;戦士.

शूरता /śūratā シュールター/ [←Skt.f. *शूर-ता-* 'state or condition of a hero, heroism, valour, bravery'] *f.* 勇敢さ.(⇒वीरता)

शूरवीर /śūravīra シュールヴィール/ [←Skt. *शूर-वीर-*

'having heroic men or followers'] *m.* 英雄.

शूल /śūla シュール/ [←Skt.m. *शूल-* 'a sharp or pointed waepon'] *m.* **1** 槍;矛《特にシヴァ神の三叉の矛 (त्रिशूल) は有名》. **2**〖医学〗疝痛, 激痛, さしこみ.

शूली /śūlī シューリー/ ▸सूली *f.* ☞सूली

शृंखला /śr̥ṃkʰalā シュリンクラー/ [←Skt.f. *शृङ्खला-* 'a chain, fetter'] *f.* **1** 鎖, チェーン. (⇒चेन, ज़ंजीर) ❐लौह ～ 鉄の鎖. **2** 山の連なり, 山脈. (⇒पर्वत-माला) **3** 一連(の出来事), 一続き(のもの), 連続(するもの);連鎖. ❐उनके मुख से लगी सिगरेटों की ～ टूटती न थी। 彼の口にくわえられたタバコが途切れることはなかった. ❐घटनाओं की ～ 一連の出来事.

शृंग /śr̥ṃga シュリング/ [←Skt.n. *शृङ्ग-* 'the horn of an animal; the top or summit of a mountain, a peak'] *m.* **1** 山頂. (⇒शिखर) **2** (動物の)角. (⇒सींग) **3**〖音楽〗角笛, ホルン. (⇒सींग)

शृंगार /śr̥ṃgāra シュリンガール/ [←Skt.m. *शृङ्गार-* 'love, sexual passion or desire or enjoyment'] *m.* **1** (主に女性の)化粧;(着飾った)装い. (⇒सिंगार) ❐(का) ～ करना (人に)化粧をほどこす;(人を)着飾る. **2**〖文学〗恋情《ラサ (रस) の一つ》.

शृगाल /śr̥gāla シュリガール/ [←Skt.m. *शृगाल* 'a jackal'; cog. Pers.n. شغال 'a jackal'] *m.*〖動物〗(雄)ジャッカル. (⇒गीदड़)

शेख़ /śexa シェーク/ [←Pers.n. شيخ 'a venerable old man' ←Arab.] *f.*〖イスラム教〗シェーク《一族の長老, 部族の長;預言者ムハンマド (मुहम्मद) の末裔(まつえい)に連らなる者》.

शेख़चिल्ली /śexacillī シェークチッリー/ [cf. *शेख़*] *m.* シェークチッリー《笑い話の架空の主人公;荒唐無稽な話をする愚か者》.

शेख़ी /śexī シェーキー/ [←Pers.n. شيخى 'boasting, bragging'] *f.* 自慢, 大言, 豪語, はったり, ほら. ❐(पर) ～ जताना [बघारना, मारना, हाँकना] (人に)大言壮語する.

शेख़ीबाज़ /śexībāza シェーキーバーズ/ [←Pers.n. شيخى باز 'a boaster, braggart'] *m.* 大ぼら吹き;自慢屋.

शेयर /śeyara シェーヤル/ [←Eng.n. *share*] *m.* **1**〖経済〗株, 株式. (⇒स्टाक) ❐～ बाज़ार 株式市場. **2** 分け前, 分担, 割り当て, 負担. (⇒भाग, हिस्सा)

शेयरधारक /śeyaradʰāraka シェーヤルダーラク/ [*शेयर* + *धारक*] *m.*〖経済〗株主. (⇒शेयरहोल्डर)

शेयरहोल्डर /śeyaraholḍara シェーヤルホールダル/ [←Eng.n. *shareholder*] *m.* ☞शेयरधारक

शेर¹ /śera シェール/ [←Pers.n. شير 'a lion'] *m.* **1**〖動物〗(雄)ライオン, 獅子《(雄)虎と明確に区別するためには बबर-शेर》. (⇒बबर-शेर, सिंह)(⇔शेरनी) **2**〖動物〗(雄)トラ(虎). (⇒बाघ)(⇔शेरनी) **3** 恐れを知らない勇猛な人, 勇者.

शेर² /śera シェール/ [←Pers.n. ←Arab.] *m.* **1**〖文学〗詩. (⇒कविता) **2**〖文学〗 2行連句.

शेरनी /śeranī シェールニー/ [*शेर* + *-नी*] *f.* **1**〖動物〗雌ライオン. (⇒सिंहनी)(⇔शेर) **2**〖動物〗雌虎. (⇒बाघिन)(⇔शेर)

शेरवानी /śeravānī シェールワーニー/ [←Pers.adj. شيروانى 'of or belonging to *Shīrwān*'] *f.* シェルワーニー《丈の長い, 体にぴったりとした上衣の一種》.

शेष /śeṣa シェーシュ/ [←Skt.m. *शेष-* 'remainder, that which remains or is left, leavings, residue'] *adj.* **1** 残りの, 余りの;残存する. (⇒बाक़ी) ❐अपना ～ जीवन 自分の残りの人生. ❐आयु ～ है तो बच जाएगा। 寿命が残っていれば助かるだろう. ❐छह महीनों में उस स्मृति का चिह्न भी ～ न रहा। 六か月後にはその記憶のかけらすら残らなかった. ❐हृदय में और कोई इच्छा ～ नहीं है। 心にはさらなる何の願望もない. **2** 最後の, 片付けなければいけない(仕事). (⇒बाक़ी)

— *m.* 残余, 余り;残額. (⇒बाक़ी) ❐～ मिलने पर। 後はお会いした時に《手紙の末尾などで》.

शेषनाग /śeṣanāga シェーシュナーグ/ [←Skt.m. *शेष-नाग-* 'the serpent *Śeṣa*'] *m.*〖神話〗シェーシャナーガ《別名, 竜王 (नागराज)》. (⇒नागराज)

शैंपू /śaiṃpū シャェーンプー/ [←Eng.n. *shampoo* ←Hind. *चाँपो*; cf. Hind.vi. *चाँपना* 'to press'] *m.* シャンプー.

शै /śai シャェー/ [←Pers.n. شيع 'being divulged, published' ←Arab.] *f.* こと, もの. ❐बुरी ～ 悪いこと.

शैक्षिक /śaikṣika シャェークシク/ [←Skt. *शैक्षिक-* 'familiar with the *śkṣā*'] *adj.* 教育に関する;教育上の. (⇒तालीमी) ❐～ माहौल 教育環境.

शैतान /śaitāna シャェーターン/ [←Pers.n. شيطان 'Satan, the devil' ←Arab.] *m.* **1**〖イスラム教〗魔物, 悪魔, サタン. (⇒राक्षस) ❐(के) सिर पर ～ चढ़ना [सवार होना] (人に)悪魔が乗り移る. **2** 極悪人, 凶悪な人間, 人でなし. (⇒राक्षस)

शैतानी /śaitānī シャェーターニー/ [←Pers.adj. شيطانى 'diabolical, devilish'] *adj.* 悪魔のような;極悪非道な;魔性の.

— *m.* 悪事;悪ふざけ, 悪さ, いたずら. ❐～ करना 悪さをする.

शैत्य /śaitya シャェーティエ/ [←Skt.n. *शैत्य-* 'coldness, frigidity, cold'] *m.* 寒さ;冷たさ.

शैथिल्य /śaitʰilya シャェーティルエ/ [←Skt.n. *शैथिल्य-* 'looseness, laxity'] *m.* ☞शिथिलता

शैम्पेन /śaimpena シャェームペーン/ [←Eng.n. *champagne*] *f.*〖食〗シャンパン, シャンペン. ❐～ की बोतल シャンパンのボトル.

शैरोलेट एमली /śairoleṭa emalī シャェーローレート エームリー/ [cf. Eng.n. *Charlotte Amalie*] *m.*〖地名〗シャーロット・アマリー《(アメリカ領)ヴァージン諸島 (वर्जिन द्वीपसमूह) の首都》.

शैल /śaila シャェール/ [←Skt.m. *शैल-* 'a rock, crag, hill, mountain'] *m.* **1** 山. **2** 岩, 岩石.

शैलजा /śailajā シャェールジャー/ [←Skt.f. *शैल-जा-* 'mountain-born; a title of *Durgā* or *Pārvatī*'] *f.* シャイ

ラジャー《ドゥルガー女神 (दुर्गा) および同一視されるパールヴァティー女神 (पार्वती) の別名；原意は「山(ヒマラヤ)の娘」》.

शैली /śailī シャエーリー/ [←Skt.f. *शैली-* 'habit, custom, manner of acting or living, practice, usage'] *f.* **1** 文体. ❐(की) ～ में लिखना (…の)文体で書く. **2** 口調. ❐वह बड़ी ही संयत ～ में बोली। 彼女はとても抑制のきいた口調で言った.

शैव /śaivḁ シャエーヴ/ [←Skt. *शैव-* 'relating or belonging or sacred to the god Śiva'] *adj.* 〖ヒンドゥー教〗シヴァ神 (शिव) に関係する；シヴァ神を信奉する, シヴァ派の. ❐～ मत シヴァ派.
— *m.* 〖ヒンドゥー教〗シヴァ神を信奉する人, シヴァ派の人.

शैवाल /śaivālḁ シャエーワール/ [←Skt.n. *शैवाल-* '*Blyxa Octandra* (a kind of duck-weed or green moss-like plant growing in pools and often alluded to in poetry)'] *m.* 〖植物〗藻(も), 藻類；水草；海草. ❐समुद्री ～ 海藻.

शैशव /śaiśavḁ シャエーシャオ/ [←Skt.n. *शैशव-* 'childhood, infancy, pupilage'] *m.* 幼児期；年少期.

शो /śo ショー/ [←Eng.n. *show*] *m.* ショー, 興行；(映画の)上映. ❐हर रोज़ कितने ～ होते हैं? 毎日何回上映されますか.

शोक /śokḁ ショーク/ [←Skt.m. *शोक-* 'sorrow, affliction, anguish, pain, trouble, grief for'] *m.* **1** 悲しみ；悲哀；悲痛. **2** 哀悼(の意), おくやみ；喪(も)；(人の死に際しての)悲嘆. (⇒मातम) ❐～ समाचार 訃報. ❐(के) निधन पर ～ जताना (人の)逝去に哀悼の意を表す. ❐सरकार ने पूर्व राष्ट्रपति के सम्मान में सात दिवसीय राजकीय ～ की घोषणा की है। 政府は元大統領を悼んで7日間の国喪(こくそう)を布告した.

शोकग्रस्त /śokḁgrastḁ ショークグラスト/ [neo.Skt. *शोक-ग्रस्त-* 'afflicted by sorrow'] *adj.* (近親者を失い)悲しみにくれている. ❐～ परिवार (近親者を失い)悲しみにくれている家族.

शोकसंतप्त /śokḁsaṃtaptḁ ショークサンタプト/ [←Skt. *शोक-संतप्त* 'consumed by sorrow'] *adj.* 悲しみに打ちひしがれた.

शोकाकुल /śokākulḁ ショーカークル/ [←Skt. *शोक-आकुल-* 'overwhelmed or overcome with sorrow'] *adj.* 悲しみに打ちひしがれた, 悲嘆にくれた. ❐～ परिवार 悲しみに打ちひしがれた家族.

शोख़ /śoxḁ ショーク/ [←Pers.adj. شوخ 'cheerful, sprightly, mirthful, jovial, festive, joyous, brisk, spirited'] *adj.* **1** (特に若い女が)気まぐれでいたずら好きな；色っぽい. **2** (色がが)派手な, けばけばしい.

शोख़ी /śoxī ショーキー/ [←Pers.n. شوخی 'jollity, mirth, petulance, impudence'] *f.* **1** (特に若い女の)気まぐれ, いたずら；色っぽさ. **2** (色の)派手さ, けばけばしさ.

शोचनीय /śocanīyḁ ショーチニーエ/ [←Skt. *शोचनीय-* 'lamentable, deplorable'] *adj.* **1** 悲しい, 情けない, なげかわしい. **2** 憂慮すべき, あやうい, きわどい. ❐उनकी अवस्था दिनों-दिन ～ होती जाती है। 彼の病状は日に日に憂慮すべきものになっていくのだった. ❐उनकी आर्थिक दशा, जो पहके बहुत ～ रहती थी, बहुत कुछ सम्हल गई थी। 彼の経済状態は, 以前はとても憂慮すべきであったが, かなり持ち直していた.

शोणित /śoṇitḁ ショーニト/ [←Skt. *शोणित-* 'red'] *adj.* 赤い, 真紅の.
— *m.* 血, 血液. ❐आँखों से ～ की बूँदें-सी टपक पड़ीं। 目から血のような涙がしたたり落ちた.

शोथ /śothḁ ショート/ [←Skt.m. *शोथ-* 'swelling'] *m.* 〖医学〗炎症.

शोध /śodhḁ ショード/ [←Skt.m. *शोध-* 'purification'] *m.* **1** 浄化；清め, お祓(はら)い. **2** 訂正, 修正, 補正；校正. **3** 学術研究《主に博士論文のための研究》. ❐(पर) ～ करना (…について)学術研究する.

शोधक /śodhakḁ ショーダク/ [←Skt. *शोधक-* 'purificatory'] *adj.* **1** 浄化する, 清浄にする；洗浄する. **2** 探求する, 学術的に研究する.
— *m.* **1** 浄化装置；洗浄装置. **2** 学術研究者. (⇒शोधकर्ता) ❐अगर अधिकारि ～ मिल गया तो शोध का आधा काम समाप्त समझो। もし専門的知識を備えた研究者が見つかれば博士論文のための研究は半分終わったと思うがいい.

शोधकर्ता /śodhḁkartā ショードカルター/ [neo.Skt.m. *शोध-कर्तृ-* 'a researcher'] *m.* 学術研究者. (⇒शोधक)

शोधन /śodhanḁ ショーダン/ [←Skt.n. *शोधन-* 'the act of cleaning, purifying, correcting, improving'] *m.* **2** 浄化すること；純化すること；精製すること. **2** 修正すること, 補正すること. **3** 探求すること, 究明すること.

शोधना /śodhḁnā ショードナー/ ▸सोधना *vt.* (*perf.* शोधा /śodhā ショーダー/) ☞सोधना

शोध-प्रबंध /śodhḁ-prabaṃdhḁ ショード・プラバンド/ [neo.Skt.m. *शोध-प्रबन्ध-* 'a thesis'] *m.* 研究論文；博士論文, 学位論文. (⇒थीसिस) ❐पी-एच。डी。के लिए ～ प्रस्तुत करना 博士号のために学位論文を提出する.

शोध-विषय /śodhḁ-viṣayḁ ショード・ヴィシャエ/ [neo.Skt.m. *शोध-विषय-* 'research subject'] *m.* 研究題目, 研究テーマ《主に博士論文について》.

शोधार्थी /śodhārthī ショーダールティー/ [neo.Skt.m. *शोध-अर्थिन्-* 'researcher'] *m.* 研究者, 研究員；(大学院の)研究生. ❐निर्देशक और ～ 指導教官と研究生.

शोधित /śodhitḁ ショーディト/ [←Skt. *शोधित-* 'cleansed, purified refined corrected'] *adj.* **1** 浄化された；純化された；精製された. **2** 修正された, 補正された. **3** 探求された, 究明された.

शोभन /śobhanḁ ショーバン/ [←Skt. *शोभन-* 'brilliant, splendid, beautiful'] *adj.* **1** 晴れがましい；似合う, ふさわしい. **2** 優美な, 気品のある；めでたい.

शोभनीय /śobhanīyḁ ショーブニーエ/ [←Skt. *शोभनीय-* 'to be beautified or adorned'] *adj.* ☞शोभन

शोभा /śobhā ショーバー/ [←Skt.f. *शोभा-* 'splendour, brilliance, lustre, beauty, grace, loveliness'] *f.* **1** 輝き,

光輝. ❐(की) ～ बढ़ना （…の）輝きが一段と増す. **2** 優美さ;気品. ❐आपको यह ～ नहीं देता। あなたにこれは気品を添えない（＝あなたにこれは似つかわしくない）.

शोभायमान /śobʰāyamāna ショーバーエマーン/ [←Skt. *शोभाय-मान-* 'representing the beauty of anything'] *adj.* 輝きを放つ;映える;光彩を添える. ❐लोगों के शरीर पर ～ अलंकार 人々の身体の上で輝やく装飾品.

शोभित /śobʰita ショービト/ [←Skt. *शोभित-* 'splendid, beautiful, adorned or embellished by'] *adj.* 輝く;映える;美しく飾られた. ❐～ करना 輝かせる;映えさせる;美しく飾る. ❐सुनहरे फूल उसके कानों में ～ हो रहे थे। 金色の花が彼女の耳もとで輝いていた.

शोर /śora ショール/ [←Pers.n. شور 'agitation; a tumult'] *m.* **1** 騒音, 喧噪. **2** 騒ぎ, 騒乱. ❐～ मचाना 騒ぎ立てる.

शोरग़ुल /śoraǧula ショールグル/ [←Pers.n. شور و غل 'noise, uproar, commotion'] *m.* 喧騒. ❐वातावरण में कानफोड़ू ～ गूँज रहा है। あたりには鼓膜の破れるほどの騒音が響いている.

शोरबा /śorabā ショールバー/ [←Pers.n. شوربا 'broth, soup, gruel'] *m.* 〚食〛スープ;肉の煮汁.

शोर-शराबा /śora-śarābā ショール・シャラーバー/ [←Pers.n. شور شرابا 'noise, tumult, disturbance, bustle, clamour'] *m.* ☞शोर

शोर-हंगामा /śora-haṃgāmā ショーラ・ハンガーマー/ *m.* 罵声と怒号.

शोरा /śorā ショーラー/ [←Pers.n. شوره 'nitre, saltpetre'] *m.* 〚鉱物〛硝石;硝酸カリウム. ❐शोरे का तेज़ाब 硝酸.

शोरूम /śorūma ショールーム/ [←Eng.n. *showroom*] *m.* ショールーム, 商品陳列室, 展示室.

शोला /śolā ショーラー/ [←Pers.n. شعلة 'Light, splendour, lustre, shining, flashing, coruscation; blaze, flash, fire, flame' ←Arab.] *m.* **1** 火炎. ❐शोले की तरह भड़कना 炎のように怒り狂う. **2** （怒りの）炎.

शोशा /śośā ショーシャー/ [←Pers.n. شعشعة 'mixing, tempering, diluting (wine with water); tail of a letter; fiction, hoax, false report' ←Arab.] *m.* **1** ショーシャー《アラビア文字の文字と文字をつなぐ盛り上がった部分》. **2** 根も葉もない陰口.

शोषक /śoṣaka ショーシャク/ [←Skt. *शोषक-* 'drying up, absorbing, removing, destroying'] *adj.* 搾取する（人）.
— *m.* 搾取者.

शोषण /śoṣaṇa ショーシャン/ [←Skt.n. *शोषण-* 'drying up'] *m.* 搾取.

शोषित /śoṣita ショーシト/ [←Skt. *शोषित-* 'dried or sucked up, drained'] *adj.* 搾取された.

शोहरत /śoharata ショホラト/ [←Pers.n. شهرة 'publishing; renown, fame, reputation' ←Arab.] *f.* 名声, 評判.

शौक़ /śauqa シャォーク/ [←Pers.n. شوق 'filling with desire; affection, inclination; pleasure' ←Arab.] *m.* **1** 嗜好, 好み;趣味, 道楽. ❐उसे कविता लिखने का ～ है। 彼には詩を書く趣味がある. **2** （やり残しがなく）気がすむこと;熱心, 熱中;熱望. ❐～ से 喜んで;熱中して;存分に, 気のすむように;安心して. ❐～ से खाइए। 存分に食べてください.

शौक़िया /śauqiyā シャォーキヤー/ [cf. *शौक़*] *adj.* **1** 趣味の, 凝った. ❐～ छड़ी 凝った杖. **2** アマチュアの, しろうとの. (⇒अव्यवसायी)(⇔पेशेवर)
— *adv.* 趣味で.

शौक़ीन /śauqīna シャォーキーン/ [←Pers.adj. شوقى 'loving, amorous; cheerful'] *adj.* **1**…を愛好する（人）;…を趣味とする（人）, …を道楽とする（人. **2** 粋な, ハイカラ好みの;しゃれた, ダンディーな;色好みの. ❐पढ़ी-लिखी, ～, और ज़बान की तेज़।（彼女は）教養があり, 粋で, 口が達者だった. ❐वे ～ आदमी थे। 彼は道楽者だった.
— *m.* 愛好家, 趣味人, 道楽家. (⇒प्रेमी) ❐ड्रामा का ～ 演劇愛好家. ❐सिगरेट का ～ 愛煙家.

शौक़ीनी /śauqīnī シャォーキーニー/ [*शौक़ीन* + *-ई*] *f.* 道楽;ハイカラ好み;ダンディズム;好色.

शौच /śauca シャォーチ/ [←Skt.n. *शौच-* 'cleanness, purity, purification (esp. from defilement caused by the death of a relation)'] *m.* **1** 〚ヒンドゥー教〛清め, おきよめ, 不浄を去ること. **2** 排便. ❐～ जाना 用を足しに行く.

शौचालय /śaucālaya シャォーチャーラエ/ [neo.Skt. *शौच-आलय-* 'toilet, lavatory'] *m.* （公衆）トイレ, 便所. (⇒पाख़ाना)

शौर्य /śaurya シャォールエ/ [←Skt.n. *शौर्य-* 'heroism, valour, prowess, might'] *m.* 英雄的行為, 武勇, 勇敢さ.

शौहर /śauhara シャォーハル/ [←Pers.n. شوہر 'a husband'] *m.* 夫. (⇒पति)

श्मशान /śmaśāna シュマシャーン/ [←Skt.n. *श्मशान-* 'an elevated place for burning dead bodies, crematorium, cemetery or burial-place for the bones of cremated corpses'] *m.* 〚ヒンドゥー教〛火葬場《火葬した骨灰を埋葬した墓地を意味することも》.

श्मश्रु /śmaśru シュマシュル/ [←Skt.n. *श्मश्रु-* 'the beard'] *m.* 口ひげ;あごひげ. (⇒मूँछ, दाढ़ी) ❐सघन ～ 濃いひげ.

श्याम /śyāma シャーム/ [←Skt. *श्याम-* 'black, dark-coloured, dark blue or brown or grey or green'] *adj.* 黒い;青黒い;肌の黒い.
— *m.* 〚ヒンドゥー教〛シャーマ《クリシュナ神 (कृष्ण) の別名》.

श्याम-पट्ट /śyāma-paṭṭa シャーム・パット/ [neo.Skt.m. *श्याम-पट्ट-* 'black-board'] *m.* 黒板. (⇒तख़्ता)

श्यामल /śyāmala シャーマル/ [←Skt. *श्यामल-* 'dark-coloured'] *adj.* 肌が黒い.

श्रद्धांजलि /śraddʰāṃjali シュラッダーンジャリ/ [neo.Skt.m. *श्रद्धा-अञ्जलि-* 'respectful or reverential offering'] *f.* **1** 追悼（の意）, 哀悼, 弔意. ❐～ संदेश 弔辞. ❐(को) ～ देना [अर्पित करना] （人を）悼み弔意を表す. **2** 敬意（の言

葉).

श्रद्धा /śraddʰā シュラッダー/ [←Skt.f. *श्रद्धा* 'faith, trust, confidence, trustfulness, faithfulness, belief in'] *f.* **1** 信仰, 信心, 敬虔な気持ち. **2** 崇敬の念, 畏敬の念;深い感謝の念.

श्रद्धालु /śraddʰālu シュラッダール/ [←Skt. *श्रद्धालु-* 'disposed to believe or trust, faithful, trustful'] *adj.* 信心深い, 敬虔な. ❐गाँव के लोग प्राय: ～ होते हैं। 村の人間は概して信心深いものである.

श्रद्धेय /śraddʰeya̸ シュラッデーエ/ [←Skt. *श्रद्धेय-* 'to be trusted, trustworthy, faithful'] *adj.* 尊敬すべき, 尊ぶべき, 尊い.

श्रम /śrama̸ シュラム/ [←Skt.m. *श्रम-* 'exertion, labour, toil, exercise'] *m.* 労働. ❐～ बाज़ार 労働市場. ❐शारीरिक [मानसिक] ～ 肉体[頭脳]労働.

श्रमजीवी /śrama̸jīvī シュラムジーヴィー/ [neo.Skt. *श्रम-जीविन्-* 'living by work'] *adj.* 生活の糧を労働にたよる(人).

— *m.* 労働者.

श्रमण /śramaṇa̸ シュラマン/ [←Skt.m. *श्रमण-* 'one who performs acts of mortification or austerity, an ascetic, monk, devotee, religious mendicant'] *m.* 〖仏教〗〖ジャイナ教〗修行者;出家者, 沙門(しゃもん).

श्रमदान /śrama̸dāna̸ シュラムダーン/ [neo.Skt.n. *श्रम-दान-* 'contribution of labour (for some charitable purpose'] *m.* 勤労奉仕, ボランティア活動.

श्रमिक /śramika̸ シュラミク/ [←Skt. *श्रमिक-* 'having to do with labour'] *m.* (肉体)労働者. (⇒कामगार, मज़दूर) ❐～ वर्ग 労働者階級.

श्रवण /śravaṇa̸ シュラワン/ [←Skt.n. *श्रवण-* 'the act of hearing'] *m.* **1** つつしんで耳を傾けること, 傾聴, 敬聴. ❐अब मुझमें अधिक ～ करने की शक्ति नहीं है। もはや私にはさらに耳を傾ける力がない. **2** 聴覚;耳. ❐～ शक्ति 聴力.

श्रवणेंद्रिय /śravaṇeṃdriya̸ シュラワネーンドリエ/ [←Skt.n. *श्रवण-इन्द्रिय-* 'organ or sense of hearing, the ear'] *f.* 〖医学〗聴覚(器官).

श्रव्य /śravya̸ シュラヴィエ/ [←Skt. *श्रव्य-* 'audible, to be heard, worth hearing, praiseworthy'] *adj.* 聞くべき;聴覚の対象となる. (⇔दृश्य) ❐～ काव्य 〖文学〗(音声表現としての)聞くべき文学《演劇など「見るべき文学」(दृश्य काव्य) に対する分類》.

श्रांत /śrāṃta̸ シュラーント/ [←Skt. *श्रान्त-* 'wearied, fatigued, tired, exhausted'] *adj.* 疲労した.

श्रांति /śrāṃti シュラーンティ/ [←Skt.f. *श्रान्ति-* 'fatigue'] *f.* 疲労.

श्राद्ध /śrāddʰa̸ シュラーッド/ [←Skt.m. *श्राद्ध-* 'a ceremony in honour and for the benefit of dead relatives'] *m.* 〖ヒンドゥー教〗祖先の供養(の儀礼).

श्राप /śrāpa̸ シュラープ/ [hypercorr. <Skt.m. *शाप-* 'a curse, malediction, abuse, oath'] *m.* ☞शाप

श्रावक /śrāvaka̸ シュラーワク/ [←Skt.m. *श्रावक-* 'properly only those who heard the law from the Boddha's own lips; a disciple of the Buddha; a Jaina disciple'] *m.* 〖仏教〗〖ジャイナ教〗弟子;仏弟子;出家した人.

श्रावण /śrāvaṇa̸ シュラーワン/ [←Skt.m. *श्रावण-* 'the name of one of the twelve Hindu months (generally rainy and corresponding to July-August)'] *m.* 〖暦〗シュラーヴァナ月, サーワン月《インド暦の第5月;西暦の7, 8月の相当》. (⇒सावन)

श्रावणी /śrāvaṇī シュラーオニー/ [←Skt.f. *श्रावणी-* 'the day of full-moon in the month *Śrāvaṇa*'] *f.* 〖暦〗シュラーヴァニー《シュラーヴァナ月 (श्रावण) の満月の日》.

श्री /śrī シュリー/ [←Skt.f. *श्री-* 'light, lustre, radiance, splendour, glory, beauty, grace, loveliness (frequently used as an honorific prefix to the names of deities)'; → I.Eng.n. *Sri*] *m.* 〖ヒンドゥー教〗…氏[殿]《男性の名前の前につける敬称》. (⇔श्रीमती) ❐प्रिय ～ शरदाचरण जी 親愛なるシャルダーチャラン氏《手紙の冒頭などに》.

— *f.* **1** 光輝;吉祥;繁栄, 栄華. **2** 〖ヒンドゥー教〗シュリー《神, 聖地, 聖なる書などの前につける尊称》. ❐～ भग्बद्गीता 聖なる書バグワトギーター. ❐～ अयोध्या 聖地アヨーディヤー.

श्रीखंड /śrīkʰaṃḍa̸ シュリーカンド/ [neo.Skt.m *श्री-खण्ड-* 'a sweet beverage'; cf. Skt.m. *श्री-खण्ड-* 'sandalwood'] *m.* 〖食〗シュリーカンド《ミルク, ヨーグルト, 砂糖などで作られた甘味飲料》.

श्रीगणेश /śrīgaṇeśa̸ シュリーガネーシュ/ [←Skt.m. *श्री-गणेश-* 'the divine *Gaṇeśa*'] *m.* 〖ヒンドゥー教〗シュリーガネーシュ《本来は「ガネーシャ神」(गणेश) の意;ガネーシャ神が願掛け成就の障害を取り除いてくれるという俗信から, 転じて, 事業の成就の願いを込めた「(物事の)開始, 始まり」の意》. (⇒आरंभ, शुरुआत) ❐～ कीजिए। 始めてください《特に食事をすすめる時に》. ❐मतदान का ～ 投票の開始.

श्री जयवर्धनपुर कोट्टे /śrī jaya̸vardʰana̸pura̸ koṭṭe シュリージャエワルダンプル コーッテー/ [cf. Eng.n. *Sri Jayavardhanapura Kotte*] *m.* 〖地名〗スリ・ジャヤワルダナプラ・コッテ《スリランカ(民主社会主義共和国)(श्रीलंका) の首都;旧首都はコロンボ (कोलंबो)》.

श्रीनगर /śrīnagara̸ シュリーナガル/ [cf. Eng.n. *Srinagar*] *m.* 〖地名〗シュリーナガル《ジャンムー・カシュミール州 (जम्मू और कश्मीर) の夏期の州都》.

श्रीमती /śrīmatī シュリーマティー/ [←Skt.f. *श्री-मती-* 'a woman of high rank or dignity'] *f.* **1** 〖ヒンドゥー教〗…夫人《既婚女性の名につける敬称》. (⇒मिसिज़)(⇔श्री) ❐～ मिश्र ミシュル夫人. **2** 奥さん, 奥方, 妻《通常敬称 जी をつける》. (⇒पत्नी, बीबी) ❐～ जी कैसी हैं? 奥さんはお元気ですか?

श्रीमन् /śrīman シュリーマン/ *adj.* ☞श्रीमान्

श्रीमान् /śrīmān シュリーマーン/ ▷श्रीमान [←Skt. *श्रीमत्-* 'fortunate, auspicious, wealthy'] *adj.* 〖ヒンドゥー教〗シュリーマーン《男性の名の前におかれる敬称》.

श्रीयुक्त /śrīyukta シュリーユクト/ [←Skt. *श्री-युक्त-* 'endowed with *śrī*'] *adj.* ☞श्रीयुत

श्रीयुत /śrīyuta シュリーユト/ ▷श्रीयुत् [←Skt. *श्री-युत-* 'endowed with *śrī*; happy, fortunate, famous, illustrious, wealthy etc. (prefixed as an honorific title to the names of men)'] *adj.* 光輝ある《男性の名前の前に付ける敬称》. (⇒श्रीयुक्त, श्रीयुत्)

श्रीरंगम /śrīraṃgama シュリーランガム/ [cf. Eng.n. *Srirangam*] *m.* 〖地名〗シュリーランガム《タミル・ナードゥ州 (तमिल नाडु) のヒンドゥー教聖地》.

श्रीलंका /śrīlaṃkā シュリーランカー/ [cf. Eng.n. *Sri Lanka*] *m.* 〖国名〗スリランカ(民主社会主義共和国)《旧セイロン; 首都はスリ・ジャヤワルダナプラ・コッテ (श्री जयवर्धनपुर कोट्टे); 旧首都はコロンボ (कोलंबो)》.

श्रीलंकाई /śrīlaṃkāī シュリーランカーイー/ [*श्रीलंका* + *-ई*] *adj.* スリランカの; スリランカ人の.
— *m.* スリランカ人.

श्रुत /śruta シュルト/ [←Skt. *श्रुत-* 'heard, listened to, heard about or of, taught, mentioned, orally transmitted or communicated from age to age'] *adj.* 耳にした, 伝聞による.

श्रुति /śruti シュルティ/ [←Skt.f. *श्रुति-* 'hearing, listening'] *f.* 〖ヒンドゥー教〗シュルティ《「天啓文学」; ヴェーダ文献の内 संहिता, ब्राह्मण, आरण्यक, उपनिषद् を指す; 神によって語られ, 特別な天賦にめぐまれた聖仙に授けられたものとされ, 「聖伝文学」(स्मृति) と区別される》.

श्रुतिलेख /śrutilek^{h}a シュルティレーク/ [neo.Skt.m. *श्रुति-लेख-* 'dictation'] *m.* 口述筆記, ディクテーション.

श्रेणी /śreṇī シュレーニー/ [←Skt.f. *श्रेणी-* 'a line, row'] *f.* **1** グレード, ランク, 等級, 階級. (⇒ग्रेड, दर्जा, क्लास) ❐प्रथम ～ में पास होना (試験において)優で合格する. ❐प्रथम ～ में यात्रा करना (乗り物の)ファーストクラスで旅行する. **2** (社会の)階級, 階層. (⇒वर्ग) ❐उच्च ～ के लोग 上流階級の人々. ❐मज़दूरों की ～ 労働者階級. **3** カテゴリー, 範疇; 類別. **4** 一連のもの, 連続しているもの; 山脈. (⇒शृंखला, माला)

श्रेणीबद्ध /śreṇībadd^{h}a シュレーニーバッド/ [neo.Skt. *श्रेणी-बद्ध-* 'arranged in a line or row; grouped together'] *adj.* ランクづけされた, 順位づけされた.

श्रेय /śreya シュレーエ/ [←Skt.n. *श्रेयस्-* 'the better state, the better fortune or condition'] *m.* **1** 功績; 栄誉. ❐(का) ～ (को) जाना (…の)功績は(人に)帰する. ❐(का) ～ (को) देना (…の)功績を(人に)与える. ❐(का) ～ (को) मिलना (…の)栄誉が(人に)与えられる. **2** 功徳; 善行.

श्रेयस्कर /śreyaskara シュレーヤスカル/ [←Skt. *श्रेयस्-कर-* 'causing or securing fortune, conducive to happiness or prosperity, salutary, wholesome'] *adj.* 最善の. ❐पराजय स्वीकार करने से मृत्यु को ही उन्होंने अपने लिए ～ समझा। 敗北を受け入れるより死こそが彼は自分にとって最善であると判断した.

श्रेष्ठ /śreṣṭ^{h}a シュレーシュト/ [←Skt. *श्रेष्ठ-* 'most excellent, best, first, chief'] *adj.* 最も優れている, 最優秀な, 卓越した.

श्रेष्ठता /śreṣṭ^{h}atā シュレーシュタター/ [←Skt.f. *श्रेष्ठ-ता-* 'betterness, eminence, excellence, superiority'] *f.* 優れていること, 優秀性, 卓越性. ❐न्यायपालिका की ～ 司法の優越性.

श्रेष्ठी /śreṣṭ^{h}ī シュレーシュティー/ [←Skt.m. *श्रेष्ठिन्-* 'a distinguished man, a person of rank or authority'] *m.* 〖歴史〗社会的身分の高い人《特に富裕な商人など商活動にたずさわる人を指すことが多い》.

श्रोता /śrotā シュローター/ [←Skt.m. *श्रोतृ-* 'one who hears'] *m.* 聞き手, 聴衆, 傍聴者.

श्लाघनीय /ślāg^{h}anīya シュラーグニーエ/ [←Skt. *श्लाघनीय-* 'to be praised, praiseworthy, laudable, commendable'] *adj.* 称賛に値する.

श्लाघा /ślāg^{h}ā シュラーガー/ [←Skt.f. *श्लाघा-* 'vaunt, boasting; flattery, praise, commendation'] *f.* 称賛; お世辞.

श्लिष्ट /śliṣṭa シュリシュト/ [←Skt. *श्लिष्ट-* 'embraced; clung'] *adj.* 統合的な; 総合的な. ❐～ भाषा 〖言語〗総合的言語, 統合的言語《単語が複数の形態素から構成される言語; 分析的言語に対する分類》.

श्लील /ślīla シュリール/ [←Skt. *श्लील-* 'prosperous, fortunate, affluent, happy'] *adj.* 品の悪くない; いかがわしくない. (⇔अश्लील)

श्लेष /śleṣa シュレーシュ/ [←Skt.m. *श्लेष-* 'double meaning, equivoque, ambiguity, paranomasia, pun, hidden meaning'] *m.* 〖文学〗シェレーシャ《語の多義性を利用した修辞法の一つ; ヤマカ (यमक) は同一語が複数回使用されそのたびに異なる意味となる修辞法に対して, シュレーシャは一回のみの使用で同時に多義となる修辞法》.

श्लेष्मा /śleṣmā シュレーシュマー/ [←Skt.m. *श्लेष्मन्-* 'phlegmatic humour'] *m.* 〖医学〗痰. (⇒कफ, बलग़म)

श्लोक /śloka シュローク/ [←Skt.m. *श्लोक-* 'a stanza, (esp.) a partic. kind of common epic metre'] *m.* 〖文学〗シュローカ《古典サンスクリット韻文文学の代表的な韻律詩形; 1行は 16 音節音節から成る2行詩; 1行はさらに8音節のパーダ (पाद) 2個から成る》.

श्वसुर /śvasura シュワスル/ [←Skt.m. *श्वशुर-* 'a father-in-law, husband's or wife's father'] *m.* 義父. (⇒ससुर)(⇔श्वश्रू)

श्वश्रू /śvaśrū シュワシュルー/ [←Skt.f. *श्वश्रू-* 'a mother-in-law, husband's or wife's mother'] *f.* 義母. (⇒सास)(⇔श्वशुर)

श्वसन /śvasana シュワサン/ [←Skt.n. *श्वसन* 'breathing, respiration'] *m.* 息を吸うこと. (⇔नि:श्वसन)

श्वान /śvāna シュワーン/ [←Skt.m. *श्वान-* 'a dog'] *m.* (雄)犬. (⇒कुत्ता) ❐टॉमी ने अपनी ～ भाषा में कहा। トミーは自身の犬語で言った.

श्वास /śvāsa シュワース/ [←Skt.m. *श्वास-* 'respiration, breath'] *m.* 〖医学〗呼吸. (⇒साँस) ❐～ खींचना [लेना]

息を吸う. ❐～ छोड़ना 息を吐く. ❐कृत्रिम ～ 人工呼吸.

श्वास-नली /śvāsa-nalī シュワース・ナリー/ *f.* 呼吸気管.

श्वासोच्छ्वास /śvāsoccʰvāsa シュワーソーッチワース/ [←Skt.m. *श्वास-उच्छ्वास-* 'inspiration and expiration, respiration'] *m.* 深呼吸.

श्वेत /śveta シュヴェート/ [←Skt. *श्वेत-* 'white, bright'] *adj.* 白い, 純白の. (⇒सफ़ेद) ❐～ साड़ी 純白のサリー.

श्वेतपत्र /śvetapatra シュヴェートパトル/ [neo.Skt.n. *श्वेत-पत्र-* 'white paper'] *m.* 白書, 政府の公式調査報告書.

ष

षंड /ṣaṃḍa シャンド/ [←Skt.m. *षण्ड-* 'a bull set at liberty'] *m.* 〖動物〗種牛《去勢していない雄牛》. (⇒साँड़)

षंढ /ṣaṃḍʰa シャンド/ [←Skt.m. *षण्ढ-* 'a eunuch, hermaphrodite'] *m.* **1** 去勢された男子, 宦者(かんじゃ). (⇒हिजड़ा) **2**〖医学〗半陰陽. (⇒हिजड़ा)

षकार /ṣakāra シャカール/ [←Skt.m. *ष-कार-* 'Devanagari letter ष or its sound'] *m.* **1** 子音字 ष. **2**〖言語〗子音字 ष の表す子音 /ṣ シュ/.

षकारांत /ṣakārāṃta シャカーラーント/ [←Skt. *षकार-अन्त-* 'ending in the letter ष or its sound'] *adj.* 〖言語〗語尾が ष で終わる(語)《दोष「欠点」, विशेष「特別な」, संतोष「満足」など》. ❐～ शब्द 語尾が ष で終わる語.

षट् /ṣaṭ シャト/ [←Skt. *षट्-* 'six'] *adj.* 6. (⇒छह)

षट्कोण /ṣaṭkoṇa シャトコーン/ [←Skt. *षट्-कोण-* 'six-angled'] *adj.* 六角形の.

— *m.* 六角形.

षट्पद /ṣaṭpada シャトパド/ [←Skt. *षट्-पद-* 'six-footed'] *adj.* 六本足の.

— *m.* (六本足の)昆虫《詩ではハチを指すことが多い》.

षड्यंत्र /ṣaḍyaṃtra シャディャントル/ [neo.Skt.n. *षड्-यन्त्र-* 'plot, conspiracy'] *m.* 陰謀; 謀議, はかりごと; 共謀. (⇒साजिश) ❐～ रचना 陰謀をたくらむ.

षड्यंत्रकारी /ṣaḍyaṃtrakārī シャディャントルカーリー/ [neo.Skt. *षड्यन्त्र-कारिन्-* 'conspirator'] *adj.* 陰謀の; 謀議の; 共謀の. (⇒साजिशी)

— *m.* 陰謀をたくらむ人; 共謀者. (⇒साजिशी)

षष्टि /ṣaṣṭi シャシュティ/ [←Skt.f. *षष्टि-* 'sixty'] *f.* 60. (⇒साठ)

षष्टिपूर्ति /ṣaṣṭipūrti シャシュティプールティ/ [neo.Skt.f. *षष्टि-पूर्ति-* 'completion of sixty years of age'] *f.* 60 年が満ちること, 還暦.

षष्ठ /ṣaṣṭʰa シャシュト/ [←Skt. *षष्ठ-* 'sixth'] *adj.* 6 番目の. (⇒छठा)

षष्ठी /ṣaṣṭʰī シャシュティー/ [←Skt.f. *षष्ठी-* 'the sixth day of a lunar fortnight'] *f.* **1**〖暦〗シャシュティー《インド太陰暦の白半月または黒半月の第6日目》. (⇒छठी) **2**〖ヒンドゥー教〗シャシュティー《子どもの誕生 6 日目の行事》. (⇒छठी) **3**〖言語〗シャシュティー, 第六格《伝統的なサンスクリット文法で第六番目に配置されてる格, 所有格》.

षोडश /ṣoḍaśa ショーダシュ/ [←Skt. *षोडश-* 'the sixteenth'] *adj.* 16. (⇒सोलह) ❐～ शृंगार 伝統的な 16 種類の化粧方法.

षोडशी /ṣoḍaśī ショーダシー/ [←Skt. *षोडशिन्-* 'consisting of 16, having 16 parts'] *f.* **1** 16 歳の娘《花盛りの年頃とされる》. **2**〖ヒンドゥー教〗ショーダシー《死後 10 日目または 11 日目に行われる儀礼》.

स

संकट /saṃkaṭa サンカト/ [←Skt.n. *सं-कट-* 'a narrow passage, strait, defile, pass; a strait, difficulty, critical condition'] *m.* **1** 危機, 非常事態; 窮地; 難局. ❐～ में पड़ना 窮地に陥る. ❐आर्थिक ～ 経済的な窮地. **2** 災難, 災い, 不運. ❐(पर) ～ आ पड़ना (人に)災難が降ってくる.

संकटापन्न /saṃkaṭāpanna サンカターパンヌ/ [?neo.Skt. *संकट-आपन्न-* 'suffering distress or misfortune'] *adj.* 危機に陥っている, 危機に瀕している. ❐～ भाषाएँ 消滅の危機に瀕している言語.

संकर /saṃkara サンカル/ [←Skt.m. *सं-कर-* 'mixing together, commingling, intermixture confusion'] *adj.* 混血の; 交配された; 混交の, 混合した. ❐～ नस्ल की गाय〖生物〗交配種の雌牛. ❐～ बीज〖生物〗交配種の種子. ❐～ भाषा〖言語〗クレオール; 混成言語. ❐～ वार्ता (ラジオ・電話などの)混話, 混線.

— *m.* 混血; 交配; 混交, 混合.

सँकरा /sākarā サンクラー/ [<OIA.m. *saṁkaṭá-* 'contracted; narrow; dangerous': T.12817] *adj.* **1** (幅が)狭い, 狭隘な; 窮屈な. (⇔चौड़ा) ❐सँकरी गली 狭い路地. **2** (瓶などの口の)狭い, 細い. ❐सँकरे मुँह वाली बोतल 口の細い瓶.

संकलन /saṃkalana サンカラン/ [←Skt.n. *सं-कलन-* 'joining or adding or holding together'] *m.* **1** (資料を収集し編集する)編纂《単なる収集は संग्रह》. ❐(का) ～ करना (…を)編纂する. **2** (文学作品などの)選集. ❐हिंदी भाषा के प्रमुख कवियों की कृतियों का ～ ヒンディー語の主な詩人たちの作品選集. **3**〖数学〗足し算, 加算.

संकलन-कर्ता /saṃkalana-kartā サンカラン・カルター/ [neo.Skt. *संकलन-कर्तृ-* 'a compiler'] *m.* (文学作品などの)編纂者, 編者.

संकलित /saṃkalita サンカリト/ [←Skt. *सं-कलित-* 'heaped

together, accumulated'] *adj.* 編纂された.

संकल्प /saṃkalpa̸ サンカルプ/ [←Skt.m. *संकल्प-* 'conception or idea or notion formed in the mind or heart, (esp.) will, volition, desire, purpose, definite intention or determination or decision or wish'] *m.* **1** 決意, 決心, 覚悟. ❐(का) ～ करना (…の)決意をする. ❐दृढ़ ～ 強固な決意. ❐भीषण ～ 激しい決意. **2**〖ヒンドゥー教〗発願(ほつがん), 誓願. **3** 決議(案). ❐～ पारित करना 決議を可決する.

संकल्पना /saṃkalpanā サンカルプナー/ [?neo.Skt.f. *सं-कल्पना-* 'concept, notion'] *f.* 概念, 観念.

संकल्पित /saṃkalpita̸ サンカルピト/ [?neo.Skt. *सं-कल्पित-* 'conceived, imagined (a notion); intended; desired; resolved on'] *adj.* **1** 決意された, 決心した. **2** 発想された, 考え出された.

संकाय /saṃkāya̸ サンカーエ/ [neo.Skt.m. *सं-काय-* 'a faculty (of an university)'] *m.* (大学の)学部.

संकीर्ण /saṃkīrṇa̸ サンキールン/ [←Skt. *सं-कीर्ण-* 'poured together, mixed, commingled; contracted, narrow'] *adj.* **1** 狭い. (⇒तंग, सँकरा) **2** 度量が狭い, 偏狭な. ❐～ दृष्टि 狭い視野. ❐～ हृदय 狭い心. **3** 混合した;混み合った.

संकीर्णता /saṃkīrṇatā サンキールンター/ [←Skt.f. *संकीर्ण-ता-* 'confusion, confused order (of words in a sentence)'] *f.* 度量の狭さ, 偏狭さ. ❐विचारों की ～ 思想の偏狭さ.

संकीर्तन /saṃkīrtana̸ サンキールタン/ [←Skt. *सं-कीर्तन-* 'the act of mentioning fully; praise, celebration, glorification'] *m.*〖ヒンドゥー教〗(神を)称え賛美すること;(神を称え唱える)宗教讃歌.

संकुचन /saṃkucana̸ サンクチャン/ [←Skt.n. *सं-कुचन-* 'contraction, shrinking, shrivelling'] *m.*収縮;縮小;萎縮. ❐पेशी [मस्तिष्क] ～〖医学〗筋肉[脳]の萎縮. ❐मुद्रा ～〖経済〗金融引き締め.

संकुचित /saṃkucita̸ サンクチト/ [←Skt. *सं-कुचित-* 'contracted, shrunk, shrivelled, narrowed, closed, shut'] *adj.* **1** 縮んだ;狭くなった. ❐～ अर्थ 狭義. ❐～ होती नदी 細く狭くなりつつある川. **2** 恐縮した, ちぢこまった;怯(ひる)んだ. ❐वह ज़रा भी ～ न हुआ। 彼はいささかも怯まなかった. **3** 度量の狭い, 偏狭な. ❐～ दृष्टि 狭い視野.

संकुल /saṃkula̸ サンクル/ [←Skt. *सं-कुल-* 'crowded together, filled or thronged or mixed or mingled or affected with, abounding in, possessed of'] *adj.*詰め込まれた;密集した;集約された.

— *m.*複合体, 合成物;(建物の)コンプレックス. ❐सैन्य औद्योगिक ～〖経済〗軍産複合体.

संकुलता /saṃkulatā サンクルター/ [?neo.Skt.f. *संकुल-ता-* 'congestion'] *f.* (密集・集約による)複合体.

संकेत /saṃketa̸ サンケート/ [←Skt.m. *सं-केत-* 'agreement, compact, stipulation, assignation (with a lover)'] *m.* **1** 合図, サイン;(指・身振り・目くばせなどで)指し示すこと. (⇒इशारा) ❐(की ओर [तरफ़]) ～ करना(…を)指し示す. ❐(को) (का) ～ करना(人に)(…の)合図する. **2** 暗示, ヒント;示唆. ❐～ अक्षर 略語, 略字, 省略形. ❐～ भरी मुस्कान 思わせぶりな微笑. **3** 兆候, 兆し, 前兆. ❐नियति का ～ 運命の前兆.

संकेतक /saṃketaka̸ サンケータク/ [neo.Skt.m. *संकेतक-* 'a pointer, an indicator'; cf. Skt.m. *संकेतक-* 'an agreement, appointment, rendezvous'] *m.* **1** 表示計器, 表示装置, インジケーター;標識(板). **2** 指標. ❐विदेशी मुद्रा ～〖経済〗外国為替の指標.

संकेतित /saṃketita̸ サンケーティト/ [cf. Skt. *सं-केतित-* 'agreed upon, fixed, settled'] *adj.* **1** 合図された. **2** 示唆された. ❐～ करना 示唆する. **3** (計器に)表示された.

संकोच /saṃkoca̸ サンコーチ/ [←Skt.m. *सं-कोच-* 'contraction, shrinking together, compression; shyness, fear'] *m.* **1** ためらい, 躊躇(ちゅうちょ), 逡巡(しゅんじゅん);遠慮. (⇒हिचक) ❐(में) ～ करना (…に)ためらう. **2** はにかみ, 内気;萎縮(いしゅく). **3** 収縮.

संकोचशील /saṃkocaśīla̸ サンコーチシール/ [neo.Skt. *संकोच-शील-* 'shy, bashful; reserved; hesitant'] *adj.* ☞ संकोची

संकोची /saṃkocī サンコーチー/ [←Skt. *सं-कोचिन्-* 'closing (as a flower); contracting; diminishing, lessening'] *adj.* ためらう(人);内気な(人).

संक्रमण /saṃkramaṇa̸ サンクラマン/ [←Skt.n. *सं-क्रमण-* 'going or meeting together, union with, entrance into, transference to'] *m.* **1** 推移, 変遷, 移行. ❐～ काल 過渡期. **2**〖医学〗伝染, 感染. ❐～ रहित 殺菌した, 無菌の.

संक्रमित /saṃkramita̸ サンクラミト/ [←Skt. *सं-क्रमित-* 'transferred, changed'] *adj.* **1** 推移した, 移行した. **2**〖医学〗伝染した, 感染した. ❐इबोल से ～ मरीज़ों की वास्तविक संख्या エボラ出血熱に感染した患者の実際の数. ❐यौन ～ बीमारियाँ セックスで感染する病気. **3**〖コンピュータ〗(コンピュータ・ウイルスに)感染した. ❐यह कंप्यूटर वायरस से ～ है। このコンピュータはウイルスに感染している.

संक्रांत /saṃkrāṃta̸ サンクラーント/ [←Skt. *सं-क्रान्त-* 'gone or come together, met; passed or transferred from'] *adj.*〖暦〗サンクラーンティ (संक्रांति) になった.

संक्रांति /saṃkrāṃti サンクラーンティ/ [←Skt.f. *सं-क्रान्ति-* '(in astron.) passage of the sun or a planet from one sign or position in the heavens into another'] *f.*〖暦〗サンクラーンティ《太陽が黄道 12 宮のそれぞれに入る瞬間;たとえば, マカラ宮 (मकर-राशि) に入る瞬間をマカラ・サンクラーンティ (मकर-संक्रांति);インドの 12 宮は, 歳差を考慮せず黄道上に固定されているので, 西洋の 12 宮とは次第にずれていく》.

संक्रामक /saṃkrāmaka̸ サンクラーマク/ [neo.Skt. *सं-क्रामक-* 'infectious (disease)'] *adj.*〖医学〗伝染性の, 感染力の強い. ❐～ रोग 疫病, 伝染病.

संक्षिप्त /saṃkṣipta サンクシプト/ [←Skt. *सं-क्षिप्त-* 'thrown or dashed or heaped together; abbreviated, contracted, condensed'] *adj.* 短縮された;簡略な, 簡明な, 簡潔な, 要約された. (⇒मुख़्तसर) ❐～ करना 簡略化する. ❐～ रूप 短縮形. ❐～ संस्करण(辞書などの)簡約版.

संक्षिप्तता /saṃkṣiptatā サンクシプトター/ [←Skt.f. *संक्षिप्त-ता-* 'a state of contraction or narrowness, condensation'] *f.* 簡略であること, 簡素であること. ❐व्यस्तता के इस युग में ～ की ओर झुकाव स्वाभाविक है। 多忙なこの時代に簡略さを好むのは自然である.

संक्षिप्ति /saṃkṣipti サンクシプティ/ [←Skt.f. *सं-क्षिप्ति-* 'throwing together, compressing, abridgment'] *f.* 要約, 簡約.

संक्षिप्तीकरण /saṃkṣiptīkaraṇa サンクシプティーカラン/ [neo.Skt.n. *संक्षिप्तीकरण-* 'summarization, abridgement'] *m.* 簡略化;短縮化;要約.

संक्षेप /saṃkṣepa サンクシェープ/ [←Skt.m. *सं-क्षेप-* 'throwing together; compression, comprehension; (in dram.) a brief declaration (of willingness to be at the service of another)'] *m.* **1** 短縮;簡略;簡明, 簡潔;要約. ❐～ में 手短に言えば, 要するに. ❐(को) ～ करना (…を)短縮する.

संखिया /saṃkʰiyā サンキヤー/ [?＜OIA.m. *śṛṅgika-* 'a partic. vegetable poison': T.12594] *m.* 〖化学〗砒素;毒.

संख्या /saṃkʰyā サンキャー/ [←Skt.f. *सं-ख्या-* 'reckoning or summing up, numeration, calculation; a number'] *f.* **1** 数, 数量. (⇒तादाद) ❐बड़ी ～ में 多数で, 大量に. **2**〖数学〗数;数字. (⇒अंक, अदद, नंबर) ❐अभाज्य ～ 素数. ❐प्राकृतिक ～ 自然数. **3**〖言語〗数(すう). (⇒वचन)

संख्यावाचक /saṃkʰyāvācaka サンキャーワーチャク/ [←Skt. *संख्या-वाचक-* 'expressive of number'] *adj.*数を表す. ❐～ शब्द 数詞.
— *m.*〖言語〗数詞.

संग[1] /saṃga サング/ [cf. Skt.m. *सं-ग-* 'coming together'] *m.* **1** 一緒にいること;付き合い, 交際;仲間, 連れ. (⇒साथ) ❐न रुपए की भूखी हूँ, न गहने-कपड़े की, बस भले आदमी का ～ चाहती हूँ। お金が欲しいわけじゃないわ, 宝石や着物だっていらないわ, ただ善良な男の人と一緒にいたいの. ❐मेरे भाग्य में तुम्हीं जैसे बुद्धू का ～ लिखा था! 私の運命にはあんたのようなお馬鹿さんと一緒になることが決まっていたのね！ **2**《〖名詞 के संग〗の形式で, 副詞句「(人と)ともに」を表す》❐अब तो तुम्हारे ～ हूँ। これからは君と一緒だよ.

संग[2] /saṃga サング/ [←Pers.n. سنگ 'a stone'] *m.* 石《主に合成語の要素として; संगतराश「石工」, संगदिल「冷酷な」など》.

संगठन /saṃgaṭʰana サンガタン/ [pseudo.Skt.n. *सं-गठन-* for Skt.n. *सं-घटन-* 'organization'] *m.* **1** 組織;団体, 結社, 組合;機構;機関. ❐आतंकवादी ～ テロ組織. ❐किसान ～ 農民組合. ❐विश्व व्यापार ～ 世界貿易機関(WTO). ❐विश्व स्वास्थ्य ～ 世界保健機関(WHO). **2** 組織化;結成;編成;団結. ❐का ～ करना (…を)組織する;結成する. ❐～ में शक्ति है। 団結は力なり.

संगठित /saṃgaṭʰita サンガティト/ [pseudo.Skt. *सं-गठित-* for Skt. *सं-घटित-* 'organized'] *adj.* 組織化された;結成された;編成された;団結した. ❐～ करना 組織する;結成する. ❐～ मोर्चा 共同戦線. ❐～ रूप से 組織的に.

संगणक /saṃgaṇaka サンガナク/ [neo.Skt.m. *सं-गणक-* 'a computer'] *m.*〖コンピュータ〗コンピュータ, 計算機. (⇒कंप्यूटर) ❐～ विज्ञान コンピュータサイエンス.

संगणन /saṃgaṇana サンガナン/ [neo.Skt.n. *सं-गणन-* 'computation'; cf. Skt.f. *सं-गणना-* 'counting together, enumeration'] *m.*〖コンピュータ〗計算(処理).

संगत[1] /saṃgata サンガト/ [←Skt. *सं-गत-* 'fitted together, apposite, proper, suitable'] *adj.* 適切な;(…に)かなっている《合成語の最後の接辞としても使用; तर्क-संगत「理にかなっている」, न्याय-संगत「公平な, 公正な」など》.

संगत[2] /saṃgata サンガト/ [＜Skt.f. *सं-गति-* 'association, intercourse, society, company'] *f.* ☞संगति

संगतराश /saṃgatarāśa サングタラーシュ/ [←Pers.n. سنگتراش 'a stone-cutter; a mason'] *m.* 石切職人, 石工.

संगति /saṃgati サンガティ/ [←Skt.f. *सं-गति-* 'union; company'] *f.* **1** 集まり, 集い, 会合;交友, 交際. ❐विद्यालय में उसकी ～ कुछ उग्र युवकों से हो गई थी। 学校で彼は何人かの過激な青年たちと交わった. **2** 合致;調和;(楽器の)伴奏. ❐(की) ～ करना (…の)伴奏をする. ❐～ देना 正当化する. ❐～ बैठना 調和する.

संगतिया /saṃgatiyā サンガティヤー/ [cf. *संगत, संगति*] *m.* 同行者.

संगती /saṃgatī サンガティー/ *m.* ☞संगतिया

संगदिल /saṃgadila サングディル/ [←Pers.adj. سنگ دل 'hard-hearted, cruel, merciless'] *adj.* 冷酷な, 無情な.

संगदिली /saṃgadilī サングディリー/ [←Pers.n. سنگ دلی 'hardness of heart'] *f.* 冷酷さ, 無情さ.

संगम /saṃgama サンガム/ [←Skt.m. *सं-गम-* 'coming together, meeting (in a friendly or hostile manner), union, intercourse or association with'] *m.* **1** 結合. **2**〖地理〗(川や道の)合流点. **3**〖地名〗サンガム《アラーハーバード (इलाहाबाद) にあるガンジス川 (गंगा) とヤムナー川 (यमुना) の合流点;ヒンドゥー教の聖地》.

संगमरमर /saṃgamaramara サングマルマル/ ▷संगमर्मर [←Pers.n. سنگِ مرمر 'marble'] *m.*〖鉱物〗大理石. ❐उनके नाम ～ पर बड़े बड़े अक्षरों में लिखे हैं। 彼らの名前が大理石に大きな文字で書かれている. ❐फ़र्श में ～ बिछाया हुआ है। 床に大理石が敷かれている. ❐सफ़ेद ～ 白大理石.

संगमरमरी /saṃgamaramarī サングマルマリー/ [*संगमरमर* + *-ई*] *adj.* 大理石の;大理石でできた. ❐～ पटिया

大理石の石板.

संगमर्मर /saṃgamarmara サングマルマル/ ▷संगमरमर *m.* ☞संगमरमर

संगरोध /saṃgarodʰa サングロード/ [neo.Skt.m. *संग-रोध-* 'quarantine'] *m.* 〖医学〗（伝染病予防のための）隔離；検疫. ❐～ छुट्टी 隔離休暇. ❐पौध [पशु] ～ 植物［動物］検疫.

संगिनी /saṃginī サンギニー/ [cf. *संगी*[1]] *f.* 女の同行者；伴侶，連れ合い.

संगी[1] /saṃgī サンギー/ [←Skt. *सं-गिन्-* 'going with or to, uniting with, meeting'] *m.* （男の）同行者；仲間，連れ.（⇒साथी）❐जीवन का ～ 人生の伴侶. ❐बचपन का ～ 幼友達.

संगी[2] /saṃgī サンギー/ [←Pers.adj. سنگی 'stony; heavy'] *m.* 石の，石で作られた.

संगीत /saṃgīta サンギート/ [←Skt.n. *सं-गीत-* 'a song sung by many voices or singing accompanied by instrumental music, chorus, a concert, any song or music'] *m.* 〖音楽〗音楽. ❐लोक ～ 民俗音楽. ❐शास्त्रीय ～ 古典音楽.

संगीतकार /saṃgītakāra サンギートカール/ [neo.Skt.m. *संगीत-कार-* 'a musician'] *m.* 〖音楽〗音楽家.

संगीतज्ञ /saṃgītajña サンギートギエ/ [neo.Skt.m. *संगीत-ज्ञ-* 'one knowledgeable or skilled in music'] *m.* 〖音楽〗音楽に通じている人；音楽専門家.

संगीन /saṃgīna サンギーン/ [←Pers.adj. سنگین 'heavy, weighty; stony; hard, firm, solid; obstinate'] *adj.* 重大な；深刻な. ❐मुआमला बहुत ～ था। ことは大変深刻だった.
— *f.* 銃剣. ❐～ की नोक पर 銃剣を突きつけて. ❐～ चढ़ाना [लगाना] 銃剣を装着する.

संगूढ़ /saṃgūṛʰa サングール/ [←Skt. *सं-गूढ-* 'completely concealed or hidden from view'] *adj.* 完全に秘匿（ひとく）された，人目からまったく隠された.

संगृहीत /saṃgr̥hīta サングリヒート/ [←Skt. *सं-गृहीत-* 'grasped, seized, caught, taken, received, collected, gathered'] *adj.* 収集された；収められた. ❐उनकी प्रारंभिक रचनाएँ भाग १ में ～ हैं। 彼の初期の作品は第1巻に収められている.

संगोपन /saṃgopana サンゴーパン/ [←Skt.n. *सं-गोपन-* 'the act of hiding or concealing well, complete concealment'] *m.* 完全に秘匿（ひとく）すること.

संगोपनीय /saṃgopanīya サンゴープニーエ/ [?neo.Skt. *सं-गोपनीय-* 'worth being completely hidden'] *adj.* 完全に秘匿（ひとく）すべき.

संगोष्ठी /saṃgoṣṭʰī サンゴーシュティー/ [neo.Skt.f. *सं-गोष्ठी-* 'symposium, convention, conference'] *f.* シンポジウム；代表者会議.

संग्रह /saṃgraha サングラ/ [←Skt.m. *सं-ग्रह-* 'holding together, seizing, grasping, taking, reception, obtainment'] *m.* **1** 収集. ❐～ करना（…を）収集する. **2** 収集されたもの；コレクション；選集，アンソロジー. ❐कविताओं का ～ 詩集. **3** 貯蔵（品）；備蓄（品）.

संग्रह-कर्ता /saṃgraha-kartā サングラハ・カルター/ [neo.Skt.m. *संग्रह-कर्तृ-* 'a collector'] *m.* 収集家，コレクター.（⇒संग्रही）

संग्रहण /saṃgrahaṇa サングラハン/ [←Skt.n. *सं-ग्रहण-* 'the act of grasping or taking'] *m.* 収集.（⇒संग्रह）

संग्रहणी /saṃgrahaṇī サングラヘニー/ [←Skt.f. *सं-ग्रहणी-* 'a partic. form of diarrhoea (alternating with constipation)'] *f.* 〖医学〗（コレラなど）激しい下痢を伴う病気.

संग्रहणीय /saṃgrahaṇīya サングラヘニーエ/ [←Skt. *सं-ग्रहणीय-* 'to be taken hold of; to be taken as a remedy against (any disease, e. g. diarrhoea)'] *adj.* 収集に値する.

संग्रहालय /saṃgrahālaya サングラハーラエ/ [neo.Skt.m. *संग्रह-आलय-* 'museum'] *m.* 博物館.（⇒अजायबघर）

संग्रही /saṃgrahī サングラヒー/ [←Skt.m. *सं-ग्रहिन्-* 'a collector, procurer'] *m.* ☞संग्रह-कर्ता

संग्रहीता /saṃgrahītā サングラヒーター/ [←Skt.m. *सं-ग्रहीतृ-* 'one who lays hold of'] *m.* ☞संग्रह-कर्ता

संग्राम /saṃgrāma サングラーム/ [←Skt.m. *सं-ग्राम-* 'an assembly of people, host, troop, army; battle, war, fight, combat, conflict'] *m.* 戦い，闘争；苦闘.（⇒लड़ाई）❐जीवन और मृत्यु का ～ 生と死の戦い. ❐स्वराज्य ～ 独立を求める戦い.

संग्राहक /saṃgrāhaka サングラーハク/ [←Skt. *सं-ग्राहक-* 'a gatherer, collector, compiler'] *m.* ☞संग्रह-कर्ता

संग्राह्य /saṃgrāhya サングラーヒエ/ [←Skt. *सं-ग्राह्य-* 'to be grasped or seized or clasped or embraced'] *adj.* 収集すべき.

संघ /saṃgʰa サング/ [←Skt.m. *सं-घ-* 'close contact or combination; any number of people living together for a certain purpose, a society, association, company, community'; → Japan.n. **僧伽**] *m.* **1** 連合，連盟，同盟. ❐अंतर्राष्ट्रीय [राष्ट्र] ～ 〖歴史〗国際連盟. ❐दक्षिण एसियाई सहयोग ～ 南アジア地域協力連合. ❐संयुक्त राष्ट्र ～ 国際連合. **2** 連邦. ❐सोवियत ～ 〖国名〗（旧）ソビエト連邦. **3** 組合；…団.（⇒यूनियन）❐अध्यापक [छात्र] ～ 教員［学生］組合. ❐राष्ट्रीय स्वयंसेवक ～ 国民義勇団（RSS）. ❐श्रमिक ～ 労働組合. **4** 〖仏教〗〖ジャイナ教〗サンガ，僧伽（そうぎゃ）《出家修行者らによって構成される僧団》.

संघटन /saṃgʰaṭana サンガタン/ [←Skt.m. *सं-घटन-* 'union or junction with'] *m.* ☞संगठन

संघटित /saṃgʰaṭita サンガティト/ [←Skt. *सं-घटित-* 'assembled together, met'] *adj.* ☞संगठित

संघर्ष /saṃgʰarṣa サンガルシュ/ [←Skt.m. *सं-घर्ष-* 'rubbing together, friction'] *m.* **1** 摩擦. **2** 闘争，戦い；紛争. ❐～ विराम 停戦. ❐अहिंसक ～ 非暴力闘争. ❐जातीय ～ 民族紛争. **3** 奮戦；苦闘，もがき；葛藤. ❐जीवन के ～ में उसे सदैव हार हुई, पर उसने कभी हिम्मत नहीं हारी। 人生の戦いにおいて彼はいつも敗北した，しかし彼は決

してくじけなかった. **4**〖言語〗摩擦(音).

संघर्षी /saṃgʰarṣī サンガルシー/ [←Skt. *सं-घर्षिन्-* 'rubbing together, emulating, rivalling, vying with one another or with regard to'] *adj.*〖言語〗摩擦音の. ❐～ व्यंजन 摩擦子音.

— *m.*〖言語〗摩擦音.

संघात /saṃgʰāta サンガート/ [←Skt.m. *सं-घात-* 'striking or dashing together, killing, crushing; close union or combination, collection, cluster, heap, mass, multitude'] *m.* **1** 打撃;衝撃;衝突. ❐इलेक्ट्रानों के ～〖物理〗電子の衝突. **2** 集まり, 集合;集団.

संघातक /saṃgʰātaka サンガータク/ [?neo.Skt. *सं-घातक-* 'killing'; cf. Skt.m. *सं-घातक-* 'separation of such as keep together'] *adj.* 致命的な;死に至る. ❐～ चोट 致命傷. ❐～ प्रहार 致命的な打撃. ❐～ बीमारियाँ 死に至る病.

संघीय /saṃgʰīya サンギーエ/ [neo.Skt. *सं-घीय-* 'federal'] *adj.* 連合[連邦, 同盟]の. ❐～ न्यायालय 連邦裁判所.

संचय /saṃcaya サンチャエ/ [←Skt.m. *सं-चय-* 'collection, gathering, accumulation, heap, hoard, store, multitude, quantity'] *m.* 集めて貯めこむこと;蓄え, 蓄積;蓄財. ❐धन ～ करना 蓄財する. ❐बल ～ करना 力を蓄える.

संचयन /saṃcayana サンチャヤン/ [←Skt.m. *सं-चयन--* 'the act of piling or heaping together, heaping up, gathering, collecting (esp. the ashes or bones of a body lately burnt'] *m.* ☞संचय

संचरण /saṃcaraṇa サンチャラン/ [←Skt.n. *सं-चरण-* 'going together or through, passage, motion, passing over from'] *m.* **1** 伝動;伝播;送電;送信. ❐ध्वनि का ～ 音の伝播. ❐विद्युत् ～ 送電. **2**〖医学〗(血液の)循環. ❐रक्त ～ 血液循環.

संचार /saṃcāra サンチャール/ [←Skt.m. *सं-चार-* 'passing over, transition'] *m.* **1** 広がり伝わること;(生命力, 気力, や勇気などが)みなぎること;(血液や交通などの)循環. ❐उन में एक नए जीवन का ～ हो गया। 彼の中に一つの新しい生命力がみなぎった. ❐उस के हृदय में बल का ～ हुआ। 彼の心に力がみなぎった. ❐रक्त का ～ करना 血液を循環させる. **2** 通信, 交信;情報伝達. ❐～ मंत्रालय 通信省. ❐～ व्यवस्था 通信システム.

संचालक /saṃcālaka サンチャーラク/ [neo.Skt.m. *सं-चालक-* 'a director; conductor'] *adj.* 経営する(人), 支配する(人), 指揮する(人).

— *m.* 経営者;支配人;(オーケストラの)指揮者.

संचालन /saṃcālana サンチャーラン/ [neo.Skt.n. *सं-चालन-* 'managing, directing'] *m.* **1** 経営;運営;(資金などの)運用. ❐(का) ～ करना (…を)経営する, 運営する. **2** (血液の)循環. ❐रक्त का ～ 血液の循環.

संचित /saṃcita サンチト/ [←Skt. *सं-चित-* 'piled together, heaped up, gathered, collected, accumulated'] *adj.* 蓄えられた, 蓄積された;蓄財された. ❐～ करना 蓄える. ❐～ ग्लानि 積もり積もった後悔の念. ❐～ धन 蓄えられた富. ❐चिर ～ अभिलाषा 積年の念願.

संजीदा /saṃjīdā サンジーダー/ [←Pers.adj. سنجيده 'weighed; weighty, grave'] *adj.* **1** まじめな, 真剣な;厳粛な;謹厳な. (⇒गंभीर) ❐～ सवाल まじめな質問. ❐～ अभिनय 真剣な演技. **2** 重大な, 深刻な. (⇒गंभीर)

संजीवनी /saṃjīvanī サンジーヴニー/ [←Skt.f. *सं-जीवनी-* 'making alive, causing life; a kind of elixir'] *f.* 死者をよみがえらせる薬(草);不老長寿の霊薬.

संजोग /saṃjoga サンジョーグ/ [<Skt.m. *सं-योग-* 'conjunction, combination, connection'] *m.* ☞संयोग

सँजोना /sãjonā サンジョーナー/ [<OIA. *saṁyōjayati* 'controls': T.12990] *vt.* (*perf.* सँजोया /sãjoyā サンジョーヤー/) **1** そろえて[きちんと]並べる;正しく配置する;(大事に)飾りつけする. (⇒सँवारना, सजाना) ❐उसने पूजा की थाली सँजो ली। 彼女は礼拝に使うお盆の用意をととのえた. ❐नवीन साहित्य को पुस्तकाल्यों में सँजोया जाता है। 新しい潮流の文学(作品)が図書館に配架される. **2** (記憶などを)大切に保存する. ❐बच्चा किस अवस्था से स्मृतियों को सँजोना शुरू कर देता है, मैं निश्चयपूर्वक नहीं कह सकता। 子どもは何歳から記憶をしっかりともち始めるのか, 私は自信をもって言うことはできない. ❐(की) स्मृति सँजोए रखना (…の)思い出を大事にする.

संज्ञा /saṃjñā サンギャー/ [←Skt.f. *सं-ज्ञा-* 'consciousness, clear knowledge or understanding or notion or conception; (in gram.) the name of anything thought of as standing by itself, any noun having a special meaning'] *f.* **1** 意識. **2** 名称, 呼称. ❐(को) (की) ～ देना (…に)(…という)名をつける. **3**〖言語〗名詞.

संज्ञाहीन /saṃjñāhīna サンギャーヒーン/ [neo.Skt. *संज्ञा-हीन-* 'unconscious'] *adj.* 意識を失った, 失神した. ❐वह संज्ञाहीन-सा बैठा था। 彼は意識を失ったかのように座っていた.

संड /saṃḍa サンド/ [←Skt.m. *सण्ड-* 'a eunuch'] *m.* 種牛. (⇒साँड)

संड-मुसंड /saṃḍa-musaṃḍa サンド・ムサンド/ [echo-word; cf. *संड*] *adj.* 〔卑語〕屈強で乱暴な(男).

सँड़सा /sãṛasā サンルサー/ [<OIA.m. *saṁdaṁśá-* 'tongs, pincers': T.12897] *m.* (大型の)はさみ具, やっとこ《熱い鍋などをつかむためのはさみ状の道具》.

सँड़सी /sãṛasī サンルスィー/ [cf. *सँड़सा*] *f.* (ペンチなどの)小型のはさみ具.

संडास /saṃḍāsa サンダース/ [?] *m.* 便所《用を足すための深い穴》. ❐～ टंकी し尿タンク.

संत /saṃta サント/ [←Skt. *सत्-* 'being, existing, occurring, happening, being present'] *m.*〖ヒンドゥー教〗聖者, 聖人《称号として名前の前に付ける》. (⇒साधु-संत) ❐～ कबीर 聖カビール.

संतत /saṃtata サンタト/ [←Skt. *सं-तत-* 'continuous, uninterrupted, lasting, eternal'] *adj.* 絶え間のない;永遠に続く.

— *adv.* 絶え間なく;永遠に.

संतति /saṃtati サンタティ/ [←Skt.f. सं-तति- 'uninterrupted succession, lineage, race, progeny, offspring'] *f.* 子孫；子．(⇔पूर्वज)

संतप्त /saṃtaptạ サンタプト/ [←Skt. सं-तप्त- 'greatly heated or inflamed, burnt up; oppressed, pained, tormented, distressed, wearied fatigued'] *adj.* (悲しみに)打ちのめされた，悲痛な．❐～ आत्मा 悲痛な魂．

संतरा /saṃtarā サンタラー/ [←Pers.n. سنگتره 'a kind of orange' ?←Port.m. *Cintra* 'Rock of Lisbon'] *m.* 〖植物〗オレンジ(の実)；ポンカン．

संतरी /saṃtarī サンタリー/ [←Eng.n. *sentry*] *m.* 歩哨，番兵，見張り．(⇒गार्ड, पहरेदार)

संतान /saṃtānạ サンターン/ [←Skt.m. सं-तान- 'continuous succession, lineage, race, family, offspring, son or daughter'] *f.* 子ども；子孫．❐उसके कोई ～ न थी। 彼には子どもがいなかった．❐वह अपने माता-पिता की प्रथम ～ था। 彼は両親の最初の子どもだった．

संताप /saṃtāpạ サンタープ/ [←Skt.m. सं-ताप- 'becoming very hot, great or burning heat, glow, fire; affliction, pain, sorrow, anguish, distress; self-mortification, remorse, repentance, penance'] *m.* **1** 苦痛；苦悩．❐मानसिक ～ 精神的な苦痛．❐शोक और ～ 悲しみと苦痛．**2** 激しい後悔；良心の呵責(かしゃく)，自責の念．

संतुलन /saṃtulanạ サントゥラン/ [?neo.Skt.n. सं-तुलन- 'balance, equilibrium'] *m.* つり合い，平衡，バランス．❐मानसिक ～ खोना 精神のバランスを失う．❐(में) ～ बनाए रखना (…において)バランスを保つ．

संतुलित /saṃtulitạ サントゥリト/ [?neo.Skt. सं-तुलित- 'balanced'] *adj.* 均衡のとれた，バランスのとれた．❐～ आहार [भोजन] バランスのとれた食事．❐～ बजट バランスのとれた予算．❐(की) ～ अवस्था (…の)均衡状態．

संतुष्ट /saṃtuṣṭạ サントゥシュト/ [←Skt. सं-तुष्ट- 'quite satisfied or contented, well pleased or delighted with'] *adj.* **1** 満足した，充足した；楽しんだ，堪能した．❐(को) (से) ～ करना (人を)(…で)満足させる．❐(से) ～ होना (…に)満足する．**2** 気がすむ，納得する；甘んじる，(不平がない程度に)満足した．❐～ रहना चाहिए। 甘んじなければいけない．❐वह अपनी दशा पर ～ थी। 彼女は自分の状況に満足していた．

संतुष्टि /saṃtuṣṭi サントゥシュティ/ [←Skt.f. सं-तुष्टि- 'complete satisfaction, contentment with'] *m.* ☞ संतोष

संतोष /saṃtoṣạ サントーシュ/ [←Skt.m. सं-तोष- 'satisfaction, contentedness with'] *m.* **1** 満足，満悦，充足；堪能．❐आनंद और ～ 喜悦満面．❐मुझे ～ है। 私は満足している．**2** 納得；甘受；あきらめ．❐～ कर लेना चाहिए। 納得しなければいけない．❐(पर) ～ करना [रखना] (…に)納得する．❐मन को ～ देना 自分の心を納得させる．

संतोषजनक /saṃtoṣạjanakạ サントーシュジャナク/ [neo.Skt. संतोष-जनक- 'satisfactory'] *m.* 満足のいく，申し分ない．❐उनकी आर्थिक दशा अब भी ～ नहीं थी। 彼の経済状態はまだ満足のいくものではなかった．

संतोषी /saṃtoṣī サントーシー/ [←Skt. सं-तोषिन्- 'satisfied, contented, pleased with'] *adj.* 満足した(人)；納得した(人)．

संत्रस्त /saṃtrastạ サントラスト/ [←Skt. सं-त्रस्त- 'trembling with fear, frightened, alarmed'] *adj.* おびえた，震え上がった．❐उसकी बीवी सास के व्यवहार से ～ होकर अपने मायके भाग गई थी। 彼の嫁は義母の振る舞いにおびえて実家に逃げ帰った．

संदर्भ /saṃdarbʰạ サンダルブ/ [←Skt.m. सं-दर्भ- 'stringing or binding together; a literary or musical composition'] *m.* **1** (文の)前後関係，文脈；(事柄の)背景，脈絡．(⇒प्रसंग) ❐इस ～ में この文脈において．❐(के) ～ में(…の)文脈において．**2** 参照，参考．❐～ ग्रंथ 参考図書，参考文献．

संदर्शन /saṃdarśanạ サンダルシャン/ [←Skt.n. सं-दर्शन- 'the act of looking steadfastly, gazing, viewing, beholding, seeing, sight, vision'] *m.* 十分見ること；十分見せること．❐तीर्थ-स्थलों का ～ करना 聖地を見て回る．

संदल /saṃdalạ サンダル/ [←Pers.n. صندل 'sandal, an odoriferous wood' ←Arab.] *m.* 〖植物〗ビャクダン(白檀)《工芸品，香料に利用》．(⇒चंदन)

संदली /saṃdalī サンダリー/ [←Pers.adj. صندلی 'made of sandal-wood; of the colour of sandal-wood, light ellow'] *adj.* **1** ビャクダン色の，黄白色の．**2** ビャクダンで作られた．

— *m.* ビャクダン色，黄白色．

संदिग्ध /saṃdigdʰạ サンディグド/ [←Skt. सं-दिग्ध- 'smeared over, besmeared or covered with; precarious, doubtful, dubious, uncertain, unsettled, doubtful about'] *adj.* **1** 不確かな，あいまいな；不明瞭な．(⇔असंदिग्ध) **2** 疑わしい，疑念のある，怪しい．❐～ नेत्रों से देखना 疑わしい目つきで見る．❐इबोला के ～ मरीज़ エボラ熱が疑われる患者．

संदिग्धता /saṃdigdʰatā サンディグダター/ [←Skt.f. संदिग्ध-ता- 'uncertainty, hesitation, indistinctness'] *f.* 不確かさ，あいまいさ；疑わしさ，怪しさ．

संदीपन /saṃdīpanạ サンディーパン/ [←Skt.n. सं-दीपन- 'the act of kindling or inflaming or exciting (envy etc.)'] *m.* 点火；(感情に)火をつけること．

संदीप्त /saṃdīptạ サンディープト/ [←Skt. सं-दीप्त- 'inflamed, flaming, burning, being on fire'] *adj.* 点火された；(感情に)火がついた．

संदूक़ /saṃdūqạ サンドゥーク/ [←Pers.n. صندوق 'a chest, casket, coffer, box, trunk' ←Arab.] *m.* (蓋つきの)大きな箱，櫃(ひつ)；大きなトランク；チェスト．(⇒बक्स)

संदूक़चा /saṃdūqạcā サンドゥークチャー/ [←Pers.n. صندوقچه 'a small chest, a casket'] *m.* 小箱．❐गहनों

का ～ 宝飾箱.

संदूक़ची /saṃdūqacī サンドゥークチー/ [cf. *संदूक़चा*] *f.* ☞ संदूक़चा

संदेश /saṃdeśa サンデーシュ/ [←Skt.m. *सं-देश-* 'communication of intelligence, message, information, errand, direction, command'] *m.* 伝言, ことづて, メッセージ. ❐(की सेवा में) ～ भेजना (人宛てに)伝言を送る. ❐गुप्त ～ 秘密の伝言.

संदेशवाहक /saṃdeśavāhaka サンデーシュワーハク/ [neo.Skt.m. *संदेश-वाहक-* 'a messenger'] *m.* 使者.

संदेशहर /saṃdeśahara サンデーシュハル/ [←Skt.m. *संदेश-हर-* 'a newsbringer, messenger, envoy, ambassador'] *m.* ☞संदेशवाहक

संदेशा /saṃdeśā サンデーシャー/ ▸संदेसा [<Skt.m. *सं-देश-* 'communication of intelligence, message, information, errand, direction, command'] *m.* ☞ संदेश

संदेसा /saṃdesā サンデーサー/ ▸संदेशा [<Skt.m. *सं-देश-* 'communication of intelligence, message, information, errand, direction, command'] *m.* ☞ संदेश

संदेह /saṃdeha サンデーヘ/ [←Skt.m. *सं-देह-* 'a conglomeration; doubt'] *m.* 疑い, 疑惑, 疑念. (⇒शक) ❐इसमें कोई ～ नहीं है। このことになんら疑念はない. ❐(पर) (का) ～ करना (人に)(…の)疑いをかける.

संदेहवाद /saṃdehavāda サンデーヘワード/ [neo.Skt.m. *संदेह-वाद-* 'skepticism'] *m.* ☞संशयवाद

संदेहात्मक /saṃdehātmaka サンデーハートマク/ [neo.Skt. *संदेह-आत्मक-* 'doubtful'] *adj.* 疑わしい. (⇒संदिग्ध) ❐वह मेरी ओर ～ भाव से देखकर बोला। 彼は私の方を疑わしそうに見て言った.

संधान /saṃdʰāna サンダーン/ [←Skt.n. *सं-धान-* 'fixing on (as an arrow on a bow-string), aiming at'] *m.* 探究;探求.

संधि /saṃdʰi サンディ/ [←Skt.m. *सं-धि-* 'union, junction; alliance, league, reconciliation, peace between'] *f.* **1** 接合(点), 結合(点). (⇒जोड़) ❐दो हड्डियों की ～ 2つの骨の接合部分. **2** 調停, 和解;条約, 協定. ❐～ पत्र पर हस्ताक्षर करना 協定書に署名する. ❐भारत और चीन में ～ हो गई। インドと中国の間に調停が結ばれた. ❐(से [के साथ]) ～ करना (…と)調停を結ぶ. **3**〖言語〗サンディ, 連声(れんじょう)《サンスクリット語では, 先行する語の末尾の音と後続する語の先頭の音が一定の条件下で融合した音になる規則(外連声);この規則が適応される先行語と後続語の連続は, 分かち書きではなく, 外見上一語のように連続したつづりになる;たとえば, न अस्ति इह「彼はここにいない」は नास्तीह となる;合成語や活用変化・格変化など語内部の要素の連続にも似た規則(内連声)がある》.

संध्या /saṃdʰyā サンディャー/ [←Skt.f. *सं-ध्या-* 'juncture of day and night, morning or evening twilight; juncture of the three divisions of the day (morning, noon, and evening)'] *f.* **1** 夕方, 夕刻. (⇒शाम) ❐～ हो गयी थी। 夕刻になっていた. ❐～ समय 夕刻の時間《副詞的にも使用》. **2**〖ヒンドゥー教〗サンディヤー《1日の中の区切り(朝, 昼, 夕)に捧げられる祈り》. ❐～ करना (夕刻など)刻限の祈りをする.

संन्यास /saṃnyāsa サンニャース/ [←Skt.m. *सं-न्यास-* 'renunciation of the world'] *m.* **1**〖ヒンドゥー教〗遊行期《四生活期 (आश्रम) の第四期;一定の住所をもたず乞食(こつじき)遊行する時期》. **2** (現役からの)引退, 退役. ❐असामयिक ～ 突然の引退. ❐(से) ～ लेना (…から)引退する.

संन्यासी /saṃnyāsī サンニャースィー/ [←Skt.m. *सं-न्यासिन्-* 'one who abandons or resigns worldly affairs, an ascetic, devotee'] *m.* **1**〖ヒンドゥー教〗サンニャースィー《遊行期 (संन्यास) の男子》. **2** 隠遁者, 世捨て人;現役引退者.

संपत्ति /sampatti サンパッティ/ [←Skt.f. *सम्-पत्ति-* 'prosperity, welfare, good fortune, success, accomplishment, fulfilment, turning out well'] *f.* 財産, 資産;富. (⇒जायदाद, दौलत, धन) ❐～ कर〖法律〗財産税. ❐अचर ～〖法律〗不動産. ❐चर [जंगम] ～〖法律〗動産. ❐ग़ैरक़ानूनी तरीक़े से जुटाई ～ 不法に蓄えられた資産

संपदा /sampadā サンパダー/ [neo.Skt.f. *सम्-पदा-* 'wealth'] *f.* 資源;資産;財産. ❐बौद्धिक ～〖法律〗知的財産. ❐सारे संसार की ～ 世界中の富.

संपन्न /sampanna サンパンヌ/ [←Skt. *सम्-पन्न-* 'or turned out well, accomplished, effected, perfect, excellent; endowed or furnished with, possessed of'] *adj.* **1** 富裕な, 裕福な. ❐～ आदमी 裕福な人. ❐～ परिवार 裕福な家族. **2** (儀式, 行事, 事業などが)成し遂げられた. ❐विवाह ～ हुआ। 結婚式が執り行われた. **3** (才能・運などに)恵まれた, (美徳・長所などが)そなわった《合成語の要素として》. ❐प्रतिभा-संपन्न 才能に恵まれた. ❐भाग्य-संपन्न 運に恵まれた. ❐सर्वगुण-संपन्न すべての美徳をそなえた. ❐सुरुचि-संपन्न 趣味のいい.

संपर्क /samparka サンパルク/ [←Skt.m. *सम्-पर्क-* 'mixing together, mixture, commingling, conjunction, union, association, touch, contact'] *m.* **1** 触れ合うこと, 接触. ❐एक बस बिजली तार से ～ में आई। 一台のバスが電線に接触した. **2** (人との)接触, コンタクト;付き合い(の関係);連絡. ❐～ अधिकारी 連絡将校. ❐～ भाषा〖言語〗接触言語. ❐～ सूची 連絡先リスト. ❐(के साथ) ～ स्थापित करना (人に)接触する. ❐(के) ～ में आना (人と)付き合うようになる. ❐हमसे ～ करें। 私どもにご連絡ください.

संपादक /sampādaka サンパーダク/ [neo.Skt.m. *सम्-पादक-* 'an editor'; cf. Skt. *सम्-पादक-* 'procuring, bestowing; effecting, producing'] *m.* 編集者;編集長, 編集主幹. (⇒एडीटर) ❐～ मंडल 編集委員会.

संपादकीय /sampādakīya サンパードキーエ/ [neo.Skt. *सम्-पादकीय-* 'editorial'] *adj.* **1** 編集の;編集者の. ❐～

विभाग 編集部. **2** 論説の, 社説の. ❐～ लेख 論説, 社説.

— *m.* 論説, 社説.

संपादन /saṃpādana サンパーダン/ [←Skt.n. *सम्-पादन-* 'putting in order, preparing'] *m.* 編集. ❐～ कार्य 編集作業. ❐(का) ～ करना (…を)編集する.

संपादित /saṃpādita サンパーディト/ [←Skt. *सम्-पादित-* 'brought about, accomplished, fulfilled'] *adj.* 編集された. ❐～ करना 編集する. ❐मेरा ～ वीडियो 私が編集したビデオ.

संपीड़न /saṃpīṛana サンピーラン/ [←Skt.n. *सम्-पीडन-* 'compression, pressing, squeezing (also as a partic. fault in pronunciation)'] *m.* 圧縮;(電子ファイルの)圧縮.

संपुट /saṃpuṭa サンプト/ [←Skt.m. *सम्-पुट-* 'a hemispherical bowl or anything so shaped'] *m.* (手や木の葉で作る)お椀状の器.

संपूर्ण /saṃpūrṇa サンプールン/ [←Skt. *सम्-पूर्ण-* 'completely filled or full (also said of the moon), full of, completely endowed or furnished with; complete (also in number), whole, entire'] *adj.* **1** 全体の, 全部の. (⇒सारा) ❐～ जीवन 全人生. ❐～ शरीर 全身. ❐～ संपत्ति 全財産. **2** 完全な, 完璧な. (⇒मुकम्मल) ❐～ रूप से 完全に.

संपूर्णतः /saṃpūrṇataḥ サンプールンタハ/ [neo.Skt.ind. *सम्पूर्ण-तस्* 'wholly, entirely'] *adv.* 完全に, まったく.

संपूर्णतया /saṃpūrṇatayā サンプールンタヤー/ [sg.Abl. of Skt.f. *सम्पूर्ण-ता-* 'complete fulness, perfection, completeness'] *adv.* ☞संपूर्णतः

संपूर्णता /saṃpūrṇatā サンプールンター/ [←of Skt.f. *सम्पूर्ण-ता-* 'complete fulness, perfection, completeness'] *f.* 完全であること.

सँपेरा /sãperā サンペーラー/ ▸सपेरा [<OIA. **sarpaharaka-* 'snake-catcher': T.13273] *m.* ヘビ使い.

सँपोला /sãpolā サンポーラー/ [<OIA. **sarpapōtala-* 'young snake': T.13272] *m.* 〖動物〗ヘビのこども.

सँपोली /sãpolī サンポーリー/ [cf. *सँपोला*] *f.* ヘビを入れるかご.

संप्रति /saṃprati サンプラティ/ [←Skt.ind. *सम्-प्रति* 'now, at this moment, at present'] *adv.* 現在, 現況では, 目下のところ.

संप्रदान /saṃpradāna サンプラダーン/ [←Skt.n. *सम्-प्रदान-* 'the act of giving or handing over completely, presenting'] *m.* 〖言語〗為格, 与格. ❐～ कारक 為格, 与格.

संप्रदाय /saṃpradāya サンプラダーエ/ [←Skt.m. *सम्-प्रदाय-* 'a bestower, presenter; any peculiar or sectarian system of religious teaching, sect'] *m.* **1** 宗派, 分派, セクト, 派閥. **2** (同一宗教の)コミュニティー.

संप्रदायवाद /saṃpradāyavāda サンプラダーエワード/ [neo.Skt.m. *सम्प्रदाय-वाद्-* 'communalism'] *m.* コミュナリズム. (⇒सांप्रदायिकता)

संबंध /saṃbaṃdʰa サンバンド/ [←Skt.m. *सम्-बन्ध-* 'binding or joining together, close connection or union or association'] *m.* **1** 関係, 関連;間柄. (⇒ताल्लुक़) ❐इस घटना के ～ में この事件について. ❐(से) (का) ～ (…との)(…の)関係. **2** 人間関係;きずな, 結束. ❐(से) ～ जोड़ना (人と)きずなを結ぶ. ❐(से) ～ रखना (人との)関係を保つ. ❐(से) (का) ～ टूटना (人との)(人の)きずなが壊れる. **3** 血縁[姻戚]関係. (⇒रिश्ता) ❐～ की बात करना 結婚話をする. ❐(से) पारिवारिक ～ (人との)家族関係. **4** 〖言語〗属格, 所有格. ❐～ कारक 属格, 所有格.

संबंध-विच्छेद /saṃbaṃdʰa-viccʰeda サンバンド・ヴィッチェード/ [neo.Skt.m. *संबंध-विच्छेद-* 'divorce'] *m.* **1** 絶縁, 関係を絶つこと. ❐उसका घरवालों से भी ～ हो गया था। 彼は家の者たちとも絶縁した. **2** 〖法律〗離婚. (⇒तलाक़, विवाह-विच्छेद) ❐लड़की और दामाद का ～ 娘と娘婿との離婚.

संबंधी /saṃbaṃdʰī サンバンディー/ [←Skt. *सम्-बन्धिन्-* 'related, connected by marriage, a relative'] *adj.* 関係のある, 関連した《前の名詞とハイフンで結ばれる場合が多い》. ❐कृषि-संबंधी ज्ञान 農業関係の知識. ❐विवाह-संबंधी बातचीत 結婚に関する話し合い. ❐शिक्षा-संबंधी विषय 教育関係のテーマ.

— *m.* 親戚, 親類縁者, 姻戚. (⇒नातेदार, रिश्तेदार) ❐(का) निकट ～ (人の)近い親戚の人. ❐(का) दूर का ～ (人の)遠い親戚の人.

संबद्ध /saṃbaddʰa サンバッド/ [←Skt. *सम्-बद्ध-* 'bound or tied together, joined, connected'] *adj.* 関係のある, 関連した. ❐विषय से ～ पुस्तकें テーマに関する書籍. ❐(से) ～ व्यक्ति (…の)関係者.

संबल /saṃbala サンバル/ [←Skt.m. *सम्बल-* 'provender or provisions for a journey, stock for travelling'] *m.* 携帯用食量;糧(かて).

संबोधन /saṃbodʰana サンボーダン/ [←Skt.n. *सम्-बोधन-* 'the act of causing to know, reminding; calling'] *m.* **1** 呼びかけ(の言葉). ❐इस ～ में विलक्षण मंत्र की-सी शक्ति थी। この呼びかけの言葉には不思議な呪文のような力があった. **2** (公式的な)あいさつ;演説, 講演. ❐प्रधानमंत्री ने संसद में पहला ～ दिया। 首相は議会で最初の演説(=就任演説)をした. **3** 〖言語〗呼格. ❐～ कारक 呼格.

संबोधित /saṃbodʰita サンボーディト/ [←Skt. *सम्-बोधित-* 'called out (to); addressed'] *adj.* 呼びかけられた. ❐(को) ～ करना (人に)呼びかける.

संभरण /saṃbʰaraṇa サンバラン/ [←Skt.n. *सम्-भरण-* 'putting together, composition, arrangement, preparation'] *m.* 供給. ❐जल ～ 水の供給.

सँभलना /sãbʰalanā サンバルナー/ ▸सम्हलना [cf. *सँभालना*] *vi.* (*perf.* सँभला /sãbʰalā サンブラー/) **1** 支えられる;持ちこたえる. **2** (困難を)切り抜ける;なんとかやっていく.

❐अब इस घर के सँभलने की क्या आशा है। もはやこの家がなんとかやっていける希望はない. **3** (つまづきなど崩れた姿勢から)バランスをとりもどす;(転倒して)起き上がる. ❐मैं सँभल न सका, गिर पड़ा। 私はバランスを崩して倒れた. ❐उसने सँभलने की चेष्टा से शून्य में हाथ फैला दिये, और अचेत हो गया। 彼はバランスをとろうとして虚空に手を伸ばした, そして意識を失った. ❐वह धक्का खाकर गिर पड़ी, मगर फिर सँभली और पाँव से तल्ली निकालकर उसके सिर, मुँह, पीठ पर अंधाधुंध जमाने लगी। 彼女は突き飛ばされて倒れた, しかしその後起き上がり足からサンダルを脱いで彼の頭, 顔, 背中をめちゃくちゃに叩きはじめた. **4** (不運などから)立ち直る;(病人が)もちなおす. ❐वह ने मेरी बीमारी सुनी तो काँप उठी, पर तुरत सँभल भी गई, दृढ़ भी हो गई। 彼女は私の病気のことを聞くと震え上がった, しかしすぐに立ち直り, 気丈にもなった. ❐सिर पर आ पड़ती है, तो आदमी आप सँभल जाता है। 頭に降りかかったら(＝災難がふりかかったら), 人間は自力で立ち直るものだ. ❐उसकी हालत बहुत ख़राब हो गयी थी, अब कुछ सँभल गयी है। 彼女の容体はとても悪化していたが, 今は少しもちなおしている. **5** (神経を研ぎすまして)用心深くなる. ❐ये शब्द उन्होंने किसी आवेश में नहीं सँभल-सँभलकर कहे थे। これらの言葉を彼は, 感情の高ぶりの中でではなく, 用心に用心をしながら言った. **6** (感情などが)抑制される.

संभव /saṃbʰavə̸ サンバオ/ [←Skt.m. *सम्-भव-* 'being or coming together, meeting, union, intercourse; birth, production, origin, source'] *adj.* 可能な, ありうる. (⇒ मुमकिन) ❐～ है, आप मुझे अत्यंत लोभी, कमीना और स्वार्थी समझें। ありえるかもしれない, あなたが私をとても強欲で, 下劣でそして自分勝手だと思われるのは. ❐उनकी आज्ञा को टालना कैसे ～ होगा? 彼の命令をないがしろにするなんてどうしたらありえるだろうか? ❐बहुत ～ है। 大いにありえます.

संभवतः /saṃbʰavə̸taḥ サンバオタハ/ [←Skt.ind. *सम्भव-तः* 'probably'] *adv.* たぶん.

संभार /saṃbʰārə̸ サンバール/ [←Skt.m. *सम्-भार-* 'preparation, equipment, provision, necessaries, materials, requisite, collection of things required for any purpose'] *m.* 備蓄;集積;補給. ❐～ तंत्र 兵站(へいたん).

सँभाल /sãbʰālə̸ サンバール/ [cf. *सँभालना*] *f.* **1** 面倒, 世話;(家事などの)きりもり, やりくり;維持管理. ❐घर के ख़र्च-वर्च की ～ वे ही करती थीं। 家の家計のやりくりは彼女がしていた. **2** (理性の)コントロール;(感情の)抑制. ❐(की) ～ के बाहर हो जाना (人の)自制がきかなくなる.

सँभालना /sãbʰālə̸nā サンバールナー/ ▶सम्हालना [<OIA. *sáṁbharati* 'brings together, prepares, rolls up': T.12961] *vt.* (*perf.* सँभाला /sãbʰālā サンバーラー/) **1** 支える;持ちこたえる;(重さに)耐える;(しっかり)持ちなおす. ❐लोहे की धरन छत को सँभाले हुए थी। 鉄の梁が天井を支えていた. ❐उन्होंने दोनों हाथ से सिर को सँभालकर कहा -- मैं नहीं समझता, मुझे क्या करना चाहिए। 彼は両手で頭をかかえて言った -- 何をすべきかわからないんだ. ❐उसने बंदूक़ सँभाली और निशाना मारा। 彼は銃を持ちなおし標的を撃った. ❐पिता जी मोटा डंडा दाहिने हाथ से कंधे पर सँभाले, बायाँ हाथ तेज़ी से हिलाते, आगे बढ़े। 父は太い杖を右手で肩にかけ, 左手を激しく振りながら前に進んだ. ❐यह नौका दो आदमियों का बोझ सँभाल लेगी? この小舟は人間二人分の重さに耐えられるの? ❐दुर्भाग्य के उन दिनों में उनके पुस्तक-प्रेम ने उनको कितनी सांत्वना दी होगी, कितना उनका मन बहलाया होगा, कितना उन्हें भीतर से सँभाला होगा। 失意のあの当時, 本に対する愛好心が彼をどれほど慰めたことか, どれほど心をなごませたことか, またどれほど内から支えたことか. **2** (衣服・髪の乱れを)なおし整える. ❐वह बाल सँभालती हुई ढीठ होकर बोली। 彼女は髪をなでつけながら断固として言った. **3** (落ちない[倒れない]ように)受け止める. ❐मैंने दौड़कर उन्हें सँभाला और कुर्सियाँ हटाकर वहीं ज़मीन पर लिटा दिया। 私は駆け寄って彼を支えた, そして椅子をどけてその場で地面に寝かせた. **4** (損なわないように)大事にする, 保存する. ❐बहुत सँभालकर रखने की हिदायतों के साथ उन्होंने वह किताब मेरे हाथ में दी थी। 丁寧に扱うようにとの指示と一緒に, 彼はその本を私の手に渡した. ❐वे मेरे हाथों में एक-दो पैसा धर देतीं, जिन्हें मैं सँभालकर अपने बटुए में रख लेता। 彼女たちは私の手に一, 二パイサのお金を握らせてくれたものだった, そしてそれを私は大事に自分の財布にしまうのだった. ❐सँभालिए अपना टिकट। 切符をなくさないように. **5** (仕事を)引き受ける;(重責を)担う;(職務を)引き継ぐ;請け負う. ❐उसकी देख-रेख करने, उसको दवा आदि देने का काम मेरी माँ-बहन ने सँभाला। 彼女の世話をしたり投薬などをする仕事は, 私の母と妹が引き受けた. ❐१७ मई को उन्होंने तीसरी बार राज्य की बागडोर सँभाली। 5 月 17 日, 彼は三度目の州政権を担った. ❐अभी यह स्पष्ट नहीं हुआ है कि वे इस आयोग का कार्यभार फिर से सँभालेंगे या नहीं। 彼がこの委員会の重責を再び担うかどうかは, 今のところはっきりしていない. ❐हमारे प्रतिनिधि -- मनोनीत हों या निर्वाचित -- प्रायः भूल जाते हैं कि जब वे मंत्री की कुर्सी सँभालें तो उन्हें संकीर्ण राजनैतिक स्वार्थों से ऊपर उठकर देश की जनता का असली प्रतिनिधि बनने की कोशिश करनी चाहिए। 我が国の代議士 -- 指名, 選出を問わず -- は, 大臣の職を担う時は偏狭な政治的利害を超越して国民の真の代議士たらんと務めなければいけないことを, たいがい忘れてしまう. **6** 面倒をみる;(人を)助ける. ❐उसने नालायक़ी की तो उसके बाल-बच्चों को सँभालनेवाला तो कोई चाहिए ही था। 彼が甲斐性なしなら, 彼の子どもたちの面倒をみる人が誰か必要だったのに. ❐कौन उसकी देखभाल करेगा, कौन उसे सँभालेगा? 誰が彼の面倒をみるというのだ, 誰が彼を助けるというのだ? ❐उनके अस्पष्ट अंतिम शब्द थे -- चंपा को सँभालना! これが彼のよく聞き取れない最後の言葉だった -- チャンパー(人名)を頼む. **7** (家業・事業などを)きりもりする;(家族・親族を)養う. ❐उसने घर सँभाल लिया। 彼は家をきりもりした. ❐जब तक हूँ, तुम्हारा घर सँभाले हुए हूँ। 私が生きてる間は, あなたの家族の面倒をみます. **8** (理性を)保つ;(感情などを)抑制する;(言葉を)慎む. ❐क्या करती है तू, होश सँभाल। どうしたんだ, しっかりしろ. ❐वे अब क्रोध न सँभाल सके। 彼はもう怒りを抑えることができなくなった. ❐ज़बान सँभाल, नहीं जीभ खींच लूँगी। 言葉使いに気

をつけろ, さもないと舌を引っこ抜くよ. ❒मुँह सँभाल कर बातें कर। 口を慎んで話をしろ. ❒आवाज़ सँभालकर बोली -- तुम आज इधर कैसे आ गये? 彼女は声を抑えて言った -- 今日はこっちにどうして来たの？ ❒मैं अपने को न सँभाल सका। 私は自分を抑えられなかった.

सँभाला /sāb^{h}ālā サンバーラー/ [cf. *सँभालना*] *m.* 死の直前の一時的な回復, もちなおし.

संभावना /saṃb^{h}āvanā サンバーオナー/ [←Skt.f. *सम्-भावना-* 'imagination, supposition, assumption'] *f.* 可能性, 実現性；蓋然(がいぜん)性, 見込み.(⇒इमकान) ❒(की) ～ (…の)可能性.

संभावनीय /saṃb^{h}āvanīya サンバーオニーエ/ [←Skt. *सम्-भावनीय-* 'to be assumed or supposed, possible, probable'] *adj.* 可能とされる；見込まれる.

संभावित /saṃb^{h}āvita サンバーヴィト/ [←Skt. *सम्-भावित-* 'suited, adequate, fit for, possible, probable'] *adj.* **1** 見込まれる；予期される, 予想される.(⇒अनुमानित) ❒～ उम्मिदवार 予想される候補者.

संभाव्य /saṃb^{h}āvya サンバーヴィエ/ [←Skt. *सम्-भाव्य-* 'to be supposed or expected, possible, probable'] *adj.* ☞संभावनीय

संभाषण /saṃb^{h}āṣaṇa サンバーシャン/ [←Skt.n. *सम्-भाषण-* 'conversation, discourse with'] *m.* 会話；話し合い, 会談. ❒(से) ～ करना (人と)話し合いをする.

संभोक्ता /saṃb^{h}oktā サンボークター/ [←Skt.m. *सम्-भोक्तृ-* 'eater ,enjoyer'] *m.* **1**〖経済〗消費者. **2** 享受する者.

संभोग /saṃb^{h}oga サンボーグ/ [←Skt.m. *सम्-भोग-* 'carnal or sensual enjoyment, sexual union'] *m.* **1** 性交.(⇒मैथुन) ❒～ करना 性交する. ❒～ के आसन 性交の体位. **2** 性的快楽；官能.

संभ्रम /saṃb^{h}rama サンブラム/ [←Skt.m. *सम्-भ्रम-* 'whirling round, haste, hurry, flurry, confusion, agitation, bustling; activity, eagerness, zeal'] *m.* (心の)混乱, 困惑；動揺, 動転.

संभ्रांत /saṃb^{h}rāṃta サンブラーント/ [←Skt. *सम्-भ्रान्त-* 'whirled about, flurried, confused, perplexed, agitated, excited'] *adj.* **1** (家柄などが)立派な, 名門の, 名家の. ❒उसका जन्म एक संपन्न और ～ परिवार में हुआ। 彼はある裕福な名家に生まれた. **2** 困惑した；心が動揺した, 気が動転した.

संयत /saṃyata サンヤト/ [←Skt. *सं-यत-* 'held together, held in, held fast etc.; self-contained, self-controlled'] *adj.* (感情を)抑えた, 抑制のきいた；控え目な, 慎み深い. ❒～ ढंग से बात कहना 感情を抑えて話をする. ❒～ भाषण 抑制のきいた演説. ❒इसके लिए बड़े ～ अनुमान से मुझे दस हज़ार रुपए की जरूरत होती। このためにはたいそう控え目な推測でも私には1万ルピーの必要があった.

संयम /saṃyama サンヤム/ [←Skt.m. *सं-यम-* 'holding together, restraint, control, (esp.) control of the senses, self-control'] *m.* **1** (感情の)抑制, 自制. ❒～ रखना 自制する. ❒अपना आवेश को ～ से दबाना 自分の高ぶった感情を自制で抑える. **2** 節制. ❒उसने अपने ऊपर ～ रक्खा। 彼女は自分に節制を課した.

संयमन /saṃyamana サンヤマン/ [←Skt.n. *सं-यमन-* 'the act of curbing or checking or restraining; self-control'] *m.* 自己を抑制すること.

संयमित /saṃyamita サンヤミト/ [←Skt. *सं-यमित-* 'restrained, checked, subdued'] *adj.* 抑制された, 自制された. ❒～ करना 抑制する.

संयमी /saṃyamī サンヤミー/ [←Skt. *सं-यमिन्-* 'who or what restrains or curbs or subdues'] *adj.* 節度のある(人), 穏健な(人). ❒～ पुरुष 節度のある人.
— *m.* 節度のある人, 穏健な人.

संयुक्त /saṃyukta サンユクト/ [←Skt. *सं-युक्त-* 'conjoined, joined together, combined, united'] *adj.* 結合した；合同の, 共同の, 連合した；複合の. ❒～ अक्षर 結合文字《क्त, क्ष など》. ❒～ क्रिया〖言語〗複合動詞《आ जाना, दे देना, ले लेना など》. ❒～ परिवार [कुटुंब]ジョイントファミリー, 複合家族, 合同家族. ❒～ प्रांत〖歴史〗旧連合州《現在のウッタルプラデーシュ州 (उत्तर प्रदेश) に相当》. ❒～ मंत्रिमंडल 連立内閣. ❒～ मोरचा 共同戦線, 統一戦線. ❒～ राष्ट्र 国際連合, 国連. ❒～ सरकार 連立政府.

संयुक्त अरब अमीरात /saṃyukta araba amīrāta サンユクト アラブ アミーラート/ [cf. Eng.n. *the United Arab Emirates*] *m.*〖国名〗アラブ首長国連邦《首都はアブダビ (आबू धाबी)》.

संयुक्त राज्य अमेरिका /saṃyukta rājya amerikā サンユクト ラージエ アメーリカー/ [cf. Eng.n. *the United States of America*] *m.*〖国名〗アメリカ合衆国, 米国《首都はワシントン D.C. (वाशिंगटन, कोलंबिया ज़िला)》.

संयुक्त राष्ट्र /saṃyukta rāṣṭra サンユクト ラーシュトル/ [neo.Skt.m. *संयुक्त-राष्ट्र* 'United Nations'] *m.* 国際連合《国際連盟は राष्ट्र-संघ》.

संयुक्ताक्षर /saṃyuktākṣara サンユクタークシャル/ [?neo.Skt.n. *संयुक्त-अक्षर-* 'a compound consonant graph'] *m.* 結合文字《क्त, क्ष など》.

संयोग /saṃyoga サンヨーグ/ [←Skt.m. *सं-योग-* 'conjunction, combination, connection'] *m.* **1** 結合；合同, 共同, 連合；複合. ❒दो प्रभावशाली घरानों का ～ 二つの勢力の家柄の結合. ❒उसकी इच्छा थी कि अब हमारे ～ में एक क्षण का भी विलंब न हो। 彼女の願いは, もはや私たちが一緒になるのに一瞬たりとも遅れがないようにということだった. **2** (考えなどの)一致, 合致. **3** 偶然；巡り合わせ.(⇒इत्तफ़ाक़) ❒～ की बात है कि मैं तनिक सुंदर हूँ। たまたまだけど, 私は少し綺麗よ. ❒～ से 偶然に. ❒आज तक किसी से माँगने का ～ नहीं पड़ा। 今日まで誰かに物乞いをすることなんかなかった.

संयोगवश /saṃyogavaśa サンヨーグワシュ/ [*संयोग* + *-वश*] *adv.* 偶然に；思いもかけず.(⇒इत्तफ़ाक़न) ❒उसी दिन ～ उससे बाज़ार में भेंट हो गई। その日偶然にも彼とマーケットで出会った.

संयोगी /saṃyogī サンヨーギー/ [←Skt. *सं-योगिन्-* 'united (with a loved object)'] *adj.* (愛する人と)一緒にいる.

(⇔विरही)

संयोजक /saṃyojaka サンョージャク/ [←Skt. *सं-योजक-* 'joining together, connecting, uniting'] *adj.* 結合する, 連結する.
— *m.* **1** 組織者, 主催者. **2**〖言語〗接続詞.

संयोजन /saṃyojana サンョージャン/ [←Skt.n. *सं-योजन-* 'the act of joining or uniting with'] *m.* **1** 結合, 連結. **2** 組織, 編成, 主催. ❒(का) ～ करना (…を)主催する.

संयोजित /saṃyojita サンョージト/ [←Skt. *सं-योजित-* 'conjoined, attached'] *adj.* **1** 結合された, 連結された. **2** 組織された, 編成された, 主催された. ❒(द्वारा) ～ फ़िल्मोत्सव (…によって)主催された映画祭.

संरक्षक /saṃrakṣaka サンラクシャク/ [←Skt.m. *सं-रक्षक-* 'a keeper, guardian'] *m.* **1** (未成年者の)保護者, 後見人. **2** (芸術・事業などの)後援者, 保護者, パトロン. **3** 防護するもの, プロテクター. **4** 保存するもの;防腐剤.

संरक्षण /saṃrakṣaṇa サンラクシャン/ [←Skt.n. *सं-रक्षण-* 'the act of guarding or watching, custody, preservation, protection'] *m.* **1** 保護, 庇護;後援;後見. ❒～ शुल्क〖経済〗保護関税. ❒उपभोक्ता ～ अधिनियम〖法律〗消費者保護法. ❒(का) ～ माँगना(…の)庇護をもとめる. ❒(के) ～ में(…の)庇護のもと. **2** 保存. ❒खाद्य ～ (防腐剤などによる)食品保存.

संरक्षणवाद /saṃrakṣaṇavāda サンラクシャンワード/ [neo.Skt.m. *संरक्षण-वाद-* 'protectionism'] *m.* 保護貿易主義.

संरक्षणीय /saṃrakṣaṇīya サンラクシャニーエ/ [←Skt. *सं-रक्षणीय-* 'be protected, to be guarded against'] *adj.* 保護されるべき, 庇護されるべき;保存されるべき.

संरक्षित /saṃrakṣita サンラクシト/ [←Skt. *सं-रक्षित-* 'protected, preserved, taken care of'] *adj.* **1** 保護された, 庇護された;後援された. ❒～ राज्य 保護国, 保護領. **2** 保存された. ❒～ क्षेत्र(動植物などの)保護区, (文化遺産などの)保存地区. ❒～ फल〖食〗(瓶詰や缶詰などの)保存用フルーツ.

संरचना /saṃracanā サンラチナー/ [neo.Skt.f. *सं-रचना-* 'structure'] *f.* 構造, 構成. ❒～ इंजीनियरी 構造工学. ❒पुल की ～ 橋の構造. ❒भाषा ～ 言語構造. ❒सामाजिक ～ 社会構造.

संलग्न /saṃlagna サンラグン/ [←Skt. *सं-लग्न-* 'attached, adhering, being in contact with, sticking to or in, fallen into'] *adj.* **1** (切手などが)貼られている;(付録などとして)付け加えられている;添付されている;(手紙に)同封されている. ❒ई-मेल के साथ ～ फ़ाइलें Eメールに添付されているファイル. ❒प्रपत्र के साथ प्रमाण पत्र ～ करना 所定の用紙と一緒に証明書を添付する. **2** 隣接している. ❒बेडरूम से ～ बाथरूम ベッドルームに隣接しているバスルーム. **3** 従事している;専念している. ❒घरेलू उद्योग में ～ परिवार 家内工業に従事している家族. **4** 没頭している, 傾注している, 夢中になっている.

संलाप /saṃlāpa サンラープ/ [←Skt.m. *सं-लाप-* 'talking together, familiar or friendly conversation, discourse with'] *m.* 会話, 対話, 語り合い. ❒～ करना 語り合う.

संवत् /saṃvat サンワト/ [←Skt.ind. *सं-वत्* 'a year, in the year'] *m.*〖暦〗暦年《特に断らなければヴィクラマ暦年(विक्रम संवत्)をさすことが多い》. (⇒संवत्सर) ❒हिजरी ～〖イスラム教〗ヒジュラ暦年.

संवत्सर /saṃvatsara サンワトサル/ [←Skt.m. *संवत्-सर-* 'a year of the Vikrama era'] *m.* ☞संवत्

संवरण /saṃvaraṇa サンワラン/ [←Skt.n. *सं-वरण-* 'the act of covering or enclosing or concealing'] *m.* **1** 心理的な衝動を抑え打ち勝つこと. ❒(का) लोभ ～ करना (…したいという)誘惑に打ち勝つ. **2** (好きなものを)選び取ること.

सँवरना /sãvaranā サンワルナー/ [cf. *सँवारना*] *vi.* (*perf.* सँवरा /sãvarā サンオラー/) **1** (正しい方向に)持ち直す, 立ち直る;ととのえられる;修正される. ❒अभागे, तेरी ज़िंदगी सँवर जाती। 不幸者め, お前の人生がまっとうになっていたらな. **2** 飾られる, 装飾される;着飾られる. (⇒सजना) **3** (髪などが)とかされる, ととのえられる.

संवर्ग /saṃvarga サンワルグ/ [neo.Skt.m. *सं-वर्ग-* 'cadre'] *m.* (組織の)中核, 幹部.

संवर्धक /saṃvardʰaka サンワルダク/ [←Skt. *सं-वर्धक-* 'augmenting, increasing'] *adj.* 増強させる, 増大させる, 増進させる. ❒स्वास्थ्य ～ 健康を増進させる.

संवर्धन /saṃvardʰana サンワルダン/ [←Skt.n. *सं-वर्धन-* 'growing up, complete growth; rearing up, festering'] *m.* 栽培, 飼育, 養殖, 培養. ❒ऊतक [कोशिका] ～〖医学〗組織[細胞]培養.

संवर्धित /saṃvardʰita サンワルディト/ [←Skt. *सं-वर्धित-* 'brought to complete growth, brought up, reared, raised, cherished'] *adj.* 機能が増強された;遺伝子組み換えによる;濃縮された. ❒～ यूरेनियम〖化学〗濃縮ウラン. ❒जीन ～ फ़सल〖生物〗遺伝子組み換え作物.

सँवलाना /sãvalānā サンオラーナー/ [cf. *साँवला*] *vi.* (*perf.* सँवलाया /sãvalānā サンオラーナー/) (肌が)色黒くなる. ❒वह सुंदर गेहुआँ रंग सँवला गया था। あの美しい小麦色が黒くなってしまっていた.

संवहन /saṃvahana サンワハン/ [←Skt.n. *सं-वहन-* 'bearing, carrying'] *m.* **1** 運ぶこと. **2**〖物理〗(熱, 光, 電気, 音などの)伝導. (⇒चालन)

संवातन /saṃvātana サンワータン/ [neo.Skt.n. *सं-वातन-* 'ventilation'] *m.* 換気. ❒सुरंगों में ～ की समस्या トンネル内における換気の問題.

संवाद /saṃvāda サンワード/ [←Skt.m. *सं-वाद-* 'together, conversation, colloquy with'] *m.* **1** 対話, 会話. ❒सामान्य जनता के साथ ～ स्थापित करना 一般大衆との対話を築く. **2** 知らせ, 情報;(報道機関による)レポート, ニュース, 報道. ❒～ छापना ニュースを印刷する. ❒शुभ ～ 吉報. ❒शोक ～ 悲報.

संवाददाता /saṃvādadātā サンワードダーター/ [neo.Skt.m. *संवाद-दातृ-* 'a correspondent'] *m.* (報道機関の)通信員, レポーター. ❒विशेष ～ 特派員.

संवादी /saṃvādī サンワーディー/ [←Skt. *सं-वादिन्-* 'conversing, talking; agreeing or harmonizing with'] *adj.* (旋律などの)調和を乱さない.
— *m.* 〖音楽〗サンヴァーディー《インド伝統音楽の旋律 (राग) で主になる音階ヴァーディー (वादी) に調和して効果をあげる副次的な音階 (स्वर)》.

सँवारना /sãvārạnā サンワールナー/ [<OIA. *saṁvārayati* 'keeps off': T.13021] *vt.* (*perf.* सँवारा /sãvārā サンワーラー/) **1** ととのえる;(よくするために)直す. ❐विधवा माँ ने अपने बिगड़ते पुत्र को सँवार लिया। 寡婦(かふ)である母は身を持ち崩していた息子を立ち直らせた. **2** 飾る, 装飾する;着飾る. (⇒सँजोना, सजाना) ❐उस कविता में कल्पना ने यथार्थ को बहुत बदला-सँवारा है। その詩の中では空想が現実をかなり変えて装飾していた. **3** (髪を)とかす, ととのえる. ❐वह अपने बाल सँवार रहा था। 彼は髪をとかしていた.

संवाहक /saṃvāhakạ サンワーハク/ [neo.Skt.m. *सं-वाहक-* 'a carrier; conductor'] *m.* **1** 運び手, 担い手. ❐मेले लोक संस्कृति के 〜 होते हैं। 祭り(の催し物)は民俗文化を伝える担い手である. **2** 〖医学〗保菌者, キャリア. **3** 運搬装置;(乗り物の)荷台. **4** 〖物理〗(熱, 光, 電気, 音の)伝導体. (⇒चालक)

संविदा /saṃvidā サンヴィダー/ [neo.Skt.f. *सं-विदा-* 'contract'] *f.* 契約. ❐निविदा और 〜 入札と契約.

संविदाकार /saṃvidākārạ サンヴィダーカール/ [neo.Skt.m. *संविदा-कार-* 'a contractor'] *m.* (工事)請負人, 契約者.

संविदा-पत्र /saṃvidā-patrạ サンヴィダー・パトル/ [neo.Skt.n. *संविदा-पत्र-* 'contract deed'] *m.* 契約書. (⇒इक़रार-नामा)

संविधान /saṃvid^{h}ānạ サンヴィダーン/ [neo.Skt.n. *सं-विधान-* 'constitution'; cf. Skt.n. *सं-विधान-* 'arrangement, disposition, management, contrivance'] *m.* 〖法律〗憲法. ❐〜 सभा 憲法制定会議. ❐भारत गणतंत्र 〜 インド共和国憲法.

संविधानवाद /saṃvid^{h}ānạvādạ サンヴィダーンワード/ [neo.Skt.m. *संविधान-वाद-* 'constitutionalism'] *m.* 立憲主義.

संविधानिक /saṃvid^{h}ānikạ サンヴィダーニク/ [neo.Skt. *सं-विधानिक-* 'constitutional'] *adj.* 憲法上の;憲法で規定された, 合憲の. ❐〜 संशोधन 憲法の修正.

संविधि /saṃvid^{h}i サンヴィディ/ [←Skt.m. *सं-विधि-* 'disposition, arrangement, preparation'] *m.* 〖法律〗制定法, 成文法. ❐〜 ग्रंथ [पुस्तक]法令全書.

संवृत /saṃvṛtạ サンヴリト/ [←Skt. *सं-वृत-* 'covered, shut up, enclosed or enveloped in'] *adj.* 〖言語〗口の開きが狭い(母音). (⇔विवृत) ❐〜 स्वर 狭母音.

संवेग /saṃvegạ サンヴェーグ/ [←Skt.m. *सं-वेग-* 'violent agitation, excitement, flurry'] *adj.* **1** 衝動的な感情;はずみ. **2** 〖物理〗運動量.

संवेद /saṃvedạ サンヴェード/ [←Skt.m. *सं-वेद-* 'perception, consciousness'] *adj.* 知覚;意識.

संवेदन /saṃvedanạ サンヴェーダン/ [←Skt.n. *सं-वेदन-* 'the act of perceiving or feeling, perception, sensation'] *m.* 知覚すること;感覚.

संवेदनशील /saṃvedanạśīlạ サンヴェーダンシール/ [neo.Skt. *संवेदन-शील-* 'sensitive'] *adj.* **1** 感性豊かな, 感受性の強い, 敏感な;思いやりのある. **2** 微妙な, デリケートな.

संवेदनशीलता /saṃvedanạśīlạtā サンヴェーダンシールター/ [neo.Skt.f. *संवेदनशील-ता-* 'sensitivity'] *f.* 感受性;感性.

संवेदना /saṃvedạnā サンヴェードナー/ [←Skt.f. *सं-वेदना-* 'perception; sensation'] *f.* **1** 感受性;感性. **2** 同情, 共感;なぐさめ;弔意, 悔やみ. ❐उसमें गहरी 〜 सजग हो उठी। 彼の内に深い共感の感情が目覚めた. ❐(को) अपनी 〜 देना (人に)なぐさめを言う.

संवेष्टन /saṃveṣṭanạ サンヴェーシュタン/ [←Skt.n. *सं-वेष्टन-* 'encompassing, surrounding'] *m.* 包装, パッキング.

संवैधानिक /saṃvaid^{h}ānikạ サンワェーダーニク/ [neo.Skt. *संवैधानिक-* 'constitutional'; cf. *संविधान*] *adj.* 〖法律〗憲法上の;立憲的な. ❐〜 राजतंत्र 立憲君主制.

संशय /saṃśayạ サンシャエ/ [←Skt.m. *सं-शय-* 'lying down to rest or sleep; uncertainty, irresolution, hesitation, doubt in or of'] *m.* 疑念, 疑惑;不安. ❐〜 की दृष्टि से देखना 疑いの目で見る. ❐〜 में पड़ जाना 疑念に陥る. ❐(के) मन में 〜 पैठ जाना (人の)心に疑念が入り込む.

संशयवाद /saṃśayạvādạ サンシャエワード/ [neo.Skt.m. *संशय-वाद-* 'skepticism'] *m.* 懐疑主義, 懐疑論. (⇒संदेहवाद)

संशयात्मक /saṃśayātmakạ サンシャヤートマク/ [?neo.Skt. *संशय-आत्मक-* 'doubtful'] *adj.* **1** 疑り深い(人), 猜疑心の強い(人). (⇒शक्की) **2** 疑わしい(こと), 怪しい.

संशयी /saṃśayī サンシャイー/ [←Skt. *संशयिन्-* 'doubtful, dubious, questionable'] *adj.* ☞संशयात्मक

संशोधक /saṃśod^{h}akạ サンショーダク/ [neo.Skt. *संशोधक-* 'correcting, corrective'] *adj.* 修正する, 訂正する;改訂する, 改正する.

संशोधन /saṃśod^{h}anạ サンショーダン/ [←Skt.n. *सं-शोधन-* 'purification or a means of purification'] *m.* **1** 修正, 訂正;改訂, 改正. ❐(का) 〜 करना (…を)修正する, 訂正する, 改訂する, 改正する. ❐भारतीय संविधान का 〜 インド憲法の改正. **2** 〖ヒンドゥー教〗浄化, 清めること.

संशोधित /saṃśod^{h}itạ サンショーディト/ [←Skt. *सं-शोधित-* 'completely cleansed and purified'] *adj.* **1** 修正された, 訂正された;改訂された, 改正された. ❐〜 संस्करण (本の)改訂版. **2** 〖ヒンドゥー教〗浄化された, 清められた.

संश्लिष्ट /saṃśliṣṭạ サンシュリシュト/ [←Skt. *सं-श्लिष्ट-* 'joined together, united, attached'] *adj.* 統合された;合成された;総合的な.

संश्लेषण /saṃśleṣaṇạ サンシュレーシャン/ [←Skt.n. *सं-श्लेषण-* 'clinging or sticking to; the act of putting together or joining'] *m.* 総合，統合；合成．(⇔विश्लेषण) ❐～ विश्लेषण 統合と分析． ❐रासायनिक ～ 化学合成．

संश्लेषणात्मक /saṃśleṣaṇātmakạ サンシュレーシュナートマク/ [neo.Skt. *संश्लेषण-आत्मक-* 'synthetic'] *adj.* 総合的な．(⇔विश्लेषणात्मक)

संसद् /saṃsadạ サンサド/▷संसद [←Skt.f. *संसद्-* 'sitting together; an assembly meeting'] *f.* 国政議会，国会《インド憲法では，大統領 (राष्ट्रपति) および上院 (राज्यसभा) と下院 (लोकसभा) の 2 院 (सदन) から構成される》．(⇒पार्लमेंट) ❐～ भवन 国会議事堂．

संसद्-सदस्य /saṃsad-sadasyạ サンサド・サダスィエ/ [neo.Skt.m. *संसद्-सदस्य-* 'a member of parliament'] *m.* (議会，国会の)議員．(⇒एम。पी。, सांसद)

संसर्ग /saṃsargạ サンサルグ/ [←Skt.m. *सं-सर्ग-* 'mixture or union together, commixture, blending, conjunction, connection, contact, association, society, sexual union, intercourse with'] *m.* (人との)接触，触れ合い；付き合い，交際；関係． ❐(के) ～ में आना (人と)付き合いはじめる． ❐(के) ～ में अपना जीवन व्यतीत करना (人との)触れ合いの中で自身の人生を過ごす． ❐(से) ～ रखना (人と)関係をもつ．

संसर्गी /saṃsargī サンサルギー/ [←Skt. *सं-सर्गिन्-* 'united; keeping company with'] *adj.* 交友関係の．

संसाधन /saṃsādʰanạ サンサーダン/ [←Skt.n. *सं-साधन-* 'performance, accomplishment, fulfilment; preparation'] *m.* 資源．

संसार /saṃsārạ サンサール/ [←Skt.m. *सं-सार-* 'going or wandering through, undergoing transmigration; the world, secular life'] *m.* **1** この世，現世，世界．(⇒दुनिया) ❐भौतिक ～ 世俗世界． ❐मुझे अब मालूम हुआ कि मैं ～ में अकेला नहीं हूँ। 私は今わかった，私はこの世で一人ぼっちではないのだと． ❐सारे ～ की संपदा 全世界の富． **2** 世間，世の中(の人々)．(⇒दुनिया, समाज) ❐मेरे पति ～ की दृष्टि में बड़े सज्जन, बड़े शिष्ट, बड़े उदार, बड़े सौम्य होंगे, लेकिन जिसपर गुज़रती है, वही जानता है। 私の夫は世間の目から見れば，とても高潔で，とても礼儀正しく，とても寛容で，とても温厚なのでしょう，でも(実際は)身に降りかかったものだけが知っています． **3**…界，…世界，…社会．(⇒जगत्, दुनिया, समाज) ❐साहित्य ～ 文学界． ❐सिनेमा ～ 映画界．

संसार-व्यापी /saṃsārạ-vyāpī サンサール・ヴィャーピー/ *adj.* 全世界に広がる，全世界を覆う． ❐～ रोग 全世界に蔓延する病．

संसारी /saṃsārī サンサリー/ [←Skt. *संसारिन्-* 'moving far and wide, extensive, comprehensive (as intellect); transmigratory, attached to mundance existence'] *adj.* 世俗の，現世の；世間の．

संस्करण /saṃskaraṇạ サンスカラン/ [neo.Skt.n. *सं-स्करण-* 'edition'; cf. Skt.n. *सं-स्करण-* 'the act of putting together; cremating (a corpse)'] *m.* (出版物の)版． ❐चोर ～ 海賊版． ❐पत्रिका का हिंदी ～ 雑誌のヒンディー語版． ❐पहला [प्रथम] ～ 第一版，初版． ❐संक्षिप्त ～ (辞書などの)簡約版． ❐संशोधित ～ 改訂版．

संस्कार /saṃskārạ サンスカール/ [←Skt.m. *सं-स्कार-* 'putting together, forming well, making perfect, accomplishment, embellishment, adornment, purification, cleansing, making ready, preparation'] *m.* **1** (生まれながらの)性質，本性(ほんしょう)，天性；素養，たしなみ；品性． ❐पिछले जन्म का ～ 前世からの本性． ❐मैं अपने संस्कारों को नहीं बदल सकता। 私は自分の生まれながらの生き方を変えることはできません． **2** (精神)文化，(時代・地域特有の)生活・習慣・考え方． ❐मैं शिकार खेलना उस ज़माने का ～ समझता हूँ, जब आदमी पशु था। 私は狩猟をすることはその時代の文化だったと思います，人間が獣であった時代の． ❐वह पुराने संस्कारों की क़ायल थी। 彼女は古いしきたりを信じきっていた． **3**〖ヒンドゥー教〗サンスカーラ《生まれて死ぬまでの宗教的な通過儀礼》． ❐चारों सज्जन लौटे, इस तरह मानो किसी प्रियजन का ～ करके श्मशान से लौट रहे हों। 4 人の紳士は戻ってきた，まるで親しい者の葬式を済ませ焼き場から戻ってきているかのように．

संस्कारी /saṃskārī サンスカーリー/ [?neo.Skt. *संस्कारिन्-* 'cultured'] *adj.* (時代・地域特有の)生活・習慣・考え方を身につけた．

संस्कृत /saṃskṛtạ サンスクリト/ [←Skt. *सं-स्कृत-* 'refined, adorned, ornamented, polished, highly elaborated'] *adj.* **1** 洗練された． ❐पुरानी सभी प्रथाएँ कुछ विकृत या ～ रूप में मौजूद हैं। 昔のあらゆる因習というものはいくらかゆがんだり洗練された形で存在しているものだ． **2** サンスクリット(語)の． ❐～ व्याकरण サンスクリット文法． ❐～ साहित्य サンスクリット文学．

— *f.* サンスクリット(語)． ❐मेरे पिता जी ～ के बड़े पंडित थे। 私の父はサンスクリット語の偉い学者だった． ❐लौकिक [वैदिक] ～ 古典[ヴェーダ]サンスクリット．

संस्कृतनिष्ठ /saṃskṛtạniṣṭʰạ サンスクリトニシュト/ [neo. Skt. *संस्कृत-निष्ठ-* 'Sanskritised'] *adj.* サンスクリット語語彙を多く含んだ(文体・言語)． ❐～ हिंदी サンスクリット語語彙を多く含んだヒンディー語．

संस्कृति /saṃskṛti サンスクリティ/ [←Skt.f. *सं-स्कृति-* 'making ready, preparation, perfection'] *f.* 文化；文明． ❐भारतीय ～ インド文化．

संस्तुति /saṃstuti サンストゥティ/ [←Skt.f. *सं-स्तुति-* 'praise, eulogy'] *f.* 称賛(の言葉)，賛辞．

संस्था /saṃstʰā サンスター/ [←Skt.f. *सं-स्था-* 'established order, standard, rule, direction; a complete liturgical course, the basis or essential form of a sacrifice'] *f.* (教育・社会・慈善・宗教などの活動のための)施設；協会．(⇒इंस्टीट्यूशन)

संस्थान /saṃstʰānạ サンスターン/ [←Skt.n. *सं-स्थान-* 'abode, dwelling-place, habitation'] *m.* **1** 研究所．(⇒इंस्टीट्यूट) ❐केंद्रीय हिंदी ～ 中央ヒンディー研究所． **2** (血管や神経などの)組織，系統．(⇒मंडल)

संस्थापक /saṃstʰāpakạ サンスターパク/ [←Skt. *सं-स्थापक-* 'fixing firmly, settling, establishing; forming into a shape or various shapes'] *m.* 設立者, 創設者, 開設者. ❐～ सदस्य 設立メンバー.

संस्थापन /saṃst^{h}āpana サンスターパン/ [←Skt.n. *सं-स्थापन-* 'fixing, setting up, raising, erecting; establishment, regulation'] *m.* 設立, 創設, 開設.

संस्थापना /saṃst^{h}āpanā サンスタープナー/ [←Skt.f. *सं-स्थापना-* 'comforting, encouraging'] *f.* ☞संस्थापन

संस्थापित /saṃst^{h}āpita サンスターピト/ [←Skt. *सं-स्थापित-* 'placed, fixed, deposited; stopped, restrained, controlled; made to stand together, heaped up, accumulated'] *adj.* 設立された, 創設された, 開設された. ❐～ करना 設立する.

संस्मरण /saṃsmaraṇa サンスマラン/ [←Skt.n. *सं-स्मरण-* 'the act of remembering, calling to mind, recollecting'] *m.* 回想, 追憶; 回想録, 回顧録. ❐आत्म-संस्करण 回想録, 自叙伝.

संस्मरणीय /saṃsmaraṇīya サンスマルニーエ/ [←Skt. *सं-स्मरणीय-* 'to be remembered, living in remembrance only, past, gone'] *adj.* 長く記憶に残る.

संस्मारक /saṃsmāraka サンスマーラク/ [←Skt. *सं-स्मारक-* 'putting in mind, reminding of'] *adj.* 記念の; 追憶の. — *m.* 記念物; 記念品; 記念碑. ❐प्राचीन ～ 歴史的遺跡.

संस्मृति /saṃsmṛti サンスムリティ/ [←Skt.f. *सं-स्मृति-* 'remembering, remembrance of'] *f.* 回想, 追憶.

संहार /saṃhāra サンハール/ [←Skt.m. *सं-हार-* 'bringing together, collection, accumulation; destruction'] *m.* **1** 破滅, 全滅, 壊滅. (⇒तबाही) **2** 殺戮(さつりく). ❐नर [जन] ～ 組織的大量虐殺, 集団殺戮.

संहारक /saṃhāraka サンハーラク/ [←Skt. *सं-हारक-* 'destructive, ruinous'] *adj.* 破壊する, 壊滅させる. — *m.* 殺戮(さつりく)者.

संहिता /saṃhitā サンヒター/ [←Skt.f. *सं-हिता-* 'conjunction, connection, union; a text treated according to euphonic rules'] *f.* **1**〖ヒンドゥー教〗サンヒター《4つのヴェーダ (ऋग्वेद, यजुर्वेद, सामवेद, अथर्ववेद) それぞれの主要部分である本集を指す》. **2**〖法律〗法典. ❐दंड ～ 刑法(典).

सऊदी अरब /saūdī araba サウーディー アラブ/ [cf. Eng.n. *Saudi Arabia*] *m.*〖国名〗サウジアラビア(王国)《首都はリヤド (रियाद)》.

सकता /sakatā サクター/ [←Pers.n. سكتة 'silence; apoplexy; a trance' ←Arab.] *m.* **1** 呆然(ぼうぜん), びっくり仰天. ❐सकते की हालत में 口もきけない状態で. ❐सकते में आना 呆然となる, びっくり仰天する. **2**〖医学〗卒中. ❐दिमागी ～ 脳卒中.

सकना /sakanā サクナー/ [<OIA. *śaknṓti* 'is able': T.12252] *vi.* (*perf.* सका /sakā サカー/) **1**《〖動詞語幹 सकना〗の形式で, 可能「…できる, ありうる」などを表す; 直前の動詞語幹は省略できない; 否定表現は「…できない, ありえない, はずがない」などの意》❐मैं हिंदी लिख सकता हूँ। 私はヒンディー語を書くことができます. ❐हो सकता है। ありえることだ. **2**《〖動詞語幹 सकना〗の形式で, 許可「…してもよい, …してもかまわない」を表す; 直前の動詞語幹は省略できない; 否定表現は「…してはいけない」の意》❐अंदर आ सकता हूँ? 中に入ってよろしいですか. ❐आप जा सकते हैं। あなたは出て行ってかまいません《いんぎんな「おひきとりください」の意》. ❐आप नहीं आ सकते। あなたは来てはいけない.

सकपकाना /sakapakānā サクパカーナー/ ▶चकपकाना [echo-word] *vi.* (*perf.* सकपकाया /sakapakāyā サクパカーヤー/) (不意をつかれて)はっと驚く, どぎまぎする. (⇒अकबकाना, अचकचाना) ❐उसकी लाल-लाल आँखें देखते ही वह सकपका उठी। 彼の真っ赤な目を見るやいなや, 彼女ははっと息をのんだ. ❐वह सकपका गया। 彼は, (不意をつかれて)どぎまぎした.

सकर्मक /sakarmaka サカルマク/ [←Skt. *स-कर्मक-* 'effective, having consequences; (in gram.) 'having an object', transitive'] *adj.*〖言語〗目的語をとる(動詞). (⇔अकर्मक) ❐～ क्रिया 他動詞.

सकल /sakala サカル/ [←Skt. *स-कल-* 'possessing all its component parts, complete, entire, whole, all'] *adj.* 全部の, 全体の, 総体の. ❐～ घरेलू उत्पाद 国内総生産. ❐प्रत्यक्ष करों का ～ संग्रह 直接税の総収入.

सकाम /sakāma サカーム/ [←Skt. *स-काम-* 'having one's wishes fulfilled, satisfied, contented'] *adj.* **1** 願望をもつ; 欲望のある. **2** 願望の満たされた. **3** 好色な, みだらな.

सकार /sakāra サカール/ [←Skt.m. *स-कार-* 'Devanagari letter स or its sound'] *m.* **1** 子音字 स. **2**〖言語〗子音字 स の表す子音 /s ス/.

सकारना /sakāranā サカールナー/ [cf. *स्वीकार*] *vt.* (*perf.* सकारा /sakārā サカーラー/) **1** 了承する; 承認する. (⇔नकारना) **2** (手形に)裏書きする.

सकारांत /sakārāṃta サカーラーント/ [←Skt. *सकार-अन्त-* 'ending in the letter स or its sound'] *adj.*〖言語〗語尾が स で終わる(語)《घूस「賄賂(わいろ)」, दस「10」, साँस「呼吸」など》. ❐～ शब्द 語尾が स で終わる語.

सकारात्मक /sakārātmaka サカーラートマク/ [neo.Skt. *सकार-आत्मक-* 'affirmative'] *adj.* 肯定的な. (⇔नकारात्मक) ❐～ उत्तर 肯定的な答え.

सकुचना /sakucanā サクチナー/ ▶सकुचाना [<OIA. *saṁkucyatē* 'is contracted, shrinks': T.12824] *vi.* (*perf.* सकुचा /sakucā サクチャー/) ☞सकुचाना

सकुचाना /sakucānā サクチャーナー/ [cf. *सकुचना*] *vi.* (*perf.* सकुचाया /sakucāyā サクチャーヤー/) 萎縮する; かしこまる; 恥じらう; 躊躇(ちゅうちょ)する, 遠慮する. ❐फिर ज़रा सकुचाकर सिर झुकाये बोली। そして彼女は少し恥じらってうつむいたまま言った. ❐वह प्रार्थियों के ऊपर झुँझलाती थी, जो एक सरल, उदार प्राणी पर अपना भार रखते ज़रा भी न सकुचाते थे। 彼女は, 一人の素朴で寛容な人間の上に自分の重荷を置くことに何の遠慮もしない依頼者たちに苛立つのだった.
— *vt.* (*perf.* सकुचाया /sakucāyā サクチャーヤー/) 萎縮させる; 遠慮させる.

सकुशल /sakuśala サクシャル/ [pseudo.Skt. *स-कुशल-* for Skt.ind. *कुशलम्* 'well, in a proper manner, properly'] *adj.* 無事な, つつがない, 問題がない. ❐आशा है, तुम ～ होगे। あなたもお変わりないことと思います.
— *adv.* 無事に, 安全に. (⇒सही-सलामत) ❐～ लौटना 無事に帰る. ❐विवाह के ～ होने में कोई संदेह नहीं था। 結婚式が無事挙行されることに何の疑いもなかった.

सकोरा /sakorā サコーラー/ [←Pers.n. سکوره 'an earthen dish'] *m.* 素焼きのコップ.

सक़्क़ा /saqqā サッカー/ [←Pers.n. سقاة 'water-carriers' ←Arab.] *m.* 水運び人, 水売り《大きな皮袋 (मशक) に水を入れて人々に飲ませる》. (⇒भिश्ती)

सक्रिय /sakriya サクリエ/ [←Skt. *स-क्रिय-* 'having action, active, mutable, movable, migratory'] *adj.* **1** (行動が)活発な, 活動的な;活動中の, 暗躍している;活性化している. ❐～ जीवन 多忙な人生. ❐～ ज्वालामुखी 〖地理〗活火山. ❐शहर में इन दिनों बाइक चोरों का बड़ा गिरोह ～ है। 都会では最近バイクを盗む大きな窃盗団が暗躍している. ❐सुबह मेरा दिमाग़ ～ होता है। 朝私の頭脳は活性化する. **2** 積極的な, 自発的な. ❐～ रूप से 積極的に, 自発的に. ❐(में) ～ भाग [हिस्सा] लेना (…に)積極的に参加する. ❐वह उस राजनीतिक आंदोलन से ～ रूप में संबद्ध था। 彼はその政治運動に積極的に関与していた.

सक्षम /sakṣama サクシャム/ [pseudo.Skt. *स-क्षम-* for Skt. *क्षम-* 'enduring, suffering, bearing, submissive, resisting; adequate, competent, able, fit for'] *adj.* 力量のある, 能力のある, 有能な;十分資格がある. ❐～ अध्यापक 有能な教師. ❐उत्तर कोरिया की मिसाइलें अमरीकी इलाक़े तक मार करने में ～ हैं। 北朝鮮のミサイルはアメリカ本土を攻撃する能力がある. ❐हिंदी को राजनयिक कामकाज का ～ माध्यम बनाना ヒンディー語を外交上の業務に十分耐えられる言語に仕上げる.

सक्षमता /sakṣamatā サクシャムター/ [pseudo.Skt.f. *स-क्षमता-* for Skt.f. *क्षमता-* 'ability, fitness, capability'] *f.* 力量があること, 能力があること, 有能;十分資格があること.

सखरा /sakʰarā サクラー/ [cf. *निखरा*] *adj.* 〖ヒンドゥー教〗不浄な(食べ物)《特にギー (घी) を使って火で調理していない》. (⇔निखरा)

सखरी /sakʰarā サクラー/ [cf. *सखरा*] *f.* 〖ヒンドゥー教〗不浄な食べ物《特にギー (घी) を使って火で調理していない料理》. (⇔निखरी)

सखा /sakʰā サカー/ [<Skt.m. *सख-* 'a friend, companion'; cf. *सखी*] *m.* (男の)男友達;仲間.

सखी /sakʰī サキー/ [←Skt.f. *सखी-* 'a female friend or companion, a woman's confidante'] *f.* (女の)女友達.

सख़्त /saxta サクト/ [←Pers.adj. سخت 'hard, strong, firm, secure, solid, vehement, intense, violent'] *adj.* **1** (物質が)硬い;堅い, 堅固な. (⇒कठोर, कड़ा) **2** 頑固な, 強情な;厳格な;手におえない. ❐नाले में नहाने की ～ मनाही थी। 水路での水浴びは厳しく禁止されていた. **3** (問題が)深刻な, 切迫している;厄介な. (⇒कठिन, मुश्किल) ❐(की) ～ ज़रूरत है। (…が)どうしても必要である. ❐～ शर्त 厳しい条件. **4** (天候・状況などが)厳しい, 過酷な, つらい;(気質・性格・行為などが)非情な, 冷酷な, 情け容赦ない《副詞的にも使用》. (⇒कठोर, कठिन, कड़ा)(⇔नरम) ❐～ कहना 厳しく言う. ❐～ ताकीद 厳命. ❐वे ～ बीमार हो गए। 彼は重い病気にかかった.

सख़्ती /saxtī サクティー/ [←Pers.n. سختی 'hardness, harshness, asperity'] *f.* **1** 硬さ;堅さ, 堅固さ. (⇒कठोरता, कड़ाई) **2** 頑固さ, 強情さ;厳格さ. **3** (問題の)深刻さ, 切迫した重要性;厄介さ. (⇒कठिनता, मुश्किल) **4** (天候・状況などの)厳しさ, 過酷さ, つらさ;(気質・性格・行為などの)非情さ, 冷酷さ, 情け容赦のなさ. (⇒कठोरता, कड़ाई)(⇔नरमी) ❐～ से पेश आना 情け容赦ない態度に出る. ❐(के साथ) ～ करना [बरतना] (人に対して)情け容赦ない扱いをする. ❐पुलिस की ～ 警察の情け容赦ない扱い.

सख्य /sakʰya サキエ/ [←Skt.n. *सख्य-* 'friendship, intimacy with, relation to'] *m.* 〖ヒンドゥー教〗サキャ《神への帰依・信愛を深めるために説かれている九つの方法 (नवधा भक्ति) の一つ,「神を最高の友と思いすべてを捧げる」》.

सगा /sagā サガー/ [<OIA. **svagya-* 'of one's own family': T.13896b] *adj.* 血のつながった, 実の. (⇒सोदर)(⇔सौतेला) ❐～ भाई 実の兄弟. ❐सगी बहन 実の姉妹.

सगाई /sagāī サガーイー/ [cf. *सगा*] *f.* 〖ヒンドゥー教〗婚約(式). ❐(की) ～ करना (人を)婚約させる. ❐(की) ～ टूट जाना (人の)婚約話がこわれる. ❐(की) ～ ठीक करना (人の)婚約をまとめる.

सगुण /saguṇa サグン/ [←Skt. *स-गुण-* 'furnished with partic. attributes or properties'] *adj.* 特質・属性をそなえた(最高神). (⇔निर्गुण)
— *m.* 特質・属性をそなえた最高神. (⇔निर्गुण)

सगुणता /saguṇatā サグンター/ [←Skt.f. *सगुण-ता-* 'having good qualities or virtues'] *f.* 特質・属性をそなえていること. (⇔निर्गुणता)

सगुणी /saguṇī サグニー/ [*सगुण* + *-ई*] *adj.* 特質・属性をそなえているものとしての最高神を信仰する(人). (⇔निर्गुणी)

सगुणोपासना /saguṇopāsanā サグノーパースナー/ [neo.Skt.f. *सगुण-उपासना-* 'worship of God possessed of attributes'] *f.* 〖ヒンドゥー教〗特質・属性をそなえているものとしての最高神を信仰すること.

सगुन /saguna サグン/ [<Skt.n. *शकुन-* 'any auspicious object or lucky omen'] *m.* ☞शकुन

सगोत्र /sagotra サゴートル/ [←Skt. *स-गोत्र-* 'being of the same family or kin, related to'] *adj.* 〖ヒンドゥー教〗同じ氏族 (गोत्र) に属する.

सघन /sagʰana サガン/ [←Skt. *स-घन-* 'thick (as hair); clouded; dense, solid'] *adj.* **1** (闇が)濃い;(霧が)深い. ❐～ अंधकार 濃い暗闇. ❐～ कुहरा 濃霧. **2** 密集し

た;密生した;人口密度が高い. ❐～ आबादी 高い人口密度. ❐～ दाढ़ी 濃いあごひげ. ❐～ वन うっそうと茂った森, 密林. ❐～ वृक्ष 葉がよく茂っている木. **3** 集中的な, 徹底的な. ❐～ चिकित्सा कक्ष 集中治療室. ❐～ तलाशी 徹底的な捜索.

सघनता /sag^{h}anatā サガンター/ [←Skt.f. *सघन-ता-* 'denseness, thickness'] *f.* **1** 濃密さ, 濃厚さ. ❐हरे पेड़-पौधों की ～ 青々と木々と植物が茂っている様. **2** 集中, 徹底.

सघोष /sag^{h}oṣa サゴーシュ/ [←Skt. *स-घोष-* 'shouting together'] *adj.* 〘言語〙有声(音)の. (⇔अघोष) ❐～ व्यंजन 有声子音.

सच /saca サチ/ [cf. *सच्चा*] *adj.* 真実の, 本当の. (⇒सच्चा) ❐क्या यह ～ है?これは本当ですか?

— *m.* 真実, 本当のこと. ❐～ कहता हूँ। 本当のことを言います. ❐～ पूछा जाए तो 本当のことを言えば. ❐～ पूछो [पूछिए] तो 本当のことを言えば. ❐～ बताओ। 本当のことを言いなさい.

— *int.* 本当. ❐～!本当!

सचमुच /sacamuca サチムチ/ [echo-word; cf. *सच*] *adv.* 本当に, 実に.

सचाई /sacāī サチャーイー/ ▸सच्चाई *f.* ☞सच्चाई

सचित्र /sacitra サチトル/ [←Skt. *स-चित्र-* 'garnished with pictures; together with pictures'] *adj.* 挿絵入りの;図解付きの. ❐～ पुस्तक 挿絵入りの本, 絵本, 図鑑. ❐～ पोस्ट-कार्ड 絵はがき.

सचिव /saciva サチヴ/ [←Skt.m. *सचिव-* 'a king's friend or attendant, counsellor, minister'] *m.* **1** 大臣;次官. (⇒सेक्रेटरी) **2** 秘書(官), 書記(官). (⇒सेक्रेटरी) ❐निजी ～ 個人秘書.

सचिवालय /sacivālaya サチワーラエ/ [neo.Skt.m. *सचिव-आलय-* 'secretariat'] *m.* (省庁の)事務局, 官房.

सचेत /saceta サチェート/ [<Skt. *स-चेतस्-* 'having the same mind, unanimous; conscious, intelligent, rational'] *adj.* **1** 用心深い, 慎重である;警戒している. ❐वह मुझसे ～ है। 彼は私を警戒している. **2** 意識している, 自覚している, 気付いている, 覚醒している;意識の高い. ❐(को) ～ करना (人に)気付かせる. ❐वह अपनी सुंदरता के प्रति रंच मात्र भी ～ न थी। 彼女は自分の美しさにかけらほども気が付いていなかった.

सचेतक /sacetaka サチェータク/ [neo.Skt.m. *स-चेतक-* 'rouser; whip'] *m.* サチェータク《議会における議案採決の際, 政党の所属議員に党議拘束を徹底させる役割の党員》.

सचेतन /sacetana サチェータン/ [←Skt. *स-चेतन-* 'having reason or consciousness or feeling, sentient, sensible, animate, rational'] *adj.* 意識的な. (⇔अचेतन) ❐～ रूप से 意識的に.

सचेष्ट /saceṣṭa サチェーシュト/ [←Skt. *स-चेष्ट-* 'making effort or exertion, active'] *adj.* 真剣に努力している, 力を尽くして励んでいる.

सच्चरित्र /saccaritra サッチャリトル/ [←Skt. *सच्-चरित्र-* 'virtuous'] *adj.* 行いの正しい, 高潔な.

सच्चा /saccā サッチャー/ [<OIA. *satyá-* 'true': T.13112] *adj.* **1** 真実の, 本当の. (⇔झूठा) ❐～ प्रेम 真実の愛. ❐सच्ची कहानी 実話. **2** 正直な, 誠実な, 裏表のない. ❐～ आदमी 誠実な人間. **3** 本物の, まがい物でない. (⇒असली)(⇔नक़ली) ❐～ मोती 天然真珠.

सच्चाई /saccāī サッチャーイー/ ▸सचाई [*सच्चा* + *-ई*] *f.* **1** 真実;正しいこと;本物であること. ❐～ किसी दिन खुलेगी। 真実がいつの日か明らかになるだろう. ❐उनकी बात में कुछ ～ ज़रूर है। 彼の話にいくらか真実があるのも確かだ. **2** 正直, 誠実. ❐～ का स्वाँग क्यों भरते हो? 誠実なふりをどうしてするのだ. ❐～ से [के साथ] कहना 正直に言う.

सच्चिदानंद /saccidānaṃda サッチダーナンド/ [←Skt.m. *सच्-चिद्-आनन्द-* 'existence and thought and joy'] *m.* 〘ヒンドゥー教〙サッチダーナンダ《最高存在としてのブラフマン (ब्रह्मन्);有 (सत्), 知 (चित्), 歓喜 (आनंद) の特質をもつ》.

सजग /sajaga サジャグ/ [*स-* + *जागना*] *adj.* **1** 油断のない, 絶えず警戒している;抜け目ない. **2** (感覚が)敏感な, 鋭い;覚醒している.

सजदार /sajadāra サジダール/ [*सजना* + *-दार*] *adj.* 姿のいい, 格好のいい, ハンサムな. (⇒सजीला)

सज-धज /saja-d^{h}aja サジ・ダジ/ [echo-word; cf. *सजना*] *f.* おめかし, 装い;盛装. ❐आप हमेशा आदमी को उसकी ～ से परखा करते हैं। あなたはいつも人を外見で判断している. ❐उसकी ～ आज देखने योग्य है। 彼の今日のおめかしは見ものだ.

सजन /sajana サジャン/ [cf. *साजन*] *m.* 夫, 恋人.

सजना /sajanā サジナー/ [<OIA. *sajjayati* 'equips, prepares': T.13091] *vi.* (*perf.* सजा /sajā サジャー/) **1** 飾られる;盛装する. ❐वह रंग-रोग़न और फूलों से ख़ूब सजी हुई थी, मानो उसका विवाह हो रहा हो। 彼女は鮮やかな色彩と花で飾られていた, まるで彼女の結婚式が行なわれているかのようだった. ❐दोनों अपने-अपने शस्त्रों से सजे हुए तैयार खड़े थे। 二人とも各自の武器を身につけて準備万端のようすで立っていた. **2** 整理して並べられる, 整頓される;陳列される;整列する. ❐चार सौ फटे-हालों की एक विशाल सेना सज गयी। 四百人のぼろをまとった一群が整列した. **3** (ひときわ)目立つ. **4** 似合う. ❐तुम्हें ये कपड़े ख़ूब सजते हैं। 君にはこの服がよく似合う. ❐मर्दों के वस्त्र उसपर ख़ूब सजते थे। 男物の服が彼女によく似合っていた.

— *vt.* (*perf.* सजा /sajā サジャー/) **1** 飾る, 装飾する;盛装させる. (⇒सजाना) **2** 整理して並べる, 整頓する;陳列する;整列させる. (⇒सजाना)

सजनी /sajanī サジニー/ [*सजन* + *-ई*] *f.* 妻;恋人.

सजल /sajala サジャル/ [←Skt. *स-जल-* 'watery, wet, humid'] *adj.* **1** 湿気のある;濡れた. **2** 涙にぬれた, うるんだ. ❐उसकी आँखें ～ हैं। 彼女の目は涙にぬれている. ❐बालक ～ नेत्रों से माता को देखता हुआ बोला। 子どもは涙にぬれた目で母を見ながら言った.

सजवाना /sajavānā サジワーナー/ [caus. of *सजना, सजाना*] *vt.* (*perf.* सजवाया /sajavāyā サジワーヤー/) 飾らせる;飾

ってもらう.

सज़ा /sazā サザー/ [←Pers.n. سزا 'correction, condign punishment'] *f.* 〖法律〗罰, 刑罰;懲罰, 懲らしめ;罰則. (⇒दंड) ❐(की) ～ पाना (…の)罰を受ける. ❐(को) (की) ～ देना (人に)(…の)罰を与える. ❐(को) (की) ～ मिलना (人が)(…の)罰を受ける. ❐(को) मृत्युदंड की ～ सुनाना (人に)死刑を宣告する.

सजाति /sajāti サジャーティ/ [←Skt. *स-जाति-* 'belonging to the same tribe or caste or class or kind, similar, like'] *adj.* ☞सजातीय

सजातीय /sajātīya サジャーティーエ/ [←Skt. *स-जातीय-* 'of the same caste or kind or species, homogeneous, like, similar, resembling'] *adj.* **1** 同種の, 同質の;同系統の;均質な, 一様な. (⇒सजाति) **2** 〖ヒンドゥー教〗同じカースト間の;同じジャーティ間の. (⇒सजाति) ❐～ विवाह 同じカースト間の結婚.

सजाना /sajānā サジャーナー/ [cf. *सजना*] *vt.* (*perf.* सजाया /sajāyā サジャーヤー/) **1** 飾る, 装飾する;盛装させる. (⇒सँजोना, सँवारना) ❐फूलों से कमरा सजाया गया। 花で部屋が飾られた. ❐विवाह-मंडप बहुत अच्छी तरह सजाया गया था। 結婚式場は, とてもきれいに飾られていた. **2** 整理して並べる, 整頓する;陳列する;整列させる. (⇒सँजोना) ❐उसने आलमारी में पुस्तकें सजा दीं। 彼は棚に本を並べた. ❐धार्मिक ग्रंथों का एक अच्छा पुस्तकालय उन्होंने अपने चारों ओर सजा लिया था। 種々さまざまな聖典のすばらしいコレクションを, 彼は自分のまわりに並べ陳列した. ❐मंडप के चारों तरफ़ फूलों और पौधों के गमले सजा दिये गये थे। 天幕の四方に花と若木の鉢が並べられた. ❐मैंने जापान में फूल सजाना की कला सीखी है। 私は, 日本で生け花を習いました. ❐उन्होंने एक बड़ी सेना सजाकर उस दुर्ग पर चढ़ाई कर दी। 彼は大軍を配し, その城塞に攻撃をしかけた.

सजावट /sajāvaṭa サジャーワト/ [cf. *सजाना*] *f.* **1** 装飾, 飾りつけ. ❐कमरे की ～ 部屋の装飾. **2** 配置, 整理, 整頓.

सजिल्द /sajilda サジルド/ [*स-* + *जिल्द*] *adj.* 製本された, ハードカバーの. (⇔अजिल्द) ❐～ पुस्तक ハードカバーの本.

सजीला /sajīlā サジーラー/ [<OIA. *sajya-* 'strung (of bow)': T.13095] *adj.* **1** 姿のいい, 格好のいい, ハンサムな. (⇒सजदार) ❐～ जवान ハンサムな若者. ❐सजीले बदन का जवान 均整のとれた体の若者. **2** きらびやかな, 飾りたてた;着飾った. ❐सजीली साड़ी 華やかなサリー. ❐सुनारों और सिकलीगरों की सजीली बैठकें 金細工師と艶出し職人によって飾りたてられた広間. **3** ファッショナブルな;当世風の.

सजीव /sajīva サジーヴ/ [←Skt. *स-जीव-* 'having life, alive'] *adj.* **1** 生きている, 生命のある. (⇔निर्जीव) ❐गऊ उसके लिए केवल भक्ति और श्रद्धा की वस्तु नहीं, ～ संपत्ति भी थी। 雌牛は彼にとって単に信愛や信心の対象だけでなく, 生ける財産でもあった. ❐जिस नारीत्व को मैं आदर्श मानता हूँ, आप उसकी ～ प्रतिमा हैं। 私が理想だと信じている女らしさの, あなたは生けるシンボルです. **2** 生き生きとした;生気に満ちている. ❐～ चित्रण 生き生きとした描写. ❐उनकी आँखों में मधुर बाल-स्मृतियाँ ～ हो उठीं। 彼の目に甘美な子ども時代の思い出が生き生きとよみがえった.

सजीवता /sajīvatā サジーヴター/ [←Skt.f. *सजीव-ता-* 'liveliness'] *f.* 生気, 活気. ❐उनकी रचना में अब ～ न थी, न लेखनी में शक्ति। 彼の作品にはもはや生気はなく, 筆には力がなかった.

सज्जन /sajjana サッジャン/ [←Skt.m. *सज्-जन-* 'a good or virtuous or wise man'] *m.* 高潔な人;立派な人, 紳士.

सज्जनता /sajjanatā サッジャンター/ [?neo.Skt.f. *सज्जन-ता-* 'gentility, nobility'] *f.* 人格が高潔であること, 誠実であること. ❐उनसे कहिए, अपनी स्त्री के साथ ～ से पेश आएँ। 彼に伝えてください, 自分の妻に対し誠実さをもって接するようにと. ❐जो ～ मैंने आपमें देखी, वह कहीं नहीं पायी। 私があなたの中に見た人格の高潔さを他に見たことがない.

सज्जा /sajjā サッジャー/ [←Skt.f. *सज्जा-* 'equipment, dress'] *f.* **1** 装飾(物), 飾り. (⇒सजावट) ❐साज ～ 装飾, 飾り付け. **2** 装備.

सज्जित /sajjita サッジト/ [←Skt. *सज्जित-* 'equipped, prepared; dressed, ornamented'] *adj.* **1** 飾られた, 装飾がほどこされた. **2** 装備された. ❐हथियारों से ～ सेना 武器を装備した軍隊.

सज्जी /sajjī サッジー/ [<OIA.f. *sarji-* 'natron': T.13270] *f.* 〖化学〗炭酸石灰ソーダ.

सट /saṭa サト/ [onom.; <OIA. **saṭṭ-*[1] 'sudden movement': T.13099] *m.* 〔擬音〕ピシャ, バシ《鞭・杖などで打つ音》.

सटक /saṭaka サタク/ [cf. *सटकना*] *f.* (こっそり抜け出して)いなくなること.

सटकना /saṭakanā サタクナー/ [<OIA. **saṭṭ-*[2] 'slip away': T.13100] *vi.* (*perf.* सटका /saṭakā サトカー/) (こっそり抜け出して)いなくなる. (⇒खिसकना) ❐वह ऐसा सटका कि फिर उसका पता ही न चला। 彼はこっそり姿を消し, その後所在はわからなかった.

सटकाना[1] /saṭakānā サトカーナー/ [caus. of *सटकना*] *vt.* (*perf.* सटकाया /saṭakāyā サトカーヤー/) (こっそり)いなくさせる.

सटकाना[2] /saṭakānā サトカーナー/ [onom.; cf. *सट*] *vt.* (*perf.* सटकाया /saṭakāyā サトカーヤー/) (鞭などで)ピシャ (सट) と打つ.

सटना /saṭanā サトナー/ [cf. *साँटना*] *vi.* (*perf.* सटा /saṭā サター/) **1** (二つのもの・人が)ぴったりくっつく;ぴったり寄り添う;(土地・家屋が)隣接する. (⇒गठना, जुड़ना) ❐दोनों एक दूसरे से इतना सटकर बैठ गईं कि उनको एक दूसरे की छाती की धड़कन सुनाई पड़ने लगी। 二人は, 互いの胸の鼓動が聞こえるぐらい, ぴったりとくっついて座った. ❐मेरे घर उसके घर से सटा हुआ था। 私の家は彼の家と隣接していた. **2** 貼りつく, 固着する. (⇒चिपकना, चिपटना) ❐लिफ़ाफ़े पर टिकट सटा हुआ है। 封筒に切手が貼られている. **3** そばに置かれる, 接して置かれる;立てかけられる.

सटपटाना /saṭapaṭānā サトパターナー/ ▶सिटपिटाना

[echo-word] *vi.* (*perf.* सटपटाया /saṭapaṭāyā サトパターヤー/) ☞सिटपिटाना

सटाना /saṭānā サターナー/▶साँटना, साटना [cf. *सटना*] *vt.* (*perf.* सटाया /saṭāyā サターヤー/) **1** (二つのもの・人を)互いに近づける, ぴったりくっつける. ❐कनस्तर फैले-फैले रखे हैं, इन्हें एक-दूसरे से सटा दो। 缶が散乱している, 一緒にまとめておきなさい. **2** 貼りつける, 固着させる. (⇒चिपकाना, चिपटाना) ❐दीवार पर इश्तहार सटाओ। 壁にポスターを貼ってくれ. **3** そばに置く, 接して置く;立てかける. ❐मेज़ को दीवार से सटा दो। 机を壁につけなさい. **4** 接ぎ木する, 合体させる.

सटीक[1] /saṭīka̸ サティーク/ [←Skt. *स-टीक-* 'accompanied or explained by a commentary'] *adj.* 注釈つきの(テキスト).

सटीक[2] /saṭīka̸ サティーク/ [*स-* + *ठीक*] *adj.* ぴったりの, 実に適切な, 要領を得た. ❐～ उत्तर देना 要領を得た答えをする. ❐संक्षेप में सारवान् ～ बात कहने में उन्हें कमाल हासिल था। 簡潔に本質的なまた実に適切なことを言うことにかけて彼は卓越した腕をもっていた.

सटोरिया /saṭoriyā サトーリヤー/ [cf. *सट्टा*] *m.* 〖経済〗投機家, 相場師. (⇒सट्टेबाज़)

सट्टा /saṭṭā サッター/ [<OIA. **saṭṭa-*[1] 'exchange': T.13101] *m.* 〖経済〗投機, 思惑買い. (⇒स्पेकुलेशन) ❐रूई, शक्कर, गेहूँ, रबर किसी जिंस का ～ कीजिए। 綿, 砂糖, 小麦, ゴムなどの何か商品の投機をしたらどうです. ❐सट्टे की हानियाँ 投機の損害.

सट्टी /saṭṭī サッティー/ [cf. *सट्टा*] *f.* 市, 市場. (⇒हाट)

सट्टेबाज़ /saṭṭebāza̸ サッテーバーズ/ [*सट्टा* + *-बाज़*] *m.* 〖経済〗投機家, 相場師. (⇒सटोरिया)

सट्टेबाज़ी /saṭṭebāza̸ サッテーバーズ/ [*सट्टेबाज़* + *-ई*] *f.* 〖経済〗投機(をする行為), 思惑買い. ❐निवेश कोई ～ नहीं है। 投資はまったく投機とは違う.

सठियाना /saṭʰiyānā サティヤーナー/ [cf. *साठ*] *vi.* (*perf.* सठियाया /saṭʰiyāyā サティヤーヤー/) 老いぼれる;(歳をとって)ぼける《原意は「60 (साठ) 歳になる」》. ❐वह सठिया गया। 彼は老いぼれた.

सड़क /saṛaka̸ サラク/ [<OIA.f. *sṛtí-* 'road, path': T.13577] *f.* 街路, 道, 道路. ❐～ दुर्घटना 交通事故. ❐मोटर ～ पर तेज़ चलती है। 自動車は道を猛スピードで走っていた. ❐～ के किनारे 道端に. ❐वह मकान नई निकलनेवाली ～ में आ गया। その家は新しく開通する道にはみ出すことになった. ❐हम लोगों ने तड़के उठकर लखनऊ की ～ पकड़ ली। 私たちは早朝起床しラクナウーへの道をとった.

सड़न /saṛana̸ サラン/ [cf. *सड़ना*] *f.* **1** 腐敗;腐敗物;腐敗臭. **2**〖医学〗虫歯.

सड़ना /saṛanā サルナー/ [<OIA. *śáṭati*[1] 'disintegrates, is ill': T.12268] *vi.* (*perf.* सड़ा /saṛā サラー/) **1** 腐る, 腐敗する;いたむ;朽ち果てる. ❐ये फल सड़े हुए हैं। この果物は腐っている. ❐पेड़ भीतर से सड़ गया। 木は内部から腐ってしまった. ❐उसकी सात पीढ़ी नरक में पड़ेगी -- सड़ेगी। 彼の家は孫子の代まで, 地獄に落ちるだろう -- 朽ち果てるだろう.《呪いの言葉》 ❐बातें सभी पुरानी हैं, सड़ी हुईं। 話はみんな大昔のことだし, 終わっている. **2** (ハンセン病・敗血症などで)(指などが)くずれる. (⇒गलना) **3** 堕落する, 腐敗する. **4** 惨めな生活を送る;(気分が)くさる;しょげる. ❐जमानत देने में असमर्थ ये क़ैदी जेलों में सड़ रहे हैं। 保釈金を払えないこれら囚人たちは刑務所で惨めな生活を送っている.

सड़सठ /saṛasaṭʰa̸ サルサト/ ▶सरसठ [<OIA. *saptaṣaṣṭi-* '67': T.13158] *num.* 67.

सड़ाँध /saṛā̃dʰa̸ サラーンド/ ▶सड़ायँध *f.* ☞सड़ायँध

सड़ाना /saṛānā サラーナー/ [cf. *सड़ना*] *vt.* (*perf.* सड़ाया /saṛāyā サラーヤー/) **1** (ものを)腐らす, 腐敗させる. (⇒गलाना) **2** 発酵させる. **3**〔俗語〕堕落させる;腐敗させる;荒廃させる.

सड़ायँध /saṛāyā̃dʰa̸ サラーヤンド/ ▶सड़ाँध [*सड़ना* + *गंध*] *f.* 異臭, 悪臭;腐臭.

सड़ासड़ /saṛāsaṛa̸ サラーサル/ [onom.; <OIA. **saṭṭ-*[1] 'sudden movement': T.13099] *f.* 〔擬音〕パシパシ, バシバシ, ピシャピシャ《鞭などを連続して打つ音》. ❐उसने उनपर ～ हंटर जमाने शुरू किए। 彼女は彼らをピシャピシャと鞭で打ちはじめた.

सड़ियल /saṛiyala̸ サリヤル/ [cf. *सड़ना*] *adj.* **1** 腐った, 腐敗した;悪臭のする. ❐～ कपड़े 悪臭のする服. **2** 堕落した, 腐りきった, 腐敗した. ❐～ समाज 腐りきった社会.

सत /sata̸ サト/ [<OIA.n. *sattvá-* 'existence, reality': T.13111] *m.* ☞सत्त्व

सत- /sata̸- サト・/ [comb. form of *सात*] *comb. form*《「7」を表す連結形;सतगुना「7倍の」, सतरंगा「七色の」など》.

सतगुना /satagunā サトグナー/ [<OIA. *saptaguṇa-* 'sevenfold': T.13141] *adj.* 7倍の.

सतत /satata̸ サタト/ [←Skt. *स-तत-* 'constant, perpetual, continual'] *adj.* 不断の, 絶え間ない. ❐～ प्रयत्न 不断の努力.

— *adv.* 常に, 絶え間なく.

सतत्तर /satattara̸ サタッタル/ satahattara *num.* ☞सतहत्तर

सतमासा /satamāsā サトマーサー/ [*सत-* + *मास*] *adj.* 7か月の(胎児);月足らずで生まれた(未熟児).

— *m.* **1** 7か月目に生まれた未熟児, 月足らずで生まれた子. **2**〖ヒンドゥー教〗サトマーサー《胎児が7か月目になったときに行われる儀式》.

सतयुग /satayuga̸ サトユグ/ [<Skt.m. *सत्य-युग-* 'the first or *kṛta* age'] *m.* ☞सत्ययुग

सतरंगा /sataraṃgā サトランガー/ [*सत-* + *रंग*] *adj.* 七色の;いろいろな色の.

— *m.* 虹. (⇒इंद्रधनुष)

सतर्क /satarka̸ サタルク/ [←Skt. *स-तर्क-* 'having argument or reasoning, skilled in speculation; cautious, considerate'] *adj.* **1** 用心深い, 慎重な;警戒している. ❐उनसे ～ रहना हमारा कर्तव्य है। 彼らを警戒するのが私たちの義務です. ❐उसे देखकर सब के सब ～ हो गए। 彼を見て全員残らず用心深くなった. ❐वह धीरे-धीरे

～ पदों से मेरी ओर बढ़ा। 彼はゆっくりと慎重な足取りで私に向かって来た. ❐वह बार-बार ～ आँखों से इधर उधर ताकती जाती थी। 彼女は何度も用心深い目であちこちをうかがっていた. **2** 根拠のある, 筋の通った.

सतर्कता /satarkatā サタルクター/ [←Skt.f. *सतर्क-ता-* 'cautiousness'] *f.* 用心深さ, 慎重さ;警戒. ❐～ आयोग (汚職)監視委員会. ❐～ बरतना 細心の注意を払う. ❐लेख मुझे बड़ी ～ से लिखना था। 原稿を私は細心の注意を払って書かねばならなかった.

सतलुज /satalujа サトルジ/ [cf. Eng.n. *Sutlej* river] *m.* サトラジ川, サトレジ川《インダス川の主要支流》.

सतसई /satasaī サトサイー/ [cf. Skt.f. *सप्त-शती-* '700'] *f.* サトサイー《同一詩人の約七百の韻文詩の選集, 詞華集;詩形はドーハー (दोहा) が多い》.

सतह /sataha サタ/ [←Pers.n. سطح 'spreading out the earth (God); the upper part, the surface of anything' ←Arab.] *f.* **1** (平らな)表面, 面. ❐समुद्र की ～ 海面. **2** (水平面の)高さ;階. ❐ऊँची ～ पर 高いところに.

सतहत्तर /satahattara サトハッタル/ ▸सतत्तर [<OIA.f. *saptasaptati-* '77': T.13159] *num.* 77.

सतही /satahī サトヒー/ *adj.* 表面の, 表面上の, 表面的な.

सतानवे /satānave サターンヴェー/ ▸सत्तानवे *num.* ☞सत्तानवे

सताना /satānā サターナー/ [<OIA. *saṁtāpayati* 'causes to be heated, inflames': T.12886] *vt.* (*perf.* सताया /satāyā サターヤー/) **1** (人を)いじめる, いびる. ❐कमज़ोरों को मत सताओ। 弱いものいじめをするな. **2** つらく思わせる, 苦しめる, さいなむ. ❐अपने पति की याद उसे बहुत सताती थी। 夫への思慕が彼女をひどくつらくさせるのであった.

सतावन /satāvana サターワン/ ▸सत्तावन *num.* ☞सत्तावन

सतासी /satāsī サタースィー/ ▸सत्तासी [<OIA.f. *saptāśīti-* '87': T.13160] *num.* 87.

सती /satī サティー/ [←Skt.f. *सती-* 'a good and virtuous or faithful wife'] *f.* **1** 貞淑な妻. **2**〖ヒンドゥー教〗サティー《寡婦(かふ)が亡夫の火葬の炎の中で焼身死する殉死の風習;現在は禁止》. **3**〖神話〗サティー《シヴァ神 (शिव) の最初の妻;父と夫の不和を病んで焼身自殺する》.

सतीत्व /satītva サティートオ/ [←Skt.n. *सती-त्व-* 'wifely fidelity'] *m.* 妻の貞節, 貞操. ❐(की) ～ की परीक्षा देना (女の)貞操が試される. ❐(की) ～ की रक्षा करना (女の)貞操を守る. ❐(की) ～ बिगाड़ना (女の)貞操を汚す.

सतुआ /satuā サトゥアー/ ▸सतू *m.* ☞सतू

सतोगुण /satoguṇa サトーグン/ [pseudo.Skt.m. *सतोगुण-* for Skt.m. *सत्त्व-गुण-* 'the quality of purity'] *m.* ☞सत्त्वगुण

सत् /sat サト/ [←Skt. *सत्-* 'being, existing, occurring, happening, being present; real, actual, as any one or anything ought to be, true, good, right'] *adj.* 存在する;真正な;善なる《主にサンスクリット語の造語要素として;सत्कार「もてなし」など》.

सत्कर्म /satkarma サトカルム/ [←Skt.n. *सत्-कर्मन्-* 'a good work, virtuous act'] *m.* 良き行い, 善行. ❐प्रशंसा हो या निंदा, ～ करते रहो। 称賛されようと非難されようと, 良き行いを続けなさい.

सत्कार /satkāra サトカール/ [←Skt.m. *सत्-कार-* 'kind treatment, honour, favour, reverence; hospitable treatment, hospitality'] *m.* 手厚い接待, もてなし, 歓待. (⇒अदब) ❐(का) ～ करना (人を)もてなす.

सत्त /satta サット/ [<Skt.n. *सत्-त्व-* 'being, existence, entity, reality'] *m.* ☞सत्त्व

सत्तर /sattara サッタル/ [<OIA.f. *saptatí-* '70': T.13143] *num.* 70.

सत्तरह /sattaraha サッタラ/ ▸सत्रह *num.* ☞सत्रह

सत्तांतरण /sattāṃtaraṇa サッターンタラン/ [neo.Skt.n. *सत्ता-अन्तरण-* 'transference of power'] *m.* 政権移譲, 権力移譲. ❐शांतिपूर्ण ～ 平和的な政権移譲.

सत्ता[1] /sattā サッター/ [←Skt.f. *सत्-ता-* 'existence, being'] *f.* **1** 存在(していること). ❐बहुत छोटे होने के कारण हम लोग अणुओं की ～ को नहीं देख सकते। あまりに微小なので私たちは原子の存在を見ることができない. **2** 権力;権限. ❐～ का दुरुपयोग 権力の悪用. **3** 政権;統治権. ❐～ में आना 政権の座につく.

सत्ता[2] /sattā サッター/ [<OIA. *saptaka-* 'consisting of 7': T.13140] *m.*〖ゲーム〗(トランプの)7.

सत्ताइस /sattāisa サッターイス/ ▸सत्ताईस *num.* ☞सत्ताईस

सत्ताईस /sattāīsa サッターイース/ ▸सत्ताइस [<OIA.f. *saptáviṁśati-* '27': T.13157] *num.* 27.

सत्ताधारी /sattādʰārī サッターダーリー/ [neo.Skt. *सत्ता-धारिन्-* 'ruling'] *adj.* 政権を握っている;与党の. (⇒सत्तारूढ़) ❐～ पार्टी 与党.
— *m.* 権力者.

सत्तानवे /sattānave サッターンヴェー/ ▸सतानवे [<OIA.f. *saptanavati-* '97': T.13148] *num.* 97

सत्तारूढ़ /sattārūṛʰa サッタールール/ [neo.Skt. *सत्ता-रूढ-* 'ruling (party)'] *adj.* 政権の座にある. (⇒सत्ताधारी) ❐～ पार्टी 与党.

सत्तावन /sattāvana サッターワン/ ▸सतावन [<OIA.f. *saptapañcāśat-* '57': T.13149] *num.* 57.

सत्तासी /sattāsī サッタースィー/ ▸सतासी *num.* ☞सतासी

सत्तू /sattū サットゥー/ ▸सतुआ [<OIA.m. *sáktu-* 'coarsely ground meal': T.13070] *m.*〖食〗麦焦がし, はったい.

सत्त्व /sattva サットオ/ [←Skt.n. *सत्-त्व-* 'being, existence, entity, reality; true essence, nature, disposition of mind, character'] *m.*〖ヒンドゥー教〗存在;本質;真なること.

सत्त्वगुण /sattvaguṇa サットオグン/ [←Skt.m. *सत्-त्व-गुण-* 'the quality of purity'] *m.*〖ヒンドゥー教〗サットヴァグナ《根本原質の一つプラクリティ (प्रकृति) を構成する 3 つのグナ (गुण) の一つ》.

सत्पुरुष /satpuruṣa サトプルシュ/ [←Skt.m. *सत्-पुरुष-* 'a

good or wise man'] *m.* 行いの正しい人，徳をそなえた人． ❒~ धन के आगे सिर नहीं झुकाते। 行いの正しい人は金銭の前に首(こうべ)を垂れることはない．

सत्य /satya サティエ/ [←Skt. *सत्य-* 'ue, real, actual, genuine, sincere, honest, truthful, faithful, pure, virtuous, good. successful, effectual, valid'] *adj.* 真実の，真正な．

— *m.* 真実;真理．

सत्यता /satyatā サティエター/ [←Skt.f. *सत्य-ता-* 'reality, truth'] *f.* 真実であること．

सत्यनिष्ठ /satyaniṣṭʰa サティエニシュト/ [neo.Skt. *सत्य-निष्ठ-* 'dedicated to truth'] *adj.* 誠実な，うそ偽りがない．

सत्यनिष्ठा /satyaniṣṭʰā サティエニシュター/ [neo.Skt.f. *सत्य-निष्ठा-* 'fidelity to truth'] *adj.* 誠実，うそ偽りがないこと． ❒क्या तुम ~ के साथ कह सकती हो? お前は正直に言うことができるのか？

सत्ययुग /satyayuga サティエユグ/ [←Skt.n. *सत्य-युग-* 'the first or kr̥ta age'] *m.* 〘神話〙サティヤユガ《循環すると考えられている4つの時期 (युग) の最初;人間の時間では 172 万 8 千年続くとされる》．(⇒कृत-युग)

सत्यवाद /satyavāda サティヤワード/ [←Skt.m. *सत्य-वाद-* 'the giving of a promise, a promise'] *m.* 真実を語ること;正直なこと;誠実なこと．

सत्यवादिता /satyavāditā サティエワーディター/ [←Skt.f. *सत्य-वादि-ता* 'veracity, truthfulness'] *f.* 誠実さ，正直さ．

सत्यवादी /satyavādī サティヤワーディー/ [←Skt. *सत्य-वादिन्-* 'speaking the truth, truthful'] *adj.* 真実を語る(人);約束を守る(人);正直な(人)．

— *m.* 真実を語る人;約束を守る人;正直な人．

सत्याग्रह /satyāgraha サティヤーグラ/ [neo.Skt.m. *सत्य-आग्रह-* 'insistence on truth, zeal for truth'] *m.* 〘歴史〙サティヤーグラハ《マハートマー・ガーンディー (महात्मा गाँधी) の思想;「真理の把握」と日本語訳されることが多いが，「真理の主張，真理の熱望」が原意に近い》．

सत्याग्रही /satyāgrahī サティヤーグラヒー/ [neo.Skt. *सत्य-आग्रहिन्-* 'insistent on truth, zealous for truth'] *adj.* サティヤーグラハ運動に参加する(人)，非暴力抵抗をする(人)．

— *m.* サティヤーグラハ運動に参加する人，非暴力抵抗者．

सत्यानाश /satyānāś サティヤーナーシュ/ [hypercorr. < neo.Skt.m. ?*सत्ता-नाश-* 'total destruction, ruin'] *m.* 破滅，全滅;台無し． ❒(का) ~ करना (…を)台無しにする，めちゃくちゃにする．

सत्यानाशी /satyānāśī サティヤーナーシー/ [*सत्यानाश* + *-ई*] *adj.* 破滅をもたらす;忌々しい．

— *m.* 台無しにしてしまう人．

सत्यापन /satyāpana サティヤーパン/ [←Skt.n. *सत्य-आपन-* 'verification; speaking or observing the truth'] *m.* (正しいことの)検証． ❒प्रमाण-पत्र का ~ करना 証明書の検証をする．

सत्यापित /satyāpita サティヤーピト/ [←Skt. *सत्य-आपित-* 'verified'] *adj.* (正しいことが)検証された． ❒~ करना 検証する．

सत्र /satra サトル/ [←Skt.n. *सत्र-* 'session; a great *Soma* sacrifice'] *m.* **1** 学期．(⇒सेशन) ❒नया ~ गर्मी की छुट्टियों के बाद शुरू होता है। 新学期は夏休みの後始まります． **2** (議会の)会期．(⇒अधिवेशन, सेशन) ❒बजट ~ (議会の)予算審議会期． **3** (微罪や認可事項の処理のために開く)法廷，(週期的な)治安法廷．(⇒सेशन) ❒~ जज 治安裁判所判事． ❒~ न्यायालय 治安判事裁判所．

सत्रह /satraha サトラ/ ▸सत्तरह [<OIA. *saptádaśa* '17': T.13146] *num.* 17.

सत्व /satva サトオ/ [<Skt.n. *सत्-त्व-* 'being, existence, entity, reality; true essence, nature, disposition of mind, character'] *m.* ☞सत्त्व

सत्वर /satvara サトワル/ [←Skt. *स-त्वर-* 'having or making haste, speedy, expeditious, quick'] *adj.* すばやい，迅速な．

— *adv.* すばやく，迅速に．(⇒शीघ्र)

सत्संग /satsaṃga サトサング/ [←Skt.m. *सत्-सङ्ग-* 'intercourse or association with the good'] *m.* **1** 高潔の士との交わり． ❒यह आपके ~ का फल है। これはあなたとのよき交わりの果報です． ❒साधु-संतों के ~ से बुरे भी अच्छे हो जाते हैं। 聖者たちとの交わりによって悪も善に変わります． **2** 〘ヒンドゥー教〙サトサング《神の讃歌 (भजन) を歌う集い》． ❒एक ढोलक आई, मजीरे मँगवाए गए, ~ होने लगा। 一つの小さな太鼓が運ばれてきた，シンバルが取り寄せられた，サトサングが始まった．

सथिया /satʰiyā サティヤー/ [<OIA. *svastika-* '*auspicious': T.13916] *m.* 〘ヒンドゥー教〙〘仏教〙吉祥を表す卍(まんじ)の印．(⇒स्वस्तिक)

सद /sada サド/ [←Pers.adj. صد 'a hundred'; cog. Skt.n. *शत-* 'a hundred'] *adj.* 100，百．(⇒सौ)

सदन /sadana サダン/ [←Skt.n. *सदन-* 'a seat, dwelling, residence, house'] *m.* **1** 議院《インドでは，上院 (राज्यसभा) と下院 (लोकसभा) から構成される;大統領 (राष्ट्रपति) と議院で議会 (संसद्) が構成される》． **2** 屋敷，館(やかた)．

सदमा /sadamā サドマー/ [←Pers.n. صدمة 'a baldness about the temples; blow, collision, shock' ←Arab.] *m.* **1** 心の動揺，衝撃，ショック． ❒(को) (का) ~ होना (人が)(…の)ショックをうける． ❒(के) दिल को ~ पहुँचना (人の)心がショックをうける． **2** 突然の不幸，心の痛手． ❒उसी सदमे में वह पागल हो गई। その心の痛手で彼女は気がふれてしまった． ❒कौन इतने बड़े सदमे से न टूटता। 誰が一体これほどの大きな心の痛手でくじけないものがいようか．

सदर /sadara サダル/ [←Pers.n. صدر 'returning, or leading back, from watering; chief; a high official' ←Arab.] *adj.* 主な，中心の;最上位の． ❒~ अदालत 最高裁判所． ❒~ दरवाज़ा 正門． ❒~ बाज़ार 中央

市場. ❐～ मुक़ाम 本部, 本拠.
— *m.* **1** 首領, ボス, (組織の)長《大統領, 社長, 学長, 議長, 委員長など》. ❐～ आला (民事法廷の)主席判事. **2** 本部, 司令部.

सदरी /sadarī サドリー/ [←Pers.n. صدری 'a vest, waistcoat; a jacket'] *f.* サドリー《袖のない胴着の一種; チョッキ, ベストなど》. ❐ज़री के काम की ～ 金糸をあしらったサドリー.

सदस्य /sadasya サダスィエ/ [←Skt.m. *सदस्य-* 'present in the sacrificial enclosure, an assessor, spectator, member of an assembly (at a sacrifice)'] *m.* メンバー, 構成員, 会員. (⇒मेंबर) ❐(का) ～ बनना(…の)会員になる. ❐क्लब के ～ クラブの会員. ❐परिवार के ～ 家族の構成員. ❐लोक सभा के ～ 下院議員.

सदस्यता /sadasyatā サダスィアター/ [←Skt.f. *सदस्य-ता-* 'membership'] *f.* 組織の一員であること;会員の身分や地位, 会員資格. ❐～ कार्ड 会員カード, 会員証. ❐～ लेना 会員になる, 会員資格を取得する.

सदस्यीय /sadasyīya サダスィイーエ/ [neo.Skt. *सदस्यीय-* 'consisting of (members)'] *adj.* …人で構成される. ❐एक ～ निर्वाचन क्षेत्र 一人制選挙区, 小選挙区. ❐११ ～ समिति 11 人で構成される委員会.

सदा /sadā サダー/ [←Skt.ind. *सदा* 'always, ever, every time, continually, perpetually'] *adv.* 常に, いつも. (⇒हमेशा) ❐～ के लिए 永遠に. ❐तुम ～ सुखी रहो। 君がいつも幸せであらんことを《祝福の言葉》.

सदाचरण /sadācaraṇa サダーチャラン/ [←Skt.n. *सद्-आचरण-* 'the manner of acting or behaviour of the good or wise'] *m.* 良き行いをすること;品行方正であること. ❐वह अपने साथियों में ～ के लिए प्रसिद्ध था। 彼は仲間内では品行方正で有名だった.

सदाचार /sadācāra サダーチャール/ [←Skt.m. *सद्-आचार-* 'practice of good men, virtuous conduct, good manners, approved usage'] *m.* 良き行い, 善行;品行方正.

सदाचारी /sadācārī サダーチャーリー/ [←Skt. *सद्-आचारिन्-* 'having good conduct'] *adj.* 品行方正な(人).

सदाबहार /sadābahāra サダーブハール/ [*सदा* + *बहार*] *adj.* **1** 〖植物〗常緑の. (⇒बारहमासी) ❐～ वृक्ष 常緑樹. **2** 衰えを知らない, いつまでも若い;いつまでも変わらない. ❐～ अभिनेत्री いつまでも若い女優. ❐～ ख़ूबसूरती いつまでも変わらない美貌. ❐भारत वियतनाम का ～ मित्र बना रहेगा। インドはベトナムのいつまでも変わらぬ友好国であるだろう.

सदावर्त /sadāvarta サダーワルト/ [*सदा* + *वर्त* (<Skt.n. *व्रत-* 'a religious vow or practice')] *m.* 貧しい者への施し(の行為). ❐～ बाँटना 貧しい者への施しを配る.

सदावर्ती /sadāvartī サダーワルティー/ [*सदावर्त* + *-ई*] *adj.* 貧しい者へ施しをする(人), 寛大な(人).

सदाशय /sadāśaya サダーシャエ/ [←Skt. *सद्-आशय-* 'of a good or noble mind'] *adj.* 気高い, 高邁(こうまい)な, 崇高(すうこう)な. (⇔कदाशय)

सदाशयता /sadāśayatā サダーシャエター/ [?neo.Skt.f. *सदाशय-ता-* 'bona fides, genuineness; nobility, magnanimity'] *f.* 気高さ;善意.

सदिश /sadiśa サディシュ/ [neo.Skt.n. *स-दिश-* 'vector'] *m.* 〖数学〗ベクトル.

सदी /sadī サディー/ [*सद* + *-ई*; ?analogy to *शती*] *f.* **1** 世紀. (⇒शताब्दी) **2** 100《〖फ़ी सदी〗「パーセント」の形式で》. (⇒शत) ❐उससे आपने केवल सात फ़ी ～ लिया है। 彼からあなたはたった 7 パーセントを受け取った.

सदुपदेश /sadupadeśa サドゥプデーシュ/ [←Skt.m. *सद्-उपदेश-* 'good advice'] *m.* よき忠告;親切な忠告《時に皮肉》. ❐(को) ～ देना (人に)親切に忠告する.

सदुपयोग /sadupayoga サドゥプヨーグ/ [←Skt.m. *सद्-उपयोग-* 'good use, proper use'] *m.* 正しく使うこと, 活用すること;正しいことに使うこと. (⇔दुरुपयोग) ❐(का) ～ करना(…を)正しく使う, (…を)活用する. ❐धन का ～ お金の正しい使い方.

सदृश /sadṛśa サドリシュ/ [←Skt. *स-दृश-* 'like, resembling, similar to'] *adj.* 似ている, 類似の《普通, 副詞句〖名詞 के सदृश〗「…のように」の形式で》. ❐पंखरहित पक्षी के ～ 翼のない鳥のように. ❐भाले की नोक के ～ तनी हुई मूँछें 槍の穂先のように尖った口ひげ.

सदृशता /sadṛśatā サドリシュター/ [←Skt.f. *सदृश-ता-* 'likeness, similarity, sameness'] *f.* 類似, 相似.

सदैव /sadaiva サダェーヴ/ [←Skt. *सदा-एव* 'always, ever, for ever'] *adv.* 常に, いつも;永遠に. ❐मैं आपको ～ अपना बड़ा भाई समझता हूँ। 私はいつもあなたを実の兄だと思っています.

सदोष /sadoṣa サドーシュ/ [←Skt. *स-दोष-* 'having faults, defective, wrong, objectionable'] *adj.* **1** 欠陥のある, 瑕疵(かし)のある, 不完全な. (⇔निर्दोष) **2** 罪のある;過失のある. (⇔निर्दोष) ❐～ मानवहत्या 〖法律〗過失致死. ❐～ मानसिक स्थिति 〖法律〗過失の心理状態《結果の発生を予見する義務がありながら不注意により予見しなかった心理状態》.

सद्गति /sadgati サドガティ/ [←Skt.f. *सद्-गति-* 'good or happy state or fortune'] *f.* 至福の状態. ❐परलोक में ～ मिले। あの世で至福が得られるように.

सद्गुण /sadguṇa サドグン/ [←Skt.m. *सद्-गुण-* 'good quality, virtue'] *m.* 美徳, 徳.

सद्भाव /sadbʰāva サドバーオ/ [←Skt.m. *सद्-भाव-* 'goodness, kindness, affection for'] *m.* 好感, 愛情. ❐～ सहित 親愛とともに《手紙の末尾などに》.

सद्भावना /sadbʰāvanā サドバーオナー/ [?neo.Skt.f. *सद्-भावना-* 'good feeling, good will'] *f.* 好意, 善意. ❐उन्होंने मेरे प्रति बड़ी ～ दिखाई। 彼女は私にとても親切にしてくれた.

सद्यः /sadyaḥ サディャハ/ [<Skt. *स-द्यस्-* 'on the same day, in the very moment; at once, immediately'] *adv.* **1** ごく最近に, 直近に. ❐～ प्रस्फुटित अमरीकी बीट-कविता ごく最近爆発的に流行しているアメリカのビートポエトリー. ❐(की) ～ प्रकाशित पुस्तक (人の)最近出版された

本. **2** 迅速に.

सधना /sad^{h}a̸nā サドナー/ [cf. *साधना*] *vi.* (*perf.* सधा /sad^{h}ā サダー/) **1** (技芸・知識などが)極められる;(技芸・知識などが)鍛練されて磨かれる. ❐सधे स्वर में 鍛えぬかれた声で. ❐कसरत-मेहनत-मशक़्क़त से सधी काठी 運動と作業と厳しい労働で鍛えぬかれた肉体. ❐मौलवी साहब के कान इतने सधे थे कि पचास-साठ लड़कों में कोई ग़लती करता तो वे फ़ौरन तड़पकर शुद्ध पाठ का उच्चारण करते। 先生の耳は, 50, 60 人の生徒の中で誰かが間違えるとたちまち苛立って正しい読み方を発音するほど, 熟練していた. **2** (動物が)調教される. ❐घोड़े सधे हुए थे। 馬はよく調教されていた. **3** (狙い・照準が)定められる. ❐घोड़ा दबाना तभी प्रभावकारी, सार्थक हो सकता है जब बंदूक़ भरी हो और नली निशाने पर सधी। 引き金を引くことが効果的で意味をもつのは, 銃に弾が込められていてさらに銃身が標的に向けられている場合だ.

सधवा /sad^{h}a̸vā サドワー/ [←Skt.f. *स-धवा-*; cf. *विधवा*] *f.* 夫が健在な女. (⇔विधवा)

सधाना /sad^{h}ānā サダーナー/ [caus. of *सधना, साधना*] *vt.* (*perf.* सधाया /sad^{h}āyā サダーヤー/) **1** (技芸・知識などを)極めさせる. (技芸・知識などを)極めさせる. **2** (動物などを)調教する. (⇒साधना) **3** (腕を)磨く.

सधुक्कड़ी /sad^{h}ukkaṛī サドゥッカリー/ [cf. *साधु, साधू*] *f.* 〖ヒンドゥー教〗サドゥッカリー《苦行者 (साधू) が使う独特の言い回し;一種のジャーゴン, 隠語》.

सन[1] /sana̸ サン/ [<OIA.m. *śaṇá-* 'hemp': T.12272] *m.* 〖植物〗麻, ジュート. (⇒जूट)

सन[2] /sana̸ サン/ [<OIA.m. *svaná-* 'noise': T.13901] *f.* 〔擬音〕シュ(という音), ピュー(という音)《矢が放たれる際などの短く鋭い音や風の吹く音》. ❐सन-सन करना (風が)ピューピュー吹く.

सनक /sanaka̸ サナク/ [cf. *सनकना*] *f.* (思い込みの激しい)熱狂, 物狂い, 夢中;奇行, 奇癖;狂気. ❐(को) (की) ～ चढ़ना (人が)(…に)のぼせる. ❐(पर) (की) ～ सवार होना (人が)(…に)のぼせる. ❐दस-पाँच दिन में यह ～ ठंडी हो जाएगी। 十日もすればこの物狂いもさめるだろう.

सनकना /sanaka̸nā サナクナー/ [<OIA.m. *svaná-* 'noise': T.13901] *vi.* (*perf.* सनका /sana̸kā サンカー/) **1** (矢が飛ぶような)シュ[ヒュー] (सन) という音をたてる;(沸騰するやかんのような)シューシュー[ヒューヒュー] (सन-सन) という音をたてる;(風が吹く)ピューピューという音をたてる;耳鳴りがする. **2** 気が狂う, 気がふれる;熱に浮かされたように振る舞う. (⇒बौराना) ❐बहुत धन पाकर आदमी सनक ही जाता है। 巨額の富を手にすると人間は気が変になってしまうものだ. ❐वह जैसे सनककर बोला। 彼はまるで熱に浮かされたように言った. ❐आप कहीं सनक तो नहीं गए? あなたはまさか気がふれたのではないでしょうな?

सनकी /sana̸kī サンキー/ [cf. *सनकना*] *adj.* 常軌を逸した(人), 一風変わった;気がふれた, 狂った. (⇒झक्की) ❐उन्हें तो आप जानते ही हैं, झक्कड़ आदमी हैं, पूरे ～। あの方をあなたはご存じのはずだ, 変人ですよ, 完全に頭のいかれた.

— *m.* 変人, 奇人;狂人.

सनद /sanada̸ サナド/ [←Pers.n. سند 'the seal or signature of a judge; a royal ordnane, mandate, or decree' ←Arab.] *f.* 証明書, 証文;学位. (⇒प्रमाण-पत्र)

सनदी /sana̸dī サンディー/ [←Pers.adj. سندى 'held by written deeds; authentic, reliable'] *adj.* 認証された;公認の.

सनना /sana̸nā サンナー/ [cf. *सानना*] *vi.* (*perf.* सना /sanā サナー/) **1** (粉を湿らせるために)(水が)混ぜられる. **2** こねて混ぜられる. (⇒गूँधना, माँड़ना) **3** (泥・油などで)汚れる, まみれる. ❐दोनों मिट्टी में सने हुए थे। 二人とも泥まみれになっていた. ❐उसने एक क़दम और आगे रखा तो पाँव कीचड़ में सन गये। 彼がもう一歩先に進むと, 足がぬかるみで泥まみれになってしまった. ❐वह सिर से पाँव तक भूसे के अणुओं में सनी, पसीने से तर, सिर के बाल आधे खुले, वह दौड़-दौड़कर अनाज ओसा रही थी। 頭の先から足の先までもみ殻の粒にまみれ, 汗びっしょりで, 髪の毛を半分ふりみだし, 彼女は走り回りながら脱穀していた. **4** (言葉などが)意味深長になる, 示唆を含む.

सनसनाना /sana̸sanānā サンサナーナー/ [cf. *सन*[2]] *vi.* (*perf.* सनसनाया /sana̸sanāyā サンサナーヤー/) **1** (鋭く風を切るような音)ピュー[ヒュー]と鳴る. ❐गाड़ी किसी स्टेशन के प्लेटफ़ार्म से सनसनाती चली जाती थी। 列車がある駅のプラットフォームを風を切って通過していた. ❐हवा तीर-सी सनसना रही थी। 風が矢のようにヒューヒューと吹いていた. **2** (歓喜・恐怖で)ぞくぞくする, ぞっと[わくわく]する;(しびれで)じんじんする. ❐होंठ सूख गए और हाथ-पैर सनसनाने लगे। 唇が渇き, そして手足がじんじんし始めた.

सनसनाहट /sana̸sanāhaṭa̸ サンサナーハト/ [cf. *सनसनाना*] *f.* **1** (鋭く風を切るような)ピュー[ヒュー]という音. ❐इधर पत्तियों में ～ हुई कि उधर तीनों के रोंगटे खड़े हो गए। 葉のしげみにヒューという音がしたとたん三人の身の毛がよだった. **2** ぞくぞくする感覚;(しびれて)じんじんする感覚. ❐बदन में ～ पैदा हुई। 体がぞくぞくとした.

सनसनी /sana̸sanī サンサニー/ [<OIA. *saṁnaṣṭa-* 'loud whistling or whizzing noise': T.14831] *f.* 戦慄, 身震い, センセーション;興奮. ❐उसके मन में ～ दौड़ी। 彼の心に戦慄が走った. ❐सारे गाँव में ～ फैली हुई थी। 村中に戦慄が広がっていた.

सनसनीख़ेज़ /sana̸sanīxeza サンサニーケーザ/ [*सनसनी* + *-ख़ेज़*] *adj.* 身の毛のよだつような, 戦慄を覚える, ぞっとする, ぞくぞくする. ❐～ जासूसी कांड 戦慄すべきスパイ事件. ❐अभियुक्तों के ～ बयान 容疑者の戦慄すべき証言.

सनातन /sanātana̸ サナータン/ [←Skt. *सनातन-* 'eternal, perpetual, permanent, everlasting, primeval, ancient'] *adj.* 古代から存在する;伝統的な, 正統の;永遠の. ❐～ धर्म 〖ヒンドゥー教〗永遠の理法《改革派に対する保守派の自称;正統ヒンドゥー教》. ❐वह आदर्श ～ है और अमर है। その理想は古代から存在しそして不滅である.

— *m.* 太古の昔. ❐अपने पड़ोसियों की निंदा ～ से मनुष्य के

लिए मनोरंजन का विषय रही है। 隣人に対する誹謗中傷は太古の昔から人間にとって娯楽の対象であった.

सनातनी /sanātanī サナートニー/ [सनातन + -ई] *adj.* 〖ヒンドゥー教〗保守的なヒンドゥー教を信奉する(人)《いわゆる「正統ヒンドゥー教」(सनातन धर्म) を信奉する(人)》. ❐मेरे पिता, कट्टर तो न कहूँगा, पर आस्थावान ～ थे। 私の父は, 頑迷とは言わないが, 信仰が厚い保守的なヒンドゥー教徒だった.

सनीचर /sanīcara サニーチャル/ [<Skt. शनैश्-चर- 'moving slowly': T.12287c] *m.* **1** 〖天文〗土星. (⇒शनि) **2** 〖暦〗土曜日. (⇒शनिवार)

सन् /san サン/ [←Pers.n. سنة 'a year' ←Arab.] *m.* **1** 〖暦〗紀元, …暦《インド起源の暦には संवत् を使用する》. ❐～ २००८ (ईसवी) में 西暦 2008 年に. ❐ईसवी ～ 西暦. ❐हिजरी ～ 〖イスラム教〗ヒジュラ暦. **2** 〖暦〗西暦年. ❐अपना जन्म-दिन और ～ बताइए। ご自身の生年月日を教えてください.

सन्न /sanna サンヌ/ [cf. सन्², सनसनाना] *adj.* 呆然(ぼうぜん)とした;無感覚になった, 麻痺(まひ)した;(驚愕・恐怖などで心臓が)止まった. ❐अंदर झाँका तो कलेजा ～ हो गया। 中をのぞくと心臓がとまった. ❐यह सुनते ही वह ～ रह गया। これを聞くないなや彼は呆然とした.

सन्नद्ध /sannaddʰa サンナッド/ [<Skt. सं-नद्ध- 'bound or fastened or tied together, girt, bound; armed, mailed, equipped, accoutred'] *adj.* 用意ができた, 準備ができた. (⇒तैयार) ❐(के लिए) ～ होना (…のための)用意がある.

सन्नाटा /sannāṭā サンナーター/ [<OIA. *saṁnādayati* 'causes to resound': T.12927; cf. सन्न] *m.* **1** しーんと静まりかえっていること, 全くの静寂;沈黙. ❐उसने साँस रोक ली, ～ खींच लिया। 彼は息を止めた, 全くの無言になった. ❐घर में ～ क्यों है? 家の中が静まりかえっているのは何故だ? ❐मौत का-सा ～ छाया हुआ था। 死のような静寂がおおっていた. **2** (不意の)精神的打撃, ショック. ❐वह सन्नाटे में आ गया। 彼は不意打ちをくらったようなショックをうけた.

सन्निकट /sannikaṭa サンニカト/ [< neo.Skt. सं-निकट- 'very close to'] *adv.* ごく近くに. ❐चित्रकूट के ～ धनगढ़ नामक एक गाँव है। チトルクートのすぐそばにダンガルという名の一つの村がある.

सन्निधि /sannidʰi サンニディ/ [<Skt.m. सं-निधि- 'juxtaposition, nearness, vicinity, presence'] *m.* 近いこと, 近接;近辺, 周辺.

सन्निपात /sannipāta サンニパート/ [<Skt.m. सं-निपात- 'falling in or down together, collapse, meeting, encounter, contact or collision with; conjunction, aggregation, combination, mixture'] *m.* 〖医学〗(高熱などでうわごとや幻覚を伴う)一時的精神錯乱《インド伝統医学では人間の三つの体液, 粘液 (कफ), 胆汁 (पित्त), 体風 (वात) のバランスが崩れた状態と説明される》. (⇒सरसाम) ❐साँझ होते-होते उसे ～ हो गया। 夕方になると彼は高熱で一時的精神錯乱に陥った.

सन्निवेश /sanniveśa サンニヴェーシュ/ [<Skt.m. सं-निवेश- 'entering or sitting down together, entrance into, settlement; putting together, fabrication, construction, composition, arrangement'] *m.* 組み立て. ❐नगर ～ 都市計画.

सन्निहित /sannihita サンニヒト/ [<Skt. सं-निहित- 'deposited together or near, contiguous, proximate, present, close, near, at hand'] *adj.* **1** 近くの, 近接する. **2** 含まれた, 内蔵された.

सन्मार्ग /sanmārga サンマールグ/ [<Skt.m. सत्-मार्ग- 'the right path'] *m.* (人として)正しい道. ❐(को) ～ पर लाना (人を)正しい道に引き戻す.

सन्मुख /sanmukʰa サンムク/ [<Skt. सम्-मुख- 'facing, fronting, confronting, being face to face or in front of or opposite to, present, before the eyes'] *adv.* ☞सम्मुख

सपड़ना /sapaṛanā サパルナー/ ▶सपरना *vi.* (*perf.* सपड़ा /sapaṛā サプラー/) ☞सपरना

सपड़ाना /sapaṛānā サプラーナー/ ▶सपराना *vt.* (*perf.* सपड़ाया /sapaṛāyā サプラーヤー/) ☞सपराना

सपत्नीक /sapatnīka サパトニーク/ [←Skt. स-पत्नीक- 'accompanied with a wife or wives'] *adv.* 妻を同伴して. ❐एकाध अवसर पर उनके ～ घर आने की याद है। ほんの何回か彼が奥さん同伴で家に来たことを覚えている.

सपना /sapanā サプナー/ [<OIA.m. *svápna-* 'sleep, dream': T.13904] *m.* 夢;夢想;願望, 理想. (⇒ख़्वाब) ❐(का) ～ देखना (…の)夢を見る. ❐सपने में भी न देखा होगा। 夢の中でも見たことはないだろう. ❐हमारा ～ साकार हो गया। 我々の夢は実現した.

सपरना /saparanā サパルナー/ ▶सपड़ना [<OIA. *sámpadyatē* 'turns out well': T.12934] *vi.* (*perf.* सपरा /saparā サプラー/) (仕事などが)上首尾に終わる;決着がつく. (⇒निपटना) ❐यह काम मुझसे नहीं सपरेगा। この仕事は私には手に余る.

सपराना /saparānā サプラーナー/▶सपड़ाना [cf. सपरना] *vi.* (*perf.* सपराया /saparāyā サプラーヤー/) (仕事などを)上首尾に終わせる;決着をつける. (⇒निपटाना)

सपरिवार /saparivāra サパリワール/ [←Skt. स-परिवार- 'attended by a retinue' *adv.* 家族同伴で. ❐उसने ～ जाने का निश्चय किया। 彼は家族同伴で行くことを決めた.

सपरिश्रम /sapariśrama サパリシュラム/ [neo.Skt. स-परिश्रम- 'with forced labor'] *adj.* 強制労働を伴う, 懲役の. ❐～ कारावास 強制労働を伴う懲役(刑).

सपा /sapā サパー/ [abbr. of समाजवादी पार्टी] *f.* 〔略語〕社会主義党.

सपाट /sapāṭa サパート/ [cf. पाट¹] *adj.* 平らな, 平坦な, 起伏のない;水平な. ❐～ पेट 平らな(突き出ていない)お腹. ❐～ दीवार 凹凸のない壁. ❐आज बाज़ार ～ स्तर पर बंद हुआ। 今日市場(しじょう)は変わらぬ水準で閉じた. ❐रेत का ～ मैदान 砂の起伏のない平地.

सपाटा /sapāṭā サパーター/ [?] *m.* (走り回る)急速な動き. ❐～ भरना [मारना, लगाना] 駆けずり回る.

सपुर्द /sapurda サプルド/ ▸सिपुर्द, सुपुर्द *adj.* ☞सुपुर्द

सपुर्दगी /sapurdagī サプルドギー/ ▸सिपुर्दगी, सुपुर्दगी *f.* ☞ सुपुर्दगी

सपूत /sapūta サプート/ [cf. *सुपुत्र*; cf. *कपूत*] *m.* 孝行息子, できた息子. (⇔कपूत)

सपेरा /saperā サペーラー/ ▸सँपेरा *m.* ☞सँपेरा

सप्त /sapta サプト/ [←Skt. *सप्त-* 'seven'] *adj.* 7《主に合成語の要素として》.

सप्तक /saptaka サプタク/ [←Skt. *सप्तक-* 'consisting of 7'] *adj.* 7 つのものの集まりの.
— *m.* **1** 7 つのものの集まり. **2**〖音楽〗オクターブ, 8 度音程《西洋音楽では「ドレミファソラシド」と高さの異なる「ド」を二回数え 8 となり, インド古典音楽では同じ音は数えない「サ (सा) レ (रे) ガ (ग) マ (म) パ (प) ダ (ध) ニ (नि)」の 7 になる》. (⇒सरगम)

सप्तपदी /saptapadī サプトパディー/ [←Skt.f. *सप्त-पदी-* 'the 7 steps (round the sacred fire at the marriage ceremony)'] *f.*〖ヒンドゥー教〗サプタパディー《結婚式の儀礼の一つ;新郎新婦が神聖な火の周りを七歩で回る, または七回回る》.

सप्तम /saptama サプタム/ [←Skt. *सप्तम-* 'the 7th'] *adj.* 7 番目の. (⇒सातवाँ)

सप्तमी /saptamī サプタミー/ [←Skt.f. *सप्तमी-* (of *सप्तम-*) 'the 7th *Tithi* or lunar day of the fortnight; the 7th case, i.e. the locative or its terminations'] *f.* **1**〖暦〗サプタミー《インド太陰月の白半月 (शुक्ल पक्ष) または黒半月 (कृष्ण पक्ष) の第 7 日目》. **2**〖言語〗(サンスクリット語の)位格, 処格. ❒～ विभकिति (名詞, 形容詞, 代名詞などの)位格を示す格語尾.

सप्तर्षि /saptarṣi サプタルシ/ [←Skt.m. *सप्त-र्षि-* 'the seven *ṛṣi* ; (in astron.) the 7 stars of the constellation Ursa Major'] *m.* **1**〖神話〗七賢人. **2**〖天文〗(大熊座の)北斗七星.

सप्ताह /saptāha サプターハ/ [←Skt.m. *सप्त-अह-* '7 days; a sacrificial performance lasting 7 days'] *m.*〖単位〗1 週間. (⇒हफ़्ता)

सप्रमाण /sapramāṇa サプラマーン/ [←Skt. *स-प्रमाण-* 'having proof or evidence, authentic'] *adj.* 証拠のある;人を納得させる.
— *adv.* 証拠とともに;もっともらしく.

सप्लाई /saplāī サプラーイー/ [←Eng.n. *supply*] *f.* 供給, 提供;補給. (⇒आपूर्ति) ❒एजेंसी यहाँ की फ़ौजों में जूते, सिगार, साबुन आदि ～ करने का काम करती थी। 代理店は当地の軍隊に靴, 葉巻タバコ, 石鹸(せっけん)などを供給する業務をしていた.

सफ़र /safara サファル/ [←Pers.n. سفر 'a journey, travel' ←Arab.] *m.* 旅行, 旅. (⇒यात्रा) ❒～ करना 旅行する.

सफ़री /safarī サフリー/ [←Pers.adj. سفری 'what refers or belongs to a journey'] *adj.* 旅行の, 旅行用の. ❒～ पलंग キャンプ用ベッド. ❒～ बैग 旅行カバン.

सफल /sap^hala サパル/ [←Skt. *स-फल-* 'together with fruits, having or bearing fruit or seed, fruitful (as a tree); having good results, productive, profitable, successful'] *adj.* **1** 成功した, うまくいった;好結果の. (⇒कामयाब)(⇔असफल) ❒परीक्षा में ～ होना 試験に合格する. ❒वह अपनी सफ़ाई देने में ～ हो गया। 彼はうまく言い逃れた. ❒वह पति का स्नेह पाकर अपना जीवन ～ समझती है। 彼女は夫の愛を得て自分の人生は成功だと思っている. **2** 結実した, 実を結んだ. ❒मेहनत ～ हो गई। 努力は実を結んだ.

सफलता /sap^halatā サパルター/ [←Skt.f. *सफल-ता-* 'profitableness, successfulness'] *f.* **1** (植物が)実を結ぶこと, 結実. (⇔विफलता) **2** 成功(すること), 上首尾. (⇒कामयाबी)(⇔असफलता) ❒(को) (में) ～ मिलना (人が)(…において)成功を収める.

सफलतापूर्वक /sap^halatāpūrvaka サパルタープールワク/ [neo.Skt.ind. *सफलता-पूर्वक* 'successfully'] *adv.* 首尾よく, 成功のうちに.

सफ़ा /safā サファー/ [←Pers.n. صفا 'purity, clearness, polish, brightness' ←Arab.] *adj.* 清浄な;清潔な.
— *m.* 清浄;清潔.

सफ़ाई /safāī サファーイー/ [←Pers.n. صفائی 'purity, clearness'] *f.* **1** 清潔. **2** 清掃, 掃除. ❒(की) ～ करना (…の)清掃[掃除]をする. **3** 一掃. **4** 潔白. **5** 釈明, 言い訳, 弁明, 弁護. ❒(की) ～ देना [पेश करना] (…の)釈明をする. **6** 技の冴え, あざやかな手並み. ❒उनकी ज़बान की ～ मुझे बड़ी अच्छी लगती। 彼の弁舌のあざやかさを私はとても気に入っていた. ❒हाथ की ～ (スリの)あざやかな手並み.

सफ़ाचट /safācaṭa サファーチャト/ [*सफ़ा* + *चट*[2]] *adj.* (毛髪・ひげなどが)きれいさっぱり無くなった;すっからかんの;(食べ物が)きれいさっぱり平らげられた. ❒～ करना きれいさっぱり平らげる. ❒चाँद के बाल ～। 頭頂部はきれいに禿げ上がっていた.

सफ़ाया /safāyā サファーヤー/ [cf. *सफ़ाई*] *m.* 撲滅, 一掃, 殲滅(せんめつ). ❒(का) ～ करना (…を)一掃する.

सफ़ीर /safīra サフィール/ [←Pers.n. سفیر 'an ambassador, internuncio' ←Arab.] *m.* 大使. (⇒राजदूत)

सफ़ेद /safeda サフェード/ [←Pers.adj. سفید 'white, fair'; cog. Skt. *श्वेत-* 'white, bright'] *adj.* **1** 白い;灰色の. ❒～ बाल 白髪. ❒～ दाग〖医学〗白斑. ❒～ झूठ 真っ赤な嘘《英語で言う「白い嘘(＝罪のない嘘)」の意ではない》. **2** 顔色が悪い, 青白い. **3** 白紙の;空白の, 未記入の.

सफ़ेदा /safedā サフェーダー/ [←Pers.n. سفیده 'chalk, whiting'] *m.* **1**〖鉱物〗鉛白(えんぱく), 白色顔料. **2**〖植物〗サフェーダー《マンゴーの一品種;スイカの一品種》. **3**〖医学〗白斑《皮膚にできる白い斑点》.

सफ़ेदी /safedī サフェーディー/ [←Pers.n. سفیدی 'whiteness'] *f.* **1** 白さ, 純白;(雲などの)白さ, 曇り. ❒आसमान पर ～ दिखाई देने लगी। 空が曇り始めた. **2** (壁, 天井などの上塗り用の)水性白色塗料. **3** (卵の)白身,

卵白(らんぱく).

सब /saba サブ/ [<OIA. *sárva-* 'all, whole': T.13276] *pron.* すべて(の), 皆の. ❐～ कुछ なにもかも. ❐～ से 最も…な.

सबक़ /sabaqa サバク/ [←Pers.n. سبق 'a lecture; lesson' ←Arab.] *m.* **1** (教科書の)課, レッスン;授業. (⇒पाठ) ❐(का) ～ पढ़ना [लेना] (…の)授業を受ける. **2** 教訓, 戒め. (⇒नसीहत, शिक्षा) ❐～ सीखना 教訓を学ぶ. ❐(को) ～ सिखाना (人に)教訓を教える;思い知らせる.

सबब /sababa サバブ/ [←Pers.n. سبب 'a rope; anything which connects on with another; cause, occasion, reason, motive' ←Arab.] *m.* 理由, 原因. (⇒कारण, वजह)

सबल /sabala サバル/ [←Skt. *स-बल-* 'powerful, strong'] *adj.* **1** 強力な, 腕力のある. (⇔निर्बल) **2** 〖言語〗強勢アクセント (बल) がある(音節).

सब-लेफ़्टिनेंट /saba-leftineṃṭa サブ・レーフティネーント/ [←Eng.n. *sub-lieutenant*] *m.* 海軍中尉. ❐एक्टिंग ～ 海軍少尉.

सबसे /sabase サブセー/ [*सब* + *से*] *adv.* 一番, 最も. ❐～ पहले 最初に. ❐मेरी ～ बड़ी बहन 私の一番上の姉. ❐मेरे जीवन का ～ बड़ा स्वप्न 私の人生最大の夢.

सबूत /sabūta サブート/ ▸सुबूत [←Pers.n. ثبوت 'being firm; proof' ←Arab.] *m.* 証拠;根拠. (⇒प्रमाण) ❐～ देना 証拠を出す. ❐अदम ～ 証拠不足. ❐ऐसे कमज़ोर ～ पर आप थाने क्योंकर चले थे? こんな弱い証拠であなたは警察署になぜ行ったのです?

सबेरा /saberā サベーラー/ ▸सवेरा *m.* ☞सवेरा

सबेरे /sabere サベーレー/ ▸सवेरे *adv.* ☞सवेरे

सब्ज़ /sabza サブズ/ [←Pers.adj. سبز 'green, verdant, fresh'] *adj.* 緑の, 青々した;新鮮な. (⇒हरा) ❐महात्मा जी ने उन्हें ～ बाग़ दिखाकर उनकी घड़ी, अँगूठियाँ, रुपए सब उड़ा लिये। 聖者は彼に青々とした庭園を見せて(=「言葉巧みにだまして」)時計, 指輪, 所持金すべてを巻き上げた.

सब्ज़ी /sabzī サブズィー/ [←Pers.n. سبزی 'verdure, greenness; any esculent vegetable'] *f.* **1** 〖植物〗野菜;青物. **2** 〖食〗野菜カレー.

सब्र /sabra サブル/ [←Pers.n. صبر 'being patient, waiting patiently; patience, toleration, endurance' ←Arab.] *m.* 忍耐, がまん, 辛抱. (⇒सहन) ❐～ करना がまんする. ❐～ से がまんして.

सभा /sabʰā サバー/ [←Skt.f. *सभा-* 'an assembly, congregation, meeting, council, public audience'] *f.* **1** 集会, 大会. (⇒मीटिंग) ❐वार्षिक ～ 年次大会. **2** 議会, 議院. ❐राज्य ～ (インド国会の)上院《参議院に相当》. ❐लोक ～ (インド国会の)下院《衆議院に相当》. ❐विधान ～ (二院制をとっている州議会の)下院;(一院制をとっている)州議会. **3**…協会, …組合. (⇒सोसाइटी)

सभाकक्ष /sabʰākakṣa サバーカクシュ/ [neo.Skt.m. *सभा-कक्ष-* 'assembly hall; meeting room'] *m.* 会館;会議室.

सभापति /sabʰāpati サバーパティ/ [neo.Skt.m. *सभा-पति-* 'a chairperson'] *m.* 議長, 座長, 会長. (⇒चेयरमैन)

सभासद् /sabʰāsada サバーサド/ [←Skt.m. *सभा-सद्-* 'sitting at an assembly; an assistant at a meeting or assessor in a court of justice'] *m.* (州議会の)議員.

सभी /sabʰī サビー/ [*सब* + *ही*] *pron.* すべて, 何もかも, 誰もかれも;すべての《सब の強意形》.

सभ्य /sabʰya サビエ/ [←Skt. *सभ्य-* 'fit for an assembly or court, suitable to good society, courteous, polite, refined, civilized, not vulgar, decorous (as speech)'] *adj.* **1** 洗練された;文明化した, 文化の発達した. ❐～ देश 文明国. ❐～ समाज 文化の発達した社会. **2** 礼儀正しい;教養のある. ❐वह आदमी देखने में ～ मालूम होता था। その男は見たところ教養があるように思われた.

सभ्यता /sabʰyatā サビエター/ [←Skt.f. *सभ्य-ता-* 'politeness, refinement, good manners or breeding'] *f.* **1** 文明. (⇒तहज़ीब) ❐यूनानी [पश्चिमी] ～ ギリシヤ[西洋]文明. **2** 上品さ, 洗練さ. (⇒तहज़ीब) **3** 礼儀正しさ;教養があること. (⇒अदब, तमीज़, शिष्टता)

समंदर /samaṃdara サマンダル/ ▸समुंदर [<Skt.m. *समुद्र-* 'the sea, ocean'] *m.* ☞समुंदर

सम /sama サム/ [←Skt. *सम-* 'even, smooth, flat, plain, level, parallel; equable, neutral, indifferent'] *adj.* **1** 等しい, 同じ. **2** 平らな;平坦な. (⇔विषम) **3** 〖数学〗偶数の. (⇔असम, विषम) ❐～ पृष्ठ 偶数ページ. ❐～ संख्या 偶数.

समकक्ष /samakakṣa サムカクシュ/ [←Skt. *सम-कक्ष-* 'having equal weight'] *adj.* 等しい, 対等の;匹敵する. ❐～ मानना 同等とみなす.

समकालीन /samakālīna サムカーリーン/ [←Skt. *सम-कालीन-* 'simultaneous with'] *adj.* **1** 同時代の. ❐～ कवि 同時代の詩人. ❐दोनों ～ थे। 二人とも同時代の人だった. **2** 今の時代の, 現代の. ❐～ साहित्य 現代の文学.

— *m.* 同時代の人. ❐उनके अन्य समकालीनों और परवर्तियों पर फ़्रायड हावी होते चले गए। 彼の他の同時代人たちそして後の時代の人たちにはフロイド(の影響)が支配的になっていった.

समकोण /samakoṇa サムコーン/ [neo.Skt. *सम-कोण-* 'rectangular'] *adj.* 〖数学〗直角の.

— *m.* 〖数学〗直角. ❐चंपा और श्यामा ～ बनानेवाली रेखाओं की भाँति अलग हो गईं। チャンパーとシャーマーは直角を作る線のように疎遠になった.

समक्ष /samakṣa サマクシュ/ [←Skt. *सम्-अक्ष-* 'being within sight or before the eyes, present, visible'] *adj.* 面前の《主に 『名詞 के समक्ष』 の形式で, 副詞句「…の面前で, …を前にして」の意》. (⇒सम्मुख, सामने) ❐वह राय साहब के ～ उपस्थित हुई। 彼女はラーエ氏のもとに参上した.

समग्र /samagra サマグル/ [←Skt. *सम्-अग्र-* 'all, entire, whole, complete, each, every'] *adj.* 全体の;全面的な. ❐～ युद्ध 全面戦争. ❐～ संसार 全世界.

समझ /samajʰa サマジ/ [cf. *समझना*] *f.* 物わかり(の良

さ)；理解，理解力；分別．(⇒अक़्ल, बुद्धि) ❒～ से काम लेना 頭を使って対処する．❒(की) ～ में आना (人に)理解される．❒यह मेरी ～ के बाहर है। これは私の理解を超えている．

समझदार /samaj^{h}ḁdārḁ サマジダール/ [*समझ* + *-दार*] *adj.* **1** 物分かりのいい，分別のある．❒माँ-बाप को और क्या चाहिए! लड़का ～ है। 両親にとって他に何が必要だというのだ！息子は物わかりがいいときた．❒मेरा बड़ा बेटा अमिताभ ज़्यादा ～ था, साढ़े नौ का हो गया था। 私の長男アミターブはより物わかりがよかった，9 歳半になっていた．**2** 賢い，賢明な，知恵のある．(⇒अक़्लमंद, बुद्धिमान्) ❒कोई भी ～ आदमी इस ख्याति से लाभ उठा सकता था। 賢い人間ならこの名声を利用できたはずだ．❒जनता इतनी ～ तो है नहीं कि इन रहस्यों को समझ सके। 一般大衆はこれらの秘密を理解するほど賢くはないさ．

समझदारी /samaj^{h}ḁdārī サマジダーリー/ [*समझ* + *-दारी*] *f.* **1** 物分かりのよさ，分別．**2** 賢明さ，知恵があること．(⇒अक़्लमंदी, बुद्धिमानी) ❒वह कितनी ～ की बातें करती है। 彼女はなんと賢い話をするのだろう．

समझना /samaj^{h}ḁnā サマジナー/ [＜OIA. *saṁbudhyatē* 'wakes up, understands': T.12959] *vi.* (*perf.* समझा /samḁj^{h}ā サムジャー/) **1** 理解する，わかる；把握する；納得する，合点がいく．❒मैं अब तक नहीं समझा। 私は，まだよく理解できない．❒आप उसके विषय में इतना ही समझ लें कि वह अपने होश में नहीं है। あなたは彼についてこれだけはご理解ください，彼は正気ではないのだということを．❒मेरे पास नगद नहीं है, समझ लो। 私は現金を持っていないのだ，わかってくれ．**2** みなす，思い込む；(…と)判断する．❒४५ का होने पर भी मैं २५ से कम का समझा गया। 45 才になっても，私は 25 才より若いと思われた．❒तुम अपने को समझते क्या हो? 君は，自分を何様だと思っているんだ？ ❒बस यही समझ लीजिए कि यह कहानी हम लोगों ने ही लिखी है। この話は私どもが書いたのだと，お考えになられて結構です．

— *vt.* (*perf.* समझा /samḁj^{h}ā サムジャー/) **1** 理解する，わかる；把握する；納得する，合点がいく．❒इसका अर्थ मैंने बहुत बाद को समझा। この意味を，私はだいぶ後で理解した．❒आपने इस मुआमले को समझा ही नहीं। あなたは，この件を全然わかっていない．**2** みなす，思い込む；(…と)判断する．❒उसने मुझे क्या समझा होगा। 彼女は，私のことをどう思ったのだろう．❒उसे देखकर लोगों ने समझा, पुलीस का सिपाही है। 彼を見て人々は思った，警察官だ．❒मैंने कुछ कहना उचित न समझा। 私は，何か言うことは適当ではないと判断した．❒तुम्हें तो मैंने बराबर अपना भाई समझा है। 君を私はいつも，自分の兄弟だと思ってきた．❒मैंने उसे ग़लत समझा हो। 私は，彼を誤解したかもしれない．❒तुमने मुझे इतना हल्का समझ लिया है? 君は，私をそれほど浅はかだと思ったのかい？

समझाना /samḁj^{h}ānā サムジャーナー/ [cf. *समझना*] *vt.* (*perf.* समझाया /samḁj^{h}āyā サムジャーヤー/) **1** 理解させる，わからせる；説明する．❒उसने मुझे पूरी कहानी पढ़कर सुनाई और समझाई। 彼は私に全部お話を読んで聞かせた，そして説明した．❒इस किताब में कंप्यूटर के महत्व और इसकी उपयोगिता के बारे में सरल भाषा में समझाने की कोशिश की गई है। この本では，コンピュータの重要性とその実用性について平易な言葉で説明が試みられている．❒उसकी मुटमर्दी तो देखो कि समझाने पर भी नहीं समझता। 彼の傲慢さを見るがいい，説明しても理解しないのだ．**2** 説得する，納得させる；思い込ませる．❒तुम उसे समझा दो। 君が，彼を説得してくれ．❒पिता जी ने मुझे सौ तरह से समझाया, पर मैं न माना तो न माना। 父は私をあらゆる方法で説得した，しかし私はいったん認めないと決めたら頑として認めなかった．❒जितना ही मुझे समझाया-बुझाया जाता था, मुझपर ज़ोर डाला जाता था, उतनी ही मेरी ज़िद बढ़ती जाती थी। 私が説得されればされるだけ，私に圧力が加えられれば加えられるだけ，それだけ私の意固地は増長していった．**3** 忠告する；助言する．❒किसी ने उनको समझा दिया था कि गंगा नहाने से पेट ठीक रहता है। 誰かが彼に，ガンジス川で沐浴すると胃腸の調子がいい，と忠告したのだった．

समझाना-बुझाना /samḁj^{h}ānā-buj^{h}ānā サムジャーナー・ブジャーナー/ [cf. *समझना*] *vt.* (*perf.* समझाया-बुझाया /samḁj^{h}āyā-buj^{h}āyā サムジャーヤー・ブジャーヤー/) ☞समझाना

समझौता /samḁj^{h}autā サムジャォーター/ [cf. *समझना*] *m.* **1** 合意，同意，意見の一致．**2** 妥協．❒(के साथ) ～ करना (…と)妥協する．**3** (当事者間の)取り決め，協定，協約．

समतल /samḁtalḁ サムタル/ [neo.Skt. *सम-तल-* 'plane, level'] *adj.* 平らな，平面の；平坦な．❒～ दर्पण 平面鏡．❒～ भूमि 平地；平原；平野．

समता /samḁtā サムター/ [←Skt.f. *सम-ता-* 'equality, sameness'] *f.* **1** 平等，対等，同等．(⇔विषमता) ❒अन्यायपूर्ण ～ 不公平な平等．❒बुद्ध और प्लेटो और ईसा सभी समाज में ～ के प्रवर्तक थे। ブッダそしてプラトーそしてキリストは皆社会における平等の先駆者であった．**2** 類似(点)；匹敵するもの．(⇔विषमता) ❒मैं धन में, ऐश्वर्य में, सौंदर्य में अपनी ～ नहीं रखती। 私には富において，権勢において，美しさにおいて並ぶべきものがいないわ．**3** 均衡，調和．

समत्व /samatvḁ サマトオ/ [←Skt.n. *सम-त्व-* 'equality'] *m.* ☞समता

समदर्शी /samḁdarśī サムダルシー/ [←Skt. *सम-दर्शिन्-* 'looking impartially on, regarding all things impartially'] *adj.* 偏見のない，公平な．

समदृष्टि /samḁdr̥ṣṭi サムドリシュティ/ [←Skt.f. *सम-दृष्टि-* 'the act of looking on all equally or impartially'] *f.* 偏見のない見方，公平な見方．

समधिन /samḁd^{h}inḁ サムディン/ [cf. *समधी*] *f.* サムディン《(自分の)息子あるいは娘の義理の母》．(⇔समधी)

समधियाना /samḁd^{h}iyānā サムディヤーナー/ [cf. *समधी*] *m.* サムディヤーナー《(自分の)息子あるいは娘の義理の父の家》．

समधी /samḁd^{h}ī サムディー/ [＜Skt. *सम्-बन्धिन्-* 'related, connected by marriage'] *m.* サムディー《(自分の)息子あるいは娘の義理の父》．(⇔समधिन)

समन /samanḁ サマン/ ▸सम्मन [←Eng.n. *summons*] *m.*

(裁判所への)出頭命令;召喚状. ❐～ जारी करना 出頭命令を出す.

समनाम /samanāmā サムナーム/ [neo.Skt. *सम-नामन्-* 'having the same name (as)'] *adj.* 同名の. (⇒हमनाम)

समन्वय /samanvaya サマンワエ/ [←Skt.m. *सम्-अन्वय-* 'regular succession or order, connected sequence or consequence, conjunction, mutual or immediate connection'] *m.* 調和, 融合;整合. ❐(का) ～ करना (…を)調和させる. ❐भावना और विचार का अद्भुत ～ 感情と思考とのすばらしい融合.

समन्वित /samanvita サマンヴィト/ [←Skt. *सम्-अन्वित-* 'or associated with, completely possessed of, fully endowed with, possessing, full of'] *adj.* 調和した, 融合した;整合した. ❐～ विकास 調和のとれた発展.

समय /samaya サマエ/ [←Skt. *सम्-अय-* 'coming together, meeting or a place of meeting; opportunity, occasion, time, season'] *m.* **1** 時, 時間, 時刻《後置詞なしの後置格で副詞句「…の時に」を表す》. (⇒टाइम, वक़्त) ❐इस ～ 今. ❐उस ～ あの時に, その時に, 当時. ❐किस ～ いつ. ❐ठीक दोपहर के ～ ちょうど正午の時刻に. ❐विवाह के ～ 結婚式の時に. **2**《『未完了分詞 समय』の形式で, 副詞句「…している時」を表す》(⇒टाइम, वक़्त) ❐मरते ～ अंतिम शब्द, जो उसके मुख से निकले, वे यही थे -- कुआँ बनवाने में देर न करना। 息を引き取るとき, 彼の口から出た最後の言葉はこうだった -- 井戸を掘らせるのに遅れるな. ❐स्त्री के मैके जाते ～ कोई गहना बनवाना एक आदमी के लिए ज़रूरी हो सकता है। 妻が実家に行くときに何か装身具を作らせてやることはある夫にとっては重要であることもある. **3** 所要時間. (⇒टाइम, वक़्त) ❐(में) ～ लगना [लगाना] (…に)時間がかかる[をかける]. **4** 猶予期間[時間]. (⇒टाइम, वक़्त) ❐मुझे सोचने का ～ दीजिए। 私に考える時間をください. **5** 定刻. (⇒टाइम, वक़्त) ❐～ से [पर] 時間通りに.

समयनिष्ठ /samayaniṣṭʰa サマエニシュト/ [neo.Skt. *समय-निष्ठ-* 'punctual'] *adj.* 時間に几帳面(きちょうめん)な.

समय-सारणी /samaya-sāraṇī サマエ・サールニー/ [neo.Skt.f. *समय-सारणी-* 'timetable'] *f.* (鉄道などの)時刻表, タイムテーブル. (⇒टाइम-टेबल) ❐रेलवे की नई ～ १ जुलाई से लागू होगी। 鉄道の新しい時刻表は7月1日から適用される予定です.

समयोचित /samayocita サムヨーチト/ [←Skt. *समय-उचित-* 'suited to the occasion or time or to an emergency, seasonable, opportune'] *adj.* ほどよいころあいの, 時宜(じぎ)を得た, タイムリーな, 時機を逸しない. ❐～ इलाज 時機を逸しない適切な治療.

समयोपरि /samayopari サムヨープリ/ [neo.Skt.ind. *समय-उपरि* 'overtime'] *m.* 超過時間. ❐～ भत्ता 超過勤務手当, 残業手当.

समर /samara サマル/ [←Skt.m. *सम्-अर-* 'hostile encounter, conflict, struggle, war, battle'] *m.* 戦い, 戦争;闘争.

समर्थ /samartʰa サマルト/ [←Skt. *सम्-अर्थ-* 'having a similar or suitable aim or object, having proper aim or force'] *adj.* **1** 能力のある, 力量のある. (⇔असमर्थ) **2** 目的にかなった;効力のある. (⇔असमर्थ)

समर्थक /samartʰaka サマルタク/ [←Skt. *सम्-अर्थक-* 'maintaining. establishing, proving, corroborating'] *adj.* 支持する, 賛同する.
— *m.* 支持者;賛同者.

समर्थता /samartʰatā サマルトター/ [←Skt.f. *समर्थ-ता-* 'ability, capability, competence'] *f.* 能力, 力量.

समर्थन /samartʰana サマルタン/ [←Skt.n. *सम्-अर्थन-* 'reflection, deliberation, contemplation'] *m.* **1** 支持, 支援, 賛同. ❐(का) ～ करना (…の)支持をする. ❐(को) ～ देना (人を)支持する. ❐(से) ～ लेना (…から)支持を取り付ける. **2** 裏付け, 確認.

समर्थनीय /samartʰanīya サマルタニーエ/ [←Skt. *सम्-अर्थनीय-* 'to be determined or fixed or established'] *adj.* 支持するべき.

समर्थांग /samartʰāṃga サマルターング/ [neo.Skt. *समर्थ-अङ्ग-* 'able-bodied'] *adj.* 健康で丈夫な, 五体満足な.

समर्थित /samartʰita サマルティト/ [←Skt. *सम्-अर्थित-* 'taken into consideration'] *adj.* 支持された, 支援された, 賛同された. ❐अमरीका ～ सेना 米国に支援された軍隊.

समर्पण /samarpaṇa サマルパン/ [←Skt.n. *सम्-अर्पण-* 'delivering or handing completely over'] *m.* **1** 委ねること. **2** 捧げること. **3**『法律』(財産・権利などの)譲渡.

समर्पित /samarpita サマルピト/ [←Skt. *सम्-अर्पित-* 'made over or consigned to'] *adj.* **1** 委ねられた. ❐(को) ～ करना (人に)委ねる. **2** 捧げられた. ❐मैंने यह ग्रंथ उसे ～ किया। 私はこの本を彼女に捧げた. ❐वह ऐसा प्रेम चाहती थी, जिसके लिए वह जिये और मरे, जिसपर वह अपने को ～ कर दे। 彼女が望んでいた愛とは, その愛のために自分が生きそして死ぬような, またその愛に自分自身を捧げるような, そういう愛だった.

समलैंगिक /samalaiṃgika サムラェーンギク/ [neo.Skt. *सम-लैङ्गिक-* 'homosexual'] *adj.* **1** 同性愛の.
— *m.* 同性愛者.

समवयस्क /samavayaska サムワヤスク/ [←Skt. *सम-वयस्क-* 'of equal age'] *adj.* 同年配の, 同じ年頃の. (⇒हमउम्र)

समवर्ती /samavartī サムワルティー/ [←Skt. *सम-वर्तिन्-* 'being equal, being of a fair or impartial disposition'] *adj.* 同時に発生する, 同時に存在する;隣接する, 近接する.

समवाय /samavāya サムワーエ/ [←Skt.m. *सम्-अवाय-* 'coming or meeting together, contact, concourse, congress, assemblage, collection, crowd, aggregate'] *m.* **1** 集合, 集まったもの. **2**『経済』合資会社.

समवेत /samaveta サムヴェート/ [←Skt. *सम्-अवेत-* 'come together, met, assembled, united'] *adj.*集合した, 一体

化した. ❒～ गान〖音楽〗合唱, コーラス. ❒～ स्वरों में बोलना 異口同音に言う.

समवेदना /samavedanā サムヴェードナー/ [?neo.Skt.f. *सम-वेदना-* 'condolence'] *f.* 悔み(の言葉), 哀悼;慰めの言葉;弔辞. ❒(के प्रति) हार्दिक ～ करना (…に対し)心からの弔意を表す.

समशीतोष्ण /samaśītoṣṇa サムシートーシュン/ [neo.Skt. *सम-शीत-उष्ण-* 'temperate'] *adj.* (気候が)温和な. (⇒शीतोष्ण) ❒～ कटिबंध〖地理〗温帯.

समष्टि /samaṣṭi サマシュティ/ [←Skt.f. *सम्-अष्टि-* 'collective existence, collectiveness, an aggregate, totality'] *f.* 総体, 全体, マクロ. (⇔व्यष्टि) ❒～ अर्थशास्त्र マクロ経済学.

समसामयिक /samasāmayika サムサームイク/ [neo.Skt. *सम-सामयिक-* 'contemporary'] *adj.* 同時代の, 時代を共有する. ❒～ विचार-धारा 同時代の思潮.

समस्त /samasta サマスト/ [←Skt. *सम्-अस्त-* 'thrown or put together, combined, united, whole, all'] *adj.* すべての, 全…. (⇒सारा) ❒～ देश 全国. ❒～ देह [शरीर] 全身. ❒～ यूरोप 全ヨーロッパ. ❒कवि कि ～ कृतियों को एक ही कृति मानकर पढ़ना चाहिए। 一詩人の全作品を一つの作品と見なして読む必要がある.

समस्या /samasyā サマスィアー/ [←Skt.f. *सम्-अस्या-* 'junction, union; a part of a stanza given to another person to be completed'] *f.* **1** (困難な)問題, 難問;悩み. ❒～ का समाधान 問題の解決. ❒आर्थिक ～ 経済的な問題. **2** サマスヤー《詩作の腕を試すため相手に完成させる下の句》.

समस्यापूर्ति /samasyāpūrti サマスィアープールティ/ [neo.Skt.f. *समस्या-पूर्ति-* 'completing a verse, meeting a test of poetic skill'] *f.* サマスヤープールティ《課題として与えられた詩の下の句を完成させること;詩作の技量を満たすこと》.

समाँ /samā̃ サマーン/ [←Pers.n. سماع 'Hearing, listening to; ecstacy occasioned by hearing song or music' ←Arab.] *m.* (魅入らせる音楽・歌などで醸し出される)雰囲気;情景. ❒～ बँधना うっとりとする雰囲気が醸し出される. ❒～ बाँधना うっとりとさせる雰囲気を醸し出す.

समाई /samāī サマーイー/ [cf. *समाना*] *f.* 支払い能力, 余裕. ❒पिता जी के पास इतना धन एक साथ देने की ～ न थी। 父はこれほどの金額を一度に払う余裕はなかった.

समाकलन /samākalana サマーカラン/ [neo.Skt.n. *सम्-आकलन-* 'integration'] *m.*〖数学〗積分(法). (⇔अवकलन)

समागम /samāgama サマーガム/ [←Skt.m. *सम्-आगम-* 'coming together (either in a hostile or friendly manner), union (also sexual), junction'] *m.* **1** 到着;到達. **2** 集合;集会. **3** 結合;合体;性交.

समाचार /samācāra サマーチャール/ [←Skt.m. *सम्-आचार-* 'doings; news, report, information, tradition'] *m.* ニュース, 情報;知らせ, 便り. (⇒ख़बर)

समाचारपत्र /samācārapatra サマーチャールパトル/ [neo.Skt.n. *समाचार-पत्र-* 'newspaper'] *m.* 新聞(紙). (⇒अख़बार, पेपर) ❒～ निकलना [निकालना] 新聞が発行される[を発行する]. ❒दैनिक ～ 日刊新聞.

समाज /samāja サマージ/ [←Skt.m. *सम्-आज-* 'a meeting, assembly, congregation, congress, conclave, society'] *m.* **1** 社会;共同体. (⇒सोसाइटी) **2** 社会, 世間, 世の中(の人々). (⇒दुनिया) **3** (組織としての)会, 協会, 学会, 組合, 団体, クラブ, 講. (⇒अंजुमन) **4**…界, …世界, …社会. (⇒जगत्, दुनिया, संसार)

समाजवाद /samājavāda サマージワード/ [neo.Skt.m. *समाज-वाद-* 'socialism'] *m.* 社会主義. ❒राजकीय ～ 国家社会主義.

समाजवादी /samājavādī サマージワーディー/ [neo.Skt. *समाज-वादिन्-* 'socialistic, socialist'] *adj.* 社会主義の.
— *m.* **1** 社会主義者.

समाज-विज्ञान /samāja-vijñāna サマージ・ヴィギャーン/ [neo.Skt.n. *समाज-विज्ञान-* 'sociology'] *m.* 社会学. (⇒समाज-शास्त्र)

समाज-शास्त्र /samāja-śāstra サマージ・シャーストル/ [neo.Skt.n. *समाज-शास्त्र-* 'sociology'] *m.* 社会学. (⇒समाज-विज्ञान)

समाज-सुधारक /samāja-sud^{h}āraka サマージ・スダーラク/ [neo.Skt. *समाज-सुधारक-* 'reforming society'] *adj.* 社会改革をする;社会改革派の. ❒～ नेता 社会改革派の指導者.
— *m.* 社会改革者. ❒समाज-सुधारकों की जीवनियाँ 社会改革者たちの伝記.

समाजी /samājī サマージー/ [*समाज* + *-ई*] *adj.* 社会の, 社会的な. (⇒सामाजिक)
— *m.* **1** 特定の組織 (समाज) の組織員《特にアールヤ・サマージ (आर्य समाज) の会員, 信奉者》. **2**〖数学〗楽器演奏者《特に踊り子の背後で演奏をする》.

समादर /samādara サマーダル/ [←Skt.m. *सम्-आदर-* 'great respect, veneration'] *m.* 尊敬(の念), 畏敬(の念).

समादृत /samādṛta サマードリト/ [←Skt. *सम्-आदृत-* 'very respectful, showing great regard'] *adj.* 敬(うやま)われた, 敬意が払われた.

समादेश /samādeśa サマーデーシュ/ [←Skt.m. *सम्-आदेश-* 'direction, advice, instruction, order, command'] *m.* 命令, 指令.

समाधान /samād^{h}āna サマーダーン/ [←Skt.n. *सम्-आधान-* 'putting together'] *m.* **1** (問題の)解決;解決策. (⇒हल) ❒समस्या का ～ 問題の解決. **2** 決定;確定.

समाधि /samād^{h}i サマーディ/ [←Skt.m. *सम्-आधि-* 'concentration of the thoughts, profound or abstract meditation, intense contemplation of any particular object'] *f.* **1** 深い瞑想, 三昧(ざんまい). ❒～ लगाना [लेना] 瞑想に入る. ❒(की) ～ टूटना (人の)瞑想が破られる;(人が)瞑想から覚める. **2** 墓;霊を祭るところ, 廟(びょう). ❒～ क्षेत्र 墓地.

समाधिस्थ /samādʰistʰa̸ サマーディスト/ [←Skt. *समाधि-स्थ-* 'absorbed in meditation'] *adj.* 瞑想に浸っている.

समान /samāna̸ サマーン/ [←Skt. *स-मान-* 'having the same measure'] *adj.* 同じ, 同一の;同様の;等しい. ❒～ रूप से 等しく, 同様に. ❒(के) ～ (…と)等しく, 同様に.

समानता /samāna̸tā サマーンター/ [←Skt.f. *समान-ता-* 'equality'] *f.* 同一;類似;平等.

समानांतर /samānāṃtara̸ サマーナーンタル/ [neo.Skt. *समान-अन्तर-* 'parallel'] *adj.* **1**〖数学〗平行する;並列の. ❒～ रेखाएँ 平行線. **2** 並行する. ❒～ पड़ताल 並行して行われる調査.

समाना /samānā サマーナー/ [<OIA. *sammāti* 'is contained in': T.12975] *vi.* (*perf.* समाया /samāyā サマーヤー/) **1** 収まる;収納される;収容される. (⇒अँटना) ❒उस चित्र में वे फ़ेल्ट कैप पहने हुए हैं और उनके आगे के और बग़ल के बाल जैसे टोपी में न समा सकने के कारण बाहर निकल रहे हैं। その写真では, 彼は中折れ帽をかぶっている, そして前と横の髪が帽子に収まりきれないため外にはみでている. ❒वह कमरा इतना बड़ा था कि सौ लोग आसानी से समा सकते थे। その部屋は, 100 人の人間が簡単に収容できるほど大きかった. ❒एक म्यान में दो तलवारें नहीं समातीं। 一つの鞘に二本の剣は収まらない《諺:両雄並び立たず》. **2** (場所を)とる;広くいきわたる, 浸透する. ❒गर्मी पड़ने लगती तो एक प्रकार की आशंका मेरे मन में समा जाती, और हर साल उसका स्वास्थ्य जो रूप लेता वह सिद्ध कर देता कि मेरी शंका निराधार नहीं थी। 夏になると一つの危惧が私の心を侵しはじめるのだった, そして年ごとに見せる彼女の健康状態が, 私の危惧が根拠のないものでないことを証明するのであった. **3** (大地に)飲みこまれる, 吸いこまれる. ❒धरती क्यों नहीं फट जाती कि वह उसमें समा जाय। 大地がなぜ裂けて割れてくれないのだろう, 彼女がその割れ目に飲みこまれるように《「穴があったら隠れたい」に似た恥辱を受けたときの表現》. **4**〔慣用〕❒फूला न ～ 得意の絶頂になる, 鼻高々となる.
— *vt.* (*perf.* समाया /samāyā サマーヤー/) (容器などに)収める, 収納する.

समानाधिकार /samānādʰikāra̸ サマーナーディカール/ [←Skt.m. *समान-अधिकार-* 'the same rule or government or generic character'] *m.*〖法律〗平等・対等な権利.

समानार्थक /samānārtʰaka̸ サマーナールタク/ [←Skt. *समान-अर्थक-* 'having the same meaning'] *adj.* 同じ意味の, 同義の. ❒～ शब्द 同義語, シノニム.

समापन /samāpana̸ サマーパン/ [←Skt. *सम्-आपन-* 'accomplishing, completing, concluding'] *m.* 終了, 終結.

समापवर्तक /samāpa̸vartaka̸ サマープワルタク/ [neo.Skt.m. *सम-अपवर्तक-* 'common factor'] *m.*〖数学〗公約数. (⇔समापवर्त्य) ❒महत्तम ～ 最大公約数.

समापवर्त्य /samāpa̸vartya̸ サマープワルティエ/ [neo.Skt.m. *सम-अपवर्त्य-* 'common multiple'] *m.*〖数学〗公倍数. (⇔समापवर्तक) ❒लघुतम ～ 最小公倍数.

समापिका /samāpikā サマーピカー/ [neo.Skt.f. *सम्-आपिका-* 'finite verb'] *f.*〖言語〗定動詞.

समाप्त /samāpta̸ サマープト/ [←Skt. *सम्-आप्त-* 'completely obtained or attained or reached, concluded, completed, finished, ended'] *adj.* **1** 終わった, 完了した. (⇒ख़त्म) ❒～ करना …を終わらす. ❒～ होना 終わる. **2** 尽きた. (⇒ख़त्म) ❒～ होना 尽きる. **3** 滅んだ, 死んだ. (⇒ख़त्म) ❒～ करना …を滅ぼす.

समाप्ति /samāpti サマープティ/ [←Skt. *सम्-आप्ति-* 'complete acquisition (as of knowledge or learning); accomplishment, completion, prefection, conclusion, solution (of the body)'] *f.* **1** 終了, 終結;完了, 完結. **2** (期限の)満了. **3** 絶滅, 死滅.

समाप्य /samāpya̸ サマーピエ/ [←Skt. *सम्-आप्य-* 'to be reached or attained; to be accomplished or concluded or completed'] *adj.* 終了すべき;完了すべき.

समारंभ /samāraṃbʰa̸ サマーランブ/ [←Skt.m. *सम्-आरम्भ-* 'undertaking, enterprise; beginning, commencement'] *m.* 開業, 開所, 落成;(新時代の)始まり.

समारोह /samāroha̸ サマーローフ/ [←Skt.m. *सम्-आरोह-* 'ascending, mounting'] *m.* 祝賀会;盛大な行事, 式典, 祝典, 祭典. (⇒जलसा) ❒ओलंपिक का उद्घाटन ～ オリンピックの開会式. ❒दीक्षांत ～ 大学卒業式. ❒विदाई ～ お別れ会.

समालोचक /samālocaka̸ サマーローチャク/ [neo.Skt.m. *सम्-आलोचक-* 'a critic'] *m.* 批評家, 評論家. (⇒समीक्षक)

समालोचन /samālocana̸ サマーローチャン/ [neo.Skt.n. *सम्-आलोचन-* 'criticism'] *m.* ☞समालोचना

समालोचना /samāloca̸nā サマーローチナー/ [neo.Skt.f. *सम्-आलोचना-* 'criticism'] *f.* 批評, 評論. (⇒समीक्षा)

समावर्तन /samāvartana̸ サマーワルタン/ [←Skt.n. *सम्-आवर्तन-* 'returning, (esp.) the return home of a *Brāhman* student'] *m.* 学業を終え帰郷すること.

समाविष्ट /samāviṣṭa̸ サマーヴィシュト/ [←Skt. *सम्-आविष्ट-* 'entered together or at once, seized, occupied, possessed by or filled with'] *adj.* **1** 組み込まれた;含まれた. ❒क्षण मात्र में उसका सूखा हुआ शरीर अग्नि में ～ हो गया। 一瞬の内に彼女のやつれた肉体は火炎の中に飲み込まれた. **2** (考えに)とらわれた, 夢中になった.

समावेश /samāveśa̸ サマーヴェーシュ/ [←Skt.m. *सम्-आवेश-* 'entering together or at once, entering; meeting, penetration, absorption into'] *m.* 結合;組み込み;含まれること. ❒(में) (का) ～ करना (…に)(…)を組み入れる.

समास /samāsa̸ サマース/ [←Skt.m. *सम्-आस-* '(in gram.) composition of words, a compound word'] *m.*〖言語〗合成語, 複合語.

समास-चिह्न /samāsa̸-cihna̸ サマース・チフン/ *m.* ☞समास-रेखा

समास-रेखा /samāsa̸-rekʰā サマース・レーカー/ *f.* ハイフ

ン. (⇒समास-चिह्न)

समाहर्ता /samāhartā サマーハルター/ [←Skt.m. *सम्-आ-हर्तृ* 'collector'] *m.* 収税吏. (⇒कलक्टर)

समाहार /samāhāra サマーハール/ [←Skt.m. *सम्-आहार-* 'aggregation, summing up, sum, totality, collection'] *m.* 収集;集積.

समाहित /samāhita サマーヒト/ [←Skt. *सम्-आहित-* 'composed, collected, concentrated'] *adj.* 収集された;集積された.

समिति /samiti サミティ/ [←Skt.f. *समिति-* 'meeting'] *f.* 委員会. (⇒कमेटी)

समिधा /samidʰā サミダー/ [←Skt.f. *समिधा-* 'an oblation to fuel or firewood'] *f.* サミダー《護摩 (होम) にくべる護摩木》.

समीकरण /samīkaraṇa サミーカラン/ [←Skt.n. *समी-करण-* 'the act of making even or equal'] *m.* **1** 均一化;均等化;同化. ❐जातीय ～ 民族の同化;相異なる共同社会体の同化. **2**〖数学〗方程式;等式. **3**〖言語〗同化(作用). (⇔विषमीकरण)

समीक्षक /samīkṣaka サミークシャク/ [neo.Skt.m. *सम्-ईक्षक-* 'a critic'] *m.* **1** 批評家, 評論家. (⇒समालोचक) **2** 評者, 書評者.

समीक्षा /samīkṣā サミークシャー/ [←Skt.f. *सम्-ईक्षा-* 'thorough or close inspection'] *f.* **1** 審査, 吟味, 検査. **2** 批評, 評論. (⇒समालोचना) ❐फ़िल्म ～ 映画評論. **3** 書評.

समीचीन /samīcīna サミーチーン/ [←Skt. *समीचीन-* 'tending in a common direction; fit, proper'] *adj.* 適切な, ふさわしい. (⇒उचित)

समीप /samīpa サミープ/ [←Skt. *समीप-* 'near (in place or time), contiguous, proximate, adjacent, close by'] *adv.* **1** 近くに. (⇒निकट) ❐～ ही एक वृक्ष पर एक आदमी लकड़ियाँ काट रहा था। 近くの一本の木の上で一人の男が木を切っていた. ❐उन्होंने ～ के बाज़ार से घी और मैदा मँगाया। 彼は近くの市場からギーと小麦粉を取り寄せた. ❐गाँव ～ आ गया। 村に近づいた. ❐मैंने उसे ～ से देखा। 私は彼を近くから見た. **2**《〖名詞 के समीप〗の形式で, 副詞句「…の近くに」を作る》❐एक बूढ़ा मनुष्य उसके ～ खड़ा हो गया। 一人の老いた人間が彼女の近くに立った. ❐मालती उनकी पत्नी न होकर भी उनके इतने ～ थी कि यह प्रश्न उसने उसी सहज भाव से किया, जैसे अपने किसी आत्मीय से करती। マールティーは彼の妻ではなくても彼にあまりに近い存在だったので, この質問を彼女はまるで自分の身内の人間にするような自然さでしたのだった.

समीपता /samīpatā サミープター/ [←Skt.f. *समीप-ता-* 'nearness, contiguity, proximity'] *f.* ☞सामीप्य

समीपवर्ती /samīpavartī サミープワルティー/ [←Skt. *समीप-वर्तिन्-* 'being near, living near'] *adj.* 近くの, 隣接している.

समीर /samīra サミール/ [←Skt.m. *समीर-* 'air, breeze, wind'] *m.* (心地よい)そよ風, 微風. ❐～ के हलके-हलके झोंके そよ風の軽やかな吹き抜け. ❐वहाँ की परिष्कृत मंद ～ चित्त को पुलकित कर देती थी। かの地の繊細でおだやかな微風が心を歓喜させるのであった.

समुंदर /samuṃdara サムンダル/ ▸समंदर [<Skt.m. *समुद्र-* 'the sea, ocean'] *m.* 海.

समुचित /samucita サムチト/ [←Skt. *सम्-उचित-* 'delighted in, liked, well suited, fit, right, proper'] *adj.* **1** 適切な;適正な. ❐(का) ～ इलाज कराना (…の)適切な治療を受けさせる. **2** 当然な, しかるべき. ❐(को) ～ आदर-मान देना (人に)しかるべき敬意を払う.

समुच्चय /samuccaya サムッチャエ/ [←Skt.m. *सम्-उच्चय-* 'aggregation, accumulation, collection, assemblage, multitude'] *m.* **1** 集まり, 集合. ❐～ सिद्धांत〖数学〗集合論. **2** 結合;累積.

समुच्चय-बोधक /samuccaya-bodʰaka サムッチャエ・ボーダク/ [neo.Skt.m. *समुच्चय-बोधक-* 'conjunction'] *m.*〖言語〗接続詞.

समुदाय /samudāya サムダーエ/ [←Skt.m. *सम्-उदाय-* 'combination, collection, multitude, mass, totality, a whole'] *m.* **1** (共通の利害, 職業, 信仰などをもつ)社会集団, 党派, コミュニティー, 共同体. (⇒जमात) ❐उद्योगी ～ 産業界. ❐नागरिक ～ 市民社会. **2** 集合, 群. ❐पक्षियों का ～ 鳥の群.

समुद्र /samudra サムドル/ [←Skt.m. *सम्-उद्र-* 'the sea, ocean'] *m.*〖地理〗海. (⇒सागर) ❐～ पार 海外.

समुद्रतट /samudrataṭa サムドルタト/ [←Skt.n. *समुद्र-तट-* 'the seacoast'] *m.*〖地理〗海岸, 海辺, 沿岸. (⇒साहिल) ❐भारत की ～ की लंबाई インドの海岸線の長さ.

समुद्र-तल /samudra-tala サムドル・タル/ [neo.Skt.n. *समुद्र-तल-* 'sea-level'] *m.* 海抜, 標高. ❐मालदीव ～ से, औसतन, १.५ मीटर की ऊँचाई पर स्थित है। モルディヴは, 平均して, 海抜 1.5 メートルである.

समुद्री /samudrī サムドリー/ [*समुद्र* + *-ई*] *adj.* 海の, 海洋の;海にすむ;海産の. ❐～ उत्पादन 海産物. ❐～ चिड़िया 海鳥. ❐～ जल 海水. ❐～ जहाज़ 船《हवाई जहाज़「飛行機」と区別して》. ❐～ डाक से भेजना 船便で送る. ❐～ डाकू 海賊. ❐～ तार 海底ケーブル.

समुद्रीय /samudrīya サムドリーエ/ [←Skt. *समुद्रीय-* 'relating to the sea, marine, oceanic'] *adj.* ☞समुद्री

समुन्नत /samunnata サムンナト/ [←Skt. *सम्-उन्नत-* 'risen up, lifted up, raised aloft'] *adj.* **1** 高められた;高い. **2** (国が)発展した, 先進の. ❐～ देश 先進国.

समुन्नति /samunnati サムンナティ/ [←Skt.f. *सम्-उन्नति-* 'elevation, increase, growth'] *f.* 高められること;発展, 進歩.

समूचा /samūcā サムーチャー/ [<OIA.m. *samuccaya-* 'aggregation': T.13227] *adj.* 全体の, すべての. ❐～ उत्तर भारत लू [ठंड] की चपेट में है। 北インド全体が熱波[寒波]に襲われている.

समूल /samūla サムール/ [←Skt. *स-मूल-* 'having roots'] *adj.* **1** 根っからの. **2** 全体の, まったくの.
— *adv.* 根こそぎに. ❐बालक ने उसकी मूँछों को ऐसा पकड़ा था कि ～ ही उखाड़ लेगा। 子どもは彼のひげを, 根こそぎ引

き抜くかと思うほど引っ張った. ❐यही महौषधि तुम्हारे समस्त रोगों को ～ नष्ट करेगी। この万能薬はお前のすべての病を根こそぎ絶やしてくれるだろう.

समूह /samūhạ サムーフ/ [←Skt.m. *सम्-ऊह-* 'a collection, assemblage, aggregate, heap, number, multitude'] *m.* 集団, 集合;(人間や動物の)群れ. ❐यात्रियों का एक ～ 旅人の一群.

समृद्ध /samṛddʰạ サムリッド/ [←Skt. *सम्-ऋद्ध-* 'accomplished, succeeded, fulfilled, perfect, very successful or prosperous or flourishing, fortunate'] *adj.* **1** 富裕な;繁栄している. (⇒दौलतमंद) ❐～ तबक़े 富裕層. ❐～ व्यक्ति 富裕な人, 金満家. **2** (文学・言語などが)富んでいる, 豊かな. ❐～ साहित्य 豊かな文学.

समृद्धि /samṛddʰi サムリッディ/ [←Skt.f. *सम्-ऋद्धि-* 'great prosperity or success, growth, increase, thriving, welfare, fortune, perfection, excellence'] *f.* **1** 富;富裕;繁栄. **2** (文学・言語などの)豊かさ.

समेटना /sameṭạnā サメートナー/ [<OIA. *saṁvēṣṭayati* 'wraps up': T.13026] *vt.* (*perf.* समेटा /sameṭā サメーター/) **1** (散らばったものを)集める;束ねる;(広がったものを)すぼめる. ❐अपनी किताबें समेट लो। 自分の本を片付けなさい. ❐चाय पीकर सामान समेट लेना चाहिए, क़रीब आधे घंटे में स्टेशन आ जाएगा। お茶を飲んだら荷物をまとめなければいけない, 約半時間後に駅に着いてしまうよ. ❐वह सुखावन समेटने लगी। 彼女は洗濯物をとりこみ始めた. **2** 巻き上げる;包む, くるむ. **3** 始末をつける, 処分する;決着をつける;(店などを)たたむ.

समेत /sametạ サメート/ [←Skt. *सम्-एत-* 'come together, assembled, joined, united'] *adv.* 《『名詞 (के) समेत』の形式で, 副詞句「…と共に」を作る》❐हमारे रुपये सूद ～ दे दो। 我々の金を利子と一緒に渡してくれ.

समोआ /samoā サモーアー/ [cf. Eng.n. *Samoa*] *m.* 『国名』サモア(独立国)《旧西サモア (पश्चिमी समोआ);首都はアピア (एपिया)》.

समोना /samonā サモーナー/ [<OIA. *sáṁvapati* 'pours in, mixes': T.13012] *vt.* (*perf.* समोया /samoyā サモーヤー/) **1** 盛り込む. ❐उस लेखक ने इतना बड़ा कथानक छोटी-सी कहानी में समो दिया। その作家はこれほど膨大な物語を小さな短編にまとめあげた. **2** (冷水を加えて)(熱湯を)さます.

समोसा /samosā サモーサー/ [←Pers.n. سموسه 'a kind of a small pastry of minced meat of a triangular form'] *m.* 『食』サモーサー《スナックの一種;香辛料で味付けしたジャガイモなど野菜の具を小麦粉の皮で包んで揚げたもの》.

सम्मत /sammatạ サムマト/ [←Skt. *सम्-मत-* 'thinking together, being of the same opinion, agreed'] *adj.* **1** 同意見の. **2** 認可された;保証された, 裏打ちされた. ❐विवेक- ～ जीवन-दृष्टि 理性に裏打ちされた人生観. ❐संविधान ～ 憲法が保証している.

सम्मति /sammati サムマティ/ [←Skt.f. *सम्-मति-* 'sameness of opinion, harmony, agreement'] *f.* **1** 同意, 合意, 承認. ❐आपस में ～ हुई। 相互の間で合意ができた. ❐(की) ～ लेना (人の)同意を得る. **2** 意見;助言, アドバイス. ❐आपकी इस विषय में क्या ～ है? あなたはこの問題に関してどのようなご意見でしょうか?

सम्मन /sammanạ サムマン/ ▸समन *m.* ☞समन

सम्मान /sammānạ サムマーン/ [←Skt.m. *सम्-मान-* 'honour, respect, homage'] *m.* **1** 尊敬, 敬意. (⇒इज़्ज़त) ❐(का) ～ करना (人に)敬意を表す. ❐(के) ～ में (人に)敬意を表して. ❐दौलत से आदमी को जो ～ मिलता है, वह उसका ～ नहीं, उसकी दौलत का ～ है। 富によって人が受ける尊敬は, その人に対する尊敬ではなく, その人の富に対する尊敬である. ❐बड़े ～ से たいそう礼を尽くして, 失礼のないように. **2** 栄誉, 名誉. (⇒इज़्ज़त) ❐यह मेरे लिए बड़े ～ की बात है। これは私にとって大変名誉なことです.

सम्माननीय /sammānạnīyạ サムマーンニーエ/ [←Skt. *सम्-माननीय-* 'to be honoured or respected'] *adj.* 尊敬すべき.

सम्मानित /sammānitạ サムマーニト/ [←Skt. *सम्-मानित-* 'honoured'] *adj.* 尊敬された;栄誉ある, 立派な. ❐(को) ～ करना (人に)敬意を表する, (人を)表彰する.

सम्मिलन /sammilanạ サムミラン/ [?neo.Skt.n. *सम्-मिलन-* 'joining, combining'] *m.* **1** 結合, 合同. ❐पारस्परिक ～ 相互の結びつき. **2** 『言語』(音韻の)同化.

सम्मिलित /sammilitạ サムミリト/ [←Skt. *सम्-मिलित-* 'met together, assembled, collected'] *adj.* 含まれている. (⇒शामिल)

सम्मिश्रण /sammiśraṇạ サムミシュラン/ [←Skt.n. *सम्-मिश्रण-* 'the act of commingling or mixing together'] *m.* 混合(物);調合, 合成. ❐शर्मा जी बहु-पठित थे, विद्वान थे, पूर्व-पुरातन और पश्चिम-नवीनतम के अद्भुत ～। シャルマー氏は大変な読書家でした, 物知りでした, 東方の古(いにしえ)の知識と西方の最新の知識との驚嘆すべき混合.

सम्मिश्रित /sammiśritạ サムミシュリト/ [←Skt. *सम्-मिश्रित-* 'mixed together, mingled'] *adj.* 混合された;調合された, 合成された.

सम्मुख /sammukʰạ サムムク/ [←Skt. *सम्-मुख-* 'facing, fronting, confronting, being face to face or in front of or opposite to, present, before the eyes'] *adv.* 前面に《主に『名詞 के सम्मुख』の形式で「…の前で, …の面前で」》. ❐मैं अपने गुण-दोष जग-जीवन के ～ रखने जा रहा हूँ। 私は自分の長所も欠点も神の前に並べようとしている. ❐वह मेरे ～ आकर खड़ी हो गई। 彼女は私の前に来て立ちはだかった.

सम्मेलन /sammelanạ サムメーラン/ [←Skt.n. *सम्-मेलन-* 'mingling or meeting together, mixture, union'] *m.* **1** 定期大会, 総会. (⇒कांफ्रेंस) ❐～ बुलाना 総会を召集する. ❐～ में एक प्रस्ताव पारित किया जाना 定期大会で一つの決議がなされる. ❐विश्व हिंदी ～ 世界ヒンディー語大会. **2** 協会, 団体. ❐हिंदी साहित्य ～ ヒンディー文学協会.

सम्मोह /sammohạ サムモーフ/ [←Skt.m. *सम्-मोह-*

'stupefaction, bewilderment, illusion of mind'] *m.* 魅了, のぼせあがり, 心酔.

सम्मोहक /sammohaka サムモーハク/ [←Skt. *सम्-मोहक-* 'infatuating'] *adj.* 魅了する, 夢中にさせる.

सम्मोहन /sammohana サムモーハン/ [←Skt.n. *सम्-मोहन-* 'deluding, infatuating, leading astray'] *m.* **1** 魅了すること. **2** 催眠(術);催眠効果.

सम्यक् /samyak サミャク/ [←Skt. *सम्यक-* 'entire, whole; correct, accurate, proper'] *adj.* **1** 全体の. ❐(का) ~ जीवन-चरित (人の)全生涯にわたる伝記. **2** 適正な.

सम्राज्ञी /samrājñī サムラーギー/ [←Skt.f. *सम्राज्ञी-* 'a queen or any woman or mistress who is superior in rank'] *f.* 女王, 女帝;王妃. (⇒मलिका)(⇔सम्राट्)

सम्राट् /samrāṭ サムラート/▷सम्राट [←Skt.m. *सम्-राज्-* 'a universal or supreme ruler'] *m.* 皇帝, 帝王, 大帝;天皇. (⇔सम्राज्ञी)

सम्हलना /samhalanā サムハルナー/ ▸सँभलना *vi.* (*perf.* सम्हला /samhalā サムハラー/) ☞सँभलना

सम्हालना /samhālanā サムハールナー/ ▸सँभालना *vt.* (*perf.* सम्हाला /samhālā サムハーラー/) ☞सँभालना

सयाना /sayānā サヤーナー/ [<OIA. **sajāna-* 'clever': T.13088] *adj.* **1** 成年に達した, 年頃になった. (⇒बालिग़, वयस्क) ❐लड़की सयानी होकर बेब्याही रही। 娘は年頃になって未婚のままだった. ❐जब लड़के सयाने हो गये, तो बाप की कौन चलती है। 息子たちが成人したら, 父親の言うことなど通らないものだ. **2** 賢い;抜け目のない.

— *m.* **1** (知識・経験のある)大人. **2** 抜け目のない人. **3** (悪霊払いをする)呪術師, 祈祷(きとう)師;呪術医. (⇒ओझा)

सर¹ /sara サル/ [<OIA.n. *sáras-* 'lake, pool': T.13254] *m.* 池;湖.

सर² /sara サル/ [←Pers.n. سر 'head'; cog. Skt.n. *शिरस्-* 'the head, skull'; cf. *सिर*] *m.* 頭. (⇒सिर)

सर³ /sara サル/ [←Eng.n. *sir*] *m.* 《目上の男性に対する敬称》先生, 閣下, だんな. ❐यस ~ はい;かしこまりました《男性の教師や上司に対する返事》.

सर⁴ /sara サル/ [<OIA.m. *śará-¹* 'reed from which arrows are made, *Saccharum sara*': T.12324] *m.* 〖植物〗サル《アシの一種》.

सर⁵ /sara サル/ *adj.* 負かされた. ❐~ करना 打ち勝つ, 克服する.

सरकंडा /sarakaṃḍā サルカンダー/ [<Skt.m. *शर-काण्ड-* 'the stem of the *Sacclsarum Sara*; the shaft of an arrow'] *m.* 〖植物〗芦(あし).

सरकना /sarakanā サラクナー/▸सरसराना, सुरसुराना [onom.; <OIA. *sárati* 'runs, flows, glides': T.13250] *vi.* (*perf.* सरका /sarakā サルカー/) **1** ずれ動く, ずれる. (⇒खिसकना) **2** スルッとずり落ちる, 滑り落ちる;(液体のすじが)垂れる. ❐हार कंधे से सरका। 首飾りが肩からずり落ちた. ❐मुँह के दाहने या बाएँ कोने से पान के पीक की निहायत पतली-सी लीक उसकी ठोढ़ी की ओर सरकती नज़र आती थी। 口の右や左の隅からパーン (पान) の汁のか細いすじが, 彼のあごの方に垂れていくのが見えた. **3** (ヘビなどが)スルスル (सर-सर) 這って進む;はいずり回る. (⇒रेंगना) **4** 引っ込む, 引き下がる;手を引く. ❐वह चुपके-से सरक गया था। 彼は, そっと引っ込んだ. **5** (仕事が)はかどる.

सरकश /sarakaśa サルカシュ/ [←Pers.adj. سر کش 'refractory; proud, arrogant'] *adj.* 反抗的な;生意気な.

सरकस /sarakasa サルカス/ [←Eng.n. *circus*] *m.* サーカス.

सरकाना /sarakānā サルカーナー/ [cf. *सरकना*] *vt.* (*perf.* सरकाया /sarakāyā サルカーヤー/) **1** ずらして動かす. (⇒खिसकाना) ❐बच्चे को अपना दूध पिलाने के लिए उसने अपनी अँगिया सरकाई। 赤子に乳を飲ませるために, 彼女はブラジャーをずらした. ❐उसने वह पत्थर सरकाया, तो बड़ी-सी गुफा का मुँह निकल आया। 彼がその石をずらして動かすと, 大きな洞穴の入り口が現れた. **2** 手渡す. **3** 追いやる, 追放する. **4** (日にちをずらして)延期する, (日程を)ずらす.

सरकार /sarakāra サルカール/ [←Pers.n. سر کار 'a chief, superintendant, supervisor, overseer, agent'] *m.* (使用人からみて)主人, だんな. ❐छोटे ~ 若だんな.

— *f.* **1** 政府. (⇒गवर्नमेंट, हुकूमत) ❐भारत ~ インド政府. **2** 〖歴史〗サルカール《ムガル帝国の行政・徴税区分, 県;複数の郡 (परगना) から成る》.

सरकारी /sarakārī サルカーリー/ [←Pers.adj. سر کاری 'belonging to the estate or to government'] *adj.* **1** 政府の, 官庁の;公式の, 公の. ❐~ कर्मचारी 国家公務員. **2** 国立の;公立の. (⇔निजी) ❐~ विश्वविद्यालय 国立大学.

सरग़ना /saraganā サルガナー/ [←Pers.adj. سرغنه 'great, large, and incomparable'] *m.* ボス, 首領. ❐माफ़िया ~ マフィアのボス.

सरगम /saragama サルガム/ *m.* 〖音楽〗サルガム《インド伝統音楽の 7 音階;स (षड्ज), र (ऋषभ), ग (गान्धार), म (मध्यम), प (पञ्चम), ध (धैवत), नि (निषाद) の最初の 4 音階を表す音節文字をつなげたもの》. (⇒सप्तक)

सरगर्मी /saragarmī サルガルミー/ [←Pers.n. سر گرمی 'attention; the being in love'] *f.* 熱気;てんやわんやの大騒ぎ, 熱狂, 熱中. ❐बिहार में राज्यसभा चुनाव को लेकर राजनीतिक ~ तेज़ हो गई है। ビハール州ではインド上院の選挙をめぐって政治的な熱気が激しくなってきた.

सरणि /saraṇi サルニ/ ▸सरणी [←Skt.f. *सरणि-* 'a road, path, way'] *f.* 道, 道路, 通り.

सरणी /saraṇī サルニー/ ▸सरणि *f.* ☞सरणि

सरदर्द /saradarda サルダルド/ ▸सिरदर्द *m.* ☞सिरदर्द

सरदा /saradā サルダー/ ▹सर्दा *m.* ☞सर्दा

सरदार /saradāra サルダール/ [←Pers.n. سر دار 'a general, field-marshal, officer of rank, king's lieutenant, a chief in any department'] *m.* 頭領, 頭目;族長. ❐~ जी 〖スィック教〗スィック教徒《男子のスィック教徒を指す通称;呼びかけにも使用》.

सरदी /saradī サルディー/ ▹सर्दी *f.* ☞सर्दी

सरना /saranā サルナー/ [<OIA. *sárati* 'runs, flows,

glides': T.13250] *vi.* (*perf.* सरा /sarā サラー/) **1** (仕事などが)順調に進む. **2** (時間・人生が)過ぎる.

सरनाम /sarạnāmạ サルナーム/ [*सर²* + *नाम*] *m.* 有名な, 高名な.

सरनामा /sarạnāmā サルナーマー/ ▸सिरनामा [←Pers.n. سر نامہ 'titles at the biginning of a letter, given to the person to whom it is addressed'] *m.* 《手紙の書きだしの形式的な部分;相手への呼びかけや「拝啓」などを含む》.

सरनेम /sarạnemạ サルネーム/ [←Eng.n. *surname*] *m.* 姓, 名字. ❐शादी के बाद अपना ~ बदलना 結婚の後自分の姓を変える.

सरपंच /sarạpaṃcạ サルパンチ/ [*सर²* + *पंच*] *m.* サルパンチ《パンチャーヤット (पंचायत) の長》.

सरपट /sarạpaṭạ サルパト/ [?onom.] *adv.* 馬を早く駆けさせて;大急ぎで. ❐सड़क पर एक्का ~ दौड़ा जा रहा था। 道を一頭立ての馬車が大急ぎで走っていた.

सरपत /sarạpatạ サルパト/ [<OIA.m. *śará-¹* 'reed from which arrows are made': T.12324] *m.* 〖植物〗サルパト《アシの一種;屋根をふいたりかごなどを編むために使われる》.

सरमाया /sarạmāyā サルマーヤー/ [←Pers.n. سرمایہ 'the capital of a merchant, stock-in-trade, principal sum'] *m.* **1** 〖経済〗資本, 元手;元金. (⇒पूँजी) **2** 財産;宝. (⇒धन)

सरल /saralạ サラル/ [←Skt. *सरल-* 'running on; straight (not crooked); upright, sincere, candid, honest, artless, simple'] *adj.* **1** まっすぐな, 直線の. (⇒सीधा) ❐~ रेखा 直線. **2** (性格が)素朴な;素直な. ❐~ गँवार 純朴な田舎者. ❐वह ~ स्वभाव का है। 彼は素直な性格です. **3** やさしい, 容易な, 分かりやすい;簡素な. (⇒आसान) ❐~ प्रश्न 易しい問題. ❐~ भाषा 平易な言葉.

सरलता /saralạtā サラルター/ [←Skt.f. *सरल-ता-* 'uprightness, honestly, simplicity'] *f.* **1** (性格の)素朴さ, 純朴さ;素直さ. ❐मुझे उसकी ~ पर क्रोध भी आया और दया भी। 私は彼の純朴さに怒りをおぼえた, また憐みも. **2** やさしさ, 容易さ, 分かりやすさ.

सरलीकरण /sarạlīkaraṇạ サルリーカラン/ [←Skt.n. *सरली-करण-* 'making straight'] *m.* 簡略化;単純化.

सरस /sarasạ サラス/ [←Skt. *स-रस-* 'containing sap, juicy, pithy, potent, powerful; tasty; elegant, beautiful, charming, gracious; expressive of poetical sentiment'] *adj.* **1** 汁気のある, ジューシーな. (⇔नीरस) **2** 美味な. (⇔नीरस) **3** 味わいのある, 情趣に富んだ. (⇔नीरस)

सरसठ /sarạsaṭʰạ サルサト/ ▸सड़सठ [<OIA. *saptaṣaṣṭi-* '67': T.13158] *num.* 67.

सरसना /sarasạnā サラスナー/ [cf. *सरस*] *vi.* (*perf.* सरसा /sarạsā サルサー/) **1** (植物が)繁茂する, 生い茂る. (⇒पनपना) **2** (情感で)満ち満ちる.

सर-सर /sarạ-sarạ サル・サル/ ▸सुर-सुर [onom.] *m.* 〔擬音〕サラサラ(という音)《ヘビやムカデなどが這う音;風の吹く音》.

सरसराना /sarạsarānā サルサラーナー/ ▸सुरसुराना [onom. cf. *सर-सर*] *vi.* (*perf.* सरसराया /sarạsarāyā サルサラーヤー/) **1** (ヘビなどが)スルスル (सर-सर) 這って進む. **2** (忍び足で)こっそりその場を離れる, 逃げ出す. ❐वह सबकी आँख बचाकर वहाँ से सरसराकर नौ दो ग्यारह हुआ। 彼は皆の目を盗んでその場からこっそり離れ一目散に逃げた. **3** (風が)スースー (सर-सर) 吹く;(実った穀物の穂などが)風にそよぐ. ❐सरसराती ठंडी झकोरें चलीं। スースーと冷たい突風が吹いた. **4** (皮膚が)ムズムズ[ヒリヒリ]する.

सरसराहट /sarạsarāhaṭạ サルサラーハト/ ▸सुरसुराहट [*सरसराना* + *-आहट*] *f.* サラサラ, カサカサという音. ❐वह सामने झाड़ी में ~ की आवाज़ सुनकर चौंक पड़ा। 彼は前の茂みでカサカサという音を聞いてびっくりした.

सरसरी /sarạsarī サルサリー/ [←Pers.adj. سرسری 'quick of apprehension'] *adj.* **1** 急ぎの, 皮相的な, ぞんざいな. ❐~ नज़र से देखना ざっと見る. **2** 略式の, かいつまんだ.

सरसाम /sarạsāmạ サルサーム/ [←Pers.n. سر سام 'frenzy, delirium'] *m.* 〖医学〗 (高熱などでうわごとや幻覚を伴う)一時的精神錯乱. (⇒सन्निपात) ❐मामूली ज्वर भी आ जाए, तो हमें ~ की दवा दी जाती है। 微熱が出ても, 私たちには精神錯乱の薬が投与されるのである.

सरसिज /sarạsijạ サルスィジ/ [←Skt.n. *सरसि-ज-* 'a lotus (produced or living in lakes or ponds)'] *m.* 〖植物〗ハス(蓮). (⇒कमल)

सरसों /sarạsõ サルソーン/ ▸सरसो [<OIA.m. *sarṣápa-* 'mustard seed': T.13281] *f.* 〖植物〗アブラナ(油菜);カラシ(辛子), カラシナ(辛子菜)《アブラナ科の一種 (*Sinapis glauca*);香辛料のカラシはカラシナの種子を粉にしたもの》. ❐~ का तेल マスタード・オイル.

सरसो /sarạso サルソー/ ▸सरसों *f.* ☞सरसों

सरस्वती /sarasvatī サラスワティー/ [←Skt.f. *सरस्वती-* 'the river-goddess has seven sisters and is herself sevenfold, she is called the mother of streams, the best of mothers, of rivers, and of goddesses'] *f.* **1** 〖神話〗サラスワティー女神《言葉と学問を司どるとされる;日本では弁財天となった》. ❐ऐसा जान पड़ता था, मानो मेरी जिह्वा पर ~ विराजमान हों। まるで私の舌にサラスワティー女神が宿られたかのように思われた《「能弁になった」の意》. **2** 〖神話〗サラスワティー川《デリー近郊からラージャスターン地方に向かい南西方向に流れる川;聖地プラヤーガ(アラーハーバード)でガンジス川とヤムナー川に合流するとされる伝説上の川》.

सरहज /sarạhajạ サルハジ/ ▸सलहज *f.* ☞सलहज

सरहद /sarạhadạ サルハド/ [←Pers.n. سر حد 'a frontier, confine, boundary, limit'] *f.* **1** 国境. (⇒सीमा) **2** 辺境地帯. ❐मैं पेशावर की ~ पर पहुँच गया। 私はペシャーワルの辺境地帯に着いた.

सरहदी /sarạhadī サルハディー/ [*सरहद* + *-ई*] *adj.* 国境の;辺境の.

सराप /sarāpa̸ サラープ/ [< hypercorr.Skt.m. *श्राप-* <Skt.m. *शाप-* 'a curse, malediction, abuse'] *m.* ☞शाप[1]

सरापना /sarāpa̸nā サラープナー/ [cf. *सराप*] *vt.* (*perf.* सराप /sarāpa サラーパ/) ☞कोसना

सरापा /sarāpā サラーパー/ [←Pers.adv. سراپا 'totally, from head to foot'] *m.* 頭から足までの全身(の容姿). (⇒नख-शिख)
— *adv.* 全く, 完全に;全身. (⇒नख-शिख)

सराफ़ /sarāfa̸ サラーフ/ ▸सर्राफ़ *m.* ☞सर्राफ़

सराफ़ा /sarāfā サラーファー/▸सर्राफ़ा [←Pers.n. صرافة 'the place where bankers transact their business, bank' ←Arab.] *m.* 〖経済〗金融市場;銀行.

सराबोर /sarābora̸ サラーボール/ ▸शराबोर [?] *adj.* びっしょり濡れた, ずぶ濡れの. ❒वह पसीने में ～ था। 彼は汗でぐっしょり濡れていた. ❒वह सिर से पाँव तक ～ हो गया। 彼は頭から足までびっしょり濡れた.

सराय /sarāya̸ サラーエ/ [←Pers.n. سرای 'a house, palace, grand edifice, king's court, seraglio; an inn'] *f.* 旅宿, サラーエ.

सरासर /sarāsara̸ サラーサル/ [←Pers.adv. سراسر 'from beginning to end; entirely'] *adj.* 完全な, まったくの. ❒～ झूठ まったくの嘘. ❒～ बेईमानी まったくのいんちき.
— *adv.* 完全に, まったく. ❒यह ～ ग़लत है। これはまったく間違っている.

सरासरी /sarāsarī サラーサリー/ [←Pers.n. سراسری 'a medium, average; a summary'] *f.* **1** 平均値. **2** 概算, おおよその見積もり.

सराहना /sarāha̸nā サラーヘナー/ [<OIA.n. *ślāghana-* 'boasting': T.12735] *vt.* (*perf.* सराहा /sarāhā サラーハー/) **1** 賞賛する, 誉め称える. (⇒बखानना) ❒उसने उसके गुणों को सराहा। 彼は彼女の長所を誉め称えた. ❒श्रोताओं ने उसकी कविताओं को ख़ूब सराहा। 聴衆は彼の詩を大いに賞賛した. ❒मैं उसके सौंदर्य को मन ही मन सराह रहा था। 私は, 彼女の美しさを心の底から賞賛していた. **2** (幸運などを)満足に思う, ありがたく思う. ❒अपनी तक़दीर सराहिए कि जिसने आज तक किसी को मुँह नहीं लगाया, वह आपका कलमा पढ़ रही है। ご自分の幸運をありがたく思いなさい, 今日まで誰にも見向きもしなかった女があなたにひたすら尽くしているのだから.
— *f.* 賞賛.

सराहनीय /sarāha̸nīya̸ サラーヘニーエ/ [pseudo.Skt. *सराहनीय-* for Skt. *श्लाघनीय* 'to be praised, praiseworthy, laudable, commendable'] *adj.* 称賛に値する.

सरिता /saritā サリター/ [neo.Skt.f. *सरिता-* 'stream, river'; cf. Skt.f. *सरित-* 'flowing, fluent (as speech)'] *f.* (水の)流れ;川.

सरिया /sariyā サリヤー/ [<OIA.m. *śará-[1]* 'reed from which arrows are made': T.12324] *m.* **1** 芦(あし)の茎;竹ひご. **2** 細く長い鉄棒《建築資材に使用》.

सरीखा /sarīkʰā サリーカー/ [<OIA. *sadṝkṣa-* 'like': T.13119] *adj.* …に似た. ❒संन्यासी की धुन में कोयल की कूक सरीखी मधुरता थी। 世捨て人の節回しにはカッコウの鳴き声のような甘美さがあった. ❒वे मित्र बन गए, जो शत्रु सरीखे थे। 敵同然だった者が友になった.

सरूप[1] /sarūpa̸ サループ/ [←Skt. *स-रूप-* 'having the same shape or form, uniform, similar, like, resembling'] *adj.* 似た, 類似した, 相似した.

सरूप[2] /sarūpa̸ サループ/ [<Skt.n. *स्व-रूप-* 'one's own form or shape'] *m.* ☞स्वरूप

सरूपता /sarūpa̸tā サループター/ [←Skt.f. *स-रूप-ता-* 'identity of form, likeness, resemblance to'] *f.* 類似, 相似.

सरेश /sareśa̸ サレーシュ/ ▸सरेस [←Pers.n. سریش 'glue'] *m.* ゼラチン;にかわ;接着剤.

सरेस /saresa̸ サレース/ ▸सरेश *m.* ☞सरेश

सरो /saro サロー/ [←Pers.n. سرو 'the cipress-tree'] *m.* 〖植物〗イトスギ(糸杉).

सरोकार /sarokāra̸ サローカール/ [←Pers.n. سر و کار 'affair, concern, business'] *m.* 利害関係, 関わり. ❒उससे मुझे कोई ～ नहीं है। 彼とは私は何の関わりもありません.

सरोज /saroja̸ サロージ/ [←Skt.n. *सरो-ज-* 'a lotus'] *m.* 〖植物〗ハス(蓮).

सरोद /saroda̸ サロード/ [←Pers.n. سرود 'poesy, ode, song'; ?cog. Skt. *स्वर-उदय-* 'followed by a vowel'] *m.* 〖楽器〗サロード《ギターに似た弦楽器》.

सरोवर /sarovara̸ サローワル/ [←Skt.n. *सरो-वर-* 'a lake or large pond, any piece of water deep enough for the lotus'] *m.* 池;沼;湖.

सरो-सामान /saro-sāmāna̸ サロー・サーマーン/ [←Pers.n. سر و سامان 'apparatus'] *m.* 家財道具;備品. ❒उन्होंने सारे ～ के साथ जैसे-तैसे यह लंबी यात्रा पूरी की। 彼は全家財道具と一緒になんとかこの長い旅を終えた.

सरौता /sarautā サラォーター/ [?←Drav.] *m.* サラォーター《ビンロウジ (सुपारी) を割る鋏(はさみ)の形をした道具》.

सर्ग /sarga̸ サルグ/ [←Skt.m. *सर्ग-* 'a section, chapter, book, canto (esp. in an epic poem)'] *m.* (書物などの)章. (⇒अध्याय)

सर्जक /sarjaka̸ サルジャク/ [?neo.Skt. *सर्जक-* 'one who creats'] *m.* 創造者;創作者.

सर्जन[1] /sarjana̸ サルジャン/ [←Skt.n. *सर्जन-* 'the act of creating'] *m.* 創造(すること);創作(すること).

सर्जन[2] /sarjana̸ サルジャン/ [←Eng.n. *surgeon*] *m.* 〖医学〗外科医. (⇒शल्य-चिकित्सक)

सर्जरी /sarjarī サルジャリー/ [←Eng.n. *surgery*] *f.* 〖医学〗外科;(外科)手術. (⇒शल्य-चिकित्सा)

सर्द /sarda̸ サルド/ [←Pers.adj. سرد 'cold'] *adj.* (空気が)冷たい, 寒い. (⇒ठंडा) ❒～ हवा 冷たい風. ❒(का) ख़ून [लहू] ～ हो जाना (人の)血が凍る《恐怖のため》.

सर्दा /sardā サルダー/▹सरदा [←Pers.n. سرده 'a sort of melon'] *m.* 〖植物〗サルダー《メロンの一種》.

सर्दी /sardī サルディー/ ▹सरदी [←Pers.n. سردی 'cold, coldness'] *f.* **1** 寒さ;冷たさ. ❐～ पड़ना 寒くなる. ❐(को) ～ लगना (人が)寒く感じる, 風邪をひく. **2**〖暦〗冬. ❐सर्दियों [सर्दी] में 冬に. ❐～ का मौसम 冬の季節.

सर्दी-ज़ुकाम /sardī-zukāmạ サルディー・ズカーム/ *m.* (頭も喉も痛い)風邪.

सर्प /sarpạ サルプ/ [←Skt.m. *सर्प-* 'a snake, serpent, serpent-demon'] *m.*〖動物〗ヘビ(蛇).

सर्पमीन /sarpạmīnạ サルプミーン/ [neo.Skt.m. *सर्प-मीन-* 'eel'] *m.*〖魚〗ウナギ.

सर्फ़ /sarfạ サルフ/ [←Pers.n. 'changing, turning, converting; spending, using' ←Arab.] *m.* (時間・金の)消費. ❐मैं कोई वजह नहीं देखता कि आप अपनी फ़ुरसत की घड़ियाँ ऐसे नगण्य और निरर्थक विषय पर ～ करें। あなたがご自身の余暇をこのようなとるに足らない無意味な問題に費やされる理由が私には見つかりませんな.

सर्बिया /sarbiyā サルビヤー/ [←Eng. *Serbia*] *m.*〖国名〗セルビア(共和国)《(旧)ユーゴスラビア(यूगोस्लाविया) が 2003 年セルビア・モンテネグロに国名を改称した後, 2006 年モンテネグロ (मोंटेनेग्रो) とセルビアに分離して独立;セルビア(共和国)の首都は(旧)ユーゴスラビアの首都と同じベオグラード (बेलग्रेड)》.

सर्र /sarrạ サルル/ [mimetic word] *m.* さっ《急な, または瞬間的なさま》. ❐～ से さっと.

सर्राफ़ /sarrāfạ サルラーフ/ ▸सराफ़ [←Pers.n. صراف 'a banker, shroff, maneychanger' ←Arab.] *m.* **1** 貴金属商. **2**〖経済〗両替商;金融業者.

सर्राफ़ा /sarrāfā サルラーファー/ ▸सराफ़ा *m.* ☞सराफ़ा

सर्व /sarvạ サルオ/ [←Skt. *सर्व-* 'whole, entire, all, every'] *adj.* すべての, 全….

सर्वकालीन /sarvạkālīnạ サルオカーリーン/ [←Skt. *सर्व-कालीन-* 'belonging to all times or seasons, perpetual'] *adj.* 全時代をとおした, 全期間にわたる;永遠の. ❐दस ～ सरवश्रेष्ठ चलचित्र 時代を超えた最も優れた映画ベストテン.

सर्वज्ञ /sarvạjñạ サルオギエ/ [←Skt. *सर्व-ज्ञ-* 'all-knowing, omniscient'] *adj.* すべてを知っている, 全知の. ❐～ ईश्वर 全知の神.

— *m.* すべてを知っている人. ❐मैं कोई ～ तो हूँ नहीं। 私が何もかも知っているわけではないよ.

सर्वज्ञता /sarvạjñatā サルオギャター/ [←Skt.f. *सर्वज्ञ-ता-* 'omniscience'] *f.* 全知, 無限の知識.

सर्वतः /sarvạtaḥ サルオタハ/ [←Skt.ind. *सर्व-तस्-* 'from all sides, in every direction, everywhere'] *adv.* **1** すべてのところに, いたるところに. **2** 完全に, どこから見ても.

सर्वतोमुखी /sarvạtomukʰī サルオトームキー/ [←Skt. *सर्वतो-मुखी-* 'in all direction, turned everywhere'] *adj.* 全方位に向いている, 全面的な;多方面の. ❐～ प्रतिभा 多方面の才能. ❐राष्ट्र का ～ उत्थान 国家の全面的な興隆.

सर्वत्र /sarvạtrạ サルオトル/ [←Skt.ind. *सर्व-त्र* 'everywhere, in every case, always, at all times'] *adv.* いたるところに, 随所に;いかなる場合にも, 常に.

सर्वथा /sarvạtʰā サルオター/ [←Skt.ind. *सर्व-था* 'in everyway, in every respect, by all means'] *adv.* あらゆる点で;完全に;常に.

सर्वदा /sarvạdā サルオダー/ [←Skt.ind. *सर्व-दा* 'always, at all times'] *adv.* 常に, 常時.

सर्वदेशीय /sarvạdeśīyạ サルオデーシーエ/ [←Skt. *सर्व-देशीय-* 'coming from or existing or found in every country'] *adv.* 全国的な;全世界的な.

सर्वनाम /sarvạnāmạ サルオナーム/ [←Skt. *सर्व-नामन्-* 'name of a class of words beginning with *sarva* (comprising the real pronouns and a series of pronominal adjectives)'] *m.*〖言語〗代名詞.

सर्वनाश /sarvạnāśạ サルオナーシュ/ [←Skt.m. *सर्व-नाश-* 'complete loss; of everything, complete ruin'] *m.* 全滅, 壊滅, 滅亡, 破滅. ❐उन्होंने मेरा ～ होने से बचाया है। 彼は私が破滅することから救った. ❐(का) ～ करना (…を)壊滅させる. ❐मानव-जाति का ～ 人類の滅亡.

सर्वप्रथम /sarvạpratʰamạ サルオプラタム/ [←Skt.ind. *सर्व-प्रथमम्* 'before all, first of all'] *adj.* 初めての, 最初の. ❐मेरी ～ कृति 私の最初の作品.

— *adv.* 初めて, 最初に. ❐मैंने उनकी आँखों में ～ आँसू देखे। 私は彼の目に初めて涙を見た.

सर्वमान्य /sarvạmānyạ サルオマーニエ/ [neo.Skt. *सर्व-मान्य-* 'generally accepted'] *adj.* 誰もが認める. ❐～ सिद्धांत 定説.

सर्वव्यापक /sarvạvyāpakạ サルオヴィャーパク/ [neo.Skt. *सर्व-व्यापक-* 'omnipresent'] *m.* **1** 同時にどこにでも存在する, 遍在する. ❐ईश्वर ～ है। 神はいつでもどこにでもいらっしゃる. **2** 全世界の, 普遍的な.

सर्वव्यापी /sarvạvyāpī サルオヴィャーピー/ [neo.Skt. *सर्व-व्यापिन्-* 'omnipresent'] *adj.* ☞सर्वव्यापक

सर्वश्री /sarvạśrī サルオシュリー/ [pseudo.Skt. *सर्व-श्री-* '(in addresses, letter-openings) Messrs'] *m.* 各位《「…氏」(श्री) の複数形として》. ❐आज हिंदी के दो प्रसिद्ध लेखकों ～ हरिशंकर परसाई व गिरिजाकुमार माथुर की जयंती है। 本日はヒンディー語の二人の著名な作家であるハリシャンカル・パルサーイー氏およびギリジャークマール・マートゥル氏の生誕記念日であります.

सर्वश्रेष्ठ /sarvạśreṣṭʰạ サルオシュレーシュト/ [←Skt. *सर्व-श्रेष्ठ-* 'the best of all'] *adj.* 最高の, 最上の;最優秀の. ❐उनकी ～ कविताएँ 彼の最もすぐれた詩.

सर्वसम्मति /sarvạsammati サルオサムマティ/ [neo.Skt.f. *सर्व-सम्मति-* 'unanimity'] *f.* 満場一致. ❐～ से 満場一致で.

सर्वसाधारण /sarvạsādʰāraṇạ サルオサーダーラン/ [neo.Skt.n. *सर्व-साधारण-* 'common people, public'] *m.* 一般大衆, 一般市民.

सर्वस्व /sarvạsvạ サルオスオ/ [←Skt.n. *सर्व-स्व-* 'the whole of a person's property or possessions'] *m.* **1** 全

財産. ❐मैं उसके लिए अपना 〜 देने को तैयार हूँ। 私は彼のために自分の全財産を与えてもいい. **2** すべて, かけがえのないもの[人]. ❐वही मधुर स्मृतियाँ अब इस जीवन का 〜 है। あの甘美な思い出が今となってはこの人生のすべてである.

सर्वहारा /sarvahārā サルオハーラー/ [←Beng.n. সর্বহারা ‘having lost all; proletariat’] *m.* プロレタリアート, 無産階級. ❐〜 क्रांति プロレタリア革命.

सर्वांग /sarvāṃga サルワーング/ [←Skt.n. *सर्व-अङ्ग-* ‘the whole body’] *m.* 全身;全体.

सर्वांगीण /sarvāṃgīṇa サルワーンギーン/ [←Skt. *सर्व-अङ्गीण-* ‘covering or pervading or thrilling the whole body’] *adj.* 全身の;全体の;全面的な;総合的な. ❐बच्चों के व्यक्तित्व का 〜 विकास 子どもたちの個性の総合的な発達.

सर्वे /sarve サルヴェー/ [←Eng.n. *survey*] *m.* 概観;調査, 検査;検分;測量. (⇒सर्वेक्षण)

सर्वेक्षक /sarvekṣaka サルヴェークシャク/ [neo.Skt.m. *सर्व-ईक्षक-* ‘a surveyor’] *m.* 監督者;検査官;測量技師.

सर्वेक्षण /sarvekṣaṇa サルヴェークシャン/ [neo.Skt.n. *सर्व-ईक्षण-* ‘a survey’] *m.* 概観;調査, 検査;検分;測量. (⇒सर्वे)

सर्वेश्वर /sarveśvara サルヴェーシュワル/ [←Skt.m. *सर्व-ईश्वर-* ‘the lord of all’] *m.* 唯一絶対者;絶対君主, 帝王.

सर्वे-सर्वा /sarve-sarvā サルヴェー・サルワー/ [pseudo.Skt. *सर्वे सर्वा* for Skt. *सर्वे सर्वः* ‘all in all’] *m.* ワンマン経営者;最高権力者;絶大な権力者.

सर्वोच्च /sarvocca サルヴォーッチ・/ [neo.Skt. *सर्व-उच्च-* ‘supreme, highest’] *m.* 最上位の, 最高位の.

सर्वोच्च-न्यायालय /sarvocca-nyāyālaya サルヴォーッチ・ニャーヤーラエ/ [neo.Skt.m. *सर्वोच्च-न्यायालय-* ‘Supreme Court’] *m.* 最高裁判所.

सर्वोत्तम /sarvottama サルヴォーッタム/ [←Skt. *सर्व-उत्तम-* ‘best of all’] *adj.* 最上の, 最良の, 極上の, 最善の. ❐इस विषय पर वह 〜 ग्रंथ है। このテーマに関してそれが最高の書物です. ❐उसने अपना 〜 सूट पहना। 彼は自分の一番いいスーツを着込んだ.

सर्वोदय /sarvodaya サルヴォーダエ/ [neo.Skt.m. *सर्व-उदय-* ‘uplift of all’] *m.* サルボーダヤ(運動)《マハートマー・ガーンディーの思想の信奉者らによって進められた社会改革運動》.

सर्वोपरि /sarvopari サルヴォーパリ/ [neo.Skt. *सर्व-उपरि-* ‘above all; placed above all, chief, paramount’] *adj.* 最上位の, 至上の, 最重要な. ❐राष्ट्र उसकी दृष्टि में 〜 था, उसके सामने व्यक्ति का कोई मूल्य न था। 国家が彼の頭の中では至上のものであった, 彼にとって個人には何の重要性もなかった.

सलतनत /salatanata サルタナト/ ▹सल्तनत *f.* ☞सल्तनत

सलमा /salamā サルマー/ [←Pers.n. سلمه ‘a band of embroidery’] *m.* (刺繍用の)金糸や銀糸.

सलवार /salavāra サルワール/ ▸शलवार *f.* ☞शलवार

सलहज /salahaja サルハジ/ ▸सरहज [<OIA.f. **syālabhāryā-* ‘wife’s brother’s wife’: T.13873] *f.* 義姉[妹]《妻の兄弟 (साला) の妻》.

सलाई /salāī サラーイー/ [<OIA.f. *śalā́kā-* ‘any small stake or stick’: T.12349] *f.* 細い棒状のもの;スティック;針;編み棒;マッチ棒, マッチの軸.

सलाख़ /salāxa サラーク/ [?<Skt.f. *शलाका-* ‘any small stake or stick, rod’] *f.* (鉄格子などの)鉄棒.

सलाद /salāda サラード/ [←Port.f. *salada* ‘salad’] *m.* 〖食〗サラダ, 生野菜料理.

सलाम /salāma サラーム/ [←Pers.n. سلام ‘saluting, wishing health or peace’ ←Arab.] *m.* **1** 〖イスラム教〗挨拶《宗教に関係なく使うこともある;その場合, 目上の人への「ご挨拶, お辞儀, 最敬礼」などが含意されることがある》. ❐(को) 〜 करना (人に)挨拶をする. **2** (挙手の)敬礼. (⇒सलामी)

— *int.* 〖イスラム教〗こんにちは.

सलामत /salāmata サラーマト/ [←Pers.n. سلامة ‘being secure from danger, escaping from harm; salvation, safety’ ←Arab.] *f.* 安全, 無事.

सलामी /salāmī サラーミー/ [←Pers.n. سلامی ‘a salute of cannon’] *f.* **1** (挙手の)敬礼;栄誉礼. (⇒सलूट) ❐(की) 〜 करना (人に)敬礼する. ❐(को) 〜 देना (人に)栄誉礼をする. ❐(की) 〜 लेना (…の)栄誉礼を受ける. **2** 礼砲.

सलाह /salāha サラーハ/ [←Pers.n. صلاح ‘rectitude, probity, virtue, integrity, honour, honesty, devotion; advisableness, propriety’ ←Arab.] *f.* **1** 助言, アドバイス;忠告, 勧告. (⇒उपदेश, मशविरा) ❐〜 करना 助言する. ❐डाक्टरों ने मुझे आपरेशन की 〜 दी। 医者たちは私に手術をすすめた. ❐(से) 〜 लेना (人から)助言を受ける. **2** 相談, 協議. (⇒मशविरा) ❐(से) 〜 करना (人に)相談する.

सलाहकार /salāhakāra サラーヘカール/ [←Pers.n. صلاح کار ‘an adviser’] *m.* 助言者;顧問, アドバイザー. (⇒परामर्श-दाता)

सलिल /salila サリル/ [←Skt.n. *सलिल-* ‘water’] *m.* 水;涙.

सलीक़ा /salīqā サリーカー/ [←Pers.n. سلیقه ‘boiled-potherbs; good taste’] *m.* **1** 手際のよさ, (家事の切り盛り・整理整頓などの)巧みさ. ❐सलीके से 手際よく. **2** たしなみ;礼儀作法, 行儀作法. ❐किससे किस तरह बात करनी चाहिए, इसका उसे ज़रा भी 〜 नहीं। 誰とどのように口をきくべきか, 彼にはこのたしなみが少しもない.

सलीक़ेदार /salīqedāra サリーケーダール/ [←Pers.adj. سلیقه دار ‘well-conducted; possessed of genius’] *adj.* 手際のいい, (家事の切り盛りなどが)巧みな. ❐ऐसी लज्जाशील, सुघड़, 〜 और विनोदिनी बालिका मैंने दूसरी नहीं देखी। このように慎み深く, 姿がよく, 家事が上手で機知にとんだ娘を私は他に見たことがない.

सलीपर[1] /salīpara サリーパル/ ▸स्लीपर *m.* ☞स्लीपर[1]

सलीपर[2] /salīpara サリーパル/ ▸स्लीपर *m.* ☞स्लीपर[2]

सलीब /salībạ サリーブ/ [←Pers.n. صليب 'a cross, crucifix' ←Arab.] *f.* 〖キリスト教〗十字架. ❐(को) ～ चढ़ाना (人を)十字架に架ける, 磔にする.

सलूक /salūkạ サルーク/ ▸सुलूक [←Pers.n. سلوك 'proceeding, going by the way; conduct; institution' ←Arab.] *m.* 処遇, 待遇, 扱い. (⇒व्यवहार) ❐आपने मेरे साथ जो ～ किए हैं, उनके लिए मैं आपका आभारी हूँ। あなたが私にしてくれた処遇に感謝いたします. ❐मैंने तुम्हारे साथ कोई बुरा ～ नहीं किया। 私は君にひどい態度はとらなかった.

सलूट /salūṭạ サルート/ [←Eng.n. *salute*] *f.* 敬礼. (⇒सलामी) ❐～ करना [देना]敬礼する.

सलून /salūnạ サルーン/ ▸सैलून *m.* ☞सैलून

सलोना /salonā サローナー/ [<OIA. *salavaṇa-* 'having salt': T.13286] *adj.* **1** 塩味の;味付けのいい. **2** 色っぽい, 小粋(こいき)な;愛嬌(あいきょう)のある. ❐सिलिया साँवली सलोनी, छरहरी बालिका थी, जो रूपवती न होकर भी आकर्षक थी। スィリヤーは小麦色した愛嬌のある, ほっそりとした少女だった, 美人ではないが魅力的だった.

सल्तनत /saltanatạ サルタナト/▹सलतनत [←Pers.n. سلطنة 'making emperor; an empire, reign, kingdom, principality' ←Arab.] *f.* 〖歴史〗サルタナット, 王国. ❐दिल्ली ～ デリー・サルタナット, デリー・スルターン朝《13 世紀初頭から 16 世紀初めまでのデリーを中心に北インドを支配した 5 つのイスラム王朝の総称》.

सवर्ण /savarṇạ サワルン/ [←Skt. स-वर्ण- 'having the same colour or appearance'] *adj.* **1** 同じ色の, 同色の. **2** 似ている;類似の. **3**〖ヒンドゥー教〗同じ種姓カーストに属する. (⇔असवर्ण) ❐～ विवाह 同じカースト間の結婚. **4**〖ヒンドゥー教〗上位 3 種姓カーストに属する《伝統的にはシュードラを除く「バラモン, クシャトリヤ, ヴァイシャに属する」の意;現代の行政では, 被差別の歴史による後進性を考慮し特別の優遇措置を国家に義務づけた指定カースト अनुसूचित जाति 以外のヒンドゥー教徒とほぼ同義》. (⇒द्विज) ❐～ हिंदू 上位 3 種姓カーストに属するヒンドゥー教徒. ❐～ और अनुसूचित जातियाँ 上位 3 種姓カーストおよび指定カースト. **5**〖言語〗調音点と調音方法を共有する(子音)《たとえば, 軟口蓋閉鎖音のグループに属する子音 क/ka/, खk^ha, गga, घg^ha など》.

— *m.* 〖ヒンドゥー教〗上位 3 カーストに属するヒンドゥー教徒.

सवा /savā サワー/ [<OIA. *sapāda-* 'increased by a fourth': T.13134] *adj.* 4 分の 1 多い. (⇔पौना) ❐～ तीन [चार] किलो 3.25[4.25]キロ. ❐～ तीन [चार] घंटे 3[4]時間 15 分. ❐～ तीन [चार] बजे 3[4]時 15 分に.

सवाई /savāī サワーイー/ [cf. OIA. *sapāda-* 'increased by a fourth': T.13134] *f.* 4 分の 1 多いこと, 1.25 倍.

सवाक् /savāk サワーク/ [neo.Skt. स-वाक्- 'talking, gifted with speech'] *adj.* 声のでる, 音声付の. ❐～ चित्र [फ़िल्म] 発声映画, トーキー.

सवाया /savāyā サワーヤー/ [cf. सवा] *adj.* 4 分の 1 多い, 1.25 倍.

सवार /savārạ サワール/ [←Pers.n. سوار 'a cavalier, horseman, rider, trooper'] *adj.* **1** (乗り物に)乗っている(人). ❐गाड़ी में ～ होना 列車に乗る. ❐मोटर [घोड़े] पर ～ होने का शौक़ 車[馬]に乗る趣味. **2** (悪霊・妄想などが)取りついている;(心が)ひきつけられている;(重荷が)頭にのしかかっている. ❐उसके सिर (पर) हत्या ～ है, न जाने क्या कर बैठे। 彼の頭には人を殺すことしかないのだ, いったい何をしでかすかわかったものではない. ❐यही चिंता उसके सिर पर ～ थी। この心配が彼の頭に取りついていた.

— *m.* 乗客, (乗り物に)乗っている人. ❐कार [साइकिल] ～ 車[自転車]に乗っている人.

सवारी /savārī サワーリー/ [←Pers.n. سواری 'manège, art of horsemanship; riding; equipage, suite'] *f.* **1** (乗り物に)乗ること;乗馬;(人にまたがる)馬乗り. ❐～ करना 乗馬する《「(人を)自由に操る」の意》. ❐～ का अभ्यास 乗馬の訓練. ❐(के ऊपर) ～ गाँठना (人の上に)馬乗りになる. ❐(को) ～ देना (人を)乗せてあげる. **2** 乗り物《車, 列車, 船, 飛行機を含む》. ❐～ पर बैठना 乗り物に座る. ❐रास्ते में कोई ～ न मिली। 途中で乗り物がまったく見つからなかった. **3** (身分の高い人や神像を乗せた)乗り物の盛大な行列. ❐(की) ～ निकलना (…を乗せた)乗り物の行列が出る. **4** 乗客. ❐इस दुर्घटना में बस की दो सवारियाँ घायल हुईं। この事故でバスの二人の乗客が負傷した. ❐दो ～ जीप 二人乗りのジープ.

सवारी गाड़ी /savārī gāṛī サワーリー ガーリー/ *f.* 普通列車.

सवाल /savālạ サワール/ [←Pers.n. سؤال 'asking, begging; a question; a problem' ←Arab.] *m.* **1** 疑問;質問, 問い;問題. (⇒प्रश्न)(⇔जवाब) ❐(से) ～ करना [पूछना] (人に)質問する. **2** (やっかいな)問題. (⇒प्रश्न, समस्या) ❐(का) ～ उठना (…の)問題が生じる. ❐(का) ～ उठाना (…の)問題を提起する. ❐(का) ～ ही नहीं है। (…は)論外です.

सवाल-जवाब /savālạ-javābạ サワール・ジャワーブ/ [←Pers.n. سوال جواب 'question and answer'] *m.* 問答, 質疑応答;議論(の応酬);反対尋問. (⇒प्रश्नोत्तर) ❐～ करना 質疑応答をする.

सविनय /savinayạ サヴィナエ/ [←Skt. स-विनय- 'having good behaviour or propriety, well-conducted, well-behaved, modest'] *adj.* 謙虚な, 礼儀正しい;心のこもった. ❐～ अवज्ञा 市民的不服従《法律や政府による命令を非暴力的手段で拒否すること》. ❐～ निवेदन 謹んで申し上げること, 言上(ごんじょう).

सवेरा /saverā サヴェーラー/ ▸सबेरा [<OIA. **savēla-* 'in time, early': T.13291] *m.* 朝, 早朝. ❐～ होने से पहले 朝になる前に. ❐सवेरे की गाड़ी से चलूँगा। 朝の汽車で行くつもりです.

सवेरे /savere サヴェーレー/ ▸सबेरे [cf. सवेरा] *adv.* 朝に, 早朝に. ❐सुबह ～ 早朝に.

सवैया /savaiyā サワイヤー/ [cf. सवा] *m.* 〖文学〗サヴァイヤー《中世ヒンディー文学でよく使われた四行詩の一

つ》

सशंक /saśaṃka サシャンク/ [←Skt. *स-शङ्क-* 'fearful, doubtful, timid, shy'] *adj.* **1** 疑惑に満ちた, 疑い深い. ❐～ आँखों [नेत्रों] से देखना 疑い深い目で見る. ❐～ होकर पूछना 疑惑を感じ質問する. ❐(से) ～ रहना (人・ことに)疑いをもちつづける. **2** 用心深い.

सशंकित /saśaṃkita サシャンキト/ [?neo.Skt. *स-शङ्कित-* 'alarmed due to suspicion'] *adj.* (疑いをもって)用心する.

सशक्त /saśakta サシャクト/ [←Skt. *स-शक्त-* 'potential'] *adj.* 力のある, 力強い. (⇔अशक्त)

सशस्त्र /saśastra サシャストル/ [?←Skt. *स-शस्त्र-* 'armed, equipped with arms'] *adj.* 武装した. (⇒हथियारबंद)(⇔निरस्त्र) ❐～ गिरोह 武装集団. ❐～ तटस्थता 武装中立.

ससुर /sasura サスル/ [<OIA.m. *śváśura-* 'a father-in-law, husband's or wife's father': T.12767] *m.* (夫または妻の父である)義父, 舅(しゅうと). (⇔सास)

ससुराल /sasurāla サスラール/ [?<OIA.f. *śvāśurá-śā́lā-* 'father-in-law's house'] *f.* (夫あるいは妻の)実家《夫の両親と同居の場合は「嫁ぎ先」の意》. (⇔मायका)

सस्ता /sastā サスター/ [?] *adj.* **1** 安い, 安価な. (⇔महँगा) **2** 安物の, 安っぽい. **3** 安直な.

सस्य /sasya サスィエ/ [←Skt.n. *सस्य-* 'corn, grain, fruit, a crop of corn'] *m.* 作物, 収穫物. ❐～ आवर्तन 輪作. ❐～ विज्ञान 農学.

सह-अस्तित्व /saha-astitva サヘ・アスティトオ/ [neo.Skt.n. *सह-अस्तित्व-* 'co-existence'] *m.* 共存.

सहकार /sahakāra サヘカール/ [←Skt.m. *सह-कार-* 'acting with, co-operation, assistance'] *m.* 協力, 協同. ❐～ समिति 協同組合.

सहकारिता /sahakāritā サヘカーリター/ [←Skt.f. *सहकारि-ता-* 'concurrence, co-operation, assistance'] *f.* 共同作業, 提携.

सहकारी /sahakārī サヘカーリー/ [←Skt. *सह-कारिन्-* 'acting together, co-operating, concurrent'] *adj.* 協同の, 協力的な.
— *m.* 協力者;同僚.

सहगमन /sahagamana サヘガマン/ [←Skt.n. *सह-गमन-* 'going with or accompanying (esp. a widow's going with her deceased husband, *i.e.* burning herself with his dead body)'] *m.* **1** 同行, 道連れ. **2** 〖ヒンドゥー教〗サハガマナ《サティー風習 (सती) のために妻が亡夫の道連れとなること》.

सहगान /sahagāna サヘガーン/ [neo.Skt.n. *सह-गान-* 'chorus'] *m.* 〖音楽〗合唱, コーラス.

सहचर /sahacara サヘチャル/ [←Skt. *सह-चर-* 'going with, accompanying, associating with'] *m.* (男性の)伴侶, 同志, 友人. (⇔सहचरी)

सहचरी /sahacarī サヘチャリー/ [←Skt.f. *सह-चरी-* 'a female companion or friend, mistress, wife'] *f.* (女性の)伴侶, 妻. (⇔सहचर)

सहज /sahaja サハジ/ [←Skt. *सह-ज-* 'born or produced together or at the same time; congenital, innate, hereditary, original, natural'] *adj.* **1** 自然な, 生来の, 飾りのない, 無理のない;無邪気な. **2** 容易な, 簡単な, わかりやすい. ❐वह ～ हार मानने वाले नहीं थे। 彼は簡単に敗北を認める人間ではなかった.

सहजन /sahajana サヘジャン/ ▸सहिजन [<OIA.m. *śōbhāñjana-, śōbhāñjanaka-* 'the tree *Moringa pterygosperma*': T.12639] *m.* 〖植物〗サヘジャン《ワサビノキ, 薬用植物》.

सहधर्मिणी /sahadʰarmiṇī サヘダルミニー/ [←Skt.f. *सह-धर्मिणी-* 'a wife who shares duties, a lawful or legitimate wife'] *f.* 正妻. (⇔सहधर्मी)

सहधर्मी /sahadʰarmī サヘダルミー/ [←Skt. *सह-धर्मिन्-* 'following the same duties or customs'] *m.* (正式な)夫. (⇔सहधर्मिणी)

सहन¹ /sahana サハン/ [←Skt.n. *सहन-* 'patient endurance, forbearance'] *m.* 忍耐, 我慢, 辛抱. (⇒सब्र) ❐वह निश्चय इस यात्रा की कठिनाइयों को सहन नहीं कर सकेगी। 彼女はきっとこの旅の苦難に耐えられないだろう.

सहन² /sahana サハン/ [←Pers.n. صحن 'a court, court-yard, area, square' ←Arab.] *m.* 中庭;構内. (⇒आँगन)

सहन-शक्ति /sahana-śakti サハン・シャクティ/ [neo.Skt.f. *सहन-शक्ति-* 'power of endurance'] *f.* 忍耐力. ❐यह नई विपत्ति ～ से बाहर थी। この新しい災難は忍耐力を越えていた.

सहनशील /sahanaśīla サハンシール/ [←Skt. *सहन-शील-* 'of a patient disposition'] *adj.* 忍耐強い, 我慢強い.

सहना /sahanā サヘナー/ ▸सहारना [<OIA. *sáhatē* 'conquers': T.13304] *vt.* (*perf.* सहा /sahā サハー/) **1** 我慢する, 辛抱する, 耐える. (⇒झेलना) ❐अपमान और आघात को धैर्य और उदारता से सहने का उन्हें अभ्यास था। 侮辱と打撃を忍耐と寛容で辛抱することに, 彼は慣れていた. ❐उससे भूख न सही गयी। 彼女は空腹が辛抱できなかった. ❐मैं उसकी हँसी नहीं सह सकता। 私は彼のあざ笑いが我慢できない. ❐मैं तो सह लेता हूँ। 私は耐えられる. **2** (重量などを)持ちこたえる, 耐える.

सहनीय /sahanīya サヘニーエ/ [←Skt. *सहनीय-* 'to be borne or endured, pardonable'] *adj.* 耐えるべき;, 耐えられる. (⇒सह्य)

सहपाठी /sahapāṭʰī サヘパーティー/ [neo.Skt.m. *सह-पाठिन्-* 'a classmate'] *m.* クラスメート, 同級生.

सहम /sahama サハム/ [←Pers.n. سهم 'terror, dread'] *m.* 恐れ, おののき, おびえ.

सहमत /sahamata サヘマト/ [neo.Skt. *सह-मत-* 'agreed'] *adj.* **1** 同意した, 承諾した. (⇒रज़ामंद) ❐माँ इस सामाजिक अत्याचार पर ～ न हुई। (…に)同意する. ❐मैं आपके एक-एक शब्द से ～ हूँ। 私はあなたの一言一言に同意します. ❐मैं उस प्रस्ताव से ～ हूँ। 私はあの提案に同意します. **2** 納得した. (⇒रज़ामंद) ❐माँ इस सामाजिक अत्याचार पर ～ न हुई। 母はこの社会的な弱い者いじめに納得しなかった.

सहमति /sahamati サヘマティ/ [neo.Skt.f. *सह-मति-*

'consent, agreement'] *f.* **1** 同意, 承諾. (⇒रज़ामंदी) ❒उससे मेरी पूर्ण ～ न थी। 彼に私は完全に同意しているわけではなかった. ❒(के प्रति) अपनी ～ प्रकट करना (…に対し)自分の同意を表明する. **2** 納得. (⇒रज़ामंदी)

सहमना /sahama̸nā サハムナー/ [cf. *सहम*] *vi.* (*perf.* सहमा /saha̸mā サヘマー/) 恐れおののく, おびえる. (⇒डरना) ❒उसने मेरी तरफ़ सहमी हुई आँखों से देखा। 彼女は私の方をおびえた目で見た. ❒उसने सहमे हुए स्वर में कहा। 彼はおびえた声で言った. ❒दोनों और भी सहम उठे। 二人はさらに恐れおののいた. ❒वह इस घटना से सहम गया। 彼はこの事件でおびえてしまった. ❒वे सहमे-सहमे थे। 彼らはおびえていた.

सहमाना /saha̸mānā サヘマーナー/ [cf. *सहमना*] *vt.* (*perf.* सहमाया /saha̸māyā サヘマーヤー/) 怖がらせる, おびさせる. (⇒डराना)

सहयोग /saha̸yoga̸ サヘヨーグ/ [neo.Skt.m. *सह-योग-* 'cooperation'] *m.* 協力, 共同.

सहयोगी /saha̸yogī サヘヨーギー/ [neo.Skt. *सह-योगिन्-* 'cooperating; associated; cooperative (residence)'] *m.* 同僚;協力者.

सहयोजन /saha̸yojana̸ サヘヨージャン/ [neo.Skt.n. *सह-योजन-* 'co-option'] *m.* (委員会の欠員補充などに能力本位で)選挙を経ずに新会員を選任すること.

सहल /sahala̸ サハル/ [←Pers.adj. سهل 'easy, simple, facile' ←Arab.] *adj.* 平易な, 容易な, やさしい.

सहलाना /saha̸lānā サヘラーナー/ [?＜OIA. ＜*śithirá-, śithilá-* 'loose, lax, slack, flexible pliant, soft': T.12440z1] *vt.* (*perf.* सहलाया /saha̸lāyā サヘラーヤー/) **1** なでる, さする;愛撫する. ❒वह गाय का मुँह सहला रही थी। 彼女は牛の顔をなでていた. ❒उसने मेरी पीठ सहलाते हुए कहा। 彼は私の背中をさすりながら言った. ❒उसके तलवे क्यों सहलायें। 彼の足裏を何故さすらなければいけないのか(＝おべっかを使わなければいけないのか). **2** (人の気持ちを)くすぐる. **3** (かまって)うるさがらせる.

सहवास /saha̸vāsa̸ サヘワース/ [←Skt.m. *सह-वास-* 'dwelling together, common abode'] *m.* (男女の)同居, 同棲;性交, 同衾(どうきん).

सहसा /saha̸sā サヘサー/ [←Skt. *सहसा* 'forcibly, vehemently, suddenly, quickly, precipitately, immediately, at once, unexpectedly, at random, fortuitously, in an unpremeditated manner, inconsiderately'] *adv.* 突然, 急に. (⇒अचानक)

सहस्र /sahasra̸ サハスル/ [←Skt.n. *सहस्र-* 'a thousand'] *adj.* 千の. (⇒हज़ार)

सहस्राब्दी /sahasrābdī サハスラーブディー/ [neo.Skt.f. *सहस्र-अब्दी* 'a millennium'] *f.* 千年間, ミレニアム. ❒～ विकास लक्ष्य ミレニアム開発目標《国連加盟国と国際機関が 2015 年までに目標達成を合意した項目;現在「持続可能な開発目標」(टिकाऊ विकास लक्ष्य) に継承されている》.

सहाना /sahānā サハーナー/ [caus. of *सहना*] *vt.* (*perf.* सहाया /sahāyā サハーヤー/) 我慢させる;我慢してもらう.

सहानुभूति /sahānubʰūti サハーヌブーティ/ [neo.Skt.f. *सह-अनुभूति-* 'sympathy'] *f.* 同情, 共感. (⇒हमदर्दी) ❒～ दिखाना 同情を装う. ❒(को) (से) ～ होना (人は)(人に)同情している. ❒(से) ～ रखना (人に)同情する.

सहाय /sahāya̸ サハーエ/ [←Skt. *सह-अय-* 'one who goes along with (another)'] *m.* **1** 助ける人, 援助する人. **2** (差し伸べられる)救いの手, 援助. ❒कोई ～ न हुआ। 何の救いの手もあらわれなかった.

सहायक /sahāyaka̸ サハーヤク/ [←Skt.m. *सह-आयक-* 'one who goes along with (another); a companion, follower, adherent, ally, assistant, helper'] *adj.* 助けとなる(人), 補助する(人);味方する(人);援助する(人), 支援する(人). (⇒मददगार)
— *m.* 助っ人;補助者, アシスタント, 助手;味方;援助者;支援者. (⇒मददगार)

सहायता /sahāya̸tā サハーエター/ [←Skt.f. *सहाय-ता-* 'a number of companions'] *f.* 援助, 助け, 助力, 応援, 補助. (⇒मदद) ❒(की) ～ करना (…を)補助[援助]する. ❒(में) (को) ～ देना (…において)(…に)援助を与える.

सहारना /sahāra̸nā サハールナー/ [cf. *सहारा*] *vt.* (*perf.* सहारा /sahārā サハーラー/) ☞सहना

सहारा /sahārā サハーラー/ [＜OIA.m. *sahakāra-*[1] 'assistance': T.13299] *m.* 支え, 補助. ❒(का) ～ लेना (…を)支えにする, (…の)補助を受ける. ❒के सहारे …を支え[頼り]に.

सहालग /sahālaga̸ サハーラグ/ [*शुभ* + *लगना*] *m.* 『ヒンドゥー教』サハーラグ《占星術から見て結婚式などの吉日, あるいは吉日が続く期間》. ❒मैंने तो सुना, इसी ～ में होगा। तिथि ठीक हो गयी है? 聞いたところによると, (結婚式は)この期間にあるだろうとのことだ. 日取りは決まったのかい?

सहिजन /sahijana̸ サヒジャン/ ▶सहजन *m.* ☞सहजन

सहित /sahita̸ サヒト/ [←Skt. *सहित-* 'joined, conjoined, united'] *postp.* 《『名詞 सहित』の形式で, 副詞句「…を伴って」を作る》(⇒के साथ) ❒अपना परिचय फ़ोटो ～ भेजें। 自己紹介を写真とともに送ってください. ❒परिवार ～ आना 家族同伴で来る. ❒प्रणाम ～ ご挨拶とともに《手紙の末尾の「敬具」の意》. ❒ब्याज ～ कोई सवा सौ रुपए होते हैं। 利子を含めて約 125 ルピーです.

सहिष्णु /sahiṣṇu サヒシュヌ/ [←Skt. *सहिष्णु-* 'patient, forbearing'] *adj.* 寛容な, 寛大な. (⇒उदार) ❒वे सबके प्रति ～ हैं। 彼はすべての人に対して寛容である.

सहिष्णुता /sahiṣṇutā サヒシュヌター/ [←Skt.f. *सहिष्णु-ता-* 'patience, resignation, forbearance'] *f.* 寛容さ, 寛大さ. (⇒उदारता) ❒(के प्रति) ～ दिखाना (…に対して)寛容さを見せる. ❒धार्मिक ～ 宗教上の寛容さ.

सही /sahī サヒー/ [←Pers.adj. صحیح 'complete, perfect, entire, sound; healthy; right, just, true, certain' ←Arab.] *adj.* 本当の, 正しい, 正確な, 理にかなった, まともな, 正当な. (⇔ग़लत) ❒～ आदमी しかるべき人, ぴったりの人. ❒～ बात। まったくそのとおり《あいづちを打つ時など》. ❒(को) ～ साहित करना (…を)正しいと証明する. ❒यह ख़बर कहाँ तक ～ है? このニュースはどこまで本当なの?

— *adv.* **1**《『命令形 तो सही』の形式で,「まあとにかく…してごらんなさい」の意》❐कुछ खाइए तो सही, सिर्फ़ कॉफ़ी ही पिएँगे क्या? とにかく何か食べなさいよ, コーヒーだけ飲むのですか? **2**《文末や句末で『(ही) सही』の形式で,「(とにかく)…ではあっても」や「せめて…だけは」などの意》❐और कुछ न होगा तो जाँच ही ～। ほかに何もなくてもせめて調べるだけは(して欲しい). ❐उनके सारे अरमान अब एक मात्र बिंदु पर केंद्रित थे कि मरने के पूर्व वे अपने पोते को, पोता न ～ तो पोती को ही, अपनी गोद में खेला लें। 彼女の切なる願いすべては今やただ一点に絞られていた, 死ぬ前に自分の孫を, せめて男の孫でなくても女の孫でもいいから, 自分の膝の上であやしたいという. ❐चाहे बुरे अर्थ में ही ～ たとえ悪い意味ではあっても.

— *f.* 確認(の署名). ❐～ करना 確認(の署名)をする.

सही-ग़लत /sahī-ğalata̸ サヒー・ガラト/ *adj.* あることないことの, 正しいことや誤ったことの《副詞句「良くも悪くも」としても》. ❐～ बातें 虚実取り混ぜた話. ❐～ पक्ष का निर्णय 正しい側か正しくない側かの決定. ❐मुझे उन्होंने ～, कई तरीक़ों से प्रभावित किया। 私に彼は, 良くも悪くも, いろいろなやり方で影響を与えた.

सही-सलामत /sahī-salāmata̸ サヒー・サラーマト/ [←Pers.adv. صحیح سلامت 'safe and sound, safe and well'] *adv.* 無事に, 何事もなく. (⇒सकुशल)

सहूलत /sahūlata̸ サフーラト/ [←Pers. سهولة 'being soft and level (ground)' ←Arab.] *f.* ☞सहूलियत

सहूलियत /sahūliyata̸ サフーリヤト/ [cf. *सहूलत*] *f.* **1** 便宜, 便利. (⇒सुविधा) ❐अस्पतालों में विकलांगों की ～ के लिए विशेष शौचालयों का निर्माण किया जाएगा। 病院には身体障害者の便宜のために特別なトイレが作られるでしょう. **2** 礼儀作法. ❐～ सीखना 礼儀作法を身につける.

सहृदय /sahr̥daya̸ サフリダエ/ [←Skt. *स-हृदय-* 'with the heart; possessing a heart, good-hearted, full of feeling, sensible, intelligent'] *adj.* **1** 心ある, 思いやりのある. **2** (風雅を解する)教養を身につけている.

सहृदयता /sahr̥dayatā サフリダエター/ [←Skt.f. *सहृदय-ता-* 'humaneness; intelligence'] *f.* **1** 心が優しいこと, 思いやりがあること. **2** (風雅を解する)教養を身につけていること.

सहेजना /sahejanā サヘージナー/ [?] *vt.* (*perf.* सहेजा /sahejā サヘージャー/) **1** (受け取る際)(ものを)よく吟味する. ❐लीजिए, अपना सामान सहेज लीजिए। さあ, ご自分の荷物を確認してください. ❐आम तौर पर माना जाता है कि बर्मी भाषा ने त्रिपिटक के शुद्धतम रूप को सहेज कर रखा है। ビルマ語はトリピタカ(三蔵＝経・律・論の仏教聖典)の最も原初の形態を吟味し保存した, と一般に認められている. ❐मैंने उनके जीवन के अंतिम दस वर्षों को देखा और उसमें मुझे उनसे जो कुछ सुनने को मिला उसे सहेजा भी। 私は彼女の人生の最後の 10 年を看取った, そしてその中で彼女から聞くことのできたものすべてを味わい自分のものとした. **2** (よく言い聞かせて)手渡す, 委ねる. ❐मैंने उसे अपना सामान सहेज दिया। 私は彼によく言い含めて, 自分の荷物を委ねた.

सहेली /sahelī サヘーリー/ [<OIA.m. *sákhi-* 'friend': T.13074] *f.* (女同士の)友人.

सहोदर /sahodara̸ サホーダル/ [←Skt. *सह-उदर-* 'co-uterine, born of the same womb'] *adj.* 血を分けた(兄弟), 実の(兄弟). (⇒सगा)

— *m.* 血を分けた兄弟, 実の兄弟.

सह्य /sahya̸ サヒエ/ [←Skt. *सह्य-* 'to be borne or endured, endurable, tolerable, resistible'] *adj.* 耐えられる, 我慢できる. (⇔असह्य) ❐मानव-जीवन बड़ा बेहया है, उसे गहरा से गहरा दर्द कुछ समय के बाद ～ हो जाता है। 人生はたいそう恥知らずなものである, この上なく深い痛みすらしばらくすると耐えられるようになるのだ.

साँईं /sā̃ī̃ サーンイーン/ ▸साई [<OIA.m. *svāmín-* 'owner, master': T.13930] *m.* 『ヒンドゥー教』『イスラム教』サーンイーン, サーイー《宗教者の尊称として》.

साँकल /sā̃kala̸ サーンカル/ [<OIA.m. *śŕ̥ṅkhala-* 'chain': T.12580] *f.* (扉の)鎖, ドアチェーン. ❐उसने भीतर से दरवाज़े की ～ लगाई। 彼は中から扉の鎖をかけた.

सांकेतिक /sāṃketika̸ サーンケーティク/ [←Skt. *सांकेतिक-* 'consisting of signs, based on agreement, indicatory, conventional'] *adj.* **1** (あらかじめ取り決めた方法で)情報を相手に知らせる. ❐～ बोर्ड 看板, 標識. ❐～ भाषा 手話(しゅわ). **2** ほのめかす, 暗示的な;遠回しな. ❐～ रूप से 遠回しに. ❐～ शब्दों से 遠回しな言葉で.

सांख्यिकी /sāṃkʰyikī サーンキキー/ [neo.Skt.f. *सांख्यिकी-* 'statistics'] *f.* 統計学. (⇒अंक-शास्त्र)

सांगोपांग /sāṃgopāṃga̸ サーンゴーパーング/ [←Skt. *साङ्ग-उपाङ्ग* 'having its major and minor members: complete, entire'] *adj.* (各部が)完全にそろっている, 完璧な. ❐इस विषय का अभी तक ～ अध्ययन नहीं हुआ है। このテーマについて今まで完全な研究が行われなかった.

साँचा /sā̃cā サーンチャー/ [<OIA.m. *sañcaka-* 'mould, figure': T.13096] *m.* **1** 型, 鋳型, 流し型. ❐साँचे में ढलना 型にはまる《「美しい形に仕上げられる」の意》. **2** 骨組み, 枠.

साँची /sā̃cī サーンチー/ [cf. Eng.n. *Sanchi*] *f.* 『地名』サーンチー《マディヤ・プラデーシュ州 (मध्य प्रदेश) の仏教遺跡》.

साँझ /sā̃jʰa̸ サーンジ/ [<OIA.f. *saṁdhyā́-* 'twilight': T.12918] *f.* 夕暮れ時;夕方. (⇒शाम) ❐～ को 夕暮れ時に. ❐～ हुई। 夕暮れになった.

साँट-गाँठ /sā̃ṭa̸-gā̃ṭʰa̸ サーント・ガーント/ ▸साँठ-गाँठ *f.* ☞साँठ-गाँठ

साँटना /sā̃ṭanā サーントナー/ ▸सटाना, साटना [?<OIA. *saṁsthāti 'stands together': T.13050] *vt.* ☞सटाना

साँठ-गाँठ /sā̃ṭʰa̸-gā̃ṭʰa̸ サーント・ガーント/ ▸साँट-गाँठ *f.* (裏での)示し合せ, 結託, ぐる. ❐उन लोगों में अवश्य ही पहले से ～ होगी। 彼らの間にはきっと前から示し合せがあったのだろう.

साँड़ /sā̃ṛa̸ サーンル/ [<OIA. *sā́ṇḍa-* 'uncastrated (of bull)': T.13331] *m.* **1** 『動物』種牛《去勢していない雄

牛》. (⇒षंड) **2**〖動物〗種馬. **3** (粗野な)乱暴者. ❒ ये सब तो छूटे ～ हैं। こいつらはみな解き放たれた種牛だ《「勝手気ままな狼藉者」の意》.

साँड़नी /sā̃ṛạnī サーンルニー/ [cf. *साँड़*] *f.*〖動物〗(人を乗せる足の速い)ラクダ.

सांत्वना /sāṃtvanā サーントワナー/ [←Skt.f. *सान्त्वना-* 'the act of appeasing or reconciling, soothing with kind words, consolation or conciliation'] *f.* 慰め(の言葉). ❒(को) ～ देना (人を)慰める.

सांध्य /sāṃdʰyạ サーンディエ/ [←Skt. *सांध्य-* 'relating to the evening twilight, vespertine'] *adj.* 夕暮れの. ❒ ～ प्रकाश 薄暮の明かり.

साँप /sā̃pạ サーンプ/ [<OIA.m. *sarpá-* 'snake': T.13271] *m.* **1**〖動物〗(雄)ヘビ(蛇). (⇔साँपिन) **2** 悪意のある人.

साँपिन /sā̃pinạ サーンピン/ [<OIA.f. *sarpiṇī-* 'female snake': T.13274] *f.*〖動物〗雌ヘビ. (⇔साँप)

सांप्रदायिक /sāṃpradāyikạ サーンプラダーイク/ [←Skt. *सांप्रदायिक-* 'based on tradition, traditional'] *adj.* **1** (同一宗教内の)宗派の, 分派の. **2** 対立する宗教間の《ヒンドゥー教とイスラム教の対立など》. **3** 党派に組する, 派閥の;偏狭な, 狭量な.

सांप्रदायिकता /sāṃpradāyikạtā サーンプラダーイクター/ [?neo.Skt.f. *सांप्रदायिक-ता-* 'sectarianism; communalism'] *f.* **1** 党派[宗派]心, 派閥主義, セクト主義. **2** コミュナリズム. (⇒संप्रदायवाद)

साँभर¹ /sā̃bʰarạ サーンバル/ [<OIA.f. *śākambharī-* 'name of a lake in Rajputana': T.12371] *m.* **1**〖地理〗サーンバル湖《ラージャスターン州 (राजस्थान) にある塩水湖》. **2** (サーンバル湖の塩水からとれる)塩.

साँभर² /sā̃bʰarạ サーンバル/ [<OIA.m. *śambara-* 'a kind of deer': T.12314] *m.*〖動物〗サーンバル《大型の鹿の一種》.

सांभर³ /sāṃbʰarạ サーンバル/ [?<OIA.m. *saṁbhārá-* 'bringing together': T.12966; ?→ Tam.n. *சாம்பார்* (cf. Kan.n. ಸಾಂಬಾರು) 'sambar' ?→ Malay.n. *sambal* 'condiment usually containing chili peppers'] *m.*〖食〗サーンバル《南インドのスパイシーな豆スープ》.

साँवला /sā̃vạlā サーオンラー/ [<OIA. *śyāmalá-* 'dark-coloured': T.12665] *adj.* (肌が)色黒の, 褐色の;日焼けした. ❒वह साँवले रंग का गठीला, लंबा जवान था। 彼は褐色のがっしりした体格の, 背の高い若者だった. ❒ मेरे नाना का बहुत गोरा और मेरी नानी का बहुत ～ रंग उनमें आकर गेहुँआ हो गया था। 私の母方の祖父のたいした色白と祖母のたいした色黒が彼女(母)の中で小麦色になっていた.

साँवलापन /sā̃vạlāpanạ サーオンラーパン/ [*साँवला* + *-पन*] *m.* (肌が)黒いこと, 褐色(の肌).

सांविधिक /sāṃvidʰikạ サーンヴィディク/ [?neo.Skt. *सांविधिक-* 'statutory'; cf. Skt.f. *सं-विधि-* 'disposition, arrangement, preparation'] *adj.*〖法律〗法令による, 法定の;制定法の. ❒～ क़ानून 成文法, 制定法.

साँस /sā̃sạ サーンス/ [<OIA.m. *śvāsá-* 'breath, breathing': T.12769] *f.* 息, 呼吸. (⇒दम) ❒～ रोकना 息を止める. ❒～ लेना 呼吸する. ❒उसने हाँफते हुए लंबी ～ खींचकर कहा। 彼は息を切らしながら深呼吸をしてから言った. ❒ठंडी ～ भरना [लेना] ため息をつく. ❒वह ग्लास का पानी एक ही ～ में पी गया। 彼はグラスの水を一息で飲み干した.

साँसत /sā̃satạ サーンサト/ [<OIA. *śā́sati* 'instructs, punishes, rules': T.12419] *f.* (息が詰まるほどの)肉体的苦痛;大変な苦労. ❒～ घर 牢の独房《特に肉体的苦痛を与えるために身動きできないほど狭く作られているもの》. ❒अपनी ～ कराना 自分に苦労を課する, わざわざ苦労を買ってでる. ❒इस औरत के पीछे मेरी जितनी ～ हो रही है, मैं ही जानता हूँ। この女のために私がどれほどつらい目にあっているか, 私だけが知っている.

सांसद /sāṃsadạ サーンサド/ [neo.Skt.m. *सांसद-* 'a member of parliament'; cf. *संसद्*] *m.* (議会, 国会の)議員. (⇒एम。पी。, संसद्-सदस्य)

साँसा¹ /sā̃sā サーンサー/ [<OIA.m. *saṁśaya-* 'doubt; danger': T.13030] *m.* 疑念;不安.

साँसा² /sā̃sā サーンサー/ *m.* ☞साँस

सांसारिक /sāṃsārikạ サーンサーリク/ [←Skt. *सांसारिक-* 'connected with or dependent on mundane existence, worldly'] *adj.* 現世の, この世の;俗世間の, 世俗的な. (⇔आध्यात्मिक) ❒～ झगड़े 世俗の争いごと. ❒वह ～ व्यवहारों में चतुर था। 彼は世事にたけていた.

सांसारिकता /sāṃsārikạtā サーンサーリクター/ [←Skt.f. *सांसारिक-ता-* 'worldliness; secularity'] *f.* 世俗的なこと, 世俗性;俗っぽさ. (⇔आध्यात्मिकता) ❒उसाके मिज़ाज में ～ का इतना प्राधान्य हो गया कि कोमल भावों के लिए वहाँ कोई स्थान ही न रहा। 彼の気質の中では現世利益の事柄があまりに中心を占めてしまい, こまやかな感情に対してそこにはいかなる余地もなかった.

सांस्कृतिक /sāṃskr̥tikạ サーンスクリティク/ [?neo.Skt. *सांस्कृतिक-* 'cultural'; cf. *संस्कृति*] *adj.* 文化の, 文化的な. ❒～ धरोहर 文化遺産. ❒～ पुनर्जागरण 文化的復活. ❒(के) ～ पहलू (…の)文化的側面.

-सा /-sā ・サー/ *suf.adj.* 《名詞や形容詞に付け全体として形容詞句「…のような, …じみた, …めいた, …もどきの」を作る》.

साइकल /sāikalạ サーイカル/ ▸साइकिल *f.* ☞साइकिल

साइकिल /sāikilạ サーイキル/▸साइकल [←Eng.n. *cycle*] *f.* 自転車, 二輪車. (⇒बाइसिकल) ❒～ पर सवार होना 自転車に乗る. ❒～ चलाना 自転車を運転する. ❒～ रिक्शा サイクルリキシャ《自転車で引く力車》. ❒मोटर ～ オートバイ.

साइज़ /sāiza サーイザ/ [←Eng.n. *size*] *m.* 大きさ, サイズ, 寸法;規格. (⇒आकार) ❒पाकेट ～ ポケットサイズ.

साइत¹ /sāitạ サーイト/ ▸सायत [←Pers.n. ساعة 'an hour; a little while; a watch, a clock; the time present' ←Arab.] *f.* 時刻, 刻限《特に吉凶(きっきょう)にかかわる時間》. ❒अच्छी ～ से चला था कि आपके दर्शन हो गए। 運

のいい時に家を出たもんだ, あなたにお会いできたなんて. ❒न जाने किस बुरी 〜 में तुमको देखा। 一体全体何とついていない時にあんたに会ってしまったのやら.

साइत² /sāita̸ サーイト/ [< Pers. شاید 'let it be; may be, perhaps'] *adv.* ☞शायद

साइन /sāina̸ サーイン/ [←Eng.vt. *sign*] *adj.* サインされた, 署名された. ❒〜 करना サインする.

साइनबोर्ड /sāina̸borḍa̸ サーインボールド/ [←Eng.n. *signboard*] *m.* 看板, 掲示板. (⇒नामपट्ट)

साइप्रस /sāiprasa̸ サーイプラス/ [cf. Eng.n. *Cyprus*] *m.* 〘国名〙キプロス(共和国)《首都はニコシア(निकोसिया)》.

साइफ़न /sāifana̸ サーイファン/ [←Eng.n. *siphon*] *m.* 〘物理〙サイフォン, 吸い上げ管.

साइबेरिया /sāiberiyā サーイベーリヤー/ [←Eng.n. *Siberia*] *m.* 〘地理〙シベリヤ.

साई /sāī サーイー/ ▸साँई *f.* ☞साँई

साईस /sāīsa̸ サーイース/ [←Pers.n. سائس 'a governor, manager; a master of horse, horse-keeper, equerry, groom' ←Arab.] *m.* 馬丁;御者.

साओ तोमे /sāo tome サーオー トーメー/ [cf. Eng.n. *São Tomé*] *m.* 〘地名〙サントメ《サントメ・プリンシペ(民主共和国)(साओ तोमे और प्रिंसिपी) の首都》.

साओ तोमे और प्रिंसिपी /sāo tome aura̸ priṃsipī サーオー トーメー アオール プリンスィピー/ [cf. Eng.n. *São Tomé and Príncipe*] *m.* 〘国名〙サントメ・プリンシペ(民主共和国)《首都はサントメ (साओ तोमे)》.

साकार /sākāra̸ サーカール/ [←Skt. *स-आकार-* 'having form, having any shape or definite figure'] *adj.* 形のある, 有形の;現実のものとなった, 実現された. (⇔निराकार) ❒मेरा सपना 〜 हो गया। 私の夢が実現した.

साक़ी /sāqī サーキー/ [←Pers.n. ساقی 'a water-carrier; a cup-bearer, page' ←Arab.] *m.* (酒場で)酌をする人《ペルシア文学では「恋人」, イスラム神秘主義では「教え導く師」など象徴的な意味を持つ》.

साकेट /sākeṭa̸ サーケート/ ▸सॉकेट [←Eng.n. *socket*] *m.* ソケット;コンセント.

साक्षर /sākṣara̸ サークシャル/ [←Skt. *स-अक्षर-* 'containing syllables or letters; eloquent'] *adj.* 読み書きができる;教育のある. (⇔निरक्षर)

साक्षरता /sākṣara̸tā サークシャルター/ [←Skt.f. *साक्षर-ता-* 'eloquene'] *f.* 識字;読み書きの能力(を有していること). ❒〜 दर 識字率.

साक्षात् /sākṣāt サークシャート/ [←Skt.ind. *साक्षात्* 'with the eyes, with one's own eyes; visibly, really, actually'] *adj.* **1** 人の姿で現れた;化身の;具現化された. ❒〜 भगवान् 人の姿でこの世に現れた神.
— *m.* お目にかかること;出会うこと. (⇒साक्षात्कार) ❒मुझे एक महात्मा से 〜 हुआ। 私は一人の聖人にお会いしたことがある.

साक्षात्कार /sākṣātkāra̸ サークシャートカール/ [←Skt.m. *साक्षात्-कार-* 'evident or intuitive perception, realization'] *m.* **1** インタビュー, 取材訪問;会見;対談. (⇒इंटरव्यू) ❒(का) 〜 करना [लेना] (人に)インタビューする. **2** 対面;面識. ❒मुझे उससे बिना 〜 के ही स्नेह हो गया। 私は面識もないのに彼を好ましく思った.

साक्षी /sākṣī サークシー/ [←Skt. *साक्षिन्-* 'seeing with the eyes, observing, witnessing'] *m.* **1** 目撃者. (⇒गवाह) **2** 証人, 証言者. (⇒गवाह) ❒इतिहास का 〜 歴史の証人.
— *f.* 証言. (⇒गवाही, साक्ष्य) ❒(के विरुद्ध) 〜 देना(…に反する)証言をする.

साक्ष्य /sākṣya̸ サークシエ/ [←Skt.n. *स-अक्ष्य* 'testimony, evidence, attestation'] *m.* 証言. (⇒गवाही) ❒(का) 〜 देना(…の)証言をする.

साक्ष्यांकन /sākṣyāṃkana̸ サークシャーンカン/ [neo.Skt.n. *साक्ष्य-अङ्कन-* 'attestation'] *m.* 証明, 立証.

साख /sākʰa̸ サーク/ [<OIA.n. *sākṣya-* 'evidence': T.13322] *f.* 〘経済〙信用貸し, クレジット. ❒〜 पत्र 〘経済〙信用状.

साग /sāga̸ サーグ/ [<OIA.n. *śāka-²* 'potherb, vegetable': T.12370] *m.* **1** 〘食〙野菜料理に使われる菜っ葉類の野菜. **2** 〘食〙菜っ葉類を使った野菜カレー料理.

सागर /sāgara̸ サーガル/ [←Skt.m. *सागर-* 'the ocean'] *m.* 〘地理〙海, …海《「…洋」は महासागर を用いる》. (⇒समुद्र) ❒अंडमान 〜 アンダマーン海. ❒काला 〜 黒海. ❒जापान 〜 日本海. ❒भूमध्य 〜 地中海.

सागवान /sāga̸vāna̸ サーグワーン/ ▸सागौन *m.* ☞सागौन

सागू /sāgū サーグー/ [?←Malay. *sagu* 'sago'] *m.* 〘植物〙サゴヤシ(椰子).

सागूदाना /sāgūdānā サーグーダーナー/ [*सागू* + *दाना*] *m.* 〘植物〙サゴデンプン《サゴヤシの茎から採取される良質のデンプン》.

सागौन /sāgauna̸ サーガォーン/ ▸सागवान [<OIA. **sāgguvanya-* 'teak forest': T.13326z2] *m.* 〘植物〙チーク(の木);チーク材.

साग्रह /sāgraha̸ サーグラ/ [←Skt. *स-आग्रह-* 'with pertinacity, insisting on anything, persistent'] *adj.* 断固とした.

साज /sāja̸ サージ/ [cf. *सजना, सजाना*; cf. *साज़*] *m.* (装飾用の)品;備品.

साज़ /sāza̸ サーズ/ [←Pers.n. ساز 'a musical instrument; concord, harmony; arms, apparatus, accoutrements, harness, furniture'; cf. *साज*] *m.* **1** 器具. **2** 〘楽器〙楽器. ❒〜 संगीत 器楽.

-साज़ /-sāza̸ ・サーズ/ [←Pers. ساز 'preparing, making, effecting'] *suf.* 《「…を作る人」などを意味する男性名詞を作るペルシャ語派生接辞;घड़ीसाज़「時計職人」など》

साजन /sājana̸ サージャン/ [<OIA.m. *sajjana-²* 'good man': T.13090] *m.* (女からみて)愛しい男, 恋人;夫.

साज़-सामान /sāza̸-sāmāna̸ サーズ・サーマーン/ *m.* 装備;手荷物;家具, 調度品《その人の身分にふさわしく調えたもの》.

साज़िंदा /sāziṃdā サーズィンダー/ [←Pers.n. سازنده 'a

player on musical instruments'] *m.*〖音楽〗楽器演奏者.

साज़िश /sāziśa サーズィシュ/ [←Pers.n. سازش 'make, contrivance, artifice, invention'] *f.* 陰謀;謀議, はかりごと;共謀. (⇒षड्यंत्र) ❐～ करना 陰謀をたくらむ.

साज़िशी /sāziśī サーズィシー/ [*साज़िश* + *-ई*] *adj.* 陰謀の;謀議の;共謀の. (⇒षड्यंत्रकारी)
— *m.* 陰謀をたくらむ人;共謀者. (⇒षड्यंत्रकारी)

साझा /sājhā サージャー/ [<OIA.n. *sāhāyya-* 'help': T.13381] *m.* 共同;協力;提携;共有;共用. ❐सूचनाएँ और जानकारियाँ ～ करना 情報と知識を共有する. ❐(के साथ) मंच ～ करना (…と)共同戦線をはる. ❐～ सरकार 連立政権.

साझी /sājhī サージー/ [cf. *साझा*] *m.* パートナー;共同出資者. (⇒साझेदार)

साझेदार /sājhedāra サージェーダール/ [*साझा* + *-दार*] *m.* パートナー;共同出資者. (⇒साझी)

साटना /sāṭanā サートナー/ ▸सटाना *vt.* (*perf.* साटा /sāṭā サーター/) ☞सटाना

साठ /sāṭha サート/ [<OIA.f. *ṣaṣṭí-* 'sixty': T.12804] *num.* 60.

साड़ी /sāṛī サリー/ [<OIA.m. *śā́ṭa-¹* 'strip of cloth': T.12381; cf. Skt.f. *शाटी-*; → Eng.n. *saree*] *f.* サリー《女性が身に着ける一枚布の衣類》. ❐रेश्मी ～ 絹のサリー. ❐सूती ～ 木綿のサリー.

साढ़ू /sāṛhū サールー/ [<OIA.m. **syālīvoḍhṛ-* 'wife's sister's husband': T.13875] *m.* 義兄[弟]《妻の姉妹 साली の夫》.

साढ़े /sāṛhe サーレー/ [<OIA. *sārdha-* 'plus a half': T.13369] *adj.* 2分の1多い《1.5, 2.5 はそれぞれ डेढ़, ढाई を使用する》. ❐～ तीन [चार, पाँच] किलो 3.5 [4.5, 5.5] キロ. ❐～ तीन [चार, पाँच] बजे 3[4, 5]時半に.

सात /sāta サート/ [<OIA. *saptá-* '7': T.13139] *num.* 7.

सातगुना /sātaguṇā サートグナー/ [*सात* + *-गुना*] *adj.* ☞सतगुना

सातवाँ /sātavā̃ サートワーン/ [<OIA. *saptamá-* '7th': T.13151] *adj.* 7番目の. (⇒सप्तम)

सात्त्विक /sāttvika サーットヴィク/ [←Skt. *सात्विक-, सात्त्विक-* 'spirited, vigorous, energetic; pure, true, genuine, honest, good, virtuous'; cf. Skt. *सत्-त्व-* 'purity; goodness'] *adj.* 純粋な;高潔な.

सात्विक /sātvika サートヴィク/ *adj.* ☞सात्त्विक

साथ /sātha サート/ [<OIA.m. *sā́rtha-* 'caravan, troop, company': T.13364] *m.* **1** 仲間付き合い. ❐एक ～ 一緒に. ❐(का) ～ देना (人に)同調する;同行する. **2** わき, かたわら, そば. ❐उसके ～ वाली कुर्सी ख़ाली थी। 彼女のわきの椅子は空いていた.
— *adv.* 一緒に. ❐～ चलना 一緒に行く. ❐～ ही 同時に. ❐(के) ～ (…と)一緒に, 共に. ❐(को) ～ लेकर चलना (人を)連れて行く. ❐डंडा केवल आत्म-रक्षा के लिए साथ है। 棍棒はただ自衛のために持っているのだ.

साथी /sāthī サーティー/ [<OIA. **sārthin-* 'having part in a company': T.13366] *m.* 仲間, 相棒;友人;同士;同志;連れ, 同行者;伴侶, パートナー.

सादगी /sādagī サードギー/ [←Pers.n. سادگی 'smoothness; plainness, absence of ornament'] *f.* **1** 質素, 簡素. (⇒सादापन) ❐～ से शादी करना 簡素な結婚式を挙げる. **2** 素朴さ, 純朴さ. (⇒भोलापन, सादापन)

सादर /sādara サーダル/ [←Skt. *स-आदर-* 'having or showing respect, respectful, reverential'] *adj.* 敬意を表する. ❐～ नमस्कार 拝啓《手紙の冒頭の言葉;直訳は「謹んでご挨拶いたします」》.

सादा /sādā サーダー/ [←Pers.adj. ساده 'smooth, even, plain'] *adj.* **1** 質素な, 飾り気のない;混ざり物を含んでいない, 単純な. ❐～ खाना 質素な食事. ❐～ चावल 炊いただけの米《炒めたり味付けなどをしていない》. ❐～ जीवन 質素な生活. ❐～ पहनावा 質素な服. **2** 素朴な, 純朴な. ❐वह तबीयत का ～ है। 彼は純朴な性格です. **3** (紙が)白紙の;無地の. (⇒कोरा) ❐～ काग़ज़ 白紙. ❐～ पोशाक पर लगा दाग़ 無地の服についた染み.

सादादिल /sādādila サーダーディル/ [*सादा* + *दिल*] *adj.* 純真な;純朴な;誠実な. ❐～ देहाती 純朴な村人.

सादादिली /sādādilī サーダーディリー/ [←Pers.n. ساده دلی 'simple-heartedness'] *f.* 純真さ;誠実さ.

सादापन /sādāpana サーダーパン/ [*सादा* + *-पन*] *m.* ☞सादगी

सादृश्य /sādr̥śya サードリシエ/ [←Skt.n. *सादृश्य-* 'likeness, resemblance, similarity'] *m.* **1** 類似. **2** 類推. ❐(के) ～ पर (…の)類推から.

साध /sādha サード/ [<OIA.f. *śraddhā́-* 'trust': T.12678] *f.* 念願, 悲願.

साधक /sādhaka サーダク/ [←Skt. *साधक-* 'effective, efficient, productive, accomplishing, fulfilling, completing, perfecting, finishing'] *adj.* 修行に励む(人).
— *m.* 修行者, 修験者(しゅげんじゃ);求道(ぐどう)者.

साधन /sādhana サーダン/ [←Skt.n. *साधन-* 'any means of effecting or accomplishing, any agent or instrument or implement or utensil or apparatus'] *m.* **1** 手段;方法, 方策. (⇒ज़रिया) ❐～ और साध्य 手段と目的. **2** 設備, 備品, 機器;装備.

साधना¹ /sādhanā サードナー/ [<OIA. *sādhnóti* 'accomplishes': T.13339] *vt.* (*perf.* साधा /sādhā サーダー/) **1** (技芸・知識などを)極める;(技芸・知識などを)鍛練して磨く. ❐भावना और विचार के इस अद्भुत समन्वय को मैं समझ और साध सकता तो काव्य-कला के लिए उसका बड़ा उपयोग हो सकता। 感情と思考のこの驚くべき調和を, 私が理解し極めることができていたら, 詩作の技芸にとってそれは大いに役に立ったろうに. ❐फ़िलहाल तो वे तीर से कई निशाने की कला साध रहे हैं। 目下のところ, 彼は(一本の)矢で複数の標的を狙う技術を磨いているところである. **2** てなづける, 懐柔する;(馬などを)調教する. (⇒सधाना) ❐इतने अश्वों को एक मात्र शब्द की चाबुक से साधनेवाले सारथी को मैं कविमनीषी ही कहना चाहूँगा। これほどの馬たちを, たった一言の叱咤で思

いどおりに操る御者を，私は詩聖と呼びたい． **3** 調整する，調節する；適応させる，順応させる． ❐स्वभाव से वे ख़र-दिमाग, तुनुक-मिज़ाज, ज़िद्दी और घमंडी थे -- घमंड, जिसे स्वाभिमान के अधिक निकट कह सकते हैं, लेकिन परिस्थितियों ने उन्हें काफ़ी साधा था। 根っから彼は，気難しく，短気で，頑固で傲慢だった -- 傲慢さは，自尊心と紙一重と言えるが，環境は彼をかなり順応させていた． **4** （体などの）バランスをとる；（ある姿勢に）構える． ❐उसने पानी में क़दम रखा और पाँव साधते हुए चले। 彼は水の中に足を踏み入れ，足のバランスを保ちながら進んだ． ❐वह अच्छे निशानेबाज़ की तरह मन को साधकर बोला। 彼は，巧みな狙撃兵のように，心を落ち着けて言った． ❐उन्हें क्षेत्रीय दबावों और राष्ट्रीय हितों के बीच संतुलन साधना होगा। 彼は，地方の圧力と国家の利益の間でバランスをとることになるだろう． **5** （狙い・照準を）定める．（⇒तौलना） ❐उसने निशाना साधा और बंदूक़ चलायी। 彼は照準を定め，発砲した． **6** （呼吸などを）調節する；（息を）ひそめる，かたずをのむ． ❐वह सिर झुकाये, दम साधे जड़वत् खड़े थे। 彼はうなだれて，息をひそめてじっと立ちつくしていた． ❐सब लोग चुप्पी साधे, थर-थर काँपते, कातर नेत्रों से उनको देख रहे थे। 皆，無言のまま，ぶるぶる震えながら，おびえた目で彼を見ていた． ❐तूने भी तो जैसे चुप्पी साध ली थी। おまえも，まるでだんまりを決め込んでしまったみたいだった． **7** もくろむ；折り合いをつける，（取引を）取り決める． ❐पार्टी के दिग्गज नेता उनसे संपर्क साधने को बेताब थे। 党のそうそうたる指導者たちも，彼と接触しようとおおわらわだった． ❐मगर ऐसी कोई भी संधि तभी असरदार हो सकती है जब वह उसमें शामिल देशों की चिंताओं का निराकरण भी करती हो, न कि चंद ताकतवर देशों की ओछी मंशाओं को साधने का साधन बनती हो। しかしながら，この種のいかなる協定も実効がありえるのは，その協定が参加した国々の懸念を払拭すらする場合であって，若干の強国の卑しいもくろみに折り合いをつける手段になるような場合ではない． ❐अपने व्यावसायिक हित साधने के लिए वे जो काला धन ख़र्च कर रहे थे उसकी पुष्टि उनके बड़े भाई के बयान से होती है। 自分の商売上の便宜を図るために，彼が隠し所得を出費していたことは，彼の兄の証言で裏付けられる．

साधना² /sādʰanā サードナー/ [←Skt.f. *साधना-* 'the act of mastering, overpowering, subduing'] *f.* 修行，苦行；鍛錬．

साधर्म्य /sādʰarmya サーダルミエ/ [←Skt.n. *साधर्म्य-* 'sameness or identity of nature'] *m.* 同質；均質．

साधारण /sādʰāraṇa サーダーラン/ [←Skt. *स-आधारण-* 'having or resting on the same support or basis; belonging or applicable to many or all, general, common to all, universal, common'] *adj.* 普通の，一般的な；平凡な．（⇒आम）（⇔असाधारण）

साधारणतः /sādʰāraṇataḥ サーダーランタハ/ [←Skt. *साधारण-तस्-* 'generally'] *adv.* 通常，概して，一般的に．

साधु /sādʰu サードゥ/ [←Skt. *साधु-* 'good, virtuous, honourable, righteous'] *adj.* **1** 善き，有徳の；本来の正しい． **2** 敬虔な，信心深い． **3**〖言語〗標準的な正しい（言語）． ❐～ भाषा 標準語《ベンガル語の文脈では「文語」の意》．

— *m.* ☞साधू

साधुवाद /sādʰuvāda サードゥワード/ [←Skt.m. *साधु-वाद-* 'exclaiming 'well done!''] *m.* 称賛（の声をあげること）． ❐（को） ～ देना （人を）ほめたたえる．

साधु-संत /sādʰu-saṃta サードゥ・サント/ *m.*〖ヒンドゥー教〗修行者；聖者，聖人《複数扱い》． ❐परमात्मा की कृपा और साधु-संतों के आशीर्वाद से बुढ़ापे में उनको एक लड़का पैदा हुआ। 神様の恩恵と聖者様たちの祝福により老年になって彼に一人の息子が授かった．

साधू /sādʰū サードゥー/ [<Skt.m. *साधु-* 'a holyman, saint, sage, seer'] *m.*〖ヒンドゥー教〗修行者，苦行者；聖者，聖人《日本語でよく表記される「サドゥー」より「サードゥー」が原音に近い》．

साध्य /sādʰya サーディエ/ [←Skt. *साध्य-* 'to be subdued or mastered or won or managed, conquerable, amenable'] *adj.* 達成可能な；証明可能な．（⇔असाध्य）

— *m.* （達成できる）目標，目的．

साध्वी /sādʰvī サードヴィー/ [←Skt.f. *साध्वी-* 'a chaste or virtuous woman, faithful wife'] *adj.* 行いの正しい（女）；貞節な（女）．

— *f.* 行いの正しい女；貞節な女．

सानंद /sānaṃda サーナンド/ [←Skt. *स-आनन्द-* 'having joy or happiness, joyful, glad, delighted with'] *adv.* 喜びに満たされて；満ち足りて．

सान /sāna サーン/ [<OIA.m. *śāna-* 'whetstone': T.12388z1; cog. Pers.n. سان 'whetstone'] *m.* 砥石（といし）．（⇒सिल्ली） ❐वही तलवाल, जो केले को भी नहीं काट सकती, ～ पर चढ़कर लोहे को काट देती है। バナナすら切れなかったあの剣が砥石で砥がれて鉄をも切る．

सानना¹ /sānanā サーンナー/ [<OIA. *sáṃdadhāti* 'places on, combines': T.12898] *vt.* (*perf.* साना /sānā サーナー/) **1** （粉を）（水を混ぜて）湿らせる． **2** こねて混ぜる．（⇒गूँधना, माँड़ना） **3** 塗りたくって［なすりつけて］汚す． ❐उसने मेरे सारे कपड़े गोबर से सान दिए। 彼は，私の服全体に牛糞をなすりつけて汚した． ❐साँप ने अपनी दुम ख़ून में सान ली। ヘビは尾を血まみれにした． **4** （人に）濡れ衣をきせる；（犯罪に）巻き込む． ❐आप तो व्यर्थ ही मुझे इस मामले में सानते हैं। あなたは理由もなく私をこの事件に巻き込もうとしている．

सानना² /sānanā サーンナー/ [<OIA. **śānayati* 'whets': T.12389] *vt.* (*perf.* साना /sānā サーナー/) （刃物を）とぐ．

सान मारिनो /sāna mārino サーン マーリノー/ ▸सैन मैरीनो [cf. Eng.n. *San Marino*] *m.* **1**〖国名〗サンマリノ（共和国）《首都は同名のサンマリノ》． **2**〖地名〗サンマリノ《同名のサンマリノ（共和国）の首都》．

सान साल्वाडोर /sāna sālvāḍora サーン サールワードール/ [cf. Eng.n. *San Salvador*] *m.*〖地名〗サンサルバドル《エルサルバドル（共和国）（एल साल्वाडोर）の首都》．

सान होज़े /sāna hoze サーン ホーゼー/ [cf. Eng.n. *San Jose*] *m.*〖地名〗サンホセ《コスタリカ（共和国）（कोस्टा

रीका) の首都》.

साना /sānā サーナー/ [cf. Eng.n. *Sana'a*] *m.* 『地名』サアナ, サヌア《イエメン(共和国) (यमन) の首都》.

सानी¹ /sānī サーニー/ [cf. *सानना¹*] *f.* 家畜の飼料, かいば. ❐～ पानी (家畜に与える)飼料と水.

सानी² /sānī サーニー/ [←Pers.adj. ثانی 'who or what turns or bends; second' ←Arab.] *adj.* **1** 匹敵する(もの), 並ぶ(もの)《名詞的用法が多い》. ❐बोली की नक़ल करने में तो उसका ～ नहीं है। 声の物真似をすることにかけては彼女の右に出る者はいない. ❐सौभाग्य से पत्नी भी ऐसी मिली, जो सौंदर्य में अपने ～ की आप ही थी। 幸運なことにめとった妻は, 美しさにかけては自身に匹敵するものは自身しかいないほどだった. **2** 二世の《名前の後に付ける》. (⇒द्वितीय) ❐शाह आलम ～ 『歴史』シャー・アーラム二世.

सान्निध्य /sānnid^hya̸ サーンニディエ/ [←Skt.n. *सांनिध्य-* 'the being near, nearness, vicinity'; cf. Skt.n. *सं-निध-* 'juxtaposition, vicinity'] *m.* (聖者など崇拝する人の)お近く, 御側(おそば);お近づき. ❐(के) ～ में (人の)御側近くで. ❐(का) ～ प्राप्त करना (人と)お近づきになる.

सापेक्ष /sāpekṣa̸ サーペークシュ/ [←Skt. *स-अप-ईक्ष-* 'having regard or respect to; requiring or presupposing anything, dependent on'] *adj.* 相対的な. (⇔निरपेक्ष) ❐～ वेग 『物理』相対速度.

साप्ताहिक /sāptāhika̸ サープターヒク/ [←Skt. *साप्ताहिक-* 'of seven days'] *adj.* 毎週の;1 週間の;週刊の. (⇒हफ़्तेवार) ❐～ पत्रिका 週刊誌.

— *m.* 週刊誌.

साफ़ /sāfa̸ サーフ/ [←Pers.adj. صاف 'pure, clear, sincere, candid' ←Arab.] *adj.* **1** 清潔な, きれいな, 汚れのない. (⇒स्वच्छ) ❐～ करना (…を)清潔にする, 掃除する, 洗う. ❐～ होना 清潔になる. **2** 鮮明な;澄み渡った, (空が)晴れた;(音声・文字が)明瞭な;明白な;明快な. ❐～ करना (…を)鮮明にする. ❐उसकी नीयत ～ है। 彼の決意にくもりはない. **3** (心が)きれいな, 汚れていない. ❐वह दिल की ～ है। 彼女は心のきれいな人だ. **4** (行く先に)障害がない, 邪魔者がいない. ❐रास्ता बिलकुल ～ है। 前方異常なし. **5** 一掃された. ❐उन्होंने बेयोनेट और हथगोले से दो दुश्मन छावनी को ～ कर दिया। 彼らは銃剣と手榴弾で 2 つの敵陣地を一掃した. **6**《『(पर) हाथ साफ़ करना』の形式で, 慣用的な動詞句「(…を)巧みに盗む, (…を)だます」を作る》❐उसने पिता की बोतल पर हाथ ～ किया था। 彼はまんまとオヤジの酒瓶を盗んだ. ❐कहीं पुरुष स्त्री पर हाथ ～ कर लेता है, कहीं स्त्री पुरुष की मूँछों के बाल नोचती है। どこかで男が女をだましているかと思えば, どこかでは女が男のひげをむしって痛い思いをさせているもんだ.

— *adv.* **1** 鮮明に;はっきりと, きっぱりと. ❐～ इनकार करना きっぱりと断る. ❐～ कहना 率直に言う. ❐～ नज़र आना はっきりと見える. ❐～ बोलना 明瞭に話す;率直に言う. ❐～ सुनाई देना はっきりと聞こえる. **2** 無事に, 無傷に;巧みに, うまく. ❐～ बचना [बचकर निकल जाना] うまく逃げおおせる.

साफ़दिल /sāfa̸dila̸ サーフディル/ [←Pers.adj. صاف دل 'simple-hearted'] *adj.* 純真な;誠実な.

साफ़दिली /sāfa̸dilī サーフディリー/ [←Pers.n. صاف دلی 'simple-heartedness'] *f.* 純真さ;誠実さ.

साफ़-सुथरा /sāfa̸-sut^hara̸ サーフ・ストラー/ *adj.* **1** 清潔な, さっぱりした. (⇒स्वच्छ) ❐～ कमरा 清潔な部屋. ❐(को) ～ बनाना (…を)清潔にする. ❐(को) ～ रखना (…を)清潔に保つ. ❐साफ़-सुथरे कपड़े 清潔な服. **2** (人格や品行が)清潔な, 清廉潔白な. (⇒स्वच्छ) ❐～ मतदान 公明正大な投票. ❐उनकी साफ़-सुथरी छवि 彼の清潔なイメージ. **3** (未来に)曇りがない, 前途洋洋な.

साफ़ा /sāfā サーファー/ [?cf. *साफ़*] *m.* ターバン. (⇒पगड़ी)

साफ़ी /sāfī サーフィー/ [←Pers.n. صافی 'a filter or cloth for straining beverages and medicines' ←Arab.] *f.* **1** (台所用の)ふきん, 雑巾. **2** 濾過(ろか)用の布.

साफ़्टवेयर /sāfṭa̸veyara̸ サーフトヴェーヤル/▸सॉफ़्टवेयर [←Eng.n. *software*] *m.* 『コンピュータ』ソフトウエア. ❐मशीन-अनुवाद ～ 機械翻訳ソフト.

साबित /sābita̸ サービト/ [←Pers.adj. ثابت 'firm, fixed, stable, constant, immovable, invariable; proved; sound, valid, substantial' ←Arab.] *adj.* 証明された. (⇒सिद्ध) ❐～ करना 証明する.

साबुत /sābuta̸ サーブト/ [cf. *साबित, सबूत*] *adj.* 全体の, 丸ごとの;(穀物が)全粒の. ❐～ अनाज 全粒穀物. ❐～ टमाटर (切らない)トマト丸ごと.

साबुन /sābuna̸ サーブン/ [←Pers.n. صابون 'soap' ←Arab. ; ?←Port.m. *sabão* 'soap'; cf. Port.m. *sabão* → Japan.n. *シャボン*] *m.* 石鹸, シャボン.

साबूदाना /sābūdānā サーブーダーナー/ *m.* ☞सागूदाना

साभिप्राय /sāb^hiprāya̸ サービプラーエ/ [←Skt. *स-अभिप्राय-* 'having a distinct aim or purpose, persevering, resolute'] *adj.* 意図的な.

— *adv.* 意図的に.

सामंजस्य /sāmaṃjasya̸ サーマンジャスィエ/ [←Skt.n. *सामञ्जस्य-* 'fitness, propriety, equity, justice'] *m.* 調和;融和. ❐विचार और व्यवहार में ～ का न होना ही धूर्तता है। 思想と行為において調和がないのは欺瞞(ぎまん)である.

सामंत /sāmaṃta̸ サーマント/ [←Skt.m. *सामन्त-* 'a vassal, feudatory prince, the chief of a district (paying tribute to a lord paramount)'] *m.* 『歴史』封建領主.

सामंतवाद /sāmaṃta̸vāda̸ サーマントワード/ [neo.Skt.m. *सामन्त-वाद-* 'feudalism'] *m.* 『歴史』封建制度.

सामंतवादी /sāmaṃta̸vādī サーマントワーディー/ [neo.Skt. *सामन्त-वादिन्-* 'feudalistic'] *adj.* 封建的な;前近代的な.

— *m.* 封建主義者.

सामंती /sāmaṃtī サーマンティー/ [*सामंत* + *-ई*] *adj.* 封建制の;封建的な.

सामग्री /sāmagrī サーマグリー/ [←Skt.f. *सामग्री-* 'a complete collection or assemblage of implements or materials, apparatus, baggage, goods and chattels, furniture, effects'] *f.* **1** 材料, 素材;原料. **2** 資料, 題材, データ. ❐बहुमूल्य दुर्लभ ～ 貴重な得難い資料. ❐शोध ～ 研究用の資料. **3** 用具, 道具;家財家具. ❐भोजन की ～ 調理器具や食器類. ❐विलास की सामग्रियाँ 享楽のための品々.

सामना /sāmanā サームナー/ [＜OIA. *saṁmukhá-* 'facing, present': T.12982] *m.* **1** 対面, 対じ, 直面. ❐(का) ～ करना (…に)直面する. **2** 対抗, 対戦. ❐(का) ～ करना (…に)対抗する.

सामने /sāmane サームネー/ [cf. *सामना*] *adv.* **1** 前方に[へ];面前に. ❐～ की पृथ्वी काँपती हुई जान पड़ती थी। 目の前の大地が揺れるように思われた. **2**《『名詞 के सामने』の形式で,「…の前方に[へ];…の面前で;…の前では, …に比較して」》❐अफ़सरों के ～ दुम हिला-हिलाकर किसी तरह उनके कृपापात्र बना रहा हमारा उद्यम है। 役人の前で尻尾を振り振り何とか彼らの慈悲にすがることが我々にできる精一杯だ. ❐उसने देवी के ～ सिर झुकाया। 彼は女神の前で頭(こうべ)を垂れた.

सामयिक /sāmayika サームイク/ [←Skt. *सामयिक-* 'seasonable, timely, precise, exact'] *adj.* **1** タイムリーな, 時宜(じぎ)を得た. ❐यदा-कदा ～ विषयों पर उनके व्याख्यान होते थे। 時折タイムリーな話題について彼の解説があったものだ. **2** 定期刊行物の. ❐～ पत्र 定期刊行物.

सामरिक /sāmarika サームリク/ [←Skt. *सामरिक-* 'belonging to war or battle, martial, warlike'; cf. *समर*] *adj.* **1** 軍(隊)の;軍人の. ❐～ जीवन 軍隊生活. **2** 戦略上の;軍事上の. ❐～ महत्त्व 戦略的重要性.

सामर्थ्य /sāmartʰya サーマルティエ/ [←Skt.n. *सामर्थ्य-* 'sameness of aim or object or meaning or signification, belonging or agreeing together (in aim, object etc.), adequacy, accordance, fitness, suitableness'] *f.* **1** 能力;力量《男性名詞として扱われることも》. (⇒इमकान) **2** 経済力, 支払い能力;甲斐性. ❐मुझमें तावान देने की ～ नहीं है। 私には損害賠償金を払う力がない. ❐यह रक़म मेरी ～ से बाहर है। この金額は私の支払い能力を超えている.

सामवेद /sāmaveda サームヴェード/ [←Skt.m. *साम-वेद-* 'Veda of chants; one of the three principal Vedas'] *m.* 『ヒンドゥー教』サーマ・ヴェーダ《「旋律のヴェーダ」;4つのヴェーダの一つ;歌唱用に整理された, 神々に捧げられた讃歌の集録》.

सामाजिक /sāmājika サーマージク/ [←Skt. *सामाजिक-* 'relating to or frequenting an assembly'; cf. *समाज*] *adj.* **1** 社会の, 社会的な. ❐～ जीवन 社会生活, 社交生活. ❐～ परिस्थिति 社会環境. ❐～ समस्या 社会問題. ❐मनुष्य ～ प्राणी है। 人間は社会的な生き物である. **2** 社交的な. (⇒मिलनसार)

सामान /sāmāna サーマーン/ [←Pers.n. سامان 'household furniture, baggage, articles'] *m.* **1** (手)荷物;荷, 貨物. **2** 機材, 道具, 用具, 器具. **3** 品物. **4** 家財道具, (特に)台所用品.

सामान्य /sāmānya サーマーニエ/ [←Skt. *सामान्य-* 'whole, entire, universal, general, generic, not specific'] *adj.* **1** 普通の, 通常の;一般的な. (⇒आम)(⇔असामान्य) ❐～ ज्ञान 一般知識. ❐～ भाषा-विज्ञान 一般言語学. ❐～ श्रेणी(飛行機などの)エコノミークラス. **2** 平凡な, 当たり前の;取るに足らない. (⇒मामूली) **3**『言語』(時制が)単純な. ❐～ वर्तमान [भूत, भविष्यत्]単純現在[過去, 未来].

सामान्या /sāmānyā サーマーニャー/ [←Skt.f. *सामान्या* 'a common female, prostitute'] *f.*『文学』サーマーニャー《インド伝統文学において恋愛対象となる成人女性を男性の視点から分類した一つで,「金を目的に男性と疑似恋愛する芸妓, 娼婦」;残りは,「自分の夫をないがしろにし他人の男と通じる人妻」(परकीया),「自分の夫を愛し貞節な妻」(स्वकीया)》.

सामासिक /sāmāsika サーマースィク/ [←Skt. *सामासिक* 'relating or belonging to a compound word'; cf. *समास*] *adj.* **1** 合成語 (समास) に関した. **2** 複数の要素で構成された. ❐～ संस्कृति 複合文化.

सामिष /sāmiṣa サーミシュ/ [←Skt. *स-आमिष-* 'possessed of flesh or prey; provided with meat'] *adj.*『食』肉食の(料理), ノンベジの(料理). (⇒मांसाहारी)(⇔निरामिष) ❐～ भोजन ノンベジの料理.

सामीप्य /sāmīpya サーミーピエ/ [←Skt.n. *सामीप्य-* 'neighbourhood, nearness, proximity (in space and time)'] *m.* 近いこと, 近接していること. (⇒समीपता) ❐उसकी ज़िंदगी और मौत में कितना ～ है! 彼の生と死はどれほど隣り合っていることか!

सामुदायिक /sāmudāyika サームダーイク/ [←Skt. *सामुदायिक-* 'belonging to a multitude or assemblage, collective'; cf. *समुदाय*] *adj.* 共同体の, コミュニティーの. ❐～ केंद्र コミュニティー・センター. ❐～ रेडियो コミュニティーラジオ放送(局). ❐～ विकास コミュニティー・デベロップメント, 地域社会開発.

सामूहिक /sāmūhika サームーヒク/ [←Skt. *सामूहिक-* 'collected in masses, arrayed in ranks'; cf. *समूह*] *adj.* 集団の;集合的な. ❐～ प्रार्थना 集団礼拝. ❐～ फ़ोटो 集合写真.

साम्य /sāmya サーミエ/ [←Skt.n. *साम्य-* 'equality, evenness, equilibrium'] *m.* 同じであること;平等;平衡, (力の)つり合い. ❐इस्लाम की शक्ति उसका आंतरिक भ्रातृत्व और ～ है, तलवार नहीं। イスラムの力はその内なる同胞愛と平等である, 剣ではない.

साम्यवाद /sāmyavāda サーミエワード/ [neo.Skt.m. *साम्य-वाद-* 'communism'] *m.* 共産主義.

साम्यवादी /sāmyavādī サーミエワーディー/ [neo.Skt. *साम्य-वादिन्-* 'communist'] *adj.* 共産主義の. (⇒कम्यूनिस्ट) ❐～ विचार 共産主義思想.
— *m.* 共産主義者. (⇒कम्यूनिस्ट)

साम्राज्य /sāmrājya サームラージエ/ [←Skt.n. *साम्राज्य-* 'complete or universal sovereignty, empire'] *m.* 帝国. ❐मुग़ल ～ ムガル帝国. ❐रोमन ～ ローマ帝国.

साम्राज्यवाद /sāmrājyavāda サームラージエワード/

[neo.Skt.m. *साम्राज्य-वाद-* 'imperialism'] *m.* 〚歴史〛帝国主義.

सायंकाल /sāyaṃkāla̸ サーヤンカール/ [←Skt.n. *सायं-काल-* 'eventide, evening'] *m.* 日暮れ, 夕暮れ, 夕方. (⇒शाम) ❐～ को 日暮れに. ❐भोर से ～ तक 早朝から日暮れまで.

सायत /sāyata̸ サーヤト/ ▸साइत *f.* ☞साइत[1]

सायबान /sāya̸bāna̸ サーエバーン/ ▸सायाबान [←Pers.n. سایبان 'a canopy, umbrella, parasol; a shade formed by foliage or by any other projecction'] *m.* (家の入口などに作られた屋根のみの)日よけ, 雨おおい. ❐वह सोनार अपने ～ में प्रातः से संध्या तक अँगीठी के सामने बैठा हुआ खट-खट किया करता था। その金細工師は自宅の日よけの下で朝から晩まで火ばちの前に座ってトントンカンカン作業をしているのであった.

सायरन /sāya̸rana̸ サーエラン/ [←Eng.n. *siren*] *m.* サイレン. ❐～ बजाना サイレンを鳴らす.

साया[1] /sāyā サーヤー/ [←Port.m. *saia* 'petticoat'] *m.* **1** ペティコート. (⇒पेटीकोट) **2** スカート.

साया[2] /sāyā サーヤー/ [←Pers.n. سایہ 'a shade, shadow'] *m.* **1** 陰. (⇒छाया) **2** 影. (⇒छाया)

सायाबान /sāyābāna̸ サーヤーバーン/ ▸सायबान *m.* ☞सायबान

सारंग /sāraṃga̸ サーラング/ [←Skt. *सारङ्ग-* 'of a variegated colour, dappled, spotted'] *adj* (色が)まだらの, ぶちの.
— *m.* (色がまだらの)シカ.

सारंगी /sāraṃgī サーランギー/ [←Skt.f. *सारङ्गी-* 'a kind of spotted doe or antelope; a sort of violin'] *f.* 〚楽器〛サーランギー《弓で弾く弦楽器の一種》.

सार /sāra̸ サール/ [←Skt. *सार-* 'the substance or essence or marrow or cream or heart or essential part of anything'] *m.* **1** 本質, 真髄, 核心. **2** 要点, 要旨; 内容. ❐मैंने उन्हें एक बड़ा लंबा पत्र लिखा, ～ ही स्मृति में है। 私は彼に一通のとても長い手紙を書いた, 要点だけ記憶に残っている.

-सार /-sāra̸ ・サール/ [←Pers.suf. سار 'placed after nouns it denotes plenty, magnitude, similitude, or possession'] *suf.* 《名詞の後ろに付けて「…のような, …に満ちた」などを表す接尾辞; ख़ाकसार「(卑下して)取るに足らない」, मिलनसार「社交的な」, शर्मसार「恥ずべき」など》.

सार-गर्भित /sāra̸-garbʰita̸ サール・ガルビト/ [neo.Skt. *सार-गर्भित-* 'substantial'] *adj.* 内容のある(話);本質的な.

सारणी /sāra̸ṇī サールニー/ [←Skt.f. *सारणी-* 'a stream, channel, water-pipe'] *f.* 一覧表, 表, テーブル. ❐आवर्त्त ～ 〚化学〛(元素の)周期表. ❐रेलवे समय ～ 列車時刻表.

सारथी /sāra̸tʰī サールティー/ [<Skt.m. *सारथि-* 'a charioteer, driver of a car, coachman'] *m.* 2輪御者. (⇒सूत)

सारनाथ /sāra̸nātʰa̸ サールナート/ [cf. Eng.n. *Sarnath*] *m.* 〚地名〛サールナート《ウッタル・プラデーシュ州 (उत्तर प्रदेश) にある仏教聖地;漢訳仏典では「鹿野苑」》.

सारस /sārasa̸ サーラス/ [←Skt.m. *सारस-* 'the Indian or Siberian crane'] *m.* 〚鳥〛(雄)ツル, 鶴. (⇔सारसी)

सारसी /sāra̸sī サールスィー/ [cf. *सारस*] *f.* 〚鳥〛雌ツル. (⇔सारस)

सारांश /sārāṃśa̸ サーラーンシュ/ [neo.Skt.m. *सार-अंश-* 'essential part'] *m.* 要約;要点.

सारा /sārā サーラー/ [<OIA. *sā́ra-*[2] 'firm, strong': T.13355x1] *adj.* 全部の, 全体の, 全…. ❐～ गाँव कहता है। 村中が言っている. ❐आख़िर तुम सारे दिन क्या किया करती हो! 結局お前は一日中何をしているというのだ! ❐उसकी आँखें बंद हो गयीं और जीवन की सारी स्मृतियाँ सजीव हो-होकर हृदय-पट पर आने लगीं। 彼の目が閉じられた, すると人生のすべての思い出が生き生きと胸に去来し始めた. ❐उसने ～ वृत्तांत कह सुनाया। 彼は事の顛末(てんまつ)すべてを語って聞かせた.

सारायेवो /sārāyevo サーラーエーヴォー/ [cf. Eng.n. *Sarajevo*] *m.* 〚地名〛サラエボ《ボスニア・ヘルツェゴビナ (बास्निया और हर्ज़ेगोविना) の首都》.

सारिका /sārikā サーリカー/ [←Skt.f. *सारिका-* '*Turdus Salica*'] *f.* 〚鳥〛九官鳥. (⇒मैना)

सार्जेंट /sārjeṃṭa̸ サールジェーント/ [←Eng.n. *sergeant*] *m.* **1** 下士官, 軍曹. **2** 巡査部長.

सार्थक /sārtʰaka̸ サールタク/ [←Skt. *स-अर्थक-* 'having meaning, significant, important'] *adj.* 意味のある, 有意義な. (⇔निरर्थक) ❐आज चौबीस वर्षों बाद भी मैं अपने उन दो-ढाई वर्षों को अपने जीवन के सबसे अधिक ～ वर्षों में गिनता हूँ। 今日 24 年の後でも私は自分のあの 2 年あるいは 2 年半を自分の人生の最も有意義な年月に数えます. ❐जब आपका जीवन ～ करने के लिए स्त्री इतनी आवश्यक है, तो आप शादी क्यों नहीं कर लेते? あなたの人生を意味のあるものするために女性がこれほどまで必要ならば, あなたは何故結婚をなさらないのですか?

सार्थकता /sārtʰaka̸tā サールタクター/ [←Skt.f. *स-अर्थक-ता-* 'significance'] *f.* 意味があること, 有意義であること.

सार्ध /sārdʰa̸ サールド/ [←Skt. *स-अर्ध-* 'joined wilh a half, plus one half. increased by one half. having a half over'] *adj.* 2 分の 1 多い. (⇒साढ़े) ❐～ शती 一世紀半;150 年祭.

सार्वजनिक /sārva̸janika̸ サールオジャニク/ [←Skt. *सार्व-जनिक-* 'relating or belonging or suited to all men, universal, public'] *adj.* **1** 公共の;公衆の. ❐～ क्षेत्र 〚経済〛公営企業, パブリック・セクター. ❐～ शौचालय 公衆トイレ. **2** 公的な, 公務の. **3** 公然の, 広く知れ渡った, 著名な;公開の. ❐～ पाठ करना 公開で朗読をする. ❐～ रूप से 公に, 公然と.

सार्वभौम /sārva̸bʰauma̸ サールオバォーム/ [←Skt. *सार्व-भौम-* 'spread over the whole earth'] *adj.* ☞सार्वभौमिक

सार्वभौमिक /sārvabʰaumika サールオバォーミク/ [←Skt. सार्व-भौमिक- 'spread over the whole earth'] *adj.* 世界主義的な, 普遍的な. (⇒सार्वभौम)

सार्वभौमिकरण /sārvabʰaumikaraṇa サールオバォーミカラン/ [neo.Skt.n. सार्व-भौमिकरण- 'cosmopolitanism'] *m.* 世界市民主義.

साल[1] /sāla サール/ [←Pers.n. سال 'a year'] *m.* **1** 〖単位〗 1年. (⇒वर्ष) ❐बीस ～ बाद 20年後に. **2**…才. (⇒वर्ष) ❐बीस ～ की उम्र में 20歳の年齢で.

साल[2] /sāla サール/ [<OIA.m. *śāla-* 'the tree *Vatica robusta* or *Shorea robusta*': T.12412] *m.* 〖植物〗沙羅双樹(さらそうじゅ), サラノキ, シャラノキ《フタバガキ科の常緑高木》.

साल-गिरह /sāla-giraha サール・ギラ/ [←Pers.n. سال گره 'birthday, on the anniversary of which a knot is annually added on a string kept for this purpose'] *f.* **1** 誕生日. (⇒जन्म-दिन) ❐(की) ～ पर (人の)誕生日に. ❐(की) ～ मनाना (人の)誕生日を祝う. **2** (毎年の)記念日; 記念祭. (⇒वर्ष-गाँठ)

सालन /sālana サーラン/ [<OIA. **saṁlēpana-* 'smearing together': T.13010] *m.* 〖食〗カレー料理《特に汁気の多いスープ状のカレー料理》. ❐पनीर का ～ チーズカレー.

सालना /sālanā サールナー/ [<OIA. *śalyayati* 'hurts, torments': T.12354] *vi.* (*perf.* साला /sālā サーラー/) **1** (尖ったものが)突き刺さる. **2** 疼く. ❐मेरे पैर में काँटा घुस गया है, वह बहुत साल रहा है। 足に刺が突き刺さり, とても疼く.
— *vt.* (*perf.* साला /sālā サーラー/) **1** 突き刺す. **2** 苦痛を与える. ❐उसकी बात मुझे साल गई। 彼の話は私に突き刺すような痛みを与えた.

साला /sālā サーラー/ [<OIA.m. *syālá-* 'wife's brother': T.13871] *m.* **1** 妻の兄弟. (⇔साली) **2**〔卑語〕あの野郎, あんちくしょう.
— *int.* 〔卑語〕てめー, この野郎.

सालाना /sālānā サーラーナー/ [←Pers.adj. سالانہ 'yearly'] *adj.* 年ごとの, 毎年の; 年間の. (⇒वार्षिक) ❐～ आमदनी 年収. ❐～ इम्तहान 年度末試験.

साली /sālī サリー/ [cf. साला] *f.* 妻の姉妹. (⇔साला)

साल्मोनेला /sālmonelā サールモーネーラー/ [←Eng.n. *salmonella*] *m.* 〖医学〗サルモネラ(菌). ❐～ बैक्टीरिया サルモネラ菌.

सावधान /sāvadʰāna サーオダーン/ [←Skt. स-अवधान- 'having attention, attentive, heedful, careful'] *adj.* **1** 注意深い, 慎重な. (⇒होशियार) ❐～ होकर सुनिए। 注意して聞いてください. **2** 警戒した, 用心した. (⇒होशियार) ❐～! 気をつけろ! ❐(को) (से) ～ करना (人を)(…に対して)警戒[用心]させる. ❐(से) ～ रहना (…に対して)警戒[用心]する.

सावधानी /sāvadʰānī サーオダーニー/ [सावधान + -ई] *f.* **1** 注意, 慎重さ. (⇒होशियारी, एहतियात)(⇔असावधानी) ❐～ से 慎重に. ❐～ बरतना 細心の注意を払う. ❐(को) ～ करना (人に)注意を喚起させる. **2** 警戒, 用心(深さ). (⇒एहतियात)

सावन /sāvana サーワン/ [<OIA.m. *śrā́vaṇa-*[2] 'the 20th or 23rd asterism': T.12699] *m.* ☞श्रावण

साष्टांग /sāṣṭāṃga サーシュターング/ [←Skt. स-अष्ट-अङ्ग- 'performed with eight limbs or members (as a reverential prostration of the body so as to touch the ground with the hands, breast, forehead, knees, and feet)'] *adj.* 〖ヒンドゥー教〗〖仏教〗(伏した時に地面に触れる)身体の八部位をともなった《八部位とは, 両手, 胸, 額, 両膝, 両足》. ❐～ प्रणाम (棒のように身体を地面に伏せる)礼, 五体投地の礼.

सास[1] /sāsa サース/ [<OIA.f. *śvaśrū́-* 'mother-in-law, husband's or wife's mother': T.12759] *f.* (夫または妻の母である)義母, 姑(しゅうとめ). (⇔ससुर)

सास[2] /sāsa サース/▸सॉस [←Eng.n. *sauce*] *m.* 〖食〗ソース. ❐टमाटर ～ トマトケチャップ.

सासेज /sāseja サーセージ/ ▸सॉसेज [←Eng.n. *sausage*] *m.* ソーセージ.

साहचर्य /sāhacarya サーヘチャルエ/ [←Skt.n. साहचर्य- 'companionship, fellowship, society, association'; cf. सहचर] *m.* (長年)一緒に歩むこと, 連れ添うこと; 交際. ❐सेवा ही वह सीमेंट है, जो दंपति को जीवनपर्यंत स्नेह और ～ में जोड़े रख सकता है। 献身こそが, 夫婦を生涯愛し合い添い遂げることに結びつけておくことができる接着剤である.

साहब /sāhaba サーハブ/▸साहिब, साहेब [←Pers.n. صاحب 'a companion, a friend; (in India) a title of courtesy, equivalent to Mr. and Sir' ←Arab.] *m.* **1** (雇用主である)主人; 上司; お偉方; (接客商売で)だんな《呼びかけにも使用》. **2**…氏, …さん《イスラム教徒や外国人の男性への敬称; (英語など)外来語の職名にもつけ敬称として使用》. ❐मिर्ज़ा [तनाका] ～ ミルザー[田中]さん. ❐इंस्पेक्टर ～ 警部殿. ❐डाक्टर ～ 先生《医者や博士号を持っている人に対して》. ❐प्रोफ़ेसर ～ 教授先生. **3** 〖歴史〗(英国人などヨーロッパ人の)白人男性. (⇔मेम-साहब)

साहबा /sāhibā サーヒブ/ ▸साहिबा *f.* ☞साहिबा

साहस /sāhasa サーハス/ [←Skt.n. साहस- 'boldness'] *m.* 勇気; 大胆さ, 度胸, 豪胆さ. (⇒हिम्मत) ❐उसने ～ बटोरकर कहा। 彼は勇気を振り絞って言った.

साहसिक /sāhasika サーヘスィク/ [←Skt. साहसिक- 'bold, daring, impetuous'] *adj.* 勇敢な, 勇気のある(行為); 大胆な, 向う見ずな(行為).

साहसी /sāhasī サーヘスィー/ [←Skt. साहसिन्- 'rash, precipitate, inconsiderate, foolhardy; cruel, violent, ferocious'] *adj.* 勇敢な, 勇気のある(人); 大胆な, 向こう見ずな(人). (⇒हिम्मती)

साहाय्य /sāhāyya サーハーッエ/ [←Skt.n. साहाय्य- 'help, succour'] *m.* 援助, 支援.

साहित्य /sāhitya サーヒティエ/ [←Skt.n. साहित्य- 'association, connection, society, combination, union; literary or rhetorical composition'] *m.* **1** 〖文学〗文学. (⇒अदब) ❐～ की सेवा 文学に身をささげること.

❐ललित ～ 純文学. ❐हिंदी ～ ヒンディー文学. **2** 文献.

साहित्यकार /sāhityakāra サーヒティエカール/ [neo.Skt.m. *साहित्य-कार-* 'literateur'] *m.* 〖文学〗文学者.

साहित्यिक /sāhityika サーヒティク/ [?neo.Skt. *साहित्यिक* 'literary'] *adj.* 文学の.

साहिब /sāhiba サーヒブ/ ▸साहब, साहेब *m.* ☞साहब

साहिबा /sāhibā サーヒバー/ ▸साहबा [←Pers.n. صاحبه 'a lady; a wife' ←Arab.] *f.* ご婦人《特にイスラム教徒の女性の敬称として使用》. ❐बेगम ～ 奥様.

साहिल /sāhila サーヒル/ [←Pers.n. ساحل 'beach, shore, coast' ←Arab.] *m.* 〖地理〗海岸, 海辺, 沿岸. (⇒समुद्र-तट)

साही /sāhī サーヒー/ [<OIA.m. *śvāvídh-* 'porcupine': T.12766; cf. Skt.f. *शल्लकी-* 'a porcupine'] *m.* 〖動物〗ヤマアラシ《女性名詞として扱われることも》. ❐～ का काँटा ヤマアラシの針.

साहू /sāhū サーフー/ [<OIA.m. *sādhú-* 'good man': T.13337x1] *m.* 金持ち;商人.

साहूकार /sāhūkāra サーフーカール/ [cf. *साहू*] *m.* **1** 金貸し業の商人;高利貸し. **2** 金持ちの商人;富豪, 金満家.

साहूकारी /sāhūkārī サーフーカーリー/ [*साहूकार* + *-ई*] *f.* 金貸し業, 金融業. (⇒महाजनी)

साहेब /sāheba サーヘーブ/ ▸साहब, साहिब *m.* ☞साहब

सिंकना /sĩkanā スィンクナー/ [cf. *सेंकना*] *vi.* (*perf.* सिंका /sĩkā スィンカー/) **1** (火の上で)あぶって焼かれる;(豆などが)炒られる;(天火で)焼かれる. (⇒भुनना) **2** (乾燥のため)暖められる;火であぶられる. **3** (日光で)(肌が)灼ける. **4** 湿布される.

सिंगड़ा /sĩgaṛā スィングラー/ ▸सींगा *m.* ☞सींगा

सिंगापुर /siṃgāpura スィンガープル/ [cf. Eng.n. *Singapore*; cf. Skt.n. *सिंह-पुर-* 'lion city'] *m.* **1** 〖国名〗シンガポール(共和国)《首都は同名シンガポール (सिंगापुर)》. **2** 〖地名〗シンガポール《同名のシンガポール(共和国)の首都》.

सिंगार /siṃgāra スィンガール/ [<OIA.n. *śṛṅgāra-* 'sexual desire': T.12592] *m.* 化粧, おめかし. (⇒शृंगार) ❐दाढ़ी मर्द की शोभा और ～ है। あごひげは男の気品でありおしゃれである. ❐न कोई सजीली साड़ी, न जड़ाऊ गहने, न कोई ～, जैसे कोई विधवा हो। 華やかなサリーでもなければ, 宝石をちりばめた装身具もなく, 化粧っ気もなく, まるで寡婦(かふ)のようだった.

सिंगारदान /siṃgāradāna スィンガールダーン/ [*सिंगार* + *-दान*] *m.* 化粧道具入れ.

सिंघाड़ा /sĩgʰāṛā スィンガーラー/ [<OIA.m. *śṛṅgāṭa-* 'the water-chestnut *Trapa bispinosa*': T.12590] *m.* **1** 〖植物〗ヒシ(菱)(の実). **2** 〖食〗シンガーラー《サモーサー (समोसा) の一種;形がヒシの実(菱形)に似ていることから》. (⇒समोसा) **3** 三角形の形状のもの《ヒシの葉の形から》.

सिंचना /sĩcanā スィンチナー/ [cf. *सींचना*] *vi.* (*perf.* सिंचा /sĩcā スィンチャー/) **1** 水がまかれる;(液体で)潤う, 湿る. ❐कहा जाता है कि सुंदरियों की मुख मदिरा से सिंचने पर बकुर फूलता है। 美しい乙女の顔を拝し, 美酒で潤うがごとく, バクラ(＝花の一種)の花は開花すると言い伝えられている. **2** 灌漑(かんがい)される.

सिंचवाना /sĩcavānā スィンチワーナー/ ▸सिंचाना [caus. of *सिंचना, सींचना*] *vt.* (*perf.* सिंचवाया /sĩcavāyā スィンチワーヤー/) (水を)まかせる;(水を)まいてもらう.

सिंचाई /sĩcāī スィンチャーイー/ [cf. *सिंचाना*] *f.* 灌漑(かんがい).

सिंचाना /sĩcānā スィンチャーナー/ ▸सिंचवाना [caus. of *सिंचना, सींचना*] *vt.* (*perf.* सिंचाया /sĩcāyā スィンチャーヤー/) ☞सिंचवाना

सिंदूर /siṃdūra スィンドゥール/ [←Skt.n. *सिन्दूर-* 'red lead, minium, vermilion'] *m.* **1** 〖鉱物〗鉛丹;朱;硫化水銀. **2** 〖ヒンドゥー教〗スィンドゥーラ《朱;既婚の女性が髪の分け目にそってつける朱色の顔料》.

सिंदूरी /siṃdūrī スィンドゥーリー/ [*सिंदूर* + *-ई*] *adj.* 朱色の.

सिंधी /siṃdʰī スィンディー/ *f.* スィンディー語.
— *adj.* スィンディー語の.

सिंधु /siṃdʰu スィンドゥ/ *m.* **1** 〖地理〗インダス(川). ❐～ नदी インダス川. **2** 〖地理〗(パキスタンの)スィンドゥ州.

सिंह /siṃha スィンフ/ [←Skt.m. *सिंह-* 'a lion; the zodiacal sign Leo'] *m.* **1** 〖動物〗(雄)ライオン, 獅子. (⇒केसरी, बबर-शेर)(⇔सिंहनी) **2** 〖天文〗獅子座. ❐～ राशि (黄道十二宮の一つ)獅子宮, 獅子座.

सिंहद्वार /siṃhadvāra スィンハドワール/ [←Skt.n. *सिंह-द्वार-* 'a principal or chief gate'] *m.* 獅子門《王宮に通じる中央の門;正面ゲート》.

सिंहनाद /siṃhanāda スィンフナード/ [←Skt.m. *सिंह-नाद-* 'a lion's roar'] *m.* **1** ライオン[獅子]の咆哮(ほうこう). **2** 戦の雄叫び.

सिंहनी /siṃhanī スィンハニー/ [*सिंह* + *-नी*] *f.* 〖動物〗雌ライオン. (⇒शेरनी)(⇔सिंह)

सिंहावलोकन /siṃhāvalokana スィンハーオローカン/ [←Skt.n. *सिंह-अवलोकन-* 'lion's backward look'] *m.* 回顧.

सिंहासन /siṃhāsana スィンハーサン/ [←Skt.m. *सिंह-आसन-* 'lion's-seat; throne'] *m.* 玉座. (⇒राजगद्दी) ❐～ पर बैठना 王座に座る. ❐सर्वोच्च ～ यानी प्रधानमंत्री की कुर्सी 最高位の王座つまり首相の座.

सिएरा लियोन /sierā liyona スィエーラー リヨーン/ [cf. Eng.n. *Sierra Leone*] *m.* 〖国名〗シエラレオネ(共和国)《首都はフリータウン (फ़्रीटाउन)》.

सिकली /sikalī スィクリー/ [←Pers.n. صيقل 'a polisher, furbisher' ←Arab.] *f.* 研磨, 錆落とし.

सिकलीगर /sikalīgara スィクリーガル/ [←Pers.n. صيقل گر 'a cleaner, polisher, furbisher'] *m.* 艶出し職人, 研磨工, 研師.

सिकुड़न /sikuṛana スィクラン/ [cf. *सिकुड़ना*] *f.* 縮み, 収

縮.

सिकुड़ना /sikuṛanā スィクルナー/▸सुकड़ना [cf. *सिकोड़ना*] *vi.* (*perf.* सिकुड़ा /sikuṛā スィクラー/) **1** (服・布などが)縮んで小さくなる, 収縮する. (⇒सिमटना)(⇔फैलना) ❐यह कपड़ा धुलने से सिकुड़ जाता है। この布は洗うと縮んでしまいます. ❐जब स्कूल में कोई उत्सव आदि होता तो वे पूरी फ़ौजी वर्दी में आते, जो जगह-जगह से सिकुड़ी-मिकुड़ी, कहीं-कहीं से फटी भी सीने पर तीन-चार चमकाए हुए तमग़े लटकते होते। 学校で何か催し物などがあると彼は全身軍服に身をつつんで来るのであった, その軍服はところどころ縮んでいたり, 破れている箇所もあり, 胸には 3 つ 4 つ磨かれた勲章がぶら下がっているのだった. **2** しぼむ, しなびる;しわがよる;(寒さ・恥などで)縮こまる. (⇒सिमटना) ❐ख़ुशी के मारे उसका सिकुड़ा हुआ चेहरा जैसे चिकना गया। 喜びのあまり彼のしなびた顔にまるでつやがでたようだった. ❐वह मारे ठंड के सिकड़ा हुआ बैठा था। 彼は寒さのために縮こまって座っていた. **3** (押し込まれて)ぎゅう詰めになる;一塊になる. **4** (月明かりが)陰る. ❐चाँदनी सिकुड़ गई। 月明かりが陰った.

सिकोड़ना /sikoṛanā スィコールナー/ [<OIA. *saṁkōṭayati 'bends together': T.12833] *vt.* (*perf.* सिकोड़ा /sikoṛā スィコーラー/) **1** 縮めて小さくする, 縮ませる, 収縮させる. (⇔फैलाना) **2** (ぎゅうぎゅうに押し込んで)小さくする;(唇などを)すぼめる. ❐उसने ओठ सिकोड़कर ऊपर साँस खींचते हुए कहा। 彼女は唇をすぼめて息を吸い込みながら言った. **3** しわをよせる;(眉を)ひそめる;(顔・鼻を)しかめる;(紙などを)しわくちゃにする. ❐उसने माथा सिकोड़ा। 彼は額にしわをよせた. ❐वह भौंहें सिकोड़कर बोली। 彼女は眉をひそめて言った. ❐उसने मुँह सिकोड़ लिया। 彼女は顔をしかめた. ❐उसने नाक सिकोड़कर कहा। 彼女は鼻をしかめて言った.

सिक्का /sikkā スィッカー/ [←Pers.n. سکہ 'a die for coining' ←Arab.] *m.* 〖経済〗硬貨, コイン. ❐सोने के सिक्के 金貨.

सिक्किम /sikkima スィッキム/ [cf. Eng.n. *Sikkim*] *m.* スィッキム州《州都はガングトーク (गंगटोक)》.

सिक्ख /sikkʰa スィック/ ▸सिख *m.* ☞सिख

सिक्त /sikta スィクト/ [←Skt. *सिक्त-* 'poured out, sprinkled, wetted, impregnated'] *adj.* **1** 灌漑(かんがい)された;水でぬれた. **2** 浸(ひた)された, 湿らせた, 潤(うるお)いのある.

सिख[1] /sikʰa スィク/▸सिक्ख [←Panj.m. *ਸਿੱਖ* 'Sikh, a member of the Sikh religion' <OIA.m. *śiṣya-* 'pupil': T.12482] *m.* 〖スィック教〗スィック教徒, シク教徒. ❐~ धर्म スィック教, シク教. ❐~ परिवार スィック教の家族.

सिख[2] /sikʰa スィク/ ▸शिख *m.* ☞शिखा

सिखलाना /sikʰalānā スィクラーナー/ [cf. *सिखाना*] *vt.* (*perf.* सिखलाया /sikʰalāyā スィクラーヤー/) ☞सिखाना

सिखवाना /sikʰavānā スィクワーナー/ [caus. of *सीखना, सिखाना*] *vt.* (*perf.* सिखवाया /sikʰavāyā スィクワーヤー/) 教えさせる;教えてもらう.

सिखाना /sikʰānā スィカーナー/ [cf. *सीखना*] *vt.* (*perf.* सिखाया /sikʰāyā スィカーヤー/) **1** (知識・技術・礼儀作法などを)教える, 教授する, 伝授する, 仕込む. ❐वह मंत्र मुझे सिखा दो। その呪文を私に教えてくれ. ❐उर्दू हरूफ़ों को पहचानना और लिखना मेरी माँ ने मुझे पहले ही सिखा रखा था। ウルドゥー語の文字を見分けることそして書くことを, 私の母は私に前もって教えこんでいた. ❐उन्होंने एक वर्ष में संस्कृत सिखा देने की प्रतज्ञा की। 彼は一年でサンスクリット語を教えこむと誓った. ❐हम लोगों को उन्हें बुआ कहना सिखाया गया था। 私たちは, 彼女を「ブアー(=父方の叔母)」と呼ぶように教えられた. ❐कितना भी सिखाओ गधा गान नहीं गा सकेगा। どんなに教えても, ロバは歌を歌えないだろう. **2** 助言する;思いつかせる. **3** 添削して(誤りを)矯正する.

सिगनल /siganala スィグナル/ [←Eng.n. *signal*] *m.* シグナル, 信号. ❐~ देना 信号を送る.

सिगरेट /sigareṭa スィグレート/ [←Eng.n. *cigarette*] *f.* 紙巻タバコ. ❐~ जलाना [सुलगाना] タバコに火をつける. ❐~ पीना タバコを吸う.

सिगार /sigāra スィガール/ [←Eng.n. *cigar*] *f.* 葉巻きタバコ, シガー.

सिजदा /sijadā スィジダー/ [←Pers.n. سجدة 'adoration, an inclination or prostration, the forehead touching the ground' ←Arab.] *m.* **1** 〖イスラム教〗スィジダー《ひざまずき額を地面に付ける礼拝, 跪拝(きはい)》. ❐~ करना 跪拝する. **2** ひれ伏すこと, 屈服. ❐(के) द्वार पर ~ करना (人の)門前でひれ伏す.

सिझना /sijʰanā スィジナー/ ▸सीझना *vi.* (*perf.* सिझा /sijʰā スィジャー/) ☞सीझना

सिझाना /sijʰānā スィジャーナー/ [cf. *सीझना*] *vt.* (*perf.* सिझाया /sijʰāyā スィジャーヤー/) **1** (火の上で)調理する;(煮炊きして)柔らかくする. **2** (獣皮を)なめす. **3** つらい目にあわす. **4**〔俗語〕(金を)あくどく巻き上げる.

सिटकिनी /siṭakinī スィトキニー/ *f.* (ドアなどの)スライド錠, かんぬき. ❐~ चढ़ाना [लगाना] かんぬきをかける.

सिटपिटाना /siṭapiṭānā スィトピターナー/ ▸सटपटाना [symbolic word (echo-word)] *vi.* (*perf.* सिटपिटाया /siṭapiṭāyā スィトピターヤー/) **1** (不意を討たれて)面食らう, ぎょとする;(返答などに窮して)どぎまぎする. ❐मुझे आते देखते पहले तो वह सिटपिटाया। 私が来るのを見て, 彼は最初は面食らった. ❐बिल्ली को देखकर चूहे सिटपिटा गए। 猫を見てネズミたちはぎょっとなった. **2** (苛立って)落ち着かず上の空になる.

सितंबर /sitambara スィタンバル/ [←Port.m. *Setembro* 'September'; ?←Eng.n. *September*] *m.* 〖暦〗九月. ❐~ में 九月に. ❐पहली ~ को 九月一日に.

सितम /sitama スィタム/ [←Pers.n. ستم 'tyranny, oppression, injustice, extortion, distress, injury, violence, ill-treatment, affliction, threatening, vexation'] *m.* 暴虐;圧政;残酷な仕打ち. ❐यदि नादिर को हीरा न मिला, तो वह न जाने दिल्ली पर क्या ~ ढाए। もし(侵略者)ナーディルシャーがダイヤモンドを手にすることができなかったら, デリーの町に一体どのような暴虐非道なことをすることか.

सितार /sitārạ スィタール/ [←Pers.n. ستار 'a three-stringed guitar'] m. 〖楽器〗シタール《北インドの弦楽器;約7本の弦を爪 (मिज़राब) ではじいて演奏する》. ❐~ बजाना シタールを演奏する.

सितारा /sitārā スィターラー/ [←Pers.n. ستاره 'a star; fortune'; cog. Skt.f. *तारा-* 'a fixed star, asterism'] m. 1 〖天文〗星. (⇒तारा) 2 運;幸運. ❐उनका ~ बुलंद था। 彼の運は昇り調子だった. ❐उसका ~ चमक उठा। 彼の運がむいた. 3 (芸能やスポーツなどの)スター, 花形. ❐२०१५ के खेलों के बुलंद सितारे 2015年度のスポーツの上位を占めるスター選手たち. ❐रजतपट का ~ 銀幕のスター.

सिद्ध /siddʰạ スィッド/ [←Skt. *सिद्ध-* 'accomplished, fulfilled, effected, gained, acquired'] adj. 1 証明された;明らかになった. (⇒साबित) ❐~ करना 証明する. ❐उसका अनुमान ग़लत ~ हुआ। 彼の推測は誤りだったと分かった. ❐(को) अपराधी ~ करना (人を)罪人だと証明する. 2 成就した;達成した. ❐~ पुरुष (修行などで)特別な能力を身につけた人.
— m. 1 聖人, 聖者.

सिद्धहस्त /siddʰahastạ スィッドハスト/ [←Skt. *सिद्ध-हस्त-* 'of perfected hand'] adj. (技術・技に)たけている, 通じている, 巧みな(人). (⇒कुशल, माहिर) ❐वह सौदा पटाने में ~ था। 彼は商談をまとめるのに巧みであった.

सिद्धांत /siddʰāṃtạ スィッダーント/ [←Skt.m. *सिद्ध-अन्त-* 'established end, final end or aim or purpose'] m. 1 原則, 根本原理, 原理原則, 主義;建前. (⇒उसूल) ❐विरोध तो करना चाहते थे पर ~ की आड़ में। 彼は反対はしたかった, しかし原理原則を盾に. 2 理論;学説. ❐आपेक्षिकता ~ 〖物理〗相対性理論.

सिद्धांतवाद /siddʰāṃtạvādạ スィッダーントワード/ [neo.Skt.m. *सिद्धान्त-वाद-* 'principles-based approach'] m. 原則主義, 教条主義.

सिद्धांतवादी /siddʰāṃtạvādī スィッダーントワーディー/ [neo.Skt. *सिद्धान्त-वादिन्-* 'sticking to principles, of principles'] adj. 原則主義の, 教条主義の, 原則に固執する, 建前ばかりの.
— m. 原則主義者, 教条主義者.

सिद्धि /siddʰi スィッディ/ [←Skt.f. *सिद्धि-* 'accomplishment, performance, fulfilment, complete attainment (of any object), success'] f. 1 成就, 達成. ❐अच्छे कामों की ~ में बड़ी देर लगती है, पर बुरे कामों की ~ में यह बात नहीं होती। 善きことの成就にはとても時間がかかるが, 悪しきことの成就にはそういうことはないものだ. ❐कार्य की ~ 事業の成就. 2 〖ヒンドゥー教〗スィッディ《ヨーガの修行により得られるとされる八つの超能力》. 3 荒唐無稽な神通力《物語文学に登場する忍者 (ऐयार) が使う術》.

सिधारना /sidʰārạnā スィダールナー/ [cf. *सिद्ध*] vi. (perf. सिधारा /sidʰārā スィダーラー/) 1〔敬語〕去られる. (⇒जाना)(⇔पधारना) 2〔敬語〕(天国に)旅立たれる;亡くなる. (⇒मरना) ❐वे एक पुत्री और पत्नी छोड़कर अल्पायु में ही स्वर्ग सिधारे। あの方は一人の娘と妻を残して若くしてあの世に旅立たれた.

सिनकना /sinakạnā スィナクナー/ ▸छिनकना vt. (perf. सिनका /sinạkā スィンカー/) ☞छिनकना

सिनेमा /sinemā スィネーマー/ [←Eng.n. *cinema*] m. 映画, シネマ. (⇒चलचित्र, फ़िल्म) ❐~ हाउस [हाल] 映画館.

सिनेमाई /sinemāī スィネーマーイー/ [*सिनेमा* + *-ई*] adj. 映画の;映画音楽の. (⇒फ़िल्मी) ❐~ तर्ज़ 映画音楽の旋律.

सिपाही /sipāhī スィパーヒー/ [←Pers.n. سپاہی 'a soldier'; → I.Eng.n. *sepoy*] m. 1 兵士, 兵隊, 兵卒. (⇒जवान, सैनिक) ❐मेरे परिवार में जितने लोग सेना में गए उनमें से कोई भी अफ़सर नहीं बन सका, सब लोग ~ ही रहे। 私の家族で軍隊に入った者は誰も将校にはなれなかった, みんな一兵卒だった. 2 (平の)巡査, 警官. (⇒जवान) ❐पुलिस का ~ 巡査. 3 〖ゲーム〗(チェスの)ポーン. (⇒पैदल, प्यादा)

सिपुर्द /sipurdạ スィプルド/ ▸सपुर्द, सुपुर्द adj. ☞सुपुर्द

सिपुर्दगी /sipurdạgī スィプルドギー/ ▸सपुर्दगी, सुपुर्दगी f. ☞सुपुर्दगी

सिफ़त /sifatạ スィファト/ [←Pers.n. صفة 'describing; quality, attribute, epithet' ←Arab.] f. (人物の)長所, 持ち味;(物の)特性, 特色. (⇒विशेषता, गुण)

सिफ़ारिश /sifāriśạ スィファーリシュ/ [←Pers.n. سفارش 'commission, recommendation'] f. 1 推薦;勧告. ❐(से) (की) ~ करना (人に)(…の)推薦をする. 2 仲裁, 調停, あっせん, 取りなし.

सिफ़ारिशनामा /sifāriśạnāmā スィファーリシュナーマー/ [*सिफ़ारिश* + *-नामा*] m. 推薦状.

सिफ़ारिशी /sifāriśī スィファーリシー/ [*सिफ़ारिश* + *-ई*] adj. 1 推薦の. ❐~ ख़त 推薦状. 2 推薦書頼りの(人). ❐~ टट्टू 実力ではなく影響力のある人の推薦で不当に職を得る人.

सिमटना /simaṭạnā スィマトナー/ [<OIA. *saṁvēṣṭayati* 'wraps up': T.13026] vi. (perf. सिमटा /simạṭā スィムター/) 1 (散らばっているものが)集められる;束ねられる. 2 縮まる, 収縮する. (⇒सिकुड़ना) 3 しわになる. (⇒सिकुड़ना) 4 (恐怖・恥じなどで)すくむ, 縮こまる, 萎縮する. ❐वह दारोगा के सामने कछुए की भाँति भीतर सिमटा जाता था। 彼は警部の前では, 亀のように縮こまってしまうのであった. ❐वह दरवाज़े पर एक तरफ़ सिमटी-सी खड़ी है कि उससे कोई छू न जाए, जैसे छू जाए तो अपराध उसी का समझा जाएगा। 彼女は戸口の一方に縮こまったように立っている, 誰も彼女に触れないように, 触れると罪はまるで彼女自身のものだと言わんばかりに. 5 始末がつく, 処分される;決着がつけられる.

सियार /siyārạ スィヤール/▸सियाल [<OIA. *śr̥gālá-, sr̥gālá-* 'jackal': T.12578; cog. Pers.n. شغال 'a jackal'] m. 〖動物〗(雄)ジャッカル, 山犬《この動物の姿を見たり, 鳴き声 (हुआँ-हुआँ) を聞くことは不吉だとされる》. (⇒गीदड़)(⇔सियारिन, सियारी) ❐रँगा (हुआ) ~ うわべは人畜無害にみえても内心は悪意を秘めた人.

सियारिन /siyārinạ スィヤーリン/▸सियारी [cf. *सियार*] f. 〖動物〗雌ジャッカル. (⇔सियार)

सियारी /siyārī スィヤーリー/ ▸सियारिन *f.* ☞सियारिन

सियाल /siyāla スィヤール/ ▸सियार *m.* ☞सियार

सियासत /siyāsata スィヤーサト/ [←Pers.n. سیاسة 'ruling, governing, managing' ←Arab.] *f.* 政治.(⇒राजनीति) ❐यह ~ नहीं सौदेबाजी है। これは政治ではなくビジネスである.

सियासी /siyāsī スィヤースィー/ [←Pers.adj. سیاسی 'political'] *adj.* 政治の;政治的な.(⇒राजनैतिक) ❐~ जुआ 政治的な賭け. ❐~ पार्टी 政党.

सियोल /siyola スィヨール/ [cf. Eng.n. *Seoul*] *m.* 〖地名〗ソウル《大韓民国, 韓国, 南朝鮮 (दक्षिणी कोरिया) の首都》.

सिर /sira スィル/ [<OIA.n. *śíras-* 'head': T.12452; cf. Pers.n. سر 'head'] *m.* 頭, 頭部.(⇒सर) ❐~ पर टोपी पहनना 頭に帽子をかぶる. ❐~ पर सवार होना (悩みの種が)頭にのしかかる.

सिरका /siraka スィルカー/ [←Pers.n. سرکہ 'vinegar'] *m.* 〖食〗酢(す).

सिरकी /sirakī スィルキー/ [?] *f.* シルキー《芦 (सरकंडा) の茎で編んだ簾(すだれ);日射や雨を避けるために使用》.(⇒टट्टी)

सिरताज /siratāja スィルタージ/ [*सिर* + *ताज*] *m.* **1** 王冠, 冠.(⇒सिरमौर) **2** 頭(かしら), 長(おさ), 主(あるじ).

सिरदर्द /siradarda スィルダルド/ ▸सरदर्द [←Pers.n. سر درد 'head-ache, trouble'] *m.* **1** 〖医学〗頭痛. **2** 頭痛のたね, 悩みごと, 面倒な問題.

सिरनामा /siranāmā スィルナーマー/ ▸सरनामा *m.* ☞सरनामा

सिर-पच्ची /sira-paccī スィル・パッチー/ *f.* ☞माथा-पच्ची

सिरमौर /siramaura スィルマオール/ [*सिर* + *मौर*[1]] *m.* **1** 王冠, 冠.(⇒सिरताज) **2** 人気者, ヒーロー;宝, 至宝. ❐वह अपने मदरसे का ~ बन गया। 彼は学校の人気者になった.

सिरहाना /sirahānā スィルハーナー/ [<OIA. **śiraādhāna-* 'resting-place for the head': T.12449] *m.* (寝台の)枕元《副詞「枕元に」は後置詞なしに後置格 सिरहाने で》.(⇔पैताना) ❐(के) सिरहाने रखना (人の)枕元に置く.

सिरा[1] /sirā スィラー/ [<OIA.n. *śíras-* 'head': T.12452] *m.* **1** 端, 先端;(地の)果て, 尽きるところ. ❐गाँव के उस सिरे पर एक आदमी अकेला रहता था। 村のその端には一人の男が一人で住んでいた. ❐रस्सी का एक ~ ロープの一方の端. **2** (釘などの)頭, 上部. **3** 端緒, 事の始まり. ❐नए सिरे से 新規に, 再度. **4** 極端, 極度. ❐पल्ले सिरे का घाघ この上もない悪党.

सिरा[2] /sirā スィラー/ [←Skt.f. *सिरा-* 'a stream, water; any tubular vessel of the body, a nerve, vein, artery, tendon'] *f.* ☞शिरा

सिराना /sirānā スィラーナー/ ▸सेराना [<OIA. **śaitala-* 'relating to cold': T.12613] *vt.* (*perf.* सिराया /sirāyā スィラーヤー/) **1** 冷やす. **2** 〖ヒンドゥー教〗(遺灰などを)(河に)流す. ❐उसने आज अपनी मृत माँ के फूल गंगा में सिरा दिए। 彼は今日, 亡くなった母の遺灰をガンジス河に流した.

सिर्फ़ /sirfa スィルフ/ [←Pers.adv. صرف 'mere, only, alone' ←Arab.] *adv.* 単に, ただ.(⇒केवल) ❐~ आप ही नहीं (बल्कि) मैं भी あなたばかりでなく私もまた.

सिल /sila スィル/ [<OIA.f. *śilā́-* 'rock, crag': T.12459] *f.* スィル《石のすりこ木 (बट्टा) で香辛料や薬種をすりつぶしたり挽くための四角く平らな石台;すり鉢》. ❐~ पर बट्टे से मसाला पीसना 石台の上ですりこ木で香辛料を挽く.

सिलना /silanā スィルナー/ [cf. *सिलाना*] *vi.* (*perf.* सिला /silā スィラー/) 縫われる, 縫合される. ❐सिले वस्त्र इस देश में चलते अवश्य थे, यद्यपि कई सूत्रकारों ने सिले वस्त्र पहनने का निषेध ही किया है। 縫われた衣がこの国(古代インド)で用いられていたことは確かである, ただし古典文献の作者の幾人かは縫われた衣を身にまとうことを禁じている.

सिल-बट्टा /sila-baṭṭā スィル・バッター/ *m.* (石の)すりこ木とすり鉢《香辛料や薬種をすりつぶす》.

सिलवट /silavaṭa スィルワト/ [?cf. *सिलना*] *f.* (顔の)しわ;(布の)しわ;折り目.(⇒बल, शिकन)

सिलवाना /silavānā スィルワーナー/ ▸सिलाना [caus. of *सिलना, सीना*] *vt.* (*perf.* सिलवाया /silavāyā スィルワーヤー/) 縫わせる;縫ってもらう.

सिलसिला /silasilā スィルスィラー/ [←Pers.n. سلسلة 'connecting with each other' ←Arab.] *m.* **1** 連続, 連なり, 続き;連鎖;シリーズ. ❐बातों का ~ 次々と続く話. **2** 脈絡, 前後関係. ❐दफ़्तर में पदोन्नति के सिलसिले में उनके साथ कुछ अन्याय हुआ। オフィス内で昇任人事に関し彼に対し不公平な扱いがあった. ❐बातचीत के सिलसिले में उन्होंने मुझसे कहा था। 話の流れの中で彼は私に言った.

सिलसिलेवार /silasilevāra スィルスィレーワール/ [←Pers.adj. سلسلہ وار 'linked together; serial, lineal'] *adj.* 連続した, 一連の. ❐~ बम विस्फोट 連続爆弾爆発事件.
— *adv.* 連続して.

सिलाई /silāī スィラーイー/ [cf. *सिलना*] *f.* 裁縫. ❐~ मशीन ミシン.

सिलाना /silānā スィラーナー/ ▸सिलवाना [caus. of *सिलना, सीना*; <OIA. *sīvyati* 'sews': T.13444] *vt.* (*perf.* सिलाया /silāyā スィラーヤー/) ☞सिलवाना

सिलिंडर /siliṃḍara スィリンダル/ ▸सिलेंडर *m.* ☞सिलेंडर

सिलेंडर /silemḍara スィレーンダル/ ▸सिलिंडर [←Eng.n. *cylinder*] *m.* ボンベ. ❐गैस ~ ガスボンベ.

सिल्क /silka スィルク/ [←Eng.n. *silk*] *m.* シルク, 絹.(⇒रेशम)

सिल्ली /sillī スィッリー/ [<OIA.f. *śilā́-* 'rock, crag': T.12459] *f.* **1** (屋根ふきの)スレート. **2** 砥石(といし).(⇒सान)

सिवा /sivā スィワー/ ▸सिवाय [←Pers.ind. سواء 'acting wrong; except' ←Arab.] *ind.* 《〖名詞 के सिवा〗の形式で, 副詞句「…を除いて」を作る》❐इसके ~ और क्या उपाय है? これ以外に他にどんな方策があるというのだ? ❐देह के कपड़ों के ~ और कुछ न था। 身体にまとう服以外に何もなかった.

सिवाय /sivāya スィワーエ/ ▸सिवा *ind.* ☞सिवा

सिवार /sivāra スィワール/▸सेवार, सेवाल [＜OIA.m. *śipāla-* 'the waterweed *Blyxa octandra*': T.12493] *m.* 〖植物〗スィワール《水草の一種》.

सिविल /sivila スィヴィル/ [←Eng.adj. *civil*] *adj.* (軍人・官吏に対して)一般人の, 民間人の, 文民の《主に英語の語句の一部として》. ❒～ अस्पताल 公立病院. ❒～ मैरिज [विवाह] 民事婚, 民事的婚姻《宗教的儀式によらず民事上の契約に基づいて公吏が行う》. ❒～ ला 民法. ❒～ सर्विस 政府の行政官庁;(集合的に)国家公務員.

सिवैयाँ /sivaiyā̃ スィワェーヤーン/▸सेंवई, सेवई, सेव [＜OIA.f. *śamitā-* 'rice-powder': T.12307] *f.* 〖食〗(米粉や小麦粉で作った)細麵.

सिसकना /sisakanā スィサクナー/ [?＜OIA. **śuṣati*[2] 'hisses, pants': T.12545] *vi.* (*perf.* सिसका /sisakā スィスカー/) すすり (सी-सी) 泣く, むせび泣く. (⇒सुबकना) ❒उसने सिसकते हुए कहा। 彼女はすすり泣きながら言った. ❒वह मेरी छाती में दुबककर सिसक रही है। 彼女は, 私の胸に顔をうずめてすすり泣いている.

सिसकारना /sisakāranā スィスカールナー/ [onom.] *vi.* (*perf.* सिसकारा /sisakārā スィスカーラー/) **1** (人・動物を呼んだり, 幼児におしっこをさせるために)口から音 (सी-सी) を出す《口笛 (सीटी) とは違う》. **2** (苦痛のため)うめき声を出す.

सिसकारी /sisakārī スィスカーリー/ [cf. *सिसकारना*] *f.* **1** (人・動物を呼んだり, 幼児におしっこをさせるために)口から出す (सी-सी) という音. **2** (苦痛の)うめき声.

सिसकी /sisakī スィスキー/ [cf. *सिसकना*] *f.* すすり泣き. ❒सिसकियाँ भरना [लेना] すすり泣きをする.

सिहरन /siharana スィフラン/ [cf. *सिहरना*] *f.* 身震い, 戦慄. ❒उसकी हँसी केवल उसकी ～ को छिपाने का आवरण थी। 彼女の笑いはただ彼女の戦慄を隠すための隠れ蓑(みの)にすぎなかった.

सिहरना /siharanā スィハルナー/ [＜OIA. *śikhará-* 'point, peak': T.12435] *vi.* (*perf.* सिहरा /siharā スィフラー/) (寒さ・恐怖で)ぞっとする, 震え上がる, 恐れおののく. ❒वह सिर से पाँव तक सिहर उठी। 彼女は全身が震え上がった. ❒वे सीत्कार करके सिहर उठीं। 彼女たちは悲鳴を上げて震え上がった.

सींक /sī̃ka スィーンク/ [＜OIA. **siṅkā-* 'a partic. kind of grass': T.13392] *f.* (植物の)細い茎;細く長いもの.

सींकिया /sī̃kiyā スィーンキヤー/ [cf. *सींक*] *adj.* 細く長い;ひょろひょろした. ❒～ पहलवान 〔卑語〕痩せてひ弱な男, やせっぽち.

सींग /sī̃ga スィーング/ [＜OIA.n. *śṛ́ṅga-* 'horn': T.12583] *m.* **1** 〖動物〗角(つの). ❒(से) ～ मिलाना (…と)角をまじえる《「(人と)一戦交える」の意》. **2** 〖楽器〗角笛, ホルン.

सींगा /sī̃gā スィーンガー/ ▸सिंगड़ा [cf. *सींग*] *m.* 火薬入れに使う角(つの).

सींचना /sī̃canā スィーンチナー/ [＜OIA. *siñcáti* 'pours out, sprinkles': T.13394] *vt.* (*perf.* सींचा /sī̃cā スィーンチャー/) **1** (水を)まく, ふりかける;(液体で)うるおす, 湿らせる. ❒वह पेड़ों को सींच रहा था। 彼は木々に水をやっていた. ❒अभी थोड़ी देर पहले लान सींचा गया था और घास के नीचे पानी बह रहा था। ほんのしばらく前に芝生に水がまかれたところだった, そのため草の下に水が流れていた. **2** 灌漑(かんがい)する. ❒दोनों ऊख बोने के लिए खेत सींच रहे थे। 二人はサトウキビを植えるために畑に水を引いていた.

सी[1] /sī スィー/ [onom.; cf. *सीत्कार*] *f.* 〔擬音〕ハー, ヒー《苦痛や快楽の喘(あえ)ぎ声》.

सी[2] /sī スィー/ [←Eng.n. *C*] *m.* (ラテン文字の)C. ❒विटामिन ～ 〖化学〗ビタミン C.

सीकर /sīkara スィーカル/ [←Skt.m. *शीकर-, सीकर-* 'a fine drop of rain or water'] *m.* 水滴.

सीख /sīk^{h}a スィーク/ [＜OIA.f. *śikṣā-* 'learning, study': T.12432] *f.* 教訓, 教え;指示. (⇒उपदेश) ❒पिता जी की ～ 父の教え.

सीख़ /sīxa スィーク/ [←Pers.n. سيخ 'a roasting-spit' ←Arab.] *f.* **1** 鉄串, 焼き串. **2** (鉄格子などの)鉄棒.

सीख़चा /sīxacā スィークチャー/ [←Pers.n. سيخچه 'a little spit, spike, skewer'] *m.* (鉄格子などの)細い鉄棒;鉄格子. ❒जेल के सीख़चे 刑務所の鉄格子.

सीखना /sīk^{h}anā スィークナー/ [＜OIA. *śikṣatē* 'learns': T.12430] *vt.* (*perf.* सीखा /sīk^{h}ā スィーカー/) **1** 学ぶ;(知識・技術・礼儀作法などを)習得する, 身につける. ❒उनसे हिंदी सीखिए। 彼からヒンディー語を学んでください. ❒चुटकी बजाते हिंदी सीख जाओगे। 君は, あっと言う間にヒンディー語を学んでしまうだろう. ❒वह मछलियाँ पकड़ने के कुछ गुर सीख गया। 彼は魚を獲るいくつかの秘訣を学んだ. ❒तुमने ख़ाली मारना सीखा, दुलार करना सीखा ही नहीं। おまえはただ人を打つことだけを学んだ, いとおしむことを学ばなかった. **2** (経験を)つむ;(知恵を)つける. ❒तूने इतनी अक्कल कहाँ से सीख ली? おまえはこれほどの知恵を一体どこで身につけたんだ?

सीज /sīja スィージ/ [＜OIA. **sīhyu-* '*Euphorbia*': T.13445z2] *m.* 〖植物〗スィージ《トウダイグサ属の落葉性高木》.

सीझना /sīj^{h}anā スィージナー/ ▸सिझना [＜OIA. *sídhyati*[2] 'is accomplished, succeeds': T.13408] *vi.* (*perf.* सीझा /sīj^{h}ā スィージャー/) **1** (火の上で)調理される;(煮炊きされて)柔らかくなる. ❒दाल सीझ चुकी होगी। ダール豆は柔らかくなっただろう. **2** (獣皮が)なめされる. **3** (負債などが)精算される. **4** (湿気・水分が)除かれる;(生木の木材が)(建築資材用に)乾燥される. **5** 濾過される. **6** (手数料・利子などの金が)手に入る.

सीट /sīṭa スィート/ [←Eng.n. *seat*] *f.* **1** 席, 座席. (⇒कुरसी) **2** 議席. (⇒कुरसी) **3** (権力者の)地位, 権力. (⇒कुरसी)

सीटना /sīṭanā スィートナー/ [symbolic word] *vt.* (*perf.* सीटा /sīṭā スィーター/) 自慢話をする;ほらを吹く. ❒सीटना मरदों का काम है, उन्हें सीटने दो। ほらを吹くのは男の仕事さ, 吹かせておけばいい.

सीटी /sīṭī スィーティー/ [＜OIA. **sīṭṭa-* 'whistle':

T.13427] *f.* **1** 口笛. ❐~ बजाना 口笛を吹く. **2** ホイッスル, 警笛, 呼子. ❐~ बजाना ホイッスルを吹く. **3** 汽笛. ❐गाड़ी ने ~ दी। 汽車は汽笛を鳴らした.

सीठा /sīṭʰā スィーター/ [<OIA. *śiṣṭa-¹* 'left, remaining': T.12478] *adj.* 汁気がない;味気ない. (⇒नीरस, फीका)

सीडी-राम /sīḍī-rāma̷ スィーディー・ラーム/ ▶सीडी-रॉम [←Eng.n. *CD-ROM*] *m.* 〖コンピュータ〗シーディーロム(CD-ROM). ❐~ पर उपलब्ध है।CD-ROM で入手できる.

सीढ़ी /sīṛʰī スィーリー/ [<OIA. **śrīḍhi-* 'resting-place, ladder': T.12709] *f.* **1** 階段. (⇒ज़ीना) ❐सीढ़ियाँ चढ़ना [उतरना]階段を昇る[降りる]. ❐स्वचालित सीढ़ियाँ エスカレーター. **2** 梯子. (⇒ज़ीना) **3** (進歩の)段階.

सीढ़ीनुमा /sīṛʰīnumā スィーリーヌマー/ [*सीढ़ी* + *-नुमा*] *adj.* 階段状の, 段々になっている. ❐~ खेत 段々畑.

सीता /sītā スィーター/ [←Skt.f. *सीता-* 'the wife of *Raāma{'c}andra* and daughter of *Janaka*'] *f.* 〖ヒンドゥー教〗スィーター, シーター《叙事詩『ラーマーヤナ』において, ラーマ王子の (राम) の妻》.

सीताफल /sītāpʰala̷ スィーターパル/ [*सीता* + *फल*] *m.* **1** 〖植物〗バンレイシ(蕃茘枝), 仏頭果. (⇒शरीफ़ा) **2** 〖植物〗カボチャ(南瓜). (⇒कद्दू)

सीत्कार /sītkāra̷ スィートカール/ [←Skt.m. *सीत्-कार-* 'the sound *śīt* (supposed to indicate pleasure, pain, or applause; also applied to the noise of spurting water etc.)'] *m.* (痛みや喜悦の際の)ヒー, ハーという吐息.

सीध /sīdʰa̷ スィード/ [<OIA.f. *siddhi-* 'accomplishment, success': T.13405] *f.* 一直線. ❐एक ~ में रखना 一直線上に配置する.

सीधा /sīdʰā スィーダー/ [<OIA. *siddha-²* 'accomplished, skilled': T.13401] *adj.* **1** まっすぐな. (⇒ऋजु)(⇔टेढ़ा) ❐~ करना(…を)まっすぐにする, 垂直に立てる. **2** (性格が)素直な. (⇒ऋजु) **3** 直接の. ❐तेज़ विकास और मुद्रास्फीति में ~ संबंध नहीं है। 急速な発展とインフレの間には直接の関係はない. **4** 右の(手). (⇔उलटा)

— *adv.* **1** まっすぐに. ❐वह ~ डॉक्टर के पास गया। 彼はまっすぐ医者のところへ行った. **2** 直接に. ❐~ देना 直接渡す.

सीधापन /sīdʰāpana̷ スィーダーパン/ [*सीधा* + *-पन*] *m.* **1** まっすぐであること. **2** 真正直;馬鹿正直. ❐मुझे उसके सीधेपन पर दया आई। 私は彼の馬鹿正直さに憐憫の情をもよおした.

सीधा-सादा /sīdʰā-sādā スィーダー・サーダー/ *adj.* 単純明快な;純朴な(性格);簡素な(生活).

सीधे /sīdʰe スィーデー/ [cf. *सीधा*] *adv.* まっすぐに, 直進して.

सीन /sīna̷ スィーン/ [←Eng.n. *scene*] *m.* 〖演劇〗場面, シーン. (⇒दृश्य) ❐चौथा ~ करुणाजनक था। 四つ目のシーンは哀れをもよおさせるものだった.

सीना¹ /sīnā スィーナー/ [<OIA. *sīvyati* 'sews': T.13444] *vt.* (*perf.* सिया /siyā スィヤー/) 縫う, 縫合する;(ほころびを)繕う. ❐दर्ज़ी ने कपड़े सी लिए। 仕立て屋は服を縫いあげた. ❐दर्ज़ी ने यह कोट मशीन से सिया है। 仕立て屋はこのコートをミシンで縫った. ❐लड़कियाँ खाना बनाने, सीने-पिरोने, गाने-बजाने, सबमें निपुण थीं। 娘たちは料理, 裁縫, 歌や演奏, すべてに優れていた. ❐वह किताबें नक़ल करके, कपड़े सीकर, लड़कों को पढ़ाकर अपना गुज़र करता था। 彼は本を筆写し, 裁縫をし, 子どもたちを教えて生計を立てていた.

सीना² /sīnā スィーナー/ [←Pers.n. سینه 'the bosom, breast'] *m.* 胸部, 胸郭. (⇒छाती) ❐उसने ~ तानकर कहा। 彼は胸を張って言った.

सीनाज़ोर /sīnāzora̷ スィーナーゾール/ [←Pers.adj. سینه زور 'robust, proud of strength'] *adj.* 高圧的な;強引な, 横暴な.

सीनाज़ोरी /sīnāzorī スィーナーゾーリー/ [←Pers.n. سینه زوری 'strength; pride of strength'] *f.* 高圧的なこと;強引さ, 横暴さ.

सीनियर /sīniyara̷ スィーニヤル/ [←Eng.adj. *senior*] *adj.* **1** 年上の, 年長の. (⇒ज्येष्ठ, बड़ा)(⇔कनिष्ठ, छोटा, जूनियर) **2** 先輩の, 先任の, 古参の, 上役の, 上位の, 上級の. (⇒वरिष्ठ)(⇔अवर, कनिष्ठ, जूनियर) ❐~ अफ़सर 先任将校.

सीप /sīpa̷ スィープ/ [<OIA. **sippī-* 'shell': T.13417; DEDr.2535 (DED.2089)] *m.* 〖貝〗貝, 貝殻《牡蠣(かき)や真珠貝などの二枚貝》.

सीपिया /sīpiyā スィーピヤー/ [←Eng.n. *sepia*] *f.* セピア色. ❐फ़िल्म को पाँच दशक पहले का माहौल देने के लिए इसके ज़्यादातर दृश्य मुलायम ~ टोन में रखे गए हैं। 映画に50年前の雰囲気を出すために大部分のシーンを柔らかいセピア色のトーンにした.

सीपी /sīpī スィーピー/ [cf. *सीप*] *f.* **1** 〖貝〗小さな(二枚)貝, 貝殻. **2** (カタツムリの)殻.

सीमांकन /sīmāṃkana̷ スィーマーンカン/ [neo.Skt.n. *सीमा-अङ्कन-* 'demarcation of a boundary'] *m.* 境界設定;区分け, 区分. ❐भूमि का ~ 土地の境界設定.

सीमांत /sīmāṃta̷ スィーマーント/ [←Skt.m. *सीमा-अन्त-* 'a border, boundary'] *m.* 境界;辺境(地). ❐~ प्रांत 辺境州. ❐~ शुल्क 関税.

सीमा /sīmā スィーマー/ [←Skt.f. *सीमा-* 'a boundary, landmark'] *f.* **1** 境界. (⇒हद) ❐~ रेखा 境界線. ❐गाँव की ~ के बाहर जाना 村の境界の外に出る. ❐चारों सीमाओं पर पहरे बिठा दिए गए थे। 四方の境界に見張りが置かれた. **2** 国境. (⇒सरहद) ❐भारत-पाकिस्तान ~ विवाद 印パ国境紛争. **3** 限界, 限度;極限. (⇒हद) ❐~ पार कर चुकना 限度を越してしまう. ❐आप शिष्टता की ~ से आगे बढ़े जा रहे हैं। あなたは礼儀の許される範囲を越えようとしています. ❐(की) चरम ~ तक पहुँचना(…の)極限に達する. ❐प्रतिभा की ~ 才能の限界. ❐मेरे हर्ष की कोई ~ न थी। 私の歓喜は果てしがなかった. ❐सहने की ~ होती है। 我慢にも限界がある.

सीमाबद्ध /sīmābaddʰa̷ スィーマーバッド/ [neo.Skt. *सीमा-बद्ध-* 'limited, restricted; delimited'] *adj.* 限定された. ❐विशेष विद्याएँ विशेष-विशेष कुलों में ही ~ रह जाती थीं। 特別な知識は特別な家系にのみ限定されていたのだ.

सीमा-शुल्क /sīmā-śulka̷ スィーマー・シュルク/ [neo.Skt.m.

सीमा-शुल्क- 'customs duty'] *m.* 〖経済〗関税.

सीमित /sīmita スィーミト/ [neo.Skt. *सीमित-* 'limited, restricted'] *adj.* 限定された;制限された. ❐इस पुस्तक का प्रथम संस्करण ～ संख्या में छपा। この本の初版は限定数で印刷された. ❐मैं एक ～ समय में एक ～ उद्देश्य पूरा करने के लिए विदेश जा रहा था। 私は一つの限られた時間の中で一つの限られた目的を達成するために外国に行こうとしていた. ❐यह बात अपने तक ～ रखें। このことは自分のお心にだけしまっておいてください《「他の人にもらさないように」の意》.

सीमेंट /sīmeṃṭa スィーメーント/ [←Eng.n. *cement*] *m.* セメント;接着剤.

सीर /sīra スィール/ [?<OIA.n. *sī́ra-* 'plough': T.13441] *f.* **1** スィール《土地所有者が自ら耕す農地》. **2**〖歴史〗スィール《村の慣習で認められている一種の共有地;収益や諸経費の割合が決められている》.

सीरिया /sīriyā スィーリヤー/ [cf. Eng.n. *Syria*] *m.* 〖国名〗シリア(・アラブ共和国)《首都はダマスカス (दमिश्क़)》.

सील¹ /sīla スィール/ [<OIA. *śītalá-* 'cold': T.12487] *f.* 湿気;(ひんやりした)湿り気. (⇒नमी) ❐खपरैल की उस कोठरी में इतनी ～, इतना अँधेरा, और इस ठंड के दिनों में भी इतने मच्छड़ कि वह एक मिनट भी वहाँ न ठहर सकी। 瓦屋根のその物置小屋の中はあまりの湿気, あまりの暗さ, そしてこの寒い毎日なのにあまりに多い蚊, そのため彼女は1分たりともそこに留まることはできなかった.

सील² /sīla スィール/ [←Eng.n. *seal*] *f.* **1** 封印, 証印, シール. (⇒छाप, मुद्रा, मोहर) ❐(की) ～ तोड़ना (…の)封印を破る. ❐(पर) ～ लगाना (…に)封印を押す. **2** 密閉;封鎖. ❐～ करना 密閉;(建物・道路などを)封鎖する. ❐(की) ～ तोड़ना (…の)封鎖を破る.

सील³ /sīla スィール/ [←Eng.n. *seal*] *f.* 〖動物〗アザラシ(海豹);アシカ;オットセイ.

सीलन /sīlana スィーラン/ [cf. *सीलना*] *f.* (壁・天井などの)湿気;湿気による染み. ❐～ का दाग़ 染みの汚れ. ❐सीवर के पानी के कारण लोगों के घरों में ～ होने लगी है। 下水溝の水のために人々の家にも湿気による染みが発生し始めた.

सीलना /sīlanā スィールナー/ [<OIA. *śītalayati* 'cools': T.12488] *vi.* (*perf.* सीला /sīlā スィーラー/) 湿る, じめじめする.

सीला /sīlā スィーラー/ [cf. *सीलना*] *adj.* 湿っている, じめじめしている. ❐सीला कमरा じめじめした部屋.

सीवन /sīvana スィーワン/ [←Skt.n. *सीवन-* 'sewing, stitching; a seam, suture'] *m.* **1** 裁縫. **2** 縫い目, 継ぎ目. ❐～ रहित 縫い目のない, 継ぎ目のない, シームレス.

सीवर /sīvara スィーワル/ [←Eng.n. *sewer*] *m.* 下水道, 下水管[溝]. ❐～ का पानी 下水溝の水.

सीस /sīsa スィース/ [<OIA.n. *śīrṣá-* 'head skull': T.12497] *m.* 頭, 頭部. ❐उन्होंने मेरे चरणों पर ～ नवाया। 彼は私の足もとにひれ伏した.

सीसा¹ /sīsā スィーサー/ [<OIA.n. *sī́sa-* 'lead': T.13445] *m.* 〖鉱物〗鉛. ❐～ पेंसिल 鉛筆. ❐～ रहित पेट्रोल 無鉛ガソリン.

सीसा² /sīsā スィーサー/ ▸सीसॉ [←Eng.n. *seesaw*] *m.* シーソー.

सुँघनी /sũgʰanī スングニー/ [cf. *सूँघना*] *f.* 嗅ぎタバコ.

सुँघाना /sũgʰānā スンガーナー/ [caus. of *सूँघना*] *vt.* (*perf.* सुँघाया /sũgʰāyā スンガーヤー/) 嗅がせる;嗅いでもらう.

सुंदर /suṃdara スンダル/ [←Skt. *सुन्दर-* 'beautiful, handsome, lovely, charming, agreeable'] *adj.* **1** 美しい;美貌の, 麗しい. (⇒ख़ूबसूरत) ❐～ झूठ 美しい嘘. ❐～ लिपि 美しい文字. ❐उनके तीन ～ बेटियाँ थीं। 彼には3人の美しい娘がいた. ❐जापान ～ देश है। 日本は美しい国です. **2** すばらしい, 見事な. ❐～ अवसर 絶好の機会. ❐फ़ारसी और हिंदी का ～ समन्वय ペルシア語とヒンディー語の見事な融合.

सुंदरता /suṃdaratā スンダルター/ [←Skt.f. *सुन्दर-ता-* 'beauty'] *f.* ☞सौंदर्य

सुंदरी /suṃdarī スンダリー/ [←Skt.f. *सुन्दरी-* 'a beautiful woman, any woman (also applied to female animals)'] *adj.* 美人の(女性).

— *f.* 美人.

सुंबा /suṃbā スンバー/ [←Pers.n. سنبہ 'an instrument for notching a millstone; an auger'] *m.* **1** 込め矢, さく杖(じょう)《銃腔内を掃除する細長い棒》. **2** スンバー《鉄に穴をあける鑿(のみ)の一種》.

सुंबी /suṃbī スンビー/ [cf. *सुंबा*] *f.* スンビー《鑿(のみ)の一種》.

सु- /su- ス・/ [←Skt.pref. *सु-* 'well; beautiful; perfectly; easily; much; worthy of respect'] *pref.* 《「良い, 美しい, 整った, 上品な, 十分な」などを表す接頭辞》. (⇒दुस्-)

सुअर /suara スアル/ ▸सूअर *m.* ☞सूअर

सुआ /suā スアー/ [cf. *सुई*] *m.* 太い針. (⇒सूजा)

सुई /suī スイー/▸सूई [<OIA.f. *sūcí-* 'needle': T.13551] *f.* **1** (裁縫, 時計, 注射などの)針. ❐घड़ी की बड़ी [छोटी] ～ 時計の長[短]針. ❐घड़ी की सुइयाँ २ घंटे आगे [पीछे] करना 時計の針を2時間進める[もどす]. **2**〖医学〗注射. (⇒इंजेक्शन) ❐～ लगाना [लगवाना] 注射する[してもらう].

सुकड़ना /sukaṛanā スカルナー/ ▸सिकुड़ना *vi.* (*perf.* सुकड़ा /sukaṛā スクラー/) ☞सिकुड़ना

सुकर /sukara スカル/ [←Skt. *सु-कर-* 'easy to be done'] *adj.* 簡単にできる.

सुकुमार /sukumāra スクマール/ [←Skt. *सु-कुमार-* 'very tender or delicate'] *adj.* **1** (肌が)なめらかな;ほっそりしている. ❐～ त्वचा なめらかな肌. **2** 若々しい;ういういしい. ❐～ युवतियाँ ういういしい乙女たち.

सुकुमारता /sukumāratā スクマールター/ [←Skt.f. *सुकुमार-ता-* 'delicacy, tenderness'] *f.* **1** (肌の)なめらかさ;ほっそりとしていること. **2** 若々しさ;ういういしさ. ❐मैं उसकी ～ और रूपलावण्य पर मुग्ध हो गया। 私は彼女のういういしさと美しい姿に酔いしれてしまった.

सुकृत /sukr̥tạ スクリト/ [←Skt. सु-कृत- 'well done or made or formed or executed'] *adj.* 立派に行われた;うまく作られた.

— *m.* 立派な行い, 善行.

सुख /sukʰạ スク/ [←Skt.n. सु-ख- 'ease, easiness, comfort, prosperity, pleasure, happiness'] *m.* **1** 幸福;喜び, 歓喜. (⇔दुख) ❒~ भोगना 幸福を享受する. ❒~ से रहना 幸福に過ごす. **2** 安心, 安らぎ. ❒~ की नींद सोना 安らぎの眠りにつく.

सुखद /sukʰadạ スカド/ [←Skt. सुख-द- 'giving pleasure or delight'] *adj.* 喜びを与える, 幸福な;楽しい, 気持ちのいい. (⇒सुखदायक)(⇔दुखद) ❒जीवन की ~ स्मृतियाँ 人生の楽しい思い出. ❒यात्रा का सबसे ~ अनुभव यात्रा से लौटने का है। 旅のもっとも楽しい経験は, 旅から帰る経験である.

सुखदायक /sukʰạdāyakạ スクダーヤク/ [←Skt. सुख-दायक- 'giving or affording pleasure'] *adj.* 幸福な;楽しい, 気持ちのいい. (⇒सुखद)

सुख-शांति /sukʰạ-śāṃti スク・シャーンティ/ [?neo.Skt.f. सुख-शान्ति- 'happiness and peace'] *f.* 幸福;安穏(あんのん). ❒वैवाहिक जीवन में ~ 結婚生活における幸福.

सुख-सुविधा /sukʰạ-suvidʰā スク・スヴィダー/ *f.* 幸福で快適な状態[生活].

सुखांत /sukʰāṃtạ スカーント/ [←Skt. सुख-अन्त- 'ending in happiness'] *adj.* ハッピーエンドで終わる(物語). (⇔दु:खांत)

— *m.* ハッピーエンド. (⇔दु:खांत)

सुखाना /sukʰānā スカーナー/ [cf. सूखना] *vt.* (*perf.* सुखाया /sukʰāyā スカーヤー/) **1** 乾かす, 乾燥させる. ❒स्त्रियाँ हवा में झुला-झुलाकर साड़ियाँ सुखा रही थीं। 女たちはサリーを空中で振りながら乾かしていた. ❒मैंने धूप में अपने बालों को सुखाया। 私は日光で髪を乾かした. **2** 干上がらせる. **3** (盃を)干す, 飲み干す. **4** やつれさせる.

सुखावन /sukʰāvanạ スカーワン/ [cf. सुखाना] *m.* (干してある)洗濯物. ❒काली घटा को सिर पर मँडराते देखकर गृहिणी दौड़-दौड़कर ~ समेटने लगी। 黒雲が頭上をただようのを見ると主婦は駆け寄って洗濯物をとりこみはじめた.

सुखी /sukʰī スキー/ [←Skt. सुखिन्- 'possessing or causing happiness or pleasure, happy, joyful, pleasant, comfortable, easy'] *adj.* 幸福な;うれしい, 喜んでいる. (⇔दुखी) ❒~ जीवन 幸せな人生. ❒जीवन का सुख दूसरों को ~ करने में है। 人生の幸福とは他人を幸せにすることにある. ❒परमात्मा आपको ~ रखे। 神があなたを幸せに保たんことを《祝福の言葉》.

सुगंध /sugaṃdʰạ スガンド/ [←Skt.m. सु-गन्ध- 'a fragrant smell, fragrance; a perfume'] *f.* いい匂い, いい香り, 芳香. (⇒खुशबू)(⇔दुर्गंध) ❒भोजन करने के पहले कुछ देर ~ का स्वाद तो लो। 食事をする前にしばらく香りを楽しんでごらん.

सुगंधि /sugaṃdʰi スガンディ/ [←Skt.m. सु-गन्धि- 'a perfume, fragrance'] *f.* ☞सुगंध

सुगंधित /sugaṃdʰitạ スガンディト/ [neo.Skt. सु-गन्धित- 'scented, fragrant, perfumed, aromatic'] *adj.* よい香りの, かぐわしい. (⇒खुशबूदार) ❒~ केश かぐわしい髪.

सुगठित /sugaṭʰitạ スガティト/ [pseudo.Skt. सु-गठित- for Skt. सु-घटित- 'well joined or united or contrived or arranged'] *adj.* ☞सुघटित

सुगम /sugamạ スガム/ [←Skt. सु-गम- 'easy to be traversed; easy to be ascertained or understood, obvious'] *adj.* **1** 楽な(道);到達しやすい(目的地);容易な(方法). (⇔दुर्गम) ❒~ उपाय 容易な方法. ❒काठमांडू-दिल्ली सीधी बस सेवा से ~ हुई। カートゥマンドゥーとデリー間は直行バスの運行で行きやすくなった. **2** わかりやすい;簡単な;明瞭な(意味). (⇔दुर्गम)

सुगमता /sugamạtā スガムター/ [←Skt.f. सुगम-ता- 'easiness to be traversed; easiness to be ascertained or understood, obvious'] *f.* **1** たやすさ, 容易さ. ❒उसने मृग के मृत शरीर को ऐसी ~ से उठाकर कंधे पर धर लिया, मानो वह एक घास का गट्ठा था। 彼は鹿の死体を軽々と持ち上げ肩にかけた, まるでそれが草の一束であるかのように. **2** わかりやすさ;(意味の)明瞭さ.

सुग्गा /suggā スッガー/ [?<OIA.m. śúka- 'parrot': T.12503] *m.* 『鳥』オウム, 鸚鵡. (⇒तोता)

सुघटित /sugʰaṭitạ スガティト/ [←Skt. सु-घटित- 'well joined or united or contrived or arranged'] *adj.* **1** 均整のとれている(体). ❒~ शरीर 均整のとれた体. **2** (構成・構造が)よくできている, よく計算されている. ❒~ कथावस्तु よく計算されている物語の内容.

सुघड़ /sugʰaṛạ スガル/ [सु- + घड़ना] *adj.* **1** 形のいい, 均整のとれた. **2** 手際のいい.

सुघड़ाई /sugʰaṛāī スガラーイー/ [cf. सुघड़] *f.* **1** 形がよく均整がとれていること. **2** 手際のよさ.

सुचारु /sucāru スチャール/ [←Skt. सु-चारु- 'very lovely or beautiful, pleasing, delightful'] *adj.* 手際のいい, エレガントな, 見事な, 申し分ない. ❒~ रूप से 手際よく, エレガントに, 見事に.

सुजान /sujānạ スジャーン/ [सु- + जान²] *adj.* 賢明な;見識のある.

सुझाना /sujʰānā スジャーナー/ [cf. सूझना] *vt.* (*perf.* सुझाया /sujʰāyā スジャーヤー/) **1** 指摘する;説明する, 解説する. ❒किसी ने मुझे सुझाया कि इन प्रश्नों का उत्तर गीता में है। これらの問いの答えはギーター(=ヒンドゥー教徒の聖典)の中にあると, ある人が私に教えてくれた. **2** 提案する. ❒अदालत ने एक समिति को इस बारे में उपाय सुझाने का आदेश दिया। 裁判所は, 一つの委員会にこの件について方策を提案するよう命令を出した. **3** (道を)指し示す;思いつかせる, ほのめかす. ❒इस मुद्दे पर उन्होंने सुझाया कि वे लोग आपस में बैठकर समस्या का हल ढूँढ़ सकते हैं। この争点に関して, 彼らが互いに腰をおろして問題の解決策を探ることが可能である, と彼はほのめかした.

सुझाव /sujʰāvạ スジャーオ/ [cf. सुझाना] *m.* 提案, 提言;指摘. ❒(के) ~ पर (人の)提案に則って. ❒(को) (का) ~ देना (人に)(…の)提案をする.

सुड़कना /suṛakạnā スラクナー/ [onom.] *vt.* (*perf.* सुड़का /suṛạkā スルカー/) **1** (鼻を)ズルズル (सुड़-सुड़) とすす

る. ❐इस बच्चे को रेंट सुड़कने की बुरी आदत है। この子は鼻水をすする悪い癖がある. **2** (お茶などを)ズルズル(सुड़-सुड़) とすする. ❐चाय ～ お茶をすする.

सुडौल /suḍaula スダォール/ [*सु-* + *डौल*] *adj.* 形のいい, 姿のいい;均整のとれた(体つき).

सुत /suta スト/ [←Skt.m. *सुत-* 'a son, child, offspring'] *m.* 息子. (⇒पुत्र)(⇔सुता)

सुतली /sutalī ストリー/ [<OIA.n. *sū́tra-* 'thread, cord': T.13561] *f.* 糸;ひも. ❐～ कातना 糸を紡ぐ.

सुता /sutā スター/ [←Skt.f. *सुता-* 'a daughter'] *f.* 娘. (⇒पुत्री)(⇔सुत)

सुतार /sutāra スタール/ [<OIA.m. *sūtradhāra-* 'carpenter': T.13563] *m.* 〔古語〕大工. (⇒बढ़ई)

सुतारी /sutārī スターリー/ [<OIA. **sūtrārā-* 'awl for thread': T.13565] *f.* 千枚通し, 太い錐.

सुतून /sutūna ストゥーン/ [←Pers.n. ستون 'a pillar, column, prop, or beam'; cog. Skt.n. *स्थूण-* 'a post, pillar'] *m.* 柱, 支柱, 円柱;中心的存在. ❐ज़कात इस्लाम का अहम ～ है। 喜捨はイスラム教の重要な柱である.

सुत्थना /sutthanā スッタナー/ ▸सुथना, सूथन, सूथना *m.* ☞सूथन

सुथना /suthanā ストナー/ ▸सुत्थना, सूथना, सूथन *m.* ☞सूथन

सुथनी /suthanī ストニー/ [cf. *सुथना*] *f.* ☞सूथन

सुथरा /sutharā ストラー/ [<OIA. *susthira-* 'very firm': T.13541] *adj.* **1** 清潔な, さっぱりした《合成語 साफ़-सुथरा として使用することが多い》. **2** 上品な, 優雅な, 優美な.

सुदर्शन /sudarśana スダルシャン/ [←Skt. *सु-दर्शन-* 'easily seen; good-looking, beautiful, handsome, lovely'] *adj.* 見栄えのする;美しい.

सुदी /sudī スディー/ [<Skt.ind. *शुदि* 'in the light fortnight or light half of a lunar month'; cf. *शु(क्ल)* + *दि(न)*] *f.* ☞शुक्लपक्ष(⇔बदी)

सुदूर /sudūra スドゥール/ [←Skt. *सु-दूर-* 'very remote or distant'] *adj.* (空間・時間・関係において)はるか離れた;はるか遠方の. ❐～ देश से はるか遠い国から. ❐～ भविष्य में はるか遠い未来において. ❐～ संबंधी 遠い親戚.

सुदूर-पूर्व /sudūra-pūrva スドゥール・プールオ/ [neo.Skt.m. *सुदूर-पूर्व-* 'Far East'] *m.* 〖地理〗極東. ❐～ एशिया 極東アジア. ❐～ के देशों में 極東の国々において.

सुदृढ़ /sudṛṛʰa スドリル/ [←Skt. *सु-दृढ-* 'very firm or hard or strong'] *adj.* **1** (構造が)頑丈な, 丈夫な;(体格・筋肉などが)たくましい, がっしりした. ❐～ बाँहें たくましい腕. ❐～ मांस-पेशियाँ たくましい筋肉. ❐किवाड़े ～ हैं, उन्हें तोड़ना आसान नहीं। ドアは頑丈だ, 破るのは容易ではない. **2** 強固な, 不動の. ❐～ प्रतिज्ञा 揺るがぬ誓い. ❐～ संबंध 強固な関係. ❐संगठन को ～ बनाना 組織を強固にする.

सुध /sudʰa スド/ [<OIA.f. *śúddhi-* 'cleansing, purity': T.12523] *f.* **1** 意識;正気. (⇒होश) ❐(को) ～ आना (人が)正気をとりもどす. ❐～ खोना [बिसारना, भूलना]正気を失う. **2** 注意, 留意;配慮, 考慮. (⇒परवाह) ❐(की) ～ लेना (…を)考慮する. ❐किसी को भी अपने तन-बदन की ～ नहीं थी। 誰もが自分の体のことなど眼中になかった《「なりふり構わず必死だった」の意》. ❐(को) ～ दिलाना (人に)気付かせる.

सुध-बुध /sudʰa-budʰa スド・ブド/ *f.* ☞सुध

सुधरना /sudʰaranā スダルナー/ [cf. *सुधारना*] *vi.* (*perf.* सुधरा /sudʰarā スドラー/) **1** 改正される;(間違いなどが)修正[訂正]される, 直る. **2** (状態・待遇などが)改善[改良]される;改革される;向上する;(健康が)回復する. ❐उसका स्वास्थ्य सुधर गया। 彼の健康は回復した. ❐केवल सद्भावना के आधार पर दशा सुधर नहीं सकती। 単に善意だけでは状況は良くなりえない. **3** 改心する;更生する;教化される.

सुधरवाना /sudʰaravānā スダルワーナー/ [caus. of *सुधरना, सुधारना*] *vt.* (*perf.* सुधरवाया /sudʰaravāyā スダルワーヤー/) 直させる;直してもらう.

सुधांशु /sudʰāṃśu スダーンシュ/ [<Skt. *सुधा-अंशु-* 'nectar-rayed; the moon (as the supposed repository of nectar)'] *m.* 月. (⇒चंद्र)

सुधा /sudʰā スダー/ [←Skt.f. *सु-धा-* 'the beverage of the gods, nectar'] *f.* 〖神話〗スダー《神々の飲む不老長寿の酒, ネクター;甘露》.

सुधार /sudʰāra スダール/ [cf. *सुधारना*] *m.* **1** 改正;修正, 訂正. **2** 改革;改善, 改良;向上;(健康の)回復. ❐उनकी तबीयत में धीरे-धीरे ～ होने लगा। 彼の体調は徐々に回復し始めた. ❐समाज ～ 社会改革. **3** 改心;矯正, 更生;教化.

सुधारक /sudʰāraka スダーラク/ [pseudo.Skt. *सुधार-क-* 'reformist'] *adj.* 改革をする.

— *m.* 改良者, 改革者. ❐समाज ～ 社会改良者.

सुधारना /sudʰāranā スダールナー/ [<OIA. **śuddhakāra-* 'making clean': T.12521] *vt.* (*perf.* सुधारा /sudʰārā スダーラー/) **1** 改正する;修正[訂正]する, 直す. ❐वर्तनी की मेरी ग़लतियाँ सुधारी गईं। つづりの私の間違いが直された. ❐कृषि क्षेत्र पर अत्यधिक ध्यान दिए जाने की नीति को संतुलित करने के लिए सरकार अपनी छवि सुधारने की कोशिश कर रही है। 農業分野に多大の配慮を払う政策をバランスのとれたものにするために, 政府は自身のイメージを修正する努力をしている. **2** 改革する;改善[改良]する;向上させる. ❐महिलाओं की दशा सुधारना हमारा समान लक्ष्य है। 女性の地位を向上させることが, 私たち共通の目的である. ❐पड़ोसी देशों से व्यापार संबंधों को सुधारने पर ज़ोर होगा। 近隣諸国との貿易関係を改善することに力点が置かれるだろう. ❐पाकिस्तान के साथ संबंध सुधारने का सबसे अच्छा उपाय क्या हो सकता है? パキスタンとの関係を改善する最善の方策は, 何がありえるか? ❐अपनी आदतें सुधारो। 自分の習慣を改めなさい. **3** 改心させる;矯正する, 更生させる;教化する.

सुधि /sudʰi スディ/ [<Skt.f. *शुद्धि-* 'cleansing, purification, purity'] *f.* ☞सुध

सुनना /sunạnā スンナー/ [<OIA. *śr̥ṇṓti* 'hears': T.12598] *vt.* (*perf.* सुना /sunā スナー/) 聞く, 耳にする; 耳を傾ける. (⇔सुनाना) ❐अच्छा बस, अब चुप हो जाओ, अब नहीं सुना जाता। よしそれまで, もう黙れ, もう聞くに耐えられない. ❐आदमी को अपने संगों के मुँह से अपनी भलाई-बुराई सुनने की जितनी लालसा होती है, बाहरवालों के मुँह से नहीं। 人間というものは, 自分の身近な者の口から自分の評判を聞きたいという欲望があるものだ, 他人の口からではなく. ❐उससे और न सुना गया। 彼は, それ以上聞くに耐えられなかった. ❐उसने सुना ही नहीं। 彼女は, 耳をかそうともしなかった. ❐जिसने सुना, सब काम छोड़कर देखने दौड़ा। 聞いた者は, すべての仕事を放り出して見物に駆けつけた. ❐मेरी बात भी सुन लीजिए। 私の話も聞いてください. ❐मैं अपने कानों से क्या सुन आया हूँ, तू क्या जाने! 私が自分の耳で何を聞いて来たか, おまえなんかにはわかるまい! ❐मैंने उसको कभी गाते नहीं सुना। 私は, 彼女が歌うのを聞いたことがない. ❐मैंने सुना, बड़ी सुंदर लड़की है। たいそうきれいな娘だ, と聞いたが. ❐सुन लो कान खोल के। 耳をかっぽじってよく聞け. ❐वह ऊँचा सुनता है। 彼は耳が遠い.

सुनवाई /sunạvāī スンワーイー/ [cf. *सुनवाना*] *f.* 審理, 審問; 聴聞, ヒアリング. ❐इस मामले पर हाईकोर्ट में ～ हुई। この件に関して高等裁判所で審理が行われた. ❐(की) ज़मानत याचिका पर ～ करना (人の)保釈請願について審理する.

सुनवाना /sunạvānā スンワーナー/ [caus. of *सुनना, सुनाना*] *vt.* (*perf.* सिखवाया /sik^{h}ạvāyā スィクワーヤー/) 聞かせる; 聞かせてもらう.

सुनसान /sunạsānạ スンサーン/ [echo-word; cf. *सूना*] *adj.* **1** 荒廃した; 人の住んでいない, 寂しい. (⇒वीरान) ❐जंगली ～ रास्ता 森の寂しい道. **2** 物音がしない, しんとした, 静寂な. ❐रात को नदी का किनारा ～ हो जाता है। 夜, 川岸は静寂につつまれる. ❐वे उस ～ कमरे में ज़ोर से ठठाकर हँसे। 彼はその静まり返った部屋の中で大声を出して笑った.

सुनहरा /sunahạrā スナヘラー/ ▸सुनहला [<OIA. **suvarṇadhara-* 'containing gold': T.13522] *adj.* **1** (黄)金色の; (髪が)ブロンドの. ❐प्रभात की सुनहरी किरणें 夜明けの金色に輝く光線. ❐रबी ने खेतों में ～ फ़र्श बिछा रखा था। 春の実りが畑に黄金色の床を敷き詰めていた. ❐सुनहरी मछली 『魚』金魚. ❐सुनहरे बाल ブロンドの髪. **2** 絶好の; 素晴らしい; 前途有望な, 洋々たる. ❐～ अवसर 絶好の機会. ❐～ सपना 素晴らしい夢. **3** 華やかな; 繁栄している.

सुनहला /sunahạlā スナヘラー/ ▸सुनहरा *adj.* ☞सुनहरा

सुनाई /sunāī スナーイー/ [cf. *सुनाना*] *f.* **1** (音や声の)聞こえ; 聞こえること《『(को) सुनाई देना [पड़ना]』の形式で, 自動詞句「(人には)…が聞こえる」を作る》. ❐अकस्मात् एक बार बिजली का भयंकर नाद ～ दिया। 突然一度雷鳴のものすごい大音響が聞こえた. ❐उनको एक दूसरे की छाती की धड़कन ～ पड़ने लगी। 彼女たちには互いの胸の鼓動が聞こえた. **2** 言い分が聞き入れられること.

सुनाना /sunānā スナーナー/ [cf. *सुनना*] *vt.* (*perf.* सुनाया /sunāyā スナーヤー/) **1** (音を)聞かす; 演奏して[歌って]聞かせる; (詩を)聞かせる. (⇔सुनाना) ❐मुझे एक गाना सुनाइए। 私に一つ歌を歌って聞かせてください. ❐मैंने उसे अपनी कविता की एक पंक्ति सुना दी। 私は彼女に自分の詩の一節を聞かせた. **2** 話して聞かせる, 語る. (⇔सुनाना) ❐आपको देखते ही आपका भूत-भविष्य सब कह सुनाएँगे। あの方はあなたを見るだけで, あなたの過去・未来すべてを言ってくれるでしょう. ❐उसने मुझे सारी बात सुनाई। 彼は私にすべてを語った. ❐सुनाइए, क्या हाल-चाल है? 聞かせてください(=どうですか), お元気ですか? **3** 非難する, 小言をいう; 悪口雑言を浴びせる, 毒づく. ❐उसने मुझे ख़ूब खरी-खोटी सुनाई। 彼女は私に散々毒づいた. ❐क्रोध में ऐसी जली-कटी सुना रही थी कि लोगों की सहानुभूति उससे दूर होती जाती थी। 彼女は怒りにまかせて悪口雑言を浴びせていた, それは彼女に対する人々の同情が薄らいでいってしまうほどだった. **4** (評決・判決などを)申し渡す, 宣告する; 告知する. ❐अदालत ने उसको कथित तौर पर ६५ लाख रुपये घूस लेने पर एक साल की सामान्य क़ैद की सज़ा सुनाई। 法廷は彼に申し立て通り 650 万ルピーの賄賂を受け取ったとして一年の普通禁固刑を言い渡した.

सुनार /sunārạ スナール/ [<OIA.m. *suvarṇakāra-* 'goldsmith': T.13520] *m.* 金細工師.

सुन्न /sunnạ スンヌ/ [<OIA. *śūnyá-* 'empty': T.12567] *adj.* 感覚のない, 麻痺した, しびれた; 硬直した; 呆然自失の. ❐सारी देह ～ हो गयी थी। 全身が麻痺してしまった.

सुन्नत /sunnatạ スンナト/ [←Pers.n. سنة 'nature, habit, custom; the traditions of the Prophet Muhammad' ←Arab.] *f.* **1** 『イスラム教』慣習; 慣行; 律法《特に預言者ムハンマドの言行に基づく慣行; スンナ》. **2** 『医学』割礼. (⇒ख़तना)

सुन्नी /sunnī スンニー/ [←Pers.n. سنی 'lawful; an orthodox Muhammadan who accepts the traditionary portion of the Muhammadan law' ←Arab.] *adj.* 『イスラム教』スンニー派の.
— *m.* 『イスラム教』スンニー派イスラム教徒.

सुपथ्य /supat^{h}yạ スパティエ/ [←Skt. *सु-पथ्य-* 'very wholesome'] *m.* (病人の)健康食.

सुपरस्टार /suparạsṭārạ スパルスタール/ [←Eng.n. *superstar*] *m.* 大スター, スーパースター.

सुपरहिट /suparạhiṭạ スパルヒト/ [←I.Eng.adj. *super-hit*] *adj.* (映画などが)大ヒットした; (興行的に)大成功した. ❐～ फ़िल्में 大ヒットした映画.

सुपात्र /supātrạ スパートル/ [←Skt.n. *सु-पात्र-* 'a beautiful cup or receptacle; a very fit or worthy person'] *m.* **1** ちょうど良い容器; よき受け皿. **2** (役目に)ふさわしい人, ぴったりの人. (⇔कुपात्र)

सुपारी /supārī スパーリー/ [<OIA. **suppāra-* 'areca-nut': T.13482] *f.* **1** 『植物』ビンロウジュ(檳榔樹); アレカヤシ《ヤシ科の常緑高木》. **2** 『植物』ビンロウジ(檳榔子)《ビンロウジュの実; キンマの葉に包んで噛む嗜好品パーン (पान) の材料; 軽い麻酔作用があ

る》. **3**〔卑語〕亀頭《ビンロウジに形状が似ていることから》. (⇒शिश्न-मुंड)

सुपुत्र /suputra スプトル/ [←Skt.m. *सु-पुत्र-* 'an excellent son'] *m.* よくできた息子《主に目上の人の息子「お子さん, ご子息」の意で》. (⇔कुपुत्र)

सुपुर्द /supurda スプルド/ ▸सपुर्द, सिपुर्द [←Pers.n. سپرد 'charge, keeping, care, trust'] *adj.* ゆだねられた, 委託された, 委任された《『名詞 के सुपुर्द करना』の形式で, 他動詞句「…にゆだねる」を作る; 『名詞 के सुपुर्द होना』の形式で, 自動詞句「…にゆだねられている」を作る》. ❐अब यह राज-पाट तुम्हारे ～ है। 今やこの王国はおまえにゆだねられている. ❐वह अपने तीन महीने के बालक को उसके ～ कर सिपाही के साथ चल खड़ी हुई। 彼女は自分の 3 か月の子どもを彼にゆだねて兵士とともに去った.

सुपुर्दगी /supurdagī スプルダギー/ ▸सपुर्दगी, सिपुर्दगी [←Pers.n. سپردگی 'a treading, a trampling'] *f.* 引き渡し; 委託; 委任.

सुप्त /supta スプト/ [←Skt. *सुप्त-* 'fallen asleep, slept, sleeping, asleep'] *adj.* **1** 眠っている, 睡眠中の. **2** 休止状態の.

सुप्रसिद्ध /suprasiddʰa スプラスィッド/ [←Skt. *सु-प्रसिद्ध-* 'well known'] *adj.* 有名な, 高名な, 著名な.

सुप्रीम कोर्ट /suprīma korṭa スプリーム コールト/ [←Eng.n. *Supreme Court*] *m.* 最高裁判所. (⇒उच्चतम न्यायालय)

सुबकना /subakanā スバクナー/ ▸सुबुकना [onom.] *vi.* (*perf.* सुबका /subakā スブカー/) すすり泣く, むせび泣く. ❐वह सुबक-सुबककर मुझसे कहने लगी। 彼女はすすり泣きながら私に言った.

सुबह /subaha スバ/ [←Pers.n. صبح 'coming in the morning; morning, dawn' ←Arab.] *f.* (早)朝. ❐～ सवेरे 早朝に.

— *adv.* (早)朝に.

सुबुक /subuka スブク/ [←Pers.adj. سبك 'light (not heavy); light-footed, expeditious, active'] *adj.* (重さが)軽い; (色などが)軽やかな; (動作が)軽快な.

सुबुकना /subukanā スブクナー/ ▸सुबकना *vi.* (*perf.* सुबुका /subukā スブカー/) ☞सुबकना

सुबुद्धि /subuddʰi スブッディ/ [←Skt. *सु-बुद्धि-* 'of good understanding, wise, clever, intelligent'] *adj.* 聡明な, 賢い.

— *f.* 聡明さ, 賢明さ.

सुबूत /subūta スブート/ ▸सबूत *m.* ☞सबूत

सुबोध /subodʰa スボード/ [←Skt. *सु-बोध-* 'easy to be understood, easily taught, easy'] *adj.* わかりやすい, 理解しやすい. (⇔दुर्बोध)

सुभग /subʰaga スバグ/ [←Skt. *सु-भग-* 'possessing good fortune, very fortunate or prosperous, lucky, happy, blessed, highly favoured; beautiful, lovely, charming, pleasing, pretty'] *adj.* 魅力的で美しい(女性).

सुभाषित /subʰāṣita スバーシト/ [←Skt. *सु-भाषित-* 'spoken well or eloquently'] *adj.* 的を得た(言葉).

— *m.* 言いえて妙, 的を得た言葉; 格言, 警句.

सुभिक्ष /subʰikṣa スビクシュ/ [←Skt. *सु-भिक्ष-* 'abundance of food (esp. that given as alms)'] *m.* (飢餓のない)豊かな時代.

सुभीता /subʰītā スビーター/ [< neo.Skt.f. *सुविधा-* 'convenience'] *m.* ☞सुविधा

सुमति /sumati スマティ/ [←Skt. *सु-मति-* 'good mind or disposition, benevolence, kindness, favour'] *f.* **1** 聡明さ; 思慮, 分別. **2** 善意, 好意.

सुमधुर /sumadʰura スマドゥル/ [←Skt. *सु-मधुर-* 'very sweet or tender or gentle'] *adj* (音色などが)とても甘美な.

सुमन /sumana スマン/ [←Skt. *सु-मन-* 'very charming, beautiful, handsome'] *m.* 〖植物〗花. (⇒फूल) ❐～ वाटिका 花園.

सुमरनी /sumaranī スマルニー/ ▸सुमिरनी *f.* ☞सुमिरनी

सुमिर /sumira スミル/ [<Skt.m. *स्मर-* 'memory, remembrance, recollection'] *m.* ☞सुमिरन

सुमिरन /sumirana スミラン/ [<Skt.n. *स्मरण-* 'the act of remembering or calling to mind, remembrance, reminiscence, recollection'] *m.* 〖ヒンドゥー教〗思い出すこと《特に神をひたすら念じること, 祈念すること》. ❐(का) ～ करना (神を)念じる.

सुमिरनी /sumiranī スミルニー/ ▸सुमरनी [cf. *सुमिरन*] *f.* 〖ヒンドゥー教〗数珠, 念珠《珠(たま)を一つまさぐるごとに神を念じ神の名を唱える; 27個の珠からなる》.

सुयश /suyaśa スヤシュ/ [←Skt.n. *सु-यशस्-* 'glorious fame'] *m.* 名声, よい評判. ❐दूर-दूर उसका ～ फैल गया। はるか遠くまで彼の名声は広がった.

सुयोग /suyoga スヨーグ/ [←Skt.m. *सु-योग-* 'a favourable juncture, good opportunity'] *m.* 好機, チャンス. ❐(को) (का) ～ मिलना (人が)(…の)チャンスを得る.

सुरंग /suraṃga スラング/ [<Skt.f. *सुरङ्गा-* 'a hole cut in the wall or made underground'] *f.* **1** トンネル, 坑道, 地下道. **2** 爆破坑道; 地雷, 機雷, 水雷. ❐सुरंगें बिछाना [बटोरना] 地雷を敷設[撤去]する. **3** 抜け道, 抜け穴. (⇒सेंध)

सुर[1] /sura スル/ [<OIA.m. *svará-* 'sound; a note of the musical scale': T.13908] *m.* 〖音楽〗(楽器や声の)音調; 音色. ❐(के) ～ में ～ मिलाना (人に)調子を合わせる, (人に)完全に同調する.

सुर[2] /sura スル/ [←Skt.m. *सुर* 'a god, divinity, deity'] *m.* 〖神話〗善神《もともと「神, 善神」を表す असुर が「悪神」に意味変化し先頭の अ- が否定を表す接頭辞と解された》.

सुरक्षा /surakṣā スラクシャー/ [←Skt.f. *सु-रक्षा-* 'security, safety'] *f.* **1** 防衛, 警備; 安全, 治安; 保障. ❐～ कड़ी करना 警備を厳重にする. ❐～ कर्मी 警備員, ガードマン. ❐～ परिषद् 安全保障理事会. ❐सीमा ～ बल 国境防衛隊. **2** 保護; 保存.

सुरक्षित /surakṣita スラクシト/ [←Skt. *सु-रक्षित-* 'well protected, carefully guarded'] *adj.* **1** 安全に守られている. ❐～ स्थान में रखना 安全な場所に保管する. **2** 保

護されている；保存されている． ❒～ रखना 保存する．

सुरख़ाब /suraxāba スラカーブ/ ▷सुर्ख़ाब *m.* ☞सुर्ख़ाब

सुरख़ी /suraxī スルキー/ ▷सुर्ख़ी *f.* ☞सुर्ख़ी

सुरत¹ /surata スラト/ [←Skt.n. *सु-रत-* 'great joy or delight; amorous or sexual pleasure or intercourse, coition'] *m.* 性愛；性交．

सुरत² /surata スラト/ [<Skt.f. *स्मृति-* 'remembrance, reminiscence'] *f.* 記憶；思い出．

सुरती /suratī スルティー/ [*सूरत²* + *-ई*] *f.* 噛みタバコ．(⇒खैनी)

सुरभि /surabʰi スラビ/ [←Skt.m. *सु-रभि-* 'fragrance, perfume, any sweet-smelling substance'] *f.* 芳香（ほうこう）．

सुरभित /surabʰita スラビト/ [←Skt. *सु-रभित-* 'rendered fragrant, perfumed'] *f.* 芳（かぐわ）しい．

सुरमई /suramaī スルマイー/ [←Pers.adj. سرمئی 'of *surma*-colour, greyish'] *adj.* 銀色の；灰色の． ❒～ आँखें 灰色の目．

सुरमा /suramā スルマー/ [←Pers.n. سرمہ 'a collyrium, with which the eye-brows and lashes are tinged'] *m.* スルマー《硫化アンチモンや硫化鉛の粉末；アイシャドーとして使用されていた》．(⇒अंजन)

सुरमादान /suramādāna スルマーダーン/ [←Pers.n. سرمہ دان 'a box in which *surma* is kept'] *m.* スルマーダーン《スルマー (सुरमा) を入れる容器》．

सुरमादानी /suramādānī スルマーダーニー/ [*सुरमादान* + *-ई*] *f.* スルマーダーニー《スルマー (सुरमा) を入れる小箱》．

सुरम्य /suramya スラミエ/ [←Skt. *सु-रम्य-* 'very enjoyable, pleasing, delightful, beautiful'] *adj.* （風景などが）とても美しい，たいそう風光明媚な． ❒～ उद्यान 美しい庭園． ❒बड़ा ～ मनोहर दृश्य था। とても風光明媚な心を魅了する風景だった．

सुरसरी /surasarī スルサリー/ ▶सुरसुरी *f.* ☞सुरसुरी

सुर-सुर /sura-sura スル・スル/ ▶सर-सर [onom.] *m.* ☞सर-सर．

सुरसुराना /surasurānā スルスラーナー/ ▶सरसराना [onom.] *vt.* (*perf.* सुरसुराया /surasurāyā スルスラーヤー/) ☞सरसराना

सुरसुराहट /surasurāhaṭa スルスラーハト/ ▶सरसराना *f.* ☞सरसराहट

सुरसुरी /surasurī スルスリー/ ▶सुरसरी [cf. *सुरसुराना*] *f.* **1**〘昆虫〙ゾウムシ《穀物につく害虫》． **2** ☞सरसराहट

सुरा /surā スラー/ [←Skt.f. *सुरा-* 'spirituous liquor, wine'] *f.*〘神話〙スラー《聖なる酒》．

सुराख़ /surāxa スラーク/ ▶सूराख़ *m.* ☞सूराख़

सुराग़ /surāǧa スラーグ/ [←Pers.n. سراغ 'sign, mark, footstep'] *m.* **1**（捜索などの）糸口；手がかり，カギ． ❒(का) ～ मिलना （…の）手がかりを得る． **2** 探索；捜索；捜査． ❒(का) ～ लगाना [लेना] （…を）捜索する． ❒पुलिस उसके ～ में थी। 警察は彼を捜索していた．

सुरा-गाय /surā-gāya スラー・ガーエ/ *f.*〘動物〙ヤク．

सुराही /surāhī スラーヒー/ [←Pers.n. صراحی 'a long-necked flask, goblet] *f.* スラーヒー《水を入れる首の細長い素焼の壺》．

सुरीला /surīlā スリーラー/ [cf. *सुर¹*] *adj.* 旋律の美しい；美声の． ❒उनकी आवाज़ सुरीली नहीं थी। 彼の声は美声ではなかった．

सुरुचि /suruci スルチ/ [neo.Skt.f. *सु-रुचि-* 'a good taste'] *f.* 洗練された嗜好，趣味の良さ；目の肥えた鑑賞力．

सुरुचिपूर्ण /surucipūrṇa スルチプールン/ [neo.Skt. *सु-रुचि-पूर्ण-* 'tasteful'] *adj.* （嗜好が）洗練された，趣味の良い；目の肥えた．

सुर्ख़ /surxa スルク/ [←Pers.adj. سرخ 'red'] *adj.* 赤い；深紅の．(⇒लाल) ❒आँखें मारे गुस्से के ～ हो गयीं। 目が怒りのあまり真っ赤になった．

सुर्ख़पोश /surxapośa スルクポーシュ/ [←Pers. سرخ پوش 'dressed in red'] *adj.* 赤い服を着た（人）．

सुर्ख़ाब /surxāba スルカーブ/▷सुरख़ाब [←Pers.n. سرخاب 'red water; a sort of water-fowl'] *m.*〘鳥〙スルカーブ《カモ目カモ科のアカツクシガモ；全身鮮やかな橙赤褐色をした大型のカモ》．(⇒चकवा)

सुर्ख़ी /surxī スルキー/ ▷सुरख़ी [←Pers.n. سرخی 'redness; red ink'] *f.* **1** 赤；深紅；（皮膚の）赤み． **2**（新聞などの）見出し，タイトル《昔ペルシア語写本のタイトルが赤インクで書かれていたことから》． ❒अख़बारों की सुर्ख़ियाँ 新聞の見出し．

सुलक्षण /sulakṣaṇa スラクシャン/ [←Skt. *सु-लक्षण-* 'having good or auspicious marks, fortunate'] *adj.* 吉兆（きっちょう）をそなえた；めでたい；幸運な．
— *m.* 吉兆（きっちょう），吉徴（きっちょう）．

सुलक्षणा /sulakṣaṇā スラクシャナー/ [←Skt.f. *सु-लक्षणा-* 'a woman having good or auspicious characteristics'] *f.* 吉兆（きっちょう）をそなえた女；幸運をはこぶ女．

सुलगना /sulaganā スラグナー/ [<OIA. *saṁlagna-* 'closely attached to, fighting hand to hand': T.12999] *vi.* (*perf.* सुलगा /sulagā スルガー/) **1** 点火する；（タバコ・灯火などの）火がつく．(⇒जलना)(⇔बुझना) **2**（火炎が出ないで）いぶる，くすぶる． ❒उपला सुलगा लाया था, पर शीत में वह भी बुझ गया। 彼はくすぶっている牛糞燃料を持って来たのだが，寒さでそれも火が消えてしまった． ❒सिगरेट राखदान में सुलगती रहती है। タバコが，灰皿でくすぶり続けている． **3**（不満・憎悪などの感情が）くすぶる．

सुलगाना /sulagānā スルガーナー/ [cf. *सुलगना*] *vt.* (*perf.* सुलगाया /sulagāyā スルガーヤー/) 点火する；（タバコ・灯火などに）火をつける． ❒उसने सिगार सुलगाया। 彼は葉巻に火をつけた．

सुलझना /sulajʰanā スラジナー/ [*सु-* + *उलझना*] *vi.* (*perf.* सुलझा /sulajʰā スルジャー/) **1**（もつれ・からみが）解ける，ほぐれる．(⇔उलझना) **2**（困難・問題などが）解決する．(⇔उलझना) ❒उसकी आर्थिक समस्या, कुछ वेतन-वृद्धि के बावजूद, अभी तक सुलझी न थी। 彼の経済的な問題は，いくらかの昇給にもかかわらず，まだ解決していなかった． ❒रातों को जाग-जागकर गणित की न सुलझनेवाली गुत्थियों से माथा-पच्ची

करते-करते उसका स्वास्थ्य चौपट हो गया। 夜毎遅くまで起きて，数学の複雑にもつれて解けない問題で頭をうんうん使い過ぎて，彼の健康は損なわれてしまった．

सुलझाना /sulajʰānā スルジャーナー/ [cf. *सुलझना*] *vt.* (*perf.* सुलझाया /sulajʰāyā スルジャーヤー/) **1**（もつれ・からみを）とく，ほぐす．(⇔उलझाना) ❒माँ स्नेह से बेटी के केश सुलझाती हुई बोली। 母は娘の髪を優しく櫛でときながら言った． **2**（困難・問題などを）解決する．(⇒उकेलना)(⇔उलझाना) ❒वे जिस गुत्थी को सुलझाने आये थे, वह और भी जटिल हो गयी। 彼が解決しようとやって来た面倒な問題は，さらに複雑になってしまった． ❒वह दाँव-पेंच के आदमी थे, सौदा पटाने में, मुआमला सुलझाने में, अड़ंगा लगाने में, बालू से तेल निकालने में, गला दबाने में, दुम झाड़कर निकल जाने में बड़े सिद्धहस्त। 彼は寝業師であった，商売の話をまとめたり，もつれた問題を解決したり，妨害工作をしたり，砂から油を取り出したり，人の首を締めたり，尻尾を振って窮地を脱したりすることに巧みな． ❒वास्तविक स्थितियों के मद्देनज़र लगता नहीं कि इस मुद्दे को सुलझा लेने मात्र से नई सरकार को कोई ख़ास राहत मिल पाएगी। 現状を直視すれば，この争点を解決するだけで新政府が特別一息つけるだろう，とは思われない．

सुलफ़ा /sulafā スルファー/ [?] *m.* スルファー《水ギセル（हुक़्क़ा）の火皿（चिलम）に載せるタバコを丸めた固まり》．

सुलभ /sulabʰa スラブ/ [←Skt. *सु-लभ-* 'easy to be obtained or effected, easily accessible or attainable, feasible, easy, common, trivial'] *adj.* **1** 入手容易な；実現が容易な．(⇔दुर्लभ) ❒उन्होंने मुझे लाइब्रेरी से पुरानी पत्र-पत्रिकाएँ ～ कराने में सहायता दी। 彼は私に図書館から古い雑誌類を閲覧することに援助をさしのべてくれた． ❒उसने हमारी यात्रा ～ कर दी। 彼は我々の旅の実現を容易にしてくれた． **2**《名詞の後に付けて「…に本来そなわっている，…特有の」》❒बाल ～ गर्व 子どもらしい自慢． ❒नारी ～ कौतूहल 女性特有の好奇心． **3** 手ごろな（値段）．

सुलवाना /sulavānā スルワーナー/ [caus. of *सोना, सुलाना*] *vt.* (*perf.* सुलवाया /sulavāyā スルワーヤー/) 寝かしつけさせる；寝かしつけてもらう．

सुलह /sulaha スラ/ [←Pers.n. صلح 'peace, concord' ←Arab.] *f.* **1** 和平；和睦，講和；和解，仲直り． ❒(से) ～ करना（…と）和睦する． **2** 和平協定；停戦［休戦］協定．(⇒संधि)

सुलहनामा /sulahanāmā スラヘナーマー/ [←Pers.n. صلح نامہ 'treaty of peace, compact'] *m.* 講和条約．

सुलाना /sulānā スラーナー/ [<OIA. *svāpáyati* 'lulls to sleep': T.13928] *vt.* (*perf.* सुलाया /sulāyā スラーヤー/) **1** 寝かす，寝かしつける． ❒उसने बच्चे को सुला दिया। 彼女は子どもを寝かしつけた． **2**（恐怖・疑念などを）鎮める． **3**〔俗語〕葬る；殺す． ❒(को) मौत की नींद सुला देना（人を）死の眠りにつかす《「殺す」の意》． ❒शव को ख़ाक के नीचे सुलाकर लोग लौटने लगे तो दो बज रहे थे। 遺体を土中に葬り人々が帰り始めたとき２時になろうとしていた．

सुलूक /sulūka スルーク/ ▸सलूक *m.* ☞सलूक

सुलेख /sulekʰa スレーク/ [←Skt. *सु-लेख-* 'having or forming auspicious lines'] *m.* 美しい筆跡，達筆．

सुलेखक /sulekʰaka スレーカク/ [neo.Skt.m. *सु-लेखक-* 'a calligraphist'] *m.* 能書家．

सुवर्ण /suvarṇa スワルン/ [←Skt. *सु-वर्ण-* 'of a good or beautiful colour, brilliant in hue, bright, golden, yellow'] *adj.* 美しい色の；黄金色の，金色（こんじき）の． — *m.* **1** 美しい色；黄金色． **2**〖鉱物〗金（きん），黄金．(⇒स्वर्ण)

सुवा /suvā スワー/ ▸सूवा *m.* ☞सूवा

सुवाच्य /suvācya スワーチエ/ [←Skt. *सु-वाच्य-* 'easy to be read'] *adj.* 容易に読める． ❒～ लिखावट 読みやすい筆跡．

सुवास[1] /suvāsa スワース/ [←Skt.m. *सु-वास-* 'an agreeable perfume'] *f.* 芳しい香り．

सुवास[2] /suvāsa スワース/ [←Skt.m. *सु-वास-* 'a beautiful dwelling'] *f.* 立派な住居；心地いい住処．

सुवासित /suvāsita スワースィト/ [←Skt. *सु-वासित-* 'well scented or perfumed'] *adj.* 芳しい香りの．

सुविचारित /suvicārita スヴィチャーリト/ [←Skt. *सु-विचारित-* 'well weighed, deliberately considered'] *adj.* よく考えた末の，熟慮された．

सुविधा /suvidʰā スヴィダー/ [neo.Skt.f. *सु-विधा-* 'convenience'; cf. Skt.ind. *सु-विधम्* 'in an easy way'; cf. *सुभीता*] *f.* **1** 便宜；便利（な手段）；便利な設備．(⇒सहूलियत) ❒खाने-रहने की सुविधाएँ जुटाना 生活に必要な便を整える． ❒(को)（की）～ देना（…に）（…の）便宜を供与する． ❒मेरे लिए धन केवल उन सुविधाओं का नाम है जिनमें मैं अपना जीवन सार्थक कर सकूँ। 私にとって財とは自分の人生を有意義にすることができる単に便宜の名前にすぎない． **2** 快適さ；快適な環境． ❒सुविधाओं की असीमित चाह 快適な生活への飽くなき願望． ❒～ से 楽に，苦労なく． **3**（個人の）都合，好都合．(⇔असुविधा) ❒～ के अनुसार 都合にあわせて． ❒आपकी क्या ～ है? あなたのご都合はどうですか？

सुविधाजनक /suvidʰājanaka スヴィダージャナク/ [*सुविधा* + *-जनक*] *adj.* 便利な；好都合の．

सुविधानुसार /suvidʰānusāra スヴィダーヌサール/ [*सुविधा* + *अनुसार*] *adv.* 便宜上，都合にあわせて《副詞句〖名詞 की सुविधानुसार〗「…の便宜上，…の都合にあわせて」の形式でも》❒अपनी ～ 自己都合により．

सुशील /suśīla スシール/ [←Skt. *सु-शील-* 'well-disposed, goodtempered, having an amiable disposition'] *adj.* 性格のいい，気立てのいい． ❒लड़की सुंदर, पढ़ी-लिखी, ～ थी। 娘は美しく，教養があり，気立てがよかった． ❒वह बहुत ही ～ युवक है। 彼はとても気立てのいい若者である．

सुश्री /suśrī スシュリー/ [←Skt. *सु-श्री-* 'very splendid or rich'] *f.*《女性の名前の前につける敬称；既婚，未婚を問わない》

सुषमा /suṣamā スシュマー/ [←Skt.f. *सु-षमा-* 'exquisite beauty, splendour'] *f.* この上ない美しさ，うるわしさ．

सुषुप्त /suṣupta スシュプト/ [←Skt. *सु-षुप्त-* 'fast asleep'] *adj.* 熟睡した，ぐっすり眠りこんだ．

सुषुप्तावस्था /suṣuptāvastʰā スシュプターワスター/ [?neo.Skt.f. *सुषुप्त-अवस्था-* 'the state of deep sleep'] *f.* 睡眠状態． ❐～ में 睡眠状態で．

सुषुप्ति /suṣupti スシュプティ/ [←Skt.f. *सु-षुप्ति-* 'deep sleep'] *f.* 熟睡．

सुसंगति /susaṃgati スサンガティ/ [neo.Skt.f. *सु-संगति-* 'good association, commendable company'] *f.* よき人との交わり．

सुसंस्कृत /susaṃskṛta スサンスクリト/ [←Skt. *सु-संस्कृत-* 'beautifully adorned or decorated'] *adj.* 洗練された，上品な．

सुसज्जित /susajjita スサッジト/ [neo.Skt. *सु-सज्जित-*] *adj.* **1** きれいに飾られた，美しく装飾された． ❐फूलों से ～ मेज़ 花できれいに飾られた机． **2** 設備のよく整った；(武器を)装備した；装着した． ❐आधुनिक सुविधाओं से ～ अस्पताल 近代的設備を備えた病院．

सुसताना /susatānā ススターナー/ ▹सुस्ताना *vi.* (*perf.* सुसताया /susatāyā ススターヤー/) ☞सुस्ताना

सुस्त /susta ススト/ [←Pers.adj. سست 'soft, tender; weak, feeble, impotent, relaxed, slow, lazy'] *adj.* **1** (動作が)遅い，鈍い；愚鈍な．(⇔तेज़) ❐～ कछुआ तेज़ ख़रगोश से बाज़ी मार ले गया। 歩みののろいカメが足の速いウサギに勝った． **2** (時計が)遅れている．(⇔तेज़) ❐यह घड़ी कुछ ～ है। この時計は少し遅れている． **3** (病気や心労で)生気のない，元気のない． **4** 怠惰な． **5** 〖経済〗(市場景気が)活気がない，沈滞した．(⇔तेज़)

सुस्ताना /sustānā ススターナー/ ▹सुसताना [cf. *सुस्त*] *vi.* (*perf.* सुस्ताया /sustāyā ススターヤー/) 休息する，一息いれる． ❐ज़रा देर सुस्ता लो, फिर चल पड़ेंगे। 少し休みなさい，その後出発しよう．

सुस्ती /sustī ススティー/ [←Pers.n. سستی 'debility, impotence; idleness, laziness, languor, sluggishness, slowness'] *f.* **1** (動作の)遅さ，鈍さ；(時計の)遅れ；愚鈍．(⇔तेज़ी) **2** 怠惰；なまけること，さぼること． ❐～ करना 仕事をさぼる． **3** (病気や心労で)生気のないこと，元気のないこと，体がだるいこと． ❐उसे ～ महसूस हो रही थी। 彼女は体がだるかった． **4** 〖経済〗(株式市場の)停滞，不況．

सुस्वाद /susvāda ススワード/ [←Skt. *सु-स्वाद-* 'having a good taste, well-flavoured, sweet'] *adj.* ☞सुस्वादु

सुस्वादु /susvādu ススワードゥ/ [←Skt. *सु-स्वादु-* 'containing very sweet water'] *adj.* 美味な，とてもおいしい．

सुहाग /suhāga スハーグ/▸सोहाग [<OIA.n. *saúbhāgya-*[1] 'prosperity, conjugal happiness': T.13617] *m.* 〖ヒンドゥー教〗(夫が存命していることによる)妻の幸せ． ❐～ रात 新婚初夜．

सुहागन /suhāgana スハーガン/ ▸सुहागिन *f.* ☞सुहागिन

सुहागा /suhāgā スハーガー/ [<OIA.n. *saubhāgya-*[2] 'red lead (used for making forehead of a woman whose husband is alive), borax': T.13618] *m.* 〖鉱物〗ホウ砂(しゃ)．

सुहागिन /suhāgina スハーギン/▸सुहागन [cf. *सुहाग*] *f.* 〖ヒンドゥー教〗夫が存命で幸福な妻．

सुहागिनी /suhāginī スハーギニー/ [cf. *सुहाग*] *f.* ☞सुहागिन

सुहाना /suhānā スハーナー/ [<OIA. *śubhāyatē* 'is a great blessing to': T.12537] *vi.* (*perf.* सुहाया /suhāyā スハーヤー/) **1** 心地良く感じる；魅力的に見える． ❐सुहाती धूप की सेंक 心地良い日差しのぬくもり． **2** 好ましく思える，気に入る．(⇒भाना) ❐उसके पास मेरा रहना, अकेले रहना, किसी को भी नहीं सुहाता था। 彼女のところに私が住むこと，特に一人で住むことは，誰も良い感情をもっていなかった． ❐(को) फूटी आँखों न ～ (人が)…をまったく気に入らない．
— *adj.* ☞सुहावना

सुहावना /suhāvanā スハーオナー/ ▸सुहाना [cf. *सुहाना*] *adj.* 心地いい，気持ちのいい；すがすがしい；すばらしい． ❐आज बड़ा ～ दिन है। 今日はとても気持ちのいい日だ．

सुहृद /suhṛda スフリド/ [<Skt.m. *सु-हृद्-* 'a friend, ally'] *m.* 友，親友．

सूँ-सूँ /sū̃-sū̃ スーン・スーン/ [onom.] *f.* 〔擬音〕スースー(と吸い込む音)；シューシュー(と沸騰する音)；ブーンブーン(と蚊の飛ぶ音)． ❐～ करना スースーと音をたてる． ❐कभी कान के पास मच्छरों की ～ होती है। ときおり耳のそばで蚊のブーンブーンという音が聞こえる．

सूँस /sū̃sa スーンス/ ▸सूस *m.* ☞सूस

सूँघना /sū̃gʰanā スーングナー/ [<OIA. **śṛṅkhati, śíṅghati* 'smells': T.12579; cf. *सूँ-सूँ*] *vt.* (*perf.* सूँघा /sū̃gʰā スーンガー/) **1** (匂いを)嗅ぐ． ❐मैं रोटियाँ उसके लिए लाई, पर उसने सूँघा तक नहीं। 私はローティーを彼のために運んできた，しかし彼は匂いを嗅ぎもしなかった． **2** (鼻から)(気体を)吸い込む． **3** (匂いを嗅ぐ程度しか)関心を示さない． ❐उस पत्रिका की सामग्री इतनी गरिष्ठ होती थी कि हम बच्चे उसे सूँघकर ही छोड़ देते थे। その雑誌の記事はあまりに堅苦しくて，私たち子どもはちょっとだけ見てほっぽり投げてしまっていた． ❐आपने भोजन क्या किया है, सिर्फ़ सूँघकर छोड़ दिया है। あなたは一体何を食べたというのですか，ただ匂いを嗅いだだけでしょう(＝ちょっと箸をつけただけでしょう)． **4**〔皮肉〕(毒ヘビが)嚙む． ❐बोलते क्यों नहीं, क्या साँप सूँघ गया? なぜ黙っているのだ，ヘビが嚙みでもしたのか？

सूँघनी /sū̃gʰanī スーングニー/ [cf. *सूँघना*] *f.* 嗅ぎタバコ．(⇒नसवार)

सूँड़ /sū̃ṛa スーンル/ [<OIA.f. *śuṇḍā-*[1] 'elephant's trunk': T.12516] *f.* 〖動物〗象の鼻．

सूअर /sūara スーアル/▸सुअर, सूवर [<OIA.m. *sūkará-* 'boar': T.13544] *m.* **1** 〖動物〗(雄)豚．(⇔सूअरनी) ❐जंगली ～ (雄)イノシシ． **2**〔卑語〕豚野郎，薄汚い奴． ❐～ कहीं का। 豚野郎め．

सूअरनी /sūaranī スーアルニー/ [cf. *सूअर*] *f.* 〖動物〗雌豚(⇔सूअर)

सूअरी /sūarī スーアリー/ [cf. *सूअर*] *f.* ☞सूअरनी

सूई /sūī スーイー/ ▸सुई *f.* ☞सुई

सूक्ति /sūkti スークティ/ [←Skt.f. *सु-उक्ति-* 'a good or

friendly speech, wise saying, beautiful verse or stanza'] *f.* 格言；名言，金言.

सूक्ष्म /sūkṣmạ スークシュム/ [←Skt. *सूक्ष्म-* 'minute, small, fine, thin, narrow, short, feeble, trifling, insignificant, unimportant'] *adj.* **1** 極小の，極量の；微細な，微小の，ミクロの；(企業規模が)零細の. ❐～ अंतर 微細な違い. ❐～ अर्थशास्त्र ミクロ経済学. ❐～ आहार ごく少量の食事. ❐～ उद्योग 零細企業. ❐～ शरीर 痩せ細った身体. ❐अब तक भय ～ रूप में था, आज उसने स्थूल रूप धारण कर लिया था। これまで恐怖は微小なものだった，今日その恐怖は大きな姿になった. **2** 綿密な，緻密(ちみつ)な，精密な. ❐～ दृष्टि से देखना 詳しく見る. ❐इन ग्रंथों के ～ अध्ययन से दो बातें स्पष्ट हुईं। これらの書物を綿密に研究することにより二つの事が明らかになった. **3** 微妙な，デリケートな；繊細な.

सूक्ष्मता /sūkṣmatā スークシュムター/ [←Skt.f. *सूक्ष्म-ता-* 'minuteness, subtlety, fineness'] *f.* **1** 極小であること，極量であること；微細であること. **2** 緻密(ちみつ)さ，精密さ. ❐～ से 精密に. **3** 微妙であること，デリケートなこと；繊細であること.

सूक्ष्मदर्शक यंत्र /sūkṣmạdarśakạ yaṃtrạ スークシュムダルシャク ヤントル/ [neo.Skt.n. *सूक्ष्म-दर्शक-यन्त्र-* 'microscope'] *m.* 顕微鏡. (⇒माइक्रोस्कोप, सूक्ष्मदर्शी)

सूक्ष्मदर्शी /sūkṣmạdarśī スークシュムダルシー/ [←Skt. *सूक्ष्म-दर्शिन्-* 'sharp-sighted, of acute discernment, quick, intelligent'] *adj.* 細部まで考える(人).

— *m.* 顕微鏡. (⇒माइक्रोस्कोप, सूक्ष्मदर्शक यंत्र) ❐इलेक्ट्रॉन ～ 電子顕微鏡.

सूखना /sūkʰạnā スークナー/ [<OIA. **śuṣkati* 'becomes dry': T.12552] *vi.* (*perf.* सूखा /sūkʰā スーカー/) **1** 乾く，乾燥する. ❐कपड़े सूख गए। 服が乾いた. ❐और एक दिन, जैसे दुनिया का क्रम है, मेरे आँसू सूख जाते हैं। そしていつの日か，世の常ではあるが，私の涙は乾いてしまうのである. **2** (土地・井戸・池などが)干上がる；(喉が)渇く；(植物が)しおれる，枯れる；(収穫が)日照りでだめになる. ❐उसका गला सूख गया। 彼の喉は渇ききってしまった. ❐कुएँ का पानी सूख गया था। 井戸の水は干上がってしまった. ❐जीवन में न कोई आशा है, न कोई उमंग, जैसे उनके जीवन के सोते सूख गये हों। 人生には何の希望もなければ何の情熱もない，まるで彼の命の泉が枯渇してしまったかのように. ❐वह सूखी पत्ती की तरह पीला है। 彼女はしおれた葉のように顔色がよくない. ❐उसके मुख का रंग ऐसा उड़ गया था, जैसे देह का सारा रक्त सूख गया हो। 彼は顔色を失った，まるで体中の血が涸れてしまったかのように. **3** (表情が)しょげかえる，落ち込む；やせおとろえる，やつれる；(恐怖で)肝を冷やす. ❐उन लोगों की जान डर और ताज्जुब से सूख गयी। 彼らは恐怖と驚愕で震え上がった. ❐उसके अंदर बैठी हुई सम्मान-लालसा ऐसा आदर पाकर उसके सूखे मुख पर गर्व की झलक पैदा कर रही थी। 彼の心深くにある名誉欲が，このような敬意を受けて，彼の干からびた顔に誇らしさの輝きを生みつつあった.

सूखा /sūkʰā スーカー/ [<OIA. *śúṣka-* 'dried': T.12548] *adj.* **1** 乾いた，乾燥した；水が涸れた. ❐～ कपड़ा 乾いた服. ❐सूखी खाँसी 乾いた咳(せき). ❐सूखी नदी 水が涸れた川. **2** 汁気のない(料理). ❐सूखी सब्ज़ी 汁気のない野菜カレー. **3** 味気のない(料理)，ぱさぱさの；無味乾燥な. ❐दफ़्तर के सूखे काम オフィスの無味乾燥な仕事. **4** (植物が)枯れた；(人が)やつれた，生気のない. ❐～ चेहरा 生気のない顔. ❐～ पेड़ 枯れた木. ❐～ बाग़ 荒れた庭園. **5** (態度が)粗略な，ぶっきらぼうな，そっけない，情味のない. (⇒रूखा) ❐(को) ～ जवाब देना (人に)つれない返事をする.

— *m.* **1** 干ばつ，日照り続き. ❐～ पड़ना 干ばつになる. **2** 乾燥地.

सूचक /sūcakạ スーチャク/ [←Skt. *सूचक-* 'pointing out, indicating, showing, designating'] *adj.* (…を)示す，示唆する.

— *m.* **1** 表示装置(の指針). **2** 物語の語り手. **3** 情報提供者，密告者.

सूचकांक /sūcakāṃkạ スーチャカーンク/ [neo.Skt.m. *सूचक-अङ्क-* 'index number'] *m.* (統計・物価などの)指数. ❐शेयर ～ 株式指数.

सूचना /sūcạnā スーチナー/ [←Skt.f. *सूचना-* 'the act of piercing or perforating'] *f.* **1** 通知，通告，お知らせ. (⇒इत्तला, नोटिस) ❐(को) (की) ～ देना (人に)(…を)通知する. **2** 情報. (⇒जानकारी) ❐～ और प्रसारण मंत्रालय 情報・放送省.

सूचि /sūci スーチ/ [←Skt.f. *सूचि-* 'a needle'] *f.* ☞सूची

सूचिका /sūcikā スーチカー/ [←Skt.f. *सूचिका-* 'a needle; an elephant's trunk or proboscis'] *f.* ☞सूची

सूची /sūcī スーチー/ [←Skt.f. *सूची-* 'a needle or any sharppointed instrument; an index, table of contents'] *f.* **1** 針. (⇒सुई) **2** リスト，一覧表；目録，カタログ. (⇒तालिका, फ़ेहरिस्त, लिस्ट) ❐उस ～ में मेरा नाम नहीं था। そのリストに私の名前はなかった. ❐(की) ～ बनाना (…の)リストを作成する.

सूचीपत्र /sūcīpatrạ スーチーパトル/ [neo.Skt.n. *सूची-पत्र-* 'catalogue, an index, table of contents'] *m.* **1** カタログ. ❐पुस्तकों की ～ 本のカタログ. **2** (書物・雑誌の)目次.

सूचीबद्ध /sūcībaddʰạ スーチーバッド/ [neo.Skt. *सूची-बद्ध-* 'listed'] *adj.* リストに記載された. ❐～ आतंकवादी リストアップされたテロリスト.

सूजन /sūjanạ スージャン/ [cf. *सूजना*] *f.* 〖医学〗腫れ(物)；炎症. (⇒सोजिश)

सूजना /sūjạnā スージナー/ [<OIA. *śūyatē* 'is swollen': T.12568] *vi.* (*perf.* सूजा /sūjā スージャー/) **1** 腫れる；むくむ；ふくれあがる；炎症をおこす. ❐चोट से उसका हाथ सूज गया। 怪我のため彼の手は腫れてしまった. **2** (目などが)赤く充血する. ❐रोते-रोते उसकी आँखें सूज गई हैं। 泣き続けて彼女の目は腫れあがってしまった. **3** (顔が)不機嫌にぶすっとなる. ❐रुपए माँगते ही उसका मुँह सूज गया। 金を無心するやいなや彼の顔は不機嫌になった.

सूजा /sūjā スージャー/ [<OIA.f. *sūcí-* 'needle': T.13551] *m.* **1** 太い針. (⇒सुआ) **2** (金属に穴をあける)錐(きり).

सूज़ाक /sūzāka̸ スーザーク/ [←Pers.n. سوزاك 'an inflamed ulcer, a pimple; gonorrhoea'] *m.* 〖医学〗りん病.

सूजी /sūjī スージー/ [<OIA. **sūjjī-* 'coarse wheat meal': T.13552] *f.* 〖食〗セモリナ, 粗挽きの小麦粉.

सूझ /sūjʰa̸ スージ/ [cf. *सूझना*] *f.* **1** 知覚, 認知. **2** 思いつき, 発想.

सूझना /sūjʰa̸nā スージナー/ [<OIA. *śúdhyati, śúdhyatē* 'become clear (of doubts)': T.12527z1] *vi.* (*perf.* सूझा /sūjʰā スージャー/) **1** おぼろげに[かすかに]見える;気づく. ❒क्या दूर से आती हुई गाड़ी तुम्हें नहीं सूझ रही है? 遠くから近づいて来る車を, 君は見えないのかい? ❒सारी देह ढल गयी थी, वह सुंदर गेहुआँ रंग सँवला गया था और आँखों से भी कम सूझने लगा था। (彼女の)体の盛りは過ぎてしまった, あの美しかった小麦色の肌は黒くなり, 目もかすみはじめた. **2** (策・案などが)思いつく, (頭に)浮ぶ. ❒उसके सिवा मुझे और कोई न सूझा। 彼以外に, 私には他に誰も思いつかなかった. ❒उसे शरारत सूझी। 彼は悪戯を思いついた. ❒मुझे एक तरकीब सूझी। 私は一つの手だてを思いついた.

सूझ-बूझ /sūjʰa̸-būjʰa̸ スージ・ブージ/ *f.* **1** 理性;理解力, 分別. ❒～ से काम लेना 分別をもってことにあたる. ❒उसमें अभी इतनी ～ नहीं कि मेरे अभिनय को भाँप सके। 彼女にはまだ, 私のしぐさの意味を見抜けるほどの分別はなかった. **2** 発想力;才知.

सूट /sūṭa̸ スート/ [←Eng.n. *suit*] *m.* スーツ《上下一揃いの服》. ❒～ का कपड़ा スーツの服地.

सूटकेस /sūṭa̸kesa̸ スートケース/ [←Eng.n. *suitcase*] *m.* スーツケース.

सूडान /sūḍāna̸ スーダーン/ [cf. Eng.n. *Sudan*] *m.* 〖国名〗スーダン(共和国)《首都はハルツーム (ख़ारतूम)》.

सूत¹ /sūta̸ スート/ [<OIA.n. *sū́tra-* 'thread, cord': T.13561] *m.* (縫い)糸;(織物用)糸《主に木綿糸》. ❒ख़ास ～ से बना धागा 特別な綿糸でできた糸.

सूत² /sūta̸ スート/ [←Skt.m. *सूत-* 'a charioteer, driver, groom, equerry, master of the horse'] *m.* 〔古語〕(2輪馬車の)御者《インド古典文学に登場》. (⇒सारथी)

सूतक /sūtaka̸ スータク/ [←Skt.n. *सूतक-* 'birth; impurity (of parents) caused by child-birth or miscarriage'] *m.* 〖ヒンドゥー教〗スータカ《出産や家族の死などによるけがれ(の期間)》.

सूतिका /sūtikā スーティカー/ [←Skt.f. *सूतिका* 'a woman who has recently brought forth a child, lying-in woman'] *f.* 〖医学〗産婦, 出産直後の女性;出産直後の雌. (⇒जच्चा)

सूती /sūtī スーティー/ [*सूत¹* + *-ई*] *adj.* 木綿の, 綿の, 綿製の. ❒～ कपड़ा 綿の布地.

सूत्र /sūtra̸ スートル/ [←Skt.n. *सूत्र-* 'a thread, yarn, string, line, cord, wire; a short sentence or aphoristic rule, and any work or manual consisting of strings of such rules hanging together like threads'] *m.* **1** 方式, 定式;規定. (⇒फ़ारमूला) ❒त्रिभाषा ～ 3言語方式《インドの初等・中等教育課程において母語を含めた 3 言語を学習する規定》. **2** 〖数学〗公式. (⇒फ़ारमूला) ❒रासायनिक ～ 〖化学〗化学式. **3** 情報源, 出所. ❒विश्वसनीय सूत्रों के अनुसार 信頼すべき筋によれば. **4** (話の)筋, 脈絡. ❒कथा का ～ 物語の筋. **5** スートラ(体)《冗長的な散文的説明の代わりに極端に圧縮された形式で表現する方法;特に古代インドでは諸学問分野における膨大な規則などに関する知識の継承に使用された手法》.

सूत्रधार /sūtra̸dʰāra̸ スートルダール/ [←Skt.m. *सूत्र-धार-* 'thread-holder; a stage-manager or principal actor who superintends the whole performance'] *m.* **1** 〖演劇〗スートラダーラ《古代インドの演劇において一座を取り仕切る長, 座頭(ざがしら);劇の最初に登場し重要な役を演じる》. **2** 物事の運営・進行に大きな影響力をもつ人, キー・パーソン. ❒इस समय संसार के सभी समुन्नत देशों के ～ या तो समाचारपत्रों के संपादक और लेखक हैं, या पत्रों के स्वामी। 今日世界のすべての先進国のキーパーソンは, 新聞の編集長や記者であるか, 新聞社の社主である.

सूत्रपात /sūtra̸pāta̸ スートルパート/ [←Skt.m. *सूत्र-पात-* 'applying the measuring line'] *m.* (物事の)始まり, 開始. (⇒आरंभ, शुरुआत) ❒(का) ～ होना (…が)始まる.

सूथन /sūtʰana̸ スータン/ ▸सुत्थना, सुथना, सूथना [<OIA. **sutthanā-* 'trousers': T.13468; cf. Panj.f. *ਸੁੱਥਣ*] *f.* スータン《パンジャーブ地方の女性用のゆったりしたズボンの一種 (पाजामा)》.

सूथना /sūtʰa̸nā スートナー/ ▸सुत्थना, सुथना, सूथन *m.* ☞ सूथन

सूद /sūda̸ スード/ [←Pers.n. سود 'gain, profit; interest'] *m.* 〖経済〗利子. (⇒ब्याज) ❒(को) ～ पर रुपए उधार देना (人に)利子つきで金を貸す.

सूदख़ोर /sūda̸xora̸ スードコール/ [←Pers.n. سود خوار 'an usurer'] *m.* 〖経済〗高利貸し.

सूद-दर-सूद /sūda̸-dara̸-sūda̸ スード・ダル・スード/ *m.* 〖経済〗複利(法).

सूना /sūnā スーナー/ [<OIA. *śūnyá-* 'empty': T.12567] *adj.* **1** 人気のない, 無人の;さびしい;荒廃した;むなしい. ❒घर ～ पड़ा है। 家はさびしく人気がないままである. ❒सूनी ～ सेज (夫がいない)さびしい寝床. **2** (表情が)うつろな. ❒सूनी ～ आँखें うつろな目.

सूनामी /sūnāmī スーナーミー/ [←Eng.n. *tsunami* ←Japan.n. *津波*] *f.* 津波. ❒～ चेतावनी प्रणाली 津波警報システム. ❒～ तरंग [लहरें] 津波の波.

सूप¹ /sūpa̸ スープ/ [<OIA.n. *śū́rpa-* 'winnowing basket': T.12573] *m.* 箕(み)《もみ殻などをあおぎ分ける農具》.

सूप² /sūpa̸ スープ/ [?←Skt.m. *सूप-* 'sauce, soup, broth (esp. prepared from split or ground pease etc. with roots and salt)'; ?←Eng.n. *soup*] *m.* 〖食〗スープ. ❒टमाटर का ～ トマトスープ.

सूफ़ियाना /sūfiyānā スーフィヤーナー/ ▸सोफ़ियाना [←Pers.adj. صوفيانه 'of or relating to the *Sūfis*'] *adj.* **1** 〖イスラム教〗スーフィズムの, イスラム神秘主義の. **2**

質素だが洗練された.

सूफ़ी /sūfī スーフィー/ [←Pers.adj. صوفی 'woollen; wise, intelligent; pious devout, spiritual'] *adj.* 〖イスラム教〗スーフィーの;イスラム神秘主義の. ❐～ काव्य イスラム神秘主義の詩. ❐～ मुसलमान イスラム神秘主義を奉じるイスラム教徒.
— *m.* 〖イスラム教〗スーフィー, イスラム神秘主義者.

सूबा /sūbā スーバー/ [←Pers.n. صوبه 'a province' ←Arab.] *m.* 〖歴史〗スーバ《ムガル帝国の行政・徴税区分, 州;スーバは複数の県 (सरकार) から成る》.

सूबेदार /sūbedāra スーベーダール/ [←Pers.n. صوبه دار صوبدار 'viceroy or governor of a province'] *m.* **1** 〖歴史〗スーベーダール《大尉に相当する英領インド軍の階級》. ❐～ मेजर スーベーダール・メージャル《少佐に相当する英領インド軍の階級》. **2** 〖歴史〗スーバダール《ムガル帝国の州 (सूबा) の長官》.

सूम /sūma スーム/ [←Pers.n. شؤم 'a miser' ←Arab.] *m.* 守銭奴.

सूरज /sūraja スーラジ/ [<Skt.m. *सूर्य-* 'the sun or its deity'] *m.* 〖天文〗太陽. ❐～ डूब गया। 陽が沈んだ.

सूरजमुखी /sūrajamukʰī スーラジムキー/ [*सूरज* + *-मुखी*] *m.* 〖植物〗ヒマワリ(の花), 向日葵《キク科の一年生草木》.

सूरत[1] /sūrata スーラト/ [←Pers.n. صورة 'appearance' ←Arab.] *f.* **1** 顔つき, 容貌, 面相. ❐रोनी ～ बनाना 泣き顔になる. **2** 容姿, 姿かたち;姿. (⇒रूप) ❐～ दिखाना [दिखाई देना] 姿を見せる, 現れる. ❐ज़रा आईने में अपनी ～ तो देखो। ちょっと鏡で自分の姿を見てごらん. **3** 形;形状, 外形. (⇒रूप) ❐वह अब कोई ऐसा काम न कर सकते थे, जिसका फल रुपयों की ～ में न मिले। 彼は今や, お金の形で結果が手に入らないどんな仕事もすることはできなった. **4** 見通し, 見込み;様子, 状況. ❐(की) ～ में(…の)状況下では.

सूरत[2] /sūrata スーラト/ [cf. Eng.n. *Surat*] *m.* 〖地名〗スーラト《グジャラート州 (गुजरात) の港湾都市》.

सूरत-शकल /sūrata-śakala スーラト・シャカル/ ▸सूरत-शक्ल *f.* ☞सूरत-शक्ल

सूरत-शक्ल /sūrata-śakla スーラト・シャクル/ ▸सूरत-शकल *f.* 容貌, 姿かたち;外見.

सूरन /sūrana スーラン/ [<OIA. *śūraṇa-* '*Amorphophallus campanulatus* (the Telinga potato)': T.12571] *m.* 〖植物〗ゾウコンニャク(象蒟蒻)《サトイモの一種;象の足に似た塊茎は食用》.

सूरमा /sūramā スールマー/ [?cf. Skt.n. *शूर-मान-* 'thinking one's self a hero, arrogance, vaunting'] *m.* 戦士;勇士.

सूराख़ /sūrāxa スーラーク/▸सुराख़ [←Pers.n. سوراخ 'a hole, orifice, passage'] *m.* 穴, 孔. (⇒छेद) ❐(में) ～ करना (…に)穴をあける.

सूरीनाम /sūrīnāma スーリーナーム/ [cf. Eng.n. *Surinam*] *m.* 〖国名〗スリナム(共和国)《首都はパラマリボ (पारामारिबो)》.

सूर्य /sūrya スールエ/ [←Skt.m. *सूर्य-* 'the sun or its deity'] *m.* **1** 〖天文〗太陽. (⇒रवि) **2** 〖神話〗太陽神. (⇒रवि)

सूर्यग्रहण /sūryagrahaṇa スールエグラハン/ [←Skt.n. *सूर्य-ग्रहण-* 'a solar eclipse'] *m.* 〖天文〗日食.

सूर्यास्त /sūryāsta スールヤースト/ [←Skt.m. *सूर्य-अस्त-* 'sunset'] *m.* 〖天文〗日没. (⇔सूर्योदय) ❐～ के समय 日没時に. ❐～ से पहले 日没前に. ❐～ हो रहा था। 日が沈みつつあった.

सूर्योदय /sūryodaya スールヨーダエ/ [←Skt.m. *सूर्य-उदय-* 'sunrise'] *m.* 〖天文〗日の出. (⇒अरुणोदय)(⇔सूर्यास्त)

सूली /sūlī スーリー/ ▸शूली [<OIA.m. *śū́la-* 'spike, spit': T.12575] *f.* **1** 〖歴史〗串刺し刑(に使用する先を尖らせた柱). **2** 絞首台, 処刑台. ❐～ पर चढ़ना 処刑台に上る. ❐(को) ～ पर चढ़ाना (人を)処刑台に送る. ❐सारी रात उसके प्राण जैसे ～ पर टँगे रहे। 絞首台に吊り下がっているような不安で一晩中彼はまんじりともしなかった. **3** 激痛.

सूवर /sūvara スーワル/ ▸सूअर *m.* ☞सूअर

सूवा /sūvā スーワー/▸सुवा [←Eng.n. *Suva*] *m.* 〖地名〗スバ, スヴァ《フィージー(共和国) (फ़ीजी) の首都》.

सूस /sūsa スース/▸सूँस [<OIA.m. *śiśuka-* 'a kind of aquatic animal': T.12476z1] *m.* 〖動物〗インドカワイルカ《亜種としてガンジスカワイルカとインダスカワイルカがある》. (⇒डाल्फ़िन)

सृजन /sr̥jana スリジャン/ [←Skt.n. *सृजन-* 'the act of creating, creation'] *m.* 創造すること;(芸術作品を)創作すること. ❐～ करना 創造する;創作する.

सृजनात्मक /sr̥janātmaka スリジナートマク/ [neo.Skt. *सृजन-आत्मक-* 'creative'] *adj.* 創造的な. ❐～ शक्ति 創造力.

सृष्टि /sr̥ṣṭi スリシュティ/ [←Skt.f. *सृष्टि-* 'production, procreation, creation, the creation of the world'] *f.* **1** 創造;創作. ❐(की) ～ करना (…を)創り出す. **2** 創造されたもの, 創造物;万物, 森羅万象, 自然, 世界.

सेंक /sẽka セーンク/ [<OIA. **sēkk-* 'heat, foment, roast': T.13581] *m.* **1** こんがり焼くこと. **2** 暖めること;(熱の)ぬくもり. **3** 日光浴. **4** 〖医学〗温湿布.

सेंकना /sẽkanā セーンクナー/ [cf. *सेंक*] *vt.* (*perf.* सेंका /sẽkā セーンカー/) **1** 〖食〗(火の上で)あぶって焼く;(豆などを)炒る;(天火で)焼く. (⇒भूनना) ❐धीमी आँच पर रोटी सेंक लेना। 弱火でローティーをあぶって焼きなさい. ❐मैं रोटियाँ सेंक देती हूँ। 私がローティーをあぶって焼いてあげます. **2** 暖めて乾かす;(火であぶって)乾かす. ❐वह अपने कपड़े सेंकने लगी। 彼女は自分の服をあぶって乾かし始めた. **3** (火にあたって)暖をとる. ❐कुछ लोग अँगीठी से अपने हाथ सेंक रहे हैं। 数人の人が, 火鉢で手を暖めていた. ❐वह किसान था और किसी के जलते हुए घर में हाथ सेंकना उसने सीखा ही न था। 彼は農民だった, 誰かの燃えている家で手を暖めるということは学ばなかった(＝他人の不幸を見過ごすことはできなかった). **4** (日光で)(肌を)灼く;ひなたぼっこをする. **5** 〖医学〗湿布する. ❐भाई की पीठ सेंक दो,

तो उसकी सूजन उतर जाए। 兄さんの背中を湿布してあげれば，腫れはひくでしょう．❐सूजी हुई जगह को गरम पानी में सेंकना। 腫れた箇所をお湯で湿布してください．**6**〔慣用〕❐आँखें ～（美しい女性を見て）目の保養をする．

सेंट किट्स और नेविस /semṭa kiṭsa aura nevisa セーント キトス アォール ネーヴィス/ [cf. Eng.n. *Saint Kitts and Nevis*] *m.*〖国名〗セントクリストファー・ネーヴィス《首都はバセテール（बेसेत्री)》．

सेंट जार्ज /semṭa jārja セーント ジャールジ/▶सेंट जॉर्ज [cf. Eng.n. *St. George's*] *m.*〖地名〗セントジョージズ《グレナダ（ग्रेनाडा）の首都》．

सेंट जोन्स /semṭa jonsa セーント ジョーンス/ [cf. Eng.n. *St. Johns*] *m.*〖地名〗セントジョンズ《アンティグア・バーブーダ（अंटीगुआ और बारबूडा）の首都》．

सेंट डेनिस /semṭa ḍenisa セーント デーニス/ [cf. Eng.n. *Saint-Denis*] *m.*〖地名〗サン＝ドゥニ《フランス（共和国）(फ़्रांस）の海外県レユニオン（रेयूनियों）の県都》．

सेंट पिअरे /semṭa piare セーント ピアレー/ [cf. Eng.n. *Saint Pierre*] *m.*〖地名〗サンピエール《フランスの海外準県サンピエール島・ミクロン島（सेंट पिअरे और मिकेलोन）の首都》．

सेंट पिअरे और मिकेलोन /semṭa piare aura mikelona セーント ピアレー アォール ミケーローン/ [cf. Eng.n. *Saint Pierre and Miquelon*] *m.*〖国名〗サンピエール島・ミクロン島《フランスの海外準県；首都はサンピエール（सेंट पिअरे)》．

सेंट लुसिया /semṭa lusiyā セーント ルスィヤー/ [cf. Eng.n. *St. Lucia*] *m.*〖国名〗セントルシア《首都はカストリーズ（कैस्ट्रीस)》．

सेंट विनसेंट और द ग्रेनाडिन्स /semṭa vinasemṭa aura da grenāḍinsa セーント ヴィンセーント アォール ダ グレーナーディンス/ [cf. Eng.n. *St. Vincent and the Grenadines*] *m.*〖国名〗セントビンセント及びグレナディーン諸島《首都はキングスタウン（किंग्सटाउन)》．

सेंट हेलेना /semṭa helenā セーント ヘーレーナー/ [cf. Eng.n. *Saint Helena*] *m.*〖国名〗セントヘレナ《英領の火山島；首都はジェームズタウン（जेम्सटाउन)》．

सेंटिआगो /semṭiāgo セーンティアーゴー/ [cf. Eng.n. *Santiago*] *m.*〖地名〗サンティアゴ（・デ・チレ）《チリ（共和国）(चिली）の首都》．

सेंटीग्राम /semṭīgrāma セーンティーグラーム/ [←Eng.n. *centigramme*] *m.*〖単位〗センチグラム（=1/100g)．

सेंटीग्रेड /semṭīgreḍa セーンティーグレード/ [←Eng.n. *centigrade*] *m.* 摂氏温度目盛の．❐पानी १०० ～ पर उबलता है। 水は摂氏 100 度で沸騰する．❐आज न्यूनतम तापमान बीस ～ और अधिकतम बत्तीस ～ था। 今日の最低気温は摂氏 20 度で最高気温は摂氏 32 度でした．

सेंटीमीटर /semṭīmīṭara セーンティーミータル/ [←Eng.n. *centimetre*] *m.*〖単位〗センチメートル．❐जल का एक घन ～ तौल में एक ग्राम होता है। 水の１立方センチメートルは重さでは1グラムである．

सेंटो डोमिंगो /semṭo ḍomimgo セーントー ドーミンゴー/ [cf. Eng.n. *Santo Domingo*] *m.*〖地名〗サントドミンゴ《ドミニカ共和国（डोमिनिकन गणराज्य）の首都》．

सेंत /sẽta セーント/ [?] *f.* ただで手に入れること，労なくして手に入れること．

— *adv.* ☞सेंत-मेंत

सेंतना /sẽtanā セーントナー/ ▶सैंतना [cf. *सेंत*] *vt.* (*perf.* सेंता /sẽtā セーンター/) 蓄える；大事にとっておく．

सेंत-मेंत /sẽta-mẽta セーント・メーント/ [echo-word; cf. *सेंत*] *f.* ただで手に入れること，労なくして手に入れること．❐किसी ने ～ में मेरी लड़की ब्याह ली होती तो मैं भी सेंत में लड़का ब्याह लेता। 誰かがただで私の娘を嫁がせていてくれたら，私だってただで息子の結婚式をあげたのに《親が娘の結婚には持参金（दहेज़）を用意しなければならず，息子の結婚では逆に花嫁の持参金を期待する悪習が背景にある》．

— *adv.* ただで，無料で．

सेंध /sẽdʰa セーンド/ [<OIA.m. *saṁdhí-* 'joint': T.12913] *f.*（侵入するための）穴《泥棒の作る壁の穴；工兵による坑道，トンネルなど》．❐दीवार में ～ खोलना [देना, मारना, लगाना] 壁に穴を開ける．

सेंधा /sẽdʰā セーンダー/ [<OIA. *saindhavá-* 'pertaining to the river Indus (सिन्धु)': T.13601] *m.* 岩塩《特にインダス河流域に産する》．

सेंवई /sẽvaī セーンワイー/ ▶सिवैयाँ, सेवई *f.* ☞सिवैयाँ

सेंसर /semsara セーンサル/ [←Eng.n. *censor*] *m.* 検閲．❐(पर) कड़ा ～ लगाना（…に）きびしい検閲を課す．❐～ किया हुआ पत्र 検閲された手紙．

सेंहुड़ /sẽhuṛa セーンフル/▶सेहुँड़ [<OIA.m. *sēhuṇḍa-* '*Euphorbia ligularia*': T.13599] *m.*〖植物〗セーンフル《トウダイグサ科の低木》．(⇒थूहर)

से /se セー/ [<OIA. *sahita-* 'accompanying': T.13310] *postp.* **1**《出発点，起点》…から．❐उसकी किताब इंडियन प्रेस ～ प्रकाशित हुई थी। 彼の本はインディアン・プレスから出版された．**2**《手段，道具》…によって，…を用いて．**3**《理由，根拠》…なので，…故に．**4**《比較》…よりも．**5**《期間》…の間．❐महीनों ～ ऐसी स्वादिष्ट वस्तु मयस्सर न हुई थी। 何か月もの間こんな美味なものにお目にかかったことはない．**6**《関係》…に関しては，…の点については．❐पेशे ～ वे दफ़्तर के क्लार्क थे। 職業はオフィスの事務員だった．❐वह एक पैर ～ लँगड़ी और एक हाथ ～ लूली थी। 彼女は片足が不自由で片手がきかなかった．❐वह शरीर ～ तो पुष्ट था, पर क़द ～ मझोला था। 彼は体は肉づきがよかったが，身長は中ぐらいだった．❐हृदय ～ तो मैं तुम्हारी हूँ। 心は，私はあなたのものよ．**7**《目的語》．❐～ कहना …に言う．❐～ डरना …を恐れる．❐～ पूछना …に尋ねる．❐～ मिलना …に会う．

सेकंड[1] /sekamḍa セーカンド/ ▶सैकंड *m.* ☞सैकंड[1]

सेकंड[2] /sekamḍa セーカンド/ ▶सैकंड *adj.* ☞सैकंड[2]

सेक /seka セーク/ [←Skt.m. *सेक-* 'pouring out, emission, effusion; sprinkling, besprinkling, moistening or watering'] *m.*（液体を）注ぐこと；散水（さんすい）すること．❐बालों की जड़ों पर तीन मिनट गर्म सेक

देना 毛髪の根元に 3 分間お湯をかける.

सेक्रेटरी /sekreṭarī セークレータリー/ [←Eng.n. *secretary*] *m.* **1** 秘書(官), 書記(官). (⇒सचिव) **2** 大臣. (⇒सचिव)

सेक्स /seksa セークス/ [←Eng.n. *sex*] *m.* セックス, 性; 性行為. (⇒यौन)

सेक्सी /seksī セークスィー/ [←Eng.adj. *sexy*] *adj.* セクシーな, 性的魅力のある; エロティックな.

सेचन /secana セーチャン/ [←Skt.n. *सेचन-* 'emission, effusion; sprinkling or watering'] *m.* 灌漑(かんがい); 散水(さんすい).

सेज /seja セージ/ [<OIA.f. **śēyyā-* 'bed': T.12609] *f.* ベット, ふしど, 床(とこ).

सेट /seṭa セート/ [←Eng.n. *set*] *m.* セット. ❐एक ～ 一式. ❐चाय का ～ ティー・セット.

सेठ /seṭʰa セート/ [<OIA.m. *śrēṣṭhin-* 'distinguished man': T.12726] *m.* 大商人, 豪商; 長者, 富豪.

सेतु /setu セートゥ/ [←Skt.m. *सेतु-* 'a bond, fetter; a ridge of earth, mound, bank, causeway, dike, dam, bridge, any raised piece of ground separating fields'] *m.* **1** 橋《主に「架け橋, 橋渡し, 仲立ち」の意で》. (⇒पुल) ❐पुरानी और नई पीढ़ी के बीच का ～ 古い世代と新しい世代の間の架け橋. **2** 堰(せき); 堤(つつみ).

सेतुबंध /setubaṃdʰa セートゥバンド/ [←Skt.m. *सेतु-बन्ध-* 'the forming of a causeway or bridge, a dam or bridge'] *m.* **1** 橋(を架けること). **2**〖地名〗セートゥバンド《タミル・ナードゥ州 (तमिल नाडु) の南東海岸からスリランカ श्रीलंका 島に向かう砂州と浅瀬の連続する地域; 叙事詩ラーマーヤナに記述されている, ラーマ王子が率いる猿軍がスリランカに捕らわれているシーター妃を救い出すために作った橋の跡という伝説がある》.

सेनसेक्स /senaseksa セーンセークス/ [←Eng.n. *Sensex* (= (Bombay Stock Exchange) **Sens**itive Ind**ex**)] *m.*〖経済〗センセクス《ボンベイ証券取引所に上場されている30銘柄の株式から構成されるインドの代表的な株価指数; BSE Sensex, SENSEX 30 とも》.

सेना¹ /senā セーナー/ [<OIA. *sḗvatē* 'associates with': T.13593] *vt.* (*perf.* सेया /seyā セーヤー/) (卵を)抱く[温める]. ❐अंडा सेना 卵を抱く, 卵をあたためる《比喩的意味は「人付き合いをせずじっと家にこもる」》.

सेना² /senā セーナー/ [←Skt.f. *सेना-* 'an army'] *f.* 軍, 軍隊. (⇒आर्मी, फ़ौज, मिलिटरी, लशकर) ❐～ बल 軍事力. ❐～ में भर्ती होना 軍隊に入隊する. ❐थल ～ 陸軍. ❐नौसेना 海軍. ❐वायु ～ 空軍.

सेनानी /senānī セーナーニー/ [←Skt.m. *सेना-नी-* 'the leader of an army, commander, general, chief'] *m.* 部隊指揮官, 部隊長.

सेनापति /senāpati セーナーパティ/ [←Skt.m. *सेना-पति-* 'the general of an army'] *m.* **1** 総指揮官, 総司令官. (⇒कमांडर) **2** 将軍, 将官. (⇒जनरल)

सेनेगल /senegala セーネーガル/ [cf. Eng.n. *Senegal*] *m.*〖国名〗セネガル(共和国)《首都はダカール (डकार)》.

सेफ़ /sefa セーフ/ [←Eng.n. *safe*] *m.* 金庫. (⇒तिजोरी)

सेब /seba セーブ/ [←Pers.n. سيب 'an apple'] *m.*〖植物〗リンゴ(林檎)(の実).

सेम /sema セーム/ [<OIA. *śaimbya-* 'pertaining to legumes': T.12615] *f.*〖植物〗インゲンマメ(隠元豆).

सेमल /semala セーマル/ [<OIA.m. *śalmalí-* 'the silk cotton tree *Bombax heptaphyllum*': T.12351] *m.*〖植物〗インドワタノキ(印度綿の木), キワタノキ(黄綿の木)《アオイ科の落葉高木》.

सेमिनार /seminārа セーミナール/ [←Eng.n. *seminar*] *m.* セミナール, 研究集会; ゼミナール, 演習.

सेर /sera セール/ [<OIA. **satēra-¹* 'a measure of weight': T.13106] *m.*〖単位〗セール《新単位体系では1キログラム, 旧単位体系では約 930 グラムに相当; 40 分の 1 マン(मन), 1/5 カッター(कट्ठा) に相当》.

सेराना /serānā セーラーナー/ ▸सिराना *vt.* (*perf.* सेराया /serāyā セーラーヤー/) ☞सिराना

सेल¹ /sela セール/ [←Eng.n. *cell*] *f.* **1**〖医学〗細胞. **2** 班, チーム. **3** 電池. ❐बैटरी की ～ 乾電池. ❐सौर ～ 太陽電池.

सेल² /sela セール/ [←Eng.n. *sale*] *m.* 販売; 特売, 大安売り, セール. ❐～ में भारी छूट। 特売で大幅値引き.

सेल³ /sela セール/ [←Eng.n. *sail*] *m.* 帆; 帆走(はんそう).

सेला¹ /selā セーラー/ [?<OIA.n. *cēla-* 'clothes, garment': T.04910] *m.* セーラー《スカーフ (दुपट्टा) の一種; 絹のターバン》.

सेला² /selā セーラー/ [?<OIA.m. *śāli-* 'growing or unhusked rice': T.12415] *m.*〖食〗セーラー米《脱穀してない籾米(もみごめ)を茹でたもの》. (⇒भुजिया)

सेल्सियस /selsiyasa セールスィヤス/ [←Eng.n. *Celsius*] *m.*〖単位〗セ氏, 摂氏. ❐तापमान १५ डिग्री ～ है। 気温はセ氏 15 度です. ❐लेह क़स्बे में तापमान शून्य से १८ डिग्री ～ निचे दर्ज किया गया। レーの町では気温がセ氏零下 18 度と記録された.

सेव /seva セーオ/ ▸सिवैयाँ, सेंवई, सेवई *f.* ☞सिवैयाँ

सेवई /sevaī セーワイー/ ▸सिवैयाँ, सेंवई, सेव *f.* ☞सिवैयाँ

सेवक /sevaka セーワク/ [←Skt.m. *सेवक-* 'a servant, attendant, follower'] *m.* **1** 召し使い, 奉公人, 下僕, しもべ; (…に)ひたすら尽す人. ❐मैं आप लोगों का ～ हूँ, मुझसे काम चाहे ले लीजिए। 私はあなた方のしもべです, どんな仕事もお言いつけ下さい. **2** 崇拝者, 信奉者, 追随者.

सेवन /sevana セーワン/ [←Skt.n. *सेवन-* 'the act of frequenting or visiting or dwelling in or resorting to'] *m.* **1** (薬などの)服用, (栄養の)摂取. ❐औषधि का ～ 薬の服用. ❐वे फल, दूध और अन्य पुष्टिकारक पदार्थों का ～ किया करते हैं। 彼は果物, ミルクそして他の滋養のあるものを摂取している. **2** (酒・タバコ・麻薬の)常習, (嗜好品の)飲食. ❐अफ़ीम का ～ करना アヘンを常習する. ❐मदिरा ～ 飲酒. ❐यहाँ शराब का ～ पुष्टई के रूप में करते हैं। 当地では酒を強壮剤として飲んでいる. ❐सिगरेट का ～

करना 喫煙する.

सेवनीय /sevanīya セーオニーエ/ [←Skt. सेवनीय- 'to be served or waited upon or honoured'] *adj.* **1** 摂取すべき. **2** 仕えるにふさわしい.

सेवा /sevā セーワー/ [←Skt.f. सेवा- 'going or resorting to, visiting, frequenting; service, attendance'] *f.* **1** 奉仕, 献身;世話, 介護. (⇒ख़िदमत) ❐(की) ~ करना (…に)奉仕する[仕える]. ❐समाज ~ 社会奉仕. **2** 公益事業, 公益業務;(バスなどの)便, 運行サービス. ❐प्रशासनिक ~ 行政機関. ❐बस ~ バスの運行サービス. ❐बीबीसी की हिंदी ~ BBC のヒンディー語放送事業. **3** 奉職;勤務, 業務. ❐भारतीय सिविल ~ 〖歴史〗インド高等文官《英国統治期の役職;インド独立後はインド高等行政官 (भारतीय प्रशासनिक सेवा) として存続》. ❐भारतीय विदेश ~ インド高等外交官《インド高等行政官 (भारतीय प्रशासनिक सेवा), インド高等警察官 (भारतीय पुलिस सेवा)と並ぶエリート国家公務員(職)》. **4** 手入れ, 整えること. ❐बाल की ~ 髪の手入れ.

सेवा-टहल /sevā-ṭahala セーワー・タハル/ *f.* 奉仕, 献身;世話, 介護.

सेवानिवृत्त /sevānivr̥tta セーワーニヴリット/ [neo.Skt. सेवा-निवृत्त- 'retired'] *adj.* 退職した, 退役した;引退した. (⇒रिटायर) ❐~ सैनिक 退役兵士. ❐(के) पद से ~ होना (…の)職から退職する.

सेवानिवृत्ति /sevānivr̥tti セーワーニヴリッティ/ [neo.Skt.f. सेवा-निवृत्ति- 'retirement'] *f.* 退職, 退役;引退. ❐~ लेना 退職する, 退役する. ❐स्वैच्छिक ~ 自主退職, 自己都合退職, 依願退職.

सेवार /sevāra セーワール/ ▸सिवार, सेवाल *m.* ☞सिवार

सेवाल /sevāla セーワール/ ▸सिवार, सेवार *m.* ☞सिवार

सेवावृत्ति /sevāvr̥tti セーワーヴリッティ/ [←Skt.f. सेवा-वृत्ति- 'a livelihood gained by service'] *f.* (生計のための)勤労, 賃金労働.

सेवा-सुश्रूषा /sevā-suśrūṣā セーワー・スシュルーシャー/ [neo.Skt.f. सेवा-सुश्रूषा- 'attendance (on a patient) and nursing'] *f.* (病人)の付き添い介護. ❐(की) ~ करना (人を)つきっきりで介護をする.

सेविका /sevikā セーヴィカー/ [←Skt.f. सेविका- 'a female servant'] *f.* **1** 女性の召し使い, 女性の奉公人. **2** 女性の崇拝者, 女性の信奉者, 女性の追随者.

सेवित /sevita セーヴィト/ [←Skt. सेवित 'dwelt in, visited, frequented, followed, served'] *adj.* **1** 仕えられた;世話を受けた. **2** あがめられた, 崇拝された. **3** 服用された, 摂取された.

सेव्य /sevya セーヴィエ/ [←Skt. सेव्य- 'to be resorted to or frequented or inhabited'] *adj.* お仕えすべき;崇拝すべき.

सेशन /seśana セーシャン/ [←Eng.n. *session*] *m.* **1** 学期. (⇒सत्र) ❐नया ~ गर्मी की छुट्टियों के बाद शुरू होता है। 新学期は夏休みの後始まります. **2** (議会)会期. (⇒सत्र) **3** (微罪や認可事項の処理のために開く)法廷, (週期的な)治安法廷. (⇒सत्र) ❐~ कोर्ट 治安判事裁判所. ❐~ जज 治安裁判所判事.

सेशेल्स /seśelsa セーシェールス/ [cf. Eng.n. *Seychelles*] *m.* 〖国名〗セーシェル(共和国)《インド洋西部の島国;首都はヴィクトリア (विक्टोरिया)》.

सेहत /sehata セハト/ [←Pers.n. صحة 'recovering from sickness, being convalescent' ←Arab.] *f.* 健康. (⇒स्वास्थ्य) ❐(की) ~ का जाम पीना (人の)健康の杯を飲む《=「(人の)健康に乾杯する」の意》.

सेहतबख़्श /sehatabaxśa セハトバクシュ/ [←Pers.adj. صحت بخش 'health-giving'] *adj.* 健康を与える, 健康にいい.

सेहरा /seharā セーヘラー/ [<OIA.n. *śēkhara-* 'peak': T.12604] *m.* **1** セーヘラー《結婚式の際, 花婿の首にかけられる花輪》. **2** セーヘラー, 祝い歌《結婚式で花婿の首に花輪がかけられる際に親類縁者によって歌われる祝いの歌》.

सेहुँड़ /sehũṛa セーフンル/ ▸सेंहुड़ *m.* ☞सेंहुड़

सैंडल /saiṃḍala サェーンダル/ [←Eng.n. *sandal*] *m.* サンダル(ばき). (⇒चप्पल)

सैंडो /saiṃḍo サェーンドー/ *m.* 袖なしの肌シャツ《このシャツを愛好したインド・レスラーの名から》. ❐~ गंजी 袖なしの下着シャツ.

सैंतना /sãĩtanā サェーントナー/ ▸सेंतना *vt.* (*perf.* सैंता /sãĩtā サェーンター/) ☞सेंतना

सैंतालीस /sãĩtālīsa サェーンターリース/ [<OIA. *saptácatvāriṁśat-* '47': T.13142] *num.* 47.

सैंतीस /sãĩtīsa サェーンティース/ [<OIA.f. *saptatriṁśat-* '37': T.13145] *num.* 37.

सैकंड[1] /saikaṃḍa サェーカンド/ [←Eng.n. *second*] *m.* 〖単位〗 1 秒.

सैकंड[2] /saikaṃḍa サェーカンド/ [←Eng.adj. *second*] *adj.* **1** 2 番目の;2 等の. (⇒दूसरा, द्वितीय) ❐~ लेफ़्टिनेंट 陸軍少尉. **2** 二流の. ❐~ क्लास 二流.

सैकंडरी /saikaṃḍarī サェーカンダリー/ [←Eng.adj. *secondary*] *adj.* 中等教育の. (⇒माध्यमिक) ❐~ शिक्षा 中等教育. ❐जूनियर [हाई] ~ स्कूल 下級[上級]中等学校.

सैकड़ा /saikaṛā サェークラー/ [cf. OIA.n. *śatá-* '100': T.12278] *m.* **1** 百. ❐सैकड़ों 何百もの. **2** 〖数学〗百の位[桁]. ❐१२३ में ३ इकाई के स्थान पर, २ दहाई के स्थान पर और १ सैकड़े के स्थान पर है। 123 において 3 が一の位, 2 が十の位そして 1 が百の位です.

सैद्धांतिक /saiddʰāṃtika サェーッダーンティク/ [←Skt. सैद्धान्तिक- 'connected with or relating to an established truth'] *adj.* **1** 原則的な. ❐(को) ~ मंज़ूरी देना (…を)原則的に了承する. **2** 理論的な, 理論上の. ❐~ भौतिकी 理論物理学. ❐~ रूप से 理論的に.

सैन जुआन /saina juāna サェーン ジュアーン/ [cf. Eng.n. *San Juan*] *m.* サン・フアン《プエルトリコ(自治連邦区)(पोर्टो रीको) の主都》.

सैन मैरीनो /saina mairīno サェーン マェーリーノー/ ▸सान मारिनो *m.* ☞सान मारिनो

सैनिक /sainikạ サェーニク/ [←Skt. *सैनिक*- 'relating or belonging to an army, military'] *adj.* 軍の;軍隊の;軍事上の. (⇒फ़ौजी) ❐～ न्यायालय 軍事法廷. ❐～ शक्ति 軍事力.

— *m.* 兵士, 兵隊, 軍人. (⇒सिपाही)

सैन्य /sainyạ サェーニエ/ [←Skt. *सैन्य* 'belonging to or proceeding from an army'] *adj.* 軍の;軍隊の;軍事上の. ❐～ अकादमी 士官学校. ❐～ विज्ञान 軍事学.

— *m.* **1** 兵士, 兵隊, 軍人. **2** 軍隊.

सैपान /saipānạ サェーパーン/ [cf. Eng.n. *Saipan*] *m.* 『地名』サイパン《旧太平洋信託統治諸島 (पैसीफ़िक आइलैंड्स ट्रस्ट टेरीटरी) の行政中心地;現在はアメリカ合衆国自治領北マリアナ諸島の中心的な島》.

सैयाँ /saiyā̃ サェーヤーン/ [cf. *साँईं*] *m.* 夫;恋人, 愛人.

सैर /sairạ サェール/ [←Pers.n. سیر 'walking, amusing oneself' ←Arab.] *f.* **1** 散歩, 散策. ❐बाग़ की ～ करना 庭園を散策する. **2** ピクニック, 遠足;観光, 遊覧, 見物. ❐(की) ～ करना (…を)遊覧する. **3** 旅, 旅行. ❐(की) ～ करना (…の)旅行をする.

सैर-सपाटा /sairạ-sapāṭā サェール・サパーター/ *m.* ピクニック, 遠足;観光, 遊覧, 見物. ❐～ करना 観光する.

सैलान /sailānạ サェーラーン/ [←Pers.n. سیران 'a walk, drive, or ride for pleasure' ←Arab.] *m.* 〔古語〕☞सैर

सैलानी /sailānī サェーラーニー/ [*सैलान* + *-ई*] *adj.* 旅好きの(人).

— *m.* 旅行者, 観光客, ツーリスト. (⇒पर्यटक, मुसाफ़िर, यात्री) ❐विदेशी ～ 外国人観光客.

सैलाब /sailābạ サェーラーブ/ [←Pers.n. سیلاب 'an inundation, current, flood'] *m.* **1** 洪水, 氾濫. (⇒बाढ़) **2** (人・物の)洪水, 殺到, 氾濫, 充満. (⇒बाढ़) ❐उस मंदिर पर श्राद्धालुओं का ～ उमड़ पड़ा। その寺院は敬虔な信徒で溢れかえった.

सैलून /sailūnạ サェールーン/ ▸सलून [←Eng.n. *saloon*] *m.* **1** 理髪店, 床屋. **2** セダン(型自動車).

सोंटा /sõṭā ソーンター/ ▸सोटा [<OIA. **sōṭṭha-*[2] 'stick': T.12622] *m.* 棒, こん棒;杖.

सोंठ /sõṭʰạ ソーント/ [<OIA.f. *śuṇṭhī-* 'dry ginger': T.12515] *f.* 干した乾燥ショウガ《香辛料に使用》.

सोंधा /sõdʰā ソーンダー/ [<OIA. *sugandha-* 'fragrant': T.13454] *adj.* 香りのいい, かぐわしい.

— *m.* 香り, 芳香.

सो /so ソー/ [<OIA. *sá*[2], *sō̆* 'he, that': T.12815] *pron.* **1** 《関係節に含まれる関係詞 जो と相関的に使用し, 主節で名詞句「…である(こと・人)」として受ける;現在この用法は代名詞 वह の使用が普通で, 主に諺などの古い言い回しに残っている》. (⇒वह) ❐जो मन में आवे, ～ करो। 思ったことをしなさい》. ❐जो हुआ, ～ हुआ। 起こったことは起こったこと《「起こるべくして起こった」の意》. **2** それ, そのこと《先行する文の内容をそのまま受ける用法》. (⇒वह) ❐मैंने ये विरह के दिन किस तरह काटे हैं, ～ मेरा दिल ही जानता है। 私がこの別離の日々をどのように過ごしたのか, そのことは私の心だけが知っている.

— *conj.* **1** だから, したがって, つまり. ❐रहे देहात के ज़मींदार, ～ निरक्षर भट्टाचार्य हैं। (彼は)所詮田舎の地主にすぎない, つまりまったくの文盲さ.

सोआ /soā ソーアー/ ▸सोया [<OIA. **śatatama-*[2] 'anise': T.12280z1] *m.* 『植物』イノンド, ディル《セリ科;果実は薬用・香辛料;キャラウェイ (शाहज़ीरा) の和名と同じくヒメウイキョウとも呼ぶ》.

सोक्रे /soqre ソークレー/ [cf. Eng.n. *Sucre*] *m.* 『地名』スクレ《ボリビア(多民族国) (बोलीविया) の憲法上の首都: 事実上の主都はラパス (ला पाज़)》

सोखना /sokʰạnā ソークナー/ [<OIA. *śōṣáyati* 'makes dry': T.12645; cf. *सूखना*] *vt.* (*perf.* सोखा /sokʰā ソーカー/) **1** (液体・湿り気などを)吸い込む, 吸収する;吸い取る. (⇒खींचना) ❐रोटी घी बहुत सोखती है। ローティーはギーをよく吸収する. ❐सोख़्ता स्याही सोख लेता है। 吸取り紙はインクを吸い取ります. **2**〔皮肉〕吸い込むように飲む, . **3** 枯渇させる;衰えさせる;(湿地を)干上がらせる. ❐कल बाल-बच्चे क्या खायँगे, इसकी चिंता उसके प्राणों को सोखे लेती थी। 明日子どもたちは何を食べればいいのだろう, この不安が彼女の命をけずっていくのであった.

सोख़्ता[1] /soxtā ソークター/ [cf. *सोखना, सोख़्ता*[1]] *m.* 吸い取り紙. (⇒स्याही-चूस) ❐सोख़्ता स्याही सोख लेता है। 吸取り紙はインクを吸い取ります.

सोख़्ता[2] /soxtā ソークター/ [←Pers.adj. سوخته 'burnt; burnt by hell-fire'] *m.* 焼き焦げた.

सोग /sogạ ソーグ/ [←Pers.n. سوگ 'grief, sorrow, affliction, mourning'; cog. Skt.m. *शोक*- 'flame, glow, heat; sorrow, affliction, anguish, pain, trouble, grief for'] *m.* 服喪;悲しみ, 悲嘆. (⇒शोक) ❐～ मनाना 追悼する.

सोच /socạ ソーチ/ [cf. *सोचना*] *m.* もの思い;熟考. ❐～ में पड़ जाना 考えこむ.

सोचना /socạnā ソーチナー/ [<OIA. *śōcyatē* 'is made to feel pain': T.12621] *vt.* (*perf.* सोचा /socā ソーチャー/) **1** 考える, 思考する, 思案する. ❐इसमें सोचने की क्या बात है? これについて一体何を考えることがあるのだ? ❐(के बारे में) ～ (…について)考える. ❐ज़रा सोच लेने दीजिए। 少し考えさせてください. **2** 考えつく, 思いつく. ❐मैंने एक चाल सोची। 私は一つの策を考えついた. **3** 懸念する, 心配する.

सोचना-समझना /socạnā-samajʰạnā ソーチナー・サマジナー/ *vt.* あれこれ考える, 慎重に考える. ❐कोई काम करने के पहले ख़ूब सोच-समझ लेना चाहिए कि कैसे क्या होगा। どんなことをするにも事前によくよく考えなければいけない, 何がどうなるのか. ❐सोच-समझकर 慎重に考えてから.

सोच-विचार /socạ-vicārạ ソーチ・ヴィチャール/ *m.* 熟考, 熟慮. ❐～ करना 熟考する, 熟慮する. ❐इस ～ में एक महीना गुज़र गया। このことをよくよく考えてひと月が経ってしまった.

सोज़िश /soziśạ ソーズィシュ/ [←Pers.n. سوزش 'burning, conflagration'] *f.* 『医学』炎症. (⇒सूजन)

सोटा /soṭā ソーター/ ▸सोंटा *m.* ☞सोंटा

सोडा /soḍā ソーダー/ [←Eng.n. *soda*] *m.* **1** ソーダー水，炭酸水．❐बर्फ़, शराब और ～ पहले ही से तैयार था। 氷，酒そして炭酸水が前もって用意されていた．**2**〖化学〗ソーダー．❐～ राख ソーダー灰《工業用炭酸ソーダー》．❐धोने का ～ 洗濯用ソーダー．

सोता /sotā ソーター/ [<OIA. **stōtra-* 'stream': T.13891] *m.* **1**〖地理〗泉，源泉，水源地；源，根源．(⇒चश्मा, झरना) ❐गरम ～ 温泉．❐जीवन में न कोई आशा है, न कोई उमंग, जैसे उनके जीवन के सोते सूख गये हों। 人生に何の希望もなければ，何の喜びもなかった，まるで彼の命の源泉が枯れ果てたようだった．❐मानो उसके प्राणों में आनंद का कोई ～ खुल गया हो। まるで彼女の生命の中で歓喜の泉が噴出したかのようだった．**2**〖地理〗（川の）支流．

सोदर /sodara ソーダル/ [←Skt. *स-उदर* 'born from the same womb, co-uterine, of whole blood'] *adj.* 同じ母から生まれた（兄弟），血を分けた（兄弟）．(⇒सगा)
— *m.* 実の兄弟，同じ母から生まれた兄弟，血を分けた兄弟．

सोधना /sodʰanā ソードナー/ ▶शोधना [cf. *शोध*] *vt.* (*perf.* सोधा /sodʰā ソーダー/) **1** 浄化する，清める．**2** 洗練する．**3**（過ちを）正す．**4** 吟味して結論を出す．**5**（負債を）払う．

सोना¹ /sonā ソーナー/ [<OIA. *svápati* 'sleeps': T.13902] *vi.* (*perf.* सोया /soyā ソーヤー/) **1** 眠る，寝る．❐अच्छी नींद ～ 熟睡する．❐मीठी नींद ～ 甘美な眠りを眠る．❐सोने का कमरा 寝室．**2**（機能・才能などが）眠る，活動していない．❐सारा गाँव सो गया। 村中が寝静まった．❐उसके हृदय में सोई हुई मानवता को जगाना आपका हिस्सा है। 彼女の心の中に眠っている人間性を目ざめさせることがあなたの役割です．

सोना² /sonā ソーナー/ [<OIA.n. *suvárṇa-* 'gold': T.13519x1] *m.*〖鉱物〗金，黄金．❐ठोस ～ 純金．

सोपान /sopāna ソーパーン/ [←Skt.n. *सोपान-* 'stairs, steps, a staircase, ladder'] *m.* **1** 階段；はしご．(⇒ज़ीना, सीढ़ी) **2** 順を追って進む段階；道程．

सोफ़ा /sofā ソーファー/ [←Eng.n. *sofa*] *m.* ソファー．❐सोफ़े पर बैठिए। ソファーに座ってください．

सोफ़िया /sofiyā ソーフィヤー/ [cf. Eng.n. *Sofia*] *m.*〖地名〗ソフィア《ブルガリア（共和国）(बुल्गारिया) の首都》．

सोफ़ियाना /sofiyānā ソーフィヤーナー/ ▶सूफ़ियाना *adj.* ☞सूफ़ियाना

सोम /soma ソーム/ [←Skt.m. *सोम-* 'name of a plant'] *m.* **1**〖植物〗ソーマ《古代インドの「ヴェーダ」で言及される植物；ソーマ酒はこの植物の搾り汁を発酵したもの》．**2**〖神話〗ソーマ酒《ソーマの搾り汁を発酵した飲料；儀礼の際供され脳を興奮させる成分があったとされる；神々の飲み物》．**3**〖神話〗月．**4**〖暦〗月曜日《सोमवार の省略形》．

सोमवार /somavāra ソームワール/ [←Skt.m. *सोम-वार-* 'Monday'] *m.*〖暦〗月曜日．(⇒चंद्रवार) ❐～ को 月曜日に．

सोमालिया /somāliyā ソーマーリヤー/ [cf. Eng.n. *Somalia*] *m.*〖国名〗ソマリア（連邦共和国）《首都はモガディシュ (मोगादीशू)》．

सोया /soyā ソーヤー/ ▶सोआ *m.* ☞सोआ

सोयाबीन /soyābīna ソーヤービーン/ [←Eng.n. *soyabean*] *m.*〖植物〗ダイズ，{大豆}．❐～ सॉस 醤油．

सोयासास /soyāsāsa ソーヤーサース/ ▶सोयासॉस [←Eng.n. *soya sauce*] *m.*〖食〗醤油．

सोलह /solaha ソーラ/ [<OIA. *ṣóḍaśa-* 'sixteen': T.12812] *num.* 16.

सोलोमन द्वीपसमूह /solomana dvīpasamūha ソーローマン ドヴィープサムーフ/ [cf. Eng.n. *Solomon Islands*] *m.*〖国名〗ソロモン諸島《首都はホニアラ होनिअरा》．

सोवियत रूस /soviyata rūsa ソーヴィヤト ルース/ *m.* ☞सोवियत संघ

सोवियत संघ /soviyata saṃgʰa ソーヴィヤト サング/ [cf. Eng.n. *Soviet Union*] *m.*〖国名〗旧ソ連，旧ソヴェート（社会主義共和国連邦）《首都はモスクワ (मास्को)；1991 年 12 月末の旧ソ連邦解体と同時に独立国家共同体が発足》．

सोसाइटी /sosāiṭī ソーサーイティー/ [←Eng.n. *society*] *f.* **1** 会，協会，組合，団体．(⇒सभा) **2** 社会，共同体．(⇒समाज) **3** 社交，交際，付き合い．(⇒संग)

सोहना /sohanā ソーフナー/ [<OIA. *śóbhatē* 'shines, looks beautiful': T.12636] *vi.* (*perf.* सोहा /sohā ソーハー/) 光彩を放つ；素晴らしく映える．

सोहाग /sohāga ソーハーグ/ ▶सुहाग *m.* ☞सुहाग

सौंदर्य /sauṃdarya サォーンダルエ/ [←Skt.n. *सौन्दर्य-* 'beauty, loveliness, gracefulness, elegance'] *m.* 美，美しさ；麗しさ．(⇒ख़ूबसूरती, सुंदरता)

सौंदर्य-प्रतियोगिता /sauṃdarya-pratiyogitā サォーンダルエ・プラティヨーギター/ [neo.Skt.f. *सौंदर्य-प्रतियोगिता-* 'beauty contest'] *f.* 美人コンテスト，ビューティー・コンテスト．❐उसे पिछले वर्ष आयरलैंड की ～ में पुरस्कार मिला था। 彼女は去年アイルランドのビューティー・コンテストで賞を受けていた．

सौंपना /sãũpanā サォーンプナー/ [<OIA. *sámarpayati* 'throws at': T.13192] *vt.* (*perf.* सौंपा /sãũpā サォーンパー/) **1** ゆだねる，任せる，委任[委託]する．❐मैंने यह काम उसे सौंप दिया। 私はこの仕事を彼に任せた．❐यह मामला सुप्रीम कोर्ट को सौंपा जाएगा। この訴訟事件は最高裁にゆだねられるだろう．**2**（子どもなどを）預ける．❐वह बच्चे को उसे सौंपकर घास छीलने निकल गई। 彼女は子どもを彼に預けて，草をむしりに出て行った．**3**（警察に）引き渡す．❐लोगों ने पकड़े गए चोरों को पुलिस को सौंपा। 人々は捕らえた泥棒を警察に引き渡した．

सौंफ /sãũpʰa サォーンプ/ ▶सौंफ़ [<OIA. *śatapuṣpa-* 'having 100 flowers': T.12283; cf. OIA. **śatampuṣpa-* 'anise': T.12283z1] *f.*〖植物〗アニシード《アニスの種子；香辛料に使用》．

सौ /sau サォー/ [<OIA.n. *śatá-* '100': T.12278] *num.* 百《順序数詞は सौवाँ；「百の内百とも」は सौओं；「何百も

の」は सैकड़ों》. ❐उन्नीस ～ सैंतालीस में भारत स्वतंत्र हुआ। 1947 年にインドは独立した.

सौख्य /saukʰya̸ サォーキエ/ [←Skt.n. *सौख्य-* 'welfare, comfort, health, happiness, felicity, enjoyment'] *m.* 幸福(であること);安楽(であること).

सौगंद /saugam̥da̸ サォーガンド/ ▸सौगंध *f.* ☞सौगंध

सौगंध /saugam̥dʰa̸ サォーガンド/▸सौगंद [←Pers.n. سوگند 'an oath, swearing'] *f.* 誓い;誓約. (⇒क़सम, शपथ, हलफ़) ❐～ खाना 誓う. ❐～ से कहना 誓って言う.

सौग़ात /sauğāta̸ サォーガート/ [←Pers.n. سوغات 'a magnificent present made to kings or grandees, or sent by friends to friends' ←Turk.] *f.* (珍しい)贈り物, プレゼント;おみやげ. (⇒उपहार, तोहफ़ा)

सौग़ाती /sauğātī サォーガーティー/ [*सौग़ात* + *-ई*] *adj.* 贈り物用の.

सौजन्य /saujanya̸ サォージャニエ/ [←Skt.n. *सौजन्य-* 'goodness, kindness, benevolence, friendliness'] *m.* 厚意, 厚情;寛大さ, 度量が大きいこと. ❐यदि आपमें ～ का अणुमात्र भी है, तो आप उसकी मदद ज़रूर करेंगे। もしあなたの中に寛大さがわずかでもあれば, あなたは彼をきっとお助けになるでしょう. ❐हुज़ूर ने जिस ～ से मेरी विपत्ति-कथा सुनी है, उसके लिए मैं आपको धन्यवाद देती हूँ। 閣下が私の苦難の物語をお聞きくださったご厚意に感謝をいたします.

सौत /sauta̸ サォート/ [＜OIA.f. *sapátnī-* 'co-wife': T.13130] *f.* (一夫多妻婚における)第2夫人;夫の愛人《正式な妻や第1夫人から見た言い方》.

सौतिया /sautiyā サォーティヤー/ [cf. *सौत*] *adj.* (一夫多妻婚における)妻同士の. ❐～ डाह 妻同士の嫉妬(しっと)や恨み.

सौतेला /sautelā サォーテーラー/ [cf. *सौत*] *adj.* **1** 後妻の, 継母(ままはは)の;腹違いの, 母親が違う. (⇔सगा) ❐～ भाई 腹違いの兄弟. ❐～ बाप 継父. ❐सौतेली माँ 継母. ❐(के साथ) ～ व्यवहार [बरताव] करना (人に対して)継子扱いする.

सौदा /saudā サォーダー/ [←Pers.n. سودا 'trade, traffic, marketing'] *m.* **1**〖経済〗商品, 品物. ❐～ बेचना 商品を売る. **2**〖経済〗商取引, 商い. ❐(से) ～ करना (人と)取引をする. ❐सौ से कम पर ～ नहीं होगा। 100 ルピー以下では取引はないだろう. **3** 取引;密約. ❐～ पट गया। 取引が成立した.

सौदागर /saudāgara̸ サォーダーガル/ [←Pers.n. سوداگر 'a merchant'] *m.* 商人. (⇒व्यापारी)

सौध /saudʰa̸ サォード/ [←Skt.n. *सौध-* 'a stuccoed mansion, any fine house, palace'] *m.* 宮殿;豪邸, 大邸宅.

सौभाग्य /saubʰāgya̸ サォーバーギエ/ [←Skt.n. *सौभाग्य-* 'welfare, good luck, good fortune, success, prosperity, happiness'] *m.* **1** 幸運, 僥倖(ぎょうこう). (⇒ख़ुशक़िस्मती)(⇔दुर्भाग्य) ❐इसे मैं अपना ～ और अपने लिए वरदान मानता हूँ कि न मैंने विरोधों पर मुँह फुलाया और न वाहवाहियों पर फूलकर कुप्पा हुआ। 私は敵対されても不機嫌にならなかったし称賛や喝采(かっさい)で得意満面になって増長することもなかった, このことを私は自分の幸運であり自分にとっての神の恩寵(おんちょう)だと思っている. **2** 幸福. (⇔दुर्भाग्य) **3**〖ヒンドゥー教〗夫が存命している妻の幸福.

सौभाग्यचिह्न /saubʰāgyacihna̸ サォーバーギエチフン/ [←Skt.n. *सौभाग्य-चिह्न-* 'any mark of good fortune'] *m.*〖ヒンドゥー教〗幸運のしるし《スィンドゥーラ (सिंदूर) など特に夫が存命であることを示す妻の幸運のしるし》.

सौभाग्यवती /saubʰāgyavatī サォーバーギエオティー/ [←Skt.f. *सौभाग्य-वती-* 'a married and unwidowed woman'] *f.*〖ヒンドゥー教〗幸福な女;夫が存命している妻.

सौभाग्यवश /saubʰāgyavaśa̸ サォーバーギエワシュ/ [*सौभाग्य* + *-वश*] *adv.* 幸運にも, 運よく.

सौभाग्यवान् /saubʰāgyavān サォーバーギエワーン/▷सौभाग्यवान [←Skt. *सौभाग्य-वत्-* 'possessing good fortune, auspicious, fortunate'] *adj.* 幸運な, 幸運に恵まれた. (⇒सौभाग्यशाली)

सौभाग्यशाली /saubʰāgyaśālī サォーバーギエシャーリー/▷सौभाग्यवान [neo.Skt. *सौभाग्य-शालिन्-* 'fortunate'] *adj.* 幸運な, 幸運に恵まれた. (⇒सौभाग्यवान्) ❐अपने को ～ समझना 自分を幸運に恵まれていると思う.

सौम्य /saumya̸ サォーミエ/ [←Skt. *सौम्य-* 'placid, gentle, mild'] *adj.* 穏やかな, 温厚な;気品のある. ❐～ मूर्तियाँ 名士. ❐मेरे नाना ठंडे दिमाग़ और ～ स्वभाव के आदमी थे। 私の母方の祖父は冷静な頭脳と温厚な性格の人間だった.

सौम्यता /saumyatā サォーミエター/ [←Skt.f. *सौम्य-ता-* 'gentleness, placidity'] *f.* 穏やかさ, 温厚さ;品(ひん)のよさ.

सौर /saura̸ サォール/ [←Skt. *सौर-* 'solar'] *adj.*〖天文〗太陽の. ❐～ ऊर्जा 太陽エネルギー. ❐～ मंडल〖天文〗太陽系. ❐～ हवा〖天文〗太陽風, 太陽微粒子流.

सौरभ /saurabʰa̸ サォーラブ/ [←Skt.n. *सौरभ-* 'fragrance, perfume'; cf. *सुरभि*] *m.* 芳香.

सौराष्ट्र /saurāṣṭra̸ サォーラーシュトル/ [cf. Eng.n. *Saurashtra*] *m.*〖地名〗サウラーシュトラ《グジャラート州 (गुजरात) のカーティヤーワール半島 (काठियावाड़) を含む地域;インド語派に属するこの地域のサウラーシュトラ語話者の多くはインド南部のマドゥライ (मदुरै) に移住した》.

सौरी /saurī サォーリー/ [＜OIA. **sūtighara-* 'lying-in chamber': T.13557] *f.*〖医学〗産室.

सौष्ठव /sauṣṭʰava̸ サォーシュタオ/ [←Skt.n. *सौष्ठव-* 'excellence, superior goodness or beauty, extreme skilfulness, cleverness'] *m.* 優美, 気品, 品格;(均整の取れた)美しさ, 洗練. ❐रचना ～ 文学作品の気品. ❐शरीर ～ (ウエイトトレーニングなどによる)肉体美.

सौहार्द /sauhārda̸ サォーハールド/ [←Skt.n. *सौहार्द-* 'goodheartedness, affection'] *m.* 親しさ, 親愛の情, 親密さ. ❐वह बीती बातों को बिसारकर अपने हृदय में स्नेह और ～

भरे भाइयों के पास आया था। 彼は過去のことは水に流し心を慈しみと親愛の情で満たして兄弟たちのもとに来たのだった.

स्कंध /skaṃdʰa スカンド/ [←Skt.m. *स्कन्ध-* 'the shoulder'] *m.* 肩. (⇒कंधा)

स्कर्ट /skarṭa スカルト/ [←Eng.n. *skirt*] *f.* スカート. ❐छोटी ～ 丈の短いスカート.

स्काच /skāca スカーチ/ ▸स्कॉच [←Eng.n. *Scotch*] *m.* スコッチ(ウイスキー).

स्काटलैंड /skāṭalaiṃḍa スカートラェーンド/▸स्कॉटलैंड [←Eng.n. *Scotland*] *m.* 〖地名〗スコットランド《イギリスを構成する4つの国の一つ; 首都はエディンバラ(एडिनबरा)》.

स्कूटर /skūṭara スクータル/ [←Eng.n. *scooter*] *m.* スクーター. ❐～ चलाना スクーターを運転する.

स्कूल /skūla スクール/ [←Eng.n. *school*] *m.* 学校. (⇒विद्यालय)

स्कूली /skūlī スクーリー/ [*स्कूल* + *-ई*] *adj.* 学校の. ❐～ पढ़ाई 学校教育. ❐～ पुस्तकें 学校の教科書. ❐～ बच्चे 学童.

स्कोप्जे /skopje スコープジェー/ [cf. Eng.n. *Skopje*] *m.* 〖地名〗スコピエ《マケドニア(共和国) (मैसिडोनिया) の首都》.

स्कोर /skora スコール/ [←Eng.n. *score*] *m.* 〖スポーツ〗スコア, 得点. ❐उस टीम ने शानदार ～ बनाया। そのチームは華々しい得点をあげた. ❐क्या [कितना] ～ है? 何点ですか《比喩的意味「形勢はどうですか」》.

स्क्रीन /skrīna スクリーン/ [←Eng.n. *screen*] *f.* スクリーン; 映像; 画面. ❐छोटी ～ テレビ(界). ❐बड़ी ～ 映画(界).

स्क्रू /skrū スクルー/ [←Eng.n. *screw*] *m.* ねじ. (⇒पेच) ❐～ कसना [खोलना, जड़ना] ねじを締める[はずす, はめる].

स्खलन /skʰalana スカラン/ [←Skt.n. *स्खलन-* 'stumbling, tottering'] *m.* **1** つまづき. **2** 道を踏み外すこと, 過ちを犯すこと. **3** 射精. ❐वीर्य ～ 射精.

स्खलित /skʰalita スカリト/ [←Skt. *स्खलित-* 'stopped, checked, obstructed'] *adj.* **1** つまずいた; 損なわれた. **2** 道を踏み外した, 過ちを犯した. **3** 射精した.

स्टडी /sṭaḍī スタディー/ [←Eng.n. *study*] *f.* 書斎, 研究室.

स्टांप /sṭāṃpa スターンプ/ [←Eng.n. *stamp*] *m.* 切手; 印紙. (⇒टिकट)

स्टाक /sṭāka スターク/▸स्टॉक [←Eng.n. *stock*] *m.* **1** 貯蔵, たくわえ; 在庫品. (⇒भंडार) ❐～ करना (…を)貯蔵する. ❐～ में रखना (…を)たくわえておく. ❐～ में पड़ा माल 貯蔵されたままの在庫品. **2** 〖経済〗株式, 株券. (⇒शेयर) ❐～ मार्केट 株式市場.

स्टाकहोम /sṭākahoma スタークホーム/▸स्टॉकहोम, स्टाकहोल्म [cf. Eng.n. *Stockholm*] *m.* 〖地名〗ストックホルム《スウェーデン(王国) स्वीडन の首都》.

स्टाकहोल्म /sṭākaholma スタークホールム/ ▸स्टाकहोम, स्टॉकहोल्म *m.* ☞स्टाकहोम

स्टाप /sṭāpa スタープ/ ▸स्टॉप [←Eng.n. *stop*] *m.* 停留所, 停車場. ❐बस ～ バスの停留所. ❐～ पर उतरना 停留所で降りる.

स्टाफ़ /sṭāfa スターフ/▸स्टॉफ़ [←Eng.n. *staff*] *m.* 職員, スタッフ. (⇒अमला) ❐स्कूल का ～ 学校の教職員.

स्टार्ट /sṭārṭa スタールト/ [←Eng.vt. *start*] *adj.* スタートした, 始動した. ❐इंजन ～ करना エンジンを始動する.

स्टाल /sṭāla スタール/ ▸स्टॉल [←Eng.n. *stall*] *m.* 売店, 屋台店, 露店, 商品陳列台.

स्टील /sṭīla スティール/ [←Eng.n. *steel*] *m.* はがね, 鋼鉄, スチール. (⇒इसपात, फ़ौलाद)

स्टीमर /sṭīmara スティーマル/ [←Eng.n. *steamer*] *m.* (小型の)汽船, 蒸気船. ❐समुद्र में ～ से यह मेरी पहली यात्रा थी। 海上を汽船によるこれが私の最初の旅だった.

स्टूडियो /sṭūḍiyo ストゥーディヨー/ [←Eng.n. *studio*] *???*. スタジオ.

स्टूल /sṭūla ストゥール/ [←Eng.n. *stool*] *m.* スツール, 背のない腰掛け.

स्टेज /sṭeja ステージ/ [←Eng.n. *stage*] *m.* **1** 舞台, ステージ. (⇒मंच, रंगमंच) ❐～ पर अभिनय करना 舞台で演技する. ❐～ पर आना ステージにあらわれる. **2** 活動の場所[範囲]. (⇒मंच, रंगमंच) **3** 演壇. (⇒मंच) ❐～ पर बोलना 演壇でしゃべる. **4** (発達などの)段階, …期. (⇒अवस्था, स्तर) ❐पहली [बीच की, अंतिम] ～ 初期の[中間の, 最後の]段階. ❐मामला किस ～ पर है? 事態はどの段階ですか?

स्टेडियम /sṭeḍiyama ステーディヤム/ [←Eng.n. *stadium*] *m.* 〖スポーツ〗スタジアム, 陸上競技場.

स्टेथोस्कोप /sṭetʰoskopa ステートースコープ/ [←Eng.n. *stethoscope*] *m.* 〖医学〗聴診器.

स्टेनले /sṭenale ステーンレー/ [cf. Eng.n. *Stanley*] *m.* 〖地名〗スタンリー《南大西洋上にある英領フォークランド諸島 (फ़ाकलैंड द्वीप समूह) の首都》.

स्टेशन /sṭeśana ステーシャン/ [←Eng.n. *station*] *m.* **1** (鉄道の)駅, 停車駅. ❐～ पर उतरना 駅に降りる. ❐～ पर मिलना 駅で会う. ❐गाड़ी ～ पर रुकी। 汽車は駅で停車した. ❐दिल्ली ～ デリー駅. **2** 場所, 位置; 駐屯地, 根拠地; (放送局, 警察署などの)施設. ❐पुलिस ～ 警察署. ❐रेडियो ～ ラジオ局. ❐हिल ～ ヒル・ステーション, 高原避暑地.

स्टेशनरी /sṭeśanarī ステーシュナリー/ [←Eng.n. *stationery*] *f.* 文房具, 筆記用具. ❐～ की दुकान 文房具店.

स्टैंड /sṭaiṃḍa スタェーンド/ [←Eng.n. *stand*] *m.* **1** 台, …掛け, …立て, …入れ. ❐तौलिए के लिए ～ タオル掛け. **2** 駐車場. (⇒अड्डा) ❐टैक्सी ～ タクシー・スタンド. ❐बस ～ バス・ターミナル.

स्टोर /sṭora ストール/ [←Eng.n. *store*] *m.* 売店.

स्टोव /sṭova ストーオ/ [←Eng.n. *stove*] *m.* 〖食〗ストーブ; (料理用の)レンジ. (⇒चूल्हा) ❐गैस ～ ガスストーブ[レンジ]. ❐मिट्टी के तेल का ～ 石油ストーブ[レンジ].

स्ट्रेचर /strecara̸ ストレーチャル/ [←Eng.n. *stretcher*] *m.* 〖医学〗担架, ストレッチャー. ❐वह ～ पर पड़ा है। 彼は担架に横たわっている.

स्ट्राबेरी /strāberī ストラーベーリー/ ▸स्ट्रॉबेरी [←Eng.n. *strawberry*] *f.* 〖植物〗イチゴ, 苺.

स्तंभ /stambʰa̸ スタンブ/ [←Skt.m. *स्तम्भ-* 'a post, pillar, column, stem (of a tree)'] *m.* **1** 柱, 支柱. (⇒खंभा) **2** 〖植物〗幹;茎. **3** 柱石, 中心人物. ❐समाज के ～ 社会の柱石. **4** (新聞や雑誌の)コラム, 欄, 囲み記事. (⇒कालम) ❐संपादकीय ～ 論説, 社説. **5** (感覚の)麻痺;立ちすくみ.

स्तंभक /stambʰaka̸ スタンバク/ [←Skt. *स्तम्भक-* 'stopping, arresting'] *adj.* (止血など)止める;(勃起など)維持する.

स्तंभन /stambʰana̸ スタンバン/ [←Skt. *स्तम्भन-* 'stiffening, making rigid or immovable, paralyzing'] *m.* **1** (恐怖・驚愕で)体が硬直すること, 腰が抜けること. **2** (ペニスの)勃起. ❐～ दोष 勃起不全.

स्तंभित /stambʰita̸ スタンビト/ [←Skt. *स्तम्भित-* 'stiffened, benumbed, paralyzed'] *adj.* (恐怖・驚愕で)体が硬直した, 腰が抜けた, 呆然とした. ❐इस वज्रपात ने उसे ～ कर दिया। रोना भी न आया। この衝撃的な事件は彼女を呆然とさせた. 涙すらでなかった. ❐वह ～-सा खड़ा रहा। 彼は腰が抜けたように立ちつくした. ❐वह ～-सी अपने स्थान पर खड़ी रही। 彼女は腰が抜けたように身じろぎせず立ちつくした.

स्तन /stana̸ スタン/ [←Skt.m. *स्तन-* 'the female breast'] *m.* (女性の)乳房;乳首《複数形は両方の乳房, 乳首を意味する》. (⇒उरोज, कुच) ❐उसने अपना ～ दबाकर दिखाया, दूध की धार फूट निकली। 彼女は自分の乳房を押して見せた, 乳の筋が噴き出た. ❐बड़े-बड़े स्तनोंवाली स्त्री 大きな乳房の女. ❐मुँह में दूध न जाता, तो बच्चा क्रोध में आकर ～ में दाँत काट लेता। 口に乳が入らないと子どもは怒って乳房に歯を立てるのだった. ❐वह अपना ～ बच्चे के मुँह में देती। 彼女は自分の乳房を子どもの口にあてがうのだった.

स्तनपायी /stana̸pāyī スタンパーイー/ [←Skt. *स्तन-पायिन्-* 'drinking or sucking the breast'] *m.* 〖動物〗哺乳動物.

स्तब्ध /stabdʰa̸ スタブド/ [←Skt. *स्तब्ध-* 'stiff, rigid, immovable, paralyzed, senseless, dull'] *adj.* (恐怖・驚愕などで)凍りついた, 体が硬直した;意識を失った. (⇒स्तंभित) ❐जो आँखों देखा रोमांचकारी वर्णन किया था उसे सुनकर हमारा परिवार ～ रह गया था।(彼がした)実際に目で見た身の毛もよだつような描写を聞いて私たち家族は凍りついた.

स्तर /stara̸ スタル/ [←Skt.m. *स्तर-* 'a layer, stratum'] *m.* **1** 水準, レベル, 段階. ❐आर्थिक ～ ऊपर उठा। 経済の水準が上向いた. ❐सामाजिक ～ पर सुधार 社会的なレベルでの改革. **2** (重なった)層;階層;地層.

स्तवन /stavana̸ スタワン/ [←Skt.n. *स्तवन-* 'praising, praise'] *m.* 称える詩歌, 賛歌.

-स्तान /-stāna̸ ・スターン/ [←Pers.n. ستان 'place where anything abounds'; cog. Skt.n. *स्थान-* 'place of standing or staying, any place, spot, locality, abode, dwelling, house, site'] *m.* 《場所や国名を表す合成語の末尾の要素として;हिंदुस्तान「ヒンドゥスターン(インド)」など;前の要素が子音で終わっていれば i が挿入される, पाकिस्तान「パキスタン」など》.

स्तुति /stuti ストゥティ/ [←Skt.f. *स्तुति-* 'praise, eulogy, panegyric, commendation, adulation'] *f.* (神への)賛美;讃歌. ❐(की) ～ करना (神や人を)賛美する.

स्तुत्य /stutya̸ ストゥティエ/ [←Skt. *स्तुत्य-* 'be praised, laudable, praiseworthy'] *adj.* 称えるべき, 賛美すべき.

स्तूप /stūpa̸ ストゥープ/ [←Skt.m. *स्तूप-* 'a heap or pile of earth or bricks etc.'; → Japan.n. *卒塔婆*] *m.* 〖仏教〗パゴダ, 仏舎利塔. (⇒पगोडा)

स्तोत्र /stotra̸ ストートル/ [<Skt.n. *स्तोत्र-* 'praise, eulogium, a hymn of praise, ode'] *m.* 〖ヒンドゥー教〗讃歌, 頌徳(しょうとく)《特に特定の神を称える韻文詩》.

स्त्रियोचित /striyocita̸ ストリヨーチト/ [neo.Skt. *स्त्रिय-उचित-* 'proper to a woman'] *adj.* 女性的な, 女性にふさわしい. (⇔पुरुषोचित) ❐～ कोमलता 女性らしい柔らかさ.

स्त्री /strī ストリー/ [←Skt.f. *स्त्री-* 'a woman, female, wife'] *f.* **1** 女, 婦人. (⇒औरत, महिला)(⇔पुरुष) **2** 妻. (⇒औरत, पत्नी, बीबी, वाइफ़) ❐हर एक पुरुष चाहता है कि उसकी ～ उसे कमाऊ, योग्य, तेजस्वी समझे। どの男も妻が自分のことを稼ぎがよくて, 有能で, 威厳があると思ってくれることを望んでいるのだ.

स्त्रीलिंग /strīlimga̸ ストリーリング/ [←Skt.n. *स्त्री-लिङ्ग-* '(in gram.) the feminine gender'] *m.* 〖言語〗(文法性が)女性. (⇔पुंलिंग) ❐～ संज्ञा 女性名詞.

स्त्रैण /straiṇa̸ ストラェーン/ [←Skt. *स्त्रैण-* 'having to do with or characteristic of women; female; feminine'] *adj.* **1** 女性的な, 女らしい. **2** (女房の)尻に敷かれた.

स्थगन /stʰagana̸ スタガン/ [←Skt.n. *स्थगन-* 'the act of covering or hiding'] *m.* 延期;一時中断. ❐～ प्रस्ताव (議会などでの)休会動議.

स्थगित /stʰagita̸ スタギト/ [←Skt. *स्थगित-* 'covered, concealed, hidden; closed, shut (as a door); stopped, interrupted'] *adj.* 延期された;一時中断された. (⇒मुलतवी) ❐～ करना 延期する.

स्थल /stʰala̸ スタル/ [←Skt.n. *स्थल-* 'dry land'] *m.* 陸, 陸地;現場, 場所《合成語の要素としても使用;क्रीड़ा-स्थल「運動場, 競技場, スタジアム」, घटना-स्थल「事件現場, 事故現場」, मरुस्थल「砂漠」など》. ❐पार्किंग ～ 駐車場. ❐पर्यटन ～ 観光名所.

स्थलचर /stʰala̸cara̸ スタルチャル/ [←Skt. *स्थल-चर-* 'living on dry land'] *adj.* 〖動物〗陸生の. (⇒थलचर) — *m.* 〖動物〗陸生動物. (⇒थलचर)

स्थल-डमरूमध्य /stʰala̸-ḍamarūmadʰya̸ スタル・ダムルーマディエ/ [neo.Skt.m. *स्थल-डमरु-मध्य-* 'isthmus'] *m.* 〖地理〗地峡《ダムルー太鼓 (डमरू) の中央がくびれて細くなっていることから》. (⇒डमरूमध्य)

स्थलसेना /stʰalasenā スタルセーナー/ [neo.Skt.f. *स्थल-सेना-* 'land forces'] *f.* 陸軍. (⇒थलसेना)

स्थली /stʰalī スタリー/ [←Skt.f. *स्थली-* 'an eminence, tableland'] *f.* 土地, 場所;現場.

स्थलीय /stʰalīya スタリーエ/ [←Skt. *स्थलीय* 'relating or belonging to dry land, terrestrial'] *adj.* **1** 陸の;陸上の. ❐～ सीमा 陸上の国境. **2**〖生物〗陸生の. (⇔जलीय) ❐～ पौधे 陸生植物.

स्थान /stʰāna スターン/ [←Skt.n. *स्थान-* 'place of standing or staying, any place, spot, locality, abode, dwelling, house, site'] *m.* **1** 場所, 位置, 地点. (⇒जगह) **2** 立場;役割. (⇒जगह) ❐(का) ～ लेना (…に)取って代わる. ❐मेरे ～ पर 私の代わりに. **3** ポスト, 地位. (⇒जगह) ❐(को) (का) ～ देना (人に)(…の)ポストを与える. **4** スペース, 空き, 隙間. (⇒जगह)

स्थानांतर /stʰānāṃtara スターナーンタル/ [←Skt.n. *स्थान-अन्तर-* 'another place'] *m.* **1** 異なる場所(への移動), 移転, 引っ越し. **2** ☞स्थानांतरण

स्थानांतरण /stʰānāṃtaraṇa スターナーンタラン/ [neo.Skt.n. *स्थान-अन्तरण-*] *m.* **1** (通勤・通学などの)通い先の変更;人事異動, 配置転換, 転勤, 転任;(生徒の)転校. ❐(का) ～ (में) होना (人の)配置転換が(…に)なる. **2** (財産・権利などの)移転, 移譲.

स्थानांतरित /stʰānāṃtarita スターナーンタリト/ [neo.Skt. *स्थान-अन्तरित-* 'transferred'] *adj.* 移動した;移転した;異動した.

स्थानापन्न /stʰānāpanna スターナーパンヌ/ [←Skt. *स्थान-आपन्न-* 'substituted in place of another'] *adj.*代理の, 代行の. ❐～ गवर्नर 総督代理. ❐～ नियुक्ति 代理任命. ❐～ मातृत्व〖医学〗代理(母)出産.

स्थानिक /stʰānika スターニク/ [←Skt. *स्थानिक-* 'belonging to a place or site, local'] *adj.* 特定の地方の, 地域に限定される, 地元の. ❐～ कर 地方税. ❐～ शब्द 地元の言葉. ❐～ स्वायत्त शासन 地方自治;地方自治政府.

स्थानीकरण /stʰānīkaraṇa スターニーカラン/ [neo.Skt.n. *स्थानी-करण-* 'localization'] *m.* 地域化;現地化.

स्थानीय /stʰānīya スターニーエ/ [←Skt. *स्थानीय-* 'belonging to or prevailing in any place, local'] *adj.* 地方の, ローカルな. (⇒मुक़ामी)

स्थापक /stʰāpaka スターパク/ [←Skt. *स्थापक-* 'causing to stand, placing, fixing'] *m.* ☞संस्थापक

स्थापत्य /stʰāpatya スターパティエ/ [←Skt.n. *स्थापत्य-* 'architecture, building, erecting'] *m.* 建築.

स्थापत्य-कला /stʰāpatya-kalā スターパティエ・カラー/ [neo.Skt.f. *स्थापत्य-कला-* 'architecture'] *f.* 建築術, 建築学.

स्थापन /stʰāpana スターパン/ [←Skt.n. *स्थापन-* 'causing to stand, fixing, establishing'] *m.* ☞स्थापना

स्थापना /stʰāpanā スタープナー/ [←Skt.f. *स्थापना-* 'the act of causing to stand firmly or fixing'] *f.* **1** 設立;建立. ❐(की) ～ करना (…を)設立する. **2** 樹立, 確立. ❐(की) ～ करना (…を)樹立する.

स्थापित /stʰāpita スターピト/ [←Skt. *स्थापित-* 'established, founded'] *adj.* 設立された;樹立された. (⇒क़ायम) ❐～ करना 設立する.

स्थायित्व /stʰāyitva スターイトオ/ [←Skt.n. *स्थायि-त्व-* 'constancy, stability, permanency'] *m.* **1** 安定(していること). **2** 持続(していること).

स्थायिवत् /stʰāyivat スターイワト/ [neo.Skt. *स्थायि-वत्-* 'quasi-permanent'] *adj.* 準常勤の.

स्थायी /stʰāyī スターイー/ [←Skt. *स्थायिन्-* 'permanent, constant, enduring'] *adj.* **1** 常任の, 常勤の;常設の, 常置の;安定している. (⇒इस्तमरारी) **2** 永続する;永遠の;長持ちする;不朽の.

स्थायीकरण /stʰāyīkaraṇa スターイーカラン/ [neo.Skt.n. *स्थायी-करण-* 'confirmation'] *m.* **1** 安定化. **2** 恒久化.

स्थावर /stʰāvara スターワル/ [←Skt. *स्थावर-* 'standing still, not moving, fixed'] *adj.* 不動産の. (⇒अचल) ❐～ और जंगम संपत्ति 不動産と動産.

स्थित /stʰita スティト/ [←Skt. *स्थित-* 'standing'] *adj.* 位置している. ❐नेपाल ～ भारतीय राजदूतावास ネパールのインド大使館.

स्थिति /stʰiti スティティ/ [←Skt.f. *स्थिति-* 'staying or remaining or being in any state or condition'] *f.* **1** (社会をとりまく)情勢, 状況, 事態, 形勢;場面. ❐देश की राजनीतिक ～ चिंताजनक हो रही थी। 国の政治状況は憂慮すべき状態になりつつあった. ❐सामाजिक ～ 社会情勢. **2** (個人や対象が置かれている)状態, 状況, 境遇, 事情;健康状態, 体調. ❐इन दिनों उसकी आर्थिक ～ अच्छी नहीं है। 最近彼の経済状態はよくない. ❐उसने अपनी बुद्धिमानी से सारी ～ ताड़ ली। 彼女は賢明にもすべての状況を察した. ❐वह अपनी वर्तमान ～ पर रो रहा था। 彼は自分の現在の境遇に涙していた. **3** 地位;位置.

स्थिर /stʰira スティル/ [←Skt. *स्थिर-* 'fixed, immovable, motionless'] *adj.* **1** 静止している, とどまる, 停滞している. ❐ऐसा जान पड़ा, मानो उसके देह का रक्त ～ हो गया हो। まるで彼女の体中の血液が止まったように思われた. ❐संसार की कोई वस्तु ～ नहीं है। この世のいかなるものもとどまるものはない. **2** 固定された, 強固な. ❐मत ～ करना 考えを確固たるものする. ❐हमारा संबंध ～ हो चुका था। 私たちの関係は強固なものになった. **3** 安定している;落ち着いている. ❐चित्त के ～ होने पर मैं इस घटना पर विचार करने लगा। 心が落ち着くと私はこの出来事について考えはじめた. ❐नदी आँधी के पश्चात् ～ दशा में थी। 川は嵐の後静かな状態にあった. **4** 永続的な.

स्थिरता /stʰiratā スティルター/ [←Skt.f. *स्थिर-ता-* 'stability, steadfastness'] *f.* 安定.

स्थूल /stʰūla ストゥール/ [←Skt. *स्थूल-* 'large, thick, stout, massive, bulky, big, huge; coarse, gross, rough'] *adj.* **1** 図体(ずうたい)の大きい, 太った. (⇒स्थूलकाय) ❐～ शरीर 図体の大きい体. **2** 粗雑な, 粗い;繊細さを欠いた. ❐～ दृष्टि को दूर की चीज़ें साफ़ नहीं दीखतीं। 粗雑な目には遠くのものがはっきりと見えない. **3** 愚鈍な, のみ込みの悪

い. **4** 物質的な;有形の. (⇔सूक्ष्म) ❐मनुष्य ～ आनंद को परम सुख मानता है। 人間は物質的な幸せを最上の幸福と思っている.

स्थूलकाय /stʰūlakāya ストゥールカーエ/ [←Skt. *स्थूल-काय-* 'large-bodied, corpulent'] *adj.* 図体(ずうたい)の大きい, 太った.

स्थूलता /stʰūlatā ストゥールター/ [←Skt.f. *स्थूल-ता-* 'largeness, bigness, bulkiness ib.; stupidity, clumsiness'] *f.* **1**〖医学〗肥満. (⇒मुटापा) **2** 粗雑であること;繊細さを欠いていること. **3** 愚鈍であること, のみ込みの悪いこと. **4** (目に見える)物質的な存在であること. (⇔सूक्ष्मता)

स्नात /snāta スナート/ [←Skt. *स्नात-* 'bathed, washed, cleansed or purified'] *adj.*〖ヒンドゥー教〗沐浴を済ませた《もともとは四住期 (आश्रम) において学生期 (ब्रह्मचर्य) を終了し家住期 (गार्हस्थ्य) に入る際の沐浴の儀式を終えること》.

स्नातक /snātaka スナータク/ [←Skt.m. *स्नातक-* 'one who has bathed or performed ablutions'] *m.* (大学の)卒業生, 学士《もともとは「沐浴を済ませた(स्नात) 人」の意》. (⇒ग्रेजुएट) ❐～ विद्यार्थी 大学生.

स्नातकोत्तर /snātakottara スナータコーッタル/ [neo.Skt. *स्नातक-उत्तर-* 'postgraduate'] *adj.* (学部卒業後の)大学院の.

— *m.* 大学院学生, 院生. (⇒पोस्ट-ग्रेजुएट)

स्नान /snāna スナーン/ [←Skt.n. *स्नान-* 'bathing, washing, ablution, religious or ceremonial lustration'] *m.* 沐浴. ❐～ करना 沐浴する. ❐(को) ～ कराना (神像や遺体を)洗い清める.

स्नानगृह /snānagr̥ha スナーングリフ/ [←Skt.m. *स्नान-गृह-* 'a bathing-house, bath-room'] *m.* 浴室, 浴場. (⇒स्नानागार)

स्नानघर /snānagʰara スナーンガル/ [*स्नान* + *घर*] *m.* 浴室. (⇒स्नानगृह, स्नानागार)

स्नानागार /snānāgāra スナーナーガール/ [←Skt.n. *स्नान-आगार-* 'a bathing-house, bath-room'] *m.* ☞स्नानगृह

स्नायविक /snāyavika スナーエヴィク/ [?neo.Skt. *स्नायविक-* 'having to do with the nerves'] *adj.* 神経 (स्नायु) の.

स्नायु /snāyu スナーユ/ [←Skt.m. *स्नायु-* 'any sinew or ligament in the human and animal body'] *m.* **1**〖医学〗腱(けん). **2**〖医学〗筋肉. **3**〖医学〗神経. ❐～ संस्थान 神経系.

स्नायु-मंडल /snāyu-maṃḍala スナーユ・マンダル/ [neo.Skt.n. *स्नायु-मण्डल-* 'nervous system'] *m.*〖医学〗神経系.

स्निग्ध /snigdʰa スニグド/ [←Skt. *स्निग्ध-* 'oily, greasy, fat'] *adj.* **1** すべすべしている, なめらかな. (⇒चिकना) ❐～ त्वचा なめらかな肌. **2** 愛情のこもった, 情感のある, やさしい. ❐वह भीतर से इतना ～ है, मैं न जानता था। 彼の心がこれほどやさしいとは, 私は知らなかった.

स्नेह /sneha スネーヘ/ [←Skt.m. *स्नेह-* 'oiliness, unctuousness, fattiness; blandness, tenderness, love, attachment to'] *m.* **1** 愛情;親愛の情;慈愛, 慈しみ《恋愛の感情は含まない》. **2** グリース《潤滑剤などの油性類》.

स्नेहक /snehaka スネーハク/ [←Skt. *स्नेहक-* 'kind, affectionate; causing affection, conciliating'] *m.* 潤滑油[剤].

स्नेहपात्र /snehapātra スネーヘパートル/ [←Skt.n. *स्नेह-पात्र-* 'a worthy object of affection'] *m.* 慈愛を受ける者. ❐आपका ～ あなたの慈愛をうける者《両親など目上の人に対する手紙の最後に, 自分の名前の前に書く慣用表現》.

स्नेही /snehī スネーヒー/ [←Skt. *स्नेहिन्-* 'unctuous, fat; affectionate, friendly, attached to'] *adj.* 思いやりのある(人), 親切な(人).

स्पंज /spaṃja スパンジ/ ▶इस्पंज [←Eng.n. *sponge*] *m.* スポンジ.

स्पंजी /spaṃjī スパンジー/ [←Eng.adj. *spongy*] *adj.* スポンジのような, 柔らかい.

स्पंद /spaṃda スパンド/ [←Skt.m. *स्पन्द-* 'throbbing, throb, quiver, pulse, tremor, vibration, motion, activity'] *m.* ☞स्पंदन

स्पंदन /spaṃdana スパンダン/ [←Skt.n. *स्पन्दन-* 'throbbing, pulsation, palpitation, quivering, twitching'] *m.* **1** 振動;震動, 震え. **2** 動悸;(心臓の)鼓動. ❐जीवन का ～ 生命の鼓動.

स्पंदित /spaṃdita スパンディト/ [←Skt. *स्पन्दित-* 'quivering, trembling'] *adj.* **1** 振動している;震動している, 震えている. **2** 鼓動している.

स्पनर /spanara スパナル/ [←Eng.n. *spanner*] *m.* スパナ, レンチ.

स्पर्द्धा /sparddʰā スパルッダー/ ▶स्पर्धा *f.* ☞स्पर्धा

स्पर्धा /spardʰā スパルダー/ ▶स्पर्द्धा [←Skt.f. *स्पर्धा-* 'emulation, rivalry, envy, competition'] *f.* **1** 競争, 競い合い. **2** 敵対;対抗(意識);張り合い.

स्पर्श /sparśa スパルシュ/ [←Skt.m. *स्पर्श-* 'touch, sense of touch'] *m.* **1** 接触. ❐(का) ～ करना (…に)触れる. **2** 感触, タッチ. **3**〖言語〗破裂音, 閉鎖音. ❐～ व्यंजन 破裂[閉鎖]子音.

स्पर्श-संघर्षी /sparśa-saṃgʰarṣī スパルシュ・サンガルシー/ [neo.Skt. *स्पर्श-संघर्षिन्-* 'affricate'] *adj.*〖言語〗破擦音の. ❐～ व्यंजन 破擦(子)音.

स्पष्ट /spaṣṭa スパシュト/ [←Skt. *स्पष्ट-* 'clearly perceived or discerned, distinctly visible, distinct, clear, evident, plain, intelligible'] *adj.* 明白な, 明確な, 明瞭な. (⇒ज़ाहिर) ❐～ रूप से はっきりと. ❐वह ～ स्वर में बोली। 彼女はきっぱりと言った.

— *adv.* 明白に, 明確に, 明瞭に, はっきりと. ❐उनकी आकृति से ～ प्रकट होता था कि वह अपने कर्म से लज्जित थे। 彼の表情から, 彼が自分の所業に恥じていることがはっきりと表れていた. ❐मैं आज तुमसे ～ कहता हूँ। 私は今日君にはっきりと言っておく.

स्पष्टता /spaṣṭatā スパシュトター/ [←Skt.f. *स्पष्ट-ता-* 'clearness, distinctness, evidence'] *f.* 明白さ, 明確さ, 明瞭さ. ❐～ से 明瞭に.

स्पष्टवादिता /spaṣṭavāditā スパシュトワーディター/ [neo.Skt.f. *स्पष्ट-वादि-ता-* 'clear speaking, frankness in speech'] *f.* 率直に言うこと, ずけずけ言うこと, 直言.

स्पष्टवादी /spaṣṭavādī スパシュトワーディー/ [neo.Skt. *स्पष्ट-वादिन्-* 'outspoken'] *adj.* ずけずけ言う(人), 歯に衣着せぬ(人). ❐आप ～ मालूम होते हैं। あなたははっきりとものを言う人のようですね.

स्पष्टीकरण /spaṣṭīkaraṇa スパシュティーカラン/ [←Skt.n. *स्पष्टी-करण-* 'making clear or intelligible'] *m.* 釈明, 弁明, 説明. ❐(पर) ～ देना (…について)釈明する. ❐(से) ～ माँगना (人に)釈明を求める.

स्पिरिट /spiriṭa スピリト/ [←Eng.n. *spirit*] *m.* 〚化学〛(メチル)アルコール. ❐～ लैंप アルコール・ランプ.

स्पृहणीय /spr̥haṇīya スプリフニーエ/ [←Skt. *स्पृहणीय-* 'be wished or longed for, desirable'] *adj.* 望ましい. (⇒वांछनीय)

स्पृहा /spr̥hā スプリハー/ [←Skt.f. *स्पृहा-* 'eager desire'] *f.* 熱望, 切望.

स्पेकुलेशन /spekuleśana スペークレーシャン/ [←Eng.n. *speculation*] *m.* 〚経済〛投機. (⇒सट्टा)

स्पेन /spena スペーン/ [cf. Eng.n. *Spain*] *m.* 〚国名〛スペイン(国)《首都はマドリード (मैड्रिड [मद्रिद])》.

स्पेनी /spenī スペーニー/ [*स्पेन* + *-ई*] *adj.* スペインの;スペイン人の;スペイン語の. ❐～ भाषा スペイン語.
— *m.* スペイン人.
— *f.* スペイン語.

स्पेशल /speśala スペーシャル/ [←Eng.adj. *special*] *adj.* 特別な. (⇒ख़ास, विशेष)

स्प्रिंग /spriṃga スプリング/ [←Eng.n. *spring*] *m.* ぜんまい, スプリング. (⇒कमानी) ❐घड़ी का ～ 時計のぜんまい.

स्प्रिंगदार /spriṃgadāra スプリングダール/ [*स्प्रिंग* + *-दार*] *adj.* スプリングのついている.

स्फटिक /sp^{h}aṭika スパティク/ [←Skt.m. *स्फटिक-* 'crystal, quartz'] *m.* 〚鉱物〛水晶;石英. (⇒बिल्लौर)

स्फीत /sp^{h}īta スピート/ [←Skt. *स्फीत-* 'swollen, enlarged'] *adj.* 膨張した, 拡大した.

स्फीति /sp^{h}īti スピーティ/ [←Skt.f. *स्फीति-* 'welfare, prosperity'] *f.* 膨張, 拡大.

स्फुट /sp^{h}uṭa スプト/ [←Skt. *स्फुट-* 'open, opened; expanded, blossomed, blown'] *adj.* 種々雑多な.

स्फुटित /sp^{h}uṭita スプティト/ [←Skt. *स्फुटित-* 'burst, budded, blown'] *adj.* **1** 裂けた, 破れた, 割れた. **2** 口が開いた;開花した. **3** 明言された.

स्फुरण /sp^{h}uraṇa スプラン/ [←Skt.n. *स्फुरण-* 'the act of trembling, throbbing, vibration, pulsation'] *m.* 鼓動, 動悸, 脈動.

स्फुरित /sp^{h}urita スプリト/ [←Skt. *स्फुरित-* 'quivering, throbbing, trembling, palpitating, flashing'] *adj.* 鼓動する, 動悸を打つ, 脈動する.

स्फुलिंग /sp^{h}uliṃga スプリング/ [←Skt.m. *स्फुलिङ्ग-* 'a spark of fire'] *m.* 火花, 火の粉;電気火花, スパーク. (⇒चिनगारी)

स्फूर्ति /sp^{h}ūrti スプールティ/ [←Skt.f. *स्फूर्ति-* 'quivering, throbbing, throb, palpitation, tremor, vibration'] *f.* **1** 鼓動;躍動. **2** 精力, 活力, エネルギー. ❐उसके अंतस्तल में जैसे आनंद और ～ का सोता खुल गया हो। 彼の心の内面でまるで歓喜と活力の源泉が噴きだしたかのようだった. ❐नस-नस में ～ छा जाती है। 血管のすみずみまで活力が行きわたっていくのである.

स्फोट /sp^{h}oṭa スポート/ [←Skt.m. *स्फोट-* 'bursting, opening, expansion, disclosure'] *m.* **1** 噴出. **2** スポータ《言葉の意味と音声との関係を説明する重要概念》.

स्फोटक /sp^{h}oṭaka スポータク/ [←Skt.m. *स्फोटक-* 'a boil, tumour'] *adj.* 噴出させる(もの).
— *m.* 〚医学〛腫れ物, おでき. (⇒फोड़ा)

स्मगलर /smagalara スマグラル/ [←Eng.n. *smuggler*] *m.* 密輸業者. (⇒तस्कर)

स्मगलिंग /smagaliṃga スマグリング/ [←Eng.n. *smuggling*] *m.* 密輸. (⇒तस्करी) ❐～ करना (…を)密輸する.

स्मरण /smaraṇa スマラン/ [←Skt.n. *स्मरण-* 'the act of remembering or calling to mind, remembrance, reminiscence, recollection'] *m.* **1** 記憶. (⇒याद) ❐(का) ～ रखना [करना] (…を)記憶する. **2** 思い出;追憶;思慕. (⇒याद) ❐(का) ～ करना (…を)思い出す. ❐(को) (का) ～ आना (人が)(…を)思い出す. ❐(को) (का) ～ दिलाना (人に)(…を)思い出させる. **3** 〚ヒンドゥー教〛神をひたすら念じること, 祈念すること. (⇒याद) ❐(का) ～ करना (神を)ひたすら念じる.

स्मरणपत्र /smaraṇapatra スマランパトル/ [neo.Skt.n. *स्मरण-पत्र-* 'reminder'] *m.* **1** メモ, 覚え書き. **2** 督促状, 催促状.

स्मरण-शक्ति /smaraṇa-śakti スマラン・シャクティ/ [neo.Skt.f. *स्मरण-शक्ति-* 'power of memory'] *f.* 記憶力. (⇒याददाश्त) ❐～ बढ़ाना 記憶力を増進させる. ❐उन्होंने ～ को एकत्र करने कि लिए आँखे बंद कर लीं 彼は記憶力を集中させるために目を閉じた.

स्मरणीय /smaraṇīya スマルニーエ/ [←Skt. *स्मरणीय* 'to be remembered, memorable'] *adj.* 記憶すべき;(印象深くて)心に残る. ❐～ यात्राएँ 記憶に残る旅行.

स्मारक /smāraka スマーラク/ [←Skt. *स्मारक-* 'recalling, reminding'] *adj.* 記念する, 記念の. ❐～ दिवस 記念日.
— *m.* **1** 記念品;遺品, 形見. (⇒यादगार) **2** 記念碑, 記念建造物. (⇒यादगार) **3** 覚え書き.

स्मारिका /smārikā スマーリカー/ [neo.Skt.f. *स्मारिका-* 'memorandum'] *f.* (雑誌の)記念号.

स्मार्टफ़ोन /smārṭafona スマールトフォーン/ [←Eng.n. *smartphone*] *m.* スマートフォン.

स्मित /smita スミト/ [←Skt. *स्मित-* 'smiled, smiling'] *adj.*

微笑んだ.
— *m.* 微笑み, 微笑.

स्मिति /smiti スミティ/ [←Skt.f. *स्मिति-* 'smiling, a smile, laughter'] *f.* 微笑み, 微笑.

स्मृत /smṛtạ スムリト/ [←Skt. *स्मृत-* 'remembered, recollected'] *adj.* **1** 記憶された. **2** 思い出された.

स्मृति /smṛti スムリティ/ [←Skt.f. *स्मृति-* 'remembrance, reminiscence, thinking of or upon'] *f.* **1** 記憶. (⇒याद, स्मरण) ❐मुझे धुँधली सी ～ है। 私にはおぼろげな記憶がある. **2** 思い出; 追憶, 追想. (⇒याद, स्मरण) ❐～ में डूबना 思い出にひたる. **3**〖ヒンドゥー教〗スムリティ《「聖伝文学」; ヴェーダ文献の内, 「天啓文学」(श्रुति) を除いたもの; 聖仙によって著されたとされる》.

स्यापा /syāpā スィアーパー/ [?cf. Pers.n. سیاه پوش 'clothed in sable; a mourner'] *m.* 哀悼; 服喪《泣き嘆く風習を伴う》.

स्याम /syāmạ スィアーム/ [cf. Eng.n. *Siam*] *m.*〖国名〗シャム《タイ(王国) (थाईलैंड) の旧称》.

स्याह /syāhạ スィアーハ/ [←Pers.adj. سیاه 'black; bad, unhappy, unlucky'] *adj.* 黒い. (⇒काला)

स्याहगोश /syāhạgośạ スィアーヘゴーシュ/ [←Pers.n. سیاه گوش 'black ear, an animal of the panther-kind, wherewith they hunt deer'] *m.* ☞बनबिलाव

स्याही /syāhī スィアーヒー/ [←Pers.n. سیاہی 'blackness; darkness; shade; nightmare; ink'] *f.* **1** (黒)インキ. (⇒रोशनाई) ❐नीली [हरी] ～ 青[緑色の]インキ. **2** 黒い汚れ; 煤(すす); (目の)くま. **3** 汚点; 汚名, 恥辱, 不名誉.

स्याही-चूस /syāhī-cūsạ スィアーヒー・チュース/ [*स्याही* + *चूसना*] *m.* (インクなどの)吸取り紙. (⇒सोख़्ता, स्याही-सोख़)

स्याही-सोख़ /syāhī-soxạ スィアーヒー・ソーク/ [*स्याही* + *सोखना*] *m.* ☞स्याही-चूस

स्रवण /sravaṇạ スラワン/ [←Skt.n. *स्रवण* 'streaming, flowing, flowing off'] *m.* **1** 流れ出ること; (乳などが)出ること. **2**〖医学〗流産. (⇒गर्भपात)

स्रष्टा /sraṣṭā スラシュター/ [←Skt.m. *स्रष्टृ-* 'one who emits or discharges (water etc.); a creator, the creator of the universe'] *m.* 創造者.

स्राव /srāvạ スラーオ/ [←Skt.m. *स्राव-* 'flow, (esp.) morbid flow or issue of'] *m.* **1**〖医学〗(月経時の)出血; 分泌(物). **2**〖医学〗破水; 流産.

स्रोत /srotạ スロート/ [←Skt.m. *स्रोत-* 'the current or bed of a river, a river, stream, torrent'] *m.* **1** 水流. **2** 源泉; 源流, 源(みなもと); 情報源. ❐प्रेरणा ～ インスピレーションの源. ❐विश्वसनीय ～ 信頼すべき情報源.

स्लीपर¹ /slīparạ スリーパル/ ▸सलीपर [←Eng.n. *sleeper*] *m.* **1** 寝台車(の段ベッド). ❐～ कोच 寝台車両. **2** 寝ている人. ❐～ सेल 潜在スパイ組織, 潜在テロ組織《普段は普通の市民を装っているテロリストの組織》.

स्लीपर² /slīparạ スリーパル/ ▸सलीपर [←Eng.n. (a pair of) *slippers*] *m.* スリッパ《女性名詞としても》.

स्लेट /sleṭạ スレート/ [←Eng.n. *slate*] *f.* スレート, 石板. ❐दर्जा दो तक हिसाब के लिए ～ का इस्तेमाल होता था। 二年生までは算術に石板が使われていた.

स्लेटी /sleṭī スレーティー/ [*स्लेट* + *-ई*; ?←Eng.n. *slaty*] *adj.* **1** 灰色の, スレート色の. ❐～ बादल 灰色の雲. ❐～ रंग スレート色. **2** スレートの, 石板状の. ❐～ पेंसिल 石筆.

स्लोवाकिया /slovākiyā スローワーキヤー/ [cf. Eng.n. *Slovakia*] *m.*〖国名〗スロバキア(共和国)《首都はブラチスラバ (ब्रातिस्लावा)》.

स्लोवेनिया /sloveniyā スローヴェーニヤー/ [cf. Eng.n. *Slovenia*] *m.*〖国名〗スロベニア(共和国)《首都はリュブリャナ (लुबजाना)》.

स्व /svạ スオ/ [←Skt. *स्व-* 'own, one's own, my own, thy own, his own, her own, our own, their own etc.'] *adj.* (自分)自身の; 自動の《主に合成語の要素として》.
— *m.* (自分)自身.

स्वकीय /svakīyạ スワキーエ/ [←Skt. *स्वकीय-* 'one's own'] *adj.* 自分の. (⇒अपना)

स्वकीया /svakīyā スワキーヤー/ [←Skt.f. *स्वकीया-* 'one's own wife'] *f.* スワキーヤー《インド伝統文学において恋愛対象となる成人女性を男性の視点から分類した一つで, 「自分の夫を愛し貞節な妻」; 残りは, 「自分の夫をないがしろにし他人の男と通じる人妻」(परकीया), 「金を目的に男性と疑似恋愛する芸妓, 娼婦」(सामान्या)》. (⇔परकीया)

स्वगत /svagatạ スワガト/ [←Skt. *स्व-गत-* 'belonging to one's self, own; passing in one's own mind, spoken to one's self'] *adj.*〖演劇〗独白の, 独り言の. ❐～ कथन 独白, モノローグ, 独り言.
— *adv.*〖演劇〗独り言を言いながら; 自問自答しながら.

स्वचालित /svacālitạ スワチャーリト/ [neo.Skt. *स्व-चालित-* 'automatic'] *adj.* 自動式の, オートマチックの. ❐～ दरवाज़ा 自動ドア. ❐～ सीढ़ियाँ エスカレーター.

स्वच्छंद /svaccʰaṃdạ スワッチャンド/ [←Skt. *स्व-च्छन्द-* 'following one's own will, acting at pleasure, independent, uncontrolled, spontaneous'] *adj.* 自由気ままな; 自由奔放な; のびのびした. ❐～ जीवन 自由奔放な生活. ❐उसकी देह चाहे जितना काम करे, मन ～ रहता था। 彼の肉体がたとえどれほど労働しようと, 心はのびのびとしていた.

स्वच्छंदता /svaccʰaṃdạtā スワッチャンドター/ [←Skt.f. *स्वच्छन्द-ता-* 'independent action, uncontrolled behaviour'] *f.* 自由奔放さ; のびやかさ. ❐～ से 自由気ままに; 自由奔放に; のびのびと.

स्वच्छंदतापूर्वक /svaccʰaṃdạtāpūrvakạ スワッチャンドタープールワク/ [neo.Skt.ind. *स्वच्छन्दता-पूर्वक* 'wilfully'] *adv.* 自由奔放に; のびやかに. ❐～ से 自由気ままに, 思う存分; のびのびと.

स्वच्छंदतावाद /svaccʰaṃdạtāvādạ スワッチャンドターワード/ [neo.Skt.m. *स्वच्छन्दता-वाद-* 'Romanticism'] *m.* ロマン主義.

स्वच्छंदतावादी /svacc^hamḍatāvādī スワッチャンドターワーディー/ [neo.Skt. *स्वच्छन्दता-वादिन्-* 'Romanticist'] *adj.* ロマン派の.
— *m.* ロマン派芸術家.

स्वच्छ /svacc^ha スワッチ/ [←Skt. *स्वच्छ-* 'very transparent or clear, pellucid, crystalline'] *adj.* **1** 清潔な, 清浄な, 汚れていない;汚染されていない, クリーンな. (⇒साफ़-सुथरा) ❐～ ऊर्जा クリーンエネルギー. ❐～ पर्यावरण クリーンな自然環境. ❐(को) ～ रखना (…を)清潔に保つ. **2** (水が)澄んで透明な;(空が)明るい, 晴れわたった. (⇒साफ़) ❐～ जल 澄んだ水. ❐निर्मल ～ चाँदनी 曇りのない明るい月の光. **3** (心や社会が)健全な, 健康的な;清廉潔白な, 汚れのない. (⇒साफ़-सुथरा) ❐～ राजनीतिक जीवन 清廉潔白な政治家人生. ❐वह देहात के ～ जलवायु में रहना चाहता था। 彼は田舎の健康的な風土の中で生活したかった.

स्वच्छता /svacc^hatā スワッチャター/ [←Skt.f. *स्वच्छ-ता-* 'perfect clearness or transparency or purity'] *f.* **1** 清潔であること, 清浄であること. **2** 澄んで透明なこと. **3** 健全であること.

स्वजन /svajana スワジャン/ [←Skt.m. *स्व-जन-* 'a man of one's own people, kinsman'] *m.* (自分の)家族の一員;親戚;身内.

स्वतंत्र /svatamṭra スワタントル/ [←Skt.n. *स्व-तन्त्र-* 'self-dependence, independence, self-will, freedom'] *adj.* **1** 独立した. (⇒आज़ाद, स्वाधीन) **2** 自由な, 束縛のない. (⇒आज़ाद, स्वाधीन)(⇔परतंत्र) ❐～ रूप से 独立して, 自由に.

स्वतंत्रता /svatamṭratā スワタントルター/ [←Skt.f. *स्व-तन्त्र-ता-* 'self-dependence, independence, freedom'] *f.* **1** 独立. (⇒आज़ादी, स्वाधीनता, स्वातंत्र्य) ❐～ दिवस 独立記念日《インドでは英国から 1947 年 8 月 15 日に印パ分離独立したことを祝う国民の祝祭日》. ❐～ प्राप्त करना 独立を獲得する. **2** 自由, 束縛がないこと. (⇒आज़ादी, स्वाधीनता)

स्वतः /svataḥ スワタハ/ [←Skt.ind. *स्व-तस्* 'by oneself'] *adv.* ひとりでに;自発的に.

स्वत्व /svatva スワトオ/ [←Skt.n. *स्व-त्व-* 'property'] *m.* 所有権.

स्वत्वाधिकार /svatvād^hikāra スワトワーディカール/ [neo.Skt.m. *स्वत्व-अधिकार-* 'copyright'] *m.* 著作権.

स्वत्वाधिकारी /svatvād^hikārī スワトワーディカーリー/ [neo.Skt.n. *स्वत्व-अधिकारिन्-* 'a copyright holder'] *m.* 著作権者.

स्वदेश /svadeśa スワデーシュ/ [←Skt.m. *स्व-देश-* 'one's own place or country or home'] *m.* 自国, 祖国, 母国.

स्वदेशी /svadeśī スワデーシー/ [*स्वदेश* + *-ई*] *adj.* 自国の;国産の. (⇔विदेशी) ❐～ चीज़ें 国産品.
— *m.* 〖歴史〗国産品.

स्वपरायणता /svaparāyaṇatā スワパラーヤンター/ [neo.Skt.f. *स्व-परायण-ता-* 'autism'] *m.* 〖医学〗自閉症, 内閉症. (⇒आटिज़्म)

स्वप्न /svapna スワプン/ [←Skt.m. *स्वप्न-* 'sleep, sleeping; dreaming, a dream'] *m.* 夢;夢想;願望, 理想. (⇒सपना)

स्वप्नदोष /svapnadoṣa スワプンドーシュ/ [←Skt.m. *स्वप्न-दोष-* 'sleep fault; pollutio nocturna'] *m.* 〖医学〗夢精.

स्वप्नावस्था /svapnāvast^hā スワプナーワスター/ [neo.Skt.f. *स्वप्न-अवस्था-* 'state of dreaming'] *f.* 睡眠中夢を見ている状態;夢見心地.

स्वप्निल /svapnila スワプニル/ [neo.Skt. *स्वप्निल-* 'dreamy'] *adj.* 夢のような, 夢を見ているかのような.

स्वभाव /svab^hāva スワバーオ/ [←Skt.m. *स्व-भाव-* 'own condition or state of being, natural state or constitution, innate or inherent disposition, nature, impulse, spontaneity'] *m.* **1** 自然;本質. **2** 性格;気質, 性癖, 気性, 性質. (⇒मिज़ाज) ❐～ से वह ख़र-दिमाग़, तुनुक-मिज़ाज, ज़िद्दी और घमंडी था। 性格的には, 彼は愚鈍, 短気, 頑固そして傲慢(ごうまん)だった.

स्वभावतः /svab^hāvataḥ スワバーオタハ/ [←Skt.ind. *स्वभाव-तस्* 'from natural disposition, by nature, naturally, by one's self, spontaneously'] *adv.* 生まれつき, 生来;本質的に, 本性は. ❐वह ～ दयालु मनुष्य था। 彼は本質的に情け深い人間だった.

स्वयं /svayaṃ スワヤン/ [←Skt.ind. *स्वयम्* 'of or by one's self spontaneously, voluntarily, of one's own accord'] *adv.* **1** 自分自身(が). (⇒ख़ुद) ❐मैं बार-बार क्यों इनकी बातों में आ जाती हूँ, इसका मुझे ～ आश्चर्य है। 私は毎回なぜ彼の話に乗せられてしまうのか, これは私には自分自身驚きである. ❐वे अपनी जवानी में ～ बड़े रसिया रह चुके थे। 彼は若い頃自分自身が大変な道楽者であった過去がある. **2** 自分で, 自ら. (⇒ख़ुद) ❐उस गाड़ी का मालिक ～ ड्राइव कर रहा था। その車の持ち主が自ら運転をしていた.

स्वयंभू /svayaṃb^hū スワヤンブー/ [←Skt. *स्वयम्-भू-* 'self-existing, independent'] *adj.* 自ら生じる;自生の;自称の, 勝手に名乗る. ❐～ नेता 自称政治指導者.
— *m.* 〖ヒンドゥー教〗自ら生まれるもの《ブラフマー神 (ब्रह्मा)の他, ヴィシュヌ神 (विष्णु), シヴァ神 (शिव) を指すことがある》.

स्वयंवर /svayaṃvara スワヤンワル/ [←Skt.m. *स्वयं-वर-* 'a practice of choosing a husband, from among a list of suitors, by a girl of marriageable age'] *m.* 〖ヒンドゥー教〗スワヤンワラ《古代インドにおいて適齢期の女性が候補者の中から公開の場で自ら夫を選ぶ式, 自選夫式》.

स्वयंशिक्षक /svayaṃśikṣaka スワヤンシクシャク/ [neo.Skt.m. *स्वयं-शिक्षक-* 'self instructor'] *m.* 独習書.

स्वयंसिद्ध /svayaṃsidd^ha スワヤンスィッド/ [neo.Skt. *स्वयं-सिद्ध-* 'self-evident'] *adj.* 自明の. ❐(को) ～ मानना (…を)自明のことと認める.

स्वयंसिद्धि /svayaṃsidd^hi スワヤンスィッディ/ [neo.Skt.f. *स्वयं-सिद्धि-* 'axiom'] *f.* 自明の理.

स्वयंसेवक /svayaṃsevaka スワヤンセーワク/ [neo.Skt.m. स्वयं-सेवक- 'a volunteer'] *m.* ボランティア.

स्वयंसेवी /svayaṃsevī スワヤンセーヴィー/ [neo.Skt. स्वयं-सेविन्- 'voluntary'] *adj.* 自発的な, ボランティア活動の.

— *m.* ☞स्वयंसेवक

स्वयमेव /svayameva スワエメーオ/ [←Skt.ind. स्वयम्-एव 'by oneself'] *adv.* ☞स्वयं

स्वर /svara スワル/ [←Skt.m. स्वर- 'sound, noise; voice'] *m.* **1** 声, 音声;鳴き声. (⇒आवाज़) ❐वह बड़े गंभीर ～ में बोला। 彼はとても厳粛な声で言った. ❐सबने एक ～ से कहा। 皆は声をそろえて言った. **2**〖物理〗音, 音響. (⇒आवाज़) **3**〖言語〗母音. (⇔व्यंजन) ❐ह्रस्व [दीर्घ] ～ 短[長]母音. **4**〖音楽〗スヴァラ, 音階.

स्वरबद्ध /svarabaddʰa スワルバッド/ [←Skt. स्वर-बद्ध- 'composed in musical measure (said of a song etc.)'] *adj.* 旋律がついた(歌詞). ❐(को) ～ करना (…に)曲をつける.

स्वरभंग /svarabʰaṃga スワラバング/ [←Skt. स्वर-भङ्ग- 'broken articulation; stammering; hoarseness'] *m.*〖医学〗しわがれ声になること, 声がかすれること.

स्वर-यंत्र /svara-yaṃtra スワル・ヤントル/ [neo.Skt.n. स्वर-यन्त्र- 'the larynx'] *adj.* 喉頭(こうとう).

स्वरयंत्रमुखी /svarayaṃtramukʰī スワルヤントルムキー/ [neo.Skt. स्वर-यन्त्र-मुखी- 'glottal'] *adj.*〖言語〗声門音の. ❐～ व्यंजन 声門(子)音.

स्वरलिपि /svaralipi スワルリピ/ [neo.Skt.f. स्वर-लिपि- 'musical notation'] *f.*〖音楽〗楽譜.

स्वराघात /svarāgʰāta スワラーガート/ [neo.Skt.m. स्वर-आघात- 'stress accent'] *m.*〖言語〗強勢, ストレス・アクセント. (⇒बलाघात)

स्वराज्य /svarājya スワラージエ/ [←Skt.n. स्व-राज्य- 'independent dominion or sovereignty'] *m.* 自治, 独立.

स्वरूप /svarūpa スワループ/ [←Skt.n. स्व-रूप- 'one's own form or shape'] *m.* **1** 本性, 正体;実体;本質. ❐भाषा का ～ 言語の本質. ❐मुझे तो उसका यह ～ देखकर अपने भीतर श्रद्धा का अनुभव होने लगा। 私は彼女のこの本性を見て心の中で崇拝の気持ちをもった. **2** 姿;様子. **3** 形態;典型, 見本, 模範. ❐निःस्वार्थ प्रेम के तुम जीते-जागते ～ हो। 君は無私の愛の生きた見本だ.

स्वर्गंगा /svargaṃgā スワルガンガー/ [←Skt.f. स्वर्-गङ्गा- 'the heavenly Ganges, the Milky Way'] *f.*〖天文〗天の川, 銀河. (⇒आकाशगंगा, छायापथ)

स्वर्ग /svarga スワルグ/ [←Skt.m. स्वर्ग- 'heaven, the abode of light and of the gods, heavenly bliss'] *m.* 天国, 極楽;天界. (⇒जन्नत)(⇔नरक)

स्वर्गवास /svargavāsa スワルグワース/ [←Skt.m. स्वर्ग-वास- 'residence in Heaven'] *m.* 他界, 死去, 逝去. (⇒इंतक़ाल) ❐उनका ～ हो गया। 彼が他界した.

स्वर्गवासी /svargavāsī スワルグワースィー/ [neo.Skt. स्वर्ग-वासिन्- 'the late, deceased,'] *adj.* 亡き, 故人の. ❐मेरे ～ पिता 私の亡き父.

स्वर्गीय /svargīya スワルギーエ/ [←Skt. स्वर्गीय- 'relating or belonging to heaven, leading to heaven, heavenly'] *adj.* **1** 天国の, 天上の;この世のものとは思えぬほどすばらしい. ❐～ आनंद 至福. ❐～ दृश्य この世のものとは思えぬほどすばらしい光景. **2** 故人の, 故..《省略形は स्व。》. (⇒दिवंगत) ❐स्व。 राजीव गाँधी 故ラージーヴ・ガーンディー.

स्वर्ण /svarṇa スワルン/ [←Skt.n. स्वर्ण- 'gold'] *m.*〖鉱物〗金(きん), 黄金. (⇒सोना) ❐～ पदक 金メダル.

स्वर्णकार /svarṇakāra スワルンカール/ [←Skt.m. स्वर्ण-कार- 'a gold-worker, gold smith'] *m.* 金細工師.

स्वर्ण-जयंती /svarṇa-jayaṃtī スワルン・ジャヤンティー/ [neo.Skt.f. स्वर्ण-जयन्ती- 'golden jubilee'] *f.* 50 年祭, 50 年記念日.

स्वर्णिम /svarṇima スワルニム/ [neo.Skt. स्वर्णिम- 'golden'] *adj.* 金の;輝かしい. ❐भारतीय इतिहास का एक ～ पृष्ठ インド史の輝かしい 1 ページ.

स्वल्प /svalpa スワルプ/ [←Skt. सु-अल्प- 'very small or little, minute, very few, short'] *adj.* 微小な, 微量な.

स्वस्तिक /svastika スワスティク/ [←Skt.m. सु-अस्ति-क- 'any lucky or auspicious object, (esp.) a kind of mystical cross or mark made on persons and things to denote good luck'] *m.*〖ヒンドゥー教〗〖仏教〗スワスティカ《カギ十字「卍(まんじ)」の形;吉祥の印》.

स्वस्ति-वाचन /svasti-vācana スワスティ・ワーチャン/ [←Skt.n. सु-अस्ति-वाचन- 'a religious rite preparatory to a sacrifice or any solemn observance'] *m.*〖ヒンドゥー教〗スワスティワーチャナ《儀式の最初に吉祥を祈念して行われる儀礼》.

स्वस्थ /svastʰa スワスト/ [←Skt. स्व-स्थ- 'self-abiding; well in health'] *adj.* **1** (心身が)健康な, 健全な. (⇒तंदुरुस्त)(⇔अस्वस्थ) **2** (精神的・道徳的に)健康な, 健全な. (⇔अस्वस्थ)

स्वस्थता /svastʰatā スワストター/ [←Skt.f. स्वस्थ-ता- 'the state of being well in health'] *f.* **1** (心身が)健康であること. **2** (精神的・道徳的に)健康であること;健全であること.

स्वाँग /svā̃ga スワーング/ [＜OIA.n. *samāṅga- 'a similar body': T.13203] *m.* **1** (他人に見せかける)変装, 仮装;(滑稽で芝居がかった)物真似;(いかにも本当らしく振る舞う)演技. ❐(का) ～ दिखाना [भरना, रचना, लाना] (…の)ふりをする. ❐वह प्रेम का ～ नहीं, प्रेम चाहती थी। 彼女は愛の演技ではなく, 愛そのものを欲していた. **2**〖演劇〗スワーング《民話に題材をとった大衆演劇の一つ;道化芝居, 笑劇》.

स्वांतःसुखाय /svāṃtaḥsukʰāya スワーンタハスカーエ/ [←Skt. स्वान्तः-सुखाय 'for one's own happiness or satisfaction'] *adv.* 自分自身の満足のために. ❐～ लिखना 自分自身の満足のために書く.

स्वाक्षर /svākṣara スワークシャル/ [←Skt.m. स्व-अक्षर- 'one's own handwriting, autograph'] *m.* 自筆, 肉筆

(の文字や書). (⇒हस्तलेख)

स्वाक्षरित /svākṣarita スワークシャリト/ [neo.Skt. *स्व-अक्षरित-* 'autographed'] *m.* 自筆の, 肉筆の. (⇒हस्तलिखित)

स्वागत /svāgata スワーガト/ [←Skt. *सु-आगत-* 'well come, welcome'] *m.* **1** 歓迎;出迎え. (⇒अगवानी, इस्तक़बाल) ❒आपका ～ है। ようこそいらっしゃいました. ❒(का) ～ करना (…を)歓迎する, 出迎える. ❒(के) ～ में(…を)歓迎して. **2** 歓待, もてなし;(ホテルなどの)受付, フロント.

स्वागत-कक्ष /svāgata-kakṣa スワーガト・カクシュ/ [neo.Skt.m. *स्वागत-कक्ष-* 'reception room'] *m.* 応接室;待合室;接見の間.

स्वागत-भाषण /svāgata-bʰāṣaṇa スワーガト・バーシャン/ [neo.Skt.n. *स्वागत-भाषण-* 'welcome address'] *m.* 歓迎の挨拶, 歓迎の辞. ❒～ देना 歓迎の挨拶をする.

स्वागत-समारोह /svāgata-samārohа スワーガト・サマーローフ/ [neo.Skt.m. *स्वागत-समारोह-* 'welcome ceremony'] *m.* 歓迎式典;歓迎会.

स्वागत-समिति /svāgata-samiti スワーガト・サミティ/ [neo.Skt.f. *स्वागत-समिति-* 'reception committee'] *f.* 歓迎委員会.

स्वागताध्यक्ष /svāgatādʰyakṣa スワーグターディャクシュ/ [neo.Skt.m. *स्वागत-अध्यक्ष-* 'chairperson of reception committee'] *m.* 歓迎委員長.

स्वागती /svāgatī スワーグティー/ [*स्वागत* + *-ई*] *adj.* 歓迎の, 歓迎用の. ❒～ गेट 歓迎用の門.
— *m.* 受付係.

स्वाज़ीलैंड /svāzīlaiṃḍa スワーズィーラェーンド/ [cf. Eng.n. *Swaziland*] *m.* 『国名』スワジランド(王国)《首都はムババネ (बाबाने)》.

स्वातंत्र्य /svātaṃtrya スワータントルエ/ [←Skt.n. *स्वातन्त्र्य-* 'the following one's own will, freedom of the will, independence'] *m.* ☞स्वतंत्रता

स्वातंत्र्य-संग्राम /svātaṃtrya-saṃgrāma スワータントルエ・サングラーム/ [neo.Skt.m. *स्वातन्त्र्य-संग्राम-* 'freedom fight'] *m.* 独立運動, レジスタンス運動.

स्वाति /svāti スワーティ/ [←Skt.f. *स्वाति-* 'name of the star Arcturus (as forming the 13th and 15th lunar asterism'] *f.* 『暦』スワーティ《15番目の星宿 (नक्षत्र)》. ❒～ तारा アークトゥルス《西洋の伝統的な48星座では, うしかい座α星に相当;うしかい座で最も明るい恒星》.

स्वाद /svāda スワード/ [←Skt.m. *स्वाद-* 'taste, flavour, savour'] *m.* **1** 味, 味覚;美味, うま味. (⇒ज़ायक़ा) ❒(का) ～ चखना (…を)味見する. ❒(का) ～ लेना (…を)味わう, 賞味する. ❒मीठा ～ 甘い味. **2** 鑑賞;賞味, 味わい. (⇒रसास्वादन) ❒उसे स्वतंत्रता का ～ मिला। 彼は自由の味をかみしめた. ❒(में) ～ न मिलना (…に)味わいがない, 味気ない.

स्वादहीन /svādahīna スワードヒーン/ [neo.Skt. *स्वाद-हीन-* 'tasteless'] *adj.* 味のない, 味気のない, まずい. (⇒बेमज़ा)

स्वादिष्ट /svādiṣṭa スワーディシュト/ [<Skt. *स्वादिष्ठ-* 'sweetest, very sweet or pleasant'] *adj.* 美味な, おいしい. (⇒मज़ेदार) ❒～ भोजन おいしい料理.

स्वादु /svādu スワードゥ/ [←Skt. *स्वादु-* 'sweet, savoury, palatable, dainty, delicate, pleasant to the taste, agreeable, chirming'] *adj.* 美味な;甘い. (⇒स्वादिष्ट)

स्वाधीन /svādʰīna スワーディーン/ [←Skt. *स्व-अधीन-* 'dependent on one's self, independent, free'] *adj.* **1** 独立した. (⇒आज़ाद, स्वतंत्र) **2** 自由な, 束縛のない. (⇒आज़ाद, स्वतंत्र) ❒मैं इस विषय में ～ रहना चाहता हूँ। 私はこの件について自由な立場でいたい.

स्वाधीनता /svādʰīnatā スワーディーンター/ [←Skt.f. *स्वाधीन-ता-* 'subjection to (only) one's self, independence, freedom'] *f.* **1** 独立. (⇒आज़ादी, स्वतंत्रता) ❒～ दिवस 独立記念日. ❒～ संग्राम 独立戦争. **2** 自由. (⇒आज़ादी, स्वतंत्रता) ❒पढ़ने-लिखने की ～ 読み書きの自由.

स्वाध्याय /svādʰyāya スワーディャーエ/ [←Skt.m. *स्व-अध्याय-* 'reciting or repeating or rehearsing to one's self, repetition or recitation of the Veda in a low voice to one's self'] *m.* (独学・自修による)研鑽. ❒उसका जीवन अब तक ～ और चिंतन में गुज़रा था। 彼の人生はこれまで研鑽と思索に費やされてきた.

स्वाध्यायी /svādʰyāyī スワーディャーイー/ [←Skt.m. *स्व-अध्यायिन्-* 'one who recites or repeats any sacred texts to himself, (esp.) a repeater of the Veda'] *adj.* (独学・自修により)研鑽に励む(人).
— *m.* (独学・自修により)研鑽に励む人.

स्वाप /svāpa スワープ/ [←Skt.m. *स्वाप-* 'sleeping, sleep; dreaming, a dream'] *m.* 眠り;夢.

स्वापक /svāpaka スワーパク/ [←Skt. *स्वापक-* 'causing to sleep, soporiferous, soporific'] *adj.* 『医学』催眠性の. ❒～ औषधि 睡眠薬. ❒～ पदार्थ 催眠物質.

स्वाभाविक /svābʰāvika スワーバーヴィク/ [←Skt. *स्वाभाविक-* 'belonging to or arising from one's own nature, natural, native, spontaneous, original, peculiar, inherent'] *adj.* **1** 自然な;当然の;自然に起きる. (⇔अस्वाभाविक) ❒～ रूप से 自然に. ❒उसके इस स्नेह-बाहुल्य ने मुन्ना पर ～ प्रभाव डाल दिया था। 彼女のこの愛情過多は子どもに当然の影響を及ぼした. ❒यह चिंता उठनी ～ है। この心配が起こるのは自然である. **2** 生まれつきの, 生来の;(…に)独特の, 特有の, 固有の. (⇔अस्वाभाविक) ❒उसका ～ आलस्य 彼の生まれつきの怠け癖. ❒दया मनुष्य का ～ गुण है 憐みは人間に本来そなわっている美徳である.

स्वाभाविकता /svābʰāvikatā スワーバーヴィクター/ [←Skt.f. *स्वाभाविक-ता* 'naturality'] *f.* **1** 自然であること;当然であること. (⇔अस्वाभाविकता) **2** 生まれつきであること. (⇔अस्वाभाविकता)

स्वाभिमान /svābʰimāna スワービマーン/ [neo.Skt.m. *स्व-अभि-मान-* 'self-respect'] *m.* 自尊心.

स्वाभिमानी /svābʰimānī スワービマーニー/ [neo.Skt.

स्व-अभि-मानिन्- 'self-respecting'] *adj.* 自尊心の強い, 誇り高い.

स्वामित्व /svāmitva̸ スワーミトオ/ [←Skt.n. *स्वामि-त्व-* 'ownership, mastership, lordship of'] *m.* **1**〖法律〗所有権. **2** 主人であること.

स्वामिनी /svāminī スワーミニー/ [←Skt.f. *स्वामिनी-* 'a proprietress, mistress, lady (used in addressing a queen or a king's favourite wife)'] *f.* (女性の)財産所有者;女主人.

स्वामिभक्त /svāmibʰakta̸ スワーミバクト/ [neo.Skt. *स्वामि-भक्त-* 'loyal'] *adj.* (主人に)忠実な, 忠義を尽くす. ❒～ कुत्ता 忠犬. ❒～ सेवक 忠義な家来.

स्वामिभक्ति /svāmibʰakti スワーミバクティ/ [neo.Skt.f. *स्वामि-भक्ति-* 'loyalty'] *f.* (主人に)忠実であること, 忠義を尽くすこと;忠誠心. ❒～ की उम्दा मिसाल 忠誠心のすばらしい実例.

स्वामी /svāmī スワーミー/ [←Skt.m. *स्वामिन्-* 'an owner, proprietor, master, lord or owner of'] *m.* **1** (土地・家屋・財産などの)所有者, オーナー. (⇒मालिक) ❒मैं विपुल धन का ～ था। 私は巨万の富の所有者だった. **2** 一家の主(あるじ), 主人;(動物の)飼い主, ご主人さま;雇用者, 雇い主;(君主・領主など)自分の仕えている人, 主君, 殿さま. (⇒मालिक) ❒～ और सेवक का संबंध 主人と僕(しもべ)の関係. **3**〖ヒンドゥー教〗スワーミー《聖者(の称号)》. **4** 夫;恋人.

स्वायत्त /svāyatta̸ スワーヤット/ [←Skt. *स्व-आयत्त-* 'dependent on one's self being under one's own control'] *adj.* 自治権のある.

स्वायत्त-शासन /svāyatta̸-śāsana̸ スワーヤット・シャーサン/ [neo.Skt.n. *स्वायत्त-शासन-* 'autonomous government'] *m.* (地方)自治体.

स्वार्थ /svārtʰa̸ スワールト/ [←Skt.m. *स्व-अर्थ-* 'one's own affair or cause, personal matter or advantage, self-interest, one's own aim or object'] *m.* 私利私欲, 利己心, 身勝手. ❒～ में आदमी बावला हो जाता है। 私利私欲で人間は正気を失ってしまいます.

स्वार्थपर /svārtʰa̸para スワールトパル/ [←Skt. *स्वार्थ-पर-* 'intent on one's own advantage, self-interested'] *adj.* ☞स्वार्थपरायण

स्वार्थपरता /svārtʰa̸para̸tā スワールトパルター/ [←Skt.f. *स्वार्थ-पर-ता-* 'selfishness'] *f.* ☞स्वार्थपरायणता

स्वार्थपरायण /svārtʰa̸parāyaṇa̸ スワールトパラーヤン/ [←Skt. *स्वार्थ-परायण-* 'intent on one's own advantage, self-interested'] *adj.* 私利私欲の.

स्वार्थपरायणता /svārtʰa̸parāyaṇa̸tā スワールトパラーヤンター/ [←Skt.f. *स्वार्थ-परायण-ता-* 'selfishness'] *f.* 私利私欲.

स्वार्थसाधक /svārtʰasādʰaka̸ スワールタサーダク/ [←Skt. *स्वार्थ-साधक-* 'effective of or promoting one's own object'] *adj.* 利己主義な, 身勝手な.

स्वार्थसाधन /svārtʰa̸sādʰana̸ スワールトサーダン/ [←Skt.n. *स्वार्थ-साधन-* 'accomplishment of one's own object or desire'] *m.* 利己主義, 身勝手.

स्वार्थसिद्धि /svārtʰa̸siddʰi スワールトスィッディ/ [←Skt.f. *स्वार्थ-सिद्धि-* 'accomplishment of one's own object or desire'] *f.* ☞स्वार्थसाधन

स्वार्थांध /svārtʰāṃdʰa̸ スワールターンド/ [neo.Skt. *स्वार्थ-अन्ध-* 'blinded by self-interest'] *adj.* 私利私欲に目がくらんだ. ❒लिप्सा आदमी को ～ बना देती है। 欲望は人間を私利私欲で目をくらませてしまう.

स्वार्थांधता /svārtʰāṃdʰa̸tā スワールターンドター/ [neo.Skt.f. *स्वार्थ-अन्ध-ता-* 'blindness by self-interest'] *f.* 私利私欲に目がくらむこと.

स्वार्थी /svārtʰī スワールティー/ [←Skt. *स्व-अर्थिन्-* 'pursuing one's own objects, self-seeking'] *adj.* 利己的な, 功利的な;身勝手な, 打算的な. (⇒मतलबी)

स्वावलंबन /svāva̸lambana̸ スワーオランバン/ [neo.Skt.n. *स्व-अवलम्बन-* 'self-reliance; self-sufficiency'] *m.* **1** 自立, 自己依存. ❒आर्थिक ～ 経済的自立. ❒महिलाओं का ～ 女性の自立. **2** 自給自足.

स्वावलंबी /svāvalaṃbī スワーワランビー/ [neo.Skt. *स्व-अवलम्बिन्-* 'self-reliant; self-sufficient'] *adj.* **1** 自立した, 自己依存している. ❒महिलाओं को ～ बनाना 女性を自立させる. **2** 自給自足の.

स्वास्थ्य /svāstʰya̸ スワースティエ/ [←Skt.n. *स्वास्थ्य-* 'self-dependence, sound state (of body or soul), health, ease, comfort, contentment, satisfaction'] *m.* 〖医学〗健康. (⇒तंदुरुस्ती, सेहत) ❒～ बीमा 健康保険. ❒～ मंत्रालय 厚生省, 保健省. ❒(का) ～ बिगड़ना [गिरना] (人の)健康が損なわれる. ❒(का) ～ सुधरना (人の)健康が回復する.

स्वास्थ्यकर /svāstʰya̸kara̸ スワースティエカル/ [neo.Skt. *स्वास्थ्य-कर-* 'wholesome'] *adj.* 〖医学〗健康によい. ❒शाकाहार ～ है। 菜食は健康によい.

स्वास्थ्यप्रद /svāstʰyaprada̸ スワースティャプラド/ [neo.Skt. *स्वास्थ्य-प्रद-* 'wholesome'] *adj.* ☞स्वास्थ्यकर

स्वास्थ्य-रक्षा /svāstʰya̸-rakṣā スワースティエ・ラクシャー/ [neo.Skt.f. *स्वास्थ्य-रक्षा-* 'sanitation'] *f.* 〖医学〗保健衛生.

स्वास्थ्य-लाभ /svāstʰya̸-lābʰa̸ スワースティエ・ラーブ/ [neo.Skt.m. *स्वास्थ्य-लाभ-* 'convalescence'] *m.* 〖医学〗健康を手にすること;(病後の)快方, 快復.

स्वास्थ्यवर्धक /svāstʰya̸vardʰaka̸ スワースティエワルダク/ [neo.Skt. *स्वास्थ्य-वर्धक-* 'promoting health'] *adj.* 〖医学〗健康を増進させる. ❒～ भोजन 健康増進食.

स्वास्थ्य-विज्ञान /svāstʰya̸-vijñāna̸ スワースティエ・ヴィギャーン/ [neo.Skt.n. *स्वास्थ्य-विज्ञान-* 'hygiene'] *m.* 〖医学〗衛生学, 健康法.

स्वास्थ्य-हानि /svāstʰya̸-hāni スワースティエ・ハーニ/ [neo.Skt.f. *स्वास्थ्य-हानि-* 'health damage'] *f.* 〖医学〗健康被害.

स्वाहा /svāhā スワーハー/ [←Skt.ind. *सु-आहा* 'hail! hail to! may a blessing rest on!'; → Japan.n. ***蘇婆訶***] *int.* 〖ヒンドゥー教〗スワーハー《護摩(ごま)を焚いて唱える

呪文, 蘇婆訶(そわか)》.

— *m.*灰燼に帰すこと, 無に帰すこと. ❐अग्नि-कांड में बीस घर जलकर ～ हो गए। 火災で20軒の家が焼けて灰になった.

स्विच /svica スヴィチ/ [←Eng.n. *switch*] *f.* スイッチ. ❐～ दबाना [बंद करना] スイッチを押す[きる].

स्विटज़रलैंड /sviṭazaralaiṃḍa スヴィトザルラェーンド/ [cf. Eng.n. *Swizterland*] *m.* 『国名』スイス(連邦)《首都はベルン (बर्न)》.

स्वीकरण /svīkaraṇa スヴィーカラン/ [←Skt.n. *स्वी-करण-* 'making one's own, appropriating, accepting, acquiring'] *m.* 受け入れること;認めること. ❐अपराध ～ 白状, 自白.

स्वीकरणीय /svīkaraṇīya スヴィーカルニーエ/ [←Skt. *स्वी-करणीय-* 'to be appropriated or accepted or assumed or assented to or promised'] *adj.* 受け入れるべき;認めるべき.

स्वीकर्ता /svīkartā スヴィーカルター/ [←Skt. *स्वी-कर्तृ-* 'one who wishes to make one's own or win any one'] *adj.* 受け入れる(人);受け取る(人). ❐पेंशन ～ अधिकारी 年金受給権者.

स्वीकार /svīkāra スヴィーカール/ [←Skt.m. *स्वी-कार-* 'making one's own, appropriation, claiming, claim; assent, agreement, consent, promise'] *adj.* 受諾[受理]された. (⇒मंज़ूर) ❐मुझे यह प्रस्ताव ～ है। 私はこの提案を受け入れる.

— *m.* 受け入れること, 承諾, 受諾, 受理《主に『名詞 स्वीकार करना』の形式の他動詞句「…を受け入れる」か,『名詞 स्वीकार है』の形式の述語表現「…は受け入れる, OKである」を作る》. ❐आपकी चुनौती ～ करता हूँ। あなたの挑戦を受けます. ❐आपने यह बात ～ की है। あなたはこのことを認めました. ❐मुझे यह ～ है। 私はこれを受け入れます. ❐उसे मज़ूरी में धेले की कटौती भी ～ न थी। 彼は労賃をびた一文まけることも受け入れなかった.

स्वीकारना /svīkāranā スヴィーカールナー/ [cf. *स्वीकार*] *vt.* (*perf.* स्वीकारा /svīkārā スヴィーカーラー/) 受け入れる, 認める;承認する. ❐हार ～ 敗北を認める.

स्वीकारात्मक /svīkārātmaka スヴィーカーラートマク/ [neo.Skt. *स्वीकार-आत्मक-* 'accepting, affirmative'] *adj.* 容認する;肯定的な. (⇒सकारात्मक) ❐～ उत्तर 肯定的な返事. ❐～ रूप से 肯定的に.

स्वीकारोक्ति /svīkārokti スヴィーカーロークティ/ [neo.Skt.f. *स्वीकार-उक्ति-* 'confession'] *f.* 自白, 白状, 自供;告白.

स्वीकार्य /svīkārya スヴィーカールエ/ [←Skt. *स्वी-कार्य-* 'to be appropriated or taken possession of'] *adj.* 受け入れるべき.

स्वीकार्यता /svīkāryatā スヴィーカールヤター/ [?neo.Skt.f. *स्वीकार्य-ता-* 'acceptability'] *f.* 受け入れるべきこと.

स्वीकृत /svīkr̥ta スヴィークリト/ [←Skt. *स्वी-कृत-* 'appropriated, accepted, admitted, claimed, agreed, assented to, promised'] *adj.* 受け入れられた. (⇒मक़बूल) ❐～ करना 受け入れる.

स्वीकृति /svīkr̥ti スヴィークリティ/ [←Skt.f. *स्वी-कृति-* 'taking possession of, appropriation'] *f.* 受諾;承認. ❐(को [के लिए]) ～ देना (…に)承認を与える. ❐प्रतिज्ञा-पत्र पर ～ लिखना 誓約書に同意を記す.

स्वीडन /svīḍana スヴィーダン/ [cf. Eng.n. *Sweden*] *m.* 『国名』スウェーデン(王国)《首都はストックホルム (स्टाकहोम [स्टाकहोल्म])》.

स्वेच्छा /sveccʰā スヴェーッチャー/ [←Skt.f. *स्व-इच्छा-* 'one's own wish or will, free will'] *f.* 任意, 自由意思. ❐～ से 自らの意志で.

स्वेच्छाचार /sveccʰācāra スヴェーッチャーチャール/ [←Skt.m. *स्वेच्छा-आचार-* 'acting as one likes, doing what is right in one's own eyes'] *m.* 好き勝手な振る舞い, 独善的な行為.

स्वेच्छाचारिता /sveccʰācāritā スヴェーッチャーチャーリター/ [?neo.Skt.f. *स्वेच्छा-आचारिता-* 'arbitrariness'] *f.* ☞ स्वेच्छाचार

स्वेच्छाचारी /sveccʰācārī スヴェーッチャーチャーリー/ [?neo.Skt. *स्वेच्छा-आचारिन्-* 'self-willed, autocratic; arbitrary'] *adj.* 勝手気ままな(人), 独善的な(人). ❐आजकल के लड़के और लड़कियाँ कितने ～ हो गए हैं, यह तो आप जानते ही हैं। 最近の若者たちがどれほど勝手気ままになってしまったか, あなたは知っているでしょう.

स्वेच्छापूर्वक /sveccʰāpūrvaka スヴェーッチャープールワク/ [neo.Skt.ind. *स्वेच्छा-पूर्वक* 'voluntarily'] *adv.* 自らの意志で. ❐उन लोगों ने ～ इस्लाम को ग्रहण किया। 彼らは自らの意志でイスラム教に改宗した.

स्वेटर /sveṭara スヴェータル/ [←Eng.n. *sweater*] *m.* セーター. ❐～ बुनना セーターを編む.

स्वेद /sveda スヴェード/ [←Skt.m. *स्वेद-* 'sweating, perspiring, sweat, perspiration'] *m.* 汗. (⇒पसीना) ❐ललाट पर स्वेद-बिंदु झलक रहे थे। 額には汗の滴(しずく)が輝いていた.

स्वेदज /svedaja スヴェーダジ/ [←Skt. *स्वेद-ज-* 'sweat-produced, envapour or steam (said of insects and vermin)'] *adj.* 『生物』汗から生まれる(虫)《「シラミ」(जूँ),「南京虫」(खटमल),「蚊」(मच्छर)など;古代インドの生物四分類の一つ》.

स्वैच्छिक /svaiccʰika スワェーッチク/ [neo.Skt. *स्व-ऐच्छिक-* 'self-willed, voluntary'] *adj.* 自発的な;ボランティアの. ❐～ रक्तदान 献血. ❐～ सेवानिवृत्ति 自主退職, 自己都合退職, 依願退職.

स्वैरिणी /svairiṇī スワェーリニー/ [←Skt.f. *स्व-ऐरिणी-* 'unchaste woman'] *f.* ふしだらな女.

ह

हँकवा /hãkavā ハンクワー/ ▸हँकवैया [cf. *हाँकना*] *m.* ☞ हँकवैया

हँकवाना /hā̃kavānā ハンクワーナー/ ▸हँकाना [caus. of *हाँकना*] *vt.* (*perf.* हँकवाया /hā̃kavāyā ハンクワーヤー/) ☞ हँकाना

हँकवैया /hā̃kavaiyā ハンクワイヤー/ ▸हँकवा [*हाँकना* + -*वैया*] *m.* (家畜を)声を出して追う人;牧童.

हँकाना /hā̃kānā ハンカーナー/▸हँकवाना [caus. of *हाँकना*] *vt.* (*perf.* हँकाया /hā̃kāyā ハンカーヤー/) **1** (家畜を)声を出して追わせる;追ってもらう. (⇒हँकवाना) **2** (家畜を)声を出して追う, 御する. (⇒हँकारना, हाँकना)

हंकार /haṃkāra ハンカール/ [<Skt.m. *हुंकार*- 'the sound *hum*'; cf. *हँकार*] *m.* (対戦者に挑む)雄叫び.

हँकार /hā̃kāra ハンカール/ [<OIA.m. *hak-kāra*- 'calling': T.13939] *f.* **1** 大声(で呼ぶこと). **2** (声を出して)家畜を追うこと.

हँकारना /hā̃kāranā ハンカールナー/▸हकारना [<OIA. **hakkārayati* 'calls': T.13941; onom.] *vt.* (*perf.* हँकारा /hā̃kārā ハンカーラー/) **1** (遠い人に)大声で呼びかける. ❐वह उसे हँकार रही है। 彼女は彼を大声で呼んでいた. ❐यहीं से छोटे भाई को हँकार लो। ここから弟を大きな声で呼びなさい. **2** (家畜を)声を出して追う, 御する. (⇒हँकाना, हाँकना)

हंगरी /haṃgarī ハンガリー/ [cf. Eng.n. *Hungary*] *m.* 〖国名〗ハンガリー(共和国)《首都はブダペスト (बुडापेस्ट)》.

हंगामा /haṃgāmā ハンガーマー/ [←Pers.n. ہنگامہ 'noise, tumult, riot'] *m.* 大騒ぎ, 大騒動;騒乱. (⇒हो-हल्ला) ❐～ करना [मचाना]騒ぎを起こす, 騒ぐ. ❐कारख़ाने में आये दिन एक-न-एक ～ उठता रहता है। 工場では毎日なんらかの騒ぎが起こっている.

हंगामी /haṃgāmī ハンガーミー/ [←Pers.adj. ہنگامی 'temporal; ephemeral'] *adj.* **1** (会議などが)騒々しい, 大荒れの. ❐उत्तर प्रदेश विधान-मंडल का आगामी आठ फ़रवरी के शुरू होनेवाला बजट सत्र ～ होने के आसार हैं। ウッタル・プラデーシュ州議会の来る2月8日に始まる予算審議会期は大荒れになる兆候がある. **2** 緊急の;臨時の. ❐～ बैठक 緊急会合.

हंटर /haṃṭara ハンタル/ ?←Eng.n. *hunter m.* 鞭(むち). (⇒चाबुक) ❐(को) ～ जमाना [मारना, लगाना](…を)鞭で打つ.

हंडा /haṃḍā ハンダー/ [<OIA. **hāṇḍa*- 'pot': T.14050] *m.* **1** (金属製の)大きな壺《主に水を貯めておく》. ❐～ फोड़ना 壺を壊す《「秘密を暴く」の意》. ❐मैंने हंडे भर अशर्फ़ियाँ छिपा लीं। 私は壺一杯に金貨を隠した. **2** ガス灯《火を灯すガラスの部分が壺型になっている》. ❐गैस के हंडों की रोशनी ガス灯の明かり.

हँड़िया /hā̃ṛiyā ハンリヤー/ [<OIA.f. **hāṇḍikā*- 'earthen pot': T.14050z1] *f.* 小さな土鍋. (⇒हाँड़ी)

हंतव्य /haṃtavya ハンタヴィエ/ [←Skt.v. *हन्*- 'to kill'] *adj.* 殺されるべき(人).

हंता /haṃtā ハンター/ [←Skt.m. *हन्तृ*- 'a slayer'] *m.* 殺人者, 殺害者.

हंभा /haṃbʰā ハンバー/ [←Skt.f. *हम्भा*- 'the lowing of cattle'; onom.] *f.* 牛の鳴き声.

हंस /haṃsa ハンス/ [←Skt.m. *हंस*- 'a swan, goose'] *m.* **1** 〖鳥〗(雄)ハクチョウ, 白鳥. (⇔हंसिनी) **2** 〖鳥〗(雄)ガチョウ.

हँसना /hā̃sanā ハンスナー/ [<OIA. *hásati* 'laughs': T.14021] *vi.* (*perf.* हँसा /hā̃sā ハンサー/) **1** 笑う. ❐मैंने हँसकर कहा। 私は笑って言った. ❐वह मेरी ओर देखकर क्यों हँसा? 彼は, 私の方を見て何故笑ったんだい? ❐जानवरों की बोलियों की ऐसी नक़ल करता है कि हँसते-हँसते लोगों के पेट में बल पड़ जाता है। 彼の動物の鳴き声の物真似は, 人々が笑いつづけて腹の皮がよじれてしまうほどである. ❐वह शर्मीली-सी हँसी हँसा। 彼は, 照れたように笑った. ❐यह कहते हुए वह ज़ोर से रोती हुई हँसी हँसा और उठ खड़ा हुआ। こう言いながら彼は激しく泣くような笑いを笑った, そして立ち上がった. ❐वे अकारण हँस पड़ते थे। 彼は理由もなく笑い出すのだった. **2** 冗談を言う;ふざける. ❐दूसरों के साथ तो हँसती है, मुझे देखा तो कुप्पे-सा मुँह फुला लिया। 彼女は他の人とはふざけ合っていても, 私を見ると皮袋のように顔をふくらませた. ❐बीच-बीच में वह हँस-बोल भी लेता था। 時折彼は, 冗談を言ってふざけた. **3** 嘲り笑う;からかう. ❐तुम मन में मुझपर हँसोगे। 君は, 心の中で私を嘲り笑うだろう. ❐मैं भी तो उसकी दुर्दशा और विपत्ति और पतन पर हँसता हूँ, दिल खोलकर, तालियाँ बजाकर। 私だって彼の不幸と災難そして没落をいい気味だと笑うさ, おもいっきりね, 拍手をしてね. ❐दुनिया हँसेगी, हँस ले। 世間が笑うなら, 笑えばいいさ. ❐अब उसकी गालियों पर लोग हँस देते थे। もはや人々は, 彼女の悪口雑言をからかって笑っていた. **4** (屋敷・風景などが)微笑みかけるようにすばらしい. **5** (傷が)癒えない.

हँसना-खेलना /hā̃sanā-kʰelanā ハンスナー・ケールナー/ *vi.* (*perf.* हँसा-खेला / /) (子どもたちが)楽しく遊んですごす.

हँसना-बोलना /hā̃sanā-bolanā ハンスナー・ボールナー/ *vi.* (*perf.* हँसा-बोला /hā̃sā-bolā ハンサー・ボーラー/) 愉快に過ごす, 楽しくやる. ❐छह महीने हँसते-बोलते बीत गए। 6か月が愉快に過ぎた. ❐हँस-बोलकर अपने विधुर जीवन को बहलाते रहते थे। 彼は愉快に過ごすことで自身の男やもめの人生を紛らわせていた. ❐उनसे तो ख़ाली हँस-बोल लेने का नाता रखती हूँ। 彼とはただ楽しく過ごす関係よ.

हँसमुख /hā̃samukʰa ハンスムク/ [*हँसना* + *मुख*] *adj.* にこやかな, 愛想のいい, 笑みを絶やさない(人); 陽気な; 愉快な. ❐वह ～ और मिलनसार था। 彼は陽気で社交的だった. ❐～ स्वभाव 陽気な性格.

हँसली /hā̃salī ハンスリー/ ▸हँसुली [<OIA.m. *áṁsa*- 'shoulder, shoulder-blade': T.00006; cf. OIA.n. *haḍḍa*- 'bone': T.13952] *f.* **1** 鎖骨. **2** ハンスリー《ネックレスの一種;鎖骨に形状が似ていることから》.

हँसाई /hā̃sāī ハンサーイー/ [cf. *हँसना*] *f.* 嘲笑, あざけり.

हँसाना /hā̃sānā ハンサーナー/ [caus. of *हँसना*] *vt.* (*perf.* हँसाया /hā̃sāyā ハンサーヤー/) 笑わせる. ❐उसके अभिनय ने देहातियों को हँसाते-हँसाते लोटा दिया था। 彼の演技は村人たちをあまりに笑わせて転げ回らせた. ❐जब तक मुझे हँसा न लें, उन्हें चैन न आता था। 私を笑わせるまで, 彼は安心できな

いのだった.

हंसिनी /haṃsinī ハンスィニー/ [*हंस* + *-नी*] *f.* 〚鳥〛 雌ハクチョウ, 白鳥. (⇒हंसी)(⇔हंस)

हँसिया /hãsiyā ハンスィヤー/ ▸हँसुआ [<OIA. *áṁsiya-, áṁsya-* 'belonging to the shoulder': T.00007] *f.* **1** 鎌, 小鎌. (⇒दाँती) ❐हँसिया-सा चाँद 鎌のような月. **2** (半月形の)ナイフ《皮をはぐなどに使用》.

हँसी /hãsī ハンスィー/ [<OIA.n. *hasita-* 'laughter': T.14023] *f.* **1** 笑い;微笑. ❐(को) (पर) ～ आना (人が)(…に対し)笑いがこみあげる. ❐वह दृश्य याद करके मैं आज भी अपनी ～ नहीं रोक पाता। あの光景を思い出して私は今日でも自分の笑いをこらえることができない. ❐जब वह रंगमंच पर आता था तो महफ़िल भर में ～ के फ़ौआरे छूटने लगते थे। 彼が舞台に登場すると会場中が爆笑の渦につつまれるのだった. **2** 冗談, ジョーク;戯れ;からかい. (⇒मज़ाक़) ❐मैं कभी-कभी उनसे ～ करता था। 私は時々彼をからかったものだった. **3** 嘲笑, あざけり;物笑い. ❐(की) ～ उड़ाना (人を)嘲笑する. ❐लड़की का ब्याह न हुआ, तो सारी बिरादरी में ～ होगी। 娘が結婚できなかったら, 身内で物笑いになるだろう.

हंसी /haṃsī ハンスィー/ [←Skt.f. *हंसी-* 'a female goose'] *f.* 〚鳥〛 ☞हंसिनी

हँसी-ख़ुशी /hãsī-xuśī ハンスィー・クシー/ *f.* 陽気で愉快な雰囲気.
— *adv.* 陽気に愉快に. ❐सब उसे ～ बिदा करना चाहते हैं। 皆彼を陽気に愉快に送り出したかった.

हँसी-खेल /hãsī-kʰela̸ ハンスィー・ケール/ *m.* **1** 遊び, 戯れ. **2** 朝飯前の仕事, いたって容易なこと.

हँसी-ठट्ठा /hãsī-ṭʰaṭṭʰā ハンスィー・タッター/ *m.* **1** 冗談を言い合ってふざけること. (⇒हँसी-मज़ाक़) ❐उनकी बातचीत, ～ की आवाज़ फ़्लैट-भर में गूँज रही थी। 彼らの話したりふざけあう声がアパート中に響いていた. **2** 幼稚で簡単なこと;朝飯前のこと《主に否定文で使用》. (⇒हँसी-मज़ाक़) ❐उससे जूझना कोई ～ नहीं है। 彼と格闘するのは容易ではない.

हँसी-ठिठोली /hãsī-ṭʰiṭʰolī ハンスィー・ティトーリー/ *f.* **1** 冗談を言い合ってふざけること. (⇒हँसी-मज़ाक़)

हँसी-दिल्लगी /hãsī-dillagī ハンスィー・ディッラギー/ *f.* **1** 冗談を言うこと;からかうこと. **2** 嘲笑すること, あざけること;物笑いにすること. **3** ふざけていちゃつくこと. ❐उसके साथ ～ कर रहा होगा। 彼女といちゃついているところだろう.

हँसी-मज़ाक़ /hãsī-mazāqa̸ ハンスィー・マザーク/ *m.* **1** 冗談を言い合ってふざけること. (⇒हँसी-ठट्ठा) ❐(से) ～ करना (人と)冗談を言い合う. **2** 幼稚で簡単なこと;朝飯前のこと《主に否定文で使用》. (⇒हँसी-ठट्ठा) ❐यह कोई ～ नहीं है। これは全然笑い事ではないぞ.

हँसुआ /hãsuā ハンスアー/ ▸हँसिया *m.* ☞हँसिया

हँसुली /hãsulī ハンスリー/ ▸हँसली *f.* ☞हँसली

हँसोड़ /hãsoṛa̸ ハンソール/ [cf. *हँसना*] *adj.* 陽気な, 愉快な(人);笑い上戸の. ❐वह बड़ा ～ था। 彼はたいそう陽気だった.
— *m.* 陽気な人, 愉快な人;笑い上戸の人.

हक़ /haqa̸ ハク/ ▸हक्क [←Pers.n. حق 'acting justly, uprightly; justness, truth' ←Arab.] *adj.* 正当な;真の.
— *m.* **1** 権利;資格. (⇒अधिकार) ❐आपको यह कहने का क्या ～ है? あなたにこんなことを言う何の権利があるのですか. **2** (当然の権利としての)要求[請求, 主張]. (⇒अधिकार) **3** 権限, 職権;権力. (⇒अख़्तियार, अधिकार) **4** 支持, 賛成. (⇒पक्ष) ❐मेरे ～ में फ़ैसला हुआ। 私を支持する決定がなされた.

हक़तलफ़ी /haqatala̸fī ハクタルフィー/ [←Pers.n. حق تلفی 'violation of a right'] *f.* 権利の侵害.

हक़दार /haqadāra̸ ハクダール/ [←Pers.n. حقدار 'rightful owner, proprietor'] *adj.* 権利を持つ;資格を持つ, 有資格である.
— *m.* 権利保有者;有資格者. ❐अपने से छोटों से आदर पाने का ～ वे अपने को ज़रूर समझते थे। 目下の者から尊敬される権利があるのは, 彼は自分だと当然思っていた. ❐उसे डिग्री का ～ नहीं क़रार दिया गया। 彼は学位の有資格者と認定されなかった.

हकबकाना /haka̸bakānā ハクバカーナー/ ▸अकबकाना [cf. *हक्का-बक्का*] *vi.* (*perf.* हकबकाया /haka̸bakāyā ハクバカーヤー/) 不意をうたれる, めんくらう;仰天する, 肝をつぶす.

हक़-मालिकाना /haqa-mālikānā ハカ・マーリカーナー/ [←Pers. ←Arab.] *m.* 〚法律〛 所有権.

हकला /haka̸lā ハクラー/ [cf. *हकलाना*] *adj.* どもる(人), 吃音の.
— *m.* どもる人, どもりや, 吃音者.

हकलाना /haka̸lānā ハクラーナー/ [?<OIA. *hikkati* 'hiccups, sobs': T.14074] *vi.* (*perf.* हकलाया /haka̸lāyā ハクラーヤー/) どもる;口ごもりながら話す. (⇒तुतलाना) ❐दब-दब-दब-दब कर हकलाने लगे। ひどく気後れして口ごもり始めた.

हकलापन /haka̸lāpana̸ ハクラーパン/ [*हकला* + *-पन*] *m.* 〚医学〛 どもり, 吃音症;口ごもり. (⇒हकलाहट)

हकलाहट /haka̸lāhaṭa̸ ハクラーハト/ [*हकलाना* + *-आहट*] *f.* 〚医学〛 どもり, 吃音症;口ごもり. (⇒हकलापन)

हकार /hakāra̸ ハカール/ [←Skt.m. *ह-कार-* 'Devanagari letter ह or its sound'] *m.* **1** 子音字 ह. **2** 〚言語〛 子音字 ह の表す子音 /h/.

हक़ारत /haqārata̸ ハカーラト/ [←Pers.n. حقارة 'despising; being despicable; scorn, contempt' ←Arab.] *f.* 軽蔑, さげすみ. (⇒अपमान)

हकारना /hakāra̸nā ハカールナー/ ▸हँकारना *vt.* (*perf.* हकारा /hakārā ハカーラー/) ☞हँकारना

हकारांत /hakārāṃta̸ ハカーラーント/ [←Skt. *हकार-अन्त-* 'ending in the letter ह or its sound'] *adj.* 〚言語〛 語尾が ह で終わる(語)《आह「ため息」, देह「肉体」, बाँह「腕」, など》. ❐～ शब्द 語尾が ह で終わる語.

हक़ीक़त /haqīqata̸ ハキーカト/ [←Pers.n. حقیقت ←Arab.] *f.* 現実, 実情, 実態;事実. (⇒यथार्थ) ❐～ में 実際に, 事実.

हकीम /hakīma ハキーム/ [←Pers.n. حکیم 'a doctor, philosopher' ←Arab.] *m.* **1** ハキーム《特に古代ギリシャ起源のイスラム文化圏に伝えられた医術を専門とする医者》. ❐तजरबाकार ～ 熟練した医者. **2**〖イスラム教〗賢者;哲学者.

हकीमी /hakīmī ハキーミー/ [←Pers.n. حکیمی 'the practice of medicine'] *adj.* (イスラム伝統)医学の, 医術の.

— *f.* **1** (イスラム伝統)医学. ❐～ करना (イスラム伝統)医学を施す. **2** (イスラム伝統医学の)医者の職.

हक़्क़ /haqqa ハック/ ▶हक़ *m.* ☞हक़

हक्का-बक्का /hakkā-bakkā ハッカー・バッカー/ [echo-word] *adj.* たまげた, びっくりした;あっけにとられた. ❐कुछ देर तक तो सब हक्के-बक्के रह गए। しばらくの間皆はあっけにとられた. ❐वह ～ होकर मेरा मुँह देखने लगी। 彼女は唖然として私の顔を見た.

हगना /hagnā ハグナー/ [<OIA. *hádati* 'defecates': T.13960] *vt.* (*perf.* हगा /hagā ハガー/) (人が)大便をする, 糞をする. ❐जब उसने नाली में हग लिया तभी उसे तसल्ली हुई। 下水路で大便を済ませると彼は一息ついた. ❐पड़ोसी के बच्चे ने रास्ते में हग दिया। 近所の子どもが路上で大便をした.

हगाना /hagānā ハガーナー/ [caus. of *हगना*] *vt.* (*perf.* हगाया /hagāyā ハガーヤー/) **1** (子どもに)大便をさせる. **2** (下剤で)便通をスムースにする.

हगास /hagāsa ハガース/ [cf. *हगना*] *f.* 便意. ❐(को) ～ लगना (人が)便意をもよおす.

हगोड़ा /hagoṛā ハゴーラー/ [cf. *हगना*] *m.* **1**〔卑語〕大便をする人. (⇒हग्गू) **2**〔卑語〕臆病者, 腰抜け. (⇒हग्गू)

हग्गू /haggū ハッグー/ [cf. *हगना*] *m.* ☞हगोड़ा

हचक /hacaka ハチャク/ [?<OIA. **acca-* 'sudden shock': T.00141] *f.* 衝撃;揺れ.

हचकोला /hacakolā ハチコーラー/ ▶हिचकोला [cf. *हचक*] *m.* 大揺れ;激震. ❐जहाज़ ख़ूब हचकोले खाता, और हमें समुद्री मतली का भी शिकार होना पड़ा। 船は大揺れに揺れ, そして私たちは船酔いしてしまった.

हज /haja ハジ/ ▶हज्ज *m.* ☞हज्ज

हज़म /hazama ハザム/▶हज़्म [←Pers.n. هضم 'breaking; digesting (food)' ←Arab.] *m.* **1**〖医学〗消化《形容詞的に使用》. (⇒पाचन) ❐मुझसे मक्के की रोटियाँ खायी ही न जायँगी, और किसी तरह निगल भी जाऊँ तो ～ न होंगी। 私はトウモロコシ粉のローティーが食べられない, なんとか飲み込んでも消化しないだろう. **2** 着服, 横領. ❐(रुपये) ～ करना (金を)着服する.

हज़रत /hazarata ハズラト/ [←Pers.n. حضرة 'presence; dignity; majesty' ←Arab.] *m.* **1**〖イスラム教〗ハズラト《特に預言者・使徒・聖者・偉人などの名前の前に》. ❐～ मसीह 救世主イエス・キリスト. ❐～ मुहम्मद 預言者ムハンマド. ❐～ इमाम हुसैन シーア派教祖アリーの後継者であり指導者・殉教者フセイン. **2**〔皮肉〕悪党, 悪がき;こやつ, あやつ.

हजामत /hajāmata ハジャーマト/ [←Pers.n. حجامة 'the profession of a barber or cupper; shaving, cupping, searifying' ←Arab.] *f.* **1** 散髪, 理髪, 整髪;ひげ剃り. ❐～ बनवाना 頭髪を刈ってもらう;ひげを剃ってもらう. ❐(की) ～ बनाना (人の)頭髪を刈る;ひげを剃る. **2** (暴利などの)むさぼり. ❐(की) ～ बनाना (人から)むしり取る, 巻き上げる.

हज़ार /hazāra ハザール/ [←Pers.n. هزار 'a thousand'; cog. Skt.n. *सहस्र-* 'a thousand'] *num.* 千(の単位). (⇒सहस्र) ❐～ (रुपए) का नोट 千ルピーの札. ❐एक [दो] ～ 1千[2千]. ❐दस [बीस] ～ 1万[2万]. ❐हज़ारों 何千何万もの.

— *adv.* くどいほど多数. ❐～ समझाता हूँ मगर कौन सुनता है। くどいほど説得しても誰も耳を貸そうとしない.

हज़ारा /hazārā ハザーラー/ [←Pers.adj. هزاره 'consisting of innumerable parts'] *adj.*〖植物〗(花が)八重の, 重弁の. ❐～ गेंदा〖植物〗センジュギク(千寿菊), キンセンカ(金盞花), マリーゴールド.

— *m.* じょうろ, スプリンクラー《散水用の穴が多くあることから》.

हज़ारी /hazārī ハザーリー/ [←Pers.adj. هزاری 'what relates to a thousand'] *adj.* 千の.

— *m.*〖歴史〗千人隊の隊長.

— *f.*〖歴史〗千人隊.

हज़ारीबाग़ /hazārībāğa ハザーリーバーグ/ [cf. Eng.n. *Hazaribagh*] *m.*〖地名〗ハザーリー・バーグ《ジャールカンド州 (झारखंड) の都市》.

हज़ूर /hazūra ハズール/ ▶हुज़ूर *m.* ☞हुज़ूर

हज्ज /hajja ハッジ/ ▶हज [←Pers.n. حج 'setting out; going on pilgrimage to Mecca, and performing the ceremonies' ←Arab.] *m.* **1**〖イスラム教〗ハッジ《メッカ巡礼》. ❐～ करना メッカ巡礼をする. **2**〔諺〕ハッジ《メッカ巡礼》. ❐सत्तर चूहे खाकर, बिल्ली चली ～ को। 70匹のネズミを食べて, 猫はメッカ巡礼へ《「多くの罪を犯したあとで, ずうずうしくもしおらしく信心深くなる」の意》.

हज्जाम /hajjāma ハッジャーム/ [←Pers.n. حجام 'a barber' ←Arab.] *m.* 床屋, 理髪師, 理容師. (⇒नाई)

हज़्म /hazma ハズム/ ▶हज़म *m.* ☞हज़म

हटना /haṭanā ハトナー/ [<OIA. **haṭṭ-* 'move': T.13943] *vi.* (*perf.* हटा /haṭā ハター/) **1** はずされる, 取り払われる, 撤去される. ❐आवरण हट गया। 覆いが取り払われた. ❐जहाँ से पलस्तर हट गया है वहाँ भी आकृतियाँ स्पष्ट समझ में आ जाती हैं। 漆喰(しっくい)が取り払われたところですら, (刻まれていた)形状が鮮明にわかるほどである. **2** 退く, 後退する, 後ずさりする, ひっこむ;(脇に)寄る;立ち退く. ❐पीछे हट जाओ। 後ろにさがれ. ❐उसे आते देखकर किसान लोग उसके रास्ते से हट जाते थे। 彼が来るのを見ると, 農民たちは彼の通り道をゆずるのであった. ❐वह चुनौती पाकर मैदान से कैसे हट जाए? 彼が挑戦を受けて土俵からどうして引き下がることがありえようか? ❐इसी वर्ष हमें अपने पुश्तैनी घर से हटना पड़ा। 今年私たちは, 先祖代々の家から立ち退かねばならなかった. ❐लीक से हटकर चलना बड़ा कठिन होता है। 世間の習わしから離れて歩むことはとて

も難しいものだ. **3** 退却する;追い払われる. **4** (地位・職)から去る, 引退する, やめる;退職する;退学する. ❑इस कुर्सी से माधुरी के हटने के बाद फ़िल्मी दुनिया में अफ़रा-तफ़री का ही आलम रहने की संभावना है। この座からマードゥリー(＝映画女優の名前)が引退した後は, 映画界では混乱状態が続く可能性がある. **5** 思いとどまる. **6** しり込みする, ひるむ;(約束などを)取り消す;(取り組む姿勢が)後退する;それる. ❑उनका यह कहना कि गाँधी के सिद्धांतों से हटना ही भ्रष्टाचार का मूल है, सौ फ़ीसदी सत्य है। ガーンディー主義からの後退こそが汚職の根源である, という彼の主張は百パーセント正しい. **7** 延期される.

हटवाना /haṭavānā ハトワーナー/ [caus. of *हटना, हटाना*] *vt.* (*perf.* हटवाया /haṭavāyā ハトワーヤー/) 退けさせる;退けてもらう.

हटाना /haṭānā ハターナー/ [cf. *हटना*] *vt.* (*perf.* हटाया /haṭāyā ハターヤー/) **1** どける, 除去する;(後方に)さげる;遠ざける. (⇒दुराना) ❑मैंने दौड़कर उन्हें सँभाला और कुर्सियाँ हटाकर वहीं ज़मीन पर लिटा दिया। 私は駆け寄って彼を支えた, そして椅子をどけてその場で地面に寝かせた. ❑उसने दरवाज़ा ऐसे खोला जैसे कोई अपने हाथों से अपने घाव की पट्टी हटाए। 彼はドアを開けた, その開け方はまるで自分の手で自分の傷口の絆創膏をはずすようだった(＝思いっきり開けた). ❑बीवी को इक्के का पर्दा भी हटाना पड़ा और चेहरे से बुर्क़ा भी। (イスラム教徒の)奥方は一頭立て馬車の幕をめくらざるをえなかった, そして顔からブルカーをはずすことも. ❑मैंने क़दम पीछे नहीं हटाया। 私は後に退かなかった. ❑उसने मुझे धक्के देकर पीछे हटाते हुए कहा। 彼は私を押して後ろにさがらせながら言った. ❑सूचना-प्रसारण मंत्री सुषमा स्वराज ने दूरदर्शन के प्राइम टाइम से घर-निरोधक गोली के विज्ञापन को एक झटके से हटाकर देश की जनसंख्या समस्या के प्रति असंवेदनशीलता का ही परिचय दिया। 情報・放送大臣スシュマー・スワラージはインド国営放送のゴールデンアワーから避妊用ピルの宣伝を一挙にはずして, 我が国の人口問題に対する認識の無さを示した. **2** 追い払う, 追い出す;撃退する. (⇒खदेड़ना, भगाना) **3** (地位・職)から去らせる, やめさせる;免職[解任, 解雇]する;排斥する;放校する, 退学させる. ❑पिता जी ने स्कूल से बहन को हटा लिया। 父は, 姉に学校をやめさせた. ❑वह हमेशा राव को प्रधानमंत्री पद से हटाने की फ़िराक़ में रहा। 彼は絶えず, ラーオを首相の座から排斥することに執着していた. ❑अपनी सबसे सुंदर प्रिचारिका को रानी ने जान-बूझकर हटा दिया था। 自分の最も美しい侍女に, 王妃は故意に暇をとらせた. **4** (頭から考えを)追い払う;払拭する. ❑वह शौक़-सिंगार से अपना मन न हटा सकती थी। 彼女は欲望から自分の心を背けさせることができないでいた. ❑वह बलपूर्वक अपने मन को उनकी ओर से हटा लेना चाहती है। 彼女は無理やり自分の心を彼の方から遠ざけようとしている. ❑और लड़कों को खेल-कूद से हटाकर पढ़ने-लिखने की ओर लगाया जाता था, मुझे पढ़ने-लिखने से हटाकर खेलने-कूदने की ओर। 他の子どもたちは遊びから遠ざけられ勉強に集中させられていた, 私は勉強から遠ざけられ遊びに. ❑उन्होंने मेरे मन पर छाए हुए अवसाद को हटाने के लिए एक उपाय सोचा। 彼は私の心をおおっていた無気力感を追い出すために一つの策を考えた. ❑उसने हमारे बीच की औपचारिकता हटानी चाही। 彼は我々の間にある他人行儀な関係を取り払いたかった. **5** 延期する.

हट्ट /haṭṭa ハット/ [←Skt.m. *हट्ट-* 'a market'] *m.* 市;市場.

हट्टा-कट्टा /haṭṭā-kaṭṭā ハッター・カッター/ [echo-word; हट्टा ＜OIA. *hṛṣṭa-* 'rejoicing': T.14155] *adj.* 屈強な, 強建な, 頑健な. (⇒तगड़ा, हृष्ट-पुष्ट) ❑हट्टे-खट्टे जवान 屈強な若者たち.

हठ /haṭʰa ハト/ [←Skt.m. *हठ-* 'violence; oppression'] *m.* **1** 頑固;強情;意地. (⇒ज़िद) ❑～ करना [ठाना]強情をはる. **2** 強制, 無理強い.

हठधर्मी /haṭʰadʰarmī ハトダルミー/ [←Skt. *हठ-धर्मिन्-* 'stubborn'] *f.* 強情, 頑固;意固地. ❑मुझे उसकी ～ पर दु:ख हुआ। 私は彼の意固地に悲しくなった.

हठयोग /haṭʰayoga ハトヨーグ/ [←Skt.m. *हठ-योग-* 'a kind of forced Yoga or abstract meditation (forcing the mind to withdraw from external objects'] *m.* 〖ヒンドゥー教〗ハタヨーガ《ラージャヨーガ (राजयोग) と並ぶヨーガの流派》.

हठात् /haṭʰāt ハタート/ [ablative case of Skt.m. *हठ-* 'violence; oppression'] *adv.* **1** 強引に, 力づくで. **2** 強情に;意地になって. **3** 突然に, にわかに. ❑～ मेरे कमरे का द्वार आप ही आप खुल गया। 突然私の部屋のドアが自然に開いた.

हठी /haṭʰī ハティー/ [←Skt. *हठिन्-* 'obstinately insisting on'] *adj.* 強情な, 頑固な;意固地な. (⇒ज़िद्दी, हठीला)

हठीला /haṭʰīlā ハティーラー/ [*हठ* ＋ *-ईला*] *adj.* 強情な, 頑固な;意固地な. (⇒हठी)

हठीलापन /haṭʰīlāpana ハティーラーパン/ [*हठीला* ＋ *-पन*] *m.* 強情さ, 頑固さ;意固地さ.

हड़-[1] /haṛa- ハル・/ [comb. form of *हाड़*] *comb. form* 《「骨」を表す連結形;हड़कंप「大混乱」など》

हड़[2] /haṛa ハル/ ▸हरड़ा, हर्र, हर्रा *f.* ☞हर्रा

हड़कंप /haṛakampa ハルカンプ/ [*हड़-* ＋ *कंप*] *m.* 大混乱, 大騒動. ❑～ मच जाना 大騒動が起きた. ❑～ मचाना 大騒動を起こす.

हड़क /haṛaka ハラク/▸हुड़क [cf. *हड़कना*] *f.* **1** 渇望. **2** 〖医学〗狂犬病, 恐水病《特に恐水症状でも水を渇望する苦痛から》. (⇒जलातंक)

हड़कना /haṛakanā ハラクナー/ [＜OIA. **haṭ-* 'move or exclaim violently': T.13942] *vi.* (*perf.* हड़का /haṛakā ハルカー/) 渇望する.

हड़काना /haṛakānā ハルカーナー/ [cf. *हड़कना*] *vt.* (*perf.* हड़काया /haṛakāyā ハルカーヤー/) (欲しがるように)じらす.

हड़काया /haṛakāyā ハルカーヤー/ *adj.* **1** 〖医学〗狂犬病にかかった. ❑～ कुत्ता 狂犬. **2** じらされて狂ったように苛立った.

हड़ताल /haṛatāla ハルタール/ [*हाट* ＋ *ताला*] *f.* **1** (労働者の)ストライキ, 就業拒否, 罷業. ❑～ करना ストライキをする. **2** (商店の閉鎖などによる)抗議スト.

हड़ताली /haṛatālī ハルターリー/ *adj.* ストライキの.

— *m.* ストライキ参加者.

हड़प /haṛapa ハラプ/ [?<OIA. **happ-* 'sudden movement': T.13971] *f.* **1** がつがつ食べること. **2** 横領, 着服. ❒～ करना 横領する, 着服する.

हड़पना /haṛapanā ハラプナー/ [cf. *हड़प*] *vt.* (*perf.* हड़पा /haṛapā ハルパー/) **1** (食べ物を)ぐっと飲み込む;がつがつ食べる. **2** (土地を)不当に占拠する;横領する, 着服する. (⇒खाना, गटकना, गपकना)

हड़प्पा[1] /haṛappā ハラッパー/ [cf. *हड़पना*] *m.* **1** (食べ物の)一口. **2**〔卑語〕《男性の女性に対する野卑なののしりの言葉》.

हड़प्पा[2] /haṛappā ハラッパー/ *m.*〖地名〗ハラッパー《パキスタン北西部にあるインダス文明の一つの古代遺跡》.

हड़बड़ /haṛabaṛa ハルバル/ [echo-word; ?<OIA. **haḍabaḍa-* 'confusion': T.13949] *f.* ☞हड़बड़ी

हड़बड़ाना /haṛabaṛānā ハルバラーナー/ [cf. *हड़बड़*] *vi.* (*perf.* हड़बड़ाया /haṛabaṛāyā ハルバラーヤー/) あせって慌てふためく. ❒हड़बड़ाओ मत। 慌てるんじゃない. ❒शोर सुनते ही पहरेदार हड़बड़ाकर उठ खड़े हुए। 騒ぎを聞くや否や番兵達は慌てて立ち上がった.

— *vt.* (*perf.* हड़बड़ाया /haṛabaṛāyā ハルバラーヤー/) 慌てて(人を)せかす.

हड़बड़िया /haṛabaṛiyā ハルバリヤー/ [cf. *हड़बड़ी*] *adj.* (急いで)あわてふためく(人).

हड़बड़ी /haṛabaṛī ハルバリー/ [cf. *हड़बड़*] *f.* **1** 性急;(急いで)あわてふためくこと, 狼狽. ❒～ करना 性急にことを急ぐ. ❒～ में 性急に, あわてふためいて. **2** どさくさ, 混乱.

हड्डी /haḍḍī ハッディー/ [<OIA.n. *haḍḍa-* 'bone': T.13952; cf. *हाड़*] *f.* **1** 骨. (⇒अस्थि) ❒～ उखड़ना [उतरना]脱臼する. ❒～ टूटना 骨が折れる. ❒उसका शरीर ～-～ रह गया था। 彼の体は骨と皮だらけになっていた. ❒रीढ़ की ～ 背骨. ❒(की) हड्डियाँ तोड़ना (人を)ひどく殴る. **2** (魚・肉の)小骨. ❒कबाब में ～ じゃま者, おじゃま虫.

हड्डी-पसली /haḍḍī-pasalī ハッディー・パスリー/ *f.* (全身の)骨《単数形で使用》. ❒～ एक कर देना ひどく打ちすえる, 叩きのめす. ❒～ तोड़ देना ひどく打ちすえる, 叩きのめす. ❒(की) ～ चूर हो जाना (人の)全身の骨が砕ける. ❒～ का भी पता नहीं लगता। 人骨の破片すら見つからない.

हत /hata ハト/ [←Skt. *हत-* 'killed, slain, destroyed, ended, gone, lost'] *adj.* 殺された;失われた;欠落した《主に合成語の要素として;हतभाग्य「不運な」, हताश「絶望した」, हतोत्साह「落胆した」など》.

हतप्रभ /hataprab^{h}a ハトプラブ/ [←Skt. *हत-प्रभ-* 'dimmed in lustre, bereft of beauty'] *adj.* 茫然自失の.

हतभागा /hatab^{h}āgā ハトバーガー/ [<Skt. *हत-भाग्य-* 'illstarred, ill-fated, luckless'] *adj.* ☞हतभाग्य

हतभाग्य /hatab^{h}āgya ハトバーギエ/ [←Skt. *हत-भाग्य-* 'illstarred, ill-fated, luckless'] *adj.* 不運な;逆境の. (⇒हतभागा)

हताश /hatāśa ハターシュ/ [←Skt. *हत-आश-* 'whose hopes are destroyed, desperate'] *adj.* 絶望した, 失望した;みじめな. ❒(को) ～ करना (人を)失望させる. ❒वह ～ होने पर भी आशा पीछा नहीं छोड़ती 彼女はがっかりしても希望を捨てない.

हताशा /hatāśā ハターシャー/ [neo.Skt.f. *हत-आशा-* 'despair'] *f.* 絶望, 失望, 落胆.

हताहत /hatāhata ハターハト/ [neo.Skt. *हत-आहत-* 'killed and wounded'] *adj.* 死傷した(人々).

— *m.* 死傷者. ❒वे हताहतों को उठा-उठाकर अस्पताल पहुँचाने लगे। 彼らは死傷者を抱き上げて病院に運搬しはじめた. ❒हताहतों की बढ़ती संख्या 死傷者の増え続ける数.

हतोत्साह /hatotsāha ハトートサーハ/ [neo.Skt. *हत-उत्साह-* 'disheartened'] *adj.* 落胆した, 気落ちした. ❒(को) ～ करना (人を)落胆させる.

हत्था /hatt^{h}ā ハッター/ [<OIA.m. *hastaka-* 'hand': T.14025] *m.* **1** 取っ手;ハンドル;柄. (⇒दस्ता, हैंडल) ❒लंबे हत्थे की कैंची 長柄の大ばさみ. ❒लकड़ी का ～ 木製の柄. **2** (椅子の)肘掛け. (⇒हैंडल) **3**〖ヒンドゥー教〗(家の壁などに押し付けた)手形《吉祥の印》.

हत्थे /hatt^{h}e ハッテー/ [cf. *हत्था*] *adv.*《〖名詞 के हत्थे〗の形式で, 副詞句「…の手に, …を介して」を表す》❒२०१२ से फ़रार चल रहे डकैत चढ़े पुलिस के ～ 2012 年以来行方不明だった強盗犯が警察の手に《新聞の見出し》.

हत्या /hatyā ハティャー/ [←Skt.f. *हत्या-* 'killing, slaying, slaughter'] *f.* 殺害, 殺人;暗殺;殺戮(さつりく), 殺生. (⇒क़त्ल) ❒(की) ～ करना (人を)殺害する.

हत्यारा /hatyārā ハティャーラー/ [<OIA. **hatyākāraka-* 'killer': T.13959] *m.* 殺人者, 人殺し;暗殺者. (⇒क़ातिल, ख़ूनी)

हत्यारिन /hatyārina ハティャーリン/ [cf. *हत्यारा*] *f.* 女の殺人者;女の暗殺者.

हथ- /hat^{h}a- ハト・/ [comb. form of *हाथ*] *comb. form*《「手」を表す連結形;हथकड़ी「手錠」, हथकरघा「手織り機」, हथगोला「手榴弾」など》.

हथकंडा /hat^{h}akaṃḍā ハトカンダー/ [*हथ-* + *कंडा*] *m.* 策略, 手練手管. ❒उन्होंने समझा यह मेरा किताब जल्दी प्रकाशित कराने का ～ था। 彼はこれは本を早く出版させようとする私の策略だと理解した.

हथकड़ी /hat^{h}akaṛī ハトカリー/ [*हथ-* + *कड़ी*] *f.* 手錠. ❒मेरे हाथ में हथकड़ियाँ पहना दो। 私の手に手錠をかけろ.

हथकरघा /hat^{h}akarag^{h}ā ハトカルガー/ ▸हाथकरघा [*हाथ* + *करघा*] *m.* 手織り機.

हथकल /hat^{h}akala ハトカル/ [*हथ-* + *कल*[2]] *f.* (スパナなど手動の)工具.

हथगोला /hat^{h}agolā ハトゴーラー/ [*हथ-* + *गोला*] *m.* 手榴弾, 手投げ弾. ❒～ फटना 手榴弾が破裂する. ❒(पर) ～ फेंकना (…に)手榴弾を投げる.

हथलेवा /hat^{h}alevā ハタレーワー/ [*हथ-* + *-लेवा*] *m.*〖ヒンドゥー教〗ハトレーワー《結婚式で新郎が新婦の手を取る儀式》. (⇒पाणिग्रहण)

हथिनी /hat^hinī ハティニー/ [<OIA. *hastín-* 'having hands, clever with the hands': T.14039] *f.* 〖動物〗雌象. (⇔हाथी)

हथियाना /hat^hiyānā ハティヤーナー/ [cf. *हाथ*] *vt.* (*perf.* हथियाया /hat^hiyāyā ハティヤーヤー/) **1** 手に取る;手でつかむ. **2** 着服する, 横領する. **3** (証拠などを)おさえる, 手中に収める;のっとる, 占領する. ❒अब उसने सब कुछ हथिया लिया और हमें निकाल बाहर किया। 今や彼は何もかも手に入れた, そして私たちを追い出した. ❒सरकारी फ़ाइलों से उन्होंने कुछ गोपनीय जानकारियाँ ज़रूर हथिया लीं। 公文書資料から, 彼は何か秘密の情報をきっとおさえたのだ. ❒उन्होंने संस्था को हथिया लिया। 彼は研究所をのっとった.

हथियार /hat^hiyāra̸ ハティヤール/ [<OIA. **hastakāra-* 'tool, weapon': T.14027] *m.* 武器. ❒~ उठाना [सँभालना] 武器を取る. ❒(के सामने) ~ डालना [रखना] (人の前に)武器を置く《「(人に)降参する」の意》. ❒(पर) ~ चलाना (人に対し)武器をふるう. ❒मज़बूत ~ 強力な武器. ❒हथियारों से लैस रहना 武装する.

हथियारघर /hat^hiyāra̸g^hara̸ ハティヤールガル/ [*हथियार* + *घर*] *m.* 武器庫, 兵器庫.

हथियारबंद /hat^hiyāra̸bamda̸ ハティヤールバンド/ [*हथियार* + *-बंद*] *adj.* 武装した. ❒~ आतंकवादी 武装テロリスト. ❒~ गाड़ी [वाहन] 装甲車. ❒~ संघर्ष 武装闘争.

हथियारबंदी /hat^hiyāra̸bamdī ハティヤールバンディー/ [*हथियारबंद* + *-ई*] *f.* 武装;武装化.

हथेली /hat^helī ハテーリー/ [<OIA.n. *hastatala-* 'palm of hand': T.14029] *f.* 手のひら, 掌(てのひら). ❒~ का फफोला 手のひらの水ぶくれ《「もろいもの」のたとえ》. ❒~ खुजलाना [खुजाना] 手のひらが痒(かゆ)い《「金が手に入る吉兆」の意も》. ❒~ पर (अपनी) जान रखना 命をかける. ❒~ पर (अपनी) जान लिए फिरना 命をかける. ❒ताली हमेशा दो हथेलियों से बजती है। 拍手というものはいつも二つの掌で鳴るものです.

हथौटी /hat^hauṭī ハタォーティー/ [<OIA. **hastavr̥tti-* 'use of the hands': T.14035] *f.* (高い)技能, (いい)腕.

हथौड़ा /hat^hauṛā ハタォーラー/ [<OIA. **hastakūṭa-* 'hand hammer': T.14028] *m.* (両手で使用する)(鍛冶屋の)玄能(げんのう), ハンマー.

हथौड़ी /hat^hauṛī ハタォーリー/ [cf. *हथौड़ा*] *f.* 金づち, 小さなハンマー.

हद /hada̸ ハド/▸हद्द [←Pers.n. حد 'setting bounds; boundary, term, limit, extremity, extent' ←Arab.] *f.* **1** 境界. (⇒सीमा) ❒गाँव की ~ 村の境界. **2** 限界, 限度;極限, 頂点, 極み. (⇒सीमा) ❒आख़िर कब तक और कहाँ तक सहूँ, कोई ~ भी है। 結局いつまでそしてどこまで我慢すべきか, 限度というものがあるはずだ. ❒किसी ~ तक ある程度まで. ❒(की) ~ हो जाना (…の)極限に達する. **3** (常識の)ぎりぎりの節度;極端. ❒आप ~ करते हैं। あなたも無茶な人だ. ❒वे अपनी बहन को ~ से ज़्यादा प्यार करते थे। 彼は妹を常識をはるかに超えるほど愛していた.

हदबंदी /hada̸bamdī ハドバンディー/ [←Pers.n. حد بندی 'fixing the boundaries'] *f.* 境界(画定). ❒(की) ~ करना (…の)境界を画定する.

हदीस /hadīsa̸ ハディース/ [←Pers.n. حديث 'history, tradition (particulary with regard to the sayings and actions of Muhammad)' ←Arab.] *f.* 〖イスラム教〗ハディース《伝承されている預言者ムハンマドの言行録;コーラン (क़ुरान) に次ぐ第二聖典とされる》.

हद्द /hadda̸ ハッド/ ▸हद *f.* ☞हद

हनन /hanana̸ ハナン/ [←Skt.n. *हनन-* 'killing, destroying, removing, dispelling'] *m.* **1** 殺害, 殺戮(さつりく). ❒(का) ~ करना (人を)殺害する. **2** (神聖・尊厳なものを)汚すこと, 傷つけること, 冒涜(ぼうとく). ❒उन्होंने अपनी आत्मा का कभी ~ नहीं किया। 彼は自分の魂を決して汚すことはしなかった.

हनीमून /hanīmūna̸ ハニームーン/ [←Eng.n. *honeymoon*] *m.* ハネームーン.

हनु /hanu ハヌ/ [←Skt.f. *हनु-* 'a jaw'] *f.* あご. (⇒जबड़ा)

हनुमान् /hanumān ハヌマーン/▷हनुमान [←Skt.m. *हनु-मत्-* 'having (large) jaws; name of a monkey-chief (one of the most celebrated of a host of semi-divine monkey-like beings)'] *m.* 〖神話〗ハヌマーン神《叙事詩『ラーマーヤナ』でラーマ王子を助けた猿族 (वानर) の優れた戦士;忠誠のシンボル》.

हनोई /hanoī ハノーイー/ [cf. Eng.n. *Hanoi*] *m.* 〖地名〗ハノイ《ベトナム(社会主義共和国) (वियतनाम) の首都》.

हप /hapa̸ ハプ/ [onom.; <OIA. **happ-* 'sudden movement': T.13971] *m.* 〔擬音〕ごくごく, ぐい;がぶり《飲み込んだりかぶりつく音》. ❒~ करना がぶりと飲み込む.

हफ़्ता /haftā ハフター/ [←Pers.n. هفته 'a week'; cog. Skt.m. *सप्ताह-* '7 days'] *m.* **1** 〖単位〗 1 週間. (⇒सप्ताह) ❒एक ~ और गुज़र गया। 一週間がさらに過ぎた. ❒एक हफ़्ते से खाँसी और बुख़ार में पड़ा है। 一週間前から咳と熱で伏せっている. ❒दो हफ़्ते पहले मैं उनसे मिल चुका था। 二週間前に私は彼に会っていた. ❒वह हफ़्ते में दो बार ख़िज़ाब लगाता है। 彼は一週間に2度白髪染めをする. ❒हफ़्तों बाल नहीं बनते। 何週間も散髪していない. **2** 〖暦〗土曜日《ウルドゥー語的用法》. (⇒शनिवार, सनीचर)

हफ़्तावार /haftāvāra̸ ハフターワール/ ▸हफ़्तेवार *adj.* ☞हफ़्तेवार

हफ़्तावारी /haftāvārī ハフターワーリー/ ▸हफ़्तेवारी [*हफ़्तावार* + *-ई*] *adj.* ☞हफ़्तेवार

हफ़्तेवार /haftevāra̸ ハフテーワール/▸हफ़्तावार [*हफ़्ता* + *-वार*] *adj.* 毎週の;1 週間の;週刊の. (⇒साप्ताहिक) ❒~ अख़बार 週刊新聞. ❒~ बैठक 週に一度の例会. ❒~ वेतन 週給.

हफ़्तेवारी /haftevārī ハフテーワーリー/ ▸हफ़्तावारी [*हफ़्तेवार* + *-ई*] *adj.* ☞हफ़्तेवार

हब्शी /habśī ハブシー/ [←Pers.adj. حبشی 'of or belonging to Abyssinia or Ethiopia'; cf. Pers.n. حبش 'an Abyssinian' ←Arab.] *m.* 黒人《もとは「エチオピア

人」の意》.

हम- /hama- ハム・/ [←Pers.adj. هم 'also, likewise, in the same manner, equally, even, same'; cog. Skt. *सम-* 'even, smooth, flat, plain, level, parallel; equable, neutral, indifferent'] *pref.* **1**《名詞に付加して「同じ…」を意味する形容詞や名詞を作る接頭辞;हमउम्र「同年輩の」, हमदर्द「共感する」, हमनाम「同名の」など》 **2** 共同の, 共の.

हम /hama ハム/ [<OIA. *asmad-* 'base of obl. cases plur. of 1st pers. pronoun': T.00986] *pron.* 私たち, 我々.

हमउम्र /hamaumra ハムウムル/ [*हम-* + *उम्र*] *adj.* 同年輩の, 同じ年頃の. (⇒समवयस्क) ❐～ दोस्त 同年輩の友人.

हमको /hamako ハムコー/ [*हम* + *को*] *pron.* 《हम + को》

हमजोली /hamajolī ハムジョーリー/ [*हम-* + *जोली*] *m.* 仲間, 相棒;遊び仲間.

हमदर्द /hamadarda ハムダルド/ [←Pers.n. هم درد 'a partner in sorrow, a fellow-sufferer'] *adj.* 同情心のある, 思いやりのある;共感する.
— *m.* 同情者;共感者.

हमदर्दी /hamadardī ハムダルディー/ [←Pers.n. هم دردى 'sympathy'] *f.* 同情, 思いやり. (⇒सहानुभूति) ❐～ करना 同情する. ❐～ दिखाना 同情を示す. ❐आप भी ज़बानी ～ करना जानते हैं। あなたも口先だけの同情を表すすべを知っている. ❐किसी को उससे [उसके साथ] ～ नहीं है। 誰にも彼には同情しない. ❐वह ～ की भूखी थी। 彼女は同情に飢えていた.

हमनाम /hamanāma ハムナーム/ [←Pers.n. هم نام 'a namesake'] *adj.* 同名の. (⇒समनाम)

हमने /hamane ハムネー/ [*हम* + *ने*] *pron.* 《 हम の能格》.

हमपर /hamapara ハムパル/ [*हम* + *पर*[1]] *pron.* 《हम + पर》

हमबिस्तर /hamabistara ハムビスタル/ [←Pers.n. همبستر 'bed-fellow'] *adj.* ベッドを共にする, 同衾(どうきん)した.

हमबिस्तरी /hamabistarī ハムビスタリー/ [*हमबिस्तर* + *-ई*] *f.* ベッドを共にすること, 同衾(どうきん). ❐(से) ～ करना (人と)ベッドを共にする.

हममें /hamamẽ ハムメーン/ [*हम* + *में*] *pron.* 《हम + में》

हमराह /hamarāha ハムラーハ/ [←Pers.n. همراه 'a fellow-traveller'] *adj.* 同行の, 同じ道中の.
— *m.* 同行者;旅の道連れ.

हमराही /hamarāhī ハムラーヒー/ [←Pers.n. همراهى 'society on the road, fellow-travelling'] *m.* 同行者;旅の道連れ.
— *f.* 同行.

हमल /hamala ハマル/ [←Pers.n. حمل 'being pregnant' ←Arab.] *m.* 〖医学〗妊娠;胎児. (⇒गर्भ)

हमला /hamalā ハムラー/ [←Pers.n. حملة 'making an assault; an attack, charge, assault' ←Arab.] *m.* **1** (武力による)攻撃, 襲撃;(疫病・病魔などが)襲うこと. (⇒आक्रमण) ❐जवाबी ～ 報復攻撃. ❐(पर) ～ करना(…を)攻撃[襲撃]する. **2** 侵入, 侵略. **3** (論敵, 人の言動に対する)攻撃.

हमलावर /hamalāvara ハムラーワル/ [*हमला* + *-आवर*] *adj.* 攻撃する(人), 襲撃する;攻撃的な.
— *m.* **1** 攻撃者, 襲撃者;加害者. **2** 侵略者.

हमसे /hamase ハムセー/ [*हम* + *से*] *pron.* 《हम + से》

हमाम /hamāma ハマーム/ ▸हम्माम [←Pers.n. حمام 'a hot bath; a Turkish bath' ←Arab. ←Turk.] *m.* 蒸し風呂, トルコ風呂;浴室, 浴場.

हमारा /hamārā ハマーラー/ [<OIA. *asmā́ka-* 'ours': T.00988] *pron.adj.* 私たちの《हम の属格; हमारा, हमारे, हमारी》.

हमीं /hamī̃ ハミーン/ *pron.* 《हम + ही》

हमें /hamẽ ハメーン/ *pron.* 《हम の融合形;＝ हम + को》

हमेशा /hameśā ハメーシャー/ [←Pers.adv. هميشه 'always, continually, perpetually'] *adv.* いつも, 絶えず. (⇒सदा) ❐～ के लिए 永遠に. ❐～ की तरह いつものように. ❐तुम्हारी याद ～ आया करती है। 君のことがいつも思い出される.

हम्माम /hammāma ハムマーム/ ▸हमाम *m.* ☞हमाम

हया /hayā ハヤー/ [←Pers.n. ←Arab.] *f.* 恥じらい.

हर[1] /hara ハル/ [←Pers.adj. هر 'every, all'; cog. Skt.pron. *सर्व-* 'whole, entire, all, every'] *adj.* それぞれの, 各…, 毎…. (⇒प्रत्येक) ❐～ दिन [रोज़]毎日. ❐～ दूसरे [तीसरे] दिन 二[三]日目ごとに. ❐～ शाम 毎晩.

हर[2] /hara ハル/ [←Skt.m. *हर-* 'Destroyer; the denominator of a fraction, division'] *m.* **1** 〖ヒンドゥー教〗ハル《シヴァ神 (शिव) の異名》. **2** 〖数学〗(分数の)分母. (⇔अंश) ❐अंश और ～ 分子と分母.

-हर /-hara ・ハル/ *suf.* …を奪う(もの);…を取り除く(もの).

हरएक /haraeka ハルエーク/ [*हर*[1] + *एक*] *adj.* 各自の, それぞれの;すべての. ❐उसके महज़ इशारे पर ～ चीज़ सामने आ जाती थी। 彼の合図ひとつですべてのものが面前に現れるのであった. ❐वह ～ विद्या, ～ कला में पारंगत है। 彼はすべての学問, すべての技芸に精通している.
— *pron.* 各自, それぞれ;すべての人. ❐पुलिस ～ की तलाशी लेती थी। 警察はすべての人間の身体検査をしていた.

हरकत /harakata ハルカト/ [←Pers.n. حركة 'moving; motion, movement, act, action, condust, behaviour, procedure' ←Arab.] *f.* **1** 動き, 動向;活動. (⇒गति, चाल) ❐(की) ～ पर नज़र रखना(人の)動きを見張る. ❐(को) ～ में लाना(…を)活性化する. **2** 無作法;わるさ;いたずら. ❐～ करना 無作法なまねをする, わるさをする. ❐नौकरों की ～ है। 使用人どものしわざだ. **3** (生き生きした)強い動き, 躍動;(心臓の)鼓動. ❐अभी नब्ज़ में ～ है। まだ脈拍(みゃくはく)がある. ❐मेरे क़लम में जो ～ हुई थी, उससे यह गीत उतर पड़ा था। 私の筆に走った躍動によってこの詩歌が生まれたのだった. **4** (アラビア文字の)母

音記号.

हरकारा /harakārā ハルカーラー/ [←Pers.n. هر کاره '(of all work) a cauldron, a kettle, a cooking-pot; an out-door servant employed to go on errands'] *m.* 使い走り, メッセンジャー; 飛脚. ❐उसने एक हरकारे को भेजा। 彼は一人使いを送った. ❐डाक का ～ 郵便配達夫.

हरगिज़ /haragiza ハルギズ/ [←Pers.adv. هرگز 'ever, always'] *adv.* 《否定辞と共に用いて》決して…でない. (⇒कदापि) ❐～ नहीं। 絶対にない, 絶対に駄目だ. ❐मैं आपको ～ न जाने दूँगा। 私はあなたを決して行かせはしない.

हरचंद /haracaṃda ハルチャンド/ [←Pers.conj. هر چند 'how much soever, although'] *conj.* …であろうと; どれほど…でも.

हरजाना /harajānā ハルジャーナー/ ▷हर्जाना [*हर्ज* + *-आना*] *m.* 損害賠償(金); 補償(金). (⇒मुआवज़ा)

हरड़ा /haraṛā ハルラー/ ▸हड़, हर्र, हर्रा *m.* ☞हर्रा

हरण /haraṇa ハラン/ [←Skt.n. *हरण-* 'the act of carrying or bringing or fetching'] *m.* **1** 取り去ること, 除去. ❐ज्वर ～ 熱冷まし(の薬). ❐संकट ～ 厄除け. **2** 略奪, 誘拐. (⇒अपहरण) ❐～ विवाह 略奪婚. ❐(का) ～ करना (人を)誘拐する. **3** (人の心を)奪うこと, 魅了すること. ❐मन ～ 魅了.

हरदम /haradama ハルダム/ [←Pers.adv. هر دم 'every moment'] *adv.* いつも, 常に. (⇒हमेशा) ❐उसे ～ मौत सामने खड़ी नज़र आती। 彼にはいつも死が前に立ちはだかっているのが見えるのだった.

हरना[1] /haranā ハルナー/ [<OIA. *hárati* 'carries, brings': T.13980] *vt.* (*perf.* हरा /harā ハラー/) **1** (困難・障害などを)取り除く. ❐(का) संकट हर लेना (人の)災いを取り除く. ❐बाधा हर लेना 障害を取り除く. **2** 奪う, 取り上げる; (人を)さらう. ❐भगवान् ने सब कुछ हर लिया। 神さまが何もかも取り上げてしまわれた. ❐जीवन ऊपर-ऊपर से बहुत कुछ हर कर कोई ऐसी आंतरिक निधि दे सकता है कि उससे बड़े-बड़े धनाधिपतियों को ईर्ष्या हो। 人生というものは表面的にはかなりのものを奪っておきながら, 大富豪ですら羨むような内面的なある種の豊かさを与えることがあるのだ. **3** 破滅させる. **4** (人の心を)奪う, 魅了する. ❐वह मुस्कराहट जो उसका मन हर लिया करती थी 彼女の心を魅了していたあの微笑. ❐थोड़े ही दिनों में उसके न्याय ने प्रजा का मन हर लिया। わずかな日々の間に彼の公正さは人々の心を魅了した.

हरना[2] /haranā ハルナー/ ▸हारना *vi.* (*perf.* हरा /harā ハラー/) ☞हारना

हरफ़ /harafa ハラフ/ ▸हर्फ़ [←Pers.n. حرف 'changing, altering, inverting; a letter of the alphabet' ←Arab.] *m.* (アラビア)文字, アルファベット.

हरफ़नमौला /harafanamaulā ハルファンマォーラー/ [*हर*[1] + *फ़न* + *मौला*] *m.* 多芸な人, 何でも屋.

हरबोला /harabolā ハルボーラー/ [*हर*[1] + *बोलना*] *m.* 〔古語〕(ヒンドゥー教徒の)兵士《敵陣に हर हर महादेव「シヴァ神万歳」と唱えながら突撃したことから》.

हरम /harama ハラム/ [←Pers.n. حرم 'being forbidden, unlawful; a sanctuary; the women's apartments, seraglio, harem' ←Arab.] *m.* 〖イスラム教〗ハレム《聖域; 婦人の居住部屋》.

हरसिंगार /harasiṃgāra ハルスィンガール/ [*हार*[2] + *सिंगार*] *m.* 〖植物〗インドヤコウボク(印度夜香木)(の花)《モクセイ科に属する低木; 花は夜開性で, 翌朝には散る; ヒンドゥー教では花を摘むことは大罪とされるため, 木の下に布を広げたり籠を置いて花を集める》.

हर-हर /hara-hara ハル・ハル/ [onom.] *f.* 〔擬音〕(風が吹き抜ける)ピューピュー(という音); (にわか雨の)ザーザー(という音).

हरहराना /haraharānā ハルハラーナー/ [onom.; cf. *हर-हर*] *vi.* (*perf.* हरहराया /haraharāyā ハルハラーヤー/) **1** (突風が)ピューと吹く; (にわか雨が)ザーと降る. ❐बैसाख की जलती हुई धूप थी, आग के खोंके ज़ोर-ज़ोर से हरहराते हुए चल रहे थे। バェサーク月の燃えるような日差しだった, 火炎のような突風が激しくピューピューと吹いていた. **2** (音・声などが)反響する, 鳴り響く. ❐अपना मोटा डंडा उठाया और आँधी की तरह हरहराते हुए बाग़ में पहुँचकर लगे ललकारने, आ जा बड़ा मर्द है तो। 彼は太い棒を取り上げた, そして疾風のごとくピューピューと庭園に走りこんで挑戦をいどんだ, 出てこい, 男なら.

हरा /harā ハラー/ [<OIA. *hárita-* 'yellow': T.13985] *adj.* **1** 緑色の; 青々とした. ❐हरा रंग 緑色. ❐हरी बत्ती जली। 青信号がともった. **2** 生気のある; 生気あふれる. ❐वह आराम से पड़े रहने से कुछ ～ हो गया। 彼は休んで横になることでいくらか生気をとりもどした. **3** (記憶などが)新鮮である, 生々しい. (⇒ताज़ा) ❐उस गाय की याद अभी तक उसके दिल में हरी थी। あの雌牛の記憶はいまだ彼の心の中で生きていた. **4** (傷が)癒えてない.

हराना /harānā ハラーナー/ [cf. *हारना*] *vt.* (*perf.* हराया /harāyā ハラーヤー/) (戦争・選挙・競技などで相手を)打ち負かす. (⇒पछाड़ना) ❐शिष्य ने गुरु को ही हराने का संकल्प किया था। 弟子は師を打ち負かす決意をした.

हरा-भरा /harā-bʰarā ハラー・バラー/ *adj.* **1** 緑豊かな, 青々とした. ❐～ वृक्ष ठूँठ होकर रह गया था। 青々とした木は枯れ木となってしまっていた. ❐खिड़की के बाहर ～ बाग़ था। 窓の外は緑豊かな庭園だった. ❐रास्ते के दोनों ओर हरे-भरे खेत थे। 道の両側は緑豊かな畑だった. ❐वह वृक्ष पतझड़ में भी हरी-भरी पत्तियों से लदा रहता है। あの木は落葉の季節でも青々とした葉をつけている. **2** 豊穣な, 豊かな, 繁栄している. ❐हरी-भरी खेती 収穫豊かな農耕.

हराम /harāma ハラーム/ [←Pers.adj. حرام 'being unlawful; unlawful, forbidden, prohibited' ←Arab.] *adj.* **1** 〖イスラム教〗イスラム法で禁止されている, 禁忌の(⇔हलाल) **2** 台無しの. (⇔हलाल) ❐(का) काम ～ करना [कर देना] (人の)仕事を台無しにする. ❐(की) नींद ～ करना [कर देना] (人の)安眠を妨げる.

— *m.* **1** 〖イスラム教〗ハラーム《イスラム法で禁止されている行為》. (⇔हलाल) **2** 道徳に反する行為, 悪徳; 姦通. (⇔हलाल) ❐～ की कमाई 不正に稼いだ金.

हरामख़ोर /harāmaxora ハラームコール/ [←Pers.n. حرام خوار 'who lives on the wages of iniquity, a venal or corrupt person'] *adj.* ろくでなしの;怠け者の. ❐पल्ले दरजे का ～ आदमी あきれ果てたろくでなしの男.
— *m.* ろくでなし;怠け者.

हरामख़ोरी /harāmaxorī ハラームコーリー/ [←Pers.f. حرام خواری 'venality, corruption'] *f.* 汚職(による腐敗).

हरामज़ादा /harāmazādā ハラームザーダー/ [←Pers.adj. حرام زاده 'illegitimate, spurious'] *adj.* 〔卑語〕私生児の.
— *m.* 〔卑語〕私生児, 不義の子;ごろつき.

हरामी /harāmī ハラーミー/ [←Pers.adj. حرامی 'unlawful, illegal'] *adj.* ☞हरामज़ादा
— *m.* ☞हरामज़ादा

हरारत /harārata ハラーラト/ [←Pers.n. حرارة 'being hot; warmth, heat' ←Arab.] *f.* **1** 気温, 温度. (⇒तापमान) **2**〖医学〗(病気による)微熱, 発熱. (⇒बुख़ार) **3** 熱情, 熱意;熱狂.

हरारे /harāre ハラーレー/ [cf. Eng.n. *Harare*] *m.*〖地名〗ハラレ《ジンバブエ(共和国) (ज़िंबाब्वे) の首都》.

हरि /hari ハリ/ [←Skt.m. *हरि-* 'name of *Viṣṇu*'] *m.*〖ヒンドゥー教〗ハリ《ヴィシュヌ神 (विष्णु) の異名》.

हरिजन /harijana ハリジャン/ [neo.Skt.m. *हरि-जन-* 'God's own being, Harijan'] *m.*〖ヒンドゥー教〗ハリジャン《不可触民(指定カースト)の別称》.

हरिण /hariṇa ハリン/ [←Skt.m. *हरिण-* 'a deer, antelope, fawn, stag'] *m.*〖動物〗(雄)鹿. (⇒हिरन)

हरित /harita ハリト/ [←Skt. *हरित-* 'yellowish, pale yellow, fallow, pale red, pale, greenish, green'] *adj.* **1** 緑の. (⇒हरा) ❐～ क्रांति 緑の革命. **2** 新鮮な;爽快な, 楽しげな.

हरिद्वार /haridvāra ハリドワール/ [cf. Skt.n. *हरि-द्वार-* 'Viṣṇu's gate, Haridvar'] *m.*〖地名〗ハリドワール《ウッタラーカンド州 (उत्तराखंड) のヒンドゥー教聖地》.

हरियाणा /hariyāṇā ハリヤーナー/ [cf. Eng.n. *Haryana*] *m.* ハリヤーナー州《州都はチャンディーガル (चंडीगढ़)》.

हरियाली /hariyālī ハリヤーリー/ [<OIA. **hāritāla-* 'green': T.14062z2] *f.* **1** 緑の草木;草木の青々した色. ❐उसने बैलों के चारे के लिए ～ का एक गट्ठा सिर पर लिया। 彼女は雄牛のかいばのために草の一束を頭にのせた. ❐ऊख के पौधों की लहराती हुई ～ サトウキビの若木が波打つ緑. **2** 活気のある若さ;将来への明るい期待. ❐जीवन में न कोई आशा है, न कोई उमंग, जैसे उनके जीवन के सोते सूख गये हों और सारी ～ मुरझा गयी हो। 人生には何の希望もなく何の喜びもなかった, まるで彼の生命の源が涸れ果てすべての活力が枯れ果てたかのように.

हर्ज /harja ハルジ/ [←Pers.n. هرج 'speaking a great deal confusedly and incoherently; being tumultuous' ←Arab.] *m.* **1** 支障, 差し障り;不都合. ❐(को) (में) कोई ～ नहीं है। (人にとって) (…において)なんら差し障りがありません. ❐क्या ～ है? 何の不都合があるというのだ? **2** 損失, 損害. (⇒अकाज, हानि)(⇔फ़ायदा, लाभ)

हर्जाना /harjānā ハルジャーナー/ ▷हरजाना *m.* ☞हरजाना

हर्निया /harniyā ハルニヤー/ [←Eng.n. *hernia*] *m.*〖医学〗ヘルニア, 脱腸.

हर्फ़ /harfa ハルフ/ ▶हरफ़ *m.* ☞हरफ़

हर्र /harra ハルル/ ▶हड़, हरड़, हर्रा *f.* ☞हर्रा

हर्रा /harrā ハルラー/ ▶हड़, हरड़, हर्र [<OIA.m. *harītaka-* 'the yellow myrobalan tree *Terminalia chebula*': T.13997] *m.*〖植物〗(黄色い)ミロバラン(*Terminalia chebula*)《シクンシ科の落葉高木;果実は薬用》.

हर्ष /harṣa ハルシュ/ [←Skt.m. *हर्ष-* 'joy, pleasure, happiness'] *m.* 歓喜. ❐～ के आँसू बहाना 歓喜の涙を流す. ❐उसके ～ की सीमा न थी। 彼の歓喜は限りがなかった. ❐वे ～ से उछल पड़े। 彼は喜びのあまりとび上がった.

हर्षित /harṣita ハルシト/ [←Skt. *हर्षित-* 'gladdened, delighted, charmed, pleased, happy'] *adj.* 歓喜した.

हर्षोल्लास /harṣollāsa ハルショーッラース/ [neo.Skt.m. *हर्ष-उल्लास-* 'ecstasy'] *m.* 狂喜, 歓喜の絶頂. ❐～ से मनाना 狂喜乱舞して祝う.

हलंत /halaṃta ハラント/ [←Skt. *हल्-अन्त-* 'ending in a consonant'] *adj.*〖言語〗純粋に子音で終わっている(語)《正書法上, ハル記号 (हल्) が語末に付いている語; जगत्「世界」, विद्वान्「学者」など》.
— *m.* ハランタ《ヴィラーマ記号 (विराम) が付いている子音字;子音字に含まれている母音 a が打ち消され子音のみを表す》.

हल[1] /hala ハル/ [<OIA.m. *halá-*[1] 'plough': T.14000] *m.* 鋤(すき). ❐～ जोतना [चलाना] 鋤で耕す. ❐बैलों को ～ में जोतना 雄牛を鋤につなぐ.

हल[2] /hala ハル/ [←Pers.n. حل 'untying, unloosing; solution' ←Arab.] *m.* **1** (問題の)解決;解消. (⇒समाधान) ❐सवाल ～ करना 問題を解決する. ❐सवाल ～ हो जाना 問題が解決する. **2** 解答;解決方法, 解決策. ❐(का) ～ निकालना (…の)解決策を見いだす.

हलक़ /halaqa ハラク/ [←Pers.n. حلق 'shaving (the head); the throat' ←Arab.] *m.* 喉;咽喉;気管. (⇒गला) ❐～ से [के] नीचे उतरना 喉を通る;得心がいく.

हलका /halakā ハルカー/ ▷हल्का [<OIA. *laghú-* 'light': T.10896] *adj.* **1** (重さが)軽い. (⇔भारी) ❐～ करना (…を)軽減する. **2** (程度が)軽い;(怪我などが)軽微な. (⇔गहरा) ❐हलके नीले रंग की साड़ी うすい青色のサリー. ❐वह हलके बुख़ार में पड़ी थी। 彼女は微熱で横になっていた. **3** (気分が)軽い. ❐तुम्हारे हाथ रखते ही सिर ऐसा ～ हो गया है मानो दर्द था ही नहीं। お前が手を置くとすぐにまるで痛みがなかったかのように頭が軽くなった. **4** 軽薄な;深刻でない. ❐～ मज़ाक 軽い冗談. ❐(को) हलके में लेना (…を)軽くみる, 甘くみる. ❐तुमने मुझे इतना ～ समझ लिया है? お前は私をそんなに軽く見ていたのか? ❐बात हलकी पड़ गई। 話に真剣さがなくなった.

हलक़ा /halaqā ハルカー/ ▷हल्क़ा [←Pers.n. حلقة 'a ring, hoop, circle' ←Arab.] *m.* **1** 円, 円弧;円形. ❐～

बनाना 円を描く;車座になる. ❐～ बाँधना 取り囲む,円陣を作る. **2** 地域;区域;選挙区.(⇒इलाक़ा) ❐हलक़े का डाकिया 担当地域の郵便配達人. **3** (人々の)グループ,仲間;(同業者の)世界. ❐राजनीतिक ～ 政界.

हलकान /halakānạ ハルカーン/ [←Pers.adj. بلکان 'confounded, tired, wearied'] *adj.* **1** 疲れ果てた;うんざりした. ❐(को) ～ करना (人を)悩ます,困らせる. ❐बच्चा रो-रोकर ～ हो गया। 子どもは泣き続けてぐったりしてしまった. **2** 困惑した,自分を見失った.

हलकापन /halakāpanạ ハルカーパン/ ▷हल्कापन [*हलका* + *-पन*] *m.* **1** (重さが)軽いこと. **2** (怪我などが)軽微なこと. **3** (気分が)軽いこと. **4** 軽薄なこと. ❐वह रोने को कमज़ोरी और हँसने को ～ समझता था। 彼は泣くことは女々しさであり笑うことは軽薄であると考えていた.

हलका-फुलका /halakā-pʰulakā ハルカー・プルカー/ *adj.* ふんわり軽い;かすかな(感触);軽妙な(筆致). ❐उसने हलके-फुलके ढंग से कहा। 彼は軽い調子で言った. ❐हलके-फुलके उड़ते स्पर्शों से छूना かすかなかすめるようなタッチで触れる.

हलचल /halacala ハルチャル/ [echo-word; cf. OIA.intr. **hallati* 'moves, shakes': T.14018] *f.* 騒動,騒ぎ;騒乱,混乱. ❐～ मचना 騒動が起こる. ❐～ मचाना 騒動を起こす.

हलदी /haladī ハルディー/ ▷हल्दी *f.* ☞हल्दी

हलफ़ /halafa ハラフ/ [←Pers.n. حلف 'swearing' ←Arab.] *m.* 誓い;宣誓.(⇒क़सम, शपथ, सौगंध) ❐(का) ～ उठाना [लेना](…を)誓う. ❐(को) ～ उठवाना [देना](人に)誓約させる. ❐～ से कहना 誓って言う.

हलफ़नामा /halafanāmā ハラフナーマー/ [←Pers.n. حلف نامہ 'a declaration on oath, an affidavit'] *m.* 〖法律〗宣誓供述書. ❐(में) ～ पेश करना(…に)宣誓供述書を提出する.

हलरा /halarā ハルラー/ ▸हिलोर *m.* ☞हिलोर

हलराना /halarānā ハルラーナー/ ▸हिलोरना [cf. *हलरा*] *vt.* (*perf.* हलराया /halarāyā ハルラーヤー/) (赤子・揺りかごを)揺らしてあやす. ❐माँ बच्चे को चुपाने के लिए हलरा रही है। 母親が赤子をおとなしくさせるために揺らしてあやしている.

हलवा /halavā ハルワー/ ▸हलुवा [←Pers.n. حلواء 'any kind of sweet cake or paste made with flour' ←Arab.] *m.* 〖食〗ハルワー《ナッツ類あるいはニンジンを細かくしたものなどをギーで炒め,砂糖,ミルクを入れて煮詰めたデザート;プディング状のものケーキ状のものなどがある》. ❐गाजर का ～ ニンジンを使ったハルワー.

हलवाई /halavāī ハルワーイー/ [*हलवा* + *-ई*] *m.* 〖食〗菓子職人;菓子屋. ❐～ की दुकान 菓子屋の店.

हलवाहा /halavāhā ハルワーハー/ [<OIA. **halavāha-* 'ploughman': T.14009] *m.* 鋤(すき)で耕作する人,農夫.

हलाल /halāla ハラール/ [←Pers.adj. حلال 'being legal, legitimate' ←Arab.] *adj.* 〖イスラム教〗イスラム法にかなっている,合法の《特にイスラム法で合法的に屠畜された(食肉)》.(⇔हराम)

— *m.* 〖イスラム教〗ハラール《イスラム法の規定に照らして合法的な行為・もの》.(⇔हराम)

हलाहल /halāhala ハラーハル/ [←Skt.m. *हलाहल-* 'a kind of deadly poison (prodoced at the churning of the ocean by gods and demons)'] *m.* 〖神話〗ハラーハラ《不死の霊薬 (अमृत) を得るために神々と悪魔たちが海をかき混ぜた(乳海攪拌)際に産み出されたとされる劇薬》.(⇒कालकूट)

हलुवा /haluvā ハルワー/ ▸हलवा *m.* ☞हलवा

हलो /halo ハロー/ ▸हैलो [←Eng.int. *hello*] *int.* (電話で)もしもし.

हल् /hal ハル/ ▷हल [←Skt.m. *हल्-* 'a technical expression for all the consonants or for any consonant'] *m.* ハル記号《単独の子音字に内在する母音 a を強制的に打ち消し子音のみを表示させる記号;子音字の下に付く記号 ◌्;क्, ख्, ग् など》.(⇒विराम)

हल्का /halkā ハルカー/ ▷हलका *adj.* ☞हलका

हल्क़ा /halqā ハルカー/ ▷हलक़ा *m.* ☞हलक़ा

हल्कापन /halkāpanạ ハルカーパン/ ▷हलकापन *m.* ☞हलकापन

हल्दी /haldī ハルディー/ ▷हलदी [<OIA.f. *haridrā-*[1] '*Curcuma longa*, turmeric (its powdered root)': T.13992] *f.* **1** 〖植物〗ターメリック,ウコン(鬱金)(の根)《ショウガ科の根茎をもつ多年草》. **2** 〖食〗ターメリック,ウコン《ウコンの根茎の粉末;香辛料に使う》.

हल्ला /hallā ハッラー/ [onom.; <OIA. **halla-* 'movement': T.14017] *m.* 騒ぎ,騒動. ❐～ न मचाना। 騒ぎをおこすんじゃないよ.

हवन /havana ハワン/ [←Skt.n. *हवन-* 'the act of offering an oblation with fire, sacrifice; a sacrificial ladle'] *m.* 〖ヒンドゥー教〗護摩(ごま)《護摩壇(हवनकुंड)の火にギー(घी)や小麦などを投じる儀礼》.(⇒होम)

हवनकुंड /havanakuṃḍa ハワンクンド/ [?neo.Skt.n. *हवन-कुण्ड-* 'the act of offering an oblation with fire, sacrifice; a sacrificial ladle'] *m.* 〖ヒンドゥー教〗護摩壇(ごまだん).

हवलदार /havaladāra ハワルダール/ ▸हवालदार [←Pers.n. حوال دار '(in India) a native military officer of inferior rank, a havildar'] *m.* (陸軍)軍曹.

हवलदार-मेजर /havaladāra-mejara ハワルダール・メージャル/ *m.* (陸軍)曹長.

हवस /havasa ハワス/ ▸हविस [←Pers.n. ہوس 'desire, lust' ←Arab.] *f.* (強い)欲望,欲;性欲;野心.(⇒इच्छा) ❐पुरुष की ～ का शिकार 男の欲望の犠牲. ❐जल्दी मालदार हो जाने की ～ किसे नहीं होती? 手早く金持ちになる欲望が誰にないというのだ?

हवा /havā ハワー/ [←Pers.n. ہوا 'air; wind' ←Arab.] *f.* **1** 風.(⇒वायु) ❐(से) ～ करना (…で)風を送る,扇ぐ. ❐～ चलना 風が吹く. ❐～ थमना 風が止む. ❐～

का रुख़ 風向き. **2** 大気, 空気; 空中, 宙. ❐～ दूषित होना 空気が汚染される. ❐～ में 空中に. ❐खुली ～ 外気, 室外の空気. **3** ガス; おなら. **4** (特定の土地や人々の) 風習, 風土; 雰囲気, 空気. ❐(को) (की) ～ लग जाना (人が) (…の) 空気に染まる. **5**〔慣用〕❐～ उड़ना [फैलना] うわさが広まる. ❐(की) ～ खाना (…の) 空気を吸う. ❐～ हो जाना 姿をくらます, 跡形も消えてなくなる.

हवाई[1] /havāī ハワーイー/ [←Pers.adj. هوائی 'airy, windy'] *adj.* **1** 空の, 空中の; 大気の. ❐～ छतरी パラシュート, 落下傘. ❐～ पत्र 航空書簡. ❐～ फ़ायर 空砲. ❐～ यात्रा 空の旅. **2** 飛行(機)の. ❐～ अड्डा 飛行場. ❐～ जहाज़ 飛行機. ❐～ टिकट 航空券. ❐～ डाक 航空便. ❐～ पट्टी 滑走路. ❐～ हमला 空襲. **3** (圧縮) 空気が詰まった. ❐～ बंदूक़ 空気銃. **4** 空想上の; 根拠のない. ❐～ किला [महल] 空中楼閣, 架空の事物. ❐～ बात 根も葉もない話.
— *f.* 打ち上げ花火, ロケット花火《特に「顔色(がんしょく)を失う」などの慣用表現に多用》. ❐～ गुम हो जाना 茫然(ぼうぜん)自失となる. ❐(के) चहरे पर हवाइयाँ उड़ना (人の)顔が青ざめる. ❐(के) चहरे से हवाइयाँ उड़ा देना (人の)顔を青ざめさせる.

हवाई[2] /havāī ハワーイー/ [cf. Eng.n. *Hawaii*] *f.* 〖地名〗ハワイ. ❐～ द्वीप-समूह ハワイ諸島.

हवाई अड्डा /havāī aḍḍā ハワーイー アッダー/ *m.* 空港, 飛行場. (⇒एयरपोर्ट) ❐वह हवाई अड्डे पर मुझे लेने आया। 彼は空港に私を迎えに来た.

हवाई जहाज़ /havāī jahāza ハワーイー ジャハーズ/ *m.* 飛行機.

हवाई डाक /havāī ḍāka ハワーイー ダーク/ *f.* 航空便. ❐～ से भेजना 航空便で送る.

हवादार /havādāra ハワーダール/ [←Pers.adj. هوادار 'airy, having or following the wind'] *adj.* 風通しのいい; 通気性の高い. ❐～ कमरा 風通しのいい部屋. ❐～ जूता 通気性の高い靴.

हवाना /havānā ハワーナー/ [cf. Eng.n. *Havana*] *m.* 〖地名〗ハバナ《キューバ(共和国) (क्यूबा) の首都》.

हवा-पानी /havā-pānī ハワー・パーニー/ *m.* **1** 風土. (⇒जल-वायु) **2** 気候. (⇒जल-वायु, मौसम)

हवाबाज़ /havābāza ハワーバーズ/ [*हवा* + *-बाज़*] *m.* **1** パイロット; 飛行士. **2** ほら吹き.

हवालदार /havāladāra ハワールダール/ ▸हवलदार *m.* ☞हवलदार

हवाला /havālā ハワーラー/ [←Pers.n. حوالة 'transfer; commitment; charge, trust, care, custody' ←Arab.] *m.* **1** 委ねること, 委託; (容疑者などの) 引き渡し《〖名詞 के हवाले करना〗「…に委ねる, …に引き渡す」の形式で使用》. ❐आप इसको पुलिस के हवाले क्यों नहीं कर देते? あなたはこいつを警察に何故引き渡さないのだ. ❐मेरे पैसे मेरे हवाले करो। 私の金は私に渡してくれ. ❐आप अपने वेतन मेंसे १०० रु० महीना मेरे हवाले रखते जाइए। 給料から毎月百ルピー私に預けていってください. **2** 引用; 参照, 参考. ❐(का) ～ देना (…を) 引用する. **3**〖経済〗委託; 手形(決済); ハワラ(システム)《もともとは中世南インドで発達したイスラム教徒の金融信託制度》.

हवालात /havālāta ハワーラート/ [←Pers.n. حوالات 'transfers' ←Arab. ; pl. of حوالة] *f.* **1** 勾留; 拘置. ❐अगर लड़के को ～ हो गई, तो कुल-मर्यादा धूल में मिल जाएगी। もし息子が警察のお世話にでもなれば, 家の体面は地にまみれてしまうぞ. **2** 留置所; 拘置所《特に逮捕された被疑者を留置する施設》. ❐(को) ～ में डालना [रखना] (人を) 留置所に入れる. ❐वह एक सप्ताह ～ में रहा। 彼は1週間留置所にいた.

हवि /havi ハヴィ/ [←Skt.n. *हविस्-* 'an oblation or burnt offering, anything offered as an oblation with fire'] *m.* 〖ヒンドゥー教〗ハヴィ《神に捧げるために護摩 (हवन) の火に投じられるもの, 供物》. ❐यज्ञ में देवताओं को ～ दी जाती है। 供儀では神々に供物が捧げられる.

हविस /havisa ハヴィス/ ▸हवस *f.* ☞हवस

हवेली /havelī ハヴェーリー/ [←Pers.n. حویلی 'a house, dwelling, habitation'; cf. Arab. حوالی 'environs, outskirts, parts adjacent'] *f.* 屋敷, 館(やかた), 大邸宅, 豪邸.

हव्वा /havvā ハッワー/ ▸हौआ, हौवा *f.* ☞हौवा

हसद /hasada ハサド/ [←Pers.n. حسد 'envying, wishing ill; envy, malevolence' ←Arab.] *m.* 嫉妬, 妬み. (⇒ईर्ष्या, जलन) ❐(को) ～ होना (人が) 嫉妬をおぼえる.

हसरत /hasarata ハスラト/ [←Pers.n. حسرة 'sighing for grief; grief, regret' ←Arab.] *f.* **1** 悲しみ, 悲嘆; 残念(な気持ち), 後悔. ❐～ भरे स्वर में कहना 悲しみに満ちた声で言う. ❐～ यही है कि आपकी कुछ सेवा न कर सकी। 残念なのはあなたのお世話を何もできなかったことです. **2** (かなわぬ) 願望.

हसरतनाक /hasaratanāka ハスラトナーク/ [*हसरत* + *-नाक*] *adj.* 悲しげな(表情); 哀れな. ❐बीसों आदमी ～ मुँह बनाए उन्हें घेरे खड़े हैं। 何十人もの人間が悲しげな顔をして彼を取り囲んで立ちつくしている.

हसीन /hasīna ハスィーン/ [←Pers.adj. حسین 'beautiful, elegant' ←Arab.] *adj.* 美しい(女), ハンサムな(男); 上品な(人), 優雅な, エレガントな. ❐～ लड़का 美少年.

हसीना /hasīnā ハスィーナー/ [←Pers.n. حسینه 'pretty young girl' ←Arab.] *f.* 若く美しい女性, 美人. (⇒सुंदरी)

हस्त /hasta ハスト/ [←Skt.m. *हस्त-* 'hand'] *m.* 手《主に合成語に使用; हस्तकला「手工芸」, हस्तरेखा「手相」, हस्तलिखित「手書きの」》.

हस्तकला /hastakalā ハストカラー/ [neo.Skt.f. *हस्त-कला-* 'handicraft'] *f.* 手工芸(の熟練技).

हस्तकौशल /hastakauśala ハストカォーシャル/ [←Skt.n. *हस्त-कौशल-* 'skilfulness of hand, manual dexterity'] *m.* 手先の器用さ, 技能, 腕前.

हस्तक्षेप /hastakṣepa ハストクシェープ/ [neo.Skt.m. *हस्त-क्षेप-* 'interference'] *m.* 干渉, 口出し; 介入. (⇒दस्तंदाज़ी) ❐(में) ～ करना (…に) 干渉する.

हस्तगत /hastạgatạ ハストガト/ [←Skt. *हस्त-गत-* 'come to hand, fallen into one's possession, procured, obtained, secured'] *adj.* 入手された;手中に収められた. ❐～ करना 入手する, 手中に収める.

हस्तमैठुन /hastạmaiṭʰunạ ハストマェートゥン/ [neo.Skt.n. *हस्त-मैथुन-* 'masturbation'] *m.*〖医学〗手淫, 自慰, オナニー.

हस्तरेखा /hastạrekʰā ハストレーカー/ [?neo.Skt.f. *हस्त-रेखा-* 'lines of one's palm'] *f.* 手相(を表す線). ❐～ देखना 手相を見る.

हस्तलाघव /hastạlāgʰavạ ハストラーガオ/ [←Skt.n. *हस्त-लाघव-* 'lightness of hand, manual readiness, cleverness'] *m.* (手作業の)巧みな手つき.

हस्तलिखित /hastạlikʰitạ ハストリキト/ [neo.Skt. *हस्त-लिखित-* 'handwritten'] *adj.* 手書きの. ❐～ पोथियाँ 写本.

हस्तलिपि /hastạlipi ハストリピ/ [neo.Skt.f. *हस्त-लिपि-* 'handwriting'] *f.* 手書き;筆跡.

हस्तलेख /hastạlekʰạ ハストレーク/ [neo.Skt.m. *हस्त-लेख-* 'handwriting; manuscript'] *m.* **1** 筆跡. ❐～ का परीक्षण 筆跡の鑑定. ❐～ की पहचान 筆跡の同定. ❐～ विज्ञान 筆跡学. **2** 手書きの原稿;写本.

हस्तशिल्प /hastạśilpạ ハストシルプ/ [neo.Skt.n. *हस्त-शिल्प-* 'handicraft'] *m.* 手工業品, 手工芸品. (⇒दस्तकारी)

हस्तांतरण /hastāṃtaraṇạ ハスターンタラン/ [pseudo.Skt.n. *हस्त-अन्तरण-* 'transfer'; cf. *अंतरण-*] *m.* (財産・権利などの)移譲, 移転, 譲渡.

हस्तांतरणीय /hastāṃtarạṇīyạ ハスターンタルニーエ/ [cf. *हस्तांतरण*] *adj.* (財産・権利などが)移譲可能な, 移転可能な;移譲すべき, 移転すべき.

हस्तांतरित /hastāṃtaritạ ハスターンタリト/ [neo.Skt. *हस्त-अन्तरित-* 'transferred'] *adj.* (財産・権利などが)移譲された, 移転した. ❐(को) (का) अधिकार ～ करना (…に)(…の)権利を移譲する.

हस्ताक्षर /hastākṣarạ ハスタークシャル/ [neo.Skt.n. *हस्त-अक्षर-* 'signature'] *m.* 署名, サイン《普通複数扱い》. (⇒दस्तख़त) ❐(पर) ～ करना (…に)署名する.

हस्ताक्षरित /hastākṣaritạ ハスタークシャリト/ [cf. *हस्ताक्षर*] *adj.* 書名された.

हस्तामलक /hastāmạlakạ ハスタームラク/ [←Skt. *हस्त-आमलक-* 'the fruit or seed of the *Myrobalan* in the hand (as a symbol of something palpable or clear)'] *m.* 明明白白なこと.

हस्ती[1] /hastī ハスティー/ [←Skt.m. *हस्तिन्-* 'the animal with a hand *i.e.* with a trunk; an elephant'] *m.* 象. (⇒हाथी)

हस्ती[2] /hastī ハスティー/ [←Pers.n. هستی 'being, existence, world; wealth; self-love'] *f.* **1** 存在;価値. ❐उनकी जान के सामने रुपयों की ～ क्या है! 彼の命の前で金の価値がどれほどのものだというのだ！ ❐(की) ～ खोना (…の)存在価値を失う. ❐(की) ～ मिटना (…が)滅びる. ❐मेरी रचना की ～ ही क्या! 私の作品の価値がどれほどのものだというのだ！ **2** 重要人物;偉人;スター, 花形. ❐फ़िल्मी हस्तियों के जीवन 映画スターたちの人生.

हस्ते /haste ハステー/ [←Skt. *हस्ते* 'in the hand (of)'] *ind.* 《〖名詞 (के) हस्ते〗の形式で,「…の手に, …の手により」を表す》

हस्पताल /haspatālạ ハスパタール/ ▸हास्पिटल [←Eng.n. *hospital*] *m.* ☞अस्पताल

हहराना /hahạrānā ハヘラーナー/ [?<OIA. **hallati* 'moves, shakes': T.14018] *vi.* (*perf.* हहराया /hahạrāyā ハヘラーヤー/) **1** 震える. **2** (激流が)ゴーゴーと流れる. ❐हिल्लोल-कल्लोल करती हहराती जाती नदी की धारा ने उन्हें निगल लिया है। 波を逆巻きながらゴーゴーと流れる川の流れは彼を飲み込んだ.
— *vt.* (*perf.* हहराया /hahạrāyā ハヘラーヤー/) 震わす;震えさせる.

हाँ /hā̃ ハーン/ [<OIA. *ām* 'yes': T.01235] *int.* 《肯定の返事》うん, ああ. (⇔नहीं) ❐जी ～ はい, ええ.
— *f.* 賛同, 賛成;同意. ❐～ करना [भरना]同意する. ❐(की) ～ में ～ मिलाना《自主性なく》(人の意見に)もろ手をあげて賛同する.

हाँक /hā̃kạ ハーンク/ [<OIA.m. *hakka-* 'calling to an elephant': T.13938] *f.* 大声で叫ぶこと《放牧している牛・羊・ヤギなどを追うときの声, 人に向かって叫ぶ声》. ❐उसने द्वार पर आकर ～ लगाई। 彼女は戸口に来て大声で叫んだ. ❐सभी जय-जयकार की ～ लगा रहे हैं। 皆が万歳万歳の声を上げている.

हाँकना /hā̃kạnā ハーンクナー/ [onom.; <OIA. *hakkayati* 'calls to': T.13939] *vt.* (*perf.* हाँका /hā̃kā ハーンカー/) **1** (家畜を)声を出して追う, (馬車の馬を)御する. (⇒हँकाना, हँकारना) ❐वह गाय को हाँकता हुआ चला। 彼は牛を追いながら進んだ. ❐उसका पति इक्का हाँकता था। 彼女の夫は一頭立ての馬車の御者だった. **2** (扇子で蝿などを)追い払う. **3** (自慢話を)べらべらしゃべる. ❐गाल बजाना और डींग हाँकना तो ओछों का काम है। 横柄に口をきいたり自慢話を得意げに話すのはつまらぬ人間のすることだ.

हाँका /hā̃kā ハーンカー/ [cf. *हाँकना*] *m.* ハーンカー《狩りの獲物を声を上げて追い込むこと》.

हांगकांग /hāṃgạkāṃgạ ハーングカーング/ [cf. Eng.n. *Hong Kong*] *m.*〖地名〗(中華人民共和国)香港(特別行政区), ホンコン.

हाँड़ी /hā̃ṛī ハーンリー/ [<OIA. **hāṇḍa-* 'pot': T.14050] *f.* 小さな土鍋. (⇒हँड़िया)

हाँपना /hā̃pạnā ハーンプナー/ ▸हाँफना *vi.* (*perf.* हाँपा /hā̃pā ハーンパー/) ☞हाँफना

हाँफना /hā̃pʰạnā ハーンプナー/ ▸हाँपना [onom.; <OIA. **hamph-* 'pant': T.13973] *vi.* (*perf.* हाँफा /hā̃pʰā ハーンパー/) あえぐ;息を切らす, 息切れする. ❐वह दौड़ी हाँफती चली आ रही थी। 彼女は走り息を切らせながら向かって来ていた. ❐उसने हाँफते हुए लंबी साँस खींचकर कहा। 彼はあえぎながら深く息を吸って言った.

हाइड्रोजन /hāiḍrojana ハーイドロージャン/ [←Eng.n. *hydrogen*] *m.* 〖化学〗水素. (⇒उदजन) ❒～ बम 水素爆弾.

हाई /hāī ハーイー/ [←Eng.adj. *high*] *adj.* 高い;高等な,高位の;高度の. ❒～ अलर्ट 高度警戒警報. ❒～ कमान (組織の)首脳陣,(軍の)最高司令部. ❒～ कोर्ट 高等裁判所. ❒～ प्रेशर 高圧. ❒～ स्कूल 高等学校.

हाउस /hāusa ハーウス/ [←Eng.n. *house*] *m.* (業務用の)建物. ❒कस्टम ～ 税関(事務所). ❒काफ़ी ～ コーヒー・ハウス, 喫茶店.

हाकिम /hākima ハーキム/ [←Pers.n. حاكم 'a governor; commander; a judge, magistrate' ←Arab.] *m.* **1** 支配者. **2** 高官;判事.

हाकी /hākī ハーキー/ ▸हॉकी [←Eng.n. *hockey*] *f.* **1** 〖スポーツ〗ホッケー. ❒～ खेलना ホッケーをする. **2** 〖スポーツ〗ホッケーで使うスティック.

हाजत /hājata ハージャト/ [←Pers. حاجة 'necessity, need, want, lack' ←Arab.] *f.* **1** 必要(なもの), 入用(なもの). **2** (未決囚の)拘置所. **3** 便意.

हाज़मा /hāzamā ハーズマー/ ▸हाज़िमा [←Pers.n. هاضمه 'the digestion' ←Arab.] *m.* 〖医学〗消化能力. (⇒पाचन-शक्ति)

हाज़िमा /hāzimā ハーズィマー/ ▸हाज़मा *m.* ☞हाज़मा

हाज़िर /hāzira ハーズィル/ [←Pers.adj. حاضر 'present, at hand, ready, prepared' ←Arab.] *adj.* **1** 出席している;参列している;臨席している;(裁判に)出廷している, 出頭している. (⇒उपस्थित, मौजूद)(⇔अनुपस्थित, ग़ैर-हाज़िर) ❒(को) ～ करना (人を)出頭させる. ❒वह अदालत में ～ हुआ। 彼は法廷に出廷した. **2** 即座に対応する;用意のある;…する気になっている. (⇒तैयार) ❒मैं आपकी ख़िदमत करने के लिए ～ हूँ। 私はあなたにお仕えするために控えています. ❒हज़ूर, आपके लिए सब कुछ ～ है। 旦那, あなた様のために何もかも揃っていますよ.

हाज़िर-जवाब /hāzira-javāba ハーズィル・ジャワーブ/ [←Pers.adj. حاضر جواب 'ready at an answer, pert'] *adj.* 当意即妙な受け答えができる(人);機知に富む(人).

हाज़िर-जवाबी /hāzira-javābī ハーズィル・ジャワービー/ [←Pers.n. حاضر جوابی 'a repartee, ready wit'] *f.* 即答の才, 当意即妙に答える才;機転;機知. ❒उनके भाषणों में चमक और ～ का अभाव है। 彼の演説には精彩さとウイットが欠けている.

हाज़िरी /hāzirī ハーズィリー/ [←Pers.n. حاضری 'presence, readiness, attendance'] *f.* **1** 出席;参列;臨場;臨席;(裁判への)出廷;出頭. (⇒उपस्थिति, मौजूदगी)(⇔अनुपस्थिति, ग़ैर-हाज़िरी) ❒～ देना 出欠に返事をする;ご機嫌伺いに参上する. ❒～ लेना 出欠をとる;点呼をする. **2** 〖歴史〗(宮廷などでの)謁見. ❒～ बजाना (宮廷などに)参内する. **3** (英国人の)朝食《英国植民地時代の用法》.

हाज़िरी-बही /hāzirī-bahī ハーズィリー・バヒー/ *f.* 出席簿.

हाट /hāṭa ハート/ [<OIA.m. *haṭṭa-* 'market, fair': T.13944] *f.* 〖経済〗定期市.

हाड़ /hāṛa ハール/ [<OIA.n. *haḍḍa-* 'bone': T.13952] *m.* 骨.

हाड़-मांस /hāṛa-māṃsa ハール・マーンス/ [*हाड़* + *मांस*] *m.* 骨と肉;生身の体.

हाता /hātā ハーター/ ▸अहाता *m.* 〔俗語〕☞अहाता

हाथ /hāt^{h}a ハート/ [<OIA.m. *hásta-* 'hand': T.14024] *m.* **1** 手;手首. ❒～ जोड़ना 両手を合わせる《ヒンドゥー教徒の挨拶の身振り》. ❒(से) ～ मिलाना (人と)握手する. ❒～ का बना खाना 手作りの料理. ❒～ का लिखा 手書きの. ❒उसने मेरे ～ में हथकड़ी डाली। 彼は私の手に手錠をかけた. ❒उसने दोनों हाथों से मेरा मुँह दबाया 彼は両手で私の口を押さえた. ❒बायें ～ का काम 左手の仕事《「朝飯前の仕事」の意》. **2**《〖名詞 के हाथ〗の形式で, 副詞句「人の手によって」を作る》❒वह बाघ गाँव वालों के ～ मारा गया। その虎は村人たちによって殺された. **3** 〖単位〗ハート《手首から肘までの長さ》. ❒गड्ढा अब चार ～ गहरा हो गया था। 穴は今や手首から肘までの四倍の深さになっていた. **4** (器物の)取っ手, 柄;(椅子の)肘. (⇒हत्था) **5** 援助の手, 助力. **6** 影響力・支配力(の及ぶ範囲). ❒(में) (का) ～ होना (…に)(…が)深く関係している. **7** 手中, 手元, ふところ;所有《主に〖名詞 के हाथ में〗の形式で, 副詞句「人の手に」を作る;後置詞 में はよく省略される》. ❒आज बाज़ी उसके ～ थी। 今日勝負は彼女の手にあった. ❒कुछ रुपए ～ (में) आ जाएँगे। いくらかの金が手に入るだろう. ❒मज़दूरों के ～ में अधिकार है। 労働者には権利がある. ❒यह बहुमूल्य पांडुलिपि हमलावरों के ～ लगी। この貴重な写本は侵略者たちの手に渡った.

हाथकरघा /hāt^{h}akarag^{h}ā ハートカルガー/ ▸हथकरघा *m.* ☞हथकरघा

हाथा-पाई /hāt^{h}ā-pāī ハーター・パーイー/ [cf. *हाथ*] *f.* 取っ組み合い, 殴り合いのけんか, 乱闘.

हाथी /hāt^{h}ī ハーティー/ [<OIA. *hastín-* 'having hands, clever with the hands': T.14039] *m.* **1** 〖動物〗(雄)ゾウ(象). (⇔हथिनी) **2** 〖ゲーム〗(チェスの)キャッスル, ルーク《将棋の飛車に相当》. (⇒रुख़)

हाथी-दाँत /hāt^{h}ī-dā̃ta ハーティー・ダーント/ *m.* 象牙.

हाथी-पाँव /hāt^{h}ī-pā̃va ハーティー・パーオン/ *m.* 〖医学〗象皮病. (⇒फ़ील-पाँव)

हाथीवान /hāt^{h}īvāna ハーティーワーン/ [*हाथी* + *-वान²*] *m.* 象使い. (⇒महावत)

हाथों हाथ /hāt^{h}õ hāt^{h}a ハートーン ハート/ [cf. *हाथ*] *adv.* 手から手へ;すぐに;丁重に;(相互に)暴力的に. ❒～ बिक जाना 瞬く間に売れていく. ❒～ लड़ाई होने लगी। 白兵戦が始まった. ❒(को) ～ लेना (人を)手厚くもてなす, 歓待する.

हादसा /hādasā ハードサー/ ▸हादिसा [←Pers.n. حادثة 'event; accident' ←Arab.] *m.* 災害;事故;事件. (⇒दुर्घटना)

हादिसा /hādisā ハーディサー/ ▸हादसा *m.* ☞हादसा

हानि /hāni ハーニ/ [←Skt.f. *हानि-* 'loss'] *f.* 損失;損害;害;不利益. (⇒अकाज, नुक़सान, हर्ज)(⇔फ़ायदा, लाभ) ❐～ उठाना 損害を被る. ❐(को) ～ पहुँचाना (…に)損害を与える.

हानिकर /hānikara ハーニカル/ [←Skt. *हानि-कर-* 'injurious, detrimental'] *adj.* 有害な. (⇒हानिकारक)(⇔हितकर) ❐धूम्रपान स्वास्थ्य के लिए ～ होती है। 喫煙は健康に有害である.

हानिकारक /hānikāraka ハーニカーラク/ [neo.Skt. *हानि-कारक-* 'harmful'] *adj.* 有害な. (⇒हानिकर)(⇔हितकारक)

हामी¹ /hāmī ハーミー/ [cf. *हाँ*; ?× *हामी²*] *f.* 同意, 賛同;是認. ❐(के लिए) ～ भरना (…に)賛同する. ❐(से) ～ भराना (人を)賛同させる.

हामी² /hāmī ハーミー/ [←Pers.n. حامی 'a protector, defender' ←Arab.] *adj.* 擁護する(人);支持する(人).
— *m.* 擁護者;支持者.

हाय /hāya ハーエ/ [<OIA. *hāyi* 'exclamation used in chanting a *sāman*': T.14058] *int.* ああ《苦痛・悲嘆の叫び声》. ❐～ भगवान्! ああ, 神よ.
— *f.* 苦痛・悲嘆の叫び声.

हाय-तोबा /hāya-tobā ハーエ・トーバー/ ▶हाय-तौबा *f.* 悲嘆(の叫び声).

हाय-तौबा /hāya-taubā ハーエ・タォーバー/ ▶हाय-तोबा *f.* ☞हाय-तोबा

हाय-हाय /hāya-hāya ハーエ・ハーエ/ *f.* 悲嘆の叫び;悲鳴;恐慌状態. ❐～ करना 嘆き悲しむ;苦しみを訴える. ❐～ की आवाज़ मेरे कानों में आ रही थी। 悲鳴が私の耳に聞こえていた. ❐～ पड़ना 恐慌状態になる. ❐～ मचना 悲嘆の叫びが響き渡る.

हार¹ /hāra ハール/ [<OIA.f. *hāri-* 'losing a game': T.14062] *f.* 敗北. ❐अपनी ～ मानना 自分の敗北を認める.

हार² /hāra ハール/ [←Skt.m. *हार-* 'a garland of pearls, necklace'] *m.* **1** 花輪. (⇒माला) ❐फूलों का ～ 花輪. **2** ネックレス. ❐सोने का ～ 金のネックレス.

-हार /-hāra ・ハール/ ▶-हारा [<OIA. *dhāra-¹* 'holding': T.06787] *suf.* 《「…をする(人), …に関する職を生業にする(人)」を表す接尾辞;सर्जनहार「創造者」, लकड़हार「きこり」, होनहार「将来有望な」など》.

हार-जीत /hāra-jīta ハール・ジート/ *f.* 勝負, 勝ち負け, 勝敗. ❐～ का फ़ैसला नहीं हुआ। 勝敗は決まらなかった. ❐जुए की ～ 賭け事の勝負.

हारना /hāranā ハールナー/ ▶हरना [<OIA. *hārayati* 'causes to be taken': T.14061] *vi.* (*perf.* हारा /hārā ハーラー/) **1** 負ける, 敗北する;根負けする. (⇒पछड़ना)(⇔जीतना) ❐टेस्ट मैच में भारत एक पारी और १६ रनों से हार गया था। クリケット国際試合でインドは 1 イニング 16 点で敗北した. ❐कौन कहता है जीवन संग्राम में वह हारा है। 人生の戦いで彼が敗れたと, 誰が言えようか. ❐तुमसे तो मैं हार गया। お前には負けたよ. ❐उसने हारकर कहा। 彼は根負けして言った. **2** 損害を被る. **3** (体の節々まで)疲れ果てる. ❐वह हारकर वहीं बैठ गया। 彼は疲れ果てて, その場にしゃがみこんだ. ❐हम अब तक झूठे देवताओं के सामने नाक रगड़ते-रगड़ते हार गये और कुछ हाथ न लगा। 俺は今までまやかしの神々のまえで鼻を擦りつけ擦りつけして(＝へりくだって頼みごとをして)疲れ果ててしまった, そして何も手に入りゃしなかった. **4** しょげる, 落胆する;困り果てる. ❐वह सोच-सोचकर हार गया। 彼は考えに考えて, 困り果ててしまった.
— *vt.* (*perf.* हारा /hārā ハーラー/) **1** (勝負に)敗れる. (⇔जीतना) ❐वे चुनाव [मुक़दमा] हार गए। 彼は選挙[裁判]に敗れた. ❐प्रत्येक आदमी इस हारी हुई बाज़ी के एकबारगी पलट जाने पर विस्मित था। 皆は, この負けていた勝負がいっぺんに逆転したことに驚嘆していた. **2** (気力を)失う, くじける. ❐मैं हिम्मत हारनेवाला मनुष्य नहीं हूँ। 私はくじけるような人間ではない. ❐उसने कभी हिम्मत नहीं हारी। 彼は決してくじけなかった. **3** (言質を)与える. ❐वह वचन हारे हुए था। 彼は言質を与えていた.

हारमोनियम /hāramoniyama ハールモーニヤム/ [←Eng.n. *harmonium*] *m.* 〖楽器〗ハルモニウム, アコーディオン. (⇒अरगन) ❐～ पर गाना ハルモニウムを伴奏に歌う. ❐～ बजाना ハルモニウムを弾く.

-हारा /-hārā ・ハーラー/ ▶-हार [<OIA. *dhāra-¹* 'holding': T.06787] *suf.* 《「…に関する職を生業にする人」を表す接尾辞;लकड़हारा「木こり」など》.

हार्ट अटैक /hārṭa aṭaika ハールト アタェーク/ [←Eng.n. *heart attack*] *m.* 〖医学〗心臓麻痺, 心臓発作.

हार्दिक /hārdika ハールディク/ [cf. Skt.n. *हृद्-* 'the heart (as the seat of feelings and emotions)'] *adj.* 心の, 胸の;心からの, 心をこめた. ❐～ स्वागत 心からの歓迎. ❐(के लिए) ～ धन्यवाद देना (…に対して)心から感謝する.

हार्न /hārna ハールン/ ▶हॉर्न [←Eng.n. *horn*] *m.* 警笛. ❐उसने ～ बजाया। 彼は警笛を鳴らした.

हाल¹ /hāla ハール/ [←Pers.n. حال 'state, situation, condition, mode, manner' ←Arab.] *m.* **1** 状態, 様子;状況. ❐आपका क्या ～ है? ごきげんいかがですか? ❐गर्मी के मारे बुरा ～ हो रहा है। 暑さでひどい有様だ. **2** 現在. ❐～ में 現在のところ. ❐पुराने आदमियों को ～ के वेतन पर रखना 昔の人間を現在の給与で雇う. **3** あらまし;ニュース.

हाल² /hāla ハール/ ▶हॉल [←Eng.n. *hall*] *m.* ホール, 公会堂, 会館. ❐सिनेमा ～ 映画館.

हालचाल /hālacāla ハールチャール/ [*हाल¹* + *चाल*] *m.* 様子, 具合, 近況, 安否, 消息. ❐(का) ～ पूछना (人の)様子を尋ねる.

हालत /hālata ハーラト/ [←Pers.n. حالة 'state, quality, condition' ←Arab.] *f.* 状態, 様子, 有様, 状況;(体の)具合, 容体. (⇒व्यवस्था) ❐आपकी ～ शायद मेरी ～ से भी ख़राब है। あなたの状況は恐らく私の状況よりも悪い. ❐ऐसी ～ में このような状態で. ❐कंपनी की असली ～ कुछ और है, काग़ज़ी ～ कुछ और। 会社の実態は別で, 書類上の状況はまた別さ. ❐बीमारी की ～ में मैं उसे विदा तो न करना चाहता था। 病気の状態で私は彼女を送り出したくはなかっ

た. ❐हर ～ में どうしても.

हालाँकि /hālā̃ki ハーラーンキ/ [←Pers. حال آن کہ 'the fact is that; whereas, now that, though, notwithstanding'] *conj.* **1**…にもかかわらず. **2** しかしながら, それにもにもかかわらず.

हाला /hālā ハーラー/ [←Skt.f. *हाला-* 'spirituous liquor'] *f.* 『食』酒. (⇒शराब)

हालात /hālātạ ハーラート/ [←Pers.n. حالات 'states, conditions' ←Arab. ; pl. of حال] *m.* 状態, 様子;状況《複数扱い;時に女性名詞として扱われることもある》. ❐गुजरात में भारी बारिश से बाढ़ जैसे ～ हैं। グジャラート州では豪雨のために洪水のような状況になっている.

हालीवुड /hālīvuḍạ ハーリーヴド/ ▸हॉलीवुड [←Eng.n. *Hollywood*] *m.* ハリウッド;米国の映画界[産業].

हालैंड /hālaiṃḍạ ハーラェーンド/ ▸हॉलैंड [←Eng.n. *Holland*] *m.* 『国名』オランダ(王国)《ネーデルラント(王国) (नीदरलैंड) の俗称》.

हावड़ा /hāvạṛā ハーオラー/ [cf. Eng.n. *Hawrah*] *m.* 『地名』ハーオラー《西ベンガル州 (पश्चिम बंगाल) の都市》.

हावन /hāvanạ ハーワン/ [←Pers.n. هاون 'a mortar'] *m.* 乳鉢(にゅうばち), すり鉢.

हावन-दस्ता /hāvanạ-dastā ハーワン・ダスター/ [←Pers.n. هاون دسته 'pestle and mortar'] *m.* ハーワン・ダスター《薬種や香辛料などを砕き混合する乳鉢 (हावन) と乳棒 (दस्ता)》. (⇒इमाम-दस्ता, हिमाम-दस्ता)

हाव-भाव /hāvạ-bʰāvạ ハーオ・バーオ/ [?neo.Skt.m. *हाव-भाव-* 'blandishments'] *m.* **1** 身振り, 身のこなし. **2** (女性の)色っぽい仕草, しな. ❐～ दिखाना (男を引きつけるために)しなを作って見せる.

हावी /hāvī ハーヴィー/ [←Pers.n. حاوی 'one who collects, contains, or comprehends' ←Arab.] *adj.* 支配する, 支配的な;圧倒する;優勢な. ❐जो मर्द कमाता नहीं वह औरत पर मुश्किल से ～ हो पाता है। 稼ぎのない男が女を御するのは並大抵のことではない. ❐यात्रियों पर थकान ～ होने लगी। 旅人達に疲労の色が濃くなり始めた. ❐सपने को अपने पर ～ न होने दो। 夢にとらわれるな.

हाशिया /hāśiyā ハーシヤー/ [←Pers.n. حاشیة 'a margin, edge, border' ←Arab.] *m.* **1** 端(はし);隅(すみ);(布の)へり, ヘム. ❐समाज के हाशिये पर जीने वाले 社会の片隅で生きている人たち. **2** (ページの)余白. ❐हाशिये पर टिप्पणी लिखना 余白に注釈を書きこむ.

हास /hāsạ ハース/ [←Skt.m. *हास-* 'laughter'] *m.* 笑い;(明るい)笑顔. ❐उसके मुख पर ～ की एक छटा खिली रहती थी। 彼の顔には笑顔の輝きが絶えなかった. ❐मृदु ～ से स्वागत करना 優しい笑顔で出迎える.

हासिल /hāsilạ ハースィル/ [←Pers.n. حاصل 'the outcome, produce, result' ←Arab.] *adj.* 獲得した, 入手した. (⇒प्राप्त) ❐～ करना 手に入れる. ❐रोने से क्या ～ होगा? 泣いて何になるのだ？

— *m.* **1** 成果, 結果. **2** 収益, 利益;収穫. **3** 『数学』答え, 解答.

हास्टल /hāsṭalạ ハースタル/ ▸होस्टल *m.* ☞होस्टल

हास्पिटल /hāspiṭalạ ハースピタル/ ▸हॉस्पिटल, हास्पिताल [←Eng.n. *hospital*] *m.* 病院, 医院《特に病院の固有名詞(英語名)に使用;一般には अस्पताल を使用》 ❐मेडिकल कॉलेज ～ 医科大学付属病院.

हास्य /hāsyạ ハースィエ/ [←Skt. *हास्य-* 'to be laughed at, laughable, ridiculous, funny, comical'] *adj.* 滑稽(こっけい)な, ひょうきんな.

— *m.* **1** 笑い, 冗談;からかい, もの笑い. ❐～ का लक्ष्य बनना からかいの的になる. ❐वे ～ और विनोद के मानो भंडार थे। 彼は冗談と機知のまるで宝庫だった. **2** 『文学』滑稽(味)《インド古典文学理論で分類規定されているラサ (रस) の一つ》.

हास्य-व्यंग्य /hāsyạ-vyaṃgyạ ハースィエ・ヴィャンギエ/ [neo.Skt.m. *हास्य-व्यङ्ग्य-* 'humour and satire'] *m.* ユーモアと風刺.

हास्यास्पद /hāsyāspadạ ハースィアースパド/ [←Skt.n. *हास्य-आस्पद-* 'a laughing-stock, butt'] *adj.* 馬鹿げた, 軽蔑(けいべつ)に値する. ❐यह कल्पना मुझे ～ लगी। この想像は私には馬鹿げているように思われた.

हास्योत्पादक /hāsyotpādakạ ハースィオートパーダク/ [neo.Skt. *हास्य-उत्पादक-* 'provoking laughter'] *adj.* 笑いを引き起こす.

हाहाकार /hāhākārạ ハーハーカール/ [←Skt.m. *हाहा-कार-* 'cries of distress'] *m.* (悲嘆・苦痛の)泣き叫ぶ声, 悲鳴, 慟哭(どうこく). ❐सारे नगर में ～ मच गया। 町全体に悲鳴が上がった.

हिंडोला /hiṃḍolā ヒンドーラー/ [<OIA.m. *hindōla-* 'swing, swing cradle': T.14094] *m.* 揺りかご. ❐लहरों के साथ शतदल यों झकोरे लेते थे, जैसे कोई बालक हिंडोले में झूल रहा हो। 波とともにハスの花が揺れて, まるで赤子が揺りかごの中で揺れているかのようだった.

हिंद /hiṃdạ ヒンド/ [←Pers.n. هند 'India; Hindū people' ←Arab.] *m.* 『地理』インド《慣用的な用法に限られる》. (⇒भारत, हिंदुस्तान) ❐～ महासागर インド洋. ❐जय ～! インド万歳！

हिंद-यूरोपीय /hiṃdạ-yūropīyạ ヒンド・ユーローピーエ/ *adj.* インド・ヨーロッパの;印欧語の. (⇒भारोपीय) ❐～ भाषा-परिवार 印欧語族.

हिंदसा /hiṃdasā ヒンダサー/ [←Pers.n. هندسه 'numeration by the letters of the alphabet; a cypher; arithmatics'] *m.* 数字.

हिंदी /hiṃdī ヒンディー/ [←Pers.adj. هندی 'anything Indian, or belonging to India'; cog. Skt.m. *सिन्धु-* 'the Indus river'] *adj.* ヒンディー語の. ❐～ क्षेत्र ヒンディー語地域. ❐～ भाषा ヒンディー語. ❐～ साहित्य ヒンディー文学.

— *f.* ヒンディー語. ❐～ वाला 母語がヒンディー語の人;ヒンディー語を支持する人.

हिंदीकरण /hiṃdīkaraṇạ ヒンディーカラン/ [neo.Skt.n. *हिंदी-करण-* 'Hindinization'] *m.* 〔俗語〕ヒンディー語化.

हिंदीतर /hiṃdītarạ ヒンディータル/ [*हिंदी* + *-इतर*] *adj.* ヒ

ンディー語以外の(言語). ❐～ भाषाएँ ヒンディー語以外の言語.

हिंदुस्तान /hiṃdustāna̸ ヒンドゥスターン/ [←Pers.n. هندستان 'India'] *m.* ヒンドゥスターン《原意は「(ペルシア人から見た)インド人の国」;実際には北インドを指す場合が多い;インド (भारत) と同義語として使われことも》.

हिंदुस्तानी /hiṃdustānī ヒンドゥスターニー/ [*हिंदुस्तान* + *-ई*] *adj.* インドの, インド風の. (⇒भारतीय) ❐～ संगीत 〚音楽〛ヒンドゥスターニー(古典)音楽.
— *m.* インド人. (⇒भारतीय)
— *f.* **3** ヒンドゥスターニー語《デリーに首都を置いたイスラム諸王朝(とくにムガル朝)の時期にヒンディー語のカリー・ボーリー方言 (खड़ी बोली) にアラビア語・ペルシア語の語彙が多く混入し成立した言語;北インドを中心に共通語として通用した;ウルドゥー語 (उर्दू) と同一視する人も》.

हिंदू /hiṃdū ヒンドゥー/ [←Pers.n. هندو 'an Indian'; cog. Skt.m. *सिन्धु-* 'the Indus river'] *adj.* ヒンドゥー教の. ❐～ धर्म ヒンドゥー教.
— *m.* 〚ヒンドゥー教〛ヒンドゥー教徒. ❐हिंदुओं का पवित्र तीर्थ ヒンドゥー教徒の聖地.

हिंसक /hiṃsaka̸ ヒンサク/ [←Skt. *हिंसक-*] *adj.* 凶暴な, 獰猛(どうもう)な;殺気に満ちた. ❐～ पशु 猛獣. ❐～ भीड़ 暴徒. ❐～ वातावरण 殺気をはらんだ空気.
— *m.* 殺人者, 殺戮(さつりく)者. (⇒हत्यारा)

हिंसा /hiṃsā ヒンサー/ [←Skt.f. *हिंसा-* 'injury, harm (to life or property), hurt, mischief'] *f.* 殺生;暴力(行為), 危害. ❐～ करना 殺生を犯す. ❐उसका मुखमंडल ～ के आवेग से लाल हो गया। 彼の顔面は暴力的な衝動にかられて紅潮した.

हिंसात्मक /hiṃsātmaka̸ ヒンサートマク/ [←Skt. *हिंसा-आत्मक* 'intent on doing harm'] *adj.* 暴力的な, 凶暴な. (⇔अहिंसात्मक)

हिंस्र /hiṃsra̸ ヒンスル/ [←Skt. *हिंस्र-* 'injurious, mischievous, hurtful, destructive, murderous, cruel, fierce, savage'] *adj.* 獰猛な. ❐～ जंतु [पशु] 猛獣.

हिकमत /hikamata̸ ヒクマト/ [←Pers.n. حكمة 'wisdom, science, knowledge' ←Arab.] *f.* **1** 知恵;巧妙な手立て. **2** イスラム式医術.

हिकमती /hikamatī ヒクマティー/ [←Pers.adj. حكمتی 'clever'] *adj.* 巧妙な, 抜け目ない.

हिचक /hicaka̸ ヒチャク/ [cf. *हिचकना*] *f.* ためらい, 躊躇(ちゅうちょ);(動作が)止まること. (⇒संकोच, हिचकिचाहट) ❐इस तरह के होते हैं भाई, जिन्हें भाई का गला काटने में भी ～ नहीं होती। 兄は, 自分の兄弟の首を切ることもためらわないほどの人です. ❐पहले उन्हें मुझसे बात करने में ～ थी। 最初, 彼は私と話をすることにためらいがあった.

हिचकना /hicakanā ヒチャクナー/ ▸हिचकिचाना [?<OIA. *hikkati* 'hiccups, sobs': T.14074; ?<OIA. **hicc-* 'draw back': T.14083] *vi.* (*perf.* हिचका /hicakā ヒチカー/) **1** しゃっくりをする. **2** むせび泣く, しゃくりあげる. ❐वह हिचक-हिचककर बोला। 彼はしゃくりあげながら言った. **3** ためらう, 躊躇(ちゅうちょ)する, 遠慮する. (⇒झिझकना) ❐उसने हिचकते हुए कहा। 彼は躊躇しながら言った. ❐मन में तो सभी थोड़े-बहुत हिचकते थे। 心の中では皆ある程度ためらっていた.

हिचकिचाना /hicakicānā ヒチキチャーナー/ ▸हिचकना [onom. (echo-word)] *vi.* (*perf.* हिचकिचाया /hicakicāyā ヒチキチャーヤー/) ☞हिचकना

हिचकिचाहट /hicakicāhaṭa̸ ヒチキチャーハト/ [*हिचकिचाना* + *-आहट*] *f.* ためらい, 躊躇(ちゅうちょ). (⇒हिचक) ❐उन्हें राजनीति में आने में ～ थी। 彼には政界に入ることにためらいがあった.

हिचकी /hicakī ヒチキー/ [cf. *हिचकना*] *f.* **1** 〚医学〛しゃっくり. **2** むせび泣き, しゃくり上げ. ❐(की) हिचकियाँ बँध जाना (人が)しゃくり上げる.

हिचकोला /hicakolā ヒチコーラー/ ▸हचकोला *m.* ☞हचकोला

हिज़ एक्सलेंसी /hiza̸ eksaleṃsī ヒズ エークスレーンスィー/ [←Eng.n. *His Excellency*] *m.* (間接にさして)閣下. ❐～ गवर्नर 総督閣下.

हिजड़ा /hijaṛā ヒジラー/ ▸हिजरा [cf. Pers.n. هجر 'separating, dividing, or cutting off; exile, banishment' ←Arab. ; cf. OIA. **hijja-*[2] 'defective': T.14084] *m.* **1** 〚医学〛ヒジュラー《半陰陽, 両性具有者;「第三の性」とも言われることがある》. (⇒नपुंसक, षंढ) **2** 〔古語〕去勢された男子, 宦官(かんがん). (⇒षंढ) **3** 〔卑語〕性的不能者. (⇒नपुंसक)

हिज़ मैजेस्टी /hiza̸ maijesṭī ヒズ マェージェースティー/ [←Eng.n. *His Majesty*] *m.* 国王陛下, 皇帝陛下.

हिजरत /hijarata̸ ヒジラト/ [←Pers.n. هجرة 'departure from one's country and friends, separation of lovers or friends; in particular the flight of Muhammad from Mecca to Madīna' ←Arab.] *f.* 〚イスラム教〛ヒジュラ, 聖遷.

हिजरा /hijarā ヒジラー/ ▸हिजड़ा *m.* ☞हिजड़ा

हिजरी /hijarī ヒジリー/ [←Pers.adj. هجری 'of the Muhammadan era'] *m.* ヒジュラ暦, イスラム暦《太陰暦;西暦622年7月16日が紀元元年1月1日》. ❐～ १०० में ヒジュラ暦100年に. ❐अंत में उसने नक़ल करने की तारीख़ ～ संवत् में दे दि थी। 末尾に彼は書写した日付をヒジュラ暦年で記していた.

हिजाब /hijāba̸ ヒジャーブ/ [←Pers.n. حجاب 'veiling, concealing; a veil, curtain; modesty, bashfulness' ←Arab.] *m.* **1** 〚イスラム教〛ヒジャーブ《女性の頭部から喉まで覆うベール;顔は出すことが多い》. (⇒नक़ाब, बुरक़ा) **2** 恥じらい;内気.

हिज्जे /hijje ヒッジェー/ [←Pers.n. هجی 'spelling'] *m.* (アラビア文字の)つづり. (⇒वर्तनी)

हिट /hiṭa̸ ヒト/ [←Eng.vt. *hit*] *adj.* (映画などが)ヒットした, 大当たりした;(興行的に)成功を収めた. (⇔फ़्लाप) ❐इस साल की ～ फ़िल्म 今年のヒットした映画.
— *f.* **1** (映画などの)ヒット作, 当たり作;(興行的に)成功を収めた作品. ❐～ लिस्ट ヒット作のリスト. **2** 〚スポーツ》ヒット, 安打.

हित /hitạ ヒト/ [←Skt. *हित-* 'beneficial, advantageous, salutary'] *adj.* ためになる, 有益な.

— *m.* 幸福, 幸せ;ため(になること), 役に立つこと;利益, 得になること. ❐आदमी वह है, जो दूसरों का ~ करे। 人間とは, 他人のためになることをするような人のことだ. ❐उनकी बात मानने में ही आपका ~ है। 彼の言うことを認めることがあなたのためになるのです. ❐जनता के ~ के लिए 一般大衆の幸せのために. ❐वकील का काम अपने मुअक्किल का ~ देखना है, सत्य या असत्य का निराकरण नहीं। 弁護士の仕事は自分の依頼人の利益を見守ることだ, 真実か偽りかの除去ではなく.

हितकर /hitạkarạ ヒトカル/ [←Skt. *हित-कर-* 'doing a service, furthering the interests of, favourable, useful'] *adj.* ためになる, 有益な. (⇒हितकारक)(⇔हानिकर) ❐लेखक का प्रकाशक से झगड़ा उसके लिए ~ नहीं। 作家の出版社とのけんかは作家にとってためにならない.

हितकारक /hitạkārakạ ヒトカーラク/ [←Skt. *हित-कारक-* 'doing a service, furthering the interests of, favourable, useful'] *adj.* ☞हितकर

हितकारी /hitạkārī ヒトカーリー/ [←Skt. *हित-कारिन्-* 'doing a service, furthering the interests of, favourable, useful'] *adj.* ☞हितकर

हितचिंतक /hitạcimṭakạ ヒトチンタク/ [neo.Skt. *हित-चिन्तक-* 'well-wisher'] *adj.* 他人の幸福を願う(人). (⇒हितैषी)

— *m.* 他人の幸福を願う人《時に皮肉な意味で》. (⇒हितैषी)

हितचिंतन /hitạcimṭanạ ヒトチンタン/ [neo.Skt.n. *हित-चिन्तन-* 'well-wishing'] *m.* 他人の幸福を願うこと.

हिताहित /hitāhitạ ヒターヒト/ [←Skt.n. *हित-अहित-* 'advantage and (or) disadvantage'] *m.* 役に立つことと立たないこと;利益と不利益;幸運と不運.

हितेच्छु /hitecc^hu ヒテーッチュ/ [neo.Skt. *हित-इच्छु-* 'well-wishing, desiring another's welfare'] *adj.* ☞हितैषी

— *m.* ☞हितैषी

हितैषी /hitaiṣī ヒタエーシー/ [←Skt. *हित-एषिन्-* 'desiring another's welfare'] *adj.* 他人の幸福を願う(人). (⇒ख़ैरख़ाह, हितचिंतक, हितेच्छु) ❐~ मित्र 好意を寄せてくれる友人.

— *m.* 他人の幸福を願う人. (⇒ख़ैरख़ाह, हितचिंतक, हितेच्छु) ❐आपका ~ あなたの幸福を願う者《手紙の末尾の決まり文句の一つ》. ❐मैं तुम्हारा ~ हूँ। 私はお前の味方だよ.

हिदायत /hidāyatạ ヒダーヤト/ [←Pers.n. هداية 'making known, guiding, directing' ←Arab.] *f.* 指図;指示;命令;教示;指導. ❐(से) ~ करना (人に)指図する. ❐उनकी पहली ~ मेरे लिए यह थी कि स्कूल में उन्हें मैं मामा जी नहीं, हेडमास्टर साहब कहकर संबोधित करूँ। 彼の私に対する最初の命令は, 学校では叔父さんではなく校長先生と呼びなさいというものだった. ❐बहुत सँभालकर रखने की हिदायतों के साथ वह कितब मेरे हाथ में दी गई थीं। とても大切に保管するようにという指示とともにその本は私の手に渡された.

हिनहिनाना /hinạhinānā ヒンヒナーナー/ [onom.; <OIA. **hin-* 'neigh': T.14092] *vi.* (*perf.* हिनहिनाया /hinạhināyā ヒンヒナーヤー/) (馬が)ヒヒーン (हीं-हीं) といななく. ❐घोड़े हिनहिना रहे थे। 馬がいなないていた.

हिनहिनाहट /hinạhināhaṭạ ヒンヒナーハト/ [*हिनहिनाना* + *-आहट*] *f.* (馬の)いななき.

हिपनोटिज़्म /hipạnoṭizmạ ヒプノーティズム/ [←Eng.n. *hypnotism*] *f.* 〖医学〗催眠術. (⇒सम्मोहन)

हिफ़ाज़त /hifāzatạ ヒファーザト/ [←Pers.n. حفاظة 'custody, care' ←Arab.] *f.* **1** 防御, 防衛;護衛. (⇒रक्षा) ❐देश की ~ 国防. **2** 保存;保護, 安全. (⇒रक्षा) ❐इसे बड़ी ~ से रखना। これを大切にとって置くのだよ. ❐उस हस्तलिखित पोथी की, पुरखों की निशानी के रूप में, ~ की गई थी। その手書き写本は, 先祖代々の証として, 保存された.

हिम /himạ ヒム/ [←Skt.n. *हिम-* 'frost, hoar-frost, snow (rarely 'ice')'] *m.* 雪. (⇒बर्फ़)

हिमकण /himạkaṇạ ヒムカン/ [neo.Skt.m. *हिम-कण-* 'a snow-particle'] *m.* 雪の粒.

हिमगिरि /himagiri ヒマギリ/ [←Skt.m. *हिमगिरि* 'the *Himālaya* mountain'] *m.* ☞हिमालय

हिमधाव /himạd^hāvạ ヒムダーオ/ [neo.Skt.m. *हिम-धाव-* 'avalanche'] *m.* 雪崩(なだれ). (⇒हिमस्खलन)

हिमनद /himạnadạ ヒムナド/ [neo.Skt.m. *हिम-नद-* 'a glacier'] *m.* 〖地理〗氷河.

हिमयुग /himạyugạ ヒムユグ/ [neo.Skt.n. *हिम-युग-* 'ice age'] *m.* 〖歴史〗氷河期.

हिमस्खलन /himạsk^halanạ ヒムスカラン/ [neo.Skt.n. *हिम-स्खलन-* 'avalanche'] *m.* 雪崩(なだれ). (⇒हिमधाव)

हिमांक /himāṃkạ ヒマーンク/ [neo.Skt.m. *हिम-अङ्क-* 'freezing point'] *m.* 〖物理〗氷点. (⇔क्वथनांक)

हिमांशु /himāṃśu ヒマーンシュ/ [←Skt.m. *हिम-अंशु-* 'cool-rayed; the moon'] *m.* 〖天文〗月.

हिमाक़त /himāqatạ ヒマーカト/ [←Pers. حماقة 'being silly, foolish, stupid; folly, stupidity' ←Arab.] *f.* 愚かさ;愚行. (⇒मूर्खता) ❐~ करना 愚かなことをする.

हिमाचल /himācalạ ヒマーチャル/ [←Skt.m. *हिम-अचल-* 'snow-mountain; the *Himālaya*'] *m.* 雪山;ヒマラヤ. (⇒हिमालय)

हिमाचल प्रदेश /himācalạ pradeśạ ヒマーチャル プラデーシュ/ [cf. Eng.n. *Himachal Pradesh*] *m.* ヒマーチャル・プラデーシュ州《州都はシムラー (शिमला)》.

हिमानी /himānī ヒマーニー/ [←Skt.f. *हिमानी-* 'a mass or collection of snow'] *f.* 氷河. ❐हिमानी [हिमानियों का] युग 〖歴史〗氷河期.

हिमाम /himāmạ ヒマーム/ [< *हावन* ←Pers.n. هاون 'a mortar'] *m.* ☞हावन

हिमाम-दस्ता /himāmạ-dastā ヒマーム・ダスター/ *m.* ☞हावन-दस्ता

हिमायत /himāyatạ ヒマーヤト/ [←Pers.n. حماية 'protecting, defending; guardianship; patronage, support' ←Arab.] *f.* 支援, 支持;擁護, えこひいき.

❐～ का टट्टू （他人の後ろ盾で）でしゃばる人《「虎の威を借る狐」の意》． ❐(की) ～ करना （…を）支持する． ❐(की) ～ में （…の）擁護のもとで．

हिमायती /himāyatī ヒマーヤティー/ [*हिमायत* + *-ई*] *adj.* 支持する，支援する；擁護する．
— *m.* 支持者，支援者；擁護者．

हिमालय /himālaya ヒマーラエ/ [←Skt.m. *हिम-आलय-* 'the abode of snow, the Himalaya Mountains'] *m.* 〖地理〗ヒマラヤ（山脈）． ❐～ पर्वत-माला ヒマラヤ山脈．

हिम्मत /himmata ヒムマト/ [←Pers.n. همة 'inclination, desire, resolution, intention, design' ←Arab.] *f.* **1** 勇気，度胸；気力．(⇒साहस) ❐～ खोना 気力を失う． ❐～ करना [बाँधना]勇気をだす． ❐किसी की आगे आने की ～ न पड़ी। 誰も前に出る勇気は起きなかった． ❐(की) ～ तोड़ना（人の）勇気を打ち砕く． ❐(की) ～ बँधना（人に）勇気がでる． ❐(की) ～ बँधाना（人を）勇気づける． ❐(की) ～ हारना（人の）勇気がくじける． ❐हम तो समझते थे कि उसमें इतनी ～ ही नहीं है। 我々は彼の中にこれほどの勇気はないと思っていた． **2** 厚かましさ，厚顔無恥；無礼．(⇒दु:साहस, दुस्साहस) ❐तुम्हारी यह ～ कहाँ से हुई? おまえのこの厚かましさはどこから生まれたのか（＝どうしてこうも厚かましくなれるのだ）？ ❐तुम्हारी ～ कैसे हुई यहाँ आने की? おまえの厚かましさはどうやって生まれたのか，ここに来るという（＝どうしてここに来れるほど厚かましくなれるのだ）？

हिम्मती /himmatī ヒムマティー/ [*हिम्मत* + *-ई*] *adj.* 勇気のある（人），度胸のある（人）．(⇒साहसी)

हिय /hiya ヒエ/ ▶हिया *m.* ☞हिया

हिया /hiyā ヒヤー/ ▶हिय [<OIA.n. *hṛ́daya-* 'heart': T.14152] *m.* 心；胸．(⇒हृदय) ❐～ काँपना（恐怖に）おののく． ❐～ जलना 怒る；嫉妬する． ❐～ ठंडा होना 心が静まる． ❐～ फटना 胸が張り裂ける． ❐～ भर आना（感動して）胸がつまる，胸がいっぱいになる．

हिरन /hirana ヒラン/ [<OIA.f. *hariṇī-*[1] 'doe': T.13982; cf. Skt.m. *हरिण-* ' deer, antelope, fawn, stag'] *m.* 〖動物〗（雄）シカ（鹿）．(⇒मृग)(⇔हिरनी) ❐हिरनों के झुंड कलोलें कर रहे थे। 鹿の群れが跳ね回っていた．

हिरनी /hiranī ヒルニー/ [cf. *हिरन*] *f.* 〖動物〗雌鹿．(⇒मृगनी)(⇔हिरन)

हिरासत /hirāsata ヒラーサト/ [←Pers.n. حراسة 'guarding; custody, guardianship' ←Arab.] *f.* 〖法律〗勾留，拘置，留置；監禁．(⇒कस्टडी) ❐～ में आना 勾留される． ❐उसे ～ में आए आठ दिन हुए थे। 彼が拘留されてから８日が経った． ❐(को) ～ में लेना（人を）勾留する；収監する．

हिरासती /hirāsatī ヒラースティー/ [*हिरासत* + *-ई*] *adj.* 勾留中の（人）． ❐～ मौत 勾留中の死亡．

हिरोइन /hiroina ヒローイン/ ▶हीरोइन *f.* ☞हीरोइन

हिलकना /hilakanā ヒラクナー/ [<OIA.intr. **hillati* 'moves, shakes': T.14120] *vi.* 〔古語〕（痛みで）のたうち回る．

हिलकोरना /hilakoranā ヒルコールナー/ [*हिलकना* × *हिलोरना*; cf. OIA.intr. **hillati* 'moves, shakes': T.14120] *vi.* (*perf.* हिलकोरा /hilakorgā ヒルコールガー/)
— *vt.* (*perf.* हिलकोरा /hilakorgā ヒルコールガー/) 波打つ．波だたせる．

हिलकोरा /hilakorā ヒルコーラー/ [cf. *हिलकोरना*] *m.* 波，さざ波． ❐हिलकोरे मारना さざ波をたてる．

हिलगना /hilaganā ヒラグナー/ [<OIA. **abhilagyati* 'adheres to': T.00528] *vi.* (*perf.* हिलगा /hilagā ヒルガー/) **1** からまる；ひっかかる．(⇒अटकना) ❐कबूतर बिजली के तारों में ऐसा हिलगा कि फिर नहीं निकल पाया। 鳩が電線にからまって，抜け出せなくなった． ❐पतंग पेड़ में हिलग गई। 凧が木にひっかかった． ❐हड्डी गले में हिलग गई है। 骨が喉にひっかかった． **2** 顔見知りになる；なつく．(⇒परचना, हिलना) ❐बच्चा नए नौकर के साथ हिलग गया। 子どもは新しい使用人になついた．

हिलगाना /hilagānā ヒルガーナー/ [cf. *हिलगना*] *vt.* (*perf.* हिलगाया /hilagāyā ヒルガーヤー/) **1** からめる，引っかける． ❐उसने कील से हैट हिलगाया। 彼は釘に帽子を引っかけた． **2** （子ども・動物を）手なずける．

हिलना[1] /hilanā ヒルナー/ [<OIA.intr. **hillati* 'moves, shakes': T.14120] *vi.* (*perf.* हिला /hilā ヒラー/) **1** 揺れる；（風などに）そよぐ；震える；振動する．(⇒काँपना) ❐तालियाँ बजीं, हाल हिल उठा। 拍手が鳴りホールが揺らいだ． ❐न एक डाली हिलती है, न एक पत्ता। 枝一本，木の葉一枚揺れない． ❐पुल डगमग-डगमग हिल रहा है। 橋がぐらぐら揺れている． ❐यह मकान भूकंप से भी न हिलेगा। この家は地震でも揺れないだろう． ❐हिलती गाड़ी में मुझे बला की नींद आती है। 揺れる汽車の中では私は無性に眠くなる． **2** 振られる． ❐उसका हाथ हिल रहा था। 彼の手が振られていた． **3** （ある場所から）動く；身動きする． ❐जी नहीं, आप यहाँ से हिल नहीं सकते। いいえ，あなたはここから動いてはいけません． ❐वहाँ इधर-उधर हिलने का भी स्थान न था। そこは，ちょっとばかり身動きする場所もなかった． ❐वह हर समय चारपाई पर पड़ा रहे, न हिले, न डुले। 彼はいつもベッドに横たわっていた，身じろぎひとつせずに． **4** （心が）動かされる；感動する；動揺する． ❐उसके कष्टों की कल्पना करके उनका कोमल हृदय हिल जाता था। 彼の苦労を想像して彼女の情にもろい心は感動してしまうのであった．

हिलना[2] /hilanā ヒルナー/ [<OIA. **hilati*[2] 'becomes accustomed to, becomes tame': T.14116; DED 399] *vi.* (*perf.* हिला /hilā ヒラー/) 親密になる；（子どもが）なつく．(⇒परचना, हिलगना) ❐यह लड़का हमसे बहुत हिल गया। この子は僕にとてもなついた．

हिलाना[1] /hilānā ヒラーナー/ [cf. *हिलना*[1]] *vt.* (*perf.* हिलाया /hilāyā ヒラーヤー/) **1** 揺らす，揺さぶる． ❐उसने मेरा कंधा हिलाकर कहा। 彼は私の肩をゆすって言った． **2** 振る，振らす；（手を）振る；（尻尾を）振る． ❐कनस्तर को ख़ूब हिलाओ। 缶をよく振りなさい． ❐वह दूर से हाथ हिला रहा था। 彼は遠くから手を振っていた． ❐लेने की बेर तो दुम हिलाते हो, जब देने की बारी आती है, तो गुर्राते हो। 君はもらう時は尻尾をふるくせに，与える番になると（犬みたいに）唸るんだな． **3** （頭を）振る《肯定・否定の意》． ❐उसने संदेह से सिर हिलाकर कहा। 彼は疑わしさから頭を振って言った． **4** （ある場所

から)動かす. **5** (眠っているものを)揺り起こす. **6** (心を)揺り動かす;感動させる. ❒दिल हिला देनेवाला पत्र 心を揺り動かす手紙. ❒वह गीत ठेठ ग्रामीण लय-स्वर में गाया जाए तो दिल को हिला सकता है। その歌は, 生粋の田舎の調子で歌うと, 心を揺り動かすのである. **7** (根底から)ゆるがす, ぐらつかす. ❒लगातार हुए दो बम विस्फोटों ने सबको हिलाकर रख दिया। 連続して起きた二つの爆弾爆発事件は皆を不安に陥れた. ❒साल भर से कम अवधि में छह-छह मौतें किसी भी परिवार को हिला सकती हैं। 一年もたたないうちに六人の人間が亡くなることは, どんな家庭をもゆるがすのが当たり前だ.

हिलाना² /hilānā ヒラーナー/ [cf. *हिलना²*] *vt.* (*perf.* हिलाया /hilāyā ヒラーヤー/) **1** 慣れさせる. **2** (動物を)なつかせる.

हिलोर /hilora ヒロール/ ▸हलरा [<OIA.m. *hillōla-* 'wave': T.14121] *f.* **1** さざ波, 小波;うねり. (⇒तरंग, लहर) ❒हिलोरें उठना 波が立つ. **2** (心の)動揺;興奮. (⇒तरंग, लहर) ❒हृदय में आनंद की हिलोरें-सी उठने लगती थीं। 心の中で歓喜の波が沸き立つのでした.

हिलोरना /hiloranā ヒローラナー/ ▸हलराना [<OIA. *hillōlayati* 'swings': T.14121z1] *vt.* ☞हलराना

हिल्लोल /hillola ヒッロール/ [←Skt.m. *हिल्लोल-* 'a wave, surge'] *m.* 大波, うねり. (⇒कल्लोल)

हिसाब /hisāba ヒサーブ/ [←Pers.n. حساب 'reckoning' ←Arab.] *m.* **1** 計算, 勘定;精算, 収支;会計. (⇒एकाउंट, लेखा) ❒आज शाम का बिल उनके ～ में डाल दिया जाए। 今日の夕方の勘定は彼のつけにしてくれ. ❒(का) ～ करना [लगाना] (…の)計算[勘定]をする. ❒(का) ～ चुकाना (…を)精算する. ❒(का) ～ रखना (…の)勘定を記録する, 勘定をつける. ❒मोटे ～ से हमें दो हज़ार मिलना चाहिए। ざっと見積もって私たちは二千ルピーもらわないと. **2** 〖数学〗算数, 算術. (⇒अंकगणित, अंकविद्या) ❒～ पढ़ाना 算数を教える.

हिसाब-किताब /hisāba-kitāba ヒサーブ・キターブ/ [←Pers.n. حساب كتاب 'accounts'] *m.* (商売の)会計, 勘定, 支出入, 経理. ❒यहाँ कौन ～ देखता है? ここでは誰が会計を見ているんだい?

हिसाबी /hisābī ヒサービー/ [←Pers.adj. حسابی 'accountable, accurate, just'] *adj.* 計算に強い;打算的な, 勘定高い. ❒हिसाब रखना और बात है और ～ बुद्धि रखना और बात है। 勘定をつけることと計算に強い頭をもっていることとは別の事だ.

हिस्टीरिया /hisṭīriyā ヒスティーリヤー/ [←Eng.n. *hysteria*] *m.* 〖医学〗ヒステリー.

हिस्सा /hissā ヒッサー/ [←Pers.n. حصة 'a lot, portion, share, part' ←Arab.] *m.* **1** 一部, 部分, 断片;(家屋の)一区画. (⇒भाग, अंश) ❒चार हिस्सों में तीन हिस्से 四つに分けた内の三つの部分. ❒मेरे जीवन का बहुत बड़ा ～ गरीबी और संघर्ष में बीता था। 私の人生の大部分は貧困と苦闘の中で過ぎた. ❒वह परिवार स्कूल की इमारत के ही एक हिस्से में रहता था। その家族は学校の建物の一隅に住んでいた. **2** (文芸作品などの)部, 分冊. (⇒भाग) **3** 分割, 分担;割り当て;参加. (⇒भाग, शेयर, अंश) ❒(में) ～ लेना (…に)参加する. ❒हृदय में सोई हुई मानवता को जगाना आपका ～ है। 心の中に眠っている人間性を覚醒させることはあなたの役割です. **4** 〖経済〗出資(金), 株. (⇒शेयर) ❒हिस्से ख़रीदना [बेचना] 株を買う[売る]. **5** 〖経済〗配分, 分け前, 配当(金). (⇒भाग, शेयर) ❒पाँच लाख मेरे हिस्से में आएँगे। 五十万ルピーは私の取り分だ.

हिस्सेदार /hissedāra ヒッセーダール/ [←Pers.n. حصه دار 'a participator, partaker, sharer'] *m.* **1** 共同者, 分かち合う人;仲間. (⇒भागीदार) **2** 共犯者. (⇒भागीदार) **3** 〖経済〗株主. (⇒भागीदार)

हींग /hīṁga ヒーング/ [<OIA. *hiṅgú-* 'the plant *Ferula asafoetida*': T.14079] *f.* 〖植物〗ヒーング《阿魏(あぎ), アサフェティダ;香辛料, 医薬などに使用》.

हीं-हीं /hī̃-hī̃ ヒーン・ヒーン/ [onom.] *f.* **1**〔擬声〕イヒヒ, ケケケ《品のない笑い》. **2**〔擬音〕ヒヒーン《馬のいななき》.

ही /hī ヒー/ *ind.* **1**《『A ही』 の形式で, 直前の語Aを限定して,「(他ではなく)Aこそ, Cだけ」の意》. ❒कल ～ मैं हिंदी पढ़ूँगा। 明日こそ私はヒンディー語を勉強するつもりだ. ❒कल मैं ～ हिंदी पढ़ूँगा। 明日は私がヒンディー語を勉強するつもりだ. ❒कल मैं हिंदी ～ पढ़ूँगा। 明日私はヒンディー語だけ勉強するつもりだ. ❒कल मैं हिंदी पढ़ूँगा ～। 明日私はヒンディー語をきっと勉強するぞ. **2**《『A ही नहीं』 の形式で,「A すらない, C ですらない」の意》. ❒उनकी नज़रों में मुझे दुखी होने का अधिकार ～ नहीं है। 彼らの目には, 私には悲しむ権利すらないのだ. **3**《『(सिर्फ़ [केवल]) A ही नहीं (बल्कि) B भी』 の形式で,「A ばかりでなくBもまた」》. **4**《 ◌-ते ही の形式で使用して》…するやいなや.

हीक /hīka ヒーク/ [<OIA.f. *hikkā-* 'hiccup': T.14075] *f.* 悪臭. (⇒बदबू) ❒कुछ ～ आ रही है। ちょっと臭いな. ❒बेहद ～ मारने वाली शराब ひどい匂いの酒.

हीटर /hīṭara ヒータル/ [←Eng.n. *heater*] *m.* 電熱器;ヒーター.

हीन /hīna ヒーン/ [←Skt. *हीन-* 'deficient, defective, faulty, insufficient, short, incomplete, poor, little, low, vile, bad, base, mean'] *adj.* **1** …を欠いた. **2** 捨てられた. **3** 劣っている;下劣な, 卑しい; あさましい. ❒～ भावना 劣等感.

-हीन /-hīna ・ヒーン/ [cf. *हीन*] *suf.* 《「…が欠如している」を表す接尾辞;चरित्रहीन「不品行な」, दिशाहीन「方向の定まらない」, बुद्धिहीन「知恵がない(人)」など》

हीनता /hīnatā ヒーンター/ [←Skt.f. *हीन-ता-* 'defectivenese, deprivation, destitution, the state of being without, want or absence of'] *f.* **1** 劣ること, 劣等, 劣勢. **2** 欠如していること, 欠乏, 欠損.

हीरक /hīraka ヒーラク/ [←Skt.m. *हीरक-* 'a diamond'] *m.* 〖鉱物〗ダイヤモンド. (⇒डायमंड, हीरा) ❒～ जयंती 60 周年式典.

हीरा /hīrā ヒーラー/ [<OIA.m. *hīra-* 'diamond': T.14130] *m.* 〖鉱物〗ダイヤモンド, 金剛石. (⇒डायमंड,

हीरक)

हीरो /hīro ヒーロー/ [←Eng.n. *hero*] *m.* **1** (映画・劇の)男主人公, ヒーロー, 主演男優. (⇒नायक) **2** 英雄, 偉人, ヒーロー. ❐युवकों ने उसे अपना ～ बना लिया। 若者たちは彼を自分たちのヒーローに祭り上げた.

हीरोइन /hīroinạ ヒーローイン/▸हिरोइन [←Eng.n. *heroine*] *f.* (映画・劇の)女主人公, ヒロイン, 主演女優. (⇒नायिका)

हीला /hīlā ヒーラー/ [←Pers.n. حیلة 'machination, stratagem, finesse, knavery' ←Arab.] *m.* **1** 口実, 言い訳, 言い逃れ. (⇒बहाना) **2** 計略; ごまかし. ❐उसे भी किसी हीले से लगा दो न? 彼もなんとかごまかして就職させてくれないか?

हीला-हवाला /hīlā-havālā ヒーラー・ハワーラー/ *m.* (のらりくらりと)言い逃れること, 言い訳すること《複数形 (हीले-हवाले) の形でも》. ❐～ करना 言い逃れをする; とぼける.

हुँ /hũ フン/ [onom.] *interj.* フン, ウン《あいづちの声》.

हुँआँ-हुँआँ /hũā̃-hũā̃ フンアーン・フンアーン/ ▸हुआँ-हुआँ [onom.] *f.* ☞हुआँ-हुआँ.

हुँकार /hũkārạ フンカール/ [cf. *हुँकारना*] *f.* ☞हुंकार

हुंकार /huṃkārạ フンカール/ [←Skt.m. *हुं-कार-* 'the sound *hum* (esp. expressive of menace or contempt etc.)'] *m.* (対戦者に挑む)雄叫び. ❐～ भरना 雄叫びを上げる.

हुँकारना /hũkārạnā フンカールナー/ [<OIA. *huṁkarōti* 'makes the sound': T.14133] *vi.* (*perf.* हुँकारा /hũkārā フンカーラー/) 大声をあげる; (挑戦の)雄叫びをあげる.

हुँकारी /hũkārī フンカーリー/ [cf. *हुँ*] *f.* あいづち(の声). ❐～ भरना あいづちを打つ.

हुंडी /huṃḍī フンディー/ [<OIA.f. *huṇḍikā-* 'bill of exchange': T.14138] *f.* 〖経済〗為替手形.

हुआँ-हुआँ /huā̃-huā̃ フアーン・フアーン/ ▸हुँआँ-हुँआँ [onom.] *m.* 〔擬声〕ジャッカルの鳴き声《不吉とされる》. ❐सहसा गीदड़ों ने कर्कश स्वर से ～ करना शुरू किया। 突然ジャッカルが耳障りな声で吠え始めた.

हुआ /huā フアー/ [<OIA. *bhūtá-* 'become, been, past': T.09552] *vi.* …になった; …が生まれた《自動詞 होना「…になる」の完了分詞の男性・単数形》.

हुक /hukạ フク/ [←Eng.n. *hook*] *m.* フック, 鉤(状のもの).

हुकुमा /hukumạ フクム/ ▸हुक्म *m.* ☞हुक्म

हुकूमत /hukūmatạ フクーマト/ [←Pers.n. حکومة 'dominion, sovereignty, absolute power' ←Arab.] *f.* **1** 政府. (⇒सरकार) **2** 統治. (⇒शासन)

हुक़्क़ा /huqqā フッカー/ [←Pers.n. حقه 'a hookah' ←Arab.] *m.* 水ギセル《タバコをつめる火皿 (चिलम), 吸い口の付いている竹製の管 (निगाली), 中心部の管 (नैचा), 水をためる壺状の容器 (फ़र्शी) から成る》.

हुक़्क़ा-पानी /huqqā-pānī フッカー・パーニー/ *m.* (身内の客としてすすめる)水ギセルや飲み物; 転じてそういう仲間付き合い《特に共同体単位としての同一カースト間での付き合い》. ❐(का) ～ बंद करना (人を)村八分にする.

हुक्म /hukmạ フクム/▸हुकुमा [←Pers.n. حکم 'exercising authority, commanding; command' ←Arab.] *m.* **1** 命令, 指令; 指示. (⇒आज्ञा, आदेश, आर्डर) ❐(को) (का) ～ देना (…に)(…の)命令を与える. **2** 〖ゲーム〗(トランプの)スペード. ❐～ की दुग्गी スペードの 2.

हुक्मी /hukmī フクミー/ [←Pers.adj. حکمی 'obedient to directions (applied to medicine)'] *adj.* **1** 忠実な. **2** (薬などが)必ず効く, (的などを)決して外さない. (⇒अचूक, अमोघ)

हुगली /hugạlī フグリー/ [cf. Eng.n. *Hooghly*] *f.* フグリー川.

हुजूम /hujūmạ フジューム/ [←Pers.n. ہجوم 'a crowd' ←Arab.] *m.* 群衆. (⇒भीड़) ❐लोगों का ～ 群衆.

हुज़ूर /huzūrạ フズール/ ▸हज़ूर [←Pers.n. حضور 'being present; presence; attendance' ←Arab.] *m.* 〔敬語〕御前, 閣下, 旦那様《身分の高い男性に対する呼びかけの言葉にも使用》.

हुज्जत /hujjatạ フッジャト/ [←Pers.n. حجة 'argument, proof' ←Arab.] *f.* 議論, 論争; 口論.

हुज्जती /hujjatī フッジャティー/ [←Pers.n. حجتی 'a sound reasoner; a sophist, wrangler'; cf. Pers.n. حجة 'argument, proof'] *adj.* 議論好きの(人).

हुड़क¹ /huṛakạ フラク/ *m.* 〖楽器〗フラク《小さな太鼓の一種》. ❐～ पर गीत गाना 太鼓に合わせて歌を歌う.

हुड़क² /huṛakạ フラク/ ▸हड़क *f.* ☞हड़क

हुड़कना /huṛakạnā フラクナー/ [onom.] *vi.* (*perf.* हुड़का /huṛạkā フルカー/) (幼児などが親しい者と別れるのを嫌がって)泣く, むずかる. ❐प्यारा रुद्र मेरे लिए हुड़क रहा है। かわいい盛りのルドルは私のせいでむずかっている.

हुड़दंग /huṛạdaṃgạ フルダング/ ▸हुड़दंगा [*हुड़* + *दंगा*] *m.* 大騒ぎ, 乱痴気騒ぎ. ❐～ मचाना 乱痴気騒ぎをする.

हुड़दंगा /huṛạdaṃgā フルダンガー/ ▸हुड़दंग *m.* ☞हुड़दंग

हुदहुद /hudạhudạ フドフド/ [←Pers.n. ہدہد 'the hoopoe' ←Arab.] *m.* 〖鳥〗ヤツガラシ.

हुनर /hunarạ フナル/ [←Pers.n. ہنر 'skill, science, knowledge, ingenuity, art, industry, excellence, virtue'] *m.* **1** 芸術, アート. (⇒आर्ट, कला) **2** 芸能. (⇒आर्ट, कला) **3** 技術; 技芸, 技巧, 技. (⇒आर्ट, कला)

हुनरमंद /hunarạmaṃdạ フナルマンド/ [←Pers.adj. ہنرمند 'learned, excellent, skilful, industrious'] *adj.* 巧みな; 器用な.

हुमकना /humakạnā フマクナー/ [onom.; cf. *हुँ*] *vi.* (*perf.* हुमका /humạkā フムカー/) **1** (うきうきして)飛び跳ねる. **2** 力を入れて抑え込む. (⇒हुमचना)

हुमचना /humacạnā フマチナー/ [onom.; cf. *हुँ*] *vi.* (*perf.* हुमचा /humạcā フムチャー/) ウン (हुँ) とかけ声をかけて力を入れる. ❐उसने हुमचकर उस पेड़ को झटका दिया। 彼はかけ声とともにふんばってその木を押した. ❐(की) पीठ पर ～ (人の)背中を力を入れて抑え込む.

हुलसना /hulasạnā フラスナー/ [<OIA. *ullasati* 'shines

out': T.02375] *vi.* (*perf.* हुलसा /hulasā フルサー/) 歓喜する, 浮かれる.

हुलसाना /hulasānā フルサーナー/ [cf. *हुलसना*] *vt.* (*perf.* हुलसाया /hulasāyā フルサーヤー/) 喜ばす, 浮かれさす.

हुलास /hulāsa フラース/ [cf. Skt.m. *उल्-लास-* 'joy, happiness, merriness'] *m.* 大喜び, 大はしゃぎ.

हुलिया /huliyā フリヤー/ [←Pers.n. حلیه 'the external appearance (of a man)' ←Arab. حلية] *m.* **1** 身体特長, 容貌, 人相, 風貌. ❐उसका ～ बिगड़ गया। 彼の人相は変わってしまった. **2** (容疑者の)人相書き, 身体的特徴の記録. ❐हमारे थाने में तो हर एक का ～ रखा हुआ है। 我々の警察署には一人ひとりの人相書きが保管されている.

हुल्लड़ /hullaṛa フッラル/ [<OIA. **hulla-*[1] 'mob, riot': T.14141] *f.* 騒ぎ, 騒動. ❐～ मचाना [करना] 騒ぎをおこす.

हुहाना /huhānā フハーナー/ ▸हुहुआना *vt.* (*perf.* हुहाया /huhāyā フハーヤー/) ☞हुहुआना

हुहुआना /huhuānā フフアーナー/ ▸हुहाना [onom.; cf. *हुआँ-हुआँ, हू-हू*] *vt.* (*perf.* हुहुआया /huhuāyā フフアーヤー/) **1** (ジャッカルなどが)遠吠えする.《鳴き声は, हू-हू, हुआँ-हुआँ; 不吉なイメージ》 **2** (火や風が)ゴーゴー(हू-हू) と音を出す.

हूँ /hũ フーン/ *cpl.* (私は)…です;(私は)…にいます《コピュラ動詞 होना の一人称・単数・現在形》.

हूँसना /hũsanā フーンスナー/ [onom.] *vt.* (*perf.* हूँसा /hũsā フーンサー/) (妬み・悪意などで)けちをつける.

हूँ-हाँ /hũ-hā̃ フーン・ハーン/ [onom.] *f.* ウン, アー《気のない相槌(あいづち)や返事》.

हूक /hūka フーク/ [<OIA. **hūkkā-* 'sharp pain': T.14144] *f.* (胸を刺すような)激痛. ❐(के) कलेजे [मन, हृदय] में ～ उठना (人の)胸に激痛が走る.

हूकना /hūkanā フークナー/ [cf. *हूक*] *vi.* (*perf.* हूका /hūkā フーカー/) 激痛が走る.

हूड़ /hūṛa フール/ [<OIA. **huḍḍa-* 'defective': T.14137z1] *adj.* 軽率な; 思慮のない.

हूबहू /hūbahū フーバフー/ [←Pers. ہو بہو 'just as it is'] *adj.* そっくりそのままの. ❐उस पृष्ठ की ～ नकल करनी होगी। そのページをそっくりそのまま写し取らねばならないだろう.

— *adv.* そっくりそのまま.

हूर /hūra フール/ [←Pers.n. حور 'virgins or a virgin of Paradise, houri'] *f.* **1** 〖イスラム教〗天女. ❐उसके लिए तो जन्नत का दरवाज़ा खुल जायगा, हूरें उसकी बलाएँ लेंगी। (邪教徒を殺害する)彼のために天国の門が開かれるであろう, 天女たちが彼の厄災を身代りに引き受けてくれるでだろう. **2** とても美しい女性. ❐मैंने जर्मनी की हूरें और कोहक़ाफ़ की परियाँ देखी हैं, पर हिमांचल पर्वत की यह अप्सरा मैंने एक ही बार देखी। 私はドイツの美女たちそしてコーカサス山脈の麗人たちを見たことがある, しかしヒマラヤのこの天女は一度しか見たことがない.

हूलना /hūlanā フールナー/ [<OIA. **hūl-* 'pierce': T.14147] *vt.* (*perf.* हूला /hūlā フーラー/) **1** (槍・刀などの切っ先を)突き刺す, 刺しこむ. **2** 苦痛を与える. ❐उन दोनों की क़िस्मत को देखकर कविता की इन पंक्तियों का शूल-सत्य एक बार फिर मेरी छाती को हूल गया था। 彼ら二人の運命を目の当たりにして, 詩のこの数行に含まれる辛辣な真実がもう一度私の胸を刺し貫いた.

हू-हू /hū-hū フー・フー/ [onom.] *m.* 〔擬音〕(火や風の)激しい音, ボウボウ, ゴウゴウ. (⇒धू-धू)

हूश /hūśa フーシュ/ [<OIA. **hussa-* 'defective': T.14143] *adj.* 粗野な(人), 無骨な; 無作法な.

हृदयंगम /hṛdayaṃgama フリドヤンガム/ [←Skt. *हृदयं-गम-* 'touching the heart'] *adj.* 納得した, 得心した; 理解された. ❐～ करना 得心する, 理解する.

हृदय /hṛdaya フリダエ/ [←Skt.n. *हृदय-* 'the heart'] *m.* **1** 心臓. (⇒दिल) ❐उसका ～ धक्-धक् करने लगा। 彼女の心臓はドキドキし始めた. **2** 心, 胸. (⇒दिल, मन) ❐धन ने आज तक किसी नारी के ～ पर विजय नहीं पायी, और न कभी पयेगा। 富が今日までいかなる女性の心を勝ち取ったこともなかったし, これからも決してないだろう.

हृदयगत /hṛdayagata フリダエガト/ [←Skt. *हृदय-गत-* 'dwelling in the heart'] *adj.* 胸の奥にある(感情), 心の底からの. ❐～ भाव 心の奥深くにある感情.

हृदयगति /hṛdayagati フリダエガティ/ [neo.Skt.f. *हृदय-गति-* 'heartbeat'] *f.* 〖医学〗心臓の鼓動. ❐～ रुकना 心臓の鼓動が止まる.

हृदयग्राही /hṛdayagrāhī フリダエグラーヒー/ [←Skt. *हृदय-ग्राहिन्-* 'captivating the heart'] *adj.* 心を魅惑する, うっとりさせる.

हृदयरोग /hṛdayaroga フリダエローグ/ [←Skt.m. *हृदय-रोग-* 'heart disease'] *m.* 〖医学〗心臓病.

हृदयविदारक /hṛdayavidāraka フリダエヴィダーラク/ [neo.Skt. *हृदय-विदारक-* 'heartrending'] *adj.* 胸を引き裂くような, 悲痛な.

हृदयस्पर्शी /hṛdayasparśī フリダエスパルシー/ [neo.Skt. *हृदय-स्पर्शिन्-* 'touching the heart, pathetic'] *adj.* 痛ましい; (心の)琴線に触れる.

हृदयहारी /hṛdayahārī フリダエハーリー/ [←Skt. *हृदय-हारिन्-* 'ravishing or fascinating the heart'] *adj.* 心を奪う, 心を魅了する.

हृद्रोग /hṛdroga フリドローグ/ [←Skt.m. *हृद्-रोग-* 'heart-ache'] *m.* 〖医学〗心臓病.

हृष्ट /hṛṣṭa フリシュト/ [←Skt. *हृष्ट-* 'thrilling with rapture, rejoiced, pleased, glad, merry; rigid, stiff'] *adj.* **1** 歓喜した. **2** 硬直した.

हृष्ट-पुष्ट /hṛṣṭa-puṣṭa フリシュト・プシュト/ [←Skt. *हृष्ट-पुष्ट-* 'happy and wellfed'] *adj.* 身体強健な, 頑健な, 屈強な, たくましい, 丈夫な. (⇒तगड़ा, हट्टा-कट्टा) ❐～ युवक たくましい若者. ❐～ शरीर 頑健な肉体.

हेंचू-हेंचू /hẽcū-hẽcū ヘーンチュー・ヘーンチュー/ [onom.] *f.* 〔擬声〕(ロバの)鳴き声. (⇒ढेंचू-ढेंचू)

हे[1] /he ヘー/ [<OIA. *hē* 'a vocative particle': T.14157] *int.* ああ, おお《神などへの呼びかけの言葉》. ❐～

भगवान। ああ神よ.

है² /he へー/ *m.* **1**《ウルドゥー語を表記するペルシヤ文字の 9 番目の文字 ح》. **2**《ウルドゥー語を表記するペルシヤ文字の 34 番目の文字 ھ;文字の形状から दो चश्मी हे「二つの目がある『へー』」ともいう》.

हेकड़ /hekaṛa へーカル/ [? *हिया* + *कड़ा*] *adj.* **1** たくましい(体), 頑健な, 頑丈な. **2** 虚勢の, からいばりの;傲慢な, うぬぼれた.

हेकड़ी /hekaṛī へークリー/ [*हेकड़* + -*ई*] *f.* **1** (体の)たくましさ, 頑健さ, 頑丈さ. **2** 虚勢, からいばり;傲慢, うぬぼれ. ❐~ करना [जताना, दिखाना, मारना] 虚勢をはる. ❐उनकी सारी ~ ठंडी पड़ गई। 彼らの虚勢はすっかりしぼんでしまった. ❐उसने ~ के साथ जवाब दिया। 彼は傲慢に返事をした. ❐वह ~ दिखाकर बोला। 彼は虚勢をはって言った.

हेक्टर /hekṭara へークタル/ [←Eng.n. *hectar*] *m.* 〖単位〗ヘクタール.

हेच /heca へーチ/ [←Pers.n. هيچ 'nothing; a mere trifle'] *adj.* 取るに足らない.

हेठ /heṭʰa へート/ [<OIA. **adhiṣṭāt* : T.00260z1] *adj.* 下の;劣る.

— *adv.* 下に.

हेठा /heṭʰā へーター/ [?<OIA. *adhástāt* 'underneath': T.00248; cf. *हेठ*] *adj.* 卑しい, 見下される, 劣る. ❐सबकी आँखों में ~ कैसे बने! (彼が)皆の目に卑しく映るなどどうしてありえようか!

हेठी /heṭʰī へーティー/ [*हेठ* + -*ई*] *f.* 不名誉, 恥辱, 侮辱. (⇒अपमान) ❐ऐसी ~ उसकी कभी नहीं हुई थी। このような侮辱を彼はかつて受けたことがなかった. ❐वह इस ~ को चुपचाप पी जाने वाला नहीं है। 彼はこの侮辱を黙って耐えるような奴ではない.

हेड /heḍa へード/ [←Eng.n. *head*] *m.* ヘッド, …長. ❐~ कांस्टेबल 巡査長. ❐~ मास्टर 校長.

हेडफ़ोन /heḍafona へードフォーン/ [←Eng.n. *headphone*] *m.* ヘッドホン.

हेडमास्टर /heḍamāsṭara へードマースタル/ [←Eng.n. *headmaster*] *m.* 校長. ❐मामा जी स्कूल में मामा के रूप में नहीं रोबदार ~ साहब के रूप में मुझसे मिले। 叔父は学校で叔父としてではなく威厳のある校長先生として私に接した.

हेडमिस्ट्रेस /heḍamisṭresa へードミストレース/ [←Eng.n. *headmistress*] *f.* (女性の)校長.

हेतु /hetu へートゥ/ [←Skt.m. *हेतु-* 'impulse; motive, cause, cause of, reason for'] *m.* 動機, モチーフ;目的;理由, 原因《〖名詞 के हेतु〗の形式で「…のために」,〖不定詞 (के) हेतु〗の形式で「…するために」を表す》. ❐आप मेरे ~ कोई कष्ट न उठाएँ। 私のためにご苦労なさらないでください. ❐परमात्मा ने तुम्हें सृष्टि पर राज करने के ~ जन्म दिया है। 神はお前を, 創造に際して統治するために生を授けたのだ. ❐वे इस युग में भी पति की सेवा को नारी-जीवन का मुख्य ~ समझती थीं। 彼女はこの時代においても夫に仕えることが女の人生の目的だと理解していた.

हेत्वाभास /hetvābʰāsa へートワーバース/ [←Skt.m. *हेत्व्-आभास-* '(in logic) a mere appearance of a reason'] *m.* うわべの原因, 誤謬(ごびゅう).

हेमंत /hemaṃta へーマント/ [←Skt.m. *हेमन्त-* 'winter, the cold season'] *m.* 〖暦〗へーマンタ《太陰暦で6つに分けた季節の一つ, 冬季》.

हेम /hema へーム/ [←Skt.n. *हेमन्-* 'winter; gold'] *m.* **1** 雪;霜. ❐श्वेत ~ मुकुटधारी पर्वत 白銀の雪を頂く山. **2** 金.

हेय /heya へーエ/ [←Skt. *हेय-* 'to be left or quitted or abandoned or rejected or avoided'] *adj.* 軽蔑すべき;卑しむべき;捨て去るべき. ❐(को) ~ समझना (…を)卑しむべきものと考える.

हेरना /heranā へールナー/ [<OIA. **hērati* 'looks for or at': T.14165; DEDr.0903 (DED.0765)] *vt.* (*perf.* हेरा /herā へーラー/) **1** 捜す. **2** 見つめる.

हेर-फेर /hera-pʰera へール・ペール/ [echoword; cf. फेर] *m.* **1** 入れ替え, 交換;変更. (⇒अदल-बदल) ❐(का) ~ करना(…を)入れ替える. ❐शब्दों का ~ 語の入れ替え. **2** 改ざん, ごまかし.

हेरा-फेरी /herā-pʰerī へーラー・ペーリー/ [cf. *हेर-फेर*] *f.* ☞हेर-फेर

हेरोइन /heroina へーローイン/ [←Eng.n. *heroin*] *m.* 〖化学〗ヘロイン.

हेल-मेल /hela-mela へール・メール/ [*हिलना²* + *मिलना*] *m.* 親交, 懇意. ❐दस गाँव के आदमियों से उसका ~ है। 十の村の村人たちと彼は親交がある. ❐(से) ~ रखना (人と)親交がある, 懇意にする.

हेलसिंकी /helasiṃkī へールスィンキー/ [cf. Eng.n. *Helsinki*] *m.* 〖地名〗ヘルシンキ《フィンランド(共和国) (फ़िनलैंड) の首都》.

हेला /helā へーラー/ [←Skt.f. *हेला-* 'disrespect, contempt; wanton sport, frivolity, amorous dalliance (of women)'] *f.* **1** 軽蔑, 蔑み. **2** (女の)艶っぽい仕草.

हेलिकाप्टर /helikāpṭara へーリカープタル/ ▸हेलिकॉप्टर [←Eng.n. *helicopter*] *m.* ヘリコプター. ❐लड़ाकू ~ 戦闘ヘリ.

हैं /hãĩ ハェーン/ [cf. *है*] *cpl.* …です;…があります《コピュラ動詞 (होना) の現在形・複数》.

हैंडबैग /haiṃḍabaiga ハェーンドバェーグ/ [←Eng.n. *handbag*] *m.* ハンドバッグ.

हैंडल /haiṃḍala ハェーンダル/▸हैंडिल [←Eng.n. *handle*] *m.* ハンドル, 取っ手, ノブ, 柄. (⇒हत्था)

हैंडिल /haiṃḍila ハェーンディル/ ▸हैंडल *m.* ☞हैंडल

है /hai ハェー/ [<OIA. *ā́kṣēti* 'abides, dwells in': T.01031] *cpl.* …です;…があります《コピュラ動詞 (होना) の現在形の三人称・単数》.

हैज़ा /haizā ハェーザー/ [←Pers.n. هيضة 'being unwholesome and indigestible (food); cholera morbus' ←Arab.] *m.* 〖医学〗コレラ. (⇒कालरा) ❐(को) ~ हो जाना (人が)コレラになる. ❐हैज़े का टीका लगाना [लगवाना] コレラの予防接種をする[してもらう].

हैट /haiṭa ハェート/ [←Eng.n. *hat*] *m.* (縁のある西洋風の)帽子, ハット. (⇒टोप) ❐～ लगाना 帽子をかぶる.

हैटी /haiṭī ハェーティー/ ▸हैती *m.* ☞हैती

हैती /haitī ハェーティー/▸हैटी [cf. Eng.n. *Haiti*] *m.*〘国名〙ハイチ(共和国)《首都はポルトープランス (पोर्ट-आ-प्रिंस)》.

हैदराबाद /haidarābāda ハェードラーバード/ [cf. Eng.n. *Hyderabad*] *m.*〘地名〙ハイデラーバード《アーンドラ・プラデーシュ州 (आंध्र प्रदेश) と2014年に同州から分割されたテランガーナ州 (तेलंगाना) の州都を兼ねる》.

हैमस्टर /haimasṭara ハェームスタル/ [←Eng.n. *hamster*] *m.*〘動物〙ハムスター.

हैमिल्टन /haimilṭana ハェーミルタン/ [cf. Eng.n. *Hamilton*] *m.*〘地名〙ハミルトン《バーミューダ島 (बरमूडा) の首都》.

हैरत /hairata ハェーラト/ [←Pers.n. حيرة 'being astounded, confounded; amazement, consternation, perturbation, stupor' ←Arab.] *f.* びっくり仰天, 驚愕. ❐～ की बात びっくり仰天すること.

हैरतअंगेज़ /hairataaṃgeza ハェーラトアンゲーズ/ [←Pers.adj. حيرت انگيز 'exciting wonder'] *adj.* びっくり仰天するような, 驚愕すべき. ❐जेल में बंद आठ क़ैदियों ने जेल से भागने के लिए जो जो तरिके अपनाए वो वाक़ई ～ हैं। 収監されていた 8 人の囚人が監獄から逃亡するために使った方法は実に驚愕すべきものだ. ❐～ हरफ़नमौला びっくり仰天するような多芸の人.

हैरान /hairāna ハェーラーン/ [←Pers.adj. حيران 'astonished; dazzled' ←Arab.] *adj.* 驚愕した, 面食らった, 唖然とした;狼狽した;呆然とした. ❐(को) ～ करना (人を)驚愕させる, 唖然とさせる. ❐(पर) ～ होना (…に)驚愕する, 唖然とする.

हैरानी /hairānī ハェーラーニー/ [←Pers.n. حيرانى 'astonishment; perturbation'] *f.* 驚愕, 仰天, 動転, 唖然;狼狽;唖然.

हैलो /halo ハロー/ ▸हलो *int.* ☞हलो

हैवान /haivāna ハェーワーン/ [←Pers.n. حيوان 'living; life; an animal; a brute; a stupid fellow, a blockhead' ←Arab.] *m.* 獣(けもの), 畜生;野蛮人. ❐इंसान कितना ～ है! 人間とはなんと野蛮な生き物だろう.

हैवानी /haivānī ハェーワーニー/ [←Pers.adj. حيوانى 'brutal'] *adj.* 野蛮な.

हैसियत /haisiyata ハェースィヤト/ [←Pers.n. حيثية 'position, locality' ←Arab.] *f.* **1** 身分, 地位;立場, 資格. ❐(की) ～ से (…の)立場から, (…の)資格で. **2** (家の)社会的地位, 経済状態. ❐लेन-देन ऐसा रक्खे जो दोनों परिवार की ～ के अनुरूप हो। 物のやりとりは両家の経済状態に見合ったものにしよう. ❐वे अपनी ～ और आमदनी से अधिक ख़र्च करना चाहते थे। 彼は自分の経済状態や収入より多大な出費を望んでいた.

होंठ /hõṭʰa ホーント/▸ओंठ [<OIA.m. *óṣṭha-* 'lip': T.02563] *m.* 唇. (⇒अधर) ❐उसने ～ चबाकर कहा। 彼女は唇を噛んで(=くやしそうに)言った. ❐उस बात पर उसने अपने होंठों को बंद कर रक्खा है। そのことについて彼は自分の唇を閉じてしまった(=黙して語らなかった). ❐मारे गुस्से के उसके ～ काँप रहे थे। 怒りのあまり彼の唇は震えていた.

होंठ-कटा /hõṭʰa-kaṭā ホーント・カター/ [*होंठ* + *कटना*] *adj.* 三つ口の, 兎唇の.

होटल /hoṭala ホータル/ [←Eng.n. *hotel*] *m.* **1** ホテル, 旅館, 宿屋. ❐～ में ठहरना [रहना] ホテルに滞在する. **2**〘食〙レストラン, 食堂. (⇒रेस्टरेंट, रेस्तराँ) ❐चलो, ～ से कुछ खा आएँ। さあ, レストランで何か食べてこようじゃないか.

होड़ /hoṛa ホール/ [<OIA. *hōḍḍa- 'wager': T.14175] *f.* 張り合うこと;抗争;競争. ❐(की) ～ लगना (…の)競争になる. ❐(से) ～ लेना [लगाना] (人と)張り合う. ❐उनको खिलाने-पिलाने, ठहराने के लिए गाँव के घरों में ～ लग गई। 彼をもてなしたり泊めようと村の家々では争いがおこった.

होता /hotā ホーター/ [←Skt.m. *होतृ-* 'sacrificer'] *m.*〘ヒンドゥー教〙(供儀を行う)祭官.

होनहार /honahāra ホーンハール/ [*होना* + *-हार*] *adj.* **1** 将来起こる(事件・こと). **2** 将来有望な(子ども). ❐～ लड़का 将来楽しみな子ども.

होना /honā ホーナー/ [<OIA. *bhávati* 'becomes, is': T.09416] *vi.* (*perf.* हुआ /huā フアー/) **1** 起こる;生じる;(年月が)経つ;(子どもが)生まれる. ❐क्या हुआ? どうしたの? ❐तीन साल हुए। 3年が過ぎた. ❐बाल-बच्चे हुए। 子どもが生まれた. ❐हुआ कि नहीं? (予定していたことなどが)できた? ❐हो गया। (予定していたことなどが)準備万端整った. **2**《〘形容詞 होना〙または〘名詞 होना〙の形式で, 動詞句「…になる」を作る》❐खेल शुरू हुआ। ゲームが始まった. ❐दरवाज़ा बंद हुआ। 扉が閉まった. ❐मेरे छोटे भाई का जन्म हुआ। 私の弟が生まれた.

— *cpl.* **1** 存在する;(人が)いる;(ものが)ある. ❐मेरे जेब में चाबी है। 僕のポケットに鍵がある ❐वह कहाँ है? 彼女はどこですか? **2**《等位を表す》…です. ❐आप कैसे हैं? ご機嫌いかがですか? ❐यह क्या है? これは何ですか? ❐वह कौन है? 彼は誰ですか? **3**《〘未完了分詞 + コピュラ動詞〙の形式で, 未完了表現「…している」を作る》❐वह हिंदी पढ़ता है। 彼はヒンディー語を勉強しています《現在の習慣》. ❐वह हिंदी पढ़ता था। 彼はヒンディー語を勉強していました《過去の習慣》. ❐वह हिंदी पढ़ता होगा। 彼はヒンディー語を勉強しているだろう《現在行われている習慣の推測》. **4**《〘完了分詞 + コピュラ動詞〙の形式で, 完了表現「…した」を作る》❐उसने हिंदी पढ़ी है। 彼はヒンディー語を勉強したことがある《現在完了》. ❐उसने हिंदी पढ़ी थी। 彼はヒンディー語を勉強したことがあった《過去完了》. ❐उसने हिंदी पढ़ी होगी। 彼はヒンディー語を勉強しただろう《終わったことの推測》. **5**《〘不定詞 + コピュラ動詞〙の形式で, 予定「…することになっている」を表す;否定は「…しなくてよい」を表す》❐आपको कहाँ जाना है? あなたはどこに行くのですか? ❐आपको वहाँ नहीं जाना है। あなたはあそこに行かなくていいですよ.

होनिअरा /honiarā ホーニアラー/ [cf. Eng.n. *Honiara*] *m.*

〖地名〗ホニアラ《ソロモン諸島 (सोलोमन द्वीपसमूह) の首都》.

होनी /honī ホーニー/ [cf. *होना*] *f.* 運命, 宿命, さだめ. ❐शादी मेरी 〜 है। 結婚は私のさだめです.

होम¹ /homa ホーム/ [←Skt.m. *होम-* 'the act of making an oblation to the *Devas* or gods by casting clarified butter into the fire'; → Japan.n. ***護摩***] *m.* **1** 〖ヒンドゥー教〗ホーマ《護摩を焚いて神々に捧げる供儀》. **2** 犠牲, いけにえ, 捧げもの. ❐अपना सब कुछ 〜 करना 自分のすべてを犠牲にする. ❐तुम्हारी शिक्षा पर मैंने अपने हज़ारों के आभूषण 〜 कर दिए। お前の教育に私は何万ルピーもの装身具を犠牲にした.

होम² /homa ホーム/ [←Eng.n. *home*] *m.* ホーム. ❐〜 शॉपिंग ホームショッピング.

होमना /homanā ホームナー/ [cf. *होम*] *vt.* (*perf.* होमा /homā ホーマー/) **1** 〖ヒンドゥー教〗護摩を焚く《壇を設け火にギー (घी) を注ぐ儀式》. **2** いけにえにする;(犠牲を払って)身を捧げる.

होमवर्क /homavarka ホームワルク/ [←Eng.n. *homework*] *m.* 宿題. (⇒गृहकार्य) ❐〜 करना 宿題をする.

होमियोपैथिक /homiyopait^hika ホーミヨーパェーティク/ [←Eng.adj. *homeopathic*] *adj.* 〖医学〗同種療法の, ホメオパシーの. (⇔एलोपैथिक)

होमियोपैथी /homiyopait^hī ホーミヨーパェーティー/ [←Eng.n. *homeopathy*] *f.* 〖医学〗同種療法, ホメオパシー. (⇔एलोपैथी)

होला /holā ホーラー/ [<OIA.m. *hōlaka-* 'half-ripe pulse cooked over a light fire': T.14180] *m.* 〖食〗ホーラー《あぶった豆類》.

होली /holī ホーリー/ [<OIA.f. *hōlā-* 'spring festival': T.14182] *f.* 〖ヒンドゥー教〗ホーリー祭《春の祭り》. (⇒वसंतोत्सव)

होल्डर /holḍara ホールダル/ [←Eng.n. *holder*] *m.* ホルダー, 入れ物.

होल्डाल /holḍāla ホールダール/ [←Eng.n. *holdall*] *m.* (旅行用などの大きな)ずだ袋, 大型かばん.

होश /hośa ホーシュ/ [←Pers.n. هوش 'understanding, judgment, intellect'] *m.* 知覚, 意識;正気《होश が文法的主語となる場合, 男性・複数として扱われる》. (⇒चेतना) ❐〜 में आना 正気になる, 意識がもどる. ❐〜 संभालना 正気をとりもどす. ❐आप अपने 〜 में हैं? あなたは正気なのか? ❐(के) 〜 उड़ जाना (人が)正気を失う, 呆然とする. ❐(के) 〜 ठिकाने आना (人が)正気に戻る. ❐(को) 〜 में लाना (人を)正気にさせる. ❐क्रोध के नशे में भी इतना 〜 उसे बाक़ी था। 怒りの無分別の中でもこれほどの正気は彼に残っていた. ❐सिपाहियों ने इस बाढ़ को आते देखा तो 〜 जाते रहे। 兵士たちはこの洪水が押し寄せるを見て度胆(どぎも)を抜かれた.

होश-हवास /hośa-havāsa ホーシュ・ハワース/ *m.* 正気. ❐उसके 〜 उड़ गए। 彼女は正気を失った. ❐वह 〜 में नहीं है। 彼は正気ではない.

होशियार /hośiyāra ホーシャール/ [←Pers.adj. هوشيار 'prudent, wise, canny; sober; cautious'] *adj.* **1** 賢い, 賢明な;思慮深い. (⇔कमज़ोर) **2** 慎重な, 用心深い. (⇒सावधान) ❐(से) 〜 रहना (…を)用心する. **3** 得意な, 上手な;手際のよい;如才ない. (⇔कमज़ोर) ❐लड़का अंक-गणित में 〜 है। 少年は算数が得意だ.

होशियारी /hośiyārī ホーシヤーリー/ [←Pers.n. هوشيارى 'prudence, caution, vigilance, wakefulness, watchfulness'] *f.* **1** 賢さ, 賢明さ;手際のよさ;如才のなさ. (⇔कमज़ोरी) **2** 慎重さ, 用心深さ. (⇒सावधानी, एहतियात) ❐〜 से 慎重に, 用心深く.

होस्टल /hosṭala ホースタル/▶हास्टल [←Eng.n. *hostel*] *m.* ホステル, 学生寮, 寄宿舎. (⇒छात्रावास)

हो-हल्ला /ho-hallā ホー・ハッラー/ [onom.; cf. *हल्ला*] *m.* (大声で叫びあう)大騒ぎ, 大騒動. (⇒हंगामा) ❐〜 करना [मचाना]騒ぎを起こす.

हौंडुरास /hauṃḍurāsa ハォーンドゥラース/ [←Eng.n. *Honduras*] *m.* 〖国名〗ホンジュラス(共和国)《首都はテグシガルパ (टेगुसिगलपा)》.

हौआ¹ /hauā ハォーアー/ ▶हौवा *m.* ☞हौवा

हौआ² /hauā ハォーアー/ ▶हव्वा, हौवा *f.* ☞हौवा

हौज़ /hauza ハォーズ/ [←Pers.n. حوض 'a large reservoir of water, bason of a fountain, pond, tank, vat, cistern' ←Arab.] *m.* 貯水池.

हौदा /haudā ハォーダー/ [←Pers.n. هودة 'a camel's hump' ←Arab. ; cf. Pers.n. هودج 'a seat to place on an elephant's back' ←Arab. ; → Eng.n. *howdah*] *m.* ハォーダー《象の背中に座るために付ける天蓋付のかご》. ❐हौदे में बैठना ハォーダーに座る.

हौल /haula ハォール/ [←Pers.n. هول 'terrifying, striking with horror; fright, terror' ←Arab.] *m.* 恐怖.

हौलनाक /haulanāka ハォールナーク/ [←Pers.adj. هولناك 'terrible, dreadful, horrible, frightful, terrifying, dangerous, perilous'] *adj.* 恐ろしい;危険な.

हौले /haule ハォーレー/ [?<OIA. *laghú-* 'light': T.10896] *adv.* ゆっくりと, そっと. ❐〜 〜 少しずつ.

हौवा¹ /hauvā ハォーワー/ ▶हौआ [<OIA.n. *bhūtá-* 'the ghost of a deceased person': T.09552] *m.* お化け, 悪霊《子どもを怖がらせるための言葉》.

हौवा² /hauvā ハォーワー/▶हव्वा, हौआ [←Pers.n. حواء 'Eve the mother of mankind' ←Arab.] *f.* 〖キリスト教〗〖ユダヤ教〗〖イスラム教〗イヴ《アダムの妻;人類の最初の女性》.

हौसला /hausalā ハォースラー/ [←Pers.n. حوصلة 'the stomach, maw, or crop; capacity; spirit, ambition; desire; courage, patience' ←Arab.] *m.* **1** 勇気, 度胸;(不屈の)精神力, 気力;(兵士などの)士気, 意気込み. ❐उसे कुछ बोलने का 〜 नहीं हुआ। 彼は何か言う気力も出なかった. ❐(का) 〜 बँधना [बढ़ना] (人の)勇気がでる. ❐(का) 〜 बँधाना [बढ़ाना] (人を)勇気づける. ❐वे बड़े हौसले और कलेजे के आदमी थे। 彼は大変な度胸と肝の持ち主だった. ❐सिपाहियों के हौसले बढ़े हुए थे। 兵士たちの士気は上がっていた. **2** 野心, 野望, 大望. ❐(का) 〜 पूरा

करना (…の)野望を果たす.

ह्रस्व /hrasva フラスオ/ [←Skt. *ह्रस्व-* 'short, small, dwarfish, little, low (as an entrance), weak (as a voice); unimportant, insignificant'] *adj.* 〖言語〗(母音が)短い. (⇔दीर्घ) ❐～ स्वर 短母音.

— *m.* 〖言語〗短母音. (⇔दीर्घ)

ह्रास /hrāsa フラース/ [←Skt.m. *ह्रास-* 'shortening, diminution, decrease, deterioration, detriment'] *m.* **1** 低下, 下落;減少, 減退. **2** 衰退. ❐विकास और ～ 発展と衰退.

ह्विस्की /hviskī フヴィスキー/▸व्हिस्की [←Eng.n. *whisky*] *f.* 〖食〗ウイスキー.

ह्वेल /hvela フヴェール/▸व्हेल [←Eng.n. *whale*] *f.* 〖動物〗クジラ(鯨).

जापानी-हिंदी

Japanese-Hindi

日本語・ヒンディー語

凡　例

1. 約 5,200 の見出し語を五十音順に配列した. 音引き記号(ー)は直前の母音に置き換えて並べた.
2. 見出し語には一般的な漢字仮名交じり表記を〖 〗内に併記した.
3. 見出し語を基にした約 560 の複合語や派生語を◆で五十音順に示した.
4. 訳語は基本的かつ代表的なものにしぼって載せた.
5. 多義語については, 必要に応じて( )で意味を限定した.
6. すべての訳語に, ラテン文字による転写とカナ発音を併記した.
7. ヒンディー語の右肩の $^{m.}$ と $^{f.}$ は、それぞれ男性名詞と女性名詞であることを表す.

あ行

アーモンド बादाम m. bādāma バーダーム
アーンドラ・プラデーシュしゅう〖アーンドラ・プラデーシュ州〗 आंध्र प्रदेश m. āṃdʰra pradeśa アーンドル プラデーシュ
あい〖愛〗 प्यार m. pyāra ピャール，प्रेम m. prema プレーム
あいかわらず〖相変わらず〗 वैसे ही vaise hī ワェーセー ヒー，हमेशा की तरह hameśā kī taraha ハメーシャー キー タラ
あいきょうのある〖愛嬌のある〗（明朗快活な）आकर्षक ākarṣaka アーカルシャク，ख़ुशमिज़ाज xuśamizāja クシュミザージ （社交的な）मिलनसार milanasāra ミランサール
あいこくしん〖愛国心〗 देश-भक्ति f. deśa-bʰakti デーシュ・バクティ
あいさつ〖挨拶〗 नमस्कार m. namaskāra ナマスカール，सलाम m. salāma サラーム ♦(人に)挨拶する (को) नमस्कार m. करना namaskāra karanā ナマスカール カルナー
あいじょう〖愛情〗 प्यार m. pyāra ピャール，प्रेम m. prema プレーム，ममता f. mamatā マムター
あいず〖合図〗 इशारा m. iśārā イシャーラー，संकेत m. saṃketa サンケート
アイスクリーム आइसक्रीम f. āisakrīma アーイスクリーム，कुलफ़ी f. qulafī クルフィー
アイスランド आइसलैंड m. āisalaiṃḍa アーイスラェーンド
あいする〖愛する〗 प्यार m. करना pyāra karanā ピャール カルナー，प्रेम m. करना prema karanā プレーム カルナー
あいそがつきる〖愛想が尽きる〗 जी m. उचटना jī ucaṭanā ジー ウチャトナー
あいそのよい〖愛想のよい〗 मिलनसार milanasāra ミランサール，हँसमुख hãsamukʰa ハンスムク
あいた〖空いた〗 ख़ाली xālī カーリー
あいだ〖間〗（時間）अवधि f. avadʰi アオディ （距離）दूरी f. dūrī ドゥーリー （空間）अंतराल m. aṃtarāla アンタラール
あいて〖相手〗（仲間）साथी m. sātʰī サーティー （敵）दुश्मन m. duśmana ドゥシュマン，विपक्षी m. vipakṣī ヴィパクシー
アイディア（考え）ख़याल m. xayāla カヤール，विचार m. vicāra ヴィチャール （思いつき）सूझ f. sūjʰa スージ
あいている〖開いている〗 खुला kʰulā クラー
あいている〖空いている〗 ख़ाली xālī カーリー （自由な）ख़ाली xālī カーリー
あいま〖合間〗 बीच m. bīca ビーチ
あいまいな〖曖昧な〗 अस्पष्ट aspaṣṭa アスパシュト，नासाफ़ nāsāfa ナーサーフ，संदिग्ध saṃdigdʰa サンディグド
アイルランド आयरलैंड m. āyaralaiṃḍa アーヤルラェーンド
アイロン इस्तरी f. istarī イストリー，प्रेस m. presa プレース
あう〖会う〗 मिलना milanā ミルナー
あう〖合う〗（一致する）मेल m. खाना mela kʰānā メール カーナー （合わさる）मिलना milanā ミルナー （適合する）अनुकूल होना anukūla honā アヌクール ホーナー，काम m. चलना kāma calanā カーム チャルナー
アウトライン रूपरेखा f. rūparekʰā ループレーカー
あえぐ〖喘ぐ〗 हाँफना hā̃pʰanā ハーンプナー
あお〖青〗 नीला रंग m. nīlā raṃga ニーラー ラング
あおい〖青い〗 नीला nīlā ニーラー （顔色などが）पीला pīlā ピーラー
あおぐ〖扇ぐ〗 झलना jʰalanā ジャルナー，डुलाना ḍulānā ドゥラーナー
あおじろい〖青白い〗 पीला pīlā ピーラー，सफ़ेद safeda サフェード
あか〖赤〗 लाल रंग m. lāla raṃga ラール ラング
あかい〖赤い〗 लाल lāla ラール
あかくなる〖赤くなる〗 लाल होना lāla honā ラール ホーナー
あかじ〖赤字〗 घाटा m. gʰāṭā ガーター，टोटा m. ṭoṭā トーター
あかちゃん〖赤ちゃん〗 बेबी f. bebī ベービー，शिशु m. śiśu シシュ
あかり〖明かり〗 उजाला m. ujālā ウジャーラー，रोशनी f. rośanī ローシュニー
あがる〖上がる〗（上の方へ行く）चढ़ना caṛʰanā チャラナー （増加する）बढ़ना baṛʰanā バルナー （興奮する・緊張する）नर्वस होना narvasa honā ナルワス ホーナー
あかるい〖明るい〗 उज्ज्वल ujjvala ウッジワル，रोशन rośana ローシャン （性格が）ख़ुशमिज़ाज xuśamizāja クシュミザージ，ज़िंदादिल ziṃdādila ズィンダーディル，हँसमुख hãsamukʰa ハンスムク
あき〖空き〗（透き間）दरार f. darāra ダラール （余地）जगह f. jagaha ジャガ
あき〖秋〗 पतझड़ m. patajʰaṛa パトジャル，शरत् f. śarat シャラト
あきち〖空き地〗 खुली जगह f. kʰulī jagaha クリー ジャガ
あきびん〖空きびん〗 ख़ाली बोतल f. xālī botala カーリー ボータル
あきべや〖空き部屋〗 ख़ाली कमरा m. xālī kamarā カーリー カムラー
あきらかな〖明らかな〗 ज़ाहिर zāhira ザーヒル，स्पष्ट spaṣṭa スパシュト
あきらかに〖明らかに〗 बेशक beśaka ベーシャク，स्पष्ट रूप m. से spaṣṭa rūpa se スパシュト ループ セー
あきらめる〖諦める〗 छोड़ना cʰoṛanā チョールナー
あきる〖飽きる〗 उकताना ukatānā ウクターナー，

ऊबना ūbanā ウーブナー

アキレスけん〖アキレス腱〗एकिलिस$^{m.}$ कंडरा$^{f.}$ ekilisa kaṃḍarā エーキリス カンドラー

あきれる〖呆れる〗अवाक् रह जाना avāk raha jānā アワーク ラヘ ジャーナー

あく〖悪〗बुराई$^{f.}$ burāī ブラーイー

あく〖開く〗खुलना k^{h}ulanā クルナー

あく〖空く〗ख़ाली होना xālī honā カーリー ホーナー

あくい〖悪意〗अदावत$^{f.}$ adāvata アダーワト, डाह$^{f.}$ ḍāha ダーハ, दुश्मनी$^{f.}$ duśmanī ドゥシュマニー

あくじ〖悪事〗बदमाशी$^{f.}$ badamāśī バドマーシー, बुरा काम$^{m.}$ burā kāma ブラー カーム

あくしゅ〖握手〗हाथ$^{m.}$ मिलाना hāt^{h}a milānā ハータ ミラーナー

アクセサリー गहना$^{m.}$ gahanā ガヘナー, ज़ेवर$^{m.}$ zevara ゼーワル

アクセント बलाघात$^{m.}$ balāg^{h}āta バラーガート, स्वराघात$^{m.}$ svarāg^{h}āta スワラーガート

あくび उबासी$^{f.}$ ubāsī ウバースィー, जँभाई$^{f.}$ jāb^{h}āī ジャンバーイー

あくま〖悪魔〗पिशाच$^{m.}$ piśāca ピシャーチ, राक्षस$^{m.}$ rākṣasa ラークシャス, शैतान$^{m.}$ śaitāna シャェーターン

あくむ〖悪夢〗डरावना सपना$^{m.}$ ḍarāvanā sapanā ダラーオナー サプナー, दु:स्वप्न$^{m.}$ duḥsvapna ドゥハスワプン

あくめい〖悪名〗कुख्याति$^{f.}$ kuk^{h}yāti クキャーティ, बदनामी$^{f.}$ badanāmī バドナーミー

あくようする〖悪用する〗दुरुपयोग$^{m.}$ करना durupayoga karanā ドゥルプヨーグ カルナー

あぐら〖胡座〗चौकड़ी$^{f.}$ caukaṛī チャォークリー, पालथी$^{f.}$ pālat^{h}ī パールティー

あけがた〖明け方〗प्रभात$^{m.}$ prab^{h}āta プラバート, प्रात:काल$^{m.}$ prātaḥkāla プラータハカール

あける〖開ける〗खोलना k^{h}olanā コールナー

あける〖空ける〗ख़ाली करना xālī karanā カーリー カルナー

あげる〖上げる〗उठाना uṭ^{h}ānā ウターナー, चढ़ाना caṛ^{h}ānā チャラーナー (与える) देना denā デーナー

あげる〖揚げる〗तलना talanā タルナー

あご〖顎〗जबड़ा$^{m.}$ jabaṛā ジャブラー, ठुड्डी$^{f.}$ ṭ^{h}uḍḍī トゥッディー

あこがれ〖憧れ〗इच्छा$^{f.}$ icc^{h}ā イッチャー, ललक$^{f.}$ lalaka ララク

あさ〖朝〗सवेरा$^{m.}$ saverā サヴェーラー, सुबह$^{f.}$ subaha スバ

あさ〖麻〗भाँग$^{f.}$ b^{h}ãga バーング, सन$^{m.}$ sana サン (麻布) पटसन$^{m.}$ paṭasana パトサン

あさい〖浅い〗उथला ut^{h}alā ウトラー, छिछला c^{h}ic^{h}alā チチラー

あさって〖明後日〗अतरसों atarasõ アタルソーン, परसों parasõ パルソーン

あさましい〖浅ましい〗ओछा oc^{h}ā オーチャー, छिछोरा c^{h}ic^{h}orā チチョーラー

あざむく〖欺く〗कपट$^{m.}$ करना kapaṭa karanā カパト カルナー, छलना c^{h}alanā チャルナー, धोखा$^{m.}$ देना d^{h}ok^{h}ā denā ドーカー デーナー

あざやかな〖鮮やかな〗सजीव sajīva サジーヴ (手際が) लाजवाब lājavāba ラージャワーブ

あざらし〖海豹〗सील$^{f.}$ sīla スィール

あざわらう〖あざ笑う〗उपहास$^{m.}$ करना upahāsa karanā ウプハース カルナー

あし〖足〗(人の足首から先) पाँव$^{m.}$ pāva パーオン, पैर$^{m.}$ paira パェール ♦足首 टख़ना$^{m.}$ ṭaxanā タクナー

あし〖脚〗टाँग$^{f.}$ ṭãga ターング

あじ〖味〗ज़ायक़ा$^{m.}$ zāyaqā ザーエカー, मज़ा$^{m.}$ mazā マザー, स्वाद$^{m.}$ svāda スワード

アジア एशिया$^{m.}$ eśiyā エーシヤー ♦アジアの एशीआई eśiāī エーシーアーイー

あじけない〖味気ない〗नीरस nīrasa ニーラス, बेमज़ा bemazā ベーマザー, स्वादहीन svādahīna スワードヒーン

アシスタント असिस्टेंट$^{m.}$ asisṭemṭa アスィステーント, मददगार$^{m.}$ madadagāra マダドガール, सहायक$^{m.}$ sahāyaka サハーヤク

あした〖明日〗कल$^{m.}$ kala カル

あじつけする〖味付けする〗बघारना bag^{h}āranā バガールナー, मसाला$^{m.}$ डालना masālā ḍālanā マサーラー ダールナー

あしば〖足場〗पाड़$^{m.}$ pāṛa パール

あじみする〖味見する〗चखना cak^{h}anā チャクナー

あじわう〖味わう〗चाटना cāṭanā チャートナー, स्वाद$^{m.}$ लेना svāda lenā スワード レーナー

あずかる〖預かる〗अपने पास रखना apane pāsa rak^{h}anā アプネー パース ラクナー

あずける〖預ける〗जमा कराना jamā karānā ジャマー カラーナー, सौंपना sãũpanā サォーンプナー

あせ〖汗〗पसीना$^{m.}$ pasīnā パスィーナー

あせも अम्हौरी$^{f.}$ amhaurī アムハォーリー, पित्ती$^{f.}$ pittī ピッティー

あせる〖焦る〗बेचैन होना becaina honā ベーチャェーン ホーナー, बेताब होना betāba honā ベーターブ ホーナー

あそこ उधर ud^{h}ara ウダル, वहाँ vahā̃ ワハーン

あそび〖遊び〗खेल$^{m.}$ k^{h}ela ケール (娯楽) मनोरंजन$^{m.}$ manoramjana マノーランジャン (気晴らし) तफ़रीह$^{f.}$ tafarīha タフリーフ, मन-बहलाव$^{m.}$ mana-bahalāva マン・バヘラーオ

あそぶ〖遊ぶ〗खेलना k^{h}elanā ケールナー

あたい〖価〗(価値) कीमत$^{f.}$ kīmata キーマト, मूल्य$^{m.}$ mūlya ムールエ (値段) दाम$^{m.}$ dāma ダーム

あたえる〖与える〗देना denā デーナー (被害を) पहुँचाना pahũcānā パフンチャーナー

あたたかい〖暖かい〗गरम garama ガラム

あたたかい〖温かい〗(心が) दिली dilī ディリー

あたたまる〖暖まる〗गरम होना garama honā ガラム ホーナー, गरमाना garamānā ガルマーナー

あたためる〖暖める〗गरम करना garama karanā ガラム カルナー, गरमाना garamānā ガルマーナー
あだな〖あだ名〗उपनाम m. upanāma ウプナーム, उर्फ़ m. urfa ウルフ
あたま〖頭〗सिर m. sira スィル（頭脳）दिमाग़ m. dimāğa ディマーグ
あたらしい〖新しい〗नया nayā ナヤー（最新の）नवीनतम navīnatama ナヴィーンタム（新鮮な）ताज़ा tāzā ターザー
あたり〖辺り〗आस-पास āsa-pāsa アース・パース, इर्द-गिर्द irda-girda イルド・ギルド
あたりまえの〖当たり前の〗आम āma アーム, सामान्य sāmānya サーマーニエ
あたる〖当たる〗टकराना ṭakarānā タクラーナー, लगना laganā ラグナー（事業などが）ख़ूब चलना xūba calanā クーブ チャルナー, सफल होना sapʰala honā サパル ホーナー
あちこち इधर उधर idʰara udʰara イダル ウダル
あちら उधर udʰara ウダル
あつい〖熱い・暑い〗गरम garama ガラム
あつい〖厚い〗मोटा moṭā モーター
あつかい〖扱い〗बरताव m. baratāva バルターオ, व्यवहार m. vyavahāra ヴィヤオハール
あつかう〖扱う〗（使用する）इस्तेमाल m. करना istemāla karanā イステーマール カルナー（処理する）निपटाना nipaṭānā ニプターナー
あっかする〖悪化する〗ख़राब होना xarāba honā カラーブ ホーナー, बिगड़ना bigaṛanā ビガルナー
あつかましい〖厚かましい〗गुस्ताख़ gustāxa グスターク, ढीठ ḍʰīṭʰa ディート, बेशर्म beśarma ベーシャルム
あつぎする〖厚着する〗गरम कपड़े m. पहनना garama kapaṛe pahananā ガラム カプレー パハンナー
あつさ〖厚さ〗मोटाई f. moṭāī モーターイー
アッサムしゅう〖アッサム州〗असम m. asama アサム
あっさり सादगी f. से sādagī se サードギー セー ♦あっさりした सादा sādā サーダー
あっしゅくする〖圧縮する〗दबाना dabānā ダバーナー
あつでの〖厚手の〗गरम garama ガラム, मोटा moṭā モーター
あっぱくする〖圧迫する〗दबाना dabānā ダバーナー, दबाव m. डालना dabāva ḍālanā ダバーオ ダールナー
あつまり〖集まり〗（会合）बैठक f. baiṭʰaka バェータク（多数集まったもの）समूह m. samūha サムーフ
あつまる〖集まる〗（会合する）इकट्ठा होना ikaṭṭʰā honā イカッター ホーナー（群がる）जमा होना jamā honā ジャマー ホーナー
あつみ〖厚み〗मोटाई f. moṭāī モーターイー
あつめる〖集める〗इकट्ठा करना ikaṭṭʰā karanā イカッター カルナー, जमा करना jamā karanā ジャマー カルナー
あつりょく〖圧力〗दबाव m. dabāva ダバーオ, दाब f. dāba ダーブ
あてさき〖宛て先〗पता m. patā パター
あてな〖宛て名〗पता m. patā パター
あてはまる〖当てはまる〗ठीक बैठना ṭʰīka baiṭʰanā ティーク バェートナー, फ़िट आना fiṭa ānā フィト アーナー
あてる〖当てる〗（ぶつける）टकराना ṭakarānā タクラーナー（推測する）अटकल f. लगाना aṭakala lagānā アトカル ラガーナー, भाँपना bʰā̃panā バーンプナー
あと〖跡〗चिह्न m. cihna チフン, निशान m. niśāna ニシャーン
あどけない भोला bʰolā ボーラー, मासूम māsūma マースーム
あとしまつする〖後始末する〗निपटाना nipaṭānā ニプターナー
あとつぎ〖跡継ぎ〗उत्तराधिकारी m. uttarādʰikārī ウッタラーディカーリー, वारिस m. vārisa ワーリス
あとで〖後で〗बाद में bāda mẽ バード メーン
あとの〖後の〗बाद का bāda kā バード カー
アドバイス उपदेश m. upadeśa ウプデーシュ, मशविरा m. maśavirā マシュヴィラー, सलाह f. salāha サラーハ
アドレス पता m. patā パター
あな〖穴〗छेद m. cʰeda チェード, सूराख़ m. sūrāxa スーラーク
アナウンサー अनाउंसर m. anāuṃsara アナーウンサル, वाचक m. vācaka ワーチャク
アナウンス एलान m. elāna エーラーン
あなた आप āpa アープ
あなどる〖侮る〗अपमान m. करना apamāna karanā アプマーン カルナー
あに〖兄〗दादा m. dādā ダーダー, बड़ा भाई m. baṛā bʰāī バラー バーイー
アニメ एनीमेशन m. enīmeśana エーニーメーシャン
あね〖姉〗जीजी f. jījī ジージー, दीदी f. dīdī ディーディー, बड़ी बहन f. baṛī bahana バリー バハン
あの वह vaha ヴォ
あのころ〖あの頃〗उन दिनों una dinõ ウン ディノーン
アパート फ़्लैट m. flaiṭa フラェート
あばく〖暴く〗पर्दाफ़ाश m. करना pardāfāśa karanā パルダーファーシュ カルナー, भंडा-फोड़ m. करना bʰaṃḍā-pʰoṛa karanā バンダー・ポール カルナー
あばらぼね〖あばら骨〗पसली f. pasalī パスリー
あばれる〖暴れる〗हल्ला m. मचाना hallā macānā ハッラー マチャーナー
あびせる〖浴びせる〗बरसाना barasānā バルサーナー
あひる〖家鴨〗बतख़ f. bataxa バタク
アフガニスタン अफ़ग़ानिस्तान m. afağānistāna アフガーニスターン
アフターケア देख-भाल f. dekʰa-bʰāla デーク・バール
あぶない〖危ない〗ख़तरनाक xataranāka カタルナーク
あぶら〖脂〗चरबी f. carabī チャルビー

あぶら〖油〗आयल$^{m.}$ āyala アーヤル, तेल$^{m.}$ tela テール

あぶらっこい〖油っこい〗चिकना cikanā チクナー

アフリカ अफ़्रीका$^{m.}$ afrīkā アフリーカー ♦アフリカの अफ़्रीकी afrīkī アフリーキー

あぶる〖炙る〗भूनना b^{h}ūnanā ブーンナー, सेंकना sēkanā セーンクナー

あふれる〖溢れる〗उमड़ना umaṛanā ウマルナー, छलकना c^{h}alakanā チャラクナー

あべこべの उलटा-पलटा ulaṭā-palaṭā ウルター・パルター

あまい〖甘い〗मधुर mad^{h}ura マドゥル, मीठा mīṭ^{h}ā ミーター（物事に対して）भोला-भाला b^{h}olā-b^{h}ālā ボーラー・バーラー

あまえる〖甘える〗दुलराना dularānā ドゥルラーナー

あまくちの〖甘口の〗मीठा mīṭ^{h}ā ミーター

あまずっぱい〖甘酸っぱい〗खटमिट्ठा k^{h}aṭamiṭṭ^{h}ā カトミッター

アマチュア अव्यवसायी avyavasāyī アヴィャオサーイー, शौक़िया śauqiyā シャオーキヤー

あまやかす〖甘やかす〗दुलारना dulāranā ドゥラールナー, लाड़-प्यार$^{m.}$ करना lāṛa-pyāra karanā ラール・ピャール カルナー

あまり〖余り〗बाक़ी$^{f.}$ bāqī バーキー, शेष$^{m.}$ śeṣa シェーシュ

あまる〖余る〗बचना bacanā バチナー

あまんじる〖甘んじる〗संतुष्ट रहना saṃtuṣṭa rahanā サントゥシュト ラヘナー, संतोष$^{m.}$ कर लेना saṃtoṣa kara lenā サントーシュ カル レーナー

あみ〖網〗जाल$^{m.}$ jāla ジャール

あみもの〖編物〗बुनाई$^{f.}$ bunāī ブナーイー

あむ〖編む〗बुनना bunanā ブンナー

アムリトサル अमृतसर$^{m.}$ amṛtasara アムリトサル

あめ〖飴〗टाफ़ी$^{f.}$ ṭāfī ターフィー

あめ〖雨〗बारिश$^{f.}$ bāriśa バーリシュ, वर्षा$^{f.}$ varṣā ワルシャー

アメリカ अमरीका$^{m.}$ amarīkā アムリーカー ♦アメリカ合衆国 संयुक्त राज्य अमेरिका$^{m.}$ saṃyukta rājya amerikā サンユクト ラージエ アメーリカー ♦アメリカ人 अमरीकी$^{m.}$ amarīkī アムリーキー ♦アメリカの अमरीकी amarīkī アムリーキー

あやしい〖怪しい〗संदिग्ध saṃdigd^{h}a サンディグド, संदेहात्मक saṃdehātmaka サンデーハートマク

あやつりにんぎょう〖操り人形〗कठपुतली$^{f.}$ kaṭaputalī カトプトリー

あやつる〖操る〗（人形を）नचाना nacānā ナチャーナー（舟を）खेना k^{h}enā ケーナー

あやまち〖過ち〗क़सूर$^{m.}$ qasūra カスール, ग़लती$^{f.}$ ğalatī ガルティー, भूल$^{f.}$ b^{h}ūla ブール

あやまり〖誤り〗अशुद्धि$^{f.}$ aśudd^{h}i アシュッディ, दोष$^{m.}$ doṣa ドーシュ

あやまる〖誤る〗ग़लती$^{f.}$ करना ğalatī karanā ガルティー カルナー, भूल$^{f.}$ करना b^{h}ūla karanā ブール カルナー

あやまる〖謝る〗क्षमा$^{f.}$ माँगना kṣamā mā̃ganā クシャマー マーングナー, माफ़ी$^{f.}$ माँगना māfī mā̃ganā マーフィー マーングナー

あゆみ〖歩み〗क़दम$^{m.}$ qadama カダム, गति$^{f.}$ gati ガティ, चाल$^{f.}$ cāla チャール

あゆむ〖歩む〗चलना calanā チャルナー

あらあらしい〖荒々しい〗तूफ़ानी tūfānī トゥーファーニー, रूखा rūk^{h}ā ルーカー

あらい〖粗い〗खुरदरा k^{h}uradarā クルダラー, रूखा rūk^{h}ā ルーカー, स्थूल st^{h}ūla ストゥール

あらう〖洗う〗धोना d^{h}onā ドーナー

あらかじめ पहले से pahale se パヘレー セー

あらし〖嵐〗आँधी$^{f.}$ ā̃d^{h}ī アーンディー, तूफ़ान$^{m.}$ tūfāna トゥーファーン

あらす〖荒らす〗उजाड़ना ujāṛanā ウジャールナー, बरबाद करना barabāda karanā バルバード カルナー

あらそい〖争い〗कलह$^{m.}$ kalaha カラ, झगड़ा$^{m.}$ j^{h}agaṛā ジャグラー, लड़ाई$^{f.}$ laṛāī ララーイー（口論）कहा-सुनी$^{f.}$ kahā-sunī カハー・スニー, तकरार$^{f.}$ takarāra タクラール, बहस$^{f.}$ bahasa バハス

あらそう〖争う〗（けんかする）झगड़ना j^{h}agaṛanā ジャガラナー, लड़ना laṛanā ラルナー（口論する）कहा-सुनी$^{f.}$ करना kahā-sunī karanā カハー・スニー カルナー, बहस$^{f.}$ करना bahasa karanā バハス カルナー

あらたまる〖改まる〗（新しくなる）नया होना nayā honā ナヤー ホーナー（変わる）बदलना badalanā バダルナー（改善される）सुधरना sud^{h}aranā スダルナー（儀式ばる）औपचारिकता$^{f.}$ निभाना aupacārikatā nib^{h}ānā アォープチャーリクター ニバーナー

あらためる〖改める〗（新しくする）नया करना nayā karanā ナヤー カルナー（変える）बदलना badalanā バダルナー

アラビア अरब$^{m.}$ araba アラブ ♦アラビア語・アラビア人・アラビアの अरबी arabī アルビー ♦アラビア数字 भारतीय अंक$^{m.}$ b^{h}āratīya aṃka バールティーエ アンク

アラブしゅちょうこくれんぽう〖アラブ首長国連邦〗संयुक्त अरब अमीरात$^{m.}$ saṃyukta araba amīrāta サンユクト アラブ アミーラート

アラブの अरबी arabī アルビー

あらゆる सभी sab^{h}ī サビー, सारा sārā サーラー

あらわす〖表す〗ज़ाहिर करना zāhira karanā ザーヒル カルナー, दिखाना dik^{h}ānā ディカーナー, व्यक्त करना vyakta karanā ヴィャクト カルナー

あらわれる〖現れる〗उभरना ub^{h}aranā ウバルナー, निकलना nikalanā ニカルナー, प्रकट होना prakaṭa honā プラカト ホーナー

あり〖蟻〗चींटी$^{f.}$

ありうる〖有り得る〗मुमकिन mumakina ムムキン, संभव samb^{h}ava サンバオ

ありえない〖有り得ない〗असंभव asamb^{h}ava アサン

バオ, नामुमकिन nāmumakina ナームムキン

ありがたい〖有り難い〗धन्यवाद dʰanyavāda ダニエワード, मेहरबानी meharabānī メヘルバーニー

ありのままの जैसा का तैसा jaisā kā taisā ジャェーサーカー タェーサー, हूबहू hūbahū フーバフー

ありふれた आम āma アーム, मामूली māmūlī マームーリー

あるいは या yā ヤー

アルカリ खार m. kʰāra カール

あるく〖歩く〗पैदल चलना paidala calanā パェーダル チャルナー

アルコール अलकोहल m. alakohala アルコーハル

アルジェリア अल्जीरिया m. aljīriyā アルジーリヤー

アルゼンチン अर्जेंटीना m. arjeṃṭīnā アルジェーンティーナー

アルツハイマーびょう〖アルツハイマー病〗अलज़ाइमर रोग m. alazāimara roga アルザーイマル ローグ

アルバム अलबम m. alabama アルバム

アルミニウム अलमूनियम m. alamūniyama アルムーニヤム

あれ वह vaha ヴォ

あれから तब से taba se タブ セー

あれほど उतना utanā ウトナー

あれらの वे ve ヴェー

あれる〖荒れる〗(天候などが) ख़राब होना xarāba honā カラーブ ホーナー (肌が) रूखा होना rūkʰā honā ルーカー ホーナー (荒廃する) उजड़ना ujaṛanā ウジャルナー

アレルギー एलर्जी f. elarjī エーラルジー

あわ〖泡〗झाग m. jʰāga ジャーグ, बुलबुला m. bulabulā ブルブラー

あわせる〖合わせる〗जोड़ना joṛanā ジョールナー, मिलाना milānā ミラーナー (照合する) मिलाना milānā ミラーナー (調整する) अनुकूल बनाना anukūla banānā アヌクール バナーナー

あわただしい〖慌ただしい〗मशग़ूल maśağūla マシュグール, व्यस्त vyasta ヴィャスト

あわだつ〖泡立つ〗उफनना upʰananā ウパンナー, झाग m. उठना jʰāga uṭʰanā ジャーグ ウトナー

あわてる〖慌てる〗(急ぐ) अकुलाना akulānā アクラーナー (動転する) घबराना gʰabarānā ガブラーナー, हड़बड़ाना haṛabaṛānā ハルバラーナー

あわれな〖哀れな〗बेचारा becārā ベーチャーラー

あわれむ〖哀れむ〗तरस m. खाना tarasa kʰānā タラス カーナー, दया f. करना dayā karanā ダヤー カルナー

あん〖案〗(計画) योजना f. yojanā ヨージナー (提案) प्रस्ताव m. prastāva プラスターオ, सुझाव m. sujʰāva スジャーオ

あんいな〖安易な〗आसान āsāna アーサーン

あんきする〖暗記する〗कंठस्थ करना kaṃṭʰastʰa karanā カンタスト カルナー, ज़बानी याद f. करना zabānī yāda karanā ザバーニー ヤード カルナー, रटना raṭanā ラトナー

アンケート प्रश्नावली f. praśnāvalī プラシュナーオリー

あんごう〖暗号〗कूट m. kūṭa クート, बीजांक m. bījāṃka ビージャーンク

あんさつ〖暗殺〗क़त्ल m. qatla カトル, हत्या f. hatyā ハティヤー

あんざん〖暗算〗ज़बानी हिसाब m. zabānī hisāba ザバーニー ヒサーブ

あんじ〖暗示〗इशारा m. iśārā イシャーラー, संकेत m. saṃketa サンケート

あんしょうする〖暗唱する〗पाठ m. करना pāṭʰa karanā パート カルナー

あんしんする〖安心する〗तसल्ली f. लेना tasallī lenā タサッリー レーナー, बेफ़िक्र होना befikra honā ベーフィクル ホーナー

あんず〖杏〗ख़ुबानी f. xubānī クバーニー, ज़रदालू m. zaradālū ザルダールー

あんせい〖安静〗आराम m. ārāma アーラーム, विश्राम m. viśrāma ヴィシュラーム

あんぜん〖安全〗सुरक्षा f. surakṣā スラクシャー, हिफ़ाज़त f. hifāzata ヒファーザト ♦安全な सुरक्षित surakṣita スラクシト

あんてい〖安定〗स्थिरता f. stʰiratā スティルター

アンティーク पुरावशेष m. purāvaśeṣa プラーオシェーシュ

アンテナ एंटेना m. eṃṭenā エーンテーナー

あんな वैसा vaisā ワェーサー

あんない〖案内〗परिचय m. paricaya パリチャエ, मार्गदर्शन m. mārgadarśana マールグダルシャン (通知) इत्तला f. ittalā イッタラー, नोटिस m. noṭisa ノーティス, सूचना f. sūcanā スーチナー ♦案内する मार्गदर्शन m. करना mārgadarśana karanā マールグダルシャン カルナー (通知する) इत्तला f. देना ittalā denā イッタラー デーナー, नोटिस m. देना noṭisa denā ノーティス デーナー, सूचित करना sūcita karanā スーチト カルナー

アンペア एंपियर m. empiyara エーンピヤル

あんもくの〖暗黙の〗अनकहा anakahā アンカハー

アンモニア अमोनिया m. amoniyā アモーニヤー

い〖胃〗आमाशय m. āmāśaya アーマーシャエ, पेट m. peṭa ペート, मेदा m. medā メーダー

いい अच्छा accʰā アッチャー, बढ़िया baṛʰiyā バリヤー

いいあらそう〖言い争う〗झगड़ा m. करना jʰagaṛā karanā ジャグラー カルナー

いいえ जी नहीं jī nahī̃ ジー ナヒーン

いいかげんな〖いい加減な〗(無計画な) अटपटा aṭapaṭā アトパター, ऊटपटाँग ūṭapaṭā̃ga ウートパターング (無責任な) ग़ैरज़िम्मेदार ğairazimmedāra ガェールズィムメーダール

いいつけ〖言い付け〗आज्ञा f. ājñā アーギャー, हिदायत f. hidāyata ヒダーヤト

いいつたえ〖言い伝え〗दंतकथा f. daṃtakatʰā ダントカター

いいのがれる〘言い逃れる〙अगर-मगर$^{f.}$ करना agara-magara karanā アガル・マガル カルナー

いいぶん〘言い分〙शिकायत$^{f.}$ śikāyata シカーヤト

いいわけ〘言い訳〙बहाना$^{m.}$ bahānā バハーナー, सफ़ाई$^{f.}$ safāī サファーイー

いいん〘委員〙सदस्य$^{m.}$ sadasya サダスィエ ♦委員会 कमेटी$^{f.}$ kameṭī カメーティー, समिति$^{f.}$ samiti サミティ

いう〘言う〙कहना kahanā カヘナー, बताना batānā バターナー, बोलना bolanā ボールナー (称する) कहना kahanā カヘナー

いえ〘家〙(住居) घर$^{m.}$ g^{h}ara ガル, मकान$^{m.}$ makāna マカーン (自宅) घर$^{m.}$ g^{h}ara ガル (家族) परिवार$^{m.}$ parivāra パリワール

いえでする〘家出する〙घर$^{m.}$ से भागना g^{h}ara se b^{h}āganā ガル セー バーグナー

いおう〘硫黄〙गंधक$^{m.}$ gaṃd^{h}aka ガンダク

イオン आयन$^{m.}$ āyana アーヤン

いか〘以下〙(そこからあと) नीचे nīce ニーチェー (それより少ない) से कम se kama セー カム

いがい〘以外〙के अतिरिक्त ke atirikta ケー アティリクト, के अलावा ke alāvā ケー アラーワー

いがいな〘意外な〙अप्रत्याशित apratyāśita アプラティヤーシト

いかいよう〘胃潰瘍〙आमाशय अल्सर$^{m.}$ āmāśaya alsara アーマーシャエ アルサル

いかがわしい (疑わしい) संदिग्ध saṃdigd^{h}a サンディグド (猥褻な) अश्लील aślīla アシュリール

いかく〘威嚇〙धमकी$^{f.}$ d^{h}amakī ダムキー, धौंस$^{f.}$ d^{h}aũsa ダォーンス ♦威嚇する धमकाना d^{h}amakānā ダムカーナー, धमकी$^{f.}$ देना d^{h}amakī denā ダムキー デーナー

いがく〘医学〙चिकित्सा-शास्त्र$^{m.}$ cikitsā-śāstra チキトサー・シャーストル, डाक्टरी$^{f.}$ ḍākṭarī ダークタリー

いかさま कपट$^{m.}$ kapaṭa カパト, छल$^{m.}$ c^{h}ala チャル, धोखा$^{m.}$ d^{h}ok^{h}ā ドーカー

いかす〘生かす〙(命を保つ) ज़िंदा रखना ziṃdā rak^{h}anā ズィンダー ラクナー (活用する) सदुपयोग$^{m.}$ करना sadupayoga karanā サドゥプヨーグ カルナー

いかめしい〘厳めしい〙गंभीर gaṃb^{h}īra ガンビール, संजीदा saṃjīdā サンジーダー

いかり〘怒り〙क्रोध$^{m.}$ krod^{h}a クロード, ग़ुस्सा$^{m.}$ ğussā グッサー

いかり〘錨〙लंगर$^{m.}$ laṃgara ランガル

いき〘息〙दम$^{m.}$ dama ダム, साँस$^{f.}$ sā̃sa サーンス

いぎ〘意義〙अर्थ$^{m.}$ art^{h}a アルト, महत्त्व$^{m.}$ mahattva マハットオ

いぎ〘異議〙आपत्ति$^{f.}$ āpatti アーパッティ, एतराज़$^{m.}$ etarāza エータラーズ

いきいきした〘生き生きした〙जीता-जागता jītā-jāgatā ジーター・ジャーグター, सजीव sajīva サジーヴ

いきおい〘勢い〙ज़ोर$^{m.}$ zora ゾール, बल$^{m.}$ bala バル

いきかえる〘生き返る〙पुनर्जीवित होना punarjīvita honā プナルジーヴィト ホーナー

いきぎれする〘息切れする〙हाँफना hā̃p^{h}anā ハーンプナー

いきさき〘行き先〙गंतव्य$^{m.}$ gaṃtavya ガンタヴィエ

いきさつ (事情) आगा-पीछा āgā-pīc^{h}ā アーガー・ピーチャー (詳細) ब्योरा$^{m.}$ byorā ビョーラー, विवरण$^{m.}$ vivaraṇa ヴィワラン

いきている〘生きている〙ज़िंदा ziṃdā ズィンダー, जीवित jīvita ジーヴィト

いきなり अचानक acānaka アチャーナク, सहसा sahasā サヘサー

いきぬき〘息抜き〙तफ़रीह$^{f.}$ tafarīha タフリーフ, मन-बहलाव$^{m.}$ mana-bahalāva マン・バヘラーオ

いきのこる〘生き残る〙बचना bacanā バチャナー

いきもの〘生き物〙जीव$^{m.}$ jīva ジーヴ, प्राणी$^{m.}$ prāṇī プラーニー

イギリス इंगलैंड$^{m.}$ iṃgalaiṃḍa イングラェーンド ♦イギリス人 अंग्रेज़$^{m.}$ aṃgreza アングレーズ

いきる〘生きる〙जीना jīnā ジーナー

いく〘行く〙जाना jānā ジャーナー (去る) छोड़ना c^{h}oṛanā チョーラナー

いくじ〘育児〙शिशु देखभाल$^{f.}$ śiśu dek^{h}ab^{h}āla シシュ デークバール, शिशु पालन$^{m.}$ śiśu pālana シシュ パーラン

いくつ (数が) कितने kitane キトネー (年齢が) क्या उम्र$^{f.}$ kyā umra キャー ウムル

いくつか कई kaī カイー, कुछ kuc^{h}a クチ

いけ〘池〙तालाब$^{m.}$ tālāba ターラーブ, पोखरा$^{m.}$ pok^{h}arā ポークラー

いけいれん〘胃痙攣〙पेट की ऐंठन$^{f.}$ peṭa kī ãĩṭ^{h}ana ペート キー アェーンタン

いけない (悪い) ख़राब xarāba カラーブ (してはならない) नहीं करना चाहिए nahī̃ karanā cāhie ナヒーン カルナー チャーヒエー

いけん〘意見〙(考え) मत$^{m.}$ mata マト, राय$^{f.}$ rāya ラーエ (忠告) सलाह$^{f.}$ salāha サラーハ

いげん〘威厳〙प्रतिष्ठा$^{f.}$ pratiṣṭ^{h}ā プラティシュター

いご〘以後〙(今後) आगे āge アーゲー (その後) के बाद ke bāda ケー バード

いこう〘意向〙इरादा$^{m.}$ irādā イラーダー

いざかや〘居酒屋〙बार$^{m.}$ bāra バール, मदिरालय$^{m.}$ madirālaya マディラーラエ

いざこざ झगड़ा$^{m.}$ j^{h}agaṛā ジャグラー, झमेला$^{m.}$ j^{h}amelā ジャメーラー

いさましい〘勇ましい〙पराक्रमी parākramī パラークラミー, बहादुर bahādura バハードゥル, साहसी sāhasī サーヘスィー

いさん〘遺産〙धरोहर$^{f.}$ d^{h}arohara ダローハル, बपौती$^{f.}$ bapautī バパォーティー, विरासत$^{f.}$ virāsata ヴィラーサト

いし〘意志〙इच्छा$^{f.}$ icc^{h}ā イッチャー, इरादा$^{m.}$ irādā イラーダー

いし〖意思〗इरादा$^{m.}$ irādā イラーダー, विचार$^{m.}$ vicāra ヴィチャール
いし〖石〗पत्थर$^{m.}$ patt^{h}ara パッタル
いじ〖意地〗ज़िद$^{f.}$ zida ズィド, हठ$^{m.}$ hat^{h}a ハト
いしき〖意識〗चेतना$^{f.}$ cetanā チェートナー ♦意識する सचेत होना saceta honā サチェート ホーナー
いしつの〖異質の〗विजातीय vijātīya ヴィジャーティーエ
いじめる छेड़ना c^{h}eṛanā チェールナー, तंग करना taṃga karanā タング カルナー, सताना satānā サターナー
いしゃ〖医者〗डाक्टर$^{m.}$ ḍākṭara ダークタル (アーユルヴェーダの) वैद्य$^{m.}$ vaidya ワェーディエ (ユーナーニーの) हकीम$^{m.}$ hakīma ハキーム
いしゃりょう〖慰謝料〗मुआवज़ा$^{m.}$ muāvazā ムアーオザー, हरजाना$^{m.}$ harajānā ハルジャーナー
いじゅう〖移住〗(他国からの) आप्रवास$^{m.}$ āpravāsa アープラワース (他国への) उत्प्रवास$^{m.}$ utpravāsa ウトプラワース
いしゅく〖萎縮〗संकुचन$^{m.}$ saṃkucana サンクチャン
いしょ〖遺書〗वसीयतनामा$^{m.}$ vasīyatanāmā ワスィーヤトナーマー
いしょう〖衣装〗पहनावा$^{m.}$ pahanāvā パヘナーワー, पोशाक$^{m.}$ pośāka ポーシャーク, वस्त्र$^{m.}$ vastra ワストル
いじょう〖以上〗से अधिक se ad^{h}ika セー アディク, से ज़्यादा se zyādā セー ズィャーダー
いじょうな〖異常な〗असाधारण asād^{h}āraṇa アサーダーラン, असामान्य asāmānya アサーマーニエ, ग़ैर-मामूली ğaira-māmūlī ガェール・マームーリー
いしょく〖移植〗(植物の) रोपण$^{m.}$ ropaṇa ローパン (生体の) प्रतिरोपण$^{m.}$ pratiropaṇa プラティローパン, प्रत्यारोपण$^{m.}$ pratyāropaṇa プラティャーローパン
いしょくの〖異色の〗अनोखा anok^{h}ā アノーカー, बेजोड़ bejoṛa ベージョール, बेमिसाल bemisāla ベーミサール
いじる केलना kelanā ケールナー, टटोलना ṭaṭolanā タトールナー
いじわるな〖意地悪な〗दुष्ट duṣṭa ドゥシュト, पाजी pājī パージー
いじん〖偉人〗महापुरुष$^{m.}$ mahāpuruṣa マハープルシュ
いす〖椅子〗कुर्सी$^{f.}$ kursī クルスィー
いずみ〖泉〗चश्मा$^{m.}$ caśmā チャシュマー, सोता$^{m.}$ sotā ソーター
イスラエル इज़रायल$^{m.}$ izarāyala イズラーヤル
イスラマバード इस्लामाबाद$^{m.}$ islāmābāda イスラーマーバード
イスラムきょう〖イスラム教〗(イスラーム) इस्लाम$^{m.}$ islāma イスラーム ♦イスラム教徒 मुसलमान$^{m.}$ musalamāna ムスラマーン
いずれ (そのうち) किसी समय kisī samaya キスィー サマエ
いせき〖遺跡〗पुरातत्त्व स्थल$^{m.}$ purātattva st^{h}ala プラータットオ スタル
いぜん〖以前〗पहले pahale パヘレー
いぜんとして〖依然として〗अभी भी ab^{h}ī b^{h}ī アビービー
いそがしい〖忙しい〗मशग़ूल maśağūla マシュグール, मसरूफ़ masarūfa マスルーフ, व्यस्त vyasta ヴィャスト
いそぐ〖急ぐ〗जल्दी$^{f.}$ करना jaldī karanā ジャルディーカルナー
いぞく〖遺族〗उत्तरजीवी$^{m.}$ uttarajīvī ウッタルジーヴィー, मृतक आश्रित$^{m.}$ mr̥taka āśrita ムリタク アーシュリト
いそんする〖依存する〗निर्भर रहना nirb^{h}ara rahanā ニルバル ラヘナー
いた〖板〗(木などの) तख़्ता$^{m.}$ taxtā タクター, पटरा$^{m.}$ paṭarā パトラー (金属の) पत्तर$^{m.}$ pattara パッタル
いたい〖遺体〗लाश$^{f.}$ lāśa ラーシュ, शव$^{m.}$ śava シャオ
いたい〖痛い〗दुखी duk^{h}ī ドゥキー
いだいな〖偉大な〗महान् mahān マハーン
いたくする〖委託する〗सुपुर्द करना supurda karanā スプルド カルナー, सौंपना sãũpanā サォーンプナー, हवाले$^{m.}$ करना havāle karanā ハワーレー カルナー
いたずら नटखटी$^{f.}$ naṭak^{h}aṭī ナトカティー, शरारत$^{f.}$ śarārata シャラーラト ♦いたずらな नटखट naṭak^{h}aṭa ナトカト, शरारती śarāratī シャラールティー
いただく〖頂く〗(もらう) लेना lenā レーナー
いたむ〖痛む〗कसकना kasakanā カサクナー, दर्द$^{f.}$ होना darda honā ダルド ホーナー, दुखना duk^{h}anā ドゥクナー
いたむ〖傷む〗(破損する) टूटना ṭūṭanā トゥートナー (腐る) ख़राब होना xarāba honā カラーブ ホーナー, सड़ना saṛanā サルナー
いためる〖炒める〗भूनना b^{h}ūnanā ブーンナー
イタリア इटली$^{m.}$ iṭalī イトリー ♦イタリア語・イタリア人・イタリアの इटालियन iṭāliyana イターリヤン, इतालवी itālavī イタールヴィー
いたるところに〖至る所に〗हर जगह hara jagaha ハル ジャガ
いち〖一〗एक eka エーク
いち〖位置〗अवस्थिति$^{f.}$ avast^{h}iti アオスティティ, स्थान$^{m.}$ st^{h}āna スターン
いち〖市〗बाज़ार$^{m.}$ bāzāra バーザール, मेला$^{m.}$ melā メーラー, हाट$^{f.}$ hāṭa ハート
いちおく〖一億〗दस करोड़ dasa karoṛa ダス カロール
いちがつ〖一月〗जनवरी$^{f.}$ janavarī ジャンワリー
いちげき〖一撃〗थपेड़ा$^{m.}$ t^{h}apeṛā タペーラー, वार$^{m.}$ vāra ワール
いちご〖苺〗स्ट्राबेरी$^{f.}$ sṭrāberī ストラーベーリー
いちじく〖無花果〗अंजीर$^{m.}$ aṃjīra アンジール
いちじるしい〖著しい〗विशिष्ट viśiṣṭa ヴィシシュト
いちど〖一度〗एक बार$^{f.}$ eka bāra エーク バール
いちどう〖一同〗सब लोग$^{m.}$ saba loga サブ ローグ
いちどに〖一度に〗एक बार में eka bāra mẽ エーク バ

ール メーン

いちにち〖一日〗एक दिन m. eka dina エーク ディン ♦一日おきに हर दूसरे दिन hara dūsare dina ハル ドゥーサレー ディン

いちにちじゅう〖一日中〗दिन भर dina bʰara ディン バル, सारे दिन sāre dina サーレー ディン

いちねん〖一年〗एक वर्ष m. eka varṣa エーク ワルシュ, एक साल m. eka sāla エーク サール

いちねんじゅう〖一年中〗सारे साल sāre sāla サーレー サール, साल भर sāla bʰara サール バル

いちば〖市場〗बाज़ार m. bāzāra バーザール, मंडी f. maṃḍī マンディー

いちばん〖一番〗पहला pahalā パヘラー（最も）सब से saba se サブ セー

いちぶ〖一部〗（一部分）अंश m. aṃśa アンシュ, भाग m. bʰāga バーグ, हिस्सा m. hissā ヒッサー

いちまん〖一万〗दस हज़ार dasa hazāra ダス ハザール

いちめん〖一面〗（一つの面）पहलू m. pahalū パヘルー（全面）सब पहलू m. saba pahalū サブ パヘルー

いちりゅうの〖一流の〗प्रथम श्रेणी f. का pratʰama śreṇī kā プラタム シュレーニー カー, फ़र्स्ट क्लास f. का farsṭa klāsa kā ファルスト クラース カー

いつ कब kaba カブ

いつう〖胃痛〗पेट दर्द m. peṭa darda ペート ダルド

いっか〖一家〗परिवार m. parivāra パリワール

いつか कभी kabʰī カビー, किसी समय m. kisī samaya キスィー サマエ

いっきに〖一気に〗एकदम ekadama エークダム, एक साँस f. में eka sā̃sa mẽ エーク サーンス メーン

いっけん〖一見〗देखते ही dekʰate hī デークテー ヒー

いっこ〖一個〗एक टुकड़ा m. eka ṭukaṛā エーク トゥクラー

いっこう〖一行〗दल m. dala ダル, पार्टी f. pārṭī パールティー

いっさんかたんそ〖一酸化炭素〗कार्बन मोनोआक्साइड m. kārbana monoāksāiḍa カールバン モーノーアークサーイド

いっしき〖一式〗एक सेट m. eka seṭa エーク セート

いっしゅ〖一種〗एक क़िस्म f. eka qisma エーク キスム

いっしゅん〖一瞬〗क्षण m. kṣaṇa クシャン

いっしょう〖一生〗ज़िंदगी f. ziṃdagī ズィンダギー, जीवन m. jīvana ジーワン

いっしょうけんめい〖一生懸命〗（精魂込めて）जी जान f. से jī jāna se ジー ジャーン セー

いっしょに〖一緒に〗के साथ ke sātʰa ケー サート

いっせいに〖一斉に〗एक साथ eka sātʰa エーク サート

いっそう〖一層〗और ज़्यादा aura zyādā アォール ズィヤーダー

いったいとなって〖一体となって〗एक साथ होकर eka sātʰa hokara エーク サート ホーカル

いっちする〖一致する〗मेल m. खाना mela kʰānā メール カーナー

いっちょくせんに〖一直線に〗एकदम सीधे ekadama sīdʰe エークダム スィーデー

いっついの〖一対の〗का जोड़ा m. kā joṛā カー ジョーラー

いっていの〖一定の〗नियत niyata ニヤト

いつでも किसी भी समय m. kisī bʰī samaya キスィー ビー サマエ

いっとう〖一等〗（賞）प्रथम पुरस्कार m. pratʰama puraskāra プラタム プラスカール（一番良い等級）फ़र्स्ट क्लास f. farsṭa klāsa ファルスト クラース

いっぱいの〖一杯の〗（満杯の）से भरा-पूरा se bʰarā-pūrā セー バラー・プーラー

いっぱんの〖一般の〗（普通の）आम āma アーム, मामूली māmūlī マームーリー（一般的な）साधारण sādʰāraṇa サーダーラン, सामान्य sāmānya サーマーニエ ♦一般に आम तौर m. पर āma taura para アーム タォール パル, प्रायः prāyaḥ プラーヤハ

いっぽう〖一方〗（一つの方面）एक ओर f. eka ora エーク オール, एक तरफ़ f. eka tarafa エーク タラフ ♦一方的な एकतरफ़ा ekatarafā エークタルファー（他方では）दूसरी ओर f. dūsarī ora ドゥースリー オール, दूसरी तरफ़ f. dūsarī tarafa ドゥースリー タラフ

いつまでも सदा के लिए sadā ke lie サダー ケー リエー, हमेशा के लिए hameśā ke lie ハメーシャー ケー リエー

いつも सदा sadā サダー, हमेशा hameśā ハメーシャー

いつわり〖偽り〗झूठ m. jʰūṭʰa ジュート

いつわる〖偽る〗झूठ m. बोलना jʰūṭʰa bolanā ジュート ボールナー

いてざ〖射手座〗धनु राशि f. dʰanu rāśi ダヌ ラーシ

いてん〖移転〗स्थानांतर m. stʰānāṃtara スターナーンタル

いでん〖遺伝〗आनुवंशिकता f. ānuvaṃśikatā アーヌワンシクター ♦遺伝子 जीन m. jīna ジーン ♦遺伝子組み換え जीन संवर्धन m. jīna saṃvardʰana ジーン サンワルダン

いと〖糸〗तागा m. tāgā ターガー, धागा m. dʰāgā ダーガー

いど〖井戸〗कुआँ m. kuā̃ クアーン

いどう〖移動〗स्थानांतर m. stʰānāṃtara スターナーンタル ♦移動する चलना calanā チャルナー

いとこ〖従兄弟・従姉妹〗（父の兄弟の息子）चचेरा भाई m. cacerā bʰāī チャチェーラー バーイー（父の兄弟の娘）चचेरी बहन f. cacerī bahana チャチェーリー バハン（父の姉妹の息子）फुफेरा भाई m. pʰupʰerā bʰāī プペーラー バーイー（父の姉妹の娘）फुफेरी बहन f. pʰupʰerī bahana プペーリー バハン（母の兄弟の息子）ममेरा भाई m. mamerā bʰāī マメーラー バーイー（母の兄弟の娘）ममेरी बहन f. mamerī bahana マメーリー バハン（母の姉妹の息子）मौसेरा भाई m. mauserā bʰāī マォーセーラー バーイー（母の姉妹の娘）मौसेरी बहन f. mauserī bahana マォーセーリー バハン

いどころ〚居所〛पता m. patā パター
いとなむ〚営む〛चलाना calānā チャラーナー
いどむ〚挑む〛चुनौती f. देना cunautī denā チュナオーティー デーナー, ललकारना lalakāranā ラルカールナー
いない〚以内〛के अंदर ke aṃdara ケー アンダル
いなか〚田舎〛देहात m. dehāta デーハート
いなずま〚稲妻〛बिजली f. bijalī ビジリー
いにんする〚委任する〛सुपुर्द करना supurda karanā スプルド カルナー, सौंपना sāũpanā サォーンプナー
いぬ〚犬〛कुत्ता m. kuttā クッター
いね〚稲〛धान m. dʰāna ダーン
いねむり〚居眠り〛ऊँघ f. ū̃gʰa ウーング, झपकी f. jʰapakī ジャプキー
いのち〚命〛जान f. jāna ジャーン, जीवन m. jīvana ジーワン, प्राण m. prāṇa プラーン
いのり〚祈り〛प्रार्थना f. prārtʰanā プラールトナー
いのる〚祈る〛प्रार्थना f. करना prārtʰanā karanā プラールトナー カルナー（望む）कामना f. करना kāmanā karanā カームナー カルナー
いばる〚威張る〛घमंड m. करना gʰamaṃḍa karanā ガマンド カルナー
いはん〚違反〛उल्लंघन m. ullaṃgʰana ウッランガン
いびき खर्राटा m. kʰarrāṭā カルラーター
いびつな〚歪な〛विकृत vikṛta ヴィクリト
いほうの〚違法の〛अवैध avaidʰa アワェード, ग़ैरक़ानूनी ğairaqānūnī ガェールカーヌーニー
いま〚今〛अब aba アブ
いまいましい〚忌々しい〛खिझानेवाला kʰijʰānevālā キジャーネーワーラー
いまごろ〚今頃〛इस समय m. isa samaya イス サマエ
いまさら〚今更〛अब तो aba to アブ トー
いみ〚意味〛अर्थ m. artʰa アルト, मतलब m. matalaba マトラブ ♦意味する अर्थ m. रखना artʰa rakʰanā アルト ラクナー
イミテーション（模倣）नक़ल naqala ナカル（偽物）नक़ली चीज़ f. naqalī cīza ナクリー チーズ
いみん〚移民〛（他国からの）आप्रवासी m. āpravāsī アープラワースィー（他国への）प्रवासी m. pravāsī プラワースィー
イメージ छवि f. cʰavi チャヴィ
いもうと〚妹〛छोटी बहन f. cʰoṭī bahana チョーティー バハン
いやいや अनिच्छा f. से aniccʰā se アニッチャー セー, बेमन m. से bemana se ベーマン セー
いやがらせ〚嫌がらせ〛छेड़छाड़ f. cʰeṛacʰāṛa チェールチャール
いやしい〚卑しい〛कमीना kamīnā カミーナー
いやす〚癒す〛ठीक करना ṭʰīka karanā ティーク カルナー
いやな〚嫌な〛घिनौना gʰinaunā ギナォーナー, नापसंद nāpasaṃda ナーパサンド
イヤホン इयरफ़ोन m. iyarafona イヤルフォーン
いやらしい नापसंद nāpasaṃda ナーパサンド
イヤリング बाली f. bālī バーリー
いよいよ（とうとう）आख़िरकार āxirakāra アーキルカール（ますます）और ज़्यादा aura zyādā アォール ズィャーダー
いよく〚意欲〛चाह f. cāha チャーハ
いらい〚以来〛तब से taba se タブ セー
いらい〚依頼〛निवेदन m. nivedana ニヴェーダン ♦依頼する निवेदन m. करना nivedana karanā ニヴェーダン カルナー
いらいらする खीझना kʰījʰanā キージナー, चिढ़ना ciṛʰanā チルナー
イラク इराक़ m. irāqa イラーク
イラン ईरान m. īrāna イーラーン
いりぐち〚入り口〛प्रवेश m. praveśa プラヴェーシュ
いりょう〚医療〛चिकित्सा f. cikitsā チキトサー
いりょく〚威力〛दबदबा m. dabadabā ダブダバー
いる〚居る〛रहना rahanā ラヘナー
いる〚要る〛आवश्यक āvaśyaka アーワシャク, ज़रूरी zarūrī ザルーリー
いるか〚海豚〛डाल्फ़िन m. ḍālfina ダールフィン
いれいの〚異例の〛असाधारण asādʰāraṇa アサーダーラン
いれかえる〚入れ替える〛हेर-फेर m. करना hera-pʰera karanā ヘール・ペール カルナー
いれずみ〚入れ墨〛गुदना m. gudanā グドナー
いれば〚入れ歯〛नक़ली दाँत m. naqalī dā̃ta ナクリー ダーント
いれもの〚入れ物〛पात्र m. pātra パートル, बरतन m. baratana バルタン
いれる〚入れる〛（中に）डालना ḍālanā ダールナー（人を）जाने देना jāne denā ジャーネー デーナー（受け入れる）स्वीकार m. करना svīkāra karanā スヴィーカール カルナー
いろ〚色〛रंग m. raṃga ラング
いろいろな〚色々な〛विभिन्न vibʰinna ヴィビンヌ
いろけ〚色気〛यौनाकर्षण m. yaunākarṣaṇa ヤォーナーカルシャン
いろん〚異論〛मतांतर m. matāṃtara マターンタル
いわ〚岩〛चट्टान f. caṭṭāna チャッターン
いわう〚祝う〛मनाना manānā マナーナー
いわゆる तथाकथित tatʰākatʰita タターカティト
いわれ कारण m. kāraṇa カーラン, इतिहास m. itihāsa イティハース
いんかん〚印鑑〛मोहर f. mohara モハル
いんきな〚陰気な〛उदास udāsa ウダース
インク स्याही f. syāhī スィアーヒー
いんけんな〚陰険な〛चालाक cālāka チャーラーク, धूर्त dʰūrta ドゥールト
いんさつ〚印刷〛छपाई f. cʰapāī チャパーイー ♦印刷する छापना cʰāpanā チャーパーナー
いんし〚印紙〛स्टांप m. sṭāmpa スターンプ

インシュリン इंसुलिन$^{m.}$ iṃsulina インスリン
いんしょう〘印象〙छाप$^{f.}$ c^{h}āpa チャープ
いんぜい〘印税〙रायल्टी$^{f.}$ rāyaltī ラーヤルティー
インターネット अंतर्जाल$^{m.}$ aṃtarjāla アンタルジャール，इंटरनेट$^{m.}$ iṃṭaraneṭa インタルネート
いんたい〘引退〙सेवानिवृत्ति$^{f.}$ sevānivṛtti セーワーニヴリッティ ♦引退する रिटायर होना riṭāyara honā リターヤル ホーナー，सेवानिवृत्त होना sevānivṛtta honā セーワーニヴリット ホーナー
インタビュー इंटरव्यू$^{m.}$ iṃṭaravyū インタルヴィュー，साक्षात्कार$^{m.}$ sākṣātkāra サークシャートカール
インチ इंच$^{m.}$ iṃca インチ
インド भारत$^{m.}$ b^{h}ārata バーラト ♦インドの भारतीय b^{h}āratīya バールティーエ
イントネーション अनुतान$^{m.}$ anutāna アヌターン
インドネシア इंडोनेशिया$^{m.}$ iṃḍoneśiyā インドーネーシヤー
インフルエンザ इनफ़्लुएंज़ा$^{m.}$ inafluemzā インフルエーンザー，फ़्लू$^{m.}$ flū フルー
インフレ मुद्रास्फीति$^{f.}$ mudrāsp^{h}īti ムドラースピーティ
いんぼう〘陰謀〙षड्यंत्र$^{m.}$ ṣaḍyaṃtra シャディヤントル，साज़िश$^{f.}$ sāziśa サーズィシュ
いんよう〘引用〙उद्धरण$^{m.}$ udd^{h}araṇa ウッダラン ♦引用する उद्धृत करना udd^{h}ṛta karanā ウッドリト カルナー
いんりょく〘引力〙गुरुत्व$^{m.}$ gurutva グルトオ，गुरुत्वाकर्षण$^{m.}$ gurutvākarṣaṇa グルトワーカルシャン
ウイスキー ह्विस्की$^{f.}$ hviskī フヴィスキー
ウイルス वायरस$^{m.}$ vāyarasa ワーエラス，विषाणु$^{m.}$ viṣāṇu ヴィシャーヌ
ウール ऊन$^{m.}$ ūna ウーン
うえ〘上〙（上部）ऊपरी भाग$^{m.}$ ūparī b^{h}āga ウープリー バーグ，ऊपरी हिस्सा$^{m.}$ ūparī hissā ウープリー ヒッサー（表面）सतह$^{f.}$ sataha サタ ♦上に के ऊपर ke ūpara ケー ウーパル ♦上に〔上方に〕ऊपर की ओर$^{f.}$ ūpara kī ora ウーパル キー オール
ウエイター बैरा$^{m.}$ bairā バェーラー，वेटर$^{m.}$ veṭara ヴェータル
ウエスト कमर$^{f.}$ kamara カマル
ウェブサイト वेबसाइट$^{m.}$ vebasāiṭa ヴェーブサーイト
うえる〘植える〙रोपना ropanā ロープナー，लगाना lagānā ラガーナー
うえる〘飢える〙भूख$^{f.}$ लगना b^{h}ūk^{h}a laganā ブーク ラグナー
うおざ〘魚座〙मीन राशि$^{f.}$ mīna rāśi ミーン ラーシ
うがい कुल्ला$^{m.}$ kullā クッラー，ग़रारा$^{m.}$ ğarārā ガラーラー
うかいする〘迂回する〙चक्कर$^{m.}$ लगाकर जाना cakkara lagākara jānā チャッカル ラガーカル ジャーナー
うかがう〘伺う〙（尋ねる）पूछना pūc^{h}anā プーチナー（訪問する）दर्शन$^{m.}$ के लिए जाना darśana ke lie jānā ダルシャン ケー リエー ジャーナー
うかつな〘迂闊な〙असावधान asāvad^{h}āna アサーオダーン，लापरवाह lāparavāha ラーパルワーハ
うかぶ〘浮かぶ〙（水面に）तरना taranā タルナー，तैरना tairanā タェールナー（心に）याद$^{f.}$ आना yāda ānā ヤード アーナー
うかる〘受かる〙उत्तीर्ण होना uttīrṇa honā ウッティールン ホーナー，पास होना pāsa honā パース ホーナー
うき〘浮き〙तरंड$^{m.}$ taraṃḍa タランド
うく〘浮く〙（水面に）तरना taranā タルナー，तैरना tairanā タェールナー（余る）बचना bacanā バチナー
うけいれる〘受け入れる〙स्वीकार$^{m.}$ करना svīkāra karanā スヴィーカール カルナー
うけおう〘請け負う〙ठेका$^{m.}$ लेना ṭ^{h}ekā lenā テーカー レーナー
うけつぐ〘受け継ぐ〙（後を継ぐ）विरासत$^{f.}$ में लेना virāsata mẽ lenā ヴィラーサト メーン レーナー（相続する）विरासत$^{f.}$ में लेना virāsata mẽ lenā ヴィラーサト メーン レーナー
うけつけ〘受付〙（受付所）स्वागत$^{m.}$ svāgata スワーガト（受領）स्वीकृति$^{f.}$ svīkṛti スヴィークリティ
うけつける〘受け付ける〙स्वीकृत करना svīkṛta karanā スヴィークリト カルナー
うけとりにん〘受取人〙प्राप्त करनेवाला prāpta karanevālā プラープト カルネーワーラー（受給者・受益者）स्वीकर्ता$^{m.}$ svīkartā スヴィーカルター
うけとる〘受け取る〙प्राप्त करना prāpta karanā プラープト カルナー
うけみ〘受け身〙（受動態）कर्मवाच्य$^{m.}$ karmavācya カルムワーチエ（受動的態度）निष्क्रियता$^{f.}$ niṣkriyatā ニシュクリエター
うけもつ〘受け持つ〙सँभालना sãb^{h}ālanā サンバールナー
うける〘受ける〙（物などを）लेना lenā レーナー（損害などを）खाना k^{h}ānā カーナー（試験を）देना denā デーナー
うごかす〘動かす〙हिलाना hilānā ヒラーナー（機械を）चलाना calānā チャラーナー（心を）हिला देना hilā denā ヒラー デーナー
うごき〘動き〙गति$^{f.}$ gati ガティ（活動）गतिविधि$^{f.}$ gatividh^{h}i ガティヴィディ（動向）हरकत$^{f.}$ harakata ハルカト
うごく〘動く〙हिलना hilanā ヒルナー（作動する）चलना calanā チャラナー（心が）हिल जाना hila jānā ヒル ジャーナー
うこん〘鬱金〙हल्दी$^{f.}$ haldī ハルディー
うさぎ〘兎〙ख़रगोश$^{m.}$ xaragośa カルゴーシュ
うし〘牛〙（雄牛）बैल$^{m.}$ baila バェール（雌牛）गाय$^{f.}$ gāya ガーエ（雄の子牛）बछड़ा$^{m.}$ bac^{h}aṛā バチラー（雌の子牛）बछड़ी$^{f.}$ bac^{h}aṛī バチリー
うしなう〘失う〙खोना k^{h}onā コーナー，गँवाना gãvānā ガンワーナー
うしろ〘後ろ〙पीछे pīc^{h}e ピーチェー
うず〘渦〙जलावर्त$^{m.}$ jalāvarta ジャラーワルト，भँवर$^{m.}$

bʰāvara バンワル
うすい〖薄い〗（厚みが）पतला patalā パトラー（色が）फीका pʰīkā ピーカー，हलका halakā ハルカー（密度が）पतला patalā パトラー，फीका pʰīkā ピーカー
うずく〖疼く〗 कसकना kasakanā カサクナー，दुखना dukʰanā ドゥクナー
うすぐらい〖薄暗い〗 धुँधला dʰũdʰalā ドゥンドラー
ウズベクじん〖ウズベク人〗 उज़्बेक m. uzbeka ウズベーク
うずまき〖渦巻き〗 जलावर्त m. jalāvarta ジャラーワルト，भँवर m. bʰãvara バンワル
うすめる〖薄める〗 पतला करना patalā karanā パトラー カルナー
うずら〖鶉〗 बटेर m. baṭera バテール
うせつする〖右折する〗 दाईं ओर f. मुड़ना dāī̃ ora muṛanā ダーイーン オール ムルナー
うそ〖嘘〗 झूठ m. jʰūṭʰa ジュート ◆嘘つき झूठा m. jʰūṭʰā ジューター
うた〖歌〗 गाना m. gānā ガーナー，गीत m. gīta ギート
うたう〖歌う〗 गाना gānā ガーナー
うたがい〖疑い〗（疑念）शंका f. śaṃkā シャンカー，शक m. śaka シャク，संदेह m. saṃdeha サンデーヘ（不信）अविश्वास m. aviśvāsa アヴィシュワース（容疑・嫌疑）आरोप m. āropa アーロープ，इलज़ाम m. ilazāma イルザーム
うたがう〖疑う〗（疑念を抱く）शक m. करना śaka karanā シャク カルナー，संदेह m. करना saṃdeha karanā サンデーヘ カルナー（不信に思う）अविश्वास m. करना aviśvāsa karanā アヴィシュワース カルナー（嫌疑をかける）आरोप m. करना āropa karanā アーロープ カルナー，इलज़ाम m. करना ilazāma karanā イルザーム カルナー
うたがわしい〖疑わしい〗 संदिग्ध saṃdigdʰa サンディグド（不審な）संदिग्ध saṃdigdʰa サンディグド
うち〖家〗（家屋）मकान m. makāna マカーン（家庭）घर m. gʰara ガル，परिवार m. parivāra パリワール
うち〖内〗 अंदर aṃdara アンダル
うちあける〖打ち明ける〗 उघाड़ना ugʰāṛanā ウガールナー，खोलना kʰolanā コールナー
うちがわ〖内側〗 भीतरी भाग m. bʰītarī bʰāga ビートリー バーグ
うちきな〖内気な〗 लजालू lajālū ラジャールー，शरमीला śaramīlā シャルミーラー
うちけす〖打ち消す〗 नकारना nakāranā ナカールナー
うちゅう〖宇宙〗 अंतरिक्ष m. aṃtarikṣa アンタリクシュ ◆宇宙飛行士 अंतरिक्ष-यात्री m. aṃtarikṣa-yātrī アンタリクシュ・ヤートリー
うちわ पंखी f. paṃkʰī パンキー
うつ〖打つ〗 पीटना pīṭanā ピートナー，मारना māranā マールナー
うつ〖撃つ〗 चलाना calānā チャラーナー
うっかりした असावधान asāvadʰāna アサーオダーン，लापरवाह lāparavāha ラーパルワーハ
うつくしい〖美しい〗 ख़ूबसूरत xūbasūrata クーブスーラト，सुंदर suṃdara スンダル
うつす〖写す〗 नक़ल f. करना naqala karanā ナカル カルナー（写真を）फ़ोटो m. खींचना foṭo kʰĩcanā フォートー キーンチナー
うつす〖移す〗 स्थानांतरित करना sthānāṃtarita karanā スターナーンタリト カルナー（病気を）संक्रमित करना saṃkramita karanā サンクラミト カルナー
うったえる〖訴える〗（裁判に）नालिश m. करना nāliśa karanā ナーリシュ カルナー（世論に）आंदोलित करना āṃdolita karanā アーンドーリト カルナー（手段に）आश्रय m. लेना āśraya lenā アーシュラエ レーナー
ウッタル・プラデーシュしゅう〖ウッタル・プラデーシュ州〗 उत्तर प्रदेश m. uttara pradeśa ウッタル プラデーシュ
うっとりする मुग्ध होना mugdʰa honā ムグド ホーナー，मोहित होना mohita honā モーヒト ホーナー
うつむく झुकना jʰukanā ジュクナー
うつる〖移る〗 बदलना badalanā バダルナー（感染する）संक्रमित होना saṃkramita honā サンクラミト ホーナー
うつわ〖器〗 पात्र m. pātra パートル，बरतन m. baratana バルタン
うで〖腕〗 बाँह f. bā̃ha バーンフ ◆腕時計 कलाई घड़ी f. kalāī gʰaṛī カラーイー ガリー（技能）कौशल m. kauśala カオーシャル，हुनर m. hunara フナル
うなる〖唸る〗 कराहना karāhanā カラーヘナー（動物が）गुर्राना gurrānā グルラーナー（虫が）भनभनाना bʰanabʰanānā バンバナーナー（機械が）गरजना garajanā ガラジナー
うぬぼれる अभिमान m. करना abʰimāna karanā アビマーン カルナー
うは〖右派〗 दक्षिणपंथ m. dakṣiṇapaṃtʰa ダクシンパント
うばう〖奪う〗（取り上げる・盗む）लूटना lūṭanā ルートナー（剥奪する）छीनना cʰīnanā チーンナー
うばぐるま〖乳母車〗 बच्चा गाड़ी f. baccā gāṛī バッチャー ガーリー
うぶな〖初な〗 भोला bʰolā ボーラー
うま〖馬〗（雄馬）घोड़ा m. gʰoṛā ゴーラー（雌馬）घोड़ी f. gʰoṛī ゴーリー（雄の子馬）बछेड़ा m. bacʰeṛā バチェーラー（雌の子馬）बछेड़ी f. bacʰeṛī バチェーリー
うまい（おいしい）मज़ेदार mazedāra マゼーダール，स्वादिष्ट svādiṣṭa スワーディシュト（上手な）कुशल kuśala クシャル，निपुण nipuṇa ニプン，माहिर māhira マーヒル
うまる〖埋まる〗 गड़ना gaṛanā ガルナー
うまれる〖生まれる・産まれる〗 जनमना janamanā ジャナムナー（生じる）पैदा होना paidā honā パェーダー ホーナー
うみ〖海〗 समुद्र m. samudra サムドル，सागर m. sāgara サーガル

うみだす〖生み出す〗उपजाना upajānā ウプジャーナー, पैदा करना paidā karanā パェーダー カルナー
うみべ〖海辺〗समुद्र-तट m. samudra-taṭa サムドル・タト, साहिल m. sāhila サーヒル
うむ〖生む・産む〗जनमना janamanā ジャナムナー (生み出す) पैदा करना paidā karanā パェーダー カルナー
うめく〖呻く〗कराहना karāhanā カラーヘナー
うめたてる〖埋め立てる〗पाटना pāṭanā パートナー
うめる〖埋める〗गड़ाना gaṛānā ガラーナー (満たす) भरना bʰaranā バルナー
うもう〖羽毛〗पर m. para パル
うやまう〖敬う〗आदर m. करना ādara karanā アーダル カルナー, इज़्ज़त f. करना izzata karanā イッザト カルナー, सम्मान m. करना sammāna karanā サムマーン カルナー
うら〖裏〗(表面や正面に対する) पीछा m. pīcʰā ピーチャー (反対側) उलटा हिस्सा m. ulaṭā hissā ウルター ヒッサー
うらがえす〖裏返す〗उलटना ulaṭanā ウラトナー
うらがわ〖裏側〗पिछला हिस्सा m. picʰalā hissā ピチラー ヒッサー
うらぎる〖裏切る〗विश्वासघात m. करना viśvāsagʰāta karanā ヴィシュワースガート カルナー
うらぐち〖裏口〗पिछवाड़े का दरवाज़ा m. picʰavāṛe kā daravāzā ピチワーレー カー ダルワーザー
うらじ〖裏地〗अस्तर m. astara アスタル
うらづける〖裏付ける〗पुष्ट करना puṣṭa karanā プシュト カルナー
うらどおり〖裏通り〗गली f. galī ガリー
うらない〖占い〗फलित ज्योतिष m. pʰalita jyotiṣa パリト ジョーティシュ, शकुन-विचार m. śakuna-vicāra シャクン・ヴィチャール
うらなう〖占う〗शकुन m. देखना śakuna dekʰanā シャクン デークナー
ウラニウム यूरेनियम m. yūreniyama ユーレーニヤム
うらむ〖恨む〗डाह f. खाना ḍāha kʰānā ダーヘ カーナー
うらやむ〖羨む〗ईर्षा f. करना īrṣā karanā イールシャー カルナー, जलना jalanā ジャルナー
ウラン यूरेनियम m. yūreniyama ユーレーニヤム
うりあげ〖売り上げ〗बिक्री f. bikrī ビクリー
うる〖売る〗बेचना becanā ベーチナー
うるうどし〖閏年〗अधिवर्ष m. adʰivarṣa アディワルシュ
うるおい〖潤い〗नमी f. namī ナミー
うるおう〖潤う〗नम होना nama honā ナム ホーナー
ウルグアイ उरुग्वे m. urugve ウルグヴェー
うるさい कोलाहली kolāhalī コーラーハリー, शोर m. करनेवाला śora karanevālā ショール カルネーワーラー (しつこい) ज़िद्दी ziddī ズィッディー
ウルドゥーご〖ウルドゥー語〗उर्दू f. urdū ウルドゥー
うれしい〖嬉しい〗ख़ुश xuśa クシュ, प्रसन्न prasanna プラサンヌ
うれる〖売れる〗ख़ूब बिकना xūba bikanā クーブ ビクナー
うれる〖熟れる〗पकना pakanā パクナー
うろたえる घबराना gʰabarānā ガブラーナー
うわき〖浮気〗यारी f. yārī ヤーリー
うわぎ〖上着〗जाकेट f. jākeṭa ジャーケート
うわごと बड़बड़ f. baṛabaṛa バルバル
うわさ〖噂〗अफ़वाह f. afavāha アフワーハ
うわべ〖上辺〗दिखावट f. dikʰāvaṭa ディカーワト
うわやく〖上役〗बास m. bāsa バース
うん〖運〗(運命) क़िस्मत f. qismata キスマト, भाग्य m. bʰāgya バーギエ (幸運) ख़ुशक़िस्मती f. xuśaqismatī クシュキスマティー, सौभाग्य m. saubʰāgya サォーバーギエ
うんえい〖運営〗प्रबंध m. prabaṃdʰa プラバンド, संचालन m. saṃcālana サンチャーラン
うんが〖運河〗नहर f. nahara ナハル
うんこう〖運行〗सेवा f. sevā セーワー
うんざりする ऊबना ūbanā ウーブナー
うんせい〖運勢〗क़िस्मत f. qismata キスマト, भाग्य m. bʰāgya バーギエ
うんそう〖運送〗परिवहन m. parivahana パリワハン
うんちん〖運賃〗किराया m. kirāyā キラーヤー, भाड़ा m. bʰāṛā バーラー
うんてん〖運転〗चालन m. cālana チャーラン ♦運転手 चालक m. cālaka チャーラク, ड्राइवर m. ḍrāivara ドラーイワル (機械の) चालन m. cālana チャーラン ♦運転免許証 ड्राइविंग लाइसेंस m. ḍrāiviṃga lāiseṃsa ドラーイヴィング ラーイセーンス ♦運転する (乗物を) चलाना calānā チャラーナー (機械を) चलाना calānā チャラーナー
うんどう〖運動〗कसरत f. kasarata カスラト, व्यायाम m. vyāyāma ヴィャーヤーム ♦運動する कसरत f. करना kasarata karanā カスラト カルナー, व्यायाम m. करना vyāyāma karanā ヴィャーヤーム カルナー (競技としての) खेल-कूद f. kʰela-kūda ケール・クード (行動) आंदोलन m. āṃdolana アーンドーラン
うんめい〖運命〗क़िस्मत f. qismata キスマト, भाग्य m. bʰāgya バーギエ
うんゆ〖運輸〗परिवहन m. parivahana パリワハン
うんよく〖運よく〗सौभाग्यवश saubʰāgyavaśa サォーバーギエワシュ
え〖絵〗चित्र m. citra チトル, तसवीर f. tasavīra タスヴィール
え〖柄〗दस्ता m. dastā ダスター, हत्था m. hattʰā ハッター
エアコン एयर-कंडीशनर m. eyara-kaṃḍīśanara エーヤル・カンディーシュナル, वातानुकूलन m. vātānukūlana ワーターヌクーラン
えいえんの〖永遠の〗अनंत anaṃta アナント, अमर amara アマル, शाश्वत śāśvata シャーシュワト
えいが〖映画〗चलचित्र m. calacitra チャルチトル,

फ़िल्म f. filma フィルム, सिनेमा m. sinemā スィネーマー ◆映画館 सिनेमा हाउस m. sinemā hāusa スィネーマー ハーウス, सिनेमा हाल m. sinemā hāla スィネーマー ハール

えいきょう〘影響〙असर m. asara アサル, प्रभाव m. prabʰāva プラバーオ

えいぎょう〘営業〙बिज़नेस m. bizanesa ビズネース, व्यापार m. vyāpāra ヴィャーパール ◆営業する बिज़नेस m. करना bizanesa karanā ビズネース カルナー, व्यापार m. करना vyāpāra karanā ヴィャーパール カルナー

えいご〘英語〙अंग्रेज़ी f. aṃgrezī アングレーズィー

えいこう〘栄光〙कीर्ति f. kīrti キールティ, महिमा f. mahimā マヒマー

えいこく〘英国〙इंगलैंड m. iṃgalaiṃḍa イングラェーンド

えいじゅうする〘永住する〙हमेशा के लिए बस जाना hameśā ke lie basa jānā ハメーシャー ケー リエー バス ジャーナー

エイズ एड्स m. eḍsa エードス

えいせい〘衛星〙उपग्रह m. upagraha ウプグラ

えいせいてきな〘衛生的な〙साफ़ sāfa サーフ

えいぞう〘映像〙चित्र m. citra チトル, तसवीर f. tasavīra タスヴィール

えいてんする〘栄転する〙तरक़्क़ी f. होना taraqqī honā タラッキー ホーナー

えいゆう〘英雄〙वीर m. vīra ヴィール, शूरवीर m. śūravīra シュールヴィール

えいよ〘栄誉〙इज़्ज़त f. izzata イッザト, सम्मान m. sammāna サムマーン

えいよう〘栄養〙आहार m. āhāra アーハール, पोषण m. poṣaṇa ポーシャン

エーカー एकड़ m. ekaṛa エーカル

エージェント एजेंट m. ejeṃṭa エージェーント

えがおの〘笑顔の〙हँसमुख hãsamukʰa ハンスムク

えがく〘描く〙अंकित करना aṃkita karanā アンキト カルナー, बनाना banānā バナーナー

えき〘駅〙स्टेशन m. sṭeśana ステーシャン

えきしょう〘液晶〙द्रव क्रिस्टल m. drava krisṭala ドラオ クリスタル

エキス निचोड़ m. nicoṛa ニチョール

えきたい〘液体〙तरल पदार्थ m. tarala padārtʰa タラル パダールト, द्रव m. drava ドラオ

えくぼ गाल का गड्ढा m. gāla kā gaḍḍʰā ガール カー ガッダー, फूल m. pʰūla プール

エゴイスト स्वार्थी आदमी m. svārtʰī ādamī スワールティー アードミー

エコノミークラス किफ़ायती श्रेणी f. kifāyatī śreṇī キファーエティー シュレーニー

エコノミスト अर्थशास्त्री m. artʰaśāstrī アルタシャーストリー

えこひいき तरफ़दारी f. tarafadārī タラフダーリー, पक्षपात m. pakṣapāta パクシュパート

えさ〘餌〙चुग्गा m. cuggā チュッガー, दाना m. dānā ダーナー（釣りなどの）चारा m. cārā チャーラー

えじき〘餌食〙शिकार m. śikāra シカール

エジプト मिस्र m. misra ミスル

えしゃくする〘会釈する〙नमस्कार m. करना namaskāra karanā ナマスカール カルナー

エスカレーター एस्कलेटर m. eskaleṭara エースカレータル, स्वचालित सीढ़ियाँ f. svacālita sīṛʰiyā̃ スワチャーリト スィーリヤーン

えだ〘枝〙डाल f. ḍāla ダール, शाखा f. śākʰā シャーカー

エチオピア इथियोपिया m. itʰiyopiyā イティヨーピヤー

エッセイ निबंध m. nibaṃdʰa ニバンド

エナメル इनामिल m. ināmila イナーミル, मीना m. mīnā ミーナー

エネルギー ऊर्जा f. ūrjā ウールジャー

えのぐ〘絵の具〙रंग m. raṃga ラング

えはがき〘絵葉書〙सचित्र पोस्ट-कार्ड m. sacitra posṭa-kārḍa サチトル ポースト・カールド

エピソード अंतःकथा f. aṃtaḥkatʰā アンタハカター, उपाख्यान m. upākʰyāna ウパーキャーン

エピローグ उपसंहार m. upasaṃhāra ウプサンハール

エベレストさん〘エベレスト山〙एवरेस्ट पर्वत m. evaresṭa parvata エーオレースト パルワト

えほん〘絵本〙सचित्र पुस्तक f. sacitra pustaka サチトル プスタク

エメラルド पन्ना m. pannā パンナー, मरकत m. marakata マルカト

エラー ग़लती f. ğalatī ガルティー, भूल f. bʰūla ブール

えらい〘偉い〙बढ़ा barʰā バラー

えらぶ〘選ぶ〙चुनना cunanā チュンナー（選出する）निर्वाचित करना nirvācita karanā ニルワーチト カルナー

えり〘襟〙कालर m. kālara カーラル, गरेबान m. garebāna ガレーバーン

えれがんとな〘エレガントな〙ललित lalita ラリト, सुचारु sucāru スチャール

エレベーター लिफ़्ट f. lifṭa リフト

えん〘円〙（図形の）गोल m. gola ゴール, दायरा m. dāyarā ダーエラー（通貨の）येन m. yena エーン

えんかい〘宴会〙दावत f. dāvata ダーワト, भोज m. bʰoja ボージ

えんかくの〘遠隔の〙दूर का dūra kā ドゥール カー, दूरस्थ dūrastʰa ドゥーラスト

えんがん〘沿岸〙किनारा m. kinārā キナーラー, तट m. taṭa タト

えんき〘延期〙मोहलत f. mohalata モホラト, स्थगन m. stʰagana スタガン ◆延期する टालना ṭālanā タールナー, स्थगित करना stʰagita karanā スタギト カルナー

えんぎ〘演技〙अदाकारी f. adākārī アダーカーリー, अभिनय m. abʰinaya アビナエ ◆演技する अदाकारी f. करना adākārī karanā アダーカーリー カルナー, अभिनय m. करना abʰinaya karanā アビナエ カルナー

えんきょくな〘婉曲な〙घुमावदार gʰumāvadāra グマーオダール, परोक्ष parokṣa パロークシュ

えんきんほう〘遠近法〙परिप्रेक्ष्य m. paripreksya パリプレークシエ
えんげい〘園芸〙बाग़बानी f. bāğabānī バーグバーニー
えんげき〘演劇〙नाटक m. nāṭaka ナータク
えんこ〘縁故〙रिश्ता m. riśtā リシュター
えんし〘遠視〙दीर्घदृष्टि f. dīrghadṛṣṭi ディールグドリシュティ
エンジニア इंजीनियर m. imjīniyara インジーニヤル
えんしゅう〘円周〙घेरा m. gherā ゲーラー, परिधि f. paridhi パリディ, मदार m. madāra マダール
えんしゅつ〘演出〙निर्देशन m. nirdeśana ニルデーシャン ♦演出家 निर्देशक m. nirdeśaka ニルデーシャク ♦演出する निर्देशन m. करना nirdeśana karanā ニルデーシャン カルナー
えんじょ〘援助〙मदद f. madada マダド, सहायता f. sahāyatā サハーエター ♦援助する मदद f. करना madada karanā マダド カルナー, सहायता f. करना sahāyatā karanā サハーエター カルナー
えんしょう〘炎症〙सूजन m. sūjana スージャン
えんじる〘演じる〙खेलना khelanā ケールナー
エンジン इंजन m. imjana インジャン
えんしんりょく〘遠心力〙अपकेंद्री बल m. apakemdrī bala アプケーンドリー バル
えんすい〘円錐〙शंकु m. śamku シャンク
えんぜつ〘演説〙भाषण m. bhāṣaṇa バーシャン
えんそ〘塩素〙क्लोरीन f. klorīna クローリーン
えんそう〘演奏〙वादन m. vādana ワーダン ♦演奏する बजाना bajānā バジャーナー
えんそく〘遠足〙पिकनिक f. pikanika ピクニク
えんたい〘延滞〙देर f. dera デール
えんちゅう〘円柱〙खंभा m. khambhā カンバー
えんちょう〘延長〙वृद्धि f. vṛddhi ヴリッディ ♦延長する बढ़ाना barhānā バラーナー ♦延長戦 एक्स्ट्रा इनिंग f. ekstrā inimga エークストラー イニング
えんどうまめ〘えんどう豆〙मटर m. maṭara マタル
えんとつ〘煙突〙चिमनी f. cimanī チムニー
えんぴつ〘鉛筆〙पेंसिल f. pemsila ペーンスィル
えんぶん〘塩分〙खारापन m. khārāpana カーラーパン
えんまんな〘円満な〙मेल m. खानेवाला mela khānevālā メール カーネーワーラー
えんりょ〘遠慮〙(ためらい) संकोच m. samkoca サンコーチ (謙虚さ) शालीनता f. śālīnatā シャーリーンター ♦遠慮する संकोच m. करना samkoca karanā サンコーチ カルナー
お〘尾〙दुम f. duma ドゥム, पूँछ f. pūcha プーンチ
おい〘甥〙(兄弟の息子) भतीजा m. bhatījā バティージャー (姉妹の息子) भानजा f. bhānajā バーンジャー
おいかえす〘追い返す〙चलता करना calatā karanā チャルター カルナー
おいかける〘追いかける〙पीछा करना pīchā karanā ピーチャー カルナー
おいこす〘追い越す〙पिछेलना pichelanā ピチェールナー
おいしい〘美味しい〙मज़ेदार mazedāra マゼーダール, स्वादिष्ट svādiṣṭa スワーディシュト
おいだす〘追い出す〙भगाना bhagānā バガーナー
おいつく〘追いつく〙बराबर आ जाना barābara ā jānā バラーバル アー ジャーナー
おいはらう〘追い払う〙दुरदुराना duradurānā ドゥルドゥラーナー, भगाना bhagānā バガーナー
おいる〘老いる〙बूढ़ा हो जाना būrhā ho jānā ブーラー ホー ジャーナー
オイル आयल m. āyala アーヤル, तेल m. tela テール
おう〘追う〙पीछा करना pīchā karanā ピーチャー カルナー (流行を) पीछे दौड़ना pīche daurhanā ピーチェー ダォールナー
おう〘王〙राजा m. rājā ラージャー, बादशाह m. bādaśāha バードシャーハ
おうかん〘王冠〙ताज m. tāja タージ, मुकुट m. mukuṭa ムクト
おうきゅうてあて〘応急手当〙प्रथम उपचार m. prathama upacāra プラタム ウプチャール
おうこく〘王国〙राज m. rāja ラージ, राज्य m. rājya ラージエ
おうじ〘王子〙राजकुमार m. rājakumāra ラージクマール
おうじ〘皇子〙शहज़ादा m. śahazādā シャヘザーダー
おうしざ〘牡牛座〙वृष राशि f. vṛṣa rāśi ヴリシュ ラーシ
おうじて〘応じて〙के अनुसार ke anusāra ケー アヌサール, के मुताबिक़ ke mutābiqa ケー ムタービク
おうしゅうする〘押収する〙ज़ब्त करना zabta karanā ザブト カルナー, बरामद करना barāmada karanā バラーマド カルナー
おうじょ〘王女〙राजकुमारी f. rājakumārī ラージクマーリー
おうじょ〘皇女〙शहज़ादी f. śahazādī シャヘザーディー
おうじる〘応じる〙(答える) जवाब m. देना javāba denā ジャワーブ デーナー (受け入れる) स्वीकार m. करना svīkāra karanā スヴィーカール カルナー
おうせつしつ〘応接室〙ड्राइंग रूम m. ḍrāimga rūma ドラーイング ルーム
おうだん〘横断〙काट f. kāṭa カート ♦横断する काटना kāṭanā カートナー, पार m. करना pāra karanā パール カルナー ♦横断歩道 पारपथ m. pārapatha パールパト
おうとう〘応答〙उत्तर m. uttara ウッタル, जवाब m. javāba ジャワーブ
おうひ〘王妃〙बेगम f. begama ベーガム, रानी f. rānī ラーニー
おうふく〘往復〙आना-जाना ānā-jānā アーナー・ジャーナー ♦往復する आना-जाना ānā-jānā アーナー・ジャーナー
おうぼうな〘横暴な〙अत्याचारी atyācārī アティャーチャーリー

おうむ〘鸚鵡〙तोता m. totā トーター
おうよう〘応用〙अनुप्रयोग m. anuprayoga アヌプラヨーグ ♦応用する अनुप्रयोग m. करना anuprayoga karanā アヌプラヨーグ カルナー
おうりょう〘横領〙ग़बन m. ğabana ガバン
おえる〘終える〙ख़त्म करना xatma karanā カトム カルナー, समाप्त करना samāpta karanā サマープト カルナー
おおあめ〘大雨〙भारी वर्षा f. bʰārī varṣā バーリー ワルシャー
おおい〘多い〙अधिक adʰika アディク, ज़्यादा zyādā ズィャーダー, बहुत bahuta バフト（回数が）अधिक adʰika アディク, ज़्यादा zyādā ズィャーダー, बहुत bahuta バフト（数が）अधिक adʰika アディク, ज़्यादा zyādā ズィャーダー, बहुत bahuta バフト
おおい〘覆い〙ढकना m. ḍʰakanā ダクナー, ढक्कन m. ḍʰakkana ダッカン
おおいに〘大いに〙बड़ा baṛā バラー, बहुत bahuta バフト
おおう〘覆う〙（かぶせる）ढकना ḍʰakanā ダクナー（隠す）छिपाना cʰipānā チパーナー
おおがたの〘大型の〙बड़े आकार m. का baṛe ākāra kā バレー アーカール カー
おおかみ〘狼〙भेड़िया m. bʰeṛiyā ベーリヤー
おおきい〘大きい〙बड़ा baṛā バラー
おおきくする〘大きくする〙बड़ा करना baṛā karanā バラー カルナー
おおきくなる〘大きくなる〙बड़ा होना baṛā honā バラー ホーナー
おおきさ〘大きさ〙आकार m. ākāra アーカール, लंबाई-चौड़ाई f. lambāī-cauṛāī ランバーイー・チャォーラーイー, साइज़ m. sāiza サーイズ
おおきな〘大きな〙बड़ा baṛā バラー（巨大な・莫大な）विशाल viśāla ヴィシャール
オークション नीलाम m. nīlāma ニーラーム
オーケストラ आरकेस्ट्रा m. ārakesṭrā アールケーストラー, वाद्यवृंद m. vādyavṛṃda ワーディエヴリンド
おおごえ〘大声〙ऊँची आवाज़ f. ũcī āvāza ウーンチー アーワーズ
おおざら〘大皿〙थाल m. tʰāla タール
オーストリア आस्ट्रिया m. āsṭriyā アーストリヤー
おおどおり〘大通り〙प्रमुख सड़क f. pramukʰa saṛaka プラムク サラク
オートバイ मोटर साइकिल f. moṭara sāikila モータル サーイキル
オートマチックの स्वचालित svacālita スワチャーリト
オーナー मालिक m. mālika マーリク, स्वामी m. svāmī スワーミー
オーバー ओवरकोट m. ovarakoṭa オーワルコート
オーブン अवन m. avana アワン
おおや〘大家〙मकान मालिक m. makāna mālika マカーン マーリク
おおやけの〘公の〙（公共の）सार्वजनिक sārvajanika サールオジャニク（公式の）सरकारी sarakārī サルカーリー
おおらかな उदार udāra ウダール, रवादार ravādāra ラワーダール
おかあさん〘お母さん〙माँ f. mā̃ マーン, माता f. जी mātā jī マーター ジー
おかしい（こっけいな）मज़ाक़िया mazāqiyā マザーキャー（楽しい）मज़ेदार mazedāra マゼーダール（奇妙な）अजीब ajība アジーブ, विचित्र vicitra ヴィチトル
おかす〘犯す〙（罪などを）ग़लती f. करना ğalatī karanā ガルティー カルナー（法律などを）तोड़ना toṛanā トールナー（婦女を）बलात्कार m. करना balātkāra karanā バラートカール カルナー
おかず व्यंजन m. vyaṃjana ヴィャンジャン
おかね〘お金〙पैसा m. paisā パェーサー, रुपया m. rupayā ルパヤー
おがわ〘小川〙छोटी नदी f. cʰoṭī nadī チョーティー ナディー
おきあがる〘起き上がる〙उठना uṭʰanā ウトナー
おきにいり〘お気に入り〙पसंद f. pasaṃda パサンド
おきる〘起きる〙उठना uṭʰanā ウトナー（目を覚ます）जागना jāganā ジャーグナー（発生する）घटना gʰaṭanā ガトナー
おく〘奥〙भीतर bʰītara ビータル
おく〘億〙दस करोड़ dasa karoṛa ダス カロール
おく〘置く〙रखना rakʰanā ラクナー
おくさん〘奥さん〙श्रीमती f. जी śrīmatī jī シュリーマティー ジー
おくじょう〘屋上〙छत f. cʰata チャト
おくそく〘憶測〙अटकल f. aṭakala アトカル, अनुमान m. anumāna アヌマーン
おくびょうな〘臆病な〙कायर kāyara カーヤル, डरपोक ḍarapoka ダルポーク
おくゆき〘奥行き〙गहराई f. gaharāī ガヘラーイー
おくりさき〘送り先〙（届け先）पानेवाले का पता m. pānevāle kā patā パーネーワーレー カー パター
おくりじょう〘送り状〙चालान f. cālāna チャーラーン, बीजक m. bījaka ビージャク
おくりぬし〘送り主〙प्रेषक m. preṣaka プレーシャク, भेजनेवाला m. bʰejanevālā ベージネーワーラー
おくりもの〘贈り物〙उपहार m. upahāra ウプハール, तोहफ़ा m., tohafā トーフファー, भेंट f. bʰẽṭa ベーント
おくる〘送る〙भेजना bʰejanā ベージナー（見送る）विदा f. करना vidā karanā ヴィダー カルナー
おくる〘贈る〙उपहार m. देना upahāra denā ウパハール デーナー（賞などを）प्रदान m. करना pradāna karanā プラダーン カルナー
おくれる〘遅れる〙देर f. होना dera honā デール ホーナー
おくれる〘後れる〙（時代などに）पछड़ना pacʰaṛanā パチャルナー

おこす〘起こす〙उठाना uṭ^{h}ānā ウターナー（目覚めさせる）जगाना jagānā ジャガーナー（引き起こす）खड़ा करना k^{h}aṛā karanā カラー カルナー
おこたる〘怠る〙नाग़ा$^{m.}$ करना nāğā karanā ナーガー カルナー
おこない〘行い〙काम$^{m.}$ kāma カーム（品行）आचरण$^{m.}$ ācaraṇa アーチャラン
おこなう〘行う〙करना karanā カルナー（挙行する）आयोजन$^{m.}$ करना āyojana karanā アーヨージャン カルナー（実施する）अमल$^{m.}$ में लाना amala mẽ lānā アマル メーン ラーナー
おこる〘起こる〙घटना g^{h}aṭanā ガトナー（勃発する）छिड़ना c^{h}iṛanā チルナー
おこる〘怒る〙ग़ुस्सा$^{m.}$ आना ğussā ānā グッサー アーナー, चिढ़ना ciṛ^{h}anā チルナー
おさえる〘押さえる〙दबाना dabānā ダバーナー
おさえる〘抑える〙（制圧する）दबाना dabānā ダバーナー（阻止する）रोकना rokanā ロークナー（抑制する）क़ाबू$^{m.}$ में रखना qābū mẽ rak^{h}anā カーブー メーン ラクナー
おさない〘幼い〙नन्हा nanhā ナンハー
おさまる〘納まる〙（入る）समाना samānā サマーナー（落着する）तय होना taya honā タエ ホーナー
おさめる〘治める〙（統制する）निपटाना nipaṭānā ニプターナー（統治する）शासन$^{m.}$ करना śāsana karanā シャーサン カルナー
おさめる〘納める〙（届ける）पहुँचाना pahũcānā パフンチャーナー（納金する）जमा कराना jamā karānā ジャマー カラーナー
おじ〘伯父・叔父〙（父の兄）ताऊ$^{m.}$ tāū ターウー（父の弟）चाचा$^{m.}$ cācā チャーチャー（母の兄弟）मामा$^{m.}$ māmā マーマー（父の姉妹の夫）फूफा$^{m.}$ p^{h}ūp^{h}ā プーパー（母の姉妹の夫）मौसा$^{m.}$ mausā マォーサー
おしい〘惜しい〙खेदजनक k^{h}edajanaka ケードジャナク
おじいさん（年寄りの男性への敬称）बाबा$^{m.}$ bābā バーバー（老人）बूढ़ा$^{m.}$ būṛ^{h}ā ブーラー
おしえ〘教え〙सबक़$^{m.}$ sabaqa サバク, सीख$^{f.}$ sīk^{h}a スィーク
おしえる〘教える〙पढ़ाना paṛ^{h}ānā パラーナー, सिखाना sik^{h}ānā スィカーナー（告げる）सूचित करना sūcita karanā スーチタ カルナー（知らせる）बताना batānā バターナー
おしこむ〘押し込む〙ठूँसना ṭ^{h}ũsanā トゥーンスナー
おしつける〘押しつける〙（強制する）लादना lādanā ラードナー
おしむ〘惜しむ〙（残念に思う）अफ़सोस करना afasosa karanā アファソース カルナー（出し惜しむ）कंजूसी$^{f.}$ करना kaṃjūsī karanā カンジュースィー カルナー
おしゃべりな〘お喋りな〙बातूनी bātūnī バートゥーニー
おしゃれな〘お洒落な〙बना-ठना banā-ṭ^{h}anā バナー・タナー
おしょく〘汚職〙भ्रष्टाचार$^{m.}$ b^{h}raṣṭācāra ブラシュターチャール
おす〘押す〙दबाना dabānā ダバーナー
おす〘雄〙नर$^{m.}$ nara ナル
おせん〘汚染〙प्रदूषण$^{m.}$ pradūṣaṇa プラドゥーシャン
おそい〘遅い〙लेट leṭa レート（速度が）सुस्त susta ススト
おそう〘襲う〙आक्रमण$^{m.}$ करना ākramaṇa karanā アークラマン カルナー, हमला$^{m.}$ करना hamalā karanā ハムラー カルナー（天災などが）पड़ना paṛanā パルナー
おそらく〘恐らく〙शायद śāyada シャーヤド
おそれ〘恐れ〙（懸念）शंका$^{f.}$ śaṃkā シャンカー（恐怖）भय$^{m.}$ b^{h}aya バエ
おそれる〘恐れる〙डरना ḍaranā ダルナー
おそろしい〘恐ろしい〙डरावना ḍarāvanā ダラーオナー, भयानक b^{h}ayānaka バヤーナク
おそわる〘教わる〙सीखना sīk^{h}anā スィークナー
オゾン ओज़ोन$^{m.}$ ozona オーゾーン
おたがいに〘お互いに〙आपस में āpasa mẽ アーパス メーン
おたふくかぜ〘おたふく風邪〙कनपेड़ा$^{m.}$ kanapeṛā カンペーラー
おだやかな〘穏やかな〙（平穏な）शांत śāṃta シャーント（温厚な）सौम्य saumya サォーミエ
おちいる〘陥る〙फँसना p^{h}ãsanā パンスナー
おちつく〘落ち着く〙निश्चिंत होना niściṃta honā ニシュチント ホーナー（定住する）बसना basanā バスナー
おちる〘落ちる〙गिरना giranā ギルナー（汚れ・しみが）मिटना miṭanā ミトナー（試験に）असफल होना asap^{h}ala honā アサパル ホーナー
おっと〘夫〙पति$^{m.}$ pati パティ
おつり〘お釣り〙रेज़गारी$^{f.}$ rezagārī レーズガーリー
オディシャしゅう〘オディシャ州〙ओडिशा$^{m.}$ oḍiśā オーディシャー
おでこ माथा$^{m.}$ māt^{h}ā マーター
おと〘音〙आवाज़$^{f.}$ āvāza アーワーズ
おとうさん〘お父さん〙पिता$^{m.}$ जी pitā jī ピター ジー, बाबा$^{m.}$ bābā バーバー
おとうと〘弟〙छोटा भाई$^{m.}$ c^{h}oṭā b^{h}āī チョーター バーイー
おどかす〘脅かす〙धमकाना d^{h}amakānā ダムカーナー
おとこ〘男〙आदमी$^{m.}$ ādamī アードミー, पुरुष$^{m.}$ puruṣa プルシュ, मर्द$^{m.}$ marda マルド
おとこのこ〘男の子〙लड़का$^{m.}$ laṛakā ラルカー
おどし〘脅し〙धमकी$^{f.}$ d^{h}amakī ダムキー
おとす〘落とす〙गिराना girānā ギラーナー（汚れを）मिटाना miṭānā ミターナー（信用・人気を）खोना k^{h}onā コーナー
おどす〘脅す〙धमकाना d^{h}amakānā ダムカーナー

おとずれる〚訪れる〛मिलने आना milane ānā ミルネー アーナー
おとった〚劣った〛ख़राब xarāba カラーブ, घटिया gʰaṭiyā ガティヤー
おととい〚一昨日〛परसों m. parasõ パルソーン
おととし〚一昨年〛दो साल m. पहले do sāla pahale ドー サール パハレー
おとな〚大人〛बालिग़ m. bāliġa バーリグ, वयस्क m. vayaska ワヤスク
おとなしい चुप्पा cuppā チュッパー, सीधा sīdʰā スィーダー
おとめざ〚乙女座〛कन्या राशि f. kanyā rāśi カニャー ラーシ
おどり〚踊り〛नाच f. nāca ナーチ
おどる〚踊る〛नाचना nācanā ナーチナー
おとろえる〚衰える〛(健康・人気が) गिरना giranā ギルナー (人などが) कमज़ोर होना kamazora honā カムゾール ホーナー
おどろかす〚驚かす〛चौंकाना cãũkānā チャオーンカーナー
おどろき〚驚き〛आश्चर्य m. āścarya アーシュチャルエ, ताज्जुब m. tājjuba ターッジュブ
おどろく〚驚く〛चकित होना cakita honā チャキト ホーナー
おなか〚お腹〛पेट m. peṭa ペート
おなじ〚同じ〛(同一の) समान samāna サマーン (等しい) बराबर barābara バラーバル (同様の) मिलता-जुलता milatā-julatā ミルター・ジュルター (共通の) आम āma アーム
おに〚鬼〛राक्षस m. rākṣasa ラークシャス (遊戯の) चोर m. cora チョール ♦鬼ごっこ आँख-मिचौनी f. ā̃kʰa-micaunī アーンク・ミチャオーニー
おの〚斧〛कुल्हाड़ा m. kulhāṛā クルハーラー
おのおのの〚各々の〛हर hara ハル
おば〚伯母・叔母〛(父の姉妹) फूफी f. pʰūpʰī プーピー, बूआ f. būā ブーアー (母の姉妹) मौसी f. mausī マォースィー (父の兄の妻) ताई f. tāī ターイー (父の弟の妻) चाची f. cācī チャーチー (母の兄弟の妻) मामी f. māmī マーミー
おばあさん (年寄りの女性への敬称) दादी f. dādī ダーディー, नानी f. nānī ナーニー (老女) बुढ़िया f. buṛʰiyā ブリヤー
オパール दूधिया पत्थर m. dūdʰiyā pattʰara ドゥーディヤー パッタル
おばけ〚お化け〛प्रेत m. preta プレート, भूत m. bʰūta ブート
おびえる〚怯える〛डरना ḍaranā ダルナー
おひつじざ〚牡羊座〛मेष राशि f. meṣa rāśi メーシュ ラーシ
オフィス दफ़्तर m. daftara ダフタル
オペラ ओपेरा m. operā オーペーラー
おぼえている〚覚えている〛याद f. है yāda hai ヤーダ ハェー
おぼえる〚覚える〛याद f. करना yāda karanā ヤード カルナー (習得する) सीखना sīkʰanā スィークナー
おぼれる〚溺れる〛डूबना ḍūbanā ドゥーブナー
おまもり〚お守り〛तावीज़ m. tāvīza ターヴィーズ
おむつ पोतड़ा m. potaṛā ポートラー, लँगोट m. lãgoṭa ランゴート
おもい〚重い〛भारी bʰārī バーリー (役割や責任が) बोझिल bojʰila ボージル (病が) गंभीर gambʰīra ガンビール
おもいうかぶ〚思い浮かぶ〛सूझना sūjʰanā スージナー
おもいがけない〚思いがけない〛अप्रत्याशित apratyāśita アプラティャーシト
おもいだす〚思い出す〛याद f. आना yāda ānā ヤード アーナー
おもいつき〚思いつき〛सूझ f. sūjʰa スージ
おもいつく〚思いつく〛सूझना sūjʰanā スージナー
おもいで〚思い出〛स्मृति f. smṛti スムリティ
おもいやり〚思いやり〛सहानुभूति f. sahānubʰūti サハーヌブーティ, हमदर्दी f. hamadardī ハムダルディー
おもう〚思う〛सोचना socanā ソーチナー (見なす) मानना mānanā マーンナー, समझना samajʰanā サマジナー (推測する) अनुमान m. करना anumāna karanā アヌマーン カルナー
おもさ〚重さ〛वज़न m. vazana ワザン
おもしろい〚面白い〛दिलचस्प dilacaspa ディルチャスプ, रोचक rocaka ローチャク (奇抜だ) अनोखा anokʰā アノーカー
おもちゃ〚玩具〛खिलौना m. kʰilaunā キラォーナー
おもな〚主な〛मुख्य mukʰya ムキエ
おもに〚主に〛मुख्य रूप m. से mukʰya rūpa se ムキエ ループ セー
おもわく〚思惑〛इरादा m. irādā イラーダー
おもんじる〚重んじる〛महत्त्व m. देना mahattva denā マハットオ デーナー (尊重する) सम्मान m. करना sammāna karanā サムマーン カルナー
おや〚親〛(両親) माता-पिता m. mātā-pitā マーター・ピター
およぐ〚泳ぐ〛तैरना tairanā タェールナー
およそ क़रीब qarība カリーブ, तक़रीबन taqarībana タクリーバン, लगभग lagabʰaga ラグバグ
およぶ〚及ぶ〛पहुँचना pahũcanā パフンチナー
オランダ नीदरलैंड m. nīdaralaiṃḍa ニーダルラェーンド
オリーブ ज़ैतून m. zaitūna ザェートゥーン ♦オリーブ油 ज़ैतून m. का तेल m. zaitūna kā tela ザェートゥーン カー テール
おりじなるの〚オリジナルの〛मौलिक maulika マォーリク
おりたたむ〚折り畳む〛तह f. करना taha karanā タヘ カルナー
おりもの〚織物〛कपड़ा m. kapaṛā カプラー

おりる〖下りる〗उतरना utaranā ウタルナー
おりる〖降りる〗उतरना utaranā ウタルナー
オリンピック ओलंपिक m. olampika オーランピク
おる〖折る〗मोड़ना moṛanā モールナー（切り離す）तोड़ना toṛanā トールナー
おる〖織る〗बुनना bunanā ブンナー
おれる〖折れる〗मुड़ना muṛanā ムルナー（譲歩する）समझौता m. करना samajʰautā karanā サムジャォーター カルナー
オレンジ नारंगी f. nāraṃgī ナーランギー
おろかな〖愚かな〗बेवक़ूफ़ bevakūfa ベーワクーフ，मूर्ख mūrkʰa ムールク
おろす〖下ろす〗उतारना utāranā ウタールナー
おろす〖降ろす〗उतारना utāranā ウタールナー
おわり〖終わり〗अंत m. aṃta アント，आख़िर m. āxira アーキル
おわる〖終わる〗समाप्त होना samāpta honā サマープト ホーナー（完結する）पूरा होना pūrā honā プーラー ホーナー
おん〖恩〗ऋण m. ṛṇa リン，कृपा f. kṛpā クリパー
おんかい〖音階〗सरगम m. saragama サルガム
おんがく〖音楽〗संगीत m. saṃgīta サンギート
おんきゅう〖恩給〗पेंशन f. peṃśana ペーンシャン
おんけい〖恩恵〗मेहरबानी f. meharabānī メヘルバーニー
おんこうな〖温厚な〗सौम्य saumya サォーミエ
オンス औंस m. auṃsa アォーンス
おんすい〖温水〗गरम पानी m. garama pānī ガラム パーニー
おんせい〖音声〗आवाज़ f. āvāza アーワーズ，ध्वनि f. dʰvani ドワニ
おんせつ〖音節〗अक्षर m. akṣara アクシャル
おんせん〖温泉〗गरम चश्मा m. garama caśmā ガラム チャシュマー，गरम सोता m. garama sotā ガラム ソーター
おんたい〖温帯〗शीतोष्ण कटिबंध m. śītoṣṇa kaṭibaṃdʰa シートーシュン カティバンド
おんだんな〖温暖な〗शीतोष्ण śītoṣṇa シートーシュン
おんど〖温度〗तापमान m. tāpamāna タープマーン ♦温度計 थर्मामीटर m. tʰarmāmīṭara タルマーミータル
おんどり〖雄鶏〗मुरग़ा m. muraǧā ムルガー
おんな〖女〗औरत f. aurata アォーラト，महिला f. mahilā マヒラー，स्त्री f. strī ストリー
おんなのこ〖女の子〗लड़की f. laṛakī ラルキー

か行

か〖科〗（学校・病院の）विभाग m. vibʰāga ヴィバーグ（学習上の）कोर्स m. korsa コールス
か〖課〗（教科書などの区切りの）पाठ m. pāṭʰa パート（組織の区分の）विभाग m. vibʰāga ヴィバーグ
か〖蚊〗मच्छर m. maccʰara マッチャル
が〖蛾〗पतंगा m. pataṃgā パタンガー
カーソル कर्सर m. karsara カルサル
カーテン परदा m. paradā パルダー
ガードマン चौकीदार m. caukīdāra チャォーキーダール
カートリッジ कारतूस m. kāratūsa カールトゥース
ガーナ घाना m. gʰānā ガーナー
カーブ मोड़ m. moṛa モール
カーペット क़ालीन m. qālīna カーリーン，ग़लीचा m. ǧalīcā ガリーチャー
かい〖回〗（競技・ゲームの）राउंड m. rāuṃḍa ラーウンド（回数）दफ़ा f. dafā ダファー，बार m. bāra バール
かい〖会〗（集まり）जलसा m. jalasā ジャルサー，बैठक f. baiṭʰaka バェータク（団体）समाज m. samāja サマージ
かい〖貝〗घोंघा m. gʰõgʰā ゴーンガー，सीपी f. sīpī スィーピー
かい〖櫂〗चप्पू m. cappū チャップー，डाँड़ m. ḍā̃ṛa ダーンル
がい〖害〗नुक़सान m. nuqasāna ヌクサーン，हानि f. hāni ハーニ
かいいん〖会員〗सदस्य m. sadasya サダスィエ
がいか〖外貨〗विदेशी मुद्रा f. videśī mudrā ヴィデーシー ムドラー
かいがいに〖海外に〗समुद्र m. पार samudra pāra サムドル パール
かいかく〖改革〗सुधार m. sudʰāra スダール ♦改革する सुधारना sudʰāranā スダールナー
かいかつな〖快活な〗हँसमुख hãsamukʰa ハンスムク
かいがん〖海岸〗समुद्रतट m. samudrataṭa サムドルタト
がいかん〖外観〗दिखावा m. dikʰāvā ディカーワー
かいぎ〖会議〗बैठक f. baiṭʰaka バェータク，मीटिंग f. mīṭiṃga ミーティング
かいきゅう〖階級〗वर्ग m. varga ワルグ
かいきょう〖海峡〗जल-डमरूमध्य m. jala-ḍamarūmadʰya ジャル・ダムルーマディエ
かいぎょう〖開業〗उद्घाटन m. udgʰāṭana ウドガータン
かいぐん〖海軍〗नौसेना f. nausenā ナォーセーナー
かいけつ〖解決〗समाधान m. samādʰāna サマーダーン ♦解決される सुलझना sulajʰanā スラジナー ♦解決する सुलझाना sulajʰānā スルジャーナー
かいけん〖会見〗मुलाक़ात f. mulāqāta ムラーカート，साक्षात्कार m. sākṣātkāra サークシャートカール
がいけん〖外見〗दिखावा m. dikʰāvā ディカーワー
かいげんれい〖戒厳令〗मार्शल ला m. mārśala lā マールシャル ラー
かいご〖介護〗परिचर्या f. paricaryā パリチャルヤー
かいごう〖会合〗जलसा m. jalasā ジャルサー，बैठक f. baiṭʰaka バェータク
がいこう〖外交〗विदेश नीति m. videśa nīti ヴィデーシャ ニーティ ♦外交官 कूटनीतिज्ञ m. kūṭanītijña クートニーティギエ
がいこく〖外国〗विदेश m. videśa ヴィデーシュ ♦外国

人 विदेशी$^{m.}$ videśī ヴィデーシー ◆外国の विदेशी videśī ヴィデーシー

がいこつ〘骸骨〙कंकाल$^{m.}$ kaṃkāla カンカール，पंजर$^{m.}$ paṃjara パンジャル

かいさんぶつ〘海産物〙समुद्री उत्पादन$^{m.}$ samudrī utpādana サムドリー ウトパーダン

かいし〘開始〙आरंभ$^{m.}$ āraṃb^{h}a アーランブ，शुरुआत$^{m.}$ śuruāta シュルアート ◆開始する आरंभ$^{m.}$ करना āraṃb^{h}a karanā アーランブ カルナー，शुरू$^{m.}$ करना śurū karanā シュルー カルナー

かいしゃ〘会社〙कंपनी$^{f.}$ kaṃpanī カンパニー，फ़र्म$^{f.}$ farma ファルム ◆会社員 कर्मचारी$^{m.}$ karmacārī カルムチャーリー

かいしゅう〘改宗〙धर्म परिवर्तन$^{m.}$ d^{h}arma parivartana ダルム パリワルタン

がいしゅつする〘外出する〙बाहर जाना bāhara jānā バーハル ジャーナー

がいする〘害する〙नुक़सान$^{m.}$ पहुँचाना nuqasāna pahũcānā ヌクサーン パフンチャーナー

かいせいする〘改正する〙संशोधन$^{m.}$ करना saṃśod^{h}ana karanā サンショーダン カルナー

かいぜんする〘改善する〙सुधारना sud^{h}āranā スダールナー

かいそう〘海草・海藻〙समुद्री शैवाल$^{m.}$ samudrī śaivāla サムドリー シャェーワール

かいぞく〘海賊〙समुद्री डाकू$^{m.}$ samudrī ḍākū サムドリー ダークー ◆海賊版 चोर संस्करण$^{m.}$ cora saṃskaraṇa チョール サンスカラン

かいだん〘会談〙वार्ता$^{f.}$ vārtā ワールター

かいだん〘階段〙ज़ीना$^{m.}$ zīnā ズィーナー，सीढ़ी$^{f.}$ sīṛ^{h}ī スィーリー

かいちゅうでんとう〘懐中電灯〙टार्च$^{f.}$ ṭārca タールチ

かいて〘買い手〙ख़रीदार$^{m.}$ xarīdāra カリーダール

かいてきな〘快適な〙सुहावना suhāvanā スハーオナー

かいてん〘回転〙चक्कर$^{m.}$ cakkara チャッカル ◆回転する घूमना g^{h}ūmanā グームナー

かいとう〘解答〙उत्तर$^{m.}$ uttara ウッタル，जवाब$^{m.}$ javāba ジャワーブ ◆解答する उत्तर$^{m.}$ देना uttara denā ウッタル デーナー，जवाब$^{m.}$ देना javāba denā ジャワーブ デーナー

かいとう〘回答〙उत्तर$^{m.}$ uttara ウッタル，जवाब$^{m.}$ javāba ジャワーブ ◆回答する उत्तर$^{m.}$ देना uttara denā ウッタル デーナー，जवाब$^{m.}$ देना javāba denā ジャワーブ デーナー

かいにゅう〘介入〙दख़ल$^{m.}$ daxala ダカル ◆介入する दख़ल$^{m.}$ देना daxala denā ダカル デーナー

がいねん〘概念〙संकल्पना$^{f.}$ saṃkalpanā サンカルプナー

かいはつ〘開発〙विकास$^{m.}$ vikāsa ヴィカース ◆開発する विकास$^{m.}$ करना vikāsa karanā ヴィカース カルナー ◆開発途上国 विकासशील देश$^{m.}$ vikāsaśīla deśa ヴィカースシール デーシュ

かいほうする〘解放する〙मुक्त करना mukta karanā ムクト カルナー

かいほうする〘開放する〙खुला छोड़ना k^{h}ulā c^{h}oṛanā クラー チョールナー

かいもの〘買い物〙ख़रीदारी$^{f.}$ xarīdārī カリーダーリー

がいらいご〘外来語〙आगत शब्द$^{m.}$ āgata śabda アーガト シャブド

がいりゃく〘概略〙सारांश$^{m.}$ sārāṃśa サーラーンシュ

かいりょう〘改良〙सुधार$^{m.}$ sud^{h}āra スダール

かいわ〘会話〙बातचीत$^{f.}$ bātacīta バートチート，वार्तालाप$^{m.}$ vārtālāpa ワールターラープ

かう〘飼う〙पालना pālanā パールナー

かう〘買う〙ख़रीदना xarīdanā カリードナー

ガウン गाउन$^{m.}$ gāuna ガーウン

かえす〘返す〙वापस करना vāpasa karanā ワーパス カルナー

かえり〘帰り〙वापसी vāpasī ワープスィー

かえる〘帰る〙वापस आना vāpasa ānā ワーパス アーナー，वापस जाना vāpasa jānā ワーパス ジャーナー（引き返す）मुड़कर लौटना muṛakara lauṭanā ムルカル ラォートナー（去る）छोड़ना c^{h}oṛanā チョールナー

かえる〘替える・換える〙बदलना badalanā バダルナー

かえる〘変える〙बदलना badalanā バダルナー

かえる〘蛙〙दादुर$^{m.}$ dādura ダードゥル，मेंढक$^{m.}$ meṃḍ^{h}aka メーンダク

かお〘顔〙चेहरा$^{m.}$ ceharā チェヘラー，मुँह$^{m.}$ mũha ムンフ

かおり〘香り〙ख़ुशबू$^{f.}$ xuśabū クシュブー，महक$^{f.}$ mahaka マハク，सुगंध$^{f.}$ sugaṃd^{h}a スガンド

がか〘画家〙चितेरा$^{m.}$ citerā チテーラー，चित्रकार$^{m.}$ citrakāra チトルカール

かかく〘価格〙क़ीमत$^{f.}$ qīmata キーマト，दाम$^{m.}$ dāma ダーム

かがく〘化学〙रसायन$^{m.}$ rasāyana ラサーヤン

かがく〘科学〙विज्ञान$^{m.}$ vijñāna ヴィギャーン ◆科学者 वैज्ञानिक$^{m.}$ vaijñānika ワェーギャーニク

かかと〘踵〙एड़ी$^{f.}$ eṛī エーリー

かがみ〘鏡〙आईना$^{m.}$ āīnā アーイーナー，दर्पण$^{m.}$ darpaṇa ダルパン，शीशा$^{m.}$ śīśā シーシャー

かがむ झुकना j^{h}ukanā ジュクナー

かがやかしい〘輝かしい〙उजाला ujālā ウジャーラー

かがやき〘輝き〙चमक$^{f.}$ camaka チャマク

かがやく〘輝く〙चमकना camakanā チャマクナー

かかる〘掛かる〙（物が）लटकना laṭakanā ラタクナー（金が）लगना laganā ラグナー（時間が）लगना laganā ラグナー

かかわる〘関わる〙संबंध$^{m.}$ रखना saṃbaṃd^{h}a rak^{h}anā サンバンド ラクナー

かぎ〘鍵〙कुंजी$^{f.}$ kuṃjī クンジー，चाबी$^{f.}$ cābī チャー

ビー
かきとめる〖書き留める〗नोट m. करना noṭa karanā ノート カルナー
かきとり〖書き取り〗इमला m. imalā イムラー
かきとる〖書き取る〗इमला m. लिखना imalā likʰanā イムラー リクナー
かきまぜる〖掻き混ぜる〗फेंटना pʰẽṭanā ペーントナー
かきまわす〖掻き回す〗मथना matʰanā マトナー
かきゅう〖下級〗निचला स्तर m. nicalā stara ニチラー スタル
かぎょう〖家業〗पारिवारिक धंधा m. pārivārika dʰaṃdʰā パーリワーリク ダンダー
かぎる〖限る〗सीमित करना sīmita karanā スィーミト カルナー
かく〖核〗（木の実の）मग़ज़ m. mağaza マガズ（原子核）परमाणु m. paramāṇu パルマーヌ ◆核兵器 परमाणु बम m. paramāṇu bama パルマーヌ バム
かく〖書く〗लिखना likʰanā リクナー
かく〖掻く〗खुजलाना kʰujalānā クジラーナー，खुरचना kʰuracanā クラチナー
かぐ〖家具〗फ़र्नीचर f. farnīcara ファルニーチャル
かぐ〖嗅ぐ〗सूँघना sū̃gʰanā スーングナー
がくい〖学位〗डिगरी f. ḍigarī ディグリー
かくうの〖架空の〗काल्पनिक kālpanika カールパニク，ख़याली xayālī カヤーリー
かくげん〖格言〗सूक्ति f. sūkti スークティ
かくご〖覚悟〗संकल्प m. saṃkalpa サンカルプ ◆覚悟する संकल्प m. करना saṃkalpa karanā サンカルプ カルナー
かくさ〖格差〗अंतर m. aṃtara アンタル
かくじつな〖確実な〗निश्चित niścita ニシュチト
がくしゃ〖学者〗विद्वान् m. vidvān ヴィドワーン
がくしゅう〖学習〗पढ़ाई f. paṛʰāī パラーイー ◆学習する पढ़ना paṛʰanā パルナー
かくしん〖確信〗यक़ीन m. yaqīna ヤキーン，विश्वास m. viśvāsa ヴィシュワース ◆確信する यक़ीन m. करना yaqīna karanā ヤキーン カルナー，विश्वास m. करना viśvāsa karanā ヴィシュワース カルナー
かくす〖隠す〗छिपाना cʰipānā チパーナー
がくせい〖学生〗छात्र m. cʰātra チャートル，विद्यार्थी m. vidyārtʰī ヴィディヤールティー ◆学生証 छात्र पहचान-पत्र m. cʰātra pahacāna-patra チャートル パヘチャーン・パトル
かくせいざい〖覚醒剤〗उत्तेजक द्रव्य m. uttejaka dravya ウッテージャク ドラヴィエ
がくせつ〖学説〗मत m. mata マト
かくちょう〖拡張〗विस्तार m. vistāra ヴィスタール ◆拡張する फैलाना pʰailānā パェーラーナー
がくちょう〖学長〗कुलपति m. kulapati クルパティ
かくづけ〖格付け〗दर्जाबंदी f. darjābaṃdī ダルジャーバンディー
かくていする〖確定する〗निश्चित करना niścita karanā ニシュチト カルナー，पक्का करना pakkā karanā パッカー カルナー
カクテル काकटेल m. kākaṭela カークテール
かくど〖角度〗कोण m. koṇa コーン
かくとくする〖獲得する〗प्राप्त करना prāpta karanā プラープト カルナー，हासिल करना hāsila karanā ハースィル カルナー
かくにんする〖確認する〗पुष्टि f. करना puṣṭi karanā プシュティ カルナー
がくねん〖学年〗कक्षा f. kakṣā カクシャー，जमात f. jamāta ジャマート
がくぶ〖学部〗विभाग m. vibʰāga ヴィバーグ
かくめい〖革命〗इनक़लाब m. inaqalāba インカラーブ，क्रांति f. krāṃti クラーンティ
がくもん〖学問〗विद्या f. vidyā ヴィディヤー
かくりつする〖確立する〗स्थापित करना stʰāpita karanā スターピト カルナー
かくれる〖隠れる〗छिपना cʰipanā チプナー
かけ〖賭け〗बाज़ी f. bāzī バーズィー
かげ〖陰〗छाया f. cʰāyā チャーヤー
かげ〖影〗छाया f. cʰāyā チャーヤー，परछाईं f. paracʰāī̃ パルチャーイーン
かけざん〖掛け算〗गुणन m. guṇana グナン
かけひき〖駆け引き〗दाँव-पेंच m. dā̃va-pēca ダーオン・ペーンチ
かけぶとん〖掛け布団〗रज़ाई f. razāī ラザーイー
かけら टुकड़ा m. ṭukaṛā トゥクラー
かける〖掛ける〗（吊り下げる）लटकाना laṭakānā ラトカーナー（掛け算する）गुणा m. करना guṇā karanā グナー カルナー（時間・金を）लगाना lagānā ラガーナー（電話を）फ़ोन m. करना fona karanā フォーン カルナー（CD・レコードを）चढ़ाना caṛʰānā チャラーナー（ラジオなどを）आन करना āna karanā アーン カルナー
かける〖駆ける〗दौड़ना dauṛanā ダォールナー
かける〖賭ける〗बाज़ी f. लगाना bāzī lagānā バーズィー ラガーナー
かこ〖過去〗अतीत m. atīta アティート
かご〖籠〗टोकरा m. ṭokarā トークラー
かこむ〖囲む〗घेरना gʰeranā ゲールナー
かさ〖傘〗छतरी f. cʰatarī チャトリー，छाता m. cʰātā チャーター
かさねる〖重ねる〗（上に置く）ढेर m. लगाना ḍʰera lagānā デーラ ラガーナー（繰り返す）दुहराना duharānā ドゥフラーナー
かざり〖飾り〗सजावट f. sajāvaṭa サジャーワト
かざる〖飾る〗（装飾する）सजाना sajānā サジャーナー（陳列する）प्रदर्शित करना pradarśita karanā プラダルシト カルナー
かざん〖火山〗ज्वालामुखी m. jvālāmukʰī ジワーラームキー
かし〖菓子〗मिठाई f. miṭʰāī ミターイー

かじ〖火事〗आग$^{f.}$ āga アーグ
かしこい〖賢い〗अक़्लमंद aqlamaṃda アクルマンド, बुद्धिमान् budd^{h}imān ブッディマーン
かしつ〖過失〗ग़लती$^{f.}$ ğalatī ガルティー, भूल$^{f.}$ b^{h}ūla ブール
かしゃ〖貨車〗मालगाड़ी$^{f.}$ mālagāṛī マールガーリー
かしゅ〖歌手〗गायक$^{m.}$ gāyaka ガーヤク
カシューナッツ काजू$^{m.}$ kājū カージュー
かじょう〖過剰〗अधिकता$^{f.}$ ad^{h}ikatā アディクター
かじる कुतरना kutaranā クタルナー
かす〖貸す〗उधार$^{m.}$ देना ud^{h}āra denā ウダール デーナー (家などを) किराए$^{m.}$ पर देना kirāe para denā キラーエー パル デーナー (土地などを) किराए$^{m.}$ पर देना kirāe para denā キラーエー パル デーナー
かず〖数〗नंबर$^{m.}$ naṃbara ナンバル, संख्या$^{f.}$ saṃk^{h}yā サンキャー
ガス गैस$^{f.}$ gaisa ガェース
かすかな धीमा d^{h}īmā ディーマー, धुँधला d^{h}ũd^{h}alā ドゥンドラー
かすむ〖霞む〗धुँधलाना d^{h}ũd^{h}alānā ドゥンドラーナー
かぜ〖風〗वायु$^{f.}$ vāyu ワーユ, हवा$^{f.}$ havā ハワー
かぜ〖風邪〗ज़ुकाम$^{m.}$ zukāma ズカーム
かせい〖火星〗मंगल$^{m.}$ maṃgala マンガル
かせぐ〖稼ぐ〗कमाना kamānā カマーナー
かそう〖仮装〗स्वाँग$^{m.}$ svā̃ga スワーング
がぞう〖画像〗चित्र$^{m.}$ citra チトル, तस्वीर$^{f.}$ tasvīra タスヴィール
かぞえる〖数える〗गिनना ginanā ギンナー
かぞく〖家族〗परिवार$^{m.}$ parivāra パリワール
ガソリン पेट्रोल$^{m.}$ peṭrola ペートロール ♦ガソリンスタンド पेट्रोल स्टेशन$^{m.}$ peṭrola steśana ペートロール ステーシャン
かた〖肩〗कंधा$^{m.}$ kaṃd^{h}ā カンダー
かたい〖固い・堅い・硬い〗कड़ा kaṛā カラー (態度・状態が) सख़्त saxta サクト
かたがき〖肩書〗ख़िताब$^{m.}$ xitāba キターブ
かたき〖敵〗दुश्मन$^{m.}$ duśmana ドゥシュマン
かたち〖形〗आकार$^{m.}$ ākāra アーカール, रूप$^{m.}$ rūpa ループ
かたな〖刀〗तलवार$^{f.}$ talavāra タルワール
かたまる〖固まる〗(凝固する) जमना jamanā ジャムナー (固くなる) कड़ा होना kaṛā honā カラー ホーナー
かたみち〖片道〗एक तरफ़$^{f.}$ eka tarafa エーク タラフ
かたむく〖傾く〗झुकना j^{h}ukanā ジュクナー
かたむける〖傾ける〗झुकाना j^{h}ukānā ジュカーナー
かたる〖語る〗कहना kahanā カヘナー, सुनाना sunānā スナーナー
カタログ सूचीपत्र$^{m.}$ sūcīpatra スーチーパトル
かだん〖花壇〗क्यारी$^{f.}$ kyārī キャーリー
かち〖価値〗मूल्य$^{m.}$ mūlya ムールエ
かち〖勝ち〗विजय$^{f.}$ vijaya ヴィジャエ
かちく〖家畜〗मवेशी$^{f.}$ maveśī マヴェーシー
かつ〖勝つ〗जीतना jītanā ジートナー
がっか〖学課〗पाठ$^{m.}$ pāṭ^{h}a パート
がっき〖楽器〗बाजा$^{m.}$ bājā バージャー
がっきゅう〖学級〗कक्षा$^{f.}$ kakṣā カクシャー, जमात$^{f.}$ jamāta ジャマート
かっこう〖郭公〗कोयल$^{f.}$ koyala コーヤル
がっこう〖学校〗विद्यालय$^{m.}$ vidyālaya ヴィディャーラエ, स्कूल$^{m.}$ skūla スクール
かっさい〖喝采〗वाहवाही$^{f.}$ vāhavāhī ワーヘワーヒー
がっしょう〖合唱〗कोरस$^{m.}$ korasa コーラス
かっしょくの〖褐色の〗भूरा b^{h}ūrā ブーラー
かつて एक ज़माने$^{m.}$ में eka zamāne mẽ エーク ザマーネー メーン
かってな〖勝手な〗मनमाना manamānā マンマーナー
かつどう〖活動〗गतिविधि$^{f.}$ gativid^{h}i ガティヴィディ
かっとなる तमकना tamakanā タマクナー
かっぱつな〖活発な〗सक्रिय sakriya サクリエ
カップ कप$^{m.}$ kapa カプ, प्याला$^{m.}$ pyālā ピャーラー
カップル जोड़ी$^{f.}$ joṛī ジョーリー
かてい〖家庭〗घर$^{m.}$ g^{h}ara ガル, परिवार$^{m.}$ parivāra パリワール
かど〖角〗कोना$^{m.}$ konā コーナー, मोड़$^{m.}$ moṛa モール
かとうな〖下等な〗घटिया g^{h}aṭiyā ガティヤー
かなしい〖悲しい〗उदास udāsa ウダース, दुखी duk^{h}ī ドゥキー
かなしみ〖悲しみ〗उदासी$^{f.}$ udāsī ウダースィー, दुख$^{m.}$ duk^{h}a ドゥク, शोक$^{m.}$ śoka ショーク
カナダ कनाडा$^{m.}$ kanāḍā カナーダー
かなづち〖金槌〗हथौड़ी$^{f.}$ hat^{h}auṛī ハタォーリー
かならず〖必ず〗(ぜひとも) ज़रूर zarūra ザールール (間違いなく) बेशक beśaka ベーシャク (常に) हमेशा hameśā ハメーシャー
かなり काफ़ी kāfī カーフィー
かなりの काफ़ी kāfī カーフィー
かね〖金〗पैसा$^{m.}$ paisā パェーサー, रुपया$^{m.}$ rupayā ルパヤー
かね〖鐘〗घंटा$^{m.}$ g^{h}aṃṭā ガンター
かねもち〖金持ち〗पैसा वाला$^{m.}$ paisā vālā パェーサー ワーラー, धनी$^{m.}$ d^{h}anī ダニー
かのうせい〖可能性〗संभावना$^{f.}$ saṃb^{h}āvanā サンバーオナー
かのうな〖可能な〗मुमकिन mumakina ムムキン, संभव saṃb^{h}ava サンバオ
かのじょ〖彼女〗वह vaha ヴォ
かば〖河馬〗दरियाई घोड़ा$^{m.}$ dariyāī g^{h}oṛā ダリヤーイー ゴーラー
カバー आवरण$^{m.}$ āvaraṇa アーワラン, कवर$^{m.}$ kavara カワル ♦カバーする ढकना ḍ^{h}akanā ダクナー
カバディ कबड्डी$^{f.}$ kabaḍḍī カバッディー
かばん〖鞄〗बैग$^{m.}$ baiga バェーグ

かび फफूँदी f. pʰapʰū̃dī パプーンディー

かびん〖花瓶〗 गुलदान m. gula̸dāna̸ グルダーン，फूलदान m. pʰūla̸dāna̸ プールダーン

かぶ〖蕪〗 शलग़म m. śala̸ğama̸ シャルガム

カフェ कैफ़े m. kaife カェーフェー

かぶせる〖被せる〗 ढकना ḍʰaka̸nā ダクナー（責任などを）मढ़ना maṛʰa̸nā マルナー

カプセル कैप्सूल m. kaipsūla̸ カェープスール

かぶる〖被る〗 पहनना pahana̸nā パハンナー

かぼちゃ〖南瓜〗 कद्दू m. kaddū カッドゥー

かま〖釜〗 कड़ाहा m. kaṛāhā カラーハー

かま〖窯〗 चूल्हा m. cūlhā チュールハー

かまう〖構う〗（干渉する）दख़ल m. देना daxala̸ denā ダカル デーナー（気にかける）ख़याल m. करना xayāla̸ kara̸nā カヤール カルナー（世話をする）टहल f. करना ṭahala̸ kara̸nā タハル カルナー

がまんする〖我慢する〗 झेलना jʰela̸nā ジェールナー，सहना saha̸nā サヘナー

かみ〖紙〗 काग़ज़ m. kāğaza̸ カーガズ

かみ〖神〗 ईश्वर m. īśvara̸ イーシュワル，ख़ुदा m. xudā クダー，भगवान् m. bʰagavān バグワーン（女神）देवी f. devī デーヴィー

かみ〖髪〗 केश m. keśa̸ ケーシュ，बाल m. bāla̸ バール

かみそり〖剃刀〗 उस्तरा m. ustarā ウスタラー

かみなり〖雷〗 बिजली m. bija̸lī ビジリー

かむ〖噛む〗 चबाना cabānā チャバーナー

カメラ कैमरा m. kaima̸rā カェームラー ◆**カメラマン**（映画・テレビなどの）छायाकार m. cʰāyākāra̸ チャーヤーカール（写真家）फ़ोटोग्राफ़र m. foṭogrāfara̸ フォートーグラーファル

かめん〖仮面〗 मुखौटा m. mukʰauṭā ムカォーター

がめん〖画面〗 चित्रपट m. citrapaṭa̸ チトルパト

かもく〖科目〗 विषय m. viṣaya̸ ヴィシャエ

かもつ〖貨物〗 माल m. māla̸ マール ◆**貨物船** माल जहाज़ m. māla̸ jahāza̸ マール ジャハーズ ◆**貨物列車** मालगाड़ी f. māla̸gāṛī マールガーリー

かや〖蚊帳〗 मच्छरदानी f. maccʰara̸dānī マッチャルダーニー

かやく〖火薬〗 बारूद f. bārūda̸ バールード

かゆい〖痒い〗 खुजलाने वाला kʰujalāne vālā クジャラーネー ワーラー

かようび〖火曜日〗 मंगलवार m. maṃgala̸vāra̸ マンガルワール

から〖殻〗（貝の）सीप m. sīpa̸ スィープ（木の実・果物の）छिलका m. cʰila̸kā チルカー（卵の）छिलका m. cʰila̸kā チルカー

からい〖辛い〗 तीखा tīkʰā ティーカー，तीता tītā ティーター（塩辛い）नमकीन nama̸kīna̸ ナムキーン

からかう छेड़ना cʰeṛa̸nā チェールナー

カラス कौआ m. kauā カォーアー

ガラス शीशा m. śīśā シーシャー

からだ〖体〗 देह m. deha̸ デーヘ，बदन m. badana̸ バダン，शरीर m. śarīra̸ シャリール（体格）देह m. का गठन m. deha̸ kā gaṭʰana̸ デーヘ カー ガタン

カラフルな रंग-बिरंगा raṃga̸-biraṃgā ラング・ビランガー

かりいれ〖借り入れ〗 उधार m. udʰāra̸ ウダール，ऋण m. r̥ṇa̸ リン，क़र्ज़ m. qarza̸ カルズ

カリキュラム पाठ्यक्रम m. pāṭʰyakrama̸ パーティエクラム

かりの〖仮の〗 अस्थायी astʰāyī アスターイー

カリフラワー फूलगोभी f. pʰūla̸gobʰī プールゴービー

かりる〖借りる〗 उधार m. लेना udʰāra̸ lenā ウダール レーナー

かるい〖軽い〗 हलका hala̸kā ハルカー（気楽な）हलका hala̸kā ハルカー

カルシウム कैल्सियम m. kailsiyama̸ カェールスイヤム

カルダモン इलायची f. ilāyacī イラーエチー

カルナータカしゅう〖カルナータカ州〗 कर्नाटक m. karnāṭaka̸ カルナータク

かれ〖彼〗 वह vaha̸ ヴォ

かれいな〖華麗な〗 शानदार śāna̸dāra̸ シャーンダール

ガレージ गराज m. garāja̸ ガラージ

かれら〖彼ら〗 वे ve ヴェー

かれる〖枯れる〗 मुरझाना murajʰānā ムルジャーナー

カレンダー कलेंडर m. kaleṃḍara̸ カレーンダル

カロリー कैलोरी f. kailorī カェーローリー

かわ〖川〗 दरिया f. dariyā ダリヤー，नदी f. nadī ナディー

かわ〖皮〗（果皮）छिलका m. cʰila̸kā チルカー（樹皮）छाल f. cʰāla̸ チャール（皮膚）खाल f. kʰāla̸ カール，त्वचा f. tvacā トワチャー

かわ〖革〗 चमड़ा m. camaṛā チャムラー

がわ〖側〗 तरफ़ f. tarafa̸ タラフ

かわいい〖可愛い〗 प्यारा pyārā ピャーラー

かわいがる〖可愛がる〗 दुलारना dulāra̸nā ドゥラールナー

かわいそうな〖可哀相な〗 अभागा abʰāgā アバーガー，बेचारा becārā ベーチャーラー

かわかす〖乾かす〗 सुखाना sukʰānā スカーナー

かわく〖乾く〗 सूखना sūkʰa̸nā スークナー

かわく〖渇く〗（喉が）प्यास f. लगना pyāsa̸ laga̸nā ピャース ラグナー

かわせ〖為替〗 मनीआर्डर m. manīārḍara̸ マニーアールダル ◆**為替レート** विनिमय दर f. vinimaya̸ dara̸ ヴィニマエ ダル

かわりに〖代わりに〗 के बदले ke bada̸le ケー バドレー

かわる〖代わる・替わる〗 जगह f. लेना jagaha̸ lenā ジャガヘ レーナー

かわる〖変わる〗 बदलना badala̸nā バダルナー

かん〖缶〗 टिन m. ṭina̸ ティン

がん〖癌〗 कैंसर m. kaiṃsara̸ カェーンサル

かんがえ〖考え〗 ख़याल m. xayāla̸ カヤール，विचार m. vicāra̸ ヴィチャール（思いつき）सूझ f. sūjʰa̸ スージ

（意見） मत$^{m.}$ mata マト, राय$^{f.}$ rāya ラーエ
かんがえる〘考える〙सोचना socanā ソーチナー
かんかく〘感覚〙चेतना$^{f.}$ cetanā チェートナー, संज्ञा$^{f.}$ saṃjñā サンギャー
かんかく〘間隔〙अंतर$^{m.}$ की दूरी$^{f.}$ aṃtara kī dūrī アンタル キー ドゥーリー
かんきょう〘環境〙पर्यावरण$^{m.}$ paryāvaraṇa パルヤーワラン, वातावरण$^{m.}$ vātāvaraṇa ワーターワラン
かんきん〘監禁〙क़ैद$^{f.}$ qaida カェード, नज़रबंदी$^{f.}$ nazarabaṃdī ナザルバンディー
かんけい〘関係〙संबंध$^{m.}$ saṃbaṃdʰa サンバンド ♦関係する〔関わる〕संबद्ध saṃbaddʰa サンバッド
かんげいする〘歓迎する〙स्वागत$^{m.}$ करना svāgata karanā スワーガト カルナー
かんけつな〘簡潔な〙संक्षिप्त saṃkṣipta サンクシプト
かんご〘看護〙परिचर्या$^{f.}$ paricaryā パリチャルヤー ♦看護師 उपचारक$^{m.}$ upacāraka ウプチャーラク, उपचारिका$^{f.}$ upacārikā ウプチャーリカー, नर्स$^{f.}$ narsa ナルス ♦看護する परिचर्या$^{f.}$ करना paricaryā karanā パリチャルヤー カルナー
かんこう〘観光〙पर्यटन$^{m.}$ paryaṭana パルヤタン, सैर-सपाटा$^{m.}$ saira-sapāṭā サェール・サパーター ♦観光客 पर्यटक$^{m.}$ paryaṭaka パルヤタク, सैलानी$^{m.}$ sailānī サェーラーニー
かんこく〘韓国〙दक्षिण कोरिया$^{m.}$ dakṣiṇa koriyā ダクシン コーリヤー ♦韓国語・韓国人・韓国の कोरियाई koriyāī コーリヤーイー
がんこな〘頑固な〙ज़िद्दी ziddī ズィッディー, हठी haṭʰī ハティー
かんし〘監視〙निगरानी$^{f.}$ nigarānī ニグラーニー
かんじ〘感じ〙एहसास$^{m.}$ ehasāsa エヘサース（印象）आभास$^{m.}$ ābʰāsa アーバース
かんしゃ〘感謝〙कृतज्ञता$^{f.}$ kṛtajñatā クリタギエター, शुक्रगुज़ारी$^{f.}$ śukraguzārī シュクルグザーリー ♦感謝する शुक्रिया$^{m.}$ अदा करना śukriyā adā karanā シュクリヤー アダー カルナー
かんじゃ〘患者〙मरीज़$^{m.}$ marīza マリーズ, रोगी$^{m.}$ rogī ローギー
かんしゅう〘観衆〙दर्शक$^{m.}$ darśaka ダルシャク
かんじゅせい〘感受性〙संवेदनशीलता$^{f.}$ saṃvedanaśīlatā サンヴェーダンシールター
がんしょ〘願書〙प्रार्थना-पत्र$^{m.}$ prārtʰanā-patra プラールトナー・パトル
かんしょう〘感傷〙भावुकता$^{f.}$ bʰāvukatā バーヴクター
かんじょう〘感情〙भावना$^{f.}$ bʰāvanā バーオナー（情熱）जोश$^{m.}$ jośa ジョーシュ
かんじょう〘勘定〙（計算）हिसाब$^{m.}$ hisāba ヒサーブ（支払い）अदायगी$^{f.}$ adāyagī アダーエギー, भुगतान$^{m.}$ bʰugatāna ブグターン（請求書）बिल$^{m.}$ bila ビル
かんしょうする〘干渉する〙दख़ल$^{m.}$ देना daxala denā ダカル デーナー
がんじょうな〘頑丈な〙तगड़ा tagaṛā タグラー, मज़बूत mazabūta マズブート
かんじる〘感じる〙अनुभव$^{m.}$ करना anubʰava karanā アヌバオ カルナー, महसूस करना mahasūsa karanā マヘスース カルナー
かんしん〘関心〙दिलचस्पी$^{f.}$ dilacaspī ディルチャスピー, रुचि$^{f.}$ ruci ルチ
かんしんな〘感心な〙सराहनीय sarāhanīya サラーヘニーエ
かんせい〘完成〙पूर्ति$^{f.}$ pūrti プールティ ♦完成する पूरा करना pūrā karanā プーラー カルナー
かんせい〘歓声〙जयकार$^{f.}$ jayakāra ジャエカール
かんぜい〘関税〙सीमांत शुल्क$^{m.}$ sīmāṃta śulka スィーマーント シュルク
かんせつ〘関節〙जोड़$^{m.}$ joṛa ジョール
かんせつの〘間接の〙अप्रत्यक्ष apratyakṣa アプラティヤクシュ
かんせん〘感染〙संक्रमण$^{m.}$ saṃkramaṇa サンクラマン
かんせんどうろ〘幹線道路〙ट्रंक रोड$^{m.}$ ṭraṃka roḍa トランク ロード
かんぜんな〘完全な〙पूरा pūrā プーラー
かんぞう〘肝臓〙कलेजा$^{m.}$ kalejā カレージャー, जिगर$^{m.}$ jigara ジガル
かんそうする〘乾燥する〙सूखना sūkʰanā スークナー
かんそな〘簡素な〙सादा sādā サーダー
かんだいな〘寛大な〙उदार udāra ウダール
かんたんな〘簡単な〙आसान āsāna アーサーン, सरल sarala サラル
かんちがいする〘勘違いする〙ग़लत समझना ğalata samajʰanā ガラト サマジナー
かんちょう〘官庁〙सरकारी दफ़्तर$^{m.}$ sarakārī daftara サルカーリー ダフタル
かんづめ〘缶詰〙टिन$^{m.}$ का डिब्बा$^{m.}$ ṭina kā ḍibbā ティン カー ディッバー
かんてん〘観点〙दृष्टिकोण$^{m.}$ dṛṣṭikoṇa ドリシュティコーン
かんとく〘監督〙（スポーツの）मैनेजर$^{m.}$ mainejara マェーネージャル（映画の）निर्देशक$^{m.}$ nirdeśaka ニルデーシャク（管理・取り締まること）निगरानी$^{f.}$ nigarānī ニグラーニー ♦監督する निगरानी$^{f.}$ करना nigarānī karanā ニグラーニー カルナー
かんな〘鉋〙रंदा$^{m.}$ raṃdā ランダー
カンニング नक़ल$^{f.}$ naqala ナカル
かんばつ〘干ばつ〙सूखा$^{m.}$ sūkʰā スーカー
かんばん〘看板〙साइनबोर्ड$^{m.}$ sāinaborḍa サーインボールド
かんぺきな〘完璧な〙निर्दोष nirdoṣa ニルドーシュ
がんぼう〘願望〙इच्छा$^{f.}$ iccʰā イッチャー
カンボジア कंबोडिया$^{m.}$ kaṃboḍiyā カンボーディヤー
かんようく〘慣用句〙मुहावरा$^{m.}$ muhāvarā ムハーオラー
かんような〘寛容な〙उदार udāra ウダール
かんりょう〘完了〙समाप्ति$^{f.}$ samāpti サマープティ ♦

完了する समाप्त करना samāpta karanā サマープト カルナー （文法上の） पूर्ण pūrṇa プールン

かんりょうしゅぎ〖官僚主義〗नौकरशाही f. naukaraśāhī ナォーカルシャーヒー

かんれい〖慣例〗प्रथा f. pratʰā プラター, रिवाज m. rivāja リワージ

き〖木〗पेड़ m. peṛa ペール, वृक्ष m. vr̥kṣa ヴリクシュ （木材） लकड़ी f. lakaṛī ラクリー

キー चाबी f. cābī チャービー

キーボード कीबोर्ड m. kīborḍa キーボールド

きいろい〖黄色い〗पीला pīlā ピーラー

ぎいん〖議員〗संसद्-सदस्य m. saṃsad-sadasya サンサド・サダスイエ

きえる〖消える〗（消滅する） मिटना miṭanā ミトナー （火や明かりが） बुझना bujʰanā ブジナー

きおく〖記憶〗याद f. yāda ヤード, स्मृति f. smr̥ti スムリティ ◆記憶する याद f. करना yāda karanā ヤード カルナー

きおん〖気温〗तापमान m. tāpamāna タープマーン

きか〖幾何〗ज्यामिति f. jyāmiti ジャーミティ, रेखा-गणित m. rekʰā-gaṇita レーカー・ガニト

きかい〖機会〗अवसर m. avasara アオサル, मौक़ा m. mauqā マォーカー

きかい〖機械〗मशीन f. maśīna マシーン ◆機械工学 मैकेनिकल इंजीनियरिंग f. maikenikala iṃjīniyariṃga マェーケーニカル インジーニヤリング

ぎかい〖議会〗संसद् f. saṃsad サンサド

きかく〖企画〗योजना f. yojanā ヨージナー ◆企画する योजना f. बनाना yojanā banānā ヨージナー バナーナー

きかん〖期間〗अवधि f. avadʰi アオディ

きかんしゃ〖機関車〗इंजन m. iṃjana インジャン

きかんじゅう〖機関銃〗मशीनगन f. maśīnagana マシーンガン

きき〖危機〗संकट m. saṃkaṭa サンカト

ききめ〖効き目〗असर m. asara アサル, चमत्कार m. camatkāra チャマトカール, लाभ m. lābʰa ラーブ

ききゅう〖気球〗ग़ुब्बारा m. ğubbārā グッバーラー, बैलून m. bailūna バェールーン

ぎきょく〖戯曲〗ड्रामा m. ḍrāmā ドラーマー, नाटक m. nāṭaka ナータク

ききん〖基金〗निधि f. nidʰi ニディ, फ़ंड m. faṃḍa ファンド

ききん〖飢饉〗अकाल m. akāla アカール

きく〖聞く〗सुनना sunanā スンナー （訊く・尋ねる） पूछना pūcʰanā プーチナー

きく〖聴く〗सुनना sunanā スンナー

きくばり〖気配り〗ख़याल m. xayāla カヤール, लिहाज़ m. lihāza リハーズ

きげき〖喜劇〗कामेडी f. kāmeḍī カーメーディー

きけん〖危険〗ख़तरा m. xatarā カトラー, जोखिम f. jokʰima ジョーキム ◆危険な ख़तरनाक xataranāka カタルナーク

きげん〖機嫌〗मिज़ाज m. mizāja ミザージ

きげん〖起源〗उत्पत्ति f. utpatti ウトパッティ, उद्भव m. udbʰava ウドバオ

きこう〖気候〗जलवायु f. jalavāyu ジャルワーユ, मौसम m. mausama マォーサム

きごう〖記号〗चिह्न m. cihna チフン

きこえる〖聞こえる〗सुनाई देना sunāī denā スナーイー デーナー

きこく〖帰国〗<वापसी f. vāpasī ワープスィー ◆帰国する वापस आना vāpasa ānā ワーパス アーナー

きこんの〖既婚の〗विवाहित vivāhita ヴィワーヒト, शादीशुदा śādīśudā シャーディーシュダー

ぎざぎざの दाँतेदार dā̃tedāra ダーンテーダール

きざし〖兆し〗लक्षण m. lakṣaṇa ラクシャン

きし〖岸〗किनारा m. kinārā キナーラー, तट m. taṭa タト

きじ〖記事〗आर्टिकल m. ārṭikala アールティカル, लेख m. lekʰa レーク

ぎし〖技師〗इंजीनियर m. iṃjīniyara インジーニヤル

きしゃ〖汽車〗रेलगाड़ी f. relagāṛī レールガーリー

きしゅ〖騎手〗घुड़सवार m. gʰuṛasavāra グルサワール

きじゅつ〖記述〗उल्लेख m. ullekʰ ウッレーク, वर्णन m. varṇana ワルナン ◆記述する वर्णन m. करना varṇana karanā ワルナン カルナー

ぎじゅつ〖技術〗तकनीक m. takanīka タクニーク ◆技術提携 तकनीकी सहयोग m. takanīkī sahayoga タクニーキー サヘヨーグ

きじゅん〖基準〗मानदंड m. mānadaṃḍa マーンダンド

きしょう〖気象〗मौसम m. mausama マォーサム

キス चुंबन m. cuṃbana チュンバン, चुम्मा m. cummā チュムマー

きず〖傷〗घाव m. gʰāva ガーオ, चोट f. coṭa チョート, ज़ख़्म m. zaxma ザクム （心の） चोट f. coṭa チョート （品物の） दाग़ m. dāğa ダーグ

きすう〖奇数〗ताक़ m. tāqa ターク, विषम m. viṣama ヴィシャム

きずく〖築く〗निर्माण m. करना nirmāṇa karanā ニルマーン カルナー

きずつく〖傷付く〗घायल होना gʰāyala honā ガーヤル ホーナー （心が） चोट f. लगना coṭa laganā チョート ラグナー

きずな〖絆〗बंधन m. baṃdʰana バンダン

ぎせい〖犠牲〗क़ुर्बानी f. qurbānī クルバーニー, बलिदान m. balidāna バリダーン ◆犠牲者 शिकार m. śikāra シカール

きせいちゅう〖寄生虫〗परजीवी कीड़ा m. parajīvī kīṛā パルジーヴィー キーラー

きせいの〖既製の〗बना-बनाया banā-banāyā バナー・バナーヤー

きせき〖奇跡〗करामात f. karāmāta カラーマート, चमत्कार m. camatkāra チャマトカール ◆奇跡的な करामाती karāmātī カラーマーティー, चमत्कारी camatkārī チャマトカーリー

きせつ〖季節〗ऋतु *f.* ṛtu リトゥ, मौसम *m.* mausama マォーサム
きぜつする〖気絶する〗बेहोश हो जाना behośa ho jānā ベーホーシュ ホー ジャーナー, मूर्च्छित हो जाना mūrcchita ho jānā ムールッチト ホー ジャーナー
きせる〖着せる〗पहनाना pahanānā パヘナーナー (罪を) मढ़ना maṛhanā マルナー
ぎぜん〖偽善〗ढोंग *m.* ḍhõga ドーング, पाखंड *m.* pākhaṃḍa パーカンド ◆偽善的な ढोंगी ḍhõgī ドーンギー, पाखंडी pākhaṃḍī パーカンディー
きそ〖基礎〗आधार *m.* ādhāra アーダール, बुनियाद *f.* buniyāda ブニヤード ◆基礎的な आधारभूत ādhārabhūta アーダールブート, बुनियादी buniyādī ブニヤーディー
ぎぞうする〖偽造する〗जालसाज़ी *f.* करना jālasāzī karanā ジャールサーズィー カルナー
きそく〖規則〗नियम *m.* niyama ニヤム ◆規則的な नियमित niyamita ニヤミト
きそする〖起訴する〗मुक़दमा *m.* चलाना muqadamā calānā ムカドマー チャラーナー
きた〖北〗उत्तर *m.* uttara ウッタル
ギター गिटार *m.* giṭāra ギタール
きたい〖期待〗आशा *f.* āśā アーシャー, उम्मीद *f.* ummīda ウムミード ◆期待する आशा *f.* करना āśā karanā アーシャー カルナー, उम्मीद *f.* करना ummīda karanā ウムミード カルナー
きたくする〖帰宅する〗घर *m.* वापस आना ghara vāpasa ānā ガル ワーパス アーナー
きたちょうせん〖北朝鮮〗उत्तर कोरिया *m.* uttara koriyā ウッタル コーリヤー
きたない〖汚い〗गंदा gaṃdā ガンダー, मैला mailā マェーラー (金銭に) कंजूस kaṃjūsa カンジュース
きち〖基地〗अड्डा *m.* aḍḍā アッダー
ぎちょう〖議長〗अध्यक्ष *m.* adhyakṣa アディャクシュ, सभापति *m.* sabhāpati サバーパティ
きちょうな〖貴重な〗क़ीमती qīmatī キームティー, मूल्यवान् mūlyavān ムールエワーン
きちょうひん〖貴重品〗कीमती चीज़ें *f.* kīmatī cīzẽ キームティー チーゼーン
きちんと ठीक से ṭhīka se ティーク セー
きつえん〖喫煙〗धूम्रपान *m.* dhūmrapāna ドゥームルパーン
きっさてん〖喫茶店〗कैफ़े *m.* kaife カェーフェー, काफ़ी हाउस *m.* kāfī hāusa カーフィー ハーウス, चाय *f.* की दुकान *f.* cāya kī dukāna チャーエ キー ドゥカーン
キッチン किचन *m.* kicana キチャン, रसोईघर *m.* rasoīghara ラソーイーガル
きって〖切手〗टिकट *m.* ṭikaṭa ティカト, स्टांप *m.* sṭāṃpa スターンプ
きっと अवश्य avaśya アワシエ, ज़रूर zarūra ザルール
きつね〖狐〗लोमड़ी *f.* lomaṛī ロームリー
きっぷ〖切符〗टिकट *m.* ṭikaṭa ティカト
きどる〖気取る〗इठलाना iṭhalānā イトラーナー
きにいる〖気に入る〗पसंद *f.* आना pasaṃda ānā パサンド アーナー
きにゅうする〖記入する〗भरना bharanā バルナー
きぬ〖絹〗रेशम *m.* reśama レーシャム
きねんの〖記念の〗स्मारक smāraka スマーラク ◆記念碑 यादगार *m.* yādagāra ヤーダガール, स्मारक *m.* smāraka スマーラク ◆記念日 स्मारक दिवस *m.* smāraka divasa スマーラク ディワス
きのう〖機能〗काम *m.* kāma カーム, कार्य *m.* kārya カールエ
きのう〖昨日〗कल *m.* kala カル
ぎのう〖技能〗कारीगरी *f.* kārīgarī カーリーガリー, कौशल *m.* kauśala カォーシャル
きのこ〖茸〗कुकुरमुत्ता *m.* kukuramuttā ククルムッター
きのどくな〖気の毒な〗बेचारा becārā ベーチャーラー
きばつな〖奇抜な〗अनोखा anokhā アノーカー
きばらし〖気晴らし〗मन-बहलाव *m.* mana-bahalāva マン・バヘラーオ, मनोरंजन *m.* manoraṃjana マノーランジャン
きばん〖基盤〗आधार *m.* ādhāra アーダール, बुनियाद *f.* buniyāda ブニヤード
きびしい〖厳しい〗कठोर kaṭhora カトール
きひん〖気品〗शालीनता *f.* śālīnatā シャーリーンター
きびんな〖機敏な〗चुस्त custa チュスト, फुरतीला phuratīlā プルティーラー
きふ〖寄付〗दान *m.* dāna ダーン ◆寄付する दान *m.* देना dāna denā ダーン デーナー
ぎふ〖義父〗ससुर *m.* sasura サスル
きぶん〖気分〗तबीयत *f.* tabīyata タビーヤト
ぎぼ〖義母〗सास *f.* sāsa サース
きぼう〖希望〗आशा *f.* āśā アーシャー, उम्मीद *f.* ummīda ウムミード ◆希望する आशा *f.* करना āśā karanā アーシャー カルナー, उम्मीद *f.* करना ummīda karanā ウムミード カルナー
きほん〖基本〗आधार *m.* ādhāra アーダール, बुनियाद *f.* buniyāda ブニヤード ◆基本的な आधारभूत ādhārabhūta アーダールブート, बुनियादी buniyādī ブニヤーディー
きまえのよい〖気前のよい〗उदार udāra ウダール, दानी dānī ダーニー
きまぐれな〖気まぐれな〗मनमौजी manamaujī マンマォージー
きまり〖決まり〗नियम *m.* niyama ニヤム
きみょうな〖奇妙な〗अजीब ajība アジーブ, विचित्र vicitra ヴィチトル
ぎむ〖義務〗कर्तव्य *m.* kartavya カルタヴィエ, फ़र्ज़ *m.* farza ファルズ ◆義務教育 अनिवार्य शिक्षा *f.* anivārya śikṣā アニワールエ シクシャー
きむずかしい〖気難しい〗तुनक-मिज़ाज tunaka-mizāja トゥナク・ミザージ
きめる〖決める〗तय करना taya karanā タエ カルナー,

निश्चित करना niścita karanā ニシュチト カルナー, फ़ैसला m. करना faisalā karanā ファェースラー カルナー
きもち〘気持ち〙तबीयत f. tabīyata タビーヤト
ぎもん〘疑問〙（問い）प्रश्न m. praśna プラシュン, सवाल m. savāla サワール （疑い）शक m. śaka シャク, संदेह m. saṃdeha サンデーヘ
きゃく〘客〙（顧客）ग्राहक m. grāhaka グラーハク （来客）अतिथि m. atithi アティティ, मेहमान m. mehamāna メヘマーン （訪問者）मुलाक़ाती m. mulāqātī ムラーカーティー
ぎゃくさつ〘虐殺〙क़त्ल m. qatla カトル, हत्या f. hatyā ハティヤー
ぎゃくたい〘虐待〙दुर्व्यवहार m. durvyavahāra ドゥルヴィヤオハール
ぎゃくの〘逆の〙उलटा ulaṭā ウルター
きゃしゃな〘華奢な〙नाज़ुक nāzuka ナーズク
きゃっかんてきな〘客観的な〙वस्तुनिष्ठ vastuniṣṭha ワストゥニシュト
キャッシュ नक़द m. naqada ナカド
キャバレー कैबरे m. kaibare カェーブレー
キャベツ बंदगोभी f. baṃdagobhī バンドゴービー
キャリア（経歴）कैरियर m. kairiyara カェーリヤル
キャンセルする रद्द करना radda karanā ラッド カルナー
キャンセルまちめいぼ〘キャンセル待ち名簿〙वेटिंग लिस्ट m. veṭiṃga lisṭa ヴェーティング リスト
キャンプ कैंप m. kaiṃpa カェーンプ
ギャンブル जुआ m. juā ジュアー
キャンペーン अबियान m. abiyāna アビヤーン, मुहिम f. muhima ムヒム
きゅう〘九〙नौ nau ナォー
きゅうえん〘救援〙मदद f. madada マダド, सहायता f. sahāyatā サハーエター
きゅうか〘休暇〙अवकाश f. avakāśa アオカーシュ, छुट्टी f. chuṭṭī チュッティー
きゅうきゅうしゃ〘救急車〙एंबुलेंस m. eṃbulemṣa エーンブレーンス
きゅうぎょう〘休業〙छुट्टी f. chuṭṭī チュッティー
きゅうけい〘休憩〙आराम m. ārāma アーラーム, विश्राम m. viśrāma ヴィシュラーム ◆休憩する आराम m. करना ārāma karanā アーラーム カルナー, विश्राम m. करना viśrāma karanā ヴィシュラーム カルナー
きゅうこうれっしゃ〘急行列車〙एक्सप्रेस f. eksapresa エークスプレース
きゅうさい〘救済〙उद्धार m. uddhāra ウッダール
きゅうじつ〘休日〙छुट्टी f. chuṭṭī チュッティー
ぎゅうしゃ〘牛舎〙गोशाला f. gośālā ゴーシャーラー
ぎゅうしゃ〘牛車〙बैलगाड़ी f. bailagāṛī バェールガーリー
きゅうじゅう〘九十〙नब्बे nabbe ナッベー
きゅうしゅうする〘吸収する〙सोखना sokhanā ソークナー
きゅうじょ〘救助〙बचाव m. bacāva バチャーオ
きゅうせん〘休戦〙युद्ध-विराम m. yuddha-virāma ユッド・ヴィラーム
きゅうてい〘宮廷〙दरबार m. darabāra ダルバール
きゅうでん〘宮殿〙प्रासाद m. prāsāda プラーサード, महल m. mahala マハル
ぎゅうにく〘牛肉〙गोमांस m. gomāṃsa ゴーマーンス
ぎゅうにゅう〘牛乳〙दूध m. dūdha ドゥード
きゅうゆう〘旧友〙पुराना दोस्त m. purānā dosta プラーナー ドースト, पुराना मित्र m. purānā mitra プラーナー ミトル
きゅうようする〘休養する〙आराम m. करना ārāma karanā アーラーム カルナー, विश्राम m. करना viśrāma karanā ヴィシュラーム カルナー
きゅうり〘胡瓜〙ककड़ी f. kakaṛī カカリー, खीरा m. khīrā キーラー
きゅうりょう〘給料〙तनख़ाह f. tanaxāha タナカーハ, वेतन m. vetana ヴェータン
きよい〘清い〙पवित्र pavitra パヴィトル, शुद्ध śuddha シュッド
きょう〘今日〙आज m. āja アージ
きょうい〘驚異〙आश्चर्य m. āścarya アーシュチャルエ
きょういく〘教育〙शिक्षा f. śikṣā シクシャー ◆教育する शिक्षा f. देना śikṣā denā シクシャー デーナー
きょういん〘教員〙शिक्षक m. śikṣaka シクシャク
きょうか〘教科〙विषय m. viṣaya ヴィシャエ
きょうかい〘協会〙सभा sabhā サバー f., सोसाइटी f. sosāiṭī ソーサーイティー
きょうかい〘教会〙गिरजाघर m. girajāghara ギルジャーガル, चर्च m. carca チャルチ
きょうかしょ〘教科書〙पाठ्यपुस्तक f. pāṭhyapustaka パーティエプスタク
きょうかん〘共感〙सहानुभूति f. sahānubhūti サハーヌブーティ, हमदर्दी f. hamadardī ハムダルディー
きょうぎ〘競技〙खेल m. khela ケール, प्रतियोगिता f. pratiyogitā プラティヨーギター
ぎょうぎ〘行儀〙शिष्टाचार m. śiṣṭācāra シシュターチャール
きょうきゅう〘供給〙आपूर्ति f. āpūrti アープールティ, सप्लाई f. saplāī サプラーイー ◆供給する सप्लाई f. करना saplāī karanā サプラーイー カルナー
きょうぐう〘境遇〙परिवेश m. pariveśa パリヴェーシュ
きょうくん〘教訓〙उपदेश m. upadeśa ウプデーシュ, सबक़ m. sabaqa サバク, सीख f. sīkha スィーク
きょうこう〘教皇〙पोप m. popa ポープ
きょうこく〘峡谷〙घाटी f. ghāṭī ガーティー
きょうこな〘強固な〙दृढ़ dṛṛha ドリル, मज़बूत mazabūta マズブート
きょうさんしゅぎ〘共産主義〙साम्यवाद m. sāmyavāda サーミエワード
きょうし〘教師〙अध्यापक m. adhyāpaka アディャーパク, शिक्षक m. śikṣaka シクシャク
きょうしつ〘教室〙कक्षा f. kakṣā カクシャー

きょうじゅ〖教授〗प्रोफ़ेसर profesara プローフェーサル

きょうせい〖強制〗ज़बरदस्ती f. zabaradastī ザバルダスティー ◆強制する मजबूर करना majabūra karanā マジブール カルナー, विवश करना vivaśa karanā ヴィワシュ カルナー

ぎょうせい〖行政〗प्रशासन praśāsana プラシャーサン ◆行政機関 प्रशासनिक व्यवस्था f. praśāsanika vyavastʰā プラシャースニク ヴィャワスター

ぎょうせき〖業績〗उपलब्धि f. upalabdʰi ウプラブディ

きょうそう〖競争〗प्रतिस्पर्धा f. pratispardʰā プラティスパルダー, होड़ f. hoṛa ホール ◆競争する होड़ f. लेना hoṛa lenā ホール レーナー ◆競争力 प्रतियोगिता f. जीतने की क्षमता f. pratiyogitā jītane kī kṣamatā プラティヨーギター ジートネー キー クシャムター

きょうそう〖競走〗दौड़ f. dauṛa ダォール

きょうだい〖兄弟〗भाई-बहन m. bʰāī-bahana バーイー・バハン

きょうちょうする〖強調する〗ज़ोर m. देना zora denā ゾール デーナー, बल m. देना bala denā バル デーナー

きょうつうの〖共通の〗सामान्य sāmānya サーマーニエ

きょうてい〖協定〗अनुबंध m. anubaṃdʰa アヌバンド, समझौता m. samajʰautā サムジャォーター

きょうどうの〖共同の〗संयुक्त saṃyukta サンユクト

きような〖器用な〗कुशल kuśala クシャル, हुनरमंद hunaramaṃda フナルマンド

きょうばい〖競売〗नीलाम m. nīlāma ニーラーム

きょうはくする〖脅迫する〗धमकी m. देना dʰamakī denā ダムキー デーナー

きょうふ〖恐怖〗डर m. ḍara ダル, भय m. bʰaya バエ

きょうみ〖興味〗दिलचस्पी f. dilacaspī ディルチャスピー, रुचि f. ruci ルチ

ぎょうむ〖業務〗काम m. kāma カーム, कारोबार m. kārobāra カーローバール

きょうゆう〖共有〗साझा m. sājʰā サージャー

きょうりょく〖協力〗सहयोग m. sahayoga サヘヨーグ ◆協力する सहयोग m. करना sahayoga karanā サヘヨーグ カルナー

きょうりょくな〖強力な〗ज़ोरदार zoradāra ゾールダール, ताक़तवर tāqatavara ターカトワル, शक्तिशाली śaktiśālī シャクティシャーリー

ぎょうれつ〖行列〗(並び) क़तार f. qatāra カタール, ताँता m. tā̃tā ターンター, पंक्ति f. paṃkti パンクティ (行進) जुलूस m. julūsa ジュルース

きょうれつな〖強烈な〗ग़ज़ब का ğazaba kā ガザブ カー, ज़बरदस्त zabaradasta ザバルダスト

きょうわこく〖共和国〗गणतंत्र m. gaṇataṃtra ガンタントル, गणराज्य m. gaṇarājya ガンラージエ

きょえい〖虚栄〗आडंबर m. āḍaṃbara アーダンバル, दिखावा m. dikʰāvā ディカーワー

きょか〖許可〗इजाज़त f. ijāzata イジャーザト, अनुमति f. anumati アヌマティ ◆許可する इजाज़त f. देना ijāzata denā イジャーザト デーナー, अनुमति f. देना anumati denā アヌマティ デーナー

ぎょぎょう〖漁業〗मत्स्य उद्योग m. matsya udyoga マトスィエ ウディョーグ

きょくげん〖極限〗सीमा f. sīmā スィーマー, हद f. hada ハド

きょくたんな〖極端な〗अत्यंत atyaṃta アティャント, बेहद behada ベーハド

きょくとう〖極東〗सुदूर-पूर्व m. sudūra-pūrva スドゥール・プールオ

きょじゃくな〖虚弱な〗कमज़ोर kamazora カムゾール, दुर्बल durbala ドゥルバル, नाज़ुक nāzuka ナーズク

きょじゅうしゃ〖居住者〗निवासी m. nivāsī ニワースィー

きょぜつする〖拒絶する〗इनकार m. करना inakāra karanā インカール カルナー

きょだいな〖巨大な〗विराट् virāṭ ヴィラート

きょてん〖拠点〗अड्डा m. aḍḍā アッダー, केंद्र m. keṃdra ケーンドル

きょねん〖去年〗(主格) पिछला साल m. picʰalā sāla ピチラー サール (後置格) पिछले साल m. picʰale sāla ピチレー サール

きょひ〖拒否〗इनकार m. inakāra インカール ◆拒否する इनकार m. करना inakāra karanā インカール カルナー

ぎょみん〖漁民〗मछलीमार m. macʰalīmāra マチリーマール, मछुआ m. macʰuā マチュアー

ぎょらい〖魚雷〗टारपीडो m. ṭārapīḍo タールピードー

きょり〖距離〗दूरी f. dūrī ドゥーリー, फ़ासला m. fāsalā ファースラー

きらいな〖嫌いな〗अरुचिकर arucikara アルチカル, नापसंद nāpasaṃda ナーパサンド

きらめく चमकना camakanā チャマクナー, जगमगाना jagamagānā ジャグマガーナー, दमकना damakanā ダマクナー

きり〖錐〗बरमा m. baramā バルマー

きり〖霧〗कुहरा m. kuharā クフラー, धुंध f. dʰuṃdʰa ドゥンド

きりさめ〖霧雨〗झींसी f. jʰī̃sī ジーンスィー, फुहार f. pʰuhāra プハール

ギリシャ ग्रीस m. grīsa グリース, यूनान m. yūnāna ユーナーン ◆ギリシャ語・ギリシャ人・ギリシャの यूनानी yūnānī ユーナーニー

キリスト ईसा m. īsā イーサー ◆キリスト教 ईसाई धर्म m. īsāī dʰarma イーサーイー ダルム

きりつ〖規律〗अनुशासन m. anuśāsana アヌシャーサン

きりつめる〖切り詰める〗काटना kāṭanā カートナー

きりひらく〖切り開く〗चीरना cīranā チールナー

きりふだ〖切り札〗तुरुप m. turupa トゥルプ

きりょく〖気力〗मनोबल m. manobala マノーバル

きりん〖麒麟〗जिराफ़ m. jirāfa ジラーフ

きる〖切る〗काटना kāṭanā カートナー (薄く) फाँक f. करना pʰā̃ka karanā パーンク カルナー (鋸で) चीरना cīranā チールナー (スイッチを) बंद करना baṃda

karanā バンド カルナー（電話を）रखना rakʰanā ラクナー
きる〖着る〗पहनना pahananā パハンナー
きれ〖切れ〗（布）कपड़ा $^{m.}$ kaparā カプラー（個・枚・片）टुकड़ा $^{m.}$ ṭukarā トゥクラー
きれいな（綺麗な）ख़ूबसूरत xūbasūrata クーブスーラト，सुंदर sumdara スンダル（清潔な）साफ़-सुथरा sāfa-sutʰarā サーフ・ストラー
きれつ〖亀裂〗दरक $^{f.}$ daraka ダラク，दरार $^{f.}$ darāra ダラール，फूट $^{f.}$ pʰūṭa プート
きれる〖切れる〗（切られる）कटना kaṭanā カトナー（電話が）कटना kaṭanā カトナー（なくなる）ख़त्म होना xatma honā カトム ホーナー（頭が）होशियार hośiyāra ホーシヤール
キログラム किलोग्राम $^{m.}$ kilogrāma キローグラーム
キロメートル किलोमीटर $^{m.}$ kilomīṭara キローミータル
キロリットル किलोलीटर $^{m.}$ kilolīṭara キローリータル
キロワット किलोवाट $^{m.}$ kilovāṭa キローワート
ぎろん〖議論〗बहस $^{f.}$ bahasa バハス，वाद-विवाद $^{m.}$ vāda-vivāda ワード・ヴィワード
ぎわく〖疑惑〗शक $^{f.}$ śaka シャク，संदेह $^{m.}$ samdeha サンデーヘ
きん〖金〗सोना $^{m.}$ sonā ソーナー ♦金色の सुनहरा sunaharā スンハラー
ぎん〖銀〗चाँदी cā̃dī チャーンディー ♦銀色の रुपहला rupahalā ルパヘラー
きんか〖金貨〗सोने $^{m.}$ का सिक्का $^{m.}$ sone kā sikkā ソーネー カー スィッカー
ぎんか〖銀貨〗चाँदी $^{f.}$ का सिक्का $^{m.}$ cā̃dī kā sikkā チャーンディー カー スィッカー
ぎんが〖銀河〗आकाश गंगा $^{f.}$ ākāśa gamgā アーカーシュ ガンガー
きんがく〖金額〗रक़म $^{f.}$ raqama ラカム，राशि $^{f.}$ rāśi ラーシ
きんきゅうの〖緊急の〗आपातकालीन āpātakālīna アーパートカーリーン
きんこ〖金庫〗तिजोरी $^{f.}$ tijorī ティジョーリー，सेफ़ $^{m.}$ sefa セーフ
きんこう〖均衡〗संतुलन $^{m.}$ samtulana サントゥラン
ぎんこう〖銀行〗बैंक $^{m.}$ baimka バェーンク ♦銀行員 बैंक क्लर्क $^{m.}$ baimka klarka バェーンク クラルク
きんし〖禁止〗निषेध $^{m.}$ niṣedʰa ニシェード，मनाही $^{f.}$ manāhī マナーヒー ♦禁止する मना करना manā karanā マナー カルナー
きんしゅ〖禁酒〗नशाबंदी $^{f.}$ naśābamdī ナシャーバンディー
きんじょ〖近所〗आस-पास āsa-pāsa アース・パース，पड़ोस $^{m.}$ parosa パロース
きんじる〖禁じる〗मना करना manā karanā マナー カルナー
きんせい〖金星〗शुक्र $^{m.}$ śukra シュクル
きんぞく〖金属〗धातु $^{f.}$ dʰātu ダートゥ
きんだい〖近代〗आधुनिक काल $^{m.}$ ādʰunika kāla アードゥニク カール
きんにく〖筋肉〗मांस-पेशी $^{f.}$ māmsa-peśī マーンス・ペーシー
きんべんな〖勤勉な〗परिश्रमी pariśramī パリシュラミー，मेहनती mehanatī メーヘナティー
ぎんみする〖吟味する〗आज़माना āzamānā アーズマーナー，जाँचना jā̃canā ジャーンチナー
きんメダル〖金メダル〗स्वर्ण पदक $^{m.}$ svarṇa padaka スワルン パダク
ぎんメダル〖銀メダル〗रजत पदक $^{m.}$ rajata padaka ラジャト パダク
きんゆうぎょう〖金融業〗महाजनी $^{f.}$ mahājanī マハージャニー，साहूकारी $^{f.}$ sāhūkārī サーフーカーリー
きんようび〖金曜日〗शुक्रवार $^{m.}$ śukravāra シュクルワール
きんり〖金利〗ब्याज $^{m.}$ byāja ビャージ，सूद $^{f.}$ sūda スード
きんろう〖勤労〗काम $^{m.}$ kāma カーム，सेवा $^{f.}$ sevā セーワー
ぐあい〖具合〗हालत $^{f.}$ hālata ハーラト
グアム गुआम $^{m.}$ guāma グアーム
くい〖悔い〗पछतावा $^{m.}$ pacʰatāvā パチターワー
くい〖杭〗खूँटा $^{m.}$ kʰū̃ṭā クーンター，मेख़ $^{f.}$ mexa メーク
くいき〖区域〗इलाक़ा $^{m.}$ ilāqā イラーカー，क्षेत्र $^{m.}$ kṣetra クシェートル
クウェート कुवैत $^{m.}$ quvaita クワェート
くうかん〖空間〗दिक् $^{f.}$ dik ディク
くうき〖空気〗वायु $^{f.}$ vāyu ワーユ，हवा $^{f.}$ havā ハワー
くうぐん〖空軍〗वायु-सेना $^{f.}$ vāyu-senā ワーユ・セーナー
くうこう〖空港〗हवाई अड्डा $^{m.}$ havāī aḍḍā ハワーイー アッダー
くうしゅう〖空襲〗हवाई हमला $^{m.}$ havāī hamalā ハワーイー ハムラー
ぐうすう〖偶数〗सम संख्या $^{f.}$ sama samkʰyā サム サンキャー
くうせき〖空席〗ख़ाली जगह $^{f.}$ xālī jagaha カーリー ジャガ（ポストの）ख़ाली पद $^{m.}$ xālī pada カーリー パド
ぐうぜん〖偶然〗इत्तफ़ाक़ $^{m.}$ ittafāqa イッタファーク，संयोग $^{m.}$ samyoga サンヨーグ ♦偶然に इत्तफ़ाक़ $^{m.}$ से ittafāqa se イッタファーク セー，संयोग $^{m.}$ से samyoga se サンヨーグ セー
くうぜんの〖空前の〗अभूतपूर्व abʰūtapūrva アブートプールオ
くうそう〖空想〗कल्पना $^{f.}$ kalpanā カルパナー ♦空想する कल्पना $^{f.}$ करना kalpanā karanā カルプナー カルナー
ぐうぞう〖偶像〗प्रतिमा $^{f.}$ pratimā プラティマー，बुत $^{m.}$ buta ブト，मूर्ति $^{f.}$ mūrti ムールティ
くうはく〖空白〗ख़ाली जगह $^{f.}$ xālī jagaha カーリー ジャガ，शून्य स्थान $^{m.}$ śūnya stʰāna シューニエ スターン

くうふくの〘空腹の〙भूखा bʰūkʰā ブーカー
クーラー एयर-कंडीशनर m. eyara-kaṃḍīśanara エーヤル・カンディーシュナル
くかく〘区画〙ब्लाक m. blāka ブラーク
くがつ〘九月〙सितंबर m. sitaṃbara スィタンバル
くき〘茎〙डंठल m. ḍaṃṭʰala ダンタル
くぎ〘釘〙कील f. kīla キール
くきょう〘苦境〙कठिनाई f. kaṭʰināī カティナーイー，मुसीबत f. musībata ムスィーバト，विपत्ति f. vipatti ヴィパッティ
くぎょう〘苦行〙तपस्या f. tapasyā タパスィアー
くぎり〘区切り〙विराम m. virāma ヴィラーム（終わり）अंत m. aṃta アント
くさ〘草〙घास m. gʰāsa ガース
くさい〘臭い〙बदबूदार badabūdāra バドブーダール
くさり〘鎖〙चेन f. cena チェーン，ज़ंजीर f. zaṃjīra ザンジール
くさる〘腐る〙सड़ना saṛanā サルナー
くし〘櫛〙कंघा m. kaṃgʰā カンガー
くじ लाटरी f. lāṭarī ラートリー
くじく〘挫く〙मोच m. आना moca ānā モーチ アーナー（落胆させる）हिम्मत f. तोड़ना himmata toṛanā ヒムマト トールナー
くじける〘挫ける〙हिम्मत f. हारना himmata hāranā ヒムマト ハールナー
くじゃく〘孔雀〙मोर m. mora モール
くしゃみ छींक f. cʰī̃ka チーンク
グジャラートしゅう〘グジャラート州〙गुजरात m. gujarāta グジラート
くじょう〘苦情〙शिकायत f. śikāyata シカーヤト
くじら〘鯨〙ह्वेल f. hvela フヴェール
くず〘屑〙कूड़ा m. kūṛā クーラー
くすぐる गुदगुदाना gudagudānā グドグダーナー
くずす〘崩す〙तोड़ना toṛanā トールナー（お金を）तुड़वाना tuṛavānā トゥルワーナー
くすり〘薬〙दवा f. davā ダワー ♦薬屋 दवाख़ाना m. davāxānā ダワーカーナー
くすりゆび〘薬指〙अनामिका f. anāmikā アナーミカー
くずれる〘崩れる〙（形が崩れる）बिगड़ना bigaṛanā ビガルナー（崩れ落ちる）ढहना ḍʰahanā ダヘナー
くすんだ धुँधला dʰũdʰalā ドゥンドラー
くせ〘癖〙आदत f. ādata アーダト
ぐたいてきな〘具体的な〙मूर्त mūrta ムールト
くだく〘砕く〙तोड़ना toṛanā トールナー，फोड़ना pʰoṛanā ポールナー
くだける〘砕ける〙टूटना ṭūṭanā トゥートナー，फूटना pʰūṭanā プートナー
くだもの〘果物〙फल m. pʰala パル ♦果物屋 फलवाला m. pʰalavālā パルワーラー
くだらない〘下らない〙बेकार bekāra ベーカール
くだる〘下る〙उतरना utaranā ウタルナー
くち〘口〙मुँह m. mũha ムンフ
くちげんか〘口喧嘩〙कहा-सुनी f. kahā-sunī カハー・スニー，गाली-गलौज f. gālī-galauja ガーリー・ガラォージ，झकझक f. jʰakajʰaka ジャクジャク
くちばし〘嘴〙चोंच f. cõca チョーンチ
くちびる〘唇〙होंठ m. hõṭʰa ホーント
くちぶえ〘口笛〙सीटी f. sīṭī スィーティー
くちべに〘口紅〙लिपस्टिक f. lipasṭika リプスティク
くちょう〘口調〙बोलने का ढंग m. bolane kā ḍʰaṃga ボールネー カー ダング，लहजा m. lahajā ラヘジャー
くつ〘靴〙जूता m. jūtā ジューター ♦靴ひも फ़ीता m. fītā フィーター
くつう〘苦痛〙दर्द m. darda ダルド，दुख m. dukʰa ドゥク，पीड़ा m. pīṛā ピーラー
くつがえす〘覆す〙उलटना ulaṭanā ウラトナー
クッキー बिस्कुट m. biskuṭa ビスクト
くつした〘靴下〙मोज़ा m. mozā モーザー
クッション गद्दी f. gaddī ガッディー
くっつく चिपकना cipakanā チパクナー
くっつける चिपकाना cipakānā チプカーナー
くつろぐ〘寛ぐ〙आराम m. करना ārāma karanā アーラーム カルナー
くとうてん〘句読点〙विराम चिह्न m. virāma cihna ヴィラーム チフン
くどく〘口説く〙（言い寄る）बहकाना bahakānā バヘカーナー（説得する）मनाना manānā マナーナー
くに〘国〙देश m. deśa デーシュ（祖国）स्वदेश m. svadeśa スワデーシュ（政治機構としての）राष्ट्र m. rāṣṭra ラーシュトル
くばる〘配る〙（配達する）पहुँचाना pahũcānā パフンチャーナー（配布する）बाँटना bā̃ṭanā バーントナー
くび〘首〙गरदन m. garadana ガルダン，गला m. galā ガラー（頭部）सिर m. sira スィル（免職）पदच्युति f. padacyuti パドチュティ，बरख़ास्तगी f. baraxāstagī バルカースタギー
くふう〘工夫〙उपाय m. upāya ウパーエ，तरकीब f. tarakība タルキーブ ♦工夫する उपाय m. करना upāya karanā ウパーエ カルナー
くぶん〘区分〙（分割）विभाजन vibʰājana ヴィバージャン（分類）वर्गीकरण m. vargīkaraṇa ワルギーカラン
くべつ〘区別〙भेद m. bʰeda ベード
くぼみ〘窪み〙गड्ढा m. gaḍḍʰā ガッダー
くま〘熊〙भालू m. bʰālū バールー，रीछ m. rīcʰa リーチ
くみ〘組〙（一対）जोड़ा m. joṛā ジョーラー（一揃い）सेट m. seṭa セート（グループ）टीम m. ṭīma ティーム（学級）कक्षा f. kakṣā カクシャー
くみあい〘組合〙यूनियन m. yūniyana ユーニヤン，संघ m. saṃgʰa サング
くみあわせ〘組み合わせ〙योग m. yoga ヨーグ
くみたてる〘組み立てる〙जोड़ना joṛanā ジョールナー
クミン ज़ीरा m. zīrā ズィーラー
くも〘雲〙बादल m. bādala バーダル
くも〘蜘蛛〙मकड़ी f. makaṛī マクリー

くもり〖曇り〗बदली$^{f.}$ badalī バドリー ◆曇りの बादल$^{m.}$ से छाया bādala se c^{h}āyā バーダル セー チャーヤー
くもる〖曇る〗बादल$^{m.}$ छाना bādala c^{h}ānā バーダル チャーナー
くらい〖暗い〗अँधेरा ād^{h}erā アンデーラー
グライダー ग्लाइडर$^{m.}$ glāiḍara グラーイダル
グラウンド मैदान$^{m.}$ maidāna マェーダーン
くらし〖暮らし〗गुज़ारा$^{m.}$ guzārā グザーラー
クラシックの क्लासिकी klāsikī クラースィキー
くらす〖暮らす〗ज़िंदगी$^{f.}$ बसर$^{f.}$ करना ziṃdagī basara karanā ズィンダギー バサル カルナー
グラス गिलास$^{m.}$ gilāsa ギラース
クラブ（ゴルフクラブ）गोल्फ़ क्लब$^{m.}$ golfa klaba ゴールフ クラブ（同好会・集会所）क्लब$^{m.}$ klaba クラブ
グラフ ग्राफ़$^{m.}$ grāfa グラーフ, लेखाचित्र$^{m.}$ lek^{h}ācitra レーカーチトル
くらべる〖比べる〗तुलना$^{f.}$ करना tulanā karanā トゥルナー カルナー
グラム ग्राम$^{m.}$ grāma グラーム
くらやみ〖暗闇〗अंधकार$^{m.}$ aṃd^{h}akāra アンドカール, अँधेरा$^{m.}$ ād^{h}erā アンデーラー
クリーニング धुलाई$^{f.}$ d^{h}ulāī ドゥラーイー ◆クリーニング店 लांडरी$^{f.}$ lāṃḍarī ラーンドリー
クリーム क्रीम$^{f.}$ krīma クリーム
くりかえし〖繰り返し〗दोहराई$^{f.}$ doharāī ドーフラーイー, पुनरावृत्ति$^{f.}$ punarāvr̥tti プナラーヴリッティ
くりかえす〖繰り返す〗दोहराना doharānā ドーフラーナー
クリケット क्रिकेट$^{m.}$ kriketa クリケート
クリスチャン ईसाई$^{m.}$ īsāī イーサーイー
クリックする क्लिक करना klika karanā クリク カルナー
クリップ क्लिप$^{m.}$ klipa クリプ
クリニック क्लिनिक$^{m.}$ klinika クリニク
くる〖来る〗आना ānā アーナー
くるう〖狂う〗पागल होना pāgala honā パーガル ホーナー（調子が）गड़बड़ाना gaṛabaṛānā ガルバラーナー（計画などが）बिगड़ना bigaṛanā ビガルナー
グループ ग्रुप$^{m.}$ grupa グルプ, दल$^{m.}$ dala ダル
くるしい〖苦しい〗（苦痛である）दुखी duk^{h}ī ドゥキー, पीड़ित pīṛita ピーリト（困難な）कठिन kaṭ^{h}ina カティン, मुश्किल muśkila ムシュキル
くるしみ〖苦しみ〗दुख$^{m.}$ duk^{h}a ドゥク, पीड़ा$^{f.}$ pīṛā ピーラー
くるしむ〖苦しむ〗（困る）पीड़ित होना pīṛita honā ピーリト ホーナー（悩む）चिंतित होना ciṃtita honā チンティト ホーナー
くるしめる〖苦しめる〗दुखाना duk^{h}ānā ドゥカーナー
くるぶし〖踝〗टख़ना$^{m.}$ ṭaxanā タクナー
くるま〖車〗गाड़ी$^{f.}$ gāṛī ガーリー（車輪）पहिया$^{m.}$ pahiyā パヒヤー
くるみ〖胡桃〗अख़रोट$^{m.}$ axaroṭa アクロート
くるむ लपेटना lapeṭanā ラペートナー
クレーム शिकायत$^{f.}$ śikāyata シカーヤト
クレーン क्रेन$^{m.}$ krena クレーン
クレジット क्रेडिट$^{m.}$ kreḍiṭa クレーディト ◆クレジットカード क्रेडिट कार्ड$^{m.}$ kreḍiṭa kārḍa クレーディト カールド
くろい〖黒い〗काला kālā カーラー（日焼けして）साँवला sā̃valā サーオンラー
くろうする〖苦労する〗मेहनत$^{f.}$ करना mehanata karanā メヘナト カルナー
くろうと〖玄人〗पेशेवर$^{m.}$ peśevara ペーシェーワル
クローゼット अलमारी$^{f.}$ alamārī アルマーリー
クローブ लौंग$^{f.}$ laũga ラォーング
クロスワード शब्द पहेली$^{f.}$ śabda pahelī シャブド パヘーリー, वर्ग पहेली$^{f.}$ varga pahelī ワルグ パヘーリー
ぐろてすくな〖グロテスクな〗बदसूरत badasūrata バドスーラト
くろの〖黒の〗काला kālā カーラー
くわえる〖加える〗जोड़ना joṛanā ジョールナー, मिलाना milānā ミラーナー
くわしい〖詳しい〗ब्योरेवार byorevāra ビョーレーワール, विस्तृत vistr̥ta ヴィストリト（よく知っている）जानकार jānakāra ジャーンカール
くわだてる〖企てる〗रचना racanā ラチナー
くわわる〖加わる〗जुड़ना juṛanā ジュルナー, मिलना milanā ミルナー
ぐん〖軍〗फ़ौज$^{f.}$ fauja ファォージ, सेना$^{f.}$ senā セーナー
ぐん〖郡〗（県の次の区分）तहसील$^{f.}$ tahasīla タヘスィール
ぐんかん〖軍艦〗जंगी जहाज़$^{m.}$ jaṃgī jahāza ジャンギー ジャハーズ, युद्धपोत$^{m.}$ yudd^{h}apota ユッドポート
ぐんしゅう〖群衆〗भीड़$^{f.}$ b^{h}īṛa ビール
くんしょう〖勲章〗पदक$^{m.}$ padaka パダク
ぐんじん〖軍人〗सैनिक$^{m.}$ sainika サェーニク
ぐんたい〖軍隊〗फ़ौज$^{f.}$ fauja ファォージ, लशकर$^{m.}$ laśakara ラシュカル, सेना$^{f.}$ senā セーナー
くんれん〖訓練〗प्रशिक्षण$^{m.}$ praśikṣaṇa プラシクシャン ◆訓練する प्रशिक्षण$^{m.}$ देना praśikṣaṇa denā プラシクシャン デーナー
け〖毛〗बाल$^{m.}$ bāla バール（獣毛）रोआँ$^{m.}$ roā̃ ローアーン（羊毛）ऊन$^{m.}$ ūna ウーン
けい〖刑〗दंड$^{m.}$ daṃḍa ダンド, सज़ा$^{m.}$ sazā サザー
げい〖芸〗कला$^{f.}$ kalā カラー, फ़न$^{m.}$ fana ファン
けいえい〖経営〗प्रबंध$^{m.}$ prabaṃd^{h}a プラバンド ◆経営者 प्रबंधक$^{m.}$ prabaṃd^{h}aka プラバンダク ◆経営する प्रबंध$^{m.}$ करना prabaṃd^{h}a karanā プラバンド カルナー
けいかい〖警戒〗सावधानी$^{f.}$ sāvad^{h}ānī サーオダーニー ◆警戒する सावधानी$^{f.}$ बरतना sāvad^{h}ānī baratanā サーオダーニー バラトナー
けいかいな〖軽快な〗फुरतीला p^{h}uratīlā プルティーラー
けいかく〖計画〗योजना$^{f.}$ yojanā ヨージナー ◆計画

する योजना$^{f.}$ बनाना yojanā banānā ヨージナー バナーナー
けいかん〖警官〗पुलिसमैन$^{m.}$ pulisamaina プリスマェーン, पुलिसवाला$^{m.}$ pulisavālā プリスワーラー
けいき〖景気〗（業績）कारोबार$^{m.}$ kārobāra カーローバール, व्यवसाय$^{m.}$ vyavasāya ヴィヤオサーエ （市況）बाज़ार$^{m.}$ bāzāra バーザール
けいけん〖経験〗अनुभव$^{m.}$ anubʰava アヌバオ ♦経験する अनुभव$^{m.}$ करना anubʰava karanā アヌバオ カルナー
けいこ〖稽古〗（リハーサル）रिहर्सल$^{m.}$ riharsala リハルサル （練習・訓練）अभ्यास$^{m.}$ abʰyāsa アビャース
けいこう〖傾向〗प्रवृत्ति$^{f.}$ pravr̥tti プラヴリッティ
けいこうぎょう〖軽工業〗लघु उद्योग$^{m.}$ lagʰu udyoga ラグ ウディョーグ
けいこく〖警告〗चेतावनी$^{f.}$ cetāvanī チェーターオニー ♦警告する चेतावनी$^{f.}$ देना cetāvanī denā チェーターオニー デーナー
けいざい〖経済〗अर्थव्यवस्था$^{f.}$ artʰavyavastʰā アルトヴィヤワスター ♦経済学 अर्थशास्त्र$^{m.}$ artʰaśāstra アルトシャーストル ♦経済的な आर्थिक ārtʰika アールティク
けいさつ〖警察〗पुलिस$^{f.}$ pulisa プリス ♦警察官 पुलिसवाला$^{m.}$ pulisavālā プリスワーラー ♦警察署 थाना$^{m.}$ tʰānā ターナー
けいさん〖計算〗गिनती$^{f.}$ ginatī ギンティー, हिसाब$^{m.}$ hisāba ヒサーブ ♦計算機 कैलक्यूलेटर$^{m.}$ kailakyūleṭara カェールキューレータル ♦計算する गिनती$^{f.}$ करना ginatī karanā ギンティー カルナー, हिसाब$^{m.}$ करना hisāba karanā ヒサーブ カルナー
けいしき〖形式〗औपचारिकता$^{f.}$ aupacārikatā アオープチャーリクター ♦形式的な औपचारिक aupacārika アオープチャーリク
げいじゅつ〖芸術〗कला$^{f.}$ kalā カラー ♦芸術家 कलाकार$^{m.}$ kalākāra カラーカール
けいしょく〖軽食〗नाश्ता$^{m.}$ nāśtā ナーシュター
けいず〖系図〗वंशावली$^{f.}$ vaṃśāvalī ワンシャーオリー
けいぞくする〖継続する〗जारी रखना jārī rakʰanā ジャーリー ラクナー
けいそつな〖軽率な〗असावधान asāvadʰāna アサーオダーン, जल्दबाज़ jaldabāza ジャルドバーズ, लापरवाह lāparavāha ラーパルワーハ
けいたい〖形態〗आकृति$^{f.}$ ākr̥ti アークリティ
けいたいでんわ〖携帯電話〗मोबाइल फ़ोन$^{m.}$ mobāila fona モーバーイル フォーン
けいと〖毛糸〗ऊन$^{m.}$ ūna ウーン
げいにん〖芸人〗कलाकार$^{m.}$ kalākāra カラーカール
けいば〖競馬〗घुड़दौड़$^{f.}$ gʰuṛadauṛa グルダォール
けいはくな〖軽薄な〗ओछा ocʰā オーチャー
けいばつ〖刑罰〗दंड$^{m.}$ daṃḍa ダンド, सज़ा$^{m.}$ sazā サザー
けいひ〖経費〗ख़र्च$^{m.}$ xarca カルチ
けいび〖警備〗रखवाली$^{f.}$ rakʰavālī ラクワーリー ♦警備する रखवाली$^{f.}$ करना rakʰavālī karanā ラクワーリー カルナー
けいべつする〖軽蔑する〗तिरस्कार$^{m.}$ करना tiraskāra karanā ティラスカール カルナー
けいほう〖警報〗चेतावनी$^{f.}$ cetāvanī チェーターオニー
けいむしょ〖刑務所〗जेल$^{m.}$ jela ジェール
けいやく〖契約〗अनुबंध$^{m.}$ anubaṃdʰa アヌバンド ♦契約書 अनुबंध-पत्र anubaṃdʰa-patra アヌバンド・パトル ♦契約する अनुबंध$^{m.}$ पर हस्ताक्षर$^{m.}$ करना anubaṃdʰa para hastākṣara karanā アヌバンド パル ハスタークシャル カルナー
けいようし〖形容詞〗विशेषण$^{m.}$ viśeṣaṇa ヴィシェーシャン
けいり〖経理〗हिसाब-किताब$^{m.}$ hisāba-kitāba ヒサーブ・キターブ
けいりゃく〖計略〗चाल$^{f.}$ cāla チャール
けいりょう〖計量〗नाप-तौल$^{f.}$ nāpa-taula ナープ・タォール, माप-तौल$^{f.}$ māpa-taula マープ・タォール
けいれき〖経歴〗कैरियर$^{m.}$ kairiyara カェーリヤル
けいれん〖痙攣〗ऐंठन$^{f.}$ ãĩṭʰana アェーンタン
ケーキ केक$^{m.}$ keka ケーク
ケース（場合）मामला$^{m.}$ māmalā マームラー （箱）डिब्बा$^{m.}$ ḍibbā ディッバー
ゲート फाटक$^{m.}$ pʰāṭaka パータク
ゲーム खेल$^{m.}$ kʰela ケール
ケーララしゅう〖ケーララ州〗केरल$^{m.}$ kerala ケーラル
けおりもの〖毛織物〗ऊनी कपड़े$^{m.}$ ūnī kapaṛe ウーニー カプレー, पशमीना$^{m.}$ paśamīnā パシュミーナー
けが〖怪我〗चोट$^{f.}$ coṭa チョート, ज़ख़्म$^{f.}$ zaxma ザクム ♦怪我する चोट$^{f.}$ लगना coṭa laganā チョート ラグナー, ज़ख़्मी होना$^{f.}$ zaxmī honā ザクミー ホーナー ♦怪我人 घायल$^{m.}$ gʰāyala ガーヤル, ज़ख़्मी$^{m.}$ zaxmī ザクミー
げか〖外科〗शल्य-चिकित्सा$^{f.}$ śalya-cikitsā シャルエ・チキトサー, सर्जरी$^{f.}$ sarjarī サルジャリー ♦外科医 शल्य-चिकित्सक$^{m.}$ śalya-cikitsaka シャルエ・チキトサク, सर्जन$^{m.}$ sarjana サルジャン
けがす〖汚す・穢す〗कलंकित करना kalaṃkita karanā カランキト カルナー
けがれ〖汚れ・穢れ〗कलंक$^{m.}$ kalaṃka カランク, गंदगी$^{f.}$ gaṃdagī ガンダギー
けがわ〖毛皮〗खाल$^{f.}$ kʰāla カール, फ़र$^{m.}$ fara ファル
げき〖劇〗ड्रामा$^{m.}$ ḍrāmā ドラーマー, नाटक$^{m.}$ nāṭaka ナータク
げきじょう〖劇場〗थिएटर$^{m.}$ tʰieṭara ティエータル, रंगशाला$^{f.}$ raṃgaśālā ラングシャーラー
げきだん〖劇団〗नाटक मंडली$^{f.}$ nāṭaka maṃḍalī ナータカ マンダリー
げきれいする〖激励する〗हौसला$^{m.}$ बँधाना hausalā bā̃dʰānā ハォースラー バンダーナー
けさ〖今朝〗आज सुबह āja subaha アージ スバ

げざい〖下剤〗जुलाब$^{m.}$ julāba ジュラーブ, रेचक दवा$^{f.}$ recaka davā レーチャク ダワー
けし〖芥子・罌粟〗पोस्त$^{m.}$ posta ポースト
けしき〖景色〗दृश्य$^{m.}$ dṛśya ドリシエ, नज़ारा$^{m.}$ nazārā ナザーラー
けしゴム〖消しゴム〗रबड़$^{m.}$ rabaṛa ラバル
げしゃする〖下車する〗उतरना utaranā ウタルナー
けしょう〖化粧〗शृंगार$^{m.}$ śṛṃgāra シュリンガール ◆化粧室 ड्रेसिंग रूम$^{m.}$ ḍresiṃga rūma ドレースィング ルーム (トイレ) बाथरूम$^{m.}$ bātʰarūma バートルーム ◆化粧水 लोशन$^{m.}$ lośana ローシャン ◆化粧する शृंगार$^{m.}$ करना śṛṃgāra karanā シュリンガール カルナー ◆化粧品 प्रसाधन सामग्री$^{f.}$ prasādʰana sāmagrī プラサーダン サーマグリー
けす〖消す〗(文字などを) मिटाना miṭānā ミターナー (明かりや火を) बुझाना bujʰānā ブジャーナー (スイッチを) बंद करना baṃda karanā バンド カルナー
けずる〖削る〗छीलना cʰīlanā チールナー (削減する) काटना kāṭanā カートナー
けちな कंजूस kaṃjūsa カンジュース
けつあつ〖血圧〗रक्तचाप raktacāpa ラクトチャープ
けつい〖決意〗संकल्प$^{m.}$ saṃkalpa サンカルプ ◆決意する संकल्प$^{m.}$ करना saṃkalpa karanā サンカルプ カルナー
けつえき〖血液〗ख़ून$^{m.}$ xūna クーン, रक्त$^{m.}$ rakta ラクト
けつえん〖血縁〗ख़ून का रिश्ता$^{m.}$ xūna kā riśtā クーン カー リシュター
けっか〖結果〗नतीजा$^{m.}$ natījā ナティージャー, परिणाम$^{m.}$ pariṇāma パリナーム, फल$^{m.}$ pʰala パル
けっかく〖結核〗टीबी$^{f.}$ ṭībī ティービー, तपेदिक़$^{f.}$ tapediqa タペーディク, दमा$^{m.}$ damā ダマー
けっかん〖欠陥〗त्रिटि$^{f.}$ triṭi トリティ, दोष$^{m.}$ doṣa ドーシュ
けっかん〖血管〗नाड़ी$^{f.}$ nāṛī ナーリー
げっかんし〖月刊誌〗मासिक पत्रिका$^{f.}$ māsika patrikā マースィク パトリカー
げっきゅう〖月給〗मासिक वेतन$^{m.}$ māsika vetana マースィカ ヴェータン, माहवारी$^{f.}$ māhavārī マーヘワーリー
けっきょく〖結局〗आख़िरकार āxirakāra アーキルカール
けっきん〖欠勤〗नाग़ा$^{m.}$ nāğā ナーガー
けつごう〖結合〗जोड़$^{m.}$ joṛa ジョール ◆結合する जुड़ना juṛanā ジュルナー
けっこうな〖結構な〗बढ़िया baṛʰiyā バリヤー
けっこん〖結婚〗विवाह$^{m.}$ vivāha ヴィワーハ, शादी$^{f.}$ śādī シャーディー ◆結婚式 विवाह संस्कार$^{m.}$ vivāha saṃskāra ヴィワーヘ サンスカール ◆結婚する विवाह$^{m.}$ करना vivāha karanā ヴィワーヘ カルナー, शादी$^{f.}$ करना śādī karanā シャーディー カルナー
けっして〖決して〗कभी kabʰī カビー
げっしゃ〖月謝〗मासिक फ़ीस$^{f.}$ māsika fīsa マースィク フィース
げっしゅう〖月収〗मासिक आय$^{f.}$ māsika āya マースィク アーエ, माहवारी आमदनी$^{f.}$ māhavārī āmadanī マーヘワーリー アーマドニー
けっしょう〖決勝〗फ़ाइनल fāinala ファーイナル
げっしょく〖月食〗चंद्रग्रहण$^{m.}$ caṃdragrahaṇa チャンドルグラハン
けっしん〖決心〗फ़ैसला$^{m.}$ faisalā ファェースラー ◆決心する फ़ैसला$^{m.}$ करना faisalā karanā ファェースラー カルナー
けっせき〖欠席〗अनुपस्थिति$^{f.}$ anupastʰiti アヌパスティティ, ग़ैर-हाज़िरी$^{f.}$ ğaira-hāzirī ガェール・ハーズィリー ◆欠席する अनुपस्थित होना anupastʰita honā アヌパステイト ホーナー, ग़ैर-हाज़िर होना ğaira-hāzira honā ガェール・ハーズィル ホーナー
けつだん〖決断〗निर्णय$^{m.}$ nirṇaya ニルナエ ◆決断する निर्णय$^{m.}$ करना nirṇaya karanā ニルナエ カルナー
けってい〖決定〗निर्धारण$^{m.}$ nirdʰāraṇa ニルダーラン ◆決定する निर्धारित करना nirdʰārita karanā ニルダーリト カルナー
けってん〖欠点〗ख़राबी$^{f.}$ xarābī カラービー, दोष$^{m.}$ doṣa ドーシュ
けっとう〖血統〗जाति$^{f.}$ jāti ジャーティ, नस्ल$^{f.}$ nasla ナスル
けっぱく〖潔白〗निर्दोषता$^{f.}$ nirdoṣatā ニルドーシュター, बेगुनाही$^{f.}$ begunāhī ベーグナーヒー
げっぷ डकार$^{f.}$ ḍakāra ダカール
けつぼう〖欠乏〗अभाव$^{m.}$ abʰāva アバーオ, कमी$^{f.}$ kamī カミー ◆欠乏する कम पड़ना kama paṛanā カム パルナー
けつまつ〖結末〗नतीजा$^{m.}$ natījā ナティージャー, परिणाम$^{m.}$ pariṇāma パリナーム, फल$^{m.}$ pʰala パル
げつまつ〖月末〗महीने का अंत$^{m.}$ mahīne kā aṃta マヒーネー カー アント
げつようび〖月曜日〗सोमवार$^{m.}$ somavāra ソームワール
けつろん〖結論〗नतीजा$^{m.}$ natījā ナティージャー, निष्कर्ष$^{m.}$ niṣkarṣa ニシュカルシュ
けなす बुरा-भला कहना burā-bʰalā kahanā ブラー・バラー カヘナー
ケニア कीनिया$^{m.}$ kīniyā キーニヤー
げひんな〖下品な〗अशिष्ट aśiṣṭa アシシュト, भद्दा bʰaddā バッダー
けむし〖毛虫〗इल्ली$^{f.}$ illī イッリー
けむり〖煙〗धुआँ$^{m.}$ dʰuā̃ ドゥアーン
けもの〖獣〗जानवर$^{m.}$ jānavara ジャーンワル, पशु$^{m.}$ paśu パシュ
げり〖下痢〗दस्त$^{m.}$ dasta ダスト
ゲリラ गुरिल्ला$^{m.}$ gurillā グリッラー
ける〖蹴る〗ठुकराना ṭʰukarānā トゥクラーナー, ठोकर$^{f.}$ मारना ṭʰokara māranā トーカル マールナー
げれつな〖下劣な〗अदना adanā アドナー, कमीना

kamīnā カミーナー
けん〘券〙टिकट m. ṭikaṭa ティカト, कूपन m. kūpana クーパン
けん〘県〙(州の次の区分) ज़िला m. zilā ズィラー
げん〘弦〙(楽器の) तार m. tāra タール (弓の) डोरी f. ḍorī ドーリー, पतंचा f. patyaṃcā パティャンチャー
げんいん〘原因〙कारण m. kāraṇa カーラン, वजह f. vajaha ワジャ
げんえい〘幻影〙भ्रम m. bʰrama ブラム
けんえき〘検疫〙संगरोध m. saṃgarodʰa サングロード
けんえつ〘検閲〙सेंसर m. seṃsara セーンサル
けんか〘喧嘩〙(殴り合い) मारा-मारी f. mārā-mārī マーラー・マーリー (口論) झगड़ा m. jʰagaṛā ジャグラー ◆喧嘩する झगड़ा m. करना jʰagaṛā karanā ジャグラー カルナー
げんか〘原価〙पड़ता m. paṛatā パルター
けんかい〘見解〙मत m. mata マト
げんかい〘限界〙सीमा f. sīmā スィーマー, हद f. hada ハド
げんかくな〘厳格な〙कट्टर kaṭṭara カッタル
げんきな〘元気な〙तंदुरुस्त taṃdurusta タンドゥルスト, स्वस्थ svastʰa スワスト
けんきゅう〘研究〙अध्ययन m. adʰyayana アディャヤン, शोध m. śodʰa ショード ◆研究者 अध्येता m. adʰyetā アディエーター, शोधकर्ता m. śodʰakartā ショードカルター ◆研究所 संस्थान m. saṃstʰāna サンスターン ◆研究する अध्ययन m. करना adʰyayana karanā アディャヤン カルナー, शोध m. करना śodʰa karanā ショード カルナー
けんきょな〘謙虚な〙नम्र namra ナムル, विनीत vinīta ヴィニート
げんきん〘現金〙नक़द m. naqada ナカド, कैश m. kaiśa カェーシュ
けんけつ〘献血〙रक्तदान m. raktadāna ラクトダーン
けんげん〘権限〙अधिकार m. adʰikāra アディカール
げんご〘言語〙भाषा f. bʰāṣā バーシャー ◆言語学 भाषा-विज्ञान m. bʰāṣā-vijñāna バーシャー・ヴィギャーン
けんこう〘健康〙सेहत f. sehata セハト, स्वास्थ्य m. svāstʰya スワースティエ ◆健康な तंदुरुस्त taṃdurusta タンドゥルスト, स्वस्थ svastʰa スワスト
げんこう〘原稿〙प्रारूप m. prārūpa プラーループ
げんこく〘原告〙अभियोक्ता m. abʰiyoktā アビヨークター
けんさ〘検査〙जाँच f. jā̃ca ジャーンチ ◆検査する जाँचना jā̃canā ジャーンチナー
げんざいの〘現在の〙मौजूदा maujūdā マォージューダー, वर्तमान vartamāna ワルトマーン
けんさく〘検索〙खोज f. kʰoja コージ ◆検索する पता m. लगाना patā lagānā パター ラガーナー
けんじ〘検事〙सरकारी अभियोक्ता m. sarakārī abʰiyoktā サラカーリー アビヨークター
げんし〘原子〙परमाणु m. paramāṇu パルマーヌ ◆原子爆弾 परमाणु बम m. paramāṇu bama パルマーヌ バム ◆原子力 परमाणु ऊर्जा f. paramāṇu ūrjā パルマーヌ ウールジャー ◆原子炉 परमाणु भट्टी f. paramāṇu bʰaṭṭī パルマーヌ バッティー
げんじつ〘現実〙यथार्थ m. yatʰārtʰa ヤタールト ◆現実の वास्तविक vāstavika ワースタヴィク
げんしの〘原始の〙आदिम ādima アーディム
けんしゅう〘研修〙प्रशिक्षण m. praśikṣaṇa プラシクシャン ◆研修生 प्रशिक्षणार्थी m. praśikṣaṇārtʰī プラシクシャナールティー
けんじゅう〘拳銃〙पिस्तौल f. pistaula ピスタォール
げんじゅうしょ〘現住所〙वर्तमान पता m. vartamāna patā ワルトマーン パター
けんしょう〘懸賞〙पुरस्कार m. puraskāra プラスカール
げんじょう〘現状〙वर्तमान स्थिति f. vartamāna stʰiti ワルトマーン スティティ
げんしょうする〘減少する〙घटना gʰaṭanā ガトナー
けんしん〘検診〙डाक्टरी जाँच f. ḍākṭarī jā̃ca ダークタリー ジャーンチ
けんせつ〘建設〙निर्माण m. nirmāṇa ニルマーン ◆建設する निर्माण m. करना nirmāṇa karanā ニルマーン カルナー
けんぜんな〘健全な〙स्वस्थ svastʰa スワスト
げんそ〘元素〙रासायनिक तत्त्व m. rāsāyanika tattva ラーサーエニク タットオ
げんそう〘幻想〙मोह m. moha モーフ
げんそく〘原則〙उसूल m. usūla ウスール, सिद्धांत m. siddʰāṃta スィッダーント
けんそん〘謙遜〙नम्रता f. namratā ナムラター
げんだいの〘現代の〙आधुनिक ādʰunika アードゥニク
けんちく〘建築〙(建物) वास्तु m. vāstu ワーストゥ (建築術) वास्तुकला f. vāstukalā ワーストゥカラー ◆建築家 वास्तुकार m. vāstukāra ワーストゥカール
げんてい〘限定〙परिसीमन m. parisīmana パリスィーマン ◆限定する सीमित करना sīmita karanā スィーミト カルナー
げんてん〘原典〙मूलपाठ m. mūlapāṭʰa ムールパート
げんど〘限度〙सीमा f. sīmā スィーマー, हद f. hada ハド
けんとう〘検討〙विवेचना f. vivecanā ヴィヴェーチナー ◆検討する विवेचना f. करना vivecanā karanā ヴィヴェーチナー カルナー
けんとう〘見当〙(推測) अंदाज़ m. aṃdāza アンダーズ (目標) निशाना m. niśānā ニシャーナー
げんば〘現場〙घटना-स्थल m. gʰaṭanā-stʰala ガトナー・スタル
けんびきょう〘顕微鏡〙माइक्रोस्कोप m. māikroskopa マーイクロースコープ, सूक्ष्मदर्शी m. sūkṣmadarśī スークシュムダルシー
けんぶつ〘見物〙पर्यटन m. paryaṭana パルヤタン, सैर-सपाटा m. saira-sapāṭā サェール・サパーター ◆見物する सैर f. करना saira karanā サェール カルナー
げんぶん〘原文〙मूलपाठ m. mūlapāṭʰa ムールパート

けんぽう〖憲法〗संविधान m. saṃvidhāna サンヴィダーン
けんめいな〖賢明な〗अक़्लमंद aqlamaṃda アクルマンド，बुद्धिमान् buddhimān ブッディマーン，होशियार hośiyāra ホーシヤール
けんめいに〖懸命に〗जी जान से jī jāna se ジー ジャーン セー，तन मन से tana mana se タン マン セー
けんやくする〖倹約する〗किफ़ायत f. करना kifāyata karanā キファーヤト カルナー
げんゆ〖原油〗कच्चा तेल m. kaccā tela カッチャー テール
けんり〖権利〗अधिकार m. adhikāra アディカール
げんり〖原理〗उसूल m. usūla ウスール，सिद्धांत m. siddhāṃta スィッダーント
げんりょう〖原料〗कच्चा माल m. kaccā māla カッチャー マール
けんりょく〖権力〗सत्ता f. sattā サッター
こ〖子〗बच्चा m. baccā バッチャー，संतान f. saṃtāna サンターン
ご〖五〗पाँच pāca パーンチ
ご〖語〗शब्द m. śabda シャブド
こい〖濃い〗（色が）गहरा gaharā ガヘラー（味が）तेज़ teza テーザ（密度が）गाढ़ा gāṛhā ガーラー
こい〖恋〗इश्क़ m. iśqa イシュク，प्रेम m. prema プレーム ♦恋する प्रेम m. करना prema karanā プレーム カルナー
ごい〖語彙〗शब्दावली f. śabdāvalī シャブダーオリー
こいぬ〖子犬〗पिल्ला m. pillā ピッラー
こいびと〖恋人〗（男性）प्रेमी m. premī プレーミー（女性）प्रेमिका f. premikā プレーミカー
コイン सिक्का m. sikkā スィッカー
こうい〖好意〗कृपा f. kṛpā クリパー，मेहरबानी f. meharabānī メヘルバーニー
こうい〖行為〗आचरण m. ācaraṇa アーチャラン，क्रिया-कलाप m. kriyā-kalāpa クリヤー・カラープ
ごうい〖合意〗रज़ामंदी f. razāmaṃdī ラザーマンディー，सहमति f. sahamati サヘマティ
こううん〖幸運〗ख़ुशक़िस्मती f. xuśaqismatī クシュキスマティー，सौभाग्य m. saubhāgya サォーバーギエ
こうえい〖光栄〗इज़्ज़त f. izzata イッザト，सम्मान m. sammāna サムマーン
こうえん〖公園〗पार्क m. pārka パールク，बाग़ m. bāğa バーグ
こうえん〖講演〗भाषण m. bhāṣaṇa バーシャン，व्याख्यान m. vyākhyāna ヴィャーキャーン ♦講演する भाषण m. देना bhāṣaṇa denā バーシャン デーナー，व्याख्यान m. देना vyākhyāna denā ヴィャーキャーン デーナー
ごうおん〖轟音〗गर्जन m. garjana ガルジャン
こうか〖効果〗असर m. asara アサル，प्रभाव m. prabhāva プラバーオ
こうか〖硬貨〗सिक्का m. sikkā スィッカー
こうかい〖後悔〗पछतावा m. pachatāvā パチターワー，पश्चात्ताप m. paścāttāpa パシュチャーッタープ ♦後悔する पछताना pachatānā パチターナー
こうかい〖航海〗जहाज़रानी f. jahāzarānī ジャハーズラーニー
こうがい〖公害〗प्रदूषण m. pradūṣaṇa プラドゥーシャン
こうがい〖郊外〗उपनगर m. upanagara ウプナガル
ごうかくした〖合格した〗उत्तीर्ण uttīrṇa ウッティールン，पास pāsa パース ♦合格する उत्तीर्ण होना uttīrṇa honā ウッティールン ホーナー，पास होना pāsa honā パース ホーナー
こうかな〖高価な〗क़ीमती qīmatī キームティー，महँगा mahãgā マハンガー
ごうかな〖豪華な〗भव्य bhavya バヴィエ，शानदार śānadāra シャーンダール
こうかん〖交換〗आदान-प्रदान m. ādāna-pradāna アーダーン・プラダーン，बदलाव m. badalāva バドラーオ ♦交換する बदलना badalanā バダルナー
ごうかん〖強姦〗बलात्कार m. balātkāra バラートカール
こうぎ〖抗議〗विरोध m. virodha ヴィロード ♦抗議する विरोध m. करना virodha karanā ヴィロード カルナー
こうぎ〖講義〗लेक्चर m. lekcara レークチャル，व्याख्यान m. vyākhyāna ヴィャーキャーン ♦講義する लेक्चर m. देना lekcara denā レークチャル デーナー，व्याख्यान m. देना vyākhyāna denā ヴィャーキャーン デーナー
こうきしん〖好奇心〗कुतूहल m. kutūhala クトゥーハル，जिज्ञासा f. jijñāsā ジギャーサー
こうきな〖高貴な〗कुलीन kulīna クリーン，शरीफ़ śarīfa シャリーフ
こうぎょう〖工業〗उद्योग m. udyoga ウディョーグ
こうぎょう〖鉱業〗खनन उद्योग m. khanana udyoga カナン ウディョーグ
こうきょうの〖公共の〗सार्वजनिक sārvajanika サールオジャニク
ごうきん〖合金〗मिश्रधातु m. miśradhātu ミシュルダートゥ
こうぐ〖工具〗औज़ार m. auzāra アォーザール
こうくうき〖航空機〗वायुयान m. vāyuyāna ワーユヤーン，विमान m. vimāna ヴィマーン，हवाई जहाज़ m. havāī jahāza ハワーイー ジャハーズ
こうくうけん〖航空券〗हवाई टिकट m. havāī ṭikaṭa ハワーイー ティカト
こうくうびん〖航空便〗हवाई डाक m. havāī ḍāka ハワーイー ダーク
こうけい〖光景〗दृश्य m. dṛśya ドリシエ，नज़ारा m. nazārā ナザーラー
こうげい〖工芸〗दस्तकारी f. dastakārī ダストカーリー，हस्तशिल्प m. hastaśilpa ハストシルプ
ごうけい〖合計〗जोड़ m. joṛa ジョール，टोटल m. ṭoṭala トータル ♦合計する जोड़ना joṛanā ジョールナー
こうけいしゃ〖後継者〗उत्तराधिकारी m. uttarādhikārī ウッタラーディカーリー，वारिस m. vārisa ワーリス

こうげき〘攻撃〙आक्रमण m. ākramaṇa アークラマン, हमला m. hamalā ハムラー ◆攻撃する आक्रमण m. करना ākramaṇa karanā アークラマン カルナー, हमला m. करना hamalā karanā ハムラー カルナー

こうけつあつ〘高血圧〙उच्च रक्तचाप m. ucca raktacāpa ウッチ ラクトチャープ

こうけん〘貢献〙योगदान m. yogadāna ヨーグダーン

こうげん〘高原〙पठार m. paṭʰāra パタール

こうこう〘高校〙हाई स्कूल m. hāī skūla ハーイー スクール ◆高校生 हाई स्कूल के छात्र-छात्राएँ hāī skūla ke cʰātra-cʰātrāẽ ハーイー スクール ケー チャートル・チャートラーエーン

こうごう〘皇后〙सम्राज्ञी f. samrājñī サムラーギー

こうこがく〘考古学〙पुरातत्त्व m. purātattva プラータットオ

こうこく〘広告〙इश्तहार m. iśtahāra イシュトハール, विज्ञापन m. vijñāpana ヴィギャーパン

こうごに〘交互に〙बारी f. बारी f. से bārī bārī se バーリー バーリー セー

こうざ〘講座〙कोर्स m. korsa コールス, पाठ्यक्रम m. pāṭʰyakrama パーティエクラム

こうざ〘口座〙खाता m. kʰātā カーター

こうさく〘耕作〙खेती f. kʰetī ケーティー

こうざん〘鉱山〙खान f. kʰāna カーン

こうさんする〘降参する〙आत्मसमर्पण m. करना ātmasamarpaṇa karanā アートムサマルパン カルナー

こうし〘講師〙प्रवक्ता m. pravaktā プラワクター, लेक्चरर m. lekcarara レークチャラル

こうしきの〘公式の〙औपचारिक aupacārika アォープチャーリク

こうじつ〘口実〙बहाना m. bahānā バハーナー

こうしゅうの〘公衆の〙सार्वजनिक sārvajanika サールオジャニク

こうじょ〘控除〙कटौती f. kaṭautī カタォーティー ◆控除する काटना kāṭanā カートナー

こうじょう〘工場〙कारख़ाना m. kāraxānā カールカーナー

ごうじょうな〘強情な〙ज़िद्दी ziddī ズィッディー

こうしん〘行進〙मार्च m. mārca マールチ ◆行進する मार्च m. करना mārca karanā マールチ カルナー

こうしんりょう〘香辛料〙मसाला m. masālā マサーラー

こうすい〘香水〙इत्र m. itra イトル

こうずい〘洪水〙बाढ़ f. bāṛʰa バール, सैलाब m. sailāba サェーラーブ

こうせいな〘公正な〙न्यायसंगत nyāyasaṃgata ニャーエサンガト

こうせん〘光線〙किरण f. kiraṇa キラン

こうぜんと〘公然と〙खुलेआम kʰuleāma クレーアーム, खुल्लम-खुल्ला kʰullama-kʰullā クッラム・クッラー

こうそ〘控訴〙अपील f. apīla アピール

こうそう〘構想〙योजना f. yojanā ヨージナー

こうぞう〘構造〙बनावट f. banāvaṭa バナーワト, संरचना f. saṃracanā サンラチナー

こうそうけんちく〘高層建築〙गगनचुंबी इमारत f. gaganacumbī imārata ガガンチュンビー イマーラト, बहुमंज़िला इमारत f. bahumaṃzilā imārata バフマンズィラー イマーラト

こうそく〘高速〙तीव्र गति f. tīvra gati ティーヴル ガティ ◆高速道路 एक्सप्रेस-वे f. eksapresa-ve エークスプレース・ヴェー, मोटर-वे f. moṭara-ve モータル・ヴェー

こうたいし〘皇太子〙युवराज m. yuvarāja ユオラージ

こうたいする〘交替する〙बदलना badalanā バダルナー

こうだいな〘広大な〙लंबा-चौड़ा lambā-cauṛā ランバー・チャォーラー, विशाल viśāla ヴィシャール

こうたく〘光沢〙आभा f. ābʰā アーバー, चमक f. camaka チャマク

こうちゃ〘紅茶〙चाय f. cāya チャーエ, टी f. ṭī ティー

こうちょう〘校長〙प्रिंसिपल m. priṃsipala プリンスィパル, हेडमास्टर m. heḍamāsṭara ヘードマースタル

こうつう〘交通〙(往来) ट्रैफ़िक m. ṭraifika トラェーフィク, यातायात m. yātāyāta ヤーターヤート (輸送) ढुलाई f. ḍʰulāī ドゥラーイー ◆交通事故 सड़क दुर्घटना f. saṛaka durgʰaṭanā サラク ドゥルガトナー

こうてい〘皇帝〙सम्राट् m. samrāṭ サムラート

こうていする〘肯定する〙हाँ f. करना hā̃ karanā ハーン カルナー

こうてきな〘公的な〙सार्वजनिक sārvajanika サールオジャニク

こうてつ〘鋼鉄〙इसपात isapāta イスパート, फ़ौलाद f. faulāda ファォーラード, स्टील m. sṭīla スティール

こうど〘高度〙ऊँचाई f. ū̃cāī ウーンチャーイー

こうどう〘行動〙आचरण m. ācaraṇa アーチャラン ◆行動する आचरण m. करना ācaraṇa karanā アーチャラン カルナー

こうどう〘講堂〙हाल m. hāla ハール

ごうとう〘強盗〙डकैत m. ḍakaita ダカェート, डाकू m. ḍākū ダークー, लुटेरा m. luṭerā ルテーラー

ごうどう〘合同〙संयोग m. saṃyoga サンヨーグ

こうとうがっこう〘高等学校〙हाई स्कूल m. hāī skūla ハーイー スクール

こうとうさいばんしょ〘高等裁判所〙उच्च न्यायालय m. ucca nyāyālaya ウッチ ニャーヤーラエ, हाई कोर्ट m. hāī korṭa ハーイー コールト

こうとうの〘口頭の〙ज़बानी zabānī ザバーニー, मौखिक maukʰika マォーキク

こうどくりょう〘購読料〙चंदा m. caṃdā チャンダー

こうにゅうする〘購入する〙ख़रीदना xarīdanā カリードナー

こうにんの〘公認の〙मान्यता-प्राप्त mānyatā-prāpta マーニエター・プラープト

こうばしい〘香ばしい〙ख़ुशबूदार xuśabūdāra クシュブーダール, सुगंधित sugaṃdʰita スガンディト, सोंधा sõdʰā ソーンダー

こうはん〖後半〗उत्तरार्ध m. uttarārdʰa ウッタラールド
こうばん〖交番〗पुलिस चौकी f. pulisa caukī プリス チャオーキー
こうひょうの〖好評の〗लोकप्रिय lokapriya ロークプリエ
こうふく〖幸福〗सुख m. sukʰa スク ♦幸福な सुखी sukʰī スキー
こうぶつ〖好物〗मनपसंद चीज़ f. manapasaṃda cīza マンパサンド チーズ
こうぶつ〖鉱物〗खनिज पदार्थ m. kʰanija padārtʰa カニジ パダールト
こうふん〖興奮〗उत्तेजना f. uttejanā ウッテージナー, जोश m. jośa ジョーシュ ♦興奮する उत्तेजित होना uttejita honā ウッテージト ホーナー, जोश m. में आना jośa mẽ ānā ジョーシュ メーン アーナー
こうぶん〖構文〗वाक्य-रचना f. vākya-racanā ワーキエ・ラチナー
こうへいな〖公平な〗निष्पक्ष niṣpakṣa ニシュパクシュ
ごうほうてきな〖合法的な〗वैध vaidʰa ワェード
ごうまんな〖傲慢な〗घमंडी gʰamaṃḍī ガマンディー
こうみょうな〖巧妙な〗कुशल kuśala クシャル
こうむ〖公務〗सरकारी काम m. sarakārī kāma サルカーリー カーム ♦公務員 सरकारी कर्मचारी m. sarakārī karmacārī サルカーリー カルムチャーリー
こうもり〖蝙蝠〗चमगादड़ m. camagādaṛa チャムガーダル
ごうもん〖拷問〗यंत्रणा f. yaṃtraṇā ヤントルナー, यातना f. yātanā ヤートナー
こうや〖荒野〗वीराना m. vīrānā ヴィーラーナー
こうり〖小売り〗ख़ुदरा m. xudarā クドラー, फुटकर m. pʰuṭakara プトカル ♦小売りする ख़ुदरा m. बेचना xudarā becanā クドラー ベーチナー, फुटकर m. बेचना pʰuṭakara becanā プトカル ベーチナー
ごうりてきな〖合理的な〗तर्कसंगत tarkasaṃgata タルクサンガト, युक्तिसंगत yuktisaṃgata ユクティサンガト
こうりょうとした〖荒涼とした〗वीरान vīrāna ヴィーラーン, सुनसान sunasāna スンサーン
こうりょく〖効力〗(効果・効能) असर m. asara アサル, तासीर f. tāsīra タースィール, प्रभाव m. prabʰāva プラバーオ
こうりょする〖考慮する〗ख़्याल m. रखना xyāla rakʰanā キャール ラクナー, ध्यान m. रखना dʰyāna rakʰanā ディャーン ラクナー
こえ〖声〗आवाज़ f. āvāza アーワーズ, स्वर m. svara スワル
こえる〖越える〗पार m. करना pāra karanā パール カルナー, लाँघना lā̃gʰanā ラーングナー
コーチ कोच m. koca コーチ
コーヒー काफ़ी f. kāfī カーフィー ♦コーヒーショップ काफ़ी हाउस m. kāfī hāusa カーフィー ハーウス
コーラス कोरस m. korasa コーラス
こおり〖氷〗बर्फ़ m. barfa バルフ
こおる〖凍る〗जमना jamanā ジャムナー
ゴール गोल m. gola ゴール ♦ゴールキーパー गोलकीपर m. golakīpara ゴールキーパル ♦ゴールキック गोल किक f. gola kika ゴール キク
ごかい〖誤解〗ग़लतफ़हमी f. ğalatafahamī ガラトファヘミー ♦誤解する ग़लत समझना ğalata samajʰanā ガラト サマジナー
コカイン कोकीन f. kokīna コーキーン
ごかくけい〖五角形〗पंचभुज m. paṃcabʰuja パンチブジ
こがす〖焦がす〗झुलसना jʰulasanā ジュラスナー
ごがつ〖五月〗मई f. maī マイー
こぎって〖小切手〗चेक m. ceka チェーク
ゴキブリ तिलचटा m. tilacaṭā ティルチャター
こきゃく〖顧客〗गाहक m. gāhaka ガーハク
こきゅう〖呼吸〗साँस f. sā̃sa サーンス ♦呼吸する साँस f. लेना sā̃sa lenā サーンス レーナー
こきょう〖故郷〗जन्मभूमि f. janmabʰūmi ジャナムブーミ, मातृभूमि f. mātr̥bʰūmi マートリブーミ
こぐ〖漕ぐ〗खेना kʰenā ケーナー
こくおう〖国王〗सम्राट् m. samrāṭ サムラート, राजा m. rājā ラージャー
こくさいてきな〖国際的な〗अंतर्राष्ट्रीय aṃtarrāṣṭrīya アンタルラーシュトリーエ
こくさいほう〖国際法〗अंतर्राष्ट्रीय विधि f. aṃtarrāṣṭrīya vidʰi アンタルラーシュトリーエ ヴィディ
こくさんの〖国産の〗देशी deśī デーシー
こくじん〖黒人〗हब्शी m. habśī ハブシー
こくせき〖国籍〗राष्ट्रीयता f. rāṣṭrīyatā ラーシュトリーエター
こくないの〖国内の〗आंतरिक āṃtarika アーンタリク, घरेलू gʰarelū ガレールー
こくふくする〖克服する〗जीतना jītanā ジートナー
こくぼう〖国防〗रक्षा f. rakṣā ラクシャー
こくみん〖国民〗जनता f. janatā ジャンター, देशवासी m. deśavāsī デーシュワースィー, नागरिक m. nāgarika ナーグリク ♦国民の जनता f. का janatā kā ジャンター カー
こくもつ〖穀物〗अनाज m. anāja アナージ
こくゆうの〖国有の〗राष्ट्रीय rāṣṭrīya ラーシュトリーエ, सरकारी sarakārī サルカーリー
こくりつの〖国立の〗राष्ट्रीय rāṣṭrīya ラーシュトリーエ, सरकारी sarakārī サルカーリー
こくれん〖国連〗संयुक्त राष्ट्र m. saṃyukta rāṣṭra サンユクト ラーシュトル
こけ〖苔〗काई f. kāī カーイー
こげる〖焦げる〗जलना jalanā ジャルナー, झुलसना jʰulasanā ジュラスナー
ここ यहाँ yahā̃ ヤハーン
ごご〖午後〗दोपहर f. के बाद dopahara ke bāda ドーパハル ケー バード
ココア कोको m. koko コーコー
こごえる〖凍える〗ठिठुरना ṭʰiṭʰuranā ティトゥルナー

ここちよい〖心地よい〗सुहावना suhāvanā スハーオナー

こごと〖小言〗झिड़की$^{f.}$ jʰiṛakī ジルキー, डाँट$^{f.}$ ḍā̃ṭa ダーント

ココナツ नारियल$^{m.}$ nāriyala ナーリヤル

こころ〖心〗(心情) दिल$^{m.}$ dila ディル, मन$^{m.}$ mana マン (感情) भावना$^{f.}$ bʰāvanā バーオナー (意向) इरादा$^{m.}$ irādā イラーダー (精神) आत्मा$^{f.}$ ātmā アートマー

こころざし〖志〗आकांक्षा$^{f.}$ ākāṃkṣā アーカーンクシャー

こころみる〖試みる〗आज़माना āzamānā アーズマーナー

こころよい〖快い〗सुहावना suhāvanā スハーオナー

こさめ〖小雨〗झींसी$^{f.}$ jʰī̃sī ジーンスィー, फुहार$^{f.}$ pʰuhāra プハール, बूँदा-बाँदी$^{f.}$ bū̃dā-bā̃dī ブーンダー・バーンディー

こざら〖小皿〗तश्तरी$^{f.}$ taśtarī タシュタリー

こし〖腰〗कमर$^{f.}$ kamara カマル

こじ〖孤児〗अनाथ$^{m.}$ anātʰa アナート, यतीम$^{m.}$ yatīma ヤティーム

こしかける〖腰掛ける〗बैठना baiṭʰanā バェートナー

こしつする〖固執する〗अड़ना aṛanā アルナー, ज़िद$^{f.}$ करना zida karanā ズィド カルナー

ごじゅう〖五十〗पचास pacāsa パチャース

こしょう〖胡椒〗काली मिर्च kālī mirca カーリー ミルチ

こしょうする〖故障する〗ख़राब होना xarāba honā カラーブ ホーナー

こじん〖個人〗व्यक्ति$^{m.}$ vyakti ヴィャクティ ♦個人主義 व्यक्तिवाद$^{m.}$ vyaktivāda ヴィャクティワード ♦個人的な व्यक्तिगत vyaktigata ヴィャクティガト

こす〖濾す〗छानना cʰānanā チャーンナー

こする〖擦る〗मलना malanā マルナー, रगड़ना ragaṛanā ラガルナー

こせい〖個性〗व्यक्तित्व$^{m.}$ vyaktitva ヴィャクティトオ ♦個性的な विशिष्ट व्यक्तित्व$^{m.}$ का viśiṣṭa vyaktitva kā ヴィシシュト ヴィャクティトオ カー

こぜに〖小銭〗खुले पैसे$^{m.}$ kʰule paise クレー パェーセー, रेज़गारी$^{f.}$ rezagārī レーズガーリー

こだい〖古代〗प्राचीन काल$^{m.}$ prācīna kāla プラーチーン カール ♦古代の प्राचीन prācīna プラーチーン

こたいの〖固体の〗ठोस ṭʰosa トース

こたえ〖答え〗उत्तर$^{m.}$ uttara ウッタル, जवाब$^{m.}$ javāba ジャワーブ

こたえる〖答える〗उत्तर$^{m.}$ देना uttara denā ウッタル デーナー, जवाब$^{m.}$ देना javāba denā ジャワーブ デーナー

こちょう〖誇張〗अतिरंजन$^{m.}$ atiraṃjana アティランジャン, अतिशयोक्ति$^{f.}$ atiśayokti アティシャヨークティ ♦誇張する बढ़ा-चढ़ाकर कहना baṛʰā-caṛʰākara kahanā バラー・チャラーカル カヘナー

こつ (要領) गुर$^{m.}$ gura グル

こっか〖国家〗राष्ट्र$^{m.}$ rāṣṭra ラーシュトル

こっか〖国歌〗राष्ट्रगान$^{m.}$ rāṣṭragāna ラーシュトルガーン

こっかい〖国会〗संसद्$^{f.}$ saṃsad サンサド

こっかく〖骨格〗पंजर$^{m.}$ paṃjara パンジャル

こっき〖国旗〗राष्ट्रध्वज$^{m.}$ rāṣṭradʰvaja ラーシュトルドワジ

こっきょう〖国境〗सरहद$^{f.}$ sarahada サルハド, सीमा$^{f.}$ sīmā スィーマー

コック ख़ानसामा$^{m.}$ xānasāmā カーンサーマー, रसोइया$^{m.}$ rasoiyā ラソーイヤー

こっこう〖国交〗राजनयिक संबंध$^{m.}$ rājanayika saṃbaṃdʰa ラージナイク サンバンド

ごつごつした खुरदरा kʰuradarā クルダラー

こつずい〖骨髄〗मज्जा$^{f.}$ majjā マッジャー

こっそり चुपके$^{m.}$ से cupake se チュプケー セー, चोरी$^{f.}$ से corī se チョーリー セー

こづつみ〖小包〗पार्सल$^{m.}$ pārsala パールサル

コップ गिलास$^{m.}$ gilāsa ギラース, प्याला$^{m.}$ pyālā ピャーラー

こていする〖固定する〗स्थिर करना stʰira karanā スティル カルナー

こと〖事〗बात$^{f.}$ bāta バート

こどく〖孤独〗अकेलापन$^{m.}$ akelāpana アケーラーパン ♦孤独な अकेला akelā アケーラー

ことし〖今年〗(主格) यह वर्ष$^{m.}$ yaha varṣa ヤヘ ワルシュ, यह साल$^{m.}$ yaha sāla ヤヘ サール (後置格) इस वर्ष$^{m.}$ isa varṣa イス ワルシュ, इस साल$^{m.}$ isa sāla イス サール

ことづけ〖言付け〗संदेश$^{m.}$ saṃdeśa サンデーシュ

ことなる〖異なる〗अलग होना alaga honā アラグ ホーナー, भिन्न होना bʰinna honā ビンヌ ホーナー

ことば〖言葉〗बात$^{f.}$ bāta バート (言語) ज़बान$^{f.}$ zabāna ザバーン, भाषा$^{f.}$ bʰāṣā バーシャー (単語) लफ़्ज़$^{m.}$ lafza ラフズ, शब्द$^{m.}$ śabda シャブド

こども〖子供〗बच्चा$^{m.}$ baccā バッチャー

ことわざ〖諺〗कहावत$^{f.}$ kahāvata カハーワト, लोकोक्ति$^{f.}$ lokokti ローコークティ

ことわる〖断る〗इनकार$^{m.}$ करना inakāra karanā インカール カルナー

こな〖粉〗चूर$^{m.}$ cūra チュール (穀類の) आटा$^{m.}$ āṭā アーター

こなごなの〖粉々の〗चकनाचूर cakanācūra チャクナーチュール

こねこ〖子猫〗बिलौटा$^{m.}$ bilauṭā ビラォーター

こねる गूँधना gū̃dʰanā グーンドナー

この यह yaha イェ

このあいだ〖この間〗कुछ दिन$^{m.}$ हुए kucʰa dina hue クチ ディン フエー

このごろ इन दिनों ina dinõ イン ディノーン

このみ〖好み〗पसंद$^{f.}$ pasaṃda パサンド

こばむ〖拒む〗इनकार$^{m.}$ करना inakāra karanā インカール カルナー, नकारना nakāranā ナカールナー

ごはん〖御飯〗（米飯）चावल$^{m.}$ cāvala チャーワル，भात$^{m.}$ b^{h}āta バート

コピー　कापी$^{f.}$ kāpī カーピー ♦コピーする　कापी$^{f.}$ करना kāpī karanā カーピー カルナー

こひつじ〖子羊〗मेमना$^{m.}$ memanā メームナー

こぶ　कूबड़$^{m.}$ kūbaṛa クーバル

こぶし〖拳〗मुक्का$^{m.}$ mukkā ムッカー，मुट्ठी$^{f.}$ muṭṭ^{h}ī ムッティー

こぶん〖子分〗गुरगा$^{m.}$ guragā グルガー

こま〖独楽〗लट्टू$^{m.}$ laṭṭū ラットゥー

ごま〖胡麻〗तिल$^{m.}$ tila ティル

こまかい〖細かい〗（小さい）बारीक bārīka バーリーク（詳細な）ब्योरेवार byorevāra ビョーレーワール

ごまかす　छलना c^{h}alanā チャルナー

こまく〖鼓膜〗कान$^{m.}$ का पर्दा$^{m.}$ kāna kā pardā カーン カー パルダー

こまらせる〖困らせる〗तंग करना taṃga karanā タング カルナー

こまる〖困る〗परेशान होना pareśāna honā パレーシャーン ホーナー（悩む）फ़िक्र करना fikra karanā フィクル カルナー

ごみ　कचरा$^{m.}$ kacarā カチラー，कूड़ा$^{m.}$ kūṛā クーラー ♦ごみ箱　कूड़ेदान$^{m.}$ kūṛedāna クーレーダーン

ゴム　रबड़$^{f.}$ rabaṛa ラバル

こむぎ〖小麦〗गेहूँ$^{m.}$ gehũ ゲーフーン ♦小麦粉〔全粒粉〕आटा$^{m.}$ āṭā アーター（上質粉）मैदा$^{m.}$ maidā マェーダー

こめ〖米〗चावल$^{m.}$ cāvala チャーワル

コメディー　कामेडी$^{f.}$ kāmeḍī カーメーディー

こめる〖込める〗भरना b^{h}aranā バルナー

こもり〖子守〗आया$^{f.}$ āyā アーヤー，दाई$^{f.}$ dāī ダーイー

こもん〖顧問〗सलाहकार$^{m.}$ salāhakāra サラーヘカール

こや〖小屋〗झोंपड़ी$^{f.}$ j^{h}õpaṛī ジョーンプリー

ごやく〖誤訳〗अशुद्ध अनुवाद$^{m.}$ aśudd^{h}a anuvāda アシュッド アヌワード

こゆび〖小指〗कानी$^{f.}$ kānī カーニー

こよう〖雇用〗नौकरी$^{f.}$ naukarī ナォークリー ♦雇用する　नियुक्त करना niyukta karanā ニユクト カルナー

こらえる（耐える）सहना sahanā サヘナー（抑える）दबाना dabānā ダバーナー

ごらく〖娯楽〗मनोरंजन$^{m.}$ manoraṃjana マノーランジャン

コラム　कालम$^{m.}$ kālama カーラム，स्तंभ$^{m.}$ staṃb^{h}a スタンブ

コリアンダー　धनिया$^{m.}$ d^{h}aniyā ダニヤー

こりつする〖孤立する〗असहाय होना asahāya honā アサハーエ ホーナー

ゴリラ　गोरिल्ला$^{m.}$ gorillā ゴーリッラー

ゴルフ　गोल्फ़$^{m.}$ golfa ゴールフ

これ　यह yaha イェ

これからは　आगे से āge se アーゲー セー

コレクション　संग्रह$^{m.}$ saṃgraha サングラ

コレラ　कालरा$^{m.}$ kālarā カールラー，हैज़ा$^{m.}$ haizā ハェーザー

これらの　ये ye エー

ころがる〖転がる〗（回転する）लुढ़कना luṛ^{h}akanā ルラクナー（倒れる）गिरना giranā ギルナー，लुढ़कना luṛ^{h}akanā ルラクナー

ころす〖殺す〗मार डालना māra ḍālanā マール ダールナー，हत्या$^{f.}$ करना hatyā karanā ハティヤー カルナー

ころぶ〖転ぶ〗गिरना giranā ギルナー

コロンビアきょうわこく〖コロンビア共和国〗कोलंबिया$^{m.}$ kolaṃbiyā コーランビヤー

こわい〖怖い〗डरावना ḍarāvanā ダラーオナー，भयानक b^{h}ayānaka バヤーナク

こわがる〖怖がる〗डरना ḍaranā ダルナー

こわす〖壊す〗तोड़ना toṛanā トールナー

こわれる〖壊れる〗टूटना ṭūṭanā トゥートナー

こんいろ〖紺色〗गहरा नीला रंग$^{m.}$ gaharā nīlā raṃga ガヘラー ニーラー ラング

こんきょ〖根拠〗आधार$^{m.}$ ād^{h}āra アーダール

コンクリート　कंकरीट$^{f.}$ kaṃkarīṭa カンクリート

こんげつ〖今月〗（主格）यह महीना$^{m.}$ yaha mahīnā ヤヘ マヒーナー（後置格）इस महीने isa mahīne イス マヒーネー

こんご〖今後〗आगे āge アーゲー

こんごうする〖混合する〗（混ぜる）मिलाना milānā ミラーナー

コンゴきょうわこく〖コンゴ共和国〗कांगो$^{m.}$ kāṃgo カーンゴー

こんしゅう〖今週〗（主格）यह हफ़्ता$^{m.}$ yaha haftā ヤヘ ハフター（後置格）इस हफ़्ते isa hafte イス ハフテー

こんぜつする〖根絶する〗उन्मूलन$^{m.}$ करना unmūlana karanā ウンムーラン カルナー，निर्मूल करना nirmūla karanā ニルムール カルナー

コンセプト　धारणा$^{f.}$ d^{h}āraṇā ダーラナー

こんちゅう〖昆虫〗कीड़े-मकोड़े$^{m.}$ kīṛe-makoṛe キーレー・マコーレー

コンテスト　प्रतियोगिता$^{f.}$ pratiyogitā プラティヨーギター

こんど〖今度〗（今回）इस बार$^{f.}$ isa bāra イサ バール（次回）अगली बार$^{f.}$ agalī bāra アグリー バール

コンドーム　निरोध$^{m.}$ nirod^{h}a ニロード

コントロール　नियंत्रण$^{m.}$ niyaṃtraṇa ニヤントラン ♦コントロールする　नियंत्रण$^{m.}$ करना niyaṃtraṇa karanā ニヤントラン カルナー

こんな　ऐसा aisā アェーサー

こんなん〖困難〗कठिनाई$^{f.}$ kaṭ^{h}ināī カティナーイー ♦困難な　कठिन kaṭ^{h}ina カティン

こんにち〖今日〗आज$^{m.}$ āja アージ

コンパートメント　डिब्बा$^{m.}$ ḍibbā ディッバー

こんばん〖今晩〗आज शाम$^{f.}$ āja śāma アージ シャーム（副詞形）आज शाम$^{f.}$ को āja śāma ko アージ シャーム コー

コンピューター कंप्यूटर m. kampyūṭara カンピュータル
こんぽん〖根本〗मूल m. mūla ムール
こんや〖今夜〗आज रात f. āja rāta アージ ラート（副詞形）आज रात f. को āja rāta ko アージ ラート コー
こんやく〖婚約〗मँगनी f. mãganī マングニー，सगाई f. sagāī サガーイー ◆婚約者 मँगेतर mãgetara マンゲータル ◆婚約をまとめる सगाई f. करना sagāī karanā サガーイー カルナー
こんわく〖困惑〗उलझन f. ulajʰana ウルジャン

さ行

さ〖差〗अंतर m. aṃtara アンタル，फ़र्क़ m. farqa ファルク
サーカス सरकस m. sarakasa サルカス
さいあくの〖最悪の〗सबसे ख़राब sabase xarāba サブセー カラーブ
さいがい〖災害〗विपत्ति f. vipatti ヴィパッティ，हादसा m. hādasā ハードサー
さいきん〖最近〗आजकल ājakala アージカル ◆最近の हाल m. का hāla kā ハール カー
さいきん〖細菌〗जीवाणु m. jīvāṇu ジーワーヌ
さいご〖最期〗अंतकाल m. aṃtakāla アントカール
さいご〖最後〗अंत m. aṃta アント ◆最後の अंतिम aṃtima アンティム，आख़िरी āxirī アーキリー
さいこうの〖最高の〗सर्वोत्तम sarvottama サルヴォーッタム
さいころ पासा m. pāsā パーサー
ざいさん〖財産〗जायदाद f. jāyadāda ジャーエダード，संपत्ति f. saṃpatti サンパッティ
さいじつ〖祭日〗त्योहार m. का दिन m. tyohāra kā dina ティョーハール カー ディン
さいしゅうする〖採集する〗इकट्ठा करना ikaṭṭʰā karanā イカッター カルナー
さいしゅうの〖最終の〗अंतिम aṃtima アンティム，आख़िरी āxirī アーキリー
さいしょ〖最初〗आरंभ m. āraṃbʰa アーランブ ◆最初の पहला pahalā パヘラー
さいしょうげんの〖最小限の〗कम से कम kama se kama カム セー カム
さいじょうの〖最上の〗सर्वोत्तम sarvottama サルヴォーッタム
さいしょくしゅぎしゃ〖菜食主義者〗शाकाहारी m. śākāhārī シャーカーハーリー
さいしんの〖最新の〗नवीनतम navīnatama ナヴィーンタム
サイズ साइज़ m. sāiza サーイズ
さいせい〖再生〗पुनर्जीवन m. punarjīvana プナルジーワン
ざいせい〖財政〗वित्त m. vitta ヴィット
さいそく〖催促〗तक़ाज़ा m. taqāzā タカーザー
さいだいげん〖最大限〗अधिक से अधिक adʰika se adʰika アディク セー アディク
さいだいの〖最大の〗सबसे बड़ा sabase baṛā サブセー バラー
さいていの〖最低の〗निम्नतम nimnatama ニムナタム
さいてきな〖最適な〗सबसे उचित sabase ucita サブセー ウチト
さいてんする〖採点する〗जाँचना jā̃canā ジャーンチナー
さいなん〖災難〗आफ़त f. āfata アーファト，विपत्ति f. vipatti ヴィパッティ
さいのう〖才能〗प्रतिभा f. pratibʰā プラティバー
さいばい〖栽培〗खेती f. kʰetī ケーティー ◆栽培する खेती f. करना kʰetī karanā ケーティー カルナー
さいばん〖裁判〗मुक़दमा m. muqadamā ムカドマー ◆裁判官 जज m. jaja ジャジ，न्यायाधीश m. nyāyādʰīśa ニャーヤーディーシュ ◆裁判所 अदालत f. adālata アダーラト，न्यायालय m. nyāyālaya ニャーヤーラエ
さいふ〖財布〗पर्स m. parsa パルス
さいほう〖裁縫〗सिलाई f. silāī スィラーイー
さいぼう〖細胞〗कोशिका f. kośikā コーシカー
さいみんじゅつ〖催眠術〗सम्मोहन m. sammohana サムモーハン
さいむ〖債務〗ऋण m. r̥ṇa リン，क़र्ज़ m. qarza カルズ
ざいもく〖材木〗लकड़ी f. lakaṛī ラクリー
さいようする〖採用する〗（案を）अपनाना apanānā アプナーナー（従業員を）नियुक्त करना niyukta karanā ニユクト カルナー
さいりよう〖再利用〗पुनर्प्रयोग m. punarprayoga プナルプラヨーグ
ざいりょう〖材料〗सामग्री f. sāmagrī サーマグリー
さいりょうの〖最良の〗सबसे अच्छा sabase accʰā サブセー アッチャー
サイレン सायरन m. sāyarana サーエラン
さいわい〖幸い〗सुख m. sukʰa スク ◆幸いな सुखी sukʰī スキー
サイン दस्तख़त m. dastaxata ダストカト，हस्ताक्षर m. hastākṣara ハスタークシャル
サウジアラビア सऊदी अरब m. saūdī araba サウーディー アラブ
さえぎる〖遮る〗रोकना rokanā ロークナー
さか〖坂〗चढ़ाई f. caṛʰāī チャラーイー，ढाल m. ḍʰāla ダール
さかい〖境〗सीमा f. sīmā スィーマー
さかえる〖栄える〗पनपना panapanā パナプナー
さがす〖探す・捜す〗（求めるものを）खोजना kʰojanā コージナー，ढूँढ़ना ḍʰū̃ṛʰanā ドゥーンルナー（捜し出す）खोज लेना kʰoja lenā コージ レーナー
さかずき〖杯〗जाम m. jāma ジャーム，प्याला m. pyālā ピャーラー
さかな〖魚〗मछली f. macʰalī マチリー ◆魚屋 मछली वाला m. macʰalī vālā マチリー ワーラー
さかや〖酒屋〗शराब f. की दुकान f. śarāba kī dukāna

シャラーブ キー ドゥカーン
さがる〘下がる〙(下へ動く) उतरना utaranā ウタルナー (垂れ下がる) लटकना laṭakanā ラタクナー
さかんな〘盛んな〙(活発な) क्रियाशील kriyāśīla クリヤーシール (繁栄している) फलता-फूलता pʰalatā-pʰūlatā パルター・プールター
さぎ〘詐欺〙धोखा m. dʰokʰā ドーカー ◆詐欺師 धोखेबाज़ m. dʰokʰebāza ドーケーバーズ
さきおととい〘一昨々日〙नरसों m. narasõ ナルソーン
さきものとりひき〘先物取引〙सट्टेबाज़ी f. saṭṭebāzī サッテーバーズィー
さぎょう〘作業〙काम m. kāma カーム ◆作業する काम m. करना kāma karanā カーム カルナー
さく〘柵〙बाड़ f. bāṛa バール
さく〘割く〙बिलगाना bilagānā ビルガーナー
さく〘咲く〙खिलना kʰilanā キルナー, फूलना pʰūlanā プールナー
さく〘裂く〙फाड़ना pʰāṛanā パールナー
さくいん〘索引〙अनुक्रमणिका f. anukramaṇikā アヌクラムニカー
さくげん〘削減〙कटौती f. kaṭautī カタォーティー
さくし〘作詞〙शायरी f. śāyarī シャーエリー
さくじつ〘昨日〙कल m. kala カル
さくしゃ〘作者〙रचयिता m. racayitā ラチャイター
さくしゅする〘搾取する〙शोषण m. करना śoṣaṇa karanā ショーシャン カルナー
さくじょする〘削除する〙काटना kāṭanā カートナー, मिटाना miṭānā ミターナー
さくせいする〘作成する〙बनाना banānā バナーナー
さくねん〘昨年〙(主格) पिछला साल m. picʰalā sāla ピチラー サール (後置格) पिछले साल picʰale sāla ピチレー サール
さくひん〘作品〙रचना f. racanā ラチャナー
さくぶん〘作文〙निबंध m. nibaṃdʰa ニバンド
さくもつ〘作物〙फ़सल f. fasala ファサル
さくや〘昨夜〙कल रात f. kala rāta カル ラート (副詞形) कल रात को kala rāta ko カル ラート コー
さぐりだす〘探り出す〙पता m. लगाना patā lagānā パター ラガーナー
さくりゃく〘策略〙साज़िश f. sāziśa サーズィシュ
さぐる〘探る〙(手探りで) टोहना ṭohanā トーフナー (物や場所などを) ढूँढ़ना ḍʰū̃ṛʰanā ドゥーンルナー (動向を) पता m. लगाना patā lagānā パター ラガーナー
ざくろ〘柘榴〙अनार m. anāra アナール
さけ〘酒〙शराब f. śarāba シャラーブ (日本酒) जापानी साके m. jāpānī sāke ジャーパーニー サーケー
さけぶ〘叫ぶ〙चिल्लाना cillānā チッラーナー, चीख़ना cīxanā チークナー
さける〘避ける〙कतराना katarānā カトラーナー
さける〘裂ける〙फटना pʰaṭanā パトナー
さげる〘下げる〙उतारना utāranā ウタールナー
さこつ〘鎖骨〙हँसली hāsalī ハンスリー
ささいな〘些細な〙छोटा-सा cʰoṭā-sā チョーター・サー, तुच्छ tuccʰa トゥッチ
ささえる〘支える〙सँभालना sãbʰālanā サンバールナー
ささげる〘捧げる〙अपने को समर्पित करना apane ko samarpita karanā アプネー コー サマルピト カルナー
さざなみ〘さざ波〙हिलकोरा m. hilakorā ヒルコーラー
ささやく〘囁く〙फुसफुसाना pʰusapʰusānā プスプサーナー
ささる〘刺さる〙चुभना cubʰanā チュブナー
さじ〘匙〙चम्मच m. cammaca チャムマチ
さしずする〘指図する〙निर्देश m. देना nirdeśa denā ニルデーシュ デーナー
さしだしにん〘差出人〙प्रेषक m. preṣaka プレーシャク, भेजनेवाला m. bʰejanevālā ベージネーワーラー
さしひく〘差し引く〙कटौती f. करना kaṭautī karanā カタォーティー カルナー
さしょう〘査証〙वीज़ा m. vīzā ヴィーザー
さす〘刺す〙(蚊や蜂が) काटना kāṭanā カートナー, डसना ḍasanā ダスナー (突き通す) चुभाना cubʰānā チュバーナー
さする〘擦る〙मलना malanā マルナー
ざせき〘座席〙कुरसी f. kurasī クルスィー, सीट f. sīṭa スィート
させつする〘左折する〙बाईं तरफ़ मुड़ना bāī̃ tarafa muṛanā バーイーン タラフ ムルナー
ざせつする〘挫折する〙हिम्मत f. हारना himmata hāranā ヒムマト ハールナー
させる करवाना karavānā カルワーナー
さそい〘誘い〙(招待) निमंत्रण m. nimaṃtraṇa ニマントラン (誘惑) प्रलोभन m. pralobʰana プラローバン
さそう〘誘う〙(招く) निमंत्रित करना nimaṃtrita karanā ニマントリト カルナー (誘惑する) प्रलोभन m. देना pralobʰana denā プラローバン デーナー (誘い込む) फुसलाना pʰusalānā プスラーナー
さそり〘蠍〙बिच्छू m. biccʰū ビッチュー ◆蠍座 वृश्चिक राशि f. vṛścika rāśi ヴリシュチク ラーシ
さだめる〘定める〙निश्चित करना niścita karanā ニシュチト カルナー
さつえい〘撮影〙(写真の) फ़ोटोग्राफ़ी f. foṭogrāfī フォートーグラーフィー (映画の) शूटिंग f. śūṭiṃga シューティング ◆撮影する (写真を) खींचना kʰī̃canā キーンチナー (映画を) शूटिंग f. करना śūṭiṃga karanā シューティング カルナー
ざつおん〘雑音〙शोर m. śora ショール
さっか〘作家〙लेखक m. lekʰaka レーカク
サッカー फ़ुटबाल m. fuṭabāla フトバール
さっかく〘錯覚〙विभ्रांति f. vibʰrāṃti ヴィブラーンティ
さっき थोड़ी देर f. पहले tʰoṛī dera pahale トーリー デール パヘレー
ざっし〘雑誌〙पत्रिका f. patrikā パトリカー
ざっしゅ〘雑種〙दोगला m. doğalā ドーガラー
さつじん〘殺人〙हत्या f. hatyā ハティャー ◆殺人犯

हत्यारा[m.] hatyārā ハティヤーラー
さっする〚察する〛ताड़ना tāṛạnā タールナー, भाँपना bʰā̃pạnā バーンプナー
ざっそう〚雑草〛घास[m.] gʰāsạ ガース
さっそく〚早速〛तुरंत turaṃtạ トゥラント
ざつだん〚雑談〛गप-शप[f.] gapạ-śapạ ガプ・シャプ
さつまいも〚薩摩芋〛शकरक़ंद śakarạqaṃdạ シャカルカンド
さとう〚砂糖〛चीनी[f.] cīnī チーニー, शक्कर[f.] śakkarạ シャッカル
さは〚左派〛वामपंथ[m.] vāmạpaṃtʰạ ワームパント
さばく〚砂漠〛मरुस्थल[m.] marustʰalạ マルスタル, रेगिस्तान[m.] registānạ レーギスターン
さび〚錆〛ज़ंग[m.] zaṃgạ ザング, मोरचा[m.] morạcā モールチャー
さびる〚錆びる〛ज़ंग[m.] लगना zaṃgạ lagạnā ザング ラグナー
サファイア नीलम[m.] nīlamạ ニーラム
サフラン कुमकुम[m.] kumạkumạ クムクム, केसर[m.] kesarạ ケーサル
さべつ〚差別〛भेद-भाव[m.] bʰedạ-bʰāvạ ベード・バーオ ◆差別する भेद-भाव[m.] करना bʰedạ-bʰāvạ karạnā ベード・バーオ カルナー
サポジラ चीकू[m.] cīkū チークー
さまざまな〚様々な〛विभिन्न vibʰinnạ ヴィビンヌ
さます〚冷ます〛ठंडा करना ṭʰaṃḍā karạnā タンダー カルナー
さます〚覚ます〛जगाना jagānā ジャガーナー
さまたげる〚妨げる〛बाधा[f.] डालना bādʰā ḍālạnā バーダー ダールナー
さまよう भटकना bʰaṭakạnā バタクナー
サミット शिखर सम्मेलन[m.] śikʰalạ sammelanạ シカル サムメーラン
さむい〚寒い〛ठंडा ṭʰaṃḍā タンダー, सर्द sardạ サルド
さめ〚鮫〛शार्क[m.] śārkạ シャールク
さめる〚冷める〛ठंडा होना ṭʰaṃḍā honā タンダー ホーナー
さよう〚作用〛क्रिया[f.] kriyā クリヤー
さら〚皿〛तश्तरी[f.] taśtarī タシュタリー, थाली[f.] tʰālī ターリー, प्लेट[f.] pleṭạ プレート
さらう अपहरण[m.] करना apaharaṇạ karạnā アプハラン カルナー
ざらざらの खुरदरा kʰurạdarā クルダラー, रूखा rūkʰā ルーカー
サラダ सलाद[m.] salādạ サラード
さらに〚更に〛फिर pʰirạ ピル
サラリーマン वेतनभोगी[m.] vetanạbʰogī ヴェータンボーギー
サリー साड़ी[f.] sāṛī サーリー
さる〚猿〛बंदर[m.] baṃdarạ バンダル
さる〚去る〛छोड़ना cʰoṛạnā チョールナー
さわ〚沢〛(沼沢地) दलदल[m.] dalạdalạ ダルダル
さわぎ〚騒ぎ〛कोलाहल[m.] kolāhalạ コーラーハル, शोर[m.] śorạ ショール (騒動) दंगा[m.] daṃgā ダンガー, हंगामा[m.] haṃgāmā ハンガーマー
さわぐ〚騒ぐ〛शोर[m.] मचाना śorạ macānā ショール マチャーナー
さわやかな〚爽やかな〛सुहावना suhāvạnā スハーオナー
さわる〚触る〛छूना cʰūnā チューナー
さん〚三〛तीन tīnạ ティーン
さん〚酸〛अम्ल[m.] amlạ アムル, तेज़ाब[m.] tezābạ テーザーブ
ざんがい〚残骸〛मलबा[m.] malạbā マルバー
さんかく〚三角〛तिकोना[m.] tikonā ティコーナー
さんかする〚参加する〛भाग[m.] लेना bʰāgạ lenā バーグ レーナー, हिस्सा[m.] लेना hissā lenā ヒッサー レーナー
さんがつ〚三月〛मार्च[m.] mārcạ マールチ
さんきゃく〚三脚〛तिपाई[f.] tipāī ティパーイー
ざんぎゃくな〚残虐な〛क्रूर krūrạ クルール
さんぎょう〚産業〛उद्योग[m.] udyogạ ウディョーグ
サングラス धूप[f.] का चश्मा[m.] dʰūpạ kā caśmā ドゥープ カー チャシュマー
さんご〚珊瑚〛प्रवाल[m.] pravālạ プラワール, मूँगा[m.] mū̃gā ムーンガー ◆珊瑚礁 प्रवाल भित्ति[f.] pravālạ bʰitti プラワール ビッティ
さんこう〚参考〛संदर्भ[m.] saṃdarbʰạ サンダルブ
ざんこくな〚残酷な〛निष्ठुर niṣṭʰurạ ニシュトゥル, बेरहम berahamạ ベーラハム
さんじゅう〚三十〛तीस tīsạ ティース
さんすう〚算数〛गणित[m.] gaṇitạ ガニト, हिसाब[m.] hisābạ ヒサーブ
サンスクリットご〚サンスクリット語〛संस्कृत[f.] saṃskṛtạ サンスクリト
さんする〚産する〛उपजाना upajānā ウプジャーナー
さんせい〚賛成〛समर्थन[m.] samartʰanạ サマルタン ◆賛成する समर्थन[m.] करना samartʰanạ karạnā サマルタン カルナー
さんそ〚酸素〛आक्सीजन[m.] āksījanạ アークスィージャン
ざんだか〚残高〛शेष[m.] śeṣạ シェーシュ
サンダル चप्पल[f.] cappalạ チャッパル
さんちょう〚山頂〛चोटी[f.] coṭī チョーティー, शिखर[m.] śikʰarạ シカル
ざんねんな〚残念な〛अफ़सोसनाक afạsosạnākạ アフソースナーク, खेदजनक kʰedạjanakạ ケードジャナク
さんぱつ〚散髪〛हजामत[f.] hajāmatạ ハジャーマト
さんびか〚賛美歌〛भजन[m.] bʰajanạ バジャン
さんぶつ〚産物〛उपज[f.] upajạ ウパジ, पैदावार[f.] paidāvārạ パェーダーワール
サンプル नमूना[m.] namūnā ナムーナー
さんぶん〚散文〛गद्य[m.] gadyạ ガディエ
さんぽ〚散歩〛सैर[f.] sairạ サェール ◆散歩する सैर[f.] करना sairạ karạnā サェール カルナー

さんみ〖酸味〗खटाई f. kʰaṭāī カターイー，खटास f. kʰaṭāsⱥ カタース
さんみゃく〖山脈〗पर्वत-माला f. parvatⱥ-mālā パルワト・マーラー
さんらんする〖散乱する〗बिखरना bikʰarⱥnā ビカルナー
さんらんする〖産卵する〗अंडे m. देना aṃḍe denā アンデー デーナー
さんれつする〖参列する〗उपस्थित होना upastʰitⱥ honā ウパスティト ホーナー
し〖四〗चार cārⱥ チャール
し〖死〗मृत्यु f. mr̥tyu ムリティュ，मौत f. mautⱥ マォート
し〖詩〗कविता f. kavitā カヴィター
じ〖字〗अक्षर m. akṣarⱥ アクシャル
じ〖時〗बजे baje バジェー
じ〖痔〗बवासीर f. bavāsīrⱥ バワースィール
しあい〖試合〗मैच m. maicⱥ マェーチ，मुक़ाबला m. muqābⱥlā ムカーブラー
しあさって नरसों m. narⱥsõ ナルソーン
しあわせ〖幸せ〗ख़ुशी f. xuśī クシー，सुख m. sukʰⱥ スク ♦幸せな ख़ुश xuśⱥ クシュ，सुखी sukʰī スキー
シーアは〖シーア派〗शिया m. śiyā シヤー
しいく〖飼育〗पालन m. pālanⱥ パーラン
シーズン मौसम m. mausamⱥ マォーサム
シーツ चादर f. cādarⱥ チャーダル
シート कुरसी f. kurⱥsī クルスィー，सीट f. sīṭⱥ スィート ♦シートベルト कुरसी का पट्टा m. kurⱥsī kā paṭṭā クルスィー カー パッター
しいる〖強いる〗मजबूर करना majⱥbūrⱥ karⱥnā マジブール カルナー
しいん〖子音〗व्यंजन m. vyaṃjanⱥ ヴィャンジャン
シーン दृश्य m. dr̥śyⱥ ドリシエ，सीन m. sīnⱥ スィーン
じいん〖寺院〗मंदिर m. maṃdirⱥ マンディル
ジーンズ जीन्स f. jīnsⱥ ジーンス
じえい〖自衛〗आत्मरक्षा f. ātmⱥrakṣā アートムラクシャー
ジェスチャー इशारा m. iśārā イシャーラー
しえん〖支援〗मदद f. madadⱥ マダド，सहायता f. sahāyⱥtā サハーエター
しお〖塩〗नमक m. namakⱥ ナマク
しおからい〖塩辛い〗खारा kʰārā カーラー，नमकीन namⱥkīnⱥ ナムキーン
しおれる〖萎れる〗मुरझाना murⱥjʰānā ムルジャーナー
しか〖鹿〗हिरन m. hiranⱥ ヒラン
しがいせん〖紫外線〗पराबैंगनी किरण f. parābãīgⱥnī kiraṇⱥ パラーバェーングニー キラン
しかえしする〖仕返しする〗बदला m. लेना badⱥlā lenā バドラー レーナー
しかく〖四角〗चतुर्भुज m. caturbʰujⱥ チャトゥルブジ
しかく〖資格〗अर्हता f. arhⱥtā アルフター
しかけ〖仕掛け〗युक्ति f. yukti ユクティ
しかし पर parⱥ パル，लेकिन lekinⱥ レーキン
じかせいの〖自家製の〗घर m. का बना gʰarⱥ kā banā ガル カー バナー
しがつ〖四月〗अप्रैल m. aprailⱥ アプラェール
しがみつく लिपटना lipaṭⱥnā リパトナー
しかる〖叱る〗डाँटना ḍā̃ṭⱥnā ダーントナー
じかん〖時間〗（時）वक़्त m. vaqtⱥ ワクト，समय m. samayⱥ サマエ（ある時間の幅）अवधि f. avadʰi アオディ（1時間）घंटा m. gʰaṃṭā ガンター
じき〖磁気〗चुंबकत्व m. cuṃbakⱥtvⱥ チュンバクトオ
しきさい〖色彩〗रंग m. raṃgⱥ ラング
じきひつの〖直筆の〗हाथ m. का लिखा hātʰⱥ kā likʰā ハート カー リカー
しきべつする〖識別する〗पहचानना pahⱥcānⱥnā パヘチャーンナー
しきもの〖敷物〗बिछौना m. bicʰaunā ビチャォーナー
しきゅう〖子宮〗कोख f. kokʰⱥ コーク
しきょう〖市況〗बाज़ार m. bāzārⱥ バーザール
じきょうする〖自供する〗क़बूलना qabūlⱥnā カブールナー
しきん〖資金〗पूँजी f. pū̃jī プーンジー
しく〖敷く〗बिछाना bicʰānā ビチャーナー
じく〖軸〗अक्ष m. akṣⱥ アクシュ，धुरी f. dʰurī ドゥリー
しくみ〖仕組み〗बनावट f. banāvaṭⱥ バナーワト
しけい〖死刑〗मृत्यु-दंड m. mr̥tyu-daṃḍⱥ ムリティュ・ダンド
しげき〖刺激〗उत्तेजना f. uttejⱥnā ウッテージナー ♦刺激する उत्तेजित करना uttejitⱥ karⱥnā ウッテージト カルナー
しげる〖茂る〗पनपना panapⱥnā パナプナー
しけん〖試験〗इम्तहान m. imtahānⱥ イムタハーン，परीक्षा f. parīkṣā パリークシャー
しげん〖資源〗संसाधन m. saṃsādʰanⱥ サンサーダン
じけん〖事件〗घटना f. gʰaṭⱥnā ガトナー
じこ〖事故〗दुर्घटना f. durgʰaṭⱥnā ドゥルガトナー，हादसा m. hādⱥsā ハードサー
じこく〖時刻〗वक़्त m. vaqtⱥ ワクト，समय m. samayⱥ サマエ ♦時刻表 टाइम-टेबल m. ṭāimⱥ-ṭebalⱥ ターイム・テーバル，समय-सारणी f. samayⱥ-sārⱥṇī サマエ・サールニー
じごく〖地獄〗जहन्नुम m. jahannumⱥ ジャハンヌム，नरक m. narakⱥ ナラク
しごと〖仕事〗काम m. kāmⱥ カーム
しこむ〖仕込む〗（教え込む）सिखाना sikʰānā スィカーナー（仕入れておく）ख़रीदना xarīdⱥnā カリードナー
しさ〖示唆〗संकेत m. saṃketⱥ サンケート ♦示唆する संकेत m. करना saṃketⱥ karⱥnā サンケート カルナー
しさつ〖視察〗निरीक्षण m. nirīkṣaṇⱥ ニリークシャン ♦視察する निरीक्षण m. करना nirīkṣaṇⱥ karⱥnā ニリークシャン カルナー
じさつ〖自殺〗आत्महत्या f. ātmⱥhatyā アートムハティヤー，ख़ुदकुशी f. xudⱥkuśī クドクシー
しさん〖資産〗जायदाद f. jāyⱥdādⱥ ジャーエダード，

संपत्ति *f.* saṃpatti サンパッティ

じさんする〚持参する〛（持って行く）ले जाना le jānā レー ジャーナー （持って来る）लाना lānā ラーナー，ले आना le ānā レー アーナー

しじ〚指示〛निर्देश *m.* nirdeśḁ ニルデーシュ，हिदायत *f.* hidāyatḁ ヒダーヤト ♦指示する निर्देश *m.* देना nirdeśḁ denā ニルデーシュ デーナー，हिदायत *f.* करना hidāyatḁ karḁnā ヒダーヤト カルナー

しじ〚支持〛समर्थन *m.* samartʰanḁ サマルタン ♦支持する समर्थन *m.* करना samartʰanḁ karḁnā サマルタン カルナー

ししざ〚獅子座〛सिंह राशि *f.* siṃha rāśi スィンハ ラーシ

じじつ〚事実〛तथ्य *m.* tatʰyḁ タティエ，हक़ीक़त *f.* haqīqatḁ ハキーカト

ししゃ〚支社〛शाखा *f.* śākʰā シャーカー

ししゃ〚死者〛मृतक *m.* mṛtakḁ ムリタク

じしゃく〚磁石〛चुंबक *m.* cuṃbakḁ チュンバク

じしゅ〚自首〛आत्मसमर्पण *m.* ātmḁsamarpaṇḁ アートムサマルパン

ししゅう〚刺繍〛कढ़ाई *f.* kaṛʰāī カラーイー

しじゅう〚四十〛चालीस cālīsḁ チャーリース

ししゅつ〚支出〛ख़र्च *m.* xarcḁ カルチ

じしょ〚辞書〛शब्दकोश *m.* śabdḁkośḁ シャブドコーシュ

しじょう〚市場〛बाज़ार *m.* bāzārḁ バーザール

じしょくする〚辞職する〛नौकरी *f.* छोड़ना naukḁrī cʰoṛḁnā ナォークリー チョールナー

じじょでん〚自叙伝〛आत्मकथा *f.* ātmḁkatʰā アートムカター

しじん〚詩人〛कवि *m.* kavi カヴィ，शायर *m.* śāyarḁ シャーヤル

じしん〚自信〛आत्मविश्वास ātmḁviśvāsḁ アートムヴィシュワース

じしん〚地震〛ज़लज़ला *m.* zalḁzalā ザルザラー，भूकंप *m.* bʰūkampḁ ブーカンプ，भूचाल *m.* bʰūcālḁ ブーチャール

しずかな〚静かな〛शांत śāṃtḁ シャーント

しずく〚滴〛बूँद *f.* bū̃dḁ ブーンド

しずけさ〚静けさ〛शांति *f.* śāṃti シャーンティ

じすべり〚地滑り〛भूस्खलन *m.* bʰūskʰalanḁ ブースカラン

しずまる〚静まる〛शांत होना śāṃtḁ honā シャーント ホーナー

しずむ〚沈む〛डूबना ḍūbḁnā ドゥーブナー （太陽などが）अस्त होना astḁ honā アスト ホーナー，डूबना ḍūbḁnā ドゥーブナー

しずめる〚鎮める〛शांत करना śāṃtḁ karḁnā シャーント カルナー

じせいする〚自制する〛आत्मसंयम *m.* करना ātmḁsaṃyamḁ karḁnā アートムサンヤム カルナー

しせつ〚施設〛संस्था *f.* saṃstʰā サンスター

しせん〚視線〛दृष्टि *f.* dṛṣṭi ドリシュティ，नज़र *f.* nazarḁ ナザル，निगाह *f.* nigāhḁ ニガーハ

しぜん〚自然〛प्रकृति *f.* prakṛti プラクリティ ♦自然科学 प्राकृतिक विज्ञान prākṛtikḁ vijñānḁ プラークリティク ヴィギャーン ♦自然に स्वाभाविक रूप *m.* से svābʰāvikḁ rūpḁ se スワーバーヴィク ループ セー

じぜん〚慈善〛परोपकार *m.* paropḁkārḁ パロープカール

しそう〚思想〛विचार *m.* vicārḁ ヴィチャール

じぞくする〚持続する〛जारी रहना jārī rahḁnā ジャーリー ラヘナー

しそん〚子孫〛संतति *f.* saṃtati サンタティ

じそんしん〚自尊心〛स्वाभिमान *m.* svābʰimānḁ スワービマーン

した〚舌〛ज़बान *f.* zabānḁ ザバーン，जीभ *f.* jībʰḁ ジーブ

じだい〚時代〛काल *m.* kālḁ カール，ज़माना *m.* zamānā ザマーナー

したがう〚従う〛（ついて行く）पीछे जाना pīcʰe jānā ピーチェー ジャーナー （逆らわない）अनुसरण *m.* करना anusaraṇḁ karḁnā アヌサラン カルナー

したがき〚下書き〛मसौदा *m.* masaudā マサォーダー

したしい〚親しい〛जाना-पहचाना jānā-pahḁcānā ジャーナー・パヘチャーナー，दोस्ताना dostānā ドースターナー

したたる〚滴る〛टपकना ṭapakḁnā タパクナー

しち〚七〛सात sātḁ サート

じち〚自治〛स्वराज्य *m.* svarājyḁ スワラージエ

しちがつ〚七月〛जुलाई *f.* julāī ジュラーイー

しちじゅう〚七十〛सत्तर sattarḁ サッタル

しちめんちょう〚七面鳥〛पीरू *m.* pīrū ピールー

しちょう〚市長〛मेयर *m.* meyarḁ メーヤル

しつ〚質〛गुण *m.* guṇḁ グン

しつう〚歯痛〛दाँत *m.* का दर्द *m.* dā̃tḁ kā dardḁ ダーント カー ダルド

しつぎおうとう〚質疑応答〛प्रश्नोत्तर *m.* praśnottarḁ プラシュノーッタル，सवाल-जवाब *m.* savālḁ-javābḁ サワール・ジャワーブ

しつぎょう〚失業〛बेरोज़गारी *f.* berozḁgārī ベーローズガーリー ♦失業した बेकार bekārḁ ベーカール，बेरोज़गार berozḁgārḁ ベーローズガール ♦失業する बेरोज़गार होना berozḁgārḁ honā ベーローズガール ホーナー

しっけ〚湿気〛नमी *f.* namī ナミー，सील *f.* sīlḁ スィール

じっけん〚実験〛परीक्षण *m.* parīkṣaṇḁ パリークシャン

じつげんする〚実現する〛साकार करना sākārḁ karḁnā サーカール カルナー

しつこい（執念深い）ज़िद्दी ziddī ズィッディー （味などがきつい）गाढ़ा gāṛʰā ガーラー

じっこうする〚実行する〛अमल *m.* करना amalḁ karḁnā アマル カルナー

じっさいに〚実際に〛सचमुच sacḁmucḁ サチムチ

じっしする〚実施する〛अमल *m.* में लाना amalḁ mẽ lānā アマル メーン ラーナー

しっしん〚湿疹〛एकज़ीमा *m.* ekḁzīmā エークズィーマー，

पामा m. pāmā パーマー

しっしんする〘失神する〙बेहोश होना behośa honā ベーホーシュ ホーナー, मूर्च्छित होना mūrccʰita honā ムールッチト ホーナー

しっそうする〘失踪する〙फ़रार होना farāra honā ファラール ホーナー, लापता होना lāpatā honā ラーパター ホーナー

しっそな〘質素な〙सादा sādā サーダー

しつど〘湿度〙नमी f. namī ナミー

しっぱい〘失敗〙असफल asapʰala アサパル, नाकामयाब nākāmayāba ナーカームヤーブ ◆失敗する असफल होना asapʰala honā アサパル ホーナー, नाकामयाब होना nākāmayāba honā ナーカームヤーブ ホーナー

しっぷ〘湿布〙पुलटिस f. pulaṭisa プルティス

しっぽ〘尻尾〙दुम f. duma ドゥム, पूँछ f. pũcʰa プーンチ

しつぼうする〘失望する〙निराश होना nirāśa honā ニラーシュ ホーナー

しつもん〘質問〙प्रश्न m. praśna プラシュン, सवाल m. savāla サワール ◆質問する पूछना pūcʰanā プーチナー

じつれい〘実例〙मिसाल f. misāla ミサール

じつわ〘実話〙सच्ची कहानी f. saccī kahānī サッチー カハーニー

してきな〘私的な〙व्यक्तिगत vyaktigata ヴィヤクティガト

してん〘支店〙शाखा f. śākʰā シャーカー

じてん〘辞典〙शब्दकोश śabdakośa シャブドコーシュ

じてんしゃ〘自転車〙साइकिल f. sāikila サーイキル

じどう〘児童〙बाल m. bāla バール

じどうし〘自動詞〙अकर्मक क्रिया f. akarmaka kriyā アカルマク クリヤー

じどうしゃ〘自動車〙कार f. kāra カール, गाड़ी f. gāṛī ガーリー, मोटर f. moṭara モータル ◆自動車事故 कार दुर्घटना f. kāra durgʰaṭanā カール ドゥルガトナー

じどうてきに〘自動的に〙अपने आप apane āpa アプネー アープ

じどうドア〘自動ドア〙स्वचालित दरवाज़ा m. svacālita daravāzā スワチャーリト ダルワーザー

じどうはんばいき〘自動販売機〙बिक्री मशीन f. bikrī maśīna ビクリー マシーン

しなびる मुरझाना murajʰānā ムルジャーナー

しなもの〘品物〙चीज़ f. cīza チーズ, माल m. māla マール, सामान m. sāmāna サーマーン

シナモン दालचीनी f. dālacīnī ダールチーニー

しなやかな लचीला lacīlā ラチーラー

シナリオ पटकथा f. paṭakatʰā パトカター

じにんする〘辞任する〙इस्तीफ़ा m. देना istīfā denā イスティーファー デーナー, त्यागपत्र m. देना tyāgapatra denā ティヤーグパトル デーナー

しぬ〘死ぬ〙मरना maranā マルナー

じぬし〘地主〙ज़मीनदार m. zamīnadāra ザミーンダール

しのぐ〘凌ぐ〙(勝る) पछाड़ना pacʰāṛanā パチャールナー (切り抜ける) बचना bacanā バチナー (耐える) सहना sahanā サヘナー

しはい〘支配〙(管理) प्रबंध m. prabaṃdʰa プラバンド (統治) शासन m. śāsana シャーサン ◆支配人 प्रबंधक m. prabaṃdʰaka プラバンダク ◆支配者 शासक m. śāsaka シャーサク

しばい〘芝居〙(演劇) ड्रामा m. ḍrāmā ドラーマー, नाटक m. nāṭaka ナータク (演技) अदाकारी f. adākārī アダーカーリー, अभिनय m. abʰinaya アビナエ

しばしば अकसर akasara アクサル

しばふ〘芝生〙लान m. lāna ラーン

しはらい〘支払い〙अदायगी f. adāyagī アダーエギー, भुगतान m. bʰugatāna ブグターン

しはらう〘支払う〙चुकाना cukānā チュカーナー

しばる〘縛る〙बाँधना bā̃dʰanā バーンドナー

じひょう〘辞表〙इस्तीफ़ा m. istīfā イスティーファー, त्यागपत्र m. tyāgapatra ティヤーグパトル

しびれる〘痺れる〙सुन्न होना sunna honā スンヌ ホーナー

しへい〘紙幣〙नोट m. noṭa ノート

しほう〘四方〙चारों ओर cārõ ora チャーローン オール

しぼう〘脂肪〙चरबी f. carabī チャルビー

しぼる〘搾る〙निचोड़ना nicoṛanā ニチョールナー

しほん〘資本〙पूँजी f. pū̃jī プーンジー ◆資本家 पूँजीपति m. pū̃jīpati プーンジーパティ ◆資本金 पूँजी की धनराशि f. pū̃jī kī dʰanarāśi プーンジー キー ダンラーシ ◆資本主義 पूँजीवाद m. pū̃jīvāda プーンジーワード

しま〘縞〙धारी f. dʰārī ダーリー

しま〘島〙टापू m. ṭāpū タープー, द्वीप m. dvīpa ドヴィープ

しまい〘姉妹〙बहन f. bahana バハン

しまる〘閉まる〙बंद होना baṃda honā バンド ホーナー

じまん〘自慢〙शेख़ी f. śexī シェーキー ◆自慢する शेख़ी f. मारना śexī māranā シェーキー マールナー

しみん〘市民〙नागरिक m. nāgarika ナーグリク

じむしょ〘事務所〙कार्यालय m. kāryālaya カールヤーラエ, दफ़्तर m. daftara ダフタル

しめい〘氏名〙नाम m. nāma ナーム

しめいする〘指名する〙मनोनीत करना manonīta karanā マノーニート カルナー

じめじめした (湿った) गीला gīlā ギーラー

しめす〘示す〙दिखाना dikʰānā ディカーナー

しめる〘湿る〙भीगना bʰīganā ビーグナー

しめる〘占める〙(占拠する) क़ब्ज़ा m. करना qabzā karanā カブザー カルナー

しめる〘閉める〙बंद करना baṃda karanā バンダ カルナー

じめん〘地面〙ज़मीन f. zamīna ザミーン, धरती f. dʰaratī ダルティー

しも〖霜〗पाला$^{m.}$ pālā パーラー
しもん〖指紋〗अंगुलि छाप$^{f.}$ aṃguli c^{h}āpa アングリ チャープ
ジャージー जरसी$^{f.}$ jarasī ジャルスィー
ジャーナリスト पत्रकार$^{m.}$ patrakāra パトルカール
ジャーナリズム पत्रकारिता$^{f.}$ patrakāritā パトルカーリター
ジャイナきょうと〖ジャイナ教徒〗जैन$^{m.}$ jaina ジャェーン
しゃかい〖社会〗समाज$^{m.}$ samāja サマージ ♦社会学 समाज-विज्ञान$^{m.}$ samāja-vijñāna サマージ・ヴィギャーン ♦社会主義 समाजवाद$^{m.}$ samājavāda サマージワード
じゃがいも〖じゃが芋〗आलू$^{m.}$ ālū アールー
しゃがむ उकड़ू बैठना ukaṛū baiṭ^{h}anā ウクルー バェートナー
しやくしょ〖市役所〗नगरपालिका$^{f.}$ nagarapālikā ナガルパーリカー
じゃぐち〖蛇口〗टोंटी$^{f.}$ ṭõṭī トーンティー
じゃくてん〖弱点〗कमज़ोरी$^{f.}$ kamazorī カムゾーリー
しゃくど〖尺度〗मापदंड$^{m.}$ māpadaṃḍa マープダンド
しゃくほうする〖釈放する〗रिहा करना rihā karanā リハー カルナー
しゃくや〖借家〗किराए का मकान$^{m.}$ kirāe kā makāna キラーエー カー マカーン
しゃげき〖射撃〗निशानेबाज़ी$^{f.}$ niśānebāzī ニシャーネーバーズィー, शूटिंग$^{f.}$ śūṭiṃga シューティング
ジャケット जाकेट$^{f.}$ jākeṭa ジャーケート
しゃこ〖車庫〗गराज$^{m.}$ garāja ガラージ
しゃざい〖謝罪〗क्षमा-याचना$^{f.}$ kṣamā-yācanā クシャマー・ヤーチナー ♦謝罪する क्षमा$^{f.}$ माँगना kṣamā mā̃ganā クシャマー マーングナー, माफ़ी$^{f.}$ माँगना māfī mā̃ganā マーフィー マーングナー
しゃじつしゅぎ〖写実主義〗(リアリズム) यथार्थवाद$^{m.}$ yat^{h}ārt^{h}avāda ヤタールトワード
しゃしょう〖車掌〗कंडक्टर$^{m.}$ kaṃḍakṭara カンダクタル
しゃしん〖写真〗चित्र$^{m.}$ citra チトル, तसवीर$^{f.}$ tasavīra タスヴィール, फ़ोटो$^{m.}$ foṭo フォートー ♦写真家 छायाकार$^{m.}$ c^{h}āyākāra チャーヤーカール, फ़ोटोग्राफ़र$^{m.}$ foṭografara フォートーグラーファル
ジャズ जाज़$^{m.}$ jāza ジャーズ
しゃせつ〖社説〗संपादकीय$^{m.}$ saṃpādakīya サンパードキーエ
シャツ (下着の) बनियान$^{f.}$ baniyāna バニヤーン (洋服の) क़मीज़$^{f.}$ qamīza カミーズ, शर्ट$^{f.}$ śarṭa シャルト
しゃっきん〖借金〗ऋण$^{m.}$ r̥ṇa リン, क़र्ज़$^{m.}$ qarza カルズ
しゃっくり हिचकी$^{f.}$ hicakī ヒチキー
しゃぶる चचोड़ना cacoṛanā チャチョールナー, चूसना cūsanā チュースナー
シャベル बेलचा$^{m.}$ belacā ベールチャー
しゃほん〖写本〗हस्तलिखित पोथी$^{f.}$ hastalik^{h}ita pot^{h}ī ハストリキト ポーティー
じゃま〖邪魔〗बाधा$^{f.}$ bād^{h}ā バーダー ♦邪魔する बाधा$^{f.}$ डालना bād^{h}ā ḍālanā バーダー ダールナー ♦邪魔な बाधक bād^{h}aka バーダク
ジャム जाम$^{m.}$ jāma ジャーム, मुरब्बा$^{m.}$ murabbā ムラッバー
しゃめん〖斜面〗ढाल$^{f.}$ ḍ^{h}āla ダール
じゃり〖砂利〗बजरी bajarī バジリー
しゃりょう〖車両〗गाड़ी$^{f.}$ gāṛī ガーリー
しゃりん〖車輪〗पहिया$^{m.}$ pahiyā パヒヤー
しゃれい〖謝礼〗दक्षिणा$^{f.}$ dakṣiṇā ダクシナー
シャワー शावर$^{m.}$ śāvara シャーワル
シャンプー शैंपू$^{m.}$ śaiṃpū シャェーンプー
しゅう〖州〗प्रदेश$^{m.}$ pradeśa プラデーシュ
しゅう〖週〗सप्ताह$^{m.}$ saptāha サプターハ, हफ़्ता$^{m.}$ haftā ハフター
じゅう〖十〗दस dasa ダス
じゅう〖銃〗बंदूक़$^{f.}$ baṃdūqa バンドゥーク
じゆう〖自由〗आज़ादी$^{f.}$ āzādī アーザーディー, स्वतंत्रता$^{f.}$ svataṃtratā スワタントルター
じゅういち〖十一〗ग्यारह gyāraha ギャーラ
じゅういちがつ〖十一月〗नवंबर$^{m.}$ navaṃbara ナワンバル
しゅうえき〖収益〗फ़ायदा$^{m.}$ fāyadā ファーエダー, लाभ$^{m.}$ lāb^{h}a ラーブ
じゅうおく〖十億〗एक अरब eka araba エーク アラブ
しゅうかい〖集会〗गोष्ठी$^{f.}$ goṣṭ^{h}ī ゴーシュティー, बैठक$^{f.}$ baiṭ^{h}aka バェータク, सभा$^{f.}$ sab^{h}ā サバー
しゅうかく〖収穫〗फ़सल$^{f.}$ fasala ファサル ♦収穫する फ़सल$^{f.}$ काटना fasala kāṭanā ファサル カートナー
じゅうがつ〖十月〗अक्तूबर$^{m.}$ aktūbara アクトゥーバル
しゅうかん〖習慣〗(個人の) आदत$^{f.}$ ādata アーダト (社会の) प्रथा$^{f.}$ prat^{h}ā プラター, रस्म$^{f.}$ rasma ラスム, रिवाज$^{m.}$ rivāja リワージ
しゅうかんし〖週刊誌〗(週間雑誌) साप्ताहिक पत्रिका$^{f.}$ sāptāhika patrikā サープターヒク パトリカー
しゅうきゅう〖週給〗साप्ताहिक वेतन$^{m.}$ sāptāhika vetana サープターヒク ヴェータン
じゅうきゅう〖十九〗उन्नीस unnīsa ウンニース
しゅうきょう〖宗教〗धर्म$^{m.}$ d^{h}arma ダルム
じゅうぎょういん〖従業員〗कर्मचारी$^{m.}$ karmacārī カルムチャーリー
しゅうけいする〖集計する〗जोड़ना joṛanā ジョールナー
しゅうげき〖襲撃〗आक्रमण$^{m.}$ ākramaṇa アークラマン, धावा$^{m.}$ d^{h}āvā ダーワー, हमला$^{m.}$ hamalā ハムラー
じゅうご〖十五〗पंद्रह paṃdraha パンドラ
しゆうざいさん〖私有財産〗निजी संपत्ति$^{f.}$ nijī saṃpatti ニジー サンパッティ
じゅうさつする〖銃殺する〗गोली$^{f.}$ से मार डालना golī se māra ḍālanā ゴーリー セー マール ダールナー
じゅうさん〖十三〗तेरह teraha テーラ
じゅうし〖十四〗चौदह caudaha チャォーダ

しゅうじがく〖修辞学〗अलंकार शास्त्र m. alaṃkāra śāstra アランカール シャーストル
じゅうしする〖重視する〗महत्त्व m. देना mahattva denā マハットオ デーナー
じゅうしち〖十七〗सत्रह satraha サトラ
しゅうしふ〖終止符〗विराम चिह्न m. virāma cihna ヴィラーム チフン
しゅうしゅう〖収集〗संग्रह m. saṃgraha サングラ ◆収集する इकट्ठा करना ikaṭṭʰā karanā イカッター カルナー
じゅうじゅんな〖従順な〗आज्ञाकारी ājñākārī アーギャーカーリー
じゅうしょ〖住所〗पता m. patā パター
じゅうしょう〖重傷〗गंभीर चोट f. gaṃbʰīra coṭa ガンビール チョート
じゅうじろ〖十字路〗चौराहा m. caurāhā チャォーラーハー
しゅうしんけい〖終身刑〗आजीवन कारावास m. ājīvana kārāvāsa アージーワン カーラーワース
ジュース जूस m. jūsa ジュース, रस m. rasa ラス
しゅうせいする〖修正する〗सुधारना sudʰāranā スダールナー
しゅうぜんする〖修繕する〗मरम्मत f. करना marammata karanā マラムマト カルナー
じゅうたい〖渋滞〗ट्रैफ़िक जाम m. ṭraifika jāma トラェーフィク ジャーム
じゅうだいな〖重大な〗गंभीर gaṃbʰīra ガンビール
じゅうたく〖住宅〗घर m. gʰara ガル, मकान m. makāna マカーン
しゅうだん〖集団〗गिरोह m. giroha ギローフ, दल m. dala ダル, समूह m. samūha サムーフ
しゅうちしん〖羞恥心〗लज्जा f. lajjā ラッジャー, शर्म f. śarma シャルム
じゆうな〖自由な〗आज़ाद āzāda アーザード, स्वतंत्र svataṃtra スワタントル
じゅうなんな〖柔軟な〗लचीला lacīlā ラチーラー
じゅうに〖十二〗बारह bāraha バーラ
じゅうにがつ〖十二月〗दिसंबर m. disaṃbara ディサンバル
しゅうにゅう〖収入〗आमदनी f. āmadanī アーマドニー, आय f. āya アーエ, कमाई f. kamāī カマーイー
しゅうは〖宗派〗पंथ m. paṃtʰa パント, संप्रदाय m. saṃpradāya サンプラダーエ
じゅうはち〖十八〗अठारह aṭʰāraha アターラ
じゅうびょう〖重病〗गंभीर बीमारी f. gaṃbʰīra bīmārī ガンビール ビーマーリー
じゅうぶんな〖十分な〗काफ़ी kāfī カーフィー
じゅうまん〖十万〗एक लाख eka lākʰa エーク ラーク
じゅうみん〖住民〗निवासी m. nivāsī ニワースィー
じゅうような〖重要な〗महत्त्वपूर्ण mahattvapūrṇa マハットオプールン
しゅうり〖修理〗मरम्मत f. marammata マラムマト ◆修理する मरम्मत f. करना marammata karanā マラムマト カルナー
しゅうりょうする〖終了する〗(終わる) ख़त्म होना xatma honā カトム ホーナー, समाप्त होना samāpta honā サマープト ホーナー (終える) ख़त्म करना xatma karanā カトム カルナー, समाप्त करना samāpta karanā サマープト カルナー
じゅうりょく〖重力〗गुरुत्व m. gurutva グルトオ
じゅうろく〖十六〗सोलह solaha ソーラ
しゅうわい〖収賄〗रिश्वतख़ोरी f. riśvataxorī リシュワトコーリー
しゅえい〖守衛〗चौकीदार m. caukīdāra チャォーキーダール
じゅぎょう〖授業〗कक्षा f. kakṣā カクシャー
しゅくがかい〖祝賀会〗अभिनंदन-समारोह m. abʰinaṃdana-samāroha アビナンダン・サマーローフ
じゅくする〖熟する〗पकना pakanā パクナー
しゅくだい〖宿題〗होमवर्क m. homavarka ホームワルク
しゅくはくする〖宿泊する〗ठहरना ṭʰaharanā タハルナー
じゅくれん〖熟練〗कुशलता f. kuśalatā クシャルター ◆熟練する कुशल होना kuśala honā クシャル ホーナー
じゅけんする〖受験する〗परीक्षा f. देना parīkṣā denā パリークシャー デーナー
しゅご〖主語〗कर्ता m. kartā カルター
しゅじゅつ〖手術〗आपरेशन m. āpareśana アープレーシャン ◆手術する आपरेशन m. करना āpareśana karanā アープレーシャン カルナー
しゅしょう〖主将〗कप्तान m. kaptāna カプターン
しゅしょう〖首相〗प्रधानमंत्री m. pradʰānamaṃtrī プラダーンマントリー
しゅじん〖主人〗(世帯主) स्वामी m. svāmī スワーミー (所有者) मालिक m. mālika マーリク (夫) पति m. pati パティ
しゅだい〖主題〗विषय m. viṣaya ヴィシャエ
しゅだん〖手段〗उपाय m. upāya ウパーエ, साधन m. sādʰana サーダン
しゅちょう〖主張〗दावा m. dāvā ダーワー ◆主張する दावा m. करना dāvā karanā ダーワー カルナー
しゅっさん〖出産〗प्रसूति f. prasūti プラスーティ ◆出産する जन्म m. देना janma denā ジャナム デーナー
しゅっせき〖出席〗उपस्थिति f. upastʰiti ウパスティティ, हाज़िरी f. hāzirī ハーズィリー ◆出席者 उपस्थित लोग m. upastʰita loga ウパスティト ローグ ◆出席する उपस्थित होना upastʰita honā ウパスティト ホーナー
しゅっぱつ〖出発〗प्रस्थान m. prastʰāna プラスターン ◆出発する रवाना होना ravānā honā ラワーナー ホーナー
しゅっぱん〖出版〗प्रकाशन m. prakāśana プラカーシャン ◆出版社 प्रकाशक m. prakāśaka プラカーシャク ◆出版する प्रकाशित करना prakāśita karanā プラカーシト カルナー ◆出版物 प्रकाशन m. prakāśana プラカーシャン

しゅっぴ〖出費〗ख़र्च m. xarca カルチ
しゅと〖首都〗राजधानी f. rājadhānī ラージダーニー
じゅどうたい〖受動態〗कर्मणि प्रयोग m. karmaṇi prayoga カルマニ プラヨーグ
しゅひん〖主賓〗मुख्य अतिथि m. mukhya atithi ムキエ アティティ
しゅふ〖主婦〗गृहिणी f. gr̥hiṇī グリヒニー
しゅみ〖趣味〗शौक़ m. śauqa シャオーク
じゅみょう〖寿命〗उम्र f. umra ウムル, आयु f. āyu アーユ
しゅよう〖腫瘍〗रसौली f. rasaulī ラサォーリー
じゅよう〖需要〗माँग f. mā̃ga マーング
しゅような〖主要な〗मुख्य mukhya ムキエ
じゅりつする〖樹立する〗स्थापित करना sthāpita karanā スターピト カルナー
しゅりゅうだん〖手榴弾〗हथगोला m. hathagolā ハトゴーラー
しゅりょう〖狩猟〗शिकार m. śikāra シカール
じゅりょうしょう〖受領証〗रसीद f. rasīda ラスィード
しゅるい〖種類〗क़िस्म f. qisma キスム
じゅわき〖受話器〗रिसीवर m. risīvara リスィーワル
じゅん〖順〗क्रम krama クラム
しゅんかん〖瞬間〗क्षण m. kṣaṇa クシャン
じゅんきょうしゃ〖殉教者〗शहीद m. śahīda シャヒード
じゅんきん〖純金〗ठोस सोना m. ṭhosa sonā トース ソーナー
じゅんじょ〖順序〗क्रम m. krama クラム, सिलसिला m. silasilā スィルスィラー
じゅんすいな〖純粋な〗शुद्ध śuddha シュッド
じゅんのうする〖順応する〗अपने को अनुकूल बनाना apane ko anukūla banānā アプネー コー アヌクール バナーナー
じゅんばん〖順番〗बारी f. bārī バーリー
じゅんび〖準備〗तैयारी f. taiyārī タイヤーリー ◆準備する तैयार करना taiyāra karanā タイヤール カルナー
じゅんれい〖巡礼〗तीर्थयात्रा f. tīrthayātrā ティールトヤートラー ◆巡礼者 तीर्थयात्री m. tīrthayātrī ティールトヤートリー
しょう〖省〗मंत्रालय m. maṃtrālaya マントラーラエ
しょう〖章〗अध्याय m. adhyāya アディヤーエ
しょう〖賞〗इनाम m. ināma イナーム, पुरस्कार m. puraskāra プラスカール
しよう〖使用〗इस्तेमाल m. istemāla イステーマール ◆使用料 किराया m. kirāyā キラーヤー
じょうえい〖上映〗शो m. śo ショー
しょうか〖消化〗पाचन m. pācana パーチャン, हज़म m. hazama ハザム ◆消化する पचना pacanā パチナー
しょうが〖生姜〗अदरक m. adaraka アドラク
しょうがい〖傷害〗चोट f. coṭa チョート
しょうがい〖生涯〗ज़िंदगी f. ziṃdagī ズィンダギー, जीवन m. jīvana ジーワン
しょうかいする〖紹介する〗परिचय m. कराना paricaya karānā パリチャエ カラーナー
しょうがくきん〖奨学金〗छात्रवृत्ति f. chātravr̥tti チャートルヴリッティ, वज़ीफ़ा m. vazīfā ワズィーファー
じょうき〖蒸気〗भाप m. bhāpa バープ
じょうぎ〖定規〗रूलर m. rūlara ルーラル
じょうきゃく〖乗客〗सवारी f. savārī サワーリー
しょうぎょう〖商業〗व्यापार m. vyāpāra ヴィャーパール
じょうきょう〖状況〗परिस्थिति f. paristhiti パリスティティ
しょうぐん〖将軍〗जनरल m. janarala ジャンラル, सेनापति m. senāpati セーナーパティ
じょうけい〖情景〗दृश्य m. dr̥śya ドリシエ
しょうげき〖衝撃〗आघात m. āghāta アーガート, धक्का m. dhakkā ダッカー
しょうげん〖証言〗गवाही f. gavāhī ガワーヒー, साक्ष्य m. sākṣya サークシエ ◆証言する गवाही f. देना gavāhī denā ガワーヒー デーナー, साक्ष्य m. देना sākṣya denā サークシエ デーナー
じょうけん〖条件〗शर्त f. śarta シャルト
しょうこ〖証拠〗प्रमाण m. pramāṇa プラマーン, सबूत m. sabūta サブート
しょうご〖正午〗दोपहर f. dopahara ドーパハル
じょうこく〖上告〗अपील f. apīla アピール
しょうさい〖詳細〗ब्योरा m. byorā ビョーラー, विस्तार m. vistāra ヴィスタール
じょうざい〖錠剤〗गोली f. golī ゴーリー, टिकिया f. ṭikiyā ティキヤー
しょうさいな〖詳細な〗ब्योरेवार byorevāra ビョーレーワール, विस्तृत vistr̥ta ヴィストリト
しょうじきな〖正直な〗सच्चा saccā サッチャー
じょうしつの〖上質の〗बढ़िया baṛhiyā バリヤー
じょうしゃけん〖乗車券〗टिकट m. ṭikaṭa ティカト
じょうしゃする〖乗車する〗सवार होना savāra honā サワール ホーナー
しょうしょ〖証書〗प्रमाण-पत्र m. pramāṇa-patra プラマーン・パトル, सनद f. sanada サナド
しょうじょ〖少女〗कन्या f. kanyā カニャー, लड़की f. laṛakī ラルキー
しょうじょう〖症状〗लक्षण m. lakṣaṇa ラクシャン
しょうしんする〖昇進する〗तरक़्क़ी f. होना taraqqī honā タラッキー ホーナー, पदोन्नति f. होना padonnati honā パドーンナティ ホーナー
しょうすう〖小数〗दशमलव m. daśamalava ダシャムラオ
しょうすう〖少数〗अल्पसंख्या f. alpasaṃkhyā アルプサンキャー
じょうずな〖上手な〗कुशल kuśala クシャル, माहिर māhira マーヒル
しようする〖使用する〗इस्तेमाल m. करना istemāla karanā イステーマール カルナー
じょうせい〖情勢〗हालात m. hālāta ハーラート
しょうせつ〖小説〗उपन्यास m. upanyāsa ウパニャース ◆小説家 उपन्यासकार m. upanyāsakāra ウパニャースカール

しょうそく〘消息〙कुशल-क्षेम m. kuśala-kṣema クシャル・クシェーム

しょうたい〘招待〙आमंत्रण m. āmaṃtraṇa アーマントラン，निमंत्रण m. nimaṃtraṇa ニマントラン ♦招待する आमंत्रित करना āmaṃtrita karanā アーマントリト カルナー，निमंत्रित करना nimaṃtrita karanā ニマントリト カルナー

じょうたい〘状態〙दशा f. daśā ダシャー，स्थिति f. st^{h}iti スティティ

しょうだくする〘承諾する〙मंज़ूर करना maṃzūra karanā マンズール カルナー

じょうだん〘冗談〙दिल्लगी f. dillagī ディッラギー，मज़ाक़ f. mazāqa マザーク

しょうちする〘承知する〙मज़ूर होना mazūra honā マズール ホーナー

じょうとうの〘上等の〙बढ़िया baṛ^{h}iyā バリヤー

しょうとつする〘衝突する〙टकराना ṭakarānā タクラーナー

しょうにん〘商人〙व्यापारी m. vyāpārī ヴィャーパーリー

しょうにん〘証人〙गवाह m. gavāha ガワーハ，साक्षी m. sākṣī サークシー

しようにん〘使用人〙नौकर m. naukara ナォーカル

しょうにんする〘承認する〙मंज़ूर करना maṃzūra karanā マンズール カルナー

じょうねつ〘情熱〙उत्साह m. utsāha ウトサーハ，जोश m. jośa ジョーシュ

しょうねん〘少年〙किशोर m. kiśora キショール，लड़का m. laṛakā ラルカー

じょうば〘乗馬〙घुड़सवारी f. g^{h}uṛasavārī グルサワーリー

しょうはい〘勝敗〙हार-जीत f. hāra-jīta ハール・ジート

しょうばい〘商売〙व्यापार m. vyāpāra ヴィャーパール

しょうひ〘消費〙उपभोग m. upab^{h}oga ウプボーグ，खपत f. k^{h}apata カパト ♦消費者 उपभोक्ता m. upab^{h}oktā ウプボークター ♦消費する उपभोग m. करना upab^{h}oga karanā ウプボーグ カルナー ♦消費税 उपभोग कर m. upab^{h}oga kara ウプボーグ カル

しょうひょう〘商標〙मरका m. marakā マルカー

しょうひん〘商品〙माल m. māla マール

しょうひん〘賞品〙इनाम m. ināma イナーム，पुरस्कार m. puraskāra プラスカール

じょうひんな〘上品な〙शरीफ़ śarīfa シャリーフ

しょうぶ〘勝負〙(試合・対戦) मुक़ाबला m. muqābalā ムカーブラー (勝敗) हार-जीत f. hāra-jīta ハール・ジート ♦勝負する मुक़ाबला m. करना muqābalā karanā ムカーブラー カルナー

じょうぶな〘丈夫な〙(強い) तगड़ा tagaṛā タグラー，हृष्ट-पुष्ट hṛṣṭa-puṣṭa フリシュト・プシュト (健康な) तंदुरुस्त taṃdurusta タンドゥルスト，स्वस्थ svast^{h}a スワスト

じょうほう〘情報〙जानकारी f. jānakārī ジャーンカーリー，सूचना f. sūcanā スーチナー

じょうほする〘譲歩する〙समझौता m. करना samaj^{h}autā karanā サムジャオーター カルナー

しょうみの〘正味の〙निवल nivala ニワル

しょうめい〘照明〙रोशनी f. rośanī ローシュニー

しょうめい〘証明〙प्रमाण m. pramāṇa プラマーン ♦証明書 प्रमाण-पत्र m. pramāṇa-patra プラマーン・パトル ♦証明する प्रमाणित करना pramāṇita karanā プラマーニト カルナー，साबित करना sābita karanā サービト カルナー

じょうやく〘条約〙संधि f. saṃd^{h}i サンディ

しょうよ〘賞与〙बोनस m. bonasa ボーナス

しょうらい〘将来〙भविष्य m. b^{h}aviṣya バヴィシエ

しょうり〘勝利〙जीत f. jīta ジート，विजय f. vijaya ヴィジャエ

しょうりょうの〘少量の〙थोड़ा t^{h}oṛā トーラー

ショー तमाशा m. tamāśā タマーシャー，शो m. śo ショー

じょおう〘女王〙महारानी f. mahārānī マハーラーニー

ショール ओढ़नी f. oṛ^{h}anī オールニー，शाल f. śāla シャール

しょがくしゃ〘初学者〙नौसिखिया m. nausik^{h}iyā ナォースィキヤー

しょくぎょう〘職業〙धंधा m. d^{h}aṃd^{h}ā ダンダー，पेशा m. peśā ペーシャー

しょくご〘食後〙खाने के बाद k^{h}āne ke bāda カーネー ケー バード

しょくじ〘食事〙खाना m. k^{h}ānā カーナー，भोजन m. b^{h}ojana ボージャン

しょくぜん〘食前〙खाने से पहले k^{h}āne se pahale カーネー セー パヘレー

しょくつう〘食通〙खाने का शौक़ीन m. k^{h}āne kā śauqīna カーネー カー シャォーキーン

しょくにん〘職人〙कारीगर m. kārīgara カーリーガル，शिल्पी m. śilpī シルピー

しょくみんち〘植民地〙उपनिवेश m. upaniveśa ウパニヴェーシュ

しょくもつ〘食物〙खाना m. k^{h}ānā カーナー

しょくよく〘食欲〙भूख f. b^{h}ūk^{h}a ブーク

しょくりょうひんてん〘食料品店〙परचून की दुकान f. paracūna kī dukāna パルチューン キー ドゥカーン

じょげん〘助言〙सलाह f. salāha サラーハ ♦助言する सलाह f. देना salāha denā サラーヘ デーナー

じょこうする〘徐行する〙धीरे धीरे चलना d^{h}īre d^{h}īre calanā ディーレー ディーレー チャルナー

しょざいち〘所在地〙पता m. patā パター

しょしき〘書式〙फ़ार्म m. fārma ファールム

じょしゅ〘助手〙मददगार m. madadagāra マダドガール，सहायक m. sahāyaka サハーヤク

しょじょ〘処女〙कन्या f. kanyā カニャー

じょじょに〘徐々に〙धीरे धीरे d^{h}īre d^{h}īre ディーレー ディーレー

しょしんしゃ〘初心者〙नौसिखिया m. nausik^{h}iyā ナォースィキヤー

じょすう〘序数〙क्रमसूचक संख्या f. kramasūcaka saṃk^{h}yā クラムスーチャク サンキャー

じょせい〘女性〙नारी f. nārī ナーリー，महिला f.

mahilā マヒラー，स्त्री f. strī ストリー （文法性）स्त्रीलिंग m. strīliṃga ストリーリング
しょたい〘所帯〙गृहस्थी f. gṛhastʰī グリハスティー，घर m. gʰara ガル
しょち〘処置〙（治療）इलाज m. ilāja イラージ，उपचार m. upacāra ウプチャール （措置・対策）उपाय m. upāya ウパーエ ♦処置する（治療する）इलाज m. करना ilāja karanā イラージ カルナー，उपचार m. करना upacāra karanā ウプチャール カルナー（措置を取る）उपाय m. करना upāya karanā ウパーエ カルナー
しょちょう〘所長〙निदेशक m. nideśaka ニデーシャク
しょちょう〘署長〙थानेदार m. tʰānedāra ターネーダール
ショック आघात m. āgʰāta アーガート，धक्का m. dʰakkā ダッカー
しょっぱい खारा kʰārā カーラー，नमकीन namakīna ナムキーン
しょてん〘書店〙किताबों की दुकान f. kitābõ kī dukāna キターボーン キー ドゥカーン
しょとうきょういく〘初等教育〙प्रारंभिक शिक्षा f. prāraṃbʰika śikṣā プラーランビク シクシャー
しょとく〘所得〙आमदनी f. āmadanī アーマドニー，आय f. āya アーエ，कमाई f. kamāī カマーイー ♦所得税 आयकर m. āyakara アーエカル
しょばつする〘処罰する〙दंड m. देना daṃḍa denā ダンド デーナー，सज़ा f. देना sazā denā サザー デーナー
しょひょう〘書評〙समीक्षा f. samīkṣā サミークシャー
じょぶん〘序文〙भूमिका f. bʰūmikā ブーミカー
しょほうせん〘処方箋〙नुसख़ा m. nusaxā ヌスカー
しょめい〘署名〙दस्तख़त m. dastaxata ダストカト，हस्ताक्षर m. hastākṣara ハスタークシャル ♦署名する दस्तख़त m. करना dastaxata karanā ダストカト カルナー，हस्ताक्षर m. करना hastākṣara karanā ハスタークシャル カルナー
じょゆう〘女優〙अभिनेत्री f. abʰinetrī アビネートリー，एक्ट्रेस f. ekṭresa エークトレース
じょりょく〘助力〙मदद f. madada マダド，सहायता f. sahāyatā サハーエター
しょるい〘書類〙दस्तावेज़ m. dastāveza ダスターヴェーズ，प्रलेख m. pralekʰa プラレーク
ショルダーバッグ झोला m. jʰolā ジョーラー
じらい〘地雷〙सुरंग f. suraṃga スラング
しらが〘白髪〙सफ़ेद बाल m. safeda bāla サフェード バール
しらせ〘知らせ〙（告知・案内）इत्तला m. ittalā イッタラー，नोटिस m. noṭisa ノーティス，सूचना f. sūcanā スーチナー （前兆）शकुन m. śakuna シャクン
しらせる〘知らせる〙ख़बर f. देना xabara denā カバル デーナー，बताना batānā バターナー
しらばくれる अनजान बनना anajāna bananā アンジャーン バンナー
しらべる〘調べる〙जाँचना jā̃canā ジャーンチナー
しらみ〘虱〙जूँ f. jū̃ ジューン
しり〘尻〙चूतड़ m. cūtaṛa チュータル
シリア सीरिया m. sīriyā スィーリヤー
しりあい〘知り合い〙जान-पहचान के लोग m. jāna-pahacāna ke loga ジャーン・パヘチャーン ケー ローグ
シリーズ सिलसिला m. silasilā スィルスィラー
しりぞく〘退く〙हटना haṭanā ハトナー
しりぞける〘退ける〙（下がらせる）हटाना haṭānā ハターナー （拒む）इनकार m. करना inakāra karanā インカール カルナー
じりつ〘自立〙स्वावलंबन m. svāvalaṃbana スワーオランバン ♦自立する अपने पैरों पर खड़ा होना apane pairõ para kʰaṛā honā アプネー パェーローン パル カラー ホーナー
しりょう〘資料〙सामग्री f. sāmagrī サーマグリー
しりょく〘視力〙ज्योति f. jyoti ジョーティ
しる〘知る〙（学ぶ・覚える）जानना jānanā ジャーンナー （気づく）महसूस करना mahasūsa karanā マヘスース カルナー （認識する・理解する）समझना samajʰanā サマジナー
シルク रेशम m. reśama レーシャム
しるし〘印〙निशान m. niśāna ニシャーン
しるす〘記す〙लिखना likʰanā リクナー
しれん〘試練〙अग्नि-परीक्षा f. agni-parīkṣā アグニ・パリークシャー
ジレンマ दुविधा f. duvidʰā ドゥヴィダー
しろ〘城〙क़िला m. qilā キラー
しろ〘白〙सफ़ेद रंग m. safeda raṃga サフェード ラング
しろい〘白い〙सफ़ेद safeda サフェード
シロップ शीरा m. śīrā シーラー
しわ〘皺〙（皮膚の）झुर्री f. jʰurrī ジュルリー （物の）सिलवट f. silavaṭa スィルワト
しんか〘進化〙विकास m. vikāsa ヴィカース
しんがいする〘侵害する〙उल्लंघन m. करना ullaṃgʰana karanā ウッランガン カルナー
じんかく〘人格〙व्यक्तित्व m. vyaktitva ヴィャクティトオ
しんかする〘進化する〙विकास m. होना vikāsa honā ヴィカース ホーナー
シンガポール सिंगापुर m. siṃgāpura スィンガープル
しんきろう〘蜃気楼〙मरीचिका f. marīcikā マリーチカー
しんぐ〘寝具〙बिस्तर m. bistara ビスタル
じんけん〘人権〙मानवाधिकार m. mānavādʰikāra マーナワーディカール
しんけんな〘真剣な〙गंभीर gaṃbʰīra ガンビール，संजीदा saṃjīdā サンジーダー
しんこう〘信仰〙आस्था f. āstʰā アースター，विश्वास m. viśvāsa ヴィシュワース ♦信仰する आस्था f. रखना āstʰā rakʰanā アースター ラクナー，विश्वास m. रखना viśvāsa rakʰanā ヴィシュワース ラクナー
しんごう〘信号〙सिगनल m. siganala スィグナル
じんこう〘人口〙आबादी f. ābādī アーバーディー，

जनसंख्या$^{f.}$ janasaṃkʰyā ジャンサンキャー
じんこうえいせい〖人工衛星〗उपग्रह$^{m.}$ upagraha ウプグラ
じんこうの〖人工の〗कृत्रिम kr̥trima クリトリム
しんこくな〖深刻な〗गंभीर gaṃbʰīra ガンビール
しんこんの〖新婚の〗नवविवाहित navavivāhita ナオヴィワーヒト ♦新婚旅行 हनीमून hanīmūna ハニームーン
しんし〖紳士〗सज्जन$^{m.}$ sajjana サッジャン
しんしつ〖寝室〗बेडरूम$^{m.}$ beḍarūma ベードルーム, सोने का कमरा$^{m.}$ sone kā kamarā ソーネー カー カムラー
しんじつ〖真実〗सच्चाई$^{f.}$ saccāī サッチャーイー ♦真実の सच्चा saccā サッチャー
しんじゃ〖信者〗भक्त$^{m.}$ bʰakta バクト
しんじゅ〖真珠〗मोती$^{m.}$ motī モーティー
しんじる〖信じる〗विश्वास$^{m.}$ करना viśvāsa karanā ヴィシュワース カルナー (信頼する) भरोसा$^{m.}$ करना bʰarosā karanā バローサー カルナー
じんせい〖人生〗ज़िंदगी$^{f.}$ ziṃdagī ズィンダギー, जीवन$^{m.}$ jīvana ジーワン
しんせいな〖神聖な〗पवित्र pavitra パヴィトル
しんせつな〖親切な〗परोपकारी paropakārī パロープカーリー, मेहरबान meharabāna メヘルバーン
しんせんな〖新鮮な〗ताज़ा tāzā ターザー
しんぞう〖心臓〗दिल$^{m.}$ dila ディル, हृदय$^{m.}$ hr̥daya フリダエ ♦心臓病 हृदयरोग$^{m.}$ hr̥dayaroga フリダエローグ ♦心臓発作 दिल का दौरा$^{m.}$ dila kā daurā ディル カー ダォーラー ♦心臓麻痺 हृदयगति का रुकना hr̥dayagati kā rukanā フリダエガティ カー ルクナー
じんぞう〖腎臓〗गुरदा$^{m.}$ guradā グルダー
しんぞく〖親族〗रिश्तेदार$^{m.}$ riśtedāra リシュテーダール, संबंधी$^{m.}$ saṃbaṃdʰī サンバンディー
じんたい〖人体〗मानव शरीर$^{m.}$ mānava śarīra マーナオ シャリール
しんちょう〖身長〗क़द$^{m.}$ qada カド
しんちょうな〖慎重な〗होशियार hośiyāra ホーシヤール
しんつう〖心痛〗वेदना$^{f.}$ vedanā ヴェードナー
じんつう〖陣痛〗प्रसव-वेदना$^{f.}$ prasava-vedanā プラサオ・ヴェードナー
しんにゅう〖侵入〗घुसपैठ$^{f.}$ gʰusapaiṭʰa グスパェート ♦侵入する घुसना gʰusanā グスナー
しんねん〖新年〗नया साल$^{m.}$ nayā sāla ナヤー サール
しんぱい〖心配〗चिंता$^{f.}$ ciṃtā チンター, फ़िक्र$^{m.}$ fikra フィクル ♦心配する चिंता$^{f.}$ करना ciṃtā karanā チンター カルナー, फ़िक्र$^{m.}$ करना fikra karanā フィクル カルナー
シンバル झाँझ$^{f.}$ jʰā̃jʰa ジャーンジ
しんぴてきな〖神秘的な〗रहस्यमय rahasyamaya ラハスィエマエ
しんぴん〖新品〗नई चीज़$^{f.}$ naī cīza ナイー チーズ
しんぷ〖新婦〗दुलहन$^{f.}$ dulahana ドゥルハン, वधू$^{f.}$ vadʰū ワドゥー
しんぷ〖神父〗पादरी$^{m.}$ pādarī パードリー, फ़ादर$^{m.}$ fādara ファーダル
しんぶん〖新聞〗अख़बार$^{m.}$ axabāra アクバール, समाचारपत्र$^{m.}$ samācārapatra サマーチャールパトル ♦新聞記者 अख़बारनवीस$^{m.}$ axabāranavīsa アクバールナヴィース, पत्रकार$^{m.}$ patrakāra パトルカール ♦新聞社 अख़बार कंपनी$^{f.}$ axabāra kaṃpanī アクバール カンパニー
しんぽ〖進歩〗तरक़्क़ी$^{f.}$ taraqqī タラッキー, प्रगति$^{f.}$ pragati プラガティ ♦進歩する तरक़्क़ी$^{f.}$ करना taraqqī karanā タラッキー カルナー, प्रगति$^{f.}$ करना pragati karanā プラガティ カルナー ♦進歩的な प्रगतिशील pragatiśīla プラガティシール
しんぽうしゃ〖信奉者〗अनुयायी$^{m.}$ anuyāyī アヌヤーイー
しんぼうする〖辛抱する〗धीरज$^{m.}$ रखना dʰīraja rakʰanā ディーラジ ラクナー
シンボル प्रतीक$^{m.}$ pratīka プラティーク
じんましん पित्ती$^{f.}$ pittī ピッティー
しんみつな〖親密な〗आत्मीय ātmīya アートミーエ
しんや〖深夜〗आधी रात को ādʰī rāta ko アーディー ラート コー
しんゆう〖親友〗घनिष्ठ मित्र$^{m.}$ gʰaniṣṭʰa mitra ガニシュト ミトル
しんよう〖信用〗भरोसा$^{m.}$ bʰarosā バローサー, यक़ीन$^{m.}$ yaqīna ヤキーン ♦信用する भरोसा$^{m.}$ करना bʰarosā karanā バローサー カルナー, यक़ीन$^{m.}$ करना yaqīna karanā ヤキーン カルナー
しんらいする〖信頼する〗भरोसा$^{m.}$ करना bʰarosā karanā バローサー カルナー, यक़ीन$^{m.}$ करना yaqīna karanā ヤキーン カルナー
しんらつな〖辛辣な〗कटु kaṭu カトゥ
しんり〖心理〗मनोदशा$^{f.}$ manodaśā マノーダシャー, मनोवृत्ति$^{f.}$ manovr̥tti マノーヴリッティ ♦心理学 मनोविज्ञान$^{m.}$ manovijñāna マノーヴィギャーン ♦心理学者 मनोविज्ञानी$^{m.}$ manovijñānī マノーヴィギャーニー
しんりゃく〖侵略〗चढ़ाई$^{f.}$ caṛʰāī チャラーイー, आक्रमण$^{f.}$ ākramaṇa アークラマン ♦侵略する चढ़ाई$^{f.}$ करना caṛʰāī karanā チャラーイー カルナー, आक्रमण$^{f.}$ करना ākramaṇa karanā アークラマン カルナー
しんりょうじょ〖診療所〗क्लिनिक$^{m.}$ klinika クリニク
しんりん〖森林〗जंगल$^{m.}$ jaṃgala ジャンガル, वन$^{m.}$ vana ワン
しんるい〖親類〗रिश्तेदार$^{m.}$ riśtedāra リシュテーダール, संबंधी$^{m.}$ saṃbaṃdʰī サンバンディー
じんるい〖人類〗इनसान$^{m.}$ inasāna インサーン, मनुष्य$^{m.}$ manuṣya マヌシエ ♦人類学 नृ-विज्ञान$^{m.}$ nr̥-vijñāna ヌリ・ヴィギャーン
しんろう〖新郎〗दूल्हा$^{m.}$ dūlhā ドゥールハー, वर$^{m.}$ vara ワル
しんわ〖神話〗पुराकथा$^{f.}$ purākatʰā プラーカター, पौराणिक कथा$^{f.}$ paurāṇika katʰā パォーラーニク カター, मिथक$^{m.}$ mitʰaka ミタク

す〖巣〗（蜘蛛の）जाला m. jālā ジャーラー（鳥・昆虫の）घोंसला m. g^{h}ōsalā ゴーンスラー（蜂の）छत्ता m. c^{h}attā チャッター
す〖酢〗सिरका m. sirakā スィルカー
ず〖図〗चित्र m. citra チトル，तसवीर f. tasavīra タスヴィール
ずあん〖図案〗डिज़ाइन m. ḍizāina ディザーイン
すいえい〖水泳〗तैराकी f. tairākī タェーラーキー
すいか〖西瓜〗तरबूज़ m. tarabūza タルブーズ
すいぎゅう〖水牛〗（牝水牛）भैंस f. b^{h}ãīsa バェーンス（牡水牛）भैंसा m. b^{h}ãīsā バェーンサー
すいぎん〖水銀〗पारा m. pārā パーラー
すいしゃ〖水車〗पनचक्की f. panacakkī パンチャッキー
すいじゃくする〖衰弱する〗कमज़ोर होना kamazora honā カムゾール ホーナー
すいじゅん〖水準〗स्तर m. stara スタル
すいしょう〖水晶〗बिल्लौर m. billaura ビッラォール，स्फटिक m. sp^{h}aṭika スパティク
すいじょうき〖水蒸気〗भाप f. b^{h}āpa バープ
スイス स्विटज़रलैंड sviṭazaralaiṃḍa スヴィトザルラェーンド
すいせい〖水星〗बुध m. bud^{h}a ブド
すいせん〖推薦〗सिफ़ारिश f. sifāriśa スィファーリシュ ♦推薦する सिफ़ारिश f. करना sifāriśa karanā スィファーリシュ カルナー
すいせん〖水仙〗नरगिस f. naragisa ナルギス
すいそく〖推測〗अंदाज़ा m. aṃdāzā アンダーザー，अनुमान m. anumāna アヌマーン ♦推測する अंदाज़ा m. लगाना aṃdāzā lagānā アンダーザー ラガーナー，अनुमान m. लगाना anumāna lagānā アヌマーン ラガーナー
すいぞくかん〖水族館〗मछलीघर m. mac^{h}alīg^{h}ara マチリーガル
すいたいする〖衰退する〗पतन m. होना patana honā パタン ホーナー
すいちょくな〖垂直な〗खड़ा k^{h}aṛā カラー
スィックきょうと〖スィック教徒〗（シク教徒）सिख m. sik^{h}a スィク
スイッチ स्विच f. svica スヴィチ
すいでん〖水田〗धान का खेत m. d^{h}āna kā k^{h}eta ダーン カー ケート
すいどう〖水道〗नल m. nala ナル
ずいひつ〖随筆〗निबंध m. nibaṃd^{h}a ニバンド ♦随筆家 निबंधकार m. nibaṃd^{h}akāra ニバンドカール
すいぶん〖水分〗पानी m. pānī パーニー
ずいぶん〖随分〗बहुत bahuta バフト
すいへいせん〖水平線〗क्षितिज m. kṣitija クシティジ
すいへいの〖水平の〗पड़ा paṛā パラー
すいみん〖睡眠〗नींद f. nīda ニーンド ♦睡眠薬 नींद की गोली f. nīda kī golī ニーンド キー ゴーリー
すいめん〖水面〗पानी की सतह pānī kī sataha パーニー キー サタ
すいようび〖水曜日〗बुधवार m. bud^{h}avāra ブドワール
すいり〖推理〗अनुमान m. anumāna アヌマーン ♦推理小説 जासूसी उपन्यास m. jāsūsī upanyāsa ジャースースィー ウパニャース ♦推理する अक़्ल f. दौड़ाना aqla dauṛānā アクル ダォーラーナー
すう〖吸う〗（液体を）चूसना cūsanā チュースナー（煙草を）पीना pīnā ピーナー（息を）लेना lenā レーナー
スウェーデン स्वीडन m. svīḍana スヴィーダン
すうがく〖数学〗गणित m. gaṇita ガニト
すうこうな〖崇高な〗उदात्त udātta ウダーット
すうじ〖数字〗अंक m. aṃka アンク，नंबर m. naṃbara ナンバル
ずうずうしい〖図々しい〗ढीठ ḍ^{h}īṭ^{h}a ディート，बेशर्म beśarma ベーシャルム
スーツ सूट m. sūṭa スート
スーツケース सूटकेस m. sūṭakesa スートケース
すうにん〖数人〗कुछ लोग m. kuc^{h}a loga クチ ローグ
すうねん〖数年〗कुछ साल m. kuc^{h}a sāla クチ サール
すうはいする〖崇拝する〗पूजा f. करना pūjā karanā プージャー カルナー
スープ शोरबा m. śorabā ショールバー，सूप m. sūpa スープ
すえる〖据える〗लगाना lagānā ラガーナー
スカート स्कर्ट f. skarṭa スカルト
スカーフ दुपट्टा m. dupaṭṭā ドゥパッター
ずがいこつ〖頭蓋骨〗खोपड़ी f. k^{h}opaṛī コープリー
すがた〖姿〗शक्ल f. śakla シャクル，सूरत f. sūrata スーラト
ずかん〖図鑑〗सचित्र पुस्तक f. sacitra pustaka サチトル プスタク
すきとおった〖透き通った〗पारदर्शक pāradarśaka パールダルシャク
すきな〖好きな〗प्रिय priya プリエ，मनपसंद manapasaṃda マンパサンド
すきま〖透き間〗दरार f. darāra ダラール
スキャンダル घोटाला m. g^{h}oṭālā ゴーターラー
すぎる〖過ぎる〗（通過する）गुज़रना guzaranā グザルナー（経過する）बीतना bītanā ビートナー（程度を越える）हद f. होना hada honā ハド ホーナー
すくう〖救う〗बचाना bacānā バチャーナー
スクーター स्कूटर m. skūṭara スクータル
すくない〖少ない〗कम kama カム，थोड़ा t^{h}oṛā トーラー
すくなくとも〖少なくとも〗कम से कम kama se kama カム セー カム
すぐに〖直ぐに〗तुरंत turaṃta トゥラント，फ़ौरन faurana ファォーラン
すくむ सहमना sahamanā サハムナー
スクリーン स्क्रीन f. skrīna スクリーン
スクリュー स्क्रू m. skrū スクルー
すぐれた〖優れた〗श्रेष्ठ śreṣṭ^{h}a シュレーシュト

スケール （規模・大きさ） पैमाना m. paimānā パェーマーナー （尺度） नाप f. nāpa ナープ
スケッチ रेखा-चित्र m. rekhā-citra レーカー・チトル
すごい अद्भुत adbhuta アドブト, ग़ज़ब का ğazaba kā ガザブ カー
すこし〖少し〗थोड़ा thoṛā トーラー
すごす〖過ごす〗बिताना bitānā ビターナー
スコップ बेलचा m. belacā ベールチャー
すす〖煤〗कालिख f. kālikha カーリク
すず〖錫〗टिन m. ṭina ティン
すず〖鈴〗घंटी f. ghaṃṭī ガンティー, घुँघरू m. ghũgharū グングルー
すすぐ खँगालना khãgālanā カンガールナー
すずしい〖涼しい〗शीतल śītala シータル
すすむ〖進む〗बढ़ना baṛhanā バルナー （物事が） चलना calanā チャルナー
すずめ〖雀〗गौरैया f. gauraiyā ガォーライヤー
すすめる〖進める〗बढ़ाना baṛhānā バラーナー
すする〖啜る〗चुसकियाँ f. लेना cusakiyā̃ lenā チュスキヤーン レーナー （鼻水を） सुड़कना suṛakanā スラクナー
すそ〖裾〗पल्ला m. pallā パッラー
スター सितारा m. sitārā スィターラー
スタジアム स्टेडियम m. sṭeḍiyama ステーディヤム
スタジオ स्टूडियो m. sṭūḍiyo ストゥーディヨー
スタッフ स्टाफ़ m. sṭāfa スターフ
スタンプ मोहर f. mohara モハル
ずつう〖頭痛〗सिरदर्द m. siradarda スィルダルド
すっかり एकदम ekadama エークダム, बिलकुल bilakula ビルクル
すっぱい〖酸っぱい〗खट्टा khaṭṭā カッター
ステージ मंच m. maṃca マンチ, स्टेज m. sṭeja ステージ
すてきな〖素敵な〗बढ़िया baṛhiyā バリヤー, शानदार śānadāra シャーンダール
すてる〖捨てる〗छोड़ना choṛanā チョールナー, फेंकना phẽkanā ペーンクナー
ストーブ स्टोव m. sṭova ストーオ
ストライキ हड़ताल f. haṛatāla ハルタール
すな〖砂〗बालू f. bālū バールー, रेत f. reta レート
すなおな〖素直な〗भोला bholā ボーラー, सीधा sīdhā スィーダー
すなわち अर्थात् arthāt アルタート, यानी yānī ヤーニー
ずのう〖頭脳〗दिमाग़ m. dimāğa ディマーグ
スパイ जासूस m. jāsūsa ジャースース
スパイス मसाला m. masālā マサーラー
すばしこい चुस्त custa チュスト, फुरतीला phuratīlā プルティーラー
すばやい〖素早い〗चुस्त custa チュスト, फुरतीला phuratīlā プルティーラー
すばらしい〖素晴らしい〗अद्भुत adbhuta アドブト, बढ़िया baṛhiyā バリヤー, शानदार śānadāra シャーンダール
スピーカー लाउडस्पीकर m. lāuḍaspīkara ラーウドスピーカル
スピーチ भाषण m. bhāṣaṇa バーシャン
スピード गति f. gati ガティ, रफ़्तार f. raftāra ラフタール
ずひょう〖図表〗चार्ट m. cārṭa チャールト
スプーン चमचा m. camacā チャムチャー, चम्मच m. cammaca チャムマチ
スペイン स्पेन m. spena スペーン ♦スペイン語 स्पेनी f. spenī スペーニー
すべすべした चिकना cikanā チクナー
すべての सब saba サブ, सारा sārā サーラー
すべる〖滑る〗फिसलना phisalanā ピサルナー （滑りやすい） फिसलनदार phisalanadāra ピスランダール
スペル वर्तनी f. vartanī ワルトニー
スポークスマン प्रवक्ता m. pravaktā プラワクター
スポーツ क्रीड़ा f. krīṛā クリーラー, खेल m. khela ケール
ズボン पतलून f. patalūna パトルーン, पैंट f. paiṃṭa パェーント
スポンジ स्पंज m. spaṃja スパンジ
すます〖済ます〗（終わらせる） निपटाना nipaṭānā ニプターナー, पूरा करना pūrā karanā プーラー カルナー （代用する） काम m. चलाना kāma calānā カーム チャラーナー
すみ〖隅〗कोना m. konā コーナー
すみ〖炭〗कोयला m. koyalā コーエラー
すみれ〖菫〗बनफ़शा m. banafaśā バナフシャー
すむ〖済む〗पूरा होना pūrā honā プーラー ホーナー
すむ〖住む〗रहना rahanā ラヘナー
すむ〖澄む〗निथरना nitharanā ニタルナー
ずらす खिसकाना khisakānā キスカーナー, सरकाना sarakānā サルカーナー
すり （人） जेबकतरा m. jebakatarā ジェーブカトラー, पाकेटमार m. pākeṭamāra パーケートマール
すりきず〖擦り傷〗खरोंच kharõca カローンチ
スリッパ स्लीपर m. slīpara スリーパル
スリップする फिसलना phisalanā ピサルナー
スリムな इकहरा ikaharā イクハラー
スリランカ श्रीलंका m. śrīlaṃkā シュリーランカー
する करना karanā カルナー
する〖擦る〗（こする） रगड़ना ragaṛanā ラガルナー
ずるい चालबाज़ cālabāza チャールバーズ
ずるがしこい〖ずる賢い〗चालाक cālāka チャーラーク
するどい〖鋭い〗तीखा tīkhā ティーカー, नुकीला nukīlā ヌキーラー
ずるやすみ〖ずる休み〗नाग़ा nāğā ナーガー
ずれる खिसकना khisakanā キサクナー, सरकना sarakanā サラクナー
スローガン नारा m. nārā ナーラー
スロベニア स्लोवेनिया m. sloveniyā スローヴェーニヤー
すわる〖座る〗बैठना baiṭhanā バェートナー
せ〖背〗（背中） पीठ f. pīṭha ピート （背丈） क़द m. qada カド

せい〘姓〙सरनेम m. saranema サラネーム
せい〘性〙यौन m. yauna ヤオーン
ぜい〘税〙कर m. kara カル
せいおう〘西欧〙पश्चिमी यूरोप m. paścimī yūropa パシュチミー ユーロープ
せいか〘成果〙उपलब्धि f. upalabd^{h}i ウプラブディ
せいかく〘性格〙स्वभाव m. svab^{h}āva スワバーオ
せいかくな〘正確な〙सही sahī サヒー
せいかつ〘生活〙ज़िंदगी f. ziṃdagī ズィンダギー，जीवन m. jīvana ジーワン ◆生活する जीवन m. बिताना jīvana bitānā ジーワン ビターナー
ぜいかん〘税関〙कास्टम हाउस m. kāsṭama hāusa カースタム ハーウス
せいき〘世紀〙शताब्दी f. śatābdī シャターブディー
せいぎ〘正義〙इंसाफ़ m. iṃsāfa インサーフ，न्याय m. nyāya ニャーエ
せいきゅう〘請求〙तक़ाज़ा m. taqāzā タカーザー ◆請求書 बिल m. bila ビル ◆請求する तक़ाज़ा m. करना taqāzā karanā タカーザー カルナー
せいぎょ〘制御〙नियंत्रण m. niyaṃtraṇa ニヤントラン ◆制御する नियंत्रित करना niyaṃtrita karanā ニヤントリト カルナー
ぜいきん〘税金〙कर m. kara カル
せいけい〘生計〙जीविका f. jīvikā ジーヴィカー
せいけつな〘清潔な〙साफ़-सुथरा sāfa-sut^{h}arā サーフ・ストラー
せいげん〘制限〙रोक f. roka ローク ◆制限する रोक f. लगाना roka lagānā ローク ラガーナー
せいこう〘成功〙कामयाबी f. kāmayābī カームヤービー，सफलता f. sap^{h}alatā サパルター ◆成功する कामयाब होना kāmayāba honā カームヤーブ ホーナー，सफल होना sap^{h}ala honā サパル ホーナー
せいざ〘星座〙तारा-मंडल m. tārā-maṃḍala ターラー・マンダル
せいさく〘政策〙नीति f. nīti ニーティ
せいさん〘生産〙उत्पादन m. utpādana ウトパーダン，पैदाइश m. paidāiśa パェーダーイシュ ◆生産する उत्पादन m. करना utpādana karanā ウトパーダン カルナー
せいじ〘政治〙राजनीति f. rājanīti ラージニーティ ◆政治家 राजनीतिक m. rājanītika ラージニーティク
せいしきの〘正式の〙औपचारिक aupacārika アォープチャーリク
せいしつ〘性質〙मिज़ाज m. mizāja ミザージ，स्वभाव m. svab^{h}āva スワバーオ
せいじつな〘誠実な〙ईमानदार īmānadāra イーマーンダール
せいじゃく〘静寂〙ख़ामोशी f. xāmośī カーモーシー，सन्नाटा m. sannāṭā サンナーター
せいじゅくする〘成熟する〙परिपक्व होना paripakva honā パリパクオ ホーナー
せいしゅん〘青春〙जवानी f. javānī ジャワーニー，यौवन f. yauvana ヤォーワン
せいしょ〘聖書〙बाइबल bāibala バーイバル
せいじょうな〘正常な〙ठीक ṭ^{h}īka ティーク，नार्मल nārmala ナールマル
せいしん〘精神〙आत्मा f. ātmā アートマー
せいじん〘成人〙बालिग़ m. bāliğa バーリグ，वयस्क m. vayaska ワヤスク ◆成人する बालिग़ होना bāliğa honā バーリグ ホーナー
せいじん〘聖人〙संत m. saṃta サント
せいすう〘整数〙पूर्णांक m. pūrṇāṃka プールナーンク
せいせき〘成績〙नतीजा m. natījā ナティージャー，परिणाम m. pariṇāma パリナーム
せいぞう〘製造〙निर्माण m. nirmāṇa ニルマーン ◆製造業 निर्माण उद्योग m. nirmāṇa udyoga ニルマーン ウデイョーグ
せいぞん〘生存〙जीवन m. jīvana ジーワン ◆生存する जीवित रहना jīvita rahanā ジーヴィト ラヘナー
ぜいたく〘贅沢〙विलासिता f. vilāsitā ヴィラースィター ◆贅沢な विलासी vilāsī ヴィラースィー
せいち〘聖地〙तीर्थ tīrt^{h}a ティールト
せいちょう〘成長〙बाढ़ f. bāṛ^{h}a バール ◆成長する बढ़ना baṛ^{h}anā バルナー
せいと〘生徒〙छात्र m. c^{h}ātra チャートル，छात्रा f. c^{h}ātrā チャートラー
せいど〘制度〙प्रणाली f. praṇālī プラナーリー，व्यवस्था f. vyavast^{h}ā ヴィャワスター
せいとう〘政党〙पार्टी f. pārṭī パールティー，राजनैतिक दल m. rājanaitika dala ラージナェーティク ダル
せいとうな〘正当な〙उचित ucita ウチト，मुनासिब munāsiba ムナースィブ
せいとんする〘整頓する〙सजाना sajānā サジャーナー
せいねん〘青年〙युवक m. yuvaka ユワク，युवती f. yuvatī ユオティー
せいねんがっぴ〘生年月日〙जन्मतिथि f. janmatit^{h}i ジャナムティティ
せいびょう〘性病〙यौन रोग m. yauna roga ヤオーン ローグ
せいひん〘製品〙उत्पाद m. utpāda ウトパード
せいふ〘政府〙सरकार f. sarakāra サルカール
せいぶ〘西部〙पश्चिमी भाग m. paścimī b^{h}āga パシュチミー バーグ
せいふく〘制服〙वरदी f. varadī ワルディー
せいふくする〘征服する〙जीतना jītanā ジートナー
せいぶつ〘生物〙जीव m. jīva ジーヴ ◆生物学 जीव-विज्ञान m. jīva-vijñāna ジーヴ・ヴィギャーン
せいほうけい〘正方形〙वर्गाकार m. vargākāra ワルガーカール
せいみつな〘精密な〙बारीक bārīka バーリーク，सूक्ष्म sūkṣma スークシュム
せいめい〘姓名〙पूरा नाम m. pūrā nāma プーラー ナーム

せいめい〖生命〗जान f. jāna ジャーン，जीवन m. jīvana ジーワン ♦生命保険 जीवन बीमा jīvana bīmā ジーワン ビーマー
せいやく〖誓約〗क़सम f. qasama カサム，शपथ f. śapatʰa シャパト
せいよう〖西洋〗पश्चिम m. paścima パシュチム
せいりょく〖勢力〗शक्ति f. śakti シャクティ
せいれき〖西暦〗ईसवी संवत् m. īsavī saṃvat イースヴィー サンワト
セーター स्वेटर m. sveṭara スヴェータル
せかい〖世界〗दुनिया f. duniyā ドゥニヤー，विश्व m. viśva ヴィシュオ，संसार m. saṃsāra サンサール ♦世界遺産 विश्व धरोहर m. viśva dʰarohara ヴィシュオ ダローハル ♦世界史 विश्व इतिहास m. viśva itihāsa ヴィシュオ イティハース ♦世界的な विश्वविख्यात viśvavikʰyāta ヴィシュオヴィキャート，विश्व-व्यापी viśva-vyāpī ヴィシュオ・ヴィャーピー
せき〖咳〗खाँसी f. kʰā̃sī カーンスィー ♦咳止め खाँसी की दवा f. kʰā̃sī kī davā カーンスィー キー ダワー
せき〖席〗कुरसी f. kurasī クルスィー，जगह f. jagaha ジャガ，सीट f. sīṭa スィート
せきがいせん〖赤外線〗अवरक्त किरण f. avarakta kiraṇa アオラクト キラン
せきたん〖石炭〗पत्थर का कोयला m. pattʰara kā koyalā パッタル カー コーエラー
せきどう〖赤道〗भूमध्यरेखा f. bʰūmadʰyarekʰā ブーマディエレーカー
せきにん〖責任〗उत्तरदायित्व m. uttaradāyitva ウッタルダーイトオ，ज़िम्मेदारी f. zimmedārī ズィムメーダーリー
せきゆ〖石油〗पेट्रोलियम m. peṭroliyama ペートローリヤム，मिट्टी का तेल m. miṭṭī kā tela ミッティー カー テール
せきり〖赤痢〗पेचिश f. peciśa ペーチシュ
セクハラ यौन उत्पीड़न m. yauna utpīṛana ヤオーン ウトピーラン
せけん〖世間〗दुनिया f. duniyā ドゥニヤー，संसार m. saṃsāra サンサール
せだい〖世代〗पीढ़ी f. pīṛʰī ピーリー，पुश्त f. puśta プシュト
せつ〖説〗(意見・見解) मत m. mata マト (学説) मत m. mata マト，सिद्धांत m. siddʰāṃta スィッダーント
せっかい〖石灰〗चूना m. cūnā チューナー
せっかちな जल्दबाज़ jaldabāza ジャルドバーズ
せっきょうする〖説教する〗उपदेश m. देना upadeśa denā ウプデーシュ デーナー
せっきょくてきな〖積極的な〗सक्रिय sakriya サクリエ
せっきん〖接近〗नज़दीकी f. nazadīkī ナズディーキー ♦接近する नज़दीक आना nazadīka ānā ナズディーク アーナー
セックス यौन m. yauna ヤオーン，सेक्स m. seksa セークス
せっけい〖設計〗डिज़ाइन m. ḍizāina ディザーイン ♦設計図 नक़्शा m. naqśā ナクシャー ♦設計する नक़्शा m. बनाना naqśā banānā ナクシャー バナーナー
せっけん〖石鹸〗साबुन m. sābuna サーブン
せっこう〖石膏〗प्लास्टर m. plāsṭara プラースタル
ぜっこうの〖絶好の〗सुनहरा sunaharā スナヘラー
せっしょく〖接触〗संपर्क m. saṃparka サンパルク ♦接触する संपर्क m. स्थापित करना saṃparka sthāpita karanā サンパルク スターピト カルナー
ぜっしょく〖絶食〗अनशन m. anaśana アンシャン
せっする〖接する〗संपर्क m. में आना saṃparka mẽ ānā サンパルク メーン アーナー (隣接する) लगने वाला lagane vālā ラグネー ワーラー
せっせい〖節制〗परहेज़ m. parahez̤a パルヘーズ ♦節制する परहेज़ m. करना paraheza karanā パルヘーズ カルナー
せつぞく〖接続〗जोड़ m. joṛa ジョール ♦接続詞 संयोजक m. saṃyojaka サンヨージャク ♦接続する जुड़ना juṛanā ジュルナー
せったい〖接待〗मेज़बानी f. mezabānī メーズバーニー ♦接待する मेज़बानी f. करना mezabānī karanā メーズバーニー カルナー
せつだんする〖切断する〗काट देना kāṭa denā カート デーナー
せっちゃくざい〖接着剤〗गोंद m. gõda ゴーンド
せっちゅうあん〖折衷案〗समझौता m. samajʰautā サムジャォーター
ぜっちょう〖絶頂〗पराकाष्ठा f. parākāṣṭʰā パラーカーシュター
セット सेट m. seṭa セート
せつど〖節度〗संयम m. saṃyama サンヤム
せっとくする〖説得する〗समझाना samajʰānā サムジャーナー
せっぱく〖切迫〗आसन्न āsanna アーサンヌ
せつび〖設備〗सुविधा f. suvidʰā スヴィダー ♦設備投資 सुविधा निवेश m. suvidʰā niveśa スヴィダー ニヴェーシュ
ぜつぼう〖絶望〗निराशा f. nirāśā ニラーシャー ♦絶望する निराशा f. होना nirāśā honā ニラーシャー ホーナー ♦絶望的な निराश nirāśa ニラーシュ，निराशाजनक nirāśājanaka ニラーシャージャナク
せつめい〖説明〗व्याख्या f. vyākʰyā ヴィャーキャー ♦説明書 निर्देश m. nirdeśa ニルデーシュ ♦説明する व्याख्या f. करना vyākʰyā karanā ヴィャーキャー カルナー
ぜつめつ〖絶滅〗नाश m. nāśa ナーシュ ♦絶滅する नाश m. होना nāśa honā ナーシュ ホーナー
せつやく〖節約〗बचत f. bacata バチャト ♦節約する बचत f. करना bacata karanā バチャト カルナー
せつりつする〖設立する〗स्थापित करना sthāpita karanā スターピト カルナー
せなか〖背中〗पीठ f. pīṭʰa ピート
セネガル सेनेगल m. senegala セーネーガル
せのびする〖背伸びする〗उचकना ucakanā ウチャクナー

ぜひとも〖是非とも〗अवश्य avaśya アワシエ

せぼね〖背骨〗रीढ़ की हड्डी f. rīṛha kī haḍḍi リール キー ハッディ

せまい〖狭い〗तंग taṃga タング

せまる〖迫る〗（強いる）मजबूर करना majabūra karanā マジブール カルナー（近づく）पास आना pāsa ānā パース アーナー（切迫する）सिर m. पर होना sira para honā スィル パル ホーナー

せめる〖攻める〗आक्रमण m. करना ākramaṇa karanā アークラマン カルナー, हमला m. करना hamalā karanā ハムラー カルナー

せめる〖責める〗निंदा f. करना niṃdā karanā ニンダー カルナー

セメント सीमेंट m. sīmeṃṭa スィーメーント

ゼラチン सरेश m. sareśa サレーシュ

ゼリー जेली f. jelī ジェーリー

ゼロ〖0〗ज़ीरो m. zīro ズィーロー, शून्य m. śūnya シューニエ

せろん〖世論〗जनमत janamata ジャンマト

せわ〖世話〗सेवा f. sevā セーワー ♦世話をする सेवा f. करना sevā karanā セーワー カルナー

せん〖千〗हज़ार hazāra ハザール

せん〖栓〗डाट f. ḍāṭa ダート

せん〖線〗रेखा f. rekhā レーカー, लकीर f. lakīra ラキール

ぜん〖善〗पुण्य m. puṇya プニエ, भलाई f. bhalāī バラーイー

ぜんあく〖善悪〗नेकी-बदी f. nekī-badī ネーキー・バディー ♦善悪の अच्छा-बुरा acchā-burā アッチャー・ブラー

せんい〖繊維〗रेशा m. reśā レーシャー

ぜんい〖善意〗सद्भावना f. sadbhāvanā サドバーオナー

ぜんかい〖前回〗पिछली बार f. pichalī bāra ピチリー バール

せんきょ〖選挙〗चुनाव m. cunāva チュナーオ, निर्वाचन m. nirvācana ニルワーチャン ♦選挙する चुनना cunanā チュンナー

せんきょうし〖宣教師〗धर्म-प्रचारक m. dharma-pracāraka ダルム・プラチャーラク

せんくしゃ〖先駆者〗अग्रगामी m. agragāmī アグルガーミー

せんげつ〖先月〗（主格）पिछला महीना m. pichalā mahīnā ピチラー マヒーナー（後置格）पिछले महीने m. pichale mahīne ピチレー マヒーネー

せんげん〖宣言〗एलान m. elāna エーラーン, घोषणा f. ghoṣaṇā ゴーシュナー ♦宣言する एलान m. करना elāna karanā エーラーン カルナー, घोषणा f. करना ghoṣaṇā karanā ゴーシュナー カルナー

せんこう〖線香〗अगरबत्ती f. agarabattī アガルバッティー

せんさいな〖繊細な〗नाज़ुक nāzuka ナーズク, सूक्ष्म sūkṣma スークシュム

ぜんじつ〖前日〗एक दिन पहले eka dina pahale エーク ディン パヘレー

せんしゃ〖戦車〗टैंक ṭaiṃka タェーンク

せんしゅ〖選手〗खिलाड़ी m. khilāṛī キラーリー ♦選手権 चैंपियनशिप f. caiṃpiyanaśipa チャェーンピヤンシプ

せんしゅう〖先週〗（主格）पिछला हफ़्ता m. pichalā haftā ピチラー ハフター（後置格）पिछले हफ़्ते m. pichalā hafte ピチラー ハフテー

せんじゅうみん〖先住民〗आदिवासी m. ādivāsī アーディワースィー

せんしゅつ〖選出〗चुनाव m. cunāva チュナーオ

せんじゅつ〖戦術〗दाँव-पेंच m. dā̃va-pēca ダーオン・ペーンチ, युक्ति f. yukti ユクティ

せんしゅつする〖選出する〗चुनना cunanā チュンナー

ぜんじゅつの〖前述の〗पूर्वोक्त pūrvokta プールヴォークト

せんじょう〖戦場〗युद्धभूमि f. yuddhabhūmi ユッドブーミ

せんしょく〖染色〗रँगाई f. rãgāī ランガーイー ♦染色体 गुणसूत्र guṇasūtra グンスートル

ぜんしん〖前進〗तरक़्क़ी f. taraqqī タラッキー, प्रगति f. pragati プラガティ

せんしんこく〖先進国〗विकसित देश m. vikasita deśa ヴィクスィト デーシュ

ぜんしんする〖前進する〗आगे बढ़ना āge baṛhanā アーゲー バルナー

せんす〖扇子〗पंखी f. paṃkhī パンキー

せんすいかん〖潜水艦〗पनडुब्बी f. panaḍubbī パンドゥッビー

せんせい〖先生〗गुरु m. guru グル, मास्टर m. māsṭara マースタル, शिक्षक m. śikṣaka シクシャク

せんせいじゅつ〖占星術〗फलित ज्योतिष m. phalita jyotiṣa パリト ジョーティシュ

せんせいする〖宣誓する〗शपथ f. लेना śapatha lenā シャパト レーナー

センセーション सनसनी f. sanasanī サンサニー

せんせん〖戦線〗मोरचा m. moracā モールチャー

せんぞ〖先祖〗पुरखा m. purakhā プルカー, पूर्वज m. pūrvaja プールワジ

せんそう〖戦争〗जंग m. jaṃga ジャング, लड़ाई f. laṛāī ララーイー, युद्ध m. yuddha ユッド

ぜんそく〖喘息〗दमा m. damā ダマー

ぜんたい〖全体〗पूरा pūrā プーラー, सारा sārā サーラー

せんたく〖洗濯〗धुलाई f. dhulāī ドゥラーイー ♦洗濯機 धुलाई की मशीन f. dhulāī kī maśīna ドゥラーイー キー マシーン ♦洗濯する धोना dhonā ドーナー

せんたく〖選択〗चयन m. cayana チャヤン, चुनाव m. cunāva チュナーオ

せんたん〖先端〗नोक f. noka ノーク, सिरा m. sirā スィラー

センチメートル सेंटीमीटर m. seṃṭīmīṭara セーンティーミ

ータル

せんちめんたるな〖センチメンタルな〗भावुक bʰāvuka バーヴク

せんちょう〖船長〗कप्तान m. kaptāna カプターン

ぜんちょう〖前兆〗फ़ाल m. fāla ファール，शकुन m. śakuna シャクン

ぜんてい〖前提〗शर्त f. śarta シャルト

せんでん〖宣伝〗इश्तहार m. iśtahāra イシュタハール，विज्ञापन m. vijñāpana ヴィギャーパン

ぜんと〖前途〗भविष्य m. bʰaviṣya バヴィシエ

せんとうき〖戦闘機〗लड़ाकू विमान m. laṛākū vimāna ララークー ヴィマーン

せんどうする〖扇動する〗उकसाना ukasānā ウクサーナー

せんねんする〖専念する〗अपने मन को एकाग्र करना apane mana ko ekāgra karanā アプネー マン コー エーカーグル カルナー

せんばい〖専売〗इजारा m. ijārā イジャーラー，एकाधिकार m. ekādʰikāra エーカーディカール

ぜんぶ〖全部〗सब saba サブ

せんぷうき〖扇風機〗पंखा m. paṃkʰā パンカー

せんぷくする〖潜伏する〗छिपना cʰipanā チプナー

せんめいな〖鮮明な〗साफ़ sāfa サーフ

ぜんめつ〖全滅〗सर्वनाश m. sarvanāśa サルオナーシュ

せんめんじょ〖洗面所〗ग़ुसलख़ाना m. ğusalaxānā グサルカーナー，बाथरूम m. bātʰarūma バートルーム

せんもんか〖専門家〗विशेषज्ञ m. viśeṣajña ヴィシェーシャギエ

せんりゃく〖戦略〗युद्ध-नीति f. yuddʰa-nīti ユッド・ニーティ

せんりょう〖占領〗क़ब्ज़ा m. qabzā カブザー ♦占領する क़ब्ज़ा m. करना qabzā karanā カブザー カルナー

ぜんりょうな〖善良な〗भला bʰalā バラー

せんれんする〖洗練する〗परिष्कृत pariṣkṛta パリシュクリト

せんろ〖線路〗पटरी f. paṭarī パトリー

そあくな〖粗悪な〗घटिया gʰaṭiyā ガティヤー

ぞう〖象〗हाथी m. hātʰī ハーティー

ぞう〖像〗प्रतिमा f. pratimā プラティマー，मूर्ति f. mūrti ムールティ

そうい〖相違〗अंतर m. aṃtara アンタル，फ़र्क़ m. farqa ファルク，भेद m. bʰeda ベード

ぞうお〖憎悪〗घृणा f. gʰṛṇā グリナー，नफ़रत f. nafarata ナフラト

そうおん〖騒音〗शोर m. śora ショール

ぞうか〖増加〗बढ़ोतरी f. baṛʰotarī バロートリー，वृद्धि f. vṛddʰi ヴリッディ ♦増加する बढ़ना baṛʰanā バルナー

そうかい〖総会〗अधिवेशन m. adʰiveśana アディヴェーシャン

そうがく〖総額〗कुल राशि f. kula rāśi クル ラーシ

そうがんきょう〖双眼鏡〗दूरबीन f. dūrabīna ドゥールビーン

そうぎ〖葬儀〗अंत्यकर्म m. aṃtyakarma アンティエカルム

ぞうきん〖雑巾〗झाड़न f. jʰāṛana ジャーラン

ぞうげ〖象牙〗हाथी-दाँत m. hātʰī-dā̃ta ハーティー・ダーント

そうけい〖総計〗कुल m. kula クル

そうこ〖倉庫〗गोदाम m. godāma ゴーダーム

そうごう〖総合〗संश्लेषण saṃśleṣaṇa サンシュレーシャン

そうごうてきな〖総合的な〗संश्लिष्ट saṃśliṣṭa サンシュリシュト

そうさ〖捜査〗छान-बीन f. cʰāna-bīna チャーン・ビーン ♦捜査する छान-बीन f. करना cʰāna-bīna karanā チャーン・ビーン カルナー

そうさ〖操作〗चालन m. cālana チャーラン ♦操作する चलाना calānā チャラーナー

そうさく〖創作〗सृजन m. sṛjana スリジャン，सृष्टि m. sṛṣṭi スリシュティ ♦創作する रचना racanā ラチナー

そうさくする〖捜索する〗तलाशी f. करना talāśī karanā タラーシー カルナー

そうじ〖掃除〗सफ़ाई f. safāī サファーイー ♦掃除機 वैक्युम क्लीनर vaikyuma klīnara ワェーキュム クリーナル ♦掃除する सफ़ाई f. करना safāī karanā サファーイー カルナー

そうしゃ〖走者〗धावक dʰāvaka ダーワク

そうじゅうする〖操縦する〗（乗物や装置を）चलाना calānā チャラーナー（飛行機を）उड़ाना uṛānā ウラーナー，चलाना calānā チャラーナー（船を）खेना kʰenā ケーナー，चलाना calānā チャラーナー

そうしょく〖装飾〗सजावट f. sajāvaṭa サジャーワト ♦装飾する सजाना sajānā サジャーナー

そうしん〖送信〗प्रेषण m. preṣaṇa プレーシャン ♦送信する प्रेषित करना preṣita karanā プレーシト カルナー

そうせつする〖創設する〗स्थापित करना stʰāpita karanā スターピト カルナー

そうぞう〖創造〗सृजन m. sṛjana スリジャン，सृष्टि m. sṛṣṭi スリシュティ ♦創造する सृजन m. करना sṛjana karanā スリジャン カルナー，सृष्टि m. करना sṛṣṭi karanā スリシュティ カルナー ♦創造的な सृजनात्मक sṛjanātmaka スリジナートマク

そうぞう〖想像〗कल्पना f. kalpanā カルプナー ♦想像する कल्पना f. करना kalpanā karanā カルプナー カルナー

そうぞうしい〖騒々しい〗कोलाहली kolāhalī コーラーハリー

そうぞく〖相続〗उत्तराधिकार m. uttarādʰikāra ウッタラーディカール ♦相続する विरासत f. में लेना virāsata mẽ lenā ヴィラーサト メーン レーナー ♦相続税 उत्तराधिकार कर m. uttarādʰikāra kara ウッタラーディカール カル ♦相続人 उत्तराधिकारी m. uttarādʰikārī ウッタラーディカーリー

そうそふ〖曾祖父〗（父方の）परदादा m. paradādā

パルダーダー（母方の）परनाना$^{m.}$ paranānā パルナーナー

そうそぼ〖曾祖母〗（父方の）परदादी$^{f.}$ paradādī パルダーディー（母方の）परनानी$^{f.}$ paranānī パルナーニー

そうだいな〖壮大な〗विशाल viśāla ヴィシャール，शानदार śānadāra シャーンダール

そうだん〖相談〗सलाह$^{f.}$ salāha サラーハ ♦相談する सलाह$^{f.}$ करना salāha karanā サラーヘ カルナー

そうち〖装置〗उपकरण$^{m.}$ upakaraṇa ウプカラン

そうちょう〖早朝〗सुबह सवेरे subaha savere スバヘ サヴェーレー

そうどう〖騒動〗हो-हल्ला$^{m.}$ ho-hallā ホー・ハッラー

そうとうする〖相当する〗तुल्य tulya トゥルエ

そうとうな〖相当な〗काफ़ी kāfī カーフィー

そうば〖相場〗बाज़ार भाव$^{m.}$ bāzāra bʰāva バーザール バーオ（投機的取引）सट्टेबाज़ी$^{f.}$ saṭṭebāzī サッテーバーズィー

そうふする〖送付する〗भेजना bʰejanā ベージナー

そうべつかい〖送別会〗विदाई समारोह$^{m.}$ vidāī samāroha ヴィダーイー サマーローフ

そうめいな〖聡明な〗ज़हीन zahīna ザヒーン，मेधावी medʰāvī メーダーヴィー

そうりだいじん〖総理大臣〗प्रधानमंत्री$^{m.}$ pradʰānamaṃtrī プラダーンマントリー

そうりつしゃ〖創立者〗संस्थापक$^{m.}$ saṃstʰāpaka サンスターパク

そうりつする〖創立する〗स्थापना$^{f.}$ करना stʰāpanā karanā スタープナー カルナー

ソーセージ सासेज$^{m.}$ sāseja サーセージ

ソーダ सोडा$^{m.}$ soḍā ソーダー

そくしん〖促進〗बढ़ावा$^{m.}$ baṛʰāvā バラーワー ♦促進する बढ़ावा$^{m.}$ देना baṛʰāvā denā バラーワー デーナー

そくたつ〖速達〗एक्सप्रेस डाक$^{f.}$ eksapresa ḍāka エークスプレース ダーク

そくてい〖測定〗माप-तौल$^{f.}$ māpa-taula マープ・タオール ♦測定する तौलना taulanā タオールナー，नापना nāpanā ナープナー，मापना māpanā マープナー

そくばく〖束縛〗बंधन$^{m.}$ baṃdʰana バンダン ♦束縛する बाँधना bā̃dʰanā バーンドナー

そくほう〖速報〗ताज़ा ख़बर$^{f.}$ tāzā xabara ターザー カバル

そくりょう〖測量〗पैमाइश$^{f.}$ paimāiśa パェーマーイシュ ♦測量する पैमाइश$^{f.}$ करना paimāiśa karanā パェーマーイシュ カルナー

そくりょく〖速力〗रफ़्तार$^{m.}$ raftāra ラフタール

ソケット साकेट$^{m.}$ sākeṭa サーケート

そこ〖底〗पेंदा$^{m.}$ pẽdā ペーンダー，तल$^{m.}$ tala タル，तह$^{f.}$ taha タ

そこく〖祖国〗मातृभूमि$^{f.}$ mātṛbʰūmi マートリブーミ

そこなう〖損なう〗बिगाड़ना bigāṛanā ビガールナー

そざつな〖粗雑な〗स्थूल stʰūla ストゥール

そしき〖組織〗संगठन$^{m.}$ saṃgaṭʰana サンガタン

そしする〖阻止する〗रोकना rokanā ロークナー

そして और aura アォール，फिर pʰira ピル

そしょう〖訴訟〗मुक़दमा$^{m.}$ muqadamā ムカドマー

そせん〖祖先〗पुरखा$^{m.}$ purakʰā プルカー，पूर्वज$^{m.}$ pūrvaja プールワジ

そそぐ〖注ぐ〗उँड़ेलना ũṛelanā ウンレールナー，डालना ḍālanā ダールナー

そそのかす〖唆す〗फुसलाना pʰusalānā プスラーナー，बहकाना bahakānā バヘカーナー

そだつ〖育つ〗पलना palanā パルナー，बढ़ना baṛʰanā バルナー

そだてる〖育てる〗बड़ा करना baṛā karanā バラー カルナー（動物を）पालना pālanā パールナー（植物を）उगाना ugānā ウガーナー

そち〖措置〗उपाय$^{m.}$ upāya ウパーエ

そっき〖速記〗आशुलिपि$^{f.}$ āśulipi アーシュリピ

ソックス मोज़ा mozā モーザー

そっくりの हूबहू मिलता-जुलता hūbahū milatā-julatā フーバフー ミルター・ジュルター

そっけない कोरा korā コーラー

そっちょくな〖率直な〗सीधा sīdʰā スィーダー

そっと हौले हौले haule haule ハォーレー ハォーレー

ぞっとする सिहरना siharanā スィハルナー

そで〖袖〗आस्तीन$^{f.}$ āstīna アースティーン

そと〖外〗बाहर bāhara バーハル

そとの〖外の〗बाहरी bāharī バーヘリー

その वह vaha ヴォ

そのご〖その後〗उसके बाद usake bāda ウサケー バード

そのとき〖その時〗उस समय usa samaya ウス サマエ

そば（近く）पास pāsa パース，बग़ल$^{f.}$ bağala バガル

そばに पास में pāsa mẽ パース メーン，बगल में bağala mẽ バガル メーン

そふ〖祖父〗（父方の）दादा$^{m.}$ dādā ダーダー（母方の）नाना$^{m.}$ nānā ナーナー

ソファー सोफ़ा$^{m.}$ sofā ソーファー

そぼ〖祖母〗（父方の）दादी$^{f.}$ dādī ダーディー（母方の）नानी$^{f.}$ nānī ナーニー

そぼくな〖素朴な〗भोला bʰolā ボーラー，सीधा sīdʰā スィーダー

そまつな〖粗末な〗घटिया gʰaṭiyā ガティヤー，दरिद्र daridra ダリドル

そめる〖染める〗रँगना rãganā ラングナー

そよかぜ〖そよ風〗समीर$^{m.}$ samīra サミール

そら〖空〗आकाश$^{m.}$ ākāśa アーカーシュ，आसमान$^{m.}$ āsamāna アースマーン

そる〖剃る〗मूँड़ना mũṛanā ムーンルナー

それ वह vaha ヴォ

それから फिर pʰira ピル

それぞれの हर hara ハル

それでも फिर भी pʰira bʰī ピル ビー

それまで　तब तक taba taka　タブ タク
そわそわする　अकुलाना akulānā　アクラーナー，बेचैन होना becaina honā　ベーチャェーン ホーナー
そん〖損〗घाटा$^{m.}$ g^{h}āṭā　ガーター　◆損をする　घाटे$^{m.}$ में रहना g^{h}āṭe mẽ rahanā　ガーテー メーン ラヘナー
そんがい〖損害〗हानि$^{f.}$ hāni　ハーニ
そんけい〖尊敬〗आदर$^{m.}$ ādara　アーダル，इज़्ज़त$^{f.}$ izzata　イッザト　◆尊敬する　आदर$^{m.}$ करना ādara karanā　アーダル カルナー，इज़्ज़त$^{f.}$ करना izzata karanā　イッザト カルナー
そんげん〖尊厳〗गौरव$^{m.}$ gaurava　ガォーラオ
そんざい〖存在〗अस्तित्व$^{m.}$ astitva　アスティトオ，हस्ती$^{f.}$ hastī　ハスティー　◆存在する　होना honā　ホーナー
そんしつ〖損失〗हानि$^{f.}$ hāni　ハーニ
そんぞくする〖存続する〗जारी रहना jārī rahanā　ジャーリー ラヘナー
そんだいな〖尊大な〗अभिमानी ab^{h}imānī　アビマーニー，घमंडी g^{h}amaṃḍī　ガマンディー
そんちょう〖尊重〗सम्मान sammāna　サムマーン　◆尊重する　मानना mānanā　マーンナー
そんな　ऐसा aisā　アェーサー，वैसा vaisā　ワェーサー

た行

た〖田〗धान का खेत$^{m.}$ d^{h}āna kā k^{h}eta　ダーン カー ケート
ターバン　पगड़ी$^{f.}$ pagaṛī　パグリー
ターメリック　हल्दी$^{f.}$ haldī　ハルディー
タイ　थाईलैंड$^{m.}$ t^{h}āīlaiṃḍa　ターイーラェーンド
だいいちの〖第一の〗पहला pahalā　パヘラー
たいえきする〖退役する〗सेवानिवृत्त होना sevānivṛtta honā　セーワーニヴリット ホーナー
たいかく〖体格〗काठी$^{f.}$ kāṭ^{h}ī　カーティー
だいがく〖大学〗कालेज$^{m.}$ kāleja　カーレージ，विश्वविद्यालय$^{m.}$ viśvavidyālaya　ヴィシュオヴィディヤーラエ　◆大学院　स्नातकोत्तर कक्षा snātakottara kakṣā　スナータコーッタル カクシャー　◆大学生　स्नातक विद्यार्थी snātaka vidyārt^{h}ī　スナータク ヴィディヤールティー
たいき〖大気〗वायु$^{f.}$ vāyu　ワーユ　◆大気汚染　वायु प्रदूषण$^{m.}$ vāyu pradūṣaṇa　ワーユ プラドゥーシャン　◆大気圏　वायुमंडल$^{m.}$ vāyumaṃḍala　ワーユマンダル
だいきぼな〖大規模な〗बड़े पैमाने पर baṛe paimāne para　バレー パェーマーネー パル
たいきゃくする〖退却する〗पीछे हटना pīc^{h}e haṭanā　ピーチェー ハトナー
たいきゅうせい〖耐久性〗टिकाऊपन$^{m.}$ ṭikāūpana　ティカーウーパン
だいきん〖代金〗क़ीमत$^{f.}$ qīmata　キーマト，दाम$^{m.}$ dāma　ダーム
だいく〖大工〗बढ़ई$^{m.}$ baṛ^{h}aī　バライー
たいぐう〖待遇〗बरताव$^{m.}$ baratāva　バルターオ
たいけい〖体形〗काठी$^{f.}$ kāṭ^{h}ī　カーティー
たいけい〖体系〗व्यवस्था$^{m.}$ vyavast^{h}ā　ヴィヤワスター
たいけつする〖対決する〗मुक़ाबला$^{m.}$ करना muqābalā karanā　ムカーブラー カルナー
たいけん〖体験〗अनुभव$^{m.}$ anub^{h}ava　アヌバオ　◆体験する　अनुभव$^{m.}$ करना anub^{h}ava karanā　アヌバオ カルナー
たいこうする〖対抗する〗मुक़ाबला$^{m.}$ करना muqābalā karanā　ムカーブラー カルナー
だいごの〖第五の〗पाँचवाँ pā̃cavā̃　パーンチワーン
たいざいする〖滞在する〗ठहरना ṭ^{h}aharanā　タハルナー
たいさく〖対策〗उपाय$^{m.}$ upāya　ウパーエ
だいさんの〖第三の〗तीसरा tīsarā　ティースラー
たいし〖大使〗राजदूत$^{m.}$ rājadūta　ラージドゥート　◆大使館　दूतावास$^{m.}$ dūtāvāsa　ドゥーターワース
だいじな〖大事な〗महत्त्वपूर्ण mahattvapūrṇa　マハットオプールン
だいじにする〖大事にする〗ख़याल$^{m.}$ करना xayāla karanā　カヤール カルナー
だいじゃ〖大蛇〗अजगर$^{m.}$ ajagara　アジガル
たいしゅう〖大衆〗आम लोग$^{m.}$ āma loga　アーム ローグ，आम जनता$^{f.}$ āma janatā　アーム ジャンター
たいじゅう〖体重〗बदन का वज़न$^{m.}$ badana kā vazana　バダン カー ワザン
たいしょう〖対照〗मिलान$^{m.}$ milāna　ミラーン　◆対照する　मिलाना milānā　ミラーナー
たいしょう〖対象〗लक्ष्य$^{m.}$ lakṣya　ラクシエ
だいしょう〖代償〗क्षतिपूर्ति$^{f.}$ kṣatipūrti　クシャティプールティ，हरजाना$^{m.}$ harajānā　ハルジャーナー
たいしょく〖退職〗सेवानिवृत्ति$^{m.}$ sevānivṛtti　セーワーニヴリッティ　◆退職する　सेवानिवृत्त होना sevānivṛtta honā　セーワーニヴリット ホーナー
だいじん〖大臣〗मंत्री$^{m.}$ maṃtrī　マントリー
だいず〖大豆〗सोयाबीन$^{m.}$ soyābīna　ソーヤービーン
だいすう〖代数〗बीजगणित$^{m.}$ bījagaṇita　ビージガニト
たいせい〖体制〗संगठन$^{m.}$ saṃgaṭ^{h}ana　サンガタン
たいせいよう〖大西洋〗अटलांटिक महासागर$^{m.}$ aṭalāṃṭika mahāsāgara　アトラーンティク マハーサーガル
たいせき〖体積〗आयतन$^{m.}$ āyatana　アーエタン
たいせつな〖大切な〗महत्त्वपूर्ण mahattvapūrṇa　マハットオプールン
たいせんする〖対戦する〗लड़ना laṛanā　ラルナー
たいそう〖体操〗कसरत$^{m.}$ kasarata　カスラト，व्यायाम$^{m.}$ vyāyāma　ヴィヤーヤーム
だいたい〖大体〗（およそ）क़रीब qarība　カリーブ，लगभग lagab^{h}aga　ラグバグ（概略）सारांश$^{m.}$ sārāṃśa　サーラーンシュ（大抵）अकसर akasara　アカサル
だいたすう〖大多数〗अधिकांश$^{m.}$ ad^{h}ikāṃśa　アディカーンシュ
たいだな〖怠惰な〗आलसी ālasī　アールスィー

たいだん〖対談〗वार्तालाप m. vārtālāpa ワールターラープ ♦対談する वार्तालाप m. करना vārtālāpa karanā ワールターラープ カルナー
だいたんな〖大胆な〗दिलेर dilera ディレール, साहसी sāhasī サーヘスィー
たいちょう〖体調〗तबीयत f. tabīyata タビーヤト
だいちょう〖大腸〗बड़ी आँत f. barī ā̃ta バリー アーント
たいてい〖大抵〗अकसर akasara アクサル
たいど〖態度〗रवैया m. ravaiyā ラワイヤー
たいとうの〖対等の〗बराबर barābara バラーバル
だいどうみゃく〖大動脈〗महाधमनी f. mahādʰamanī マハーダムニー
だいとうりょう〖大統領〗राष्ट्रपति m. rāṣṭrapati ラーシュトルパティ
だいどころ〖台所〗रसोईघर m. rasoīgʰara ラソーイーガル
だいとし〖大都市〗महानगर m. mahānagara マハーナガル
タイトル（題名）शीर्षक m. śīrṣaka シールシャク（称号）उपाधि f. upādʰi ウパーディ, पदवी f. padavī パドヴィー（選手権）ख़िताब f. xitāba キターブ
だいにの〖第二の〗दूसरा dūsarā ドゥースラー
ダイニング डाइनिंग-रूम m. ḍāinimga-rūma ダーイニング・ルーム
ダイバー ग़ोताख़ोर ğotāxora ゴーターコール
たいはん〖大半〗अधिकांश m. adʰikāṃśa アディカーンシュ
たいひ〖堆肥〗खाद f. kʰāda カード
だいひょう〖代表〗प्रतिनिधि m. pratinidʰi プラティニディ ♦代表する प्रतिनिधित्व m. करना pratinidʰitva karanā プラティニディトオ カルナー ♦代表的な प्रतिनिधिक pratinidʰika プラティニディク ♦代表取締役 मुख्य कार्य अधिकारी m. mukʰya kārya adʰikārī ムキエ カールエ アディカーリー
ダイビング ग़ोताख़ोरी f. ğotāxorī ゴーターコーリー
たいふう〖台風〗तूफ़ान m. tūfāna トゥーファーン
たいへいよう〖太平洋〗प्रशांत महासागर m. praśāṃta mahāsāgara プラシャーント マハーサーガル
たいへん〖大変〗बहुत bahuta バフト
だいべん〖大便〗मल m. mala マル
たいへんな〖大変な〗（素晴らしい）अद्भुत adbʰuta アドブト（厄介な）मुश्किल muśkila ムシュキル（重大な・深刻な）गंभीर gambʰīra ガンビール
たいほ〖逮捕〗गिरफ़्तारी f. giraftārī ギラフターリー ♦逮捕する गिरफ़्तार करना giraftāra karanā ギラフタール カルナー
たいほう〖大砲〗तोप m. topa トープ
たいま〖大麻〗गाँजा m. gā̃jā ガーンジャー, भाँग m. bʰā̃ga バーング
たいまんな〖怠慢な〗लापरवाह lāparavāha ラーパルワーハ
だいめい〖題名〗शीर्षक m. śīrṣaka シールシャク
だいめいし〖代名詞〗सर्वनाम m. sarvanāma サルオナーム
タイヤ टायर m. ṭāyara ターヤル
ダイヤモンド हीरा m. hīrā ヒーラー
たいよう〖太陽〗सूरज m. sūraja スーラジ, सूर्य m. sūrya スールエ
だいよんの〖第四の〗चौथा cautʰā チャオーター
たいらな〖平らな〗सपाट sapāṭa サパート
だいり〖代理〗प्रतिनिधि m. pratinidʰi プラティニディ ♦代理店 एजेंसी f. ejeṃsī エージェーンスィー
たいりく〖大陸〗महाद्वीप m. mahādvīpa マハードヴィープ
だいりせき〖大理石〗संगमरमर m. saṃgamaramara サングマルマル
たいりつ〖対立〗विरोध m. virodʰa ヴィロード ♦対立する विरोध m. करना virodʰa karanā ヴィロード カルナー
たいりょう〖大量〗बड़ी मात्रा f. barī mātrā バリー マートラー ♦大量生産 विशालोत्पादन m. viśālotpādana ヴィシャーロートパーダン
たいりょく〖体力〗शारीरिक शक्ति f. śārīrika śakti シャーリーリク シャクティ
タイル टाइल f. ṭāila ターイル
たいわ〖対話〗वार्तालाप vārtālāpa ワールターラープ
たいわん〖台湾〗ताइवान m. tāivāna ターイワーン
たえず〖絶えず〗लगातार lagātāra ラガータール, हमेशा hameśā ハメーシャー
たえる〖耐える〗सहना sahanā サヘナー
たおす〖倒す〗（打ち倒す）गिराना girānā ギラーナー（相手を負かす）हराना harānā ハラーナー（崩壊させる）ढाना ḍʰānā ダーナー
タオル गमछा m. gamacʰā ガムチャー, तौलिया m. tauliyā タオーリヤー
たおれる〖倒れる〗गिरना giranā ギルナー
たか〖鷹〗बाज़ m. bāza バーズ
たかい〖高い〗ऊँचा ū̃cā ウーンチャー（値段が）महँगा mahãgā マハンガー
たがいに〖互いに〗आपस में āpasa mẽ アーパス メーン
たがいの〖互いの〗आपसी āpasī アープスィー
たがやす〖耕す〗जोतना jotanā ジョートナー
たから〖宝〗ख़ज़ाना m. xazānā カザーナー ♦宝くじ लाटरी f. lāṭarī ラートリー
たき〖滝〗झरना m. jʰaranā ジャルナー
だきょう〖妥協〗समझौता m. samajʰautā サムジャオーター
たく〖炊く〗पकाना pakānā パカーナー
だく〖抱く〗（抱き抱える）गोद f. में लेना goda mẽ lenā ゴード メーン レーナー（抱き合う）गले m. लगाना gale lagānā ガレー ラガーナー
たくさんの〖沢山の〗बहुत bahuta バフト
タクシー टैक्सी f. ṭaiksī タェークスィー

たくましい हट्टा-कट्टा haṭṭā-kaṭṭā ハッター・カッター
たくみな〖巧みな〗कुशल kuśala クシャル
たくわえ〖蓄え〗संचय$^{m.}$ saṃcaya サンチャエ（貯金）बचत$^{f.}$ bacata バチャト
たくわえる〖蓄える〗संचित करना saṃcita karanā サンチト カルナー（貯金する）बचाना bacānā バチャーナー
だげき〖打撃〗मार$^{f.}$ māra マール
たこ〖凧〗पतंग$^{m.}$ pataṃga パタング
たこ〖蛸〗अष्टपाद$^{m.}$ aṣṭapāda アシュトパード
たこくせきの〖多国籍の〗बहुराष्ट्रीय bahurāṣṭrīya バフラーシュトリーエ
たさいな〖多彩な〗रंग-बिरंगा raṃga-biraṃgā ラング・ビランガー
ださんてきな〖打算的な〗मतलबी matalabī マトラビー
たしかな〖確かな〗निश्चित niścita ニシュチト, पक्का pakkā パッカー
たしかに〖確かに〗अवश्य avaśya アワシエ, ज़रूर zarūra ザルール
たしざん〖足し算〗जोड़$^{m.}$ joṛa ジョール
たす〖足す〗जोड़ना joṛanā ジョールナー
だす〖出す〗（中から）निकालना nikālanā ニカールナー（露出させる）प्रकट करना prakaṭa karanā プラカト カルナー（提出する）पेश करना peśa karanā ペーシュ カルナー, प्रस्तुत करना prastuta karanā プラストゥト カルナー（手紙を）भेजना b^{h}ejanā ベージナー（発行する）निकालना nikālanā ニカールナー, प्रकाशित करना prakāśita karanā プラカーシト カルナー
たすう〖多数〗अधिकता$^{f.}$ ad^{h}ikatā アディクター, बहुसंख्या$^{f.}$ bahusaṃk^{h}yā バフサンキャー ◆多数決 बहुमत का निर्णय$^{m.}$ bahumata kā nirṇaya バフマト カー ニルナエ ◆多数の बहुसंख्यक bahusaṃk^{h}yaka バフサンキャク
たすかる〖助かる〗बचना bacanā バチナー（助けになる）मदद$^{f.}$ मिलना madada milanā マダド ミルナー
たすける〖助ける〗बचाना bacānā バチャーナー（援助する）मदद$^{f.}$ करना madada karanā マダド カルナー
たずねる〖尋ねる〗पूछना pūc^{h}anā プーチナー
たずねる〖訪ねる〗मिलने जाना milane jānā ミルネー ジャーナー
たたえる〖称える〗तारीफ़$^{f.}$ करना tārīfa karanā ターリーフ カルナー, प्रशंसा$^{f.}$ करना praśaṃsā karanā プラシャンサー カルナー
たたかい〖戦い〗（戦争・戦闘）लड़ाई$^{f.}$ laṛāī ララーイー, युद्ध$^{m.}$ yudd^{h}a ユッド（喧嘩・抗争）झगड़ा$^{m.}$ j^{h}agaṛā ジャグラー, लड़ाई$^{f.}$ laṛāī ララーイー
たたかう〖戦う〗लड़ना laṛanā ラルナー
たたく〖叩く〗पीटना pīṭanā ピートナー
ただしい〖正しい〗ठीक ṭ^{h}īka ティーク, सही sahī サヒー
ただちに〖直ちに〗तुरंत turaṃta トゥラント, फ़ौरन faurana ファオーラン
ただの（普通の）मामूली māmūlī マームーリー（無料の）मुफ़्त mufta ムフト
たたむ〖畳む〗तह$^{f.}$ करना taha karanā タへ カルナー
ただれる गलना galanā ガルナー
たちあがる〖立ち上がる〗उठना uṭ^{h}anā ウトナー
たちあげる〖立ち上げる〗शुरू$^{m.}$ करना śurū karanā シュルー カルナー
たちいりきんし〖立ち入り禁止〗प्रवेश निषेध$^{m.}$ praveśa niṣed^{h}a プラヴェーシュ ニシェード
たちどまる〖立ち止まる〗रुकना rukanā ルクナー
たちなおる〖立ち直る〗सँभलना sāb^{h}alanā サンバルナー
たちば〖立場〗（地位）हैसियत$^{f.}$ haisiyata ハェースィヤト（観点）दृष्टिकोण$^{m.}$ dṛṣṭikoṇa ドリシュティコーン
たつ〖立つ〗खड़ा होना k^{h}aṛā honā カラー ホーナー
たつ〖経つ〗गुज़रना guzaranā グザルナー, बीतना bītanā ビートナー
たつ〖発つ〗रवाना होना ravānā honā ラワーナー ホーナー
たつ〖建つ〗निर्मित होना nirmita honā ニルミト ホーナー, बनना bananā バンナー
たっきゅう〖卓球〗टेबुल टेनिस$^{m.}$ ṭebula ṭenisa テーブル テーニス
たっしゃな〖達者な〗（健康な）तंदुरुस्त taṃdurusta タンドゥルスト, स्वस्थ svast^{h}a スワスト（上手な）कुशल kuśala クシャル
たっする〖達する〗पहुँचना pahũcanā パフンチナー
だつぜい〖脱税〗कर चोरी$^{f.}$ kara corī カル チョーリー ◆脱税する कर चोरी$^{f.}$ करना kara corī karanā カル チョーリー カルナー
たっせいする〖達成する〗पूरा करना pūrā karanā プーラー カルナー
たった केवाल kevāla ケーワール, सिर्फ़ sirfa スィルフ
たったいま〖たった今〗अभी ab^{h}ī アビー
たつまき〖竜巻〗बगूला$^{m.}$ bagūlā バグーラー
たて〖縦〗ऊँचाई$^{f.}$ ũcāī ウーンチャーイー, लंबाई$^{f.}$ laṃbāī ランバーイー
たてもの〖建物〗इमारत$^{f.}$ imārata イマーラト
たてる〖立てる〗खड़ा करना k^{h}aṛā karanā カラー カルナー（計画などを）बनाना banānā バナーナー
たてる〖建てる〗（建築する）निर्मित करना nirmita karanā ニルミト カルナー, बनाना banānā バナーナー（設立する）स्थापित करना st^{h}āpita karanā スターピト カルナー
たどうし〖他動詞〗सकर्मक क्रिया$^{f.}$ sakarmaka kriyā サカルマク クリヤー
だとうする〖打倒する〗पराजित करना parājita karanā パラージト カルナー
だとうな〖妥当な〗उचित ucita ウチト, मुनासिब munāsiba ムナースィブ
たとえば〖例えば〗जैसे jaise ジャェーセー, उदाहरण$^{m.}$

के लिए udāharaṇa ke lie ウダーハラン ケー リエー
たな〖棚〗अलमारी f. alamārī アルマーリー
たに〖谷〗घाटी f. gʰāṭī ガーティー
ダニ किलनी f. kilanī キルニー
たにん〖他人〗पराया आदमी m. parāyā ādamī パラーヤー アードミー（知らない人）बेगाना m. begānā ベーガーナー
たね〖種〗बीज m. bīja ビージ
たのしい〖楽しい〗ख़ुश xuśa クシュ, प्रसन्न prasanna プラサンヌ
たのしみ〖楽しみ〗ख़ुशी f. xuśī クシー, प्रसन्नता f. prasannatā プラサンヌター
たのしむ〖楽しむ〗आनंद m. लेना ānaṃda lenā アーナンド レーナー, मज़ा m. लेना mazā lenā マザー レーナー
たのもしい〖頼もしい〗（信頼できる）विश्वसनीय viśvasanīya ヴィシュワスニーエ（有望な）होनहार honahāra ホーンハール
たば〖束〗गुच्छा m. guccʰā グッチャー, गड्डी f. gaḍḍī ガッディー, बंडल m. baṃḍala バンダル
たばこ〖煙草〗सिगरेट f. sigareṭa スィグレート
たび〖旅〗यात्रा f. yātrā ヤートラー, सफ़र m. safara サファル
たびたび〖度々〗बार बार bāra bāra バール バール
たびびと〖旅人〗मुसाफ़िर m. musāfira ムサーフィル, यात्री m. yātrī ヤートリー
タブー वर्जन m. varjana ワルジャン
だぶだぶの ढीला ḍʰīlā ディーラー
たぶん〖多分〗शायद śāyada シャーヤド
たべもの〖食べ物〗खाना m. kʰānā カーナー
たべる〖食べる〗खाना kʰānā カーナー
たぼうな〖多忙な〗व्यस्त vyasta ヴィヤスト
たま〖球〗गेंद f. gẽda ゲーンド
たま〖弾〗गोली f. golī ゴーリー
たまご〖卵〗अंडा m. aṃḍā アンダー
たましい〖魂〗आत्मा f. ātmā アートマー
だます〖騙す〗धोखा m. देना dʰokʰā denā ドーカー デーナー
たまたま इत्तफ़ाक़ से ittafāqa se イッタファーク セー, संयोग से saṃyoga se サンヨーグ セー
だまって〖黙って〗चुपचाप cupacāpa チュプチャープ
たまねぎ〖玉葱〗प्याज़ m. pyāza ピャーズ
タマリンド इमली f. imalī イムリー
だまる〖黙る〗चुप होना cupa honā チュプ ホーナー
タミルナードゥしゅう〖タミルナードゥ州〗तमिल नाडु m. tamila nāḍu タミル ナードゥ
ダム बाँध m. bā̃dʰa バーンド
ダメージ नुक़सान m. nuqasāna ヌクサーン
ためす〖試す〗आज़माना āzamānā アーズマーナー
だめな〖駄目な〗बेकार bekāra ベーカール
ためらう झिझकना jʰijʰakanā ジジャクナー, हिचकना hicakanā ヒチャクナー
ためる〖貯める〗संचित करना saṃcita karanā サンチト カルナー
たもつ〖保つ〗रखना rakʰanā ラクナー, सँभालना sãbʰālanā サンバールナー
たより〖便り〗（手紙）ख़त m. xata カト, चिट्ठी f. ciṭṭʰī チッティー, पत्र m. patra パトル（知らせ）ख़बर f. xabara カバル, समाचार m. samācāra サマーチャール
たより〖頼り〗सहारा m. sahārā サハーラー
たよる〖頼る〗आश्रित होना āśrita honā アーシュリト ホーナー
だらくする〖堕落する〗पतित होना patita honā パティト ホーナー, भ्रष्ट होना bʰraṣṭa honā ブラシュト ホーナー
だらしない ढीला ḍʰīlā ディーラー, बेढंगा beḍʰaṃgā ベーダンガー
たらす〖垂らす〗（ぶら下げる）लटकाना laṭakānā ラトカーナー（こぼす）टपकाना ṭapakānā タプカーナー
たりない〖足りない〗कम पड़ना kama paṛanā カム パルナー
たりょうの〖多量の〗बहुत अधिक bahuta adʰika バフト アディク, बहुत ज़्यादा bahuta zyādā バフト ズィャーダー
だるい सुस्ती महसूस होना sustī mahasūsa honā ススティー マヘスース ホーナー
たるむ〖弛む〗ढीला पड़ना ḍʰīlā paṛanā ディーラー パルナー
だれ〖誰〗कौन kauna カォーン
だれか〖誰か〗कोई koī コーイー
たれる〖垂れる〗（ぶら下がる）लटकना laṭakanā ラタクナー（こぼれる）टपकना ṭapakanā タパクナー
たわむ लचकना lacakanā ラチャクナー
たわむれる〖戯れる〗खेलना kʰelanā ケールナー
たん〖痰〗कफ m. kapʰa カプ, बलग़म m. balağama バルガム
だんあつ〖弾圧〗दमन m. damana ダマン
たんい〖単位〗（基準となる量）इकाई f. ikāī イカーイー（履修単位）क्रेडित m. kreḍita クレーディト
タンカー टैंकर m. ṭaiṃkara タェーンカル
だんかい〖段階〗स्तर m. stara スタル
だんがい〖断崖〗कगार m. kagāra カガール
たんきな〖短気な〗चिड़चिड़ा ciṛaciṛā チルチラー
たんきの〖短期の〗अल्पकालिक alpakālika アルプカーリク
たんきゅう〖探究〗खोज f. kʰoja コージ
タンク टैंक m. ṭaiṃka タェーンク
だんけつする〖団結する〗एकजुट होना ekajuṭa honā エークジュト ホーナー
たんけん〖探検〗खोजी यात्रा f. kʰojī yātrā コージー ヤートラー ◆探検する खोजी यात्रा f. करना kʰojī yātrā karanā コージー ヤートラー カルナー
だんげんする〖断言する〗दावा m. करना dāvā karanā ダーワー カルナー
たんご〖単語〗शब्द m. śabda シャブド
ダンサー नर्तक m. nartaka ナルタク, नर्तकी f. nartakī ナルタキー

だんじき〘断食〙उपवास$^{m.}$ upavāsa ウプワース，रोज़ा$^{m.}$ rozā ローザー

たんしゅくする〘短縮する〙छोटा करना c^{h}oṭā karanā チョーター カルナー

たんじゅんな〘単純な〙सादा sādā サーダー

たんしょ〘短所〙कमी$^{f.}$ kamī カミー，दोष$^{m.}$ doṣa ドーシュ

たんじょう〘誕生〙जन्म$^{m.}$ janma ジャナム ◆誕生する पैदा होना paidā honā パェーダー ホーナー ◆誕生日 जन्मदिन$^{m.}$ janmadina ジャナムディン

たんす〘箪笥〙अलमारी$^{f.}$ alamārī アルマーリー

ダンス नाच$^{m.}$ nāca ナーチ，नृत्य$^{m.}$ nṛtya ヌリティエ

たんすう〘単数〙एकवचन$^{m.}$ ekavacana エークワチャン

だんせい〘男性〙पुरुष$^{m.}$ puruṣa プルシュ，मर्द$^{m.}$ marda マルド（文法性）पुंलिंग$^{m.}$ puṃliṃga プンリング

たんそ〘炭素〙कार्बन$^{m.}$ kārbana カールバン

だんだん धीरे धीरे d^{h}īre d^{h}īre ディーレー ディーレー

たんちょうな〘単調な〙एकरस ekarasa エークラス

たんてい〘探偵〙गुप्तचर$^{m.}$ guptacara グプトチャル，जासूस$^{m.}$ jāsūsa ジャースース

たんとうしゃ〘担当者〙इनचार्ज$^{m.}$ inacārja インチャールジ

たんとうする〘担当する〙देखना dek^{h}anā デークナー

たんどくの〘単独の〙अकेला akelā アケーラー

たんに〘単に〙केवाल kevāla ケーワール，सिर्फ़ sirfa スィルフ

だんねんする〘断念する〙त्यागना tyāganā ティャーグナー

たんのうする〘堪能する〙छकना c^{h}akanā チャクナー

たんのうな〘堪能な〙कुशल kuśala クシャル

たんぱくしつ〘蛋白質〙प्रोटीन$^{m.}$ proṭīna プローティーン

だんぺん〘断片〙खंड$^{m.}$ k^{h}aṃḍa カンド，टुकड़ा$^{m.}$ ṭukaṛā トゥクラー

たんぼ〘田んぼ〙धान का खेत$^{m.}$ d^{h}āna kā k^{h}eta ダーン カー ケート

たんぽ〘担保〙गिरवी$^{f.}$ giravī ギルヴィー，बंधक$^{m.}$ baṃd^{h}aka バンダク，रेहन$^{m.}$ rehana レヘン

だんらく〘段落〙पैरा$^{m.}$ pairā パェーラー

だんりょく〘弾力〙लचक$^{f.}$ lacaka ラチャク

だんろ〘暖炉〙भट्ठी$^{f.}$ b^{h}aṭṭ^{h}ī バッティー

だんわ〘談話〙बातचीत$^{f.}$ bātacīta バートチート

ち〘血〙ख़ून$^{m.}$ xūna クーン，रक्त$^{m.}$ rakta ラクト，लहू$^{m.}$ lahū ラフー

ちい〘地位〙（階級・等級）पद$^{m.}$ pada パド（役職・立場）हैसियत$^{f.}$ haisiyata ハェースィヤト

ちいき〘地域〙इलाक़ा$^{m.}$ ilāqā イラーカー，क्षेत्र$^{m.}$ kṣetra クシェートル

ちいさい〘小さい〙छोटा c^{h}oṭā チョーター（微細な）बारीक bārīka バーリーク，सूक्ष्म sūkṣma スークシュム（幼い）नन्हा nanhā ナンハー

チーズ चीज़ cīza チーズ（カッテージチーズ）पनीर$^{m.}$ panīra パニール

チーム टीम$^{f.}$ ṭīma ティーム ◆チームワーク सहयोग$^{m.}$ sahayoga サヘヨーグ

ちえ〘知恵〙अक़्ल$^{f.}$ aqla アクル，बुद्धि$^{f.}$ budd^{h}i ブッディ

チェコきょうわこく〘チェコ共和国〙चेक$^{m.}$ ceka チェーク

ちぇっくする〘チェックする〙चेक करना ceka karanā チェーク カルナー

ちかい〘近い〙नज़दीक nazadīka ナズディーク，निकट nikaṭa ニカト

ちがい〘違い〙अंतर$^{m.}$ aṃtara アンタル，फ़र्क़$^{m.}$ farqa ファルク，भेद$^{m.}$ b^{h}eda ベード

ちかう〘誓う〙क़सम$^{f.}$ खाना qasama k^{h}ānā カサム カーナー

ちかごろ〘近頃〙आजकल ājakala アージカル

ちかしつ〘地下室〙तहख़ाना$^{m.}$ tahaxānā タヘカーナー

ちかづく〘近付く〙पास जाना pāsa jānā パース ジャーナー

ちかてつ〘地下鉄〙मेट्रो$^{m.}$ meṭro メートロー

ちかどう〘地下道〙भूमिगत पथ$^{m.}$ b^{h}ūmigata pat^{h}a ブーミガト パト，सुरंग$^{f.}$ suraṃga スラング

ちかの〘地下の〙भूमिगत b^{h}ūmigata ブーミガト

ちかみち〘近道〙शार्टकट$^{m.}$ śārṭakaṭa シャールトカト

ちかよる〘近寄る〙पास जाना pāsa jānā パース ジャーナー

ちから〘力〙（権力・活力）ताक़त$^{f.}$ tāqata ターカト，बल$^{m.}$ bala バル，शक्ति$^{f.}$ śakti シャクティ（能力）योग्यता$^{f.}$ yogyatā ヨーギエター，सामर्थ्य$^{f.}$ sāmart^{h}ya サーマルティエ

ちきゅう〘地球〙पृथ्वी$^{f.}$ pṛt^{h}vī プリトヴィー ◆地球儀 ग्लोब$^{m.}$ globa グローブ

ちぎる〘千切る〙नोचना nocanā ノーチナー，फाड़ना p^{h}āṛanā パールナー

ちく〘地区〙मुहल्ला$^{m.}$ muhallā ムハッラー

ちくさん〘畜産〙पशुपालन$^{m.}$ paśupālana パシュパーラン

ちくせき〘蓄積〙संचय$^{m.}$ saṃcaya サンチャエ

チケット टिकट$^{m.}$ ṭikaṭa ティカト

ちこくする〘遅刻する〙देर से आना dera se ānā デール セー アーナー

ちじ〘知事〙राज्यपाल$^{m.}$ rājyapāla ラージエパール

ちしき〘知識〙जानकारी$^{f.}$ jānakārī ジャーンカーリー，ज्ञान$^{m.}$ jñāna ギャーン，विद्या$^{f.}$ vidyā ヴィディヤー

ちじん〘知人〙परिचित$^{m.}$ paricita パリチト

ちず〘地図〙नक़्शा$^{m.}$ naqśā ナクシャー，मानचित्र$^{m.}$ mānacitra マーンチトル

ちせい〘知性〙अक़्ल$^{f.}$ aqla アクル，बुद्धि$^{f.}$ budd^{h}i ブッディ

ちたい〘地帯〙क्षेत्र$^{m.}$ kṣetra クシェートル

ちち〘父〙पिता$^{m.}$ pitā ピター ◆父方の पैतृक paitṛka

パェートリク
ちちがゆ〘乳粥〙खीर$^{f.}$ k^{h}īra キール
ちぢむ〘縮む〙सिकुड़ना sikuṛanā スィクルナー
ちぢめる〘縮める〙सिकोड़ना sikoṛanā スィコールナー
ちちゅうかい〘地中海〙भूमध्यसागर$^{m.}$ b^{h}ūmad^{h}yasāgara ブーマディエサーガル
ちつじょ〘秩序〙व्यवस्था$^{f.}$ vyavast^{h}ā ヴィャワスター
ちっそ〘窒素〙नाइट्रोजन$^{m.}$ nāiṭrojana ナーイトロージャン
ちのう〘知能〙अक़्ल$^{f.}$ aqla アクル，बुद्धि$^{f.}$ budd^{h}i ブッディ
ちぶさ〘乳房〙स्तन$^{m.}$ stana スタン
ちへいせん〘地平線〙क्षितिज$^{m.}$ kṣitija クシティジ
ちほう〘地方〙देहात$^{m.}$ dehāta デーハート
ちみつな〘緻密な〙सूक्ष्म sūkṣma スークシュム
ちゃ〘茶〙चाय$^{f.}$ cāya チャーエ
ちゃいろ〘茶色〙भूरा रंग$^{m.}$ b^{h}ūrā raṃga ブーラー ラング
ちゃくしょくする〘着色する〙रँगना rāganā ラングナー
ちゃくせきする〘着席する〙बैठना baiṭ^{h}anā バェータナー
ちゃくちする〘着地する〙ज़मीन पर उतरना zamīna para utaranā ザミーン パル ウタルナー
チャレンジ चुनौती$^{f.}$ cunautī チュナォーティー
チャンス अवसर$^{m.}$ avasara アオサル，मौक़ा$^{m.}$ mauqā マォーカー
ちゃんと ठीक से ṭ^{h}īka se ティーク セー
ちゅうい〘注意〙（留意）ध्यान$^{m.}$ d^{h}yāna ディャーン ♦注意する〔留意する〕ध्यान$^{m.}$ देना d^{h}yāna denā ディャーン デーナー（警告）चेतावनी$^{f.}$ cetāvanī チェーターオニー ♦注意する〔警告する〕चेतावनी$^{f.}$ देना cetāvanī denā チェーターオニー デーナー（忠告）सलाह$^{f.}$ salāha サラーハ ♦注意する〔忠告する〕सलाह$^{f.}$ देना salāha denā サラーヘ デーナー
ちゅうおう〘中央〙बीच$^{m.}$ bīca ビーチ，मध्य$^{m.}$ mad^{h}ya マディエ
ちゅうおうアメリカ〘中央アメリカ〙मध्य अमरीका$^{m.}$ mad^{h}ya amarīkā マディエ アムリーカー
ちゅうかりょうり〘中華料理〙चीनी खाना$^{m.}$ cīnī k^{h}ānā チーニー カーナー
ちゅうこく〘忠告〙सलाह$^{f.}$ salāha サラーハ ♦忠告する सलाह$^{f.}$ देना salāha denā サラーヘ デーナー
ちゅうごく〘中国〙चीन$^{m.}$ cīna チーン ♦中国語・中国人・中国の चीनी cīnī チーニー
ちゅうじつな〘忠実な〙निष्ठावान् niṣṭ^{h}āvān ニシュターワーン，वफ़ादार vafādāra ワファーダール
ちゅうしゃ〘注射〙इंजेक्शन$^{m.}$ iṃjekśana インジェークシャン，सुई$^{f.}$ suī スイー
ちゅうしゃ〘駐車〙पार्किंग$^{m.}$ pārkiṃga パールキング ♦駐車禁止 पार्किंग$^{m.}$ करना मना है pārkiṃga karanā manā hai パールキング カルナー マナー ハェー ♦駐車場 पार्किंग स्थल$^{m.}$ pārkiṃga st^{h}ala パールキング スタル
ちゅうしゃく〘注釈〙टिप्पणी$^{f.}$ ṭippaṇī ティッパニー，टीका$^{f.}$ ṭīkā ティーカー
ちゅうしょう〘抽象〙अमूर्तन$^{m.}$ amūrtana アムールタン ♦抽象的な अमूर्त amūrta アムールト
ちゅうしょうきぎょう〘中小企業〙लघु-उद्योग$^{m.}$ lag^{h}u-udyoga ラグ・ウディョーグ
ちゅうしょうする〘中傷する〙निंदा$^{f.}$ करना niṃdā karanā ニンダー カルナー
ちゅうしょく〘昼食〙लंच$^{m.}$ laṃca ランチ
ちゅうしん〘中心〙केंद्र$^{m.}$ keṃdra ケーンドル，बीच$^{m.}$ bīca ビーチ
ちゅうせい〘中世〙मध्यकाल$^{m.}$ mad^{h}yakāla マディエカール ♦中世の मध्यकालीन mad^{h}yakālīna マディエカーリーン
ちゅうぜつ〘中絶〙गर्भपात$^{m.}$ garb^{h}apāta ガルブパート
ちゅうだんする〘中断する〙स्थगित करना st^{h}agita karanā スタギト カルナー
ちゅうちょする〘躊躇する〙झिझकना j^{h}ij^{h}akanā ジジャクナー，हिचकना hicakanā ヒチャクナー
ちゅうとう〘中東〙मध्यपूर्व$^{m.}$ mad^{h}yapūrva マディエプールオ
ちゅうどく〘中毒〙विषाक्तता$^{f.}$ viṣāktatā ヴィシャークトター
ちゅうとの〘中途の〙अधूरा ad^{h}ūrā アドゥーラー
ちゅうねんの〘中年の〙अधेड़ ad^{h}eṛa アデール
ちゅうもん〘注文〙आर्डर$^{m.}$ ārḍara アールダル ♦注文する आर्डर$^{m.}$ देना ārḍara denā アールダル デーナー，मँगाना māgānā マンガーナー
ちゅうりつの〘中立の〙तटस्थ taṭast^{h}a タトスト，निरपेक्ष nirapekṣa ニルペークシュ
ちゅうりゅうかいきゅう〘中流階級〙मध्यवर्ग$^{m.}$ mad^{h}yavarga マディエワルグ
チュニジア ट्यूनीशिया$^{m.}$ ṭyūnīśiyā ティューニーシヤー
ちょう〘腸〙आँत$^{f.}$ ā̃ta アーント
ちょう〘蝶〙तितली$^{f.}$ titalī ティトリー
ちょうかく〘聴覚〙श्रवण$^{m.}$ śravaṇa シュラワン
ちょうきの〘長期の〙दीर्घकालिक dīrg^{h}akālika ディールグカーリク
ちょうきょうする〘調教する〙सधाना sad^{h}ānā サダーナー
ちょうこうそうビル〘超高層ビル〙गगनचुंबी इमारत$^{f.}$ gaganacumbī imārata ガガンチュンビー イマーラト
ちょうこく〘彫刻〙मूर्तिकला$^{f.}$ mūrtikalā ムールティカラー
ちょうさする〘調査する〙जाँचना jā̃canā ジャーンチナー
ちょうじ〘丁子〙लौंग$^{f.}$ lāũga ラォーング
ちょうしゅう〘聴衆〙श्रोता$^{m.}$ śrotā シュローター
ちょうしゅうする〘徴収する〙वसूल करना vasūla karanā ワスール カルナー
ちょうしょ〘長所〙गुण$^{m.}$ guṇa グン
ちょうじょう〘頂上〙चोटी$^{f.}$ coṭī チョーティー，शिखर$^{m.}$

śikʰara̸ シカル
ちょうしょく〖朝食〗नाश्ता nāśtā ナーシュター
ちょうせいする〖調整する〗ठीक करना ṭʰīka̸ kara̸nā ティーク カルナー
ちょうせつ〖調節〗नियंत्रण m. niyaṃtraṇa̸ ニヤントラン ◆調節する नियंत्रित करना niyaṃtrita̸ kara̸nā ニヤントリト カルナー
ちょうせん〖挑戦〗चुनौती f. cunautī チュナォーティー ◆挑戦する चुनौती f. देना cunautī denā チュナォーティーデーナー
ちょうへんしょうせつ〖長編小説〗उपन्यास m. upanyāsa̸ ウパニャース
ちょうほうけい〖長方形〗आयत m. āyata̸ アーヤト
ちょうやく〖跳躍〗छलाँग f. cʰalā̃ga̸ チャラーング
ちょうり〖調理〗पाक m. pāka̸ パーク ◆調理する पकाना pakānā パカーナー
ちょうりょく〖聴力〗श्रवण शक्ति f. śravaṇa̸ śakti シュラワン シャクティ
ちょうわする〖調和する〗मेल m. खाना mela̸ kʰānā メール カーナー
ちょきん〖貯金〗बचत f. bacata̸ バチャト ◆貯金する बचत f. करना bacata̸ kara̸nā バチャト カルナー
ちょくしんする〖直進する〗सीधा जाना sīdʰā jānā スィーダー ジャーナー
ちょくせつぜい〖直接税〗प्रत्यक्ष कर m. pratyakṣa̸ kara̸ プラティャクシュ カル
ちょくせつの〖直接の〗प्रत्यक्ष pratyakṣa̸ プラティャクシュ
ちょくせん〖直線〗सीधी रेखा f. sīdʰī rekʰā スィーディーレーカー
ちょくりつの〖直立の〗खड़ा kʰaṛā カラー
チョコレート चाकलेट m. cākaleṭa̸ チャークレート
ちょさくけん〖著作権〗कापीराइट m. kāpīrāiṭa̸ カーピーラーイト, स्वत्वाधिकार m. svatvādʰikāra̸ スワトワーディカール
ちょしゃ〖著者〗लेखक m. lekʰaka̸ レーカク, लेखिका f. lekʰikā レーキカー
ちょすいち〖貯水池〗जलाशय m. jalāśaya̸ ジャラーシャエ, हौज़ m. hauza̸ ハォーズ
ちょちくする〖貯蓄する〗बचाना bacānā バチャーナー
ちょっかく〖直角〗समकोण m. samakoṇa̸ サムコーン
ちょっけい〖直径〗व्यास m. vyāsa̸ ヴィャース
ちょっと（少し）कुछ kucʰa̸ クチ（短い時間）एक मिनट m. eka̸ minaṭa̸ エーク ミナト, थोड़ी देर f. tʰoṛī dera̸ トーリー デール
ちらばる〖散らばる〗बिखरना bikʰara̸nā ビカルナー
ちり〖地理〗भूगोल m. bʰūgola̸ ブーゴール
チリ चिली m. cilī チリー
ちりょう〖治療〗इलाज m. ilāja̸ イラージ, चिकित्सा f. cikitsā チキトサー ◆治療する इलाज m. करना ilāja̸ kara̸nā イラージ カルナー, चिकित्सा f. करना cikitsā kara̸nā チキトサー カルナー
ちんかする〖沈下する〗धँसना dʰā̃sa̸nā ダンスナー
ちんぎん〖賃金〗मज़दूरी f. mazadūrī マズドゥーリー
ちんたいりょう〖賃貸料〗किराया m. kirāyā キラーヤー, भाड़ा m. bʰāṛā バーラー
ちんつうざい〖鎮痛剤〗दर्द निवारक दवा f. darda̸ nivāraka̸ davā ダルド ニワーラク ダワー
チンパンジー चिंपांज़ी m. ciṃpāṃzī チンパーンズィー
ちんぼつする〖沈没する〗डूबना ḍūba̸nā ドゥーブナー
ちんもく〖沈黙〗ख़ामोशी f. xāmośī カーモーシー, चुप्पी f. cuppī チュッピー, मौन f. mauna̸ マォーン
ちんれつする〖陳列する〗नुमाइश f. करना numāiśa̸ kara̸nā ヌマーイシュ カルナー, प्रदर्शित करना pradarśita̸ kara̸nā プラダルシト カルナー
つい〖対〗जोड़ी f. joṛī ジョーリー
ついかの〖追加の〗अतिरिक्त atirikta̸ アティリクト
ついきゅうする〖追及する〗जिरह f. करना jiraha̸ kara̸nā ジラヘ カルナー
ついきゅうする〖追求する〗तलाशना talāśa̸nā タラーシュナー
ついきゅうする〖追究する〗खोज f. करना kʰoja̸ kara̸nā コージ カルナー
ついせきする〖追跡する〗पीछा m. करना pīcʰā kara̸nā ピーチャー カルナー
ついたち〖一日〗पहली तारीख़ f. paha̸lī tārīxa̸ パヘリー ターリーク
ついとうする〖追悼する〗सोग m. मनाना soga̸ manānā ソーグ マナーナー
ついに अंत में aṃta̸ mẽ アント メーン, आख़िरकार āxira̸kāra̸ アーキルカール
ついほうする〖追放する〗बाहर निकाल देना bāhara̸ nikāla̸ denā バーハル ニカール デーナー
ついやす〖費やす〗ख़र्च m. करना xarca̸ kara̸nā カルチ カルナー
つうがくする〖通学する〗स्कूल जाना skūla̸ jānā スクール ジャーナー
つうかする〖通過する〗गुज़रना guzara̸nā グザルナー
つうきんする〖通勤する〗काम m. पर जाना kāma̸ para̸ jānā カーム パル ジャーナー
つうこうにん〖通行人〗राहगीर m. rāhagīra̸ ラーヘギール
つうじょうの〖通常の〗आम āma̸ アーム, सामान्य sāmānya̸ サーマーニエ
つうじる〖通じる〗（道などが）जाना jānā ジャーナー（電話が）जुड़ना juṛa̸nā ジュルナー
つうしん〖通信〗संचार m. saṃcāra̸ サンチャール
つうち〖通知〗सूचना f. sūca̸nā スーチナー ◆通知する सूचित करना sūcita̸ kara̸nā スーチト カルナー
つうちょう〖通帳〗पासबुक m. pāsabuka̸ パースブク
つうやく〖通訳〗अनुवाद m. anuvāda̸ アヌワード ◆通訳者 अनुवादक m. anuvādaka̸ アヌワーダク, दुभाषिया m.

dubʰāṣiyā ドゥバーシヤー ♦通訳する अनुवाद *m.* करना anuvāda̸ kara̸nā アヌワード カルナー

つうれつな〖痛烈な〗करारा karārā カラーラー

つうろ〖通路〗रास्ता *m.* rāstā ラースター

つえ〖杖〗छड़ी *f.* cʰaṛī チャリー

つかう〖使う〗（使用する）इस्तेमाल *m.* करना istemāla̸ kara̸nā イステーマール カルナー，उपयोग *m.* करना upa̸yoga̸ kara̸nā ウプヨーグ カルナー（費やす）ख़र्च *m.* करना xarca̸ kara̸nā カルチ カルナー

つかえる〖仕える〗सेवा *f.* करना sevā kara̸nā セーワー カルナー

つかまえる〖捕まえる〗（つかむ）पकड़ना paka̸ṛanā パカルナー（逮捕する）गिरफ़्तार करना giraftāra̸ kara̸nā ギラフタール カルナー（捕獲する）पकड़ना paka̸ṛanā パカルナー

つかれ〖疲れ〗थकान *f.* tʰakāna̸ タカーン

つかれる〖疲れる〗थकना tʰaka̸nā タクナー

つき〖月〗（天体の月）चंद्र caṃdra̸ チャンドル（暦の月）महीना *m.* mahīnā マヒーナー

つきあい〖付き合い〗संगति *m.* saṃgati サンガティ

つきづき〖月々〗हर महीने hara mahīne ハラ マヒーネー

つぎつぎ〖次々〗एक के बाद एक eka̸ ke bāda̸ eka̸ エーク ケー バード エーク

つぎの〖次の〗अगला aga̸lā アグラー，दूसरा dūsa̸rā ドゥースラー

つきる〖尽きる〗चुकना cuka̸nā チュクナー

つく〖付く〗लगना laga̸nā ラグナー

つく〖突く〗चुभाना cubʰānā チュバーナー

つく〖着く〗पहुँचना pahũca̸nā パフンチナー（席に）बैठना baiṭʰa̸nā バェートナー

つぐ〖注ぐ〗उँड़ेलना ũṛela̸nā ウンレールナー，डालना ḍāla̸nā ダールナー

つくえ〖机〗मेज़ *f.* meza̸ メーズ

つくりばなし〖作り話〗गढ़ंत *m.* gaṛʰaṃta̸ ガラント

つくる〖作る〗बनाना banānā バナーナー（創作する）रचना raca̸nā ラチナー（形成する）बनाना banānā バナーナー

つくろう〖繕う〗मरम्मत *f.* करना marammata̸ kara̸nā マラムマト カルナー（うわべを）बात *f.* बनाना bāta̸ banānā バート バナーナー

つけもの〖漬物〗अचार acāra̸ アチャール

つける〖付ける〗लगाना lagānā ラガーナー

つける〖着ける〗पहनना pahana̸nā パハンナー

つける〖点ける〗（火や明かりを）जलाना jalānā ジャラーナー

つげる〖告げる〗बताना batānā バターナー

つごう〖都合〗सुविधा *f.* suvidʰā スヴィダー ♦都合のよい सुविधाजनक suvidʰājanaka̸ スヴィダージャナク

つたえる〖伝える〗बताना batānā バターナー（伝授する）सिखाना sikʰānā スィカーナー

つたわる〖伝わる〗（情報や感情などが）पहुँचना pahũca̸nā パフンチナー（噂などが）फैलना pʰaila̸nā パェールナー（代々）आता रहना ātā raha̸nā アーターラヘナー

つち〖土〗मिट्टी *f.* miṭṭī ミッティー

つづき〖続き〗सिलसिला *m.* sila̸silā スィルスィラー

つづく〖続く〗जारी रहना jārī raha̸nā ジャーリー ラヘナー（後に）पीछा *m.* करना pīcʰā kara̸nā ピーチャー カルナー

つづける〖続ける〗जारी रखना jārī rakʰa̸nā ジャーリー ラクナー

つつしむ〖慎む〗परहेज़ *m.* करना para̸heza̸ kara̸nā パルヘーズ カルナー

つつみ〖包み〗गठरी *f.* gaṭʰa̸rī ガトリー，पुलिंदा *m.* pulimdā プリンダー，पैकेट *m.* paikeṭa̸ パェーケート

つつむ〖包む〗लपेटना lapeṭa̸nā ラペートナー

つづり〖綴り〗वर्तनी *f.* varta̸nī ワルトニー

つとめ〖勤め〗नौकरी *f.* nauka̸rī ナォークリー

つとめ〖務め〗कर्तव्य *m.* kartavya̸ カルタヴィエ

つとめる〖勤める〗नौकरी *f.* करना nauka̸rī kara̸nā ナォークリー カルナー

つとめる〖努める〗कोशिश *f.* करना kośiśa̸ kara̸nā コーシシュ カルナー

つながる〖繋がる〗जुड़ना juṛa̸nā ジュルナー

つなぐ〖繋ぐ〗जोड़ना joṛa̸nā ジョールナー

つなみ〖津波〗सूनामी *f.* sūnāmī スーナーミー

つねに〖常に〗सदा sadā サダー，हमेशा hameśā ハメーシャー

つねる चिकोटी *f.* काटना cikoṭī kāṭa̸nā チコーティー カートナー

つの〖角〗सींग *m.* sīga̸ スィーング

つば〖唾〗थूक *m.* tʰūka̸ トゥーク

つばさ〖翼〗डैना *m.* ḍainā ダェーナー，पंख *m.* paṃkʰa̸ パンク

つばめ〖燕〗अबाबील *f.* abābīla̸ アバービール

つぶ〖粒〗कण *m.* kaṇa̸ カン，दाना *m.* dānā ダーナー

つぶす〖潰す〗कुचलना kucala̸nā クチャルナー，मसलना masala̸nā マサルナー（暇・時間を）काटना kāṭa̸nā カートナー

つぶやく बड़बड़ाना baṛa̸baṛānā バルバラーナー

つぶれる〖潰れる〗कुचलना kucala̸nā クチャルナー（店などが）दिवाला *m.* निकलना divālā nikala̸nā ディワーラー ニカルナー

つま〖妻〗पत्नी *f.* patnī パトニー，बीबी *f.* bībī ビービー

つまずく ठोकर *f.* खाना ṭʰokara̸ kʰānā トーカル カーナー

つまみ（取っ手）मुठिया *f.* muṭʰiyā ムティヤー（酒の）गज़क *f.* gazaka̸ ガザク

つまむ चुटकी *f.* से पकड़ना cuṭakī se paka̸ṛanā チュトキー セー パカルナー

つまらない बेकार bekāra̸ ベーカール

つまり यानी yānī ヤーニー

つみ〖罪〗अपराध *m.* aparādʰa̸ アプラード

つむ〖摘む〗चुनना cuna̸nā チュンナー，तोड़ना toṛa̸nā

トールナー
つめ〚爪〛नाख़ून$^{m.}$ nāxūna ナークーン （動物の）चंगुल$^{m.}$ camgula チャングル ◆爪切り नहरनी$^{f.}$ naharanī ナハルニー
つめこむ〚詰め込む〛ठूँसना ṭ^{h}ũsanā トゥーンスナー
つめたい〚冷たい〛ठंडा ṭ^{h}aṃḍā タンダー
つや〚艶〛चमक$^{f.}$ camaka チャマク
つゆ〚露〛ओस$^{f.}$ osa オース, शबनम$^{f.}$ śabanama シャブナム
つよい〚強い〛शक्तिशाली śaktiśālī シャクティシャーリー
つらい〚辛い〛कष्टकर kaṣṭakara カシュトカル
つる〚鶴〛सारस$^{m.}$ sārasa サーラス
つるす〚吊るす〛टाँगना ṭā̃ganā ターングナー, लटकाना laṭakānā ラトカーナー
つれ〚連れ〛साथी$^{m.}$ sāt^{h}ī サーティー
つれてくる〚連れて来る〛ले आना le ānā レー アーナー
て〚手〛हाथ$^{m.}$ hāt^{h}a ハート （手段・方法）उपाय$^{m.}$ upāya ウパーエ
てあて〚手当〛（治療）इलाज$^{m.}$ ilāja イラージ （賃金）भत्ता$^{m.}$ b^{h}attā バッター, मज़दूरी$^{f.}$ mazadūrī マズドゥーリー
ていあん〚提案〛प्रस्ताव$^{m.}$ prastāva プラスターオ ◆提案する प्रस्ताव$^{m.}$ रखना prastāva rak^{h}anā プラスターオ ラクナー
ティーシャツ टी शर्ट$^{f.}$ ṭī śarṭa ティー シャルト
ていぎ〚定義〛परिभाषा$^{f.}$ parib^{h}āṣā パリバーシャー
ていきょうする〚提供する〛देना denā デーナー
ていこう〚抵抗〛विरोध$^{m.}$ virod^{h}a ヴィロード ◆抵抗する विरोध$^{m.}$ करना virod^{h}a karanā ヴィロード カルナー
ていし〚停止〛रोक roka ローク ◆停止する रोकना rokanā ロークナー
ていしゃする〚停車する〛रुकना rukanā ルクナー
ていしゅ〚亭主〛मालिक$^{m.}$ mālika マーリク （夫）पति$^{m.}$ pati パティ
ていしゅつする〚提出する〛पेश करना peśa karanā ペーシュ カルナー, प्रस्तुत करना prastuta karanā プラストゥト カルナー
ディスカウント कमीशन$^{m.}$ kamīśana カミーシャン, रियायत$^{f.}$ riyāyata リヤーヤト
ディスプレイ प्रादर्शी$^{f.}$ prādarśī プラーダルシー
ていせいする〚訂正する〛ठीक करना ṭ^{h}īka karanā ティーク カルナー, सुधारना sud^{h}āranā スダールナー
ていせつ〚定説〛सर्वमान्य सिद्धांत$^{m.}$ sarvamānya sidd^{h}āṃta サルオマーニエ スィッダーント
ていせん〚停戦〛युद्धबंदी$^{m.}$ yudd^{h}abaṃdī ユッドバンディー, युद्ध-विराम$^{m.}$ yudd^{h}a-virāma ユッド・ヴィラーム
ていぞくな〚低俗な〛असभ्य asab^{h}ya アサビエ
ティッシュ टिशू पेपर$^{m.}$ ṭiśū pepara ティシュー ペーパル
ていとう〚抵当〛गिरवी$^{f.}$ giravī ギルヴィー, बंधक$^{m.}$ baṃd^{h}aka バンダク, रेहन$^{m.}$ rehana レヘン
ていねいな〚丁寧な〛नम्र namra ナムル, शिष्ट śiṣṭa シシュト
ていぼう〚堤防〛बाँध$^{m.}$ bā̃d^{h}a バーンド
データ डाटा$^{m.}$ ḍāṭā ダーター ◆データベース डाटाबेस$^{m.}$ ḍāṭābesa ダーターベース
テープ टेप$^{m.}$ ṭepa テープ
テーブル टेबुल$^{m.}$ ṭebula テーブル, मेज़$^{f.}$ meza メーズ
テーマ विषय$^{m.}$ viṣaya ヴィシャエ
てがかり〚手掛かり〛सुराग़$^{m.}$ surāğa スラーグ
てがきの〚手書きの〛हस्तलिखित hastalik^{h}ita ハストリキト
てがみ〚手紙〛ख़त$^{m.}$ xata カト, चिट्ठी$^{f.}$ ciṭṭ^{h}ī チッティー, पत्र$^{m.}$ patra パトル
てがら〚手柄〛करतब$^{m.}$ karataba カルタブ
てき〚敵〛दुश्मन$^{m.}$ duśmana ドゥシュマン, शत्रु$^{m.}$ śatru シャトル
できあいする〚溺愛する〛लाड़-प्यार$^{m.}$ करना lāṛa-pyāra karanā ラール・ピャール カルナー
できあがる〚出来上がる〛बनना bananā バンナー
てきい〚敵意〛दुश्मनी$^{f.}$ duśmanī ドゥシュムニー, वैर$^{m.}$ vaira ワェール
できごと〚出来事〛घटना$^{f.}$ g^{h}aṭanā ガトナー
テキスト मूलपाठ$^{m.}$ mūlapāṭ^{h}a ムールパート
てきせつな〚適切な〛उचित ucita ウチト, मुनासिब munāsiba ムナースィブ
てきとうな〚適当な〛उचित ucita ウチト, मुनासिब munāsiba ムナースィブ
てきぱきと फुरती से p^{h}uratī se プルティー セー
てきようする〚適用する〛लागू करना lāgū karanā ラーグー カルナー
できる〚出来る〛（することができる）कर सकना kara sakanā カル サクナー （見込みがある）संभव होना saṃb^{h}ava honā サンバオ ホーナー （能力がある）योग्य होना yogya honā ヨーギエ ホーナー （作られる）बनना bananā バンナー （生まれる）उपजना upajanā ウパジナー （産出される）पैदा होना paidā honā パェーダー ホーナー
でぐち〚出口〛निकास$^{m.}$ nikāsa ニカース
てくび〚手首〛कलाई$^{f.}$ kalāī カラーイー, पहुँचा$^{m.}$ pahũcā パフンチャー
てこ उत्तोलक$^{m.}$ uttolaka ウットーラク, लीवर$^{m.}$ līvara リーワル
でこぼこな〚凸凹な〛ऊबड़-खाबड़ ūbaṛa-k^{h}ābaṛa ウーバル・カーバル
デザイン डिज़ाइन$^{m.}$ ḍizāina ディザーイン
てさぐりする〚手探りする〛टटोलना ṭaṭolanā タトールナー, टोहना ṭohanā トーフナー
でし〚弟子〛चेला$^{m.}$ celā チェーラー, शागिर्द$^{m.}$ śāgirda シャーギルド, शिष्य$^{m.}$ śiṣya シシエ
てしごと〚手仕事〛हाथ का काम$^{m.}$ hāt^{h}a kā kāma ハート カー カーム
でじたるの〚デジタルの〛डिजिटल ḍijiṭala ディジタル

てじな〘手品〘 जादू$^{m.}$ jādū ジャードゥー
てじゅん〘手順〙 प्रक्रिया$^{f.}$ prakriyā プラクリヤー
てすう〘手数〙 तकलीफ़$^{f.}$ takalīfa タクリーフ ♦手数料 कमीशन$^{m.}$ kamīśana カミーシャン, फ़ीस$^{f.}$ fīsa フィース
テスト टेस्ट$^{m.}$ ṭesṭa テースト, परीक्षा$^{f.}$ parīkṣā パリークシャー
てすり〘手摺り〙 जंगला$^{m.}$ jaṃgalā ジャングラー
でたらめな ऊटपटाँग ūṭapaṭā̃ga ウートパターング
てちがい〘手違い〙 गड़बड़$^{f.}$ gaṛabaṛa ガルバル
てつ〘鉄〙 लोहा$^{m.}$ lohā ローハー
てっかいする〘撤回する〙 वापस लेना vāpasa lenā ワーパス レーナー
てつがく〘哲学〙 दर्शन$^{m.}$ darśana ダルシャン
てづくりの〘手作りの〙 हाथ का बना hātʰa kā banā ハート カー バナー
デッサン रेखा-चित्र rekʰā-citra レーカー・チトル
てつだい〘手伝い〙 मदद$^{f.}$ madada マダド （人） मददगार$^{m.}$ madadagāra マダドガール
てったいする〘撤退する〙 पीछे हटना pīcʰe haṭanā ピーチェー ハトナー
てつだう〘手伝う〙 मदद$^{f.}$ करना madada karanā マダド カルナー
てつどう〘鉄道〙 रेलवे$^{f.}$ relave レールヴェー
てっぽう〘鉄砲〙 बंदूक़$^{f.}$ baṃdūqa バンドゥーク
テニス टेनिस$^{m.}$ ṭenisa テーニス
てにもつ〘手荷物〙 असबाब$^{m.}$ asabāba アスバーブ
てのひら〘掌・手のひら〙 हथेली$^{f.}$ hatʰelī ハテーリー
てはいする〘手配する〙 इंतज़ाम$^{m.}$ करना iṃtazāma karanā イントザーム カルナー
てばなす〘手放す〙 छोड़ देना cʰoṛa denā チョール デーナー
てぶくろ〘手袋〙 दस्ताना$^{m.}$ dastānā ダスターナー
てほん〘手本〙 आदर्श$^{m.}$ ādarśa アーダルシュ
デモ प्रदर्शन$^{m.}$ pradarśana プラダルシャン
デモクラシー लोकतंत्र$^{m.}$ lokatamtra ロークタントル
てら〘寺〙 मंदिर$^{m.}$ maṃdira マンディル
てらす〘照らす〙 प्रकाश$^{m.}$ डालना prakāśa ḍālanā プラカーシュ ダールナー
デリー दिल्ली$^{f.}$ dillī ディッリー
でる〘出る〙（現れる） निकलना nikalanā ニカルナー （出て行く） बाहर जाना bāhara jānā バーハル ジャーナー （出席する・参加する） शामिल होना śāmila honā シャーミル ホーナー
テレビ टीवी$^{f.}$ ṭīvī ティーヴィー ♦テレビゲーム वीडियो खेल$^{m.}$ vīḍiyo kʰela ヴィーディヨー ケール
テロ आतंकवाद$^{m.}$ ātaṃkavāda アータンクワード
テロリスト आतंकवादी$^{m.}$ ātaṃkavādī アータンクワーディー
てわたす〘手渡す〙 थमाना tʰamānā タマーナー, पकड़ाना pakaṛānā パクラーナー
てん〘天〙（空） आकाश$^{m.}$ ākāśa アーカーシュ （天国） स्वर्ग$^{m.}$ svarga スワルグ
てんき〘天気〙 मौसम$^{m.}$ mausama マォーサム ♦天気予報 मौसम पूर्वानुमान$^{m.}$ mausama pūrvānumāna マォーサム プールワーヌマーン （晴天） साफ़ आसमान$^{m.}$ sāfa āsamāna サーフ アースマーン
でんき〘伝記〙 जीवनी$^{f.}$ jīvanī ジーヴニー
でんき〘電気〙 बिजली$^{f.}$ bijalī ビジリー （電灯） बत्ती$^{f.}$ battī バッティー
でんきゅう〘電球〙 बल्ब$^{m.}$ balba バルブ
てんきん〘転勤〙 तबादला$^{m.}$ tabādalā タバードラー
てんけん〘点検〙 निरीक्षण$^{m.}$ nirīkṣaṇa ニリークシャン
てんこう〘天候〙 मौसम$^{m.}$ mausama マォーサム
でんこう〘電光〙 कौंध$^{f.}$ kaũdʰa カォーンド
てんごく〘天国〙 जन्नत$^{f.}$ jannata ジャンナト, स्वर्ग svarga スワルグ
でんごん〘伝言〙 संदेश$^{m.}$ saṃdeśa サンデーシュ
てんさい〘天才〙（天賦の才） प्रतिभा$^{f.}$ pratibʰā プラティバー （その持ち主） प्रतिभाशाली व्यक्ति$^{m.}$ pratibʰāśālī vyakti プラティバーシャーリー ヴィャクティ
てんさい〘天災〙 प्राकृतिक आपदा$^{f.}$ prākr̥tika āpadā プラークリティク アーパダー
てんし〘天使〙 देवदूत$^{m.}$ devadūta デーオドゥート, फ़रिश्ता$^{m.}$ fariśtā ファリシュター
てんじ〘展示〙 नुमाइश$^{f.}$ numāiśa ヌマーイシュ, प्रदर्शन$^{m.}$ pradarśana プラダルシャン
でんしゃ〘電車〙 बिजली की ट्रेन$^{f.}$ bijalī kī ṭrena ビジリー キー トレーン
でんじゅ〘伝授〙 शिक्षा-दीक्षा$^{f.}$ śikṣā-dīkṣā シクシャー・ディークシャー
てんじょう〘天井〙 छत$^{f.}$ cʰata チャト
でんしょう〘伝承〙 अनुश्रुति$^{f.}$ anuśruti アヌシュルティ
てんすう〘点数〙 अंक$^{m.}$ aṃka アンク
てんせいの〘天性の〙 जन्मजात janmajāta ジャナムジャート, पैदाइशी paidāiśī パェーダーイシー
でんせつ〘伝説〙 दंतकथा$^{f.}$ daṃtakatʰā ダントカター
でんせん〘伝染〙 संक्रमण$^{m.}$ saṃkramaṇa サンクラマン ♦伝染する संक्रमित होना saṃkramita honā サンクラミト ホーナー ♦伝染病 संक्रामक रोग$^{m.}$ saṃkrāmaka roga サンクラーマク ローグ
でんせん〘電線〙 तार$^{m.}$ tāra タール
てんたい〘天体〙 खगोलीय वस्तु$^{f.}$ kʰagolīya vastu カゴーリーエ ワストゥ
でんたつ〘伝達〙 संचरण$^{m.}$ saṃcaraṇa サンチャラン
でんち〘電池〙 बैटरी$^{f.}$ baiṭarī バェートリー
でんちゅう〘電柱〙 बिजली का खंभा$^{m.}$ bijalī kā kʰaṃbʰā ビジリー カー カンバー
テント टेंट$^{m.}$ ṭeṃṭa テーント, तंबू$^{m.}$ taṃbū タンブー, शामियाना$^{m.}$ śāmiyānā シャーミヤーナー
でんとう〘伝統〙 परंपरा$^{f.}$ paraṃparā パランパラー ♦伝統の परंपरागत paraṃparāgata パランパラーガト
でんどう〘伝道〙 धर्म-प्रचार$^{m.}$ dʰarma-pracāra ダルム・プラチャール, मिशन$^{m.}$ miśana ミシャン
てんねんの〘天然の〙 प्राकृतिक prākr̥tika プラークリ

ティク

てんびんざ〘天秤座〙तुला राशि *f.* tulā rāśi トゥラー ラーシ

てんぷくする〘転覆する〙उलटना ulaṭanā ウラトナー, पलटना palaṭanā パラトナー

てんぷする〘添付する〙संलग्न करना saṃlagna karanā サンラグン カルナー

てんぷファイル〘添付ファイル〙ई-मेल के साथ संलग्न फ़ाइल *f.* ī-mela ke sātʰa saṃlagna fāila イー・メール ケー サート サンラグン ファーイル

てんぼう〘展望〙परिप्रेक्ष्य *m.* paripreksya パリプレークシエ

でんぽう〘電報〙टेलीग्राम *m.* ṭelīgrāma テーリーグラーム, तार *m.* tāra タール

デンマーク डेनमार्क *m.* ḍenamārka デーンマールク

てんもんがく〘天文学〙खगोल-विज्ञान *m.* kʰagola-vijñāna カゴール・ヴィギャーン

てんもんだい〘天文台〙जंतर-मंतर *m.* jaṃtara-maṃtara ジャンタル・マンタル, वेधशाला *f.* vedʰaśālā ヴェードシャーラー

てんらくする〘転落する〙गिरना giranā ギルナー

てんらんかい〘展覧会〙नुमाइश *f.* numāiśa ヌマーイシュ, प्रदर्शनी *f.* pradarśanī プラダルシャニー

でんりゅう〘電流〙विद्युत्-धारा *f.* vidyut-dʰārā ヴィデュト・ダーラー

でんりょく〘電力〙वुद्युत्-शक्ति *f.* vudyut-śakti ヴディュト・シャクティ

でんわ〘電話〙फ़ोन *m.* fona フォーン ♦電話する फ़ोन *m.* करना fona karanā フォーン カルナー ♦電話番号 फ़ोन नंबर *m.* fona nambara フォーン ナンバル

と〘戸〙दरवाज़ा *m.* daravāzā ダルワーザー, द्वार *m.* dvāra ドワール

とい〘問い〙प्रश्न *m.* praśna プラシュン, सवाल *m.* savāla サワール

といあわせる〘問い合わせる〙पूछना pūcʰanā プーチナー

ドイツ जर्मनी *f.* jarmanī ジャルマニー ♦ドイツ語・ドイツ人・ドイツの जर्मन jarmana ジャルマン

トイレ टायलेट *m.* ṭāyaleṭa ターエレート, पाख़ाना *m.* pāxānā パーカーナー

トイレットペーパー टायलेट पेपर *m.* ṭāyaleṭa pepara ターエレート ペーパル

とう〘党〙दल *m.* dala ダル, पार्टी *f.* pārṭī パールティー

とう〘塔〙(尖塔) बुर्ज *m.* burja ブルジ, मीनार *f.* mīnāra ミーナール (仏舎利塔) स्तूप *m.* stūpa ストゥープ

どう〘銅〙ताँबा *m.* tā̃bā ターンバー (青銅・ブロンズ) काँसा *m.* kā̃sā カーンサー ♦銅メダル कांस्य पदक *m.* kāṃsya padaka カーンスィエ パダク

とうあんようし〘答案用紙〙परचा *m.* paracā パルチャー

どうい〘同意〙सहमति *f.* sahamati サヘマティ ♦同意する सहमत होना sahamata honā サヘマト ホーナー

とういつ〘統一〙एकता *f.* ekatā エークター ♦統一する एक करना eka karanā エーク カルナー

どういつの〘同一の〙एक ही eka hī エーク ヒー, समान samāna サマーン

とうおう〘東欧〙पूर्वी यूरोप *m.* pūrvī yūropa プールヴィー ユーロープ

とうがらし〘唐辛子〙मिर्च *f.* mirca ミルチ

とうき〘冬期〙जाड़ा *m.* jāṛā ジャーラー, सर्दी *f.* sardī サルディー

とうき〘投機〙सट्टा *m.* saṭṭā サッター

とうき〘陶器〙चीनी मिट्टी का बरतन *m.* cīnī miṭṭī kā baratana チーニー ミッティー カー バルタン

とうぎ〘討議〙बहस *f.* bahasa バハス ♦討議する बहस *f.* करना bahasa karanā バハス カルナー

どうき〘動機〙लक्ष्य *m.* lakṣya ラクシエ ♦動機づけ अभिप्रेरण *m.* abʰipreraṇa アビプレーラン

どうぎ〘動議〙प्रस्ताव *m.* prastāva プラスターオ

どうぎご〘同義語〙पर्यायवाची शब्द *m.* paryāyavācī śabda パルヤーエワーチー シャブド

とうきゅう〘等級〙दर्जा *m.* darjā ダルジャー, श्रेणी *f.* śreṇī シュレーニー

どうきゅうせい〘同級生〙सहपाठी *m.* sahapāṭʰī サヘパーティー

どうぐ〘道具〙उपकरण *m.* upakaraṇa ウプカラン, औज़ार *m.* auzāra アオーザール

とうけい〘統計〙आँकड़े *m.* ā̃kaṛe アーンクレー ♦統計学 सांख्यिकी *f.* sāṃkʰyikī サーンキキー

とうけつする〘凍結する〙(凍る) जमना jamanā ジャムナー

とうごう〘統合〙एकता *f.* ekatā エークター ♦統合する एक करना eka karanā エーク カルナー

どうこうしゃ〘同行者〙हमराह *m.* hamarāha ハムラーハ

とうこうする〘登校する〙स्कूल जाना skūla jānā スクール ジャーナー

どうこうする〘同行する〙साथ चलना sātʰa calanā サート チャルナー

どうさ〘動作〙क्रिया *f.* kriyā クリヤー, हरकत *f.* harakata ハルカト

どうさつりょく〘洞察力〙अंतर्दृष्टि *f.* aṃtardṛṣṭi アンタルドリシュティ

どうさん〘動産〙चल संपत्ति *f.* cala saṃpatti チャル サンパッティ

とうさんする〘倒産する〙दिवाला *m.* निकलना divālā nikalanā ディワーラー ニカルナー

とうし〘投資〙निवेश *m.* niveśa ニヴェーシュ ♦投資家 निवेशक *m.* niveśaka ニヴェーシャク ♦投資する निवेश *m.* करना niveśa karanā ニヴェーシュ カルナー

とうじ〘当時〙उन दिनों una dinõ ウン ディノーン

どうし〘動詞〙क्रिया *f.* kriyā クリヤー

どうし〘同志〙साथी *m.* sātʰī サーティー

どうじだいの〘同時代の〙समकालीन samakālīna サムカーリーン
どうして（なぜ）क्यों kyõ キョーン（どのように）कैसे kaise カェーセー
どうしても हर हालत में hara hālata mẽ ハル ハーラト メーン
どうじに〘同時に〙एक साथ eka sātha エーク サート
とうじょう〘搭乗〙सवारी f. savārī サワーリー ◆搭乗する सवार होना savāra honā サワール ホーナー
どうじょう〘同情〙सहानुभूति f. sahānubhūti サハーヌブーティ ◆同情する सहानुभूति f. रखना sahānubhūti rakhanā サハーヌブーティ ラクナー
とうじょうじんぶつ〘登場人物〙पात्र m. pātra パートル
とうすいする〘陶酔する〙मुग्ध होना mugdha honā ムグド ホーナー
とうそう〘闘争〙संघर्ष m. saṃgharṣa サンガルシュ
とうだい〘灯台〙प्रकाशस्तंभ m. prakāśastaṃbha プラカーシュスタンブ
どうたい〘胴体〙धड़ m. dhaṛa ダル
とうち〘統治〙राज m. rāja ラージ，शासन m. śāsana シャーサン ◆統治する शासन m. करना śāsana karanā シャーサン カルナー
とうちゃく〘到着〙आगमन m. āgamana アーガマン ◆到着する पहुँचना pahũcanā パフンチナー
とうとい〘尊い〙मूल्यवान् mūlyavān ムールエワーン（身分の高い）कुलीन kulīna クリーン
とうとう आख़िरकार āxirakāra アーキルカール
どうとく〘道徳〙नैतिकता f. naitikatā ナェーティクター ◆道徳的な नैतिक naitika ナェーティク
とうなん〘盗難〙चोरी f. corī チョーリー
とうなんアジア〘東南アジア〙दक्षिण पूर्व एशिया m. dakṣiṇa pūrva eśiyā ダクシン プールオ エーシヤー
とうにょうびょう〘糖尿病〙चीनी की बीमारी f. cīnī kī bīmārī チーニー キー ビーマーリー，मधुमेह m. madhumeha マドゥメーヘ
とうひ〘逃避〙पलायन m. palāyana パラーヤン
とうひょう〘投票〙मतदान m. matadāna マトダーン ◆投票する मतदान m. करना matadāna karanā マトダーン カルナー
とうぶ〘東部〙पूर्वी भाग m. pūrvī bhāga プールヴィー バーグ
どうぶつ〘動物〙जानवर m. jānavara ジャーンワル ◆動物園 चिड़ियाघर m. ciṛiyāghara チリヤーガル
とうぶん〘当分〙फ़िलहाल filahāla フィルハール
とうぶん〘糖分〙चीनी f. cīnī チーニー
どうほう〘同胞〙देशबंधु deśabaṃdhu デーシュバンドゥ
とうぼうする〘逃亡する〙भागना bhāganā バーグナー
どうみゃく〘動脈〙धमनी f. dhamanī ダムニー
どうめい〘同盟〙मैत्री f. maitrī マェートリー
とうめいな〘透明な〙पारदर्शी pāradarśī パールダルシー
とうめん〘当面〙फ़िलहाल filahāla フィルハール
とうもろこし〘玉蜀黍〙मक्का m. makkā マッカー
とうゆ〘灯油〙किरासन m. kirāsana キラーサン
とうよう〘東洋〙पूर्व m. pūrva プールオ
どうようする〘動揺する〙विचलित होना vicalita honā ヴィチャリト ホーナー
どうように〘同様に〙इसी तरह isī taraha イスィー タラ
どうらく〘道楽〙शौक़ m. śauqa シャォーク
どうりょう〘同僚〙सहयोगी m. sahayogī サヘヨーギー
どうりょく〘動力〙पावर f. pāvara パーワル
どうろ〘道路〙सड़क f. saṛaka サラク
とうろくする〘登録する〙दर्ज करना darja karanā ダルジ カルナー，दर्ज कराना darja karānā ダルジ カラーナー
とうろん〘討論〙बहस f. bahasa バハス ◆討論する बहस f. करना bahasa karanā バハス カルナー
とうわくする〘当惑する〙घबराना ghabarānā ガブラーナー
とおい〘遠い〙दूर dūra ドゥール
とおざかる〘遠ざかる〙छूट जाना chūṭa jānā チュート ジャーナー
とおざける〘遠ざける〙दूर करना dūra karanā ドゥール カルナー
トースト टोस्ट m. ṭosṭa トースト
トーナメント टूर्नामेंट m. ṭūrnāmemṭa トゥールナーメーント
とおまわしに〘遠回しに〙घुमा-फिराकर कहना ghumā-phirākara kahanā グマー・ピラーカル カヘナー
ドーム गुंबद m. guṃbada グンバド
とおり〘通り〙सड़क f. saṛaka サラク
とおりすぎる〘通り過ぎる〙गुज़रना guzaranā グザルナー
とおる〘通る〙गुज़रना guzaranā グザルナー
とかい〘都会〙शहर m. śahara シャハル
とかげ〘蜥蜴〙छिपकली f. chipakalī チプカリー
とかす〘梳かす〙कंघी f. करना kaṃghī karanā カンギー カルナー
とかす〘溶かす〙घोलना gholanā ゴールナー
とがった〘尖った〙नुकीला nukīlā ヌキーラー
とがめる〘咎める〙डाँटना ḍā̃ṭanā ダーントナー
とき〘時〙वक़्त m. vaqta ワクト，समय m. samaya サマエ
ときどき〘時々〙कभी कभी kabhī kabhī カビー カビー
どきどきする धड़कना dhaṛakanā ダラクナー
どきょう〘度胸〙साहस m. sāhasa サーハス，हिम्मत f. himmata ヒムマト
とく〘解く〙（ほどく）खोलना kholanā コールナー（解除する）उठाना uṭhānā ウターナー（解答する）सुलझाना sulajhānā スルジャーナー
とく〘得〙（儲け）फ़ायदा m. fāyadā ファーエダー，लाभ m. lābha ラーブ（有利）फ़ायदेमंद fāyademaṃda ファーエデーマンド
とぐ〘研ぐ〙तेज़ करना teza karanā テーズ カルナー
どく〘退く〙खिसकना khisakanā キサクナー，हटना

haṭanā ハトナー
どく〖毒〗जहर$^{m.}$ zahara ザハル, विष$^{m.}$ viṣa ヴィシュ
とくいな〖特異な〗अजीब ajība アジーブ, विचित्र vicitra ヴィチトル
どくガス〖毒ガス〗विषैली गैस$^{f.}$ viṣailī gaisa ヴィシャエーリー ガェース
どくさい〖独裁〗तानाशाही$^{f.}$ tānāśāhī ターナーシャーヒー ◆独裁者 तानाशाह$^{m.}$ tānāśāha ターナーシャーハ
どくじの〖独自の〗मौलिक maulika マォーリク
どくしゃ〖読者〗पाठक$^{m.}$ pāṭʰaka パータク
とくしゅう〖特集〗विशिष्ट लेखों का संकलन$^{m.}$ viśiṣṭa lekʰõ kā saṃkalana ヴィシシュト レーコーン カー サンカラン ◆特集号 विशेषांक$^{m.}$ viśeṣāṃka ヴィシェーシャーンク
とくしゅな〖特殊な〗ख़ास xāsa カース, विशेष viśeṣa ヴィシェーシュ
どくしょ〖読書〗पठन$^{m.}$ paṭʰana パタン
とくしょく〖特色〗विशिष्टता$^{f.}$ viśiṣṭatā ヴィシシュトター
どくしんの〖独身の〗अविवाहित avivāhita アヴィワーヒト, कुँवारा kũvārā クンワーラー
どくせんする〖独占する〗एकाधिकार$^{m.}$ करना ekādʰikāra karanā エーカーディカール カルナー
どくそうてきな〖独創的な〗मौलिक maulika マォーリク
とくそくする〖督促する〗तक़ाज़ा$^{m.}$ करना taqāzā karanā タカーザー カルナー
とくちょう〖特徴〗विशेषता$^{f.}$ viśeṣatā ヴィシェーシュター
とくちょう〖特長〗(長所) ख़ूबी$^{f.}$ xūbī クービー, विशिष्ट गुण$^{m.}$ viśiṣṭa guṇa ヴィシシュト グン
とくに〖特に〗विशेषकर viśeṣakara ヴィシェーシュカル
とくはいん〖特派員〗विशेष संवाददाता$^{m.}$ viśeṣa saṃvādadātā ヴィシェーシュ サンワードダーター
とくべつの〖特別の〗विशेष viśeṣa ヴィシェーシュ
とくめい〖匿名〗गुमनामी$^{f.}$ gumanāmī グムナーミー
どくりつ〖独立〗आज़ादी$^{f.}$ āzādī アーザーディー, स्वतंत्रता$^{f.}$ svataṃtratā スワタントルター ◆独立の आज़ाद āzāda アーザード, स्वतंत्र svataṃtra スワタントル
とげ〖棘〗काँटा$^{m.}$ kā̃ṭā カーンター
とけい〖時計〗घड़ी$^{f.}$ gʰaṛī ガリー
とける〖溶ける〗घुलना gʰulanā グルナー
とける〖解ける〗(紐などが) खुलना kʰulanā クルナー (問題が) सुलझना sulajʰanā スラジナー
どける〖退ける〗हटाना haṭānā ハターナー
どこ कहाँ kahā̃ カハーン
どこか कहीं kahī̃ カヒーン
とこや〖床屋〗नाई nāī ナーイー
ところ〖所〗(場所) जगह$^{f.}$ jagaha ジャガ, स्थान$^{m.}$ stʰāna スターン (部分) भाग$^{m.}$ bʰāga バーグ, हिस्सा$^{m.}$ hissā ヒッサー
ところどころ〖所々〗कहीं कहीं kahī̃ kahī̃ カヒーン カヒーン
とざす〖閉ざす〗बंद करना baṃda karanā バンド カルナー

とし〖都市〗शहर$^{m.}$ śahara シャハル
とし〖年〗वर्ष$^{m.}$ varṣa ワルシュ, साल$^{m.}$ sāla サール (歳・年齢) आयु$^{f.}$ āyu アーユ, उम्र$^{f.}$ umra ウムル
としうえの〖年上の〗बड़ा baṛā バラー
とじこめる〖閉じ込める〗बंद करना baṃda karanā バンド カルナー
とじこもる〖閉じこもる〗बंद रहना baṃda rahanā バンド ラヘナー
とししたの〖年下の〗छोटा cʰoṭā チョーター
としつき〖年月〗वक़्त$^{m.}$ vaqta ワクト, समय$^{m.}$ samaya サマエ
としょ〖図書〗किताबें$^{f.}$ kitābẽ キターベーン, पुस्तकें$^{f.}$ pustakẽ プスタケーン ◆図書館 पुस्तकालय$^{m.}$ pustakālaya プスタカーラエ
どじょう〖土壌〗मिट्टी$^{f.}$ miṭṭī ミッティー
としより〖年寄り〗बूढ़ा$^{m.}$ būṛʰā ブーラー
とじる〖閉じる〗बंद करना baṃda karanā バンド カルナー
どせい〖土星〗शनि$^{m.}$ śani シャニ
とそう〖塗装〗पुताई$^{f.}$ putāī プターイー
どだい〖土台〗आधार$^{m.}$ ādʰāra アーダール
とだな〖戸棚〗अलमारी$^{f.}$ alamārī アラマーリー
とち〖土地〗ज़मीन$^{f.}$ zamīna ザミーン
とちゅうで〖途中で〗बीच में bīca mẽ ビーチ メーン
どちら (どこ) किधर kidʰara キダル (どれ) कौन-सा kauna-sā カォーン・サー
とっけん〖特権〗विशेष अधिकार$^{m.}$ viśeṣa adʰikāra ヴィシェーシュ アディカール
とっしんする〖突進する〗भारी-भरकम bʰārī-bʰarakama バーリー・バルカム
とつぜん〖突然〗अचानक acānaka アチャーナク
とって〖取っ手〗हत्था$^{m.}$ hattʰā ハッター
トップ टाप$^{m.}$ ṭāpa タープ, शिखर$^{m.}$ śikʰara シカル
とても बहुत bahuta バフト
とどく〖届く〗(達する) पहुँचना pahũcanā パフンチナー (到着する) पहुँचना pahũcanā パフンチナー
とどける〖届ける〗(送る) पहुँचाना pahũcānā パフンチャーナー (届け出る) रपट$^{f.}$ करना rapaṭa karanā ラパト カルナー
とどこおる〖滞る〗अटकना aṭakanā アタクナー
とどまる〖留まる〗ठहरना ṭʰaharanā タハルナー, रुकना rukanā ルクナー
とどめる〖留める〗रोकना rokanā ロークナー
となえる〖唱える〗पढ़ना paṛʰanā パルナー
となり〖隣〗बग़ल bağala バガル
どなる〖怒鳴る〗चिल्लाना cillānā チッラーナー
とにかく जो कुछ भी हो jo kucʰa bʰī ho ジョー クチ ビー ホー
どの कौन-सा kauna-sā カォーン・サー
とばく〖賭博〗जुआ$^{m.}$ juā ジュアー
とびあがる〖跳び上がる〗उछलना ucʰalanā ウチャルナー

とびおりる〖飛び降りる〗कूदना kūdanā クードナー
とびこむ〖飛び込む〗कूदना kūdanā クードナー
とびつく〖飛びつく〗लपकना lapakanā ラパクナー
トピック विषय m. viṣaya ヴィシャエ
とびはねる〖飛び跳ねる〗उछलना ucʰalanā ウチャルナー
とびら〖扉〗दरवाज़ा m. daravāzā ダルワーザー, द्वार m. dvāra ドワール
とぶ〖跳ぶ〗कूदना kūdanā クードナー
とぶ〖飛ぶ〗उड़ना uṛanā ウルナー
とほで〖徒歩で〗पैदल paidala パェーダル
トマト टमाटर m. ṭamāṭara タマータル
とまる〖止まる〗रुकना rukanā ルクナー
とまる〖泊まる〗ठहरना ṭʰaharanā タハルナー
とみ〖富〗धन m. dʰana ダン
とむ〖富む〗धनी dʰanī ダニー
とめる〖止める〗（停止させる）रोकना rokanā ロークナー （スイッチを切る）बंद करना baṃda karanā バンド カルナー （禁止する）मना करना manā karanā マナー カルナー （制止する）रोकना rokanā ロークナー
とめる〖泊める〗ठहराना ṭʰaharānā タヘラーナー
とめる〖留める〗टाँकना ṭā̃kanā ターンクナー
ともだち〖友達〗दोस्त m. dosta ドースト, मित्र m. mitra ミトル （女同士の）सहेली f. sahelī サヘーリー
どようび〖土曜日〗शनिवार m. śanivāra シャニワール
とら〖虎〗बाघ bāgʰa バーグ
ドライバー（ねじ回し）पेचकश m. pecakaśa ペーチカシュ （運転手）चालक m. cālaka チャーラク, ड्राइवर m. ḍrāivara ドラーイワル
トラック（貨物自動車）ट्रक m. ṭraka トラク, लारी f. lārī ラーリー （競走路）ट्रैक m. ṭraika トラェーク
ドラマ ड्रामा m. ḍrāmā ドラーマー, नाटक m. nāṭaka ナータク
ドラム ढोल m. ḍʰola ドール
トランク सूटकेस m. sūṭakesa スートケース （車の）डिक्की ḍikkī ディッキー
トランプ ताश m. tāśa ターシュ
トランペット तुरही f. turahī トゥルヒー
とり〖鳥〗चिड़िया f. ciṛiyā チリヤー, पक्षी m. pakṣī パクシー
とりかえす〖取り返す〗वापस लेना vāpasa lenā ワーパス レーナー
とりかえる〖取り替える〗बदलना badalanā バダルナー
とりけす〖取り消す〗रद्द करना radda karanā ラッド カルナー
とりこ〖虜〗बंदी m. baṃdī バンディー
とりしらべる〖取り調べる〗जाँच-पड़ताल f. करना jā̃ca-paṛatāla karanā ジャーンチ・パルタール カルナー
とりだす〖取り出す〗निकालना nikālanā ニカールナー
とりたてる〖取り立てる〗उगाहना ugāhanā ウガーヘナー
とりにく〖鶏肉〗चिकन m. cikana チカン
とりのぞく〖取り除く〗हटाना haṭānā ハターナー
とりひき〖取引〗सौदा m. saudā サォーダー
とりまく〖取り巻く〗घेरना gʰeranā ゲールナー
どりょく〖努力〗कोशिश f. kośiśa コーシシュ ◆努力する कोशिश f. करना kośiśa karanā コーシシュ カルナー
とりよせる〖取り寄せる〗मँगाना mãgānā マンガーナー
とる〖取る〗（手にする）लेना lenā レーナー （受け取る）स्वीकार m. करना svīkāra karanā スヴィーカール カルナー （除去する）हटाना haṭānā ハターナー （盗む）चोरी f. करना corī karanā チョーリー カルナー
とる〖採る〗（採集する）जमा करना jamā karanā ジャマー カルナー （採用する）अपनाना apanānā アプナーナー
とる〖捕る〗पकड़ना pakaṛanā パカルナー
ドル डालर m. ḍālara ダーラル
トルコ तुर्की m. turkī トゥルキー
どれ कौन-सा kauna-sā カォーン・サー
どれい〖奴隷〗ग़ुलाम m. ğulāma グラーム, दास m. dāsa ダース
トレーニング प्रशिक्षण m. praśikṣaṇa プラシクシャン
ドレス ड्रेस f. ḍresa ドレース
どろ〖泥〗कीचड़ m. kīcaṛa キーチャル
どろぼう〖泥棒〗चोर m. cora チョール
トン टन m. ṭana タン
どんな कैसा kaisā カェーサー
どんなに कितना भी kitanā bʰī キトナー ビー
トンネル सुरंग f. suraṃga スラング
どんよくな〖貪欲な〗लालची lālacī ラールチー, लोभी lobʰī ロービー

な行

な〖名〗नाम m. nāma ナーム
ない（否定文を作る）न na ナ, नहीं nahī̃ ナヒーン
ないかく〖内閣〗मंत्रिमंडल m. maṃtrimaṃḍala マントリマンダル
ないこうてきな〖内向的な〗अंतर्मुख aṃtarmukʰa アンタルムク
ナイジェリア नाइजीरिया m. nāijīriyā ナーイジーリヤー
ないしょ〖内緒〗भेद m. bʰeda ベード
ないせん〖内戦〗गृहयुद्ध m. gṛhayuddʰa グリフユッド
ナイフ चाक़ू m. cāqū チャークー, छुरी f. cʰurī チュリー
ないぶ〖内部〗अंदर aṃdara アンダル
ないらん〖内乱〗गृहयुद्ध m. gṛhayuddʰa グリフユッド
ナイロン नायलान m. nāyalāna ナーエラーン
なえ〖苗〗पौधा m. paudʰā パォーダー
なおす〖治す〗इलाज m. करना ilāja karanā イラージ カルナー

なおす〚直す〛（修正する）ठीक करना ṭ^{h}īka karanā ティーク カルナー（修理する）मरम्मत$^{f.}$ करना marammata karanā マラムマト カルナー

なおる〚治る〛स्वस्थ होना svast^{h}a honā スワスト ホーナー

なおる〚直る〛（修正される）ठीक होना ṭ^{h}īka honā ティーク ホーナー（修理される）मरम्मत$^{f.}$ होना marammata honā マラムマト ホーナー

ながい〚長い〛लंबा laṃbā ランバー

ながいき〚長生き〛दीर्घायु$^{f.}$ dīrg^{h}āyu ディールガーユ

なかがいにん〚仲買人〛दलाल$^{m.}$ dalāla ダラール, बिचौलिया bicauliyā ビチャオーリヤー

ながぐつ〚長靴〛बूट$^{m.}$ būṭa ブート

ながさ〚長さ〛लंबाई$^{f.}$ laṃbāī ランバーイー

ながす〚流す〛（液体などを）डालना ḍālanā ダールナー（物を）बहाना bahānā バハーナー

ながそで〚長袖〛पूरी बाँह$^{f.}$ pūrī bā̃ha プーリー バーンフ

なかに〚中に〛अंदर aṃdara アンダル

なかにわ〚中庭〛आँगन$^{m.}$ ā̃gana アーンガン

なかま〚仲間〛साथी$^{m.}$ sāt^{h}ī サーティー

ながめ〚眺め〛दृश्य$^{m.}$ dr̥śya ドリシエ, नज़ारा$^{m.}$ nazārā ナザーラー

ながめる〚眺める〛देखना dek^{h}anā デークナー

ながもちする〚長持ちする〛टिकना ṭikanā ティクナー

なかゆび〚中指〛मध्यमा$^{f.}$ mad^{h}yamā マディヤマー

ナガランドしゅう〚ナガランド州〛नागालैंड$^{m.}$ nāgālaiṃḍa ナーガーラェーンド

ながれ〚流れ〛धारा$^{f.}$ d^{h}ārā ダーラー

ながれぼし〚流れ星〛उल्का$^{f.}$ ulkā ウルカー

ながれる〚流れる〛बहना bahanā バヘナー（時が）गुज़रना guzaranā グザルナー, बीतना bītanā ビートナー

なきわめく〚泣きわめく〛रोना-धोना ronā-d^{h}onā ローナー・ドーナー

なく〚泣く〛रोना ronā ローナー

なく〚鳴く〛（犬が吠える）भौंकना b^{h}ãũkanā バォーンクナー（猫が鳴く）म्याऊँ$^{f.}$ करना myāū̃ karanā ミャーウーン カルナー（小鳥がさえずる）चहचहाना cahacahānā チャヘチャハーナー

なぐさめる〚慰める〛दिलासा$^{m.}$ देना dilāsā denā ディラーサー デーナー

なくす〚無くす〛खोना k^{h}onā コーナー

なくなる〚無くなる〛（所在がわからなくなる）खो जाना k^{h}o jānā コー ジャーナー（消える）ग़ायब होना ğāyaba honā ガーヤブ ホーナー（尽きる）ख़त्म होना xatma honā カトム ホーナー

なぐりあい〚殴り合い〛मार-पीट$^{f.}$ māra-pīṭa マール・ピート, हाथा-पाई$^{f.}$ hāt^{h}ā-pāī ハーター・パーイー

なぐる〚殴る〛मारना māranā マールナー

なげすてる〚投げ捨てる〛फेंक देना p^{h}ēka denā ペーンク デーナー

なげる〚投げる〛（飛ばす）फेंकना p^{h}ēkanā ペーンクナー（放棄する）छोड़ना c^{h}oṛanā チョールナー

なし〚梨〛नाशपाती$^{f.}$ nāśapātī ナーシュパーティー

ナショナリズム राष्ट्रवाद$^{m.}$ rāṣṭravāda ラーシュトルワード

なす〚茄子〛बैंगन bãigana バェーンガン

なぜ〚何故〛क्यों kyõ キョーン

なぜなら〚何故なら〛क्योंकि kyõki キョーンキ

なぞ〚謎〛पहेली$^{f.}$ pahelī パヘーリー, रहस्य$^{m.}$ rahasya ラハスィエ, राज़$^{m.}$ rāza ラーズ

なぞなぞ〚謎々〛पहेली$^{f.}$ pahelī パヘーリー

なだめる मनाना manānā マナーナー

なつ〚夏〛गरमी$^{f.}$ garamī ガラミー

なづける〚名付ける〛नाम$^{m.}$ रखना nāma rak^{h}anā ナーム ラクナー

ナツメグ जायफल jāyap^{h}ala ジャーエパル

なでる〚撫でる〛सहलाना sahalānā サヘラーナー

など आदि ādi アーディ, वग़ैरह vağairaha ワガェーラ

なな〚七〛सात sāta サート

ななじゅう〚七十〛सतहत्तर satahattara サトハッタル

ななめの〚斜めの〛टेढ़ा ṭeṛ^{h}ā テーラー, तिरछा tirac^{h}ā ティルチャー

なにか〚何か〛कोई koī コーイー

なべ〚鍋〛कड़ाही$^{f.}$ kaṛāhī カラーヒー, देगची$^{f.}$ degacī デーグチー, बटली$^{f.}$ baṭalī バトリー

なまえ〚名前〛नाम$^{m.}$ nāma ナーム

なまけもの〚怠け者〛कामचोर$^{m.}$ kāmacora カームチョール

なまける〚怠ける〛आलसी होना ālasī honā アールスィー ホーナー

なまぬるい〚生ぬるい〛कुनकुना kunakunā クンクナー

なまの〚生の〛कच्चा kaccā カッチャー

なまり〚鉛〛सीसा$^{m.}$ sīsā スィーサー

なみ〚波〛लहर$^{f.}$ lahara ラハル

なみだ〚涙〛आँसू$^{m.}$ ā̃sū アーンスー

なみの〚並の〛साधारण sād^{h}āraṇa サーダーラン

なみはずれた〚並外れた〛असाधारण asād^{h}āraṇa アサーダーラン

なめす सिझाना sij^{h}ānā スィジャーナー

なめらかな〚滑らかな〛चिकना cikanā チクナー

なめる〚舐める〛चाटना cāṭanā チャートナー

なやます〚悩ます〛तंग करना taṃga karanā タング カルナー

なやみ〚悩み〛चिंता$^{f.}$ ciṃtā チンター, फ़िक्र$^{f.}$ fikra フィクル

なやむ〚悩む〛चिंतित होना ciṃtita honā チンティト ホーナー

ならう〚習う〛सीखना sīk^{h}anā スィークナー

ならす〚鳴らす〛बजाना bajānā バジャーナー

ならわし〚習わし〛प्रथा$^{f.}$ prat^{h}ā プラター, रस्म$^{f.}$ rasma ラスム

なる〘成る〙（結果として）होना honā ホーナー（変わる）बदलना badalanā バダルナー
なる〘生る〙（実が）फलना p^halanā パルナー
なる〘鳴る〙बजना bajanā バジナー
なるべく जितना हो सके jitanā ho sake ジトナー ホー サケー
なるほど अच्छा acc^hā アッチャー
なわ〘縄〙रस्सी$^{f.}$ rassī ラッスィー ♦縄跳び रस्सी$^{f.}$ कूदना rassī kūdanā ラッスィー クードナー
なんかいな〘難解な〙दुर्बोध $durbod^h$a ドゥルボード
なんきょく〘南極〙दक्षिणी ध्रुव$^{m.}$ dakṣiṇī d^hruva ダクシニー ドルオ
なんきんむし〘南京虫〙खटमल$^{m.}$ k^haṭamala カトマル
なんこう〘軟膏〙मरहम$^{m.}$ marahama マルハム
なんじ〘何時〙कितने बजे kitane baje キトネー バジェー
ナンセンス अनाप-शनाप$^{m.}$ anāpa-śanāpa アナープ・シャナープ
ナンバー नंबर$^{m.}$ naṃbara ナンバル
なんびょう〘難病〙असाध्य रोग$^{m.}$ $asād^h$ya roga アサーディエ ローグ, राजरोग$^{m.}$ rājaroga ラージローグ
なんぴょうよう〘南氷洋〙एंटार्कटिक महासागर eṃṭārkaṭika mahāsāgara エーンタールクティク マハーサーガル
なんぶ〘南部〙दक्षिणी भाग$^{m.}$ dakṣiṇī b^hāga ダクシニー バーグ
なんぼく〘南北〙दक्षिन$^{m.}$ और उत्तर$^{m.}$ dakṣina aura uttara ダクシン アオール ウッタル
なんみん〘難民〙शरणार्थी$^{m.}$ śaraṇārt^{h}ī シャルナールティー
に〘二〙दो do ドー
に〘荷〙सामान$^{m.}$ sāmāna サーマーン
にあう〘似合う〙फबना p^habanā パブナー
にえる〘煮える〙उबलना ubalanā ウバルナー
におい〘匂い・臭い〙गंध$^{f.}$ $gamd^h$a ガンド, बू$^{f.}$ bū ブー
にかい〘二階〙दूसरी मंज़िल$^{f.}$ dūsarī maṃzila ドゥースリー マンズィル
にがい〘苦い〙कड़वा kaṛavā カルワー
にかいだて〘二階建て〙दोमंज़िला domaṃzilā ドーマンズィラー
にがうり〘苦瓜〙करेला$^{m.}$ karelā カレーラー
にがつ〘二月〙फ़रवरी$^{f.}$ faravarī ファルワリー
にきび मुँहासा$^{m.}$ mũhāsā ムンハーサー
にぎる〘握る〙पकड़ना pakaṛanā パカルナー
にく〘肉〙गोश्त$^{m.}$ gośta ゴーシュト, मांस$^{m.}$ māṃsa マーンス ♦肉屋 बूचड़ būcaṛa ブーチャル
にくしみ〘憎しみ〙घृणा$^{f.}$ g^hṛṇā グリナー, नफ़रत$^{f.}$ nafarata ナフラト
にくたい〘肉体〙शरीर$^{m.}$ śarīra シャリール ♦肉体労働 मज़दूरी$^{f.}$ mazadūrī マズドゥーリー
にくむ〘憎む〙घृणा$^{f.}$ करना g^hṛṇā karanā グリナー カルナー, नफ़रत$^{f.}$ करना nafarata karanā ナフラト カルナー
にげる〘逃げる〙भागना b^hāganā バーグナー
にし〘西〙पश्चिम$^{m.}$ paścima パシュチム
にじ〘虹〙इंद्रधनुष$^{m.}$ $imdrad^h$anuṣ インドルダヌシュ
にしベンガルしゅう〘西ベンガル州〙पश्चिम बंगाल$^{m.}$ paścima baṃgāla パシュチム バンガール
にじゅう〘二十〙बीस bīsa ビース
にじゅうの〘二重の〙दोहरा doharā ドーフラー
にせの〘偽の〙जाली jālī ジャーリー, नक़ली naqalī ナクリー
にせもの〘偽物〙नक़ली चीज़$^{f.}$ naqalī cīza ナクリー チーズ
にちぼつ〘日没〙सूर्यास्त$^{m.}$ sūryāsta スールヤースト
にちようび〘日曜日〙रविवार$^{m.}$ ravivāra ラヴィワール
にっか〘日課〙दिनचर्या$^{f.}$ dinacaryā ディンチャルヤー, रोज़मर्रा$^{m.}$ rozamarrā ローズマルラー
にっかん〘日刊〙दैनिक$^{m.}$ dainika ダェーニク
にっき〘日記〙डायरी$^{f.}$ ḍāyarī ダーエリー
にっきゅう〘日給〙दैनिक मज़दूरी$^{f.}$ dainika mazadūrī ダェーニク マズドゥーリー
ニッケル गिलट$^{m.}$ gilaṭa ギラト
にっこう〘日光〙धूप$^{f.}$ d^hūpa ドゥープ
につめる〘煮詰める〙औटाना auṭānā アォーターナー
にばいの〘二倍の〙दुगुना dugunā ドゥグナー
にばんめの〘二番目の〙दूसरा dūsarā ドゥースラー
にぶんのいち〘二分の一〙आधा $ād^h$ā アーダー
にほん〘日本〙जापान$^{m.}$ jāpāna ジャーパーン ♦日本語・日本人・日本の जापानी jāpānī ジャーパーニー ♦日本料理 जापानी खाना$^{m.}$ jāpānī k^hānā ジャーパーニー カーナー
にもつ〘荷物〙सामान$^{m.}$ sāmāna サーマーン
にゅういんする〘入院する〙अस्पताल में दाख़िल होना aspatāla mẽ dāxila honā アスパタール メーン ダーキル ホーナー
にゅうがく〘入学〙प्रवेश$^{m.}$ praveśa プラヴェーシュ ♦入学する प्रवेश$^{m.}$ करना praveśa karanā プラヴェーシュ カルナー
にゅうし〘入試〙प्रवेश परीक्षा$^{f.}$ praveśa parīkṣā プラヴェーシュ パリークシャー
ニュージーランド न्यूज़ीलैंड$^{m.}$ nyūzīlaiṃḍa ニューズィーラェーンド
にゅうじょう〘入場〙प्रवेश$^{m.}$ praveśa プラヴェーシュ ♦入場券 टिकट$^{m.}$ ṭikaṭa ティカト ♦入場料 प्रवेश-शुल्क$^{m.}$ praveśa-śulka プラヴェーシュ・シュルク
ニュース ख़बर$^{f.}$ xabara カバル, समाचार$^{m.}$ samācāra サマーチャール
にゅうよくする〘入浴する〙नहाना nahānā ナハーナー
にょう〘尿〙पेशाब peśāba ペーシャーブ, मूत्र$^{m.}$ mūtra ムートル
にらむ〘睨む〙घूरना g^hūranā グールナー

にる〖煮る〗उबालना ubālanā ウバールナー
にわ〖庭〗बाग़ m. bāğa バーグ
にわとり〖鶏〗(雄鶏) मुरग़ा m. murağā ムルガー (雌鶏) मुरग़ी f. murağī ムルギー
にんき〖人気〗लोकप्रियता f. lokapriyatā ロークプリエター ♦人気のある लोकप्रिय lokapriya ロークプリエ
にんぎょう〖人形〗गुड़िया f. guṛiyā グリヤー
にんげん〖人間〗मनुष्य m. manuṣya マヌシエ, इनसान m. inasāna インサーン
にんじん〖人参〗गाजर f. gājara ガージャル
にんしんする〖妊娠する〗पाँव m. भारी होना pā̃va bʰārī honā パーオン バーリー ホーナー
にんたい〖忍耐〗सहन m. sahana サハン
にんにく〖大蒜〗लहसुन m. lahasuna ラヘスン
ぬう〖縫う〗सीना sīnā スィーナー
ぬかるみ कीचड़ m. kīcaṛa キーチャル
ぬぐ〖脱ぐ〗उतारना utāranā ウタールナー
ぬぐう〖拭う〗पोंछना põcʰanā ポーンチナー
ぬすむ〖盗む〗चुराना curānā チュラーナー
ぬの〖布〗कपड़ा kapaṛā カプラー
ぬま〖沼〗दलदल daladala ダルダル
ぬらす〖濡らす〗भिगोना bʰigonā ビゴーナー
ぬる〖塗る〗(色を) पोतना potanā ポートナー (漆喰などを) लीपना līpanā リープナー (薬などを) लगाना lagānā ラガーナー
ぬるい कुनकुना kunakunā クンクナー
ぬれる〖濡れる〗भीगना bʰīganā ビーグナー
ね〖根〗जड़ f. jaṛa ジャル
ねうち〖値打ち〗मूल्य m. mūlya ムールエ
ねがい〖願い〗इच्छा f. iccʰā イッチャー
ねがう〖願う〗चाहना cāhanā チャーヘナー
ねかす〖寝かす〗(横にする) लेटाना leṭānā レーターナー (寝かしつける) सुलाना sulānā スラーナー
ネクタイ टाई f. ṭāī ターイー
ねこ〖猫〗बिल्ली f. billī ビッリー
ねじる〖捻じる〗ऐंठना ãĩṭʰanā アェーントナー, मरोड़ना maroṛanā マロールナー
ねずみ〖鼠〗चूहा m. cūhā チューハー
ねだん〖値段〗क़ीमत f. qīmata キーマト, दाम m. dāma ダーム
ねつ〖熱〗गरमी f. garamī ガルミー (症状) बुख़ार m. buxāra ブカール
ネックレス हार m. hāra ハール
ネットワーク नेटवर्क m. neṭavarka ネートワルク
ねっぷう〖熱風〗लू f. lū ルー
ネパール नेपाल m. nepāla ネーパール
ねばねばの चिपचिपा cipacipā チプチパー, लसलसा lasalasā ラスラサー
ねむい〖眠い〗उनींदा unī̃dā ウニーンダー
ねむけ〖眠気〗नींद f. nī̃da ニーンド
ねむる〖眠る〗सोना sonā ソーナー
ねらい〖狙い〗निशाना m. niśānā ニシャーナー, लक्ष्य m. lakṣya ラクシエ
ねらう〖狙う〗निशाना m. बाँधना niśānā bā̃dʰanā ニシャーナー バーンドナー
ねる〖寝る〗(横になる) लेटना leṭanā レートナー (眠る) सोना sonā ソーナー
ねん〖年〗वर्ष m. varṣa ワルシュ, साल m. sāla サール
ねんがっぴ〖年月日〗तारीख़ f. tārīxa ターリーカ, तिथि f. titʰi ティティ
ねんかんの〖年間の〗वार्षिक vārṣika ワールシク, सालाना sālānā サーラーナー
ねんきん〖年金〗पेंशन m. peṃśana ペーンシャン
ねんざ〖捻挫〗मोच f. moca モーチ
ねんしゅう〖年収〗वार्षिक आय f. vārṣika āya ワールシク アーエ, सालाना आमदनी f. sālānā āmadanī サーラーナー アーマドニー
ねんちょうの〖年長の〗बड़ा baṛā バラー
ねんりょう〖燃料〗ईंधन m. ī̃dʰana イーンダン
ねんれい〖年齢〗आयु f. āyu アーユ, उम्र f. umra ウムル
のう〖脳〗दिमाग़ m. dimāğa ディマーグ, मस्तिष्क m. mastiṣka マスティシュク
のうえん〖農園〗फ़ार्म m. fārma ファールム
のうぎょう〖農業〗खेती-बाड़ी f. kʰetī-bāṛī ケーティー・バーリー
のうさんぶつ〖農産物〗उपज f. upaja ウパジ
のうじょう〖農場〗फ़ार्म m. fārma ファールム
のうみん〖農民〗किसान m. kisāna キサーン
のうりょく〖能力〗योग्यता f. yogyatā ヨーギエター
のこぎり〖鋸〗आरा m. ārā アーラー
のこす〖残す〗(置いてゆく) छोड़ना cʰoṛanā チョールナー (余す) बचाना bacānā バチャーナー
のこり〖残り〗बाक़ी f. bāqī バーキー, शेष m. śeṣa シェーシュ
のこる〖残る〗बचना bacanā バチナー
のせる〖載せる〗(置く) रखना rakʰanā ラクナー (積む) लादना lādanā ラードナー (記載する) दर्ज करना darja karanā ダルジ カルナー
のぞく〖除く〗(除去する) हटाना haṭānā ハターナー (除外する) छोड़ना cʰoṛanā チョールナー
のぞく〖覗く〗झाँकना jʰā̃kanā ジャーンクナー
のぞみ〖望み〗(願望) इच्छा f. iccʰā イッチャー (期待) आशा f. āśā アーシャー (見込み) संभावना f. saṃbʰāvanā サンバーオナー
のぞむ〖望む〗(願う) चाहना cāhanā チャーヘナー (期待する) आशा f. करना āśā karanā アーシャー カルナー
のちに〖後に〗बाद में bāda mẽ バード メーン
ノックする (叩く) खटखटाना kʰaṭakʰaṭānā カトカターナー
のど〖喉〗गला m. galā ガラー, गरदन m. garadana ガルダン
ののしる〖罵る〗गाली f. देना gālī denā ガーリー デー

ナー

のばす〖**延ばす**〗（延期する） टालना ṭālanā タールナー （延長する） लंबा करना laṃbā karanā ランバー カルナー

のびる〖**延びる**〗（延期される） टलना ṭalanā タルナー （延長される） लंबा होना laṃbā honā ランバー ホーナー

のべる〖**述べる**〗 बताना batānā バターナー

のぼる〖**昇る・登る**〗 चढ़ना caṛ^{h}anā チャルナー

のみ〖**蚤**〗 पिस्सू$^{m.}$ pissū ピッスー

のみこむ〖**飲み込む**〗 निगलना nigalanā ニガルナー

のみほす〖**飲み干す**〗 गटकना gaṭakanā ガタクナー

のみもの〖**飲み物**〗 पीने की चीज़$^{f.}$ pīne kī cīza ピーネー キー チーズ

のむ〖**飲む**〗 पीना pīnā ピーナー

のり〖**糊**〗 गोंद$^{f.}$ gõda ゴーンド, लेई$^{f.}$ leī レーイー

のりば〖**乗り場**〗 अड्डा$^{m.}$ aḍḍā アッダー

のりもの〖**乗物**〗 सवारी$^{f.}$ savārī サワーリー

のる〖**乗る**〗 सवार होना savāra honā サワール ホーナー

ノルウェー नार्वे$^{m.}$ nārve ナールヴェー

のろまな सुस्त susta ススト

は行

は〖**歯**〗 दाँत$^{m.}$ dãta ダーント

は〖**刃**〗 धार$^{f.}$ d^{h}āra ダール

は〖**葉**〗 पत्ता$^{m.}$ pattā パッター, पत्ती$^{m.}$ pattī パッティー

ハーブ जड़ी-बूटी$^{f.}$ jaṛī-būṭī ジャリー・ブーティー

はい〖**灰**〗 राख$^{f.}$ rāk^{h}a ラーク

はい〖**肺**〗 फेफड़ा$^{m.}$ p^{h}ep^{h}aṛā ペープラー

はいいろの〖**灰色の**〗 स्लेटी sleṭī スレーティー

ハイエナ लकड़बग्घा$^{m.}$ lakaṛabagg^{h}ā ラカルバッガー

はいえん〖**肺炎**〗 निमोनिया$^{m.}$ nimoniyā ニモーニヤー

バイオリン वायोलिन$^{m.}$ vāyolina ワーヨーリン

はいきょ〖**廃虚**〗 खंडहर$^{m.}$ k^{h}aṃḍahara カンドハル

バイク मोटर साइकिल$^{f.}$ moṭara sāikila モータル サーイキル

はいぐうしゃ〖**配偶者**〗（男性） पति$^{m.}$ pati パティ （女性） पत्नी$^{f.}$ patnī パトニー

はいけい〖**背景**〗 पृष्ठभूमि$^{f.}$ pr̥ṣṭ^{h}ab^{h}ūmi プリシュトブーミ

はいけっかく〖**肺結核**〗 क्षयरोग$^{m.}$ kṣayaroga クシャエローグ

はいざら〖**灰皿**〗 राखदानी$^{f.}$ rāk^{h}adānī ラークダーニー

ばいしょう〖**賠償**〗 क्षतिपूर्ति$^{f.}$ kṣatipūrti クシャティプールティ ♦賠償する क्षतिपूर्ति$^{f.}$ करना kṣatipūrti karanā クシャティプールティ カルナー

はいせきする〖**排斥する**〗 बहिष्कार$^{m.}$ करना bahiṣkāra karanā バヒシュカール カルナー

はいた〖**歯痛**〗 दाँत$^{m.}$ का दर्द$^{m.}$ dãta kā darda ダーント カー ダルド

ばいたい〖**媒体**〗 माध्यम$^{m.}$ mād^{h}yama マーディャム

はいち〖**配置**〗 तैनाती$^{f.}$ taināti タェーナーティー ♦配置する तैनाती$^{f.}$ करना taināti karanā タェーナーティー カルナー

ばいてん〖**売店**〗 स्टाल$^{m.}$ sṭāla スタール

パイナップル अनन्नास$^{m.}$ anannāsa アナンナース

はいふ〖**配布**〗 वितरण$^{m.}$ vitaraṇa ヴィタラン ♦配布する बाँटना bā̃ṭanā バーントナー

パイプ（管） नल$^{m.}$ nala ナル （煙草の） पाइप$^{m.}$ pāipa パーイプ

はいぼく〖**敗北**〗 हार$^{f.}$ hāra ハール

はいゆう〖**俳優**〗 अभिनेता$^{m.}$ ab^{h}inetā アビネーター, अभिनेत्री$^{f.}$ ab^{h}inetrī アビネートリー

はいりょ〖**配慮**〗 ख़याल$^{m.}$ xayāla カヤール, ध्यान$^{m.}$ d^{h}yāna ディヤーン

はいる〖**入る**〗（中に行く） अंदर जाना aṃdara jānā アンダル ジャーナー （中に来る） अंदर आना aṃdara ānā アンダル アーナー （加入する） दाख़िल होना dāxila honā ダーキル ホーナー

パイロット पायलट$^{m.}$ pāyalaṭa パーエラト

はう〖**這う**〗 रेंगना rẽganā レーングナー

はえ〖**蝿**〗 मक्खी$^{m.}$ makk^{h}ī マッキー

はえる〖**生える**〗 उगना uganā ウグナー

はか〖**墓**〗 क़ब्र$^{f.}$ qabra カブル

はかいする〖**破壊する**〗 तोड़ना toṛanā トールナー

はがき〖**葉書**〗 पोस्ट-कार्ड$^{m.}$ posṭa-kārḍa ポースト・カールド

はがす〖**剥がす**〗 उधेड़ना ud^{h}eṛanā ウデールナー

はかせ〖**博士**〗 डाक्टर$^{m.}$ ḍākṭara ダークタル

はかり〖**秤**〗 तराज़ू$^{m.}$ tarāzū タラーズー

はかる〖**計る**〗 तौलना taulanā タォールナー, नापना nāpanā ナープナー, मापना māpanā マープナー

はきけ〖**吐き気**〗 मतली$^{f.}$ matalī マトリー

パキスタン पाकिस्तान$^{m.}$ pākistāna パーキスターン

はく〖**吐く**〗 उलटी$^{f.}$ करना ulaṭī karanā ウルティー カルナー

はく〖**掃く**〗 झाड़ू$^{m.}$ देना j^{h}āṛū denā ジャールー デーナー

はく〖**履く**〗 पहनना pahananā パハンナー

はぐ〖**剥ぐ**〗 उधेड़ना ud^{h}eṛanā ウデールナー

はぐき〖**歯茎**〗 मसूड़ा$^{m.}$ masūṛā マスーラー

ばくげき〖**爆撃**〗 बममारी$^{f.}$ bamamārī バムマーリー ♦爆撃機 बममार$^{m.}$ bamamāra バムマール ♦爆撃する बममारी$^{f.}$ करना bamamārī karanā バムマーリー カルナー

はくし〖**白紙**〗 कोरा काग़ज़$^{m.}$ korā kāğaza コーラー カーガズ

はくしゅ〖**拍手**〗 ताली$^{f.}$ tālī ターリー ♦拍手する तालियाँ$^{f.}$ बजाना tāliyā̃ bajānā ターリヤーン バジャーナー

はくじょうする〖**白状する**〗 उगल देना ugala denā ウガル デーナー

ばくだん〘爆弾〙बम$^{m.}$ bama バム

ばくはつ〘爆発〙विस्फोट$^{m.}$ visp^{h}oṭa ヴィスポート ♦爆発する विस्फोट$^{m.}$ होना visp^{h}oṭa honā ヴィスポート ホーナー

はくぶつかん〘博物館〙संग्रहालय$^{m.}$ saṃgrahālaya サングラハーラエ

はけ〘刷毛〙बुरुश$^{m.}$ buruśa ブルシュ

バケツ बालटी$^{f.}$ bālaṭī バールティー

はげます〘励ます〙हिम्मत$^{f.}$ बँधाना himmata bãd^{h}ānā ヒムマト バンダーナー

はげる〘禿げる〙गंजा होना gaṃjā honā ガンジャー ホーナー

はげる〘剥げる〙(表面の物が) उचटना ucaṭanā ウチャトナー

はけんする〘派遣する〙भेजना b^{h}ejanā ベージナー

はこ〘箱〙डिब्बा$^{m.}$ ḍibbā ディッバー

はこぶ〘運ぶ〙ढोना ḍ^{h}onā ドーナー

はさみ〘鋏〙क़ैंची$^{f.}$ qãĩcī カェーンチー

はし〘橋〙पुल$^{m.}$ pula プル

はじ〘恥〙शर्म$^{f.}$ śarma シャルム

はしか खसरा$^{m.}$ k^{h}asarā カスラー

はしご〘梯子〙सीढ़ी$^{f.}$ sīṛ^{h}ī スィーリー

はじまる〘始まる〙शुरू$^{m.}$ होना śurū honā シュルー ホーナー

はじめて〘初めて〙पहली बार$^{f.}$ pahalī bāra パヘリー バール

はじめる〘始める〙शुरू$^{m.}$ करना śurū karanā シュルー カルナー

ばしょ〘場所〙जगह$^{f.}$ jagaha ジャガ, स्थान$^{m.}$ st^{h}āna スターン

はしょうふう〘破傷風〙टेटनस$^{m.}$ ṭeṭanasa テートナス

はしら〘柱〙खंभा$^{m.}$ k^{h}aṃb^{h}ā カンバー

はじらう〘恥じらう〙शरमाना śaramānā シャルマーナー

はしる〘走る〙दौड़ना dauṛanā ダォールナー

バジル तुलसी$^{f.}$ tulasī トゥルスィー

はす〘蓮〙कमल$^{m.}$ kamala カマル

バス बस$^{f.}$ basa バス ♦バス停 बस स्टाप$^{m.}$ basa sṭāpa バス スタープ

はずかしがる〘恥ずかしがる〙शरमाना śaramānā シャルマーナー

バスケットボール बास्केटबाल$^{m.}$ bāskeṭabāla バースケートバール

パスポート पासपोर्ट$^{m.}$ pāsaporṭa パースポールト

はそんする〘破損する〙फटना p^{h}aṭanā パトナー

はた〘旗〙झंडा$^{m.}$ j^{h}aṃḍā ジャンダー

はだ〘肌〙चमड़ी$^{f.}$ camaṛī チャムリー

バター मक्खन$^{m.}$ makk^{h}ana マッカン

はだか〘裸〙नंगापन$^{m.}$ naṃgāpana ナンガーパン ♦裸の नंगा naṃgā ナンガー

はたけ〘畑〙खेत$^{m.}$ k^{h}eta ケート

はだしで〘裸足で〙नंगे पाँव naṃge pãva ナンゲー パーオン

はためく फहराना p^{h}aharānā パヘラーナー

はたらく〘働く〙काम$^{m.}$ करना kāma karanā カーム カルナー (作用する) असर$^{m.}$ करना asara karanā アサル カルナー

はち〘八〙आठ āṭ^{h}a アート

はち〘鉢〙कटोरा$^{m.}$ kaṭorā カトーラー

はち〘蜂〙(蜜蜂) मधुमक्खी$^{f.}$ mad^{h}umakk^{h}ī マドゥマッキー ♦蜂の巣 छत्ता$^{m.}$ c^{h}attā チャッター ♦蜂蜜 मधु$^{m.}$ mad^{h}u マドゥ, शहद$^{m.}$ śahada シャハド

はちがつ〘八月〙अगस्त$^{m.}$ agasta アガスト

バチカン वैटिकन सिटी$^{m.}$ vaiṭikana siṭī ワェーティカン スィティー

はちじゅう〘八十〙अस्सी assī アッスィー

ばつ〘罰〙दंड$^{m.}$ daṃḍa ダンド, सज़ा$^{f.}$ sazā サザー

はつおん〘発音〙उच्चारण$^{m.}$ uccāraṇa ウッチャーラン

はっきり साफ़ sāfa サーフ ♦はっきりする साफ़ होना sāfa honā サーフ ホーナー

ばっきん〘罰金〙जुरमाना$^{m.}$ juramānā ジュルマーナー

バッグ थैला$^{m.}$ t^{h}ailā タェーラー, बैग$^{m.}$ baiga バェーグ

パック (品物を包んだ) पैक$^{m.}$ paika パェーク

はっくつ〘発掘〙खुदाई$^{m.}$ k^{h}udāī クダーイー ♦発掘する खुदाई$^{m.}$ करना k^{h}udāī karanā クダーイー カルナー

はっけん〘発見〙खोज$^{f.}$ k^{h}oja コージ ♦発見する खोज निकालना k^{h}oja nikālanā コージ ニカールナー

はっこうする〘発行する〙प्रकाशित करना prakāśita karanā プラカーシト カルナー

バッジ बिल्ला$^{m.}$ billā ビッラー

ばっする〘罰する〙सज़ा$^{f.}$ देना sazā denā サザー デーナー

バッタ टिड्डा$^{m.}$ ṭiḍḍā ティッダー

はったつ〘発達〙विकास$^{m.}$ vikāsa ヴィカース ♦発達する विकसित करना vikasita karanā ヴィカスィト カルナー

はつめい〘発明〙आविष्कार$^{m.}$ āviṣkāra アーヴィシュカール ♦発明する आविष्कार$^{m.}$ करना āviṣkāra karanā アーヴィシュカール カルナー

はと〘鳩〙कबूतर$^{m.}$ kabūtara カブータル

バドミントン बैडमिंटन$^{m.}$ baiḍamiṃṭana バェードミンタン

パトロール गश्त$^{f.}$ gaśta ガシュト

はな〘花〙फूल$^{m.}$ p^{h}ūla プール

はな〘鼻〙नाक$^{f.}$ nāka ナーク ♦鼻血 नकसीर$^{f.}$ nakasīra ナクスィール ♦鼻水 नाक$^{f.}$ nāka ナーク

はなし〘話〙बात$^{f.}$ bāta バート (物語) कहानी$^{f.}$ kahānī カハーニー

はなす〘話す〙बात$^{f.}$ करना bāta karanā バート カルナー

バナナ केला$^{m.}$ kelā ケーラー

はなび〘花火〙आतिशबाज़ी$^{f.}$ ātiśabāzī アーティシュバーズィー

はなむこ〘花婿〙दूल्हा$^{m.}$ dūlhā ドゥールハー

はなよめ〘花嫁〙दुलहन$^{f.}$ dulahana ドゥルハン

はは〘母〙माता$^{f.}$ mātā マーター ♦母方 माता का mātā kā マーター カー
はば〘幅〙चौड़ाई$^{f.}$ cauṛāī チャオーラーイー
パパイヤ पपीता$^{m.}$ papītā パピーター
はばひろい〘幅広い〙चौड़ा cauṛā チャオーラー
はばむ〘阻む〙रोकना rokanā ロークナー
パプアニューギニア पपुआ न्यू गिनी$^{m.}$ papuā nyū ginī パプアー ニュー ギニー
はまべ〘浜辺〙समुद्रतट$^{m.}$ samudrataṭa サムドルタト
はやい〘早い〙जल्द jalda ジャルド
はやい〘速い〙तेज़ teza テーズ
はやさ〘速さ〙रफ़्तार$^{f.}$ raftāra ラフタール
バラ गुलाब$^{m.}$ gulāba グラーブ
はらう〘払う〙अदा करना adā karanā アダー カルナー
パラグアイ पैराग्वे$^{m.}$ pairāgve パェーラーグヴェー
パラシュート पैराशूट$^{m.}$ pairāśūṭa パェーラーシュート
はりがね〘針金〙तार$^{m.}$ tāra タール
ハリヤーナーしゅう〘ハリヤーナー州〙हरियाणा$^{m.}$ hariyāṇā ハリヤーナー
はる〘春〙वसंत$^{m.}$ vasaṃta ワサント
はる〘貼る〙लगाना lagānā ラガーナー
パレード जुलूस$^{m.}$ julūsa ジュルース，परेड$^{m.}$ pareḍa パレード
バレーボール वालीबाल$^{m.}$ vālībāla ワーリーバール
はれつする〘破裂する〙फटना p^{h}aṭanā パトナー
はれる〘腫れる〙सूजना sūjanā スージナー
ハワイ हवाई$^{f.}$ havāī ハワーイー
ばん〘晩〙शाम$^{f.}$ śāma シャーム
パン（食パン）डबल रोटी$^{f.}$ ḍabala roṭī ダバル ローティー（無発酵平焼きパン）रोटी$^{f.}$ roṭī ローティー ♦パン屋 बेकरी$^{f.}$ bekarī ベークリー
ハンカチ रूमाल$^{m.}$ rūmāla ルーマール
ハンガリー हंगरी$^{m.}$ haṃgarī ハンガリー
パンク पंक्चर$^{m.}$ paṃkcara パンクチャル
ばんぐみ〘番組〙कार्यक्रम$^{m.}$ kāryakrama カールエクラム
バングラデシュ बांग्लादेश$^{m.}$ bāṃglādeśa バーングラーデーシュ
はんけつ〘判決〙फ़ैसला$^{m.}$ faisalā ファェースラー
ばんごう〘番号〙नंबर$^{m.}$ naṃbara ナンバル
はんざい〘犯罪〙अपराध$^{m.}$ aparād^{h}a アプラード ♦犯罪者 अपराधी$^{m.}$ aparād^{h}ī アプラーディー
ハンサムな सुंदर suṃdara スンダル
パンジャービーご〘パンジャービー語〙पंजाबी$^{f.}$ paṃjābī パンジャービー
パンジャーブしゅう〘パンジャーブ州〙पंजाब$^{m.}$ paṃjāba パンジャーブ
ハンドバッグ हैंडबैग haiṃḍabaiga ハェーンドバェーグ
はんにん〘犯人〙अपराधी$^{m.}$ aparād^{h}ī アプラーディー
はんばい〘販売〙बिक्री$^{f.}$ bikrī ビクリー ♦販売する बेचना becanā ベーチナー
はんぶん〘半分〙आधा$^{m.}$ ād^{h}ā アーダー
ひ〘火〙आग$^{f.}$ āga アーグ
ひ〘日〙（太陽）सूर्य$^{m.}$ sūrya スールエ（日光）धूप$^{f.}$ d^{h}ūpa ドゥープ（日にち）दिन$^{m.}$ dina ディン
び〘美〙सौंदर्य$^{m.}$ sauṃdarya サォーンダルエ
ピアノ पियानो$^{m.}$ piyāno ピヤーノー
ヒーター हीटर$^{m.}$ hīṭara ヒータル
ピーナツ मूँगफली$^{f.}$ mū̃gap^{h}alī ムーングパリー
ビーフ बीफ़$^{m.}$ bīfa ビーフ
ピーマン शिमला मिर्च$^{f.}$ śimalā mirca シムラー ミルチ
ビール बियर$^{f.}$ biyara ビヤル
ヒーロー हीरो$^{m.}$ hīro ヒーロー
ひかく〘比較〙तुलना$^{f.}$ tulanā トゥルナー ♦比較する तुलना$^{f.}$ करना tulanā karanā トゥルナー カルナー
ひかげ〘日陰〙छाया$^{f.}$ c^{h}āyā チャーヤー
ひがし〘東〙पूर्व$^{m.}$ pūrva プールオ
ひかり〘光〙प्रकाश$^{m.}$ prakāśa プラカーシュ，रोशनी$^{f.}$ rośanī ローシュニー
ひかる〘光る〙चमकना camakanā チャマクナー
ひきさげる〘引き下げる〙（下げる）नीचे करना nīce karanā ニーチェー カルナー（減らす）घटाना g^{h}aṭānā ガターナー
ひきざん〘引き算〙बाक़ी$^{f.}$ bāqī バーキー
ひきだし〘引き出し〙（家具の）दराज़$^{f.}$ darāza ダラーズ
ひきだす〘引き出す〙निकालना nikālanā ニカールナー
ひきにく〘挽肉〙क़ीमा$^{m.}$ qīmā キーマー
ひきわたす〘引き渡す〙सौंपना sāũpanā サォーンプナー
ひく〘引く〙（引っ張る）खींचना k^{h}ĩcanā キーンチナー（差し引く）काटना kāṭanā カートナー
ひく〘弾く〙बजाना bajānā バジャーナー
ひくい〘低い〙（位置が）नीचा nīcā ニーチャー（背が）छोटा c^{h}oṭā チョーター
ピクルス अचार$^{m.}$ acāra アチャール
ひげ〘髭・鬚〙（口髭）मूँछ$^{f.}$ mū̃c^{h}a ムーンチ（顎鬚）दाढ़ी$^{f.}$ dāṛ^{h}ī ダーリー
ひこう〘飛行〙उड़ान$^{f.}$ uṛāna ウラーン ♦飛行機 हवाई जहाज़$^{m.}$ havāī jahāza ハワーイー ジャハーズ
ビザ वीज़ा$^{m.}$ vīzā ヴィーザー
ひざし〘日差し〙धूप$^{f.}$ d^{h}ūpa ドゥープ
ひじ〘肘〙कुहनी$^{f.}$ kuhanī クフニー
びじゅつ〘美術〙ललित कला$^{f.}$ lalita kalā ラリト カラー ♦美術館 चित्रशाला$^{f.}$ citraśālā チトルシャーラー
びじん〘美人〙सुंदरी$^{f.}$ suṃdarī スンダリー，हसीना$^{f.}$ hasīnā ハスィーナー
ピスタチオ पिस्ता$^{m.}$ pistā ピスター
ピストル पिस्तौल$^{f.}$ pistaula ピスタォール
ひたい〘額〙माथा$^{m.}$ māt^{h}ā マーター
ひだりの〘左の〙बायाँ bāyā̃ バーヤーン
ひづけ〘日付〙तारीख़$^{f.}$ tārīxa ターリーク
ひつじ〘羊〙भेड़$^{f.}$ b^{h}eṛa ベール

ひっぱる〘引っ張る〙खींचना kʰĩcanā キーンチナー
ひつよう〘必要〙आवश्यकता f. āvaśyakatā アーワシャクター, ज़रूरत f. zarūrata ザルーラト ◆必要な आवश्यक āvaśyaka アーワシャク, ज़रूरी zarūrī ザルーリー
ビデオ वीडियो m. vīḍiyo ヴィーディヨー
ひとごみ〘人混み〙भीड़ f. bʰīṛa ビール
ひとさしゆび〘人差し指〙तर्जनी f. tarjanī タルジャニー
ひとしい〘等しい〙बराबर barābara バラーバル
ひとだかり〘人だかり〙जमघट m. jamagʰaṭa ジャムガト
ひとびと〘人々〙लोग m. loga ローグ
ひとみ〘瞳〙पुतली f. putalī プトリー
ひとりっこ〘一人っ子〙इकलौता बेटा m. ikalautā beṭā イクラォーター ベーター, इकलौती बेटी f. ikalautī beṭī イクラォーティー ベーティー
ひねる〘捻る〙मरोड़ना maroṛanā マロールナー
ひのいり〘日の入り〙सूर्यास्त m. sūryāsta スールヤースト
ひので〘日の出〙सूर्योदय m. sūryodaya スールヨーダエ
ビハールしゅう〘ビハール州〙बिहार m. bihāra ビハール
ひびき〘響き〙गूँज f. gũja グーンジ
ひびく〘響く〙गूँजना gũjanā グーンジナー
ひふ〘皮膚〙चमड़ी camaṛī チャムリー
ヒマーチャル・プラデーシュしゅう〘ヒマーチャル・プラデーシュ州〙हिमाचल प्रदेश m. himācala pradeśa ヒマーチャル プラデーシュ
ひまご〘曾孫〙(男の) परपोता m. parapotā パルポーター (女の) परपोती f. parapotī パルポーティー
ひまん〘肥満〙मुटापा m. muṭāpā ムターパー
ひみつ〘秘密〙रहस्य m. rahasya ラハスィエ ◆秘密に満ちた रहस्यमय rahasyamaya ラハスィエマエ
ひも〘紐〙डोरी f. ḍorī ドーリー
ひゃく〘百〙सौ sau サォー
ひゃくまん〘百万〙दस लाख dasa lākʰa ダス ラーク
ひやす〘冷やす〙ठंडा करना ṭʰaṃḍā karanā タンダー カルナー
ひゃっかじてん〘百科事典〙विश्वकोश m. viśvakośa ヴィシュオコーシュ
ひよう〘費用〙ख़र्च m. xarca カルチ
びょう〘秒〙सैकंड m. saikaṃḍa サェーカンド
びょういん〘病院〙अस्पताल m. aspatāla アスパタール
びょうき〘病気〙बीमारी f. bīmārī ビーマーリー, रोग m. roga ローグ ◆病気になる बीमार पड़ना bīmāra paṛanā ビーマール パルナー
ひょうじょう〘表情〙मुद्रा f. mudrā ムドラー
びょうにん〘病人〙मरीज़ m. marīza マリーズ, रोगी m. rogī ローギー
ひよこまめ〘雛豆〙चना m. canā チャナー ◆雛豆の粉 बेसन m. besana ベーサン
ひる〘昼〙(日中) दिन m. dina ディン (正午) दोपहर f. dopahara ドーパハル
ひるごはん〘昼御飯〙लंच m. laṃca ランチ
ビルディング इमारत f. imārata イマーラト
ひろい〘広い〙चौड़ा cauṛā チャォーラー, बड़ा baṛā バラー
ヒロイン हीरोइन f. hīroina ヒーローイン
ひろう〘疲労〙थकान f. tʰakāna タカーン
ひろがる〘広がる〙फैलना pʰailanā パェールナー
ひろげる〘広げる〙फैलाना pʰailānā パェーラーナー
ひろさ〘広さ〙चौड़ाई f. cauṛāī チャォーラーイー
ひろば〘広場〙मैदान m. maidāna マェーダーン
ひろま〘広間〙हाल m. hāla ハール
びわ〘枇杷〙लुकाट m. lukāṭa ルカート
ひんこん〘貧困〙ग़रीबी f. ǧarībī ガリービー
ヒンディーご〘ヒンディー語〙हिंदी f. hiṃdī ヒンディー
ヒンドゥーきょうと〘ヒンドゥー教徒〙हिंदू m. hiṃdū ヒンドゥー
ひんぱんに〘頻繁に〙अकसर akasara アクサル
びんぼう〘貧乏〙ग़रीबी f. ǧarībī ガリービー ◆貧乏な ग़रीब ǧarība ガリーブ
ファイル फ़ाइल f. fāila ファーイル
ファストフード फ़ास्ट फ़ूड m. fāsṭa fūḍa ファースト フード
ファッション फ़ैशन m. faiśana ファェーシャン
フィリピン फ़िलीपीन्स m. filīpīnsa フィリーピーンス
フィルム फ़िल्म f. filma フィルム
フィンランド फ़िनलैंड m. finalaiṃḍa フィンラェーンド
ふうけい〘風景〙दृश्य m. dr̥śya ドリシエ, नज़ारा m. nazārā ナザーラー
ふうせん〘風船〙गुब्बारा m. ǧubbārā グッバーラー
ブーツ बूट m. būṭa ブート
ふうとう〘封筒〙लिफ़ाफ़ा m. lifāfā リファーファー
ふうふ〘夫婦〙दंपति m. daṃpati ダンパティ, पति-पत्नी m. pati-patnī パティ・パトニー
ふうみ〘風味〙ज़ायक़ा m. zāyaqā ザーエカー, स्वाद m. svāda スワード
ふえる〘増える〙बढ़ना baṛʰanā バルナー
フォーク काँटा m. kā̃ṭā カーンター
ふかい〘深い〙गहरा gaharā ガヘラー
ふかさ〘深さ〙गहराई f. gaharāī ガヘラーイー
ぶき〘武器〙हथियार m. hatʰiyāra ハティヤール
ふきつな〘不吉な〙अशुभ aśubʰa アシュブ
ふきでもの〘吹き出物〙फुंसी f. pʰuṃsī プンスィー, मुँहासा m. mũhāsā ムンハーサー
ふく〘拭く〙पोंछना põcʰanā ポーンチナー
ふく〘服〙कपड़े m. kapaṛe カプレー, पोशाक f. pośāka ポーシャーク
ふくざつな〘複雑な〙पेचीदा pecīdā ペーチーダー
ふくしゅう〘復讐〙बदला m. badalā バドラー ◆復讐する बदला m. लेना badalā lenā バドラー レーナー
ふくそう〘服装〙पोशाक f. pośāka ポーシャーク
ふくつう〘腹痛〙पेट का दर्द m. peṭa kā darda ペート カ

ー ダルド
ふくめる〘含める〙शामिल करना śāmila karanā シャーミル カルナー
ふくらはぎ〘脹脛〙पिंडली f. piṃḍalī ピンドリー
ふくらむ〘膨らむ〙फूलना p^{h}ūlanā プールナー
ふくろ〘袋〙थैली f. t^{h}ailī タェーリー
ふくろう〘梟〙उल्लू m. ullū ウッルー
ふけつな〘不潔な〙गंदा gaṃdā ガンダー
ふさわしい　अनुकूल anukūla アヌクール
ふしぎな〘不思議な〙अजीब ajība アジーブ
ぶじに〘無事に〙सही-सलामत sahī-salāmata サヒー・サラーマト
ふた〘蓋〙ढक्कन m. ḍ^{h}akkana ダッカン
ぶた〘豚〙सूअर m. sūara スーアル
ぶたい〘舞台〙मंच m. maṃca マンチ
ふたご〘双子〙जुड़वाँ m. juṛavā̃ ジュルワーン ♦双子座 मिथुन राशि f. mit^{h}una rāśi ミトゥン ラーシ
ふたたび〘再び〙दुबारा dubārā ドゥバーラー
ふつうの〘普通の〙मामूली māmūlī マームーリー
ぶっか〘物価〙क़ीमत f. qīmata キーマト, दाम m. dāma ダーム
ぶっきょう〘仏教〙बौद्ध धर्म m. baudd^{h}a d^{h}arma バォーッド ダルム ♦仏教徒 बौद्ध m. baudd^{h}a バォーッド
ぶつぞう〘仏像〙भगवान् बुद्ध की मूर्ति f. b^{h}agavān budd^{h}a kī mūrti バグワーン ブッド キー ムールティ
ふっとうする〘沸騰する〙उबलना ubalanā ウバルナー
ふで〘筆〙क़लम f. qalama カラム
ふとい〘太い〙मोटा moṭā モーター
ぶどう〘葡萄〙अंगूर f. aṃgūra アングール
ふどうさん〘不動産〙अचल संपत्ति f. acala saṃpatti アチャル サンパッティ
ふとさ〘太さ〙मोटाई f. moṭāī モーターイー
ふともも〘太腿〙जाँघ f. jā̃g^{h}a ジャーング
ふとる〘太る〙मोटा होना moṭā honā モーター ホーナー
ふとん〘布団〙（掛け布団）रजाई f. razāī ラザーイー（敷き布団）बिस्तर m. bistara ビスタル
ふね〘船〙जहाज़ m. jahāza ジャハーズ（小舟・ボート）नाव f. nāva ナーオ
ぶひん〘部品〙पुरज़ा m. purazā プルザー
ぶぶん〘部分〙हिस्सा m. hissā ヒッサー
ふやす〘増やす〙बढ़ाना baṛ^{h}ānā バラーナー
ふゆ〘冬〙जाड़ा m. jāṛā ジャーラー, सर्दी f. sardī サルディー
ぶよう〘舞踊〙नाच m. nāca ナーチ, नृत्य m. nṛtya ヌリティエ
フライト　उड़ान f. uṛāna ウラーン
ブラウス　ब्लाउज़ m. blāuza ブラーウズ
プラグ　प्लग m. plaga プラグ
ぶらさがる〘ぶら下がる〙लटकना laṭakanā ラタクナー
ぶらさげる〘ぶら下げる〙लटकाना laṭakānā ラトカーナー
ブラシ　बुरुश m. buruśa ブルシュ
ブラジャー　ब्रा f. brā ブラー
ブラジル　ब्राज़ील m. brāzīla ブラーズィール
プラス（正の数・陽性）धन m. d^{h}ana ダン
プラスチック　प्लास्टिक m. plāsṭika プラースティク
フラッシュ　फ़्लैश m. flaiśa フラェーシュ
プラットホーム　प्लेटफ़ार्म m. pleṭafārma プレートファールム
プラン　योजना m. yojanā ヨージナー
ぶらんこ　झूला m. j^{h}ūlā ジューラー
フランス　फ़्रांस frāṃsa フラーンス ♦フランス語・フランス人・フランスの फ़्रांसीसी frāṃsīsī フラーンスィースィー ♦フランス料理 फ़्रांसीसी खाना m. frāṃsīsī k^{h}ānā フラーンスィースィー カーナー
プリンス　राजकुमार m. rājakumāra ラージクマール
プリンセス　राजकुमारी f. rājakumārī ラージクマーリー
プリンター　प्रिंटर m. priṃṭara プリンタル
プリント　कापी f. kāpī カーピー
ふる〘降る〙बरसना barasanā バラスナー
ふる〘振る〙हिलाना hilānā ヒラーナー
ふるい〘古い〙पुराना purānā プラーナー
ブルー　नीला रंग m. nīlā raṃga ニーラー ラング ♦ブルーの नीला nīlā ニーラー
フルーツ　फल m. p^{h}ala パル
ふるえる〘震える〙काँपना kā̃panā カーンプナー
ブルガリア　बुल्गारिया m. bulgāriyā ブルガーリヤー
ブレスレット　कंगन m. kaṃgana カンガン, कड़ा m. kaṛā カラー
プレゼント　उपहार m. upahāra ウプハール, तोहफ़ा m. tohafā トーフファー
ふろば〘風呂場〙ग़ुसलख़ाना m. ğusalaxānā グサルカーナー, बाथरूम m. bāt^{h}arūma バートルーム
ブロンズ　काँसा m. kā̃sā カーンサー
ふん〘分〙मिनट m. minaṭa ミナト
ぶん〘文〙वाक्य m. vākya ワーキエ
ふんいき〘雰囲気〙माहौल m. māhaula マーハォール, वातावरण m. vātāvaraṇa ワーターワラン
ぶんか〘文化〙संस्कृति f. saṃskṛti サンスクリティ
ぶんがく〘文学〙साहित्य m. sāhitya サーヒティエ ♦文学の साहित्यिक sāhityika サーヒティク
ふんしつする〘紛失する〙（物を）खो देना k^{h}o denā コー デーナー（物が）खो जाना k^{h}o jānā コー ジャーナー
ふんすい〘噴水〙फ़व्वारा m. favvārā ファッワーラー
ぶんぽう〘文法〙व्याकरण m. vyākaraṇa ヴィャーカラン
ふんまつ〘粉末〙चूरन m. cūrana チューラン
ぶんめい〘文明〙सभ्यता f. sab^{h}yatā サビエター
ぶんりょう〘分量〙मात्रा f. mātrā マートラー
ぶんるい〘分類〙वर्गीकरण m. vargīkaraṇa ワルギーカラン ♦分類する वर्गीकरण m. करना vargīkaraṇa karanā

ワルギーカラン カルナー
へい〖塀〗दीवार *f.* dīvāra ディーワール
へいき〖兵器〗हथियार *m.* hatʰiyāra ハティヤール
へいさ〖閉鎖〗बंदी *f.* baṃdī バンディー ♦閉鎖する बंद करना baṃda karanā バンド カルナー
へいし〖兵士〗सिपाही *m.* sipāhī スィパーヒー
へいわ〖平和〗शांति *f.* śāṃti シャーンティ ♦平和な शांतिपूर्ण śāṃtipūrṇa シャーンティプールン
ベッド पलंग *m.* palaṃga パラング
べつの〖別の〗दूसरा dūsarā ドゥースラー
ベトナム वियतनाम *m.* viyatanāma ヴィヤトナーム
へび〖蛇〗साँप *m.* sā̃pa サーンプ
へや〖部屋〗कमरा *m.* kamarā カムラー
へらす〖減らす〗घटाना gʰaṭānā ガターナー
ベランダ बरांडा *m.* barāṃḍā バラーンダー
へる〖減る〗घटना gʰaṭanā ガトナー
ベル घंटी *f.* gʰaṃṭī ガンティー
ペルー पेरू *m.* perū ペールー
ベルギー बेल्जियम *m.* beljiyama ベールジヤム
ペルシアご〖ペルシア語〗फ़ारसी *f.* fārasī ファールスィー
ベルト पेटी *f.* peṭī ペーティー
ペン क़लम *f.* qalama カラム
へんか〖変化〗परिवर्तन *m.* parivartana パリワルタン
へんかする〖変化する〗बदलना badalanā バダルナー
べんきょう〖勉強〗पढ़ाई *f.* paṛʰāī パラーイー ♦勉強する पढ़ना paṛʰanā パルナー
へんじ〖返事〗उत्तर *m.* uttara ウッタル, जवाब *m.* javāba ジャワーブ ♦返事をする उत्तर *m.* देना uttara denā ウッタル デーナー, जवाब *m.* देना javāba denā ジャワーブ デーナー
ベンチ बेंच *f.* beṃca ベーンチ
ペンチ सँड़सी *f.* sā̃ṛasī サンルスィー
べんとうばこ〖弁当箱〗टिफ़िन *m.* ṭifina ティフィン
べんぴ〖便秘〗क़ब्ज़ *f.* qabza カブズ
べんりな〖便利な〗सुविधाजनक suvidʰājanaka スヴィダージャナク
ぼいん〖母音〗स्वर *m.* svara スワル
ぼいん〖拇印〗अँगूठा छाप *f.* ā̃gūṭʰā cʰāpa アングーター チャープ
ぼうえき〖貿易〗व्यापार *m.* vyāpāra ヴィャーパール
ぼうえんきょう〖望遠鏡〗दूरबीन *f.* dūrabīna ドゥールビーン
ほうがく〖方角〗दिशा *f.* diśā ディシャー
ほうき〖箒〗झाड़ू *f.* jʰāṛū ジャールー
ほうげん〖方言〗बोली *f.* bolī ボーリー
ぼうし〖帽子〗टोपी *f.* ṭopī トーピー, हैट *m.* haiṭa ハェート
ほうせき〖宝石〗रत्न *m.* ratna ラトン
ほうそう〖包装〗लपेट *f.* lapeṭa ラペート
ほうそう〖放送〗प्रसारण *m.* prasāraṇa プラサーラン
ほうたい〖包帯〗पट्टी *f.* paṭṭī パッティー
ほうび〖褒美〗इनाम *m.* ināma イナーム
ぼうふうう〖暴風雨〗तूफ़ान *m.* tūfāna トゥーファーン
ほうりつ〖法律〗क़ानून *m.* qānūna カーヌーン
ホウレンソウ पालक *m.* pālaka パーラク
ほえる〖吠える・吼える〗（犬が）भौंकना bʰaũkanā バォーンクナー（獣が）दहाड़ना dahāṛanā ダハールナー
ほお〖頬〗गाल *m.* gāla ガール
ボート नौका *f.* naukā ナォーカー
ボーナス बोनस *m.* bonasa ボーナス
ホームレスの बेघर begʰara ベーガル
ポーランド पोलैंड *m.* polaiṃḍa ポーラェーンド
ホール（広間）हाल *m.* hāla ハール
ボール बाल *m.* bāla バール
ほかの〖他の〗दूसरा dūsarā ドゥースラー
ボクシング मुक्केबाज़ी *f.* mukkebāzī ムッケーバーズィー
ほくとしちせい〖北斗七星〗सप्तर्षि *m.* saptarṣi サプタルシ
ほくぶ〖北部〗उत्तरी भाग *m.* uttarī bʰāga ウッタリー バーグ
ほくろ तिल *m.* tila ティル
ポケット जेब *f.* jeba ジェーブ
ほし〖星〗सितारा *m.* sitārā スィターラー ♦星占い ज्योतिष *m.* jyotiṣa ジョーティシュ
ほしい〖欲しい〗（必要な）चाहिए cāhie チャーヒエー
ほしぶどう〖干し葡萄〗किशमिश *f.* kiśamiśa キシュミシュ
ほす〖干す〗सुखाना sukʰānā スカーナー
ポスター पोस्टर *m.* posṭara ポースタル
ほそい〖細い〗पतला patalā パトラー
ほたる〖蛍〗जुगनूँ *m.* juganū̃ ジュグヌーン
ボタン बटन *m.* baṭana バタン
ぼち〖墓地〗क़ब्रस्तान *m.* qabrastāna カブルスターン
ほっきょく〖北極〗उत्तरी ध्रुव *m.* uttarī dʰruva ウッタリー ドルオ ♦北極星 ध्रुव तारा *m.* dʰruva tārā ドルオ ターラー
ホッケー हाकी *f.* hākī ハーキー
ホテル होटल *m.* hoṭala ホータル
ほどく〖解く〗सुलझाना sulajʰānā スルジャーナー
ほとけ〖仏〗बुद्ध *m.* buddʰa ブッド
ボトル बोतल *f.* botala ボータル
ほね〖骨〗हड्डी *f.* haḍḍī ハッディー ♦骨折り मेहनत *f.* mehanata メヘナト ♦骨組み ढाँचा *m.* ḍʰā̃cā ダーンチャー
ほほえむ〖微笑む〗मुसकराना musakarānā ムスカラーナー
ボリウッド बालिवुड *m.* bālivuḍa バーリヴド
ほる〖掘る〗खोदना kʰodanā コードナー
ほる〖彫る〗नक़्क़ाशी *f.* करना naqqāśī karanā ナッカーシー カルナー
ポルトガル पुर्तगाल *m.* purtagāla プルトガール ♦ポルトガル語・ポルトガル人・ポルトガルの पुर्तगाली purtagālī

プルトガーリー
ほん〖本〗किताब f. kitāba キターブ, पुस्तक f. pustaka プスタク ◆本屋（人）किताब-वाला kitāba-vālā キターブ・ワーラー（店）किताबों की दुकान f. kitābõ kī dukāna キターボーン キー ドゥカーン
ぼん〖盆〗थाली f. tʰālī ターリー
ほんこん〖香港〗हांगकांग m. hāṃgakāṃga ハーングカーング
ポンド पौंड m. pauṃḍa パオーンド
ほんものの〖本物の〗असली asalī アスリー
ほんやく〖翻訳〗अनुवाद m. anuvāda アヌワード ◆翻訳家 अनुवादक m. anuvādaka アヌワーダク ◆翻訳する अनुवाद m. करना anuvāda karanā アヌワード カルナー

ま行

マーケット बाज़ार bāzāra バーザール
まい〖毎〗हर hara ハル
まいあさ〖毎朝〗हर सुबह hara subaha ハラ スバ
まいしゅう〖毎週〗हर हफ़्ते hara hafte ハル ハフテー
まいそうする〖埋葬する〗दफ़नाना dafanānā ダフナーナー
まいつき〖毎月〗हर महीने hara mahīne ハル マヒーネー
まいにち〖毎日〗हर रोज़ hara roza ハル ローズ
まいねん〖毎年〗हर साल hara sāla ハル サール ◆毎年の सालाना sālānā サーラーナー
まいばん〖毎晩〗हर शाम hara śāma ハル シャーム
マイル मील m. mīla ミール
まう〖舞う〗नाचना nācanā ナーチナー
まえきん〖前金〗पेशगी f. peśagī ペーシュギー
まえに〖前に〗（かつて）पहले pahale パヘレー
まく〖幕〗परदा m. paradā パルダー
まく〖蒔く〗बोना bonā ボーナー
まく〖巻く〗लपेटना lapeṭanā ラペートナー
まく〖撒く〗बिखेरना bikʰeranā ビケールナー
まくら〖枕〗तकिया m. takiyā タキヤー
まけ〖負け〗हार f. hāra ハール
マケドニア मैसिडोनिया m. maisiḍoniyā マェースィドーニヤー
まける〖負ける〗हारना hāranā ハールナー
まご〖孫〗（息子の息子）पोता m. potā ポーター 孫娘（息子の娘）पोती f. potī ポーティー 孫（娘の息子）नाती m. nātī ナーティー 孫娘（娘の娘）नातिन f. nātina ナーティン
マジック जादू m. jādū ジャードゥー
まじない टोना m. ṭonā トーナー
まじる〖混じる〗मिलना milanā ミルナー
ます〖増す〗बढ़ना baṛʰanā バルナー
まずい（美味しくない）नीरस nīrasa ニーラス, बेमज़ा bemazā ベーマザー（下手な）अनाड़ी anāṛī アナーリー（品のない）फूहड़ pʰūhaṛa プーハル, बदतमीज़ badatamīza バドタミーズ（劣る）घटिया gʰaṭiyā ガティヤー
まずしい〖貧しい〗ग़रीब ğarība ガリーブ
マスタード राई f. rāī ラーイー
まぜる〖混ぜる〗मिलाना milānā ミラーナー
また〖又〗फिर pʰira ピル
まだ〖未だ〗अबी भी abī bʰī アビー ビー
または〖又は〗या yā ヤー
まだら〖斑〗चित्ती f. cittī チッティー
まち〖町〗शहर m. śahara シャハル
まちあいしつ〖待合室〗प्रतीक्षालय m. pratīkṣālaya プラティークシャーラエ
まつ〖待つ〗इंतज़ार m. करना iṃtazāra karanā イントザール カルナー
まつげ〖睫毛〗बरौनी m. baraunī バラォーニー
マッサージ मालिश f. māliśa マーリシュ ◆マッサージする मालिश f. करना māliśa karanā マーリシュ カルナー
マッシュルーム कुकुरमुत्ता m. kukuramuttā ククルムッター
まっすぐな सीधा sīdʰā スィーダー
まっすぐに सीधे sīdʰe スィーデー
まったく〖全く〗（完全に）बिलकुल bilakula ビルクル（本当に）सचमुच sacamuca サチムチ
マッチ माचिस f. mācisa マーチス（試合）मैच m. maica マェーチ
まつばづえ〖松葉杖〗बैसाखी f. baisākʰī バェーサーキー
まつり〖祭り〗उत्सव m. utsava ウトサオ, त्योहार m. tyohāra ティョーハール
マディヤ・プラデーシュしゅう〖マディヤ・プラデーシュ州〗मध्य प्रदेश m. madʰya pradeśa マディエ プラデーシュ
まと〖的〗निशाना m. niśānā ニシャーナー
まど〖窓〗खिड़की f. kʰiṛakī キルキー
まなぶ〖学ぶ〗पढ़ना paṛʰanā パルナー, सीखना sīkʰanā スィークナー
まにあわせの〖間に合わせの〗कामचलाऊ kāmacalāū カームチャラーウー
マネージャー प्रबंधक m. prabaṃdʰaka プラバンダク, मैनेजर m. mainejara マェーネージャル
まねする〖真似する〗नक़ल f. करना naqala karanā ナカル カルナー
マハーラーシュトラしゅう〖マハーラーシュトラ州〗महाराष्ट्र m. mahārāṣṭra マハーラーシュトル
まぶた〖瞼〗पलक f. palaka パラク
まほう〖魔法〗जादू m. jādū ジャードゥー
まぼろし〖幻〗माया f. māyā マーヤー
まめ〖豆〗दाल f. dāla ダール
まゆ〖眉〗भौंह f. bʰaũha バォーンフ
まよう〖迷う〗（気持ちが）उधेड़बुन में पड़ना udʰeṛabuna mẽ paṛanā ウデールブン メーン パルナー

（道に） गुमराह होना gumarāha honā グムラーヘ ホーナー，भटकना bʰaṭakanā バタクナー
マラリア मलेरिया m. maleriyā マレーリヤー
まるい〖丸い〗गोल gola ゴール
まるで जैसे jaise ジャエーセー，मानो māno マーノー
マレーシア मलेशिया m. maleśiyā マレーシヤー
まわす〖回す〗घुमाना gʰumānā グマーナー
まわる〖回る〗घूमना gʰūmanā グームナー
まん〖万〗दस हज़ार dasa hazāra ダス ハザール
まんが〖漫画〗कामिक्स m. kāmiksa カーミクス，कार्टून m. kārṭūna カールトゥーン
まんげつ〖満月〗पूर्णिमा f. pūrṇimā プールニマー
マンゴー आम m. āma アーム
み〖実〗फल m. pʰala パル
み〖身〗शरीर m. śarīra シャリール
みえる〖見える〗दिखना dikʰanā ディクナー
みおくる〖見送る〗विदा करना vidā karanā ヴィダー カルナー
みかく〖味覚〗ज़ायक़ा m. zāyaqā ザーエカー，स्वाद m. svāda スワード
みがく〖磨く〗पालिश करना pāliśa karanā パーリシュ カルナー
みかん〖蜜柑〗नारंगी f. nāraṃgī ナーランギー，संतरा m. saṃtarā サンタラー
みぎの〖右の〗दायाँ dāyā̃ ダーヤーン
みじゅくな〖未熟な〗（熟していない） कच्चा kaccā カッチャー （経験のない） अनाड़ी anāṛī アナーリー
みず〖水〗पानी m. pānī パーニー
みずいろ〖水色〗आसमानी रंग m. āsamānī raṃga アースマーニー ラング
みずうみ〖湖〗झील f. jʰīla ジール
みずがめざ〖水瓶座〗कुंभ राशि f. kuṃbʰa rāśi クンブ ラーシ
みずしらずの〖見ず知らずの〗अजनबी ajanabī アジナビー
みずみずしい〖瑞々しい〗ताज़ा tāzā ターザー
みせ〖店〗दुकान f. dukāna ドゥカーン
みせいねん〖未成年〗नाबालग़ nābālağa ナーバーラグ
みせもの〖見せ物〗तमाशा m. tamāśā タマーシャー
みせる〖見せる〗दिखाना dikʰānā ディカーナー
みたす〖満たす〗भरना bʰaranā バルナー
みち〖道〗रास्ता m. rāstā ラースター
みちのり〖道のり〗दूरी f. dūrī ドゥーリー
みちる〖満ちる〗भरना bʰaranā バルナー
みつかる〖見つかる〗मिलना milanā ミルナー
みつける〖見つける〗खोज निकालना kʰoja nikālanā コージ ニカールナー
みつばち〖蜜蜂〗मधुमक्खी f. madʰumakkʰī マドゥマッキー
みどりいろ〖緑色〗हरा रंग m. harā raṃga ハラー ラング ♦緑色の हरा harā ハラー

みな〖皆〗सब saba サブ
みなと〖港〗बंदरगाह m. baṃdaragāha バンダルガーハ
みなみ〖南〗दक्षिण m. dakṣiṇa ダクシン
みなみアフリカ〖南アフリカ〗दक्षिण अफ़्रीका m. dakṣiṇa afrīkā ダクシン アフリーカー
みなみアメリカ〖南アメリカ〗दक्षिण अमेरिका m. dakṣiṇa amerikā ダクシン アメーリカー
みなり〖身なり〗पोशाक f. pośāka ポーシャーク
ミネラル मिनिरल m. minirala ミニラル ♦ミネラルウォーター मिनिरल वाटर m. minirala vāṭara ミニラル ワータル
みぶり〖身振り〗इशारा m. iśārā イシャーラー，हाव-भाव m. hāva-bʰāva ハーオ・バーオ
みぶん〖身分〗हैसियत f. haisiyata ハェースィヤト ♦身分証明書 पहचान-पत्र m. pahacāna-patra パヘチャーン・パトル
みほん〖見本〗नमूना m. namūnā ナムーナー
みみ〖耳〗कान m. kāna カーン
みみかき〖耳掻き〗कनखोदनी f. kanakʰodanī カンコードニー
みみず〖蚯蚓〗केंचुआ m. kẽcuā ケーンチュアー
みもと〖身元〗पहचान f. pahacāna パヘチャーン
みゃく〖脈〗नब्ज़ f. nabza ナブズ （見込み・望み） उम्मीद f. ummīda ウムミード
みやげ〖土産〗सौग़ात m. sauğāta サオーガート
ミャンマー म्यानमार m. myānamāra ミャーンマール
みょうじ〖名字〗कुल-नाम m. kula-nāma クル・ナーム，सरनेम m. saranema サルネーム
みらい〖未来〗भविष्य m. bʰaviṣya バヴィシエ
みる〖見る〗देखना dekʰanā デークナー
ミルク दूध m. dūdʰa ドゥード
みわける〖見分ける〗पहचानना pahacānanā パヘチャーンナー
みんげいひん〖民芸品〗हस्तशिल्प m. hastaśilpa ハストシルプ
みんしゅう〖民衆〗आम लोग m. āma loga アーム ローグ
みんしゅしゅぎ〖民主主義〗लोकतंत्र m. lokataṃtra ロークタントル
ミント पुदीना m. pudīnā プディーナー
みんよう〖民謡〗लोक-गीत m. loka-gīta ローク・ギート
みんわ〖民話〗लोक-कथा f. loka-katʰā ローク・カター
むかし〖昔〗（ずっと前） बहुत पहले bahuta pahale バフト パヘレー （古い時代） पुराना ज़माना m. purānā zamānā プラーナー ザマーナー
むかで〖百足〗गोजर m. gojara ゴージャル
むぎ〖麦〗（小麦） गेहूँ m. gehū̃ ゲーフーン （大麦） जौ m. jau ジャオー
むこ〖婿〗（新郎） दूल्हा m. dūlhā ドゥールハー （娘の夫） दामाद m. dāmāda ダーマード
むし〖虫〗（飛ぶ昆虫） पतंगा m. pataṃgā パタンガー （みみずの類） कीड़ा m. kīṛā キーラー
むしあつさ〖蒸し暑さ〗उमस f. umasa ウマス

むじゃきな〖無邪気な〗 भोला b^{h}olā ボーラー, मासूम māsūma̸ マースーム
むしる छीलना c^{h}īla̸nā チールナー
むずかしい〖難しい〗 कठिन kaṭ^{h}ina̸ カティン, मुश्किल muśkila̸ ムシュキル
むすこ〖息子〗 पुत्र$^{m.}$ putra̸ プトル, बेटा$^{m.}$ beṭā ベーター
むすびつく〖結び付く〗 जुड़ना juṛa̸nā ジュルナー
むすびめ〖結び目〗 गाँठ$^{f.}$ gā̃ṭ^{h}a̸ ガーント
むすぶ〖結ぶ〗 (縛る) बाँधना bā̃d^{h}a̸nā バーンドナー (繋ぐ) जोड़ना joṛa̸nā ジョールナー
むすめ〖娘〗 पुत्री$^{f.}$ putrī プトリー, बेटी$^{f.}$ beṭī ベーティー
むね〖胸〗 छाती$^{f.}$ c^{h}ātī チャーティー
むねやけ〖胸焼け〗 खट्टी डकार$^{f.}$ k^{h}aṭṭī ḍakāra̸ カッティー ダカール
むめいの〖無名の〗 गुमनाम guma̸nāma̸ グムナーム
むら〖村〗 गाँव$^{m.}$ gā̃va̸ ガーオン
むらさきいろの〖紫色の〗 बैंगनी bāĩga̸nī バェーングニー
むりょうの〖無料の〗 मुफ़्त mufta̸ ムフト
め〖目〗 आँख ā̃k^{h}a̸ アーンク
めい〖姪〗 (兄弟の娘) भतीजी$^{f.}$ b^{h}atījī バティージー (姉妹の娘) भानजी$^{f.}$ b^{h}āna̸jī バーンジー
めいしょ〖名所〗 दर्शनीय स्थान$^{m.}$ darśanīya̸ st^{h}āna̸ ダルシャニーエ スターン
めいしん〖迷信〗 अंधविश्वास$^{m.}$ aṃd^{h}a̸viśvāsa̸ アンドヴィシュワース
めいぶつ〖名物〗 मशहूर चीज़$^{f.}$ maśa̸hūra̸ cīza̸ マシュフール チーズ
めいろ〖迷路〗 भूल-भुलैया$^{f.}$ b^{h}ūla̸-b^{h}ulaiyā ブール・ブライヤー
メーター मीटर$^{m.}$ mīṭara̸ ミータル
メートル मीटर$^{m.}$ mīṭara̸ ミータル
めかた〖目方〗 वज़न$^{m.}$ vazana̸ ワザン
めがね〖眼鏡〗 चश्मा$^{m.}$ caśmā チャシュマー
めがみ〖女神〗 देवी$^{f.}$ devī デーヴィー
メキシコ मैक्सिको$^{m.}$ maiksiko マェークスィコー
めぐすり〖目薬〗 आँख की दवा$^{f.}$ ā̃k^{h}a̸ kī davā アーンク キー ダワー
めくる उलटना ulaṭa̸nā ウラトナー
めぐる〖巡る〗 घूमना g^{h}ūma̸nā グームナー
めざましどけい〖目覚まし時計〗 अलार्म-घड़ी$^{f.}$ alārma̸-g^{h}aṛī アラールム・ガリー
めざめる〖目覚める〗 जागना jāga̸nā ジャーグナー
めす〖雌〗 मादा$^{f.}$ mādā マーダー
めずらしい〖珍しい〗 अनोखा anok^{h}ā アノーカー
メダル पदक$^{m.}$ padaka̸ パダク
メッカ मक्का$^{m.}$ makkā マッカー
めっき〖鍍金〗 मुलम्मा$^{m.}$ mulammā ムラムマー
メッセージ संदेश$^{m.}$ saṃdeśa̸ サンデーシュ
メディア मीडिया$^{m.}$ mīḍiyā ミーディヤー
めでたい शुभ śub^{h}a̸ シュブ
メニュー मीनू$^{m.}$ mīnū ミーヌー
めまい〖目まい〗 चक्कर cakkara̸ チャッカル
メロディー धुन$^{f.}$ d^{h}una̸ ドゥン
メロン ख़रबूज़ा$^{m.}$ xara̸būzā カルブーザー
めん〖綿〗 रुई$^{f.}$ ruī ルイー
めんかい〖面会〗 मुलाक़ात$^{f.}$ mulāqāta̸ ムラーカート
めんせつ〖面接〗 इंटरव्यू$^{m.}$ iṃṭara̸vyū インタルヴィュー
めんどうな〖面倒な〗 पेचीदा pecīdā ペーチーダー
めんどり〖雌鶏〗 मुरग़ी$^{f.}$ mura̸ğī ムルギー
メンバー सदस्य$^{m.}$ sadasya̸ サダスィエ
もうすこし〖もう少し〗 और कुछ aura̸ kuc^{h}a̸ アォール クチ
もうふ〖毛布〗 कंबल$^{m.}$ kaṃbala̸ カンバル
もうもくの〖盲目の〗 अंधा aṃd^{h}ā アンダー
もえる〖燃える〗 जलना jala̸nā ジャルナー
もくてき〖目的〗 उद्देश्य$^{m.}$ uddeśya̸ ウッデーシエ ♦目的地 गंतव्य$^{m.}$ gaṃtavya̸ ガンタヴィエ
もくようび〖木曜日〗 बृहस्पतिवार$^{m.}$ br̥haspativāra̸ ブリハスパティワール
もぐる〖潜る〗 ग़ोता$^{m.}$ लगाना ğotā lagānā ゴーター ラガーナー
もし अगर agara̸ アガル
もじ〖文字〗 अक्षर$^{m.}$ akṣara̸ アクシャル (字母体系) लिपि$^{f.}$ lipi リピ
モスク मस्जिद$^{f.}$ masjida̸ マスジド
もぞう〖模造〗 नक़ल$^{f.}$ naqala̸ ナカル
もちあげる〖持ち上げる〗 उठाना uṭ^{h}ānā ウターナー
もちろん ज़रूर zarūra̸ ザルール
もっていく〖持って行く〗 ले जाना le jānā レー ジャーナー
もってくる〖持って来る〗 ले आना le ānā レー アーナー
もっと और aura̸ アォール
もっとも〖最も〗 सबसे sabase サバセー
モナコ मोनाको$^{m.}$ monāko モーナーコー
もの〖物〗 चीज़$^{f.}$ cīza̸ チーズ
ものがたり〖物語〗 कहानी$^{f.}$ kahānī カハーニー
もめごと〖揉め事〗 झगड़ा$^{m.}$ j^{h}aga̸ṛā ジャグラー
もも〖桃〗 आड़ू$^{m.}$ āṛū アールー
もや〖靄〗 कुहरा$^{m.}$ kuha̸rā クフラー
もやす〖燃やす〗 जलाना jalānā ジャラーナー
もよう〖模様〗 डिज़ाइन$^{m.}$ ḍizāina̸ ディザーイン
もり〖森〗 वन$^{m.}$ vana̸ ワン
もん〖門〗 दरवाज़ा$^{m.}$ dara̸vāzā ダルワーザー, द्वार$^{m.}$ dvāra̸ ドワール
モンゴル मंगोलिया$^{m.}$ maṃgoliyā マンゴーリヤー
もんだい〖問題〗 (問い) सवाल$^{m.}$ savāla̸ サワール (難題) समस्या$^{f.}$ samasyā サマスィアー

や行

や〖矢〗तीर$^{m.}$ tīra ティール
やおや〖八百屋〗सब्ज़ीवाला$^{m.}$ sabzīvālā サブズィーワーラー
やぎ〖山羊〗बकरी$^{f.}$ bakarī バクリー ♦山羊座 मकर राशि$^{f.}$ makara rāśi マカル ラーシ
やく〖焼く〗जलाना jalānā ジャラーナー （調理する） सेंकना sẽkanā セーンクナー
やく〖約〗कोई koī コーイー
やく〖訳〗अनुवाद$^{m.}$ anuvāda アヌワード
やくざもの〖やくざ者〗गुंडा$^{m.}$ guṃḍā グンダー
やくしゃ〖役者〗（男性） अभिनेता$^{m.}$ ab^{h}inetā アビネーター （女性） अभिनेत्री$^{f.}$ ab^{h}inetrī アビネートリー
やくしょ〖役所〗सरकारी दफ़्तर$^{m.}$ sarakārī daftara サルカーリー ダフタル
やくす〖訳す〗अनुवाद$^{m.}$ करना anuvāda karanā アヌワード カルナー
やくそう〖薬草〗जड़ी-बूटी$^{f.}$ jaṛī-būṭī ジャリー・ブーティー
やくそく〖約束〗वादा$^{m.}$ vādā ワーダー ♦約束する वादा$^{m.}$ करना vādā karanā ワーダー カルナー
やくひん〖薬品〗दवा$^{f.}$ davā ダワー
やけど〖火傷〗जलन$^{f.}$ jalana ジャラン ♦火傷する जलना jalanā ジャルナー
やける〖焼ける〗जलना jalanā ジャルナー （肉・魚などが） सिंकना sīkanā スィンクナー
やさい〖野菜〗सब्ज़ी$^{f.}$ sabzī サブズィー
やすい〖安い〗सस्ता sastā サスター
やちん〖家賃〗किराया$^{m.}$ kirāyā キラーヤー
やっきょく〖薬局〗दवाख़ाना$^{m.}$ davāxānā ダワーカーナー
やぬし〖家主〗मकान मालिक$^{m.}$ makāna mālika マカーン マーリク
やね〖屋根〗छत$^{f.}$ c^{h}ata チャト
やま〖山〗पहाड़$^{m.}$ pahāṛa パハール
やむ〖止む〗बंद होना baṃda honā バンド ホーナー
やめる〖止める〗बंद करना baṃda karanā バンド カルナー
やもり〖守宮〗छिपकली$^{f.}$ c^{h}ipakalī チプカリー
やり〖槍〗बरछा$^{m.}$ barac^{h}ā バルチャー, भाला$^{m.}$ b^{h}ālā バーラー
やわらかい〖柔らかい〗नरम narama ナラム
ゆ〖湯〗गर्म पानी$^{m.}$ garma pānī ガルム パーニー
ゆうがた〖夕方〗शाम$^{f.}$ śāma シャーム
ゆうこうこく〖友好国〗मित्र देश$^{m.}$ mitra deśa ミトル デーシュ
ゆうじょう〖友情〗दोस्ती$^{f.}$ dostī ドースティー
ゆうしょく〖夕食〗रात का खाना$^{m.}$ rāta kā k^{h}ānā ラート カー カーナー
ゆうじん〖友人〗दोस्त$^{m.}$ dosta ドースト, मित्र$^{m.}$ mitra ミトル （女同士の） सहेली$^{f.}$ sahelī サヘーリー
ゆうそうする〖郵送する〗डाक से भेजना ḍāka se b^{h}ejanā ダーク セー ベージナー
ゆうめいな〖有名な〗मशहूर maśahūra マシュフール
ゆうれい〖幽霊〗प्रेत$^{m.}$ preta プレート, भूत$^{m.}$ b^{h}ūta ブート
ユーロ यूरो$^{m.}$ yūro ユーロー
ゆか〖床〗फ़र्श$^{m.}$ farśa ファルシュ
ゆき〖雪〗बर्फ़$^{m.}$ barfa バルフ
ゆくえふめいの〖行方不明の〗लापता lāpatā ラーパター
ゆげ〖湯気〗भाप$^{f.}$ b^{h}āpa バープ
ゆさぶる〖揺さぶる〗हिलाना hilānā ヒラーナー
ゆしゅつ〖輸出〗निर्यात$^{m.}$ niryāta ニルヤート ♦輸出する निर्यात$^{m.}$ करना niryāta karanā ニルヤート カルナー
ユダヤきょう〖ユダヤ教〗यहूदी धर्म$^{m.}$ yahūdī d^{h}arma ヤフーディー ダルム
ユダヤじん〖ユダヤ人〗यहूदी$^{m.}$ yahūdī ヤフーディー
ゆっくり आहिस्ता āhistā アーヒスター
ゆでたまご〖茹で卵〗उबला अंडा$^{m.}$ ubalā aṃḍā ウブラー アンダー
ゆでる〖茹でる〗उबालना ubālanā ウバールナー
ゆにゅう〖輸入〗आयात$^{m.}$ āyāta アーヤート ♦輸入する आयात$^{m.}$ करना āyāta karanā アーヤート カルナー
ゆび〖指〗（手の） उँगली$^{f.}$ ũgalī ウングリー （足の） उँगली$^{f.}$ ũgalī ウングリー
ゆびわ〖指輪〗अंगूठी$^{f.}$ aṃgūṭ^{h}ī アングーティー
ゆみ〖弓〗कमान$^{m.}$ kamāna カマーン, धनुष$^{m.}$ d^{h}anuṣa ダヌシュ
ゆめ〖夢〗सपना$^{m.}$ sapanā サプナー
ゆりかご〖揺り籠〗पालना$^{m.}$ pālanā パールナー
よあけ〖夜明け〗प्रभात$^{m.}$ prab^{h}āta プラバート
よい〖酔い〗（酒や麻薬の） नशा$^{m.}$ naśā ナシャー （乗物の） नशा$^{m.}$ naśā ナシャー
よい〖良い〗अच्छा acc^{h}ā アッチャー
ようい〖用意〗तैयारी$^{f.}$ taiyārī タイヤーリー ♦用意する तैयार करना taiyāra karanā タイヤール カルナー
よういな〖容易な〗आसान āsāna アーサーン
ようこそ स्वागत है svāgata hai スワーガト ハェー
ようつう〖腰痛〗कमर का दर्द$^{m.}$ kamara kā darda カマル カー ダルド
ようび〖曜日〗दिन$^{m.}$ dina ディン
ようぼう〖容貌〗शक्ल$^{f.}$ śakla シャクル
ようもう〖羊毛〗ऊन$^{m.}$ ūna ウーン
ヨーグルト दही$^{m.}$ dahī ダヒー
ヨーロッパ यूरोप$^{m.}$ yūropa ユーロープ
ヨガ योग yoga ヨーグ
よくあさ〖翌朝〗अगले दिन सुबह agale dina subaha アガレー ディン スバ
よくげつ〖翌月〗अगला महीना$^{m.}$ agalā mahīnā アグラ

ー マヒーナー
よくしつ〖浴室〗ग़ुसलख़ाना m. ğusalaxānā グサルカーナー, बाथरूम m. bātʰarūma バートルーム
よくじつ〖翌日〗अगला दिन m. agalā dina アグラー ディン
よくそう〖浴槽〗टब m. ṭaba タブ
よくねん〖翌年〗अगला साल m. agalā sāla アグラー サール
よこたえる〖横たえる〗लेटाना leṭānā レーターナー
よこたわる〖横たわる〗लेटना leṭanā レートナー
よごれ〖汚れ〗गंदगी m. gaṃdagī ガンダギー
よさん〖予算〗बजट m. bajaṭa バジャト
よつつじ〖四つ辻〗चौराहा m. caurāhā チャオーラーハー
よてい〖予定〗योजना f. yojanā ヨージナー
よのなか〖世の中〗दुनिया f. duniyā ドゥニヤー
よぶ〖呼ぶ〗（招く）बुलाना bulānā ブラーナー（声で呼ぶ）पुकारना pukāranā プカールナー
よむ〖読む〗पढ़ना paṛʰanā パルナー
よめ〖嫁〗（妻）पत्नी f. patnī パトニー（新婦）दुलहन f. dulahana ドゥルハン（息子の妻）बहू f. bahū バフー
よやく〖予約〗आरक्षण m. ārakṣaṇa アーラクシャン ◆予約する आरक्षित कराना ārakṣita karānā アーラクシト カラーナー
よる〖夜〗रात f. rāta ラート
ヨルダン जार्डन m. jārḍana ジャールダン
よろい〖鎧〗कवच m. kavaca カワチ
よろこばす〖喜ばす〗ख़ुश करना xuśa karanā クシュ カルナー
よろこび〖喜び〗ख़ुशी f. xuśī クシー
よろこぶ〖喜ぶ〗ख़ुश होना xuśa honā クシュ ホーナー
よん〖四〗चार cāra チャール
よんじゅう〖四十〗चालीस cālīsa チャーリース

ら行

ラージャスターンしゅう〖ラージャスターン州〗राजस्थान m. rājastʰāna ラージスターン
ライオン（雄）सिंह m. siṃha スィンフ（雌）सिंहनी f. siṃhanī スィンフニー
らいげつ〖来月〗（主格）अगला महीना m. agalā mahīnā アグラー マヒーナー（後置格）अगले महीने m. agale mahīne アグレー マヒーネー
らいしゅう〖来週〗（主格）अगला हफ़्ता m. agalā haftā アグラー ハフター（後置格）अगले हफ़्ते m. agale hafte アグレー ハフテー
ライト रोशनी f. rośanī ローシュニー
らいねん〖来年〗（主格）अगला साल m. agalā sāla アグラー サール（後置格）अगले साल m. agale sāla アグレー サール
ライム नीबू m. nībū ニーブー
ラオス लाओस m. lāosa ラーオース
らくだ〖駱駝〗（雄）ऊँट m. ũṭa ウーント（雌）ऊँटनी f. ũṭanī ウーントニー
ラジオ रेडियो m. reḍiyo レーディヨー
ラズベリー रसभरी f. rasabʰarī ラスバリー
らっかする〖落下する〗गिरना giranā ギルナー
らっかせい〖落花生〗मूँगफली f. mū̃gapʰalī ムーングパリー
ラディッシュ मूली f. mūlī ムーリー
ラテンご〖ラテン語〗लैटिन भाषा f. laiṭina bʰāṣā ラェーティン バーシャー
ラテンの लैटिन laiṭina ラェーティン
らば〖騾馬〗ख़च्चर m. kʰaccara カッチャル
ラブレター प्रेमपत्र m. premapatra プレームパトル
ラム（ラム酒）रम f. rama ラム（子羊の肉）मेमने का गोश्त m. memane kā gośta メームネー カー ゴーシュト
らんおう〖卵黄〗ज़रदी m. zaradī ザルディー
らんぱく〖卵白〗सफ़ेदी f. safedī サフェーディー
ランプ लैंप f. laiṃpa ラェーンプ
りえき〖利益〗लाभ m. lābʰa ラーブ
りかい〖理解〗समझ f. samajʰa サマジ ◆理解する समझना samajʰanā サマジナー
リキシャ रिक्शा m. rikśā リクシャー
りくぐん〖陸軍〗थल-सेना f. tʰala-senā タル・セーナー
りす〖栗鼠〗गिलहरी f. gilaharī ギラヘリー
リスク जोखिम f. jokʰima ジョーキム
リスト सूची f. sūcī スーチー
リズム ताल m. tāla タール
りっこうほしゃ〖立候補者〗उम्मीदवार m. ummīdaavāra ウムミードアワール
りっこうほする〖立候補する〗चुनाव में खड़ा होना cunāva mẽ kʰaṛā honā チュナーオ メーン カラー ホーナー
リットル लिटर m. liṭara リタル
りゅうは〖流派〗घराना m. gʰarānā ガラーナー, संप्रदाय m. saṃpradāya サンプラダーエ
りょう〖量〗मात्रा m. mātrā マートラー
りょうきん〖料金〗किराया m. kirāyā キラーヤー
りょうし〖漁師〗मछुआ m. macʰuā マチュアー
りょうし〖猟師〗शिकारी m. śikārī シカーリー
りょうしゅうしょう〖領収証〗रसीद f. rasīda ラスィード
りょうしん〖両親〗माता-पिता m. mātā-pitā マーター・ピター
りょうほう〖両方〗दोनों donõ ドーノーン
りょうり〖料理〗（調理された食べ物）खाना m. kʰānā カーナー（調理）रसोई f. rasoī ラソーイー ◆料理する पकाना pakānā パカーナー
りょけん〖旅券〗पासपोर्ट m. pāsaporṭa パースポールト
りょこう〖旅行〗यात्रा f. yātrā ヤートラー, सफ़र m. safara サファル ◆旅行する यात्रा f. करना yātrā karanā ヤートラー カルナー

るいじ〖類似〗सादृश्य$^{m.}$ sādr̥śya サードリシエ ♦類似する मिलना milanā ミルナー
ルーマニア रोमानिया$^{m.}$ romāniyā ローマーニヤー
ルビー लाल$^{m.}$ lāla ラール
ルピー रुपया$^{m.}$ rupayā ルプヤー
れいぞうこ〖冷蔵庫〗फ़्रिज$^{m.}$ frija フリジ
れいだんぼう〖冷暖房〗वातानुकूलन$^{m.}$ vātānukūlana ワーターヌクーラン
レインコート बरसाती$^{f.}$ barasātī バルサーティー
レーズン किशमिश$^{f.}$ kiśamiśa キシュミシュ
レストラン रेस्तराँ$^{m.}$ restarā̃ レースタラーン
レスリング कुश्ती$^{f.}$ kuśtī クシュティー
れっしゃ〖列車〗रेलगाड़ी$^{f.}$ relagāṛī レールガーリー
れんあい〖恋愛〗प्रेम$^{m.}$ prema プレーム ♦恋愛結婚 प्रेम विवाह$^{m.}$ prema vivāha プレーム ヴィワーハ
れんが〖煉瓦〗ईंट$^{f.}$ ī̃ṭa イーント
レンタカー किराये की कार$^{f.}$ kirāye kī kāra キラーエー キー カール
ろうそく〖蝋燭〗मोमबत्ती$^{f.}$ momabattī モームバッティー
ロープ रस्सी$^{f.}$ rassī ラッスィー
ろくがつ〖六月〗जून$^{m.}$ jūna ジューン
ろくじゅう〖六十〗साठ sāṭʰa サート
ろじ〖路地〗गली$^{f.}$ galī ガリー
ロシア रूस$^{m.}$ rūsa ルース ♦ロシア語・ロシア人・ロシアの रूसी rūsī ルースィー
ろば〖驢馬〗गधा$^{m.}$ gadʰā ガダー
ロブスター समुद्री झींगा$^{m.}$ samudrī jʰī̃gā サムドリー ジーンガー
ロボット रोबोट$^{m.}$ roboṭa ローボート

わ

わいろ〖賄賂〗रिश्वत$^{f.}$ riśvata リシュワト
わかい〖若い〗जवान javāna ジャワーン
わかさ〖若さ〗जवानी$^{f.}$ javānī ジャワーニー
わかす〖沸かす〗उबालना ubālanā ウバールナー
わかれ〖別れ〗विदा$^{f.}$ vidā ヴィダー
わすれる〖忘れる〗भूलना bʰūlanā ブールナー
わたし〖私〗मैं mā̃ī マェーン ♦私の मेरा merā メーラー
わたしたち〖私たち〗हम लोग hama loga ハム ローグ ♦私たちの हम लोगों का hama logõ kā ハム ローゴーン カー
わやく〖和訳〗जापानी अनुवाद$^{m.}$ jāpānī anuvāda ジャーパーニー アヌワード
わらう〖笑う〗हँसना
わらわせる〖笑わせる〗हँसाना hãsānā ハンサーナー
わりざん〖割り算〗भाग$^{m.}$ bʰāga バーグ
わりまし〖割り増し〗अतिरिक्त atirikta アティリクト ♦割り増し料金 एक्स्ट्रा चार्ज$^{m.}$ ekstrā cārja エークストラーチャールジ
わる〖割る〗（壊す）तोड़ना toṛanā トールナー （分割する）बाँटना bā̃ṭanā バーントナー （裂く）फाड़ना pʰāṛanā パールナー
わるい〖悪い〗ख़राब xarāba カラーブ
われる〖割れる〗（壊れる）टूटना ṭūṭanā トゥートナー （裂ける）फटना pʰaṭanā パトナー
わん〖鋺・椀〗कटोरा$^{m.}$ kaṭorā カトーラー
わん〖湾〗खाड़ी$^{m.}$ kʰāṛī カーリー

［編著者］
町田 和彦（まちだ・かずひこ）
1951年生まれ．アラーハーバード大学修士，東京外国語大学修士卒．現在，東京外国語大学アジア・アフリカ言語文化研究所教授．専攻は，インド言語学，文字情報学．著書に，『ニューエクスプレス ヒンディー語』（白水社），『世界の文字とことば』（河出書房新社），『世界の文字を楽しむ小事典』（大修館書店）など．

2016年8月10日　初版発行

ヒンディー語・日本語辞典
付：日本語・ヒンディー語小辞典

2016年8月10日　第1刷発行

編著者　町田和彦（まちだ・かずひこ）
発行者　株式会社 三省堂　代表者 北口克彦
印刷者　三省堂印刷株式会社
発行所　株式会社 三省堂
〒101-8371
東京都千代田区三崎町二丁目22番14号
電話　編集　(03) 3230-9411
　　　営業　(03) 3230-9412
振替口座　00160-5-54300
http://www.sanseido.co.jp/

〈ヒンディー語辞典・1,024pp.〉

落丁本・乱丁本はお取替えいたします

ISBN978-4-385-12322-6